COLLANA

CODICI SISTEMATICI

IV EDIZIONE

Codice *unico*

civile, penale, amministrativo, costituzionale ed europeo

FRANCESCO CARINGELLA
ANGELO SALERNO

DIKE
Nihil difficile volenti
CONCORSI

Dati normativi, revisione, aggiornamento e indici di:
Luigi Tramontano

Grafica di copertina: Chiara Damianii

www.dikegiuridica.it

Finito di stampare nel mese di aprile 2021
da Grafica Veneta

Printed in Italy

PRESENTAZIONE

Il presente codice ha una struttura innovativa. Il diritto civile, il diritto penale e quello amministrativo dialogano contemporaneamente con le fonti storiche del diritto, con quelle sovranazionali e con le norme di ordinamenti esteri.

Il codice civile e il codice penale contengono, sotto ogni norma, le corrispondenti disposizioni dei codici previgenti (**codice civile del 1865**, **codice del commercio del 1889** e **codice penale del 1889**, c.d. codice Zanardelli). Ciò consente di comparare con immediatezza il diritto vigente con il dato storico.

Inoltre per tutte le norme interessate da **modifiche del testo originario**, è riportata la **versione iniziale** unitamente a quelle **intermedie** eventuali. Il curioso lettore avrà quindi nelle sue sapienti mani un "filo d'arianna" che gli consentirà di decifrare l'iter della norma e, con esso, il suo attuale significato.

Oltre ai codici previgenti, il codice civile, il codice penale e le leggi amministrative sono corredati di riferimenti alle fonti sovranazionali (diritto internazionale e diritto dell'Unione europea). Sono particolarmente rilevanti i collegamenti con le norme della **CEDU**, con le **direttive** e i **regolamenti europei** e con le **convenzioni internazionali** in materia civile, penale e amministrativa.

I riferimenti alle norme del **codice francese**, del **codice tedesco** completano il quadro dei riferimenti normativi.

Il risultato è un codice che, attraverso la comparazione diretta con le corrispondenti norme storiche, estere e sovranazionali, offre strumenti ulteriori di interpretazione del diritto civile, penale e amministrativo, agevolando e impreziosendo l'analisi della *ratio*, della funzione, dei caratteri e del portato applicativo degli istituti del diritto. Ciò che consente una maggiore facilità nella risoluzione delle questioni giuridiche nuove e delle problematiche più recenti all'attenzione della giurisprudenza.

La veste grafica, concepita in funzione della finalità dell'opera, è particolarmente efficace: I) **in grassetto sono indicate le ultimissime modifiche** al dato normativo; II) in nota il simbolo "●" precede sempre l'elenco delle **norme connesse** con i principi dettati dalla norma; III) in nota il simbolo "♦" precede sempre le indicazioni di **diritto comparato e sovranazionale**; IV) in nota il simbolo "■" precede sempre i corrispondenti articoli dei **codici previgenti**.

Il **codice non contiene riferimenti dottrinali e giurisprudenziali, né pronunce di rigetto della Corte Costituzionale** ed è pertanto **conforme** ai bandi per **concorsi** per i quali è previsto l'utilizzo di **codici meramente normativi**.

Si tratta di un codice che è particolarmente consigliato agli studenti chiamati a sostenere le prove del **concorso in magistratura**, ai quali garantisce una preparazione e una prestazione concorsuale senza dubbio più performante.

Chi ama il diritto avrà modo di amarlo ancora di più.

Roma, aprile 2021

INDICE SOMMARIO

PARTE I
DISCIPLINA COSTITUZIONALE ED EUROPEA

PARTE II
CODICE CIVILE

LIBRO SECONDO
DELLE SUCCESSIONI

Libro terzo
Della proprietà

Libro quarto
Delle obbligazioni

Libro quinto
Del lavoro

Libro sesto
Della tutela dei diritti

Disposizioni di attuazione e transitorie

CODICE CIVILE E CODICE DEL COMMERCIO DEL REGNO D'ITALIA

PARTE III
CODICE PENALE

1. R.D. 19 OTTOBRE 1930, N. 1398 (SUPPL. ORD. G.U. 26 OTTOBRE 1930, N. 251). APPROVAZIONE DEL TESTO DEFINITIVO DEL CODICE PENALE.

LIBRO PRIMO
DEI REATI IN GENERALE

LIBRO SECONDO
DEI DELITTI IN PARTICOLARE

LIBRO TERZO
DELLE CONTRAVVENZIONI IN PARTICOLARE

DISPOSIZIONI DI COORDINAMENTO E TRANSITORIE PER IL CODICE PENALE

PARTE IV
DIRITTO AMMINISTRATIVO

TITOLO I
COSTITUZIONE DELLA REPUBBLICA ITALIANA (ESTRATTO)

TITOLO II
PROCEDIMENTO AMMINISTRATIVO E ACCESSO AGLI ATTI AMMINISTRATIVI

TITOLO III
CONTRATTI PUBBLICI

TITOLO IV
PROCESSO AMMINISTRATIVO

TITOLO V
SOCIETÀ PUBBLICHE

TITOLO VI
PUBBLICO IMPIEGO

TITOLO VII
ENTI LOCALI

PARTE I
DISCIPLINA COSTITUZIONALE ED EUROPEA

COSTITUZIONE
DELLA REPUBBLICA
ITALIANA

1 - Costituzione della Repubblica Italiana (G.U. 27 dicembre 1947, n. 298, ediz. straord.), *approvata dall'Assemblea Costituente il 22 dicembre 1947, promulgata dal Capo provvisorio dello Stato il 27 dicembre 1947 ed entrata in vigore l'1 gennaio 1948.*

PRINCÌPI FONDAMENTALI

1. L'Italia è una Repubblica democratica [139], fondata sul lavoro [4].

La sovranità appartiene al popolo [48, 56, 58, 101 ss.], che la esercita nelle forme e nei limiti della Costituzione[1].

[1] Per l'ambito territoriale di sovranità dello Stato cfr. artt. 6 ss. c.p.; artt. 2 ss. c.nav.; L. 14 maggio 1977, n. 73 (Legge di ratifica del Trattato di Osimo); L. 5 febbraio 1992, n. 91 (Nuove norme sulla cittadinanza); L. 2 dicembre 1994, n. 689 (Adesione alla Convenzione di Montego Bay sul diritto del mare 10 dicembre 1982); L. 31 maggio 1995, n. 218 (Riforma del sistema italiano del diritto privato).

2. La Repubblica riconosce e garantisce i diritti inviolabili dell'uomo [4, 13 ss.], sia come singolo sia nelle formazioni sociali ove si svolge la sua personalità [18, 19, 20, 29, 39, 45, 49], e richiede l'adempimento dei doveri inderogabili di solidarietà politica, economica e sociale [4, 23, 41-44, 52-54][1 2 3 4].

[1] Cfr. L. 4 agosto 1955, n. 848 (Ratifica della Convenzione Europea per la salvaguardia dei diritti dell'uomo e delle libertà fondamentali); Dichiarazione Universale dei diritti dell'uomo adottata dall'ONU il 10 dicembre 1948 e art. 1 Carta dei diritti fondamentali dell'Unione Europea adottata a Nizza il 7 dicembre 2000.

[2] Sui diritti della persona vedi 6-9 (Diritto al nome) e 10 (diritto all'immagine c.c.); d.lgs. 30 giugno 2003, n. 196 (Codice in materia di protezione dei dati personali).

[3] Sulla tutela risarcitoria dei diritti fondamentali v. 2059 c.c.

[4] V. artt. 8, 33, Carta dei diritti fondamentali UE approvata a Nizza il 7 dicembre 2000.

V. artt. 5, 580, 586, c.p.

3. Tutti i cittadini hanno pari dignità sociale e sono eguali davanti alla legge, senza distinzione di sesso [29, comma, 2; 31, 37, comma 1, 48, comma 1; 51], di razza, di lingua [6], di religione [8, 19, 20], di opinioni politiche, di condizioni personali e sociali[1].

È compito della Repubblica rimuovere gli ostacoli di ordine economico e sociale, che, limitando di fatto la libertà e l'eguaglianza dei cittadini, impediscono il pieno sviluppo della persona umana e l'effettiva partecipazione di tutti i lavoratori all'organizzazione politica, economica e sociale del Paese[2 3].

[1] Cfr. L. 13 ottobre 1975, n. 654 (Ratifica della Convenzione sull'eliminazione di ogni forma di discriminazione razziale); D.L. 26 aprile 1993, n. 122, convertito in L. 25 giugno 1993, n. 205 (Misure urgenti in materia di discriminazione razziale, etnica e religiosa) D.Lgs. 9 luglio 2003, n. 215 (Parità di trattamento tra le persone indipendentemente dalla razza e dall'origine etnica); D.Lgs. 11 aprile 2006, n. 198 (Codice delle pari opportunità tra uomo e donna). V., anche L. 7 aprile 2010, n. 51 (Disposizioni in materia di impedimento a comparire in udienza), il cui articolo 1 commi 3 e 4 sono stati dichiarati incostituzionali con sent. Corte cost. 25 gennaio 2011, n. 23. Il comma 3 nella parte in cui non prevede che il giudice valuti in concreto, a norma dell'art. 420-*ter*, comma 1, c.p.p., l'impedimento addotto, il comma 4 in tutto il suo disposto normativo.

[2] V. art. 14 CEDU.

[3] V. artt. 1, 20, 21, 22, 23, Carta dei diritti fondamentali UE approvata a Nizza il 7 dicembre 2000.

V. artt. 5, 69, comma 3, 90, commi 1, 6, 131-bis, 150, 157, 159, 162, 162-bis, 172, comma 5, 341-bis, 402, 405, 406, 426, 428, 567, comma 2, 570-bis, 572, 577, 578, 580, 589, comma 2, 589-bis, 590-bis, 624, 630, 639, comma 2, 644, 646, 648-bis, 648-ter, 649 comma 3, 657-bis, 712, c.p.

4. La Repubblica riconosce a tutti i cittadini[1] il diritto al lavoro [35 ss.] e promuove le condizioni che rendano effettivo questo diritto[2].

Ogni cittadino ha il dovere di svolgere, secondo le proprie possibilità e la propria scelta, un'attività o una funzione che concorra al progresso materiale o spirituale della società[3 4].

[1] L. 5 febbraio 1992, n. 91 (Nuove norme sulla cittadinanza).

[2] Sul rapporto di lavoro pubblico v. D.Lgs. 30 marzo 2001, n., 165 T.U. sul pubblico impiego. V. in particolare l'art. 38 sull'accesso al lavoro pubblico dei cittadini degli Stati membri dell'Unione Europea.

[3] V. art. 4 CEDU.

[4] V. art. 5, Carta dei diritti fondamentali UE approvata a Nizza il 7 dicembre 2000.

5. La Repubblica, una e indivisibile, riconosce e promuove le autonomie locali [114 ss.]; attua nei servizi che dipendono dallo Stato il più ampio decentramento amministrativo; adegua i princìpi ed i metodi della sua legislazione alle esigenze dell'autonomia e del decentramento[1].

[1] V. D.Lgs. 31 marzo 1998, n. 112 (Conferimento di funzioni e compiti amministrativi dello Stato alle Regioni ed agli enti locali, in attuazione della delega conferita con L. 15 marzo 1997, n. 59); D.Lgs. 18 agosto 2000, n. 267 (T.U.E.L.) e L. 5 giugno 2003, n. 131 (Adeguamento dell'ordinamento della Repubblica alla L. cost. 3/2001).

6. La Repubblica tutela con apposite norme le minoranze linguistiche [X disp. trans.][1 2].

[1] Cfr. Statuto Valle d'Aosta (L. cost. 26 febbraio 1948, n. 4), 84 ss; Statuto Trentino Alto Adige (L. cost. 31 agosto 1972, n. 670); Statuto Frilui Venezia Giulia (L. cost. 31 gennaio 1963, n. 1) D.Lgs. 12 settembre 2002, n. 223 (Norme di attuazione dello statuto speciale della regione Friuli-Venezia Giulia per il trasferimento di funzioni in materia di tutela della lingua e della cultura delle minoranze linguistiche storiche nella regione); legge 23 febbraio 2001, n. 38 (Norme a tutela della minoranza linguistica slovena della regione Friuli-Venezia Giulia.; D.P.R. 27 febbraio 2002, n. 65 (Regolamento per l'istituzione ed il funzionamento del Comitato istituzionale paritetico per i problemi della minoranza slovena, a norma dell'articolo 3 della legge n. 38/2001):

[2] V. anche L. 15 dicembre 1999, n. 482 (Norma in materia di tutela delle minoranze linguistiche storiche); D.P.R. 2 maggio 2001, n. 345 (Tutela delle minoranze linguistiche storiche).

7. Lo Stato e la Chiesa cattolica sono, ciascuno nel proprio ordine, indipendenti e sovrani.

I loro rapporti sono regolati dai Patti Lateranensi[1]. Le modificazioni dei Patti, accettate dalle due parti, non richiedono procedimento di revisione costituzionale [138].

[1] L. 27 maggio 1929, n. 810 (Esecuzione del Trattato e Concordato con la Santa Sede) e L. 25 marzo 1985, n. 121 (Ratifica ed esecuzione dell'accordo firmato a Roma il 18 febbraio 1984, che apporta modificazioni al concordato lateranense dell'11 febbraio 1929).

L'art. 1 della legge 121 dispone che "la Repubblica italiana e la Santa Sede riaffermano che lo Stato e la Chiesa cattolica sono, ciascuno nel proprio ordine, indipendenti e sovrani, impegnandosi al pieno rispetto di tale principio nei loro rapporti ed alla reciproca collaborazione per la promozione dell'uomo e il bene del Paese".

L'art. 2 recita: "1. La Repubblica italiana riconosce alla Chiesa cattolica la piena libertà di svolgere la sua missione pastorale, educativa e caritativa, di evangelizzazione e di santificazione. In particolare è assicurata alla Chiesa la libertà di organizzazione, di pubblico esercizio del culto, di esercizio del magistero e del ministero spirituale nonché della giurisdizione in materia ecclesiastica.

2. È ugualmente assicurata la reciproca libertà di comunicazione e di corrispondenza fra la Santa Sede, la Conferenza Episcopale Italiana, le Conferenze episcopali regionali, i Vescovi, il clero e i fedeli, così come la libertà di pubblicazione e diffusione degli atti e documenti relativi alla missione della Chiesa.

3. È garantita ai cattolici e alle loro associazioni e organizzazioni la piena libertà di riunione e di manifestazione del pensiero con la parola, lo scritto e ogni altro mezzo di diffusione.

4. La Repubblica italiana riconosce il particolare significato che Roma, sede vescovile del Sommo Pontefice, ha per la cattolicità".

8. Tutte le confessioni religiose sono egualmente libere davanti alla legge.

Le confessioni religiose diverse dalla cattolica hanno diritto di organizzarsi [2, 20] secondo i propri statuti, in quanto non contrastino con l'ordinamento giuridico italiano[1].

I loro rapporti con lo Stato sono regolati per legge sulla base di intese con le relative rappresentanze[2].

[1] Cfr. L. 24 giugno 1929, n. 1159 (Norme sull'esercizio dei culti ammessi) e relativo regolamento di attuazione di cui al R.D. 28 febbraio 1930, n. 289. L'art. 1 della legge 1159 dispone che "sono ammessi nel territorio della Repubblica culti diversi dalla religione cattolica apostolica e romana, purché non professino principi e non seguano riti contrari all'ordine pubblico o al buon costume. L'esercizio, anche pubblico di tali culti è libero".

[2] V. LL. 11 agosto 1984, n. 449 (Norme per la regolazione dei rapporti con la Chiesa Valdese); 22 novembre 1988, nn. 516 e 517 (Rapporti con la Chiesa Avventista e Pentecostale); 8 marzo 1989, n. 101 e 29 novembre 1995, n. 520 (riguardanti rispettivamente le Comunità ebraiche e la Chiesa Evangelica Luterana in Italia).

V. artt. 402, 405, 406, c.p.

9. La Repubblica promuove lo sviluppo della cultura e la ricerca scientifica e tecnica [33, 34][1].

Tutela il paesaggio e il patrimonio storico e artistico della Nazione [822, 826, 839 c.c.][2 3].

[1] Cfr. D.Lgs. 5 giugno 1988, n. 24 (Disposizioni per il coordinamento, la programmazione e la valutazione della politica nazionale relativa alla ricerca scientifica e tecnologica); D.Lgs. 4 giugno 2003, n. 125 (Riordino del Consiglio Nazionale delle Ricerche).

[2] Sull'ambiente cfr. L. 8 luglio 1986 n. 349 Istituzione del Ministero dell'Ambiente. La materia è ora regolata dal D.Lgs. 3 aprile 2006, n. 152 (Norme in materia ambientale): V. anche legge 22 febbraio 2001, n. 36 (Legge quadro sulla protezione dall'esposizione ai campi elettrici, magnetici ed elettronici); nonché D.Lgs. 1° agosto 2003, n. 259 (Codice delle comunicazioni elettroniche).

[3] Sul paesaggio ed i beni culturali; D.Lgs. 25 gennaio 2004, n. 42 (Codice dei beni culturali e del paesaggio). V. poi D.Lgs. 20 ottobre 1998, n. 369 (Istituzione del Ministero per i Beni e le Attività Culturali).

10. L'ordinamento giuridico italiano si conforma alle norme del diritto internazionale generalmente riconosciute [117, comma 1][1].

La condizione giuridica dello straniero è regolata dalla legge in conformità delle norme e dei trattati internazionali[2].

Lo straniero, al quale sia impedito nel suo paese l'effettivo esercizio delle libertà democratiche garantite dalla Costituzione italiana, ha diritto d'asilo nel territorio della Repubblica, secondo le condizioni stabilite dalla legge.

Non è ammessa l'estradizione dello straniero per reati politici [26][3 4 5 6 7 8].

[1] Cfr. Dichiarazione Universale dei diritti dell'uomo adottata dall'ONU il 10 dicembre 1948; L. 5 giugno 2003, n. 131 (Adeguamento dell'ordinamento della Repubblica alla L. cost. n. 3/2001); nonché L. 4 febbraio 2005, n. 11 (Norme generali sulla partecipazione dell'Italia al processo normativo dell'Unione europea e sulle procedure di esecuzione degli obblighi comunitari).

[2] Cfr. D.L. 30 dicembre 1989, n. 416, convertito in L. 28 febbraio 1990. n. 39 (in materia di status di rifugiato); D.Lgs. 25 luglio 1998, n. 286 (T.U. sull'immigrazione), come modificato dalla legge 30 luglio 2002, n. 189.

[3] V. artt. 13 c.p. e 697-722 c.p.p.

[4] V. art. unico, L. cost. 21 giugno 1967, n. 1, secondo cui l'ultimo comma dell'art. 10 e l'ultimo comma dell'art. 26 Cost. non si applicano ai delitti di genocidio.

[5] V. art. 16 CEDU.

[6] V. art. 4 Protocollo 4 CEDU.

[7] V. art. 1 Protocollo 7 CEDU.

[8] In relazione al comma 3, v. artt. 18, 19; in relazione al comma 4, v. art. 19, Carta dei diritti fondamentali UE approvata a Nizza il 7 dicembre 2000.

11. L'Italia ripudia la guerra come strumento di offesa alla libertà degli altri popoli e come mezzo di risoluzione delle controversie internazionali; consente, in condizioni di parità con gli altri Stati, alle limitazioni di sovranità necessarie ad un ordinamento che assicuri la pace e la giustizia fra le Nazioni; promuove e favorisce le organizzazioni internazionali rivolte a tale scopo[1].

[1] Cfr. L. 17 agosto 1957, n. 848 (Ratifica del Trattato istitutivo dell'O.N.U); L. 14 ottobre 1957, n. 1203 (Ratifica del Trattato istitutivo della Comunità Europea); L. 3 novembre 1992, n. 454 (Ratifica del Trattato Istitutivo dell'Unione Europea); art. 1, L. 5 giugno 2003, n. 131 (Adeguamento dell'ordinamento della Repubblica alla L. cost. n. 3/2001).

12. La bandiera della Repubblica è il tricolore italiano: verde, bianco e rosso, a tre bande verticali di eguali dimensioni[1 2].

[1] Vedi D.P.C.M. 3 giugno 1986.

[2] Cfr. L. 5 febbraio 1998, n. 22 (Disposizioni generali sull'uso della bandiera della Repubblica italiana e di quella dell'Unione europea).

PARTE I
DIRITTI E DOVERI DEI CITTADINI

TITOLO I
RAPPORTI CIVILI

13. La libertà personale è inviolabile [289-bis, 605-609-decies, 630 c.p.].

Non è ammessa forma alcuna di detenzione, di ispezione o perquisizione personale, né qualsiasi altra restrizione della libertà personale, se non per atto motivato dall'autorità giudiziaria [111, commi 6-7] e nei soli casi e modi previsti dalla legge [25, comma 3] [244, 245, 247, 249, 266 ss., 272 ss. c.p.p. 118, 260 c.p.c.].

In casi eccezionali di necessità ed urgenza, indicati tassativamente dalla legge, l'autorità di pubblica sicurezza può adottare provvedimenti provvisori, che devono essere comunicati entro quarantotto ore all'autorità giudiziaria e, se questa non li convalida nelle successive quarantotto ore, si intendono revocati e restano privi di ogni effetto [352, 354, 356, 380, 381, 384 c.p.p.].

È punita ogni violenza fisica e morale sulle persone comunque sottoposte a restrizioni di libertà [606-609, 609-ter, n. 4, c.p.].

La legge stabilisce [27, comma 3] i limiti massimi della carcerazione preventiva[1 2 3 4 5 6 7 8].

[1] Cfr., D.L. 8 giugno 1992, n. 306, convertito dalla legge 7 agosto 1992, n. 356; L. 8 agosto 1995, n. 332.

[2] L'art. 11 della legge 28 luglio 1984, n. 398 ha sostituito l'espressione "carcerazione preventiva" con l'espressione "custodia cautelare" nel c.p.p. e nelle altre leggi.

[3] In relazione ai commi 3 e 4, v. art. 3 CEDU.

[4] V. art. 5 CEDU.

[5] V. art. 1 Protocollo 4 CEDU.

[6] In relazione al comma 4 v. art. 4, Carta dei diritti fondamentali UE approvata a Nizza il 7 dicembre 2000.

[7] V. art. 6, Carta dei diritti fondamentali UE approvata a Nizza il 7 dicembre 2000.

[8] In relazione al comma 2, v. art. 41, Carta dei diritti fondamentali UE approvata a Nizza il 7 dicembre 2000.

V. artt. 2, comma 4, 131-bis, 580, 624, c.p.

14. Il domicilio [43, 45, 46 c.c.] è inviolabile [614, 615, 615-bis ss. c.p.].

Non vi si possono eseguire ispezioni o perquisizioni o sequestri, se non nei casi e modi stabiliti dalla legge secondo le garanzie prescritte per la tutela della libertà personale [13, 111] [244-263, 316-323, 333 c.p.p.; 118, 670 c.p.c.][1].

Gli accertamenti e le ispezioni per motivi di sanità [32] e di incolumità pubblica o a fini economici e fiscali sono regolati da leggi speciali[2 3 4].

[1] Cfr., in materia di ordine pubblico, L. 22 maggio 1975, n. 152, modificata dalla L. 8 agosto 1977, n. 533.

[2] V., in materia di perquisizioni domiciliari art. 33, L. 7 gennaio 1929, n. 4 e 41, R.D. 18 giugno 1931, n. 773.

[3] V. art. 8 CEDU.

[4] V. artt. 7, 8 Carta dei diritti fondamentali UE approvata a Nizza il 7 dicembre 2000.

V. art. 624-bis, c.p.

15. La libertà e la segretezza della corrispondenza e di ogni altra forma di comunicazione sono inviolabili [68, comma 3; 616-623-bis c.p.][1].

La loro limitazione può avvenire soltanto per atto motivato dell'autorità giudiziaria [111, comma 1] con le garanzie stabilite dalla legge [248, 254, 353 c.p.][2 3].

[1] Sulle intercettazioni telefoniche v. L. 8 aprile 1974, n. 98; D.L. 21 marzo 1978, n. 59, convertito in L. 18 maggio 1978, n. 191 e D.L. 8 giugno 1992, n. 306, convertito in L. 7 agosto 1992, n. 356.

[2] Cfr. art. 10, D.P.R. 29 marzo 1973, n. 156 (T.U. in materia postale, bancoposta e telecomunicazioni): "La libertà e la segretezza della corrispondenza e di ogni altra forma di comunicazione sono inviolabili. La loro limitazione può avvenire soltanto per atto motivato dell'autorità giudiziaria.

I funzionari e gli agenti dell'Ente poste italiane ne sono responsabili e vigilano nell'ambito della propria competenza perché siano rigorosamente osservate.

È vietato alle persone addette ai servizi postali, di bancoposta, gestiti dallo Stato o in concessione, di dare a terzi informazioni scritte o verbali sull'esistenza o sul contenuto di corrispondenze, di comunicazioni o di messaggi nonché sulle operazioni richieste od eseguite, tranne che nei casi previsti dalla legge.

Nessuno può prendere visione od ottenere copia della corrispondenza in genere, ad eccezione del mittente, del destinatario, dei loro eredi e dei loro rappresentanti legali, nonché delle altre persone indicate dalla legge".

[3] V. art. 8 CEDU.

16. Ogni cittadino può circolare e soggiornare liberamente in qualsiasi parte del territorio nazionale, salvo le limitazioni che la legge stabilisce in via generale per motivi di sanità o di sicurezza [120; 215-233 c.p.][1]. Nessuna restrizione può essere determinata da ragioni politiche.

Ogni cittadino è libero di uscire dal territorio della Repubblica e di rientrarvi, salvo gli obblighi di legge[2 3 4 5].

[1] V. D.Lgs. 6 settembre 2011, n. 159, Codice antimafia; art. 6, D.Lgs. 6 febbraio 2007, n. 30, nel testo modificato dall'art. 1, D.L. 23 giugno 2011, n. 89, convertito in L. 2 agosto 2011, n. 129 secondo cui: "1. I cittadini dell'Unione hanno il diritto di soggiornare nel territorio nazionale per un periodo non superiore a tre mesi senza alcuna condizione o formalità, salvo il possesso di un documento d'identità valido per l'espatrio secondo la legislazione dello Stato di cui hanno la cittadinanza.

2. Le disposizioni del comma 1 si applicano anche ai familiari non aventi la cittadinanza di uno Stato membro che accompagnano o raggiungono il cittadino dell'Unione, in possesso di un passaporto in corso di validità.

3. Fatte salve le disposizioni di leggi speciali conformi ai Trattati dell'Unione europea ed alla normativa comunitaria in vigore, i cittadini di cui ai commi 1 e 2, nello svolgimento delle attività consentite, sono tenuti ai medesimi adempimenti richiesti ai cittadini italiani".

V., anche, L. 15 luglio 2009, n. 94 (Disposizioni in materia di sicurezza pubblica).

[2] Cfr. L. 21 novembre 1967, n. 1185 (Norme sui passaporti).

[3] V. art. 5 CEDU.

[4] V. art. 2 Protocollo 4 CEDU.

[5] V. art. 45 Carta dei diritti fondamentali UE approvata a Nizza il 7 dicembre 2000.

17. I cittadini hanno diritto di riunirsi pacificamente e senz'armi [654-655 c.p.].

Per le riunioni, anche in luogo aperto al pubblico, non è richiesto preavviso.

Delle riunioni in luogo pubblico deve essere dato preavviso alle autorità, che possono vietarle soltanto per comprovati motivi di sicurezza o di incolumità pubblica[1 2 3].

[1] Artt. 18-24, R.D. 18 giugno 1931, n. 773 (TULPS); v. anche artt. 19 ss. del relativo regolamento di attuazione (D.M. 9 dicembre 1959).

[2] V. art. 11 CEDU.

[3] V. art. 12, Carta dei diritti fondamentali UE approvata a Nizza il 7 dicembre 2000.

18. I cittadini hanno diritto di associarsi liberamente [2], senza autorizzazione, per fini che non sono vietati ai singoli dalla legge penale [19-20, 39, 49, XII disp. trans.] [14 ss. c.c.] [270, 271, 305, 306, 416, 416 c.p.][1].

Sono proibite le associazioni segrete e quelle che perseguono, anche indirettamente, scopi politici mediante organizzazioni di carattere militare [XII disp. trans.; c.p. 270][2 3 4].

[1] V. artt. 209-213, R.D. 18 giugno 1931, n. 773 (TULPS) e artt. 362-364 del relativo regolamento di attuazione (D.M. 9 dicembre 1959).

[2] Cfr. D.Lgs. 14 febbraio 1948, n. 43 (Divieto di associazioni di carattere militare; ai sensi dell'art. 1, comma 3 "si considerano associazioni di carattere militare quelle costituite mediante l'inquadramento degli associati in corpi, reparti o nuclei, con disciplina ed ordinamento gerarchico interno analoghi a quelli militari, con l'eventuale adozione di gradi o di uniformi, e con organizzazione atta anche all'impiego collettivo in azioni di violenza o di minaccia".); L. 20 giugno 1952, n. 645 (Norme di attuazione della XII disposizione transitoria e finale (comma primo) della Costituzione; l'art. 1 stabilisce che "Ai fini della XII disposizione transitoria e finale (comma primo) della Costituzione, si ha riorganizzazione del disciolto partito fascista quando una associazione, un movimento o comunque un gruppo di persone non inferiore a cinque persegue finalità antidemocratiche proprie del partito fascista, esaltando, minacciando o usando la violenza quale metodo di lotta politica o propugnando la soppressione delle libertà garantite dalla Costituzione o denigrando la democrazia, le sue istituzioni e i valori della Resistenza, o svolgendo propaganda razzista, ovvero rivolge la sua attività alla esaltazione di esponenti, principi, fatti e metodi propri del predetto partito o compie manifestazioni esteriori di carattere fascista"); L. 25 gennaio 1982, n. 17 (Norme di attuazione dell'art. 18 della Costituzione in materia di associazioni segrete e di scioglimento dell'associazione denominata Loggia P2; l'art. 1 dispone che "si considerano associazioni segrete, come tali vietate dall'art. 18 della Costituzione, quelle che, anche all'interno di

associazioni palesi, occultando la loro esistenza ovvero tenendo segrete congiuntamente finalità e attività sociali ovvero rendendo sconosciuti, in tutto od in parte ed anche reciprocamente, i soci, svolgono attività diretta ad interferire sull'esercizio delle funzioni di organi costituzionali, di amministrazioni pubbliche, anche ad ordinamento autonomo, di enti pubblici anche economici, nonché di servizi pubblici essenziali di interesse nazionale").

[3] V. art. 11 CEDU.

[4] V. art. 12, Carta dei diritti fondamentali UE approvata a Nizza il 7 dicembre 2000.

19. Tutti hanno diritto di professare liberamente la propria fede religiosa in qualsiasi forma, individuale o associata, di farne propaganda e di esercitarne in privato o in pubblico il culto, purché non si tratti di riti contrari al buon costume [21] [527-529 c.p.][1 2 3].

[1] V. art. 7, L. 25 marzo 1985, n. 121, di ratifica ed esecuzione dell'accordo di revisione del Concordato firmato a Roma il 18 febbraio 1984. V. anche artt. 25-27, R.D. 18 giugno 1931, n. 773 (TULPS).

[2] V. art. 9 CEDU.

[3] V. art. 10, Carta dei diritti fondamentali UE approvata a Nizza il 7 dicembre 2000.

20. Il carattere ecclesiastico e il fine di religione o di culto d'una associazione od istituzione non possono essere causa di speciali limitazioni legislative, né di speciali gravami fiscali per la sua costituzione, capacità giuridica e ogni forma di attività[1].

[1] V. art. 7, L. 25 marzo 1985, n. 121, di ratifica ed esecuzione dell'accordo di revisione del Concordato firmato a Roma il 18 febbraio 1984, il cui articolo 7 recita: "*1. La Repubblica italiana, richiamandosi al principio enunciato dall'articolo 20 della Costituzione, riafferma che il carattere ecclesiastico e il fine di religione o di culto di una associazione o istituzione non possono essere causa di speciali limitazioni legislative, né di speciali gravami fiscali per la sua costituzione, capacità giuridica e ogni forma di attività.*

2. Ferma restando la personalità giuridica degli enti ecclesiastici che ne sono attualmente provvisti, la Repubblica italiana, su domanda dell'autorità ecclesiastica o con il suo assenso, continuerà a riconoscere la personalità giuridica degli enti ecclesiastici aventi sede in Italia, eretti o approvati secondo le norme del diritto canonico, i quali abbiano finalità di religione o di culto. Analogamente si procederà per il riconoscimento agli effetti civili di ogni mutamento sostanziale degli enti medesimi.

3. Agli effetti tributari gli enti ecclesiastici aventi fine di religione o di culto, come pure le attività dirette a tali scopi, sono equiparati a quelli aventi fine di beneficenza o di istruzione. Le attività diverse da quelle di religione o di culto, svolte dagli enti ecclesiastici, sono soggette, nel rispetto della struttura e della finalità di tali enti, alle leggi dello Stato concernenti tali attività e al regime tributario previsto per le medesime.

4. Gli edifici aperti al culto, le pubblicazioni di atti, le affissioni all'interno o all'ingresso degli edifici di culto o ecclesiastici, e le collette effettuate nei predetti edifici, continueranno ad essere soggetti al regime vigente.

5. L'amministrazione dei beni appartenenti agli enti ecclesiastici è soggetta ai controlli previsti dal diritto canonico. Gli acquisti di questi enti sono però soggetti anche ai controlli previsti dalle leggi italiane per gli acquisti delle persone giuridiche.

6. All'atto della firma del presente Accordo, le Parti istituiscono una Commissione paritetica per la formulazione delle norme da sottoporre alla loro approvazione per la disciplina di tutta la materia degli enti e beni ecclesiastici e per la revisione degli impegni finanziari dello Stato italiano e degli interventi del medesimo nella gestione patrimoniale degli enti ecclesiastici.

In via transitoria e fino all'entrata in vigore della nuova disciplina restano applicabili gli articoli 17, comma terzo, 18, 27, 29 e 30 del precedente testo concordatario".

V. anche L. 20 maggio 1985, n. 822.

21. Tutti hanno diritto di manifestare liberamente il proprio pensiero con la parola, lo scritto e ogni altro mezzo di diffusione[1].

La stampa non può essere soggetta ad autorizzazioni o censure.

Si può procedere a sequestro soltanto per atto motivato dell'autorità giudiziaria [111, comma 6] nel caso di delitti, per i quali la legge sulla stampa espressamente lo autorizzi, o nel caso di violazione delle norme che la legge stessa prescriva per l'indicazione dei responsabili.

In tali casi, quando vi sia assoluta urgenza e non sia possibile il tempestivo intervento dell'autorità giudiziaria, il sequestro della stampa periodica [57-58 bis c.p.] può essere eseguito da ufficiali di polizia giudiziaria, che devono immediatamente, e non mai oltre ventiquattro ore, fare denuncia all'autorità giudiziaria. Se questa non lo convalida nelle ventiquattro ore successive, il sequestro si intende revocato e privo d'ogni effetto[2].

La legge può stabilire, con norme di carattere generale, che siano resi noti i mezzi di finanziamento della stampa periodica[3].

Sono vietate le pubblicazioni a stampa, gli spettacoli e tutte le altre manifestazioni contrarie al buon costume [527, 528 c.p.]. La legge stabilisce provvedimenti adeguati a prevenire e a reprimere le violazioni[4 5 6].

[1] V. D.P.R. 29 marzo 1973, n. 156 (T.U. Poste); D.Lgs. 1° agosto 2003, n. 259 (Codice delle comunicazioni elettroniche); D.Lgs. 31 luglio 2005, n. 177 (T.U. sulla radiotelevisione), nel testo modificato dall'art. 17, D.Lgs. 15 marzo 2010, n. 44. L'art. 3 di detto testo unico stabilisce che "*Sono principi fondamentali del sistema dei servizi di media audiovisivi e della radiofonia la garanzia della libertà e del pluralismo dei mezzi di comunicazione radiotelevisiva, la tutela della libertà di espressione di ogni individuo, inclusa la libertà di opinione e quella di ricevere o di comunicare informazioni o idee senza limiti di frontiere, l'obiettività, la completezza, la lealtà e l'imparzialità dell'informazione, la tutela dei diritti d'autore e di proprietà intellettuale, l'apertura alle diverse opinioni e tendenze politiche,*

sociali, culturali e religiose e la salvaguardia delle diversità etniche e del patrimonio culturale, artistico e ambientale, a livello nazionale e locale, nel rispetto delle libertà e dei diritti, in particolare della dignità della persona, della promozione e tutela del benessere, della salute e dell'armonico sviluppo fisico, psichico e morale del minore, garantiti dalla Costituzione, dal diritto dell'Unione europea, dalle norme internazionali vigenti nell'ordinamento italiano e dalle leggi statali e regionali".

Sul servizio pubblico radiotelevisivo v. L. 14 aprile 1975, n. 103. Sui rapporti tra tutela dei dati personali riservati e diritto di cronaca v. artt. 136 ss. D.Lgs. 30 giugno 2003, n. 196 (Codice dei dati personali).

[2] V. R.D.Lgs. 31 maggio 1946, n. 561 (norme sul sequestro dei giornali e delle altre pubblicazioni); L. 8 febbraio 1948, n. 47 (T.U. leggi sulla stampa); L. 4 marzo 1958, n. 127 (Modificazioni al codice penale in materia di stampa).

L'art. 1 del R.D.Lgs. n. 561/1946 dispone che "non si può procedere al sequestro della edizione dei giornali o di qualsiasi altra pubblicazione o stampato, contemplati nell'Editto sulla stampa 26 marzo 1848, n. 695, se non in virtù di una sentenza irrevocabile dell'autorità giudiziaria. È tuttavia consentito all'autorità giudiziaria di disporre il sequestro di non oltre tre esemplari dei giornali o delle pubblicazioni o stampati che importino una violazione della legge penale".

L'art. 2 soggiunge che "*in deroga a quanto è stabilito nell'articolo precedente, si può far luogo al sequestro dei giornali o delle altre pubblicazioni o stampati, che, ai sensi della legge penale, sono da ritenere osceni o offensivi della pubblica decenza ovvero che divulgano mezzi rivolti a impedire la procreazione o a procurare l'aborto o illustrano l'impiego di esso o dànno indicazioni sul modo di procurarseli o contengono inserzioni o corrispondenze relative ai mezzi predetti. Qualora siasi proceduto al sequestro preveduto nel comma precedente, contro il colpevole si deve procedere per giudizio direttissimo, anche se non ricorrono le condizioni prevedute nell'articolo 502 del Codice di procedura penale, e la competenza in ogni caso del tribunale*". *La Corte costituzionale, con sentenza 16 marzo 1971, n. 49, ha dichiarato l'illegittimità costituzionale di detta ultima norma limitatamente alle parole "a impedire la procreazione*".

[3] L. 5 agosto 1981, n. 416 (Disciplina delle imprese editrici); L. 7 marzo 2001, n. 62 (Nuove norme sull'editoria e sui prodotti editoriali).

[4] V. L. 21 aprile 1962, n. 161 (Revisione dei film e dei lavori teatrali).

[5] V. art. 10 CEDU.

[6] V. art. 11, Carta dei diritti fondamentali UE approvata a Nizza il 7 dicembre 2000.

22. Nessuno può essere privato, per motivi politici, della capacità giuridica [1, c.c.], della cittadinanza[1], del nome [6, 7, 9, c.c.][2].

[1] Le causa di perdita della cittadinanza sono elencate dall'art. 12, L. 5 febbraio 1992, n. 91 (Nuove norme sulla cittadinanza).

[2] Per l'uso dei titoli nobiliari di veda la XIV disp. trans.

23. Nessuna prestazione personale [52, comma 2] o patrimoniale [41, 42, 53] può essere imposta se non in base alla legge[1 2].

[1] Art. 4, L. 27 luglio 2000, n. 212 (Disposizioni in materia di statuto dei diritti dei contribuenti): "Non si può disporre con decreto-legge l'istituzione di nuovi tributi nè prevedere l'applicazione di tributi esistenti ad altre categorie di soggetti".

[2] V. art. 1 Protocollo 4 CEDU.

24. Tutti possono agire in giudizio per la tutela dei propri diritti [113; 99 c.p.c.][1] e interessi legittimi[2].

La difesa è diritto inviolabile in ogni stato e grado del procedimento [86-87 c.p.c.; 96 ss. c.p.p.][3].

Sono assicurati ai non abbienti, con appositi istituti, i mezzi per agire e difendersi davanti ad ogni giurisdizione[4].

La legge determina le condizioni e i modi per la riparazione degli errori giudiziari [314-315, 571-574, 643-647 c.p.p.][5 6 7].

[1] Per la tutela dei diritti soggettivi nei confronti della p.a. v. L. 20 marzo 1865, n. 2248, all. E (per l'unificazione amministrativa del Regno d'Italia). L'art. 2, in particolare dispone che "sono devolute alla giurisdizione ordinaria tutte le cause per contravvenzioni e tutte le materie nelle quali si faccia questione d'un diritto civile o politico, comunque vi possa essere interessata la pubblica amministrazione, e ancorché siano emanati provvedimenti del potere esecutivo o dell'autorità amministrativa"

[2] Per la tutela giurisdizionale degli interessi legittimi v. L. 6 dicembre 1971, n. 1034 (Istituzione dei tribunali amministrativi regionali) e art. 7, D.Lgs. 2 luglio 2010, n. 104,

[3] V. art. 6, comma 2, Convenzione Europea dei diritti dell'uomo (Diritto ad un processo equo) nonché art. 47 (Diritto un ricorso effettivo e ad un giudice imparziale) e 48 (*Presunzione di innocenza e diritti della difesa*) Carta dei diritti Fondamentali UE approvata a Nizza il 7 dicembre 2000 che nella sua versione del 2016 recita: *1. Ogni imputato è considerato innocente fino a quando la sua colpevolezza non sia stata legalmente provata.*

2. Il rispetto dei diritti della difesa è garantito ad ogni imputato.

[4] V. artt. 74-115, 118-136, 141, 158, 166, 201, 279 e 294 D.P.R. 30 maggio 2002, n. 115 (T.U. spese di giustizia); D.Lgs. 27 maggio 2005, n. 16 (Patrocinio a spese dello Stato nelle controversie transfrontaliere).

[5] V. L. 24 marzo 2001, n. 89 (Equa riparazione per la violazione del termine ragionevole del processo). V. anche L. 13 aprile 1988, n. 117 (Responsabilità dei magistrati).

[6] V. art. 13 CEDU.

[7] V. art. 47, Carta dei diritti fondamentali UE approvata a Nizza il 7 dicembre 2000.

V. artt. 2, comma 4, 159, 162, 162-bis, 384, 434, 476, comma 2, 646, c.p.

25. Nessuno può essere distolto dal giudice naturale precostituito per legge [101-107] [1-36 c.p.c.; 1-16 c.p.; 2-3, L. 1034/1971].

Nessuno può essere punito se non in forza di una legge che sia entrata in vigore prima del fatto commesso [11 disp. prel.; 1-2 c.p.].

Nessuno può essere sottoposto a misure di sicurezza se non nei casi previsti dalla legge [13, comma 2][1 2 3 4].

[1] Si riporta l'art. 30, L. 11 marzo 1953, n. 87: ***Art. 30.*** *La sentenza che dichiara l'illegittimità costituzionale di una legge o di un atto avente forza di legge dello Stato o di una Regione, entro due giorni dal suo deposito in Cancelleria, è trasmessa, di ufficio, al Ministro della giustizia od al Presidente della Giunta regionale affinché si proceda immediatamente e, comunque, non oltre il decimo giorno, alla pubblicazione del dispositivo della decisione nelle medesime forme stabilite per la pubblicazione dell'atto dichiarato costituzionalmente illegittimo.*

La sentenza, entro due giorni dalla data del deposito viene, altresì, comunicata alle Camere e ai Consigli regionali interessati, affinché, ove lo ritengano necessario adottino i provvedimenti di loro competenza.

Le norme dichiarate incostituzionali non possono avere applicazione dal giorno successivo alla pubblicazione della decisione.

Quando in applicazione della norma dichiarata incostituzionale è stata pronunciata sentenza irrevocabile di condanna, ne cessano la esecuzione e tutti gli effetti penali.

[2] V. art. 5 CEDU.

[3] V. art. 7 CEDU.

[4] V. art. 49, Carta dei diritti fondamentali UE approvata a Nizza il 7 dicembre 2000.

V. artt. 2, 5, 37, 40, comma 2, 56, 62-bis, 99, 131-bis, 157, 323, 377, 434, 580, 586, 589, comma 2, 589-bis, 590-bis, 600-ter, comma 1, n. 1), 612-bis, 624, 628, 644, 649, comma 3, 688, comma 2, c.p.

26. L'estradizione del cittadino può essere consentita soltanto ove sia espressamente prevista dalle convenzioni internazionali [10; 13 c.p.; 697 ss. c.p.p.][1].

Non può in alcun caso essere ammessa per reati politici [10, comma 4][2].

[1] V. anche L. 22 aprile 2005, n. 69 (Disposizioni per conformare il diritto interno alla decisione quadro 2002/584/GAI del Consiglio, del 13 giugno 2002, relativa al mandato d'arresto europeo e alle procedure di consegna tra Stati membri), nel testo modificato dal D.Lgs. 2 febbraio 2021, n. 10. L'art. 2 dispone che:

1. L'esecuzione del mandato di arresto europeo non può, in alcun caso, comportare una violazione dei principi supremi dell'ordine costituzionale dello Stato o dei diritti inalienabili della persona riconosciuti dalla Costituzione, dei diritti fondamentali e dei fondamentali principi giuridici sanciti dall'articolo 6 del trattato sull'Unione europea o dei diritti fondamentali garantiti dalla Convenzione per la salvaguardia dei diritti dell'uomo e delle libertà fondamentali, firmata a Roma il 4 novembre 1950, resa esecutiva dalla legge 4 agosto 1955, n. 848, e dai Protocolli addizionali alla stessa

[2] V. art. unico, L. cost. 21 giugno 1967, n. 1 (G.U. 3 luglio 1967, n. 164), secondo cui l'ultimo comma dell'art. 10 e l'ultimo comma dell'art. 26 Cost. non si applicano ai delitti di genocidio: V. anche L. 26 novembre 1985, n. 719 (Ratifica della Convenzione Europea per la repressione del terrorismo del 27/1/1977)". V. sub art. 10.

27. La responsabilità penale è personale [40-43 c.p.].

L'imputato non è considerato colpevole sino alla condanna definitiva [648 ss. c.p.][1].

Le pene non possono consistere in trattamenti contrari al senso di umanità e devono tendere alla rieducazione del condannato [13, comma 4][2].

Non è ammessa la pena di morte[3][4][5][6][7][8][9].

[1] Così anche art. 6, comma 2, Convenzione Europea dei diritti dell'uomo nonché art. 48 Carta dei diritti fondamentali UE approvata a Nizza il 7 dicembre 2000 ("Ogni imputato è considerato innocente fino a quando la sua colpevolezza non sia stata legalmente provata").

[2] V. art. 4 della Carta dei diritti fondamentali UE approvata a Nizza il 7 dicembre 2000 ("Nessuno può essere sottoposto alla tortura né a pene o trattamenti inumani o degradanti").

V., anche, L. 26 luglio 1975, n. 354 (Norme sull'ordinamento penitenziario ed esecuzione delle misure privative e limitative); D.P.R. 30 giugno 2000, n. 230 (Regolamento di esecuzione della L. n. 354/1975). L'art. 1 della L. 354/1975, nel testo sostituito dall'art. 11, D.Lgs. 2 ottobre 2018, n. 123 dispone: "*1. Il trattamento penitenziario deve essere conforme a umanità e deve assicurare il rispetto della dignità della persona. Esso è improntato ad assoluta imparzialità, senza discriminazioni in ordine a sesso, identità di genere, orientamento sessuale, razza, nazionalità, condizioni economiche e sociali, opinioni politiche e credenze religiose, e si conforma a modelli che favoriscono l'autonomia, la responsabilità, la socializzazione e l'integrazione.*

2. Il trattamento tende, anche attraverso i contatti con l'ambiente esterno, al reinserimento sociale ed è attuato secondo un criterio di individualizzazione in rapporto alle specifiche condizioni degli interessati.

3. Ad ogni persona privata della libertà sono garantiti i diritti fondamentali; è vietata ogni violenza fisica e morale in suo danno.

4. Negli istituti l'ordine e la disciplina sono mantenuti nel rispetto dei diritti delle persone private della libertà.

5. Non possono essere adottate restrizioni non giustificabili con l'esigenza di mantenimento dell'ordine e della disciplina e, nei confronti degli imputati, non indispensabili a fini giudiziari.

6. I detenuti e gli internati sono chiamati o indicati con il loro nome.

7. Il trattamento degli imputati deve essere rigorosamente informato al principio per cui essi non sono considerati colpevoli sino alla condanna definitiva".

V. art. 3 CEDU.

[3] La pena di morte è stata abolita dal D.Lgs.Lgt. 10 agosto 1944, n. 224, dal D.Lgs. 22 gennaio 1948, n. 21 e dalla L. 13 ottobre 1994, n. 589.

[4] Comma così modificato dall'art. 1, L. cost. 2 ottobre 2007, n. 1.

[5] V. art. 2 CEDU.

[6] In relazione al comma 4, v. artt. 1, 2 Protocollo 6 CEDU e art. 1, Protocollo 13 CEDU.

[7] In relazione al comma 4, v. art. 2, Carta dei diritti fondamentali UE approvata a Nizza il 7 dicembre 2000.

[8] In relazione al comma 2, v. art. 48, Carta dei diritti fondamentali UE approvata a Nizza il 7 dicembre 2000.

[9] In relazione al comma 3, v. art. 49, Carta dei diritti fondamentali UE approvata a Nizza il 7 dicembre 2000.

V. artt. 2, 40, comma 2, 62-bis, 99, 131-bis, 150, 157, 159, 172, comma 5, 317, 319-quater, 341-bis, 372, 434, 567, comma 2, 580, 586, 589, comma 2, 589-bis, 590-bis, 624, 630, 657-bis, 688, comma 2, 712, , c.p.

28. I funzionari e i dipendenti dello Stato e degli enti pubblici sono direttamente responsabili, secondo le leggi penali [314-335-bis c.p.], civili e amministrative, degli atti compiuti in violazione di diritti[1]. In tali casi la responsabilità civile si estende allo Stato e agli enti pubblici[2].

[1] Artt. 17-30, D.P.R. 10 gennaio 1957, n. 3 (T.U. impiegati civili dello Stato). L'art. 22 recita: "L'impiegato che, nell'esercizio delle attribuzioni ad esso conferite dalle leggi o dai regolamenti, cagioni ad altri un danno ingiusto ai sensi dell'art. 23 è personalmente obbligato a risarcirlo. L'azione di risarcimento nei suoi confronti può essere esercitata congiuntamente con l'azione diretta nei confronti dell'Amministrazione qualora, in base alle norme ed ai principi vigenti dell'ordinamento giuridico, sussista anche la responsabilità dello Stato.

L'amministrazione che abbia risarcito il terzo del danno cagionato dal dipendente si rivale agendo contro quest'ultimo a norma degli articoli 18 e 19. Contro l'impiegato addetto alla conduzione di autoveicoli o di altri mezzi meccanici l'azione dell'Amministrazione è ammessa solo nel caso di danni arrecati per dolo o colpa grave". V. anche artt. 51-57, D.Lgs. 30 marzo 2001, n. 165 (T.U. sul pubblico impiego); R.D. 12 luglio 1934, n. 1214; L. 14 gennaio 1994, n. 20 in materia di responsabilità contabile, L. 4 marzo 2009, n. 15 (c.d. riforma Brunetta), D.Lgs. 27 ottobre 2009, n. 150 (produttività ed efficienza della P.A.) e D.Lgs. 20 dicembre 2009, n. 198 (class action contro la P.A.).

[2] Sulla responsabilità civile della P.A. v. art. 7, L. 6 dicembre 1971, n. 1034, come modificato dalla legge n. 205/2000 (Legge istitutiva dei TAR) e art. 35 D.Lgs. 31 marzo 1998, n. 80 (in materia di giurisdizione esclusiva del giudice amministrativo).

TITOLO II
RAPPORTI ETICO-SOCIALI

29. La Repubblica riconosce i diritti della famiglia come società naturale fondata sul matrimonio [79 ss. c.c.].

Il matrimonio è ordinato sull'eguaglianza morale e giuridica dei coniugi [3], con i limiti stabiliti dalla legge a garanzia dell'unità familiare [143-148 c.c.][1 2 3].

[1] V. art. 12 CEDU.

[2] In relazione al comma 2, v. art. 5 Protocollo 7 CEDU; v. art. 23, Carta dei diritti fondamentali UE approvata a Nizza il 7 dicembre 2000.

[3] V. artt. 9, 33, Carta dei diritti fondamentali UE approvata a Nizza il 7 dicembre 2000.

30. È dovere e diritto dei genitori, mantenere, istruire ed educare i figli, anche se nati fuori del matrimonio [147, 148, 261, 279 c.c.].

Nei casi di incapacità dei genitori, la legge provvede a che siano assolti i loro compiti [330, 343, 400-403 c.c.; 433-448 c.c., 34 c.p.].

La legge assicura ai figli nati fuori del matrimonio ogni tutela giuridica e sociale, compatibile con i diritti dei membri della famiglia legittima [250 ss. c.c.].

La legge detta le norme e i limiti per la ricerca della paternità [269-279 c.c][1].

[1] V. art. 24, Carta dei diritti fondamentali UE approvata a Nizza il 7 dicembre 2000.

31. La Repubblica agevola con misure economiche e altre provvidenze la formazione della famiglia e l'adempimento dei compiti relativi, con particolare riguardo alle famiglie numerose.

Protegge la maternità [37][1], l'infanzia e la gioventù, favorendo gli istituti necessari a tale scopo [291 ss. c.c.][2 3].

[1] V. L. 29 luglio 1975, n. 405 (Istituzione Consultori familiari); L. 22 maggio 1978, n. 194 (Tutela della maternità e interruzione volontariamente assistita), il cui art. 1 recita: Lo Stato garantisce il diritto alla procreazione cosciente e responsabile, riconosce il valore sociale della maternità e tutela la vita umana dal suo inizio. L'interruzione volontaria della gravidanza, di cui alla presente legge, non è mezzo per il controllo delle nascite. Lo Stato, le regioni e gli enti locali, nell'ambito delle proprie funzioni e competenze, promuovono e sviluppano i servizi socio-sanitari, nonché altre iniziative necessarie per evitare che lo aborto sia usato ai fini della limitazione delle nascite"); L. 19 febbraio 1994, n. 40 (procreazione medicalmente assistita).

[2] V. L. 4 maggio 1983, n. 184 (Diritto del minore ad una famiglia); L. 21 maggio 1991, n. 176 (Ratifica della Convenzione di New York sui diritti del fanciullo del 20 novembre 1988, il cui art. 9 - commi 1-3 - dispone: "1. Gli Stati parti vigilano affinché il fanciullo non sia separato dai suoi genitori contro la loro volontà a meno che le autorità competenti non decidano, sotto riserva di revisione giudiziaria e conformemente con le leggi di procedura applicabili, che questa separazione è necessaria nell'interesse preminente del fanciullo. Una decisione in questo senso può essere necessaria in taluni casi particolari, ad esempio quando i genitori maltrattano o trascurano il fanciullo oppure se vivono separati ed una decisione debba essere presa riguardo al luogo di residenza del fanciullo. In tutti i casi previsti al paragrafo 1 del presente articolo, tutte le Parti interessate devono avere la possibilità di partecipare alle deliberazioni e di far conoscere le loro opinioni. Gli Stati parti rispettano il diritto del fanciullo separato da entrambi i genitori e da uno di essi, di intrattenere regolarmente rapporti personali e contatti diretti con entrambi i suoi genitori, a meno che ciò non sia contrario all'interesse preminente del fanciullo"); L. 28 agosto 1997, n. 285 (Disposizioni per la promozione di diritti e opportunità per l'infanzia e l'adolescenza); L. 31 dicembre 1998, n. 476 (Adozione internazionale).

[3] V. art. 34, Carta dei diritti fondamentali UE approvata a Nizza il 7 dicembre 2000.

V. art. 657-bis, c.p.

32. La Repubblica tutela la salute come fondamentale diritto dell'individuo e interesse della collettività, e garantisce cure gratuite agli indigenti [5, 844, 2043, 2059, 2087 c.c.; 2-4 LAC][1 2].

Nessuno può essere obbligato a un determinato trattamento sanitario se non per disposizione di legge[3]. La legge non può in nessun caso violare i limiti imposti dal rispetto della persona umana [5 c.c.][4 5 6].

[1] Sulla tutela del diritto alla vita ed alla salute v. rispettivamente l'art. 2 ("*1. Ogni persona ha diritto alla vita. 2. Nessuno può essere condannato alla pena di morte, né giustiziato*") e 3 ("*1. Ogni persona ha diritto alla propria integrità fisica e psichica.*

2. Nell'ambito della medicina e della biologia devono essere in particolare rispettati: a) il consenso libero e informato della persona interessata, secondo le modalità definite dalla legge; b) il divieto delle pratiche eugenetiche, in particolare di quelle aventi come scopo la selezione delle persone; c) il divieto di fare del corpo umano e delle sue parti in quanto tali una fonte di lucro; d) il divieto della clonazione riproduttiva degli esseri umani") della Carta dei diritti fondamentali UE approvata a Nizza il 7 dicembre 2000, nella sua versione del 2016.

[2] Cfr. R.D. 27 luglio 1934, n. 1265 (T.U. delle leggi sanitarie); L. 23 dicembre 1978, n. 833 (Istituzione del servizio sanitario nazionale). L'art. 1 di detta legge recita: "*La Repubblica tutela la salute come fondamentale diritto dell'individuo e interesse della collettività mediante il servizio sanitario nazionale.*

La tutela della salute fisica e psichica deve avvenire nel rispetto della dignità e della libertà della persona umana.

Il servizio sanitario nazionale è costituito dal complesso delle funzioni, delle strutture, dei servizi e delle attività destinati alla promozione, al mantenimento ed al recupero della salute fisica e psichica di tutta la popolazione senza distinzione di condizioni individuali o sociali e secondo modalità che assicurino l'eguaglianza dei cittadini nei confronti del servizio. L'attuazione del servizio sanitario nazionale compete allo Stato, alle regioni e agli enti locali territoriali, garantendo la partecipazione dei cittadini.

Nel servizio sanitario nazionale è assicurato il collegamento ed il coordinamento con le attività e con gli interventi di tutti gli altri organi, centri, istituzioni e servizi, che svolgono nel settore sociale attività comunque incidenti sullo stato di salute degli individui e della collettività.

Le associazioni di volontariato possono concorrere ai fini istituzionali del servizio sanitario nazionale nei modi e nelle forme stabiliti dalla presente legge".

V. anche D.Lgs. 30 dicembre 1992, n. 502 (Riordino del sistema sanitario nazionale); D.Lgs. 19 giugno 1999, n. 229 (Norme per la razionalizzazione del sistema sanitario nazionale), D.L. 13 settembre 2012, n. 158, convertito in L. 8 novembre 2012, n. 189, L. 8 marzo 2017, n. 24 (Disposizioni in materia di sicurezza delle cure e della persona assistita, nonchè in materia di responsabilità professionale degli esercenti le professioni sanitarie) e L. 11 gennaio 2018, n. 3 (Delega al Governo in materia di sperimentazione clinica di medicinali nonchè disposizioni per il riordino delle professioni sanitarie e per la dirigenza sanitaria del Ministero della salute).

[3] Cfr. L. 13 maggio 1978, n. 180 (Accertamenti e trattamenti sanitari obbligatori) il cui art. 1 recita: "*Gli accertamenti e i trattamenti sanitari sono volontari.*

Nei casi di cui alla presente legge e in quelli espressamente previsti da leggi dello Stato possono essere disposti dall'autorità sanitaria accertamenti e trattamenti sanitari obbligatori nel rispetto della dignità della persona e dei diritti civili e politici garantiti dalla Costituzione, compreso per quanto possibile il diritto alla libera scelta del medico e del luogo di cura.

Gli accertamenti e i trattamenti sanitari obbligatori a carico dello Stato e di enti o istituzioni pubbliche sono attuati dai presìdi sanitari pubblici territoriali e, ove necessiti la degenza, nelle strutture ospedaliere pubbliche o convenzionate.

Nel corso del trattamento sanitario obbligatorio chi vi è sottoposto ha diritto di comunicare con chi ritenga opportuno.

Gli accertamenti e i trattamenti sanitari obbligatori di cui ai precedenti commi devono essere accompagnati da iniziative rivolte ad assicurare il consenso e la partecipazione da parte di chi vi è obbligato.

Gli accertamenti e i trattamenti sanitari obbligatori sono disposti con provvedimento del sindaco, nella sua qualità di autorità sanitaria locale, su proposta motivata di un medico".

[4] Cfr. L. 26 giugno 1967, n. 458 (Trapianti di rene tra persone viventi); L. 1° aprile 1999, n. 91 (Trapianti di organi); L. 16 dicembre 1999, n. 483 (Trapianto parziale del fegato); L. 21 ottobre, n. 210 (Disciplina delle attività trasfusionali e della produzione di emoderivati); L. 9 gennaio 2006, n. 7 (Prevenzione e divieto delle pratiche di mutilazione genetica femminile).

[5] V. art. 2 CEDU.

[6] V. artt. 3, 34, 35, Carta dei diritti fondamentali UE approvata a Nizza il 7 dicembre 2000.

V. art. 580, c.p.

33. L'arte e la scienza sono libere e libero ne è l'insegnamento[1].

La Repubblica detta le norme generali sull'istruzione ed istituisce scuole statali per tutti gli ordini e gradi[2].

Enti e privati hanno il diritto di istituire scuole ed istituti di educazione, senza oneri per lo Stato.

La legge, nel fissare i diritti e gli obblighi delle scuole non statali che chiedono la parità, deve assicurare ad esse piena libertà e ai loro alunni un trattamento scolastico equipollente a quello degli alunni di scuole statali[2].

È prescritto un esame di Stato per l'ammissione ai vari ordini e gradi di scuole o per la conclusione di essi e per l'abilitazione all'esercizio professionale[3].

Le istituzioni di alta cultura, università ed accademie, hanno il diritto di darsi ordinamenti autonomi nei limiti stabiliti dalle leggi dello Stato[1 5 6].

[1] V. D.Lgs. 16 aprile 1994, n. 297 (Approvazione del testo unico delle disposizioni legislative vigenti in materia di istruzione, relative alle scuole di ogni ordine e grado); D.P.R. 8 marzo 1999, n. 275 (Regolamento recante norme in materia di autonomia delle istituzioni scolastiche).

[2] V. L. 10 marzo 2000, n. 62 (Norme per la parità scolastica e disposizioni sul diritto allo studio ed all'istruzione).

[3] V. D.P.R. 23 luglio 1998, n. 323 (Nuova disciplina degli esami di Stato).

[4] V. D.M. 22 ottobre 2004, n. 270 (Regolamento sull'autonomia didattica degli Atenei) e L. 13 luglio 2015, n. 107 (Rifor-

ma del sistema nazionale di istruzione e formazione e delega per il riordino delle disposizioni legislative vigenti).

[5] V. art. 2 Protocollo 1 CEDU.

[6] V. art. 13, Carta dei diritti fondamentali UE approvata a Nizza il 7 dicembre 2000.

34. La scuola è aperta a tutti[1].

L'istruzione inferiore, impartita per almeno otto anni, è obbligatoria e gratuita.

I capaci e meritevoli, anche se privi di mezzi, hanno diritto di raggiungere i gradi più alti degli studi.

La Repubblica rende effettivo questo diritto con borse di studio, assegni alle famiglie ed altre provvidenze, che devono essere attribuite per concorso[2 3 4].

[1] Cfr. L. 31 dicembre 1962, n. 1859 sulla scuola dell'obbligo; artt. 109-113, D.Lgs. 16 aprile 1994, n. 297 (Approvazione del testo unico delle disposizioni legislative vigenti in materia di istruzione, relative alle scuole di ogni ordine e grado): V. l'art. 109, comma 1: *"In attuazione dell'articolo 34 della Costituzione, l'istruzione inferiore è impartita nella scuola primaria e secondaria di primo grado. Essa ha la durata di almeno otto anni ed è obbligatoria e gratuita"*; D.Lgs. 19 febbraio 2004, n. 59 (Norme relative alla scuola dell'infanzia e al primo circolo dell'istruzione); D.Lgs. 15 aprile 2005, n. 76 (Definizione delle norme generali sul diritto-dovere all'istruzione e alla formazione, a norma dell'articolo 2, comma 1, lettera c), della legge 28 marzo 2003, n. 53). L'art. 1 di tale ultima normativa dispone: *"1. La Repubblica promuove l'apprendimento in tutto l'arco della vita e assicura a tutti pari opportunità di raggiungere elevati livelli culturali e di sviluppare le capacità e le competenze, attraverso conoscenze e abilità, generali e specifiche, coerenti con le attitudini e le scelte personali, adeguate all'inserimento nella vita sociale e nel mondo del lavoro, anche con riguardo alle dimensioni locali, nazionale ed europea.*

2. L'obbligo scolastico di cui all'articolo 34 della Costituzione, nonché l'obbligo formativo, introdotto dall'articolo 68 della legge 17 maggio 1999, n. 144, e successive modificazioni, sono ridefiniti ed ampliati, secondo quanto previsto dal presente articolo, come diritto all'istruzione e formazione e correlativo dovere.

3. La Repubblica assicura a tutti il diritto all'istruzione e alla formazione, per almeno dodici anni o, comunque, sino al conseguimento di una qualifica di durata almeno triennale entro il diciottesimo anno di età. Tale diritto si realizza nelle istituzioni del primo e del secondo ciclo del sistema educativo di istruzione e di formazione, costituite dalle istituzioni scolastiche e dalle istituzioni formative accreditate dalle regioni e dalle province autonome di Trento e di Bolzano, anche attraverso l'apprendistato di cui all'articolo 48 del decreto legislativo 10 settembre 2003, n. 276, ivi comprese le scuole paritarie riconosciute ai sensi della legge 10 marzo 2000, n. 62, secondo livelli essenziali di prestazione definiti a norma dell'articolo 117, secondo comma, lettera m), della Costituzione.

4. I genitori, o chi ne fa le veci, che intendano provvedere privatamente o direttamente all'istruzione dei propri figli, ai fini dell'esercizio del diritto-dovere, devono dimostrare di averne la capacità tecnica o economica e darne comunicazione anno per anno alla competente autorità, che provvede agli opportuni controlli.

5. Nelle istituzioni scolastiche statali la fruizione del diritto di cui al comma 3 non è soggetta a tasse di iscrizione e di frequenza.

6. La fruizione dell'offerta di istruzione e di formazione come previsto dal presente decreto costituisce per tutti ivi compresi, ai sensi dell'articolo 38 del testo unico delle disposizioni concernenti la disciplina dell'immigrazione e norme sulla condizione dello straniero, di cui al decreto legislativo 25 luglio 1998, n. 286, i minori stranieri presenti nel territorio dello Stato, oltre che un diritto soggettivo, un dovere sociale ai sensi dell'articolo 4, secondo comma, della Costituzione, sanzionato come previsto dall'articolo 5.

7. La Repubblica garantisce, attraverso adeguati interventi, l'integrazione nel sistema educativo di istruzione e formazione delle persone in situazione di handicap, a norma della legge 5 febbraio 1992, n. 104, e successive modificazioni.

8. L'attuazione del diritto e del correlativo dovere di cui al presente articolo si realizza con le gradualità e modalità previste dall'articolo 6".

[2] Cfr. anche D.Lgs. 17 ottobre 2005, n. 226 (Norme generali e livelli essenziali delle prestazioni relativi al secondo ciclo del sistema educativo di formazione ed istruzione), il cui art. 28, comma 1 recita: *"1. A partire dall'anno scolastico e formativo 2006/2007 e fino alla completa attuazione del presente decreto il diritto-dovere all'istruzione e alla formazione, di cui al decreto legislativo 15 aprile 2005, n. 76, ricomprende i primi tre anni degli istituti di istruzione secondaria superiore e dei percorsi sperimentali di istruzione e formazione professionale realizzati sulla base dell'accordo-quadro in sede di Conferenza unificata 19 giugno 2003. Per tali percorsi sperimentali continuano ad applicarsi l'accordo in sede di Conferenza Stato-Regioni 15 gennaio 2004 e l'accordo in sede di Conferenza Unificata 28 ottobre 2004"*.

[3] V. art. 2 Protocollo 1 CEDU.

[4] V. artt. 14, 34, Carta dei diritti fondamentali UE approvata a Nizza il 7 dicembre 2000.

TITOLO III
RAPPORTI ECONOMICI

35. La Repubblica tutela il lavoro [4] in tutte le sue forme ed applicazioni [2060 c.c.][1].

Cura la formazione e l'elevazione professionale dei lavoratori[2].

Promuove e favorisce gli accordi e le organizzazioni internazionali intesi ad affermare e regolare i diritti del lavoro[3].

Riconosce la libertà di emigrazione, salvo gli obblighi stabiliti dalla legge nell'interesse generale, e tutela il lavoro italiano all'estero[4 5].

[1] Cfr. L. 20 maggio 1970. n. 300 (Statuto dei lavoratori) e L. 14 febbraio 2003, n. 30; D.Lgs. 10 settembre 2003, n. 276; L. 24 dicembre 2007, n. 247; L. 28 giugno 2012, n. 92; L. 10 dicembre 2014, n. 183; D.Lgs. 4 marzo 2015, n. 22; D.Lgs. 4 marzo 2015, n. 23; D.Lgs. 15 giugno 2015, n. 80; D.Lgs. 15 giugno 2015, n. 81; D.Lgs. 14 settembre 2015, n. 148; D.Lgs. 14 settembre 2015, n. 149; D.Lgs. 14 settembre 2015, n. 150; D.Lgs. 14 settembre 2015, n. 151.

[2] V. L. 21 dicembre 1978, n. 845 (Legge quadro sulla formazione professionale); L. 19 gennaio 1955, n. 25 (Apprendistato).

[3] Cfr. Convenzione dell'OIL; Carta Sociale Europea.

[4] V. art. 4 CEDU.

[5] V. artt. 5 ,15, Carta dei diritti fondamentali UE approvata a Nizza il 7 dicembre 2000.

[6] In riferimento al comma 2, v. art. 27, Carta dei diritti fondamentali UE approvata a Nizza il 7 dicembre 2000.

36. Il lavoratore ha diritto ad una retribuzione proporzionata alla quantità e qualità del suo lavoro e in ogni caso sufficiente ad assicurare a sé e alla famiglia un'esistenza libera e dignitosa [2099 c.c.][1].

La durata massima della giornata lavorativa è stabilita dalla legge [2107 c.c.][2].

Il lavoratore ha diritto al riposo settimanale e a ferie annuali retribuite, e non può rinunziarvi [2109 c.c.][1 3 4].

[1] Cfr. L. 14 luglio 1959, n. 741 (Minimi di trattamento economico e normativo dei lavoratori). L'art. 7 stabilisce che: "*I trattamenti economici e normativi minimi, contenuti nelle leggi delegate, si sostituiscono di diritto a quelli in atto, salvo le condizioni, anche di carattere aziendale, più favorevoli ai lavoratori. Essi conservano piena efficacia anche dopo la scadenza o il rinnovo dell'accordo o contratto collettivo cui il Governo si è uniformato sino a quando non intervengano successive modifiche di legge o di accordi e contratti collettivi aventi efficacia verso tutti gli appartenenti alla categoria. Alle norme che stabiliscono il trattamento di cui sopra si può derogare, sia con accordi o contratti collettivi che con contratti individuali, soltanto a favore dei lavoratori*".

La Corte costituzionale, con sentenza 6 luglio 1971, n. 156, ha dichiarato l'illegittimità costituzionale del comma 2 della norma nella parte in cui esclude che la sopravvenuta non corrispondenza dei minimi economici al salario sufficiente conferisca al giudice ordinario i poteri che gli vengono dall'art. 36, Cost.

V. anche l'art. 1, L. 1° ottobre 1960, n. 1027.

[2] Cfr. R.D.L. 15 marzo 1923, n. 692, convertito dalla L, 17 aprile 1925, n. 473 (Limitazione dell'orario per gli operai e gli impiegati delle aziende industriali commerciali di qualunque natura); L. 22 febbraio 1934, n. 370 (Riposo domenicale e settimanale); D.Lgs. 8 aprile 2003, n. 66 (Attuazione delle direttive delle direttive 93/104/CE e 2000/34/CE concernenti taluni aspetti dell'organizzazione dell'orario di lavoro). L'art. 3 dispone: "1. L'orario normale di lavoro è fissato in 40 ore settimanali. 2. I contratti collettivi di lavoro possono stabilire, ai fini contrattuali, una durata minore e riferire l'orario normale alla durata media delle prestazioni lavorative in un periodo non superiore all'anno".

[3] V. art. 4 CEDU.

[4] V. artt. 5, 31, Carta dei diritti fondamentali UE approvata a Nizza il 7 dicembre 2000.

37. La donna lavoratrice ha gli stessi diritti e, a parità di lavoro, le stesse retribuzioni che spettano al lavoratore [3][1]. Le condizioni di lavoro devono consentire l'adempimento della sua essenziale funzione familiare [31] e assicurare alla madre e al bambino una speciale adeguata protezione [2110][2].

La legge stabilisce il limite minimo di età per il lavoro salariato[3].

La Repubblica tutela il lavoro dei minori con speciali norme e garantisce ad essi, a parità di lavoro, il diritto alla parità di retribuzione [31; 2110 c.c.][3 4 5 6].

[1] V. art. 1, comma 1, D.Lgs. 11 aprile 2006, n. 198 (Codice delle pari opportunità tra uomo e donna), nel testo sostituito dal D.Lgs. 25 gennaio 2010, n. 5: "*Le disposizioni del presente decreto hanno ad oggetto le misure volte ad eliminare ogni discriminazione basata sul sesso, che abbia come conseguenza o come scopo di compromettere o di impedire il riconoscimento, il godimento o l'esercizio dei diritti umani e delle libertà fondamentali in campo politico, economico, sociale, culturale e civile o in ogni altro campo*".

[2] V. L. 8 marzo 2000, n. 53 (Norme in materia di congedi parentali); art. 3, D.Lgs. 26 marzo 2001, n. 151 (T.U. sulla maternità e paternità), nel testo sostituito dall'art. 2, D.Lgs. 25 gennaio 2010, n. 5: "*È vietata qualsiasi discriminazione per ragioni connesse al sesso, secondo quanto previsto dal decreto legislativo 11 aprile 2006, n. 198, con particolare riguardo ad ogni trattamento meno favorevole in ragione dello stato di gravidanza, nonchè di maternità o paternità, anche adottive, ovvero in ragione della titolarità e dell'esercizio dei relativi diritti*".

[3] V. L. 17 ottobre 1967, n. 977 (Tutela del lavoro dei bambini); D.Lgs. 4 agosto 1999, n. 345 (Protezione dei giovani sul lavoro).

[4] V. art. 4 CEDU.

[5] V. artt. 5, 23, Carta dei diritti fondamentali UE approvata a Nizza il 7 dicembre 2000.

[6] In riferimento ai commi 2, 3, v. art. 24; in riferimento al comma 3, v. art. 32, Carta dei diritti fondamentali UE approvata a Nizza il 7 dicembre 2000.

38. Ogni cittadino inabile al lavoro e sprovvisto dei mezzi necessari per vivere ha diritto al mantenimento e all'assistenza sociale.

I lavoratori hanno diritto che siano preveduti ed assicurati mezzi adeguati alle loro esigenze di vita in caso di infortunio, malattia, invalidità e vecchiaia, disoccupazione involontaria [2110 c.c.].

Gli inabili ed i minorati hanno diritto all'educazione e all'avviamento professionale[1 2].

Ai compiti previsti in questo articolo provvedono organi ed istituti predisposti o integrati dallo Stato.

L'assistenza privata è libera[3].

[1] Cfr. L. 5 febbraio 1992, n. 104 (Legge quadro per l'assistenza, l'integrazione sociale e i diritti delle persone handicappate). Si riportano di seguito i seguenti articoli: "*Art. 1: La Repubblica: a) garantisce il pieno rispetto della dignità umana e i diritti di libertà e di autonomia della persona handicappata e ne promuove la piena integrazione nella famiglia, nella scuola, nel lavoro e nella società; b) previene e rimuove le condizioni invalidanti che impediscono lo sviluppo della persona umana, il raggiungimento della massima autonomia possibile e la partecipazione della persona handicappata alla vita della collettività, nonché la realizzazione dei diritti civili, politici e patrimoniali; c) persegue il recupero funzionale e sociale della persona affetta da minorazioni fisiche, psichiche e senso-*

riali e assicura i servizi e le prestazioni per la prevenzione, la cura e la riabilitazione delle minorazioni, nonché la tutela giuridica ed economica della persona handicappata; d) predispone interventi volti a superare stati di emarginazione e di esclusione sociale della persona handicappata".

"*Art. 2: La presente legge detta i princìpi dell'ordinamento in materia di diritti, integrazione sociale e assistenza della persona handicappata. Essa costituisce inoltre riforma economico-sociale della Repubblica, ai sensi dell'articolo 4 dello Statuto speciale per il Trentino-Alto Adige, approvato con legge costituzionale 26 febbraio 1948, n. 5*".

[2] V. L. 12 marzo 1999, n. 68 (Norme per il diritto al lavoro dei disabili); L. 8 novembre 2000. n. 328 (Legge quadro per la realizzazione del sistema integrato di interventi e servizi sociali); L. 30 marzo 2001, n. 152 (Nuova disciplina per gli istituti di patronato e di assistenza sociale).

[3] V. art. 26, Carta dei diritti fondamentali UE approvata a Nizza il 7 dicembre 2000.

39. L'organizzazione sindacale è libera [18][1].

Ai sindacati non può essere imposto altro obbligo se non la loro registrazione presso uffici locali o centrali, secondo le norme di legge[2].

È condizione per la registrazione che gli statuti dei sindacati sanciscano un ordinamento interno a base democratica.

I sindacati registrati hanno personalità giuridica. Possono, rappresentati unitariamente in proporzione dei loro iscritti, stipulare contratti collettivi di lavoro con efficacia obbligatoria per tutti gli appartenenti alle categorie alle quali il contratto si riferisce.

[1] Cfr. artt. 14-32, L. 20 maggio 1970. n. 300 (Statuto dei lavoratori); artt. 40-50 D.Lgs. 30 marzo 2001, n. 165 (T.U. in materia di pubblico impiego).

[2] Cfr. D.P.R. 10 febbraio 2000. n. 361 (Semplificazione dei procedimenti di riconoscimento delle persone giuridiche).

40. Il diritto di sciopero si esercita nell'ambito delle leggi che lo regolano[1 2].

[1] V. L. 12 giugno 1990, n. 146 recante norme sull'esercizio del diritto di sciopero nei servizi pubblici essenziali.

L'art. 1 di tale legge, nel testo modificato dall'art. 1, D.L. 20 settembre 2015, n. 146, convertito in L. 12 novembre 2015, n. 182, recita: "*1. Ai fini della presente legge sono considerati servizi pubblici essenziali, indipendentemente dalla natura giuridica del rapporto di lavoro, anche se svolti in regime di concessione o mediante convenzione, quelli volti a garantire il godimento dei diritti della persona, costituzionalmente tutelati, alla vita, alla salute, alla libertà ed alla sicurezza, alla libertà di circolazione, all'assistenza e previdenza sociale, all'istruzione ed alla libertà di comunicazione.*

2. Allo scopo di contemperare l'esercizio del diritto di sciopero con il godimento dei diritti della persona, costituzionalmente tutelati, di cui al comma 1, la presente legge dispone le regole da rispettare e le procedure da seguire in caso di conflitto collettivo, per assicurare l'effettività, nel loro contenuto essenziale, dei diritti medesimi, in particolare nei seguenti servizi e limitatamente all'insieme delle prestazioni individuate come indispensabili ai sensi dell'articolo 2:

a) per quanto concerne la tutela della vita, della salute, della libertà e della sicurezza della persona, dell'ambiente e del patrimonio storico-artistico: la sanità; l'igiene pubblica; la protezione civile; la raccolta e lo smaltimento dei rifiuti urbani e di quelli speciali, tossici e nocivi; le dogane, limitatamente al controllo su animali e su merci deperibili; l'approvvigionamento di energie, prodotti energetici, risorse naturali e beni di prima necessità, nonché la gestione e la manutenzione dei relativi impianti, limitatamente a quanto attiene alla sicurezza degli stessi; l'amministrazione della giustizia, con particolare riferimento a provvedimenti restrittivi della libertà personale ed a quelli cautelari ed urgenti, nonché ai processi penali con imputati in stato di detenzione; i servizi di protezione ambientale e di vigilanza sui beni culturali; l'apertura al pubblico regolamentata di musei e altri istituti e luoghi della cultura, di cui all'articolo 101, comma 3, del codice dei beni culturali e del paesaggio, di cui al decreto legislativo 22 gennaio 2004, n. 42;

b) per quanto concerne la tutela della libertà di circolazione: i trasporti pubblici urbani ed extraurbani autoferrotranviari, ferroviari, aerei, aeroportuali e quelli marittimi limitatamente al collegamento con le isole;

c) per quanto concerne l'assistenza e la previdenza sociale, nonché gli emolumenti retributivi o comunque quanto economicamente necessario al soddisfacimento delle necessità della vita attinenti a diritti della persona costituzionalmente garantiti: i servizi di erogazione dei relativi importi anche effettuati a mezzo del servizio bancario;

d) per quanto riguarda l'istruzione: l'istruzione pubblica, con particolare riferimento all'esigenza di assicurare la continuità dei servizi degli asili nido, delle scuole materne e delle scuole elementari, nonché lo svolgimento degli scrutini finali e degli esami, e l'istruzione universitaria, con particolare riferimento agli esami conclusivi dei cicli di istruzione;

e) per quanto riguarda la libertà di comunicazione: le poste, le telecomunicazioni e l'informazione radiotelevisiva pubblica".

V. anche gli artt. 15 ("È nullo qualsiasi patto od atto diretto a: a) subordinare l'occupazione di un lavoratore alla condizione che aderisca o non aderisca ad una associazione sindacale ovvero cessi di farne parte; b) licenziare un lavoratore, discriminarlo nella assegnazione di qualifiche o mansioni, nei trasferimenti, nei provvedimenti disciplinari, o recargli altrimenti pregiudizio a causa della sua affiliazione o attività sindacale ovvero della sua partecipazione ad uno sciopero") e 28 ("Qualora il datore di lavoro ponga in essere comportamenti diretti ad impedire o limitare l'esercizio della libertà e della attività sindacale nonché del diritto di sciopero, su ricorso degli organismi locali delle associazioni sindacali nazionali che vi abbiano interesse, il pretore del luogo ove è posto in essere il comportamento denunziato, nei due giorni successivi, convocate le parti ed assunte sommarie informazioni, qualora ritenga sussistente la violazione di cui al presente comma, ordina al datore di lavoro, con decreto motivato ed immediatamente esecutivo, la cessazione del comportamento illegittimo e la rimozione degli effetti. L'efficacia esecutiva del decreto non può essere revocata fino alla sentenza con cui il pretore in funzione di giudice del lavoro definisce il giudizio instaurato a norma del comma successivo. Contro il decreto che decide sul ricorso è ammessa, entro 15 giorni dalla comunicazione del decreto alle parti opposizione davanti al pretore in funzione di giudice del lavoro che decide con sentenza immediatamente esecutiva. Si osservano le disposizioni degli articoli 413 e seguenti del codice di procedura civile. Il datore di lavoro che non ottempera al decreto, di cui al primo comma, o alla sentenza pronunciata nel giudizio di opposizione è punito ai sensi dell'articolo 650 del codice penale. L'autorità giudiziaria ordina la pubblicazione della sentenza penale di condanna nei modi stabiliti dall'articolo 36 del codice penale") della L. 20 maggio 1970. n. 300 (Statuto dei lavoratori).

[2] V. art. 28, Carta dei diritti fondamentali UE approvata a Nizza il 7 dicembre 2000.

41. L'iniziativa economica privata è libera [2082 c.c.][1].

Non può svolgersi in contrasto con l'utilità sociale o in modo da recare danno alla sicurezza, alla libertà, alla dignità umana.

La legge determina i programmi e i controlli opportuni perché l'attività economica pubblica e privata possa essere indirizzata e coordinata a fini sociali[2 3].

[1] V., L. 10 ottobre 1990, n. 287 (Norme per la tutela della concorrenza e del mercato). V. anche L. 18 giugno 1998, n. 192 (partic. art. 9) (Disciplina della subfornitura nelle attività produttive).

[2] Cfr. L. 14 novembre 1995, n. 481 (Norme per la concorrenza e la regolazione dei servizi di pubblica utilità).

[3] V. art. 16, Carta dei diritti fondamentali UE approvata a Nizza il 7 dicembre 2000.

V. artt. 648-bis, 648-ter, c.p.

42. La proprietà è pubblica [822-831 c.c.] o privata [832 c.c.]. I beni economici appartengono allo Stato, ad enti o a privati.

La proprietà privata è riconosciuta e garantita dalla legge, che ne determina i modi di acquisto [922 c.c.], di godimento e i limiti allo scopo di assicurarne la funzione sociale e di renderla accessibile a tutti.

La proprietà privata può essere, nei casi preveduti dalla legge, e salvo indennizzo, espropriata per motivi di interesse generale[1].

La legge stabilisce le norme ed i limiti della successione legittima e testamentaria e i diritti dello Stato sulle eredità.

[1] Cfr. D.P.R. 8 giugno 2001, n. 327 (Testo unico delle disposizioni legislative e regolamentari in materia di espropriazione per pubblica utilità. L'art. 2, comma 1, dispone che "l'espropriazione dei beni immobili o di diritti relativi ad immobili di cui all'articolo 1 può essere disposta nei soli casi previsti dalle leggi e dai regolamenti"

L'art. 17 della Carta dei diritti Fondamentali UE approvata il 7 dicembre 2000 a Nizza, nella sua versione del 2016 dispone, al comma 1 che: "1. *Ogni persona ha il diritto di godere della proprietà dei beni che ha acquisito legalmente, di usarli, di disporne e di lasciarli in eredità. Nessuna persona può essere privata della proprietà se non per causa di pubblico interesse, nei casi e nei modi previsti dalla legge e contro il pagamento in tempo utile di una giusta indennità per la perdita della stessa. L'uso dei beni può essere regolato dalla legge nei limiti imposti dall'interesse generale*".

V., anche, art. 1 Protocollo 1 CEDU.

43. A fini di utilità generale la legge può riservare originariamente o trasferire, mediante espropriazione e salvo indennizzo [834, 835, 838 c.c.][1], allo Stato, ad enti pubblici o a comunità di lavoratori o di utenti determinate imprese o categorie di imprese, che si riferiscano a servizi pubblici essenziali o a fonti di energia o a situazioni di monopolio ed abbiano carattere di preminente interesse generale[2 3].

[1] Cfr. D.P.R. 8 giugno 2001, n. 327 (Testo unico delle disposizioni legislative e regolamentari in materia di espropriazione per pubblica utilità). Gli artt. da 52-bis a 52-nonies, introdotti dal D.Lgs. 27 dicembre 2004, n. 330, disciplinano l'espropriazione per la realizzazione di infrastrutture lineari energetiche. V. anche artt. da 86 a 97 del codice delle comunicazioni elettroniche approvato con D.Lgs. 1° agosto 2003, n. 259.

[2] L. 6 dicembre 1962, n. 1643 (Nazionalizzazione dell'energia elettrica).

[3] V. art. 1 Protocollo 1 CEDU.

44. Al fine di conseguire il razionale sfruttamento del suolo e di stabilire equi rapporti sociali, la legge impone obblighi e vincoli alla proprietà terriera privata, fissa limiti alla sua estensione secondo le regioni e le zone agrarie, promuove ed impone la bonifica delle terre [857 c.c.], la trasformazione del latifondo e la ricostituzione delle unità produttive; aiuta la piccola e la media proprietà.

La legge dispone provvedimenti a favore delle zone montane[1].

[1] Cfr. L. 3 dicembre 1971, n. 1102 (Nuove norme per lo sviluppo della montagna); L. 31 gennaio 1994, n. 97 (Nuove disposizioni per le zone montane). L'art. 1 di detta ultima legge recita:

"*1. La salvaguardia e la valorizzazione delle zone montane, ai sensi dell'art. 44 della Costituzione, rivestono carattere di preminente interesse nazionale. Ad esse concorrono, per quanto di rispettiva competenza, lo Stato, le regioni, le province autonome e gli enti locali.*

2. Le disposizioni della presente legge costituiscono princìpi fondamentali ai sensi dell'art. 117 della Costituzione. Le regioni a statuto speciale e le province autonome di Trento e di Bolzano provvedono alle finalità della presente legge secondo le disposizioni dei rispettivi statuti e delle relative norme di attuazione.

3. Quando non diversamente specificato, le disposizioni della presente legge si applicano ai territori delle comunità montane ridelimitate ai sensi dell'art. 28 della legge 8 giugno 1990, n. 142. Ai fini della presente legge, per "comuni montani" si intendono "comuni facenti parte di comunità montane" ovvero "comuni interamente montani classificati tali ai sensi della legge 3 dicembre 1971, n. 1102 e successive modificazioni" in mancanza della ridelimitazione.

4. Sono interventi speciali per la montagna le azioni organiche e coordinate dirette allo sviluppo globale della montagna mediante la tutela e la valorizzazione delle qualità ambientali e delle potenzialità endogene proprie dell'habitat montano. Le azioni riguardano i profili:

a) territoriale, mediante formule di tutela e di promozione delle risorse ambientali che tengano conto sia del loro valore naturalistico che delle insopprimibili esigenze di vita civile delle popolazioni residenti, con particolare riferimento allo sviluppo del sistema dei trasporti e della viabilità locale;

b) economico, per lo sviluppo delle attività economiche presenti sui territori montani da considerare aree depresse;

c) sociale, anche mediante la garanzia di adeguati servizi per la collettività;

d) culturale e delle tradizioni locali.

5. Le regioni e le province autonome concorrono alla tutela e alla valorizzazione del proprio territorio montano mediante gli interventi speciali, nel rispetto dell'art. 4, comma 6, della Carta europea dell'autonomia locale, di cui alla L. 30 dicembre 1989, n. 439.

6. Le disposizioni della presente legge si applicano altresì ai territori compresi nei parchi nazionali montani istituiti ai sensi della legge 6 dicembre 1991, n. 394".

45. La Repubblica riconosce la funzione sociale della cooperazione a carattere di mutualità e senza fini di speculazione privata [2511 c.c.]. La legge ne promuove e favorisce l'incremento con i mezzi più idonei e ne assicura, con gli opportuni controlli [2545-quaterdecies-2545-octiesdecies c.c.], il carattere e le finalità[1].

La legge provvede alla tutela e allo sviluppo dell'artigianato[2].

[1] V. D.L.C.P.S. 14 dicembre 1947, n. 1577, sulla cooperazione; L. 17 febbraio 1971, n. 127 (Provvedimenti per la cooperazione); L. 31 gennaio 1992, n. 59 (Nuove norme in materia di società cooperative); L. 3 aprile 2001, n. 142 (Revisione della legislazione in materia cooperativistica, con particolare riferimento alla posizione del socio lavoratore); D.Lgs. 2 agosto 2002, n. 229 (Norme in materia di riordino della vigilanza sugli enti cooperativi).

[2] L. 8 agosto 1985, n. 443 (Legge quadro per l'artigianato).

46. Ai fini della elevazione economica e sociale del lavoro e in armonia con le esigenze della produzione, la Repubblica riconosce il diritto dei lavoratori a collaborare, nei modi e nei limiti stabiliti dalle leggi, alla gestione delle aziende [2502 c.c.][1].

[1] Cfr. art. 47, L. 29 dicembre 1990, n. 428 (in tema di informazione e consultazione in caso di trasferimento di azienda); L. 23 luglio 1991, n. 223 (in materia di informazione e consultazione per le procedure di mobilità); D.Lgs., 19 agosto 2005, n. 188 (Coinvolgimento dei lavoratori nella società europea).

47. La Repubblica incoraggia e tutela il risparmio in tutte le sue forme; disciplina, coordina e controlla l'esercizio del credito [1834-1860 c.c.][1].

Favorisce l'accesso del risparmio popolare alla proprietà dell'abitazione, alla proprietà diretta coltivatrice e al diretto e indiretto investimento azionario nei grandi complessi produttivi del Paese [2349 c.c.][2].

[1] V. D.Lgs. 1° settembre 1993, n. 385 (T.U. delle leggi i materia bancaria e creditizia); D.Lgs. 1° settembre 1998, n. 58 (T.U. delle disposizioni in materia di intermediazione finanziaria); D.Lgs. 7 settembre 2005, n. 209 (Codice delle Assicurazioni).

TITOLO IV
RAPPORTI POLITICI

48. Sono elettori tutti i cittadini, uomini e donne, che hanno raggiunto la maggiore età[1].

Il voto è personale ed eguale, libero e segreto. Il suo esercizio è dovere civico[2].

La legge stabilisce requisiti e modalità per l'esercizio del diritto di voto dei cittadini residenti all'estero e ne assicura l'effettività. A tale fine è istituita una circoscrizione Estero per l'elezione delle Camere, alla quale sono assegnati seggi nel numero stabilito da norma costituzionale e secondo criteri determinati dalla legge[3].

Il diritto di voto non può essere limitato se non per incapacità civile o per effetto di sentenza penale irrevocabile o nei casi di indegnità morale indicati dalla legge[4].

[1] V. D.P.R. 20 marzo 1967, n. 223 (T.U. delle leggi per la disciplina dell'elettorato attivo e per la tenuta e revisione delle liste elettorali). Per la Camera dei Deputati v. T.U. per le elezioni alla Camera dei deputati approvato con D.P.R. 30 marzo 1957, n. 361; nonché L. 4 agosto 1993, n. 277 (Norme per l'elezione alla Camera dei deputati), come modificata dalla L. 21 dicembre 2005, n. 270. Per il Senato v. poi D.Lgs. 20 dicembre 1993, n. 533 (Testo unico delle leggi recanti norme per l'elezione del Senato della Repubblica), come modificato dalla L. 21 dicembre 2005, n. 270.

[2] L'art. 4, comma 1, T.U. n. 361/1957 (v. nota 1) dispone che "Il voto è un dovere civico e un diritto di tutti i cittadini, il cui libero esercizio deve essere garantito e promosso dalla Repubblica".

[3] Comma aggiunto dall'art. 1, L. cost. 17 gennaio 2000, n. 1.

[4] V. artt. 39, 40, Carta dei diritti fondamentali UE approvata a Nizza il 7 dicembre 2000.

49. Tutti i cittadini hanno diritto di associarsi liberamente in partiti per concorrere con metodo democratico a determinare la politica nazionale [18, 98, comma 3, XII disp. trans.].

50. Tutti i cittadini possono rivolgere petizioni alle Camere per chiedere provvedimenti legislativi o esporre comuni necessità[1].

[1] Cfr. art. 109 Reg. Camera e artt. 140-141 Reg. Senato.

51. Tutti i cittadini dell'uno o dell'altro sesso possono accedere agli uffici pubblici e alle cariche elettive in condizioni di eguaglianza, secondo i requisiti stabiliti dalla legge. A tale fine la Repubblica promuove con appositi provvedimenti le pari opportunità tra donne e uomini[1].

La legge può, per l'ammissione ai pubblici uffici e alle cariche elettive, parificare ai cittadini gli italiani non appartenenti alla Repubblica[2].

Chi è chiamato a funzioni pubbliche elettive ha diritto di disporre del tempo necessario al loro adempimento e di conservare il suo posto di lavoro[3].

[1] Comma così modificato dall'art. 1, L. cost. 30 maggio 2003, n. 1.

[2] Cfr. L. 24 aprile 1967, n. 326 (Convenzione sui diritti politici della donna, adottata a New York il 31 marzo 1953) D.Lgs. 11 aprile 2006, n. 198 (Codice delle pari opportunità tra uomo e donna).

[3] Art. 68 D.Lgs. 30 marzo 2001, n. 165 (T.U. sul pubblico impiego), L. 20 maggio 1970, n. 300, artt. 31 e 32.

52. La difesa della Patria è sacro dovere del cittadino.

Il servizio militare è obbligatorio nei limiti e modi stabiliti dalla legge[1]. Il suo adempimento non pregiudica la posizione di lavoro del cittadino, né l'esercizio dei diritti politici.

L'ordinamento delle Forze armate si informa allo spirito democratico della Repubblica[2].

[1] V. D.P.R. 14 febbraio 1964, n. 237 e L. 31 maggio 1975, n. 191 recante "Nuove norme per il servizio di leva". V. anche L. 8 luglio 1998, n. 230 e L. 6 marzo 2001, n. 64, che ha istituito il servizio civile nazionale. V. da ultimo D.Lgs. 8 maggio 2001, n. 215; L. 23 agosto 2004 n. 226 recante "Sospensione anticipata del servizio obbligatorio di leva e disciplina dei volontari di truppa in ferma prefissata, nonché delega al Governo per il conseguente coordinamento con la normativa di settore" e, in attuazione, i successivi D.Lgs. 19 agosto 2005, n. 197 e D.Lgs. 6 ottobre 2006, n. 275.

[2] V. L. 11 luglio 1978, n. 382 "Norme di principio sulla disciplina militare".

53. Tutti sono tenuti a concorrere alle spese pubbliche in ragione della loro capacità contributiva[1].

Il sistema tributario è informato a criteri di progressività.

[1] Vedi D.P.R. 22 dicembre 1986, n. 917.

54. Tutti i cittadini hanno il dovere di essere fedeli alla Repubblica e di osservarne la Costituzione e le leggi.

I cittadini cui sono affidate funzioni pubbliche hanno il dovere di adempierle con disciplina ed onore, prestando giuramento nei casi stabiliti dalla legge[1].

[1] Cfr. L. 23 dicembre 1946, n. 478 (Modificazioni alle formule del giuramento); D.P.R. 19 aprile 2001, n. 253 (Semplificazione del procedimento di giuramento di fedeltà dei dipendenti non contrattualizzati).

V. artt. 317, 319-quater, c.p.

PARTE II
ORDINAMENTO DELLA REPUBBLICA

TITOLO I
IL PARLAMENTO

Sezione I
Le Camere

55. Il Parlamento si compone della Camera dei deputati e del Senato della Repubblica.

Il Parlamento si riunisce in seduta comune dei membri delle due Camere nei soli casi stabiliti dalla Costituzione [63, comma 2, 64, commi 2 e 3, 83, 90, comma 2, 91, 104, comma 4, 135, commi 1, 7].

56. La Camera dei deputati è eletta a suffragio universale e diretto[1].

Il numero dei deputati è di quattrocento, otto dei quali eletti nella circoscrizione Estero[2].

Sono eleggibili a deputati tutti gli elettori che nel giorno delle elezioni hanno compiuto i venticinque anni di età.

La ripartizione dei seggi tra le circoscrizioni, fatto salvo il numero dei seggi assegnati alla circoscrizione Estero, si effettua dividendo il numero degli abitanti della Repubblica, quale risulta dall'ultimo censimento generale della popolazione, per trecentonovantadue e distribuendo i seggi in proporzione alla popolazione di ogni circoscrizione, sulla base dei quozienti interi e dei più alti resti[3 4 5 6].

[1] Vedi D.P.R. 30 marzo 1957, n. 361.

[2] Comma così sostituito dall'art. 1, L. cost. 23 gennaio 2001, n. 1, poi dall'art. 1, L. cost. 19 ottobre 2020, n. 1. Il testo previgente disponeva: *Il numero dei deputati è di seicentotrenta, dodici dei quali eletti nella circoscrizione Estero.*

Tali nuove regole si applicano a decorrere dalla data del primo scioglimento o della prima cessazione delle Camere successiva alla data di entrata in vigore della L. cost. 1/2020 cit. e comunque non prima che siano decorsi sessanta giorni dalla predetta data di entrata in vigore.

[3] Comma così modificato, prima dall'art. 1, L. cost. 23 gennaio 2001, n. 1, poi dall'art. 1, L. cost. 19 ottobre 2020, n. 1. Il testo previgente disponeva: *La ripartizione dei seggi tra le circoscrizioni, fatto salvo il numero dei seggi assegnati alla circoscrizione Estero, si effettua dividendo il numero degli abitanti della Repubblica, quale risulta dall'ultimo censimento generale della popolazione, per seicentodiciotto e distribuendo i seggi in proporzione alla popolazione di ogni circoscrizione, sulla base dei quozienti interi e dei più alti resti.*

Tali nuove regole si applicano a decorrere dalla data del primo scioglimento o della prima cessazione delle Camere successiva alla data di entrata in vigore della L. cost. 1/2020 cit. e comunque non prima che siano decorsi sessanta giorni dalla predetta data di entrata in vigore.

[4] Articolo così modificato dall'art. 1, L. cost. 9 febbraio 1963, n. 2.

[5] V. T.U. per le elezioni alla Camera dei deputati approvato con D.P.R. 30 marzo 1957, n. 361. V. anche L. 4 agosto 1993, n. 277 (norme per l'elezione alla Camera dei deputati). L'art. 1 del D.P.R. 361/1957 come sostituito dall'art. 1, L. 3 novembre 2017, n. 165 e poi modificato dall'art. 1, L. 27 maggio 2019, n. 51, recita: "*1. La Camera dei deputati è eletta a suffragio universale, con voto diretto ed eguale, libero e segreto, espresso in un unico turno elettorale.*

2. Il territorio nazionale è diviso nelle circoscrizioni elettorali indicate nella tabella A allegata al presente testo unico. Salvi i seggi assegnati alla circoscrizione Estero e fermo restando quanto disposto dall'articolo 2, nelle circoscrizioni del territorio nazionale sono costituiti un numero di collegi uninominali pari ai tre ottavi del totale dei seggi da eleggere nelle circoscrizioni elettorali di cui alla tabella A allegata al presente testo unico, con arrotondamento all'unità inferiore, ripartiti in ciascuna circoscrizione sulla base della popolazione; la circoscrizione Trentino-Alto Adige/Südtirol è ripartita in un numero di collegi uninominali pari alla metà dei seggi assegnati alla circoscrizione medesima, con arrotondamento all'unità pari superiore. Le circoscrizioni cui sono assegnati tre deputati sono ripartite in due collegi uninominali; le circoscrizioni cui sono assegnati due deputati sono costituite in un collegio uninominale.

3. Per l'assegnazione degli altri seggi ciascuna circoscrizione è ripartita in collegi plurinominali costituiti, di norma, dall'aggregazione del territorio di collegi uninominali contigui e tali che a ciascuno di essi sia assegnato, di norma, un numero di seggi non inferiore a tre e non superiore a otto.

4. Salvi i seggi assegnati alla circoscrizione Estero e fermo restando quanto disposto dall'articolo 2, i seggi sono ripartiti tra le liste e le coalizioni di liste attribuendo i seggi corrispondenti ai collegi uninominali di cui al comma 2 ai candidati che hanno ottenuto il maggior numero di voti validi in ciascun collegio uninominale e sono stati proclamati eletti ai sensi dell'articolo 77. Gli altri seggi sono assegnati nei collegi plurinominali e sono attribuiti, con metodo proporzionale, ai sensi degli articoli 83 e 83-bis, alle liste e alle coalizioni di liste".

L'art. 4, nel testo modificato dall'art. 1, L. 3 novembre 2017, n. 165, dispone: "*1. Il voto è un dovere civico e un diritto di tutti i cittadini, il cui libero esercizio deve essere garantito e promosso dalla Repubblica.*

2. Ogni elettore dispone di un voto da esprimere su un'unica scheda recante il nome del candidato nel collegio uninominale e il contrassegno di ciascuna lista, corredato dei nomi dei candidati nel collegio plurinominale".

L'art. 6 dispone che "Sono eleggibili a deputati gli elettori che abbiano compiuto il venticinquesimo anno di età entro il giorno delle elezioni".

[6] V. art. 3 Protocollo 1 CEDU.

57. Il Senato della Repubblica è eletto a base regionale, salvi i seggi assegnati alla circoscrizione Estero[1].

Il numero dei senatori elettivi è di duecento, quattro dei quali eletti nella circoscrizione Estero[2].

Nessuna Regione o Provincia autonoma può avere un numero di senatori inferiore a tre, il Molise ne ha due, la Valle d'Aosta uno[3].

La ripartizione dei seggi tra le Regioni o le Province autonome, previa applicazione delle disposizioni del precedente comma, si effettua in proporzione alla loro popolazione, quale risulta dall'ultimo censimento generale, sulla base dei quozienti interi e dei più alti resti[4 5 6 7].

[1] Comma così sostituito dall'art. 2, L. cost. 23 gennaio 2001, n. 1. Vedi D.Lgs. 20 dicembre 1993, n. 533.

[2] Comma così sostituito dall'art. 2, L. cost. 23 gennaio 2001, n. 1, poi così modificato dall'art. 2, L. cost. 19 ottobre 2020, n. 1. Il testo previgente disponeva: *Il numero dei senatori elettivi è di trecentoquindici, sei dei quali eletti nella circoscrizione Estero.*

Tali nuove regole si applicano a decorrere dalla data del primo scioglimento o della prima cessazione delle Camere successiva alla data di entrata in vigore della L. cost. 1/2020 cit. e comunque non prima che siano decorsi sessanta giorni dalla predetta data di entrata in vigore.

[3] Comma così modificato dall'art. 2, L. cost. 19 ottobre 2020, n. 1. Il testo previgente disponeva: *Nessuna Regione può avere un numero di senatori inferiore a sette, il Molise ne ha due, la Valle d'Aosta uno.*

Tali nuove regole si applicano a decorrere dalla data del primo scioglimento o della prima cessazione delle Camere successiva alla data di entrata in vigore della L. cost. 1/2020 cit. e comunque non prima che siano decorsi sessanta giorni dalla predetta data di entrata in vigore.

[4] Comma così modificato dall'art. 2, L. cost. 23 gennaio 2001, n. 1 e poi così sostituito dall'art. 2, L. cost. 19 ottobre 2020, n. 1. Il testo previgente disponeva: *La ripartizione dei seggi tra le Regioni, fatto salvo il numero dei seggi assegnati alla circoscrizione Estero, previa applicazione delle disposizioni del precedente comma, si effettua in proporzione alla popolazione delle Regioni, quale risulta dall'ultimo censimento generale, sulla base dei quozienti interi e dei più alti resti.*

Tali nuove regole si applicano a decorrere dalla data del primo scioglimento o della prima cessazione delle Camere successiva alla data di entrata in vigore della L. cost. 1/2020 cit. e comunque non prima che siano decorsi sessanta giorni dalla predetta data di entrata in vigore.

[5] Articolo così modificato dall'art. 2, L. cost. 9 febbraio 1963, n. 2.

[6] Cfr. D.Lgs. 20 dicembre 1993, n. 533 (Testo unico delle leggi recanti norme per l'elezione del Senato della Repubblica), come, da ultimo, modificato dall'art. 2, L. 27 maggio 2019, n. 51. L'art. 1 dispone: "*1. Il Senato della Repubblica è eletto su base regionale. Salvo i seggi assegnati alla circoscrizione Estero, i seggi sono ripartiti tra le regioni a norma dell'articolo 57 della Costituzione sulla base dei risultati dell'ultimo censimento generale della popolazione, riportati dalla più recente pubblicazione ufficiale dell'Istituto nazionale di statistica, con decreto del Presidente della Repubblica, da emanare, su proposta del Ministro dell'interno, previa deliberazione del Consiglio dei ministri, contemporaneamente al decreto di convocazione dei comizi.*

2. Il territorio nazionale è suddiviso in un numero di collegi uninominali pari ai tre ottavi del totale dei seggi da eleggere nelle circoscrizioni regionali, con arrotondamento all'unità più prossima, assicurandone uno per ogni circoscrizione. Fatti salvi i collegi uninominali delle regioni che eleggono un solo senatore e quelli del Trentino-Alto Adige/Südtirol, i restanti collegi uninominali sono ripartiti nelle altre regioni proporzionalmente alla rispettiva popolazione. In tali collegi uninominali risulta eletto il candidato che ha riportato il maggior numero di voti validi.

2-bis. Per la assegnazione degli altri seggi ciascuna circoscrizione regionale è ripartita in collegi plurinominali costituiti, di norma, dall'aggregazione del territorio di collegi uninominali contigui e tali che a ciascuno di essi sia assegnato, di norma, un numero di seggi non inferiore a due e non superiore a otto. L'assegnazione dei seggi alle liste e alle coalizioni di liste nei collegi plurinominali si effettua con metodo proporzionale, ai sensi dell'articolo 17.

2-ter. Con il medesimo decreto del Presidente della Repubblica di cui al comma 1, sulla base dei risultati dell'ultimo censimento generale della popolazione, riportati dalla più recente pubblicazione ufficiale dell'Istituto nazionale di statistica, è determinato il numero complessivo di seggi da attribuire in ciascuna circoscrizione regionale nei collegi plurinominali, compresi i seggi spettanti ai collegi uninominali.

3. Le regioni che eleggono un solo senatore sono costituite in unico collegio uninominale.

4. La regione Trentino-Alto Adige è costituita in sei collegi uninominali definiti ai sensi della legge 30 dicembre 1991, n. 422, ovvero in un numero di collegi uninominali individuato nel numero pari più alto nel limite dei seggi assegnati alla regione. La restante quota di seggi spettanti alla regione è attribuita con metodo del recupero proporzionale".

L'art. 2, nel testo modificato dall'art. 2, L. 3 novembre 2017, n. 165, dispone: "*1. Il Senato della Repubblica è eletto a suffragio universale, favorendo l'equilibrio della rappresentanza tra donne e uomini con voto diretto, libero e segreto, sulla base dei voti espressi nelle circoscrizioni regionali, suddivise in collegi uninominali e in collegi plurinominali*".

[7] In riferimento ai commi 1 e 2 v. art. 3 Protocollo 1 CEDU.

58. I senatori sono eletti a suffragio universale e diretto dagli elettori che hanno superato il venticinquesimo anno di età.

Sono eleggibili a senatori gli elettori che hanno compiuto il quarantesimo anno[1].

[1] L'art. 5, D.Lgs. 20 dicembre 1993, n. 533 (T.U. per le elezioni al Senato), dispone: "Sono eleggibili a senatori gli elettori che, al giorno delle elezioni, hanno compiuto il quarantesimo anno di età e non si trovano in alcuna delle condizioni d'ineleggibilità previste dagli articoli 7, 8, 9 e 10 del testo unico delle leggi recanti norme per l'elezione della Camera dei deputati, approvato con decreto del Presidente della Repubblica 30 marzo 1957, n. 361".

59. È senatore di diritto e a vita, salvo rinunzia, chi è stato Presidente della Repubblica.

Il Presidente della Repubblica può nominare senatori a vita cittadini che hanno illustrato la Patria per altissimi meriti nel campo sociale, scientifico, artistico e letterario. Il numero complessivo dei senatori in carica nominati dal Presidente della Repubblica non può in alcun caso essere superiore a cinque[1].

[1] Comma così sostituito dall'art. 3, L. cost. 19 ottobre 2020, n. 1. Il testo previgente disponeva: Il Presidente della Repubblica può nominare senatori a vita cinque cittadini che hanno illustrato la Patria per altissimi meriti nel campo sociale, scientifico, artistico e letterario.

60. La Camera dei deputati e il Senato della Repubblica sono eletti per cinque anni.

La durata di ciascuna Camera non può essere prorogata se non per legge e soltanto in caso di guerra[1].

[1] Articolo così sostituito dall'art. 3, L. cost. 9 febbraio 1963, n. 2.

61. Le elezioni delle nuove Camere hanno luogo entro settanta giorni dalla fine delle precedenti. La prima riunione ha luogo non oltre il ventesimo giorno dalle elezioni.

Finché non siano riunite le nuove Camere sono prorogati i poteri delle precedenti[1].

[1] V. Legge 10 dicembre 1993, n. 515 (Campagne elettorali per l'elezione alla Camera ed al Senato); L. 22 febbraio 2000. n. 28 (Disposizioni sulla parità di accesso ai mezzi di informazione durante le campagne elettorali e referendarie); artt. 2 e 3 Reg. Camera e Senato (prima seduta delle Camere).

62. Le Camere si riuniscono di diritto il primo giorno non festivo di febbraio e di ottobre.

Ciascuna Camera può essere convocata in via straordinaria per iniziativa del suo Presidente o del Presidente della Repubblica o di un terzo dei suoi componenti.

Quando si riunisce in via straordinaria una Camera, è convocata di diritto anche l'altra.

63. Ciascuna Camera elegge fra i suoi componenti il Presidente e l'Ufficio di presidenza.

Quando il Parlamento si riunisce in seduta comune, il Presidente e l'Ufficio di presidenza sono quelli della Camera dei deputati.

64. Ciascuna Camera adotta il proprio regolamento a maggioranza assoluta dei suoi componenti[1].

Le sedute sono pubbliche; tuttavia ciascuna delle due Camere e il Parlamento a Camere riunite possono deliberare di adunarsi in seduta segreta.

Le deliberazioni di ciascuna Camera e del Parlamento non sono valide se non è presente la maggioranza dei loro componenti e se non sono adottate a maggioranza dei presenti, salvo che la Costituzione prescriva una maggioranza speciale.

I membri del Governo, anche se non fanno parte delle Camere, hanno diritto, e se richiesti obbligo, di assistere alle sedute. Devono essere sentiti ogni volta che lo richiedono.

[1] Vedi Reg. Senato 17 febbraio 1971; Reg. Camera 18 febbraio 1971.

65. La legge determina i casi di ineleggibilità e di incompatibilità con l'ufficio di deputato o di senatore[1].

Nessuno può appartenere contemporaneamente alle due Camere.

[1] Vedi L. 11 marzo 1953, n. 87; D.P.R. 30 marzo 1957, n. 361; D.Lgs. 20 dicembre 1993, n. 533; L. 20 luglio 2004, n. 215.

66. Ciascuna Camera giudica dei titoli di ammissione dei suoi componenti e delle cause sopraggiunte di ineleggibilità e di incompatibilità.

67. Ogni membro del Parlamento rappresenta la Nazione ed esercita le sue funzioni senza vincolo di mandato.

68. I membri del Parlamento non possono essere chiamati a rispondere delle opinioni espresse e dei voti dati nell'esercizio delle loro funzioni.

Senza autorizzazione della Camera alla quale appartiene, nessun membro del Parlamento può essere sottoposto a perquisizione personale o domiciliare, né può essere arrestato o altrimenti privato della libertà personale, o mantenuto in detenzione, salvo che in esecuzione di una sentenza irrevocabile di condanna, ovvero se sia colto nell'atto di commettere un delitto per il quale è previsto l'arresto obbligatorio in flagranza.

Analoga autorizzazione è richiesta per sottoporre i membri del Parlamento a intercettazioni, in qualsiasi forma, di conversazioni o comunicazioni e a sequestro di corrispondenza[1 2 3].

[1] Articolo così sostituito dalla L. cost. 29 ottobre 1993, n. 3. Il testo originario dell'art. 68 era il seguente: "*I membri del Parlamento non possono essere perseguiti per le opinioni espresse e i voti dati nell'esercizio delle loro funzioni. Senza autorizzazione della camera alla quale appartiene, nessun membro del Parlamento può essere sottoposto a procedimento penale; nè può essere arrestato, o altrimenti privato della libertà personale, o sottoposto a perquisizione personale o domiciliare, salvo che sia colto nell'atto di commettere un delitto per il quale è obbligatorio il mandato o l'ordine di cattura. Eguale autorizzazione è richiesta per trarre in arresto o mantenere in detenzione una membro del Parlamento in esecuzione di una sentenza anche irrevocabile*".

[2] V. art. 3, L. 20 giugno 2003, n. 140 che recita: "*1. L'articolo 68, primo comma, della Costituzione si applica in ogni caso per la presentazione di disegni o proposte di legge, emendamenti, ordini del giorno, mozioni e risoluzioni, per le interpellanze e le interrogazioni, per gli interventi nelle Assemblee e negli altri organi delle Camere, per qualsiasi espressione di voto comunque formulata, per ogni altro atto parlamentare, per ogni altra attività di ispezione, di divulgazione, di critica e di denuncia politica, connessa alla funzione di parlamentare, espletata anche fuori del Parlamento.*

2. Quando in un procedimento giurisdizionale è rilevata o eccepita l'applicabilità dell'articolo 68, primo comma, della Costituzione, il giudice dispone, anche d'ufficio, se del caso, l'immediata separazione del procedimento stesso da quelli eventualmente riuniti.

3. Nei casi di cui al comma 1 del presente articolo e in ogni altro caso in cui ritenga applicabile l'articolo 68, primo comma, della Costituzione il giudice provvede con sentenza in ogni stato e grado del processo penale, a norma dell'articolo 129 del codice di procedura penale; nel corso delle indagini preliminari pronuncia decreto di archiviazione ai sensi dell'articolo 409 del codice di procedura penale. Nel processo civile, il giudice pronuncia sentenza con i provvedimenti necessari alla sua definizione; le parti sono invitate a precisare immediatamente le conclusioni ed i termini, previsti dall'articolo 190 del codice di procedura civile per il deposito delle comparse conclusionali e delle memorie di replica, sono ridotti, rispettivamente, a quindici e cinque giorni. Analogamente il giudice provvede in ogni altro procedimento giurisdizionale, anche d'ufficio, in ogni stato e grado.

4. Se non ritiene di accogliere l'eccezione concernente l'applicabilità dell'articolo 68, primo comma, della Costituzione, proposta da una delle parti, il giudice provvede senza ritardo con ordinanza non impugnabile, trasmettendo direttamente copia degli atti alla Camera alla quale il membro del Parlamento appartiene o apparteneva al momento del fatto. Se l'eccezione è sollevata in un processo civile dinanzi al giudice istruttore, questi pronuncia detta ordinanza nell'udienza o entro cinque giorni.

5. Se il giudice ha disposto la trasmissione di copia degli atti, a norma del comma 4, il procedimento è sospeso fino alla deliberazione della Camera e comunque non oltre il termine di novanta giorni dalla ricezione degli atti da parte della Camera predetta. La Camera interessata può disporre una proroga del termine non superiore a trenta giorni. La sospensione non impedisce, nel procedimento penale, il compimento degli atti non ripetibili e, negli altri procedimenti, degli atti urgenti.

6. Se la questione è rilevata o eccepita nel corso delle indagini preliminari, il pubblico ministero trasmette, entro dieci giorni, gli atti al giudice, perché provveda ai sensi dei commi 3 o 4.

7. La questione dell'applicabilità dell'articolo 68, primo comma, della Costituzione può essere sottoposta alla Camera di appartenenza anche direttamente da chi assume che il fatto per il quale è in corso un procedimento giurisdizionale di responsabilità nei suoi confronti concerne i casi di cui al comma 1. La Camera può chiedere che il giudice sospenda il procedimento, ai sensi del comma 5.

8. Nei casi di cui ai commi 4, 6 e 7 e in ogni altro caso in cui sia altrimenti investita della questione, la Camera trasmette all'autorità giudiziaria la propria deliberazione; se questa è favorevole all'applicazione dell'articolo 68, primo comma, della Costituzione, il giudice adotta senza ritardo i provvedimenti indicati al comma 3 e il pubblico ministero formula la richiesta di archiviazione.

9. Le disposizioni di cui ai commi precedenti si applicano, in quanto compatibili, ai procedimenti disciplinari, sostituita al giudice l'autorità investita del procedimento. La sospensione del procedimento disciplinare, ove disposta, comporta la sospensione dei termini di decadenza e di prescrizione, nonché di ogni altro termine dal cui decorso possa derivare pregiudizio ad una parte".

[3] V. art. 18 Reg. Camera; artt. 19 e 135 Reg. Senato.

69. I membri del Parlamento ricevono una indennità stabilita dalla legge[1].

[1] Vedi L. 31 ottobre 1965, n. 1261; L. 5 luglio 1982, n. 441.

Sezione II
La formazione delle leggi

70. La funzione legislativa è esercitata collettivamente dalle due Camere.

71. L'iniziativa delle leggi appartiene al Governo, a ciascun membro delle Camere ed agli organi ed enti ai quali sia conferita da legge costituzionale.

Il popolo esercita l'iniziativa delle leggi, mediante la proposta, da parte di almeno cinquantamila elettori, di un progetto redatto in articoli[1].

[1] Cfr. artt. 48 e 49, L. 25 maggio 1970, n. 352 (Norme sui referendum previsti dalla Costituzione e sull'iniziativa legislativa del popolo).

72. Ogni disegno di legge, presentato ad una Camera è, secondo le norme del suo regolamento, esaminato da una commissione e poi dalla Camera stessa, che l'approva articolo per articolo e con votazione finale[1].

Il regolamento stabilisce procedimenti abbreviati per i disegni di legge dei quali è dichiarata l'urgenza.

Può altresì stabilire in quali casi e forme l'esame e l'approvazione dei disegni di legge sono deferiti a commissioni, anche permanenti, composte in modo da rispecchiare la proporzione dei gruppi parlamentari[2]. Anche in tali casi, fino al momento della sua approvazione definitiva, il disegno di legge è rimesso alla Camera, se il Governo o un decimo dei componenti della Camera o un quinto della commissione richiedono che sia discusso o votato dalla Camera stessa oppure che sia sottoposto alla sua approvazione finale con sole dichiarazioni di voto. Il regolamento determina le forme di pubblicità dei lavori delle commissioni[3].

La procedura normale di esame e di approvazione diretta da parte della Camera è sempre adottata per i disegni di legge in materia costituzionale ed elettorale e per quelli di delegazione legislativa, di autorizzazione a ratificare trattati internazionali, di approvazione di bilanci e consuntivi [77, 80, 81, 138].

[1] Cfr. artt. 34, comma 1, 102, 120 Reg. Senato; artt. 72, comma 1, 2 e 3, 86, 87, 90 Reg. Camera.

[2] Cfr. anche art. 1, L. cost. 18 ottobre 2001, n. 3 (Ruolo della Commissione per le questioni regionali nelle procedure legislative).

[3] Cfr. artt. 35, 41 Reg. Senato; artt. 92, 94 Reg. Camera.

73. Le leggi sono promulgate dal Presidente della Repubblica entro un mese dall'approvazione[1].

Se le Camere, ciascuna a maggioranza assoluta dei propri componenti, ne dichiarano l'urgenza, la legge è promulgata nel termine da essa stabilito.

Le leggi sono pubblicate subito dopo la promulgazione ed entrano in vigore il quindicesimo giorno successivo alla loro pubblicazione, salvo che le leggi stesse stabiliscano un termine diverso.

[1] Cfr. T.U. sulla promulgazione delle leggi di cui al D.P.R. 28 dicembre 1985, n. 1092; e relativo regolamento di esecuzione di cui al D.P.R. 14 marzo 1986, n. 217.

74. Il Presidente della Repubblica, prima di promulgare la legge, può con messaggio motivato alle Camere chiedere una nuova deliberazione.

Se le Camere approvano nuovamente la legge, questa deve essere promulgata.

75. È indetto *referendum* popolare per deliberare la abrogazione, totale o parziale, di una legge o di un atto avente valore di legge, quando lo richiedono cinquecentomila elettori o cinque Consigli regionali[1].

Non è ammesso il *referendum* per le leggi tributarie e di bilancio, di amnistia e di indulto, di autorizzazione a ratificare trattati internazionali.

Hanno diritto di partecipare al *referendum* tutti i cittadini chiamati ad eleggere la Camera dei deputati.

La proposta soggetta a *referendum* è approvata se ha partecipato alla votazione la maggioranza degli aventi diritto, e se è raggiunta la maggioranza dei voti validamente espressi.

La legge determina le modalità di attuazione del *referendum*[1].

[1] V. gli artt. 27-40, L. 25 maggio 1970, n. 352 (Norme sui referendum previsti dalla Costituzione e sull'iniziativa legislativa del popolo), nonché la L. 22 maggio 1978, n. 199. La Corte costituzionale, con sentenza 17 maggio 1978, n. 68, ha dichiarato l'illegittimità costituzionale dell'art. 39 della citata L. 352/1970.

76. L'esercizio della funzione legislativa non può essere delegato al Governo se non con determinazione di princìpi e criteri direttivi e soltanto per tempo limitato e per oggetti definiti[1].

[1] Vedi artt. 14-16, L. 23 agosto 1988, n. 400.

77. Il Governo non può, senza delegazione delle Camere, emanare decreti che abbiano valore di legge ordinaria[1].

Quando, in casi straordinari di necessità e d'urgenza, il Governo adotta, sotto la sua responsabilità, provvedimenti provvisori con forza di legge, deve il giorno stesso presentarli per la conversione alle Camere che, anche se sciolte, sono appositamente convocate e si riuniscono entro cinque giorni.

I decreti perdono efficacia sin dall'inizio, se non sono convertiti in legge entro sessanta giorni dalla loro pubblicazione[2]. Le Camere possono tuttavia regolare con legge i rapporti giuridici sorti sulla base dei decreti non convertiti[2].

[1] Sui decreti delegati v. art. 15, L. 23 agosto 1988, n. 400 (Disciplina dell'attività di Governo e ordinamento della Presidenza del Consiglio dei Ministri).

[2] Sui decreti legge v. art. 14, L. 23 agosto 1988, n. 400 (Disciplina dell'attività di Governo e ordinamento della Presidenza del Consiglio dei Ministri). V. poi art. 78 Reg. Senato e art. 96-bis Reg. Camera.

78. Le Camere deliberano lo stato di guerra e conferiscono al Governo i poteri necessari.

79. L'amnistia e l'indulto sono concessi con legge deliberata a maggioranza dei due terzi dei componenti di ciascuna Camera, in ogni suo articolo e nella votazione finale.

La legge che concede l'amnistia o l'indulto stabilisce il termine per la loro applicazione.

In ogni caso l'amnistia e l'indulto non possono applicarsi ai reati commessi successivamente alla presentazione del disegno di legge[1].

[1] Articolo così sostituito dalla L. cost. 6 marzo 1992, n. 1. Il testo originario era il seguente: "L'amnistia e l'indulto sono concessi dal Presidente della Repubblica su legge di delegazione delle Camere. Non possono applicarsi ai reati commessi successivamente alla presentazione del disegno di legge".

80. Le Camere autorizzano con legge la ratifica dei trattati internazionali che sono di natura politica, o prevedono arbitrati o regolamenti giudiziari, o importano variazioni del territorio od oneri alle finanze o modificazioni di leggi.

81. Lo Stato assicura l'equilibrio tra le entrate e le spese del proprio bilancio, tenendo conto delle fasi avverse e delle fasi favorevoli del ciclo economico.

Il ricorso all'indebitamento è consentito solo al fine di considerare gli effetti del ciclo economico e, previa autorizzazione delle Camere adottata a maggioranza assoluta dei rispettivi componenti, al verificarsi di eventi eccezionali.

Ogni legge che importi nuovi o maggiori oneri provvede ai mezzi per farvi fronte.

Le Camere ogni anno approvano con legge il bilancio e il rendiconto consuntivo presentati dal Governo.

L'esercizio provvisorio del bilancio non può essere concesso se non per legge e per periodi non superiori complessivamente a quattro mesi.

Il contenuto della legge di bilancio, le norme fondamentali e i criteri volti ad assicurare l'equilibrio tra le entrate e le spese dei bilanci e la sostenibilità del debito del complesso delle pubbliche amministrazioni sono stabiliti con legge approvata a maggioranza assoluta dei componenti di ciascuna Camera, nel rispetto dei principi definiti con legge costituzionale[1 2 3].

[1] Articolo così sostituito dall'art. 1, L. cost. 20 aprile 2012, n. 1, a decorrere dall'esercizio finanziario relativo all'anno 2014. Il testo previgente disponeva: *Art. 81. Le Camere approvano ogni anno i bilanci e il rendiconto consuntivo presentati dal Governo.*

L'esercizio provvisorio del bilancio non può essere concesso se non per legge e per periodi non superiori complessivamente a quattro mesi.

Con la legge di approvazione del bilancio non si possono stabilire nuovi tributi e nuove spese.

Ogni altra legge che importi nuove o maggiori spese deve indicare i mezzi per farvi fronte.

[2] Vedi L. 24 dicembre 2012, n. 243 di attuazione e L. 5 agosto 1978, n. 468; L. 3 aprile 1997, n. 94; D.Lgs. 7 agosto 1997, n. 279.

[3] Cfr. L. 31 dicembre 2009 n. 196 "Legge di contabilità e finanza pubblica"; D.L. 6 settembre 2002, n. 194, convertito in L. 31 ottobre 2002, n. 246 (Misure urgenti per il controllo, la trasparenza e il contenimento della spesa pubblica); artt. 119 ss. Reg. Camera; art. 125 Reg. Senato.

82. Ciascuna Camera può disporre inchieste su materie di pubblico interesse[1].

A tale scopo nomina fra i propri componenti una commissione formata in modo da rispecchiare la proporzione dei vari gruppi. La commissione d'inchiesta procede alle indagini e agli esami con gli stessi poteri e le stesse limitazioni dell'autorità giudiziaria.

[1] Cfr. 162 ss. Reg. Senato; 140 ss. Reg. Camera.

TITOLO II
IL PRESIDENTE DELLA REPUBBLICA

83. Il Presidente della Repubblica è eletto dal Parlamento in seduta comune dei suoi membri.

All'elezione partecipano tre delegati per ogni Regione eletti dal Consiglio regionale in modo che sia assicurata la rappresentanza delle minoranze. La Valle d'Aosta ha un solo delegato.

L'elezione del Presidente della Repubblica ha luogo per scrutinio segreto a maggioranza di due terzi dell'assemblea. Dopo il terzo scrutinio è sufficiente la maggioranza assoluta.

84. Può essere eletto Presidente della Repubblica ogni cittadino che abbia compiuto cinquanta anni d'età e goda dei diritti civili e politici.

L'ufficio di Presidente della Repubblica è incompatibile con qualsiasi altra carica.

L'assegno e la dotazione del Presidente sono determinati per legge[1].

[1] In materia di assegno e dotazione del Presidente della Repubblica cfr. L. 9 agosto 1948, n. 1077; D.P.R. 29 settembre 1973, n. 601, art. 1; L. 23 luglio 1985, n. 372.

85. Il Presidente della Repubblica è eletto per sette anni.

Trenta giorni prima che scada il termine, il Presidente della Camera dei deputati convoca in seduta comune il Parlamento e i delegati regionali, per eleggere il nuovo Presidente della Repubblica.

Se le Camere sono sciolte, o manca meno di tre mesi alla loro cessazione, l'elezione ha luogo entro quindici giorni dalla riunione delle Camere nuove. Nel frattempo sono prorogati i poteri del Presidente in carica.

86. Le funzioni del Presidente della Repubblica, in ogni caso che egli non possa adempierle, sono esercitate dal Presidente del Senato.

In caso di impedimento permanente o di morte o di dimissioni del Presidente della Repubblica, il Presidente della Camera dei deputati indice l'elezione del nuovo Presidente della Repubblica entro quindici giorni, salvo il maggior termine previsto se le Camere sono sciolte o manca meno di tre mesi alla loro cessazione.

87. Il Presidente della Repubblica è il capo dello Stato e rappresenta l'unità nazionale[1].

Può inviare messaggi alle Camere.

Indice le elezioni delle nuove Camere e ne fissa la prima riunione.

Autorizza la presentazione alle Camere dei disegni di legge di iniziativa del Governo.

Promulga le leggi ed emana i decreti aventi valore di legge e i regolamenti.

Indice il *referendum* popolare nei casi previsti dalla Costituzione.

Nomina, nei casi indicati dalla legge, i funzionari dello Stato.

Accredita e riceve i rappresentanti diplomatici, ratifica i trattati internazionali, previa, quando occorra, l'autorizzazione delle Camere.

Ha il comando delle Forze armate, presiede il Consiglio supremo di difesa costituito secondo la legge, dichiara lo stato di guerra deliberato dalle Camere[2].

Presiede il Consiglio superiore della magistratura.

Può concedere grazia e commutare le pene.

Conferisce le onorificenze della Repubblica.

[1] Vedi L. 12 gennaio 1991, n. 13.

[2] Vedi L. 28 luglio 1950, n. 624; D.P.R. 4 agosto 1990, n. 251.

88. Il Presidente della Repubblica può, sentiti i loro Presidenti, sciogliere le Camere o anche una sola di esse.

Non può esercitare tale facoltà negli ultimi sei mesi del suo mandato, salvo che essi coincidano in tutto o in parte con gli ultimi sei mesi della legislatura[1].

[1] Comma così sostituito dalla L. cost. 4 novembre 1991, n. 1. Il testo originario era il seguente: "Non può esercitare tale facoltà negli ultimi sei mesi del suo mandato".

89. Nessun atto del Presidente della Repubblica è valido se non è controfirmato dai ministri proponenti, che ne assumono la responsabilità.

Gli atti che hanno valore legislativo e gli altri indicati dalla legge sono controfirmati anche dal Presidente del Consiglio dei ministri[1].

[1] V. art. 4 D.P.R. 28 dicembre 1985, n. 1092.

90. Il Presidente della Repubblica non è responsabile degli atti compiuti nell'esercizio delle sue funzioni, tranne che per alto tradimento o per attentato alla Costituzione[1].

In tali casi è messo in stato di accusa dal Parlamento in seduta comune, a maggioranza assoluta dei suoi membri[2 3].

1 V. L. 5 giugno 1989, n. 219 (Nuove norme in tema di rati ministeriali e di reati previsti dall'art. 90 della Costituzione).

[2] V. artt. 12, 13 e 15, L. cost. 11 marzo 1953, n. 1, nel testo modificato dalla L. cost. 16 gennaio 1989, n. 1

[3] V. L. 25 gennaio 1962, n. 20 (Giudizi d'accusa davanti alla Corte Costituzionale).

91. Il Presidente della Repubblica, prima di assumere le sue funzioni, presta giuramento di fedeltà alla Repubblica e di osservanza della Costituzione dinanzi al Parlamento in seduta comune.

TITOLO III
IL GOVERNO

Sezione I
Il Consiglio dei ministri

92. Il Governo della Repubblica è composto del Presidente del Consiglio e dei ministri, che costituiscono insieme il Consiglio dei ministri.

Il Presidente della Repubblica nomina il Presidente del Consiglio dei ministri e, su proposta di questo, i ministri[1].

[1] Cfr., sulle attribuzioni del Consiglio dei Ministri R.D. 21 dicembre 1850, n. 1122 e R.D. 14 novembre 1901, n. 466. V. anche L. 23 agosto 1988, n. 400 (Disciplina dell'attività di Governo e ordinamento della Presidenza del Consiglio dei Ministri); D.Lgs. 30 luglio 1999, n. 303 (Ordinamento della Presidenza del Consiglio dei Ministri). Sulla struttura del Governo v. D.Lgs. 30 luglio 1999, n. 300 (Riforma dell'organizzazione del Governo, a norma dell'art. 11 della legge n. 59/1997); nonché, da ultimo art. 1, D.L. 16 maggio 2008, n. 85, convertito in L. 14 luglio 2008, n. 121 e L. 13 novembre 2009, n. 172.

V., anche, in materia di conflitto di interessi, L. 30 luglio 2004, n. 215. (Norme in materia di risoluzione dei conflitti di interessi).

93. Il Presidente del Consiglio dei ministri e i ministri, prima di assumere le funzioni, prestano giuramento nelle mani del Presidente della Repubblica.

94. Il Governo deve avere la fiducia delle due Camere.

Ciascuna Camera accorda o revoca la fiducia mediante mozione motivata e votata per appello nominale.

Entro dieci giorni dalla sua formazione il Governo si presenta alle Camere per ottenerne la fiducia.

Il voto contrario di una o d'entrambe le Camere su una proposta del Governo non importa obbligo di dimissioni.

La mozione di sfiducia deve essere firmata da almeno un decimo dei componenti della Camera e non può essere messa in discussione prima di tre giorni dalla sua presentazione[1].

[1] V. art. 115 Reg. Camera e art. 161 Reg. Senato.

95. Il Presidente del Consiglio dei ministri dirige la politica generale del Governo e ne è responsabile. Mantiene l'unità di indirizzo politico ed amministrativo, promuovendo e coordinando l'attività dei ministri[1].

I ministri sono responsabili collegialmente degli atti del Consiglio dei ministri, e individualmente degli atti dei loro dicasteri.

La legge provvede all'ordinamento della Presidenza del Consiglio e determina il numero, le attribuzioni e l'organizzazione dei ministeri[2].

[1] Vedi art. 5, L. 23 agosto 1988, n. 400 (Disciplina dell'attività di Governo e ordinamento della Presidenza del Consiglio dei Ministri).

[2] Vedi D.Lgs. 30 luglio 1999, n. 300 (Riforma dell'organizzazione del Governo, a norma dell'art. 11 della legge n. 59/1997).

96. Il Presidente del Consiglio dei ministri ed i ministri, anche se cessati dalla carica, sono sottoposti, per i reati commessi nell'esercizio delle loro funzioni, alla giurisdizione ordinaria, previa autorizzazione del Senato della Repubblica o della Camera dei deputati, secondo le norme stabilite con legge costituzionale[1 2].

[1] Articolo così sostituito dalla L. cost. 16 gennaio 1989, n. 1. Il testo originario era il seguente: "Il Presidente del Consiglio dei ministri e i ministri sono posti in stato d'accusa dal Parlamento in seduta comune, per i reati commessi nell'esercizio delle loro funzioni".

[2] V., anche, L. 5 giugno 1989, n. 219 (Nuove norme in materia di reati ministeriali e di reati previsti dall'art. 90 della Costituzione).

Sezione II

La Pubblica Amministrazione

97. Le pubbliche amministrazioni, in coerenza con l'ordinamento dell'Unione europea, assicurano l'equilibrio dei bilanci e la sostenibilità del debito pubblico[1].

I pubblici uffici sono organizzati secondo disposizioni di legge, in modo che siano assicurati il buon andamento e l'imparzialità dell'amministrazione[2].

Nell'ordinamento degli uffici sono determinate le sfere di competenza, le attribuzioni e le responsabilità proprie dei funzionari.

Agli impieghi nelle pubbliche amministrazioni si accede mediante concorso, salvo i casi stabiliti dalla legge[3 4 5].

[1] Comma aggiunto dall'art. 2, L. cost. 20 aprile 2012, n. 1, a decorrere dall'esercizio finanziario relativo all'anno 2014.

[2] V. Legge 7 agosto 1990, n. 241 (Norme in materia di procedimento amministrativo e di accesso ai documenti amministrativi). L'art. 1, come da ultimo, modificato dall'art. 12, D.L. 16 luglio 2020, n. 76, convertito in L. 11 settembre 2020, n. 120, dispone: "*1. L'attività amministrativa persegue i fini determinati dalla legge ed è retta da criteri di economicità, di efficacia, di imparzialità, di pubblicità e di trasparenza secondo le modalità previste dalla presente legge e dalle altre disposizioni che disciplinano singoli procedimenti, nonché dai principi dell'ordinamento comunitario.*

1-bis. La pubblica amministrazione, nell'adozione di atti di natura non autoritativa, agisce secondo le norme di diritto privato salvo che la legge disponga diversamente.

1-ter. I soggetti privati preposti all'esercizio di attività amministrative assicurano il rispetto dei criteri e dei princìpi di cui al comma 1, con un livello di garanzia non inferiore a quello cui sono tenute le pubbliche amministrazioni in forza delle disposizioni di cui alla presente legge.

2. La pubblica amministrazione non può aggravare il procedimento se non per straordinarie e motivate esigenze imposte dallo svolgimento dell'istruttoria.

2-bis. I rapporti tra il cittadino e la pubblica amministrazione sono improntati ai principi della collaborazione e della buona fede".

[3] Sull'accesso v. il regolamento di attuazione della legge 241/1990 varato da ultimo con D.P.R. 12 aprile 2006, n. 184.

[4] Cfr. sui rapporti di impiego privatizzati D.Lgs. 30 marzo 2001, n. 165 (Norme generali sull'ordinamento del lavoro alle dipendenze delle amministrazioni pubbliche). Per il pubblico impiego non privatizzato v. il T.U. degli impiegati civili dello Stato di cui al D.P.R. 10 gennaio 1957, n. 3. Per i procedimenti relativi ai concorsi di accesso al pubblico impiego v. il D.P.R. 9 maggio 1994, n. 487. Per una generale riforma in senso efficientistica del pubblico impiego, v. L. 4 marzo 2009, n. 15 (c.d. riforma Brunetta), D.Lgs. 27 ottobre 2009, n. 150 (produttività ed efficienza della P.A.) e D.Lgs. 20 dicembre 2009, n. 198 (class action contro la P.A.).

[5] In relazione al comma 2, v. art. 41, Carta dei diritti fondamentali UE approvata a Nizza il 7 dicembre 2000.

V. artt. 317, 319-quater, 323, c.p.

98. I pubblici impiegati sono al servizio esclusivo della Nazione.

Se sono membri del Parlamento, non possono conseguire promozioni se non per anzianità[1].

Si possono con legge stabilire limitazioni al diritto d'iscriversi ai partiti politici per i magistrati, i militari di carriera in servizio attivo, i funzionari ed agenti di polizia, i rappresentanti diplomatici e consolari all'estero[2].

[1] V. art. 68, D.Lgs. 30 marzo 2001, n. 165. (Norme generali sull'ordinamento del lavoro alle dipendenze delle amministrazioni pubbliche). Per una generale riforma in senso efficientistica del pubblico impiego, v. L. 4 marzo 2009, n. 15 (c.d. riforma Brunetta), D.Lgs. 27 ottobre 2009, n. 150 (produttività ed efficienza della P.A.) e D.Lgs. 20 dicembre 2009, n. 198 (class action contro la P.A.).

[2] Per il pubblico impiego non privatizzato v. il T.U. degli impiegati civili dello Stato di cui al D.P.R. 10 gennaio 1957, n.

3. Per i procedimenti relativi ai concorsi di accesso al pubblico impiego v. il D.P.R. 9 maggio 1994, n. 487.

Sezione III
Gli organi ausiliari

99. Il Consiglio nazionale dell'economia e del lavoro è composto, nei modi stabiliti dalla legge, di esperti e di rappresentanti delle categorie produttive, in misura che tenga conto della loro importanza numerica e qualitativa[1].

È organo di consulenza delle Camere e del Governo per le materie e secondo le funzioni che gli sono attribuite dalla legge.

Ha l'iniziativa legislativa e può contribuire all'elaborazione della legislazione economica e sociale secondo i princìpi ed entro i limiti stabiliti dalla legge.

[1] Il Consiglio è stato costituito con L. 5 gennaio 1957, n. 33. V. anche L. 4 novembre 1965, n. 1264. Il regolamento interno è dettato dal D.P.R. 21 maggio 1958. Quello di amministrazione e di contabilità con D.P.R. 17 dicembre 1966. V., da ultimo, L. 30 dicembre 1986, n. 936 (Norme sul Consiglio nazionale dell'Economia e del Lavoro). V., anche, artt. 146 ss. Reg. Camera; 49 Reg. Senato.

100. Il Consiglio di Stato è organo di consulenza giuridico-amministrativa e di tutela della giustizia nell'amministrazione[1].

La Corte dei conti esercita il controllo preventivo di legittimità sugli atti del Governo, e anche quello successivo sulla gestione del bilancio dello Stato. Partecipa, nei casi e nelle forme stabiliti dalla legge, al controllo sulla gestione finanziaria degli enti a cui lo Stato contribuisce in via ordinaria. Riferisce direttamente alle Camere sul risultato del riscontro eseguito[2].

La legge assicura l'indipendenza dei due istituti e dei loro componenti di fronte al Governo.

[1] V. art. 4, 6, D.Lgs. 2 luglio 2010, n. 104 (codice del processo amministrativo). Per l'ordinamento della giurisdizione amministrativa cfr. L. 27 aprile 1982, n. 186. Per le funzioni consultive del Consiglio v. L. 15 maggio 1997, n. 127.

[2] Cfr. R.D. 12 luglio 1934, n. 1214 (T.U. Leggi sull'ordinamento della Corte dei Conti), con relativo regolamento di procedura ex R.D. 1038/1933. V. poi le riforme in materia di controllo e giurisdizione di cui alle leggi nn. 19 e 20 della legge 14 gennaio 1994, n. 20.

TITOLO IV
LA MAGISTRATURA

Sezione I
Ordinamento giurisdizionale

101. La giustizia è amministrata in nome del popolo.

I giudici sono soggetti soltanto alla legge.

102. La funzione giurisdizionale è esercitata da magistrati ordinari istituiti e regolati dalle norme sull'ordinamento giudiziario [106 c.p.c.; 1 c.p.p.][1].

Non possono essere istituiti giudici straordinari o giudici speciali [25]. Possono soltanto istituirsi presso gli organi giudiziari ordinari sezioni specializzate per determinate materie, anche con la partecipazione di cittadini idonei estranei alla magistratura [VI disp. trans.].

La legge regola i casi e le forme della partecipazione diretta del popolo all'amministrazione della giustizia[2].

[1] V. R.D. 30 gennaio 1941, n. 12 (Ordinamento giudiziario);

[2] In tema di funzionamento delle Corti d'Assise e di riordinamento dei giudizi d'assise cfr. L. 10 aprile 1951, n. 287 e D.L. 14 febbraio 1978, n. 31, convertito in L. 24 marzo 1978, n. 74.

103. Il Consiglio di Stato e gli altri organi di giustizia amministrativa hanno giurisdizione per la tutela nei confronti della pubblica amministrazione degli interessi legittimi e, in particolari materie indicate dalla legge, anche dei diritti soggettivi[1].

La Corte dei conti ha giurisdizione nelle materie di contabilità pubblica e nelle altre specificate dalla legge[2].

I tribunali militari in tempo di guerra hanno la giurisdizione stabilita dalla legge. In tempo di pace hanno giurisdizione soltanto per i reati militari commessi da appartenenti alle Forze armate[3].

[1] Per la tutela giurisdizionale degli interessi legittimi innanzi al giudice amministrativo v. L. 6 dicembre 1971, n. 1034 (Istituzione dei tribunali amministrativi regionali) e R.D. 26 giugno 1924, n. 1054 (T.U. leggi sul Consiglio di Stato). V. anche la L. 21 luglio 2000. n. 205 (Disposizioni in materia di giustizia amministrativa) e L. 2 luglio 2010, n. 104, Codice del processo amministrativo.

Per la tutela dei diritti soggettivi innanzi al Giudice amministrativo v. artt. 33-35, D.Lgs. 31 marzo 1998, n. 80 (soppressi dal Codice del processo amministrativo).

Per l'ordinamento della giurisdizione amministrativa cfr. L. 27 aprile 1982, n. 186.

[2] Cfr. R.D. 12 luglio 1934, n. 1214 (T.U. Leggi sull'ordinamento della Corte dei conti), con relativo regolamento di procedura ex R.D. 1038/1933. V. poi le riforme in materia di controllo e giurisdizione di cui alle leggi nn. 19 e 20 della legge 14 gennaio 1994, n. 20 e il D.Lgs. 26 agosto 2016, n. 174 (codice della giustizia contabile).

[3] Con L. 30 dicembre 1988, n, 561 è stato istituito il Consiglio della magistratura militare.

104. La magistratura costituisce un ordine autonomo e indipendente da ogni altro potere [101, comma 2].

Il Consiglio superiore della magistratura è presieduto dal Presidente della Repubblica.

Ne fanno parte di diritto il primo presidente e il procuratore generale della Corte di cassazione.

Gli altri componenti sono eletti per due terzi da tutti i magistrati ordinari tra gli appartenenti alle varie categorie, e per un terzo dal Parlamento in seduta comune tra professori ordinari di università in materie giuridiche ed avvocati dopo quindici anni di esercizio.

Il Consiglio elegge un vicepresidente fra i componenti designati dal Parlamento.

I membri elettivi del Consiglio durano in carica quattro anni e non sono immediatamente rieleggibili.

Non possono, finché sono in carica, essere iscritti negli albi professionali, né far parte del Parlamento o di un Consiglio regionale[1].

[1] V. L. 24 marzo 1958, n. 195 (Norme sulla costituzione e sul funzionamento del C.S.M. con relativo regolamento i attuazione ex D.P.R. n. 916/1958); R.D. 30 gennaio 1941, n. 12 (Ordinamento giudiziario); R.D.Lgs. 31 maggio 1946, n. 511 (Guarentigie della magistratura).

105. Spettano al Consiglio superiore della magistratura, secondo le norme dell'ordinamento giudiziario, le assunzioni, le assegnazioni ed i trasferimenti, le promozioni e i provvedimenti disciplinari nei riguardi dei magistrati [106, 107, 108][1].

[1] V. L. 24 marzo 1958, n. 195 (Norme sulla costituzione e sul funzionamento del C.S.M. con relativo regolamento i attuazione ex D.P.R. n. 916/1958); R.D. 30 gennaio 1941, n. 12 (Ordinamento giudiziario); R.D.Lgs. 31 maggio 1946, n. 511 (Guarentigie della magistratura); D.Lgs. 23 febbraio 2006, n. 109 (Disciplina degli illeciti dei magistrati).

106. Le nomine dei magistrati hanno luogo per concorso.

La legge sull'ordinamento giudiziario può ammettere la nomina, anche elettiva, di magistrati onorari per tutte le funzioni attribuite a giudici singoli[1].

Su designazione del Consiglio superiore della magistratura possono essere chiamati all'ufficio di consiglieri di cassazione, per meriti insigni, professori ordinari di università in materie giuridiche e avvocati che abbiano quindici anni d'esercizio e siano iscritti negli albi speciali per le giurisdizioni superiori[2].

[1] V. R.D. 30 gennaio 1941, n. 12 (Ordinamento giudiziario); L. 21 novembre 1991, n. 374 (Istituzione del giudice di pace).

[2] V. L. 5 agosto 1998, n. 303 (Nomina di professori universitari e di avvocati all'ufficio di consigliere di Cassazione, in attuazione dell'articolo 106, terzo comma, della Costituzione).

107. I magistrati sono inamovibili. Non possono essere dispensati o sospesi dal servizio né destinati ad altre sedi o funzioni se non in seguito a decisione del Consiglio superiore della magistratura, adottata o per i motivi e con le garanzie di difesa stabilite dall'ordinamento giudiziario o con il loro consenso.

Il Ministro della giustizia ha facoltà di promuovere l'azione disciplinare[1].

I magistrati si distinguono fra loro soltanto per diversità di funzioni[2].

Il pubblico ministero gode delle garanzie stabilite nei suoi riguardi dalle norme sull'ordinamento giudiziario[3].

[1] R.D. 30 gennaio 1941, n. 12 (Ordinamento giudiziario).

[2] V., anche, L. 24 maggio 1951, n. 392, relativa alla distinzione dei magistrati secondo le funzioni.

[3] Cfr. R.D.Lgs. 31 maggio 1946, n. 511 (Guarentigie della magistratura) e L. 24 marzo 1958, n. 195 (Norme sulla costituzione e sul funzionamento del C.S.M.)

108. Le norme sull'ordinamento giudiziario e su ogni magistratura sono stabilite con legge[1].

La legge assicura l'indipendenza dei giudici delle giurisdizioni speciali, del pubblico ministero presso di esse, e degli estranei che partecipano all'amministrazione della giustizia.

[1] V. R.D. 30 gennaio 1941, n. 12 (Ordinamento giudiziario).

109. L'autorità giudiziaria dispone direttamente della polizia giudiziaria [55 ss. c.p.p.][1].

[1] V. art. 83, R.D. 30 gennaio 1941, n. 12 (Ordinamento giudiziario), secondo cui "Il procuratore generale presso la corte d'appello esercita la sorveglianza nel distretto della corte di appello sulla osservanza delle norme relative alla diretta disponibilità della polizia giudiziaria da parte della autorità giudiziaria".

110. Ferme le competenze del Consiglio superiore della magistratura, spettano al Ministro della giustizia l'organizzazione e il funzionamento dei servizi relativi alla giustizia[1].

[1] Cfr. art. 16, D.Lgs. 30 luglio 1999, n. 300 (Riforma dell'organizzazione del Governo)..

Sezione II
Norme sulla giurisdizione

111. La giurisdizione si attua mediante il giusto processo regolato dalla legge[1].

Ogni processo si svolge nel contraddittorio tra le parti, in condizioni di parità, davanti a giudice terzo e imparziale. La legge ne assicura la ragionevole durata[1 2 3].

Nel processo penale, la legge assicura che la persona accusata di un reato sia, nel più breve tempo possibile, informata riservatamente della natura e dei motivi dell'accusa elevata a suo carico; disponga del tempo e delle condizioni necessari per preparare la sua difesa; abbia la facoltà, davanti al giudice, di interrogare o di far interrogare le persone che rendono dichiarazioni a suo carico, di ottenere la convocazione e l'interrogatorio di persone a sua difesa nelle stesse condizioni dell'accusa e l'acquisizione di ogni altro mezzo di prova a suo favore; sia assistita da un interprete se non comprende o non parla la lingua impiegata nel processo[1].

Il processo penale è regolato dal principio del contraddittorio nella formazione della prova. La colpevolezza dell'imputato non può essere provata sulla base di dichiarazioni rese da chi, per libera scelta, si è sempre volontariamente sottratto all'interrogatorio da parte dell'imputato o del suo difensore[1].

La legge regola i casi in cui la formazione della prova non ha luogo in contraddittorio per consenso dell'imputato o per accertata impossibilità di natura oggettiva o per effetto di provata condotta illecita[1 4].

Tutti i provvedimenti giurisdizionali devono essere motivati [13, comma 2, 14, comma 2, 15, comma 2, 21, comma 3] [125, 544, 548, 617 c.p.p.; 131-135 c.p.c.].

Contro le sentenze e contro i provvedimenti sulla libertà personale, pronunciati dagli organi giurisdizionali ordinari o speciali, è sempre ammesso ricorso in Cassazione per violazione di legge [360 ss. c.p.c.; 606 ss. c.p.p.]. Si può derogare a tale norma soltanto per le sentenze dei tribunali militari in tempo di guerra.

Contro le decisioni del Consiglio di Stato e della Corte dei conti il ricorso in Cassazione è ammesso per i soli motivi inerenti alla giurisdizione [360 c.p.c.][5 6 7 8].

[1] Comma premesso dall'art. 1, L. cost. 23 novembre 1999, n. 2. L'art. 2 della stessa L. cost. 2/1999 ha disposto che la legge regoli l'applicazione dei principi in essa contenuti, ai processi penali in corso alla data della sua entrata in vigore. In attuazione di tale disposizione, l'art. 1, D.L. 7 gennaio 2000, n. 2, convertito in L. 25 febbraio 2000, n. 35, ha così stabilito: "*Art. 1. 1. Fino alla data di entrata in vigore della legge che disciplina l'attuazione dell'articolo 111 della Costituzione, come modificato dalla legge costituzionale 23 novembre 1999, n. 2, ed in applicazione dell'articolo 2 della stessa legge costituzionale, i principi di cui all'articolo 111 della Costituzione si applicano ai procedimenti in corso salve le regole contenute nei commi successivi. 2. Le dichiarazioni rese nel corso delle indagini preliminari da chi, per libera scelta, si è sempre volontariamente sottratto all'esame dell'imputato o del suo difensore, sono valutate, se già acquisite al fascicolo per il dibattimento, solo se la loro attendibilità è confermata da altri elementi di prova, assunti o formati con diverse modalità. 3. Le dichiarazioni possono essere comunque valutate quando, sulla base di elementi concreti, verificati in contraddittorio, risulta che la persona è stata sottoposta a violenza, minaccia, offerta o promessa di denaro o di altra utilità affinché si sottragga all'esame. 4. Alle dichiarazioni acquisite al fascicolo per il dibattimento, e già valutate ai fini delle decisioni, si applicano nel giudizio dinanzi alla Corte di cassazione le disposizioni vigenti in materia di valutazione della prova al momento delle decisioni stesse. 5. Nell'udienza preliminare dei processi penali in corso nei confronti di imputato minorenne, il giudice, se ritiene di poter decidere allo stato degli atti, informa l'imputato della possibilità di consentire che il procedimento a suo carico sia definito in quella fase. 6. Le disposizioni dei commi precedenti si applicano anche ai procedimenti che proseguono con le norme del codice di procedura penale anteriormente vigente*".

[2] V. L. 24 marzo 2001, n. 89 (Ragionevole durata del processo).

[3] Su diritto ad un processo rapido e giusto v. art. 47 Carta dei diritti Fondamenta UE di Nizza ("Ogni individuo ha diritto a che la sua causa sia esaminata equamente, pubblicamente ed entro un termine ragionevole da un giudice indipendente, imparziale, precostituito per legge). Così anche art. 6 Convenzione Europea diritti dell'uomo.

[4] V. art. 26, L. 1° marzo 2001, n. 63 (Giusto processo). Per l'applicazione dei principi dei commi da 1 a 5 ai procedimenti penali in corso all'entrata in vigore della L. cost. 23 novembre 1999, n. 2, v. l'art. 2 della predetta legge, nonché il D.L. 7 gennaio 2000, n. 2, convertito in L. 25 febbraio 2000, n. 35.

[5] Vedi D.L. 7 gennaio 2000, n. 2, convertito in L. 25 febbraio 2000, n. 35.

[6] V. art. 6 CEDU.

[7] In relazione ai commi 7, 8, v. art. 2 Protocollo 7 CEDU.

[8] V. art. 47, Carta dei diritti fondamentali UE approvata a Nizza il 7 dicembre 2000.

[9] In relazione ai commi 4, 5, 6, v. art. 48, Carta dei diritti fondamentali UE approvata a Nizza il 7 dicembre 2000.

V. artt. 159, 172, comma 5, c.p.

112. Il pubblico ministero ha l'obbligo di esercitare l'azione penale[1].

[1] Cfr. artt. 73 ss., R.D. 31 gennaio 1941, n. 12 (Ordinamento giudiziario); D.Lgs. 20 febbraio 2006, n. 106 (Riorganizzazione dell'ufficio del pubblico ministero).

113. Contro gli atti della pubblica amministrazione è sempre ammessa la tutela giurisdizionale [24] dei diritti e degli interessi legittimi dinanzi agli organi di giurisdizione ordinaria [102][1] o amministrativa [103][2].

Tale tutela giurisdizionale non può essere esclusa o limitata a particolari mezzi di impugnazione o per determinate categorie di atti.

La legge determina quali organi di giurisdizione possono annullare gli atti della pubblica amministrazione nei casi e con gli effetti previsti dalla legge stessa.

[1] Per la tutela dei diritti soggettivi nei confronti della p.a. v. L. 20 marzo 1865, n. 2248, all. E (Per l'unificazione amministrativa del Regno d'Italia). L'art. 2, in particolare dispone che "sono devolute alla giurisdizione ordinaria tutte le cause per contravvenzioni e tutte le materie nelle quali si faccia questione d'un diritto civile o politico, comunque vi possa essere interessata la pubblica amministrazione, e ancorché siano emanati provvedimenti del potere esecutivo o dell'autorità amministrativa" V. anche art. 63, D.Lgs. 30 marzo 2001, n. 165 (T.U. in materia di pubblico impiego).

[2] Per la tutela giurisdizionale degli interessi legittimi innanzi al giudice amministrativo v. L. 6 dicembre 1971, n. 1034 ((Istituzione dei tribunali amministrativi regionali) e R.D. 26 giugno 1924, n. 1054 (T.U. delle leggi sul Consiglio di Stato).

V. anche la L. 21 luglio 2000. n. 205 (Disposizioni in materia di giustizia amministrativa) e L. 2 luglio 2010, n. 104, Codice del processo amministrativo.

Per la tutela dei diritti soggettivi innanzi al Giudice amministrativo v. artt. 33-35, D.Lgs. 31 marzo 1998, n. 80 (soppressi dal Codice del processo amministrativo).

TITOLO V
LE REGIONI, LE PROVINCIE, I COMUNI

114. La Repubblica è costituita dai Comuni, dalle Province, dalle Città metropolitane, dalle Regioni e dallo Stato.

I Comuni, le Province, le Città metropolitane e le Regioni sono enti autonomi con propri statuti, poteri e funzioni secondo i principi fissati dalla Costituzione.

Roma è la capitale della Repubblica. La legge dello Stato disciplina il suo ordinamento[1 2].

[1] Articolo così sostituito dall'art. 1, L. cost. 18 ottobre 2001, n. 3.

[2] V. art. 4, L. 5 giugno 2003, n. 131 (Disposizioni per l'adeguamento dell'ordinamento della Repubblica alla legge costituzionale 18 ottobre 2001, n. 3), secondo cui "*1. I Comuni, le Province e le Città metropolitane hanno potestà normativa secondo i principi fissati dalla Costituzione. La potestà normativa consiste nella potestà statutaria e in quella regolamentare.*

2. Lo statuto, in armonia con la Costituzione e con i principi generali in materia di organizzazione pubblica, nel rispetto di quanto stabilito dalla legge statale in attuazione dell'articolo 117, secondo comma, lettera p), della Costituzione, stabilisce i principi di organizzazione e funzionamento dell'ente, le forme di controllo, anche sostitutivo, nonché le garanzie delle minoranze e le forme di partecipazione popolare.

3. L'organizzazione degli enti locali è disciplinata dai regolamenti nel rispetto delle norme statutarie.

4. La disciplina dell'organizzazione, dello svolgimento e della gestione delle funzioni dei Comuni, delle Province e delle Città metropolitane è riservata alla potestà regolamentare dell'ente locale, nell'ambito della legislazione dello Stato o della Regione, che ne assicura i requisiti minimi di uniformità, secondo le rispettive competenze, conformemente a quanto previsto dagli articoli 114, 117, sesto comma, e 118 della Costituzione.

5. Il potere normativo è esercitato anche dalle unioni di Comuni, dalle Comunità montane e isolane.

6. Fino all'adozione dei regolamenti degli enti locali, si applicano le vigenti norme statali e regionali, fermo restando quanto previsto dal presente articolo".

115. [...][1].

[1] Articolo abrogato dall'art. 9, L. cost. 18 ottobre 2001, n. 3. La norma così recitava: "Le Regioni sono costituite in enti autonomi con propri poteri e funzioni secondo i principi fissati nella Costituzione".

116. Il Friuli Venezia Giulia, la Sardegna, la Sicilia, il Trentino-Alto Adige/Südtirol e la Valle d'Aosta/Vallee d'Aoste dispongono di forme e condizioni particolari di autonomia, secondo i rispettivi statuti speciali adottati con legge costituzionale [138][1].

La Regione Trentino-Alto Adige/Südtirol è costituita dalle Province autonome di Trento e di Bolzano.

Ulteriori forme e condizioni particolari di autonomia, concernenti le materie di cui al terzo comma dell'articolo 117 e le materie indicate dal secondo comma del medesimo articolo alle lettere *l)*, limitatamente all'organizzazione della giustizia di pace, *n)* e *s)*, possono essere attribuite ad altre Regioni, con legge dello Stato, su iniziativa della Regione interessata, sentiti gli enti locali, nel rispetto dei principi di cui all'articolo 119. La legge è approvata dalle Camere a maggioranza assoluta dei componenti, sulla base di intesa fra lo Stato e la Regione interessata[2 3 4].

[1] V. R.D.L. 15 maggio 1946, n. 455, convertito in L. cost. 26 febbraio 1948, n. 2, per la Sicilia; L. cost. 26 febbraio 1948, n. 3, per la Sardegna; L. cost. 26 febbraio 1948, n. 5 e D.P.R. 31 agosto 1972, n. 670, per il Trentino-Alto Adige; L. cost. 31 gennaio 1963, n. 1, per il Friuli-Venezia Giulia; L. cost. 26 febbraio 1948, n. 4, per la Valle d'Aosta.

[2] V. la norma transitoria di cui all'art. 10, L. cost. 3/2001: "*Sino all'adeguamento dei rispettivi statuti, le disposizioni della presente legge costituzionale si applicano anche alle Regioni a statuto speciale ed alle province autonome di Trento e di Bolzano per le parti in cui prevedono forme di autonomia più ampie rispetto a quelle già attribuite*".

[3] L'art. 11, L. 5 giugno 2003, n. 131 (Disposizioni per l'adeguamento dell'ordinamento della Repubblica alla legge costituzionale 18 ottobre 2001, n. 3), in attuazione di detta norma, ha disposto che: "*1. Per le Regioni a statuto speciale e le Province autonome di Trento e di Bolzano resta fermo quanto previsto dai rispettivi statuti speciali e dalle relative norme di attuazione, nonché dall'articolo 10 della legge costituzionale 18 ottobre 2001, n. 3. 2. Le Commissioni paritetiche previste dagli statuti delle Regioni a statuto speciale, in relazione alle ulteriori materie spettanti alla loro potestà legislativa ai sensi dell'articolo 10 della citata legge costituzionale n. 3 del 2001, possono proporre l'adozione delle norme di attuazione per il trasferimento dei beni e delle risorse strumentali, finanziarie, umane e organizzative, occorrenti all'esercizio delle ulteriori funzioni amministrative. 3. Le norme di attuazione di cui al comma 2 possono prevedere altresì disposizioni specifiche per la disciplina delle attività regionali di competenza in materia di rapporti internazionali e comunitari*".

[4] Articolo così sostituito dall'art. 2, L. cost. 18 ottobre 2001, n. 3. Il testo precedentemente in vigore era il seguente: "*116. Alla Sicilia, alla Sardegna, al Trentino-Alto Adige al Friuli-Venezia Giulia e alla Valle d'Aosta sono attribuite forme e condizioni particolari di autonomia, secondo statuti speciali adottati con leggi costituzionali*".

117. La potestà legislativa è esercitata dallo Stato e dalle Regioni nel rispetto della Costituzione, nonché dei vincoli derivanti dall'ordinamento comunitario e dagli obblighi internazionali[1].

Lo Stato ha legislazione esclusiva nelle seguenti materie:

a) politica estera e rapporti internazionali dello Stato; rapporti dello Stato con l'Unione europea; diritto di asilo e condizione giuridica dei cittadini di Stati non appartenenti all'Unione europea;

b) immigrazione;

c) rapporti tra la Repubblica e le confessioni religiose;

d) difesa e Forze armate; sicurezza dello Stato; armi, munizioni ed esplosivi;

e) moneta, tutela del risparmio e mercati finanziari; tutela della concorrenza; sistema valutario; sistema tributario e contabile dello Stato; armonizzazione dei bilanci pubblici; perequazione delle risorse finanziarie[2];

f) organi dello Stato e relative leggi elettorali; referendum statali; elezione del Parlamento europeo;

g) ordinamento e organizzazione amministrativa dello Stato e degli enti pubblici nazionali;

h) ordine pubblico e sicurezza, ad esclusione della polizia amministrativa locale;

i) cittadinanza, stato civile e anagrafi;

l) giurisdizione e norme processuali; ordinamento civile e penale; giustizia amministrativa;

m) determinazione dei livelli essenziali delle prestazioni concernenti i diritti civili e sociali che devono essere garantiti su tutto il territorio nazionale;

n) norme generali sull'istruzione;

o) previdenza sociale;

p) legislazione elettorale, organi di governo e funzioni fondamentali di Comuni, Province e Città metropolitane[3];

q) dogane, protezione dei confini nazionali e profilassi internazionale;

r) pesi, misure e determinazione del tempo; coordinamento informativo statistico e informatico dei dati dell'amministrazione statale, regionale e locale; opere dell'ingegno;

s) tutela dell'ambiente, dell'ecosistema e dei beni culturali.

Sono materie di legislazione concorrente quelle relative a: rapporti internazionali e con l'Unione europea delle Regioni; commercio con l'estero; tutela e sicurezza del lavoro; istruzione, salva l'autonomia delle istituzioni scolastiche e con esclusione della istruzione e della formazione professionale; professioni; ricerca scientifica e tecnologica e sostegno all'innovazione per i settori produttivi; tutela della salute; alimentazione; ordinamento sportivo; protezione civile; governo del territorio; porti e aeroporti civili; grandi reti di trasporto e di navigazione; ordinamento della comunicazione; produzione, trasporto e distribuzione nazionale dell'energia; previdenza complementare e integrativa; coordinamento della finanza pubblica e del sistema tributario; valorizzazione dei beni culturali e ambientali e promozione e organizzazione di attività culturali; casse di risparmio, casse rurali, aziende di credito a carattere regionale; enti di credito fondiario e agrario a carattere regionale. Nelle materie di legislazione concorrente spetta alle Regioni la potestà legislativa, salvo che per la determinazione dei principi fondamentali, riservata alla legislazione dello Stato[1 4].

Spetta alle Regioni la potestà legislativa in riferimento ad ogni materia non espressamente riservata alla legislazione dello Stato.

Le Regioni e le Province autonome di Trento e di Bolzano, nelle materie di loro competenza, partecipano alle decisioni dirette alla formazione degli atti normativi comunitari e provvedono all'attuazione e all'esecuzione degli accordi internazionali e degli atti dell'Unione europea, nel rispetto delle norme di procedura stabilite da legge dello Stato, che disciplina le modalità di esercizio del potere sostitutivo in caso di inadempienza[5 6].

La potestà regolamentare spetta allo Stato nelle materie di legislazione esclusiva, salva delega alle Regioni. La potestà regolamentare spetta alle Regioni in ogni altra materia. I Comuni, le Province e le Città metropolitane hanno potestà regolamentare in ordine alla disciplina dell'organizzazione e dello svolgimento delle funzioni loro attribuite.

Le leggi regionali rimuovono ogni ostacolo che impedisce la piena parità degli uomini e delle donne nella vita sociale, culturale ed economica e promuovono la parità di accesso tra donne e uomini alle cariche elettive.

La legge regionale ratifica le intese della Regione con altre Regioni per il migliore esercizio delle proprie funzioni, anche con individuazione di organi comuni.

Nelle materie di sua competenza la Regione può concludere accordi con Stati e intese con enti territoriali interni ad altro Stato, nei casi e con le forme disciplinati da leggi dello Stato[6 7 8].

[1] V. art. 1, L. 5 giugno 2003, n. 131, sub art. 114 (Disposizioni per l'adeguamento dell'ordinamento della Repubblica alla legge costituzionale 18 ottobre 2001, n. 3). Si riportano i primi tre commi: "*1. Costituiscono vincoli alla potestà legislativa dello Stato e delle Regioni, ai sensi dell'articolo 117, primo comma, della Costituzione, quelli derivanti dalle norme di diritto internazionale generalmente riconosciute, di cui all'articolo 10 della Costituzione, da accordi di reciproca limitazione della sovranità, di cui all'articolo 11 della Costituzione, dall'ordinamento comunitario e dai trattati internazionali. 2. Le disposizioni normative statali vigenti alla data di entrata in vigore della presente legge nelle materie appartenenti alla legislazione regionale continuano ad applicarsi, in ciascuna Regione, fino alla data di entrata in vigore delle disposizioni regionali in materia, fermo quanto previsto al comma 3, fatti salvi gli effetti di eventuali pronunce della Corte costituzionale. Le disposizioni normative regionali vigenti alla data di entrata in vigore*

della presente legge nelle materie appartenenti alla legislazione esclusiva statale continuano ad applicarsi fino alla data di entrata in vigore delle disposizioni statali in materia, fatti salvi gli effetti di eventuali pronunce della Corte costituzionale. 3. Nelle materie appartenenti alla legislazione concorrente, le Regioni esercitano la potestà legislativa nell'ambito dei principi fondamentali espressamente determinati dallo Stato o, in difetto, quali desumibili dalle leggi statali vigenti".

[2] Lettera così modificata dall'art. 3, L. cost. 20 aprile 2012, n. 1 a decorrere dall'esercizio finanziario relativo all'anno 2014. Il testo previgente disponeva: *e) moneta, tutela del risparmio e mercati finanziari; tutela della concorrenza; sistema valutario; sistema tributario e contabile dello Stato; perequazione delle risorse finanziarie.*

[3] V. art. 2, L. n. 131/2003, cit.: "Il Governo è delegato ad adottare, entro il 31 dicembre 2005, su proposta del Ministro dell'interno, di concerto con i Ministri per gli affari regionali, per le riforme istituzionali e la devoluzione e dell'economia e delle finanze, uno o più decreti legislativi diretti alla individuazione delle funzioni fondamentali, ai sensi dell'articolo 117, secondo comma, lettera p), della Costituzione, essenziali per il funzionamento di Comuni, Province e Città metropolitane nonché per il soddisfacimento di bisogni primari delle comunità di riferimento" (comma 1).

[4] Comma così modificato dall'art. 3, L. cost. 20 aprile 2012, n. 1 a decorrere dall'esercizio finanziario relativo all'anno 2014. Il testo previgente disponeva: *Sono materie di legislazione concorrente quelle relative a: rapporti internazionali e con l'Unione europea delle Regioni; commercio con l'estero; tutela e sicurezza del lavoro; istruzione, salva l'autonomia delle istituzioni scolastiche e con esclusione della istruzione e della formazione professionale; professioni; ricerca scientifica e tecnologica e sostegno all'innovazione per i settori produttivi; tutela della salute; alimentazione; ordinamento sportivo; protezione civile; governo del territorio; porti e aeroporti civili; grandi reti di trasporto e di navigazione; ordinamento della comunicazione; produzione, trasporto e distribuzione nazionale dell'energia; previdenza complementare e integrativa; armonizzazione dei bilanci pubblici e coordinamento della finanza pubblica e del sistema tributario; valorizzazione dei beni culturali e ambientali e promozione e organizzazione di attività culturali; casse di risparmio, casse rurali, aziende di credito a carattere regionale; enti di credito fondiario e agrario a carattere regionale. Nelle materie di legislazione concorrente spetta alle Regioni la potestà legislativa, salvo che per la determinazione dei principi fondamentali, riservata alla legislazione dello Stato.*

[5] V. art. 5, L. n. 131/2003, cit.: "*Le Regioni e le Province autonome di Trento e di Bolzano concorrono direttamente, nelle materie di loro competenza legislativa, alla formazione degli atti comunitari, partecipando, nell'ambito delle delegazioni del Governo, alle attività del Consiglio e dei gruppi di lavoro e dei comitati del Consiglio e della Commissione europea, secondo modalità da concordare in sede di Conferenza Stato-Regioni che tengano conto della particolarità delle autonomie speciali e, comunque, garantendo l'unitarietà della rappresentazione della posizione italiana da parte del Capo delegazione designato dal Governo. Nelle delegazioni del Governo deve essere prevista la partecipazione di almeno un rappresentante delle Regioni a statuto speciale e delle Province autonome di Trento e di Bolzano. Nelle materie che spettano alle Regioni ai sensi dell'articolo 117, quarto comma, della Costituzione, il Capo delegazione, che può essere anche un Presidente di Giunta regionale o di Provincia autonoma, è designato dal Governo sulla base di criteri e procedure determinati con un accordo generale di cooperazione tra Governo, Regioni a statuto ordinario e a statuto speciale stipulato in sede di Conferenza Stato-Regioni. In attesa o in mancanza di tale accordo, il Capo delegazione è designato dal Governo. Dall'attuazione del presente articolo non possono derivare nuovi o maggiori oneri per la finanza pubblica*" (comma 1). "*Nelle materie di competenza legislativa delle Regioni e delle Province autonome di Trento e di Bolzano, il Governo può proporre ricorso dinanzi alla Corte di giustizia delle Comunità europee avverso gli atti normativi comunitari ritenuti illegittimi anche su richiesta di una delle Regioni o delle Province autonome. Il Governo è tenuto a proporre tale ricorso qualora esso sia richiesto dalla Conferenza Stato-Regioni a maggioranza assoluta delle Regioni e delle Province autonome*" (comma 2).

[6] V. art. 6, L. n. 131/2003, cit.: "*Le Regioni e le Province autonome di Trento e di Bolzano, nelle materie di propria competenza legislativa, provvedono direttamente all'attuazione e all'esecuzione degli accordi internazionali ratificati, dandone preventiva comunicazione al Ministero degli affari esteri ed alla Presidenza del Consiglio dei ministri - Dipartimento per gli affari regionali, i quali, nei successivi trenta giorni dal relativo ricevimento, possono formulare criteri e osservazioni. In caso di inadempienza, ferma restando la responsabilità delle Regioni verso lo Stato, si applicano le disposizioni di cui all'articolo 8, commi 1, 4 e 5, in quanto compatibili*" (comma 1).

[7] Articolo così sostituito dall'art. 3, L. cost. 18 ottobre 2001, n. 3. Il testo originario era così formulato: "*117. La Regione emana per le seguenti materie norme legislative nei limiti dei principi fondamentali stabiliti dalle leggi dello Stato, sempreché le norme stesse non siano in contrasto con l'interesse nazionale e con quello di altre Regioni: ordinamento degli uffici e degli enti amministrativi dipendenti dalla Regione; circoscrizioni comunali; polizia locale urbana e rurale; fiere e mercati; beneficenza pubblica ed assistenza sanitaria ed ospedaliera; istruzione artigiana e professionale e assistenza scolastica; musei e biblioteche di enti locali; urbanistica; turismo ed industria alberghiera; tramvie e linee automobilistiche di interesse regionale; viabilità, acquedotti e lavori pubblici di interesse regionale; navigazione e porti lacuali; acque minerali e termali; cave e torbiere; caccia; pesca nelle acque interne; agricoltura e foreste; artigianato. Altre materie indicate da leggi costituzionali. Le leggi della Repubblica possono demandare alla Regione il potere di emanare norme per la loro attuazione*".

[8] In relazione al comma 2, lettera s., v. art. 37, Carta dei diritti fondamentali UE approvata a Nizza il 7 dicembre 2000.

V. artt. 2, comma 4, 159, 580, c.p.

118. Le funzioni amministrative sono attribuite ai Comuni salvo che, per assicurarne l'esercizio unitario, siano conferite a Province, Città metropolitane, Regioni e Stato, sulla base dei principi di sussidiarietà, differenziazione ed adeguatezza.

I Comuni, le Province e le Città metropolitane sono titolari di funzioni amministrative proprie e di quelle conferite con legge statale o regionale, secondo le rispettive competenze.

La legge statale disciplina forme di coordinamento fra Stato e Regioni nelle materie di cui alle lettere *b)* e *h)* del secondo comma dell'articolo 117, e disciplina inoltre forme di intesa e coordinamento nella materia della tutela dei beni culturali.

Stato, Regioni, Città metropolitane, Province e Comuni favoriscono l'autonoma iniziativa dei cittadini, singoli e associati, per lo svolgimento di attività di interesse generale, sulla base del principio di sussidiarietà[1 2 3].

[1] Per l'attuazione della norma v. art. 7, L. 5 giugno 2003, n. 131 (Disposizioni per l'adeguamento dell'ordinamento della Repubblica alla legge costituzionale 18 ottobre 2001, n. 3), nel testo, da ultimo, modificato dall'art. 10-bis, D.L. 24 giugno 2016, n. 113, convertito in L. 7 agosto 2016, n. 160, secondo cui: "*1. Lo Stato e le Regioni, secondo le rispettive competenze, provvedono a conferire le funzioni amministrative da loro esercitate alla data di entrata in vigore della presente legge, sulla base dei princìpi di sussidiarietà, differenziazione e adeguatezza, attribuendo a Province, Città metropolitane, Regioni e Stato soltanto quelle di cui occorra assicurare l'unitarietà di esercizio, per motivi di buon andamento, efficienza o efficacia dell'azione amministrativa ovvero per motivi funzionali o economici o per esigenze di programmazione o di omogeneità territoriale, nel rispetto, anche ai fini dell'assegnazione di ulteriori funzioni, delle attribuzioni degli enti di autonomia funzionale, anche nei settori della promozione dello sviluppo economico e della gestione dei servizi. Stato, Regioni, Città metropolitane, Province, Comuni e Comunità montane favoriscono l'autonoma iniziativa dei cittadini, singoli o associati, per lo svolgimento di attività di interesse generale, sulla base del principio di sussidiarietà. In ogni caso, quando sono impiegate risorse pubbliche, si applica l'articolo 12 della legge 7 agosto 1990, n. 241. Tutte le altre funzioni amministrative non diversamente attribuite spettano ai Comuni, che le esercitano in forma singola o associata, anche mediante le Comunità montane e le unioni dei Comuni.*

2. Per le finalità di cui al comma 1, e comunque ai fini del trasferimento delle occorrenti risorse, sulla base degli accordi con le Regioni e le autonomie locali, da concludere in sede di Conferenza unificata, diretti in particolare all'individuazione dei beni e delle risorse finanziarie, umane, strumentali e organizzative necessarie per l'esercizio delle funzioni e dei compiti da conferire, il Governo, su proposta del Ministro per gli affari regionali, di concerto con il Ministro dell'economia e delle finanze, sentiti i Ministri interessati, presenta al Parlamento uno o più disegni di legge collegati, ai sensi dell'articolo 3, comma 4, della legge 5 agosto 1978, n. 468, e successive modificazioni, alla manovra finanziaria annuale, per il recepimento dei suddetti accordi. Ciascuno dei predetti disegni di legge deve essere corredato da idonea relazione tecnica e non deve recare oneri aggiuntivi a carico della finanza pubblica. Le disposizioni di cui al presente comma si applicano fino alla data di entrata in vigore delle norme relative al nuovo sistema finanziario in attuazione dell'articolo 119 della Costituzione.

3. Sulla base dei medesimi accordi e nelle more dell'approvazione dei disegni di legge di cui al comma 2, lo Stato può avviare i trasferimenti dei suddetti beni e risorse secondo princìpi di invarianza di spesa e con le modalità previste al numero 4) del punto II dell'Accordo del 20 giugno 2002, recante intesa interistituzionale tra Stato, regioni ed enti locali, pubblicato nella Gazzetta Ufficiale n. 159 del 9 luglio 2002. A tale fine si provvede mediante uno o più decreti del Presidente del Consiglio dei ministri, tenendo conto delle previsioni di spesa risultanti dal bilancio dello Stato e del patto di stabilità. Si applicano, in quanto compatibili, gli articoli 3, 7, commi 8, 9, 10 e 11, e 8 del decreto legislativo 31 marzo 1998, n. 112. Gli schemi di decreto, ciascuno dei quali deve essere corredato di idonea relazione tecnica, sono trasmessi alle Camere per l'acquisizione del parere da parte delle Commissioni parlamentari competenti per materia e per le conseguenze di carattere finanziario, da rendere entro trenta giorni dall'assegnazione.

4. Le Commissioni possono chiedere ai Presidenti delle Camere una proroga di venti giorni per l'espressione del parere, qualora ciò si renda necessario per la complessità della materia o per il numero degli schemi di decreto trasmessi nello stesso periodo all'esame delle Commissioni. Qualora sia concessa, ai sensi del presente comma, la proroga del termine per l'espressione del parere, i termini per l'adozione dei decreti sono prorogati di venti giorni. Decorso il termine di cui al comma 3, ovvero quello prorogato ai sensi del presente comma, senza che le Commissioni abbiano espresso i pareri di rispettiva competenza, i decreti possono comunque essere adottati. I decreti sono adottati con il concerto del Ministro dell'economia e delle finanze e devono conformarsi ai pareri delle Commissioni parlamentari competenti per le conseguenze di carattere finanziario nelle parti in cui essi formulano identiche condizioni.

5. Nell'adozione dei decreti, si tiene conto delle indicazioni contenute nel Documento di programmazione economico-finanziaria, come approvato dalle risoluzioni parlamentari. Dalla data di entrata in vigore dei suddetti decreti o da quella diversa indicata negli stessi, le Regioni o gli enti locali possono provvedere all'esercizio delle funzioni relative ai beni e alle risorse trasferite. Tali decreti si applicano fino alla data di entrata in vigore delle leggi di cui al comma 2.

6. Fino alla data di entrata in vigore dei provvedimenti previsti dal presente articolo, le funzioni amministrative continuano ad essere esercitate secondo le attribuzioni stabilite dalle disposizioni vigenti, fatti salvi gli effetti di eventuali pronunce della Corte costituzionale.

7. La Corte dei conti, ai fini del coordinamento della finanza pubblica, verifica il rispetto degli equilibri di bilancio da parte di Comuni, Province, Città metropolitane e Regioni, in relazione al patto di stabilità interno ed ai vincoli derivanti dall'appartenenza dell'Italia all'Unione europea, salvo quanto disposto dal terzo periodo del presente comma. Nelle relazioni al Parlamento di cui all'articolo 3, comma 6, della legge 14 gennaio 1994, n. 20, e successive modificazioni, e all'articolo 13 del decreto-legge 22 dicembre 1981, n. 786, convertito, con modificazioni, dalla legge 26 febbraio 1982, n. 51, e successive modificazioni, la Corte dei conti riferisce anche sulla base dei dati e delle informazioni raccolti dalle sezioni regionali di controllo. Le sezioni regionali di controllo della Corte dei conti verificano, nel rispetto della natura collaborativa del controllo sulla gestione, il perseguimento degli obiettivi posti dalle leggi statali o regionali di principio e di programma, secondo la rispettiva competenza, nonché la sana gestione finanziaria degli enti locali ed il funzionamento dei controlli interni e riferiscono sugli esiti delle verifiche esclusivamente ai consigli degli enti controllati. Resta ferma la potestà delle Regioni a statuto speciale, nell'esercizio della loro competen-

za, di adottare particolari discipline nel rispetto delle suddette finalità. Per la determinazione dei parametri di gestione relativa al controllo interno, la Corte dei conti si avvale anche degli studi condotti in materia dal Ministero dell'interno.

8. Le Regioni possono richiedere ulteriori forme di collaborazione alle sezioni regionali di controllo della Corte dei conti ai fini della regolare gestione finanziaria e dell'efficienza ed efficacia dell'azione amministrativa, nonché pareri in materia di contabilità pubblica. Analoghe richieste possono essere formulate, di norma tramite il Consiglio delle autonomie locali, se istituito, anche da Comuni, Province e Città metropolitane. Richieste di parere nella medesima materia possono essere rivolte direttamente alla Sezione delle autonomie della Corte dei conti: per le Regioni, dalla Conferenza delle Regioni e delle Province autonome e dalla Conferenza dei Presidenti delle Assemblee legislative delle Regioni e delle Province autonome; per i Comuni, le Province e le Città metropolitane, dalle rispettive componenti rappresentative nell'ambito della Conferenza unificata.

8-bis. Le sezioni regionali di controllo della Corte dei conti possono essere integrate, senza nuovi o maggiori oneri per la finanza pubblica, da due componenti designati, salva diversa previsione dello statuto della Regione, rispettivamente dal Consiglio regionale e dal Consiglio delle autonomie locali oppure, ove tale organo non sia stato istituito, dal Presidente del Consiglio regionale su indicazione delle associazioni rappresentative dei Comuni e delle Province a livello regionale. I predetti componenti sono scelti tra persone che, per gli studi compiuti e le esperienze professionali acquisite, sono particolarmente esperte nelle materie aziendalistiche, economiche, finanziarie, giuridiche e contabili; i medesimi durano in carica cinque anni e non sono riconfermabili. Lo status dei predetti componenti è equiparato a tutti gli effetti, per la durata dell'incarico, a quello dei consiglieri della Corte dei conti, con oneri finanziari a carico della Regione. La nomina è effettuata con decreto del Presidente della Repubblica, con le modalità previste dal secondo comma dell'articolo unico del decreto del Presidente della Repubblica 8 luglio 1977, n. 385.

9. [...]".

[2] V. per il decentramento amministrativo D.Lgs. 31 marzo 1998, n. 112 (Conferimento di funzioni e compiti amministrativi dello Stato alle regioni ed agli enti locali, in attuazione del capo I della legge 15 marzo 1997 n. 59).

[3] Articolo così sostituito dall'art. 4, L. cost. 18 ottobre 2001, n. 3. Per l'attuazione delle norme contenute nel presente articolo v. art. 7, L. 5 giugno 2003, n. 131. Il testo precedentemente in vigore era il seguente: "118. Spettano alla Regione le funzioni amministrative per le materie elencate nel precedente articolo, salvo quelle di interesse esclusivamente locale, che possono essere attribuite dalle leggi della Repubblica alle Province, ai Comuni o ad altri enti locali. Lo Stato può con legge delegare alla Regione l'esercizio di altre funzioni amministrative. La Regione esercita normalmente le sue funzioni amministrative delegandole alle Province, ai Comuni o ad altri enti locali, o valendosi dei loro uffici".

119. I Comuni, le Province, le Città metropolitane e le Regioni hanno autonomia finanziaria di entrata e di spesa, nel rispetto dell'equilibrio dei relativi bilanci, e concorrono ad assicurare l'osservanza dei vincoli economici e finanziari derivanti dall'ordinamento dell'Unione europea[1 2 3].

I Comuni, le Province, le Città metropolitane e le Regioni hanno risorse autonome. Stabiliscono e applicano tributi ed entrate propri, in armonia con la Costituzione e secondo i principi di coordinamento della finanza pubblica e del sistema tributario. Dispongono di compartecipazioni al gettito di tributi erariali riferibile al loro territorio.

La legge dello Stato istituisce un fondo perequativo, senza vincoli di destinazione, per i territori con minore capacità fiscale per abitante.

Le risorse derivanti dalle fonti di cui ai commi precedenti consentono ai Comuni, alle Province, alle Città metropolitane e alle Regioni di finanziare integralmente le funzioni pubbliche loro attribuite.

Per promuovere lo sviluppo economico, la coesione e la solidarietà sociale, per rimuovere gli squilibri economici e sociali, per favorire l'effettivo esercizio dei diritti della persona, o per provvedere a scopi diversi dal normale esercizio delle loro funzioni, lo Stato destina risorse aggiuntive ed effettua interventi speciali in favore di determinati Comuni, Province, Città metropolitane e Regioni.

I Comuni, le Province, le Città metropolitane e le Regioni hanno un proprio patrimonio, attribuito secondo i principi generali determinati dalla legge dello Stato [824-826 c.c.][4]. Possono ricorrere all'indebitamento solo per finanziare spese di investimento, con la contestuale definizione di piani di ammortamento e a condizione che per il complesso degli enti di ciascuna Regione sia rispettato l'equilibrio di bilancio. È esclusa ogni garanzia dello Stato sui prestiti dagli stessi contratti[2 5 6].

[1] Comma così modificato dall'art. 4, L. cost. 20 aprile 2012, n. 1 a decorrere dall'esercizio finanziario relativo all'anno 2014. Il testo previgente disponeva: *I Comuni, le Province, le Città metropolitane e le Regioni hanno autonomia finanziaria di entrata e di spesa.*

[2] Cfr. L. 14 giugno 1990, n. 58 (Autonomia impositiva delle Regioni); D.Lgs. 18 febbraio 2000, n. 56, L. 5 maggio 2009, n. 42, D.Lgs. 14 marzo 2011, n. 23 (Disposizioni in materia di federalismo fiscale).

[3] V. D.Lgs. 28 marzo 2000, n. 76 (Principi fondamentali e coordinamento in materia di bilancio e contabilità delle Regioni).

[4] V. art. 11, L. 16 maggio 1970, n. 21 (Demanio delle Regioni ordinarie).

[5] Comma così modificato dall'art. 4, L. cost. 20 aprile 2012, n. 1 a decorrere dall'esercizio finanziario relativo all'anno 2014. Il testo previgente disponeva: *I Comuni, le Province, le Città metropolitane e le Regioni hanno un proprio patrimonio, attribuito secondo i principi generali determinati dalla legge dello Stato. Possono ricorrere all'indebitamento solo per finanziare spese di investimento. È esclusa ogni garanzia dello Stato sui prestiti dagli stessi contratti.*

[6] Articolo così sostituito dall'art. 5, L. cost. 18 ottobre 2001, n. 3. Il testo precedentemente in vigore era il seguente: "*Le Regioni hanno autonomia finanziaria nelle forme e nei limiti stabiliti da leggi della Repubblica, che la coordinano con la*

finanza dello Stato, delle Province e dei Comuni. Alle Regioni sono attribuiti tributi propri e quote di tributi erariali in relazione ai bisogni delle Regioni per le spese necessarie ad adempiere le loro funzioni normali. Per provvedere a scopi determinati, e particolarmente per valorizzare il Mezzogiorno e le Isole, lo Stato assegna per legge a singole Regioni contributi speciali. La Regione ha un proprio demanio e patrimonio, secondo le modalità stabilite con legge della Repubblica". Per l'attuazione delle norme contenute nel presente articolo v. l'art. 11, comma 2, L. 5 giugno 2003, n. 131 (Disposizioni per l'adeguamento dell'ordinamento della Repubblica alla legge costituzionale 18 ottobre 2001, n. 3).

120. La Regione non può istituire dazi di importazione o esportazione o transito tra le Regioni [16], né adottare provvedimenti che ostacolino in qualsiasi modo la libera circolazione delle persone e delle cose tra le Regioni, né limitare l'esercizio del diritto al lavoro in qualunque parte del territorio nazionale[1].

Il Governo può sostituirsi a organi delle Regioni, delle Città metropolitane, delle Province e dei Comuni nel caso di mancato rispetto di norme e trattati internazionali o della normativa comunitaria oppure di pericolo grave per l'incolumità e la sicurezza pubblica, ovvero quando lo richiedono la tutela dell'unità giuridica o dell'unità economica e in particolare la tutela dei livelli essenziali delle prestazioni concernenti i diritti civili e sociali, prescindendo dai confini territoriali dei governi locali. La legge definisce le procedure atte a garantire che i poteri sostitutivi siano esercitati nel rispetto del principio di sussidiarietà e del principio di leale collaborazione[2 3].

[1] Cfr. artt. 23 e 29 Trattato CE.

[2] Per l'attuazione delle norme contenute nel presente articolo v. l'art. 8, L. 5 giugno 2003, n. 131 (Disposizioni per l'adeguamento dell'ordinamento della Repubblica alla legge costituzionale 18 ottobre 2001, n. 3): "*1. Il Consiglio dei ministri, su proposta del Ministro competente per materia, anche su iniziativa delle Regioni o degli enti locali, assegna all'ente interessato un congruo termine per adottare i provvedimenti dovuti o necessari; decorso inutilmente tale termine, il Consiglio dei ministri, sentito l'organo interessato, su proposta del Ministro competente o del Presidente del Consiglio dei ministri, adotta i provvedimenti necessari, anche normativi, ovvero nomina un apposito commissario. Alla riunione del Consiglio dei ministri partecipa il Presidente della Giunta regionale della Regione interessata al provvedimento.*

2. Qualora l'esercizio del potere sostitutivo si renda necessario al fine di porre rimedio alla violazione della normativa comunitaria, gli atti ed i provvedimenti di cui al comma 1 sono adottati su proposta del Presidente del Consiglio dei ministri o del Ministro per le politiche comunitarie e del Ministro competente per materia. L'articolo 11 della legge 9 marzo 1989, n. 86, è abrogato.

3. Fatte salve le competenze delle Regioni a statuto speciale, qualora l'esercizio dei poteri sostitutivi riguardi Comuni, Province o Città metropolitane, la nomina del commissario deve tenere conto dei principi di sussidiarietà e di leale collaborazione. Il commissario provvede, sentito il Consiglio delle autonomie locali qualora tale organo sia stato istituito.

4. Nei casi di assoluta urgenza, qualora l'intervento sostitutivo non sia procrastinabile senza mettere in pericolo le finalità tutelate dall'articolo 120 della Costituzione, il Consiglio dei ministri, su proposta del Ministro competente, anche su iniziativa delle Regioni o degli enti locali, adotta i provvedimenti necessari, che sono immediatamente comunicati alla Conferenza Stato-Regioni o alla Conferenza Stato-Città e autonomie locali, allargata ai rappresentanti delle Comunità montane, che possono chiederne il riesame.

5. I provvedimenti sostitutivi devono essere proporzionati alle finalità perseguite.

6. Il Governo può promuovere la stipula di intese in sede di Conferenza Stato-Regioni o di Conferenza unificata, dirette a favorire l'armonizzazione delle rispettive legislazioni o il raggiungimento di posizioni unitarie o il conseguimento di obiettivi comuni; in tale caso è esclusa l'applicazione dei commi 3 e 4 dell'articolo 3 del decreto legislativo 28 agosto 1997, n. 281. Nelle materie di cui all'articolo 117, terzo e quarto comma, della Costituzione non possono essere adottati gli atti di indirizzo e di coordinamento di cui all'articolo 8 della legge 15 marzo 1997, n. 59, e all'articolo 4 del decreto legislativo 31 marzo 1998, n. 112".

V., anche, art. 1, comma 280, L. 23 dicembre 2005, n. 266 e art. 1, comma 1214, L. 27 dicembre 2006, n. 296.

[3] Articolo così sostituito dall'art. 6, L. cost. 18 ottobre 2001, n. 3. Il testo precedentemente in vigore era il seguente: "La Regione non può istituire dazi d'importazione o esportazione o transito fra le Regioni. Non può adottare provvedimenti che ostacolino in qualsiasi modo la libera circolazione delle persone e delle cose fra le Regioni. Non può limitare il diritto dei cittadini di esercitare in qualunque parte del territorio nazionale la loro professione, impiego o lavoro".

121. Sono organi della Regione: il Consiglio regionale, la Giunta e il suo presidente.

Il Consiglio regionale esercita le potestà legislative attribuite alla Regione e le altre funzioni conferitegli dalla Costituzione e dalle leggi. Può fare proposte di legge alle Camere[1].

La Giunta regionale è l'organo esecutivo delle Regioni.

Il Presidente della Giunta rappresenta la Regione; dirige la politica della Giunta e ne è responsabile; promulga le leggi ed emana i regolamenti regionali; dirige le funzioni amministrative delegate dallo Stato alla Regione, conformandosi alle istruzioni del Governo della Repubblica[2].

[1] Comma così modificato dall'art. 1, L. cost. 22 novembre 1999, n. 1.

[2] Comma così sostituito dall'art. 1, L. cost. 22 novembre 1999, n. 1. Il testo precedentemente in vigore così disponeva: "Il Presidente della Giunta rappresenta la Regione; promulga le leggi ed i regolamenti regionali, dirige le funzioni amministrative delegate dallo Stato alla Regione, conformandosi alle istruzioni del Governo centrale".

122. Il sistema di elezione e i casi di ineleggibilità e di incompatibilità del Presidente e degli altri componenti della Giunta regionale nonché dei consiglieri regionali sono disciplinati con legge della Regione nei limiti dei principi fondamentali stabiliti con legge della Repubblica, che stabilisce anche la durata degli organi elettivi[1 2 3].

Nessuno può appartenere contemporaneamente a un Consiglio o a una Giunta regionale e ad una delle Camere del Parlamento, ad un altro Consiglio o ad altra Giunta regionale, ovvero al Parlamento europeo.

Il Consiglio elegge tra i suoi componenti un Presidente e un ufficio di presidenza.

I consiglieri regionali non possono essere chiamati a rispondere delle opinioni espresse e dei voti dati nell'esercizio delle loro funzioni.

Il Presidente della Giunta regionale, salvo che lo statuto regionale disponga diversamente, è eletto a suffragio universale e diretto. Il Presidente eletto nomina e revoca i componenti della Giunta[4 5].

[1] V. art. 5, L. cost. 1/1999: "*1. Fino alla data di entrata in vigore dei nuovi statuti regionali e delle nuove leggi elettorali ai sensi del primo comma dell'art. 122 della Costituzione, come sostituito dall'art. 2 della presente legge costituzionale, l'elezione del Presidente della Giunta regionale è contestuale al rinnovo dei rispettivi Consigli regionali e si effettua con le modalità previste dalle disposizioni di legge ordinaria vigenti in materia di elezione dei Consigli regionali. Sono candidati alla Presidenza della Giunta regionale i capilista delle liste regionali. È proclamato eletto Presidente della Giunta regionale il candidato che ha conseguito il maggior numero di voti validi in ambito regionale. Il Presidente della Giunta regionale fa parte del Consiglio regionale. È eletto alla carica di consigliere il candidato alla carica di Presidente della Giunta regionale che ha conseguito un numero di voti validi immediatamente inferiore a quello del candidato proclamato eletto Presidente. L'Ufficio centrale regionale riserva, a tal fine, l'ultimo dei seggi eventualmente spettanti alle liste circoscrizionali collegate con il capolista della lista regionale proclamato alla carica di consigliere, nell'ipotesi prevista al n. 3) del tredicesimo comma dell'art. 15 della legge 17 febbraio 1968, n. 108, introdotto dal comma 2 dell'art. 3 della legge 23 febbraio 1995, n. 43; o, altrimenti, il seggio attribuito con il resto o con la cifra elettorale minore, tra quelli delle stesse liste, in sede di collegio unico regionale per la ripartizione dei seggi circoscrizionali residui. Qualora tutti i seggi spettanti alle liste collegate siano stati assegnati con quoziente intero in sede circoscrizionale, l'Ufficio centrale regionale procede all'attribuzione di un seggio aggiuntivo, del quale si deve tenere conto per la determinazione della conseguente quota percentuale di seggi spettanti alle liste di maggioranza in seno al Consiglio regionale.*

2. Fino alla data di entrata in vigore dei nuovi statuti regionali si osservano le seguenti disposizioni:

a) entro dieci giorni dalla proclamazione, il Presidente della Giunta regionale nomina i componenti della Giunta, fra i quali un Vicepresidente, e può successivamente revocarli;

b) nel caso in cui il Consiglio regionale approvi a maggioranza assoluta una mozione motivata di sfiducia nei confronti del Presidente della Giunta regionale, presentata da almeno un quinto dei suoi componenti e messa in discussione non prima di tre giorni dalla presentazione, entro tre mesi si procede all'indizione di nuove elezioni del Consiglio e del Presidente della Giunta. Si procede parimenti a nuove elezioni del Consiglio e del Presidente della Giunta in caso di dimissioni volontarie, impedimento permanente o morte del Presidente".

[2] La L. 2 luglio 2004, n. 165 ha stabilito i principi fondamentali concernenti il sistema di elezione e i casi di ineleggibilità e di incompatibilità del Presidente e degli altri componenti della Giunta regionale, nonché dei consiglieri regionali. In particolare l'art. 2 così dispone: "*1. Fatte salve le disposizioni legislative statali in materia di incandidabilità per coloro che hanno riportato sentenze di condanna o nei cui confronti sono state applicate misure di prevenzione, le regioni disciplinano con legge i casi di ineleggibilità, specificamente individuati, di cui all'articolo 122, primo comma, della Costituzione, nei limiti dei seguenti principi fondamentali:*

a) sussistenza delle cause di ineleggibilità qualora le attività o le funzioni svolte dal candidato, anche in relazione a peculiari situazioni delle regioni, possano turbare o condizionare in modo diretto la libera decisione di voto degli elettori ovvero possano violare la parità di accesso alle cariche elettive rispetto agli altri candidati;

b) inefficacia delle cause di ineleggibilità qualora gli interessati cessino dalle attività o dalle funzioni che determinano l'ineleggibilità, non oltre il giorno fissato per la presentazione delle candidature o altro termine anteriore altrimenti stabilito, ferma restando la tutela del diritto al mantenimento del posto di lavoro, pubblico o privato, del candidato;

c) applicazione della disciplina delle incompatibilità alle cause di ineleggibilità sopravvenute alle elezioni qualora ricorrano le condizioni previste dall'articolo 3, comma 1, lettere a) e b);

d) attribuzione ai Consigli regionali della competenza a decidere sulle cause di ineleggibilità dei propri componenti e del Presidente della Giunta eletto a suffragio universale e diretto, fatta salva la competenza dell'autorità giudiziaria a decidere sui relativi ricorsi. L'esercizio delle rispettive funzioni è comunque garantito fino alla pronuncia definitiva sugli stessi ricorsi;

e) eventuale differenziazione della disciplina dell'ineleggibilità nei confronti del Presidente della Giunta regionale e dei consiglieri regionali;

f) previsione della non immediata rieleggibilità allo scadere del secondo mandato consecutivo del Presidente della Giunta regionale eletto a suffragio universale e diretto, sulla base della normativa regionale adottata in materia".

[3] V. L. 23 febbraio 1995, n. 43 (Nuove norme per l'elezione dei Consigli Regionali delle Regioni a Statuto ordinario); L. 23 aprile 1981, n. 154 (Norme in materia di ineleggibilità e incompatibilità alle cariche di consigliere regionale, provinciale, comunale e circoscrizionale).

[4] V. anche L. cost. 31 gennaio 2001, n. 2 (Elezione diretta dei Presidenti delle Regioni a Statuto speciale e delle Province autonome di Trento e Bolzano).

[5] Articolo così sostituito dall'art. 2, L. cost. 22 novembre 1999, n. 1. Il testo precedentemente in vigore così disponeva: "*Il sistema d'elezione, il numero e i casi di ineleggibilità e di incompatibilità dei consiglieri regionali sono stabiliti con legge della Repubblica. Nessuno può appartenere contemporaneamente a un Consiglio regionale e ad una delle Camere del Parlamento o ad un altro Consiglio regionale. Il Consiglio elegge nel suo seno un Presidente e un ufficio di presidenza per i propri lavori. I consiglieri regionali non possono essere*

chiamati a rispondere delle opinioni espresse e dei voti dati nell'esercizio delle loro funzioni. Il Presidente ed i membri della Giunta sono eletti dal Consiglio regionale tra i suoi componenti".

123. Ciascuna Regione ha uno statuto che, in armonia con la Costituzione, ne determina la forma di governo e i principi fondamentali di organizzazione e funzionamento. Lo statuto regola l'esercizio del diritto di iniziativa e del *referendum* su leggi e provvedimenti amministrativi della Regione e la pubblicazione delle leggi e dei regolamenti regionali.

Lo statuto è approvato e modificato dal Consiglio regionale con legge approvata a maggioranza assoluta dei suoi componenti, con due deliberazioni successive adottate ad intervallo non minore di due mesi. Per tale legge non è richiesta l'apposizione del visto da parte del Commissario del Governo. Il Governo della Repubblica può promuovere la questione di legittimità costituzionale sugli statuti regionali dinanzi alla Corte costituzionale entro trenta giorni dalla loro pubblicazione1.

Lo statuto è sottoposto a *referendum* popolare qualora entro tre mesi dalla sua pubblicazione ne faccia richiesta un cinquantesimo degli elettori della Regione o un quinto dei componenti il Consiglio regionale. Lo statuto sottoposto a *referendum* non è promulgato se non è approvato dalla maggioranza dei voti validi.

In ogni Regione, lo statuto disciplina il Consiglio delle autonomie locali, quale organo di consultazione fra la Regione e gli enti locali[2 3].

[1] V. art. 9, L. 5 giugno 2003, n. 131 (Disposizioni per l'adeguamento dell'ordinamento della Repubblica alla legge costituzionale 18 ottobre 2001, n. 3); che ha così modificato l'art. 31 della L. 11 marzo 1953, n. 87 (Norme sulla costituzione e il funzionamento della Corte Costituzionale), in base al quale: "*1. La questione di legittimità costituzionale di uno statuto regionale può, a norma del secondo comma dell'articolo 123 della Costituzione, essere promossa entro il termine di trenta giorni dalla pubblicazione. 2. Ferma restando la particolare forma di controllo delle leggi prevista dallo statuto speciale della Regione siciliana, il Governo, quando ritenga che una legge regionale ecceda la competenza della Regione, può promuovere, ai sensi dell'articolo 127, primo comma, della Costituzione, la questione di legittimità costituzionale della legge regionale dinanzi alla Corte costituzionale entro sessanta giorni dalla pubblicazione. 3. La questione di legittimità costituzionale è sollevata, previa deliberazione del Consiglio dei ministri, anche su proposta della Conferenza Stato-Città e autonomie locali, dal Presidente del Consiglio dei ministri mediante ricorso diretto alla Corte costituzionale e notificato, entro i termini previsti dal presente articolo, al Presidente della Giunta regionale. 4. Il ricorso deve essere depositato nella cancelleria della Corte costituzionale entro il termine di dieci giorni dalla notificazione*".

[2] Comma aggiunto dall'art. 7, L. cost. 18 ottobre 2001, n. 3.

[3] Articolo così sostituito dall'art. 3, L. cost. 22 novembre 1999, n. 1. Il testo precedentemente in vigore così disponeva: "*123. Ogni Regione ha uno statuto il quale, in armonia con la Costituzione e con le leggi della Repubblica, stabilisce le norme relative all'organizzazione interna della Regione. Lo statuto regola l'esercizio del diritto di iniziativa e del referendum su leggi e provvedimenti amministrativi della Regione e la pubblicazione delle leggi e dei regolamenti regionali. Lo statuto è deliberato dal Consiglio regionale a maggioranza assoluta dei suoi componenti, ed è approvato con legge della Repubblica*".

124. [...][1].

[1] Articolo abrogato dall'art. 9, L. cost. 18 ottobre 2001, n. 3. La norma così disponeva: "Un commissario del Governo, residente nel capoluogo della Regione, sopraintende alle funzioni amministrative esercitate dallo Stato e le coordina con quelle esercitate dalla Regione".

125. [...][1].

Nella Regione sono istituiti organi di giustizia amministrativa di primo grado secondo l'ordinamento stabilito da legge della Repubblica. Possono istituirsi sezioni con sede diversa dal capoluogo della Regione[2].

[1] Comma abrogato dall'art. 9, L. cost. 18 ottobre 2001, n. 3.

[2] V. L. 6 dicembre 1971, n. 1034. (Istitutiva dei Tribunali Amministrativi Regionali: v. nota all'art. art. 25) e relativo regolamento di attuazione varato con D.P.R. 21 aprile 1973, n. 214.

126. Con decreto motivato del Presidente della Repubblica sono disposti lo scioglimento del Consiglio regionale e la rimozione del Presidente della Giunta che abbiano compiuto atti contrari alla Costituzione o gravi violazioni di legge. Lo scioglimento e la rimozione possono altresì essere disposti per ragioni di sicurezza nazionale. Il decreto è adottato sentita una Commissione di deputati e senatori costituita, per le questioni regionali, nei modi stabiliti con legge della Repubblica[1].

Il Consiglio regionale può esprimere la sfiducia nei confronti del Presidente della Giunta mediante mozione motivata, sottoscritta da almeno un quinto dei suoi componenti e approvata per appello nominale a maggioranza assoluta dei componenti. La mozione non può essere messa in discussione prima di tre giorni dalla presentazione.

L'approvazione della mozione di sfiducia nei confronti del Presidente della Giunta eletto a suffragio universale e diretto, nonché la rimozione, l'impedimento permanente, la morte o le dimissioni volontarie dello stesso comportano le dimissioni della Giunta e lo scioglimento del Consiglio. In ogni caso i medesimi effetti conseguono alle dimissioni contestuali della maggioranza dei componenti il Consiglio[2].

[1] Cfr. per la Commissione parlamentare art. 52, L. 10 febbraio 1953, n. 62; art. 11, L. cost. 18 ottobre 2001, n. 3 (Modifiche al titolo V della parte II della Costituzione).

[2] Articolo così sostituito dall'art. 4, L. cost. 22 novembre 1999, n. 1. Il testo precedentemente in vigore così disponeva: "*Il Consiglio regionale può essere sciolto, quando compia atti contrari alla Costituzione o gravi violazioni di legge, o non corrisponda all'invito del Governo di sostituire la Giunta o il Presidente, che abbiano compiuto analoghi atti o violazioni. Può essere sciolto quando, per dimissioni o per impossibilità di formare una maggioranza, non sia in grado di funzionare. Può essere altresì sciolto per ragioni di sicurezza nazionale. Lo scioglimento è disposto con decreto motivato del Presidente della Repubblica, sentita una Commissione di deputati e senatori costituita, per le questioni regionali, nei modi stabiliti con legge della Repubblica. Col decreto di scioglimento è nominata una Commissione di tre cittadini eleggibili al Consiglio regionale, che indice le elezioni entro tre mesi e provvede all'ordinaria amministrazione di competenza della Giunta e agli atti improrogabili, da sottoporre alla ratifica del nuovo Consiglio*".

127. Il Governo, quando ritenga che una legge regionale ecceda la competenza della Regione, può promuovere la questione di legittimità costituzionale dinanzi alla Corte costituzionale entro sessanta giorni dalla sua pubblicazione.

La Regione, quando ritenga che una legge o un atto avente valore di legge dello Stato o di un'altra Regione leda la sua sfera di competenza, può promuovere la questione di legittimità costituzionale dinanzi alla Corte costituzionale entro sessanta giorni dalla pubblicazione della legge o dell'atto avente valore di legge[1 2].

[1] V. art. 9, L. 5 giugno 2003, n. 131 (Disposizioni per l'adeguamento dell'ordinamento della Repubblica alla legge costituzionale 18 ottobre 2001, n. 3), sub art. 114, che ha modificato gli artt. 31-35 della L. 11 marzo 1953, n. 87 (Norme sulla costituzione e il funzionamento della Corte Costituzionale).

L'art. 31, L. 11 marzo 1953, n. 87, è ora così formulato: "*Art. 31. - 1. La questione di legittimità costituzionale di uno statuto regionale può, a norma del secondo comma dell'articolo 123 della Costituzione, essere promossa entro il termine di trenta giorni dalla pubblicazione.*

2. Ferma restando la particolare forma di controllo delle leggi prevista dallo statuto speciale della Regione siciliana, il Governo, quando ritenga che una legge regionale ecceda la competenza della Regione, può promuovere, ai sensi dell'articolo 127, primo comma, della Costituzione, la questione di legittimità costituzionale della legge regionale dinanzi alla Corte costituzionale entro sessanta giorni dalla pubblicazione.

3. La questione di legittimità costituzionale è sollevata, previa deliberazione del Consiglio dei ministri, anche su proposta della Conferenza Stato-Città e autonomie locali, dal Presidente del Consiglio dei ministri mediante ricorso diretto alla Corte costituzionale e notificato, entro i termini previsti dal presente articolo, al Presidente della Giunta regionale.

4. Il ricorso deve essere depositato nella cancelleria della Corte costituzionale entro il termine di dieci giorni dalla notificazione".

Il secondo comma dell'art. 32, L. 11 marzo 1953, n. 87, è stato così sostituito: "*La questione di legittimità costituzionale, previa deliberazione della Giunta regionale, anche su proposta del Consiglio delle autonomie locali, è promossa dal Presidente della Giunta mediante ricorso diretto alla Corte costituzionale e notificato al Presidente del Consiglio dei ministri entro il termine di sessanta giorni dalla pubblicazione della legge o dell'atto impugnati*".

L'art. 35, L. 11 marzo 1953, n. 87, è ora così formulato: "*Art. 35. - 1. Quando è promossa una questione di legittimità costituzionale ai sensi degli articoli 31, 32 e 33, la Corte costituzionale fissa l'udienza di discussione del ricorso entro novanta giorni dal deposito dello stesso. Qualora la Corte ritenga che l'esecuzione dell'atto impugnato o di parti di esso possa comportare il rischio di un irreparabile pregiudizio all'interesse pubblico o all'ordinamento giuridico della Repubblica, ovvero il rischio di un pregiudizio grave ed irreparabile per i diritti dei cittadini, trascorso il termine di cui all'articolo 25, d'ufficio può adottare i provvedimenti di cui all'articolo 40. In tal caso l'udienza di discussione è fissata entro i successivi trenta giorni e il dispositivo della sentenza è depositato entro quindici giorni dall'udienza di discussione*".

I commi 5 e 6 dell'art. 9, L. 131/2003, così recitano: "*5. Le Regioni assicurano la pronta reperibilità degli atti recanti la pubblicazione ufficiale degli statuti e delle leggi regionali.*

6. Nei ricorsi per conflitto di attribuzione tra Stato e Regione e tra Regione e Regione, di cui agli articoli da 39 a 42 della legge 11 marzo 1953, n. 87, proposti anteriormente alla data dell'8 novembre 2001, il ricorrente deve chiedere la trattazione del ricorso, con istanza diretta alla Corte costituzionale e notificata alle altre parti costituite, entro quattro mesi dal ricevimento della comunicazione di pendenza del procedimento effettuata a cura della cancelleria della Corte costituzionale; in difetto di tale istanza, il ricorso si considera abbandonato ed è dichiarato estinto con decreto del Presidente".

[2] Articolo così sostituito dall'art. 8, L. cost. 18 ottobre 2001, n. 3. Il precedente testo della norma era così formulato: "*Ogni legge approvata dal Consiglio regionale è comunicata al Commissario che, salvo il caso di opposizione da parte del governo, deve vistarla nel termine di trenta giorni dalla comunicazione. La legge è promulgata nei dieci giorni dalla apposizione del visto ed entra in vigore non prima di quindici giorni dalla sua pubblicazione. Se una legge è dichiarata urgente dal Consiglio regionale, e il governo della Repubblica lo consente, la promulgazione e l'entrata in vigore non sono subordinate ai termini indicati. Il governo della Repubblica, quando ritenga che una legge approvata dal Consiglio regionale ecceda la competenza della Regione o contrasti con gli interessi nazionali o con quelli di altre Regioni, la rinvia al Consiglio regionale nel termine fissato per l'apposizione del visto. Ove il Consiglio regionale la approvi di nuovo a maggioranza assoluta dei suoi componenti, il governo della Repubblica può, nei quindici giorni dalla comunicazione, promuovere la questione di legittimità davanti alla Corte costituzionale, o quella di merito per contrasto di interessi davanti alle Camere. In caso di dubbio, la Corte decide di chi sia la competenza*".

128. [...][1].

[1] Articolo abrogato dall'art. 9, L. cost. 18 ottobre 2001, n. 3. L'articolo così recitava: "Le Provincie e i Comuni sono enti autonomi nell'ambito dei principi fissati da leggi generali della Repubblica, che ne determinano le funzioni".

129. [...][1].

[1] Articolo abrogato dall'art. 9, L. cost. 18 ottobre 2001, n. 3. L'articolo così recitava: "Le Provincie e i Comuni sono anche circoscrizioni di decentramento statale e regionale. Le circoscrizioni provinciali possono essere suddivise in circondari con funzioni esclusivamente amministrative per un ulteriore decentramento".

130. [...][1].

[1] Articolo abrogato dall'art. 9, L. cost. 18 ottobre 2001, n. 3. L'articolo così recitava: "Un organo della Regione, costituito nei modi stabiliti da legge della Repubblica, esercita anche in forma decentrata, il controllo di legittimità sugli atti delle Provincie, dei Comuni e degli altri enti locali. In casi determinati dalla legge può essere esercitato il controllo di merito, nella forma di richiesta motivata agli enti deliberanti di riesaminare la loro deliberazione".

131. Sono costituite le seguenti Regioni: Piemonte; Valle d'Aosta; Lombardia; Trentino-Alto Adige; Veneto; Friuli-Venezia Giulia; Liguria; Emilia-Romagna; Toscana; Umbria; Marche; Lazio; Abruzzo; Molise; Campania; Puglia; Basilicata; Calabria; Sicilia; Sardegna[1].

[1] Articolo così modificato dalla L. cost. 27 dicembre 1963, n. 3.

132. Si può con legge costituzionale, sentiti i Consigli regionali, disporre la fusione di Regioni esistenti o la creazione di nuove Regioni con un minimo di un milione di abitanti, quando ne facciano richiesta tanti Consigli comunali che rappresentino almeno un terzo delle popolazioni interessate, e la proposta sia approvata con *referendum* dalla maggioranza delle popolazioni stesse.

Si può, con l'approvazione della maggioranza delle popolazioni della Provincia o delle Province interessate e del Comune o dei Comuni interessati espressa mediante *referendum* e con legge della Repubblica, sentiti i Consigli regionali, consentire che Provincie e Comuni, che ne facciano richiesta, siano staccati da una Regione ed aggregati ad un'altra[1] [2].

[1] Comma così modificato dall'art. 9, L. cost. 18 ottobre 2001, n. 3.

[2] V. artt. 41-47, L. 25 maggio 1970, n. 352 (Norme sui referendum previsti dalla Costituzione).

133. Il mutamento delle circoscrizioni provinciali e l'istituzione di nuove Provincie nell'ambito d'una Regione sono stabiliti con leggi della Repubblica, su iniziativa dei Comuni, sentita la stessa Regione.

La Regione, sentite le popolazioni interessate, può con sue leggi istituire nel proprio territorio nuovi Comuni e modificare le loro circoscrizioni e denominazioni[1].

[1] Cfr. commi 3 e 4 dell'art. 21, T.U.E.L. approvato con D.Lgs. 18 agosto 2000, n. 267: "*3. Per la revisione delle circoscrizioni provinciali e l'istituzione di nuove province i comuni esercitano l'iniziativa di cui all'art. 133 della Costituzione, tenendo conto dei seguenti criteri ed indirizzi:*

a) ciascun territorio provinciale deve corrispondere alla zona entro la quale si svolge la maggior parte dei rapporti sociali, economici e culturali della popolazione residente;

b) ciascun territorio provinciale deve avere dimensione tale, per ampiezza, entità demografica, nonché per le attività produttive esistenti o possibili, da consentire una programmazione dello sviluppo che possa favorire il riequilibrio economico, sociale e culturale del territorio provinciale e regionale;

c) l'intero territorio di ogni comune deve far parte di una sola provincia;

d) l'iniziativa dei comuni, di cui all'art. 133 della Costituzione, deve conseguire l'adesione della maggioranza dei comuni dell'area interessata, che rappresentino, comunque, la maggioranza della popolazione complessiva dell'area stessa, con delibera assunta a maggioranza assoluta dei consiglieri assegnati;

e) di norma, la popolazione delle province risultanti dalle modificazioni territoriali non deve essere inferiore a 200.000 abitanti;

f) l'istituzione di nuove province non comporta necessariamente l'istituzione di uffici provinciali delle amministrazioni dello Stato e degli altri enti pubblici;

g) le province preesistenti debbono garantire alle nuove, in proporzione al territorio ed alla popolazione trasferiti, personale, beni, strumenti operativi e risorse finanziarie adeguati.

4. Ai sensi del secondo comma dell'art. 117 della Costituzione le regioni emanano norme intese a promuovere e coordinare l'iniziativa dei comuni di cui alla lettera d) del comma 3".

TITOLO VI
GARANZIE COSTITUZIONALI

Sezione I
La Corte costituzionale

134. La Corte costituzionale giudica:

sulle controversie relative alla legittimità costituzionale delle leggi e degli atti, aventi forza di legge, dello Stato e delle Regioni[1];

sui conflitti di attribuzione tra i poteri dello Stato e su quelli tra lo Stato e le Regioni, e tra le Regioni;

sulle accuse promosse contro il Presidente della Repubblica, a norma della Costituzione[2].

[1] Vedi L. cost. 9 febbraio 1948, n. 1 (Norme sui giudizi di legittimità costituzionale e sulle garanzie d'indipendenza della Corte costituzionale). L. cost. 11 marzo 1953, n. 1 (Norme integrative della Costituzione concernenti la Corte Costituzionale.): l'art. 2 di detta ultima legge attribuisce alla Corte il compito di "giudicare se le richieste di referendum abrogativo presentate a norma dell'art. 75 della Costituzione siano ammissibili ai sensi del secondo comma dell'articolo stesso".

[2] Capoverso così modificato dall'art. 2, L. cost. 16 gennaio 1989, n. 1.

135. La Corte costituzionale è composta di quindici giudici nominati per un terzo dal Presidente della Repubblica, per un terzo dal Parlamento in seduta comune e per un terzo dalle supreme magistrature ordinaria ed amministrativa.

I giudici della Corte costituzionale sono scelti fra i magistrati anche a riposo delle giurisdizioni superiori ordinaria ed amministrativa, i professori ordinari di università in materie giuridiche e gli avvocati dopo venti anni di esercizio.

I giudici della Corte costituzionale sono nominati per nove anni, decorrenti per ciascuno di essi dal giorno del giuramento, e non possono essere nuovamente nominati.

Alla scadenza del termine il giudice costituzionale cessa dalla carica e dall'esercizio delle funzioni.

La Corte elegge fra i suoi componenti, secondo le norme stabilite dalla legge, il Presidente, che rimane in carica per un triennio, ed è rieleggibile, fermi in ogni caso i termini di scadenza dall'ufficio di giudice.

L'ufficio di giudice della Corte è incompatibile con quello di membro del Parlamento, di un Consiglio regionale, con l'esercizio della professione di avvocato e con ogni carica ed ufficio indicati dalla legge.

Nei giudizi di accusa contro il Presidente della Repubblica intervengono, oltre i giudici ordinari della Corte, sedici membri tratti a sorte da un elenco di cittadini aventi i requisiti per l'eleggibilità a senatore, che il Parlamento compila ogni nove anni mediante elezione con le stesse modalità stabilite per la nomina dei giudici ordinari[1 2].

[1] Comma così modificato dalla L. cost. 22 novembre 1967, n. 2 e dalla L. cost. 16 gennaio 1989, n. 1. Vedi L. 11 marzo 1953, n. 87.

[2] Cfr. L. cost. 9 febbraio 1948. n. 1 (Norme sui giudizi di legittimità costituzionale e sulle garanzie d'indipendenza della Corte costituzionale). L. cost. 11 marzo 1953, n. 1 (Norme integrative della Costituzione concernenti la Corte Costituzionale. *Art. 15: Per i reati di attentato alla Costituzione e di alto tradimento commessi dal Presidente della Repubblica, la Corte costituzionale, nel pronunciare sentenza di condanna, determina le sanzioni penali nei limiti del massimo di pena previsto dalle leggi vigenti al momento del fatto, nonché le sanzioni costituzionali, amministrative e civili adeguate al fatto.Le norme contenute nelle leggi penali relative alla sussistenza del reato, alla punibilità ed alla perseguibilità sono applicabili nei giudizi di accusa nei confronti del Presidente del Consiglio dei Ministri e dei Ministri, ma la Corte può aumentare la pena fino a un terzo anche oltre la misura stabilita, in caso di circostanze che rivelino l'eccezionale gravità del reato. La Corte può infliggere, altresì, le sanzioni costituzionali e amministrative adeguate al fatto*)".

V. anche il regolamento generale della Corte approvato con delib. 20 gennaio 1966.

136. Quando la Corte dichiara l'illegittimità costituzionale di una norma di legge o di atto avente forza di legge, la norma cessa di avere efficacia dal giorno successivo alla pubblicazione della decisione.

La decisione della Corte è pubblicata e comunicata alle Camere[1] ed ai Consigli regionali interessati, affinché, ove lo ritengano necessario, provvedano nelle forme costituzionali.

[1] Cfr. artt. 108 Reg. Camera e 139 Reg. Senato.

137. Una legge costituzionale stabilisce le condizioni, le forme, i termini di proponibilità dei giudizi di legittimità costituzionale, e le garanzie d'indipendenza dei giudici della Corte[1 2].

Con legge ordinaria sono stabilite le altre norme necessarie per la costituzione e il funzionamento della Corte[3].

Contro le decisioni della Corte costituzionale non è ammessa alcuna impugnazione.

[1] Cfr. L. cost. 9 febbraio 1948. n. 1 (Norme sui giudizi di legittimità costituzionale e sulle garanzie d'indipendenza della Corte costituzionale): «*Art. 1: La questione d'illegittimità costituzionale di una legge o di un atto avente forza di legge della Repubblica, rilevata d'ufficio o sollevata da una delle parti nel corso di un giudizio e non ritenuta dal giudice manifestamente infondata, è rimessa alla Corte costituzionale per la sua decisione*".

Art. 2: Quando una Regione ritenga che una legge od atto avente forza di legge della Repubblica invada la sfera della competenza ad essa assegnata dalla Costituzione, può, con deliberazione della Giunta regionale, promuovere l'azione di legittimità costituzionale davanti alla Corte, nel termine di 30 giorni dalla pubblicazione della legge o dell'atto avente forza di legge. Una legge d'una Regione può essere impugnata per illegittimità costituzionale, oltre che nei casi e con le forme del precedente articolo e dell'art. 127 della Costituzione, anche da un'altra Regione, che ritenga lesa da tale legge la propria competenza. L'azione è proposta su deliberazione della Giunta regionale, entro 60 giorni dalla pubblicazione della legge".

Art. 3: I giudici della Corte costituzionale non possono essere rimossi, né sospesi dal loro ufficio se non con decisione della Corte, per sopravvenuta incapacità fisica o civile o per gravi mancanze nell'esercizio delle loro funzioni. Finché durano in carica, i giudici della Corte costituzionale godono della immunità accordata nel secondo comma dell'art. 68 della Costituzione ai membri delle due Camere. L'autorizzazione ivi prevista è data dalla Corte costituzionale».

[2] V. L. cost. 11 marzo 1953, n. 1 (Norme integrative della Costituzione concernenti la Corte Costituzionale). In particolare gli artt. 5 ("I giudici della Corte costituzionale non sono sindacabili, né possono essere perseguiti per le opinioni espresse e i voti dati nell'esercizio delle loro funzioni"); e 7 ("I giudici della Corte costituzionale possono essere rimossi o sospesi dal loro ufficio a norma dell'art. 2, L. cost. 9 febbraio 1948, n. 1, solo in seguito a deliberazione della Corte presa a maggioranza di due terzi dei componenti che partecipano all'adunanza").

[3] Cfr. L. 11 marzo 1953, n. 87 (Norme sulla costituzione e il funzionamento della Corte Costituzionale).

Sezione II
Revisione della Costituzione. Leggi costituzionali

138. Le leggi di revisione della Costituzione e le altre leggi costituzionali sono adottate da ciascuna Camera con due successive deliberazioni ad intervallo non minore di tre mesi, e sono approvate a maggioranza assoluta dei componenti di ciascuna Camera nella seconda votazione.

Le leggi stesse sono sottoposte a *referendum* popolare quando, entro tre mesi dalla loro pubblicazione, ne facciano domanda un quinto dei membri di una Camera o cinquecentomila elettori o cinque Consigli regionali. La legge sottoposta a *referendum* non è promulgata, se non è approvata dalla maggioranza dei voti validi[1].

Non si fa luogo a *referendum* se la legge è stata approvata nella seconda votazione da ciascuna delle Camere a maggioranza di due terzi dei suoi componenti[2].

[1] V. gli artt. 1-26, L. 25 maggio 1970, n. 352 (Norme sui referendum previsti dalla Costituzione e sulla iniziativa legislativa del popolo). V. anche artt. 97 ss. Reg. Camera e artt. 121 ss. Reg. Senato.

[2] Vedi, ora, L. cost. 24 gennaio 1997, n. 1.

139. La forma repubblicana non può essere oggetto di revisione costituzionale.

Disposizioni transitorie e finali

I. Con l'entrata in vigore della Costituzione il Capo provvisorio dello Stato esercita le attribuzioni di Presidente della Repubblica e ne assume il titolo.

II. Se alla data della elezione del Presidente della Repubblica non sono costituiti tutti i Consigli regionali, partecipano alla elezione soltanto i componenti delle due Camere.

III. Per la prima composizione del Senato della Repubblica sono nominati senatori, con decreto del Presidente della Repubblica, i deputati dell'Assemblea Costituente che posseggono i requisiti di legge per essere senatori e che:

sono stati Presidenti del Consiglio dei Ministri o di Assemblee legislative;

hanno fatto parte del disciolto Senato;

hanno avuto almeno tre elezioni, compresa quella all'Assemblea Costituente;

sono stati dichiarati decaduti nella seduta della Camera dei deputati del 9 novembre 1926;

hanno scontato la pena della reclusione non inferiore a cinque anni in seguito a condanna del tribunale speciale fascista per la difesa dello Stato.

Sono nominati altresì senatori, con decreto del Presidente della Repubblica, i membri del disciolto Senato che hanno fatto parte della Costituzione Nazionale.

Al diritto di essere nominati senatori si può rinunciare prima della firma del decreto di nomina. L'accettazione della candidatura alle elezioni politiche implica rinuncia al diritto di nomina a senatore.

IV. Per la prima elezione del Senato il Molise è considerato come Regione a sé stante, con il numero dei senatori che gli compete in base alla sua popolazione.

V. La disposizione dell'articolo 80 della Costituzione, per quanto concerne i trattati internazionali che importano oneri alle finanze o modificazioni di legge, ha effetto dalla data di convocazione delle Camere.

VI. Entro cinque anni dall'entrata in vigore della Costituzione si procede alla revisione degli organi speciali di giurisdizione attualmente esistenti, salvo le giurisdizioni del Consiglio di Stato, della Corte dei conti e dei tribunali militari.

Entro un anno dalla stessa data si provvede con legge al riordinamento del Tribunale supremo militare in relazione all'articolo 111.

VII. Fino a quando non sia emanata la nuova legge sull'ordinamento giudiziario in conformità con la Costituzione, continuano ad osservarsi le norme dell'ordinamento vigente.

Fino a quando non entri in funzione la Corte costituzionale, la decisione delle controversie indicate nell'articolo 134 ha luogo nelle forme e nei limiti delle norme preesistenti all'entrata in vigore della Costituzione[1].

[1] Il terzo comma è stato abrogato dall'art. 7, L. cost. 22 novembre 1967, n. 2.

VIII. Le elezioni dei Consigli regionali e degli organi elettivi delle amministrazioni provinciali sono indette entro un anno dall'entrata in vigore della Costituzione.

Leggi della Repubblica regolano per ogni ramo della pubblica amministrazione il passaggio delle funzioni statali attribuite alle Regioni. Fino a quando non sia provveduto al riordinamento e alla distribuzione delle funzioni amministrative fra gli enti locali restano alle Provincie ed ai Comuni le funzioni che esercitano attualmente e le altre di cui le Regioni deleghino loro l'esercizio.

Leggi della Repubblica regolano il passaggio alle Regioni di funzionari e dipendenti dello Stato, anche delle amministrazioni centrali, che sia reso necessario dal nuovo ordinamento. Per la formazione dei loro uffici le Regioni devono, tranne che in casi di necessità, trarre il proprio personale da quello dello Stato e degli enti locali.

IX. La Repubblica, entro tre anni dall'entrata in vigore della Costituzione, adegua le sue leggi alle esigenze delle autonomie locali e alla competenza legislativa attribuita alle Regioni.

X. Alla Regione del Friuli-Venezia Giulia, di cui all'articolo 116, si applicano provvisoriamente le norme generali del Titolo V della parte seconda, ferma restando la tutela delle minoranze linguistiche in conformità con l'articolo 6[1].

[1] V. L. cost. 31 gennaio 1963, n. 1.

XI. Fino al 31 dicembre 1963[1] si possono, con leggi costituzionali, formare altre Regioni, a modificazione dell'elenco di cui all'articolo 131, anche senza il concorso delle condizioni richieste dal primo comma dell'articolo 132, fermo rimanendo tuttavia l'obbligo di sentire le popolazioni interessate.

[1] Termine stabilito dalla L. cost. 18 marzo 1958, n. 1.

XII. È vietata la riorganizzazione, sotto qualsiasi forma, del disciolto partito fascista[1].

In deroga all'articolo 48, sono stabilite con legge, per non oltre un quinquennio dalla entrata in vigore della Costituzione, limitazioni temporanee al diritto di voto e alla eleggibilità per i capi responsabili del regime fascista.

[1] V. L. 20 giugno 1952, n. 645 "Norme di attuazione della XII disposizione transitoria e finale (comma primo) della Costituzione" il cui art. 1 recita: "Ai fini della XII disposizione transitoria e finale (comma primo) della Costituzione, si ha riorganizzazione del disciolto partito fascista quando una associazione, un movimento o comunque un gruppo di persone non inferiore a cinque persegue finalità antidemocratiche proprie del partito fascista, esaltando, minacciando o usando la violenza quale metodo di lotta politica o propugnando la soppressione delle libertà garantite dalla Costituzione o denigrando la democrazia, le sue istituzioni e i valori della Resistenza, o svolgendo propaganda razzista, ovvero rivolge la sua attività alla esaltazione di esponenti, principi, fatti e metodi propri del predetto partito o compie manifestazioni esteriori di carattere fascista".

XIII. [I membri e i discendenti di Casa Savoia non sono elettori e non possono ricoprire uffici pubblici né cariche elettive][1].

[Agli ex re di Casa Savoia, alle loro consorti e ai loro discendenti maschi sono vietati l'ingresso e il soggiorno nel territorio nazionale][1].

I beni esistenti nel territorio nazionale, degli ex re di Casa Savoia, delle loro consorti e dei loro discendenti maschi, sono avocati allo Stato. I trasferimenti e le costituzioni di diritti reali sui beni stessi, che siano avvenuti dopo il 2 giugno 1946, sono nulli.

[1] Il presente comma ha esaurito i suoi effetti a decorrere dal 10 novembre 2002, ex art. 1, L. cost. 23 ottobre 2002, n. 1.

XIV. I titoli nobiliari non sono riconosciuti.

I predicati di quelli esistenti prima del 28 ottobre 1922 valgono come parte del nome.

L'Ordine mauriziano è conservato come ente ospedaliero e funziona nei modi stabiliti dalla legge.

La legge regola la soppressione della Consulta araldica.

XV. Con l'entrata in vigore della Costituzione si ha per convertito in legge il decreto legislativo luogotenenziale 25 giugno 1944, n. 151, sull'ordinamento provvisorio dello Stato.

XVI. Entro un anno dall'entrata in vigore della Costituzione si procede alla revisione e al coordinamento con essa delle precedenti leggi costituzionali che non siano state finora esplicitamente o implicitamente abrogate.

XVII. L'Assemblea Costituente sarà convocata dal suo Presidente per deliberare, entro il 31 gennaio 1948, sulla legge per l'elezione del Senato della Repubblica, sugli statuti regionali speciali e sulla legge per la stampa.

Fino al giorno delle elezioni delle nuove Camere, la Assemblea Costituente può essere convocata, quando vi sia necessità di deliberare nelle materie attribuite alla sua competenza dagli articoli 2, primo e secondo comma, e 3, comma primo e secondo, del decreto legislativo 16 marzo 1946, n. 98.

In tale periodo le Commissioni permanenti restano in funzione. Quelle legislative rinviano al Governo i disegni di legge, ad esse trasmessi, con eventuali osservazioni e proposte di emendamenti.

I deputati possono presentare al Governo interrogazioni con richiesta di risposta scritta.

L'Assemblea Costituente, agli effetti di cui al secondo comma del presente articolo, è convocata dal suo Presidente su richiesta motivata del Governo o di almeno duecento deputati.

XVIII. La presente Costituzione è promulgata dal Capo provvisorio dello Stato entro cinque giorni dalla sua approvazione da parte dell'Assemblea Costituente, ed entra in vigore il 1° gennaio 1948.

Il testo della Costituzione è depositato nella sala comunale di ciascun Comune della Repubblica per rimanervi esposto, durante tutto l'anno 1948, affinché ogni cittadino possa prenderne cognizione.

La Costituzione, munita del sigillo dello Stato, sarà inserita nella Raccolta ufficiale delle leggi e dei decreti della Repubblica.

La Costituzione dovrà essere fedelmente osservata come Legge fondamentale della Repubblica da tutti i cittadini e dagli organi dello Stato.

2 - L. 11 marzo 1953, n. 87 (G.U. 14 marzo 1953, n. 62). Norme sulla costituzione e sul funzionamento della Corte costituzionale (estratto).

30. La sentenza che dichiara l'illegittimità costituzionale di una legge o di un atto avente forza di legge dello Stato o di una Regione, entro due giorni dal suo deposito in Cancelleria, è trasmessa, di ufficio, al Ministro della giustizia od al Presidente della Giunta regionale affinché si proceda immediatamente e, comunque, non oltre il decimo giorno, alla pubblicazione del dispositivo della decisione nelle medesime forme stabilite per la pubblicazione dell'atto dichiarato costituzionalmente illegittimo.

La sentenza, entro due giorni dalla data del deposito viene, altresì, comunicata alle Camere e ai Consigli regionali interessati, affinché, ove lo ritengano necessario adottino i provvedimenti di loro competenza.

Le norme dichiarate incostituzionali non possono avere applicazione dal giorno successivo alla pubblicazione della decisione.

Quando in applicazione della norma dichiarata incostituzionale è stata pronunciata sentenza irrevocabile di condanna, ne cessano la esecuzione e tutti gli effetti penali[1] [2].

[1] La Corte costituzionale, con sentenza 16 aprile 2021, n. 68, ha dichiarato l'illegittimità costituzionale del presente comma, in quanto interpretato nel senso che la disposizione non si applica in relazione alla sanzione amministrativa accessoria della revoca della patente di guida, disposta con sentenza irrevocabile ai sensi dell'art. 222, comma 2, del decreto legislativo 30 aprile 1992, n. 285 (Nuovo codice della strada).

[2] V. art. 6 CEDU.

DICHIARAZIONE UNIVERSALE DEI DIRITTI DELL'UOMO

3 - Dichiarazione universale dei diritti dell'uomo (New York 10 dicembre 1948). Adottata dall'Assemblea Generale delle Nazioni Unite il 10 dicembre 1948[1].

[1] Traduzione disposta dal Segretario generale dell'ONU in ottemperanza delle istruzioni a lui date dall'Assemblea.

1. Tutti gli esseri umani nascono liberi ed eguali in dignità e diritti. Essi sono dotati di ragione e di coscienza e devono agire gli uni verso gli altri in spirito di fratellanza.

2. 1. Ad ogni individuo spettano tutti i diritti e tutte le libertà enunciate nella presente Dichiarazione, senza distinzione alcuna, per ragioni di razza, di colore, di sesso, di lingua, di religione, di opinione politica o di altro genere, di ordine nazionale o sociale, di ricchezza, di nascita e di altra condizione.

2. Nessuna distinzione sarà inoltre stabilita sulla base dello statuto politico, giuridico o internazionale del paese o del territorio cui una persona appartiene, sia che tale territorio sia indipendente, o sottoposto ad amministrazione fiduciaria o non autonomo, o soggetto a qualsiasi altra limitazione di sovranità.

3. Ogni individuo ha diritto alla vita, alla libertà ed alla sicurezza della propria persona.

4. Nessun individuo potrà essere tenuto in stato di schiavitù o di servitù; la schiavitù e la tratta degli schiavi saranno proibite sotto qualsiasi forma.

5. Nessun individuo potrà essere sottoposto a tortura o a trattamento o a punizione crudeli, inumani o degradanti.

6. Ogni individuo ha diritto, in ogni luogo, al riconoscimento della sua personalità giuridica.

7. Tutti sono eguali dinanzi alla legge e hanno diritto, senza alcuna discriminazione, ad una eguale tutela da parte della legge. Tutti hanno diritto ad una eguale tutela contro ogni discriminazione che violi la presente Dichiarazione come contro qualsiasi incitamento a tale discriminazione.

8. Ogni individuo ha diritto ad un'effettiva possibilità di ricorso a competenti tribunali nazionali contro atti che violino i diritti fondamentali a lui riconosciuti della costituzione o dalla legge.

9. Nessun individuo potrà essere arbitrariamente arrestato, detenuto o esiliato.

10. Ogni individuo ha diritto, in posizione di piena uguaglianza, ad una equa e pubblica udienza davanti ad un tribunale indipendente e imparziale, al fine della determinazione dei suoi diritti e dei suoi doveri nonché della fondatezza di ogni accusa penale che gli venga rivolta.

11. 1. Ogni individuo accusato di un reato è presunto innocente sino a che la sua colpevolezza non sia stata provata legalmente in un pubblico processo nel quale egli abbia avuto tutte le garanzie necessarie per la sua difesa.

2. Nessun individuo sarà condannato per un comportamento commissivo od omissivo che, al momento in cui sia stato perpetrato, non costituisse reato secondo il diritto interno o secondo il diritto internazionale. Non potrà del pari essere inflitta alcuna pena superiore a quella applicabile al momento in cui il reato sia stato commesso.

12. Nessun individuo potrà essere sottoposto ad interferenze arbitrarie nella sua vita privata, nella sua famiglia, nella sua casa, nella sua corrispondenza, né a lesioni del suo onore e della sua reputazione. Ogni individuo ha diritto ad essere tutelato dalla legge contro tali interferenze o lesioni.

13. 1. Ogni individuo ha diritto alla libertà di movimento e di residenza entro i confini di ogni Stato.

2. Ogni individuo ha diritto di lasciare qualsiasi paese, incluso il proprio, e di ritornare nel proprio paese.

14. 1. Ogni individuo ha il diritto di cercare e di godere in altri paesi asilo dalle persecuzioni.

2. Questo diritto non potrà essere invocato qualora l'individuo sia realmente ricercato per reati non politici o per azioni contrarie ai fini e ai principi delle Nazioni Unite.

15. 1. Ogni individuo ha diritto ad una cittadinanza.

2. Nessun individuo potrà essere arbitrariamente privato della sua cittadinanza, né del diritto di mutare cittadinanza.

16. 1. Uomini e donne in età adatta hanno il diritto di sposarsi e di fondare una famiglia, senza alcuna limitazione di razza, cittadinanza o religione. Essi hanno eguali diritti riguardo al matrimonio, durante il matrimonio e all'atto del suo scioglimento.

2. Il matrimonio potrà essere concluso soltanto con il libero e pieno consenso dei futuri coniugi.

3. La famiglia è il nucleo naturale e fondamentale della società e ha diritto ad essere protetta dalla società e dallo Stato.

17. 1. Ogni individuo ha il diritto ad avere una proprietà sua personale o in comune con altri.

2. Nessun individuo potrà essere arbitrariamente privato della sua proprietà.

18. Ogni individuo ha diritto alla libertà di pensiero, di coscienza e di religione; tale diritto include la libertà di cambiare di religione o di credo, e la libertà di manifestare, isolatamente o in comune, e sia in pubblico che in privato, la propria religione o il proprio credo nell'insegnamento, nelle pratiche, nel culto e nell'osservanza dei riti.

19. Ogni individuo ha diritto alla libertà di opinione e di espressione incluso il diritto di non essere molestato per la propria opinione e quello di cercare, ricevere e diffondere informazioni e idee attraverso ogni mezzo e senza riguardo a frontiere.

20. 1. Ogni individuo ha diritto alla libertà di riunione e di associazione pacifica.

2. Nessuno può essere costretto a far parte di un'associazione.

21. 1. Ogni individuo ha diritto di partecipare al governo del proprio paese, sia direttamente, sia attraverso rappresentanti liberamente scelti.

2. Ogni individuo ha diritto di accedere in condizioni di eguaglianza ai pubblici impieghi del proprio paese.

3. La volontà popolare è il fondamento dell'autorità del governo; tale volontà deve essere espressa attraverso periodiche e veritiere elezioni, effettuate a suffragio universale ed eguale, ed a voto segreto, o secondo una procedura equivalente di libera votazione.

22. Ogni individuo, in quanto membro della società, ha diritto alla sicurezza sociale, nonché alla realizzazione, attraverso lo sforzo nazionale e la cooperazione internazionale ed in rapporto con l'organizzazione e le risorse di ogni Stato, dei diritti economici, sociali e culturali indispensabili alla sua dignità ed al libero sviluppo della sua personalità.

23. 1. Ogni individuo ha diritto al lavoro, alla libera scelta dell'impiego, a giuste e soddisfacenti condizioni di lavoro ed alla protezione contro la disoccupazione.

2. Ogni individuo, senza discriminazione, ha diritto ad eguale retribuzione per eguale lavoro.

3. Ogni individuo che lavora ha diritto ad una remunerazione equa e soddisfacente che assicuri a lui stesso e alla sua famiglia una esistenza conforme alla dignità umana ed integrata, se necessario, da altri mezzi di protezione sociale.

4. Ogni individuo ha diritto di fondare dei sindacati e di aderirvi per la difesa dei propri interessi.

24. Ogni individuo ha diritto al riposo ed allo svago, comprendendo in ciò una ragionevole limitazione delle ore di lavoro e ferie periodiche retribuite.

25. 1. Ogni individuo ha diritto ad un tenore di vita sufficiente a garantire la salute e il benessere proprio e della sua famiglia, con particolare riguardo all'alimentazione, al vestiario, all'abitazione e alle cure mediche e ai servizi sociali necessari; ed ha diritto alla sicurezza in caso di disoccupazione, malattia, invalidità, vedovanza, vecchiaia o in ogni altro caso di perdita dei mezzi di sussistenza per circostanze indipendenti dalla sua volontà.

2. La maternità e l'infanzia hanno diritto a speciali cure ed assistenza. Tutti i bambini, nati nel matrimonio o fuori di esso, devono godere della stessa protezione sociale.

26. 1. Ogni individuo ha diritto all'istruzione. L'istruzione deve essere gratuita almeno per quanto riguarda le classi elementari e fondamentali. L'istruzione elementare deve essere obbligatoria. L'istruzione tecnica e professionale deve essere messa alla portata di tutti e l'istruzione superiore deve essere egualmente accessibile a tutti sulla base del merito.

2. L'istruzione deve essere indirizzata al pieno sviluppo della personalità umana ed al rafforzamento del rispetto dei diritti dell'uomo e delle libertà fondamentali. Essa deve promuovere la comprensione, la tolleranza, l'amicizia fra tutte

le Nazioni, i gruppi razziali e religiosi, e deve favorire l'opera delle Nazioni Unite per il mantenimento della pace.

3. I genitori hanno diritto di priorità nella scelta del genere di istruzione da impartire ai loro figli.

27. 1. Ogni individuo ha diritto di prendere parte liberamente alla vita culturale della comunità, a godere delle arti e a partecipare al progresso scientifico ed ai suoi benefici.

2. Ogni individuo ha diritto alla protezione degli interessi morali e materiali derivanti da ogni produzione scientifica letteraria e artistica di cui egli sia autore.

28. Ogni individuo ha diritto ad un ordine sociale e internazionale nel quale i diritti e le libertà enunciati in questa Dichiarazione possano essere pienamente realizzati.

29. 1. Ogni individuo ha dei doveri verso la comunità, nella quale soltanto è possibile il libero e pieno sviluppo della sua personalità.

2. Nell'esercizio dei suoi diritti e delle sue libertà, ognuno deve essere sottoposto soltanto a quelle limitazioni che sono stabilite dalla legge per assicurare il riconoscimento e il rispetto dei diritti e delle libertà degli altri e per soddisfare le giuste esigenze della morale, dell'ordine pubblico e del benessere generale in una società democratica.

3. Questi diritti e queste libertà non possono in nessun caso essere esercitati in contrasto con i fini e i principi delle Nazioni Unite.

30. Nulla nella presente Dichiarazione può essere interpretato nel senso di implicare un diritto di un qualsiasi Stato, gruppo o persona di esercitare un'attività o di compiere un atto mirante alla distruzione di alcuni dei diritti e delle libertà in essa enunciati.

CONVENZIONE EUROPEA DI SALVAGUARDIA DEI DIRITTI UMANI E DELLE LIBERTÀ E PROTOCOLLI ADDIZIONALI

4 - *Convenzione europea per la salvaguardia dei diritti dell'uomo e delle libertà fondamentali (versione consolidata) (Roma 4 novembre 1950)*[1].

[1] La versione ufficiale è stata pubblicata, in lingua francese ed inglese, in allegato alla L. 4 agosto 1955, n. 848 di ratifica ed esecuzione della Convenzione e del relativo Protocollo addizionale, firmato a Parigi il 20 marzo 1952.

La presente versione tiene conto delle modifiche intervenute in seguito all'adozione del Protocollo n. 2 firmato a Strasburgo il 6 maggio 1963, del Protocollo n. 11, firmato a Strasburgo l'11 maggio 1994 e ratificato con L. 28 agosto 1997, n. 296, nonché del Protocollo n. 14, del 13 maggio 2004, entrato in vigore il 1° giugno 2010.

1. *Obbligo di rispettare i diritti dell'uomo.* Le Alte Parti Contraenti riconoscono ad ogni persona soggetta alla loro giurisdizione i diritti e le libertà definiti al Titolo I della presente Convenzione[1].

[1] V. introduzione Carta dei diritti fondamentali UE approvata a Nizza il 7 dicembre 2000.

Titolo I
Diritti e libertà

2. *Diritto alla vita.* 1. Il diritto alla vita di ogni persona è protetto dalla legge. Nessuno può essere intenzionalmente privato della vita, salvo che in esecuzione di una sentenza capitale pronunciata da un tribunale, nei casi in cui il delitto sia punito dalla legge con tale pena.

2. La morte non è considerata inflitta in violazione di questo articolo quando derivasse da un ricorso alla forza reso assolutamente necessario:

a) per assicurare la difesa di qualsiasi persona da una violenza illegittima;

b) per eseguire un arresto legale o per impedire l'evasione di una persona legalmente detenuta;

c) per reprimere, in modo conforme alla legge, una sommossa o una insurrezione[1 2 3].

[1] V. artt. 27, comma 4, 32 Cost.

[2] V. art. 2 Carta dei diritti fondamentali UE approvata a Nizza il 7 dicembre 2000.

[3] In riferimento al comma 2 v. art. 1, protocollo 6 CEDU e art. 1, protocollo 13 CEDU.

3. *Divieto della tortura.* Nessuno può essere sottoposto a tortura né a pene o trattamenti inumani o degradanti[1 2].

[1] V. artt. 13, commi 3, 4; 27, comma 3, Cost.

[2] V. art. 4 Carta dei diritti fondamentali UE approvata a Nizza il 7 dicembre 2000.

4. *Divieto di schiavitù e del lavoro forzato.* 1. Nessuno può essere tenuto in condizioni di schiavitù o di servitù.

2. Nessuno può essere costretto a compiere un lavoro forzato o obbligatorio.

3. Non è considerato «lavoro forzato o obbligatorio» ai sensi del presente articolo:

a) ogni lavoro normalmente richiesto ad una persona detenuta alle condizioni previste dall'articolo 5 della presente Convenzione o durante il periodo di libertà condizionale;

b) ogni servizio di carattere militare o, nel caso di obiettori di coscienza nei paesi nei quali l'obiezione di coscienza è riconosciuta legittima, un altro servizio sostitutivo di quello militare obbligatorio;

c) ogni servizio richiesto in occasione di calamità che pongono in pericolo la vita o il benessere della comunità;

d) ogni lavoro o servizio che faccia parte dei normali doveri civici[1 2].

[1] V. artt. 4, 35, 36, 37, Cost.

[2] V. art. 5 Carta dei diritti fondamentali UE approvata a Nizza il 7 dicembre 2000.

5. *Diritto alla libertà e alla sicurezza.* 1. Ogni persona ha diritto alla libertà e alla sicurezza. Nessuno può essere privato della libertà salvo che nei casi seguenti e nei modi previsti dalla legge:

a) se è detenuto legittimamente in seguito a condanna da parte di un tribunale competente;

b) se è stato oggetto di un arresto o di una detenzione legittima per inosservanza di un provvedimento legittimamente adottato da un tribunale ovvero per garantire l'esecuzione di un obbligo imposto dalla legge;

c) se è stato arrestato o detenuto per essere tradotto dinanzi all'autorità giudiziaria competente quando vi sono fondati motivi per sospettare che abbia commesso un reato o ci sono fondati motivi per ritenere necessario di impedirgli di commettere un reato o di fuggire dopo averlo commesso;

d) se si tratta della detenzione legittima di un minore, decisa per sorvegliare la sua educazione, o di sua legale detenzione al fine di tradurlo dinanzi all'autorità competente;

e) se si tratta della detenzione legittima di una persona per prevenire la diffusione di una malattia contagiosa, di un alienato di mente, di un alcoolizzato, di un tossicodipendente o di un vagabondo;

f) se si tratta dell'arresto o della detenzione legittima di una persona per impedirle di entrare clandestinamente nel territorio, o di una persona contro la quale è in corso un procedimento di espulsione o di estradizione.

2. Ogni persona che venga arrestata deve essere informata al più presto e in una lingua a lei comprensibile dei motivi dell'arresto e degli addebiti contestati.

3. Ogni persona arrestata o detenuta nelle condizioni previste dal paragrafo 1, lettera *c)* del presente articolo, deve essere tradotta al più presto dinanzi a un giudice o a un altro magistrato autorizzato dalla legge ad esercitare funzioni giudiziarie e ha diritto di essere giudicata entro un termine ragionevole o di essere posta in libertà durante il procedimento. La scarcerazione può essere subordinata ad una garanzia che assicuri la comparizione della persona all'udienza.

4. Ogni persona privata della libertà mediante arresto o detenzione ha il diritto di presentare un ricorso davanti ad un tribunale affinché esso decida, entro breve tempo, sulla legittimità della sua detenzione e ne ordini la scarcerazione se la detenzione è illegittima.

5. Ogni persona vittima di arresto o di detenzione eseguiti in violazione alle disposizioni di questo articolo ha diritto ad un indennizzo[1 2].

[1] V. artt. 13, 16, 25 comma 3, Cost.

[2] V. art. 6 Carta dei diritti fondamentali UE approvata a Nizza il 7 dicembre 2000.

6. *Diritto ad un processo equo.* 1. Ogni persona ha diritto ad un'equa e pubblica udienza entro un termine ragionevole, davanti ad un tribunale indipendente e imparziale e costituito per legge, che decide sia in ordine alla controversia sui suoi diritti e obblighi di natura civile, sia sul fondamento di ogni accusa in materia penale derivata contro di lei. La sentenza deve essere resa pubblicamente, ma l'accesso alla sala d'udienza può essere vietato alla stampa e al pubblico durante tutto o una parte del processo nell'interesse della morale, dell'ordine pubblico o della sicurezza nazionale in una società democratica, quando lo esigono gli interessi dei minori o la tutela della vita privata delle parti in causa, nella misura ritenuta strettamente necessaria dal tribunale quando, in speciali circostanze, la pubblicità potrebbe pregiudicare gli interessi della giustizia.

2. Ogni persona accusata di un reato si presume innocente sino a quando la sua colpevolezza non sia stata legalmente accertata.

3. Ogni accusato ha diritto soprattutto a:

a) essere informato, nel più breve tempo possibile, in una lingua a lui comprensibile e in modo dettagliato, della natura e dei motivi dell'accusa elevata a suo carico;

b) disporre del tempo e dei mezzi necessari per preparare la sua difesa;

c) difendersi personalmente o con l'assistenza di un difensore di propria scelta e, se non ha i mezzi per pagare un difensore, poter essere assistito gratuitamente da un avvocato d'ufficio, quando lo esigono gli interessi della giustizia;

d) interrogare o far interrogare i testimoni a carico ed ottenere la citazione e l'interrogatorio dei testimoni a discarico a pari condizioni dei testimoni a carico;

e) farsi assistere gratuitamente da un interprete se non comprende o non parla la lingua usata nell'udienza[1 2].

[1] V. art. 111, Cost.

[2] V. art. 47 Carta dei diritti fondamentali UE approvata a Nizza il 7 dicembre 2000.

7. *Nullum crimen sine lege.* 1. Nessuno può essere condannato per un'azione o un'omissione che, al momento in cui fu commessa, non costituiva reato secondo il diritto interno o secondo il diritto internazionale. Non può del pari essere inflitta una pena maggiore di quella che sarebbe stata applicata al momento in cui il reato è stato commesso.

2. Il presente articolo non vieterà il giudizio e la condanna di una persona colpevole d'una azione o d'una omissione che, al momento in cui è stata commessa, era ritenuta crimine secondo i princìpi generali di diritto riconosciuti dalle nazioni civili[1 2].

[1] V. art. 25, Cost.

[2] V. art. 49 Carta dei diritti fondamentali UE approvata a Nizza il 7 dicembre 2000.

8. *Diritto al rispetto della vita privata e familiare.* 1. Ogni persona ha diritto al rispetto della sua vita privata e familiare, del suo domicilio e della sua corrispondenza.

2. Non può esservi ingerenza della pubblica autorità nell'esercizio di tale diritto a meno che tale ingerenza sia prevista dalla legge e costituisca una misura che, in una società democratica, è necessaria per la sicurezza nazionale, l'ordine pubblico, il benessere economico del paese, la prevenzione dei reati, la

protezione della salute o della morale, o la protezione dei diritti e delle libertà altrui[1 2].

[1] V. artt. 14, 15, Cost.
[2] V. art. 7 Carta dei diritti fondamentali UE approvata a Nizza il 7 dicembre 2000.

9. *Libertà di pensiero, di coscienza e di religione.* 1. Ogni persona ha diritto alla libertà di pensiero, di coscienza e di religione; tale diritto importa la libertà di cambiare di religione o credo e la libertà di manifestare la propria religione o credo individualmente o collettivamente, sia in pubblico che in privato, mediante il culto, l'insegnamento, le pratiche e l'osservanza di riti.

2. La libertà di manifestare la propria religione o il proprio credo non può essere oggetto di altre limitazioni oltre quelle previste dalla legge e che costituiscono misure necessarie in una società democratica, per la sicurezza pubblica, per la protezione dell'ordine pubblico, della salute o della morale pubblica, o per la protezione dei diritti e della libertà altrui[1 2].

[1] V. art. 19, Cost.
[2] V. art. 10 Carta dei diritti fondamentali UE approvata a Nizza il 7 dicembre 2000.

10. *Libertà di espressione.* 1. Ogni persona ha diritto alla libertà d'espressione. Tale diritto include la libertà d'opinione e la libertà di ricevere o di comunicare informazioni o idee senza ingerenza alcuna da parte delle autorità pubbliche e senza riguardo alla nazionalità. Il presente articolo non impedisce che gli Stati sottopongano a un regime di autorizzazione le imprese di radio-diffusione, di cinema o di televisione.

2. L'esercizio di queste libertà, comportando doveri e responsabilità, può essere subordinato a determinate formalità, condizioni, restrizioni o sanzioni previste dalla legge e costituenti misure necessarie in una società democratica, per la sicurezza nazionale, l'integrità territoriale o l'ordine pubblico, la prevenzione dei disordini e dei reati, la protezione della salute e della morale, la protezione della reputazione o dei diritti altrui, o per impedire la divulgazione di informazioni riservate o per garantire l'autorità e l'imparzialità del potere giudiziario[1 2].

[1] V. art. 21, Cost.
[2] V. art. 11 Carta dei diritti fondamentali UE approvata a Nizza il 7 dicembre 2000.

11. *Libertà di riunione e di associazione.* 1. Ogni persona ha diritto alla libertà di riunione pacifica e alla libertà d'associazione, ivi compreso il diritto di partecipare alla costituzione di sindacati e di aderire ad essi per la difesa dei propri interessi.

2. L'esercizio di questi diritti non può costituire oggetto di altre restrizioni oltre quelle che, stabilite per legge, costituiscono misure necessarie, in una società democratica, per la sicurezza nazionale, l'ordine pubblico, la difesa dell'ordine e la prevenzione dei disordini e dei reati, per la protezione della salute o della morale o per la protezione dei diritti e delle libertà altrui. Il presente articolo non vieta che restrizioni legittime siano imposte all'esercizio di questi diritti da parte dei membri delle forze armate, della polizia o dell'amministrazione dello Stato[1 2].

[1] V. artt. 17, 18, Cost.
[2] V. art. 12 Carta dei diritti fondamentali UE approvata a Nizza il 7 dicembre 2000.

12. *Diritto al matrimonio.* Uomini e donne in età maritale hanno diritto di sposarsi e di formare una famiglia secondo le leggi nazionali regolanti l'esercizio di tale diritto[1 2].

[1] V. art. 29, Cost.
[2] V. art. 33 Carta dei diritti fondamentali UE approvata a Nizza il 7 dicembre 2000.

13. *Diritto ad un ricorso effettivo.* Ogni persona i cui diritti e le cui libertà riconosciuti nella presente Convenzione siano stati violati, ha diritto di presentare un ricorso avanti ad una magistratura nazionale, anche quando la violazione sia stata commessa da persone agenti nell'esercizio delle loro funzioni ufficiali[1 2].

[1] V. art. 24, Cost.
[2] V. art. 47 Carta dei diritti fondamentali UE approvata a Nizza il 7 dicembre 2000.

14. *Divieto di discriminazione.* Il godimento dei diritti e delle libertà riconosciuti nella presente Convenzione deve essere garantito senza alcuna distinzione di sesso, di razza, di colore, di lingua, di religione, di opinione politica o di altro genere, di origine nazionale o sociale, di appartenenza a una minoranza nazionale, di ricchezza, di nascita o di altra condizione[1 2 3].

[1] V. art. 3, Cost.
[2] V. artt. 20, 21, 22, 23 Carta dei diritti fondamentali UE approvata a Nizza il 7 dicembre 2000.
[3] V. art. 2, protocollo 1 CEDU.

15. *Deroga in caso di stato d'urgenza.* In caso di guerra o di altro pericolo pubblico che minacci la vita della nazione, ogni Alta Parte Contraente può prendere misure in deroga agli obblighi previsti nella presente Convenzione nella stretta misura in cui la situazione lo esiga e a condizione che tali misure non siano in contrasto con altri obblighi derivanti dal diritto internazionale.

2. La disposizione precedente non autorizza alcuna deroga all'articolo 2, salvo che per il caso di morte

risultante da atti di guerra conformi alle Convenzioni internazionali, e agli articoli 3, 4 (paragrafo 1) e 7.

3. Ogni Alta Parte Contraente che eserciti tale diritto di deroga comunica al Segretario Generale del Consiglio d'Europa delle misure prese e dei motivi che le hanno determinate. Essa deve parimenti informare il Segretario Generale del Consiglio d'Europa della data in cui queste misure sono revocate e la data in cui le disposizioni della Convenzione riacquistano piena applicazione.

16. *Restrizioni all'attività politica degli stranieri*. Nessuna delle disposizioni degli articoli 10, 11 e 14 può essere interpretata nel senso che vieta alle Alte Parti Contraenti di porre limitazioni all'attività politica degli stranieri[1 2].

[1] V. art. 10, Cost.

[2] V. art. 21, comma 2, Carta dei diritti fondamentali UE approvata a Nizza il 7 dicembre 2000.

17. *Divieto di abusi di diritti*. Nessuna disposizione della presente Convenzione può essere interpretata come implicante il diritto per uno Stato, gruppo o individuo di esercitare un'attività o compiere un atto mirante alla sospensione dei diritti o delle libertà riconosciuti nella presente Convenzione o porre a questi diritti e a queste libertà limitazioni maggiori di quelle previste nella presente Convenzione[1 2].

[1] V. art. 54 Carta dei diritti fondamentali UE approvata a Nizza il 7 dicembre 2000.

[2] V. art. 1 protocollo 1 CEDU

18. *Limiti alla restrizione dei diritti*. Le limitazioni che, in base alla presente Convenzione, sono poste a detti diritti e libertà non possono essere applicate che per lo scopo per il quale sono state previste.

TITOLO II
CORTE EUROPEA DEI DIRITTI DELL'UOMO

19. *Istituzione della Corte*. Per assicurare il rispetto degli impegni derivanti alle Alte Parti contraenti dalla presente Convenzione e dai suoi protocolli, è istituita una Corte europea dei Diritti dell'uomo, di seguito denominata «la Corte». Essa funziona in maniera permanente[1 2].

[1] V. artt. 3, 4, protocollo 6 CEDU.

[2] V. art. 1, protocollo 7 CEDU.

20. *Numero di giudici*. La Corte si compone di un numero di giudici eguale a quello delle Alte Parti contraenti[1].

[1] V. art. 1, protocollo 12 CEDU.

21. *Condizioni per l'esercizio delle funzioni*. 1. I giudici devono godere della più alta considerazione morale e possedere i requisiti richiesti per l'esercizio delle più alte funzioni giudiziarie o essere dei giurisconsulti di riconosciuta competenza.

2. I candidati devono avere meno di sessantacinque anni di età alla data in cui la lista di tre candidati deve pervenire all'assemblea parlamentare in virtù dell'articolo 22.

3. I giudici siedono alla Corte a titolo individuale.

4. Per tutta la durata del loro mandato, i giudici non possono esercitare alcuna attività incompatibile con le esigenze di indipendenza, dì imparzialità o di disponibilità richieste da una attività esercitata a tempo pieno. Ogni problema che sorga nell'applicazione di questo paragrafo è deciso dalla Corte[1].

[1] Articolo modificato dall'art. 2, protocollo 15 CEDU, ratificato con L. 15 gennaio 2021, n. 15. Per l'entrata in vigore degli emendamenti v. art. 8.

V., anche, art. 1, protocollo 12 CEDU.

22. *Elezione dei giudici*. 1. I giudici sono eletti dall'Assemblea parlamentare a titolo di ciascuna Alta Parte contraente a maggioranza dei voti espressi su una lista di tre candidati presentata dall'Alta Parte contraente[1].

2. [...].

[1] V. art. 1, protocollo 12 CEDU.

23. *Durata del mandato*. 1. I giudici vengono eletti per un periodo di nove anni. Essi non sono rieleggibili.

2. I giudici restano in carica sino alla loro sostituzione. Gli stessi continuano tuttavia ad occuparsi delle cause di cui sono già investiti.

3. Nessun giudice può essere revocato dall'incarico se non quando gli altri giudici decidono, a maggioranza dei due terzi, che lo stesso non soddisfa più le condizioni richieste[1].

[1] Articolo modificato dall'art. 2, protocollo 15 CEDU, ratificato con L. 15 gennaio 2021, n. 15, che ha soppresso il par. 2 (*Il mandato dei giudici termina con il raggiungimento del settantesimo anno di età*) e rinumerato i par. 3 e 4 rispettivamente in 2 e 3. Per l'entrata in vigore degli emendamenti v. art. 8.

V., anche, art. 5, protocollo 7 CEDU e art. 1, protocollo 12 CEDU.

24. *Cancelleria e relatori*. 1. La Corte dispone di una cancelleria le cui funzioni e organizzazione sono stabilite dal regolamento della Corte.

2. Quando siede nella composizione di giudice unico, la Corte è assistita da relatori che svolgono le loro funzioni sotto la supervisione del presidente della Corte. Essi fanno parte della cancelleria della Corte.

25. *Assemblea plenaria.* La corte riunita in Assemblea plenaria:

a) elegge per un periodo di tre anni il suo presidente ed uno o due vice-presidenti; essi sono rieleggibili;

b) costituisce Camere per un determinato periodo;

c) elegge i presidenti delle Camere della Corte che sono rieleggibili;

d) adotta il regolamento della Corte;

e) elegge il cancelliere ed uno o più vicecancellieri;

f) presenta l'istanza di cui al paragrafo 2 dell'articolo 26.

26. *Composizione di giudice unico, comitati, Camere e Grande Camera.* 1. Per la trattazione di ogni caso che ad essa viene sottoposto, la Corte procede in composizione di giudice unico, in comitati di tre giudici, in Camere di sette giudici e in una Grande Camera di diciassette giudici. Le Camere della Corte istituiscono i comitati per un periodo determinato.

2. Su richiesta dell'Assemblea plenaria della Corte, il Comitato dei Ministri può, con decisione unanime e per un periodo determinato, ridurre a cinque il numero di giudici delle Camere.

3. Un giudice che siede quale giudice unico non esamina alcun ricorso introdotto contro l'Alta Parte contraente in relazione alla quale quel giudice è stato eletto.

4. Il giudice eletto in relazione a un'Alta Parte contraente parte alla controversia è membro di diritto della Camera e della Grande Camera. In caso di assenza di tale giudice, o se egli non è in grado di svolgere la sua funzione, siede in qualità di giudice una persona scelta dal presidente della Corte su una lista presentata previamente da quella Parte.

5. Fanno altresì parte della Grande Camera il presidente della Corte, i vice-presidenti, i presidenti delle Camere e altri giudici designati in conformità al regolamento della Corte. Se la controversia è deferita alla Grande Camera ai sensi dell'articolo 43, nessun giudice della Camera che ha pronunciato la sentenza può essere presente nella Grande Camera, a eccezione del presidente della Camera e del giudice che ha partecipato alla stessa Camera in relazione all'Alta Parte contraente in causa.

27. *Competenza dei giudici unici.* 1. Un giudice unico può dichiarare irricevibile o cancellare dal ruolo della Corte un ricorso individuale presentato ai sensi dell'articolo 34 quando tale decisione può essere adottata senza ulteriori accertamenti.

2. La decisione è definitiva.

3. Se non dichiara il ricorso irricevibile o non lo cancella dal ruolo, il giudice unico lo trasmette a un comitato o a una Camera per l'ulteriore esame.

28. *Competenza dei comitati.* 1. Un comitato investito di un ricorso individuale presentato ai sensi dell'articolo 34 può, con voto unanime:

a) dichiararlo irricevibile o cancellarlo dal ruolo, quando tale decisione può essere adottata senza ulteriore esame; o

b) dichiararlo ricevibile e pronunciare congiuntamente sentenza sul merito quando la questione relativa all'interpretazione o all'applicazione della Convenzione o dei suoi Protocolli all'origine della causa è oggetto di una giurisprudenza consolidata della Corte.

2. Le decisioni e le sentenze di cui al paragrafo 1 sono definitive.

3. Se il giudice eletto in relazione all'Alta Parte contraente parte della controversia non è membro del comitato, quest'ultimo può, in qualsiasi momento della procedura, invitarlo a farne parte al posto di uno dei suoi membri, tenendo conto di tutti i fattori rilevanti, compresa l'eventualità che tale Parte abbia contestato l'applicazione della procedura di cui al paragrafo 1 b).

29. *Decisioni delle Camere sulla ricevibilità e il merito.* 1. Se nessuna decisione è stata adottata ai sensi degli articoli 27 o 28, e nessuna sentenza è stata pronunciata ai sensi dell'articolo 28, una delle Camere si pronuncia sulla ricevibilità e sul merito dei ricorsi individuali presentati ai sensi dell'articolo 34. La decisione sulla ricevibilità può essere adottata separatamente.

2. Una delle Camere si pronuncia sulla ricevibilità e sul merito dei ricorsi governativi presentati in virtù dell'articolo 33. Salvo diversa decisione della Corte in casi eccezionali, la decisione sulla ricevibilità è adottata separatamente.

3. [...].

30. *Dichiarazione d'incompetenza a favore della Grande Camera.* Se la questione oggetto del ricorso all'esame di una Camera solleva gravi problemi di interpretazione della Convenzione o dei suoi protocolli, o se la sua soluzione rischia di condurre ad una contraddizione con una sentenza pronunciata anteriormente dalla Corte, la Camera, fino a quando non abbia pronunciato la sua sentenza, può spogliarsi della propria competenza a favore della Grande Camera[1].

[1] Articolo modificato dall'art. 3, protocollo 15 CEDU, ratificato con L. 15 gennaio 2021, n. 15, che, dopo le parole "Grande Camera" ha soppresso le parole "*a meno che una delle parti non vi si opponga*". Per l'entrata in vigore degli emendamenti v. art. 8.

31. *Competenze della Grande Camera.* La Grande Camera:

a) si pronuncia sui ricorsi presentati ai sensi dell'articolo 33 o dell'articolo 34 quando il caso le sia stato deferito dalla Camera ai sensi dell'articolo 30 o quando il caso le sia stato deferito ai sensi dell'articolo 43;

b) si pronuncia sulle questioni deferite alla Corte dal Comitato dei Ministri ai sensi dell'articolo 46 § 4; e

c) esamina le richieste di pareri consultivi presentate ai sensi dell'articolo 47.

32. *Competenza della Corte.* 1. La competenza della Corte si estende a tutte le questioni concernenti l'interpretazione e l'applicazione della Convenzione e dei suoi protocolli che siano sottoposte ad essa nelle condizioni previste dagli articoli 33, 34, 46 e 47.

2. In caso di contestazione sulla questione della propria competenza, è la Corte che decide.

33. *Ricorsi interstatali.* Ogni Alta Parte contraente può deferire alla Corte ogni inosservanza delle disposizioni della Convenzione e dei suoi protocolli che essa ritenga possa essere imputata ad un'altra Parte contraente.

34. *Ricorsi individuali.* La Corte può essere investita di una domanda fatta pervenire da ogni persona fisica, ogni organizzazione non governativa o gruppo di privati che pretenda d'essere vittima di una violazione da parte di una delle Alte Parti contraenti dei diritti riconosciuti nella Convenzione o nei suoi protocolli. Le Alte Parti contraenti si impegnano a non ostacolare con alcuna misura l'effettivo esercizio di tale diritto.

35. *Condizioni di ricevibilità.* 1. La Corte non può essere adita se non dopo l'esaurimento delle vie di ricorso interne, qual è inteso secondo i princìpi di diritto internazionale generalmente riconosciuti ed entro un periodo di quattro mesi a partire dalla data della decisione interna definitiva.

2. La Corte non ritiene alcuna domanda singola avanzata sulla base dell'ari. 34, se:

a) è anonima; oppure

b) è essenzialmente la stessa di una precedentemente esaminata dalla Corte o già sottoposta ad un'altra istanza internazionale d'inchiesta o di regolamentazione e non contiene fatti nuovi.

3. La Corte dichiara irricevibile ogni ricorso individuale presentato ai sensi dell'articolo 34 se ritiene che:

a) il ricorso è incompatibile con le disposizioni della Convenzione o dei suoi Protocolli, manifestamente infondato o abusivo; o

b) il ricorrente non ha subito alcun pregiudizio importante, salvo che il rispetto dei diritti dell'uomo garantiti dalla Convenzione e dai suoi Protocolli esiga un esame del ricorso nel merito.

4. La Corte respinge ogni domanda che consideri irricevibile in applicazione del presente articolo. Essa può procedere in tal modo in ogni fase della procedura[1].

[1] Articolo modificato dagli artt. 4 e 5, protocollo 15 CEDU, ratificato con L. 15 gennaio 2021, n. 15, che al par. 1 ha sostituito le parole «*entro un periodo di sei mesi*» con le parole «*entro un periodo di quattro mesi*», mentre al par. 3, lett. b), dopo le parole "nel merito" ha soppresso le parole «*e a condizione di non rigettare per questo motivo alcun caso che non sia stato debitamente esaminato da un tribunale interno*». Per l'entrata in vigore degli emendamenti v. art. 8.

36. *Intervento di terzi.* 1. Per qualsiasi questione all'esame di una Camera e/o della Grande Camera, un'Alta Parte contraente un cui cittadino sia ricorrente ha diritto di presentare osservazioni per iscritto e di partecipare alle udienze.

2. Nell'interesse di una corretta amministrazione della giustizia, il presidente della Corre può invitare ogni Alta parte contraente, che non è parte in causa o ogni persona interessata diversa dal ricorrente, a presentare osservazioni per iscritto o a partecipare alle udienze.

3. Il Commissario per i diritti dell'uomo del Consiglio d'Europa ha diritto di presentare osservazioni per iscritto e di partecipare alle udienze in tutte le cause all'esame di una Camera o della Grande Camera.

37. *Cancellazione.* 1. In ogni momento della procedura la Corte può decidere di cancellare un ricorso dal ruolo quando le circostanze consentono di concludere:

a) che il ricorrente non intende mantenerlo; oppure

b) che la controversia è stata risolta; oppure

c) che non è più giustificato, per ogni altro motivo di cui la Corte accerta l'esistenza, proseguire l'esame del ricorso.

Tuttavia la Corte prosegue l'esame del ricorso qualora ciò sia richiesto dal rispetto dei Diritti dell'Uomo garantiti dalla Convenzione e dai suoi protocolli.

2. La Corte può decidere di riscrivere il ricorso a ruolo quando ritenga che ciò è giustificato dalle circostanze.

38. *Esame in contraddittorio della causa.* La Corte esamina la causa in contraddittorio con i rappresentanti delle parti e, se del caso, procede a un'inchiesta per il cui efficace svolgimento le Alte Parti contraenti interessate forniranno tutte le facilitazioni necessarie.

39. *Composizione amichevole.* 1. In ogni momento della procedura, la Corte si mette a disposizione degli interessati al fine di pervenire a una composizione amichevole della controversia che si fondi sul rispetto dei diritti dell'uomo quali sono riconosciuti dalla Convenzione e dai suoi Protocolli.

2. La procedura descritta al paragrafo 1 non è pubblica.

3. In caso di composizione amichevole, la Corte cancella il ricorso dal ruolo mediante una decisione

che si limita a una breve esposizione dei fatti e della soluzione adottata.

4. Tale decisione è trasmessa al Comitato dei Ministri che sorveglia l'esecuzione dei termini della composizione amichevole quali figurano nella decisione[1].

[1] V. art. 3, protocollo 1 CEDU.

40. *Udienza pubblica e accesso ai documenti.* 1. L'udienza è pubblica a meno che la Corte non decida diversamente a causa di circostanze eccezionali.

2. I documenti depositati presso l'Ufficio di cancelleria sono accessibili al pubblico a meno che il presidente della Corte non decida diversamente[1].

[1] V. art. 3, protocollo 1 CEDU.

41. *Equa soddisfazione.* Se la Corte dichiara che vi è stata violazione della Convenzione o dei suoi protocolli e se il diritto interno dell'Alta Parte contraente non permette che in modo incompleto di riparare le conseguenze di tale violazione, la Corte accorda, quando è il caso, un'equa soddisfazione alla parte lesa.

42. *Sentenze delle Camere.* Le sentenze delle Camere divengono definitive in conformità con le disposizioni dell'articolo 44, paragrafo 2.

43. *Rinvio dinnanzi alla Grande Camera.* 1. Entro un termine di tre mesi a decorrere dalla data della sentenza di una Camera, ogni Parte alla controversia può, in casi eccezionali, chiedere che il caso sia rinviato dinnanzi alla Grande Camera.

2. Un Collegio di cinque giudici della Grande Camera accoglie la domanda quando la questione oggetto del ricorso solleva gravi problemi di interpretazione o di applicazione della Convenzione o dei suoi protocolli o di carattere generale.

3. Quando il Collegio ha accolto la domanda, la Grande Camera si pronuncia sul caso mediante una sentenza.

44. *Sentenze definitive.* 1. La sentenza della Grande Camera è definitiva.

2. La sentenza di una Camera diviene definitiva:

a) quando le parti dichiarano che non richiederanno il rinvio del caso dinnanzi alla Grande Camera; oppure

b) tre mesi dopo la data della sentenza, se non è stato richiesto il rinvio del caso dinnanzi alla Grande Camera; oppure

c) se il Collegio della Grande Camera respinge una richiesta di rinvio formulata secondo l'art. 43.

3. La sentenza definitiva è pubblicata.

45. *Motivazione delle sentenze e delle decisioni.* 1. Le sentenze e le decisioni che dichiarano i ricorsi ricevibili o non ricevibili devono essere motivate.

2. Se la sentenza non esprime in tutto o in parte l'opinione unanime dei giudici, ogni giudice avrà diritto di unirvi l'esposizione della sua opinione individuale[1].

[1] V. art. 2, protocollo 6 CEDU.

46. *Forza vincolante ed esecuzione delle sentenze.* 1 Le Alte Parti contraenti si impegnano a conformarsi alle sentenze definitive della Corte sulle controversie nelle quali sono parti.

2. La sentenza definitiva della Corte è trasmessa al Comitato dei Ministri che ne controlla l'esecuzione.

3. Se il Comitato dei Ministri ritiene che il controllo dell'esecuzione di una sentenza definitiva sia ostacolato da una difficoltà di interpretazione di tale sentenza, esso può adire la Corte affinché questa si pronunci su tale questione di interpretazione. La decisione di adire la Corte è presa con un voto a maggioranza dei due terzi dei rappresentanti che hanno il diritto di avere un seggio in seno al Comitato.

4. Se il Comitato dei Ministri ritiene che un'Alta Parte contraente rifiuti di conformarsi a una sentenza definitiva in una controversia cui essa è parte, può, dopo aver messo in mora tale Parte e con una decisione adottata con voto a maggioranza dei due terzi dei rappresentanti che hanno il diritto di avere un seggio in seno al Comitato, adire la Corte sulla questione dell'adempimento degli obblighi assunti dalla Parte ai sensi del paragrafo 1.

5. Se la Corte constata una violazione del paragrafo 1, rinvia il caso al Comitato dei Ministri affinché questo esamini le misure da adottare. Se la Corte constata che non vi è violazione del paragrafo 1, rinvia il caso al Comitato dei Ministri che ne chiude l'esame.

47. *Pareri consultivi.* 1. La Corte può, su richiesta del Comitato dei Ministri, fornire pareri consultivi su questioni giuridiche relative all'interpretazione della Convenzione e dei suoi protocolli.

2. Tali pareri non devono vertere su questioni inerenti al contenuto o alla portata dei diritti e libertà definiti nel Titolo I della Convenzione e nei protocolli, né su altre questioni che la Corte o il Comitato dei Ministri si troverebbero a dover giudicare per via della presentazione di un ricorso previsto dalla Convenzione.

3. La decisione del Comitato dei Ministri di chiedere un parere alla Corte è adottata con un voto a maggioranza dei rappresentanti che hanno il diritto di avere un seggio al Comitato.

48. *Competenza consultiva della Corte.* La Corte decide se la domanda di parere consultivo presentata dal Comitato dei Ministri è di sua competenza secondo l'articolo 47.

49. *Motivazione dei pareri consultivi.* 1. Il parere della Corte è motivato.

2. Se il parere non esprime in tutto o in parte l'opinione unanime dei giudici, ogni giudice avrà diritto di unirvi l'esposizione della sua opinione individuale.

3. Il parere della Corte è trasmesso al Comitato dei Ministri.

50. *Spese di funzionamento della Corte.* Le spese di funzionamento della Corte sono a carico del Consiglio d'Europa[1].

[1] V. art. 4, protocollo 7 CEDU.

51. *Privilegi ed immunità dei giudici.* I giudici beneficiano durante l'esercizio delle loro funzioni dei privilegi e delle immunità previste all'articolo 40 dello Statuto del Consiglio d'Europa e negli accordi conclusi a titolo di detto articolo.

TITOLO III
DISPOSIZIONI VARIE

52. *Indagini del Segretario Generale*[1]. Ogni Alta Parte Contraente, su domanda del Segretario Generale del Consiglio d'Europa, fornirà le spiegazioni richieste sul modo in cui il proprio diritto interno assicura la effettiva applicazione di tutte le disposizioni della presente Convenzione.

53. *Salvaguardia dei diritti dell'uomo riconosciuti.* Nessuna delle disposizioni della presente Convenzione può essere interpretata come recante pregiudizio o limitazione ai Diritti dell'Uomo e alle Libertà fondamentali che possano essere riconosciuti in base a leggi di qualunque Stato Contraente o da altri accordi internazionali di cui tale Stato sia parte.

54. *Poteri del Comitato dei Ministri.* Nessuna disposizione della presente Convenzione porta pregiudizio ai poteri conferiti al Comitato dei Ministri dallo Statuto del Consiglio d'Europa.

55. *Rinuncia ad altri modi di regolamentazione delle controversie.* Le Alte Parti Contraenti rinunziano reciprocamente, salvo compromesso speciale, ad avvalersi di trattati, convenzioni o dichiarazioni fra di loro esistenti, in vista di sottomettere, per via di ricorso, una controversia nata dalla interpretazione o dall'applicazione della presente Convenzione ad una procedura di regolamento diversa da quelle previste da detta Convenzione.

56. *Applicazione territoriale.* 1. Ogni Stato, al momento della ratifica o in ogni altro momento successivo può dichiarare, mediante notifica indirizzata al Segretario Generale del Consiglio d'Europa, che la presente Convenzione si applicherà, salvo quanto previsto dal paragrafo 4 del presente articolo, in tutti i territori o in determinati territori di cui assicura le relazioni internazionali.

2. La Convenzione si applicherà al territorio o ai territori designati nella notifica a partire dal trentesimo giorno successivo alla data in cui il Segretario Generale del Consiglio d'Europa avrà ricevuto tale notifica.

3. In detti territori le disposizioni della presente Convenzione saranno applicate tenendo conto delle necessità locali.

4. Ogni Stato che ha fatto una dichiarazione conforme al primo paragrafo di questo articolo può, in ogni momento, dichiarare relativamente a uno o a più territori previsti in tale dichiarazione che accetta la competenza della Corte a conoscere dei ricorsi di persone fisiche, di organizzazioni non governative o di gruppi di privati come previsto dall'articolo 34 della Convenzione.

57. *Riserve.* 1. Ogni Stato, al momento della firma della presente Convenzione o del deposito del suo strumento di ratifica, può formulare una riserva riguardo ad una particolare disposizione della Convenzione, nella misura in cui una legge in quel momento in vigore sul suo territorio non sia conforme a tale disposizione. Le riserve di carattere generale non sono autorizzate in base al presente articolo.

2. Ogni riserva emessa in conformità al presente articolo comporta un breve esposto della legge in questione.

58. *Denuncia.* 1. Un'Alta Parte Contraente non può denunciare la presente Convenzione che dopo un periodo di cinque anni a partire dalla data d'entrata in vigore della Convenzione nei suoi confronti e dando un preavviso di sei mesi mediante una notifica indirizzata al Segretario Generale del Consiglio d'Europa, che ne informa le altre Alte Parti Contraenti.

2. Tale denuncia non può avere l'effetto di svincolare l'Alta Parte Contraente interessata dagli obblighi contenuti nella presente Convenzione in ciò che concerne qualunque fatto che, potendo costituire una violazione di questi obblighi, fosse stato compiuto da essa anteriormente alla data in cui la denuncia produce il suo effetto.

3. Con la medesima riserva cessa d'essere Parte della presente Convenzione ogni Parte Contraente che cessi d'essere Membro del Consiglio d'Europa.

4. la Convenzione può essere denunciata, in conformità alle disposizioni dei precedenti paragrafi, relativamente a ogni territorio nel quale sia stata dichiarata applicabile in base all'articolo 56.

59. *Firma e ratifica.* 1. La presente Convenzione è aperta alla firma dei Membri del Consiglio d'Europa. Essa sarà ratificata. Le ratifiche saranno depositate presso il Segretario Generale del Consiglio d'Europa.

2. L'Unione europea può aderire alla presente Convenzione.

3. La presente Convenzione entrerà in vigore dopo il deposito di dieci strumenti di ratifica.

4. Per ogni firmatario che la ratificherà successivamente, la Convenzione entrerà in vigore dal momento del deposito dello strumento di ratifica.

5. Il Segretario Generale del Consiglio d'Europa notificherà a tutti i Membri del Consiglio d'Europa l'entrata in vigore della Convenzione, i nomi delle Alte Parti Contraenti che l'avranno ratificata, come anche il deposito di ogni altro strumento di ratifica che si sia avuto successivamente.

Fatta a Roma il 4 novembre 1950, in francese ed in inglese, i due testi facenti ugualmente fede, in un solo esemplare che sarà depositato negli archivi del Consiglio d'Europa. Il Segretario Generale del Consiglio d'Europa ne comunicherà copia certificata conforme a ciascuno degli Stati membri del Consiglio d'Europa.

5 - Protocollo addizionale n. 1 alla Convenzione per la salvaguardia dei diritti dell'uomo e delle libertà fondamentali (Parigi, 20 marzo 1952).

I Governi firmatari, membri del Consiglio d'Europa,

Risoluti ad adottare misure idonee ad assicurare la garanzia collettiva di certi diritti e libertà oltre quelli che già figurano nel Titolo I della Convenzione per la salvaguardia dei diritti dell'uomo e delle libertà fondamentali, firmata a Roma il 4 novembre 1950 (qui di seguito denominata «la Convenzione»),

Hanno convenuto quanto segue:

1. *Protezione della proprietà.* Ogni persona fisica o giuridica ha diritto al rispetto dei suoi beni. Nessuno può essere privato della sua proprietà se non per causa di pubblica utilità e nelle condizioni previste dalla legge e dai principi generali del diritto internazionale.

Le disposizioni precedenti non portano pregiudizio al diritto degli Stati di porre in vigore le leggi da essi ritenute necessarie per disciplinare l'uso dei beni in modo conforme all'interesse generale o per assicurare il pagamento delle imposte o di altri contributi o delle ammende[1 2].

[1] V. artt. 42, 43, Cost.

[2] V. art. 17 Carta dei diritti fondamentali UE approvata a Nizza il 7 dicembre 2000.

2. *Diritto all'istruzione.* Il diritto all'istruzione non può essere rifiutato a nessuno. Lo Stato, nell'esercizio delle funzioni che assume nel campo dell'educazione e dell'insegnamento, deve rispettare il diritto dei genitori di provvedere a tale educazione e a tale insegnamento secondo le loro convinzioni religiose e filosofiche[1 2].

[1] V. artt. 33, 34, Cost.

[2] V. art. 14 Carta dei diritti fondamentali UE approvata a Nizza il 7 dicembre 2000.

3. *Diritto a libere elezioni.* Le Alte Parti contraenti si impegnano a organizzare, a intervalli ragionevoli, libere elezioni a scrutinio segreto, in condizioni tali da assicurare la libera espressione dell'opinione del popolo sulla scelta del corpo legislativo[1 2].

[1] V. artt. 56; 57, commi 1, 2, Cost.

[2] V. artt. 39, 40 Carta dei diritti fondamentali UE approvata a Nizza il 7 dicembre 2000.

4. *Applicazione territoriale.* Ogni Alta Parte contraente, al momento della firma o della ratifica del presente Protocollo o in ogni altro momento successivo, può presentare al Segretario generale del Consiglio d'Europa una dichiarazione che indichi i limiti entro cui si impegna ad applicare le disposizioni del presente Protocollo sui territori di cui cura le relazioni internazionali, designati nella stessa dichiarazione.

Ogni Alta Parte contraente che abbia presentato una dichiarazione in virtù del paragrafo precedente può, di volta in volta, presentare una nuova dichiarazione che modifichi i termini di ogni dichiarazione precedente o che ponga fine all'applicazione delle disposizioni del presente Protocollo su di un qualsiasi territorio.

Una dichiarazione presentata conformemente al presente articolo sarà considerata come presentata in conformità al paragrafo 1 dell'articolo 56 della Convenzione.

5. *Relazioni con la Convenzione.* Le Alte Parti contraenti considereranno gli articoli 1, 2,

3 e 4 del presente Protocollo come articoli addizionali alla Convenzione e tutte le disposizioni della Convenzione si applicheranno di conseguenza.

6. *Firma e ratifica.* Il presente Protocollo è aperto alla firma dei membri del Consiglio d'Europa, firmatari della Convenzione; esso sarà ratificato contemporaneamente alla Convenzione o dopo la ratifica di quest'ultima. Esso entrerà in vigore dopo il deposito di dieci strumenti di ratifica. Per ogni firmatario che lo ratificherà successivamente, il Protocollo entrerà in vigore dal momento del deposito dello strumento di ratifica.

Gli strumenti di ratifica saranno depositati presso il Segretariato generale del Consiglio d'Europa che notificherà a tutti i membri i nomi di quelli che lo avranno ratificato.

Fatto a Parigi il 20 marzo 1952 in francese e in inglese, i due testi facendo ugualmente fede, in un unico esemplare che sarà depositato presso gli archivi del Consiglio d'Europa. Il Segretario generale ne trasmetterà copia autenticata a ognuno dei Governi firmatari.

6 - Protocollo addizionale n. 2 alla Convenzione per la salvaguardia dei diritti dell'uomo e delle libertà fondamentali, l'attribuzione alla Corte della competenza europea dei diritti dell'uomo ad esprimere pareri consultivi (Strasburgo, 6 maggio 1963).

Gli Stati membri del Consiglio d'Europa, firmatari del presente Protocollo,

Viste le disposizioni della Convenzione per la salvaguardia dei diritti dell'uomo e delle libertà fondamentali, firmata a Roma il 4 novembre 1950 (in seguito denominata "la Convenzione"), in particolare l'articolo 19 che istituisce, tra gli altri organi, una Corte di europea diritti umani (di seguito "la Corte");

Considerando che è opportuno attribuire alla Corte il potere di dare, a determinate condizioni, pareri consultivi,

Hanno convenuto quanto segue:

1. 1. La Corte può, su richiesta del Comitato dei Ministri, fornire pareri consultivi su questioni giuridiche relative all'interpretazione della Convenzione e dei suoi Protocolli.

2. Questi pareri non possono riguardare le questioni relative al contenuto o alla portata dei diritti e delle libertà definiti nel Titolo I della Convenzione e dei suoi protocolli, o su altre questioni di cui la Commissione, la Corte o il Comitato dei Ministri potrebbe avere conoscenza in conseguenza dell'introduzione di un ricorso previsto dalla Convenzione.

3. La decisione del Comitato dei Ministri di chiedere un parere alla Corte è adottata a maggioranza dei due terzi dei rappresentanti aventi diritto nel Comitato.

2. La Corte decide se la richiesta di parere presentata dal Comitato dei Ministri è di sua competenza consultiva come è definita dall'articolo 1 del presente protocollo.

3. 1. Per la revisione delle richieste di pareri consultivi, la Corte si riunisce in seduta plenaria.

2. Il parere della Corte è motivato.

3. Se parere non esprime in tutto o in parte l'opinione unanime dei giudici, ogni giudice avrà diritto di allegare la sua opinione individuale.

4. Il parere della Corte è trasmesso al Comitato dei Ministri.

4. Estendendo il potere ai sensi dell'articolo 55 della Convenzione e per le finalità del presente protocollo, la Corte può, se lo ritiene necessario, stabilire le proprie regole e fissare la propria procedura.

5. 1. Il presente Protocollo è aperto alla firma dei membri del Consiglio d'Europa firmatari della Convenzione, i quali possono parteciparvi con:

- la firma senza riserva della ratifica o della accettazione;
- la firma sotto riserva di ratifica o di accettazione seguita da ratifica o accettazione.

Gli strumenti di ratifica o di accettazione saranno depositati presso il Segretario Generale del Consiglio d'Europa.

2. Il presente Protocollo entrerà in vigore quando tutte le Parti contraenti della Convenzione sono divenute parti del protocollo conformemente alle disposizioni del paragrafo 1 del presente articolo.

3. Il segretario generale del Consiglio d'Europa notificherà agli Stati Membri del Consiglio:

- ogni firma senza riserva di ratifica o di accettazione;
- ogni firma con riserva di ratifica o di accettazione;
- il deposito di ogni strumento di ratifica o di accettazione;
- la data di entrata in vigore del presente protocollo a norma del paragrafo 2 del presente articolo.

In fede, i sottoscritti, da essa debitamente autorizzati, hanno firmato il presente Protocollo.

7 - Protocollo addizionale n. 4 alla Convenzione per la salvaguardia dei diritti dell'uomo e delle libertà fondamentali, che riconosce alcuni diritti e libertà oltre quelli che già figurano nella Convenzione e nel Protocollo addizionale alla Convenzione (Strasburgo, 16 settembre 1963).

I Governi firmatari, membri del Consiglio d'Europa,

Risoluti ad adottare misure idonee ad assicurare la garanzia collettiva di diritti e libertà oltre quelli che già figurano nel Titolo I della Convenzione per la salvaguardia dei diritti dell'uomo e delle libertà fondamentali, firmata a Roma il 4 novembre 1950 (qui di seguito denominata «la Convenzione») e negli articoli da 1 a 3 del primo Protocollo addizionale alla Convenzione, firmato a Parigi il 20 marzo 1952,

Hanno convenuto quanto segue:

1. *Divieto di imprigionamento per debiti.* Nessuno può essere privato della sua libertà per il solo fatto di non essere in grado di adempiere a un'obbligazione contrattuale[1].

[1] V. artt. 13, 23, Cost.

2. *Libertà di circolazione.* 1. Chiunque si trovi regolarmente sul territorio di uno Stato ha il diritto di circolarvi liberamente e di fissarvi liberamente la sua residenza.

2. Ognuno è libero di lasciare qualsiasi Paese, compreso il proprio.

3. L'esercizio di tali diritti non può essere oggetto di restrizioni diverse da quelle che sono previste dalla legge e che costituiscono, in una società democratica, misure necessarie alla sicurezza nazionale, alla pubblica sicurezza, al mantenimento dell'ordine pubblico, alla prevenzione delle infrazioni penali, alla protezione della salute o della morale o alla protezione dei diritti e libertà altrui.

4. I diritti riconosciuti al paragrafo 1 possono anche, in alcune zone determinate, essere oggetto di restrizioni previste dalla legge e giustificate dall'interesse pubblico in una società democratica[1].

[1] V. art. 16, Cost.

3. *Divieto di espulsione dei cittadini.* 1. Nessuno può essere espulso, a seguito di una misura individuale o collettiva, dal territorio dello Stato di cui è cittadino.

2. Nessuno può essere privato del diritto di entrare nel territorio dello Stato di cui è cittadino.

4. *Divieto di espulsioni collettive di stranieri.* Le espulsioni collettive di stranieri sono vietate[1].

[1] V. art. 10, Cost.

5. *Applicazione territoriale.* 1. Ogni Alta Parte contraente, al momento della firma o della ratifica del presente Protocollo o in ogni altro momento successivo, può presentare al Segretario generale del Consiglio d'Europa una dichiarazione che indichi i limiti entro cui si impegna ad applicare le disposizioni del presente Protocollo sui territori di cui cura le relazioni internazionali, designati nella medesima dichiarazione.

2. Ogni Alta Parte contraente che abbia presentato una dichiarazione in virtù del paragrafo precedente può, di volta in volta, presentare una nuova dichiarazione che modifichi i termini di ogni dichiarazione precedente o che ponga fine all'applicazione delle disposizioni del presente Protocollo su di un qualsiasi territorio.

3. Una dichiarazione presentata conformemente al presente articolo sarà considerata come presentata in conformità al paragrafo 1 dell'articolo 56 della Convenzione.

4. Il territorio di ogni Stato sul quale il presente Protocollo si applica in virtù della ratifica o dell'accettazione da parte di tale Stato e ciascuno dei territori sui quali il Protocollo si applica in virtù di una dichiarazione sottoscritta dallo stesso Stato conformemente al presente articolo, saranno considerati come territori distinti ai fini dei riferimenti al territorio di uno Stato di cui agli articoli 2 e 3.

5. Ogni Stato che abbia reso una dichiarazione in conformità ai paragrafi 1 o 2 del presente articolo può, in qualsiasi momento successivo, dichiarare, relativamente a uno o più dei territori indicati in tale dichiarazione, di accettare la competenza della Corte a pronunciarsi sui ricorsi di persone fisiche, di organizzazioni non governative o di gruppi di privati, come previsto dall'articolo 34 della Convenzione, a norma degli articoli da 1 a 4 del presente Protocollo o di alcuni di essi.

6. *Relazioni con la Convenzione.* Le Alte Parti contraenti considereranno gli articoli da 1 a 5 di questo Protocollo come articoli addizionali alla Convenzione e tutte le disposizioni della Convenzione si applicheranno di conseguenza.

7. *Firma e ratifica.* 1 Il presente Protocollo è aperto alla firma dei membri del Consiglio d'Europa, firmatari della Convenzione; esso sarà ratificato contemporaneamente alla Convenzione o dopo la sua ratifica. Esso entrerà in vigore dopo il deposito di cinque strumenti di ratifica. Per ogni firmatario che lo ratificherà successivamente, il Protocollo entrerà in vigore dal momento del deposito dello strumento di ratifica.

2. Gli strumenti di ratifica saranno depositati presso il Segretario generale del Consiglio d'Europa che notificherà a tutti i membri i nomi di quelli che lo avranno ratificato.

In fede di che, i sottoscritti, debitamente autorizzati a tal fine, hanno firmato il presente Protocollo.

Fatto a Strasburgo il 16 settembre 1963 in francese e in inglese, i due testi facendo ugualmente fede, in un unico esemplare che sarà depositato presso gli archivi del Consiglio d'Europa. Il Segretario generale ne trasmetterà copia autenticata a ognuno degli Stati firmatari.

8 - Protocollo addizionale n. 6 alla Convenzione per la salvaguardia dei diritti dell'uomo e delle libertà fondamentali, relativo all'abolizione della pena di morte (Strasburgo, 28 aprile 1983).

Gli Stati membri del Consiglio d'Europa, firmatari del presente Protocollo alla Convenzione per la salvaguardia dei diritti dell'uomo e delle libertà fondamentali, firmata a Roma il 4 novembre 1950 (qui di seguito denominata «la Convenzione»),

Considerato che gli sviluppi intervenuti in diversi Stati membri del Consiglio d'Europa indicano una tendenza generale a favore dell'abolizione della pena di morte,

Hanno convenuto quanto segue:

1. *Abolizione della pena di morte.* La pena di morte è abolita. Nessuno può essere condannato a tale pena né giustiziato[1 2].

[1] V. art. 27, comma 4, Cost.
[2] V. art. 2, comma 2, Carta dei diritti fondamentali UE approvata a Nizza il 7 dicembre 2000.

2. *Pena di morte in tempo di guerra.* Uno Stato può prevedere nella propria legislazione la pena di morte per atti commessi in tempo di guerra o in caso di pericolo imminente di guerra; tale pena sarà applicata solo nei casi previsti da tale legislazione e conformemente alle sue disposizioni. Lo Stato comunicherà al Segretario generale del Consiglio d'Europa le disposizioni rilevanti della legislazione in questione[1 2].

[1] V. art. 27, comma 4, Cost.
[2] V. art. 45 Carta dei diritti fondamentali UE approvata a Nizza il 7 dicembre 2000.

3. *Divieto di deroghe.* Non è autorizzata alcuna deroga alle disposizioni del presente Protocollo ai sensi dell'articolo 15 della Convenzione[1].

[1] V. art. 19 Carta dei diritti fondamentali UE approvata a Nizza il 7 dicembre 2000.

4. *Divieto di riserve.* Non è ammessa alcuna riserva alle disposizioni del presente Protocollo ai sensi dell'articolo 57 della Convenzione[1].

[1] V. art. 19 Carta dei diritti fondamentali UE approvata a Nizza il 7 dicembre 2000.

5. *Applicazione territoriale.* 1. Ogni Stato, al momento della firma o al momento del deposito del suo strumento di ratifica, d'accettazione o d'approvazione, può indicare il territorio o i territori sui quali si applicherà il presente Protocollo.

2. Ogni Stato, in qualunque altro momento successivo, mediante una dichiarazione indirizzata al Segretario generale del Consiglio d'Europa, può estendere l'applicazione del presente Protocollo a ogni altro territorio indicato nella dichiarazione. Il Protocollo entrerà in vigore per questo territorio il primo giorno del mese che segue la data di ricezione della dichiarazione da parte del Segretario generale.

3. Ogni dichiarazione fatta in virtù dei due paragrafi precedenti potrà essere revocata, per quanto riguarda ogni territorio designato in siffatta dichiarazione, mediante notifica indirizzata al Segretario generale. La revoca avrà effetto a decorrere dal primo giorno del mese che segue la data di ricezione della notifica da parte del Segretario generale.

6. *Relazioni con la Convenzione.* Gli Stati contraenti considerano gli articoli da 1 a 5 del presente Protocollo come articoli addizionali alla Convenzione e tutte le disposizioni della Convenzione si applicheranno di conseguenza.

7. *Firma e ratifica.* Il presente Protocollo è aperto alla firma degli Stati membri del Consiglio d'Europa, firmatari della Convenzione. Esso sarà sottoposto a ratifica, accettazione o approvazione. Uno Stato membro del Consiglio d'Europa non potrà ratificare, accettare o approvare il presente Protocollo senza avere simultaneamente o anteriormente ratificato la Convenzione. Gli strumenti di ratifica, d'accettazione o d'approvazione saranno depositati presso il Segretario generale del Consiglio d'Europa.

8. *Entrata in vigore.* 1. Il presente Protocollo entrerà in vigore il primo giorno del mese che segue la data alla quale cinque Stati membri del Consiglio d'Europa avranno espresso il loro consenso a essere vincolati dal Protocollo conformemente alle disposizioni dell'articolo 7.

2. Per ogni Stato membro che esprimerà ulteriormente il suo consenso a essere vincolato dal Protocollo, questo entrerà in vigore il primo giorno del mese che segue la data di deposito dello strumento di ratifica, d'accettazione o d'approvazione.

9. *Funzioni del depositario.* Il Segretario generale del Consiglio d'Europa notificherà agli Stati membri del Consiglio:

a) ogni firma;

b) il deposito di ogni strumento di ratifica, d'accettazione o d'approvazione;

c) ogni data d'entrata in vigore del presente Protocollo conformemente agli articoli 5 e 8;

d) ogni altro atto, notifica o comunicazione riguardante il presente Protocollo.

In fede di che, i sottoscritti, debitamente autorizzati a tal fine, hanno firmato il presente Protocollo.

Fatto a Strasburgo il 28 aprile 1983 in francese e in inglese, i due testi facendo ugualmente fede, in un unico esemplare che sarà depositato presso gli archivi del Consiglio d'Europa. Il Segretario generale del Consiglio d'Europa ne trasmetterà copia autenticata a ciascuno degli Stati membri del Consiglio d'Europa.

9 - Protocollo addizionale n. 7 alla Convenzione europea per la salvaguardia dei diritti dell'uomo e delle libertà fondamentali, adottato a Strasburgo il 22 novembre 1984, reso esecutivo con L. 9 aprile 1990, n. 98 (G.U. del 2 maggio 1990, n. 100) ed entrato in vigore per l'Italia il 1º febbraio 1992.

Gli Stati membri del Consiglio d'Europa, firmatari del presente Protocollo,

Risoluti ad adottare ulteriori misure idonee per assicurare la garanzia collettiva di alcuni diritti e libertà mediante la Convenzione per la salvaguardia dei Diritti dell'Uomo e delle Libertà fondamentali, firmata a Roma il 4 novembre 1950 (qui di seguito denominata "la Convenzione")

Hanno convenuto quanto segue:

1. *Garanzie procedurali in caso di espulsioni di stranieri.* 1. Uno straniero regolarmente residente nel territorio di uno Stato non può essere espulso, se non in esecuzione di una decisione presa conformemente alla legge e deve poter:

a) far valere le ragioni che si oppongono alla sua espulsione,

b) far esaminare il suo caso e

c) farsi rappresentare a tali fini davanti all'autorità competente o ad una o più persone designate da tale autorità.

2. Uno straniero può essere espulso prima dell'esercizio dei diritti enunciati al paragrafo 1 *a)*, *b)* e *c)* di questo articolo, qualora tale espulsione sia necessaria nell'interesse dell'ordine pubblico o sia motivata da ragioni di sicurezza nazionale[1] [2].

[1] V. art. 10, Cost.

[2] V. art. 19 Carta dei diritti fondamentali UE approvata a Nizza il 7 dicembre 2000.

2. *Diritto ad un doppio grado di giurisdizione in materia penale.* 1. Ogni persona dichiarata rea da un tribunale ha il diritto di far esaminare la dichiarazione di colpevolezza o la condanna da un tribunale della giurisdizione superiore. L'esercizio di tale diritto, ivi inclusi i motivi per cui esso può essere esercitato, è disciplinato dalla legge.

2. Tale diritto può essere oggetto di eccezioni per i reati minori, quali sono definiti dalla legge, o quando l'interessato è stato giudicato in prima istanza da un tribunale della giurisdizione più elevata o è stato dichiarato colpevole e condannato a seguito di un ricorso avverso il suo proscioglimento[1].

[1] V. art. 111, commi 7, 8, Cost.

3. *Diritto di risarcimento in caso di errore giudiziario.* Qualora una condanna penale definitiva sia successivamente annullata o qualora la grazia sia concessa perchè un fatto sopravvenuto o nuove rivelazioni comprovano che vi è stato un errore giudiziario, la persona che ha subito una pena in ragione di tale condanna sarà risarcita, conformemente alla legge o agli usi in vigore nello Stato interessato, a meno che non sia provato che la mancata rivelazione in tempo utile del fatto non conosciuto le sia interamente o parzialmente imputabile.

4. *Diritto a non essere giudicato o punito due volte.* 1. Nessuno può essere perseguito o condannato penalmente dalla giurisdizione dello stesso Stato per un reato per il quale è già stato assolto o condannato a seguito di una sentenza definitiva conformemente alla legge ed alla procedura penale di tale Stato.

2. Le disposizioni del paragrafo precedente non impediscono la riapertura del processo, conformemente alla legge ed alla procedura penale dello Stato interessato, se fatti sopravvenuti o nuove rivelazioni o un vizio fondamentale nella procedura antecedente sono in grado di inficiare la sentenza intervenuta.

3. Non è autorizzata alcuna deroga al presente articolo ai sensi dell'articolo 15 della Convenzione[1].

[1] V. art. 50 Carta dei diritti fondamentali UE approvata a Nizza il 7 dicembre 2000.

5. *Parità tra i coniugi.* I coniugi godono dell'uguaglianza di diritti e di responsabilità di carattere civile tra di essi e nelle loro relazioni con i loro figli riguardo al matrimonio, durante il matrimonio e in caso di suo scioglimento. Il presente articolo non impedisce agli Stati di adottare le misure necessarie nell'interesse dei figli[1 2].

[1] V. art. 29, comma 2, Cost.
[2] V. art. 23 Carta dei diritti fondamentali UE approvata a Nizza il 7 dicembre 2000.

6. *Applicazione territoriale.* 1. Ogni Stato, al momento della firma o al momento del deposito del suo strumento di ratifica, d'accettazione o d'approvazione, può designare il territorio o i territori nei quali si applicherà il presente Protocollo, indicando i limiti entro cui si impegna ad applicare le disposizioni del presente Protocollo in tale territorio o territori.

2. Ogni Stato, in qualunque altro momento successivo, mediante una dichiarazione indirizzata al Segretario Generale del Consiglio d'Europa, può estendere l'applicazione del presente Protocollo ad ogni altro territorio indicato nella dichiarazione. Il Protocollo entrerà in vigore per questo territorio il primo giorno del mese successivo al termine di un periodo di due mesi dalla data di ricezione della dichiarazione da parte del Segretario Generale.

3. Ogni dichiarazione fatta in virtù dei due paragrafi precedenti potrà essere ritirata o modificata per quanto riguarda ogni territorio designato in questa dichiarazione, mediante notificazione indirizzata al Segretario Generale. Il ritiro o la modifica avrà effetto a decorrere dal primo giorno del mese successivo al termine di un periodo di due mesi dalla data di ricezione della notificazione da parte del Segretario Generale.

4. Una dichiarazione fatta conformemente al presente articolo sarà considerata come fatta in conformità al paragrafo 1 dell'articolo 56 della Convenzione.

5. Il territorio di ogni Stato nel quale il presente Protocollo si applica in virtù della ratifica, dell'accettazione o della approvazione da parte di tale Stato, e ciascuno dei territori nei quali il Protocollo si applica in virtù di una dichiarazione sottoscritta dallo stesso Stato conformemente al presente articolo, possono essere considerati come territori distinti ai fini del riferimento al territorio dì uno Stato fatto dall'articolo 1.

6. Ogni Stato che ha reso una dichiarazione in conformità con il paragrafo 1 o 2 del presente articolo può in qualsiasi momento successivo, dichiarare relativamente ad uno o più dei territori indicati in tale dichiarazione, che accetta la competenza della Corte a giudicare i ricorsi di perone fisiche, di organizzazioni non governative o di gruppi di privati, come lo prevede l'articolo 34 della Convenzione, secondo gli articoli da 1 a 5 del presente Protocollo[1].

[1] Paragrafo aggiunto dal Protocollo n. 11, firmato a Strasburgo l'11 maggio 1994 e ratificato con L. 28 agosto 1997, n. 296.

7. *Relazioni con la Convenzione.* 1. Gli Stati contraenti considerano gli articoli da 1 a 6 del presente Protocollo come articoli addizionali alla Convenzione e tutte le disposizioni della Convenzione si applicano di conseguenza.

2. [...][1].

[1] Paragrafo soppresso dal Protocollo n. 11, firmato a Strasburgo l'11 maggio 1994 e ratificato con L. 28 agosto 1997, n. 296.

8. *Firma e ratifica.* Il presente Protocollo è aperto alla firma degli Stati membri del Consiglio d'Europa che hanno firmato la Convenzione. Esso sarà sottoposto a ratifica, accettazione o approvazione. Uno Stato membro del Consiglio d'Europa non può ratificare, accettare o approvare il presente Protocollo senza aver simultaneamente o anteriormente ratificato la Convenzione. Gli strumenti di ratifica, d'accettazione o d'approvazione saranno depositati presso il Segretario Generale del Consiglio d'Europa.

9. *Entrata in vigore.* 1. Il presente Protocollo entrerà in vigore il primo giorno del mese successivo al termine di un periodo di due mesi dalla data in cui sette Stati membri del Consiglio d'Europa avranno espresso il loro consenso ad essere vincolati dal Protocollo conformemente alle disposizioni dell'articolo 8.

2. Per ogni Stato membro che esprimerà ulteriormente il suo consenso ad essere vincolato dal Protocollo, questo entrerà in vigore il primo giorno del mese successivo al termine di un periodo di due mesi dalla data del deposito dello strumento di ratifica, d'accettazione o d'approvazione.

10. *Funzioni del depositario.* Il Segretario Generale del Consiglio d'Europa notificherà agli Stati membri del Consiglio d'Europa:

a) ogni firma;

b) il deposito di ogni strumento di ratifica, d'accettazione o d'approvazione;

c) ogni data d'entrata in vigore del presente Protocollo conformemente agli articoli 6 e 9;

d) ogni altro atto, notificazione o dichiarazione riguardante il presente Protocollo.

10 - Protocollo addizionale n. 12 alla Convenzione per la salvaguardia dei diritti dell'uomo e delle libertà fondamentali (Roma, 4 novembre 2000).

Gli Stati membri del Consiglio d'Europa, firmatari del presente Protocollo,

Tenuto conto del principio fondamentale, secondo il quale tutte le persone sono uguali innanzi alla legge e hanno diritto alla stessa protezione da parte della legge;

Risoluti ad adottare ulteriori misure per promuovere l'uguaglianza di tutte le persone mediante l'applicazione collettiva di un divieto generale di discriminazione mediante la Convenzione per la salvaguardia dei diritti dell'uomo e delle libertà fondamentali, firmata a Roma il 4 novembre 1950 (qui di seguito denominata « la Convenzione »);

Riaffermando che il principio della non discriminazione non impedisce agli Stati Parte di adottare misure per promuovere una piena ed effettiva uguaglianza, a condizione che queste rispondano a una giustificazione oggettiva e ragionevole,

Hanno convenuto quanto segue:

1. *Divieto generale di discriminazione.* 1. Il godimento di ogni diritto previsto dalla legge deve essere assicurato senza nessuna discriminazione, in particolare quelle fondate sul sesso, la razza, il colore, la lingua, la religione, le opinioni politiche o di altro genere, l'origine nazionale o sociale, l'appartenenza a una minoranza nazionale, la ricchezza, la nascita o ogni altra condizione.

2. Nessuno potrà essere oggetto di discriminazione da parte di una qualsivoglia autorità pubblica per i motivi menzionati al paragrafo 1[1].

[1] V. artt. 20, 21, 22, 23 Carta dei diritti fondamentali UE approvata a Nizza il 7 dicembre 2000.

2. *Applicazione territoriale.* 1. Ogni Stato, al momento della firma o del deposito del proprio strumento di ratifica, accettazione o approvazione, può specificare il territorio o i territori ai quali si applicherà il presente Protocollo.

2. Ogni Stato, in ogni altro momento successivo, può estendere l'applicazione del presente Protocollo, mediante una dichiarazione indirizzata al Segretario generale del Consiglio d'Europa, a qualsiasi altro territorio specificato nella dichiarazione. Rispetto a tale territorio, il Protocollo entrerà in vigore il primo giorno del mese successivo allo scadere di un periodo di tre mesi dalla data di ricezione della dichiarazione da parte del Segretario generale.

3. Qualsiasi dichiarazione resa in virtù dei due paragrafi precedenti potrà essere ritirata o modificata rispetto a ogni territorio specificato in detta dichiarazione, mediante notifica indirizzata al Segretario generale del Consiglio d'Europa. Il ritiro o la modifica avrà effetto a decorrere dal primo giorno del mese successivo allo scadere di un periodo di tre mesi dalla data di ricezione della notifica da parte del Segretario generale.

4. Una dichiarazione resa conformemente al presente articolo sarà considerata presentata in conformità al paragrafo 1 dell'articolo 56 della Convenzione.

5. Ogni Stato che ha reso una dichiarazione conformemente ai paragrafi 1 e 2 di questo articolo può, in ogni momento successivo, dichiarare relativamente a uno o a più territori previsti in tale dichiarazione che accetta la competenza della Corte a ricevere ricorsi di persone fisiche, di organizzazioni non governative o di gruppi di privati conformemente all'articolo 34 della Convenzione, in virtù dell'articolo 1 del presente Protocollo.

3. *Relazioni con la Convenzione.* Gli Stati Parte considereranno gli articoli 1 e 2 del presente Protocollo come articoli aggiuntivi alla Convenzione e tutte le disposizioni della Convenzione si applicheranno di conseguenza.

4. *Firma e ratifica.* Il presente Protocollo è aperto alla firma degli Stati membri del Consiglio d'Europa firmatari della Convenzione. Esso sarà sottoposto a ratifica, accettazione o approvazione. Uno Stato membro del Consiglio d'Europa non potrà ratificare, accettare o approvare il presente Protocollo senza aver contemporaneamente o anteriormente ratificato la Convenzione. Gli strumenti di ratifica, accettazione o approvazione saranno depositati presso il Segretario generale del Consiglio d'Europa.

5. *Entrata in vigore.* 1. Il presente Protocollo entrerà in vigore il primo giorno del mese successivo allo scadere di un periodo di tre mesi dalla data in cui dieci Stati membri del Consiglio d'Europa avranno espresso il loro consenso a essere vincolati dal presente Protocollo conformemente alle disposizioni dell'articolo 4.

2. Per ogni Stato membro che esprimerà successivamente il proprio consenso a essere vincolato dal presente Protocollo, esso entrerà in vigore a decorrere dal primo giorno del mese successivo allo scadere di un periodo di tre mesi dalla data del deposito dello strumento di ratifica, accettazione o approvazione.

6. *Funzioni del depositario.* Il Segretario generale del Consiglio d'Europa notificherà a tutti gli Stati membri del Consiglio d'Europa:

a) ogni firma;

b) il deposito di ogni strumento di ratifica, accettazione o approvazione;

c) ogni data di entrata in vigore del presente Protocollo conformemente agli articoli 2 e 5;

d) ogni altro atto, notifica o comunicazione relativi al presente Protocollo.

Fatto a Roma, il 4 novembre 2000, in francese e in inglese, i due testi facenti ugualmente fede, in un unico esemplare che sarà depositato negli archivi del Consiglio d'Europa. Il Segretario generale del Consiglio d'Europa ne trasmetterà copia certificata conforme a ciascuno degli Stati membri del Consiglio d'Europa.

11 - Protocollo addizionale n. 13 alla Convenzione per la salvaguardia dei diritti dell'uomo e delle libertà fondamentali, relativo all'abolizione della pena di morte in tutte le circostanze (Vilnius, 3 maggio 2002).

Gli Stati membri del Consiglio d'Europa, firmatari del presente Protocollo,

Convinti che il diritto di ogni persona alla vita sia un valore fondamentale in una società democratica, e che l'abolizione della pena di morte sia essenziale per la protezione di tale diritto e per il pieno riconoscimento della dignità inerente a tutti gli esseri umani;

Desiderosi di rafforzare la protezione del diritto alla vita garantito dalla Convenzione per la salvaguardia dei diritti dell'uomo e delle libertà fondamentali firmata a Roma il 4 novembre 1950 (qui di seguito, denominata « la Convenzione »);

Prendendo nota del fatto che il Protocollo no 6 alla Convenzione relativo all'abolizione della pena di morte, firmato a Strasburgo il 28 aprile 1983, non esclude la pena di morte per atti commessi in tempo di guerra o di pericolo imminente di guerra;

Risoluti ad abolire in via definitiva la pena di morte in qualsiasi circostanza,

Hanno convenuto quanto segue:

1. *Abolizione della pena di morte.* La pena di morte è abolita. Nessuno può essere condannato a tale pena, né può essere giustiziato[1][2].

[1] V. art. 27, comma 4, Cost.

[2] V. art. 2, comma 2, Carta dei diritti fondamentali UE approvata a Nizza il 7 dicembre 2000.

2. *Divieto di deroga.* Non è ammessa alcuna deroga alle disposizioni del presente Protocollo in virtù dell'articolo 15 della Convenzione.

3. *Divieto di riserva.* Non è ammessa alcuna riserva alle disposizioni del presente Protocollo in virtù dell'articolo 57 della Convenzione.

4. *Applicazione territoriale.* 1. Qualsiasi Stato può, al momento della firma o del deposito del suo strumento di ratifica, accettazione o approvazione, specificare il territorio o i territori ai quali si applicherà il presente Protocollo.

2. Qualsiasi Stato può, in ogni altro momento successivo, mediante una dichiarazione indirizzata al Segretario generale del Consiglio d'Europa, estendere l'applicazione del presente Protocollo a qualsiasi altro territorio specificato nella dichiarazione. Il Protocollo entrerà in vigore nei confronti di tale territorio il primo giorno del mese successivo allo scadere di un periodo di tre mesi dalla data di ricezione della dichiarazione da parte del Segretario generale.

3. Qualsiasi dichiarazione resa in virtù dei due paragrafi precedenti potrà essere ritirata o modificata relativamente a qualsiasi territorio specificato in questa dichiarazione mediante notifica indirizzata al Segretario generale. Il ritiro o la modifica avrà effetto a decorrere dal primo giorno del mese successivo allo scadere di un periodo di tre mesi dalla data di ricezione della notifica da parte del Segretario generale.

5. *Relazioni con la Convenzione.* Gli Stati contraenti considereranno gli articoli da 1 a 4 del presente Protocollo come articoli aggiuntivi alla Convenzione, e tutte le disposizioni della Convenzione si applicheranno di conseguenza.

6. *Firma e ratifica.* Il presente Protocollo è aperto alla firma degli Stati membri del Consiglio d'Europa che hanno firmato la Convenzione. È soggetto a ratifica, accettazione o approvazione. Uno Stato membro del Consiglio d'Europa non può ratificare, accettare o approvare il presente Protocollo senza avere ratificato contemporaneamente o precedentemente la Convenzione. Gli strumenti di ratifica, accettazione o approvazione verranno depositati presso il Segretario generale del Consiglio d'Europa.

7. *Entrata in vigore.* 1. Il presente Protocollo entrerà in vigore il primo giorno del mese successivo allo scadere di un periodo di tre mesi dalla data in cui dieci Stati membri del Consiglio d'Europa avranno espresso il loro consenso a essere vincolati dal presente Protocollo conformemente alle disposizioni del suo articolo 6.

2. Per qualsiasi Stato membro che esprimerà successivamente il proprio consenso a essere vincolato dal presente Protocollo, questo entrerà in vigore il primo giorno del mese successivo allo scadere di un periodo di tre mesi dalla data di deposito dello strumento di ratifica, accettazione o approvazione.

8. *Funzioni del depositario.* Il Segretario generale del Consiglio d'Europa notificherà a tutti gli Stati membri del Consiglio d'Europa:

a) qualsiasi firma;

b) il deposito di qualsiasi strumento di ratifica, accettazione o approvazione;

c) qualsiasi data di entrata in vigore del presente Protocollo conformemente ai suoi articoli 4 e 7;

d) qualsiasi altro atto, notifica o comunicazione relativi al presente Protocollo.

In fede di che, i sottoscritti, debitamente autorizzati a tal fine, hanno firmato il presente Protocollo.

Fatto a Vilnius, il 3 maggio 2002, in francese e in inglese, i due testi facenti ugualmente fede, in un unico esemplare che verrà depositato negli archivi del Consiglio d'Europa. Il Segretario generale del Consiglio d'Europa ne invierà una copia certificata conforme a ciascuno Stato Membro del Consiglio d'Europa.

12 - Protocollo addizionale n. 16 alla Convenzione per la salvaguardia dei Diritti dell'Uomo e delle Libertà fondamentali (Strasburgo, 2 ottobre 2013).

Gli Stati membri del Consiglio d'Europa e le altre Alte Parti contraenti della Convenzione per la salvaguardia dei Diritti dell'Uomo e delle Libertà fondamentali, firmata a Roma il 4 novembre 1950 (di seguito denominata «la Convenzione»), firmatari del presente Protocollo,

Viste le disposizioni della Convenzione, in particolare l'articolo 19 che istituisce la Corte europea dei diritti dell'uomo (di seguito denominata «la Corte»);

Considerato che l'estensione della competenza della Corte a emettere pareri consultivi permetterà alla Corte di interagire maggiormente con le autorità nazionali consolidando in tal modo l'attuazione della Convenzione, conformemente al principio di sussidiarietà;

Visto il Parere n. 285 (2013) adottato dall'Assemblea parlamentare del Consiglio d'Europa il 28 giugno 2013,

Hanno convenuto quanto segue:

1. 1. Le più alte giurisdizioni di un'Alta Parte contraente, designate conformemente all'articolo 10, possono presentare alla Corte delle richieste di pareri consultivi su questioni di principio relative all'interpretazione o all'applicazione dei diritti e delle libertà definiti dalla Convenzione o dai suoi protocolli.

2. La giurisdizione che presenta la domanda può chiedere un parere consultivo solo nell'ambito di una causa pendente dinanzi ad essa.

3. La giurisdizione che presenta la domanda deve motivare la richiesta di parere e produrre gli elementi pertinenti inerenti al contesto giuridico e fattuale della causa pendente.

2. 1. Un collegio di cinque giudici della Grande Camera decide se accogliere la richiesta di parere consultivo rispetto all'articolo 1. Il rigetto della domanda dovrà essere motivato.

2. Quando il collegio accoglie la richiesta, la Grande Camera emette un parere consultivo.

3. Il collegio e la Grande Camera, indicati ai paragrafi precedenti, comprendono di pieno diritto il giudice eletto per l'Alta Parte contraente cui appartiene l'autorità giudiziaria che ha richiesto il parere. Se tale giudice è assente o non è in grado di partecipare alla riunione, una persona scelta dal Presidente della Corte da una lista previamente sottoposta a tal Parte sarà presente in qualità di giudice.

3. Il Commissario per i diritti dell'uomo del Consiglio d'Europa e l'Alta Parte contraente cui appartiene l'autorità giudiziaria che ha richiesto il parere hanno il diritto di presentare osservazioni per iscritto e di prendere parte alle udienze. Il Presidente della Corte può, nell'interesse di una buona amministrazione della giustizia, invitare anche altre Alte Parti contraenti o persone a presentare osservazioni per iscritto o a prendere parte alle udienze.

4. 1. I pareri consultivi sono motivati.

2. Se il parere consultivo non esprime, in tutto o in parte, l'opinione unanime dei giudici, ciascuno dei

giudici ha il diritto di allegare allo stesso la propria opinione separata.

3. I pareri consultivi sono trasmessi all'autorità giudiziaria che li ha richiesti e all'Alta Parte contraente cui appartiene tale autorità.

4. I pareri consultivi sono pubblicati.

5. I pareri consultivi non sono vincolanti.

6. Le Alte Parti contraenti considerano gli articoli 1-5 del presente Protocollo come articoli addizionali alla Convenzione, e tutte le disposizioni della Convenzione si applicano di conseguenza.

7. 1. Il presente Protocollo è aperto alla firma delle Alte Parti contraenti della Convenzione, le quali possono esprimere il loro consenso ad essere vincolate da:

a) la firma senza riserva di ratifica, di accettazione o di approvazione; o

b) la firma con riserva di ratifica, di accettazione o di approvazione, seguita da ratifica, accettazione o approvazione.

2. Gli strumenti di ratifica, accettazione o approvazione saranno depositati presso il Segretario Generale del Consiglio d'Europa.

8. 1. Il presente Protocollo entrerà in vigore il primo giorno del mese successivo alla scadenza di un periodo di tre mesi dalla data in cui dieci Alte Parti contraenti della Convenzione avranno espresso il loro consenso a essere vincolate dal Protocollo, conformemente alle disposizioni dell'articolo 7.

2. Per le Alte Parti contraenti alla Convenzione che esprimeranno successivamente il proprio consenso a essere vincolate dal presente Protocollo, quest'ultimo entrerà in vigore il primo giorno del mese successivo alla scadenza di un periodo di tre mesi dalla data in cui hanno espresso il loro consenso a essere vincolate dal Protocollo conformemente alle disposizioni dell'articolo 7.

9. Non sono ammesse riserve alle disposizioni del presente Protocollo ai sensi dell'articolo 57 della Convenzione.

10. Ciascuna Alta Parte contraente della Convenzione indica, al momento della firma o del deposito del proprio strumento di ratifica, di accettazione o di approvazione, per mezzo di una dichiarazione indirizzata al Segretario Generale del Consiglio d'Europa, quali autorità giudiziarie nomina ai fini dell'articolo 1, paragrafo 1, del presente Protocollo. Tale dichiarazione può essere modificata in qualsiasi momento nello stesso modo.

11. Il Segretario Generale del Consiglio d'Europa notificherà agli Stati membri del Consiglio d'Europa e alle altre Alte Parti contraenti della Convenzione:

a) ogni firma;

b) il deposito di ogni strumento di ratifica, di accettazione o di approvazione;

c) la data di entrata in vigore del presente Protocollo, conformemente all'articolo 8;

d) ogni dichiarazione fatta in virtù dell'articolo 10;

e) ogni altro atto, notifica o comunicazione riguardante il presente Protocollo.

In fede di che, i sottoscritti, debitamente autorizzati a tal fine, hanno firmato il presente Protocollo.

Fatto a Strasburgo, il 2 ottobre 2013, in francese e in inglese, i due testi facenti ugualmente fede, in un unico esemplare che sarà depositato negli archivi del Consiglio d'Europa. Il Segretario Generale del Consiglio d'Europa ne trasmetterà una copia certificata conforme a ciascuno degli Stati membri del Consiglio d'Europa e alle altre Alte Parti contraenti della Convenzione.

TRATTATO SUL FUNZIONAMENTO DELL'UNIONE EUROPEA

13 - *Trattato sul funzionamento dell'Unione europea (Roma 25 marzo 1957)*[1] [2] [3].

[1] Versione in vigore dal 1° dicembre 2009 (pubblicata nella G.U.U.E. 9 maggio 2008, n. C 115).

[2] La presente pubblicazione contiene la versione consolidata del Trattato sul funzionamento dell'Unione europea (ex Trattato che istituisce la Comunità europea), quale risulta a seguito delle modifiche introdotte dal trattato di Lisbona firmato il 13 dicembre 2007.

[3] Versione corretta da Verbale di rettifica pubblicato nella G.U.U.E. 30 novembre 2009, n. 290, Serie C, firmato a Roma il 27 novembre 2009, con il Governo della Repubblica italiana quale depositario.

PARTE PRIMA
PRINCIPI

1. 1. Il presente trattato organizza il funzionamento dell'Unione e determina i settori, la delimitazione e le modalità d'esercizio delle sue competenze.

2. Il presente trattato e il trattato sull'Unione europea costituiscono i trattati su cui è fondata l'Unione. I due trattati, che hanno lo stesso valore giuridico, sono denominati "i trattati".

TITOLO I
CATEGORIE E SETTORI DI COMPETENZA DELL'UNIONE

2. 1. Quando i trattati attribuiscono all'Unione una competenza esclusiva in un determinato settore, solo l'Unione può legiferare e adottare atti giuridicamente vincolanti. Gli Stati membri possono farlo autonomamente solo se autorizzati dall'Unione oppure per dare attuazione agli atti dell'Unione.

2. Quando i trattati attribuiscono all'Unione una competenza concorrente con quella degli Stati membri in un determinato settore, l'Unione e gli Stati membri possono legiferare e adottare atti giuridicamente vincolanti in tale settore. Gli Stati membri esercitano la loro competenza nella misura in cui l'Unione non ha esercitato la propria. Gli Stati membri esercitano nuovamente la loro competenza nella misura in cui l'Unione ha deciso di cessare di esercitare la propria.

3. Gli Stati membri coordinano le loro politiche economiche e occupazionali secondo le modalità previste dal presente trattato, la definizione delle quali è di competenza dell'Unione.

4. L'Unione ha competenza, conformemente alle disposizioni del trattato sull'Unione europea, per definire e attuare una politica estera e di sicurezza comune, compresa la definizione progressiva di una politica di difesa comune.

5. In taluni settori e alle condizioni previste dai trattati, l'Unione ha competenza per svolgere azioni intese a sostenere, coordinare o completare l'azione degli Stati membri, senza tuttavia sostituirsi alla loro competenza in tali settori.

Gli atti giuridicamente vincolanti dell'Unione adottati in base a disposizioni dei trattati relative a tali settori non possono comportare un'armonizzazione delle disposizioni legislative e regolamentari degli Stati membri.

6. La portata e le modalità d'esercizio delle competenze dell'Unione sono determinate dalle disposizioni dei trattati relative a ciascun settore.

3. 1. L'Unione ha competenza esclusiva nei seguenti settori:

a) unione doganale;

b) definizione delle regole di concorrenza necessarie al funzionamento del mercato interno;

c) politica monetaria per gli Stati membri la cui moneta è l'euro;

d) conservazione delle risorse biologiche del mare nel quadro della politica comune della pesca;

e) politica commerciale comune.

2. L'Unione ha inoltre competenza esclusiva per la conclusione di accordi internazionali allorché tale conclusione è prevista in un atto legislativo dell'Unione o è necessaria per consentirle di esercitare le sue competenze a livello interno o nella misura in cui può incidere su norme comuni o modificarne la portata.

4. 1. L'Unione ha competenza concorrente con quella degli Stati membri quando i trattati le attribuiscono una competenza che non rientra nei settori di cui agli articoli 3 e 6.

2. L'Unione ha una competenza concorrente con quella degli Stati membri nei principali seguenti settori:

a) mercato interno;

b) politica sociale, per quanto riguarda gli aspetti definiti nel presente trattato;

c) coesione economica, sociale e territoriale;

d) agricoltura e pesca, tranne la conservazione delle risorse biologiche del mare;

e) ambiente;

f) protezione dei consumatori;

g) trasporti;

h) reti transeuropee;

i) energia;

j) spazio di libertà, sicurezza e giustizia;

k) problemi comuni di sicurezza in materia di sanità pubblica, per quanto riguarda gli aspetti definiti nel presente trattato.

3. Nei settori della ricerca, dello sviluppo tecnologico e dello spazio, l'Unione ha competenza per condurre azioni, in particolare la definizione e l'attuazione di programmi, senza che l'esercizio di tale competenza possa avere per effetto di impedire agli Stati membri di esercitare la loro.

4. Nei settori della cooperazione allo sviluppo e dell'aiuto umanitario, l'Unione ha competenza per condurre azioni e una politica comune, senza che l'esercizio di tale competenza possa avere per effetto di impedire agli Stati membri di esercitare la loro.

5. 1. Gli Stati membri coordinano le loro politiche economiche nell'ambito dell'Unione. A tal fine il Consiglio adotta delle misure, in particolare gli indirizzi di massima per dette politiche.

Agli Stati membri la cui moneta è l'euro si applicano disposizioni specifiche.

2. L'Unione prende misure per assicurare il coordinamento delle politiche occupazionali degli Stati membri, in particolare definendo gli orientamenti per dette politiche.

3. L'Unione può prendere iniziative per assicurare il coordinamento delle politiche sociali degli Stati membri.

6. L'Unione ha competenza per svolgere azioni intese a sostenere, coordinare o completare l'azione degli Stati membri. I settori di tali azioni, nella loro finalità europea, sono i seguenti:

a) tutela e miglioramento della salute umana;

b) industria;

c) cultura;

d) turismo;

e) istruzione, formazione professionale, gioventù e sport;

f) protezione civile;

g) cooperazione amministrativa.

TITOLO II
DISPOSIZIONI DI APPLICAZIONE GENERALE

7. L'Unione assicura la coerenza tra le sue varie politiche e azioni, tenendo conto dell'insieme dei suoi obiettivi e conformandosi al principio di attribuzione delle competenze.

8. *(ex articolo 3, paragrafo 2, del TCE)*[1]. Nelle sue azioni l'Unione mira ad eliminare le ineguaglianze, nonché a promuovere la parità, tra uomini e donne.

[1] Il presente rinvio è meramente indicativo. Per più ampi ragguagli si vedano le tabelle di corrispondenza tra la vecchia e la nuova numerazione dei trattati.

9. Nella definizione e nell'attuazione delle sue politiche e azioni, l'Unione tiene conto delle esigenze connesse con la promozione di un elevato livello di occupazione, la garanzia di un'adeguata protezione sociale, la lotta contro l'esclusione sociale e un elevato livello di istruzione, formazione e tutela della salute umana.

10. Nella definizione e nell'attuazione delle sue politiche e azioni, l'Unione mira a combattere le discriminazioni fondate sul sesso, la razza o l'origine etnica, la religione o le convinzioni personali, la disabilità, l'età o l'orientamento sessuale.

11. *(ex articolo 6 del TCE).* Le esigenze connesse con la tutela dell'ambiente devono essere integrate nella definizione e nell'attuazione delle politiche e azioni dell'Unione, in particolare nella prospettiva di promuovere lo sviluppo sostenibile.

12. *(ex articolo 153, paragrafo 2, del TCE).* Nella definizione e nell'attuazione di altre politiche o attività dell'Unione sono prese in considerazione le esigenze inerenti alla protezione dei consumatori.

13. Nella formulazione e nell'attuazione delle politiche dell'Unione nei settori dell'agricoltura, della pesca, dei trasporti, del mercato interno, della ricerca e sviluppo tecnologico e dello spazio, l'Unione e gli Stati membri tengono pienamente conto delle esigenze in materia di benessere degli animali in quanto esseri senzienti, rispettando nel contempo le disposizioni legislative o amministrative e le consuetudini degli Stati membri per quanto riguarda, in particolare, i riti religiosi, le tradizioni culturali e il patrimonio regionale.

14. *(ex articolo 16 del TCE).* Fatti salvi l'articolo 4 del trattato sull'Unione europea e gli articoli 93, 106 e 107 del presente trattato, in considerazione dell'importanza dei servizi di interesse economico generale nell'ambito dei valori comuni dell'Unione, nonché del loro ruolo nella promozione della coesione sociale e territoriale, l'Unione e gli Stati membri, secondo le rispettive competenze e nell'ambito del campo di applicazione dei trattati, provvedono affinché tali servizi funzionino in base a principi e condizioni, in particolare economiche e finanziarie, che consentano loro di assolvere i propri compiti. Il Parlamento europeo e il Consiglio, deliberando mediante regolamenti secondo la procedura legislativa ordinaria, stabiliscono tali principi e fissano tali condizioni, fatta salva la competenza degli Stati membri, nel rispetto dei trattati, di fornire, fare eseguire e finanziare tali servizi.

15. *(ex articolo 255 del TCE).* 1. Al fine di promuovere il buon governo e garantire la partecipazione della società civile, le istituzioni, gli organi e gli organismi dell'Unione operano nel modo più trasparente possibile.

2. Il Parlamento europeo si riunisce in seduta pubblica, così come il Consiglio allorché delibera e vota in relazione ad un progetto di atto legislativo.

3. Qualsiasi cittadino dell'Unione e qualsiasi persona fisica o giuridica che risieda o abbia la sede sociale in uno Stato membro ha il diritto di accedere ai documenti delle istituzioni, organi e organismi dell'Unione, a prescindere dal loro supporto, secondo i principi e alle condizioni da definire a norma del presente paragrafo.

I principi generali e le limitazioni a tutela di interessi pubblici o privati applicabili al diritto di accesso ai documenti sono stabiliti mediante regolamenti dal Parlamento europeo e dal Consiglio, che deliberano secondo la procedura legislativa ordinaria.

Ciascuna istituzione, organo od organismo garantisce la trasparenza dei suoi lavori e definisce nel proprio regolamento interno disposizioni specifiche riguardanti l'accesso ai propri documenti, in conformità dei regolamenti di cui al secondo comma.

La Corte di giustizia dell'Unione europea, la Banca centrale europea e la Banca europea per gli investimenti sono soggette al presente paragrafo soltanto allorché esercitano funzioni amministrative.

Il Parlamento europeo e il Consiglio assicurano la pubblicità dei documenti relativi alle procedure legislative nel rispetto delle condizioni previste dai regolamenti di cui al secondo comma.

16. *(ex articolo 286 del TCE).* 1. Ogni persona ha diritto alla protezione dei dati di carattere personale che la riguardano.

2. Il Parlamento europeo e il Consiglio, deliberando secondo la procedura legislativa ordinaria, stabiliscono le norme relative alla protezione delle persone fisiche con riguardo al trattamento dei dati di carattere personale da parte delle istituzioni, degli organi e degli organismi dell'Unione, nonché da parte degli Stati membri nell'esercizio di attività che rientrano nel campo di applicazione del diritto dell'Unione, e le norme relative alla libera circolazione di tali dati. Il rispetto di tali norme è soggetto al controllo di autorità indipendenti.

Le norme adottate sulla base del presente articolo fanno salve le norme specifiche di cui all'articolo 39 del trattato sull'Unione europea.

17. 1. L'Unione rispetta e non pregiudica lo status di cui le chiese e le associazioni o comunità religiose godono negli Stati membri in virtù del diritto nazionale.

2. L'Unione rispetta ugualmente lo status di cui godono, in virtù del diritto nazionale, le organizzazioni filosofiche e non confessionali.

3. Riconoscendone l'identità e il contributo specifico, l'Unione mantiene un dialogo aperto, trasparente e regolare con tali chiese e organizzazioni.

PARTE SECONDA
NON DISCRIMINAZIONE
E CITTADINANZA DELL'UNIONE

18. *(ex articolo 12 del TCE).* Nel campo di applicazione dei trattati, e senza pregiudizio delle disposizioni particolari dagli stessi previste, è vietata ogni discriminazione effettuata in base alla nazionalità.

Il Parlamento europeo e il Consiglio, deliberando secondo la procedura legislativa ordinaria, possono stabilire regole volte a vietare tali discriminazioni.

19. *(ex articolo 13 del TCE).* 1. Fatte salve le altre disposizioni dei trattati e nell'ambito delle competenze da essi conferite all'Unione, il Consiglio, deliberando all'unanimità secondo una procedura legislativa speciale e previa approvazione del Parlamento europeo, può prendere i provvedimenti opportuni per combattere le discriminazioni fondate sul sesso, la razza o l'origine etnica, la religione o le convinzioni personali, la disabilità, l'età o l'orientamento sessuale.

2. In deroga al paragrafo 1, il Parlamento europeo e il Consiglio, deliberando secondo la procedura legislativa ordinaria, possono adottare i principi di base delle misure di incentivazione dell'Unione, ad esclusione di qualsiasi armonizzazione delle disposizioni legislative e regolamentari degli Stati membri, destinate ad appoggiare le azioni degli Stati membri volte a contribuire alla realizzazione degli obiettivi di cui al paragrafo 1.

20. *(ex articolo 17 del TCE).* 1. È istituita una cittadinanza dell'Unione. È cittadino dell'Unione chiunque abbia la cittadinanza di uno Stato membro. La cittadinanza dell'Unione si aggiunge alla cittadinanza nazionale e non la sostituisce.

2. I cittadini dell'Unione godono dei diritti e sono soggetti ai doveri previsti nei trattati. Essi hanno, tra l'altro:

a) il diritto di circolare e di soggiornare liberamente nel territorio degli Stati membri;

b) il diritto di voto e di eleggibilità alle elezioni del Parlamento europeo e alle elezioni comunali nello Stato membro in cui risiedono, alle stesse condizioni dei cittadini di detto Stato;

c) il diritto di godere, nel territorio di un paese terzo nel quale lo Stato membro di cui hanno la cittadinanza non è rappresentato, della tutela delle autorità diplomatiche e consolari di qualsiasi Stato membro, alle stesse condizioni dei cittadini di detto Stato;

d) il diritto di presentare petizioni al Parlamento europeo, di ricorrere al Mediatore europeo, di rivolgersi alle istituzioni e agli organi consultivi dell'Unione in una delle lingue dei trattati e di ricevere una risposta nella stessa lingua.

Tali diritti sono esercitati secondo le condizioni e i limiti definiti dai trattati e dalle misure adottate in applicazione degli stessi.

21. *(ex articolo 18 del TCE).* 1. Ogni cittadino dell'Unione ha il diritto di circolare e di soggiornare liberamente nel territorio degli Stati membri, fatte salve le limitazioni e le condizioni previste dai trattati e dalle disposizioni adottate in applicazione degli stessi.

2. Quando un'azione dell'Unione risulti necessaria per raggiungere questo obiettivo e salvo che i trattati non abbiano previsto poteri di azione a tal fine, il Parlamento europeo e il Consiglio, deliberando secondo la procedura legislativa ordinaria, possono adottare disposizioni intese a facilitare l'esercizio dei diritti di cui al paragrafo 1.

3. Agli stessi fini enunciati al paragrafo 1 e salvo che i trattati non abbiano previsto poteri di azione a tale scopo, il Consiglio, deliberando secondo una procedura legislativa speciale, può adottare misure relative alla sicurezza sociale o alla protezione sociale. Il Consiglio delibera all'unanimità previa consultazione del Parlamento europeo.

22. *(ex articolo 19 del TCE).* 1. Ogni cittadino dell'Unione residente in uno Stato membro di cui non è cittadino ha il diritto di voto e di eleggibilità alle elezioni comunali nello Stato membro in cui risiede, alle stesse condizioni dei cittadini di detto Stato. Tale diritto sarà esercitato con riserva delle modalità che il Consiglio adotta, deliberando all'unanimità secondo una procedura legislativa speciale e previa consultazione del Parlamento europeo; tali modalità possono comportare disposizioni derogatorie ove problemi specifici di uno Stato membro lo giustifichino.

2. Fatte salve le disposizioni dell'articolo 223, paragrafo 1, e le disposizioni adottate in applicazione di quest'ultimo, ogni cittadino dell'Unione residente in uno Stato membro di cui non è cittadino ha il diritto di voto e di eleggibilità alle elezioni del Parlamento europeo nello Stato membro in cui risiede, alle stesse condizioni dei cittadini di detto Stato. Tale diritto sarà esercitato con riserva delle modalità che il Consiglio adotta, deliberando all'unanimità secondo una procedura legislativa speciale e previa consultazione del Parlamento europeo; tali modalità possono comportare disposizioni derogatorie ove problemi specifici di uno Stato membro lo giustifichino.

23. *(ex articolo 20 del TCE).* Ogni cittadino dell'Unione gode, nel territorio di un paese terzo nel quale lo Stato membro di cui ha la cittadinanza non è rappresentato, della tutela da parte delle autorità diplomatiche e consolari di qualsiasi Stato membro, alle stesse condizioni dei cittadini di detto Stato. Gli Stati membri adottano le disposizioni necessarie e avviano i negoziati internazionali richiesti per garantire detta tutela.

Il Consiglio, deliberando secondo una procedura legislativa speciale e previa consultazione del Parlamento europeo, può adottare direttive che stabiliscono le misure di coordinamento e cooperazione necessarie per facilitare tale tutela.

24. *(ex articolo 21 del TCE).* Il Parlamento europeo e il Consiglio, deliberando mediante regolamenti secondo la procedura legislativa ordinaria, adottano le disposizioni relative alle procedure e alle condizioni necessarie per la presentazione di un'iniziativa dei cittadini ai sensi dell'articolo 11 del trattato sull'Unione europea, incluso il numero minimo di Stati membri da cui i cittadini che la presentano devono provenire.

Ogni cittadino dell'Unione ha il diritto di petizione dinanzi al Parlamento europeo conformemente all'articolo 227.

Ogni cittadino dell'Unione può rivolgersi al Mediatore istituito conformemente all'articolo 228.

Ogni cittadino dell'Unione può scrivere alle istituzioni o agli organi di cui al presente articolo o all'articolo 13 del trattato sull'Unione europea in una delle lingue menzionate all'articolo 55, paragrafo 1, di tale trattato e ricevere una risposta nella stessa lingua.

25. *(ex articolo 22 del TCE).* La Commissione presenta una relazione al Parlamento europeo, al Consiglio e al Comitato economico e sociale, ogni tre anni, in merito all'applicazione delle disposizioni della presente parte. Tale relazione tiene conto dello sviluppo dell'Unione.

Su questa base, lasciando impregiudicate le altre disposizioni dei trattati, il Consiglio, deliberando all'unanimità secondo una procedura legislativa speciale e previa approvazione del Parlamento europeo, può adottare disposizioni intese a completare i diritti elencati all'articolo 20, paragrafo 2. Tali disposizioni entrano in vigore previa approvazione degli Stati membri, conformemente alle rispettive norme costituzionali.

PARTE TERZA
POLITICHE E AZIONI INTERNE DELL'UNIONE

TITOLO I
MERCATO INTERNO

26. *(ex articolo 14 del TCE).* 1. L'Unione adotta le misure destinate all'instaurazione o al funzionamento del mercato interno, conformemente alle disposizioni pertinenti dei trattati.

2. Il mercato interno comporta uno spazio senza frontiere interne, nel quale è assicurata la libera circolazione delle merci, delle persone, dei servizi e dei capitali secondo le disposizioni dei trattati.

3. Il Consiglio, su proposta della Commissione, definisce gli orientamenti e le condizioni necessari per garantire un progresso equilibrato nell'insieme dei settori considerati.

27. *(ex articolo 15 del TCE).* Nella formulazione delle proprie proposte intese a realizzare gli obiettivi dell'articolo 26, la Commissione tiene conto dell'ampiezza dello sforzo che dovrà essere sopportato, per l'instaurazione del mercato interno, da talune economie che presentano differenze di sviluppo e può proporre le disposizioni appropriate.

Se queste disposizioni assumono la forma di deroghe, esse debbono avere un carattere temporaneo ed arrecare meno perturbazioni possibili al funzionamento del mercato interno.

TITOLO II
LIBERA CIRCOLAZIONE DELLE MERCI

28. *(ex articolo 23 del TCE).* 1. L'Unione comprende un'unione doganale che si estende al complesso degli scambi di merci e comporta il divieto, fra gli Stati membri, dei dazi doganali all'importazione e all'esportazione e di qualsiasi tassa di effetto equivalente, come pure l'adozione di una tariffa doganale comune nei loro rapporti con i paesi terzi.

2. Le disposizioni dell'articolo 30 e del capo 3 del presente titolo si applicano ai prodotti originari degli Stati membri e ai prodotti provenienti da paesi terzi che si trovano in libera pratica negli Stati membri.

29. *(ex articolo 24 del TCE).* Sono considerati in libera pratica in uno Stato membro i prodotti provenienti da paesi terzi per i quali siano state adempiute in tale Stato le formalità di importazione e riscossi i dazi doganali e le tasse di effetto equivalente esigibili e che non abbiano beneficiato di un ristorno totale o parziale di tali dazi e tasse.

CAPO I
UNIONE DOGANALE

30. *(ex articolo 25 del TCE).* I dazi doganali all'importazione o all'esportazione o le tasse di effetto equivalente sono vietati tra gli Stati membri. Tale divieto si applica anche ai dazi doganali di carattere fiscale.

31. *(ex articolo 26 del TCE).* I dazi della tariffa doganale comune sono stabiliti dal Consiglio su proposta della Commissione.

32. *(ex articolo 27 del TCE).* Nell'adempimento dei compiti che le sono affidati ai sensi del presente capo, la Commissione s'ispira:

a) alla necessità di promuovere gli scambi commerciali fra gli Stati membri e i paesi terzi;

b) all'evoluzione delle condizioni di concorrenza all'interno dell'Unione, nella misura in cui tale evoluzione avrà per effetto di accrescere la capacità di concorrenza delle imprese;

c) alla necessità di approvvigionamento dell'Unione in materie prime e prodotti semilavorati, pur vigilando a che non vengano falsate fra gli Stati membri le condizioni di concorrenza sui prodotti finiti;

d) alla necessità di evitare gravi turbamenti nella vita economica degli Stati membri e di assicurare uno sviluppo razionale della produzione e una espansione del consumo nell'Unione.

CAPO II
COOPERAZIONE DOGANALE

33. *(ex articolo 135 del TCE).* Nel quadro del campo di applicazione dei trattati, il Parlamento europeo e il Consiglio, deliberando secondo la procedura legislativa ordinaria, adottano misure per rafforzare la cooperazione doganale tra gli Stati membri e tra questi ultimi e la Commissione.

CAPO III
DIVIETO DELLE RESTRIZIONI QUANTITATIVE TRA GLI STATI MEMBRI

34. *(ex articolo 28 del TCE).* Sono vietate fra gli Stati membri le restrizioni quantitative all'importazione nonché qualsiasi misura di effetto equivalente.

35. *(ex articolo 29 del TCE).* Sono vietate fra gli Stati membri le restrizioni quantitative all'esportazione e qualsiasi misura di effetto equivalente.

36. *(ex articolo 30 del TCE).* Le disposizioni degli articoli 34 e 35 lasciano impregiudicati i divieti o restrizioni all'importazione, all'esportazione e al transito giustificati da motivi di moralità pubblica, di ordine pubblico, di pubblica sicurezza, di tutela della salute e della vita delle persone e degli animali o di preservazione dei vegetali, di protezione del patrimonio artistico, storico o archeologico nazionale, o di tutela della proprietà industriale e commerciale. Tuttavia, tali divieti o restrizioni non devono costituire un mezzo di discriminazione arbitraria, né una restrizione dissimulata al commercio tra gli Stati membri.

37. *(ex articolo 31 del TCE).* 1. Gli Stati membri procedono a un riordinamento dei monopoli nazionali che presentano un carattere commerciale, in modo che venga esclusa qualsiasi discriminazione fra i cittadini degli Stati membri per quanto riguarda le condizioni relative all'approvvigionamento e agli sbocchi.

Le disposizioni del presente articolo si applicano a qualsiasi organismo per mezzo del quale uno Stato membro, de jure o de facto, controlla, dirige o influenza sensibilmente, direttamente o indirettamente, le importazioni o le esportazioni fra gli Stati membri. Tali disposizioni si applicano altresì ai monopoli di Stato delegati.

2. Gli Stati membri si astengono da qualsiasi nuova misura contraria ai principi enunciati nel paragrafo 1 o tale da limitare la portata degli articoli relativi al divieto dei dazi doganali e delle restrizioni quantitative fra gli Stati membri.

3. Nel caso di un monopolio a carattere commerciale che comporti una regolamentazione destinata ad agevolare lo smercio o la valorizzazione di prodotti agricoli, è opportuno assicurare, nell'applicazione delle norme del presente articolo, garanzie equivalenti per l'occupazione e il tenore di vita dei produttori interessati.

TITOLO III
AGRICOLTURA E PESCA

38. *(ex articolo 32 del TCE).* 1. L'Unione definisce e attua una politica comune dell'agricoltura e della pesca.

Il mercato interno comprende l'agricoltura, la pesca e il commercio dei prodotti agricoli. Per prodotti agricoli si intendono i prodotti del suolo, dell'allevamento e della pesca, come pure i prodotti di prima trasformazione che sono in diretta connessione con tali prodotti. I riferimenti alla politica agricola comune o all'agricoltura e l'uso del termine "agricolo" si intendono applicabili anche alla pesca, tenendo conto delle caratteristiche specifiche di questo settore.

2. Salvo contrarie disposizioni degli articoli da 39 a 44 inclusi, le norme previste per l'instaurazione o il funzionamento del mercato interno sono applicabili ai prodotti agricoli.

3. I prodotti cui si applicano le disposizioni degli articoli da 39 a 44 inclusi sono enumerati nell'elenco che costituisce l'allegato I.

4. Il funzionamento e lo sviluppo del mercato interno per i prodotti agricoli devono essere accompagnati dall'instaurazione di una politica agricola comune.

39. *(ex articolo 33 del TCE).* 1. Le finalità della politica agricola comune sono:

a) incrementare la produttività dell'agricoltura, sviluppando il progresso tecnico, assicurando lo sviluppo razionale della produzione agricola come pure un impiego migliore dei fattori di produzione, in particolare della manodopera;

b) assicurare così un tenore di vita equo alla popolazione agricola, grazie in particolare al miglioramento del reddito individuale di coloro che lavorano nell'agricoltura;

c) stabilizzare i mercati;

d) garantire la sicurezza degli approvvigionamenti;

e) assicurare prezzi ragionevoli nelle consegne ai consumatori.

2. Nell'elaborazione della politica agricola comune e dei metodi speciali che questa può implicare, si dovrà considerare:

a) il carattere particolare dell'attività agricola che deriva dalla struttura sociale dell'agricoltura e dalle disparità strutturali e naturali fra le diverse regioni agricole;

b) la necessità di operare gradatamente gli opportuni adattamenti;

c) il fatto che, negli Stati membri, l'agricoltura costituisce un settore intimamente connesso all'insieme dell'economia.

40. *(ex articolo 34 del TCE).* 1. Per raggiungere gli obiettivi previsti dall'articolo 39 è creata un'organizzazione comune dei mercati agricoli.

A seconda dei prodotti, tale organizzazione assume una delle forme qui sotto specificate:

a) regole comuni in materia di concorrenza;

b) un coordinamento obbligatorio delle diverse organizzazioni nazionali del mercato;

c) un'organizzazione europea del mercato.

2. L'organizzazione comune in una delle forme indicate al paragrafo 1 può comprendere tutte le misure necessarie al raggiungimento degli obiettivi definiti all'articolo 39, e in particolare regolamentazioni dei prezzi, sovvenzioni sia alla produzione che alla distribuzione dei diversi prodotti, sistemi per la costituzione di scorte e per il riporto, meccanismi comuni di stabilizzazione all'importazione o all'esportazione.

Essa deve limitarsi a perseguire gli obiettivi enunciati nell'articolo 39 e deve escludere qualsiasi discriminazione fra produttori o consumatori dell'Unione.

Un'eventuale politica comune dei prezzi deve essere basata su criteri comuni e su metodi di calcolo uniformi.

3. Per consentire all'organizzazione comune di cui al paragrafo 1 di raggiungere i suoi obiettivi, potranno essere creati uno o più fondi agricoli di orientamento e di garanzia.

41. *(ex articolo 35 del TCE).* Per consentire il raggiungimento degli obiettivi definiti dall'articolo 39 può essere in particolare previsto nell'ambito della politica agricola comune:

a) un coordinamento efficace degli sforzi intrapresi nei settori della formazione professionale, della ricerca e della divulgazione dell'agronomia, che possono comportare progetti o istituzioni finanziate in comune;

b) azioni comuni per lo sviluppo del consumo di determinati prodotti.

42. *(ex articolo 36 del TCE).* Le disposizioni del capo relativo alle regole di concorrenza sono applicabili alla produzione e al commercio dei prodotti agricoli soltanto nella misura determinata dal Parlamento europeo e dal Consiglio, nel quadro delle disposizioni e conformemente alla procedura di cui all'articolo 43, paragrafo 2, avuto riguardo agli obiettivi enunciati nell'articolo 39.

Il Consiglio, su proposta della Commissione, può autorizzare la concessione di aiuti:

a) per la protezione delle aziende sfavorite da condizioni strutturali o naturali;

b) nel quadro di programmi di sviluppo economico.

43. *(ex articolo 37 del TCE).* 1. La Commissione presenta delle proposte in merito all'elaborazione e all'attuazione della politica agricola comune, ivi compresa la sostituzione alle organizzazioni nazionali di una delle forme di organizzazione comune previste dall'articolo 40, paragrafo 1, come pure l'attuazione delle misure specificate nel presente titolo.

Tali proposte devono tener conto dell'interdipendenza delle questioni agricole menzionate nel presente titolo.

2. Il Parlamento europeo e il Consiglio, deliberando secondo la procedura legislativa ordinaria e previa consultazione del Comitato economico e sociale, stabiliscono l'organizzazione comune dei mercati agricoli prevista all'articolo 40, paragrafo 1, e le altre disposizioni necessarie al perseguimento degli obiettivi della politica comune dell'agricoltura e della pesca.

3. Il Consiglio, su proposta della Commissione, adotta le misure relative alla fissazione dei prezzi, dei prelievi, degli aiuti e delle limitazioni quantitative, nonché alla fissazione e ripartizione delle possibilità di pesca.

4. L'organizzazione comune prevista dall'articolo 40, paragrafo 1, può essere sostituita alle organizzazioni nazionali del mercato, alle condizioni previste dal paragrafo 2:

a) quando l'organizzazione comune offra agli Stati membri che si oppongono alla decisione e dispongono essi stessi di un'organizzazione nazionale per la produzione di cui trattasi garanzie equivalenti per l'occupazione ed il tenore di vita dei produttori interessati, avuto riguardo al ritmo degli adattamenti possibili e delle specializzazioni necessarie; e

b) quando tale organizzazione assicuri agli scambi all'interno dell'Unione condizioni analoghe a quelle esistenti in un mercato nazionale.

5. Qualora un'organizzazione comune venga creata per talune materie prime senza che ancora esista un'organizzazione comune per i prodotti di trasformazione corrispondenti, le materie prime di cui trattasi, utilizzate per i prodotti di trasformazione destinati all'esportazione verso i paesi terzi, possono essere importate dall'esterno dell'Unione.

44. *(ex articolo 38 del TCE).* Quando in uno Stato membro un prodotto è disciplinato da un'organizzazione nazionale del mercato o da qualsiasi regolamentazione interna di effetto equivalente che sia pregiudizievole alla concorrenza di una produzione similare in un altro Stato membro, gli Stati membri applicano al prodotto in questione in provenienza dallo Stato membro ove sussista l'organizzazione ovvero la regolamentazione suddetta una tassa di compensazione all'entrata, salvo che tale Stato non applichi una tassa di compensazione all'esportazione.

La Commissione fissa l'ammontare di tali tasse nella misura necessaria a ristabilire l'equilibrio; essa può ugualmente autorizzare il ricorso ad altre misure di cui determina le condizioni e modalità.

TITOLO IV
LIBERA CIRCOLAZIONE DELLE PERSONE, DEI SERVIZI E DEI CAPITALI

CAPO I
I LAVORATORI

45. *(ex articolo 39 del TCE).* 1. La libera circolazione dei lavoratori all'interno dell'Unione è assicurata.

2. Essa implica l'abolizione di qualsiasi discriminazione, fondata sulla nazionalità, tra i lavoratori degli Stati membri, per quanto riguarda l'impiego, la retribuzione e le altre condizioni di lavoro.

3. Fatte salve le limitazioni giustificate da motivi di ordine pubblico, pubblica sicurezza e sanità pubblica, essa importa il diritto:

a) di rispondere a offerte di lavoro effettive;

b) di spostarsi liberamente a tal fine nel territorio degli Stati membri;

c) di prendere dimora in uno degli Stati membri al fine di svolgervi un'attività di lavoro, conformemente alle disposizioni legislative, regolamentari e amministrative che disciplinano l'occupazione dei lavoratori nazionali;

d) di rimanere, a condizioni che costituiranno l'oggetto di regolamenti stabiliti dalla Commissione, sul territorio di uno Stato membro, dopo aver occupato un impiego.

4. Le disposizioni del presente articolo non sono applicabili agli impieghi nella pubblica amministrazione.

46. *(ex articolo 40 del TCE).* Il Parlamento europeo e il Consiglio, deliberando secondo la procedura legislativa ordinaria e previa consultazione del Comitato economico e sociale stabiliscono, mediante direttive o regolamenti, le misure necessarie per attuare la libera circolazione dei lavoratori, quale è definita dall'articolo 45, in particolare:

a) assicurando una stretta collaborazione tra le amministrazioni nazionali del lavoro;

b) eliminando quelle procedure e pratiche amministrative, come anche i termini per l'accesso agli impieghi disponibili, contemplati dalla legislazione interna ovvero da accordi conclusi in precedenza tra gli Stati membri, il cui mantenimento sarebbe di ostacolo alla liberalizzazione dei movimenti dei lavoratori;

c) abolendo tutti i termini e le altre restrizioni previste dalle legislazioni interne ovvero da accordi conclusi in precedenza tra gli Stati membri, che impongano ai lavoratori degli altri Stati membri, in ordine alla libera scelta di un lavoro, condizioni diverse da quelle stabilite per i lavoratori nazionali;

d) istituendo meccanismi idonei a mettere in contatto le offerte e le domande di lavoro e a facilitarne l'equilibrio a condizioni che evitino di compromettere gravemente il tenore di vita e il livello dell'occupazione nelle diverse regioni e industrie.

47. *(ex articolo 41 del TCE).* Gli Stati membri favoriscono, nel quadro di un programma comune, gli scambi di giovani lavoratori.

48. *(ex articolo 42 del TCE).* Il Parlamento europeo e il Consiglio, deliberando secondo la procedura legislativa ordinaria, adottano in materia di sicurezza sociale le misure necessarie per l'instaurazione della libera circolazione dei lavoratori, attuando in particolare un sistema che consenta di assicurare ai lavoratori migranti dipendenti e autonomi e ai loro aventi diritto:

a) il cumulo di tutti i periodi presi in considerazione dalle varie legislazioni nazionali, sia per il sorgere e la conservazione del diritto alle prestazioni sia per il calcolo di queste;

b) il pagamento delle prestazioni alle persone residenti nei territori degli Stati membri.

Qualora un membro del Consiglio dichiari che un progetto di atto legislativo di cui al primo comma lede aspetti importanti del suo sistema di sicurezza sociale, in particolare per quanto riguarda il campo di applicazione, i costi o la struttura finanziaria, oppure ne altera l'equilibrio finanziario, può chiedere che il Consiglio europeo sia investito della questione. In tal caso la procedura legislativa ordinaria è sospesa. Previa discussione ed entro quattro mesi da tale sospensione, il Consiglio europeo:

a) rinvia il progetto al Consiglio, il che pone fine alla sospensione della procedura legislativa ordinaria, oppure

b) non agisce o chiede alla Commissione di presentare una nuova proposta; in tal caso l'atto inizialmente proposto si considera non adottato.

CAPO II

IL DIRITTO DI STABILIMENTO

49. *(ex articolo 43 del TCE).* Nel quadro delle disposizioni che seguono, le restrizioni alla libertà di stabilimento dei cittadini di uno Stato membro nel territorio di un altro Stato membro vengono vietate. Tale divieto si estende altresì alle restrizioni relative all'apertura di agenzie, succursali o filiali, da parte dei cittadini di uno Stato membro stabiliti sul territorio di un altro Stato membro.

La libertà di stabilimento importa l'accesso alle attività autonome e al loro esercizio, nonché la costituzione e la gestione di imprese e in particolare di società ai sensi dell'articolo 54, secondo comma, alle condizioni definite dalla legislazione del paese di stabilimento nei confronti dei propri cittadini, fatte salve le disposizioni del capo relativo ai capitali.

50. *(ex articolo 44 del TCE).* 1. Per realizzare la libertà di stabilimento in una determinata attività, il Parlamento europeo e il Consiglio deliberano mediante direttive secondo la procedura legislativa ordinaria, previa consultazione del Comitato economico e sociale.

2. Il Parlamento europeo, il Consiglio e la Commissione esercitano le funzioni loro attribuite in virtù delle disposizioni che precedono, in particolare:

a) trattando, in generale, con precedenza le attività per le quali la libertà di stabilimento costituisce un contributo particolarmente utile all'incremento della produzione e degli scambi;

b) assicurando una stretta collaborazione tra le amministrazioni nazionali competenti al fine di conoscere le situazioni particolari all'interno dell'Unione delle diverse attività interessate;

c) sopprimendo quelle procedure e pratiche amministrative contemplate dalla legislazione interna ovvero da accordi precedentemente conclusi tra gli Stati membri, il cui mantenimento sarebbe di ostacolo alla libertà di stabilimento;

d) vigilando a che i lavoratori dipendenti di uno degli Stati membri, occupati nel territorio di un altro Stato membro, possano quivi rimanere per intraprendere un'attività autonoma, quando soddisfino alle condizioni che sarebbero loro richieste se entrassero in quello Stato nel momento in cui desiderano accedere all'attività di cui trattasi;

e) rendendo possibile l'acquisto e lo sfruttamento di proprietà fondiarie situate nel territorio di uno Stato membro da parte di un cittadino di un altro Stato membro, sempre che non siano lesi i principi stabiliti dall'articolo 39, paragrafo 2;

f) applicando la graduale soppressione delle restrizioni relative alla libertà di stabilimento in ogni ramo di attività considerato, da una parte alle condizioni per l'apertura di agenzie, succursali o filiali sul territorio di uno Stato membro e dall'altra alle condizioni di ammissione del personale della sede principale negli organi di gestione o di controllo di queste ultime;

g) coordinando, nella necessaria misura e al fine di renderle equivalenti, le garanzie che sono richieste, negli Stati membri, alle società a mente dell'articolo 54, secondo comma per proteggere gli interessi tanto dei soci come dei terzi;

h) accertandosi che le condizioni di stabilimento non vengano alterate mediante aiuti concessi dagli Stati membri.

51. *(ex articolo 45 del TCE).* Sono escluse dall'applicazione delle disposizioni del presente capo, per quanto riguarda lo Stato membro interessato, le attività che in tale Stato partecipino, sia pure occasionalmente, all'esercizio dei pubblici poteri.

Il Parlamento europeo e il Consiglio, deliberando secondo la procedura legislativa ordinaria, possono escludere talune attività dall'applicazione delle disposizioni del presente capo.

52. *(ex articolo 46 del TCE).* 1. Le prescrizioni del presente capo e le misure adottate in virtù di queste ultime lasciano impregiudicata l'applicabilità delle disposizioni legislative, regolamentari e amministrative che prevedano un regime particolare per i cittadini stranieri e che siano giustificate da motivi di ordine pubblico, di pubblica sicurezza e di sanità pubblica.

2. Il Parlamento europeo e il Consiglio, deliberando secondo la procedura legislativa ordinaria, stabiliscono direttive per il coordinamento delle suddette disposizioni.

53. *(ex articolo 47 del TCE).* 1. Al fine di agevolare l'accesso alle attività autonome e l'esercizio di queste, il Parlamento europeo e il Consiglio, deliberando secondo la procedura legislativa ordinaria, stabiliscono direttive intese al reciproco riconoscimento dei diplomi, certificati ed altri titoli e al coordinamento delle disposizioni legislative, regolamentari e amministrative degli Stati membri relative all'accesso alle attività autonome e all'esercizio di queste.

2. Per quanto riguarda le professioni mediche, paramediche e farmaceutiche, la graduale soppressione delle restrizioni è subordinata al coordinamento delle condizioni richieste per il loro esercizio nei singoli Stati membri.

54. *(ex articolo 48 del TCE).* Le società costituite conformemente alla legislazione di uno Stato membro e aventi la sede sociale, l'amministrazione centrale o il centro di attività principale all'interno dell'Unione, sono equiparate, ai fini dell'applicazione delle disposizioni del presente capo, alle persone fisiche aventi la cittadinanza degli Stati membri.

Per società si intendono le società di diritto civile o di diritto commerciale, ivi comprese le società cooperative, e le altre persone giuridiche contemplate dal diritto pubblico o privato, ad eccezione delle società che non si prefiggono scopi di lucro.

55. *(ex articolo 294 del TCE).* Fatta salva l'applicazione delle altre disposizioni dei trattati, gli Stati membri applicano la disciplina nazionale nei confronti della partecipazione finanziaria dei cittadini degli altri Stati membri al capitale delle società a mente dell'articolo 54.

CAPO III
I SERVIZI

56. *(ex articolo 49 del TCE).* Nel quadro delle disposizioni seguenti, le restrizioni alla libera prestazione dei servizi all'interno dell'Unione sono vietate nei confronti dei cittadini degli Stati membri stabiliti in uno Stato membro che non sia quello del destinatario della prestazione.

Il Parlamento europeo e il Consiglio, deliberando secondo la procedura legislativa ordinaria, possono estendere il beneficio delle disposizioni del presente capo ai prestatori di servizi, cittadini di un paese terzo e stabiliti all'interno dell'Unione.

57. *(ex articolo 50 del TCE).* Ai sensi dei trattati, sono considerate come servizi le prestazioni fornite normalmente dietro retribuzione, in quanto non siano regolate dalle disposizioni relative alla libera circolazione delle merci, dei capitali e delle persone.

I servizi comprendono in particolare:

a) attività di carattere industriale;

b) attività di carattere commerciale;

c) attività artigiane;

d) attività delle libere professioni.

Senza pregiudizio delle disposizioni del capo relativo al diritto di stabilimento, il prestatore può, per l'esecuzione della sua prestazione, esercitare, a titolo temporaneo, la sua attività nello Stato membro ove la prestazione è fornita, alle stesse condizioni imposte da tale Stato ai propri cittadini.

58. *(ex articolo 51 del TCE).* 1. La libera circolazione dei servizi, in materia di trasporti, è regolata dalle disposizioni del titolo relativo ai trasporti.

2. La liberalizzazione dei servizi delle banche e delle assicurazioni che sono vincolati a movimenti di capitale deve essere attuata in armonia con la liberalizzazione della circolazione dei capitali.

59. *(ex articolo 52 del TCE).* 1. Per realizzare la liberalizzazione di un determinato servizio, il Parlamento europeo e il Consiglio, deliberando secondo la procedura legislativa ordinaria e previa consultazione del Comitato economico e sociale, stabiliscono direttive.

2. Nelle direttive di cui al paragrafo 1 sono in generale considerati con priorità i servizi che intervengono in modo diretto nei costi di produzione, ovvero la cui liberalizzazione contribuisce a facilitare gli scambi di merci.

60. *(ex articolo 53 del TCE).* Gli Stati membri si sforzano di procedere alla liberalizzazione dei servizi in misura superiore a quella obbligatoria in virtù delle direttive stabilite in applicazione dell'articolo 59, paragrafo 1, quando ciò sia loro consentito dalla situazione economica generale e dalla situazione del settore interessato.

La Commissione rivolge a tal fine raccomandazioni agli Stati membri interessati.

61. *(ex articolo 54 del TCE).* Fino a quando non saranno soppresse le restrizioni alla libera prestazione dei servizi, ciascuno degli Stati membri le applica senza distinzione di nazionalità o di residenza a tutti i prestatori di servizi contemplati dall'articolo 56, primo comma.

62. *(ex articolo 55 del TCE).* Le disposizioni degli articoli da 51 a 54 inclusi sono applicabili alla materia regolata dal presente capo.

CAPO IV
CAPITALI E PAGAMENTI

63. *(ex articolo 56 del TCE).* 1. Nell'ambito delle disposizioni previste dal presente capo sono vietate tutte le restrizioni ai movimenti di capitali tra Stati membri, nonché tra Stati membri e paesi terzi.

2. Nell'ambito delle disposizioni previste dal presente capo sono vietate tutte le restrizioni sui pagamenti tra Stati membri, nonché tra Stati membri e paesi terzi.

64. *(ex articolo 57 del TCE).* 1. Le disposizioni di cui all'articolo 63 lasciano impregiudicata l'applicazione ai paesi terzi di qualunque restrizione in vigore alla data del 31 dicembre 1993 in virtù delle legislazioni nazionali o della legislazione dell'Unione per quanto concerne i movimenti di capitali provenienti da paesi terzi o ad essi diretti, che implichino investimenti diretti, inclusi gli investimenti in proprietà immobiliari, lo stabilimento, la prestazione di servizi finanziari o l'ammissione di valori mobiliari nei mercati finanziari. In conformità con le restrizioni esistenti in base alla normativa nazionale in Bulgaria, Estonia ed Ungheria, la pertinente data è il 31 dicembre 1999. In conformità con le restrizioni esistenti in base al diritto nazionale in Croazia, la pertinente data è il 31 dicembre 2002[1].

2. Nell'ambito degli sforzi volti a conseguire, nella maggior misura possibile e senza pregiudicare gli altri capi dei trattati, l'obiettivo della libera circolazione di capitali tra Stati membri e paesi terzi, il Parlamento europeo e il Consiglio, deliberando secondo la procedura legislativa ordinaria, adottano le misure concernenti i movimenti di capitali provenienti da paesi terzi o ad essi diretti, in relazione a investimenti diretti, inclusi gli investimenti in proprietà immobiliari, lo stabilimento, la prestazione di servizi finanziari o l'ammissione di valori mobiliari nei mercati finanziari.

3. In deroga al paragrafo 2, solo il Consiglio, deliberando secondo una procedura legislativa speciale, all'unanimità e previa consultazione del Parlamento europeo, può adottare misure che comportino un regresso del diritto dell'Unione per quanto riguarda la liberalizzazione dei movimenti di capitali diretti in paesi terzi o provenienti da essi.

[1] Paragrafo così modificato dall'art. 12, del Trattato di adesione della Croazia fatto a Bruxelles il 9 dicembre 2011 (che entrerà in vigore il 1° luglio 2013, a condizione che tutti gli strumenti di ratifica siano stati depositati prima di tale data) e ratificato con L. 29 febbraio 2012, n. 17. Il testo previgente disponeva: *1. Le disposizioni di cui all'articolo 63 lasciano impregiudicata l'applicazione ai paesi terzi di qualunque restrizione in vigore alla data del 31 dicembre 1993 in virtù delle*

legislazioni nazionali o della legislazione dell'Unione per quanto concerne i movimenti di capitali provenienti da paesi terzi o ad essi diretti, che implichino investimenti diretti, inclusi gli investimenti in proprietà immobiliari, lo stabilimento, la prestazione di servizi finanziari o l'ammissione di valori mobiliari nei mercati finanziari. In conformità con le restrizioni esistenti in base alla normativa nazionale in Bulgaria, Estonia ed Ungheria, la pertinente data è il 31 dicembre 1999.

65. *(ex articolo 58 del TCE).* 1. Le disposizioni dell'articolo 63 non pregiudicano il diritto degli Stati membri:

a) di applicare le pertinenti disposizioni della loro legislazione tributaria in cui si opera una distinzione tra i contribuenti che non si trovano nella medesima situazione per quanto riguarda il loro luogo di residenza o il luogo di collocamento del loro capitale;

b) di prendere tutte le misure necessarie per impedire le violazioni della legislazione e delle regolamentazioni nazionali, in particolare nel settore fiscale e in quello della vigilanza prudenziale sulle istituzioni finanziarie, o di stabilire procedure per la dichiarazione dei movimenti di capitali a scopo di informazione amministrativa o statistica, o di adottare misure giustificate da motivi di ordine pubblico o di pubblica sicurezza.

2. Le disposizioni del presente capo non pregiudicano l'applicabilità di restrizioni in materia di diritto di stabilimento compatibili con i trattati.

3. Le misure e le procedure di cui ai paragrafi 1 e 2 non devono costituire un mezzo di discriminazione arbitraria, né una restrizione dissimulata al libero movimento dei capitali e dei pagamenti di cui all'articolo 63.

4. In assenza di misure in applicazione dell'articolo 64, paragrafo 3, la Commissione o, in mancanza di una decisione della Commissione entro un periodo di tre mesi dalla richiesta dello Stato membro interessato, il Consiglio può adottare una decisione che conferma che le misure fiscali restrittive adottate da uno Stato membro riguardo ad uno o più paesi terzi devono essere considerate compatibili con i trattati nella misura in cui sono giustificate da uno degli obiettivi dell'Unione e compatibili con il buon funzionamento del mercato interno. Il Consiglio delibera all'unanimità su richiesta di uno Stato membro.

66. *(ex articolo 59 del TCE).* Qualora, in circostanze eccezionali, i movimenti di capitali provenienti da paesi terzi o ad essi diretti causino o minaccino di causare difficoltà gravi per il funzionamento dell'Unione economica e monetaria, il Consiglio, su proposta della Commissione e previa consultazione della Banca centrale europea, può prendere nei confronti di paesi terzi, e se strettamente necessarie, misure di salvaguardia di durata limitata, per un periodo non superiore a sei mesi.

TITOLO V
SPAZIO DI LIBERTÀ, SICUREZZA E GIUSTIZIA

CAPO I
DISPOSIZIONI GENERALI

67. *(ex articolo 61 del TCE ed ex articolo 29 del TUE).* 1. L'Unione realizza uno spazio di libertà, sicurezza e giustizia nel rispetto dei diritti fondamentali nonché dei diversi ordinamenti giuridici e delle diverse tradizioni giuridiche degli Stati membri.

2. Essa garantisce che non vi siano controlli sulle persone alle frontiere interne e sviluppa una politica comune in materia di asilo, immigrazione e controllo delle frontiere esterne, fondata sulla solidarietà tra Stati membri ed equa nei confronti dei cittadini dei paesi terzi. Ai fini del presente titolo gli apolidi sono equiparati ai cittadini dei paesi terzi.

3. L'Unione si adopera per garantire un livello elevato di sicurezza attraverso misure di prevenzione e di lotta contro la criminalità, il razzismo e la xenofobia, attraverso misure di coordinamento e cooperazione tra forze di polizia e autorità giudiziarie e altre autorità competenti, nonché tramite il riconoscimento reciproco delle decisioni giudiziarie penali e, se necessario, il ravvicinamento delle legislazioni penali.

4. L'Unione facilita l'accesso alla giustizia, in particolare attraverso il principio di riconoscimento reciproco delle decisioni giudiziarie ed extragiudiziali in materia civile.

68. Il Consiglio europeo definisce gli orientamenti strategici della programmazione legislativa e operativa nello spazio di libertà, sicurezza e giustizia.

69. Per quanto riguarda le proposte e le iniziative legislative presentate nel quadro dei capi 4 e 5, i parlamenti nazionali vigilano sul rispetto del principio di sussidiarietà conformemente al protocollo sull'applicazione dei principi di sussidiarietà e di proporzionalità.

70. Fatti salvi gli articoli 258, 259 e 260, il Consiglio, su proposta della Commissione, può adottare misure che definiscono le modalità secondo le quali gli Stati membri, in collaborazione con la Commissione, procedono a una valutazione oggettiva e imparziale dell'attuazione, da parte delle autorità degli Stati membri, delle politiche dell'Unione di cui al presente titolo, in particolare al fine di favorire la piena applicazione del principio di riconoscimento reciproco. Il Parlamento europeo e i parlamenti nazionali sono informati dei contenuti e dei risultati di tale valutazione.

71. *(ex articolo 36 del TUE).* È istituito in seno al Consiglio un comitato permanente al fine di assicurare all'interno dell'Unione la promozione e il rafforzamento della cooperazione operativa in materia di sicurezza interna. Fatto salvo l'articolo 240, esso favorisce il coordinamento dell'azione delle autorità competenti degli Stati membri. I rappresentanti degli organi e organismi interessati dell'Unione possono essere associati ai lavori del comitato. Il Parlamento europeo e i parlamenti nazionali sono tenuti informati dei lavori.

72. *(ex articolo 64, paragrafo 1, del TCE ed ex articolo 33 del TUE).* Il presente titolo non osta all'esercizio delle responsabilità incombenti agli Stati membri per il mantenimento dell'ordine pubblico e la salvaguardia della sicurezza interna.

73. Gli Stati membri hanno la facoltà di organizzare tra di loro e sotto la loro responsabilità forme di cooperazione e di coordinamento nel modo che ritengono appropriato tra i dipartimenti competenti delle rispettive amministrazioni responsabili per la salvaguardia della sicurezza nazionale.

74. *(ex articolo 66 del TCE).* Il Consiglio adotta misure al fine di assicurare la cooperazione amministrativa tra i servizi competenti degli Stati membri nei settori di cui al presente titolo e fra tali servizi e la Commissione. Esso delibera su proposta della Commissione, fatto salvo l'articolo 76, e previa consultazione del Parlamento europeo.

75. *(ex articolo 60 del TCE).* Qualora sia necessario per conseguire gli obiettivi di cui all'articolo 67, per quanto riguarda la prevenzione e la lotta contro il terrorismo e le attività connesse, il Parlamento europeo e il Consiglio, deliberando mediante regolamenti secondo la procedura legislativa ordinaria, definiscono un insieme di misure amministrative concernenti i movimenti di capitali e i pagamenti, quali il congelamento dei capitali, dei beni finanziari o dei proventi economici appartenenti, posseduti o detenuti da persone fisiche o giuridiche, da gruppi o da entità non statali.

Il Consiglio, su proposta della Commissione, adotta misure per attuare l'insieme di misure di cui al primo comma.

Gli atti di cui al presente articolo contengono le necessarie disposizioni sulle garanzie giuridiche.

76. Gli atti di cui ai capi 4 e 5 e le misure di cui all'articolo 74 che assicurano la cooperazione amministrativa nei settori di cui a tali capi sono adottati:

a) su proposta della Commissione, oppure

b) su iniziativa di un quarto degli Stati membri.

CAPO II
POLITICHE RELATIVE AI CONTROLLI ALLE FRONTIERE, ALL'ASILO E ALL'IMMIGRAZIONE

77. *(ex articolo 62 del TCE).* 1. L'Unione sviluppa una politica volta a:

a) garantire l'assenza di qualsiasi controllo sulle persone, a prescindere dalla nazionalità, all'atto dell'attraversamento delle frontiere interne;

b) garantire il controllo delle persone e la sorveglianza efficace dell'attraversamento delle frontiere esterne;

c) instaurare progressivamente un sistema integrato di gestione delle frontiere esterne.

2. Ai fini del paragrafo 1, il Parlamento europeo e il Consiglio, deliberando secondo la procedura legislativa ordinaria, adottano le misure riguardanti:

a) la politica comune dei visti e di altri titoli di soggiorno di breve durata;

b) i controlli ai quali sono sottoposte le persone che attraversano le frontiere esterne;

c) le condizioni alle quali i cittadini dei paesi terzi possono circolare liberamente nell'Unione per un breve periodo;

d) qualsiasi misura necessaria per l'istituzione progressiva di un sistema integrato di gestione delle frontiere esterne;

e) l'assenza di qualsiasi controllo sulle persone, a prescindere dalla nazionalità, all'atto dell'attraversamento delle frontiere interne.

3. Se un'azione dell'Unione risulta necessaria per facilitare l'esercizio del diritto, di cui all'articolo 20, paragrafo 2, lettera *a)*, e salvo che i trattati non abbiano previsto poteri di azione a tale scopo, il Consiglio, deliberando secondo una procedura legislativa speciale, può adottare disposizioni relative ai passaporti, alle carte d'identità, ai titoli di soggiorno o altro documento assimilato. Il Consiglio delibera all'unanimità previa consultazione del Parlamento europeo.

4. Il presente articolo lascia impregiudicata la competenza degli Stati membri riguardo alla delimitazione geografica delle rispettive frontiere, conformemente al diritto internazionale.

78. *(ex articolo 63, punti 1 e 2, e articolo 64, paragrafo 2, del TCE).* 1. L'Unione sviluppa una politica comune in materia di asilo, di protezione sussidiaria e di protezione temporanea, volta a offrire uno status appropriato a qualsiasi cittadino di un paese terzo che necessita di protezione internazionale e a garantire il rispetto del principio di non respingimento. Detta politica deve essere conforme alla convenzione di Ginevra del 28 luglio 1951 e al protocollo del 31 gennaio 1967 relativi allo status dei rifugiati, e agli altri trattati pertinenti.

2. Ai fini del paragrafo 1, il Parlamento europeo e il Consiglio, deliberando secondo la procedura legislativa ordinaria, adottano le misure relative a un sistema europeo comune di asilo che includa:

a) uno status uniforme in materia di asilo a favore di cittadini di paesi terzi, valido in tutta l'Unione;

b) uno status uniforme in materia di protezione sussidiaria per i cittadini di paesi terzi che, pur senza il beneficio dell'asilo europeo, necessitano di protezione internazionale;

c) un sistema comune volto alla protezione temporanea degli sfollati in caso di afflusso massiccio;

d) procedure comuni per l'ottenimento e la perdita dello status uniforme in materia di asilo o di protezione sussidiaria;

e) criteri e meccanismi di determinazione dello Stato membro competente per l'esame di una domanda d'asilo o di protezione sussidiaria;

f) norme concernenti le condizioni di accoglienza dei richiedenti asilo o protezione sussidiaria;

g) il partenariato e la cooperazione con paesi terzi per gestire i flussi di richiedenti asilo o protezione sussidiaria o temporanea.

3. Qualora uno o più Stati membri debbano affrontare una situazione di emergenza caratterizzata da un afflusso improvviso di cittadini di paesi terzi, il Consiglio, su proposta della Commissione, può adottare misure temporanee a beneficio dello Stato membro o degli Stati membri interessati. Esso delibera previa consultazione del Parlamento europeo.

79. *(ex articolo 63, punti 3 e 4, del TCE).* 1. L'Unione sviluppa una politica comune dell'immigrazione intesa ad assicurare, in ogni fase, la gestione efficace dei flussi migratori, l'equo trattamento dei cittadini dei paesi terzi regolarmente soggiornanti negli Stati membri e la prevenzione e il contrasto rafforzato dell'immigrazione illegale e della tratta degli esseri umani.

2. Ai fini del paragrafo 1, il Parlamento europeo e il Consiglio, deliberando secondo la procedura legislativa ordinaria, adottano le misure nei seguenti settori:

a) condizioni di ingresso e soggiorno e norme sul rilascio da parte degli Stati membri di visti e di titoli di soggiorno di lunga durata, compresi quelli rilasciati a scopo di ricongiungimento familiare;

b) definizione dei diritti dei cittadini di paesi terzi regolarmente soggiornanti in uno Stato membro, comprese le condizioni che disciplinano la libertà di circolazione e di soggiorno negli altri Stati membri;

c) immigrazione clandestina e soggiorno irregolare, compresi l'allontanamento e il rimpatrio delle persone in soggiorno irregolare;

d) lotta contro la tratta degli esseri umani, in particolare donne e minori.

3. L'Unione può concludere con i paesi terzi accordi ai fini della riammissione, nei paesi di origine o di provenienza, di cittadini di paesi terzi che non soddisfano o non soddisfano più le condizioni per l'ingresso, la presenza o il soggiorno nel territorio di uno degli Stati membri.

4. Il Parlamento europeo e il Consiglio, deliberando secondo la procedura legislativa ordinaria, possono stabilire misure volte a incentivare e sostenere l'azione degli Stati membri al fine di favorire l'integrazione dei cittadini di paesi terzi regolarmente soggiornanti nel loro territorio, ad esclusione di qualsiasi armonizzazione delle disposizioni legislative e regolamentari degli Stati membri.

5. Il presente articolo non incide sul diritto degli Stati membri di determinare il volume di ingresso nel loro territorio dei cittadini di paesi terzi, provenienti da paesi terzi, allo scopo di cercarvi un lavoro dipendente o autonomo.

80. Le politiche dell'Unione di cui al presente capo e la loro attuazione sono governate dal principio di solidarietà e di equa ripartizione della responsabilità tra gli Stati membri, anche sul piano finanziario. Ogniqualvolta necessario, gli atti dell'Unione adottati in virtù del presente capo contengono misure appropriate ai fini dell'applicazione di tale principio.

CAPO III
COOPERAZIONE GIUDIZIARIA IN MATERIA CIVILE

81. *(ex articolo 65 del TCE).* 1. L'Unione sviluppa una cooperazione giudiziaria nelle materie civili con implicazioni transnazionali, fondata sul principio di riconoscimento reciproco delle decisioni giudiziarie ed extragiudiziali. Tale cooperazione può includere l'adozione di misure intese a ravvicinare le disposizioni legislative e regolamentari degli Stati membri.

2. Ai fini del paragrafo 1, il Parlamento europeo e il Consiglio, deliberando secondo la procedura legislativa ordinaria, adottano, in particolare se necessario al buon funzionamento del mercato interno, misure volte a garantire:

a) il riconoscimento reciproco tra gli Stati membri delle decisioni giudiziarie ed extragiudiziali e la loro esecuzione;

b) la notificazione e la comunicazione transnazionali degli atti giudiziari ed extragiudiziali;

c) la compatibilità delle regole applicabili negli Stati membri ai conflitti di leggi e di giurisdizione;

d) la cooperazione nell'assunzione dei mezzi di prova;

e) un accesso effettivo alla giustizia;

f) l'eliminazione degli ostacoli al corretto svolgimento dei procedimenti civili, se necessario promuovendo la compatibilità delle norme di procedura civile applicabili negli Stati membri;

g) lo sviluppo di metodi alternativi per la risoluzione delle controversie;

h) un sostegno alla formazione dei magistrati e degli operatori giudiziari.

3. In deroga al paragrafo 2, le misure relative al diritto di famiglia aventi implicazioni transnazionali sono stabilite dal Consiglio, che delibera secondo una procedura legislativa speciale. Il Consiglio delibera all'unanimità previa consultazione del Parlamento europeo.

Il Consiglio, su proposta della Commissione, può adottare una decisione che determina gli aspetti del diritto di famiglia aventi implicazioni transnazionali e che potrebbero formare oggetto di atti adottati secondo la procedura legislativa ordinaria. Il Consiglio delibera all'unanimità previa consultazione del Parlamento europeo.

I parlamenti nazionali sono informati della proposta di cui al secondo comma. Se un parlamento nazionale comunica la sua opposizione entro sei mesi dalla data di tale informazione, la decisione non è adottata. In mancanza di opposizione, il Consiglio può adottare la decisione.

CAPO IV

COOPERAZIONE GIUDIZIARIA IN MATERIA PENALE

82. *(ex articolo 31 del TUE).* 1. La cooperazione giudiziaria in materia penale nell'Unione è fondata sul principio di riconoscimento reciproco delle sentenze e delle decisioni giudiziarie e include il ravvicinamento delle disposizioni legislative e regolamentari degli Stati membri nei settori di cui al paragrafo 2 e all'articolo 83.

Il Parlamento europeo e il Consiglio, deliberando secondo la procedura legislativa ordinaria, adottano le misure intese a:

a) definire norme e procedure per assicurare il riconoscimento in tutta l'Unione di qualsiasi tipo di sentenza e di decisione giudiziaria;

b) prevenire e risolvere i conflitti di giurisdizione tra gli Stati membri;

c) sostenere la formazione dei magistrati e degli operatori giudiziari;

d) facilitare la cooperazione tra le autorità giudiziarie o autorità omologhe degli Stati membri in relazione all'azione penale e all'esecuzione delle decisioni.

2. Laddove necessario per facilitare il riconoscimento reciproco delle sentenze e delle decisioni giudiziarie e la cooperazione di polizia e giudiziaria nelle materie penali aventi dimensione transnazionale, il Parlamento europeo e il Consiglio possono stabilire norme minime deliberando mediante direttive secondo la procedura legislativa ordinaria. Queste tengono conto delle differenze tra le tradizioni giuridiche e gli ordinamenti giuridici degli Stati membri.

Esse riguardano:

a) l'ammissibilità reciproca delle prove tra gli Stati membri;

b) i diritti della persona nella procedura penale;

c) i diritti delle vittime della criminalità;

d) altri elementi specifici della procedura penale, individuati dal Consiglio in via preliminare mediante una decisione; per adottare tale decisione il Consiglio delibera all'unanimità previa approvazione del Parlamento europeo.

L'adozione delle norme minime di cui al presente paragrafo non impedisce agli Stati membri di mantenere o introdurre un livello più elevato di tutela delle persone.

3. Qualora un membro del Consiglio ritenga che un progetto di direttiva di cui al paragrafo 2 incida su aspetti fondamentali del proprio ordinamento giuridico penale, può chiedere che il Consiglio europeo sia investito della questione. In tal caso la procedura legislativa ordinaria è sospesa. Previa discussione e in caso di consenso, il Consiglio europeo, entro quattro mesi da tale sospensione, rinvia il progetto al Consiglio, ponendo fine alla sospensione della procedura legislativa ordinaria.

Entro il medesimo termine, in caso di disaccordo, e se almeno nove Stati membri desiderano instaurare una cooperazione rafforzata sulla base del progetto di direttiva in questione, essi ne informano il Parlamento europeo, il Consiglio e la Commissione. In tal caso l'autorizzazione a procedere alla cooperazione rafforzata di cui all'articolo 20, paragrafo 2 del trattato sull'Unione europea e all'articolo 329, paragrafo 1 del presente trattato si considera concessa e si applicano le disposizioni sulla cooperazione rafforzata.

83. *(ex articolo 31 del TUE).* 1. Il Parlamento europeo e il Consiglio, deliberando mediante direttive secondo la procedura legislativa ordinaria, possono stabilire norme minime relative alla definizione dei reati e delle sanzioni in sfere di criminalità particolarmente grave che presentano una dimensione transnazionale derivante dal carattere o dalle implicazioni di tali reati o da una particolare necessità di combatterli su basi comuni.

Dette sfere di criminalità sono le seguenti: terrorismo, tratta degli esseri umani e sfruttamento sessuale delle donne e dei minori, traffico illecito di stupefacenti, traffico illecito di armi, riciclaggio di denaro, corruzione, contraffazione di mezzi di pagamento, criminalità informatica e criminalità organizzata.

In funzione dell'evoluzione della criminalità, il Consiglio può adottare una decisione che individua altre sfere di criminalità che rispondono ai criteri di cui al presente paragrafo. Esso delibera all'unanimità previa approvazione del Parlamento europeo.

2. Allorché il ravvicinamento delle disposizioni legislative e regolamentari degli Stati membri in materia penale si rivela indispensabile per garantire l'attuazione efficace di una politica dell'Unione in un settore che è stato oggetto di misure di armonizzazione, norme minime relative alla definizione dei reati e delle sanzioni nel settore in questione possono essere stabilite tramite direttive. Tali direttive sono adottate secondo la stessa procedura legislativa ordinaria o speciale utilizzata per l'adozione delle misure di armonizzazione in questione, fatto salvo l'articolo 76.

3. Qualora un membro del Consiglio ritenga che un progetto di direttiva di cui al paragrafo 1 o 2 incida su aspetti fondamentali del proprio ordinamento giuridico penale, può chiedere che il Consiglio europeo sia investito della questione. In tal caso la procedura legislativa ordinaria è sospesa. Previa discussione e in caso di consenso, il Consiglio europeo, entro quattro mesi da tale sospensione, rinvia il progetto al Consiglio, ponendo fine alla sospensione della procedura legislativa ordinaria.

Entro il medesimo termine, in caso di disaccordo, e se almeno nove Stati membri desiderano instaurare una cooperazione rafforzata sulla base del progetto di direttiva in questione, essi ne informano il Parlamento europeo, il Consiglio e la Commissione. In tal caso l'autorizzazione a procedere alla cooperazione rafforzata di cui all'articolo 20, paragrafo 2 del trattato sull'Unione europea e all'articolo 329, paragrafo 1 del presente trattato si considera concessa e si applicano le disposizioni sulla cooperazione rafforzata.

84. Il Parlamento europeo e il Consiglio, deliberando secondo la procedura legislativa ordinaria, possono stabilire misure per incentivare e sostenere l'azione degli Stati membri nel campo della prevenzione della criminalità, ad esclusione di qualsiasi armonizzazione delle disposizioni legislative e regolamentari degli Stati membri.

85. *(ex articolo 31 del TUE).* 1. Eurojust ha il compito di sostenere e potenziare il coordinamento e la cooperazione tra le autorità nazionali responsabili delle indagini e dell'azione penale contro la criminalità grave che interessa due o più Stati membri o che richiede un'azione penale su basi comuni, sulla scorta delle operazioni effettuate e delle informazioni fornite dalle autorità degli Stati membri e da Europol.

In questo contesto il Parlamento europeo e il Consiglio, deliberando mediante regolamenti secondo la procedura legislativa ordinaria, determinano la struttura, il funzionamento, la sfera d'azione e i compiti di Eurojust. Tali compiti possono comprendere:

a) l'avvio di indagini penali, nonché la proposta di avvio di azioni penali esercitate dalle autorità nazionali competenti, in particolare quelle relative a reati che ledono gli interessi finanziari dell'Unione;

b) il coordinamento di indagini ed azioni penali di cui alla lettera *a)*;

c) il potenziamento della cooperazione giudiziaria, anche attraverso la composizione dei conflitti di competenza e tramite una stretta cooperazione con la Rete giudiziaria europea.

Tali regolamenti fissano inoltre le modalità per associare il Parlamento europeo e i parlamenti nazionali alla valutazione delle attività di Eurojust.

2. Nel contesto delle azioni penali di cui al paragrafo 1, e fatto salvo l'articolo 86, gli atti ufficiali di procedura giudiziaria sono eseguiti dai funzionari nazionali competenti.

86. 1. Per combattere i reati che ledono gli interessi finanziari dell'Unione, il Consiglio, deliberando mediante regolamenti secondo una procedura legislativa speciale, può istituire una Procura europea a partire da Eurojust. Il Consiglio delibera all'unanimità, previa approvazione del Parlamento europeo.

In mancanza di unanimità, un gruppo di almeno nove Stati membri può chiedere che il Consiglio europeo sia investito del progetto di regolamento. In tal caso la procedura in sede di Consiglio è sospesa. Previa discussione e in caso di consenso, il Consiglio europeo, entro quattro mesi da tale sospensione, rinvia il progetto al Consiglio per adozione.

Entro il medesimo termine, in caso di disaccordo, e se almeno nove Stati membri desiderano instaurare una cooperazione rafforzata sulla base del progetto di regolamento in questione, essi ne informano il Parlamento europeo, il Consiglio e la Commissione. In tal caso l'autorizzazione a procedere alla cooperazione rafforzata di cui all'articolo 20, paragrafo 2 del trattato sull'Unione europea e all'articolo 329, paragrafo 1 del presente trattato si considera concessa e si applicano le disposizioni sulla cooperazione rafforzata.

2. La Procura europea è competente per individuare, perseguire e rinviare a giudizio, eventualmente in collegamento con Europol, gli autori di reati che ledono gli interessi finanziari dell'Unione, quali definiti dal regolamento previsto nel paragrafo 1, e i loro complici. Essa esercita l'azione penale per tali reati dinanzi agli organi giurisdizionali competenti degli Stati membri.

3. I regolamenti di cui al paragrafo 1 stabiliscono lo statuto della Procura europea, le condizioni di

esercizio delle sue funzioni, le regole procedurali applicabili alle sue attività e all'ammissibilità delle prove e le regole applicabili al controllo giurisdizionale degli atti procedurali che adotta nell'esercizio delle sue funzioni.

4. Il Consiglio europeo può adottare, contemporaneamente o successivamente, una decisione che modifica il paragrafo 1 allo scopo di estendere le attribuzioni della Procura europea alla lotta contro la criminalità grave che presenta una dimensione transnazionale, e che modifica di conseguenza il paragrafo 2 per quanto riguarda gli autori di reati gravi con ripercussioni in più Stati membri e i loro complici. Il Consiglio europeo delibera all'unanimità previa approvazione del Parlamento europeo e previa consultazione della Commissione.

CAPO V

COOPERAZIONE DI POLIZIA

87. *(ex articolo 30 del TUE).* 1. L'Unione sviluppa una cooperazione di polizia che associa tutte le autorità competenti degli Stati membri, compresi i servizi di polizia, i servizi delle dogane e altri servizi incaricati dell'applicazione della legge specializzati nel settore della prevenzione o dell'individuazione dei reati e delle relative indagini.

2. Ai fini del paragrafo 1, il Parlamento europeo e il Consiglio, deliberando secondo la procedura legislativa ordinaria, possono stabilire misure riguardanti:

a) la raccolta, l'archiviazione, il trattamento, l'analisi e lo scambio delle pertinenti informazioni;

b) un sostegno alla formazione del personale e la cooperazione relativa allo scambio di personale, alle attrezzature e alla ricerca in campo criminologico;

c) le tecniche investigative comuni ai fini dell'individuazione di forme gravi di criminalità organizzata.

3. Il Consiglio, deliberando secondo una procedura legislativa speciale, può stabilire misure riguardanti la cooperazione operativa tra le autorità di cui al presente articolo. Il Consiglio delibera all'unanimità previa consultazione del Parlamento europeo.

In mancanza di unanimità, un gruppo di almeno nove Stati membri può chiedere che il Consiglio europeo sia investito del progetto di misure. In tal caso la procedura in sede di Consiglio è sospesa. Previa discussione e in caso di consenso, il Consiglio europeo, entro quattro mesi da tale sospensione, rinvia il progetto al Consiglio per adozione.

Entro il medesimo termine, in caso di disaccordo, e se almeno nove Stati membri desiderano instaurare una cooperazione rafforzata sulla base del progetto di misure in questione, essi ne informano il Parlamento europeo, il Consiglio e la Commissione. In tal caso l'autorizzazione a procedere alla cooperazione rafforzata di cui all'articolo 20, paragrafo 2 del trattato sull'Unione europea e all'articolo 329, paragrafo 1 del presente trattato si considera concessa e si applicano le disposizioni sulla cooperazione rafforzata.

La procedura specifica di cui al secondo e al terzo comma non si applica agli atti che costituiscono uno sviluppo dell'acquis di Schengen.

88. *(ex articolo 30 del TUE).* 1. Europol ha il compito di sostenere e potenziare l'azione delle autorità di polizia e degli altri servizi incaricati dell'applicazione della legge degli Stati membri e la reciproca collaborazione nella prevenzione e lotta contro la criminalità grave che interessa due o più Stati membri, il terrorismo e le forme di criminalità che ledono un interesse comune oggetto di una politica dell'Unione.

2. Il Parlamento europeo e il Consiglio, deliberando mediante regolamenti secondo la procedura legislativa ordinaria, determinano la struttura, il funzionamento, la sfera d'azione e i compiti di Europol. Tali compiti possono comprendere:

a) la raccolta, l'archiviazione, il trattamento, l'analisi e lo scambio delle informazioni trasmesse, in particolare dalle autorità degli Stati membri o di paesi o organismi terzi;

b) il coordinamento, l'organizzazione e lo svolgimento di indagini e di azioni operative, condotte congiuntamente con le autorità competenti degli Stati membri o nel quadro di squadre investigative comuni, eventualmente in collegamento con Eurojust.

Tali regolamenti fissano inoltre le modalità di controllo delle attività di Europol da parte del Parlamento europeo, controllo cui sono associati i parlamenti nazionali.

3. Qualsiasi azione operativa di Europol deve essere condotta in collegamento e d'intesa con le autorità dello Stato membro o degli Stati membri di cui interessa il territorio. L'applicazione di misure coercitive è di competenza esclusiva delle pertinenti autorità nazionali.

89. *(ex articolo 32 del TUE).* Il Consiglio, deliberando secondo una procedura legislativa speciale, stabilisce le condizioni e i limiti entro i quali le autorità competenti degli Stati membri di cui agli articoli 82 e 87 possono operare nel territorio di un altro Stato membro in collegamento e d'intesa con le autorità di quest'ultimo. Il Consiglio delibera all'unanimità previa consultazione del Parlamento europeo.

TITOLO VI
TRASPORTI

90. *(ex articolo 70 del TCE).* Gli obiettivi dei trattati sono perseguiti, per quanto riguarda la materia disciplinata dal presente titolo, nel quadro di una politica comune dei trasporti.

91. *(ex articolo 71 del TCE).* 1. Ai fini dell'applicazione dell'articolo 90 e tenuto conto degli aspetti peculiari dei trasporti, il Parlamento europeo e il Consiglio, deliberando secondo la procedura legislativa ordinaria e previa consultazione del Comitato economico e sociale e del Comitato delle regioni, stabiliscono:

a) norme comuni applicabili ai trasporti internazionali in partenza dal territorio di uno Stato membro o a destinazione di questo, o in transito sul territorio di uno o più Stati membri;

b) le condizioni per l'ammissione di vettori non residenti ai trasporti nazionali in uno Stato membro;

c) le misure atte a migliorare la sicurezza dei trasporti;

d) ogni altra utile disposizione.

2. All'atto dell'adozione delle misure di cui al paragrafo 1, si tiene conto dei casi in cui la loro applicazione rischi di pregiudicare gravemente il tenore di vita e l'occupazione in talune regioni, come pure l'uso delle attrezzature relative ai trasporti.

92. *(ex articolo 72 del TCE).* Fino a che non siano emanate le disposizioni di cui all'articolo 91, paragrafo 1, e salvo che il Consiglio adotti all'unanimità una misura che conceda una deroga, nessuno degli Stati membri può rendere meno favorevoli, nei loro effetti diretti o indiretti nei confronti dei vettori degli altri Stati membri rispetto ai vettori nazionali, le varie disposizioni che disciplinano la materia al 1° gennaio 1958 o, per gli Stati aderenti, alla data della loro adesione.

93. *(ex articolo 73 del TCE).* Sono compatibili con i trattati gli aiuti richiesti dalle necessità del coordinamento dei trasporti ovvero corrispondenti al rimborso di talune servitù inerenti alla nozione di pubblico servizio.

94. *(ex articolo 74 del TCE).* Qualsiasi misura in materia di prezzi e condizioni di trasporto, adottata nell'ambito dei trattati, deve tener conto della situazione economica dei vettori.

95. *(ex articolo 75 del TCE).* 1. Nel traffico interno dell'Unione sono vietate le discriminazioni consistenti nell'applicazione, da parte di un vettore, di prezzi e condizioni di trasporto differenti per le stesse merci e per le stesse relazioni di traffico e fondate sul paese di origine o di destinazione dei prodotti trasportati.

2. Il paragrafo 1 non esclude che il Parlamento europeo e il Consiglio possano adottare altre misure in applicazione dell'articolo 91, paragrafo 1.

3. Il Consiglio stabilisce, su proposta della Commissione e previa consultazione del Parlamento europeo e del Comitato economico e sociale, una regolamentazione intesa a garantire l'attuazione delle disposizioni del paragrafo 1.

Esso può prendere in particolare le disposizioni necessarie a permettere alle istituzioni dell'Unione di controllare l'osservanza della norma enunciata dal paragrafo 1 e ad assicurarne l'intero beneficio agli utenti.

4. La Commissione, di sua iniziativa o a richiesta di uno Stato membro, esamina i casi di discriminazioni contemplati dal paragrafo 1 e, dopo aver consultato ogni Stato membro interessato, prende le necessarie decisioni, nel quadro della regolamentazione stabilita conformemente alle disposizioni del paragrafo 3.

96. *(ex articolo 76 del TCE).* 1. È fatto divieto a uno Stato membro di imporre ai trasporti effettuati all'interno dell'Unione l'applicazione di prezzi e condizioni che importino qualsiasi elemento di sostegno o di protezione nell'interesse di una o più imprese o industrie particolari, salvo quando tale applicazione sia autorizzata dalla Commissione.

2. La Commissione, di propria iniziativa o a richiesta di uno Stato membro, esamina i prezzi e le condizioni di cui al paragrafo 1, avendo particolare riguardo, da una parte, alle esigenze di una politica economica regionale adeguata, alle necessità delle regioni sottosviluppate e ai problemi delle regioni che abbiano gravemente risentito di circostanze politiche e d'altra parte all'incidenza di tali prezzi e condizioni sulla concorrenza tra i modi di trasporto.

Dopo aver consultato tutti gli Stati membri interessati, la Commissione prende le necessarie decisioni.

3. Il divieto di cui al paragrafo 1 non colpisce le tariffe concorrenziali.

97. *(ex articolo 77 del TCE).* Le tasse o canoni che, a prescindere dai prezzi di trasporto, sono percepiti da un vettore al passaggio delle frontiere non debbono superare un livello ragionevole, avuto riguardo alle spese reali effettivamente determinate dal passaggio stesso.

Gli Stati membri procurano di ridurre progressivamente le spese in questione.

La Commissione può rivolgere raccomandazioni agli Stati membri ai fini dell'applicazione del presente articolo.

98. *(ex articolo 78 del TCE).* Le disposizioni del presente titolo non ostano alle misure adottate nella Repubblica federale di Germania, sempre che tali misure siano necessarie a compensare gli svantaggi economici cagionati dalla divisione della Germania all'economia di talune regioni della Repubblica federale che risentono di tale divisione. Cinque anni dopo l'entrata in vigore del trattato di Lisbona, il Consiglio, su proposta della Commissione, può adottare una decisione che abroga il presente articolo.

99. *(ex articolo 79 del TCE).* Presso la Commissione è istituito un comitato a carattere consultivo, composto di esperti designati dai governi degli Stati membri. La Commissione lo consulta in materia di trasporti, ogni qualvolta lo ritenga utile.

100. *(ex articolo 80 del TCE).* 1. Le disposizioni del presente titolo si applicano ai trasporti ferroviari, su strada e per vie navigabili.

2. Il Parlamento europeo e il Consiglio, deliberando secondo la procedura legislativa ordinaria, possono stabilire le opportune disposizioni per la navigazione marittima e aerea. Essi deliberano previa consultazione del Comitato economico e sociale e del Comitato delle regioni.

TITOLO VII
NORME COMUNI SULLA CONCORRENZA, SULLA FISCALITÀ E SUL RAVVICINAMENTO DELLE LEGISLAZIONI

CAPO I
REGOLE DI CONCORRENZA

Sezione I
Regole applicabili alle imprese

101. *(ex articolo 81 del TCE).* 1. Sono incompatibili con il mercato interno e vietati tutti gli accordi tra imprese, tutte le decisioni di associazioni di imprese e tutte le pratiche concordate che possano pregiudicare il commercio tra Stati membri e che abbiano per oggetto o per effetto di impedire, restringere o falsare il gioco della concorrenza all'interno del mercato interno ed in particolare quelli consistenti nel:

a) fissare direttamente o indirettamente i prezzi d'acquisto o di vendita ovvero altre condizioni di transazione;

b) limitare o controllare la produzione, gli sbocchi, lo sviluppo tecnico o gli investimenti;

c) ripartire i mercati o le fonti di approvvigionamento;

d) applicare, nei rapporti commerciali con gli altri contraenti, condizioni dissimili per prestazioni equivalenti, così da determinare per questi ultimi uno svantaggio nella concorrenza;

e) subordinare la conclusione di contratti all'accettazione da parte degli altri contraenti di prestazioni supplementari, che, per loro natura o secondo gli usi commerciali, non abbiano alcun nesso con l'oggetto dei contratti stessi.

2. Gli accordi o decisioni, vietati in virtù del presente articolo, sono nulli di pieno diritto.

3. Tuttavia, le disposizioni del paragrafo 1 possono essere dichiarate inapplicabili:

- a qualsiasi accordo o categoria di accordi fra imprese,
- a qualsiasi decisione o categoria di decisioni di associazioni di imprese, e
- a qualsiasi pratica concordata o categoria di pratiche concordate,
- che contribuiscano a migliorare la produzione o la distribuzione dei prodotti o a promuovere il progresso tecnico o economico, pur riservando agli utilizzatori una congrua parte dell'utile che ne deriva, ed evitando di:

a) imporre alle imprese interessate restrizioni che non siano indispensabili per raggiungere tali obiettivi;

b) dare a tali imprese la possibilità di eliminare la concorrenza per una parte sostanziale dei prodotti di cui trattasi.

102. *(ex articolo 82 del TCE).* È incompatibile con il mercato interno e vietato, nella misura in cui possa essere pregiudizievole al commercio tra Stati membri, lo sfruttamento abusivo da parte di una o più imprese di una posizione dominante sul mercato interno o su una parte sostanziale di questo.

Tali pratiche abusive possono consistere in particolare:

a) nell'imporre direttamente od indirettamente prezzi d'acquisto, di vendita od altre condizioni di transazione non eque;

b) nel limitare la produzione, gli sbocchi o lo sviluppo tecnico, a danno dei consumatori;

c) nell'applicare nei rapporti commerciali con gli altri contraenti condizioni dissimili per prestazioni equivalenti, determinando così per questi ultimi uno svantaggio per la concorrenza;

d) nel subordinare la conclusione di contratti all'accettazione da parte degli altri contraenti di prestazioni supplementari, che, per loro natura o secondo gli usi commerciali, non abbiano alcun nesso con l'oggetto dei contratti stessi.

103. *(ex articolo 83 del TCE).* 1. I regolamenti e le direttive utili ai fini dell'applicazione dei principi contemplati dagli articoli 101 e 102 sono stabiliti dal Consiglio, su proposta della Commissione e previa consultazione del Parlamento europeo.

2. Le disposizioni di cui al paragrafo 1 hanno, in particolare, lo scopo di:

a) garantire l'osservanza dei divieti di cui all'articolo 101, paragrafo 1, e all'articolo 102, comminando ammende e penalità di mora;

b) determinare le modalità di applicazione dell'articolo 101, paragrafo 3, avendo riguardo alla necessità di esercitare una sorveglianza efficace e, nel contempo, semplificare, per quanto possibile, il controllo amministrativo;

c) precisare, eventualmente, per i vari settori economici, il campo di applicazione delle disposizioni degli articoli 101 e 102;

d) definire i rispettivi compiti della Commissione e della Corte di giustizia dell'Unione europea nell'applicazione delle disposizioni contemplate dal presente paragrafo;

e) definire i rapporti fra le legislazioni nazionali da una parte e le disposizioni della presente sezione nonché quelle adottate in applicazione del presente articolo, dall'altra.

104. *(ex articolo 84 del TCE).* Fino al momento dell'entrata in vigore delle disposizioni adottate in applicazione dell'articolo 103, le autorità degli Stati membri decidono in merito all'ammissibilità di intese e allo sfruttamento abusivo di una posizione dominante nel mercato interno, in conformità del diritto nazionale interno e delle disposizioni dell'articolo 101, in particolare del paragrafo 3, e dell'articolo 102.

105. *(ex articolo 85 del TCE).* 1. Senza pregiudizio dell'articolo 104, la Commissione vigila perché siano applicati i principi fissati dagli articoli 101 e 102. Essa istruisce, a richiesta di uno Stato membro o d'ufficio e in collegamento con le autorità competenti degli Stati membri che le prestano la loro assistenza, i casi di presunta infrazione ai principi suddetti. Qualora essa constati l'esistenza di un'infrazione, propone i mezzi atti a porvi termine.

2. Qualora non sia posto termine alle infrazioni, la Commissione constata l'infrazione ai principi con una decisione motivata. Essa può pubblicare tale decisione e autorizzare gli Stati membri ad adottare le necessarie misure, di cui definisce le condizioni e modalità, per rimediare alla situazione.

3. La Commissione può adottare regolamenti concernenti le categorie di accordi per le quali il Consiglio ha adottato un regolamento o una direttiva conformemente all'articolo 103, paragrafo 2, lettera *b).*

106. *(ex articolo 86 del TCE).* 1. Gli Stati membri non emanano né mantengono, nei confronti delle imprese pubbliche e delle imprese cui riconoscono diritti speciali o esclusivi, alcuna misura contraria alle norme dei trattati, specialmente a quelle contemplate dagli articoli 18 e da 101 a 109 inclusi.

2. Le imprese incaricate della gestione di servizi di interesse economico generale o aventi carattere di monopolio fiscale sono sottoposte alle norme dei trattati, e in particolare alle regole di concorrenza, nei limiti in cui l'applicazione di tali norme non osti all'adempimento, in linea di diritto e di fatto, della specifica missione loro affidata. Lo sviluppo degli scambi non deve essere compromesso in misura contraria agli interessi dell'Unione.

3. La Commissione vigila sull'applicazione delle disposizioni del presente articolo rivolgendo, ove occorra, agli Stati membri, opportune direttive o decisioni.

Sezione II
Aiuti concessi dagli Stati

107. *(ex articolo 87 del TCE).* 1. Salvo deroghe contemplate dai trattati, sono incompatibili con il mercato interno, nella misura in cui incidano sugli scambi tra Stati membri, gli aiuti concessi dagli Stati, ovvero mediante risorse statali, sotto qualsiasi forma che, favorendo talune imprese o talune produzioni, falsino o minaccino di falsare la concorrenza.

2. Sono compatibili con il mercato interno:

a) gli aiuti a carattere sociale concessi ai singoli consumatori, a condizione che siano accordati senza discriminazioni determinate dall'origine dei prodotti;

b) gli aiuti destinati a ovviare ai danni arrecati dalle calamità naturali oppure da altri eventi eccezionali;

c) gli aiuti concessi all'economia di determinate regioni della Repubblica federale di Germania che risentono della divisione della Germania, nella misura in cui sono necessari a compensare gli svantaggi economici provocati da tale divisione. Cinque anni dopo l'entrata in vigore del trattato di Lisbona, il Consiglio, su proposta della Commissione, può adottare una decisione che abroga la presente lettera.

3. Possono considerarsi compatibili con il mercato interno:

a) gli aiuti destinati a favorire lo sviluppo economico delle regioni ove il tenore di vita sia anormalmente basso, oppure si abbia una grave forma di sottoccupazione, nonché quello delle regioni di cui all'articolo 349, tenuto conto della loro situazione strutturale, economica e sociale;

b) gli aiuti destinati a promuovere la realizzazione di un importante progetto di comune interesse europeo oppure a porre rimedio a un grave turbamento dell'economia di uno Stato membro;

c) gli aiuti destinati ad agevolare lo sviluppo di talune attività o di talune regioni economiche, sempre che non alterino le condizioni degli scambi in misura contraria al comune interesse;

d) gli aiuti destinati a promuovere la cultura e la conservazione del patrimonio, quando non alterino le condizioni degli scambi e della concorrenza nell'Unione in misura contraria all'interesse comune;

e) le altre categorie di aiuti, determinate con decisione del Consiglio, su proposta della Commissione.

108. *(ex articolo 88 del TCE).* 1. La Commissione procede con gli Stati membri all'esame permanente dei regimi di aiuti esistenti in questi Stati. Essa propone a questi ultimi le opportune misure richieste dal graduale sviluppo o dal funzionamento del mercato interno.

2. Qualora la Commissione, dopo aver intimato agli interessati di presentare le loro osservazioni, constati che un aiuto concesso da uno Stato, o mediante fondi statali, non è compatibile con il mercato interno a norma dell'articolo 107, oppure che tale aiuto è attuato in modo abusivo, decide che lo Stato interessato deve sopprimerlo o modificarlo nel termine da essa fissato.

Qualora lo Stato in causa non si conformi a tale decisione entro il termine stabilito, la Commissione o qualsiasi altro Stato interessato può adire direttamente la Corte di giustizia dell'Unione europea, in deroga agli articoli 258 e 259.

A richiesta di uno Stato membro, il Consiglio, deliberando all'unanimità, può decidere che un aiuto, istituito o da istituirsi da parte di questo Stato, deve considerarsi compatibile con il mercato interno, in deroga alle disposizioni dell'articolo 107 o ai regolamenti di cui all'articolo 109, quando circostanze eccezionali giustifichino tale decisione. Qualora la Commissione abbia iniziato, nei riguardi di tale aiuto, la procedura prevista dal presente paragrafo, primo comma, la richiesta dello Stato interessato rivolta al Consiglio avrà per effetto di sospendere tale procedura fino a quando il Consiglio non si sia pronunciato al riguardo.

Tuttavia, se il Consiglio non si è pronunciato entro tre mesi dalla data della richiesta, la Commissione delibera.

3. Alla Commissione sono comunicati, in tempo utile perché presenti le sue osservazioni, i progetti diretti a istituire o modificare aiuti. Se ritiene che un progetto non sia compatibile con il mercato interno a norma dell'articolo 107, la Commissione inizia senza indugio la procedura prevista dal paragrafo precedente. Lo Stato membro interessato non può dare esecuzione alle misure progettate prima che tale procedura abbia condotto a una decisione finale.

4. La Commissione può adottare regolamenti concernenti le categorie di aiuti di Stato per le quali il Consiglio ha stabilito, conformemente all'articolo 109, che possono essere dispensate dalla procedura di cui al paragrafo 3 del presente articolo.

109. *(ex articolo 89 del TCE).* Il Consiglio, su proposta della Commissione e previa consultazione del Parlamento europeo, può stabilire tutti i regolamenti utili ai fini dell'applicazione degli articoli 107 e 108 e fissare in particolare le condizioni per l'applicazione dell'articolo 108, paragrafo 3, nonché le categorie di aiuti che sono dispensate da tale procedura.

CAPO II
DISPOSIZIONI FISCALI

110. *(ex articolo 90 del TCE).* Nessuno Stato membro applica direttamente o indirettamente ai prodotti degli altri Stati membri imposizioni interne, di qualsivoglia natura, superiori a quelle applicate direttamente o indirettamente ai prodotti nazionali similari.

Inoltre, nessuno Stato membro applica ai prodotti degli altri Stati membri imposizioni interne intese a proteggere indirettamente altre produzioni.

111. *(ex articolo 91 del TCE).* I prodotti esportati nel territorio di uno degli Stati membri non possono beneficiare di alcun ristorno di imposizioni interne che sia superiore alle imposizioni ad essi applicate direttamente o indirettamente.

112. *(ex articolo 92 del TCE).* Per quanto riguarda le imposizioni diverse dalle imposte sulla cifra d'affari, dalle imposte di consumo e dalle altre imposte indirette, si possono operare esoneri e rimborsi all'esportazione negli altri Stati membri e introdurre tasse di compensazione applicabili alle importazioni provenienti dagli Stati membri, soltanto qualora le misure progettate siano state preventivamente approvate per un periodo limitato dal Consiglio, su proposta della Commissione.

113. *(ex articolo 93 del TCE).* Il Consiglio, deliberando all'unanimità secondo una procedura legislativa speciale e previa consultazione del Parlamento europeo e del Comitato economico e sociale, adotta le disposizioni che riguardano l'armonizzazione delle legislazioni relative alle imposte sulla cifra d'affari, alle imposte di consumo ed altre imposte indirette, nella misura in cui detta armonizzazione sia necessaria per assicurare l'instaurazione ed il funzionamento del mercato interno ed evitare le distorsioni di concorrenza.

CAPO III

RAVVICINAMENTO DELLE LEGISLAZIONI

114. *(ex articolo 95 del TCE).* 1. Salvo che i trattati non dispongano diversamente, si applicano le disposizioni seguenti per la realizzazione degli obiettivi dell'articolo 26. Il Parlamento europeo e il Consiglio, deliberando secondo la procedura legislativa ordinaria e previa consultazione del Comitato economico e sociale, adottano le misure relative al ravvicinamento delle disposizioni legislative, regolamentari ed amministrative degli Stati membri che hanno per oggetto l'instaurazione ed il funzionamento del mercato interno.

2. Il paragrafo 1 non si applica alle disposizioni fiscali, a quelle relative alla libera circolazione delle persone e a quelle relative ai diritti ed interessi dei lavoratori dipendenti.

3. La Commissione, nelle sue proposte di cui al paragrafo 1 in materia di sanità, sicurezza, protezione dell'ambiente e protezione dei consumatori, si basa su un livello di protezione elevato, tenuto conto, in particolare, degli eventuali nuovi sviluppi fondati su riscontri scientifici. Anche il Parlamento europeo ed il Consiglio, nell'ambito delle rispettive competenze, cercheranno di conseguire tale obiettivo.

4. Allorché, dopo l'adozione di una misura di armonizzazione da parte del Parlamento europeo e del Consiglio, da parte del Consiglio o da parte della Commissione, uno Stato membro ritenga necessario mantenere disposizioni nazionali giustificate da esigenze importanti di cui all'articolo 36 o relative alla protezione dell'ambiente o dell'ambiente di lavoro, esso notifica tali disposizioni alla Commissione precisando i motivi del mantenimento delle stesse.

5. Inoltre, fatto salvo il paragrafo 4, allorché, dopo l'adozione di una misura di armonizzazione da parte del Parlamento europeo e del Consiglio, da parte del Consiglio o da parte della Commissione, uno Stato membro ritenga necessario introdurre disposizioni nazionali fondate su nuove prove scientifiche inerenti alla protezione dell'ambiente o dell'ambiente di lavoro, giustificate da un problema specifico a detto Stato membro insorto dopo l'adozione della misura di armonizzazione, esso notifica le disposizioni previste alla Commissione precisando i motivi dell'introduzione delle stesse.

6. La Commissione, entro sei mesi dalle notifiche di cui ai paragrafi 4 e 5, approva o respinge le disposizioni nazionali in questione dopo aver verificato se esse costituiscano o no uno strumento di discriminazione arbitraria o una restrizione dissimulata nel commercio tra gli Stati membri e se rappresentino o no un ostacolo al funzionamento del mercato interno.

In mancanza di decisione della Commissione entro detto periodo, le disposizioni nazionali di cui ai paragrafi 4 e 5 sono considerate approvate.

Se giustificato dalla complessità della questione e in assenza di pericolo per la salute umana, la Commissione può notificare allo Stato membro interessato che il periodo di cui al presente paragrafo può essere prolungato per un ulteriore periodo di massimo sei mesi.

7. Quando uno Stato membro è autorizzato, a norma del paragrafo 6, a mantenere o a introdurre disposizioni nazionali che derogano a una misura di armonizzazione, la Commissione esamina immediatamente l'opportunità di proporre un adeguamento di detta misura.

8. Quando uno Stato membro solleva un problema specifico di pubblica sanità in un settore che è stato precedentemente oggetto di misure di armonizzazione, esso lo sottopone alla Commissione che esamina immediatamente l'opportunità di proporre misure appropriate al Consiglio.

9. In deroga alla procedura di cui agli articoli 258 e 259, la Commissione o qualsiasi Stato membro può adire direttamente la Corte di giustizia dell'Unione europea ove ritenga che un altro Stato membro faccia un uso abusivo dei poteri contemplati dal presente articolo.

10. Le misure di armonizzazione di cui sopra comportano, nei casi opportuni, una clausola di salvaguardia che autorizza gli Stati membri ad adottare, per uno o più dei motivi di carattere non economico di cui all'articolo 36, misure provvisorie soggette ad una procedura di controllo dell'Unione.

115. *(ex articolo 94 del TCE).* Fatto salvo l'articolo 114, il Consiglio, deliberando all'unanimità secondo una procedura legislativa speciale e previa consultazione del Parlamento europeo e del Comitato economico e sociale, stabilisce direttive volte al ravvicinamento delle disposizioni legislative, regolamentari ed amministrative degli Stati membri che abbiano un'incidenza diretta sull'instaurazione o sul funzionamento del mercato interno.

116. *(ex articolo 96 del TCE).* Qualora la Commissione constati che una disparità esistente nelle disposizioni legislative, regolamentari o amministrative degli Stati membri falsa le condizioni di concorrenza sul mercato interno e provoca, per tal motivo, una distorsione che deve essere eliminata, essa provvede a consultarsi con gli Stati membri interessati.

Se attraverso tale consultazione non si raggiunge un accordo che elimini la distorsione in questione, il Parlamento europeo e il Consiglio, deliberando secondo la procedura legislativa ordinaria, stabiliscono le direttive all'uopo necessarie. Può essere adottata ogni altra opportuna misura prevista dai trattati.

117. *(ex articolo 97 del TCE).* 1. Quando vi sia motivo di temere che l'emanazione o la modifica di disposizioni legislative, regolamentari o amministrative provochi una distorsione ai sensi dell'articolo precedente, lo Stato membro che vuole procedervi consulta la Commissione. La Commissione, dopo aver consultato gli Stati membri, raccomanda agli Stati interessati le misure idonee ad evitare la distorsione in questione.

2. Se lo Stato che vuole emanare o modificare disposizioni nazionali non si conforma alla raccomandazione rivoltagli dalla Commissione, non si potrà richiedere agli altri Stati membri, nell'applicazione dell'articolo 116, di modificare le loro disposizioni nazionali per eliminare tale distorsione. Se lo Stato membro che ha trascurato la raccomandazione della Commissione provoca una distorsione unicamente a suo detrimento, non sono applicabili le disposizioni dell'articolo 116.

118. Nell'ambito dell'instaurazione o del funzionamento del mercato interno, il Parlamento europeo e il Consiglio, deliberando secondo la procedura legislativa ordinaria, stabiliscono le misure per la creazione di titoli europei al fine di garantire una protezione uniforme dei diritti di proprietà intellettuale nell'Unione e per l'istituzione di regimi di autorizzazione, di coordinamento e di controllo centralizzati a livello di Unione.

Il Consiglio, deliberando mediante regolamenti secondo una procedura legislativa speciale, stabilisce i regimi linguistici dei titoli europei. Il Consiglio delibera all'unanimità previa consultazione del Parlamento europeo.

TITOLO VIII
POLITICA ECONOMICA E MONETARIA

119. *(ex articolo 4 del TCE).* 1. Ai fini enunciati all'articolo 3 del trattato sull'Unione europea, l'azione degli Stati membri e dell'Unione comprende, alle condizioni previste dai trattati, l'adozione di una politica economica che è fondata sullo stretto coordinamento delle politiche economiche degli Stati membri, sul mercato interno e sulla definizione di obiettivi comuni, condotta conformemente al principio di un'economia di mercato aperta e in libera concorrenza.

2. Parallelamente, alle condizioni e secondo le procedure previste dai trattati, questa azione comprende una moneta unica, l'euro, nonché la definizione e la conduzione di una politica monetaria e di una politica del cambio uniche, che abbiano l'obiettivo principale di mantenere la stabilità dei prezzi e, fatto salvo questo obiettivo, di sostenere le politiche economiche generali nell'Unione conformemente al principio di un'economia di mercato aperta e in libera concorrenza.

3. Queste azioni degli Stati membri e dell'Unione implicano il rispetto dei seguenti principi direttivi: prezzi stabili, finanze pubbliche e condizioni monetarie sane nonché bilancia dei pagamenti sostenibile.

CAPO I
POLITICA ECONOMICA

120. *(ex articolo 98 del TCE).* Gli Stati membri attuano la loro politica economica allo scopo di contribuire alla realizzazione degli obiettivi dell'Unione definiti all'articolo 3 del trattato sull'Unione europea e nel contesto degli indirizzi di massima di cui all'articolo 121, paragrafo 2. Gli Stati membri e l'Unione agiscono nel rispetto dei principi di un'economia di mercato aperta e in libera concorrenza, favorendo un'efficace allocazione delle risorse, conformemente ai principi di cui all'articolo 119.

121. *(ex articolo 99 del TCE).* 1. Gli Stati membri considerano le loro politiche economiche una questione di interesse comune e le coordinano nell'ambito del Consiglio, conformemente alle disposizioni dell'articolo 120.

2. Il Consiglio, su raccomandazione della Commissione, elabora un progetto di indirizzi di massima per le politiche economiche degli Stati membri e dell'Unione, e ne riferisce le risultanze al Consiglio europeo.

Il Consiglio europeo, deliberando sulla base di detta relazione del Consiglio, dibatte delle conclusioni in merito agli indirizzi di massima per le politiche economiche degli Stati membri e dell'Unione.

Sulla base di dette conclusioni, il Consiglio adotta una raccomandazione che definisce i suddetti indirizzi di massima. Il Consiglio informa il Parlamento europeo in merito a tale raccomandazione.

3. Al fine di garantire un più stretto coordinamento delle politiche economiche e una convergenza duratura dei risultati economici degli Stati membri, il Consiglio, sulla base di relazioni presentate dalla Commissione, sorveglia l'evoluzione economica in ciascuno degli Stati membri e nell'Unione, nonché la coerenza delle politiche economiche con gli indirizzi di massima di cui al paragrafo 2 e procede regolarmente ad una valutazione globale.

Ai fini di detta sorveglianza multilaterale, gli Stati membri trasmettono alla Commissione le informazioni concernenti le misure di rilievo da essi adottate nell'ambito della loro politica economica, nonché tutte le altre informazioni da essi ritenute necessarie.

4. Qualora si accerti, secondo la procedura prevista al paragrafo 3, che le politiche economiche di uno Stato membro non sono coerenti con gli indiriz-

zi di massima di cui al paragrafo 2 o rischiano di compromettere il buon funzionamento dell'unione economica e monetaria, la Commissione può rivolgere un avvertimento allo Stato membro in questione. Il Consiglio, su raccomandazione della Commissione, può rivolgere allo Stato membro in questione le necessarie raccomandazioni. Il Consiglio, su proposta della Commissione, può decidere di rendere pubbliche le proprie raccomandazioni.

Nel contesto del presente paragrafo, il Consiglio delibera senza tener conto del voto del membro del Consiglio che rappresenta lo Stato membro in questione.

Per maggioranza qualificata degli altri membri del Consiglio s'intende quella definita conformemente all'articolo 238, paragrafo 3, lettera *a)*.

5. Il presidente del Consiglio e la Commissione riferiscono al Parlamento europeo i risultati della sorveglianza multilaterale. Se il Consiglio ha reso pubbliche le proprie raccomandazioni, il presidente del Consiglio può essere invitato a comparire dinanzi alla commissione competente del Parlamento europeo.

6. Il Parlamento europeo e il Consiglio, deliberando mediante regolamenti secondo la procedura legislativa ordinaria, possono adottare le modalità della procedura di sorveglianza multilaterale di cui ai paragrafi 3 e 4.

122. *(ex articolo 100 del TCE)*. 1. Fatta salva ogni altra procedura prevista dai trattati, il Consiglio, su proposta della Commissione, può decidere, in uno spirito di solidarietà tra Stati membri, le misure adeguate alla situazione economica, in particolare qualora sorgano gravi difficoltà nell'approvvigionamento di determinati prodotti, in particolare nel settore dell'energia.

2. Qualora uno Stato membro si trovi in difficoltà o sia seriamente minacciato da gravi difficoltà a causa di calamità naturali o di circostanze eccezionali che sfuggono al suo controllo, il Consiglio, su proposta della Commissione, può concedere a determinate condizioni un'assistenza finanziaria dell'Unione allo Stato membro interessato. Il presidente del Consiglio informa il Parlamento europeo in merito alla decisione presa.

123. *(ex articolo 101 del TCE)*. 1. Sono vietati la concessione di scoperti di conto o qualsiasi altra forma di facilitazione creditizia, da parte della Banca centrale europea o da parte delle banche centrali degli Stati membri (in appresso denominate "banche centrali nazionali"), a istituzioni, organi od organismi dell'Unione, alle amministrazioni statali, agli enti regionali, locali o altri enti pubblici, ad altri organismi di diritto pubblico o a imprese pubbliche degli Stati membri, così come l'acquisto diretto presso di essi di titoli di debito da parte della Banca centrale europea o delle banche centrali nazionali.

2. Le disposizioni del paragrafo 1 non si applicano agli enti creditizi di proprietà pubblica che, nel contesto dell'offerta di liquidità da parte delle banche centrali, devono ricevere dalle banche centrali nazionali e dalla Banca centrale europea lo stesso trattamento degli enti creditizi privati.

124. *(ex articolo 102 del TCE)*. È vietata qualsiasi misura, non basata su considerazioni prudenziali, che offra alle istituzioni, agli organi o agli organismi dell'Unione, alle amministrazioni statali, agli enti regionali, locali o altri enti pubblici, ad altri organismi di diritto pubblico o a imprese pubbliche degli Stati membri un accesso privilegiato alle istituzioni finanziarie.

125. *(ex articolo 103 del TCE)*. 1. L'Unione non risponde né si fa carico degli impegni assunti dalle amministrazioni statali, dagli enti regionali, locali, o altri enti pubblici, da altri organismi di diritto pubblico o da imprese pubbliche di qualsiasi Stato membro, fatte salve le garanzie finanziarie reciproche per la realizzazione in comune di un progetto economico specifico. Gli Stati membri non sono responsabili né subentrano agli impegni dell'amministrazione statale, degli enti regionali, locali o degli altri enti pubblici, di altri organismi di diritto pubblico o di imprese pubbliche di un altro Stato membro, fatte salve le garanzie finanziarie reciproche per la realizzazione in comune di un progetto specifico.

2. Se necessario, il Consiglio, su proposta della Commissione e previa consultazione del Parlamento europeo, può precisare le definizioni per l'applicazione dei divieti previsti dagli articoli 123 e 124 e dal presente articolo.

126. *(ex articolo 104 del TCE)*. 1. Gli Stati membri devono evitare disavanzi pubblici eccessivi.

2. La Commissione sorveglia l'evoluzione della situazione di bilancio e dell'entità del debito pubblico negli Stati membri, al fine di individuare errori rilevanti. In particolare esamina la conformità alla disciplina di bilancio sulla base dei due criteri seguenti:

a) se il rapporto tra il disavanzo pubblico, previsto o effettivo, e il prodotto interno lordo superi un valore di riferimento, a meno che:

- il rapporto non sia diminuito in modo sostanziale e continuo e abbia raggiunto un livello che si avvicina al valore di riferimento,
- oppure, in alternativa, il superamento del valore di riferimento sia solo eccezionale e temporaneo e il rapporto resti vicino al valore di riferimento;

b) se il rapporto tra debito pubblico e prodotto interno lordo superi un valore di riferimento, a meno che detto rapporto non si stia riducendo in misura sufficiente e non si avvicini al valore di riferimento con ritmo adeguato.

I valori di riferimento sono specificati nel protocollo sulla procedura per i disavanzi eccessivi allegato ai trattati.

3. Se uno Stato membro non rispetta i requisiti previsti da uno o entrambi i criteri menzionati, la Commissione prepara una relazione. La relazione della Commissione tiene conto anche dell'eventuale differenza tra il disavanzo pubblico e la spesa pubblica per gli investimenti e tiene conto di tutti gli altri fattori significativi, compresa la posizione economica e di bilancio a medio termine dello Stato membro.

La Commissione può inoltre preparare una relazione se ritiene che in un determinato Stato membro, malgrado i criteri siano rispettati, sussista il rischio di un disavanzo eccessivo.

4. Il comitato economico e finanziario formula un parere in merito alla relazione della Commissione.

5. La Commissione, se ritiene che in uno Stato membro esista o possa determinarsi in futuro un disavanzo eccessivo, trasmette un parere allo Stato membro interessato e ne informa il Consiglio.

6. Il Consiglio, su proposta della Commissione e considerate le osservazioni che lo Stato membro interessato ritenga di formulare, decide, dopo una valutazione globale, se esiste un disavanzo eccessivo.

7. Se, ai sensi del paragrafo 6, decide che esiste un disavanzo eccessivo, il Consiglio adotta senza indebito ritardo, su raccomandazione della Commissione, le raccomandazioni allo Stato membro in questione al fine di far cessare tale situazione entro un determinato periodo. Fatto salvo il disposto del paragrafo 8, dette raccomandazioni non sono rese pubbliche.

8. Il Consiglio, qualora determini che nel periodo prestabilito non sia stato dato seguito effettivo alle sue raccomandazioni, può rendere pubbliche dette raccomandazioni.

9. Qualora uno Stato membro persista nel disattendere le raccomandazioni del Consiglio, quest'ultimo può decidere di intimare allo Stato membro di prendere, entro un termine stabilito, le misure volte alla riduzione del disavanzo che il Consiglio ritiene necessaria per correggere la situazione.

In tal caso il Consiglio può chiedere allo Stato membro in questione di presentare relazioni secondo un calendario preciso, al fine di esaminare gli sforzi compiuti da detto Stato membro per rimediare alla situazione.

10. I diritti di esperire le azioni di cui agli articoli 258 e 259 non possono essere esercitati nel quadro dei paragrafi da 1 a 9 del presente articolo.

11. Fintantoché uno Stato membro non ottempera ad una decisione presa in conformità del paragrafo 9, il Consiglio può decidere di applicare o, a seconda dei casi, di rafforzare una o più delle seguenti misure:

- chiedere che lo Stato membro interessato pubblichi informazioni supplementari, che saranno specificate dal Consiglio, prima dell'emissione di obbligazioni o altri titoli,
- invitare la Banca europea per gli investimenti a riconsiderare la sua politica di prestiti verso lo Stato membro in questione,
- richiedere che lo Stato membro in questione costituisca un deposito infruttifero di importo adeguato presso l'Unione, fino a quando, a parere del Consiglio, il disavanzo eccessivo non sia stato corretto,
- infliggere ammende di entità adeguata.

Il presidente del Consiglio informa il Parlamento europeo delle decisioni adottate.

12. Il Consiglio abroga alcune o tutte le decisioni o raccomandazioni di cui ai paragrafi da 6 a 9 e 11 nella misura in cui ritiene che il disavanzo eccessivo nello Stato membro in questione sia stato corretto. Se precedentemente aveva reso pubbliche le sue raccomandazioni, il Consiglio dichiara pubblicamente, non appena sia stata abrogata la decisione di cui al paragrafo 8, che non esiste più un disavanzo eccessivo nello Stato membro in questione.

13. Nell'adottare le decisioni o raccomandazioni di cui ai paragrafi 8, 9, 11 e 12, il Consiglio delibera su raccomandazione della Commissione.

Nell'adottare le misure di cui ai paragrafi da 6 a 9, 11 e 12, il Consiglio delibera senza tener conto del voto del membro del Consiglio che rappresenta lo Stato membro in questione.

Per maggioranza qualificata degli altri membri del Consiglio s'intende quella definita conformemente all'articolo 238, paragrafo 3, lettera *a)*.

14. Ulteriori disposizioni concernenti l'attuazione della procedura descritta nel presente articolo sono precisate nel protocollo sulla procedura per i disavanzi eccessivi allegato ai trattati.

Il Consiglio, deliberando all'unanimità secondo una procedura legislativa speciale e previa consultazione del Parlamento europeo e della Banca centrale europea, adotta le opportune disposizioni che sostituiscono detto protocollo.

Fatte salve le altre disposizioni del presente paragrafo, il Consiglio, su proposta della Commissione e previa consultazione del Parlamento europeo, precisa le modalità e le definizioni per l'applicazione delle disposizioni di detto protocollo.

CAPO II
POLITICA MONETARIA

127. *(ex articolo 105 del TCE).* 1. L'obiettivo principale del Sistema europeo di banche centrali, in appresso denominato "SEBC", è il mantenimento della stabilità dei prezzi. Fatto salvo l'obiettivo della stabilità dei prezzi, il SEBC sostiene le politiche economiche generali nell'Unione al fine di contribuire alla realizzazione degli obiettivi dell'Unione definiti nell'articolo 3 del trattato sull'Unione europea. Il SEBC agisce in conformità del principio di un'economia di mercato aperta e in libera concorrenza, favorendo una efficace allocazione delle risorse e rispettando i principi di cui all'articolo 119.

2. I compiti fondamentali da assolvere tramite il SEBC sono i seguenti:

- definire e attuare la politica monetaria dell'Unione,
- svolgere le operazioni sui cambi in linea con le disposizioni dell'articolo 219,
- detenere e gestire le riserve ufficiali in valuta estera degli Stati membri,
- promuovere il regolare funzionamento dei sistemi di pagamento.

3. Il paragrafo 2, terzo trattino, non pregiudica la detenzione e la gestione da parte dei governi degli Stati membri di saldi operativi in valuta estera.

4. La Banca centrale europea viene consultata:

- in merito a qualsiasi proposta di atto dell'Unione che rientri nelle sue competenze,
- dalle autorità nazionali, sui progetti di disposizioni legislative che rientrino nelle sue competenze, ma entro i limiti e alle condizioni stabiliti dal Consiglio, secondo la procedura di cui all'articolo 129, paragrafo 4.

La Banca centrale europea può formulare pareri da sottoporre alle istituzioni, agli organi o agli organismi dell'Unione competenti o alle autorità nazionali su questioni che rientrano nelle sue competenze.

5. Il SEBC contribuisce ad una buona conduzione delle politiche perseguite dalle competenti autorità per quanto riguarda la vigilanza prudenziale degli enti creditizi e la stabilità del sistema finanziario.

6. Il Consiglio, deliberando all'unanimità mediante regolamenti secondo una procedura legislativa speciale, previa consultazione del Parlamento europeo e della Banca centrale europea, può affidare alla Banca centrale europea compiti specifici in merito alle politiche che riguardano la vigilanza prudenziale degli enti creditizi e delle altre istituzioni finanziarie, escluse le imprese di assicurazione.

128. *(ex articolo 106 del TCE).* 1. La Banca centrale europea ha il diritto esclusivo di autorizzare l'emissione di banconote in euro all'interno dell'Unione. La Banca centrale europea e le banche centrali nazionali possono emettere banconote. Le banconote emesse dalla Banca centrale europea e dalle banche centrali nazionali costituiscono le uniche banconote aventi corso legale nell'Unione.

2. Gli Stati membri possono coniare monete metalliche in euro con l'approvazione della Banca centrale europea per quanto riguarda il volume del conio. Il Consiglio, su proposta della Commissione e previa consultazione del Parlamento europeo e della Banca centrale europea, può adottare misure per armonizzare le denominazioni e le specificazioni tecniche di tutte le monete metalliche destinate alla circolazione, nella misura necessaria per agevolare la loro circolazione nell'Unione.

129. *(ex articolo 107 del TCE).* 1. Il SEBC è retto dagli organi decisionali della Banca centrale europea che sono il consiglio direttivo e il comitato esecutivo.

2. Lo statuto del Sistema europeo di banche centrali e della Banca centrale europea, in appresso denominato "statuto del SEBC e della BCE", è definito nel protocollo allegato ai trattati.

3. L'articolo 5, paragrafi 1, 2 e 3, gli articoli 17 e 18, l'articolo 19, paragrafo 1, gli articoli 22, 23, 24 e 26, l'articolo 32, paragrafi 2, 3, 4 e 6, l'articolo 33, paragrafo 1, lettera *a)* e l'articolo 36 dello statuto del SEBC e della BCE possono essere emendati dal Parlamento europeo e dal Consiglio, che deliberano secondo la procedura legislativa ordinaria. Essi deliberano o su raccomandazione della Banca centrale europea e previa consultazione della Commissione o su proposta della Commissione e previa consultazione della Banca centrale europea.

4. Il Consiglio, su proposta della Commissione e previa consultazione del Parlamento europeo e della Banca centrale europea o deliberando su una raccomandazione della Banca centrale europea e previa consultazione del Parlamento europeo e della Commissione, adotta le disposizioni di cui agli articoli 4, 5, paragrafo 4, 19, paragrafo 2, 20, 28, paragrafo 1, 29, paragrafo 2, 30, paragrafo 4 e 34, paragrafo 3, dello statuto del SEBC e della BCE.

130. *(ex articolo 108 del TCE).* Nell'esercizio dei poteri e nell'assolvimento dei compiti e dei doveri loro attribuiti dai trattati e dallo statuto del SEBC e della BCE, né la Banca centrale europea né una banca centrale nazionale né un membro dei rispettivi organi decisionali possono sollecitare o accettare istruzioni dalle istituzioni, dagli organi o dagli organismi dell'Unione, dai governi degli Stati membri né da qualsiasi altro organismo. Le istituzioni, gli organi e gli organismi dell'Unione nonché i governi degli Stati membri si impegnano a rispettare questo principio e a non cercare di influenzare i membri degli organi decisionali della Banca centrale europea o delle banche centrali nazionali nell'assolvimento dei loro compiti.

131. *(ex articolo 109 del TCE).* Ciascuno Stato membro assicura che la propria legislazione nazionale, incluso lo statuto della banca centrale nazionale, sarà compatibile con i trattati e con lo statuto del SEBC e della BCE.

132. *(ex articolo 110 del TCE).* 1. Per l'assolvimento dei compiti attribuiti al SEBC, la Banca centrale europea, in conformità delle disposizioni dei trattati e alle condizioni stabilite nello statuto del SEBC e della BCE:

- stabilisce regolamenti nella misura necessaria per assolvere i compiti definiti nell'articolo 3, paragrafo 1, primo trattino, negli articoli 19, paragrafo 1, 22 o 25, paragrafo 2 dello statuto del SEBC e della BCE e nei casi che sono previsti negli atti del Consiglio di cui all'articolo 129, paragrafo 4,
- prende le decisioni necessarie per assolvere compiti attribuiti al SEBC in virtù dei trattati e dello statuto del SEBC e della BCE,
- formula raccomandazioni o pareri.

2. La Banca centrale europea può decidere di pubblicare le sue decisioni, le sue raccomandazioni ed i suoi pareri.

3. Entro i limiti e alle condizioni stabiliti dal Consiglio in conformità della procedura di cui all'articolo 129, paragrafo 4, la Banca centrale europea ha il potere di infliggere alle imprese ammende o penalità di mora in caso di inosservanza degli obblighi imposti dai regolamenti e dalle decisioni da essa adottati.

133. Fatte salve le attribuzioni della Banca centrale europea, il Parlamento europeo e il Consiglio, deliberando secondo la procedura legislativa ordinaria, stabiliscono le misure necessarie per l'utilizzo dell'euro come moneta unica. Tali misure sono adottate previa consultazione della Banca centrale europea.

CAPO III
DISPOSIZIONI ISTITUZIONALI

134. *(ex articolo 114 del TCE).* 1. Per promuovere il coordinamento delle politiche degli Stati membri in tutta la misura necessaria al funzionamento del mercato interno, è istituito un comitato economico e finanziario.

2. Il comitato economico e finanziario svolge i seguenti compiti:

- formulare pareri, sia a richiesta del Consiglio o della Commissione, sia di propria iniziativa, destinati a tali istituzioni,
- seguire la situazione economica e finanziaria degli Stati membri e dell'Unione e riferire regolarmente in merito al Consiglio e alla Commissione, in particolare sulle relazioni finanziarie con i paesi terzi e le istituzioni internazionali,
- fatto salvo l'articolo 240, contribuire alla preparazione dei lavori del Consiglio di cui agli articoli 66, 75, 121, paragrafi 2, 3, 4 e 6, 122, 124, 125, 126, 127, paragrafo 6, 128, paragrafo 2, 129, paragrafi 3 e 4, 138, 140, paragrafi 2 e 3, 143, 144, paragrafi 2 e 3, e 219, nonché svolgere gli altri compiti consultivi e preparatori ad esso affidati dal Consiglio,
- esaminare, almeno una volta all'anno, la situazione riguardante i movimenti di capitali e la libertà dei pagamenti, quali risultano dall'applicazione dei trattati e dei provvedimenti presi dal Consiglio; l'esame riguarda tutti i provvedimenti riguardanti i movimenti di capitali e i pagamenti; il comitato riferisce alla Commissione e al Consiglio in merito al risultato di tale esame.

Gli Stati membri, la Commissione e la Banca centrale europea nominano ciascuno non più di due membri del comitato.

3. Il Consiglio, su proposta della Commissione e previa consultazione della Banca centrale europea e del comitato di cui al presente articolo, stabilisce disposizioni specifiche relative alla composizione del comitato economico e finanziario. Il presidente del Consiglio informa il Parlamento europeo in merito a tale decisione.

4. Oltre ai compiti di cui al paragrafo 2, se e fintantoché sussistono Stati membri con deroga di cui all'articolo 139, il comitato tiene sotto controllo la situazione monetaria e finanziaria nonché il sistema generale dei pagamenti di tali Stati membri e riferisce periodicamente in merito al Consiglio e alla Commissione.

135. *(ex articolo 115 del TCE).* Per questioni che rientrano nel campo di applicazione degli articoli 121, paragrafo 4, 126, eccettuato il paragrafo 14, 138, 140, paragrafo 1, 140, paragrafo 2, primo comma, 140, paragrafo 3, e 219, il Consiglio o uno Stato membro possono chiedere alla Commissione di fare, secondo i casi, una raccomandazione o una proposta. La Commissione esamina la richiesta e presenta senza indugio le proprie conclusioni al Consiglio.

CAPO IV
DISPOSIZIONI SPECIFICHE AGLI STATI MEMBRI LA CUI MONETA È L'EURO

136. 1. Per contribuire al buon funzionamento dell'unione economica e monetaria e in conformità delle pertinenti disposizioni dei trattati, il Consiglio adotta, secondo la procedura pertinente tra quelle di cui agli articoli 121 e 126, con l'eccezione della procedura di cui all'articolo 126, paragrafo 14, misure concernenti gli Stati membri la cui moneta è l'euro, al fine di:

a) rafforzare il coordinamento e la sorveglianza della disciplina di bilancio;

b) elaborare, per quanto li riguarda, gli orientamenti di politica economica vigilando affinché siano compatibili con quelli adottati per l'insieme dell'Unione, e garantirne la sorveglianza.

2. Solo i membri del Consiglio che rappresentano gli Stati membri la cui moneta è l'euro prendono parte al voto sulle misure di cui al paragrafo 1.

Per maggioranza qualificata di detti membri s'intende quella definita conformemente all'articolo 238, paragrafo 3, lettera *a)*.

137. Le modalità per le riunioni tra i ministri degli Stati membri la cui moneta è l'euro sono stabilite dal protocollo sull'Eurogruppo.

138. *(ex articolo 111, paragrafo 4, del TCE).* 1. Per garantire la posizione dell'euro nel sistema monetario internazionale, il Consiglio, su proposta della Commissione, adotta una decisione che definisce le posizioni comuni sulle questioni che rivestono un interesse particolare per l'unione economica e monetaria nell'ambito delle competenti istituzioni e conferenze finanziarie internazionali. Il Consiglio delibera previa consultazione della Banca centrale europea.

2. Il Consiglio, su proposta della Commissione, può adottare le misure opportune per garantire una rappresentanza unificata nell'ambito delle istituzioni e conferenze finanziarie internazionali. Il Consiglio delibera previa consultazione della Banca centrale europea.

3. Solo i membri del Consiglio che rappresentano gli Stati membri la cui moneta è l'euro prendono parte al voto sulle misure di cui ai paragrafi 1 e 2.

Per maggioranza qualificata di detti membri s'intende quella definita conformemente all'articolo 238, paragrafo 3, lettera *a)*.

CAPO V
DISPOSIZIONI TRANSITORIE

139. 1. Gli Stati membri riguardo ai quali il Consiglio non ha deciso che soddisfano alle condizioni necessarie per l'adozione dell'euro sono in appresso denominati "Stati membri con deroga".

2. Le disposizioni seguenti dei trattati non si applicano agli Stati membri con deroga:

a) adozione delle parti degli indirizzi di massima per le politiche economiche che riguardano la zona euro in generale (articolo 121, paragrafo 2),

b) mezzi vincolanti per correggere i disavanzi eccessivi (articolo 126, paragrafi 9 e 11),

c) obiettivi e compiti del SEBC (articolo 127, paragrafi 1, 2, 3 e 5),

d) emissione dell'euro (articolo 128),

e) atti della Banca centrale europea (articolo 132),

f) misure relative all'utilizzo dell'euro (articolo 133),

g) accordi monetari e altre misure relative alla politica del cambio (articolo 219),

h) designazione dei membri del comitato esecutivo della Banca centrale europea (articolo 283, paragrafo 2),

i) decisioni che definiscono le posizioni comuni sulle questioni che rivestono un interesse particolare per l'unione economica e monetaria nell'ambito delle competenti istituzioni e conferenze finanziarie internazionali (articolo 138, paragrafo 1),

j) misure per garantire una rappresentanza unificata nell'ambito delle istituzioni e conferenze finanziarie internazionali (articolo 138, paragrafo 2).

Pertanto, negli articoli di cui alle lettere da *a)* a *j)*, per "Stati membri" si intendono gli Stati membri la cui moneta è l'euro.

3. Gli Stati membri con deroga e le loro banche centrali nazionali sono esclusi dai diritti e dagli obblighi previsti nel quadro del SEBC conformemente al capo IX dello statuto del SEBC e della BCE.

4. I diritti di voto dei membri del Consiglio che rappresentano gli Stati membri con deroga sono sospesi al momento dell'adozione da parte del Consiglio delle misure di cui agli articoli elencati al paragrafo 2, come pure nei casi seguenti:

a) raccomandazioni rivolte agli Stati membri la cui moneta è l'euro nel quadro della sorveglianza multilaterale, per quanto riguarda anche i programmi di stabilità e gli avvertimenti (articolo 121, paragrafo 4);

b) misure relative ai disavanzi eccessivi riguardanti gli Stati membri la cui moneta è l'euro (articolo 126, paragrafi 6, 7, 8, 12 e 13).

Per maggioranza qualificata degli altri membri del Consiglio s'intende quella definita conformemente all'articolo 238, paragrafo 3, lettera *a)*.

140. *(ex articoli 121, paragrafo 1, 122, paragrafo 2, seconda frase, e 123, paragrafo 5, del TCE).* 1. Almeno una volta ogni due anni o a richiesta di uno Stato membro con deroga, la Commissione e la Banca centrale europea riferiscono al Consiglio sui progressi compiuti dagli Stati membri con deroga nell'adempimento degli obblighi relativi alla realizzazione dell'Unione economica e monetaria. Dette relazioni comprendono un esame della compatibilità tra la legislazione nazionale di ciascuno di tali Stati membri, incluso lo statuto della sua banca centrale, da un lato, e gli articoli 130 e 131 nonché lo statuto del SEBC e della BCE, dall'altro. Le relazioni devono anche esaminare la realizzazione di un alto grado di sostenibile convergenza con riferimento al rispetto dei seguenti criteri da parte di ciascuno Stato membro:

- il raggiungimento di un alto grado di stabilità dei prezzi; questo risulterà da un tasso d'inflazione prossimo a quello dei tre Stati membri, al massimo, che hanno conseguito i migliori risultati in termini di stabilità dei prezzi,
- la sostenibilità della situazione della finanza pubblica; questa risulterà dal conseguimento di una situazione di bilancio pubblico non caratterizzata da un disavanzo eccessivo secondo la definizione di cui all'articolo 126, paragrafo 6,
- il rispetto dei margini normali di fluttuazione previsti dal meccanismo di cambio del Sistema monetario europeo per almeno due anni, senza svalutazioni nei confronti dell'euro,
- i livelli dei tassi di interesse a lungo termine che riflettano la stabilità della convergenza raggiunta dallo Stato membro con deroga e della sua partecipazione al meccanismo di cambio.

I quattro criteri esposti nel presente paragrafo e i periodi pertinenti durante i quali devono essere rispettati sono definiti ulteriormente in un protocollo allegato ai trattati. Le relazioni della Commissione e della Banca centrale europea tengono inoltre conto dei risultati dell'integrazione dei mercati, della situazione e dell'evoluzione delle partite correnti delle bilance dei pagamenti, di un esame dell'evoluzione dei costi unitari del lavoro e di altri indici di prezzo.

2. Previa consultazione del Parlamento europeo e dopo dibattito in seno al Consiglio europeo, il Consiglio, su proposta della Commissione, decide quali Stati membri con deroga soddisfano alle condizioni necessarie sulla base dei criteri di cui di cui al paragrafo 1, e abolisce le deroghe degli Stati membri in questione.

Il Consiglio delibera sulla base di una raccomandazione presentata dalla maggioranza qualificata dei membri che, in seno al Consiglio, rappresentano gli Stati membri la cui moneta è l'euro. Questi membri deliberano entro sei mesi dal ricevimento della proposta della Commissione da parte del Consiglio.

Per maggioranza qualificata di detti membri, prevista al secondo comma, s'intende quella definita conformemente all'articolo 238, paragrafo 3, lettera *a)*.

3. Se si decide, conformemente alla procedura di cui al paragrafo 2, di abolire una deroga, il Consiglio, deliberando all'unanimità degli Stati membri la cui moneta è l'euro e dello Stato membro in questione, su proposta della Commissione e previa consultazione della Banca centrale europea, fissa irrevocabilmente il tasso al quale l'euro subentra alla moneta dello Stato membro in questione e prende le altre misure necessarie per l'introduzione dell'euro come moneta unica nello Stato membro interessato.

141. *(ex articoli 123, paragrafo 3, e 117, paragrafo 2, primi cinque trattini, del TCE).* 1. Se e fintantoché vi sono Stati membri con deroga e fatto salvo l'articolo 129, paragrafo 1, il consiglio generale della Banca centrale europea di cui all'articolo 44 dello statuto del SEBC e della BCE sarà costituito in quanto terzo organo decisionale della Banca centrale europea.

2. Se e fintantoché vi sono Stati membri con deroga, la Banca centrale europea, per quanto concerne detti Stati membri:

- rafforza la cooperazione tra le banche centrali nazionali degli Stati membri,
- rafforza il coordinamento delle politiche monetarie degli Stati membri allo scopo di garantire la stabilità dei prezzi,
- sorveglia il funzionamento del meccanismo di cambio,
- procede a consultazioni su questioni che rientrano nelle competenze delle banche centrali nazionali e riguardano la stabilità degli istituti e dei mercati finanziari,
- esercita i compiti svolti un tempo dal Fondo europeo di cooperazione monetaria, precedentemente assunti dall'Istituto monetario europeo.

142. *(ex articolo 124, paragrafo 1, del TCE).* Ogni Stato membro con deroga considera la propria politica del cambio come un problema di interesse comune. A tal fine gli Stati membri tengono conto delle esperienze acquisite grazie alla cooperazione nell'ambito del meccanismo di cambio.

143. *(ex articolo 119 del TCE).* 1. In caso di difficoltà o di grave minaccia di difficoltà nella bilancia dei pagamenti di uno Stato membro con deroga, provocate sia da uno squilibrio globale della sua bilancia dei pagamenti, sia dal tipo di valuta di cui esso dispone, e capaci in particolare di compromettere il funzionamento del mercato interno o l'attuazione della politica commerciale comune, la Commissione procede senza indugio a un esame della situazione dello Stato in questione e dell'azione che questo ha intrapreso o può intraprendere conformemente alle disposizioni dei trattati, facendo appello a tutti i mezzi di cui esso dispone. La Commissione indica le misure di cui raccomanda l'adozione da parte dello Stato interessato.

Se l'azione intrapresa da uno Stato membro con deroga e le misure consigliate dalla Commissione non appaiono sufficienti ad appianare le difficoltà o minacce di difficoltà incontrate, la Commissione raccomanda al Consiglio, previa consultazione del comitato economico e finanziario, il concorso reciproco e i metodi del caso.

La Commissione tiene informato regolarmente il Consiglio della situazione e della sua evoluzione.

2. Il Consiglio accorda il concorso reciproco; stabilisce le direttive o decisioni fissandone le condizioni e modalità. Il concorso reciproco può assumere in particolare la forma di:

a) un'azione concordata presso altre organizzazioni internazionali, alle quali gli Stati membri con deroga possono ricorrere;

b) misure necessarie ad evitare deviazioni di traffico quando lo Stato membro con deroga che si trova in difficoltà mantenga o ristabilisca restrizioni quantitative nei confronti dei paesi terzi;

c) concessione di crediti limitati da parte di altri Stati membri, con riserva del consenso di questi.

3. Quando il concorso reciproco raccomandato dalla Commissione non sia stato accordato dal Consiglio ovvero il concorso reciproco accordato e le misure adottate risultino insufficienti, la Commissione autorizza lo Stato membro con deroga che si trova in difficoltà ad adottare delle misure di salvaguardia di cui essa definisce le condizioni e le modalità.

Tale autorizzazione può essere revocata e le condizioni e modalità modificate dal Consiglio.

144. *(ex articolo 120 del TCE).* 1. In caso di improvvisa crisi nella bilancia dei pagamenti e qualora non intervenga immediatamente una decisione ai sensi dell'articolo 143, paragrafo 2, uno Stato membro con deroga può adottare, a titolo conservativo, le misure di salvaguardia necessarie. Tali misure devono provocare il minor turbamento possibile nel funzionamento del mercato interno e non andare oltre la portata strettamente indispensabile a ovviare alle difficoltà improvvise manifestatesi.

2. La Commissione e gli Stati membri devono essere informati in merito a tali misure di salvaguardia al più tardi al momento della loro entrata in vigore. La Commissione può proporre al Consiglio il concorso reciproco ai termini dell'articolo 143.

3. Su raccomandazione della Commissione e previa consultazione del comitato economico e finanziario, il Consiglio può decidere che lo Stato membro interessato debba modificare, sospendere o abolire le suddette misure di salvaguardia.

TITOLO IX
OCCUPAZIONE

145. *(ex articolo 125 del TCE).* Gli Stati membri e l'Unione, in base al presente titolo, si adoperano per sviluppare una strategia coordinata a favore dell'occupazione, e in particolare a favore della promozione di una forza lavoro competente, qualificata, adattabile e di mercati del lavoro in grado di rispondere ai mutamenti economici, al fine di realizzare gli obiettivi di cui all'articolo 3 del trattato sull'Unione europea.

146. *(ex articolo 126 del TCE).* 1. Gli Stati membri, attraverso le loro politiche in materia di occupazione, contribuiscono al raggiungimento degli obiettivi di cui all'articolo 145 in modo coerente con gli indirizzi di massima per le politiche economiche degli Stati membri e dell'Unione adottati a norma dell'articolo 121, paragrafo 2.

2. Gli Stati membri, tenuto conto delle prassi nazionali in materia di responsabilità delle parti sociali, considerano la promozione dell'occupazione una questione di interesse comune e coordinano in sede di Consiglio le loro azioni al riguardo, in base alle disposizioni dell'articolo 148.

147. *(ex articolo 127 del TCE).* 1. L'Unione contribuisce ad un elevato livello di occupazione promuovendo la cooperazione tra gli Stati membri nonché sostenendone e, se necessario, integrandone l'azione. Sono in questo contesto rispettate le competenze degli Stati membri.

2. Nella definizione e nell'attuazione delle politiche e delle attività dell'Unione si tiene conto dell'obiettivo di un livello di occupazione elevato.

148. *(ex articolo 128 del TCE).* 1. In base a una relazione annuale comune del Consiglio e della Commissione, il Consiglio europeo esamina annualmente la situazione dell'occupazione nell'Unione e adotta le conclusioni del caso.

2. Sulla base delle conclusioni del Consiglio europeo, il Consiglio, su proposta della Commissione, previa consultazione del Parlamento europeo, del Comitato economico e sociale, del Comitato delle regioni e del comitato per l'occupazione di cui all'articolo 150, elabora annualmente degli orientamenti di cui devono tener conto gli Stati membri nelle rispettive politiche in materia di occupazione. Tali orientamenti sono coerenti con gli indirizzi di massima adottati a norma dell'articolo 121, paragrafo 2.

3. Ciascuno Stato membro trasmette al Consiglio e alla Commissione una relazione annuale sulle principali misure adottate per l'attuazione della propria politica in materia di occupazione, alla luce degli orientamenti in materia di occupazione di cui al paragrafo 2.

4. Il Consiglio, sulla base delle relazioni di cui al paragrafo 3 e dei pareri del comitato per l'occupazione, procede annualmente ad un esame dell'attuazione delle politiche degli Stati membri in materia di occupazione alla luce degli orientamenti in materia

di occupazione. Il Consiglio, su raccomandazione della Commissione, può, se lo considera opportuno sulla base di detto esame, rivolgere raccomandazioni agli Stati membri.

5. Sulla base dei risultati di detto esame, il Consiglio e la Commissione trasmettono al Consiglio europeo una relazione annuale comune in merito alla situazione dell'occupazione nell'Unione e all'attuazione degli orientamenti in materia di occupazione.

149. *(ex articolo 129 del TCE).* Il Parlamento europeo e il Consiglio, deliberando secondo la procedura legislativa ordinaria e previa consultazione del Comitato economico e sociale e del Comitato delle regioni, possono adottare misure di incentivazione dirette a promuovere la cooperazione tra Stati membri e a sostenere i loro interventi nel settore dell'occupazione, mediante iniziative volte a sviluppare gli scambi di informazioni e delle migliori prassi, a fornire analisi comparative e indicazioni, nonché a promuovere approcci innovativi e a valutare le esperienze realizzate, in particolare mediante il ricorso a progetti pilota.

Tali misure non comportano l'armonizzazione delle disposizioni legislative e regolamentari degli Stati membri.

150. *(ex articolo 130 del TCE).* Il Consiglio, deliberando a maggioranza semplice, previa consultazione del Parlamento europeo, istituisce un comitato per l'occupazione a carattere consultivo, al fine di promuovere il coordinamento tra gli Stati membri per quanto riguarda le politiche in materia di occupazione e di mercato del lavoro. Il comitato è incaricato di:

seguire la situazione dell'occupazione e le politiche in materia di occupazione negli Stati membri e nell'Unione,

fatto salvo l'articolo 240, formulare pareri su richiesta del Consiglio o della Commissione o di propria iniziativa, e contribuire alla preparazione dei lavori del Consiglio di cui all'articolo 148.

Nell'esercizio delle sue funzioni, il comitato consulta le parti sociali.

Ogni Stato membro e la Commissione nominano due membri del comitato.

TITOLO X
POLITICA SOCIALE

151. *(ex articolo 136 del TCE).* L'Unione e gli Stati membri, tenuti presenti i diritti sociali fondamentali, quali quelli definiti nella Carta sociale europea firmata a Torino il 18 ottobre 1961 e nella Carta comunitaria dei diritti sociali fondamentali dei lavoratori del 1989, hanno come obiettivi la promozione dell'occupazione, il miglioramento delle condizioni di vita e di lavoro, che consenta la loro parificazione nel progresso, una protezione sociale adeguata, il dialogo sociale, lo sviluppo delle risorse umane atto a consentire un livello occupazionale elevato e duraturo e la lotta contro l'emarginazione.

A tal fine, l'Unione e gli Stati membri mettono in atto misure che tengono conto della diversità delle prassi nazionali, in particolare nelle relazioni contrattuali, e della necessità di mantenere la competitività dell'economia dell'Unione.

Essi ritengono che una tale evoluzione risulterà sia dal funzionamento del mercato interno, che favorirà l'armonizzarsi dei sistemi sociali, sia dalle procedure previste dai trattati e dal ravvicinamento delle disposizioni legislative, regolamentari e amministrative.

152. L'Unione riconosce e promuove il ruolo delle parti sociali al suo livello, tenendo conto della diversità dei sistemi nazionali. Essa facilita il dialogo tra tali parti, nel rispetto della loro autonomia.

Il vertice sociale trilaterale per la crescita e l'occupazione contribuisce al dialogo sociale.

153. *(ex articolo 137 del TCE).* 1. Per conseguire gli obiettivi previsti all'articolo 151, l'Unione sostiene e completa l'azione degli Stati membri nei seguenti settori:

a) miglioramento, in particolare, dell'ambiente di lavoro, per proteggere la sicurezza e la salute dei lavoratori;

b) condizioni di lavoro;

c) sicurezza sociale e protezione sociale dei lavoratori;

d) protezione dei lavoratori in caso di risoluzione del contratto di lavoro;

e) informazione e consultazione dei lavoratori;

f) rappresentanza e difesa collettiva degli interessi dei lavoratori e dei datori di lavoro, compresa la cogestione, fatto salvo il paragrafo 5;

g) condizioni di impiego dei cittadini dei paesi terzi che soggiornano legalmente nel territorio dell'Unione;

h) integrazione delle persone escluse dal mercato del lavoro, fatto salvo l'articolo 166;

i) parità tra uomini e donne per quanto riguarda le opportunità sul mercato del lavoro ed il trattamento sul lavoro;

j) lotta contro l'esclusione sociale;

k) modernizzazione dei regimi di protezione sociale, fatto salvo il disposto della lettera *c)*.

2. A tal fine il Parlamento europeo e il Consiglio:

a) possono adottare misure destinate a incoraggiare la cooperazione tra Stati membri attraverso iniziative volte a migliorare la conoscenza, a sviluppare gli scambi di informazioni e di migliori prassi, a promuovere approcci innovativi e a valutare le esperienze fatte, ad esclusione di qualsiasi armonizzazione delle disposizioni legislative e regolamentari degli Stati membri;

b) possono adottare nei settori di cui al paragrafo 1, lettere da *a)* a *i)*, mediante direttive, le prescrizioni minime applicabili progressivamente, tenendo conto delle condizioni e delle normative tecniche esistenti in ciascuno Stato membro. Tali direttive evitano di imporre vincoli amministrativi, finanziari e giuridici di natura tale da ostacolare la creazione e lo sviluppo di piccole e medie imprese.

Il Parlamento europeo e il Consiglio deliberano secondo la procedura legislativa ordinaria previa consultazione del Comitato economico e sociale e del Comitato delle regioni.

Nei settori di cui al paragrafo 1, lettere *c)*, *d)*, *f)* e *g)*, il Consiglio delibera secondo una procedura legislativa speciale, all'unanimità, previa consultazione del Parlamento europeo e di detti Comitati.

Il Consiglio, deliberando all'unanimità, su proposta della Commissione e previa consultazione del Parlamento europeo, può decidere di rendere applicabile al paragrafo 1, lettere *d)*, *f)* e *g)* la procedura legislativa ordinaria.

3. Uno Stato membro può affidare alle parti sociali, a loro richiesta congiunta, il compito di mettere in atto le direttive prese a norma del paragrafo 2 o, se del caso, una decisione del Consiglio adottata conformemente all'articolo 155.

In tal caso esso si assicura che, al più tardi alla data in cui una direttiva o una decisione devono essere attuate, le parti sociali abbiano stabilito mediante accordo le necessarie disposizioni, fermo restando che lo Stato membro interessato deve adottare le misure necessarie che gli permettano di garantire in qualsiasi momento i risultati imposti da detta direttiva o detta decisione.

4. Le disposizioni adottate a norma del presente articolo:

- non compromettono la facoltà riconosciuta agli Stati membri di definire i principi fondamentali del loro sistema di sicurezza sociale e non devono incidere sensibilmente sull'equilibrio finanziario dello stesso,
- non ostano a che uno Stato membro mantenga o stabilisca misure, compatibili con i trattati, che prevedano una maggiore protezione.

5. Le disposizioni del presente articolo non si applicano alle retribuzioni, al diritto di associazione, al diritto di sciopero né al diritto di serrata.

154. *(ex articolo 138 del TCE)*. 1. La Commissione ha il compito di promuovere la consultazione delle parti sociali a livello dell'Unione e prende ogni misura utile per facilitarne il dialogo provvedendo ad un sostegno equilibrato delle parti.

2. A tal fine la Commissione, prima di presentare proposte nel settore della politica sociale, consulta le parti sociali sul possibile orientamento di un'azione dell'Unione.

3. Se, dopo tale consultazione, ritiene opportuna un'azione dell'Unione, la Commissione consulta le parti sociali sul contenuto della proposta prevista. Le parti sociali trasmettono alla Commissione un parere o, se opportuno, una raccomandazione.

4. In occasione delle consultazioni di cui ai paragrafi 2 e 3 le parti sociali possono informare la Commissione della loro volontà di avviare il processo previsto dall'articolo 155. La durata di tale processo non supera nove mesi, salvo proroga decisa in comune dalle parti sociali interessate e dalla Commissione.

155. *(ex articolo 139 del TCE)*. 1. Il dialogo fra le parti sociali a livello dell'Unione può condurre, se queste lo desiderano, a relazioni contrattuali, ivi compresi accordi.

2. Gli accordi conclusi a livello dell'Unione sono attuati secondo le procedure e le prassi proprie delle parti sociali e degli Stati membri o, nell'ambito dei settori contemplati dall'articolo 153, e a richiesta congiunta delle parti firmatarie, in base ad una decisione del Consiglio su proposta della Commissione. Il Parlamento europeo è informato.

Il Consiglio delibera all'unanimità allorché l'accordo in questione contiene una o più disposizioni relative ad uno dei settori per i quali è richiesta l'unanimità a norma dell'articolo 153, paragrafo 2.

156. *(ex articolo 140 del TCE)*. Per conseguire gli obiettivi dell'articolo 151 e fatte salve le altre disposizioni dei trattati, la Commissione incoraggia la cooperazione tra gli Stati membri e facilita il coordinamento della loro azione in tutti i settori della politica sociale contemplati dal presente capo, in particolare per le materie riguardanti:

- l'occupazione,
- il diritto del lavoro e le condizioni di lavoro,
- la formazione e il perfezionamento professionale,
- la sicurezza sociale,
- la protezione contro gli infortuni e le malattie professionali,
- l'igiene del lavoro;
- il diritto di associazione e la contrattazione collettiva tra datori di lavoro e lavoratori.

A tal fine la Commissione opera a stretto contatto con gli Stati membri mediante studi e pareri e organizzando consultazioni, sia per i problemi che si presentano sul piano nazionale, che per quelli che interessano le organizzazioni internazionali, in particolare mediante iniziative finalizzate alla definizione di orientamenti e indicatori, all'organizzazione di scambi di migliori pratiche e alla preparazione di elementi necessari per il controllo e la valutazione periodici. Il Parlamento europeo è pienamente informato.

Prima di formulare i pareri previsti dal presente articolo, la Commissione consulta il Comitato economico e sociale.

157. *(ex articolo 141 del TCE).* 1. Ciascuno Stato membro assicura l'applicazione del principio della parità di retribuzione tra lavoratori di sesso maschile e quelli di sesso femminile per uno stesso lavoro o per un lavoro di pari valore.

2. Per retribuzione si intende, a norma del presente articolo, il salario o trattamento normale di base o minimo e tutti gli altri vantaggi pagati direttamente o indirettamente, in contanti o in natura, dal datore di lavoro al lavoratore in ragione dell'impiego di quest'ultimo.

La parità di retribuzione, senza discriminazione fondata sul sesso, implica:

a) che la retribuzione corrisposta per uno stesso lavoro pagato a cottimo sia fissata in base a una stessa unità di misura;

b) che la retribuzione corrisposta per un lavoro pagato a tempo sia uguale per uno stesso posto di lavoro.

3. Il Parlamento europeo e il Consiglio, deliberando secondo la procedura legislativa ordinaria e previa consultazione del Comitato economico e sociale, adottano misure che assicurino l'applicazione del principio delle pari opportunità e della parità di trattamento tra uomini e donne in materia di occupazione e impiego, ivi compreso il principio della parità delle retribuzioni per uno stesso lavoro o per un lavoro di pari valore.

4. Allo scopo di assicurare l'effettiva e completa parità tra uomini e donne nella vita lavorativa, il principio della parità di trattamento non osta a che uno Stato membro mantenga o adotti misure che prevedano vantaggi specifici diretti a facilitare l'esercizio di un'attività professionale da parte del sesso sottorappresentato ovvero a evitare o compensare svantaggi nelle carriere professionali.

158. *(ex articolo 142 del TCE).* Gli Stati membri si adoperano a mantenere l'equivalenza esistente nei regimi di congedo retribuito.

159. *(ex articolo 143 del TCE).* La Commissione elabora una relazione annuale sugli sviluppi nella realizzazione degli obiettivi dell'articolo 151, compresa la situazione demografica nell'Unione. Essa trasmette la relazione al Parlamento europeo, al Consiglio e al Comitato economico e sociale.

160. *(ex articolo 144 del TCE).* Il Consiglio, deliberando a maggioranza semplice, previa consultazione del Parlamento europeo, istituisce un comitato per la protezione sociale a carattere consultivo, al fine di promuovere la cooperazione in materia di protezione sociale tra gli Stati membri e con la Commissione. Il comitato è incaricato:

- di seguire la situazione sociale e lo sviluppo delle politiche di protezione sociale negli Stati membri e nell'Unione,
- di agevolare gli scambi di informazioni, esperienze e buone prassi tra gli Stati membri e con la Commissione,
- fatto salvo l'articolo 240, di elaborare relazioni, formulare pareri o intraprendere altre attività nei settori di sua competenza, su richiesta del Consiglio o della Commissione o di propria iniziativa.

Nell'esercizio delle sue funzioni, il comitato stabilisce contatti appropriati con le parti sociali.

Ogni Stato membro e la Commissione nominano due membri del comitato.

161. *(ex articolo 145 del TCE).* La Commissione dedica, nella sua relazione annuale al Parlamento europeo, un capitolo speciale all'evoluzione della situazione sociale nell'Unione.

Il Parlamento europeo può invitare la Commissione a elaborare delle relazioni su problemi particolari concernenti la situazione sociale.

TITOLO XI
IL FONDO SOCIALE EUROPEO

162. *(ex articolo 146 del TCE).* Per migliorare le possibilità di occupazione dei lavoratori nell'ambito del mercato interno e contribuire così al miglioramento del tenore di vita, è istituito, nel quadro delle disposizioni seguenti, un Fondo sociale europeo che ha l'obiettivo di promuovere all'interno dell'Unione le possibilità di occupazione e la mobilità geografica e professionale dei lavoratori, nonché di facilitare l'adeguamento alle trasformazioni industriali e ai cambiamenti dei sistemi di produzione, in particolare attraverso la formazione e la riconversione professionale.

163. *(ex articolo 147 del TCE).* L'amministrazione del Fondo spetta alla Commissione.

In tale compito la Commissione è assistita da un comitato, presieduto da un membro della Commissione e composto di rappresentanti dei governi e delle organizzazioni sindacali dei lavoratori e dei datori di lavoro.

164. *(ex articolo 148 del TCE).* Il Parlamento europeo e il Consiglio, deliberando secondo la procedura legislativa ordinaria e previa consultazione del Comitato economico e sociale e del Comitato delle regioni, adottano i regolamenti di applicazione relativi al Fondo sociale europeo.

TITOLO XII
ISTRUZIONE, FORMAZIONE PROFESSIONALE, GIOVENTÙ E SPORT

165. *(ex articolo 149 del TCE).* 1. L'Unione contribuisce allo sviluppo di un'istruzione di qualità incentivando la cooperazione tra Stati membri e, se necessario, sostenendo ed integrando la loro azione nel pieno rispetto della responsabilità degli Stati membri per quanto riguarda il contenuto dell'insegnamento e l'organizzazione del sistema di istruzione, nonché delle loro diversità culturali e linguistiche.

L'Unione contribuisce alla promozione dei profili europei dello sport, tenendo conto delle sue specificità, delle sue strutture fondate sul volontariato e della sua funzione sociale ed educativa.

2. L'azione dell'Unione è intesa:

- a sviluppare la dimensione europea dell'istruzione, segnatamente con l'apprendimento e la diffusione delle lingue degli Stati membri;
- a favorire la mobilità degli studenti e degli insegnanti, promuovendo tra l'altro il riconoscimento accademico dei diplomi e dei periodi di studio;
- a promuovere la cooperazione tra gli istituti di insegnamento;
- a sviluppare lo scambio di informazioni e di esperienze sui problemi comuni dei sistemi di istruzione degli Stati membri;
- a favorire lo sviluppo degli scambi di giovani e di animatori di attività socioeducative e a incoraggiare la partecipazione dei giovani alla vita democratica dell'Europa;
- a incoraggiare lo sviluppo dell'istruzione a distanza;
- a sviluppare la dimensione europea dello sport, promuovendo l'equità e l'apertura nelle competizioni sportive e la cooperazione tra gli organismi responsabili dello sport e proteggendo l'integrità fisica e morale degli sportivi, in particolare dei più giovani tra di essi.

3. L'Unione e gli Stati membri favoriscono la cooperazione con i paesi terzi e le organizzazioni internazionali competenti in materia di istruzione e di sport, in particolare con il Consiglio d'Europa.

4. Per contribuire alla realizzazione degli obiettivi previsti dal presente articolo:

- il Parlamento europeo e il Consiglio, deliberando in conformità della procedura legislativa ordinaria e previa consultazione del Comitato economico e sociale e del Comitato delle regioni, adottano azioni di incentivazione, ad esclusione di qualsiasi armonizzazione delle disposizioni legislative e regolamentari degli Stati membri,
- il Consiglio, su proposta della Commissione, adotta raccomandazioni.

166. *(ex articolo 150 del TCE).* 1. L'Unione attua una politica di formazione professionale che rafforza ed integra le azioni degli Stati membri, nel pieno rispetto della responsabilità di questi ultimi per quanto riguarda il contenuto e l'organizzazione della formazione professionale.

2. L'azione dell'Unione è intesa:

- a facilitare l'adeguamento alle trasformazioni industriali, in particolare attraverso la formazione e la riconversione professionale,
- a migliorare la formazione professionale iniziale e la formazione permanente, per agevolare l'inserimento e il reinserimento professionale sul mercato del lavoro,
- a facilitare l'accesso alla formazione professionale ed a favorire la mobilità degli istruttori e delle persone in formazione, in particolare dei giovani,
- a stimolare la cooperazione in materia di formazione tra istituti di insegnamento o di formazione professionale e imprese,
- a sviluppare lo scambio di informazioni e di esperienze sui problemi comuni dei sistemi di formazione degli Stati membri.

3. L'Unione e gli Stati membri favoriscono la cooperazione con i paesi terzi e le organizzazioni internazionali competenti in materia di formazione professionale.

4. Il Parlamento europeo e il Consiglio, deliberando secondo la procedura legislativa ordinaria e previa consultazione del Comitato economico e sociale e del Comitato delle Regioni, adottano le misure atte a contribuire alla realizzazione degli obiettivi di cui al presente articolo, ad esclusione di qualsiasi armonizzazione delle disposizioni legislative e regolamentari degli Stati membri e il Consiglio, su proposta della Commissione, adotta raccomandazioni.

TITOLO XIII
CULTURA

167. *(ex articolo 151 del TCE).* 1. L'Unione contribuisce al pieno sviluppo delle culture degli Stati membri nel rispetto delle loro diversità nazionali e regionali, evidenziando nel contempo il retaggio culturale comune.

2. L'azione dell'Unione è intesa ad incoraggiare la cooperazione tra Stati membri e, se necessario, ad appoggiare e ad integrare l'azione di questi ultimi nei seguenti settori:

- miglioramento della conoscenza e della diffusione della cultura e della storia dei popoli europei,

- conservazione e salvaguardia del patrimonio culturale di importanza europea,
- scambi culturali non commerciali,
- creazione artistica e letteraria, compreso il settore audiovisivo.

3. L'Unione e gli Stati membri favoriscono la cooperazione con i paesi terzi e le organizzazioni internazionali competenti in materia di cultura, in particolare con il Consiglio d'Europa.

4. L'Unione tiene conto degli aspetti culturali nell'azione che svolge a norma di altre disposizioni dei trattati, in particolare ai fini di rispettare e promuovere la diversità delle sue culture.

5. Per contribuire alla realizzazione degli obiettivi previsti dal presente articolo:
- il Parlamento europeo e il Consiglio, deliberando secondo la procedura legislativa ordinaria e previa consultazione del Comitato delle regioni, adottano azioni di incentivazione, ad esclusione di qualsiasi armonizzazione delle disposizioni legislative e regolamentari degli Stati membri;
- il Consiglio, su proposta della Commissione, adotta raccomandazioni.

TITOLO XIV
SANITÀ PUBBLICA

168. *(ex articolo 152 del TCE).* 1. Nella definizione e nell'attuazione di tutte le politiche ed attività dell'Unione è garantito un livello elevato di protezione della salute umana.

L'azione dell'Unione, che completa le politiche nazionali, si indirizza al miglioramento della sanità pubblica, alla prevenzione delle malattie e affezioni e all'eliminazione delle fonti di pericolo per la salute fisica e mentale. Tale azione comprende la lotta contro i grandi flagelli, favorendo la ricerca sulle loro cause, la loro propagazione e la loro prevenzione, nonché l'informazione e l'educazione in materia sanitaria, nonché la sorveglianza, l'allarme e la lotta contro gravi minacce per la salute a carattere transfrontaliero.

L'Unione completa l'azione degli Stati membri volta a ridurre gli effetti nocivi per la salute umana derivanti dall'uso di stupefacenti, comprese l'informazione e la prevenzione.

2. L'Unione incoraggia la cooperazione tra gli Stati membri nei settori di cui al presente articolo e, ove necessario, appoggia la loro azione. In particolare incoraggia la cooperazione tra gli Stati membri per migliorare la complementarietà dei loro servizi sanitari nelle regioni di frontiera.

Gli Stati membri coordinano tra loro, in collegamento con la Commissione, le rispettive politiche ed i rispettivi programmi nei settori di cui al paragrafo 1. La Commissione può prendere, in stretto contatto con gli Stati membri, ogni iniziativa utile a promuovere detto coordinamento, in particolare iniziative finalizzate alla definizione di orientamenti e indicatori, all'organizzazione di scambi delle migliori pratiche e alla preparazione di elementi necessari per il controllo e la valutazione periodici. Il Parlamento europeo è pienamente informato.

3. L'Unione e gli Stati membri favoriscono la cooperazione con i paesi terzi e con le organizzazioni internazionali competenti in materia di sanità pubblica.

4. In deroga all'articolo 2, paragrafo 5, e all'articolo 6, lettera *a)*, e in conformità dell'articolo 4, paragrafo 2, lettera k), il Parlamento europeo e il Consiglio, deliberando secondo la procedura legislativa ordinaria e previa consultazione del Comitato economico e sociale e del Comitato delle regioni, contribuiscono alla realizzazione degli obiettivi previsti dal presente articolo, adottando, per affrontare i problemi comuni di sicurezza:

a) misure che fissino parametri elevati di qualità e sicurezza degli organi e sostanze di origine umana, del sangue e degli emoderivati; tali misure non ostano a che gli Stati membri mantengano o introducano misure protettive più rigorose;

b) misure nei settori veterinario e fitosanitario il cui obiettivo primario sia la protezione della sanità pubblica;

c) misure che fissino parametri elevati di qualità e sicurezza dei medicinali e dei dispositivi di impiego medico.

5. Il Parlamento europeo e il Consiglio, deliberando secondo la procedura legislativa ordinaria e previa consultazione del Comitato economico e sociale e del Comitato delle regioni, possono anche adottare misure di incentivazione per proteggere e migliorare la salute umana, in particolare per lottare contro i grandi flagelli che si propagano oltre frontiera, misure concernenti la sorveglianza, l'allarme e la lotta contro gravi minacce per la salute a carattere transfrontaliero, e misure il cui obiettivo diretto sia la protezione della sanità pubblica in relazione al tabacco e all'abuso di alcol, ad esclusione di qualsiasi armonizzazione delle disposizioni legislative e regolamentari degli Stati membri.

6. Il Consiglio, su proposta della Commissione, può altresì adottare raccomandazioni per i fini stabiliti dal presente articolo.

7. L'azione dell'Unione rispetta le responsabilità degli Stati membri per la definizione della loro politica sanitaria e per l'organizzazione e la fornitura di servizi sanitari e di assistenza medica. Le responsabilità degli Stati membri includono la gestione dei servizi sanitari e dell'assistenza medica e l'assegnazione delle risorse loro destinate. Le misure di cui al paragrafo 4, lettera *a)* non pregiudicano le disposi-

zioni nazionali sulla donazione e l'impiego medico di organi e sangue.

TITOLO XV

PROTEZIONE DEI CONSUMATORI

169. *(ex articolo 153 del TCE).* 1. Al fine di promuovere gli interessi dei consumatori ed assicurare un livello elevato di protezione dei consumatori, l'Unione contribuisce a tutelare la salute, la sicurezza e gli interessi economici dei consumatori nonché a promuovere il loro diritto all'informazione, all'educazione e all'organizzazione per la salvaguardia dei propri interessi.

2. L'Unione contribuisce al conseguimento degli obiettivi di cui al paragrafo 1 mediante:

a) misure adottate a norma dell'articolo 114 nel quadro della realizzazione del mercato interno;

b) misure di sostegno, di integrazione e di controllo della politica svolta dagli Stati membri.

3. Il Parlamento europeo e il Consiglio, deliberando secondo la procedura legislativa ordinaria e previa consultazione del Comitato economico e sociale, adottano le misure di cui al paragrafo 2, lettera *b)*.

4. Le misure adottate a norma del paragrafo 3 non impediscono ai singoli Stati membri di mantenere o di introdurre misure di protezione più rigorose. Tali misure devono essere compatibili con i trattati. Esse sono notificate alla Commissione.

TITOLO XVI

RETI TRANSEUROPEE

170. *(ex articolo 154 del TCE).* 1. Per contribuire al raggiungimento degli obiettivi di cui agli articoli 26 e 174 e per consentire ai cittadini dell'Unione, agli operatori economici e alle collettività regionali e locali di beneficiare pienamente dei vantaggi derivanti dall'instaurazione di uno spazio senza frontiere interne, l'Unione concorre alla costituzione e allo sviluppo di reti transeuropee nei settori delle infrastrutture dei trasporti, delle telecomunicazioni e dell'energia.

2. Nel quadro di un sistema di mercati aperti e concorrenziali, l'azione dell'Unione mira a favorire l'interconnessione e l'interoperabilità delle reti nazionali, nonché l'accesso a tali reti. Essa tiene conto in particolare della necessità di collegare alle regioni centrali dell'Unione le regioni insulari, prive di sbocchi al mare e periferiche.

171. *(ex articolo 155 del TCE).* 1. Per conseguire gli obiettivi di cui all'articolo 170, l'Unione:

- stabilisce un insieme di orientamenti che contemplino gli obiettivi, le priorità e le linee principali delle azioni previste nel settore delle reti transeuropee; in detti orientamenti sono individuati progetti di interesse comune,
- intraprende ogni azione che si riveli necessaria per garantire l'interoperabilità delle reti, in particolare nel campo dell'armonizzazione delle norme tecniche,
- può appoggiare progetti di interesse comune sostenuti dagli Stati membri, individuati nell'ambito degli orientamenti di cui al primo trattino, in particolare mediante studi di fattibilità, garanzie di prestito o abbuoni di interesse; l'Unione può altresì contribuire al finanziamento negli Stati membri, mediante il Fondo di coesione istituito conformemente all'articolo 177, di progetti specifici nel settore delle infrastrutture dei trasporti.

L'azione dell'Unione tiene conto della potenziale validità economica dei progetti.

2. Gli Stati membri coordinano tra loro, in collegamento con la Commissione, le politiche svolte a livello nazionale che possono avere un impatto rilevante sulla realizzazione degli obiettivi di cui all'articolo 170. La Commissione può prendere, in stretta collaborazione con gli Stati membri, qualsiasi iniziativa utile per favorire detto coordinamento.

3. L'Unione può decidere di cooperare con i paesi terzi per promuovere progetti di interesse comune e garantire l'interoperabilità delle reti.

172. *(ex articolo 156 del TCE).* Gli orientamenti e le altre misure di cui all'articolo 171, paragrafo 1, sono adottati dal Parlamento europeo e dal Consiglio, che deliberano secondo la procedura legislativa ordinaria e previa consultazione del Comitato economico e sociale e del Comitato delle regioni.

Gli orientamenti ed i progetti di interesse comune che riguardano il territorio di uno Stato membro esigono l'approvazione dello Stato membro interessato.

TITOLO XVII

INDUSTRIA

173. *(ex articolo 157 del TCE).* 1. L'Unione e gli Stati membri provvedono affinché siano assicurate le condizioni necessarie alla competitività dell'industria dell'Unione.

A tal fine, nell'ambito di un sistema di mercati aperti e concorrenziali, la loro azione è intesa:

- ad accelerare l'adattamento dell'industria alle trasformazioni strutturali,
- a promuovere un ambiente favorevole all'iniziativa ed allo sviluppo delle imprese di tutta l'Unione, segnatamente delle piccole e medie imprese,
- a promuovere un ambiente favorevole alla cooperazione tra imprese,

- a favorire un migliore sfruttamento del potenziale industriale delle politiche d'innovazione, di ricerca e di sviluppo tecnologico.

2. Gli Stati membri si consultano reciprocamente in collegamento con la Commissione e, per quanto è necessario, coordinano le loro azioni. La Commissione può prendere ogni iniziativa utile a promuovere detto coordinamento, in particolare iniziative finalizzate alla definizione di orientamenti e indicatori, all'organizzazione di scambi di migliori pratiche e alla preparazione di elementi necessari per il controllo e la valutazione periodici. Il Parlamento europeo è pienamente informato.

3. L'Unione contribuisce alla realizzazione degli obiettivi di cui al paragrafo 1 attraverso politiche ed azioni da essa attuate ai sensi di altre disposizioni dei trattati. Il Parlamento europeo e il Consiglio, deliberando secondo la procedura legislativa ordinaria e previa consultazione del Comitato economico e sociale, possono decidere misure specifiche, destinate a sostenere le azioni svolte negli Stati membri al fine di realizzare gli obiettivi di cui al paragrafo 1, ad esclusione di qualsiasi armonizzazione delle disposizioni legislative e regolamentari degli Stati membri.

Il presente titolo non costituisce una base per l'introduzione da parte dell'Unione di qualsivoglia misura che possa generare distorsioni di concorrenza o che comporti disposizioni fiscali o disposizioni relative ai diritti ed interessi dei lavoratori dipendenti.

TITOLO XVIII
COESIONE ECONOMICA, SOCIALE E TERRITORIALE

174. *(ex articolo 158 del TCE).* Per promuovere uno sviluppo armonioso dell'insieme dell'Unione, questa sviluppa e prosegue la propria azione intesa a realizzare il rafforzamento della sua coesione economica, sociale e territoriale.

In particolare l'Unione mira a ridurre il divario tra i livelli di sviluppo delle varie regioni ed il ritardo delle regioni meno favorite.

Tra le regioni interessate, un'attenzione particolare è rivolta alle zone rurali, alle zone interessate da transizione industriale e alle regioni che presentano gravi e permanenti svantaggi naturali o demografici, quali le regioni più settentrionali con bassissima densità demografica e le regioni insulari, transfrontaliere e di montagna.

175. *(ex articolo 159 del TCE).* Gli Stati membri conducono la loro politica economica e la coordinano anche al fine di raggiungere gli obiettivi dell'articolo 174. L'elaborazione e l'attuazione delle politiche e azioni dell'Unione, nonché l'attuazione del mercato interno tengono conto degli obiettivi dell'articolo 174 e concorrono alla loro realizzazione. L'Unione appoggia questa realizzazione anche con l'azione che essa svolge attraverso fondi a finalità strutturale (Fondo europeo agricolo di orientamento e di garanzia, sezione "orientamento", Fondo sociale europeo, Fondo europeo di sviluppo regionale), la Banca europea per gli investimenti e gli altri strumenti finanziari esistenti.

La Commissione presenta ogni tre anni al Parlamento europeo, al Consiglio, al Comitato economico e sociale e al Comitato delle regioni una relazione sui progressi compiuti nella realizzazione della coesione economica, sociale e territoriale e sul modo in cui i vari strumenti previsti dal presente articolo vi hanno contribuito. Tale relazione è corredata, se del caso, di appropriate proposte.

Le azioni specifiche che si rivelassero necessarie al di fuori dei Fondi, fatte salve le misure decise nell'ambito delle altre politiche dell'Unione, possono essere adottate dal Parlamento europeo e dal Consiglio, che deliberano secondo la procedura legislativa ordinaria e previa consultazione del Comitato economico e sociale e del Comitato delle regioni.

176. *(ex articolo 160 del TCE).* Il Fondo europeo di sviluppo regionale è destinato a contribuire alla correzione dei principali squilibri regionali esistenti nell'Unione, partecipando allo sviluppo e all'adeguamento strutturale delle regioni in ritardo di sviluppo nonché alla riconversione delle regioni industriali in declino.

177. *(ex articolo 161 del TCE).* Fatto salvo l'articolo 178, il Parlamento europeo e il Consiglio, deliberando mediante regolamenti secondo la procedura legislativa ordinaria e previa consultazione del Comitato economico e sociale e del Comitato delle regioni, definiscono i compiti, gli obiettivi prioritari e l'organizzazione dei fondi a finalità strutturale, elemento quest'ultimo che può comportare il raggruppamento dei Fondi. Sono inoltre definite, secondo la stessa procedura, le norme generali applicabili ai Fondi, nonché le disposizioni necessarie per garantire l'efficacia e il coordinamento dei Fondi tra loro e con gli altri strumenti finanziari esistenti.

Un Fondo di coesione è istituito secondo la stessa procedura per l'erogazione di contributi finanziari a progetti in materia di ambiente e di reti transeuropee nel settore delle infrastrutture dei trasporti.

178. *(ex articolo 162 del TCE).* I regolamenti di applicazione relativi al Fondo europeo di sviluppo regionale sono adottati dal Parlamento europeo e dal Consiglio, che deliberano secondo la procedura legislativa ordinaria e previa consultazione del Comitato economico e sociale e del Comitato delle regioni.

Per quanto riguarda il Fondo europeo agricolo di orientamento e di garanzia, sezione "orientamento", ed il Fondo sociale europeo restano applicabili rispettivamente gli articoli 43 e 164.

TITOLO XIX
RICERCA E SVILUPPO TECNOLOGICO E SPAZIO

179. *(ex articolo 163 del TCE).* 1. L'Unione si propone l'obiettivo di rafforzare le sue basi scientifiche e tecnologiche con la realizzazione di uno spazio europeo della ricerca nel quale i ricercatori, le conoscenze scientifiche e le tecnologie circolino liberamente, di favorire lo sviluppo della sua competitività, inclusa quella della sua industria, e di promuovere le azioni di ricerca ritenute necessarie ai sensi di altri capi dei trattati.

2. A tal fine essa incoraggia nell'insieme dell'Unione le imprese, comprese le piccole e le medie imprese, i centri di ricerca e le università nei loro sforzi di ricerca e di sviluppo tecnologico di alta qualità; essa sostiene i loro sforzi di cooperazione, mirando soprattutto a permettere ai ricercatori di cooperare liberamente oltre le frontiere e alle imprese di sfruttare appieno le potenzialità del mercato interno grazie, in particolare, all'apertura degli appalti pubblici nazionali, alla definizione di norme comuni ed all'eliminazione degli ostacoli giuridici e fiscali a detta cooperazione.

3. Tutte le azioni dell'Unione ai sensi dei trattati, comprese le azioni dimostrative, nel settore della ricerca e dello sviluppo tecnologico sono decise e realizzate conformemente alle disposizioni del presente titolo.

180. *(ex articolo 164 del TCE).* Nel perseguire tali obiettivi, l'Unione svolge le azioni seguenti, che integrano quelle intraprese dagli Stati membri:

a) attuazione di programmi di ricerca, sviluppo tecnologico e dimostrazione, promuovendo la cooperazione con e tra le imprese, i centri di ricerca e le università;

b) promozione della cooperazione in materia di ricerca, sviluppo tecnologico e dimostrazione dell'Unione con i paesi terzi e le organizzazioni internazionali;

c) diffusione e valorizzazione dei risultati delle attività in materia di ricerca, sviluppo tecnologico e dimostrazione dell'Unione;

d) impulso alla formazione e alla mobilità dei ricercatori dell'Unione.

181. *(ex articolo 165 del TCE).* 1. L'Unione e gli Stati membri coordinano la loro azione in materia di ricerca e sviluppo tecnologico per garantire la coerenza reciproca delle politiche nazionali e della politica dell'Unione.

2. La Commissione, in stretta collaborazione con gli Stati membri, può prendere ogni iniziativa utile a promuovere il coordinamento di cui al paragrafo 1, in particolare iniziative finalizzate alla definizione di orientamenti e indicatori, all'organizzazione di scambi di migliori pratiche e alla preparazione di elementi necessari per il controllo e la valutazione periodici. Il Parlamento europeo è pienamente informato.

182. *(ex articolo 166 del TCE).* 1. Il Parlamento europeo e il Consiglio, deliberando secondo la procedura legislativa ordinaria e previa consultazione del Comitato economico e sociale, adottano un programma quadro pluriennale che comprende l'insieme delle azioni dell'Unione.

Il programma quadro:

- fissa gli obiettivi scientifici e tecnologici da realizzare mediante le azioni previste dall'articolo 180 e le relative priorità,
- indica le grandi linee di dette azioni,
- stabilisce l'importo globale massimo e le modalità della partecipazione finanziaria dell'Unione al programma quadro, nonché le quote rispettive di ciascuna delle azioni previste.

2. Il programma quadro viene adattato o completato in funzione dell'evoluzione della situazione.

3. Il programma quadro è attuato mediante programmi specifici sviluppati nell'ambito di ciascuna azione. Ogni programma specifico precisa le modalità di realizzazione del medesimo, ne fissa la durata e prevede i mezzi ritenuti necessari. La somma degli importi ritenuti necessari, fissati dai programmi specifici, non può superare l'importo globale massimo fissato per il programma quadro e per ciascuna azione.

4. Il Consiglio, deliberando secondo una procedura legislativa speciale e previa consultazione del Parlamento europeo e del Comitato economico e sociale, adotta i programmi specifici.

5. A integrazione delle azioni previste dal programma quadro pluriennale, il Parlamento europeo e il Consiglio, deliberando secondo la procedura legislativa ordinaria e previa consultazione del Comitato economico e sociale, stabiliscono le misure necessarie all'attuazione dello spazio europeo della ricerca.

183. *(ex articolo 167 del TCE).* Per l'attuazione del programma quadro pluriennale, l'Unione:

fissa le norme per la partecipazione delle imprese, dei centri di ricerca e delle università,

fissa le norme applicabili alla divulgazione dei risultati della ricerca.

184. *(ex articolo 168 del TCE).* Nell'attuazione del programma quadro pluriennale possono essere decisi programmi complementari cui partecipano soltanto alcuni Stati membri che ne assicurano il finanziamento, fatta salva un'eventuale partecipazione dell'Unione.

L'Unione adotta le norme applicabili ai programmi complementari, in particolare in materia di divulgazione delle conoscenze e di accesso di altri Stati membri.

185. *(ex articolo 169 del TCE).* Nell'attuazione del programma quadro pluriennale l'Unione può prevedere, d'intesa con gli Stati membri interessati, la partecipazione a programmi di ricerca e sviluppo avviati da più Stati membri, compresa la partecipazione alle strutture instaurate per l'esecuzione di detti programmi.

186. *(ex articolo 170 del TCE).* Nell'attuazione del programma quadro pluriennale l'Unione può prevedere una cooperazione in materia di ricerca, sviluppo tecnologico e dimostrazione dell'Unione con paesi terzi o organizzazioni internazionali.

Le modalità di questa cooperazione possono formare oggetto di accordi tra l'Unione e i terzi interessati.

187. *(ex articolo 171 del TCE).* L'Unione può creare imprese comuni o qualsiasi altra struttura necessaria alla migliore esecuzione dei programmi di ricerca, sviluppo tecnologico e dimostrazione dell'Unione.

188. *(ex articolo 172 del TCE).* Il Consiglio, su proposta della Commissione e previa consultazione del Parlamento europeo e del Comitato economico e sociale, adotta le disposizioni di cui all'articolo 187.

Il Parlamento europeo e il Consiglio, deliberando secondo la procedura legislativa ordinaria e previa consultazione del Comitato economico e sociale, adottano le disposizioni di cui agli articoli 183, 184 e 185. L'adozione dei programmi complementari richiede l'accordo degli Stati membri interessati.

189. 1. Per favorire il progresso tecnico e scientifico, la competitività industriale e l'attuazione delle sue politiche, l'Unione elabora una politica spaziale europea. A tal fine può promuovere iniziative comuni, sostenere la ricerca e lo sviluppo tecnologico e coordinare gli sforzi necessari per l'esplorazione e l'utilizzo dello spazio.

2. Per contribuire alla realizzazione degli obiettivi di cui al paragrafo 1 il Parlamento europeo e il Consiglio, deliberando secondo la procedura legislativa ordinaria, stabiliscono le misure necessarie, che possono assumere la forma di un programma spaziale europeo, ad esclusione di qualsiasi armonizzazione delle disposizioni legislative e regolamentari degli Stati membri.

3. L'Unione instaura tutti i collegamenti utili con l'Agenzia spaziale europea.

4. Il presente articolo lascia impregiudicate le altre disposizioni del presente titolo.

190. *(ex articolo 173 del TCE).* All'inizio di ogni anno la Commissione presenta una relazione al Parlamento europeo e al Consiglio. Detta relazione verte in particolare sulle attività svolte in materia di ricerca e di sviluppo tecnologico e di divulgazione dei risultati durante l'anno precedente nonché sul programma di lavoro dell'anno in corso.

TITOLO XX
AMBIENTE

191. *(ex articolo 174 del TCE).* 1. La politica dell'Unione in materia ambientale contribuisce a perseguire i seguenti obiettivi:

- salvaguardia, tutela e miglioramento della qualità dell'ambiente,
- protezione della salute umana,
- utilizzazione accorta e razionale delle risorse naturali,
- promozione sul piano internazionale di misure destinate a risolvere i problemi dell'ambiente a livello regionale o mondiale e, in particolare, a combattere i cambiamenti climatici.

2. La politica dell'Unione in materia ambientale mira a un elevato livello di tutela, tenendo conto della diversità delle situazioni nelle varie regioni dell'Unione. Essa è fondata sui principi della precauzione e dell'azione preventiva, sul principio della correzione, in via prioritaria alla fonte, dei danni causati all'ambiente, nonché sul principio "chi inquina paga".

In tale contesto, le misure di armonizzazione rispondenti ad esigenze di protezione dell'ambiente comportano, nei casi opportuni, una clausola di salvaguardia che autorizza gli Stati membri a prendere, per motivi ambientali di natura non economica, misure provvisorie soggette ad una procedura di controllo dell'Unione.

3. Nel predisporre la sua politica in materia ambientale l'Unione tiene conto:

- dei dati scientifici e tecnici disponibili,
- delle condizioni dell'ambiente nelle varie regioni dell'Unione,
- dei vantaggi e degli oneri che possono derivare dall'azione o dall'assenza di azione,
- dello sviluppo socioeconomico dell'Unione nel suo insieme e dello sviluppo equilibrato delle sue singole regioni.

4. Nell'ambito delle rispettive competenze, l'Unione e gli Stati membri collaborano con i paesi terzi e con le competenti organizzazioni internazio-

nali. Le modalità della cooperazione dell'Unione possono formare oggetto di accordi tra questa ed i terzi interessati.

Il comma precedente non pregiudica la competenza degli Stati membri a negoziare nelle sedi internazionali e a concludere accordi internazionali.

192. *(ex articolo 175 del TCE).* 1. Il Parlamento europeo e il Consiglio, deliberando secondo la procedura legislativa ordinaria e previa consultazione del Comitato economico e sociale e del Comitato delle regioni, decidono in merito alle azioni che devono essere intraprese dall'Unione per realizzare gli obiettivi dell'articolo 191.

2. In deroga alla procedura decisionale di cui al paragrafo 1 e fatto salvo l'articolo 114, il Consiglio, deliberando all'unanimità secondo una procedura legislativa speciale e previa consultazione del Parlamento europeo, del Comitato economico e sociale e del Comitato delle regioni, adotta:

a) disposizioni aventi principalmente natura fiscale;

b) misure aventi incidenza:

- sull'assetto territoriale,
- sulla gestione quantitativa delle risorse idriche o aventi rapporto diretto o indiretto con la disponibilità delle stesse,
- sulla destinazione dei suoli, ad eccezione della gestione dei residui;

c) misure aventi una sensibile incidenza sulla scelta di uno Stato membro tra diverse fonti di energia e sulla struttura generale dell'approvvigionamento energetico del medesimo.

Il Consiglio, deliberando all'unanimità su proposta della Commissione e previa consultazione del Parlamento europeo, del Comitato economico e sociale e del Comitato delle regioni, può rendere applicabile la procedura legislativa ordinaria alle materie di cui al primo comma.

3. Il Parlamento europeo e il Consiglio, deliberando secondo la procedura legislativa ordinaria e previa consultazione del Comitato economico e sociale e del Comitato delle regioni, adottano programmi generali d'azione che fissano gli obiettivi prioritari da raggiungere.

Le misure necessarie all'attuazione di tali programmi sono adottate conformemente alle condizioni previste al paragrafo 1 o al paragrafo 2, a seconda dei casi.

4. Fatte salve talune misure adottate dall'Unione, gli Stati membri provvedono al finanziamento e all'esecuzione della politica in materia ambientale.

5. Fatto salvo il principio "chi inquina paga", qualora una misura basata sul paragrafo 1 implichi costi ritenuti sproporzionati per le pubbliche autorità di uno Stato membro, tale misura prevede disposizioni appropriate in forma di deroghe temporanee e/o sostegno finanziario del Fondo di coesione istituito in conformità dell'articolo 177.

193. *(ex articolo 176 del TCE).* I provvedimenti di protezione adottati in virtù dell'articolo 192 non impediscono ai singoli Stati membri di mantenere e di prendere provvedimenti per una protezione ancora maggiore. Tali provvedimenti devono essere compatibili con i trattati. Essi sono notificati alla Commissione.

TITOLO XXI
ENERGIA

194. 1. Nel quadro dell'instaurazione o del funzionamento del mercato interno e tenendo conto dell'esigenza di preservare e migliorare l'ambiente, la politica dell'Unione nel settore dell'energia è intesa, in uno spirito di solidarietà tra Stati membri, a:

a) garantire il funzionamento del mercato dell'energia,

b) garantire la sicurezza dell'approvvigionamento energetico nell'Unione,

c) promuovere il risparmio energetico, l'efficienza energetica e lo sviluppo di energie nuove e rinnovabili,

d) promuovere l'interconnessione delle reti energetiche.

2. Fatte salve le altre disposizioni dei trattati, il Parlamento europeo e il Consiglio, deliberando secondo la procedura legislativa ordinaria, stabiliscono le misure necessarie per conseguire gli obiettivi di cui al paragrafo 1. Tali misure sono adottate previa consultazione del Comitato economico e sociale e del Comitato delle regioni.

Esse non incidono sul diritto di uno Stato membro di determinare le condizioni di utilizzo delle sue fonti energetiche, la scelta tra varie fonti energetiche e la struttura generale del suo approvvigionamento energetico, fatto salvo l'articolo 192, paragrafo 2, lettera *c)*.

3. In deroga al paragrafo 2, il Consiglio, deliberando secondo una procedura legislativa speciale, all'unanimità e previa consultazione del Parlamento europeo, stabilisce le misure ivi contemplate se sono principalmente di natura fiscale.

TITOLO XXII
TURISMO

195. 1. L'Unione completa l'azione degli Stati membri nel settore del turismo, in particolare promuovendo la competitività delle imprese dell'Unione in tale settore.

A tal fine l'azione dell'Unione è intesa a:

a) incoraggiare la creazione di un ambiente propizio allo sviluppo delle imprese in detto settore;

b) favorire la cooperazione tra Stati membri, in particolare attraverso lo scambio delle buone pratiche.

2. Il Parlamento europeo e il Consiglio, deliberando secondo la procedura legislativa ordinaria, stabiliscono le misure specifiche destinate a completare le azioni svolte negli Stati membri al fine di realizzare gli obiettivi di cui al presente articolo, ad esclusione di qualsiasi armonizzazione delle disposizioni legislative e regolamentari degli Stati membri.

TITOLO XXIII
PROTEZIONE CIVILE

196. 1. L'Unione incoraggia la cooperazione tra gli Stati membri al fine di rafforzare l'efficacia dei sistemi di prevenzione e di protezione dalle calamità naturali o provocate dall'uomo.

L'azione dell'Unione è intesa a:

a) sostenere e completare l'azione degli Stati membri a livello nazionale, regionale e locale concernente la prevenzione dei rischi, la preparazione degli attori della protezione civile negli Stati membri e l'intervento in caso di calamità naturali o provocate dall'uomo all'interno dell'Unione;

b) promuovere una cooperazione operativa rapida ed efficace all'interno dell'Unione tra i servizi di protezione civile nazionali;

c) favorire la coerenza delle azioni intraprese a livello internazionale in materia di protezione civile.

2. Il Parlamento europeo e il Consiglio, deliberando secondo la procedura legislativa ordinaria, stabiliscono le misure necessarie per contribuire alla realizzazione degli obiettivi di cui al paragrafo 1, ad esclusione di qualsiasi armonizzazione delle disposizioni legislative e regolamentari degli Stati membri.

TITOLO XXIV
COOPERAZIONE AMMINISTRATIVA

197. 1. L'attuazione effettiva del diritto dell'Unione da parte degli Stati membri, essenziale per il buon funzionamento dell'Unione, è considerata una questione di interesse comune.

2. L'Unione può sostenere gli sforzi degli Stati membri volti a migliorare la loro capacità amministrativa di attuare il diritto dell'Unione. Tale azione può consistere in particolare nel facilitare lo scambio di informazioni e di funzionari pubblici e nel sostenere programmi di formazione. Nessuno Stato membro è tenuto ad avvalersi di tale sostegno. Il Parlamento europeo e il Consiglio, deliberando mediante regolamenti secondo la procedura legislativa ordinaria, stabiliscono le misure necessarie a tal fine, ad esclusione di qualsiasi armonizzazione delle disposizioni legislative e regolamentari degli Stati membri.

3. Il presente articolo non pregiudica l'obbligo degli Stati membri di attuare il diritto dell'Unione né le prerogative e i doveri della Commissione. Esso non pregiudica le altre disposizioni dei trattati che prevedono la cooperazione amministrativa fra gli Stati membri e fra questi ultimi e l'Unione.

PARTE QUARTA
ASSOCIAZIONE DEI PAESI E TERRITORI D'OLTREMARE

198. *(ex articolo 182 del TCE).* Gli Stati membri convengono di associare all'Unione i paesi e i territori non europei che mantengono con la Danimarca, la Francia, i Paesi Bassi e il Regno Unito delle relazioni particolari. Questi paesi e territori, qui di seguito chiamati paesi e territori, sono enumerati nell'elenco che costituisce l'allegato II.

Scopo dell'associazione è di promuovere lo sviluppo economico e sociale dei paesi e territori e l'instaurazione di strette relazioni economiche tra essi e l'Unione nel suo insieme.

Conformemente ai principi enunciati nel preambolo del presente trattato, l'associazione deve in primo luogo permettere di favorire gli interessi degli abitanti di questi paesi e territori e la loro prosperità, in modo da condurli allo sviluppo economico, sociale e culturale che essi attendono.

199. *(ex articolo 183 del TCE).* L'associazione persegue gli obiettivi seguenti:

1) Gli Stati membri applicano ai loro scambi commerciali con i paesi e territori il regime che si accordano tra di loro, in virtù dei trattati.

2) Ciascun paese o territorio applica ai suoi scambi commerciali con gli Stati membri e gli altri paesi e territori il regime che applica allo Stato europeo con il quale mantiene relazioni particolari.

3) Gli Stati membri contribuiscono agli investimenti richiesti dallo sviluppo progressivo di questi paesi e territori.

4) Per gli investimenti finanziati dall'Unione, la partecipazione alle aggiudicazioni e alle forniture è aperta, a parità di condizioni, a tutte le persone fisiche e giuridiche appartenenti agli Stati membri e ai paesi e territori.

5) Nelle relazioni fra gli Stati membri e i paesi e territori, il diritto di stabilimento dei cittadini e delle società è regolato conformemente alle disposizioni e mediante applicazione delle procedure previste al capo relativo al diritto di stabilimento e su una base non discriminatoria, fatte salve le disposizioni particolari prese in virtù dell'articolo 203.

200. *(ex articolo 184 del TCE).* 1. Le importazioni originarie dei paesi e territori beneficiano, al loro ingresso negli Stati membri, del divieto dei dazi doganali che interviene fra gli Stati membri conformemente alle disposizioni dei trattati.

2. All'entrata in ciascun paese e territorio i dazi doganali gravanti sulle importazioni dagli Stati membri e dagli altri paesi e territori sono vietati conformemente alle disposizioni dell'articolo 30.

3. Tuttavia, i paesi e territori possono riscuotere dei dazi doganali che rispondano alle necessità del loro sviluppo e ai bisogni della loro industrializzazione o dazi di carattere fiscale che abbiano per scopo di alimentare il loro bilancio.

I dazi di cui al comma precedente non possono eccedere quelli gravanti sulle importazioni dei prodotti in provenienza dallo Stato membro con il quale ciascun paese o territorio mantiene relazioni particolari.

4. Il paragrafo 2 non è applicabile ai paesi e territori i quali, a causa degli obblighi internazionali particolari cui sono soggetti, applicano già una tariffa doganale non discriminatoria.

5. L'introduzione o la modifica di dazi che colpiscano le merci importate nei paesi e territori non deve provocare, in linea di diritto o in linea di fatto, una discriminazione diretta o indiretta tra le importazioni in provenienza dai diversi Stati membri.

201. *(ex articolo 185 del TCE).* Se il livello dei dazi applicabili alle merci in provenienza da un paese terzo alla loro entrata in un paese o territorio, avuto riguardo alle disposizioni dell'articolo 200, paragrafo 1, è tale da provocare deviazioni di traffico a detrimento di uno degli Stati membri, questo può domandare alla Commissione di proporre agli altri Stati membri le misure necessarie per porre rimedio a questa situazione.

202. *(ex articolo 186 del TCE).* Fatte salve le disposizioni che regolano la pubblica sanità, la pubblica sicurezza e l'ordine pubblico, la libertà di circolazione dei lavoratori dei paesi e territori negli Stati membri e dei lavoratori degli Stati membri nei paesi e territori è regolata da atti adottati a norma dell'articolo 203.

203. *(ex articolo 187 del TCE).* Il Consiglio, deliberando all'unanimità su proposta della Commissione, stabilisce, muovendo dalle realizzazioni acquisite nell'ambito dell'associazione tra i paesi e territori e l'Unione, e basandosi sui principi inscritti nei trattati, le disposizioni relative alle modalità e alla procedura dell'associazione tra i paesi e territori e l'Unione. Allorché adotta le disposizioni in questione secondo una procedura legislativa speciale, il Consiglio delibera all'unanimità su proposta della Commissione e previa consultazione del Parlamento europeo.

204. *(ex articolo 188 del TCE).* Gli articoli da 198 a 203 si applicano alla Groenlandia fatte salve le disposizioni specifiche per la Groenlandia che figurano nel protocollo concernente il regime particolare applicabile alla Groenlandia, allegato ai trattati.

PARTE QUINTA
AZIONE ESTERNA DELL'UNIONE

TITOLO I
DISPOSIZIONI GENERALI SULL'AZIONE ESTERNA DELL'UNIONE

205. L'azione dell'Unione sulla scena internazionale, ai sensi della presente parte, si fonda sui principi, persegue gli obiettivi ed è condotta in conformità delle disposizioni generali di cui al capo 1 del titolo V del trattato sull'Unione europea.

TITOLO II
POLITICA COMMERCIALE COMUNE

206. *(ex articolo 131 del TCE).* L'Unione, tramite l'istituzione di un'unione doganale in conformità degli articoli da 28 a 32, contribuisce nell'interesse comune allo sviluppo armonioso del commercio mondiale, alla graduale soppressione delle restrizioni agli scambi internazionali e agli investimenti esteri diretti, e alla riduzione delle barriere doganali e di altro tipo.

207. *(ex articolo 133 del TCE).* 1. La politica commerciale comune è fondata su principi uniformi, in particolare per quanto concerne le modificazioni tariffarie, la conclusione di accordi tariffari e commerciali relativi agli scambi di merci e servizi, e gli aspetti commerciali della proprietà intellettuale, gli investimenti esteri diretti, l'uniformazione delle misure di liberalizzazione, la politica di esportazione e le misure di protezione commerciale, tra cui quelle da adottarsi nei casi di dumping e di sovvenzioni. La politica commerciale comune è condotta nel quadro dei principi e obiettivi dell'azione esterna dell'Unione.

2. Il Parlamento europeo e il Consiglio, deliberando mediante regolamenti secondo la procedura legislativa ordinaria, adottano le misure che definiscono il quadro di attuazione della politica commerciale comune.

3. Qualora si debbano negoziare e concludere accordi con uno o più paesi terzi o organizzazioni internazionali, si applica l'articolo 218, fatte salve le disposizioni particolari del presente articolo.

La Commissione presenta raccomandazioni al Consiglio, che l'autorizza ad avviare i negoziati necessari. Spetta al Consiglio e alla Commissione adoperarsi affinché gli accordi negoziati siano compatibili con le politiche e norme interne dell'Unione.

Tali negoziati sono condotti dalla Commissione, in consultazione con un comitato speciale designato dal Consiglio per assisterla in questo compito e nel quadro delle direttive che il Consiglio può impartirle. La Commissione riferisce periodicamente al comitato speciale e al Parlamento europeo sui progressi dei negoziati.

4. Per la negoziazione e la conclusione degli accordi di cui al paragrafo 3, il Consiglio delibera a maggioranza qualificata.

Per la negoziazione e la conclusione di accordi nei settori degli scambi di servizi, degli aspetti commerciali della proprietà intellettuale e degli investimenti esteri diretti, il Consiglio delibera all'unanimità qualora tali accordi contengano disposizioni per le quali è richiesta l'unanimità per l'adozione di norme interne.

Il Consiglio delibera all'unanimità anche per la negoziazione e la conclusione di accordi:

a) nel settore degli scambi di servizi culturali e audiovisivi, qualora tali accordi rischino di arrecare pregiudizio alla diversità culturale e linguistica dell'Unione;

b) nel settore degli scambi di servizi nell'ambito sociale, dell'istruzione e della sanità, qualora tali accordi rischino di perturbare seriamente l'organizzazione nazionale di tali servizi e di arrecare pregiudizio alla competenza degli Stati membri riguardo alla loro prestazione.

5. La negoziazione e la conclusione di accordi internazionali nel settore dei trasporti sono soggette al titolo VI della parte terza e all'articolo 218.

6. L'esercizio delle competenze attribuite dal presente articolo nel settore della politica commerciale comune non pregiudica la ripartizione delle competenze tra l'Unione e gli Stati membri e non comporta un'armonizzazione delle disposizioni legislative o regolamentari degli Stati membri, se i trattati escludono tale armonizzazione.

TITOLO III
COOPERAZIONE CON I PAESI TERZI E AIUTO UMANITARIO

CAPO I
COOPERAZIONE ALLO SVILUPPO

208. *(ex articolo 177 del TCE).* 1. La politica dell'Unione nel settore della cooperazione allo sviluppo è condotta nel quadro dei principi e obiettivi dell'azione esterna dell'Unione. La politica di cooperazione allo sviluppo dell'Unione e quella degli Stati membri si completano e si rafforzano reciprocamente.

L'obiettivo principale della politica dell'Unione in questo settore è la riduzione e, a termine, l'eliminazione della povertà. L'Unione tiene conto degli obiettivi della cooperazione allo sviluppo nell'attuazione delle politiche che possono avere incidenze sui paesi in via di sviluppo.

2. L'Unione e gli Stati membri rispettano gli impegni e tengono conto degli obiettivi riconosciuti nel quadro delle Nazioni Unite e delle altre organizzazioni internazionali competenti.

209. *(ex articolo 179 del TCE).* 1. Il Parlamento europeo e il Consiglio, deliberando secondo la procedura legislativa ordinaria, adottano le misure necessarie per l'attuazione della politica di cooperazione allo sviluppo, che possono riguardare programmi pluriennali di cooperazione con paesi in via di sviluppo o programmi tematici.

2. L'Unione può concludere con i paesi terzi e le organizzazioni internazionali competenti qualsiasi accordo utile alla realizzazione degli obiettivi di cui all'articolo 21 del trattato sull'Unione europea e all'articolo 208 del presente trattato.

Il primo comma non pregiudica la competenza degli Stati membri a negoziare nelle sedi internazionali e a concludere accordi.

3. La Banca europea per gli investimenti contribuisce, alle condizioni previste dal suo statuto, all'attuazione delle misure di cui al paragrafo 1.

210. *(ex articolo 180 del TCE).* 1. Per favorire la complementarità e l'efficacia delle azioni, l'Unione e gli Stati membri coordinano le rispettive politiche in materia di cooperazione allo sviluppo e si concertano sui rispettivi programmi di aiuto, anche nelle organizzazioni internazionali e in occasione di conferenze internazionali. Essi possono intraprendere azioni congiunte. Gli Stati membri contribuiscono, se necessario, all'attuazione dei programmi di aiuto dell'Unione.

2. La Commissione può prendere qualsiasi iniziativa utile a promuovere il coordinamento di cui al paragrafo 1.

211. *(ex articolo 181 del TCE).* Nell'ambito delle rispettive competenze, l'Unione e gli Stati membri collaborano con i paesi terzi e con le competenti organizzazioni internazionali.

CAPO II
COOPERAZIONE ECONOMICA, FINANZIARIA E TECNICA CON I PAESI TERZI

212. *(ex articolo 181 A del TCE).* 1. Fatte salve le altre disposizioni dei trattati, in particolare quelle degli articoli da 208 a 211, l'Unione conduce azioni di cooperazione economica, finanziaria e tecnica, comprese azioni di assistenza specialmente in campo finanziario, con paesi terzi diversi dai paesi in via di sviluppo. Tali azioni sono coerenti con la politica di sviluppo dell'Unione e sono condotte nel quadro dei principi e obiettivi dell'azione esterna. Le azioni dell'Unione e degli Stati membri si completano e si rafforzano reciprocamente.

2. Il Parlamento europeo e il Consiglio, deliberando secondo la procedura legislativa ordinaria, adottano le misure necessarie per l'attuazione del paragrafo 1.

3. Nell'ambito delle rispettive competenze, l'Unione e gli Stati membri collaborano con i paesi terzi e con le competenti organizzazioni internazionali. Le modalità della cooperazione dell'Unione possono formare oggetto di accordi tra questa e i terzi interessati.

Il primo comma non pregiudica la competenza degli Stati membri a negoziare nelle sedi internazionali e a concludere accordi internazionali.

213. Allorché la situazione in un paese terzo esige un'assistenza finanziaria urgente da parte dell'Unione, il Consiglio, su proposta della Commissione, adotta le decisioni necessarie.

CAPO III
AIUTO UMANITARIO

214. 1. Le azioni dell'Unione nel settore dell'aiuto umanitario sono condotte nel quadro dei principi e obiettivi dell'azione esterna dell'Unione. Esse mirano a fornire, in modo puntuale, assistenza, soccorso e protezione alle popolazioni dei paesi terzi vittime di calamità naturali o provocate dall'uomo, per far fronte alle necessità umanitarie risultanti da queste diverse situazioni. Le azioni dell'Unione e degli Stati membri si completano e si rafforzano reciprocamente.

2. Le azioni di aiuto umanitario sono condotte conformemente ai principi del diritto internazionale e ai principi di imparzialità, neutralità e non discriminazione.

3. Il Parlamento europeo e il Consiglio, deliberando secondo la procedura legislativa ordinaria, stabiliscono le misure che definiscono il quadro di attuazione delle azioni di aiuto umanitario dell'Unione.

4. L'Unione può concludere con i paesi terzi e le organizzazioni internazionali competenti qualsiasi accordo utile alla realizzazione degli obiettivi di cui al paragrafo 1 e all'articolo 21 del trattato sull'Unione europea.

Il primo comma non pregiudica la competenza degli Stati membri a negoziare nelle sedi internazionali e a concludere accordi.

5. È istituito un corpo volontario europeo di aiuto umanitario per inquadrare contributi comuni dei giovani europei alle azioni di aiuto umanitario dell'Unione. Il Parlamento europeo e il Consiglio, deliberando mediante regolamenti secondo la procedura legislativa ordinaria, ne fissano lo statuto e le modalità di funzionamento.

6. La Commissione può prendere qualsiasi iniziativa utile a promuovere il coordinamento tra le azioni dell'Unione e quelle degli Stati membri, allo scopo di rafforzare l'efficacia e la complementarità dei dispositivi dell'Unione e dei dispositivi nazionali di aiuto umanitario.

7. L'Unione provvede affinché le sue azioni di aiuto umanitario siano coordinate e coerenti con quelle svolte da organizzazioni e organismi internazionali, specie nell'ambito del sistema delle Nazioni Unite.

TITOLO IV
MISURE RESTRITTIVE

215. *(ex articolo 301 del TCE).* 1. Quando una decisione adottata conformemente al capo 2 del titolo V del trattato sull'Unione europea prevede l'interruzione o la riduzione, totale o parziale, delle relazioni economiche e finanziarie con uno o più paesi terzi, il Consiglio, deliberando a maggioranza qualificata su proposta congiunta dell'alto rappresentante dell'Unione per gli affari esteri e la politica di sicurezza e della Commissione, adotta le misure necessarie. Esso ne informa il Parlamento europeo.

2. Quando una decisione adottata conformemente al capo 2 del titolo V del trattato sull'Unione europea lo prevede, il Consiglio può adottare, secondo la procedura di cui al paragrafo 1, misure restrittive nei confronti di persone fisiche o giuridiche, di gruppi o di entità non statali.

3. Gli atti di cui al presente articolo contengono le necessarie disposizioni sulle garanzie giuridiche.

TITOLO V
ACCORDI INTERNAZIONALI

216. 1. L'Unione può concludere un accordo con uno o più paesi terzi o organizzazioni internazionali qualora i trattati lo prevedano o qualora la conclusione di un accordo sia necessaria per realizzare, nell'ambito delle politiche dell'Unione, uno degli obiettivi fissati dai trattati, o sia prevista in un atto giuridico vincolante dell'Unione, oppure possa incidere su norme comuni o alterarne la portata.

2. Gli accordi conclusi dall'Unione vincolano le istituzioni dell'Unione e gli Stati membri.

217. *(ex articolo 310 del TCE).* L'Unione può concludere con uno o più paesi terzi o organizzazioni internazionali accordi che istituiscono un'associazione caratterizzata da diritti ed obblighi reciproci, da azioni in comune e da procedure particolari.

218. *(ex articolo 300 del TCE).* 1. Fatte salve le disposizioni particolari dell'articolo 207, gli accordi tra l'Unione e i paesi terzi o le organizzazioni internazionali sono negoziati e conclusi secondo la procedura seguente.

2. Il Consiglio autorizza l'avvio dei negoziati, definisce le direttive di negoziato, autorizza la firma e conclude gli accordi.

3. La Commissione, o l'alto rappresentante dell'Unione per gli affari esteri e la politica di sicurezza quando l'accordo previsto riguarda esclusivamente o principalmente la politica estera e di sicurezza comune, presenta raccomandazioni al Consiglio, il quale adotta una decisione che autorizza l'avvio dei negoziati e designa, in funzione della materia dell'accordo previsto, il negoziatore o il capo della squadra di negoziato dell'Unione.

4. Il Consiglio può impartire direttive al negoziatore e designare un comitato speciale che deve essere consultato nella conduzione dei negoziati.

5. Il Consiglio, su proposta del negoziatore, adotta una decisione che autorizza la firma dell'accordo e, se del caso, la sua applicazione provvisoria prima dell'entrata in vigore.

6. Il Consiglio, su proposta del negoziatore, adotta una decisione relativa alla conclusione dell'accordo.

Tranne quando l'accordo riguarda esclusivamente la politica estera e di sicurezza comune, il Consiglio adotta la decisione di conclusione dell'accordo:

a) previa approvazione del Parlamento europeo nei casi seguenti:

I) accordi di associazione;

II) accordo sull'adesione dell'Unione alla Convenzione europea per la salvaguardia dei diritti dell'uomo e delle libertà fondamentali;

III) accordi che creano un quadro istituzionale specifico organizzando procedure di cooperazione;

IV) accordi che hanno ripercussioni finanziarie considerevoli per l'Unione;

V) accordi che riguardano settori ai quali si applica la procedura legislativa ordinaria oppure la procedura legislativa speciale qualora sia necessaria l'approvazione del Parlamento europeo.

In caso d'urgenza, il Parlamento europeo e il Consiglio possono concordare un termine per l'approvazione;

b) previa consultazione del Parlamento europeo, negli altri casi. Il Parlamento europeo formula il parere nel termine che il Consiglio può fissare in funzione dell'urgenza. In mancanza di parere entro detto termine, il Consiglio può deliberare.

7. All'atto della conclusione di un accordo, il Consiglio, in deroga ai paragrafi 5, 6 e 9, può abilitare il negoziatore ad approvare a nome dell'Unione le modifiche dell'accordo se quest'ultimo ne prevede l'adozione con una procedura semplificata o da parte di un organo istituito dall'accordo stesso. Il Consiglio correda eventualmente questa abilitazione di condizioni specifiche.

8. Nel corso dell'intera procedura, il Consiglio delibera a maggioranza qualificata.

Tuttavia esso delibera all'unanimità quando l'accordo riguarda un settore per il quale è richiesta l'unanimità per l'adozione di un atto dell'Unione e per gli accordi di associazione e gli accordi di cui all'articolo 212 con gli Stati candidati all'adesione. Il Consiglio delibera all'unanimità anche per l'accordo sull'adesione dell'Unione alla Convenzione europea per la salvaguardia dei diritti dell'uomo e delle libertà fondamentali; la decisione sulla conclusione di tale accordo entra in vigore previa approvazione degli Stati membri, conformemente alle rispettive norme costituzionali.

9. Il Consiglio, su proposta della Commissione o dell'alto rappresentante dell'Unione per gli affari esteri e la politica di sicurezza, adotta una decisione sulla sospensione dell'applicazione di un accordo e che stabilisce le posizioni da adottare a nome dell'Unione in un organo istituito da un accordo, se tale organo deve adottare atti che hanno effetti giuridici, fatta eccezione per gli atti che integrano o modificano il quadro istituzionale dell'accordo.

10. Il Parlamento europeo è immediatamente e pienamente informato in tutte le fasi della procedura.

11. Uno Stato membro, il Parlamento europeo, il Consiglio o la Commissione possono domandare il parere della Corte di giustizia circa la compatibilità di un accordo previsto con i trattati. In caso di parere negativo della Corte, l'accordo previsto non può entrare in vigore, salvo modifiche dello stesso o revisione dei trattati.

219. *(ex articolo 111, paragrafi da 1 a 3 e 5, del TCE).* 1. In deroga all'articolo 218 il Consiglio, su raccomandazione della Banca centrale europea o su raccomandazione della Commissione e previa consultazione della Banca centrale europea, nell'intento di pervenire a un consenso compatibile con l'obiettivo della stabilità dei prezzi, può concludere accordi formali su un sistema di tassi di cambio dell'euro nei confronti delle valute di Stati terzi. Il Consiglio delibera all'unanimità previa consultazione del Parlamento europeo e secondo la procedura di cui al paragrafo 3.

Il Consiglio, su raccomandazione della Banca centrale europea o su raccomandazione della Commissione e previa consultazione della Banca centrale europea, nell'intento di pervenire ad un consenso coerente con l'obiettivo della stabilità dei prezzi, può adottare, adeguare o abbandonare i tassi centrali dell'euro all'interno del sistema dei tassi di cambio. Il presidente del Consiglio informa il Parlamento europeo dell'adozione, dell'adeguamento o dell'abbandono dei tassi centrali dell'euro.

2. In mancanza di un sistema di tassi di cambio rispetto ad una o più valute di Stati terzi, come indicato al paragrafo 1, il Consiglio, su raccomandazione della Commissione e previa consultazione della Banca centrale europea, o su raccomandazione della Banca centrale europea, può formulare gli orientamenti generali di politica del cambio nei confronti di dette valute. Questi orientamenti generali non pregiudicano l'obiettivo prioritario del SEBC di mantenere la stabilità dei prezzi.

3. In deroga all'articolo 218, qualora accordi in materia di regime monetario o valutario debbano essere negoziati dall'Unione con uno o più Stati terzi o organizzazioni internazionali, il Consiglio, su raccomandazione della Commissione e previa consultazione della Banca centrale europea, decide le modalità per la negoziazione e la conclusione di detti accordi. Tali modalità devono assicurare che l'Unione esprima una posizione unica. La Commissione è associata a pieno titolo ai negoziati.

4. Senza pregiudizio della competenza dell'Unione e degli accordi dell'Unione relativi all'Unione economica e monetaria, gli Stati membri possono condurre negoziati nelle istanze internazionali e concludere accordi internazionali.

TITOLO VI
RELAZIONI DELL'UNIONE CON LE ORGANIZZAZIONI INTERNAZIONALI E I PAESI TERZI E DELEGAZIONI DELL'UNIONE

220. *(ex articoli da 302 a 304 del TCE).* 1. L'Unione attua ogni utile forma di cooperazione con gli organi delle Nazioni Unite e degli istituti specializzati delle Nazioni Unite, il Consiglio d'Europa, l'Organizzazione per la sicurezza e la cooperazione in Europa e l'Organizzazione per la cooperazione e lo sviluppo economico.

L'Unione assicura inoltre i collegamenti che ritiene opportuni con altre organizzazioni internazionali.

2. L'alto rappresentante dell'Unione per gli affari esteri e la politica di sicurezza e la Commissione sono incaricati dell'attuazione del presente articolo.

221. 1. Le delegazioni dell'Unione nei paesi terzi e presso le organizzazioni internazionali assicurano la rappresentanza dell'Unione.

2. Le delegazioni dell'Unione sono poste sotto l'autorità dell'alto rappresentante dell'Unione per gli affari esteri e la politica di sicurezza. Esse agiscono in stretta cooperazione con le missioni diplomatiche e consolari degli Stati membri.

TITOLO VII
CLAUSOLA DI SOLIDARIETÀ

222. 1. L'Unione e gli Stati membri agiscono congiuntamente in uno spirito di solidarietà qualora uno Stato membro sia oggetto di un attacco terroristico o sia vittima di una calamità naturale o provocata dall'uomo. L'Unione mobilita tutti gli strumenti di cui dispone, inclusi i mezzi militari messi a sua disposizione dagli Stati membri, per:

- prevenire la minaccia terroristica sul territorio degli Stati membri;
- proteggere le istituzioni democratiche e la popolazione civile da un eventuale attacco terroristico;
- prestare assistenza a uno Stato membro sul suo territorio, su richiesta delle sue autorità politiche, in caso di attacco terroristico;
- prestare assistenza a uno Stato membro sul suo territorio, su richiesta delle sue autorità politiche, in caso di calamità naturale o provocata dall'uomo.

2. Se uno Stato membro subisce un attacco terroristico o è vittima di una calamità naturale o provocata dall'uomo, gli altri Stati membri, su richiesta delle sue autorità politiche, gli prestano assistenza. A tal fine gli Stati membri si coordinano in sede di Consiglio.

3. Le modalità di attuazione della presente clausola di solidarietà da parte dell'Unione sono definite da una decisione adottata dal Consiglio, su proposta congiunta della Commissione e dell'alto rappresentante dell'Unione per gli affari esteri e la politica di sicurezza. Quando tale decisione ha implicazioni nel settore della difesa, il Consiglio delibera conformemente all'articolo 31, paragrafo 1 del trattato sull'Unione europea. Il Parlamento europeo è informato.

Ai fini del presente paragrafo e fatto salvo l'articolo 240, il Consiglio è assistito dal comitato politico e di sicurezza, con il sostegno delle strutture sviluppate nell'ambito della politica di sicurezza e di difesa comune, e dal comitato di cui all'articolo 71, i quali gli presentano, se del caso, pareri congiunti.

4. Per consentire all'Unione e agli Stati membri di agire in modo efficace, il Consiglio europeo valuta regolarmente le minacce cui è confrontata l'Unione.

PARTE SESTA
DISPOSIZIONI ISTITUZIONALI E FINANZIARIE

TITOLO I
DISPOSIZIONI ISTITUZIONALI

CAPO I
LE ISTITUZIONI

Sezione I
Il Parlamento europeo

223. *(ex articolo 190, paragrafi 4 e 5, del TCE).* 1. Il Parlamento europeo elabora un progetto volto a stabilire le disposizioni necessarie per permettere l'elezione dei suoi membri a suffragio universale diretto, secondo una procedura uniforme in tutti gli Stati membri o secondo principi comuni a tutti gli Stati membri.

Il Consiglio, deliberando all'unanimità secondo una procedura legislativa speciale e previa approvazione del Parlamento europeo che si pronuncia alla maggioranza dei membri che lo compongono, stabilisce le disposizioni necessarie. Tali disposizioni entrano in vigore previa approvazione degli Stati membri conformemente alle rispettive norme costituzionali.

2. Previo parere della Commissione e con l'approvazione del Consiglio, il Parlamento europeo, di sua iniziativa, deliberando mediante regolamenti secondo una procedura legislativa speciale, stabilisce lo statuto e le condizioni generali per l'esercizio delle funzioni dei suoi membri. Per le norme o le condizioni relative al regime fiscale dei membri o ex membri è richiesta l'unanimità in sede di Consiglio.

224. *(ex articolo 191, secondo comma, del TCE).* Il Parlamento europeo e il Consiglio, deliberando mediante regolamenti secondo la procedura legislativa ordinaria, determinano lo statuto dei partiti politici a livello europeo di cui all'articolo 10, paragrafo 4 del trattato sull'Unione europea, in particolare le norme relative al loro finanziamento.

225. *(ex articolo 192, secondo comma, del TCE).* A maggioranza dei membri che lo compongono, il Parlamento europeo può chiedere alla Commissione di presentare adeguate proposte sulle questioni per le quali reputa necessaria l'elaborazione di un atto dell'Unione ai fini dell'attuazione dei trattati. Se la Commissione non presenta una proposta, essa ne comunica le motivazioni al Parlamento europeo

226. *(ex articolo 193 del TCE).* Nell'ambito delle sue funzioni, il Parlamento europeo, su richiesta di un quarto dei membri che lo compongono, può costituire una commissione temporanea d'inchiesta incaricata di esaminare, fatti salvi i poteri conferiti dai trattati ad altre istituzioni o ad altri organi, le denunce di infrazione o di cattiva amministrazione nell'applicazione del diritto dell'Unione, salvo quando i fatti di cui trattasi siano pendenti dinanzi ad una giurisdizione e fino all'espletamento della procedura giudiziaria.

La commissione temporanea d'inchiesta cessa di esistere con il deposito della sua relazione.

Previa approvazione del Consiglio e della Commissione, il Parlamento europeo, di sua iniziativa, deliberando mediante regolamenti secondo una procedura legislativa speciale, fissa le modalità per l'esercizio del diritto d'inchiesta.

227. *(ex articolo 194 del TCE).* Qualsiasi cittadino dell'Unione, nonché ogni persona fisica o giuridica che risieda o abbia la sede sociale in uno Stato membro, ha il diritto di presentare, individualmente o in associazione con altri cittadini o persone, una petizione al Parlamento europeo su una materia che rientra nel campo di attività dell'Unione e che lo (la) concerne direttamente.

228. *(ex articolo 195 del TCE).* 1. Un mediatore europeo, eletto dal Parlamento europeo, è abilitato a ricevere le denunce di qualsiasi cittadino dell'Unione o di qualsiasi persona fisica o giuridica che risieda o abbia la sede sociale in uno Stato membro, e riguardanti casi di cattiva amministrazione nell'azione delle istituzioni, degli organi o degli organismi dell'Unione, salvo la Corte di giustizia dell'Unione europea nell'esercizio delle sue funzioni giurisdizionali. Egli istruisce tali denunce e riferisce al riguardo.

Conformemente alla sua missione, il Mediatore, di propria iniziativa o in base alle denunce che gli sono state presentate direttamente o tramite un membro del Parlamento europeo, procede alle indagini che ritiene giustificate, tranne quando i fatti in questione formino o abbiano formato oggetto di una procedura giudiziaria. Qualora il Mediatore constati un caso di cattiva amministrazione, egli ne investe l'istituzione interessata, che dispone di tre mesi per comunicargli il suo parere. Il Mediatore trasmette poi una relazione al Parlamento europeo e all'istituzione, all'organo o all'organismo interessati. La persona che ha sporto denuncia viene informata del risultato dell'indagine.

Ogni anno il Mediatore presenta una relazione al Parlamento europeo sui risultati delle sue indagini.

2. Il Mediatore è eletto dopo ogni elezione del Parlamento europeo per la durata della legislatura. Il suo mandato è rinnovabile.

Il Mediatore può essere dichiarato dimissionario dalla Corte di giustizia, su richiesta del Parlamento europeo, qualora non risponda più alle condizioni necessarie all'esercizio delle sue funzioni o abbia commesso una colpa grave.

3. Il Mediatore esercita le sue funzioni in piena indipendenza. Nell'adempimento dei suoi doveri, egli non sollecita né accetta istruzioni da alcun governo, istituzione, organo o organismo. Per tutta la durata del suo mandato, il Mediatore non può esercitare alcuna altra attività professionale, remunerata o meno.

4. Previo parere della Commissione e con l'approvazione del Consiglio, il Parlamento europeo, di sua iniziativa, deliberando mediante regolamenti secondo una procedura legislativa speciale, fissa lo statuto e le condizioni generali per l'esercizio delle funzioni del Mediatore.

229. *(ex articolo 196 del TCE).* Il Parlamento europeo tiene una sessione annuale. Esso si riunisce di diritto il secondo martedì del mese di marzo.

Il Parlamento europeo può riunirsi in tornata a richiesta della maggioranza dei membri che lo compongono, del Consiglio o della Commissione.

230. *(ex articolo 197, secondo, terzo e quarto comma, del TCE).* La Commissione può assistere a tutte le sedute ed essere ascoltata a sua richiesta.

La Commissione risponde oralmente o per iscritto alle interrogazioni che le sono presentate dal Parlamento europeo o dai membri di questo.

Il Consiglio europeo e il Consiglio sono ascoltati dal Parlamento europeo, secondo le modalità previste dal regolamento interno del Consiglio europeo e da quello del Consiglio.

231. *(ex articolo 198 del TCE).* Salvo contrarie disposizioni dei trattati, il Parlamento europeo delibera a maggioranza dei suffragi espressi.

Il regolamento interno fissa il numero legale.

232. *(ex articolo 199 del TCE).* Il Parlamento europeo stabilisce il proprio regolamento interno a maggioranza dei membri che lo compongono.

Gli atti del Parlamento europeo sono pubblicati conformemente alle condizioni previste dai trattati e da detto regolamento.

233. *(ex articolo 200 del TCE).* Il Parlamento europeo, in seduta pubblica, procede all'esame della relazione generale annuale, che gli è sottoposta dalla Commissione.

234. *(ex articolo 201 del TCE).* Il Parlamento europeo, cui sia presentata una mozione di censura sull'operato della Commissione, non può pronunciarsi su tale mozione prima che siano trascorsi almeno tre giorni dal suo deposito e con scrutinio pubblico.

Se la mozione di censura è approvata a maggioranza di due terzi dei voti espressi e a maggioranza dei membri che compongono il Parlamento europeo, i membri della Commissione si dimettono collettivamente dalle loro funzioni e l'alto rappresentante dell'Unione per gli affari esteri e la politica di sicurezza si dimette dalle funzioni che esercita in seno alla Commissione. Essi rimangono in carica e continuano a curare gli affari di ordinaria amministrazione fino alla loro sostituzione conformemente all'articolo 17 del trattato sull'Unione europea. In questo caso, il mandato dei membri della Commissione nominati per sostituirli scade alla data in cui sarebbe scaduto il mandato dei membri della Commissione costretti a dimettersi collettivamente dalle loro funzioni.

Sezione II
Il Consiglio europeo

235. 1. In caso di votazione, ciascun membro del Consiglio europeo può ricevere delega da uno solo degli altri membri.

L'articolo 16, paragrafo 4 del trattato sull'Unione europea e l'articolo 238, paragrafo 2 del presente trattato si applicano al Consiglio europeo allorché delibera a maggioranza qualificata. Allorché il Consiglio europeo delibera mediante votazione, il presidente e il presidente della Commissione non partecipano al voto.

L'astensione di membri presenti o rappresentati non osta all'adozione delle deliberazioni del Consiglio europeo per le quali è richiesta l'unanimità.

2. Il presidente del Parlamento europeo può essere invitato per essere ascoltato dal Consiglio europeo.

3. Il Consiglio europeo delibera a maggioranza semplice in merito alle questioni procedurali e per l'adozione del suo regolamento interno.

4. Il Consiglio europeo è assistito dal segretariato generale del Consiglio.

236. Il Consiglio europeo adotta a maggioranza qualificata:

a) una decisione che stabilisce l'elenco delle formazioni del Consiglio, eccettuate quella "Affari generali" e quella "Affari esteri", conformemente all'articolo 16, paragrafo 6 del trattato sull'Unione europea;

b) una decisione sulla presidenza delle formazioni del Consiglio, eccettuata quella "Affari esteri", conformemente all'articolo 16, paragrafo 9 del trattato sull'Unione europea.

Sezione III
Il Consiglio

237. *(ex articolo 204 del TCE).* Il Consiglio si riunisce su convocazione del suo presidente, per iniziativa di questi, di uno dei suoi membri o della Commissione.

238. *(ex articolo 205, paragrafi 1 e 2, del TCE).* 1. Per le deliberazioni che richiedono la maggioranza semplice, il Consiglio delibera alla maggioranza dei membri che lo compongono.

2. In deroga all'articolo 16, paragrafo 4 del trattato sull'Unione europea, a decorrere dal 1° novembre 2014 e fatte salve le disposizioni stabilite dal protocollo sulle disposizioni transitorie, quando il Consiglio non delibera su proposta della Commissione o dell'alto rappresentante dell'Unione per gli affari esteri e la politica di sicurezza, per maggioranza qualificata si intende almeno il 72% dei membri del Consiglio rappresentanti Stati membri che totalizzino almeno il 65% della popolazione dell'Unione.

3. A decorrere dal 1° novembre 2014 e fatte salve le disposizioni stabilite dal protocollo sulle disposizioni transitorie, nei casi in cui, a norma dei trattati, non tutti i membri del Consiglio partecipano alla votazione, per maggioranza qualificata si intende quanto segue:

a) per maggioranza qualificata si intende almeno il 55% dei membri del Consiglio rappresentanti gli Stati membri partecipanti che totalizzino almeno il 65% della popolazione di tali Stati.

La minoranza di blocco deve comprendere almeno il numero minimo di membri del Consiglio che rappresentano oltre il 35% della popolazione degli Stati membri partecipanti, più un altro membro; in caso contrario la maggioranza qualificata si considera raggiunta.

b) In deroga alla lettera *a)*, quando il Consiglio non delibera su proposta della Commissione o dell'alto rappresentante dell'Unione per gli affari esteri e la politica di sicurezza, per maggioranza qualificata si intende almeno il 72% dei membri del Consiglio rappresentanti gli Stati membri partecipanti, che totalizzino almeno il 65% della popolazione di tali Stati.

4. Le astensioni dei membri presenti o rappresentati non ostano all'adozione delle deliberazioni del Consiglio per le quali è richiesta l'unanimità.

239. *(ex articolo 206 del TCE).* In caso di votazione, ciascun membro del Consiglio può ricevere delega da uno solo degli altri membri.

240. *(ex articolo 207 del TCE).* 1. Un comitato costituito dai rappresentanti permanenti dei governi degli Stati membri è responsabile della preparazione dei lavori del Consiglio e dell'esecuzione dei compiti che quest'ultimo gli assegna. Il comitato può adottare decisioni di procedura nei casi previsti dal regolamento interno del Consiglio.

2. Il Consiglio è assistito dal segretariato generale, sotto la responsabilità di un segretario generale nominato dal Consiglio.

Il Consiglio decide a maggioranza semplice in merito all'organizzazione del segretariato generale.

3. Il Consiglio delibera a maggioranza semplice in merito alle questioni procedurali e per l'adozione del suo regolamento interno.

241. *(ex articolo 208 del TCE).* Il Consiglio, deliberando a maggioranza semplice, può chiedere alla Commissione di procedere a tutti gli studi che esso ritiene opportuni ai fini del raggiungimento degli obiettivi comuni e di sottoporgli tutte le proposte del caso. Se la Commissione non presenta una proposta, ne comunica le motivazioni al Consiglio.

242. *(ex articolo 209 del TCE).* Il Consiglio deliberando a maggioranza semplice, stabilisce, previa consultazione della Commissione, lo statuto dei comitati previsti dai trattati.

243. *(ex articolo 210 del TCE).* Il Consiglio fissa gli stipendi, indennità e pensioni del presidente del Consiglio europeo, del presidente della Commissione, dell'alto rappresentante dell'Unione per gli affari esteri e la politica di sicurezza, dei membri della Commissione, dei presidenti, dei membri e dei cancellieri della Corte di giustizia dell'Unione europea, nonché del segretario generale del Consiglio. Esso fissa altresì tutte le indennità sostitutive di retribuzione.

Sezione IV
La Commissione

244. A norma dell'articolo 17, paragrafo 5 del trattato sull'Unione europea i membri della Commissione sono scelti in base ad un sistema di rotazione stabilito all'unanimità dal Consiglio europeo secondo i principi seguenti:

a) gli Stati membri sono trattati su un piano di assoluta parità per quanto concerne la determinazione dell'avvicendamento e del periodo di permanenza dei loro cittadini in seno alla Commissione; pertanto lo scarto tra il numero totale dei mandati detenuti da cittadini di due Stati membri non può mai essere superiore a uno;

b) fatta salva la lettera *a)*, ciascuna delle Commissioni successive è costituita in modo da riflettere in maniera soddisfacente la molteplicità demografica e geografica degli Stati membri.

245. *(ex articolo 213 del TCE).* I membri della Commissione si astengono da ogni atto incompatibile con il carattere delle loro funzioni. Gli Stati membri rispettano la loro indipendenza e non cercano di influenzarli nell'adempimento dei loro compiti.

I membri della Commissione non possono, per la durata delle loro funzioni, esercitare alcun'altra attività professionale, rimunerata o meno. Fin dal loro insediamento, essi assumono l'impegno solenne di rispettare, per la durata delle loro funzioni e dopo la cessazione di queste, gli obblighi derivanti dalla loro carica, ed in particolare i doveri di onestà e delicatezza per quanto riguarda l'accettare, dopo tale cessazione, determinate funzioni o vantaggi. In caso di violazione degli obblighi stessi, la Corte di giustizia, su istanza del Consiglio, che delibera a maggioranza semplice, o della Commissione, può, a seconda dei casi, pronunciare le dimissioni d'ufficio alle condizioni previste dall'articolo 247 ovvero la decadenza dal diritto a pensione dell'interessato o da altri vantaggi sostitutivi.

246. *(ex articolo 215 del TCE).* A parte i rinnovi regolari e i decessi, le funzioni dei membri della Commissione cessano individualmente per dimissioni volontarie o d'ufficio.

Il posto divenuto vacante a seguito di dimissioni volontarie o d'ufficio o di decesso è coperto, per la restante durata del mandato del membro, da un nuovo membro della stessa nazionalità, nominato dal Consiglio di comune accordo col presidente della Commissione, previa consultazione del Parlamento europeo e in conformità dei criteri di cui all'articolo 17, paragrafo 3, secondo comma del trattato sull'Unione europea.

Il Consiglio, deliberando all'unanimità su proposta del presidente della Commissione, può decidere che tale posto divenuto vacante non deve essere coperto, in particolare se la restante durata del mandato è breve.

In caso di dimissioni volontarie, di dimissioni d'ufficio o di decesso, il presidente è sostituito per la restante durata del suo mandato. Per la sua sostituzione si applica la procedura prevista dall'articolo 17, paragrafo 7, primo comma del trattato sull'Unione europea.

In caso di dimissioni volontarie o d'ufficio o di decesso, l'alto rappresentante dell'Unione per gli affari esteri e la politica di sicurezza è sostituito per la restante durata del suo mandato, in conformità dell'articolo 18, paragrafo 1 del trattato sull'Unione europea.

In caso di dimissioni volontarie di tutti i membri della Commissione, questi rimangono in carica e continuano a curare gli affari di ordinaria amministrazione fino alla loro sostituzione, per la restante durata del mandato, in conformità dell'articolo 17 del trattato sull'Unione europea.

247. *(ex articolo 216 del TCE).* Qualsiasi membro della Commissione che non risponda più alle condizioni necessarie all'esercizio delle sue funzioni o che abbia commesso una colpa grave può essere dichiarato dimissionario dalla Corte di giustizia, su istanza del Consiglio, che delibera a maggioranza semplice, o della Commissione.

248. *(ex articolo 217, paragrafo 2, del TCE).* Fatto salvo l'articolo 18, paragrafo 4 del trattato sull'Unione europea, le competenze che spettano alla Commissione sono strutturate e ripartite fra i membri dal presidente, in conformità dell'articolo 17, paragrafo 6 di detto trattato. Il presidente può modificare la ripartizione delle competenze nel corso del mandato. I membri della Commissione esercitano le funzioni loro attribuite dal presidente, sotto la sua autorità.

249. *(ex articoli 218, paragrafo 2, e 212 del TCE).* 1. La Commissione stabilisce il proprio regolamento interno allo scopo di assicurare il proprio funzionamento e quello dei propri servizi. Essa provvede alla pubblicazione del regolamento.

2. La Commissione pubblica ogni anno, almeno un mese prima dell'apertura della sessione del Parlamento europeo, una relazione generale sull'attività dell'Unione.

250. *(ex articolo 219 del TCE).* Le deliberazioni della Commissione sono prese a maggioranza dei suoi membri.

Il regolamento interno fissa il numero legale.

Sezione V

La Corte di giustizia dell'Unione europea

251. *(ex articolo 221 del TCE).* La Corte di giustizia si riunisce in sezioni o in grande sezione, conformemente alle regole previste a tal fine dallo statuto della Corte di giustizia dell'Unione europea.

Ove ciò sia previsto dallo statuto, la Corte di giustizia può riunirsi anche in seduta plenaria.

252. *(ex articolo 222 del TCE).* La Corte di giustizia è assistita da otto avvocati generali. Ove ciò sia richiesto dalla Corte di giustizia, il Consiglio, deliberando all'unanimità, può aumentare il numero degli avvocati generali.

L'avvocato generale ha l'ufficio di presentare pubblicamente, con assoluta imparzialità e in piena indipendenza, conclusioni motivate sulle cause che, conformemente allo statuto della Corte di giustizia dell'Unione europea, richiedono il suo intervento.

253. *(ex articolo 223 del TCE).* I giudici e gli avvocati generali della Corte di giustizia, scelti tra personalità che offrano tutte le garanzie di indipendenza e che riuniscano le condizioni richieste per l'esercizio, nei rispettivi paesi, delle più alte funzioni giurisdizionali, ovvero che siano giureconsulti di notoria competenza, sono nominati di comune accordo per sei anni dai governi degli Stati membri, previa consultazione del comitato di cui all'articolo 255.

Ogni tre anni si procede a un rinnovo parziale dei giudici e degli avvocati generali, alle condizioni previste dallo statuto della Corte di giustizia dell'Unione europea.

I giudici designano tra loro, per tre anni, il presidente della Corte di giustizia. Il suo mandato è rinnovabile.

I giudici e gli avvocati generali uscenti possono essere nuovamente nominati.

La Corte di giustizia nomina il proprio cancelliere, di cui fissa lo statuto.

La Corte di giustizia stabilisce il proprio regolamento di procedura. Tale regolamento è sottoposto all'approvazione del Consiglio.

254. *(ex articolo 224 del TCE).* Il numero dei giudici del Tribunale è stabilito dallo statuto della Corte di giustizia dell'Unione europea. Lo statuto può prevedere che il Tribunale sia assistito da avvocati generali.

I membri del Tribunale sono scelti tra persone che offrano tutte le garanzie di indipendenza e posseggano la capacità per l'esercizio di alte funzioni giurisdizionali. Essi sono nominati di comune accordo per sei anni dai governi degli Stati membri, previa consultazione del comitato di cui all'articolo 255. Ogni tre anni si procede a un rinnovo parziale. I membri uscenti possono essere nuovamente nominati.

I giudici designano tra loro, per tre anni, il presidente del Tribunale. Il suo mandato è rinnovabile.

Il Tribunale nomina il proprio cancelliere, di cui fissa lo statuto.

Il Tribunale stabilisce il proprio regolamento di procedura di concerto con la Corte di giustizia. Tale regolamento è sottoposto all'approvazione del Consiglio.

Salvo quanto diversamente disposto dallo statuto della Corte di giustizia dell'Unione europea, le disposizioni dei trattati relative alla Corte di giustizia sono applicabili al Tribunale.

255. È istituito un comitato con l'incarico di fornire un parere sull'adeguatezza dei candidati all'esercizio delle funzioni di giudice e di avvocato generale della Corte di giustizia e del Tribunale, prima che i governi degli Stati membri procedano alle nomine in conformità degli articoli 253 e 254.

Il comitato è composto da sette personalità scelte tra ex membri della Corte di giustizia e del Tribunale, membri dei massimi organi giurisdizionali nazionali e giuristi di notoria competenza, uno dei quali è proposto dal Parlamento europeo. Il Consiglio adotta una decisione che stabilisce le regole di funzionamento di detto comitato e una decisione che ne designa i membri. Esso delibera su iniziativa del presidente della Corte di giustizia.

256. *(ex articolo 225 del TCE).* 1. Il Tribunale è competente a conoscere in primo grado dei ricorsi di cui agli articoli 263, 265, 268, 270 e 272, ad eccezione di quelli attribuiti a un tribunale specializzato istituito in applicazione dell'articolo 257 e di quelli che lo statuto riserva alla Corte di giustizia. Lo statuto può prevedere che il Tribunale sia competente per altre categorie di ricorsi.

Le decisioni emesse dal Tribunale ai sensi del presente paragrafo possono essere oggetto di impugnazione dinanzi alla Corte di giustizia per i soli motivi di diritto e alle condizioni ed entro i limiti previsti dallo statuto.

2. Il Tribunale è competente a conoscere dei ricorsi proposti contro le decisioni dei tribunali specializzati.

Le decisioni emesse dal Tribunale ai sensi del presente paragrafo possono eccezionalmente essere oggetto di riesame da parte della Corte di giustizia, alle condizioni ed entro i limiti previsti dallo statuto, ove sussistano gravi rischi che l'unità o la coerenza del diritto dell'Unione siano compromesse.

3. Il Tribunale è competente a conoscere delle questioni pregiudiziali, sottoposte ai sensi dell'articolo 267, in materie specifiche determinate dallo statuto.

Il Tribunale, ove ritenga che la causa richieda una decisione di principio che potrebbe compromettere l'unità o la coerenza del diritto dell'Unione, può rinviare la causa dinanzi alla Corte di giustizia affinché si pronunci.

Le decisioni emesse dal Tribunale su questioni pregiudiziali possono eccezionalmente essere oggetto di riesame da parte della Corte di giustizia, alle condizioni ed entro i limiti previsti dallo statuto, ove sussistano gravi rischi che l'unità o la coerenza del diritto dell'Unione siano compromesse.

257. *(ex articolo 225 A del TCE).* Il Parlamento europeo e il Consiglio, deliberando secondo la procedura legislativa ordinaria, possono istituire tribunali specializzati affiancati al Tribunale, e incaricati di conoscere in primo grado di talune categorie di ricorsi proposti in materie specifiche. Il Parlamento europeo e il Consiglio deliberano mediante regolamenti su proposta della Commissione e previa consultazione della Corte di giustizia o su richiesta della Corte di giustizia e previa consultazione della Commissione.

Il regolamento sull'istituzione di un tribunale specializzato stabilisce le regole relative alla composizione di tale tribunale e precisa la portata delle competenze ad esso conferite.

Le decisioni dei tribunali specializzati possono essere oggetto di impugnazione per i soli motivi di diritto o, qualora il regolamento sull'istituzione del tribunale specializzato lo preveda, anche per motivi di fatto, dinanzi al Tribunale.

I membri dei tribunali specializzati sono scelti tra persone che offrano tutte le garanzie di indipendenza e possiedano la capacità per l'esercizio di funzioni giurisdizionali. Essi sono nominati dal Consiglio, che delibera all'unanimità.

I tribunali specializzati stabiliscono il proprio regolamento di procedura di concerto con la Corte di giustizia. Tale regolamento è sottoposto all'approvazione del Consiglio.

Salvo ove diversamente disposto dal regolamento sull'istituzione del tribunale specializzato, le disposizioni dei trattati relative alla Corte di giustizia dell'Unione europea e le disposizioni dello statuto della Corte di giustizia dell'Unione europea si applicano ai tribunali specializzati. Il titolo I dello statuto e l'articolo 64 del medesimo si applicano in ogni caso ai tribunali specializzati.

258. *(ex articolo 226 del TCE).* La Commissione, quando reputi che uno Stato membro abbia mancato a uno degli obblighi a lui incombenti in virtù dei trattati, emette un parere motivato al riguardo, dopo aver posto lo Stato in condizioni di presentare le sue osservazioni.

Qualora lo Stato in causa non si conformi a tale parere nel termine fissato dalla Commissione, questa può adire la Corte di giustizia dell'Unione europea.

259. *(ex articolo 227 del TCE).* Ciascuno degli Stati membri può adire la Corte di giustizia dell'Unione europea quando reputi che un altro Stato membro ha mancato a uno degli obblighi a lui incombenti in virtù dei trattati.

Uno Stato membro, prima di proporre contro un altro Stato membro un ricorso fondato su una pretesa violazione degli obblighi che a quest'ultimo incombono in virtù dei trattati, deve rivolgersi alla Commissione.

La Commissione emette un parere motivato dopo che gli Stati interessati siano posti in condizione di presentare in contraddittorio le loro osservazioni scritte e orali.

Qualora la Commissione non abbia formulato il parere nel termine di tre mesi dalla domanda, la mancanza del parere non osta alla facoltà di ricorso alla Corte.

260. *(ex articolo 228 del TCE).* 1. Quando la Corte di giustizia dell'Unione europea riconosca che uno Stato membro ha mancato ad uno degli obblighi ad esso incombenti in virtù dei trattati, tale Stato è tenuto a prendere i provvedimenti che l'esecuzione della sentenza della Corte comporta.

2. Se ritiene che lo Stato membro in questione non abbia preso le misure che l'esecuzione della sentenza della Corte comporta, la Commissione, dopo aver posto tale Stato in condizione di presentare osservazioni, può adire la Corte. Essa precisa l'importo della somma forfettaria o della penalità, da versare da parte dello Stato membro in questione, che essa consideri adeguato alle circostanze.

La Corte, qualora riconosca che lo Stato membro in questione non si è conformato alla sentenza da essa pronunciata, può comminargli il pagamento di una somma forfettaria o di una penalità.

Questa procedura lascia impregiudicate le disposizioni dell'articolo 259.

3. La Commissione, quando propone ricorso dinanzi alla Corte in virtù dell'articolo 258 reputando che lo Stato membro interessato non abbia adempiuto all'obbligo di comunicare le misure di attuazione di una direttiva adottata secondo una procedura legislativa, può, se lo ritiene opportuno, indicare l'importo della somma forfettaria o della penalità da versare da parte di tale Stato che essa consideri adeguato alle circostanze.

Se la Corte constata l'inadempimento, può comminare allo Stato membro in questione il pagamento di una somma forfettaria o di una penalità entro i limiti dell'importo indicato dalla Commissione. Il pagamento è esigibile alla data fissata dalla Corte nella sentenza.

261. *(ex articolo 229 del TCE).* I regolamenti adottati congiuntamente dal Parlamento europeo e dal Consiglio e dal Consiglio in virtù delle disposizioni dei trattati possono attribuire alla Corte di giustizia dell'Unione europea una competenza giurisdizionale anche di merito per quanto riguarda le sanzioni previste nei regolamenti stessi.

262. *(ex articolo 229 A del TCE).* Fatte salve le altre disposizioni dei trattati, il Consiglio, deliberando all'unanimità secondo una procedura legislativa speciale e previa consultazione del Parlamento europeo, può adottare disposizioni intese ad attribuire alla Corte di giustizia dell'Unione europea, nella misura da esso stabilita, la competenza a pronunciarsi su controversie connesse con l'applicazione degli atti adottati in base ai trattati che creano titoli europei di proprietà intellettuale. Tali disposizioni entrano in vigore previa approvazione degli Stati membri, conformemente alle rispettive norme costituzionali.

263. *(ex articolo 230 del TCE).* La Corte di giustizia dell'Unione europea esercita un controllo di legittimità sugli atti legislativi, sugli atti del Consiglio, della Commissione e della Banca centrale europea che non siano raccomandazioni o pareri, nonché sugli atti del Parlamento europeo e del Consiglio europeo destinati a produrre effetti giuridici nei confronti di terzi. Esercita inoltre un controllo di legittimità sugli atti degli organi o organismi dell'Unione destinati a produrre effetti giuridici nei confronti di terzi.

A tal fine, la Corte è competente a pronunciarsi sui ricorsi per incompetenza, violazione delle forme sostanziali, violazione dei trattati o di qualsiasi regola di diritto relativa alla loro applicazione, ovvero per sviamento di potere, proposti da uno Stato membro, dal Parlamento europeo, dal Consiglio o dalla Commissione.

La Corte è competente, alle stesse condizioni, a pronunciarsi sui ricorsi che la Corte dei conti, la Banca centrale europea ed il Comitato delle regioni propongono per salvaguardare le proprie prerogative.

Qualsiasi persona fisica o giuridica può proporre, alle condizioni previste al primo e secondo comma, un ricorso contro gli atti adottati nei suoi confronti o che la riguardano direttamente e individualmente, e contro gli atti regolamentari che la riguardano direttamente e che non comportano alcuna misura d'esecuzione.

Gli atti che istituiscono gli organi e organismi dell'Unione possono prevedere condizioni e modalità specifiche relative ai ricorsi proposti da persone fisiche o giuridiche contro atti di detti organi o organismi destinati a produrre effetti giuridici nei loro confronti.

I ricorsi previsti dal presente articolo devono essere proposti nel termine di due mesi a decorrere, secondo i casi, dalla pubblicazione dell'atto, dalla sua notificazione al ricorrente ovvero, in mancanza, dal giorno in cui il ricorrente ne ha avuto conoscenza.

264. *(ex articolo 231 del TCE).* Se il ricorso è fondato, la Corte di giustizia dell'Unione europea dichiara nullo e non avvenuto l'atto impugnato.

Tuttavia la Corte, ove lo reputi necessario, precisa gli effetti dell'atto annullato che devono essere considerati definitivi.

265. *(ex articolo 232 del TCE).* Qualora, in violazione dei trattati, il Parlamento europeo, il Consiglio europeo, il Consiglio, la Commissione o la Banca centrale europea si astengano dal pronunciarsi, gli Stati membri e le altre istituzioni dell'Unione possono adire la Corte di giustizia dell'Unione europea per far constatare tale violazione. Il presente articolo si applica, alle stesse condizioni, agli organi e organismi dell'Unione che si astengano dal pronunciarsi.

Il ricorso è ricevibile soltanto quando l'istituzione, l'organo o l'organismo in causa siano stati preventivamente richiesti di agire. Se, allo scadere di un termine di due mesi da tale richiesta, l'istituzione, l'organo o l'organismo non hanno preso posizione, il ricorso può essere proposto entro un nuovo termine di due mesi.

Ogni persona fisica o giuridica può adire la Corte alle condizioni stabilite dai commi precedenti per contestare ad una istituzione, organo o organismo dell'Unione di avere omesso di emanare nei suoi confronti un atto che non sia una raccomandazione o un parere.

266. *(ex articolo 233 del TCE).* L'istituzione, l'organo o l'organismo da cui emana l'atto annullato o la cui astensione sia stata dichiarata contraria ai trattati sono tenuti a prendere i provvedimenti che l'esecuzione della sentenza della Corte di giustizia dell'Unione europea comporta.

Tale obbligo non pregiudica quello eventualmente risultante dall'applicazione dell'articolo 340, secondo comma.

267. *(ex articolo 234 del TCE).* La Corte di giustizia dell'Unione europea è competente a pronunciarsi, in via pregiudiziale:

a) sull'interpretazione dei trattati;

b) sulla validità e l'interpretazione degli atti compiuti dalle istituzioni, dagli organi o dagli organismi dell'Unione.

Quando una questione del genere è sollevata dinanzi ad un organo giurisdizionale di uno degli Stati membri, tale organo giurisdizionale può, qualora reputi necessaria per emanare la sua sentenza una decisione su questo punto, domandare alla Corte di pronunciarsi sulla questione.

Quando una questione del genere è sollevata in un giudizio pendente davanti a un organo giurisdizionale nazionale, avverso le cui decisioni non possa proporsi un ricorso giurisdizionale di diritto interno, tale organo giurisdizionale è tenuto a rivolgersi alla Corte.

Quando una questione del genere è sollevata in un giudizio pendente davanti a un organo giurisdizionale nazionale e riguardante una persona in stato di detenzione, la Corte statuisce il più rapidamente possibile.

268. *(ex articolo 235 del TCE).* La Corte di giustizia dell'Unione europea è competente a conoscere delle controversie relative al risarcimento dei danni di cui all'articolo 340, secondo e terzo comma.

269. La Corte di giustizia è competente a pronunciarsi sulla legittimità di un atto adottato dal Consiglio europeo o dal Consiglio a norma dell'articolo 7 del trattato sull'Unione europea unicamente su domanda dello Stato membro oggetto di una constatazione del Consiglio europeo o del Consiglio e per quanto concerne il rispetto delle sole prescrizioni di carattere procedurale previste dal suddetto articolo.

La domanda deve essere formulata entro il termine di un mese a decorrere da detta constatazione. La Corte statuisce entro il termine di un mese a decorrere dalla data della domanda.

270. *(ex articolo 236 del TCE).* La Corte di giustizia dell'Unione europea è competente a pronunciarsi su qualsiasi controversia tra l'Unione e gli agenti di questa, nei limiti e alle condizioni determinati dallo statuto dei funzionari dell'Unione e dal regime applicabile agli altri agenti dell'Unione.

271. *(ex articolo 237 del TCE).* La Corte di giustizia dell'Unione europea è competente, nei limiti sotto specificati, a conoscere delle controversie in materia di:

a) esecuzione degli obblighi degli Stati membri derivanti dallo statuto della Banca europea per gli investimenti. Il consiglio di amministrazione della Banca dispone a tale riguardo dei poteri riconosciuti alla Commissione dall'articolo 258;

b) deliberazioni del consiglio dei governatori della Banca europea per gli investimenti. Ciascuno Stato membro, la Commissione e il consiglio di amministrazione della Banca possono proporre un ricorso in materia, alle condizioni previste dall'articolo 263;

c) deliberazioni del consiglio di amministrazione della Banca europea per gli investimenti. I ricorsi avverso tali deliberazioni possono essere proposti, alle condizioni fissate dall'articolo 263, soltanto dagli Stati membri o dalla Commissione e unicamente per violazione delle norme di cui all'articolo 19, paragrafo 2 e paragrafi da 5 a 7 inclusi, dello statuto della Banca;

d) esecuzione, da parte delle banche centrali nazionali, degli obblighi derivanti dai trattati e dallo statuto del SEBC e della BCE. Il consiglio direttivo della Banca centrale europea dispone al riguardo, nei confronti delle banche centrali nazionali, dei poteri riconosciuti alla Commissione dall'articolo 258 nei confronti degli Stati membri. Quando la Corte riconosca che una banca centrale nazionale ha mancato ad uno degli obblighi ad essa incombenti in virtù dei trattati, essa è tenuta a prendere i provvedimenti che l'esecuzione della sentenza della Corte comporta.

272. *(ex articolo 238 del TCE).* La Corte di giustizia dell'Unione europea è competente a giudicare in virtù di una clausola compromissoria contenuta in un contratto di diritto pubblico o di diritto privato stipulato dall'Unione o per conto di questa.

273. *(ex articolo 239 del TCE).* La Corte di giustizia è competente a conoscere di qualsiasi controversia tra Stati membri in connessione con l'oggetto dei trattati, quando tale controversia le venga sottoposta in virtù di un compromesso.

274. *(ex articolo 240 del TCE).* Fatte salve le competenze attribuite alla Corte di giustizia dell'Unione europea dai trattati, le controversie nelle quali l'Unione sia parte non sono, per tale motivo, sottratte alla competenza delle giurisdizioni nazionali.

275. La Corte di giustizia dell'Unione europea non è competente per quanto riguarda le disposizioni relative alla politica estera e di sicurezza comune, né per quanto riguarda gli atti adottati in base a dette disposizioni.

Tuttavia, la Corte è competente a controllare il rispetto dell'articolo 40 del trattato sull'Unione europea e a pronunciarsi sui ricorsi, proposti secondo le condizioni di cui all'articolo 263, quarto comma del presente trattato, riguardanti il controllo della legittimità delle decisioni che prevedono misure restrittive nei confronti di persone fisiche o giuridiche adottate dal Consiglio in base al titolo V, capo 2 del trattato sull'Unione europea.

276. Nell'esercizio delle attribuzioni relative alle disposizioni dei capi 4 e 5 della parte terza, titolo V concernenti lo spazio di libertà, sicurezza e giustizia, la Corte di giustizia dell'Unione europea non è competente a esaminare la validità o la proporzionalità di operazioni condotte dalla polizia o da altri servizi incaricati dell'applicazione della legge di uno Stato membro o l'esercizio delle responsabilità incombenti agli Stati membri per il mantenimento dell'ordine pubblico e la salvaguardia della sicurezza interna.

277. *(ex articolo 241 del TCE).* Nell'eventualità di una controversia che metta in causa un atto di portata generale adottato da un'istituzione, organo o organismo dell'Unione, ciascuna parte può, anche dopo lo spirare del termine previsto all'articolo 263, sesto comma, valersi dei motivi previsti all'articolo 263, secondo comma, per invocare dinanzi alla Corte di giustizia dell'Unione europea l'inapplicabilità dell'atto stesso.

278. *(ex articolo 242 del TCE).* I ricorsi proposti alla Corte di giustizia dell'Unione europea non hanno effetto sospensivo. Tuttavia, la Corte può, quando reputi che le circostanze lo richiedano, ordinare la sospensione dell'esecuzione dell'atto impugnato.

279. *(ex articolo 243 del TCE).* La Corte di giustizia dell'Unione europea, negli affari che le sono proposti, può ordinare i provvedimenti provvisori necessari.

280. *(ex articolo 244 del TCE).* Le sentenze della Corte di giustizia dell'Unione europea hanno forza esecutiva alle condizioni fissate dall'articolo 299.

281. *(ex articolo 245 del TCE).* Lo statuto della Corte di giustizia dell'Unione europea è stabilito con un protocollo separato.

Il Parlamento europeo e il Consiglio, deliberando secondo la procedura legislativa ordinaria, possono modificare le disposizioni dello statuto, ad eccezione del titolo I e dell'articolo 64. Il Parlamento europeo e il Consiglio deliberano su richiesta della Corte di giustizia e previa consultazione della Commissione o su proposta della Commissione e previa consultazione della Corte di giustizia.

Sezione VI
La Banca centrale europea

282. 1. La Banca centrale europea e le banche centrali nazionali costituiscono il Sistema europeo di banche centrali (SEBC). La Banca centrale europea e le banche centrali nazionali degli Stati membri la cui moneta è l'euro, che costituiscono l'Eurosistema, conducono la politica monetaria dell'Unione.

2. Il SEBC è diretto dagli organi decisionali della Banca centrale europea. L'obiettivo principale del SEBC è il mantenimento della stabilità dei prezzi. Fatto salvo tale obiettivo, esso sostiene le politiche economiche generali nell'Unione per contribuire alla realizzazione degli obiettivi di quest'ultima.

3. La Banca centrale europea ha personalità giuridica. Ha il diritto esclusivo di autorizzare l'emissione dell'euro. È indipendente nell'esercizio dei suoi poteri e nella gestione delle sue finanze. Le istituzioni, organi e organismi dell'Unione e i governi degli Stati membri rispettano tale indipendenza.

4. La Banca centrale europea adotta le misure necessarie all'assolvimento dei suoi compiti in conformità degli articoli da 127 a 133, dell'articolo 138 e delle condizioni stabilite dallo statuto del SEBC e della BCE. In conformità di questi stessi articoli, gli Stati membri la cui moneta non è l'euro e le rispettive banche centrali conservano le loro competenze nel settore monetario.

5. Nei settori che rientrano nelle sue attribuzioni, la Banca centrale europea è consultata su ogni progetto di atto dell'Unione e su ogni progetto di atto normativo a livello nazionale, e può formulare pareri.

283. *(ex articolo 112 del TCE).* 1. Il consiglio direttivo della Banca centrale europea comprende i membri del comitato esecutivo della Banca centrale europea nonché i governatori delle banche centrali nazionali degli Stati membri la cui moneta è l'euro.

2. Il comitato esecutivo comprende il presidente, il vicepresidente e quattro altri membri.

Il presidente, il vicepresidente e gli altri membri del comitato esecutivo sono nominati, tra persone di riconosciuta levatura ed esperienza professionale nel settore monetario o bancario, dal Consiglio europeo che delibera a maggioranza qualificata, su raccomandazione del Consiglio e previa consultazione del Parlamento europeo e del consiglio direttivo della Banca centrale europea.

Il loro mandato ha una durata di otto anni e non è rinnovabile.

Soltanto cittadini degli Stati membri possono essere membri del comitato esecutivo.

284. *(ex articolo 113 del TCE).* 1. Il presidente del Consiglio e un membro della Commissione possono partecipare, senza diritto di voto, alle riunioni del consiglio direttivo della Banca centrale europea.

Il presidente del Consiglio può sottoporre una mozione alla delibera del consiglio direttivo della Banca centrale europea.

2. Il presidente della Banca centrale europea è invitato a partecipare alle riunioni del Consiglio quando quest'ultimo discute su argomenti relativi agli obiettivi e ai compiti del SEBC.

3. La Banca centrale europea trasmette al Parlamento europeo, al Consiglio e alla Commissione nonché al Consiglio europeo, una relazione annuale sull'attività del SEBC e sulla politica monetaria dell'anno precedente e dell'anno in corso. Il presidente della Banca centrale europea presenta tale relazione al Consiglio e al Parlamento europeo, che può procedere su questa base ad un dibattito generale.

Il presidente della Banca centrale europea e gli altri membri del comitato esecutivo possono, a richiesta del Parlamento europeo o di propria iniziativa, essere ascoltati dalle commissioni competenti del Parlamento europeo.

Sezione VII
La Corte dei conti

285. *(ex articolo 246 del TCE).* La Corte dei conti assicura il controllo dei conti dell'Unione.

Essa è composta da un cittadino di ciascuno Stato membro. I suoi membri esercitano le loro funzioni in piena indipendenza, nell'interesse generale dell'Unione.

286. *(ex articolo 247 del TCE).* 1. I membri della Corte dei conti sono scelti tra personalità che fanno o hanno fatto parte, nei rispettivi Stati, delle istituzioni di controllo esterno o che posseggono una qualifica specifica per tale funzione. Essi devono offrire tutte le garanzie d'indipendenza.

2. I membri della Corte dei conti sono nominati per un periodo di sei anni. Il Consiglio, previa con-

sultazione del Parlamento europeo, adotta l'elenco dei membri, redatto conformemente alle proposte presentate da ciascuno Stato membro. Il mandato dei membri della Corte dei conti è rinnovabile.

I membri designano tra loro, per tre anni, il presidente della Corte dei conti. Il suo mandato è rinnovabile.

3. Nell'adempimento dei loro doveri, i membri della Corte dei conti non sollecitano né accettano istruzioni da alcun governo né da alcun organismo. Essi si astengono da ogni atto incompatibile con il carattere delle loro funzioni.

4. I membri della Corte dei conti non possono, per la durata delle loro funzioni, esercitare alcun'altra attività professionale, remunerata o meno. Fin dal loro insediamento, i membri della Corte dei conti assumono l'impegno solenne di rispettare, per la durata delle loro funzioni e dopo la cessazione di queste, gli obblighi derivanti dalla loro carica ed in particolare i doveri di onestà e delicatezza per quanto riguarda l'accettare, dopo tale cessazione, determinate funzioni o vantaggi.

5. A parte rinnovamenti regolari e i decessi, le funzioni dei membri della Corte dei conti cessano individualmente per dimissioni volontarie o per dimissioni d'ufficio dichiarate dalla Corte di giustizia conformemente alle disposizioni del paragrafo 6.

L'interessato è sostituito per la restante durata del mandato.

Salvo il caso di dimissioni d'ufficio, i membri della Corte dei conti restano in carica fino a quando non si sia provveduto alla loro sostituzione.

6. I membri della Corte dei conti possono essere destituiti dalle loro funzioni oppure essere dichiarati decaduti dal loro diritto alla pensione o da altri vantaggi sostitutivi soltanto se la Corte di giustizia constata, su richiesta della Corte dei conti, che essi non sono più in possesso dei requisiti necessari o non soddisfano più agli obblighi derivanti dalla loro carica.

7. Il Consiglio fissa le condizioni di impiego, in particolare stipendi, indennità e pensioni, del presidente e dei membri della Corte dei conti. Esso fissa altresì tutte le indennità sostitutive di retribuzione.

8. Le disposizioni del protocollo sui privilegi e sulle immunità dell'Unione europea applicabili ai giudici della Corte di giustizia dell'Unione europea sono applicabili anche ai membri della Corte dei conti.

287. *(ex articolo 248 del TCE)*. 1. La Corte dei conti esamina i conti di tutte le entrate e le spese dell'Unione. Esamina del pari i conti di tutte le entrate e le spese di ogni organo o organismo creato dall'Unione, nella misura in cui l'atto costitutivo non escluda tale esame.

La Corte dei conti presenta al Parlamento europeo e al Consiglio una dichiarazione in cui attesta l'affidabilità dei conti e la legittimità e la regolarità delle relative operazioni, che è pubblicata nella *Gazzetta ufficiale dell'Unione europea.* Detta dichiarazione può essere completata da valutazioni specifiche per ciascuno dei settori principali dell'attività dell'Unione.

2. La Corte dei conti controlla la legittimità e la regolarità delle entrate e delle spese ed accerta la sana gestione finanziaria. Nell'esercitare tale controllo, essa riferisce in particolare su ogni caso di irregolarità.

Il controllo delle entrate si effettua in base agli accertamenti ed ai versamenti delle entrate all'Unione.

Il controllo delle spese si effettua in base agli impegni ed ai pagamenti.

Tali controlli possono essere effettuati prima della chiusura dei conti dell'esercizio di bilancio considerato.

3. Il controllo ha luogo tanto sui documenti quanto, in caso di necessità, sul posto, presso le altre istituzioni dell'Unione, nei locali di qualsiasi organo o organismo che gestisca le entrate o le spese per conto dell'Unione e negli Stati membri, compresi i locali di persone fisiche o giuridiche che ricevano contributi a carico del bilancio. Il controllo negli Stati membri si effettua in collaborazione con le istituzioni nazionali di controllo o, se queste non hanno la necessaria competenza, con i servizi nazionali competenti. La Corte dei conti e le istituzioni nazionali di controllo degli Stati membri cooperano in uno spirito di reciproca fiducia, pur mantenendo la loro indipendenza. Tali istituzioni o servizi comunicano alla Corte dei conti se intendono partecipare al controllo.

Le altre istituzioni dell'Unione, gli organi o organismi che gestiscono le entrate o le spese per conto dell'Unione, le persone fisiche o giuridiche che ricevono contributi a carico del bilancio e le istituzioni nazionali di controllo o, se queste non hanno la necessaria competenza, i servizi nazionali competenti trasmettono alla Corte dei conti, a sua richiesta, i documenti e le informazioni necessari all'espletamento delle sue funzioni.

Per quanto riguarda l'attività della Banca europea per gli investimenti in merito alla gestione delle entrate e delle spese dell'Unione, il diritto della Corte di accedere alle informazioni in possesso della Banca è disciplinato da un accordo tra la Corte, la Banca e la Commissione. In mancanza di un accordo, la Corte ha tuttavia accesso alle informazioni necessarie al controllo delle entrate e delle spese dell'Unione gestite dalla Banca.

4. Dopo la chiusura di ciascun esercizio, la Corte dei conti stende una relazione annuale. Questa è trasmessa alle altre istituzioni dell'Unione ed è pubblicata nella *Gazzetta ufficiale dell'Unione europea*, accompagnata dalle risposte delle istituzioni alle osservazioni della Corte dei conti.

La Corte dei conti può inoltre presentare in ogni momento le sue osservazioni su problemi particolari sotto forma, tra l'altro, di relazioni speciali e dare pareri su richiesta di una delle altre istituzioni dell'Unione.

Essa adotta le relazioni annuali, le relazioni speciali o i pareri a maggioranza dei membri che la compongono. Ha tuttavia la possibilità di istituire nel suo ambito delle sezioni per adottare talune categorie di relazioni o di pareri, alle condizioni previste nel suo regolamento interno.

Essa assiste il Parlamento europeo e il Consiglio nell'esercizio della loro funzione di controllo dell'esecuzione del bilancio.

La Corte dei conti stabilisce il proprio regolamento interno. Tale regolamento è sottoposto all'approvazione del Consiglio.

CAPO II
ATTI GIURIDICI DELL'UNIONE, PROCEDURE DI ADOZIONE E ALTRE DISPOSIZIONI

Sezione I
Atti giuridici dell'Unione

288. *(ex articolo 249 del TCE).* Per esercitare le competenze dell'Unione, le istituzioni adottano regolamenti, direttive, decisioni, raccomandazioni e pareri.

Il regolamento ha portata generale. Esso è obbligatorio in tutti i suoi elementi e direttamente applicabile in ciascuno degli Stati membri.

La direttiva vincola lo Stato membro cui è rivolta per quanto riguarda il risultato da raggiungere, salva restando la competenza degli organi nazionali in merito alla forma e ai mezzi.

La decisione è obbligatoria in tutti i suoi elementi. Se designa i destinatari è obbligatoria soltanto nei confronti di questi.

Le raccomandazioni e i pareri non sono vincolanti.

289. 1. La procedura legislativa ordinaria consiste nell'adozione congiunta di un regolamento, di una direttiva o di una decisione da parte del Parlamento europeo e del Consiglio su proposta della Commissione. Tale procedura è definita all'articolo 294.

2. Nei casi specifici previsti dai trattati, l'adozione di un regolamento, di una direttiva o di una decisione da parte del Parlamento europeo con la partecipazione del Consiglio o da parte di quest'ultimo con la partecipazione del Parlamento europeo costituisce una procedura legislativa speciale.

3. Gli atti giuridici adottati mediante procedura legislativa sono atti legislativi.

4. Nei casi specifici previsti dai trattati, gli atti legislativi possono essere adottati su iniziativa di un gruppo di Stati membri o del Parlamento europeo, su raccomandazione della Banca centrale europea o su richiesta della Corte di giustizia o della Banca europea per gli investimenti.

290. 1. Un atto legislativo può delegare alla Commissione il potere di adottare atti non legislativi di portata generale che integrano o modificano determinati elementi non essenziali dell'atto legislativo.

Gli atti legislativi delimitano esplicitamente gli obiettivi, il contenuto, la portata e la durata della delega di potere. Gli elementi essenziali di un settore sono riservati all'atto legislativo e non possono pertanto essere oggetto di delega di potere.

2. Gli atti legislativi fissano esplicitamente le condizioni cui è soggetta la delega, che possono essere le seguenti:

a) il Parlamento europeo o il Consiglio possono decidere di revocare la delega;

b) l'atto delegato può entrare in vigore soltanto se, entro il termine fissato dall'atto legislativo, il Parlamento europeo o il Consiglio non sollevano obiezioni.

Ai fini delle lettere *a)* e *b)*, il Parlamento europeo delibera a maggioranza dei membri che lo compongono e il Consiglio delibera a maggioranza qualificata.

3. L'aggettivo "delegato" o "delegata" è inserito nel titolo degli atti delegati.

291. 1. Gli Stati membri adottano tutte le misure di diritto interno necessarie per l'attuazione degli atti giuridicamente vincolanti dell'Unione.

2. Allorché sono necessarie condizioni uniformi di esecuzione degli atti giuridicamente vincolanti dell'Unione, questi conferiscono competenze di esecuzione alla Commissione o, in casi specifici debitamente motivati e nelle circostanze previste agli articoli 24 e 26 del trattato sull'Unione europea, al Consiglio.

3. Ai fini del paragrafo 2, il Parlamento europeo e il Consiglio, deliberando mediante regolamenti secondo la procedura legislativa ordinaria, stabiliscono preventivamente le regole e i principi generali relativi alle modalità di controllo da parte degli Stati membri dell'esercizio delle competenze di esecuzione attribuite alla Commissione.

4. I termini "di esecuzione" sono inseriti nel titolo degli atti di esecuzione.

292. Il Consiglio adotta raccomandazioni. Delibera su proposta della Commissione in tutti i casi in cui i trattati prevedono che adotti atti su proposta della Commissione. Delibera all'unanimità nei settori nei quali è richiesta l'unanimità per l'adozione di un atto dell'Unione. La Commissione, e la Banca centrale europea nei casi specifici previsti dai trattati, adottano raccomandazioni.

Sezione II
Procedure di adozione degli atti e altre disposizioni

293. *(ex articolo 250 del TCE).* 1. Quando, in virtù dei trattati, delibera su proposta della Commissione, il Consiglio può emendare la proposta solo deliberando all'unanimità, salvo nei casi di cui all'articolo 294, paragrafi 10 e 13, agli articoli 310, 312, 314 e all'articolo 315, secondo comma.

2. Fintantoché il Consiglio non ha deliberato, la Commissione può modificare la propria proposta in ogni fase delle procedure che portano all'adozione di un atto dell'Unione.

294. *(ex articolo 251 del TCE).* 1. Quando nei trattati si fa riferimento alla procedura legislativa ordinaria per l'adozione di un atto, si applica la procedura che segue.

2. La Commissione presenta una proposta al Parlamento europeo e al Consiglio.

Prima lettura

3. Il Parlamento europeo adotta la sua posizione in prima lettura e la trasmette al Consiglio.

4. Se il Consiglio approva la posizione del Parlamento europeo, l'atto in questione è adottato nella formulazione che corrisponde alla posizione del Parlamento europeo.

5. Se il Consiglio non approva la posizione del Parlamento europeo, esso adotta la sua posizione in prima lettura e la trasmette al Parlamento europeo.

6. Il Consiglio informa esaurientemente il Parlamento europeo dei motivi che l'hanno indotto ad adottare la sua posizione in prima lettura. La Commissione informa esaurientemente il Parlamento europeo della sua posizione.

Seconda lettura

7. Se, entro un termine di tre mesi da tale comunicazione, il Parlamento europeo:

a) approva la posizione del Consiglio in prima lettura o non si è pronunciato, l'atto in questione si considera adottato nella formulazione che corrisponde alla posizione del Consiglio;

b) respinge la posizione del Consiglio in prima lettura a maggioranza dei membri che lo compongono, l'atto proposto si considera non adottato;

c) propone emendamenti alla posizione del Consiglio in prima lettura a maggioranza dei membri che lo compongono, il testo così emendato è comunicato al Consiglio e alla Commissione che formula un parere su tali emendamenti.

8. Se, entro un termine di tre mesi dal ricevimento degli emendamenti del Parlamento europeo, il Consiglio, deliberando a maggioranza qualificata:

a) approva tutti gli emendamenti, l'atto in questione si considera adottato;

b) non approva tutti gli emendamenti, il presidente del Consiglio, d'intesa con il presidente del Parlamento europeo, convoca entro sei settimane il comitato di conciliazione.

9. Il Consiglio delibera all'unanimità sugli emendamenti rispetto ai quali la Commissione ha dato parere negativo.

Conciliazione

10. Il comitato di conciliazione, che riunisce i membri del Consiglio o i loro rappresentanti ed altrettanti membri rappresentanti il Parlamento europeo, ha il compito di giungere ad un accordo su un progetto comune a maggioranza qualificata dei membri del Consiglio o dei loro rappresentanti e a maggioranza dei membri rappresentanti il Parlamento europeo entro un termine di sei settimane dalla convocazione, basandosi sulle posizioni del Parlamento europeo e del Consiglio in seconda lettura.

11. La Commissione partecipa ai lavori del comitato di conciliazione e prende ogni iniziativa necessaria per favorire un ravvicinamento fra la posizione del Parlamento europeo e quella del Consiglio.

12. Se, entro un termine di sei settimane dalla convocazione, il comitato di conciliazione non approva un progetto comune, l'atto in questione si considera non adottato.

Terza lettura

13. Se, entro tale termine, il comitato di conciliazione approva un progetto comune, il Parlamento europeo e il Consiglio dispongono ciascuno di un termine di sei settimane a decorrere dall'approvazione per adottare l'atto in questione in base al progetto comune; il Parlamento europeo delibera a maggioranza dei voti espressi e il Consiglio a maggioranza qualificata. In mancanza di una decisione, l'atto in questione si considera non adottato.

14. I termini di tre mesi e di sei settimane di cui al presente articolo sono prorogati rispettivamente di un mese e di due settimane, al massimo, su iniziativa del Parlamento europeo o del Consiglio.

Disposizioni particolari

15. Quando, nei casi previsti dai trattati, un atto legislativo è soggetto alla procedura legislativa ordinaria su iniziativa di un gruppo di Stati membri, su raccomandazione della Banca centrale europea o su richiesta della Corte di giustizia, il paragrafo 2, il paragrafo 6, seconda frase e il paragrafo 9 non si applicano.

In tali casi, il Parlamento europeo e il Consiglio trasmettono alla Commissione il progetto di atto insieme alle loro posizioni in prima e seconda lettura. Il Parlamento europeo o il Consiglio possono chiedere il parere della Commissione durante tutta la procedura, parere che la Commissione può altresì formulare di sua iniziativa. Se lo reputa necessario, essa può anche partecipare al comitato di conciliazione conformemente al paragrafo 11.

295. Il Parlamento europeo, il Consiglio e la Commissione procedono a reciproche consultazioni e definiscono di comune accordo le modalità della cooperazione. A tale scopo, nel rispetto dei trattati, possono concludere accordi interistituzionali che possono assumere carattere vincolante.

296. *(ex articolo 253 del TCE)*. Qualora i trattati non prevedano il tipo di atto da adottare, le istituzioni lo decidono di volta in volta, nel rispetto delle procedure applicabili e del principio di proporzionalità.

Gli atti giuridici sono motivati e fanno riferimento alle proposte, iniziative, raccomandazioni, richieste o pareri previsti dai trattati.

In presenza di un progetto di atto legislativo, il Parlamento europeo e il Consiglio si astengono dall'adottare atti non previsti dalla procedura legislativa applicabile al settore interessato.

297. *(ex articolo 254 del TCE)*. 1. Gli atti legislativi adottati secondo la procedura legislativa ordinaria sono firmati dal presidente del Parlamento europeo e dal presidente del Consiglio.

Gli atti legislativi adottati secondo una procedura legislativa speciale sono firmati dal presidente dell'istituzione che li ha adottati.

Gli atti legislativi sono pubblicati nella *Gazzetta ufficiale dell'Unione europea*. Essi entrano in vigore alla data da essi stabilita oppure, in mancanza di data, il ventesimo giorno successivo alla pubblicazione.

2. Gli atti non legislativi adottati sotto forma di regolamenti, di direttive e di decisioni, quando queste ultime non designano i destinatari, sono firmati dal presidente dell'istituzione che li ha adottati.

I regolamenti, le direttive che sono rivolte a tutti gli Stati membri e le decisioni che non designano i destinatari sono pubblicati nella *Gazzetta ufficiale dell'Unione europea*. Essi entrano in vigore alla data da essi stabilita oppure, in mancanza di data, il ventesimo giorno successivo alla pubblicazione.

Le altre direttive e le decisioni che designano i destinatari sono notificate ai destinatari e hanno efficacia in virtù di tale notificazione.

298. 1. Nell'assolvere i loro compiti le istituzioni, organi e organismi dell'Unione si basano su un'amministrazione europea aperta, efficace ed indipendente.

2. Il Parlamento europeo e il Consiglio, deliberando mediante regolamenti secondo la procedura legislativa ordinaria, fissano disposizioni a tal fine, nel rispetto dello statuto e del regime adottati sulla base dell'articolo 336.

299. *(ex articolo 256 del TCE)*. Gli atti del Consiglio, della Commissione o della Banca centrale europea che comportano, a carico di persone che non siano gli Stati, un obbligo pecuniario costituiscono titolo esecutivo.

L'esecuzione forzata è regolata dalle norme di procedura civile vigenti nello Stato sul cui territorio essa viene effettuata. La formula esecutiva è apposta, con la sola verificazione dell'autenticità del titolo, dall'autorità nazionale che il governo di ciascuno degli Stati membri designerà a tal fine, informandone la Commissione e la Corte di giustizia dell'Unione europea.

Assolte tali formalità a richiesta dell'interessato, quest'ultimo può ottenere l'esecuzione forzata richiedendola direttamente all'organo competente, secondo la legislazione nazionale.

L'esecuzione forzata può essere sospesa soltanto in virtù di una decisione della Corte. Tuttavia, il controllo della regolarità dei provvedimenti esecutivi è di competenza delle giurisdizioni nazionali.

CAPO III
GLI ORGANI CONSULTIVI DELL'UNIONE

300. 1. Il Parlamento europeo, il Consiglio e la Commissione sono assistiti da un Comitato economico e sociale e da un Comitato delle regioni, che esercitano funzioni consultive.

2. Il Comitato economico e sociale è composto da rappresentanti delle organizzazioni di datori di lavoro, di lavoratori dipendenti e di altri attori rappresentativi della società civile, in particolare nei settori socioeconomico, civico, professionale e culturale.

3. Il Comitato delle regioni è composto da rappresentanti delle collettività regionali e locali che sono titolari di un mandato elettorale nell'ambito di una collettività regionale o locale, o politicamente responsabili dinanzi ad un'assemblea eletta.

4. I membri del Comitato economico e sociale e del Comitato delle regioni non sono vincolati da alcun mandato imperativo. Essi esercitano le loro funzioni in piena indipendenza, nell'interesse generale dell'Unione.

5. Le regole di cui ai paragrafi 2 e 3 relative alla natura della composizione di tali comitati sono riesaminate a intervalli regolari dal Consiglio, per tener conto dell'evoluzione economica, sociale e demografica nell'Unione. Il Consiglio, su proposta della Commissione, adotta delle decisioni a tal fine.

Sezione I
Il Comitato economico e sociale

301. *(ex articolo 258 del TCE)*. Il numero dei membri del Comitato economico e sociale non può essere superiore a trecentocinquanta.

Il Consiglio, deliberando all'unanimità su proposta della Commissione, adotta una decisione che determina la composizione del Comitato.

Il Consiglio fissa le indennità dei membri del Comitato.

302. *(ex articolo 259 del TCE).* 1. I membri del Comitato sono nominati per cinque anni. Il Consiglio adotta l'elenco dei membri redatto conformemente alle proposte presentate da ciascuno Stato membro. Il mandato dei membri del Comitato è rinnovabile.

2. Il Consiglio delibera previa consultazione della Commissione. Esso può chiedere il parere delle organizzazioni europee rappresentative dei diversi settori economici e sociali e della società civile interessati dall'attività dell'Unione.

303. *(ex articolo 260 del TCE).* Il Comitato designa tra i suoi membri il presidente e l'ufficio di presidenza per una durata di due anni e mezzo.

Esso stabilisce il proprio regolamento interno.

Il Comitato è convocato dal presidente su richiesta del Parlamento europeo, del Consiglio o della Commissione. Esso può altresì riunirsi di propria iniziativa.

304. *(ex articolo 262 del TCE).* Il Parlamento europeo, il Consiglio o la Commissione consultano il Comitato nei casi previsti dai trattati. Tali istituzioni possono consultarlo in tutti i casi in cui lo ritengano opportuno. Il Comitato, qualora lo ritenga opportuno, può formulare un parere di propria iniziativa.

Qualora lo reputino necessario, il Parlamento europeo, il Consiglio o la Commissione fissano al Comitato, per la presentazione del suo parere, un termine che non può essere inferiore ad un mese a decorrere dalla data della comunicazione inviata a tal fine al presidente. Allo spirare del termine fissato, si può non tener conto dell'assenza di parere.

Il parere del Comitato è trasmesso al Parlamento europeo, al Consiglio e alla Commissione, unitamente a un resoconto delle deliberazioni.

Sezione II
Il Comitato delle regioni

305. *(ex articolo 263, secondo, terzo e quarto comma, del TCE).* Il numero dei membri del Comitato delle regioni non può essere superiore a trecentocinquanta.

Il Consiglio, deliberando all'unanimità su proposta della Commissione, adotta una decisione che determina la composizione del Comitato.

I membri del Comitato nonché un numero uguale di supplenti sono nominati per cinque anni. Il loro mandato è rinnovabile. Il Consiglio adotta l'elenco dei membri e dei supplenti redatto conformemente alle proposte presentate da ciascuno Stato membro. Alla scadenza del mandato di cui all'articolo 300, paragrafo 3 in virtù del quale sono stati proposti, il mandato dei membri del Comitato termina automaticamente e essi sono sostituiti per la restante durata di detto mandato secondo la medesima procedura. I membri del Comitato non possono essere nel contempo membri del Parlamento europeo.

306. *(ex articolo 264 del TCE).* Il Comitato delle regioni designa tra i suoi membri il presidente e l'ufficio di presidenza per la durata di due anni e mezzo.

Esso stabilisce il proprio regolamento interno.

Il Comitato è convocato dal presidente su richiesta del Parlamento europeo, del Consiglio o della Commissione. Esso può altresì riunirsi di propria iniziativa.

307. *(ex articolo 265 del TCE).* Il Parlamento europeo, il Consiglio o la Commissione consultano il Comitato delle regioni nei casi previsti dai trattati e in tutti gli altri casi in cui una di tali istituzioni lo ritenga opportuno, in particolare nei casi concernenti la cooperazione transfrontaliera.

Qualora lo reputino necessario, il Parlamento europeo, il Consiglio o la Commissione fissano al Comitato, per la presentazione del suo parere, un termine che non può essere inferiore a un mese a decorrere dalla data della comunicazione inviata a tal fine al presidente. Allo spirare del termine fissato, si può non tener conto dell'assenza di parere.

Quando il Comitato economico e sociale è consultato in applicazione dell'articolo 304, il Parlamento europeo, il Consiglio o la Commissione informano il Comitato delle regioni di tale domanda di parere. Il Comitato delle regioni, qualora ritenga che sono in causa interessi regionali specifici, può formulare un parere in materia.

Il Comitato delle regioni, qualora lo ritenga utile, può formulare un parere di propria iniziativa.

Il parere del Comitato è trasmesso al Parlamento europeo, al Consiglio e alla Commissione, unitamente a un resoconto delle deliberazioni.

CAPO IV
LA BANCA EUROPEA PER GLI INVESTIMENTI

308. *(ex articolo 266 del TCE).* La Banca europea per gli investimenti è dotata di personalità giuridica.

Sono membri della Banca europea per gli investimenti gli Stati membri.

Lo statuto della Banca europea per gli investimenti costituisce l'oggetto di un protocollo allegato ai trattati. Il Consiglio, deliberando all'unanimità secondo una procedura legislativa speciale su richiesta della Banca europea per gli investimenti e previa consultazione del Parlamento europeo e della Commissione, o su proposta della Commissione e previa consultazione del Parlamento europeo e della Banca europea per gli investimenti, può modificare detto statuto.

309. *(ex articolo 267 del TCE).* La Banca europea per gli investimenti ha il compito di contribuire, facendo appello al mercato dei capitali ed alle proprie risorse, allo sviluppo equilibrato e senza scosse del mercato interno nell'interesse dell'Unione. A tal fine facilita, mediante la concessione di prestiti e garanzie, senza perseguire scopi di lucro, il finanziamento dei seguenti progetti in tutti i settori dell'economia:

a) progetti contemplanti la valorizzazione delle regioni meno sviluppate;

b) progetti contemplanti l'ammodernamento o la riconversione di imprese oppure la creazione di nuove attività indotte dall'instaurazione o dal funzionamento del mercato interno che, per la loro ampiezza o natura, non possono essere interamente assicurati dai vari mezzi di finanziamento esistenti nei singoli Stati membri;

c) progetti di interesse comune per più Stati membri che, per la loro ampiezza o natura, non possono essere completamente assicurati dai vari mezzi di finanziamento esistenti nei singoli Stati membri.

Nello svolgimento dei suoi compiti la Banca facilita il finanziamento di programmi di investimento congiuntamente con gli interventi dei fondi strutturali e degli altri strumenti finanziari dell'Unione.

TITOLO II
DISPOSIZIONI FINANZIARIE

310. *(ex articolo 268 del TCE).* 1. Tutte le entrate e le spese dell'Unione devono costituire oggetto di previsioni per ciascun esercizio finanziario ed essere iscritte nel bilancio.

Il bilancio annuale dell'Unione è stabilito dal Parlamento europeo e dal Consiglio conformemente all'articolo 314.

Nel bilancio, entrate e spese devono risultare in pareggio.

2. Le spese iscritte nel bilancio sono autorizzate per la durata dell'esercizio finanziario annuale in conformità del regolamento di cui all'articolo 322.

3. L'esecuzione di spese iscritte nel bilancio richiede l'adozione preliminare di un atto giuridicamente vincolante dell'Unione che dà fondamento giuridico alla sua azione e all'esecuzione della spesa corrispondente in conformità del regolamento di cui all'articolo 322, fatte salve le eccezioni previste da quest'ultimo.

4. Per mantenere la disciplina di bilancio, l'Unione, prima di adottare atti che possono avere incidenze rilevanti sul bilancio, deve assicurare che le spese derivanti da tali atti possano essere finanziate entro i limiti delle risorse proprie dell'Unione e nel rispetto del quadro finanziario pluriennale di cui all'articolo 312.

5. Il bilancio è eseguito in conformità del principio di sana gestione finanziaria. Gli Stati membri e l'Unione cooperano affinché gli stanziamenti iscritti in bilancio siano utilizzati secondo tale principio.

6. L'Unione e gli Stati membri, conformemente all'articolo 325, combattono la frode e le altre attività illegali che ledono gli interessi finanziari dell'Unione.

CAPO I
RISORSE PROPRIE DELL'UNIONE

311. *(ex articolo 269 del TCE).* L'Unione si dota dei mezzi necessari per conseguire i suoi obiettivi e per portare a compimento le sue politiche.

Il bilancio, fatte salve le altre entrate, è finanziato integralmente tramite risorse proprie.

Il Consiglio, deliberando secondo una procedura legislativa speciale, all'unanimità e previa consultazione del Parlamento europeo, adotta una decisione che stabilisce le disposizioni relative al sistema delle risorse proprie dell'Unione. In tale contesto è possibile istituire nuove categorie di risorse proprie o sopprimere una categoria esistente. Tale decisione entra in vigore solo previa approvazione degli Stati membri conformemente alle rispettive norme costituzionali.

Il Consiglio, deliberando mediante regolamenti secondo una procedura legislativa speciale, stabilisce le misure di esecuzione del sistema delle risorse proprie dell'Unione nella misura in cui ciò è previsto nella decisione adottata sulla base del terzo comma. Il Consiglio delibera previa approvazione del Parlamento europeo.

CAPO II
QUADRO FINANZIARIO PLURIENNALE

312. 1. Il quadro finanziario pluriennale mira ad assicurare l'ordinato andamento delle spese dell'Unione entro i limiti delle sue risorse proprie.

È stabilito per un periodo di almeno cinque anni.

Il bilancio annuale dell'Unione è stabilito nel rispetto del quadro finanziario pluriennale.

2. Il Consiglio, deliberando secondo una procedura legislativa speciale, adotta un regolamento che fissa il quadro finanziario pluriennale. Delibera all'unanimità previa approvazione del Parlamento europeo, che si pronuncia a maggioranza dei membri che lo compongono.

Il Consiglio europeo può adottare all'unanimità una decisione che consente al Consiglio di deliberare a maggioranza qualificata quando adotta il regolamento di cui al primo comma.

3. Il quadro finanziario fissa gli importi dei massimali annui degli stanziamenti per impegni per categoria di spesa e del massimale annuo degli stanziamenti per pagamenti. Le categorie di spesa, in numero limitato, corrispondono ai grandi settori di attività dell'Unione.

Il quadro finanziario prevede ogni altra disposizione utile per il corretto svolgimento della procedura annuale di bilancio.

4. Qualora il regolamento del Consiglio che fissa un nuovo quadro finanziario non sia stato adottato alla scadenza del quadro finanziario precedente, i massimali e le altre disposizioni vigenti nell'ultimo anno coperto sono prorogati fino all'adozione di detto atto.

5. Nel corso della procedura di adozione del quadro finanziario, il Parlamento europeo, il Consiglio e la Commissione adottano ogni misura necessaria a facilitare l'adozione stessa.

CAPO III
BILANCIO ANNUALE DELL'UNIONE

313. *(ex articolo 272, paragrafo 1, del TCE).* L'esercizio finanziario ha inizio il 1° gennaio e si chiude al 31 dicembre.

314. *(ex articolo 272, paragrafi da 2 a 10, del TCE).* Il Parlamento europeo e il Consiglio, deliberando secondo una procedura legislativa speciale, stabiliscono il bilancio annuale dell'Unione in conformità delle disposizioni in appresso.

1. Ciascuna istituzione, ad eccezione della Banca centrale europea, elabora, anteriormente al 1° luglio, uno stato di previsione delle spese per l'esercizio finanziario successivo. La Commissione raggruppa tali stati di previsione in un progetto di bilancio, che può comportare previsioni divergenti.

Tale progetto comprende una previsione delle entrate e una previsione delle spese.

2. La Commissione sottopone una proposta contenente il progetto di bilancio al Parlamento europeo e al Consiglio non oltre il 1° settembre dell'anno che precede quello dell'esecuzione del bilancio.

La Commissione può modificare il progetto di bilancio nel corso della procedura, fino alla convocazione del comitato di conciliazione di cui al paragrafo 5.

3. Il Consiglio adotta la sua posizione sul progetto di bilancio e la comunica al Parlamento europeo non oltre il 1° ottobre dell'anno che precede quello dell'esecuzione del bilancio. Esso informa esaurientemente il Parlamento europeo dei motivi che l'hanno indotto a adottare tale posizione.

4. Se, entro un termine di quarantadue giorni dalla comunicazione, il Parlamento europeo:

a) approva la posizione del Consiglio, il bilancio è adottato;

b) non ha deliberato, il bilancio si considera adottato;

c) adotta, alla maggioranza dei membri che lo compongono, degli emendamenti, il progetto emendato è trasmesso al Consiglio e alla Commissione. Il presidente del Parlamento europeo, d'intesa con il presidente del Consiglio, convoca senza indugio il comitato di conciliazione. Tuttavia, il comitato di conciliazione non si riunisce se, entro un termine di dieci giorni da detta trasmissione, il Consiglio comunica al Parlamento europeo che approva tutti gli emendamenti.

5. Il comitato di conciliazione, che riunisce i membri del Consiglio o i loro rappresentanti ed altrettanti rappresentanti del Parlamento europeo, ha il compito di giungere, basandosi sulle posizioni del Parlamento europeo e del Consiglio, a un accordo su un progetto comune, a maggioranza qualificata dei membri del Consiglio o dei loro rappresentanti e a maggioranza dei rappresentanti del Parlamento europeo, entro un termine di ventuno giorni dalla convocazione.

La Commissione partecipa ai lavori del comitato di conciliazione e prende ogni iniziativa necessaria per favorire un ravvicinamento fra la posizione del Parlamento europeo e quella del Consiglio.

6. Se, entro il termine di ventuno giorni di cui al paragrafo 5, il comitato di conciliazione giunge a un accordo su un progetto comune, il Parlamento europeo e il Consiglio dispongono ciascuno di un termine di quattordici giorni a decorrere dalla data di tale accordo per approvare il progetto comune.

7. Se, entro il termine di quattordici giorni di cui al paragrafo 6:

a) sia il Parlamento europeo sia il Consiglio approvano il progetto comune o non riescono a deliberare, o se una delle due istituzioni approva il progetto comune mentre l'altra non riesce a deliberare, il bilancio si considera definitivamente adottato in conformità del progetto comune, o

b) sia il Parlamento europeo, deliberando alla maggioranza dei membri che lo compongono, sia il Consiglio respingono il progetto comune, o se una delle due istituzioni respinge il progetto comune mentre l'altra non riesce a deliberare, la Commissione sottopone un nuovo progetto di bilancio, o

c) il Parlamento europeo, deliberando alla maggioranza dei membri che lo compongono, respinge il progetto comune mentre il Consiglio lo approva, la Commissione sottopone un nuovo progetto di bilancio, o *d)* il Parlamento europeo approva il progetto comune, mentre il Consiglio lo respinge, il Parlamento europeo può, entro quattordici giorni dalla data in cui il Consiglio lo ha respinto e deliberando a maggioranza dei membri che lo compongono e dei tre quinti dei voti espressi, decidere di confermare tutti gli emendamenti di cui al paragrafo 4, lettera *c)* o parte di essi. Se un emendamento del Parlamento europeo non è confermato, è mantenuta la posizione concordata in seno al comitato di conciliazione sulla linea di bilancio oggetto di tale emendamento. Il bilancio si considera definitivamente adottato su questa base.

8. Se, entro il termine di ventuno giorni di cui al paragrafo 5, il comitato di conciliazione non giunge a un accordo su un progetto comune, la Commissione sottopone un nuovo progetto di bilancio.

9. Quando la procedura di cui al presente articolo è espletata, il presidente del Parlamento europeo constata che il bilancio è definitivamente adottato.

10. Ciascuna istituzione esercita i poteri ad essa attribuiti dal presente articolo nel rispetto dei trattati e degli atti adottati a norma degli stessi, in particolare in materia di risorse proprie dell'Unione e di equilibrio delle entrate e delle spese.

315. *(ex articolo 273 del TCE).* Se, all'inizio dell'esercizio finanziario, il bilancio non è stato ancora definitivamente adottato, le spese possono essere effettuate mensilmente per capitolo, in base alle disposizioni del regolamento stabilito in esecuzione dell'articolo 322, nel limite di un dodicesimo degli stanziamenti aperti nel capitolo in questione del bilancio dell'esercizio precedente, senza poter superare il dodicesimo degli stanziamenti previsti nello stesso capitolo del progetto di bilancio.

Il Consiglio, su proposta della Commissione, può autorizzare spese superiori al limite del dodicesimo, sempre che siano osservate le altre condizioni di cui al primo comma, conformemente al regolamento stabilito in esecuzione dell'articolo 322. Esso trasmette immediatamente la decisione al Parlamento europeo.

La decisione di cui al secondo comma prevede le misure necessarie in materia di risorse ai fini dell'applicazione del presente articolo, conformemente agli atti di cui all'articolo 311.

Essa entra in vigore trenta giorni dopo l'adozione se, entro tale termine, il Parlamento europeo, deliberando a maggioranza dei membri che lo compongono, non decide di ridurre dette spese.

316. *(ex articolo 271 del TCE).* Alle condizioni che saranno determinate in applicazione dell'articolo 322, i crediti, che non siano quelli relativi alle spese di personale e che alla fine dell'esercizio finanziario siano rimasti inutilizzati, potranno essere riportati all'esercizio successivo e limitatamente a questo.

I crediti sono specificatamente registrati in capitoli che raggruppano le spese a seconda della loro natura o della loro destinazione e ripartiti in conformità del regolamento stabilito in esecuzione dell'articolo 322.

Le spese del Parlamento europeo, del Consiglio europeo e del Consiglio, della Commissione e della Corte di giustizia dell'Unione europea sono iscritte in parti separate del bilancio, senza pregiudizio di un regime speciale per determinate spese comuni.

CAPO IV

ESECUZIONE DEL BILANCIO E SCARICO

317. *(ex articolo 274 del TCE).* La Commissione dà esecuzione al bilancio, in cooperazione con gli Stati membri, in base alle disposizioni del regolamento stabilito in esecuzione dell'articolo 322, sotto la propria responsabilità e nei limiti dei crediti stanziati, in conformità del principio della buona gestione finanziaria. Gli Stati membri cooperano con la Commissione per garantire che gli stanziamenti siano utilizzati secondo i principi della buona gestione finanziaria.

Il regolamento prevede gli obblighi di controllo e di revisione contabile degli Stati membri nell'esecuzione del bilancio e le responsabilità che ne derivano. Esso prevede inoltre le responsabilità e le modalità particolari secondo le quali ogni istituzione partecipa all'esecuzione delle proprie spese.

All'interno del bilancio, la Commissione può procedere, nei limiti e alle condizioni fissate dal regolamento stabilito in esecuzione dell'articolo 322, a trasferimenti di crediti, sia da capitolo a capitolo, sia da suddivisione a suddivisione.

318. *(ex articolo 275 del TCE).* Ogni anno la Commissione sottopone al Parlamento europeo e al Consiglio i conti dell'esercizio trascorso concernenti le operazioni del bilancio. Inoltre, essa comunica loro un bilancio finanziario che espone l'attivo e il passivo dell'Unione.

La Commissione presenta inoltre al Parlamento europeo e al Consiglio una relazione di valutazione delle finanze dell'Unione basata sui risultati conseguiti, in particolare rispetto alle indicazioni impartite dal Parlamento europeo e dal Consiglio a norma dell'articolo 319.

319. *(ex articolo 276 del TCE).* 1. Il Parlamento europeo, su raccomandazione del Consiglio, dà atto alla Commissione dell'esecuzione del bilancio. A tale scopo esso esamina, successivamente al Consiglio, i conti, il bilancio finanziario e la relazione di valutazione di cui all'articolo 318, la relazione annua della Corte dei conti, accompagnata dalle risposte delle istituzioni controllate alle osservazioni della Corte stessa, la dichiarazione di affidabilità di cui all'articolo 287, paragrafo 1, secondo comma, nonché le pertinenti relazioni speciali della Corte.

2. Prima di dare atto alla Commissione, o per qualsiasi altro fine nel quadro dell'esercizio delle attribuzioni di quest'ultima in materia di esecuzione del bilancio, il Parlamento europeo può chiedere di ascoltare la Commissione sull'esecuzione delle spese o sul funzionamento dei sistemi di controllo finanziario. La Commissione fornisce al Parlamento europeo, su richiesta di quest'ultimo, tutte le informazioni necessarie.

3. La Commissione compie tutti i passi necessari per dar seguito alle osservazioni che accompagnano le decisioni di scarico ed alle altre osservazioni del Parlamento europeo concernenti l'esecuzione delle spese, nonché alle osservazioni annesse alle raccomandazioni di scarico adottate dal Consiglio.

La Commissione, su richiesta del Parlamento europeo o del Consiglio, sottopone relazioni in merito alle misure adottate sulla scorta di tali osservazioni e in particolare alle istruzioni impartite ai servizi incaricati dell'esecuzione del bilancio. Dette relazioni sono trasmesse altresì alla Corte dei conti.

CAPO V
DISPOSIZIONI COMUNI

320. *(ex articolo 277 del TCE).* Il quadro finanziario pluriennale e il bilancio annuale sono stabiliti in euro.

321. *(ex articolo 278 del TCE).* La Commissione, con riserva di informare le autorità competenti degli Stati membri interessati, può trasferire nella moneta di uno di questi Stati gli averi che essa detiene nella moneta di un altro Stato membro, nella misura necessaria alla loro utilizzazione per gli scopi cui sono destinati dai trattati. La Commissione evita, per quanto possibile, di procedere a tali trasferimenti quando detenga averi disponibili o realizzabili nelle monete di cui ha bisogno.

La Commissione comunica con i singoli Stati membri per il tramite dell'autorità da essi designata. Nell'esecuzione delle operazioni finanziarie essa ricorre alla banca di emissione dello Stato membro interessato oppure ad altri istituti finanziari da questo ultimo autorizzati.

322. *(ex articolo 279 del TCE).* 1. Il Parlamento europeo e il Consiglio, deliberando secondo la procedura legislativa ordinaria e previa consultazione della Corte dei conti, adottano mediante regolamenti:

a) le regole finanziarie che stabiliscono in particolare le modalità relative alla formazione e all'esecuzione del bilancio, al rendiconto e alla verifica dei conti;

b) le regole che organizzano il controllo della responsabilità degli agenti finanziari, in particolare degli ordinatori e dei contabili.

2. Il Consiglio, deliberando su proposta della Commissione e previa consultazione del Parlamento europeo e della Corte dei conti, fissa le modalità e la procedura secondo le quali le entrate di bilancio previste dal regime delle risorse proprie dell'Unione sono messe a disposizione della Commissione e determina le misure da applicare per far fronte eventualmente alle esigenze di tesoreria.

323. Il Parlamento europeo, il Consiglio e la Commissione vigilano sulla disponibilità dei mezzi finanziari necessari a consentire all'Unione di rispettare gli obblighi giuridici nei confronti dei terzi.

324. Sono convocati regolarmente, su iniziativa della Commissione, incontri tra i presidenti del Parlamento europeo, del Consiglio e della Commissione nell'ambito delle procedure di bilancio di cui al presente titolo. I presidenti prendono tutte le misure necessarie per favorire la concertazione e il ravvicinamento fra le posizioni delle istituzioni che presiedono, al fine di agevolare l'attuazione del presente titolo.

CAPO VI
LOTTA CONTRO LA FRODE

325. *(ex articolo 280 del TCE).* 1. L'Unione e gli Stati membri combattono contro la frode e le altre attività illegali che ledono gli interessi finanziari dell'Unione stessa mediante misure adottate a norma del presente articolo, che siano dissuasive e tali da permettere una protezione efficace negli Stati membri e nelle istituzioni, organi e organismi dell'Unione.

2. Gli Stati membri adottano, per combattere contro la frode che lede gli interessi finanziari dell'Unione, le stesse misure che adottano per combattere contro la frode che lede i loro interessi finanziari.

3. Fatte salve altre disposizioni dei trattati, gli Stati membri coordinano l'azione diretta a tutelare gli interessi finanziari dell'Unione contro la frode. A tale fine essi organizzano, assieme alla Commissione, una stretta e regolare cooperazione tra le autorità competenti.

4. Il Parlamento europeo e il Consiglio, deliberando secondo la procedura legislativa ordinaria, previa consultazione della Corte dei conti, adottano le misure necessarie nei settori della prevenzione e lotta contro la frode che lede gli interessi finanziari dell'Unione, al fine di pervenire a una protezione efficace ed equivalente in tutti gli Stati membri e nelle istituzioni, organi e organismi dell'Unione.

5. La Commissione, in cooperazione con gli Stati membri, presenta ogni anno al Parlamento europeo e al Consiglio una relazione sulle misure adottate ai fini dell'attuazione del presente articolo.

TITOLO III
COOPERAZIONI RAFFORZATE

326. *(ex articoli da 27 A a 27 E, da 40 a 40 B e da 43 a 45 del TUE ed ex articoli 11 e 11 A del TCE).* Le cooperazioni rafforzate rispettano i trattati e il diritto dell'Unione.

Esse non possono recare pregiudizio né al mercato interno né alla coesione economica, sociale e territoriale. Non possono costituire un ostacolo né una discriminazione per gli scambi tra gli Stati membri, né possono provocare distorsioni di concorrenza tra questi ultimi.

327. *(ex articoli da 27 A a 27 E, da 40 a 40 B e da 43 a 45 del TUE ed ex articoli 11 e 11 A del TCE).* Le cooperazioni rafforzate rispettano le competenze, i diritti e gli obblighi degli Stati membri che non vi partecipano. Questi non ne ostacolano l'attuazione da parte degli Stati membri che vi partecipano.

328. *(ex articoli da 27 A a 27 E, da 40 a 40 B e da 43 a 45 del TUE ed ex articoli 11 e 11 A del TCE).* 1. Al momento della loro instaurazione le cooperazioni rafforzate sono aperte a tutti gli Stati membri, fatto salvo il rispetto delle eventuali condizioni di partecipazione stabilite dalla decisione di autorizzazione. La partecipazione alle cooperazioni rafforzate resta inoltre possibile in qualsiasi altro momento, fatto salvo il rispetto, oltre che delle condizioni summenzionate, degli atti già adottati in tale ambito.

La Commissione e gli Stati membri che partecipano a una cooperazione rafforzata si adoperano per promuovere la partecipazione del maggior numero possibile di Stati membri.

2. La Commissione e, all'occorrenza, l'alto rappresentante dell'Unione per gli affari esteri e la politica di sicurezza informano periodicamente il Parlamento europeo e il Consiglio in merito allo sviluppo delle cooperazioni rafforzate.

329. *(ex articoli da 27 A a 27 E, da 40 a 40 B e da 43 a 45 del TUE ed ex articoli 11 e 11 A del TCE).* 1. Gli Stati membri che desiderano instaurare tra loro una cooperazione rafforzata in uno dei settori di cui ai trattati, eccetto i settori di competenza esclusiva e la politica estera e di sicurezza comune, trasmettono una richiesta alla Commissione precisando il campo d'applicazione e gli obiettivi perseguiti dalla cooperazione rafforzata prevista. La Commissione può presentare al Consiglio una proposta al riguardo. Qualora non presenti una proposta, la Commissione informa gli Stati membri interessati delle ragioni di tale decisione.

L'autorizzazione a procedere a una cooperazione rafforzata di cui al primo comma è concessa dal Consiglio, su proposta della Commissione e previa approvazione del Parlamento europeo.

2. La richiesta degli Stati membri che desiderano instaurare tra loro una cooperazione rafforzata nel quadro della politica estera e di sicurezza comune è presentata al Consiglio. Essa è trasmessa all'alto rappresentante dell'Unione per gli affari esteri e la politica di sicurezza, che esprime un parere sulla coerenza della cooperazione rafforzata prevista con la politica estera e di sicurezza comune dell'Unione, e alla Commissione, che esprime un parere, in particolare, sulla coerenza della cooperazione rafforzata prevista con le altre politiche dell'Unione. Essa è inoltre trasmessa per conoscenza al Parlamento europeo.

L'autorizzazione a procedere a una cooperazione rafforzata è concessa con una decisione del Consiglio, che delibera all'unanimità.

330. *(ex articoli da 27 A a 27 E, da 40 a 40 B e da 43 a 45 del TUE ed ex articoli 11 e 11 A del TCE).* Tutti i membri del Consiglio possono partecipare alle sue deliberazioni, ma solo i membri del Consiglio che rappresentano gli Stati membri partecipanti ad una cooperazione rafforzata prendono parte al voto.

L'unanimità è costituita unicamente dai voti dei rappresentanti degli Stati membri partecipanti.

Per maggioranza qualificata s'intende quella definita conformemente all'articolo 238, paragrafo 3.

331. *(ex articoli da 27 A a 27 E, da 40 a 40 B e da 43 a 45 del TUE ed ex articoli 11 e 11 A del TCE).* 1. Ogni Stato membro che desideri partecipare a una cooperazione rafforzata in corso in uno dei settori di cui all'articolo 329, paragrafo 1 notifica tale intenzione al Consiglio e alla Commissione.

La Commissione, entro un termine di quattro mesi dalla data di ricezione della notifica, conferma la partecipazione dello Stato membro in questione. Essa constata, se del caso, che le condizioni di partecipazione sono soddisfatte e adotta le misure transitorie necessarie per l'applicazione degli atti già adottati nel quadro della cooperazione rafforzata.

Tuttavia, se la Commissione ritiene che le condizioni di partecipazione non siano soddisfatte, indica le disposizioni da adottare per soddisfarle e fissa un termine per il riesame della richiesta. Alla scadenza di tale termine, essa riesamina la richiesta in conformità della procedura di cui al secondo comma. Se la Commissione ritiene che le condizioni di partecipazione continuino a non essere soddisfatte, lo Stato membro in questione può sottoporre la questione al

Consiglio, che si pronuncia sulla richiesta. Il Consiglio delibera conformemente all'articolo 330. Può inoltre adottare, su proposta della Commissione, le misure transitorie di cui al secondo comma.

2. Ogni Stato membro che desideri partecipare a una cooperazione rafforzata in corso nel quadro della politica estera e di sicurezza comune notifica tale intenzione al Consiglio, all'alto rappresentante dell'Unione per gli affari esteri e la politica di sicurezza e alla Commissione.

Il Consiglio conferma la partecipazione dello Stato membro in causa previa consultazione dell'alto rappresentante dell'Unione per gli affari esteri e la politica di sicurezza e dopo aver constatato, se del caso, che le condizioni di partecipazione sono soddisfatte. Il Consiglio, su proposta dell'alto rappresentante, può inoltre adottare le misure transitorie necessarie per l'applicazione degli atti già adottati nel quadro della cooperazione rafforzata. Tuttavia, se il Consiglio ritiene che le condizioni di partecipazione non siano soddisfatte, indica le disposizioni da adottare per soddisfarle e fissa un termine per il riesame della richiesta di partecipazione.

Ai fini del presente paragrafo, il Consiglio delibera all'unanimità e conformemente all'articolo 330.

332. *(ex articoli da 27 A a 27 E, da 40 a 40 B e da 43 a 45 del TUE ed ex articoli 11 e 11 A del TCE).* Le spese derivanti dall'attuazione di una cooperazione rafforzata, diverse dalle spese amministrative che devono sostenere le istituzioni, sono a carico degli Stati membri partecipanti, salvo che il Consiglio, deliberando all'unanimità dei membri previa consultazione del Parlamento europeo, non disponga altrimenti.

333. *(ex articoli da 27 A a 27 E, da 40 a 40 B e da 43 a 45 del TUE ed ex articoli 11 e 11 A del TCE).* 1. Qualora una disposizione dei trattati che può essere applicata nel quadro di una cooperazione rafforzata preveda che il Consiglio deliberi all'unanimità, il Consiglio, deliberando all'unanimità conformemente alle modalità di cui all'articolo 330, può adottare una decisione che prevede che delibererà a maggioranza qualificata.

2. Qualora una disposizione dei trattati che può essere applicata nel quadro di una cooperazione rafforzata preveda che il Consiglio adotti atti secondo una procedura legislativa speciale, il Consiglio, deliberando all'unanimità conformemente alle modalità di cui all'articolo 330, può adottare una decisione che prevede che delibererà secondo la procedura legislativa ordinaria. Il Consiglio delibera previa consultazione del Parlamento europeo.

3. I paragrafi 1 e 2 non si applicano alle decisioni che hanno implicazioni militari o che rientrano nel settore della difesa.

334. *(ex articoli da 27 A a 27 E, da 40 a 40 B e da 43 a 45 del TUE ed ex articoli 11 e 11 A del TCE).* Il Consiglio e la Commissione assicurano la coerenza delle azioni intraprese nel quadro di una cooperazione rafforzata e la coerenza di dette azioni con le politiche dell'Unione, e cooperano a tale scopo.

PARTE SETTIMA
DISPOSIZIONI GENERALI E FINALI

335. *(ex articolo 282 del TCE).* In ciascuno degli Stati membri, l'Unione ha la più ampia capacità giuridica riconosciuta alle persone giuridiche dalle legislazioni nazionali; essa può in particolare acquistare o alienare beni immobili e mobili e stare in giudizio. A tale fine, essa è rappresentata dalla Commissione. Tuttavia, l'Unione è rappresentata da ciascuna delle istituzioni, in base alla loro autonomia amministrativa, per le questioni connesse al funzionamento della rispettiva istituzione.

336. *(ex articolo 283 del TCE).* Il Parlamento europeo e il Consiglio, deliberando mediante regolamenti secondo la procedura legislativa ordinaria e previa consultazione delle altre istituzioni interessate, stabiliscono lo statuto dei funzionari dell'Unione europea e il regime applicabile agli altri agenti dell'Unione.

337. *(ex articolo 284 del TCE).* Per l'esecuzione dei compiti affidatile, la Commissione può raccogliere tutte le informazioni e procedere a tutte le necessarie verifiche, nei limiti e alle condizioni fissate dal Consiglio, che delibera a maggioranza semplice, conformemente alle disposizioni dei trattati.

338. *(ex articolo 285 del TCE).* 1. Fatto salvo l'articolo 5 del protocollo dello statuto del Sistema europeo di banche centrali e della Banca centrale europea, il Parlamento europeo e il Consiglio, deliberando secondo la procedura legislativa ordinaria, adottano misure per l'elaborazione di statistiche laddove necessario per lo svolgimento delle attività dell'Unione.

2. L'elaborazione delle statistiche dell'Unione presenta i caratteri dell'imparzialità, dell'affidabilità, dell'obiettività, dell'indipendenza scientifica, dell'efficienza economica e della riservatezza statistica; essa non comporta oneri eccessivi per gli operatori economici.

339. *(ex articolo 287 del TCE).* I membri delle istituzioni dell'Unione, i membri dei comitati e parimenti i funzionari e agenti dell'Unione sono tenuti, anche dopo la cessazione dalle loro funzioni, a non divulgare le informazioni che per loro natura siano protette dal segreto professionale e in particolare quelle relative alle imprese e riguardanti i loro rapporti commerciali ovvero gli elementi dei loro costi.

340. *(ex articolo 288 del TCE).* La responsabilità contrattuale dell'Unione è regolata dalla legge applicabile al contratto in causa.

In materia di responsabilità extracontrattuale, l'Unione deve risarcire, conformemente ai principi generali comuni ai diritti degli Stati membri, i danni cagionati dalle sue istituzioni o dai suoi agenti nell'esercizio delle loro funzioni.

In deroga al secondo comma, la Banca centrale europea deve risarcire, conformemente ai principi generali comuni al diritto degli Stati membri, i danni cagionati da essa stessa o dai suoi agenti nell'esercizio delle loro funzioni.

La responsabilità personale degli agenti nei confronti dell'Unione è regolata dalle disposizioni che stabiliscono il loro statuto o il regime loro applicabile.

341. *(ex articolo 289 del TCE).* La sede delle istituzioni dell'Unione è fissata d'intesa comune dai governi degli Stati membri.

342. *(ex articolo 290 del TCE).* Il regime linguistico delle istituzioni dell'Unione è fissato, senza pregiudizio delle disposizioni previste dallo statuto della Corte di giustizia dell'Unione europea, dal Consiglio, che delibera all'unanimità mediante regolamenti.

343. *(ex articolo 291 del TCE).* L'Unione gode, sul territorio degli Stati membri, delle immunità e dei privilegi necessari all'assolvimento dei suoi compiti, alle condizioni definite dal protocollo dell'8 aprile 1965 sui privilegi e sulle immunità dell'Unione europea. Lo stesso vale per la Banca centrale europea e per la Banca europea per gli investimenti.

344. *(ex articolo 292 del TCE).* Gli Stati membri si impegnano a non sottoporre una controversia relativa all'interpretazione o all'applicazione dei trattati a un modo di composizione diverso da quelli previsti dal trattato stesso.

345. *(ex articolo 295 del TCE).* I trattati lasciano del tutto impregiudicato il regime di proprietà esistente negli Stati membri.

346. *(ex articolo 296 del TCE).* 1. Le disposizioni dei trattati non ostano alle norme seguenti:

a) nessuno Stato membro è tenuto a fornire informazioni la cui divulgazione sia dallo stesso considerata contraria agli interessi essenziali della propria sicurezza;

b) ogni Stato membro può adottare le misure che ritenga necessarie alla tutela degli interessi essenziali della propria sicurezza e che si riferiscano alla produzione o al commercio di armi, munizioni e materiale bellico; tali misure non devono alterare le condizioni di concorrenza nel mercato interno per quanto riguarda i prodotti che non siano destinati a fini specificamente militari.

2. Il Consiglio, deliberando all'unanimità su proposta della Commissione, può apportare modificazioni all'elenco, stabilito il 15 aprile 1958, dei prodotti cui si applicano le disposizioni del paragrafo 1, lettera *b)*.

347. *(ex articolo 297 del TCE).* Gli Stati membri si consultano al fine di prendere di comune accordo le disposizioni necessarie ad evitare che il funzionamento del mercato interno abbia a risentire delle misure che uno Stato membro può essere indotto a prendere nell'eventualità di gravi agitazioni interne che turbino l'ordine pubblico, in caso di guerra o di grave tensione internazionale che costituisca una minaccia di guerra ovvero per far fronte agli impegni da esso assunti ai fini del mantenimento della pace e della sicurezza internazionale.

348. *(ex articolo 298 del TCE).* Quando delle misure adottate nei casi contemplati dagli articoli 346 e 347 abbiano per effetto di alterare le condizioni di concorrenza nel mercato interno, la Commissione esamina con lo Stato interessato le condizioni alle quali tali misure possono essere rese conformi alle norme sancite dai trattati.

In deroga alla procedura di cui agli articoli 258 e 259, la Commissione o qualsiasi Stato membro può ricorrere direttamente alla Corte di giustizia, ove ritenga che un altro Stato membro faccia un uso abusivo dei poteri contemplati dagli articoli 346 e 347. La Corte di giustizia giudica a porte chiuse.

349. *(ex articolo 299, paragrafo 2, secondo, terzo e quarto comma, del TCE).* Tenuto conto della situazione socioeconomica strutturale della Guadalupa, della Guyana francese, della Martinica, della Riunione, di Saint Barthélemy, di Saint Martin, delle Azzorre, di Madera e delle isole Canarie, aggravata dalla loro grande distanza, dall'insularità, dalla superficie ridotta, dalla topografia e dal clima difficili, dalla dipendenza economica da alcuni prodotti, fattori la cui persistenza e il cui cumulo recano grave danno al loro sviluppo, il Consiglio, su proposta della Commissione e previa consultazione del Parlamento europeo, adotta misure specifiche volte, in particolare, a stabilire le condizioni di applicazione dei trattati a tali regioni, ivi comprese politiche comuni. Allorché adotta le misure specifiche in questione secondo una procedura legislativa speciale, il Consiglio delibera altresì su proposta della Commissione e previa consultazione del Parlamento europeo.

Le misure di cui al primo comma riguardano in particolare politiche doganali e commerciali, politica fiscale, zone franche, politiche in materia di agricoltura e di pesca, condizioni di fornitura delle materie prime e di beni di consumo primari, aiuti di Stato e condizioni di accesso ai fondi strutturali e ai programmi orizzontali dell'Unione.

Il Consiglio adotta le misure di cui al primo comma tenendo conto delle caratteristiche e dei vincoli specifici delle regioni ultraperiferiche senza compromettere l'integrità e la coerenza dell'ordinamento giuridico dell'Unione, ivi compresi il mercato interno e le politiche comuni.

350. *(ex articolo 306 del TCE).* Le disposizioni dei trattati non ostano all'esistenza e al perfezionamento delle unioni regionali tra il Belgio e il Lussemburgo, come pure tra il Belgio, il Lussemburgo e i Paesi Bassi, nella misura in cui gli obiettivi di tali unioni regionali non sono raggiunti in applicazione dei trattati.

351. *(ex articolo 307 del TCE).* Le disposizioni dei trattati non pregiudicano i diritti e gli obblighi derivanti da convenzioni concluse, anteriormente al 1° gennaio 1958 o, per gli Stati aderenti, anteriormente alla data della loro adesione, tra uno o più Stati membri da una parte e uno o più Stati terzi dall'altra.

Nella misura in cui tali convenzioni sono incompatibili coi trattati, lo Stato o gli Stati membri interessati ricorrono a tutti i mezzi atti ad eliminare le incompatibilità constatate. Ove occorra, gli Stati membri si forniranno reciproca assistenza per raggiungere tale scopo, assumendo eventualmente una comune linea di condotta.

Nell'applicazione delle convenzioni di cui al primo comma, gli Stati membri tengono conto del fatto che i vantaggi consentiti nei trattati da ciascuno degli Stati membri costituiscono parte integrante dell'instaurazione dell'Unione e sono, per ciò stesso, indissolubilmente connessi alla creazione di istituzioni comuni, all'attribuzione di competenze a favore di queste ultime e alla concessione degli stessi vantaggi da parte di tutti gli altri Stati membri.

352. *(ex articolo 308 del TCE).* 1. Se un'azione dell'Unione appare necessaria, nel quadro delle politiche definite dai trattati, per realizzare uno degli obiettivi di cui ai trattati senza che questi ultimi abbiano previsto i poteri di azione richiesti a tal fine, il Consiglio, deliberando all'unanimità su proposta della Commissione e previa approvazione del Parlamento europeo, adotta le disposizioni appropriate. Allorché adotta le disposizioni in questione secondo una procedura legislativa speciale, il Consiglio delibera altresì all'unanimità su proposta della Commissione e previa approvazione del Parlamento europeo.

2. La Commissione, nel quadro della procedura di controllo del principio di sussidiarietà di cui all'articolo 5, paragrafo 3 del trattato sull'Unione europea, richiama l'attenzione dei parlamenti nazionali sulle proposte fondate sul presente articolo.

3. Le misure fondate sul presente articolo non possono comportare un'armonizzazione delle disposizioni legislative e regolamentari degli Stati membri nei casi in cui i trattati la escludono.

4. Il presente articolo non può servire di base per il conseguimento di obiettivi riguardanti la politica estera e di sicurezza comune e qualsiasi atto adottato a norma del presente articolo rispetta i limiti previsti nell'articolo 40, secondo comma, del trattato sull'Unione europea.

353. L'articolo 48, paragrafo 7, del trattato sull'Unione europea non si applica agli articoli seguenti:
- 311, terzo e quarto comma,
- 312, paragrafo 2, primo comma,
- 352 e
- 354.

354. *(ex articolo 309 del TCE).* Ai fini dell'articolo 7 del trattato sull'Unione europea relativo alla sospensione di taluni diritti derivanti dall'appartenenza all'Unione, il membro del Consiglio europeo o del Consiglio che rappresenta lo Stato membro in questione non partecipa al voto e nel calcolo del terzo o dei quattro quinti degli Stati membri di cui ai paragrafi 1 e 2 di detto articolo non si tiene conto dello Stato membro in questione. L'astensione di membri presenti o rappresentati non osta all'adozione delle decisioni di cui al paragrafo 2 di detto articolo.

Per l'adozione delle decisioni di cui all'articolo 7, paragrafi 3 e 4 del trattato sull'Unione europea, per maggioranza qualificata s'intende quella definita conformemente all'articolo 238, paragrafo 3, lettera *b)* del presente trattato.

Qualora, a seguito di una decisione di sospensione dei diritti di voto adottata a norma dell'articolo 7, paragrafo 3 del trattato sull'Unione europea, il Consiglio deliberi a maggioranza qualificata sulla base di una delle disposizioni dei trattati, per maggioranza qualificata s'intende quella definita conformemente all'articolo 238, paragrafo 3, lettera *b)* del presente trattato o, qualora il Consiglio agisca su proposta della Commissione o dell'alto rappresentante dell'Unione per gli affari esteri e la politica di sicurezza, quella definita conformemente all'articolo 238, paragrafo 3, lettera *a)*.

Ai fini dell'articolo 7 del trattato sull'Unione europea, il Parlamento europeo delibera alla maggioranza dei due terzi dei voti espressi, che rappresenta la maggioranza dei membri che lo compongono.

355. *(ex articolo 299, paragrafo 2, primo comma, e paragrafi da 3 a 6, del TCE).* Oltre alle disposizioni dell'articolo 52 del trattato sull'Unione europea relativo al campo di applicazione territoriale dei trattati, si applicano le disposizioni seguenti:

1. Le disposizioni dei trattati si applicano alla Guadalupa, alla Guyana francese, alla Martinica, alla Riunione, a Saint Barthélemy, a Saint Martin, alle Azzorre, a Madera e alle isole Canarie, conformemente all'articolo 349.

2. I paesi e i territori d'oltremare, il cui elenco figura nell'allegato II, costituiscono l'oggetto dello speciale regime di associazione definito nella quarta parte.

I trattati non si applicano ai paesi e territori d'oltremare che mantengono relazioni particolari con il Regno Unito di Gran Bretagna e Irlanda del Nord non menzionati nell'elenco precitato.

3. Le disposizioni dei trattati si applicano ai territori europei di cui uno Stato membro assume la rappresentanza nei rapporti con l'estero.

4. Le disposizioni dei trattati si applicano alle isole Åland conformemente alle disposizioni contenute nel protocollo n. 2 dell'atto relativo alle condizioni di adesione della Repubblica d'Austria, della Repubblica di Finlandia e del Regno di Svezia.

5. In deroga all'articolo 52 del trattato sull'Unione europea e ai paragrafi da 1 a 4 del presente articolo:

a) i trattati non si applicano alle Faeröer;

b) i trattati non si applicano alle zone di sovranità del Regno Unito di Akrotiri e Dhekelia a Cipro, tranne per quanto necessario ad assicurare l'attuazione del regime definito nel protocollo relativo alle zone di sovranità del Regno Unito di Gran Bretagna e Irlanda del Nord a Cipro, allegato all'atto relativo alle condizioni di adesione all'Unione europea della Repubblica ceca, della Repubblica di Estonia, della Repubblica di Cipro, della Repubblica di Lettonia, della Repubblica di Lituania, della Repubblica di Ungheria, della Repubblica di Malta, della Repubblica di Polonia, della Repubblica di Slovenia e della Repubblica slovacca e secondo i termini di detto protocollo;

c) le disposizioni dei trattati sono applicabili alle isole Normanne ed all'isola di Man soltanto nella misura necessaria per assicurare l'applicazione del regime previsto per tali isole dal trattato relativo all'adesione di nuovi Stati membri alla Comunità economica europea e alla Comunità europea dell'energia atomica, firmato il 22 gennaio 1972.

6. Il Consiglio europeo, su iniziativa dello Stato membro interessato, può adottare una decisione che modifica lo status, nei confronti dell'Unione, di un paese o territorio danese, francese o olandese di cui ai paragrafi 1 e 2. Il Consiglio europeo delibera all'unanimità previa consultazione della Commissione.

356. *(ex articolo 312 del TCE).* Il presente trattato è concluso per una durata illimitata.

357. *(ex articolo 313 del TCE).* Il presente trattato sarà ratificato dalle Alte parti contraenti conformemente alle loro norme costituzionali rispettive. Gli strumenti di ratifica saranno depositati presso il governo della Repubblica italiana.

Il presente trattato entrerà in vigore il primo giorno del mese successivo all'avvenuto deposito dello strumento di ratifica da parte dello Stato firmatario che procederà per ultimo a tale formalità. Tuttavia, qualora tale deposito avvenisse meno di quindici giorni prima dell'inizio del mese seguente, l'entrata in vigore del trattato sarà rinviata al primo giorno del secondo mese successivo alla data del deposito stesso.

358. Le disposizioni dell'articolo 55 del trattato sull'Unione europea si applicano al presente trattato.

IN FEDE DI CHE, i plenipotenziari sottoscritti hanno apposto le loro firme in calce al presente trattato.

Fatto a Roma, il venticinque marzo millenovecentocinquantasette.

CARTA DEI DIRITTI
DELL'UNIONE EUROPEA

14 - Carta dei diritti fondamentali dell'unione europea (G.U.U.E. 7 giugno 2016, n. 2016/C 202/02).

Il Parlamento europeo, il Consiglio e la Commissione proclamano solennemente quale Carta dei diritti fondamentali dell'Unione europea il testo riportato in appresso.

CARTA DEI DIRITTI FONDAMENTALI DELL'UNIONE EUROPEA

I popoli d'Europa, nel creare tra loro un'unione sempre più stretta, hanno deciso di condividere un futuro di pace fondato su valori comuni.

Consapevole del suo patrimonio spirituale e morale, l'Unione si fonda sui valori indivisibili e universali della dignità umana, della libertà, dell'uguaglianza e della solidarietà; essa si basa sul principio della democrazia e sul principio dello Stato di diritto. Pone la persona al centro della sua azione istituendo la cittadinanza dell'Unione e creando uno spazio di libertà, sicurezza e giustizia.

L'Unione contribuisce alla salvaguardia e allo sviluppo di questi valori comuni nel rispetto della diversità delle culture e delle tradizioni dei popoli d'Europa, nonché dell'identità nazionale degli Stati membri e dell'ordinamento dei loro pubblici poteri a livello nazionale, regionale e locale; essa si sforza di promuovere uno sviluppo equilibrato e sostenibile e assicura la libera circolazione delle persone, dei servizi, delle merci e dei capitali, nonché la libertà di stabilimento.

A tal fine è necessario rafforzare la tutela dei diritti fondamentali, alla luce dell'evoluzione della società, del progresso sociale e degli sviluppi scientifici e tecnologici, rendendo tali diritti più visibili in una Carta.

La presente Carta riafferma, nel rispetto delle competenze e dei compiti dell'Unione e del principio di sussidiarietà, i diritti derivanti in particolare dalle tradizioni costituzionali e dagli obblighi internazionali comuni agli Stati membri, dalla Convenzione europea per la salvaguardia dei Diritti dell'Uomo e delle Libertà fondamentali, dalle carte sociali adottate dall'Unione e dal Consiglio d'Europa, nonché dalla giurisprudenza della Corte di giustizia dell'Unione europea e da quella della Corte europea dei diritti dell'uomo. In tale contesto, la Carta sarà interpretata dai giudici dell'Unione e degli Stati membri tenendo in debito conto le spiegazioni elaborate sotto l'autorità del praesidium della Convenzione che ha redatto la Carta e aggiornate sotto la responsabilità del praesidium della Convenzione europea.

Il godimento di questi diritti fa sorgere responsabilità e doveri nei confronti degli altri come pure della comunità umana e delle generazioni future.

Pertanto, l'Unione riconosce i diritti, le libertà e i principi enunciati in appresso[1].

[1] V. art. 1, CEDU.

Titolo I
Dignità

1. *Dignità umana.* La dignità umana è inviolabile. Essa deve essere rispettata e tutelata[1].

[1] V. artt. 2, 3 Cost.

2. *Diritto alla vita.* 1. Ogni persona ha diritto alla vita.

Nessuno può essere condannato alla pena di morte, né giustiziato[1 2].

[1] V. art. 27, comma 4, Cost.
[1] V. art. 2, CEDU.

3. *Diritto all'integrità della persona.* 1. Ogni persona ha diritto alla propria integrità fisica e psichica.

2. Nell'ambito della medicina e della biologia devono essere in particolare rispettati:

a) il consenso libero e informato della persona interessata, secondo le modalità definite dalla legge;

b) il divieto delle pratiche eugenetiche, in particolare di quelle aventi come scopo la selezione delle persone;

c) il divieto di fare del corpo umano e delle sue parti in quanto tali una fonte di lucro;

d) il divieto della clonazione riproduttiva degli esseri umani[1].

[1] V. art. 32 Cost.

4. *Proibizione della tortura e delle pene o trattamenti inumani o degradanti.* Nessuno può essere sottoposto a tortura, né a pene o trattamenti inumani o degradanti[1] [2].

[1] V. artt. 13, comma 4; 27, comma 3, Cost.
[2] V. art. 3, CEDU.

5. *Proibizione della schiavitù e del lavoro forzato.* 1. Nessuno può essere tenuto in condizioni di schiavitù o di servitù.

2. Nessuno può essere costretto a compiere un lavoro forzato o obbligatorio.

3. È proibita la tratta degli esseri umani[1] [2].

[1] V. artt. 4, 35, 36, 37 Cost.
[2] V. art. 4, CEDU.

TITOLO II
LIBERTÀ

6. *Diritto alla libertà e alla sicurezza.* Ogni persona ha diritto alla libertà e alla sicurezza[1] [2].

[1] V. art. 13 Cost.
[2] V. art. 5, CEDU.

7. *Rispetto della vita privata e della vita familiare.* Ogni persona ha diritto al rispetto della propria vita privata e familiare, del proprio domicilio e delle proprie comunicazioni[1] [2].

[1] V. art. 14 Cost.
[2] V. art. 8, CEDU.

8. *Protezione dei dati di carattere personale.* 1. Ogni persona ha diritto alla protezione dei dati di carattere personale che la riguardano.

2. Tali dati devono essere trattati secondo il principio di lealtà, per finalità determinate e in base al consenso della persona interessata o a un altro fondamento legittimo previsto dalla legge. Ogni persona ha il diritto di accedere ai dati raccolti che la riguardano e di ottenerne la rettifica.

3. Il rispetto di tali regole è soggetto al controllo di un'autorità indipendente[1].

[1] V. artt. 2, 14 Cost.

9. *Diritto di sposarsi e di costituire una famiglia.* Il diritto di sposarsi e il diritto di costituire una famiglia sono garantiti secondo le leggi nazionali che ne disciplinano l'esercizio[1].

[1] V. art. 29 Cost.

10. *Libertà di pensiero, di coscienza e di religione.* 1. Ogni persona ha diritto alla libertà di pensiero, di coscienza e di religione. Tale diritto include la libertà di cambiare religione o convinzione, così come la libertà di manifestare la propria religione o la propria convinzione individualmente o collettivamente, in pubblico o in privato, mediante il culto, l'insegnamento, le pratiche e l'osservanza dei riti.

2. Il diritto all'obiezione di coscienza è riconosciuto secondo le leggi nazionali che ne disciplinano l'esercizio[1] [2].

[1] V. art. 19 Cost.
[2] V. art. 9, CEDU.

11. *Libertà di espressione e d'informazione.* 1. Ogni persona ha diritto alla libertà di espressione. Tale diritto include la libertà di opinione e la libertà di ricevere o di comunicare informazioni o idee senza che vi possa essere ingerenza da parte delle autorità pubbliche e senza limiti di frontiera.

2. La libertà dei media e il loro pluralismo sono rispettati[1] [2].

[1] V. art. 21 Cost.
[2] V. art. 10, CEDU.

12. *Libertà di riunione e di associazione.* 1. Ogni persona ha diritto alla libertà di riunione pacifica e alla libertà di associazione a tutti i livelli, segnatamente in campo politico, sindacale e civico, il che implica il diritto di ogni persona di fondare sindacati insieme con altri e di aderirvi per la difesa dei propri interessi.

2. I partiti politici a livello dell'Unione contribuiscono a esprimere la volontà politica dei cittadini dell'Unione[1] [2].

[1] V. artt. 17, 18 Cost.
[2] V. art. 11, CEDU.

13. *Libertà delle arti e delle scienze.* Le arti e la ricerca scientifica sono libere. La libertà accademica è rispettata[1].

[1] V. art. 33 Cost.

14. *Diritto all'istruzione.* 1. Ogni persona ha diritto all'istruzione e all'accesso alla formazione professionale e continua.

2. Questo diritto comporta la facoltà di accedere gratuitamente all'istruzione obbligatoria.

3. La libertà di creare istituti di insegnamento nel rispetto dei principi democratici, così come il diritto dei genitori di provvedere all'educazione e all'istruzione dei loro figli secondo le loro convinzioni religiose, filosofiche e pedagogiche, sono rispettati secondo le leggi nazionali che ne disciplinano l'esercizio[1].

[1] V. art. 34 Cost.

15. *Libertà professionale e diritto di lavorare.* 1. Ogni persona ha il diritto di lavorare e di esercitare una professione liberamente scelta o accettata.

2. Ogni cittadino dell'Unione ha la libertà di cercare un lavoro, di lavorare, di stabilirsi o di prestare servizi in qualunque Stato membro.

3. I cittadini dei paesi terzi che sono autorizzati a lavorare nel territorio degli Stati membri hanno diritto a condizioni di lavoro equivalenti a quelle di cui godono i cittadini dell'Unione[1].

[1] V. art. 35 Cost.

16. *Libertà d'impresa.* È riconosciuta la libertà d'impresa, conformemente al diritto dell'Unione e alle legislazioni e prassi nazionali[1].

[1] V. art. 41 Cost.

17. *Diritto di proprietà.* 1. Ogni persona ha il diritto di godere della proprietà dei beni che ha acquisito legalmente, di usarli, di disporne e di lasciarli in eredità. Nessuna persona può essere privata della proprietà se non per causa di pubblico interesse, nei casi e nei modi previsti dalla legge e contro il pagamento in tempo utile di una giusta indennità per la perdita della stessa. L'uso dei beni può essere regolato dalla legge nei limiti imposti dall'interesse generale.

2. La proprietà intellettuale è protetta[1].

[1] V. art. 42 Cost.

18. *Diritto di asilo.* Il diritto di asilo è garantito nel rispetto delle norme stabilite dalla convenzione di Ginevra del 28 luglio 1951 e dal protocollo del 31 gennaio 1967, relativi allo status dei rifugiati, e a norma del trattato sull'Unione europea e del trattato sul funzionamento dell'Unione europea (in appresso denominati "i trattati")[1].

[1] V. art. 10 , comma 3, Cost.

19. *Protezione in caso di allontanamento, di espulsione e di estradizione.* 1. Le espulsioni collettive sono vietate.

2. Nessuno può essere allontanato, espulso o estradato verso uno Stato in cui esiste un rischio serio di essere sottoposto alla pena di morte, alla tortura o ad altre pene o trattamenti inumani o degradanti[1].

[1] V. art. 10 , comma 3, 4, Cost.

TITOLO III
UGUAGLIANZA

20. *Uguaglianza davanti alla legge.* Tutte le persone sono uguali davanti alla legge[1 2].

[1] V. art. 3 Cost.
[2] V. art. 14, CEDU.

21. *Non discriminazione.* 1. È vietata qualsiasi forma di discriminazione fondata, in particolare, sul sesso, la razza, il colore della pelle o l'origine etnica o sociale, le caratteristiche genetiche, la lingua, la religione o le convinzioni personali, le opinioni politiche o di qualsiasi altra natura, l'appartenenza ad una minoranza nazionale, il patrimonio, la nascita, la disabilità, l'età o l'orientamento sessuale.

2. Nell'ambito d'applicazione dei trattati e fatte salve disposizioni specifiche in essi contenute, è vietata qualsiasi discriminazione in base alla nazionalità[1 2 3].

[1] V. art. 3 Cost.
[2] V. art. 14, CEDU.
[3] In riferimento al comma 2 v. art. 16, CEDU.

22. *Diversità culturale, religiosa e linguistica.* L'Unione rispetta la diversità culturale, religiosa e linguistica[1 2].

[1] V. art. 3 Cost.
[2] V. art. 14, CEDU.

23. *Parità tra donne e uomini.* La parità tra donne e uomini deve essere assicurata in tutti i campi, compreso in materia di occupazione, di lavoro e di retribuzione.

Il principio della parità non osta al mantenimento o all'adozione di misure che prevedano vantaggi specifici a favore del sesso sottorappresentato[1 2].

[1] V. artt. 3, 29, comma 2; 37 Cost.
[2] V. art. 14, CEDU.

24. *Diritti del minore.* 1. I minori hanno diritto alla protezione e alle cure necessarie per il loro benessere. Essi possono esprimere liberamente la propria opinione. Questa viene presa in considerazione sulle questioni che li riguardano in funzione della loro età e della loro maturità.

2. In tutti gli atti relativi ai minori, siano essi compiuti da autorità pubbliche o da istituzioni private, l'interesse superiore del minore deve essere considerato preminente.

3. Il minore ha diritto di intrattenere regolarmente relazioni personali e contatti diretti con i due genitori, salvo qualora ciò sia contrario al suo interesse[1].

[1] V. artt. 30, 37, commi 2, 3, Cost.

25. *Diritti degli anziani.* L'Unione riconosce e rispetta il diritto degli anziani di condurre una vita dignitosa e indipendente e di partecipare alla vita sociale e culturale.

26. *Inserimento delle persone con disabilità.* L'Unione riconosce e rispetta il diritto delle persone con disabilità di beneficiare di misure intese a garantirne l'autonomia, l'inserimento sociale e professionale e la partecipazione alla vita della comunità[1].

[1] V. art. 38 Cost.

TITOLO IV
SOLIDARIETÀ

27. *Diritto dei lavoratori all'informazione e alla consultazione nell'ambito dell'impresa.* Ai lavoratori o ai loro rappresentanti devono essere garantite, ai livelli appropriati, l'informazione e la consultazione in tempo utile nei casi e alle condizioni previsti dal diritto dell'Unione e dalle legislazioni e prassi nazionali[1].

[1] V. art. 35, comma 2, Cost.

28. *Diritto di negoziazione e di azioni collettive.* I lavoratori e i datori di lavoro, o le rispettive organizzazioni, hanno, conformemente al diritto dell'Unione e alle legislazioni e prassi nazionali, il diritto di negoziare e di concludere contratti collettivi, ai livelli appropriati, e di ricorrere, in caso di conflitti di interessi, ad azioni collettive per la difesa dei loro interessi, compreso lo sciopero[1].

[1] V. art. 40 Cost.

29. *Diritto di accesso ai servizi di collocamento.* Ogni persona ha il diritto di accedere a un servizio di collocamento gratuito.

30. *Tutela in caso di licenziamento ingiustificato.* Ogni lavoratore ha il diritto alla tutela contro ogni licenziamento ingiustificato, conformemente al diritto dell'Unione e alle legislazioni e prassi nazionali.

31. *Condizioni di lavoro giuste ed eque.* 1. Ogni lavoratore ha diritto a condizioni di lavoro sane, sicure e dignitose.

2. Ogni lavoratore ha diritto a una limitazione della durata massima del lavoro, a periodi di riposo giornalieri e settimanali e a ferie annuali retribuite[1].

[1] V. art. 36 Cost.

32. *Divieto del lavoro minorile e protezione dei giovani sul luogo di lavoro.* Il lavoro minorile è vietato. L'età minima per l'ammissione al lavoro non può essere inferiore all'età in cui termina la scuola dell'obbligo, fatte salve le norme più favorevoli ai giovani ed eccettuate deroghe limitate.

I giovani ammessi al lavoro devono beneficiare di condizioni di lavoro appropriate alla loro età ed essere protetti contro lo sfruttamento economico o contro ogni lavoro che possa minarne la sicurezza, la salute, lo sviluppo fisico, psichico, morale o sociale o che possa mettere a rischio la loro istruzione[1].

[1] V. art. 37, comma 3, Cost.

33. *Vita familiare e vita professionale.* 1. È garantita la protezione della famiglia sul piano giuridico, economico e sociale.

2. Al fine di poter conciliare vita familiare e vita professionale, ogni persona ha il diritto di essere tutelata contro il licenziamento per un motivo legato alla maternità e il diritto a un congedo di maternità retribuito e a un congedo parentale dopo la nascita o l'adozione di un figlio[1 2].

[1] V. artt. 2, 29 Cost.
[2] V. art. 12, CEDU.

34. *Sicurezza sociale e assistenza sociale.* 1. L'Unione riconosce e rispetta il diritto di accesso alle prestazioni di sicurezza sociale e ai servizi sociali che assicurano protezione in casi quali la maternità, la malattia, gli infortuni sul lavoro, la dipendenza o la vecchiaia, oltre che in caso di perdita del posto di lavoro, secondo le modalità stabilite dal diritto dell'Unione e le legislazioni e prassi nazionali.

2. Ogni persona che risieda o si sposti legalmente all'interno dell'Unione ha diritto alle prestazioni di sicurezza sociale e ai benefici sociali, conformemente al diritto dell'Unione e alle legislazioni e prassi nazionali.

3. Al fine di lottare contro l'esclusione sociale e la povertà, l'Unione riconosce e rispetta il diritto all'assistenza sociale e all'assistenza abitativa volte a garantire un'esistenza dignitosa a tutti coloro che non dispongano di risorse sufficienti, secondo le modalità stabilite dal diritto dell'Unione e le legislazioni e prassi nazionali[1].

[1] V. artt. 31, 32, 34 Cost.

35. *Protezione della salute.* Ogni persona ha il diritto di accedere alla prevenzione sanitaria e di ottenere cure mediche alle condizioni stabilite dalle legislazioni e prassi nazionali. Nella definizione e nell'attuazione di tutte le politiche ed attività dell'Unione è garantito un livello elevato di protezione della salute umana[1].

[1] V. art. 32 Cost.

36. *Accesso ai servizi d'interesse economico generale.* Al fine di promuovere la coesione sociale e territoriale dell'Unione, questa riconosce e rispetta l'accesso ai servizi d'interesse economico generale quale previsto dalle legislazioni e prassi nazionali, conformemente ai trattati.

37. *Tutela dell'ambiente.* Un livello elevato di tutela dell'ambiente e il miglioramento della sua qualità devono essere integrati nelle politiche dell'Unione e garantiti conformemente al principio dello sviluppo sostenibile[1].

[1] V. art. 117, comma 2, lett. s, Cost.

38. *Protezione dei consumatori.* Nelle politiche dell'Unione è garantito un livello elevato di protezione dei consumatori.

TITOLO V
CITTADINANZA

39. *Diritto di voto e di eleggibilità alle elezioni del Parlamento europeo.* 1. Ogni cittadino dell'Unione ha il diritto di voto e di eleggibilità alle elezioni del Parlamento europeo nello Stato membro in cui risiede, alle stesse condizioni dei cittadini di detto Stato.

2. I membri del Parlamento europeo sono eletti a suffragio universale diretto, libero e segreto[1].

[1] V. art. 48 Cost.

40. *Diritto di voto e di eleggibilità alle elezioni comunali.* Ogni cittadino dell'Unione ha il diritto di voto e di eleggibilità alle elezioni comunali nello Stato membro in cui risiede, alle stesse condizioni dei cittadini di detto Stato[1].

[1] V. art. 48 Cost.

41. *Diritto ad una buona amministrazione.* 1. Ogni persona ha diritto a che le questioni che la riguardano siano trattate in modo imparziale ed equo ed entro un termine ragionevole dalle istituzioni, organi e organismi dell'Unione.

2. Tale diritto comprende in particolare:

a) il diritto di ogni persona di essere ascoltata prima che nei suoi confronti venga adottato un provvedimento individuale che le rechi pregiudizio;

b) il diritto di ogni persona di accedere al fascicolo che la riguarda, nel rispetto dei legittimi interessi della riservatezza e del segreto professionale e commerciale;

c) l'obbligo per l'amministrazione di motivare le proprie decisioni.

3. Ogni persona ha diritto al risarcimento da parte dell'Unione dei danni cagionati dalle sue istituzioni o dai suoi agenti nell'esercizio delle loro funzioni, conformemente ai principi generali comuni agli ordinamenti degli Stati membri.

4. Ogni persona può rivolgersi alle istituzioni dell'Unione in una delle lingue dei trattati e deve ricevere una risposta nella stessa lingua[1].

[1] V. artt. 13, comma 2; 97, comma 2, Cost.

42. *Diritto d'accesso ai documenti.* Ogni cittadino dell'Unione nonché ogni persona fisica o giuridica che risieda o abbia la sede sociale in uno Stato membro ha il diritto di accedere ai documenti delle istituzioni, organi e organismi dell'Unione, a prescindere dal loro supporto.

43. *Mediatore europeo.* Ogni cittadino dell'Unione nonché ogni persona fisica o giuridica che risieda o abbia la sede sociale in uno Stato membro ha il diritto di sottoporre al mediatore europeo casi di cattiva amministrazione nell'azione delle istituzioni, organi o organismi dell'Unione, salvo la Corte di giustizia dell'Unione europea nell'esercizio delle sue funzioni giurisdizionali.

44. *Diritto di petizione.* Ogni cittadino dell'Unione nonché ogni persona fisica o giuridica che risieda o abbia la sede sociale in uno Stato membro ha il diritto di presentare una petizione al Parlamento europeo.

45. *Libertà di circolazione e di soggiorno.* 1. Ogni cittadino dell'Unione ha il diritto di circolare e di soggiornare liberamente nel territorio degli Stati membri.

2. La libertà di circolazione e di soggiorno può essere accordata, conformemente ai trattati, ai cittadini dei paesi terzi che risiedono legalmente nel territorio di uno Stato membro[1].

[1] V. art. 16 Cost.

46. *Tutela diplomatica e consolare.* Ogni cittadino dell'Unione gode, nel territorio di un paese terzo nel quale lo Stato membro di cui ha la cittadinanza non è rappresentato, della tutela delle autorità diplomatiche e consolari di qualsiasi Stato membro, alle stesse condizioni dei cittadini di detto Stato.

TITOLO VI
GIUSTIZIA

47. *Diritto a un ricorso effettivo e a un giudice imparziale.* Ogni persona i cui diritti e le cui libertà garantiti dal diritto dell'Unione siano stati violati ha diritto a un ricorso effettivo dinanzi a un giudice, nel rispetto delle condizioni previste nel presente articolo.

Ogni persona ha diritto a che la sua causa sia esaminata equamente, pubblicamente ed entro un termine ragionevole da un giudice indipendente e imparziale, precostituito per legge. Ogni persona ha la facoltà di farsi consigliare, difendere e rappresentare.

A coloro che non dispongono di mezzi sufficienti è concesso il patrocinio a spese dello Stato, qualora ciò sia necessario per assicurare un accesso effettivo alla giustizia[1 2].

[1] V. artt. 24, 111 Cost.
[2] V. artt. 6, 13 CEDU.

48. *Presunzione di innocenza e diritti della difesa.* 1. Ogni imputato è considerato innocente fino a quando la sua colpevolezza non sia stata legalmente provata.

2. Il rispetto dei diritti della difesa è garantito ad ogni imputato[1].

[1] V. artt. 27, comma 2; 111, commi 4, 5, 6, Cost.

49. *Principi della legalità e della proporzionalità dei reati e delle pene.* 1. Nessuno può essere condannato per un'azione o un'omissione che, al momento in cui è stata commessa, non costituiva reato secondo il diritto interno o il diritto internazionale. Parimenti, non può essere inflitta una pena più grave di quella applicabile al momento in cui il reato è stato commesso. Se, successivamente alla commissione del reato, la legge prevede l'applicazione di una pena più lieve, occorre applicare quest'ultima.

2. Il presente articolo non osta al giudizio e alla condanna di una persona colpevole di un'azione o di un'omissione che, al momento in cui è stata commessa, costituiva un crimine secondo i principi generali riconosciuti da tutte le nazioni.

3. Le pene inflitte non devono essere sproporzionate rispetto al reato[1 2].

[1] V. artt. 25, 27, comma 3, Cost.
[2] V. art. 7, CEDU.

50. *Diritto di non essere giudicato o punito due volte per lo stesso reato.* Nessuno può essere perseguito o condannato per un reato per il quale è già stato assolto o condannato nell'Unione a seguito di una sentenza penale definitiva conformemente alla legge.

TITOLO VII
DISPOSIZIONI GENERALI CHE DISCIPLINANO L'INTERPRETAZIONE E L'APPLICAZIONE DELLA CARTA

51. *Ambito di applicazione.* 1. Le disposizioni della presente Carta si applicano alle istituzioni, organi e organismi dell'Unione nel rispetto del principio di sussidiarietà, come pure agli Stati membri esclusivamente nell'attuazione del diritto dell'Unione. Pertanto, i suddetti soggetti rispettano i diritti, osservano i principi e ne promuovono l'applicazione secondo le rispettive competenze e nel rispetto dei limiti delle competenze conferite all'Unione nei trattati.

2. La presente Carta non estende l'ambito di applicazione del diritto dell'Unione al di là delle competenze dell'Unione, né introduce competenze nuove o compiti nuovi per l'Unione, né modifica le competenze e i compiti definiti nei trattati.

52. *Portata e interpretazione dei diritti e dei principi.* 1. Eventuali limitazioni all'esercizio dei diritti e delle libertà riconosciuti dalla presente Carta devono essere previste dalla legge e rispettare il contenuto essenziale di detti diritti e libertà. Nel rispetto del principio di proporzionalità, possono essere apportate limitazioni solo laddove siano necessarie e rispondano effettivamente a finalità di interesse generale riconosciute dall'Unione o all'esigenza di proteggere i diritti e le libertà altrui.

2. I diritti riconosciuti dalla presente Carta per i quali i trattati prevedono disposizioni si esercitano alle condizioni e nei limiti dagli stessi definiti.

3. Laddove la presente Carta contenga diritti corrispondenti a quelli garantiti dalla Convenzione europea per la salvaguardia dei Diritti dell'Uomo e delle Libertà fondamentali, il significato e la portata degli stessi sono uguali a quelli conferiti dalla suddetta convenzione. La presente disposizione non preclude che il diritto dell'Unione conceda una protezione più estesa.

4. Laddove la presente Carta riconosca i diritti fondamentali quali risultano dalle tradizioni costituzionali comuni agli Stati membri, tali diritti sono interpretati in armonia con dette tradizioni.

5. Le disposizioni della presente Carta che contengono dei principi possono essere attuate da atti legislativi e esecutivi adottati da istituzioni, organi e organismi dell'Unione e da atti di Stati membri allorché essi danno attuazione al diritto dell'Unione, nell'esercizio delle loro rispettive competenze. Esse possono essere invocate dinanzi a un giudice solo ai fini dell'interpretazione e del controllo di legalità di detti atti.

6. Si tiene pienamente conto delle legislazioni e prassi nazionali, come specificato nella presente Carta.

7. I giudici dell'Unione e degli Stati membri tengono nel debito conto le spiegazioni elaborate al fine di fornire orientamenti per l'interpretazione della presente Carta.

53. *Livello di protezione.* Nessuna disposizione della presente Carta deve essere interpretata come limitativa o lesiva dei diritti dell'uomo e delle libertà fondamentali riconosciuti, nel rispettivo ambito di applicazione, dal diritto dell'Unione, dal diritto internazionale, dalle convenzioni internazionali delle quali l'Unione o tutti gli Stati membri sono parti, in particolare dalla Convenzione europea per la salvaguardia dei Diritti dell'Uomo e delle Libertà fondamentali, e dalle costituzioni degli Stati membri.

54. *Divieto dell'abuso di diritto.* Nessuna disposizione della presente Carta deve essere interpretata nel senso di comportare il diritto di esercitare un'attività o compiere un atto che miri a distruggere diritti o libertà riconosciuti nella presente Carta o a imporre a tali diritti e libertà limitazioni più ampie di quelle previste dalla presente Carta.

Il testo di cui sopra riprende, adattandola, la Carta proclamata il 7 dicembre 2000 e la sostituirà a decorrere dall'entrata in vigore del trattato di Lisbona[1].

[1] V. art. 17, CEDU.

TRATTATO
SULL'UNIONE EUROPEA

15 - Trattato sull'Unione Europea (versione consolidata) (G. U. 30 marzo 2010, n. C 83).

Preambolo

SUA MAESTÀ IL RE DEI BELGI, SUA MAESTÀ LA REGINA DI DANIMARCA, IL PRESIDENTE DELLA REPUBBLICA FEDERALE DI GERMANIA, IL PRESIDENTE DELL'IRLANDA, IL PRESIDENTE DELLA REPUBBLICA ELLENICA, SUA MAESTÀ IL RE DI SPAGNA, IL PRESIDENTE DELLA REPUBBLICA FRANCESE, IL PRESIDENTE DELLA REPUBBLICA ITALIANA, SUA ALTEZZA REALE IL GRANDUCA DEL LUSSEMBURGO, SUA MAESTÀ LA REGINA DEI PAESI BASSI, IL PRESIDENTE DELLA REPUBBLICA PORTOGHESE, SUA MAESTÀ LA REGINA DEL REGNO UNITO DI GRAN BRETAGNA E IRLANDA DEL NORD[1]

[1] Successivamente sono divenuti membri dell'Unione europea la Repubblica di Bulgaria, la Repubblica ceca, la Repubblica di Estonia, la Repubblica di Cipro, la Repubblica di Lettonia, la Repubblica di Lituania, la Repubblica di Ungheria, la Repubblica di Malta, la Repubblica d'Austria, la Repubblica di Polonia, la Romania, la Repubblica di Slovenia, la Repubblica slovacca, la Repubblica di Finlandia e il Regno di Svezia,

DECISI a segnare una nuova tappa nel processo di integrazione europea intrapreso con l'istituzione delle Comunità europee,

ISPIRANDOSI alle eredità culturali, religiose e umanistiche dell'Europa, da cui si sono sviluppati i valori universali dei diritti inviolabili e inalienabili della persona, della libertà, della democrazia, dell'uguaglianza e dello Stato di diritto,

RAMMENTANDO l'importanza storica della fine della divisione del continente europeo e la necessità di creare solide basi per l'edificazione dell'Europa futura,

CONFERMANDO il proprio attaccamento ai principi della libertà, della democrazia e del rispetto dei diritti dell'uomo e delle libertà fondamentali nonché dello Stato di diritto,

CONFERMANDO il proprio attaccamento ai diritti sociali fondamentali quali definiti nella Carta sociale europea firmata a Torino il 18 ottobre 1961 e nella Carta comunitaria dei diritti sociali fondamentali dei lavoratori del 1989,

DESIDERANDO intensificare la solidarietà tra i loro popoli rispettandone la storia, la cultura e le tradizioni,

DESIDERANDO rafforzare ulteriormente il funzionamento democratico ed efficiente delle istituzioni in modo da consentire loro di adempiere in modo più efficace, in un contesto istituzionale unico, i compiti loro affidati,

DECISI a conseguire il rafforzamento e la convergenza delle proprie economie e ad istituire un'Unione economica e monetaria che comporti, in conformità delle disposizioni del presente trattato e del trattato sul funzionamento dell'Unione europea, una moneta unica e stabile,

DETERMINATI a promuovere il progresso economico e sociale dei loro popoli, tenendo conto del principio dello sviluppo sostenibile nel contesto della realizzazione del mercato interno e del rafforzamento della coesione e della protezione dell'ambiente, nonché ad attuare politiche volte a garantire che i progressi compiuti sulla via dell'integrazione economica si accompagnino a paralleli progressi in altri settori,

DECISI ad istituire una cittadinanza comune ai cittadini dei loro paesi,

DECISI ad attuare una politica estera e di sicurezza comune che preveda la definizione progressiva di una politica di difesa comune, che potrebbe condurre ad una difesa comune a norma delle disposizioni dell'articolo 42, rafforzando così l'identità dell'Europa e la sua indipendenza al fine di promuovere la pace, la sicurezza e il progresso in Europa e nel mondo,

DECISI ad agevolare la libera circolazione delle persone, garantendo nel contempo la sicurezza dei loro popoli, con l'istituzione di uno spazio di libertà, sicurezza e giustizia, in conformità alle disposizioni del presente trattato e del trattato sul funzionamento dell'Unione europea,

DECISI a portare avanti il processo di creazione di un'unione sempre più stretta fra i popoli dell'Europa, in cui le decisioni siano prese il più vicino possibile ai cittadini, conformemente al principio della sussidiarietà,

IN PREVISIONE degli ulteriori passi da compiere ai fini dello sviluppo dell'integrazione europea,

HANNO DECISO di istituire un'Unione europea e a tal fine hanno designato come plenipotenziari:

(elenco dei plenipotenziari non riprodotto)

I QUALI, dopo aver scambiato i loro pieni poteri, riconosciuti in buona e debita forma, hanno convenuto le disposizioni che seguono:

TITOLO I
DISPOSIZIONI COMUNI

1. *(ex articolo 1 del TUE)*[1]. Con il presente trattato, le ALTE PARTI CONTRAENTI istituiscono tra loro un'UNIONE EUROPEA, in appresso denominata "Unione", alla quale gli Stati membri attribuiscono competenze per conseguire i loro obiettivi comuni.

Il presente trattato segna una nuova tappa nel processo di creazione di un'unione sempre più stretta tra i popoli dell'Europa, in cui le decisioni siano prese nel modo più trasparente possibile e il più vicino possibile ai cittadini.

L'Unione si fonda sul presente trattato e sul trattato sul funzionamento dell'Unione europea (in appresso denominati "i trattati"). I due trattati hanno lo stesso valore giuridico. L'Unione sostituisce e succede alla Comunità europea.

[1] Il presente rinvio è meramente indicativo. Per più ampi ragguagli si vedano le tabelle di corrispondenza tra la vecchia e la nuova numerazione dei trattati.

2. L'Unione si fonda sui valori del rispetto della dignità umana, della libertà, della democrazia, dell'uguaglianza, dello Stato di diritto e del rispetto dei diritti umani, compresi i diritti delle persone appartenenti a minoranze. Questi valori sono comuni agli Stati membri in una società caratterizzata dal pluralismo, dalla non discriminazione, dalla tolleranza, dalla giustizia, dalla solidarietà e dalla parità tra donne e uomini.

3. *(ex articolo 2 del TUE)*. 1. L'Unione si prefigge di promuovere la pace, i suoi valori e il benessere dei suoi popoli.

2. L'Unione offre ai suoi cittadini uno spazio di libertà, sicurezza e giustizia senza frontiere interne, in cui sia assicurata la libera circolazione delle persone insieme a misure appropriate per quanto concerne i controlli alle frontiere esterne, l'asilo, l'immigrazione, la prevenzione della criminalità e la lotta contro quest'ultima.

3. L'Unione instaura un mercato interno. Si adopera per lo sviluppo sostenibile dell'Europa, basato su una crescita economica equilibrata e sulla stabilità dei prezzi, su un'economia sociale di mercato fortemente competitiva, che mira alla piena occupazione e al progresso sociale, e su un elevato livello di tutela e di miglioramento della qualità dell'ambiente. Essa promuove il progresso scientifico e tecnologico.

L'Unione combatte l'esclusione sociale e le discriminazioni e promuove la giustizia e la protezione sociali, la parità tra donne e uomini, la solidarietà tra le generazioni e la tutela dei diritti del minore.

Essa promuove la coesione economica, sociale e territoriale, e la solidarietà tra gli Stati membri.

Essa rispetta la ricchezza della sua diversità culturale e linguistica e vigila sulla salvaguardia e sullo sviluppo del patrimonio culturale europeo.

4. L'Unione istituisce un'unione economica e monetaria la cui moneta è l'euro.

5. Nelle relazioni con il resto del mondo l'Unione afferma e promuove i suoi valori e interessi, contribuendo alla protezione dei suoi cittadini. Contribuisce alla pace, alla sicurezza, allo sviluppo sostenibile della Terra, alla solidarietà e al rispetto reciproco tra i popoli, al commercio libero ed equo, all'eliminazione della povertà e alla tutela dei diritti umani, in particolare dei diritti del minore, e alla rigorosa osservanza e allo sviluppo del diritto internazionale, in particolare al rispetto dei principi della Carta delle Nazioni Unite.

6. L'Unione persegue i suoi obiettivi con i mezzi appropriati, in ragione delle competenze che le sono attribuite nei trattati.

4. 1. In conformità dell'articolo 5, qualsiasi competenza non attribuita all'Unione nei trattati appartiene agli Stati membri.

2. L'Unione rispetta l'uguaglianza degli Stati membri davanti ai trattati e la loro identità nazionale insita nella loro struttura fondamentale, politica e costituzionale, compreso il sistema delle autonomie locali e regionali. Rispetta le funzioni essenziali dello Stato, in particolare le funzioni di salvaguardia dell'integrità territoriale, di mantenimento dell'ordine pubblico e di tutela della sicurezza nazionale. In particolare, la sicurezza nazionale resta di esclusiva competenza di ciascuno Stato membro.

3. In virtù del principio di leale cooperazione, l'Unione e gli Stati membri si rispettano e si assistono reciprocamente nell'adempimento dei compiti derivanti dai trattati.

Gli Stati membri adottano ogni misura di carattere generale o particolare atta ad assicurare l'esecuzione degli obblighi derivanti dai trattati o conseguenti agli atti delle istituzioni dell'Unione.

Gli Stati membri facilitano all'Unione l'adempimento dei suoi compiti e si astengono da qualsiasi misura che rischi di mettere in pericolo la realizzazione degli obiettivi dell'Unione.

5. *(ex articolo 5 del TCE).* 1. La delimitazione delle competenze dell'Unione si fonda sul principio di attribuzione. L'esercizio delle competenze dell'Unione si fonda sui principi di sussidiarietà e proporzionalità.

2. In virtù del principio di attribuzione, l'Unione agisce esclusivamente nei limiti delle competenze che le sono attribuite dagli Stati membri nei trattati per realizzare gli obiettivi da questi stabiliti. Qualsiasi competenza non attribuita all'Unione nei trattati appartiene agli Stati membri.

3. In virtù del principio di sussidiarietà, nei settori che non sono di sua competenza esclusiva l'Unione interviene soltanto se e in quanto gli obiettivi dell'azione prevista non possono essere conseguiti in misura sufficiente dagli Stati membri, né a livello centrale né a livello regionale e locale, ma possono, a motivo della portata o degli effetti dell'azione in questione, essere conseguiti meglio a livello di Unione.

Le istituzioni dell'Unione applicano il principio di sussidiarietà conformemente al protocollo sull'applicazione dei principi di sussidiarietà e di proporzionalità. I parlamenti nazionali vigilano sul rispetto del principio di sussidiarietà secondo la procedura prevista in detto protocollo.

4. In virtù del principio di proporzionalità, il contenuto e la forma dell'azione dell'Unione si limitano a quanto necessario per il conseguimento degli obiettivi dei trattati.

Le istituzioni dell'Unione applicano il principio di proporzionalità conformemente al protocollo sull'applicazione dei principi di sussidiarietà e di proporzionalità.

6. *(ex articolo 6 del TUE).* 1. L'Unione riconosce i diritti, le libertà e i principi sanciti nella Carta dei diritti fondamentali dell'Unione europea del 7 dicembre 2000, adattata il 12 dicembre 2007 a Strasburgo, che ha lo stesso valore giuridico dei trattati.

Le disposizioni della Carta non estendono in alcun modo le competenze dell'Unione definite nei trattati.

I diritti, le libertà e i principi della Carta sono interpretati in conformità delle disposizioni generali del titolo VII della Carta che disciplinano la sua interpretazione e applicazione e tenendo in debito conto le spiegazioni cui si fa riferimento nella Carta, che indicano le fonti di tali disposizioni.

2. L'Unione aderisce alla Convenzione europea per la salvaguardia dei diritti dell'uomo e delle libertà fondamentali. Tale adesione non modifica le competenze dell'Unione definite nei trattati.

3. I diritti fondamentali, garantiti dalla Convenzione europea per la salvaguardia dei diritti dell'uomo e delle libertà fondamentali e risultanti dalle tradizioni costituzionali comuni agli Stati membri, fanno parte del diritto dell'Unione in quanto principi generali.

7. *(ex articolo 7 del TUE).* 1. Su proposta motivata di un terzo degli Stati membri, del Parlamento europeo o della Commissione europea, il Consiglio, deliberando alla maggioranza dei quattro quinti dei suoi membri previa approvazione del Parlamento europeo, può constatare che esiste un evidente rischio di violazione grave da parte di uno Stato membro dei valori di cui all'articolo 2. Prima di procedere a tale constatazione il Consiglio ascolta lo Stato membro in questione e può rivolgergli delle raccomandazioni, deliberando secondo la stessa procedura.

Il Consiglio verifica regolarmente se i motivi che hanno condotto a tale constatazione permangono validi.

2. Il Consiglio europeo, deliberando all'unanimità su proposta di un terzo degli Stati membri o della Commissione europea e previa approvazione del Parlamento europeo, può constatare l'esistenza di una violazione grave e persistente da parte di uno Stato membro dei valori di cui all'articolo 2, dopo aver invitato tale Stato membro a presentare osservazioni.

3. Qualora sia stata effettuata la constatazione di cui al paragrafo 2, il Consiglio, deliberando a maggioranza qualificata, può decidere di sospendere alcuni dei diritti derivanti allo Stato membro in questione dall'applicazione dei trattati, compresi i diritti di voto del rappresentante del governo di tale Stato membro in seno al Consiglio. Nell'agire in tal senso, il Consiglio tiene conto delle possibili conseguenze di una siffatta sospensione sui diritti e sugli obblighi delle persone fisiche e giuridiche.

Lo Stato membro in questione continua in ogni caso ad essere vincolato dagli obblighi che gli derivano dai trattati.

4. Il Consiglio, deliberando a maggioranza qualificata, può successivamente decidere di modificare o revocare le misure adottate a norma del paragrafo 3, per rispondere ai cambiamenti nella situazione che ha portato alla loro imposizione.

5. Le modalità di voto che, ai fini del presente articolo, si applicano al Parlamento europeo, al Consiglio europeo e al Consiglio sono stabilite nell'articolo 354 del trattato sul funzionamento dell'Unione europea.

8. 1. L'Unione sviluppa con i paesi limitrofi relazioni privilegiate al fine di creare uno spazio di prosperità e buon vicinato fondato sui valori dell'Unione e caratterizzato da relazioni strette e pacifiche basate sulla cooperazione.

2. Ai fini del paragrafo 1, l'Unione può concludere accordi specifici con i paesi interessati. Detti accordi possono comportare diritti e obblighi reciproci, e la possibilità di condurre azioni in comune.

La loro attuazione è oggetto di una concertazione periodica.

TITOLO II
DISPOSIZIONI RELATIVE AI PRINCIPI DEMOCRATICI

9. L'Unione rispetta, in tutte le sue attività, il principio dell'uguaglianza dei cittadini, che beneficiano di uguale attenzione da parte delle sue istituzioni, organi e organismi. È cittadino dell'Unione chiunque abbia la cittadinanza di uno Stato membro. La cittadinanza dell'Unione si aggiunge alla cittadinanza nazionale e non la sostituisce.

10. 1. Il funzionamento dell'Unione si fonda sulla democrazia rappresentativa.

2. I cittadini sono direttamente rappresentati, a livello dell'Unione, nel Parlamento europeo.

Gli Stati membri sono rappresentati nel Consiglio europeo dai rispettivi capi di Stato o di governo e nel Consiglio dai rispettivi governi, a loro volta democraticamente responsabili dinanzi ai loro parlamenti nazionali o dinanzi ai loro cittadini.

3. Ogni cittadino ha il diritto di partecipare alla vita democratica dell'Unione. Le decisioni sono prese nella maniera il più possibile aperta e vicina ai cittadini.

4. I partiti politici a livello europeo contribuiscono a formare una coscienza politica europea e ad esprimere la volontà dei cittadini dell'Unione.

11. 1. Le istituzioni danno ai cittadini e alle associazioni rappresentative, attraverso gli opportuni canali, la possibilità di far conoscere e di scambiare pubblicamente le loro opinioni in tutti i settori di azione dell'Unione.

2. Le istituzioni mantengono un dialogo aperto, trasparente e regolare con le associazioni rappresentative e la società civile.

3. Al fine di assicurare la coerenza e la trasparenza delle azioni dell'Unione, la Commissione europea procede ad ampie consultazioni delle parti interessate.

4. Cittadini dell'Unione, in numero di almeno un milione, che abbiano la cittadinanza di un numero significativo di Stati membri, possono prendere l'iniziativa d'invitare la Commissione europea, nell'ambito delle sue attribuzioni, a presentare una proposta appropriata su materie in merito alle quali tali cittadini ritengono necessario un atto giuridico dell'Unione ai fini dell'attuazione dei trattati.

Le procedure e le condizioni necessarie per la presentazione di una iniziativa dei cittadini sono stabilite conformemente all'articolo 24, primo comma del trattato sul funzionamento dell'Unione europea.

12. I parlamenti nazionali contribuiscono attivamente al buon funzionamento dell'Unione:

a) venendo informati dalle istituzioni dell'Unione e ricevendo i progetti di atti legislativi dell'Unione in conformità del protocollo sul ruolo dei parlamenti nazionali nell'Unione europea;

b) vigilando sul rispetto del principio di sussidiarietà secondo le procedure previste dal protocollo sull'applicazione dei principi di sussidiarietà e di proporzionalità;

c) partecipando, nell'ambito dello spazio di libertà, sicurezza e giustizia, ai meccanismi di valutazione ai fini dell'attuazione delle politiche dell'Unione in tale settore, in conformità dell'articolo 70 del trattato sul funzionamento dell'Unione europea, ed essendo associati al controllo politico di Europol e alla valutazione delle attività di Eurojust, in conformità degli articoli 88 e 85 di detto trattato;

d) partecipando alle procedure di revisione dei trattati in conformità dell'articolo 48 del presente trattato;

e) venendo informati delle domande di adesione all'Unione in conformità dell'articolo 49 del presente trattato;

f) partecipando alla cooperazione interparlamentare tra parlamenti nazionali e con il Parlamento europeo in conformità del protocollo sul ruolo dei parlamenti nazionali nell'Unione europea.

TITOLO III
DISPOSIZIONI RELATIVE ALLE ISTITUZIONI

13. 1. L'Unione dispone di un quadro istituzionale che mira a promuoverne i valori, perseguirne gli obiettivi, servire i suoi interessi, quelli dei suoi cittadini e quelli degli Stati membri, garantire la coerenza, l'efficacia e la continuità delle sue politiche e delle sue azioni.

Le istituzioni dell'Unione sono:

- il Parlamento europeo,
- il Consiglio europeo,
- il Consiglio,
- la Commissione europea (in appresso "Commissione"),
- la Corte di giustizia dell'Unione europea,
- la Banca centrale europea,
- la Corte dei conti.

2. Ciascuna istituzione agisce nei limiti delle attribuzioni che le sono conferite dai trattati, secondo le procedure, condizioni e finalità da essi previste. Le istituzioni attuano tra loro una leale cooperazione.

3. Le disposizioni relative alla Banca centrale europea e alla Corte dei conti figurano, insieme a disposizioni dettagliate sulle altre istituzioni, nel trattato sul funzionamento dell'Unione europea.

4. Il Parlamento europeo, il Consiglio e la Commissione sono assistiti da un Comitato economico e

sociale e da un Comitato delle regioni, che esercitano funzioni consultive.

14. 1. Il Parlamento europeo esercita, congiuntamente al Consiglio, la funzione legislativa e la funzione di bilancio. Esercita funzioni di controllo politico e consultive alle condizioni stabilite dai trattati. Elegge il presidente della Commissione.

2. Il Parlamento europeo è composto di rappresentanti dei cittadini dell'Unione. Il loro numero non può essere superiore a settecentocinquanta, più il presidente. La rappresentanza dei cittadini è garantita in modo degressivamente proporzionale, con una soglia minima di sei membri per Stato membro. A nessuno Stato membro sono assegnati più di novantasei seggi.

Il Consiglio europeo adotta all'unanimità, su iniziativa del Parlamento europeo e con l'approvazione di quest'ultimo, una decisione che stabilisce la composizione del Parlamento europeo, nel rispetto dei principi di cui al primo comma.

3. I membri del Parlamento europeo sono eletti a suffragio universale diretto, libero e segreto, per un mandato di cinque anni.

4. Il Parlamento europeo elegge tra i suoi membri il presidente e l'ufficio di presidenza.

15. 1. Il Consiglio europeo dà all'Unione gli impulsi necessari al suo sviluppo e ne definisce gli orientamenti e le priorità politiche generali. Non esercita funzioni legislative.

2. Il Consiglio europeo è composto dai capi di Stato o di governo degli Stati membri, dal suo presidente e dal presidente della Commissione. L'alto rappresentante dell'Unione per gli affari esteri e la politica di sicurezza partecipa ai lavori.

3. Il Consiglio europeo si riunisce due volte a semestre su convocazione del presidente. Se l'ordine del giorno lo richiede, i membri del Consiglio europeo possono decidere di farsi assistere ciascuno da un ministro e, per quanto riguarda il presidente della Commissione, da un membro della Commissione. Se la situazione lo richiede, il presidente convoca una riunione straordinaria del Consiglio europeo.

4. Il Consiglio europeo si pronuncia per consenso, salvo nei casi in cui i trattati dispongano diversamente.

5. Il Consiglio europeo elegge il presidente a maggioranza qualificata per un mandato di due anni e mezzo, rinnovabile una volta. In caso di impedimento o colpa grave, il Consiglio europeo può porre fine al mandato secondo la medesima procedura.

6. Il presidente del Consiglio europeo:

a) presiede e anima i lavori del Consiglio europeo;

b) assicura la preparazione e la continuità dei lavori del Consiglio europeo, in cooperazione con il presidente della Commissione e in base ai lavori del Consiglio "Affari generali";

c) si adopera per facilitare la coesione e il consenso in seno al Consiglio europeo;

d) presenta al Parlamento europeo una relazione dopo ciascuna delle riunioni del Consiglio europeo.

Il presidente del Consiglio europeo assicura, al suo livello e in tale veste, la rappresentanza esterna dell'Unione per le materie relative alla politica estera e di sicurezza comune, fatte salve le attribuzioni dell'alto rappresentante dell'Unione per gli affari esteri e la politica di sicurezza.

Il presidente del Consiglio europeo non può esercitare un mandato nazionale.

16. 1. Il Consiglio esercita, congiuntamente al Parlamento europeo, la funzione legislativa e la funzione di bilancio. Esercita funzioni di definizione delle politiche e di coordinamento alle condizioni stabilite nei trattati.

2. Il Consiglio è composto da un rappresentante di ciascuno Stato membro a livello ministeriale, abilitato a impegnare il governo dello Stato membro che rappresenta e ad esercitare il diritto di voto.

3. Il Consiglio delibera a maggioranza qualificata, salvo nei casi in cui i trattati dispongano diversamente.

4. A decorrere dal 1° novembre 2014, per maggioranza qualificata si intende almeno il 55% dei membri del Consiglio, con un minimo di quindici, rappresentanti Stati membri che totalizzino almeno il 65% della popolazione dell'Unione.

La minoranza di blocco deve comprendere almeno quattro membri del Consiglio; in caso contrario la maggioranza qualificata si considera raggiunta.

Le altre modalità che disciplinano il voto a maggioranza qualificata sono stabilite all'articolo 238, paragrafo 2 del trattato sul funzionamento dell'Unione europea.

5. Le disposizioni transitorie relative alla definizione della maggioranza qualificata applicabili fino al 31 ottobre 2014 e quelle applicabili tra il 1° novembre 2014 e il 31 marzo 2017 sono stabilite dal protocollo sulle disposizioni transitorie.

6. Il Consiglio si riunisce in varie formazioni, il cui elenco è adottato conformemente all'articolo 236 del trattato sul funzionamento dell'Unione europea.

Il Consiglio "Affari generali" assicura la coerenza dei lavori delle varie formazioni del Consiglio. Esso prepara le riunioni del Consiglio europeo e ne assicura il seguito in collegamento con il presidente del Consiglio europeo e la Commissione.

Il Consiglio "Affari esteri" elabora l'azione esterna dell'Unione secondo le linee strategiche definite dal Consiglio europeo e assicura la coerenza dell'azione dell'Unione.

7. Un comitato dei rappresentanti permanenti dei governi degli Stati membri è responsabile della preparazione dei lavori del Consiglio.

8. Il Consiglio si riunisce in seduta pubblica quando delibera e vota su un progetto di atto legislativo. A tal fine, ciascuna sessione del Consiglio è suddivisa in due parti dedicate, rispettivamente, alle deliberazioni su atti legislativi dell'Unione e alle attività non legislative.

9. La presidenza delle formazioni del Consiglio, ad eccezione della formazione "Affari esteri", è esercitata dai rappresentanti degli Stati membri nel Consiglio secondo un sistema di rotazione paritaria, alle condizioni stabilite conformemente all'articolo 236 del trattato sul funzionamento dell'Unione europea.

17. 1. La Commissione promuove l'interesse generale dell'Unione e adotta le iniziative appropriate a tal fine. Vigila sull'applicazione dei trattati e delle misure adottate dalle istituzioni in virtù dei trattati. Vigila sull'applicazione del diritto dell'Unione sotto il controllo della Corte di giustizia dell'Unione europea. Dà esecuzione al bilancio e gestisce i programmi. Esercita funzioni di coordinamento, di esecuzione e di gestione, alle condizioni stabilite dai trattati. Assicura la rappresentanza esterna dell'Unione, fatta eccezione per la politica estera e di sicurezza comune e per gli altri casi previsti dai trattati. Avvia il processo di programmazione annuale e pluriennale dell'Unione per giungere ad accordi interistituzionali.

2. Un atto legislativo dell'Unione può essere adottato solo su proposta della Commissione, salvo che i trattati non dispongano diversamente. Gli altri atti sono adottati su proposta della Commissione se i trattati lo prevedono.

3. Il mandato della Commissione è di cinque anni.

I membri della Commissione sono scelti in base alla loro competenza generale e al loro impegno europeo e tra personalità che offrono tutte le garanzie di indipendenza.

La Commissione esercita le sue responsabilità in piena indipendenza. Fatto salvo l'articolo 18, paragrafo 2, i membri della Commissione non sollecitano né accettano istruzioni da alcun governo, istituzione, organo o organismo. Essi si astengono da ogni atto incompatibile con le loro funzioni o con l'esecuzione dei loro compiti.

4. La Commissione nominata tra la data di entrata in vigore del trattato di Lisbona e il 31 ottobre 2014 è composta da un cittadino di ciascuno Stato membro, compreso il presidente e l'alto rappresentante dell'Unione per gli affari esteri e la politica di sicurezza, che è uno dei vicepresidenti.

5. A decorrere dal 1° novembre 2014, la Commissione è composta da un numero di membri, compreso il presidente e l'alto rappresentante dell'Unione per gli affari esteri e la politica di sicurezza, corrispondente ai due terzi del numero degli Stati membri, a meno che il Consiglio europeo, deliberando all'unanimità, non decida di modificare tale numero.

I membri della Commissione sono scelti tra i cittadini degli Stati membri in base ad un sistema di rotazione assolutamente paritaria tra gli Stati membri che consenta di riflettere la molteplicità demografica e geografica degli Stati membri. Tale sistema è stabilito all'unanimità dal Consiglio europeo conformemente all'articolo 244 del trattato sul funzionamento dell'Unione europea.

6. Il presidente della Commissione:

a) definisce gli orientamenti nel cui quadro la Commissione esercita i suoi compiti;

b) decide l'organizzazione interna della Commissione per assicurare la coerenza, l'efficacia e la collegialità della sua azione;

c) nomina i vicepresidenti, fatta eccezione per l'alto rappresentante dell'Unione per gli affari esteri e la politica di sicurezza, tra i membri della Commissione.

Un membro della Commissione rassegna le dimissioni se il presidente glielo chiede. L'alto rappresentante dell'Unione per gli affari esteri e la politica di sicurezza rassegna le dimissioni conformemente alla procedura di cui all'articolo 18, paragrafo 1, se il presidente glielo chiede.

7. Tenuto conto delle elezioni del Parlamento europeo e dopo aver effettuato le consultazioni appropriate, il Consiglio europeo, deliberando a maggioranza qualificata, propone al Parlamento europeo un candidato alla carica di presidente della Commissione. Tale candidato è eletto dal Parlamento europeo a maggioranza dei membri che lo compongono. Se il candidato non ottiene la maggioranza, il Consiglio europeo, deliberando a maggioranza qualificata, propone entro un mese un nuovo candidato, che è eletto dal Parlamento europeo secondo la stessa procedura.

Il Consiglio, di comune accordo con il presidente eletto, adotta l'elenco delle altre personalità che propone di nominare membri della Commissione. Dette personalità sono selezionate in base alle proposte presentate dagli Stati membri, conformemente ai criteri di cui al paragrafo 3, secondo comma e al paragrafo 5, secondo comma.

Il presidente, l'alto rappresentante dell'Unione per gli affari esteri e la politica di sicurezza e gli altri membri della Commissione sono soggetti, collettivamente, ad un voto di approvazione del Parlamento europeo. In seguito a tale approvazione la Commissione è nominata dal Consiglio europeo, che delibera a maggioranza qualificata.

8. La Commissione è responsabile collettivamente dinanzi al Parlamento europeo. Il Parlamento europeo può votare una mozione di censura della Commissione secondo le modalità di cui all'articolo 234

del trattato sul funzionamento dell'Unione europea. Se tale mozione è adottata, i membri della Commissione si dimettono collettivamente dalle loro funzioni e l'alto rappresentante dell'Unione per gli affari esteri e la politica di sicurezza si dimette dalle funzioni che esercita in seno alla Commissione.

18. 1. Il Consiglio europeo, deliberando a maggioranza qualificata con l'accordo del presidente della Commissione, nomina l'alto rappresentante dell'Unione per gli affari esteri e la politica di sicurezza. Il Consiglio europeo può porre fine al suo mandato mediante la medesima procedura.

2. L'alto rappresentante guida la politica estera e di sicurezza comune dell'Unione. Contribuisce con le sue proposte all'elaborazione di detta politica e la attua in qualità di mandatario del Consiglio. Egli agisce allo stesso modo per quanto riguarda la politica di sicurezza e di difesa comune.

3. L'alto rappresentante presiede il Consiglio "Affari esteri".

4. L'alto rappresentante è uno dei vicepresidenti della Commissione. Vigila sulla coerenza dell'azione esterna dell'Unione. In seno alla Commissione, è incaricato delle responsabilità che incombono a tale istituzione nel settore delle relazioni esterne e del coordinamento degli altri aspetti dell'azione esterna dell'Unione. Nell'esercizio di queste responsabilità in seno alla Commissione e limitatamente alle stesse, l'alto rappresentante è soggetto alle procedure che regolano il funzionamento della Commissione, per quanto compatibile con i paragrafi 2 e 3.

19. 1. La Corte di giustizia dell'Unione europea comprende la Corte di giustizia, il Tribunale e i tribunali specializzati. Assicura il rispetto del diritto nell'interpretazione e nell'applicazione dei trattati.

Gli Stati membri stabiliscono i rimedi giurisdizionali necessari per assicurare una tutela giurisdizionale effettiva nei settori disciplinati dal diritto dell'Unione.

2. La Corte di giustizia è composta da un giudice per Stato membro. È assistita da avvocati generali.

Il Tribunale è composto da almeno un giudice per Stato membro.

I giudici e gli avvocati generali della Corte di giustizia e i giudici del Tribunale sono scelti tra personalità che offrano tutte le garanzie di indipendenza e che soddisfino le condizioni richieste agli articoli 253 e 254 del trattato sul funzionamento dell'Unione europea. Sono nominati di comune accordo dai governi degli Stati membri per sei anni. I giudici e gli avvocati generali uscenti possono essere nuovamente nominati.

3. La Corte di giustizia dell'Unione europea si pronuncia conformemente ai trattati:

a) sui ricorsi presentati da uno Stato membro, da un'istituzione o da una persona fisica o giuridica;

b) in via pregiudiziale, su richiesta delle giurisdizioni nazionali, sull'interpretazione del diritto dell'Unione o sulla validità degli atti adottati dalle istituzioni;

c) negli altri casi previsti dai trattati.

TITOLO IV
DISPOSIZIONI SULLE COOPERAZIONI RAFFORZATE

20. *(ex articoli da 27 A a 27 E, da 40 a 40 B e da 43 a 45 del TUE ed ex articoli da 11 a 11 A del TCE).* 1. Gli Stati membri che intendono instaurare tra loro una cooperazione rafforzata nel quadro delle competenze non esclusive dell'Unione possono far ricorso alle sue istituzioni ed esercitare tali competenze applicando le pertinenti disposizioni dei trattati, nei limiti e con le modalità previsti nel presente articolo e negli articoli da 326 a 334 del trattato sul funzionamento dell'Unione europea.

Le cooperazioni rafforzate sono intese a promuovere la realizzazione degli obiettivi dell'Unione, a proteggere i suoi interessi e a rafforzare il suo processo di integrazione. Sono aperte in qualsiasi momento a tutti gli Stati membri ai sensi dell'articolo 328 del trattato sul funzionamento dell'Unione europea.

2. La decisione che autorizza una cooperazione rafforzata è adottata dal Consiglio in ultima istanza, qualora esso stabilisca che gli obiettivi ricercati da detta cooperazione non possono essere conseguiti entro un termine ragionevole dall'Unione nel suo insieme, e a condizione che vi partecipino almeno nove Stati membri. Il Consiglio delibera secondo la procedura di cui all'articolo 329 del trattato sul funzionamento dell'Unione europea.

3. Tutti i membri del Consiglio possono partecipare alle sue deliberazioni, ma solo i membri del Consiglio che rappresentano gli Stati membri partecipanti ad una cooperazione rafforzata prendono parte al voto. Le modalità di voto sono previste all'articolo 330 del trattato sul funzionamento dell'Unione europea.

4. Gli atti adottati nel quadro di una cooperazione rafforzata vincolano solo gli Stati membri partecipanti. Non sono considerati un acquis che deve essere accettato dagli Stati candidati all'adesione all'Unione.

TITOLO V
DISPOSIZIONI GENERALI SULL'AZIONE ESTERNA DELL'UNIONE E DISPOSIZIONI SPECIFICHE SULLA POLITICA ESTERA E DI SICUREZZA COMUNE

CAPO I
DISPOSIZIONI GENERALI SULL'AZIONE ESTERNA DELL'UNIONE

21. 1. L'azione dell'Unione sulla scena internazionale si fonda sui principi che ne hanno informato la creazione, lo sviluppo e l'allargamento e che essa si prefigge di promuovere nel resto del mondo: democrazia, Stato di diritto, universalità e indivisibilità dei diritti dell'uomo e delle libertà fondamentali, rispetto della dignità umana, principi di uguaglianza e di solidarietà e rispetto dei principi della Carta delle Nazioni Unite e del diritto internazionale.

L'Unione si adopera per sviluppare relazioni e istituire partenariati con i paesi terzi e con le organizzazioni internazionali, regionali o mondiali, che condividono i principi di cui al primo comma. Essa promuove soluzioni multilaterali ai problemi comuni, in particolare nell'ambito delle Nazioni Unite.

2. L'Unione definisce e attua politiche comuni e azioni e opera per assicurare un elevato livello di cooperazione in tutti i settori delle relazioni internazionali al fine di:

a) salvaguardare i suoi valori, i suoi interessi fondamentali, la sua sicurezza, la sua indipendenza e la sua integrità;

b) consolidare e sostenere la democrazia, lo Stato di diritto, i diritti dell'uomo e i principi del diritto internazionale;

c) preservare la pace, prevenire i conflitti e rafforzare la sicurezza internazionale, conformemente agli obiettivi e ai principi della Carta delle Nazioni Unite, nonché ai principi dell'Atto finale di Helsinki e agli obiettivi della Carta di Parigi, compresi quelli relativi alle frontiere esterne;

d) favorire lo sviluppo sostenibile dei paesi in via di sviluppo sul piano economico, sociale e ambientale, con l'obiettivo primo di eliminare la povertà;

e) incoraggiare l'integrazione di tutti i paesi nell'economia mondiale, anche attraverso la progressiva abolizione delle restrizioni agli scambi internazionali;

f) contribuire all'elaborazione di misure internazionali volte a preservare e migliorare la qualità dell'ambiente e la gestione sostenibile delle risorse naturali mondiali, al fine di assicurare lo sviluppo sostenibile;

g) aiutare le popolazioni, i paesi e le regioni colpiti da calamità naturali o provocate dall'uomo;

h) promuovere un sistema internazionale basato su una cooperazione multilaterale rafforzata e il buon governo mondiale.

3. Nell'elaborazione e attuazione dell'azione esterna nei vari settori compresi nel presente titolo e nella parte quinta del trattato sul funzionamento dell'Unione europea e delle altre politiche nei loro aspetti esterni, l'Unione rispetta i principi e persegue gli obiettivi di cui ai paragrafi 1 e 2.

L'Unione assicura la coerenza tra i vari settori dell'azione esterna e tra questi e le altre politiche. Il Consiglio e la Commissione, assistiti dall'alto rappresentante dell'Unione per gli affari esteri e la politica di sicurezza, garantiscono tale coerenza e cooperano a questo fine.

22. 1. Il Consiglio europeo individua gli interessi e obiettivi strategici dell'Unione sulla base dei principi e degli obiettivi enunciati all'articolo 21.

Le decisioni del Consiglio europeo sugli interessi e gli obiettivi strategici dell'Unione riguardano la politica estera e di sicurezza comune e altri settori dell'azione esterna dell'Unione. Possono riferirsi alle relazioni dell'Unione con un paese o una regione o essere improntate ad un approccio tematico. Esse fissano la rispettiva durata e i mezzi che l'Unione e gli Stati membri devono mettere a disposizione.

Il Consiglio europeo delibera all'unanimità su raccomandazione del Consiglio adottata da quest'ultimo secondo le modalità previste per ciascun settore. Le decisioni del Consiglio europeo sono attuate secondo le procedure previste dai trattati.

2. L'alto rappresentante dell'Unione per gli affari esteri e la politica di sicurezza, per il settore della politica estera e di sicurezza comune, e la Commissione, per gli altri settori dell'azione esterna, possono presentare proposte congiunte al Consiglio.

CAPO II
DISPOSIZIONI SPECIFICHE SULLA POLITICA ESTERA E DI SICUREZZA COMUNE

Sezione I
Disposizioni comuni

23. L'azione dell'Unione sulla scena internazionale, ai sensi del presente capo, si fonda sui principi, persegue gli obiettivi ed è condotta in conformità delle disposizioni generali di cui al capo 1.

24. *(ex articolo 11 del TUE).* 1. La competenza dell'Unione in materia di politica estera e di sicurezza comune riguarda tutti i settori della politica estera e tutte le questioni relative alla sicurezza dell'Unione, compresa la definizione progressiva di una politica di difesa comune che può condurre a una difesa comune.

La politica estera e di sicurezza comune è soggetta a norme e procedure specifiche. Essa è definita e attuata dal Consiglio europeo e dal Consiglio che deliberano all'unanimità, salvo nei casi in cui i trattati dispongano diversamente. È esclusa l'adozione di atti legislativi. La politica estera e di sicurezza comune è messa in atto dall'alto rappresentante dell'Unione per gli affari esteri e la politica di sicurezza e dagli Stati membri in conformità dei trattati. Il ruolo specifico del Parlamento europeo e della Commissione in questo settore è definito dai trattati. La Corte di giustizia dell'Unione europea non è competente riguardo a tali disposizioni, ad eccezione della competenza a controllare il rispetto dell'articolo 40 del presente trattato e la legittimità di talune decisioni, come previsto dall'articolo 275, secondo comma del trattato sul funzionamento dell'Unione europea.

2. Nel quadro dei principi e degli obiettivi dell'azione esterna, l'Unione conduce, stabilisce e attua una politica estera e di sicurezza comune fondata sullo sviluppo della reciproca solidarietà politica degli Stati membri, sull'individuazione delle questioni di interesse generale e sulla realizzazione di un livello sempre maggiore di convergenza delle azioni degli Stati membri.

3. Gli Stati membri sostengono attivamente e senza riserve la politica estera e di sicurezza dell'Unione in uno spirito di lealtà e di solidarietà reciproca e rispettano l'azione dell'Unione in questo settore.

Gli Stati membri operano congiuntamente per rafforzare e sviluppare la loro reciproca solidarietà politica. Essi si astengono da qualsiasi azione contraria agli interessi dell'Unione o tale da nuocere alla sua efficacia come elemento di coesione nelle relazioni internazionali.

Il Consiglio e l'alto rappresentante provvedono affinché detti principi siano rispettati.

25. *(ex articolo 12 del TUE).* L'Unione conduce la politica estera e di sicurezza comune:

a) definendo gli orientamenti generali,

b) adottando decisioni che definiscono:

i) le azioni che l'Unione deve intraprendere,

ii) le posizioni che l'Unione deve assumere,

iii) le modalità di attuazione delle decisioni di cui ai punti *i)* e *ii)*, e

c) rafforzando la cooperazione sistematica tra gli Stati membri per la conduzione della loro politica.

26. *(ex articolo 13 del TUE).* 1. Il Consiglio europeo individua gli interessi strategici dell'Unione, fissa gli obiettivi e definisce gli orientamenti *generali della politica estera e di sicurezza comune, ivi comprese le questioni che hanno implicazioni in materia di* difesa. Adotta le decisioni necessarie.

Qualora lo esigano sviluppi internazionali, il presidente del Consiglio europeo convoca una riunione straordinaria dello stesso per definire le linee strategiche della politica dell'Unione dinanzi a tali sviluppi.

2. Il Consiglio elabora la politica estera e di sicurezza comune e prende le decisioni necessarie per la definizione e l'attuazione di tale politica in base agli orientamenti generali e alle linee strategiche definiti dal Consiglio europeo.

Il Consiglio e l'alto rappresentante dell'Unione per gli affari esteri e la politica di sicurezza assicurano l'unità, la coerenza e l'efficacia dell'azione dell'Unione.

3. La politica estera e di sicurezza comune è attuata dall'alto rappresentante e dagli Stati membri, ricorrendo ai mezzi nazionali e a quelli dell'Unione.

27. 1. L'alto rappresentante dell'Unione per gli affari esteri e la politica di sicurezza, che presiede il Consiglio "Affari esteri", contribuisce con proposte all'elaborazione della politica estera e di sicurezza comune e assicura l'attuazione delle decisioni adottate dal Consiglio europeo e dal Consiglio.

2. L'alto rappresentante rappresenta l'Unione per le materie che rientrano nella politica estera e di sicurezza comune. Conduce, a nome dell'Unione, il dialogo politico con i terzi ed esprime la posizione dell'Unione nelle organizzazioni internazionali e in seno alle conferenze internazionali.

3. Nell'esecuzione delle sue funzioni, l'alto rappresentante si avvale di un servizio europeo per l'azione esterna. Il servizio lavora in collaborazione con i servizi diplomatici degli Stati membri ed è composto da funzionari dei servizi competenti del segretariato generale del Consiglio e della Commissione e da personale distaccato dai servizi diplomatici nazionali. L'organizzazione e il funzionamento del servizio europeo per l'azione esterna sono fissati da una decisione del Consiglio. Il Consiglio delibera su proposta dell'alto rappresentante, previa consultazione del Parlamento europeo e previa approvazione della Commissione.

28. *(ex articolo 14 del TUE).* 1. Quando una situazione internazionale richiede un intervento operativo dell'Unione, il Consiglio adotta le decisioni necessarie. Esse definiscono gli obiettivi, la portata e i mezzi di cui l'Unione deve disporre, le condizioni di attuazione e, se necessario, la durata.

Se si produce un cambiamento di circostanze che ha una netta incidenza su una questione oggetto di una tale decisione, il Consiglio rivede i principi e gli obiettivi di detta decisione e adotta le decisioni necessarie.

2. Le decisioni di cui al paragrafo 1 vincolano gli Stati membri nelle loro prese di posizione e nella conduzione della loro azione.

3. Qualsiasi presa di posizione o azione nazionale prevista in applicazione di una decisione di cui al paragrafo 1 forma oggetto di informazione da parte dello Stato membro interessato entro termini che permettano, se necessario, una concertazione preliminare in sede di Consiglio. L'obbligo dell'informazione preliminare non è applicabile per le misure di semplice recepimento sul piano nazionale delle decisioni del Consiglio.

4. In caso di assoluta necessità connessa con l'evoluzione della situazione e in mancanza di una revisione della decisione del Consiglio di cui al pa-

ragrafo 1, gli Stati membri possono prendere d'urgenza le misure necessarie, tenuto conto degli obiettivi generali di detta decisione. Lo Stato membro che prende tali misure ne informa immediatamente il Consiglio.

5. In caso di difficoltà rilevanti nell'applicazione di una decisione di cui al presente articolo, uno Stato membro ne investe il Consiglio che delibera al riguardo e ricerca le soluzioni appropriate. Queste ultime non possono essere in contrasto con gli obiettivi della decisione di cui al paragrafo 1 né nuocere alla sua efficacia.

29. *(ex articolo 15 del TUE).* Il Consiglio adotta decisioni che definiscono la posizione dell'Unione su una questione particolare di natura geografica o tematica. Gli Stati membri provvedono affinché le loro politiche nazionali siano conformi alle posizioni dell'Unione.

30. *(ex articolo 22 del TUE).* 1. Ogni Stato membro, l'alto rappresentante dell'Unione per gli affari esteri e la politica di sicurezza, o l'alto rappresentante con l'appoggio della Commissione, possono sottoporre al Consiglio questioni relative alla politica estera e di sicurezza comune e possono presentare rispettivamente iniziative o proposte al Consiglio.

2. Nei casi che richiedono una decisione rapida, l'alto rappresentante convoca, d'ufficio o a richiesta di uno Stato membro, una riunione straordinaria del Consiglio, entro un termine di quarantotto ore o, in caso di emergenza, entro un termine più breve.

31. *(ex articolo 23 del TUE).* 1. Le decisioni a norma del presente capo sono adottate dal Consiglio europeo e dal Consiglio che deliberano all'unanimità, salvo nei casi in cui il presente capo dispone diversamente. È esclusa l'adozione di atti legislativi.

In caso di astensione dal voto, ciascun membro del Consiglio può motivare la propria astensione con una dichiarazione formale a norma del presente comma. In tal caso esso non è obbligato ad applicare la decisione, ma accetta che essa impegni l'Unione. In uno spirito di mutua solidarietà, lo Stato membro interessato si astiene da azioni che possano contrastare o impedire l'azione dell'Unione basata su tale decisione, e gli altri Stati membri rispettano la sua posizione. Qualora i membri del Consiglio che motivano in tal modo l'astensione rappresentino almeno un terzo degli Stati membri che totalizzano almeno un terzo della popolazione dell'Unione, la decisione non è adottata.

2. In deroga alle disposizioni di cui al paragrafo 1, il Consiglio delibera a maggioranza qualificata:

- quando adotta una decisione che definisce un'azione o una posizione dell'Unione, sulla base di una decisione del Consiglio europeo relativa agli interessi e obiettivi strategici dell'Unione di cui all'articolo 22, paragrafo 1;
- quando adotta una decisione che definisce un'azione o una posizione dell'Unione in base a una proposta dell'alto rappresentante dell'Unione per gli affari esteri e la politica di sicurezza presentata in seguito a una richiesta specifica rivolta a quest'ultimo dal Consiglio europeo di sua iniziativa o su iniziativa dell'alto rappresentante;
- quando adotta decisioni relative all'attuazione di una decisione che definisce un'azione o una posizione dell'Unione;
- quando nomina un rappresentante speciale ai sensi dell'articolo 33.

Se un membro del Consiglio dichiara che, per specificati e vitali motivi di politica nazionale, intende opporsi all'adozione di una decisione che richiede la maggioranza qualificata, non si procede alla votazione. L'alto rappresentante cerca, in stretta consultazione con lo Stato membro interessato, una soluzione accettabile per quest'ultimo. In mancanza di un risultato il Consiglio, deliberando a maggioranza qualificata, può chiedere che della questione sia investito il Consiglio europeo, in vista di una decisione all'unanimità.

3. Il Consiglio europeo può adottare all'unanimità una decisione che preveda che il Consiglio deliberi a maggioranza qualificata in casi diversi da quelli contemplati al paragrafo 2.

4. I paragrafi 2 e 3 non si applicano alle decisioni che hanno implicazioni nel settore militare o della difesa.

5. Per le questioni procedurali il Consiglio delibera alla maggioranza dei suoi membri.

32. *(ex articolo 16 del TUE).* Gli Stati membri si consultano in sede di Consiglio europeo e di Consiglio in merito a qualsiasi questione di politica estera e di sicurezza di interesse generale per definire un approccio comune. Prima di intraprendere qualsiasi azione sulla scena internazionale o di assumere qualsiasi impegno che possa ledere gli interessi dell'Unione, ciascuno Stato membro consulta gli altri in sede di Consiglio europeo o di Consiglio. Gli Stati membri assicurano, mediante la convergenza delle loro azioni, che l'Unione possa affermare i suoi interessi e i suoi valori sulla scena internazionale. Gli Stati membri sono solidali tra loro.

Quando il Consiglio europeo o il Consiglio hanno definito un approccio comune dell'Unione ai sensi del primo comma, l'alto rappresentante dell'Unione per gli affari esteri e la politica di sicurezza e i ministri degli affari esteri degli Stati membri coordinano le loro attività nell'ambito del Consiglio.

Le missioni diplomatiche degli Stati membri e le delegazioni dell'Unione nei paesi terzi e presso le organizzazioni internazionali cooperano tra di loro e contribuiscono alla formulazione e all'attuazione dell'approccio comune.

33. *(ex articolo 18 del TUE).* Il Consiglio, su proposta dell'alto rappresentante dell'Unione per gli affari esteri e la politica di sicurezza, può nominare un rappresentante speciale con un mandato per problemi politici specifici. Il rappresentante speciale esercita il mandato sotto l'autorità dell'alto rappresentante.

34. *(ex articolo 19 del TUE).* 1. Gli Stati membri coordinano la propria azione nelle organizzazioni internazionali e in occasione di conferenze internazionali. In queste sedi essi difendono le posizioni dell'Unione. L'alto rappresentante dell'Unione per gli affari esteri e la politica di sicurezza assicura l'organizzazione di tale coordinamento.

Nelle organizzazioni internazionali e in occasione di conferenze internazionali alle quali non tutti gli Stati membri partecipano, quelli che vi partecipano difendono le posizioni dell'Unione.

2. Conformemente all'articolo 24, paragrafo 3, gli Stati membri rappresentati nelle organizzazioni internazionali o nelle conferenze internazionali alle quali non tutti gli Stati membri partecipano, tengono informati questi ultimi e l'alto rappresentante in merito ad ogni questione di interesse comune.

Gli Stati membri che sono anche membri del Consiglio di sicurezza delle Nazioni Unite si concerteranno e terranno pienamente informati gli altri Stati membri e l'alto rappresentante. Gli Stati membri che sono membri del Consiglio di sicurezza difenderanno, nell'esercizio delle loro funzioni, le posizioni e l'interesse dell'Unione, fatte salve le responsabilità che loro incombono in forza delle disposizioni della Carta delle Nazioni Unite.

Allorché l'Unione ha definito una posizione su un tema all'ordine del giorno del Consiglio di sicurezza delle Nazioni Unite, gli Stati membri che vi partecipano chiedono che l'alto rappresentante sia invitato a presentare la posizione dell'Unione.

35. *(ex articolo 20 del TUE).* Le missioni diplomatiche e consolari degli Stati membri e le delegazioni dell'Unione nei paesi terzi e nelle conferenze internazionali, nonché le loro rappresentanze presso le organizzazioni internazionali, cooperano al fine di garantire il rispetto e l'attuazione delle decisioni che definiscono posizioni e azioni dell'Unione adottate in virtù del presente capo.

Esse intensificano la loro cooperazione procedendo a scambi di informazioni e a valutazioni comuni.

Esse contribuiscono all'attuazione del diritto di tutela dei cittadini dell'Unione nel territorio dei paesi terzi di cui all'articolo 20, paragrafo 2, lettera *c)* del trattato sul funzionamento dell'Unione europea e delle misure adottate in applicazione dell'articolo 23 di detto trattato.

36. *(ex articolo 21 del TUE).* L'alto rappresentante dell'Unione per gli affari esteri e la politica di sicurezza consulta regolarmente il Parlamento europeo sui principali aspetti e sulle scelte fondamentali della politica estera e di sicurezza comune e della politica di sicurezza e di difesa comune e lo informa dell'evoluzione di tali politiche. Egli provvede affinché le opinioni del Parlamento europeo siano debitamente prese in considerazione. I rappresentanti speciali possono essere associati all'informazione del Parlamento europeo.

Il Parlamento europeo può rivolgere interrogazioni o formulare raccomandazioni al Consiglio e all'alto rappresentante. Esso procede due volte all'anno ad un dibattito sui progressi compiuti nell'attuazione della politica estera e di sicurezza comune, compresa la politica di sicurezza e di difesa comune.

37. *(ex articolo 24 del TUE).* L'Unione può concludere accordi con uno o più Stati o organizzazioni internazionali nei settori di pertinenza del presente capo.

38. *(ex articolo 25 del TUE).* Fatto salvo l'articolo 240 del trattato sul funzionamento dell'Unione europea, un comitato politico e di sicurezza controlla la situazione internazionale nei settori che rientrano nella politica estera e di sicurezza comune e contribuisce a definire le politiche formulando pareri per il Consiglio, a richiesta di questo, dell'alto rappresentante dell'Unione per gli affari esteri e la politica di sicurezza o di propria iniziativa. Esso controlla altresì l'attuazione delle politiche concordate, fatte salve le competenze dell'alto rappresentante.

Nel quadro del presente capo, il comitato politico e di sicurezza esercita, sotto la responsabilità del Consiglio e dell'alto rappresentante, il controllo politico e la direzione strategica delle operazioni di gestione delle crisi previste all'articolo 43.

Ai fini di un'operazione di gestione delle crisi e per la durata della stessa, quali sono determinate dal Consiglio, quest'ultimo può autorizzare il comitato a prendere le decisioni appropriate in merito al controllo politico e alla direzione strategica dell'operazione.

39. Conformemente all'articolo 16 del trattato sul funzionamento dell'Unione europea e in deroga al paragrafo 2 di detto articolo, il Consiglio adotta una decisione che stabilisce le norme relative alla protezione delle persone fisiche con riguardo al trattamento dei dati di carattere personale da parte degli Stati membri nell'esercizio di attività che rientrano nel campo di applicazione del presente capo, e le norme relative alla libera circolazione di tali dati. Il rispetto di tali norme è soggetto al controllo di autorità indipendenti.

40. *(ex articolo 47 del TUE).* L'attuazione della politica estera e di sicurezza comune lascia impregiudicata l'applicazione delle procedure e la rispettiva portata delle attribuzioni delle istituzioni previste dai trattati per l'esercizio delle competenze dell'Unione di cui agli articoli da 3 a 6 del trattato sul funzionamento dell'Unione europea.

L'attuazione delle politiche previste in tali articoli lascia parimenti impregiudicata l'applicazione delle procedure e la rispettiva portata delle attribuzioni delle istituzioni previste dai trattati per l'esercizio delle competenze dell'Unione a titolo del presente capo.

41. *(ex articolo 28 del TUE).* 1. Le spese amministrative che le istituzioni sostengono per l'attuazione del presente capo sono a carico del bilancio dell'Unione.

2. Le spese operative cui dà luogo l'attuazione del presente capo sono anch'esse a carico del bilancio dell'Unione, eccetto le spese derivanti da operazioni che hanno implicazioni nel settore militare o della difesa, e a meno che il Consiglio, deliberando all'unanimità, decida altrimenti.

Nei casi in cui non sono a carico del bilancio dell'Unione, le spese sono a carico degli Stati membri secondo un criterio di ripartizione basato sul prodotto nazionale lordo, a meno che il Consiglio, deliberando all'unanimità, non stabilisca altrimenti. Per quanto riguarda le spese derivanti da operazioni che hanno implicazioni nel settore militare o della difesa, gli Stati membri i cui rappresentanti in Consiglio hanno fatto una dichiarazione formale a norma dell'articolo 31, paragrafo 1, secondo comma, non sono obbligati a contribuire al loro finanziamento.

3. Il Consiglio adotta una decisione che stabilisce le procedure specifiche per garantire il rapido accesso agli stanziamenti del bilancio dell'Unione destinati al finanziamento urgente di iniziative nel quadro della politica estera e di sicurezza comune, in particolare ai preparativi di una missione di cui all'articolo 42, paragrafo 1 e all'articolo 43. Esso delibera previa consultazione del Parlamento europeo.

I preparativi delle missioni di cui all'articolo 42, paragrafo 1 e all'articolo 43 che non sono a carico del bilancio dell'Unione sono finanziati mediante un fondo iniziale costituito da contributi degli Stati membri.

Il Consiglio adotta a maggioranza qualificata, su proposta dell'alto rappresentante dell'Unione per gli affari esteri e la politica di sicurezza, le decisioni che fissano:

a) le modalità di costituzione e finanziamento del fondo iniziale, in particolare le dotazioni finanziarie assegnategli;

b) le modalità di gestione del fondo iniziale;

c) le modalità di controllo finanziario.

Quando la missione prevista conformemente all'articolo 42, paragrafo 1 e all'articolo 43 non può essere a carico del bilancio dell'Unione, il Consiglio autorizza l'alto rappresentante a ricorrere a detto fondo. L'alto rappresentante riferisce al Consiglio sull'esecuzione di tale mandato.

Sezione II
Disposizioni sulla politica di sicurezza e di difesa comune

42. *(ex articolo 17 del TUE).* 1. La politica di sicurezza e di difesa comune costituisce parte integrante della politica estera e di sicurezza comune. Essa assicura che l'Unione disponga di una capacità operativa ricorrendo a mezzi civili e militari. L'Unione può avvalersi di tali mezzi in missioni al suo esterno per garantire il mantenimento della pace, la prevenzione dei conflitti e il rafforzamento della sicurezza internazionale, conformemente ai principi della Carta delle Nazioni Unite. L'esecuzione di tali compiti si basa sulle capacità fornite dagli Stati membri.

2. La politica di sicurezza e di difesa comune comprende la graduale definizione di una politica di difesa comune dell'Unione. Questa condurrà a una difesa comune quando il Consiglio europeo, deliberando all'unanimità, avrà così deciso. In questo caso, il Consiglio europeo raccomanda agli Stati membri di adottare una decisione in tal senso conformemente alle rispettive norme costituzionali.

La politica dell'Unione a norma della presente sezione non pregiudica il carattere specifico della politica di sicurezza e di difesa di taluni Stati membri, rispetta gli obblighi di alcuni Stati membri, i quali ritengono che la loro difesa comune si realizzi tramite l'Organizzazione del trattato del Nord-Atlantico (NATO), nell'ambito del trattato dell'Atlantico del Nord, ed è compatibile con la politica di sicurezza e di difesa comune adottata in tale contesto.

3. Gli Stati membri mettono a disposizione dell'Unione, per l'attuazione della politica di sicurezza e di difesa comune, capacità civili e militari per contribuire al conseguimento degli obiettivi definiti dal Consiglio. Gli Stati membri che costituiscono tra loro forze multinazionali possono mettere anche tali forze a disposizione della politica di sicurezza e di difesa comune.

Gli Stati membri s'impegnano a migliorare progressivamente le loro capacità militari. L'Agenzia nel settore dello sviluppo delle capacità di difesa, della ricerca, dell'acquisizione e degli armamenti (in appresso denominata "Agenzia europea per la difesa") individua le esigenze operative, promuove misure per rispondere a queste, contribuisce a individuare e, se del caso, mettere in atto qualsiasi misura utile a rafforzare la base industriale e tecnologica del settore della difesa, partecipa alla definizione di una politica europea delle capacità e degli armamenti, e assiste il Consiglio nella valutazione del miglioramento delle capacità militari.

4. Le decisioni relative alla politica di sicurezza e di difesa comune, comprese quelle inerenti all'avvio di una missione di cui al presente articolo, sono adottate dal Consiglio che delibera all'unanimità su proposta dell'alto rappresentante dell'Unione per gli affari esteri e la politica di sicurezza o su iniziativa di uno Stato membro. L'alto rappresentante può proporre il ricorso sia ai mezzi nazionali sia agli strumenti dell'Unione, se del caso congiuntamente alla Commissione.

5. Il Consiglio può affidare lo svolgimento di una missione, nell'ambito dell'Unione, a un gruppo di Stati membri allo scopo di preservare i valori dell'Unione e di servirne gli interessi. Lo svolgimento di detta missione è disciplinato dall'articolo 44.

6. Gli Stati membri che rispondono a criteri più elevati in termini di capacità militari e che hanno sottoscritto impegni più vincolanti in materia ai fini delle missioni più impegnative instaurano una cooperazione strutturata permanente nell'ambito dell'Unione. Detta cooperazione è disciplinata dall'articolo 46. Essa lascia impregiudicato l'articolo 43.

7. Qualora uno Stato membro subisca un'aggressione armata nel suo territorio, gli altri Stati membri sono tenuti a prestargli aiuto e assistenza con tutti i mezzi in loro possesso, in conformità dell'articolo 51 della Carta delle Nazioni Unite. Ciò non pregiudica il carattere specifico della politica di sicurezza e di difesa di taluni Stati membri.

Gli impegni e la cooperazione in questo settore rimangono conformi agli impegni assunti nell'ambito dell'Organizzazione del trattato del Nord-Atlantico che resta, per gli Stati che ne sono membri, il fondamento della loro difesa collettiva e l'istanza di attuazione della stessa.

43. 1. Le missioni di cui all'articolo 42, paragrafo 1, nelle quali l'Unione può ricorrere a mezzi civili e militari, comprendono le azioni congiunte in materia di disarmo, le missioni umanitarie e di soccorso, le missioni di consulenza e assistenza in materia militare, le missioni di prevenzione dei conflitti e di mantenimento della pace e le missioni di unità di combattimento per la gestione delle crisi, comprese le missioni tese al ristabilimento della pace e le operazioni di stabilizzazione al termine dei conflitti. Tutte queste missioni possono contribuire alla lotta contro il terrorismo, anche tramite il sostegno a paesi terzi per combattere il terrorismo sul loro territorio.

2. Il Consiglio adotta decisioni relative alle missioni di cui al paragrafo 1 stabilendone l'obiettivo, la portata e le modalità generali di realizzazione. L'alto rappresentante dell'Unione per gli affari esteri e la politica di sicurezza, sotto l'autorità del Consiglio e in stretto e costante contatto con il comitato politico e di sicurezza, provvede a coordinare gli aspetti civili e militari di tali missioni.

44. 1. Nel quadro delle decisioni adottate in conformità dell'articolo 43, il Consiglio può affidare la realizzazione di una missione a un gruppo di Stati membri che lo desiderano e dispongono delle capacità necessarie per tale missione. Tali Stati membri, in associazione con l'alto rappresentante dell'Unione per gli affari esteri e la politica di sicurezza, si accordano sulla gestione della missione.

2. Gli Stati membri che partecipano alla realizzazione della missione informano periodicamente il Consiglio dell'andamento della missione, di propria iniziativa o a richiesta di un altro Stato membro. Gli Stati membri partecipanti investono immediatamente il Consiglio della questione se la realizzazione di tale missione genera conseguenze di ampia portata o se impone una modifica dell'obiettivo, della portata o delle modalità della missione stabiliti nelle decisioni di cui al paragrafo 1. In tal caso il Consiglio adotta le decisioni necessarie.

45. 1. L'Agenzia europea per la difesa, di cui all'articolo 42, paragrafo 3 e posta sotto l'autorità del Consiglio, ha il compito di:

a) contribuire a individuare gli obiettivi di capacità militari degli Stati membri e a valutare il rispetto degli impegni in materia di capacità assunti dagli Stati membri;

b) promuovere l'armonizzazione delle esigenze operative e l'adozione di metodi di acquisizione efficienti e compatibili;

c) proporre progetti multilaterali per il conseguimento degli obiettivi in termini di capacità militari e assicurare il coordinamento dei programmi attuati dagli Stati membri e la gestione di programmi di cooperazione specifici;

d) sostenere la ricerca nel settore della tecnologia della difesa, coordinare e pianificare attività di ricerca congiunte e studi per delineare le soluzioni tecniche che rispondono alle esigenze operative future;

e) contribuire a individuare e, se del caso, attuare qualsiasi misura utile per potenziare la base industriale e tecnologica del settore della difesa e per migliorare l'efficacia delle spese militari.

2. L'Agenzia europea per la difesa è aperta a tutti gli Stati membri che desiderano parteciparvi. Il Consiglio, deliberando a maggioranza qualificata, adotta una decisione che fissa lo statuto, la sede e le modalità di funzionamento dell'Agenzia. Detta decisione tiene conto del grado di partecipazione effettiva alle attività dell'Agenzia. Nell'ambito dell'Agenzia sono costituiti gruppi specifici che riuniscono gli Stati membri impegnati in progetti congiunti. L'Agenzia svolge i suoi compiti in collegamento con la Commissione, se necessario.

46. 1. Gli Stati membri che desiderano partecipare alla cooperazione strutturata permanente di cui all'articolo 42, paragrafo 6 e che rispondono ai criteri e sottoscrivono gli impegni in materia di capacità militari specificati nel protocollo sulla cooperazione strutturata permanente notificano la loro intenzione al Consiglio e all'alto rappresentante dell'Unione per gli affari esteri e la politica di sicurezza.

2. Entro tre mesi dalla notifica di cui al paragrafo 1, il Consiglio adotta una decisione che istituisce la cooperazione strutturata permanente e fissa l'elenco degli Stati membri partecipanti. Il Consiglio delibera a maggioranza qualificata previa consultazione dell'alto rappresentante.

3. Ogni Stato membro che, in una fase successiva, desideri partecipare alla cooperazione strutturata permanente notifica la sua intenzione al Consiglio e all'alto rappresentante.

Il Consiglio adotta una decisione che conferma la partecipazione dello Stato membro interessato che risponde ai criteri e sottoscrive gli impegni di cui agli articoli 1 e 2 del protocollo sulla cooperazione strutturata permanente. Il Consiglio delibera a maggioranza qualificata previa consultazione dell'alto rappresentante. Solo i membri del Consiglio che rappresentano gli Stati membri partecipanti prendono parte al voto.

Per maggioranza qualificata s'intende quella definita conformemente all'articolo 238, paragrafo 3, lettera *a)* del trattato sul funzionamento dell'Unione europea.

4. Se uno Stato membro partecipante non soddisfa più i criteri o non può più assolvere gli impegni di cui agli articoli 1 e 2 del protocollo sulla cooperazione strutturata permanente, il Consiglio può adottare una decisione che sospende la partecipazione di questo Stato.

Il Consiglio delibera a maggioranza qualificata. Solo i membri del Consiglio che rappresentano gli Stati membri partecipanti, ad eccezione dello Stato membro in questione, prendono parte al voto.

Per maggioranza qualificata s'intende quella definita conformemente all'articolo 238, paragrafo 3, lettera *a)* del trattato sul funzionamento dell'Unione europea.

5. Se uno Stato membro partecipante desidera ritirarsi dalla cooperazione strutturata permanente notifica la sua decisione al Consiglio, che prende atto del fatto che la partecipazione dello Stato membro in questione termina.

6. Le decisioni e le raccomandazioni del Consiglio prese nel quadro della cooperazione strutturata permanente, diverse da quelle previste ai paragrafi da 2 a 5, sono adottate all'unanimità. Ai fini del presente paragrafo l'unanimità è costituita dai voti dei soli rappresentanti degli Stati membri partecipanti.

TITOLO VI
DISPOSIZIONI FINALI

47. L'Unione ha personalità giuridica.

48. *(ex articolo 48 del TUE).* 1. I trattati possono essere modificati conformemente a una procedura di revisione ordinaria. Possono inoltre essere modificati conformemente a procedure di revisione semplificate.

Procedura di revisione ordinaria

2. Il governo di qualsiasi Stato membro, il Parlamento europeo o la Commissione possono sottoporre al Consiglio progetti intesi a modificare i trattati. Tali progetti possono, tra l'altro, essere intesi ad accrescere o a ridurre le competenze attribuite all'Unione nei trattati. Tali progetti sono trasmessi dal Consiglio al Consiglio europeo e notificati ai parlamenti nazionali.

3. Qualora il Consiglio europeo, previa consultazione del Parlamento europeo e della Commissione, adotti a maggioranza semplice una decisione favorevole all'esame delle modifiche proposte, il presidente del Consiglio europeo convoca una convenzione composta da rappresentanti dei parlamenti nazionali, dei capi di Stato o di governo degli Stati membri, del Parlamento europeo e della Commissione. In caso di modifiche istituzionali nel settore monetario, è consultata anche la Banca centrale europea. La convenzione esamina i progetti di modifica e adotta per consenso una raccomandazione a una conferenza dei rappresentanti dei governi degli Stati membri quale prevista al paragrafo 4.

Il Consiglio europeo può decidere a maggioranza semplice, previa approvazione del Parlamento europeo, di non convocare una convenzione qualora l'entità delle modifiche non lo giustifichi. In questo caso, il Consiglio europeo definisce il mandato per una conferenza dei rappresentanti dei governi degli Stati membri.

4. Una conferenza dei rappresentanti dei governi degli Stati membri è convocata dal presidente del Consiglio allo scopo di stabilire di comune accordo le modifiche da apportare ai trattati.

Le modifiche entrano in vigore dopo essere state ratificate da tutti gli Stati membri conformemente alle rispettive norme costituzionali.

5. Qualora, al termine di un periodo di due anni a decorrere dalla firma di un trattato che modifica i trattati, i quattro quinti degli Stati membri abbiano ratificato detto trattato e uno o più Stati membri abbiano incontrato difficoltà nelle procedure di ratifica, la questione è deferita al Consiglio europeo.

Procedure di revisione semplificate

6. Il governo di qualsiasi Stato membro, il Parlamento europeo o la Commissione possono sottoporre al Consiglio europeo progetti intesi a modificare in tutto o in parte le disposizioni della parte terza del trattato sul funzionamento dell'Unione europea relative alle politiche e azioni interne dell'Unione.

Il Consiglio europeo può adottare una decisione che modifica in tutto o in parte le disposizioni della parte terza del trattato sul funzionamento dell'Unione europea. Il Consiglio europeo delibera all'unanimità previa consultazione del Parlamento europeo, della Commissione e, in caso di modifiche istituzionali nel settore monetario, della Banca centrale europea. Tale decisione entra in vigore solo previa approvazione degli Stati membri conformemente alle rispettive norme costituzionali.

La decisione di cui al secondo comma non può estendere le competenze attribuite all'Unione nei trattati.

7. Quando il trattato sul funzionamento dell'Unione europea o il titolo V del presente trattato prevedono che il Consiglio deliberi all'unanimità in un settore o in un caso determinato, il Consiglio europeo può adottare una decisione che consenta al Consiglio di deliberare a maggioranza qualificata in detto settore o caso. Il presente comma non si applica alle decisioni che hanno implicazioni militari o che rientrano nel settore della difesa.

Quando il trattato sul funzionamento dell'Unione europea prevede che il Consiglio adotti atti legislativi secondo una procedura legislativa speciale, il Consiglio europeo può adottare una decisione che consenta l'adozione di tali atti secondo la procedura legislativa ordinaria.

Ogni iniziativa presa dal Consiglio europeo in base al primo o al secondo comma è trasmessa ai parlamenti nazionali. In caso di opposizione di un parlamento nazionale notificata entro sei mesi dalla data di tale trasmissione, la decisione di cui al primo o al secondo comma non è adottata. In assenza di opposizione, il Consiglio europeo può adottare detta decisione.

Per l'adozione delle decisioni di cui al primo o al secondo comma, il Consiglio europeo delibera all'unanimità previa approvazione del Parlamento europeo, che si pronuncia a maggioranza dei membri che lo compongono.

49. *(ex articolo 49 del TUE).* Ogni Stato europeo che rispetti i valori di cui all'articolo 2 e si impegni a promuoverli può domandare di diventare membro dell'Unione. Il Parlamento europeo e i parlamenti nazionali sono informati di tale domanda. Lo Stato richiedente trasmette la sua domanda al Consiglio, che si pronuncia all'unanimità, previa consultazione della Commissione e previa approvazione del Parlamento europeo, che si pronuncia a maggioranza dei membri che lo compongono. Si tiene conto dei criteri di ammissibilità convenuti dal Consiglio europeo.

Le condizioni per l'ammissione e gli adattamenti dei trattati su cui è fondata l'Unione, da essa determinati, formano l'oggetto di un accordo tra gli Stati membri e lo Stato richiedente. Tale accordo è sottoposto a ratifica da tutti gli Stati contraenti conformemente alle loro rispettive norme costituzionali.

50. 1. Ogni Stato membro può decidere, conformemente alle proprie norme costituzionali, di recedere dall'Unione.

2. Lo Stato membro che decide di recedere notifica tale intenzione al Consiglio europeo. Alla luce degli orientamenti formulati dal Consiglio europeo, l'Unione negozia e conclude con tale Stato un accordo volto a definire le modalità del recesso, tenendo conto del quadro delle future relazioni con l'Unione. L'accordo è negoziato conformemente all'articolo 218, paragrafo 3 del trattato sul funzionamento dell'Unione europea. Esso è concluso a nome dell'Unione dal Consiglio, che delibera a maggioranza qualificata previa approvazione del Parlamento europeo.

3. I trattati cessano di essere applicabili allo Stato interessato a decorrere dalla data di entrata in vigore dell'accordo di recesso o, in mancanza di tale accordo, due anni dopo la notifica di cui al paragrafo 2, salvo che il Consiglio europeo, d'intesa con lo Stato membro interessato, decida all'unanimità di prorogare tale termine.

4. Ai fini dei paragrafi 2 e 3, il membro del Consiglio europeo e del Consiglio che rappresenta lo Stato membro che recede non partecipa né alle deliberazioni né alle decisioni del Consiglio europeo e del Consiglio che lo riguardano.

Per maggioranza qualificata s'intende quella definita conformemente all'articolo 238, paragrafo 3, lettera *b)* del trattato sul funzionamento dell'Unione europea.

5. Se lo Stato che ha receduto dall'Unione chiede di aderirvi nuovamente, tale richiesta è oggetto della procedura di cui all'articolo 49.

51. I protocolli e gli allegati ai trattati ne costituiscono parte integrante.

52. 1. I trattati si applicano al Regno del Belgio, alla Repubblica di Bulgaria, alla Repubblica ceca, al Regno di Danimarca, alla Repubblica federale di

Germania, alla Repubblica di Estonia, all'Irlanda, alla Repubblica ellenica, al Regno di Spagna, alla Repubblica francese, alla Repubblica italiana, alla Repubblica di Cipro, alla Repubblica di Lettonia, alla Repubblica di Lituania, al Granducato del Lussemburgo, alla Repubblica di Ungheria, alla Repubblica di Malta, al Regno dei Paesi Bassi, alla Repubblica d'Austria, alla Repubblica di Polonia, alla Repubblica portoghese, alla Romania, alla Repubblica di Slovenia, alla Repubblica slovacca, alla Repubblica di Finlandia, al Regno di Svezia e al Regno Unito di Gran Bretagna e Irlanda del Nord.

2. Il campo di applicazione territoriale dei trattati è precisato all'articolo 355 del trattato sul funzionamento dell'Unione europea.

53. *(ex articolo 51 del TUE).* Il presente trattato è concluso per una durata illimitata.

54. *(ex articolo 52 del TUE).* 1. Il presente trattato sarà ratificato dalle Alte parti contraenti conformemente alle loro rispettive norme costituzionali. Gli strumenti di ratifica saranno depositati presso il governo della Repubblica italiana.

2. Il presente trattato entrerà in vigore il 1° gennaio 1993, se tutti gli strumenti di ratifica saranno stati depositati; altrimenti, il primo giorno del mese successivo all'avvenuto deposito dello strumento di ratifica da parte dello Stato firmatario che procederà per ultimo a tale formalità.

55. *(ex articolo 53 del TUE).* 1. Il presente trattato, redatto in unico esemplare in lingua bulgara, ceca, danese, estone, finlandese, francese, greca, inglese, irlandese, italiana, lettone, lituana, maltese, olandese, polacca, portoghese, rumena, slovacca, slovena, spagnola, svedese, tedesca e ungherese, i testi in ciascuna di queste lingue facenti ugualmente fede, sarà depositato negli archivi del governo della Repubblica italiana, che provvederà a trasmetterne copia certificata conforme a ciascuno dei governi degli altri Stati firmatari.

2. Il presente trattato può essere parimenti tradotto in qualsiasi altra lingua determinata da uno Stato membro che, in base all'ordinamento costituzionale dello Stato in questione, sia lingua ufficiale in tutto il suo territorio o in parte di esso. Lo Stato membro interessato fornisce copia certificata conforme di tale traduzione affinché sia depositata negli archivi del Consiglio.

IN FEDE DI CHE, i plenipotenziari sottoscritti hanno apposto le loro firme in calce al presente trattato.

Fatto a Maastricht, addì sette febbraio millenovecentonovantadue.

REGOLAMENTO DI PROCEDURA DELLA CORTE DI GIUSTIZIA UE

16 - Reg. Corte di giustizia 25 settembre 2012 (G.U.U.E. L 265 del 29 settembre 2012, pag. 1-42). Regolamento di procedura della Corte di giustizia[1].

[1] **Modificato il 18 giugno 2013 (GU L 173 del 26.6.2013, pag. 65), il 19 luglio 2016 (GU L 217 del 12.8.2016, pag. 69), il 9 aprile 2019 (GU L 111 del 25.4.2019, pag. 73) e il 26 novembre 2019 (GU L 316 del 6.12.2019, pag. 103).**

Disposizioni preliminari

1. *Definizioni.* 1. Nel presente regolamento:

a) le disposizioni del trattato sull'Unione europea sono designate con il numero dell'articolo cui si fa riferimento, seguito dalla sigla «TUE»,

b) le disposizioni del trattato sul funzionamento dell'Unione europea sono designate con il numero dell'articolo cui si fa riferimento, seguito dalla sigla «TFUE»,

c) le disposizioni del trattato che istituisce la Comunità europea dell'energia atomica sono designate con il numero dell'articolo cui si fa riferimento, seguito dalla sigla «TCEEA»,

d) il protocollo sullo statuto della Corte di giustizia dell'Unione europea è denominato «statuto»,

e) l'accordo sullo Spazio economico europeo 1 è denominato «accordo SEE»,

f) il regolamento del Consiglio 15 aprile 1958, n. 1, che stabilisce il regime linguistico della Comunità economica europea 2 è denominato «regolamento del Consiglio n. 1/58».

2. Ai fini dell'applicazione del presente regolamento:

a) il termine «istituzione» designa le istituzioni dell'Unione previste dall'articolo 13, paragrafo 1, TUE, e gli organi o organismi creati dai trattati o da un atto emanato per la loro attuazione e che possono essere parti in giudizio dinanzi alla Corte,

b) il termine «Autorità di vigilanza AELS» designa l'autorità di vigilanza prevista dall'accordo SEE,

c) il termine «interessati menzionati dall'articolo 23 dello statuto» designa l'insieme delle parti, Stati, istituzioni, organi e organismi autorizzati, in forza di detto articolo, a presentare memorie od osservazioni nell'ambito di un rinvio pregiudiziale.

2. *Ambito di applicazione del presente regolamento.* Le disposizioni del presente regolamento attuano e completano, in quanto necessario, le disposizioni in materia previste dal TUE, dal TFUE e dal TCEEA, nonché dallo statuto.

Titolo primo
Ordinamento della corte

Capo I
Giudici e avvocati generali

3. *Data di decorrenza del mandato dei giudici e degli avvocati generali.* Il mandato di un giudice o di un avvocato generale inizia alla data stabilita a tal fine nell'atto di nomina. Qualora detto atto non precisi la data iniziale del mandato, quest'ultimo inizia alla data di pubblicazione dell'atto stesso nella Gazzetta ufficiale dell'Unione europea.

4. *Prestazione del giuramento.* Prima di assumere le loro funzioni, i giudici e gli avvocati generali, alla prima udienza pubblica della Corte cui partecipano dopo la loro nomina, prestano il seguente giuramento, previsto dall'articolo 2 dello statuto:

«Giuro di esercitare le mie funzioni in piena imparzialità e secondo coscienza e di nulla divulgare del segreto delle deliberazioni».

5. *Impegno solenne.* Subito dopo aver prestato giuramento, i giudici e gli avvocati generali sottoscrivono una dichiarazione con la quale assumono l'impegno solenne previsto dall'articolo 4, terzo comma, dello statuto.

6. *Rimozione di un giudice o di un avvocato generale dalle funzioni.* 1. Quando la Corte è chiamata a decidere, ai sensi dell'articolo 6 dello statuto, se un giudice o un avvocato generale non sia più in possesso dei requisiti prescritti ovvero non soddisfi più agli obblighi derivanti dalla sua carica, il presidente invita l'interessato a presentare le sue osservazioni.

2. La Corte decide senza l'assistenza del cancelliere.

7. *Ordine di anzianità.* 1. L'anzianità dei giudici e degli avvocati generali è calcolata, senza distinzioni, a decorrere dall'assunzione delle loro funzioni.

2. Se l'anzianità è pari, si tiene conto dell'età.

3. I giudici e gli avvocati generali il cui mandato venga rinnovato conservano la loro anzianità.

CAPO II

PRESIDENZA DELLA CORTE, COSTITUZIONE DELLE SEZIONI ED ELEZIONE DEL PRIMO AVVOCATO GENERALE

8. *Elezione del presidente e del vicepresidente della Corte.* 1. Subito dopo il rinnovo parziale previsto dall'articolo 253, secondo comma, TFUE, i giudici eleggono tra loro, per la durata di tre anni, il presidente della Corte.

2. Se il presidente cessa dal mandato prima della scadenza normale, si procede alla sua sostituzione per il periodo restante.

3. Le elezioni contemplate dal presente articolo si svolgono a scrutinio segreto. È eletto il giudice che ottiene i voti di oltre la metà dei giudici che compongono la Corte. Se nessun giudice ottiene tale maggioranza si procede ad altri scrutini fino a che essa sia raggiunta.

4. Successivamente, i giudici eleggono tra loro, per la durata di tre anni, il vicepresidente della Corte, osservando le modalità previste dal paragrafo precedente. Qualora il vicepresidente cessi dal mandato prima della scadenza normale, si applica il paragrafo 2.

5. I nomi del presidente e del vicepresidente eletti conformemente al presente articolo sono pubblicati nella Gazzetta ufficiale dell'Unione europea.

9. *Attribuzioni del presidente della Corte.* 1. Il presidente rappresenta la Corte.

2. Il presidente dirige i lavori della Corte. Egli presiede le riunioni generali dei membri della Corte, nonché le udienze e le deliberazioni della seduta plenaria e della grande sezione.

3. Il presidente vigila sul corretto funzionamento dei servizi dell'istituzione.

10. *Attribuzioni del vicepresidente della Corte.* 1. Il vicepresidente assiste il presidente della Corte nell'esercizio delle sue funzioni e lo sostituisce in caso di impedimento.

2. Egli lo sostituisce, a sua richiesta, nell'esercizio delle funzioni previste dall'articolo 9, paragrafi 1 e 3, del presente regolamento.

3. La Corte, mediante decisione, precisa le condizioni in presenza delle quali il vicepresidente sostituisce il presidente della Corte nell'esercizio delle sue funzioni giurisdizionali. Questa decisione è pubblicata nella Gazzetta ufficiale dell'Unione europea.

11. *Costituzione delle sezioni.* 1. La Corte costituisce al suo interno sezioni di cinque e di tre giudici, conformemente a quanto previsto dall'articolo 16 dello statuto, e decide dell'assegnazione ad esse dei giudici.

2. La Corte designa le sezioni di cinque giudici che, per il periodo di un anno, sono incaricate delle cause previste dall'articolo 107 nonché dagli articoli 193 e 194.

3. Per le cause attribuite a un collegio giudicante conformemente all'articolo 60, il termine «Corte» nel presente regolamento designa detto collegio.

4. Per le cause attribuite a una sezione di cinque o di tre giudici, i poteri del presidente della Corte sono esercitati dal presidente della sezione.

5. L'assegnazione dei giudici alle sezioni e la designazione delle sezioni incaricate delle cause previste dall'articolo 107 nonché dagli articoli 193 e 194 sono pubblicate nella Gazzetta ufficiale dell'Unione europea.

12. *Elezione dei presidenti di sezione.* 1. Subito dopo l'elezione del presidente e del vicepresidente della Corte, i giudici eleggono, per una durata di tre anni, i presidenti delle sezioni di cinque giudici.

2. Successivamente, i giudici eleggono, per la durata di un anno, i presidenti delle sezioni di tre giudici.

3. Si applica l'articolo 8, paragrafi 2 e 3.

4. I nomi dei presidenti di sezione eletti conformemente al presente articolo sono pubblicati nella Gazzetta ufficiale dell'Unione europea.

13. *Impedimento del presidente e del vicepresidente della Corte.* In caso di impedimento del presidente e del vicepresidente della Corte, la presidenza viene assunta da uno dei presidenti delle sezioni di cinque giudici o, in mancanza, da uno dei presidenti delle sezioni di tre giudici o, in mancanza, da uno degli altri giudici, secondo l'ordine stabilito dall'articolo 7.

14. *Elezione del primo avvocato generale.* 1. Subito dopo il rinnovo parziale previsto dall'articolo 253, secondo comma, TFUE, gli avvocati generali eleggono tra loro, per la durata di tre anni, il primo avvocato generale.

2. Se il primo avvocato generale cessa dal mandato prima della scadenza normale, si procede alla sua sostituzione per il periodo restante.

3. Le elezioni contemplate dal presente articolo si svolgono a scrutinio segreto. È eletto l'avvocato generale che ottiene i voti di oltre la metà de-

gli avvocati generali che compongono la Corte. Se nessun avvocato generale ottiene tale maggioranza, si procede ad altri scrutini fino a che essa sia raggiunta.

4. Il nome del primo avvocato generale eletto conformemente al presente articolo è pubblicato nella Gazzetta ufficiale dell'Unione europea.

CAPO III

ATTRIBUZIONE DELLE CAUSE AI GIUDICI RELATORI E AGLI AVVOCATI GENERALI

15. *Designazione del giudice relatore.* 1. Dopo il deposito dell'atto introduttivo del giudizio, il presidente della Corte designa, quanto prima, il giudice relatore incaricato della causa.

2. Per le cause previste dall'articolo 107 nonché dagli articoli 193 e 194, il giudice relatore è scelto tra i giudici della sezione designata conformemente all'articolo 11, paragrafo 2, su proposta del presidente di tale sezione. Qualora, ai sensi dell'articolo 109, la sezione decida di non sottoporre la causa al procedimento d'urgenza, il presidente della Corte può riattribuire la causa a un giudice relatore assegnato a un'altra sezione.

3. Il presidente della Corte adotta le disposizioni necessarie in caso di impedimento di un giudice relatore.

16. *Designazione dell'avvocato generale.* 1. Il primo avvocato generale decide in merito all'attribuzione delle cause agli avvocati generali.

2. Il primo avvocato generale adotta le disposizioni necessarie in caso di impedimento di un avvocato generale.

CAPO IV

RELATORI AGGIUNTI

17. *Relatori aggiunti.* 1. Qualora lo ritenga necessario per lo studio e l'istruzione delle cause di cui è investita, la Corte propone, ai sensi dell'articolo 13 dello statuto, la nomina di relatori aggiunti.

2. I relatori aggiunti sono segnatamente incaricati di:

a) assistere il presidente della Corte nei procedimenti sommari;

b) assistere i giudici relatori nell'espletamento dei loro compiti.

3. Nell'esercizio delle loro funzioni, i relatori aggiunti rispondono, a seconda del caso, al presidente della Corte, al presidente di una delle sezioni o ad un giudice relatore.

4. Prima di assumere le loro funzioni, i relatori aggiunti prestano, davanti alla Corte, il giuramento previsto dall'articolo 4 del presente regolamento.

CAPO V

CANCELLERIA

18. *Nomina del cancelliere.* 1. La Corte nomina il cancelliere.

2. In caso di vacanza del posto di cancelliere, è pubblicato un annuncio nella Gazzetta ufficiale dell'Unione europea. Gli interessati sono invitati a presentare la loro candidatura, entro un termine non inferiore alle tre settimane, corredata di tutte le informazioni relative alla loro cittadinanza, ai loro titoli universitari, alle loro conoscenze linguistiche, ai loro incarichi attuali e precedenti, nonché all'eventuale esperienza giudiziaria ed internazionale in loro possesso.

3. Si procede alla votazione con le modalità previste dall'articolo 8, paragrafo 3, del presente regolamento, con l'intervento dei giudici e degli avvocati generali.

4. Il cancelliere è nominato per un periodo di sei anni. Il suo mandato è rinnovabile. La Corte può decidere di rinnovare il mandato del cancelliere in carica senza ricorrere alla procedura prevista dal paragrafo 2 del presente articolo.

5. Il cancelliere presta il giuramento previsto dall'articolo 4 e sottoscrive la dichiarazione prevista dall'articolo 5.

6. Il cancelliere può essere rimosso dalle funzioni soltanto se non sia più in possesso dei requisiti prescritti ovvero non soddisfi più agli obblighi derivanti dalla sua carica. La Corte decide, dopo aver posto il cancelliere in grado di presentare le proprie osservazioni.

7. Se il cancelliere cessa dalle funzioni prima del termine del suo mandato, la Corte nomina un nuovo cancelliere per un periodo di sei anni.

8. Il nome del cancelliere eletto conformemente al presente articolo è pubblicato nella Gazzetta ufficiale dell'Unione europea.

19. *Cancelliere aggiunto.* La Corte può nominare, seguendo la procedura prevista per il cancelliere, un cancelliere aggiunto incaricato di assistere il cancelliere e di sostituirlo in caso di impedimento.

20. *Attribuzioni del cancelliere.* 1. Sotto l'autorità del presidente della Corte, il cancelliere riceve, trasmette e conserva tutti i documenti e provvede alle notifiche previste dal presente regolamento.

2. Il cancelliere assiste i membri della Corte in tutti gli atti del loro ufficio.

3. Il cancelliere custodisce i sigilli ed è responsabile degli archivi. Egli provvede alle pubblicazioni della Corte e, in particolare, della raccolta della giurisprudenza.

4. Sotto l'autorità del presidente della Corte, il cancelliere dirige i servizi dell'istituzione. Egli è re-

sponsabile della gestione del personale e dell'amministrazione, nonché della predisposizione ed esecuzione del bilancio.

21. *Tenuta del registro.* 1. La cancelleria tiene, sotto la responsabilità del cancelliere, un registro in cui sono iscritti cronologicamente tutti gli atti processuali e l'intera documentazione depositati a loro sostegno, nell'ordine di produzione degli stessi.

2. Il cancelliere annota l'avvenuta iscrizione nel registro sugli originali e, a richiesta delle parti, sulle copie che esse presentano a tal fine.

3. Le iscrizioni nel registro e le annotazioni previste dal paragrafo precedente hanno valore di atti pubblici.

4. Nella Gazzetta ufficiale dell'Unione europea è pubblicato un avviso indicante la data di iscrizione dell'atto introduttivo della causa, il nome delle parti o, se del caso, le iniziali che lo sostituiscono, le conclusioni dell'atto introduttivo nonché i motivi e i principali argomenti dedotti.

5. Nei casi previsti al titolo terzo del presente regolamento, l'avviso pubblicato nella Gazzetta ufficiale dell'Unione europea indica la data di deposito della domanda di pronuncia pregiudiziale, il giudice del rinvio, il nome delle parti del procedimento principale o, se del caso, le iniziali che lo sostituiscono nonché le questioni proposte alla Corte.

22. *Consultazione del registro, delle sentenze e delle ordinanze.* 1. Chiunque può consultare il registro presso la cancelleria e ottenerne copia o estratti in base al tariffario della cancelleria, fissato dalla Corte su proposta del cancelliere.

2. Qualsiasi parte in causa può ottenere, in base al tariffario della cancelleria, copie conformi degli atti processuali.

3. Chiunque può ottenere inoltre, in base al tariffario della cancelleria, copie conformi delle ordinanze e delle sentenze.

CAPO VI

FUNZIONAMENTO DELLA CORTE

23. *Luogo delle riunioni della Corte.* Per tenere una o più riunioni determinate, la Corte può scegliere un luogo diverso dalla propria sede.

24. *Calendario dei lavori della Corte.* 1. L'anno giudiziario comincia il 7 ottobre di ogni anno e si conclude il 6 ottobre dell'anno successivo.

2. Le ferie giudiziarie sono fissate dalla Corte.

3. Durante le ferie giudiziarie, il presidente, in caso d'urgenza, può convocare i giudici e gli avvocati generali.

4. La Corte osserva le festività legalmente riconosciute del luogo in cui ha sede.

5. La Corte può accordare congedi ai giudici e agli avvocati generali per giustificati motivi.

6. Le date delle ferie giudiziarie e l'elenco delle festività legalmente riconosciute sono pubblicati ogni anno nella Gazzetta ufficiale dell'Unione europea.

25. *Riunione generale.* Le decisioni vertenti su questioni di natura amministrativa o sui provvedimenti da prendere in merito alle proposte contenute nella relazione preliminare prevista dall'articolo 59 del presente regolamento sono adottate dalla Corte in sede di riunione generale alla quale tutti i giudici e gli avvocati generali prendono parte con voto deliberativo. Il cancelliere assiste all'adozione di tali decisioni, salvo che la Corte decida diversamente.

26. *Redazione dei verbali.* Quando è riunita senza l'assistenza del cancelliere, la Corte incarica il giudice meno anziano ai sensi dell'articolo 7 del presente regolamento di redigere, se del caso, il verbale, che viene sottoscritto dal presidente e da tale giudice.

CAPO VII

COLLEGI GIUDICANTI

Sezione 1.

Composizione dei collegi giudicanti

27. *Composizione della grande sezione.* 1. La grande sezione è composta, per ciascuna causa, dal presidente e dal vicepresidente della Corte, da tre fra i presidenti delle sezioni di cinque giudici, dal giudice relatore e dal numero di giudici necessario per arrivare a quindici. Questi ultimi giudici e i tre presidenti delle sezioni di cinque giudici sono designati in base agli elenchi previsti dai paragrafi 3 e 4 del presente articolo, seguendo l'ordine di questi ultimi. Il punto di inizio su ciascuno di tali elenchi è, per ogni causa attribuita alla grande sezione, il nome del giudice che segue immediatamente l'ultimo giudice designato a partire dall'elenco per la causa precedentemente attribuita a tale collegio giudicante.

2. Dopo l'elezione del presidente e del vicepresidente della Corte, nonché dei presidenti delle sezioni di cinque giudici, sono redatti un elenco dei presidenti delle sezioni di cinque giudici e un elenco degli altri giudici ai fini della determinazione della composizione della grande sezione.

3. L'elenco dei presidenti delle sezioni di cinque giudici è redatto seguendo l'ordine stabilito dall'articolo 7 del presente regolamento.

4. L'elenco degli altri giudici è redatto seguendo, in modo alternato, l'ordine stabilito dall'articolo 7 del presente regolamento e l'ordine inverso: il primo giudice su questo elenco è il primo secondo l'ordine stabilito in detto articolo, il secondo giudice nell'elen-

co è l'ultimo secondo quest'ordine, il terzo giudice è il secondo secondo quest'ordine, il quarto giudice è il penultimo secondo quest'ordine, e così via.

5. Gli elenchi previsti dai paragrafi 3 e 4 sono pubblicati nella Gazzetta ufficiale dell'Unione europea.

6. Nelle cause che, dall'inizio di un anno di rinnovo parziale dei giudici e fino a quando tale rinnovo sia avvenuto, sono attribuite alla grande sezione, due giudici supplenti possono essere designati per integrare il collegio giudicante fintantoché sussistano incertezze sul raggiungimento del quorum previsto dall'articolo 17, terzo comma, dello statuto. Svolgono funzioni di giudici supplenti i due giudici che figurano sull'elenco previsto dal paragrafo 4 immediatamente dopo l'ultimo giudice designato per la composizione della grande sezione nella causa.

7. I giudici supplenti sostituiscono, nell'ordine dell'elenco previsto dal paragrafo 4, i giudici eventualmente impossibilitati a partecipare alla decisione della causa.

28. *Composizione delle sezioni di cinque e di tre giudici.* 1. Le sezioni di cinque giudici e di tre giudici sono composte, per ciascuna causa, dal presidente della sezione, dal giudice relatore e dal numero di giudici necessario per arrivare, rispettivamente, a cinque e a tre giudici. Questi ultimi giudici sono designati in base agli elenchi previsti dai paragrafi 2 e 3, seguendo l'ordine dei medesimi. Il punto d'inizio su tali elenchi, per ciascuna causa attribuita ad una sezione, è il nome del giudice che segue immediatamente l'ultimo giudice designato a partire dall'elenco per la causa precedentemente attribuita alla sezione in questione.

2. Per la composizione delle sezioni di cinque giudici, dopo l'elezione dei presidenti di dette sezioni sono predisposti gli elenchi comprendenti i giudici assegnati alla sezione interessata, ad eccezione del presidente della medesima. Gli elenchi sono formati in modo identico all'elenco previsto dall'articolo 27, paragrafo 4.

3. Per la composizione delle sezioni di tre giudici, dopo l'elezione dei presidenti di dette sezioni sono predisposti gli elenchi comprendenti i giudici assegnati alla sezione interessata, ad eccezione del presidente della medesima. Gli elenchi sono formati seguendo l'ordine stabilito dall'articolo 7.

4. Gli elenchi previsti dai paragrafi 2 e 3 sono pubblicati nella Gazzetta ufficiale dell'Unione europea.

29. *Composizione delle sezioni in caso di connessione o riattribuzione di cause.* 1. Quando la Corte ritiene che più cause debbano essere decise congiuntamente dal medesimo collegio giudicante, la composizione di quest'ultimo è quella stabilita per la causa la cui relazione preliminare è stata esaminata per prima.

2. Quando una sezione alla quale una causa è stata attribuita chiede alla Corte, ai sensi dell'articolo 60, paragrafo 3, del presente regolamento, di riattribuire detta causa ad un collegio giudicante più ampio, tale collegio comprende i membri della sezione a cui la causa era stata inizialmente attribuita.

30. *Impedimento di un presidente di sezione.* 1. In caso di impedimento del presidente di una sezione di cinque giudici, le funzioni di presidente della sezione vengono assunte dal presidente di una sezione di tre giudici, se del caso seguendo l'ordine stabilito dall'articolo 7 del presente regolamento, oppure, se nessun presidente di una sezione di tre giudici fa parte del collegio giudicante, da uno degli altri giudici seguendo l'ordine stabilito da detto articolo 7.

2. In caso di impedimento del presidente di una sezione di tre giudici, le funzioni di presidente della sezione vengono assunte da un giudice del collegio giudicante seguendo l'ordine stabilito dall'articolo 7.

31. *Impedimento di un membro del collegio giudicante.* 1. Un membro della grande sezione, in caso di impedimento, è sostituito da un altro giudice seguendo l'ordine dell'elenco previsto dall'articolo 27, paragrafo 4.

2. Un membro di una sezione di cinque giudici, in caso di impedimento, è sostituito da un altro giudice della medesima sezione, seguendo l'ordine dell'elenco previsto dall'articolo 28, paragrafo 2. Qualora non sia possibile procedere alla sostituzione del giudice colpito da impedimento con un giudice della medesima sezione, il presidente di tale sezione ne informa il presidente della Corte che può designare un altro giudice per integrare la sezione.

3. Un membro di una sezione di tre giudici, in caso di impedimento, è sostituito da un altro giudice della medesima sezione, seguendo l'ordine dell'elenco previsto dall'articolo 28, paragrafo 3. Qualora non sia possibile procedere alla sostituzione del giudice colpito da impedimento con un giudice della medesima sezione, il presidente di tale sezione ne informa il presidente della Corte che può designare un altro giudice per integrare la sezione.

Sezione 2.
Deliberazioni

32. *Modalità delle deliberazioni.* 1. Le deliberazioni della Corte sono e restano segrete.

2. Quando si è tenuta un'udienza di discussione, alle deliberazioni prendono parte soltanto i giudici che hanno assistito a tale udienza ed eventualmente il relatore aggiunto incaricato dello studio della causa.

3. Ogni giudice che prende parte alle deliberazioni esprime il suo parere motivandolo.

4. Le conclusioni adottate dalla maggioranza dei giudici in esito alla discussione finale determinano la decisione della Corte.

33. *Numero di giudici partecipanti alle deliberazioni.* Se, a causa di un impedimento, i giudici sono in numero pari, il giudice meno anziano ai sensi dell'articolo 7 del presente regolamento si astiene dal partecipare alle deliberazioni, a meno che non sia il giudice relatore. In tal caso, il giudice che lo precede immediatamente per ordine di anzianità si astiene dal partecipare alle deliberazioni.

34. *Quorum della grande sezione.* 1. Se, per una causa attribuita alla grande sezione, non è possibile raggiungere il quorum previsto dall'articolo 17, terzo comma, dello statuto, il presidente della Corte designa uno o più giudici ulteriori seguendo l'ordine dell'elenco previsto dall'articolo 27, paragrafo 4, del presente regolamento.

2. Se prima di tale designazione si è tenuta un'udienza di discussione, le parti sono invitate a esporre nuovamente le loro difese orali e l'avvocato generale deve ripresentare le sue conclusioni.

35. *Quorum delle sezioni di cinque e di tre giudici.* 1. Se, per una causa rinviata dinanzi a una sezione di cinque o di tre giudici, non è possibile raggiungere il quorum previsto dall'articolo 17, secondo comma, dello statuto, il presidente della Corte designa uno o più giudici ulteriori seguendo l'ordine dell'elenco previsto dall'articolo 28, paragrafi, rispettivamente, 2 e 3, del presente regolamento. Se non è possibile sostituire il giudice colpito da impedimento con un giudice che faccia parte della stessa sezione, il presidente di detta sezione ne informa immediatamente il presidente della Corte, il quale designa un altro giudice per integrare la sezione.

2. L'articolo 34, paragrafo 2, si applica, mutatis mutandis, alle sezioni di cinque e di tre giudici.

CAPO VIII
REGIME LINGUISTICO

36. *Lingue processuali.* Le lingue processuali sono il bulgaro, il ceco, il croato, il danese, l'estone, il finlandese, il francese, il greco, l'inglese, l'irlandese, l'italiano, il lettone, il lituano, il maltese, l'olandese, il polacco, il portoghese, il romeno, lo slovacco, lo sloveno, lo spagnolo, lo svedese, il tedesco e l'ungherese.

37. *Determinazione della lingua processuale.* 1. Nei ricorsi diretti, la lingua processuale è scelta dal ricorrente, salve le disposizioni che seguono:

a) se il convenuto è uno Stato membro, la lingua processuale è quella ufficiale di tale Stato; in caso di pluralità di lingue ufficiali, il ricorrente ha facoltà di scegliere quella che preferisce;

b) su richiesta congiunta delle parti, può essere autorizzato l'uso parziale o totale di un'altra delle lingue indicate nell'articolo 36;

c) su richiesta di una parte, sentiti la controparte e l'avvocato generale, può essere autorizzato, in deroga a quanto disposto dalle lettere *a)* e *b)*, l'uso parziale o totale di un'altra delle lingue indicate nell'articolo 36 quale lingua processuale; tale richiesta non può essere presentata dalle istituzioni dell'Unione europea.

2. Salvo quanto disposto nel paragrafo precedente, lettere *b)* e *c)*, nonché nell'articolo 38, paragrafi 4 e 5, del presente regolamento,

a) in caso di impugnazione delle decisioni del Tribunale, ai sensi degli articoli 56 e 57 dello statuto, la lingua processuale è quella della decisione del Tribunale impugnata;

b) quando la Corte decide, conformemente all'articolo 62, secondo comma, dello statuto, di riesaminare una decisione del Tribunale, la lingua processuale è quella della decisione del Tribunale che è oggetto di riesame;

c) nei casi di contestazioni sulle spese ripetibili, opposizione avverso una sentenza pronunciata in contumacia, opposizione di terzo nonché di domande di interpretazione, di revisione o per omessa pronuncia, la lingua processuale è quella della decisione alla quale dette domande o contestazioni fanno riferimento.

3. Nei procedimenti pregiudiziali, la lingua processuale è quella del giudice del rinvio. Su richiesta adeguatamente giustificata di una delle parti nel procedimento principale, sentiti la controparte nel procedimento principale e l'avvocato generale, può essere autorizzato l'uso di un'altra delle lingue indicate nell'articolo 36 nel corso della fase orale del procedimento. Quando l'autorizzazione a usare tale altra lingua è concessa, essa è valida per tutti gli interessati menzionati dall'articolo 23 dello statuto.

4. Il presidente può decidere in merito alle suddette richieste; egli può e, allorché vuole dare seguito alla richiesta senza l'accordo di tutte le parti, deve deferire la richiesta alla Corte.

38. *Uso della lingua processuale.* 1. La lingua processuale è usata segnatamente nelle memorie e nelle difese orali delle parti, ivi compresi gli atti e documenti prodotti o allegati, ed altresì nei verbali e nelle decisioni della Corte.

2. Ogni atto o documento prodotto o allegato che sia redatto in una lingua diversa da quella processuale è corredato di una traduzione nella lingua processuale.

3. Tuttavia, quando trattasi di atti o documenti voluminosi, è ammessa la presentazione di traduzioni per estratto. La Corte può in qualunque momento ordinare, d'ufficio o su istanza di parte, una traduzione più completa o integrale.

4. In deroga a quanto precede, gli Stati membri possono servirsi della propria lingua ufficiale quando partecipano ad un procedimento pregiudiziale, quando intervengono in una causa pendente dinanzi alla Corte o quando adiscono quest'ultima in forza dell'articolo 259 TFUE. Questa disposizione si applica sia ai documenti scritti sia alle dichiarazioni orali. La traduzione nella lingua processuale è effettuata, in ciascun caso, a cura del cancelliere.

5. Gli Stati parti contraenti dell'accordo SEE diversi dagli Stati membri nonché l'Autorità di vigilanza AELS sono autorizzati a servirsi di una delle lingue indicate nell'articolo 36, diversa dalla lingua processuale, quando partecipano ad un procedimento pregiudiziale o quando intervengono in una causa pendente dinanzi alla Corte. Questa disposizione si applica sia ai documenti scritti sia alle dichiarazioni orali. La traduzione nella lingua processuale è effettuata, in ciascun caso, a cura del cancelliere.

6. Gli Stati terzi che partecipano a un procedimento pregiudiziale conformemente all'articolo 23, quarto comma, dello statuto, sono autorizzati a servirsi di una delle lingue indicate nell'articolo 36, diversa dalla lingua processuale. Questa disposizione si applica sia ai documenti scritti sia alle dichiarazioni orali. La traduzione nella lingua processuale è effettuata, in ciascun caso, a cura del cancelliere.

7. Quando un testimone o un perito dichiara di non potersi correttamente esprimere in una delle lingue indicate nell'articolo 36, la Corte lo autorizza ad esprimersi in un'altra lingua. Il cancelliere provvede alla traduzione nella lingua processuale.

8. Il presidente e il vicepresidente della Corte nonché i presidenti di sezione nella direzione delle discussioni, i giudici e gli avvocati generali quando formulano domande, e questi ultimi per le loro conclusioni, possono usare una delle lingue indicate nell'articolo 36, diversa da quella processuale. Il cancelliere provvede alla traduzione nella lingua processuale.

39. *Responsabilità del cancelliere in materia linguistica.* 1. Il cancelliere provvede alla traduzione, nella lingua processuale e, se del caso, in un'altra lingua indicata all'articolo 36, degli atti processuali depositati nel corso della fase scritta del procedimento.

2. Il cancelliere provvede altresì affinché sia garantita l'interpretazione, nella lingua processuale nonché nelle altre lingue indicate all'articolo 36 utilizzate dalle parti presenti all'udienza o ritenute necessarie al corretto svolgimento di quest'ultima, delle dichiarazioni rese durante l'udienza di discussione.

40. *Regime linguistico delle pubblicazioni della Corte.* Le pubblicazioni della Corte sono redatte nelle lingue indicate nell'articolo 1 del regolamento del Consiglio n. 1/58.

41. *Testi autentici.* Sono autentici i testi redatti nella lingua processuale o, se del caso, in un'altra lingua autorizzata a norma degli articoli 37 o 38 del presente regolamento.

42. *Servizio linguistico della Corte.* La Corte istituisce un servizio linguistico composto da esperti che dimostrino di possedere un'adeguata cultura giuridica ed un'ampia conoscenza di più lingue ufficiali dell'Unione.

TITOLO SECONDO
NORME DI PROCEDURA COMUNI

CAPO I
DIRITTI E OBBLIGHI DEGLI AGENTI, CONSULENTI E AVVOCATI

43. *Privilegi, immunità e agevolazioni.* 1. Gli agenti, i consulenti e gli avvocati, che intervengono dinanzi alla Corte ovvero dinanzi all'autorità giudiziaria da essa delegata mediante rogatoria, godono dell'immunità per le parole pronunciate e gli scritti prodotti relativi alla causa o alle parti.

2. Gli agenti, i consulenti e gli avvocati fruiscono inoltre dei seguenti privilegi e agevolazioni:

a) tutti gli atti e documenti relativi alla causa sono esenti da perquisizione e sequestro; in caso di contestazione, le autorità doganali e di polizia possono apporre i sigilli agli atti e ai documenti in questione, trasmettendoli senza ritardo alla Corte per la loro verifica in presenza del cancelliere e dell'interessato;

b) gli agenti, i consulenti e gli avvocati fruiscono della libertà di spostamento nei limiti necessari all'espletamento del loro incarico.

44. *Qualità dei rappresentanti delle parti.* 1. Per beneficiare dei privilegi, immunità e agevolazioni menzionati nell'articolo precedente, gli interessati devono previamente comprovare la loro qualità:

a) gli agenti, mediante un documento ufficiale rilasciato dal loro mandante, che ne notifica immediatamente copia al cancelliere;

b) gli avvocati, mediante un certificato da cui risulti che essi sono abilitati a patrocinare dinanzi a un organo giurisdizionale di uno Stato membro o di un altro Stato parte contraente dell'accordo SEE e, quando la parte che essi rappresentano è una persona giuridica di diritto privato, mediante una procura rilasciata da quest'ultima;

c) i consulenti, mediante un mandato rilasciato dalla parte che essi assistono.

2. In caso di necessità, il cancelliere della Corte rilascia loro un'attestazione. La validità di tale attestazione è limitata ad un termine prestabilito; essa può tuttavia essere prorogata o ridotta secondo la durata del procedimento.

45. *Revoca dell'immunità.* 1. I privilegi, le immunità e le agevolazioni di cui è fatta menzione nell'articolo 43 del presente regolamento sono accordati esclusivamente nell'interesse della causa.

2. La Corte può revocare l'immunità quando ritiene che ciò non sia contrario all'interesse della causa.

46. *Esclusione dal procedimento.* 1. Se la Corte ritiene che il comportamento di un agente, di un consulente o di un avvocato dinanzi alla Corte sia incompatibile con il decoro della Corte o con quanto richiesto da una corretta amministrazione della giustizia, o che tale agente, consulente o avvocato faccia uso dei diritti inerenti alle sue funzioni per scopi diversi da quelli per i quali tali diritti gli sono stati riconosciuti, essa ne informa l'interessato. Se la Corte ne informa le autorità competenti da cui dipende l'interessato, copia della lettera inviata a tali autorità è trasmessa a quest'ultimo.

2. Per gli stessi motivi, la Corte, in qualsiasi momento, sentiti l'interessato e l'avvocato generale, può escludere, mediante ordinanza motivata, un agente, un consulente o un avvocato dal procedimento. Detta ordinanza è immediatamente esecutiva.

3. Quando un agente, un consulente o un avvocato è escluso dal procedimento, quest'ultimo è sospeso fino alla scadenza del termine assegnato dal presidente alla parte interessata per designare un altro agente, consulente o avvocato.

4. Le decisioni adottate in esecuzione del presente articolo possono essere revocate.

47. *Professori e parti del procedimento principale.* 1. Le disposizioni del presente capo si applicano ai professori autorizzati a patrocinare dinanzi alla Corte ai sensi dell'articolo 19 dello statuto.

2. Esse si applicano parimenti, nell'ambito dei rinvii pregiudiziali, alle parti del procedimento principale quando, ai sensi delle norme nazionali di procedura applicabili, dette parti sono autorizzate a stare in giudizio senza l'assistenza di un avvocato, nonché alle persone legittimate a rappresentarle ai sensi di queste stesse norme.

CAPO II
NOTIFICHE

48. *Modalità di notifica.* 1. Le notifiche previste dal presente regolamento sono fatte, a cura del cancelliere, al domicilio eletto dal destinatario o con invio, mediante plico raccomandato con ricevuta di ritorno, di una copia dell'atto da notificare, o rimettendone copia contro ricevuta. Le copie dell'atto da notificare sono estratte e autenticate dal cancelliere, salvo quando trattasi di atti provenienti dalle parti stesse in conformità all'articolo 57, paragrafo 2, del presente regolamento.

2. Quando il destinatario ha prestato il proprio consenso all'invio di notifiche mediante telefax o qualsiasi altro mezzo tecnico di comunicazione, la notifica di tutti gli atti processuali, ivi comprese le sentenze e ordinanze della Corte, può essere effettuata trasmettendo una copia del documento con tale mezzo.

3. Se, per ragioni di ordine tecnico o a causa della natura o del volume dell'atto, detta trasmissione non può aver luogo, l'atto è notificato, in mancanza di elezione di domicilio del destinatario, al recapito di quest'ultimo secondo le modalità prescritte nel paragrafo 1. Il destinatario ne è avvisato mediante telefax o qualsiasi altro mezzo tecnico di comunicazione. In tal caso una lettera raccomandata si considera consegnata al destinatario il decimo giorno successivo al suo deposito presso l'ufficio postale del luogo in cui ha sede la Corte, a meno che la ricevuta di ritorno non attesti che la ricezione è avvenuta in data diversa o a meno che il destinatario non comunichi al cancelliere, entro tre settimane dall'avviso mediante telefax o altro mezzo tecnico di comunicazione, che la notifica non gli è pervenuta.

4. La Corte può stabilire, mediante decisione, le condizioni alle quali un atto processuale può essere notificato per via elettronica. Tale decisione è pubblicata nella Gazzetta ufficiale dell'Unione europea.

CAPO III
TERMINI

49. *Computo dei termini.* 1. I termini processuali previsti dai trattati, dallo statuto e dal presente regolamento si computano nel modo seguente:

a) se un termine espresso in giorni, in settimane, in mesi o in anni è calcolato dal momento in cui si verifica un evento o si compie un atto, il giorno nel quale si verifica tale evento o si compie tale atto non è incluso nel termine;

b) un termine espresso in settimane, in mesi o in anni scade con lo spirare del giorno che, nell'ultima settimana, nell'ultimo mese o nell'ultimo anno, ha lo stesso nome o lo stesso numero del giorno in cui si è verificato l'evento o è stato compiuto l'atto a partire dai quali il termine è calcolato. Se in un termine espresso in mesi o in anni il giorno determinato per la sua scadenza manca nell'ultimo mese, il termine scade con lo spirare dell'ultimo giorno di detto mese;

c) quando un termine è espresso in mesi e in giorni, si tiene conto prima dei mesi interi e poi dei giorni;

d) i termini comprendono i sabati, le domeniche e le festività legalmente riconosciute menzionate dall'articolo 24, paragrafo 6, del presente regolamento;

e) i termini non sono sospesi durante le ferie giudiziarie.

2. Se il giorno di scadenza del termine è un sabato, una domenica o una festività legalmente riconosciuta, la scadenza è prorogata sino alla fine del successivo giorno lavorativo.

50. *Ricorso contro un atto di un'istituzione.* Quando un termine per il deposito di un ricorso contro un atto di un'istituzione decorre dalla pubblicazione dell'atto, tale termine deve essere calcolato, ai sensi dell'articolo 49, paragrafo 1, lettera *a)*, a partire dalla fine del quattordicesimo giorno successivo alla data della pubblicazione dell'atto nella Gazzetta ufficiale dell'Unione europea.

51. *Termini fissati in ragione della distanza.* I termini procedurali sono prorogati di un termine forfettario fissato in ragione della distanza, pari a dieci giorni.

52. *Fissazione e proroga dei termini.* 1. I termini fissati dalla Corte in osservanza del presente regolamento possono essere prorogati.

2. Il presidente e i presidenti di sezione possono conferire delega di firma al cancelliere per fissare taluni termini che essi sono competenti a stabilire ai sensi del presente regolamento o per accordarne la proroga.

CAPO IV

DIVERSE MODALITÀ DI TRATTAMENTO DELLE CAUSE

53. *Modalità di trattamento delle cause.* 1 Salvo quanto disposto da norme specifiche contenute nello statuto o nel presente regolamento, la procedura dinanzi alla Corte implica una fase scritta e una fase orale.

2. Quando la Corte è manifestamente incompetente a conoscere di una causa o quando una domanda o un atto introduttivo è manifestamente irricevibile, la Corte, sentito l'avvocato generale, può statuire in qualsiasi momento con ordinanza motivata, senza proseguire il procedimento.

3. Il presidente, a motivo di circostanze particolari, può disporre che una causa venga decisa in via prioritaria.

4. Una causa può essere trattata con procedimento accelerato alle condizioni previste dal presente regolamento.

5. Un rinvio pregiudiziale può essere trattato con procedimento d'urgenza alle condizioni previste dal presente regolamento.

54. *Riunione.* 1. In qualsiasi momento, più cause della medesima natura aventi lo stesso oggetto possono essere riunite, per ragioni di connessione, ai fini della fase scritta od orale del procedimento o ai fini della sentenza definitiva.

2. La riunione è disposta dal presidente, sentiti il giudice relatore e l'avvocato generale, se le cause sono già state attribuite, e, fatta eccezione per i rinvii pregiudiziali, dopo aver sentito anche le parti. Il presidente può deferire la decisione su tale questione alla Corte.

3. Le cause riunite possono essere nuovamente separate, alle condizioni previste dal paragrafo 2.

55. *Sospensione del procedimento.* 1. Il procedimento può essere sospeso:

a) nei casi previsti dall'articolo 54, terzo comma, dello statuto, con ordinanza emessa dalla Corte, sentito l'avvocato generale;

b) in tutti gli altri casi, con decisione del presidente, adottata dopo aver sentito il giudice relatore e l'avvocato generale e, tranne che nei procedimenti pregiudiziali, le parti.

2. La prosecuzione del procedimento può essere ordinata o decisa secondo le stesse modalità.

3. Le ordinanze e le decisioni previste dai paragrafi precedenti sono notificate alle parti o agli interessati menzionati dall'articolo 23 dello statuto.

4. La sospensione del procedimento decorre dalla data indicata nell'ordinanza o nella decisione di sospensione o, in mancanza di tale indicazione, dalla data dell'ordinanza o della decisione.

5. Durante il periodo di sospensione i termine processuali sono interrotti nei confronti delle parti o degli interessati menzionati dall'articolo 23 dello statuto.

6. Quando l'ordinanza o la decisione di sospensione non ne ha fissato il termine, la sospensione cessa alla data indicata nell'ordinanza o nella decisione di prosecuzione del procedimento o, in mancanza di tale indicazione, alla data di questa ordinanza o decisione.

7. A partire dalla data di prosecuzione del procedimento dopo una sospensione, i termini processuali interrotti sono sostituiti da nuovi termini, che cominciano a decorrere dalla data di detta prosecuzione.

56. *Differimento della decisione di una causa.* Il presidente, sentiti il giudice relatore, l'avvocato generale e le parti, può disporre, a motivo di circostanze particolari, d'ufficio o su domanda di una parte, che la decisione di una causa sia differita a data ulteriore.

CAPO V
FASE SCRITTA DEL PROCEDIMENTO

57. *Deposito degli atti processuali.* 1. L'originale di ogni atto processuale deve essere sottoscritto dall'agente o dall'avvocato della parte oppure, nel caso di osservazioni presentate nell'ambito di un procedimento pregiudiziale, dalla parte nel procedimento principale o dal suo rappresentante, quando ciò sia consentito dalle norme nazionali di procedura applicabili a tale controversia.

2. L'atto, corredato di tutti gli allegati in esso menzionati, è depositato con cinque copie per la Corte e, nel caso di procedimenti diversi dai procedimenti pregiudiziali, con tante copie in più quante sono le parti in causa. Le copie devono essere autenticate dalla parte che le deposita.

3. Le istituzioni devono inoltre produrre, nei termini fissati dalla Corte, la traduzione, nelle altre lingue indicate nell'articolo 1 del regolamento del Consiglio n. 1/58, di ogni loro atto processuale. Si applica il paragrafo precedente.

4. Ad ogni atto processuale è allegato un fascicolo degli atti o documenti invocati a sostegno, corredato di un indice di tali atti e documenti.

5. Qualora, a causa della mole di un atto o di un documento, ne siano allegati soltanto degli estratti, l'intero atto o documento, o copia completa di esso, è depositato in cancelleria.

6. Tutti gli atti processuali sono datati. Ai fini dell'osservanza dei termini processuali, si terrà conto soltanto della data e dell'ora di deposito dell'originale in cancelleria.

7. Salve restando le disposizioni dei paragrafi da 1 a 6, la data e l'ora in cui una copia dell'originale firmato di un atto processuale, compreso l'indice degli atti e documenti menzionato dal paragrafo 4, perviene alla cancelleria, mediante telefax o qualsiasi altro mezzo tecnico di comunicazione di cui dispone la Corte, sono prese in considerazione ai fini dell'osservanza dei termini processuali, purché l'originale firmato dell'atto, corredato degli allegati e delle copie menzionati nel paragrafo 2, sia depositato in cancelleria entro i dieci giorni successivi. L'articolo 51 del presente regolamento non si applica a quest'ultimo termine.

8. Salve restando le disposizioni dei paragrafi da 3 a 6, la Corte, mediante decisione, può stabilire a quali condizioni un atto processuale trasmesso alla cancelleria per via elettronica è considerato l'originale di tale atto. Tale decisione è pubblicata nella Gazzetta ufficiale dell'Unione europea.

58. *Lunghezza degli atti processuali.* Salvo quanto disposto da norme specifiche del presente regolamento, la Corte, mediante decisione, può stabilire la lunghezza massima delle memorie o delle osservazioni depositate dinanzi ad essa. Tale decisione è pubblicata nella Gazzetta ufficiale dell'Unione europea.

CAPO VI
RELAZIONE PRELIMINARE E ATTRIBUZIONE AI COLLEGI GIUDICANTI

59. *Relazione preliminare.* 1. Una volta chiusa la fase scritta del procedimento, il presidente fissa la data per la presentazione, alla riunione generale della Corte, della relazione preliminare del giudice relatore.

2. La relazione preliminare contiene proposte sull'opportunità di disporre misure particolari di organizzazione del procedimento o mezzi istruttori o, se del caso, di rivolgere domande di chiarimenti al giudice del rinvio, nonché sul collegio giudicante al quale sia opportuno attribuire la causa. La relazione contiene del pari la proposta del giudice relatore sull'eventuale omissione dell'udienza di discussione nonché sull'eventuale omissione delle conclusioni dell'avvocato generale, in osservanza dell'articolo 20, quinto comma, dello statuto.

3. La Corte, sentito l'avvocato generale, decide in merito alle proposte del giudice relatore.

60. *Attribuzione ai collegi giudicanti.* 1. La Corte attribuisce alle sezioni di cinque o di tre giudici ogni causa di cui è investita nella misura in cui la difficoltà o l'importanza della causa o particolari circostanze non richiedano l'attribuzione alla grande sezione, salvo che tale attribuzione non sia stata chiesta, ai sensi dell'articolo 16, terzo comma, dello statuto, da uno Stato membro o da una istituzione dell'Unione che abbia preso parte al procedimento.

2. La Corte si riunisce in seduta plenaria quando è adita ai sensi delle disposizioni previste dall'articolo 16, quarto comma, dello statuto. Qualora reputi che un giudizio rivesta un'importanza eccezionale, essa può attribuire la causa alla seduta plenaria, conformemente all'articolo 16, quinto comma, dello statuto.

3. Il collegio giudicante al quale è stata attribuita la causa può chiedere alla Corte, in qualunque fase del procedimento, di riattribuire detta causa a un collegio più ampio.

4. Se si inizia la fase orale senza istruzione, il presidente del collegio giudicante ne fissa la data.

CAPO VII
MISURE DI ORGANIZZAZIONE DEL PROCEDIMENTO E MEZZI ISTRUTTORI

Sezione 1.
Misure di organizzazione del procedimento

61. *Misure di organizzazione disposte dalla Corte.* 1. Oltre alle misure che possono essere disposte conformemente all'articolo 24 dello statuto, la

Corte può invitare le parti o gli interessati menzionati dall'articolo 23 dello statuto a rispondere per iscritto a taluni quesiti, entro un termine da essa stabilito, o in occasione dell'udienza di discussione. Le risposte scritte sono comunicate alle altre parti o agli interessati menzionati dall'articolo 23 dello statuto.

2. Quando è organizzata un'udienza di discussione, la Corte, nei limiti del possibile, invita i partecipanti a detta udienza a incentrare le loro osservazioni su uno o più aspetti specifici.

62. *Misure di organizzazione disposte dal giudice relatore o dall'avvocato generale.* 1. Il giudice relatore o l'avvocato generale possono chiedere alle parti o agli interessati menzionati dall'articolo 23 dello statuto di fornire, entro un termine prestabilito, qualsiasi informazione relativa ai fatti, qualsiasi documento o qualsiasi elemento che essi giudichino rilevanti. Le risposte e i documenti ottenuti sono comunicati alle altre parti o agli interessati menzionati dall'articolo 23 dello statuto.

2. Il giudice relatore o l'avvocato generale possono parimenti porre quesiti alle parti o agli interessati menzionati dall'articolo 23 dello statuto, invitando a dare risposta ai medesimi in udienza.

Sezione 2.
Mezzi istruttori

63. *Decisione sui mezzi istruttori.* 1. La Corte, in sede di riunione generale, decide se occorra disporre mezzi istruttori.

2. Se la causa è stata già attribuita a un collegio giudicante, la decisione è adottata da quest'ultimo.

64. *Determinazione dei mezzi istruttori.* 1. La Corte, sentito l'avvocato generale, dispone i mezzi istruttori che esso ritiene opportuni mediante ordinanza che specifica i fatti da provare.

2. Salvo quanto disposto dagli articoli 24 e 25 dello statuto, i mezzi istruttori comprendono:

a) la comparizione personale delle parti;

b) la richiesta di informazioni e di produzione di documenti;

c) la prova testimoniale;

d) la perizia;

e) il sopralluogo.

3. Restano ammissibili la prova contraria e l'ampliamento delle offerte di prova.

65. *Partecipazione all'assunzione dei mezzi istruttori.* 1. Se il collegio giudicante non provvede esso stesso all'istruttoria, ne incarica il giudice relatore.

2. L'avvocato generale partecipa all'assunzione dei mezzi istruttori.

3. Le parti possono assistere all'assunzione dei mezzi istruttori.

66. *Prova testimoniale.* 1. La Corte, d'ufficio o su istanza di parte, sentito l'avvocato generale, ordina l'accertamento di determinati fatti per mezzo di testimoni.

2. L'istanza di una parte per l'audizione di un testimone deve precisare i fatti sui quali esso deve essere sentito e le ragioni che ne giustificano l'audizione.

3. La Corte statuisce mediante ordinanza motivata sull'istanza menzionata nel paragrafo precedente. Qualora detta istanza sia accolta, l'ordinanza precisa i fatti da accertare e indica i testimoni che devono essere sentiti in relazione a ciascuno di tali fatti.

4. I testimoni sono citati dalla Corte, se del caso dopo il deposito della provvisionale prevista dall'articolo 73, paragrafo 1, del presente regolamento.

67. *Audizione dei testimoni.* 1. Accertata l'identità dei testimoni, il presidente li informa che dovranno confermare le loro dichiarazioni nel modo stabilito dal presente regolamento.

2. I testimoni depongono dinanzi alla Corte, previa convocazione delle parti. Dopo la deposizione, il presidente, su richiesta di una delle parti o d'ufficio, può porre domande ai testimoni.

3. La stessa facoltà spetta a ciascun giudice e all'avvocato generale.

4. Sotto l'autorità del presidente, i rappresentanti delle parti possono porre domande ai testimoni.

68. *Giuramento dei testimoni.* 1. Dopo aver reso la deposizione, il testimone presta il seguente giuramento:

«Giuro di aver detto la verità, tutta la verità, nient'altro che la verità».

2. La Corte, sentite le parti, può dispensare il testimone dal prestare giuramento.

69. *Sanzioni pecuniarie.* 1. I testimoni regolarmente citati sono tenuti a ottemperare alla citazione e a presentarsi all'udienza.

2. Quando, senza un legittimo motivo, un testimone regolarmente citato non si presenta dinanzi alla Corte, questa può infliggergli una sanzione pecuniaria non superiore, al massimo, a 5 000 euro e ordinare una nuova citazione del testimone a spese di quest'ultimo.

3. La stessa sanzione può essere inflitta a un testimone che, senza un legittimo motivo, si rifiuti di deporre o di prestare giuramento.

70. *Perizia.* 1. La Corte può disporre perizie. L'ordinanza con la quale si nomina il perito ne precisa l'incarico e fissa il termine per la presentazione della sua relazione.

2. Dopo il deposito della relazione e la sua notifica alle parti, la Corte può ordinare che il perito venga sentito, previa convocazione delle parti. Su do-

manda di una parte oppure d'ufficio, il presidente può rivolgere quesiti al perito.

3. La stessa facoltà spetta a ciascun giudice e all'avvocato generale.

4. Sotto l'autorità del presidente, i rappresentanti delle parti possono porre domande al perito.

71. *Giuramento del perito.* 1. Dopo il deposito della relazione, il perito presta il seguente giuramento:

«Giuro di aver eseguito il mio incarico con coscienza e assoluta imparzialità».

2. La Corte, sentite le parti, può dispensare il perito dal prestare giuramento.

72. *Ricusazione di un testimone o di un perito.* 1. Se una parte ricusa un testimone o un perito per incapacità, indegnità o per ogni altro motivo, o se un testimone o un perito si rifiuta di deporre o di prestare giuramento, la Corte statuisce.

2. La ricusazione di un testimone o di un perito deve essere effettuata nel termine di due settimane decorrenti dalla notifica dell'ordinanza che cita il testimone o che nomina il perito, mediante un atto indicante i motivi della ricusazione e le offerte di prova.

73. *Spese dei testimoni e dei periti.* 1. Quando la Corte dispone l'audizione dei testimoni o una perizia, essa può chiedere alle parti o a una di esse il versamento di una provvisionale che garantisca il rimborso delle spese dei testimoni o dei periti.

2. I testimoni e i periti hanno diritto al rimborso delle spese di viaggio e di soggiorno. Può essere loro concesso un anticipo su queste spese dalle casse della Corte.

3. I testimoni hanno diritto a un'indennità compensativa di mancato guadagno e i periti a un onorario per le loro prestazioni. Detti importi sono pagati dalle casse della Corte ai testimoni e ai periti dopo che essi hanno adempiuto i loro doveri o il loro incarico.

74. *Verbale delle udienze istruttorie.* 1. Il cancelliere redige verbale di ogni udienza istruttoria. Il verbale è sottoscritto dal presidente e dal cancelliere ed ha valore di atto pubblico.

2. Nell'ipotesi di un'udienza disposta per l'audizione di testimoni o di periti, il verbale è sottoscritto dal presidente o dal giudice relatore incaricato di procedere all'audizione, nonché dal cancelliere. Prima di queste firme, il testimone o il perito deve poter verificare il contenuto del verbale e firmarlo.

3. Il verbale è notificato alle parti.

75. *Inizio della fase orale del procedimento a chiusura dell'istruttoria.* 1. Dopo l'espletamento dell'istruttoria, il presidente fissa la data d'inizio della fase orale del procedimento, a meno che la Corte non decida di assegnare alle parti un termine per presentare osservazioni scritte.

2. Se è stato fissato un termine per la presentazione di osservazioni scritte, il presidente fissa la data d'inizio della fase orale del procedimento alla scadenza di tale termine.

CAPO VIII
FASE ORALE DEL PROCEDIMENTO

76. *Udienza di discussione.* 1. Eventuali domande motivate di udienza di discussione devono essere presentate entro tre settimane dalla notifica alle parti o agli interessati menzionati dall'articolo 23 dello statuto della chiusura della fase scritta del procedimento. Questo termine può essere prorogato dal presidente.

2. Su proposta del giudice relatore, sentito l'avvocato generale, la Corte può decidere di non tenere un'udienza di discussione qualora essa giudichi, a seguito della lettura delle memorie o delle osservazioni depositate durante la fase scritta del procedimento, di essere sufficientemente edotta per statuire.

3. La facoltà prevista dal paragrafo precedente è esclusa quando una domanda di udienza di discussione è stata presentata, in modo motivato, da uno degli interessati menzionati dall'articolo 23 dello statuto che non ha partecipato alla fase scritta del procedimento.

77. *Udienza di discussione comune.* Qualora lo consentano le somiglianze esistenti tra più cause della stessa natura, la Corte può decidere di organizzare un'udienza di discussione comune a tali cause.

78. *Conduzione della discussione.* Il presidente apre e dirige la discussione ed esercita la polizia dell'udienza.

79. *Udienza a porte chiuse.* 1. Per gravi motivi relativi, segnatamente, alla sicurezza degli Stati membri o alla tutela di minori, la Corte può decidere che l'udienza si tenga a porte chiuse.

2. La decisione di procedere a porte chiuse comporta il divieto di pubblicazione della discussione.

80. *Domande.* Durante l'udienza di discussione, i membri del collegio giudicante nonché l'avvocato generale possono porre domande agli agenti, ai consulenti o agli avvocati delle parti e, nei casi previsti dall'articolo 47, paragrafo 2, del presente regolamento, alle parti del procedimento principale o ai loro rappresentanti.

81. *Chiusura dell'udienza di discussione.* Dopo aver sentito le difese orali delle parti o degli interessati menzionati dall'articolo 23 dello statuto, il presidente dichiara chiusa l'udienza di discussione.

82. *Presentazione delle conclusioni dell'avvocato generale.* 1. In caso di svolgimento di un'udienza di discussione, le conclusioni dell'avvocato generale sono presentate dopo la chiusura di quest'ultima.

2. Dopo la presentazione delle conclusioni dell'avvocato generale, il presidente dichiara chiusa la fase orale del procedimento.

83. *Apertura o riapertura della fase orale.* La Corte, in qualsiasi momento, sentito l'avvocato generale, può disporre l'apertura o la riapertura della fase orale del procedimento, in particolare se essa non si ritiene sufficientemente edotta o quando, dopo la chiusura di tale fase, una parte ha prodotto un fatto nuovo, tale da influenzare in modo decisivo la decisione della Corte, oppure quando la causa dev'essere decisa in base a un argomento che non è stato oggetto di discussione tra le parti o gli interessati menzionati dall'articolo 23 dello statuto.

84. *Verbale delle udienze.* 1. Il cancelliere redige verbale di ogni udienza. Il verbale è sottoscritto dal presidente e dal cancelliere ed ha valore di atto pubblico.

2. Le parti e gli interessati menzionati dall'articolo 23 dello statuto possono prendere visione in cancelleria di ogni verbale e ottenerne copia.

85. *Registrazione dell'udienza.* Il presidente, su domanda debitamente motivata, può autorizzare una parte o uno degli interessati menzionati dall'articolo 23 dello statuto, che abbia partecipato alla fase scritta o orale del procedimento, ad ascoltare, nei locali della Corte, la registrazione sonora dell'udienza di discussione nella lingua utilizzata dall'oratore nel corso della medesima.

CAPO IX
SENTENZE E ORDINANZE

86. *Data di pronuncia della sentenza.* Le parti o gli interessati menzionati dall'articolo 23 dello statuto sono informati della data di pronuncia della sentenza.

87. *Contenuto della sentenza.* La sentenza contiene:

a) l'indicazione che essa è pronunciata dalla Corte;

b) l'indicazione del collegio giudicante;

c) la data in cui è pronunciata;

d) il nome del presidente e dei giudici che hanno partecipato alla deliberazione, con indicazione del giudice relatore;

e) il nome dell'avvocato generale;

f) il nome del cancelliere;

g) l'indicazione delle parti o degli interessati menzionati dall'articolo 23 dello statuto che abbiano partecipato al procedimento;

h) il nome dei loro rappresentanti;

i) nei ricorsi diretti e nelle impugnazioni, le conclusioni delle parti;

j) la data dell'eventuale udienza di discussione;

k) la menzione che l'avvocato generale è stato sentito e, eventualmente, la data delle sue conclusioni;

l) l'esposizione sommaria dei fatti;

m) la motivazione;

n) il dispositivo, ivi compresa, se del caso, la decisione relativa alle spese.

88. *Pronuncia e notifica della sentenza.* 1. La sentenza è pronunciata in udienza pubblica.

2. L'originale della sentenza, sottoscritto dal presidente, dai giudici che hanno partecipato alla deliberazione e dal cancelliere, è munito del sigillo della Corte e depositato in cancelleria; la sentenza è notificata in copia autentica a ciascuna delle parti e, se del caso, al giudice del rinvio, agli interessati menzionati dall'articolo 23 dello statuto e al Tribunale.

89. *Contenuto dell'ordinanza.* 1. L'ordinanza contiene:

a) l'indicazione che essa è pronunciata dalla Corte;

b) l'indicazione del collegio giudicante;

c) la data in cui è emessa;

d) l'indicazione della base giuridica su cui essa si fonda;

e) il nome del presidente e, se del caso, dei giudici che hanno partecipato alla deliberazione, con indicazione del giudice relatore;

f) il nome dell'avvocato generale;

g) il nome del cancelliere;

h) l'indicazione delle parti o degli interessati menzionati dall'articolo 23 dello statuto che abbiano partecipato al procedimento;

i) il nome dei loro rappresentanti;

j) la menzione che l'avvocato generale è stato sentito;

k) il dispositivo, ivi compresa, se del caso, la decisione relativa alle spese.

2. Quando il presente regolamento prevede che un'ordinanza dev'essere motivata, essa contiene inoltre:

a) in caso di ricorsi diretti e di impugnazioni, le conclusioni delle parti;

b) l'esposizione sommaria dei fatti;

c) la motivazione.

90. *Firma e notifica dell'ordinanza.* L'originale dell'ordinanza, sottoscritto dal presidente e dal cancelliere, è munito del sigillo della Corte e depositato in cancelleria; l'ordinanza è notificata in copia autentica a ciascuna delle parti e, se del caso, al giudice del rinvio, agli interessati menzionati dall'articolo 23 dello statuto e al Tribunale.

91. *Effetti vincolanti delle sentenze e delle ordinanze.* 1. La sentenza produce effetti vincolanti dal giorno in cui è pronunciata.

2. L'ordinanza produce effetti vincolanti dal giorno in cui è notificata.

92. *Pubblicazione nella Gazzetta ufficiale dell'Unione europea.* Una comunicazione contenente la data e il dispositivo delle sentenze e delle ordinanze definitive della Corte è pubblicata nella Gazzetta ufficiale dell'Unione europea.

TITOLO TERZO
RINVIO PREGIUDIZIALE

CAPO I
DISPOSIZIONI GENERALI

93. *Ambito d'applicazione.* Il procedimento è disciplinato dalle disposizioni del presente titolo:

a) nelle ipotesi previste dall'articolo 23 dello statuto;

b) nelle ipotesi di rinvii pregiudiziali previsti da accordi ai quali abbiano aderito l'Unione oppure uno o più Stati membri.

94. *Contenuto della domanda di pronuncia pregiudiziale.* Oltre al testo delle questioni sottoposte alla Corte in via pregiudiziale, la domanda di pronuncia pregiudiziale contiene:

a) un'illustrazione sommaria dell'oggetto della controversia nonché dei fatti rilevanti, quali accertati dal giudice del rinvio o, quanto meno, un'illustrazione delle circostanze di fatto sulle quali si basano le questioni;

b) il contenuto delle norme nazionali applicabili alla fattispecie e, se del caso, la giurisprudenza nazionale in materia;

c) l'illustrazione dei motivi che hanno indotto il giudice del rinvio a interrogarsi sull'interpretazione o sulla validità di determinate disposizioni del diritto dell'Unione, nonché il collegamento che esso stabilisce tra dette disposizioni e la normativa nazionale applicabile alla causa principale.

95. *Anonimato.* 1. Quando l'anonimato è stato concesso dal giudice del rinvio, la Corte rispetta detto anonimato nell'ambito del procedimento dinanzi ad essa pendente.

2. Su domanda del giudice del rinvio, di una parte nel procedimento principale o d'ufficio, la Corte può inoltre procedere a coprire con l'anonimato una o più persone o enti interessati dalla controversia.

96. *Partecipazione al procedimento pregiudiziale.* 1. Conformemente all'articolo 23 dello statuto, possono presentare osservazioni dinanzi alla Corte:

a) le parti nel procedimento principale;

b) gli Stati membri;

c) la Commissione europea;

d) l'istituzione che ha adottato l'atto sulla cui validità o interpretazione si controverte;

e) gli Stati aderenti all'accordo SEE, diversi dagli Stati membri, nonché l'Autorità di vigilanza AELS, quando alla Corte è posta una questione pregiudiziale concernente uno degli ambiti di applicazione di detto accordo;

f) gli Stati terzi aderenti a un accordo concluso dal Consiglio in un determinato settore, quando l'accordo lo prevede ed un organo giurisdizionale di uno Stato membro pone alla Corte una questione pregiudiziale concernente l'ambito di applicazione di detto accordo.

2. La mancata partecipazione alla fase scritta del procedimento non pregiudica la partecipazione alla fase orale del medesimo.

97. *Parti nel procedimento principale.* 1. Le parti nel procedimento principale sono quelle individuate come tali dal giudice del rinvio, in osservanza delle norme di procedura nazionali.

2. Quando il giudice del rinvio comunica alla Corte l'intervento di una parte nuova nel procedimento principale, e la causa è già pendente dinanzi alla Corte, la nuova parte accetta di assumere la causa nello stato in cui essa si trova all'atto di tale informazione. Detta parte riceve comunicazione di tutti gli atti processuali già notificati agli interessati menzionati dall'articolo 23 dello statuto.

3. Per quanto riguarda la rappresentanza e la comparizione delle parti nel procedimento principale, la Corte tiene conto delle norme di procedura vigenti dinanzi al giudice che ha effettuato il rinvio. In caso di dubbi relativi alla facoltà di una persona di rappresentare una parte nel procedimento principale in base all'ordinamento nazionale, la Corte può chiedere informazioni al giudice del rinvio in merito alle norme di procedura applicabili.

98. *Traduzione e notifica della domanda di pronuncia pregiudiziale.* 1. Le domande di pronuncia pregiudiziale previste dal presente titolo sono notificate agli Stati membri nella versione originale, accompagnata da una traduzione nella lingua ufficiale dello Stato destinatario. Se ciò è opportuno a causa dell'ampiezza della domanda, tale traduzione è sostituita dalla traduzione nella lingua ufficiale dello

Stato destinatario di una sintesi di detta domanda, che servirà da base alla presa di posizione di tale Stato. La sintesi include il testo integrale della o delle questioni proposte in via pregiudiziale. Tale sintesi comprende, in particolare, per quanto ricavabile dagli elementi contenuti nella domanda di pronuncia pregiudiziale, l'oggetto del procedimento principale, gli argomenti essenziali delle parti nel procedimento principale, una presentazione succinta della motivazione del rinvio, nonché la giurisprudenza e le disposizioni di diritto nazionale e di diritto dell'Unione fatte valere.

2. Nei casi previsti dall'articolo 23, terzo comma, dello statuto, le domande di pronuncia pregiudiziale sono notificate agli Stati aderenti all'accordo SEE, diversi dagli Stati membri, nonché all'Autorità di vigilanza AELS nella versione originale, accompagnate da una traduzione della domanda, se del caso da un sintesi, in una delle lingue indicate dall'articolo 36, scelta dal destinatario.

3. Quando uno Stato terzo ha il diritto di partecipare a un procedimento pregiudiziale conformemente all'articolo 23, quarto comma, dello statuto, la domanda di pronuncia pregiudiziale gli è notificata nella versione originale, accompagnata da una traduzione della domanda, se del caso da una sintesi, in una delle lingue indicate dall'articolo 36, scelta dallo Stato terzo interessato.

99. *Risposta formulata con ordinanza motivata.* Quando una questione pregiudiziale è identica a una questione sulla quale la Corte ha già statuito, quando la risposta a tale questione può essere chiaramente desunta dalla giurisprudenza o quando la risposta alla questione pregiudiziale non dà adito a nessun ragionevole dubbio, la Corte, su proposta del giudice relatore, sentito l'avvocato generale, può statuire in qualsiasi momento con ordinanza motivata.

100. *Effetti della domanda di pronuncia pregiudiziale.* 1. La Corte resta investita della domanda di pronuncia pregiudiziale fintantoché il giudice che ha adito la Corte non abbia ritirato la sua domanda. Il ritiro di una domanda può essere preso in considerazione sino alla notifica della data di pronuncia della sentenza agli interessati menzionati dall'articolo 23 dello statuto.

2. Tuttavia la Corte, in qualsiasi momento, può constatare la sopravvenuta mancanza dei presupposti della sua competenza.

101. *Domanda di chiarimenti.* 1. Salvi restando le misure di organizzazione del procedimento e i mezzi istruttori previsti dal presente regolamento, la Corte, sentito l'avvocato generale, può chiedere chiarimenti al giudice del rinvio entro un termine da essa stabilito.

2. La risposta del giudice del rinvio a questa domanda è notificata agli interessati menzionati dall'articolo 23 dello statuto.

102. *Spese del procedimento pregiudiziale.* Spetta al giudice del rinvio statuire sulle spese del procedimento pregiudiziale.

103. *Rettifica delle sentenze e delle ordinanze.* 1. Gli errori materiali o di calcolo o le evidenti inesattezze presenti nelle sentenze o nelle ordinanze possono essere rettificati dalla Corte, o d'ufficio, o su domanda di uno degli interessati menzionati dall'articolo 23 dello statuto, purché detta domanda sia presentata entro un termine di due settimane decorrenti dalla pronuncia della sentenza o dalla notifica dell'ordinanza.

2. La Corte decide, sentito l'avvocato generale.

3. L'originale dell'ordinanza che dispone la rettifica è allegato all'originale della decisione rettificata. A margine di quest'ultima si fa menzione dell'ordinanza di rettifica.

104. *Interpretazione delle pronunce pregiudiziali.* 1. L'articolo 158 del presente regolamento, che disciplina l'interpretazione delle sentenze e delle ordinanze, non è applicabile alle decisioni prese in risposta a una domanda di pronuncia pregiudiziale.

2. Spetta ai giudici nazionali valutare se essi abbiano ricevuto sufficienti chiarimenti mediante una pronuncia pregiudiziale, o se appaia necessario adire nuovamente la Corte.

CAPO II

PROCEDIMENTO PREGIUDIZIALE ACCELERATO

105. *Procedimento accelerato.* 1. Su domanda del giudice del rinvio o, in via eccezionale, d'ufficio, quando la natura della causa richiede un suo rapido trattamento, il presidente della Corte, sentiti il giudice relatore e l'avvocato generale, può decidere di sottoporre un rinvio pregiudiziale a procedimento accelerato, in deroga alle disposizioni del presente regolamento.

2. In questo caso il presidente fissa immediatamente la data dell'udienza, che sarà comunicata agli interessati menzionati dall'articolo 23 dello statuto, contestualmente alla notifica della domanda di pronuncia pregiudiziale.

3. Gli interessati menzionati nel paragrafo precedente possono depositare, entro un termine fissato dal presidente e che non può essere inferiore a 15 giorni, memorie od osservazioni scritte. Il presidente può invitare detti interessati a limitare le loro memorie od osservazioni scritte ai punti di diritto essenziali sollevati dalla domanda di pronuncia pregiudiziale.

4. Le eventuali memorie od osservazioni scritte sono comunicate anteriormente all'udienza a tutti gli interessati menzionati dall'articolo 23 dello statuto.

5. La Corte statuisce, sentito l'avvocato generale.

106. *Trasmissione degli atti processuali.* 1. Gli atti processuali previsti dall'articolo precedente si considerano depositati con la trasmissione alla cancelleria, mediante telefax o qualsiasi altro mezzo tecnico di comunicazione di cui disponga la Corte, di una copia dell'originale firmato nonché degli atti e documenti invocati a sostegno, con l'indice previsto dall'articolo 57, paragrafo 4. L'originale dell'atto e gli allegati citati sopra sono trasmessi senza indugio alla cancelleria.

2. Le notifiche e le comunicazioni previste dall'articolo precedente possono essere effettuate trasmettendo una copia del documento mediante telefax o qualsiasi altro mezzo tecnico di comunicazione di cui dispongano la Corte e il destinatario.

CAPO III
PROCEDIMENTO PREGIUDIZIALE D'URGENZA

107. *Ambito di applicazione del procedimento pregiudiziale d'urgenza.* 1. Un rinvio pregiudiziale che sollevi una o più questioni relative ai settori previsti dal titolo V della parte terza del trattato sul funzionamento dell'Unione europea può essere trattato, su domanda del giudice del rinvio o, in via eccezionale, d'ufficio, con procedimento d'urgenza in deroga alle disposizioni del presente regolamento.

2. Il giudice del rinvio espone le circostanze di diritto e di fatto che comprovano l'urgenza e giustificano l'applicazione di tale procedimento derogatorio e indica, per quanto possibile, la risposta che esso propone alle questioni pregiudiziali.

3. Se il giudice del rinvio non ha chiesto l'applicazione del procedimento d'urgenza, il presidente della Corte, qualora il ricorso a tale procedimento sembri imporsi prima facie, può chiedere alla sezione indicata dall'articolo 108 di verificare la necessità di trattare il rinvio secondo detto procedimento.

108. *Decisione in merito all'urgenza.* 1. La decisione di trattare un rinvio con procedimento d'urgenza è adottata dalla sezione designata, su proposta del giudice relatore, sentito l'avvocato generale. La composizione della sezione è determinata conformemente all'articolo 28, paragrafo 2, il giorno dell'attribuzione della causa al giudice relatore qualora l'applicazione del procedimento d'urgenza sia richiesta dal giudice del rinvio o, se l'applicazione di tale procedimento è esaminata su domanda del presidente della Corte, il giorno in cui tale domanda è presentata.

2. Se la causa è connessa con una causa pendente attribuita a un giudice relatore non appartenente alla sezione designata, quest'ultima può proporre al presidente della Corte di attribuire la causa a detto giudice relatore. Nel caso di una riattribuzione della causa a quest'ultimo, la sezione di cinque giudici di cui egli fa parte svolgerà, per questa causa, le funzioni della sezione designata. Si applica l'articolo 29, paragrafo 1.

109. *Fase scritta del procedimento d'urgenza.* 1. Quando il giudice del rinvio ha chiesto l'applicazione del procedimento d'urgenza o quando il presidente ha chiesto alla sezione designata di esaminare la necessità di trattare il rinvio con tale procedimento, la domanda di pronuncia pregiudiziale è immediatamente notificata, a cura del cancelliere, alle parti nel procedimento principale, allo Stato membro a cui appartiene il giudice del rinvio, alla Commissione europea nonché all'istituzione che ha adottato l'atto sulla cui validità o interpretazione si controverte.

2. La decisione di trattare o di non trattare il rinvio pregiudiziale con procedimento d'urgenza è immediatamente notificata al giudice del rinvio nonché alle parti, allo Stato membro e alle istituzioni menzionate dal paragrafo precedente. La decisione di trattare il rinvio con procedimento d'urgenza fissa il termine entro il quale questi ultimi possono depositare memorie od osservazioni scritte. La decisione può precisare i punti di diritto sui quali devono vertere tali memorie od osservazioni scritte e può fissare la lunghezza massima di tali atti.

3. Quando una domanda di pronuncia pregiudiziale fa riferimento a un procedimento amministrativo o giudiziario svoltosi in uno Stato membro diverso da quello cui appartiene il giudice del rinvio, la Corte può invitare detto Stato membro a fornire per iscritto o in occasione dell'udienza di discussione qualsiasi precisazione ritenuta utile.

4. Non appena avvenuta la notifica di cui al paragrafo 1, la domanda di pronuncia pregiudiziale è inoltre comunicata agli interessati menzionati dall'articolo 23 dello statuto diversi dai destinatari della notifica, e la decisione di trattare o di non trattare il rinvio con procedimento d'urgenza è comunicata ai medesimi non appena avvenuta la notifica di cui al paragrafo 2.

5. Gli interessati menzionati dall'articolo 23 dello statuto sono informati non appena possibile della data prevedibile dell'udienza.

6. Quando il rinvio non è trattato con procedimento d'urgenza, il procedimento prosegue conformemente alle disposizioni dell'articolo 23 dello statuto e alle disposizioni applicabili del presente regolamento.

110. *Notifiche e comunicazioni successive alla chiusura della fase scritta del procedimento.* 1. Quando un rinvio pregiudiziale è trattato con procedimento d'urgenza, la domanda di pronuncia pregiudiziale nonché le memorie od osservazioni scritte depositate sono notificate agli interessati menzionati dall'articolo 23 dello statuto, diversi dalle parti e dagli interessati menzionati dall'articolo 109, paragrafo 1. La domanda di pronuncia pregiudiziale è accompagnata da una traduzione, se del caso da una sintesi, alle condizioni fissate dall'articolo 98.

2. Le memorie o le osservazioni scritte depositate sono notificate inoltre alle parti e agli altri interessati menzionati dall'articolo 109, paragrafo 1.

3. La data dell'udienza è comunicata agli interessati menzionati dall'articolo 23 dello statuto con le notifiche previste dai paragrafi precedenti.

111. *Omissione della fase scritta del procedimento.* La sezione designata può decidere, in casi di estrema urgenza, di omettere la fase scritta del procedimento prevista dall'articolo 109, paragrafo 2.

112. *Decisione nel merito.* La sezione designata statuisce, sentito l'avvocato generale.

113. *Collegio giudicante.* 1. La sezione designata può decidere di riunirsi in collegio di tre giudici. In tal caso, essa è composta dal presidente della sezione designata, dal giudice relatore e dal primo o, se del caso, dai primi due giudici designati in base all'elenco previsto dall'articolo 28, paragrafo 2, al momento della determinazione della composizione della sezione designata, conformemente all'articolo 108, paragrafo 1.

2. La sezione designata può anche chiedere alla Corte di attribuire la causa a un collegio giudicante più ampio. Il procedimento d'urgenza prosegue dinanzi al nuovo collegio, se del caso dopo la riapertura della fase orale del procedimento.

114. *Trasmissione degli atti processuali.* Gli atti processuali sono trasmessi conformemente all'articolo 106.

CAPO IV
GRATUITO PATROCINIO

115. *Domanda di gratuito patrocinio.* 1. Se una parte nel procedimento principale si trova nell'impossibilità di affrontare, in tutto o in parte, le spese di causa, può chiedere in qualsiasi momento l'ammissione al beneficio del gratuito patrocinio.

2. La domanda è corredata di tutte le informazioni e di tutti i giustificativi che consentano di valutare le condizioni economiche del richiedente, come un certificato di un'autorità nazionale competente che attesti dette condizioni economiche.

3. Se ha già ottenuto l'ammissione al gratuito patrocinio dinanzi al giudice del rinvio, il richiedente produce la decisione di detto giudice e specifica quali spese siano coperte dagli importi già concessi.

116. *Decisione sull'ammissione al gratuito patrocinio.* 1. Non appena depositata, la domanda di ammissione al gratuito patrocinio è attribuita dal presidente al giudice relatore incaricato della causa nell'ambito della quale detta domanda è stata presentata.

2. La decisione di ammissione, totale o parziale, al beneficio del gratuito patrocinio o di rifiuto di quest'ultimo è presa, su proposta del giudice relatore, sentito l'avvocato generale, dalla sezione di tre giudici alla quale è assegnato il giudice relatore. Il collegio giudicante è composto, in questa ipotesi, dal presidente di detta sezione, dal giudice relatore e dal primo o, se del caso, dai primi due giudici designati in base all'elenco previsto dall'articolo 28, paragrafo 3, nel giorno in cui la sezione è investita, dal giudice relatore, della domanda di ammissione al gratuito patrocinio.

3. Se il giudice relatore non fa parte di una sezione di tre giudici, la decisione è presa, nel rispetto delle stesse condizioni, dalla sezione di cinque giudici alla quale egli è assegnato. Oltre al giudice relatore, il collegio giudicante è composto da quattro giudici designati in base all'elenco previsto dall'articolo 28, paragrafo 2, nel giorno in cui la sezione è investita, dal giudice relatore, della domanda di ammissione al gratuito patrocinio.

4. Il collegio giudicante provvede mediante ordinanza. In caso di rifiuto totale o parziale del beneficio del gratuito patrocinio, l'ordinanza motiva il rifiuto.

117. *Importi da corrispondere a titolo di gratuito patrocinio.* In caso di ammissione al gratuito patrocinio, le casse della Corte si fanno carico, eventualmente nei limiti stabiliti dal collegio giudicante, delle spese collegate all'assistenza e alla rappresentanza del richiedente dinanzi alla Corte. Su domanda di quest'ultimo o del suo rappresentante, può essere concesso il versamento di un anticipo per dette spese.

118. *Revoca del beneficio del gratuito patrocinio.* Il collegio giudicante che ha deciso in merito alla domanda di ammissione al gratuito patrocinio può revocare in qualsiasi momento, d'ufficio o su richiesta, il beneficio del gratuito patrocinio se nel corso del procedimento mutano i presupposti in considerazione dei quali esso era stato concesso.

TITOLO QUARTO
RICORSI DIRETTI

CAPO I
RAPPRESENTANZA DELLE PARTI

119. *Obbligo di rappresentanza.* 1. Le parti possono essere rappresentate solo dai loro agenti o avvocati.

2. Gli agenti e gli avvocati sono tenuti a depositare in cancelleria un atto ufficiale oppure una procura rilasciata dalla parte che essi rappresentano.

3. L'avvocato che assiste o rappresenta una parte deve depositare inoltre in cancelleria un certificato da cui risulti che egli è abilitato a patrocinare dinanzi a un organo giurisdizionale di uno Stato membro o di un altro Stato aderente all'accordo SEE.

4. Se questi documenti non sono depositati, il cancelliere assegna alla parte interessata un termine adeguato per produrli. In mancanza di detta produzione nei termini stabiliti, il presidente, sentiti il giudice relatore e l'avvocato generale, decide se l'inosservanza di questa formalità comporti l'irricevibilità del ricorso o della memoria per vizio di forma. Se lo ritiene necessario, il presidente può deferire tale questione alla Corte.

CAPO II
FASE SCRITTA DEL PROCEDIMENTO

120. *Contenuto del ricorso.* Il ricorso previsto dall'articolo 21 dello statuto contiene:

a) il nome e il domicilio del ricorrente;

b) la designazione della parte contro cui il ricorso è proposto;

c) l'oggetto della controversia, i motivi e argomenti dedotti nonché un'esposizione sommaria di detti motivi;

d) le conclusioni del ricorrente;

e) se del caso, le prove e le offerte di prova.

121. *Informazioni relative alle notifiche.* 1. Ai fini del procedimento, il ricorso contiene l'elezione di domicilio. In esso è indicato il nome della persona autorizzata a ricevere tutte le notifiche, che ha prestato il relativo consenso.

2. Oltre o in alternativa all'elezione di domicilio prevista dal paragrafo 1, il ricorso può contenere l'accordo dell'avvocato o dell'agente all'invio delle notifiche mediante telefax o qualsiasi altro mezzo tecnico di comunicazione.

3. Se il ricorso non è conforme a quanto prescritto dai paragrafi 1 o 2, tutte le notifiche alla parte interessata relative al procedimento sono effettuate, fintantoché tale difetto non sia stato sanato, mediante lettera raccomandata indirizzata all'agente o all'avvocato della parte. In tal caso, in deroga all'articolo 48, la notifica si considera avvenuta regolarmente col deposito della lettera raccomandata presso l'ufficio postale del luogo in cui ha sede la Corte.

122. *Allegati al ricorso.* 1. Al ricorso sono allegati, ove occorra, i documenti indicati dall'articolo 21, secondo comma, dello statuto.

2. Il ricorso proposto ai sensi dell'articolo 273 TFUE è corredato di una copia della clausola compromissoria stipulata tra gli Stati membri interessati.

3. Se il ricorso non è conforme a quanto prescritto dai paragrafi 1 o 2 del presente articolo, il cancelliere assegna al ricorrente un termine adeguato per produrre i documenti prima menzionati. In mancanza di detta regolarizzazione, il presidente, sentiti il giudice relatore e l'avvocato generale, decide se l'inosservanza delle summenzionate prescrizioni comporti l'irricevibilità del ricorso per vizio di forma. Se lo ritiene necessario, il presidente può deferire tale questione alla Corte.

123. *Notifica del ricorso.* Il ricorso è notificato al convenuto. Nelle ipotesi previste dagli articoli 119, paragrafo 4, e 122, paragrafo 3, la notifica è effettuata dopo la regolarizzazione del ricorso o dopo che il presidente o la Corte ne abbia riconosciuta la ricevibilità nel rispetto delle condizioni enunciate nei due articoli summenzionati

124. *Contenuto del controricorso.* 1. Nel termine di due mesi dalla notifica del ricorso, il convenuto presenta un controricorso contenente:

a) il nome e il domicilio del convenuto;

b) i motivi e gli argomenti dedotti;

c) le conclusioni del convenuto;

d) eventualmente, le prove e le offerte di prova.

2. Al controricorso si applica l'articolo 121.

3. In via eccezionale, il termine previsto dal paragrafo 1 può essere prorogato dal presidente su domanda del convenuto debitamente motivata.

125. *Trasmissione di documenti.* La Corte trasmette al Parlamento europeo, al Consiglio o alla Commissione europea, quando non sono parti in causa, copia del ricorso e del controricorso, esclusi i relativi allegati, affinché essi possano accertare se sia invocata l'inapplicabilità di un loro atto ai sensi dell'articolo 277 TFUE.

126. *Replica e controreplica.* 1. Il ricorso e il controricorso possono essere integrati da una replica del ricorrente e da una controreplica del convenuto.

2. Il presidente stabilisce i termini entro i quali questi atti processuali sono depositati. Egli può precisare i punti sui quali dovrebbe vertere la replica o la controreplica.

CAPO III

MOTIVI E PROVE

127. *Motivi nuovi.* 1. È vietata la deduzione di motivi nuovi in corso di causa, a meno che essi si basino su elementi di diritto e di fatto emersi durante il procedimento.

2. Il presidente, su proposta del giudice relatore, sentito l'avvocato generale, può fissare alla controparte un termine per controdedurre su tali motivi, senza che ciò influenzi la futura decisione sulla ricevibilità dei medesimi.

128. *Prove e offerte di prova.* 1. Le parti possono produrre prove o offerte di prova a sostegno delle loro argomentazioni anche in sede di replica e di controreplica, motivando il ritardo nella presentazione dei suddetti elementi.

2. In via eccezionale, le parti possono produrre prove o offerte di prova anche dopo la chiusura della fase scritta del procedimento, motivando il ritardo nella presentazione dei suddetti elementi. Il presidente, su proposta del giudice relatore, sentito l'avvocato generale, può assegnare alla controparte un termine per controdedurre su tali elementi di prova.

CAPO IV

INTERVENTO

129. *Oggetto ed effetti dell'intervento.* 1. L'intervento può avere come oggetto soltanto l'adesione, totale o parziale, alle conclusioni di una delle parti. Esso non attribuisce gli stessi diritti processuali riconosciuti alle parti; in particolare, quello di chiedere lo svolgimento di un'udienza.

2. L'intervento è accessorio alla causa principale. Esso rimane privo di oggetto quando la causa è cancellata dal ruolo della Corte, in seguito a una rinuncia agli atti o a una transazione tra le parti, o quando il ricorso è dichiarato irricevibile.

3. L'interveniente accetta di assumere la causa nello stato in cui essa si trova all'atto del suo intervento.

4. Può essere presa in considerazione un'istanza di intervento proposta dopo la scadenza del termine stabilito dall'articolo 130 ma prima della decisione di aprire la fase orale del procedimento, prevista dall'articolo 60, paragrafo 4. In tal caso, se il presidente autorizza l'intervento, l'interveniente può presentare le sue osservazioni durante l'udienza di discussione, qualora se ne tenga una.

130. *Istanza di intervento.* 1. L'istanza di intervento è proposta entro sei settimane dalla pubblicazione dell'avviso prevista dall'articolo 21, paragrafo 4.

2. L'istanza di intervento contiene:

a) l'indicazione della causa;

b) l'indicazione delle parti in causa;

c) il nome e il domicilio dell'interveniente;

d) le conclusioni a sostegno delle quali l'interveniente chiede di intervenire;

e) l'esposizione delle circostanze che fondano il diritto di intervenire quando l'istanza è presentata ai sensi dell'articolo 40, secondo o terzo comma, dello statuto.

3. L'interveniente è rappresentato a norma dell'articolo 19 dello statuto.

4. Si applicano gli articoli 119, 121 e 122 del presente regolamento.

131. *Decisione sull'istanza di intervento.* 1. L'istanza di intervento è notificata alle parti al fine di ricevere le loro eventuali osservazioni scritte o orali su detta istanza.

2. Quando l'istanza è presentata ai sensi dell'articolo 40, primo comma, dello statuto, l'intervento è autorizzato con decisione del presidente e l'interveniente riceve comunicazione di tutti gli atti processuali notificati alle parti, tranne se queste ultime hanno indicato, entro i dieci giorni successivi alla notifica prevista dal paragrafo 1, atti o documenti segreti o riservati la cui comunicazione all'interveniente potrebbe danneggiarle. In tal caso, il presidente, sentiti il giudice relatore e l'avvocato generale, statuisce sull'istanza di intervento con ordinanza e l'interveniente riceve comunicazione di tutti gli atti processuali notificati alle parti, fatta eccezione, eventualmente, per gli atti o i documenti segreti o riservati esclusi da detta comunicazione.

3. Quando l'istanza è presentata ai sensi dell'articolo 40, secondo comma, dello statuto, il presidente statuisce sull'istanza di intervento con ordinanza, sentiti il giudice relatore e l'avvocato generale, o deferisce l'esame dell'istanza alla Corte. Se l'istanza di intervento è accolta, l'interveniente riceve comunicazione di tutti gli atti processuali notificati alle parti fatta eccezione, eventualmente, per gli atti o per i documenti segreti o riservati esclusi da detta comunicazione.

4. Quando l'istanza è presentata ai sensi dell'articolo 40, terzo comma, dello statuto, l'intervento è autorizzato con decisione del presidente e l'interveniente riceve comunicazione di tutti gli atti processuali notificati alle parti tranne se queste ultime hanno formulato osservazioni in merito all'istanza di intervento entro i dieci giorni successivi alla notifica prevista dal paragrafo 1 oppure hanno indicato, entro lo stesso termine, atti o documenti segreti o riservati la cui comunicazione all'interveniente potrebbe danneggiarle. In tali casi, il presidente statuisce sull'istanza di intervento con ordinanza, sentiti il giudi-

ce relatore e l'avvocato generale, e l'interveniente riceve comunicazione di tutti gli atti processuali notificati alle parti fatta eccezione, eventualmente, per gli atti o per i documenti segreti o riservati esclusi da detta comunicazione.

132. *Presentazione di memorie.* 1. L'interveniente può presentare una memoria di intervento nel termine di un mese decorrente dalla comunicazione degli atti processuali menzionati nel precedente articolo. Detto termine può essere prorogato dal presidente su domanda debitamente motivata dell'interveniente.

2. La memoria di intervento contiene:

a) le conclusioni dell'interveniente dirette al sostegno, totale o parziale, delle conclusioni di una delle parti;

b) i motivi e gli argomenti dedotti dall'interveniente;

c) eventualmente, le prove e le offerte di prova.

3. Dopo il deposito della memoria di intervento, il presidente fissa, se del caso, un termine entro il quale le parti possono rispondere a detta memoria.

CAPO V
PROCEDIMENTO ACCELERATO

133. *Decisione relativa al procedimento accelerato.* 1. Su istanza del ricorrente o del convenuto, quando la natura della controversia impone un suo rapido trattamento, il presidente della Corte può decidere, sentiti la controparte, il giudice relatore e l'avvocato generale, di trattare una causa con procedimento accelerato, in deroga alle disposizioni del presente regolamento.

2. L'istanza diretta a sottoporre una causa a procedimento accelerato deve essere proposta con atto separato al momento del deposito, rispettivamente, del ricorso o del controricorso.

3. In via eccezionale, il presidente può decidere in tal senso anche d'ufficio, sentiti le parti, il giudice relatore e l'avvocato generale.

134. *Fase scritta del procedimento.* 1. Qualora si applichi il procedimento accelerato, il ricorso e il controricorso possono essere integrati da una replica e da una controreplica soltanto se il presidente lo ritiene necessario, sentiti il giudice relatore e l'avvocato generale.

2. L'interveniente può presentare una memoria di intervento soltanto se il presidente lo ritiene necessario, sentiti il giudice relatore e l'avvocato generale.

135. *Fase orale del procedimento.* 1. Non appena depositato il controricorso o, se la decisione di sottoporre la causa a procedimento accelerato viene adottata solo dopo il deposito di detto atto, non appena adottata tale decisione, il presidente fissa la data dell'udienza, che è immediatamente comunicata alle parti. Egli può rinviare la data dell'udienza quando occorre procedere all'assunzione di mezzi istruttori o ciò è imposto da misure di organizzazione del procedimento.

2. Salvo quanto disposto dagli articoli 127 e 128, le parti possono integrare la loro argomentazione e produrre prove o offerte di prova durante la fase orale del procedimento, motivando il ritardo nella presentazione dei suddetti elementi.

136. *Decisione nel merito.* La Corte statuisce, sentito l'avvocato generale.

CAPO VI
SPESE

137. *Decisione sulle spese.* Si provvede sulle spese con la sentenza o con l'ordinanza che definisce la causa.

138. *Norme generali sulla ripartizione delle spese.* 1. La parte soccombente è condannata alle spese se ne è stata fatta domanda.

2. Quando vi siano più parti soccombenti, la Corte decide sulla ripartizione delle spese.

3. Se le parti soccombono rispettivamente su uno o più capi, le spese sono compensate. Tuttavia, qualora ciò appaia giustificato alla luce delle circostanze del caso di specie, la Corte può decidere che una parte sostenga, oltre alle proprie spese, una quota delle spese della controparte.

139. *Spese superflue o defatigatorie.* La Corte può condannare una parte, anche se non soccombente, a rimborsare alla controparte le spese che le ha causato e che la Corte riconosce come superflue o defatigatorie.

140. *Spese delle parti intervenienti.* 1. Le spese sostenute dagli Stati membri e dalle istituzioni intervenuti nella causa restano a loro carico.

2. Gli Stati aderenti all'accordo SEE, diversi dagli Stati membri, nonché l'Autorità di vigilanza AELS, se intervenuti nella causa, si fanno carico delle proprie spese.

3. La Corte può decidere che una parte interveniente, diversa da quelle indicate nei paragrafi precedenti, si faccia carico delle proprie spese.

141. *Spese in caso di rinuncia agli atti.* 1. La parte che rinuncia agli atti è condannata alle spese se la controparte conclude in tal senso nelle sue osservazioni sulla rinuncia agli atti.

2. Tuttavia, su domanda della parte che rinuncia agli atti, le spese sono poste a carico della controparte se ciò appare giustificato dal comportamento di quest'ultima.

3. In caso di accordo tra le parti sulle spese, si provvede secondo l'accordo.

4. In mancanza di conclusioni sulle spese, si dispone la compensazione delle medesime.

142. *Spese in caso di non luogo a statuire.* In caso di non luogo a statuire, la Corte decide liberamente sulle spese.

143. *Spese processuali.* Il procedimento dinanzi alla Corte è gratuito, fatte salve le disposizioni seguenti:

a) se la Corte ha dovuto sostenere spese che sarebbe stato possibile evitare, essa, sentito l'avvocato generale, può condannare al rimborso la parte che le ha provocate;

b) le spese di copie e traduzioni effettuate su richiesta di una parte, e che il cancelliere considera come straordinarie, devono essere rimborsate dalla parte in base al tariffario della cancelleria previsto dall'articolo 22.

144. *Spese ripetibili.* Salvo quanto disposto dall'articolo precedente, sono considerate spese ripetibili:

a) le somme dovute ai testimoni e ai periti ai sensi dell'articolo 73 del presente regolamento;

b) le spese indispensabili sostenute dalle parti per la causa, in particolare le spese di viaggio e di soggiorno, e il compenso dell'agente, consulente o avvocato.

145. *Contestazione sulle spese ripetibili.* 1. Se vi è contestazione sulle spese ripetibili, la sezione di tre giudici alla quale è stato assegnato il giudice relatore della causa statuisce mediante ordinanza su domanda della parte interessata, sentite le osservazioni della controparte e l'avvocato generale. Il collegio giudicante è composto, in questa ipotesi, dal presidente di detta sezione, dal giudice relatore e dal primo o, se del caso, dai primi due giudici designati in base all'elenco previsto dall'articolo 28, paragrafo 3, nel giorno in cui la sezione è investita della questione dal giudice relatore.

2. Se il giudice relatore non fa parte di una sezione di tre giudici, la decisione è presa, nel rispetto delle stesse condizioni, dalla sezione di cinque giudici cui egli è assegnato. Oltre al giudice relatore, il collegio giudicante è composto da quattro giudici designati in base all'elenco previsto dall'articolo 28, paragrafo 2, il giorno in cui la sezione è investita della questione dal giudice relatore.

3. Le parti possono richiedere, ai fini dell'esecuzione, una copia conforme dell'ordinanza.

146. *Modalità di pagamento.* 1. Le casse della Corte e i suoi debitori effettuano i loro pagamenti in euro.

2. Quando le spese ripetibili sono state sostenute in una valuta diversa dall'euro o gli atti che danno luogo a rifusione sono stati compiuti in un paese la cui valuta non è l'euro, la conversione viene effettuata al tasso di cambio di riferimento fissato dalla Banca centrale europea per il giorno del pagamento.

CAPO VII

TRANSAZIONE, RINUNCIA AGLI ATTI, NON LUOGO A STATUIRE E INCIDENTI PROCESSUALI

147. *Transazione.* 1. Se, prima che la Corte abbia statuito, le parti si accordano per risolvere la controversia e informano la Corte che rinunciano ad ogni pretesa, il presidente ordina la cancellazione della causa dal ruolo e provvede sulle spese conformemente all'articolo 141, considerate, se del caso, le proposte formulate in tal senso dalle parti.

2. Questa disposizione non si applica ai ricorsi previsti dagli articoli 263 e 265 TFUE.

148. *Rinuncia agli atti.* Se il ricorrente comunica alla Corte, per iscritto o in udienza, che intende rinunciare agli atti, il presidente ordina la cancellazione della causa dal ruolo e provvede sulle spese, conformemente all'articolo 141.

149. *Non luogo a statuire.* Quando constata che è venuto meno l'oggetto del ricorso e che non vi è più luogo a statuire, la Corte, in qualsiasi momento, può decidere di statuire d'ufficio con ordinanza motivata, su proposta del giudice relatore, sentite le parti e l'avvocato generale. Essa provvede sulle spese.

150. *Motivi di irricevibilità di ordine pubblico.* Su proposta del giudice relatore, sentiti le parti e l'avvocato generale, la Corte può decidere d'ufficio, in qualsiasi momento, di statuire sui motivi di irricevibilità di ordine pubblico con ordinanza motivata.

151. *Eccezioni e incidenti processuali.* 1. Se una parte chiede alla Corte di statuire su un'eccezione o su un incidente senza avviare la discussione nel merito, essa propone la sua domanda con separata istanza.

2. L'istanza espone i motivi e argomenti su cui è basata, enuncia le conclusioni ed è corredata degli atti e documenti richiamati a sostegno.

3. Depositata l'istanza, il presidente assegna alla controparte un termine per presentare per iscritto i suoi mezzi difensivi e le sue conclusioni.

4. Salvo contraria decisione della Corte, il trattamento della domanda incidentale prosegue oralmente.

5. La Corte, sentito l'avvocato generale, provvede sulla domanda incidentale nel più breve termine possibile o, qualora ciò sia giustificato da circostanze particolari, rinvia l'esame della medesima al giudizio di merito.

6. Se la Corte respinge la domanda incidentale o ne rinvia l'esame al giudizio di merito, il presidente fissa un nuovo termine per la prosecuzione della causa.

CAPO VIII

SENTENZE IN CONTUMACIA

152. *Sentenze in contumacia.* 1. Se il convenuto, regolarmente citato in giudizio, non risponde all'atto introduttivo nelle forme e nei termini prescritti, il ricorrente può chiedere alla Corte di accogliere le sue conclusioni.

2. Detta domanda è notificata al convenuto. La Corte può decidere di aprire la fase orale del procedimento sulla domanda.

3. Prima di pronunciare la sentenza in contumacia, la Corte, sentito l'avvocato generale, accerta se il ricorso è ricevibile, se sono state adempiute le formalità prescritte e se le conclusioni del ricorrente appaiono fondate. Essa può adottare misure di organizzazione del procedimento o disporre l'assunzione di mezzi istruttori.

4. La sentenza in contumacia è esecutiva. Tuttavia la Corte può sospenderne l'esecuzione fino a che essa abbia statuito sull'opposizione proposta ai sensi dell'articolo 156, o subordinarne l'esecuzione alla prestazione di una cauzione, il cui ammontare e la cui modalità sono determinati tenuto conto delle circostanze; tale cauzione è svincolata in mancanza di opposizione o in caso di rigetto di quest'ultima.

CAPO IX

DOMANDE E RICORSI RELATIVI ALLE SENTENZE E ALLE ORDINANZE

153. *Collegio giudicante competente.* 1. Le domande e i ricorsi previsti dal presente capo, ad eccezione delle domande previste dall'articolo 159, sono attribuiti al giudice relatore responsabile della causa alla quale la domanda o il ricorso fanno riferimento e sono rinviate dinanzi al collegio giudicante che si è pronunciato su detta causa.

2. In caso di impedimento del giudice relatore, il presidente della Corte attribuisce la domanda o il ricorso previsti dal presente capo a un giudice del collegio giudicante che si è pronunciato sulla causa cui fa riferimento detta domanda o detto ricorso.

3. Se non è più possibile raggiungere il quorum previsto dall'articolo 17 dello statuto, su proposta del giudice relatore, sentito l'avvocato generale, la Corte rinvia la domanda o il ricorso a un nuovo collegio giudicante.

154. *Rettifica.* 1. Salvo quanto disposto dalle norme relative all'interpretazione delle sentenze e delle ordinanze, gli errori materiali o di calcolo e le altre evidenti inesattezze possono essere rettificate dalla Corte, d'ufficio o su domanda di parte, purché tale domanda sia proposta nel termine di due settimane dalla pronuncia della sentenza o dalla notifica dell'ordinanza.

2. Quando la domanda di rettifica concerne il dispositivo o un passo della motivazione che costituisce un supporto indispensabile del dispositivo, le parti, debitamente informate dal cancelliere, possono presentare osservazioni scritte entro un termine stabilito dal presidente.

3. La Corte decide, sentito l'avvocato generale.

4. L'originale dell'ordinanza che prescrive la rettifica è allegato all'originale della decisione rettificata. A margine dell'originale della decisione rettificata è fatta annotazione della suddetta ordinanza.

155. *Omessa pronuncia.* 1. Se la Corte ha omesso di pronunciarsi su un capo specifico delle conclusioni o sulle spese, la parte che intende dolersene adisce la Corte con ricorso nel termine di un mese dalla notifica della decisione.

2. Il ricorso è notificato alla controparte, cui il presidente assegna un termine per la presentazione di osservazioni scritte.

3. Dopo la presentazione delle suddette osservazioni, la Corte, sentito l'avvocato generale, statuisce contemporaneamente sulla ricevibilità e sul merito della domanda.

156. *Opposizione.* 1. Conformemente all'articolo 41 dello statuto, avverso la sentenza pronunciata in contumacia è ammessa opposizione.

2. L'opposizione è proposta nel termine di un mese dalla notifica della sentenza; essa va presentata nelle forme prescritte dagli articoli da 120 a 122 del presente regolamento.

3. Avvenuta la notifica dell'opposizione, il presidente assegna alla controparte un termine per la presentazione di osservazioni scritte.

4. Il procedimento prosegue conformemente agli articoli da 59 a 92 del presente regolamento.

5. La Corte statuisce con sentenza avverso la quale non è ammessa opposizione.

6. L'originale della sentenza è allegato a quello della sentenza pronunciata in contumacia. A margine di quest'ultima è fatta annotazione della sentenza pronunciata sull'opposizione.

157. *Opposizione di terzo.* 1. Gli articoli da 120 a 122 del presente regolamento si applicano all'opposizione di terzo, proposta ai sensi dell'articolo 42 dello statuto. L'atto di opposizione deve inoltre:

a) specificare la sentenza o l'ordinanza oggetto di opposizione;

b) indicare per quali motivi la decisione oggetto di opposizione lede i diritti del terzo opponente;

c) indicare per quali motivi il terzo opponente non ha potuto partecipare alla causa.

2. L'opposizione è proposta contro tutte le parti in causa.

3. L'opposizione va proposta nel termine di due mesi dalla pubblicazione della decisione nella Gazzetta ufficiale dell'Unione europea.

4. Su domanda del terzo opponente, può essere disposta la sospensione dell'esecuzione della decisione oggetto di opposizione. Si applicano le disposizioni del capo X del presente titolo.

5. La decisione opposta è modificata in base all'esito dell'opposizione promossa dal terzo.

6. L'originale della sentenza pronunciata sull'opposizione di terzo è allegato a quello della decisione opposta. A margine di quest'ultima è fatta annotazione della sentenza pronunciata sull'opposizione.

158. *Interpretazione.* 1. Conformemente all'articolo 43 dello statuto, in caso di difficoltà sul senso e la portata di una sentenza o di un'ordinanza, spetta alla Corte interpretarla, su richiesta di una parte o di un'istituzione dell'Unione che dimostri di avere a ciò interesse.

2. La domanda di interpretazione è proposta entro due anni dalla data di pronuncia della sentenza o di notifica dell'ordinanza.

3. L'istanza di interpretazione è proposta conformemente agli articoli da 120 a 122 del presente regolamento. Essa precisa inoltre:

a) la decisione in questione;

b) i passi di cui si chiede l'interpretazione.

4. La domanda è proposta contro tutte le parti nei confronti delle quali fu presa la decisione di cui si chiede l'interpretazione.

5. La Corte statuisce, dopo aver posto le parti in grado di presentare le loro osservazioni, sentito l'avvocato generale.

6. L'originale della decisione interpretativa è allegato a quello della decisione interpretata. A margine di quest'ultima è fatta annotazione della sentenza interpretativa.

159. *Revocazione.* 1. Conformemente all'articolo 44 dello statuto, la revocazione di una decisione della Corte può essere chiesta solo in seguito alla scoperta di un fatto di natura tale da avere un'influenza decisiva e che, prima della pronuncia della sentenza o della notifica dell'ordinanza, era ignoto alla Corte e alla parte che domanda la revocazione.

2. Fermo restando il termine decennale previsto dall'articolo 44, terzo comma, dello statuto, la revocazione va proposta entro il termine di tre mesi dal giorno in cui il proponente ha avuto notizia del fatto su cui la domanda di revocazione si basa.

3. Alla domanda di revocazione si applicano gli articoli da 120 a 122 del presente regolamento. Essa deve inoltre:

a) specificare la sentenza o l'ordinanza di cui si chiede la revocazione;

b) indicare i punti della decisione oggetto di revocazione;

c) specificare i fatti su cui si basa la domanda;

d) indicare i mezzi di prova tendenti a dimostrare l'esistenza dei fatti legittimanti la revocazione e l'osservanza del termine previsto dal paragrafo 2.

4. L'istanza di revocazione va proposta contro tutte le parti nei confronti delle quali fu presa la decisione impugnata.

5. Lasciando impregiudicata la decisione nel merito, la Corte, sentito l'avvocato generale e viste le osservazioni scritte delle parti, statuisce con ordinanza sulla ricevibilità della domanda.

6. Se la Corte dichiara ricevibile l'istanza, essa procede all'esame nel merito e statuisce con sentenza, in conformità alle norme del presente regolamento.

7. L'originale della sentenza di revocazione è allegato a quello della decisione revocata. A margine di quest'ultima è fatta annotazione della sentenza di revocazione.

159-*bis*. *Domande e ricorsi manifestamente irricevibili o manifestamente infondati.* Quando una domanda o un ricorso previsto nel presente capo sono in tutto o in parte manifestamente irricevibili o manifestamente infondati, la Corte, sentiti il giudice relatore e l'avvocato generale, può decidere in qualsiasi momento di respingerli, in tutto o in parte, con ordinanza motivata.

CAPO X

SOSPENSIONE DELL'ESECUZIONE E ALTRI PROVVEDIMENTI PROVVISORI ADOTTATI CON PROCEDIMENTO SOMMARIO

160. *Domanda di sospensione dell'esecuzione o di provvedimenti provvisori.* 1. La domanda di sospensione dell'esecuzione di un atto di un'istituzione ai sensi degli articoli 278 TFUE e 157 TCEEA è ricevibile solo se il richiedente ha impugnato tale atto in un ricorso dinanzi alla Corte.

2. La domanda relativa agli altri provvedimenti provvisori previsti dall'articolo 279 TFUE è ricevibile solo se è proposta da chi è parte in una causa pendente dinanzi alla Corte e se fa riferimento alla causa stessa.

3. Le domande previste dai paragrafi precedenti debbono precisare l'oggetto della causa, i motivi che

provino l'urgenza e gli argomenti di fatto e di diritto che giustifichino prima facie l'adozione del provvedimento provvisorio richiesto.

4. La domanda è presentata con separata istanza e nei modi previsti dagli articoli da 120 a 122 del presente regolamento.

5. La domanda è notificata alla controparte, cui il presidente assegna un breve termine per presentare osservazioni scritte od orali.

6. Il presidente decide se sia il caso di disporre un'istruttoria.

7. Il presidente può accogliere la domanda anche prima che la controparte abbia presentato le sue osservazioni. Tale provvedimento può essere successivamente modificato o revocato, anche d'ufficio.

161. *Decisione sulla domanda.* 1. Il presidente provvede personalmente o deferisce senza indugio l'esame della domanda alla Corte.

2. In caso di impedimento del presidente, si applicano gli articoli 10 e 13 del presente regolamento.

3. Se l'esame della domanda è stato deferito alla Corte, questa provvede senza indugio, sentito l'avvocato generale.

162. *Ordinanza di sospensione dell'esecuzione o di provvedimenti provvisori.* 1. Sulla domanda si decide con ordinanza motivata non impugnabile, che è immediatamente notificata alle parti.

2. L'esecuzione dell'ordinanza può essere subordinata alla prestazione, da parte del richiedente, di una cauzione, il cui ammontare e le cui modalità sono determinate tenuto conto delle circostanze.

3. L'ordinanza può fissare la data di cessazione di efficacia del provvedimento. In mancanza di tale indicazione, il provvedimento cessa di produrre effetti dalla pronuncia della sentenza definitiva.

4. L'ordinanza ha carattere provvisorio e lascia impregiudicata la decisione della Corte nel merito.

163. *Mutamento di circostanze.* Su richiesta di una parte, l'ordinanza può essere modificata o revocata in qualsiasi momento, in seguito a un mutamento di circostanze.

164. *Nuova domanda.* Il rigetto della domanda relativa a un provvedimento provvisorio non osta a che la parte richiedente presenti un'ulteriore domanda basata su fatti nuovi.

165. *Domanda proposta ai sensi degli articoli 280 e 299 TFUE e 164 TCEEA.* 1. Le disposizioni del presente capo si applicano alla domanda di sospensione dell'esecuzione forzata di una decisione della Corte o di un atto del Consiglio, della Commissione europea o della Banca centrale europea, proposta ai sensi degli articoli 280 e 299 TFUE e 164 TCEEA.

2. L'ordinanza che accoglie la domanda fissa, se del caso, la data in cui il provvedimento provvisorio cessa di produrre effetti.

166. *Domanda proposta ai sensi dell'articolo 81 TCEEA.* 1. La domanda prevista dall'articolo 81, terzo e quarto comma, TCEEA indica:
64

a) il nome e il domicilio delle persone o imprese sottoposte al controllo;

b) l'oggetto e lo scopo del controllo.

2. Il presidente provvede mediante ordinanza. Si applica l'articolo 162 del presente regolamento.

3. In caso di impedimento del presidente, si applicano gli articoli 10 e 13 del presente regolamento.

TITOLO QUINTO
IMPUGNAZIONE DELLE DECISIONI DEL TRIBUNALE

CAPO I
FORMA, CONTENUTO E CONCLUSIONI DEL RICORSO DI IMPUGNAZIONE

167. *Deposito del ricorso di impugnazione.* 1. L'impugnazione è proposta con il deposito di un ricorso presso la cancelleria della Corte o del Tribunale. Quando è depositato presso la cancelleria del Tribunale, il ricorso di impugnazione è immediatamente trasmesso alla cancelleria della Corte.

2. Non appena è informata dell'esistenza di un'impugnazione, la cancelleria del Tribunale trasmette immediatamente alla cancelleria della Corte il fascicolo del giudizio di primo grado e, se del caso, il fascicolo del procedimento della commissione di ricorso trasmesso al Tribunale in applicazione delle disposizioni del regolamento di procedura di quest'ultimo riguardanti le cause relative ai diritti di proprietà intellettuale.

168. *Contenuto del ricorso di impugnazione.* 1. L'atto di impugnazione contiene:

a) il nome e il domicilio della parte che propone l'impugnazione, detta ricorrente;

b) l'indicazione della decisione del Tribunale impugnata;

c) l'indicazione delle altre parti nella causa svoltasi dinanzi al Tribunale;

d) i motivi e gli argomenti di diritto dedotti, nonché un'esposizione sommaria di detti motivi;

e) le conclusioni del ricorrente.

2. Si applicano all'impugnazione gli articoli 119, 121 e 122, paragrafo 1, del presente regolamento.

3. È fatta menzione della data in cui la decisione impugnata è stata notificata al ricorrente.

4. Se l'atto di impugnazione non è conforme ai paragrafi da 1 a 3 del presente articolo, il cancelliere impartisce al ricorrente un termine adeguato per regolarizzare il ricorso. In mancanza di tale regolarizzazione, alla scadenza del termine suddetto, il presidente, sentiti il giudice relatore e l'avvocato generale, decide se l'inosservanza di tali formalità comporti l'irricevibilità del ricorso per vizio di forma. Se lo ritiene necessario, il presidente può deferire tale questione alla Corte.

169. *Conclusioni, motivi e argomenti dell'impugnazione.* 1. Le conclusioni dell'impugnazione tendono all'annullamento, totale o parziale, della decisione del Tribunale quale contenuta nel dispositivo della decisione stessa.

2. I motivi e argomenti di diritto dedotti individuano con precisione le parti della motivazione della decisione del Tribunale oggetto di contestazione.

170. *Conclusioni per il caso di accoglimento dell'impugnazione.* 1. Le conclusioni dell'impugnazione devono tendere, nell'ipotesi in cui questa sia dichiarata fondata, all'accoglimento, totale o parziale, delle conclusioni presentate in primo grado, esclusa ogni nuova conclusione. L'impugnazione non può modificare l'oggetto del giudizio svoltosi dinanzi al Tribunale.

2. Quando il ricorrente chiede che, in caso di annullamento della decisione impugnata, la causa sia rinviata dinanzi al Tribunale, egli espone le ragioni per le quali lo stato degli atti non consente alla Corte di decidere.

CAPO I-*BIS*

AMMISSIONE PREVENTIVA DELLE IMPUGNAZIONI AI SENSI DELL'ARTICOLO 58-BIS DELLO STATUTO

170-*bis*. *Domanda di ammissione dell'impugnazione.* 1. Nei casi di cui all'articolo 58 *bis*, primo e secondo comma, dello Statuto, il ricorrente allega al proprio ricorso una domanda di ammissione dell'impugnazione in cui espone la questione importante che l'impugnazione solleva per l'unità, la coerenza o lo sviluppo del diritto dell'Unione e che contiene tutti gli elementi necessari per consentire alla

Corte di statuire su tale domanda. In assenza di una domanda siffatta, il vicepresidente della Corte dichiara l'impugnazione irricevibile.

2. La domanda di ammissione dell'impugnazione non può essere superiore a sette pagine, redatte tenendo conto dell'insieme dei requisiti formali contenuti nelle istruzioni pratiche alle parti relative alle cause proposte dinanzi alla Corte, adottate sulla base del presente regolamento.

3. Se la domanda di ammissione dell'impugnazione non è conforme ai requisiti enunciati al paragrafo precedente, il cancelliere assegna al ricorrente un breve termine per la regolarizzazione della domanda. In mancanza di regolarizzazione entro il termine assegnato, il vicepresidente della Corte, su proposta del giudice relatore, sentito l'avvocato generale, decide se l'inosservanza di tale formalità comporti l'irricevibilità formale dell'impugnazione.

170-*ter*. *Decisione sulla domanda di ammissione dell'impugnazione.* 1. La Corte statuisce sulla domanda di ammissione dell'impugnazione nel più breve termine possibile.

2. La decisione su tale domanda è adottata, su proposta del giudice relatore, sentito l'avvocato generale, da una sezione istituita appositamente a tal fine, presieduta dal vicepresidente della Corte e formata, inoltre, dal giudice relatore e dal presidente della sezione di tre giudici a cui è assegnato il giudice relatore alla data di presentazione della domanda.

3. Sulla domanda di ammissione dell'impugnazione si decide con ordinanza motivata.

4. Qualora l'impugnazione sia ammessa, in tutto o in parte, in base ai criteri sanciti dall'articolo 58 *bis*, terzo comma, dello Statuto, il procedimento prosegue conformemente agli articoli da 171 a 190 *bis* del presente regolamento. L'ordinanza di cui al paragrafo precedente è notificata, assieme all'impugnazione, alle parti della causa dinanzi al Tribunale e precisa, qualora l'impugnazione sia ammessa solo in parte, i motivi o le parti dell'impugnazione sui quali deve vertere la comparsa di risposta.

5. Il Tribunale e, qualora non fossero stati parte nella causa dinanzi a quest'ultimo, gli Stati membri, il Parlamento europeo, il Consiglio e la Commissione europea, sono subito avvisati dal cancelliere della decisione di ammissione dell'impugnazione.

CAPO II

COMPARSE DI RISPOSTA, REPLICHE E CONTROREPLICHE

171. *Notifica dell'atto di impugnazione.* 1. L'atto di impugnazione è notificato alle altre parti nella causa svoltasi dinanzi al Tribunale.

2. Nell'ipotesi prevista dall'articolo 168, paragrafo 4, del presente regolamento, la notifica dell'atto di impugnazione è effettuata dopo la sua regolarizzazione o dopo che il presidente o la Corte ne abbia riconosciuta la ricevibilità in osservanza delle condizioni di forma enunciate da detto articolo.

172. *Parti autorizzate a presentare una comparsa di risposta.* 1. Le parti nella causa svoltasi dinanzi al Tribunale che abbiano interesse all'accoglimento o al rigetto dell'impugnazione possono presentare una comparsa di risposta nel termine di due mesi dalla notifica dell'atto di impugnazione. Questo termine non può essere prorogato.

173. *Contenuto della comparsa di risposta.* 1. La comparsa di risposta contiene:

a) il nome e il domicilio della parte che la presenta;

b) la data in cui è stato notificato a tale parte l'atto di impugnazione;

c) i motivi e gli argomenti di diritto dedotti;

d) le conclusioni.

2. Si applicano alla comparsa di risposta gli articoli 119 e 121 del presente regolamento.

174. *Conclusioni della comparsa di risposta.* Le conclusioni della comparsa di risposta tendono all'accoglimento o al rigetto, totale o parziale, dell'impugnazione.

175. *Replica e controreplica.* 1. L'atto di impugnazione e la comparsa di risposta possono essere integrati con una replica e una controreplica solo quando, a seguito di domanda debitamente motivata proposta dal ricorrente nel termine di sette giorni dalla notifica della comparsa di risposta, il presidente lo ritenga necessario, sentiti il giudice relatore e l'avvocato generale, segnatamente al fine di consentire al ricorrente di esporre la sua posizione in merito a un'eccezione di irricevibilità o ad elementi nuovi indicati nella comparsa di risposta.

2. Il presidente fissa la data in cui la replica è presentata e, all'atto della notifica di tale memoria, la data in cui è presentata la controreplica. Egli può fissare un limite al numero di pagine e al contenuto di dette memorie.

CAPO III

FORMA, CONTENUTO E CONCLUSIONI DELL'IMPUGNAZIONE INCIDENTALE

176. *Impugnazione incidentale.* 1. Le parti menzionate dall'articolo 172 del presente regolamento possono presentare un'impugnazione incidentale nello stesso termine previsto per la presentazione della comparsa di risposta.

2. L'impugnazione incidentale è proposta con atto separato, distinto dalla comparsa di risposta.

177. *Contenuto dell'impugnazione incidentale.* 1. L'impugnazione incidentale contiene:

a) il nome e il domicilio della parte che propone l'impugnazione incidentale;

b) la data in cui è stato notificato a tale parte l'atto di impugnazione;

c) i motivi e gli argomenti di diritto dedotti;

d) le conclusioni.

2. Si applicano all'impugnazione incidentale gli articoli 119, 121 e 122, paragrafi 1 e 3, del presente regolamento.

178. *Conclusioni, motivi e argomenti dell'impugnazione incidentale.* 1. Le conclusioni dell'impugnazione incidentale tendono all'annullamento, totale o parziale, della decisione del Tribunale.

2. Esse possono tendere parimenti all'annullamento di una decisione, espressa o tacita, relativa alla ricevibilità del ricorso proposto dinanzi al Tribunale.

3. I motivi e gli argomenti di diritto dedotti individuano con precisione le parti della motivazione della decisione del Tribunale oggetto di contestazione. Essi devono essere distinti dai motivi e argomenti dedotti nella comparsa di risposta.

CAPO IV

ATTI DI PARTE SUCCESSIVI ALL'IMPUGNAZIONE INCIDENTALE

179. *Risposta all'impugnazione incidentale.* 1. Quando viene proposta un'impugnazione incidentale, il ricorrente o le altre parti nella causa svoltasi dinanzi al Tribunale che abbiano interesse all'accoglimento o al rigetto dell'impugnazione incidentale possono presentare, entro un termine di due mesi dalla sua notifica, una comparsa di risposta avente ad oggetto solo i motivi dedotti nell'impugnazione incidentale. Il termine di due mesi non è prorogabile.

180. *Repliche e controrepliche relative a un'impugnazione incidentale.* 1. L'impugnazione incidentale e la relativa comparsa di risposta possono essere integrate con una replica e una controreplica solo quando, a seguito di domanda debitamente motivata proposta dal ricorrente in via incidentale nel termine di sette giorni dalla notifica della comparsa di risposta all'impugnazione incidentale, il presidente lo ritenga necessario, sentiti il giudice relatore e l'avvocato generale, segnatamente al fine di consentire al ricorrente in via incidentale di esporre la sua posizione in merito a un'eccezione di irricevibilità o ad elementi nuovi indicati nella comparsa di risposta all'impugnazione incidentale.

2. Il presidente fissa la data in cui la replica è presentata e, all'atto della notifica di tale memoria, la data in cui è presentata la controreplica. Egli può fissare un limite al numero di pagine e al contenuto di dette memorie.

CAPO V

IMPUGNAZIONI DECISE MEDIANTE ORDINANZA

181. *Impugnazione manifestamente irricevibile o manifestamente infondata.* Quando l'impugnazione, principale o incidentale, è in tutto o in parte manifestamente irricevibile o manifestamente infondata, la Corte, su proposta del giudice relatore, sentito l'avvocato generale, può respingere in qualsiasi momento, totalmente o parzialmente, l'impugnazione con ordinanza motivata.

182. *Impugnazione manifestamente fondata.* Quando la Corte ha già statuito su una o su diverse questioni di diritto identiche a quelle sollevate con i motivi dell'impugnazione, principale o incidentale, ed essa ritiene l'impugnazione manifestamente fondata, su proposta del giudice relatore, sentite le parti e l'avvocato generale, essa può decidere di dichiarare l'impugnazione manifestamente fondata con un'ordinanza motivata, contenente i rinvii alla pertinente giurisprudenza.

CAPO VI

INEFFICACIA DELL'IMPUGNAZIONE INCIDENTALE

183. *Effetti, sull'impugnazione incidentale, di una rinuncia agli atti o della manifesta irricevibilità dell'impugnazione principale.* L'impugnazione incidentale diventa inefficace:

a) quando il ricorrente che ha proposto l'impugnazione principale rinuncia agli atti;

b) quando l'impugnazione principale è dichiarata manifestamente irricevibile per inosservanza del termine di impugnazione;

c) quando l'impugnazione principale è dichiarata manifestamente irricevibile per il solo motivo che non è diretta contro una decisione definitiva del Tribunale o contro una pronuncia che decide parzialmente la controversia nel merito o che pone termine a un incidente di procedura relativo a un'eccezione di incompetenza o di irricevibilità, ai sensi dell'articolo 56, primo comma, dello statuto.

CAPO VII

SPESE E GRATUITO PATROCINIO NEI GIUDIZI DI IMPUGNAZIONE

184. *Decisione sulle spese nei giudizi di impugnazione.* 1. Fatte salve le disposizioni che seguono, gli articoli da 137 a 146 del presente regolamento si applicano, mutatis mutandis, al procedimento dinanzi alla Corte avente ad oggetto un'impugnazione contro una decisione del Tribunale.

2. Quando l'impugnazione è respinta o quando l'impugnazione è accolta e la Corte statuisce definitivamente sulla controversia, la Corte statuisce sulle spese.

3. Quando è accolta l'impugnazione proposta da uno Stato membro o da un'istituzione dell'Unione non intervenuti nella controversia dinanzi al Tribunale, la Corte può disporre che le spese vengano ripartite fra le parti o che la parte ricorrente vincitrice rimborsi a una parte soccombente le spese che la sua impugnazione le ha provocato.

4. Una parte interveniente in primo grado, che non abbia proposto essa stessa l'impugnazione, può essere condannata alle spese del procedimento di impugnazione solo se ha partecipato alla fase scritta od orale del procedimento dinanzi alla Corte. In tal caso, la Corte può decidere che le spese da essa sostenute restino a suo carico.

185. *Gratuito patrocinio.* 1. Se una parte si trova nell'impossibilità di affrontare, in tutto o in parte, le spese di causa, essa può chiedere in qualsiasi momento l'ammissione al beneficio del gratuito patrocinio.

2. La domanda è corredata di tutte le informazioni e di tutti i giustificativi che consentano di valutare le condizioni economiche del richiedente, come un certificato di una autorità nazionale competente che attesti dette condizioni economiche.

186. *Domanda preventiva di ammissione al gratuito patrocinio.* 1. Se la domanda è presentata prima dell'impugnazione che il richiedente intende proporre, in essa deve esserne sommariamente esposto l'oggetto.

2. Per la presentazione della domanda non è necessaria l'assistenza di un avvocato.

3. La presentazione di una domanda di ammissione al gratuito patrocinio sospende, per la parte che l'ha proposta, il termine per la presentazione del ricorso di impugnazione fino alla data di notifica dell'ordinanza che decide su detta domanda.

4. Non appena depositata la domanda, il presidente la attribuisce a un giudice relatore il quale formula, in tempi brevi, una proposta in merito al seguito da riservare alla medesima.

187. *Decisione sull'ammissione al gratuito patrocinio.* 1. La decisione di ammissione, totale o parziale, al beneficio del gratuito patrocinio o di rifiuto di quest'ultimo è adottata, su proposta del giudice relatore, sentito l'avvocato generale, dalla sezione di tre giudici cui il giudice relatore è assegnato. Il collegio giudicante è composto, in questa ipotesi, dal presidente di detta sezione, dal giudice relatore e dal primo o, se del caso, dai primi due giudici designati in base all'elenco previsto dall'articolo 28, paragrafo 3, nel giorno in cui la sezione è investita, dal giudice relatore, della domanda di ammissione al gratuito patrocinio. Essa valuta, se del caso, se l'impugnazione non sia manifestamente infondata.

2. Se il giudice relatore non fa parte di una sezione di tre giudici, la decisione è adottata, nel rispetto delle stesse condizioni, dalla sezione di cinque giudici cui egli è assegnato. Oltre al giudice relatore, il collegio giudicante è composto da quattro giudici designati in base all'elenco previsto dall'articolo 28, paragrafo 2, nel giorno in cui la sezione è investita, dal giudice relatore, della domanda di ammissione al gratuito patrocinio.

3. Il collegio giudicante provvede mediante ordinanza. In caso di rifiuto totale o parziale dell'ammissione al beneficio del gratuito patrocinio, l'ordinanza motiva il rifiuto.

188. *Somme da versare a titolo di gratuito patrocinio.* 1. In caso di ammissione al gratuito patrocinio, le casse della Corte si fanno carico, eventualmente nei limiti stabiliti dal collegio giudicante, delle spese collegate all'assistenza e alla rappresentanza del richiedente dinanzi alla Corte. Su domanda di quest'ultimo o del suo rappresentante, può essere concesso il versamento di un anticipo per dette spese.

2. La decisione che provvede sulle spese può disporre la distrazione, a favore delle casse della Corte, di somme anticipate a titolo di gratuito patrocinio.

3. Il cancelliere effettua il recupero di tali somme nei confronti della parte condannata a pagarle.

189. *Revoca del beneficio del gratuito patrocinio.* Il collegio giudicante che ha deciso in merito alla domanda di ammissione al gratuito patrocinio può revocare in qualsiasi momento, d'ufficio o su richiesta, il beneficio del gratuito patrocinio se nel corso del procedimento mutano i presupposti in considerazione dei quali esso era stato concesso.

CAPO VIII
ALTRE DISPOSIZIONI APPLICABILI AL PROCEDIMENTO DI IMPUGNAZIONE

190. *Altre disposizioni applicabili al procedimento di impugnazione.* 1. Al procedimento dinanzi alla Corte avente ad oggetto un'impugnazione di una decisione del Tribunale si applicano gli articoli 127, da 129 a 136, da 147 a 150, da 153 a 155 e da 157 a 166 del presente regolamento.

2. Tuttavia, in deroga all'articolo 130, paragrafo 1, l'istanza di intervento è proposta entro un mese dalla pubblicazione dell'avviso prevista dall'articolo 21, paragrafo 4.

3. Al procedimento dinanzi alla Corte avente ad oggetto un'impugnazione di una decisione del Tribunale si applica, mutatis mutandis, l'articolo 95.

190-*bis*. *Trattamento delle informazioni o degli atti prodotti dinanzi al Tribunale ai sensi dell'articolo 105 del suo regolamento di procedura.* 1. Qualora sia proposta un'impugnazione contro una decisione del Tribunale adottata nell'ambito di un procedimento nel corso del quale informazioni o atti sono stati prodotti da una parte principale ai sensi dell'articolo 105 del regolamento di procedura del Tribunale e non sono stati comunicati all'altra parte principale, la cancelleria del Tribunale mette tali informazioni o atti a disposizione della Corte, alle condizioni previste nella decisione di cui al paragrafo 11 di tale articolo.

2. Le informazioni o gli atti previsti nel paragrafo 1 non sono comunicati alle parti del procedimento dinanzi alla Corte.

3. La Corte vigila affinché gli elementi riservati contenuti nelle informazioni o negli atti previsti nel paragrafo 1 non siano divulgati né nella decisione che definisce il giudizio né, all'occorrenza, nelle conclusioni dell'avvocato generale.

4. Le informazioni o gli atti previsti nel paragrafo 1 sono restituiti alla parte che li ha prodotti dinanzi al Tribunale dopo la notifica della decisione che definisce il giudizio dinanzi alla Corte, salvo in caso di rinvio della causa dinanzi al Tribunale. In quest'ultimo caso, le informazioni o gli atti menzionati sono messi a disposizione del Tribunale, alle condizioni previste nella decisione di cui al paragrafo 5.

5. La Corte stabilisce, con decisione, le norme di sicurezza ai fini della protezione delle informazioni o degli atti previsti al paragrafo 1. Tale decisione è pubblicata nella Gazzetta ufficiale dell'Unione europea.

TITOLO SESTO
RIESAME DELLE DECISIONI DEL TRIBUNALE

191. *Sezione del riesame.* È designata, per il periodo di un anno, una sezione di cinque giudici al fine di decidere, alle condizioni fissate dagli articoli 193 e 194 del presente regolamento, se occorra riesaminare una decisione del Tribunale conformemente all'articolo 62 dello statuto.

192. *Informazioni e comunicazioni relative alle decisioni suscettibili di riesame.* 1. Non appena fissata la data per la pronuncia o la firma di una decisione da adottare ai sensi dell'articolo 256, paragrafo 2 o 3, TFUE, la cancelleria del Tribunale ne informa la cancelleria della Corte.

2. Essa comunica a quest'ultima tale decisione fin dal momento della sua pronuncia o della sua firma, così come il fascicolo processuale, che è messo immediatamente a disposizione del primo avvocato generale.

193. *Riesame delle decisioni rese su impugnazione.* 1. La proposta del primo avvocato generale di riesaminare una decisione del Tribunale adottata ai sensi dell'articolo 256, paragrafo 2, TFUE è trasmessa al presidente della Corte e al presidente della sezione del riesame. Contemporaneamente, il cancelliere è informato di tale trasmissione.

2. Non appena è informato dell'esistenza di una proposta di riesame, il cancelliere trasmette il fasci-

colo del procedimento svoltosi dinanzi al Tribunale ai membri della sezione del riesame.

3. Non appena ricevuta una proposta di riesame, il presidente della Corte designa il giudice relatore tra i giudici della sezione del riesame, su proposta del presidente di questa sezione. La composizione del collegio giudicante è determinata, conformemente all'articolo 28, paragrafo 2, del presente regolamento, il giorno dell'attribuzione della causa al giudice relatore.

4. Tale sezione decide, su proposta del giudice relatore, se occorra riesaminare la decisione del Tribunale. Nella decisione di riesaminare la decisione del Tribunale sono indicate solo le questioni oggetto del riesame.

5. Il Tribunale, le parti nel procedimento svoltosi dinanzi a quest'ultimo nonché gli altri interessati menzionati dall'articolo 62 *bis*, secondo comma, dello statuto, sono subito avvisati dal cancelliere della decisione della Corte di riesaminare la decisione del Tribunale.

6. Un avviso contenente la data della decisione di riesaminare la decisione del Tribunale e le questioni oggetto di riesame è pubblicato nella Gazzetta ufficiale dell'Unione europea.

194. *Riesame delle pronunce pregiudiziali.* 1. La proposta del primo avvocato generale di riesaminare una decisione del Tribunale adottata ai sensi dell'articolo 256, paragrafo 3, TFUE è trasmessa al presidente della Corte e al presidente della sezione del riesame. Contemporaneamente, il cancelliere è informato di tale trasmissione.

2. Non appena viene informato dell'esistenza di una proposta di riesame, il cancelliere trasmette il fascicolo del procedimento svoltosi dinanzi al Tribunale ai membri della sezione del riesame.

3. Il cancelliere informa parimenti il Tribunale, il giudice del rinvio, le parti nel procedimento principale, nonché gli altri interessati menzionati dall'articolo 62 *bis*, secondo comma, dello statuto, dell'esistenza di una proposta di riesame.

4. Non appena ricevuta la proposta di riesame, il presidente della Corte designa il giudice relatore tra i giudici della sezione del riesame, su proposta del presidente di questa sezione. La composizione del collegio giudicante è determinata, conformemente all'articolo 28, paragrafo 2, del presente regolamento, il giorno dell'attribuzione della causa al giudice relatore.

5. Tale sezione decide, su proposta del giudice relatore, se occorra riesaminare la decisione del Tribunale. Nella decisione di riesaminare la decisione del Tribunale sono indicate solo le questioni oggetto del riesame.

6. Il Tribunale e il giudice del rinvio, le parti nel procedimento principale nonché gli altri interessati menzionati dall'articolo 62 *bis*, secondo comma, dello statuto, sono subito avvisati dal cancelliere della decisione della Corte di riesaminare o di non riesaminare la decisione del Tribunale.

7. Un avviso contenente la data della decisione di riesaminare la decisione del Tribunale e le questioni oggetto di riesame è pubblicato nella Gazzetta ufficiale dell'Unione europea.

195. *Sentenza nel merito successiva a una decisione di riesame.* 1. La decisione di riesaminare una decisione del Tribunale è notificata alle parti e agli altri interessati menzionati dall'articolo 62 *bis*, secondo comma, dello statuto. La notifica agli Stati membri e agli Stati parti contraenti dell'accordo SEE diversi dagli Stati membri, nonché all'Autorità di vigilanza AELS, è accompagnata da una traduzione della decisione della Corte alle condizioni previste dall'articolo 98 del presente regolamento. La decisione della Corte viene inoltre comunicata al Tribunale e, se del caso, al giudice del rinvio.

2. Entro il termine di un mese dalla notifica prevista dal paragrafo 1, le parti e gli altri interessati ai quali la decisione della Corte è stata notificata possono depositare memorie od osservazioni scritte sulle questioni oggetto di riesame.

3. Non appena adottata la decisione di riesaminare una decisione del Tribunale, il primo avvocato generale attribuisce il riesame a un avvocato generale.

4. La sezione del riesame decide nel merito, sentito l'avvocato generale.

5. Essa può chiedere tuttavia alla Corte di rinviare la causa dinanzi a un collegio giudicante più ampio.

6. Quando la decisione del Tribunale oggetto di riesame è stata adottata ai sensi dell'articolo 256, paragrafo 2, TFUE, la Corte statuisce sulle spese.

TITOLO SETTIMO
DOMANDE DI PARERI

196. *Fase scritta del procedimento.* 1. Conformemente all'articolo 218, paragrafo 11, TFUE, uno Stato membro, il Parlamento europeo, il Consiglio o la Commissione europea possono presentare una domanda di parere.

2. La domanda di parere può riguardare tanto la compatibilità con le disposizioni dei trattati di un accordo progettato quanto la competenza dell'Unione o di una sua istituzione a concludere tale accordo.

3. Essa è notificata agli Stati membri e alle istituzioni previste dal paragrafo 1, ai quali il presidente impartisce un termine per la presentazione di osservazioni scritte.

197. *Designazione del giudice relatore e dell'avvocato generale.* Non appena è presentata la domanda di parere, il presidente designa il giudice relatore e il primo avvocato generale attribuisce la causa a un avvocato generale.

198. *Udienza di discussione.* La Corte può decidere che il procedimento dinanzi ad essa comporti un'udienza di discussione.

199. *Termine per emettere il parere.* La Corte emette il suo parere nel più breve tempo possibile, sentito l'avvocato generale.

200. *Pronuncia del parere.* 1. Il parere, sottoscritto dal presidente, dai giudici che hanno preso parte alla deliberazione e dal cancelliere, è pronunciato in udienza pubblica.

2. È notificato a tutti gli Stati membri nonché alle istituzioni menzionate dall'articolo 196, paragrafo 1.

TITOLO OTTAVO
PROCEDIMENTI PARTICOLARI

201. *Ricorsi contro le decisioni del collegio arbitrale.* 1. Il ricorso previsto dall'articolo 18, secondo comma, TCEEA contiene:

a) il nome e il domicilio del ricorrente;

b) la qualità del firmatario;

c) l'indicazione della decisione del collegio arbitrale impugnata;

d) l'indicazione delle parti avverse;

e) l'esposizione sommaria dei fatti;

f) i motivi e gli argomenti dedotti, nonché un'esposizione sommaria di detti motivi;

g) le conclusioni del ricorrente.

2. Si applicano al ricorso le disposizioni degli articoli 119 e 121 del presente regolamento.

3. Inoltre al ricorso è allegata una copia autentica della decisione impugnata.

4. Non appena depositato il ricorso, il cancelliere della Corte invita il cancelliere del collegio arbitrale a trasmettere alla Corte il fascicolo della controversia.

5. Il procedimento prosegue in applicazione degli articoli 123 e 124 del presente regolamento. La Corte può decidere che il procedimento dinanzi ad essa comporti un'udienza di discussione.

6. La Corte statuisce con sentenza. In caso di annullamento della decisione del collegio, la Corte, ove occorra, rinvia la controversia al collegio stesso.

202. *Procedimento previsto dall'articolo 103 TCEEA.* 1. Nell'ipotesi prevista dall'articolo 103, terzo comma, TCEEA, il ricorso è presentato in quattro copie autentiche. Esso è corredato del progetto di accordo o di convenzione di cui trattasi, delle osservazioni rivolte dalla Commissione europea allo Stato interessato, nonché di tutti gli altri documenti a sostegno.

2. Il ricorso e i suoi allegati sono notificati alla Commissione europea, la quale dispone di un termine di dieci giorni da detta notifica per presentare osservazioni scritte. Questo termine può essere prorogato dal presidente, sentito lo Stato interessato.

3. Depositate queste osservazioni, che devono essere notificate allo Stato interessato, la Corte statuisce rapidamente, dopo aver sentito l'avvocato generale e, qualora ne abbiano fatto domanda, lo Stato interessato e la Commissione europea.

203. *Procedimenti previsti dagli articoli 104 e 105 TCEEA.* I ricorsi previsti dagli articoli 104, terzo comma, e 105, secondo comma, TCEEA sono disciplinati dalle disposizioni dei titoli II e IV del presente regolamento. Essi sono notificati anche allo Stato cui appartiene la persona o l'impresa contro la quale il ricorso è diretto.

204. *Procedimento previsto dall'articolo 111, paragrafo 3, dell'accordo SEE.* 1. Nell'ipotesi prevista dall'articolo 111, paragrafo 3, dell'accordo SEE, la Corte è adita con una domanda proposta dalle parti contraenti parti nella controversia. La domanda è notificata alle altre parti contraenti, alla Commissione, all'Autorità di vigilanza AELS e, eventualmente, agli altri interessati ai quali sarebbe notificata una domanda pregiudiziale che sollevasse la stessa questione di interpretazione della normativa dell'Unione.

2. Il presidente impartisce alle parti contraenti e agli altri interessati ai quali la domanda è notificata un termine per la presentazione di osservazioni scritte.

3. La domanda è proposta in una delle lingue indicate dall'articolo 36 del presente regolamento. Si applica l'articolo 38. Si applica, mutatis mutandis, l'articolo 98.

4. Non appena è presentata la domanda prevista dal paragrafo 1, il presidente designa il giudice relatore. Subito dopo, il primo avvocato generale attribuisce la domanda a un avvocato generale.

5. La Corte adotta una decisione motivata sulla domanda, sentito l'avvocato generale.

6. La decisione della Corte, sottoscritta dal presidente, dai giudici che hanno preso parte alle deliberazioni e dal cancelliere, è notificata alle parti contraenti e agli altri interessati menzionati dai paragrafi 1 e 2.

205. *Soluzione delle controversie previste dall'articolo 35 TUE nella versione vigente prima dell'entrata in vigore del trattato di Lisbona.* [Abrogato]

206. *Domande previste dall'articolo 269 TFUE.* 1. Nei casi previsti dall'articolo 269 TFUE, la domanda è presentata in quattro copie autentiche. Essa è corredata di tutti i documenti rilevanti e, segnatamente, se del caso, delle osservazioni e raccomandazioni formulate in osservanza dell'articolo 7 TUE.

2. La domanda e i suoi allegati sono notificati, secondo i casi, al Consiglio europeo o al Consiglio, il quale dispone di un termine non prorogabile di dieci giorni da detta notifica per presentare osservazioni scritte. L'articolo 51 non si applica a tale termine.

3. La domanda e i suoi allegati sono comunicati anche agli Stati membri diversi dallo Stato interessato, nonché al Parlamento europeo e alla Commissione europea.

4. Dopo il deposito delle osservazioni previste dal paragrafo 2, che devono essere notificate allo Stato membro interessato nonché agli Stati e alle istituzioni previsti dal paragrafo 3, la Corte statuisce entro un mese dal deposito della domanda, sentito l'avvocato generale. A seguito di domanda dello Stato membro interessato, del Consiglio europeo o del Consiglio, o d'ufficio, la Corte può decidere che il procedimento dinanzi ad essa comporti anche un'udienza di discussione alla quale sono convocati tutti gli Stati e le istituzioni menzionati nel presente articolo.

DISPOSIZIONI FINALI

207. *Regolamento integrativo.* Salva l'osservanza dell'articolo 253 TFUE, la Corte, sentiti i governi interessati, adotta, per quanto la concerne, un regolamento integrativo che stabilisce le norme relative:

a) alle rogatorie;

b) alle domande di gratuito patrocinio;

c) alle denunce da parte della Corte per falsa testimonianza o falsa perizia, ai sensi dell'articolo 30 dello statuto.

208. *Norme di esecuzione.* La Corte può adottare, con atto separato, norme pratiche di esecuzione del presente regolamento.

209. *Abrogazione.* Il presente regolamento sostituisce il regolamento di procedura della Corte di giustizia delle Comunità europee del 19 giugno 1991, da ultimo modificato il 24 maggio 2011 (Gazzetta ufficiale dell'Unione europea, L 162 del 22 giugno 2011, pag. 17).

210. *Pubblicazione ed entrata in vigore del presente regolamento.* Il presente regolamento, autentico nelle lingue indicate dall'articolo 36 dello stesso, è pubblicato nella Gazzetta ufficiale dell'Unione europea ed entra in vigore il primo giorno del secondo mese successivo alla sua pubblicazione.

REGOLAMETO DI PROCEDURA DELLA CORTE EUROPEA DEI DIRITTI DELL'UOMO

17 - Reg. di procedura della Corte europea dei diritti dell'uomo (versione in vigore dal 1º gennaio 2020)[1].

[1] Aggiornamento al 29 dicembre 2020. Traduzione eseguita dal Servizio Traduzioni del Ministero della Giustizia.
Nota della cancelleria: Questa nuova edizione del regolamento della Corte contiene le modifiche adottate dalla Corte plenaria il 4 novembre 2019. Questa nuova edizione è entrata in vigore il 1° gennaio 2020.

La Corte europea dei diritti dell'uomo,
Vista la Convenzione per la salvaguardia dei diritti dell'uomo e delle libertà fondamentali e i suoi Protocolli,

Adotta il presente regolamento:

1.[1] *Definizioni.* Ai fini dell'applicazione del presente regolamento, e salvo che dal contesto non si evinca il contrario:

a) il termine «Convenzione» indica la Convenzione per la salvaguardia dei diritti dell'uomo e delle libertà fondamentali e i suoi Protocolli;

b) l'espressione «Corte plenaria» indica la Corte europea dei diritti dell'uomo riunita in assemblea plenaria;

c) l'espressione «Grande Camera» indica la Grande Camera di diciassette giudici costituita in applicazione dell'articolo 26 § 1 della Convenzione;

d) il termine «sezione» indica una camera costituita dalla Corte plenaria per un periodo determinato in virtù dell'articolo 25 *b)* della Convenzione, e l'espressione «presidente della sezione» indica il giudice eletto presidente di detta sezione dalla Corte plenaria in virtù dell'articolo 25 *c)* della Convenzione;

e) il termine «camera» indica una camera di sette giudici costituita in virtù dell'articolo 26 § 1 della Convenzione, e l'espressione «presidente della camera» indica il giudice che presiede tale «camera»;

f) il termine «comitato» indica un comitato di tre giudici costituito in applicazione dell'articolo 26 § 1 della Convenzione, e l'espressione «presidente del comitato» indica il giudice che presiede tale comitato;

g) l'espressione «composizione di giudice unico» indica una composizione costituita in applicazione dell'articolo 26 § 1 della Convenzione;

h) il termine «Corte» indica indistintamente la Corte plenaria, la Grande Camera, una sezione, una camera, un comitato, un giudice unico o il collegio di cinque giudici indicato nell'articolo 43 § 2 della Convenzione e nell'articolo 2 del Protocollo n. 16 alla Convenzione;

i) l'espressione «giudice ad hoc» indica la persona scelta in applicazione dell'articolo 26 § 4 della Convenzione e conformemente all'articolo 29 del presente regolamento per fare parte della Grande Camera o di una camera;

j) i termini «giudice» e «giudici» indicano i giudici eletti dall'Assemblea parlamentare del Consiglio d'Europa e i giudici ad hoc;

k) l'espressione «giudice relatore» indica un giudice nominato per assolvere i compiti previsti dagli articoli 48 e 49 del presente regolamento;

l) il termine «relatore non giudiziario» indica un membro della cancelleria incaricato di assistere la Corte nella formazione di giudice unico prevista dall'articolo 24 § 2 della Convenzione;

m) il termine «delegato» indica un giudice nominato dalla camera per fare parte di una delegazione; l'espressione «capo della delegazione» indica il delegato nominato dalla camera per dirigere la propria delegazione;

n) il termine «delegazione» indica un organo composto da delegati, membri della cancelleria e ogni altra persona nominata dalla camera per assistere la delegazione;

o) il termine «cancelliere» indica, a seconda del contesto, il cancelliere della Corte o il cancelliere di una sezione;

p) i termini «parte» e «parti» indicano:
- le Parti contraenti ricorrenti o convenute;
- il ricorrente (persona fisica, organizzazione non governativa o gruppo di privati) che ha adito la Corte ai sensi dell'articolo 34 della Convenzione;

q) l'espressione «terzo interveniente» indica la Parte contraente o la persona interessata o il Commissario per i diritti dell'uomo del Consiglio d'Europa che, come previsto dall'articolo 36 §§ 1, 2 e 3 della Convenzione e dall'articolo 3 del Protocollo n. 16, abbia esercitato il proprio diritto di presentare osservazioni per iscritto e di partecipare a un'udienza, o sia stata/o invitata/o a farlo;

r) i termini «udienza» e «udienze» indicano i dibattimenti aventi ad oggetto la ricevibilità e/o il merito di un ricorso, una richiesta di revisione o di parere consultivo, una richiesta di interpretazione presentata da una parte o dal Comitato dei Ministri, o una questione di inadempimento sulla quale la Corte possa essere adita in virtù dell'articolo 46 § 4 della Convenzione;

s) l'espressione «Comitato dei Ministri» indica il Comitato dei Ministri del Consiglio d'Europa;

t) i termini «vecchia Corte» e «Commissione» indicano rispettivamente la Corte europea e la Commissione europea dei diritti dell'uomo costituite in virtù del vecchio articolo 19 della Convenzione.

TITOLO I
ORGANIZZAZIONE E FUNZIONAMENTO DELLA CORTE

Capitolo I
Giudici

2.[2] *Calcolo della durata del mandato.* 1. Quando il seggio è vacante alla data dell'elezione del giudice o quando l'elezione ha luogo meno di tre mesi prima che il seggio divenga vacante, il mandato comincia a decorrere dalla data di assunzione dell'incarico, che deve avvenire entro tre mesi dalla data dell'elezione.

2. Quando l'elezione di un giudice ha luogo più di tre mesi prima che il seggio divenga vacante, il mandato comincia a decorrere dalla data in cui il seggio diviene vacante.

3. Ai sensi dell'articolo 23 § 3 della Convenzione, il giudice eletto resta in carica fino al momento in cui il suo successore presta il giuramento o rende la dichiarazione previsti dall'articolo 3 del presente regolamento.

3. *Giuramento o dichiarazione solenne.* 1. Prima di entrare in carica, in occasione della prima seduta della Corte plenaria alla quale assiste o, ove necessario, dinanzi al presidente della Corte, ogni giudice eletto deve prestare il seguente giuramento o rendere la seguente dichiarazione solenne:

2. «Giuro» – o «Dichiaro solennemente» – «che eserciterò le mie funzioni di giudice con onore, indipendenza ed imparzialità e che rispetterò la segretezza delle deliberazioni.»

3. Di quanto precede è redatto verbale.

4.[3] *Incompatibilità.* 1. In virtù dell'articolo 21 § 3 della Convenzione, durante il loro mandato i giudici non possono esercitare alcuna attività politica o amministrativa, né alcuna attività professionale incompatibile con il loro dovere di indipendenza e di imparzialità o con la disponibilità richiesta da un'attività esercitata a tempo pieno. Ogni giudice dichiara al presidente della Corte eventuali attività supplementari. In caso di disaccordo tra il Presidente e il giudice interessato, ogni questione sollevata è definita dalla Corte plenaria.

2. Un ex giudice non può rappresentare, a nessun titolo, una parte o un terzo interveniente in un procedimento dinanzi alla Corte relativo a un ricorso presentato in data antecedente a quella in cui il giudice ha cessato di esercitare le sue funzioni. Un ex giudice non può rappresentare, a nessun titolo, una parte o un terzo interveniente in un procedimento dinanzi alla Corte relativo a un ricorso presentato successivamente alla data in cui il giudice ha cessato di esercitare le sue funzioni, prima che siano decorsi due anni da tale data.

5.[4] *Precedenza.* 1. I giudici eletti prendono posto dopo il presidente e i vicepresidenti della Corte e dopo i presidenti di sezione, in ordine di data di assunzione dell'incarico a norma dell'articolo 2 §§ 1 e 2 del presente regolamento.

2. I vicepresidenti della Corte eletti nel medesimo giorno prendono posto in ordine di durata delle funzioni svolte in qualità di giudice. In caso di pari durata, essi prendono posto in ordine di età anagrafica. La stessa regola vale per i presidenti di sezione.

3. I giudici che hanno svolto le loro funzioni per il medesimo lasso di tempo prendono posto in ordine di età anagrafica.

4. I giudici ad hoc prendono posto in ordine di età, dopo i giudici eletti.

6. *Dimissioni.* Le dimissioni di un giudice vengono indirizzate al presidente della Corte, il quale le trasmette al Segretario generale del Consiglio d'Europa. Fatta salva l'applicazione degli articoli 24 § 4 in fine e 26 § 3 del presente regolamento, esse comportano la vacanza del seggio.

7. *Revoca.* Un giudice può essere sollevato dalle sue funzioni solo qualora gli altri giudici, riuniti in sessione plenaria, decidano, a maggioranza dei due terzi dei giudici eletti in carica, che egli non soddisfa più le condizioni richieste. Il giudice in questione deve previamente essere sentito dalla Corte plenaria. La procedura di revoca può essere proposta da qualsiasi giudice.

CAPITOLO II[5]
PRESIDENZA DELLA CORTE E RUOLO DELL'UFFICIO

8.[6] *Elezione del presidente e dei vicepresidenti della Corte e dei presidenti e dei vicepresidenti delle sezioni.* 1. La Corte plenaria elegge il suo presidente e i suoi due vicepresidenti per un periodo di tre anni e i presidenti di sezione per un periodo di due anni; tali periodi non possono oltrepassare la durata del mandato di giudice degli interessati.

2. Ogni sezione elegge inoltre un vicepresidente per un periodo di due anni, periodo che non può oltrepassare la durata del mandato di giudice dell'interessato.

3. Un giudice, eletto a norma dei precedenti paragrafi 1 o 2, può essere rieletto una sola volta per le medesime funzioni.

4. I presidenti e i vicepresidenti continuano ad esercitare le loro funzioni fino all'elezione dei loro successori.

5. Le elezioni di cui al paragrafo 1 del presente articolo si svolgono a scrutinio segreto; vi partecipano soltanto i giudici eletti presenti. Se nessun candidato ottiene la maggioranza assoluta dei voti espressi, si procede ad uno o più turni di scrutinio supplementari, finché un candidato avrà ottenuto la maggioranza assoluta. All'esito di ciascuna votazione, tutti i candidati che avranno ottenuto meno di cinque voti saranno eliminati. Se restano ancora in lizza più di due candidati che hanno ottenuto almeno cinque voti, sarà eliminato anche colui che ha ottenuto il minor numero di voti. Se più di un candidato si trova in tale situazione, sarà eliminato soltanto il candidato che è ultimo nell'ordine di precedenza di cui all'articolo 5 del presente regolamento. In caso di ripartizione dei voti tra due candidati nel turno di scrutinio finale, la preferenza è accordata al giudice che ha la precedenza ai sensi del citato articolo 5.

6. Le regole fissate al paragrafo precedente si applicano alle elezioni di cui al paragrafo 2 di questo articolo. Tuttavia, qualora sia necessario più di uno scrutinio affinché uno dei candidati raggiunga la maggioranza assoluta, soltanto il candidato che ha ricevuto il minor numero di voti sarà eliminato al termine di ogni scrutinio.

9. *Funzioni del presidente della Corte.* 1. Il presidente della Corte dirige i lavori e i servizi della Corte. Egli rappresenta la Corte assicurando, in particolare, le relazioni con le autorità del Consiglio d'Europa.

2. Egli presiede le sedute plenarie della Corte, le sedute della Grande Camera e quelle del collegio di cinque giudici.

3. Egli non partecipa all'esame delle cause trattate dalle camere, a meno che non sia il giudice eletto a titolo di una Parte contraente interessata.

9A.[7] *Ruolo dell'ufficio.* 1. *a)* La Corte è dotata di un ufficio, composto dal presidente e dai vicepresidenti della Corte e dai presidenti di sezione.

Il vicepresidente della Corte o il presidente di sezione impossibilitati ad assistere ad una riunione dell'ufficio sono sostituiti dal vicepresidente di sezione o, in mancanza, dal componente della sezione che prende posto immediatamente dopo ai sensi dell'articolo 5 del presente regolamento.

b) L'ufficio può invitare ad una delle sue riunioni ogni altro componente della Corte o ogni altra persona di cui ritenga necessaria la presenza.

2. L'ufficio è assistito dal cancelliere e dai cancellieri aggiunti.

3. L'ufficio ha il compito di assistere il presidente nello svolgimento delle sue funzioni di direzione del lavoro e dei servizi della Corte. A tale scopo, il presidente può sottoporre all'ufficio qualsiasi questione amministrativa o extragiudiziaria che rientri nella sua competenza.

4. L'ufficio agevola altresì il coordinamento tra le sezioni della Corte.

5. Il presidente può consultare l'ufficio prima di impartire istruzioni pratiche ai sensi dell'articolo 32 del presente regolamento e prima di approvare le istruzioni generali formulate dal cancelliere ai sensi dell'articolo 17 § 4 del presente regolamento.

6. L'ufficio può presentare rapporto su ogni questione alla Corte plenaria, alla quale può altresì sottoporre delle proposte.

7. Di ogni riunione dell'ufficio è redatto e distribuito ai giudici un resoconto nelle due lingue ufficiali della Corte. Il segretario dell'ufficio è designato dal cancelliere d'intesa con il presidente.

10. *Funzioni dei vicepresidenti della Corte.* I vicepresidenti della Corte assistono il presidente della Corte, lo sostituiscono in caso di impedimento o di vacanza della presidenza, ovvero su sua richiesta, e svolgono inoltre le funzioni di presidenti di sezione.

11. *Sostituzione del presidente e dei vicepresidenti della Corte.* In caso di simultaneo impedimento del presidente e dei vicepresidenti della Corte o in caso di simultanea vacanza delle loro cariche, la presidenza è assunta da uno dei presidenti di sezione ovvero, se nessuno di essi è disponibile, da un altro giudice eletto, secondo l'ordine di precedenza stabilito dall'articolo 5 del presente regolamento.

12.[8] *Presidenza delle sezioni e delle camere.* I presidenti delle sezioni presiedono le sedute della sezione e delle camere di cui fanno parte e dirigono il lavoro delle sezioni. I vicepresidenti delle sezioni li sostituiscono in caso di impedimento o di vacanza della presidenza della sezione ovvero su richiesta del presidente della sezione. In mancanza, i membri della sezione e delle camere li sostituiscono, secondo l'ordine di precedenza stabilito dall'articolo 5 del presente regolamento.

13.[9] *Incapacità di assumere la presidenza.* I membri della Corte non possono assumere la presidenza in una causa nella quale è parte una Parte contraente di cui sono cittadini o a titolo della quale sono stati eletti, ovvero in una causa alla quale partecipano in qualità di giudice designato a norma dell'articolo 29 § 1 *a)* o dell'articolo 30 § 1 del presente regolamento.

14. *Rappresentanza equilibrata dei sessi.* Nelle nomine disciplinate dal presente capitolo e dal capitolo seguente, la Corte persegue una politica finalizzata ad un'equilibrata rappresentanza dei sessi.

CAPITOLO III
CANCELLERIA

15.[10] *Elezione del cancelliere.* 1. La Corte plenaria elegge il suo cancelliere. I candidati devono godere della massima considerazione morale e possedere le conoscenze giuridiche, amministrative e linguistiche, nonché l'esperienza richieste per l'esercizio delle funzioni.

2. Il cancelliere è eletto per un periodo di cinque anni ed è rieleggibile; può essere sollevato dalle sue funzioni solo qualora i giudici, riuniti in sessione plenaria, decidano, a maggioranza dei due terzi dei giudici eletti in carica, che l'interessato non soddisfa più le condizioni richieste. Quest'ultimo deve prima essere sentito dalla Corte plenaria. La procedura di revoca può essere proposta da qualsiasi giudice.

3. Le elezioni di cui al presente articolo hanno luogo a scrutinio segreto; vi partecipano soltanto i giudici eletti presenti. Se nessun candidato ottiene la maggioranza assoluta dei voti espressi, si procede a uno o più scrutini supplementari fino a quando un candidato ottenga la maggioranza assoluta. All'esito di ciascuna votazione, tutti i candidati che avranno ottenuto meno di cinque voti saranno eliminati. Se più di due candidati che hanno ottenuto almeno cinque voti restano ancora in lizza, sarà eliminato anche colui che ha ottenuto il minor numero di voti. In caso di parità di voti in un turno di scrutinio supplementare, la preferenza è accordata anzitutto al candidato di sesso femminile, ove ve ne siano, e quindi al candidato più anziano.

4. Prima di entrare in carica, il cancelliere, dinanzi alla Corte plenaria o, ove necessario, dinanzi al presidente della Corte, deve prestare il seguente giuramento o rendere la seguente dichiarazione solenne:

5. «Giuro» – o «Dichiaro solennemente» – «che eserciterò con piena lealtà, riservatezza e coscienza le funzioni che mi sono state affidate nella mia qualità di cancelliere della Corte europea dei diritti dell'uomo.»

6. Di quanto precede è redatto verbale.

16.[11] *Elezione dei cancellieri aggiunti.* 1. La Corte plenaria elegge anche uno o più cancellieri aggiunti nelle condizioni, nel modo e per la durata di cui all'articolo precedente. La procedura prevista per la revoca del cancelliere si applica anche alla revoca dei cancellieri aggiunti. La Corte consulta previamente il cancelliere.

2. Prima di entrare in carica, il cancelliere aggiunto, dinanzi alla Corte plenaria o, ove necessario, dinanzi al presidente della Corte, deve prestare un giuramento o rendere una dichiarazione simili a quelli previsti per il cancelliere. Di quanto precede è redatto verbale.

17. *Funzioni del cancelliere.* 1. Il cancelliere assiste la Corte nell'adempimento delle sue funzioni ed è responsabile dell'organizzazione e delle attività della cancelleria, sotto l'autorità del presidente della Corte.

2. Il cancelliere custodisce gli archivi della Corte e funge da intermediario nelle comunicazioni e notificazioni indirizzate alla medesima o da essa provenienti, in relazione alle cause promosse o da promuovere dinanzi ad essa.

3. Il cancelliere, fatto salvo l'obbligo di riservatezza connesso alle sue funzioni, risponde alle richieste di informazioni sull'attività della Corte, in particolare a quelle formulate dalla stampa.

4. Il funzionamento della cancelleria è disciplinato da istruzioni generali predisposte dal cancelliere e approvate dal presidente della Corte.

18.[12] *Organizzazione della cancelleria.* 1. La cancelleria è composta dalle cancellerie di sezione, in numero pari a quello delle sezioni costituite dalla Corte, e dai servizi necessari per fornire alla Corte le prestazioni amministrative e giuridiche richieste.

2. Il cancelliere di sezione assiste quest'ultima nell'adempimento delle sue funzioni, e può essere coadiuvato da un cancelliere aggiunto di sezione.

3. Gli operatori di cancelleria sono nominati dal cancelliere sotto l'autorità del presidente della Corte. La nomina del cancelliere e dei cancellieri aggiunti è disciplinata dagli articoli 15 e 16 del presente regolamento.

18A.[13] *Relatori non giudiziari.* 1. Nelle sedute in formazione di giudice unico, la Corte è assistita da relatori non giudiziari, che agiscono sotto l'autorità del presidente della Corte. Essi fanno parte della cancelleria della Corte.

2. I relatori non giudiziari sono nominati dal presidente della Corte su proposta del cancelliere. I cancellieri di sezione e i cancellieri aggiunti di sezione di cui all'articolo 18 § 2 del presente regolamento svolgono di diritto le funzioni di relatori non giudiziari.

18B.[14] *Giureconsulto.* Ai fini della qualità e della coerenza della sua giurisprudenza, la Corte è assistita da un giureconsulto. Costui fa parte della cancelleria e fornisce pareri e informazioni, in particolare ai collegi giudicanti e ai membri della Corte.

CAPITOLO IV
FUNZIONAMENTO DELLA CORTE

19. *Sede della Corte.* 1. La Corte ha sede a Strasburgo, sede del Consiglio d'Europa. Tuttavia, qualora lo ritenga utile, la Corte può esercitare le sue funzioni in altri luoghi del territorio degli Stati membri del Consiglio d'Europa.

2. La Corte può decidere, in ogni fase dell'istruzione di un ricorso, che è necessario che essa stessa o uno o più dei suoi membri conduca un'indagine o svolga compiti diversi in altri luoghi.

20. *Sessioni plenarie della Corte.* 1. Su convocazione del suo presidente, la Corte si riunisce in sessione plenaria ogni volta che lo richiede l'esercizio delle funzioni che le competono ai sensi della Convenzione e del presente regolamento. Il presidente procede a tale convocazione se almeno un terzo dei membri lo richiede e in ogni caso una volta l'anno per l'esame di questioni amministrative.

2. Ai fini del funzionamento della Corte plenaria è necessario il quorum dei due terzi dei giudici eletti in carica.

3. Se non viene raggiunto il quorum, il presidente aggiorna la seduta.

21. *Altre sessioni della Corte.* 1. La Grande Camera, le camere e i comitati si riuniscono in modo permanente. Tuttavia, su proposta del suo presidente, la Corte stabilisce ogni anno i periodi di sessione.

2. Al di fuori dei suddetti periodi, la Grande Camera e le camere possono essere convocate dal loro presidente in caso di urgenza.

22. *Deliberazioni.* 1. La Corte delibera in camera di consiglio. Le deliberazioni restano segrete.

2. Solo i giudici prendono parte alle deliberazioni. In camera di consiglio è presente il cancelliere o la persona designata per sostituirlo, nonché gli altri operatori di cancelleria e gli interpreti di cui risulti necessaria l'assistenza. Non possono essere ammesse altre persone, se non in virtù di una decisione speciale della Corte.

3. Prima del voto su una questione sottoposta alla Corte, il presidente può invitare i giudici ad esprimere la loro opinione.

23. *Votazioni.* 1. Le decisioni della Corte sono adottate a maggioranza dei voti dei giudici presenti. In caso di parità si procede ad una nuova votazione e, nel caso vi sia ancora parità, prevale il voto del presidente. Il presente paragrafo si applica salvo disposizione contraria del presente regolamento.

2. Le decisioni e le sentenze della Grande Camera e delle camere sono adottate a maggioranza dei voti espressi dai giudici effettivi. Le astensioni non sono ammesse per le votazioni definitive sulla ricevibilità o sul merito di una causa.

3. Di norma le votazioni si effettuano per alzata di mano. Il presidente può decidere di procedere ad una votazione per appello nominale in ordine inverso di precedenza.

4. Ogni questione sottoposta al voto è formulata in termini precisi.

23A.[15] *Decisione per tacito accordo.* Quando la Corte deve deliberare su una questione di procedura o su ogni altra questione al di fuori di una riunione programmata, il presidente può dare istruzione di far circolare fra i giudici un progetto di decisione e di stabilire un termine entro il quale i medesimi possano formulare osservazioni. In assenza di obiezioni da parte dei giudici, la proposta si ritiene adottata alla scadenza del predetto termine.

CAPITOLO V
FORMAZIONI

24.[16] *Composizione della Grande Camera.* 1. La Grande Camera è composta da diciassette giudici e da almeno tre giudici supplenti.

2. *a)* Fanno parte della Grande Camera il presidente e i vicepresidenti della Corte, nonché i presidenti delle sezioni. Il vicepresidente della Corte, o il presidente di una sezione che non possa essere presente ad una seduta della Grande Camera, viene sostituito dal vicepresidente della sezione interessata.

b) Il giudice eletto a titolo di una Parte contraente interessata o, se del caso, il giudice designato in virtù degli articoli 29 o 30 del presente regolamento è membro di diritto della Grande Camera, ai sensi dell'articolo 26 §§ 4 e 5 della Convenzione.

c) All'esame delle cause che sono deferite alla Grande Camera ai sensi dell'articolo 30 della Convenzione prendono parte anche i membri della camera che si è dichiarata incompetente.

d) All'esame delle cause che sono deferite alla Grande Camera ai sensi dell'articolo 43 della Convenzione non prende parte alcuno dei giudici di cui era composta la camera che ha emesso la sentenza relativa alla causa rinviata, ad eccezione del presidente di detta camera e del giudice intervenuto a titolo dello Stato parte interessato, né alcuno dei giudici che abbiano fatto parte della camera o delle camere che si sono pronunciate sulla ricevibilità del ricorso.

e) I giudici e i giudici supplenti chiamati a completare la Grande Camera ogni volta che le viene deferita una causa sono designati fra i giudici restanti mediante estrazione a sorte effettuata dal presidente della Corte alla presenza del cancelliere. Le modalità di estrazione a sorte sono stabilite dalla Corte plenaria, la quale vigila affinché sia assicurata una composizione geograficamente equilibrata, che rifletta la diversità dei sistemi giuridici delle Parti contraenti.

f) Per l'esame di una richiesta presentata ai sensi dell'articolo 46 § 4 della Convenzione, la Grande Camera comprende, oltre ai giudici citati al paragrafo 2 *a)* e *b)* del presente articolo, i membri del comitato o della camera che ha emesso la sentenza in questione. Nel caso la sentenza sia stata emessa da una Grande Camera, essa è composta dagli stessi giudici. In tutti i casi, compresi quelli in cui è impossibile riunire la Grande Camera iniziale, i giudici ed i giudici supplenti chiamati a completare la Grande Camera sono designati conformemente al paragrafo 2 *e)* del presente articolo.

g) Quando esamina una domanda di parere consultivo ai sensi dell'articolo 47 della Convenzione, la Grande Camera è costituita conformemente alle disposizioni del paragrafo 2 *a)* ed *e)* del presente articolo.

h) Quando esamina una domanda di parere consultivo presentata ai sensi del Protocollo n. 16 alla Convenzione, la Grande Camera è costituita conformemente alle disposizioni del paragrafo 2 *a)*, *b)* ed *e)* del presente articolo.

3. I giudici che non possono essere presenti vengono sostituiti dai giudici supplenti secondo l'ordine di designazione previsto dal paragrafo 2 *e)* del presente articolo.

4. I giudici e i giudici supplenti designati conformemente alle disposizioni precedenti partecipano ai lavori fino alla conclusione del procedimento. Alla scadenza del loro mandato, essi continuano a partecipare alla trattazione della causa se ne hanno già esaminato il merito. Tali disposizioni si applicano anche alla procedura relativa ai pareri consultivi.

a) Il collegio di cinque giudici della Grande Camera chiamato ad esaminare una richiesta presentata ai sensi dell'articolo 43 della Convenzione è composto:

- dal presidente della Corte; se il presidente della Corte ha un impedimento, viene sostituito dal vicepresidente secondo l'ordine di precedenza;
- da due presidenti di sezione, designati a rotazione; in caso di impedimento, il presidente di sezione così designato viene sostituito dal vicepresidente della sua sezione;
- da due giudici designati a rotazione tra i giudici eletti nelle restanti sezioni per far parte del collegio per un periodo di sei mesi;
- da almeno due giudici supplenti designati a rotazione tra i giudici eletti nelle sezioni per far parte del collegio per un periodo di sei mesi.

a) Quando esamina una domanda di rinvio, il collegio non comprende alcun giudice che abbia preso parte all'esame della ricevibilità o del merito della causa in questione.

b) Un giudice eletto a titolo di una Parte contraente interessata da una domanda di rinvio ovvero cittadino di tale Parte non può partecipare al collegio quando quest'ultimo esamina la domanda. Allo stesso modo, un giudice eletto designato in virtù degli articoli 29 o 30 del presente regolamento non può partecipare all'esame della domanda.

c) Il membro del collegio che abbia un impedimento per uno dei motivi previsti dai commi *b)* o *c)* è sostituito da un giudice supplente designato a rotazione tra i giudici eletti nelle sezioni per far parte del collegio per un periodo di sei mesi.

d) Quando esamina una domanda di parere consultivo presentata ai sensi dell'articolo 1 del Protocollo n. 16 alla Convenzione, il collegio è costituito conformemente alle disposizioni dell'articolo 93 del presente regolamento.

25. *Costituzione delle sezioni.* 1. Le camere previste dall'articolo 25 *b)* della Convenzione (e denominate «sezioni» nel presente regolamento) sono costituite dalla Corte plenaria, su proposta del presidente, per un periodo di tre anni a decorrere dall'elezione dei titolari delle funzioni presidenziali di cui all'articolo 8 del presente regolamento. Vi sono almeno quattro sezioni.

2. Ogni giudice è membro di una sezione. La composizione delle sezioni deve essere equilibrata sia dal punto di vista geografico che dal punto di vista della rappresentanza dei sessi, e deve tener conto dei diversi sistemi giuridici delle Parti contraenti.

3. Quando un giudice cessa di far parte della Corte prima della scadenza del periodo per il quale la sezione è stata costituita, il suo successore alla Corte lo sostituisce come membro della sezione.

4. Se le circostanze lo richiedono, il presidente della Corte può eccezionalmente apportare modifiche alla composizione delle sezioni.

5. Su proposta del presidente, la Corte plenaria può costituire una sezione supplementare.

26.[17] *Costituzione delle camere.* 1. Le camere di sette giudici previste dall'articolo 26 § 1 della Convenzione per l'esame delle cause sottoposte alla Corte sono costituite come segue a partire dalle sezioni.

a) Fatti salvi il paragrafo 2 del presente articolo e l'articolo 28 § 4, ultima frase, del presente regolamento, per l'esame di ciascuna causa la camera comprende il presidente della sezione ed il giudice eletto a titolo di ogni Parte contraente interessata. Se non è membro della sezione alla quale il ricorso è stato assegnato ai sensi degli articoli 51 o 52 del presente regolamento, tale giudice è membro di diritto della camera, ai sensi dell'articolo 26 § 4 della Convenzione. Nel caso in cui detto giudice non possa partecipare o si astenga, si applica l'articolo 29 del presente regolamento.

b) Gli altri membri della camera sono designati dal presidente della sezione a rotazione fra i membri della medesima.

c) I membri della sezione che non sono designati in tal modo partecipano all'esame della causa in qualità di supplenti.

2. Il giudice eletto a titolo di ogni Parte contraente interessata o, se del caso, il giudice eletto o il giudice ad hoc designato ai sensi degli articoli 29 o 30 del presente regolamento, può essere esonerato dal presidente della camera dall'assistere alle riunioni relative alle questioni preparatorie o procedurali. Ai fini di tali riunioni parteciperà il primo giudice supplente.

3. Anche dopo la fine del suo mandato, il giudice continua a esaminare le cause per le quali ha partecipato all'esame nel merito.

27.[18] *Comitati.* 1. In applicazione dell'articolo 26 § 1 della Convenzione sono costituiti dei comitati di tre giudici appartenenti alla stessa sezione. Dopo aver consultato i presidenti delle sezioni, il presidente della Corte decide il numero di comitati da creare.

2. I comitati sono costituiti per un periodo di dodici mesi, a rotazione tra i membri di ogni sezione, ad eccezione del presidente.

3. I membri della sezione, incluso il presidente della medesima, che non sono membri di un comitato, possono, ove necessario, essere chiamati a partecipare, e possono inoltre sostituire i membri impossibilitati a partecipare.

4. Il comitato è presieduto dal membro che ha la precedenza nella sezione.

27A.[19] *Formazione di giudice unico.* 1. I giudici unici sono istituiti in applicazione dell'articolo 26 § 1 della Convenzione. Dopo aver consultato l'ufficio, il presidente della Corte decide il numero di giudici unici da istituire e procede alle designazioni richieste a titolo di una o più Parti contraenti.

2. Alla seduta partecipano inoltre, in qualità di giudici unici:

a) i presidenti di sezione quando esercitano le competenze loro attribuite dall'articolo 54 §§ 2 *b)* e 3 del presente regolamento;

b) i vicepresidenti di sezione designati per decidere sulle richieste di misure provvisorie conformemente all'articolo 39 § 4 del presente regolamento;

3. Conformemente all'articolo 26 § 3 della Convenzione, un giudice non può decidere in qualità di giudice unico su un ricorso proposto contro la Parte contraente a titolo della quale è stato eletto. Inoltre, un giudice non può decidere in qualità di giudice unico su un ricorso proposto contro una Parte contraente di cui è cittadino.

4. I giudici unici sono designati per un periodo di dodici mesi. Essi continuano ad espletare gli altri incarichi nelle sezioni di cui fanno parte, ai sensi dell'articolo 25 § 2 del presente regolamento.

5. In applicazione dell'articolo 24 § 2 della Convenzione, ogni giudice unico delibera con l'assistenza di un relatore non giudiziario.

28.[20] *Impedimento, astensione o dispensa.* 1. Il giudice che non possa partecipare alle sedute per le quali è convocato lo comunica al presidente della camera nel più breve tempo possibile.

2. Un giudice non può partecipare all'esame di una causa:

a) se ha un interesse personale nella medesima, ad esempio in ragione di un legame coniugale o genitoriale, di un altro legame di parentela prossima, di uno stretto legame personale o professionale o di un legame di subordinazione con una qualsiasi delle parti;

b) se è precedentemente intervenuto nella causa in qualità di agente, avvocato o consulente di una parte o di una persona che abbia un interesse nella causa ovvero, a livello nazionale o internazionale, come membro di un'altra autorità giudiziaria o commissione di inchiesta, o a qualsiasi altro titolo;

c) se, mentre è giudice ad hoc o ex giudice eletto ancora in carica ai sensi dell'articolo 26 § 3 del presente regolamento, si impegna in un'attività politica o amministrativa, ovvero in un'attività professionale incompatibile con la sua indipendenza o imparzialità;

d) se ha espresso in pubblico, attraverso i mezzi di comunicazione, per iscritto, con azioni pubbliche o con ogni altro mezzo, delle opinioni che oggettivamente pregiudicano la sua imparzialità;

e) se la sua indipendenza o imparzialità possono legittimamente essere messe in dubbio per qualsiasi altra ragione.

3. Il giudice che si astenga per una delle citate ragioni lo comunica al presidente della camera, che lo dispensa dal partecipare alla seduta.

4. Se il giudice interessato o il presidente della camera nutre dei dubbi sull'eventuale esistenza di una delle cause di astensione citate al paragrafo 2 del presente articolo, è la camera a decidere. Dopo aver sentito il giudice interessato, essa delibera e vota in sua assenza. Ai fini delle deliberazioni e del voto in questione, l'interessato è sostituito dal primo giudice supplente della camera. Lo stesso accade se egli partecipa alla seduta a titolo di una Parte contraente interessata, ai sensi degli articoli 29 e 30 del presente regolamento.

5. Le precedenti disposizioni si applicano altresì ai giudici chiamati a svolgere la loro funzione in qualità di giudici unici o in un comitato; in questo caso, la comunicazione prevista dai paragrafi 1 e 3 è indirizzata al presidente della sezione.

29.[21] *Giudici ad hoc.* 1. *a)* Se il giudice eletto a titolo di una Parte contraente interessata non può far parte di una camera, si astiene, o è dispensato, ovvero in mancanza di un tale giudice, il presidente della camera sceglie un giudice ad hoc, che possa partecipare all'esame della causa conformemente all'articolo 28 del presente regolamento, da un elenco presentato previamente dalla Parte contraente e contenente da tre a cinque nomi di persone che soddisfino i criteri di cui al paragrafo 1 *c)* del presente articolo e da essa designate come possibili giudici ad hoc per un periodo di quattro anni rinnovabile.

b) All'elenco, nel quale devono essere rappresentati entrambi i sessi, deve essere acclusa una nota biografica delle persone che lo compongono. Queste ultime non possono rappresentare, a nessun titolo, una parte o un terzo interveniente dinanzi alla Corte.

c) La procedura descritta nel paragrafo 1 *a)* del presente articolo si applica se la persona designata in tal modo ha un impedimento o si astiene.

d) Un giudice ad hoc deve possedere i requisiti richiesti dall'articolo 21 § 1 della Convenzione ed essere in grado di soddisfare le esigenze di disponibilità e presenza di cui al paragrafo 5 del presente articolo. Per l'intera durata del suo mandato, un giudice ad hoc non può rappresentare, a nessun titolo, una parte o un terzo interveniente dinanzi alla Corte.

2. Il presidente della camera designa un altro giudice eletto per presenziare in qualità di giudice ad hoc quando:

a) al momento della comunicazione del ricorso a titolo dell'articolo 54 § 2 *b)* del regolamento, la Parte contraente interessata non aveva fornito al cancelliere l'elenco previsto dal paragrafo 1 *a)* del presente articolo, o

b) ritiene che meno di tre fra le persone indicate nell'elenco rispondano ai requisiti stabiliti dal paragrafo 1 *c)* del presente articolo.

3. Il presidente della camera può decidere di designare un giudice ad hoc conformemente al paragrafo 1 *a)* o 2 del presente articolo solo nel momento in cui il ricorso sarà comunicato alla Parte contraente in virtù dell'articolo 54 § 2 *b)* del presente regolamento. In attesa della decisione del presidente della camera, partecipa il primo giudice supplente.

4. All'inizio della prima seduta dedicata all'esame della causa dopo la sua designazione, il giudice ad hoc presta il giuramento o rende la dichiarazione solenne previsti dall'articolo 3 del presente regolamento. Di quanto precede è redatto verbale.

5. I giudici ad hoc devono rimanere a disposizione della Corte e, fatto salvo l'articolo 26 § 2 del presente regolamento, assistere alle riunioni della camera.

6. Le disposizioni del presente articolo si applicano mutatis mutandis alla procedura seguita dinanzi a un collegio della Grande Camera relativamente a una domanda di parere consultivo presentata in virtù dell'articolo 1 del Protocollo n. 16 alla Convenzione e alla procedura seguita dinanzi alla Grande Camera costituita per esaminare le domande accettate dal collegio.

30.[22] *Comunanza di interessi.* 1. Qualora due o più Parti contraenti ricorrenti o convenute abbiano un interesse comune, il presidente della camera può invitarle a trovare un accordo al fine di designare, in qualità di giudice della comunanza di interessi, uno solo dei giudici eletti a titolo di dette Parti, che sarà chiamato di diritto a partecipare all'esame della causa; in mancanza di accordo, egli estrae a sorte, tra i giudici proposti, colui che parteciperà in qualità di giudice della comunanza di interessi.

2. Il presidente della camera può decidere di invitare le Parti contraenti interessate a procedere alla designazione prevista dal paragrafo 1 del presente articolo solo una volta che il ricorso sia stato portato a conoscenza delle Parti contraenti convenute a norma dell'articolo 54 § 2 del presente regolamento.

3. In caso di contestazione in merito all'esistenza di una comunanza di interessi o ad ogni altra questione connessa, la camera decide, all'occorrenza dopo aver raccolto le osservazioni scritte delle Parti contraenti interessate.

TITOLO II
PROCEDURA

CAPITOLO I
REGOLE GENERALI

31. *Possibilità di deroghe particolari.* Le disposizioni del presente titolo non impediscono che la Corte vi deroghi per l'esame di una causa particolare dopo avere consultato le parti laddove necessario.

32. *Istruzioni pratiche.* Il presidente della Corte può emanare istruzioni pratiche, in particolare su questioni quali la comparizione alle udienze e il deposito di osservazioni scritte o di altri documenti.

33.[23] *Pubblicità dei documenti.* 1. Tutti i documenti depositati in cancelleria dalle parti o da terzi intervenienti riguardo ad un ricorso, ad eccezione di quelli presentati nell'ambito di trattative condotte per pervenire ad una composizione amichevole come prevede l'articolo 62 del presente regolamento, sono accessibili al pubblico, secondo le modalità pratiche stabilite dal cancelliere, a meno che il presidente della camera non decida diversamente per i motivi indicati nel paragrafo 2 del presente articolo, d'ufficio o su richiesta di una parte o di ogni altra persona interessata.

2. L'accesso del pubblico a un documento o a parte di un documento può essere limitato nell'interesse della moralità, dell'ordine pubblico o della sicurezza nazionale in una società democratica quando lo esigono gli interessi dei minori o la protezione della vita privata delle parti o di ogni persona interessata, ovvero, per quanto ritenuto strettamente necessario dal presidente della camera, quando, in circostanze speciali, la pubblicità potrebbe pregiudicare gli interessi della giustizia.

3. Le richieste di riservatezza formulate ai sensi del paragrafo 1 del presente articolo devono essere motivate e precisare se riguardano tutti i documenti o soltanto una parte di essi.

34.[24] *Uso delle lingue.* 1. Le lingue ufficiali della Corte sono il francese e l'inglese.

2. Quando un ricorso è presentato ai sensi dell'articolo 34 della Convenzione, tutte le comunicazioni con il ricorrente o con il suo rappresentante e tutte le osservazioni orali o scritte, presentate dal ricorrente o dal suo rappresentante, che non siano fatte o redatte in una delle lingue ufficiali della Corte, devono essere fatte o redatte in una delle lingue ufficiali delle Parti contraenti fino a quando il ricorso non sia stato portato a conoscenza di una Parte contraente in virtù del presente regolamento. Se una Parte contraente è informata di un ricorso o se un ricorso è portato alla sua conoscenza in virtù del presente regolamento, il ricorso e i suoi allegati devono esserle comunicati nella lingua in cui il ricorrente li ha depositati in cancelleria.

3. *a)* Tutte le comunicazioni con il ricorrente o con il suo rappresentante e tutte le osservazioni orali o scritte presentate dal ricorrente o dal suo rappresentante e relative a un'udienza, o che intervengono dopo che il ricorso è stato portato a conoscenza di una Parte contraente, devono essere fatte o redatte in una delle lingue ufficiali della Corte, salvo che il presidente della camera dia l'autorizzazione a continuare ad utilizzare la lingua ufficiale di una Parte contraente.

b) Qualora venga accordata tale autorizzazione, il cancelliere adotta le disposizioni necessarie per l'interpretazione o la traduzione, integrale o parziale, in francese o in inglese delle osservazioni orali o scritte del ricorrente quando il presidente della camera ritiene che tale misura sia nell'interesse di un corretto svolgimento della procedura.

c) In via eccezionale, il presidente della camera può subordinare la concessione dell'autorizzazione alla condizione che il ricorrente si faccia carico, in tutto o in parte, delle spese che ne derivano.

d) Salvo decisione contraria del presidente della camera, le decisioni adottate in virtù delle precedenti disposizioni del presente paragrafo rimangono applicabili a tutte le successive fasi della procedura, ivi comprese quelle conseguenti alla presentazione di una domanda di rinvio della causa alla Grande Camera o di una domanda di interpretazione o di revisione della sentenza ai sensi, rispettivamente, degli articoli 73, 79 e 80 del presente regolamento.

4. *a)* Tutte le comunicazioni con una Parte contraente che è parte nella controversia e tutte le osservazioni orali o scritte provenienti da tale parte devono essere fatte o redatte in una delle lingue ufficiali della Corte. Il presidente della camera può autorizzare la Parte contraente interessata a utilizzare la propria lingua ufficiale o una delle proprie lingue ufficiali per le osservazioni, orali o scritte.

b) Qualora venga accordata tale autorizzazione, la parte che l'ha richiesta deve

i) depositare una traduzione in francese o in inglese delle sue osservazioni scritte entro un termine che sarà fissato dal presidente della camera; in ogni caso il cancelliere può adottare le disposizioni necessarie per far tradurre il documento a spese della Parte richiedente se quest'ultima non ha fornito la traduzione entro il termine impartito;

ii) sostenere le spese per l'interpretazione in francese o in inglese delle sue osservazioni orali; il cancelliere si fa carico di adottare le disposizioni necessarie per garantire tale servizio.

c) Il presidente della camera può ingiungere a una Parte contraente che è parte nella controversia di fornire entro un termine stabilito una traduzione o un riassunto in francese o in inglese di tutti o di alcuni degli allegati alle sue osservazioni scritte o di ogni altro atto pertinente, o di estratti di tali documenti.

d) I precedenti capoversi del presente paragrafo si applicano anche, mutatis mutandis, ai terzi intervenienti ai sensi dell'articolo 44 del presente regolamento e all'uso di una lingua non ufficiale da parte di un terzo interveniente.

5. Il presidente della camera può invitare la Parte contraente convenuta a fornire una traduzione delle

sue osservazioni scritte nella sua lingua ufficiale o in una delle sue lingue ufficiali, al fine di facilitarne la comprensione da parte del ricorrente.

6. Il testimone, l'esperto o ogni altra persona che compare dinanzi alla Corte può utilizzare la propria lingua se non ha una conoscenza sufficiente di nessuna delle due lingue ufficiali. In tal caso, il cancelliere adotta le disposizioni necessarie per l'interpretazione e la traduzione.

7. La domanda di parere consultivo presentata alla Corte da un organo giudiziario in virtù dell'articolo 1 del Protocollo n. 16 alla Convenzione e nel rispetto delle condizioni di cui all'articolo 92 del presente regolamento, può essere formulata nella lingua nazionale ufficiale utilizzata per il procedimento interno. Se la lingua in questione non è una delle lingue ufficiali della Corte, dovrà essere prodotta una traduzione della domanda in inglese o in francese entro un termine che sarà fissato dal presidente della Corte.

35. *Rappresentanza delle Parti contraenti.* Le Parti contraenti sono rappresentate da agenti, che possono farsi assistere da avvocati o consulenti.

36.[25] *Rappresentanza dei ricorrenti.* 1. Le persone fisiche, le organizzazioni non governative e i gruppi di privati di cui all'articolo 34 della Convenzione possono inizialmente presentare ricorsi agendo personalmente o tramite un rappresentante.

2. Dopo la notifica del ricorso alla Parte contraente convenuta come previsto dall'articolo 54 § 2 *b)* del presente regolamento, il ricorrente deve essere rappresentato conformemente al paragrafo 4 del presente articolo, salvo decisione contraria del presidente della camera.

3. Il ricorrente deve essere così rappresentato alle udienze fissate dalla camera, salvo che il presidente della camera autorizzi eccezionalmente il ricorrente a esporre personalmente la propria causa a condizione che, se necessario, sia assistito da un avvocato o da un altro rappresentante autorizzato.

4. *a)* Il rappresentante che agisce per conto del ricorrente in virtù dei paragrafi 2 e 3 del presente articolo deve essere un avvocato abilitato all'esercizio della professione in una qualsiasi Parte contraente e residente nel territorio di una di esse, o un'altra persona autorizzata dal presidente della camera.

b) In circostanze eccezionali e in ogni fase della procedura, il presidente della camera può, qualora ritenga che le circostanze o la condotta dell'avvocato o della persona designati conformemente al capoverso precedente lo giustifichino, decidere che tale avvocato o tale persona non possa più rappresentare o assistere il ricorrente, e che questi debba scegliere un altro rappresentante.

5. *a)* L'avvocato o l'altro rappresentante autorizzato del ricorrente, o quest'ultimo, se ha chiesto di potere assumere personalmente la difesa dei propri interessi, devono, anche se ottengono l'autorizzazione di cui al seguente capoverso *b)*, avere una conoscenza sufficiente di una delle lingue ufficiali della Corte.

b) Se essi non si esprimono con facilità in una delle lingue ufficiali della Corte, il presidente della camera può, in virtù dell'articolo 34 § 3 del presente regolamento, concedere loro l'autorizzazione a utilizzare una delle lingue ufficiali delle Parti contraenti.

37.[26] *Comunicazioni, notifiche e citazioni.* 1. Le comunicazioni e le notifiche indirizzate agli agenti o agli avvocati delle parti si considerano indirizzate alle parti.

2. Se, per una comunicazione, notifica o citazione destinata a persone diverse dagli agenti o dagli avvocati delle parti, la Corte ritiene necessaria la collaborazione del governo dello Stato sul cui territorio la comunicazione, notifica o citazione deve produrre effetto, il presidente della Corte si rivolge direttamente a tale governo per ottenere l'assistenza necessaria.

38. *Osservazioni scritte.* 1. Non si possono depositare osservazioni scritte o altri documenti oltre il termine fissato dal presidente della camera o dal giudice relatore, a seconda dei casi, conformemente al presente regolamento. Le osservazioni scritte o gli altri documenti depositati oltre tale termine o in violazione di un'istruzione pratica emanata ai sensi dell'articolo 32 del presente regolamento non possono essere acquisiti al fascicolo, salvo decisione contraria del presidente della camera.

2. Ai fini del calcolo del termine di cui al paragrafo 1 del presente articolo viene presa in considerazione la data certificata dell'invio del documento o, in assenza, la data del ricevimento in cancelleria.

38A.[27] *Esame delle questioni di procedura.* Le questioni di procedura che richiedono una decisione della camera sono trattate al momento dell'esame della causa, salvo decisione contraria del presidente della camera.

39.[28] *Misure provvisorie.* 1. La camera o, se del caso, il presidente della sezione o un giudice di turno designato conformemente al paragrafo 4 del presente articolo, possono, su richiesta di una parte o di ogni altra persona interessata, ovvero d'ufficio, indicare alle parti le misure provvisorie la cui adozione è ritenuta necessaria nell'interesse delle parti o del corretto svolgimento della procedura.

2. All'occorrenza, il Comitato dei Ministri viene immediatamente informato delle misure adottate nell'ambito di una causa.

3. La camera o, se del caso, il presidente della sezione o un giudice di turno designato conformemente al paragrafo 4 del presente articolo possono invitare le parti a fornire informazioni su eventuali questioni relative all'attuazione delle misure provvisorie indicate.

4. Il presidente della Corte può designare dei vicepresidenti di sezione in qualità di giudici di turno per decidere sulle richieste di misure provvisorie.

40. *Comunicazione urgente di un ricorso.* In caso d'urgenza, fatta salva ogni altra misura procedurale, il cancelliere può, con l'autorizzazione del presidente della camera e con ogni mezzo disponibile, informare la Parte contraente interessata dell'introduzione di un ricorso e, sommariamente, dell'oggetto di quest'ultimo.

41.[29] *Ordine di trattazione dei ricorsi.* Per determinare l'ordine in cui devono essere trattati i ricorsi, la Corte tiene conto dell'importanza e dell'urgenza delle questioni sollevate, sulla base di criteri da essa definiti. La camera e il suo presidente possono tuttavia derogare a tali criteri e trattare con priorità un particolare ricorso.

42. *Riunione e esame contestuale di ricorsi.* (vecchio articolo 43). 1. La camera può, su istanza delle parti o d'ufficio, ordinare la riunione di due o più ricorsi.

2. Il presidente della camera può, dopo avere consultato le parti, ordinare che si proceda contestualmente all'istruzione di ricorsi assegnati alla stessa camera, senza che ciò pregiudichi la decisione della camera sulla riunione dei ricorsi.

43.[30] *Cancellazione dal ruolo e nuova iscrizione al ruolo* (vecchio articolo 44). 1. In qualsiasi momento della procedura, la Corte può decidere di cancellare un ricorso dal ruolo alle condizioni previste dall'articolo 37 della Convenzione.

2. Quando una Parte contraente ricorrente fa conoscere al cancelliere la sua intenzione di rinunciare all'azione, la camera può cancellare il ricorso dal ruolo della Corte conformemente all'articolo 37 della Convenzione se l'altra Parte contraente o le altre Parti contraenti interessate dalla causa accettano la rinuncia.

3. In caso di composizione amichevole ai sensi dell'articolo 39 della Convenzione, la Corte cancella il ricorso dal ruolo mediante una decisione. Conformemente all'articolo 39 § 4 della Convenzione, tale decisione è trasmessa al Comitato dei Ministri, che controlla l'esecuzione dei termini della composizione amichevole riportati nella decisione. Negli altri casi previsti dall'articolo 37 della Convenzione, il ricorso è cancellato dal ruolo mediante una sentenza se è stato dichiarato ricevibile, o mediante una decisione se non è stato dichiarato ricevibile. Nel caso in cui il ricorso sia cancellato dal ruolo mediante una sentenza, una volta che questa è divenuta definitiva il presidente della camera la comunica al Comitato dei Ministri per consentirgli di controllare, conformemente all'articolo 46 § 2 della Convenzione, l'esecuzione degli impegni ai quali possono essere state subordinate la rinuncia o la soluzione della controversia.

4. Quando un ricorso è stato cancellato dal ruolo in virtù dell'articolo 37 della Convenzione, le spese sono lasciate alla valutazione della Corte. Se le spese sono attribuite con una decisione di cancellazione dal ruolo di un ricorso che non è stato dichiarato ricevibile, il presidente della camera trasmette tale decisione al Comitato dei Ministri.

5. Quando un ricorso è stato cancellato dal ruolo in virtù dell'articolo 37 della Convenzione, la Corte può deciderne la nuova iscrizione al ruolo se ritiene che ciò sia giustificato da circostanze eccezionali.

44.[31] *Intervento di terzi.* 1. *a)* Quando un ricorso presentato ai sensi dell'articolo 33 o dell'articolo 34 della Convenzione è portato a conoscenza della Parte contraente convenuta in virtù dell'articolo 51 § 1 o dell'articolo 54 § 2 *b)* del presente regolamento, il cancelliere comunica contestualmente una copia del ricorso a ogni altra Parte contraente di cui sia cittadino uno dei ricorrenti nella causa. Egli notifica anche, se del caso, a tale Parte contraente la decisione di tenere un'udienza nella causa.

b) La Parte contraente che desideri esercitare il diritto riconosciutole dall'articolo 36 § 1 della Convenzione di presentare osservazioni scritte o di prendere parte ad un'udienza, deve avvisarne il cancelliere per iscritto al più tardi dodici settimane dopo la comunicazione o la notifica prevista al capoverso precedente. Il Presidente della Camera può, in via eccezionale, fissare un altro termine.

2. Il Commissario per i diritti umani del Consiglio d'Europa che desideri esercitare il diritto riconosciutogli dall'articolo 36 § 3 della Convenzione di presentare osservazioni scritte o di prendere parte ad un'udienza, deve avvisarne il cancelliere per iscritto entro dodici settimane dalla comunicazione del ricorso alla Parte contraente convenuta o dalla data di notifica a quest'ultima della decisione di tenere un'udienza. Il presidente della camera può, in via eccezionale, fissare un altro termine.

3. Il Commissario per i diritti umani, nel caso in cui non possa partecipare personalmente alla procedura dinanzi alla Corte, indicherà il nominativo del o dei membri del suo ufficio che avrà designato per rappresentarlo. A tal fine potrà farsi assistere da un avvocato.

4. *a)* Dopo che il ricorso è portato a conoscenza della Parte contraente convenuta in virtù dell'articolo 51 § 1 o dell'articolo 54 § 2 *b)* del presente regolamento, il presidente della camera può, nell'interesse di una buona amministrazione della giustizia, come previsto dall'articolo 36 § 2 della Convenzione, invitare o autorizzare qualsiasi Parte contraente che non sia parte nella procedura o qualsiasi persona interessata diversa dal ricorrente a presentare osservazioni scritte o, in circostanze eccezionali, a prendere parte all'udienza.

b) Le richieste di autorizzazione a tal fine devono essere debitamente motivate e presentate per iscritto in una delle lingue ufficiali, come richiesto dall'articolo 34 § 4 del presente regolamento, entro dodici settimane dalla data in cui il ricorso è stato portato a conoscenza della Parte contraente convenuta. Il presidente della camera può, in via eccezionale, fissare un altro termine.

5. *a)* Nelle cause che devono essere esaminate dalla Grande Camera i termini previsti nei paragrafi precedenti decorrono dalla notifica alle parti della decisione, adottata dalla camera in virtù dell'articolo 72 § 1 del presente regolamento, di dichiararsi incompetente in favore della Grande Camera, o dalla decisione, adottata dal collegio della Grande Camera in virtù dell'articolo 73 § 2 del presente regolamento, di accogliere la domanda di rinvio dinanzi alla Grande Camera presentata da una parte.

b) I termini fissati nel presente articolo possono eccezionalmente essere prorogati dal presidente della camera se vengono presentati argomenti sufficienti per giustificare una simile misura.

6. L'invito o l'autorizzazione di cui al paragrafo 3 *a)* del presente articolo è soggetto a condizioni, tra cui la fissazione di termini, stabilite dal presidente della camera. In caso di inosservanza di tali condizioni, il presidente può decidere di non acquisire le osservazioni al fascicolo o di limitare la partecipazione all'udienza nella misura che ritiene appropriata.

7. Le osservazioni scritte presentate conformemente al presente articolo devono essere redatte in una delle lingue ufficiali, come previsto dall'articolo 34 § 4 del presente regolamento. Il cancelliere le trasmette alle parti che, fatte salve le condizioni, compresi termini, fissate dal presidente della camera, sono autorizzate a rispondervi per iscritto o, all'occorrenza, in udienza.

8. Le disposizioni del presente articolo si applicano mutatis mutandis alla procedura seguita quando la Grande Camera deve emettere un parere consultivo a titolo dell'articolo 2 del Protocollo n. 16 alla Convenzione. Il presidente della Grande Camera fissa i termini impartiti ai terzi intervenienti.

44A.[32] *Obbligo di collaborazione con la Corte.* Le parti hanno l'obbligo di collaborare pienamente per lo svolgimento della procedura e, in particolare, di adottare le disposizioni in loro potere che la Corte ritiene necessarie per la buona amministrazione della giustizia. Questo obbligo si applica anche, all'occorrenza, alle Parti contraenti che non sono parti nella procedura.

44B.[33] *Inosservanza di un'ordinanza della Corte.* Quando una parte non ottempera ad un'ordinanza della Corte relativa allo svolgimento della procedura, il presidente della camera può adottare le misure che ritiene appropriate.

44C.[34] *Mancanza di partecipazione effettiva.* 1. Quando una parte omette di presentare le prove o le informazioni richieste dalla Corte o di divulgare di propria iniziativa informazioni pertinenti, o quando dimostra in altro modo una mancanza di partecipazione effettiva alla procedura, la Corte può trarre dal suo comportamento le conclusioni che ritiene appropriate.

2. L'astensione o il rifiuto di una Parte contraente convenuta di partecipare effettivamente alla procedura non costituisce di per sé per la camera un motivo per interrompere l'esame del ricorso.

44D.[35] *Osservazioni fuori luogo formulate da una parte.* Se il rappresentante di una parte formula osservazioni abusive, frivole, vessatorie, fuorvianti o prolisse, il presidente della camera può escluderlo dalla procedura, rifiutare di ammettere in tutto o in parte le osservazioni in questione o emettere qualsiasi altra ordinanza che ritenga appropriata, fatto salvo l'articolo 35 § 3 della Convenzione.

44E.[36] *Non mantenimento di un ricorso.* Come prevede l'articolo 37 § 1 *a)* della Convenzione, se una Parte contraente ricorrente o un singolo ricorrente non intende più mantenere il suo ricorso, la camera può cancellarlo dal ruolo della Corte, conformemente all'articolo 43 del presente regolamento.

CAPITOLO II
INTRODUZIONE DELL'ISTANZA

45. *Firme.* 1. Il ricorso formulato in virtù degli articoli 33 o 34 della Convenzione deve essere presentato per iscritto e firmato dal ricorrente o dal suo rappresentante.

2. Il ricorso presentato da un'organizzazione non governativa o da un gruppo di privati è firmato dalle persone abilitate a rappresentare l'organizzazione o il gruppo. La camera o il comitato interessati decidono in merito a qualsiasi questione volta ad accertare se le persone che hanno firmato un ricorso fossero competenti per farlo.

3. Quando un ricorrente è rappresentato conformemente all'articolo 36 del presente regolamento, il suo o i suoi rappresentanti devono produrre una procura o una delega scritta.

46. *Contenuto di un ricorso presentato da uno Stato.* La o le Parti contraenti che intendano presentare un ricorso dinanzi alla Corte ai sensi dell'articolo 33 della Convenzione depositano il testo in cancelleria fornendo:

a) il nome della Parte contraente contro la quale viene proposto il ricorso;

b) un'esposizione dei fatti;

c) un'esposizione della o delle lamentate violazioni della Convenzione e delle argomentazioni pertinenti;

d) un rapporto riguardante l'osservanza dei criteri di ricevibilità (esaurimento delle vie di ricorso interne e rispetto del termine di sei mesi) enunciati nell'articolo 35 § 1 della Convenzione;

e) l'oggetto del ricorso e le linee generali della o delle richieste di equa soddisfazione eventualmente formulate ai sensi dell'articolo 41 della Convenzione per conto della o delle parti presumibilmente lese;

f) il nome e l'indirizzo della o delle persone nominate in qualità di agenti;

e allegando:

g) copie di tutti i documenti pertinenti e in particolare delle decisioni, giudiziarie o di altra natura, concernenti l'oggetto del ricorso.

47.[37] *Contenuto di un ricorso individuale.* 1. Il ricorso depositato ai sensi dell'articolo 34 della Convenzione è presentato sul formulario fornito dalla cancelleria, salvo che la Corte decida diversamente. Esso deve contenere tutte le informazioni richieste nelle parti pertinenti del formulario di ricorso, e indicare:

a) il nome, la data di nascita, la cittadinanza e l'indirizzo del ricorrente e, qualora il ricorrente sia una persona giuridica, la denominazione completa, la data di costituzione o di registrazione, il numero ufficiale di registrazione (ove presente) e l'indirizzo ufficiale della stessa;

b) se del caso, il nome, l'indirizzo, i numeri di telefono e di fax e l'indirizzo di posta elettronica del suo rappresentante;

c) se il ricorrente ha un rappresentante, la data e la firma originale del ricorrente nel riquadro del formulario di ricorso riservato alla delega; nello stesso riquadro deve essere apposta anche la firma originale del rappresentante da cui si evince che quest'ultimo ha accettato di agire in nome del ricorrente;

d) la o le Parti contraenti contro le quali è proposto il ricorso;

e) un'esposizione dei fatti concisa e leggibile;

f) un'esposizione concisa e leggibile della o delle violazioni della Convenzione dedotte e delle argomentazioni pertinenti; e

g) una relazione concisa e leggibile che confermi il rispetto da parte del ricorrente dei criteri di ricevibilità di cui all'articolo 35 § 1 della Convenzione;

2. *a)* Tutte le informazioni di cui ai commi *e)* – *g)* del paragrafo 1 supra devono essere esposte nella parte pertinente del formulario di ricorso ed essere sufficienti per consentire alla Corte di individuare, senza dover consultare altri documenti, la natura e l'oggetto del ricorso.

b) Il ricorrente può tuttavia completare queste informazioni allegando al formulario di ricorso un documento di non più di 20 pagine che esponga in dettaglio i fatti, le violazioni della Convenzione dedotte e gli argomenti pertinenti.

3.1. Il formulario di ricorso deve essere firmato dal ricorrente o dal suo rappresentante; ad esso devono essere allegate:

a) copie dei documenti inerenti alle decisioni o alle misure contestate, giudiziarie o di altro tipo;

b) copie dei documenti e delle decisioni da cui si evinca che il ricorrente ha esaurito le vie di ricorso interne e rispettato il termine imposto dall'articolo 35 § 1 della Convenzione;

c) se del caso, copie dei documenti relativi ad altre procedure internazionali di inchiesta o di composizione;

d) se il ricorrente è una persona giuridica, come previsto dal paragrafo 1 *a)* del presente articolo, il (i) documento(i) da cui risulti che la persona che presenta il ricorso ha la qualità per rappresentare il ricorrente o è stata delegata a tale scopo.

3.2. I documenti prodotti a sostegno del ricorso devono essere indicati in ordine cronologico in un elenco, numerati progressivamente e chiaramente identificati.

4. Se il ricorrente non desidera che sia rivelata la sua identità, deve precisarlo ed esporre i motivi che giustificano una deroga alla normale regola di pubblicità della procedura dinanzi alla Corte. Quest'ultima può autorizzare l'anonimato o decidere di concederlo d'ufficio.

5.1. In caso di inosservanza degli obblighi elencati nei paragrafi 1 – 3 del presente articolo, il ricorso non sarà esaminato dalla Corte, a meno che:

a) il ricorrente non abbia fornito una spiegazione soddisfacente per l'inosservanza in questione;

b) il ricorso non riguardi una richiesta di misure provvisorie;

c) la Corte non decida diversamente, d'ufficio o su richiesta di un ricorrente.

5.2. La Corte potrà sempre chiedere a un ricorrente di produrre, entro un termine stabilito, informazioni o documenti utili nella forma e con le modalità ritenute appropriate.

6. *a)* Ai fini dell'articolo 35 § 1 della Convenzione il ricorso si considera presentato alla data in cui viene inviato alla Corte un formulario di ricorso che soddisfi i requisiti stabiliti nel presente articolo; a tale scopo farà fede il timbro postale.

b) Se lo ritiene giustificato, la Corte può tuttavia decidere di prendere in considerazione un'altra data.

7. Il ricorrente deve informare la Corte di qualsiasi cambiamento di indirizzo e fatto rilevante per l'esame del suo ricorso.

CAPITOLO III
GIUDICI RELATORI

48.[38] *Ricorsi presentati da uno Stato.* 1. Quando la Corte è adita ai sensi dell'articolo 33 della Convenzione, la camera costituita per esaminare la causa nomina in qualità di giudice(i) relatore(i) uno o più dei suoi membri, che incarica di presentare un rapporto sulla ricevibilità, dopo aver ricevuto le osservazioni delle Parti contraenti interessate.

2. Il o i giudici relatori presentano alla camera i rapporti, i progetti di testo e gli altri documenti che possono aiutare la stessa e il suo presidente a svolgere le loro funzioni.

49.[39] *Ricorsi individuali.* 1. Quando dagli stessi elementi prodotti dal ricorrente risulta che un ricorso è irricevibile o dovrebbe essere cancellato dal ruolo, tale ricorso è esaminato da un giudice unico, a meno che non vi siano motivi speciali per procedere diversamente.

2. Quando la Corte è adita ai sensi dell'articolo 34 della Convenzione e il ricorso sembra giustificare l'esame da parte di una camera o di un comitato che esercita le sue funzioni conformemente all'articolo 53 § 2 del presente regolamento, il presidente della sezione alla quale è attribuita la causa nomina il giudice che esaminerà il ricorso in qualità di giudice relatore.

3. Durante l'esame, il giudice relatore:

4. *a)* può chiedere alle parti di presentare, entro un termine stabilito, le informazioni relative ai fatti, i documenti e gli altri elementi che ritiene pertinenti;

5. *b)* decide se il ricorso debba essere esaminato da un giudice unico, da un comitato o da una camera, sapendo che il presidente della sezione può ordinare che la causa sia sottoposta a una camera o a un comitato;

6. *c)* presenta i rapporti, i progetti di testo e gli altri documenti che possono essere utili alla camera, al comitato o ai loro rispettivi presidenti per svolgere le loro funzioni.

50. *Procedura dinanzi alla Grande Camera.* Quando una causa è stata deferita alla Grande Camera ai sensi dell'articolo 30 o dell'articolo 43 della Convenzione, il presidente della Grande Camera nomina in qualità di giudice(i) relatore(i) uno o, se il ricorso è presentato da uno Stato, uno o più dei suoi membri.

CAPITOLO IV
PROCEDURA DI ESAME DELLA RICEVIBILITÀ
RICORSI PRESENTATI DA UNO STATO

51.[40] *Assegnazione dei ricorsi e procedura conseguente.* 1. Quando un ricorso è presentato ai sensi dell'articolo 33 della Convenzione, il presidente della Corte lo porta immediatamente a conoscenza della Parte contraente convenuta e lo assegna ad una delle sezioni.

2. Conformemente all'articolo 26 § 1 *a)* del presente regolamento, i giudici eletti per le Parti contraenti ricorrenti e convenute sono membri di diritto della camera costituita per esaminare la causa. L'articolo 30 del presente regolamento si applica se il ricorso è stato presentato da più Parti contraenti o se ricorsi aventi lo stesso oggetto e presentati da più Parti contraenti sono esaminati congiuntamente in applicazione dell'articolo 42 del presente regolamento.

3. Dopo avere assegnato la causa ad una sezione, il presidente della sezione costituisce la camera conformemente all'articolo 26 § 1 del presente regolamento e invita la Parte contraente convenuta a presentare per iscritto le sue osservazioni sulla ricevibilità del ricorso. Il cancelliere comunica le osservazioni così ottenute alla Parte contraente ricorrente, che può presentare per iscritto osservazioni di replica.

4. Prima che intervenga la decisione sulla ricevibilità del ricorso, la camera o il suo presidente può decidere di invitare le parti a presentarle ulteriori osservazioni scritte.

5. Si procede a un'udienza sulla ricevibilità se una o più Parti contraenti interessate ne fa richiesta o se la camera decide in tal senso d'ufficio.

6. Prima di fissare la procedura scritta e, se del caso, la procedura orale, il presidente della camera consulta le parti.

Ricorsi individuali

52.[41] *Assegnazione di un ricorso ad una sezione.* 1. Il presidente della Corte assegna ciascun ricorso presentato ai sensi dell'articolo 34 della Convenzione ad una sezione, vigilando sull'equa ripartizione del carico di lavoro tra le sezioni.

2. La camera di sette giudici prevista nell'articolo 26 § 1 della Convenzione è costituita dal presidente della sezione interessata, conformemente all'articolo 26 § 1 del presente regolamento.

3. In attesa della costituzione di una camera conformemente al paragrafo 2 del presente articolo, il presidente della sezione esercita i poteri che il presente regolamento conferisce al presidente della camera.

52A.[42] *Procedura dinanzi al giudice unico.* 1. Conformemente all'articolo 27 della Convenzione, un giudice unico può dichiarare irricevibile un ricorso presentato ai sensi dell'articolo 34 della Convenzione o cancellarlo dal ruolo quando una tale decisione può essere presa senza ulteriore esame. Questa decisione è definitiva, e contiene una motivazione sommaria. Deve essere comunicata al ricorrente.

2. Il giudice unico, se non adotta alcuna delle decisioni di cui al paragrafo 1 del presente articolo, trasmette il ricorso per l'esame a un comitato o ad una camera.

53.[43] *Procedura dinanzi a un comitato.* 1. Conformemente all'articolo 28 § 1 *a)* della Convenzione, il comitato può, all'unanimità e in ogni fase della procedura, dichiarare un ricorso irricevibile o cancellarlo dal ruolo della Corte quando una tale decisione può essere presa senza ulteriore esame.

2. Il comitato, quando ritiene che alla luce delle osservazioni delle parti ricevute conformemente all'articolo 54 § 2 *b)* del presente regolamento la causa debba essere esaminata secondo la procedura prevista all'articolo 28 § 1 *b)* della Convenzione, pronuncia all'unanimità una sentenza che comprende la sua decisione sulla ricevibilità e, all'occorrenza, sull'equa soddisfazione.

3. Se il giudice eletto per la Parte contraente interessata non è membro del comitato, quest'ultimo può, all'unanimità e in ogni fase della procedura, decidere di invitarlo a partecipare in sostituzione di uno dei suoi membri, tenendo conto di tutti i fattori pertinenti, compresa l'eventualità che la Parte contraente abbia contestato l'applicazione della procedura prevista all'articolo 28 § 1 *b)* della Convenzione.

4. Le decisioni e le sentenze pronunciate ai sensi dell'articolo 28 § 1 della Convenzione sono definitive. Esse sono motivate. Le decisioni possono anche contenere soltanto una motivazione sommaria quando sono state adottate dopo essere state trasmesse da un giudice unico conformemente all'articolo 52A § 2 del presente regolamento.

5. La cancelleria comunica la decisione del comitato al ricorrente e alla Parte o alle Parti contraenti interessate quando queste ultime sono state precedentemente informate del ricorso in applicazione del presente regolamento.

6. Se non adotta né una decisione né una sentenza, il comitato trasmette il ricorso alla camera costituita conformemente all'articolo 52 § 2 del presente regolamento per l'esame della causa.

7. Le disposizioni degli articoli 42 § 1 e 79 – 81 del presente regolamento si applicano, mutatis mutandis, ai procedimenti dinanzi a un comitato.

54.[44] *Procedura dinanzi ad una camera.* 1. La camera può dichiarare subito il ricorso irricevibile o cancellarlo dal ruolo della Corte. La decisione della camera può riguardare tutto il ricorso o parte di esso.

2. In alternativa, la camera o il presidente della sezione può:

3. *a)* chiedere alle parti di presentare le informazioni relative ai fatti, i documenti o gli altri elementi che la camera o il suo presidente ritenga pertinenti;

b) portare il ricorso o parte di esso a conoscenza della Parte contraente convenuta e invitarla a presentare osservazioni scritte al riguardo e, una volta ricevute queste ultime, invitare il ricorrente a rispondervi;

c) invitare le parti a presentare ulteriori osservazioni scritte.

4. Nell'esercizio delle competenze conferitegli dal paragrafo 2 *b)* del presente articolo, il presidente della sezione, in qualità di giudice unico, può dichiarare subito una parte del ricorso irricevibile o cancellare una parte del ricorso dal ruolo della Corte. La decisione di questo tipo è definitiva e contiene una motivazione sommaria. Essa viene comunicata al ricorrente e alla Parte o alle Parti contraenti interessate con una lettera contenente tale motivazione.

5. Il paragrafo 2 del presente articolo si applica anche ai vicepresidenti di sezione designati in qualità di giudici di turno conformemente all'articolo 39 § 4 per decidere sulle richieste di misure provvisorie. Una decisione che dichiari un ricorso irricevibile contiene una motivazione sommaria. Essa viene comunicata al ricorrente con una lettera che riporta tale motivazione.

6. Prima di pronunciarsi sulla ricevibilità la camera può decidere, su istanza di parte o d'ufficio, di tenere un'udienza se lo ritiene necessario per l'assolvimento delle sue funzioni ai sensi della Convenzione. In questo caso, le parti sono invitate anche a pronunciarsi sulle questioni di merito sollevate dal ricorso, salvo che la camera, in via eccezionale, decida diversamente.

54A.[45] *Esame congiunto della ricevibilità e del merito.* 1. Quando comunica il ricorso alla Parte contraente convenuta in virtù dell'articolo 54 § 2 *b)* del presente regolamento, la camera decide, in linea di principio, di esaminarne congiuntamente la ricevibilità e il merito, come previsto dall'articolo 29 § 1 della Convenzione. Nelle loro osservazioni, le parti sono invitate a esprimersi sulla questione dell'equa soddisfazione e, eventualmente, a esporre le loro proposte per una composizione amichevole. Si applicano, mutatis mutandis, le condizioni stabilite dagli articoli 60 e 62 del presente regolamento. La Corte può tuttavia decidere in qualsiasi momento, se necessario, di adottare una decisione separata sulla ricevibilità.

2. Se le parti non pervengono ad una composizione amichevole o a un'altra soluzione e la camera è convinta, alla luce dei loro rispettivi argomenti, che la causa è ricevibile e matura per la decisione sul merito, quest'ultima adotta immediatamente una sentenza che comprende la sua decisione sulla ricevibilità, salvo nei casi in cui decide di adottare separatamente tale decisione.

Ricorsi presentati dagli Stati e ricorsi individuali

55. *Eccezioni di irricevibilità.* La Parte contraente convenuta che intenda sollevare un'eccezione di irricevibilità deve farlo, nella misura in cui lo consentano la natura dell'eccezione e le circostanze, nelle osservazioni scritte o orali sulla ricevibilità del ricorso da essa presentate, a seconda dei casi, ai sensi dell'articolo 51 o dell'articolo 54 del presente regolamento.

56.[46] *Decisione della camera.* 1. La camera indica nella sua decisione se quest'ultima è stata adottata all'unanimità o a maggioranza; la decisione è motivata.

2. La decisione della camera è comunicata dal cancelliere al ricorrente. Se la Parte o le Parti contraenti interessate e, all'occorrenza, il o i terzi intervenienti, compreso il Commissario per i diritti dell'uomo del Consiglio d'Europa, sono stati in precedenza informati del ricorso in applicazione del presente regolamento, la decisione deve essere comunicata anche a loro. In caso di composizione amichevole, la decisione di cancellare un ricorso dal ruolo è trasmessa al Comitato dei Ministri conformemente all'articolo 43 § 3 del presente regolamento.

57.[47] *Lingua della decisione.* La Corte emette tutte le sue decisioni in francese o in inglese, a meno che non decida di pronunciare una decisione in entrambe le lingue ufficiali. Le decisioni della Grande Camera sono tuttavia emesse in entrambe le lingue ufficiali, e le due versioni linguistiche fanno ugualmente fede.

CAPITOLO V
PROCEDURA SUCCESSIVA ALLA DECISIONE SULLA RICEVIBILITÀ

58.[48] *Ricorsi presentati da uno Stato.* 1. Qualora la camera abbia deciso di prendere in considerazione un ricorso presentato ai sensi dell'articolo 33 della Convenzione, il presidente della camera, previa consultazione delle Parti contraenti interessate, fissa i termini per il deposito delle osservazioni scritte sul merito e per la produzione di eventuali ulteriori prove. Il presidente può tuttavia, con il consenso delle Parti contraenti interessate, decidere che non è necessaria la procedura scritta.

2. Si procede a un'udienza sul merito se una o più Parti contraenti interessate ne fa richiesta o se la camera decide d'ufficio in tal senso. Il presidente della camera fissa la procedura orale.

59.[49] *Ricorsi individuali.* 1. Quando un ricorso presentato ai sensi dell'articolo 34 della Convenzione è stato dichiarato ricevibile, la camera o il suo presidente possono invitare le parti a presentare elementi di prova o osservazioni scritte complementari.

2. Salvo decisione contraria, il termine fissato per la presentazione delle osservazioni è lo stesso per ciascuna delle parti.

3. La camera può decidere, su istanza di parte o d'ufficio, di tenere un'udienza sul merito se lo ritiene necessario per l'esercizio delle sue funzioni ai sensi della Convenzione.

4. Il presidente della camera fissa, se del caso, la procedura scritta e orale.

60.[50] *Domanda di equa soddisfazione.* 1. Il ricorrente che desidera che la Corte gli accordi un'equa soddisfazione ai sensi dell'articolo 41 della Convenzione in caso di constatazione di una violazione dei suoi diritti da questa riconosciuti, deve formulare una domanda specifica a tal fine.

2. Salvo decisione contraria del presidente della camera, il ricorrente deve presentare le sue richieste, quantificate, suddivise per voci e accompagnate dai relativi documenti giustificativi, entro il termine fissato per la presentazione delle osservazioni sul merito.

3. Se il ricorrente non rispetta le condizioni di cui ai paragrafi precedenti, la camera può rigettare in tutto o in parte le sue richieste.

4. Le richieste del ricorrente sono trasmesse alla Parte contraente convenuta per eventuali osservazioni.

61.[51] *Procedura della sentenza pilota.* 1. La Corte può decidere di applicare la procedura della sentenza pilota e adottare una sentenza pilota quando i fatti all'origine di un ricorso presentato innanzi ad essa rivelano l'esistenza, nella Parte contraente interessata, di un problema strutturale o sistemico o di un'altra disfunzione simile che ha dato luogo o potrebbe dare luogo alla presentazione di altri ricorsi analoghi.

2. *a)* Prima di decidere di applicare la procedura della sentenza pilota, la Corte deve invitare le parti a comunicare se, a loro avviso, all'origine del ricorso da esaminare vi è un problema o una disfunzione di questo tipo nella Parte contraente interessata e se il ricorso si presta a questa procedura.

b) La Corte può decidere di applicare la procedura della sentenza pilota d'ufficio o su richiesta di una o di entrambe le parti.

c) Ai ricorsi per i quali si è deciso di applicare la procedura della sentenza pilota deve essere riservato un esame prioritario ai sensi dell'articolo 41 del regolamento della Corte.

3. La Corte deve indicare nella sentenza pilota da essa adottata la natura del problema strutturale o sistemico o della disfunzione da essa constatata e il tipo di misure riparatorie che la Parte contraente interessata deve adottare a livello interno in applicazione del dispositivo della sentenza.

4. La Corte, nel dispositivo della sentenza pilota da essa adottata, può fissare un termine per l'adozione delle misure menzionate al precedente punto 3, tenendo conto della natura delle misure richieste e della rapidità con cui è possibile porre rimedio, a livello interno, al problema da essa constatato.

5. Quando adotta una sentenza pilota, la Corte può riservarsi in tutto o in parte l'esame della questione dell'equa soddisfazione, in attesa che la Parte contraente convenuta adotti le misure individuali e generali indicate nella sentenza.

6. *a)* All'occorrenza, la Corte può rinviare l'esame di tutti i ricorsi che traggono origine da uno stesso motivo in attesa dell'adozione delle misure riparatorie indicate nel dispositivo della sentenza pilota.

b) I ricorrenti interessati sono informati della decisione di rinvio nella forma che conviene. Se necessario, viene loro notificato ogni nuovo elemento riguardante la loro causa.

c) La Corte può in qualsiasi momento esaminare un ricorso rinviato se ciò è necessario nell'interesse di una buona amministrazione della giustizia.

7. Quando le parti in una causa pilota giungono a una composizione amichevole, quest'ultima deve contenere una dichiarazione della Parte contraente convenuta riguardante l'attuazione delle misure generali indicate nella sentenza e delle misure riparatorie in favore degli altri ricorrenti, dichiarati o potenziali.

8. Se la Parte contraente interessata non si conforma al dispositivo della sentenza pilota, la Corte, salvo decisione contraria, riprende l'esame dei ricorsi che sono stati rinviati in applicazione del precedente punto 6.

9. Il Comitato dei Ministri, l'Assemblea parlamentare del Consiglio d'Europa, il Segretario generale del Consiglio d'Europa e il Commissario per i diritti dell'uomo del Consiglio d'Europa sono informati sistematicamente dell'adozione di una sentenza pilota o di qualsiasi altra sentenza in cui la Corte segnali l'esistenza di un problema strutturale o sistemico all'interno di una Parte contraente.

10. Le informazioni riguardanti la decisione di trattare un ricorso seguendo la procedura della sentenza pilota, l'adozione di una sentenza pilota, la sua esecuzione e la chiusura della procedura sono pubblicate sul sito Internet della Corte.

62.[52] *Composizione amichevole.* 1. Una volta che il ricorso è stato ammesso, il cancelliere, agendo in base alle istruzioni della camera o del presidente di quest'ultima, contatta le parti al fine di giungere ad una composizione amichevole, conformemente all'articolo 39 § 1 della Convenzione. La camera adotta tutte le misure appropriate per facilitare la conclusione di tale composizione.

2. Ai sensi dell'articolo 39 § 2 della Convenzione, le trattative condotte per giungere a una composizione amichevole sono riservate e non pregiudicano le osservazioni delle parti nella procedura contenziosa. Le comunicazioni scritte o orali e le offerte o concessioni intervenute nell'ambito delle trattative non possono essere menzionate o invocate nella procedura contenziosa.

3. Se il cancelliere informa la camera che le parti accettano una composizione amichevole, la camera, dopo essersi assicurata che la composizione è ispirata al rispetto dei diritti dell'uomo riconosciuti dalla Convenzione e dai suoi Protocolli, cancella la causa dal ruolo conformemente all'articolo 43 § 3 del presente regolamento.

4. I paragrafi 2 e 3 si applicano, mutatis mutandis, alla procedura prevista dall'articolo 54A del presente regolamento.

62A.[53] *Dichiarazione unilaterale.* 1. *a)* Nel caso in cui il ricorrente rifiuti i termini di una proposta di composizione amichevole fatta in virtù dell'articolo 62 del presente regolamento, la Parte contraente interessata può presentare alla Corte una richiesta di cancellazione dal ruolo ai sensi dell'articolo 37 § 1 della Convenzione.

b) La richiesta è accompagnata da una dichiarazione che riconosce chiaramente che vi è stata violazione della Convenzione nei confronti del ricorrente e dall'impegno della Parte contraente interessata a fornire una riparazione adeguata e, eventualmente, a adottare le necessarie misure correttive.

c) La dichiarazione ai sensi del paragrafo 1 *b)* del presente articolo deve essere fatta nell'ambito di una procedura pubblica e in contraddittorio, condotta separatamente dall'eventuale procedura di composizione amichevole prevista dall'articolo 39 § 2 della Convenzione e dall'articolo 62 § 2 del presente regolamento e nel rispetto della riservatezza della stessa.

2. Se ciò è giustificato da circostanze eccezionali, la richiesta e la dichiarazione che la accompagna possono essere presentate alla Corte anche se non è stato messo in atto in via preliminare alcun tentativo di composizione amichevole.

3. Se ritiene che la dichiarazione sia sufficiente per concludere che, per il rispetto dei diritti dell'uomo sanciti dalla Convenzione e dai suoi Protocolli, non è necessario che essa prosegua l'esame del ricorso, la Corte può cancellare il ricorso dal ruolo, in tutto o in parte, anche qualora il ricorrente auspichi che essa prosegua l'esame del ricorso.

4. Il presente articolo si applica, mutatis mutandis, alla procedura prevista dall'articolo 54A del presente regolamento.

Capitolo VI
Udienza

63.[54] *Pubblicità delle udienze.* 1. L'udienza è pubblica a meno che, a norma del paragrafo 2 del presente articolo, la Camera non decida diversamente a causa di circostanze eccezionali, d'ufficio o su richiesta di una delle parti o di altre persone interessate.

2. L'accesso all'aula può essere vietato alla stampa e al pubblico durante tutta l'udienza o parte di essa, nell'interesse della morale, dell'ordine pubblico o della sicurezza nazionale in una società democratica, quando gli interessi dei minori o la protezione della vita privata delle parti lo richiedano, o nella misura giudicata strettamente necessaria dalla Camera, quando, in circostanze speciali, la pubblicità sarebbe di natura tale da pregiudicare gli interessi della giustizia.

3. Le richieste di udienza a porte chiuse formulate a norma del paragrafo 1 del presente articolo devono essere motivate; in esse deve essere indicato se riguardano l'intero dibattimento o solo una parte di esso.

64.[55] *Direzione del dibattimento.* 1. Il presidente della camera organizza e dirige il dibattimento e determina l'ordine in cui le parti comparse sono chiamate a prendere la parola.

2. I giudici possono porre domande alle persone che si presentano dinanzi alla camera.

65.[56] *Mancata comparizione.* Quando una parte o qualsiasi altra persona che dovrebbe comparire non si presenta o si rifiuta di farlo, la camera può comunque proseguire l'udienza se ciò le sembra compatibile con una buona amministrazione della giustizia.

66. 69. *Soppressi.*

70.[57] *Resoconto delle udienze.* 1. Se il presidente della camera decide in tal senso, il cancelliere redige un resoconto dell'udienza in cui dovrà indicare:

a) la composizione della camera;

b) la lista delle persone comparse;

c) il testo delle osservazioni formulate, delle domande poste e delle risposte ricevute;

d) il testo delle decisioni pronunciate in udienza.

2. Se il resoconto è redatto in tutto o in parte in una lingua non ufficiale, il cancelliere adotta le disposizioni necessarie per farlo tradurre in una delle lingue ufficiali.

3. Copia del resoconto viene comunicata ai rappresentanti delle parti che potranno, sotto il controllo del cancelliere o del presidente della camera, correggerlo senza tuttavia modificare il senso e il contenuto di quanto è stato detto in udienza. Il cancelliere fissa, su istruzioni del presidente della camera, i termini di cui questi dispongono a tale scopo.

4. Una volta corretto, il resoconto è firmato dal presidente della camera e dal cancelliere; esso fa fede del suo contenuto.

Capitolo VII
Procedura dinanzi alla Grande Camera

71.[58] *Applicabilità delle disposizioni procedurali.* 1. Le disposizioni che regolano la procedura dinanzi alle camere si applicano, mutatis mutandis, a quella dinanzi alla Grande Camera.

2. I poteri conferiti alle camere dagli articoli 54 § 3 e 59 § 3 del presente regolamento in materia di svolgimento delle udienze, nelle procedure dinanzi alla Grande Camera possono essere esercitati anche dal presidente della Grande Camera.

72.[59] *Dichiarazione di incompetenza a favore della Grande Camera.* 1. Quando una causa pendente dinanzi a una camera solleva una questione grave relativa all'interpretazione della Convenzione o dei suoi Protocolli, la camera può dichiararsi incompetente a favore della Grande Camera, a meno che una delle parti non si opponga conformemente al paragrafo 4 del presente articolo.

2. Quando la soluzione di una questione sottoposta a una camera può entrare in contraddizione con la giurisprudenza della Corte, la camera deve dichiararsi incompetente a favore della Grande Camera, a meno che una delle parti non si opponga conformemente al paragrafo 4 del presente articolo.

3. La decisione con cui la camera si dichiara incompetente non necessita di essere motivata.

4. Il cancelliere comunica alle parti l'intenzione della camera di dichiararsi incompetente. A decorrere dalla data di questa comunicazione, entro il termine di un mese le parti potranno presentare per iscritto alla cancelleria una opposizione debitamente motivata. Se non soddisfa le condizioni sopra citate, l'opposizione sarà considerata non valida dalla camera.

73. *Rinvio alla Grande Camera su istanza di una delle parti.* 1. A norma dell'articolo 43 della Convenzione le parti possono, in via eccezionale, entro il termine di tre mesi a decorrere dalla data della pronuncia della sentenza resa da una camera, depositare per iscritto in cancelleria un'istanza di rinvio alla Grande Camera, indicando la questione grave relativa all'interpretazione o all'applicazione della Convenzione o dei suoi Protocolli, o la questione grave di carattere generale che, a suo avviso, merita di essere esaminata dalla Grande Camera.

2. Un collegio di cinque giudici della Grande Camera costituito conformemente all'articolo 24 § 5 del presente regolamento esamina l'istanza unicamente in base al fascicolo esistente. Il collegio la accoglie soltanto se ritiene che la causa sollevi davvero una questione di questo tipo. La decisione di rigetto dell'istanza non necessita di essere motivata.

3. Se il collegio accoglie l'istanza, la Grande Camera si pronuncia con una sentenza.

CAPITOLO VIII
SENTENZE

74.[60] *Contenuto della sentenza.* 1. Le sentenze di cui agli articoli 28, 42 e 44 della Convenzione comprendono:

a) il nome del presidente e degli altri giudici che compongono la camera o il comitato nonché del cancelliere o del cancelliere aggiunto;

b) la data della sua adozione e quella della sua pronuncia;

c) l'indicazione delle parti;

d) il nome degli agenti, degli avvocati e dei consulenti delle parti;

e) l'esposizione della procedura;

f) i fatti della causa;

g) una sintesi delle conclusioni delle parti;

h) le motivazioni di diritto;

i) il dispositivo;

j) se del caso, la decisione relativa alle spese;

k) l'indicazione del numero di giudici che hanno costituito la maggioranza;

l) se del caso, l'indicazione del testo facente fede.

2. I giudici che hanno partecipato all'esame della causa da parte di una camera o della Grande Camera hanno il diritto di allegare alla sentenza l'esposizione della loro opinione separata, concordante o dissenziente, o una semplice dichiarazione di dissenso.

75.[61] *Decisione sulla questione dell'equa soddisfazione.* 1. Quando constatano una violazione della Convenzione o dei suoi Protocolli, la camera o il comitato deliberano con la stessa sentenza sull'applicazione dell'articolo 41 della Convenzione se è stata presentata una richiesta specifica ai sensi dell'articolo 60 del presente regolamento e se la questione è istruita per la decisione; in caso contrario, essi la riservano, in tutto o in parte, fissando la procedura successiva.

2. Per deliberare sull'applicazione dell'articolo 41 della Convenzione, la camera o il comitato si riunisce mantenendo per quanto possibile la stessa composizione che ha esaminato il merito della causa. Se non è possibile riunire la camera o il comitato iniziali, il presidente della sezione o del comitato integra o costituisce la camera o il comitato mediante estrazione a sorte.

3. Nell'accordare un'equa soddisfazione ai sensi dell'articolo 41 della Convenzione, la camera o il comitato può decidere che, se il pagamento non viene effettuato entro il termine indicato, saranno dovuti degli interessi moratori sulle somme assegnate.

4. La Corte, se riceve comunicazione che la parte lesa e la Parte contraente responsabile sono pervenute ad un accordo, verifica che tale accordo sia equo e, se lo ritiene tale, cancella la causa dal ruolo conformemente all'articolo 43 § 3 del presente regolamento.

76.[62] *Lingua della sentenza.* La Corte pronuncia tutte le sentenze in francese o in inglese, a meno che non decida di pronunciare una sentenza in entrambe le lingue ufficiali. Le sentenze della Grande Camera sono tuttavia emesse in entrambe le lingue ufficiali, e le due versioni linguistiche fanno ugualmente fede.

77.[63] *Firma, pronuncia e comunicazione della sentenza.* 1. La sentenza è firmata dal presidente della camera o del comitato e dal cancelliere.

2. La sentenza pronunciata da una camera può essere letta in pubblica udienza dal presidente della camera o da un altro giudice da lui delegato. Gli agenti e i rappresentanti delle parti sono debitamente informati della data dell'udienza. Se la sentenza suddetta non viene letta in pubblica udienza e nel caso delle sentenze emesse da un comitato, la comunicazione prevista al paragrafo 3 del presente articolo ha valore di pronuncia.

3. La sentenza è trasmessa al Comitato dei Ministri. Il cancelliere ne comunica copia alle parti, al Segretario generale del Consiglio d'Europa, ai terzi intervenienti, ivi compreso il Commissario per i di-

ritti dell'uomo del Consiglio d'Europa, e alle altre persone direttamente interessate. L'originale, debitamente firmato, è depositato negli archivi della Corte.

78. *Soppresso.*

79. *Richiesta di interpretazione di una sentenza.* 1. Le parti possono chiedere l'interpretazione di una sentenza entro un anno dalla pronuncia.

2. La richiesta è depositata in cancelleria. In essa devono essere indicati con precisione il o i punti del dispositivo della sentenza di cui si richiede l'interpretazione.

3. La camera iniziale può decidere d'ufficio di respingere la richiesta quando non vi siano motivi che ne giustificano l'esame. Se non è possibile riunire la camera iniziale, il presidente della Corte costituisce o integra la Camera mediante estrazione a sorte.

4. Se la camera non respinge la richiesta, il cancelliere la comunica alle altre parti interessate, invitandole a presentare le loro eventuali osservazioni scritte entro il termine fissato dal presidente della camera. Se la camera decide di tenere un'udienza, il presidente ne fissa anche la data. La camera decide con una sentenza.

80. *Richiesta di revisione di una sentenza.* 1. Se emerge un fatto che, per la sua natura, avrebbe potuto influenzare in modo decisivo l'esito di una causa già definita e che, all'epoca della sentenza, era sconosciuto alla Corte e non poteva ragionevolmente essere conosciuto da una delle parti, quest'ultima può, entro il termine di sei mesi a decorrere dal momento in cui ha avuto conoscenza del fatto scoperto, presentare alla Corte una richiesta di revisione della sentenza stessa.

2. Nella richiesta viene menzionata la sentenza di cui si chiede la revisione, fornendo le indicazioni necessarie per stabilire se siano soddisfatte le condizioni previste al paragrafo 1 del presente articolo. Alla stessa è allegata copia dei documenti a sostegno. La richiesta e i suoi allegati sono depositati in cancelleria.

3. La camera iniziale può decidere d'ufficio di respingere la richiesta in quanto non vi sono ragioni che ne giustifichino l'esame. Se non è possibile riunire la camera iniziale, il presidente della Corte costituisce o integra la camera mediante estrazione a sorte.

4. Se la camera non respinge la richiesta, il cancelliere la comunica alle altre parti interessate, invitandole a presentare le loro eventuali osservazioni scritte entro il termine fissato dal presidente della camera. Se la camera decide di tenere un'udienza, il presidente ne fissa anche la data. La camera decide con una sentenza.

81. *Rettifica di errori nelle decisioni e nelle sentenze.* Fatte salve le disposizioni in materia di revisione delle sentenze e di reinscrizione al ruolo dei ricorsi, gli errori di trascrizione o di calcolo e le inesattezze evidenti possono essere rettificati dalla Corte d'ufficio o su richiesta di una delle parti a condizione che tale richiesta sia presentata entro il termine di un mese a decorrere dalla pronuncia della decisione o della sentenza.

CAPITOLO IX
PARERI CONSULTIVI A TITOLO DEGLI ARTICOLI 47, 48 E 49 DELLA CONVENZIONE[64]

82.[65] In materia di pareri consultivi chiesti dal Comitato dei Ministri, la Corte applica, oltre alle disposizioni degli articoli 47, 48 e 49 della Convenzione, le disposizioni che seguono. Inoltre essa applica, se lo ritiene opportuno, le altre disposizioni del presente regolamento.

83.[66] La domanda di parere consultivo è inviata al cancelliere. In essa sono indicati, in termini completi e precisi, la questione sulla quale è richiesto il parere della Corte e, inoltre:

a) la data in cui il Comitato dei Ministri ha adottato la decisione di cui all'articolo 47 § 3 della Convenzione;

b) il nome e l'indirizzo della o delle persone nominate dal Comitato dei Ministri per fornire alla Corte le spiegazioni che essa potrebbe richiedere.

Alla richiesta sono allegati tutti i documenti utili a chiarire la questione.

84.[67] 1. Non appena riceve la richiesta, il cancelliere trasmette a tutti i membri della Corte una copia della stessa e dei relativi allegati.

2. Il cancelliere informa le Parti contraenti che possono sottoporre alla Corte le loro osservazioni scritte sulla richiesta.

85.[68] 1. Il presidente della Corte fissa i termini entro i quali devono essere depositate le osservazioni scritte o gli altri documenti.

2. Le osservazioni scritte o gli altri documenti sono inviati al cancelliere. Il cancelliere li trasmette a tutti i membri della Corte, al Comitato dei Ministri e a ciascuna delle Parti contraenti.

86. Dopo la chiusura della procedura scritta, il presidente della Corte decide se è necessario permettere alle Parti contraenti che hanno presentato delle osservazioni scritte di esporle oralmente nel corso di un'udienza fissata a tale scopo.

87.[69] 1. Per esaminare la domanda di parere consultivo è costituita una Grande Camera.

2. Quando ritiene che la richiesta non rientri nella sua competenza così come definita dall'articolo 47 della Convenzione, la Grande Camera lo dichiara in una decisione motivata.

88.[70] 1. Le decisioni motivate e i pareri consultivi sono emessi dalla Grande Camera a maggioranza dei voti. In essi è indicato il numero dei giudici che hanno costituito la maggioranza.

2.1B. Le decisioni motivate e i pareri consultivi sono emessi in entrambe le lingue ufficiali della Corte, e le due versioni linguistiche fanno ugualmente fede.

3. I giudici possono, se lo desiderano, allegare alla decisione motivata o al parere consultivo della Corte l'esposizione della loro opinione separata, concordante o dissenziente, o una semplice dichiarazione di dissenso.

89.[71] La decisione motivata o il parere consultivo può essere letta in pubblica udienza, in una delle due lingue ufficiali, dal presidente della Grande Camera o da altro giudice da lui delegato, dopo che siano stati avvisati il Comitato dei Ministri e tutte le Parti contraenti. In caso contrario, si provvede alla notifica prevista dall'articolo 90 del regolamento.

90.[72] La decisione motivata o il parere consultivo è firmata dal presidente della Grande Camera e dal cancelliere. L'originale, debitamente firmato e munito di sigillo, è depositato negli archivi della Corte. Il cancelliere ne trasmette copia conforme al Comitato dei Ministri, alle Parti contraenti e al Segretario Generale del Consiglio d'Europa.

CAPITOLO X[73]
PARERI CONSULTIVI A TITOLO DEL PROTOCOLLO N. 16 ALLA CONVENZIONE

91. *Generalità.* Nelle procedure relative alle domande di parere consultivo presentate dagli organi giudiziari designati dalle Parti contraenti conformemente all'articolo 10 del Protocollo n. 16 alla Convenzione, la Corte applica, oltre alle disposizioni di questo protocollo, le disposizioni che seguono. Nella misura in cui lo ritiene appropriato, essa applica anche le altre disposizioni del presente regolamento.

92. *Presentazione di una domanda di parere consultivo.* 1. In virtù dell'articolo 1 del Protocollo n. 16 alla Convenzione, alcuni organi giudiziari delle Parti contraenti a questo protocollo possono inviare alla Corte delle domande di parere consultivo su questioni di principio relative all'interpretazione o all'applicazione dei diritti e delle libertà definiti dalla Convenzione o dai suoi Protocolli. Tutte le domande di parere consultivo devono essere inviate alla cancelleria della Corte.

2.1. La domanda deve essere motivata ed esporre:

a) l'oggetto della causa nazionale e il contesto giuridico e fattuale pertinente;

b) le disposizioni giuridiche interne pertinenti;

c) le questioni pertinenti relative alla Convenzione, in particolare i diritti o le libertà in gioco;

d) se pertinente, una sintesi delle argomentazioni delle parti del procedimento nazionale sulla questione;

e

a) se possibile e opportuno, l'esposizione, da parte dell'organo giudiziario che presenta la domanda di parere consultivo, del proprio punto di vista sulla questione, comprese le proprie valutazioni in merito.

2.2. L'organo giudiziario che ha presentato la domanda presenta inoltre tutti gli altri documenti pertinenti con riguardo al contesto giuridico e fattuale della causa pendente.

2.3. L'organo giudiziario che ha presentato la domanda deve informare la cancelleria qualora decida di ritirarla. Una volta ricevuta la notifica, la Corte chiude la procedura.

93. *Esame di una domanda da parte del collegio.* 1.1. La domanda di parere consultivo è esaminata da un collegio di cinque giudici della Grande Camera. Il collegio è composto:

a) dal presidente della Corte; se il presidente della Corte ha un impedimento, viene sostituito dal vicepresidente secondo l'ordine di precedenza;

b) da due presidenti di sezione, designati a rotazione; in caso di impedimento, il presidente di sezione così designato viene sostituito dal vicepresidente della sua sezione;

c) da un giudice designato a rotazione tra i giudici eletti nelle restanti sezioni per far parte del collegio per un periodo di sei mesi;

d) dal giudice eletto a titolo della Parte contraente di cui fa parte l'organo giudiziario che ha presentato la domanda o, eventualmente, da un giudice designato conformemente all'articolo 29 del presente regolamento; e

e) da almeno due giudici supplenti designati a rotazione tra i giudici eletti nelle sezioni per far parte del collegio per un periodo di sei mesi.

1.2. Un giudice che fa parte del collegio continua a farvi parte se ha presenziato all'esame di una domanda di parere consultivo e non è stata presa alcuna decisione definitiva allo scadere del periodo per il quale è stato designato per far parte del collegio.

2. Le domande di parere consultivo devono essere trattate in via prioritaria ai sensi dell'articolo 41 del presente regolamento.

3. Il collegio della Grande Camera accetta la domanda se ritiene che questa soddisfi le esigenze dell'articolo 1 del Protocollo n. 16 alla Convenzione.

4. Il rifiuto del collegio di accettare una domanda è motivato.

5. Il rigetto o l'accettazione della domanda da parte del collegio è notificato all'organo giudiziario che l'ha presentata e alla Parte contraente di cui esso fa parte.

94.[74] *Procedura conseguente all'accettazione da parte del collegio di una domanda di parere consultivo.* 1. Quando il collegio accetta una domanda di parere consultivo a titolo dell'articolo 93, è costituita una Grande Camera conformemente all'articolo 24 § 2 *h)* del presente regolamento per esaminare la domanda ed emettere un parere consultivo.

2. Il presidente della Grande Camera può invitare l'organo giudiziario che ha presentato la domanda a sottoporre alla Corte tutte le ulteriori informazioni ritenute necessarie per precisare l'oggetto della domanda o il punto di vista dell'organo giudiziario interessato sulla questione sollevata.

3. Il presidente della Grande Camera può invitare le parti del procedimento interno a presentare osservazioni scritte e, eventualmente, a partecipare all'udienza.

4. Le osservazioni scritte o gli altri documenti sono inviati alla cancelleria entro i termini impartiti dal presidente della Grande Camera.

5. Una copia delle osservazioni scritte depositate conformemente alle disposizioni dell'articolo 44 del presente regolamento viene comunicata all'organo giudiziario che ha presentato la domanda, il quale potrà formulare dei commenti sulle osservazioni in questione.

6. Una volta chiusa la procedura scritta, il presidente della Grande Camera decide sull'opportunità di tenere un'udienza.

7. I pareri consultivi sono emessi dalla Grande Camera a maggioranza dei voti. In essi è indicato il numero dei giudici che hanno costituito la maggioranza.

8.7B. I pareri consultivi sono emessi in entrambe le lingue ufficiali della Corte, e le due versioni linguistiche fanno ugualmente fede.

9. I giudici possono, se lo desiderano, allegare al parere consultivo della Corte l'esposizione della loro opinione separata, concordante o dissenziente, o una semplice dichiarazione di dissenso.

10. Il parere consultivo è firmato dal presidente della Grande Camera e dal cancelliere. L'originale, debitamente firmato, è depositato negli archivi della Corte. Il cancelliere ne tramette copia certificata conforme all'organo giudiziario che ha presentato la domanda e alla parte contraente di cui quest'ultimo fa parte.

11. Copia del parere consultivo viene trasmessa anche ai terzi intervenienti che hanno preso parte alla procedura a titolo dell'articolo 3 del Protocollo n. 16 alla Convenzione e dell'articolo 44 del presente regolamento.

95. *Spese relative alla procedura di parere consultivo e gratuito patrocinio.* 1. Quando il presidente della Grande Camera ha invitato, in virtù dell'articolo 44 § 7 e dell'articolo 94 § 3 del presente regolamento, una parte del procedimento interno a intervenire nella procedura di parere consultivo, la questione del rimborso delle spese sostenute da questa parte non è decisa dalla Corte, ma viene definita conformemente al diritto e alla prassi dell'Alta Parte contraente di cui fa parte l'organo giudiziario che ha presentato la domanda.

2. Le disposizioni del capitolo XII si applicano mutatis mutandis quando il presidente della Grande Camera ha invitato, in virtù dell'articolo 44 § 7 e dell'articolo 94 § 3 del presente regolamento, una parte del procedimento interno a intervenire nella procedura di parere consultivo, e questa parte non ha risorse sufficienti per far fronte, in tutto o in parte, alle spese sostenute.

CAPITOLO XI[75]
PROCEDURE AI SENSI DELL'ARTICOLO 46 §§ 3, 4 E 5 DELLA CONVENZIONE
PROCEDURA AI SENSI DELL'ARTICOLO 46 § 3 DELLA CONVENZIONE

96. (vecchio articolo 91). Le domande di interpretazione presentate ai sensi dell'articolo 46 § 3 della Convenzione sono trasmesse al cancelliere. Esse devono recare l'indicazione esaustiva e precisa della natura e dell'origine della questione di interpretazione che ha ostacolato l'esecuzione della sentenza a cui si riferisce la domanda e sono corredate di:

a) informazioni relative alla procedura d'esecuzione dinanzi al Comitato dei Ministri, eventualmente in corso, della sentenza in questione;

b) copia della decisione di cui all'articolo 46 § 3 della Convenzione;

c) nome e indirizzo della o delle persone designate dal Comitato dei Ministri al fine di fornire alla Corte tutte le spiegazioni che essa potrebbe richiedere.

97. *(vecchio articolo 92).* 1. La domanda di interpretazione è esaminata dalla Grande Camera, dalla Camera o dal Comitato che ha pronunciato la sentenza a cui si riferisce.

2. Quando non è possibile riunire la Grande Camera, la camera o il comitato iniziale, il presidente della Corte completa o compone la formazione con estrazione a sorte.

98. (vecchio articolo 93). La decisione con cui la Corte si pronuncia sulla questione di interpretazione di cui è stata investita dal Comitato dei Ministri è definitiva e non può costituire oggetto di alcuna opinione separata dei giudici. Una copia della decisione è trasmessa al Comitato dei Ministri e alle parti interessate nonché al terzo interveniente, compreso il Commissario per i diritti umani del Consiglio d'Europa.

Procedura ai sensi dell'articolo 46 §§ 4 e 5 della Convenzione

99. (vecchio articolo 94). Quando è investita di una questione volta a stabilire se una Parte contraente abbia o meno violato l'obbligo derivante dall'articolo 46 § 1 della Convenzione, la Corte applica, oltre alle disposizioni dell'articolo 31 *b)* e dell'articolo 46 §§ 4 e 5 della Convenzione, le disposizioni che seguono nonché, se lo ritiene opportuno, altre disposizioni del regolamento.

100. (vecchio articolo 95). Le domande presentate ai sensi dell'articolo 46 § 4 della Convenzione devono essere motivate e trasmesse al cancelliere unitamente a:

a) la sentenza cui si riferiscono;

b) le informazioni relative alla procedura di esecuzione, dinanzi al Comitato dei Ministri, della sentenza cui si riferiscono, comprese, eventualmente, le osservazioni scritte formulate dalle parti interessate nell'ambito della stessa procedura e le comunicazioni a cui quest'ultima ha dato luogo;

c) copia della messa in mora notificata alla o alle Parti contraenti e copia della decisione di cui all'articolo 46 § 4 della Convenzione;

d) nome e indirizzo della o delle persone designate dal Comitato dei Ministri per fornire alla Corte tutte le spiegazioni che essa potrebbe richiedere;

e) copia di ogni altro documento idoneo a chiarire la questione.

101. (vecchio articolo 96). Per esaminare la questione sottoposta alla Corte è costituita una Grande Camera conformemente all'articolo 24 § 2 *g)* del regolamento.

102. (vecchio articolo 97). Il presidente della Grande Camera informa il Comitato dei Ministri e le parti interessate che possono presentare osservazioni scritte sulla questione di cui la Corte è investita.

103. (vecchio articolo 98). 1. Il presidente della Grande Camera fissa i termini per il deposito delle osservazioni scritte o degli altri documenti.

2. La Grande Camera può decidere di tenere un'udienza.

104. (vecchio articolo 99). La Grande Camera delibera con sentenza. Copia della sentenza è comunicata al Comitato dei Ministri e alle parti interessate nonché ai terzi intervenienti, compreso il Commissario per i diritti umani del Consiglio d'Europa.

CAPITOLO XIA[76]

PUBBLICAZIONE DI SENTENZE, DECISIONI E PARERI CONSULTIVI

104A. *Pubblicazione nella banca dati giurisprudenziali della Corte.* Tutte le sentenze, tutte le decisioni e tutti i pareri consultivi sono pubblicati, a cura del cancelliere, su HUDOC, la banca dati giurisprudenziali della Corte. Tuttavia, questa regola non si applica alle decisioni che, in virtù dell'articolo 52A § 1 del presente regolamento, sono adottate da un giudice unico, alle decisioni che, in virtù dell'articolo 54 §§ 3 e 4 del presente regolamento, sono adottate da un presidente di sezione o da un vice-presidente di sezione che agiscono in qualità di giudice unico, e alle decisioni di comitato che, in virtù dell'articolo 52A § 2 del presente regolamento contengono solo una motivazione sommaria; la Corte rende periodicamente accessibili al pubblico delle informazioni generali su queste decisioni.

104B. *Cause guida.* Inoltre, la cancelleria mette adeguatamente in evidenza le sentenze, le decisioni e i pareri consultivi emessi nell'ambito delle cause selezionate come cause guida.

CAPITOLO XII

GRATUITO PATROCINIO

105. (vecchio articolo 100). 1. Il presidente della camera può, su richiesta di un ricorrente che abbia presentato un ricorso ai sensi dell'articolo 34 della Convenzione o d'ufficio, accordargli il gratuito patrocinio per la difesa della sua causa una volta che, conformemente all'articolo 54 § 2 *b)* del presente regolamento, la Parte contraente convenuta abbia presentato per iscritto le sue osservazioni sulla ricevibilità del ricorso o quando sia scaduto il termine che era stato fissato a tal fine.

2. Fatto salvo l'articolo 110 del presente regolamento, il ricorrente che abbia beneficiato del gratuito patrocinio per la difesa della sua causa dinanzi alla camera continua a beneficiarne dinanzi alla Grande Camera.

106. (vecchio articolo 101). Il gratuito patrocinio può essere accordato soltanto se il presidente della camera accerta:

a) che tale beneficio è necessario per la buona conduzione della causa dinanzi alla camera;

b) che il ricorrente non dispone di mezzi economici sufficienti per far fronte in tutto o in parte alle spese che deve sostenere.

107. (vecchio articolo 102). 1. Al fine di determinare se il ricorrente disponga o meno di mezzi economici sufficienti per far fronte in tutto o in parte alle spese che deve sostenere, questi è invitato a compilare una dichiarazione indicando i propri redditi, il proprio capitale e gli impegni economici nei confronti delle persone a carico, o ogni altro obbligo finanziario. La dichiarazione deve essere certificata dalla o dalle autorità nazionali autorizzate.

2. Il presidente della camera può invitare la Parte contraente interessata a presentare le proprie osservazioni per iscritto.

3. Una volta raccolte le informazioni di cui al paragrafo 1 del presente articolo, il presidente della camera decide di accordare o negare il gratuito patrocino. Il cancelliere ne informa le parti interessate.

108. (vecchio articolo 103). 1. Gli onorari possono essere corrisposti soltanto ad un avvocato o ad altra persona designata ai sensi dell'articolo 36 § 4 del presente regolamento. All'occorrenza, essi possono coprire i servizi prestati da più di un rappresentante così definito.

2. Oltre agli onorari, il gratuito patrocinio può coprire le spese di trasferta e di soggiorno, così come le altre spese necessarie sostenute dal ricorrente o dal suo rappresentante designato.

109. (vecchio articolo 104). Una volta accordato il gratuito patrocinio, il cancelliere stabilisce:

a) la tariffa degli onorari da versare in conformità alle tariffe in vigore;

b) l'importo da versare per le spese.

110. (vecchio articolo 105). Se ritiene che le condizioni enunciate dall'articolo 106 del presente regolamento non siano più soddisfatte, il presidente della camera può, in qualsiasi momento, revocare o modificare il beneficio del gratuito patrocinio.

TITOLO III
DISPOSIZIONI TRANSITORIE

111. *Rapporti tra la Corte e la Commissione.* (vecchio articolo 106). 1. Nelle cause sottoposte alla Corte in virtù dell'articolo 5 §§ 4 e 5 del Protocollo n. 11 alla Convenzione, la Corte può invitare la Commissione a delegare uno o più dei suoi membri a partecipare all'esame della causa dinanzi alla Corte.

2. Nelle cause di cui al paragrafo 1 del presente articolo, la Corte prende in considerazione il rapporto adottato dalla Commissione a norma del vecchio articolo 31 della Convenzione.

3. Salvo decisione contraria del presidente della camera, dopo che la Corte è stata adita il rapporto è reso pubblico a cura del cancelliere non appena possibile.

4. Nelle cause deferite alla Corte a norma dell'articolo 5 §§ 2 - 5 del Protocollo n. 11, gli altri documenti facenti parte del fascicolo della Commissione, incluse le memorie e le osservazioni, restano riservati, salvo che il presidente della camera decida diversamente.

5. Nelle cause in cui la Commissione ha raccolto delle testimonianze ma non è stata in grado di adottare un rapporto a norma del vecchio articolo 31 della Convenzione, la Corte prende in considerazione i resoconti integrali, la documentazione e il parere emesso dalle delegazioni della Commissione al termine di tali indagini.

112. *Procedura dinanzi a una Camera e alla Grande Camera.* (vecchio articolo 107). 1. Quando una causa è deferita alla Corte a norma dell'articolo 5 § 4 del Protocollo n. 11 alla Convenzione, un collegio di giudici della Grande Camera costituito conformemente all'articolo 24 § 5 del presente regolamento decide, sulla sola base del fascicolo, se deve essere giudicata da una camera o dalla Grande Camera.

2. Se la causa è definita da una camera, la sentenza di quest'ultima è definitiva, conformemente all'articolo 5 § 4 del Protocollo n. 11, e l'articolo 73 del presente regolamento è inapplicabile.

3. Le cause trasmesse alla Corte a norma dell'articolo 5 § 5 del Protocollo n. 11 sono deferite alla Grande Camera dal presidente della Corte.

4. Per ogni causa di cui è investita ai sensi dell'articolo 5 § 5 del Protocollo n. 11, la Grande Camera è integrata da giudici designati a rotazione nell'ambito di uno dei gruppi citati dall'articolo 24 § 3[77] del presente regolamento. Le cause sono assegnate alternativamente a ciascuno dei gruppi.

113. *Concessione del gratuito patrocinio.* (vecchio articolo 108). Con riserva dell'articolo 101 del presente regolamento, nelle cause deferite alla Corte in applicazione dell'articolo 5 §§ 2 – 5 del Protocollo n. 11 alla Convenzione, un ricorrente a cui è stato accordato il gratuito patrocinio nell'ambito della procedura dinanzi alla Commissione o alla vecchia Corte continua a beneficiarne per la difesa della sua causa dinanzi alla Corte.

114. *Richiesta di revisione di una sentenza.* (vecchio articolo 109). 1. Quando una parte presenta una richiesta di revisione di una sentenza pronunciata dalla vecchia Corte, il presidente della Corte la trasmette a una delle sezioni conformemente alle condizioni previste dagli articoli 51 o 52 del presente regolamento, a seconda dei casi.

2. Indipendentemente dall'articolo 80 § 3 del presente regolamento, il presidente della sezione in-

teressata costituisce una nuova camera per esaminare la richiesta.

3. La camera da costituire include di diritto:

a) il presidente della sezione;

b) e, che appartengano o meno alla sezione interessata,

c) il giudice eletto per la Parte contraente interessata o, se questi è impossibilitato, qualsiasi giudice nominato ai sensi dell'articolo 29 del presente regolamento;

d) i membri della Corte che abbiano fatto parte della camera iniziale della vecchia Corte che ha pronunciato la sentenza.

4. *a)* Il presidente della sezione estrae a sorte gli altri membri della camera tra i membri della sezione interessata.

b) I membri della sezione non designati in tal modo partecipano in qualità di giudici supplenti.

TITOLO IV
CLAUSOLE FINALI

115. *Sospensione di un articolo.* (vecchio articolo 110). L'applicazione delle disposizioni relative al funzionamento interno della Corte può essere immediatamente sospesa su proposta di un giudice, a condizione che la decisione sia presa all'unanimità dalla camera interessata. La sospensione così decisa produce i suoi effetti solo per le necessità del caso particolare per cui è stata proposta.

116. *Emendamento di un articolo.* (vecchio articolo 111). 1. Qualsiasi modifica alle disposizioni del presente regolamento può essere adottata dalla maggioranza dei giudici della Corte, riuniti in sessione plenaria, su proposta presentata in precedenza. La proposta di modifica, formulata per iscritto, deve giungere al cancelliere almeno un mese prima della sessione in cui sarà esaminata. Quando riceve la proposta, il cancelliere ne informa tutti i membri della Corte non appena possibile.

2. Il cancelliere informa le Parti Contraenti delle proposte della Corte volte a modificare le disposizioni del regolamento che riguardano direttamente lo svolgimento delle procedure dinanzi ad essa, e le invita a presentare osservazioni scritte sulle proposte in questione. Parimenti, invita le organizzazioni che hanno esperienza in materia di rappresentanza dei ricorrenti dinanzi alla Corte, nonché alcune associazioni forensi, a presentare osservazioni scritte su tali proposte.

117. *Entrata in vigore del regolamento.* (vecchio articolo 112[78]). Il presente regolamento entrerà in vigore il 1° novembre 1998.

[1] Come modificato dalla Corte il 7 luglio 2003, il 13 novembre 2006 e il 19 settembre 2016.

[2] Come modificato dalla Corte il 13 novembre 2006 e il 2 aprile 2012.

[3] Come modificato dalla Corte il 29 marzo 2010.

[4] Come modificato dalla Corte il 14 maggio 2007.

[5] Come modificato dalla Corte il 7 luglio 2003.

[6] Come modificato dalla Corte il 7 novembre 2005, il 20 febbraio 2012 e il 14 gennaio 2013, il 14 luglio 2014, il 1° giugno 2015 e il 19 settembre 2016.

[7] Inserito dalla Corte il 7 luglio 2003.

[8] Come modificato dalla Corte il 17 giugno e l'8 luglio 2002.

[9] Come modificato dalla Corte il 4 luglio 2005.

[10] Come modificato dalla Corte il 14 aprile 2014.

[11] Come modificato dalla Corte il 14 aprile 2014.

[12] Come modificato dalla Corte il 13 novembre 2006 e il 2 aprile 2012.

[13] Inserito dalla Corte il 13 novembre 2006 e modificato il 14 gennaio 2013.

[14] Inserito dalla Corte il 23 giugno 2014.

[15] Inserito dalla Corte il 13 dicembre 2004.

[16] Come modificato dalla Corte l'8 dicembre 2000, il 13 dicembre 2004, il 4 luglio 2005, il 7 novembre 2005, il 29 maggio 2006, il 13 novembre 2006 e il 6 maggio 2013.

[17] Come modificato dalla Corte il 17 giugno e l'8 luglio 2002 e il 6 maggio 2013.

[18] Come modificato dalla Corte il 13 novembre 2006 e il 16 novembre 2009.

[19] Inserito dalla Corte il 13 novembre 2006 e emendato il 14 gennaio 2013 e il 9 settembre 2019.

[20] Come modificato dalla Corte il 17 giugno e l'8 luglio 2002, il 13 dicembre 2004, il 13 novembre 2006 e il 6 maggio 2013.

[21] Come modificato dalla Corte il 17 giugno e l' 8 luglio 2002, il 13 novembre 2006, il 29 marzo 2010, il 6 maggio 2013, il 19 settembre 2016, il 16 aprile 2018 e il 3 giugno 2019.

[22] Come modificato dalla Corte il 7 luglio 2003.

[23] Come modificato dalla Corte il 17 giugno, l'8 luglio 2002, il 7 luglio 2003, il 4 luglio 2005, il 13 novembre 2006, il 14 maggio 2007 e il 4 novembre 2019.

[24] Come modificato dalla Corte il 13 dicembre 2004 e il 19 settembre 2016.

[25] Come modificato dalla Corte il 7 luglio 2003.

[26] Come modificato dalla Corte il 7 luglio 2003.

[27] Inserito dalla Corte il 17 giugno e l'8 luglio 2002.

[28] Come modificato dalla Corte il 4 luglio 2005, il 16 gennaio 2012 e il 14 gennaio 2013.

[29] Come modificato dalla Corte il 17 giugno e l'8 luglio 2002 e il 29 giugno 2009.

[30] Come modificato dalla Corte il 17 giugno e l'8 luglio 2002, il 7 luglio 2003, il 13 novembre 2006 e il 2 aprile 2012.

[31] Come modificato dalla Corte il 7 luglio 2003, il 13 novembre 2006 e il 19 settembre 2016.

[32] Inserito dalla Corte il 13 dicembre 2004.

[33] Inserito dalla Corte il 13 dicembre 2004.

[34] Inserito dalla Corte il 13 dicembre 2004.

[35] Inserito dalla Corte il 13 dicembre 2004.

[36] Inserito dalla Corte il 13 dicembre 2004.

[37] Come modificato dalla Corte il 17 giugno e l'8 luglio 2002, l'11 dicembre 2007, il 22 settembre 2008, il 6 maggio 2013, il 1° giugno e il 5 ottobre 2015.

[38] Come modificato dalla Corte il 17 giugno e l'8 luglio 2002.

[39] Come modificato dalla Corte il 17 giugno e l'8 luglio 2002, il 4 luglio 2005, il 13 novembre 2006 e il 14 maggio 2007.

[40] Come modificato dalla Corte il 17 giugno e l'8 luglio 2002.

[41] Come modificato dalla Corte il 17 giugno e l'8 luglio 2002.

[42] Inserito dalla Corte il 13 novembre 2006 e modificato il 9 settembre 2019 e il 4 novembre 2019.

[43] Come modificato dalla Corte il 17 giugno e l'8 luglio 2002, il 4 luglio 2005, il 14 maggio 2007, il 16 gennaio 2012 e il 4 novembre 2019.

[44] Come modificato dalla Corte il 17 giugno e l'8 luglio 2002, il 14 gennaio 2013 e il 4 novembre 2019.

[45] Inserito dalla Corte il 17 giugno e l'8 luglio 2002, e modificato il 13 dicembre 2004 e il 13 novembre 2006.

[46] Come modificato dalla Corte il 17 giugno e l'8 luglio 2002 e il 13 novembre 2006.

[47] Come modificato dalla Corte il 17 giugno, l'8 luglio 2002 e il 4 novembre 2019.

[48] Come modificato dalla Corte il 17 giugno e l'8 luglio 2002.

[49] Come modificato dalla Corte il 17 giugno e l'8 luglio 2002.

[50] Come modificato dalla Corte il 13 dicembre 2004.

[51] Inserito dalla Corte il 21 febbraio 2011.

[52] Come modificato dalla Corte il 17 giugno e l'8 luglio 2002 e il 13 novembre 2006.

[53] Inserito dalla Corte il 2 aprile 2012.

[54] Come modificato dalla Corte il 7 luglio 2003.

[55] Come modificato dalla Corte il 7 luglio 2003.

[56] Come modificato dalla Corte il 7 luglio 2003.

[57] Come modificato dalla Corte il 17 giugno e l'8 luglio 2002.

[58] Come modificato dalla Corte il 17 giugno e l'8 luglio 2002.

[59] Come modificato dalla Corte il 6 febbraio 2013.

[60] Come modificato dalla Corte il 13 novembre2006.

[61] Come modificato dalla Corte il 13 dicembre 2004 e il 13 novembre 2006.

[62] Come modificato dalla Corte il 17 giugno, l'8 luglio 2002 e il 4 novembre 2019.

[63] Come modificato dalla Corte il 13 novembre 2006, il 1° dicembre 2008 e il 1° giugno 2015.

[64] Inserito dalla Corte il 19 settembre 2016.

[65] Come emendato dalla Corte il 19 settembre 2016.

[66] Come modificato dalla Corte il 4 luglio 2005.

[67] Come modificato dalla Corte il 4 luglio 2005.

[68] Come modificato dalla Corte il 4 luglio 2005.

[69] Come modificato dalla Corte il 4 luglio 2005.

[70] Come modificato dalla Corte il 4 luglio 2005 e il 4 novembre 2019.

[71] Come modificato dalla Corte il 4 luglio 2005.

[72] Come modificato dalla Corte il 4 luglio 2005 e il 1° giugno 2015.

[73] Inserito dalla Corte il 19 settembre 2016.

[74] Come modificato dalla Corte il 4 novembre 2019.

[75] Inserito dalla Corte il 13 novembre 2006 e il 14 maggio 2007

[76] Inserito dalla Corte il 4 novembre 2019.

[77] Come modificato dalla Corte il 13 dicembre 2004.

[78] Gli emendamenti adottati l'8 dicembre 2000 sono entrati in vigore immediatamente. Gli emendamenti adottati il 17 giugno 2002 e l'8 luglio 2002 sono entrati in vigore il 1° ottobre 2002. Gli emendamenti adottati il 7 luglio 2003 sono entrati in vigore il 1° novembre 2003. Gli emendamenti adottati il 13 dicembre 2004 sono entrati in vigore il 1° marzo 2005. Gli emendamenti adottati il 4 luglio 2005 sono entrati in vigore il 3 ottobre 2005. Gli emendamenti adottati il 7 novembre 2005 sono entrati in vigore il 1° dicembre 2005. Gli emendamenti adottati il 29 maggio 2006 sono entrati in vigore il 1° luglio 2006. Gli emendamenti adottati il 14 maggio 2007 sono entrati in vigore il 1° luglio 2007. Gli emendamenti adottati l'11 dicembre 2007, il 22 settembre e il 1° dicembre 2008 sono entrati in vigore il 1° gennaio 2009. Gli emendamenti adottati il 29 giugno 2009 sono entrati in vigore il 1° luglio 2009. Gli emendamenti relativi al Protocollo n. 14 alla Convenzione, adottati il 13 novembre 2006 e il 14 maggio 2007, sono entrati in vigore il 1° giugno 2010. Gli emendamenti adottati il 21 febbraio 2011 sono entrati in vigore il 1° aprile 2011. Gli emendamenti adottati il 16 gennaio 2012 sono entrati in vigore il 1° febbraio 2012. Gli emendamenti adottati il 20 febbraio 2012 sono entrati in vigore il 1° maggio 2012. Gli emendamenti adottati il 2 aprile 2012 sono entrati in vigore il 1° settembre 2012. Gli emendamenti adottati il 14 gennaio e il 6 febbraio 2013 sono entrati in vigore il 1° maggio 2013. Gli emendamenti adottati il 6 maggio 2013 sono entrati in vigore il 1° luglio 2013 e il 1° gennaio 2014. Gli emendamenti adottati il 14 aprile e il 23 giugno 2014 sono entrati in vigore il 1° luglio 2014. Alcuni emendamenti adottati il 1° giugno 2015 sono entrati in vigore immediatamente. Gli emendamenti all'articolo 47 adottati il 1° giugno e il 5 ottobre 2015 sono entrati in vigore il 1° gennaio 2016. Gli emendamenti all'articolo 8 adottati il 19 settembre 2016 sono entrati in vigore il giorno stesso. Gli emendamenti adottati il 14 novembre 2016 sono entrati in vigore il giorno stesso. Gli emendamenti all'articolo 29 adottati il 16 aprile 2018 sono entrati in vigore il giorno stesso. Gli emendamenti adottati il 19 settembre 2016 sono entrati in vigore il 1° agosto 2018. L'emendamento all'articolo 29 § 1 adottato il 3 giugno 2019 è entrato in vigore il giorno stesso. Gli emendamenti agli articoli 27A e 52A adottati il 9 settembre 2019 sono entrati in vigore il giorno stesso. Gli emendamenti adottati il 4 novembre 2019 sono entrati in vigore il 1° gennaio 2020.

PARTE SECONDA
CODICE CIVILE

DISPOSIZIONI SULLA LEGGE IN GENERALE

1 R.D. 16 marzo 1942, n. 262 (G.U. 4 aprile 1942, n. 79 e 79-bis, ediz. straord.). *Approvazione del testo del codice civile.*

Disposizioni sulla legge in generale

Capo I

Delle fonti del diritto

1. Indicazione delle fonti.

Sono fonti del diritto [c.nav. 1]:

1) le leggi [Cost. 2, 10 ss.; 70 ss., 87, comma 4, ss., 117, 138];

2) i regolamenti [3, 4; 87, comma 5, Cost.];

3) [...][1];

4) gli usi [8, 9].

[1] Riguardava le norme corporative soppresse ex R.D.L. 9 agosto 1943, n. 721 e D.Lgs.Lgt. 23 novembre 1944, n. 369.

● Norme connesse:

- comma 1, n. 1): artt. 14, 15 e 16, L. 23 agosto 1988, n. 400 (sui decreti legge, decreti legislativi ed atti aventi forza di legge).

- comma 1, n. 4): art. 1340 c.c. (sugli usi negoziali); artt. 288 ss. Trattato sul funzionamento dell'Unione Europea (sulle fonti comunitarie)

2. Leggi.

La formazione delle leggi e l'emanazione degli atti del Governo aventi forza di legge [Cost. 76, 77] sono disciplinate da leggi di carattere costituzionale [Cost. 70 ss., 87, comma 4 ss., 138].

3. Regolamenti.

Il potere regolamentare del Governo [Cost. 87, comma 5] è disciplinato da leggi di carattere costituzionale [4]

Il potere regolamentare di altre autorità [Cost. 64, 121, 123, 128; c.nav. 30, 62, 81] è esercitato nei limiti delle rispettive competenze, in conformità delle leggi particolari [4].

● Norme connesse:

- comma 1: art. 117, comma 5, Cost. (sul potere regolamentare di Stato e Regioni); art. 17 L. 23 agosto 1988, n. 400 (sul potere regolamentare del Governo); art. 1, L. 24 novembre 2000, n. 340 (legge di semplificazione 1999); art. 1 e ss., L. 29 luglio 2003 n. 229 (legge di semplificazione 2001); art. 31, L. 24 dicembre 2012, n. 234; D.Lgs. 380/2001 e 327/2001, in materia edilizia ed espropriativa (sui testi unici misti legislativo-regolamentari).

- comma 2: art. 121, comma 4, Cost. (sui regolamenti regionali); art. 7, D.Lgs. 18 agosto 2000, n. 267 (T.U.E.L.) (sui regolamenti degli enti locali).

4. Limiti della disciplina regolamentare.

I regolamenti non possono contenere norme contrarie alle disposizioni delle leggi.

I regolamenti emanati a norma del secondo comma dell'art. 3 non possono nemmeno dettare norme contrarie a quelle dei regolamenti emanati dal Governo [3].

5. - 7.

[...][1].

[1] Riguardavano le norme corporative soppresse ex R.D.L. 9 agosto 1943, n. 721 e D.Lgs.Lgt. 23 novembre 1944, n. 369.

8. Usi.

Nelle materie regolate dalle leggi e dai regolamenti [2, 3] gli usi hanno efficacia solo in quanto sono da essi richiamati [c.c. 1, 9; 230-*bis*, comma 6, 770, 896, 1181 ss., 1187, 1214, 1217, 1269, 1283, 1326 ss., 1333, 1336, 1340, 1368, 1374, 1454, 1457, 1492, 1496 ss., 1510, 1512, 1517, 1520 ss., 1527 ss., 1535, 1550, 1562, 1566, 1569, 1574, 1592 ss., 1605, 1609, 1612, 1616, 1646, 1657 ss., 1665, 1687, 1709, 1712, 1732 ss., 1736, 1739 ss., 1749 ss., 1753, 1755 ss., 1825, 1831, 1834, 1838, 1845, 1847, 1855, 2078, 2109, 2110, 2118, 2120, 2130, 2139, 2143, 2147 ss., 2152 ss., 2155 ss., 2163, 2164, 2172 ss., 2178, 2183, 2187, 2225, 2232 ss., 2240, 2243, 2245].

[...][1].

[1] Le norme corporative sono state abrogate per effetto della soppressione dell'ordinamento corporativo, disposta con R.D.L. 9 agosto 1943, n. 721 e della soppressione delle organizzazioni sindacali fasciste, disposta con D.Lgs.Lgt. 23 novembre 1944, n. 369.

9. Raccolte di usi.

Gli usi pubblicati nelle raccolte ufficiali degli enti e degli organi a ciò autorizzati si presumono esistenti fino a prova contraria[1].

[1] Le raccolte ufficiali degli usi locali sono di competenza delle Camere di commercio, industria, artigianato e agricoltura. L'accertamento degli usi generali spetta ad una speciale commissione istituita presso il Ministero dell'industria, del commercio e dell'artigianato, ex D.Lgs.C.p.S. 27 gennaio 1947, n. 152.

CAPO II
DELL'APPLICAZIONE DELLA LEGGE IN GENERALE

10. Inizio dell'obbligatorietà delle leggi e dei regolamenti.

Le leggi e i regolamenti [2, 3] divengono obbligatori nel decimoquinto giorno successivo a quello della loro pubblicazione [Cost. 73, comma 3], salvo che sia altrimenti disposto.

[...][1].

[1] Riguardava le norme corporative soppresse ex R.D.L. 9 agosto 1943, n. 721 e D.Lgs.Lgt. 23 novembre 1944, n. 369.

● Norme connesse:

- comma 1: art. 7, D.P.R. 28 dicembre 1985, n. 1092, T.U. delle disposizioni sulla promulgazione delle leggi, sulla emanazione dei decreti del Presidente della Repubblica e sulle pubblicazioni ufficiali della Repubblica italiana.

11. Efficacia della legge nel tempo.

La legge non dispone che per l'avvenire: essa non ha effetto retroattivo [Cost. 25, comma 2; c.p. 2].

I contratti collettivi di lavoro [Cost. 39, comma 3; c.c. 2067 ss.] possono stabilire per la loro efficacia una data anteriore alla pubblicazione, purché non preceda quella della stipulazione.

● Norme connesse:

- art. 3, L. 27 luglio 2000, n. 212, sull'efficacia temporale delle leggi tributarie: *"1. Salvo quanto previsto dall'art. 1, comma 2, le disposizioni tributarie non hanno effetto retroattivo. Relativamente ai tributi periodici le modifiche introdotte si applicano solo a partire dal periodo d'imposta successivo a quello in corso alla data di entrata in vigore delle disposizioni che le prevedono.*

2. In ogni caso, le disposizioni tributarie non possono prevedere adempimenti a carico dei contribuenti la cui scadenza sia fissata anteriormente al sessantesimo giorno dalla data della loro entrata in vigore o dell'adozione dei provvedimenti di attuazione in esse espressamente previsti.

3. I termini di prescrizione e di decadenza per gli accertamenti di imposta non possono essere prorogati".

- art. 1, comma 2, L. 27 luglio 2000, n. 212: *"l'adozione di norme interpretative in materia tributaria può essere disposta soltanto in casi eccezionali e con legge ordinaria, qualificando come tali le disposizioni di interpretazione autentica".*

12. Interpretazione della legge.

Nell'applicare la legge non si può ad essa attribuire altro senso che quello fatto palese dal significato proprio delle parole secondo la connessione di esse, e dalla intenzione del legislatore [c.c. 1362 ss.].

Se una controversia non può essere decisa con una precisa disposizione, si ha riguardo alle disposizioni che regolano casi simili o materie analoghe [14]; se il caso rimane ancora dubbio, si decide secondo i principi generali dell'ordinamento giuridico dello Stato [Cost. 2, 3, 4, 29, 35, 36, 41, 42, 45].

● Norme connesse:

- art. 1, comma 4, L. 10 ottobre 1990, n. 287, Norme per la tutela della concorrenza e del mercato.

- art. 2, L. 31 maggio 1995, n. 218, Riforma del sistema italiano di diritto internazionale privato.

- art. 1, L. 27 luglio 2000, n. 212, Disposizioni in materia di statuto dei diritti del contribuente, che dispone: *Art. 1. Princìpi generali. 1. Le disposizioni della presente legge, in attuazione degli articoli 3, 23, 53 e 97 della Costituzione, costituiscono princìpi generali dell'ordinamento tributario e possono essere derogate o modificate solo espressamente e mai da leggi speciali.*

2. L'adozione di norme interpretative in materia tributaria può essere disposta soltanto in casi eccezionali e con legge ordinaria, qualificando come tali le disposizioni di interpretazione autentica.

3. Le regioni a statuto ordinario regolano le materie disciplinate dalla presente legge in attuazione delle disposizioni in essa contenute; le regioni a statuto speciale e le province autonome di Trento e di Bolzano provvedono, entro un anno dalla data di entrata in vigore della presente legge, ad adeguare i rispettivi ordinamenti alle norme fondamentali contenute nella medesima legge.

4. Gli enti locali provvedono, entro sei mesi dalla data di entrata in vigore della presente legge, ad adeguare i rispettivi statuti e gli atti normativi da essi emanati ai princìpi dettati dalla presente legge.

- art. 1, ultimo comma, D.Lgs. 18 agosto 2000, n. 267 (T.U.E.L.), che dispone: *4. Ai sensi dell'articolo 128 della Costituzione le leggi della Repubblica non possono introdurre deroghe al presente testo unico se non mediante espressa modificazione delle sue disposizioni.*

- art. 1, ultimo comma, D.P.R. 8 giugno 2001, n. 327, T.U. espropriazione, che dispone: *4. Le norme del presente testo unico non possono essere derogate, modificate o abrogate se non per dichiarazione espressa, con specifico riferimento a singole disposizioni.*

13. Esclusione dell'applicazione analogica delle norme corporative.

[...][1].

[1] Riguardava le norme corporative soppresse ex R.D.L. 9 agosto 1943, n. 721 e D.Lgs.Lgt. 23 novembre 1944, n. 369.

14. Applicazione delle leggi penali ed eccezionali.

Le leggi penali e quelle che fanno eccezione a regole generali o ad altre leggi non si applicano oltre i casi e i tempi in esse considerati.

♦ Carta di Nizza

Articolo 49. *Principi della legalità e della proporzionalità dei reati e delle pene. 1. Nessuno può essere condannato per un'azione o un'omissione che, al momento in cui è stata commessa, non costituiva reato secondo il diritto interno o il diritto internazionale. Parimenti, non può essere inflitta una pena più grave di quella applicabile al momento in cui il reato è stato commesso. Se, successivamente alla commissione del reato, la legge prevede l'applicazione di una pena più lieve, occorre applicare quest'ultima.*

2. Il presente articolo non osta al giudizio e alla condanna di una persona colpevole di un'azione o di un'omissione che, al momento in cui è stata commessa, costituiva un crimine secondo i principi generali riconosciuti da tutte le nazioni.

3. Le pene inflitte non devono essere sproporzionate rispetto al reato.

♦ CEDU

Articolo 7. *Nulla poena sine lege. 1. Nessuno può essere condannato per una azione o una omissione che, al momento in cui è stata commessa, non costituiva reato secondo il diritto interno o internazionale. Parimenti, non può essere inflitta una pena più grave di quella applicabile al momento in cui il reato è stato commesso.*

2. Il presente articolo non ostacolerà il giudizio e la condanna di una persona colpevole di una azione o di una omissione che, al momento in cui è stata commessa, costituiva un crimine secondo i principi generali di diritto riconosciuti dalle nazioni civili.

15. Abrogazione delle leggi.

Le leggi non sono abrogate che da leggi posteriori per dichiarazione espressa del legislatore, o per incompatibilità tra le nuove disposizioni e le precedenti o perché la nuova legge regola l'intera materia già regolata dalla legge anteriore [Cost. 75; c.p. 2].

● Norme connesse:

- art. 1, ultimo comma, D.Lgs. 18 agosto 2000, n. 267 (T.U.E.L.), riportato in nota sub art. 12 precedente; art. 1, ultimo comma, D.P.R. 8 giugno 2001, n. 327, T.U. espropriazione, riportato in nota sub art. 12 precedente.

16. Trattamento dello straniero.

Lo straniero è ammesso a godere dei diritti civili attribuiti al cittadino a condizione di reciprocità e salve le disposizioni contenute in leggi speciali [Cost. 10, comma 2].

Questa disposizione vale anche per le persone giuridiche straniere [c.c. 2505 ss.][2].

● Norme connesse:

- comma 1: L. 5 febbraio 1992, n. 91, Nuove norme sulla cittadinanza; D.Lgs. 25 luglio 1998, n. 286, T.U. sull'immigrazione.

- comma 2: Convenzione di Bruxelles 29 febbraio 1968, resa esecutiva con L. 28 gennaio 1971, n. 220, sul reciproco riconoscimento delle società e persone giuridiche; D.L. 30 dicembre 1989, n. 416, convertito in L. 28 febbraio 1990, n. 39, in materia di *status* di rifugiato; L. 31 maggio 1995 n. 218, Riforma del sistema italiano di diritto internazionale privato.

17. - 31.

[...][1].

[1] Articoli abrogati dall'art. 73, L. 31 maggio 1995, n. 218, nel testo sostituito dall'art. 10, D.L. 23 ottobre 1996, n. 542, convertito in L. 23 dicembre 1996, n. 649, a decorrere dall'1 settembre 1995.

CODICE CIVILE

LIBRO I
DELLE PERSONE
E DELLA FAMIGLIA (*)

(*) A decorrere dal 7 febbraio 2014 la parola: "potestà" riferita alla potestà genitoriale, le parole: "potestà genitoriale", ovunque presenti, in tutta la legislazione vigente, sono sostituite dalle seguenti: "responsabilità genitoriale". Le parole: "figli legittimi" o le parole: "figlio legittimo", ovunque presenti, in tutta la legislazione vigente sono sostituite dalle seguenti: "figli nati nel matrimonio" o dalle seguenti: "figlio nato nel matrimonio". Le parole: "figli naturali" o le parole: "figlio naturale", ovvero "figli adulterini" o "figlio adulterino" ove presenti, in tutta la legislazione vigente sono sostituite dalle seguenti: "figli nati fuori del matrimonio" o dalle seguenti: "figlio nato fuori del matrimonio". Le parole: "figli legittimati", "figlio legittimato", "legittimato", "legittimati" ovunque presenti in tutta la legislazione vigente, sono soppresse (art. 105, D.Lgs. 28 dicembre 2013, n. 154, di attuazione dell'art. 2, L. 10 dicembre 2012, n. 219).

Si riporta, altresì, l'art. 104, D.Lgs. 28 dicembre 2013, n. 154, recante le disposizioni transitorie: Art. 104. Disposizioni transitorie. 1. Fermi gli effetti del giudicato formatosi prima dell'entrata in vigore della legge 10 dicembre 2012, n. 219, sono legittimati a proporre azioni di petizione di eredità, ai sensi dell'articolo 533 del codice civile, coloro che, in applicazione dell'articolo 74 dello stesso codice, come modificato dalla medesima legge, hanno titolo a chiedere il riconoscimento della qualità di erede.

2. Fermi gli effetti del giudicato formatosi prima dell'entrata in vigore della legge 10 dicembre 2012, n. 219, possono essere fatti valere i diritti successori che discendono dall'articolo 74 del codice civile, come modificato dalla medesima legge.

3. Le disposizioni di cui al comma 1 e al comma 2 si applicano anche nei confronti dei discendenti del figlio, riconosciuto o la cui paternità o maternità sia stata giudizialmente accertata, morto prima dell'entrata in vigore della legge 10 dicembre 2012, n. 219.

4. I diritti successori che discendono dall'articolo 74 del codice civile, come modificato dalla legge 10 dicembre 2012, n. 219, sulle eredità aperte anteriormente al termine della sua entrata in vigore si prescrivono a far data da suddetto termine.

5. Nei casi in cui i riconoscimenti o le dichiarazioni giudiziali di genitorialità intervengano dopo il termine di entrata in vigore della presente legge, i diritti successori che non sarebbero spettati a persona deceduta prima di tale termine possono essere fatti valere dai suoi discendenti in rappresentazione e dai suoi eredi. Essi si prescrivono a far data dall'annotazione del riconoscimento nell'atto di nascita o dal passaggio in giudicato della sentenza dichiarativa della paternità o maternità.

6. Fermi gli effetti del giudicato formatosi prima dell'entrata in vigore della legge 10 dicembre 2012, n. 219, nei giudizi promossi ai sensi dell'articolo 533 del codice civile, pendenti alla data di entrata in vigore del presente decreto legislativo, si applicano l'articolo 74 del codice civile, come modificato dalla legge 10 dicembre 2012, n. 219, e le disposizioni del libro secondo del codice civile, come modificate dal presente decreto legislativo.

7. Fermi gli effetti del giudicato formatosi prima dell'entrata in vigore della legge 10 dicembre 2012, n. 219, le disposizioni del codice civile, come modificate dal presente decreto legislativo, si applicano alle azioni di disconoscimento di paternità, di reclamo e di contestazione dello stato di figlio, relative ai figli nati prima dell'entrata in vigore del medesimo decreto legislativo.

8. Fermi gli effetti del giudicato formatosi prima dell'entrata in vigore della legge 10 dicembre 2012, n. 219, le disposizioni del codice civile relative al riconoscimento dei figli, come modificate dalla medesima legge, si applicano anche ai figli nati o concepiti anteriormente all'entrata in vigore della stessa.

9. Fermi gli effetti del giudicato formatosi prima dell'entrata in vigore della legge 10 dicembre 2012, n. 219, i termini per proporre l'azione di disconoscimento di paternità, previsti dal quarto comma dell'articolo 244 del codice civile, decorrono dal giorno dell'entrata in vigore del presente decreto legislativo.

10. Fermi gli effetti del giudicato formatosi prima dell'entrata in vigore della legge 10 dicembre 2012, n. 219, nel caso di riconoscimento di figlio annotato sull'atto di nascita prima dell'entrata in vigore del presente decreto legislativo, i termini per proporre l'azione di impugnazione, previsti dall'articolo 263 e dai commi secondo, terzo e quarto dell'articolo 267 del codice civile, decorrono dal giorno dell'entrata in vigore del medesimo decreto legislativo.

11. Restano validi e non possono essere modificati gli atti dello stato civile già formati secondo le disposizioni vigenti alla data di entrata in vigore della legge 10 dicembre 2012, n. 219, salve le modifiche risultanti da provvedimenti giudiziari.

TITOLO I
DELLE PERSONE FISICHE

1. Capacità giuridica.

La capacità giuridica si acquista dal momento della nascita [12; Cost. 2, 22].

I diritti che la legge riconosce a favore del concepito sono subordinati all'evento della nascita [254, 320, 462, 687, 715, 784].

[...][1].

[1] Comma abrogato dall'art. 1, R.D.L. 20 gennaio 1944, n. 25 e dall'art. 3, D.Lgs.Lgt. 14 settembre 1944, n. 287. Il comma 3 nel testo previgente disponeva: *Le limitazioni alla capacità giuridica derivanti dall'appartenenza a determinare razze sono stabilite da leggi speciali.*

● Norme connesse:

- art. 1, L. 22 maggio 1978, n. 194; art. 20, L. 31 maggio 1995, n. 218; art. 8, L. 19 febbraio 2004, n. 40.

♦ Codice civile francese

Articolo 488. *La maggiore età è fissata al compimento di diciotto anni; a questa età si è capaci di tutti gli atti della vita civile. È tuttavia protetto dalla legge sia in occasione di un atto particolare sia in modo continuo il maggiorenne che una alterazione delle sue facoltà pone nell'impossibilità di provvedere da solo ai suoi interessi. Può parallelamente essere protetto il maggiorenne che per sua prodigalità, intemperanza o sua oziosità si espone a cadere nel bisogno o compromette l'esecuzione dei suoi obblighi familiari.*

♦ Codice civile tedesco

§ 2 Inizio della maggiore età. *La maggiore età inizia al compimento del diciottesimo anno.*

§ 104 Incapacità di agire. *È incapace di agire: 1. chi non ha compiuto il settimo anno d'età; 2. chi si trova in uno stato di turbamento psicologico permanente che precluda la libera determinazione della volontà, ove questo stato non abbia per natura carattere transitorio*

§106 Limitata capacità d'agire del minore. *Il minore che ha compiuto il settimo anno d'età ha una limitata capacità d'agire in base ai §§ da 107 a 113.*

§ 113 Rapporto di servizio o di lavoro. *Quando il rappresentante legale autorizza il minore a prestare un servizio o un lavoro, il minore ha un'illimitata capacità di agire per quei negozi giuridici relativi alla costituzione o all'estinzione del rapporto di servizio o di lavoro consentito o per l'adempimento degli obblighi nascenti da un rapporto analogo. Fanno eccezione i contratti per i quali il rappresentante deve ottenere la successiva approvazione da parte del tribunale della tutela: (2) L'autorizzazione può essere revocata o limitata dal rappresentante legale. (3) Qualora il rappresentante legale sia un tutore, l'autorizzazione da questi negata, può venire sostituita dal tribunale della tutela su richiesta del minore. (4) L'autorizzazione concessa per il singolo caso vale nell'incertezza come autorizzazione generale per la costituzione di rapporti rientranti nella medesima tipologia.*

2. Maggiore età. Capacità di agire.

La maggiore età è fissata al compimento del diciottesimo anno [390-397; Cost. 48]. Con la maggiore età si acquista la capacità di compiere tutti gli atti per i quali non sia stabilita un'età diversa [84, 90, 165, 244 comma 1, 250, 264, 273 comma 2, 284, 291, 348 comma 3, 390, 394, 397, 774, 1389, 2046; c.p. 97, 98, 120 comma 3].

Sono salve le leggi speciali che stabiliscono un'età inferiore in materia di capacità a prestare il proprio lavoro [c.nav. 324, 375, 901]. In tal caso il minore è abilitato all'esercizio dei diritti e delle azioni che dipendono dal contratto di lavoro[1].

[1] Articolo così sostituito dall'art. 1, L. 8 marzo 1975, n. 39. Il testo previgente disponeva: *La maggiore età è fissata al compimento del ventunesimo anno. Con la maggiore età si acquista la capacità di compiere tutti gli atti per i quali non sia stabilita un'età diversa.*

● Norme connesse:

- art. 23, L. 31 maggio 1995, n. 218; art. 108, L. 22 aprile 1941, n. 633; L. 30 dicembre 1971, n. 1204; art. 101, D.P.R. 29 marzo 1973, n. 156; L. 9 dicembre 1977, n. 903, L. 10 aprile 1991, n. 125 e D.Lgs. 25 novembre 1996, n. 645.

- L. 17 ottobre 1967, n. 977, per la *tutela del lavoro dei bambini e degli adolescenti*; D.P.R. 20 aprile 1994, n. 365, per la *semplificazione dei procedimenti amministrativi di autorizzazione all'impiego di minori in lavori nel settore dello spettacolo*; D.Lgs. 9 settembre 1994, n. 566, per la *disciplina sanzionatoria in materia di tutela del lavoro minorile.*

■ Codice civile del 1865: *Art. 240. È minore la persona che non ha ancora compito gli anni ventuno.*

Art. 323. La maggiore età è fissata agli anni ventuno compiti. Il maggiore d'età è capace di tutti gli atti della vita civile, salve le eccezioni stabilite da disposizioni speciali.

3. Capacità in materia di lavoro.

[...][1].

[1] Articolo abrogato dall'art. 2, L. 8 marzo 1975, n. 39. Il testo previgente disponeva: *Il minore che ha compiuto gli anni diciotto può prestare il proprio lavoro, stipulare i relativi contratti ed esercitare i diritti e le azioni che ne dipendono, salve le leggi speciali che stabiliscano un'età inferiore.*

4. Commorienza.

Quando un effetto giuridico dipende dalla sopravvivenza di una persona a un'altra [462, 791] e non consta quale di esse sia morta prima, tutte si considerano morte nello stesso momento [61, 69, 462, 2697, 2728].

● Norme connesse:

- art. 21, L. 31 maggio 1995, n. 218; L. 29 dicembre 1993, n. 578 (Norme per l'accertamento e la certificazione di morte).

■ Codice civile del 1865: *Art. 924. Se fra due o più chiamati rispettivamente a succedersi è dubbio quale abbia pel primo cessato di vivere, chi sostiene la morte anteriore dell'uno o dell'altro, deve darne la prova; in mancanza di prova si presumono morti tutti ad un tempo, e non ha luogo trasmissione di diritto dall'uno all'altro.*

5. Atti di disposizione del proprio corpo.

Gli atti di disposizione del proprio corpo sono vietati quando cagionino una diminuzione permanente della integrità fisica, o quando siano altrimenti contrari alla legge [c.p. 579], all'ordine pubblico o al buon costume [1343, 1354, 1418; Cost. 13, 32][1].

[1] Per una deroga delle disposizioni di cui al presente articolo v. art. 1, L. 16 dicembre 1999, n. 483.

● Norme connesse:

- art. 1, commi 40 e 41, L. 20 maggio 2016, n. 76; L. 26 giugno 1967, n. 458 (Trapianto del rene tra persone viventi); L. 22 maggio 1978, n. 194; L. 14 aprile 1982, n. 164 (Norme in materia di rettificazione di attribuzione di sesso); L. 12 agosto 1993, n. 301 (Norme in materia di prelievi ed innesti di cornea); D.P.R. 9 novembre 1994, n. 694 (Regolamento recante norme sulla semplificazione del procedimento di autorizzazione dei trapianti); L. 1 aprile 1999, n. 91 (Disposizioni in materia di prelievi e di trapianti di organi e di tessuti); L. 19 febbraio 2004, n. 40; D.M. 21 luglio 2004 (Linee guida in materia di procreazione medicalmente assistita); D.M. 4 agosto 2004 (Norme in materia di procreazione medicalmente assistita); D.M. 11 aprile 2008 (Linee guida in materia di procreazione medicalmente assistita); Ord. 26 febbraio 2009, L. 15 marzo 2010, n. 38 (Disposizioni per garantire l'accesso alle cure palliative e alla terapia del dolore); D.M. 16 aprile 2010, n. 116 (Regolamento per lo svolgimento delle attività di trapianto di organi da donatore vivente).

- Convenzione del Consiglio d'Europa sui diritti dell'uomo e sulla biomedicina, fatta a Oviedo il 4 aprile 1997, resa esecutiva con la legge di autorizzazione alla ratifica 28 marzo 2001, n. 145, art. 5: *Une intervention dans le domaine de la sante ne peut atre effectuee qùapres que la personne concernee y a donne son consentement libre et eclairè*; Carta dei diritti dell'Unione europea.

♦ Codice civile francese

Articolo 16. *La legge assicura la preminenza della persona, vieta ogni lesione della dignità e garantisce il rispetto dell'essere umano dalla sua nascita.*

Articolo 16.1. Ciascuno ha diritto al rispetto del proprio corpo. Il corpo umano è inviolabile. Il corpo umano, i suoi elementi e i suoi prodotti non possono essere oggetto di un diritto patrimoniale.

Articolo 16.2. *Il giudice può prescrivere tutte quelle misure dirette ad impedire o a far cessare una lesione illegittima al corpo umano o maneggi illegali recanti danno ai suoi elementi o prodotti.*

Articolo 16.3. *Non può essere arrecato danno all'integrità del corpo umano che in caso di necessità medica per la persona o, a titolo eccezionale, nell'interesse terapeutico altrui. Il consenso dell'interessato deve essere assunto preliminarmente salvo il caso in cui il suo stato renda necessario un intervento terapeutico a cui non è in grado di acconsentire.*

Articolo 16.4. *Nessuno può arrecare danno all'integrità del genere umano. È vietata ogni pratica eugenetica, tendente all'organizzazione della selezione delle persone. È vietato ogni intervento avente come scopo di fare nascere un minore geneticamente identico ad un'altra persona vivente o deceduta. Senza pregiudizio delle ricerche tendenti alla prevenzione ed al trattamento delle malattie genetiche non può essere apportata alcuna trasformazione delle caratteristiche genetiche con l'obiettivo di modificare la discendenza della persona.*

Articolo 16.5. *Sono nulle le convenzioni aventi per effetto quello di conferire un valore patrimoniale al corpo umano, ai suoi elementi o ai suoi prodotti.*

Articolo 16.6. *Non può essere attribuita alcuna remunerazione a colui che si presta ad un esperimento sulla sua persona, ad un prelievo degli elementi del suo corpo o alla raccolta di tali prodotti.*

Articolo 16.7. *Ogni convenzione avente per oggetto la procreazione o la gestazione per conto altrui è nulla.*

6. Diritto al nome.

Ogni persona ha diritto al nome che le è per legge attribuito [7, 10, 143-*bis*, 156-*bis*, 262, 299; Cost. 22].

Nel nome si comprendono il prenome e il cognome.

Non sono ammessi cambiamenti, aggiunte o rettifiche al nome, se non nei casi e con le formalità dalla legge indicati [149].

● Norme connesse:

- comma 1: L. 28 marzo 1991, n. 114, Norme per il ripristino dei nomi e dei cognomi modificati durante il regime fascista nei territori annessi all'Italia con le leggi 26 settembre 1920, n. 1322, e 19 dicembre 1920, n. 1778.

- comma 3: art. 5, comma 2, L. 1 dicembre 1970, n. 898; art. 5, L. 14 aprile 1982, n. 164 (Norme in materia di rettificazione di attribuzione di sesso); D.Lgs. 30 giugno 2003, n. 196; Reg. UE 27 aprile 2016, n. 679.

♦ Codice civile tedesco

§ 12 Diritto al nome. *Se il diritto di usare il proprio nome viene contestato da taluni all'avente diritto o se l'interesse dell'avente diritto viene pregiudicato dall'uso che altri fanno dello stesso nome senza averne diritto, l'avente diritto è legittimato a chiedere la cessazione del fatto lesivo. Qualora possa temere ulteriori pregiudizi, egli può esercitare l'azione inibitoria.*

7. Tutela del diritto al nome.

La persona, alla quale si contesti il diritto all'uso del proprio nome o che possa risentire pregiudizio dall'uso che altri indebitamente ne faccia, può chiedere giudizialmente la cessazione del fatto lesivo, salvo il risarcimento dei danni [6, 8, 9, 25, 64, 2563 ss.; c.p.c. 9 comma 2; c.p. 494].

L'autorità giudiziaria può ordinare che la sentenza sia pubblicata in uno o più giornali [c.p.c. 120; c.p. 186; c.p.p. 543].

● Norme connesse:

- art. 8, D.Lgs. 10 febbraio 2005, n. 30; artt. 20 e 23, L. 22 aprile 1941, n. 633; D.Lgs. 30 giugno 2003, n. 196; Reg. UE 27 aprile 2016, n. 679.

8. Tutela del nome per ragioni familiari.

Nel caso previsto dall'articolo precedente, l'azione può essere promossa anche da chi, pur non portando il nome contestato o indebitamente usato, abbia alla tutela del nome un interesse [c.p.c. 100] fondato su ragioni familiari degne d'essere protette.

9. Tutela dello pseudonimo.

Lo pseudonimo, usato da una persona in modo che abbia acquistato l'importanza del nome, può essere tutelato ai sensi dell'articolo 7 [602].

● Norme connesse:
- artt. 8, 9, 21, 82, L. 22 aprile 1941, n. 633.

10. Abuso dell'immagine altrui.

Qualora l'immagine di una persona o dei genitori, del coniuge o dei figli sia stata esposta, o pubblicata fuori dei casi in cui l'esposizione o la pubblicazione è dalla legge consentita, ovvero con pregiudizio al decoro o alla reputazione della persona stessa o dei detti congiunti, l'autorità giudiziaria, su richiesta dell'interessato, può disporre che cessi l'abuso, salvo il risarcimento dei danni.

● Norme connesse:
- artt. 96 ss. L. 22 aprile 1941, n. 633.
- art. 17, Reg. UE 27 aprile 2016, n. 679, relativo alla protezione delle persone fisiche con riguardo al trattamento dei dati personali, nonché alla libera circolazione di tali dati, che dispone: *Art. 17. Diritto alla cancellazione («diritto all'oblio»). 1. L'interessato ha il diritto di ottenere dal titolare del trattamento la cancellazione dei dati personali che lo riguardano senza ingiustificato ritardo e il titolare del trattamento ha l'obbligo di cancellare senza ingiustificato ritardo i dati personali, se sussiste uno dei motivi seguenti:*

a) i dati personali non sono più necessari rispetto alle finalità per le quali sono stati raccolti o altrimenti trattati;

b) l'interessato revoca il consenso su cui si basa il trattamento conformemente all'articolo 6, paragrafo 1, lettera a), o all'articolo 9, paragrafo 2, lettera a), e se non sussiste altro fondamento giuridico per il trattamento;

c) l'interessato si oppone al trattamento ai sensi dell'articolo 21, paragrafo 1, e non sussiste alcun motivo legittimo prevalente per procedere al trattamento, oppure si oppone al trattamento ai sensi dell'articolo 21, paragrafo 2;

d) i dati personali sono stati trattati illecitamente;

e) i dati personali devono essere cancellati per adempiere un obbligo legale previsto dal diritto dell'Unione o dello Stato membro cui è soggetto il titolare del trattamento;

f) i dati personali sono stati raccolti relativamente all'offerta di servizi della società dell'informazione di cui all'articolo 8, paragrafo 1.

2. Il titolare del trattamento, se ha reso pubblici dati personali ed è obbligato, ai sensi del paragrafo 1, a cancellarli, tenendo conto della tecnologia disponibile e dei costi di attuazione adotta le misure ragionevoli, anche tecniche, per informare i titolari del trattamento che stanno trattando i dati personali della richiesta dell'interessato di cancellare qualsiasi link, copia o riproduzione dei suoi dati personali.

3. I paragrafi 1 e 2 non si applicano nella misura in cui il trattamento sia necessario:

a) per l'esercizio del diritto alla libertà di espressione e di informazione;

b) per l'adempimento di un obbligo legale che richieda il trattamento previsto dal diritto dell'Unione o dello Stato membro cui è soggetto il titolare del trattamento o per l'esecuzione di un compito svolto nel pubblico interesse oppure nell'esercizio di pubblici poteri di cui è investito il titolare del trattamento;

c) per motivi di interesse pubblico nel settore della sanità pubblica in conformità dell'articolo 9, paragrafo 2, lettere h) e i), e dell'articolo 9, paragrafo 3;

d) a fini di archiviazione nel pubblico interesse, di ricerca scientifica o storica o a fini statistici conformemente all'articolo 89, paragrafo 1, nella misura in cui il diritto di cui al paragrafo 1 rischi di rendere impossibile o di pregiudicare gravemente il conseguimento degli obiettivi di tale trattamento; o

e) per l'accertamento, l'esercizio o la difesa di un diritto in sede giudiziaria.

TITOLO II
DELLE PERSONE GIURIDICHE

● Norme connesse:
- D.P.R. 10 febbraio 2000, n. 361.

CAPO I
DISPOSIZIONI GENERALI

● Norme connesse:
- Convenzione di Bruxelles 29 febbraio 1968, resa esecutiva con L. 28 gennaio 1971, n. 220 sul reciproco riconoscimento delle società e persone giuridiche; D.Lgs. 3 luglio 2017, n. 117 (Codice del terzo settore) e art. 25, L. 31 maggio 1995, n. 218.

11. Persone giuridiche pubbliche.

Le province e i comuni, nonché gli enti pubblici riconosciuti come persone giuridiche[1], godono dei diritti secondo le leggi e gli usi osservati come diritto pubblico [822, 824, 826, 828, 830, 831, 862 comma 4, 863 comma 2, 2093, 2201; Cost. 115, 128].

[1] Attualmente anche le Regioni e gli altri enti locali.

■ Codice civile del 1865: *Art. 2. I comuni, le provincie, gli istituti pubblici civili od ecclesiastici, ed in generale tutti i corpi morali legalmente riconosciuti, sono considerati come persone, e godono dei diritti civili secondo le leggi e gli usi osservati come diritto pubblico.*

♦ Codice civile tedesco

§ 89 *Responsabilità delle persone giuridiche di diritto pubblico. (1) Le disposizioni del § 31 trovano corrispondente applicazione al fisco, agli enti, alle fondazioni e agli istituti di diritto pubblico.*

2) Lo stesso vale per la disposizione del § 42 comma 2, nei limiti in cui sia ammessa la procedura d'insolvenza per gli enti, le fondazioni e gli istituti di diritto pubblico.

12. Persone giuridiche private.

[...][1].

[1] Articolo abrogato dall'art. 11, D.P.R. 10 febbraio 2000, n. 361. Il testo previgente disponeva: *Le associazioni, le fon-*

CODICE CIVILE

dazioni e le altre istituzioni di carattere privato acquistano la personalità giuridica mediante il riconoscimento concesso con decreto del Presidente della Repubblica.

Per determinate categorie di enti che esercitano la loro attività nell'ambito della provincia, il Governo può delegare ai prefetti la facoltà di riconoscerli con loro decreto.

● Norme connesse:

- art. 25, L. 31 maggio 1995, n. 218; art. 1, D.P.R. 10 febbraio 2000, n. 361.

13. Società.

Le società sono regolate dalle disposizioni contenute nel libro V [2200, 2247 ss.].

● Norme connesse:

- artt. 2247 ss. c.c.

CAPO II

DELLE ASSOCIAZIONI E DELLE FONDAZIONI

● Norme connesse:

- L. 20 maggio 1985, n. 222, enti e beni ecclesiastici e sostentamento del clero.

14. Atto costitutivo.

Le associazioni e le fondazioni [12, 28, 33] devono essere costituite con atto pubblico [15, 16, 33, 782, 1350 n. 13, 2699; disp. att. 2, 3].

La fondazione può essere disposta anche con testamento [587].

● Norme connesse:

- art. 50, D.P.R. 26 aprile 1986, n. 131 (T.U. imposta di registro), che dispone: Atti ed operazioni concernenti società, enti, consorzi, associazioni ed altre organizzazioni commerciali od agricole. *1. Per gli atti costitutivi e per gli aumenti di capitale o di patrimonio di società o di enti, diversi dalle società, compresi i consorzi, le associazioni e le altre organizzazioni di persone o di beni con o senza personalità giuridica aventi per oggetto esclusivo o principale l'esercizio di attività commerciali o agricole, con conferimento di immobili o diritti reali immobiliari, la base imponibile è costituita dal valore dei beni o diritti conferiti al netto delle passività e degli oneri accollati alle società, enti, consorzi, associazioni e altre organizzazioni commerciali o agricole, nonché delle spese e degli oneri inerenti alla costituzione o all'esecuzione dell'aumento calcolati forfetariamente nella misura del 2 per cento del valore dichiarato fino a euro 103.291,38 e dell'1 per cento per la parte eccedente, e in ogni caso in misura non superiore a euro 516.456,90.*

♦ Codice civile tedesco.

§ 25 *Costituzione di un'associazione. La costituzione di un'associazione avente personalità giuridica è stabilita, salvo che essa non sia basata sulle disposizioni seguenti, dallo statuto.*

§ 80 Costituzione di una fondazione avente personalità giuridica. *(1) Per la costituzione di una fondazione con personalità giuridica occorre il negozio di fondazione ed il riconoscimento da parte della autorità competente del Land dove la fondazione deve avere la sede. (2) La fondazione deve essere riconosciuta come soggetto avente personalità giuridica se il negozio di fondazione presenta i requisiti del § 81 comma I, se il perseguimento continuato e persistente dello scopo della fondazione risulta assicurato e se lo scopo della fondazione non mette in pericolo il bene pubblico.(3) Rimangono invariate le disposizioni delle leggi dei Lander sulle fondazioni religiose. Lo stesso vale corrispondentemente per le fondazioni che vengono equiparate dalle leggi regionali alle fondazioni religiose.*

§ 83 Fondazione a causa di morte. *Quando il negozio di fondazione consiste in una disposizione mortis causa, il tribunale delle successioni è tenuto a comunicarlo all'autorità competente al riconoscimento, nel caso in cui il riconoscimento non sia richiesto dall'erede o dall'esecutore testamentario. Qualora il negozio di fondazione non soddisfi i requisiti del § 81, comma I, periodo 3, prima della concessione del riconoscimento da parte dell'autorità competente, viene dato uno statuto alla fondazione oppure si integra lo statuto incompleto; in questo caso deve tenersi in considerazione la volontà del fondatore. Se non è stabilito diversamente, si considera come sede della fondazione il luogo in cui è tenuta l'amministrazione. Nei casi dubbi si considera come sede l'ultimo domicilio nazionale del fondatore.*

§ 84 Riconoscimento dopo la morte del fondatore. *Se viene riconosciuta la personalità giuridica della fondazione solo dopo la morte del fondatore, essa in base alle attribuzioni patrimoniali del fondatore si considera costituita già prima della sua morte.*

15. Revoca dell'atto costitutivo della fondazione.

L'atto di fondazione può essere revocato dal fondatore fino a quando non sia intervenuto il riconoscimento [12] ovvero il fondatore non abbia fatto iniziare l'attività dell'opera da lui disposta [555, 786].

La facoltà di revoca non si trasmette agli eredi.

● Norme connesse:

- art. 1, D.P.R. 10 febbraio 2000, n. 361.

16. Atto costitutivo e statuto. Modificazioni.

L'atto costitutivo e lo statuto [14; disp. att. 2] devono contenere la denominazione dell'ente, l'indicazione dello scopo [27], del patrimonio e della sede [33, 34, 46], nonché le norme sull'ordinamento e sull'amministrazione [25, 1387]. Devono anche determinare, quando trattasi di associazioni, i diritti e gli obblighi degli associati e le condizioni della loro ammissione [24]; e, quando trattasi di fondazioni, i criteri e le modalità di erogazione delle rendite.

L'atto costitutivo e lo statuto possono inoltre contenere le norme relative all'estinzione [27] dell'ente e alla devoluzione del patrimonio, [21 comma 3, 31, 32] e per le fondazioni, anche quelle relative alla loro trasformazione [28].

[...][1].

[1] Comma abrogato dall'art. 11, D.P.R. 10 febbraio 2000, n. 361. Il comma 3, nel testo previgente, disponeva: *Le modificazioni dell'atto costitutivo e dello statuto devono essere approvate dall'autorità governativa nelle forme indicate nell'articolo 12.*

● Norme connesse:

- art. 1, comma 3, D.P.R. 10 febbraio 2000, n. 361.

♦ Codice civile tedesco

§ 81 Negozio di fondazione. *(1) Il negozio di fondazione tra vivi richiede la forma scritta. Esso deve contenere la dichiarazione vincolante del fondatore di destinare un patrimonio al perseguimento dello scopo da lui indicato. La fondazione attraverso il negozio di fondazione deve ricevere uno statuto contenente regole in ordine: 1. al nome della fondazione, 2. alla sede della fondazione, 3. allo scopo della fondazione, 4. al patrimonio della fondazione, 5. alla costituzione della presidenza della fondazione. Se il negozio di fondazione non presenta i requisiti del periodo 3 ed il fondatore è morto, trova corrispondente applicazione il § 83, periodi da 2 a 4. (2) Il fondatore è legittimato a revocare il negozio di fondazione finchè non intervenga il riconoscimento della fondazione come dotata di personalità giuridica. Se il riconoscimento è richiesto presso l'autorità competente la revoca può essere dichiarata solo nei confronti di questa autorità. L'erede del fondatore non è legittimato alla revoca, se il fondatore ha presentato la domanda presso l'autorità competente o, in caso di certificazione notarile del negozio di fondazione, ha incaricato il notaio, al momento o successivamente alla certificazione, della presentazione della domanda.*

§ 82 Obbligo di trasferimento gravante sul fondatore. *Se viene riconosciuta personalità giuridica alla fondazione, il fondatore deve trasferire alla fondazione il patrimonio promesso nel negozio di fondazione. I diritti per il trasferimento dei quali è sufficiente il contratto di cessione, si trasferiscono alla fondazione al momento del riconoscimento, nella misura in cui dal negozio di fondazione non emerga una differente volontà da parte del fondatore.*

§ 85 Statuto della fondazione. *Lo statuto di una fondazione viene indicato nell'atto di fondazione, salvo che questo sia basato su leggi dello Stato federale o del Land.*

17. Acquisto di immobili e accettazione di donazioni, eredità e legati.

[...][1 2].

[1] Articolo abrogato dall'art. 13, L. 15 maggio 1997, n. 127, nel testo sostituito dall'art. 1, L. 22 giugno 2000, n. 192. Il testo previgente disponeva: *"La persona giuridica non può acquistare beni immobili, nè accettare donazioni o eredità, nè conseguire legati senza l'autorizzazione governativa. Senza questa autorizzazione, l'acquisto e l'accettazione non hanno effetto".*

[2] L'art. 13, comma 1, L. 15 maggio 1997, n. 127, prevede altresì l'abrogazione degli artt. 600, 782, comma 4, e 786 c.c. e della L. 21 giugno 1896, n. 218, nonché delle altre disposizioni che prescrivono autorizzazioni per l'acquisto di immobili o per accettazione di donazioni, eredità e legati da parte di persone giuridiche, ovvero il riconoscimento o autorizzazioni per l'acquisto di immobili o per accettazione di donazioni, eredità e legati da parte delle associazioni, fondazioni e di ogni altro ente non riconosciuto.

18. Responsabilità degli amministratori.

Gli amministratori [33] sono responsabili verso l'ente secondo le norme del mandato [1710 ss., 2941 n. 7]. È però esente da responsabilità quello degli amministratori il quale non abbia partecipato all'atto che ha causato il danno, salvo il caso in cui, essendo a cognizione che l'atto si stava per compiere, egli non abbia fatto constare il proprio dissenso [22, 25 comma 3, 29, 33, 34, 2260; disp. att. 9].

19. Limitazioni del potere di rappresentanza.

Le limitazioni del potere di rappresentanza, che non risultano dal registro indicato nell'articolo 33, non possono essere opposte ai terzi, salvo che si provi che essi ne erano a conoscenza [34, 1387 ss., 2207, 2298, 2384].

● Norme connesse:
- art. 4, comma 2, D.P.R. 10 febbraio 2000, n. 361.

20. Convocazione dell'assemblea delle associazioni.

L'assemblea delle associazioni deve essere convocata dagli amministratori una volta l'anno per l'approvazione del bilancio.

L'assemblea deve essere inoltre convocata quando se ne ravvisa la necessità o quando ne è fatta richiesta motivata da almeno un decimo degli associati. In questo ultimo caso, se gli amministratori non vi provvedono, la convocazione può essere ordinata dal presidente del tribunale [disp. att. 8].

♦ Codice civile tedesco

§ 36 Convocazione dell'assemblea dei soci. *L'assemblea dei soci deve essere convocata nei casi previsti dallo statuto e nei casi in cui lo richieda l'interesse dell'associazione.*

§ 37 Convocazione richiesta da una minoranza. *L'assemblea dei soci deve essere convocata se la parte indicata dallo statuto o, in difetto di una disposizione, un decimo dei soci lo richieda per iscritto indicando lo scopo ed i motivi. (2) Se non si dà luogo a tale richiesta, l'Amtsgericht può autorizzare i soci che hanno fatto richiesta a convocare l'assemblea. La competenza spetta all'Amtsgericht che tiene il registro per il distretto in cui l'associazione ha la propria sede. Nella convocazione dell'assemblea deve essere fatto riferimento all'autorizzazione.*

21. Deliberazioni dell'assemblea.

Le deliberazioni dell'assemblea sono prese a maggioranza di voti e con la presenza di almeno la metà degli associati. In seconda convocazione la deliberazione è valida qualunque sia il numero degli intervenuti. Nelle deliberazioni di approvazione del bilancio e in quelle che riguardano la loro responsabilità [18, 22, 25] gli amministratori non hanno voto.

Per modificare l'atto costitutivo e lo statuto, se in essi non è altrimenti disposto, occorrono la presenza di almeno tre quarti degli associati e il voto favorevole della maggioranza dei presenti [16, 34; disp. att. 4].

Per deliberare lo scioglimento dell'associazione [29, 30], e la devoluzione del patrimonio [16, 28 comma 2, 31 ss., 34] occorre il voto favorevole di almeno tre quarti degli associati [disp. att. 11].

● Norme connesse:
- artt. 2, 3, 4, D.P.R. 10 febbraio 2000, n. 361.

♦ Codice civile tedesco

§ 32 Assemblea dei soci, deliberazione. *Gli affari dell'associazione sono regolati con la deliberazione assunta in un'assemblea dei soci, nella misura in cui non richiedano di essere regolati dalla presidenza o da un altro organo dell'associazione. Per la validità delle deliberazioni è necessario che l'argomento sia indicato nella convocazione. Nella deliberazione decide la maggioranza dei soci presenti. (2) Anche quando manchi un'assemblea dei soci una deliberazione è valida se tutti i soci hanno dichiarato per iscritto la loro approvazione.*

§ 33 Modifica statutaria. *La deliberazione contenente una modifica dello statuto richiede la maggioranza dei tre quarti dei membri presenti. Per la modificazione dello scopo dell'associazione è necessaria l'approvazione di tutti i soci; l'approvazione dei soci non presenti va data per iscritto. (2) Ove la capacità giuridica dell'associazione sia fondata su una concessione, per qualsiasi modifica dello statuto è richiesta l'autorizzazione statale se la concessione è stata data dal Consiglio federale, l'autorizzazione del Consiglio federale.*

§ 41 Scioglimento dell'associazione. *L'assemblea può essere sciolta con deliberazione adottata dall'assemblea dei soci. Tale deliberazione richiede la maggioranza dei tre quarti dei soci presenti salvo che non sia previsto diversamente dallo statuto.*

22. Azioni di responsabilità contro gli amministratori.

Le azioni di responsabilità contro gli amministratori delle associazioni per fatti da loro compiuti [18] sono deliberate dall'assemblea [21] e sono esercitate dai nuovi amministratori o dai liquidatori [25 comma 3, 2941 n. 7].

♦ Codice civile tedesco

§ 31 Responsabilità dell'associazione per gli organi. *L'associazione è responsabile del danno che la presidenza, un membro della presidenza o un altro rappresentante nominato in modo conforme allo statuto arrechi ad un terzo attraverso un'azione commessa nell'esercizio dei compiti ad esso spettanti e che obbliga al risarcimento dei danni.*

23. Annullamento e sospensione delle deliberazioni.

Le deliberazioni dell'assemblea contrarie alla legge, all'atto costitutivo o allo statuto [16] possono essere annullate su istanza [1442 comma 1] degli organi dell'ente, di qualunque associato o del pubblico ministero [1109, 1137; c.p.c. 69].

L'annullamento della deliberazione non pregiudica i diritti acquistati dai terzi di buona fede in base ad atti compiuti in esecuzione della deliberazione medesima [23, 25, 1445,].

Il presidente del tribunale o il giudice istruttore [c.p.c. 175 ss.], sentiti gli amministratori dell'associazione, può sospendere, su istanza di colui che ha proposto l'impugnazione, l'esecuzione della deliberazione impugnata, quando sussistono gravi motivi [1109 comma 2, 1137 comma 2]. Il decreto di sospensione deve essere motivato ed è notificato agli amministratori [disp. att. 10].

L'esecuzione delle deliberazioni contrarie all'ordine pubblico o al buon costume può essere sospesa anche dall'autorità governativa [disp. att. 9][1].

[1] V., ora, art. 5, D.P.R. 10 febbraio 2000, n. 361.

♦ Codice civile tedesco

§ 43 Revoca della capacità giuridica. *(1) All'associazione può essere revocata la personalità giuridica qualora metta in pericolo l'interesse pubblico con una deliberazione illecita dell'assemblea dei soci o con un comportamento della presidenza contrario alla legge. (2) All'associazione, che per statuto non ha per scopo l'esercizio di una azienda commerciale, può essere revocata la capacità giuridica qualora persegua tale scopo. (3) [abrogato]. (4) Ad un'associazione, la cui capacità giuridica è basata su una concessione, può venire revocata la capacità giuridica se persegue uno scopo diverso da quello previsto dallo statuto.*

24. Recesso ed esclusione degli associati.

La qualità di associato non è trasmissibile, salvo che la trasmissione sia consentita dall'atto costitutivo o dallo statuto [16, 2284, 2322].

L'associato può sempre recedere dall'associazione [1373] se non ha assunto l'obbligo di farne parte per un tempo determinato. La dichiarazione di recesso deve essere comunicata per iscritto agli amministratori e ha effetto con lo scadere dell'anno in corso, purché sia fatta almeno tre mesi prima [2285].

L'esclusione d'un associato non può essere deliberata dall'assemblea che per gravi motivi; l'associato può ricorrere all'autorità giudiziaria entro sei mesi dal giorno in cui gli è stata notificata la deliberazione [2286].

Gli associati, che abbiano receduto o siano stati esclusi o che comunque abbiano cessato di appartenere all'associazione, non possono ripetere i contributi versati, né hanno alcun diritto sul patrimonio dell'associazione [37].

♦ Codice civile tedesco

§ 38 Qualità di socio. *La qualità di socio non è trasferibile né ereditaria. L'esercizio dei diritti di socio non può essere esercitato da altri.*

§ 39 Recesso dall'associazione. *(1) I soci possono recedere dall'associazione. (2) Lo statuto può limitare l'esercizio del recesso al termine dell'anno d'esercizio o dopo la scadenza del termine di preavviso stabilito; il termine di preavviso non può essere superiore a due anni.*

25. Controllo sull'amministrazione delle fondazioni.

L'autorità governativa [disp. att. 1][1] esercita il controllo e la vigilanza sull'amministrazione delle fondazioni [16]; provvede alla nomina e alla sostituzione degli amministratori o dei rappresentanti, quando le disposizioni contenute nell'atto di fondazione non possono attuarsi; annulla, sentiti gli amministratori, con provvedimento definitivo, le deliberazioni contrarie a norme imperative, all'atto di fondazione, all'ordine pubblico o al buon costume [23 comma 4, 634, 1343, 1354 comma 1, 2031 comma 2, 2035 comma 2]; può sciogliere l'amministrazione e nominare un commissario straordinario, qualora gli amministratori non agiscano in conformità dello statuto e dello scopo della fondazione o della legge.

L'annullamento della deliberazione non pregiudica i diritti acquistati dai terzi di buona fede in base ad atti compiuti in esecuzione della deliberazione medesima [23, 1445].

Le azioni contro gli amministratori per fatti riguardanti la loro responsabilità devono essere autorizzate dall'autorità governativa e sono esercitate dal commissario straordinario, dai liquidatori o dai nuovi amministratori [18, 22].

[1] V., ora, art. 5, D.P.R. 10 febbraio 2000, n. 361.

● Norme connesse:

- L. 17 luglio 1890, n. 6972, per la disciplina delle istituzioni pubbliche di assistenza e beneficenza.

- art. 25, D.P.R. 24 luglio 1977, n. 616 che dispone: *Tutte le funzioni amministrative relative all'organizzazione ed alla erogazione dei servizi di assistenza e di beneficenza, di cui ai precedenti articoli 22 e 23, sono attribuite ai comuni ai sensi dell'art. 118, primo comma, della Costituzione.*

La regione determina con legge, sentiti i comuni interessati, gli ambiti territoriali adeguati alla gestione dei servizi sociali e sanitari, promuovendo forme di cooperazione fra gli enti locali territoriali, e, se necessario, promuovendo ai sensi dell'ultimo comma dell'art. 117 della Costituzione forme anche obbligatorie di associazione fra gli stessi.

Gli ambiti territoriali di cui sopra devono concernere contestualmente la gestione dei servizi sociali e sanitari.

Allorché gli ambiti territoriali coincidono con quelli delle comunità montane le funzioni di cui al presente articolo sono assunte dalle comunità montane stesse.

Le funzioni, il personale ed i beni delle istituzioni pubbliche di assistenza e beneficenza operanti nell'ambito regionale sono trasferite ai comuni singoli o associati, sulla base e con le modalità delle disposizioni contenute nella legge sulla riforma dell'assistenza pubblica e, comunque, a far tempo dal 1° gennaio 1979.

Entro sessanta giorni dall'entrata in vigore del presente decreto il Presidente del Consiglio dei Ministri nomina una commissione composta da quattro rappresentanti delle regioni, quattro dell'ANCI - Associazione nazionale dei comuni d'Italia, tre dell'ANEA - Associazione nazionale fra gli enti comunali di assistenza ed un rappresentante dell'UNEBA - Unione nazionale enti di beneficenza ed assistenza, avente il compito di determinare, entro un anno dalla nomina, l'elenco delle I.P.A.B. - Istituzioni pubbliche di assistenza e beneficenza che sono da escludere dal trasferimento ai comuni in quanto svolgono in modo precipuo attività inerenti la sfera educativo-religiosa.

L'elenco di cui al comma precedente è approvato con decreto del Presidente del Consiglio dei Ministri. Ove, entro il 1° gennaio 1979, non sia approvata la legge di riforma di cui al precedente quinto comma, la legge regionale disciplina i modi e le forme di attribuzione in proprietà o in uso ai comuni singoli o associati od a comunità montane dei beni trasferiti alle regioni a norma dei successivi artt. 113 e 115, nonché il trasferimento dei beni della I.P.A.B. di cui ai commi precedenti, e disciplina l'utilizzo dei beni e del personale da parte degli enti gestori, in relazione alla riorganizzazione ed alla programmazione dei servizi disposte in attuazione del presente articolo.

Le attribuzioni degli enti comunali di assistenza, nonché i rapporti patrimoniali ed il personale, sono trasferiti ai rispettivi comuni entro e non oltre il 30 giugno 1978. Le regioni con proprie leggi determinano le norme sul passaggio del personale, dei beni e delle funzioni dei disciolti enti comunali di assistenza ai comuni, nel rispetto dei diritti acquisiti dal personale dipendente.

Fino all'entrata in vigore della legge di riforma della finanza locale, la gestione finanziaria delle attività di assistenza attribuite ai comuni viene contabilizzata separatamente e i beni degli ECA - Enti comunali di assistenza e delle I.P.A.B. di cui al presente articolo conservano la destinazione di servizi di assistenza sociale anche nel caso di loro trasformazione patrimoniale.

- D.Lgs. 4 maggio 2001, n. 207, Riordino del sistema delle istituzioni pubbliche di assistenza e beneficenza, a norma dell'articolo 10 della legge 8 novembre 2000, n. 328.

26. Coordinamento di attività e unificazione di amministrazione.

L'autorità governativa può disporre il coordinamento dell'attività di più fondazioni ovvero l'unificazione della loro amministrazione, rispettando, per quanto è possibile, la volontà del fondatore [28].

● Norme connesse:

- art. 5, D.P.R. 10 febbraio 2000, n. 361.

27. Estinzione della persona giuridica.

Oltre che per le cause previste nell'atto costitutivo e nello statuto [16], la persona giuridica si estingue quando lo scopo è stato raggiunto o è divenuto impossibile [28, 2272 n. 2].

Le associazioni si estinguono inoltre quando tutti gli associati sono venuti a mancare [2272 n. 4].

[...][1].

[1] Comma abrogato dall'art. 11, D.P.R. 10 febbraio 2000, n. 361. Il comma 3 nel testo previgente disponeva: *L'estinzione è dichiarata dall'autorità governativa, su istanza di qualunque interessato o anche d'ufficio.*

● Norme connesse:

- art. 4, comma 2, D.P.R. 10 febbraio 2000, n. 361.

28. Trasformazione delle fondazioni.

Quando lo scopo è esaurito o divenuto impossibile o di scarsa utilità, o il patrimonio è divenuto insufficiente, l'autorità governativa, anziché dichiarare estinta la fondazione, può provvedere alla sua trasformazione, allontanandosi il meno possibile dalla volontà del fondatore [16, 26, 27; disp. att. 10].

La trasformazione non è ammessa quando i fatti che vi darebbero luogo sono considerati nell'atto di fondazione [14, 16] come causa di estinzione della persona giuridica e di devoluzione dei beni a terze persone [21 comma 3, 31, 32].

Le disposizioni del primo comma di questo articolo e dell'articolo 26 non si applicano alle fondazioni destinate a vantaggio soltanto di una o più famiglie determinate [699].

♦ Codice civile tedesco

§ 87 Modifica dello scopo; scioglimento. *Se la realizzazione dello scopo della fondazione diventi impossibile o metta in pericolo il bene pubblico, l'autorità competente può assegnare alla fondazione medesima uno scopo differente oppure la scioglie. (2) Quando si verifica la trasformazione dello scopo bisogna rispettare la volontà del fondatore, in particolare bisogna accertare che il reddito del patrimonio della fondazione resti destinato nel modo voluto dal fondatore, a favore di quel gruppo di persone, a favore delle quali era destinato ad andare. L'autorità è legittimata a modificare lo statuto della fondazione nei limiti in cui la trasformazione dello scopo lo richieda. (3) Prima di procedere alla trasformazione dello scopo e alla modifica dello statuto bisogna sentire la presidenza della fondazione.*

29. Divieto di nuove operazioni.

Gli amministratori non possono compiere nuove operazioni, appena è stato loro comunicato il provvedimento che dichiara l'estinzione della persona giuridica [27] o il provvedimento con cui l'autorità a norma di legge, ha ordinato lo scioglimento dell'associazione, o appena è stata adottata dall'assemblea la deliberazione di scioglimento dell'associazione medesima [21]. Qualora trasgrediscano a questo divieto, assumono responsabilità personale e solidale [18, 22, 33, 1292, 2279, 2740].

♦ Codice civile tedesco

§ 42 Insolvenza. *L'associazione sciolta con l'apertura della procedura d'insolvenza. Nel caso in cui la procedura sia aperta su richiesta dei debitori o sia chiusa dopo la conferma di un piano d'insolvenza, nel quale venga prevista la continuazione dell'associazione, l'assemblea dei soci delibera in ordine alla prosecuzione dell'associazione. Nello statuto può stabilirsi che l'associazione in caso di apertura delle procedure d'insolvenza possa continuare ad esistere in qualità di associazione senza personalità giuridica; anche in questo caso ricorrendo le condizioni del periodo 2 può essere deliberata la prosecuzione. (2) La presidenza in caso d'insolvenza o eccessivo indebitamento deve chiedere l'apertura della procedura d'insolvenza. Nel caso in cui l'istanza sia proposta tardivamente, i membri della presidenza, a carico dei quali sia configurabile una colpa, sono chiamati a rispondere nei confronti dei creditori per i danni cagionati; rispondono come debitori solidali.*

30. Liquidazione.

Dichiarata l'estinzione della persona giuridica [27] o disposto lo scioglimento dell'associazione [21, 34], si procede alla liquidazione del patrimonio secondo le norme di attuazione del codice [31; disp. att. 11-21].

● Norme connesse:
- art. 6, D.P.R. 10 febbraio 2000, n. 361.

♦ Codice civile tedesco

§ 47 Liquidazione. *Se il patrimonio associativo non viene devoluto al fisco, deve procedersi alla liquidazione, salvo che venga aperta una procedura d'insolvenza sul patrimonio dell'associazione.*

§ 48 Liquidatori. *La liquidazione è eseguita dalla presidenza. Possono essere nominate liquidatori anche altre persone; alla nomina si applicano le medesime disposizioni della nomina della presidenza. (2) I liquidatori rivestono la posizione giuridica della presidenza, salvo che risulti diversamente dallo scopo della liquidazione. (3) Quando ci sono più liquidatori, per le deliberazioni è richiesta l'unanimità, se non è stabilito diversamente.*

31. Devoluzione dei beni.

I beni della persona giuridica, che restano dopo esaurita la liquidazione [30], sono devoluti in conformità dell'atto costitutivo o dello statuto [16; disp. att. 15].

Qualora questi non dispongano, se trattasi di fondazione, provvede l'autorità governativa, attribuendo i beni ad altri enti che hanno fini analoghi [32]; se trattasi di associazione, si osservano le deliberazioni dell'assemblea che ha stabilito lo scioglimento [21, 28] e quando anche queste mancano, provvede nello stesso modo l'autorità governativa [42][1].

I creditori che durante la liquidazione non hanno fatto valere il loro credito possono chiedere il pagamento a coloro ai quali i beni sono stati devoluti, entro l'anno dalla chiusura della liquidazione [2964 ss.], in proporzione e nei limiti di ciò che hanno ricevuto [495 comma 2, 2312, 2324].

[1] V., ora, art. 5, D.P.R. 10 febbraio 2000, n. 361.

♦ Codice civile tedesco

§ 45 Devoluzione del patrimonio associativo. *A seguito dello scioglimento dell'associazione o con la revoca della capacità giuridica il patrimonio viene devoluto alle persone indicate nello statuto. (2) Lo statuto può stabilire che gli aventi diritto alla devoluzione siano determinati con una deliberazione assembleare dei soci o attraverso altro organo dell'associazione. Se l'associazione non ha come scopo un'azienda commerciale, l'assemblea di soci, pur in mancanza di una analoga disposizione, può assegnare il patrimonio ad una fondazione o ad un istituto pubblico. (3) Qualora manchi la determinazione degli aventi diritto alla devoluzione, il patrimonio si devolve, nei casi in cui per previsione statutaria l'associazione perseguiva esclusivamente gli interessi dei suoi membri, in parti uguali ai membri esistenti al momento dello scioglimento o della revoca della capacità giuridica, altrimenti al fisco dello Stato federale nel cui territorio l'associazione aveva la sede.*

§ 46 Devoluzione al fisco. *Quando il patrimonio dell'associazione è devoluto al fisco, trovano corrispondente applicazione le disposizioni sull'eredità devoluta al fisco in qualità di erede legittimo. Il fisco possibilmente deve utilizzare il patrimonio in modo corrispondente agli scopi dell'associazione.*

§ 88 Devoluzione del patrimonio della fondazione. *A seguito dell'estinzione della fondazione il patrimonio si devolve alle persone indicate nello statuto. Dove manchi la determinazione degli aventi diritto alla devoluzione, il patrimonio viene devoluto al fisco del Land, nel quale la fondazione aveva la sede oppure ad un altro avente diritto alla devoluzione individuato in base al diritto di tale Land. Le disposizioni dei §§ da 46 a 53 trovano corrispondente applicazione.*

32. Devoluzione dei beni con destinazione particolare.

Nel caso di trasformazione o di scioglimento di un ente al quale sono stati donati o lasciati beni con destinazione a scopo diverso da quello proprio dell'ente [16], l'autorità governativa[1] devolve tali beni, con lo stesso onere, ad altre persone giuridiche che hanno fini analoghi [27, 28, 31, 42].

[1] V., ora, art. 5, D.P.R. 10 febbraio 2000, n. 361.

33. - 34.

[...][1].

[1] Articoli abrogati dall'art. 11, D.P.R. 10 febbraio 2000, n. 361.

● Norme connesse:

- artt. 3 e 4, D.P.R. 10 febbraio 2000, n. 361.

35. Disposizione penale.

Gli amministratori e i liquidatori che non richiedono le iscrizioni prescritte, sono puniti con [l'ammenda][1] da euro 10 a euro 516[2 3].

[1] Ora sanzione amministrativa ex L. 24 novembre 1981, n. 689.

[2] Importi, da ultimo, così elevati ex artt. 113 e 114, L. 24 novembre 1981, n. 689.

[3] Articolo così modificato dall'art. 11, D.P.R. 10 febbraio 2000, n. 361. Il testo previgente disponeva: *Gli amministratori e i liquidatori che non richiedono le iscrizioni prescritte dagli articoli 33 e 34, nel termine e secondo le modalità stabiliti dalle norme di attuazione del codice, sono puniti con l'ammenda da lire ventimila a lire un milione.*

CAPO III

DELLE ASSOCIAZIONI NON RICONOSCIUTE E DEI COMITATI

● Norme connesse:

- art. 10, L. 20 maggio 1985, n. 222 (Disposizioni sugli enti e beni ecclesiastici in Italia e per il sostentamento del clero cattolico in servizio nelle diocesi), che dispone: *Le associazioni costituite o approvate dall'autorità ecclesiastica non riconoscibili a norma dell'articolo precedente, possono essere riconosciute alle condizioni previste dal codice civile.*

Esse restano in tutto regolate dalle leggi civili, salvi la competenza dell'autorità ecclesiastica circa la loro attività di religione o di culto e i poteri della medesima in ordine agli organi statutari.

In ogni caso è applicabile l'articolo 3 delle presenti norme.

- art. 13, L. 8 luglio 1986, n. 349 (Istituzione del Ministero dell'ambiente e norme in materia di danno ambientale), che dispone: *1. Le associazioni di protezione ambientale a carattere nazionale e quelle presenti in almeno cinque regioni sono individuate con decreto del Ministro dell'ambiente sulla base delle finalità programmatiche e dell'ordinamento interno democratico previsti dallo statuto, nonché della continuità dell'azione e della sua rilevanza esterna, previo parere del Consiglio nazionale per l'ambiente da esprimere entro novanta giorni dalla richiesta. Decorso tale termine senza che il parere sia stato espresso, il Ministro dell'ambiente decide.*

2. Il Ministro, al solo fine di ottenere, per la prima composizione del Consiglio nazionale per l'ambiente, le terne di cui al precedente art. 12, comma 1, lett. c), effettua, entro trenta giorni dall'entrata in vigore della presente legge, una prima individuazione delle associazioni a carattere nazionale e di quelle presenti in almeno cinque regioni, secondo i criteri di cui al precedente comma 1, e ne informa il Parlamento.

- artt. 16 e 17, D.Lgs. 21 gennaio 1993, n. 124 (Disciplina delle forme pensionistiche complementari).

- art. 1, comma 10, L. 31 luglio 1997, n. 249 (Istituzione dell'Autorità per le garanzie nelle comunicazioni e norme sui sistemi delle telecomunicazioni e radiotelevisivo), che dispone: *10. Qualunque soggetto, portatore di interessi pubblici o privati, nonché i portatori di interessi diffusi costituiti in associazioni o comitati, cui possa derivare un pregiudizio dal provvedimento, hanno facoltà di denunziare violazioni di norme di competenza dell'Autorità e di intervenire nei procedimenti.*

- art. 4, D.Lgs. 3 luglio 2017, n. 117 (Codice del Terzo settore), nel testo modificato dall'art. 11-sexies, D.L. 14 dicembre 2018, n. 135, convertito in L. 11 febbraio 2019, n. 12 che dispone: *1. Sono enti del Terzo settore le organizzazioni di volontariato, le associazioni di promozione sociale, gli enti filantropici, le imprese sociali, incluse le cooperative sociali, le reti associative, le società di mutuo soccorso, le associazioni, riconosciute o non riconosciute, le fondazioni e gli altri enti di carattere privato diversi dalle società costituiti per il perseguimento, senza scopo di lucro, di finalità civiche, solidaristiche e di utilità sociale mediante lo svolgimento, in via esclusiva o principale, di una o più attività di interesse generale in forma di azione volontaria o di erogazione gratuita di denaro, beni o servizi, o di mutualità o di produzione o scambio di beni o servizi, ed iscritti nel registro unico nazionale del Terzo settore.*

2. Non sono enti del Terzo settore le amministrazioni pubbliche di cui all'articolo 1, comma 2, del decreto legislativo 30 marzo 2001, n. 165, le formazioni e le associazioni politiche, i sindacati, le associazioni professionali e di rappresentanza di categorie economiche, le associazioni di datori di lavoro, nonchè gli enti sottoposti a direzione e coordinamento o controllati dai suddetti enti, ad esclusione dei soggetti operanti nel settore della protezione civile alla cui disciplina si provvede ai sensi dell'articolo 32, comma 4. Sono esclusi dall'ambito di applicazione del presente comma i corpi volontari dei vigili del fuoco delle Province autonome di Trento e di Bolzano e della Regione autonoma della Valle d'Aosta. Sono altresì escluse dall'ambito di applicazione del presente comma le associazioni o fondazioni di diritto privato ex Ipab derivanti dai processi di trasformazione delle istituzioni pubbliche di assistenza o beneficenza, ai sensi del decreto del Presidente del Consiglio dei ministri 16 febbraio 1990, pubblicato nella Gazzetta Ufficiale n. 45 del 23 febbraio 1990, e del decreto legislativo 4 maggio 2001, n. 207, in quanto la nomina da parte della pubblica amministrazione degli amministratori di tali enti si configura come mera designazione, intesa come espressione della rappresentanza della cittadinanza, e non si configura quindi mandato fiduciario con rappresentanza, sicchè è sempre esclusa qualsiasi forma di controllo da parte di quest'ultima.

3. Agli enti religiosi civilmente riconosciuti le norme del presente decreto si applicano limitatamente allo svolgimento delle attività di cui all'articolo 5, a condizione che per tali attività adottino un regolamento, in forma di atto pubblico o scrittura privata autenticata, che, ove non diversamente previsto ed in ogni caso nel rispetto della struttura e della finalità di tali enti, recepisca le norme del presente Codice e sia depositato nel Registro unico nazionale del Terzo settore. Per lo svolgimento di tali attività deve essere costituito un patrimonio destinato e devono essere tenute separatamente le scritture contabili di cui all'articolo 13.

36. Ordinamento e amministrazione delle associazioni non riconosciute.

L'ordinamento interno e l'amministrazione delle associazioni non riconosciute come persone giuridiche [12; Cost. 39] sono regolati dagli accordi degli associati.

Le dette associazioni possono stare in giudizio nella persona di coloro ai quali, secondo questi accordi, è conferita la presidenza o la direzione [41 comma 2, 1387; c.p.c. 19, 75, 78, 145 comma 2].

♦ Codice civile tedesco

§ 54 Associazioni senza personalità giuridica. *Alle associazioni prive della personalità giuridica si applicano le norme relative alle società. Per un negozio giuridico concluso in nome di una si fatta associazione nei confronti di un terzo, risponde personalmente colui che ha agito; se ad agire sono in più persone rispondono come debitori solidali.*

37. Fondo comune.

I contributi degli associati e i beni acquistati con questi contributi costituiscono il fondo comune dell'associazione [38, 42, 2659 comma 1]. Finché questa dura, i singoli associati non possono chiedere la divisione del fondo comune, né pretenderne la quota in caso di recesso [24 comma 4].

● Norme connesse:

- L. 2 maggio 1974, n. 195, contributo statale al finanziamento dei partiti politici.

38. Obbligazioni.

Per le obbligazioni assunte dalle persone che rappresentano l'associazione i terzi possono far valere i loro diritti sul fondo comune [37, 2615]. Delle obbligazioni stesse rispondono anche personalmente [2740] e solidalmente [1292 ss.] le persone che hanno agito in nome e per conto dell'associazione [33 comma 4, 41, 2267, 2317 comma 2, 2320 comma 1, 2615].

39. Comitati.

I comitati di soccorso o di beneficenza e i comitati promotori di opere pubbliche, monumenti, esposizioni, mostre, festeggiamenti e simili sono regolati dalle disposizioni seguenti, salvo quanto è stabilito nelle leggi speciali.

40. Responsabilità degli organizzatori.

Gli organizzatori e coloro che assumono la gestione dei fondi raccolti sono responsabili personalmente e solidalmente [1292 ss.] della conservazione dei fondi e della loro destinazione allo scopo annunziato.

41. Responsabilità dei componenti. Rappresentanza in giudizio.

Qualora il comitato non abbia ottenuto la personalità giuridica [12], i suoi componenti rispondono personalmente e solidalmente delle obbligazioni assunte [33, 38, 2267, 2268, 2291, 2317, 2320, 2615]. I sottoscrittori sono tenuti soltanto a effettuare le oblazioni [769, 786, 970 comma 2] promesse.

Il comitato può stare in giudizio [c.p.c. 19] nella persona del presidente [36 comma 2, 1387; c.p.c. 75, 78].

42. Diversa destinazione dei fondi.

Qualora i fondi raccolti siano insufficienti allo scopo, o questo non sia più attuabile o, raggiunto lo scopo, si abbia un residuo di fondi, l'autorità governativa stabilisce la devoluzione dei beni, se questa non è stata disciplinata al momento della costituzione [31, 32].

● Norme connesse:

- art. 5, D.P.R. 10 febbraio 2000, n. 361.

42-*bis*. Trasformazione, fusione e scissione.

Se non è espressamente escluso dall'atto costitutivo o dallo statuto, le associazioni riconosciute e non riconosciute e le fondazioni di cui al presente titolo possono operare reciproche trasformazioni, fusioni o scissioni.

La trasformazione produce gli effetti di cui all'articolo 2498. L'organo di amministrazione deve predisporre una relazione relativa alla situazione patrimoniale dell'ente in via di trasformazione contenente l'elenco dei creditori, aggiornata a non più di centoventi giorni precedenti la delibera di trasformazione, nonchè la relazione di cui all'articolo 2500-*sexies*, secondo comma. Si applicano inoltre gli articoli 2499, 2500, 2500-*bis,* 2500-*ter*, secondo comma, 2500-*quinquies* e 2500-*nonies*, in quanto compatibili.

Alle fusioni e alle scissioni si applicano, rispettivamente, le disposizioni di cui alle sezioni II e III del capo X, titolo V, libro V, in quanto compatibili.

Gli atti relativi alle trasformazioni, alle fusioni e alle scissioni per i quali il libro V prevede l'iscrizione nel Registro delle imprese sono iscritti nel Registro delle Persone Giuridiche ovvero, nel caso di enti del Terzo settore, nel Registro unico nazionale del Terzo settore[1].

[1] Articolo aggiunto dall'art. 98, D.Lgs. 3 luglio 2017, n. 117, a decorrere dal 3 agosto 2017.

TITOLO III
DEL DOMICILIO E DELLA RESIDENZA

43. Domicilio e residenza.

Il domicilio di una persona è nel luogo in cui essa ha stabilito la sede principale dei suoi affari e interessi [44 ss., 343, 354, 456, 1182 comma 3; Cost. 14; c.p.c. 139; c.p. 614-615-*bis*].

La residenza è nel luogo in cui la persona ha la dimora abituale [44, 94, 144; c.p.c. 18][2 3].

● Norme connesse:

- comma 1: art. 49, R.D. 16 marzo 1942, n. 267; e art. 2 (Disposizioni in materia di stato civile e di certificazione anagrafica), L. 15 maggio 1997, n. 127.

- comma 2: 1) per la residenza delle persone fisiche a fini fiscali art. 2, D.P.R. 22 dicembre 1986, n. 917, che dispone: *1. Soggetti passivi dell'imposta sono le persone fisiche, residenti e non residenti nel territorio dello Stato.*

2. Ai fini delle imposte sui redditi si considerano residenti le persone che per la maggior parte del periodo di imposta sono iscritte nelle anagrafi della popolazione residente o hanno nel territorio dello Stato il domicilio o la residenza ai sensi del codice civile.

2-bis. Si considerano altresì residenti, salvo prova contraria, i cittadini italiani cancellati dalle anagrafi della popolazione residente ed emigrati in Stati o territori aventi un regime fiscale privilegiato, individuati con decreto del Ministero delle finanze da pubblicare nella Gazzetta Ufficiale.

2) per il domicilio fiscale agli effetti dell'applicazione dell'imposta sui redditi, art. 58, D.P.R. 29 settembre 1973, n. 600, nel testo modificato dall'art. 2, D.L. 2 marzo 2012, n. 16, convertito in L. 26 aprile 2012, n. 44, che dispone: *Agli effetti dell'applicazione delle imposte sui redditi ogni soggetto si intende domiciliato in un comune dello Stato, giusta le disposizioni seguenti.*

Le persone fisiche residenti nel territorio dello Stato hanno il domicilio fiscale nel comune della cui anagrafe sono iscritte. Quelle non residenti hanno il domicilio fiscale nel comune in cui si è prodotto il reddito o, se il reddito è prodotto in più comuni, nel comune in cui si è prodotto il reddito più elevato. I cittadini italiani, che risiedono all'estero in forza di un rapporto di servizio con la pubblica amministrazione nonché quelli considerati residenti ai sensi dell'articolo 2, comma 2-bis, del testo unico delle imposte sui redditi, approvato con decreto del Presidente della Repubblica 22 dicembre 1986, n. 917, hanno il domicilio fiscale nel comune di ultima residenza nello Stato.

I soggetti diversi dalle persone fisiche hanno il domicilio fiscale nel comune in cui si trova la loro sede legale o, in mancanza, la sede amministrativa; se anche questa manchi, essi hanno il domicilio fiscale nel comune ove è stabilita una sede secondaria o una stabile organizzazione e in mancanza nel comune in cui esercitano prevalentemente la loro attività.

Negli atti, contratti, denunzie e dichiarazioni che vengono presentati agli uffici finanziari deve essere indicato il comune di domicilio fiscale delle parti, con la precisazione dell'indirizzo solo ove espressamente richiesto.

Le cause di variazione del domicilio fiscale hanno effetto dal sessantesimo giorno successivo a quello in cui si sono verificate.

3) per il domicilio digitale delle persone fisiche, v. art. 3-bis, D.Lgs. 7 marzo 2005, n. 82, aggiunto dall'art. 4, D.L. 18 ottobre 2012, n. 179, convertito in L. 17 dicembre 2012, n. 221 e, da ultimo, modificato dall'art. 24, D.L. 16 luglio 2020, n. 76, convertito in L. 11 settembre 2020, n. 120, che dispone: *01. Chiunque ha il diritto di accedere ai servizi on-line offerti dai soggetti di cui all'articolo 2, comma 2, tramite la propria identità digitale e anche attraverso il punto di accesso telematico di cui all'articolo 64-bis.*

1. I soggetti di cui all'articolo 2, comma 2, i professionisti tenuti all'iscrizione in albi ed elenchi e i soggetti tenuti all'iscrizione nel registro delle imprese hanno l'obbligo di dotarsi di un domicilio digitale iscritto nell'elenco di cui agli articoli 6-bis o 6-ter.

1-bis. Fermo restando quanto previsto al comma 1, chiunque ha facoltà di eleggere il proprio domicilio digitale da iscrivere nell'elenco di cui all'articolo 6-quater. Nel caso in cui il domicilio eletto risulti non più attivo si procede alla cancellazione d'ufficio dall'indice di cui all'articolo 6-quater secondo le modalità fissate nelle Linee guida.

1-ter. I domicili digitali di cui ai commi 1 e 1-bis sono eletti secondo le modalità stabilite con le Linee guida. Le persone fisiche possono altresì eleggere il domicilio digitale avvalendosi del servizio di cui all'articolo 64-bis.

1-quater. I soggetti di cui ai commi 1 e 1-bis hanno l'obbligo di fare un uso diligente del proprio domicilio digitale e di comunicare ogni modifica o variazione del medesimo secondo le modalità fissate nelle Linee guida. Con le stesse Linee guida, fermo restando quanto previsto ai commi 3-bis e 4-bis, sono definite le modalità di gestione e di aggiornamento dell'elenco di cui all'articolo 6-quater anche nei casi di decesso del titolare del domicilio digitale eletto o di impossibilità sopravvenuta di avvalersi del domicilio.

2. [...].

3. [...].

3-bis. Con decreto del Presidente del Consiglio dei ministri o del Ministro delegato per la semplificazione e la pubblica amministrazione, sentiti l'AgID e il Garante per la protezione dei dati personali e acquisito il parere della Conferenza unificata, è stabilita la data a decorrere dalla quale le comunicazioni tra i soggetti di cui all'articolo 2, comma 2, e coloro che non hanno provveduto a eleggere un domicilio digitale ai sensi del comma 1-bis, avvengono esclusivamente in forma elettronica. Con lo stesso decreto sono determinate le modalità con le quali ai predetti soggetti può essere reso disponibile un domicilio digitale ovvero altre modalità con le quali, anche per superare il divario digitale, i documenti possono essere messi a disposizione e consegnati a coloro che non hanno accesso ad un domicilio digitale.

4. A decorrere dal 1° gennaio 2013, salvo i casi in cui è prevista dalla normativa vigente una diversa modalità di comunicazione o di pubblicazione in via telematica, le ammini-

CODICE CIVILE

strazioni pubbliche e i gestori o esercenti di pubblici servizi comunicano con il cittadino esclusivamente tramite il domicilio digitale dallo stesso dichiarato, anche ai sensi dell'articolo 21-bis della legge 7 agosto 1990, n. 241, senza oneri di spedizione a suo carico. Ogni altra forma di comunicazione non può produrre effetti pregiudizievoli per il destinatario. L'utilizzo di differenti modalità di comunicazione rientra tra i parametri di valutazione della performance dirigenziale ai sensi dell'articolo 11, comma 9, del decreto legislativo 27 ottobre 2009, n. 150.

4-bis. Fino alla data fissata nel decreto di cui al comma 3-bis, i soggetti di cui all'articolo 2, comma 2, possono predisporre le comunicazioni ai soggetti che non hanno un domicilio digitale ovvero nei casi di domicilio digitale non attivo, non funzionante o non raggiungibile, come documenti informatici sottoscritti con firma digitale o altra firma elettronica qualificata, da conservare nei propri archivi, ed inviare agli stessi, per posta ordinaria o raccomandata con avviso di ricevimento, copia analogica di tali documenti sottoscritti con firma autografa sostituita a mezzo stampa predisposta secondo le disposizioni di cui all'articolo 3 del decreto legislativo 12 dicembre 1993, n. 39 ovvero un avviso con le indicazioni delle modalità con le quali i suddetti documenti sono messi a disposizione e consegnati al destinatario.

4-ter. Le disposizioni di cui al comma 4-bis soddisfano a tutti gli effetti di legge gli obblighi di conservazione e di esibizione dei documenti previsti dalla legislazione vigente laddove la copia analogica inviata al cittadino contenga una dicitura che specifichi che il documento informatico, da cui la copia è tratta, è stato predisposto ed è disponibile presso l'amministrazione in conformità alle Linee guida.

4-quater. Le modalità di predisposizione della copia analogica di cui ai commi 4-bis e 4-ter soddisfano le condizioni di cui all'articolo 23, comma 2-bis, salvo i casi in cui il documento rappresenti, per propria natura, una certificazione rilasciata dall'amministrazione da utilizzarsi nei rapporti tra privati.

4-quinquies. Fino all'adozione delle Linee guida di cui al comma 1-ter del presente articolo e alla realizzazione dell'indice di cui all'articolo 6-quater, è possibile eleggere il domicilio speciale di cui all'articolo 47 del Codice civile anche presso un domicilio digitale diverso da quello di cui al comma 1-ter. In tal caso, ferma restando la validità ai fini delle comunicazioni elettroniche aventi valore legale, colui che lo ha eletto non può opporre eccezioni relative alla forma e alla data della spedizione e del ricevimento delle comunicazioni o notificazioni ivi indirizzate.

5. Dall'attuazione delle disposizioni di cui al presente articolo non devono derivare nuovi o maggiori oneri a carico della finanza pubblica.

■ Codice civile del 1865: *Art. 16. Il domicilio civile di una persona è nel luogo in cui essa ha la sede principale dei propri affari ed interessi.*

La residenza è nel luogo in cui la persona ha la dimora abituale.

♦ Codice civile francese

Articolo 102. *Il domicilio di ogni francese quanto all'esercizio dei suoi diritti civili, è nel luogo in cui tale persona ha la sua principale residenza. Le altre persone che vivono a bordo di una barca da navigazione, interamente immatricolata in Francia, che non hanno il domicilio previsto al comma precedente o un domicilio legale, sono tenuti a scegliere un domicilio in un comune di cui figura il nome su una lista stabilita con decreto del Guardasigilli, Ministro della Giustizia, Ministro dell'Interno e Ministro dei Lavori Pubblici, dei Trasporti e del Turismo. Tuttavia, i barcaioli salariati e le persone che vivono a bordo con loro possono domiciliarsi in un altro comune a condizione che l'impresa che gestisce la barca vi abbia la sua sede o uno stabilimento; in questo caso il domicilio è fissato negli uffici di questa impresa; in mancanza di scelta, questi barcaioli e queste persone hanno il loro domicilio nella sede dell'impresa che gestisce la barca e se questa sede è all'estero nell'ufficio di noleggio a Parigi.*

♦ Codice civile tedesco

§ 7 Domicilio: elezione e revoca. *Colui che si stabilisce in modo permanente in un luogo, fissa in tale luogo il suo domicilio. (2) Il domicilio può essere stabilito in più luoghi contemporaneamente. (3) Il domicilio viene revocato nel momento in cui la residenza viene revocata con l'intento di lasciarla.*

44. Trasferimento della residenza e del domicilio.

Il trasferimento della residenza non può essere opposto ai terzi di buona fede, se non è stato denunciato nei modi prescritti dalla legge.

Quando una persona ha nel medesimo luogo il domicilio e la residenza [43] e trasferisce questa altrove, di fronte ai terzi di buona fede si considera trasferito pure il domicilio, se non si è fatta una diversa dichiarazione nell'atto in cui è stato denunciato il trasferimento della residenza.

● Norme connesse:

- comma 1: D.P.R. 30 maggio 1989, n. 223, per l'approvazione del nuovo regolamento anagrafico della popolazione residente; L. 27 ottobre 1988, n. 470, per l'anagrafe e censimento degli italiani all'estero; art. 6, comma 12, L. 1° dicembre 1970, n. 898 e l'art. 155-quater c.c., ultimo comma, per il cambiamento di residenza o domicilio in caso di crisi familiare; L. 24 dicembre 1954, n. 1228 (Ordinamento delle anagrafi della popolazione residente); D.P.R. 3 novembre 2000, n. 396 (Regolamento per la revisione e la semplificazione dell'ordinamento dello stato civile).

- art. 49, comma 1, R.D. 16 marzo 1942, n. 267.

■ Codice civile del 1865: *Art. 17. Il trasferimento della residenza in un altro luogo coll'intenzione di fissarvi la sede principale produce cangiamento di domicilio.*

Tale intenzione si prova colla doppia dichiarazione fatta all'uffizio dello stato civile del comune che si abbandona, e a quello del comune in cui si fissa il domicilio, o con altri fatti che valgano a dimostrarla.

♦ Codice civile francese

Articolo 103. *Il cambiamento di domicilio si effettuerà con una abitazione reale in un altro luogo, unita all'intenzione di fissarvi il proprio principale domicilio.*

Articolo 104. *La prova dell'intenzione risulterà da una dichiarazione espressa fatta sia all'autorità municipale del luogo che si lascerà che a quella del luogo in cui si avrà trasferito il proprio domicilio.*

Articolo 105. *In mancanza di dichiarazione espressa la prova dell'intenzione dipenderà dalle circostanze.*

45. Domicilio dei coniugi, del minore e dell'interdetto.

Ciascuno dei coniugi ha il proprio domicilio nel luogo in cui ha stabilito la sede principale dei propri affari o interessi [43][1].

Il minore ha il domicilio nel luogo di residenza della famiglia [144] o quello del tutore [343]. Se i genitori sono separati [150] o il loro matrimonio è stato annullato [117 ss.] o sciolto o ne sono cessati gli effetti civili [149] o comunque non hanno la stessa residenza, il minore ha il domicilio del genitore con il quale convive.

L'interdetto ha il domicilio del tutore [424][2].

[1] La Corte costituzionale, con sentenza 14 luglio 1976, n. 171 ha dichiarato l'illegittimità costituzionale del presente comma nella parte in cui prevede che, in caso di separazione di fatto e al fine di determinare la competenza territoriale nel giudizio di separazione, la moglie conservi legalmente il domicilio del marito, pur quando abbia fissato altrove la propria residenza.

[2] Articolo così sostituito dall'art. 1, L. 19 maggio 1975, n. 151. Il testo previgente disponeva: *La moglie che non è legalmente separata ha il domicilio del marito. La disposizione non si applica quando il marito è interdetto.*

Se il marito ha trasferito il suo domicilio all'estero, la moglie può stabilire nel territorio dello Stato il proprio domicilio.

Il minore non emancipato ha il domicilio della persona che esercita su lui la patria potestà o la tutela.

L'interdetto ha il domicilio del tutore.

● Norme connesse:

- comma 2: art. 6, L. 1 dicembre 1970, n. 898.

■ Codice civile del 1865: *Art. 18. La moglie che non sia legalmente separata, ha il domicilio del marito; divenendo vedova lo conserva, finche non ne abbia acquistato un altro.*

Il minore non emancipato ha il domicilio del padre o della madre o del tutore.

Il maggiore interdetto ha il domicilio del tutore.

♦ Codice civile francese

Articolo 108. *Il marito e la moglie possono avere un domicilio distinto senza che sia pertanto recato danno alle regole relative alla coabitazione. Ogni notifica fatta ad uno sposo anche se separato legalmente, in materia di stato e di capacità di persone, deve essere ugualmente indirizzata al suo coniuge sotto pena di nullità.*

Articolo 108.1. *La residenza separata degli sposi nel corso della procedura di divorzio o di separazione, comporta di diritto domicilio distinto.*

Articolo 108.2. *Il minore non emancipato è domiciliato presso i suoi genitori. Se il padre e la madre hanno domicili distinti è domiciliato dal genitore presso cui risiede.*

Articolo 108.3. *Il maggiorenne sotto tutela è domiciliato dal suo tutore.*

Articolo 109. *I maggiorenni che aiutano o lavorano abitualmente presso altri avranno lo stesso domicilio della persona che aiutano o presso la quale lavorano, quando dimoreranno con questa nella stessa casa.*

♦ Codice civile tedesco

§ 8 Domicilio di soggetti aventi limitata capacità di agire. *Colui che è incapace di agire o ha limitata capacità non può né stabilire né revocare il domicilio senza la volontà del suo rappresentante legale. (2) Il minore che sia o sia stato sposato può scegliere e revocare autonomamente il domicilio.*

§ 11 Domicilio dei minori. *Il minore ha il domicilio dei genitori; non ha il domicilio del genitore privo della potestà sul figlio. Quando nessuno dei genitori ha la patria potestà sul figlio, costui ha il domicilio nello stesso luogo della persona a cui è attribuito questo diritto. Il figlio mantiene il domicilio fino a quando non lo revoca in modo giuridicamente valido.*

46. Sede delle persone giuridiche.

Quando la legge fa dipendere determinati effetti dalla residenza o dal domicilio, per le persone giuridiche [12] si ha riguardo al luogo in cui è stabilita la loro sede [16, 33; c.p.c. 19, 145].

Nei casi in cui la sede stabilita ai sensi dell'articolo 16 o la sede risultante dal registro è diversa da quella effettiva, i terzi possono considerare come sede della persona giuridica anche quest'ultima [34].

● Norme connesse:

- comma 1: art. 87 comma 1, lett. c), D.P.R. 22 dicembre 1986, n. 917 (Testo unico imposte sui redditi), che dispone: *1. Non concorrono alla formazione del reddito imponibile in quanto esenti nella misura del 95 per cento le plusvalenze realizzate e determinate ai sensi dell'articolo 86, commi 1, 2 e 3, relativamente ad azioni o quote di partecipazioni in società ed enti indicati nell'articolo 5, escluse le società semplici e gli enti alle stesse equiparate, e nell'articolo 73, comprese quelle non rappresentate da titoli, con i seguenti requisiti: [...]; c) residenza fiscale o localizzazione dell'impresa o ente partecipato in Stati o territori diversi da quelli a regime fiscale privilegiato individuati in base ai criteri di cui all'articolo 47-bis, comma 1, o, alternativamente, la dimostrazione, anche a seguito dell'esercizio dell'interpello di cui allo stesso articolo 47-bis, comma 3, della sussistenza della condizione di cui al comma 2, lettera b), del medesimo articolo. Qualora il contribuente intenda far valere la sussistenza di tale ultima condizione ma non abbia presentato la predetta istanza di interpello ovvero, avendola presentata, non abbia ricevuto risposta favorevole, la percezione di plusvalenze derivanti dalla cessione di partecipazioni in imprese o enti residenti o localizzati in Stati o territori a regime fiscale privilegiato individuati in base ai criteri di cui all'articolo 47-bis, comma 1, deve essere segnalata nella dichiarazione dei redditi da parte del socio residente; nei casi di mancata o incompleta indicazione nella dichiarazione dei redditi si applica la sanzione amministrativa prevista dall'articolo 8, comma 3-ter, del decreto legislativo 18 dicembre 1997, n. 471. Ai fini della presente lettera, la condizione indicata nell'articolo 47-bis, comma 2, lettera b), deve sussistere, ininterrottamente, sin dal primo periodo di possesso; tuttavia, per i rapporti detenuti da più di cinque periodi di imposta e oggetto di realizzo con controparti non appartenenti allo stesso gruppo del dante causa, è sufficiente che tale condizione sussista, ininterrottamente, per i cinque periodi d'imposta anteriori al realizzo stesso. Ai fini del precedente periodo si considerano appartenenti allo stesso gruppo i soggetti residenti o meno nel territorio dello Stato tra i quali sussiste un rapporto di controllo ai sensi del comma 2 dell'articolo 167 ovvero che, ai sensi del medesimo comma 2, sono sottoposti al comune controllo da parte di altro soggetto residente o meno nel territorio dello Stato.*

CODICE CIVILE

♦ Codice civile tedesco

§ 24 Sede. *È considerata la sede dell'associazione, se non è stabilito diversamente, il luogo in cui è tenuta l'amministrazione.*

47. Elezione di domicilio.

Si può eleggere domicilio speciale per determinati atti o affari [103, 2839 comma 2, n. 2, 2890; c.p.c. 30, 141, 170, 366, 480, 543 comma 2, n. 3].

Questa elezione deve farsi espressamente per iscritto [1350 n. 13, 2699, 2702].

● Norme connesse:

- comma 1: per l'elezione di domicilio nella domanda di ammissione al passivo fallimentare, art. 93, R.D. 16 marzo 1942, n. 267.

■ Codice civile del 1865: *Art. 19. Si può eleggere domicilio speciale per certi affari od atti.*

Quest'elezione deve risultare da prova scritta.

TITOLO IV
DELL'ASSENZA E DELLA DICHIARAZIONE DI MORTE PRESUNTA

● Norme connesse:

- art. 22, L. 31 maggio 1995, n. 218.

CAPO I
DELL'ASSENZA

48. Curatore dello scomparso.

Quando una persona non è più comparsa nel luogo del suo ultimo domicilio [43 comma 1, 45] o dell'ultima sua residenza [43 comma 2, 45] e non se ne hanno più notizie, il tribunale dell'ultimo domicilio o dell'ultima residenza, su istanza degli interessati o dei presunti successori legittimi [565] o del pubblico ministero, può nominare un curatore che rappresenti [1387] la persona in giudizio o nella formazione degli inventari e dei conti e nelle liquidazioni o divisioni in cui sia interessata, e può dare gli altri provvedimenti necessari alla conservazione del patrimonio dello scomparso [65, 69, 70].

Se vi è un legale rappresentante [320, 357], non si fa luogo alla nomina del curatore. Se vi è un procuratore, il tribunale provvede soltanto per gli atti che il medesimo non può fare.

■ Codice civile del 1865: *Art. 20. La persona che ha cessato di comparire nel luogo del suo ultimo domicilio o dell'ultima sua residenza, senza che se ne abbiano notizie, si presume assente.*

Art. 21. Finché l'assenza è soltanto presunta, il tribunale civile dell'ultimo domicilio o dell'ultima residenza dell'assente, se non vi è alcun procuratore, può, sull'istanza degli interessati o degli eredi presunti o del ministero pubblico, nominare chi rappresenti l'assente in giudizio, o nella formazione degli inventari e dei conti, e nelle liquidazioni e divisioni in cui egli sia interessato, e dare gli altri provvedimenti che siano necessari alla conservazione del suo patrimonio.

Se vi è un procuratore, il tribunale provvederà soltanto per gli atti che non potessero farsi dal procuratore in forza del mandato o della legge.

49. Dichiarazione di assenza.

Trascorsi due anni dal giorno a cui risale l'ultima notizia [58], i presunti successori legittimi [457, 565] e chiunque ragionevolmente creda di avere sui beni dello scomparso diritti dipendenti dalla morte di lui possono domandare al tribunale competente, secondo l'articolo precedente, che sia dichiarata l'assenza [62, 117, 191; c.p.c. 722 ss.].

■ Codice civile del 1865: *Art. 22. Dopo tre anni continui di assenza presunta, o dopo sei, ove l'assente abbia lasciato un procuratore per amministrare, i presunti eredi legittimi, ed in loro contraddittorio i testamentari, e chiunque creda di avere sui beni dell'assente diritti dipendenti dalla morte di lui, possono domandare al tribunale che l'assenza sia dichiarata.*

50. Immissione nel possesso temporaneo dei beni.

Divenuta eseguibile la sentenza che dichiara l'assenza [c.p.c. 730], il tribunale, su istanza di chiunque vi abbia interesse o del pubblico ministero [c.p.c. 69], ordina l'apertura degli atti di ultima volontà dell'assente [587], se vi sono [620; c.p.c. 725].

Coloro che sarebbero eredi testamentari o legittimi [536, 565], se l'assente fosse morto nel giorno a cui risale l'ultima notizia di lui, o i loro rispettivi eredi [479] possono domandare l'immissione nel possesso temporaneo dei beni [52 ss., 63 comma 1; c.p.c. 725].

I legatari [588], i donatari [769] e tutti quelli ai quali spetterebbero diritti dipendenti dalla morte dell'assente possono domandare di essere ammessi all'esercizio temporaneo di questi diritti [63 comma 2, 64].

Coloro che per effetto della morte dell'assente sarebbero liberati da obbligazioni possono essere temporaneamente esonerati dall'adempimento di esse, salvo che si tratti delle obbligazioni alimentari previste dall'articolo 434 [51, 63 comma 3, 448].

Per ottenere l'immissione nel possesso, l'esercizio temporaneo dei diritti o la liberazione temporanea dalle obbligazioni si deve dare cauzione [c.p.c. 119] nella somma determinata dal tribunale; se taluno non sia in grado di darla, il tribunale può stabilire altre cautele, avuto riguardo alla qualità delle persone e alla loro parentela con l'assente [63 comma 4, 64].

■ Codice civile del 1865: *Art. 26. Trascorsi sei mesi dalla seconda pubblicazione della sentenza che dichiara l'assenza il tribunale, sull'istanza di chiunque creda avervi interesse o del pubblico ministero, ordinerà l'apertura degli atti di ultima volontà dell'assente, se ve ne sono.*

Gli eredi testamentari dell'assente in contraddittorio degli eredi legittimi, e in mancanza di eredi testamentari quelli che sarebbero stati eredi legittimi, se l'assente fosse morto nel giorno a cui risale l'ultima notizia della sua esistenza, ovvero i rispettivi loro eredi possono domandare al tribunale la immissione nel possesso temporaneo dei beni.

I legatari, i donatari e tutti coloro che avessero sui beni dell'assente diritti dipendenti dalla condizione della morte di lui, possono chiedere in contraddittorio degli eredi di essere ammessi all'esercizio temporaneo di quei diritti.

Tuttavia né gli eredi né le altre persone precedentemente indicate si ammetteranno al possesso dei beni od all'esercizio dei loro diritti eventuali, se non mediante cauzione nella somma che sarà determinata dal tribunale.

Il coniuge dell'assente, oltre ciò che gli spetta in forza delle convenzioni matrimoniali e per titolo di successione, può, in caso di bisogno, ottenere dal tribunale una pensione alimentaria da determinarsi secondo la condizione della famiglia e l'entità del patrimonio dell'assente.

Art. 27. Qualora alcuno dei presunti eredi od aventi diritto sui beni dell'assente non possa dare cauzione, il tribunale può ordinare quelle altre cautele che stimerà convenienti per l'interesse dell'assente, avuto riguardo alla qualità delle persone, alla loro parentela coll'assente ed alle altre circostanze.

51. Assegno alimentare a favore del coniuge dell'assente.

Il coniuge dell'assente, oltre ciò che gli spetta per effetto del regime patrimoniale dei coniugi [159] e per titolo di successione [536 ss., 565, 587], può ottenere dal tribunale, in caso di bisogno, un assegno alimentare da determinarsi secondo le condizioni della famiglia e l'entità del patrimonio dell'assente [433, 438][1].

[1] Articolo così sostituito dall'art. 2, L. 19 maggio 1975, n. 151. Il testo previgente disponeva: *Il coniuge dell'assente, oltre ciò che gli spetta per le convenzioni matrimoniali e per titolo di successione, può ottenere dal tribunale, in caso di bisogno, un assegno alimentare da determinarsi secondo la condizione della famiglia e l'entità del patrimonio dell'assente.*

■ Codice civile del 1865: *Art. 26. Trascorsi sei mesi dalla seconda pubblicazione della sentenza che dichiara l'assenza il tribunale, sull'istanza di chiunque creda avervi interesse o del pubblico ministero, ordinerà l'apertura degli atti di ultima volontà dell'assente, se ve ne sono.*

Gli eredi testamentari dell'assente in contraddittorio degli eredi legittimi, e in mancanza di eredi testamentari quelli che sarebbero stati eredi legittimi, se l'assente fosse morto nel giorno a cui risale l'ultima notizia della sua esistenza, ovvero i rispettivi loro eredi possono domandare al tribunale la immissione nel possesso temporaneo dei beni.

I legatari, i donatari e tutti coloro che avessero sui beni dell'assente diritti dipendenti dalla condizione della morte di lui, possono chiedere in contraddittorio degli eredi di essere ammessi all'esercizio temporaneo di quei diritti.

Tuttavia né gli eredi né le altre persone precedentemente indicate si ammetteranno al possesso dei beni od all'esercizio dei loro diritti eventuali, se non mediante cauzione nella somma che sarà determinata dal tribunale.

Il coniuge dell'assente, oltre ciò che gli spetta in forza delle convenzioni matrimoniali e per titolo di successione, può, in caso di bisogno, ottenere dal tribunale una pensione alimentaria da determinarsi secondo la condizione della famiglia e l'entità del patrimonio dell'assente.

52. Effetti della immissione nel possesso temporaneo.

L'immissione nel possesso temporaneo dei beni [50, 51] deve essere preceduta dalla formazione dell'inventario dei beni [c.p.c. 769 ss.].

Essa attribuisce a coloro che l'ottengono e ai loro successori l'amministrazione dei beni dell'assente, la rappresentanza di lui in giudizio [c.p.c. 75] e il godimento delle rendite dei beni nei limiti stabiliti nell'articolo seguente [56, 64; c.p.c. 725].

■ Codice civile del 1865: *Art. 28. L'immissione nel possesso temporaneo attribuisce a coloro che la ottengono ed ai loro successori l'amministrazione dei beni dell'assente, il diritto di promuoverne in giudizio le ragioni, ed il godimento delle rendite dei beni dell'assente nei limiti stabiliti in appresso.*

Art. 29. Coloro che hanno ottenuta l'immissione nel possesso temporaneo, devono far procedere all'inventario dei beni mobili e alla descrizione degli immobili dell'assente.

Non potranno, senza l'autorizzazione giudiziale, alienare né ipotecare i beni immobili, né fare alcun altro atto eccedente la semplice amministrazione.

Il tribunale ordinerà, ove sia d'uopo, la vendita in tutto od in parte dei beni mobili, ed in tal caso ne sarà impiegato il prezzo.

53. Godimento dei beni.

Gli ascendenti, i discendenti [75, 280, 536 comma 2] e il coniuge immessi nel possesso temporaneo dei beni ritengono a loro profitto la totalità delle rendite. Gli altri devono riservare all'assente il terzo delle rendite [52, 55, 56; c.p.c. 725].

■ Codice civile del 1865: *Art. 30. Gli ascendenti, i discendenti e il coniuge immessi nel possesso temporaneo dei beni ritengono a loro profitto la totalità delle rendite.*

Art. 31 Se gli immessi nel possesso siano parenti entro il sesto grado, debbono riservare il quinto delle rendite nei primi dieci anni dal giorno dell'assenza, e di seguito sino ai trent'anni il decimo.

Se siano parenti in grado più remoto od estranei, debbono riservare il terzo delle rendite nei primi dieci anni, e di seguito sino ai trent'anni il sesto.

Trascorsi trent'anni, la totalità delle rendite apparterrà in ogni caso agli immessi nel possesso.

54. Limiti alla disponibilità dei beni.

Coloro che hanno ottenuto l'immissione nel possesso temporaneo dei beni [50] non possono alienarli, ipotecarli [2808 ss.] o sottoporli a pegno [2784 ss.], se non per necessità o utilità evidente riconosciuta dal tribunale [56, 63, 66].

Il tribunale nell'autorizzare [c.p.c. 737] questi atti dispone circa l'uso e l'impiego delle somme ricavate.

■ Codice civile del 1865: *Art. 29. Coloro che hanno ottenuta l'immissione nel possesso temporaneo, devono far procedere all'inventario dei beni mobili e alla descrizione degli immobili dell'assente.*

Non potranno, senza l'autorizzazione giudiziale, alienare né ipotecare i beni immobili, né fare alcun altro atto eccedente la semplice amministrazione.

Il tribunale ordinerà, ove sia d'uopo, la vendita in tutto od in parte dei beni mobili, ed in tal caso ne sarà impiegato il prezzo.

55. Immissione di altri nel possesso temporaneo.

Se durante il possesso temporaneo [50] taluno prova di avere avuto, al giorno a cui risale l'ultima notizia dell'assente, un diritto prevalente o uguale a quello del possessore, può escludere questo dal possesso o farvisi associare; ma non ha diritto ai frutti [821] se non dal giorno della domanda giudiziale [1148].

■ Codice civile del 1865: *Art. 32. Se, durante il possesso temporaneo, alcuno provi di avere avuto al tempo da cui parte la presunzione di assenza, un diritto prevalente od eguale a quello del possessore, può escludere questo dal possesso o farvisi associare; ma non ha diritto ai frutti se non dal giorno della domanda giudiziale.*

56. Ritorno dell'assente o prova della sua esistenza.

Se durante il possesso temporaneo [50] l'assente ritorna o è provata l'esistenza di lui, cessano gli effetti della dichiarazione di assenza [49], salva, se occorre, l'adozione di provvedimenti per la conservazione del patrimonio a norma dell'articolo 48.

I possessori temporanei [52] dei beni devono restituirli [71, 2930]; ma fino al giorno della loro costituzione in mora [1219] continuano a godere i vantaggi attribuiti dagli articoli 52 e 53, e gli atti compiuti ai sensi dell'articolo 54 restano irrevocabili [57 comma 2].

Se l'assenza è stata volontaria e non è giustificata, l'assente perde il diritto di farsi restituire le rendite riservategli dalla norma dell'articolo 53 [57 comma 2].

■ Codice civile del 1865: *Art. 33. Se durante il possesso temporaneo l'assente ritorna o viene provata la sua esistenza, cessano gli effetti della dichiarazione di assenza, salve, ove sia d'uopo, le cautele di conservazione e di amministrazione del patrimonio stabilite dall'articolo 21.*

I possessori temporanei dei beni debbono farne restituzione con le rendite a norma dell'articolo 31.

57. Prova della morte dell'assente.

Se durante il possesso temporaneo [50] è provata la morte dell'assente, la successione si apre a vantaggio di coloro che al momento della morte erano suoi eredi o legatari [456, 536, 565, 588].

Si applica anche in questo caso la disposizione del secondo comma dell'articolo precedente.

■ Codice civile del 1865: *Art. 34. Qualora durante il possesso temporaneo venga a provarsi il tempo della morte dell'assente, la successione si apre a vantaggio di coloro che a quel tempo erano suoi eredi legittimi o testamentari, o dei loro successori; e coloro che hanno goduto i beni, sono tenuti a restituirli con le rendite a norma dell'articolo 31.*

CAPO II
DELLA DICHIARAZIONE DI MORTE PRESUNTA

58. Dichiarazione di morte presunta dell'assente.

Quando sono trascorsi dieci anni dal giorno a cui risale l'ultima notizia dell'assente [49] il tribunale competente secondo l'art. 48, su istanza [c.p.c. 726-728] del pubblico ministero o di taluna delle persone indicate nei capoversi dell'articolo 50, può con sentenza dichiarare presunta la morte dell'assente nel giorno a cui risale l'ultima notizia [63, 65, 66, 191, 620; c.p.c. 726; disp. att. 114].

In nessun caso la sentenza può essere pronunziata se non sono trascorsi nove anni dal raggiungimento della maggiore età dell'assente [2].

Può essere dichiarata la morte presunta anche se sia mancata la dichiarazione di assenza [49].

● Norme connesse:

- comma 2: art. unico, L. 14 febbraio 1951, n. 103, che dispone: *La disposizione del secondo comma dell'art. 58 del codice civile non si applica per la dichiarazione di morte presunta di persone scomparse in seguito a deportazione avvenuta tra l'8 settembre 1943 ed il 25 aprile 1945.*

■ Codice civile del 1865: *Art. 36. Se l'assenza fu continuata per lo spazio di trent'anni dopo la immissione nel possesso temporaneo, o se sono trascorsi cento anni dalla nascita dell'assente e le ultime notizie di lui risalgono almeno a tre anni addietro, il tribunale, sull'istanza delle parti interessate, pronunzia la immissione nel possesso definitivo e dichiara sciolte le cauzioni e cessate le altre cautele che fossero state imposte.*

59. Termine per la rinnovazione della istanza.

L'istanza [581], quando è stata rigettata, non può essere riproposta prima che siano decorsi almeno due anni.

60. Altri casi di dichiarazione di morte presunta.

Oltre che nel caso indicato nell'articolo 58, può essere dichiarata la morte presunta [62, 64 comma 3] nei casi seguenti:

1) quando alcuno è scomparso in operazioni belliche alle quali ha preso parte, sia nei corpi armati, sia al seguito di essi, o alle quali si è comunque trovato presente, senza che si abbiano più notizie di lui, e sono trascorsi due anni dall'entrata in vigore del trattato di pace o, in mancanza di questo, tre anni dalla fine dell'anno in cui sono cessate le ostilità;

2) quando alcuno è stato fatto prigioniero dal nemico, o da questo internato o comunque trasportato in paese straniero, e sono trascorsi due anni dall'entrata in vigore del trattato di pace o, in mancanza di questo, tre anni dalla fine dell'anno in cui sono cessate le ostilità, senza che si siano avute notizie di lui dopo l'entrata in vigore del trattato di pace ovvero dopo la cessazione delle ostilità;

3) quando alcuno è scomparso per un infortunio e non si hanno più notizie di lui, dopo due anni dal giorno dell'infortunio o, se il giorno non è conosciuto, dopo due anni dalla fine del mese, o se neppure il mese è conosciuto, dalla fine dell'anno in cui l'infortunio è avvenuto [61 ss.; c.nav. 206 ss., 837 ss.].

● Norme connesse:

- comma 1, alinea: 1) art. 1, L. 3 giugno 1949, n. 320, che dispone: *Oltre che nei casi indicati negli articoli 58 e 60 del Codice civile, può essere dichiarata la morte presunta quando taluno è scomparso in seguito a fatti dipendenti dalla situazione politico-militare determinatasi tra il 10 giugno 1940 e il 31 dicembre 1945, senza che si abbiano più notizie di lui e sia trascorso almeno un anno dall'entrata in vigore del Trattato di pace, ai sensi del decreto legislativo del Capo provvisorio dello Stato 28 novembre 1947, n. 1430.*

La sentenza dichiarativa della morte presunta determina il giorno e possibilmente l'ora a cui risale l'ultima notizia.

Qualora non possa determinarsi l'ora, la morte presunta si ha per avvenuta alle ore 24 del giorno indicato.

2) L. 17 febbraio 1971, n. 90 (Disposizioni integrative dell'art. 4 del decreto legislativo 5 aprile 1946, n. 216), per la dichiarazione di morte delle persone scomparse in operazioni belliche terrestri nell'ultimo conflitto.

- comma 1, n. 2): art. 1, L. 13 marzo 1950, n. 109, che dispone: *L'assenza o la morte presunta della persona, che al tempo della scomparsa aveva la cittadinanza italiana ed era domiciliata o residente in territorio attualmente non soggetto alla sovranità dell'Italia in forza del Trattato di pace, può essere dichiarata dal Tribunale italiano del luogo in cui l'istante ha il suo domicilio o la sua residenza*; e L. 14 febbraio 1951, n. 103, riportata in nota sub art. 58 c.c. precedente.

61. Data della morte presunta.

Nei casi previsti dai numeri 1 e 3 dell'articolo precedente, la sentenza [c.p.c. 729] determina il giorno e possibilmente l'ora a cui risale la scomparsa nell'operazione bellica o nell'infortunio, e nel caso indicato dal n. 2 il giorno a cui risale l'ultima notizia.

Qualora non possa determinarsi l'ora, la morte presunta si ha per avvenuta alla fine del giorno indicato [4, 66].

62. Condizioni e forme della dichiarazione di morte presunta.

La dichiarazione di morte presunta nei casi indicati dall'articolo 60 può essere domandata [c.p.c. 726] quando non si è potuto procedere agli accertamenti richiesti dalla legge per la compilazione dell'atto di morte.

Questa dichiarazione è pronunziata con sentenza del tribunale [c.p.c. 729] su istanza del pubblico ministero [c.p.c. 69, 70] o di alcuna delle persone indicate nei capoversi dell'articolo 50 [c.p.c. 726].

Il tribunale, qualora non ritenga di accogliere l'istanza di dichiarazione di morte presunta, può dichiarare l'assenza dello scomparso [49 ss., 67; c.p.c. 724].

● Norme connesse:

- comma 1: L. 29 dicembre 1993, n. 578, per le norme riguardanti l'accertamento e la certificazione di morte.

63. Effetti della dichiarazione di morte presunta dell'assente.

Divenuta eseguibile la sentenza indicata nell'articolo 58 [c.p.c. 729], coloro che ottennero l'immissione nel possesso temporaneo dei beni dell'assente [49 ss.] o i loro successori [536, 565, 588] possono disporre liberamente dei beni [66 comma 1, 72].

Coloro ai quali fu concesso l'esercizio temporaneo dei diritti o la liberazione temporanea dalle obbligazioni di cui all'articolo 50 conseguono l'esercizio definitivo dei diritti o la liberazione definitiva dalle obbligazioni [66].

Si estinguono inoltre le obbligazioni alimentari indicate nel quarto comma dell'articolo 50 [448].

In ogni caso cessano le cauzioni [c.p.c. 119] e le altre cautele che sono state imposte.

■ Codice civile del 1865: *Art. 37. Pronunziata l'immissione nel possesso definitivo, cessa pure ogni vigilanza di amministrazione e ogni dipendenza dall'autorità giudiziaria, e coloro che ottennero la immissione nel possesso temporaneo, od i loro eredi e successori, possono procedere a divisioni definitive e disporre dei beni liberamente.*

♦ Codice civile francese

Articolo 128. *La sentenza dichiarativa d'assenza comporta, a partire dalla trascrizione, tutti gli effetti che il decesso stabilisce che l'assente avrebbe avuto. Le misure prese per l'amministrazione dei beni dell'assente conformemente al capitolo 1 del presente titolo cessano, salvo decisione contraria del tribunale o, in mancanza, del giudice che le ha prescritte. Il coniuge dell'assente può contrarre nuovo matrimonio.*

64. Immissione nel possesso e inventario.

Se non v'è stata immissione nel possesso temporaneo dei beni [52], gli aventi diritto indicati nei capoversi dell'articolo 50 o i loro successori conseguono il pieno esercizio dei diritti loro spettanti, quando è diventata eseguibile la sentenza menzionata nell'articolo 58.

Coloro che prendono possesso dei beni devono fare precedere l'inventario dei beni [72; c.p.c. 769].

Parimenti devono far precedere l'inventario dei beni coloro che succedono per effetto della dichiarazione di morte presunta nei casi indicati dall'articolo 60 [50 comma 5, 72].

65. Nuovo matrimonio del coniuge.

Divenuta eseguibile [c.p.c. 729-731] la sentenza che dichiara la morte presunta, il coniuge può contrarre nuovo matrimonio [68, 117, 149].

CODICE CIVILE

66. Prova dell'esistenza della persona di cui è stata dichiarata la morte presunta.

La persona di cui è stata dichiarata la morte presunta [58, 60], se ritorna o ne è provata l'esistenza, recupera i beni nello stato in cui si trovano e ha diritto di conseguire il prezzo di quelli alienati, quando esso sia tuttora dovuto [535], o i beni nei quali sia stato investito [54, 73].

Essa ha altresì diritto di pretendere l'adempimento delle obbligazioni considerate estinte ai sensi del secondo comma dell'articolo 63.

Se è provata la data della sua morte [61], il diritto previsto nel primo comma di questo articolo compete a coloro che a quella data sarebbero stati suoi eredi o legatari. Questi possono inoltre pretendere l'adempimento delle obbligazioni considerate estinte ai sensi del secondo comma dell'articolo 63 per il tempo anteriore alla data della morte.

Sono salvi in ogni caso gli effetti delle prescrizioni [2934 ss.] e delle usucapioni [1158 ss.].

■ Codice civile del 1865: *Art. 39. Se dopo l'immissione nel possesso definitivo l'assente ritorna od è provata la sua esistenza, egli ricupera i beni nello stato in cui si trovano, e ha diritto di conseguire il prezzo di quelli alienati, ove sia tuttora dovuto, od i beni nei quali sia stato investito.*

Art. 40. I figli e i discendenti dell'assente possono egualmente, entro i trent'anni dal giorno della immissione nel possesso definitivo, far valere i diritti che loro competono sui beni dell'assente secondo le norme stabilite nell'articolo precedente, senza essere tenuti a provarne la morte.

Art. 41. Se dopo l'immissione nel possesso definitivo viene provato il tempo della morte dell'assente, coloro che a quel tempo sarebbero stati di lui eredi o legatari, od avessero acquistato un diritto in conseguenza della morte, od i loro successori, possono proporre le azioni loro competenti, salvi ai possessori i diritti acquistati colla prescrizione e gli effetti della buona fede riguardo ai frutti percepiti.

67. Dichiarazione di esistenza o accertamento della morte.

La dichiarazione di esistenza della persona di cui è stata dichiarata la morte presunta [58, 60] e l'accertamento della morte [66] possono essere sempre fatti, su richiesta del pubblico ministero [c.p.c. 69, 70], o di qualunque interessato, in contraddittorio di tutti coloro che furono parti nel giudizio in cui fu dichiarata la morte presunta [c.p.c. 726].

68. Nullità del nuovo matrimonio.

Il matrimonio contratto a norma dell'articolo 65 è nullo, qualora la persona della quale fu dichiarata la morte presunta ritorni o ne sia accertata l'esistenza [117].

Sono salvi gli effetti civili del matrimonio dichiarato nullo [128].

La nullità non può essere pronunciata nel caso in cui è accertata la morte [66, 67, 149], anche se avvenuta in una data posteriore a quella del matrimonio [117 comma 4].

● Norme connesse:
- art. 1, commi 5-8, 57, L. 20 maggio 2016, n. 76.

♦ Codice civile francese

Articolo 132. *Il matrimonio della persona assente resta sciolto anche se la sentenza dichiarativa d'assenza è stata annullata.*

♦ Codice civile tedesco

§ 1320 Invalidità del nuovo matrimonio. *(1) Quando il coniuge dichiarato morto è ancora in vita, il suo precedente coniuge può, eccetto il caso del § 1319, chiedere che venga invalidato il nuovo matrimonio salvo che lui stesso al tempo della celebrazione del matrimonio fosse a conoscenza del fatto che il coniuge dichiarato morto era ancora vivo al momento della dichiarazione di morte. L'invalidità va domandata entro un anno. Il termine comincia a decorrere da quando il coniuge del precedente matrimonio sia venuto a sapere che il coniuge dichiarato morto era ancora vivo. Il § 1317, comma 1, periodo 2 e comma 2, si applicano in modo corrispondente. (2) Quanto agli effetti della procedura d'invalidità trova applicazione corrispondentemente il § 1318.*

CAPO III

DELLE RAGIONI EVENTUALI CHE COMPETONO ALLA PERSONA DI CUI SI IGNORA L'ESISTENZA O DI CUI È STATA DICHIARATA LA MORTE PRESUNTA

69. Diritti spettanti alla persona di cui si ignora l'esistenza.

Nessuno è ammesso a reclamare un diritto in nome della persona di cui si ignora l'esistenza, se non prova [2697] che la persona esisteva quando il diritto è nato [4, 58, 60, 66].

■ Codice civile del 1865: *Art. 42. Niuno è ammesso a reclamare un diritto in nome di persona di cui si ignori la esistenza, se non provi che essa esisteva quando quel diritto è nato.*

70. Successione alla quale sarebbe chiamata la persona di cui si ignora l'esistenza.

Quando s'apre una successione alla quale sarebbe chiamata in tutto o in parte, una persona di cui s'ignora l'esistenza, la successione è devoluta a coloro ai quali sarebbe spettata in mancanza della detta persona, salvo il diritto di rappresentazione [467 ss.].

Coloro ai quali è devoluta la successione devono innanzitutto procedere all'inventario dei beni [c.p.c. 769 ss.] e devono dare cauzione [1179; c.p.c. 725].

■ Codice civile del 1865: *Art. 43. Aprendosi una successione alla quale sia chiamata in tutto od in parte una persona della cui esistenza non consti, la successione sarà devoluta a coloro coi quali tale persona avrebbe avuto diritto di concorrere, od a quelli a cui spetterebbe in sua mancanza, salvo il diritto di rappresentazione.*

Coloro ai quali in sua mancanza è devoluta la successione, devono far procedere all'inventario dei beni mobili ed alla descrizione degli immobili.

71. Estinzione dei diritti spettanti alla persona di cui si ignora l'esistenza.

Le disposizioni degli articoli precedenti non pregiudicano la petizione di eredità [533 ss.] né gli altri diritti spettanti alla persona di cui s'ignora l'esistenza [48] o ai suoi eredi o aventi causa, salvi gli effetti della prescrizione [2934 ss.] o dell'usucapione [1158 ss.].

La restituzione dei frutti non è dovuta se non dal giorno della costituzione in mora [53, 56 comma 2, 73, 1219].

■ Codice civile del 1865: *Art. 44. Le disposizioni dei due precedenti articoli non pregiudicano la petizione di eredità, né gli altri diritti che spettassero all'assente od ai suoi rappresentanti od aventi causa; questi diritti non si estinguono se non dopo decorso il tempo stabilito per la prescrizione.*

72. Successione a cui sarebbe chiamata la persona della quale è stata dichiarata la morte presunta.

Quando s'apre una successione [456] alla quale sarebbe chiamata in tutto o in parte una persona di cui è stata dichiarata la morte presunta [58 ss.], coloro ai quali, in sua mancanza, è devoluta la successione devono innanzitutto procedere all'inventario dei beni [64 comma 2, 70 comma 2; c.p.c. 769].

73. Estinzione dei diritti spettanti alla persona di cui è stata dichiarata la morte presunta.

Se la persona di cui è stata dichiarata la morte presunta [58 ss.] ritorna o ne è provata l'esistenza al momento dell'apertura della successione [456], essa o i suoi eredi o aventi causa possono esercitare la petizione di eredità [533 ss.] e far valere ogni altro diritto, ma non possono recuperare i beni se non nello stato in cui si trovano, e non possono ripetere che il prezzo di quelli alienati, quando è ancora dovuto [535], o i beni nei quali esso è stato investito [66], salvi gli effetti della prescrizione o dell'usucapione [1158 ss., 2934].

Si applica la disposizione del secondo comma dell'articolo 71.

TITOLO V
DELLA PARENTELA E DELL'AFFINITÀ

● Norme connesse:

- artt. 28, comma 2, 177, comma 4, R.D. 16 marzo 1942, n. 267.

74. Parentela.

La parentela [75] è il vincolo tra le persone che discendono da uno stesso stipite, sia nel caso in cui la filiazione è avvenuta all'interno del matrimonio, sia nel caso in cui è avvenuta al di fuori di esso, sia nel caso in cui il figlio è adottivo. Il vincolo di parentela non sorge nei casi di adozione di persone maggiori di età, di cui agli articoli 291 e seguenti[1].

[1] Articolo così sostituito dall'art. 1, L. 10 dicembre 2012, n. 219. Il testo previgente disponeva: *74. Parentela. La parentela è il vincolo tra le persone che discendono da uno stesso stipite.*

■ Codice civile del 1865: *Art. 48. La parentela è il vincolo fra le persone che discendono da uno stesso stipite.*

La legge non riconosce questo vincolo oltre il decimo grado.

Art. 49. La prossimità della parentela si stabilisce secondo il numero delle generazioni.

Ciascuna generazione forma un grado.

75. Linee della parentela.

Sono parenti in linea retta le persone di cui l'una discende dall'altra; in linea collaterale quelle che, pur avendo uno stipite comune, non discendono l'una dall'altra.

■ Codice civile del 1865: *Art. 50. La serie dei gradi forma la linea. È linea retta la serie dei gradi tra le persone che discendono l'una dall'altra; è linea collaterale la serie dè gradi tra le persone che hanno uno stipite comune senza discendere le une dalle altre.*

La linea retta si distingue in discendente ed ascendente.

La prima lega lo stipite con quelli che ne discendono: la seconda lega una persona a coloro dai quali essa discende.

♦ Codice civile francese

Articolo 742. *Il seguito dei gradi si chiama linea; si chiama linea diretta il seguito di gradi tra persone che discendono l'una all'altra; linea collaterale, il seguito di gradi tra persone che non discendono le une alle altre ma che discendono da un autore comune. Si distingue la linea diretta discendente e la linea diretta ascendente.*

76. Computo dei gradi.

Nella linea retta [75] si computano altrettanti gradi quante sono le generazioni, escluso lo stipite.

Nella linea collaterale i gradi si computano dalle generazioni, salendo da uno dei parenti fino allo stipite comune e da questo discendendo all'altro parente, sempre restando escluso lo stipite.

■ Codice civile del 1865: *Art. 51. Nella linea retta si computano altrettanti gradi quante sono le generazioni, non compreso lo stipite.*

Nella linea collaterale i gradi si computano dalle generazioni, salendo da uno dei parenti fino allo stipite comune, e da questo discendendo all'altro parente, non compreso parimente lo stipite.

♦ Codice civile francese

Articolo 743. *In linea diretta si contano tanti gradi quante sono le generazioni tra le persone; così il figlio è, nei confronti del padre, al primo grado, il nipote al secondo; e reciprocamente il padre ed il nonno nei confronti dei figli e dei nipoti. In linea collaterale i gradi si contano per generazione da uno dei parenti fino e non compreso all'autore comune, e da questi fino all'altro parente. Così, due fratelli sono al secondo grado; lo zio e il nipote sono al terzo grado; i cugini al quarto; così di seguito.*

77. Limite della parentela.

La legge non riconosce il vincolo di parentela [74, 87] oltre il sesto grado [572], salvo che per alcuni effetti specialmente determinati [87 nn. 1, 6, 251, 258; c.p. 564].

CODICE CIVILE

■ Codice civile del 1865: *Art. 48. La parentela è il vincolo fra le persone che discendono da uno stesso stipite.*

La legge non riconosce questo vincolo oltre il decimo grado.

78. Affinità.

L'affinità è il vincolo tra un coniuge e i parenti dell'altro coniuge.

Nella linea e nel grado [75, 76] in cui taluno è parente di uno dei coniugi, egli è affine dell'altro coniuge [87 n. 4, 251; c.p. 564].

L'affinità non cessa per la morte, anche senza prole, del coniuge da cui deriva, salvo che per alcuni effetti specialmente determinati [434 n. 2; c.p. 307, comma 4]. Cessa se il matrimonio è dichiarato nullo [117 ss.], salvi gli effetti di cui all'articolo 87, n. 4.

● Norme connesse:

- comma 2: 1) per il divieto di nomina a curatore fallimentare degli affini entro il quarto grado del fallito, art. 28, comma 3, R.D. 16 marzo 1942, n. 267, nel testo modificato dall'art. 5, D.L. 27 giugno 2015, n. 83, convertito in L. 6 agosto 2015, n. 132 che dispone: *Non possono essere nominati curatore il coniuge, i parenti e gli affini entro il quarto grado del fallito, i creditori di questo e chi ha concorso al dissesto dell'impresa, nonché chiunque si trovi in conflitto di interessi con il fallimento.*

2) per l'esclusione dal voto nel concordato fallimentare degli affini entro il quarto grado del fallito, art. 127, comma 5, R.D. 16 marzo 1942, n. 267, che dispone: *Sono esclusi dal voto e dal computo delle maggioranze il coniuge del debitore, i suoi parenti ed affini fino al quarto grado e coloro che sono diventati cessionari o aggiudicatari dei crediti di dette persone da meno di un anno prima della dichiarazione di fallimento.*

3) per l'esclusione dal diritto di voto degli affini entro il quarto grado dell'imprenditore che domanda il concordato preventivo, vedi l'art. 177, comma 4, R.D. 16 marzo 1942, n. 267, nel testo modificato dall'art. 3, D.L. 27 giugno 2015, n. 83, convertito in L. 6 agosto 2015, n. 132 che dispone: *Sono esclusi dal voto e dal computo delle maggioranze il coniuge del debitore, i suoi parenti e affini fino al quarto grado la società che controlla la società debitrice, le società da questa controllate e quelle sottoposte a comune controllo, nonchè, i cessionari o aggiudicatari dei loro crediti da meno di un anno prima della proposta di concordato.*

- art. 72, comma 8, R.D. 16 marzo 1942, n. 267.

■ Codice civile del 1865: *Art. 52. L'affinità è il vincolo fra un coniuge e i parenti dell'altro coniuge.*

Nella linea e nel grado in cui taluno è parente con un coniuge, è affine dell'altro coniuge.

L'affinità non cessa per la morte, anche senza prole, del coniuge dal quale deriva, salvoché per alcuni effetti nei casi specialmente determinati dalla legge.

TITOLO VI
DEL MATRIMONIO

CAPO I
DELLA PROMESSA DI MATRIMONIO

● Norme connesse:

- art. 26, L. 31 maggio 1995, n. 218.

79. Effetti.

La promessa di matrimonio non obbliga a contrarlo né ad eseguire ciò che si fosse convenuto per il caso di non adempimento [80, 81].

■ Codice civile del 1865: *Art. 53. La promessa scambievole di futuro matrimonio, non produce obbligazione legale di contrarlo, né di eseguire ciò che si fosse convenuto pel caso di non adempimento della medesima.*

80. Restituzione dei doni.

Il promittente può domandare la restituzione dei doni fatti a causa della promessa di matrimonio, se questo non è stato contratto [785, 2058].

La domanda non è proponibile dopo un anno dal giorno in cui s'è avuto il rifiuto di celebrare il matrimonio o dal giorno della morte di uno dei promittenti [2964 ss.].

81. Risarcimento dei danni.

La promessa di matrimonio fatta vicendevolmente per atto pubblico [2699] o per scrittura privata [2702] da una persona maggiore di età [2] o dal minore ammesso a contrarre matrimonio a norma dell'articolo 84, oppure risultante dalla richiesta della pubblicazione [96], obbliga il promittente che senza giusto motivo ricusi di eseguirla a risarcire il danno cagionato all'altra parte per le spese fatte e per le obbligazioni contratte a causa di quella promessa [1337]. Il danno è risarcito entro il limite in cui le spese e le obbligazioni corrispondono alla condizione delle parti[1].

Lo stesso risarcimento è dovuto dal promittente che con la propria colpa ha dato giusto motivo al rifiuto dell'altro.

La domanda non è proponibile dopo un anno dal giorno del rifiuto di celebrare il matrimonio [2964 ss.].

[1] Comma così sostituito dall'art. 3, L. 19 maggio 1975, n. 151. Il testo previgente disponeva: *La promessa di matrimonio, fatta vicendevolmente per atto pubblico o per scrittura privata da persona maggiore di età o dal minore autorizzato da chi deve dare l'assenso per la celebrazione del matrimonio, oppure risultante dalla richiesta della pubblicazione, obbliga il promittente che senza giusto motivo ricusi di eseguirla a risarcire il danno cagionato all'altra parte per le spese fatte e per le obbligazioni contratte a causa di quella promessa. Il danno è risarcito entro il limite in cui le spese e le obbligazioni corrispondono alla condizione delle parti.*

■ Codice civile del 1865: *Art. 54. Se la promessa fu fatta per atto pubblico o per iscrittura privata da chi sia maggiore di età, o dal minore autorizzato dalle persone, il concorso delle quali è necessario per la celebrazione del matrimonio, oppure consta dalle pubblicazioni ordinate dall'uffiziale dello stato civile, il promettente che ricusi di eseguirla senza giusto motivo è obbligato a risarcire l'altra parte delle spese fatte per causa del promesso matrimonio.*

La domanda però non è più ammissibile dopo un anno dal giorno in cui la promessa doveva essere eseguita.

♦ Codice civile tedesco

§ 1298 Obbligo risarcitorio in caso di recesso. *(1) Nel caso in cui uno dei promittenti receda dalla promessa, egli ha l'obbligo di risarcire l'altro promittente e i suoi genitori, nonché quei terzi che abbiano agito al posto dei genitori, dei danni conseguenti dall'aver, in prossimità del matrimonio, fatto spese o assunto delle obbligazioni. Egli è tenuto a risarcire all'altro promittente anche il danno che costui ha subito per aver, in prossimità del matrimonio, compiuto altri atti incidenti sul suo patrimonio o sulla sua posizione economica. (2) Il danno va risarcito soltanto quando le spese, le obbligazioni assunte e le altre disposizioni compiute fossero adeguate alle circostanze. (3) L'obbligo al risarcimento non sussiste qualora ricorra una giusta causa di recesso. Per la prescrizione vedi § 1302 sub. art. 80 c.c.*

CAPO II

DEL MATRIMONIO CELEBRATO DAVANTI A MINISTRI DEL CULTO CATTOLICO E DEL MATRIMONIO CELEBRATO DAVANTI A MINISTRI DEI CULTI AMMESSI NELLO STATO

82. Matrimonio celebrato davanti a ministri del culto cattolico.

Il matrimonio celebrato davanti a un ministro del culto cattolico è regolato in conformità del Concordato con la Santa Sede [Cost. 7] e delle leggi speciali sulla materia.

● Norme connesse:

- art. 8, L. 25 marzo 1985, n. 121, Ratifica ed esecuzione dell'accordo, con protocollo addizionale, firmato a Roma il 18 febbraio 1984, che apporta modificazioni al Concordato lateranense dell'11 febbraio 1929, tra la Repubblica italiana e la Santa Sede; L. 27 maggio 1929, n. 810, Esecuzione del trattato, dei quattro allegati annessi e del concordato, sottoscritti in Roma, fra la Santa Sede e l'Italia, l'11 febbraio 1929; artt. 5 ss. L. 27 maggio 1929, n. 847, Disposizioni per l'applicazione del concordato dell'11 febbraio 1929 tra la Santa Sede e l'Italia.

83. Matrimonio celebrato davanti a ministri dei culti ammessi nello Stato.

Il matrimonio celebrato davanti a ministri dei culti ammessi nello Stato [Cost. 8 comma 2] è regolato dalle disposizioni del capo seguente, salvo quanto è stabilito nella legge speciale concernente tale matrimonio [107, 149 comma 2].

● Norme connesse:

- per il matrimonio celebrato davanti ai ministri dei culti ammessi nello Stato, L. 24 giugno 1929, n. 1159 (Disposizioni sull'esercizio dei culti ammessi nello Stato e sul matrimonio celebrato davanti ai ministri dei culti medesimi); R.D. 28 febbraio 1930, n. 289, Norme per l'attuazione della legge 24 giugno 1929, n. 1159, sui culti ammessi nello Stato e per il coordinamento di essa con le altre leggi dello Stato.

- per i rapporti tra lo Stato e l'Unione delle Comunità ebraiche italiane, L. 8 marzo 1989, n. 101, Norme per la regolazione dei rapporti tra lo Stato e l'Unione delle Comunità ebraiche italiane; per i rapporti tra lo Stato e le chiese rappresentate dalla Tavola valdese, L. 11 agosto 1984, n. 449, Norme per la regolazione dei rapporti tra lo Stato e le chiese rappresentate dalla Tavola valdese; per i rapporti tra lo Stato e l'Unione italiana delle Chiese cristiane avventiste del 7° giorno, L. 22 novembre 1988, n. 516, Norme per la regolazione dei rapporti tra lo Stato e l'Unione italiana delle Chiese cristiane avventiste del 7° giorno. Per i rapporti tra lo Stato e le Assemblee di Dio in Italia, v. L. 22 novembre 1988, n. 517, Norme per la regolazione dei rapporti tra lo Stato e le Assemblee di Dio in Italia. V., anche, L. 12 aprile 1995, n. 116, Norme per la regolazione dei rapporti tra lo Stato e l'Unione Cristiana Evangelica Battista d'Italia, L. 29 novembre 1995, n. 520, Norme per la regolazione dei rapporti tra lo Stato e la Chiesa Evangelica Luterana in Italia, L. 12 marzo 2012, n. 34, Modifica della legge 12 aprile 1995, n. 116, recante approvazione dell'intesa tra il Governo della Repubblica italiana e l'Unione cristiana evangelica battista d'Italia, in attuazione dell'articolo 8, terzo comma, della Costituzione, L. 30 luglio 2012, n. 127, Norme per la regolazione dei rapporti tra lo Stato e la Chiesa di Gesù Cristo dei Santi degli ultimi giorni, in attuazione dell'articolo 8, terzo comma, della Costituzione, L. 30 luglio 2012, n. 128, Norme per la regolazione dei rapporti tra lo Stato e la Chiesa apostolica in Italia, in attuazione dell'articolo 8, terzo comma, della Costituzione, L. 31 dicembre 2012, n. 245, Norme per la regolazione dei rapporti tra lo Stato e l'Unione Buddhista Italiana, in attuazione dell'articolo 8, terzo comma, della Costituzione, L. 31 dicembre 2012, n. 246, Norme per la regolazione dei rapporti tra lo Stato e l'Unione Induista Italiana, in attuazione dell'articolo 8, terzo comma, della Costituzione; L. 28 giugno 2016, n. 130, Norme per la regolazione dei rapporti tra lo Stato e l'Istituto Buddista Italiano Soka Gakkai, in attuazione dell'articolo 8, terzo comma, della Costituzione.

CAPO III

DEL MATRIMONIO CELEBRATO DAVANTI ALL'UFFICIALE DELLO STATO CIVILE

Sezione I
Delle condizioni necessarie per contrarre matrimonio

● Norme connesse:

- art. 27, L. 31 maggio 1995, n. 218.

84. Età.

I minori di età [2] non possono contrarre matrimonio [117 comma 2].

Il tribunale [disp. att. 38], su istanza dell'interessato, accertata la sua maturità psico-fisica e la fondatezza delle ragioni addotte, sentito il pubblico ministero, i genitori o il tutore, può con decreto emesso in camera di consiglio ammettere per gravi motivi al matrimonio chi abbia compiuto i sedici anni [90, 165, 183 comma 1, 390].

Il decreto è comunicato al pubblico ministero, agli sposi, ai genitori e al tutore.

Contro il decreto può essere proposto reclamo, con ricorso alla corte d'appello, nel termine perentorio di dieci giorni dalla comunicazione [87, 89; c.p.c. 739].

La corte d'appello decide con ordinanza non impugnabile, emessa in camera di consiglio [87 comma 6].

Il decreto acquista efficacia quando è decorso il termine previsto nel quarto comma, senza che sia stato proposto reclamo [c.p.c. 739 ss.][1].

[1] Articolo così sostituito dall'art. 4, L. 19 maggio 1975, n. 151. Il testo previgente disponeva: *Non possono contrarre matrimonio l'uomo che non ha compiuto gli anni sedici, la donna che non ha compiuto gli anni quattordici.*

Il Re o le autorità a ciò delegate possono per gravi motivi accordare dispensa, ammettendo al matrimonio l'uomo che ha compiuto gli anni quattordici e la donna che ha compiuto gli anni dodici.

■ Codice civile del 1865: *Art. 55. Non possono contrarre matrimonio l'uomo prima che abbia compiuto gli anni diciotto, la donna prima che abbia compiuto gli anni quindici.*

Art. 63. Il figlio che non ha compiuto gli anni venticinque, la figlia che non ha compiuto gli anni ventuno non possono contrarre matrimonio senza il consenso del padre e della madre. Se i genitori sono discordi, è sufficiente il consenso del padre.

Se uno dei genitori è morto o nell'impossibilità di manifestare la propria volontà, basta il consenso dell'altro.

Al matrimonio del figlio adottivo che non ha compiuto gli anni ventuno, è necessario, oltre il consenso dei genitori, il consenso dell'adottante.

Art. 64. Se il padre e la madre fossero morti o nella impossibilità di manifestare la loro volontà, i minori degli anni ventuno non possono contrarre matrimonio senza il consenso degli avi e delle avole: se l'avo e l'avola della medesima linea sono discordi, basta il consenso dell'avo.

Il disparere tra le due linee equivale a consenso.

Art. 65. Se non esistono genitori né adottante, né avi, né avole, se niuno di essi è nella possibilità di manifestare la propria volontà i minori degli anni ventuno non possono contrarre matrimonio senza il consenso del consiglio di famiglia.

Art. 66. La disposizione dell'articolo 63 è applicabile ai figli naturali legalmente riconosciuti. In mancanza di genitori viventi e di adottante capaci di consentire, il consenso sarà dato dal consiglio di tutela.

A questo consiglio spetterà pure di dare il consenso pel matrimonio dei figli naturali non riconosciuti, in mancanza di genitori adottivi.

Art. 67. Contro il rifiuto di consenso degli ascendenti, o del consiglio di famiglia o di tutela, il figlio maggiore di età può far richiamo alla corte di appello.

Nell'interesse della figlia e del figlio minore di età potrà farsi richiamo sia dai parenti o dagli affini, sia dal pubblico ministero.

La causa si porta a udienza fissa, e la corte provvede, sentite le parti ed il pubblico ministero a porte chiuse.

Non è ammesso l'intervento di procuratori né di altri difensori.

Il provvedimento della corte non conterrà motivi: si potrà solo farvi menzione del consenso che fosse dato davanti alla corte stessa.

Art. 68. Il re, quando concorrano gravi motivi, può dispensare dagli impedimenti indicati nei numeri 2 e 3 dell'articolo 59.

Può anche dispensare dall'impedimento di età, ed ammettere al matrimonio l'uomo che ha compiuto gli anni quattordici e la donna che ha compiuto gli anni dodici

Art. 69. Le disposizioni dell'art. 55, dei numeri 2 e 3 dell'articolo 59, e dell'articolo 67 non sono applicabili al re ed alla famiglia reale.

Per la validità dei matrimoni dei principi e delle principesse reali è richiesto l'assenso del re.

♦ Codice civile francese

Articolo 144. *L'uomo e la donna non possono contrarre matrimonio prima di aver compiuto diciotto anni.*

Articolo 145. *Tuttavia è permesso al procuratore della Repubblica del luogo della celebrazione del matrimonio di accordare dispense di età per motivi gravi.*

Articolo 148. *I minori non possono contrarre matrimonio senza il consenso dei loro genitori; in caso di dissenso tra il padre e la madre questa divisione determina consenso.*

♦ Codice civile tedesco

§ 1303 Emancipazione. *(1) Non ci si può sposare prima del compimento della maggior età. (2) Il tribunale della famiglia può, a richiesta di parte, consentire la deroga a questa disposizione, nel caso in cui il soggetto che presenta la domanda abbia compiuto i sedici anni ed il suo futuro coniuge sia maggiorenne. (3) Qualora il rappresentante legale del soggetto che presenta la domanda o qualunque altro titolare della potestà sulla persona faccia opposizione alla domanda, il tribunale della famiglia può rilasciare la deroga soltanto quando l'opposizione non sia fondata su ragioni legittime. (4) Se il tribunale della famiglia rilascia la deroga in base al comma 2, chi ha presentato la domanda non necessita, per contrarre matrimonio, del preventivo consenso del legale rappresentante o di qualunque altro soggetto titolare della potestà sulla persona.*

§ 1304 Incapacità d'agire. *Colui che è incapace d'agire non può contrarre matrimonio.*

85. Interdizione per infermità di mente.

Non può contrarre matrimonio l'interdetto per infermità di mente [119, 120, 414].

Se l'istanza di interdizione [417] è soltanto promossa, il pubblico ministero può chiedere che si sospenda la celebrazione del matrimonio [104]; in tal caso la celebrazione non può aver luogo finché la sentenza che ha pronunziato sull'istanza non sia passata in giudicato [c.p.c. 324].

■ Codice civile del 1865: *Art. 61. Non possono contrarre matrimonio gli interdetti per infermità di mente.*

Se l'istanza d'interdizione è soltanto promossa, si sospenderà la celebrazione del matrimonio finché l'autorità giudiziaria non abbia definitivamente pronunziato.

86. Libertà di stato.

Non può contrarre matrimonio chi è vincolato da un matrimonio o da un'unione civile tra persone dello stesso sesso precedente [65, 68, 101, 102, 116 comma 2, 117 comma 2, 124; c.p. 556][1].

[1] Articolo così modificato dall'art. 1, comma 32, L. 20 maggio 2016, n. 76. Il testo previgente disponeva: *Non può contrarre matrimonio chi è vincolato da un matrimonio precedente.*

● Norme connesse:

- per la trascrizione dell'atto di matrimonio nei registri dello stato civile, art. 12, L. 27 maggio 1929, n. 847, che dispone: *Quando la celebrazione del matrimonio non sia stata preceduta dal rilascio del certificato di cui all'art. 7, si fa egualmente luogo alla trascrizione, tranne nei casi seguenti: 1) se anche una sola delle persone unite in matrimonio risulti legata ad altro matrimonio valido agli effetti civili, in qualunque forma celebrato; 2) se le persone unite in matrimonio risultino già legate tra loro da matrimonio valido agli effetti civili, in qualunque forma celebrato; 3) se il matrimonio sia stato contratto da un interdetto per infermità di mente.*

- per il rilascio di un certificato di capacità matrimoniale, Convenzione di Monaco del 5 settembre 1980 ratificata e resa esecutiva con L. 19 novembre 1984, n. 950, Ratifica ed esecuzione della convenzione relativa al rilascio di un certificato matrimoniale e della convenzione sulla legge applicabile ai cognomi e ai nomi, adottate a Monaco il 5 settembre 1980.

■ Codice civile del 1865: *Art. 56. Non può contrarre altre nozze chi è vincolato da un matrimonio precedente.*

87. Parentela, affinità, adozione[1].

Non possono contrarre matrimonio fra loro [117]:

1) gli ascendenti e i discendenti in linea retta [75, 101, 116 comma 2][2];

2) i fratelli e le sorelle germani, consanguinei o uterini [101];

3) lo zio e la nipote, la zia e il nipote;

4) gli affini in linea retta [78]; il divieto sussiste anche nel caso in cui l'affinità deriva da matrimonio dichiarato nullo [117] o sciolto o per il quale è stata pronunziata la cessazione degli effetti civili;

5) gli affini in linea collaterale in secondo grado;

6) l'adottante, l'adottato e i suoi discendenti;

7) i figli adottivi della stessa persona [294];

8) l'adottato e i figli dell'adottante [300];

9) l'adottato e il coniuge dell'adottante, l'adottante e il coniuge dell'adottato [302 comma 2].

[...][3].

[...][4].

Il tribunale, su ricorso degli interessati, con decreto emesso in camera di consiglio, sentito il pubblico ministero, può autorizzare il matrimonio nei casi indicati dai numeri *3)* e *5)*, anche se si tratti di affiliazione. L'autorizzazione può essere accordata anche nel caso indicato dal numero *4)*, quando l'affinità deriva da matrimonio dichiarato nullo [117 comma 4][5].

Il decreto è notificato agli interessati e al pubblico ministero [c.p.c. 739].

Si applicano le disposizioni dei commi quarto, quinto e sesto dell'articolo 84[6].

[1] Rubrica così modificata dall'art. 1, D.Lgs. 28 dicembre 2013, n. 154, a decorrere dal 7 febbraio 2014. Il testo previgente disponeva: *Parentela, affinità, adozione e affiliazione.*

[2] Numero così modificato dall'art. 1, D.Lgs. 28 dicembre 2013, n. 154, a decorrere dal 7 febbraio 2014. Il testo previgente disponeva: *1) gli ascendenti e i discendenti in linea retta, legittimi o naturali.*

[3] Comma abrogato dall'art. 1, D.Lgs. 28 dicembre 2013, n. 154, a decorrere dal 7 febbraio 2014. Il testo previgente disponeva: *I divieti contenuti nei numeri 6), 7), 8) e 9) sono applicabili all'affiliazione.*

[4] Comma abrogato dall'art. 1, D.Lgs. 28 dicembre 2013, n. 154, a decorrere dal 7 febbraio 2014. Il testo previgente disponeva: *I divieti contenuti nei numeri 2) e 3) si applicano anche se il rapporto dipende da filiazione naturale.*

[5] Comma così modificato, prima dall'art. 78, L. 4 maggio 1983, n. 184, poi dall'art. 1, D.Lgs. 28 dicembre 2013, n. 154, a decorrere dal 7 febbraio 2014. Il testo previgente la modifica del 1983 disponeva: *Il tribunale, su ricorso degli interessati, con decreto emesso in camera di consiglio, sentito il pubblico ministero, può autorizzare il matrimonio nei casi indicati dai numeri 3), 5), 6), 7), 8) e 9), anche se si tratti di affiliazione o di filiazione naturale. L'autorizzazione può essere accordata anche nel caso indicato dal n. 4), quando l'affinità deriva da matrimonio dichiarato nullo.* Il testo previgente la modifica del 2013 disponeva: *Il tribunale, su ricorso degli interessati, con decreto emesso in camera di consiglio, sentito il pubblico ministero, può autorizzare il matrimonio nei casi indicati dai numeri 3) e 5), anche se si tratti di affiliazione o di filiazione naturale. L'autorizzazione può essere accordata anche nel caso indicato dal numero 4), quando l'affinità deriva da matrimonio dichiarato nullo.*

[6] Articolo così sostituito dall'art. 5, L. 19 maggio 1975, n. 151. Il testo previgente disponeva: *Non possono contrarre matrimonio tra loro:*

1) gli ascendenti e i discendenti in linea retta, legittimi o naturali;

2) i fratelli e le sorelle germani, consanguinei o uterini;

3) lo zio e la nipote, la zia e il nipote;

4) gli affini in linea retta; il divieto sussiste anche nel caso in cui l'affinità deriva da matrimonio dichiarato nullo o sciolto o per il quale è stata pronunziata la cessazione degli effetti civili;

5) gli affini in linea collaterale in secondo grado;

6) l'adottante, l'adottato e i suoi discendenti;

7) i figli adottivi della stessa persona;

8) l'adottato e i figli dell'adottante;

9) l'adottato e il coniuge dell'adottante, l'adottante e il coniuge dell'adottato.

I divieti contenuti nei numeri 6), 7), 8) e 9) sono applicabili all'affiliazione.

I divieti contenuti nei numeri 2) e 3) si applicano anche se il rapporto dipende da filiazione naturale.

Il tribunale, su ricorso degli interessati, con decreto emesso in camera di consiglio, sentito il pubblico ministero, può autorizzare il matrimonio nei casi indicati dai numeri 3), 5), 6), 7), 8) e 9), anche se si tratti di affiliazione o di filiazione naturale. L'autorizzazione può essere accordata anche nel caso indicato dal n. 4), quando l'affinità deriva da matrimonio dichiarato nullo.

Il decreto è notificato agli interessati e al pubblico ministero.

Si applicano le disposizioni dei commi quarto, quinto e sesto dell'art. 84. Il testo originario disponeva: Non possono contrarre matrimonio tra loro:

1) gli ascendenti e i discendenti in linea retta, legittimi o naturali;

2) i fratelli e le sorelle germani, consanguinei o uterini;

3) lo zio e la nipote, la zia e il nipote;

CODICE CIVILE

4) gli affini in linea retta: il divieto sussiste anche nel caso in cui è stato dichiarato nullo il matrimonio dal quale l'affinità derivava;

5) gli affini in linea collaterale in secondo grado;

6) l'adottante, l'adottato e i suoi discendenti;

7) i figli adottivi della stessa persona;

8) l'adottato e i figli dell'adottante;

9) l'adottato e il coniuge dell'adottante, l'adottante e il coniuge dell'adottato.

I divieti contenuti nei numeri 6, 7, 8 e 9 sono applicabili all'affiliazione.

I divieti contenuti nei numeri 2 e 3 si applicano anche se il rapporto dipende da filiazione naturale.

Il Re o le autorità a ciò delegate possono accordare dispensa nei casi indicati dai numeri 3, 5, 6, 7, 8 e 9 e nei casi indicati dal comma secondo. La dispensa può essere accordata anche nel caso indicato dal n. 4, quando l'affinità deriva da matrimonio dichiarato nullo.

■ Codice civile del 1865: *Art. 58. In linea retta il matrimonio è vietato fra tutti gli ascendenti e discendenti legittimi o naturali e gli affini della medesima linea.*

Art. 59. In linea collaterale il matrimonio è vietato: 1° tra le sorelle e i fratelli legittimi o naturali; 2° tra gli affini nel medesimo grado; 3° tra lo zio e la nipote, la zia ed il nipote.

Art. 60. Il matrimonio è proibito:

Tra l'adottante, l'adottato e i suoi discendenti;

Tra i figli adottivi della stessa persona;

Tra l'adottato ed i figli sopravvenuti all'adottante;

Tra l'adottato ed il coniuge dell'adottante, e tra l'adottante ed il coniuge dell'adottato.

♦ Codice civile francese

Articolo 161. *In linea diretta, il matrimonio è proibito tra tutti gli ascendenti ed i discendenti ed affini della stessa linea.*

Articolo 162. *In linea collaterale, il matrimonio è proibito tra fratello e sorella.*

Articolo 163. *Il matrimonio è ancora proibito tra lo zio e la nipote, la zia e il nipote.*

Articolo 164. *Tuttavia, è permesso al Presidente della Repubblica, eliminare, per delle cause gravi, i divieti indicati: l° dall'articolo 161 ai matrimoni tra affini in linea diretta quando la persona che ha creato l'affinità è deceduta; 2° abrogato; 3 dall'articolo 163 ai matrimoni tra lo zio e la nipote, la zia ed il nipote.*

♦ Codice civile tedesco

§ 1307 Parentela. *Non può concludersi un matrimonio tra parenti in linea retta, così come tra fratelli o sorelle germani o unilaterali. Le stesse considerazioni valgono anche nel caso in cui il rapporto di parentela per adozione sia cessato.*

§ 1308 Adozione. *(1) Non ci si può sposare tra persone la cui parentela in base al § 1307 è nata in seguito ad adozione. Ciò non opera in caso di estinzione del rapporto d'adozione. (2) Il tribunale della famiglia può, a richiesta di parte, rilasciare la deroga a questa disposizione, qualora tra il soggetto che presenta la domanda ed il suo futuro coniuge, dopo l'adozione, sia nata una parentela in via collaterale. La deroga va rifiutata quando gravi motivi ostino alla celebrazione del matrimonio.*

88. Delitto.

Non possono contrarre matrimonio tra loro le persone delle quali l'una è stata condannata per omicidio consumato o tentato sul coniuge dell'altra [101, 116 comma 2, 117; c.p. 56, 575].

Se ebbe luogo soltanto rinvio a giudizio [c.p.c. 374] ovvero fu ordinata la cattura, si sospende la celebrazione del matrimonio fino a quando non è pronunziata sentenza di proscioglimento.

■ Codice civile del 1865: *Art. 62. Chi fu in giudizio criminale convinto reo o complice di omicidio volontario commesso, mancato o tentato sulla persona di uno dei coniugi non può unirsi in matrimonio coll'altro coniuge.*

Se fu soltanto pronunziata la sentenza di accusa ovvero ordinata la cattura, si sospenderà il matrimonio sino a che il giudizio sia terminato.

89. Divieto temporaneo di nuove nozze.

Non può contrarre matrimonio la donna [116 comma 2], se non dopo trecento giorni dallo scioglimento [149], dall'annullamento [117] o dalla cessazione degli effetti civili del precedente matrimonio. Sono esclusi dal divieto i casi in cui lo scioglimento o la cessazione degli effetti civili del precedente matrimonio siano stati pronunciati in base all'articolo 3, n. 2, lettere *b)* ed *f)*, della legge 1° dicembre 1970, n. 898, e nei casi in cui il matrimonio sia stato dichiarato nullo per impotenza, anche soltanto a generare, di uno dei coniugi[1].

Il tribunale con decreto emesso in camera di consiglio [disp. att. 38, commi 2, 3], sentito il pubblico ministero, può autorizzare il matrimonio quando è inequivocabilmente escluso lo stato di gravidanza o se risulta la sentenza passata in giudicato che il marito non ha convissuto con la moglie nei trecento giorni precedenti lo scioglimento, l'annullamento o la cessazione degli effetti civili del matrimonio. Si applicano le disposizioni dei commi quarto, quinto e sesto dell'articolo 84 e del comma quinto dell'articolo 87.

Il divieto cessa dal giorno in cui la gravidanza è terminata[2].

[1] Comma così modificato dall'art. 22, L. 6 marzo 1987, n. 74. Il testo previgente disponeva: *Non può contrarre matrimonio la donna, se non dopo trecento giorni dallo scioglimento, dall'annullamento o dalla cessazione degli effetti civili del precedente matrimonio, eccettuato il caso in cui il matrimonio è stato dichiarato nullo, ai sensi dell'art. 122, per l'impotenza, anche soltanto di generare, di uno dei coniugi.* . Il comma 1 nel testo originario del codice del 1942, disponeva: *Non può contrarre matrimonio la donna, se non dopo trecento giorni dallo scioglimento o dall'annullamento del matrimonio precedente, eccettuato il caso in cui il matrimonio è stato dichiarato nullo ai sensi dell'art. 123.*

[2] Articolo così sostituito dall'art. 6, L. 19 maggio 1975, n. 151. Il testo originario del codice del 1942 disponeva: *Non può contrarre matrimonio la donna, se non dopo trecento giorni dallo scioglimento o dall'annullamento del matrimonio precedente, eccettuato il caso in cui il matrimonio è stato dichiarato nullo ai sensi dell'art. 123.*

Il Re o le autorità a ciò delegate possono accordare dispensa da questo divieto.

Il divieto cessa dal giorno in cui la donna ha partorito.

■ Codice civile del 1865: *Art. 57. Non può contrarre nuovo matrimonio la donna, se non decorsi dieci mesi dallo scioglimento o dall'annullamento del matrimonio precedente, eccettuato il caso espresso nell'articolo 107.*

Cessa questo divieto dal giorno che la donna abbia partorito.

90. Assistenza del minore.

Con il decreto di cui all'articolo 84 il tribunale [disp. att. 38] o la corte d'appello nominano, se le circostanze lo esigono, un curatore speciale che assista il minore [2] nella stipulazione delle convenzioni matrimoniali [165][1].

[1] Articolo così sostituito dall'art. 7, L. 19 maggio 1975, n. 151. Il testo previgente disponeva: *Il minore non può contrarre matrimonio senza l'assenso della persona che esercita su lui la patria potestà o la tutela.*

L'assenso, quando non è dato personalmente davanti all'ufficiale dello stato civile cui si domanda la pubblicazione, deve risultare da atto pubblico o da scrittura privata autenticata, dove si indichi tanto lo sposo al quale si dà l'assenso, quanto l'altro.

Quando è negato l'assenso, il matrimonio può essere autorizzato per gravi motivi dal procuratore generale presso la corte d'appello.

Il procuratore generale può nominare un curatore che assista il minore nella stipulazione delle convenzioni matrimoniali.

Il testo originario, precedente le modifiche apportate dalla L. 8 marzo 1975, n. 39, disponeva:

Il minore non può contrarre matrimonio senza l'assenso della persona che esercita su lui la patria potestà o la tutela.

Per il matrimonio del minore emancipato è necessario l'assenso del curatore, quanto questi è uno dei genitori.

L'assenso, quando non è dato personalmente davanti all'ufficiale dello stato civile cui si domanda la pubblicazione, deve risultare da atto pubblico o da scrittura privata autenticata, dove si indichi tanto lo sposo al quale si dà l'assenso, quanto l'altro.

Quando è negato l'assenso, il matrimonio può essere autorizzato per gravi motivi dal procuratore generale presso la corte d'appello.

Il procuratore generale può nominare un curatore che assista il minore nella stipulazione delle convenzioni matrimoniali.

91. Diversità di razza o di nazionalità.

[...][1].

[1] Articolo abrogato dall'art. 1, R.D.L. 20 gennaio 1944, n. 25 e dall'art. 3, D.Lgs.Lgt. 14 settembre 1944, n. 287. Il testo previgente disponeva: *I matrimoni tra persone appartenenti a razze diverse sono soggetti alle limitazioni poste dalle leggi speciali.*

Le leggi speciali determinano anche le condizioni che devono osservarsi per i matrimoni dei cittadini italiani con persone di nazionalità straniera.

92. Matrimonio del Re Imperatore e dei Principi reali.

[...][1].

[1] Articolo abrogato per incompatibilità con la forma repubblicana del nostro Stato prevista dalla Costituzione.

■ Codice civile del 1865: *Art. 69. Le disposizioni dell'art. 55, dei numeri 2 e 3 dell'articolo 59, e dell'articolo 67 non sono applicabili al re ed alla famiglia reale.*

Per la validità dei matrimoni dei principi e delle principesse reali è richiesto l'assenso del re.

Sezione II
Delle formalità preliminari del matrimonio

93. Pubblicazione.

La celebrazione del matrimonio deve essere preceduta dalla pubblicazione fatta a cura dell'ufficiale dello stato civile [90, 100, 101, 115 comma 2, 116 comma 3, 134, 135].

[...][1].

[1] Comma abrogato dall'art. 110, D.P.R. 3 novembre 2000, n. 396, a decorrere dal 30 marzo 2001. Il testo previgente disponeva: *La pubblicazione consiste nell'affissione alla porta della casa comunale di un atto dove si indica il nome, il cognome, la professione, il luogo di nascita e la residenza degli sposi, se essi siano maggiori o minori di età, nonché il luogo dove intendono celebrare il matrimonio. L'atto deve anche indicare il nome del padre e il nome e il cognome della madre degli sposi, salvi i casi in cui la legge vieta questa menzione.*

■ Codice civile del 1865: *Art. 70. La celebrazione del matrimonio deve essere preceduta da due pubblicazioni da farsi per cura dell'uffiziale dello stato civile.*

L'atto di pubblicazione indicherà il nome, il cognome, la professione, il luogo di nascita e la residenza degli sposi, se essi siano maggiori o minori di età, e il nome, il cognome, la professione e la residenza dei genitori.

94. Luogo della pubblicazione.

La pubblicazione deve essere richiesta [96] all'ufficiale dello stato civile del comune dove uno degli sposi ha la residenza ed è fatta nei comuni di residenza degli sposi [43, 106].

[...][1].

[...][1].

[1] Comma abrogato dall'art. 110, D.P.R. 3 novembre 2000, n. 396, a decorrere dal 30 marzo 2001. I commi 2, 3, nel testo previgente disponevano: *Se la residenza non dura da un anno, la pubblicazione deve farsi anche nel comune della precedente residenza.*

L'ufficiale dello stato civile cui si domanda la pubblicazione provvede a chiederla agli ufficiali degli altri comuni nei quali la pubblicazione deve farsi. Essi devono trasmettere all'ufficiale dello stato civile richiedente il certificato dell'eseguita pubblicazione.

■ Codice civile del 1865: *Art. 71. Le pubblicazioni devono essere fatte nel comune in cui ciascuno degli sposi ha la sua residenza.*

CODICE CIVILE

Se la residenza attuale duri da meno di un anno, le pubblicazioni devono pur farsi nel comune della residenza precedente.

Art. 72. Le pubblicazioni si fanno alla porta della casa comunale in due domeniche successive.

L'atto resterà affisso nell'intervallo tra l'una e l'altra pubblicazione, e per tre giorni successivi.

95. Durata della pubblicazione.

[...][1].

[1] Articolo abrogato dall'art. 110, D.P.R. 3 novembre 2000, n. 396, a decorrere dal 30 marzo 2001. Il testo previgente disponeva: *L'atto di pubblicazione resta affisso alla porta della casa comunale almeno per otto giorni, comprendenti due domeniche successive.*

96. Richiesta della pubblicazione.

La richiesta della pubblicazione deve farsi da ambedue gli sposi o da persona che ne ha da essi ricevuto speciale incarico [81, 94, 115, 135].

■ Codice civile del 1865: *Art. 73. La richiesta delle pubblicazioni deve farsi da ambidue gli sposi personalmente, o dal padre o dal tutore, o da persona munita da essi di mandato speciale ed autentico.*

La promessa di matrimonio fatta in conformità dell'articolo 54 autorizza la richiesta delle pubblicazioni.

97. Documenti per la pubblicazione.

[...][1].

[1] Articolo abrogato dall'art. 110, D.P.R. 3 novembre 2000, n. 396, a decorrere dal 30 marzo 2001. Il testo previgente disponeva: *Chi richiede la pubblicazione deve presentare all'ufficiale dello stato civile un estratto per riassunto dell'atto di nascita di entrambi gli sposi, nonché ogni altro documento necessario a provare la libertà degli sposi.*

Coloro che esercitano o hanno esercitato la potestà debbono dichiarare all'ufficiale di stato civile al quale viene rivolta la richiesta di pubblicazione, sotto la propria personale responsabilità, che gli sposi non si trovano in alcuna delle condizioni che impediscono il matrimonio a norma dell'articolo 87, di cui debbono prendere conoscenza attraverso la lettura chiara e completa fatta dall'ufficiale di stato civile, con ammonizione delle conseguenze penali delle dichiarazioni mendaci.

La dichiarazione prevista al comma precedente è resa e sottoscritta dinanzi all'ufficiale di stato civile ed autenticata dallo stesso. Si applicano le disposizioni degli articoli 20, 24 e 26 della legge 4 gennaio 1968, n. 15.

In difetto della dichiarazione prevista nel secondo comma, l'ufficiale di stato civile accerta d'ufficio, esclusivamente mediante esame dell'atto integrale di nascita, l'assenza di impedimento di parentela o di affinità a termini e per gli effetti di cui all'articolo 87.

Qualora i richiedenti non presentino i documenti necessari, l'ufficiale di stato civile provvede su loro domanda a richiederli.

Il testo precedente le modifiche apportate dalla L. 19 maggio 1975, n. 151, invece, disponeva:

Chi richiede la pubblicazione deve presentare all'ufficiale di stato civile un estratto per riassunto dell'atto di nascita di entrambi gli sposi e la prova dell'assenso al matrimonio, se è prescritto, nonché ogni altro documento necessario a provare la libertà degli sposi.

Coloro che esercitano o hanno esercitato la patria potestà debbono dichiarare all'ufficiale di stato civile al quale viene rivolta la richiesta di pubblicazione, sotto la propria personale responsabilità, che gli sposi non si trovano in alcuna delle condizioni che impediscono il matrimonio a norma dell'art. 87, di cui debbono prendere conoscenza attraverso la lettura chiara e completa fatta dall'ufficiale di stato civile, con ammonizione delle conseguenze penali delle dichiarazioni mendaci.

La dichiarazione prevista al comma precedente è resa e sottoscritta dinanzi all'ufficiale di stato civile ed autenticata dallo stesso. Si applicano le disposizioni degli articoli 20, 24 e 26 della legge 4 gennaio 1968, n. 15.

In difetto della dichiarazione prevista nel secondo comma, l'ufficiale di stato civile accerta d'ufficio, esclusivamente mediante esame dell'atto integrale di nascita, l'assenza di impedimento di parentela o di affinità a termini e per gli effetti di cui all'art. 87.

Qualora i richiedenti non presentino i documenti necessari, l'ufficiale di stato civile provvede su loro domanda a richiederli.

Il testo precedente le modifiche apportate dalla L. 19 maggio 1971, n. 423, infine, disponeva:

Chi richiede la pubblicazione deve presentare all'ufficiale dello stato civile l'atto di nascita di entrambi gli sposi e la prova dell'assenso al matrimonio, se è prescritto, nonché ogni altro documento necessario a provare la libertà degli sposi e la loro condizione di famiglia.

Qualora i richiedenti non presentino i documenti necessari, l'ufficiale dello stato civile provvede su loro domanda a richiederli.

■ Codice civile del 1865: *Art. 79. Gli sposi debbono presentare all'uffizio dello stato civile del comune in cui intendono di celebrare il matrimonio:*

Gli estratti dei loro atti di nascita;

Gli atti di morte, o le sentenze che provino lo scioglimento o la nullità dè precedenti loro matrimoni;

Gli atti comprovanti il consenso degli ascendenti, o del consiglio di famiglia o di tutela, nei casi in cui è dalla legge richiesto;

Il certificato delle seguite pubblicazioni o il decreto di dispensa;

Tutti gli altri documenti che, nella varietà dè casi, possono essere necessari a giustificare la libertà degli sposi e la loro condizione di famiglia.

98. Rifiuto della pubblicazione.

L'ufficiale dello stato civile che non crede di poter procedere alla pubblicazione rilascia un certificato coi motivi del rifiuto [112, 136, 138].

Contro il rifiuto è dato ricorso al tribunale, che provvede in camera di consiglio [c.p.c. 737], sentito il pubblico ministero.

■ Codice civile del 1865: *Art. 75. Se l'uffiziale dello stato civile non crede di poter procedere alle pubblicazioni, ne rilascerà certificato esprimente i motivi del rifiuto.*

Se il richiedente crede ingiusto il rifiuto, può ricorrere al tribunale civile che provvederà, premesse le conclusioni scritte del pubblico ministero.

99. Termine per la celebrazione del matrimonio.

Il matrimonio non può essere celebrato prima del quarto giorno dopo compiuta la pubblicazione [109, 138].

Se il matrimonio non è celebrato nei centottanta giorni successivi, la pubblicazione si considera come non avvenuta [111].

■ Codice civile del 1865: *Art. 76. Il matrimonio non può essere celebrato prima del quarto giorno dall'ultima pubblicazione.*

Art. 77. Le pubblicazioni si considerano come non avvenute, se il matrimonio non è celebrato nel termine dei cento ottanta giorni successivi.

100. Riduzione del termine e omissione della pubblicazione.

Il tribunale, su istanza degli interessati, con decreto non impugnabile emesso in camera di consiglio, sentito il pubblico ministero, può ridurre, per gravi motivi, il termine della pubblicazione [93]. In questo caso la riduzione del termine è dichiarata nella pubblicazione.

Può anche autorizzare, con le stesse modalità, per cause gravissime, l'omissione della pubblicazione, quando gli sposi davanti al cancelliere dichiarano sotto la propria responsabilità che nessuno degli impedimenti stabiliti dagli artt. 85, 86, 87, 88 e 89 si oppone al matrimonio[1].

Il cancelliere deve far precedere alla dichiarazione la lettura di detti articoli e ammonire i dichiaranti sull'importanza della loro attestazione e sulla gravità delle possibili conseguenze[1].

[...][2 3].

[1] Comma così sostituito dall'art. 137, D.Lgs. 19 febbraio 1998, n. 51, a decorrere dal centoventesimo giorno successivo alla sua pubblicazione nella G.U. 20 marzo 1998, n. 66. Successivamente, l'art. 1, comma 1, L. 16 giugno 1998, n. 188, ha prorogato tale termine al 2 giugno 1999. I commi 2 e 3 nel testo precedente le modifiche apportate dal D.Lgs. 51/1998, disponevano: *Può anche autorizzare, con le stesse modalità, per cause gravissime, l'omissione della pubblicazione, quando venga presentato un atto di notorietà con il quale quattro persone, ancorché parenti degli sposi, dichiarano con giuramento, davanti al pretore del mandamento di uno degli sposi, di ben conoscerli, indicando esattamente il nome e cognome, la professione e la residenza dei medesimi e dei loro genitori, e assicurano sulla loro coscienza che nessuno degli impedimenti stabiliti dagli articoli 85, 86, 87, 88 e 89 si oppone al matrimonio.*

Il pretore deve far precedere all'atto di notorietà la lettura di detti articoli e ammonire i dichiaranti sull'importanza della loro attestazione e sulla gravità delle possibili conseguenze.

[2] Comma abrogato dall'art. 110, D.P.R. 3 novembre 2000, n. 396, a decorrere dal 30 marzo 2001.

[3] Articolo così sostituito dall'art. 9, L. 19 maggio 1975, n. 151. Il testo previgente disponeva: *Il tribunale, su istanza degli interessati, con decreto non impugnabile emesso in camera di consiglio, sentito il pubblico ministero, può ridurre, per gravi motivi, il termine della pubblicazione. In questo caso la riduzione del termine è dichiarata nella pubblicazione.*

Può anche autorizzare, con le stesse modalità, per cause gravissime, l'omissione della pubblicazione, quando gli sposi davanti al cancelliere dichiarano sotto la propria responsabilità che nessuno degli impedimenti stabiliti dagli articoli 85, 86, 87, 88 e 89 si oppone al matrimonio.

Il cancelliere deve far precedere alla dichiarazione la lettura di detti articoli e ammonire i dichiaranti sull'importanza della loro attestazione e sulla gravità delle possibili conseguenze.

Quando è stata autorizzata l'omissione della pubblicazione, gli sposi, per essere ammessi alla celebrazione del matrimonio, devono presentare all'ufficiale dello stato civile, insieme col decreto di autorizzazione, gli atti previsti dall'articolo 97.

Il testo precedente le modifiche apportate dal D.Lgs. 19 febbraio 1998, n. 51, invece, disponeva:

Il tribunale, su istanza degli interessati, con decreto non impugnabile emesso in Camera di consiglio, sentito il pubblico ministero, può ridurre, per gravi motivi, il termine della pubblicazione. In questo caso la riduzione del termine è dichiarata nella pubblicazione.

Può anche autorizzare, con le stesse modalità, per cause gravissime, l'omissione della pubblicazione, quando venga presentato un atto di notorietà con il quale quattro persone, ancorché parenti degli sposi, dichiarano con giuramento, davanti al pretore del mandamento di uno degli sposi, di ben conoscerli, indicando esattamente il nome e cognome, la professione e la residenza dei medesimi e dei loro genitori, e assicurano sulla loro coscienza che nessuno degli impedimenti stabiliti dagli articoli 85, 86, 87, 88 e 89 si oppone al matrimonio.

Il pretore deve far precedere all'atto di notorietà la lettura di detti articoli e ammonire i dichiaranti sull'importanza della loro attestazione e sulla gravità delle possibili conseguenze.

Quando è stata autorizzata l'omissione della pubblicazione, gli sposi, per essere ammessi alla celebrazione del matrimonio, devono presentare all'ufficiale dello stato civile, insieme col decreto di autorizzazione, gli atti previsti dall'articolo 97.

Il testo precedente le modifiche apportate dalla L. 19 maggio 1975, n. 151, infine, disponeva:

Il Re o l'autorità a ciò delegate possono ridurre per gravi motivi il termine della pubblicazione. In questo caso la riduzione del termine è dichiarata nella pubblicazione.

Può anche essere concessa per cause gravissime la dispensa dalla pubblicazione, presentando un atto di notorietà con il quale quattro persone, ancorché parenti degli sposi, dichiarano con giuramento, davanti al pretore del mandamento di uno degli sposi, di ben conoscerli, indicano esattamente il nome e cognome, la professione e la residenza dei medesimi e dei loro genitori, e assicurano sulla loro coscienza che nessuno degli impedimenti stabiliti dagli articoli 85, 86, 87, 88 e 89 si oppone al matrimonio.

Il pretore deve far precedere all'atto di notorietà la lettura dei detti articoli e ammonire i dichiaranti sull'importanza della loro attestazione e sulla gravità delle possibili conseguenze.

Quando è stata concessa la dispensa dalla pubblicazione, gli sposi, per essere ammessi alla celebrazione del matrimonio, devono presentare all'ufficiale dello stato civile, insieme col decreto di dispensa, gli atti previsti nell'art. 97.

■ Codice civile del 1865: *Art. 78. Il re o le autorità a ciò delegate possono per gravi motivi dispensare da una delle pubblicazioni. In questo caso sarà fatta menzione della dispensa nell'unica pubblicazione.*

Può anche essere concessa per cause gravissime la dispensa da ambedue le pubblicazioni, mediante la presentazione di un atto di notorietà col quale cinque persone, ancorché parenti degli sposi, dichiarino con giuramento davanti al pretore del mandamento di uno di essi, di ben conoscerli, indicando esattamente il nome e cognome, la professione e la residenza dei medesimi e dei loro genitori, e di poter assicurare sulla loro coscienza, che nessuno degli impedimenti stabiliti dagli articoli 56, 57, 58, 59, 60, 61 e 62 si oppone al loro matrimonio.

Il pretore deve far precedere all'atto di notorietà la lettura dei detti articoli ed una serie ammonizione ai dichiaranti sull'importanza della loro attestazione e sulla gravità delle conseguenze che ne possono derivare.

101. Matrimonio in imminente pericolo di vita.

Nel caso di imminente pericolo di vita di uno degli sposi, l'ufficiale dello stato civile del luogo può procedere alla celebrazione del matrimonio senza pubblicazione [93] e senza l'assenso al matrimonio, se questo è richiesto[1], purché gli sposi prima giurino che non esistono tra loro impedimenti non suscettibili di dispensa [84, 86, 87 nn. 1, 2 e 4, 88].

L'ufficiale dello stato civile dichiara nell'atto di matrimonio il modo con cui ha accertato l'imminente pericolo di vita [c.nav. 204, 834].

[1] Il riferimento all'assenso non è più richiesto a seguito della sostituzione dell'art. 90 effettuata dall'art. 7, L. 19 maggio 1975, n. 151.

■ Codice civile del 1865: *Art. 78. Il re o le autorità a ciò delegate possono per gravi motivi dispensare da una delle pubblicazioni. In questo caso sarà fatta menzione della dispensa nell'unica pubblicazione.*

Può anche essere concessa per cause gravissime la dispensa da ambedue le pubblicazioni, mediante la presentazione di un atto di notorietà col quale cinque persone, ancorché parenti degli sposi, dichiarino con giuramento davanti al pretore del mandamento di uno di essi, di ben conoscerli, indicando esattamente il nome e cognome, la professione e la residenza dei medesimi e dei loro genitori, e di poter assicurare sulla loro coscienza, che nessuno degli impedimenti stabiliti dagli articoli 56, 57, 58, 59, 60, 61 e 62 si oppone al loro matrimonio.

Il pretore deve far precedere all'atto di notorietà la lettura dei detti articoli ed una serie ammonizione ai dichiaranti sull'importanza della loro attestazione e sulla gravità delle conseguenze che ne possono derivare.

Sezione III

Delle opposizioni al matrimonio

102. Persone che possono fare opposizione.

I genitori e in mancanza loro, gli altri ascendenti e i collaterali entro il terzo grado [76] possono fare opposizione al matrimonio dei loro parenti per qualunque causa che osti alla sua celebrazione [84 ss., 104].

Se uno degli sposi è soggetto a tutela [343] o a cura, [390-424] il diritto di fare opposizione compete anche al tutore o al curatore.

Il diritto di opposizione compete anche al coniuge della persona che vuole contrarre un altro matrimonio [86].

Quando si tratta di matrimonio in contravvenzione all'articolo 89, il diritto di opposizione spetta anche, se il precedente matrimonio fu sciolto [149], ai parenti [75, 77] del precedente marito e se il matrimonio fu dichiarato nullo [117-129], a colui col quale il matrimonio era stato contratto e ai parenti di lui.

Il pubblico ministero deve sempre fare opposizione al matrimonio, se sa che vi osta un impedimento o se gli consta l'infermità di mente di uno degli sposi, nei confronti del quale, a causa dell'età, non possa essere promossa l'interdizione [85, 414, 416].

■ Codice civile del 1865: *Art. 82. Il padre, la madre, e in mancanza d'ambidue, gli avi e le avole possono fare opposizione al matrimonio dè figli e discendenti per ogni causa ammessa dalla legge che osti alla celebrazione del medesimo, quand'anche i figli o discendenti maschi abbiano già compiuto gli anni venticinque e le femmine gli anni ventuno.*

Art. 83. Non essendovi alcun ascendente, possono fare opposizione il fratello e la sorella, lo zio e la zia e i cugini germani maggiori di età:

1° Per mancanza del consenso richiesto dall'articolo 65;

2° Per l'infermità di mente di uno degli sposi.

Art. 84. Per le cause indicate nel precedente articolo potranno anche fare opposizione il tutore o il curatore che siano a ciò autorizzati dal consiglio di famiglia.

Art. 85. Il diritto di fare opposizione compete altresì al coniuge della persona che vuole contrarre un altro matrimonio.

Art. 86. Trattandosi del matrimonio della vedova in contravvenzione all'articolo 57, il diritto di fare opposizione spetta ai prossimi di lei ascendenti e a tutti i parenti del primo marito.

Nel caso di un precedente matrimonio annullato, il diritto di fare opposizione spetta pure a colui col quale il matrimonio aveva avuto luogo.

Art. 87. Il pubblico ministero deve sempre far opposizione al matrimonio se conosca ostarvi qualche impedimento.

Art. 88. Ogni atto di opposizione deve esprimere la qualità che attribuisce all'opponente il diritto di farla, le cause dell'opposizione, e contenere l'elezione di domicilio nel comune ove siede il tribunale nel cui territorio si deve celebrare il matrimonio.

Art. 89. L'atto sarà notificato nella forma delle citazioni agli sposi e all'uffiziale dello stato civile, dinanzi al quale il matrimonio deve essere celebrato.

Art. 90. L'opposizione fatta da chi ne ha la facoltà, per causa ammessa dalla legge, sospende la celebrazione del matrimonio sino a sentenza passata in giudicato, per la quale sia rimossa l'opposizione.

Art. 91. Se l'opposizione è respinta, l'opponente, ove non sia un ascendente od il pubblico ministero, potrà essere condannato al risarcimento dei danni.

Art. 92. Le disposizioni di questo capo e del precedente non si applicano al re ed alla famiglia reale.

103. Atto di opposizione.

L'atto di opposizione deve dichiarare la qualità che attribuisce all'opponente il diritto di farla, le cause dell'opposizione, e contenere l'elezione di domicilio nel comune dove siede il tribunale nel cui territorio si deve celebrare il matrimonio.

[...][1].

[1] Comma abrogato dall'art. 110, D.P.R. 3 novembre 2000, n. 396, a decorrere dal 30 marzo 2001. Il comma 2 nel testo previgente disponeva: *L'atto deve essere notificato nella forma della citazione agli sposi e all'ufficiale dello stato civile del comune nel quale il matrimonio deve essere celebrato.*

■ Codice civile del 1865: *Art. 88. Ogni atto di opposizione deve esprimere la qualità che attribuisce all'opponente il diritto di farla, le cause dell'opposizione, e contenere l'elezione di domicilio nel comune ove siede il tribunale nel cui territorio si deve celebrare il matrimonio.*

Art. 89. L'atto sarà notificato nella forma delle citazioni agli sposi e all'uffiziale dello stato civile, dinanzi al quale il matrimonio deve essere celebrato.

104. Effetti dell'opposizione.

[...][1].

Se l'opposizione è respinta, l'opponente, che non sia un ascendente o il pubblico ministero, può essere condannato al risarcimento dei danni.

[1] Comma abrogato dall'art. 110, D.P.R. 3 novembre 2000, n. 396, a decorrere dal 30 marzo 2001. Il comma 1 nel testo previgente disponeva: *L'opposizione fatta da chi ne ha facoltà, per causa ammessa dalla legge, sospende la celebrazione del matrimonio sino a che con sentenza passata in giudicato sia rimossa l'opposizione.*

● Norme connesse:
- art. 7, commi 1 e 2, L. 27 maggio 1929, n. 847.

■ Codice civile del 1865: *Art. 90. L'opposizione fatta da chi ne ha la facoltà, per causa ammessa dalla legge, sospende la celebrazione del matrimonio sino a sentenza passata in giudicato, per la quale sia rimossa l'opposizione.*

Art. 91. Se l'opposizione è respinta, l'opponente, ove non sia un ascendente od il pubblico ministero, potrà essere condannato al risarcimento dei danni.

105. Matrimonio del Re Imperatore e dei Principi reali.

[...][1].

[1] Articolo abrogato per incompatibilità con la forma repubblicana del nostro Stato prevista dalla Costituzione.

■ Codice civile del 1865: *Art. 92. Le disposizioni di questo capo e del precedente non si applicano al re ed alla famiglia reale.*

Sezione IV
Della celebrazione del matrimonio

● Norme connesse:
- art. 28, L. 31 maggio 1995, n. 218.

106. Luogo della celebrazione.

Il matrimonio deve essere celebrato pubblicamente nella casa comunale [110] davanti all'ufficiale dello stato civile [113, 136] al quale fu fatta la richiesta di pubblicazione [94, 109, 137, 138; disp. att. 116 comma 2; c.nav. 204].

● Norme connesse:
- art. 1, commi 3, 9, e 37, L. 20 maggio 2016, n. 76.

■ Codice civile del 1865: *Art. 93. Il matrimonio deve essere celebrato nella casa comunale e pubblicamente innanzi all'uffiziale dello stato civile del comune, ove uno degli sposi abbia il domicilio o la residenza.*

107. Forma della celebrazione.

Nel giorno indicato dalle parti l'ufficiale dello stato civile, alla presenza di due testimoni [137], anche se parenti [74], dà lettura agli sposi degli articoli 143, 144 e 147; riceve da ciascuna delle parti personalmente [111], l'una dopo l'altra, la dichiarazione che esse si vogliono prendere rispettivamente in marito e in moglie, e di seguito dichiara che esse sono unite in matrimonio.

L'atto di matrimonio deve essere compilato immediatamente dopo la celebrazione [109, 130, 138][1].

[1] Articolo così sostituito dall'art. 10, L. 19 maggio 1975, n. 151. Il testo previgente disponeva: *Nel giorno indicato dalle parti l'ufficiale dello stato civile, alla presenza di due testimoni, anche se parenti, dà lettura agli sposi degli articoli 143, 144 e 145; riceve da ciascuna delle parti personalmente, l'una dopo l'altra, la dichiarazione che esse si vogliono prendere rispettivamente in marito e in moglie, e di seguito dichiara che esse sono unite in matrimonio.*

L'atto di matrimonio deve essere compilato immediatamente dopo la celebrazione.

● Norme connesse:
- art. 8, comma 2, L. 27 maggio 1929, n. 847; art. 1, comma 2, L. 20 maggio 2016, n. 76.

■ Codice civile del 1865: *Art. 94. Nel giorno indicato dalle parti l'uffiziale dello stato civile alla presenza di due testimoni, ancorché parenti, darà lettura agli sposi degli articoli 130, 131 e 132 di questo titolo; riceverà da ciascuna delle parti personalmente, l'una dopo l'altra, la dichiarazione che esse si vogliono rispettivamente prendere in marito e moglie, e di seguito pronunzierà in nome della legge che sono unite in matrimonio.*

L'atto del matrimonio sarà compilato immediatamente dopo la celebrazione.

108. Inapponibilità di termini e condizioni.

La dichiarazione degli sposi di prendersi rispettivamente in marito e in moglie non può essere sottoposta né a termine [1184] né a condizione [1353].

Se le parti aggiungono un termine o una condizione, l'ufficiale dello stato civile non può procedere alla celebrazione del matrimonio. Se ciò nonostante il matrimonio è celebrato, il termine e la condizione si hanno per non apposti [138].

CODICE CIVILE

● Norme connesse:
- art. 1, comma 56, L. 20 maggio 2016, n. 76.

■ Codice civile del 1865: *Art. 95. La dichiarazione degli sposi di prendersi rispettivamente in marito e moglie non può essere sottoposta né a termine né a condizione.*

Se le parti aggiungessero un termine una condizione e vi persistessero l'uffiziale dello stato civile non potrà procedere alla celebrazione del matrimonio.

109. Celebrazione in un comune diverso.

Quando vi è necessità o convenienza di celebrare il matrimonio in un comune diverso da quello indicato nell'articolo 106, l'ufficiale dello stato civile, trascorso il termine stabilito nel primo comma dell'articolo 99, richiede per iscritto l'ufficiale del luogo dove il matrimonio si deve celebrare.

La richiesta è menzionata nell'atto di celebrazione [107, 130] e in esso inserita. Nel giorno successivo alla celebrazione del matrimonio, l'ufficiale davanti al quale esso fu celebrato, invia, per la trascrizione, copia autentica dell'atto all'ufficiale da cui fu fatta la richiesta [130, 137, 138].

■ Codice civile del 1865: *Art. 96. Essendovi necessità o convenienza di celebrare il matrimonio in un comune diverso da quello indicato nell'articolo 93, l'uffiziale dello stato civile richiederà per iscritto l'uffiziale del luogo dove il matrimonio si deve celebrare.*

La richiesta sarà menzionata nell'atto di celebrazione e in esso inserita.

Nel giorno successivo alla celebrazione del matrimonio, l'uffiziale avanti il quale fu celebrato, manderà copia autentica dell'atto all'uffiziale da cui venne la richiesta.

110. Celebrazione fuori della casa comunale.

Se uno degli sposi, per infermità o per altro impedimento giustificato all'ufficio dello stato civile, è nell'impossibilità di recarsi alla casa comunale [106], l'ufficiale si trasferisce col segretario nel luogo in cui si trova lo sposo impedito e ivi, alla presenza di quattro testimoni, procede alla celebrazione del matrimonio secondo l'articolo 107 [137, 138].

■ Codice civile del 1865: *Art. 97. Se uno degli sposi per infermità per altro impedimento giustificato all'uffizio dello stato civile, è nell'impossibilità di recarsi alla casa comunale, l'uffiziale si trasferisce col segretario nel luogo in cui si trova lo sposo impedito, ed ivi alla presenza di quattro testimoni seguirà la celebrazione del matrimonio giusta la disposizione dell'articolo 94.*

111. Celebrazione per procura.

I militari e le persone che per ragioni di servizio si trovano al seguito delle forze armate possono, in tempo di guerra, celebrare il matrimonio per procura [287].

La celebrazione del matrimonio per procura può anche farsi se uno degli sposi risiede all'estero e concorrono gravi motivi da valutarsi dal tribunale nella cui circoscrizione risiede l'altro sposo. L'autorizzazione è concessa con decreto non impugnabile emesso in camera di consiglio, sentito il pubblico ministero [c.p.c. 737].

La procura deve contenere l'indicazione della persona con la quale il matrimonio si deve contrarre [107].

La procura deve essere fatta per atto pubblico [2699]; i militari e le persone al seguito delle forze armate, in tempo di guerra, possono farla nelle forme speciali ad essi consentite.

Il matrimonio non può essere celebrato quando sono trascorsi centottanta giorni da quello in cui la procura è stata rilasciata [99 comma 2].

La coabitazione, anche temporanea, dopo la celebrazione del matrimonio, elimina gli effetti della revoca della procura, ignorata dall'altro coniuge al momento della celebrazione [1396][1].

[1] Articolo così sostituito dall'art. 11, L. 19 maggio 1975, n. 151. Il testo previgente disponeva: *I militari e le persone che per ragioni di servizio si trovano al seguito delle forze armate possono, in tempo di guerra, celebrare il matrimonio per procura.*

La celebrazione del matrimonio per procura può anche farsi quando uno degli sposi risiede fuori del Regno e concorrono gravi motivi, da valutarsi dal procuratore generale presso la corte di appello nella cui circoscrizione l'atro sposo risiede.

La procura deve contenere l'indicazione della persona con la quale il matrimonio si deve contrarre.

La procura deve essere fatta per atto pubblico; i militari e le persone al seguito delle forze armate, in tempo di guerra, possono farla nelle forme speciali ad essi consentite.

Il matrimonio non può più essere celebrato quando sono trascorsi centottanta giorni da quello in cui la procura fu rilasciata.

La coabitazione, anche temporanea, dopo la celebrazione del matrimonio, elimina gli effetti della revoca della procura, ignorata dall'altro coniuge al momento della celebrazione.

● Norme connesse:
- comma 4: artt. 119, 122, R.D. 8 luglio 1938, n. 1415 (Approvazione dei testi della legge di guerra e della legge di neutralità); L. 23 aprile 1942, n. 456 (Forma degli atti di procura a contrarre matrimonio per i prigionieri di guerra).

■ Codice civile del 1865: *Art. 99. Nei matrimoni del re e della famiglia reale l'uffiziale dello stato civile è il presidente del senato del regno.*

Il re determina il luogo della celebrazione, la quale può anche farsi per procura.

112. Rifiuto della celebrazione.

L'ufficiale dello stato civile non può rifiutare la celebrazione del matrimonio se non per una causa ammessa dalla legge [84 ss., 93 ss., 98, 138].

Se la rifiuta, deve rilasciare un certificato con l'indicazione dei motivi [98, 138].

Contro il rifiuto è dato ricorso al tribunale, che provvede in camera di consiglio, sentito il pubblico ministero [c.p.c. 737].

■ Codice civile del 1865: *Art. 98. L'uffiziale dello stato civile non può rifiutare la celebrazione del matrimonio se non per causa ammessa dalla legge.*

In caso di rifiuto ne rilascerà certificato con indicazione dei motivi.

Se le parti credono ingiusto il rifiuto, provvederà il tribunale, sentito il pubblico ministero, salvo sempre il richiamo alla corte di appello.

113. Matrimonio celebrato davanti a un apparente ufficiale dello stato civile.

Si considera celebrato davanti all'ufficiale dello stato civile il matrimonio che sia stato celebrato dinanzi a persona la quale, senza avere la qualità di ufficiale dello stato civile, ne esercitava pubblicamente le funzioni, a meno che entrambi gli sposi, al momento della celebrazione, abbiano saputo che la detta persona non aveva tale qualità [534, 1153, 1189, 1415; disp. att. 116 comma 2].

114. Matrimonio del Re Imperatore e dei Principi reali.

[...][1].

[1] Articolo abrogato per incompatibilità con la forma repubblicana del nostro Stato prevista dalla Costituzione.

Sezione V
Del matrimonio dei cittadini in paese straniero e degli stranieri nello Stato

● Norme connesse:

- D.Lgs. 25 luglio 1998, n. 286 (Testo unico delle disposizioni concernenti la disciplina dell'immigrazione e norme sulla condizione dello straniero); art. 28, L. 31 maggio 1995, n. 218.

115. Matrimonio del cittadino all'estero.

Il cittadino è soggetto alle disposizioni contenute nella sezione prima di questo capo [84 ss.], anche quando contrae matrimonio in paese straniero secondo le forme ivi stabilite.

[...][1].

[1] Comma abrogato dall'art. 110, D.P.R. 3 novembre 2000, n. 396, a decorrere dal 30 marzo 2001. Il comma 2 nel testo previgente disponeva: *La pubblicazione deve anche farsi nello Stato a norma degli articoli 93, 94 e 95. Se il cittadino non risiede nello Stato, la pubblicazione si fa nel comune dell'ultimo domicilio.*

● Norme connesse:

- comma 1: L. 19 novembre 1984, n. 950 (Ratifica ed esecuzione della convenzione relativa al rilascio di un certificato matrimoniale e della convenzione sulla legge applicabile ai cognomi e ai nomi, adottate a Monaco il 5 settembre 1980); D.Lgs. 3 febbraio 2011, n. 71 (Legge consolare).

- artt. 26 ss., L. 31 maggio 1995, n. 218.

■ Codice civile del 1865: *Art. 100. Il matrimonio seguito in paese estero tra cittadini, o tra un cittadino ed uno straniero è valido, purché sia celebrato secondo le forme stabilite in quel paese, e il cittadino non abbia contravvenuto alle disposizioni contenute nella sezione seconda del capo I di questo titolo.*

Le pubblicazioni devono anche farsi nel regno a norma degli articoli 70 e 71. Se lo sposo cittadino non ha residenza nel regno, le pubblicazioni si faranno nel comune dell'ultimo domicilio.

Art. 101. Il cittadino che ha contratto matrimonio in paese estero, deve, nei tre mesi dal suo ritorno nel regno, farlo inscrivere nei registri dello stato civile del comune dove avrà fissata la sua residenza, sotto pena di una multa estendibile a lire cento.

Art. 102. La capacità dello straniero a contrarre matrimonio è determinata dalle leggi del paese a cui appartiene.

Anche lo straniero però è soggetto agli impedimenti stabiliti nella sezione seconda del capo I di questo titolo.

Art. 103. Lo straniero che voglia contrarre matrimonio nel regno deve presentare all'uffiziale dello stato civile una dichiarazione dell'autorità competente del paese a cui appartiene, dal quale consti che giusta le leggi da cui dipende nulla osta al divisato matrimonio.

Se lo straniero è residente nel regno, deve inoltre far seguire le pubblicazioni secondo le disposizioni di questo codice.

116. Matrimonio dello straniero nello Stato.

Lo straniero che vuole contrarre matrimonio nello Stato deve presentare all'ufficiale dello stato civile una dichiarazione dell'autorità competente del proprio paese, dalla quale risulti che giusta le leggi a cui è sottoposto nulla osta al matrimonio nonché un documento attestante la regolarità del soggiorno nel territorio italiano[1 2].

Anche lo straniero è tuttavia soggetto alle disposizioni contenute negli articoli 85, 86, 87, n. 1, 2 e 4, 88 e 89.

Lo straniero che ha domicilio o residenza nello Stato deve inoltre far fare la pubblicazione secondo le disposizioni di questo codice [43, 93].

[1] Comma così modificato dall'art. 1, L. 15 luglio 2009, n. 94. Il testo previgente disponeva: *Lo straniero che vuole contrarre matrimonio nello Stato deve presentare all'ufficiale dello stato civile una dichiarazione dell'autorità competente del proprio paese, dalla quale risulti che giusta le leggi a cui è sottoposto nulla osta al matrimonio.*

[2] La Corte costituzionale, con sentenza 25 luglio 2011, n. 245, ha dichiarato l'illegittimità costituzionale del presente comma, limitatamente alle parole "nonché un documento attestante la regolarità del soggiorno nel territorio italiano".

■ Codice civile del 1865: *Art. 103. Lo straniero che voglia contrarre matrimonio nel regno deve presentare all'uffiziale dello stato civile una dichiarazione dell'autorità competente del paese a cui appartiene, dal quale consti che giusta le leggi da cui dipende nulla osta al divisato matrimonio.*

Se lo straniero è residente nel regno, deve inoltre far seguire le pubblicazioni secondo le disposizioni di questo codice.

Sezione VI
Della nullità del matrimonio

● Norme connesse:

- art. 224, L. 19 maggio 1975, n. 151 (Riforma del diritto di famiglia), che dispone: *Le cause di invalidità dei matrimoni celebrati anteriormente all'entrata in vigore della presente legge e le relative azioni sono regolate dalle disposizioni anteriori.*

117. Matrimonio contratto con violazione degli articoli 84, 86, 87 e 88.

Il matrimonio contratto con violazione degli articoli 86 [c.p. 556], 87 e 88 può essere impugnato dai coniugi, dagli ascendenti prossimi, dal pubblico ministero e da tutti coloro che abbiano per impugnarlo un interesse legittimo e attuale [125, 127, 128, 191, 785; c.p.c. 70, 100].

Il matrimonio contratto in violazione dell'articolo 84 può essere impugnato dai coniugi, da ciascuno dei genitori e dal pubblico ministero. La relativa azione di annullamento può essere proposta personalmente dal minore non oltre un anno dal raggiungimento della maggiore età [2, 2934, 2964]. La domanda, proposta dal genitore o dal pubblico ministero, deve essere respinta ove, anche in pendenza del giudizio, il minore abbia raggiunto la maggiore età ovvero vi sia stato concepimento o procreazione e in ogni caso sia stata accertata la volontà del minore di mantenere in vita il vincolo matrimoniale.

Il matrimonio contratto dal coniuge dell'assente non può essere impugnato finché dura l'assenza [49, 51, 65, 68].

Nei casi in cui si sarebbe potuta accordare l'autorizzazione ai sensi del quarto comma dell'articolo 87, il matrimonio non può essere impugnato dopo un anno dalla celebrazione.

La disposizione del primo comma del presente articolo si applica anche nel caso di nullità del matrimonio previsto dall'articolo 68[1].

[1] Articolo così sostituito dall'art. 12, L. 19 maggio 1975, n. 151. Il testo previgente disponeva: *Il matrimonio contratto con violazione degli articoli 84, 86, 87 e 88 può essere impugnato dagli sposi, dagli ascendenti prossimi, dal pubblico ministero e da tutti coloro che abbiano per impugnarlo un interesse legittimo e attuale.*

Il matrimonio contratto dal coniuge dell'assente non può essere impugnato finché dura l'assenza.

Nei casi in cui si sarebbe potuta accordare la dispensa ai sensi dell'ultimo comma dell'art. 87, il matrimonio non può essere impugnato dopo sei mesi dalla celebrazione.

La disposizione del primo comma di questo articolo si applica anche nel caso di nullità del matrimonio previsto dall'art. 68.

■ Codice civile del 1865: *Art. 104. Il matrimonio contratto in contravvenzione agli articoli 55, 56, 58, 59, 60 e 62, può essere impugnato dagli sposi, dagli ascendenti prossimi, dal pubblico ministero e da tutti coloro che vi abbiano un interesse legittimo ed attuale.*

Dalle stesse persone può essere impugnato il matrimonio celebrato dinanzi ad un uffiziale non competente dello stato civile o senza la presenza dei voluti testimoni.

Decorso un anno dalla celebrazione del matrimonio, la domanda di nullità per incompetenza dell'uffiziale dello stato civile non è più ammessa.

♦ Codice civile francese

Articolo 184. *Ogni matrimonio contratto in contravvenzione alle disposizioni contenute agli articoli 144, 146, 146.1, 147, 161, 162 e 163, può essere impugnato sia dagli stessi sposi, sia da tutti coloro che vi hanno interesse, sia dal pubblico ministero.*

Articolo 185. *Tuttavia il matrimonio contratto dagli sposi che non avevano ancora l'età richiesta, o uno dei due non aveva questa età, non può più essere impugnato: l° quando sono trascorsi sei mesi da quando questo sposo o gli sposi hanno compiuto l'età competente; 2° quando la moglie che non aveva questa età ha concepito prima della scadenza dei sei mesi.*

♦ Codice civile tedesco

§ 1314 Cause d'invalidità. *(1) Un matrimonio può essere riconosciuto invalido quando è stato concluso in modo contrario alle disposizioni di cui ai §§ 1303, 1304, 1306, 1307, 1311. (2) Un matrimonio può altresì invalidarsi qualora: 1. un coniuge al momento della celebrazione del matrimonio versava in stato di incoscienza o di temporanea incapacità delle proprie facoltà mentali; 2. un coniuge al momento della celebrazione del matrimonio non aveva la consapevolezza di contrarre matrimonio; 3. un coniuge è stato indotto a concludere il matrimonio mediante raggiri dolosi inerenti a circostanze tali che l'avrebbero fatto desistere dal celebrare il matrimonio se avesse avuto conoscenza dello stato dei fatti ed avesse fatto una adeguata valutazione dell'istituto del matrimonio; ciò non rileva quando i raggiri investono le condizioni patrimoniali o siano stati realizzati da un terzo, senza che l'altro coniuge ne avesse conoscenza; 4. un coniuge è stato indotto a concludere il matrimonio, in modo illecito, con minacce; 5. entrambi i coniugi al momento della celebrazione del matrimonio si erano accordati alfine di evitare l'insorgere di obblighi ai sensi del § 1353, comma 1.*

§ 1316 Soggetti legittimati. *(1) Legittimati a proporre la domanda 1. sono, nei casi di violazione dei §§ 1303, 1304, 1306, 1307, 1311 nonché nelle ipotesi di cui al § 1314, comma 2, n. 1 e 5, ciascuno dei coniugi, l'autorità amministrativa competente, e nei casi del § 1306 anche i terzi. La competente autorità amministrativa viene individuata mediante decreto dei governi dei Lander. I governi dei Lander sono legittimati a trasferire il potere in base al periodo 2, mediante decreto, alle competenti autorità supreme dei Lander; 2. è, nei casi previsti dal § 1314, comma 2, n. da 2 a 4, il coniuge qui indicato. (2) Nel caso di coniuge incapace d'agire la domanda può essere fatta soltanto dal suo legale rappresentante. (3) Quando siano violati i §§ 1304, 1306, 1307, nonché nei casi del § 1314, comma 2, n. 1 e 5, l'autorità amministrativa competente deve presentare la domanda qualora l'invalidazione del matrimonio non determini a carico di uno dei coniugi, o dei figli nati dal matrimonio un grave danno, tale da far apparire necessario, in via eccezionale, il mantenimento del vincolo matrimoniale.*

§ 1317 Termine per la domanda. *(1) La domanda può, nei casi di cui al § 1314, comma 2, n. da 2 a 4, essere presentata soltanto entro un anno. Il termine comincia a decorrere dal momento in cui venga scoperto l'errore o il raggiro ovvero cessi lo stato di costrizione; per il rappresentante legale di un coniuge incapace d'agire il termine comincia a decorrere, in ogni caso, non prima del momento in cui ha avuto conoscenza di quelle circostanze che determinano l'inizio del decorso del termine, per un coniuge minore d'età, solo dopo il raggiungimento della maggiore età. Al decorrere del termine vanno applicati in modo corrispondente i §§ 206, 210, comma 1, periodo 1. (2) Qualora illegale rappresentante di un coniuge incapace di agire non abbia presentato la domanda entro il termine previsto, il coniuge stesso è legittimato a presentare la domanda nel termine di 6 mesi da quando sia cessato lo stato d'incapacità. (3) Quando il matrimonio sia già stato invalidato, la domanda non può più presentarsi.*

118. Difetto di età.

[...][1].

[1] Articolo abrogato dall'art. 13, L. 19 maggio 1975, n. 151. Il testo previgente disponeva: *Il matrimonio contratto da persone, delle quali anche una sola non è pervenuta all'età fissata nel primo comma dell'art. 84, non può essere impugnato quando è trascorso un mese dal raggiungimento di tale età.*

Non può neppure essere impugnato per difetto di età della moglie, quando la moglie è rimasta incinta.

■ Codice civile del 1865: *Art. 110. Il matrimonio contratto da persone delle quali anche una sola non fosse pervenuta all'età fissata non potrà più essere impugnato: 1° quando siano trascorsi sei mesi dopo compiuta la età richiesta; 2° quando la sposa, ancorché non giunta a tale età, sia rimasta incinta.*

119. Interdizione.

Il matrimonio di chi è stato interdetto per infermità di mente [85, 414] può essere impugnato dal tutore, dal pubblico ministero [125; c.p.c. 69, 70] e da tutti coloro che abbiano un interesse legittimo [117, 127] se, al tempo del matrimonio, vi era già sentenza di interdizione [421] passata in giudicato [c.p.c. 324], ovvero se l'interdizione è stata pronunziata posteriormente ma l'infermità esisteva al tempo del matrimonio. Può essere impugnato, dopo revocata l'interdizione [429], anche dalla persona che era interdetta [85, 14].

L'azione non può essere proposta se, dopo revocata l'interdizione, vi è stata coabitazione per un anno [120 comma 2, 122 comma 4, 123 comma 2][1].

[1] Articolo così sostituito dall'art. 14, L. 19 maggio 1975, n. 151. Il testo previgente disponeva: *Il matrimonio di chi è stato interdetto per infermità di mente può essere impugnato dal tutore o dal pubblico ministero, se, al tempo del matrimonio, vi era già sentenza di interdizione passata in giudicato, ovvero se l'interdizione fu pronunziata posteriormente, ma l'infermità esisteva al tempo del matrimonio. Può essere impugnato, dopo revocata l'interdizione, anche dalla persona che era interdetta.*

L'azione non può essere proposta, se dopo revocata l'interdizione vi è stata coabitazione per un mese.

■ Codice civile del 1865: *Art. 112. Il matrimonio di chi sia stato interdetto per infermità di mente può essere impugnato dall'interdetto medesimo, dal suo tutore, dal consiglio di famiglia e dal pubblico ministero, se, quando è seguito, eravi già la sentenza definitiva d'interdizione, o se la infermità per cui la interdizione fu poscia pronunziata, risulta esistente al tempo del matrimonio.*

L'annullamento non potrà più pronunziarsi, se la coabitazione continuò per tre mesi dopo rivocata l'interdizione.

120. Incapacità di intendere o di volere.

Il matrimonio può essere impugnato [127] da quello dei coniugi che, quantunque non interdetto [85, 102 comma 5, 119], provi di essere stato incapace di intendere o di volere [428], per qualunque causa, anche transitoria, al momento della celebrazione del matrimonio [414, 591 n. 3, 775].

L'azione non può essere proposta se vi è stata coabitazione per un anno [2964] dopo che il coniuge incapace ha recuperato la pienezza delle facoltà mentali [119, 122 comma 4, 123 comma 2][1].

[1] Articolo così sostituito dall'art. 15, L. 19 maggio 1975, n. 151. Il testo previgente disponeva: *Il matrimonio può essere impugnato da quello degli sposi che, quantunque non interdetto, provi di essere stato incapace d'intendere o di volere, per qualunque causa, anche transitoria, al momento della celebrazione del matrimonio.*

L'azione non può essere proposta se vi è stata coabitazione per un mese dopo che lo sposo ha ricuperato la pienezza delle facoltà mentali.

121. Mancanza di assenso.

[...][1].

[1] Articolo abrogato dall'art. 16, L. 19 maggio 1975, n. 151. Il testo previgente disponeva: *Il matrimonio contratto senza l'assenso prescritto dall'art. 90 può essere impugnato dalla persona della quale era richiesto l'assenso e da quello degli sposi per il quale l'assenso era necessario.*

L'azione non può essere proposta quando il matrimonio è stato espressamente o tacitamente approvato dalla persona della quale era richiesto l'assenso, o quando sono trascorsi tre mesi dalla notizia del contratto matrimonio.

Parimenti l'azione non può essere proposta dallo sposo a cui l'assenso era necessario, quando è trascorso un mese dal raggiungimento della sua maggiore età.

■ Codice civile del 1865: *Art. 108. Il matrimonio contratto senza il consenso degli ascendenti, o del consiglio di famiglia o di tutela, può essere impugnato dalle persone delle quali era richiesto il consenso, e da quello degli sposi a cui il consenso era necessario.*

Non può essere impugnato dal figlio che aveva compiuto gli anni ventuno quando lo contrasse.

Art. 109. L'azione di nullità nel caso dell'articolo precedente non potrà essere promossa né dai coniugi, né dai parenti dei quali fosse richiesto il consenso, quando il matrimonio sia stato da questi ultimi espressamente o tacitamente approvato, o quando dalla notizia del contratto matrimonio siano trascorsi sei mesi senza loro richiamo.

Parimente l'azione non potrà essere promossa dal coniuge che, dopo raggiunta la maggiore età, ha lasciato trascorrere sei mesi senza richiamo.

122. Violenza ed errore.

Il matrimonio può essere impugnato [127] da quello dei coniugi il cui consenso è stato estorto con violenza [129, 1434] o determinato da timore di eccezionale gravità derivante da cause esterne allo sposo.

Il matrimonio può altresì essere impugnato da quello dei coniugi il cui consenso è stato dato per effetto di errore sull'identità della persona o di errore essenziale su qualità personali dell'altro coniuge [1427, 1429 n. 3].

L'errore sulle qualità personali è essenziale qualora, tenute presenti le condizioni dell'altro coniuge, si accerti che lo stesso non avrebbe prestato il suo consenso se le avesse esattamente conosciute e purché l'errore riguardi:

1) l'esistenza di una malattia fisica o psichica o di un'anomalia o deviazione sessuale, tali da impedire lo svolgimento della vita coniugale [89 comma 1];

2) l'esistenza di una sentenza di condanna per delitto non colposo alla reclusione non inferiore a cinque anni, salvo il caso di intervenuta riabilitazione [c.p. 178-181] prima della celebrazione del matrimonio. L'azione di annullamento non può essere proposta prima che la sentenza sia divenuta irrevocabile [c.p.p. 648, 650];

3) la dichiarazione di delinquenza abituale o professionale [102, 103, 105];

4) la circostanza che l'altro coniuge sia stato condannato per delitti concernenti la prostituzione a pena non inferiore a due anni. L'azione di annullamento non può essere proposta prima che la condanna sia divenuta irrevocabile;

5) lo stato di gravidanza causato da persona diversa dal soggetto caduto in errore, purché vi sia stato disconoscimento ai sensi dell'articolo 233, se la gravidanza è stata portata a termine.

L'azione non può essere proposta se vi è stata coabitazione per un anno dopo che siano cessate la violenza o le cause che hanno determinato il timore ovvero sia stato scoperto l'errore [119 comma 2, 120 comma 2, 123 comma 2, 2964; c.p.c. 70 n. 2, 72 comma 3][1].

[1] Articolo così sostituito dall'art. 17, L. 19 maggio 1975, n. 151. Il testo previgente così disponeva: *Il matrimonio può essere impugnato da quello degli sposi il cui consenso è stato estorto con violenza o è escluso per effetto di errore.*

L'errore sulle qualità dell'altro coniuge non è causa di nullità del matrimonio se non quando si risolve in errore sull'identità della persona.

L'azione non può essere proposta se vi è stata coabitazione per un mese dopo che lo sposo ha riacquistato la sua piena libertà o conosciuto l'errore.

● Norme connesse:

- comma 3, n. 4): artt. 3-6, L. 20 febbraio 1958, n. 75 (Abolizione della regolamentazione della prostituzione e lotta contro lo sfruttamento della prostituzione altrui).

■ Codice civile del 1865: *Art. 105. Il matrimonio può essere impugnato da quello degli sposi del quale non sia stato libero il consenso.*

Quando vi fu errore nella persona, l'azione di nullità può essere promossa da quello degli sposi che fu indotto in errore.

Art. 106. Non è più ammissibile la domanda di nullità per le cause espresse nell'articolo precedente, se vi fu coabitazione continuata per un mese dopo che lo sposo ha riacquistato la sua piena libertà o conosciuto l'errore.

123. Simulazione.

Il matrimonio può essere impugnato da ciascuno dei coniugi quando gli sposi abbiano convenuto di non adempiere agli obblighi e di non esercitare i diritti da esso discendenti [143, 1414 ss.].

L'azione non può essere proposta decorso un anno dalla celebrazione del matrimonio ovvero nel caso in cui i contraenti abbiano convissuto come coniugi successivamente alla celebrazione medesima [119 comma 2, 120 comma 2, 122 comma 4, 2964][1].

[1] Articolo così sostituito dall'art. 18, L. 19 maggio 1975, n. 151. Il testo previgente disponeva: *L'impotenza perpetua, così assoluta come relativa, quando è anteriore al matrimonio, può essere proposta come causa di nullità dall'uno e dell'altro coniuge.*

L'impotenza di generare può essere proposta come causa di nullità del matrimonio solo se uno dei coniugi manca di organi necessari per la generazione. L'azione spetta all'altro coniuge, purché non abbia avuto conoscenza di questo difetto prima del matrimonio, e non può essere proposta trascorsi tre mesi da quando egli ne abbia avuto conoscenza.

■ Codice civile del 1865: *Art. 107. L'impotenza manifesta e perpetua quando sia anteriore al matrimonio può essere proposta come causa di nullità dall'altro coniuge.*

124. Vincolo di precedente matrimonio.

Il coniuge può in qualunque tempo impugnare il matrimonio o l'unione civile tra persone dello stesso sesso dell'altro coniuge [86, 117; c.p. 556]; se si oppone la nullità del primo matrimonio, tale questione deve essere preventivamente giudicata [c.p.c. 34][1].

[1] Articolo così modificato dall'art. 1, comma 33, L. 20 maggio 2016, n. 76. Il testo previgente disponeva: *Il coniuge può in qualunque tempo impugnare il matrimonio dell'altro coniuge; se si oppone la nullità del primo matrimonio, tale questione deve essere preventivamente giudicata.*

■ Codice civile del 1865: *Art. 113. Il coniuge può in qualunque tempo impugnare il matrimonio dell'altro coniuge: se viene opposta la nullità del primo matrimonio, tale opposizione dovrà essere preventivamente giudicata.*

Il matrimonio contratto dal coniuge di un assente non può essere impugnato finché dura l'assenza.

125. Azione del pubblico ministero.

L'azione di nullità non può essere promossa dal pubblico ministero dopo la morte di uno dei coniugi [117].

■ Codice civile del 1865: *Art. 114. L'azione di nullità non può essere promossa dal pubblico ministero dopo la morte di uno dei coniugi.*

126. Separazione dei coniugi in pendenza del giudizio.

Quando è proposta domanda di nullità del matrimonio, il tribunale può, su istanza di uno dei coniugi, ordinare la loro separazione temporanea durante il giudizio [146, 150 ss., 232 comma 2, 234]; può ordinarla anche d'ufficio, se ambedue i coniugi o uno di essi sono minori o interdetti [2, 414].

● Norme connesse:
- art. 19, comma 2, L. 27 maggio 1929, n. 847; art. 1, comma 5, L. 20 maggio 2016, n. 76.

■ Codice civile del 1865: *Art. 115. Quando la domanda di nullità sia proposta da uno dei coniugi, il tribunale può sull'istanza di uno di essi ordinare la loro separazione temporanea durante il giudizio; può ordinarla anche d'uffizio, se ambidue i coniugi od uno di essi siano minori di età.*

127. Intrasmissibilità dell'azione.

L'azione per impugnare il matrimonio non si trasmette agli eredi se non quando il giudizio è già pendente alla morte dell'attore.

● Norme connesse:
- art. 1, comma 5, L. 20 maggio 2016, n. 76.

128. Matrimonio putativo.

Se il matrimonio è dichiarato nullo [68, 117, 119, 120, 122, 123, 124], gli effetti del matrimonio valido si producono, in favore dei coniugi, fino alla sentenza che pronunzia la nullità [584, 785], quando i coniugi stessi lo hanno contratto in buona fede, oppure quando il loro consenso è stato estorto con violenza o determinato da timore di eccezionale gravità derivante da cause esterne agli sposi.

Il matrimonio dichiarato nullo ha gli effetti del matrimonio valido rispetto ai figli[1].

Se le condizioni indicate nel primo comma si verificano per uno solo dei coniugi, gli effetti valgono soltanto in favore di lui e dei figli [139, 251, 584, 785].

Il matrimonio dichiarato nullo, contratto in malafede da entrambi i coniugi, ha gli effetti del matrimonio valido rispetto ai figli nati o concepiti durante lo stesso, salvo che la nullità dipenda da incesto [87; c.p. 564][2 3].

Nell'ipotesi di cui al quarto comma, rispetto ai figli si applica l'articolo 251[4 5].

[1] Comma così sostituito dall'art. 2, D.Lgs. 28 dicembre 2013, n. 154, a decorrere dal 7 febbraio 2014. Il testo previgente disponeva: *Gli effetti del matrimonio valido si producono anche rispetto ai figli nati o concepiti durante il matrimonio dichiarato nullo, nonché rispetto ai figli nati prima del matrimonio e riconosciuti anteriormente alla sentenza che dichiara la nullità.*

[2] Comma così modificato dall'art. 2, D.Lgs. 28 dicembre 2013, n. 154, a decorrere dal 7 febbraio 2014. Il testo previgente disponeva: *Il matrimonio dichiarato nullo, contratto in malafede da entrambi i coniugi, ha gli effetti del matrimonio valido rispetto ai figli nati o concepiti durante lo stesso, salvo che la nullità dipenda da bigamia o incesto.*

[3] L'art. 225, L. 151/1975, di riforma del diritto di famiglia dispone: «*Nel caso previsto dal penultimo comma dell'art. 128 del codice civile il figlio acquista lo stato di figlio legittimo anche se il matrimonio è stato dichiarato nullo anteriormente alla data di entrata in vigore della presente legge*».

[4] Comma così sostituito dall'art. 2, D.Lgs. 28 dicembre 2013, n. 154, a decorrere dal 7 febbraio 2014. Il testo previgente disponeva: *Nell'ipotesi di cui al comma precedente, i figli nei cui confronti non si verifichino gli effetti del matrimonio valido, hanno lo stato di figli naturali riconosciuti, nei casi in cui il riconoscimento è consentito.*

[5] Articolo così sostituito dall'art. 19, L. 19 maggio 1975, n. 151. Il testo previgente disponeva: *Il matrimonio dichiarato nullo, quando è stato contratto in buona fede, ha rispetto ai coniugi, fino alla sentenza che pronunzia la nullità, gli effetti del matrimonio valido.*

Gli effetti del matrimonio valido si producono anche rispetto ai figli nati o concepiti durante il matrimonio dichiarato nullo, nonché rispetto ai figli nati prima del matrimonio che sono stati riconosciuti anteriormente alla sentenza che dichiara la nullità.

Se uno solo dei coniugi è stato in buona fede, gli effetti valgono soltanto in favore di lui e dei figli.

Se entrambi i genitori sono stati in mala fede, i figli nati o concepiti durante il matrimonio hanno lo stato di figli naturali riconosciuti, nei casi in cui il riconoscimento è consentito.

● Norme connesse:
- art. 18, L. 27 maggio 1929, n. 847; art. 1, comma 5, L. 20 maggio 2016, n. 76.

■ Codice civile del 1865: *Art. 116. Il matrimonio dichiarato nullo, qualora sia stato contratto in buona fede, produce gli effetti civili tanto riguardo ai coniugi, quanto riguardo ai figli anche nati prima del matrimonio, purché riconosciuti prima dell'annullamento di esso.*

Se uno solo dei coniugi sia in buona fede, il matrimonio non produce gli effetti civili, se non in favore di lui e dei figli.

129. Diritti dei coniugi in buona fede.

Quando le condizioni del matrimonio putativo [128] si verificano rispetto ad ambedue i coniugi, il giudice può disporre a carico di uno di essi e per un periodo non superiore a tre anni l'obbligo di corrispondere somme periodiche di denaro, in proporzione alle sue sostanze, a favore dell'altro, ove questi non abbia adeguati redditi propri [156] e non sia passato a nuove nozze.

Per i provvedimenti che il giudice adotta riguardo ai figli, si applica l'articolo 155[1].

[1] Articolo così sostituito dall'art. 20, L. 19 maggio 1975, n. 151. Il testo previgente disponeva: *Nel caso in cui il consenso del coniuge è stato estorto con violenza, gli effetti indicati nell'articolo precedente valgono rispetto al coniuge che ha subìto la violenza e ai figli; valgono anche rispetto all'altro coniuge, se concorrono le condizioni previste dall'articolo precedente.*

CODICE CIVILE

● Norme connesse:
- comma 1: art. 5, L. 1 dicembre 1970, n. 898.
- art. 1, comma 5, L. 20 maggio 2016, n. 76.

129-*bis*. Responsabilità del coniuge in mala fede e del terzo.

Il coniuge al quale sia imputabile la nullità del matrimonio [68, 117, 119, 120, 122, 123, 124] è tenuto a corrispondere all'altro coniuge in buona fede, qualora il matrimonio sia annullato, una congrua indennità, anche in mancanza di prova del danno sofferto. L'indennità deve comunque comprendere una somma corrispondente al mantenimento per tre anni. È tenuto altresì a prestare gli alimenti al coniuge in buona fede, sempre che non vi siano altri obbligati [156, 433].

Il terzo al quale sia imputabile la nullità del matrimonio è tenuto a corrispondere al coniuge in buona fede, se il matrimonio è annullato, l'indennità prevista nel comma precedente.

In ogni caso il terzo che abbia concorso con uno dei coniugi nel determinare la nullità del matrimonio è solidalmente responsabile [1292 ss.] con lo stesso per il pagamento dell'indennità[1].

[1] Articolo aggiunto dall'art. 21, L. 19 maggio 1975, n. 151.
● Norme connesse:
- art. 1, comma 5, L. 20 maggio 2016, n. 76.

Sezione VII
Delle prove della celebrazione del matrimonio

130. Atto di celebrazione del matrimonio.

Nessuno può reclamare il titolo di coniuge e gli effetti del matrimonio, se non presenta l'atto di celebrazione estratto dai registri dello stato civile [107, 109, 162 comma 2].

Il possesso di stato [131], quantunque allegato da ambedue i coniugi, non dispensa dal presentare l'atto di celebrazione [132 comma 2].

■ Codice civile del 1865: *Art. 117. Niuno può reclamare il titolo di coniuge e gli effetti civili del matrimonio, se non presenta l'atto di celebrazione estratto dai registri dello stato civile, eccettuati i casi preveduti nell'articolo 364.*

Art. 118. Il possesso di stato, quantunque allegato da ambidue i coniugi, non dispensa dal presentare l'atto di celebrazione.

131. Possesso di stato.

Il possesso di stato, conforme all'atto di celebrazione del matrimonio, sana ogni difetto di forma [130, 132, 236, 237, 238 comma 2].

■ Codice civile del 1865: *Art. 119. Il possesso di stato conforme all'atto di celebrazione del matrimonio sana ogni difetto di forma.*

132. Mancanza dell'atto di celebrazione.

Nel caso di distruzione o di smarrimento dei registri dello stato civile l'esistenza del matrimonio può essere provata a norma dell'articolo 452.

Quando vi sono indizi che per dolo o per colpa del pubblico ufficiale o per un caso di forza maggiore l'atto di matrimonio non è stato inserito nei registri a ciò destinati, la prova dell'esistenza del matrimonio è ammessa, sempre che risulti in modo non dubbio un conforme possesso di stato [131, 240].

■ Codice civile del 1865: *Art. 121. Quando vi siano indizi che per dolo o per colpa del pubblico uffiziale l'atto di matrimonio non sia stato iscritto sui registri a ciò destinati, i coniugi potranno far dichiarare l'esistenza del matrimonio, secondo le regole stabilite nei casi di mancanza degli atti dello stato civile, purché concorrano le seguenti condizioni:*

1° Che si presenti l'estratto delle fatte pubblicazioni o il decreto di dispensa;

2° Che vi sia prova non dubbia di un conforme possesso di stato.

133. Prova della celebrazione risultante da sentenza penale.

Se la prova della celebrazione del matrimonio risulta da sentenza penale [c.p.p. 654], l'iscrizione della sentenza nel registro dello stato civile assicura al matrimonio, dal giorno della sua celebrazione, tutti gli effetti riguardo tanto ai coniugi quanto ai figli.

■ Codice civile del 1865: *Art. 122. Se la prova della legale celebrazione del matrimonio è fondata sul risultato d'un processo penale, l'iscrizione della sentenza nel registro dello stato civile sicura al matrimonio dal giorno della sua celebrazione tutti gli effetti civili riguardo tanto ai coniugi quanto ai figli.*

Sezione VIII
Disposizioni penali[1]

[1] L'ammenda e la multa sono state sostituite con la sanzione amministrativa dall'art. 32, L. 24 novembre 1981, n. 689, che dispone: *Non costituiscono reato e sono soggette alla sanzione amministrativa del pagamento di una somma di denaro tutte le violazioni per le quali è prevista la sola pena della multa o dell'ammenda, salvo quanto disposto, per le violazioni finanziarie, dall'art. 39.*

La disposizione del precedente comma non si applica ai reati in esso previsti che, nelle ipotesi aggravate, siano punibili con pena detentiva, anche se alternativa a quella pecuniaria.

La disposizione del primo comma non si applica, infine, ai delitti in esso previsti che siano punibili a querela.

134. Omissione di pubblicazione.

Sono puniti con [l'ammenda][1] da euro 41 a euro 206[2] gli sposi e l'ufficiale dello stato civile che hanno celebrato matrimonio senza che la celebrazione sia stata preceduta dalla prescritta pubblicazione [93 ss.].

[1] Ora sanzione amministrativa ex L. 24 novembre 1981, n. 689.

[2] Importi, da ultimo, così elevati ex artt. 113 e 114, L. 24 novembre 1981, n. 689, nel testo modificato dalla L. 15 luglio 2009, n. 94, che, rispettivamente, dispongono: *Art. 113. Le pene pecuniarie comminate per i reati previsti dal codice penale o dalle leggi speciali, nonché le sanzioni pecuniarie com-*

minate per le infrazioni previste dal codice di procedura penale, aumentate per effetto della legge 12 luglio 1961, n. 603, sono moltiplicate per cinque.

Sono altresì moltiplicate per cinque le pene pecuniarie comminate per reati previsti da leggi entrate in vigore dopo il 21 ottobre 1947 e prima della legge 12 luglio 1961, n. 603.

Le pene pecuniarie comminate per reati previsti da leggi entrate in vigore dopo la legge 12 luglio 1961, n. 603, e fino al 31 dicembre 1970 sono moltiplicate per tre.

Quelle comminate per reati previsti da leggi entrate in vigore dopo il 31 dicembre 1970 e fino al 31 dicembre 1975, ad eccezione delle leggi in materia di imposte dirette e di tasse ed imposte indirette sugli affari, sono moltiplicate per due.

Quando, tenuto conto degli aumenti previsti nei commi precedenti, la legge stabilisce la pena dell'ammenda inferiore nel minimo a lire quattromila o nel massimo a lire diecimila, i limiti edittali sono elevati rispettivamente a lire diecimila e a lire venticinquemila.

Art. 114. Le disposizioni dell'articolo precedente si applicano a tutte le sanzioni amministrative pecuniarie originariamente previste come sanzioni penali.

Le altre sanzioni amministrative pecuniarie inferiori nel minimo a euro 20 o nel massimo a euro 50 sono elevate, rispettivamente, a euro 20 e a euro 50.

Le disposizioni dei precedenti commi si applicano anche alle violazioni finanziarie.

■ Codice civile del 1865: *Art. 123. Incorreranno nella multa di lire 200 estendibili a lire 1000 gli sposi e l'uffiziale dello stato civile che abbiano celebrato matrimonio senza che sia stato preceduto dalle necessarie pubblicazioni.*

135. Pubblicazione senza richiesta o senza documenti.

È punito con [l'ammenda][1] da euro 20 a euro 103[2] l'ufficiale dello stato civile che ha proceduto alla pubblicazione di un matrimonio senza la richiesta di cui all'articolo 96 o quando manca alcuno dei documenti prescritti dal primo comma dell'articolo 97.

[1] Ora sanzione amministrativa ex L. 24 novembre 1981, n. 689.

[2] Importi, da ultimo, così elevati ex artt. 113 e 114, L. 24 novembre 1981, n. 689, riportati in nota sub art. 134 c.c. precedente.

■ Codice civile del 1865: *Art. 124. L'uffiziale dello stato civile, che ammette a celebrare matrimonio persone alle quali osti qualche impedimento divieto di cui abbia notizia, sarà punita con multa estendibile da lire 500 a 2000.*

Egli incorre nella stessa multa, quando abbia proceduto alla celebrazione del matrimonio per cui non fosse competente, o nel quale le parti abbiano voluto aggiungere un termine o qualche condizione, ovvero senza che siano stati presentati all'uffizio dello stato civile i documenti richiesti dagli articoli 79 e 80.

Art. 125. Incorrerà nella multa di lire 100 estendibile a lire 500 l'uffiziale dello stato civile che abbia fatto procedere alla pubblicazione di un matrimonio senza la richiesta o il consenso di ambidue gli sposi, od in contravvenzione all'articolo 74.

136. Impedimenti conosciuti dall'ufficiale dello stato civile.

L'ufficiale dello stato civile che procede alla celebrazione del matrimonio, quando vi osta qualche impedimento o divieto di cui egli ha notizia [84, 98], è punito con [l'ammenda][1] da euro 51 a euro 309[2].

[1] Ora sanzione amministrativa ex L. 24 novembre 1981, n. 689.

[2] Importi, da ultimo, così elevati ex artt. 113 e 114, L. 24 novembre 1981, n. 689, riportati in nota sub art. 134 c.c. precedente.

■ Codice civile del 1865: *Art. 124. L'uffiziale dello stato civile, che ammette a celebrare matrimonio persone alle quali osti qualche impedimento divieto di cui abbia notizia, sarà punita con multa estendibile da lire 500 a 2000.*

Egli incorre nella stessa multa, quando abbia proceduto alla celebrazione del matrimonio per cui non fosse competente, o nel quale le parti abbiano voluto aggiungere un termine o qualche condizione, ovvero senza che siano stati presentati all'uffizio dello stato civile i documenti richiesti dagli articoli 79 e 80.

137. Incompetenza dell'ufficiale dello stato civile. Mancanza dei testimoni.

È punito con [l'ammenda][1] da euro 30 a euro 206[2] l'ufficiale dello stato civile che ha celebrato un matrimonio per cui non era competente [109].

La stessa [pena][1] si applica all'ufficiale dello stato civile che ha proceduto alla celebrazione di un matrimonio senza la presenza dei testimoni [106, 107, 110; disp. att. 116 comma 2].

[1] Ora sanzione amministrativa ex L. 24 novembre 1981, n. 689.

[2] Importi, da ultimo, così elevati ex artt. 113 e 114, L. 24 novembre 1981, n. 689, riportati in nota sub art. 134 c.c. precedente.

■ Codice civile del 1865: *Art. 124. L'uffiziale dello stato civile, che ammette a celebrare matrimonio persone alle quali osti qualche impedimento divieto di cui abbia notizia, sarà punita con multa estendibile da lire 500 a 2000.*

Egli incorre nella stessa multa, quando abbia proceduto alla celebrazione del matrimonio per cui non fosse competente, o nel quale le parti abbiano voluto aggiungere un termine o qualche condizione, ovvero senza che siano stati presentati all'uffizio dello stato civile i documenti richiesti dagli articoli 79 e 80.

138. Altre infrazioni.

È punito con [l'ammenda][1] stabilita nell'articolo 135 l'ufficiale dello stato civile che in qualunque modo contravviene alle disposizioni degli articoli 93, 95, 98, 99, 106, 107, 108, 109, 110 e 112 o commette qualsiasi altra infrazione per cui non sia stabilita una pena speciale in questa sezione.

[1] Ora sanzione amministrativa ex L. 24 novembre 1981, n. 689. V. Cass. pen. 8 febbraio 1963.

■ Codice civile del 1865: *Art. 126. Incorrerà nella multa stabilita nell'articolo precedente l'uffiziale dello stato civile che in qualunque modo contravvenga alle disposizioni degli articoli 72, 75, 76, 93, 94, 96, 98 e 103, o commetta qualsiasi altra contravvenzione per cui non sia stabilita una pena speciale in questo capo.*

CODICE CIVILE

139. Cause di nullità note a uno dei coniugi.

Il coniuge il quale, conoscendo prima della celebrazione una causa di nullità del matrimonio [117 ss.], l'abbia lasciata ignorare all'altro, è punito, se il matrimonio è annullato, con [l'ammenda][1] da euro 41 a euro 206[2 3].

[1] Ora sanzione amministrativa ex L. 24 novembre 1981, n. 689.

[2] Importi, da ultimo, così elevati ex artt. 113 e 114, L. 24 novembre 1981, n. 689, riportati in nota sub art. 134 c.c. precedente.

[3] Articolo così sostituito dall'art. 22, L. 19 maggio 1975, n. 151. Il testo previgente disponeva: *Il coniuge il quale, conoscendo prima della celebrazione una causa di nullità del matrimonio, l'abbia lasciata ignorare all'altro, è punito, se il matrimonio è annullato, con l'ammenda da lire mille a lire cinquemila. L'altro coniuge ha diritto a una congrua indennità, anche se non dà la prova specifica del danno sofferto.*

■ Codice civile del 1865: *Art. 127. Quando il matrimonio sia stato annullato per causa di un impedimento conosciuto da uno dei coniugi e lasciato ignorare all'altro, il coniuge colpevole sarà condannato ad una multa non minore di lire 1000 estendibile a lire 3000, ed anche, secondo le circostanze, al carcere estendibile a sei mesi, oltre l'indennità al coniuge ingannato, ancorché non siasi data la prova specifica del danno sofferto.*

140. Inosservanza del divieto temporaneo di nuove nozze.

La donna che contrae matrimonio contro il divieto dell'articolo 89, l'ufficiale che lo celebra e l'altro coniuge sono puniti con [l'ammenda][1] da euro 20 a euro 82[2 3].

[1] Ora sanzione amministrativa ex L. 24 novembre 1981, n. 689.

[2] Importi, da ultimo, così elevati ex artt. 113 e 114, L. 24 novembre 1981, n. 689, riportati in nota sub art. 134 c.c. precedente.

[3] Articolo così sostituito dall'art. 23, L. 19 maggio 1975, n. 151. Il testo previgente disponeva: *La donna che contrae matrimonio contro il divieto dell'art. 89, l'ufficiale che lo celebra e l'altro coniuge sono puniti con l'ammenda da lire cinquecento a lire duemila.*

■ Codice civile del 1865: *Art. 128. La donna che contragga matrimonio contro il divieto dell'articolo 57, l'uffiziale che lo abbia celebrato e l'altro coniuge incorrono nella multa di lire 300 estendibili a lire 1000.*

La donna decade da ogni donazione, lucro dotale e successione che provengano dal primo marito.

141. Competenza.

I reati previsti nei precedenti articoli sono di competenza del tribunale[1].

[1] Ai sensi degli artt. 13 ss., L. 24 novembre 1981, n. 689, Modifiche al sistema penale, le fattispecie di cui agli articoli precedenti non costituiscono più reato, essendo applicabili sanzioni solo amministrative.

■ Codice civile del 1865: *Art. 129. L'applicazione delle pene stabilite nei precedenti articoli è promossa dal pubblico ministero davanti il tribunale correzionale.*

142. Limiti d'applicazione delle precedenti disposizioni.

Le disposizioni della presente sezione si applicano quando i fatti ivi contemplati non costituiscono reato [più grave][1].

[1] Ai sensi degli artt. 13 ss., L. 24 novembre 1981, n. 689, Modifiche al sistema penale, le fattispecie di cui agli articoli precedenti non costituiscono più reato, essendo applicabili sanzioni solo amministrative.

CAPO IV
DEI DIRITTI E DEI DOVERI CHE NASCONO DAL MATRIMONIO

143. Diritti e doveri reciproci dei coniugi.

Con il matrimonio [18 disp. prel.] il marito e la moglie acquistano gli stessi diritti e assumono i medesimi doveri [151 comma 2, 160, 316 comma 4; Cost. 29, 30].

Dal matrimonio deriva l'obbligo reciproco alla fedeltà, all'assistenza morale e materiale [146 comma 1], alla collaborazione nell'interesse della famiglia e alla coabitazione [107; c.p. 570].

Entrambi i coniugi sono tenuti, ciascuno in relazione alle proprie sostanze e alla propria capacità di lavoro professionale o casalingo, a contribuire ai bisogni della famiglia [146, 186, 193][1].

[1] Articolo così sostituito dall'art. 24, L. 19 maggio 1975, n. 151.

■ Codice civile del 1865: *Art. 130. Il matrimonio impone ai coniugi la obbligazione reciproca della coabitazione, della fedeltà e della assistenza.*

Art. 131. Il marito è capo della famiglia: la moglie segue la condizione civile di lui, ne assume il cognome, ed è obbligata ad accompagnarlo dovunque egli creda opportuno di fissare la sua residenza.

Art. 132. Il marito, ha il dovere di proteggere la moglie, di tenerla presso di sé e somministrarle tutto ciò che è necessario ai bisogni della vita in proporzione delle sue sostanze.

La moglie deve contribuire al mantenimento del marito, se questo non ha mezzi sufficienti.

Art. 133. L'obbligazione del marito di somministrare gli alimenti alla moglie cessa quando la moglie, allontanatasi senza giusta causa dal domicilio coniugale, ricusi di ritornami.

Può inoltre l'autorità giudiziaria, secondo le circostanze, ordinare a profitto del marito e della prole il sequestro temporaneo di parte delle rendite parafernali della moglie.

Art. 134. La moglie non può donare, alienare i beni immobili, sottoporli ad ipoteca, contrarre mutui, cedere o riscuotere capitali, costituirsi sicurtà, né transigere o stare in giudizio relativamente a tali atti, senza l'autorizzazione del marito.

Il marito può con atto pubblico dare alla moglie l'autorizzazione in genere per tutti o per alcuni dei detti atti, salvo a lui il diritto di rievocarla.

Art. 135. L'autorizzazione del marito non è necessaria:

1° Quando egli sia minore, interdetto, assente o condannato a più di un anno di carcere, durante l'espiazione della pena;

2° Quando la moglie sia legalmente separata per colpa del marito.

3° Quando la maglie eserciti la mercatura.

Art. 136. Se il marito ricusi l'autorizzazione alla moglie, o se trattisi di atto nel quale siavi opposizione d'interesse, ovvero se la moglie sia legalmente separata per sua colpa, o per colpa sua e del marito, o per mutuo consenso, sarà necessaria l'autorizzazione del tribunale civile.

Il tribunale non può concedere l'autorizzazione, se prima il marito non fu sentito o citato a comparire in camera di consiglio, salvi i casi di urgenza.

Art. 137. La nullità derivante dal difetto di autorizzazione non può essere opposta che dal marito, dalla moglie e dai suoi eredi od aventi causa.

♦ Codice civile francese

Articolo 212. *Gli sposi si devono mutualmente rispetto, fedeltà, soccorso, assistenza.*

Articolo 213. *Gli sposi assicurano insieme la direzione morale e materiale della famiglia. Provvedono all'educazione dei figli e preparano il loro avvenire.*

Articolo 214. *Se le convenzioni matrimoniali non regolano il contributo degli sposi alle spese di matrimonio, essi vi contribuiranno in proporzione delle loro rispettive facoltà. Se uno degli sposi non adempie le sue obbligazioni può esservi costretto dall'altro nelle forme previste dal codice di procedura civile.*

♦ Codice civile tedesco

§ 1353 Comunione di vita tra i coniugi. *(1) Il matrimonio è concluso per la vita. I coniugi sono vincolati tra loro alla comunione di vita coniugale; sono responsabili l'uno verso l'altro. (2) Un coniuge non ha l'obbligo di soddisfare la richiesta dell'altro coniugo di costituire la comunione, qualora la richiesta determini un abuso del suo diritto o il matrimonio sia in fase di scioglimento.*

§ 1360 Obbligo di mantenimento della famiglia. *I coniugi sono entrambi obbligati a garantire un adeguato mantenimento della famiglia mediante il loro lavoro o il loro patrimonio. Qualora ad uno dei coniugi spetti la gestione della vita domestica, egli ottempera al suo obbligo di mantenere la famiglia attraverso il lavoro, generalmente, conducendo l'attività domestica.*

§ 1360a Contenuto dell'obbligo di mantenimento. *(1) Un decoroso mantenimento della famiglia comprende tutto quello che è necessario, in base alle condizioni dei coniugi, per provvedere alle spese dell'attività domestica e per far fronte ai bisogni individuali dei coniugi ed ai bisogni della vita dei figli comuni che hanno diritto al mantenimento. (2) Il mantenimento deve avvenire nei modi utili alla comunione di vita coniugale. I coniugi hanno un obbligo reciproco di fornire, in via anticipata, i mezzi necessari per il mantenimento congiunto della famiglia. (3) Le previsioni dei §§ da 1613 a 1615 previste in ordine all'obbligo di mantenimento dei parenti trovano corrispondente applicazione. (4) Quando uno dei coniugi non riesca a sostenere le spese di una causa giudiziaria, relativa ad una vicenda personale, l'altro coniuge ha l'obbligo di anticipare tali somme, nella misura in cui sia conforme ad equità. Analoga previsione si applica alle spese per la difesa nel corso di un giudizio penale, intrapreso contro un coniuge.*

143-*bis*. Cognome della moglie.

La moglie aggiunge al proprio cognome quello del marito e lo conserva durante lo stato vedovile, fino a che passi a nuove nozze [156-*bis*, 328][1].

[1] Articolo aggiunto dall'art. 25, L. 19 maggio 1975, n. 151. V. art. 5, L. 1 dicembre 1970, n. 898. Il testo previgente disponeva: *Il matrimonio impone ai coniugi l'obbligo reciproco della coabitazione, della fedeltà e dell'assistenza.*

■ Codice civile del 1865: *Art. 131. Il marito è capo della famiglia: la moglie segue la condizione civile di lui, ne assume il cognome, ed è obbligata ad accompagnarlo dovunque egli creda opportuno di fissare la sua residenza.*

143-*ter*. Cittadinanza della moglie.

[...][1].

[1] Articolo aggiunto dall'art. 25, L. 19 maggio 1975, n. 151 e poi abrogato dall'art. 26, L. 15 febbraio 1992, n. 91. Il testo previgente disponeva: *La moglie conservava la cittadinanza italiana, salvo sua espressa rinunzia, anche se per effetto del matrimonio o del mutamento di cittadinanza da parte del marito assume una cittadinanza straniera.*

144. Indirizzo della vita familiare e residenza della famiglia.

I coniugi concordano tra loro l'indirizzo della vita familiare e fissano la residenza della famiglia secondo le esigenze di entrambi e quelle preminenti della famiglia stessa [43].

A ciascuno dei coniugi spetta il potere di attuare l'indirizzo concordato[1].

[1] Articolo così sostituito dall'art. 26, L. 19 maggio 1975, n. 151. Il testo previgente disponeva: *Il marito è il capo della famiglia; la moglie segue la condizione civile di lui, ne assume il cognome ed è obbligata ad accompagnarlo dovunque egli crede opportuno di fissare la sua residenza.*

■ Codice civile del 1865: *Art. 131. Il marito è capo della famiglia: la moglie segue la condizione civile di lui, ne assume il cognome, ed è obbligata ad accompagnarlo dovunque egli creda opportuno di fissare la sua residenza.*

Art. 134. La moglie non può donare, alienare i beni immobili, sottoporli ad ipoteca, contrarre mutui, cedere o riscuotere capitali, costituirsi sicurtà, né transigere o stare in giudizio relativamente a tali atti, senza l'autorizzazione del marito.

Il marito può con atto pubblico dare alla moglie l'autorizzazione in genere per tutti o per alcuni dei detti atti, salvo a lui il diritto di rievocarla.

Art. 135. L'autorizzazione del marito non è necessaria:

1° Quando egli sia minore, interdetto, assente o condannato a più di un anno di carcere, durante l'espiazione della pena;

2° Quando la moglie sia legalmente separata per colpa del marito.

3° Quando la maglie eserciti la mercatura.

Art. 136. Se il marito ricusi l'autorizzazione alla moglie, o se trattisi di atto nel quale siavi opposizione d'interesse, ovvero se la moglie sia legalmente separata per sua colpa, o per colpa sua e del marito, o per mutuo consenso, sarà necessaria l'autorizzazione del tribunale civile.

Il tribunale non può concedere l'autorizzazione, se prima il marito non fu sentito o citato a comparire in camera di consiglio, salvi i casi di urgenza.

Art. 137. La nullità derivante dal difetto di autorizzazione non può essere opposta che dal marito, dalla moglie e dai suoi eredi od aventi causa.

145. Intervento del giudice.

In caso di disaccordo ciascuno dei coniugi può chiedere, senza formalità, l'intervento del giudice [disp. att. 41] il quale, sentite le opinioni espresse dai coniugi e per quanto opportuno, dai figli conviventi che abbiano compiuto il sedicesimo anno, tenta di raggiungere una soluzione concordata.

Ove questa non sia possibile e il disaccordo concerna la fissazione della residenza o altri affari essenziali, il giudice, qualora ne sia richiesto espressamente e congiuntamente dai coniugi, adotta, con provvedimento non impugnabile, la soluzione che ritiene più adeguata alle esigenze dell'unità e della vita della famiglia[1].

[1] Articolo così sostituito dall'art. 27, L. 19 maggio 1975, n. 151. Il testo previgente disponeva: *Il marito ha il dovere di proteggere la moglie, di tenerla presso di sè e di somministrarle tutto ciò che è necessario ai bisogni della vita in proporzione delle sue sostanze.*

La moglie deve contribuire al mantenimento del marito, se questi non ha mezzi sufficienti.

146. Allontanamento dalla residenza familiare.

Il diritto all'assistenza morale e materiale previsto dall'articolo 143 è sospeso nei confronti del coniuge che, allontanatosi senza giusta causa dalla residenza familiare [144], rifiuta di tornarvi [c.p. 570].

La proposizione della domanda di separazione [150, 151] o di annullamento [117] o di scioglimento [149] o di cessazione degli effetti civili del matrimonio costituisce giusta causa di allontanamento dalla residenza familiare.

Il giudice può, secondo le circostanze, ordinare il sequestro dei beni del coniuge allontanatosi [179, 215 ss.], nella misura atta a garantire l'adempimento degli obblighi previsti dagli articoli 143, terzo comma, e 147[1].

[1] Articolo così sostituito dall'art. 28, L. 19 maggio 1975, n. 151. Il testo previgente disponeva: *L'obbligazione del marito di provvedere al mantenimento della moglie è sospesa quando questa, allontanatisi senza giusta causa dal domicilio coniugale, rifiuta di ritornavi.*

Può inoltre l'autorità giudiziaria, secondo le circostanze, ordinare a profitto del marito e della prole il sequestro temporaneo di parte dei frutti dei beni parafernali.

■ Codice civile del 1865: *Art. 133. L'obbligazione del marito di somministrare gli alimenti alla moglie cessa quando la moglie, allontanatasi senza giusta causa dal domicilio coniugale, ricusi di ritornami.*

Può inoltre l'autorità giudiziaria, secondo le circostanze, ordinare a profitto del marito e della prole il sequestro temporaneo di parte delle rendite parafernali della moglie.

147. Doveri verso i figli.

Il matrimonio impone ad ambedue i coniugi l'obbligo di mantenere, istruire, educare e assistere moralmente i figli, nel rispetto delle loro capacità, inclinazioni naturali e aspirazioni, secondo quanto previsto dall'articolo 315-*bis* [107, 155, 261, 279, 330, 333; Cost. 30; c.p. 570-572][1].

[1] Articolo così sostituito prima dall'art. 29, L. 19 maggio 1975, n. 151, poi dall'art. 3, D.Lgs. 28 dicembre 2013, n. 154, a decorrere dal 7 febbraio 2014. Il testo previgente la modifica del 1975 disponeva: *Il matrimonio impone ad ambedue i coniugi l'obbligazione di mantenere, educare e istruire la prole.*

L'educazione e l'istruzione devono essere conformi ai principi della morale.

Il testo previgente la modifica del 2013 disponeva: *Il matrimonio impone ad ambedue i coniugi l'obbligo di mantenere, istruire ed educare la prole tenendo conto delle capacità, dell'inclinazione naturale e delle aspirazioni dei figli.*

Il testo precedente le modifiche apportate dal D.Lgs.Lgt. 14 settembre 1944, n. 287, invece, disponeva: *Il matrimonio impone ad ambedue i coniugi l'obbligazione di mantenere, educare e istruire la prole.*

L'educazione e l'istruzione devono essere conformi ai principi della morale e al sentimento nazionale fascista.

● Norme connesse:

- art. 6, L. 1 dicembre 1970, n. 898; art. 48, L. 4 maggio 1983, n. 184.

■ Codice civile del 1865: *Art. 138. Il matrimonio impone ad ambidue i coniugi l'obbligazione di mantenere, educare ed istruire la prole.*

Questa obbligazione spetta al padre ed alla madre, in proporzione delle loro sostanze, computati nel contributo della madre i frutti della dote.

Quando essi non abbiano mezzi sufficienti tale obbligazione spetterà agli altri ascendenti in ordine di prossimità.

148. Concorso negli oneri.

I coniugi devono adempiere l'obbligo di cui all'articolo 147, secondo quanto previsto dall'articolo 316-*bis*[1].

[1] Articolo così sostituito prima dall'art. 30, L. 19 maggio 1975, n. 151, poi dall'art. 4, D.Lgs. 28 dicembre 2013, n. 154, a decorrere dal 7 febbraio 2014.

Il testo previgente la modifica del 1975 disponeva: *L'obbligazione di mantenere, educare e istruire la prole spetta al padre e alla madre, in proporzione delle loro sostanze, computati nel contributo della madre i frutti della dote.*

Quando i genitori non hanno i mezzi sufficienti, tale obbligazione spetta agli altri ascendenti in ordine di prossimità.

Il testo previgente la modifica del 2013 disponeva: *I coniugi devono adempiere l'obbligazione prevista nell'articolo precedente in proporzione alle rispettive sostanze e secondo la loro capacità di lavoro professionale o casalingo. Quando i genitori non hanno mezzi sufficienti, gli altri ascendenti legittimi o naturali, in ordine di prossimità, sono tenuti a fornire ai genitori stessi i mezzi necessari affinché possano adempiere i loro doveri nei confronti dei figli.*

In caso di inadempimento il presidente del tribunale, su istanza di chiunque vi ha interesse, sentito l'inadempiente ed assunte informazioni, può ordinare con decreto che una quota dei redditi dell'obbligato, in proporzione agli stessi, sia versata direttamente all'altro coniuge o a chi sopporta le spese per il mantenimento, l'istruzione e l'educazione della prole.

Il decreto, notificato agli interessati ed al terzo debitore, costituisce titolo esecutivo, ma le parti ed il terzo debitore possono proporre opposizione nel termine di venti giorni dalla notifica.

L'opposizione è regolata dalle norme relative all'opposizione al decreto di ingiunzione, in quanto applicabili.

Le parti ed il terzo debitore possono sempre chiedere, con le forme del processo ordinario, la modificazione e la revoca del provvedimento.

CAPO V

DELLO SCIOGLIMENTO DEL MATRIMONIO E DELLA SEPARAZIONE DEI CONIUGI

● Norme connesse:

- L. 10 giugno 1985, n. 301, di ratifica della convenzione dell'Aja 1 giugno 1970 sul riconoscimento del divorzio e delle separazioni personali.

149. Scioglimento del matrimonio.

Il matrimonio si scioglie con la morte di uno dei coniugi e negli altri casi previsti dalla legge [65, 68].

Gli effetti civili del matrimonio celebrato con rito religioso, ai sensi dell'articolo 82 o dell'articolo 83, e regolarmente trascritto, cessano alla morte di uno dei coniugi e negli altri casi previsti dalla legge [191][1].

[1] Articolo così sostituito dall'art. 31, L. 19 maggio 1975, n. 151. Il testo previgente disponeva: *Il matrimonio non si scioglie che con la morte di uno dei coniugi.*

La moglie, durante lo stato vedovile, conserva il cognome del marito.

● Norme connesse:

- comma 1: 1) L. 1 dicembre 1970, n. 898 (Disciplina dei casi di scioglimento del matrimonio).

2) per il riconoscimento del divorzi e delle separazioni personali, L. 10 giugno 1985, n. 301, di ratifica della convenzione dell'Aja 1 giugno 1970 sul riconoscimento del divorzio e delle separazioni personali.

■ Codice civile del 1865: *Art. 148. Il matrimonio non si scioglie che colla morte di uno dei coniugi; è ammessa però la loro separazione personale*

150. Separazione personale.

È ammessa la separazione personale dei coniugi [126, 195, 156, 156-*bis*, 191 comma 1, 284 n. 3, 279, 548, 585; c.p.c. 70, 706 ss.].

La separazione può essere giudiziale o consensuale [151, 158, 232 comma 2, 234; c.p.c. 708].

Il diritto di chiedere la separazione giudiziale o la omologazione di quella consensuale spetta esclusivamente ai coniugi[1].

[1] Articolo così sostituito dall'art. 32, L. 19 maggio 1975, n. 151. V., anche, art. 226, L. 151/1975 cit. Il testo previgente disponeva: *È ammessa la separazione personale dei coniugi. Il diritto di chiederla spetta ai coniugi nei soli casi determinati dalla legge.*

● Norme connesse:

- art. 12, D.L. 12 settembre 2014, n. 132, convertito in L. 10 novembre 2014, n. 162, che dispone: *Separazione consensuale, richiesta congiunta di scioglimento o di cessazione degli effetti civili del matrimonio e modifica delle condizioni di separazione o di divorzio innanzi all'ufficiale dello stato civile.*

1. I coniugi possono concludere, innanzi al sindaco, quale ufficiale dello stato civile a norma dell'articolo 1 del decreto del Presidente della Repubblica 3 novembre 2000, n. 396, del comune di residenza di uno di loro o del comune presso cui è iscritto o trascritto l'atto di matrimonio, con l'assistenza facoltativa di un avvocato, un accordo di separazione personale ovvero, nei casi di cui all'articolo 3, primo comma, numero 2), lettera b), della legge 1° dicembre 1970, n. 898, di scioglimento o di cessazione degli effetti civili del matrimonio, nonchè di modifica delle condizioni di separazione o di divorzio.

2. Le disposizioni di cui al presente articolo non si applicano in presenza di figli minori, di figli maggiorenni incapaci o portatori di handicap grave ai sensi dell'articolo 3, comma 3, della legge 5 febbraio 1992, n. 104, ovvero economicamente non autosufficienti.

3. L'ufficiale dello stato civile riceve da ciascuna delle parti personalmente, con l'assistenza facoltativa di un avvocato, la dichiarazione che esse vogliono separarsi ovvero far cessare gli effetti civili del matrimonio o ottenerne lo scioglimento secondo condizioni tra di esse concordate. Allo stesso modo si procede per la modifica delle condizioni di separazione o di divorzio. L'accordo non può contenere patti di trasferimento patrimoniale. L'atto contenente l'accordo è compilato e sottoscritto immediatamente dopo il ricevimento delle dichiarazioni di cui al presente comma. L'accordo tiene luogo dei provvedimenti giudiziali che definiscono, nei casi di cui al comma 1, i procedimenti di separazione personale, di cessazione degli effetti civili del matrimonio, di scioglimento del matrimonio e di modifica delle condizioni di separazione o di divorzio. Nei soli casi di separazione personale, ovvero di cessazione degli effetti civili del matrimonio o di scioglimento del matrimonio secondo condizioni concordate, l'ufficiale dello stato civile, quando riceve le dichiarazioni dei coniugi, li invita a comparire di fronte a sé non prima di trenta giorni dalla ricezione per la conferma dell'accordo anche ai fini degli adempimenti di cui al comma 5. La mancata comparizione equivale a mancata conferma dell'accordo.

4. All'articolo 3, al secondo capoverso della lettera b) del numero 2 del primo comma della legge 1° dicembre 1970, n. 898, dopo le parole «trasformato in consensuale» sono aggiunte le seguenti: «, ovvero dalla data certificata nell'accordo di separazione raggiunto a seguito di convenzione di negoziazione assistita da un avvocato ovvero dalla data dell'atto contenente l'accordo di separazione concluso innanzi all'ufficiale dello stato civile.».

5. Al decreto del Presidente della Repubblica 3 novembre 2000, n. 396 sono apportate le seguenti modificazioni:

a) all'articolo 49, comma 1, dopo la lettera g-bis), è aggiunta la seguente lettera: «g-ter) gli accordi di scioglimento o di cessazione degli effetti civili del matrimonio ricevuti dall'ufficiale dello stato civile;»;

CODICE CIVILE

b) all'articolo 63, comma 1, dopo la lettera g), è aggiunta la seguente lettera: «g-ter) gli accordi di separazione personale, di scioglimento o di cessazione degli effetti civili del matrimonio ricevuti dall'ufficiale dello stato civile, nonchè di modifica delle condizioni di separazione o di divorzio;»;

c) all'articolo 69, comma 1, dopo la lettera d-bis), è aggiunta la seguente lettera: «d-ter) degli accordi di separazione personale, di scioglimento o di cessazione degli effetti civili del matrimonio ricevuti dall'ufficiale dello stato civile;».

6. Alla Tabella D), allegata alla legge 8 giugno 1962, n. 604, dopo il punto 11 delle norme speciali inserire il seguente punto: «11-bis) Il diritto fisso da esigere da parte dei comuni all'atto della conclusione dell'accordo di separazione personale, ovvero di scioglimento o di cessazione degli effetti civili del matrimonio, nonchè di modifica delle condizioni di separazione o di divorzio, ricevuto dall'ufficiale di stato civile del comune non può essere stabilito in misura superiore all'imposta fissa di bollo prevista per le pubblicazioni di matrimonio dall'articolo 4 della tabella allegato A) al decreto del Presidente della Repubblica 26 ottobre 1972, n. 642».

7. Le disposizioni del presente articolo si applicano a decorrere dal trentesimo giorno successivo all'entrata in vigore della legge di conversione del presente decreto.

- art. 3, comma 2, L. 1 dicembre 1970, n. 898.

■ Codice civile del 1865: *Art. 148. Il matrimonio non si scioglie che colla morte di uno dei coniugi; è ammessa però la loro separazione personale.*

149. Il diritto di chiedere la separazione spetta ai coniugi nei soli casi determinati dalla legge.

151. Separazione giudiziale.

La separazione può essere chiesta quando si verificano, anche indipendentemente dalla volontà di uno o di entrambi i coniugi, fatti tali da rendere intollerabile la prosecuzione della convivenza o da recare grave pregiudizio all'educazione della prole [c.p.c. 706 ss.].

Il giudice, pronunziando la separazione, dichiara, ove ne ricorrano le circostanze e ne sia richiesto, a quale dei coniugi sia addebitabile la separazione [548 comma 2, 585 comma 2], in considerazione del suo comportamento contrario ai doveri che derivano dal matrimonio [143 comma 2, 147, 156][1].

[1] Articolo così sostituito dall'art. 33, L. 19 maggio 1975, n. 151. Il testo previgente disponeva: *La separazione può essere chiesta per causa di adulterio, di volontario abbandono, eccessi, sevizie, minacce o ingiurie gravi.*

Non è ammessa l'azione di separazione per adulterio del marito, se non quando concorrono circostanze tali che il fatto costituisca.

● Norme connesse:

- art. 212, L. 19 maggio 1975, n. 151, che dispone: *Il termine di sette anni previsto dall'art. 3, n. 2, lettera b), terzo comma della legge 1° dicembre 1970, n. 898, per domandare lo scioglimento o la cessazione degli effetti civili del matrimonio, si applica nei confronti del coniuge a cui con sentenza passata in giudicato è stata esclusivamente addebitata la separazione personale ai sensi dell'art. 151, secondo comma, del codice civile, quando vi sia opposizione dell'altro coniuge.*

- art. 23, L. 6 marzo 1987, n. 74, che dispone: *1. Fino all'entrata in vigore del nuovo testo del codice di procedura civile, ai giudizi di separazione personale dei coniugi si applicano, in quanto compatibili, le regole di cui all'articolo 4 della legge 1° dicembre 1970, n. 898, come sostituito dall'articolo 8 della presente legge.*

2. I giudizi di separazione personale e di scioglimento o di cessazione degli effetti civili del matrimonio pendenti, in ogni stato e grado, alla data di entrata in vigore della presente legge saranno definiti secondo le disposizioni processuali anteriormente vigenti.

3. L'impugnazione delle sentenze di separazione personale e di scioglimento o di cessazione degli effetti civili del matrimonio pubblicate prima dell'entrata in vigore della presente legge resta regolata dalla legge anteriore.

- art. 3, comma 5, n. 2, lett. b), 1 dicembre 1970, n. 898.

■ Codice civile del 1865: *Art. 150. La separazione può essere domandata per causa di adulterio o di volontario abbandono, e per causa di eccessi, sevizie, minacce e ingiurie gravi.*

Non è ammessa l'azione di separazione per l'adulterio del marito, se non quando egli mantenga la concubina in casa o notoriamente in altro luogo, oppure concorrano circostanze tali che il fatto costituisca una ingiuria grave alla moglie.

152. - 153.

[...][1].

[1] Articoli abrogati dall'art. 34, L. 19 maggio 1975, n. 151. I testi previgenti disponevano, rispettivamente: *Art. 152. La separazione può essere anche chiesta contro il coniuge che è stato condannato alla pena dell'ergastolo o della reclusione per un tempo superiore ai cinque anni, ovvero è stato sottoposto all'interdizione perpetua dai pubblici uffici, tranne il caso in cui la condanna o l'interdizione è anteriore al matrimonio e l'altro coniuge ne è consapevole.*

Art. 153. La moglie può chiedere la separazione quando il marito, senza giusto motivo, non fissa una residenza, o, avendone i mezzi, ricusa di fissarla in modo conveniente alla sua condizione.

■ Codice civile del 1865: *Art. 151. La separazione si può eziandio domandare contro il coniuge che sia stato condannato ad una pena criminale, tranne il caso che la sentenza sia anteriore al matrimonio e l'altro coniuge ne fosse consapevole.*

Art. 152. La moglie può chiedere la separazione quando il marito, senza alcun giusto motivo, non fissi una residenza, od avendone i mezzi ricusi di fissarla in modo conveniente alla sua condizione.

154. Riconciliazione.

La riconciliazione tra i coniugi comporta l'abbandono della domanda di separazione personale già proposta[1].

[1] Articolo così sostituito dall'art. 35, L. 19 maggio 1975, n. 151. Il testo previgente disponeva: *La riconciliazione estingue il diritto di chiedere la separazione; essa importa anche l'abbandono della domanda che sia stata proposta.*

■ Codice civile del 1865: *Art. 153. La riconciliazione estingue il diritto di chiedere la separazione; essa induce pure l'abbandono della domanda che fosse stata proposta.*

155. Provvedimenti riguardo ai figli.

In caso di separazione, riguardo ai figli, si applicano le disposizioni contenute nel Capo II del titolo IX[1].

[1] Articolo, da ultimo, così sostituito dall'art. 1, L. 8 febbraio 2006, n. 54 (le cui disposizioni si applicano anche in caso di scioglimento, di cessazione degli effetti civili o di nullità del matrimonio, nonché ai procedimenti relativi ai figli di genitori non coniugati) e poi dall'art. 5, D.Lgs. 28 dicembre 2013, n. 154, a decorrere dal 7 febbraio 2014.

Il testo previgente la modifica del 2006 disponeva: *Il giudice che pronunzia la separazione dichiara a quale dei coniugi i figli sono affidati e adotta ogni altro provvedimento relativo alla prole, con esclusivo riferimento all'interesse morale e materiale di essa.*

In particolare il giudice stabilisce la misura e il modo con cui l'altro coniuge deve contribuire al mantenimento, all'istruzione e all'educazione dei figli, nonché le modalità di esercizio dei suoi diritti nei rapporti con essi.

Il coniuge cui sono affidati i figli, salva diversa disposizione del giudice ha l'esercizio esclusivo della potestà su di essi; egli deve attenersi alle condizioni determinate dal giudice. Salvo che sia diversamente stabilito, le decisioni di maggior interesse per i figli sono adottate da entrambi i coniugi. Il coniuge cui i figli non siano affidati ha il diritto e il dovere di vigilare sulla loro istruzione ed educazione e può ricorrere al giudice quando ritenga che siano state assunte decisioni pregiudizievoli al loro interesse.

L'abitazione nella casa familiare spetta di preferenza, e ove sia possibile, al coniuge cui vengono affidati i figli.

Il giudice dà inoltre disposizioni circa l'amministrazione dei beni dei figli e, nell'ipotesi che l'esercizio della potestà sia affidato ad entrambi i genitori, il concorso degli stessi al godimento dell'usufrutto legale.

In ogni caso il giudice può per gravi motivi ordinare che la prole sia collocata presso una terza persona o, nella impossibilità, in un istituto di educazione.

Nell'emanare i provvedimenti relativi all'affidamento dei figli e al contributo al loro mantenimento, il giudice deve tener conto dell'accordo fra le parti: i provvedimenti possono essere diversi rispetto alle domande delle parti o al loro accordo, ed emessi dopo l'assunzione di mezzi di prova dedotti dalle parti o disposti d'ufficio dal giudice.

I coniugi hanno diritto di chiedere in ogni tempo la revisione delle disposizioni concernenti l'affidamento dei figli, l'attribuzione dell'esercizio della potestà su di essi e le disposizioni relative alla misura e alle modalità del contributo.

Il testo precedente le modifiche apportate dalla L. 19 maggio 1975, n. 151, invece, disponeva:

Il tribunale che pronunzia la separazione dichiara quale dei coniugi deve tenere presso di sè i figli e provvedere al loro mantenimento, alla loro educazione e istruzione.

In ogni caso il tribunale può per gravi motivi ordinare che la prole sia collocata in un istituto di educazione o presso una terza persona.

Qualunque sia la persona a cui i figli sono affidati, il padre e la madre conservano il diritto di vigilare la loro educazione.

Infine, il testo precedente le modifiche apportate dal R.D.L. 20 gennaio 1944, n. 25, disponeva:

Il tribunale che pronunzia la separazione dichiara quale dei coniugi deve tenere presso di sè i figli e provvedere al loro mantenimento, alla loro educazione e istruzione.

Se uno dei coniugi è di razza non ariana, il tribunale dispone, salvo gravi motivi, che i figli considerati di razza ariana siano affidati al coniuge di razza ariana.

In ogni caso il tribunale può per gravi motivi ordinare che la prole sia collocata in un istituto di educazione o presso una terza persona.

Qualunque sia la persona a cui i figli sono affidati, il padre e la madre conservano il diritto di vigilare la loro educazione.

Il testo previgente la modifica del 2013 disponeva: *Anche in caso di separazione personale dei genitori il figlio minore ha il diritto di mantenere un rapporto equilibrato e continuativo con ciascuno di essi, di ricevere cura, educazione e istruzione da entrambi e di conservare rapporti significativi con gli ascendenti e con i parenti di ciascun ramo genitoriale.*

Per realizzare la finalità indicata dal primo comma, il giudice che pronuncia la separazione personale dei coniugi adotta i provvedimenti relativi alla prole con esclusivo riferimento all'interesse morale e materiale di essa. Valuta prioritariamente la possibilità che i figli minori restino affidati a entrambi i genitori oppure stabilisce a quale di essi i figli sono affidati, determina i tempi e le modalità della loro presenza presso ciascun genitore, fissando altresì la misura e il modo con cui ciascuno di essi deve contribuire al mantenimento, alla cura, all'istruzione e all'educazione dei figli. Prende atto, se non contrari all'interesse dei figli, degli accordi intervenuti tra i genitori. Adotta ogni altro provvedimento relativo alla prole.

La potestà genitoriale è esercitata da entrambi i genitori. Le decisioni di maggiore interesse per i figli relative all'istruzione, all'educazione e alla salute sono assunte di comune accordo tenendo conto delle capacità, dell'inclinazione naturale e delle aspirazioni dei figli. In caso di disaccordo la decisione è rimessa al giudice. Limitatamente alle decisioni su questioni di ordinaria amministrazione, il giudice può stabilire che i genitori esercitino la potestà separatamente.

Salvo accordi diversi liberamente sottoscritti dalle parti, ciascuno dei genitori provvede al mantenimento dei figli in misura proporzionale al proprio reddito; il giudice stabilisce, ove necessario, la corresponsione di un assegno periodico al fine di realizzare il principio di proporzionalità, da determinare considerando: 1) le attuali esigenze del figlio; 2) il tenore di vita goduto dal figlio in costanza di convivenza con entrambi i genitori; 3) i tempi di permanenza presso ciascun genitore; 4) le risorse economiche di entrambi i genitori; 5) la valenza economica dei compiti domestici e di cura assunti da ciascun genitore.

L'assegno è automaticamente adeguato agli indici ISTAT in difetto di altro parametro indicato dalle parti o dal giudice.

Ove le informazioni di carattere economico fornite dai genitori non risultino sufficientemente documentate, il giudice dispone un accertamento della polizia tributaria sui redditi e sui beni oggetto della contestazione, anche se intestati a soggetti diversi.

● Norme connesse:

- art. 6, L. 1 dicembre 1970, n. 898; art. 6, L. 27 luglio 1978, n. 392; artt. 3-4, L. 8 febbraio 2006, n. 54.

- sul diritto alla bigenitorialità, art. 9 della Convenzione sui diritti del fanciullo, fatta a New York il 20 novembre 1989, ratificata ed eseguita con la L. 27 maggio 1991 n. 176; art. 24, n. 3 della Carta dei diritti dell'Unione europea.

- in tema di sottrazione di minori, Regolamento 27 novembre 2003 n. 2201/2003/CE del consiglio, relativo alla competenza, al riconoscimento e all'esecuzione delle decisioni in materia matrimoniale e in materia di responsabilità genitoriale, che abroga il regolamento (CE) 1347/2000, art. 11; Con-

CODICE CIVILE

venzione sugli aspetti civili della sottrazione internazionale di minori, aperta alla firma a L'Aja il 25 ottobre 1980, ratificata ed eseguita con L. 15 gennaio 1994, n. 64; infine v. art. 574-*bis* c.p. (Sottrazione e trattenimento di minore all'estero).

155-*bis*. Affidamento a un solo genitore e opposizione all'affidamento condiviso.

[...][1].

[1] Articolo aggiunto dall'art. 1, L. 8 febbraio 2006, n. 54 (le cui disposizioni si applicano anche in caso di scioglimento, di cessazione degli effetti civili o di nullità del matrimonio, nonché ai procedimenti relativi ai figli di genitori non coniugati) e poi abrogato dall'art. 106, D.Lgs. 28 dicembre 2013, n. 154, a decorrere dal 7 febbraio 2014. Il testo previgente disponeva: *Il giudice può disporre l'affidamento dei figli ad uno solo dei genitori qualora ritenga con provvedimento motivato che l'affidamento all'altro sia contrario all'interesse del minore.*

Ciascuno dei genitori può, in qualsiasi momento, chiedere l'affidamento esclusivo quando sussistono le condizioni indicate al primo comma. Il giudice, se accoglie la domanda, dispone l'affidamento esclusivo al genitore istante, facendo salvi, per quanto possibile, i diritti del minore previsti dal primo comma dell'articolo 155. Se la domanda risulta manifestamente infondata, il giudice può considerare il comportamento del genitore istante ai fini della determinazione dei provvedimenti da adottare nell'interesse dei figli, rimanendo ferma l'applicazione dell'articolo 96 del codice di procedura civile.

155-*ter*. Revisione delle disposizioni concernenti l'affidamento dei figli.

[...][1].

[1] Articolo aggiunto dall'art. 1, L. 8 febbraio 2006, n. 54 (le cui disposizioni si applicano anche in caso di scioglimento, di cessazione degli effetti civili o di nullità del matrimonio, nonché ai procedimenti relativi ai figli di genitori non coniugati) e poi abrogato dall'art. 106, D.Lgs. 28 dicembre 2013, n. 154, a decorrere dal 7 febbraio 2014. Il testo previgente disponeva: *I genitori hanno diritto di chiedere in ogni tempo la revisione delle disposizioni concernenti l'affidamento dei figli, l'attribuzione dell'esercizio della potestà su di essi e delle eventuali disposizioni relative alla misura e alla modalità del contributo.*

155-*quater*. Assegnazione della casa familiare e prescrizioni in tema di residenza.

[...][1].

[1] Articolo aggiunto dall'art. 1, L. 8 febbraio 2006, n. 54 (le cui disposizioni si applicano anche in caso di scioglimento, di cessazione degli effetti civili o di nullità del matrimonio, nonché ai procedimenti relativi ai figli di genitori non coniugati) e poi abrogato dall'art. 106, D.Lgs. 28 dicembre 2013, n. 154, a decorrere dal 7 febbraio 2014. Il testo previgente disponeva: *Il godimento della casa familiare è attribuito tenendo prioritariamente conto dell'interesse dei figli. Dell'assegnazione il giudice tiene conto nella regolazione dei rapporti economici tra i genitori, considerato l'eventuale titolo di proprietà. Il diritto al godimento della casa familiare viene meno nel caso che l'assegnatario non abiti o cessi di abitare stabilmente nella casa familiare o conviva more uxorio o contragga nuovo matrimonio. Il provvedimento di assegnazione e quello di revoca sono trascrivibili e opponibili a terzi ai sensi dell'articolo 2643.*

Nel caso in cui uno dei coniugi cambi la residenza o il domicilio, l'altro coniuge può chiedere, se il mutamento interferisce con le modalità dell'affidamento, la ridefinizione degli accordi o dei provvedimenti adottati, ivi compresi quelli economici.

155-*quinquies*. Disposizioni in favore dei figli maggiorenni.

[...][1].

[1] Articolo aggiunto dall'art. 1, L. 8 febbraio 2006, n. 54 (le cui disposizioni si applicano anche in caso di scioglimento, di cessazione degli effetti civili o di nullità del matrimonio, nonché ai procedimenti relativi ai figli di genitori non coniugati) e poi abrogato dall'art. 106, D.Lgs. 28 dicembre 2013, n. 154, a decorrere dal 7 febbraio 2014. Il testo previgente disponeva: *Il giudice, valutate le circostanze, può disporre in favore dei figli maggiorenni non indipendenti economicamente il pagamento di un assegno periodico. Tale assegno, salvo diversa determinazione del giudice, è versato direttamente all'avente diritto.*

Ai figli maggiorenni portatori di handicap grave ai sensi dell'articolo 3, comma 3, della legge 5 febbraio 1992, n. 104, si applicano integralmente le disposizioni previste in favore dei figli minori.

155-*sexies*. Poteri del giudice e ascolto del minore.

[...][1].

[1] Articolo aggiunto dall'art. 1, L. 8 febbraio 2006, n. 54 (le cui disposizioni si applicano anche in caso di scioglimento, di cessazione degli effetti civili o di nullità del matrimonio, nonché ai procedimenti relativi ai figli di genitori non coniugati) e poi abrogato dall'art. 106, D.Lgs. 28 dicembre 2013, n. 154, a decorrere dal 7 febbraio 2014. Il testo previgente disponeva: *Prima dell'emanazione, anche in via provvisoria, dei provvedimenti di cui all'articolo 155, il giudice può assumere, ad istanza di parte o d'ufficio, mezzi di prova. Il giudice dispone, inoltre, l'audizione del figlio minore che abbia compiuto gli anni dodici e anche di età inferiore ove capace di discernimento.*

Qualora ne ravvisi l'opportunità, il giudice, sentite le parti e ottenuto il loro consenso, può rinviare l'adozione dei provvedimenti di cui all'articolo 155 per consentire che i coniugi, avvalendosi di esperti, tentino una mediazione per raggiungere un accordo, con particolare riferimento alla tutela dell'interesse morale e materiale dei figli.

156. Effetti della separazione sui rapporti patrimoniali tra i coniugi.

Il giudice, pronunziando la separazione, stabilisce a vantaggio del coniuge [disp. att. 38] cui non sia addebitabile la separazione [151 comma 2] il diritto di ricevere dall'altro coniuge quanto è necessario al suo mantenimento, qualora egli non abbia adeguati redditi propri [548 comma 1, 585 comma 1].

L'entità di tale somministrazione è determinata in relazione alle circostanze e ai redditi dell'obbligato.

Resta fermo l'obbligo di prestare gli alimenti di cui agli articoli 433 e seguenti [438 comma 2].

Il giudice che pronunzia la separazione può imporre al coniuge di prestare idonea garanzia reale [2784, 2808] o personale [1179, 1936] se esiste il pericolo che egli possa sottrarsi all'adempimento degli obblighi previsti dai precedenti commi e dall'articolo 155.

La sentenza costituisce titolo per l'iscrizione dell'ipoteca giudiziale ai sensi dell'articolo 2818.

In caso di inadempienza, su richiesta dell'avente diritto, il giudice può disporre il sequestro [c.p.c. 671 ss.] di parte dei beni del coniuge obbligato e ordinare ai terzi, tenuti a corrispondere anche periodicamente somme di danaro all'obbligato, che una parte di esse venga versata direttamente agli aventi diritto[1 2 3].

Qualora sopravvengano giustificati motivi il giudice, su istanza di parte, può disporre la revoca o la modifica dei provvedimenti di cui ai commi precedenti [c.p.c. 710][4 5].

[1] La Corte costituzionale, con sentenza 31 maggio 1983, n. 144, ha dichiarato l'illegittimità costituzionale del presente comma, nella parte in cui non prevede che le disposizioni ivi contenute si applichino a favore dei figli dei coniugi consensualmente separati.

[2] La Corte costituzionale con sentenza 6 luglio 1994, n. 278, ha dichiarato l'illegittimità costituzionale del presente comma nella parte in cui non prevede che il giudice istruttore possa adottare nel corso della causa di separazione il provvedimento di ordinare ai terzi debitori del coniuge obbligato al mantenimento di versare una parte delle somme direttamente agli aventi diritto.

[3] La Corte costituzionale, con sentenza 19 luglio 1996, n. 258, ha dichiarato l'illegittimità costituzionale del presente comma, nella parte in cui non prevede che il giudice istruttore possa adottare, nel corso della causa di separazione, il provvedimento di sequestro di parte dei beni del coniuge obbligato al mantenimento.

[4] La Corte costituzionale, con sentenza 19 gennaio 1987, n. 5 ha dichiarato l'illegittimità costituzionale del presente comma nella parte in cui non prevede che le disposizioni ivi contenute si applichino ai coniugi separati consensualmente.

[5] Articolo così sostituito dall'art. 37, L. 19 maggio 1975, n. 151. Il testo previgente disponeva: *Il coniuge, che non ha colpa nella separazione personale, conserva i diritti inerenti alla sua qualità di coniuge che non sono incompatibili con lo stato di separazione.*

Il coniuge, per colpa del quale è stata pronunziata la separazione, non ha diritto che agli alimenti. Egli incorre nella perdita di tutti gli utili che l'altro coniuge gli ha concessi col contratto di matrimonio, anche se sono stati stipulati con reciprocità.

Il tribunale può altresì privarlo, in tutto o in parte, dell'usufrutto legale che ad esso spetti sui beni dei figli minori.

Se la sentenza di separazione è pronunziata per colpa di ambedue i coniugi, ciascuno di essi incorre nella perdita indicata nel secondo comma, e il tribunale, secondo le circostanze, dà le disposizioni opportune per l'usufrutto legale.

Il tribunale, secondo le circostanze, può anche vietare alla moglie l'uso del cognome del marito.

● Norme connesse:
- comma 2: artt. 5, 6, 8, 9, L. 1 dicembre 1970, n. 898.
- comma 4: art. 8 comma 1, L. 1 dicembre 1970, n. 898.
- comma 7: art. 23, L. 6 marzo 1987, n. 74, riportato in nota sub art. 151 c.c. precedente.

■ Codice civile del 1865: *Art. 156. Il coniuge, per colpa del quale fu pronunziata la separazione, incorre nella perdita dei lucri dotali, di tutti gli utili che l'altro coniuge gli avesse concessi col contratto matrimoniale, ed anche dell'usufrutto legale.*

L'altro coniuge conserva il diritto ai lucri e ad ogni altro utile dipendente dal contratto di matrimonio, sebbene siano stati stipulati con reciprocità.

Se la sentenza di separazione è pronunziata per colpa di ambidue i coniugi, ciascuno di essi incorre nella perdita sopra accennata, salvo sempre il diritto agli alimenti in caso di bisogno.

♦ Codice civile francese

Articolo 302. *La separazione legale comporta sempre la separazione dei beni. Per quel che concerne i beni, la data in cui la separazione legale produce i suoi effetti è determinata conformemente alle disposizioni degli articoli 262 fino a 262.2.*

Articolo 303. *La separazione legale lascia sussistere il dovere di soccorso; la sentenza che la pronuncia o la sentenza posteriore fissa l'assegno alimentare che è dovuto al coniuge in stato di bisogno. Questo assegno è attribuito senza considerare i torti. Il coniuge debitore può tuttavia invocare, se ha luogo, le disposizioni dell'articolo 207 comma 2. Questo assegno è soggetto alle regole degli obblighi alimentari. Tuttavia, quando la consistenza dei beni del coniuge debitore è, l'assegno alimentare è sostituito, in tutto o in parte, dalla costituzione di un capitale, secondo le regole degli articoli 274 fino a 275.1,277 e 281. Se questo capitale diviene insufficiente per coprire i bisogni del creditore, quest'ultimo può domandare un complemento sotto forma di assegno alimentare.*

♦ Codice civile tedesco

§ 1361 Mantenimento in caso di separazione. *(1) Qualora i coniugi conducano vite separate, un coniuge può esigere dall'altro un mantenimento conforme alle condizioni di vita ed alle condizioni patrimoniali e reddituali di costui; per le spese necessarie a seguito di un danno al corpo o alla salute si applica il § 1610a. Quando tra i coniugi separati è pendente un procedimento di divorzio, sono [atte rientrare nel mantenimento dovuto prima dell'inizio del giudizio anche le spese di una idonea assicurazione per la vecchiaia e per il caso di una diminuzione della capacità produttiva. (2) Al coniuge che non svolga attività produttiva può ordinarsi di provvedere autonomamente al proprio mantenimento attraverso un'attività produttiva, nel caso in cui lo si possa richiedere in considerazione delle sue condizioni personali, specificamente in ragione della precedente attività produttiva, tenendo in considerazione la durata del matrimonio, nonché le condizioni economiche di entrambi i coniugi. (3) La previsione del § 1579, n. da 2 a 7, relativa alla diminuzione del mantenimento per ragioni d'equità va applicata in modo corrispondente. (4) Il mantenimento previsto va versato mediante il pagamento di una rendita vitalizia. La rendita deve essere pagata ogni mese in anticipo. Il soggetto obbligato è debitore dell'intero importo mensile nel caso 'in cui il legittimato muoia nel corso del mese. Il § 1360a, commi 3, 4ed i §§ 1360b, 1605 trovano corrispondente applicazione.*

156-*bis*. Cognome della moglie.

Il giudice può vietare alla moglie l'uso del cognome del marito, quando tale uso sia a lui gravemente pregiudizievole, e può parimenti autorizzare la moglie a non usare il cognome stesso, qualora dall'uso possa derivarle grave pregiudizio [143-*bis*][1].

[1] Articolo aggiunto dall'art. 38, L. 19 maggio 1975, n. 151.

● Norme connesse:

- art. 5, L. 1 dicembre 1970, n. 898.

157. Cessazione degli effetti della separazione.

I coniugi possono di comune accordo far cessare gli effetti della sentenza di separazione, senza che sia necessario l'intervento del giudice, con una espressa dichiarazione o con un comportamento non equivoco che sia incompatibile con lo stato di separazione [154].

La separazione può essere pronunziata nuovamente soltanto in relazione a fatti e comportamenti intervenuti dopo la riconciliazione[1].

[1] Articolo così sostituito dall'art. 39, L. 19 maggio 1975, n. 151. Il testo previgente disponeva: *I coniugi possono di comune accordo far cessare gli effetti della sentenza di separazione con un'espressa dichiarazione o col fatto della coabitazione, senza che sia necessario l'intervento dell'autorità giudiziaria.*

158. Separazione consensuale.

La separazione per il solo consenso dei coniugi non ha effetto senza l'omologazione del giudice [150; c.p.c. 711].

Quando l'accordo dei coniugi relativamente all'affidamento e al mantenimento dei figli è in contrasto con l'interesse di questi [155 comma 1] il giudice riconvoca i coniugi indicando ad essi le modificazioni da adottare nell'interesse dei figli e in caso di inidonea soluzione, può rifiutare allo stato l'omologazione [155 comma 7][1 2].

[1] La Corte costituzionale, con sentenza 18 febbraio 1988, n. 186, ha dichiarato l'illegittimità costituzionale del presente articolo, nella parte in cui non prevede che il decreto di omologazione della separazione consensuale costituisce titolo per l'iscrizione dell'ipoteca giudiziale ai sensi dell'art. 2818 c.c.

[2] Articolo così sostituito dall'art. 40, L. 19 maggio 1975, n. 151. Il testo previgente disponeva: *La separazione per il solo consenso dei coniugi non ha effetto senza l'omologazione del tribunale.*

● Norme connesse:

- comma 1: art. 23, L. 6 marzo 1987, n. 74, riportato in nota sub art. 151 c.c. precedente.

- artt. 5, comma 8, L. 1 dicembre 1970, n. 898.

- in tema di accordi di separazione in sede di negoziazione assistita e dinanzi all'ufficiale di stato civile, artt. 6 e 12 D.L. 12 settembre 2014, n. 132, convertito in L. 10 novembre 2014, n. 162, che, rispettivamente, dispongono: *Art. 6. Convenzione di negoziazione assistita da uno o più avvocati per le soluzioni consensuali di separazione personale, di cessazione degli effetti civili o di scioglimento del matrimonio, di modifica delle condizioni di separazione o di divorzio. 1. La convenzione di negoziazione assistita da almeno un avvocato per parte può essere conclusa tra coniugi al fine di raggiungere una soluzione consensuale di separazione personale, di cessazione degli effetti civili del matrimonio, di scioglimento del matrimonio nei casi di cui all'articolo 3, primo comma, numero 2), lettera b), della legge 1° dicembre 1970, n. 898, e successive modificazioni, di modifica delle condizioni di separazione o di divorzio.*

2. In mancanza di figli minori, di figli maggiorenni incapaci o portatori di handicap grave ai sensi dell'articolo 3, comma 3, della legge 5 febbraio 1992, n. 104, ovvero economicamente non autosufficienti, l'accordo raggiunto a seguito di convenzione di negoziazione assistita è trasmesso al procuratore della Repubblica presso il tribunale competente il quale, quando non ravvisa irregolarità, comunica agli avvocati il nullaosta per gli adempimenti ai sensi del comma 3. In presenza di figli minori, di figli maggiorenni incapaci o portatori di handicap grave ovvero economicamente non autosufficienti, l'accordo raggiunto a seguito di convenzione di negoziazione assistita deve essere trasmesso entro il termine di dieci giorni al procuratore della Repubblica presso il tribunale competente, il quale, quando ritiene che l'accordo risponde all'interesse dei figli, lo autorizza. Quando ritiene che l'accordo non risponde all'interesse dei figli, il procuratore della Repubblica lo trasmette, entro cinque giorni, al presidente del tribunale, che fissa, entro i successivi trenta giorni, la comparizione delle parti e provvede senza ritardo. All'accordo autorizzato si applica il comma 3.

3. L'accordo raggiunto a seguito della convenzione produce gli effetti e tiene luogo dei provvedimenti giudiziali che definiscono, nei casi di cui al comma 1, i procedimenti di separazione personale, di cessazione degli effetti civili del matrimonio, di scioglimento del matrimonio e di modifica delle condizioni di separazione o di divorzio. Nell'accordo si dà atto che gli avvocati hanno tentato di conciliare le parti e le hanno informate della possibilità di esperire la mediazione familiare e che gli avvocati hanno informato le parti dell'importanza per il minore di trascorrere tempi adeguati con ciascuno dei genitori. L'avvocato della parte è obbligato a trasmettere, entro il termine di dieci giorni, all'ufficiale dello stato civile del Comune in cui il matrimonio fu iscritto o trascritto, copia, autenticata dallo stesso, dell'accordo munito delle certificazioni di cui all'articolo 5.

4. All'avvocato che viola l'obbligo di cui al comma 3, terzo periodo, è applicata la sanzione amministrativa pecuniaria da euro 2.000 ad euro 10.000. Alla irrogazione della sanzione di cui al periodo che precede è competente il Comune in cui devono essere eseguite le annotazioni previste dall'articolo 69 del decreto del Presidente della Repubblica 3 novembre 2000, n. 396.

5. [...].

Art. 12. Separazione consensuale, richiesta congiunta di scioglimento o di cessazione degli effetti civili del matrimonio e modifica delle condizioni di separazione o di divorzio innanzi all'ufficiale dello stato civile. 1. I coniugi possono concludere, innanzi al sindaco, quale ufficiale dello stato civile a norma dell'articolo 1 del decreto del Presidente della Repubblica 3 novembre 2000, n. 396, del comune di residenza di uno di loro o del comune presso cui è iscritto o trascritto l'atto di matrimonio, con l'assistenza facoltativa di un avvocato, un accordo di separazione personale ovvero, nei casi di cui all'articolo 3, primo comma, numero 2), lettera b), della legge 1° dicembre 1970, n. 898, di scioglimento o di cessazione degli effetti civili del matrimonio, nonchè di modifica delle condizioni di separazione o di divorzio.

2. Le disposizioni di cui al presente articolo non si applicano in presenza di figli minori, di figli maggiorenni incapaci o portatori di handicap grave ai sensi dell'articolo 3, comma 3, della legge 5 febbraio 1992, n. 104, ovvero economicamente non autosufficienti.

3. L'ufficiale dello stato civile riceve da ciascuna delle parti personalmente, con l'assistenza facoltativa di un avvocato, la dichiarazione che esse vogliono separarsi ovvero far cessare gli effetti civili del matrimonio o ottenerne lo scioglimento secondo condizioni tra di esse concordate. Allo stesso modo si procede per la modifica delle condizioni di separazione o di divorzio. L'accordo non può contenere patti di trasferimento patrimoniale. L'atto contenente l'accordo è compilato e sottoscritto immediatamente dopo il ricevimento delle dichiarazioni di cui al presente comma. L'accordo tiene luogo dei provvedimenti giudiziali che definiscono, nei casi di cui al comma 1, i procedimenti di separazione personale, di cessazione degli effetti civili del matrimonio, di scioglimento del matrimonio e di modifica delle condizioni di separazione o di divorzio. Nei soli casi di separazione personale, ovvero di cessazione degli effetti civili del matrimonio o di scioglimento del matrimonio secondo condizioni concordate, l'ufficiale dello stato civile, quando riceve le dichiarazioni dei coniugi, li invita a comparire di fronte a sè non prima di trenta giorni dalla ricezione per la conferma dell'accordo anche ai fini degli adempimenti di cui al comma 5. La mancata comparizione equivale a mancata conferma dell'accordo.

4. - 6. [...].

7. Le disposizioni del presente articolo si applicano a decorrere dal trentesimo giorno successivo all'entrata in vigore della legge di conversione del presente decreto.

■ Codice civile del 1865: *Art. 158. La separazione pel solo consenso dei coniugi non può aver luogo senza l'omologazione del tribunale*

CAPO VI
DEL REGIME PATRIMONIALE DELLA FAMIGLIA

Sezione I
Disposizioni generali

159. Del regime patrimoniale legale tra i coniugi.

Il regime patrimoniale legale della famiglia, in mancanza di diversa convenzione stipulata a norma dell'articolo 162, è costituito dalla comunione dei beni regolata dalla sezione III del presente capo[1].

[1] Articolo così sostituito dall'art. 41, L. 19 maggio 1975, n. 151. Il testo previgente disponeva: *I rapporti patrimoniali tra coniugi sono regolati dalle convenzioni delle parti e dalla legge.*

● Norme connesse:
- artt. 8, 9, 9-bis, L. 1 dicembre 1970, n. 898.
- art. 30, L. 31 maggio 1995, n. 218.
- art. 1, commi 9, 13, 50, 51, 52, L. 20 maggio 2016, n. 76.

■ Codice civile del 1865: *Art. 1378. La società coniugale relativamente ai beni è regolata dalle convenzioni delle parti e dalla legge.*

♦ Codice civile francese

Articolo 1393. *I coniugi possono dichiarare, in modo generale, che intendono sposarsi sotto uno dei regimi previsti nel presente codice. In mancanza di stipulazioni speciali che derogano al regime di comunione o lo modificano, le regole stabilite nella prima parte del capitolo II formeranno il diritto comune della Francia.*

♦ Codice civile tedesco

§ 1363 Comunione di incrementi patrimoniali. *(1) Tra i coniugi vige un regime di comunione degli incrementi patrimoniali, qualora non abbiano disposto diversamente mediante contratto matrimoniale. (2) Il patrimonio dell'uomo e quello della donna non diventano un unico patrimonio comune ai coniugi; ciò vale anche per il patrimonio che un coniuge consegue dopo il matrimonio. L'incremento del patrimonio che i coniugi conseguono nel corso del matrimonio viene comunque compensato nel momento in cui cessa la comunione degli incrementi patrimoniali.*

160. Diritti inderogabili.

Gli sposi non possono derogare né ai diritti né ai doveri previsti dalla legge per effetto del matrimonio [143-148][1].

[1] Articolo così sostituito dall'art. 42, L. 19 maggio 1975, n. 151. Il testo previgente disponeva: *Gli sposi non possono derogare nè ai diritti che spettano al capo della famiglia, nè a quelli che la legge attribuisce all'uno o all'altro coniuge.*

● Norme connesse:
- art. 5, L. 1 dicembre 1970, n. 898; art. 1, comma 13, L. 20 maggio 2016, n. 76.

■ Codice civile del 1865: *Art. 1379. Gli sposi non possono derogare né ai diritti che appartengono al capo della famiglia, né a quelli che vengono dalla legge attribuiti all'uno o all'altro coniuge, né alle disposizioni proibitive contenute in questo codice.*

161. Riferimento generico a leggi o agli usi.

Gli sposi non possono pattuire in modo generico che i loro rapporti patrimoniali siano in tutto o in parte regolati da leggi alle quali non sono sottoposti o dagli usi, ma devono enunciare in modo concreto il contenuto dei patti con i quali intendono regolare questi loro rapporti [210].

● Norme connesse:
- art. 30, L. 31 maggio 1995, n. 218.

■ Codice civile del 1865: *Art. 1381. Non è permesso agli sposi di stipulare in modo generico che il loro matrimonio sia regolato da consuetudini locali o da leggi, alle quali non sono legalmente sottoposti.*

162. Forma delle convenzioni matrimoniali.

Le convenzioni matrimoniali [159, 167 ss., 210 ss., 215 ss.] debbono essere stipulate per atto pubblico [2699] sotto pena di nullità [1350, 1418 ss., 2725].

La scelta del regime di separazione può anche essere dichiarata nell'atto di celebrazione del matrimonio [107 comma 2, 130 comma 1, 215].

Le convenzioni possono essere stipulate in ogni tempo, ferme restando le disposizioni dell'articolo 194[1].

Le convenzioni matrimoniali non possono essere opposte ai terzi quando a margine dell'atto di matrimonio non risultano annotati la data del contratto, il notaio rogante e le generalità dei contraenti, ovvero la scelta di cui al secondo comma [2647][2 3].

[1] Comma così modificato dall'art. 1, L. 10 aprile 1981, n. 142. V., anche, anche art. 2, L. 142/1981 cit.

[2] Le comunicazioni inviate ai comuni dai notai ai fini delle annotazioni delle convenzioni matrimoniali a margine dell'atto di matrimonio sono effettuate esclusivamente in modalità telematica in conformità alle disposizioni di cui al decreto legislativo 7 marzo 2005, n. 82, e successive modificazioni (art. 6, D.L. 9 febbraio 2012, n. 5, convertito in L. 4 aprile 2012, n. 35).

[3] Articolo così sostituito dall'art. 43, L. 19 maggio 1975, n. 151. Il testo precedente le modifiche apportate dalla L. 10 aprile 1981, n. 142, disponeva: *Le convenzioni matrimoniali debbono essere stipulate per atto pubblico sotto pena di nullità.*

La scelta del regime di separazione può anche essere dichiarata nell'atto di celebrazione del matrimonio.

Le convenzioni possono essere stipulate in ogni tempo, ferme restando le disposizioni dell'art. 194. Dopo la celebrazione del matrimonio possono essere mutate soltanto previa autorizzazione del giudice.

Le convenzioni matrimoniali non possono essere opposte ai terzi quando a margine dell'atto di matrimonio non risultano annotati la data del contratto, il notaio rogante e le generalità dei contraenti, ovvero la scelta di cui al secondo comma.

Invece, il testo precedente le modifiche apportate dalla L. 19 maggio 1975, n. 151, disponeva:

Le convenzioni matrimoniali devono essere stipulate per atto pubblico sotto pena di nullità.

Non possono essere mutate dopo la celebrazione del matrimonio.

Possono essere stipulate dopo la celebrazione del matrimonio nei casi previsti dalla legge, purché non alterino le convenzioni matrimoniali già stabilite.

● Norme connesse:

- art. 1, commi 2, 3, 9, 13, 37, 51, 52, 53, 54, 59, 60, 61, 62, L. 20 maggio 2016, n. 76.

■ Codice civile del 1865: *Art. 1382. I contratti matrimoniali devo no essere stipulati per atto pubblico avanti notaio prima del matrimonio.*

♦ Codice civile francese

Articolo 1394. *Tutte le convenzioni matrimoniali saranno redatte con atto davanti a notaio, in presenza e con il consenso simultaneo di tutte le persone che sono parti o dei loro mandatari. Al momento della firma del contratto, il notaio rilascia alle parti un certificato su carta libera e senza spese, enunciando il suo cognome ed il luogo di residenza, i cognomi, nomi, qualità e dimore dei futuri sposi così come la data del contratto. Questo certificato indica che deve essere rimesso all'ufficiale di stato civile prima della celebrazione del matrimonio. Se l'atto di matrimonio menziona che non è stato fatto contratto, gli sposi saranno, nei confronti dei terzi, considerati sposati sotto il regime di diritto comune, a meno che, negli atti stipulati con questi terzi, non abbiano dichiarato di aver fatto un contratto di matrimonio.*

Articolo 1395. *Le convenzioni matrimoniali devono essere redatte prima della celebrazione del matrimonio e non possono avere effetto che dal giorno di questa celebrazione.*

♦ Codice civile tedesco

§ 1410 Forma. *Il contratto matrimoniale va concluso alla contestuale presenza di entrambe le parti mediante verbale redatto da notaio.*

163. Modifica delle convenzioni.

Le modifiche delle convenzioni matrimoniali, anteriori o successive al matrimonio, non hanno effetto se l'atto pubblico [2699] non è stipulato col consenso di tutte le persone che sono state parti nelle convenzioni medesime, o dei loro eredi.

Se uno dei coniugi muore dopo aver consentito con atto pubblico alla modifica delle convenzioni [1329], questa produce i suoi effetti se le altre parti esprimono anche successivamente il loro consenso, salva l'omologazione del giudice. L'omologazione può essere chiesta da tutte le persone che hanno partecipato alla modificazione delle convenzioni o dai loro eredi.

Le modifiche convenute e la sentenza di omologazione hanno effetto rispetto ai terzi solo se ne è fatta annotazione in margine all'atto del matrimonio [162 comma 4].

L'annotazione deve inoltre essere fatta a margine della trascrizione delle convenzioni matrimoniali ove questa sia richiesta a norma degli articoli 2643 e seguenti [disp. att. 34-*bis*][1].

[1] Articolo così sostituito dall'art. 44, L. 19 maggio 1975, n. 151. Il testo previgente disponeva: *Le mutazioni delle convenzioni matrimoniali prima del matrimonio non hanno effetto se non sono fatte per atto pubblico, alla presenza e col simultaneo consenso di tutte le persone che sono state parti nel contratto di matrimonio.*

Ogni mutazione è senza effetto rispetto ai terzi, se in margine o in calce dell'originale del contratto di matrimonio non è stata fatta annotazione indicante l'atto che contiene la mutazione. L'annotazione deve inoltre essere fatta sulla copia del contratto di matrimonio rimessa al pubblico archivio a cura del notaio che lo ha ricevuto, e anche su quella presentata per la trascrizione, se il contratto di matrimonio è stato trascritto.

● Norme connesse:

- art. 1, commi 2, 13, 54, L. 20 maggio 2016, n. 76.

■ Codice civile del 1865: *Art. 1383. Le mutazioni nei contratti matrimoniali che occorressero prima del matrimonio, debbono farsi egualmente per atto pubblico.*

Inoltre, nessuna mutazione o contro dichiarazione è valida, quando sia fatta senza la presenza ed il simultaneo consenso di tutte le persone che sono state parti nel contratto di matrimonio.

Art. 1384. Ogni mutazione o contro-dichiarazione, quantunque rivestita delle forme stabilite nel precedente arti colo, rimane senza effetto rispetto ai terzi, se in margine o in calce della minuta del contratto di matrimonio non fu fatta annotazione indicante l'atto che contiene il cangiamento o la controdichiarazione. Questa annotazione deve parimente essere fatta sulla copia del contratto di matrimonio rimessa al pubblico archivio a cura del notaio che lo ha ricevuto, ed anche su quella presentata all'uffizio di trascrizione, se il contratto di matrimonio fu trascritto.

Tanto il notaio quanto il pubblico archivista non possono, sotto pena dei danni verso le parti, e sotto pene più gravi, se vi è luogo, dar copia del contratto di matrimonio, senza trascrivere in fine l'annotazione suddetta.

Art. 1385. Le convenzioni matrimoniali di qualunque specie non possono cangiarsi in verun modo dopo la celebrazione del matrimonio.

Art. 1386. Il minore capace di contrarre matrimonio è pure capace di prestare il consenso per tutte le stipulazioni e donazioni che possono farsi nel relativo contratto, le quali sono valide, se egli è stato assistito dalle persone il cui consenso è necessario per la validità del matrimonio.

Art. 1387. Per la validità delle stipulazioni e donazioni fatte nel contratto di matrimonio da colui, contro il quale è stata pronunziata sentenza od anche solo promosso giudizio d'inabilitazione, è necessaria l'assistenza del curatore che sarà all'uopo per tal fine nominato.

♦ Codice civile francese

Articolo 1396. *Le modifiche che saranno apportate alle convezioni matrimoniali prima della celebrazione del matrimonio devono essere constatati da un atto stipulato nelle stesse forme. Nessun cambiamento o contro dichiarazione non è, in eccedenza, valida senza la presenza ed il consenso simultaneo di tutte le persone che sono state parti nel contratto di matrimonio o dei loro mandatari. Tutti i cambiamenti e contro dichiarazioni, anche rivestite delle forme prescritte dall'articolo precedente, saranno senza effetto nei confronti di terzi, se non sono state redatte dietro minuta del contratto di matrimonio; ed il notaio non potrà rilasciare né copie conformi notarili né copie autentiche del contratto di matrimonio senza trascrivere dietro il cambiamento o la contro dichiarazione. Una volta celebrato il matrimonio, non può essere apportato cambiamento al regime matrimoniale che per effetto della sentenza su domanda di uno dei coniugi nel caso di separazione di beni o di altre misure giudiziarie di protezione o per effetto di un atto notarile, all'occorrenza, omologato, nel caso dell'articolo seguente.*

Articolo 1397. *Dopo due anni dall'applicazione del regime matrimoniale, i coniugi possono convenire, nell'interesse della famiglia, di modificarlo o anche di cambiarlo interamente con un atto notarile. A pena di nullità, l'atto notarile contiene la liquidazione del regime matrimoniale modificato. Le persone che erano state parti nel contratto modificato ed i figli maggiorenni di ogni coniuge sono informati personalmente della modifica considerata. Ciascuno di essi può opporsi alla modifica in un termine di tre mesi. I creditori sono informati della modifica considerata con pubblicazione di un avviso in un giornale abilitato a ricevere gli annunci legali nella circoscrizione del domicilio degli sposi. Ciascuno di essi può opporsi alla modifica nei tre mesi successivi alla pubblicazione. In caso di opposizione l'atto notarile è soggetto all'omologazione del tribunale del domicilio dei coniugi. La domanda e la decisione di omologazione sono pubblicate nelle condizioni e sotto le sanzioni previste nel codice di procedura civile. Quando l'uno o ['altro dei coniugi ha dei figli minorenni, l'atto notarile è obbligatoriamente soggetto all'omologazione del tribunale del domicilio dei coniugi. Il cambiamento ha effetto tra le parti dalla data dell'atto o della sentenza che lo prevede, e nei confronti dei terzi, tre mesi dopo che è stata riportata notifica a margine dell'atto di matrimonio. Tuttavia in mancanza di questa notifica, il cambiamento non è opponibile ai terzi se negli atti stipulati con essi gli sposi hanno dichiarato di aver modificato il loro regime matrimoniale. È fatta notifica della modifica nella minuta del contratto di matrimonio modificato e se uno dei coniugi è commerciante nel registro del commercio e delle società. I creditori non opponenti se è stata fatta frode ai loro diritti possono impugnare il cambiamento del regime matrimoniale nelle condizioni dell'articolo 1167. Le modalità di applicazione del presente articolo sono determinate con decreto in Consiglio di Stato.*

164. Simulazione delle convenzioni matrimoniali.

È consentita ai terzi la prova della simulazione delle convenzioni matrimoniali [1414, 1417].

Le controdichiarazioni scritte [1414 comma 2] possono aver effetto nei confronti di coloro tra i quali sono intervenute, solo se fatte con la presenza e il simultaneo consenso di tutte le persone che sono state parti nelle convenzioni matrimoniali[1].

[1] Articolo così sostituito dall'art. 45, L. 19 maggio 1975, n. 151. Il testo previgente disponeva: *Non è ammessa alcuna prova della simulazione delle convenzioni matrimoniali, anche se risulta da controdichiarazioni scritte.*

Queste possono avere effetto limitatamente a coloro tra i quali sono intervenute, solo se fatte con la presenza e il simultaneo consenso di tutte le persone che sono state parti nel contratto di matrimonio.

● Norme connesse:

- art. 1, comma 13, L. 20 maggio 2016, n. 76.

165. Capacità del minore.

Il minore ammesso a contrarre matrimonio [84 comma 2] è pure capace di prestare il consenso per tutte le relative convenzioni matrimoniali [162, 774], le quali sono valide se egli è assistito dai genitori esercenti la responsabilità genitoriale su di lui o dal tutore [343, 357] o dal curatore speciale nominato a norma dell'articolo 90[1].

[1] Articolo così sostituito dall'art. 46, L. 19 maggio 1975, n. 151 e poi così modificato dall'art. 6, D.Lgs. 28 dicembre 2013, n. 154, a decorrere dal 7 febbraio 2014.

Il testo previgente la modifica del 1975 disponeva: *Il minore capace di contrarre matrimonio è pure capace di prestare il consenso per tutte le stipulazioni e le donazioni che possono farsi nel relativo contratto, le quali sono valide se egli è stato assistito dal genitore esercente la patria potestà, dal tutore o dal curatore speciale nominato a norma dell'ultimo comma dell'art. 90.*

Il testo previgente la modifica del 2013 disponeva: *Il minore ammesso a contrarre matrimonio è pure capace di prestare il consenso per tutte le relative convenzioni matrimoniali, le quali sono valide se egli è assistito dai genitori esercenti la potestà su di lui o dal tutore o dal curatore speciale nominato a norma dell'articolo 90.*

■ Codice civile del 1865: *Art. 1386. Il minore capace di contrarre matrimonio è pure capace di prestare il consenso per tutte le stipulazioni e donazioni che possono farsi nel relativo contratto, le quali sono valide, se egli è stato assistito dalle persone il cui consenso è necessario per la validità del matrimonio.*

166. Capacità dell'inabilitato.

Per la validità delle stipulazioni e delle donazioni [774], fatte nel contratto di matrimonio dall'inabi-

CODICE CIVILE

litato [415] o da colui contro il quale è stato promosso giudizio di inabilitazione [417], è necessaria l'assistenza del curatore già nominato [419 comma 3]. Se questi non è stato ancora nominato, si provvede alla nomina di un curatore speciale.

● Norme connesse:
- art. 1, comma 13, L. 20 maggio 2016, n. 76.

■ Codice civile del 1865: *Art. 1387. Per la validità delle stipulazioni e donazioni fatte nel contratto di matrimonio da colui, contro il quale è stata pronunziata sentenza od anche solo promosso giudizio d'inabilitazione, è necessaria l'assistenza del curatore che sarà all'uopo per tal fine nominato.*

166-*bis*. Divieto di costituzione di dote.

È nulla ogni convenzione che comunque tenda [1344] alla costituzione di beni in dote [792][1].

[1] Articolo aggiunto dall'art. 47, L. 19 maggio 1975, n. 151. V., anche, art. 227, L. 151/1975 cit., che dispone: *Le doti e i patrimoni familiari costituiti prima dell'entrata in vigore della presente legge continuano ad essere disciplinati dalle norme anteriori.*

Sezione II
Del fondo patrimoniale[1]

[1] Rubrica così modificata dall'art. 48, L. 19 maggio 1975, n. 151. V. art. 227, L. 151/1975, cit. riportato in nota sub art. 166-bis c.c. precedente. In origine la rubrica era la seguente: *Del patrimonio familiare.*

● Norme connesse:
- art. 1, comma 13, L. 20 maggio 2016, n. 76.

167. Costituzione del fondo patrimoniale.

Ciascuno o ambedue i coniugi, per atto pubblico [1350, 2047, 2699], o un terzo, anche per testamento [587], possono costituire [162 comma 4] un fondo patrimoniale, destinando [4, 2447-bis, 2645-ter] determinati beni, immobili [812] o mobili iscritti in pubblici registri [815] o titoli di credito [1992 ss.], a far fronte ai bisogni della famiglia [disp. att. 32].

La costituzione del fondo patrimoniale per atto tra vivi, effettuata dal terzo, si perfeziona con l'accettazione dei coniugi. L'accettazione può essere fatta con atto pubblico posteriore.

La costituzione può essere fatta anche durante il matrimonio.

I titoli di credito devono essere vincolati rendendoli nominativi [2021 ss.] con annotazione del vincolo o in altro modo idoneo [2024][1].

[1] Articolo così sostituito dall'art. 49, L. 19 maggio 1975, n. 151. V. art. 227, L. 151/1975 cit. Il testo previgente disponeva: *Possono essere costituiti in patrimonio familiare determinati beni immobili o titoli di credito.*

La costituzione del patrimonio familiare importa la inalienabilità dei beni e la destinazione dei frutti a vantaggio della famiglia.

La costituzione può essere fatta, anche durante il matrimonio, da uno o da entrambi i coniugi per atto pubblico, ovvero da un terzo per atto pubblico o per testamento.

● Norme connesse:
- art. 8, L. 16 ottobre 1989, n. 364 (Ratifica ed esecuzione della Convenzione sulla legge applicabile ai trusts e sul loro riconoscimento); art. 64, R.D. 16 marzo 1942, n. 267; artt. 36 e 83-octies, D.Lgs. 24 febbraio 1998, n. 58.
- artt. 146, comma 1, lett. c) e 268, comma 3, lett. c) del Codice della crisi di impresa e dell'insolvenza, attuativo della Legge delega 19 ottobre 2017, n. 155 (D.Lgs. 12 gennaio 2019, n. 14), che escludono, rispettivamente, dalla procedura di liquidazione giudiziale e dalla procedura di liquidazione controllata del sovraindebitato i beni ad oggetto degli artt. cit.

168. Impiego ed amministrazione del fondo.

La proprietà dei beni costituenti il fondo patrimoniale spetta ad entrambi i coniugi, salvo che sia diversamente stabilito nell'atto di costituzione.

I frutti [820] dei beni costituenti il fondo patrimoniale sono impiegati per i bisogni della famiglia.

L'amministrazione dei beni costituenti il fondo patrimoniale è regolata dalle norme relative all'amministrazione della comunione legale [171, 177, 180 ss., 1100][1].

[1] Articolo così sostituito dall'art. 50, L. 19 maggio 1975, n. 151. Il testo previgente disponeva: *Se la costituzione è fatta da un terzo, che non si è riservata la proprietà dei beni immobili o dei titoli, questa proprietà spetta al coniuge al quale è stata attribuita e, in mancanza di attribuzione, ad entrambi i coniugi.*

Coloro che costituiscono il patrimonio familiare sono tenuti a garantire i beni assegnati.

Salvo patto speciale, la garanzia non si estende ai vizi della cosa, a meno che il costituente li abbia in mala fede taciuti.

169. Alienazione dei beni del fondo.

Se non è stato espressamente consentito nell'atto di costituzione, non si possono alienare, ipotecare, dare in pegno o comunque vincolare beni [1977] del fondo patrimoniale se non con il consenso di entrambi i coniugi e se vi sono figli minori, con l'autorizzazione concessa dal giudice [disp. att. 32], con provvedimento emesso in camera di consiglio [c.p.c. 737 ss.], nei soli casi di necessità od utilità evidente[1].

[1] Articolo così sostituito dall'art. 51, L. 19 maggio 1975, n. 151. Il testo previgente disponeva: *L'atto di costituzione del patrimonio familiare deve essere trascritto se riguarda beni immobili.*

I titoli di credito devono essere vincolati rendendoli nominativi con annotazione del vincolo o in altro modo idoneo.

L'inalienabilità dei beni costituenti il patrimonio familiare non è opponibile ai creditori, il cui diritto è sorto anteriormente alla trascrizione dell'atto o alla costituzione del vincolo sui titoli di credito.

Se la costituzione è fatta da un terzo, l'inalienabilità è opponibile ai creditori del coniuge al quale è attribuita la proprietà dei beni.

● Norme connesse:
- art. 46, comma 1, n. 3, R.D. 16 marzo 1942, n. 267.

170. Esecuzione sui beni e sui frutti.
L'esecuzione sui beni del fondo e sui frutti di essi non può avere luogo per debiti che il creditore conosceva essere stati contratti per scopi estranei ai bisogni della famiglia [326][1].

[1] Articolo così sostituito dall'art. 51, L. 19 maggio 1975, n. 151. Il testo previgente disponeva: *Il tribunale può autorizzare in caso di necessità l'alienazione dei beni costituenti il patrimonio familiare, la cui proprietà appartenga a uno dei coniugi o ad entrambi. Può altresì autorizzare l'alienazione in caso di utilità evidente, determinando le modalità per il reimpiego del prezzo.*

L'esecuzione sui frutti dei beni costituenti il patrimonio familiare non può aver luogo per debiti che il creditore conosceva essere stati contratti per scopi estranei ai bisogni della famiglia.

● Norme connesse:
- art. 46, R.D. 16 marzo 1942, n. 267.
- artt. 146, comma 1, lett. c) e 268, comma 3, lett. c) del Codice della crisi di impresa e dell'insolvenza, attuativo della Legge delega 19 ottobre 2017, n. 155 (D.Lgs. 12 gennaio 2019, n. 14), che escludono, rispettivamente, dalla procedura di liquidazione giudiziale e dalla procedura di liquidazione controllata del sovraindebitato i beni ad oggetto degli artt. cit.

171. Cessazione del fondo.
La destinazione del fondo termina a seguito dell'annullamento [117 ss.] o dello scioglimento [149] o della cessazione degli effetti civili del matrimonio.

Se vi sono figli minori il fondo dura fino al compimento della maggiore età dell'ultimo figlio. In tale caso il giudice [disp. att. 32, 38] può dettare, su istanza di chi vi abbia interesse, norme per l'amministrazione del fondo [168 comma 3].

Considerate le condizioni economiche dei genitori e dei figli ed ogni altra circostanza, il giudice può altresì attribuire ai figli, in godimento o in proprietà, una quota dei beni del fondo.

Se non vi sono figli, si applicano le disposizioni sullo scioglimento della comunione legale [191 ss., 1111][1].

[1] Articolo così sostituito dall'art. 53, L. 19 maggio 1975, n. 151. Il testo previgente disponeva: *La costituzione del patrimonio familiare per atto tra vivi, quando non è fatta da uno dei coniugi, è perfetta con l'accettazione del coniuge o dei coniugi contemplati nell'atto costitutivo.*

L'accettazione può essere fatta con atto pubblico posteriore. In questo caso la costituzione non è perfetta se non nel momento in cui l'atto di accettazione è notificato al costituente.

● Norme connesse:
- comma 1: art. 5, L. 1 dicembre 1970, n. 898.

172. - 176.
[...][1].

[1] Articoli abrogati dall'art. 54, L. 19 maggio 1975, n. 151.

L'art. 172 disponeva: *La costituzione dei beni in patrimonio familiare, fatta da un terzo, è soggetta a riduzione se al tempo della morte del costituente si riconosce che i beni eccedono la porzione di cui il costituente poteva disporre secondo le norme stabilite in materia di successioni.*

L'art. 173 disponeva: *L'amministrazione dei beni che costituiscono il patrimonio familiare spetta al coniuge che ne ha la proprietà.*

Se la proprietà appartiene ad entrambi i coniugi ovvero a persona diversa da questi, l'amministrazione spetta al coniuge designato dal costituente o, in mancanza di designazione, al marito.

Il coniuge, che amministra i beni di cui la proprietà spetta ad altri, è tenuto alle obbligazioni che sono a carico dell'usufruttuario.

L'art. 174 disponeva: *Qualora il coniuge a cui spetta l'amministrazione non sia in grado di attendervi convenientemente ovvero trascuri di provvedere con i frutti dei beni all'interesse della famiglia, il tribunale può affidare l'amministrazione all'altro coniuge o anche ad altra persona idonea scelta preferibilmente tra i prossimi parenti.*

L'art. 175 disponeva: *Il vincolo sui beni costituenti il patrimonio familiare cessa con lo scioglimento del matrimonio, se non vi sono figli o se questi hanno tutti raggiunto la maggiore età.*

In caso diverso il vincolo dura fino al compimento della maggiore età dell'ultimo figlio. Tuttavia, se alla morte del coniuge proprietario dei beni, questi fanno parte della quota di legittima, l'autorità giudiziaria, qualora ricorrano ragioni di necessità o di utilità evidente per i figli maggiorenni, può disporre che sia parzialmente sciolto il vincolo, così che i detti figli conseguano la parte loro spettante sulla quota di legittima.

L'art. 176 disponeva: *Nel caso previsto dal secondo comma dell'articolo precedente, se mancano disposizioni del costituente, l'amministrazione spetta al coniuge superstite.*

Se mancano entrambi i genitori e non è stata fatta alcuna designazione dal costituente o dal coniuge superstite, l'amministrazione spetta al maggiore dei figli, salvo che per le ragioni indicate nell'art. 174 il tribunale ritenga di affidarla a un altro dei figli.

Se nessuno dei figli ha raggiunto la maggiore età o è emancipato, l'amministratore è nominato dall'autorità giudiziaria.

Sezione III
Della comunione legale[1]

[1] Rubrica così sostituita dall'art. 55, L. 19 maggio 1975, n. 151. L'originaria sezione prevedeva anche la suddivisione in paragrafi. V. art. 228, L. 19 maggio 1975, n. 151. In origine la rubrica era la seguente: *Della dote.*

● Norme connesse:
- art. 1, comma 13, L. 20 maggio 2016, n. 76.

177. Oggetto della comunione[1].
Costituiscono oggetto della comunione:

a) gli acquisti compiuti dai due coniugi insieme o separatamente durante il matrimonio, ad esclusione di quelli relativi ai beni personali [179, 185, 2659, n. 1];

CODICE CIVILE

b) i frutti dei beni propri [179] di ciascuno dei coniugi, percepiti e non consumati allo scioglimento della comunione [191];

c) i proventi dell'attività separata di ciascuno dei coniugi se, allo scioglimento della comunione, non siano stati consumati;

d) le aziende gestite da entrambi i coniugi e costituite dopo il matrimonio [181, 182 comma 2, 191 comma 2].

Qualora si tratti di aziende appartenenti ad uno dei coniugi anteriormente al matrimonio ma gestite da entrambi, la comunione concerne solo gli utili e gli incrementi[2].

[1] Rubrica così sostituita dall'art. 56, L. 19 maggio 1975, n. 151.

[2] Articolo così sostituito dall'art. 56, L. 19 maggio 1975, n. 151. Il testo previgente disponeva: *La dote consiste in quei beni che la moglie o altri per essa apporta espressamente a questo titolo al marito per sostenere i pesi del matrimonio.*

■ Codice civile del 1865: *Art. 1388. La dote consiste in quei beni che la moglie od altri per essa apporta espressamente a questo titolo al marito per sostenere i pesi del matrimonio.*

1436. L'effetto di questa comunione è di rendere comuni e divisibili gli acquisti fatti dà coniugi unitamente o separatamente durante la comunione, siano essi derivati dall'industria comune o da risparmi fatti sui frutti o sulle entrate dè coniugi, detratti però sempre i debiti della stessa comunione.

♦ Codice civile francese

Articolo 1400. *La comunione che si stabilisce in mancanza di contratto o con semplice dichiarazione di chi si sposa sotto il regime della comunione, è soggetta alle regole spiegate nelle tre sezioni che seguono.*

Articolo 1401. *La comunione si compone attivamente degli acquisti fatti dai coniugi insieme o separatamente durante il matrimonio, e che provengono sia dalla loro impresa personale che dai risparmi fatti sui frutti e sulle rendite dei loro beni.*

178. Beni destinati all'esercizio di impresa.

I beni destinati all'esercizio dell'impresa di uno dei coniugi costituita dopo il matrimonio e gli incrementi dell'impresa costituita anche precedentemente si considerano oggetto della comunione solo se sussistono al momento dello scioglimento di questa [191][1].

[1] Articolo così sostituito dall'art. 57, L. 19 maggio 1975, n. 151. Il testo previgente disponeva: *La dote può essere costituita o aumentata anche durante il matrimonio sia dagli estranei sia dalla moglie.*

■ Codice civile del 1865: *Art. 1391. La dote non si può costituire, né aumentare dai coniugi durante il matrimonio.*

179. Beni personali.

Non costituiscono oggetto della comunione e sono beni personali del coniuge:

a) i beni di cui prima del matrimonio, il coniuge era proprietario o rispetto ai quali era titolare di un diritto reale di godimento;

b) i beni acquisiti successivamente al matrimonio per effetto di donazione [809] o successione, quando nell'atto di liberalità o nel testamento non è specificato che essi sono attribuiti alla comunione;

c) i beni di uso strettamente personale di ciascun coniuge ed i loro accessori [210 comma 2, 2647];

d) i beni che servono all'esercizio della professione del coniuge, tranne quelli destinati alla conduzione di una azienda facente parte della comunione [210 comma 2, 2647];

e) i beni ottenuti a titolo di risarcimento del danno [2043 ss.] nonché la pensione attinente alla perdita parziale o totale della capacità lavorativa [210 comma 2, 2647];

f) i beni acquisiti con il prezzo del trasferimento dei beni personali sopraelencati o col loro scambio, purché ciò sia espressamente dichiarato all'atto dell'acquisto [2647 comma 1].

L'acquisto di beni immobili, o di beni mobili elencati nell'articolo 2683, effettuato dopo il matrimonio, è escluso dalla comunione, ai sensi delle lettere *c), d)* ed *f)* del precedente comma, quando tale esclusione risulti dall'atto di acquisto se di esso sia stato parte anche l'altro coniuge[1].

[1] Articolo così sostituito dall'art. 58, L. 19 maggio 1975, n. 151. Il testo previgente disponeva: *La costituzione di dote non può comprendere i beni futuri.*

● Norme connesse:

- art. 108, L. 22 aprile 1941, n. 633.

■ Codice civile del 1865: *Art. 1389. La costituzione della dote può comprendere in tutto od in parte tanto i beni presenti quanto i beni futuri della donna, oppure un oggetto determinato.*

La costituzione di dote espressa in termini generici di tutti i beni della donna non comprende i beni futuri.

Art. 1435. Non possono essere compresi nella comunione né l'attivo e passivo presente dè coniugi, né quello che venisse loro devoluto per successione o donazione durante la comunione; ma il godimento dè beni sì mobili come immobili, presenti e futuri dei coniugi cade nella comunione.

♦ Codice civile francese

Articolo 1404. *Formano beni di proprietà del coniuge per la loro natura, anche quando sarebbero stati acquisiti durante il matrimonio, i vestiti e la biancheria per l'uso personale di uno dei coniugi, le azioni di risarcimento di un danno fisico o morale, i crediti e gli assegni non cedibili e, più in generale, tutti i beni che hanno un carattere personale o tutti i diritti esclusivamente legati alla persona. Formano altresì beni di proprietà del coniuge per la loro natura, ma salvo ricompensa se necessario, gli strumenti di lavoro necessari per la professione di uno dei coniugi, a meno che non siano l'accessorio di un fondo commerciale o di una gestione che fa parte della comunione.*

Articolo 1405. *Restano beni di proprietà del coniuge i beni di cui i coniugi avevano la proprietà o il possesso il giorno della celebrazione del matrimonio o che avevano acquistato, durante il matrimonio, per successione, donazione o legato. La liberalità può stipulare che i beni che sono oggetto appar-*

terranno alla comunione. I beni cadono in comunione salvo stipulazione contraria quando la liberalità è fatta ai due coniugi congiuntamente. I beni abbandonati o ceduti dal padre, madre o altro ascendente ad uno degli sposi, sia per soddisfarlo di quello che egli gli deve, sia con l'onere di pagare i debiti del donatore ad estranei, restano beni di proprietà del coniuge salvo ricompensa.

Articolo 1406. *Formano beni di proprietà del coniuge, salvo ricompensa, se richiesto, i beni acquisiti a titolo di accessori di un bene proprio così come i titoli nuovi ed altri accrescimenti che si legano ai titoli mobiliari di proprietà del coniuge. Formano altresì beni di proprietà del coniuge per effetto della surrogazione reale, i crediti e le indennità che sostituiscono i beni di proprietà del coniuge così come i beni acquisiti nell'impiego o nel nuovo impiego conformemente agli articoli 1434 e 1435.*

Articolo 1407. *Il bene acquisito in cambio di un bene che apparteneva in proprietà ad uno dei coniugi è esso stesso bene di proprietà del coniuge, salvo il compenso dovuto alla comunione o da essa, se c'è conguaglio. Tuttavia se il conguaglio messo a carico della comunione è superiore al valore del bene ceduto, il bene acquisito in scambio ricade nella massa comune, salvo compenso a vantaggio del cedente.*

180. Amministrazione dei beni della comunione.

L'amministrazione dei beni della comunione [177] e la rappresentanza in giudizio per gli atti ad essa relativi spettano disgiuntamente ad entrambi i coniugi [210 comma 3, 1105].

Il compimento degli atti eccedenti l'ordinaria amministrazione, nonché la stipula dei contratti con i quali si concedono o si acquistano diritti personali di godimento [1572] e la rappresentanza in giudizio per le relative azioni spettano congiuntamente ad entrambi i coniugi [181, 182, 210; c.p.c. 102][1].

[1] Articolo così sostituito dall'art. 59, L. 19 maggio 1975, n. 151. Il testo previgente disponeva: *Coloro che costituiscono la dote sono tenuti a garantire i beni assegnati in dote.*

Salvo patto speciale, la garanzia non si estende ai vizi della cosa, a meno che il costituente li abbia in mala fede taciuti.

■ Codice civile del 1865: *Art. 1396. Coloro che costituiscono una dote, sono tenuti a garantire i beni assegnati in dote.*

Art. 1438. Il marito solo può amministrare i beni della comunione, e stare in giudizio per le azioni riguardanti la medesima; ma non può, salvo che a titolo oneroso, alienare o ipotecare i beni, la cui proprietà cade nella comunione.

♦ Codice civile francese

Articolo 1421. *Ciascuno dei coniugi ha il potere di amministrare solo i beni comuni e di disporne salvo rispondere delle colpe che avrà commesso nella sua gestione. Gli atti compiuti senza frode da un coniuge sono opponibili all'altro. Il coniuge che esercita una professione separata ha solo il potere di compiere gli atti di amministrazione e di disposizione necessari. Il tutto sotto riserva degli articoli 1422 a 1425.*

Articolo 1422. *I coniugi non possono, l'uno senza l'altro disporre inter vivos, a titolo gratuito dei beni della comunione. Non possono neanche l'uno senza l'altro destinare questi beni in garanzia di un terzo.*

♦ Codice civile tedesco

§ 1357 *Negozi necessari al soddisfacimento dei bisogni di vita. (1) Ogni coniuge è legittimato a concludere, con effetto anche verso l'altro coniuge, negozi volti a soddisfare adeguatamente i bisogni di vita della famiglia. Mediante questi negozi, entrambi i coniugi conseguono diritti e obblighi, qualora non risulti diversamente dalle circostanze. (2) Un coniuge può limitare o escludere la legittimazione dell'altro coniuge ad amministrare gli affari con efficacia anche nei suoi confronti; ave non ricorra una ragione sufficiente per la limitazione o per l'esclusione, il tribunale della tutela le deve eliminare a richiesta di parte. La limitazione o l'esclusione hanno effetti verso i terzi soltanto se sussistono i requisiti del § 1412. (3) Il primo comma non trova applicazione qualora i coniugi vivano separati.*

181. Rifiuto di consenso.

Se uno dei coniugi rifiuta il consenso per la stipulazione di un atto di straordinaria amministrazione o per gli altri atti per cui il consenso è richiesto, l'altro coniuge può rivolgersi al giudice [38 comma 2 disp. att.] per ottenere l'autorizzazione nel caso in cui la stipulazione dell'atto è necessaria nell'interesse della famiglia o dell'azienda che a norma della lettera *d)* dell'articolo 177 fa parte della comunione[1].

[1] Articolo così sostituito dall'art. 60, L. 19 maggio 1975, n. 151. Il testo previgente disponeva: *Coloro che hanno costituito la dote prima del matrimonio devono, salvo patto contrario, corrispondere gli interessi, se si tratta di dote in danaro, o altrimenti render contro dei frutti prodotti, dal giorno del matrimonio, quantunque sia stata pattuita una dilazione per il pagamento o per la consegna.*

♦ Codice civile tedesco

§ 1365 Potere di disposizione dell'intero patrimonio. *(1) Un coniuge può disporre del proprio patrimonio per intero soltanto con il preventivo consenso dell'altro coniuge. Nel caso in cui si sia obbligato senza il preventivo consenso dell'altro coniuge, può adempiere l'obbligazione soltanto se l'altro coniuge vi acconsenta preventivamente. (2) Se il negozio giuridico è fatto conformemente ai principi di regolare amministrazione, il tribunale della tutela può, a richiesta del coniuge, surrogare il consenso preventivo dell'altro coniuge, nel caso in cui questo opponga rifiuto senza un giustificato motivo o sia impedito a causa di malattia o assenza a rilasciare una dichiarazione e dal differimento possa derivare un pericolo.*

§ 1369 Atti dispositivi su beni della vita domestica. *(1) Un coniuge è legittimato a disporre di beni della vita domestica coniugale che gli appartengono e può altresì vincolarsi a disporne soltanto se l'altro coniuge dia preventivo consenso. (2) Il tribunale della tutela può surrogare, su richiesta del coniuge, il consenso dell'altro coniuge, se costui lo rifiuta senza sufficiente motivo oppure sia impossibilitato a rendere la dichiarazione a causa di malattia o assenza.*

182. Amministrazione affidata ad uno solo dei coniugi.

In caso di lontananza o di altro impedimento di uno dei coniugi l'altro, in mancanza di procura del primo risultante da atto pubblico [2699] o da scrittura privata autenticata [2703], può compiere, previa autorizzazione del giudice [38 comma 2 disp. att.] e con le cautele eventualmente da questo stabilite, gli atti necessari per i quali è richiesto, a norma dell'articolo 180, il consenso di entrambi i coniugi.

Nel caso di gestione comune di azienda, uno dei coniugi può essere delegato dall'altro al compimento di tutti gli atti necessari all'attività dell'impresa [2204][1].

[1] Articolo così sostituito dall'art. 61, L. 19 maggio 1975, n. 151. Il testo previgente disponeva: *Se la dote o parte di essa consiste in una somma di danaro o in cose mobili stimate nell'atto della costituzione, il marito ne acquista la proprietà e diviene debitore della somma o del prezzo attribuito alle cose mobili, salvo che la stima di queste sia fatta con la dichiarazione che non v'è trasferimento di proprietà.*

Se la dote o parte di essa consiste in beni immobili, la stima non ne trasferisce la proprietà al marito senza un'espressa dichiarazione.

■ Codice civile del 1865: *Art. 1401. Se la dote o parte di essa consiste in cose mobili stimate nel contratto di matrimonio, senza la dichiarazione che tale stima non ne produce la vendita, il marito ne diviene proprietario, e non è debitore che del prezzo loro attribuito.*

Art. 1402. La stima dell'immobile costituito in dote non ne trasferisce la proprietà al marito senza una espressa dichiarazione.

♦ Codice civile francese

Articolo 1426. *Se uno dei coniugi si trova, in modo permanente, fuori dallo stato di manifestare la sua volontà, o se la sua gestione della comunione o se attesta l'inattitudine o la frode, l'altro coniuge può domandare in giudizio di essergli sostituito nell'esercizio dei suoi poteri. Le disposizioni degli articoli 1445 a 1447 sono applicabili a questa domanda. Il coniuge, così abilitato dal giudice, ha gli stessi poteri che avrebbe avuto lo sposo che sostituisce; stipula con l'autorizzazione del giudice gli atti per cui sarebbe stato richiesto il suo consenso se non c'era stata la sostituzione. Il coniuge privato dei suoi poteri potrà, in seguito domandarne al tribunale la restituzione stabilendo che il trasferimento all'altro coniuge non è più giustificato.*

Articolo 1431. *Se, durante il matrimonio, uno degli sposi conferisce all'altro l'amministrazione delle sue proprietà le regole del mandato sono applicabili. Lo sposo mandatario è tuttavia dispensato dal rendere conto dei frutti, quando la procura non lo obbliga espressamente.*

Articolo 1432. *Quando uno dei coniugi prende in mano la gestione dei beni di proprietà dell'altro, a conoscenza di questi, e tuttavia senza opposizione da parte sua, è considerato aver ricevuto mandato tacito, sugli atti di amministrazione e di godimento ma non sugli atti di disposizione. Questo coniuge risponde della sua gestione verso l'altro come un mandatario. Non è tuttavia responsabile che dei frutti esistenti; per quelli che avrebbe trascurato di percepire o consumato con frode, non può essere ricercato che nel limite degli ultimi cinque anni. Se è constatato a dispetto di una opposizione che uno dei coniugi si è immesso nella gestione dei beni di proprietà dell'altro egli è responsabile di tutte le conseguenze della sua immissione e responsabile senza limite di tutti i frutti che ha percepito, trascurato di percepire o consumato con frode.*

183. Esclusione dall'amministrazione.

Se uno dei coniugi è minore o non può amministrare ovvero se ha male amministrato [193], l'altro coniuge può chiedere al giudice di escluderlo dall'amministrazione.

Il coniuge privato dell'amministrazione può chiedere al giudice di esservi reintegrato, se sono venuti meno i motivi che hanno determinato l'esclusione.

L'esclusione opera di diritto riguardo al coniuge interdetto [193] e permane sino a quando non sia cessato lo stato di interdizione [414, disp. att. 33][1].

[1] Articolo così sostituito dall'art. 62, L. 19 maggio 1975, n. 151. Il testo precedente disponeva: *L'immobile acquistato col danaro dotale non diviene dotale, che quando nell'atto di costituzione della dote è stata stipulata la condizione dell'impiego.*

Lo stesso è dell'immobile dato in pagamento della dote costituita in danaro.

■ Codice civile del 1865: *Art. 1403. L'immobile acquistato col danaro dotale non diviene dotale, se non quando nel contratto di matrimonio sia stata stipulata la condizione dell'impiego.*

Lo stesso ha luogo relativamente all'immobile dato per pagamento della dote costituita in danaro.

♦ Codice civile francese

Articolo 1429. *Se uno dei coniugi si trova, in modo permanente, fuori dallo stato di manifestare la sua volontà, o se mette in pericolo gli interessi della famiglia, sia lasciando deperire i suoi beni, sia dissipando o sottraendo le rendite di cui beneficia, può, su richiesta dell'altro coniuge, essere privato dei diritti di amministrazione e del godimento che gli sono riconosciuti dall'articolo precedente. Le disposizioni degli articoli 1445 a 1447 sono applicabili a questa domanda. Salvo che la nomina di un amministratore non appaia necessaria la sentenza attribuisce al coniuge attore il potere di amministrare i beni di proprietà del coniuge spossessato così come di percepirne i frutti, che dovranno essere applicati a carico del matrimonio e l'eccedente impiegato a vantaggio della comunione. A partire dalla domanda, il coniuge spossessato può disporre solo della nuda proprietà dei suoi beni. Potrà, in seguito, domandare in giudizio di rientrare nei suoi diritti, se stabilisce che le cause che avevano giustificato lo spossessamento non esistono più.*

184. Atti compiuti senza il necessario consenso.

Gli atti compiuti da un coniuge senza il necessario consenso dell'altro coniuge e da questo non convalidati sono annullabili se riguardano beni immobili o beni mobili elencati nell'articolo 2683.

L'azione può essere proposta dal coniuge il cui consenso era necessario entro un anno [2964] dalla data in cui ha avuto conoscenza dell'atto e in ogni caso entro un anno dalla data di trascrizione [2643 ss.]. Se l'atto non sia stato trascritto e quando il coniuge non ne abbia avuto conoscenza prima dello scioglimento della comunione l'azione non può essere proposta oltre l'anno dallo scioglimento stesso.

Se gli atti riguardano beni mobili diversi da quelli indicati nel primo comma, il coniuge che li ha compiuti senza il consenso dell'altro [1153] è obbligato su istanza di quest'ultimo a ricostituire la comunione nello stato in cui era prima del compimento dell'atto o, qualora ciò non sia possibile, al pagamento dell'equivalente secondo i valori correnti all'epoca della ricostituzione della comunione[1].

[1] Articolo così sostituito dall'art. 63, L. 19 maggio 1975, n. 151. Il testo previgente disponeva: *Quando la moglie conserva la proprietà dei beni dotali, il marito da solo ne ha l'amministrazione durante il matrimonio e ha diritto di riscuoterne i frutti.*

Tuttavia può convenirsi, nel contratto di matrimonio o nell'atto di costituzione di dote fatto durante il matrimonio, che la moglie riceva annualmente una parte delle rendite dotali per le sue minute spese e pei bisogni della sua persona.

Il marito ha facoltà di agire contro i debitori e i possessori della dote, di esigere la restituzione dei capitali e di far valere ogni altro diritto relativo ai beni dotali.

Quando però la controversia ha per oggetto il diritto spettante alla moglie sui beni stessi, il giudizio deve svolgersi anche in contraddittorio della moglie.

Gli atti esecutivi sui beni dotali devono farsi in confronto di entrambe i coniugi.

■ Codice civile del 1865: *Art. 1399. Il solo marito ha l'amministrazione della dote durante il matrimonio.*

Egli solo ha diritto di agire contro i debitori e detentori della medesima, di riscuoterne i frutti e gli interessi, e di esigere la restituzione dei capitali.

Ciò non ostante può convenirsi nel contratto di matrimonio, che la moglie riceverà annualmente, sopra semplice sua quitanza, una parte delle rendite dotali per le sue minute spese e pei bisogni della sua persona.

♦ Codice civile francese

Articolo 1427. *Se uno dei coniugi ha superato i suoi poteri sui beni comuni, l'altro, a meno che non abbia ratificato l'atto, può domandarne l'annullamento. L'azione di nullità è permessa al coniuge durante i due anni a partire dal giorno in cui ha avuto conoscenza dell'atto, senza poter mai essere intentata più di due anni dopo lo scioglimento della comunione.*

♦ Codice civile tedesco

§ 1366 Ratifica di contratti. *(1) Un contratto stipulato da un coniuge senza il necessario preventivo consenso dell'altro produce effetti se questi lo ratifica. (2) Finchè non sia stato ratificato il terzo può revocare il contratto. Se costui era a conoscenza che l'uomo o la donna erano coniugati, può revocarlo solo nel caso in cui l'uomo o la donna abbiano sostenuto, falsamente, che l'altro coniuge aveva prestato il consenso preventivamente; anche in questo caso non può revocarlo, se al momento della conclusione del contratto sapeva che l'altro coniuge non aveva dato il consenso in via preventiva. (3) Qualora il terzo inviti il coniuge a recuperare la necessaria ratifica dell'altro coniuge, quest'ultimo ha la facoltà di rendere la dichiarazione di ratifica soltanto davanti 'al terzo; se egli ancor prima dell'invito abbia reso la dichiarazione davanti al proprio coniuge, la dichiarazione diventa improduttiva di effetti. La ratifica deve essere dichiarata solamente entro due settimane da quando è stato ricevuto l'invito; se non avviene, si considera rifiutata. Nel caso in cui il tribunale della tutela surroghi la ratifica, il suo decreto produce effetti soltanto se il coniuge lo renda noto al terzo entro il termine di due settimane; in caso contrario la ratifica si considera rifiutata. (4) Se la ratifica viene rifiutata, il contratto non produce effetti.*

§ 1367 Negozi giuridici unilaterali. *Un negozio giuridico unilaterale posto in essere senza il necessario consenso preventivo è improduttivo di effetti.*

185. Amministrazione dei beni personali del coniuge.

All'amministrazione dei beni che non rientrano nella comunione o nel fondo patrimoniale si applicano le disposizioni dei commi secondo, terzo e quarto dell'articolo 217[1].

[1] Articolo così sostituito dall'art. 64, L. 19 maggio 1975, n. 151. Il testo previgente dispone: *In caso di lontananza o di altro impedimento del marito, la moglie può essere autorizzata dal tribunale ad amministrare i beni dotali e ad esercitare i diritti spettanti al marito per l'articolo precedente.*

♦ Codice civile francese

Articolo 1428. *Ogni coniuge ha l'amministrazione ed il godimento dei suoi beni di proprietà e può disporne liberamente.*

186. Obblighi gravanti sui beni della comunione.

I beni della comunione rispondono:

a) di tutti i pesi ed oneri gravanti su di essi al momento dell'acquisto;

b) di tutti i carichi dell'amministrazione;

c) delle spese per il mantenimento della famiglia e per l'istruzione e l'educazione dei figli [147] e di ogni obbligazione contratta dai coniugi, anche separatamente, nell'interesse della famiglia;

d) di ogni obbligazione contratta congiuntamente dai coniugi [192 comma 2][1].

[1] Articolo così sostituito dall'art. 65, L. 19 maggio 1975, n. 151. Il testo previgente disponeva: *Salvo quanto è disposto per l'ipoteca legale, il marito non è tenuto a dare cauzione per la dote che riceve, se non vi è stato obbligato nell'atto di costituzione dotale.*

Se tuttavia durante il matrimonio è sopraggiunto nel patrimonio del marito un mutamento che ponga in pericolo la dote, il tribunale, su istanza della moglie o di colui che ha costituito la dote o ne è debitore, può ordinare le cautele opportune per la sicurezza della dote.

■ Codice civile del 1865: *Art. 1400. Il marito non è tenuto a dare cauzione per la dote che riceve, se non vi è stato obbligato nell'atto di costituzione dotale.*

Nulladimeno qualora dopo il matrimonio sia sopraggiunto nel patrimonio del marito un trasformamento o una diminuzione per cui venga la dote ad essere in pericolo, e quegli che l'ha costituita o ne è il debitore, sia nel numero delle persone che sarebbero tenute alla prestazione degli alimenti, può il tribunale civile sull'istanza del medesimo ordina re le cautele opportune per la sicurezza della dote.

187. Obbligazioni contratte dai coniugi prima del matrimonio.

I beni della comunione [177], salvo quanto disposto nell'articolo 189, non rispondono delle obbli-

CODICE CIVILE

gazioni contratte da uno dei coniugi prima del matrimonio.

[1] Articolo così sostituito dall'art. 66, L. 19 maggio 1975, n. 151. Il testo previgente disponeva: *Se non è stato espressamente consentito nell'atto di costituzione della dote, non si possono durante il matrimonio alienare od obbligare i beni e le ragioni dotali, e neppure si possono ridurre o restringere le ragioni medesime, se non col consenso del marito e della moglie e con l'autorizzazione per decreto del tribunale, nei soli casi di necessità o utilità evidente.*

■ Codice civile del 1865: *Art. 1405. Fuori del caso indicato nel precedente articolo, non si possono durante il matrimonio alienare od obbligare a favore di chicchessia la dote né le ragioni dotali della moglie, e non si possono neppure ridurre o restringere le ragioni medesime, se non col consenso del marito e della moglie, e mediante decreto del tribunale che può darne l'autorizzazione nei soli casi di necessità od utilità evidente.*

188. Obbligazioni derivanti da donazioni o successioni.

I beni della comunione [177], salvo quanto disposto nell'articolo 189, non rispondono delle obbligazioni da cui sono gravate le donazioni e le successioni conseguite dai coniugi durante il matrimonio e non attribuite alla comunione [179][1].

[1] Articolo così sostituito dall'art. 67, L. 19 maggio 1975, n. 151. Il testo previgente disponeva: *L'esecuzione sui frutti dei beni dotali non può aver luogo per debiti che il creditore conosceva essere stati contratti dal marito per scopi estranei ai bisogni della famiglia.*

♦ Codice civile francese

Articolo 1410. *I debiti a cui i coniuge erano tenuti il giorno della celebrazione del loro matrimonio, o di cui si trovano gravate le successioni e le liberalità che maturano loro durante il matrimonio, restano personali, sia in capitali che in arretrati o interessi.*

189. Obbligazioni contratte separatamente dai coniugi.

I beni della comunione [177], fino al valore corrispondente alla quota del coniuge obbligato, rispondono, quando i creditori non possono soddisfarsi sui beni personali, delle obbligazioni contratte, dopo il matrimonio, da uno dei coniugi per il compimento di atti eccedenti l'ordinaria amministrazione senza il necessario consenso dell'altro [180 comma 2, 184].

I creditori particolari di uno dei coniugi, anche se il credito è sorto anteriormente al matrimonio [187], possono soddisfarsi in via sussidiaria [1944 comma 2, 2268] sui beni della comunione, fino al valore corrispondente alla quota del coniuge obbligato. Ad essi, se chirografari [506, 1416, 2776, 2784, 2808], sono preferiti i creditori della comunione [192 comma 2][1].

[1] Articolo così sostituito dall'art. 68, L. 19 maggio 1975, n. 151. Il testo previgente disponeva: *Se è autorizzata la permuta di beni dotali, il bene ricevuto in permuta diviene dotale, ed è dotale anche l'eventuale supplemento in danaro, che si deve come tale impiegare.*

Si deve parimenti impiegare come dotale il prezzo ricavato dalla vendita di beni dotali, autorizzata per motivi di evidente utilità.

In ambedue i casi il tribunale provvede a che il prezzo sia impiegato nel modo da esso stabilito.

■ Codice civile del 1865: *Art. 1406. Venendo autorizzata la permuta dell'immobile dotale, quello ricevuto in permuta diviene dotale, ed è dotale, in che l'avanzo del prezzo, che si deve come tale impiegare.*

Sarà parimente impiegato come dotale il prezzo ricavato dalla vendita dell'immobile dotale, autorizzata per motivi di evidente utilità.

In ambidue i casi il tribunale provvederà in guisa che non si ometta l'impiego del prezzo nel modo da esso stabilito.

♦ Codice civile francese

Articolo 1441. *La comunione si scioglie: 10 per la morte di uno dei coniugi; 2 0 per l'assenza dichiarata; 3° per il divorzio; 4° per la separazione legale; 5° per la separazione dei beni 6° per il cambiamento del regime matrimoniale.*

190. Responsabilità sussidiaria dei beni personali.

I creditori possono agire in via sussidiaria [179] sui beni personali di ciascuno dei coniugi, nella misura della metà del credito, quando i beni della comunione non sono sufficienti a soddisfare i debiti su di essa gravanti [1294][1].

[1] Articolo così sostituito dall'art. 69, L. 19 maggio 1975, n. 151. Il testo previgente disponeva: *Il marito può durante il matrimonio far dichiarare nulla l'alienazione o l'obbligazione della dote che non sia stata permessa nell'atto di costituzione o autorizzata dal tribunale. Uguale diritto spetta alla moglie anche dopo sciolto il matrimonio.*

L'altro contraente non può pretendere di essere rimborsato di ciò che ha pagato in forza del contratto dichiarato nullo se non nei limiti in cui ciò che ha pagato si è rivolto a vantaggio della moglie o della famiglia. Il marito, però, è tenuto per i danni verso colui col quale ha contrattato, se nel contratto non ha dichiarato che il bene era dotale.

La dichiarazione di nullità dell'alienazione o dell'obbligazione non può essere chiesta dal terzo contraente.

■ Codice civile del 1865: *Art. 1407. È nulla l'alienazione o l'obbligazione della dote, quantunque vi acconsentano ambidue i coniugi, se non è stata permessa nel contratto di matrimonio, o non si adempiano le condizioni sopra stabilite.*

Il marito può durante il matrimonio far rivocare l'alienazione o l'obbligazione: uguale diritto spetta alla moglie anche dopo sciolto il matrimonio. Il marito però che vi ha acconsentito, è obbligato pei danni verso colui col quale ha contrattato, se nel contratto non ha dichiarato che la cosa alienata od obbligata era dotale.

Sciolto il matrimonio, si può procedere sui beni che costituivano la dote, anche per le obbligazioni contratte dalla moglie durante il matrimonio.

191. Scioglimento della comunione.

La comunione si scioglie per la dichiarazione di assenza o di morte presunta di uno dei coniugi [48 ss., 58 ss.], per l'annullamento [117], per lo scioglimento o per la cessazione degli effetti civili del matrimonio [149], per la separazione personale [150, 151], per la separazione giudiziale dei beni [193], per mutamento convenzionale del regime patrimoniale [163], per il fallimento di uno dei coniugi.

Nel caso di separazione personale, la comunione tra i coniugi si scioglie nel momento in cui il presidente del tribunale autorizza i coniugi a vivere separati, ovvero alla data di sottoscrizione del processo verbale di separazione consensuale dei coniugi dinanzi al presidente, purchè omologato. L'ordinanza con la quale i coniugi sono autorizzati a vivere separati è comunicata all'ufficiale dello stato civile ai fini dell'annotazione dello scioglimento della comunione[1].

Nel caso di azienda di cui alla lettera *d)* dell'articolo 177, lo scioglimento della comunione può essere deciso, per accordo dei coniugi, osservata la forma prevista dall'articolo 162[2].

[1] Comma aggiunto dall'art. 2, L. 6 maggio 2015, n. 55. Tali nuove disposizioni si applicano ai procedimenti in corso alla data di entrata in vigore della citata L. 55/2015, anche nei casi in cui il procedimento di separazione che ne costituisce il presupposto risulti ancora pendente alla medesima data.

[2] Articolo così sostituito dall'art. 70, L. 19 maggio 1975, n. 151. Il testo previgente disponeva: *Sciolto il matrimonio, si può procedere sui beni che costituivano la dote anche per le obbligazioni contratte dalla moglie durante il matrimonio.*

● Norme connesse:

- L. 1 dicembre 1970, n. 898.
- artt. 6 e 12 D.L. 12 settembre 2014, n. 132, convertito in L. 10 novembre 2014, n. 162, in tema di accordi di separazione in sede di negoziazione assistita e dinanzi all'ufficiale di stato civile, riportati in nota sub art. 158 c.c. precedente.

■ Codice civile del 1865: *Art. 1407. È nulla l'alienazione o l'obbligazione della dote, quantunque vi acconsentano ambidue i coniugi, se non è stata permessa nel contratto di matrimonio, o non si adempiano le condizioni sopra stabilite.*

Il marito può durante il matrimonio far rivocare l'alienazione o l'obbligazione: uguale diritto spetta alla moglie anche dopo sciolto il matrimonio. Il marito però che vi ha acconsentito, è obbligato pei danni verso colui col quale ha contrattato, se nel contratto non ha dichiarato che la cosa alienata od obbligata era dotale.

Sciolto il matrimonio, si può procedere sui beni che costituivano la dote, anche per le obbligazioni contratte dalla moglie durante il matrimonio.

Art. 1441. La comunione non si può sciogliere che per la morte di uno dei coniugi, per l'assenza dichiarata, per la separazione personale definitiva e per la separazione giudiziale dè beni.

♦ Codice civile francese

Articolo 1411. *I creditori di uno o dell'altro coniuge, nei casi dell'articolo precedente, possono perseguire il loro pagamento solo sui beni propri e le rendite del loro debitore. Possono, tuttavia, pignorare anche i beni della comunione quando appartengono al debitore il giorno del matrimonio o che gli sono maturati per successione o liberalità, sono stati confusi nel patrimonio comune e non possono più essere identificati secondo le regole dell'articolo 1402.*

192. Rimborsi e restituzioni.

Ciascuno dei coniugi è tenuto a rimborsare alla comunione le somme prelevate dal patrimonio comune per fini diversi dall'adempimento delle obbligazioni previste dall'articolo 186.

È tenuto altresì a rimborsare il valore dei beni di cui all'articolo 189, a meno che, trattandosi di atto di straordinaria amministrazione da lui compiuto, dimostri che l'atto stesso sia stato vantaggioso per la comunione o abbia soddisfatto una necessità della famiglia.

Ciascuno dei coniugi può richiedere la restituzione delle somme prelevate dal patrimonio personale [179] ed impiegate in spese ed investimenti del patrimonio comune.

I rimborsi e le restituzioni si effettuano al momento dello scioglimento della comunione [191]; tuttavia il giudice può autorizzarli in un momento anteriore se l'interesse della famiglia lo esige o lo consente.

Il coniuge che risulta creditore può chiedere di prelevare beni comuni sino a concorrenza del proprio credito. In caso di dissenso si applica il quarto comma. I prelievi si effettuano sul denaro, quindi sui mobili e infine sugli immobili[1].

[1] Articolo così sostituito dall'art. 71, L. 19 maggio 1975, n. 151. Il testo previgente disponeva: *Riguardo ai beni dotali il marito è tenuto a tutte le obbligazioni che sono a carico dell'usufruttuario, ed è responsabile delle prescrizioni incorse e delle usucapioni compiute.*

■ Codice civile del 1865. *Art. 1408. Il marito riguardo ai beni dotali è tenuto a tutte le obbligazioni che sono a carico dell'usufruttuario, ed è risponsabile delle prescrizioni incorse e dei deterioramenti avvenuti per sua negligenza.*

♦ Codice civile tedesco

§ 1370 Surrogazione nei beni della vita domestica. *I beni impiegati nella vita domestica che siano stati acquistati al posto di beni non più esistenti o ormai senza alcun valore, sono di proprietà del coniuge titolare dei beni non più esistenti o ormai privi di valore.*

193. Separazione giudiziale dei beni.

La separazione giudiziale dei beni può essere pronunziata in caso di interdizione [414 ss.] o di inabilitazione [415 ss.] di uno dei coniugi o di cattiva amministrazione della comunione [183].

Può altresì essere pronunziata quando il disordine degli affari di uno dei coniugi o la condotta da questi tenuta nell'amministrazione dei beni [183] mette in pericolo gli interessi dell'altro o della comunione o della famiglia, oppure quando uno dei coniugi non contribuisce ai bisogni di questa in misura proporzionale alle proprie sostanze e capacità di lavoro [148].

La separazione può essere chiesta da uno dei coniugi o dal suo legale rappresentante.

La sentenza che pronunzia la separazione retroagisce al giorno in cui è stata proposta la domanda ed ha l'effetto di instaurare il regime di separazione dei beni regolato nella sezione V del presente capo, salvi i diritti dei terzi.

La sentenza è annotata a margine dell'atto di matrimonio [107] e sull'originale delle convenzioni matrimoniali[1].

[1] Articolo così sostituito dall'art. 72, L. 19 maggio 1975, n. 151. Il testo previgente disponeva: *Se la dote consiste in beni di cui la moglie ha conservato la proprietà, il marito o i suoi eredi sono tenuti a restituirli senza dilazione, sciolto che sia il matrimonio.*

■ Codice civile del 1865: *Art. 1409. Se la dote consiste in immobili, ovvero in mobili non istimati nel contratto nuziale o stimati con dichiarazione che la stima non ne toglie alla moglie la proprietà, il marito i suoi eredi possono essere costretti a restituire senza dilazione la dote, sciolto che sia il matrimonio.*

Art. 1442. La separazione giudiziale dè beni non può pronunziarsi che in caso di cattiva amministrazione della comunione, o quando il disordine degli affari del marito metta in pericolo gli interessi della moglie.

A siffatta separazione sono applicabili le disposizioni degli articoli 1418, 1420 e 1421.

♦ Codice civile francese

Articolo 1443. *Se per il disordine degli affari di uno dei coniuge, per la sua cattiva amministrazione o la sua cattiva condotta, appare che il mantenimento della comunione mette in pericolo gli interessi dell'altro coniuge, questi può perseguire la separazione dei beni in giudizio. Ogni separazione volontaria è nulla.*

Articolo 1445. *La domanda e la sentenza di separazione dei beni devono essere pubblicate nelle condizioni e sotto le sanzioni previste dal codice di procedura civile. La sentenza che pronuncia la separazione dei beni risale, quanto ai suoi effetti, al giorno della domanda. Sarà fatta menzione della sentenza in margine all'atto di matrimonio così come sulla minuta del contratto di matrimonio.*

194. Divisione dei beni della comunione.

La divisione dei beni della comunione legale si effettua ripartendo in parti eguali l'attivo e il passivo [210 comma 3; c.p.c. 784 ss.].

Il giudice, in relazione alle necessità della prole e all'affidamento di essa, può costituire a favore di uno dei coniugi l'usufrutto su una parte dei beni spettanti all'altro coniuge [disp. att. 38 comma 1][1].

[1] Articolo così sostituito dall'art. 73, L. 19 maggio 1975, n. 151. Il testo previgente disponeva: *Se la dote consiste in beni di cui il marito è divenuto proprietario, la restituzione non può domandarsi che un anno dopo lo scioglimento del matrimonio.*

■ Codice civile del 1865: *Art. 1410. Se la dote consiste in una somma di danaro, o in mobili stimati nel contratto, senza che siasi dichiarato che la stima non ne attribuisce la proprietà al marito, la restituzione non può domandarsi che un anno dopo lo scioglimento del matrimonio.*

♦ Codice civile francese

Articolo 1467. *Sciolta la comunione, ciascuno dei coniugi riprende quei beni che non erano entrati nella comunione, se esistono in natura, o i beni che vi sono stati sostituiti. Ha luogo in seguito la liquidazione della massa comune, attiva e passiva.*

195. Prelevamento dei beni mobili.

Nella divisione i coniugi o i loro eredi hanno diritto di prelevare i beni mobili che appartenevano ai coniugi stessi prima della comunione [179] o che sono ad essi pervenuti durante la medesima per successione o donazione [179]. In mancanza di prova contraria si presume che i beni mobili facciano parte della comunione[1].

[1] Articolo così sostituito dall'art. 74, L. 19 maggio 1975, n. 151. Il testo previgente disponeva: *Se i mobili, la cui proprietà è restata alla moglie, si sono consumati con l'uso e senza colpa del marito, egli non è tenuto a restituire che i rimanenti e nello stato in cui si trovano.*

■ Codice civile del 1865: *Art. 1411. Se i mobili la cui proprietà resta alla moglie, si sono consumati coll'uso e senza colpa del marito, egli non è tenuto a restituire che i rimanenti, e nello stato in cui si trovano.*

La moglie può in qualunque caso ritenere la biancheria e ciò che serve all'ordinario e necessario suo abbigliamento, detratto però il valore di tali oggetti quando sono stati primitivamente dati con una stima.

Art. 1445. Nella divisione della comunione i coniugi od i loro eredi, ed anche in caso di rinunzia od accettazione col benefizio dell'inventario, la moglie od i suoi eredi possono sempre, non ostante la disposizione dell'art. 1437, prelevare le cose mobili, che possono provare con tutti i mezzi autorizzati dalla legge avere loro appartenuto prima della comunione, o essere loro devolute durante la medesima a titolo di successione o donazione.

La moglie od i suoi figli eredi possono valersi della prova testimoniale, qualora si tratti di cose ad essa devolute a titolo di successione o donazione, qualunque ne sia il valore.

La moglie od i suoi eredi possono anche ripetere i1 valore delle cose mobili spettanti ad essa ed escluse dalla comunione, ma che non si trovassero più in natura al tempo della divisione, e possono in tal caso provare anche per notorietà il valore delle dette cose.

♦ Codice civile francese

Articolo 1471. *I prelievi si esercitano prima sul denaro contante, in seguito sui beni mobili e sussidiariamente sui beni immobili della comunione. Il coniuge che effettua il prelievo ha il diritto di scegliere i beni mobili ed immobili che preleverà. Non sarà tuttavia pregiudicato dalla sua scelta nei diritti che può avere il coniuge di richiedere il mantenimento della comunione o l'attribuzione preferenziale di certi beni. Se i coniugi vogliono prelevare lo stesso bene, si procede per tiraggio a sorte.*

Articolo 1474. *I prelievi su beni comuni costituiscono una operazione di divisione. Non conferiscono al coniuge che li esercita alcun diritto di essere preferito ai creditori della comunione, salvo la preferenza che risulta, se ha luogo, dall'ipoteca legale.*

196. Ripetizione del valore in caso di mancanza delle cose da prelevare.

Se non si trovano i beni mobili che il coniuge o i suoi eredi hanno diritto di prelevare a norma dell'articolo precedente essi possono ripeterne il valore, provandone l'ammontare anche per notorietà, salvo che la mancanza di quei beni sia dovuta a consumazione per uso o perimento o per altra causa non imputabile all'altro coniuge [184][1].

[1] Articolo così sostituito dall'art. 75, L. 19 maggio 1975, n. 151. Il testo previgente disponeva: *La moglie può ritenere, in ogni caso, la biancheria e ciò che serve all'ordinario suo abbigliamento, detratto però il valore di questi oggetti, quando sono stati originariamente dati con stima.*

■ Codice civile del 1865: *Art. 1411. Se i mobili la cui proprietà resta alla moglie, si sono consumati coll'uso e senza colpa del marito, egli non è tenuto a restituire che i rimanenti, e nello stato in cui si trovano.*

La moglie può in qualunque caso ritenere la biancheria e ciò che serve all'ordinario e necessario suo abbigliamento, detratto però il valore di tali oggetti quando sono stati primitivamente dati con una stima.

Art. 1445. Nella divisione della comunione i coniugi od i loro eredi, ed anche in caso di rinunzia od accettazione col benefizio dell'inventario, la moglie od i suoi eredi possono sempre, non ostante la disposizione dell'art. 1437, prelevare le cose mobili, che possono provare con tutti i mezzi autorizzati dalla legge avere loro appartenuto prima della comunione, o essere loro devolute durante la medesima a titolo di successione o donazione.

La moglie od i suoi figli eredi possono valersi della prova testimoniale, qualora si tratti di cose ad essa devolute a titolo di successione o donazione, qualunque ne sia il valore.

La moglie od i suoi eredi possono anche ripetere il valore delle cose mobili spettanti ad essa ed escluse dalla comunione, ma che non si trovassero più in natura al tempo della divisione, e possono in tal caso provare anche per notorietà il valore delle dette cose.

♦ Codice civile francese

Articolo 1472. *In caso di insufficienza di beni della comunione i prelievi di ogni coniuge sono proporzionali all'ammontare dei compensi che gli sono dovuti. Tuttavia, se l'insufficienza della comunione è imputabile alla colpa di uno dei coniugi, l'altro coniuge può effettuare i suoi prelievi prima sull'insieme dei beni comuni; può effettuarlo sussidiariamente sui beni personali del coniuge responsabile.*

197. Limiti al prelevamento nei riguardi dei terzi.

Il prelevamento autorizzato dagli articoli precedenti non può farsi, a pregiudizio dei terzi, qualora la proprietà individuale dei beni non risulti da atto avente data certa. È fatto salvo al coniuge o ai suoi eredi il diritto di regresso sui beni della comunione spettanti all'altro coniuge nonché sugli altri beni di lui [c.p.c. 621, 622][1].

[1] Articolo così sostituito dall'art. 76, L. 19 maggio 1975, n. 151. Il testo previgente disponeva: *Se il matrimonio si scioglie dopo dieci anni dalla scadenza dei termini stabiliti per il pagamento della dote e la moglie non ne era la debitrice, essa o i suoi eredi possono ripeterla dal marito o dagli eredi di lui, a meno che si provi che la mancata esazione non è dipesa da colpa del marito.*

■ Codice civile del 1865: *Art. 1414. Se il matrimonio ha durato dieci anni dopo la scadenza dè termini stabiliti al pagamento della dote, e se la moglie non ne è la debitrice, essa o i suoi eredi possono ripeterla dal marito o dà suoi eredi dopo lo scioglimento del matrimonio, senza essere tenuti a provare che il marito l'abbia ricevuta, ove non si giustificasse avere il medesimo usate inutilmente tutte le diligenze per procurarsene il pagamento.*

Art. 1446. Il prelevamento autorizzato dall'articolo precedente non può farsi a pregiudizio dei terzi, che in mancanza di descrizione o d'altro titolo autentico di proprietà avessero contrattato col marito, quale amministratore della comunione, salvo alla moglie o ai suoi eredi il regresso sulla porzione della comunione spettante al marito, ed anche sui beni di lui particolari.

♦ Codice civile tedesco

§ 1390 Richieste dell'avente diritto al conguaglio verso terzi. *(1) Nel caso in cui ad un coniuge non competa un credito di conguaglio in base al § 1378, comma 2, in quanto l'altro coniuge ha compiuto attribuzioni gratuite a favore di terzi, allo scopo di recargli pregiudizio, il terzo ha l'obbligo di restituire al coniuge ciò che ha ricevuto secondo le norme in tema di restituzione dell'ingiustificato arricchimento, al fine di soddisfare la mancanza del credito di conguaglio. Il terzo può impedire la restituzione pagando l'importo mancante. (2) Analoghe considerazioni valgono per gli altri atti giuridici, qualora l'intenzione di recare pregiudizio al coniuge sia conosciuta dal terzo. (3) La pretesa è prescritta in tre anni dalla cessazione del regime dei beni. Se tale regime dei beni termina con la morte di uno dei coniugi, la prescrizione non rimane sospesa, in quanto la pretesa può essere azionata soltanto se il coniuge ha rifiutato l'eredità o il legato. (4) Qualora sia presentata azione logale per il conguaglio anticipato degli incrementi patrimoniali o venga presentata domanda di divorzio ovvero richiesta l'invalidazione del matrimonio, un coniuge può esigere dal terzo una prestazione di garanzia in considerazione delle pretese che gli competono in base ai commi 1 e 2.*

198. - 209.

[...][1].

[1] Articoli abrogati dall'art. 77, L. 19 maggio 1975, n. 151.

L'art. 198 disponeva: *I frutti della dote decorrono di diritto, a favore di coloro ai quali la dote deve essere restituita, dal giorno dello scioglimento del matrimonio.*

La moglie, tuttavia, per l'anno successivo allo scioglimento del matrimonio, può esigere dall'eredità del marito, in luogo dei frutti della dote, il proprio mantenimento in congrua misura.

Se non vi è stata costituzione di dote, la moglie ha diritto alla somministrazione degli alimenti per l'anno successivo allo scioglimento del matrimonio.

In ogni caso l'eredità del marito deve fornire, durante un anno, l'abitazione alla moglie, che non sia separata per propria colpa.

Il testo previgente dell'art. 199, disponeva: Quando il matrimonio è sciolto, i frutti della dote, naturali o civili, si dividono fra il coniuge superstite e gli eredi dell'altro in proporzio-

ne di quanto è durato il matrimonio nell'ultimo anno o nell'ultimo periodo di maturazione o di scadenza dei frutti, se questo periodo è superiore all'anno.

L'anno o il periodo si computa dal giorno corrispondente a quello del matrimonio.

L'art. 200 disponeva: *Se il bene dotale fu locato durante il matrimonio dal solo marito, si osserva quanto è stabilito per le locazioni fatte dall'usufruttuario.*

L'art. 201 disponeva: *Le norme dettate in materia di usufrutto sono applicabili per il rimborso delle spese e per i miglioramenti fatti dal marito nei beni dotali.*

L'art. 202 disponeva: *La separazione della dote è disposta giudizialmente su domanda della moglie, quando questa è in pericolo di perderla, ovvero quando il disordine degli affari del marito lascia temere che i beni di lui non siano sufficienti a soddisfare i diritti della moglie o che i frutti della dote siano distratti dalla loro destinazione. È inoltre disposta nel caso di separazione personale pronunziata per colpa del marito.*

Se la separazione è pronunziata per colpa di entrambi i coniugi, l'autorità giudiziaria ha facoltà di ordinare la separazione della dote.

La separazione stragiudiziale è nulla.

L'art. 203 disponeva: *La separazione della dote ordinata dall'autorità giudiziaria rimane senza effetto, se la sentenza non è notificata entro sessanta giorni dalla sua pubblicazione e non è eseguita, entro sessanta giorni dal suo passaggio in giudicato, mediante atto pubblico col reale soddisfacimento dei diritti spettanti alla moglie sino alla concorrenza dei beni del marito, o se, almeno in questo ultimo termine, la moglie non ha proposto e proseguito le relative istanze.*

L'art. 204 disponeva: *La sentenza che pronunzia la separazione è retroattiva sino al giorno della domanda.*

Le spese per la restituzione della dote sono a carico del marito.

L'art. 205 disponeva: *I creditori della moglie non possono senza il consenso di questa chiedere la separazione della dote.*

L'art. 206 disponeva: *I creditori del marito possono impugnare con l'azione revocatoria, quando ne ricorrono gli estremi, la separazione della dote; e possono intervenire in giudizio per opporsi alla domanda di separazione.*

L'art. 207 disponeva: *La moglie che ha ottenuto la separazione della dote rimane soggetta agli obblighi stabiliti dagli articoli 145, secondo comma, e 147.*

L'art. 208 disponeva: *La moglie che ha ottenuto la separazione della dote ne ha la libera amministrazione.*

La dote rimane inalienabile, e le somme che la moglie riceve in soddisfazione di essa sono dotali e si devono impiegare con l'autorizzazione giudiziale.

Nel caso in cui occorre provvedere a norma dell'art. 187, il tribunale può autorizzare l'alienazione anche se il marito non consente.

L'art. 209 disponeva: *Per volontà di entrambi i coniugi e dopo decreto di autorizzazione del tribunale la dote può essere riconsegnata al marito. La riconsegna deve essere fatta per atto pubblico, e dalla data di questo cessano gli effetti della separazione.*

I creditori della moglie possono impugnare con l'azione revocatoria, quando ne ricorrono gli estremi, la riconsegna della dote.

■ Codice civile del 1865: *Art. 1415. Se il matrimonio è sciolto per la morte della moglie, gli interessi o i frutti della dote che deve restituirsi, corrono di diritto a favore dè suoi eredi dal giorno dello scioglimento.*

Se questo accade per la morte del marito, la moglie ha la scelta di esigere, durante l'anno del lutto, gli interessi o i frutti della sua dote, o di farsi somministrare gli alimenti pel tempo anzidetto dall'eredità del marito, la quale in ambidue i casi le deve inoltre fornire, durante, l'anno, l'abitazione e le vesti da lutto.

Art. 1416. Sciogliendosi il matrimonio, i frutti della dote consistente tanto in immobili, quanto in danaro o nel diritto di un usufrutto, si dividono tra il coniuge superstite e gli eredi del premorto, in proporzione della durata del matrimonio nell'ultimo anno.

L'anno si computa dal giorno corrispondente a quello del matrimonio.

Art. 1417. Se l'immobile dotale fu affittato durante il matrimonio dal solo marito, si osserva quanto è stabilito per le locazioni fatte dall'usufruttuario.

Art. 1418. La separazione della dote noti può domandarsi se non giudizialmente dalla moglie, la quale sia in pericolo di perderla, o quando il disordine degli affari del marito lasci temere che i beni di lui non siano sufficienti per soddisfare i diritti della moglie.

La separazione della dote può anche essere domandata dalla moglie che abbia ottenuto sentenza di separazione personale contro il marito.

Ogni separazione stragiudiziale è nulla.

Art. 1419. La separazione della dote pronunziata dall'autorità giudiziaria rimane senza effetto, quando fra sessanta giorni successivi alla sentenza non sia stata eseguita mediante atto pubblico, col reale soddisfacimento dei diritti spettanti alla moglie, sino alla concorrenza dei beni del marito, od almeno nel detto termine la moglie non abbia proposte e proseguite le relative istanze.

Art. 1420. La sentenza che pronunzia la separazione dei beni, è retroattiva sino al giorno della domanda.

Le spese del giudizio di separazione e di pagamento sono a carico del marito.

Art. 1421. I creditori particolari della moglie non possono senza il suo consenso domandare la separazione della dote.

Art. 1422. I creditori del marito possono reclamare contro la separazione della dote pronunziata dall'autorità giudiziaria, ed anche eseguita in frode dei loro diritti: possono altresì intervenire al giudizio per opporsi alla domanda di separazione.

Art. 1423. La moglie che ha ottenuto la separazione della dote, deve contribuire, in proporzione delle sue sostanze e di quelle del marito, alle spese domestiche ed a quelle dell'educazione della prole.

Art. 1424. La moglie separata di beni ne ha la libera amministrazione.

La dote rimane inalienabile, e le somme che la moglie riceve in soddisfazione di essa sono dotali, e devono impiegarsi coll'autorizzazione giudiziale.

Sezione IV
Della comunione convenzionale[1]

[1] Rubrica così modificata dall'art. 78, L. 19 maggio 1975, n. 151. In origine la rubrica era la seguente: *Dei beni parafernali.*

● Norme connesse:

- art. 1, comma 13, L. 20 maggio 2016, n. 76.

210. Modifiche convenzionali alla comunione legale dei beni.

I coniugi possono, mediante convenzione stipulata a norma dell'articolo 162, modificare il regime della comunione legale dei beni [177] purché i patti non siano in contrasto con le disposizioni dell'articolo 161 [160, 166-*bis*].

I beni indicati alle lettere *c), d)* ed *e)* dell'articolo 179 non possono essere compresi nella comunione convenzionale.

Non sono derogabili le norme della comunione legale relative all'amministrazione dei beni della comunione [180] e all'uguaglianza delle quote limitatamente ai beni che formerebbero oggetto della comunione legale [194][1].

[1] Articolo così sostituito dall'art. 79, L. 19 maggio 1975, n. 151. Il testo previgente disponeva: *Si considerano parafernali i beni della moglie che non sono stati costituiti in patrimonio familiare o in dote o in comunione.*

● Norme connesse:

- art. 69, R.D. 16 marzo 1942, n. 267; art. 1, comma 13, L. 20 maggio 2016, n. 76.

■ Codice civile del 1865: *Art. 1425. Sono parafernali tutti i beni della moglie, che non sono stati costituiti in dote.*

Art. 1434. Gli sposi possono stabilire patti speciali per siffatta comunione, alla quale, in mancanza, sono applicabili le disposizioni contenute nel titolo Della società. In tutti i casi però si osserveranno le disposizioni seguenti.

♦ Codice civile francese

Articolo 1497. *I coniugi possono nel loro contratto di matrimonio, modificare la comunione legale con ogni genere di convenzioni non contrarie agli articoli 1387, 1388 e 1389. Essi possono in particolare convenire: 1° che la comunione comprenderà i beni mobili e gli acquisti; 2° che sarà derogato alle regole concernenti l'amministrazione; 3° che uno dei coniugi avrà la facoltà di prelevare certi beni dietro indennità; 4° che uno dei coniugi avrà un prelegato; 5° che i coniugi avranno parti disuguali; 6° che vi sarà tra essi una comunione universale. Le regole della comunione legale restano applicabili in tutti i punti che non sono oggetto della convezione delle parti.*

♦ Codice civile tedesco

§ 1408 Contratto matrimoniale, autonomia negoziale. *(1) I coniugi sono legittimati, attraverso il contratto (contratto matrimoniale) a regolamentare i loro rapporti patrimoniali, ed in particolare, anche dopo la celebrazione del matrimonio, possono estinguere o modificare il regime dei beni. (2) Mediante un contratto matrimoniale I coniugi possono escludere con accordo espresso anche il conguaglio di prestazioni assistenziali. L'esclusione è improduttiva di effetti nel caso in cui entro un anno dalla stipulazione del contratto venga presentata domanda di divorzio.*

211. Obbligazioni dei coniugi contratte prima del matrimonio.

I beni della comunione rispondono delle obbligazioni contratte da uno dei coniugi prima del matrimonio limitatamente al valore dei beni di proprietà del coniuge stesso prima del matrimonio che, in base a convenzione stipulata a norma dell'articolo 162, sono entrati a far parte della comunione dei beni[1].

[1] Articolo così sostituito dall'art. 80, L. 19 maggio 1975, n. 151. Il testo previgente disponeva: *La moglie che ha beni parafernali contribuisce ai pesi del matrimonio nella misura stabilita dalle convenzioni matrimoniali o, in mancanza di esse, dall'art. 148.*

■ Codice civile del 1865: *Art. 1426. La moglie che ha beni parafernali, se nel contratto non fu determinata la parte per la quale deve soggiacere ai pesi del matrimonio, vi contribuisce nella proporzione stabilita nell'articolo 138.*

212. - 214.

[...][1].

[1] Articoli abrogati dall'art. 81, L. 19 maggio 1975, n. 151.

L'art. 212 disponeva: *La moglie ha il godimento e l'amministrazione dei beni parafernali.*

Se al marito è stata conferita la procura ad amministrare tali beni, con l'obbligo di render conto dei frutti, egli è tenuto verso la moglie come qualunque altro procuratore.

Se il marito ha goduto i beni parafernali senza procura e la moglie non ha fatto opposizione con atto scritto, ovvero se il marito li ha goduti con procura ma senza l'obbligo di render contro dei frutti, egli e i suoi eredi, a richiesta della moglie o allo scioglimento del matrimonio, sono tenuti a consegnare i frutti esistenti e non rispondono per quelli già consumati.

L'art. 213 disponeva: *Il marito che gode i beni parafernali è soggetto a tutte le obbligazioni dell'usufruttuario.*

L'art. 214 disponeva: *Le disposizioni degli articoli 212 e 213 si applicano anche al caso in cui la moglie ha avuto l'amministrazione e il godimento dei beni del marito.*

■ Codice civile del 1865: *Art. 1427. La moglie ritiene il dominio, l'amministrazione e i1 godimento dè suoi beni parafernali, e il marito non ha diritto di amministrarli né di esigerne i crediti, se non ne ha da essa il mandato, salve le disposizioni del capo IX, titolo V del libro primo.*

Art. 1428. Se la moglie costituisce il marito procuratore ad amministrare i suoi beni parafernali, a condizione che renda conto dè frutti, egli è obbligato verso la medesima come qualunque altro procuratore.

Art. 1429. Se il marito ha goduto i beni parafernali della moglie senza procura ma senza opposizione per parte di essa, od anche con procura ma senza condizione di render conto dè frutti, egli o i suoi eredi, alla prima domanda della moglie od allo scioglimento del matrimonio, non sono tenuti che a consegnare i frutti esistenti, senza obbligo di rendere quelli già consumati.

Art. 1430. Se il marito, non ostante l'opposizione della moglie, fatta con atto anche stragiudiziale, ha goduto dei beni parafernali, egli o i suoi eredi sono tenuti a render conto alla medesima dè frutti esistenti e dei consumati.

Art. 1431. Il marito che gode i beni parafernali, è tenuto a tutte le obbligazioni dell'usufruttuario.

Art. 1432. Le disposizioni degli artt. 1428, 1429, 1430 e 1431 si applicano al caso in cui la moglie ha avuto l'amministrazione e il godimento dei beni del marito.

Sezione V
Del regime di separazione dei beni[1]

[1] Rubrica così modificata dall'art. 82, L. 19 maggio 1975, n. 151. In origine la rubrica era la seguente: *Della comunione dei beni tra coniugi.*

● Norme connesse:

- art. 1, comma 13, L. 20 maggio 2016, n. 76.

215. Separazione dei beni.

I coniugi possono convenire che ciascuno di essi conservi la titolarità esclusiva dei beni acquistati durante il matrimonio[1].

[1] Articolo così sostituito dall'art. 83, L. 19 maggio 1975, n. 151. Il testo previgente disponeva: *Non è permesso agli sposi di contrarre altra comunione universale di beni, fuorché quella degli utili e degli acquisti. Tale comunione può essere stabilita anche se v'è costituzione di dote, ferma in ogni caso l'inalterabilità delle precedenti convenzioni.*

♦ Codice civile francese

Articolo 1536. *Quando i coniugi hanno stipulato nel loro contratto di matrimonio che siano separati i beni, ciascuno di essi conserva l'amministrazione, il godimento e la libera disposizione dei suoi beni personali. Ciascuno di essi resta da solo tenuto ai debiti nati nella sua persona, prima o durante il matrimonio, fuori il caso dell'articolo 220.*

216. Fonti del regolamento della comunione.

[...][1].

[1] Articolo abrogato dall'art. 84, L. 19 maggio 1975, n. 151. Il testo previgente disponeva: *Gli sposi possono stabilire patti speciali per la comunione; in mancanza di questi patti, si applicano le disposizioni relative alla comunione in generale.*

217. Amministrazione e godimento dei beni.

Ciascun coniuge ha il godimento e l'amministrazione dei beni di cui è titolare esclusivo.

Se ad uno dei coniugi è stata conferita la procura ad amministrare i beni dell'altro con l'obbligo di rendere conto dei frutti, egli è tenuto verso l'altro coniuge secondo le regole del mandato [1703 ss.].

Se uno dei coniugi ha amministrato i beni dell'altro con procura senza l'obbligo di rendere conto dei frutti, egli ed i suoi eredi, a richiesta dell'altro coniuge o allo scioglimento o alla cessazione degli effetti civili del matrimonio, sono tenuti a consegnare i frutti esistenti e non rispondono per quelli consumati [185].

Se uno dei coniugi, nonostante l'opposizione dell'altro, amministra i beni di questo o comunque compie atti relativi a detti beni risponde dei danni e della mancata percezione dei frutti [185][1].

[1] Articolo così sostituito dall'art. 85, L. 19 maggio 1975, n. 151. Il testo previgente disponeva: *Sono oggetto della comunione il godimento dei beni mobili e immobili, presenti e futuri, dei coniugi e, inoltre, gli acquisti fatti durante la comunione dall'uno o dall'altro coniuge a qualunque titolo, tranne quelli derivanti da donazione o da successione ovvero fatti col prezzo dell'alienazione della cosa già appartenente in proprio a uno dei coniugi, purché in quest'ultimo caso ciò risulti espressamente dall'atto di acquisto.*

♦ Codice civile francese

Articolo 1539. *Se durante il matrimonio, uno dei coniugi affida all'altro l'amministrazione dei suoi beni personali, sono applicabili le regole del mandato. Il coniuge mandatario è tuttavia dispensato da rendere conto dei frutti quando la procura non lo obbliga espressamente.*

Articolo 1540. *Quando uno dei coniugi prende in mano la gestione dei beni dell'altro, a sua conoscenza, e tuttavia senza opposizione, è considerato aver ricevuto un mandato tacito, sugli atti d'amministrazione e di gestione, ma non sugli atti di disposizione. Questo coniuge risponde della sua gestione verso l'altro come un mandatario. Non è tuttavia responsabile che dei frutti esistenti; per quelli che avrà trascurato di percepire o consumato con frode, non può essere ricercato che nel limite degli ultimi cinque anni. Se è constatato a dispetto di una opposizione che uno dei coniugi si è immesso nella gestione dei beni dell'altro, egli è responsabile di tutte le conseguenze della sua immissione, e responsabile senza limiti di tutti i frutti che ha percepito, trascurato di percepire o consumato con frode.*

218. Obbligazioni del coniuge che gode dei beni dell'altro coniuge.

Il coniuge che gode dei beni dell'altro coniuge [217] è soggetto a tutte le obbligazioni dell'usufruttuario [1001 ss.][1].

[1] Articolo così sostituito dall'art. 86, L. 19 maggio 1975, n. 151. Il testo previgente disponeva: *La comunione si opera di diritto anche quando nell'atto di acquisto non ne è fatta menzione.*

Ciascuno dei coniugi, trattandosi di immobili, ha facoltà di fare eseguire la relativa trascrizione nei registri immobiliari.

219. Prova della proprietà dei beni.

Il coniuge può provare con ogni mezzo [950 comma 2] nei confronti dell'altro la proprietà esclusiva di un bene [179, 197].

I beni di cui nessuno dei coniugi può dimostrare la proprietà esclusiva [2728] sono di proprietà indivisa per pari quota di entrambi i coniugi[1].

[1] Articolo così sostituito dall'art. 87, L. 19 maggio 1975, n. 151. Il testo previgente disponeva: *Il patto, col quale si stabilisce che i coniugi parteciperanno in parti disuguali agli utili ovvero che il superstite preleverà una porzione di essi, non è considerato come una liberalità soggetta alle regole delle donazioni.*

Non può tuttavia stipularsi che uno dei coniugi deve contribuire nel passivo per una parte maggiore di quella che egli fosse per avere nell'attivo della comunione.

♦ Codice civile francese

Articolo 1538. *Sia nei confronti dell'altro coniuge che dei terzi, il coniuge può provare in tutti i modi che ha la proprietà esclusiva di un bene. Le presunzioni di proprietà enunciate nel contratto di matrimonio hanno effetto nei confronti dei terzi, così come nei rapporti tra i coniugi, se non è stato convenuto diversamente. La prova contraria sarà di diritto e si farà con ogni mezzo proprio per stabilire che i beni che la presunzione designa non appartengono al coniuge o anche se gli appartengono, che li ha acquisiti da una liberalità dell'altro coniuge. I beni sui cui nessuno dei coniugi può provare una proprietà esclusiva, sono considerati appartenere, in comunione, a ciascuno per metà.*

220. - 230.

[...][1].

[1] Articoli abrogati dall'art. 88, L. 19 maggio 1975, n. 151.

L'art. 220 disponeva: *Solo il marito può amministrare i beni della comunione e stare in giudizio per le azioni riguardanti la medesima; ma non può, salvo che a titolo oneroso, alienare o ipotecare i beni la cui proprietà cade nella comunione.*

L'art. 221 disponeva: *Alle locazioni fatte dal marito dei beni della moglie, il godimento dei quali cade nella comunione, sono applicabili le regole stabilite per le locazioni fatte dell'usufruttuario.*

L'art. 222 disponeva: *In caso di lontananza o di altro impedimento del marito, la moglie può essere autorizzata dal tribunale, quando è necessario nell'interesse della comunione dei beni e, nei casi di necessità o utilità evidente, può anche essere autorizzata a compiere atti di alienazione, con le cautele che il tribunale creda di stabilire.*

L'art. 223 disponeva: *I beni della comunione rispondono di tutti i pesi e oneri gravanti su di essi al momento dell'acquisto, di tutti i carichi dell'amministrazione, anche rispetto ai beni il cui godimento cade in comunione, delle spese per il mantenimento della famiglia e degli obblighi di alimenti dovuti per legge dall'uno o dall'altro coniuge.*

L'art. 224 disponeva: *I beni della comunione rispondono anche di tutte le obbligazioni del marito successive alla costituzione della comunione, e di quelle contratte dalla moglie nello stesso periodo ai sensi dell'articolo precedente.*

Non rispondono, invece, delle obbligazioni, sia del marito sia della moglie, anteriori alla costituzione della comunione, restando ai creditori la facoltà di agire sui beni del loro debitore, anche se il godimento di essi è stato conferito nella comunione.

L'art. 225 disponeva: *La comunione si scioglie per la morte o per la dichiarazione di assenza di uno dei coniugi, per la separazione personale e per la separazione giudiziale dei beni.*

L'art. 226 disponeva: *La separazione giudiziale dei beni può essere pronunziata nel caso di inabilitazione del marito o di cattiva amministrazione della comunione. Può altresì essere pronunziata quando il disordine degli affari del marito mette in pericolo gli interessi della moglie o il marito non provvede a un congruo mantenimento della famiglia.*

Sono applicabili le disposizioni degli articoli 204 e 205.

La separazione stragiudiziale è nulla.

L'art. 227 disponeva: *Avvenuto lo scioglimento della comunione, l'attivo e il passivo si dividono tra i coniugi in parti eguali, salvo che le convenzioni matrimoniali stabiliscano una diversa proporzione.*

Tuttavia, la moglie o i suoi eredi hanno sempre la facoltà di rinunziare alla comunione o di accettarla col beneficio dell'inventario, uniformandosi a quanto è stabilito in materia di successioni per la rinunzia alle eredità o per l'accettazione delle medesime col beneficio dell'inventario e sotto le sanzioni ivi previste.

L'art. 228 disponeva: *Nella divisione della comunione i coniugi o i loro eredi, anche in caso di rinunzia o di accettazione col beneficio d'inventario, hanno diritto di prelevare i beni mobili, che loro appartenevano prima della comunione o che sono loro pervenuti durante la medesima per successione o donazione.*

Con la convenzione che istituisce la comunione i coniugi devono fare una descrizione autentica dei loro beni mobili presenti, ed eguale descrizione devono pure fare di quei beni che venissero a loro durante la comunione per successione o per donazione.

In mancanza di tali descrizioni o di altro atto autentico, i beni mobili esistenti nella comunione al momento dello scioglimento si presumono della comunione medesima.

L'art. 229 disponeva: *Se non si trovano i beni mobili che la moglie e i suoi eredi hanno diritto di prelevare a norma dell'articolo precedente, essi possono ripeterne il valore, provandone l'ammontare anche per notorietà, salvo che la mancanza di quei beni sia dovuta a consumazione per uso o perimento per altra causa non imputabile al marito.*

L'art. 230 disponeva: *Il prelevamento autorizzato dagli articoli precedenti non può farsi, a pregiudizio dei terzi, in mancanza di descrizione o di altro titolo di proprietà avente data certa. È tuttavia salvo alla moglie o ai suoi eredi il diritto di regresso sulla porzione che della comunione spetta al marito e anche sugli altri beni di lui.*

Sezione VI
Dell'impresa familiare[1]

[1] Sezione aggiunta dall'art. 89, L. 19 maggio 1975, n. 151.

● Norme connesse:

- art. 1, comma 13, L. 20 maggio 2016, n. 76.

230-*bis*. Impresa familiare.

Salvo che sia configurabile un diverso rapporto [2094, 2251 ss., 2549], il familiare che presta in modo continuativo la sua attività di lavoro nella famiglia o nell'impresa familiare ha diritto al mantenimento secondo la condizione patrimoniale della famiglia e partecipa agli utili dell'impresa familiare ed ai beni acquistati con essi, nonché agli incrementi dell'azienda, anche in ordine all'avviamento, in proporzione alla quantità e qualità del lavoro prestato. Le decisioni concernenti l'impiego degli utili e degli incrementi nonché quelle inerenti alla gestione straordinaria, agli indirizzi produttivi e alla cessazione dell'impresa sono adottate, a maggioranza, dai familiari che partecipano all'impresa stessa. I familiari partecipanti all'impresa che non hanno la piena capacità di agire sono rappresentati nel voto da chi esercita la potestà su di essi [315 ss.].

Il lavoro della donna è considerato equivalente a quello dell'uomo.

Ai fini della disposizione di cui al primo comma si intende come familiare il coniuge, i parenti entro il terzo grado, gli affini entro il secondo; per impresa familiare quella cui collaborano il coniuge, i parenti entro il terzo grado, gli affini entro il secondo.

Il diritto di partecipazione di cui al primo comma è intrasferibile, salvo che il trasferimento avvenga a favore di familiari indicati nel comma precedente col consenso di tutti i partecipi. Esso può essere liquidato in danaro alla cessazione, per qualsiasi causa, della prestazione del lavoro, ed altresì in caso di alienazione dell'azienda. Il pagamento può avvenire in più annualità, determinate, in difetto di accordo, dal giudice.

In caso di divisione ereditaria [713 ss.] o di trasferimento dell'azienda [2556] i partecipi di cui al primo comma hanno diritto di prelazione sull'azienda. Si applica, nei limiti in cui è compatibile, la disposizione dell'articolo 732.

Le comunioni tacite familiari nell'esercizio dell'agricoltura sono regolate dagli usi che non contrastino con le precedenti norme[1].

[1] Articolo aggiunto dall'art. 89, L. 19 maggio 1975, n. 151.

● Norme connesse:

- comma 1: 1) per l'assicurazione obbligatoria contro infortuni sul lavoro e malattie professionali dei familiari partecipanti all'impresa familiare, D.M. 27 ottobre 1988 lavoro e previdenza sociale.

2) per quanto riguarda l'impresa familiare coltivatrice, art. 48, L. 3 maggio 1982, n. 203.

3) art. 14, L. 9 dicembre 1977, n. 903, che dispone: *Alle lavoratrici autonome che prestino lavoro continuativo nell'impresa familiare è riconosciuto il diritto di rappresentare l'impresa negli organi statutari delle cooperative, dei consorzi e di ogni altra forma associativa*; e art. 7, comma 3, D.P.R. 7 dicembre 1995, n. 581.

- comma 2: art. 14, L. 9 dicembre 1977, n. 903 (riportato sopra) e D.Lgs. 11 aprile 2006, n. 198 recante il Codice delle pari opportunità tra uomo e donna, a norma dell'articolo 6 della legge 28 novembre 2005, n. 246.

- art. 1, comma 13, L. 20 maggio 2016, n. 76.

230-*ter*. Diritti del convivente.

Al convivente di fatto che presti stabilmente la propria opera all'interno dell'impresa dell'altro convivente spetta una partecipazione agli utili dell'impresa familiare ed ai beni acquistati con essi nonchè agli incrementi dell'azienda, anche in ordine all'avviamento, commisurata al lavoro prestato. Il diritto di partecipazione non spetta qualora tra i conviventi esista un rapporto di società o di lavoro subordinato[1].

[1] Articolo aggiunto dall'art. 1, comma 46, L. 20 maggio 2016, n. 76.

TITOLO VII
DELLO STATO DI FIGLIO[1]

[1] Rubrica così sostituita dall'art. 7, D.Lgs. 28 dicembre 2013, n. 154, a decorrere dal 7 febbraio 2014. Il testo previgente disponeva: *Della filiazione.*

● Norme connesse:

- artt. da 33 a 35, L. 31 maggio 1995, n. 218.

CAPO I
DELLA PRESUNZIONE DI PATERNITÀ[1]

[1] Rubrica così sostituita dall'art. 7, D.Lgs. 28 dicembre 2013, n. 154, a decorrere dal 7 febbraio 2014. Il testo previgente disponeva: *Della filiazione legittima. Seguiva la Sezione I - Dello stato di figlio legittimo, soppressa dal medesimo art. 7, D.Lgs. 154/2013.*

231. Paternità del marito.

Il marito è padre del figlio concepito o nato durante il matrimonio [232, 235, 243][1].

[1] Articolo così sostituito dall'art. 8, D.Lgs. 28 dicembre 2013, n. 154, a decorrere dal 7 febbraio 2014. Il testo previgente disponeva: *Il marito è padre del figlio concepito durante il matrimonio.*

● Norme connesse:

- artt. 6, 8, L. 19 febbraio 2004, n. 40.

■ Codice civile del 1865: *Art. 159. Il marito è padre del figlio concepito durante il matrimonio.*

232. Presunzione di concepimento durante il matrimonio.

Si presume concepito durante il matrimonio il figlio nato quando non sono ancora trascorsi trecento giorni dalla data dell'annullamento, dello scioglimento o della cessazione degli effetti civili del matrimonio[1].

La presunzione non opera decorsi trecento giorni dalla pronuncia di separazione giudiziale [151], o dalla omologazione di separazione consensuale [158], ovvero dalla data della comparizione dei coniugi avanti al giudice quando gli stessi sono stati autorizzati a vivere separatamente nelle more del giudizio di separazione [c.p.c. 707, 711] o dei giudizi previsti nel comma precedente[2].

[1] Comma così sostituito dall'art. 9, D.Lgs. 28 dicembre 2013, n. 154, a decorrere dal 7 febbraio 2014. Il testo previgente disponeva: *Si presume concepito durante il matrimonio il figlio nato quando sono trascorsi centottanta giorni dalla celebrazione del matrimonio e non sono ancora trascorsi trecento giorni dalla data dell'annullamento, dello scioglimento o della cessazione degli effetti civili del matrimonio.*

[2] Articolo così sostituito dall'art. 90, L. 19 maggio 1975, n. 151. Il testo previgente disponeva: *Si presume concepito durante il matrimonio il figlio nato quando sono trascorsi centottanta giorni dalla celebrazione del matrimonio e non sono ancora trascorsi trecento giorni dallo scioglimento o annullamento di esso.*

■ Codice civile del 1865: *Art. 160. Si presume concepito durante il matrimonio il figlio nato non prima di cento ottanta giorni dalla celebrazione del matrimonio né dopo trecento dallo scioglimento o annullamento di esso.*

233. Nascita del figlio prima dei centottanta giorni.

[...][1].

[1] Articolo prima sostituito dall'art. 91, L. 19 maggio 1975, n. 151, poi abrogato dall'art. 106, D.Lgs. 28 dicembre 2013, n. 154, a decorrere dal 7 febbraio 2014.

Il testo previgente la modifica del 1975 disponeva: *Il figlio nato prima che siano trascorsi centottanta giorni dalla celebrazione del matrimonio è reputato legittimo se il marito non ne disconosce la paternità.*

Il disconoscimento non può aver luogo nei casi seguenti:

1) quando il marito era consapevole della gravidanza prima del matrimonio;

2) quando risulta dall'atto di nascita che la dichiarazione fu fatta dal marito o da un suo procuratore speciale.

Il testo previgente la modifica del 2013 disponeva: *Il figlio nato prima che siano trascorsi centottanta giorni dalla celebrazione del matrimonio è reputato legittimo se uno dei coniugi, o il figlio stesso, non ne disconoscono la paternità.*

■ Codice civile del 1865: *Art. 161. Se il figlio è nato prima che siano trascorsi centottanta giorni dopo il matrimonio, il marito e dopo la sua morte gli eredi di lui non potranno disconoscerne la paternità nei casi seguenti:*

1° Quando il marito fosse consapevole della gravidanza prima del matrimonio;

2° Quando consti dall'atto di nascita, che il marito assistette a quell'atto o personalmente, o per mezzo di altra persona da lui specialmente autorizzata per atto autentico;

3° Quando il parto fosse dichiarato non vitale.

234. Nascita del figlio dopo i trecento giorni. Ciascuno dei coniugi e i loro eredi possono provare che il figlio, nato dopo i trecento giorni dall'annullamento, dallo scioglimento o dalla cessazione degli effetti civili del matrimonio, è stato concepito durante il matrimonio.

Possono analogamente provare il concepimento durante la convivenza quando il figlio sia nato dopo i trecento giorni dalla pronuncia di separazione giudiziale [151], o dalla omologazione di separazione consensuale [158], ovvero dalla data di comparizione dei coniugi avanti al giudice quando gli stessi sono stati autorizzati a vivere separatamente nelle more del giudizio di separazione o dei giudizi previsti nel comma precedente.

In ogni caso il figlio può provare di essere stato concepito durante il matrimonio[1 2].

[1] Comma così sostituito dall'art. 10, D.Lgs. 28 dicembre 2013, n. 154, a decorrere dal 7 febbraio 2014. Il testo previgente disponeva: *In ogni caso il figlio può proporre azione per reclamare lo stato di legittimo.*

[2] Articolo così sostituito dall'art. 92, L. 19 maggio 1975, n. 151. Vedi, anche, art. 229, L. 151/1975 cit. Il testo previgente disponeva: *La legittimità del figlio nato dopo trecento giorni dallo scioglimento o annullamento del matrimonio può essere sempre contestata.*

■ Codice civile del 1865: *Art. 169. La legittimità del figlio nato trecento giorni dopo lo scioglimento o l'annullamento del matrimonio può essere impugnata da chiunque vi abbia interesse*

235. Disconoscimento di paternità. [...][1 2].

[1] Articolo prima sostituito dall'art. 93, L. 19 maggio 1975, n. 151, poi abrogato dall'art. 106, D.Lgs. 28 dicembre 2013, n. 154, a decorrere dal 7 febbraio 2014.

Il testo previgente la modifica del 1975 disponeva: *Il marito può disconoscere il figlio concepito durante il matrimonio soltanto nei casi seguenti:*

1) se nel tempo decorso dal trecentesimo al centottantesimo giorno prima della nascita egli era nella fisica impossibilità di coabitare con la moglie per causa di allontanamento o per altro fatto;

2) se durante il tempo predetto egli era affetto da impotenza, anche se questa fosse soltanto impotenza di generare;

3) se durante lo stesso periodo egli viveva legalmente separato dalla moglie anche per effetto di provvedimento temporaneo del magistrato, salvo che siavi stata tra i coniugi riunione anche soltanto temporanea;

4) se nel detto periodo la moglie ha commesso adulterio e ha tenuto celato al marito la propria gravidanza e la nascita del figlio. In questo caso il marito è ammesso a provare ogni altro fatto tendente a escludere la paternità.

La sola dichiarazione della madre non esclude la paternità.

Il testo previgente la modifica del 2013 disponeva: *L'azione per il disconoscimento di paternità del figlio concepito durante il matrimonio è consentita solo nei casi seguenti:*

1) se i coniugi non hanno coabitato nel periodo compreso fra il trecentesimo e il centottantesimo giorno prima della nascita;

2) se durante il tempo predetto il marito era affetto da impotenza, anche se soltanto di generare;

3) se nel detto periodo la moglie ha commesso adulterio o ha tenuto celata al marito la propria gravidanza e la nascita del figlio. In tali casi il marito è ammesso a provare che il figlio presenta caratteristiche genetiche o del gruppo sanguigno incompatibili con quelle del presunto padre, o ogni altro fatto tendente ad escludere la paternità.

La sola dichiarazione della madre non esclude la paternità.

L'azione di disconoscimento può essere esercitata anche dalla madre o dal figlio che ha raggiunto la maggiore età in tutti i casi in cui può essere esercitata dal padre.

[2] La Corte costituzionale, con sentenza 6 luglio 2006, n. 266, aveva dichiarato l'illegittimità costituzionale del numero 1), nella parte in cui, ai fini dell'azione di disconoscimento della paternità, subordinava l'esame delle prove tecniche, da cui risultava «che il figlio presenta caratteristiche genetiche o del gruppo sanguigno incompatibili con quelle del presunto padre», alla previa dimostrazione dell'adulterio della moglie.

■ Codice civile del 1865: *Art. 162. Il marito può ricusare di riconoscere il figlio concepito durante il matrimonio col provare, che nel tempo decorso dal trecentesimo al centottantesimo giorno prima della nascita del figlio, egli era nella fisica impossibilità di coabitare colla moglie per causa di allontanamento o per effetto di altro accidente*

Art. 163. Il marito può anche ricusare di riconoscere il figlio concepito durante il matrimonio, se nel tempo decorso dal trecentesimo al centottantesimo giorno prima della nascita viveva legalmente separato dalla moglie.

Tale diritto non gli spetta, quando vi sia stata riunione anche soltanto temporanea fra i coniugi.

Art. 164. Il marito non può ricusare di riconoscere il figlio, allegando la sua impotenza, salvo che si tratti di impotenza manifesta.

Art. 165. Il marito non può neppure ricusare di riconoscere il figlio per causa di adulterio, fuorché quando gliene sia stata celata la nascita: nel qual caso egli è ammesso a provare con ogni genere di prova, anche nel giudizio stesso in cui propone il suo richiamo, così i fatti dell'adulterio e del celamento, come tutti gli altri tendenti ad escludere la paternità.

La sola confessione della madre non basta ad escludere la paternità del marito.

Art. 166. In tutti i casi nei quali il marito è autorizzato a far richiamo, deve proporre giudizialmente la sua domanda nei seguenti termini:

Entro due mesi quando si trovi nel luogo in cui è nato il figlio;

Entro tre mesi dopo il suo ritorno nel luogo in cui è nato il figlio, od in cui è stabilito il domicilio coniugale, se era assente;

Entro tre mesi dopo scoperta la frode, quando gli si fosse tenuto celata la nascita.

Art. 167. Se il marito muore senza aver promossa l'azione ma prima che sia decorso il termine utile, gli eredi avranno due mesi per impugnare la legittimità del figlio, computabile dal tempo in cui egli sarà entrato nel possesso dei beni del defunto, o dal tempo in cui gli eredi fossero turbati dal figlio in tale possesso.

Art. 168. L'azione diretta ad impugnare la paternità sarà proposta contro il figlio se è maggiore di età, e, se è minore od interdetto, in contraddittorio di un curatore deputato dal tribunale davanti al quale il giudizio è promosso.

Nel giudizio sarà pure in tutti i casi chiamata la madre.

Art. 169. La legittimità del figlio nato trecento giorni dopo lo scioglimento o l'annullamento del matrimonio può essere impugnata da chiunque vi abbia interesse

CAPO II
DELLE PROVE DELLA FILIAZIONE[1]

[1] Rubrica così sostituita dall'art. 7, D.Lgs. 28 dicembre 2013, n. 154, a decorrere dal 7 febbraio 2014. Il testo previgente disponeva: *Sezione II - Delle prove della filiazione legittima.*

236. Atto di nascita e possesso di stato.

La filiazione si prova con l'atto di nascita iscritto nei registri dello stato civile [238, 241, 242, 451][1].

Basta, in mancanza di questo titolo, il possesso continuo dello stato di figlio [237, 241][2].

[1] Comma così modificato dall'art. 11, D.Lgs. 28 dicembre 2013, n. 154, a decorrere dal 7 febbraio 2014. Il testo previgente disponeva: *La filiazione legittima si prova con l'atto di nascita iscritto nei registri dello stato civile.*

[2] Comma così modificato dall'art. 11, D.Lgs. 28 dicembre 2013, n. 154, a decorrere dal 7 febbraio 2014. Il testo previgente disponeva: *Basta, in mancanza di questo titolo, il possesso continuo dello stato di figlio legittimo.*

■ Codice civile del 1865*: Art. 170. La filiazione legittima si prova coll'atto di nascita iscritto sui registri dello stato civile.*

171. In mancanza di questo titolo, basta il possesso continuo dello stato di figlio legittimo.

237. Fatti costitutivi del possesso di stato.

Il possesso di stato risulta da una serie di fatti che nel loro complesso valgano a dimostrare le relazioni di filiazione e di parentela fra una persona e la famiglia a cui essa pretende di appartenere [131, 236, 240, 241].

In ogni caso devono concorrere i seguenti fatti:

che il genitore abbia trattato la persona come figlio ed abbia provveduto in questa qualità al mantenimento, all'educazione e al collocamento di essa;

che la persona sia stata costantemente considerata come tale nei rapporti sociali;

che sia stata riconosciuta in detta qualità dalla famiglia [238, 270][1 2].

[1] Comma così sostituito dall'art. 12, D.Lgs. 28 dicembre 2013, n. 154, a decorrere dal 7 febbraio 2014. Il testo previgente disponeva: *In ogni caso devono concorrere i seguenti fatti: che la persona abbia sempre portato il cognome del padre che essa pretende di avere; che il padre l'abbia trattata come figlio ed abbia provveduto in questa qualità al mantenimento, all'educazione e al collocamento di essa; che sia stata costantemente considerata come tale nei rapporti sociali; che sia stata riconosciuta in detta qualità dalla famiglia.*

[2] La Corte costituzionale, con sentenza 21 dicembre 2016, n. 286, ha dichiarato l'illegittimità costituzionale della norma desumibile dal presente articolo, nella parte in cui non consente ai coniugi, di comune accordo, di trasmettere ai figli, al momento della nascita, anche il cognome materno.

■ Codice civile del 1865*: Art. 172. Il possesso di stato risulta da una serie di fatti che nel loro complesso valgano a dimostrare le relazioni di filiazione e di parentela fra un individuo e la famiglia a cui egli pretende di appartenere.*

I principali fra questi fatti sono:

Che l'individuo abbia sempre portato il cognome del padre che egli pretende di avere;

Che il padre lo abbia trattato come suo figlio, ed abbia provveduto in questa qualità al mantenimento, all'educazione ed al collocamento di lui;

Che sia stato costantemente riconosciuto come tale nella società;

Che sia stato riconosciuto in tale qualità dalla famiglia.

238. Irreclamabilità di uno stato di figlio contrario a quello attribuito dall'atto di nascita[1].

Salvo quanto disposto dagli articoli 128, 234, 239, 240 e 244, nessuno può reclamare uno stato contrario a quello che gli attribuiscono l'atto di nascita di figlio [legittimo][2] e il possesso di stato conforme all'atto stesso [236, 237][3].

[...][4 5].

[1] Rubrica così sostituita dall'art. 13, D.Lgs. 28 dicembre 2013, n. 154, a decorrere dal 7 febbraio 2014. Il testo previgente disponeva: *Atto di nascita conforme al possesso di stato.*

[2] Leggasi "nato nel matrimonio".

[3] Comma così modificato dall'art. 13, D.Lgs. 28 dicembre 2013, n. 154, a decorrere dal 7 febbraio 2014. Il testo previgente disponeva: *Salvo quanto disposto dagli articoli 128, 233, 234, 235, e 239, nessuno può reclamare uno stato contrario a quello che gli attribuiscono l'atto di nascita di figlio legittimo e il possesso di stato conforme all'atto stesso.*

[4] Comma abrogato dall'art. 13, D.Lgs. 28 dicembre 2013, n. 154, a decorrere dal 7 febbraio 2014. Il testo previgente disponeva: *Parimenti non si può contestare la legittimità di colui il quale ha un possesso di stato conforme all'atto di nascita.*

[5] Articolo così sostituito dall'art. 94, L. 19 maggio 1975, n. 151. Il testo previgente disponeva: *Salvo quanto è disposto nell'articolo seguente, nessuno può reclamare uno stato contrario a quello che gli attribuiscono l'atto di nascita di figlio legittimo e il possesso di stato conforme all'atto stesso.*

Parimenti non si può contestare la legittimità di colui il quale ha un possesso di stato conforme all'atto di nascita.

■ Codice civile del 1865: *Art. 173. Nessuno può reclamare uno stato contrario a quello che gli attribuiscono l'atto di nascita di figlio legittimo ed il possesso conforme al medesimo.*

Parimente non si potrà muovere controversia sopra lo stato legittimo di colui il quale ha un possesso conforme all'atto della sua nascita.

239. Reclamo dello stato di figlio.

Qualora si tratti di supposizione di parto o di sostituzione di neonato, il figlio può reclamare uno stato diverso.

L'azione di reclamo dello stato di figlio può essere esercitata anche da chi è nato nel matrimonio ma fu iscritto come figlio di ignoti, salvo che sia intervenuta sentenza di adozione.

L'azione può inoltre essere esercitata per reclamare uno stato di figlio conforme alla presunzione di paternità da chi è stato riconosciuto in contrasto con tale presunzione e da chi fu iscritto in conformità di altra presunzione di paternità.

L'azione può, altresì, essere esercitata per reclamare un diverso stato di figlio quando il precedente è stato comunque rimosso[1].

[1] Articolo così sostituito dall'art. 14, D.Lgs. 28 dicembre 2013, n. 154, a decorrere dal 7 febbraio 2014. Il testo previgente disponeva: *239. Supposizione di parto o sostituzione di neonato. Qualora si tratti di supposizione di parto o di sostituzione di neonato, ancorché vi sia un atto di nascita conforme al possesso di stato, il figlio può reclamare uno stato diverso, dando la prova della filiazione anche a mezzo di testimoni nei limiti e secondo le regole dell'articolo 241.*

Parimenti si può contestare la legittimità del figlio dando anche a mezzo di testimoni, nei limiti e secondo le regole sopra indicati, la prova della supposizione o della sostituzione predette.

■ Codice civile del 1865: *Art. 174. Quando mancano l'atto di nascita ed il possesso di stato, o quando il figlio fu iscritto sotto falsi nomi o come nato da genitori incerti, ovvero si tratta di supposizione o sostituzione di parto, ancorché in questi due ultimi casi vi sia un atto di nascita conforme al possesso di stato, la prova di filiazione può darsi col mezzo di testimoni.*

Questa prova non può essere ammessa che alloraquando vi sia un principio di prova per iscritto, o quando le presunzioni e gli indizi risultanti da fatti già certi si trovino abbastanza gravi per determinarne l'ammissione.

240. Contestazione dello stato di figlio.

Lo stato di figlio può essere contestato nei casi di cui al primo e secondo comma dell'articolo 239.

[1] Articolo così sostituito dall'art. 15, D.Lgs. 28 dicembre 2013, n. 154, a decorrere dal 7 febbraio 2014. Il testo previgente disponeva: *240. Mancanza dell'atto di matrimonio. La legittimità del figlio di due persone, che hanno pubblicamente vissuto come marito e moglie e sono morte ambedue, non può essere contestata per il solo motivo che manchi la prova della celebrazione del matrimonio, qualora la stessa legittimità sia provata da un possesso di stato che non sia in opposizione con l'atto di nascita.*

241. Prova in giudizio[1].

Quando mancano l'atto di nascita e il possesso di stato, la prova della filiazione può darsi in giudizio con ogni mezzo[2].

[...][3].

[1] Rubrica così sostituita dall'art. 16, D.Lgs. 28 dicembre 2013, n. 154, a decorrere dal 7 febbraio 2014. Il testo previgente disponeva: *Prova con testimoni.*

[2] Comma così sostituito dall'art. 16, D.Lgs. 28 dicembre 2013, n. 154, a decorrere dal 7 febbraio 2014. Il testo previgente disponeva: *Quando mancano l'atto di nascita e il possesso di stato, o quando il figlio fu scritto sotto falsi nomi o come nato da genitori ignoti, la prova della filiazione può darsi col mezzo di testimoni.*

[3] Comma abrogato dall'art. 16, D.Lgs. 28 dicembre 2013, n. 154, a decorrere dal 7 febbraio 2014. Il testo previgente disponeva: *Questa prova non può essere ammessa che quando vi è un principio di prova per iscritto, ovvero quando le presunzioni e gli indizi sono abbastanza gravi da determinare l'ammissione della prova.*

■ Codice civile del 1865: *Art. 174. Quando mancano l'atto di nascita ed il possesso di stato, o quando il figlio fu iscritto sotto falsi nomi o come nato da genitori incerti, ovvero si tratta di supposizione o sostituzione di parto, ancorché in questi due ultimi casi vi sia un atto di nascita conforme al possesso di stato, la prova di filiazione può darsi col mezzo di testimoni.*

Questa prova non può essere ammessa che alloraquando vi sia un principio di prova per iscritto, o quando le presunzioni e gli indizi risultanti da fatti già certi si trovino abbastanza gravi per determinarne l'ammissione.

242. Principio di prova per iscritto.

[...][1].

[1] Articolo abrogato dall'art. 106, D.Lgs. 28 dicembre 2013, n. 154, a decorrere dal 7 febbraio 2014. Il testo previgente disponeva: *Il principio di prova per iscritto risulta dai documenti di famiglia, dai registri e dalle carte private del padre o della madre, dagli atti pubblici e privati provenienti da una delle parti che sono impegnate nella controversia o da altra persona, che, se fosse in vita, avrebbe interesse nella controversia.*

■ Codice civile del 1865: *Art. 175. Il principio di prova per iscritto risulta dai documenti di famiglia, dai registri e dalle carte private del padre o della madre, dagli atti pubblici o privati provenienti da una delle parti impegnate nella controversia, o che vi avrebbe interesse se fosse in vita.*

243. Prova contraria.

[...][1].

[1] Articolo abrogato dall'art. 106, D.Lgs. 28 dicembre 2013, n. 154, a decorrere dal 7 febbraio 2014. Il testo previgente disponeva: *La prova contraria può darsi con tutti i mezzi atti a dimostrare che il reclamante non è figlio della donna che egli pretende di avere per madre, oppure che non è figlio del marito della madre, quando risulta provata la maternità.*

■ Codice civile del 1865: *Art. 176. La prova contraria può darsi con tutti i mezzi propri a dimostrare che il reclamante non sia figlio della donna che egli pretende di avere per madre, oppure che non sia figlio del marito della madre, quando fosse provata la maternità.*

CAPO III

DELL'AZIONE DI DISCONOSCIMENTO E DELLE AZIONI DI CONTESTAZIONE E DI RECLAMO DELLO STATO DI FIGLIO[1]

[1] Rubrica così sostituita dall'art. 7, D.Lgs. 28 dicembre 2013, n. 154, a decorrere dal 7 febbraio 2014. Il testo previgente disponeva: *Sezione III - Dell'azione di disconoscimento e delle azioni di contestazione e di reclamo di legittimità.*

243-*bis*. Disconoscimento di paternità. L'azione di disconoscimento di paternità del figlio nato nel matrimonio può essere esercitata dal marito, dalla madre e dal figlio medesimo.

Chi esercita l'azione è ammesso a provare che non sussiste rapporto di filiazione tra il figlio e il presunto padre.

La sola dichiarazione della madre non esclude la paternità[1].

[1] Articolo aggiunto dall'art. 17, D.Lgs. 28 dicembre 2013, n. 154, a decorrere dal 7 febbraio 2014.

244. Termini dell'azione di disconoscimento. L'azione di disconoscimento della paternità da parte della madre deve essere proposta nel termine di sei mesi dalla nascita del figlio ovvero dal giorno in cui è venuta a conoscenza dell'impotenza di generare del marito al tempo del concepimento.

Il marito può disconoscere il figlio nel termine di un anno che decorre dal giorno della nascita quando egli si trovava al tempo di questa nel luogo in cui è nato il figlio; se prova di aver ignorato la propria impotenza di generare ovvero l'adulterio della moglie al tempo del concepimento, il termine decorre dal giorno in cui ne ha avuto conoscenza.

Se il marito non si trovava nel luogo in cui è nato il figlio il giorno della nascita il termine, di cui al secondo comma, decorre dal giorno del suo ritorno o dal giorno del ritorno nella residenza familiare se egli ne era lontano. In ogni caso, se egli prova di non aver avuto notizia della nascita in detti giorni, il termine decorre dal giorno in cui ne ha avuto notizia.

Nei casi previsti dal primo e dal secondo comma l'azione non può essere, comunque, proposta oltre cinque anni dal giorno della nascita.

L'azione di disconoscimento della paternità può essere proposta dal figlio che ha raggiunto la maggiore età. L'azione è imprescrittibile riguardo al figlio.

L'azione può essere altresì promossa da un curatore speciale nominato dal giudice, assunte sommarie informazioni, su istanza del figlio minore che ha compiuto i quattordici anni ovvero del pubblico ministero o dell'altro genitore, quando si tratti di figlio di età inferiore[1] [2].

[1] Articolo così sostituito prima dall'art. 95, L. 19 maggio 1975, n. 151, poi dall'art. 18, D.Lgs. 28 dicembre 2013, n. 154, a decorrere dal 7 febbraio 2014.

Il testo previgente la modifica del 2013 disponeva: *L'azione di disconoscimento della paternità da parte della madre deve essere proposta nel termine di sei mesi dalla nascita del figlio.*

Il marito può disconoscere il figlio nel termine di un anno che decorre dal giorno della nascita quando egli si trovava al tempo di questa nel luogo in cui è nato il figlio; dal giorno del suo ritorno nel luogo in cui è nato il figlio o in cui è la residenza familiare se egli ne era lontano. In ogni caso, se egli prova di non aver avuto notizia della nascita in detti giorni, il termine decorre dal giorno in cui ne ha avuto notizia.

L'azione di disconoscimento della paternità può essere proposta dal figlio, entro un anno dal compimento della maggiore età o dal momento in cui viene successivamente a conoscenza dei fatti che rendono ammissibile il disconoscimento.

L'azione può essere altresì promossa da un curatore speciale nominato dal giudice, assunte sommarie informazioni, su istanza del figlio minore che ha compiuto i sedici anni, o del pubblico ministero quando si tratta di minore di età inferiore.

Il testo precedente le modifiche apportate dalla L. 19 maggio 1975, n. 151 disponeva:

L'azione di disconoscimento, tanto nel caso dell'art. 233 quanto nel caso dell'art. 235, deve essere proposta dal marito nel termine di tre mesi che decorrono: dal giorno della nascita, quando egli si trovava al tempo di questa nel luogo in cui è nato il figlio; dal giorno del suo ritorno nel luogo in cui è nato il figlio o in cui è il domicilio coniugale, se egli era lontano.

In ogni caso, se egli prova di non aver avuto notizia della nascita in detti giorni, il termine decorre dal giorno in cui ha avuto questa notizia.

Il testo previgente le modifiche apportate dalla L. 4 maggio 1983, n. 184, disponeva: *L'azione di disconoscimento della paternità da parte della madre deve essere proposta nel termine di sei mesi dalla nascita del figlio.*

Il marito può disconoscere il figlio nel termine di un anno che decorre dal giorno della nascita quando egli si trovava al tempo di questa nel luogo in cui è nato il figlio; dal giorno del suo ritorno nel luogo in cui è nato il figlio o in cui è la residenza familiare se egli ne era lontano. In ogni caso, se egli prova di non aver avuto notizia della nascita in detti giorni, il termine decorre dal giorno in cui ne ha avuto notizia.

L'azione di disconoscimento della paternità può essere proposta dal figlio, entro un anno dal compimento della maggiore età o dal momento in cui viene successivamente a conoscenza dei fatti che rendono ammissibile il disconoscimento.

L'azione può essere altresì promossa da un curatore speciale nominato dal giudice su istanza del figlio minore che ha compiuto i sedici anni.

[2] La Corte costituzionale, con sentenza 14 maggio 1999, n. 170, aveva dichiarato l'illegittimità costituzionale del primo comma, nella parte in cui non prevedeva che il termine per la proposizione dell'azione di disconoscimento della paternità, nell'ipotesi di impotenza solo di generare di cui al numero 2) dell'art. 235, decorresse per la moglie dal giorno in cui essa

fosse venuta a conoscenza dell'impotenza di generare del marito. La Corte costituzionale, con sentenza 6 maggio 1985, n. 134, aveva dichiarato l'illegittimità costituzionale del secondo comma, nella parte in cui non disponeva, per il caso previsto dal n. 3 dell'art. 235, che il termine dell'azione di disconoscimento decorresse dal giorno in cui il marito fosse venuto a conoscenza dell'adulterio della moglie. La Corte costituzionale, con sentenza 14 maggio 1999, n. 170, aveva dichiarato l'illegittimità costituzionale del secondo comma, nella parte in cui non prevedeva che il termine per la proposizione dell'azione di disconoscimento della paternità, nell'ipotesi di impotenza solo di generare di cui al numero 2) dell'art. 235, decorresse per il marito dal giorno in cui esso fosse venuto a conoscenza della propria impotenza di generare.

245. Sospensione del termine.

Se la parte interessata a promuovere l'azione di disconoscimento di paternità si trova in stato di interdizione per infermità di mente ovvero versa in condizioni di abituale grave infermità di mente, che lo renda incapace di provvedere ai propri interessi, la decorrenza del termine indicato nell'articolo 244 è sospesa nei suoi confronti, sino a che duri lo stato di interdizione o durino le condizioni di abituale grave infermità di mente.

Quando il figlio si trova in stato di interdizione ovvero versa in condizioni di abituale grave infermità di mente, che lo renda incapace di provvedere ai propri interessi, l'azione può essere altresì promossa da un curatore speciale nominato dal giudice, assunte sommarie informazioni, su istanza del pubblico ministero, del tutore, o dell'altro genitore. Per gli altri legittimati l'azione può essere proposta dal tutore o, in mancanza di questo, da un curatore speciale, previa autorizzazione del giudice[1 2].

[1] Articolo così sostituito prima dall'art. 96, L. 19 maggio 1975, n. 151, poi dall'art. 19, D.Lgs. 28 dicembre 2013, n. 154, a decorrere dal 7 febbraio 2014. Il testo previgente disponeva: *Se la parte interessata a promuovere l'azione di disconoscimento della paternità si trova in stato di interdizione per infermità di mente, la decorrenza del termine indicato nell'articolo precedente è sospesa, nei suoi confronti, sino a che dura lo stato di interdizione. L'azione può tuttavia essere promossa dal tutore.*

[2] La Corte costituzionale, con sentenza 25 novembre 2011, n. 322, aveva dichiarato l'illegittimità costituzionale del presente articolo nella parte in cui non prevedeva che la decorrenza del termine indicato nell'art. 244 c.c. fosse sospesa anche nei confronti del soggetto che, sebbene non interdetto, versasse in condizione di abituale grave infermità di mente, che lo rendesse incapace di provvedere ai propri interessi, sino a che fosse durato tale stato di incapacità naturale.

246. Trasmissibilità dell'azione.

Se il presunto padre o la madre titolari dell'azione di disconoscimento di paternità sono morti senza averla promossa, ma prima che sia decorso il termine previsto dall'articolo 244, sono ammessi ad esercitarla in loro vece i discendenti o gli ascendenti; il nuovo termine decorre dalla morte del presunto padre o della madre, o dalla nascita del figlio se si tratta di figlio postumo o dal raggiungimento della maggiore età da parte di ciascuno dei discendenti.

Se il figlio titolare dell'azione di disconoscimento di paternità è morto senza averla promossa sono ammessi ad esercitarla in sua vece il coniuge o i discendenti nel termine di un anno che decorre dalla morte del figlio o dal raggiungimento della maggiore età da parte di ciascuno dei discendenti.

Si applicano il sesto comma dell'articolo 244 e l'articolo 245[1].

[1] Articolo così sostituito prima dall'art. 97, L. 19 maggio 1975, n. 151, poi dall'art. 19, D.Lgs. 28 dicembre 2013, n. 154, a decorrere dal 7 febbraio 2014.

Il testo previgente la modifica del 1975 disponeva: *Se il marito muore senza aver promosso l'azione, ma prima che sia decorso il termine, i discendenti o gli ascendenti sono ammessi ad esercitarla, ma devono proporla entro tre mesi dalla morte del marito o dalla nascita del figlio, se si tratta di un figlio postumo.*

Il testo previgente la modifica del 2013 disponeva: *Se il titolare dell'azione di disconoscimento della paternità muore senza averla promossa, ma prima che ne sia decorso il termine, sono ammessi ad esercitarla in sua vece:*

1) nel caso di morte del presunto padre o della madre, i discendenti o gli ascendenti; il nuovo termine decorre dalla morte del presunto padre o della madre, o dalla nascita del figlio se si tratta di figlio postumo;

2) nel caso di morte del figlio, il coniuge o i discendenti; il nuovo termine decorre dalla morte del figlio o dal raggiungimento della maggiore età da parte di ciascuno dei discendenti.

247. Legittimazione passiva.

Il presunto padre, la madre ed il figlio sono litisconsorti necessari [c.p.c. 102] nel giudizio di disconoscimento.

Se una delle parti è minore o interdetta [414], l'azione è proposta in contraddittorio con un curatore nominato dal giudice davanti al quale il giudizio deve essere promosso [c.p.c. 78 comma 2].

Se una delle parti è un minore emancipato o un maggiore inabilitato [390, 424], l'azione proposta contro la stessa assistita da un curatore parimenti nominato dal giudice [c.p.c. 78 comma 2].

Se il presunto padre o la madre o il figlio sono morti, l'azione si propone nei confronti delle persone indicate nell'articolo precedente o, in loro mancanza, nei confronti di un curatore parimenti nominato dal giudice[1].

[1] Articolo così sostituito dall'art. 98, L. 19 maggio 1975, n. 151. Il testo previgente disponeva: *L'azione è proposta contro il figlio, se è maggiore d'età, e, se è minore o interdetto, in contraddittorio di un curatore nominato dal tribunale davanti al quale il giudizio è promosso. Nel caso di minore emancipato o di maggiore inabilitato l'azione è proposta contro il figlio assistito da un curatore parimenti nominato dal tribunale.*

Nel giudizio deve in tutti i casi essere chiamata la madre.

CODICE CIVILE

■ Codice civile del 1865: *Art. 168. L'azione diretta ad impugnare la paternità sarà proposta contro il figlio se è maggiore di età, e, se è minore od interdetto, in contraddittorio di un curatore deputato dal tribunale davanti al quale il giudizio è promosso.*

Nel giudizio sarà pure in tutti i casi chiamata la madre.

248. Legittimazione all'azione di contestazione dello stato di figlio. Imprescrittibilità[1].

L'azione di contestazione dello stato di figlio spetta a chi dall'atto di nascita del figlio risulti suo genitore e a chiunque vi abbia interesse [c.p.c. 100][2].

L'azione è imprescrittibile [2934 comma 2].

Quando l'azione è proposta nei confronti di persone premorte o minori o altrimenti incapaci, si osservano le disposizioni dell'articolo precedente.

Nel giudizio devono essere chiamati entrambi i genitori [c.p.c. 102].

Si applicano il sesto comma dell'articolo 244 e il secondo comma dell'articolo 245[3] [4].

[1] Rubrica così sostituita dall'art. 20, D.Lgs. 28 dicembre 2013, n. 154, a decorrere dal 7 febbraio 2014. Il testo previgente disponeva: *Legittimazione all'azione di contestazione della legittimità. Imprescrittibilità.*

[2] Comma così sostituito dall'art. 20, D.Lgs. 28 dicembre 2013, n. 154, a decorrere dal 7 febbraio 2014. Il testo previgente disponeva: *L'azione per contestare la legittimità spetta a chi dall'atto di nascita del figlio risulti suo genitore e a chiunque vi abbia interesse.*

[3] Comma aggiunto dall'art. 20, D.Lgs. 28 dicembre 2013, n. 154, a decorrere dal 7 febbraio 2014.

[4] Articolo così sostituito dall'art. 99, L. 19 maggio 1975, n. 151. Il testo previgente disponeva: *L'azione per contestare la legittimità, sia essa fondata sulla nullità del matrimonio ovvero sulla supposizione di parto o sulla sostituzione di neonato ovvero sulla nascita del figlio dopo trecento giorni dallo scioglimento o annullamento del matrimonio, spetta a chi dall'atto di nascita del figlio risulti suo genitore e a chiunque vi abbia interesse.*

L'azione è imprescrittibile.

Nel caso in cui l'azione sia proposta contro il figlio minore o altrimenti incapace, si osservano le disposizioni dell'articolo precedente.

Nel giudizio devono essere chiamati entrambi i genitori.

249. Legittimazione all'azione di reclamo dello stato di figlio. Imprescrittibilità.

L'azione per reclamare lo stato di figlio spetta al medesimo.

L'azione è imprescrittibile.

Quando l'azione è proposta nei confronti di persone premorte o minori o altrimenti incapaci, si osservano le disposizioni dell'articolo 247.

Nel giudizio devono essere chiamati entrambi i genitori.

Si applicano il sesto comma dell'articolo 244 e il secondo comma dell'articolo 245[1].

[1] Articolo così sostituito dall'art. 21, D.Lgs. 28 dicembre 2013, n. 154, a decorrere dal 7 febbraio 2014. Il testo previgente disponeva: *249. Reclamo della legittimità. L'azione per reclamare lo stato legittimo spetta al figlio; ma, se egli non l'ha promossa ed è morto in età minore o nei cinque anni dopo aver raggiunto la maggiore età, può essere promossa dai discendenti di lui. Essa deve essere proposta contro entrambi i genitori, e in loro mancanza, contro i loro eredi.*

L'azione è imprescrittibile riguardo al figlio.

■ Codice civile del 1865: *Art. 177. L'azione per reclamare lo stato legittimo è imprescrittibile riguardo al figlio.*

Art. 178. La detta azione non può essere promossa dagli eredi o discendenti del figlio, il quale non abbia reclamato, se non nel caso in cui fosse morto in età minore o nei cinque anni dopo la sua maggiore età.

Quando l'azione fu promossa dal figlio, può essere proseguita dagli eredi o discendenti, se non vi fu recesso né perenzione d'istanza.

CAPO IV
DEL RICONOSCIMENTO DEI FIGLI NATI FUORI DAL MATRIMONIO[1]

[1] Rubrica così sostituita dall'art. 7, D.Lgs. 28 dicembre 2013, n. 154, a decorrere dal 7 febbraio 2014. Il testo previgente disponeva: *§ 1 - Del riconoscimento dei figli naturali. Precedeva la rubrica del Capo II - Della filiazione naturale e della legittimazione; e la rubrica della Sezione I - Della filiazione naturale, ambedue soppresse dal medesimo art. 7, D.Lgs. 154/2013.*

● Norme connesse:
- art. 12, L. 1 dicembre 1970, n. 898.

250. Riconoscimento.

Il figlio nato fuori del matrimonio può essere riconosciuto, nei modi previsti dall'articolo 254, dalla madre e dal padre, anche se già uniti in matrimonio con altra persona all'epoca del concepimento. Il riconoscimento può avvenire tanto congiuntamente quanto separatamente[1].

Il riconoscimento del figlio che ha compiuto i quattordici anni non produce effetto senza il suo assenso [273 comma 2][2].

Il riconoscimento del figlio che non ha compiuto i quattordici anni non può avvenire senza il consenso dell'altro genitore che abbia già effettuato il riconoscimento[3].

Il consenso non può essere rifiutato se risponde all'interesse del figlio. Il genitore che vuole riconoscere il figlio, qualora il consenso dell'altro genitore sia rifiutato, ricorre al giudice competente, che fissa un termine per la notifica del ricorso all'altro genitore. Se non viene proposta opposizione entro trenta giorni dalla notifica, il giudice decide con sentenza che tiene luogo del consenso mancante; se viene proposta opposizione, il giudice, assunta ogni opportuna informazione, dispone l'audizione del figlio minore che abbia compiuto i dodici anni, o anche di età inferiore, ove capace di discernimento, e assume eventuali provvedimenti provvisori e urgenti al fine di instaurare la relazione, salvo che l'opposizione non sia palesemente fondata. Con la sentenza che tiene luogo del consenso mancante, il giudice assume i provvedimenti opportuni in relazione all'affidamento e al mantenimento del minore ai sensi dell'articolo 315-*bis* e al suo cognome ai sensi dell'articolo 262[4].

Il riconoscimento non può essere fatto dai genitori che non abbiano compiuto il sedicesimo anno di età, salvo che il giudice li autorizzi, valutate le circostanze e avuto riguardo all'interesse del figlio[5 6].

[1] Comma così sostituito dall'art. 1, L. 10 dicembre 2012, n. 219. Il testo previgente disponeva: *Il figlio naturale può essere riconosciuto, nei modi previsti dall'articolo 254, dal padre e dalla madre, anche se già uniti in matrimonio con altra persona all'epoca del concepimento. Il riconoscimento può avvenire tanto congiuntamente quanto separatamente.*

[2] Comma così modificato dall'art. 1, L. 10 dicembre 2012, n. 219. Il testo previgente disponeva: *Il riconoscimento del figlio che ha compiuto i sedici anni non produce effetto senza il suo assenso.*

[3] Comma così modificato dall'art. 1, L. 10 dicembre 2012, n. 219. Il testo previgente disponeva: *Il riconoscimento del figlio che non ha compiuto i sedici anni non può avvenire senza il consenso dell'altro genitore che abbia già effettuato il riconoscimento.*

[4] Comma così sostituito dall'art. 1, L. 10 dicembre 2012, n. 219. Il testo previgente disponeva: *Il consenso non può essere rifiutato ove il riconoscimento risponda all'interesse del figlio. Se vi è opposizione, su ricorso del genitore che vuole effettuare il riconoscimento, sentito il minore in contraddittorio con il genitore che si oppone e con l'intervento del pubblico ministero, decide il tribunale con sentenza che, in caso di accoglimento della domanda, tiene luogo del consenso mancante.*

[5] Comma così modificato dall'art. 1, L. 10 dicembre 2012, n. 219. Il testo previgente disponeva: *Il riconoscimento non può essere fatto dai genitori che non abbiano compiuto il sedicesimo anno di età.*

[6] Articolo così sostituito dall'art. 102, L. 19 maggio 1975, n. 151. Il testo previgente disponeva: *Il figlio naturale può essere riconosciuto dal padre e dalla madre tanto congiuntamente quanto separatamente.*

Il riconoscimento non può essere fatto dal padre che non ha raggiunto i diciotto anni e dalla madre che non ha raggiunto i quattordici anni, a meno che avvenga in occasione del loro matrimonio.

● Norme connesse:
- art. 35, L. 31 maggio 1995, n. 218.

■ Codice civile del 1865: *Art. 179. Il figlio naturale può essere riconosciuto dal padre o dalla madre tanto congiuntamente, quanto separatamente.*

Art. 180. Non possono però essere riconosciuti:

1° I figli nati da persone, di cui anche una soltanto fosse al tempo del concepimento legata in matrimonio con altra persona;

2° I figli nati da persone fra le quali non poteva sussistere matrimonio per vincolo di parentela, o di affinità in linea retta in infinito, o per vincolo di parentela in linea collaterale nel secondo grado.

251. Autorizzazione al riconoscimento.

Il figlio nato da persone, tra le quali esiste un vincolo di parentela in linea retta all'infinito o in linea collaterale nel secondo grado, ovvero un vincolo di affinità in linea retta, può essere riconosciuto previa autorizzazione del giudice avuto riguardo all'interesse del figlio e alla necessità di evitare allo stesso qualsiasi pregiudizio.

Il riconoscimento di una persona minore di età è autorizzato dal giudice[1 2].

[1] Comma così modificato dall'art. 22, D.Lgs. 28 dicembre 2013, n. 154, a decorrere dal 7 febbraio 2014. Il testo previgente disponeva: *Il riconoscimento di una persona minore di età è autorizzato dal tribunale per i minorenni.*

[2] Articolo prima sostituito prima dall'art. 103, L. 19 maggio 1975, n. 151, poi dall'art. 1, L. 10 dicembre 2012, n. 219.

Il testo previgente la modifica del 1975 disponeva: *I figli nati da persone, tra le quali esiste un vincolo di parentela anche soltanto naturale, in linea retta all'infinito o in linea collaterale nel secondo grado, ovvero un vincolo di affinità in linea retta, non possono essere riconosciuti dai loro genitori, salvo che questi al tempo del concepimento ignorassero il vincolo esistente tra di loro. Quando uno solo dei genitori è stato in buona fede, il riconoscimento del figlio può essere fatto solo da lui.*

Il testo previgente la modifica del 2012 disponeva: *251. Riconoscimento di figli incestuosi. I figli nati da persone, tra le quali esiste un vincolo di parentela anche soltanto naturale, in linea retta all'infinito o in linea collaterale nel secondo grado, ovvero un vincolo di affinità in linea retta, non possono essere riconosciuti dai loro genitori, salvo che questi al tempo del concepimento ignorassero il vincolo esistente tra di loro o che sia stato dichiarato nullo il matrimonio da cui deriva l'affinità. Quando uno solo dei genitori è stato in buona fede, il riconoscimento del figlio può essere fatto solo da lui.*

Il riconoscimento è autorizzato dal giudice, avuto riguardo all'interesse del figlio ed alla necessità di evitare allo stesso qualsiasi pregiudizio.

■ Codice civile del 1865: *Art. 180. Non possono però essere riconosciuti:*

1° I figli nati da persone, di cui anche una soltanto fosse al tempo del concepimento legata in matrimonio con altra persona;

2° I figli nati da persone fra le quali non poteva sussistere matrimonio per vincolo di parentela, o di affinità in linea retta in infinito, o per vincolo di parentela in linea collaterale nel secondo grado.

252. Affidamento del figlio nato fuori del matrimonio e suo inserimento nella famiglia del genitore[1].

Qualora il figlio nato fuori del matrimonio di uno dei coniugi sia riconosciuto durante il matrimonio il giudice [disp. att. 38], valutate le circostanze, decide in ordine all'affidamento del minore e adotta ogni altro provvedimento a tutela del suo interesse morale e materiale[2].

L'eventuale inserimento del figlio nato fuori del matrimonio nella famiglia legittima di uno dei genitori può essere autorizzato dal giudice [disp. att. 38] qualora ciò non sia contrario all'interesse del minore e sia accertato il consenso dell'altro coniuge convivente e degli altri figli che abbiano compiuto il sedicesimo anno di età e siano conviventi [Cost. 30 comma 3], nonché dell'altro genitore che abbia effettuato il riconoscimento [317-*bis*]. In questo caso il giudice stabilisce le condizioni cui ciascun genitore deve attenersi[3].

Qualora il figlio sia riconosciuto anteriormente al matrimonio, il suo inserimento nella famiglia è subordinato al consenso dell'altro coniuge, a meno che il figlio fosse già convivente con il genitore all'atto del matrimonio o l'altro coniuge conoscesse l'esistenza del figlio[4].

È altresì richiesto il consenso dell'altro genitore che abbia effettuato il riconoscimento [317-*bis* comma 2][5].

In caso di disaccordo tra i genitori, ovvero di mancato consenso degli altri figli conviventi, la decisione è rimessa al giudice tenendo conto dell'interesse dei minori. Prima dell'adozione del provvedimento, il giudice dispone l'ascolto dei figli minori che abbiano compiuto gli anni dodici e anche di età inferiore ove capaci di discernimento[6 7].

[1] Rubrica così sostituita dall'art. 23, D.Lgs. 28 dicembre 2013, n. 154, a decorrere dal 7 febbraio 2014. Il testo previgente disponeva: *Affidamento del figlio naturale e suo inserimento nella famiglia legittima.*

[2] Comma così modificato dall'art. 23, D.Lgs. 28 dicembre 2013, n. 154, a decorrere dal 7 febbraio 2014. Il testo previgente disponeva: *Qualora il figlio naturale di uno dei coniugi sia riconosciuto durante il matrimonio il giudice, valutate le circostanze, decide in ordine all'affidamento del minore e adotta ogni altro provvedimento a tutela del suo interesse morale e materiale.*

[3] Comma così modificato dall'art. 23, D.Lgs. 28 dicembre 2013, n. 154, a decorrere dal 7 febbraio 2014. Il testo previgente disponeva: *L'eventuale inserimento del figlio naturale nella famiglia legittima di uno dei genitori può essere autorizzato dal giudice qualora ciò non sia contrario all'interesse del minore e sia accertato il consenso dell'altro coniuge e dei figli legittimi che abbiano compiuto il sedicesimo anno di età e siano conviventi, nonché dell'altro genitore naturale che abbia effettuato il riconoscimento. In questo caso il giudice stabilisce le condizioni che il genitore cui il figlio è affidato deve osservare e quelle cui deve attenersi l'altro genitore.*

[4] Comma così modificato dall'art. 23, D.Lgs. 28 dicembre 2013, n. 154, a decorrere dal 7 febbraio 2014. Il testo previgente disponeva: *Qualora il figlio naturale sia riconosciuto anteriormente al matrimonio, il suo inserimento nella famiglia legittima è subordinato al consenso dell'altro coniuge, a meno che il figlio fosse già convivente con il genitore all'atto del matrimonio o l'altro coniuge conoscesse l'esistenza del figlio naturale.*

[5] Comma così modificato dall'art. 23, D.Lgs. 28 dicembre 2013, n. 154, a decorrere dal 7 febbraio 2014. Il testo previgente disponeva: *È altresì richiesto il consenso dell'altro genitore naturale che abbia effettuato il riconoscimento.*

[6] Comma aggiunto dall'art. 23, D.Lgs. 28 dicembre 2013, n. 154, a decorrere dal 7 febbraio 2014.

[7] Articolo così sostituito dall'art. 104, L. 19 maggio 1975, n. 151. Il testo previgente disponeva: *I figli adulterini possono essere riconosciuti dal genitore che al tempo del concepimento non era unito in matrimonio.*

Possono essere riconosciuti anche dal genitore che al tempo del concepimento era unito in matrimonio, qualora il matrimonio sia sciolto per effetto della morte dell'altro coniuge.

Se in conseguenza del matrimonio sciolto vi sono figli legittimi o legittimati o loro discendenti legittimi, il riconoscimento non ha effetto se non dal giorno in cui è ammesso con decreto reale, previo parere del consiglio di stato. Il riconoscimento non può essere ammesso se i figli legittimi o legittimati non hanno raggiunto la maggiore età e se non sono stati sentiti.

Se il genitore muore dopo la presentazione dell'istanza e prima dell'emanazione del decreto, gli effetti di questo risalgono alla data della morte. Se il riconoscimento è contenuto in un testamento, l'istanza per la concessione del decreto può essere fatta dal figlio o dal suo rappresentante legale non oltre un anno dalla pubblicazione del testamento.

253. Inammissibilità del riconoscimento.

In nessun caso è ammesso un riconoscimento in contrasto con lo stato di figlio in cui la persona si trova [231 ss., 280][1].

[1] Articolo così sostituito dall'art. 105, L. 19 maggio 1975, n. 151 e poi così modificato dall'art. 24, D.Lgs. 28 dicembre 2013, n. 154, a decorrere dal 7 febbraio 2014.

Il testo previgente la modifica del 1975 disponeva: *In nessun caso è ammesso un riconoscimento in contrasto con lo stato di figlio legittimo in cui la persona si trova.*

Il testo previgente la modifica del 2013 disponeva: *In nessun caso è ammesso un riconoscimento in contrasto con lo stato di figlio legittimo o legittimato in cui la persona si trova.*

254. Forma del riconoscimento.

Il riconoscimento del figlio nato fuori del matrimonio è fatto nell'atto di nascita, oppure con una apposita dichiarazione, posteriore alla nascita o al concepimento [1 comma 2], davanti ad un ufficiale dello stato civile [344] o in un atto pubblico [2699] o in un testamento [587 ss.], qualunque sia la forma di questo[1].

[...][2 3].

[1] Comma così modificato prima dall'art. 138, D.Lgs. 19 febbraio 1998, n. 51, poi dall'art. 25, D.Lgs. 28 dicembre 2013, n. 154, a decorrere dal 7 febbraio 2014. Il testo previgente disponeva: *Il riconoscimento del figlio naturale è fatto nell'atto di nascita, oppure con una apposita dichiarazione, posteriore alla nascita o al concepimento, davanti ad un ufficiale dello stato civile o in un atto pubblico o in un testamento, qualunque sia la forma di questo.*

[2] Comma abrogato dall'art. 25, D.Lgs. 28 dicembre 2013, n. 154, a decorrere dal 7 febbraio 2014. Il testo previgente disponeva: *La domanda di legittimazione di un figlio naturale presentata al giudice o la dichiarazione della volontà di legittimarlo espressa dal genitore in un atto pubblico o in un testamento importa riconoscimento, anche se la legittimazione non abbia luogo.*

[3] Articolo così sostituito dall'art. 106, L. 19 maggio 1975, n. 151. Il testo previgente disponeva: *Il riconoscimento del figlio naturale è fatto nell'atto di nascita, oppure con un'apposita dichiarazione, posteriore alla nascita o al concepimento,*

davanti a un ufficiale dello stato civile o davanti al giudice tutelare, o in un atto pubblico o in un testamento, qualunque sia la forma di questo.

La domanda di legittimazione di un figlio naturale presentata alla corte d'appello o la dichiarazione della volontà di legittimarlo espressa dal genitore in un atto pubblico o in un testamento importa riconoscimento, anche se la legittimazione non abbia luogo.

■ Codice civile del 1865: *Art. 181. Il riconoscimento di un figlio naturale si farà nell'atto di nascita, o con un atto autentico anteriore o posteriore alla nascita*

255. Riconoscimento di un figlio premorto.

Può anche aver luogo il riconoscimento del figlio premorto, in favore dei suoi discendenti [282][1].

[1] Articolo così modificato dall'art. 26, D.Lgs. 28 dicembre 2013, n. 154, a decorrere dal 7 febbraio 2014. Il testo previgente disponeva: *Può anche aver luogo il riconoscimento del figlio premorto, in favore dei suoi discendenti legittimi e dei suoi figli naturali riconosciuti.*

● Norme connesse:
- art. 12, L. 1 dicembre 1970, n. 898.

256. Irrevocabilità del riconoscimento.

Il riconoscimento è irrevocabile. Quando è contenuto in un testamento [254, 587, 679] ha effetto dal giorno della morte del testatore, anche se il testamento è stato revocato[1].

[1] Articolo così sostituito dall'art. 107, L. 19 maggio 1975, n. 151. Il testo previgente disponeva: *Il riconoscimento è irrevocabile. Se è contenuto in un testamento, ha effetto dal tempo della morte del testatore, anche se il testamento è stato revocato.*

Nell'ipotesi preveduta dal secondo comma dell'art. 252 il riconoscimento contenuto in un testamento ha effetto solo se lo scioglimento del matrimonio era già avvenuto nel tempo in cui il testamento fu fatto.

257. Clausole limitatrici.

È nulla ogni clausola diretta a limitare gli effetti del riconoscimento [250].

258. Effetti del riconoscimento.

Il riconoscimento produce effetti riguardo al genitore da cui fu fatto e riguardo ai parenti di esso[1].

L'atto di riconoscimento di uno solo dei genitori non può contenere indicazioni relative all'altro genitore. Queste indicazioni, qualora siano state fatte, sono senza effetto.

Il pubblico ufficiale che le riceve e l'ufficiale dello stato civile che le riproduce sui registri dello stato civile sono puniti con [l'ammenda][2] da euro 20 a euro 82[3]. Le indicazioni stesse devono essere cancellate[4].

[1] Comma così sostituito dall'art. 1, L. 10 dicembre 2012, n. 219. Il testo previgente disponeva: *Il riconoscimento non produce effetti che riguardo al genitore da cui fu fatto, salvo i casi previsti dalla legge.*

[2] L'ammenda e la multa sono state sostituite con la sanzione amministrativa dall'art. 1, L. 24 dicembre 1975, n. 706 che dispone: *Non costituiscono reato e sono soggette alla sanzione amministrativa del pagamento di una somma di denaro tutte le violazioni per le quali è prevista soltanto la pena dell'ammenda, salvo quanto previsto negli articoli 10 e 14*; nonché dall'art. 32, L. 24 novembre 1981, n. 689 (abrogativo della L. 706/1975), che dispone: *Non costituiscono reato e sono soggette alla sanzione amministrativa del pagamento di una somma di denaro tutte le violazioni per le quali è prevista la sola pena della multa o dell'ammenda, salvo quanto disposto, per le violazioni finanziarie, dall'art. 39.*

La disposizione del precedente comma non si applica ai reati in esso previsti che, nelle ipotesi aggravate, siano punibili con pena detentiva, anche se alternativa a quella pecuniaria.

La disposizione del primo comma non si applica, infine, ai delitti in esso previsti che siano punibili a querela.

[3] L'importo è stato così elevato dall'art. 114 comma 1, L. 24 novembre 1981, n. 689.

[4] Articolo così sostituito dall'art. 108, L. 19 maggio 1975, n. 151. Il testo previgente disponeva: *Il riconoscimento non ha effetto che riguardo a quello dei genitori da cui fu fatto.*

L'atto di riconoscimento di uno solo dei genitori non può contenere indicazioni relativa all'altro genitore. Queste indicazioni, qualora siano state fatte, sono senza effetto.

Il pubblico ufficiale che le riceve e l'ufficiale dello stato civile che le riproduce sui registri dello stato civile sono puniti con l'ammenda da lire cinquecento a lire duemila. Le indicazioni devono essere cancellate.

● Norme connesse:
- art. 12, L. 1 dicembre 1970, n. 898.

■ Codice civile del 1865: *Art. 182. Il riconoscimento non ha effetto che riguardo a quello dei genitori da cui fu fatto, e non dà al figlio riconosciuto alcun diritto verso l'altro genitore*

259. - 260.

[...][1].

[1] Articoli abrogati dall'art. 109, L. 19 maggio 1975, n. 151.

L'art. 259 disponeva: *Il figlio naturale di uno dei coniugi, riconosciuto durante il matrimonio, non può essere introdotto nella casa coniugale se non col consenso dell'altro coniuge, salvo che questi abbia già dato il suo assenso al riconoscimento.*

L'art. 260 disponeva: *Il genitore che ha riconosciuto il figlio naturale ha rispetto a lui i diritti derivanti dalla patria potestà, tranne l'usufrutto legale.*

Se il riconoscimento è fatto dai due genitori, congiuntamente o separatamente, i diritti derivanti dalla patri potestà sono esercitati dal padre. In caso di morte del padre, di lontananza o di altro impedimento che renda a lui impossibile l'esercizio dei diritti derivanti dalla patria potestà, e nel caso di decadenza da tali diritti secondo le norme del titolo IX di questo libro, questi diritti sono esercitati dalla madre.

Se l'interesse del figlio lo esige, il tribunale può attribuire alla madre, invece che al padre, l'esercizio dei diritti derivanti dalla patria potestà; può altresì limitare l'esercizio di questi diritti, ovvero escludere dall'esercizio di essi, in casi gravi, tutti e due i genitori.

■ Codice civile del 1865: *Art. 183. Il figlio naturale di uno dei coniugi, nato prima del matrimonio e riconosciuto durante il medesimo, non può essere introdotto nella casa coniugale, se non col consenso dell'altro coniuge, salvoché questi avesse già prestato il suo consenso al riconoscimento.*

Art. 184. Il genitore che riconobbe il figlio naturale, ne ha la tutela, legale durante la minore età.

Se il riconoscimento fu fatto da ambidue i genitori, la tutela compete di preferenza al padre.

Sono applicabili a questa tutela le disposizioni degli articoli 221, 222, 223, 224, 225, 226, 227 e 233.

261. Diritti e doveri derivanti al genitore dal riconoscimento.

[...][1].

[1] Articolo prima sostituito dall'art. 110, L. 19 maggio 1975, n. 151, poi abrogato dall'art. 106, D.Lgs. 28 dicembre 2013, n. 154, a decorrere dal 7 febbraio 2014.

Il testo previgente la modifica del 1975 disponeva: *Il genitore naturale è tenuto a mantenere il figlio riconosciuto, a educarlo e ad istruirlo conformemente a quanto è prescritto dall'art. 147. Se il riconoscimento è fatto da entrambi i genitori, essi devono contribuire alle spese in proporzione delle loro rispettive sostanze.*

Il testo previgente la modifica del 2013 disponeva: *Il riconoscimento comporta da parte del genitore l'assunzione di tutti i doveri e di tutti i diritti che egli ha nei confronti dei figli legittimi.*

■ Codice civile del 1865: *Art. 186. Il genitore è tenuto a mantenere, educare, istruire ed avviare ad una professione o ad un'arte il figlio naturale riconosciuto, ed a somministrargli anche successivamente gli alimenti in caso di bisogno, se il figlio non ha coniuge o discendenti in condizione di somministrarglieli.*

Eguale obbligazione ha il genitore verso i discendenti legittimi del figlio naturale premorto, quando la loro madre o gli ascendenti materni, non siano in grado di provvedervi.

262. Cognome del figlio nato fuori del matrimonio[1].

Il figlio assume il cognome del genitore che per primo lo ha riconosciuto. Se il riconoscimento è stato effettuato contemporaneamente da entrambi i genitori il figlio assume il cognome del padre[2].

Se la filiazione nei confronti del padre è stata accertata o riconosciuta successivamente al riconoscimento da parte della madre, il figlio può assumere il cognome del padre aggiungendolo, anteponendolo o sostituendolo a quello della madre[3].

Se la filiazione nei confronti del genitore è stata accertata o riconosciuta successivamente all'attribuzione del cognome da parte dell'ufficiale dello stato civile, si applica il primo e il secondo comma del presente articolo; il figlio può mantenere il cognome precedentemente attribuitogli, ove tale cognome sia divenuto autonomo segno della sua identità personale, aggiungendolo, anteponendolo o sostituendolo al cognome del genitore che per primo lo ha riconosciuto o al cognome dei genitori in caso di riconoscimento da parte di entrambi[4].

Nel caso di minore età del figlio, il giudice decide circa l'assunzione del cognome del genitore, previo ascolto del figlio minore, che abbia compiuto gli anni dodici e anche di età inferiore ove capace di discernimento [51][5 6 7].

[1] Rubrica così modificata dall'art. 27, D.Lgs. 28 dicembre 2013, n. 154, a decorrere dal 7 febbraio 2014. Il testo previgente disponeva: *Cognome del figlio.*

[2] Comma così modificato dall'art. 27, D.Lgs. 28 dicembre 2013, n. 154, a decorrere dal 7 febbraio 2014. Il testo previgente disponeva: *Il figlio naturale assume il cognome del genitore che per primo lo ha riconosciuto. Se il riconoscimento è stato effettuato contemporaneamente da entrambi i genitori il figlio naturale assume il cognome del padre.*

La Corte costituzionale, con sentenza 21 dicembre 2016, n. 286, ha dichiarato l'illegittimità del presente comma, nella parte in cui non consente ai genitori, di comune accordo, di trasmettere al figlio, al momento della nascita, anche il cognome materno.

[3] Comma così sostituito dall'art. 27, D.Lgs. 28 dicembre 2013, n. 154, a decorrere dal 7 febbraio 2014. Il testo previgente disponeva: *Se la filiazione nei confronti del padre è stata accertata, o riconosciuta successivamente al riconoscimento da parte della madre, il figlio naturale può assumere il cognome del padre aggiungendolo o sostituendolo a quello della madre.*

[4] Comma aggiunto dall'art. 27, D.Lgs. 28 dicembre 2013, n. 154, a decorrere dal 7 febbraio 2014.

[5] Comma così modificato dall'art. 27, D.Lgs. 28 dicembre 2013, n. 154, a decorrere dal 7 febbraio 2014. Il testo previgente disponeva: *Nel caso di minore età del figlio, il giudice decide circa l'assunzione del cognome del padre.*

[6] Articolo così sostituito dall'art. 111, L. 19 maggio 1975, n. 151. Il testo previgente disponeva: *Il figlio naturale assume il cognome del genitore che lo ha riconosciuto, o quello del padre se congiuntamente o separatamente è stato riconosciuto da entrambi i genitori.*

La Corte costituzionale, con sentenza 23 luglio 1996, n. 297, aveva dichiarato l'illegittimità costituzionale del presente articolo, nella parte in cui non prevedeva che il figlio naturale, nell'assumere il cognome del genitore che lo aveva riconosciuto, potesse ottenere dal giudice il riconoscimento del diritto a mantenere, anteponendolo o, a sua scelta, aggiungendolo a questo, il cognome precedentemente attribuitogli con atto formalmente legittimo, ove tale cognome fosse divenuto autonomo segno distintivo della sua identità personale.

[7] La Corte costituzionale, con sentenza 21 dicembre 2016, n. 286, ha dichiarato l'illegittimità costituzionale della norma desumibile dal presente articolo, nella parte in cui non consente ai coniugi, di comune accordo, di trasmettere ai figli, al momento della nascita, anche il cognome materno.

■ Codice civile del 1865: *Art. 185. Il figlio naturale assume il nome di famiglia del genitore che lo ha riconosciuto, o quello del padre, se è stato riconosciuto da ambidue i genitori.*

263. Impugnazione del riconoscimento per difetto di veridicità.

Il riconoscimento può essere impugnato per difetto di veridicità dall'autore del riconoscimento, da colui che è stato riconosciuto e da chiunque vi abbia interesse.

L'azione è imprescrittibile riguardo al figlio.

L'azione di impugnazione da parte dell'autore del riconoscimento deve essere proposta nel termine di un anno che decorre dal giorno dell'annotazione del riconoscimento sull'atto di nascita. Se l'autore del riconoscimento prova di aver ignorato la propria impotenza al tempo del concepimento, il termine decorre dal giorno in cui ne ha avuto conoscenza; nello stesso termine, la madre che abbia effettuato il riconoscimento è ammessa a provare di aver ignorato l'impotenza del presunto padre. L'azione non può essere comunque proposta oltre cinque anni dall'annotazione del riconoscimento.

L'azione di impugnazione da parte degli altri legittimati deve essere proposta nel termine di cinque anni che decorrono dal giorno dall'annotazione del riconoscimento sull'atto di nascita. Si applica l'articolo 245[1].

[1] Articolo così sostituito dall'art. 28, D.Lgs. 28 dicembre 2013, n. 154, a decorrere dal 7 febbraio 2014. Il testo previgente disponeva: *263. Impugnazione del riconoscimento per difetto di veridicità. Il riconoscimento può essere impugnato per difetto di veridicità dall'autore del riconoscimento, da colui che è stato riconosciuto o da chiunque vi abbia interesse.*

L'impugnazione è ammessa anche dopo la legittimazione.

L'azione è imprescrittibile.

■ Codice civile del 1865: *Art. 188. Il riconoscimento può essere impugnato dal figlio e da chiunque vi abbia interesse.*

264. Impugnazione da parte del figlio minore.

L'impugnazione del riconoscimento per difetto di veridicità può essere altresì promossa da un curatore speciale nominato dal giudice, assunte sommarie informazioni, su istanza del figlio minore che ha compiuto quattordici anni, ovvero del pubblico ministero o dell'altro genitore che abbia validamente riconosciuto il figlio, quando si tratti di figlio di età inferiore[1].

[1] Articolo così sostituito prima dall'art. 112, L. 19 maggio 1975, n. 151, poi dall'art. 29, D.Lgs. 28 dicembre 2013, n. 154, a decorrere dal 7 febbraio 2014.

Il testo previgente la modifica del 1975 disponeva: *Colui che è stato riconosciuto non può, durante la minore età o lo stato di interdizione, impugnare il riconoscimento.*

Tuttavia il tribunale con provvedimento in camera di consiglio, su istanza del pubblico ministero o del minore che abbia raggiunto i sedici anni di età, può dare l'autorizzazione per impugnare il riconoscimento nominando un curatore speciale.

Il testo previgente la modifica del 2013 disponeva: *264. Impugnazione da parte del riconosciuto. Colui che è stato riconosciuto non può, durante la minore età o lo stato d'interdizione per infermità di mente, impugnare il riconoscimento.*

Tuttavia il giudice, con provvedimento in camera di consiglio su istanza del pubblico ministero o del tutore o dell'altro genitore che abbia validamente riconosciuto il figlio o del figlio stesso che abbia compiuto il sedicesimo anno di età, può dare l'autorizzazione per impugnare il riconoscimento, nominando un curatore speciale.

265. Impugnazione per violenza.

Il riconoscimento [250] può essere impugnato per violenza [1434 ss.] dall'autore del riconoscimento entro un anno dal giorno in cui la violenza è cessata.

Se l'autore del riconoscimento è minore, l'azione può essere promossa entro un anno dal conseguimento dell'età maggiore [267, 2964].

266. Impugnazione del riconoscimento per effetto di interdizione giudiziale.

Il riconoscimento può essere impugnato per l'incapacità che deriva da interdizione giudiziale [414 ss.] dal rappresentante dell'interdetto e dopo la revoca dell'interdizione [429], dall'autore del riconoscimento, entro un anno dalla data della revoca [267, 2964].

267. Trasmissibilità dell'azione.

Nei casi indicati dagli articoli 265 e 266, se l'autore del riconoscimento è morto senza aver promosso l'azione, ma prima che sia scaduto il termine, l'azione può essere promossa dai discendenti, dagli ascendenti o dagli eredi [246].

Nel caso indicato dal primo comma dell'articolo 263, se l'autore del riconoscimento è morto senza aver promosso l'azione, ma prima che sia decorso il termine previsto dal terzo comma dello stesso articolo, sono ammessi ad esercitarla in sua vece i discendenti o gli ascendenti, entro un anno decorrente dalla morte dell'autore del riconoscimento o dalla nascita del figlio se si tratta di figlio postumo o dal raggiungimento della maggiore età da parte di ciascuno dei discendenti[1].

Se il figlio riconosciuto è morto senza aver promosso l'azione di cui all'articolo 263, sono ammessi ad esercitarla in sua vece il coniuge o i discendenti nel termine di un anno che decorre dalla morte del figlio riconosciuto o dal raggiungimento della maggiore età da parte di ciascuno dei discendenti[1].

La morte dell'autore del riconoscimento o del figlio riconosciuto non impedisce l'esercizio dell'azione da parte di coloro che ne hanno interesse, nel termine di cui al quarto comma dell'articolo 263[1].

Si applicano il sesto comma dell'articolo 244 e l'articolo 245[1].

[1] Comma aggiunto dall'art. 30, D.Lgs. 28 dicembre 2013, n. 154, a decorrere dal 7 febbraio 2014.

268. Provvedimenti in pendenza del giudizio.

Quando è impugnato il riconoscimento [263-266], il giudice può dare, in pendenza del giudizio, i provvedimenti che ritenga opportuni nell'interesse del figlio.

CAPO V
DELLA DICHIARAZIONE GIUDIZIALE DELLA PATERNITÀ E DELLA MATERNITÀ[1]

[1] Rubrica così sostituita dall'art. 7, D.Lgs. 28 dicembre 2013, n. 154, a decorrere dal 7 febbraio 2014. Il testo previgente disponeva: *§ 2 - Della dichiarazione giudiziale della paternità e della maternità naturale.*

269. Dichiarazione giudiziale di paternità e maternità.

La paternità e la maternità possono essere giudizialmente dichiarate nei casi in cui il riconoscimento è ammesso [250 ss.][1].

La prova della paternità e della maternità può essere data con ogni mezzo [Cost. 30].

La maternità è dimostrata provando l'identità di colui che si pretende essere figlio e di colui che fu partorito dalla donna, la quale si assume essere madre.

La sola dichiarazione della madre e la sola esistenza di rapporti tra la madre e il preteso padre all'epoca del concepimento non costituiscono prova della paternità[2 3].

[1] Comma così modificato dall'art. 30, D.Lgs. 28 dicembre 2013, n. 154, a decorrere dal 7 febbraio 2014. Il testo previgente disponeva: *La paternità e la maternità naturale possono essere giudizialmente dichiarate nei casi in cui il riconoscimento è ammesso.*

[2] Comma così modificato dall'art. 30, D.Lgs. 28 dicembre 2013, n. 154, a decorrere dal 7 febbraio 2014. Il testo previgente disponeva: *La sola dichiarazione della madre e la sola esistenza di rapporti tra la madre e il preteso padre all'epoca del concepimento non costituiscono prova della paternità naturale.*

[3] Articolo così sostituito dall'art. 113, L. 19 maggio 1975, n. 151. Il testo previgente disponeva: *La paternità naturale non può essere giudizialmente dichiarata che nei casi seguenti:*

1) quando la madre e il presunto padre hanno notoriamente convissuto come coniugi nel tempo a cui risale il concepimento;

2) quando la paternità risulta indirettamente da sentenza civile o penale ovvero da un equivoca dichiarazione scritta di colui al quale si attribuisce la paternità;

3) quando v'è stato ratto o violenza carnale nel tempo che corrisponde a quello del concepimento;

4) quando v'è possesso di stato di figlio naturale.

In base all'art. 232, L. 19 maggio 1975, n. 151 le nuove disposizioni relative all'azione per la dichiarazione giudiziale di paternità e maternità, nonché le azioni previste dall'art. 279 c.c. si applicano anche ai figli nati o concepiti prima dell'entrata in vigore della legge stessa.

270. Legittimazione attiva e termine.

L'azione per ottenere che sia dichiarata giudizialmente la paternità o la maternità è imprescrittibile riguardo al figlio [2934 comma 2][1].

Se il figlio muore prima di avere iniziato l'azione, questa può essere promossa dai discendenti, entro due anni dalla morte[2].

L'azione promossa dal figlio, se egli muore, può essere proseguita dai discendenti [legittimi, legittimati o naturali riconosciuti][3].

Si applica l'articolo 245[4 5].

[1] Comma così modificato dall'art. 31, D.Lgs. 28 dicembre 2013, n. 154, a decorrere dal 7 febbraio 2014. Il testo previgente disponeva: *L'azione per ottenere che sia dichiarata giudizialmente la paternità o la maternità naturale è imprescrittibile riguardo al figlio.*

[2] Comma così modificato dall'art. 31, D.Lgs. 28 dicembre 2013, n. 154, a decorrere dal 7 febbraio 2014. Il testo previgente disponeva: *Se il figlio muore prima di avere iniziato l'azione, questa può essere promossa dai discendenti legittimi, legittimati o naturali riconosciuti, entro due anni dalla morte.*

[3] Le parole in parentesi quadra devono intendersi soppresse a seguito dei principi contenuti nell'art. 105, D.Lgs. 28 dicembre 2013, n. 154.

[4] Comma aggiunto dall'art. 31, D.Lgs. 28 dicembre 2013, n. 154, a decorrere dal 7 febbraio 2014.

[5] Articolo così sostituito dall'art. 114, L. 19 maggio 1975, n. 151. Il testo previgente disponeva: *Il possesso di stato di figlio naturale risulta da più fatti i quali nel loro complesso costituiscono grave indizio della relazione di filiazione tra una persona e colui al quale la paternità è attribuita.*

In ogni caso devono concorrere i seguenti fatti:

che la persona sia stata trattata come figlio da colui che essa reclama per padre naturale e che questi abbia, come tale, provveduto al mantenimento, alla educazione e al collocamento di essa;

che essa sia stata costantemente considerata come tale nei rapporti sociali.

271. - 272.

[...][1].

[1] Articoli abrogati dall'art. 115, L. 19 maggio 1975, n. 151.

L'art. 271 disponeva: *L'azione per ottenere che sia dichiarata giudizialmente la paternità naturale può essere promossa dal figlio entro i due anni dal raggiungimento della maggiore età o, nel caso indicato dal secondo comma dell'art. 252, dalla data dello scioglimento del matrimonio per effetto della morte del coniuge, se lo scioglimento avviene successivamente al raggiungimento della maggiore età. Se egli muore prima di tale termine, l'azione può essere promossa dai discendenti legittimi di lui.*

Nei casi preveduti dal n. 2 dell'art. 269 l'azione può essere promossa anche dopo la scadenza del termine indicato nel comma precedente, entro i due anni dal giorno in cui è passata in giudicato la sentenza o è stato scoperto il documento contenente la dichiarazione di paternità.

L'azione già promossa dal figlio, se egli muore, non può essere proseguita che dai suoi discendenti legittimi.

L'art. 272 disponeva: *La maternità può essere dichiarata giudizialmente anche fuori dei casi previsti dall'art. 269.*

Essa è dimostrata provando l'identità di colui che si pretende essere il figlio e colui che fu partorito dalla donna, la quale si assume esserne la madre.

L'azione può essere proposta dal figlio e, dopo la morte di lui, dai suoi discendenti legittimi, se egli è morto in età minore o prima di cinque anni dal raggiungimento della maggiore età.

L'azione è imprescrittibile riguardo al figlio.

273. Azione nell'interesse del minore o dell'interdetto.

L'azione per ottenere che sia giudizialmente dichiarata la paternità o la maternità può essere promossa, nell'interesse del minore, dal genitore che esercita la responsabilità genitoriale prevista dall'articolo 316 o dal tutore [357]. Il tutore però deve chiedere l'autorizzazione del giudice [disp. att. 38], il quale può anche nominare un curatore speciale [c.p.c. 78 comma 2][1].

Occorre il consenso del figlio per promuovere o per proseguire l'azione se egli ha compiuto l'età di quattordici anni [250 comma 2][2].

Per l'interdetto l'azione può essere promossa dal tutore previa autorizzazione del giudice[3].

[1] Comma così modificato dall'art. 32, D.Lgs. 28 dicembre 2013, n. 154, a decorrere dal 7 febbraio 2014. Il testo previgente disponeva: *L'azione per ottenere che sia giudizialmente dichiarata la paternità o la maternità naturale può essere promossa, nell'interesse del minore, dal genitore che esercita la potestà prevista dall'articolo 316 o dal tutore. Il tutore però deve chiedere l'autorizzazione del giudice, il quale può anche nominare un curatore speciale.*

[2] Comma così modificato dall'art. 32, D.Lgs. 28 dicembre 2013, n. 154, a decorrere dal 7 febbraio 2014. Il testo previgente disponeva: *Occorre il consenso del figlio per promuovere o per proseguire l'azione se egli ha compiuto l'età di sedici anni.*

[3] Articolo così sostituito dall'art. 116, L. 19 maggio 1975, n. 151. Il testo previgente disponeva: *L'azione per ottenere che sia giudizialmente dichiarata la paternità o maternità naturale può essere promossa, nell'interesse del minore, dal genitore che esercita la patria potestà o dal tutore. Il tutore però deve chiedere l'autorizzazione del giudice tutelare, il quale può anche nominare un curatore speciale.*

Occorre il consenso del figlio per promuovere o per proseguire l'azione se egli ha raggiunto l'età di anni sedici.

Per l'interdetto l'azione può essere promossa dal tutore, previa l'autorizzazione del giudice tutelare.

274. Ammissibilità dell'azione.

L'azione per la dichiarazione giudiziale di paternità o di maternità [naturale] [269] è ammessa solo quando concorrono specifiche circostanze tali da farla apparire giustificata [279 comma 2][1 2 3].

Sull'ammissibilità il tribunale [disp. att. 38] decide in camera di consiglio con decreto motivato [c.p.c. 737], su ricorso di chi intende promuovere l'azione, sentiti il pubblico ministero e le parti e assunte le informazioni del caso. Contro il decreto si può proporre reclamo con ricorso alla corte d'appello, che pronuncia anch'essa in camera di consiglio [c.p.c. 78].

L'inchiesta sommaria compiuta dal tribunale ha luogo senza alcuna pubblicità e deve essere mantenuta segreta. Al termine della inchiesta gli atti e i documenti della stessa sono depositati in cancelleria ed il cancelliere deve darne avviso alle parti le quali, entro quindici giorni dalla comunicazione di detto avviso, hanno facoltà di esaminarli e di depositare memorie illustrative.

Il tribunale, anche prima di ammettere l'azione, può, se trattasi di minore o di altra persona incapace, nominare un curatore speciale che la rappresenti in giudizio[4 5].

[1] Comma così sostituito dall'art. 117, L. 19 maggio 1975, n. 151. Il testo previgente disponeva: *L'azione per la dichiarazione giudiziale di paternità o di maternità naturale è ammessa solo quando concorrono indizi tali da farla apparire giustificata.*

[2] La Corte costituzionale, con sentenza 20 luglio 1990, n. 341, ha dichiarato l'illegittimità costituzionale del presente comma, nella parte in cui, se si tratta di minore infrasedicenne, non prevede che l'azione promossa dal genitore esercente la potestà sia ammessa solo quando sia ritenuta dal giudice rispondente all'interesse del figlio.

[3] La parola "naturale" contenuta in parentesi deve intendersi soppressa ad opera dei principi contenuti nell'art. 105, D.Lgs. 28 dicembre 2013, n. 154.

[4] Articolo così sostituito dall'art. 21, L. 23 novembre 1971, n. 1047. Il testo previgente disponeva: *L'azione per la dichiarazione giudiziale di paternità o di maternità naturale è ammessa solo quando concorrono indizi tali da farla apparire giustificata.*

Sull'ammissibilità il tribunale decide in camera di consiglio con decreto, su ricorso di chi intende promuovere l'azione, sentiti il pubblico ministero e le parti personalmente, qualora compaiono, e assunte le informazioni del caso. Il decreto non è soggetto a reclamo.

L'inchiesta sommaria compiuta dal tribunale ha luogo senza alcuna pubblicità e deve essere mantenuta segreta.

Il tribunale, anche prima di ammettere l'azione, può, se trattasi di minore o d'altra persona incapace, nominare un curatore speciale che la rappresenti in giudizio.

[5] La Corte costituzionale, con sentenza 10 febbraio 2006, n. 50, ha dichiarato l'illegittimità costituzionale del presente articolo.

275. Pena in caso di inammissibilità.

[...][1].

[1] Articolo abrogato dall'art. 118, L. 19 maggio 1975, n. 151. Il testo previgente disponeva: *Il tribunale, se dichiara inammissibile l'azione, può condannare l'istante al pagamento di una pena pecuniaria da lire trecento a lire cinquemila.*

276. Legittimazione passiva.

La domanda per la dichiarazione di paternità o di maternità deve essere proposta nei confronti del presunto genitore o, in sua mancanza, nei confronti dei suoi eredi. In loro mancanza, la domanda deve essere proposta nei confronti di un curatore nominato dal giudice davanti al quale il giudizio deve essere promosso[1].

Alla domanda può contraddire chiunque vi abbia interesse[2].

[1] Comma così modificato dall'art. 33, D.Lgs. 28 dicembre 2013, n. 154, a decorrere dal 7 febbraio 2014. Il testo previ-

CODICE CIVILE

gente disponeva: *La domanda per la dichiarazione di paternità o di maternità naturale deve essere proposta nei confronti del presunto genitore o, in sua mancanza, nei confronti dei suoi eredi. In loro mancanza, la domanda deve essere proposta nei confronti di un curatore nominato dal giudice davanti al quale il giudizio deve essere promosso.*

[2] Articolo così sostituito dall'art. 1, L. 10 dicembre 2012, n. 219. Il testo previgente disponeva: *276. Legittimazione passiva. La domanda per la dichiarazione di paternità o di maternità naturale deve essere proposta nei confronti del presunto genitore o, in mancanza di lui, nei confronti dei suoi eredi.*

Alla domanda può contraddire chiunque vi abbia interesse.

■ Codice civile del 1865: *Art. 191. La domanda per dichiarazione di paternità o di maternità può essere contraddetta da chiunque vi abbia interesse.*

277. Effetti della sentenza.

La sentenza che dichiara la filiazione produce gli effetti del riconoscimento [258 ss.][1].

Il giudice può anche dare i provvedimenti che stima utili per l'affidamento, il mantenimento, l'istruzione e la educazione del figlio e per la tutela degli interessi patrimoniali di lui [147][2].

[1] Comma così modificato dall'art. 34, D.Lgs. 28 dicembre 2013, n. 154, a decorrere dal 7 febbraio 2014. Il testo previgente disponeva: *La sentenza che dichiara la filiazione naturale produce gli effetti del riconoscimento.*

[2] Comma così sostituito dall'art. 119, L. 19 maggio 1975, n. 151 e poi così modificato dall'art. 34, D.Lgs. 28 dicembre 2013, n. 154, a decorrere dal 7 febbraio 2014.

Il testo previgente la modifica del 1975 disponeva: *Il giudice può anche dare i provvedimenti che stima utili per l'allevamento, l'educazione e l'istruzione del figlio e per la tutela degli interessi patrimoniali di lui.*

Il testo previgente la modifica del 2013 disponeva: *Il giudice può anche dare i provvedimenti che stima utili per il mantenimento, l'istruzione e la educazione del figlio e per la tutela degli interessi patrimoniali di lui.*

■ Codice civile del 1865: *Art. 192. La sentenza che dichiara la filiazione naturale, produce gli effetti del riconoscimento*

278. Autorizzazione all'azione.

Nei casi di figlio nato da persone, tra le quali esiste un vincolo di parentela in linea retta all'infinito o in linea collaterale nel secondo grado, ovvero un vincolo di affinità in linea retta, l'azione per ottenere che sia giudizialmente dichiarata la paternità o la maternità non può essere promossa senza previa autorizzazione ai sensi dell'articolo 251[1].

[1] Articolo così sostituito prima dall'art. 120, L. 19 maggio 1975, n. 151, poi dall'art. 35, D.Lgs. 28 dicembre 2013, n. 154, a decorrere dal 7 febbraio 2014. Il testo previgente disponeva: *278. Indagini sulla paternità o maternità. Le indagini sulla paternità o sulla maternità non sono ammesse nei casi in cui, a norma dell'articolo 251, il riconoscimento dei figli incestuosi è vietato.*

Possono essere ammesse dal giudice quando vi è stato ratto o violenza carnale nel tempo che corrisponde a quello del concepimento.

[2] La Corte costituzionale, con sentenza 28 novembre 2002, n. 494, aveva dichiarato l'illegittimità costituzionale del primo comma, nella parte in cui escludeva la dichiarazione giudiziale della paternità e della maternità naturali e le relative indagini, nei casi in cui, a norma dell'art. 251, comma 1, il riconoscimento dei figli incestuosi fosse vietato.

● Norme connesse:
- art. 2, L. 5 febbraio 1992, n. 91.

■ Codice civile del 1865: *Art. 189. Le indagini sulla paternità non sono ammesse, fuorché nei casi di ratto o di stupro violento, quando il tempo di essi risponda a quello del concepimento.*

Art. 190. Le indagini sulla maternità sono ammesse.

Il figlio che reclama la madre deve provare d'essere identicamente quel medesimo che fu da lei partorito. Non è però ammessa la prova per testimoni, se non quando vi sia già un principio di prova per iscritto, o quando le presunzioni e gli indizi risultanti da fatti già certi siano abbastanza gravi per determinarne l'ammissione.

279. Responsabilità per il mantenimento e l'educazione.

In ogni caso in cui non può proporsi l'azione per la dichiarazione giudiziale di paternità o di maternità, il figlio nato fuori del matrimonio può agire per ottenere il mantenimento, l'istruzione e l'educazione. Il figlio nato fuori del matrimonio se maggiorenne e in stato di bisogno può agire per ottenere gli alimenti a condizione che il diritto al mantenimento di cui all'articolo 315-*bis*, sia venuto meno [433; c.p.c. 282][1].

L'azione è ammessa previa autorizzazione del giudice ai sensi dell'articolo 251[2].

L'azione può essere promossa nell'interesse del figlio minore da un curatore speciale nominato dal giudice su richiesta del pubblico ministero o del genitore che esercita la responsabilità genitoriale [disp. att. 34][3 4].

[1] Comma così modificato dall'art. 36, D.Lgs. 28 dicembre 2013, n. 154, a decorrere dal 7 febbraio 2014. Il testo previgente disponeva: *In ogni caso in cui non può proporsi l'azione per la dichiarazione giudiziale di paternità o di maternità, il figlio naturale può agire per ottenere il mantenimento, l'istruzione e l'educazione. Il figlio naturale se maggiorenne e in stato di bisogno può agire per ottenere gli alimenti.*

[2] Comma così sostituito dall'art. 36, D.Lgs. 28 dicembre 2013, n. 154, a decorrere dal 7 febbraio 2014. Il testo previgente disponeva: *L'azione è ammessa previa autorizzazione del giudice ai sensi dell'articolo 274.*

[3] Comma così modificato dall'art. 36, D.Lgs. 28 dicembre 2013, n. 154, a decorrere dal 7 febbraio 2014. Il testo previgente disponeva: *L'azione può essere promossa nell'interesse del figlio minore da un curatore speciale nominato dal giudice su richiesta del pubblico ministero o del genitore che esercita la potestà.*

[4] Articolo così sostituito dall'art. 121, L. 19 maggio 1975, n. 151. Vedi, anche, art. 232, L. 151/1975 cit. Il testo previgente disponeva: *Non sono ammesse le indagini sulla paternità e sulla maternità nei casi in cui il riconoscimento è vietato.*

Le indagini sono escluse anche nei casi in cui, per l'art. 251 e per il terzo comma dell'art. 252, è ammissibile il riconoscimento.

Sezione II
Della legittimazione dei figli naturali[1]

[1] Sezione abrogata dall'art. 1, L. 10 dicembre 2012, n. 219 (originariamente presente nel Capo II del Titolo VII).

280. Legittimazione.

[...][1 2].

[1] Articolo abrogato dall'art. 1, L. 10 dicembre 2012, n. 219. Il testo previgente disponeva: *280. Legittimazione. La legittimazione attribuisce a colui che è nato fuori del matrimonio la qualità di figlio legittimo.*

Essa avviene per susseguente matrimonio dei genitori del figlio naturale o per provvedimento del giudice.

[2] Il testo originario disponeva: *Nei casi previsti dall'articolo precedente e in ogni altro caso in cui non possa più proporsi l'azione per la dichiarazione giudiziale di paternità, il figlio naturale può agire per ottenere gli alimenti: 1) se la paternità o la maternità risulta indirettamente da sentenza civile o penale; 2) se la paternità o la maternità dipende da un matrimonio dichiarato nullo; 3) se la paternità o la maternità risulta da una non equivoca dichiarazione scritta dei genitori.*

■ Codice civile del 1865: *Art. 193. Nei casi in cui il riconoscimento è vietato, il figlio non è mai ammesso a fare indagini né sulla paternità né sulla maternità.*

Tuttavia il figlio naturale avrà sempre azione per ottenere gli alimenti:

1° Se la paternità o maternità risulti indirettamente da sentenza civile o penale;

2° Se la paternità o maternità dipenda da un matrimonio dichiarato nullo;

3° Se la paternità o maternità risulti da esplicita dichiarazione per iscritto dei genitori.

Art. 194. La legittimazione attribuisce a colui che è nato fuori di matrimonio, la qualità di figlio legittimo.

Essa si opera per susseguente matrimonio contratto fra i genitori del figlio naturale, o per decreto reale.

281. Divieto di legittimazione.

[...][1 2].

[1] Articolo abrogato dall'art. 1, L. 10 dicembre 2012, n. 219. Il testo previgente disponeva: *281. Divieto di legittimazione. Non possono essere legittimati i figli che non possono essere riconosciuti.*

[2] Il testo originario disponeva: *Nè per susseguente matrimonio nè per decreto reale possono essere legittimati i figli che non possono essere riconosciuti.*

■ Codice civile del 1865: *Art. 195. Non possono essere legittimati per susseguente matrimonio né per decreto reale i figli che non possono essere legalmente riconosciuti.*

282. Legittimazione dei figli premorti.

[...][1].

[1] Articolo abrogato dall'art. 1, L. 10 dicembre 2012, n. 219. Il testo previgente disponeva: *282. Legittimazione dei figli premorti. La legittimazione dei figli premorti può anche aver luogo in favore dei loro discendenti legittimi e dei loro figli naturali riconosciuti.*

■ Codice civile del 1865: *Art. 196. Può anche aver luogo la legittimazione dei figli premorti in favore dei loro discendenti.*

283. Effetti e decorrenza della legittimazione per susseguente matrimonio.

[...][1 2].

[1] Articolo abrogato dall'art. 1, L. 10 dicembre 2012, n. 219. Il testo previgente disponeva: *283. Effetti e decorrenza della legittimazione per susseguente matrimonio. I figli legittimati per susseguente matrimonio acquistano i diritti dei figli legittimi dal giorno del matrimonio, se sono stati riconosciuti da entrambi i genitori nell'atto di matrimonio o anteriormente, oppure dal giorno del riconoscimento se questo è avvenuto dopo il matrimonio.*

[2] Il testo originario disponeva: *I figli legittimati per susseguente matrimonio acquistano i diritti dei figli legittimi dal giorno del matrimonio, se sono stati riconosciuti da ambedue i genitori nell'atto stesso del matrimonio o anteriormente, oppure dal giorno del riconoscimento, se questo è avvenuto dopo il matrimonio, ferma la disposizione dell'art. 252 circa la decorrenza degli effetti del riconoscimento, se questo è stato ammesso con decreto reale.*

■ Codice civile del 1865: *Art. 197. I figli legittimati per susseguente matrimonio acquistano i diritti dei figli legittimi dal giorno del matrimonio, se sono stati riconosciuti da ambidue i genitori nell'atto del matrimonio od anteriormente, oppure dal giorno del riconoscimento, se questo fu posteriore al matrimonio.*

284. Legittimazione per provvedimento del giudice.

[...][1 2].

[1] Articolo abrogato dall'art. 1, L. 10 dicembre 2012, n. 219. Il testo previgente disponeva: *284. Legittimazione per provvedimento del giudice. La legittimazione può essere concessa con provvedimento del giudice soltanto se corrisponde agli interessi del figlio ed inoltre se concorrono le seguenti condizioni: 1) che sia domandata dai genitori stessi o da uno di essi, e che il genitore abbia compiuto l'età indicata nel quinto comma dell'articolo 250; 2) che per il genitore vi sia l'impossibilità o un gravissimo ostacolo a legittimare il figlio per susseguente matrimonio; 3) che vi sia l'assenso dell'altro coniuge se il richiedente è unito in matrimonio e non è legalmente separato; 4) che vi sia il consenso del figlio legittimando se ha compiuto gli anni sedici, o dell'altro genitore o del curatore speciale, se il figlio è minore degli anni sedici, salvo che il figlio sia già riconosciuto.*

La legittimazione può essere chiesta anche in presenza di figli legittimi o legittimati. In tal caso il presidente del tribunale deve ascoltare i figli legittimi o legittimati, se di età superiore ai sedici anni.

[2] Il testo originario disponeva: *La legittimazione può essere concessa con decreto reale quando concorrono le seguenti condizioni: 1) che sia domandata dai genitori stessi o da uno di essi e che il genitore richiedente abbia raggiunto l'età indicata nel secondo comma dell'art. 250; 2) che il genitore il quale la domanda non abbia figli legittimi o legittimati per susseguente matrimonio nè discendenti da essi; 3) che*

CODICE CIVILE

per il genitore vi sia l'impossibilità o almeno un gravissimo ostacolo a legittimare il figlio per susseguente matrimonio; 4) che vi sia l'assenso dell'altro coniuge, se il richiedente è unito in matrimonio.

■ Codice civile del 1865: *Art. 198. La legittimazione può essere accordata con decreto reale, quando concorrano le seguenti condizioni:*

1° Che sia domandata dai genitori stessi, o da uno di essi;

2° Che il genitore il quale la domanda, non abbia figli legittimi o legittimati per susseguente matrimonio, né discendenti da essi;

3° Che il medesimo genitore si trovi nella impossibilità di legittimare il figlio per susseguente matrimonio;

4° Che, ove il richiedente sia vincolato a matrimonio, consti del consenso dell'altro coniuge.

285. Condizioni per la legittimazione dopo la morte dei genitori.

[...][1] [2].

[1] Articolo abrogato dall'art. 1, L. 10 dicembre 2012, n. 219. Il testo previgente disponeva: *285. Condizioni per la legittimazione dopo la morte dei genitori. Se uno dei genitori ha espresso in un testamento o in un atto pubblico la volontà di legittimare i figli naturali, questi possono, dopo la morte di lui, domandare la legittimazione se sussisteva la condizione prevista nel numero 2) dell'articolo precedente.*

In questo caso la domanda deve essere comunicata agli ascendenti, discendenti e coniuge o, in loro mancanza, a due tra i prossimi parenti del genitore entro il quarto grado.

[2] Il testo originario disponeva: *Se uno dei genitori ha espresso in un testamento o in un atto pubblico la volontà di legittimare i figli naturali, questi possono, dopo la morte di lui, domandare la legittimazione, sempre che al tempo della morte concorrano le condizioni stabilite dai numeri 2 e 3 dell'articolo precedente.*

In questo caso la domanda deve essere comunicata a due tra i prossimi parenti del genitore entro il quarto grado.

■ Codice civile del 1865: *Art. 199. Qualora uno dei genitori abbia espressa in un testamento od in un atto pubblico la volontà di legittimare i figli naturali, questi potranno dopo la morte di lui domandare la legittimazione, sempreché al tempo della morte concorressero le condizioni stabilite dai numeri 2° e 3° dell'articolo precedente.*

In questo caso la domanda sarà comunicata a due fra i prossimi parenti del genitore entro il quarto grado.

286. Legittimazione domandata dall'ascendente.

[...][1].

[1] Articolo abrogato dall'art. 1, L. 10 dicembre 2012, n. 219. Il testo previgente disponeva: *286. Legittimazione domandata dall'ascendente. La domanda di legittimazione di un figlio naturale riconosciuto può in caso di morte del genitore essere fatta da uno degli ascendenti legittimi di lui, se il genitore non ha comunque espressa una volontà in contrasto con quella di legittimare.*

287. Legittimazione in base alla procura per il matrimonio.

[...][1] [2].

[1] Articolo abrogato dall'art. 1, L. 10 dicembre 2012, n. 219. Il testo previgente disponeva: *287. Legittimazione in base alla procura per il matrimonio. Nei casi in cui è consentito di celebrare il matrimonio per procura, quando concorrono le condizioni per la legittimazione per susseguente matrimonio, la legittimazione dei figli naturali con provvedimento del giudice può essere domandata in base alla procura a contrarre il matrimonio, se questo non poté essere celebrato per la sopravvenuta morte del mandante.*

Quando i figli non sono stati riconosciuti, per domandarne la legittimazione è necessario che dalla procura risulti la volontà di riconoscerli o di legittimarli.

[2] Il testo originario disponeva: *Nei casi in cui è consentito di celebrare il matrimonio per procura, se concorrono le condizioni per la legittimazione per susseguente matrimonio, la legittimazione dei figli naturali per decreto reale può essere domandata in base alla procura a contrarre il matrimonio, se questo non potè essere celebrato per la sopravvenuta morte del mandante.*

Qualora i figli non siano stati riconosciuti, per domandarne la legittimazione è necessario che dalla procura risulti la volontà di riconoscerli o la volontà di legittimarli.

288. Procedura.

[...][1] [2].

[1] Articolo abrogato dall'art. 1, L. 10 dicembre 2012, n. 219. Il testo previgente disponeva: *288. Procedura. La domanda di legittimazione accompagnata dai documenti giustificativi deve essere diretta al presidente del tribunale nella cui circoscrizione il richiedente ha la residenza.*

Il tribunale, sentito il pubblico ministero, accerta la sussistenza delle condizioni stabilite negli articoli precedenti e delibera, in camera di consiglio, sulla domanda di legittimazione.

Il pubblico ministero e la parte possono, entro venti giorni dalla comunicazione, proporre reclamo alla corte d'appello. Questa, richiamati gli atti dal tribunale, delibera in camera di consiglio, sentito il pubblico ministero.

In ogni caso la sentenza che accoglie la domanda è annotata in calce all'atto di nascita del figlio.

[2] Il testo originario disponeva: *La domanda di legittimazione, accompagnata dai documenti giustificativi, deve essere presentata alla corte di appello nel cui distretto il richiedente ha residenza.*

La corte, sentito il pubblico ministero, dichiara in camera di consiglio se concorrono, secondo i casi, le condizioni stabilite dagli articoli 284, 285, 286 e 287, e conseguentemente se si può o non si può concedere la legittimazione.

Quando la corte di appello dichiara che non si può concedere la legittimazione, il richiedente può proporre reclamo alla corte di cassazione. Questa, richiamati gli atti dalla corte di appello, delibera in camera di consiglio, sentito il pubblico ministero, e, se accoglie il ricorso, dichiara che si può concedere la legittimazione.

Quando è stato deliberato che si può concedere la legittimazione, il pubblico ministero presso la corte di appello o presso la corte di cassazione trasmette la deliberazione, con i relativi documenti e con le informazioni assunte di ufficio, al Ministro di grazia e giustizia, il quale, udito il parere del consiglio di Stato sulla convenienza della legittimazione, ne fa relazione al Re.

Se il Re concede la legittimazione, il decreto reale è trasmesso alla corte di appello, trascritto in apposito registro e annotato in calce all'atto di nascita del figlio.

■ Codice civile del 1865: *Art. 200. La domanda di legittimazione, accompagnata dai documenti giustificativi, sarà presentata alla corte di appello nel cui distretto il richiedente ha la sua residenza.*

La corte, sentito il pubblico ministero, dichiarerà in camera di consiglio se concorrono le condizioni stabilite dai due precedenti articoli, e conseguentemente potersi, o non potersi fare luogo alla domandata legittimazione.

Se la deliberazione della corte di appello, è affermativa, il pubblico ministero la trasmetterà coi relativi documenti e colle informazioni assunte di uffizio al ministro di grazia e giustizia il quale, sentito il parere del consiglio di Stato sulla convenienza della legittimazione, ne farà relazione al re. Se il re accorda la legittimazione, il decreto reale sarà indirizzato alla corte che avrà dato il parere, sarà trascritto in apposito registro, e sarà per cura delle parti interessate annotato in margine all'atto di nascita del figlio.

289. Azioni esperibili dopo la legittimazione.

[...][1 2].

[1] Articolo abrogato dall'art. 1, L. 10 dicembre 2012, n. 219. *Il testo previgente disponeva: 289. Azioni esperibili dopo la legittimazione. La legittimazione per provvedimento del giudice non impedisce l'azione ordinaria per la contestazione dello stato di figlio legittimato per la mancanza delle condizioni indicate nel numero 1) dell'articolo 284, negli articoli 285, 286, e 287, ferma restando la disposizione dell'articolo 263.*

Se manca la condizione indicata nel numero 3) dell'articolo 284 la contestazione può essere promossa soltanto dal coniuge del quale è mancato l'assenso.

[2] Il testo originario disponeva: *Contro il decreto reale che concede la legittimazione è ammesso ricorso di legittimità al consiglio di Stato in sede giurisdizionale, ma il giudizio di legittimità non può riguardare le condizioni stabilite dagli articoli 284, 285, 286 e 287. La deliberazione della corte di appello o della corte di cassazione, che ha dichiarato l'esistenza di tali condizioni, non impedisce in giudizio ordinario davanti all'autorità giudiziaria la contestazione sullo stato di figlio legittimato per mancanza delle condizioni indicate nei numeri 1 e 2 dell'art. 284 o di quelle particolari indicate negli articoli 285, 286 e 287, ferma restando la disposizione dell'art. 263.*

Se manca la condizione indicata nel n. 4 dell'articolo 284, la contestazione può essere promossa soltanto dal coniuge del quale era richiesto l'assenso.

290. Effetti e decorrenza della legittimazione per provvedimento del giudice.

[...][1 2].

[1] Articolo abrogato dall'art. 1, L. 10 dicembre 2012, n. 219. Il testo previgente disponeva: *290. Effetti e decorrenza della legittimazione per provvedimento del giudice. La legittimazione per provvedimento del giudice produce gli stessi effetti della legittimazione per susseguente matrimonio, ma soltanto dalla data del provvedimento e nei confronti del genitore riguardo al quale la legittimazione è stata concessa.*

Se il provvedimento interviene dopo la morte del genitore, gli effetti risalgono alla data della morte, purché la domanda di legittimazione non sia stata presentata dopo un anno da tale data.

[2] Il testo originario disponeva: *La legittimazione per decreto reale produce gli stessi effetti della legittimazione per susseguente matrimonio, ma soltanto dalla data del decreto e nei confronti del genitore, riguardo al quale la legittimazione è stata concessa.*

Se il decreto interviene dopo la morte del genitore, gli effetti della legittimazione risalgono alla data della morte, purché la domanda di legittimazione non sia stata proposta dopo un anno da quella data.

● Norme connesse:

- per l'applicazione delle disposizioni relative agli effetti e decorrenza della legittimazione per provvedimento del giudice ai figli nati anteriormente alla data di entrata in vigore della legge di riforma del diritto di famiglia, art. 233, L. 19 maggio 1975, n. 151 che dispone: *La legittimazione per provvedimento del giudice si applica anche ai figli nati anteriormente all'entrata in vigore della presente legge.*

Dalla stessa data non possono essere proseguiti procedimenti per la legittimazione per decreto del Capo dello Stato, ma della presentazione della domanda di legittimazione a norma delle disposizioni anteriori si tiene conto agli effetti del secondo comma dell'art. 290 del codice civile.

■ Codice civile del 1865: *Art. 201. La legittimazione per decreto reale produce gli stessi effetti, della legittimazione per susseguente matrimonio, ma soltanto dal giorno dell'ottenuto decreto e riguardo al genitore che l'ha domandata.*

TITOLO VIII
DELL'ADOZIONE DI PERSONE MAGGIORI DI ETÀ[1]

[1] Rubrica così modificata dall'art. 58, L. 4 maggio 1983, n. 184. In origine la rubrica era la seguente: *Dell'adozione.*

● Norme connesse:

- artt. 1 ss. e 38 ss., L. 31 maggio 1995, n. 218.

- L. 4 maggio 1983, n. 184 (Diritto del minore ad una famiglia).

- D.M. 24 febbraio 2004, n. 91 recante le modalità di attuazione e organizzazione della banca dati relativa ai minori dichiarati adottabili, istituita dall'art. 40, L. 28 marzo 2001, n. 149.

CAPO I
DELL'ADOZIONE DI PERSONE MAGGIORI DI ETÀ E DEI SUOI EFFETTI[1]

[1] Rubrica così sostituita dall'art. 59, L. 4 maggio 1983, n. 184. In origine la rubrica era la seguente: *Dell'adozione e dei suoi effetti.*

● Norme connesse:

- per la ratifica ed esecuzione della Convenzione europea, firmata a Strasburgo il 24 aprile 1967, in materia di adozione di minori, L. 22 maggio 1974, n. 357.

- per l'inapplicabilità del presente Capo ai minori di età, art. 60, L. 4 maggio 1983, n. 184.

291. Condizioni.

L'adozione è permessa [687; disp. gen. 20] alle persone che non hanno discendenti [legittimi o legittimati] [231], che hanno compiuto gli anni trentacinque e che superano almeno di diciotto anni l'età di coloro che essi intendono adottare [87 n. 6, 1023][1].

Quando eccezionali circostanze lo consigliano, il tribunale [312] può autorizzare l'adozione se l'adottante ha raggiunto almeno l'età di trenta anni, ferma restando la differenza di età di cui al comma precedente[2 3 4].

[1] Le parole contenute in parentesi devono intendersi soppresse ad opera dei principi contenuti nell'art. 105, D.Lgs. 28 dicembre 2013, n. 154.

[2] La Corte costituzionale, con sentenza 19 maggio 1988, n. 577, ha dichiarato l'illegittimità costituzionale del presente articolo nella parte in cui non consente l'adozione a persone che abbiano discendenti legittimi o legittimati maggiorenni e consenzienti.

[3] Articolo così sostituito dall'art. 1, L. 5 maggio 1967, n. 431. Il testo previgente disponeva: *L'adozione è permessa alle persone che non hanno discendenti legittimi o legittimati, che hanno compiuto i cinquanta anni e che superano almeno di diciotto anni l'età di coloro che essi intendono adottare.*

Quando eccezionali circostanze lo consigliano, la corte di appello può autorizzare l'adozione se l'adottante ha raggiunto almeno l'età di anni quaranta e se la differenza di età tra l'adottante e l'adottando è di almeno sedici anni.

[4] La Corte costituzionale, con sentenza 20 luglio 2004, n. 245, ha dichiarato l'illegittimità costituzionale del presente articolo, nella parte in cui non prevede che l'adozione di maggiorenni non possa essere pronunciata in presenza di figli naturali, riconosciuti dall'adottante, minorenni o, se maggiorenni, non consenzienti.

■ Codice civile del 1865: *Art. 202. L'adozione è permessa alle persone dell'uno e dell'altro sesso le quali non abbiano discendenti legittimi o legittimati, abbiano compiuti i cinquant'anni e superino almeno di diciotto anni l'età di coloro che intendono di adottare.*

292. Divieto di adozione per diversità di razza.

[...][1].

[1] Articolo abrogato dall'art. 1, R.D.L. 20 gennaio 1944, n. 25 e dall'art. 3 comma 3, D.Lgs.Lgt. 14 settembre 1944, n. 287. Il testo previgente disponeva: *L'adozione non è permessa tra cittadini di razza ariana e persone di razza diversa.*

Il Re o le autorità a ciò delegate possono accordare dispensa dall'osservanza di questa disposizione.

293. Divieto d'adozione di figli[1].

I figli non possono essere adottati dai loro genitori[2].

[...][3].

[...][3 4].

[1] Rubrica così modificata dall'art. 37, D.Lgs. 28 dicembre 2013, n. 154, a decorrere dal 7 febbraio 2014. Il testo previgente disponeva: *Divieto d'adozione di figli nati fuori del matrimonio.*

[2] Comma così modificato dall'art. 37, D.Lgs. 28 dicembre 2013, n. 154, a decorrere dal 7 febbraio 2014. Il testo previgente disponeva: *I figli nati fuori del matrimonio non possono essere adottati dai loro genitori.*

[3] Comma abrogato dall'art. 67, L. 4 maggio 1983, n. 184.

[4] Articolo così sostituito dall'art. 131, L. 19 maggio 1975, n. 151. Il testo previgente disponeva: *I figli nati fuori del matrimonio non possono essere adottati dai loro genitori.*

Non può tuttavia essere dichiarata la nullità dell'adozione se, al momento in cui questa avvenne, la qualità di figlio naturale dell'adottato non risultava da riconoscimento o da dichiarazione giudiziale.

Il riconoscimento posteriore all'adozione non ha effetto se non ai fini della legittimazione.

Se l'adottato è un figlio naturale non riconoscibile, del quale la filiazione risulta in uno dei modi indicati nell'art. 279, può essere sempre dichiarata la nullità dell'adozione.

● Norme connesse:
- art. 55, L. 4 maggio 1983, n. 184.

294. Pluralità di adottati o di adottanti.

È ammessa l'adozione di più persone, anche con atti successivi[1].

Nessuno può essere adottato da più di una persona, salvo che i due adottanti siano marito e moglie.

[1] Comma così sostituito dall'art. 2, L. 5 maggio 1967, n. 431. Il testo previgente disponeva: *Nessuno può avere più figli adottivi se non sono adottati col medesimo atto.*

● Norme connesse:
- art. 55, L. 4 maggio 1983, n. 184.

■ Codice civile del 1865: *Art. 203. Niuno può avere più figli adottivi, se non siano adottati col medesimo atto.*

Art. 204. Nessuno può essere adottato da più persone, se non da due coniugi.

295. Adozione da parte del tutore.

Il tutore non può adottare la persona della quale ha avuto la tutela, se non dopo che sia stato approvato il conto della sua amministrazione [385, 386], sia stata fatta la consegna dei beni e siano state estinte le obbligazioni risultanti a suo carico o data idonea garanzia per il loro adempimento.

● Norme connesse:
- art. 55, L. 4 maggio 1983, n. 184.

■ Codice civile del 1865: *Art. 207. Il tutore non può adottare la persona di cui ebbe la tutela, se non dopo aver reso il conto della sua amministrazione*

296. Consenso per l'adozione.

Per l'adozione si richiede il consenso dell'adottante e dell'adottando [297, 298].

[...][1].

[...][1].

[1] Comma abrogato dall'art. 67, L. 4 maggio 1983, n. 184. Il comma 2 nel testo precedente le modifiche apportate dalla L. 4 maggio 1983, n. 184, disponeva: *Se l'adottando non ha compiuto la maggiore età il consenso è dato dal suo legale rappresentante;* invece, nel testo originario, il comma 2 disponeva: *Se l'adottando non ha compiuto gli anni diciotto, il consenso è dato dal suo legale rappresentante; se ha compiuto gli anni diciotto, ma non ancora gli anni ventuno, il rappresentante legale deve dare il suo assenso.*

Il comma 3 nel testo previgente disponeva: *Se l'adottando ha compiuto gli anni dodici, deve essere personalmente sentito.*

■ Codice civile del 1865: *Art. 208. L'adozione si fa col consenso dell'adottante e dell'adottato.*

Se l'adottato o l'adottante hanno padre, madre, o coniuge viventi, sarà pure necessario il loro consenso.

297. Assenso del coniuge o dei genitori.

Per l'adozione è necessario l'assenso dei genitori dell'adottando e l'assenso del coniuge dell'adottante e dell'adottando, se coniugati e non legalmente separati [150, 311 comma 2].

Quando è negato l'assenso previsto dal primo comma, il tribunale, sentiti gli interessati, su istanza dell'adottante, può, ove ritenga il rifiuto ingiustificato o contrario all'interesse dell'adottando [312 n. 3], pronunziare ugualmente l'adozione, salvo che si tratti dell'assenso dei genitori esercenti la responsabilità genitoriale o del coniuge, se convivente, dell'adottante o dell'adottando. Parimenti il tribunale può pronunziare l'adozione quando è impossibile ottenere l'assenso per incapacità o irreperibilità delle persone chiamate ad esprimerlo[1] [2].

[1] Comma così modificato dall'art. 37, D.Lgs. 28 dicembre 2013, n. 154, a decorrere dal 7 febbraio 2014. Il testo previgente disponeva: *Quando è negato l'assenso previsto dal primo comma, il tribunale, sentiti gli interessati, su istanza dell'adottante, può, ove ritenga il rifiuto ingiustificato o contrario all'interesse dell'adottando, pronunziare ugualmente l'adozione, salvo che si tratti dell'assenso dei genitori esercenti la potestà o del coniuge, se convivente, dell'adottante o dell'adottando. Parimenti il tribunale può pronunziare l'adozione quando è impossibile ottenere l'assenso per incapacità o irreperibilità delle persone chiamate ad esprimerlo.*

[2] Articolo così sostituito dall'art. 132, L. 29 maggio 1975, n. 151. Il testo previgente disponeva: *Se l'adottando o l'adottante sono coniugati, è sempre necessario l'assenso del coniuge.*

È necessario altresì l'assenso dei genitori dell'adottando.

■ Codice civile del 1865: *Art. 208. L'adozione si fa col consenso dell'adottante e dell'adottato.*

Se l'adottato o l'adottante hanno padre, madre, o coniuge viventi, sarà pure necessario il loro consenso.

Art. 209. Se l'adottato è minore e non ha genitori viventi, sarà necessaria, secondo i casi, l'approvazione del consiglio di famiglia o di tutela.

298. Decorrenza degli effetti dell'adozione.

L'adozione produce i suoi effetti dalla data del [decreto][1] che la pronunzia [309, 310, 313].

Finché il [decreto][1] non è emanato, tanto l'adottante quanto l'adottando possono revocare il loro consenso [296].

Se l'adottante muore dopo la prestazione del consenso e prima dell'emanazione del [decreto][1], si può procedere al compimento degli atti necessari per l'adozione.

Gli eredi dell'adottante possono presentare al tribunale memorie e osservazioni per opporsi all'adozione.

Se l'adozione è ammessa, essa produce i suoi effetti dal momento della morte dell'adottante.

[1] V., ora, la nuova versione degli artt. 313 e 314 ex L. 28 marzo 2001, n. 149. L'art. 3, L. 5 giugno 1967, n. 431 ha sostituito la competenza della corte d'appello con quella del tribunale nel cui circondario l'adottante ha la residenza.

● Norme connesse:

- art. 9, comma 1, lett. b), L. 5 febbraio 1992, n. 91.

299. Cognome dell'adottato.

L'adottato assume il cognome dell'adottante e lo antepone al proprio [6, 262].

Nel caso in cui la filiazione sia stata accertata o riconosciuta successivamente all'adozione si applica il primo comma[1].

Se l'adozione è compiuta da coniugi, l'adottato assume il cognome del marito[2].

Se l'adozione è compiuta da una donna maritata, l'adottato, che non sia figlio del marito, assume il cognome della famiglia di lei[3] [4].

[1] Comma così sostituito dall'art. 38, D.Lgs. 28 dicembre 2013, n. 154, a decorrere dal 7 febbraio 2014. Il testo previgente disponeva: *L'adottato che sia figlio naturale non riconosciuto dai propri genitori assume solo il cognome dell'adottante. Il riconoscimento successivo all'adozione non fa assumere all'adottato il cognome del genitore che lo ha riconosciuto, salvo che l'adozione sia successivamente revocata. Il figlio naturale che sia stato riconosciuto dai propri genitori e sia successivamente adottato, assume il cognome dell'adottante.*

[2] La Corte costituzionale, con sentenza 21 dicembre 2016, n. 286, ha dichiarato l'illegittimità del presente comma, nella parte in cui non consente ai genitori, di comune accordo, di trasmettere al figlio, al momento della nascita, anche il cognome materno.

[3] Articolo così sostituito dall'art. 61, L. 4 maggio 1983, n. 184. Il testo previgente disponeva: *L'adottato assume il cognome dell'adottante e lo aggiunge al proprio.*

L'adottato che sia figlio naturale non riconosciuto dai propri genitori assume solo il cognome dell'adottante. Il riconoscimento successivo all'adozione non fa assumere all'adottato il cognome del genitore che lo ha riconosciuto, salvo che l'adozione sia successivamente revocata.

Se l'adozione è compiuta da entrambi i coniugi, l'adottato assume il cognome del marito.

Se l'adozione è compiuta da una donna maritata, l'adottato, che non sia figlio del marito, assume il cognome della famiglia di lei.

[4] La Corte costituzionale, con sentenza 21 dicembre 2016, n. 286, ha dichiarato l'illegittimità costituzionale della norma desumibile dal presente articolo, nella parte in cui non consente ai coniugi, di comune accordo, di trasmettere ai figli, al momento della nascita, anche il cognome materno.

■ Codice civile del 1865: *Art. 210. L'adottato assume il cognome dell'adottante e l'aggiunge al proprio1. I diritti dell'adottato sulla eredità dell'adottante sono determinati nel titolo Delle successioni*

300. Diritti e doveri dell'adottato.

L'adottato conserva tutti i diritti e i doveri verso la sua famiglia di origine [315 ss.], salve le eccezioni stabilite dalla legge [87 n. 6, 7, 8, 9].

CODICE CIVILE

L'adozione non induce alcun rapporto civile tra l'adottante e la famiglia dell'adottato, né tra l'adottato e i parenti dell'adottante, salve le eccezioni stabilite dalla legge [87, 433, 436, 468, 567].

● Norme connesse:
- art. 55, L. 4 maggio 1983, n. 184.

■ Codice civile del 1865: *Art. 212. L'adottato conserva tutti i diritti e doveri verso la sua famiglia naturale.*

L'adozione non induce alcun rapporto civile fra l'adottante e la famiglia dell'adottato, né fra l'adottato e i parenti dell'adottante, salvo ciò che è stabilito nel titolo Del matrimonio.

301. - 303.
[...][1].

[1] Articoli abrogati dall'art. 67, L. 4 maggio 1983, n. 184.

L'art. 301 disponeva: *La potestà sull'adottato e il relativo esercizio spettano all'adottante.*

L'adottando ha l'obbligo di mantenere l'adottato, di istruirlo ed educarlo conformemente a quanto prescritto dall'art. 147.

Se l'adottato ha beni propri, l'amministrazione di essi, durante la minore età dell'adottato, spetta all'adottante; il quale non ne ha l'usufrutto legale, ma può impiegarne le rendite per le spese di mantenimento, istruzione ed educazione del minore, con l'obbligo di investirne l'eccedenza in modo fruttifero. Si applicano le disposizioni dell'art. 382.

Il testo originario disponeva: La patria podestà sull'adottato spetta all'adottante.

Questi ha l'obbligo di mantenere l'adottato, di educarlo e di istruirlo conformemente a quanto è prescritto dall'art. 147.

Se la moglie adotta il figlio del proprio marito, l'esercizio della patria podestà spetta al marito.

Se l'adottato ha dei beni propri, l'amministrazione di essi, durante la minore età dell'adottato, spetta all'adottante, il quale non ne ha l'usufrutto legale, ma può impiegarne le rendite per le spese di mantenimento, educazione e istruzione del minore, con l'obbligo di investirne l'eccedenza in modo fruttifero. Si applicano le disposizioni dell'art. 382.

L'art. 302 disponeva: *L'adottante deve fare l'inventario dei beni dell'adottato minorenne e trasmetterlo al giudice tutelare entro un mese dalla data del decreto di adozione. Si osservano, in quanto applicabili, le disposizioni contenute nella sezione III del capo I del titolo X di questo libro.*

L'adottante che omette di fare l'inventario nel termine stabilito o fa un inventario infedele può essere privato dell'amministrazione dei beni dal giudice tutelare, salvo l'obbligo del risarcimento dei danni.

L'art. 303 disponeva: *Se cessa l'esercizio da parte dell'adottante o degli adottanti della potestà, il tribunale, su istanza dell'adottato, dei suoi parenti o affini o del pubblico ministero, o anche d'ufficio, può dare i provvedimenti opportuni circa la cura della persona dell'adottato, la sua rappresentanza e l'amministrazione dei suoi beni, anche se ritiene conveniente che l'esercizio della potestà sia ripreso dai genitori. Il testo originario del codice del 1942 disponeva:*

Se cessa la patria potestà dell'adottante, il giudice tutelare, su istanza dell'adottato, dei suoi parenti o affini o del pubblico ministero, o anche d'ufficio, può dare i provvedimenti opportuni circa la cura della persona dell'adottato, la sua rappresentanza e l'amministrazione dei suoi beni, anche se ritiene conveniente che l'esercizio della patria potestà sia ripreso dai genitori.

Quando l'adozione è fatta da entrambi i coniugi, l'esercizio della patria potestà passa alla moglie, se cessa la patria potestà del marito.

■ Codice civile del 1865: *Art. 211. Il padre e la madre adottivi hanno debito di continuare, occorrendo, l'educazione dell'adottato, e di fornirgli i sussidi e gli alimenti di cui avesse bisogno.*

L'obbligazione degli alimenti, in caso di bisogno, è reciproca tra l'adottante e l'adottato. Essa però nell'adottante recede quella dei genitori legittimi o naturali, e nell'adottato concorre con quella dei figli legittimi o naturali dell'adottante.

304. Diritti di successione.
L'adozione non attribuisce all'adottante alcun diritto di successione.

I diritti dell'adottato nella successione dell'adottante sono regolati dalle norme contenute nel libro II [468, 536, 537].

● Norme connesse:
- art. 55, L. 4 maggio 1983, n. 184.

■ Codice civile del 1865: *Art. 210. L'adottato assume il cognome dell'adottante e l'aggiunge al proprio1. I diritti dell'adottato sulla eredità dell'adottante sono determinati nel titolo Delle successioni.*

305. Revoca dell'adozione.
L'adozione si può revocare [disp. att. 35 comma 2; 127] soltanto nei casi preveduti dagli articoli seguenti.

306. Revoca per indegnità dell'adottato.
La revoca dell'adozione può essere pronunziata dal tribunale [disp. att. 35] su domanda dell'adottante, quando l'adottato abbia attentato alla vita di lui o del suo coniuge, dei suoi discendenti o ascendenti, ovvero si sia reso colpevole verso loro di delitto punibile con pena restrittiva della libertà personale [c.p. 18] non inferiore nel minimo a tre anni.

Se l'adottante muore in conseguenza dell'attentato, la revoca dell'adozione può essere chiesta da coloro ai quali si devolverebbe l'eredità in mancanza dell'adottato e dei suoi discendenti.

307. Revoca per indegnità dell'adottante.
Quando i fatti previsti dall'articolo precedente sono stati compiuti dall'adottante contro l'adottato, oppure contro il coniuge o i discendenti o gli ascendenti di lui, la revoca può essere pronunziata su domanda dell'adottato[1].

[1] Articolo così sostituito dall'art. 62, L. 4 maggio 1983, n. 184. Il testo previgente disponeva: *Quando i fatti previsti nell'articolo precedente sono stati compiuti dall'adottante contro l'adottato, oppure contro il coniuge o i discendenti o gli ascendenti di lui, la revoca può essere pronunziata su domanda dell'adottato, o, se questi è minore, su istanza del pubblico*

ministero. In questo caso il tribunale, sentito il giudice tutelare, può dare i provvedimenti opportuni circa la cura della persona del minore, la sua rappresentanza e l'amministrazione dei beni, anche se ritiene conveniente che l'esercizio della patria potestà sia ripreso dai genitori.

308. Revoca promossa dal pubblico ministero.

[...][1].

[1] Articolo abrogato dall'art. 67, L. 4 maggio 1983, n. 184. Il testo previgente disponeva: *La revoca dell'adozione può essere promossa dal pubblico ministero per ragioni di buon costume.*

309. Decorrenza degli effetti della revoca.

Gli effetti dell'adozione [298, 299] cessano quando passa in giudicato la sentenza di revoca.

Se tuttavia la revoca è pronunziata dopo la morte dell'adottante per fatto imputabile all'adottato, l'adottato e i suoi discendenti sono esclusi dalla successione dell'adottante [463 ss.].

310. Cessazione degli effetti dell'adozione.

[...][1].

[1] Articolo abrogato dall'art. 67, L. 4 maggio 1983, n. 184. Il testo previgente disponeva: *Gli effetti dell'adozione cessano:*

1) per matrimonio tra le persone legate dal vincolo di adozione;

2) per legittimazione del figlio adottivo da parte dell'adottante;

3) per riconoscimento del figlio adottivo da parte dell'adottante.

Il testo originario del codice del 1942 disponeva: *Gli effetti dell'adozione cessano:*

1) per matrimonio tra le persone legate dal vincolo di adozione;

2) per legittimazione del figlio adottivo da parte dell'adottante.

CAPO II
DELLE FORME DELL'ADOZIONE DI PERSONE DI MAGGIORE ETÀ[1]

[1] Rubrica così sostituita dall'art. 63, L. 4 maggio 1983, n. 184. In origine la rubrica era la seguente: *Delle forme dell'adozione.*

● Norme connesse:

- art. 3, L. 5 giugno 1967, n. 431, che dispone: *Nelle ipotesi di cui al capo II del titolo VIII del libro I del Codice civile, alla competenza della Corte d'appello è sostituita quella del tribunale nel cui circondario l'adottante ha la residenza. Per l'adozione di minorenni è competente il tribunale per i minorenni.*

311. Manifestazione del consenso.

Il consenso dell'adottante e dell'adottando o del legale rappresentante [296, 297] di questo deve essere manifestato personalmente al presidente del tribunale nel cui circondario l'adottante ha la residenza [43][1].

[...][2].

L'assenso delle persone indicate negli articoli 296 e 297 può essere dato da persona munita di procura speciale rilasciata per atto pubblico [2699] o per scrittura privata autenticata [2702, 2703].

[1] Comma così modificato dall'art, 3, L. 5 giugno 1967, n. 431.

[2] Comma abrogato dall'art. 3, L. 5 giugno 1967, n. 431. Il comma 2 nel testo previgente disponeva: *In caso di grave impedimento il detto presidente può delegare il presidente del tribunale a ricevere il consenso delle persone indicate nel comma precedente o a sentire l'adottando nel caso previsto nell'ultimo comma dell'art. 296.*

■ Codice civile del 1865: *Art. 213. La persona che vorrà adottare e quella che vorrà essere adottata si presenteranno personalmente al presidente della corte d'appello nel cui distretto ha domicilio l'adottante, per venire all'atto del loro reciproco consenso il quale sarà ricevuto dal cancelliere della corte.*

Dovranno pure intervenire in persona e per procura quelli di cui è richiesto l'assenso a norma degli articoli 208 e 209.

312. Accertamenti del tribunale.

Il tribunale, assunte le opportune informazioni, verifica:

1) se tutte le condizioni della legge sono state adempiute;

2) se l'adozione conviene all'adottando[1].

[1] Articolo così sostituito dall'art. 64, L. 4 maggio 1983, n. 184. Il testo previgente disponeva: *La corte, assunte le opportune informazioni e sentiti i genitori dell'adottante, verifica:*

1) se tutte le condizioni della legge sono state adempiute,

2) se colui che vuole adottare ha buona fama;

3) se l'adozione conviene all'adottando.

■ Codice civile del 1865: *Art. 215 La corte, assunte le opportune informazioni, verificherà:*

1° Se tutte le condizioni della legge siano state adempite;

2° Se colui che vuole adottare, goda buona fama;

3° Se l'adozione convenga all'adottato.

313. Provvedimento del tribunale.

Il tribunale, in camera di consiglio [c.p.c. 737], sentito il pubblico ministero [c.p.c. 738] e omessa ogni altra formalità di procedura, provvede con sentenza decidendo di far luogo o non far luogo alla adozione [298].

L'adottante, il pubblico ministero [c.p.c. 740], l'adottando, entro trenta giorni dalla comunicazione [739 comma 2], possono proporre impugnazione avanti la corte d'appello, che decide in camera di consiglio, sentito il pubblico ministero [739 comma 1][2].

[1] Articolo così sostituito dall'art. 30, L. 28 marzo 2001, n. 149. Il testo previgente disponeva: *Il tribunale, in camera di consiglio, sentito il pubblico ministero e omessa ogni altra formalità di procedura, provvede con decreto motivato decidendo di far luogo o non far luogo all'adozione.*

L'adottante, il pubblico ministero, l'adottando, entro trenta giorni dalla comunicazione, possono impugnare il decreto del tribunale con reclamo alla corte d'appello, che decide in camera di consiglio, sentito il pubblico ministero.

Il testo originario del codice del 1942 disponeva: La corte, in camera di consiglio, sentito il pubblico ministero e omessa ogni altra formalità di procedura, senza esprimere i motivi, pronunzia in questi termini: si fa luogo o non si fa luogo all'adozione.

■ Codice civile del 1865: *Art. 216. La corte, sentito il pubblico ministero in camera di consiglio ed omessa ogni altra formalità di procedura, senza esprimere i motivi pronunzierà in questi termini: si fa luogo, o non si fa luogo all'adozione.*

314. Pubblicità.

La sentenza definitiva che pronuncia l'adozione è trascritta a cura del cancelliere del tribunale competente, entro il decimo giorno successivo a quello della relativa comunicazione, da effettuarsi non oltre cinque giorni dal deposito, da parte del cancelliere del giudice dell'impugnazione, su apposito registro e comunicata all'ufficiale di stato civile per l'annotazione a margine dell'atto di nascita dell'adottato [disp. att. 37 comma 1].

Con la procedura di cui al primo comma deve essere altresì trascritta ed annotata la sentenza di revoca della adozione, passata in giudicato [c.p.c. 324].

L'autorità giudiziaria può inoltre ordinare la pubblicazione della sentenza che pronuncia l'adozione o della sentenza di revoca nei modi che ritiene opportuni [c.p.c. 120][1].

[1] Articolo così sostituito dall'art. 31, L. 28 marzo 2001, n. 149. Il testo previgente disponeva: *Il decreto che pronunzia l'adozione, divenuto definitivo, è trascritto a cura del cancelliere del tribunale competente, entro il decimo giorno successivo a quello della relativa comunicazione, da effettuarsi non oltre cinque giorni dal deposito, da parte del cancelliere del giudice dell'impugnazione, su apposito registro e comunicato all'ufficiale di stato civile per l'annotazione a margine dell'atto di nascita dell'adottato.*

Con la procedura di cui al comma precedente deve essere altresì trascritta ed annotata la sentenza di revoca dell'adozione, passata in giudicato.

L'autorità giudiziaria può inoltre ordinare la pubblicazione del decreto che pronunzia l'adozione o della sentenza di revoca nei modi che ritiene opportuni.

Il testo originario disponeva: *Il decreto che pronunzia l'adozione deve essere iscritto in apposito registro, a cura del cancelliere, il quale nei dieci giorni successivi deve comunicarne copia all'ufficiale dello stato civile per l'annotazione in margine all'atto di nascita dell'adottato e a quello dell'adottante.*

Parimenti deve essere iscritta e annotata la sentenza di revoca dell'adozione entro trenta giorni dal giorno in cui è passata in giudicato. A questo effetto la parte interessata deve presentare copia autentica della sentenza al cancelliere della corte di appello che ha pronunziato l'adozione e agli ufficiali dello stato civile competenti.

L'autorità giudiziaria può inoltre ordinare la pubblicazione del decreto che pronunzia l'adozione o della sentenza di revoca nei modi che ritiene opportuni.

■ Codice civile del 1865: *Art. 218. Il decreto della corte di appello che ammette l'adozione, sarà pubblicato ed affisso in quei luoghi ed in quel numero di copie, che la corte stimerà di prescrivere, e sarà inoltre inserito nel giornale degli annunzi giudiziari del distretto e nel giornale uffiziale del regno.*

Art. 219. Nei due mesi successivi al decreto della corte l'atto di adozione sarà annotato in margine dell'atto di nascita dell'adottato nei registri dello stato civile.

L'annotazione non avrà luogo che sulla presentazione di copia autentica dell'atto di adozione e del decreto della corte di appello, coi certificati delle seguite pubblicazioni ed inserzioni.

Non venendo annotata nel suddetto termine, l'adozione non avrà effetto quanto ai terzi, se non dal giorno in cui l'annotazione sarà eseguita.

CAPO III
DELL'ADOZIONE SPECIALE[1]

[1] Le disposizioni del presente capo (artt. 314/1-314/28) sono state abrogate dall'art. 67, L. 4 maggio 1983, n. 184.

TITOLO IX
DELLA RESPONSABILITÀ GENITORIALE E DEI DIRITTI E DOVERI DEL FIGLIO[1]

[1] Rubrica così sostituita prima dall'art. 1, L. 10 dicembre 2012, n. 219, poi dall'art. 7, D.Lgs. 28 dicembre 2013, n. 154, a decorrere dal 7 febbraio 2014. Il testo previgente la modifica del 2012 disponeva: *Della potestà dei genitori.* Il testo previgente la modifica del 2013 disponeva: *Della potestà dei genitori e dei diritti e doveri del figlio.*

CAPO I
DEI DIRITTI E DOVERI DEL FIGLIO[1]

[1] Rubrica aggiunta dall'art. 7, D.Lgs. 28 dicembre 2013, n. 154, a decorrere dal 7 febbraio 2014.

● Norme connesse:

- art. 11, L. 18 dicembre 1984, n. 975; artt. 9, 19 comma 2, 36, 43, 44, L. 31 maggio 1995, n. 218.

315. Stato giuridico della filiazione.

Tutti i figli hanno lo stesso stato giuridico[1].

[1] Articolo così sostituito prima dall'art. 137, L. 19 maggio 1975, n. 151, poi dall'art. 1, L. 10 dicembre 2012, n. 219. Il testo previgente la modifica del 1975 disponeva: *Il figlio, di qualunque età sia, deve onorare e rispettare i genitori.* Il testo previgente la modifica del 2012 disponeva: *315. Doveri del figlio verso i genitori. Il figlio deve rispettare i genitori e deve contribuire, in relazione alle proprie sostanze e al proprio reddito, al mantenimento della famiglia finché convive con essa.*

315-*bis*. Diritti e doveri del figlio.

Il figlio ha diritto di essere mantenuto, educato, istruito e assistito moralmente dai genitori, nel rispetto delle sue capacità, delle sue inclinazioni naturali e delle sue aspirazioni.

Il figlio ha diritto di crescere in famiglia e di mantenere rapporti significativi con i parenti.

Il figlio minore che abbia compiuto gli anni dodici, e anche di età inferiore ove capace di discernimento, ha diritto di essere ascoltato in tutte le questioni e le procedure che lo riguardano.

Il figlio deve rispettare i genitori e deve contribuire, in relazione alle proprie capacità, alle proprie sostanze e al proprio reddito, al mantenimento della famiglia finchè convive con essa[1].

[1] Articolo aggiunto dall'art. 1, L. 10 dicembre 2012, n. 219.

■ Codice civile del 1865: *Art. 220. Il figlio, qualunque sia la sua età, deve onorare e rispettare i genitori.*

Egli è soggetto alla podestà dei genitori sino all'età maggiore od all'emancipazione.

Durante il matrimonio tale podestà è esercitata dal padre, e, se egli non possa esercitarla, dalla madre.

Sciolto il matrimonio, la patria podestà viene esercitata dal genitore superstite.

316. Responsabilità genitoriale.

Entrambi i genitori hanno la responsabilità genitoriale che è esercitata di comune accordo tenendo conto delle capacità, delle inclinazioni naturali e delle aspirazioni del figlio. I genitori di comune accordo stabiliscono la residenza abituale del minore.

In caso di contrasto su questioni di particolare importanza ciascuno dei genitori può ricorrere senza formalità al giudice indicando i provvedimenti che ritiene più idonei.

Il giudice, sentiti i genitori e disposto l'ascolto del figlio minore che abbia compiuto gli anni dodici e anche di età inferiore ove capace di discernimento, suggerisce le determinazioni che ritiene più utili nell'interesse del figlio e dell'unità familiare. Se il contrasto permane il giudice attribuisce il potere di decisione a quello dei genitori che, nel singolo caso, ritiene il più idoneo a curare l'interesse del figlio.

Il genitore che ha riconosciuto il figlio esercita la responsabilità genitoriale su di lui. Se il riconoscimento del figlio, nato fuori del matrimonio, è fatto dai genitori, l'esercizio della responsabilità genitoriale spetta ad entrambi.

Il genitore che non esercita la responsabilità genitoriale vigila sull'istruzione, sull'educazione e sulle condizioni di vita del figlio[1].

[1] Articolo così sostituito prima dall'art. 138, L. 19 maggio 1975, n. 151, poi dall'art. 39, D.Lgs. 28 dicembre 2013, n. 154, a decorrere dal 7 febbraio 2014.

Il testo previgente la modifica del 1975 disponeva: *Il figlio è soggetto alla potestà dei genitori sino all'età maggiore o all'emancipazione. Questa potestà è esercitata dal padre. Dopo la morte del padre e negli altri casi stabiliti dalla legge essa è esercitata dalla madre.*

Il testo previgente la modifica del 2013 disponeva: *316. Esercizio della potestà dei genitori. Il figlio è soggetto alla potestà dei genitori sino all'età maggiore o alla emancipazione.*

La potestà è esercitata di comune accordo da entrambi i genitori.

In caso di contrasto su questioni di particolare importanza ciascuno dei genitori può ricorrere senza formalità al giudice [disp. att. 38] indicando i provvedimenti che ritiene più idonei.

Se sussiste un incombente pericolo di un grave pregiudizio per il figlio, il padre può adottare i provvedimenti urgenti ed indifferibili.

Il giudice, sentiti i genitori ed il figlio, se maggiore degli anni quattordici, suggerisce le determinazioni che ritiene più utili nell'interesse del figlio e dell'unità familiare. Se il contrasto permane il giudice attribuisce il potere di decisione a quello dei genitori che, nel singolo caso, ritiene il più idoneo a curare l'interesse del figlio.

● Norme connesse:

- artt. 1 ss., L. 18 dicembre 1984, n. 975; art. 36, L. 31 maggio 1995, n. 218; art. 12, L. 22 maggio 1978, n. 194.

- per l'assenso in tema di interruzione della gravidanza della minorenne, art. 12, L. 22 maggio 1978, n. 194, nel testo modificato dall'art. 99, D.Lgs. 28 dicembre 2013, n. 154 che dispone: *La richiesta di interruzione della gravidanza secondo le procedure della presente legge è fatta personalmente dalla donna.*

Se la donna è di età inferiore ai diciotto anni, per l'interruzione della gravidanza è richiesto lo assenso di chi esercita sulla donna stessa la responsabilità genitoriale o la tutela. Tuttavia, nei primi novanta giorni, quando vi siano seri motivi che impediscano o sconsiglino la consultazione delle persone esercenti la responsabilità genitoriale o la tutela, oppure queste, interpellate, rifiutino il loro assenso o esprimano pareri tra loro difformi, il consultorio o la struttura socio-sanitaria, o il medico di fiducia, espleta i compiti e le procedure di cui all'articolo 5 e rimette entro sette giorni dalla richiesta una relazione, corredata del proprio parere, al giudice tutelare del luogo in cui esso opera. Il giudice tutelare, entro cinque giorni, sentita la donna e tenuto conto della sua volontà, delle ragioni che adduce e della relazione trasmessagli, può autorizzare la donna, con atto non soggetto a reclamo, a decidere la interruzione della gravidanza.

Qualora il medico accerti l'urgenza dell'intervento a causa di un grave pericolo per la salute della minore di diciotto anni, indipendentemente dall'assenso di chi esercita la responsabilità genitoriale o la tutela e senza adire il giudice tutelare, certifica l'esistenza delle condizioni che giustificano l'interruzione della gravidanza. Tale certificazione costituisce titolo per ottenere in via d'urgenza l'intervento e, se necessario, il ricovero.

Ai fini dell'interruzione della gravidanza dopo i primi novanta giorni, si applicano anche alla minore di diciotto anni le procedure di cui all'articolo 7, indipendentemente dall'assenso di chi esercita la responsabilità genitoriale o la tutela.

■ Codice civile del 1865: *Art. 220. Il figlio, qualunque sia la sua età, deve onorare e rispettare i genitori.*

Egli è soggetto alla podestà dei genitori sino all'età maggiore od all'emancipazione.

Durante il matrimonio tale podestà è esercitata dal padre, e, se egli non possa esercitarla, dalla madre.

Sciolto il matrimonio, la patria podestà viene esercitata dal genitore superstite.

316-*bis*. Concorso nel mantenimento.

I genitori devono adempiere i loro obblighi nei confronti dei figli in proporzione alle rispettive sostanze e secondo la loro capacità di lavoro professionale o casalingo. Quando i genitori non hanno mezzi sufficienti, gli altri ascendenti, in ordine di prossimità, sono tenuti a fornire ai genitori stessi i mezzi necessari affinchè possano adempiere i loro doveri nei confronti dei figli.

In caso di inadempimento il presidente del tribunale, su istanza di chiunque vi ha interesse, sentito l'inadempiente ed assunte informazioni, può ordinare con decreto che una quota dei redditi dell'obbligato, in proporzione agli stessi, sia versata direttamente all'altro genitore o a chi sopporta le spese per il mantenimento, l'istruzione e l'educazione della prole.

Il decreto, notificato agli interessati ed al terzo debitore, costituisce titolo esecutivo, ma le parti ed il terzo debitore possono proporre opposizione nel termine di venti giorni dalla notifica.

L'opposizione è regolata dalle norme relative all'opposizione al decreto di ingiunzione, in quanto applicabili.

Le parti ed il terzo debitore possono sempre chiedere, con le forme del processo ordinario, la modificazione e la revoca del provvedimento[1].

[1] Articolo aggiunto dall'art. 40, D.Lgs. 28 dicembre 2013, n. 154, a decorrere dal 7 febbraio 2014.

● Norme connesse:
- art. 1, comma 11, L. 20 maggio 2016, n. 76.

317. Impedimento di uno dei genitori.

Nel caso di lontananza, di incapacità [414] o di altro impedimento che renda impossibile ad uno dei genitori l'esercizio della responsabilità genitoriale [c.p. 19, 32, 34], questa è esercitata in modo esclusivo dall'altro[1].

La responsabilità genitoriale di entrambi i genitori non cessa a seguito di separazione, scioglimento, cessazione degli effetti civili, annullamento, nullità del matrimonio; il suo esercizio, in tali casi, è regolato dal capo II del presente titolo[2 3].

[1] Comma così modificato dall'art. 41, D.Lgs. 28 dicembre 2013, n. 154, a decorrere dal 7 febbraio 2014. Il testo previgente disponeva: *Nel caso di lontananza, di incapacità o di altro impedimento che renda impossibile ad uno dei genitori l'esercizio della potestà, questa è esercitata in modo esclusivo dall'altro.*

[2] Comma così sostituito dall'art. 41, D.Lgs. 28 dicembre 2013, n. 154, a decorrere dal 7 febbraio 2014. Il testo previgente disponeva: *La potestà comune dei genitori non cessa quando, a seguito di separazione, di scioglimento, di annullamento o di cessazione degli effetti civili del matrimonio, i figli vengono affidati ad uno di essi. L'esercizio della potestà è regolato, in tali casi, secondo quanto disposto nell'articolo 155.*

[3] Articolo così sostituito dall'art. 139, L. 19 maggio 1975, n. 151. Il testo previgente disponeva: *Nel caso di lontananza o d'altro impedimento che renda impossibile al padre l'esercizio della patria potestà, questa è esercitata dalla madre.*

● Norme connesse:
- artt. 6 e 11, L. 1 dicembre 1970, n. 898.

317-*bis*. Rapporti con gli ascendenti.

Gli ascendenti hanno diritto di mantenere rapporti significativi con i nipoti minorenni.

L'ascendente al quale è impedito l'esercizio di tale diritto può ricorrere al giudice del luogo di residenza abituale del minore affinchè siano adottati i provvedimenti più idonei nell'esclusivo interesse del minore. Si applica l'articolo 336, secondo comma[1].

[1] Articolo aggiunto dall'art. 140, L. 19 maggio 1975, n. 151 e poi così sostituito dall'art. 42, D.Lgs. 28 dicembre 2013, n. 154, a decorrere dal 7 febbraio 2014. Il testo previgente disponeva: *317-bis. Esercizio della potestà. Al genitore che ha riconosciuto il figlio naturale spetta la potestà su di lui.*

Se il riconoscimento è fatto da entrambi i genitori, l'esercizio della potestà spetta congiuntamente ad entrambi qualora siano conviventi. Si applicano le disposizioni dell'articolo 316. Se i genitori non convivono l'esercizio della potestà spetta al genitore con il quale il figlio convive ovvero, se non convive con alcuno di essi, al primo che ha fatto il riconoscimento. Il giudice, nell'esclusivo interesse del figlio, può disporre diversamente; può anche escludere dall'esercizio della potestà entrambi i genitori, provvedendo alla nomina di un tutore.

Il genitore che non esercita la potestà ha il potere di vigilare sull'istruzione, sull'educazione e sulle condizioni di vita del figlio minore.

318. Abbandono della casa del genitore.

Il figlio, sino alla maggiore età o all'emancipazione, non può abbandonare la casa dei genitori o del genitore che esercita su di lui la responsabilità genitoriale [316] né la dimora da essi assegnatagli. Qualora se ne allontani senza permesso, i genitori possono richiamarlo [358 comma 2] ricorrendo, se necessario, al giudice tutelare [disp. att. 45][1].

[1] Articolo così sostituito dall'art. 141, L. 19 maggio 1975, n. 151 e poi così modificato dall'art. 43, D.Lgs. 28 dicembre 2013, n. 154, a decorrere dal 7 febbraio 2014.

Il testo previgente la modifica del 1975 disponeva: *Il figlio non può abbandonare la casa paterna o quella che il padre gli ha destinata. Qualora se ne allontani senza permesso, il padre può richiamarlo, ricorrendo, se è necessario, al giudice tutelare.*

Il testo previgente la modifica del 2013 disponeva: *Il figlio non può abbandonare la casa dei genitori o del genitore che esercita su di lui la potestà né la dimora da essi assegnatagli. Qualora se ne allontani senza permesso, i genitori possono richiamarlo ricorrendo, se necessario, al giudice tutelare.*

■ Codice civile del 1865: *Art. 221. Il figlio non può abbandonare la casa paterna o quella che il padre gli abbia destinata, senza permissione del medesimo, salvo per causa di volontario arruolamento nell'esercito nazionale. Ove se ne allontani senza permissione, il padre ha diritto di richiamarvelo, ricorrendo, ove sia d'uopo, al presidente del tribunale civile.*

Qualora giuste cause rendessero necessario l'allontanamento del figlio dalla casa paterna, il presidente, sull'istanza dei parenti od anche del pubblico ministero, prese informazioni senza formalità giudiziali, provvede nel modo più conveniente senza esprimere nel decreto alcun motivo.

Se vi sia pericolo nel ritardo, provvede il pretore, riferendone immediatamente al presidente, il quale conferma, revoca, o modifica il dato provvedimento.

319. Cattiva condotta del figlio.

[...][1].

[1] Articolo abrogato dall'art. 142, L. 19 maggio 1975, n. 151. Il testo previgente disponeva: *Il padre che non riesce a frenare la cattiva condotta del figlio, può, salva l'applicazione delle norme contenute nelle leggi speciali, collocarlo in un istituto di correzione, con l'autorizzazione del presidente del tribunale.*

L'autorizzazione può essere chiesta anche verbalmente. Il presidente del tribunale, assunte informazioni, provvede con decreto senza formalità di atti e senza dichiarare i motivi.

Contro il decreto del presidente del tribunale è ammesso ricorso al presidente della corte di appello, il quale provvede sentito il pubblico ministero.

■ Codice civile del 1865: *Art. 222. Il padre che non riesca a frenare i traviamenti del figlio, può allontanarlo dalla famiglia, assegnandogli secondo i propri mezzi gli alimenti strettamente necessari; e ricorrendo, ove sia d'uopo, al presidente del tribunale, collocarlo in quella casa, o in quell'istituto di educazione o di correzione, che reputi più conveniente a correggerlo e migliorarlo.*

L'autorizzazione può essere chiesta anche verbalmente, ed il presidente provvederà senza formalità di atti o senza esprimere i motivi del suo decreto.

Art. 223. Nei casi indicati nei due articoli precedenti contro i decreti del presidente del tribunale è ammesso il ricorso al presidente della corte di appello e sarà sempre sentito il pubblico ministero.

320. Rappresentanza e amministrazione.

I genitori congiuntamente [316], o quello di essi che esercita in via esclusiva la responsabilità genitoriale [155 comma 3, 317 comma 3, 317-*bis* comma 2], rappresentano [1387] i figli nati e nascituri [784 comma 2], fino alla maggiore età o all'emancipazione, in tutti gli atti civili e ne amministrano i beni [165, 334, 465, 643]. Gli atti di ordinaria amministrazione, esclusi i contratti con i quali si concedono o si acquistano diritti personali di godimento [1380, 1571, 1615], possono essere compiuti disgiuntamente da ciascun genitore[1].

Si applicano, in caso di disaccordo o di esercizio difforme dalle decisioni concordate, le disposizioni dell'articolo 316.

I genitori non possono alienare [777; c.p.c. 733], ipotecare [2808 ss.] o dare in pegno [2784] i beni pervenuti al figlio a qualsiasi titolo, anche a causa di morte, accettare [471] o rinunziare ad eredità o legati [519, 649, 650], accettare donazioni [782, 784], procedere allo scioglimento di comunioni [713 ss., 1111 ss.], contrarre mutui [1813] o locazioni ultranovennali [374 n. 4, 1572] o compiere altri atti eccedenti l'ordinaria amministrazione né promuovere, transigere [1965 ss.] o compromettere in arbitri [c.p.c. 806] giudizi relativi a tali atti, se non per necessità o utilità evidente del figlio dopo autorizzazione del giudice tutelare [disp. att. 43, 45; c.p.c. 747].

I capitali non possono essere riscossi senza autorizzazione del giudice tutelare [344, 374, 394], il quale ne determina l'impiego [372].

L'esercizio di una impresa commerciale [2195] non può essere continuato se non con l'autorizzazione del tribunale su parere del giudice tutelare. Questi può consentire l'esercizio provvisorio dell'impresa, fino a quando il tribunale abbia deliberato sulla istanza [2294].

Se sorge conflitto di interessi patrimoniali tra i figli soggetti alla stessa responsabilità genitoriale, o tra essi e i genitori o quello di essi che esercita in via esclusiva la responsabilità genitoriale, il giudice tutelare nomina ai figli un curatore speciale [374, 375]. Se il conflitto sorge tra i figli e uno solo dei genitori esercenti la responsabilità genitoriale, la rappresentanza dei figli spetta esclusivamente all'altro genitore [disp. att. 45 comma 1][2][3].

[1] Comma così modificato dall'art. 44, D.Lgs. 28 dicembre 2013, n. 154, a decorrere dal 7 febbraio 2014. Il testo previgente disponeva: *I genitori congiuntamente, o quello di essi che esercita in via esclusiva la potestà, rappresentano i figli nati e nascituri in tutti gli atti civili e ne amministrano i beni. Gli atti di ordinaria amministrazione, esclusi i contratti con i quali si concedono o si acquistano diritti personali di godimento, possono essere compiuti disgiuntamente da ciascun genitore.*

[2] Comma così modificato dall'art. 44, D.Lgs. 28 dicembre 2013, n. 154, a decorrere dal 7 febbraio 2014. Il testo previgente disponeva: *Se sorge conflitto di interessi patrimoniali tra i figli soggetti alla stessa potestà, o tra essi e i genitori o quello di essi che esercita in via esclusiva la potestà, il giudice tutelare nomina ai figli un curatore speciale. Se il conflitto sorge tra i figli e uno solo dei genitori esercenti la potestà, la rappresentanza dei figli spetta esclusivamente all'altro genitore.*

[3] Articolo così sostituito dall'art. 143, L. 19 maggio 1975, n. 151. Il testo previgente disponeva: *Il padre rappresenta i figli nati e nascituri in tutti gli atti civili e ne amministra i beni.*

Egli tuttavia non può alienare, ipotecare, dare in pegno i beni del figlio, rinunziare a eredità, accettare donazioni o legati soggetti a pesi e condizioni, chiedere divisioni, contrarre in nome di lui mutui, locazioni oltre il novennio o compiere altri atti eccedenti i limiti dell'ordinaria amministrazione, nè transigere o promuovere giudizi relativi a tali atti, se non per necessità o utilità evidente del figlio stesso e dopo autorizzazione del giudice tutelare.

I capitali non possono essere riscossi senza autorizzazione del giudice tutelare, il quale ne determina l'impiego.

CODICE CIVILE

L'esercizio di un'impresa commerciale non può essere continuato se non con l'autorizzazione del tribunale, su parere del giudice tutelare. Questi può consentire l'esercizio provvisorio dell'impresa, fino a quando il tribunale abbia deliberato sull'istanza.

Se sorge conflitto d'interessi tra i figli soggetti alla stessa patria potestà o tra essi e il padre, il giudice tutelare nomina ai figli un curatore speciale.

● Norme connesse:

- art. 10, R.D. 14 dicembre 1933, n. 1669; art. 13, R.D. 21 dicembre 1933, n. 1736.

■ Codice civile del 1865: *Art. 224. Il padre rappresenta i figli nati e i nascituri in tutti gli atti civili, e ne amministra i beni.*

Egli però non può alienare, ipotecare, dare a pegno i beni del figlio, contrarre a nome di lui mutui od altre obbligazioni eccedenti i limiti della semplice amministrazione, se non per cause di necessità o di utilità evidente del figlio stesso, e mediante l'autorizzazione del tribunale civile.

Nascendo conflitto d'interessi tra i figli soggetti alla stessa patria podestà o tra essi ed il padre, sarà nominato ai figli un curatore speciale.

La nomina del curatore sarà fatta dall'autorità giudiziaria ordinaria davanti alla quale fosse vertente il giudizio, ed in ogni altro caso dal tribunale civile.

Art. 225. Per la riscossione dei capitali, o per la vendita di effetti mobili soggetti a deterioramento basterà l'autorizzazione del pretore a condizione di nuovo impiego, la cui sicurezza sia riconosciuta dal pretore stesso.

Art. 226. Le eredità devolute ai figli soggetti alla patria podestà saranno accettate dal padre col benefizio dell'inventario.

Se il padre non possa o non voglia accettarle, il tribunale, a richiesta del figlio o di alcuno dei parenti, od anche sull'istanza fatta d'uffizio dal procuratore del re, potrà autorizzarne l'accettazione, premessa la nomina di un curatore speciale e sentito il padre.

Art. 227. La nullità degli atti fatti in contravvenzione ai precedenti articoli non può essere opposta che dal padre o dal figlio e dai suoi eredi od aventi causa.

■ Codice del commercio del 1882: *Art. 12. Il genitore che esercita la patria potestà ed il tutore non possono continuare l'esercizio del commercio nello interesse 'di un minore, se non vi sono autorizzati, il primo dal tribunale civile, ed il secondo con deliberazione del consiglio di famiglia o di tutela omologata dal tribunale.*

Questi atti di autorizzazione devono essere pubblicati nei modi stabiliti nell'articolo 9.

321. Nomina di un curatore speciale.

In tutti i casi in cui i genitori congiuntamente [316], o quello di essi che esercita in via esclusiva la responsabilità genitoriale [155 comma 3, 317 comma 1, 317-*bis* comma 2], non possono o non vogliono compiere uno o più atti di interesse del figlio, eccedente l'ordinaria amministrazione [471], il giudice [38 disp. att.], su richiesta del figlio stesso, del pubblico ministero [c.p.c. 69] o di uno dei parenti che vi abbia interesse, e sentiti i genitori, può nominare al figlio un curatore speciale [c.p.c. 78] autorizzandolo al compimento di tali atti [395; disp. att. 45][1].

[1] Articolo così sostituito dall'art. 144, L. 19 maggio 1975, n. 151 e poi così modificato dall'art. 45, D.Lgs. 28 dicembre 2013, n. 154, a decorrere dal 7 febbraio 2014.

Il testo previgente la modifica del 1975 disponeva: *Se il padre non può o non vuole accettare l'eredità devolute ai figli nati o nascituri e le donazioni ad essi fatte, le eredità e le donazioni possono essere accettate, previa autorizzazione del giudice tutelare, dalla madre o da qualunque ascendente.*

Quando manca l'accettazione della madre o dell'ascendente, il tribunale, su richiesta del figlio stesso o di alcuno dei parenti o anche su istanza del pubblico ministero, può autorizzare l'accettazione, premessa la nomina di un curatore speciale e sentito il padre.

Il testo previgente la modifica del 2013 disponeva: *In tutti i casi in cui i genitori congiuntamente, o quello di essi che esercita in via esclusiva la potestà, non possono o non vogliono compiere uno o più atti di interesse del figlio, eccedente l'ordinaria amministrazione, il giudice, su richiesta del figlio stesso, del pubblico ministero o di uno dei parenti che vi abbia interesse, e sentiti i genitori, può nominare al figlio un curatore speciale autorizzandolo al compimento di tali atti.*

322. Inosservanza delle disposizioni precedenti.

Gli atti compiuti senza osservare le norme dei precedenti articoli del presente titolo possono essere annullati [377, 1425 ss., 1441] su istanza dei genitori esercenti la responsabilità genitoriale o del figlio o dei suoi eredi o aventi causa[1].

[1] Articolo così sostituito dall'art. 145, L. 19 maggio 1975, n. 151 e poi così modificato dall'art. 46, D.Lgs. 28 dicembre 2013, n. 154, a decorrere dal 7 febbraio 2014.

Il testo previgente la modifica del 1975 disponeva: *Gli atti compiuti senza osservare le norme dei precedenti articoli possono essere annullati su istanza del padre o del figlio o dei suoi eredi o aventi causa.*

Il testo previgente la modifica del 2013 disponeva: *Gli atti compiuti senza osservare le norme dei precedenti articoli del presente titolo possono essere annullati su istanza dei genitori esercenti la potestà o del figlio o dei suoi eredi o aventi causa.*

■ Codice civile del 1865: *Art. 227. La nullità degli atti fatti in contravvenzione ai precedenti articoli non può essere opposta che dal padre o dal figlio e dai suoi eredi od aventi causa.*

323. Atti vietati ai genitori.

I genitori esercenti la responsabilità genitoriale [155 comma 3, 316, 317 comma 1, 317-*bis* comma 1] sui figli non possono, neppure all'asta pubblica [1534, 733], rendersi acquirenti direttamente o per interposta persona [599 comma 2] dei beni e dei diritti del minore [1471 n. 3, 378, 779, 1261, 2233 comma 3][1].

Gli atti compiuti in violazione del divieto previsto nel comma precedente possono essere annullati [1461 ss.] su istanza del figlio o dei suoi eredi o aventi causa.

I genitori esercenti la responsabilità genitoriale non possono diventare cessionari di alcuna ragione o credito verso il minore [1260 ss.][2 3].

[1] Comma così modificato dall'art. 47, D.Lgs. 28 dicembre 2013, n. 154, a decorrere dal 7 febbraio 2014. Il testo previ-

gente disponeva: *I genitori esercenti la potestà sui figli non possono, neppure all'asta pubblica, rendersi acquirenti direttamente o per interposta persona dei beni e dei diritti del minore.*

[2] Comma così modificato dall'art. 47, D.Lgs. 28 dicembre 2013, n. 154, a decorrere dal 7 febbraio 2014. Il testo previgente disponeva: *I genitori esercenti la potestà non possono diventare cessionari di alcuna ragione o credito verso il minore.*

[3] Articolo così sostituito dall'art. 146, L. 19 maggio 1975, n. 151. Il testo previgente disponeva: *Il genitore esercente la patria potestà non può, neppure all'asta pubblica, rendersi acquirente direttamente o per interposta persona dei beni e dei diritti del minore.*

Gli atti compiuti in violazione di questo divieto possono essere annullati su istanza del figlio o dei suoi eredi o aventi causa.

Il genitore esercente la patria potestà non può neppure diventare cessionario di alcuna ragione o credito verso il minore.

324. Usufrutto legale.

I genitori esercenti la responsabilità genitoriale [316, 327] hanno in comune l'usufrutto [1002] dei beni del figlio, fino alla maggiore età o all'emancipazione[1].

I frutti percepiti sono destinati al mantenimento della famiglia [143] e all'istruzione ed educazione dei figli [147, 315].

Non sono soggetti ad usufrutto legale:

1) i beni acquistati dal figlio con i proventi del proprio lavoro;

2) i beni lasciati o donati [769 ss.] al figlio per intraprendere una carriera, un'arte o una professione;

3) i beni lasciati o donati con la condizione [633, 1653] che i genitori esercenti la responsabilità genitoriale o uno di essi non ne abbiano l'usufrutto: la condizione però non ha effetto per i beni spettanti al figlio a titolo di legittima [536, 537][2];

4) i beni pervenuti al figlio per eredità [456 ss.], legato [469 ss.] o donazione e accettati nell'interesse del figlio contro la volontà dei genitori esercenti la responsabilità genitoriale. Se uno solo di essi era favorevole all'accettazione, l'usufrutto legale spetta esclusivamente a lui[3 4].

[1] Comma così modificato dall'art. 48, D.Lgs. 28 dicembre 2013, n. 154, a decorrere dal 7 febbraio 2014. Il testo previgente disponeva: *I genitori esercenti la potestà hanno in comune l'usufrutto dei beni del figlio.*

[2] Numero così modificato dall'art. 48, D.Lgs. 28 dicembre 2013, n. 154, a decorrere dal 7 febbraio 2014. Il testo previgente disponeva: *3) i beni lasciati o donati con la condizione che i genitori esercenti la potestà o uno di essi non ne abbiano l'usufrutto: la condizione però non ha effetto per i beni spettanti al figlio a titolo di legittima.*

[3] Numero così modificato dall'art. 48, D.Lgs. 28 dicembre 2013, n. 154, a decorrere dal 7 febbraio 2014. Il testo previgente disponeva: *4) i beni pervenuti al figlio per eredità, legato o donazione e accettati nell'interesse del figlio contro la volontà dei genitori esercenti la potestà. Se uno solo di essi era favorevole all'accettazione, l'usufrutto legale spetta esclusivamente a lui.*

[4] Articolo così sostituito dall'art. 147, L. 19 maggio 1975, n. 151. Il testo previgente disponeva: *Il padre ha l'usufrutto dei beni del figlio finché esercita la patria potestà, salvo quanto è disposto nell'art. 328.*

Non sono soggetti ad usufrutto legale:

1) i beni acquistati dal figlio in occasione o per esercizio di milizia, ufficio, impiego, professione o arte o in altro modo separatamente col proprio lavoro o con la propria industria;

2) i beni lasciati o donati al figlio per intraprendere una carriera, un'arte o una professione;

3) i beni lasciati o donati con la condizione che il padre non ne abbia l'usufrutto: la condizione però non ha effetto pei beni spettanti al figlio a titolo di legittima;

4) i beni pervenuti al figlio per eredità, legato o donazione e accettati nell'interesse del figlio contro la volontà del padre.

● Norme connesse:

- art. 6, comma 7, L. 1 dicembre 1970, n. 898; art. 46, comma 1, n. 3), R.D. 16 marzo 1942, n. 267.

- artt. 146, comma 1, lett. c) e 268, comma 3, lett. c) del Codice della crisi di impresa e dell'insolvenza, attuativo della Legge delega 19 ottobre 2017, n. 155 (D.Lgs. 12 gennaio 2019, n. 14), che escludono, rispettivamente, dalla procedura di liquidazione giudiziale e dalla procedura di liquidazione controllata del sovraindebitato i beni ad oggetto degli artt. cit.

■ Codice civile del 1865: *Art. 228. Il padre ha l'usufrutto dei beni che provengono al figlio da successione, donazione o da qualunque altro titolo lucrativo, e lo conserva sino a che il figlio sia emancipato od abbia raggiunto l'età maggiore.*

Art. 229. Non sono soggetti all'usufrutto legale

1° I beni lasciati o donati colla condizione che il padre non ne abbia l'usufrutto, la quale condizione però sarà senza effetto riguardo ai beni riservati al figlio a titolo di legittima;

2° I beni lasciati o donati al figlio per imprendere una carriera, un'arte o una professione;

3° I beni pervenuti al figlio per eredità, legato o donazione accettata nell'interesse del figlio contro il consenso del padre.

4° I beni acquistati dal figlio in occasione o per esercizio di milizia, uffizi, impieghi, professioni ed arti, o altrimenti col proprio lavoro o colla propria industria separata.

325. Obblighi inerenti all'usufrutto legale.

Gravano sull'usufrutto legale gli obblighi propri dell'usufruttuario [324, 1001][1].

[1] Articolo così sostituito dall'art. 148, L. 19 maggio 1975, n. 151. Il testo previgente disponeva: *Gravano sull'usufrutto legale, oltre gli obblighi propri dell'usufruttuario, le spese di mantenimento, istruzione ed educazione del figlio.*

■ Codice civile del 1865: *Art. 230. Sono inerenti all'usufrutto legale i seguenti pesi:*

1° Le spese di mantenimento, educazione ed istruzione del figlio;

2° Il pagamento delle annualità o degli interessi dè capitali che decorrono dal giorno in cui si apre l'usufrutto;

3° Tutti gli altri obblighi ai quali sono soggetti gli usufruttuari.

CODICE CIVILE

326. Inalienabilità dell'usufrutto legale. Esecuzione sui frutti.

L'usufrutto legale non può essere oggetto di alienazione [980, 1470], di pegno [2784] o di ipoteca [2810 n. 2] né di esecuzione da parte dei creditori [2910 ss.].

L'esecuzione sui frutti dei beni del figlio da parte dei creditori dei genitori o di quello di essi che ne è titolare esclusivo non può aver luogo per debiti che il creditore conosceva essere stati contratti per scopi estranei ai bisogni della famiglia [143 comma 2, 170, 188][1].

[1] Articolo così sostituito dall'art. 149, L. 19 maggio 1975, n. 151. *Il testo previgente disponeva: L'usufrutto legale non può essere oggetto di alienazione, di pegno o d'ipoteca, nè di esecuzione da parte dei creditori.*

L'esecuzione sui frutti dei beni del figlio da parte dei creditori del padre non può aver luogo per debiti che il creditore conosceva essere stati contratti per scopi estranei ai bisogni della famiglia.

● Norme connesse:

- art. 46, comma 1, n. 3), R.D. 16 marzo 1942, n. 267 (per l'inclusione nella massa fallimentare dei frutti derivanti dall'usufrutto legale).

327. Usufrutto legale di uno solo dei genitori.

Il genitore che esercita in modo esclusivo la responsabilità genitoriale [155 comma 3, 317 comma 1, 317-*bis* comma 2] è il solo titolare dell'usufrutto legale [324][1].

[1] Articolo così sostituito dall'art. 150, L. 19 maggio 1975, n. 151 e poi così modificato dall'art. 49, D.Lgs. 28 dicembre 2013, n. 154, a decorrere dal 7 febbraio 2014.

Il testo previgente la modifica del 1975 disponeva: *I precedenti articoli sono applicabili alla madre che esercita la patria potestà.*

L'usufrutto legale passa alla madre anche quando la patria potestà è esercitata dal padre, se questi è escluso dall'usufrutto per cause a lui personali.

Il testo previgente la modifica del 2013 disponeva: *Il genitore che esercita in modo esclusivo la potestà è il solo titolare dell'usufrutto legale.*

● Norme connesse:

- art. 6, comma 7, L. 1 dicembre 1970, n. 898.

■ Codice civile del 1865: *Art. 231. Le disposizioni dei precedenti articoli sono applicabili alla madre che esercita la patria podestà.*

L'usufrutto legale passa alla madre anche quando la patria podestà è esercitata dal padre, ove questo ne sia escluso per cause a lui personali.

328. Nuove nozze.

Il genitore che passa a nuove nozze [1014] conserva l'usufrutto legale [324], con l'obbligo tuttavia di accantonare in favore del figlio quanto risulti eccedente rispetto alle spese per il mantenimento, l'istruzione e l'educazione di quest'ultimo [147][1].

[1] Articolo così sostituito dall'art. 151, L. 19 maggio 1975, n. 151. Il testo previgente disponeva: *L'usufrutto legale cessa col passaggio del genitore a nuove nozze.*

■ Codice civile del 1865: *Art. 232. L'usufrutto legale cessa colla morte del figlio o col passaggio del genitore ad altre nozze.*

329. Godimento dei beni dopo la cessazione dell'usufrutto legale.

Cessato l'usufrutto legale, se il genitore ha continuato a godere i beni del figlio convivente con esso senza procura ma senza opposizione, o anche con procura ma senza l'obbligo di rendere conto dei frutti, egli o i suoi eredi non sono tenuti che a consegnare i frutti esistenti al tempo della domanda [217, 1148].

■ Codice civile del 1865: *Art. 234. Cessato l'usufrutto legale, se il genitore ha continuato a godere i beni del figlio abitante con esso senza procura ma senza opposizione, od anche con procura ma senza condizione di rendere conto dei frutti, egli ed i suoi eredi non sono tenuti che a consegnare i frutti sussistenti al tempo della domanda.*

330. Decadenza dalla responsabilità genitoriale sui figli[1].

Il giudice [disp. att. 38, 51] può pronunziare la decadenza dalla responsabilità genitoriale quando il genitore viola o trascura i doveri [320, 324; c.p. 571, 572] ad essa inerenti o abusa dei relativi poteri con grave pregiudizio del figlio[2].

In tale caso, per gravi motivi, il giudice può ordinare l'allontanamento del figlio dalla residenza familiare [333] ovvero l'allontanamento del genitore o convivente che maltratta o abusa del minore[3][4].

[1] Rubrica così modificata dall'art. 50, D.Lgs. 28 dicembre 2013, n. 154, a decorrere dal 7 febbraio 2014. Il testo previgente disponeva: *Decadenza dalla potestà sui figli.*

[2] Comma così modificato dall'art. 50, D.Lgs. 28 dicembre 2013, n. 154, a decorrere dal 7 febbraio 2014. Il testo previgente disponeva: *Il giudice può pronunziare la decadenza dalla potestà quando il genitore viola o trascura i doveri ad essa inerenti o abusa dei relativi poteri con grave pregiudizio del figlio.*

[3] Comma così modificato dall'art. 37, L. 28 marzo 2001, n. 149.

[4] Articolo così sostituito dall'art. 152, L. 19 maggio 1975, n. 151. Il testo originario del codice del 1942, disponeva: *Il tribunale può pronunziare la decadenza dalla patria potestà quando il genitore viola o trascura con grave pregiudizio del figlio i doveri ad essa inerenti.*

● Norme connesse:

- art. 6, comma 4, L. 1 dicembre 1970, n. 898.

■ Codice civile del 1865: *Art. 233. Se il genitore abusa della patria podestà, violandone o trascurandone i doveri, o male amministrando le sostanze del figlio, il tribunale sull'istanza di alcuno dei parenti più vicini od anche del pubblico ministero, potrà provvedere per la nomina di un tutore alla persona del figlio o di un curatore ai beni di lui, privare il genitore dell'usufrutto in tutto od in parte, e dare quegli altri provvedimenti che stimerà convenienti nell'interesse del figlio.*

331. Passaggio della patria potestà alla madre.

[...][1].

[1] Articolo abrogato dall'art. 153, L. 19 maggio 1975, n. 151. Il testo previgente disponeva: *Quando, pronunziata la decadenza, l'esercizio della patria potestà passa alla madre, il tribunale può in speciali circostanze impartire disposizioni alle quali la madre deve attenersi. Il tribunale può anche ordinare che il figlio venga allontanato dalla casa paterna.*

332. Reintegrazione nella responsabilità genitoriale[1].

Il giudice [disp. att. 38, 51] può reintegrare nella responsabilità genitoriale il genitore che ne è decaduto [330], quando, cessate le ragioni per le quali la decadenza è stata pronunciata, è escluso ogni pericolo di pregiudizio per il figlio[2 3].

[1] Rubrica così modificata dall'art. 51, D.Lgs. 28 dicembre 2013, n. 154, a decorrere dal 7 febbraio 2014. Il testo previgente disponeva: *Reintegrazione nella potestà.*

[2] Comma così modificato dall'art. 51, D.Lgs. 28 dicembre 2013, n. 154, a decorrere dal 7 febbraio 2014. Il testo previgente disponeva: *Il giudice può reintegrare nella potestà il genitore che ne è decaduto, quando, cessate le ragioni per le quali la decadenza è stata pronunciata, è escluso ogni pericolo di pregiudizio per il figlio.*

[3] Articolo così sostituito dall'art. 154, L. 19 maggio 1975, n. 151. Il testo previgente disponeva: *Il tribunale può reintegrare nella patria potestà il genitore che ne è decaduto, quando, cessate le ragioni per le quali la decadenza fu pronunziata, è escluso ogni pericolo di pregiudizio per il figlio.*

333. Condotta del genitore pregiudizievole ai figli.

Quando la condotta di uno o di entrambi i genitori non è tale da dare luogo alla pronuncia di decadenza prevista dall'articolo 330, ma appare comunque pregiudizievole al figlio, il giudice [disp. att. 38, 51], secondo le circostanze, può adottare i provvedimenti convenienti e può anche disporre l'allontanamento di lui dalla residenza familiare ovvero l'allontanamento del genitore o convivente che maltratta o abusa del minore[1].

Tali provvedimenti sono revocabili in qualsiasi momento [c.p.c. 742][2].

[1] Comma così modificato dall'art. 37, L. 28 marzo 2001, n. 149.

[2] Articolo così sostituito dall'art. 155, L. 19 maggio 1975, n. 151. Il testo originario del codice del 1942 disponeva: *Quando la condotta del genitore non è tale da dar luogo alla pronunzia di decadenza prevista dall'art. 330, ma appare comunque pregiudizievole al figlio, il tribunale può, secondo le circostanze, adottare i provvedimenti convenienti all'interesse del figlio e può anche disporre l'allontanamento di lui dalla casa paterna.*

334. Rimozione dall'amministrazione.

Quando il patrimonio del minore è male amministrato, il tribunale [disp. att. 38, 51] può stabilire le condizioni a cui i genitori devono attenersi nell'amministrazione o può rimuovere entrambi o uno solo [317] di essi dall'amministrazione stessa, e privarli, in tutto o in parte, dell'usufrutto legale [320, 324, 332, 336].

L'amministrazione è affidata ad un curatore, se è disposta la rimozione di entrambi i genitori[1].

[1] Articolo così sostituito dall'art. 156, L. 19 maggio 1975, n. 151. Il testo previgente disponeva: *Se il patrimonio del minore è male amministrato, il tribunale può stabilire le condizioni a cui il genitore deve attenersi nell'amministrazione o può rimuoverlo dall'amministrazione stessa e privarlo anche, in tutto o in parte, dell'usufrutto legale.*

Disposta la rimozione, l'amministrazione è affidata all'altro genitore e, se questi manca o non può esercitarla, a un curatore.

■ Codice civile del 1865: *Art. 233. Se il genitore abusa della patria podestà, violandone o trascurandone i doveri, o male amministrando le sostanze del figlio, il tribunale sull'istanza di alcuno dei parenti più vicini od anche del pubblico ministero, potrà provvedere per la nomina di un tutore alla persona del figlio o di un curatore ai beni di lui, privare il genitore dell'usufrutto in tutto od in parte, e dare quegli altri provvedimenti che stimerà convenienti nell'interesse del figlio.*

335. Riammissione nell'esercizio dell'amministrazione.

Il genitore rimosso dall'amministrazione [334] ed eventualmente privato dell'usufrutto legale [324] può essere riammesso dal tribunale [disp. att. 38, 51] nell'esercizio dell'una e nel godimento dell'altro, quando sono cessati i motivi che hanno provocato il provvedimento.

336. Procedimento.

I provvedimenti indicati negli articoli precedenti sono adottati su ricorso [c.p.c. 125, 737] dell'altro genitore, dei parenti o del pubblico ministero [c.p.c. 69] e quando si tratta di revocare deliberazioni anteriori, anche del genitore interessato.

Il tribunale provvede in camera di consiglio, assunte informazioni e sentito il pubblico ministero; dispone, inoltre, l'ascolto del figlio minore che abbia compiuto gli anni dodici e anche di età inferiore ove capace di discernimento. Nei casi in cui il provvedimento è richiesto contro il genitore, questi deve essere sentito[1].

In caso di urgente necessità il tribunale può adottare, anche d'ufficio, provvedimenti temporanei nell'interesse del figlio [330 comma 2, 333].

Per i provvedimenti di cui ai commi precedenti, i genitori e il minore sono assistiti da un difensore[2 3].

[1] Comma così sostituito dall'art. 52, D.Lgs. 28 dicembre 2013, n. 154, a decorrere dal 7 febbraio 2014. Il testo previgente disponeva: *Il tribunale provvede in camera di consiglio, assunte informazioni e sentito il pubblico ministero. Nei casi in cui il provvedimento è richiesto contro il genitore, questi deve essere sentito.*

[2] Comma aggiunto dall'art. 37, L. 28 marzo 2001, n. 149 e così modificato dall'art. 299, D.P.R. 30 maggio 2002, n. 115.

[3] Articolo così sostituito dall'art. 157, L. 19 maggio 1975, n. 151. Il testo previgente disponeva: *I provvedimenti indicati*

CODICE CIVILE

negli articoli precedenti sono adottati su ricorso della madre, dei parenti o del pubblico ministero e, quando si tratta di revocare deliberazioni anteriori, anche del genitore interessato.

Il tribunale provvede in camera di consiglio, assunte informazioni e sentito il pubblico ministero. Nei casi in cui il provvedimento è richiesto contro il genitore, questi deve essere sentito.

In caso di urgente necessità il giudice tutelare può adottare, anche d'ufficio, provvedimenti temporanei nell'interesse del figlio, riferendone al pubblico ministero.

● Norme connesse:
- comma 3: art. 1, comma 2, L. 19 luglio 1991, n. 216.
- D.L. 24 aprile 2001, n. 150, convertito in L. 23 giugno 2001, n. 240.

336-*bis*. Ascolto del minore.

Il minore che abbia compiuto gli anni dodici e anche di età inferiore ove capace di discernimento è ascoltato dal presidente del tribunale o dal giudice delegato nell'ambito dei procedimenti nei quali devono essere adottati provvedimenti che lo riguardano. Se l'ascolto è in contrasto con l'interesse del minore, o manifestamente superfluo, il giudice non procede all'adempimento dandone atto con provvedimento motivato.

L'ascolto è condotto dal giudice, anche avvalendosi di esperti o di altri ausiliari. I genitori, anche quando parti processuali del procedimento, i difensori delle parti, il curatore speciale del minore, se già nominato, ed il pubblico ministero, sono ammessi a partecipare all'ascolto se autorizzati dal giudice, al quale possono proporre argomenti e temi di approfondimento prima dell'inizio dell'adempimento.

Prima di procedere all'ascolto il giudice informa il minore della natura del procedimento e degli effetti dell'ascolto. Dell'adempimento è redatto processo verbale nel quale è descritto il contegno del minore, ovvero è effettuata registrazione audio video[1].

[1] Articolo aggiunto dall'art. 53, D.Lgs. 28 dicembre 2013, n. 154, a decorrere dal 7 febbraio 2014.

337. Vigilanza del giudice tutelare.

Il giudice tutelare [334] deve vigilare sull'osservanza delle condizioni che il tribunale abbia stabilite per l'esercizio della responsabilità genitoriale [316, 333] e per l'amministrazione dei beni [333][1].

[1] Articolo così sostituito dall'art. 158, L. 19 maggio 1975, n. 151 e poi così modificato dall'art. 54, D.Lgs. 28 dicembre 2013, n. 154, a decorrere dal 7 febbraio 2014.

Il testo previgente la modifica del 1975 disponeva: *Il giudice tutelare deve vigilare sull'osservanza delle condizioni che il tribunale abbia stabilite per l'esercizio della patria potestà e per l'amministrazione dei beni.*

Il testo previgente la modifica del 2013 disponeva: *Il giudice tutelare deve vigilare sull'osservanza delle condizioni che il tribunale abbia stabilite per l'esercizio della potestà e per l'amministrazione dei beni.*

■ Codice civile del 1865: *Art. 154. Il tribunale che pronunzia la separazione, dichiarerà quale dei coniugi debba tenere presso di sé i figli e provvedere al loro mantenimento, alla loro educazione ed istruzione.*

Può il tribunale per gravi motivi ordinare che la prole sia collocata in un istituto di educazione o presso terza persona.

CAPO II

ESERCIZIO DELLA RESPONSABILITÀ GENITORIALE A SEGUITO DI SEPARAZIONE, SCIOGLIMENTO, CESSAZIONE DEGLI EFFETTI CIVILI, ANNULLAMENTO, NULLITÀ DEL MATRIMONIO OVVERO ALL'ESITO DI PROCEDIMENTI RELATIVI AI FIGLI NATI FUORI DEL MATRIMONIO[1]

[1] Rubrica aggiunta dall'art. 7, D.Lgs. 28 dicembre 2013, n. 154, a decorrere dal 7 febbraio 2014.

337-*bis*. Ambito di applicazione.

In caso di separazione, scioglimento, cessazione degli effetti civili, annullamento, nullità del matrimonio e nei procedimenti relativi ai figli nati fuori del matrimonio si applicano le disposizioni del presente capo[1].

[1] Articolo aggiunto dall'art. 55, D.Lgs. 28 dicembre 2013, n. 154, a decorrere dal 7 febbraio 2014.

337-*ter*. Provvedimenti riguardo ai figli.

Il figlio minore ha il diritto di mantenere un rapporto equilibrato e continuativo con ciascuno dei genitori, di ricevere cura, educazione, istruzione e assistenza morale da entrambi e di conservare rapporti significativi con gli ascendenti e con i parenti di ciascun ramo genitoriale.

Per realizzare la finalità indicata dal primo comma, nei procedimenti di cui all'articolo 337-*bis*, il giudice adotta i provvedimenti relativi alla prole con esclusivo riferimento all'interesse morale e materiale di essa. Valuta prioritariamente la possibilità che i figli minori restino affidati a entrambi i genitori oppure stabilisce a quale di essi i figli sono affidati, determina i tempi e le modalità della loro presenza presso ciascun genitore, fissando altresì la misura e il modo con cui ciascuno di essi deve contribuire al mantenimento, alla cura, all'istruzione e all'educazione dei figli. Prende atto, se non contrari all'interesse dei figli, degli accordi intervenuti tra i genitori. Adotta ogni altro provvedimento relativo alla prole, ivi compreso, in caso di temporanea impossibilità di affidare il minore ad uno dei genitori, l'affidamento familiare. All'attuazione dei provvedimenti relativi all'affidamento della prole provvede il giudice del merito e, nel caso di affidamento familiare, anche d'ufficio. A tal fine copia del provvedimento di affidamento è trasmessa, a cura del pubblico ministero, al giudice tutelare.

La responsabilità genitoriale è esercitata da entrambi i genitori. Le decisioni di maggiore interesse per i figli relative all'istruzione, all'educazione, alla salute e alla scelta della residenza abituale del minore sono assunte di comune accordo tenendo conto delle capacità, dell'inclinazione naturale e delle aspirazioni dei figli. In caso di disaccordo la decisione è rimessa al giudice. Limitatamente alle decisioni su questioni di ordinaria amministrazione, il giudice può stabilire che i genitori esercitino la responsabilità genitoriale separatamente. Qualora il genitore non si attenga alle condizioni dettate, il giudice valuterà detto comportamento anche al fine della modifica delle modalità di affidamento.

Salvo accordi diversi liberamente sottoscritti dalle parti, ciascuno dei genitori provvede al mantenimento dei figli in misura proporzionale al proprio reddito; il giudice stabilisce, ove necessario, la corresponsione di un assegno periodico al fine di realizzare il principio di proporzionalità, da determinare considerando:

1) le attuali esigenze del figlio.

2) il tenore di vita goduto dal figlio in costanza di convivenza con entrambi i genitori.

3) i tempi di permanenza presso ciascun genitore.

4) le risorse economiche di entrambi i genitori.

5) la valenza economica dei compiti domestici e di cura assunti da ciascun genitore.

L'assegno è automaticamente adeguato agli indici ISTAT in difetto di altro parametro indicato dalle parti o dal giudice.

Ove le informazioni di carattere economico fornite dai genitori non risultino sufficientemente documentate, il giudice dispone un accertamento della polizia tributaria sui redditi e sui beni oggetto della contestazione, anche se intestati a soggetti diversi[1].

[1] Articolo aggiunto dall'art. 55, D.Lgs. 28 dicembre 2013, n. 154, a decorrere dal 7 febbraio 2014.

● Norme connesse:

- art. 6, L. 1 dicembre 1970, n. 898; art. 6, L. 27 luglio 1978, n. 392.

337-*quater*. Affidamento a un solo genitore e opposizione all'affidamento condiviso.

Il giudice può disporre l'affidamento dei figli ad uno solo dei genitori qualora ritenga con provvedimento motivato che l'affidamento all'altro sia contrario all'interesse del minore.

Ciascuno dei genitori può, in qualsiasi momento, chiedere l'affidamento esclusivo quando sussistono le condizioni indicate al primo comma. Il giudice, se accoglie la domanda, dispone l'affidamento esclusivo al genitore istante, facendo salvi, per quanto possibile, i diritti del minore previsti dal primo comma dell'articolo 337-*ter*. Se la domanda risulta manifestamente infondata, il giudice può considerare il comportamento del genitore istante ai fini della determinazione dei provvedimenti da adottare nell'interesse dei figli, rimanendo ferma l'applicazione dell'articolo 96 del codice di procedura civile.

Il genitore cui sono affidati i figli in via esclusiva, salva diversa disposizione del giudice, ha l'esercizio esclusivo della responsabilità genitoriale su di essi; egli deve attenersi alle condizioni determinate dal giudice. Salvo che non sia diversamente stabilito, le decisioni di maggiore interesse per i figli sono adottate da entrambi i genitori. Il genitore cui i figli non sono affidati ha il diritto ed il dovere di vigilare sulla loro istruzione ed educazione e può ricorrere al giudice quando ritenga che siano state assunte decisioni pregiudizievoli al loro interesse[1].

[1] Articolo aggiunto dall'art. 55, D.Lgs. 28 dicembre 2013, n. 154, a decorrere dal 7 febbraio 2014.

■ Codice civile del 1865: *Art. 154. Il tribunale che pronunzia la separazione, dichiarerà quale dei coniugi debba tenere presso di sé i figli e provvedere al loro mantenimento, alla loro educazione ed istruzione.*

Può il tribunale per gravi motivi ordinare che la prole sia collocata in un istituto di educazione o presso terza persona.

155. Qualunque sia la persona a cui i figli saranno affidati, il padre e la madre conservano il diritto di vigilare la loro educazione.

337-*quinquies*. Revisione delle disposizioni concernenti l'affidamento dei figli.

I genitori hanno diritto di chiedere in ogni tempo la revisione delle disposizioni concernenti l'affidamento dei figli, l'attribuzione dell'esercizio della responsabilità genitoriale su di essi e delle eventuali disposizioni relative alla misura e alla modalità del contributo[1].

[1] Articolo aggiunto dall'art. 55, D.Lgs. 28 dicembre 2013, n. 154, a decorrere dal 7 febbraio 2014.

337-*sexies*. Assegnazione della casa familiare e prescrizioni in tema di residenza.

Il godimento della casa familiare è attribuito tenendo prioritariamente conto dell'interesse dei figli. Dell'assegnazione il giudice tiene conto nella regolazione dei rapporti economici tra i genitori, considerato l'eventuale titolo di proprietà. Il diritto al godimento della casa familiare viene meno nel caso che l'assegnatario non abiti o cessi di abitare stabilmente nella casa familiare o conviva more uxorio o contragga nuovo matrimonio. Il provvedimento di assegnazione e quello di revoca sono trascrivibili e opponibili a terzi ai sensi dell'articolo 2643.

In presenza di figli minori, ciascuno dei genitori è obbligato a comunicare all'altro, entro il termine perentorio di trenta giorni, l'avvenuto cambiamento di residenza o di domicilio. La mancata comunicazione obbliga al risarcimento del danno eventualmente verificatosi a carico del coniuge o dei figli per la difficoltà di reperire il soggetto[1].

[1] Articolo aggiunto dall'art. 55, D.Lgs. 28 dicembre 2013, n. 154, a decorrere dal 7 febbraio 2014.

● Norme connesse:

- art. 6, comma 6, L. 1 dicembre 1970, n. 898; art. 6, comma 2, L. 27 luglio 1978, n. 392; art. 1, commi 42 e 43, L. 20 maggio 2016, n. 76.

337-*septies*. Disposizioni in favore dei figli maggiorenni.

Il giudice, valutate le circostanze, può disporre in favore dei figli maggiorenni non indipendenti economicamente il pagamento di un assegno periodico. Tale assegno, salvo diversa determinazione del giudice, è versato direttamente all'avente diritto.

Ai figli maggiorenni portatori di handicap grave si applicano integralmente le disposizioni previste in favore dei figli minori[1].

[1] Articolo aggiunto dall'art. 55, D.Lgs. 28 dicembre 2013, n. 154, a decorrere dal 7 febbraio 2014.

337-*octies*. Poteri del giudice e ascolto del minore.

Prima dell'emanazione, anche in via provvisoria, dei provvedimenti di cui all'articolo 337-*ter*, il giudice può assumere, ad istanza di parte o d'ufficio, mezzi di prova. Il giudice dispone, inoltre, l'ascolto del figlio minore che abbia compiuto gli anni dodici e anche di età inferiore ove capace di discernimento. Nei procedimenti in cui si omologa o si prende atto di un accordo dei genitori, relativo alle condizioni di affidamento dei figli, il giudice non procede all'ascolto se in contrasto con l'interesse del minore o manifestamente superfluo.

Qualora ne ravvisi l'opportunità, il giudice, sentite le parti e ottenuto il loro consenso, può rinviare l'adozione dei provvedimenti di cui all'articolo 337-ter per consentire che i coniugi, avvalendosi di esperti, tentino una mediazione per raggiungere un accordo, con particolare riferimento alla tutela dell'interesse morale e materiale dei figli[1].

[1] Articolo aggiunto dall'art. 55, D.Lgs. 28 dicembre 2013, n. 154, a decorrere dal 7 febbraio 2014.

338. - 341.

[...][1].

[1] Articoli abrogati dall'art. 159, L. 19 maggio 1975, n. 151.

L'art. 338 disponeva: *Il padre può per testamento, per atto pubblico o per scrittura privata autenticata stabilire condizioni alla madre superstite per l'educazione dei figli e per l'amministrazione dei beni.*

La madre, che non voglia accettare le condizioni, può domandare di essere dispensata dall'osservanza di esse; e il tribunale provvede in camera di consiglio, assunte informazioni e sentito il pubblico ministero e, se possibile, i parenti sino al terzo grado.

L'art. 339, disponeva: *Se alla morte del marito la moglie si trova incinta, il tribunale, su istanza di chiunque vi abbia interesse o del pubblico ministero, può nominare un curatore per la protezione del nascituro e, occorrendo, per l'amministrazione dei beni di lui.*

L'art. 340, disponeva: *La madre, che vuole passare a nuove nozze, deve darne notizia al tribunale prima che sia celebrato il matrimonio. Il tribunale, assunte le informazioni del caso e sentito il pubblico ministero, delibera se l'amministrazione dei beni possa esserle conservata, oppure stabilisce condizioni riguardo all'amministrazione stessa e all'educazione dei figli.*

In caso d'inosservanza della precedente disposizione la madre perde di diritto l'amministrazione e il marito è responsabile in solido dell'amministrazione esercitata in passato e di quella in seguito indebitamente conservata.

Il tribunale, su istanza del pubblico ministero o dei parenti o anche d'ufficio, qualora non creda di riammettere la madre nell'amministrazione dei beni, delibera sulle condizioni da osservare per l'educazione dei figli e sulla nomina di un curatore ai loro beni.

L'ufficiale dello stato civile, che celebra o trascrive il matrimonio della vedova, deve informare il procuratore del Re entro dieci giorni dalla celebrazione o dalla trascrizione.

L'art. 341 c.c., disponeva: *Quando la madre è mantenuta nell'amministrazione dei beni o vi è riammessa, il marito s'intende sempre ad essa associato in quell'amministrazione e ne diviene responsabile in solido.*

■ Codice civile del 1865: *Art. 235. Il padre può per testamento o per atto autentico stabilire condizioni alla madre superstite per l'educazione dei figli e per l'amministrazione dei beni.*

La madre che non voglia accettare le stabilite condizioni, può chiedere di esserne dispensata facendo convocare dal pretore un consiglio di famiglia composto a norma degli articoli 252 e 253, affinché deliberi sulla chiesta dispensa.

La deliberazione del consiglio di famiglia sarà sottoposta all'omologazione del tribunale il quale provvederà, sentito il pubblico ministero.

Art. 236. Se alla morte del marito la moglie si trova incinta, il tribunale, sull'istanza di persona interessata, può nominare un curatore al ventre.

Art. 237. La madre, volendo passare a nuovo matrimonio, deve prima far convocare un consiglio di famiglia a norma degli articoli 252 e 253.

Il consiglio delibererà se l'amministrazione dei beni debba essere conservata alla madre, e le potrà stabilire condizioni riguardo alla stessa amministrazione e all'educazione dei figli.

Le deliberazioni del consiglio di famiglia saranno sottoposte al tribunale per i suoi provvedimenti a norma dell'articolo 235.

Art. 238. In mancanza della convocazione richiesta dall'articolo precedente, la madre perderà di diritto l'amministrazione, e suo marito sarà risponsabile in solido di quella esercitata per lo passato ed in appresso indebitamente conservata.

Il pretore, sull'istanza del pubblico ministero o di alcuna delle persone indicate negli articoli 252 e 253, od anche d'uffizio, deve convocare il consiglio di famiglia per deliberare sulle condizioni da stabilirsi per l'educazione dei figli e sulla nomina di un curatore ai loro beni.

Il consiglio di famiglia può riammettere la madre all'amministrazione dei beni.

Alle deliberazioni del consiglio di famiglia sono applicabili le disposizioni del secondo capoverso dell'articolo 237.

Art. 239. Quando la madre è mantenuta nell'amministrazione dei beni o vi fu riammessa, suo marito s'intende sempre associato alla medesima nell'amministrazione, e ne diviene responsabile in solido.

342. Nuove nozze del genitore non ariano.

[...][1].

[1] Articolo abrogato dall'art. 3 comma 3, D.Lgs.Lgt. 14 settembre 1944, n. 287. Il testo previgente disponeva: *Il genitore di razza non ariana, che abbia figli considerati di razza ariana, se passa a nuove nozze con persona di razza pure non ariana, perde la patria potestà sui figli stessi, e la tutela dei medesimi è affidata di preferenza ad uno degli avi di razza ariana.*

TITOLO IX-*BIS*
ORDINI DI PROTEZIONE CONTRO GLI ABUSI FAMILIARI[1]

[1] Titolo aggiunto dall'art. 2, L. 4 aprile 2001, n. 154.

342-*bis*. Ordini di protezione contro gli abusi familiari.

Quando la condotta del coniuge o di altro convivente è causa di grave pregiudizio all'integrità fisica o morale ovvero alla libertà dell'altro coniuge o convivente, il giudice, su istanza di parte, può adottare con decreto uno o più dei provvedimenti di cui all'articolo 342-*ter*[1].

[1] Articolo aggiunto dall'art. 2, L. 4 aprile 2001, n. 154 e così modificato dall'art. 1, L. 6 novembre 2003, n. 304. V., comunque, art. 8, L. 154/2001, cit. Il comma 1 nel testo previgente disponeva: *Quando la condotta del coniuge o di altro convivente è causa di grave pregiudizio all'integrità fisica o morale ovvero alla libertà dell'altro coniuge o convivente, il giudice, qualora il fatto non costituisca reato perseguibile d'ufficio, su istanza di parte, può adottare con decreto uno o più dei provvedimenti di cui all'articolo 342-ter.*

342-*ter*. Contenuto degli ordini di protezione.

Con il decreto di cui all'articolo 342-*bis* il giudice ordina al coniuge o convivente, che ha tenuto la condotta pregiudizievole, la cessazione della stessa condotta e dispone l'allontanamento dalla casa familiare del coniuge o del convivente che ha tenuto la condotta pregiudizievole prescrivendogli altresì, ove occorra, di non avvicinarsi ai luoghi abitualmente frequentati dall'istante, ed in particolare al luogo di lavoro, al domicilio della famiglia d'origine, ovvero al domicilio di altri prossimi congiunti o di altre persone ed in prossimità dei luoghi di istruzione dei figli della coppia, salvo che questi non debba frequentare i medesimi luoghi per esigenze di lavoro.

Il giudice può disporre, altresì, ove occorra l'intervento dei servizi sociali del territorio o di un centro di mediazione familiare, nonché delle associazioni che abbiano come fine statutario il sostegno e l'accoglienza di donne e minori o di altri soggetti vittime di abusi e maltrattati; il pagamento periodico di un assegno a favore delle persone conviventi che, per effetto dei provvedimenti di cui al primo comma, rimangono prive di mezzi adeguati, fissando modalità e termini di versamento e prescrivendo, se del caso, che la somma sia versata direttamente all'avente diritto dal datore di lavoro dell'obbligato, detraendola dalla retribuzione allo stesso spettante.

Con il medesimo decreto il giudice, nei casi di cui ai precedenti commi, stabilisce la durata dell'ordine di protezione, che decorre dal giorno dell'avvenuta esecuzione dello stesso. Questa non può essere superiore a un anno e può essere prorogata, su istanza di parte, soltanto se ricorrano gravi motivi per il tempo strettamente necessario.

Con il medesimo decreto il giudice determina le modalità di attuazione. Ove sorgano difficoltà o contestazioni in ordine all'esecuzione, lo stesso giudice provvede con decreto ad emanare i provvedimenti più opportuni per l'attuazione, ivi compreso l'ausilio della forza pubblica e dell'ufficiale sanitario[2].

[1] Comma così modificato dall'art. 10, D.L. 23 febbraio 2009, n. 11, convertito in L. 23 aprile 2009, n. 38. La versione previgente era la seguente: *Con il medesimo decreto il giudice, nei casi di cui ai precedenti commi, stabilisce la durata dell'ordine di protezione, che decorre dal giorno dell'avvenuta esecuzione dello stesso. Questa non può essere superiore a sei mesi e può essere prorogata, su istanza di parte, soltanto se ricorrano gravi motivi per il tempo strettamente necessario.*

[2] Articolo aggiunto dall'art. 2, L. 4 aprile 2001, n. 154. V., comunque, art. 8, L. 154/2001, cit.

● Norme connesse:

- per la sanzione applicabile nel caso di violazione dell'obbligo di cui al presente articolo, art. 388, commi 1 e 2, c.p., nel testo modificato dall'art. 2, D.Lgs. 1 marzo 2018, n. 21, che dispongono: *Chiunque, per sottrarsi all'adempimento degli obblighi nascenti da un provvedimento dell'autorità giudiziaria, o dei quali è in corso l'accertamento dinanzi all'autorità giudiziaria stessa, compie, sui propri o sugli altrui beni, atti simulati o fraudolenti, o commette allo stesso scopo altri fatti fraudolenti, è punito, qualora non ottemperi alla ingiunzione di eseguire il provvedimento, con la reclusione fino a tre anni o con la multa da euro 103 a euro 1.032.*

La stessa pena si applica a chi elude l'ordine di protezione previsto dall'articolo 342-ter del codice civile, ovvero un provvedimento di eguale contenuto assunto nel procedimento di separazione personale dei coniugi o nel procedimento di scioglimento o di cessazione degli effetti civili del matrimonio ovvero ancora l'esecuzione di un provvedimento del giudice civile, ovvero amministrativo o contabile, che concerna l'affidamento di minori o di altre persone incapaci, ovvero prescriva misure cautelari a difesa della proprietà, del possesso o del credito.

- art. 1, comma 14, L. 20 maggio 2016, n. 76.

TITOLO X
DELLA TUTELA E DELL'EMANCIPAZIONE

● Norme connesse:
- art. 11, L. 18 dicembre 1984, n. 975; artt. 9, 19, comma 2, 36, 42, 43, 44, L. 31 maggio 1995, n. 218.

CAPO I
DELLA TUTELA DEI MINORI

● Norme connesse:
- L. 27 giugno 1909, n. 640, di ratifica della Convenzione dell'Aja 17 luglio 1905; disp. att. c.c. 46 ss.; art. 129, L. 4 maggio 1983, n. 184.

343. Apertura della tutela.

Se entrambi i genitori sono morti o per altre cause non possono esercitare la responsabilità genitoriale [49, 155, 317, 317-*bis* comma 2, 330; c.p. 19, 32, 34], si apre la tutela [389 comma 2] presso il tribunale del circondario dove è la sede principale degli affari e interessi del minore [43, 45 comma 2; disp. att. 129; c.p.c. 24][1].

Se il tutore è domiciliato o trasferisce il domicilio in altro circondario, la tutela può essere ivi trasferita con decreto del tribunale [45; disp. att. 38][2].

[1] Comma così modificato, prima dall'art. 139, D.Lgs. 19 febbraio 1998, n. 51, poi dall'art. 56, D.Lgs. 28 dicembre 2013, n. 154, a decorrere dal 7 febbraio 2014. Il testo previgente la modifica del 2013 disponeva: *Se entrambi i genitori sono morti o per altre cause non possono esercitare la potestà dei genitori, si apre la tutela presso il tribunale del circondario dove è la sede principale degli affari e interessi del minore.* Il testo previgente la modifica del 1998 disponeva: *Se entrambi i genitori sono morti o per altre cause non possono esercitare la potestà dei genitori, si apre la tutela presso la pretura del mandamento dove è la sede principale degli affari e interessi del minore.*

[2] Comma così modificato dall'art. 139, D.Lgs. 19 febbraio 1998, n. 51. Il testo previgente disponeva: *Se il tutore è domiciliato o trasferisce il domicilio in altro mandamento, la tutela può essere ivi trasferita con decreto del tribunale.*

■ Codice civile del 1865: *Art. 241. Se ambidue i genitori sono morti, dichiarati assenti o sono incorsi per effetto di condanna penale nella perdita della patria podestà, si apre la tutela.*

Sezione I
Del giudice tutelare

344. Funzioni del giudice tutelare.

Presso ogni tribunale il giudice tutelare soprintende alle tutele e alle curatele [392] ed esercita le altre funzioni affidategli dalla legge [389; disp. att. 43 ss.; c.p.c. 739 ss.][1].

Il giudice tutelare può chiedere l'assistenza degli organi della pubblica amministrazione e di tutti gli enti i cui scopi corrispondono alle sue funzioni [354, 400 ss.].

[1] Comma così modificato dall'art. 140, D.Lgs. 19 febbraio 1998, n. 51. Il comma 1 nel testo previgente disponeva: *Presso ogni pretura il giudice tutelare soprintende alle tutele e alle curatele ed esercita le altre funzioni affidategli dalla legge.*

Sezione II
Del tutore e del protutore

345. Denunzie al giudice tutelare.

L'ufficiale dello stato civile, che riceve la dichiarazione di morte di una persona la quale ha lasciato figli in età minore [2] ovvero la dichiarazione di nascita di un figlio di genitori ignoti, e il notaio, che procede alla pubblicazione di un testamento contenente la designazione di un tutore [348] o di un protutore [360], devono darne notizia al giudice tutelare entro dieci giorni [346].

Il cancelliere, entro quindici giorni dalla pubblicazione o dal deposito in cancelleria, deve dare notizia al giudice tutelare delle decisioni dalle quali derivi l'apertura di una tutela.

I parenti entro il terzo grado [76] devono denunziare al giudice tutelare il fatto da cui deriva l'apertura della tutela entro dieci giorni da quello in cui ne hanno avuto notizia. La denunzia deve essere fatta anche dalla persona designata quale tutore o protutore entro dieci giorni da quello in cui ha avuto notizia della designazione.

346. Nomina del tutore e del protutore.

Il giudice tutelare, appena avuta notizia del fatto da cui deriva l'apertura della tutela, procede alla nomina del tutore e del protutore [348, 354, 355, 360, 389].

347. Tutela di più fratelli.

È nominato un solo tutore [348] a più fratelli e sorelle, salvo che particolari circostanze consiglino la nomina di più tutori. Se vi è conflitto di interessi tra i minori soggetti alla stessa tutela [320 comma 6], il giudice tutelare nomina ai minori un curatore speciale[1].

[1] Articolo così sostituito dall'art. 160, L. 19 maggio 1975, n. 151. Il testo previgente disponeva: *È nominato un solo tutore a più fratelli e sorelle, salvo che particolari circostanze consiglino la nomina di più tutori. Se v'è conflitto d'interessi tra minori soggetti alla stessa tutela, si provvede nel modo indicato nell'ultimo comma dell'art. 320.*

■ Codice civile del 1865: *Art. 246. Qualunque sia il numero dei figli non può essere loro nominato che un solo tutore.*

Nascendo conflitto d'interessi tra minori soggetti alla stessa tutela, si provvederà nel modo indicato nell'articolo 224.

348. Scelta del tutore.

Il giudice tutelare nomina tutore [346, 402] la persona designata dal genitore che ha esercitato per ultimo la responsabilità genitoriale [155, 316, 317, 317-*bis*]. La designazione può essere fatta per testamento [587], per atto pubblico [2699] o per scrittura privata autenticata [2703][1].

Se manca la designazione ovvero se gravi motivi si oppongono alla nomina della persona designata, la scelta del tutore avviene preferibilmente tra gli ascendenti o tra gli altri prossimi parenti [74, 77] o affini [78] del minore, i quali, in quanto sia opportuno, devono essere sentiti.

Il giudice, prima di procedere alla nomina del tutore, dispone l'ascolto del minore che abbia compiuto gli anni dodici e anche di età inferiore ove capace di discernimento [296][2].

In ogni caso la scelta deve cadere su persona idonea all'ufficio, di ineccepibile condotta, la quale dia affidamento di educare e istruire il minore conformemente a quanto è prescritto nell'articolo 147.

[...][3].

[1] Comma così modificato dall'art. 57, D.Lgs. 28 dicembre 2013, n. 154, a decorrere dal 7 febbraio 2014. Il testo previgente disponeva: *Il giudice tutelare nomina tutore la persona designata dal genitore che ha esercitato per ultimo la potestà dei genitori. La designazione può essere fatta per testamento, per atto pubblico o per scrittura privata autenticata.*

[2] Comma così sostituito dall'art. 57, D.Lgs. 28 dicembre 2013, n. 154, a decorrere dal 7 febbraio 2014. Il testo previgente disponeva: *Il giudice, prima di procedere alla nomina del tutore, deve anche sentire il minore che abbia raggiunto l'età di anni sedici.*

[3] Comma abrogato dall'art. 1, R.D.L. 20 gennaio 1944, n. 25 e dall'art. 3, D.Lgs.Lgt. 14 settembre 1944, n. 287. Il testo previgente, disponeva: *La tutela dei cittadini di razza ariana non può essere affidata a persone appartenenti a razza diversa.*

■ Codice civile del 1865: *Art. 242. Il diritto di nominare un tutore parente od anche estraneo, spetta a quello dei genitori che rimane superstite.*

La nomina deve essere fatta per atto notarile o per testamento.

Art. 243. Non ha effetto la nomina di un tutore fatta dal genitore, che al tempo di sua morte non era nell'esercizio della patria podestà.

Art. 244. Se non vi è tutore nominato dal genitore, la tutela spetta di diritto all'avo paterno, e in mancanza di questo all'avo materno.

Art. 245. Quando un figlio minore resta senza padre e madre, senza tutore da essi nominato, senza avo paterno e materno, come pure quando il tutore avente alcuna delle qualità sopra espresse fosse escluso o legittimamente scusato, si procederà dal consiglio di famiglia alla nomina di un tutore.

Art. 246. Qualunque sia il numero dei figli non può essere loro nominato che un solo tutore.

Nascendo conflitto d'interessi tra minori soggetti alla stessa tutela, si provvederà nel modo indicato nell'articolo 224.

Art. 247. Chiunque istituisce erede un minore, può nominargli un curatore speciale per la sola amministrazione delle sostanze che gli trasmette, sebbene il minore sia sotto la patria podestà.

Art. 248. Venendo a cessare, durante l'età minore dei figli, la tutela legale attribuita ai genitori naturali dall'articolo 184, o trattandosi di figli minori di genitori ignoti, non ricoverati in un ospizio, sarà provveduto alla nomina di un tutore dal consiglio di tutela.

349. Giuramento del tutore.

Il tutore, prima di assumere l'ufficio, presta davanti al giudice tutelare giuramento di esercitarlo con fedeltà e diligenza [353].

350. Incapacità all'ufficio tutelare.

Non possono essere nominati tutori e se sono stati nominati, devono cessare dall'ufficio [393; disp. att. 129; c.p. 541]:

1) coloro che non hanno la libera amministrazione del proprio patrimonio;

2) coloro che sono stati esclusi dalla tutela per disposizione scritta del genitore il quale per ultimo ha esercitato la responsabilità genitoriale [316, 348][1];

3) coloro che hanno o sono per avere o dei quali gli ascendenti, i discendenti o il coniuge hanno o sono per avere col minore una lite, per effetto della quale può essere pregiudicato lo stato del minore o una parte notevole del patrimonio di lui;

4) coloro che sono incorsi nella perdita della responsabilità genitoriale [c.p. 32, 34] o nella decadenza [330] da essa, o sono stati rimossi da altra tutela [384][2];

5) il fallito che non è stato cancellato dal registro dei falliti [L. fall. 50, 142].

[1] Numero così modificato dall'art. 58, D.Lgs. 28 dicembre 2013, n. 154, a decorrere dal 7 febbraio 2014. Il testo previgente disponeva: *2) coloro che sono stati esclusi dalla tutela per disposizione scritta del genitore il quale per ultimo ha esercitato la potestà dei genitori.*

[2] Numero così modificato dall'art. 58, D.Lgs. 28 dicembre 2013, n. 154, a decorrere dal 7 febbraio 2014. Il testo previgente disponeva: *4) coloro che sono incorsi nella perdita della potestà dei genitori o nella decadenza da essa, o sono stati rimossi da altra tutela.*

● Norme connesse:
- artt. 17, 42, 119, R.D. 16 marzo 1942, n. 267.

■ Codice civile del 1865: *Art. 268. Non possono essere tutori, protutori, curatori, né far parte del consiglio di famiglia, e devono cessare da questi uffizi qualora gli avessero assunti:*

1° Le donne, eccettuate le ascendenti e le sorelle germane non maritate;

2° Coloro che non abbiamo la libera amministrazione del proprio patrimonio;

3° Tutti quelli che abbiano o siano per avere, o dei quali il padre, la madre, i discendenti od il coniuge abbiano o siano per avere col minore una lite, in cui si trovi messo in pericolo lo stato del minore od una parte notabile delle sue sostanze.

Art. 269. Sono esclusi dai medesimi uffizi e debbono esserne rimossi, qualora li avessero assunti:

1° I condannati ad una pena criminale;

2° I condannati alla pena del carcere per furto, frode, falso o per reato contro i buoni costumi.

3° Le persone di notoria cattiva condotta, e quelle notoriamente incapaci di amministrare, o di provata infedeltà o trascuratezza, o colpevoli di abuso di autorità nell'esercizio della tutela;

4° I falliti non riabilitati, n. 4 e 51.

Art. 270. Nel caso di condanna a pena correzionale per reato non indicato nel numero 2° dell'articolo precedente, il condannato non può essere tutore finché non abbia scontata la pena.

Qualora avesse già assunta la tutela e la pena fosse maggiore di un anno di carcere, la perde, né può esservi riammesso finché dura la pena, se questa è minore di un anno, il consiglio di famiglia lo può rimuovere.

Art. 271. Le domande cui possono dar luogo le disposizioni dei due precedenti articoli, saranno proposte dinanzi al consiglio di famiglia, salvo il diritto di richiamo davanti il tribunale.

Tale richiamo potrà anche farsi dal pubblico ministero.

Quando si tratti di escludere o rimuovere il tutore o protutore, il consiglio di famiglia non potrà deliberare, se non sentiti o debitamente citati i medesimi.

351. Dispensa dall'ufficio tutelare.

Sono dispensati dall'ufficio di tutore:

1) [...][1];

2) il Presidente del Consiglio dei Ministri;

3) i membri del Sacro Collegio;

4) i Presidenti delle Assemblee legislative;

5) i Ministri Segretari di Stato.

Le persone indicate nei numeri 2, 3, 4, 5, possono far noto al giudice tutelare [344] che non intendono valersi della dispensa.

[1] Numero da ritenersi abrogato con l'entrata in vigore della Costituzione, perché afferente alla disposizione dei Principi della famiglia reale.

■ Codice civile del 1865: *Art. 272. Sono dispensati dagli uffizi di tutore e protutore:*

1° I principi della famiglia reale, salvoché si tratti di tutela di altri principi della stessa famiglia;

2° I presidenti delle camere legislative;

3° I ministri segretari di stato;

4° I presidenti del consiglio di stato, della corte dei conti, delle corti giudiziarie ed i capi del pubblico ministero presso le corti medesime;

5° I segretari e direttori generali delle amministrazioni centrali del regno ed i capi delle amministrazioni provinciali.

352. Dispensa su domanda.

Hanno diritto di essere dispensati su loro domanda [353] dall'assumere o dal continuare l'esercizio della tutela:

1) i grandi ufficiali dello Stato non compresi nell'articolo precedente;

2) gli arcivescovi, i vescovi e i ministri del culto aventi cura d'anime;

3) [...][1];

4) i militari in attività di servizio;

5) chi ha compiuto gli anni sessantacinque;

6) chi ha più di tre figli minori;

7) chi esercita altra tutela;

8) chi è impedito di esercitare la tutela da infermità permanente;

9) chi ha missione dal Governo fuori dello Stato o risiede per ragioni di pubblico servizio fuori della circoscrizione del tribunale dove è costituita la tutela.

[1] Numero abrogato dall'art. 161, L. 19 maggio 1975, n. 151. Il numero 3) nel testo previgente disponeva: *3) le donne.*

■ Codice civile del 1865: *Art. 273. Hanno diritto di essere dispensati dall'assumere o dal continuare l'esercizio della tutela e dall'uffizio di protutore.*

1° Le donne che possono essere tutrici;

2° Coloro che abbiano l'età di sessantacinque anni compiti;

3° Quelli che siano affetti da grave e permanente infermità;

4° Il padre di cinque figli viventi. I figli morti in attività di servizio nell'esercito nazionale di terra o di mare saranno computati per far luogo alla dispensa;

5° Chi sia già incaricato di una tutela;

6° I militari in attività in servizio;

7° Coloro che abbiano missione dal governo fuori del regno, o che per ragione di pubblico servizio risiedano fuori del territorio del tribunale in cui si è costituita la tutela.

353. Domanda di dispensa.

La domanda di dispensa per le cause indicate nell'articolo precedente deve essere presentata al giudice tutelare [344] prima della prestazione del giuramento, salvo che la causa di dispensa sia sopravvenuta [349].

Il tutore è tenuto ad assumere e a mantenere l'ufficio fino a quando la tutela non sia stata conferita ad altra persona [360].

354. Tutela affidata a enti di assistenza.

La tutela dei minori, che non hanno nel luogo del loro domicilio [45 comma 2] parenti conosciuti o capaci di esercitare l'ufficio di tutore, può essere deferita dal giudice tutelare [disp. att. 43] ad un ente di assistenza nel comune dove ha domicilio il minore o all'ospizio in cui questi è ricoverato [344, 346, 402]. L'amministrazione dell'ente o dell'ospizio delega uno dei propri membri a esercitare le funzioni di tutela [355 comma 2].

È tuttavia in facoltà del giudice tutelare di nominare un tutore al minore quando la natura o l'entità dei beni o altre circostanze lo richiedano.

355. Protutore.

Sono applicabili al protutore [383, 384, 387, 360, 587] le disposizioni stabilite per il tutore in questa sezione.

Non si nomina il protutore nei casi contemplati nel primo comma dell'articolo 354.

■ Codice civile del 1865: *Art. 264. Chi ha diritto di nominare il tutore può nella medesima forma nominare il protutore: in mancanza la nomina sarà fatta dal consiglio di famiglia.*

Nei casi in cui il consiglio di famiglia è chiamato ad eleggere il tutore ed il protutore, l'elezione del tutore dovrà precedere quella del protutore, la quale si farà immediatamente dopo nella stessa adunanza.

Art. 265. Il tutore non può assumere l'esercizio della tutela se non vi è protutore, e non essendovi, egli deve promuoverne la nomina senza ritardo.

Se il tutore contravviene a questa disposizione, potrà essere rimosso e sarà sempre tenuto al risarcimento d'ogni danno.

Art. 266. Il protutore agisce pel minore e lo rappresenta nei casi in cui l'interesse di questo sia in opposizione con quello del tutore.

È pur tenuto di promuovere la nomina di un nuovo tutore in caso di tutela vacante od abbandonata, e frattanto egli rappresenta il minore, e può fare tutti gli atti conservativi ed anche gli amministrativi che non ammettono dilazione.

Art. 267. Il protutore cessa con la nomina di un nuovo tutore: il consiglio di famiglia lo può rieleggere.

356. Donazione o disposizione testamentaria a favore del minore.

Chi fa una donazione [769] o dispone con testamento [587] a favore di un minore, anche se questi è soggetto alla responsabilità genitoriale, può nominargli un curatore speciale per l'amministrazione dei beni donati o lasciati [366; c.p.c. 78][1].

Se il donante o il testatore non ha disposto altrimenti, il curatore speciale deve osservare le forme stabilite dagli articoli 374 e 375 per il compimento di atti eccedenti l'ordinaria amministrazione.

Si applica in ogni caso al curatore speciale l'articolo 384.

[1] Comma così modificato dall'art. 59, D.Lgs. 28 dicembre 2013, n. 154, a decorrere dal 7 febbraio 2014. Il testo previgente disponeva: *Chi fa una donazione o dispone con testamento a favore di un minore, anche se questi è soggetto alla potestà dei genitori, può nominargli un curatore speciale per l'amministrazione dei beni donati o lasciati.*

■ Codice civile del 1865: *Art. 247. Chiunque istituisce erede un minore, può nominargli un curatore speciale per la sola amministrazione delle sostanze che gli trasmette, sebbene il minore sia sotto la patria podestà.*

Sezione III
Dell'esercizio della tutela

357. Funzioni del tutore.

Il tutore ha la cura della persona del minore [45 comma 2, 147, 371], lo rappresenta in tutti gli atti civili [320, 1387] e ne amministra i beni [371, 374, 375, 1471 n. 3].

■ Codice civile del 1865: *Art. 277. Il tutore ha la cura della persona del minore, lo rappresenta negli atti civili e ne amministra i beni.*

358. Doveri del minore.

Il minore deve rispetto e obbedienza al tutore [315]. Egli non può abbandonare la casa o l'istituto al quale è stato destinato, senza il permesso del tutore.

Qualora se ne allontani senza permesso, il tutore ha diritto di richiamarvelo, ricorrendo, se è necessario, al giudice tutelare [318].

■ Codice civile del 1865: *Art. 280. Il minore deve rispetto ed obbedienza al suo tutore.*

Se il tutore abusa della sua autorità o trascura gli obblighi del suo uffizio, il minore potrà portare le sue doglianze al consiglio di famiglia.

359. Cattiva condotta del minore.

[...][1].

[1] Articolo abrogato dall'art. 162, L. 19 maggio 1975, n. 151. Il testo previgente disponeva: *Il tutore che non riesce a frenare la cattiva condotta del minore, salva l'applicazione delle norme contenute nelle leggi speciali, ne riferisce al presidente del tribunale. Questi, sentito il minore e, potendo, il protutore e qualche prossimo parente o affini e assunte informazioni, può ordinare il collocamento del minore in un istituto di correzione.*

Contro il decreto del presidente del tribunale è ammesso ricorso al presidente della corte di appello, che provvede sentito il pubblico ministero.

■ Codice civile del 1865: *Art. 279. Il tutore che ha gravi motivi di doglianza per la cattiva condotta del minore, ne riferirà al consiglio di famiglia, il quale potrà autorizzarlo a provocare dal presidente il provvedimento indicato nell'articolo 222.*

360. Funzioni del protutore.

Il protutore [345, 346, 355, 363, 371, 379] rappresenta il minore nei casi in cui l'interesse di questo è in opposizione con l'interesse del tutore [320 comma 2, 380, 382, 386, 1387].

Se anche il protutore si trova in opposizione d'interessi col minore, il giudice tutelare nomina un curatore speciale [c.p.c. 78 comma 2].

Il protutore è tenuto a promuovere la nomina di un nuovo tutore nel caso in cui il tutore è venuto a mancare [49, 58] o ha abbandonato l'ufficio. Frattanto egli ha cura della persona del minore, lo rappresenta e può fare tutti gli atti conservativi e gli atti urgenti di amministrazione [382].

361. Provvedimenti urgenti.

Prima che il tutore o il protutore [360] abbia assunto le proprie funzioni, spetta al giudice tutelare [344] di dare, sia d'ufficio sia su richiesta del pubblico ministero, di un parente [74] o di un affine [78] del minore, i provvedimenti urgenti [43, 45] che possono occorrere per la cura del minore o per conservare e amministrare il patrimonio [370]. Il giudice può procedere, occorrendo, alla apposizione dei sigilli [c.p.c. 752], nonostante qualsiasi dispensa.

362. Inventario.

Il tutore, nei dieci giorni successivi a quello in cui ha avuto legalmente notizia della sua nomina, deve procedere all'inventario [363 ss.; c.p.c. 769 ss.] dei beni del minore, nonostante qualsiasi dispensa [disp. att. 46].

L'inventario deve essere compiuto nel termine di trenta giorni, salva al giudice tutelare [344] la facoltà di prorogare [disp. att. 43, 45] il termine se le circostanze lo esigono.

■ Codice civile del 1865: *Art. 281. Il tutore nei dieci giorni successivi a quello in cui abbia avuto legalmente notizia della sua qualità, farà istanza acciocché vengano tolti i sigilli che fossero stati apposti, e farà immediatamente procedere all'inventario dei beni del minore, non ostante qualunque dispensa.*

Dovrà l'inventario essere terminato nello spazio di un mese, salvo al pretore di prorogare il detto termine, ove le circostanze lo richiedano.

363. Formazione dell'inventario.

L'inventario [362] si fa col ministero del cancelliere del tribunale o di un notaio a ciò delegato dal giudice tutelare [344], con l'intervento del protutore [360] e se è possibile, anche del minore che abbia compiuto gli anni sedici, e con l'assistenza di due testimoni scelti preferibilmente fra i parenti o gli amici della famiglia [disp. att. 46][1].

Il giudice può consentire che l'inventario sia fatto senza ministero di cancelliere o di notaio, se il valore presumibile del patrimonio non eccede 7,75 euro.

L'inventario è depositato presso il tribunale[1].

Nel verbale di deposito il tutore e il protutore ne dichiarano con giuramento la sincerità [367, 368].

[1] Comma così modificato dall'art. 141, D.Lgs. 19 febbraio 1998, n. 51. Il comma 1 nel testo previgente disponeva: *L'inventario si fa col ministero del cancelliere della pretura o di un notaio a ciò delegato dal giudice tutelare, con l'intervento del protutore e, se è possibile, anche del minore che abbia compiuto gli anni sedici, e con l'assistenza di due testimoni scelti preferibilmente fra i parenti o gli amici della famiglia.*

Il comma 3 nel testo previgente disponeva: *L'inventario è depositato presso la pretura.*

■ Codice civile del 1865: *Art. 282. L'inventario si farà coll'intervento del protutore e coll'assistenza di due testimoni da scegliersi fra i parenti o gli amici della famiglia, per mezzo del notaio nominato dal genitore o altrimenti dal consiglio di famiglia.*

Il pretore o il consiglio di famiglia potrà permettere che l'inventario sia fatto senza il ministero di notaio, quando i beni non eccedono il valore di lire tremila.

L'inventario sarà depositato presso la pretura.

Nell'atto del deposito il tutore e il protutore dichiareranno con giuramento la sincerità dell'inventario.

364. Contenuto dell'inventario.

Nell'inventario [362] si indicano gli immobili, i mobili, i crediti e i debiti e si descrivono le carte, note e scritture relative allo stato attivo e passivo del patrimonio, osservando le formalità stabilite nel codice di procedura civile [369, 373; c.p.c. 769 ss.].

■ Codice civile del 1865: *Art. 283. Nell'inventario si indicheranno i mobili, crediti e debiti, si descriveranno le scritture, carte e note relative allo stato attivo e passivo del patrimonio, e si farà pure la designazione degli immobili.*

Il pretore o il consiglio di famiglia determinerà se e come si debba procedere alla stima dei mobili e alla descrizione dello stato degli immobili.

365. Inventario di aziende.

Se nel patrimonio del minore esistono aziende commerciali [2195, 2555] o agricole [2135], si procede con le forme usate nel commercio o nell'economia agraria alla formazione dell'inventario dell'azienda [2214 ss.], con l'assistenza e l'intervento delle persone indicate nell'articolo 363. Questi particolari inventari sono pure depositati presso il tribunale e il loro riepilogo è riportato nell'inventario generale [371 n. 3][1].

[1] Comma così modificato dall'art. 141, D.Lgs. 19 febbraio 1998, n. 51. Il comma 1 nel testo previgente disponeva: *Se nel patrimonio del minore esistono aziende commerciali o agricole, si procede con le forme usate nel commercio o nell'economia agraria alla formazione dell'inventario dell'azienda, con l'assistenza e l'intervento delle persone indicate nell'articolo 363. Questi particolari inventari sono pure depositati presso la pretura e il loro riepilogo è riportato nell'inventario generale.*

■ Codice civile del 1865: *Art. 284. Se nel patrimonio del minore fossero stabilimenti industriali o commerciali, si procederà nelle forme usate in commercio all'inventario dello stabilimento, coll'intervento del protutore e di quelle altre persone che il pretore o il consiglio di famiglia credesse opportuno di delegare.*

Quest'inventario sarà pure depositato presso la pretura, ed il riepilogo di esso sarà registrato nell'inventario generale.

366. Beni amministrati da curatore speciale.

Il tutore deve comprendere nell'inventario generale del patrimonio del minore anche i beni, la cui amministrazione è stata deferita a un curatore speciale [356]. Se questi ha formato un inventario particolare di tali beni, deve rimetterne copia al tutore, il quale lo unirà all'inventario generale.

Il curatore deve anche comunicare al tutore copia dei conti periodici della sua amministrazione, salvo che il disponente lo abbia esonerato.

367. Dichiarazione di debiti o crediti del tutore.

Il tutore, che ha debiti, crediti o altre ragioni verso il minore, deve esattamente dichiararli prima della chiusura dell'inventario [363]. Il cancelliere o il notaio hanno l'obbligo di interpellarlo [368] al riguardo.

Nel caso di inventario senza opera di cancelliere o di notaio [363 comma 2], il tutore è interpellato dal giudice tutelare all'atto del deposito [disp. att. 46, 48].

In ogni caso si fa menzione dell'interpellazione e della dichiarazione del tutore nell'inventario o nel verbale di deposito [368].

■ Codice civile del 1865: *Art. 285. Il tutore che abbia debito, credito o altre ragioni verso il minore, deve dichiararlo sulla interpellazione del notaio prima che incomincino le operazioni relative all'inventario.*

Il notaio farà menzione nell'inventario della fatta interpellazione e della data risposta.

Nel caso d'inventario senza opera di notaio l'interpellazione al tutore sarà fatta dal pretore, che farà constare delle risposte del tutore nel processo verbale di deposito.

368. Omissione della dichiarazione.

Se il tutore, conoscendo il suo credito o le sue ragioni, espressamente interpellato non li ha dichiarati [363], decade da ogni suo diritto [367].

Qualora, sapendo di essere debitore, non abbia dichiarato fedelmente il proprio debito, può essere rimosso dalla tutela [384].

■ Codice civile del 1865: *Art. 286. Se il tutore, conoscendo il suo credito o le sue ragioni, espressamente interpellato, non ne avrà fatto dichiarazione, decaderà da ogni suo diritto.*

Qualora sapendo di essere debitore non abbia dichiarato il suo debito, potrà essere rimosso dalla tutela.

369. Deposito di titoli e valori.

Il tutore deve depositare il denaro, i titoli di credito al portatore [2003] e gli oggetti preziosi esistenti nel patrimonio del minore [364] presso un istituto di credito [disp. att. 251] designato dal giudice tutelare, salvo che questi disponga diversamente per la loro custodia.

Non è tenuto a depositare le somme occorrenti per le spese urgenti di mantenimento e di educazione del minore [147] e per le spese di amministrazione.

■ Codice civile del 1865: *Art. 287. I valori in numerario o in carta al portatore e gli oggetti preziosi, che si trovassero nel patrimonio del minore, saranno depositati nella cassa dei depositi giudiziari od in quella che sarà dal pretore designata, e vi rimarranno sino a che il consiglio di famiglia non avrà intorno a quelli deliberato.*

370. Amministrazione prima dell'inventario.

Prima che sia compiuto l'inventario [349, 362], la amministrazione del tutore deve limitarsi agli affari che non ammettono dilazione [361].

■ Codice civile del 1865: *Art. 289. Prima che sia compiuto l'inventario, l'amministrazione del tutore deve limitarsi agli affari che non ammettono dilazione.*

371. Provvedimenti circa l'educazione e l'amministrazione.

Compiuto l'inventario [362], il giudice tutelare [344], su proposta del tutore e sentito il protutore [360], delibera:

1) sul luogo dove il minore deve essere cresciuto e sul suo avviamento agli studi o all'esercizio di un'arte, mestiere o professione, disposto l'ascolto dello stesso minore che abbia compiuto gli anni dieci e anche di età inferiore ove capace di discernimento e richiesto, quando opportuno, l'avviso dei parenti prossimi[1];

2) sulla spesa annua occorrente per il mantenimento e l'istruzione del minore e per l'amministrazione del patrimonio, fissando i modi d'impiego del reddito eccedente;

3) sulla convenienza di continuare ovvero alienare o liquidare le aziende commerciali [2195, 2555], che si trovano nel patrimonio del minore [365], e sulle relative modalità e cautele [2294].

Nel caso in cui il giudice [disp. att. 38] stimi evidentemente utile per il minore la continuazione dell'esercizio dell'impresa, il tutore deve domandare l'autorizzazione del tribunale [disp. att. 38, 208]. In pendenza della deliberazione del tribunale il giudice tutelare può consentire l'esercizio provvisorio dell'impresa.

[1] Numero così sostituito dall'art. 60, D.Lgs. 28 dicembre 2013, n. 154, a decorrere dal 7 febbraio 2014. Il testo previgente disponeva: *1) sul luogo dove il minore deve essere allevato e sul suo avviamento agli studi o all'esercizio di un'arte, mestiere o professione, sentito lo stesso minore se ha compiuto gli anni dieci, e richiesto, quando è opportuno, l'avviso dei parenti prossimi e del comitato di patronato dei minorenni.*

● Norme connesse:

- art. 10, R.D. 14 dicembre 1933, n. 1669, che dispone: *Il genitore o il tutore non autorizzato all'esercizio del commercio per conto del minore o dell'interdetto si può obbligare cambiariamente in nome di costoro, il primo con l'autorizzazione del tribunale, l'altro con l'autorizzazione del consiglio di famiglia o di tutela omologata dal tribunale, l'una e l'altra anche di carattere generale.*

- art. 13, R.D. 21 dicembre 1933, n. 1736, che dispone: *Il genitore o il tutore non autorizzato all'esercizio del commercio per conto del minore o dell'interdetto si può obbligare in nome di costoro, il primo con l'autorizzazione del tribunale, l'altro con l'autorizzazione [del consiglio di famiglia o di tutela] omologata dal tribunale, l'una e l'altra anche di carattere generale.*

■ Codice civile del 1865: *Art. 291. Compiuto l'inventario, il consiglio di famiglia, stabilirà per approssimazione l'annua spesa per il mantenimento, l'educazione e l'istruzione del minore e per l'amministrazione del patrimonio, fissando la somma da cui cominci l'obbligo al tutore di impiegare gli avanzi delle rendite, il modo dell'impiego e il tempo entro il quale debba essere fatto.*

Il tutore che avrà ommesso di provocare le deliberazioni del consiglio di famiglia su questi oggetti, diventerà responsabile, alla scadenza di tre mesi, degli interessi di qualunque somma eccedente le spese strettamente necessarie.

Art. 299. Gli stabilimenti di commercio d'industria che si trovino nel patrimonio del minore, saranno alienati e liquidati dal tutore nei modi e colle cautele che determinerà il consiglio di famiglia.

Il consiglio di famiglia potrà permettere la continuazione dell'esercizio quando vi sia l'evidente utilità del minore: que-

sta deliberazione sarà sottoposta all'omologazione del tribunale.

■ Codice del commercio del 1882: *Art. 12. Il genitore che esercita la patria potestà ed il tutore non possono continuare l'esercizio del commercio nello interesse di un minore, se non vi sono autorizzati, il primo dal tribunale civile, ed il secondo con deliberazione del consiglio di famiglia o di tutela omologata dal tribunale.*

Questi atti di autorizzazione devono essere pubblicati nei modi stabiliti nell'articolo 9.

372. Investimento di capitali.

I capitali del minore devono, previa autorizzazione [disp. att. 43, 45 comma 1] del giudice tutelare [344], essere dal tutore investiti:

1) in titoli dello Stato o garantiti dallo Stato;

2) nell'acquisto di beni immobili posti nello Stato;

3) in mutui [1813] garantiti da idonea ipoteca [2808] sopra beni posti nello Stato, o in obbligazioni emesse da pubblici istituti autorizzati a esercitare il credito fondiario;

4) in depositi [1834 ss.] fruttiferi presso le casse postali o presso altre casse di risparmio o monti di credito su pegno. Il giudice, sentito il tutore e il protutore, può autorizzare il deposito presso altri istituti di credito [disp. att. 251], ovvero, per motivi particolari, un investimento diverso da quelli sopra indicati.

373. Titoli al portatore.

Se nel patrimonio del minore si trovano titoli al portatore [2003 ss.], il tutore deve farli convertire in nominativi [1999, 2021], salvo che il giudice tutelare disponga [disp. att. 43, 45 comma 1] che siano depositati in cauta custodia.

■ Codice civile del 1865: *Art. 298. Trovandosi nel patrimonio del minore titoli al portatore, quando il consiglio di famiglia non ne abbia deliberata la conversione in altro impiego, il tutore dovrà farli inscrivere in nome del minore.*

374. Autorizzazione del giudice tutelare.

Il tutore non può senza l'autorizzazione del giudice tutelare [377; disp. att. 43, 45 comma 1]:

1) acquistare beni, eccettuati i mobili necessari per l'uso del minore, per l'economia domestica e per l'amministrazione del patrimonio;

2) riscuotere capitali [320 comma 4, 1190], consentire alla cancellazione di ipoteche [2882 ss.] o allo svincolo di pegni [2794], assumere obbligazioni, salvo che queste riguardino le spese necessarie per il mantenimento del minore [147] e per l'ordinaria amministrazione del suo patrimonio;

3) accettare eredità [470 ss.] o rinunciarvi [519], accettare donazioni [782, 793] o legati [649, 668, 671] soggetti a pesi o a condizioni;

4) fare contratti di locazione di immobili oltre il novennio [1572, 2643 n. 8] o che in ogni caso si prolunghino oltre un anno dopo il raggiungimento della maggiore età;

5) promuovere giudizi, salvo che si tratti di denunzie di nuova opera [1171] o di danno temuto [1172], di azioni possessorie [1168 ss.] o di sfratto [c.p.c. 657] e di azioni per riscuotere frutti o per ottenere provvedimenti conservativi [c.p.c. 670 ss., 692 ss., 700 ss.].

● Norme connesse:
- art. 10, R.D. 14 dicembre 1933, n. 1669; art. 13, R.D. 21 dicembre 1933, n. 1736.

■ Codice civile del 1865: *Art. 296. Il tutore senza l'autorizzazione del consiglio di famiglia non può riscuotere i capitali del minore, farne impiego, prendere danaro a mutuo, accordare pegni od ipoteche, alienare beni immobili o mobili, eccettuati i frutti e i mobili soggetti a facile deterioramento, cedere o trasferire crediti o carte di credito, fare acquisti di beni immobili o mobili, eccettuati gli oggetti necessari all'economia domestica od all'amministrazione del patrimonio, fare locazioni eccedenti il novennio, accettare o ripudiare eredità, accettare donazioni o legati soggetti a pesi o condizioni, procedere a divisioni o provocarle giudizialmente.*

Egli non può parimente senza la detta autorizzazione far compromessi o transazioni, promuovere azioni in giudizio, se non quando si tratta di azioni possessorie o di quistioni relative al conseguimento delle rendite, salvi i casi di urgenza.

375. Autorizzazione del tribunale.

Il tutore non può senza l'autorizzazione del tribunale [c.p.c. 732; disp. att. 38]:

1) alienare beni [376], eccettuati i frutti [820] e i mobili soggetti a facile deterioramento [777, 820];

2) costituire pegni [2784 ss.] o ipoteche [2808 ss.];

3) procedere a divisioni [713, 1111] o promuovere i relativi giudizi [c.p.c. 784];

4) fare compromessi [c.p.c. 806] e transazioni [1965, 1966] o accettare concordati [L. fall. 124 ss.].

L'autorizzazione è data su parere del giudice tutelare [c.p.c. 732].

● Norme connesse:
- artt. 127, 128, comma 1, R.D. 16 marzo 1942, n. 267.

■ Codice civile del 1865: *Art. 301. Tutte le deliberazioni del consiglio di famiglia, per le quali siano autorizzati atti di alienazione, di pegno od ipoteca dè beni del minore, devono essere sottoposte all'omologazione del tribunale.*

Saranno parimente soggette all'omologazione del tribunale le deliberazioni che autorizzano il tutore a prendere danari a prestito, e quelle relative alle transazioni, ai compromessi e alle divisioni in cui sia interessato il minore.

376. Vendita di beni.

Nell'autorizzare la vendita dei beni, il tribunale determina se debba farsi all'incanto [c.p.c. 534 ss.] o a trattative private, fissandone in ogni caso il prezzo minimo [c.p.c. 733].

Quando nel dare l'autorizzazione [375] il tribunale non ha stabilito il modo di erogazione o di reimpiego del prezzo, lo stabilisce il giudice tutelare [disp. att. 34, 35].

■ Codice civile del 1865: *Art. 290. Nel termine di due mesi successivi alla formazione dell'inventario, il tutore farà vendere à pubblici incanti i mobili del minore.*

Il consiglio di famiglia potrà autorizzare il tutore a conservare i mobili in tutto od in parte ed anche a venderli ad offerte private.

Art. 297. L'autorizzazione del consiglio di famiglia non può essere data in genere, ma deve essere speciale per ciascun atto e contratto.

Nell'autorizzare vendite di immobili, il consiglio determinerà, se esse debbano farsi ai pubblici incanti o per offerte private.

377. Atti compiuti senza l'osservanza delle norme dei precedenti articoli.

Gli atti compiuti senza osservare le norme dei precedenti articoli [374-376] possono essere annullati [322, 1425 ss.] su istanza del tutore o del minore o dei suoi eredi o aventi causa [322, 1425 ss., 1441 ss.].

378. Atti vietati al tutore e al protutore.

Il tutore e il protutore [346] non possono, neppure all'asta pubblica [c.p.c. 534, 733] rendersi acquirenti direttamente o per interposta persona [599] dei beni e dei diritti del minore [323, 779, 1261, 1471 n. 3, 2233 comma 3].

Non possono prendere in locazione i beni del minore senza l'autorizzazione [disp. att. 43, 45] e le cautele fissate dal giudice tutelare [344, 1571].

Gli atti compiuti in violazione di questi divieti possono essere annullati su istanza delle persone indicate nell'articolo precedente, ad eccezione del tutore e del protutore che li hanno compiuti [387, 388, 1425, 1441].

Il tutore e il protutore non possono neppure diventare cessionari di alcuna ragione o credito verso il minore [323, 596, 1260, 1261].

■ Codice civile del 1865: *Art. 300. Il tutore e il protutore non possono comprare i beni del minore, né accettare la cessione di alcuna ragione o credito verso il medesimo. Non possono neppure prenderne in affitto i beni senza l'autorizzazione del consiglio di famiglia.*

379. Gratuità della tutela.

L'ufficio tutelare è gratuito [381].

Il giudice tutelare [344] tuttavia, considerando l'entità del patrimonio e le difficoltà dell'amministrazione, può assegnare al tutore un'equa indennità. Può altresì, se particolari circostanze lo richiedono, sentito il protutore [360], autorizzare il tutore a farsi coadiuvare nell'amministrazione, sotto la sua personale responsabilità, da una o più persone stipendiate [357; L. fall. 32 comma 2].

■ Codice civile del 1865: *Art. 295. Il consiglio di famiglia, se circostanze particolari, lo richiedano, può autorizzare il tutore a farsi coadiuvare nell'amministrazione, sotto la sua responsabilità, da una o più persone stipendiate.*

380. Contabilità dell'amministrazione.

Il tutore deve tenere regolare contabilità della sua amministrazione e renderne conto [385] ogni anno al giudice tutelare [disp. att. 46].

Il giudice può sottoporre il conto annuale all'esame del protutore [360] e di qualche prossimo parente [74] o affine [78] del minore.

■ Codice civile del 1865: *Art. 303. Il tutore, ad eccezione dell'avo paterno e materno, dovrà ogni anno presentare gli stati della sua amministrazione al consiglio di famiglia il quale, prima di deliberare, li farà esaminare da uno dei suoi membri.*

Questi stati saranno stesi e rimessi senza spesa in carta non bollata e senza alcuna formalità di giudizio, e, dopo la deliberazione del consiglio di famiglia, depositati presso la pretura.

381. Cauzione.

Il giudice tutelare, tenuto conto della particolare natura ed entità del patrimonio, può imporre al tutore di prestare una cauzione [379], determinandone l'ammontare e le modalità [357; disp. att. 131].

Egli può anche liberare il tutore in tutto o in parte dalla cauzione che avesse prestata.

■ Codice civile del 1865: *Art. 292. Il tutore, che non sia l'avo paterno o materno, è tenuto a dare cauzione se non è dispensato dal consiglio di famiglia, con deliberazione che sarà sottoposta all'omologazione del tribunale.*

Il consiglio di famiglia determinerà la somma per la quale si dovrà dare la cauzione.

Quando il tutore non preferisca un altro modo di cauzione, il consiglio di famiglia indicherà quei beni del tutore, sui quali dovrà inscriversi l'ipoteca legale, ed ove il tutore non possegga beni sufficienti, si procederà alla nomina di un nuovo tutore.

Il consiglio di famiglia delibererà intorno a ciò nella prima adunanza.

Art. 293. Il consiglio di famiglia potrà nel progresso della tutela richiedere dal tutore la cauzione da cui fosse stato dispensato, e potrà parimente liberarlo da quella che avesse dato.

Potrà pure estendere o restringere l'iscrizione dell'ipoteca che si fosse presa in luogo della cauzione, ed anche autorizzarne la cancellazione.

In tutti questi casi la deliberazione del consiglio deve essere sottoposta all'omolegazione del tribunale.

Art. 294. Il consiglio di famiglia potrà eziandio stabilire cautele speciali per l'esazione e l'impiego di quella parte di rendita che ecceda la somma fissata a norma dell'articolo 291.

Art. 295. Il consiglio di famiglia, se circostanze particolari, lo richiedano, può autorizzare il tutore a farsi coadiuvare nell'amministrazione, sotto la sua risponsabilità, da una o più persone stipendiate.

Art. 296. Il tutore senza l'autorizzazione del consiglio di famiglia non può riscuotere i capitali del minore, farne impiego, prendere danaro a mutuo, accordare pegni od ipoteche, alienare beni immobili o mobili, eccettuati i frutti e i mobili

CODICE CIVILE

soggetti a facile deterioramento, cedere o trasferire crediti o carte di credito, fare acquisti di beni immobili o mobili, eccettuati gli oggetti necessari all'economia domestica od all'amministrazione del patrimonio, fare locazioni eccedenti il novennio, accettare o ripudiare eredità, accettare donazioni o legati soggetti a pesi o condizioni, procedere a divisioni o provocarle giudizialmente.

Egli non può parimente senza la detta autorizzazione far compromessi o transazioni, promuovere azioni in giudizio, se non quando si tratta di azioni possessorie o di quistioni relative al conseguimento delle rendite, salvi i casi di urgenza.

Art. 297. L'autorizzazione del consiglio di famiglia non può essere data in genere, ma deve essere speciale per ciascun atto e contratto.

Nell'autorizzare vendite di immobili, il consiglio determinerà, se esse debbano farsi ai pubblici incanti o per offerte private.

Art. 298. Trovandosi nel patrimonio del minore titoli al portatore, quando il consiglio di famiglia non ne abbia deliberata la conversione in altro impiego, il tutore dovrà farli inscrivere in nome del minore.

Art. 299. Gli stabilimenti di commercio d'industria che si trovino nel patrimonio del minore, saranno alienati e liquidati dal tutore nei modi e colle cautele che determinerà il consiglio di famiglia.

Il consiglio di famiglia potrà permettere la continuazione dell'esercizio quando vi sia l'evidente utilità del minore: questa deliberazione sarà sottoposta all'omologazione del tribunale.

Art. 300. Il tutore e il protutore non possono comprare i beni del minore, né accettare la cessione di alcuna ragione o credito verso il medesimo. Non possono neppure prenderne in affitto i beni senza l'autorizzazione del consiglio di famiglia.

Art. 301. Tutte le deliberazioni del consiglio di famiglia, per le quali siano autorizzati atti di alienazione, di pegno od ipoteca dè beni del minore, devono essere sottoposte all'omologazione del tribunale.

Saranno parimente soggette all'omologazione del tribunale le deliberazioni che autorizzano il tutore a prendere danari a prestito, e quelle relative alle transazioni, ai compromessi e alle divisioni in cui sia interessato il minore.

382. Responsabilità del tutore e del protutore.

Il tutore deve amministrare il patrimonio del minore con la diligenza del buon padre di famiglia [1176]. Egli risponde verso il minore di ogni danno a lui cagionato violando i propri doveri [357, 387].

Nella stessa responsabilità incorre il protutore per ciò che riguarda i doveri del proprio ufficio [360, 2941 n. 3][1].

● Norme connesse:
- art. 48, L. 4 maggio 1983, n. 184.

■ Codice civile del 1865: *Art. 288. Il tutore che ommette di fare l'inventario nel termine o nel modo stabilito, non ostante qualunque dispensa, lo fa infedele, è tenuto al risarcimento dei danni e può essere rimosso dalla tutela.*

Sezione IV
Della cessazione del tutore dall'ufficio

383. Esonero dall'ufficio.

Il giudice tutelare [344] può sempre esonerare [disp. att. 43, 45] il tutore dall'ufficio, qualora l'esercizio di esso sia al tutore soverchiamente gravoso e vi sia altra persona atta a sostituirlo [389; disp. att. 192 comma 2].

384. Rimozione e sospensione del tutore.

Il giudice tutelare [344] può rimuovere [disp. att. 43, 45] dall'ufficio il tutore che si sia reso colpevole di negligenza o abbia abusato dei suoi poteri [357, 382, 1176], o si sia dimostrato inetto nell'adempimento di essi, o sia divenuto immeritevole dell'ufficio per atti anche estranei alla tutela, ovvero sia divenuto insolvente [350 nn. 4 e 5, 368, 382, 393, 402].

Il giudice non può rimuovere il tutore se non dopo averlo sentito o citato; può tuttavia sospenderlo dall'esercizio della tutela nei casi che non ammettono dilazione [356, 389].

■ Codice civile del 1865: *Art. 288. Il tutore che ommette di fare l'inventario nel termine o nel modo stabilito, non ostante qualunque dispensa, lo fa infedele, è tenuto al risarcimento dei danni e può essere rimosso dalla tutela.*

Sezione V
Del rendimento del conto finale

385. Conto finale.

Il tutore che cessa dalle funzioni deve fare subito la consegna dei beni e deve presentare nel termine di due mesi il conto finale [779] dell'amministrazione al giudice tutelare [295, 380; c.p.c. 263]. Questi può concedere una proroga [2941 n. 3].

■ Codice civile del 1865: *Art. 302. Ogni tutore, terminata la sua amministrazione, è tenuto a renderne il conto.*

386. Approvazione del conto.

Il giudice tutelare invita il protutore, il minore divenuto maggiore [2] o emancipato [390], ovvero, secondo le circostanze, il nuovo rappresentante legale a esaminare il conto e a presentare le loro osservazioni [387, 388, 596].

Se non vi sono osservazioni, il giudice che non trova nel conto irregolarità o lacune lo approva [295]; in caso contrario nega l'approvazione [43, 45 comma 2].

Qualora il conto non sia stato presentato o sia impugnata la decisione del giudice tutelare, provvede l'autorità giudiziaria nel contraddittorio degli interessati [389; disp. att. 38, 45].

387. Prescrizione delle azioni relative alla tutela.

Le azioni del minore contro il tutore e quelle del tutore contro il minore relative alla tutela si prescrivono in cinque anni [2941 n. 3] dal compimento della maggiore età [2] o dalla morte del minore. Se il tutore ha cessato dall'ufficio [383] e ha presentato il conto [383] prima della maggiore età o della morte del minore, il termine decorre dalla data del provvedimento col quale il giudice tutelare pronunzia sul conto stesso [386, 596; disp. att. 43, 45].

Le disposizioni di quest'articolo non si applicano all'azione per il pagamento del residuo che risulta dal conto definitivo [2941 comma 6].

■ Codice civile del 1865: *Art. 309. Le azioni del minore contro il tutore e il protutore, e quelle del tutore verso il minore relative alla tutela si prescrivono in dieci anni computabili dal giorno della maggiore età o della morte dell'amministrato, senza pregiudizio però delle disposizioni relative all'interruzione e sospensione del corso delle prescrizioni.*

La prescrizione stabilita da questo articolo non si applica all'azione pel pagamento del residuo risultante dal conto definitivo.

388. Divieto di convenzioni prima dell'approvazione del conto.

Nessuna convenzione tra il tutore e il minore divenuto maggiore [2] può aver luogo prima che sia decorso un anno dall'approvazione del conto della tutela [295 386, 596, 779][1].

La convenzione può essere annullata [1425, 1441] su istanza del minore o dei suoi eredi o aventi causa.

[1] Comma così modificato dall'art. 3, L. 9 gennaio 2004, n. 6, a decorrere dal 19 marzo 2004.

■ Codice civile del 1865: *Art. 307. Se la tutela cessi per la maggiore età dell'amministrato, il conto sarà reso all'amministrato medesimo; ma il tutore non sarà efficacemente liberato, se l'amministrato non sarà stato assistito nell'esame del conto dal protutore o da quell'altra persona che, in mancanza del protutore, sarà stata designata dal pretore.*

Nessuna convenzione tra il tutore ed il minore fatto maggiore può aver luogo prima della definitiva approvazione del conto della tutela.

389. Registro delle tutele.

Nel registro delle tutele, istituito presso ogni giudice tutelare [344], sono iscritti a cura del cancelliere l'apertura [343] e la chiusura della tutela, la nomina [383], l'esonero [346] e la rimozione [384] del tutore e del protutore, le risultanze degli inventari [365, 384] e dei rendiconti [380, 385] e tutti i provvedimenti che portano modificazioni nello stato personale o patrimoniale del minore [disp. att. 47, 48, 50, 51].

Dell'apertura e della chiusura della tutela il cancelliere dà comunicazione entro dieci giorni all'ufficiale dello stato civile per la annotazione in margine all'atto di nascita del minore.

CAPO II
DELL'EMANCIPAZIONE

390. Emancipazione di diritto.

Il minore è di diritto emancipato col matrimonio [2, 84, 90, 102, 247, 316, 386, 414].

■ Codice civile del 1865: *Art. 310. Il minore è di diritto emancipato col matrimonio.*

391. Emancipazione con provvedimento del giudice tutelare.

[...][1].

[1] Articolo abrogato dall'art. 6, L. 8 marzo 1975, n. 39. Il testo previgente disponeva: *Il minore che ha compiuto gli anni diciotto può essere emancipato dal giudice tutelare su istanza del genitore esercente la patria potestà o del tutore.*

L'emancipazione può essere accordata dal giudice tutelare su istanza dello stesso minore, sentiti i genitori o il tutore. Il giudice tutelare non può accordare l'emancipazione senza il consenso del genitore esercente la patria potestà, salvo che concorrano gravissime ragioni.

■ Codice civile del 1865: *Art. 311. Il minore che abbia compiuto gli anni diciotto, potrà essere emancipato dal genitore che eserciti la patria podestà, e in mancanza dal consiglio di famiglia.*

Art. 312. L'emancipazione si effettuerà mediante dichiarazione fatta davanti il pretore dal genitore, o mediante deliberazione del consiglio di famiglia.

Il figlio naturale potrà essere emancipato dal genitore che ne abbia la tutela legale, e in mancanza dal consiglio di tutela, nelle forme stabilite dall'articolo precedente.

Art. 313. Per l'emancipazione dei minori indicati nell'articolo 262, il consiglio di tutela sarà presieduto dal pretore.

392. Curatore dell'emancipato.

Curatore del minore sposato con persona maggiore di età [2] è il coniuge.

Se entrambi i coniugi sono minori di età, il giudice tutelare [344] può nominare [disp. att. 43, 45] un unico curatore [2941, 44], scelto preferibilmente fra i genitori.

Se interviene l'annullamento per una causa diversa dall'età [117 ss.], o lo scioglimento [149] o la cessazione degli effetti civili del matrimonio o la separazione personale [150], il giudice tutelare nomina curatore uno dei genitori, se idoneo all'ufficio, o in mancanza, altra persona. Nel caso in cui il minore contrae successivamente matrimonio, il curatore lo assiste altresì negli atti previsti nell'articolo 165[1].

[1] Articolo così sostituito dall'art. 7, L. 8 marzo 1975, n. 39. Il testo previgente disponeva: *Il giudice tutelare nomina un curatore al minore emancipato.*

Se il minore ha genitori, è curatore il genitore al quale spetterebbe l'esercizio della patria potestà se il minore non fosse emancipato.

Se minore è la donna maritata, essa ha per curatore il marito ovvero il curatore o il tutore del marito.

Se è vedova ovvero legalmente separata, ha per curatore il padre o la madre; in loro mancanza, il giudice tutelare le nomina un curatore. La stessa disposizione si applica nel caso di separazione di beni.

● Norme connesse:

- art. 5, L. 1 dicembre 1970, n. 898.

■ Codice civile del 1865: *Art. 314. Dichiarata l'emancipazione, il consiglio di famiglia o di tutela nominerà un curatore al minore emancipato.*

CODICE CIVILE

Se però l'emancipazione è fatta dal padre o dalla madre, il minore emancipato avrà per curatore il genitore emancipante.

Art. 315. Il minore emancipato per effetto del matrimonio avrà per curatore il padre, e in mancanza la madre.

Mancando ambidue i genitori, il consiglio di famiglia o di tutela gli nominerà il curatore.

La donna minore maritata ha per curatore il marito, od il curatore del marito se questo sia minore od inabilitato, ed infine il tutore del marito se questo sia interdetto.

Qualora sia vedova, ovvero separata di corpo o di beni, avrà per curatore il padre o la madre, e in loro mancanza le sarà nominato un curatore dal consiglio di famiglia o di tutela.

393. Incapacità o rimozione del curatore.

Sono applicabili al curatore le disposizioni degli articoli 348, ultimo comma[1], 350 e 384 [disp. att. 129 comma 2].

[1] Comma abrogato dall'art. 1, R.D.L. 20 gennaio 1944, n. 25 e dall'art. 3, D.Lgs.Lgt. 14 settembre 1944, n. 287.

394. Capacità dell'emancipato.

La emancipazione conferisce al minore la capacità di compiere gli atti che non eccedono l'ordinaria amministrazione [320, 374, 397, 1572; c.p.c. 807 comma 2].

Il minore emancipato può con l'assistenza del curatore riscuotere i capitali [1190] sotto la condizione di un idoneo [372] impiego e può stare in giudizio sia come attore sia come convenuto [c.p.c. 75].

Per gli altri atti eccedenti l'ordinaria amministrazione [374], oltre il consenso del curatore [395], è necessaria l'autorizzazione del giudice tutelare [344; disp. att. 43, 45]. Per gli atti indicati nell'articolo 375 l'autorizzazione, se curatore non è il genitore, deve essere data dal tribunale [disp. att. 38] su parere del giudice tutelare.

Qualora nasca conflitto di interessi fra il minore e il curatore, è nominato un curatore speciale [c.p.c. 78] a norma dell'ultimo comma dell'articolo 320.

● Norme connesse:
- comma 3: art. 9, R.D. 14 dicembre 1933, n. 1669; art. 12, R.D. 21 dicembre 1933, n. 1736.

■ Codice civile del 1865: *Art. 317. L'emancipazione conferisce al minore la capacità di fare da se solo tutti gli atti che non eccedano la semplice amministrazione.*

Art. 318. Il minore emancipato può con l'assistenza del curatoreriscuotere i capitali sotto condizione di idoneo impiego, e stare in giudizio sia come attore sia come convenuto.

Art. 319. Per tutti gli altri atti eccedenti, la semplice amministrazione, oltre il consenso del curatore, è necessaria l'autorizzazione del consiglio di famiglia o di tutela.

Le deliberazioni del consiglio relative al patrimonio del minore emancipato saranno soggette all'omologazione del tribunale in tutti i casi accennati nell'articolo 301.

Art. 320. Nel caso in cui il curatore rifiuti di dare il suo consenso, il minore potrà far richiamo al consiglio di famiglia.

Il minore emancipato potrà essere privato del benefizio dell'emancipazione per deliberazione del consiglio di famiglia o di tutela, quando i suoi atti lo dimostrino incapace di amministrare.

Art. 321. La deliberazione del consiglio non avrà luogo che sopra la domanda del genitore, ove egli abbia concessa la emancipazione e sia vivente.

Dal giorno della rivocazione dell'emancipazione il minore rientrerà sotto la patria podestà o nello stato di tutela, e vi rimarrà sino alla maggiore età compita.

Art. 322. Le nullità degli atti fatti in contravvenzione alle disposizioni di questo titolo concernenti l'interesse del minore non possono opporsi che dal tutore, dal minore e dai suoi eredi od aventi causa.

395. Rifiuto del consenso da parte del curatore.

Nel caso in cui il curatore rifiuta il suo consenso, il minore può ricorrere al giudice tutelare [344], il quale, se stima ingiustificato il rifiuto, nomina [45 disp. att.] un curatore speciale per assistere il minore nel compimento dell'atto, salva, se occorre, l'autorizzazione del tribunale [c.p.c. 732].

■ Codice civile del 1865: *Art. 320. Nel caso in cui il curatore rifiuti di dare il suo consenso, il minore potrà far richiamo al consiglio di famiglia.*

Il minore emancipato potrà essere privato del benefizio dell'emancipazione per deliberazione del consiglio di famiglia o di tutela, quando i suoi atti lo dimostrino incapace di amministrare.

396. Inosservanza delle precedenti norme.

Gli atti compiuti senza osservare le norme stabilite nell'articolo 394 possono essere annullati [1425, 1441, 1442] su istanza del minore o dei suoi eredi o aventi causa.

Sono applicabili al curatore le disposizioni dell'articolo 378.

■ Codice civile del 1865: *Art. 322. Le nullità degli atti fatti in contravvenzione alle disposizioni di questo titolo concernenti l'interesse del minore non possono opporsi che dal tutore, dal minore e dai suoi eredi od aventi causa.*

Art. 1303. Nelle obbligazioni dei minori l'azione di nullità è ammessa:

1° Allorché il minore non emancipato ha fatto da sé un atto senza l'intervento del suo legittimo rappresentante;

2° Allorché il minore emancipato ha fatto da sé un atto, pel quale la legge richiede l'assistenza del curatore;

3° Allorché non sono osservate le formalità stabilite per alcuni atti con disposizioni speciali di legge.

397. Emancipato autorizzato all'esercizio di un'impresa commerciale.

Il minore emancipato può esercitare un'impresa commerciale [2195, 2198] senza l'assistenza del curatore, se è autorizzato dal tribunale [disp. att. 38], previo parere del giudice tutelare e sentito il curatore [394, 2198; disp. att. 100].

L'autorizzazione può essere revocata dal tribunale su istanza del curatore o d'ufficio, previo, in entrambi i casi, il parere del giudice tutelare e sentito il minore emancipato.

Il minore emancipato, che è autorizzato all'esercizio di un'impresa commerciale, può compiere da solo gli atti che eccedono l'ordinaria amministrazione [374], anche se estranei all'esercizio dell'impresa [472, 591, 774, 2294].

● Norme connesse:

- art. 9, R.D. 14 dicembre 1933, n. 1669; art. 12, R.D. 21 dicembre 1933, n. 1736.

■ Codice del commercio del 1882: *Art. 9. I minori emancipati maschi o femmine, per potere esercitare il commercio ed essere reputati maggiori quanto alle obbligazioni da essi contratte per atti di commercio, devono essere autorizzati dal genitore con atto davanti al pretore, o dal consiglio di famiglia o di tuteli con deliberazione omologata dal tribunale civile secondo le disposizioni dell'articolo 319 del codice civile.*

Gli atti di emancipazione e di autorizzazione devono essere presentati alla cancelleria del tribunale di commercio nella cui giurisdizione il minore intende di stabilire la sua residenza, per essere, a cura del cancelliere, trascritti nel registro a ciò destinato ed affissi nella sala del tribunale, nella sala del comune e nei locali della borsa più vicina.

Il cancelliere deve conservare la prova delle eseguite affissioni.

Prima della trascrizione e delle affissioni suddette il minore non può imprendere l'esercizio del commercio.

Art. 10. La disposizione dell'articolo precedente è applicabile ai minori emancipati, anche non commercianti, rispetto ai fatti che la legge reputa atti di commercio.

Art. 11. I minori commercianti possono ipotecare ed alienare i loro beni immobili.

398. - 399.

[...][1].

[1] Articoli abrogati dall'art. 6, L. 8 marzo 1975, n. 39.

L'art. 398 disponeva: *Quando gli atti del minore ne dimostrano l'incapacità ad amministrare, l'emancipazione accordata per l'art. 391 può essere revocata dal giudice tutelare su istanza di chi richiese l'emancipazione o anche d'ufficio, sentito il minore.*

Revocata l'emancipazione, il minore rientra sotto la patria potestà o la tutela e vi rimane sino all'età maggiore.

L'art. 399 disponeva: *I provvedimenti con i quali è concessa o revocata l'emancipazione devono essere iscritti, a cura del cancelliere, in apposito registro e comunicati entro dieci giorni all'ufficiale dello stato civile perché li annoti in margine all'atto di nascita dell'emancipato.*

La pubblicità dei provvedimenti relativi all'autorizzazione dell'esercizio dell'impresa commerciale o alla revoca dell'autorizzazione è regolata dal libro V.

TITOLO XI
DELL'AFFILIAZIONE E DELL'AFFIDAMENTO[1]

[1] Rubrica così sostituita dall'art. 163, L. 19 maggio 1975, n. 151. Il testo previgente disponeva: *Dei minori affidati alla pubblica o alla privata assistenza e dell'affiliazione.*

● Norme connesse:

- titolo I, L. 4 maggio 1983, n. 184; L. 15 gennaio 1994, n. 64 (Ratifica ed esecuzione della convenzione europea sul riconoscimento e l'esecuzione delle decisioni in materia di affidamento dei minori e di ristabilimento dell'affidamento, aperta alla firma a Lussemburgo il 20 maggio 1980, e della convenzione sugli aspetti civili della sottrazione internazionale di minori, aperta alla firma a L'Aja il 25 ottobre 1980; norme di attuazione delle predette convenzioni, nonché della convenzione in materia di protezione dei minori, aperta alla firma a L'Aja il 5 ottobre 1961, e della convenzione in materia di rimpatrio dei minori, aperta alla firma a L'Aja il 28 maggio 1970); L. 31 dicembre 1998, n. 476 (Ratifica ed esecuzione della Convenzione per la tutela dei minori e la cooperazione in materia di adozione internazionale, fatta a L'Aja il 29 maggio 1993. Modifiche alla legge 4 maggio 1983, n. 184, in tema di adozione di minori stranieri); artt. 42 ss., L. 31 maggio 1995, n. 218.

400. Norme regolatrici dell'assistenza dei minori.

L'assistenza dei minori è regolata, oltre che dalle leggi speciali, dalle norme del presente titolo [Cost. 31].

● Norme connesse:

- sulla protezione della maternità e dell'infanzia, R.D. 24 dicembre 1934, n. 2316; sull'istituzione ed il funzionamento del tribunale per i minorenni, R.D.L. 20 luglio 1934, n. 1404; sull'istituzione dei consultori familiari, L. 29 luglio 1975, n. 405; sulla disciplina dell'adozione e dell'affidamento dei minori, L. 4 maggio 1983, n. 184.

- R.D.L. 8 maggio 1927, n. 798, convertito in L. 6 dicembre 1928, n. 2838; R.D. 24 dicembre 1934, n. 316; L. 31 dicembre 1998, n. 476.

401. Limiti di applicazione delle norme.

Le disposizioni del presente titolo si applicano anche ai minori che sono figli di genitori non conosciuti, ovvero figli di genitori che si trovino nell'impossibilità di provvedere al loro mantenimento[1].

Le stesse disposizioni si applicano ai minori ricoverati in un istituto di pubblica assistenza o assistiti da questo per il mantenimento, l'educazione o la rieducazione, ovvero in istato di abbandono materiale o morale.

[1] Comma così sostituito dall'art. 8, L. 8 marzo 1975, n. 39 e poi così modificato dall'art. 61, D.Lgs. 28 dicembre 2013, n. 154, a decorrere dal 7 febbraio 2014. Il testo previgente la modifica del 2013 disponeva: *Le disposizioni del presente titolo si applicano anche ai minori che sono figli di genitori non conosciuti, ovvero figli naturali riconosciuti dalla sola madre che si trovi nell'impossibilità di provvedere al loro allevamento.* Il testo previgente la modifica del 1975 disponeva: *Le disposizioni del presente titolo si applicano ai minori che non hanno compiuto gli anni diciotto e che sono figli dei quali non si conoscono i genitori, ovvero figli naturali riconosciuti dalla sola madre che si trova nell'impossibilità di provvedere al loro allevamento.*

● Norme connesse:

- art. 1, L. 4 maggio 1983, n. 184; artt. 35-42, L. 31 maggio 1995, n. 218.

402. Poteri tutelari spettanti agli istituti di assistenza.

L'istituto di pubblica assistenza esercita i poteri tutelari sul minore ricoverato o assistito, secondo le norme del titolo X, capo I di questo libro [343 ss.], fino a quando non si provveda alla nomina di un tutore [348], e in tutti i casi nei quali l'esercizio della responsabilità genitoriale o della tutela sia impedito [317, 330, 384]. Resta salva la facoltà del giudice tutelare [344; disp. att. 43 e 45] di deferire la tutela all'ente di assistenza o all'ospizio [354], ovvero di nominare un tutore a norma dell'articolo 354[1].

Nel caso in cui il genitore riprenda l'esercizio della responsabilità genitoriale l'istituto deve chiedere al giudice tutelare di fissare eventualmente limiti o condizioni a tale esercizio[2].

[1] Comma così modificato dall'art. 62, D.Lgs. 28 dicembre 2013, n. 154, a decorrere dal 7 febbraio 2014. Il testo previgente disponeva: *L'istituto di pubblica assistenza esercita i poteri tutelari sul minore ricoverato o assistito, secondo le norme del titolo X, capo I di questo libro, fino a quando non si provveda alla nomina di un tutore, e in tutti i casi nei quali l'esercizio della potestà dei genitori o della tutela sia impedito. Resta salva la facoltà del giudice tutelare di deferire la tutela all'ente di assistenza o all'ospizio, ovvero di nominare un tutore a norma dell'articolo 354.*

[2] Comma così modificato dall'art. 62, D.Lgs. 28 dicembre 2013, n. 154, a decorrere dal 7 febbraio 2014. Il testo previgente disponeva: *Nel caso in cui il genitore riprenda l'esercizio della potestà dei genitori l'istituto deve chiedere al giudice tutelare di fissare eventualmente limiti o condizioni a tale esercizio.*

● Norme connesse:
- art. 3, L. 4 maggio 1983, n. 184.

403. Intervento della pubblica autorità a favore dei minori.

Quando il minore è moralmente o materialmente abbandonato o è allevato in locali insalubri o pericolosi, oppure da persone per negligenza, immoralità, ignoranza o per altri motivi incapaci di provvedere all'educazione di lui, la pubblica autorità, a mezzo degli organi di protezione dell'infanzia, lo colloca in luogo sicuro, sino a quando si possa provvedere in modo definitivo alla sua protezione.

● Norme connesse:
- art. 2, L. 4 maggio 1983, n. 184; artt. 1 ss., L. 18 dicembre 1984, n. 975; art. 42, L. 31 maggio 1995, n. 218.

TITOLO XII
DELLE MISURE DI PROTEZIONE DELLE PERSONE PRIVE IN TUTTO OD IN PARTE DI AUTONOMIA[1]

[1] Rubrica così sostituita dall'art. 2, L. 9 gennaio 2004, n. 6, a decorrere dal 19 marzo 2004. In origine la rubrica era la seguente: *Dell'infermità di mente, dell'interdizione e dell'inabilitazione.*

● Norme connesse:
- L. 27 giugno 1909, n. 640, di ratifica della Convenzione firmata all'Aja il 17 luglio 1905 in tema di interdizione; artt. 34 e 35, L. 23 dicembre 1978, n. 833; art. 43, L. 31 maggio 1995, n. 218.

CAPO I
DELL'AMMINISTRAZIONE DI SOSTEGNO[1]

[1] Capo aggiunto dall'art. 3, L. 9 gennaio 2004, n. 6, a decorrere dal 19 marzo 2004. Gli originari artt. da 404 a 413, ricompresi nel precedente Titolo XI, erano stati soppressi dall'art. 77, L. 4 maggio 1983, n. 184. L'art. 1, L. 9 gennaio 2004, n. 6 dispone: *La presente legge ha la finalità di tutelare, con la minore limitazione possibile della capacità di agire, le persone prive in tutto o in parte di autonomia nell'espletamento delle funzioni della vita quotidiana, mediante interventi di sostegno temporaneo o permanente.*

● Norme connesse:
- art. 1, comma 40 e 41, L. 20 maggio 2016, n. 76.

404. Amministrazione di sostegno.

La persona che, per effetto di una infermità ovvero di una menomazione fisica o psichica, si trova nella impossibilità, anche parziale o temporanea, di provvedere ai propri interessi, può essere assistita da un amministratore di sostegno, nominato dal giudice tutelare del luogo in cui questa ha la residenza o il domicilio[1][2].

[1] Articolo aggiunto dall'art. 3, L. 9 gennaio 2004, n. 6, a decorrere dal 19 marzo 2004.

[2] Il testo previgente disponeva: *Art. 404. Affidamento dei minori. Istanza di affiliazione. Divieto per diversità di razza. L'istituto di pubblica assistenza, a norma delle leggi speciali, può affidare il minore ricoverato a persona di fiducia. Questa, decorsi tre anni dall'affidamento, può chiedere al giudice tutelare del luogo di sua residenza di affiliarsi il minore.*

Eguale facoltà spetta alla persona che ha provveduto all'allevamento del minore senza che le sia stato affidato dall'istituto, sempre che siano decorsi tre anni dall'inizio dell'allevamento.

Il testo originario del codice del 1942, precedente le modifiche apportate dal R.D.L. 25/1944, disponeva: *L'istituto di pubblica assistenza, a norma delle leggi speciali, può affidare il minore ricoverato a persona di fiducia. Questa, decorsi tre anni dall'affidamento, può chiedere al giudice tutelare del luogo di sua residenza di affiliarsi il minore.*

Eguale facoltà spetta alla persona che ha provveduto all'allevamento del minore senza che le sia stato affidato dall'istituto, sempre che siano decorsi tre anni dall'inizio dell'allevamento.

L'affiliazione non può essere domandata da persona di razza non ariana, salvo che il minore appartenga pure a razza non ariana.

405. Decreto di nomina dell'amministratore di sostegno. Durata dell'incarico e relativa pubblicità.

Il giudice tutelare provvede entro sessanta giorni dalla data di presentazione della richiesta alla nomina dell'amministratore di sostegno con decreto motivato immediatamente esecutivo, su ricorso di uno dei soggetti indicati nell'articolo 406.

Il decreto che riguarda un minore non emancipato può essere emesso solo nell'ultimo anno della sua minore età e diventa esecutivo a decorrere dal momento in cui la maggiore età è raggiunta.

Se l'interessato è un interdetto o un inabilitato, il decreto è esecutivo dalla pubblicazione della sentenza di revoca dell'interdizione o dell'inabilitazione.

Qualora ne sussista la necessità, il giudice tutelare adotta anche d'ufficio i provvedimenti urgenti per la cura della persona interessata e per la conservazione e l'amministrazione del suo patrimonio. Può procedere alla nomina di un amministratore di sostegno provvisorio indicando gli atti che è autorizzato a compiere.

Il decreto di nomina dell'amministratore di sostegno deve contenere l'indicazione:

1) delle generalità della persona beneficiaria e dell'amministratore di sostegno;

2) della durata dell'incarico, che può essere anche a tempo indeterminato;

3) dell'oggetto dell'incarico e degli atti che l'amministratore di sostegno ha il potere di compiere in nome e per conto del beneficiario;

4) degli atti che il beneficiario può compiere solo con l'assistenza dell'amministratore di sostegno;

5) dei limiti, anche periodici, delle spese che l'amministratore di sostegno può sostenere con utilizzo delle somme di cui il beneficiario ha o può avere la disponibilità;

6) della periodicità con cui l'amministratore di sostegno deve riferire al giudice circa l'attività svolta e le condizioni di vita personale e sociale del beneficiario.

Se la durata dell'incarico è a tempo determinato, il giudice tutelare può prorogarlo con decreto motivato pronunciato anche d'ufficio prima della scadenza del termine.

Il decreto di apertura dell'amministrazione di sostegno, il decreto di chiusura ed ogni altro provvedimento assunto dal giudice tutelare nel corso dell'amministrazione di sostegno devono essere immediatamente annotati a cura del cancelliere nell'apposito registro.

Il decreto di apertura dell'amministrazione di sostegno e il decreto di chiusura devono essere comunicati, entro dieci giorni, all'ufficiale dello stato civile per le annotazioni in margine all'atto di nascita del beneficiario. Se la durata dell'incarico è a tempo determinato, le annotazioni devono essere cancellate alla scadenza del termine indicato nel decreto di apertura o in quello eventuale di proroga[1 2].

[1] Articolo aggiunto dall'art. 3, L. 9 gennaio 2004, n. 6, a decorrere dal 19 marzo 2004.

[2] Il testo precedente le modifiche apportate dall'art. 77, L. 4 maggio 1983, n. 184, disponeva: *Art. 405. Assenso del coniuge per l'affiliazione Se il richiedente è coniugato, è necessario l'assenso del coniuge, salvo che sia intervenuta separazione personale.*

Se il coniuge è nella impossibilità di manifestare la sua volontà, il giudice tutelare può, per gravi motivi, autorizzare ugualmente l'affiliazione.

Il testo originario precedente le modifiche apportate dalla L. 19 maggio 1975, n. 151, invece, disponeva: *Se il richiedente è coniugato, è necessario l'assenso del coniuge.*

Se il coniuge è nell'impossibilità di manifestare la sua volontà, ovvero se, essendovi separazione legale, rifiuta l'assenso, il giudice tutelare può per gravi motivi autorizzare l'affiliazione anche in mancanza dell'assenso.

406. Soggetti.

Il ricorso per l'istituzione dell'amministrazione di sostegno può essere proposto dallo stesso soggetto beneficiario, anche se minore, interdetto o inabilitato, ovvero da uno dei soggetti indicati nell'articolo 417.

Se il ricorso concerne persona interdetta o inabilitata il medesimo è presentato congiuntamente all'istanza di revoca dell'interdizione o dell'inabilitazione davanti al giudice competente per quest'ultima.

I responsabili dei servizi sanitari e sociali direttamente impegnati nella cura e assistenza della persona, ove a conoscenza di fatti tali da rendere opportuna l'apertura del procedimento di amministrazione di sostegno, sono tenuti a proporre al giudice tutelare il ricorso di cui all'articolo 407 o a fornirne comunque notizia al pubblico ministero[1 2].

[1] Articolo aggiunto dall'art. 3, L. 9 gennaio 2004, n. 6, a decorrere dal 19 marzo 2004.

[2] Nel testo precedente le modifiche apportate dall'art. 77, L. 4 maggio 1983, n. 184, disponeva: *Art. 406. Procedimento per la dichiarazione di affiliazione. Il giudice tutelare, prima di provvedere sulla domanda di affiliazione, raccoglie informazioni sulle condizioni familiari, morali ed economiche del richiedente, sul modo con cui ha provveduto al mantenimento, all'istruzione ed all'educazione del minore, sulle condizioni fisiche, morali ed intellettuali di questo. Deve inoltre sentire l'istituto presso il quale il minore fu ricoverato, o dal quale fu assistito, i prossimi parenti del medesimo, il minore stesso, nonché il coniuge del richiedente se questi è separato.*

Il giudice tutelare può prescrivere norme per il mantenimento, l'istruzione e l'educazione del minore.

Il provvedimento che accoglie la domanda di affiliazione è omologato dal tribunale, sentito il pubblico ministero, ed è annotato a margine dell'atto di nascita del minore.

Il testo originario precedente le modifiche apportate dalla L. 19 maggio 1975, n. 151, invece, disponeva: *Il giudice tutelare, prima di provvedere sulla domanda di affiliazione, raccoglie accurate informazioni sulle condizioni economiche, morali e familiari del richiedente, sul trattamento da esso fatto al minore, sulle condizioni fisiche, morali e intellettuali di questo. Deve inoltre sentire l'istituto presso il quale il minore fu ricoverato o dal quale fu assistito, i prossimi parenti del mede-*

CODICE CIVILE

simo e il minore stesso, se è in grado di esprimere il suo avviso.

Il giudice tutelare può prescrivere norme per l'allevamento e l'educazione del minore.

Il provvedimento che accoglie la domanda di affiliazione deve essere omologato dal tribunale, sentito il pubblico ministero, e deve essere annotato in margine all'atto di nascita del minore. Nell'ipotesi prevista dal secondo comma dell'art. 405 il tribunale, prima di provvedere, deve sentire il coniuge; se ciò non è possibile, può sentire i parenti prossimi.

407. Procedimento.

Il ricorso per l'istituzione dell'amministrazione di sostegno deve indicare le generalità del beneficiario, la sua dimora abituale, le ragioni per cui si richiede la nomina dell'amministratore di sostegno, il nominativo ed il domicilio, se conosciuti dal ricorrente, del coniuge, dei discendenti, degli ascendenti, dei fratelli e dei conviventi del beneficiario.

Il giudice tutelare deve sentire personalmente la persona cui il procedimento si riferisce recandosi, ove occorra, nel luogo in cui questa si trova e deve tener conto, compatibilmente con gli interessi e le esigenze di protezione della persona, dei bisogni e delle richieste di questa.

Il giudice tutelare provvede, assunte le necessarie informazioni e sentiti i soggetti di cui all'articolo 406; in caso di mancata comparizione provvede comunque sul ricorso. Dispone altresì, anche d'ufficio, gli accertamenti di natura medica e tutti gli altri mezzi istruttori utili ai fini della decisione.

Il giudice tutelare può, in ogni tempo, modificare o integrare, anche d'ufficio, le decisioni assunte con il decreto di nomina dell'amministratore di sostegno.

In ogni caso, nel procedimento di nomina dell'amministratore di sostegno interviene il pubblico ministero[1].

[1] Articolo aggiunto dall'art. 3, L. 9 gennaio 2004, n. 6, a decorrere dal 19 marzo 2004. Il testo previgente disponeva: *Art. 407. Divieto di affiliazione. Non può essere accolta l'istanza di affiliazione di chi si trova nelle condizioni di incapacità tutelare previste dall'art. 350.*

408. Scelta dell'amministratore di sostegno.

La scelta dell'amministratore di sostegno avviene con esclusivo riguardo alla cura ed agli interessi della persona del beneficiario. L'amministratore di sostegno può essere designato dallo stesso interessato, in previsione della propria eventuale futura incapacità, mediante atto pubblico o scrittura privata autenticata. In mancanza, ovvero in presenza di gravi motivi, il giudice tutelare può designare con decreto motivato un amministratore di sostegno diverso. Nella scelta, il giudice tutelare preferisce, ove possibile, il coniuge che non sia separato legalmente, la persona stabilmente convivente, il padre, la madre, il figlio o il fratello o la sorella, il parente entro il quarto grado ovvero il soggetto designato dal genitore superstite con testamento, atto pubblico o scrittura privata autenticata.

Le designazioni di cui al primo comma possono essere revocate dall'autore con le stesse forme.

Non possono ricoprire le funzioni di amministratore di sostegno gli operatori dei servizi pubblici o privati che hanno in cura o in carico il beneficiario.

Il giudice tutelare, quando ne ravvisa l'opportunità, e nel caso di designazione dell'interessato quando ricorrano gravi motivi, può chiamare all'incarico di amministratore di sostegno anche altra persona idonea, ovvero uno dei soggetti di cui al titolo II al cui legale rappresentante ovvero alla persona che questi ha facoltà di delegare con atto depositato presso l'ufficio del giudice tutelare, competono tutti i doveri e tutte le facoltà previste nel presente capo[1].

[1] Articolo aggiunto dall'art. 3, L. 9 gennaio 2004, n. 6, a decorrere dal 19 marzo 2004. Il testo previgente disponeva: *Art. 408. Attribuzione di cognome sull'affiliato. Il provvedimento che accoglie la domanda attribuisce al minore il cognome dell'affiliante, qualora questi ne abbia fatta richiesta.*

Se si tratta di un figlio legittimo o di un figlio naturale riconosciuto, il cognome dell'affiliante può soltanto essere aggiunto a quello del minore.

● Norme connesse:

- art. 1, comma 15 e 48, L. 20 maggio 2016, n. 76.

409. Effetti dell'amministrazione di sostegno.

Il beneficiario conserva la capacità di agire per tutti gli atti che non richiedono la rappresentanza esclusiva o l'assistenza necessaria dell'amministratore di sostegno.

Il beneficiario dell'amministrazione di sostegno può in ogni caso compiere gli atti necessari a soddisfare le esigenze della propria vita quotidiana[1 2].

[1] Articolo aggiunto dall'art. 3, L. 9 gennaio 2004, n. 6, a decorrere dal 19 marzo 2004.

[2] Il testo precedente le modifiche apportate dalla L. 4 maggio 1983, n. 184 disponeva: *Art. 409. Effetti dell'affiliazione. L'affiliazione attribuisce all'affiliante i poteri inerenti alla potestà dei genitori.*

L'affiliante deve mantenere l'affiliato; deve istruirlo ed educarlo conformemente a quanto è prescritto nell'art. 147. Sono applicabili le disposizioni degli articoli 301, terzo comma e 302.

Il coniuge dell'affiliante può ottenere, nelle forme già indicate, che la qualità di affiliante sia attribuita anche a lui.

Se il minore è stato affiliato da due coniugi, l'esercizio dei poteri inerenti alla potestà spetta ad entrambi.

Il testo originario, quello cioè precedente le modifiche apportate dalla L. 19 maggio 1975, n. 151, disponeva: *L'affiliazione attribuisce all'affiliante i poteri inerenti alla patria potestà.*

L'affiliante deve mantenere l'affiliato; deve educarlo e istruirlo conformemente a quanto è prescritto nell'art. 147. Sono applicabili le disposizioni degli articoli 301, quarto comma, e 302.

Il coniuge dell'affiliante può ottenere, nelle forme già indicate, che la qualità di affiliante sia attribuita anche a lui.

Se il minore è stato affiliato da due coniugi, l'esercizio dei poteri inerenti alla patria potestà spetta al marito.

410. Doveri dell'amministratore di sostegno. Nello svolgimento dei suoi compiti l'amministratore di sostegno deve tener conto dei bisogni e delle aspirazioni del beneficiario.

L'amministratore di sostegno deve tempestivamente informare il beneficiario circa gli atti da compiere nonché il giudice tutelare in caso di dissenso con il beneficiario stesso. In caso di contrasto, di scelte o di atti dannosi ovvero di negligenza nel perseguire l'interesse o nel soddisfare i bisogni o le richieste del beneficiario, questi, il pubblico ministero o gli altri soggetti di cui all'articolo 406 possono ricorrere al giudice tutelare, che adotta con decreto motivato gli opportuni provvedimenti.

L'amministratore di sostegno non è tenuto a continuare nello svolgimento dei suoi compiti oltre dieci anni, ad eccezione dei casi in cui tale incarico è rivestito dal coniuge, dalla persona stabilmente convivente, dagli ascendenti o dai discendenti[1].

[1] Articolo aggiunto dall'art. 3, L. 9 gennaio 2004, n. 6, a decorrere dal 19 marzo 2004. Il testo previgente le modifiche apportate dalla L. 4 maggio 1983, n. 184 disponeva: *Art. 410. Revoca dell'affiliazione. L'affiliazione può essere revocata dal giudice tutelare:*

1) su richiesta dell'affiliante per traviamento del minore;

2) su richiesta dell'affiliante per sopravvenuta impossibilità di continuare a provvedere all'allevamento del minore;

3) su richiesta dell'istituto di pubblica assistenza che ha ricoverato o assistito il minore, o, nel caso previsto dal secondo comma dell'art. 404, su richiesta del pubblico ministero, quando ricorrono gravi motivi;

4) su richiesta dell'affiliato divenuto maggiore, quando ricorrono gravi motivi.

411. Norme applicabili all'amministrazione di sostegno.

Si applicano all'amministratore di sostegno, in quanto compatibili, le disposizioni di cui agli articoli da 349 a 353 e da 374 a 388. I provvedimenti di cui agli articoli 375 e 376 sono emessi dal giudice tutelare.

All'amministratore di sostegno si applicano altresì, in quanto compatibili, le disposizioni degli articoli 596, 599 e 779.

Sono in ogni caso valide le disposizioni testamentarie e le convenzioni in favore dell'amministratore di sostegno che sia parente entro il quarto grado del beneficiario, ovvero che sia coniuge o persona che sia stata chiamata alla funzione in quanto con lui stabilmente convivente.

Il giudice tutelare, nel provvedimento con il quale nomina l'amministratore di sostegno, o successivamente, può disporre che determinati effetti, limitazioni o decadenze, previsti da disposizioni di legge per l'interdetto o l'inabilitato, si estendano al beneficiario dell'amministrazione di sostegno, avuto riguardo all'interesse del medesimo ed a quello tutelato dalle predette disposizioni. Il provvedimento è assunto con decreto motivato a seguito di ricorso che può essere presentato anche dal beneficiario direttamente[1 2].

[1] Articolo aggiunto dall'art. 3, L. 9 gennaio 2004, n. 6, a decorrere dal 19 marzo 2004.

[2] Il testo previgente le modifiche apportate dall'art. 77, L. 4 maggio 1983, n. 184, disponeva: *Art. 411. Estinzione dell'affiliazione. Nel caso di reintegrazione dei genitori nella potestà, di legittimazione o di riconoscimento del minore il giudice tutelare delibera se sia nell'interesse del minore continuare l'affiliazione, ovvero se sia da conferire al genitore l'esercizio della potestà. In quest'ultimo caso dichiara estinta l'affiliazione.*

L'affiliazione non può tuttavia essere dichiarata estinta senza il consenso dell'affiliante nel caso di riconoscimento di un minore che sia stato affiliato a seguito di affidamento da parte di un istituto di pubblica assistenza, salvo che ricorrano gravi e fondati motivi.

Se l'affiliazione continua, l'affiliato, a cui è stato attribuito il cognome dell'affiliante, non assume il cognome del genitore.

Il giudice tutelare può prescrivere in ogni caso regole o condizioni per l'ulteriore educazione del minore.

Il testo originario, quello precedente le modifiche apportate dalla L. 19 maggio 1975, n. 151, invece, disponeva: *Il giudice tutelare, su richiesta degli interessati o anche d'ufficio, dichiara estinta l'affiliazione quando il genitore dell'affiliato, decaduto dalla patria potestà o impedito di esercitarla, è reintegrato nell'esercizio della potestà medesima.*

Nel caso di legittimazione o di riconoscimento del minore, il giudice tutelare delibera se sia nell'interesse del minore continuare l'affiliazione, ovvero se sia da conferire, al genitore l'esercizio della patria potestà. In quest'ultimo caso dichiara estinta l'affiliazione. Se l'affiliazione continua, l'affiliato, a cui è stato attribuito il cognome dell'affiliante, non assume il cognome del genitore.

Il giudice tutelare può prescrivere in ogni caso regole o condizioni per l'ulteriore educazione del minore.

412. Atti compiuti dal beneficiario o dall'amministratore di sostegno in violazione di norme di legge o delle disposizioni del giudice.

Gli atti compiuti dall'amministratore di sostegno in violazione di disposizioni di legge, od in eccesso rispetto all'oggetto dell'incarico o ai poteri conferitigli dal giudice, possono essere annullati su istanza dell'amministratore di sostegno, del pubblico ministero, del beneficiario o dei suoi eredi ed aventi causa.

Possono essere parimenti annullati su istanza dell'amministratore di sostegno, del beneficiario, o

CODICE CIVILE

dei suoi eredi ed aventi causa, gli atti compiuti personalmente dal beneficiario in violazione delle disposizioni di legge o di quelle contenute nel decreto che istituisce l'amministrazione di sostegno.

Le azioni relative si prescrivono nel termine di cinque anni. Il termine decorre dal momento in cui è cessato lo stato di sottoposizione all'amministrazione di sostegno[1].

[1] Articolo aggiunto dall'art. 3, L. 9 gennaio 2004, n. 6, a decorrere dal 19 marzo 2004. Il testo previgente le modifiche apportate dalla L. 4 maggio 1983, n. 184, l'art. 412 disponeva: *Procedimento per la revoca e l'estinzione - Il giudice tutelare, prima di emettere il provvedimento di revoca o di estinzione, deve sentire le persone tra cui il vincolo di affiliazione è stato costituito e il rappresentante dell'istituto che ha prestato il ricovero o l'assistenza al minore.*

Il provvedimento di revoca o di estinzione è soggetto all'omologazione e all'annotazione previste nel terzo comma dell'art. 406.

413. Revoca dell'amministrazione di sostegno.

Quando il beneficiario, l'amministratore di sostegno, il pubblico ministero o taluno dei soggetti di cui all'articolo 406, ritengono che si siano determinati i presupposti per la cessazione dell'amministrazione di sostegno, o per la sostituzione dell'amministratore, rivolgono istanza motivata al giudice tutelare.

L'istanza è comunicata al beneficiario ed all'amministratore di sostegno.

Il giudice tutelare provvede con decreto motivato, acquisite le necessarie informazioni e disposti gli opportuni mezzi istruttori.

Il giudice tutelare provvede altresì, anche d'ufficio, alla dichiarazione di cessazione dell'amministrazione di sostegno quando questa si sia rivelata inidonea a realizzare la piena tutela del beneficiario. In tale ipotesi, se ritiene che si debba promuovere giudizio di interdizione o di inabilitazione, ne informa il pubblico ministero, affinché vi provveda. In questo caso l'amministrazione di sostegno cessa con la nomina del tutore o del curatore provvisorio ai sensi dell'articolo 419, ovvero con la dichiarazione di interdizione o di inabilitazione[1].

[1] Articolo aggiunto dall'art. 3, L. 9 gennaio 2004, n. 6, a decorrere dal 19 marzo 2004. Il testo previgente le modifiche apportate dalla L. 4 maggio 1983, n. 184, disponeva: *Estinzione dell'affiliazione per matrimonio - Il matrimonio tra persone legate da vincolo di affiliazione estingue di diritto l'affiliazione*

CAPO II

DELLA INTERDIZIONE, DELLA INABILITAZIONE E DELLA INCAPACITÀ NATURALE[1]

[1] Rubrica aggiunta dall'art. 4, L. 9 gennaio 2004, n. 6, a decorrere dal 19 marzo 2004.

● Norme connesse:
- artt. 42 ss, L. 31 maggio 1995, n. 218; artt. 1 ss, L. 18 dicembre 1984, n. 975.

414. Persone che possono essere interdette.

Il maggiore di età [2] e il minore emancipato [390], i quali si trovano in condizioni di abituale infermità di mente che li rende incapaci di provvedere ai propri interessi, sono interdetti [85, 119, 193, 245, 417 ss., 427, 429, 2942 n. 1; disp. att. 40; c.p. 643; c.p.c. 712] quando ciò è necessario per assicurare la loro adeguata protezione[1].

[1] Articolo così sostituito dall'art. 4, L. 9 gennaio 2004, n. 6, a decorrere dal 19 marzo 2004. Il testo previgente disponeva: *Il maggiore di età e il minore emancipato, i quali si trovano in condizioni di abituale infermità di mente che li rende incapaci di provvedere ai propri interessi, devono essere interdetti.*

● Norme connesse:
- art. 4, comma 5, II cpv., L. 1 dicembre 1970, n. 898.

■ Codice civile del 1865: *Art. 324. Il maggiore di età ed il minore emancipato, il quale si trovi in condizione di abituale infermità di mente che lo renda incapace di provvedere ai propri interessi, deve essere interdetto.*

415. Persone che possono essere inabilitate.

Il maggiore di età infermo di mente, lo stato del quale non è talmente grave da far luogo all'interdizione [414], può essere inabilitato [166, 193, 417, 429; disp. att. 40; c.p.c. 712].

Possono anche essere inabilitati coloro che, per prodigalità [776 comma 2] o per abuso abituale di bevande alcooliche o di stupefacenti, espongono sé o la loro famiglia a gravi pregiudizi economici.

Possono infine essere inabilitati il sordo[1] e il cieco dalla nascita o dalla prima infanzia, se non hanno ricevuto un'educazione sufficiente, salva l'applicazione dell'articolo 414 quando risulta che essi sono del tutto incapaci di provvedere ai propri interessi [432, 776; c.p.c. 712].

[1] Il termine "sordo" sostituisce l'originario termine "sordomuto" ex art. 1, L. 20 febbraio 2006, n. 95.

■ Codice civile del 1865: *Art. 339. L'infermo di mente il cui stato non sia talmente grave da fai luogo all'interdizione, e il prodigo potranno dal tribunale essere dichiarati inabili a stare in giudizio, fare transazioni, prendere a prestito, ricevere capitali, rilasciare liberazioni, alienare od ipotecare i suoi beni, né fare altro atto che ecceda la semplice amministrazione, senza l'assistenza di un curatore da nominarsi dal consiglio di famiglia o di tutela.*

L'inabilitazione può essere promossa da coloro che hanno diritto di promuovere l'interdizione.

Art. 340. Il sordo-muto ed il cieco dalla nascita, giunti all'età maggiore, si reputeranno inabilitati di diritto, eccettoché il tribunale li abbia dichiarati abili a provvedere alle cose proprie.

La nullità degli atti fatti dall'inabilitato senza l'assistenza del curatore non può essere proposta che dal inabilitato e dà suoi eredi od aventi causa.

L'inabilitazione sarà rivocata, come l'interdizione, quando sia cessata la causa per cui fu pronunziata.

416. Interdizione e inabilitazione nell'ultimo anno di minore età.

Il minore non emancipato [390] può essere interdetto [414] o inabilitato [415] nell'ultimo anno della sua minore età [2, 102 421, 692 comma 2; disp. att. 40]. L'interdizione o l'inabilitazione ha effetto dal giorno in cui il minore raggiunge l'età maggiore.

■ Codice civile del 1865: *Art. 325. Il minore non emancipato può essere interdetto nell'ultimo anno della sua minore.*

417. Istanza d'interdizione o di inabilitazione.

L'interdizione [414] o l'inabilitazione [415] possono essere promosse dalle persone indicate negli articoli 414 e 415, dal coniuge, dalla persona stabilmente convivente, dai parenti [74] entro il quarto grado [76], dagli affini entro il secondo grado [78], dal tutore o curatore ovvero dal pubblico ministero [418; c.p.c. 69][1].

Se l'interdicendo o l'inabilitando si trova sotto la responsabilità genitoriale [316, 317-*bis*] o ha per curatore uno dei genitori [332], l'interdizione o l'inabilitazione non può essere promossa che su istanza del genitore medesimo o del pubblico ministero [c.p.c. 712][2].

[1] Comma così modificato dall'art. 5, L. 9 gennaio 2004, n. 6, a decorrere dal 19 marzo 2004. Il testo previgente disponeva: *L'interdizione e l'inabilitazione possono essere promosse dal coniuge, dai parenti entro il quarto grado, dagli affini entro il secondo grado, dal tutore o curatore ovvero dal pubblico ministero.*

[2] Comma così modificato dall'art. 63, D.Lgs. 28 dicembre 2013, n. 154, a decorrere dal 7 febbraio 2014. Il testo previgente disponeva: *Se l'interdicendo o l'inabilitando si trova sotto la potestà dei genitori o ha per curatore uno dei genitori, l'interdizione o l'inabilitazione non può essere promossa che su istanza del genitore medesimo o del pubblico ministero.*

■ Codice civile del 1865: *Art. 326. L'interdizione può essere promossa da qualsiasi congiunto, dal coniuge e dal pubblico ministero.*

418. Poteri dell'autorità giudiziaria.

Promosso il giudizio di interdizione [c.p.c. 712], può essere dichiarata anche d'ufficio l'inabilitazione per infermità di mente [415, 432].

Se nel corso del giudizio d'inabilitazione si rivela l'esistenza delle condizioni richieste per l'interdizione, il pubblico ministero fa istanza al tribunale di pronunziare l'interdizione, e il tribunale provvede nello stesso giudizio, premessa l'istruttoria necessaria [disp. att. 40; c.p.c. 714].

Se nel corso del giudizio di interdizione o di inabilitazione appare opportuno applicare l'amministrazione di sostegno, il giudice, d'ufficio o ad istanza di parte, dispone la trasmissione del procedimento al giudice tutelare. In tal caso il giudice competente per l'interdizione o per l'inabilitazione può adottare i provvedimenti urgenti di cui al quarto comma dell'articolo 405[1].

[1] Comma aggiunto dall'art. 6, L. 9 gennaio 2004, n. 6, a decorrere dal 19 marzo 2004.

419. Mezzi istruttori e provvedimenti provvisori.

Non si può pronunziare l'interdizione o l'inabilitazione senza che si sia proceduto all'esame dell'interdicendo o dell'inabilitando [c.p.c. 713, 714].

Il giudice può in questo esame farsi assistere da un consulente tecnico [c.p.c. 61]. Può anche d'ufficio disporre i mezzi istruttori utili ai fini del giudizio, interrogare i parenti prossimi [77] dell'interdicendo o inabilitando e assumere le necessarie informazioni.

Dopo l'esame, qualora sia ritenuto opportuno, può essere nominato un tutore provvisorio all'interdicendo o un curatore provvisorio all'inabilitando [422, 423, 427; c.p.c. 716, 717, 719].

■ Codice civile del 1865: *Art. 327. L'interdizione non potrà essere pronunziata se non avuto il parere del consiglio di famiglia o di tutela, e dopo essersi proceduto all'interrogatorio della persona contro cui si promuove.*

Il coniuge e i discendenti della persona di cui si domanda l'interdizione ed i parenti che l'abbiano promossa, non possono far parte del consiglio di famiglia o di tutela, né assistere alle sue deliberazioni, sino a che non sia pronunziata sentenza definitiva; essi però hanno diritto di essere sentiti per dare schiarimenti al consiglio.

Dopo l'interrogatorio il tribunale deputerà, se occorre, un amministratore provvisionale, affinché prenda cura della persona di cui fu richiesta l'interdizione e dei suoi beni.

420. Internamento definitivo in manicomio.

[...][1].

[1] Articolo abrogato dall'art. 11, L. 13 maggio 1978, n. 180. Il testo previgente disponeva: *La nomina del tutore provvisorio può essere altresì disposta dal tribunale con lo stesso provvedimento col quale autorizza in via definitiva la custodia di una persona inferma di mente in un manicomio o in un altro istituto di cura o in una casa privata. In tal caso, se l'istanza d'interdizione non è stata proposta dalle altre persone indicate nell'art. 417, è proposta dal pubblico ministero.*

421. Decorrenza degli effetti dell'interdizione e dell'inabilitazione.

L'interdizione [414] e l'inabilitazione [415] producono i loro effetti dal giorno della pubblicazione della sentenza [427; 133 c.p.c.], salvo il caso previsto dall'articolo 416.

■ Codice civile del 1865: *Art. 328. L'interdizione produce il suo effetto dal giorno della sentenza.*

CODICE CIVILE

422. Cessazione del tutore e del curatore provvisorio.

Nella sentenza che rigetta l'istanza d'interdizione o d'inabilitazione, può disporsi che il tutore o il curatore provvisorio [419] rimanga in ufficio fino a che la sentenza non sia passata in giudicato [c.p.c. 324].

423. Pubblicità.

Il decreto di nomina del tutore o del curatore provvisorio [419] e la sentenza d'interdizione o di inabilitazione [421] devono essere immediatamente annotati a cura del cancelliere nell'apposito registro [disp. att. 48, 49] e comunicati entro dieci giorni all'ufficiale dello stato civile per le annotazioni in margine all'atto di nascita [430; disp. att. 42].

424. Tutela dell'interdetto e curatela dell'inabilitato.

Le disposizioni sulla tutela dei minori [343] e quelle sulla curatela dei minori emancipati [390 ss.] si applicano rispettivamente alla tutela degli interdetti [45, 90, 102, 166, 273, 355, 701, 774, 1471 n. 3, 2198] e alla curatela degli inabilitati [1190; c.p. 32].

Le stesse disposizioni si applicano rispettivamente anche nei casi di nomina del tutore provvisorio dell'interdicendo e del curatore provvisorio dell'inabilitando a norma dell'articolo 419. Per l'interdicendo non si nomina il protutore [360] provvisorio [355].

Nella scelta del tutore dell'interdetto e del curatore dell'inabilitato il giudice tutelare individua di preferenza la persona più idonea all'incarico tra i soggetti, e con i criteri, indicati nell'articolo 408[1].

[1] Comma così sostituito dall'art. 7, L. 9 gennaio 2004, n. 6, a decorrere dal 19 marzo 2004. Il testo previgente disponeva: *Nella scelta del tutore dell'interdetto e del curatore dell'inabilitato il giudice tutelare deve preferire il coniuge maggiore di età che non sia separato legalmente, il padre, la madre, un figlio maggiore di età o la persona eventualmente designata dal genitore superstite con testamento, atto pubblico o scrittura privata autenticata.*

● Norme connesse:

- artt. 42 ss, L. 31 maggio 1995, n. 218; artt. 1 ss., L. 18 dicembre 1984, n. 975; art. 9, R.D. 14 dicembre 1933, n. 1669; art. 12, 13, R.D. 21 dicembre 1933, n. 1736; art. 1, comma 48, L. 20 maggio 2016, n. 76.

■ Codice civile del 1865: *Art. 329. L'interdetto è in istato di tutela.*

Le disposizioni relative alla tutela dei minori sono comuni alla tutela degli interdetti.

Art. 330. Il coniuge maggiore di età e non separato legalmente è tutore di diritto dell'altro coniuge interdetto per infermità di mente.

È parimente tutore di diritto, dopo il coniuge, il padre dell'interdetto o, in mancanza del padre, la madre.

Mancando la tutela del coniuge, del padre e della madre, il tutore è nominato dal consiglio di famiglia o di tutela, salvoché il genitore che sopravvisse, prevedendo il caso della interdizione del figlio, glielo abbia designato per testamento o per atto notarile.

Art. 331. Quando la tutela sia esercitata dal coniuge, dal padre o dalla madre, il consiglio di famiglia o di tutela potrà dispensare il tutore dall'obbligo di presentare gli stati annuali menzionati nell'articolo 303.

Art. 332. Il tutore dell'interdetto non sarà tenuto a far vendere i mobili che servono all'abitazione della famiglia.

425. Esercizio dell'impresa commerciale da parte dell'inabilitato.

L'inabilitato può continuare l'esercizio dell'impresa commerciale [2195, 2198] soltanto se autorizzato dal tribunale [disp. att. 38] su parere del giudice tutelare [344; disp. att. 100; c.p.c. 732]. L'autorizzazione può essere subordinata alla nomina di un institore [2203 ss.].

● Norme connesse:

- art. 12, R.D. 21 dicembre 1933, n. 1736.

426. Durata dell'ufficio.

Nessuno è tenuto a continuare nella tutela dell'interdetto o nella curatela dell'inabilitato oltre dieci anni, ad eccezione del coniuge, della persona stabilmente convivente, degli ascendenti o dei discendenti[1].

[1] Comma così modificato dall'art. 8, L. 9 gennaio 2004, n. 6, a decorrere dal 19 marzo 2004. Il testo previgente disponeva: *Nessuno è tenuto a continuare nella tutela dell'interdetto o nella curatela dell'inabilitato oltre dieci anni, ad eccezione del coniuge, degli ascendenti o dei discendenti.*

■ Codice civile del 1865: *Art. 333. Nessuno, ad eccezione dei coniugi, degli ascendenti e dei discendenti. sarà tenuto di continuare nella tutela dell'interdetto oltre dieci anni.*

427. Atti compiuti dall'interdetto e dall'inabilitato.

Nella sentenza che pronuncia l'interdizione o l'inabilitazione, o in successivi provvedimenti dell'autorità giudiziaria, può stabilirsi che taluni atti di ordinaria amministrazione possano essere compiuti dall'interdetto senza l'intervento ovvero con l'assistenza del tutore, o che taluni atti eccedenti l'ordinaria amministrazione possano essere compiuti dall'inabilitato senza l'assistenza del curatore[1].

Gli atti compiuti dall'interdetto dopo la sentenza di interdizione [423] possono essere annullati [119, 226, 774, 1425] su istanza del tutore, dell'interdetto [1190] o dei suoi eredi o aventi causa. Sono del pari annullabili gli atti compiuti dall'interdetto dopo la nomina del tutore provvisorio [419], qualora alla nomina segua la sentenza di interdizione.

Possono essere annullati su istanza dell'inabilitato o dei suoi eredi o aventi causa gli atti eccedenti l'ordinaria amministrazione [374, 432, 1572] fatti dall'inabilitato, senza l'osservanza delle prescritte formalità, dopo la sentenza d'inabilitazione o dopo la nomina del curatore provvisorio, qualora alla nomina sia seguita l'inabilitazione [776].

Per gli atti compiuti dall'interdetto prima della sentenza d'interdizione o prima della nomina del tutore provvisorio si applicano le disposizioni dell'articolo seguente.

[1] Comma premesso dall'art. 9, L. 9 gennaio 2004, n. 6, a decorrere dal 19 marzo 2004.

● Norme connesse:

- art. 12, R.D. 21 dicembre 1933, n. 1736.

■ Codice civile del 1865: *Art. 335. Gli atti fatti dall'interdetto dopo la sentenza d'interdizione, od anche dopo la nomina dell'amministratore provvisionale sono nulli di diritto.*

La nullità non può essere proposta se non dal tutore, dall'interdetto e dai suoi eredi od aventi causa.

Art. 336. Gli atti anteriori alla interdizione possono essere annullati, se la causa d'interdizione sussisteva al tempo in cui avevano luogo gli atti medesimi, e sempreché per la qualità del contratto, o per il grave pregiudizio che ne sia derivato o ne possa derivare all'interdetto, od altrimenti risulti la mala fede di chi contrattò col medesimo.

Art. 337. Dopo la morte di un individuo, gli atti da esso fatti non potranno essere impugnati per infermità di mente, se non quando o siasi promossa l'interdizione prima della morte di esso, o la prova dell'infermità risulti dall'atto stesso che viene impugnato.

428. Atti compiuti da persona incapace d'intendere o di volere.

Gli atti compiuti da persona che, sebbene non interdetta, si provi essere stata per qualsiasi causa, anche transitoria, incapace d'intendere o di volere al momento in cui gli atti sono stati compiuti, possono essere annullati [775, 1425, 1441] su istanza della persona medesima o dei suoi eredi o aventi causa [377, 799], se ne risulta un grave pregiudizio all'autore [120, 591 n. 3].

L'annullamento dei contratti non può essere pronunziato se non quando, per il pregiudizio che sia derivato o possa derivare alla persona incapace d'intendere o di volere o per la qualità del contratto o altrimenti, risulta la malafede dell'altro contraente.

L'azione si prescrive nel termine di cinque anni dal giorno in cui l'atto o il contratto è stato compiuto [1442].

Resta salva ogni diversa disposizione di legge [120, 591 n. 3, 775; disp. att. 130].

429. Revoca dell'interdizione e dell'inabilitazione.

Quando cessa la causa dell'interdizione [414] o dell'inabilitazione [415], queste possono essere revocate su istanza del coniuge, dei parenti entro il quarto grado [74, 76] o degli affini entro il secondo grado [78], del tutore dell'interdetto [424], del curatore dell'inabilitato o su istanza del pubblico ministero [42; c.p.c. 720].

Il giudice tutelare [344] deve vigilare per riconoscere se la causa dell'interdizione o dell'inabilitazione continui. Se ritiene che sia venuta meno, deve informarne il pubblico ministero.

Se nel corso del giudizio per la revoca dell'interdizione o dell'inabilitazione appare opportuno che, successivamente alla revoca, il soggetto sia assistito dall'amministratore di sostegno, il tribunale, d'ufficio o ad istanza di parte, dispone la trasmissione degli atti al giudice tutelare[1].

[1] Comma aggiunto dall'art. 10, L. 9 gennaio 2004, n. 6, a decorrere dal 19 marzo 2004.

■ Codice civile del 1865: *Art. 338. L'interdizione sarà rivocata ad istanza dei parenti del coniuge o del pubblico ministero, quando venga a cessare la causa che vi abbia dato luogo.*

Il consiglio di famiglia o di tutela dovrà vegliare per riconoscere, se continui la causa dell'interdizione.

Art. 342. L'inabilitazione sarà rivocata, come l'interdizione, quando sia cessata la causa per cui fu pronunziata.

430. Pubblicità.

Alla sentenza di revoca dell'interdizione o dell'inabilitazione si applica l'articolo 423.

431. Decorrenza degli effetti della sentenza di revoca.

La sentenza che revoca l'interdizione o l'inabilitazione [429, 720] produce i suoi effetti appena passata in giudicato [344].

Tuttavia gli atti compiuti dopo la pubblicazione [c.p.c. 133] della sentenza di revoca non possono essere impugnati se non quando la revoca è esclusa con sentenza passata in giudicato.

432. Inabilitazione nel giudizio di revoca dell'interdizione.

L'autorità giudiziaria [c.p.c. 712, 720] che, pur riconoscendo fondata l'istanza di revoca dell'interdizione, non crede che l'infermo abbia riacquistato la piena capacità, può revocare l'interdizione e dichiarare inabilitato l'infermo medesimo.

Si applica anche in questo caso, il primo comma dell'articolo precedente.

Gli atti non eccedenti l'ordinaria amministrazione [426] compiuti dall'inabilitato [415] dopo la pubblicazione della sentenza che revoca l'interdizione [429], possono essere impugnati [427] solo quando la revoca è esclusa con sentenza passata in giudicato [c.p.c. 324].

TITOLO XIII
DEGLI ALIMENTI

● Norme connesse:

- Convenzione di New York del 20 giugno 1956 in tema di recupero degli alimenti all'estero; la Convenzione dell'Aja del

15 aprile 1958 in tema di obbligazione alimentare nei confronti dei minori; L. 24 ottobre 1980, n. 745 di ratifica della Convenzione dell'Aja del 2 ottobre 1973 in tema di obbligazioni alimentari; artt. 42 ss, L. 31 maggio 1995, n. 218; artt. 1 ss., L. 18 dicembre 1984, n. 975; artt. 46, comma 1, n. 2, 47, 142, comma 3, lett a), R.D. 16 marzo 1942, n. 267; art. 1, comma 19, L. 20 maggio 2016, n. 76.

433. Persone obbligate.

All'obbligo di prestare gli alimenti [438] sono tenuti, nell'ordine [2751 n. 4]:

1) il coniuge [51, 1295 ss., 548, 585, 156];

2) i figli, anche adottivi, e, in loro mancanza, i discendenti prossimi[1];

3) i genitori e, in loro mancanza, gli ascendenti prossimi; gli adottanti[2];

4) i generi e le nuore [434];

5) il suocero e la suocera;

6) i fratelli e le sorelle germani o unilaterali, con precedenza dei germani sugli unilaterali [439][3].

[1] Numero così sostituito dall'art. 64, D.Lgs. 28 dicembre 2013, n. 154, a decorrere dal 7 febbraio 2014. Il testo previgente disponeva: *2) i figli legittimi o legittimati o naturali o adottivi, e in loro mancanza, i discendenti prossimi, anche naturali.*

[2] Numero così sostituito dall'art. 64, D.Lgs. 28 dicembre 2013, n. 154, a decorrere dal 7 febbraio 2014. Il testo previgente disponeva: *3) i genitori e in loro mancanza, gli ascendenti prossimi, anche naturali; gli adottanti.*

[3] Articolo così sostituito dall'art. 168, L. 19 maggio 1975, n. 151. Il testo previgente disponeva: *All'obbligo di prestare gli alimenti sono tenuti, nell'ordine seguente: 1) il coniuge; 2) i figli legittimi o legittimati e, in mancanza, i discendenti prossimi; 3) i genitori e, in loro mancanza, gli ascendenti prossimi; 4) i generi e le nuore; 5) il suocero e la suocera; 6) i fratelli e le sorelle germani o unilaterali, con precedenza dei germani sugli unilaterali.*

● Norme connesse:

- comma 1, alinea: art. 2, D.L. 31 maggio 1994, n. 330, convertito in L. 27 luglio 1994, n. 473 (che sostituisce l'art. 10 TUIR), secondo cui *gli alimenti liquidati con provvedimento dell'autorità giudiziaria costituiscono oneri deducibili dai redditi ai fini fiscali.*

- Regolamento (CE) n. 4/2009 del Consiglio, del 18 dicembre 2008, relativo alla competenza, alla legge applicabile, al riconoscimento e all'esecuzione delle decisioni e alla cooperazione in materia di obbligazioni alimentari; artt. 5, 9, 9-bis, L. 1 dicembre 1970, n. 898; art. 1, comma 65, L. 20 maggio 2016, n. 76.

■ Codice civile del 1865: *Art. 142. L'obbligo degli alimenti cade in primo luogo sopra il coniuge, in secondo luogo sopra i discendenti, in terzo luogo sopra gli ascendenti, in quarto luogo sopra il genero o la nuora, in quinto luogo sopra il suocero e la suocera, in ultimo sopra i fratelli o le sorelle.*

Fra i discendenti la gradazione è regolata dall'ordine con cui essi sarebbero chiamati alla successione legittima della persona che ha diritto agli alimenti.

434. Cessazione dell'obbligo tra affini.

L'obbligazione alimentare del suocero e della suocera e quella del genero e della nuora [433 nn. 4 e 5] cessano:

1) quando la persona che ha diritto agli alimenti è passata a nuove nozze;

2) quando il coniuge, da cui deriva l'affinità [78], e i figli nati dalla sua unione con l'altro coniuge e i loro discendenti sono morti.

■ Codice civile del 1865: *Art. 140. La reciproca obbligazione degli alimenti ha pure luogo tra suocero, suocera, genero e nuora.*

Questa obbligazione cessa:

1° Quando la suocera o la nuora sia passata a seconde nozze;

2° Quando il coniuge da cui derivava l'affinità, ed i figli nati dalla sua unione coll'altro coniuge ed i loro discendenti siano morti.

435. Obbligo dei genitori e dei figli naturali.

[...][1].

[1] Articolo abrogato dall'art. 169, L. 19 maggio 1975, n. 151. Il testo previgente disponeva: *Il figlio naturale deve gli alimenti al genitore. Il suo obbligo ha grado dopo quello dei genitori e degli ascendenti legittimi dell'alimentando.*

Il genitore deve gli alimenti al suo figlio naturale e ai discendenti legittimi di questo. Il suo obbligo ha grado dopo quello dei figli naturali dell'alimentando.

Il genitore deve altresì gli alimenti strettamente necessari ai figli naturali del proprio figlio legittimo o naturale. Il suo obbligo ha grado dopo quello del suocero e della suocera dell'alimentando.

■ Codice civile del 1865: *Art. 187. Il figlio naturale deve gli alimenti al genitore, quando questi non abbia ascendenti o discendenti legittimi o coniuge che siano in grado di somministrarglieli.*

436. Obbligo tra adottante e adottato.

L'adottante [291] deve gli alimenti al figlio adottivo con precedenza sui genitori di lui [433 n. 3][1].

[1] Articolo così sostituito dall'art. 170, L. 19 maggio 1975, n. 151 e poi così modificato dall'art. 65, D.Lgs. 28 dicembre 2013, n. 154, a decorrere dal 7 febbraio 2014.

Il testo previgente la modifica del 1975 disponeva: *L'adottante deve gli alimenti al figlio adottivo con precedenza sui genitori legittimi o naturali di lui.*

Il figlio adottivo deve gli alimenti all'adottante in concorso con i figli legittimi.

Il testo previgente la modifica del 2013 disponeva: *L'adottante deve gli alimenti al figlio adottivo con precedenza sui genitori legittimi o naturali di lui.*

437. Obbligo del donatario.

Il donatario [438 comma 3, 769] è tenuto, con precedenza su ogni altro obbligato, a prestare gli alimenti al donante, a meno che si tratti di donazione fatta in riguardo di un matrimonio o di una donazione rimuneratoria [438 comma 3, 770, 785, 801].

438. Misura degli alimenti.

Gli alimenti possono essere chiesti [445] solo da chi versa in istato di bisogno e non è in grado di provvedere al proprio mantenimento [433].

Essi devono essere assegnati in proporzione del bisogno di chi li domanda e delle condizioni economiche [440, 441] di chi deve somministrarli [440]. Non devono tuttavia superare quanto sia necessario per la vita dell'alimentando, avuto però riguardo alla sua posizione sociale [51, 435, 439, 446, 660, 1881].

Il donatario non è tenuto oltre il valore della donazione tuttora esistente nel suo patrimonio [437].

■ Codice civile del 1865: *Art. 143. Gli alimenti debbono essere assegnati in proporzione del bisogno di chi li domanda e delle sostanze di chi deve somministrarli.*

439. Misura degli alimenti tra fratelli e sorelle.

Tra fratelli e sorelle gli alimenti sono dovuti nella misura dello stretto necessario [433 n. 6].

Possono comprendere anche le spese per l'educazione e l'istruzione se si tratta di minore[1].

[1] Comma così sostituito dall'art. 9, L. 8 marzo 1975, n. 39. Il testo previgente disponeva: *Tra fratelli e sorelle gli alimenti sono dovuti nella misura dello stretto necessario.*

Possono comprendere anche le spese per l'educazione e l'istruzione, se si tratta di persona minore dei diciotto anni.

440. Cessazione, riduzione e aumento.

Se dopo l'assegnazione degli alimenti mutano le condizioni economiche di chi li somministra o di chi riceve [438], l'autorità giudiziaria provvede per la cessazione, la riduzione o l'aumento, secondo le circostanze. Gli alimenti possono pure essere ridotti per la condotta disordinata o riprovevole dell'alimentato.

Se, dopo assegnati gli alimenti, consta che uno degli obbligati di grado anteriore è in condizione di poterli somministrare, l'autorità giudiziaria non può liberare l'obbligato di grado posteriore se non quando abbia imposto all'obbligato di grado anteriore di somministrare gli alimenti [433, 436].

■ Codice civile del 1865: *Art. 144. Se dopo l'assegnazione degli alimenti sopravviene una mutazione nelle condizioni di chi li somministra o di chi li riceve, l'autorità giudiziaria provvederà per la cessazione, la riduzione, o l'aumento secondo le circostanze.*

441. Concorso di obbligati.

Se più persone sono obbligate nello stesso grado [433], alla prestazione degli alimenti, tutte devono concorrere alla prestazione stessa, ciascuna in proporzione delle proprie condizioni economiche [438, 446].

Se le persone chiamate in grado anteriore alla prestazione non sono in condizioni di sopportare l'onere in tutto o in parte l'obbligazione stessa è posta in tutto o in parte a carico delle persone chiamate in grado posteriore.

Se gli obbligati non sono concordi sulla misura [438], sulla distribuzione e sul modo [443] di somministrazione degli alimenti, provvede l'autorità giudiziaria secondo le circostanze [446].

■ Codice civile del 1865: *Art. 145. Chi deve somministrare gli alimenti, ha la scelta di soddisfare a tale obbligazione o mediante una pensione alimentaria, o col ricevere e mantenere nella propria casa colui che ha diritto agli alimenti.*

L'autorità giudiziaria però potrà, secondo le circostanze, determinare il modo di somministrazione degli alimenti.

In caso di urgente necessità, l'autorità giudiziaria può eziandio porre temporaneamente l'obbligazione degli alimenti a carico di un solo fra quelli che vi sono obbligati, od obbligati in sussidio, salvo il regresso verso gli altri.

442. Concorso di aventi diritto.

Quando più persone hanno diritto agli alimenti nei confronti di un medesimo obbligato [433], e questi non è in grado di provvedere ai bisogni di ciascuna di esse, l'autorità giudiziaria dà i provvedimenti opportuni, tenendo conto della prossimità della parentela [76, 84] e dei rispettivi bisogni [438], e anche della possibilità che taluno degli aventi diritto abbia di conseguire gli alimenti da obbligati di grado ulteriore [446].

443. Modo di somministrazione degli alimenti.

Chi deve somministrare gli alimenti ha la scelta di adempiere questa obbligazione o mediante un assegno alimentare corrisposto in periodi anticipati [2948 n. 2], o accogliendo e mantenendo nella propria casa colui che vi ha diritto [1285].

L'autorità giudiziaria può però, secondo le circostanze, determinare il modo di somministrazione [1287].

In caso di urgente necessità l'autorità giudiziaria può altresì porre temporaneamente l'obbligazione degli alimenti a carico di uno solo tra quelli che vi sono obbligati [441], salvo il regresso verso gli altri [446, 1299].

444. Adempimento della prestazione alimentare.

L'assegno alimentare prestato secondo le modalità stabilite non può essere nuovamente richiesto, qualunque uso l'alimentando ne abbia fatto.

445. Decorrenza degli alimenti.

Gli alimenti sono dovuti dal giorno della domanda giudiziale [c.p.c. 163] o dal giorno della costituzione in mora [1219] dell'obbligato, quando questa costituzione sia entro sei mesi seguita dalla domanda giudiziale [2948 n. 2].

446. Assegno provvisorio.

Finché non sono determinati definitivamente il modo e la misura degli alimenti [438, 443], il presidente del tribunale può, sentita l'altra parte, ordinare un assegno in via provvisoria [442] ponendolo, nel caso di concorso di più obbligati [1292], a carico di uno solo di essi, salvo il regresso [1299] verso gli altri[1].

[1] Articolo così modificato dall'art. 142, D.Lgs. 19 febbraio 1998, n. 51. Il testo previgente disponeva: *Finché non sono determinati definitivamente il modo e la misura degli alimenti, il pretore o il presidente del tribunale può, sentita l'altra parte, ordinare un assegno in via provvisoria ponendolo, nel caso di concorso di più obbligati, a carico anche di uno solo di essi, salvo il regresso verso gli altri.*

● Norme connesse:

- per l'esclusione dell'assegno provvisorio dalla disciplina del fallimento, art. 46, comma 1, n. 2, R.D. 16 marzo 1942, n. 267, che dispone: *Non sono compresi nel fallimento: 2) gli assegni aventi carattere alimentare, gli stipendi, pensioni, salari e ciò che il fallito guadagna con la sua attività entro i limiti di quanto occorre per il mantenimento suo e della famiglia.*

447. Inammissibilità di cessione e di compensazione.

Il credito alimentare [433] non può essere ceduto.

L'obbligato agli alimenti non può opporre all'altra parte la compensazione, neppure quando si tratta di prestazioni arretrate [1241, 1246 n. 5, 1260; c.p.c. 545].

● Norme connesse:

- art. 46, comma 1, n. 2, R.D. 16 marzo 1942, n. 267.

448. Cessazione per morte dell'obbligato.

L'obbligo degli alimenti [433] cessa con la morte dell'obbligato, anche se questi li ha somministrati in esecuzione di sentenza [50 comma 4, 63 comma 3].

● Norme connesse:

- L. 1 dicembre 1970, n. 898.

■ Codice civile del 1865: *Art. 146. L'obbligazione di somministrare gli alimenti cessa colla morte dell'obbligato, quantunque il medesimo li somministrasse in esecuzione di sentenza.*

448-*bis*. Cessazione per decadenza dell'avente diritto dalla responsabilità genitoriale sui figli[1].

Il figlio, anche adottivo, e, in sua mancanza, i discendenti prossimi non sono tenuti all'adempimento dell'obbligo di prestare gli alimenti al genitore nei confronti del quale è stata pronunciata la decadenza dalla responsabilità genitoriale e, per i fatti che non integrano i casi di indegnità di cui all'articolo 463, possono escluderlo dalla successione[2 3].

[1] Rubrica così modificata dall'art. 66, D.Lgs. 28 dicembre 2013, n. 154, a decorrere dal 7 febbraio 2014. Il testo previgente disponeva: *Cessazione per decadenza dell'avente diritto dalla potestà sui figli.*

[2] Comma così modificato dall'art. 66, D.Lgs. 28 dicembre 2013, n. 154, a decorrere dal 7 febbraio 2014. Il testo previgente disponeva: *Il figlio, anche adottivo, e, in sua mancanza, i discendenti prossimi non sono tenuti all'adempimento dell'obbligo di prestare gli alimenti al genitore nei confronti del quale è stata pronunciata la decadenza dalla potestà e, per i fatti che non integrano i casi di indegnità di cui all'articolo 463, possono escluderlo dalla successione.*

[3] Articolo aggiunto dall'art. 1, L. 10 dicembre 2012, n. 219.

TITOLO XIV
DEGLI ATTI DELLO STATO CIVILE

449. Registri dello stato civile.

I registri dello stato civile sono tenuti in ogni comune in conformità delle norme contenute nella legge sull'ordinamento dello stato civile.

● Norme connesse:

- L. 31 ottobre 1955, n. 1064 (Disposizioni relative alle generalità in estratti, atti e documenti, e modificazioni all'ordinamento dello stato civile); L. 2 maggio 1957, n. 432 (Regolamento di attuazione della legge 31 ottobre 1955, n. 1064, recante disposizioni relative alle generalità in estratti, atti e documenti e modificazioni all'ordinamento dello stato civile); D.P.R. 3 novembre 2000, n. 396 (Regolamento per la revisione e la semplificazione dell'ordinamento dello stato civile); per le norme generali relative ai registri ed agli atti dello stato civile, L. 23 luglio 1980, n. 508 di adesione ed esecuzione della Convenzione di Berna del 13 settembre 1973; per la dispensa dalla legalizzazione per alcuni atti e documenti, L. 25 maggio 1981, n. 386, che ratifica e rende e esecutiva cfr. la Convenzione di Atene del 15 settembre 1977.

450. Pubblicità dei registri dello stato civile.

I registri dello stato civile sono pubblici.

Gli ufficiali dello stato civile devono rilasciare gli estratti e i certificati che vengono loro domandati con le indicazioni dalla legge prescritte.

Essi devono altresì compiere negli atti affidati alla loro custodia le indagini domandate dai privati.

■ Codice civile del 1865: *Art. 362. I registri dello stato civile sono pubblici; gli uffiziali dello stato civile non possono ricusare gli estratti e i certificati negativi che vengono loro richiesti, e debbono fare le indagini che occorrono ai privati negli atti affidati alla loro custodia.*

451. Forza probatoria degli atti.

Gli atti dello stato civile fanno prova, fino a querela di falso [2700; c.p.c. 221], di ciò che l'ufficiale pubblico attesta essere avvenuto alla sua presenza o da lui compiuto [c.p. 476, 495 comma 3].

Le dichiarazioni dei comparenti fanno fede fino a prova contraria [2697]. Le indicazioni estranee all'atto non hanno alcun valore.

■ Codice civile del 1865: *Art. 363. Gli atti dello stato civile formati secondo le disposizioni degli articoli precedenti fanno prova fino a querela di falso di ciò che l'uffiziale pubblico attesta avvenuto alla sua presenza.*

Le dichiarazioni dei comparenti fanno fede sino a prova contraria. Le indicazioni estranee all'atto non hanno alcun valore.

452. Mancanza, distruzione o smarrimento di registri.

Se non si sono tenuti i registri o sono andati distrutti o smarriti o se, per qualunque altra causa, manca in tutto o in parte la registrazione dell'atto, la prova della nascita [236, 240] o della morte può essere data con ogni mezzo [132].

In caso di mancanza, di distruzione totale o parziale, di alterazione o di occultamento accaduti per dolo del richiedente, questi non è ammesso alla prova consentita nel comma precedente.

■ Codice civile del 1865: *Art. 364. Se non si saranno tenuti i registri, o si saranno distrutti o smarriti in tutto od in parte, o vi sarà stata interruzione nella tenuta dei medesimi, sarà ammessa la prova delle nascite, dei matrimoni e delle morti, tanto per documenti o per iscritture, quanto per testimoni.*

Se la mancanza e distruzione, lo smarrimento o l'interruzione fossero accaduti per dolo del richiedente, egli non sarà ammesso alla prova autorizzata con quest'articolo.

453. Annotazione.

Nessuna annotazione può essere fatta sopra un atto già iscritto nei registri se non è disposta per legge ovvero non è ordinata dall'autorità giudiziaria.

454. Rettificazioni.

[...][1].

[1] Articolo abrogato dall'art. 110, D.P.R. 3 novembre 2000, n. 396, a decorrere dal 30 marzo 2001. Il testo previgente disponeva: *La rettificazione degli atti dello stato civile si fa in forza di sentenza del tribunale passata in giudicato, con la quale si ordina all'ufficiale dello stato civile di rettificare un atto esistente nei registri o di ricevere un atto omesso o di rinnovare un atto smarrito o distrutto.*

Le sentenze devono essere trascritte nei registri.

■ Codice civile del 1865: *Art. 401. Le domande di rettificazione degli atti dello stato civile devono essere proposte davanti il tribunale da cui dipende l'uffizio dello stato civile ove si trova l'atto di cui si chiede la rettificazione.*

Art. 403. Le sentenze di rettificazione passate in giudicato devono per cura di chi le ha promosse, essere depositate in copia autentica all'uffizio dello stato civile ove si trova l'atto rettificato.

L'uffiziale dello stato civile farà annotazione della rettificazione in margine dell'atto.

455. Efficacia della sentenza di rettificazione.

La sentenza di rettificazione non può essere opposta a quelli che non concorsero a domandare la rettificazione, ovvero non furono parti in giudizio o non vi furono regolarmente chiamati [2909].

LIBRO II
DELLE SUCCESSIONI

TITOLO I
DISPOSIZIONI GENERALI SULLE SUCCESSIONI

CAPO I
DELL'APERTURA DELLA SUCCESSIONE, DELLA DELAZIONE E DELL'ACQUISTO DELL'EREDITÀ

● Norme connesse:
- artt. 1 ss., L. 18 dicembre 1984, n. 975; artt. 46-50, L. 31 maggio 1995, n. 218.

456. Apertura della successione.
La successione si apre al momento della morte, nel luogo dell'ultimo domicilio del defunto [4, 43, 57, 58, 60, 61, 462, 480, 484, 485, 508, 509, 516, 517, 519, 528, 620, 621, 622, 631, 656, 702, 730, 736, 745, 747, 748, 750, 751, 1146; disp. prel. 23; c.p.c. 22, 747; disp. att. 52].

● Norme connesse:
- art. 46, commi 1 e 2, L. 31 maggio 1995, n. 218.

■ Codice civile del 1865: *Art. 923. La successione si apre al momento della morte, nel luogo dell'ultimo domicilio del defunto.*

♦ Codice civile francese
Articolo 720. *Le successioni si aprono dal la morte, all'ultimo domicilio del defunto.*

457. Delazione dell'eredità.
L'eredità si devolve per legge [565] o per testamento [587; Cost. 42 comma 4].

Non si fa luogo alla successione legittima se non quando manca, in tutto o in parte, quella testamentaria.

Le disposizioni testamentarie non possono pregiudicare i diritti che la legge riserva ai legittimari [448-bis, 536, 549, 553 ss].

■ Codice civile del 1865: *Art. 720. La successione si devolve per legge o per testamento.*

Non si fa luogo alla successione legittima se non quando manchi in tutto od in parte la testamentaria.

♦ Codice civile francese
Articolo 721. *Le successioni sono devolute secondo la legge quando il defunto 1) non ha disposto dei suoi beni per liberalità. Possono essere devolute per donazioni del defunto in misura compatibile con la riserva ereditaria; 2) non ha disposto dei suoi beni per liberalità.*

458. Divieto di patti successori.
Fatto salvo quanto disposto dagli articoli 768-*bis* e seguenti, è nulla [1418, 1423, 1444] ogni convenzione [1321] con cui taluno dispone della propria successione [626, 1412, 1920]. È del pari nullo ogni atto [1321, 1324] col quale taluno dispone [1429, comma 1, n. 4] dei diritti [2122] che gli possono spettare su una successione non ancora aperta [771] , o rinunzia [526, 1324,] ai medesimi [557, comma 2, 589, 635, 679, 1348, 2355-bis, 2469, comma 2, 2823][1].

[1] Comma così modificato dall'art. 1, L. 14 febbraio 2006, n. 55. Il testo previgente disponeva: *È nulla ogni convenzione con cui taluno dispone della propria successione. È del pari nullo ogni atto col quale taluno dispone dei diritti che gli possono spettare su una successione non ancora aperta, o rinunzia ai medesimi.*

■ Codice civile del 1865: *Art. 1118. Le cose future possono formare oggetto di contratto.*

Non si può rinunziare però ad una successione non ancora aperta, né fare alcuna stipulazione intorno alla medesima, sia con quello della cui eredità si tratta sia con terzi, quantunque intervenisse il consenso di esso.

Art. 1460. È nulla la vendita dei diritti di successione di una persona vivente, ancorché questa vi acconsenta.

♦ Codice civile francese
Articolo 722. *Le convenzioni che hanno come oggetto di creare diritti o di rinunciare ai diritti su tutto o parte di una successione non ancora aperta o di un bene indipendente non producono effetto che nei casi in cui sono autorizzate dalla legge.*

♦ Codice civile tedesco
§ 2274 Conclusione di persona. *La persona, della cui successione si tratta, è legittimata a stipulare un contratto successorio solo di persona.*

§ 2275 Presupposti. *(1) Soltanto il soggetto che sia illimitatamente capace di agire può concludere un contratto successorio in qualità di persona, della cui successione si ha riguardo. (2) Un coniuge può in qualità di persona, della cui successione si tratta, insieme all'altro coniuge stipulare un contratto successorio anche se abbia una limitata capacità di agire. È necessaria in questo caso il consenso del suo legale rappresentante; se illegale rappresentante è un tutore, è allora richiesta anche l'autorizzazione del tribunale della tutela. (3) Le disposizioni del comma 2 si applicano anche ai promessi sposi.*

§ 2276 Forma. *(1) Un contratto successorio può stipularsi soltanto attraverso la stesura da parte del notaio alla contemporanea presenza di entrambe le parti. Le disposizioni del § 2231, n. 1, §§ 2232, 2233 vanno applicate; quello che in base a queste disposizioni si applica alla persona della cui successione si tratta, vale anche per ognuno dei contraenti. (2) Per un contratto successorio tra coniugi o tra nubendi, collegato ad un contratto di matrimonio nello stesso documento, è sufficiente la forma richiesta per il contratto di matrimonio.*

§ 2278 Disposizioni contrattuali consentite. *(1) In un contratto successorio ogni contraente può stabilire disposizioni contrattuali mortis causa. (2) Previsioni differenti dalle istituzioni di erede, dai legati e dagli oneri non possono essere stabilite per contratto.*

459. Acquisto dell'eredità.

L'eredità si acquista con l'accettazione [321, 460, 470, 478, 485, 488, 527, 586; L. fall. 35]. L'effetto dell'accettazione risale al momento nel quale si è aperta la successione [456, 649, 1146].

● Norme connesse:
- art. 35, R.D. 16 marzo 1942, n. 267.

■ Codice civile del 1865: *Art. 933. L'effetto dell'accettazione risale al giorno in cui si è aperta la successione.*

Sono però sempre salvi i diritti acquistati dai terzi per effetto di convenzioni a titolo oneroso fatte di buonafede coll'erede apparente. Se questi ha alienato in buona fede una cosa dell'eredità, è soltanto obbligato a restituire il prezzo ricevuto o a cedere la sua azione contro il compratore che non lo avesse ancora pagato.

L'erede apparente di buona fede non è tenuto alla restituzione dei frutti, se non dal giorno della domanda giudiziale.

460. Poteri del chiamato prima dell'accettazione.

Il chiamato all'eredità può esercitare le azioni possessorie [476, 1168; c.p.c. 703] a tutela dei beni ereditari, senza bisogno di materiale apprensione [1146].

Egli inoltre può compiere atti conservativi [c.p.c. 671], di vigilanza e di amministrazione temporanea, e può farsi autorizzare dall'autorità giudiziaria a vendere i beni che non si possono conservare o la cui conservazione importa grave dispendio [c.p.c. 747, 748].

Non può il chiamato compiere gli atti indicati nei commi precedenti, quando si è provveduto alla nomina di un curatore dell'eredità a norma dell'articolo 528.

■ Codice civile del 1865: *Art. 965. Se si trovano nell'eredità oggetti, che non si possono conservare o la cui conservazione importa grave dispendio, l'erede può, durante i detti termini, farsi autorizzare a venderli nel modo che l'autorità giudiziaria stima più conveniente, senza che da ciò si possa indurre che egli abbia accettata l'eredità.*

461. Rimborso delle spese sostenute dal chiamato.

Se il chiamato rinunzia alla eredità [519], le spese sostenute per gli atti indicati dall'articolo precedente sono a carico dell'eredità [511, 712].

■ Codice civile del 1865: *Art. 966. Se l'erede rinunzia all'eredità prima della scadenza dei termini sopra stabiliti o prorogati, le spese da lui fatte legittimamente fino alla rinunzia sono a carico dell'eredità.*

CAPO II
DELLA CAPACITÀ DI SUCCEDERE

462. Capacità delle persone fisiche.

Sono capaci di succedere tutti coloro che sono nati o concepiti [1, 320, 467, 480 comma 2, 643, 715, 784] al tempo dell'apertura della successione [1, 4, 70, 411, comma 2, 3, 456, 463, 528, 594, 596-599, 627, 687, 784].

Salvo prova contraria, si presume concepito al tempo dell'apertura della successione chi è nato entro i trecento giorni dalla morte della persona della cui successione si tratta [232].

Possono inoltre ricevere per testamento i figli [251] di una determinata persona vivente al tempo della morte del testatore, benché non ancora concepiti [320, comma 1, 643, 674, 687, 715, 784].

● Norme connesse:
- artt. 1 ss., L. 18 dicembre 1984, n. 975; artt. 46 ss., L. 31 maggio 1995, n. 218.

■ Codice civile del 1865: *Art. 723. Tutti sono capaci di succedere, salve le eccezioni determinate dalla legge.*

Art. 724. Sono incapaci di succedere:

1° Coloro che al tempo dell'apertura della successione non siano ancora concepiti;

2° Coloro che non sono nati vitali. Nel dubbio si presumono vitali quelli di cui consta che sono nati vivi.

Art. 764. Sono incapaci di ricevere per testamento coloro che sono incapaci di succedere per legge.

Possono però ricevere per testamento i figli immediati di una determinata persona vivente al tempo della morte del testatore, quantunque non siano ancora concepiti.

♦ Codice civile francese

Articolo 725. *Per succedere, bisogna esistere al momento dell'apertura della successione o essere già stati concepiti, nascere vivi. Può succedere colui la cui assenza è presunta secondo l'articolo 112.*

♦ Codice civile tedesco

§ 2070 Discendenti di un terzo. *Quando la persona, della cui successione si tratta ha disposto a vantaggio dei discendenti di un terzo senza altra previsione, nell'incertezza bisogna ritenere che non traggano beneficio quei discendenti non ancora concepiti al tempo in cui è aperta la successione o, qualora la disposizione sia fatta sotto una condizione sospensiva o termine iniziale e la condizione si verifica o il termine scade solo dopo che si sia aperta la successione, al momento dell'avveramento della condizione o della scadenza del termine.*

CAPO III
DELL'INDEGNITÀ

● Norme connesse:
- art. 1, comma 21, L. 20 maggio 2016, n. 76.

463. Casi di indegnità.

È escluso dalla successione come indegno [306, 309, 462, 466, 468, 480, comma 3, 683, 688; c.p. 541]:

1) chi ha volontariamente ucciso o tentato di uccidere [c.p. 56] la persona della cui successione si tratta, o il coniuge, o un discendente, o un ascendente della medesima, purché non ricorra alcuna delle cause che escludono la punibilità a norma della legge penale [575 ss.];

2) chi ha commesso, in danno di una di tali persone, un fatto al quale la legge dichiara applicabili le disposizioni sull'omicidio [c.p. 397, 579, 580][1];

3) chi ha denunziato una di tali persone per reato punibile, con l'ergastolo [c.p. 22] o con la reclusione per un tempo non inferiore nel minimo a tre anni [c.p. 23], se la denunzia è stata dichiarata calunniosa in giudizio penale; ovvero ha testimoniato contro le persone medesime imputate dei predetti reati, se la testimonianza è stata dichiarata, nei confronti di lui, falsa in giudizio penale [801; c.p. 368, 372][1];

3-bis) chi, essendo decaduto dalla potestà genitoriale nei confronti della persona della cui successione si tratta a norma dell'articolo 330, non è stato reintegrato nella potestà alla data di apertura della successione della medesima [c.p. 34][2];

4) chi ha indotto con dolo [1439] o violenza [1434] la persona, della cui successione si tratta, a fare, revocare o mutare il testamento, o ne l'ha impedita [624, 679];

5) chi ha soppresso, celato, o alterato il testamento dal quale la successione sarebbe stata regolata [684, c.p. 490];

6) chi ha formato un testamento falso o ne ha fatto scientemente uso [c.p. 431, 489, 491].

[1] Numero così modificato dall'art. 1, L. 8 luglio 2005, n. 137. Il testo del numero 2) previgente disponeva: *2) chi ha commesso, in danno di una di tali persone, un fatto al quale la legge penale dichiara applicabili le disposizioni sull'omicidio.* Il testo del numero 3) previgente disponeva: *3) chi ha denunziato una di tali persone per reato punibile con la morte, con l'ergastolo o con la reclusione per un tempo non inferiore nel minimo a tre anni, se la denunzia è stata dichiarata calunniosa in giudizio penale; ovvero ha testimoniato contro le persone medesime imputate dei predetti reati, se la testimonianza è stata dichiarata, nei confronti di lui, falsa in giudizio penale.*

[2] Numero aggiunto dall'art. 1, L. 8 luglio 2005, n. 137.

■ Codice civile del 1865: *Art. 725. Sono incapaci, come indegni, di succedere:*

1° Chi avesse volontariamente ucciso o tentato di uccidere la persona della cui successione si tratta;

2° Chi la avesse accusata di reato punibile con pena criminale, quando l'accusa sia stata dichiarata calunniosa in giudizio;

3° Chi la avesse costretta a far testamento od a cangiarlo;

4° Chi la avesse impedita di far testamento o di rivocare il già fatto, o avesse soppresso, celato od alterato il testamento posteriore.

♦ Codice civile francese

Articolo 726. *Sono indegni a succedere e come tali esclusi dalla successione: 1 colui che è condannato come autore o complice ad una pena per aver volontariamente dato o tentato di dare la morte al defunto: 2 0 colui che è condannato come autore o complice ad una pena per aver volontariamente colpito o commesso violenze o vie di fatto che hanno comportato la morte del defunto senza intenzione di darla.*

Articolo 727. *Possono essere dichiarati indegni a succedere: 1° colui che è condannato, come autore o complice, ad una pena per aver volontariamente dato o tentato di dare la morte al defunto; 2° colui che è condannato, come autore o complice, alla pena per aver volontariamente commesso violenze che hanno cagionato la morte del defunto senza intenzione di darla. 3° colui che è condannato per falsa testimonianza riportata contro il defunto in un processo penale; 4° colui che è condannato per aver volontariamente evitato di impedire sia un crimine sia un delitto contro l'integrità fisica del defunto da cui è risultata la morte, quando avrebbe potuto farlo senza rischi per lui o per i terzi; 5° colui che è condannato per calunnia contro il defunto quando, per i fatti denunciati, era incorso in una pena.*

463-*bis*. Sospensione dalla successione.

Sono sospesi dalla successione il coniuge, anche legalmente separato, nonchè la parte dell'unione civile indagati per l'omicidio volontario o tentato nei confronti dell'altro coniuge o dell'altra parte dell'unione civile, fino al decreto di archiviazione o alla sentenza definitiva di proscioglimento. In tal caso si fa luogo alla nomina di un curatore ai sensi dell'articolo 528. In caso di condanna o di applicazione della pena su richiesta delle parti, ai sensi dell'articolo 444 del codice di procedura penale, il responsabile è escluso dalla successione ai sensi dell'articolo 463 del presente codice.

Le disposizioni di cui al primo comma si applicano anche nei casi di persona indagata per l'omicidio volontario o tentato nei confronti di uno o entrambi i genitori, del fratello o della sorella.

Il pubblico ministero, compatibilmente con le esigenze di segretezza delle indagini, comunica senza ritardo alla cancelleria del tribunale del circondario in cui si è aperta la successione l'avvenuta iscrizione nel registro delle notizie di reato, ai fini della sospensione di cui al presente articolo[1].

[1] Articolo aggiunto dall'art. 5, L. 11 gennaio 2018, n. 4.

464. Restituzione dei frutti.

L'indegno è obbligato a restituire i frutti [820] che gli sono pervenuti dopo l'apertura della successione [456, 534, 535, 1148, 1150].

■ Codice civile del 1865: *Art. 727. Chi fu escluso come indegno è obbligato a restituire tutti i frutti e proventi, dei quali avesse goduto dopo aperta la successione.*

♦ Codice civile francese

Articolo 729. *L'erede escluso dalla successione per causa di indegnità è tenuto a rendere tutti i frutti e tutte le rendite di cui ha goduto dall'apertura della successione.*

465. Indegnità del genitore.

Colui che è escluso per indegnità dalla successione [463] non ha sui beni della medesima, che siano devoluti ai suoi figli [467], i diritti di usufrutto o di amministrazione che la legge accorda ai genitori [320, 324, 327].

■ Codice civile del 1865: *Art. 728. L'indegnità del genitore od ascendente non nuoce ai suoi figli o discendenti, sia che succedano per ragion propria, sia che succedano per rappresentazione.*

Ma il genitore non ha sulla parte di eredità devoluta ai suoi figli i diritti di usufrutto e di amministrazione che la legge accorda ai genitori.

466. Riabilitazione dell'indegno.

Chi è incorso nell'indegnità [463] è ammesso a succedere quando la persona, della cui successione si tratta, ve lo ha espressamente abilitato con atto pubblico [1324] o con testamento [587, 2699].

Tuttavia l'indegno non espressamente abilitato, se è stato contemplato nel testamento quando il testatore conosceva la causa dell'indegnità, è ammesso a succedere nei limiti della disposizione testamentaria [679, 1444].

■ Codice civile del 1865: *Art. 726. Chi fosse incorso nella indegnità, può essere ammesso a succedere, quando la persona della cui successione si tratta, ve lo abbia espressamente abilitato con atto autentico o con testamento.*

CAPO IV
DELLA RAPPRESENTAZIONE

467. Nozione.

La rappresentazione [70] fa subentrare i discendenti nel luogo e nel grado del loro ascendente [462, comma 1, 564, comma 3, 740], in tutti i casi in cui questi non può [4, 72, 463 comma 4, 487, comma 3, 2662, comma 1] o non vuole [459, 519] accettare l'eredità [481, 522,] o il legato [523, 536, 649, 674, 675][1].

Si ha rappresentazione nella successione testamentaria [674, 675] quando il testatore non ha provveduto [688] per il caso in cui l'istituito non possa [72, 463, 470, 480, 481, 487, comma 3, 2662, comma 1] o non voglia accettare l'eredità [519, 523] o il legato [649, comma 1], e sempre che non si tratti di legato di usufrutto [678] o di altro diritto di natura personale[1021][2].

[1] Comma così modificato dall'art. 67, D.Lgs. 28 dicembre 2013, n. 154, a decorrere dal 7 febbraio 2014. Il testo previgente disponeva: *La rappresentazione fa subentrare i discendenti legittimi o naturali nel luogo e nel grado del loro ascendente, in tutti i casi in cui questi non può o non vuole accettare l'eredità o il legato.*

[2] Articolo così sostituito dall'art. 171, L. 19 maggio 1975, n. 151. Il testo previgente disponeva: *La rappresentazione fa subentrare i discendenti legittimi nel luogo e nel grado del loro ascendente, in tutti i casi in cui questi non può o non vuole accettare l'eredità o il legato.*

Si ha rappresentazione nella successione testamentaria quando il testatore non ha provveduto per il caso in cui l'istituto non possa o non voglia accettare la eredità o il legato, e sempre che non si tratti di legato di usufrutto o di altro diritto di natura personale.

■ Codice civile del 1865: *Art. 729. La rappresentazione ha per effetto di far entrare i rappresentanti nel luogo, nel grado e nei diritti del rappresentato.*

♦ Codice civile francese

Articolo 751. *La rappresentazione è una finzione giuridica che ha per effetto di chiamare alla successione i rappresentanti dei diritti del rappresentato.*

468. Soggetti.

La rappresentazione [467] ha luogo, nella linea retta [75], a favore dei discendenti [580] dei figli anche adottivi, e nella linea collaterale [75], a favore dei discendenti dei fratelli e delle sorelle del defunto [462, comma 1][1].

I discendenti possono succedere per rappresentazione anche se hanno rinunciato [479, comma 3] all'eredità [519] della persona in luogo della quale subentrano, o sono incapaci o indegni [463, 596] di succedere rispetto a questa [462].

[1] Comma così modificato dall'art. 68, D.Lgs. 28 dicembre 2013, n. 154, a decorrere dal 7 febbraio 2014. Il testo previgente disponeva: *La rappresentazione ha luogo, nella linea retta, a favore dei discendenti dei figli legittimi, legittimati e adottivi, nonché dei discendenti dei figli naturali del defunto e nella linea collaterale, a favore dei discendenti dei fratelli e delle sorelle del defunto.*

■ Codice civile del 1865: *Art. 732. Nella linea collaterale la rappresentazione è ammessa in favore dei figli e discendenti dei fratelli e delle sorelle del defunto, sia che essi concorrono alla successione coi loro zii o zie, sia che essendo premorti tutti i fratelli e le sorelle del defunto, la successione sia devoluta ai loro discendenti in gradi eguali od ineguali.*

Art. 735. Si può rappresentare la persona alla cui successione si è rinunziato.

469. Estensione del diritto di rappresentazione. Divisione.

La rappresentazione ha luogo, in infinito, siano uguali o disuguali il grado dei discendenti o il loro numero in ciascuna stirpe [729, 731, 740].

La rappresentazione ha luogo anche nel caso di unicità di stirpe[536, comma 3, 564, comma 3].

Quando vi è rappresentazione, la divisione si fa per stirpi [726].

Se uno stipite ha prodotto più rami, la suddivisione avviene per stirpi anche in ciascun ramo, e per capi tra i membri del medesimo ramo.

■ Codice civile del 1865: *Art. 730. La rappresentazione nella linea retta discendente ha luogo in infinito e intutti i casi, sia che i figli del defunto concorrano coi discendenti di altro figlio premorto, sia che tutti i figli del defunto essendo mancati di vita prima di lui, i discendenti di detti figli si trovino fra loro in gradi eguali od ineguali, e quantunque in parità di grado vi sia disuguaglianza di numero in alcuna stirpe di essi.*

733. In tutti i casi nè quali la rappresentazione è ammessa, la divisione si fa per stirpi.

Se uno stipite ha prodotto più rami, la suddivisione si fa per stirpi anche in ciascun ramo, e fra i membri del medesimo ramo la divisione si fa per capi.

CAPO V
DELL'ACCETTAZIONE DELL'EREDITÀ

Sezione I
Disposizioni generali

● Norme connesse:
- art. 35, comma 1, R.D. 16 marzo 1942, n. 267.

470. Accettazione pura e semplice e accettazione col beneficio d'inventario.

L'eredità può essere accettata puramente e [2648, 2685] semplicemente [475, 476] o col beneficio d'inventario [459, 484, 2648, 2685].

L'accettazione col beneficio d'inventario può farsi nonostante qualunque divieto del testatore [634, 703, comma 5].

● Norme connesse:
- art. 11, commi 1 e 2, R.D. 16 marzo 1942, n. 267.

■ Codice civile del 1865: *Art. 929. L'eredità può essere accettata puramente e semplicemente, o col benefizio dell'inventario.*

956. L'erede può valersi del benefizio dell'inventario, non ostante qualunque divieto del testatore.

♦ Codice civile francese

Articolo 768. *L'erede può accettare la successione puramente e semplicemente o rinunciarvi. Può ugualmente accettare la successione in concorrenza dell'attivo netto quando ha una chiamata universale o a titolo universale. È nulla l'opzione condizionale o a termine.*

471. Eredità devolute a minori o interdetti.

Non si possono accettare le eredità devolute ai minori [2, 320] e agli interdetti [414], se non col beneficio d'inventario [484, 489], osservate le disposizioni degli articoli 321 e 374 [490, 705].

■ Codice civile del 1865: *Art. 930. Le eredità devolute ai minori ed agli interdetti non si possono validamente accettare, che con le formalità stabilite nei titoli VIII e IX del libro primo di questo codice, e col benefizio dell'inventario.*

472. Eredità devolute a minori emancipati o a inabilitati.

I minori emancipati [390, 397, comma 3] e gli inabilitati [415] non possono accettare le eredità, se non col beneficio d'inventario [484 ss.], osservate le disposizioni dell'articolo 394.

■ Codice civile del 1865: *Art. 931. I maggiori inabilitati non possono accettare se non col consenso del curatore e col benefizio dell'inventario.*

473. Eredità devolute a persone giuridiche o ad associazioni, fondazioni ed enti non riconosciuti.

L'accettazione delle eredità devolute alle persone giuridiche o ad associazioni, fondazioni ed enti non riconosciuti non può farsi che col beneficio d'inventario [484, 490].

Il presente articolo non si applica alle società [13, 2247][1].

[1] Articolo così sostituito dall'art. 1, L. 22 giugno 2000, n. 192. Il testo previgente disponeva: *L'accettazione delle eredità devolute alle persone giuridiche non può farsi che col beneficio d'inventario, osservate le disposizioni della legge circa l'autorizzazione governativa. Questo articolo non si applica alle società.*

■ Codice civile del 1865: *Art. 932. Le eredità devolute ai corpi morali non possono essere accettate che coll'autorizzazione del governo da accordarsi nelle forme stabilite da leggi speciali.*

Esse non possono essere accettate se non col benefizio dell'inventario secondo le forme stabilite dai rispettivi regolamenti.

474. Modi di accettazione.

L'accettazione può essere espressa [475] o tacita [476].

■ Codice civile del 1865: *Art. 934. L'accettazione può essere espressa o tacita. È espressa quando si assume il titolo o la qualità di erede in un atto pubblico in una scrittura privata.*

È tacita quando l'erede fa un atto, che presuppone necessariamente la sua volontà di accettare l'eredità, e che non avrebbe il diritto di fare se non nella qualità di erede.

♦ Codice civile francese

Articolo 782. *L'accettazione pura e semplice può essere espressa o tacita. È espressa quando l'erede prende il titolo o la qualità di erede accettando con un atto autentico o con scrittura privata. È tacita quando l'erede fa un atto che suppone necessariamente la sua intenzione di accettare e che non avrebbe diritto di fare che in qualità di erede accettante.*

475. Accettazione espressa.

L'accettazione è espressa quando, in un atto pubblico [2699] o in una scrittura privata [2702], il chiamato all'eredità ha dichiarato di accettarla [1324] oppure ha assunto il titolo di erede [524, 2648, 2650, 2685].

È nulla [108, 257, 702, comma 2, 1418] la dichiarazione di accettare sotto condizione [1353] o a termine [520, 1184, 1326 comma 2].

Parimenti è nulla la dichiarazione di accettazione parziale di eredità [1326, 1419].

■ Codice civile del 1865: *Art. 934. L'accettazione può essere espressa o tacita. È espressa quando si assume il titolo o la qualità di erede in un atto pubblico in una scrittura privata.*

È tacita quando l'erede fa un atto, che presuppone necessariamente la sua volontà di accettare l'eredità, e che non avrebbe il diritto di fare se non nella qualità di erede.

476. Accettazione tacita.

L'accettazione è tacita [474] quando il chiamato all'eredità compie un atto [534, 2648, 2650] che presuppone necessariamente la sua volontà di accettare e che non avrebbe il diritto di fare se non nella quali-

CODICE CIVILE

tà di erede [477, 478, 485, 487, 527, 553, 703 comma 5, 2648 comma 3].

■ Codice civile del 1865: *Art. 934. L'accettazione può essere espressa o tacita. È espressa quando si assume il titolo o la qualità di erede in un atto pubblico in una scrittura privata.*

È tacita quando l'erede fa un atto, che presuppone necessariamente la sua volontà di accettare l'eredità, e che non avrebbe il diritto di fare se non nella qualità di erede.

477. Donazione, vendita e cessione dei diritti di successione.

La donazione [769], la vendita [765, 1470, 1542 ss.] o la cessione [1260], che il chiamato all'eredità faccia dei suoi diritti di successione a un estraneo o a tutti gli altri chiamati o ad alcuno di questi, importa accettazione dell'eredità [476].

■ Codice civile del 1865: *Art. 936. La donazione, la vendita o la cessione che uno dei coeredi faccia dè suoi diritti di successione ad un estraneo, o a tutti i suoi coeredi o ad alcuno di essi, inducano dal suo canto l'accettazione dell'eredità.*

♦ Codice civile francese

Articolo 783. *Ogni cessione, a titolo gratuito o oneroso, fatta da un erede di tutto o parte dei suoi diritti nella successione comporta accettazione pura e semplice. Lo stesso vale: 1° per la rinunzia, anche gratuita, che fa un erede a vantaggio di uno o di più suoi coeredi o eredi di ordine susseguente; 2° per la rinunzia che fa, anche a vantaggio di tutti i suoi coeredi o eredi di ordine susseguente indistintamente, a titolo oneroso.*

478. Rinunzia che importa accettazione.

La rinunzia [519] ai diritti di successione, qualora sia fatta verso corrispettivo [1321] o a favore di alcuni [769] soltanto dei chiamati, importa accettazione [459, 467, 476, 519].

■ Codice civile del 1865: *Art. 937. Lo stesso ha luogo per la rinunzia fatta anche gratuitamente da uno degli eredi a vantaggio di uno o più dè suoi coeredi, come anche per quella fatta a profitto di tutti i suoi coeredi indistintamente quando per la rinunzia riceve un prezzo.*

479. Trasmissione del diritto di accettazione.

Se il chiamato all'eredità muore senza averla accettata, il diritto di accettarla si trasmette agli eredi [2662, comma 1].

Se questi non sono d'accordo per accettare o rinunziare, colui che accetta l'eredità acquista tutti i diritti e soggiace a tutti i pesi ereditari, mentre vi rimane estraneo chi ha rinunziato.

La rinunzia all'eredità propria del trasmittente include rinunzia all'eredità che al medesimo è devoluta [468 comma 2, 519].

■ Codice civile del 1865: *Art. 939. Quello a cui favore si è aperta una successione, se muore senza averla accettata espressamente o tacitamente trasmette à suoi eredi il diritto di accertarla.*

Art. 940. Se questi eredi non sono tra loro d'accordo per accettare o per rinunziare all'eredità, quello che accetta acquista solo tutti i diritti e soggiace a tutti i pesi dell'eredità, rimanendovi estraneo il rinunziante.

Art. 941. Gli eredi che hanno accettato l'eredità propria del trasmittente, possano tuttavia rinunziare all'eredità al medesimo devoluta ma non ancora da lui accettata: all'opposto la rinunzia dell'eredità propria del trasmittente rinchiude quella dell'eredità al medesimo devoluta.

Art. 942. L'accettazione della eredità noi si può impugnare, salvo che sia stata la conseguenza della violenza o del dolo.

Non si può neppure impugnare l'accettazione per causa di lesione.

Tuttavia, se viene a scoprirsi un testamento del quale non si aveva notizia al tempo dell'accettazione, l'erede non i tenuto a soddisfare ai legati scritti in esso oltre il valore dell'eredità, salva la porzione legittima che gli sia dovuta.

480. Prescrizione.

Il diritto di accettare l'eredità si prescrive in dieci anni [481, 485, 487, 525, 674, 2934, 2935, 2936, 2938, 2946, 2965].

Il termine decorre dal giorno dell'apertura della successione [456] e in caso d'istituzione condizionale [641], dal giorno in cui si verifica la condizione [633 ss., 1353, 1359, 2935]. In caso di accertamento giudiziale della filiazione il termine decorre dal passaggio in giudicato della sentenza che accerta la filiazione stessa[1].

Il termine non corre per i chiamati ulteriori, se vi è stata accettazione da parte di precedenti chiamati e successivamente il loro acquisto ereditario è venuto meno [481, 646].

[1] Comma così modificato dall'art. 69, D.Lgs. 28 dicembre 2013, n. 154, a decorrere dal 7 febbraio 2014. Il testo previgente disponeva: *Il termine decorre dal giorno dell'apertura della successione e in caso d'istituzione condizionale, dal giorno in cui si verifica la condizione.*

● Norme connesse:

- comma 1: art. 230, comma 3, L. 19 maggio 1975, n. 151, che dispone: *Tale riconoscimento vale anche agli effetti delle successioni aperte prima dell'entrata in vigore della presente legge, purchè i diritti successori del figlio non siano stati esclusi con sentenza passata in giudicato o definiti con convenzione tra le parti interessate o non siano trascorsi tre anni dall'apertura della successione senza che il figlio abbia fatto valere alcuna ragione ereditaria sui beni della successione.*

■ Codice civile del 1865: *Art. 943. La facoltà di accettare un'eredità non si prescrive che col decorso di trent'anni.*

♦ Codice civile francese

Articolo 780. *Il diritto di accettare l'eredità si prescrive in dieci anni a partire dall'apertura della successione. L'erede che non ha preso parte in questo termine è considerato rinunciante. La prescrizione decorre contro l'erede che non ha lasciato il coniuge superstite in godimento dei beni ereditari solo a partire dall'apertura della successione di quest'ultimo. La prescrizione decorre contro l'erede susseguente di un erede la cui accettazione è annullata solo a partire dalla decisione definitiva che constata la nullità. La prescrizione non decorre fin tanto che l'erede ha dei motivi legittimi per ignorare la nascita del suo diritto, in particolare l'apertura della successione.*

481. Fissazione di un termine per l'accettazione.

Chiunque vi ha interesse [c.p.c 100] può chiedere che l'autorità giudiziaria fissi un termine entro il quale il chiamato dichiari se accetta [475] o rinunzia [519 ss.] all'eredità. Trascorso questo termine senza che abbia fatto la dichiarazione, il chiamato perde il diritto di accettare [487, comma 3, 488, 650, 702, 1399 comma 4, 2964; c.p.c. 749].

482. Impugnazione per violenza o dolo.

L'accettazione dell'eredità si può impugnare [483] quando è effetto di violenza [1434] o di dolo [526, 1324, 1427, 1434, 1439].

L'azione si prescrive [2934] in cinque anni dal giorno in cui è cessata la violenza o è stato scoperto il dolo [526, 761, 1442].

■ Codice civile del 1865: *Art. 942. L'accettazione della eredità noi si può impugnare, salvo che sia stata la conseguenza della violenza o del dolo.*

Non si può neppure impugnare l'accettazione per causa di lesione.

Tuttavia, se viene a scoprirsi un testamento del quale non si aveva notizia al tempo dell'accettazione, l'erede non i tenuto a soddisfare ai legati scritti in esso oltre il valore dell'eredità, salva la porzione legittima che gli sia dovuta.

♦ Codice civile francese

Articolo 777. *L'errore, il dolo o la violenza sono una causa di nullità del diritto di accettare l'eredità esercitato dall'erede. L'azione di nullità si prescrive nel termine di cinque anni dal giorno in cui l'errore o il dolo è stato scoperto o dal giorno in cui la violenza ha cessato.*

483. Impugnazione per errore.

L'accettazione dell'eredità non si può impugnare se è viziata da errore [526, 1324, 1428].

Tuttavia, se si scopre un testamento [587] del quale non si aveva notizia al tempo dell'accettazione [474], l'erede non è tenuto a soddisfare i legati [649] scritti in esso oltre il valore dell'eredità [662, 663], o con pregiudizio della porzione legittima che gli è dovuta [536]. Se i beni ereditari non bastano a soddisfare tali legati, si riducono proporzionalmente anche i legati scritti in altri testamenti. Se alcuni legatari sono stati già soddisfatti [649] per intero, contro di loro è data azione di regresso.

L'onere di provare il valore dell'eredità incombe all'erede [2697].

■ Codice civile del 1865: *Art. 942. L'accettazione della eredità noi si può impugnare, salvo che sia stata la conseguenza della violenza o del dolo.*

Non si può neppure impugnare l'accettazione per causa di lesione.

Tuttavia, se viene a scoprirsi un testamento del quale non si aveva notizia al tempo dell'accettazione, l'erede non i tenuto a soddisfare ai legati scritti in esso oltre il valore dell'eredità, salva la porzione legittima che gli sia dovuta.

Sezione II

Del beneficio d'inventario

484. Accettazione col beneficio d'inventario.

L'accettazione col beneficio d'inventario [320, comma 3, 374, 394, comma 3, 411, comma 4, 424, comma 1, 470, 490, 510, 528, 564, 1203 n. 4, 2740 comma 2, 2830; L. fall. 12 comma 1] si fa mediante dichiarazione [703, 1324, 1350 n. 13], ricevuta da un notaio [2699] o dal cancelliere del tribunale del circondario in cui si è aperta la successione [456, 2650, 2830], e inserita nel registro delle successioni conservato nello stesso tribunale [557, 2941 n. 5; disp. att. 52, 53][1].

Entro un mese dall'inserzione, la dichiarazione deve essere trascritta [495 comma 1], a cura del cancelliere, presso l'ufficio dei registri immobiliari del luogo in cui si è aperta la successione [459, 495, 507 comma 2, 509 comma 2, 2648].

La dichiarazione deve essere preceduta o seguita dall'inventario, nelle forme prescritte dal codice di procedura civile [494; c.p.c. 769].

Se l'inventario è fatto prima della dichiarazione, nel registro deve pure menzionarsi la data in cui esso è stato compiuto.

Se l'inventario è fatto dopo la dichiarazione, l'ufficiale pubblico che lo ha redatto deve, nel termine di un mese, far inserire nel registro l'annotazione della data in cui esso è stato compiuto [495, 511, 564, comma 2].

[1] Comma così modificato dall'art. 143, D.Lgs. 19 febbraio 1998, n. 51. Il testo previgente disponeva: *L'accettazione col beneficio d'inventario si fa mediante dichiarazione, ricevuta da un notaio o dal cancelliere della pretura del mandamento in cui si è aperta la successione, e inserita nel registro delle successioni conservato nella stessa pretura.*

● Norme connesse:

- artt. 11, 12, 35, 42, R.D. 16 marzo 1942, n. 267.

■ Codice civile del 1865: *Art. 955. La dichiarazione di un erede, che egli non intende di assumere questa qualità, se non col benefizio dell'inventario debb'esser fatta nella cancelleria della pretura del mandamento in cui si è aperta la successione, ed iscritta nel registro destinato a ricevere gli atti di rinunzia.*

Tale dichiarazione entro un mese successivo sarà per cura del cancelliere trascritta all'uffizio delle ipoteche del luogo in cui si è aperta la successione, ed inserita per estratto nel giornale degli annunzi giudiziari.

Art. 957. La dichiarazione suddetta non produce effetto se non è preceduta o susseguita dall'inventario dei beni dell'eredità nelle forme determinate dal codice di procedura civile e nei termini stabiliti in appresso.

♦ Codice civile francese

Articolo 787. *Un erede può dichiarare che non intende assumere questa qualità che in concorrenza dell'attivo netto.*

CODICE CIVILE

Articolo 788. *La dichiarazione deve essere fatta al cancelliere della Corte d'Appello nel luogo in cui la successione è aperta. Comporta elezione di un domicilio unico che può essere il domicilio di uno degli accettanti in concorrenza dell'attivo netto o quello della persona incaricata del regolamento della successione. Il domicilio deve essere situato in Francia. La dichiarazione è registrata e oggetto di una pubblicità nazionale che può essere fatta per mezzo elettronico.*

Articolo 789. *La dichiarazione è accompagnata o seguita dall'inventario della successione che comporta una stima, articolo per articolo, degli elementi dell'attivo e del passivo. L'inventario è stabilito da un commissario di incanto giudiziario, da un ufficiale o un notaio, secondo le leggi e i regolamenti applicabili a queste professioni.*

Articolo 790. *L'inventario è depositato nel tribunale nel termine di due mesi a partire dalla dichiarazione. L'erede può richiedere al giudice un termine supplementare se prova dei motivi seri e legittimi che ritardano il deposito dell'inventario. In questo caso, il termine di due mesi è sospeso a partire dalla domanda di proroga. Il deposito dell'inventario è soggetto alla stessa pubblicità della dichiarazione. In mancanza del deposito dell'inventario nel termine previsto l'erede è considerato accettante puro e semplice. I creditori successori e legatari di somme di denaro possono, su giustificazione del loro titolo, consultare l'inventario e ottenerne una copia. Possono domandare di essere avvisati di ogni nuova pubblicità.*

485. Chiamato all'eredità che è nel possesso di beni.

Il chiamato all'eredità, quando a qualsiasi titolo è nel possesso di beni ereditari, deve fare l'inventario entro tre mesi dal giorno dell'apertura della successione o della notizia della devoluta eredità [456]. Se entro questo termine lo ha cominciato ma non è stato in grado di completarlo, può ottenere dal tribunale del luogo in cui si è aperta la successione una proroga che, salvo gravi circostanze, non deve eccedere i tre mesi [c.p.c. 774, 749][1].

Trascorso tale termine senza che l'inventario sia stato compiuto, il chiamato all'eredità è considerato erede puro e semplice [476].

Compiuto l'inventario, il chiamato che non abbia ancora fatto la dichiarazione a norma dell'articolo 484 ha un termine di quaranta giorni da quello del compimento dell'inventario medesimo, per deliberare se accetta [470 ss.] o rinunzia [519 ss.] all'eredità. Trascorso questo termine senza che abbia deliberato, è considerato erede puro e semplice [459, 476, 480, 487, 488].

[1] Comma così modificato dall'art. 144, D.Lgs. 19 febbraio 1998, n. 51.

A decorrere dal 31 ottobre 2025, la parola "tribunale" verrà sostituita con le parole "giudice di pace" ex art. 27, D.Lgs. 13 luglio 2017, n. 116.

■ Codice civile del 1865: *Art. 959. L'erede che si trova nel possesso reale dell'eredità, deve fare l'inventario entro tre mesi dal giorno dell'aperta successione o della notizia della devoluta eredità. Ove entro questo termine lo abbia cominciato ma non possa compirlo, ricorrendo al pretore del luogo dell'aperta successione può ottenere una proroga che non ecceda però altri tre mesi, salvo che si rendesse necessario un termine maggiore per particolari gravi circostanze.*

Art. 960. Ove l'erede non abbia nei tre mesi cominciato l'inventario, o, non lo abbia compito nel termine medesimo od in quello pel quale avesse ottenuto la proroga, si intende che abbia accettata puramente e semplicemente l'eredità.

Art. 961. Compiuto l'inventario, l'erede che non abbia ancora fatta la dichiarazione a norma dell'articolo 955, ha un termine di quaranta giorni da quello del compimento dell'inventario medesimo per deliberare sull'accettazione o rinunzia dell'eredità, trascorsi i quali senza che abbia deliberato, si ha per erede puro e semplice.

486. Poteri.

Durante i termini stabiliti dall'articolo precedente per fare l'inventario e per deliberare, il chiamato, oltre che esercitare i poteri indicati nell'articolo 460, può stare in giudizio [705, 780, 1387] come convenuto per rappresentare l'eredità.

Se non compare, l'autorità giudiziaria nomina un curatore all'eredità affinché la rappresenti in giudizio [529; c.p.c. 78, 780].

■ Codice civile del 1865: *Art. 964. Durante i termini concessi per fare l'inventario e per deliberare, colui che è chiamato alla successione, non è tenuto ad assumere la qualità di erede.*

Egli è però considerato curatore di diritto dell'eredità, ed in tale qualità può essere chiamato in giudizio per rappresentarla e rispondere alle istanze contro la medesima proposte. Ove non compaia, l'autorità giudiziaria nominerà un curatore all'eredità perché la rappresenti in tale giudizio.

487. Chiamato all'eredità che non è nel possesso di beni.

Il chiamato all'eredità, che non è nel possesso [1140] di beni ereditari [528, comma 1], può fare la dichiarazione di accettare col beneficio d'inventario [484] fino a che il diritto di accettare non è prescritto [480].

Quando ha fatto la dichiarazione, deve compiere l'inventario nel termine di tre mesi dalla dichiarazione, salva la proroga accordata dall'autorità giudiziaria a norma dell'articolo 485; in mancanza, è considerato erede puro e semplice [476, 2964].

Quando ha fatto l'inventario non preceduto da dichiarazione d'accettazione, questa deve essere fatta nei quaranta giorni successivi al compimento dell'inventario; in mancanza [2964], il chiamato perde il diritto di accettare l'eredità [481].

■ Codice civile del 1865: *Art. 962. Qualora si tratti di erede il quale non sia nel possesso reale dell'eredità, né siasi in essa ingerito, ove siano proposte istanze contro di lui, i termini sopra stabiliti per fare l'inventario e per deliberare non cominciano a decorrere che dal giorno, che sarà fissato dall'autorità giudiziaria.*

Ove poi contro di lui non si propongano istanze, egli conserva sempre il diritto di fare l'inventario, finché il tempo per accettare non sia prescritto.

488. Dichiarazione in caso di termine fissato dall'autorità giudiziaria.

Il chiamato all'eredità, che non è nel possesso di beni ereditari, qualora gli sia stato assegnato un termine a norma dell'articolo 481, deve entro detto termine, compiere anche l'inventario; se fa la dichiarazione e non l'inventario, è considerato erede puro e semplice [476, 2964].

L'autorità giudiziaria può accordare una dilazione [c.p.c. 749].

489. Incapaci.

I minori [2], gli interdetti [414] e gli inabilitati [415] non si intendono decaduti dal beneficio d'inventario [471, 472], se non al compimento di un anno dalla maggiore età [2] o dal cessare dello stato d'interdizione o d'inabilitazione [431], qualora entro tale termine non si siano conformati alle norme della presente sezione [480, 484-494, 2964].

■ Codice civile del 1865: *Art. 963. I minori, gli interdetti e gli inabilitati non s'intendono decaduti dal benefizio dell'inventario, se non al compimento dell'anno successivo alla loro maggiore età, od alla cessazione della interdizione o dell'inabilitazione, qualora entro tale termine non si siano conformati alle disposizioni del presente paragrafo.*

490. Effetti del beneficio d'inventario.

L'effetto del beneficio d'inventario [2940 comma 2] consiste nel tenere distinto il patrimonio del defunto da quello dell'erede [2830, 2941 n. 5; L. fall. 12].

Conseguentemente:

1) l'erede conserva verso l'eredità tutti i diritti e tutti gli obblighi che aveva verso il defunto, tranne quelli che si sono estinti per effetto della morte [448, 1014, 1072, 1295];

2) l'erede non è tenuto al pagamento dei debiti ereditari [1203, comma 1, n. 4, 2465-ter] e dei legati [671] oltre il valore dei beni a lui pervenuti [497, comma 1, 564];

3) i creditori dell'eredità e i legatari hanno preferenza sul patrimonio ereditario di fronte ai creditori dell'erede [495, 499, 502]. Essi però non sono dispensati dal domandare la separazione dei beni, secondo le disposizioni del capo seguente [512 ss], se vogliono conservare questa preferenza anche nel caso che l'erede decada dal beneficio d'inventario [493, 494, 505, 564] o vi rinunzi [512, comma 3].

● Norme connesse:

- art. 12, comma 1, R.D. 16 marzo 1942, n. 267.

■ Codice civile del 1865: *Art. 968. L'effetto del benefizio dell'inventario consiste nel dare all'erede questi vantaggi:*

Che non sia tenuto al pagamento dei debiti ereditari e dei legati oltre il valore dei beni a lui pervenuti, e possa liberarsi col cedere tutti i beni dell'eredità ai creditori ed ai legatari;

Che non siano confusi i suoi beni propri con quelli dell'eredità, e che gli sia conservato contro la medesima il diritto di ottenere il pagamento dei suoi crediti.

♦ Codice civile francese

Articolo 791. *L'accettazione in concorrenza dell'attivo netto dà all'erede il vantaggio: 1° di evitare la confusione dei suoi beni personali con quelli della successione; 2° di conservare contro questa tutti i diritti che aveva anteriormente sui beni del defunto; 3° di non essere tenuto al pagamento dei debiti della successione che fino alla concorrenza del valore dei beni che ha ricevuto.*

Articolo 792. *I creditori della successione dichiarano i loro crediti notificando il loro titolo al domicilio eletto della successione. Sono pagati nelle condizioni previste all'articolo 796. I crediti il cui ammontare non è ancora definitivamente fissato sono dichiarati a titolo provvisionale sulla base di una valutazione. In mancanza di dichiarazione nel termine di quindici mesi dalla pubblicità prevista all'articolo 788, i crediti senza garanzie sui beni della successione sono estinti. Questa disposizione beneficia ugualmente ai garanti ed ai coobbligati così come alle persone che hanno acconsentito ad una garanzia autonoma poggiante sul credito così estinto.*

491. Responsabilità dell'erede nell'amministrazione.

L'erede con beneficio d'inventario non risponde dell'amministrazione dei beni ereditari se non per colpa grave [496, 531, 789, 1176].

■ Codice civile del 1865: *Art. 970. L'erede con benefizio d'inventario non è obbligato che per le colpe gravi commesse nell'amministrazione di cui è incaricato.*

492. Garanzia.

Se i creditori o altri aventi interesse lo richiedono [c.p.c. 750], l'erede deve dare idonea garanzia [1179; c.p.c. 119, c.p.c. 150] per il valore dei beni mobili [812] compresi nell'inventario, per i frutti [820] degli immobili e per il prezzo dei medesimi che sopravanzi al pagamento dei creditori ipotecari [c.p.c. 750].

■ Codice civile del 1865: *Art. 975. Se lo richiedono i creditori od altri aventi interesse, l'erede deve dare idonee cautele pel valore dè beni mobili compresi nell'inventario, per i frutti degli immobili e per il prezzo dè medesimi, che potesse sopravanzare al pagamento dei creditori ipotecari: quando non le dia, l'autorità giudiziaria provvederà per la sicurezza degli interessati.*

493. Alienazione dei beni ereditari senza autorizzazione.

L'erede decade dal beneficio d'inventario [490, 494, 505, 509, 564], se aliena [713 ss., 769, 1197, 1470, 1552] o sottopone a pegno [2784] o ipoteca [2808] beni ereditari, o transige [1965, 1966] relativamente a questi beni senza l'autorizzazione giudiziaria e senza osservare le forme prescritte dal codice di procedura civile [c.p.c. 747, 748].

Per i beni mobili l'autorizzazione non è necessaria trascorsi cinque anni dalla dichiarazione di accettare con beneficio d'inventario [499, 502, comma 3].

■ Codice civile del 1865: *Art. 973. L'erede decade dal benefizio dell'inventario, se vende i beni immobili dell'eredità*

CODICE CIVILE

senza l'autorizzazione giudiziale senza le forme stabilite dal codice di procedura civile.

Art. 974. *L'erede decade parimente dal benefizio dell'inventario, se vende i beni mobili dell'eredità senza l'autorizzazione giudiziale o senza osservare le forme stabilite dal codice di procedura civile, prima che siano decorsi cinque anni dalla dichiarazione di accettazione col benefizio dell'inventario: dopo questo termine può vendere i beni mobili senza alcuna formalità.*

494. Omissioni o infedeltà nell'inventario.

Dal beneficio d'inventario decade [490, 493, 505, 509, 564] l'erede che ha omesso in malafede di denunziare nell'inventario beni appartenenti all'eredità [762], o che ha denunziato in malafede, nell'inventario stesso, passività non esistenti [527; L. fall. 138 comma 1].

● Norme connesse:
- art. 138, comma 1, R.D. 16 marzo 1942, n. 267.

■ Codice civile del 1865: *Art. 967. L'erede, colpevole di avere scientemente e con mala fede omesso di descrivere nell'inventario qualche effetto appartenente all'eredità, decade dal benefizio dell'inventario.*

495. Pagamento dei creditori e legatari.

Trascorso un mese dalla trascrizione prevista nell'articolo 484 o dall'annotazione disposta nello stesso articolo per il caso che l'inventario sia posteriore alla dichiarazione, l'erede, quando i creditori o legatari [649] non si oppongono [498] ed egli non intende promuovere la liquidazione a norma dell'articolo 503, paga i creditori e i legatari [649] a misura che si presentano, salvi i loro diritti di poziorità [499, 503, 2741, 2830].

Esaurito l'asse ereditario, i creditori rimasti insoddisfatti hanno soltanto diritto di regresso contro i legatari, ancorché di cosa determinata appartenente al testatore [649], nei limiti del valore del legato [31 comma 3, 2312, 2324, 2495].

Tale diritto si prescrive in tre anni dal giorno dell'ultimo pagamento, salvo che il credito sia anteriormente prescritto [502, 2934, 2946].

■ Codice civile del 1865: *Art. 976. Se all'erede sono notificate opposizioni per parte di un creditore o di altro interessato, egli non può pagare che secondo l'ordine ed il modo determinati dall'autorità giudiziaria.*

Se non vi sono opposizioni, decorso un mese dalla trascrizione ed inserzione di cui è cenno nell'articolo 955, ovvero dal compimento dell'inventario quando la detta pubblicazione sia stata anteriore, l'erede paga i creditori ed i legatari a misura che si presentano, salvi però i loro diritti di poziorità.

Art. 977. I creditori non opponenti, i quali si presentano dopo esausto l'asse ereditario nel soddisfacimento degli altri creditori e dei legatari, hanno soltanto regresso contro i legatari.

Quest'azione si estingue col decorso di tre anni da computarsi dal giorno dell'ultimo pagamento.

♦ Codice civile francese

Articolo 796. *L'erede regola il passivo della successione. Paga i creditori iscritti secondo l'ordine della garanzia confacente alloro credito. Gli altri creditori che hanno dichiarato il loro credito sono disinteressati nell'ordine delle dichiarazioni. I legati delle somme di denaro sono rilasciati dopo pagamento dei creditori.*

496. Rendimento del conto.

L'erede ha l'obbligo di rendere conto [c.p.c. 263, 266] della sua amministrazione [491] ai creditori e ai legatari, i quali possono fare assegnare un termine all'erede [488, 500; c.p.c. 749; disp. att. c.p.c. 109, 178].

■ Codice civile del 1865: *Art. 969. L'erede col benefizio d'inventario ha l'obbligo di amministrare i beni ereditari e di render conto della sua amministrazione ai creditori ed ai legatari.*

Non può esser costretto al pagamento coi propri beni, che dopo essere stato posto in mora a presentare il suo conto, e quando non abbia ancora soddisfatto a questa obbligazione.

Dopo la liquidazione del conto non può essere astretto al pagamento cò suoi beni, che fino alla concorrenza delle somme di cui sia debitore.

971. I creditori e i legatari possono far assegnare un termine all'erede per il rendimento del conto.

♦ Codice civile francese

Articolo 800. *L'erede è incaricato di amministrare i beni che riceve nella successione. Tiene il conto della sua amministrazione, dei crediti che paga e degli atti che impegnano i beni ricevuti o che colpiscono il loro valore. Risponde di colpe gravi in questa amministrazione. Deve presentare il conto ad ogni creditore successore che ne fa domanda e risponde in un termine di due mesi all'intimazione, comunicata per atto extragiudiziale, di dichiarare dove si trovano i beni ed i diritti ricevuti nella successione che non ha alienato o conservato nelle condizioni previste all'articolo 794. In mancanza può essere obbligato sui suoi beni personali. L'erede che ha omesso scientemente e in mala fede di comprendere nell'inventario degli elementi attivi o passivi della successione o che non ha assegnato al pagamento dei creditori della successione il valore dei beni conservati o il prezzo dei beni alienati decade dall'accettazione in concorrenza dell'attivo netto. È considerato accettante puro e semplice a partire dall'apertura della successione.*

497. Mora nel rendimento del conto.

L'erede non può essere costretto al pagamento con i propri beni [1203 n. 4], se non quando è stato costituito in mora [1219] a presentare il conto e non ha ancora soddisfatto a quest'obbligo [496].

Dopo la liquidazione del conto, non può essere costretto al pagamento con i propri beni se non fino alla concorrenza delle somme di cui è debitore.

■ Codice civile del 1865: *Art. 969. L'erede col benefizio d'inventario ha l'obbligo di amministrare i beni ereditari e di render conto della sua amministrazione ai creditori ed ai legatari.*

Non può esser costretto al pagamento coi propri beni, che dopo essere stato posto in mora a presentare il suo conto, e quando non abbia ancora soddisfatto a questa obbligazione.

Dopo la liquidazione del conto non può essere astretto al pagamento cò suoi beni, che fino alla concorrenza delle somme di cui sia debitore.

498. Liquidazione dell'eredità in caso di opposizione.

Qualora entro il termine indicato nell'articolo 495 gli sia stata notificata opposizione da parte di creditori o di legatari [530, 2906], l'erede non può eseguire pagamenti, ma deve provvedere alla liquidazione dell'eredità nell'interesse di tutti i creditori e legatari [499, 502, 503].

A tal fine egli, non oltre un mese dalla notificazione [c.p.c. 137] dell'opposizione, deve, a mezzo di un notaio del luogo dell'aperta successione, invitare i creditori e i legatari a presentare, entro un termine stabilito dal notaio stesso e non inferiore a giorni trenta, le dichiarazioni di credito [504, 505, 507, 509, 2964; c.p.c. 779 comma 2].

L'invito è spedito per raccomandata ai creditori e ai legatari dei quali è noto il domicilio o la residenza ed è pubblicato nel foglio degli annunzi legali della provincia [501, 506, 530][1].

[1] I fogli degli annunzi legali delle province sono stati aboliti dall'art. 31, L. 24 novembre 2000, n. 340. La pubblicazione viene effettuata nella Gazzetta Ufficiale.

499. Procedura di liquidazione.

Scaduto il termine entro il quale devono presentarsi le dichiarazioni di credito [507, 508], l'erede provvede, con l'assistenza del notaio, a liquidare le attività ereditarie [498] facendosi autorizzare alle alienazioni necessarie [493; c.p.c. 747, 748]. Se l'alienazione ha per oggetto beni sottoposti a privilegio [2745 ss.] o a ipoteca [2808 ss.], i privilegi non si estinguono, e le ipoteche non possono essere cancellate [2882] sino a che l'acquirente non depositi il prezzo nel modo stabilito dal giudice o non provveda al pagamento dei creditori collocati nello stato di graduazione previsto dal comma seguente [2885].

L'erede forma, sempre con l'assistenza del notaio, lo stato di graduazione [506, 508; c.p.c. 778]. I creditori sono collocati secondo i rispettivi diritti di prelazione [2741]. Essi sono preferiti ai legatari. Tra i creditori non aventi diritto a prelazione l'attivo ereditario è ripartito in proporzione dei rispettivi crediti [495, 501].

Qualora, per soddisfare i creditori, sia necessario comprendere nella liquidazione anche l'oggetto di un legato di specie [649, c.p.c. 747], sulla somma che residua dopo il pagamento dei creditori il legatario di specie è preferito agli altri legatari.

500. Termine per la liquidazione.

L'autorità giudiziaria, su istanza di alcuno dei creditori o legatari, può assegnare un termine all'erede per liquidare le attività ereditarie e per formare lo stato di graduazione [498; c.p.c. 749].

501. Reclami.

Compiuto lo stato di graduazione, il notaio ne dà avviso con raccomandata ai creditori e legatari [499] di cui è noto il domicilio o la residenza, e provvede alla pubblicazione di un estratto dello stato nel foglio degli annunzi legali della provincia. Trascorsi senza reclami [c.p.c. 778] trenta giorni dalla data di questa pubblicazione, lo stato di graduazione diviene definitivo [502][1].

[1] I fogli degli annunzi legali delle province sono stati aboliti dall'art. 31, L. 24 novembre 2000, n. 340. La pubblicazione viene effettuata nella Gazzetta Ufficiale.

502. Pagamento dei creditori e dei legatari.

Divenuto definitivo lo stato di graduazione [501] o passata in giudicato [c.p.c. 324] la sentenza che pronunzia sui reclami [c.p.c. 778, comma 3, l'erede deve soddisfare i creditori e i legatari in conformità dello stato medesimo. Questo costituisce titolo esecutivo contro l'erede [c.p.c. 474].

La collocazione dei crediti condizionali non impedisce il pagamento dei creditori posteriori, sempre che questi diano cauzione [1179, 1203, comma 1, n. 4].

I creditori e i legatari che non si sono presentati hanno azione contro l'erede solo nei limiti della somma che residua dopo il pagamento dei creditori e dei legatari collocati nello stato di graduazione [508, comma 3]. Questa azione si prescrive in tre anni [2946 ss.] dal giorno in cui lo stato è divenuto definitivo o è passata in giudicato [c.p.c. 324] la sentenza che ha pronunziato sui reclami, salvo che il credito sia anteriormente prescritto [495, 2934 ss.].

503. Liquidazione promossa dall'erede.

Anche quando non vi è opposizione di creditori o di legatari, l'erede può valersi della procedura di liquidazione prevista dagli articoli precedenti [495, 504].

Il pagamento fatto a creditori privilegiati o ipotecari non impedisce all'erede di valersi di questa procedura [498, 505].

504. Liquidazione nel caso di più eredi.

Se vi sono più eredi con beneficio d'inventario [510], ciascuno può promuovere la liquidazione; ma deve convocare i propri coeredi davanti al notaio nel termine che questi ha stabilito per la dichiarazione dei crediti [498]. I coeredi che non si presentano sono rappresentati [1387] nella liquidazione dal notaio [505, 510].

505. Decadenza dal beneficio.

L'erede che, in caso di opposizione, non osserva le norme stabilite dall'articolo 498 o non compie la liquidazione o lo stato di graduazione nel termine stabilito dall'articolo 500, decade dal beneficio d'inventario [490, 493, 494, 495, 505, 509, 527, 564, 2964].

Parimenti decade dal beneficio d'inventario l'erede che, nel caso previsto dall'art. 503, dopo l'invito

CODICE CIVILE

ai creditori di presentare le dichiarazioni di credito, esegue pagamenti prima che sia definita la procedura di liquidazione o non osserva il termine che gli è stato prefisso a norma dell'articolo 500.

La decadenza non si verifica quando si tratta di pagamenti a favore di creditori privilegiati o ipotecari [503].

In ogni caso la decadenza dal beneficio d'inventario può essere fatta valere solo dai creditori del defunto e dai legatari [509].

506. Procedure individuali.

Eseguita la pubblicazione prescritta dal terzo comma dell'articolo 498, non possono essere promosse procedure esecutive a istanza dei creditori [2910;L. fall. 51]. Possono tuttavia essere continuate quelle in corso, ma la parte di prezzo che residua dopo il pagamento dei creditori privilegiati e ipotecari deve essere distribuita in base allo stato di graduazione previsto dall'articolo 499.

I crediti a termine diventano esigibili [1183, 1186]. Resta tuttavia il beneficio del termine, quando il credito è munito di garanzia reale [2747, 2808] su beni la cui alienazione non si renda necessaria ai fini della liquidazione, e la garanzia stessa è idonea ad assicurare il soddisfacimento integrale del credito.

Dalla data di pubblicazione dell'invito ai creditori previsto dal terzo comma dell'art. 498 è sospeso il decorso degli interessi dei crediti chirografari [1282]. I creditori tuttavia hanno diritto, compiuta la liquidazione, al collocamento degli interessi sugli eventuali residui [L. fall. 55].

● Norme connesse:
- artt. 51-54, R.D. 16 marzo 1942, n. 267.

507. Rilascio dei beni ai creditori e ai legatari.

L'erede, non oltre un mese dalla scadenza del termine stabilito per presentare le dichiarazioni di credito [498], se non ha provveduto ad alcun atto di liquidazione, può rilasciare [1324, 1334] tutti i beni ereditari a favore dei creditori e dei legatari [504, 1977].

A tal fine l'erede deve, nelle forme indicate dall'articolo 498, dare avviso ai creditori e ai legatari dei quali è noto il domicilio o la residenza [43]; deve iscrivere la dichiarazione di rilascio nel registro delle successioni [disp. att. 52, 53], annotarla in margine alla trascrizione prescritta dal secondo comma dell'articolo 484, e trascriverla presso gli uffici dei registri immobiliari dei luoghi in cui si trovano gli immobili ereditari [2643 n. 5] e presso gli uffici dove sono registrati i beni mobili [815, 2663, 2683, 2687, 2695].

Dal momento in cui è trascritta la dichiarazione di rilascio [2649], gli atti di disposizione dei beni ereditari compiuti dall'erede sono senza effetto rispetto ai creditori e ai legatari [509, 2644, 2649; L. fall. 44].

L'erede deve consegnare i beni al curatore [L. fall. 31] nominato secondo le norme dell'articolo seguente. Eseguita la consegna, egli resta liberato da ogni responsabilità per i debiti ereditari.

508. Nomina del curatore.

Trascritta la dichiarazione di rilascio [507], il tribunale del luogo dell'aperta successione [456], su istanza dell'erede o di uno dei creditori o legatari, o anche d'ufficio, nomina un curatore, perché provveda alla liquidazione secondo le norme degli articoli 498 e seguenti [1387][1].

Il decreto di nomina del curatore è iscritto nel registro delle successioni [disp. att. 52, 53].

Le attività che residuano, pagate le spese della curatela e soddisfatti i creditori e i legatari collocati nello stato di graduazione [499, 501], spettano all'erede, salva l'azione dei creditori e legatari, che non si sono presentati, nei limiti determinati dal terzo comma dell'articolo 502.

[1] Comma così modificato dall'art. 144, D.Lgs. 19 febbraio 1998, n. 51. Il testo previgente disponeva: *Trascritta la dichiarazione di rilascio, il pretore del luogo dell'aperta successione, su istanza dell'erede o di uno dei creditori o legatari, o anche d'ufficio, nomina un curatore, perché provveda alla liquidazione secondo le norme degli articoli 498 e seguenti.*

509. Liquidazione proseguita su istanza dei creditori o legatari.

Se, dopo la scadenza del termine stabilito per presentare le dichiarazioni di credito [498], l'erede incorre nella decadenza dal beneficio d'inventario [493, 494, 505], ma nessuno dei creditori o legatari la fa valere [505; c.p.c. 779], il tribunale [disp. att. 51] del luogo dell'aperta successione [456], su istanza di uno dei creditori o legatari, sentiti l'erede e coloro che hanno presentato le dichiarazioni di credito, può nominare un curatore con l'incarico di provvedere alla liquidazione dell'eredità secondo le norme degli articoli 499 e seguenti. Dopo la nomina del curatore, la decadenza dal beneficio non può più essere fatta valere[1].

Il decreto di nomina del curatore è iscritto nel registro delle successioni [disp. att. 52, 53], annotato a margine della trascrizione prescritta dal secondo comma dell'articolo 484, e trascritto negli uffici dei registri immobiliari dei luoghi dove si trovano gli immobili ereditari [507, 2643 n. 5, 2649, 2663] e negli uffici dove sono registrati i beni mobili [815, 2663, 2683, 2687, 2695].

L'erede perde l'amministrazione dei beni ed è tenuto a consegnarli al curatore [508; L. fall. 31]. Gli atti di disposizione che l'erede compie dopo trascritto il decreto di nomina del curatore sono senza effetto rispetto ai creditori e ai legatari [507, comma 3, 2644, 2649; L. fall. 44].

[1] Comma così modificato dall'art. 144, D.Lgs. 19 febbraio 1998, n. 51.

● Norme connesse:
- artt. 31, 44, R.D. 16 marzo 1942, n. 267.

510. Accettazione o inventario fatti da uno dei chiamati.

L'accettazione con beneficio d'inventario [484] fatta da uno dei chiamati [504] giova a tutti gli altri, anche se l'inventario è compiuto da un chiamato diverso da quello che ha fatto la dichiarazione.

■ Codice civile del 1865: *Art. 958. Se tra più eredi taluno vuole accettare l'eredità col benefizio dell'inventario ed albi senza, l'eredità deve essere accettata col detto benefizio.*

In questo caso basta che un solo faccia la dichiarazione.

511. Spese.

Le spese dell'apposizione dei sigilli, dell'inventario e di ogni altro atto dipendente dall'accettazione con beneficio d'inventario [484] sono a carico dell'eredità [461, 712].

■ Codice civile del 1865: *Art. 978. Le spese dell'apposizione dè sigilli, dell'inventario e del conto sono a carico dell'eredità.*

CAPO VI
DELLA SEPARAZIONE DEI BENI DEL DEFUNTO DA QUELLI DELL'EREDE

512. Oggetto della separazione.

La separazione [515] dei beni del defunto da quelli dell'erede assicura il soddisfacimento, con i beni del defunto, dei creditori di lui [2900] e dei legatari che l'hanno esercitata [514] a preferenza [2872] dei creditori dell'erede [490, 2758 comma 3, 2772 comma 6][1].

Il diritto alla separazione spetta anche ai creditori o legatari che hanno altre garanzie sui beni del defunto [L. fall. 11].

La separazione non impedisce ai creditori e ai legatari che l'hanno esercitata, di soddisfarsi anche sui beni propri dell'erede [490].

● Norme connesse:
- per la disciplina nel caso di fallimento dell'imprenditore defunto, art. 11, comma 3, R.D. 16 marzo 1942, n. 267, che dispone: *Con la dichiarazione di fallimento cessano di diritto gli effetti della separazione dei beni ottenuta dai creditori del defunto a norma del codice civile.*

■ Codice civile del 1865: *Art. 1032. I creditori dell'eredità ed i legatari possono domandare la separazione del patrimonio del defunto dal patrimonio dell'erede, a norma delle disposizioni contenute nel titolo XXIV di questo libro.*

Art. 2054. Il diritto alla separazione del patrimonio del defunto da quello dell'erede, di cui è cenno nell'articolo 1032, spetta anche a quei creditori o legatari che hanno già un'altra garantia sui beni del defunto.

513. Separazione contro i legatari di specie.

I creditori del defunto possono esercitare la separazione anche rispetto ai beni che formano oggetto di legato di specie [649, 756].

514. Rapporti tra creditori separatisti e non separatisti.

I creditori e i legatari che hanno esercitato la separazione [512] hanno diritto di soddisfarsi sui beni separati a preferenza dei creditori e dei legatari che non l'hanno esercitata, quando il valore della parte di patrimonio non separata sarebbe stato sufficiente a soddisfare i creditori e i legatari non separatisti.

Fuori di questo caso, i creditori e i legatari non separatisti possono concorrere con coloro che hanno esercitato la separazione; ma, se parte del patrimonio non è stata separata, il valore di questa si aggiunge al prezzo dei beni separati per determinare quanto spetterebbe a ciascuno dei concorrenti, e quindi si considera come attribuito integralmente ai creditori e ai legatari non separatisti [disp. att. 54].

Quando la separazione è esercitata dai creditori e legatari, i creditori sono preferiti ai legatari [495, comma 2, 499, comma 2, 554]. La preferenza è anche accordata, nel caso previsto dal comma precedente, ai creditori non separatisti di fronte ai legatari separatisti [756].

Restano salve in ogni caso le cause di prelazione [2741, 2745, 2772, 2784, 2808].

515. Cessazione della separazione.

L'erede può impedire o far cessare la separazione [512] pagando i creditori e i legatari, e dando cauzione [c.p.c. 750] per il pagamento di quelli il cui diritto è sospeso da condizione [1179] o sottoposto a termine, oppure è contestato [L. fall. 11].

● Norme connesse:
- art. 11, comma 3, R.D. 16 marzo 1942, n. 267.

■ Codice civile del 1865: *Art. 2064. L'erede può impedire o far cessare la separazione pagando i creditori e i legatari, o dando cauzione per il pagamento di quelli il cui diritto fosse sospeso da condizione o a termine, o fosse contestato.*

516. Termine per l'esercizio del diritto alla separazione.

Il diritto alla separazione [517, 518] deve essere esercitato entro il termine di tre mesi dall'apertura della successione [456, 460, 2964, 2968; c.p.c. 749].

■ Codice civile del 1865: *Art. 2057. Il diritto alla separazione non può esercitarsi che nel termine perentorio di tre mesi dal giorno dell'aperta successione.*

517. Separazione riguardo ai mobili.

Il diritto alla separazione [516] riguardo ai mobili [812] si esercita mediante domanda giudiziale.

La domanda si propone con ricorso al tribunale del luogo dell'aperta successione [456], il quale ordina l'inventario [c.p.c. 769], se non è ancora fatto, e dà le disposizioni necessarie per la conservazione dei beni stessi[1].

Riguardo ai mobili già alienati dall'erede, il diritto alla separazione comprende soltanto il prezzo non ancora pagato [518 comma 2].

CODICE CIVILE

[1] Comma così modificato dall'art. 144, D.Lgs. 19 febbraio 1998, n. 51. Il testo previgente disponeva: *La domanda si propone con ricorso al pretore del luogo dell'aperta successione [456], il quale ordina l'inventario, se non è ancora fatto, e dà le disposizioni necessarie per la conservazione dei beni stessi.*

● Norme connesse:

- comma 1: artt. 2575 c.c. e ss. per l'applicabilità della norma anche ai crediti e diritti d'autore e d'inventore.

■ Codice civile del 1865: *Art. 2059. Il diritto alla separazione riguardo ai mobili si esercita col farne la domanda giudiziale.*

Art. 2061. Riguardo ai mobili già alienati dall'erede, il diritto alla separazione comprende soltanto il prezzo non ancora pagato.

518. Separazione riguardo agli immobili.

Riguardo agli immobili [812] e agli altri beni capaci d'ipoteca [516, 2810], il diritto alla separazione si esercita mediante l'iscrizione del credito o del legato sopra ciascuno dei beni stessi. L'iscrizione si esegue nei modi stabiliti per iscrivere le ipoteche [2827], indicando il nome del defunto e quello dell'erede, se è conosciuto, e dichiarando che l'iscrizione stessa viene presa a titolo di separazione dei beni. Per tale iscrizione non è necessario esibire il titolo [2839].

Le iscrizioni a titolo di separazione, anche se eseguite in tempi diversi, prendono tutte il grado della prima [2852] e prevalgono sulle trascrizioni ed iscrizioni contro l'erede o il legatario, anche se anteriori.

Alle iscrizioni a titolo di separazione sono applicabili le norme sulle ipoteche [2808, 2852 ss.].

■ Codice civile del 1865: *Art. 2060. Lo stesso diritta riguardo agli immobili si esercita mediante l'iscrizione del credito o del legato sopra ciascuno degli immobili stessi presso l'uffizio delle ipoteche del luogo in cui sono situati.*

L'iscrizione si eseguisce nei modi determinati dall'articolo 1987, aggiugendovi il nome del defunto e quello dell'erede se è conosciuto, e la dichiarazione che viene presa a titolo di separazione dei patrimoni.

Per tale iscrizione non è necessaria l'esibizione del titolo.

CAPO VII
DELLA RINUNZIA ALL'EREDITÀ

519. Dichiarazione di rinunzia.

La rinunzia all'eredità [394, comma 3, 411, 524, 527, 552, 586, 703] deve farsi con dichiarazione [1350 n. 13], ricevuta da un notaio [320, 374 n. 3, 468, 478, 481, 650, 683, 1324, 1708, comma 2, 2662, comma 1] o dal cancelliere del tribunale del circondario in cui si è aperta la successione [650], e inserita nel registro delle successioni [456, 481; disp. att. 52, 133][1].

La rinunzia fatta gratuitamente [461, 478] a favore di tutti coloro ai quali si sarebbe devoluta la quota del rinunziante non ha effetto finché, a cura di alcuna delle parti, non siano osservate le forme indicate nel comma precedente [477, 527, 674].

[1] Comma così modificato dall'art. 146, D.Lgs. 19 febbraio 1998, n. 51. Il testo previgente, disponeva: *La rinunzia all'eredità deve farsi con dichiarazione, ricevuta da un notaio o dal cancelliere della pretura del mandamento in cui si è aperta la successione, e inserita nel registro delle successioni.*

■ Codice civile del 1865: *Art. 944. La rinunzia ad una eredità non si presume.*

Essa non può farsi che con una dichiarazione presso la cancelleria della pretura del mandamento in cui si è aperta la successione, sopra un registro tenuto all'uopo.

520. Rinunzia condizionata, a termine o parziale.

È nulla la rinunzia fatta sotto condizione [1353] o a termine [1184] o solo per parte [108, 257, 475, commi 2, 3, 637, 702, comma 2].

521. Retroattività della rinunzia.

Chi rinunzia all'eredità è considerato come se non vi fosse mai stato chiamato [459, comma 2, 524, 525, 757].

Il rinunziante può tuttavia ritenere la donazione [769] o domandare il legato [649] a lui fatto sino alla concorrenza della porzione disponibile [556], salve le disposizioni degli articoli 551 e 552.

■ Codice civile del 1865: *Art. 945. Chi rinunzia alla eredità è considerato come se non vi fosse mai stato chiamato.*

La rinunzia però non lo esclude dal pote chiedere i legati a lui fatti.

♦ Codice civile francese

Articolo 805. *L'erede che rinuncia è considerato come se non fosse mai stato erede. Sotto riserva delle disposizioni dell'articolo 845 la parte del rinunciante matura ai suoi rappresentanti; in mancanza, essa accresce ai suoi coeredi; se egli è solo, è devoluta al grado susseguente.*

522. Devoluzione nelle successioni legittime.

Nelle successioni legittime la parte di colui che rinunzia si accresce [674, 676] a coloro che avrebbero concorso col rinunziante, salvo il diritto di rappresentazione [467 ss.] e salvo il disposto dell'ultimo comma dell'articolo 571. Se il rinunziante è solo, l'eredità si devolve a coloro ai quali spetterebbe nel caso che egli mancasse.

■ Codice civile del 1865: *Art. 946. Nelle successioni legittime la parte di colui che rinunzia, si accresce ai suoi coeredi; se è solo, la successione si devolve al grado susseguente.*

523. Devoluzione nelle successioni testamentarie.

Nelle successioni testamentarie, se il testatore non ha disposto una sostituzione [688] e se non ha luogo il diritto di rappresentazione [467 ss.], la parte del rinunziante si accresce ai coeredi a norma dell'articolo 674, ovvero si devolve agli eredi legittimi a norma dell'articolo 677.

■ Codice civile del 1865: *Art. 948. Nelle successioni testamentarie la parte del rinunziante si devolve à coeredi od agli eredi legittimi, come è stabilito negli articoli 880 e 883.*

524. Impugnazione della rinunzia da parte dei creditori.

Se taluno rinunzia, benché senza frode, a un'eredità con danno dei suoi creditori, questi possono farsi autorizzare [2652 n. 1] ad accettare l'eredità in nome e luogo del rinunziante, al solo scopo di soddisfarsi sui beni ereditari fino alla concorrenza dei loro crediti [487, comma 3, 557].

Il diritto dei creditori si prescrive [2946] in cinque anni dalla rinunzia [2934].

● Norme connesse:
- art. 35, comma 1, R.D. 16 marzo 1942, n. 267.

■ Codice civile del 1865: *Art. 949. I creditori di colui che rinunzia ad un'eredità in pregiudizio dei loro diritti, possono farsi autorizzare giudizialmente ad accettarla in nome e luogo del loro debitore.*

In questo caso la rinunzia è annullata non in favore dell'erede che ha rinunziato, ma solamente a vantaggio dè suoi creditori e per la concorrenza dei loro crediti.

525. Revoca della rinunzia.

Fino a che il diritto di accettare l'eredità non è prescritto [480] contro i chiamati che vi hanno rinunziato [521], questi possono sempre accettarla, se non è già stata acquistata da altro dei chiamati, senza pregiudizio delle ragioni acquistate da terzi sopra i beni dell'eredità [477-479, 524, comma 2, 671].

■ Codice civile del 1865: *Art. 950. Sino a che il diritto di accettare un'eredità non sia prescritto contro gli credi che vi hanno rinunziato, questi possono ancora accettarla quando non sia già stata accettata da altri eredi, senza pregiudizio però delle ragioni acquistate da terzi sopra i beni dell'eredità, tanto in forza della prescrizione, quanto di atti validamente fatti col curatore dell'eredità giacente.*

♦ Codice civile francese

Articolo 807. *Finché la prescrizione del diritto di accettare non è acquisita contro l'erede, questi può revocare la sua rinunzia accettandone la successione puramente e semplicemente, se non è già stata accettata da un altro erede o se lo Stato non è già stato immesso nel possesso. Questa accettazione retroagisce al giorno dell'apertura della successione, senza tuttavia rimettere in causa i diritti che possono essere stati acquisiti dai terzi sui beni della successione con prescrizione o con atti validamente fatti con il curatore della successione vacante.*

526. Impugnazione per violenza o dolo.

La rinunzia all'eredità si può impugnare solo se è l'effetto di violenza [1434] o di dolo [483, 1439].

L'azione si prescrive in cinque anni dal giorno in cui è cessata la violenza o è stato scoperto il dolo [482, 1442].

527. Sottrazione di beni ereditari.

I chiamati all'eredità, che hanno sottratto o nascosto beni spettanti all'eredità stessa, decadono dalla facoltà di rinunziarvi [519] e si considerano eredi puri e semplici, nonostante la loro rinunzia [476, 485, 494, 586].

■ Codice civile del 1865: *Art. 953. Gli eredi che hanno sottratti o nascosti effetti spettanti all'eredità, decadono dalla facoltà di rinunziarvi, e restano eredi puri e semplici non ostante la loro rinunzia.*

CAPO VIII
DELL'EREDITÀ GIACENTE

528. Nomina del curatore.

Quando il chiamato non ha accettato l'eredità [460, 470] e non è nel possesso di beni ereditari [487], il tribunale del circondario in cui si è aperta la successione [456], su istanza delle persone interessate o anche d'ufficio, nomina un curatore dell'eredità [460 comma 3, 529, 1387; L. fall. 12; disp. att. 134][1].

Il decreto di nomina del curatore, a cura del cancelliere, è pubblicato per estratto nel foglio degli annunzi legali della provincia e iscritto nel registro delle successioni [2830; disp. att. 52; c.p.c. 781; disp. att. c.p.c. 193; L. fall. 12 comma 3][2].

[1] Comma così modificato dall'art. 145, D.Lgs. 19 febbraio 1998, n. 51. Il testo previgente disponeva: *Quando il chiamato non ha accettato l'eredità e non è nel possesso di beni ereditari, il pretore del mandamento in cui si è aperta la successione, su istanza delle persone interessate o anche d'ufficio, nomina un curatore dell'eredità.*

[2] I fogli degli annunzi legali delle province sono stati aboliti dall'art. 31, L. 24 novembre 2000, n. 340. La pubblicazione viene effettuata nella Gazzetta Ufficiale.

● Norme connesse:
- artt. 12, comma 3, 20, R.D. 16 marzo 1942, n. 267.
- art. 36 del Codice della crisi di impresa e dell'insolvenza, attuativo della Legge delega 19 ottobre 2017, n. 155 (D.Lgs. 12 gennaio 2019, n. 14) che prevede la prosecuzione della procedura di liquidazione giudiziale nei confronti, rispettivamente, del curatore dell'eredità giacente e dell'amministratore nominato nei casi di istituzione di erede sotto condizione sospensiva.

■ Codice civile del 1865: *Art. 980. Quando l'erede non sia noto, o gli eredi testamentari o legittimi abbiano rinunziato, l'eredità si reputa giacente, e si provvede all'amministrazione o conservazione dei beni ereditari per mezzo di un curatore.*

Art. 981. Il curatore è nominato dal pretore del mandamento in cui si è aperta la successione, sull'istanza delle persone interessate o anche d'uffizio.

Il decreto, col quale si nomina il curatore, sarà pubblicato per estratto a cura del cancelliere nel giornale degli annunzi giudiziari.

♦ Codice civile francese

Articolo 809. *La successione è vacante: 1° quando non si presenta nessuno per reclamare la successione e non ci sono eredi conosciuti; 2° quando tutti gli eredi conosciuti hanno rinunciato alla successione; 3° quando dopo lo scadere di un termine di sei mesi dall'apertura della successione gli eredi conosciuti non hanno scelto in maniera tacita o espressa.*

Articolo 809.1. *Il giudice, incaricato su richiesta di ogni creditore, di ogni persona che garantiva, per il conto della persona deceduta, l'amministrazione di tutto o parte del suo patrimonio, di ogni altra persona interessata o del pubblico*

CODICE CIVILE

ministero, affida la curatela della successione vacante, il cui regime è definito nella presente sezione, all'autorità amministrativa incaricata del patrimonio. L'ordinanza di curatela è oggetto di pubblicità.

529. Obblighi del curatore.

Il curatore [644] è tenuto a procedere all'inventario [c.p.c. 769] dell'eredità, a esercitarne e promuoverne le ragioni, a rispondere alle istanze proposte contro la medesima, ad amministrarla, a depositare presso le casse postali o presso un istituto di credito designato dal tribunale il danaro che si trova nell'eredità o si ritrae dalla vendita dei mobili o degli immobili, e da ultimo, a rendere conto della propria amministrazione [370, 531; c.p.c. 263, 782, 783][1].

[1] Articolo così modificato dall'art. 144, D.Lgs. 19 febbraio 1998, n. 51. Il testo previgente disponeva: *Il curatore è tenuto a procedere all'inventario dell'eredità, a esercitarne e promuoverne le ragioni, a rispondere alle istanze proposte contro la medesima, ad amministrarla, a depositare presso le casse postali o presso un istituto di credito designato dal pretore il danaro che si trova nell'eredità o si ritrae dalla vendita dei mobili o degli immobili, e, da ultimo, a rendere conto della propria amministrazione.*

■ Codice civile del 1865: *Art. 982. Il curatore è tenuto a far procedere all'inventario dell'eredità, ad esercitarne e promuoverne le ragioni, a rispondere alle istanze proposte contro la medesima, ad amministrarla, a versare nella cassa dei depositi giudiziari il danaro che vi si trovasse e si ritraesse dalla vendita dei mobili e degli immobili, e da ultimo a rendere conto della sua amministrazione.*

♦ Codice civile francese

Articolo 809.2. *Fin dalla sua designazione il curatore fa redigere un inventario estimativo, articolo per articolo, dell'attivo e del passivo della successione da un commissario di incanto giudiziario, un ufficiale giudiziario o un notaio, secondo le leggi ed i regolamenti applicabili a queste professioni, o da un funzionario appartenente all'amministrazione incaricata del patrimonio. L'avviso al tribunale dal curatore dell'accertamento dell'inventario è soggetto alla stessa pubblicità della decisione della curatela. I creditori ed i legatari di somme di denaro possono, dietro giustificazione del loro titolo, consultare l'inventario e attenerne una copia. Possono domandare di essere avvisati di ogni nuova pubblicità.*

Articolo 810. *Fin dalla sua designazione il curatore prende possesso dei valori e degli altri beni detenuti dai terzi e persegue il recupero delle somme dovute alla successione. Può proseguire la gestione dell'azienda individuale dipendente dalla successione che sia commerciale, industriale, agricola o artigianale. Dopo il prelievo delle spese di amministrazione, di gestione e di vendita, consegna le somme che compongono l'attivo della successione così come le rendite dei beni e i prodotti della loro realizzazione. In caso di azione giudiziaria contro l'attività dell'impresa, sono consegnati solo gli introiti che eccedono l'esistenza necessaria al suo funzionamento. Le somme provenienti a qualunque titolo da una successione vacante possono essere consegnate solo dall'intermediario del curatore.*

530. Pagamento dei debiti ereditari.

Il curatore può provvedere al pagamento dei debiti ereditari e dei legati, previa autorizzazione del tribunale [disp. att. 51-bis; c.p.c. 782][1].

Se però alcuno dei creditori o dei legatari fa opposizione [2906], il curatore non può procedere ad alcun pagamento, ma deve provvedere alla liquidazione dell'eredità secondo le norme degli articoli 498 e seguenti [disp. att. 134 comma 2; c.p.c. 783].

[1] Comma così modificato dall'art. 144, D.Lgs. 19 febbraio 1998, n. 51. Il testo previgente disponeva: *Il curatore può provvedere al pagamento dei debiti ereditari e dei legati, previa autorizzazione del pretore.*

♦ Codice civile francese

Articolo 810.4. *Il curatore è il solo abilitato a pagare i creditori della successione. Non è tenuto ad adempiere i debiti della successione che fino alla concorrenza dell'attivo. Non può pagare, senza attendere il progetto di definizione del passivo, le spese necessarie alla conservazione del patrimonio, le spese funerarie e dell'ultima malattia, le tasse dovute dal defunto, le locazioni e gli, altri debiti successori la cui definizione è urgente.*

531. Inventario, amministrazione e rendimento dei conti.

Le disposizioni della sezione II del capo V di questo titolo, che riguardano l'inventario, l'amministrazione e il rendimento di conti [496, 497] da parte dell'erede con beneficio d'inventario [484 ss.], sono comuni al curatore dell'eredità giacente, esclusa la limitazione della responsabilità per colpa [491, 498, 506, 1176].

■ Codice civile del 1865: *Art. 983. Le disposizioni del § III di questa sezione, riguardanti l'inventario, il modo di amministrazione, e il rendimento dei conti per parte dell'erede con beneficio d'inventario, sono comuni ai curatori delle eredità giacenti.*

532. Cessazione della curatela per accettazione dell'eredità.

Il curatore cessa dalle sue funzioni quando l'eredità è stata accettata [470 ss., 1729].

CAPO IX

DELLA PETIZIONE DI EREDITÀ

533. Nozione.

L'erede può chiedere il riconoscimento della sua qualità ereditaria contro chiunque possiede tutti o parte dei beni ereditari a titolo di erede o senza titolo alcuno, allo scopo di ottenere la restituzione dei beni medesimi [71, 73, 534, 535. 1387, 2652 n. 7, 2690, comma 1, n. 4, 2900; c.p.c. 22 n. 1].

L'azione è imprescrittibile [c.p.c. 9, comma 2, 22, comma 1, n. 1; 948, 2934], salvi gli effetti dell'usucapione rispetto ai singoli beni [1158 ss.].

♦ Codice civile francese
Articolo 730. *La prova della qualità di erede si stabilisce in ogni modo. Non è derogato dalle disposizioni ne dagli usi concernenti il rilascio dei certificati di proprietà o di eredità dalle autorità giudiziarie o amministrative.*

534. Diritti dei terzi.
L'erede può agire anche contro gli aventi causa da chi possiede a titolo di erede o senza titolo.

Sono salvi i diritti acquistati, per effetto di convenzioni a titolo oneroso [1571, 2808] con l'erede apparente, dai terzi i quali provino di avere contrattato in buona fede [1153, 1189, 1147, 1396, 1415, 1445, 1729].

La disposizione del comma precedente non si applica ai beni immobili e ai beni mobili iscritti nei pubblici registri [815, 2683], se l'acquisto a titolo di erede [649, 2648] e l'acquisto dall'erede apparente [1470, 2643] non sono stati trascritti anteriormente alla trascrizione dell'acquisto da parte dell'erede o del legatario vero, o alla trascrizione della domanda giudiziale contro l'erede apparente [2652 n. 7, 2690, comma 1, n. 4].

535. Possessore di beni ereditari.
Le disposizioni in materia di possesso si applicano anche al possessore di beni ereditari, per quanto riguarda la restituzione dei frutti, le spese, i miglioramenti e le addizioni [1147 ss.].

Il possessore in buona fede, che ha alienato pure in buona fede una cosa dell'eredità, è solo obbligato a restituire all'erede il prezzo o il corrispettivo ricevuto. Se il prezzo o il corrispettivo è ancora dovuto, l'erede subentra nel diritto di conseguirlo [1153 ss., 1203 n. 5, 2038].

È possessore in buona fede colui che ha acquistato il possesso dei beni ereditari, ritenendo per errore di essere erede. La buona fede non giova se l'errore dipende da colpa grave [1147].

CAPO X
DEI LEGITTIMARI

Sezione I
Dei diritti riservati ai legittimari

● Norme connesse:
- art. 1, comma 21, L. 20 maggio 2016, n. 76.

536. Legittimari.
Le persone a favore delle quali la legge riserva una quota di eredità o altri diritti [540, comma 2, 548, comma 2, 580, 585, comma 2, 594] nella successione sono: il coniuge [143], i figli [231 ss.], gli ascendenti [304, 549, 550, 553, 564, comma 1, 752, 754][1].

Ai figli sono equiparati gli adottivi [291, 304, 306, 324 n. 3][2].

A favore dei discendenti dei figli, i quali vengono alla successione in luogo di questi [467, 689, 735, comma 1], la legge riserva gli stessi diritti che sono riservati ai figli[3 4].

[1] Comma così modificato dall'art. 70, D.Lgs. 28 dicembre 2013, n. 154, a decorrere dal 7 febbraio 2014. Il testo previgente disponeva: *Le persone a favore delle quali la legge riserva una quota di eredità o altri diritti nella successione sono: il coniuge, i figli legittimi, i figli naturali, gli ascendenti legittimi.*

[2] Comma così modificato dall'art. 70, D.Lgs. 28 dicembre 2013, n. 154, a decorrere dal 7 febbraio 2014. Il testo previgente disponeva: *Ai figli legittimi sono equiparati i legittimati e gli adottivi.*

[3] Comma così modificato dall'art. 70, D.Lgs. 28 dicembre 2013, n. 154, a decorrere dal 7 febbraio 2014. Il testo previgente disponeva: *A favore dei discendenti dei figli legittimi o naturali, i quali vengono alla successione in luogo di questi, la legge riserva gli stessi diritti che sono riservati ai figli legittimi o naturali.*

[4] Articolo così sostituito dall'art. 172, L. 19 maggio 1975, n. 151. Il testo previgente disponeva: *Le persone, a favore delle quali la legge riserva una quota di eredità o altri diritti nella successione, sono i figli legittimi, gli ascendenti legittimi, i figli naturali e il coniuge.*

Ai figli legittimi sono equiparati i legittimati e gli adottivi.

A favore dei discendenti dei figli legittimi o naturali, i quali vengono alla successione in luogo di questi, la legge riserva gli stessi diritti che sono riservati ai figli legittimi o naturali.

● Norme connesse:
- artt. 5, comma 6, 9-bis, L. 1 dicembre 1970, n. 898.

■ Codice civile del 1865: *Art. 806. Sotto nome di figli sono compresi nell'articolo precedente i figli legittimi, i legittimati, gli adottivi e i loro discendenti.*

I discendenti però non si contano che per quel figlio che rappresentano.

Art. 808. La porzione legittima è quota di eredità: essa è dovuta ai figli, discendenti o ascendenti in piena proprietà e senza che il testatore imporvi alcun peso o condizione.

♦ Codice civile francese
Articolo 731. *La successione è devoluta dalla legge ai parenti ed al coniuge successibili del defunto nelle condizioni definite qui di seguito.*

Articolo 735. *I figli o i loro discendenti succedono ai loro genitori o agli altri ascendenti senza distinzione di sesso, né di primogenitura, anche se sono nati da unioni differenti.*

537. Riserva a favore dei figli[1].
Salvo quanto disposto dall'articolo 542, se il genitore lascia un figlio solo, a questi è riservata la metà del patrimonio[2].

Se i figli sono più, è loro riservata la quota dei due terzi, da dividersi in parti uguali tra tutti i figli[3].

[...][4 5].

[1] Rubrica così modificata dall'art. 71, D.Lgs. 28 dicembre 2013, n. 154, a decorrere dal 7 febbraio 2014. Il testo previgente disponeva: *Riserva a favore dei figli legittimi e naturali.*

[2] Comma così modificato dall'art. 71, D.Lgs. 28 dicembre 2013, n. 154, a decorrere dal 7 febbraio 2014. Il testo previgente disponeva: *Salvo quanto disposto dall'articolo 542, se il genitore lascia un figlio solo, legittimo o naturale, a questi è riservata la metà del patrimonio.*

[3] Comma così modificato dall'art. 71, D.Lgs. 28 dicembre 2013, n. 154, a decorrere dal 7 febbraio 2014. Il testo previgente disponeva: *Se i figli sono più, è loro riservata la quota dei due terzi, da dividersi in parti uguali tra tutti i figli, legittimi e naturali.*

[4] Comma abrogato dall'art. 71, D.Lgs. 28 dicembre 2013, n. 154, a decorrere dal 7 febbraio 2014. Il testo previgente disponeva: *I figli legittimi possono soddisfare in denaro o in beni immobili ereditari la porzione spettante ai figli naturali che non vi si oppongano. Nel caso di opposizione decide il giudice, valutate le circostanze personali e patrimoniali.*

[5] Articolo così sostituito dall'art. 173, L. 19 maggio 1975, n. 151. Il testo previgente disponeva: *A favore dei figli legittimi è riservata la metà del patrimonio del genitore se questi lascia un figlio solo, e sono riservati i due terzi se i figli sono più, salvo quanto è disposto dagli articoli 541 e 542 per i casi di concorso.*

■ Codice civile del 1865: *Art. 805. Le liberalità per testamento non possono oltrepassare la metà dei beni del testatore. se questi morendo lascia figli, qualunque sia il numero dei medesimi.*

L'altra metà è riservata a vantaggio dei figli, e forma la loro porzione legittima.

538. Riserva a favore degli ascendenti[1].

Se chi muore non lascia figli, ma ascendenti, a favore di questi è riservato un terzo del patrimonio, salvo quanto disposto dall'articolo 544[2].

In caso di pluralità di ascendenti, la riserva è ripartita tra i medesimi secondo i criteri previsti dall'articolo 569 [568][3].

[1] Rubrica così modificata dall'art. 72, D.Lgs. 28 dicembre 2013, n. 154, a decorrere dal 7 febbraio 2014. Il testo previgente disponeva: *Riserva a favore degli ascendenti legittimi.*

[2] Comma così modificato dall'art. 72, D.Lgs. 28 dicembre 2013, n. 154, a decorrere dal 7 febbraio 2014. Il testo previgente disponeva: *Se chi muore non lascia figli legittimi né naturali, ma ascendenti legittimi, a favore di questi è riservato un terzo del patrimonio, salvo quanto disposto dall'articolo 544.*

[3] Articolo così sostituito dall'art. 174, L. 19 maggio 1975, n. 151. Il testo previgente disponeva: *Se chi muore non lascia figli legittimi ma ascendenti legittimi, a favore di questi è riservato un terzo del patrimonio, salvo quanto è disposto dagli articoli 544, 545 e 546 per i casi di concorso.*

Si applicano le disposizioni dell'art. 569.

■ Codice civile del 1865: *Art. 807. Se il testatore non lascia né figli né discendenti, ma ascendenti, non disporre dei due terzi dei beni.*

La porzione legittima, ossia il terzo spetta al padre e alla madre per eguale porzione, ed in mancanza di uno dei genitori spetta interamente all'altro.

Non lasciando il testatore né padre, né madre, ma ascendenti nella linea paterna e materna, la porzione legittima spetta per metà agli uni e per metà agli altri, ove siano in grado eguale: ove siano in grado ineguale, spetta per intiero ai prossimi dell'una o dell'altra linea.

539. Riserva a favore dei figli naturali.

[...][1].

[1] Articolo abrogato dall'art. 175, L. 19 maggio 1975, n. 151. Il testo previgente disponeva: *A favore dei figli naturali, quando la filiazione è riconosciuta o dichiarata, è riservato un terzo del patrimonio del genitore se questi lascia un solo figlio naturale, o la metà se i figli naturali sono più, salvo quanto è disposto dagli articoli 541, 542, 543, 545 e 546 per i casi di concorso.*

■ Codice civile del 1865: *Art. 809. Il testatore che non lascia superstiti discendenti o ascendenti, può disporre di tutti i suoi beni a titolo universale o particolare.*

Restano però salvi i diritti del coniuge superstiti e dei figli naturali a norma del § II di questa sezione.

Art. 816. Quando non vi sono discendenti né ascendenti legittimi, i figli naturali hanno diritto a due terzi della quota che loro sarebbe spettata se fossero legittimi.

Art. 817. I discendenti legittimi del figlio naturale premorto possono reclamare i diritti stabiliti a favore di lui negli articoli precedenti.

Art. 818. La porzione dovuta al coniuge ed ai figli naturali non porta diminuzione della legittima spettante ai discendenti legittimi od agli ascendenti, e forma così una detrazione della parte disponibile.

Art. 819. È in facoltà degli eredi di soddisfare alle ragioni del coniuge o mediante l'assicurazione di una rendita vitalizia, o mediante l'assegno dei frutti di beni immobili o capitali ereditari da determinarsi d'accordo, e altrimenti dall'autorità giudiziaria avuto riguardo alle circostanze del caso.

Sino a che il coniuge non sia soddisfatto delle sue ragioni, conserva i suoi diritti di usufrutto su tutti i beni ereditari.

Art. 820. Il coniuge superstite ed il figlio naturale, per le quote di usufrutto o di proprietà rispettivamente loro attribuite, godono degli stessi diritti e delle stesse garanzie di cui godono i legittimari riguardo alla legittima, salvo ciò che è stabilito dagli articoli 815 e 819.

Ma sì il coniuge come il figlio naturale, oltre quanto sia loro lasciato per testamento, devono imputare alle rispettive quote, il primo tutto ciò che gli sia pervenuto per effetto delle convenzioni matrimoniali, il secondo tutto ciò che abbia ricevuto in vita dal genitore e che sia soggetto ad imputazione, a norma delle disposizioni contenute nella sezione IV del capo III di questo titolo.

540. Riserva a favore del coniuge.

A favore del coniuge è riservata la metà del patrimonio dell'altro coniuge, salve le disposizioni dell'articolo 542 per il caso di concorso con i figli [548, 584].

Al coniuge, anche quando concorra con altri chiamati, sono riservati [584, comma 1, 649] i diritti di abitazione [1022, 1024] sulla casa adibita a residenza familiare [144] e di uso [1021, 1024] sui mobili che la corredano, se di proprietà del defunto o comuni [2648]. Tali diritti gravano sulla porzione disponibile e qualora questa non sia sufficiente, per il rimanente sulla quota di riserva del coniuge ed eventualmente sulla quota riservata ai figli [537, 584][1].

[1] Articolo così sostituito dall'art. 176, L. 19 maggio 1975, n. 151. Il testo previgente disponeva: *A favore del coniuge è riservato l'usufrutto di due terzi del patrimonio dell'altro coniuge, salvo quanto è disposto dagli articoli 542, 543, 544 e 546 per i casi di concorso.*

● Norme connesse:

- artt. 1, commi 21, 42, 43, 5, comma 6, 9-bis, L. 1 dicembre 1970, n. 898.

■ Codice civile del 1865: *Art. 809. Il testatore che non lascia superstiti discendenti o ascendenti, può disporre di tutti i suoi beni a titolo universale o particolare.*

Restano però salvi i diritti del coniuge superstiti e dei figli naturali a norma del § II di questa sezione.

Art. 814. La quota di usufrutto del coniuge è il terzo, quando il testatore non lascia né discendenti né ascendenti aventi diritto a legittima.

Art. 820. Il coniuge superstite ed il figlio naturale, per le quote di usufrutto o di proprietà rispettivamente loro attribuite, godono degli stessi diritti e delle stesse garanzie di cui godono i legittimari riguardo alla legittima, salvo ciò che è stabilito dagli articoli 815 e 819.

Ma sì il coniuge come il figlio naturale, oltre quanto sia loro lasciato per testamento, devono imputare alle rispettive quote, il primo tutto ciò che gli sia pervenuto per effetto delle convenzioni matrimoniali, il secondo tutto ciò che abbia ricevuto in vita dal genitore e che sia soggetto ad imputazione, a norma delle disposizioni contenute nella sezione IV del capo III di questo titolo.

♦ Codice civile francese

Articolo 756. *Il coniuge successibile è chiamato alla successione, sia da solo sia in concorso con i parenti del defunto.*

Articolo 757.1. *Se, in mancanza di figli o discendenti, il defunto lascia i suoi genitori, il coniuge superstite riceve la metà dei beni. L'altra metà è devoluta per un quarto al padre e per un quarto alla madre. Quando il padre o la madre sono predeceduti, la parte che li sarebbe spettata tocca al coniuge sopravvissuto.*

Articolo 757.2. *In mancanza di figli o discendenti del defunto e dei suoi genitori il coniuge superstite riceve tutta la successione.*

541. Concorso di figli legittimi e naturali.

[...][1].

[1] Articolo abrogato dall'art. 177, L. 19 maggio 1975, n. 151. Il testo previgente disponeva: *Quando, oltre ai figli legittimi, il defunto lascia figli naturali, la quota di patrimonio complessivamente riservata è di due terzi. Su tale quota ogni figlio naturale consegue metà della porzione che consegue ciascuno dei figli legittimi, purchè complessivamente la quota di questi ultimi non sia inferiore al terzo del patrimonio.*

I figli legittimi hanno facoltà di pagare in danaro o in beni immobili ereditari, a giusta stima, la porzione spettante ai figli naturali.

■ Codice civile del 1865: *Art. 815. Quando il testatore lascia figli o ascendenti legittimi e figli naturali legalmente riconosciuti, questi ultimi hanno diritto alla metà della quota che loro sarebbe spettata se fossero legittimi.*

Per il calcolo della porzione dovuta ai figli naturali fanno numero anche i figli legittimi, con facoltà a questi di soddisfarla nei modi stabiliti dall'art. 744.

542. Concorso di coniuge e figli.

Se chi muore lascia, oltre al coniuge, un solo figlio, a quest'ultimo è riservato un terzo del patrimonio ed un altro terzo spetta al coniuge[1].

Quando i figli, sono più di uno, ad essi è complessivamente riservata la metà del patrimonio e al coniuge spetta un quarto del patrimonio del defunto. La divisione tra tutti i figli, è effettuata in parti uguali [581][2].

[...][3 4].

[1] Comma così modificato dall'art. 73, D.Lgs. 28 dicembre 2013, n. 154, a decorrere dal 7 febbraio 2014. Il testo previgente disponeva: *Se chi muore lascia, oltre al coniuge, un solo figlio, legittimo o naturale, a quest'ultimo è riservato un terzo del patrimonio ed un altro terzo spetta al coniuge.*

[2] Comma così modificato dall'art. 73, D.Lgs. 28 dicembre 2013, n. 154, a decorrere dal 7 febbraio 2014. Il testo previgente disponeva: *Quando i figli, legittimi o naturali, sono più di uno, ad essi è complessivamente riservata la metà del patrimonio e al coniuge spetta un quarto del patrimonio del defunto. La divisione tra tutti i figli, legittimi e naturali, è effettuata in parti uguali.*

[3] Comma abrogato dall'art. 73, D.Lgs. 28 dicembre 2013, n. 154, a decorrere dal 7 febbraio 2014. Il testo previgente disponeva: *Si applica il terzo comma dell'articolo 537.*

[4] Articolo così sostituito dall'art. 178, L. 19 maggio 1975, n. 151. Il testo previgente disponeva: *Se chi muore lascia, oltre al coniuge, un solo figlio legittimo, la quota di patrimonio a questo riservata è di un terzo in piena proprietà. Un altro terzo spetta in usufrutto al coniuge. La nuda proprietà dei beni assegnati in usufrutto al coniuge spetta per una metà al figlio e per l'altra metà fa parte della disponibile.*

Quando i figli sono più, la quota di patrimonio riservata ad essi e al coniuge è complessivamente di due terzi. Su questa quota al coniuge spetta l'usufrutto di una porzione pari al quarto del patrimonio del defunto. La residua parte della quota di riserva e la nuda proprietà dei beni assegnati in usufrutto al coniuge sono ripartite tra i figli.

Se insieme col coniuge vi sono figli legittimi e figli naturali, l'ammontare complessivo della quota di riserva è di due terzi. Su questa quota al coniuge spetta l'usufrutto di una porzione pari al quarto del patrimonio del defunto. La residua parte della quota di riserva è ripartita tra i figli legittimi e i figli naturali secondo le proporzioni fissate dall'art. 541. Nelle stesse proporzioni è ripartita la nuda proprietà dei beni assegnati in usufrutto al coniuge, ma su questa i figli legittimi hanno diritto di conseguire una parte maggiore, se ciò è necessario per integrare il minimo che loro spetta secondo la disposizione dell'art. 541.

● Norme connesse:

- art. 1, comma 21, L. 20 maggio 2016, n. 76.

■ Codice civile del 1865: *Art. 812. Il coniuge contro cui non sussista sentenza di separazione personale passata in giudicato, ha diritto sulla eredità dell'altro coniuge, nel caso che questo lasci figli legittimi o loro discendenti, all'usufrutto di una porzione uguale a quella che spetterebbe a ciascun figlio a titolo di legittima, comprendendo nel numero dei figli anche il coniuge.*

♦ Codice civile francese

Articolo 757. *Se il coniuge predeceduto lascia dei figli o discendenti, il coniuge sopravvissuto riceve, a sua scelta, l'usufrutto della totalità dei beni esistenti o la proprietà di un quarto dei beni quando tutti i figli sono nati dai due coniugi e la proprietà di un quarto dei beni in presenza di uno o più figli che non sono nati dai due coniugi.*

CODICE CIVILE

543. Concorso di coniuge e figli naturali.

[...][1].

[1] Articolo abrogato dall'art. 179, L. 19 maggio 1975, n. 151. Il testo previgente disponeva: *Quando insieme col coniuge vi è soltanto un figlio naturale, al coniuge è riservato l'usufrutto di cinque dodicesimi del patrimonio del defunto.*

Al figlio naturale sono riservate la piena proprietà di un quarto del patrimonio e la nuda proprietà di un quinto dei beni assegnati in usufrutto al coniuge. La nuda proprietà degli altri quattro quinti dei beni assegnati in usufrutto al coniuge fa parte della disposizione.

Quando i figli naturali sono più, al coniuge è riservato l'usufrutto di un terzo del patrimonio, e ai figli naturali la piena proprietà di un altro terzo. La nuda proprietà dei beni assegnati in usufrutto al coniuge spetta per metà ai figli, mentre per l'altra metà fa parte della disponibile.

544. Concorso di ascendenti e coniuge[1].

Quando chi muore non lascia figli, ma ascendenti e il coniuge, a quest'ultimo è riservata la metà del patrimonio, ed agli ascendenti un quarto[2].

In caso di pluralità di ascendenti, la quota di riserva ad essi attribuita ai sensi del precedente comma è ripartita tra i medesimi secondo i criteri previsti dall'articolo 569 [582][3].

[1] Rubrica così modificata dall'art. 74, D.Lgs. 28 dicembre 2013, n. 154, a decorrere dal 7 febbraio 2014. Il testo previgente disponeva: *Concorso di ascendenti legittimi e coniuge.*

[2] Comma così modificato dall'art. 74, D.Lgs. 28 dicembre 2013, n. 154, a decorrere dal 7 febbraio 2014. Il testo previgente disponeva: *Quando chi muore non lascia né figli legittimi né figli naturali, ma ascendenti legittimi e il coniuge, a quest'ultimo è riservata la metà del patrimonio, ed agli ascendenti un quarto.*

[3] Articolo così sostituito dall'art. 180, L. 19 maggio 1975, n. 151. Il testo previgente disponeva: *Quando chi muore non lascia nè figli legittimi nè figli naturali, ma ascendenti legittimi e il coniuge, a quest'ultimo è riservato l'usufrutto di cinque dodicesimi del patrimonio, e agli ascendenti la piena proprietà di un quarto del patrimonio. La nuda proprietà dei beni assegnati in usufrutto al coniuge fa parte della disponibile.*

● Norme connesse:

- art. 1, comma 21, L. 20 maggio 2016, n. 76.

■ Codice civile del 1865: *Art. 813. Se il testatore non lascia discendenti ma ascendenti, la parte riservata al coniuge è il quarto in usufrutto.*

545. - 547.

[...][1].

[1] Articoli abrogati dall'art. 181, L. 19 maggio 1975, n. 151.

L'art. 545 disponeva: *Quando vi sono ascendenti legittimi e figli naturali, la quota complessivamente riservata è della metà del patrimonio del defunto, se questi lascia un solo figlio naturale; di due terzi, se i figli sono più.*

La quota è ripartita in modo che gli ascendenti o al solo ascendente superstite sia attribuita una porzione eguale a quella di ciascuno dei figli naturali, ma non inferiore a un sesto del patrimonio del defunto.

L'art. 546 disponeva: *Se insieme con ascendenti legittimi e con figli naturali vi è anche il coniuge, la quota complessivamente riservata è di due terzi del patrimonio del defunto. Su questa quota al coniuge spetta l'usufrutto di una porzione pari a un terzo del patrimonio; agli ascendenti, una porzione pari al quinto del patrimonio se il figlio naturale è uno solo, e al sesto se i figli naturali sono più; la residua parte spetta ai figli naturali. La nuda proprietà dei beni assegnati in usufrutto al coniuge spetta ai figli naturali se sono più; se il figlio naturale è uno solo, a lui ne spettano tre quinti e il resto fa parte della disponibile.*

L'art. 547 disponeva: *È in facoltà degli eredi di soddisfare le ragioni del coniuge mediante l'assicurazione di una rendita vitalizia o mediante l'assegno di frutti di beni immobili o capitali ereditari, da determinarsi di comune accordo o, in mancanza, dall'autorità giudiziaria, avuto riguardo alle circostanze del caso.*

Fino a che non sia soddisfatto delle sue ragioni, il coniuge conserva i propri diritti di usufrutto su tutti i beni ereditari.

■ Codice civile del 1865: *Art. 819. È in facoltà degli eredi di soddisfare alle ragioni del coniuge o mediante l'assicurazione di una rendita vitalizia, o mediante l'assegno dei frutti di beni immobili o capitali ereditari da determinarsi d'accordo, e altrimenti dall'autorità giudiziaria avuto riguardo alle circostanze del caso.*

Sino a che il coniuge non sia soddisfatto delle sue ragioni, conserva i suoi diritti di usufrutto su tutti i beni ereditari.

548. Riserva a favore del coniuge separato.

Il coniuge cui non è stata addebitata la separazione con sentenza passata in giudicato [c.p.c. 324], ai sensi del secondo comma dell'articolo 151, ha gli stessi diritti successori del coniuge non separato [157, 585].

Il coniuge cui è stata addebitata la separazione con sentenza passata in giudicato [151] ha diritto soltanto ad un assegno vitalizio se al momento dell'apertura della successione [456] godeva degli alimenti [447] a carico del coniuge deceduto [433]. L'assegno è commisurato alle sostanze ereditarie [556] e alla qualità e al numero degli eredi legittimi, e non è comunque di entità superiore a quella della prestazione alimentare goduta. La medesima disposizione si applica nel caso in cui la separazione sia stata addebitata ad entrambi i coniugi [448, 662, 1218][1].

[1] Articolo così sostituito dall'art. 182, L. 19 maggio 1975, n. 151. Il testo previgente disponeva: *Il coniuge non ha diritto alla riserva nei casi indicati dall'art. 585.*

● Norme connesse:

- artt. 5, comma 6, 9-bis, L. 1 dicembre 1970, n. 898.

■ Codice civile del 1865: *Art. 809. Il testatore che non lascia superstiti discendenti o ascendenti, può disporre di tutti i suoi beni a titolo universale o particolare.*

Restano però salvi i diritti del coniuge superstite e dei figli naturali a norma del § II di questa sezione.

Art. 814. La quota di usufrutto del coniuge è il terzo, quando il testatore non lascia né discendenti né ascendenti aventi diritto a legittima.

Art. 820. Il coniuge superstite ed il figlio naturale, per le quote di usufrutto o di proprietà rispettivamente loro attribuite, godono degli stessi diritti e delle stesse garanzie di cui godono i legittimari riguardo alla legittima, salvo ciò che è stabilito dagli articoli 815 e 819.

Ma sì il coniuge come il figlio naturale, oltre quanto sia loro lasciato per testamento, devono imputare alle rispettive quote, il primo tutto ciò che gli sia pervenuto per effetto delle convenzioni matrimoniali, il secondo tutto ciò che abbia ricevuto in vita dal genitore e che sia soggetto ad imputazione, a norma delle disposizioni contenute nella sezione IV del capo III di questo titolo.

549. Divieto di pesi o condizioni sulla quota dei legittimari.

Il testatore non può imporre pesi [179, comma 2, lett. b), 647] o condizioni [633-634] sulla quota spettante ai legittimari [540 comma 2, 551, 692], salva l'applicazione delle norme contenute nel titolo IV di questo libro [457, comma 3, 550, 551, 588, comma 2, 692, 713, 733, 734, 735].

♦ Codice civile tedesco

§ 2079 Impugnazione a causa della preterizione di un legittimario. *Una statuizione di ultima volontà si può impugnare quando la persona, della cui successione si tratta, ha pretermesso un legittimario vivente al momento dell'apertura della successione, la cui esistenza, al tempo della stesura della disposizione, non gli era nota oppure che sia nato o diventato legittimario soltanto dopo la redazione. L'impugnazione va esclusa nei casi in cui si debba ritenere che la persona, della cui successione si tratta, avrebbe disposto nello stesso modo anche se avesse avuto conoscenza dello stato delle cose.*

550. Lascito eccedente la porzione disponibile.

Quando il testatore dispone di un usufrutto [978 ss., 1021, 1022] o di una rendita vitalizia [1872 ss.] il cui reddito eccede quello della porzione disponibile [556], i legittimari [536, 588, comma 2, 649], ai quali è stata assegnata la nuda proprietà della disponibile o di parte di essa, hanno la scelta [481, 1324, 1334, 2946] o di eseguire tale disposizione o di abbandonare la nuda proprietà della porzione disponibile [1350 n. 5, 2643 n. 5, 2648, 2657]. Nel secondo caso il legatario, conseguendo la disponibile abbandonata, non acquista la qualità di erede.

La stessa scelta spetta ai legittimari quando il testatore ha disposto della nuda proprietà di una parte eccedente la disponibile.

Se i legittimari sono più, occorre l'accordo di tutti perché la disposizione testamentaria abbia esecuzione.

Le stesse norme si applicano anche se dell'usufrutto [978, 1021, 1022], della rendita [1872] o della nuda proprietà è stato disposto con donazione [769].

■ Codice civile del 1865: *Art. 810. Quando il testatore dispone di un usufrutto o di una rendita vitalizia,il cui reddito eccede quello della porzione disponibile, gli eredi a vantaggio dei quali la legge riserva la porzione legittima, hanno la scelta o di eseguire tale disposizione, o di abbandonare la proprietà della porzione disponibile.*

La stessa scelta spetta ai legittimari nel caso in cui si è disposto della nuda proprietà di una quota eccedente la porzione disponibile.

551. Legato in sostituzione di legittima.

Se a un legittimario è lasciato un legato in sostituzione della legittima [536, 549, 1353], egli può rinunziare [553 ss., 1324] al legato [649, 650, 1350, comma 1, n. 5, 2655] e chiedere la legittima [521, 552, 564, comma 2].

Se preferisce di conseguire il legato, perde il diritto di chiedere un supplemento [540, comma 2] nel caso che il valore del legato sia inferiore a quello della legittima, e non acquista la qualità di erede [588]. Questa disposizione non si applica quando il testatore ha espressamente attribuito al legittimario la facoltà di chiedere [553] il supplemento.

Il legato in sostituzione della legittima grava sulla porzione indisponibile [556]. Se però il valore del legato eccede quello della legittima spettante al legittimario, per l'eccedenza il legato grava sulla disponibile.

552. Donazione e legati in conto di legittima.

Il legittimario [536] che rinunzia all'eredità [519 ss.], quando non si ha rappresentazione [467 ss.,564, comma 3], può sulla disponibile ritenere le donazioni [769] o conseguire i legati [649] a lui fatti [521 comma 2]; ma quando non vi è stata espressa dispensa dall'imputazione [564], se per integrare la legittima spettante agli eredi è necessario ridurre le disposizioni testamentarie o le donazioni [533, 554, 555, 564, 724], restano salve le assegnazioni, fatte dal testatore sulla disponibile, che non sarebbero soggette a riduzione se il legittimario accettasse l'eredità, e si riducono le donazioni e i legati fatti a quest'ultimo.

Sezione II

Della reintegrazione della quota riservata ai legittimari

553. Riduzione delle porzioni degli eredi legittimi in concorso con legittimari.

Quando sui beni lasciati dal defunto si apre in tutto o in parte la successione legittima [457, 565 ss.], nel concorso di legittimari [536] con altri successibili, le porzioni che spetterebbero a questi ultimi si riducono proporzionalmente [552, 558, 809] nei limiti in cui è necessario per integrare la quota riservata ai legittimari, i quali però devono imputare a questa, ai sensi dell'articolo 564, quanto hanno ricevuto dal defunto in virtù di donazioni o di legati [735 comma 2, 746].

554. Riduzione delle disposizioni testamentarie.

Le disposizioni testamentarie eccedenti la quota [537-548] di cui il defunto poteva disporre [556] sono

CODICE CIVILE

soggette a riduzione nei limiti della quota medesima [557, 558, 2652 n. 8, 2690 n. 5].

■ Codice civile del 1865: *Art. 821. Le disposizioni testamentarie, le quali eccedono la porzione disponibile, sono riducibili alla detta porzione al tempo in cui si apre la successione.*

555. Riduzione delle donazioni.

Le donazioni [769, 809], il cui valore eccede la quota [537-548] della quale il defunto poteva disporre [556], sono soggette a riduzione fino alla quota medesima [557, 559, 562, 735, 809; disp. att. 135, 1414 ss., 2946].

Le donazioni non si riducono se non dopo esaurito il valore dei beni di cui è stato disposto per testamento [554, 1923, 2652 n. 8, 2690, comma 1, n. 5].

■ Codice civile del 1865: *Art. 1091. Le donazioni di qualunque natura, fatte per qualsiasi causa ed in favore di qualsiasi persona, vanno soggette a riduzione, se al tempo della morte del donante si riconoscono eccedenti la porzione dei beni di cui può disporre lo stesso donante secondo le norme stabilite nel capo II del titolo II di questo libro.*

Le regole stabilite nell'articolo 810 e negli articoli 821 e seguenti per la riduzione delle disposizioni testamentarie si osservano anche per la riduzione delle donazioni.

Art. 1093. Non si fa luogo alla riduzione delle donazioni, se non dopo che sia esausto il valore dei beni di cui fu disposto per testamento: qualora sia luogo a questa riduzione, essa si fa cominciando dall'ultima donazione e così successivamente risalendo dalle ultime alle anteriori.

♦ Codice civile francese

Articolo 923. *Non avrà mai luogo la riduzione delle donazioni che dopo aver esaurito il valore di tutti i beni compresi nelle disposizioni testamentarie; e quando avrà luogo questa riduzione si farà iniziando dall'ultima donazione, e così via risalendo dalle ultime alle più lontane.*

Articolo 924. *Quando la liberalità eccede la quantità disponibile, l'onorato successibile, deve indennizzare gli eredi riservatari in concorrenza della porzione eccessiva della liberalità quale che sia questo/eccedente. Il pagamento dell'indennità all'erede riservatario si fa prendendo meno ed in priorità per mezzo di imputazione sui suoi diritti nella riserva.*

556. Determinazione della porzione disponibile.

Per determinare l'ammontare della quota di cui il defunto poteva disporre [550, 554, 734, 737] si forma una massa di tutti i beni che appartenevano al defunto al tempo della morte, detraendone i debiti. Si riuniscono quindi fittiziamente [disp. att. 135] i beni [741-744] di cui sia stato disposto a titolo di donazione [562, 737], secondo il loro valore determinato in base alle regole dettate negli articoli 747 a 750, e sull'asse così formato si calcola la quota di cui il defunto poteva disporre [537-544].

■ Codice civile del 1865: *Art. 822. Per determinare la riduzione si forma una massa di tutti i beni del testatore al tempo della morte, detraendone i debiti.*

Si riuniscono quindi fittiziamente i beni di cui è stato disposto a titolo di donazione, quanto ai beni mobili secondo il loro valore al tempo delle donazioni, e quanto ai beni immobili secondo il loro stato al tempo delle donazioni ed il loro valore al tempo della morte del donatore, e sull'asse così formato si calcola quale sia la porzione di cui il testatore ha potuto disporre, avuto riguardo alla qualità degli eredi aventi diritto a riserva.

♦ Codice civile francese

Articolo 922. *La riduzione si determina formando una massa di tutti i beni esistenti al momento del decesso del donatore o del testatore. I beni di cui è stato disposto per donazione tra vivi sono riuniti in questa massa, secondo il loro stato all'epoca della donazione ed il loro valore all'apertura della successione, dopo che sono stati dedotti i debiti e gli oneri che li gravavano. Se i beni sono stati alienati, si tiene conto del loro valore all'epoca dell'alienazione. Se c'è stata sostituzione si tiene conto del valore dei nuovi beni il giorno dell'apertura della successione, secondo il loro stato all'epoca dell'acquisizione. Tuttavia se il deprezzamento dei nuovi beni era, in ragione della loro natura, ineluttabile al giorno della loro acquisizione, non si tiene conto della sostituzione. Si calcola su tutti questi beni, avuto riguardo della qualità di eredi che lascia, quale è la quantità di cui il defunto ha potuto disporre.*

557. Soggetti che possono chiedere la riduzione.

La riduzione delle donazioni [769, 809] e delle disposizioni lesive della porzione di legittima [537, 548, 554] non può essere domandata [2652 n. 8, 2690 n. 5, 2900] che dai legittimari [536] e dai loro eredi o aventi causa [564, 649, 769, 1542].

Essi non possono rinunziare [564, comma 1, 2901] a questo diritto, finché vive il donante, né con dichiarazione espressa, né prestando il loro assenso alla donazione [458].

I donatari e i legatari non possono chiedere la riduzione, né approfittarne. Non possono chiederla né approfittarne nemmeno i creditori del defunto, se il legittimario avente diritto alla riduzione ha accettato con il beneficio d'inventario [484].

■ Codice civile del 1865: *Art. 1092. La riduzione delle donazioni non può essere domandata che da quelli, a vantaggio dei quali la legge riserva la legittima od altra quota di successione, e dai loro eredi o aventi causa.*

Essi non possono rinunziare a questo diritto durante la vita del donante né con dichiarazione espressa né col prestare il loro assenso alla donazione.

I donatari, i legatari e i creditori del defunto non possono domandare la riduzione né approfittarne.

♦ Codice civile francese

Articolo 921. *La riduzione delle disposizioni inter vivos non potrà essere domandata che da coloro al cui vantaggio la legge fa la riserva, dai loro eredi o aventi causa; né i donatari, né i legatari né i creditori del defunto potranno domandare questa riduzione né approfittarne. Il termine di prescrizione dell'azione di riduzione è fissato in cinque anni a partire dall'apertura della successione o in due anni a partire dal giorno in cui gli eredi hanno avuto conoscenza del danno arrecato alla loro riserva, senza mai poter eccedere i dieci anni a partire dal decesso.*

558. Modo di ridurre le disposizioni testamentarie.

La riduzione delle disposizioni testamentarie [554] avviene proporzionalmente [553], senza distinguere tra eredi e legatari [554].

Se il testatore ha dichiarato che una sua disposizione deve avere effetto a preferenza delle altre, questa disposizione non si riduce, se non in quanto il valore delle altre non sia sufficiente a integrare la quota riservata ai legittimari [536].

■ Codice civile del 1865: *Art. 824. Se le disposizioni testamentarie eccedono la quota disponibile, o la porzione di questa quota, che resterebbe dopo detratto il valore delle donazioni, la riduzione si fa proporzionalmente senza alcuna distinzione fra gli eredi ed i legatari.*

Art. 825. Ogni qualvolta però il testatore ha dichiarato di volere che una sua liberalità abbia effetto a preferenza delle altre, questa preferenza ha luogo, ed una tale disposizione non viene ridotta, se non in quanto il valore delle altre liberalità non fosse sufficiente a compire la porzione legittima.

559. Modo di ridurre le donazioni.

Le donazioni [555, 560, 769] si riducono cominciando dall'ultima e risalendo via via alle anteriori [562, 563, 809].

■ Codice civile del 1865: *Art. 1093. Non si fa luogo alla riduzione delle donazioni, se non dopo che sia esausto il valore dei beni di cui fu disposto per testamento: qualora sia luogo a questa riduzione, essa si fa cominciando dall'ultima donazione e così successivamente risalendo dalle ultime alle anteriori.*

560. Riduzione del legato o della donazione d'immobili.

Quando oggetto del legato [649 ss.] o della donazione [769 ss.] da ridurre è un immobile [561, 812], la riduzione si fa separando dall'immobile medesimo la parte occorrente per integrare la quota riservata, se ciò può avvenire comodamente [718, 720].

Se la separazione non può farsi comodamente [720] e il legatario o il donatario ha nell'immobile una eccedenza maggiore del quarto della porzione disponibile [537, 544, 556], l'immobile si deve lasciare per intero nell'eredità, salvo il diritto di conseguire il valore della porzione disponibile. Se l'eccedenza non supera il quarto, il legatario o il donatario può ritenere tutto l'immobile compensando in danaro i legittimari.

Il legatario o il donatario che è legittimario può ritenere tutto l'immobile, purché il valore di esso non superi l'importo della porzione disponibile [556] e della quota che gli spetta come legittimario [536].

■ Codice civile del 1865: *Art. 826. Quando il legato soggetto a riduzione sia di un immobile, la riduzione si fa colla separazione di altrettanta parte dell'immobile medesimo, se questa può aver luogo comodamente.*

Ove la separazione non possa farsi comodamente e il legatario abbia nell'immobile un'eccedenza maggiore del quarto della porzione disponibile, deve lasciare l'immobile per intiero nell'eredità, salvo a lui il diritto di conseguire il valore della porzione disponibile. Se l'eccedenza è uguale al quarto o minore di esso, il legatario può ritenere tutto l'immobile, compensando in danaro coloro ai quali è riservata la porzione legittima.

Il legatario però che ha diritto alla legittima, può ritenere tutto l'immobile, purché il valore di esso non superi l'importo della porzione disponibile e della quota che gli spetta nella legittima.

561. Restituzione degli immobili.

Gli immobili restituiti in conseguenza della riduzione [560] sono liberi da ogni peso [978, 1021, 1022, 1571] o ipoteca [2808 ss.] di cui il legatario o il donatario può averli gravati, salvo il disposto del n. 8 dell'articolo 2652. I pesi e le ipoteche restano efficaci se la riduzione è domandata dopo venti anni dalla trascrizione della donazione, salvo in questo caso l'obbligo del donatario di compensare in denaro i legittimari in ragione del conseguente minor valore dei beni, purché la domanda sia stata proposta entro dieci anni dall'apertura della successione. Le stesse disposizioni si applicano per i mobili iscritti in pubblici registri [815, 2683, 2690 n. 5][1].

I frutti [820] sono dovuti a decorrere dal giorno della domanda giudiziale [1148].

[1] Comma così modificato dall'art. 2, D.L. 14 marzo 2005, n. 35, convertito in L. 14 maggio 2005, n. 80.

■ Codice civile del 1865: *Art. 1094. Il donatario deve restituire i frutti di ciò che eccede la porzione disponibile dal giorno della morte del donante, quando sia giudizialmente domandata la riduzione entro l'anno, ed in mancanza dal giorno della domanda.*

Art. 1095. Gli immobili da ricuperarsi in conseguenza della riduzione saranno liberi da ogni debito ed ipoteca contratta dal donatario.

562. Insolvenza del donatario soggetto a riduzione.

Se la cosa donata è perita per causa imputabile al donatario o ai suoi aventi causa o se la restituzione della cosa donata non può essere richiesta contro l'acquirente [563], e il donatario è in tutto o in parte insolvente, il valore della donazione che non si può recuperare dal donatario si detrae dalla massa ereditaria [556], ma restano impregiudicate le ragioni di credito del legittimario e dei donatari antecedenti contro il donatario insolvente.

563. Azione contro gli aventi causa dai donatari soggetti a riduzione.

Se i donatari [588, comma 2, 649] contro i quali è stata pronunziata la riduzione hanno alienato a ter-

CODICE CIVILE

zi gli immobili donati e non sono trascorsi venti anni dalla trascrizione della donazione, il legittimario, premessa l'escussione dei beni del donatario, può chiedere ai successivi acquirenti, nel modo e nell'ordine in cui si potrebbe chiederla ai donatari medesimi, la restituzione degli immobili [2652, comma 1, n. 8][1].

L'azione per ottenere la restituzione deve proporsi secondo l'ordine di data delle alienazioni, cominciando dall'ultima. Contro i terzi acquirenti può anche essere richiesta, entro il termine di cui al primo comma, la restituzione dei beni mobili, oggetto della donazione, salvi gli effetti del possesso di buona fede [1153 ss.][2].

Il terzo acquirente può liberarsi dall'obbligo di restituire in natura le cose donate pagando l'equivalente in danaro [disp. att. 135].

Salvo il disposto del numero *8)* dell'articolo 2652, il decorso del termine di cui al primo comma e di quello di cui all'articolo 561, primo comma, è sospeso [2941] nei confronti del coniuge e dei parenti in linea retta del donante che abbiano notificato e trascritto [2657], nei confronti del donatario e dei suoi aventi causa, un atto stragiudiziale di opposizione alla donazione. Il diritto dell'opponente è personale e rinunziabile [2643, comma 1, n. 5]. L'opposizione perde effetto se non è rinnovata prima che siano trascorsi venti anni dalla sua trascrizione[2657][3].

[1] Comma, da ultimo, così modificato dall'art. 3, L. 28 dicembre 2005, n. 263. Il testo previgente le modifiche apportate dalla L. 263/2005, disponeva: *Se i donatari contro i quali è stata pronunziata la riduzione hanno alienato a terzi gli immobili donati, e non sono trascorsi venti anni dalla donazione, il legittimario, premessa l'escussione dei beni del donatario, può chiedere ai successivi acquirenti, nel modo e nell'ordine in cui si potrebbe chiederla ai donatari medesimi, la restituzione degli immobili.*

Il testo originario, quello cioè precedente le modifiche apportate dal D.L. 35/2005, convertito in L. 80/2005, disponeva: *Se i donatari contro i quali è stata pronunziata la riduzione hanno alienato a terzi gli immobili donati, il legittimario, premessa l'escussione dei beni del donatario, può chiedere ai successivi acquirenti, nel modo e nell'ordine in cui si potrebbe chiederla ai donatari medesimi, la restituzione degli immobili.*

[2] Comma così modificato dall'art. 2, D.L. 14 marzo 2005, n. 35, convertito in L. 14 maggio 2005, n. 80. Il testo previgente le modifiche apportate dalla L. 263/2005, disponeva: *L'azione per ottenere la restituzione deve proporsi secondo l'ordine di data delle alienazioni, cominciando dall'ultima. Contro i terzi acquirenti può anche essere richiesta, entro il termine di cui al primo comma, la restituzione dei beni mobili, oggetto della donazione, salvi gli effetti del possesso di buona fede.*

Il testo originario, quello cioè precedente le modifiche apportate dal D.L. 35/2005, convertito in L. 80/2005, disponeva: *L'azione per ottenere la restituzione deve proporsi secondo l'ordine di data delle alienazioni, cominciando dall'ultima. Contro i terzi acquirenti può anche essere richiesta la restituzione dei beni mobili, oggetto della donazione, salvi gli effetti del possesso di buona fede.*

[3] Comma aggiunto dall'art. 2, D.L. 14 marzo 2005, n. 35, convertito in L. 14 maggio 2005, n. 80 e così modificato dall'art. 3, L. 28 dicembre 2005, n. 263. Il testo previgente le modifiche apportate dalla L. 28 dicembre 2005, n. 263, disponeva: *Salvo il disposto del numero 8) dell'articolo 2652, il decorso del termine di cui al primo comma e di quello di cui all'articolo 561, primo comma, è sospeso nei confronti del coniuge e dei parenti in linea retta del donante che abbiano notificato e trascritto, nei confronti del donatario, un atto stragiudiziale di opposizione alla donazione. Il diritto dell'opponente è personale e rinunziabile. L'opposizione perde effetto se non è rinnovata prima che siano trascorsi venti anni dalla sua trascrizione.*

■ Codice civile del 1865: *Art. 1096. L'azione per la riduzione e per la rivendicazione può promuoversi dagli eredi contro i terzi detentori degli immobili formanti parte delle donazioni ed alienati dai donatari, nel modo e nell'ordine stesso con cui potrebbe essere promossa contro i donatari medesimi e premessa l'escussione dei loro beni. Quest'azione deve promuoversi secondo l'ordine di data delle alienazioni, cominciando dall'ultima.*

564. Condizioni per l'esercizio dell'azione di riduzione.

Il legittimario [536] che non ha accettato l'eredità col beneficio d'inventario [484, 490] non può chiedere la riduzione delle donazioni e dei legati [557], salvo che le donazioni [769, 809] e i legati [649 ss.] siano stati fatti a persone chiamate come coeredi, ancorché abbiano rinunziato all'eredità [519]. Questa disposizione non si applica all'erede che ha accettato col beneficio d'inventario e che ne è decaduto [485, 493, 494, 505].

In ogni caso il legittimario [536], che domanda la riduzione di donazioni [555] o di disposizioni testamentarie [554], deve imputare [737-751] alla sua porzione legittima le donazioni [769, 809] e i legati [649] a lui fatti, salvo che ne sia stato espressamente dispensato [552, 553, 556, 768-quater, comma 3, 768-sexies, comma 1; disp. att. 135].

Il legittimario [536] che succede per rappresentazione [467] deve anche imputare le donazioni [769, 809] e i legati fatti, senza espressa dispensa, al suo ascendente [536, 740; disp. att. 135, comma 2].

La dispensa non ha effetto a danno dei donatari anteriori.

Ogni cosa, che, secondo le regole contenute nel capo II del titolo IV di questo libro [737-751], è esente da collazione [737 ss.], è pure esente da imputazione [742, comma 3, 744, 770, comma 2].

■ Codice civile del 1865: *Art. 972. L'erede a cui è dovuta la legittima, quantunque non abbia accettato col benefizio dell'inventario, può far ridurre le donazioni ed i legati fatti à suoi coeredi.*

TITOLO II
DELLE SUCCESSIONI LEGITTIME

● Norme connesse:

- artt. 5, comma 6, 9-bis, L. 1 dicembre 1970, n. 898; artt. 6, 37, L. 27 luglio 1978, n. 392; art. 1, comma 21, L. 20 maggio 2016, n. 76.

565. Categorie dei successibili.

Nella successione legittima [48, 49, 457] l'eredità si devolve al coniuge [581 ss.], ai discendenti [231, 250, 566, 567, 581], agli ascendenti [568, 569, 571, 582], ai collaterali [570-572, 582], agli altri parenti e allo Stato [586], nell'ordine e secondo le regole stabilite nel presente titolo [Cost. 42][1 2 3].

[1] Comma così modificato dall'art. 75, D.Lgs. 28 dicembre 2013, n. 154, a decorrere dal 7 febbraio 2014. Il testo previgente disponeva: *Nella successione legittima l'eredità si devolve al coniuge, ai discendenti legittimi e naturali, agli ascendenti legittimi, ai collaterali, agli altri parenti e allo Stato, nell'ordine e secondo le regole stabilite nel presente titolo.*

[2] La Corte costituzionale, con sentenza 4 luglio 1979, n. 55, aveva dichiarato l'illegittimità costituzionale del presente articolo nella parte in cui, in mancanza di altri successibili e prima dello Stato, escludeva quali chiamati alla successione legittima i fratelli e le sorelle naturali riconosciuti o dichiarati. La Corte costituzionale, con sentenza 12 aprile 1990, n. 184, aveva dichiarato l'illegittimità costituzionale del presente articolo nella parte in cui in mancanza di altri successibili all'infuori dello Stato, non prevedeva la successione legittima tra fratelli e sorelle naturali, dei quali sia legalmente accertato il rispettivo *status* di filiazione nei confronti del comune genitore.

[3] Articolo così sostituito dall'art. 183, L. 19 maggio 1975, n. 151. Il testo previgente disponeva: *Nella successione legittima l'eredità si devolve ai discendenti legittimi, agli ascendenti legittimi, ai collaterali, ai parenti naturali, al coniuge e allo Stato, nell'ordine e secondo le regole stabilite in questo titolo.*

● Norme connesse:

- art. 1, comma 21, L. 20 maggio 2016, n. 76.

■ Codice civile del 1865: *Art. 721. La legge devolve in successione ai discendenti legittimi, agli ascendenti, ai collaterali, ai figli naturali ed al coniuge, nell'ordine e secondo le regole in appresso stabilite, ed in loro mancanza al patrimonio dello Stato.*

CAPO I

DELLA SUCCESSIONE DEI PARENTI[1]

[1] Rubrica così modificata dall'art. 184, L. 19 maggio 1975, n. 151, il quale ha in tal modo riunito il capo I e il capo II del presente libro II. Pertanto il capo III e IV sono diventati rispettivamente capo II e III, restando immutate le rubriche. In origine la rubrica era la seguente: *Della successione dei parenti legittimi.*

566. Successione dei figli[1].

Al padre ed alla madre succedono [581] i figli [231 ss., 250, 537, 567, 573, 580], in parti uguali[1].

[1] Articolo così sostituito prima dall'art. 185, L. 19 maggio 1975, n. 151, poi dall'art. 76, D.Lgs. 28 dicembre 2013, n. 154, a decorrere dal 7 febbraio 2014. Il testo previgente disponeva: *566. Successione dei figli legittimi e naturali. Al padre ed alla madre succedono i figli legittimi e naturali, in parti uguali.*

Si applica il terzo comma dell'articolo 537.

■ Codice civile del 1865: *Art. 736. Al padre, alla madre e ad ogni altro ascendente succedono i figli legittimi o i loro discendenti, senza distinzione di sesso e quantunque nati da matrimoni diversi.*

Essi succedono per capi, quando sono tutti in primo grado; per stirpi, quando tutti o alcuni di essi succedono per rappresentazione.

567. Successione dei figli adottivi[1].

Ai figli sono equiparati gli adottivi [291, 298, 304, 309, 314, 687][2].

I figli adottivi sono estranei alla successione dei parenti [74] dell'adottante [300, 304, 309].

[1] Rubrica così sostituita dall'art. 77, D.Lgs. 28 dicembre 2013, n. 154, a decorrere dal 7 febbraio 2014. Il testo previgente disponeva: *Successione dei figli legittimati e adottivi.*

[2] Comma così sostituito dall'art. 77, D.Lgs. 28 dicembre 2013, n. 154, a decorrere dal 7 febbraio 2014. Il testo previgente disponeva: *Ai figli legittimi sono equiparati i legittimati e gli adottivi.*

● Norme connesse:

- art. 27 comma 1, L. 4 maggio 1983, n. 184.

■ Codice civile del 1865: *Art. 737. Sotto nome di figli legittimi si intendono anche i figli legittimati, gli adottivi e i loro discendenti.*

Però i figli adottivi e i loro discendenti succedono bensì all'adottante in concorso anche dei figli legittimi, ma sono estranei alla successione di tutti i congiunti dell'adottante.

568. Successione dei genitori.

A colui che muore senza lasciare prole, né fratelli o sorelle o loro discendenti [467], succedono il padre e la madre in eguali porzioni, o il genitore che sopravvive [538, 578].

■ Codice civile del 1865: *Art. 738. A colui che muore senza lasciar prole, né fratelli o sorelle, né discendenti da essi, succedono il padre e la madre in eguali porzioni, o quello dei genitori che sia superstite.*

♦ Codice civile francese

Articolo 736. *Quando il defunto non lascia né posteri, né fratelli né sorelle né discendenti di questi ultimi, i suoi genitori gli succedono, ciascuno per metà.*

569. Successione degli ascendenti.

A colui che muore senza lasciare prole, né genitori, né fratelli o sorelle o loro discendenti [467], succedono [582] per una metà gli ascendenti della linea paterna e per l'altra metà gli ascendenti della linea materna [538, 544].

Se però gli ascendenti non sono di eguale grado [76], l'eredità è devoluta al più vicino senza distinzione di linea [75, 538, 571].

■ Codice civile del 1865: *Art. 739. A colui che muore senza lasciar prole, né genitori, né fratelli o sorelle, né discendenti da questi, succedono per una metà gli ascendenti della linea paterna e per l'altra metà gli ascendenti della linea materna, non avuto riguardo all'origine dei beni.*

Se però gli ascendenti non sono in egual grado, l'eredità è devoluta al più vicino senza distinzione di linea.

♦ Codice civile francese

Articolo 747. *Quando la successione è devoluta agli ascendenti essa si divide a metà tra quelli del ramo paterno e quelli del ramo materno.*

CODICE CIVILE

570. Successione dei fratelli e delle sorelle.

A colui che muore senza lasciare prole, né genitori, né altri ascendenti [467], succedono [582] i fratelli e le sorelle in parti uguali.

I fratelli e le sorelle unilaterali conseguono però la metà della quota che conseguono i germani.

■ Codice civile del 1865: *Art. 741. A colui che muore senza lasciar prole, né genitori, né altri ascendenti, succedono i fratelli o le sorelle per capi e i loro discendenti per stirpi.*

I fratelli però o le sorelle consanguinei od uterini e i loro discendenti, concorrendo con fratelli o sorelle germani o loro discendenti hanno diritto alla sola metà della quota che spetta ai germani.

571. Concorso di genitori o ascendenti con fratelli e sorelle.

Se coi genitori o con uno soltanto di essi concorrono fratelli e sorelle germani del defunto, tutti sono ammessi alla successione del medesimo per capi, purché in nessun caso la quota, in cui succedono i genitori o uno di essi, sia minore della metà [538, 553, 556].

Se vi sono fratelli e sorelle unilaterali, ciascuno di essi consegue la metà della quota che consegue ciascuno dei germani o dei genitori, salva in ogni caso la quota della metà in favore di questi ultimi [582].

Se entrambi i genitori non possono [463] o non vogliono [521] venire alla successione e vi sono ulteriori ascendenti, a questi ultimi si devolve, nel modo determinato dall'articolo 569, la quota che sarebbe spettata a uno dei genitori in mancanza dell'altro [522][1].

[1] Articolo così sostituito dall'art. 186, L. 19 maggio 1975, n. 151. Il testo previgente disponeva: *Se coi genitori o con uno soltanto di essi concorrono fratelli e sorelle germani del defunto, tutti sono ammessi alla successione del medesimo per capi, purché in nessun caso la quota, in cui succedono i genitori o uno di essi, sia minore del terzo.*

Se vi sono fratelli e sorelle unilaterali, ciascuno di essi consegue la metà della quota che consegue ciascuno dei germani o dei genitori, salva in ogni caso la quota del terzo in favore di questi ultimi.

Se entrambi i genitori non possono o non vogliono venire alla successione e vi sono ulteriori ascendenti, a questi ultimi si devolve, nel modo determinato dall'art. 569, la quota che sarebbe spettata a uno dei genitori in mancanza dell'altro.

■ Codice civile del 1865: *Art. 740. Se coi genitori o con uno soltanto di essi concorrono fratelli o sorelle germani del defunto, tutti sono ammessi alla successione del medesimo per capi, purché in niun caso la porzione, in cui succedono i genitori od uno di essi, sia minore del terzo.*

Se vi sono fratelli o sorelle consanguinei od uterini, succedono anch'essi; ma, concorrano con germani o siano soli, conseguono la sola metà della quota spettante ai germani.

I discendenti da fratello o sorella succedono per stirpi a norma degli articoli 732 e 733.

La parte che spetterebbe ai genitori viventi, si devolve in loro mancanza agli altri ascendenti prossimi nel modo determinato dal precedente articolo.

♦ Codice civile francese

Articolo 738. *Quando i genitori sopravvivono al defunto, e questo non ha posteri, ma fratelli e sorelle o discendenti di questi ultimi, la successione è devoluta per un quarto a ciascuno dei genitori e per la restante metà ai fratelli e sorelle o ai loro discendenti. Quando uno solo dei genitori sopravvive, la successione è devoluta per un quarto a costui e per tre quarti ai fratelli e sorelle o ai loro discendenti.*

572. Successione di altri parenti.

Se alcuno muore senza lasciare prole, né genitori, né altri ascendenti, né fratelli o sorelle o loro discendenti [583], la successione si apre a favore del parente o dei parenti prossimi, senza distinzione di linea [74, 75, 76, 469].

La successione non ha luogo tra i parenti oltre il sesto grado [77, 583, 586].

■ Codice civile del 1865: *Art. 742. Morendo alcuno senza lasciare prole, né genitori, né ascendenti, né fratelli o sorelle, né discendenti da essi, la successione si apre a favore del congiunto o dei congiunti più vicini al defunto, senza distinzione di linea paterna o materna.*

La successione non ha luogo tra congiunti oltre il decimo grado.

573. Successione dei figli nati fuori del matrimonio[1].

Le disposizioni relative alla successione dei figli nati fuori del matrimonio si applicano quando la filiazione è stata riconosciuta [250] o giudizialmente dichiarata [269, 277], salvo quanto è disposto dall'articolo 580 [594][2].

[1] Rubrica così modificata dall'art. 78, D.Lgs. 28 dicembre 2013, n. 154, a decorrere dal 7 febbraio 2014. Il testo previgente disponeva: *Successione dei figli naturali.*

[2] Comma così modificato dall'art. 78, D.Lgs. 28 dicembre 2013, n. 154, a decorrere dal 7 febbraio 2014. Il testo previgente disponeva: *Le disposizioni relative alla successione dei figli naturali si applicano quando la filiazione è stata riconosciuta o giudizialmente dichiarata, salvo quanto è disposto dall'articolo 580.*

■ Codice civile del 1865: *Art. 743. I figli naturali non hanno diritto alla successione dei genitori, quando la loro filiazione non sia legalmente riconosciuta o dichiarata.*

574. - 576.

[...][1].

[1] Articoli abrogati dall'art. 187, L. 19 maggio 1975, n. 151.

L'art. 574 disponeva: *I figli naturali, se concorrono con i figli legittimi, conseguono metà della quota che conseguono i legittimi, purché complessivamente la quota dei figli legittimi non sia inferiore al terzo dell'eredità.*

I figli legittimi o i loro discendenti hanno facoltà di pagare in danaro o in beni immobili ereditari, a giusta stima, la porzione spettante ai figli naturali.

L'art. 575 disponeva: *Se concorrono con gli ascendenti o con il coniuge del genitore, i figli naturali conseguono due terzi dell'eredità; se concorrono ad un tempo con gli ascendenti e con il coniuge, conseguono l'eredità diminuita del quarto che spetta agli ascendenti e del terzo che spetta al coniuge.*

L'art. 576 disponeva: *In mancanza di discendenti legittimi, di ascendenti e del coniuge del genitore, i figli naturali succedono in tutta l'eredità.*

■ Codice civile del 1865: *Art. 744. Riconosciuta o dichiarata la filiazione, se i figli naturali concorrono coi figli legittimi o loro discendenti, hanno diritto alla metà della quota che sarebbe loro spettata se fossero legittimi.*

I figli legittimi o loro discendenti hanno facoltà di pagare la quota spettante ai figli naturali in danaro o in beni immobili ereditari a giusta stima.

Art. 745. Quando il genitore non lascia superstiti figli legittimi o loro discendenti, ma il padre o la madre o l'uno di essi, od altro ascendente, oppure il coniuge, i figli naturali succedono nei due terzi dell'eredità, e il resto si devolve agli ascendenti o al coniuge.

Se i figli naturali concorrono a un tempo cogli ascendenti e col coniuge del genitore, detratto il terzo della eredità a favore degli ascendenti e il quarto a favore del coniuge, la rimanente eredità si devolve ai figli naturali.

Art. 747. Quando al genitore non sopravvivano né discendenti legittimi, né ascendenti, né il coniuge, i figli naturali succedono in tutta l'eredità.

577. Successione del figlio naturale all'ascendente legittimo immediato del suo genitore.

[Il figlio naturale succede all'ascendente legittimo immediato del suo genitore che non può o non vuole accettare l'eredità, se l'ascendente non lascia né coniuge, né discendenti o ascendenti, né fratelli o sorelle o loro discendenti, né altri parenti legittimi entro il terzo grado][1 2].

[1] La Corte costituzionale, con sentenza 14 aprile 1969, n. 79, ha dichiarato l'illegittimità costituzionale del presente articolo.

[2] In base all'art. 105, D.Lgs. 28 dicembre 2013, n. 154: la parola: "potestà" riferita alla potestà genitoriale, le parole: "potestà genitoriale", ovunque presenti, in tutta la legislazione vigente, sono sostituite dalle seguenti: "responsabilità genitoriale". Le parole: "figli legittimi" o le parole: "figlio legittimo", ovunque presenti, in tutta la legislazione vigente sono sostituite dalle seguenti: "figli nati nel matrimonio" o dalle seguenti: "figlio nato nel matrimonio". Le parole: "figli naturali" o le parole: "figlio naturale", ovvero "figli adulterini" o "figlio adulterino" ove presenti, in tutta la legislazione vigente sono sostituite dalle seguenti: "figli nati fuori del matrimonio" o dalle seguenti: "figlio nato fuori del matrimonio". Le parole: "figli legittimati", "figlio legittimato", "legittimato", "legittimati" ovunque presenti in tutta la legislazione vigente, sono soppresse.

578. Successione dei genitori al figlio naturale.

[...][1].

[1] Articolo abrogato dall'art. 106, D.Lgs. 28 dicembre 2013, n. 154, a decorrere dal 7 febbraio 2014. Il testo previgente disponeva: *Se il figlio naturale muore senza lasciar prole né coniuge, la sua eredità è devoluta a quello dei genitori che lo ha riconosciuto o del quale è stato dichiarato figlio.*

Se è stato riconosciuto o dichiarato figlio di entrambi i genitori, l'eredità spetta per metà a ciascuno di essi.

Se uno solo dei genitori ha legittimato il figlio, l'altro è escluso dalla successione.

■ Codice civile del 1865: *Art. 750. Se il figlio naturale muore senza lasciar prole, né coniuge, la sua eredità è devoluta a quello dei genitori che lo abbia riconosciuto o del quale sia stato dichiarato figlio, ovvero per metà a ciascuno dei genitori se fu riconosciuto o dichiarato figlio d'ambidue.*

579. Concorso del coniuge e dei genitori.

[...][1].

[1] Articolo abrogato dall'art. 106, D.Lgs. 28 dicembre 2013, n. 154, a decorrere dal 7 febbraio 2014. Il testo previgente disponeva: *Se al figlio naturale morto senza lasciar prole, né genitori, sopravvive il coniuge, l'eredità si devolve per intero al medesimo.*

Se vi sono genitori, l'eredità è devoluta per due terzi al coniuge e per l'altro terzo ai genitori.

■ Codice civile del 1865: *Art. 751. Se al figlio naturale morto senza prole sia superstite anche il coniuge, l'eredità si devolve per una metà al coniuge e per l'altra metà al genitore od ai genitori, a norma dell'articolo precedente.*

580. Diritti dei figli nati fuori del matrimonio non riconoscibili[1].

Ai figli nati fuori del matrimonio aventi diritto al mantenimento, all'istruzione e all'educazione, a norma dell'articolo 279, spetta un assegno vitalizio [1277, 1872] pari all'ammontare della rendita della quota di eredità alla quale avrebbero diritto, se la filiazione fosse stata dichiarata [269] o riconosciuta [250 ss., 594][2].

I figli nati fuori del matrimonio hanno diritto di ottenere su loro richiesta la capitalizzazione dell'assegno loro spettante a norma del comma precedente, in denaro, ovvero, a scelta degli eredi legittimi, in beni ereditari[3 4].

[1] Rubrica così modificata dall'art. 79, D.Lgs. 28 dicembre 2013, n. 154, a decorrere dal 7 febbraio 2014. Il testo previgente disponeva: *Diritti dei figli naturali non riconoscibili.*

[2] Comma così modificato dall'art. 79, D.Lgs. 28 dicembre 2013, n. 154, a decorrere dal 7 febbraio 2014. Il testo previgente disponeva: *Ai figli naturali aventi diritto al mantenimento, all'istruzione e all'educazione, a norma dell'articolo 279, spetta un assegno vitalizio pari all'ammontare della rendita della quota di eredità alla quale avrebbero diritto, se la filiazione fosse stata dichiarata o riconosciuta.*

[3] Comma così modificato dall'art. 79, D.Lgs. 28 dicembre 2013, n. 154, a decorrere dal 7 febbraio 2014. Il testo previgente disponeva: *I figli naturali hanno diritto di ottenere su loro richiesta la capitalizzazione dell'assegno loro spettante a norma del comma precedente, in denaro, ovvero, a scelta degli eredi legittimi, in beni ereditari.*

[4] Articolo così sostituito dall'art. 188, L. 19 maggio 1975, n. 151. Vedi, anche, art. 237, L. 151/1975 cit. Il testo previgente disponeva: *Quando la filiazione risulta nei modi indicati dall'art. 279, i figli naturali hanno diritto ad un assegno vitalizio, il cui ammontare è determinato in proporzione delle sostanze ereditarie, e del numero e della qualità degli eredi. L'assegno non può in ogni caso superare l'ammontare della ren-*

CODICE CIVILE

dita della quota a cui i figli naturali avrebbero diritto, se la filiazione fosse stata dichiarata o riconosciuta.

■ Codice civile del 1865: *Art. 752. I diritti accordati dagli articoli precedenti non si estendono ai figli, di cui la legge non ammette il riconoscimento.*

Questi però, nei casi indicati, nell'art. 193, hanno diritto agli alimenti, i quali saranno loro assegnati in proporzione delle sostanze del padre o della madre, e del numero e della qualità degli eredi legittimi.

CAPO II
DELLA SUCCESSIONE DEL CONIUGE

● Norme connesse:
- art. 9-bis, L. 1 dicembre 1970, n. 898.

581. Concorso del coniuge con i figli.

Quando con il coniuge concorrono figli, il coniuge ha diritto alla metà dell'eredità [540 comma 2, 661], se alla successione concorre un solo figlio, e ad un terzo negli altri casi [542, 583, 674, comma 2, 737][1].

[1] Articolo così sostituito dall'art. 189, L. 19 maggio 1975, n. 151 e poi così modificato dall'art. 80, D.Lgs. 28 dicembre 2013, n. 154, a decorrere dal 7 febbraio 2014.

Il testo previgente la modifica del 1975 disponeva: *Quando col coniuge concorrono figli legittimi, soli o con figli naturali, il coniuge ha diritto all'usufrutto di una quota di eredità.*

L'usufrutto è della metà dell'eredità, se alla successione concorre un solo figlio, e di un terzo negli altri casi.

I diritti del coniuge possono essere soddisfatti nel modo indicato dall'art. 547.

Il testo previgente la modifica del 2013 disponeva: *Quando con il coniuge concorrono figli legittimi o figli naturali, o figli legittimi e naturali, il coniuge ha diritto alla metà dell'eredità, se alla successione concorre un solo figlio, e ad un terzo negli altri casi.*

● Norme connesse:
- art. 1, comma 21, L. 20 maggio 2016, n. 76.

■ Codice civile del 1865: *Art. 753. Quando al coniuge defunto siano superstiti figli legittimi, l'altro coniuge ha sull'eredità di lui l'usufrutto di una porzione ereditaria eguale a quella di ciascun figlio, compreso nel numero dei figli anche il coniuge.*

Concorrendo figli naturali con legittimi, l'usufrutto del coniuge è di una porzione eguale a quella che tocca a ciascun figlio legittimo.

Tale porzione di usufrutto non può mai essere maggiore del quarto dell'eredità, e può essere soddisfatta nel modo stabilito dall'articolo 819.

582. Concorso del coniuge con ascendenti, fratelli e sorelle[1].

Al coniuge sono devoluti i due terzi dell'eredità se egli concorre con ascendenti o con fratelli e sorelle anche se unilaterali, ovvero con gli uni e con gli altri. In quest'ultimo caso la parte residua è devoluta agli ascendenti, ai fratelli e alle sorelle, secondo le disposizioni dell'articolo 571, salvo in ogni caso agli ascendenti il diritto a un quarto della eredità [544][2 3].

[1] Rubrica così modificata dall'art. 81, D.Lgs. 28 dicembre 2013, n. 154, a decorrere dal 7 febbraio 2014. Il testo previgente disponeva: *Concorso del coniuge con ascendenti legittimi, fratelli e sorelle.*

[2] Comma così modificato dall'art. 81, D.Lgs. 28 dicembre 2013, n. 154, a decorrere dal 7 febbraio 2014. Il testo previgente disponeva: *Al coniuge sono devoluti i due terzi dell'eredità se egli concorre con ascendenti legittimi o con fratelli e sorelle anche se unilaterali, ovvero con gli uni e con gli altri. In quest'ultimo caso la parte residua è devoluta agli ascendenti, ai fratelli e alle sorelle, secondo le disposizioni dell'articolo 571, salvo in ogni caso agli ascendenti il diritto a un quarto della eredità.*

[3] Articolo così sostituito dall'art. 190, L. 19 maggio 1975, n. 151. Il testo previgente disponeva: *Se il coniuge concorre con figli naturali, gli è devoluto in proprietà il terzo dell'eredità.*

Al coniuge è devoluta metà dell'eredità, se egli concorre con ascendenti legittimi o con fratelli o sorelle, anche se unilaterali, ovvero con gli uni e con gli altri. In quest'ultimo caso l'altra metà è devoluta agli ascendenti, ai fratelli e alle sorelle, secondo le disposizioni dell'art. 571, salvo in ogni caso agli ascendenti il diritto ad un quarto dell'eredità.

● Norme connesse:
- art. 1, comma 21, L. 20 maggio 2016, n. 76.

■ Codice civile del 1865: *Art. 754. Se non vi sono figli legittimi, ma ascendenti o figli naturali, o fratelli sorelle, o loro discendenti, è devoluta in proprietà al coniuge superstite la terza parte dell'eredità.*

Se però il coniuge concorre ad un tempo con ascendenti legittimi e con figli naturali, non ha diritto che al quarto della eredità.

583. Successione del solo coniuge.

In mancanza di figli [231, 250], di ascendenti, di fratelli o sorelle, al coniuge si devolve tutta l'eredità[540, comma 2][1].

[1] Articolo così sostituito dall'art. 191, L. 19 maggio 1975, n. 151 e poi così modificato dall'art. 82, D.Lgs. 28 dicembre 2013, n. 154, a decorrere dal 7 febbraio 2014.

Il testo previgente la modifica del 1975 disponeva: *Se vi sono altri parenti successibili entro il quarto grado, l'eredità si devolve al coniuge per tre quarti.*

Al coniuge si devolve tutta l'eredità, se mancano parenti successibili entro il quarto grado.

Il testo previgente la modifica del 2013 disponeva: *In mancanza di figli legittimi o naturali, di ascendenti, di fratelli o sorelle, al coniuge si devolve tutta l'eredità.*

● Norme connesse:
- art. 1, comma 21, L. 20 maggio 2016, n. 76.

584. Successione del coniuge putativo.

Quando il matrimonio è stato dichiarato [2909] nullo [128] dopo la morte di uno dei coniugi, al coniuge superstite di buona fede [128] spetta la quota attribuita al coniuge dalle disposizioni che precedono. Si applica altresì la disposizione del secondo comma dell'articolo 540.

Egli è però escluso dalla successione, quando la persona della cui eredità si tratta è legata da valido matrimonio al momento della morte [139, 463, 519][1].

[1] Articolo così sostituito dall'art. 192, L. 19 maggio 1975, n. 151. Il testo previgente disponeva: *Quando il matrimonio è*

stato dichiarato nullo dopo la morte di uno dei coniugi, al coniuge superstite di buona fede spetta la quota attribuita al coniuge dalle disposizioni che precedono.

Egli è però escluso dalla successione, quando la persona della cui eredità si tratta è legata da valido matrimonio al momento della morte.

● Norme connesse:
- art. 1, comma 21, L. 20 maggio 2016, n. 76.

585. Successione del coniuge separato.

Il coniuge cui non è stata addebitata la separazione con sentenza passata in giudicato [151 comma 2; c.p.c. 324, 329] ha gli stessi diritti successori del coniuge non separato [548].

Nel caso in cui al coniuge sia stata addebitata la separazione con sentenza passata in giudicato, si applicano le disposizioni del secondo comma dell'articolo 548[1].

[1] Articolo così sostituito dall'art. 193, L. 19 maggio 1975, n. 151. Il testo previgente disponeva: *È escluso dalla successione il coniuge contro cui è stata pronunziata sentenza di separazione personale passata in giudicato.*

Questa esclusione ha luogo anche nel caso che la separazione sia stata pronunziata per colpa di entrambi i coniugi.

■ Codice civile del 1865: *Art. 757. I diritti di successione accordati al coniuge superstite non spettano al coniuge, contro cui il defunto abbia ottenuto sentenza di separazione personale passata in giudicato.*

CAPO III

DELLA SUCCESSIONE DELLO STATO

● Norme connesse:
- artt. 1 ss., L. 18 dicembre 1984, n. 975; art. 49, L. 31 maggio 1995, n. 218.

586. Acquisto dei beni da parte dello Stato.

In mancanza di altri successibili, l'eredità è devoluta allo Stato [565, 572; Cost. 42]. L'acquisto si opera di diritto senza bisogno di accettazione e non può farsi luogo a rinunzia [50, comma 3, 459, 479, 519, 827, 828].

Lo Stato non risponde dei debiti ereditari e dei legati oltre il valore dei beni acquistati [490 n. 2].

TITOLO III

DELLE SUCCESSIONI TESTAMENTARIE

● Norme connesse:
- artt. 1 ss., L. 18 dicembre 1984, n. 975; art. 46, comma 2, L. 31 maggio 1995, n. 218.

■ Codice civile del 1865: *Art. 758. In mancanza delle persone chiamate a succedere secondo le regole stabilite nelle sezioni precedenti, l'eredità si devolve al patrimonio dello Stato.*

CAPO I

DISPOSIZIONI GENERALI

587. Testamento.

Il testamento [1322, 1324, 1325, 1346, 1347, 1348] è un atto revocabile [679 ss.] con il quale taluno dispone [462, 591, 631, 680], per il tempo in cui avrà cessato di vivere, di tutte le proprie sostanze o di parte di esse [14 comma 2, 167, 588, 733, 734, 965, 978, 1058, 1869, 1920, 2122, comma 3, 2735, 2821 comma 2].

Le disposizioni di carattere non patrimoniale [14 comma 2, 250, 254, 256, 285, 348, 345, comma 1, 355, 424 comma 3, 466, 620, comma 6, 629, 700, 1412, 1920, 1921, 2735], che la legge consente siano contenute in un testamento, hanno efficacia, se contenute in un atto che ha la forma del testamento [601], anche se manchino disposizioni di carattere patrimoniale.

● Norme connesse:
- L. 29 novembre 1990, n. 387 di ratifica della Convenzione internazionale, adottata a Washington il 26 ottobre 1973, istitutiva di una forma di testamento internazionale.

■ Codice civile del 1865: *Art. 759. Il testamento è un atto rivocabile, col quale taluno, secondo le regole stabilite dalla legge, dispone per il tempo in cui avrà cessato di vivere, di tutte le proprie sostanze o di parte di esse in favore di una o di più persone.*

♦ Codice civile francese

Articolo 967. *Ogni persona potrà disporre con testamento, sia sotto il titolo dell'istituzione ereditaria sia sotto il titolo dei Legati, sia sotto ogni altra denominazione propria a manifestare la sua volontà.*

♦ Codice civile tedesco

§ 2064 Redazione personale. *La persona, della cui successione si tratta, è legittimata a fare testamento solo di persona.*

588. Disposizioni a titolo universale e a titolo particolare.

Le disposizioni testamentarie, qualunque sia l'espressione o la denominazione usata dal testatore, sono a titolo universale [633, 637, 647] e attribuiscono la qualità di erede [470, 625 ss., 1141 comma 2, 1399 comma 3], se comprendono l'universalità o una quota dei beni del testatore [674]. Le altre disposizioni sono a titolo particolare [631, comma 2, 1920 comma 2] e attribuiscono la qualità di legatario [649].

L'indicazione di beni determinati o di un complesso di beni non esclude che la disposizione sia a titolo universale, quando risulta [1362 ss.] che il testatore ha inteso assegnare quei beni come quota del patrimonio [686].

■ Codice civile del 1865: *Art. 760. Le disposizioni testamentarie che comprendono l'universalità od una quota dei beni del testatore, sono a titolo universale e attribuiscono la qualità di erede.*

Le altre disposizioni sono a titolo particolare e attribuiscono la qualità di legatario.

Art. 827. Le disposizioni testamentarie si possono fare a titolo di istituzione d'erede o di legato, o sotto qualsivoglia altra denominazione atta a manifestare la volontà del testatore.

♦ Codice civile francese

Articolo 1002. *Le disposizioni testamentarie sono universali, a titolo universale o a titolo particolare. Ciascuna di queste disposizioni, sia che sia stata fatta sotto la denominazione di istituzione di erede, sia che sia stata fatta sotto la denominazione di legato, produrrà il suo effetto secondo le regole qui di seguito stabilite per i legati universali, per i legati a titolo universale e per i legati particolari.*

589. Testamento congiuntivo o reciproco.

Non si può fare testamento da due o più persone nel medesimo atto, né a vantaggio di un terzo, né con disposizione reciproca [458, 590, 635].

■ Codice civile del 1865: *Art. 761. Non si può fare un testamento da due o più persone nel medesimo atto, né a vantaggio di un terzo, né per disposizione reciproca.*

590. Conferma ed esecuzione volontaria di disposizioni testamentarie nulle.

La nullità della disposizione testamentaria [disp. att. 137], da qualunque causa dipenda, non può essere fatta valere da chi, conoscendo la causa della nullità, ha, dopo la morte del testatore, confermato la disposizione o dato ad essa volontaria esecuzione [627, 799, 1399, 1423, 1444, 1933, 2034, 2126, 2940].

■ Codice civile del 1865: *Art. 1311. La conferma, ratifica o esecuzione volontaria di una donazione o disposizione testamentaria per parte degli eredi o aventi causa dal donante o testatore, dopo la morte di lui, include la loro rinunzia ad opporre i vizi delle forme e qualunque altra eccezione.*

♦ Codice civile tedesco

§141 conferma del negozio nullo. *(1) Se un negozio giuridico nullo riceve conferma dal soggetto che lo ha posto in essere, tale conferma deve considerarsi come nuovo negozio posto in essere. (2) Se un contratto nullo riceve conferma dalle parti, queste nel dubbio hanno l'obbligo di garantirsi reciprocamente quello che avrebbero ottenuto nel caso in cui il contratto fosse stato valido sin dal principio.*

CAPO II

DELLA CAPACITÀ DI DISPORRE PER TESTAMENTO

● Norme connesse:

- artt. 1 ss., L. 18 dicembre 1984, n. 975; art. 47, L. 31 maggio 1995, n. 218.

591. Casi d'incapacità.

Possono disporre per testamento tutti coloro che non sono dichiarati incapaci dalla legge [411, comma 3, 415, 427, comma 2].

Sono incapaci di testare:

1) coloro che non hanno compiuto la maggiore età [2 comma 1, 390, 2963];

2) gli interdetti per infermità di mente [411, comma 3, 414 ss.];

3) quelli che, sebbene non interdetti, si provi essere stati, per qualsiasi causa, anche transitoria, incapaci di intendere e di volere nel momento in cui fecero testamento [120, 428, 775][1].

Nei casi d'incapacità preveduti dal presente articolo il testamento può essere impugnato da chiunque vi ha interesse [c.p.c. 100]. L'azione si prescrive nel termine di cinque anni [2953] dal giorno in cui è stata data esecuzione alle disposizioni testamentarie [428, 620, 621 623, 775, 1425, comma 2].

[1] Comma così sostituito dall'art. 10, L. 8 marzo 1975, n. 39. Il testo previgente disponeva: *Sono incapaci di testare:*

1) coloro che non hanno compiuto l'età di diciotto anni;

2) gli interdetti per infermità di mente;

3) quelli che, sebbene non interdetti, si provi essere stati, per qualsiasi causa, anche transitoria, incapaci d'intendere o di volere nel momento in cui fecero testamento.

■ Codice civile del 1865: *Art. 762. Possono disporre per testamento tutti coloro che non sono dichiarati incapaci dalla legge.*

Art. 763. Sono incapaci di testare:

1° Coloro che non hanno compiuta l'età di diciotto anni;

2° Gli interdetti per infermità di mente;

3° Quelli che, quantunque non interdetti, si provi non essere stati sani di mente nel tempo in cui fecero il testamento.

L'incapacità dichiarata nei numeri 2° e 3° nuoce alla validità del testamento, solo nel caso che sussistesse al tempo in cui fu fatto il medesimo.

♦ Codice civile francese

Articolo 902. *Tutte le persone possono disporre e ricevere, sia con donazione sia con testamento, eccetto quelle che la legge dichiara incapaci.*

Articolo 903. *Il minore di età inferiore a sedici anni non potrà in nessun modo disporre salvo quello che è regolato dal capitolo IX del presente titolo.*

CAPO III

DELLA CAPACITÀ DI RICEVERE PER TESTAMENTO

592. Figli naturali riconosciuti o riconoscibili.

Se vi sono discendenti legittimi, i figli naturali, quando la filiazione è stata riconosciuta o dichiarata, non possono ricevere per testamento più di quanto avrebbero ricevuto se la successione si fosse devoluta in base alla legge.

I figli naturali riconoscibili, quando la filiazione risulta nei modi indicati dall'art. 279, non possono ricevere più di quanto, secondo la disposizione del comma precedente, potrebbero conseguire se la filiazione fosse stata riconosciuta o dichiarata[1 2].

[1] La Corte costituzionale, con sentenza 18 dicembre 1970, n. 205, ha dichiarato l'illegittimità costituzionale del presente articolo.

[2] A decorrere dal 1° gennaio 2013 le parole: «figli legittimi» e «figli naturali», ovunque ricorrono, sono da intendersi sostituite dalla seguente: «figli» ex art. 1, L. 10 dicembre 2012, n. 219.

■ Codice civile del 1865: *Art. 768. I figli naturali non legittimati, se vi sono discendenti o ascendenti legittimi del testatore, sono incapaci di ricevere per testamento più di quanto la legge attribuisce loro per successione intestata.*

593. Figli naturali non riconoscibili.
[...][1].

[1] Articolo abrogato dall'art. 194, L. 19 maggio 1975, n. 151. Il testo previgente disponeva: *Quando il testatore lascia figli legittimi o loro discendenti, i figli naturali non riconoscibili, la cui filiazione risulta nei modi stabiliti dall'art. 279, non possono singolarmente ricevere per testamento più della metà di quanto consegue nella successione il meno favorito dei figli legittimi. L'eccedenza è ripartita nelle stesse proporzioni tra i figli legittimi e i figli non riconoscibili. Questi non possono, in nessun caso, complessivamente ricevere più del terzo dell'eredità.*

Se il testatore sopravvive il coniuge, i figli non riconoscibili non possono ricevere più del terzo della eredità. L'eccedenza è attribuita al coniuge.

I discendenti legittimi hanno facoltà di pagare in danaro o in beni immobili ereditari, a giusta stima, la porzione spettante ai figli non riconoscibili.

Le disposizioni precedenti si applicano anche ai figli non riconosciuti, dei quali sarebbe ammissibile il riconoscimento a norma degli articoli 251 e 252, terzo comma.

■ Codice civile del 1865: *Art. 767. I figli del testatore nati fuori di matrimonio, dei quali non è ammesso il riconoscimento legale, sono soltanto capaci di conseguire gli alimenti.*

594. Assegno ai figli nati fuori del matrimonio non riconoscibili[1].

Gli eredi, i legatari e i donatari sono tenuti, in proporzione a quanto hanno ricevuto, a corrispondere ai figli nati fuori del matrimonio di cui all'articolo 279 [536], un assegno vitalizio [1277, 1872] nei limiti stabiliti dall'articolo 580, se il genitore non ha disposto per donazione o testamento in favore dei figli medesimi. Se il genitore ha disposto in loro favore, essi possono rinunziare alla disposizione e chiedere l'assegno[2 3].

[1] Rubrica così modificata dall'art. 83, D.Lgs. 28 dicembre 2013, n. 154, a decorrere dal 7 febbraio 2014. Il testo previgente disponeva: *Assegno ai figli naturali non riconoscibili.*

[2] Comma così modificato dall'art. 83, D.Lgs. 28 dicembre 2013, n. 154, a decorrere dal 7 febbraio 2014. Il testo previgente disponeva: *Gli eredi, i legatari e i donatari sono tenuti, in proporzione a quanto hanno ricevuto, a corrispondere ai figli naturali di cui all'articolo 279, un assegno vitalizio nei limiti stabiliti dall'articolo 580, se il genitore non ha disposto per donazione o testamento in favore dei figli medesimi. Se il genitore ha disposto in loro favore, essi possono rinunziare alla disposizione e chiedere l'assegno.*

[3] Articolo così sostituito dall'art. 195, L. 19 maggio 1975, n. 151. Vedi, anche, art. 237, L. 151/1975 cit. Il testo previgente così disponeva: *I figli naturali non riconoscibili e quelli non riconosciuti, quando ricorrono le ipotesi prevedute dall'articolo 279, e il testatore non ha disposto in loro favore, hanno diritto a conseguire, nei confronti degli eredi o dei legatari a cui è attribuita per testamento la porzione disponibile, un assegno vitalizio nei limiti stabiliti dall'art. 580. Se il testatore ha disposto in loro favore, essi possono rinunziare alla disposizione e chiedere l'assegno.*

595. Coniuge del binubo.
[...][1].

[1] Articolo abrogato dall'art. 196, L. 19 maggio 1975, n. 151. Il testo previgente disponeva: *Il coniuge binubo non può ricevere da questo per testamento, sulla disponibile, più di quanto consegue, sulla disponibile stessa, il meno favorito dei figli di precedenti matrimoni. Per determinare la porzione del coniuge devono calcolarsi le donazioni da lui ricevute.*

L'eccedenza di cui è stato disposto a favore del coniuge, anche per donazione, deve essere divisa in parti eguali tra il coniuge medesimo e tutti i figli del testatore.

■ Codice civile del 1865: *Art. 770. Il binubo non può lasciare al iluovo coniuge una porzione maggiore di quella che abbia lasciato al meno favorito dei figli del precedente matrimonio.*

596. Incapacità del tutore e del protutore.

Sono nulle [674] le disposizioni testamentarie della persona sottoposta a tutela in favore del tutore, se fatte dopo la nomina di questo [346] e prima che sia approvato il conto [386] o sia estinta l'azione per il rendimento del conto medesimo [387], quantunque il testatore sia morto dopo l'approvazione. Questa norma si applica anche al protutore, se il testamento è fatto nel tempo in cui egli sostituiva il tutore [360, 590, 599, 779].

Sono però valide le disposizioni fatte in favore del tutore o del protutore che è ascendente, discendente, fratello, sorella o coniuge del testatore.

■ Codice civile del 1865: *Art. 769. Il tutore non può mai trarre profitto dalle disposizioni testamentarie del suo amministrato, fatte prima dell'approvazione del conto definitivo, quantunque il testatore morisse dopo l'approvazione del conto.*

Sono però efficaci le disposizioni fatte in favore del tutore che sia ascendente, discendente, fratello, sorella o coniuge del testatore.

597. Incapacità del notaio, dei testimoni e dell'interprete.

Sono nulle le disposizioni a favore del notaio o di altro ufficiale [609, 611, 616, 617] che ha ricevuto il testamento pubblico [603], ovvero a favore di alcuno dei testimoni o dell'interprete intervenuti al testamento medesimo [590, 599].

■ Codice civile del 1865: *Art. 771. Le istituzioni e i legati a favore del notaio o di altro uffiziale civile, militare, marittimo o consolare che ha ricevuto il testamento pubblico, ovvero di uno dei testimoni intervenuti al medesimo, non hanno effetto.*

598. Incapacità di chi ha scritto o ricevuto il testamento segreto.

Sono nulle le disposizioni a favore della persona che ha scritto il testamento segreto [604], salvo che siano approvate di mano dello stesso testatore o nell'atto della consegna. Sono pure nulle le disposizioni a favore del notaio a cui il testamento segreto è stato consegnato in plico non sigillato [590, 599, 605].

■ Codice civile del 1865: *Art. 772. Sono parimente prive di effetto le istituzioni ed i legati a favore della persona che ha scritto il testamento segreto, salvo che la disposizione sia approvata di mano dello stesso testatore o nell'atto della consegna.*

599. Persone interposte.

Le disposizioni testamentarie a vantaggio delle persone incapaci indicate dagli articoli 592, 593, 595, 596, 597 e 598 sono nulle anche se fatte sotto nome d'interposta persona [411, comma 2, 590, 627, 2729][1].

Sono reputate [2728 comma 2] persone interposte il padre, la madre, i discendenti e il coniuge della persona incapace, anche se chiamati congiuntamente con l'incapace [738 ss., 779].

[1] I riferimenti agli artt. 592, 593 e 595 non sono più validi, in quanto il primo è stato dichiarato illegittimo con sentenza Corte costituzionale 28 dicembre 1970, n. 205 e i secondi sono stati abrogati dalla L. 19 maggio 1975, n. 151.

■ Codice civile del 1865: *Art. 773. La disposizione testamentaria a vantaggio delle persone incapaci indicate negli articoli 767, 768, 769, 770, 771 e 772 è nulla, ancorché venga simulata sotto forma di un contratto oneroso, o sia fatta sotto nome d'interposta persona.*

Sono riputate persone interposte il padre, la madre, i discendenti e il coniuge della persona incapace.

600. Enti non riconosciuti.

[...][1].

[1] Articolo abrogato dall'art. 13, L. 15 maggio 1997, n. 127, nel testo sostituito dall'art. 1, L. 22 giugno 2000, n. 192. Il testo previgente disponeva: *Le disposizioni a favore di un ente non riconosciuto non hanno efficacia, se entro un anno dal giorno in cui il testamento è eseguibile non è fatta l'istanza per ottenere il riconoscimento.*

Fino a quando l'ente non è costituito possono essere promossi gli opportuni provvedimenti conservativi.

CAPO IV
DELLA FORMA DEI TESTAMENTI

● Norme connesse:

- artt. 1 ss., L. 18 dicembre 1984, n. 975; art. 48, L. 31 maggio 1995, n. 218.

Sezione I
Dei testamenti ordinari

601. Forme.

Le forme ordinarie di testamento sono il testamento olografo [602] e il testamento per atto di notaio [disp. att. 137].

Il testamento per atto di notaio è pubblico [603] o segreto [604 ss., 607, 685].

● Norme connesse:

- L. 25 maggio 1981, n. 307 (Ratifica ed esecuzione della convenzione relativa alla istituzione di un sistema di registrazione dei testamenti, firmata a Basilea il 16 maggio 1972); D.P.R. 18 dicembre 1984, n. 956 (Regolamento di esecuzione della legge 25 maggio 1981, n. 307, recante norme sul registro generale dei testamenti); L. 29 novembre 1990, n. 387 (Adesione della Repubblica italiana alla convenzione che istituisce una legge uniforme sulla forma di un testamento internazionale, con annesso, adottata a Washington il 26 ottobre 1973, e sua esecuzione).

■ Codice civile del 1865: *Art. 774. La legge riconosce due forme ordinarie di testamento: il testamento olografo e il testamento per atto di notaio.*

Art. 776. Il testamento per atto di notaio è pubblico o segreto.

♦ Codice civile francese

Articolo 969. *Un testamento potrà essere olografo o fatto con atto pubblico o nella forma segreta.*

602. Testamento olografo.

Il testamento olografo [620, comma 4, 623, 2702] deve essere scritto per intero, datato e sottoscritto di mano del testatore [606, 608, 684, 685; c.p. 493-*bis* comma 2].

La sottoscrizione deve essere posta alla fine delle disposizioni. Se anche non è fatta indicando nome e cognome [6], è tuttavia valida quando designa con certezza [9] la persona del testatore.

La data [2704] deve contenere l'indicazione del giorno, mese e anno. La prova della non verità della data è ammessa soltanto quando si tratta di giudicare della capacità [591] del testatore, della priorità di data tra più testamenti [680, 682] o di altra questione da decidersi in base al tempo del testamento [651, comma 2, 656, 657, 687].

■ Codice civile del 1865: *Art. 775. Il testamento olografo deve essere scritto per intiero, datato e sottoscritto di mano del testatore.*

La data del testamento deve indicare il giorno, il mese e l'anno.

La sottoscrizione deve essere posta alla fine delle disposizioni.

603. Testamento pubblico.

Il testamento pubblico [623, 2699] è ricevuto dal notaio in presenza di due testimoni [597; c.p.c. 743].

Il testatore, in presenza dei testimoni [597, 599, 606, comma 2], dichiara al notaio la sua volontà, la quale è ridotta in iscritto a cura del notaio stesso. Questi dà lettura del testamento al testatore in presenza dei testimoni. Di ciascuna di tali formalità è fatta menzione nel testamento [606].

Il testamento deve indicare il luogo, la data del ricevimento [606, comma 2] e l'ora della sottoscrizione, ed essere sottoscritto dal testatore, dai testimoni e dal notaio. Se il testatore non può sottoscrivere, o può farlo solo con grave difficoltà, deve dichiararne la causa, e il notaio deve menzionare questa dichiarazione prima della lettura dell'atto [609, 622, 623].

Per il testamento del muto, sordo [o sordomuto][1] si osservano le norme stabilite dalla legge notarile per gli atti pubblici di queste persone. Qualora il testatore sia incapace anche di leggere, devono intervenire quattro testimoni [605, 606].

[1] Il termine "sordo" sostituisce l'originario termine "sordomuto" ex art. 1, L. 20 febbraio 2006, n. 95.

● Norme connesse:

- comma 1: per i requisiti di capacità dei testimoni, art. 50, L. 16 febbraio 1913, n. 89, che dispone: *I testimoni debbono essere maggiorenni, cittadini della Repubblica o stranieri in essa residenti che abbiano compiuto il diciottesimo anno di età, avere la capacità di agire e non essere interessati nell'atto.*

Non sono testimoni idonei i ciechi, i sordi, i muti, i parenti e gli affini del notaro e delle parti nei gradi indicati nell'art. 28, il coniuge dell'uno o delle altre e coloro che non sanno o non possono sottoscrivere.

I fidefacienti devono avere i requisiti stabiliti per i testimoni, ma non sono loro di ostacolo le attinenze e le qualità accennate nel precedente capoverso, né il non sapere o il non poter sottoscrivere.

■ Codice civile del 1865: *Art. 777. Il testamento pubblico è ricevuto da un notaio in presenza di quattro testimoni, o da due notai in presenza di due testimoni.*

Art. 778. Il testatore dichiarerà al notaio in presenza dei testimoni la sua volontà, la quale sarà ridotta per iscritto per cura del notaio.

Il notaio darà lettura del testamento al testatore in presenza dei testimoni. Sarà fatta espressa menzione dell'osservanza di tali formalità.

Art. 779. Il testamento deve esser sottoscritto dal testatore; se egli non sa o non può sottoscrivere, deve dichiarare la causa che glielo impedisce, e il notaio deve fare menzione di questa dichiarazione.

Art. 780. Il testamento deve pure essere sottoscritto dai testimoni e dal notaio.

Art. 781. Se il testamento è ricevuto da due notai, la dichiarazione di volontà sarà fatta ad ambidue e sarà ridotta in iscritto per cura di uno dei medesimi.

Il testamento deve essere sottoscritto dai testimoni e dai due notai.

Sono nel resto applicabili le disposizioni dei tre articoli precedenti.

Art. 786. Il sordo-muto ed il muto possono testare o per testamento olografo o per testamento segreto ricevuto da notaio.

Facendo testamento segreto, devono in fronte all'atto della consegna scrivere in presenza dei testimoni e del notaio, che la carta presentata contiene il loro testamento, e se questo è stato scritto da un terzo, devono aggiungere di averlo letto.

Il notaio nell'atto della consegna esprimerà, che il testatore ha scritto le indicate parole alla presenza di lui e dei testimoni. Nel resto si osserverà tutto ciò che è stabilito nell'art. 783.

Art. 787. Chi è privo intieramente dell'udito, volendo fare testamento pubblico, oltre l'osservanza delle altre formalità richieste, deve leggere egli stesso l'atto testamentario; di che sarà fatta menzione nell'atto medesimo.

Ove il testatore sia incapace anche di leggere, devono intervenire cinque testimoni.

Se il testamento è ricevuto da due notai, bastano tre testimoni.

Art. 788. I testimoni nei testamenti devono essere maschi1, maggiori di anni ventuno, cittadini del regno, o stranieri in esso residenti, e non aver perduto per condanna il godimento o l'esercizio dei diritti civili.

Non sono testimoni idonei i praticanti i e gli amanuensi del notaio che ha ricevuto il testamento

♦ Codice civile francese

Articolo 972. *Se il testamento è ricevuto da due notai è dettato dal testatore; uno di questi notai scrive lui stesso o fa scrivere manualmente o meccanicamente; se non c'è che un notaio deve ugualmente essere dettato dal testatore i il notaio lo scrive lui stesso o lo fa scrivere manualmente o meccanicamente. Nell' uno e nell'altro caso deve esserne data lettura al testatore. È fatta menzione espressa di tutto.*

Articolo 973. *Questo testamento deve essere firmato dal testatore in presenza di due testimoni e del notaio; se il testatore dichiara che non sappia o non possa firmare, sarà fatta menzione espressa della dichiarazione nell'atto, così come della causa che gli impedisce di firmare.*

Articolo 974. *Il testamento dovrà essere firmato dai testimoni e dal notaio.*

604. Testamento segreto.

Il testamento segreto può essere scritto dal testatore o da un terzo [598]. Se è scritto dal testatore, deve essere sottoscritto da lui alla fine delle disposizioni; se è scritto in tutto o in parte da altri [605 comma 2], o se è scritto con mezzi meccanici, deve portare la sottoscrizione del testatore anche in ciascun mezzo foglio, unito o separato [607].

Il testatore che sa leggere ma non sa scrivere, o che non ha potuto apporre la sottoscrizione quando faceva scrivere le proprie disposizioni, deve altresì dichiarare al notaio [598], che riceve il testamento, di averlo letto ed aggiungere la causa che gli ha impedito di sottoscriverlo: di ciò si fa menzione nell'atto di ricevimento.

Chi non sa o non può leggere non può fare testamento segreto.

● Norme connesse:

- comma 2: 1) artt. 50 ss., L. 16 febbraio 1913, n. 89.

2) per il testamento dei ciechi, art. 2, L. 3 febbraio 1975, n. 18 che dispone: *La firma apposta su qualsiasi atto, senza alcuna assistenza, dalla persona affetta da cecità, è vincolante ai fini delle obbligazioni e delle responsabilità connesse.*

Resta fermo il divieto di cui all'art. 604, ultimo comma, del codice civile.

■ Codice civile del 1865: *Art. 782. Il testamento segreto può essere scritto dal testatore o da un terzo. Se è scritto dal testatore, deve anche essere sottoscritto da lui alla fine delle disposizioni: se è scritto in tutto o in parte da altri, deve inoltre essere sottoscritto dal testatore in ciascun mezzo foglio.*

Art. 784. Il testatore che sa leggere ma non sa scrivere, o che non ha potuto porre la propria sottoscrizione quando fece scrivere le sue disposizioni, deve altresì dichiarare di averle lette, ed aggiungere la causa che gli ha impedito di sottoscriverle; di che si farà menzione nell'atto della consegna.

CODICE CIVILE

Art. 785. Coloro che non sanno o non possono leggere, non possono fare testamento segreto.

♦ Codice civile francese

Articolo 978. *Quelli che non sanno o non possono leggere non potranno fare le disposizioni nella forma del testamento segreto.*

Articolo 979. *Nel caso in cui il testatore non possa parlare ma possa scrivere, potrà fare un testamento segreto con l'onere espresso che il testamento sarà firmato da lui e scritto da lui o da un altro che lo presenterà al notaio ed ai testimoni, e che in cima all'atto di deposito scriverà, in loro presenza, che il foglio che presenta è il suo testamento e firmerà. Sarà fatta menzione nell'atto di deposito che il testatore ha scritto e firmato queste parole in presenza del notaio e dei testimoni e sarà, in più, osservato tutto quello che è prescritto dall'articolo 976 e non è contrario al presente articolo. In tutti i casi previsti al presente articolo o agli articoli precedenti, il testamento segreto in cui non saranno state osservate le formalità legali e che sarà nullo come tale, varrà tuttavia come testamento olografo se tutte le condizioni richieste per la sua validità come testamento olografo sono soddisfatte anche se è stato qualificato come testamento segreto.*

605. Formalità del testamento segreto.

La carta su cui sono stese le disposizioni o quella che serve da involto deve essere sigillata con una impronta, in guisa che il testamento non si possa aprire né estrarre senza rottura o alterazione [621].

Il testatore, in presenza di due testimoni, consegna [608, 685] personalmente al notaio la carta così sigillata, o la fa sigillare nel modo sopra indicato in presenza del notaio e dei testimoni, e dichiara che in questa carta è contenuto il suo testamento. Il testatore, se è muto o sordo[1], deve scrivere tale dichiarazione in presenza dei testimoni e deve pure dichiarare per iscritto di aver letto il testamento, se questo è stato scritto da altri [598, 604].

Sulla carta in cui dal testatore è scritto o involto il testamento, o su un ulteriore involto predisposto dal notaio e da lui debitamente sigillato, si scrive l'atto di ricevimento nel quale si indicano il fatto della consegna e la dichiarazione del testatore, il numero e l'impronta dei sigilli, e l'assistenza dei testimoni a tutte le formalità.

L'atto deve essere sottoscritto dal testatore, dai testimoni e dal notaio.

Se il testatore non può, per qualunque impedimento, sottoscrivere l'atto della consegna, si osserva quel che è stabilito circa il testamento per atto pubblico [603 comma 3]. Tutto ciò deve essere fatto di seguito e senza passare ad altri atti [607, 608, 621].

[1] Il termine "sordo" sostituisce l'originario termine "sordomuto" ex art. 1, L. 20 febbraio 2006, n. 95.

■ Codice civile del 1865: *Art. 783. La carta in cui sono stese le disposizioni, o quella che serve d'involto, sarà sigillata con impronta qualunque in guisa che il testamento non si possa aprire né estrarre senza rottura od alterazione.*

Il testatore in presenza di quattro testimoni la consegnerà al notaio così sigillata, o la farà sigillare nel modo sopra espresso in presenza del notaio e dei testimoni, e dichiarerà che in quella carta si contiene il suo testamento.

Sulla carta in cui è scritto o involto il testamento, per cura del notaio si scriverà l'atto di ricevimento, nel quale si indicheranno:

Il fatto della consegna e la dichiarazione del testatore;

Il numero e l'impronta dei sigilli; L'assistenza dei testimoni a tutte le formalità sopraccennate. L'atto sarà sottoscritto dal testatore, dai testimoni e dal notaio.

Ove il testatore non potesse per qualche impedimento sottoscrivere l'atto della consegna, si osserverà ciò che è stabilito dall'art. 779.

Tutto ciò sarà fatto di seguito e senza passare ad altri atti.

606. Nullità del testamento per difetto di forma.

Il testamento è nullo [619, 1418 ss.] quando manca l'autografia o la sottoscrizione nel caso di testamento olografo [602], ovvero manca la redazione per iscritto, da parte del notaio, delle dichiarazioni del testatore o la sottoscrizione dell'uno o dell'altro, nel caso di testamento per atto di notaio [603, 605 comma 4, 607; disp. att. 137].

Per ogni altro difetto di forma il testamento può essere annullato [1441 ss.] su istanza di chiunque vi ha interesse [c.p.c. 100]. L'azione di annullamento si prescrive nel termine di cinque [2953] anni dal giorno in cui è stata data esecuzione alle disposizioni testamentarie [534, 590, 591, 624, 1445].

■ Codice civile del 1865: *Art. 804. Le formalità stabilite negli articoli 775, 777, 778, 779, 780, 781, 782, 783, 784, 786, 787, 788, 789, 791, 793, 794, 799 e 800 devono osservarsi sotto pena di nullità.*

Se però un testamento segreto ricevuto da notaio o da altro pubblico uffiziale autorizzato a riceverlo, non potesse valere come tale. varrà come testamento olografo, qualora ne abbia i requisiti.

607. Validità del testamento segreto come olografo.

Il testamento segreto, che manca di qualche requisito suo proprio [604, 605, 606], ha effetto come testamento olografo, qualora di questo abbia i requisiti [602, 685, 1424; disp. att. 137].

■ Codice civile del 1865: *Art. 804. Le formalità stabilite negli articoli 775, 777, 778, 779, 780, 781, 782, 783, 784, 786, 787, 788, 789, 791, 793, 794, 799 e 800 devono osservarsi sotto pena di nullità.*

Se però un testamento segreto ricevuto da notaio o da altro pubblico uffiziale autorizzato a riceverlo, non potesse valere come tale. varrà come testamento olografo, qualora ne abbia i requisiti.

608. Ritiro di testamento segreto od olografo.

Il testamento segreto [604] e il testamento olografo [602] che è stato depositato [620] possono dal testatore essere ritirati in ogni tempo dalle mani del notaio presso il quale si trovano [685].

A cura del notaio si redige verbale della restituzione; il verbale è sottoscritto dal testatore, da due testimoni e dal notaio; se il testatore non può sottoscrivere, se ne fa menzione.

Quando il testamento è depositato in un pubblico archivio, il verbale è redatto dall'archivista e sottoscritto dal testatore, dai testimoni e dall'archivista medesimo [610 comma 2, 614, 617 comma 2].

Della restituzione del testamento si prende nota in margine o in calce all'atto di consegna o di deposito.

■ Codice civile del 1865: *Art. 922. Il testamento segreto, ed anche il testamento olografo che fosse stato depositato, può in ogni tempo essere dal testatore ritirato dalle mani del notaio presso cui si trova.*

Per cura del notaio si stenderà processo verbale della restituzione in presenza del testatore e di due testimoni, coll'intervento del pretore del manda mento; il pretore deve particolarmente accertarsi dell'identità della persona del testatore.

Il processo verbale di restituzione sarà sottoscritto dal testatore, dai testimoni, dal pretore e dal notaio; se il testatore non può sottoscrivere, se ne farti menzione.

Qualora il testamento fosse depositato in un pubblico archivio, il verbale sarà steso dall'uffiziale archivista coli l'intervento del pretore del mandamento, e sottoscritto dal testatore, dai testimoni, dal pretore e dall'uffiziale medesimo.

Il processo verbale menzionato nelle precedenti disposizioni sarà conservalo nelle forme stabilite dai regolamenti, e si apporrà nota dell'eseguita restituzione del testamento in margine o in calce dell'atto di consegna o di deposito.

Sezione II
Dei testamenti speciali

609. Malattie contagiose, calamità pubbliche o infortuni.

Quando il testatore non può valersi delle forme ordinarie [601, 602, 604], perché si trova in luogo dove domina una malattia reputata contagiosa, o per causa di pubblica calamità o d'infortunio, il testamento è valido se ricevuto da un notaio, dal [conciliatore][1] del luogo, dal sindaco o da chi ne fa le veci, o da un ministro di culto [597], in presenza di due testimoni di età non inferiore a sedici anni[2].

Il testamento è redatto e sottoscritto da chi lo riceve; è sottoscritto anche dal testatore e dai testimoni. Se il testatore o i testimoni non possono sottoscrivere, se ne indica la causa [603 comma 3, 610, 619].

[1] Leggasi: giudice di pace.

[2] Comma così modificato dall'art. 147, D.Lgs. 19 febbraio 1998, n. 51. Il testo previgente disponeva: *Quando il testatore non può valersi delle forme ordinarie, perché si trova in luogo dove domina una malattia reputata contagiosa, o per causa di pubblica calamità o d'infortunio, il testamento è valido se ricevuto da un notaio, dal pretore o dal conciliatore del luogo, dal sindaco o da chi ne fa le veci, o da un ministro di culto, in presenza di due testimoni di età non inferiore a sedici anni.*

■ Codice civile del 1865: *Art. 789. Nei luoghi in cui domini peste od altra malattia riputata contagiosa, è valido il testamento ricevuto in iscritto da un notaio o dal giudice o dal sindaco, da chi ne fa le veci, o dal ministro del culto in presenza di due testimoni.*

Il testamento sarà sempre sottoscritto da chi lo riceve e, se le circostanze lo permettono, dal testatore e dai testimoni: tuttavia è valido anche senza queste ultime sottoscrizioni, purché si faccia menzione della causa per cui non si è adempiuta tale formalità.

Possono in tali testamenti essere testimoni persone dell'uno e dell'altro sesso, purché maggiori di sedici anni.

610. Termine di efficacia.

Il testamento ricevuto nel modo indicato dall'articolo precedente perde la sua efficacia tre mesi dopo la cessazione della causa che ha impedito al testatore di valersi delle forme ordinarie [601].

Se il testatore muore nell'intervallo, il testamento deve essere depositato, appena è possibile, nell'archivio notarile del luogo in cui è stato ricevuto [608, 613, 614].

■ Codice civile del 1865: *Art. 790. Gli anzidetti testamenti diverranno nulli sei mesi dopo che abbia cessato di dominare la malattia nel luogo in cui trovasi il testatore, ovvero, sei mesi dopo che questi siasi trasferito in luogo immune dalla malattia.*

Ove il testatore muoia nell'intervallo, il testamento sarà depositato, tostoché sia possibile, nell'uffizio del registro del luogo ove è stato ricevuto.

611. Testamento a bordo di nave.

Durante il viaggio per mare [616] il testamento può essere ricevuto [612] a bordo della nave dal comandante di essa [615, 619; c.nav. 171 n. 5, 174, 203].

Il testamento del comandante può essere ricevuto da colui che lo segue immediatamente in ordine di servizio [c.nav. 312].

■ Codice civile del 1865: *Art. 791. I testamenti fatti sul mare durante un viaggio saranno ricevuti a bordo dei vascelli e d'altri bastimenti della marina militare dall'uffiziale comandante il bastimento ed insieme dal commissario di marina, ed in loro mancanza da quelli che ne fanno le veci.*

A bordo dei bastimenti di commercio possono essere ricevuti dal secondo ed insieme dal capitano o patrone, e in loro mancanza da chi ne fa le veci.

In tutti i casi questi testamenti debbono riceversi alla presenza di due testimoni, maschi e maggiori di età.

Art. 792. Sui bastimenti della marina militare il testamento del capitano e quello del commissario di marina, e sui bastimenti di commercio, il testamento del capitano o patrone e del secondo possono essere ricevuti da quelli che loro succedono in ordine di servizio, osservato nel resto ciò che è stabilito nel precedente articolo.

612. Forme.

Il testamento indicato dall'articolo precedente è redatto in doppio originale [613] alla presenza di due testimoni e deve essere sottoscritto dal testatore, dalla persona che lo ha ricevuto [613] e dai testimoni; se il testatore o i testimoni non possono sottoscrivere, si deve indicare il motivo che ha impedito la sottoscrizione [619].

Il testamento è conservato tra i documenti di bordo ed è annotato sul giornale di bordo ovvero sul giornale nautico e sul ruolo d'equipaggio [616; c.nav. 5, 171, 174, 203, 296, 321, 322].

■ Codice civile del 1865: *Art. 793. Si farà sempre un doppio originale dei testamenti mentovati nei due precedenti articoli.*

Art. 794. Il testamento fatto a bordo dei bastimenti della marina militare e di commercio deve essere sottoscritto dal testatore, dalle persone che l'hanno ricevuto e dai testimoni.

Se il testatore ovvero i testimoni non sanno o non possono sottoscrivere, si deve indicare il motivo che ha impedito la sottoscrizione.

Art. 795. I testamenti fatti durante il viaggio saranno conservati fra le carte più importanti di bordo, e sarà fatta menzione di essi sul giornale di bordo e sul ruolo d'equipaggio.

Art. 796. Se il bastimento approda ad un porto estero, in cui si trovi un regio agente diplomatico o consolare, coloro che hanno ricevuto il testamento, sono tenuti a consegnargli uno degli originali, e una copia dell'annotazione fatta sul giornale di bordo e sul ruolo d'equipaggio.

Al ritorno del bastimento nel regno, sia nel porto del disarmo, sia in qualunque altro, i due originali del testamento quello che resta, nel caso che l'altro fosse stato depositato durante il viaggio, saranno consegnati all'autorità marittima locale insieme colla copia dell'annotazione anzidetta.

Della consegna ordinata nel presente articolo si rilascerà dichiarazione, di cui si farà cenno in margine all'annotazione scritta sul giornale e ruoli suddetti.

Art. 797. Gli agenti diplomatici e consolari e le autorità marittime locali devono stendere un processo verbale della consegna del testamento e trasmettere ogni cosa al ministero della marina, il quale ordinerà il deposito di uno degli originali nel suo archivio, e trasmetterà l'altro all'uffizio di registro del luogo del domicilio o dell'ultima residenza del testatore.

Art. 798. Il testamento fatto sul mare nella forma stabilita dagli articoli 791 e seguenti non avrà effetto, se non quando il testatore muoia sul mare o entro tre mesi dopo che sarà disceso in un luogo, in cui avrebbe potuto fare un nuovo testamento nelle forme ordinarie.

Art. 799. Il testamento dei militari e delle persone impiegate presso l'esercito può essere ricevuto da un maggiore, o da qualunque altro uffiziale di grado uguale o superiore, o da un intendente militare o commissario di guerra, in presenza di due testimoni aventi le qualità volute dall'art. 791; il testamento sarà ridotto in iscritto, osservando quanto alle sottoscrizioni, ciò che è stabilito dall'art. 794.

Il testamento dei militari appartenenti a corpi o posti staccati dall'esercito, può anche essere ricevuto dal capitano o da altro uffiziale subalterno che ne abbia il comando.

Art. 800. Se il testatore è ammalato o ferito, il testamento può anche essere ricevuto dall'uffiziale sanitario di servizio in presenza di due testimoni, nel modo stabilito dall'articolo precedente.

Art. 801. I testamenti di cui è cenno nei due articoli precedenti, devono essere al più presto trasmessi al quartier generale, e da questo al ministero della guerra, che ne ordinerà il deposito nell'uffizio di registro del luogo del domicilio o dell'ultima residenza del testatore.

Art. 802. Nella forma speciale stabilita dagli articoli 799 e 800, possono soltanto testare coloro, i quali sono in militare spedizione per causa di guerra, così in paese estero come nell'interno del regno, od acquartierati o di presidio fuori del regno, o prigionieri presso il nemico, o in una piazza o fortezza circondata dal nemico, od in altri luoghi dove siano interrotte le comunicazioni.

Art. 803. Il testamento fatto nella forma sopra stabilita diverrà nullo tre mesi dopo il ritorno del testatore in un luogo ove possa far testamento nelle forme ordinarie.

613. Consegna.

Se la nave approda a un porto estero in cui vi sia un'autorità consolare, il comandante [616] è tenuto a consegnare all'autorità medesima uno degli originali [612] del testamento e una copia dell'annotazione fatta sul giornale di bordo ovvero sul giornale nautico e sul ruolo di equipaggio [614].

Al ritorno della nave nello Stato, i due originali del testamento o quello non depositato durante il viaggio, devono essere consegnati all'autorità marittima locale insieme con la copia della predetta annotazione.

Della consegna si rilascia dichiarazione, di cui si fa cenno in margine all'annotazione sopraindicata [614].

■ Codice civile del 1865: *Art. 796. Se il bastimento approda ad un porto estero, in cui si trovi un regio agente diplomatico o consolare, coloro che hanno ricevuto il testamento, sono tenuti a consegnargli uno degli originali, e una copia dell'annotazione fatta sul giornale di bordo e sul ruolo d'equipaggio.*

Al ritorno del bastimento nel regno, sia nel porto del disarmo, sia in qualunque altro, i due originali del testamento quello che resta, nel caso che l'altro fosse stato depositato durante il viaggio, saranno consegnati all'autorità marittima locale insieme colla copia dell'annotazione anzidetta.

Della consegna ordinata nel presente articolo si rilascerà dichiarazione, di cui si farà cenno in margine all'annotazione scritta sul giornale e ruoli suddetti.

614. Verbale di consegna.

L'autorità marittima o consolare locale deve redigere verbale della consegna del testamento [610, 613] e trasmettere il verbale e gli atti ricevuti al Ministero della difesa o al Ministero [della marina mercantile][1], secondo che il testamento sia stato ricevuto a bordo di una nave della marina militare o di una nave della marina mercantile. Il Ministero ordina il deposito di uno degli originali nel suo archivio, e trasmette l'altro all'archivio notarile del luogo del domicilio o dell'ultima residenza del testatore [43, 608, 617, 685].

[1] Ora delle infrastrutture e dei trasporti.

■ Codice civile del 1865: *Art. 797. Gli agenti diplomatici e consolari e le autorità marittime locali devono stendere un processo verbale della consegna del testamento e trasmette-*

re ogni cosa al ministero della marina, il quale ordinerà il deposito di uno degli originali nel suo archivio, e trasmetterà l'altro all'uffizio di registro del luogo del domicilio o dell'ultima residenza del testatore.

615. Termine di efficacia.

Il testamento fatto durante il viaggio per mare [616], nella forma stabilita dagli articoli 611 e seguenti, perde la sua efficacia tre mesi dopo lo sbarco del testatore in un luogo dove è possibile fare testamento nelle forme ordinarie [601, 618].

■ Codice civile del 1865: *Art. 798. Il testamento fatto sul mare nella forma stabilita dagli articoli 791 e seguenti non avrà effetto, se non quando il testatore muoia sul mare o entro tre mesi dopo che sarà disceso in un luogo, in cui avrebbe potuto fare un nuovo testamento nelle forme ordinarie.*

616. Testamento a bordo di aeromobile.

Al testamento fatto a bordo di un aeromobile durante il viaggio si applicano le disposizioni degli articoli 611 a 615.

Il testamento è ricevuto dal comandante, in presenza di uno, o, quando è possibile, di due testimoni [597].

Le attribuzioni delle autorità marittime a norma degli articoli 613 e 614 spettano alle autorità aeronautiche.

Il testamento è annotato sul giornale di [rotta][1] [c.nav. 772, 888].

[1] Ora di bordo.

617. Testamento dei militari e assimilati.

Il testamento dei militari e delle persone al seguito delle forze armate dello Stato [618] può essere ricevuto da un ufficiale o da un cappellano militare o da un ufficiale della Croce Rossa, in presenza di due testimoni [597]; esso deve essere sottoscritto dal testatore, dalla persona che lo ha ricevuto e dai testimoni. Se il testatore o i testimoni non possono sottoscrivere, si deve indicare il motivo che ha impedito la sottoscrizione [619].

Il testamento deve essere al più presto trasmesso al quartiere generale e da questo al Ministero competente, che ne ordina il deposito nell'archivio notarile del luogo del domicilio o dell'ultima residenza [43, 614, 685] del testatore [608].

● Norme connesse:
- artt. 117 ss., R.D. 8 luglio 1938, n. 1415 (Approvazione dei testi della legge di guerra e della legge di neutralità).

■ Codice civile del 1865: *Art. 799. Il testamento dei militari e delle persone impiegate presso l'esercito può essere ricevuto da un maggiore, o da qualunque altro uffiziale di grado uguale o superiore, o da un intendente militare o commissario di guerra, in presenza di due testimoni aventi le qualità volute dall'art. 791; il testamento sarà ridotto in iscritto, osservando quanto alle sottoscrizioni, ciò che è stabilito dall'art. 794.*

Il testamento dei militari appartenenti a corpi o posti staccati dall'esercito, può anche essere ricevuto dal capitano o da altro uffiziale subalterno che ne abbia il comando.

Art. 800. Se il testatore è ammalato o ferito, il testamento può anche essere ricevuto dall'uffiziale sanitario di servizio in presenza di due testimoni, nel modo stabilito dall'articolo precedente.

Art. 801. I testamenti di cui è cenno nei due articoli precedenti, devono essere al più presto trasmessi al quartier generale, e da questo al ministero della guerra, che ne ordinerà il deposito nell'uffizio di registro del luogo del domicilio o dell'ultima residenza del testatore.

Art. 802. Nella forma speciale stabilita dagli articoli 799 e 800, possono soltanto testare coloro, i quali sono in militare spedizione per causa di guerra, così in paese estero come nell'interno del regno, od acquartierati o di presidio fuori del regno, o prigionieri presso il nemico, o in una piazza o fortezza circondata dal nemico, od in altri luoghi dove siano interrotte le comunicazioni.

Art. 803. Il testamento fatto nella forma sopra stabilita diverrà nullo tre mesi dopo il ritorno del testatore in un luogo ove possa far testamento nelle forme ordinarie.

618. Casi e termini d'efficacia.

Nella forma speciale stabilita dall'articolo precedente possono testare soltanto coloro i quali, appartenendo a corpi o servizi mobilitati o comunque impegnati in guerra, si trovano in zona di operazioni belliche o sono prigionieri presso il nemico, e coloro che sono acquartierati o di presidio fuori dello Stato o in luoghi dove siano interrotte le comunicazioni.

Il testamento perde la sua efficacia tre mesi dopo il ritorno del testatore in un luogo dove è possibile far testamento nelle forme ordinarie [601 ss., 615].

● Norme connesse:
- artt. 117 ss., R.D. 8 luglio 1938, n. 1415 (Approvazione dei testi della legge di guerra e della legge di neutralità).

■ Codice civile del 1865: *Art. 802. Nella forma speciale stabilita dagli articoli 799 e 800, possono soltanto testare coloro, i quali sono in militare spedizione per causa di guerra, così in paese estero come nell'interno del regno, od acquartierati o di presidio fuori del regno, o prigionieri presso il nemico, o in una piazza o fortezza circondata dal nemico, od in altri luoghi dove siano interrotte le comunicazioni.*

Art. 803. Il testamento fatto nella forma sopra stabilita diverrà nullo tre mesi dopo il ritorno del testatore in un luogo ove possa far testamento nelle forme ordinarie.

619. Nullità.

I testamenti previsti in questa sezione sono nulli [1418 ss.] quando manca la redazione in iscritto della dichiarazione del testatore ovvero la sottoscrizione [609, 612] della persona autorizzata a riceverla o del testatore [590].

Per gli altri difetti di forma si osserva il disposto del secondo comma dell'articolo 606 [disp. att. 137].

CODICE CIVILE

Sezione III
Della pubblicazione dei testamenti olografi e dei testamenti segreti

620. Pubblicazione del testamento olografo.
Chiunque è in possesso di un testamento olografo [602] deve presentarlo a un notaio per la pubblicazione, appena ha notizia della morte del testatore.

Chiunque crede di avervi interesse può chiedere, con ricorso [c.p.c. 125] al tribunale del circondario in cui si è aperta la successione [456], che sia fissato un termine per la presentazione [c.p.c. 749][1].

Il notaio [621] procede alla pubblicazione del testamento in presenza di due testimoni, redigendo nella forma degli atti pubblici un verbale nel quale descrive lo stato del testamento, ne riproduce il contenuto e fa menzione della sua apertura, se è stato presentato chiuso con sigillo. Il verbale è sottoscritto dalla persona che presenta il testamento, dai testimoni e dal notaio. Ad esso sono uniti la carta in cui è scritto il testamento, vidimata in ciascun mezzo foglio dal notaio e dai testimoni, e l'estratto dell'atto di morte del testatore o copia del provvedimento che ordina l'apertura degli atti di ultima volontà dell'assente [60] o della sentenza che dichiara la morte presunta [50, 58, 63, 622; disp. att. 7].

Nel caso in cui il testamento è stato depositato dal testatore presso un notaio, la pubblicazione è eseguita dal notaio depositario [623, 685].

Avvenuta la pubblicazione, il testamento olografo ha esecuzione [disp. att. 3].

Per giustificati motivi, su istanza [c.p.c. 125] di chiunque vi ha interesse, il tribunale può disporre che periodi o frasi di carattere non patrimoniale [587] siano cancellati dal testamento e omessi nelle copie che fossero richieste, salvo che l'autorità giudiziaria ordini il rilascio di copia integrale [c.p. 491][2].

[1] Comma così modificato dall'art. 145, D.Lgs. 19 febbraio 1998, n. 51. Il testo previgente disponeva: *Chiunque crede di avervi interesse può chiedere, con ricorso al pretore del mandamento in cui si è aperta la successione, che sia fissato un termine per la presentazione.*

A decorrere dal 31 ottobre 2025, le parole "tribunale del circondario" verranno sostituite con le parole "giudice di pace del luogo" ex art. 27, D.Lgs. 13 luglio 2017, n. 116.

[2] Comma così modificato dall'art. 144, D.Lgs. 19 febbraio 1998, n. 51. Il testo previgente disponeva: *Per giustificati motivi, su istanza di chiunque vi ha interesse, il pretore può disporre che periodi o frasi di carattere non patrimoniale siano cancellati dal testamento e omessi nelle copie che fossero richieste, salvo che l'autorità giudiziaria ordini il rilascio di copia integrale.*

A decorrere dal 31 ottobre 2025, la parola "tribunale" verrà sostituita con le parole "giudice di pace" ex art. 27, D.Lgs. 13 luglio 2017, n. 116.

● Norme connesse:

- per le formalità inerenti la pubblicazione del testamento olografo, artt. 66, comma 4, e 112, comma 6, L. 16 febbraio 1913, n. 89.

■ Codice civile del 1865: *Art. 912. Il testamento olografo, sull'istanza di chiunque creda avervi interesse, sarà depositato presso un notaio del luogo in cui si è aperta la successione, alla presenza del pretore del mandamento e di due testimoni.*

La carta in cui si contiene il testamento sarà vidimata in calce di ciascun mezzo foglio dai due testimoni, dal pretore e dal notaio.

Si stenderà nella forma degli atti pubblici processo verbale del deposito; nel quale il notaio descriverà lo stato del testamento trascrivendone esattamente il tenore, e farà pure menzione dell'apertura del testamento se fu presentato sigillato, e della vidimazione fattane da lui, dal pretore e dai testimoni.

Il processo verbale sarà sottoscritto dal richiedente, dai testimoni, dal pretore e dal notaio, e sarà al medesimo unita la carta che contiene il testamento, l'estratto dell'atto di morte del testatore il provvedimento del tribunale in conformità dell'articolo 26.

♦ Codice civile francese

Articolo 1007. *Ogni testamento olografo o segreto, prima di essere messo ad esecuzione, sarà depositato nelle mani di un notaio. Il testamento sarà aperto se è nascosto. Il notaio redigerà un verbale dell'apertura e dello stato del testamento precisando le circostanze del deposito. Il testamento così come il verbale saranno conservati al rango di minute del depositario. Nel mese che seguirà la data del verbale il notaio redigerà una copia autentica di questo ed una copia figurata del testamento al cancelliere della Corte d'Appello del luogo di apertura della successione, che lo avviserà della ricezione di questi documenti e li conserverà al grado delle sue minute.*

621. Pubblicazione del testamento segreto.
Il testamento segreto [604, 605] deve essere aperto e pubblicato dal notaio appena gli perviene la notizia della morte del testatore [623]. Chiunque crede di avervi interesse può chiedere, con ricorso [c.p.c. 125] al tribunale del circondario in cui si è aperta la successione [456], che sia fissato un termine per l'apertura e la pubblicazione [disp. att. 7; c.p.c. 749][1].

Si applicano le disposizioni del terzo comma dell'articolo 620 [622, 623].

[1] Comma così modificato dall'art. 145, D.Lgs. 19 febbraio 1998, n. 51. Il testo previgente disponeva: *Il testamento segreto deve essere aperto e pubblicato dal notaio appena gli perviene la notizia della morte del testatore. Chiunque crede di avervi interesse può chiedere, con ricorso al pretore del mandamento in cui si è aperta la successione, che sia fissato un termine per l'apertura e la pubblicazione.*

A decorrere dal 31 ottobre 2025, le parole "tribunale del circondario" verranno sostituite con le parole "giudice di pace del luogo" ex art. 27, D.Lgs. 13 luglio 2017, n. 116.

● Norme connesse:

- per le formalità inerenti la pubblicazione del testamento olografo, artt. 66, comma 4, e 112, comma 6, L. 16 febbraio 1913, n. 89.

■ Codice civile del 1865: *Art. 915. Il testamento ricevuto in forma segreta, sull'istanza di chiunque creda avervi interesse, sarà dal notaio aperto e pubblicato in presenza del pretore del mandamento di sua residenza e di due almeno dei testimoni intervenuti all'atto di consegna. Qualora questi non si trovassero, saranno chiamati due altri testimoni per riconoscere lo stato della scheda testamentaria e, se è possibile, le sottoscrizioni.*

La carta che contiene il testamento, sarà vidimata in calce di ciascun mezzo foglio dai due testimoni, dal pretore e dal notaio che la conserverà insieme coll'atto di consegna.

Dell'apertura e della pubblicazione si stenderà processo verbale nella forma degli atti pubblici, nel quale il notaio descriverà lo stato del testamento, e farà menzione della vidimazione fattane da lui, dal pretore e dai testimoni.

Il processo verbale sarà sottoscritto dal richiedente, dai testimoni, dal pretore e dal notaio, e sarà al medesimo unito l'estratto o il provvedimento accennato nell'ultimo capoverso dell'articolo 912.

622. Comunicazione dei testamenti al tribunale.

Il notaio deve trasmettere alla cancelleria del tribunale, nella cui giurisdizione si è aperta la successione [456], copia in carta libera dei verbali previsti dagli articoli 620 e 621 e del testamento pubblico [603; disp. att. 55][1].

[1] Articolo così modificato dall'art. 148, D.Lgs. 19 febbraio 1998, n. 51. Il testo previgente disponeva: *Il notaio deve trasmettere alla cancelleria della pretura, nella cui giurisdizione si è aperta la successione, copia in carta libera dei verbali previsti dagli articoli 620 e 621 e del testamento pubblico.*

623. Comunicazioni agli eredi e legatari.

Il notaio che ha ricevuto un testamento pubblico [603; c.p.c. 743], appena gli è nota la morte del testatore, o, nel caso di testamento olografo [602] o segreto [604], dopo la pubblicazione [620, 621], comunica l'esistenza del testamento agli eredi e legatari di cui conosce il domicilio o la residenza [43].

CAPO V

DELL'ISTITUZIONE DI EREDE E DEI LEGATI

Sezione I

Disposizioni generali

624. Violenza, dolo, errore.

La disposizione testamentaria può essere impugnata [463, comma 1, n. 4, 482, 2652, comma 1, n. 7, 8] da chiunque vi abbia interesse [c.p.c. 100] quando è l'effetto di errore [625, 1428 ss.], di violenza [1434] o di dolo [1427, 1439, 1440].

L'errore sul motivo [626], sia esso di fatto o di diritto, è causa di annullamento della disposizione testamentaria, quando il motivo risulta dal testamento ed è il solo che ha determinato il testatore a disporre [647, 787, 788, 794, 1429].

L'azione si prescrive in cinque anni [1442, 2953] dal giorno in cui si è avuta notizia della violenza, del dolo o dell'errore [1442, 2652 n. 7, 2690 n. 4].

■ Codice civile del 1865: *Art. 828. Le disposizioni a titolo universale o particolare fondate sopra una causa espressa che risulti erronea, quando questa sia la sola che vi abbia determinato il testatore, non hanno alcun effetto.*

♦ Codice civile tedesco

§ 2078 Impugnazione per errore o minaccia. *(1) Una previsione di ultima volontà può impugnarsi qualora, la persona, della cui successione si tratta, versava in errore sul contenuto della dichiarazione o non era intenzionata a rilasciare una dichiarazione con tale contenuto e vada ritenuto che, se avesse avuto conoscenza dello stato delle cose, non avrebbe fatto tale dichiarazione. (2) Analoghe considerazioni valgono quando la persona, della cui successione si tratta, sia stata indotta a fare la disposizione a causa di una errata convinzione o aspettativa circa l'avverarsi o il non avverarsi di una circostanza ovvero illecitamente mediante minaccia. (3) La previsione del § 122 non si applica.*

625. Erronea indicazione dell'erede o del legatario o della cosa che forma oggetto della disposizione.

Se la persona dell'erede o del legatario [631] è stata erroneamente indicata [1433], la disposizione ha effetto, quando dal contesto del testamento o altrimenti risulta in modo non equivoco quale persona il testatore voleva nominare [628].

La disposizione ha effetto anche quando la cosa che forma oggetto della disposizione è stata erroneamente indicata o descritta, ma è certo a quale cosa il testatore intendeva riferirsi [632].

■ Codice civile del 1865: *Art. 836. Se la persona dell'erede o del legatario è stata erroneamente indicata, la disposizione ha il suo effetto, quando dal contesto del testamento, o da altri documenti o fatti costanti risulta quale persona il testatore abbia voluto nominare.*

Lo stesso ha luogo qualora la cosa legata sia stata erroneamente indicata o descritta, ma sia certo di qual cosa il testatore abbia voluto disporre.

626. Motivo illecito.

Il motivo [624, 636] illecito rende nulla [590] la disposizione testamentaria, quando risulta dal testamento ed è il solo che ha determinato il testatore a disporre [624, 634, 647, comma 3, 648, comma 2, 788, 794, 1418, 1345].

627. Disposizione fiduciaria.

Non è ammessa azione in giudizio per accertare che le disposizioni fatte a favore di persona dichiarata nel testamento sono soltanto apparenti e che in realtà riguardano altra persona, anche se espressioni del testamento possono indicare o far presumere che si tratta di persona interposta.

Tuttavia la persona dichiarata nel testamento, se ha spontaneamente eseguito la disposizione fiduciaria trasferendo i beni alla persona voluta dal testatore, non può agire per la ripetizione, salvo che sia un incapace [590, 596-599, 799, 1933 comma 2, 2034, 2039, 2126, 2940].

Le disposizioni di questo articolo non si applicano al caso in cui l'istituzione o il legato sono impu-

CODICE CIVILE

gnati come fatti per interposta persona a favore d'incapaci a ricevere [462, 592, 596, 598, 599].

■ Codice civile del 1865: *Art. 829. Non è ammessa alcuna prova che le disposizioni fatte in favore di persona dichiarata nel testamento, siano soltanto apparenti, e che realmente riguardino altra persona, non ostante qualunque espressione del testamento che la indicasse o potesse farla presumere.*

Ciò non si applica al caso che l'instituzione o il legato vengano impugnati come fatti per interposta persona a favore d'incapaci.

628. Disposizione a favore di persona incerta.

È nulla ogni disposizione fatta a favore di persona che sia indicata in modo da non poter essere determinata [625, 1346, 1920 comma 2].

■ Codice civile del 1865: *Art. 829. 830. È nulla ogni disposizione fatta a favore di persona che sia incerta in modo da non poter essere determinata.*

♦ Codice civile tedesco

§ 2073 Disposizione incerta. *Qualora la persona, della cui successione si tratta, abbia indicato il beneficiario in modo da poterlo confondere con più soggetti, e non si riesca a individuare quale tra questi sia il beneficiato, devono ritenersi tutti beneficiati nella stessa misura.*

629. Disposizioni a favore dell'anima.

Le disposizioni [647] a favore dell'anima sono valide qualora siano determinati i beni o possa essere determinata la somma da impiegarsi a tale fine [587].

Esse si considerano come un onere [647, 676, comma 2, 677, comma 2] a carico dell'erede o del legatario, e si applica l'articolo 648.

Il testatore [587] può designare una persona che curi l'esecuzione della disposizione, anche nel caso in cui manchi un interessato a richiedere l'adempimento [700].

■ Codice civile del 1865: *Art. 831. Le disposizioni per l'anima o a favore dell'anima espresse genericamente sono nulle.*

630. Disposizioni a favore dei poveri.

Le disposizioni [649] a favore dei poveri e altre simili, espresse genericamente, senza che si determini l'uso o il pubblico istituto a cui beneficio sono fatte, s'intendono fatte in favore dei poveri del luogo in cui il testatore aveva il domicilio [43] al tempo della sua morte, e i beni sono devoluti all'ente comunale di assistenza [628][1].

La precedente disposizione si applica anche quando la persona incaricata dal testatore di determinare l'uso o il pubblico istituto non può o non vuole accettare l'incarico [1349, 1473].

[1] Ora Comune.

● Norme connesse:

- per il trasferimento ai comuni delle attribuzioni degli enti comunali di assistenza art. 25, comma 8, D.P.R. 24 luglio 1977, n. 616 che dispone: *Le attribuzioni degli enti comunali di assistenza, nonché i rapporti patrimoniali ed il personale, sono trasferiti ai rispettivi comuni entro e non oltre il 30 giugno 1978. Le regioni con proprie leggi determinano le norme sul passaggio del personale, dei beni e delle funzioni dei disciolti enti comunali di assistenza ai comuni, nel rispetto dei diritti acquisiti dal personale dipendente.*

■ Codice civile del 1865: *Art. 832. Le disposizioni a favore dei poveri, od altre simili espresse genericamente senza che sia determinato l'uso, l'opera pia o il pubblico istituto in cui favore siano fatte, o quando la persona incaricata dal testatore di determinarlo non possa o non voglia accettare l'incarico, s'intendono fatte in favore dè poveri del luogo del domicilio del testatore al tempo di sua morte, e sono devolute all'istituto locale di carità.*

Art. 833. Sono nulle le disposizioni ordinate al fine di istituire o dotare benefizi semplici, cappellanie laicali od altre simili fondazioni.

♦ Codice civile tedesco

§2072 I poveri. *Quando la persona della cui successione si tratta ha lasciato disposizioni a vantaggio dei poveri senza ulteriori precisazioni, nei casi dubbi bisogna ritenere che ad essere beneficiata sia la cassa pubblica peri poveri del comune nel cui distretto la persona, della cui successione si tratta, ha avuto l'ultimo domicilio, previo onere di dividere l'attribuzione tra i poveri.*

631. Disposizioni rimesse all'arbitrio del terzo.

È nulla ogni disposizione testamentaria con la quale si fa dipendere dall'arbitrio di un terzo l'indicazione dell'erede o del legatario [632], ovvero la determinazione della quota di eredità [590].

Tuttavia è valida la disposizione a titolo particolare in favore di persona da scegliersi dall'onerato o da un terzo [588, 1473] tra più persone determinate dal testatore o appartenenti a famiglie o categorie di persone da lui determinate, ed è pure valida la disposizione a titolo particolare a favore di uno tra più enti [600] determinati del pari dal testatore. Se sono indicate più persone in modo alternativo e non è stabilito chi deve fare la scelta, questa si considera lasciata all'onerato [699, 778].

Se l'onerato o il terzo non può o non vuole fare la scelta, questa è fatta con decreto dal presidente del tribunale del luogo in cui si è aperta la successione [456], dopo avere assunto le opportune informazioni [c.p.c. 751].

■ Codice civile del 1865: *Art. 834. È parimenti nulla ogni disposizione fatta a favore di persona incerta da nominarsi da un terzo.*

Ma è valida la disposizione a titolo particolare in favore di persona da scegliersi da un terzo fra più persone determinate dal testatore od appartenenti a famiglie o corpi morali da lui determinati, ed è pur valida la disposizione a titolo particolare a favore di uno fra più corpi morali determinati parimente dal testatore.

♦ Codice civile tedesco

§ 2065 Determinazione ad opera di terzi. *(1) La persona, della cui successione si tratta, non può fare una disposizione di ultima volontà tale da rimettere ad altri il compito di stabilire se possa valere o meno. (2) La persona, della cui successione si tratta, non può consentire ad altri di indicare la persona legittimata a conseguire un'attribuzione e tanto meno la determinazione dell'oggetto dell'attribuzione.*

632. Determinazione di legato per arbitrio altrui.
È nulla la disposizione [590] che lascia al mero arbitrio dell'onerato o di un terzo [631, comma 3, 664, comma 2, 1349, 1473] di determinare l'oggetto o la quantità del legato [631].

Sono validi i legati fatti a titolo di rimunerazione per i servizi prestati al testatore [770], anche se non ne sia indicato l'oggetto o la quantità [664].

■ Codice civile del 1865: *Art. 835. È nulla la disposizione che lascia interamente all'arbitrio dell'erede o di un terzo di determinare la quantità del legato, eccettuati i legati fatti a titolo di rimunerazione per servizi prestati al testatore nell'ultima sua malattia.*

Sezione II
Delle disposizioni condizionali, a termine e modali

633. Condizione sospensiva o risolutiva.
Le disposizioni a titolo universale o particolare [588] possono farsi sotto condizione sospensiva o risolutiva [480, comma 2, 549, 634, 638, 642, 643, 646, 1353, 2659, comma 2, 2660 n. 6].

■ Codice civile del 1865: *Art. 848. La disposizione a titolo universale o particolare può farsi anche sotto condizione.*

♦ Codice civile francese

Articolo 1040. *Ogni disposizione testamentaria fatta sotto una condizione dipendente da un evento incerto e tale che nell'intenzione del testatore, questa disposizione non debba essere eseguita che quando l'evento si verificherà o non si verificherà, sarà caduca se l'erede istituito o il legatario decede prima dell'esecuzione della condizione.*

634. Condizioni impossibili o illecite.
Nelle disposizioni testamentarie si considerano non apposte [794] le condizioni impossibili e quelle contrarie a norme imperative [470], all'ordine pubblico o al buon costume, salvo quanto è stabilito dall'art. 626 [5, 23, 25, 308, 636, 647, 1343, 1354, 2031, 2035].

● Norme connesse:

- art. 1, L. 18 dicembre 1984, n. 975; art. 16, L. 31 maggio 1995, n. 218.

■ Codice civile del 1865: *Art. 849. Nel testamento si hanno per non apposte le condizioni impossibili e quelle contrarie alle leggi od al buon costume.*

635. Condizione di reciprocità.
È nulla la disposizione a titolo universale o particolare [588] fatta dal testatore a condizione di essere a sua volta avvantaggiato nel testamento dell'erede o del legatario [458, 589, 590].

■ Codice civile del 1865: *Art. 852. È nulla la disposizione a titolo universale o particolare fatta dal testatore sotto la condizione che egli sia vicendevolmente avvantaggiato nel testamento del suo erede o legatario.*

636. Divieto di nozze.
È illecita la condizione che impedisce le prime nozze o le ulteriori [634; disp. att. 138].

Tuttavia il legatario di usufrutto [978] o di uso [1021], di abitazione [1022] o di pensione, o di altra prestazione periodica per il caso o per il tempo del celibato o della vedovanza, non può goderne che durante il celibato o la vedovanza [disp. att. 138; 636].

■ Codice civile del 1865: *Art. 850. È contraria alla legge la condizione che impedisce tanto le prime nozze, quanto le ulteriori.*

Il legatario però di un usufrutto od uso, di una abitazione o pensione, o d'altra prestazione periodica pel caso o pel tempo del celibato o della vedovanza, non può goderne che durante il celibato o la vedovanza.

Ha pure effetto la condizione di vedovanza apposta in qualunque disposizione testamentaria di un coniuge a favore dell'altro.

637. Termine.
Si considera non apposto [634] a una disposizione a titolo universale [588] il termine dal quale l'effetto di essa deve cominciare o cessare [108, 257, 475, comma 2, 520, 640, 702, comma 2, 697, 953].

■ Codice civile del 1865: *Art. 851. Si ha per non apposto ad una disposizione a titolo universale il giorno, dal quale debba la medesima cominciare o cessare.*

638. Condizioni di non fare o di non dare.
Se il testatore ha disposto sotto la condizione che l'erede o il legatario non faccia o non dia qualche cosa per un tempo indeterminato, la disposizione si considera fatta sotto condizione risolutiva, salvo che dal testamento risulti una contraria volontà del testatore [633, 639, 1353].

■ Codice civile del 1865: *Art. 855. Se il testatore ha lasciata l'eredità o il legato sotto obbligo all'erede o al legatario di non fare o non dare, l'erede o il legatario è tenuto a dare cauzione altra sufficiente cautela per l'esecuzione di tale volontà a favore di quelli ai quali l'eredità o il legato dovrebbe devolversi in caso di non adempimento.*

639. Garanzia in caso di condizione risolutiva.
Se la disposizione testamentaria è sottoposta a condizione risolutiva [633, 638], l'autorità giudiziaria, qualora ne ravvisi l'opportunità, può imporre all'erede o al legatario di prestare idonea garanzia [641, 1179; c.p.c. 119] a favore di coloro ai quali l'eredità o il legato dovrebbe devolversi nel caso che la condizione si avverasse [640, 641; comma 2, c.p.c. 750].

■ Codice civile del 1865: *Art. 855. Se il testatore ha lasciata l'eredità o il legato sotto obbligo all'erede o al legatario di non fare o non dare, l'erede o il legatario è tenuto a dare cauzione altra sufficiente cautela per l'esecuzione di tale volontà a favore di quelli ai quali l'eredità o il legato dovrebbe devolversi in caso di non adempimento.*

640. Garanzia in caso di legato sottoposto a condizione sospensiva o a termine.

Se a taluno è lasciato un legato sotto condizione sospensiva [633, 641, 1353] o dopo un certo tempo, l'onerato può essere costretto [c.p.c. 750] a dare idonea garanzia [641, 1179; c.p.c. 119] al legatario, salvo che il testatore abbia diversamente disposto [641, comma 2, 642, 707, comma 2, 784, comma 3, 1357].

La garanzia può essere imposta anche al legatario quando il legato è a termine finale [707; c.p.c. 750].

■ Codice civile del 1865: *Art. 856. Se a taluno è lasciato un legato sotto condizione o dopo un certo tempo, chi è gravato del legato può essere costretto a darne cauzione od altra sufficiente cautela al legatario.*

641. Amministrazione in caso di condizione sospensiva o di mancata prestazione di garanzia.

Qualora l'erede sia istituito sotto condizione sospensiva [633, 1353], finché questa condizione non si verifica o non è certo che non si può più verificare [1356], è dato all'eredità un amministratore [642 ss.; L. fall. 12].

Vale la stessa norma anche nel caso in cui l'erede o il legatario non adempie l'obbligo di prestare la garanzia prevista dai due articoli precedenti.

● Norme connesse:
- art. 12, comma 3, R.D. 16 marzo 1942, n. 267.

■ Codice civile del 1865: *Art. 857. Se l'erede fu instituito sotto una condizione sospensiva, finché questa condizione si verifichi o sia certo che più non si possa verificare, sarà dato all'eredità un amministratore.*

Lo stesso ha luogo nel caso in cui l'erede od il legatario non adempie l'obbligo della cauzione voluta dai due articoli precedenti.

642. Persone a cui spetta l'amministrazione.

L'amministrazione [641] spetta alla persona a cui favore è stata disposta la sostituzione [688], ovvero al coerede o ai coeredi, quando tra essi e l'erede condizionale vi è il diritto di accrescimento [674].

Se non è prevista la sostituzione o non vi sono coeredi a favore dei quali abbia luogo il diritto di accrescimento, l'amministrazione spetta al presunto erede legittimo [565].

In ogni caso l'autorità giudiziaria [c.p.c. 750], quando concorrono giusti motivi, può provvedere altrimenti [643, 644; c.p.c. 22, 24; L. fall. 12].

● Norme connesse:
- art. 12, comma 3, R.D. 16 marzo 1942, n. 267.
- art. 36 del Codice della crisi di impresa e dell'insolvenza, attuativo della Legge delega 19 ottobre 2017, n. 155 (D.Lgs. 12 gennaio 2019, n. 14) che prevede la prosecuzione della procedura di liquidazione giudiziale nei confronti, rispettivamente, del curatore dell'eredità giacente e dell'amministratore nominato nei casi di istituzione di erede sotto condizione sospensiva.

■ Codice civile del 1865: *Art. 858. L'amministrazione sarà affidata al coerede od ai coeredi instituiti senza condizione, quando tra essi e l'erede condizionale possa aver luogo il diritto d'accrescimento.*

Art. 859. Se l'erede condizionale non ha coeredi, o tra esso ed i coeredi stessi non può aver luogo il diritto di accrescimento, l'amministrazione verrà affidata al presunto erede legittimo del testatore, salvo che l'autorità giudiziaria per giusti motivi creda conveniente di provvedere altrimenti.

643. Amministrazione in caso di eredi nascituri.

Le disposizioni dei due precedenti articoli si applicano anche nel caso in cui sia chiamato a succedere un non concepito [462], figlio di una determinata persona vivente [320, 462, comma 3, 784]. A questa spetta la rappresentanza del nascituro [320, comma 2, 356, 1387], per la tutela dei suoi diritti successori, anche quando l'amministratore dell'eredità è una persona diversa.

Se è chiamato un concepito [462], l'amministrazione spetta al padre e alla madre [316, 320][1].

[1] Comma così sostituito dall'art. 84, D.Lgs. 28 dicembre 2013, n. 154, a decorrere dal 7 febbraio 2014. Il testo previgente disponeva: *Se è chiamato un concepito, l'amministrazione spetta al padre e in mancanza di questo, alla madre.*

■ Codice civile del 1865: *Art. 860. Le disposizioni dei tre precedenti articoli hanno luogo anche nel caso in cui fosse chiamato a succedere un non concepito, figlio immediato di una determinata persona vivente, secondo l'articolo 764.*

Ove sia chiamato un concepito, l'amministrazione spetta al padre e in mancanza alla madre.

644. Obblighi e facoltà degli amministratori.

Agli amministratori indicati dai precedenti articoli sono comuni le regole che si riferiscono ai curatori dell'eredità giacente [528-532; c.p.c. 781].

■ Codice civile del 1865: *Art. 861. Agli amministratori mentovati nei precedenti articoli sono comuni i carichi e le facoltà dei curatori delle eredità giacenti.*

645. Condizione sospensiva potestativa senza termine.

Se la condizione apposta all'istituzione di erede o al legato è sospensiva potestativa [1355] e non è indicato il termine per l'adempimento [1183], gli interessati possono adire l'autorità giudiziaria perché fissi questo termine [650; c.p.c. 749].

646. Retroattività della condizione.

L'adempimento della condizione [633] ha effetto retroattivo [456, 1360]; ma l'erede o il legatario, nel caso di condizione risolutiva, non è tenuto a restituire i frutti [820] se non dal giorno in cui la condizione si è verificata [1361 comma 2]. L'azione per la restituzione dei frutti si prescrive in cinque anni [464, 480, comma 2, 2948, 2953].

647. Onere.
Tanto all'istituzione di erede quanto al legato può essere apposto un onere [507, comma 2, 549, 629, 671, 676, comma 2, 677, 690, 793, 1173, 1174].

Se il testatore non ha diversamente disposto, l'autorità giudiziaria, qualora ne ravvisi l'opportunità, può imporre all'erede o al legatario gravato dall'onere una cauzione [c.p.c. 119, 750, 1179].

L'onere impossibile o illecito [456, 1256] si considera non apposto [634]; rende tuttavia nulla la disposizione [590], se ne ha costituito il solo motivo determinante [624, comma 2, 626, 634, 648, comma 3, 677, 794].

648. Adempimento dell'onere.
Per l'adempimento dell'onere può agire qualsiasi interessato [490, 629, 671, 703, comma 3, 793, 1174].

Nel caso d'inadempimento dell'onere, l'autorità giudiziaria può pronunziare la risoluzione [1453, 1454, 1455, 1457] della disposizione testamentaria [677], se la risoluzione è stata prevista dal testatore, o se l'adempimento dell'onere ha costituito il solo motivo determinante della disposizione [647, 677, 793 comma 4, 794, 1453-1458, 2652 n. 1].

Sezione III
Dei legati

649. Acquisto del legato.
Il legato si acquista [17, 320, comma 3, 374, comma 1, n. 3, 394, comma 3, 411, 424, 521, comma 2, 540, comma 2, 548, comma 2, 580, comma 1, 585, comma 2, 594, 667, 667, 669, 673, 2684, comma 4] senza bisogno di accettazione [459, 2648], salva la facoltà di rinunziare [320, comma 3, 374, comma 1, n. 3, 394, comma 3, 411, 424, 520, 526, 691, 697, 1324, 1348, 2648, 2685, 2901, 2655].

Quando oggetto [1058, 2284, 2355-bis, 2469, 2473, 2534, 2535]del legato è la proprietà di una cosa determinata [654] o altro diritto appartenente al testatore [651], la proprietà o il diritto si trasmette dal testatore al legatario al momento della morte del testatore [667, 669, 691, 697].

Il legatario però deve domandare all'onerato [662] il possesso [1140] della cosa legata [1146, comma 2], anche quando ne è stato espressamente dispensato dal testatore [499 comma 3, 662, 672, 2648].

■ Codice civile del 1865: *Art. 862. Qualunque legato puro o semplice attribuisce dal giorno della morte del testatore il diritto al legatario, trasmissibile ai suoi eredi, di conseguire la cosa legata.*

Art. 863. Il legatario, deve domandare all'erede il possesso della cosa legata.

650. Fissazione di un termine per la rinunzia.
Chiunque ha interesse [c.p.c. 100] può chiedere che l'autorità giudiziaria fissi un termine entro il quale il legatario dichiari se intende esercitare la facoltà [649 comma 1] di rinunziare [481, 519 645, 649; c.p.c. 749]. Trascorso questo termine senza che abbia fatto alcuna dichiarazione, il legatario perde il diritto di rinunziare [481, 645, 702, 2964].

651. Legato di cosa dell'onerato o di un terzo.
Il legato di cosa dell'onerato [649, 2932] o di un terzo [652, 686, 1523] è nullo [654, 673], salvo che dal testamento o da altra dichiarazione scritta dal testatore risulti che questi sapeva che la cosa legata apparteneva all'onerato [2932] o al terzo [652, 656, 657, comma 2, 668]. In quest'ultimo caso l'onerato è obbligato [1180, 1411, 2932] ad acquistare la proprietà della cosa dal terzo e a trasferirla al legatario, ma è in sua facoltà di pagarne al legatario il giusto prezzo [1474, comma 3].

Se però la cosa legata, pur appartenendo ad altri al tempo del testamento [1478], si trova in proprietà del testatore al momento della sua morte, il legato è valido [656, 657, 686].

■ Codice civile del 1865: *Art. 837. Il legato di cosa altrui è nullo, salvo che sia espresso nel testamento, che il testatore sapeva essere cosa altrui: nel qual caso è in facoltà dell'erede o di acquistare la cosa legata per rimetterla al legatario o di pagarne a questo il giusto prezzo.*

Se però la cosa legata, quantunque d'altri al tempo del testamento, si trova in proprietà del testatore al tempo di sua morte, è valido il legato della medesima.

652. Legato di cosa solo in parte del testatore.
Se al testatore appartiene una parte [654] della cosa legata o un diritto sulla medesima, il legato è valido solo relativamente a questa parte o a questo diritto, salvo che risulti la volontà del testatore di legare la cosa per intero, in conformità dell'articolo precedente [952, 957, 1480].

■ Codice civile del 1865: *Art. 839. Se al testatore, all'erede, od al legatario appartiene una parte della cosa legata od un diritto sulla medesima, il legato è valido soltanto relativamente a questa parte od a questo diritto, salvo che risulti della volontà del testatore di legare la cosa per intiero, in conformità dell'art. 837.*

653. Legato di cosa genericamente determinata.
È valido il legato di cosa determinata solo nel genere [1178, 1378], anche se nessuna del genere ve

n'era nel patrimonio del testatore al tempo del testamento e nessuna se ne trova al tempo della morte [654, 664, 666, 669].

■ Codice civile del 1865: *Art. 840. È valido il legato di cosa mobile indeterminata di un genere o di una specie, benché nessuna di tal genere o specie ve ne fosse nel patrimonio del testatore al tempo del testamento, o nessuna se ne trovi al tempo della morte.*

654. Legato di cosa non esistente nell'asse.

Quando il testatore ha lasciato una sua cosa particolare [513, 649], o una cosa determinata soltanto nel genere [664, 1178, 1378] da prendersi dal suo patrimonio [653], il legato non ha effetto se la cosa non si trova nel patrimonio del testatore al tempo della sua morte.

Se la cosa si trova nel patrimonio del testatore al tempo della sua morte [456], ma non nella quantità determinata, il legato ha effetto per la quantità che vi si trova [652, 664, comma 1, 666].

■ Codice civile del 1865: *Art. 841. Quando il testatore ha lasciato come sua propria una cosa particolare o cadente sotto un certo genere od una certa specie, il legato non ha effetto, se la cosa non si trova nel patrimonio del testatore al tempo della sua morte.*

Se la cosa si trova nel patrimonio del testatore al tempo della sua morte, ma non nella quantità determinata, il legato ha effetto per la quantità che vi si trova.

655. Legato di cosa da prendersi da certo luogo.

Il legato di cose da prendersi da certo luogo ha effetto soltanto se le cose vi si trovano, e per la parte che vi si trova; ha tuttavia effetto per l'intero quando, alla morte del testatore, le cose non vi si trovano, in tutto o in parte, perché erano state rimosse temporaneamente dal luogo in cui di solito erano custodite [651].

■ Codice civile del 1865: *Art. 842. Il legato di cosa o di quantità da prendersi da certo luogo, ha soltanto effetto se la cosa vi si trova, e per la parte che ve ne sia nel luogo indicato dal testatore.*

656. Legato di cosa del legatario.

Il legato di cosa che al tempo in cui fu fatto il testamento era già di proprietà del legatario è nullo, se la cosa si trova in proprietà di lui anche al tempo dell'apertura della successione [456, 590, 651].

Se al tempo dell'apertura della successione [456] la cosa si trova in proprietà del testatore, il legato è valido, ed è altresì valido se in questo tempo la cosa si trova in proprietà dell'onerato o di un terzo, e dal testamento risulta che essa fu legata in previsione di tale avvenimento.

■ Codice civile del 1865: *Art. 843. È nullo il legato di cosa che al tempo in cui fu fatto il testamento era già in proprietà del legatario.*

Che se questi l'ha acquistata di poi dal testatore o da altri, ha diritto al prezzo, qualora concorrano le circostanze espresse nell'art. 837, e non ostante ciò che è stabilito dall'art. 892, salvo che la cosa in ambidue i casi fosse pervenuta al legatario a titolo meramente gratuito.

657. Legato di cosa acquistata dal legatario.

Se il legatario, dopo la confezione del testamento, ha acquistato dal testatore, a titolo oneroso o a titolo gratuito, la cosa a lui legata, il legato è senza effetto in conformità dell'articolo 686 [651, 656, 2825].

Se dopo la confezione del testamento la cosa legata è stata dal legatario acquistata, a titolo gratuito, dall'onerato [663, comma 2] o da un terzo, il legato è senza effetto; se l'acquisto ha avuto luogo a titolo oneroso, il legatario ha diritto al rimborso del prezzo, qualora ricorrano le circostanze indicate dall'articolo 651.

■ Codice civile del 1865: *Art. 843. È nullo il legato di cosa che al tempo in cui fu fatto il testamento era già in proprietà del legatario.*

Che se questi l'ha acquistata di poi dal testatore o da altri, ha diritto al prezzo, qualora concorrano le circostanze espresse nell'art. 837, e non ostante ciò che è stabilito dall'art. 892, salvo che la cosa in ambidue i casi fosse pervenuta al legatario a titolo meramente gratuito.

658. Legato di credito o di liberazione da debito.

Il legato di un credito o di liberazione da un debito ha effetto per la sola parte del credito o del debito che sussiste al tempo della morte del testatore [447, 448, 554, 649, 651, 1027, 1072, 1230, 1236, 1253, 1261, 1268, 1269, 1272, 1273, 1261, 1262, 1263, 1270, comma 2, 1284, 1346, 1348, 1936].

L'erede è soltanto tenuto a consegnare al legatario i titoli del credito legato che si trovavano presso il testatore [1237, 1262].

■ Codice civile del 1865: *Art. 844. Il legato di un credito o di liberazione di un debito ha effetto per la sola parte che sussiste al tempo della morte del testatore.*

L'erede è soltanto tenuto a rimettere al legatario i titoli del credito legato che si trovavano presso il testatore.

659. Legato a favore del creditore.

Se il testatore, senza fare menzione del debito, fa un legato al suo creditore, il legato non si presume fatto per soddisfare il legatario del suo credito [1197, 1198, 1230, 1252].

■ Codice civile del 1865: *Art. 845. Se il testatore, senza fare menzione del suo debito, fa un legato al suo creditore, il legato non si presume fatto per pagare il legatario del suo credito.*

♦ Codice civile francese

Articolo 1023. *Il legato fatto al creditore non sarà considerato come una compensazione del suo credito, né il legato fatto all'interno in compensazione dei suoi pegni.*

660. Legato di alimenti.
Il legato di alimenti, a favore di chiunque sia fatto, comprende le somministrazioni indicate dall'articolo 438, salvo che il testatore abbia altrimenti disposto [438, 440, comma 1, 443, commi 1, 2, 444, 446, 447, 670 comma 2, 1872, comma 2, 548, comma 2].

● Norme connesse:
- art. 9-bis, L. 1 dicembre 1970, n. 898.

■ Codice civile del 1865: *Art. 846. Il legato d'alimenti comprende il vitto, il vestito, l'abitazione e le altre cose necessarie durante la vita del legatario, e può anche estendersi secondo le circostanze all'istruzione conveniente alla sua condizione.*

661. Prelegato.
Il legato a favore di uno dei coeredi e a carico di tutta l'eredità si considera come legato per l'intero ammontare [540, comma 2].

662. Onere della prestazione del legato.
Il testatore può porre la prestazione del legato a carico degli eredi [663, 672, 673 comma 2, 752] ovvero a carico di uno o più legatari. Quando il testatore non ha disposto, alla prestazione sono tenuti gli eredi [549, 553, 671].

Su ciascuno dei diversi onerati il legato grava in proporzione della rispettiva quota ereditaria o del legato, se il testatore non ha diversamente disposto [663, 672, 752].

■ Codice civile del 1865: *Art. 868. Se fra più eredi non è stato dal testatore imposto particolarmente ad alcuno di soddisfare il legato, ciascuno è tenuto a soddisfarlo in proporzione della quota che gli spetta.*

663. Legato imposto a un solo erede.
Se l'obbligo di adempiere il legato è stato particolarmente imposto a uno degli eredi, questi solo è tenuto a soddisfarlo [483, comma 2, 657, 752, 1315].

Se è stata legata una cosa propria di un coerede, i coeredi [651, 662] sono tenuti a compensarlo del valore di essa con danaro o con beni ereditari, in proporzione della loro quota ereditaria, quando non consta una contraria volontà del testatore [752].

■ Codice civile del 1865: *Art. 869. Se l'obbligo di pagare il legato è stato particolarmente imposto a taluno degli eredi, questo solo è tenuto a soddisfarlo.*

Se è stata legata una cosa propria di un coerede, l'altro coerede o i coeredi sono tenuti a compensarlo del valore di essa con danaro o con fondi ereditari, in proporzione della loro quota ereditaria, quando non consti di una contraria volontà del testatore.

664. Adempimento del legato di genere.
Nel legato di cosa determinata soltanto nel genere [653, 654], la scelta, quando dal testatore non è affidata al legatario o a un terzo, spetta all'onerato. Questi è obbligato a dare cose di qualità non inferiore alla media [1178]; ma se nel patrimonio ereditario vi è una sola delle cose appartenenti al genere indicato, l'onerato non ha facoltà né può essere obbligato a prestarne un'altra, salvo espressa disposizione contraria del testatore.

Se la scelta è lasciata dal testatore al legatario o a un terzo [630, 1349, 1473], questi devono scegliere una cosa di media qualità; ma se cose del genere indicato si trovano nell'eredità, il legatario può scegliere la migliore.

Se il terzo non può o non vuole fare la scelta, questa è fatta a norma del terzo comma dell'articolo 631 [653, 654, 665, 666; c.p.c. 751].

■ Codice civile del 1865: *Art. 870. Nel legato di cosa indeterminata cadente sotto di un genere o di una specie, la scelta è dell'erede il quale non è obbligato di dare l'ottima, né può offrirla d'infima qualità.*

Art. 871. Si osserva la stessa regola, se la scelta è lasciata all'arbitrio di un terzo.

Art. 872. Ricusando il terzo la scelta o non potendo farla per morte o per altro impedimento, essa viene fatta dall'autorità giudiziaria con la regola stessa.

Art. 873. Se la scelta della cosa è lasciata al legatario, questi può scegliere l'ottima fra quelle che si trovassero nell'eredità: non essendovene, la regola stabilita per la scelta da farsi dall'erede si applica a quella da farsi dal legatario.

♦ Codice civile francese
Articolo 1022. *Quando il legato sarà di una cosa indeterminata l'erede non sarà obbligato a donarla nella migliore qualità e non potrà offrirla nella peggiore.*

665. Scelta nel legato alternativo.
Nel legato alternativo la scelta [1324, 1334] spetta all'onerato [666], a meno che il testatore l'abbia lasciata al legatario o a un terzo [631, comma 3, 664, 666, comma 2, 1286, 1287].

■ Codice civile del 1865: *Art. 874. Nel legato alternativo la scelta si presume lasciata all'erede.*

666. Trasmissione all'erede della facoltà di scelta.
Tanto nel legato di genere [664] quanto in quello alternativo [665], se l'onerato o il legatario a cui compete la scelta non ha potuto farla, la facoltà di scegliere si trasmette al suo erede [653, 631, comma 3, 665].

La scelta fatta è irretrattabile [1286, comma 2].

■ Codice civile del 1865: *Art. 875. Se l'erede o il legatario cui compete la scelta, non ha potuto farla, questo diritto si trasmette al suo erede. La scelta fatta è irretrattabile.*

Se delle cose appartenenti al genere od alla specie legata una sola ve ne è nel patrimonio del testatore, l'erede o il legatario non può pretenderne altra fuori del patrimonio, eccettuato il caso di espressa contraria disposizione.

667. Accessioni della cosa legata.
La cosa legata, con tutte le sue pertinenze [817, 819], deve essere prestata al legatario nello stato in cui si trova al tempo della morte del testatore.

CODICE CIVILE

Se è stato legato un fondo, sono comprese nel legato anche le costruzioni fatte nel fondo [934 ss.], sia che esistessero già al tempo della confezione del testamento, sia che non esistessero, salva in ogni caso l'applicabilità del secondo comma dell'articolo 686.

Se il fondo legato è stato accresciuto con acquisti posteriori, questi sono dovuti al legatario, purché siano contigui al fondo e costituiscano con esso una unità economica.

■ Codice civile del 1865: *Art. 876. La cosa legata sarà consegnata cogli accessori necessari, e nello stato in cui si trova nel giorno della morte del testatore.*

668. Adempimento del legato.

Se la cosa legata è gravata da una servitù [1027], da un canone o da altro onere inerente al fondo, ovvero da una rendita fondiaria [1863, 1869], il peso ne è sopportato dal legatario [671, 754, 1010, 1273].

Se la cosa legata è vincolata per una rendita semplice [1863], un censo o altro debito dell'eredità, o anche di un terzo, l'erede è tenuto al pagamento delle annualità o degli interessi e della somma principale, secondo la natura del debito, qualora il testatore non abbia diversamente disposto [752, 756].

■ Codice civile del 1865: *Art. 864. Il legatario non può pretendere i frutti o gli interessi, che dal giorno della domanda giudiziale o dal giorno in cui la prestazione del legato fosse stata promessa.*

Art. 865. Gli interessi od i frutti della cosa legata decorrono a vantaggio del legatario dal giorno della morte del testatore:

1° Quando il testatore lo abbia espressamente ordinato;

2° Quando il legato sia di un fondo o di un capitale o d'altra cosa fruttifera.

669. Frutti della cosa legata.

Se oggetto del legato è una cosa fruttifera, appartenente al testatore al momento della sua morte, i frutti o gli interessi sono dovuti al legatario da questo momento [820, 821].

Se la cosa appartiene all'onerato o a un terzo [651], ovvero se si tratta di cosa determinata per genere o quantità [653], i frutti o gli interessi sono dovuti dal giorno della domanda giudiziale [c.p.c. 163] o dal giorno in cui la prestazione del legato è stato promessa, salvo che il testatore abbia diversamente disposto.

670. Legato di prestazioni periodiche.

Se è stata legata una somma di danaro [1277] o una quantità di altre cose fungibili, da prestarsi a termini periodici, il primo termine decorre dalla morte del testatore, e il legatario acquista il diritto a tutta la prestazione dovuta per il termine in corso ancorché fosse in vita soltanto al principio di esso. Il legato però non può esigersi se non dopo scaduto il termine [660, 1869, 1872, comma 2].

Si può tuttavia esigere all'inizio del termine il legato a titolo di alimenti [445, 660, 2946, 2948, comma 1, n. 1, 2].

■ Codice civile del 1865: *Art. 867. Nel legato di una determinata quantità da soddisfarsi a termini periodici,come in ciascun anno, in ciascun mese od in altro tempo, il primo termine comincia dalla morte del testatore, ed il legatario acquista il diritto a tutta la quantità dovuta pel termine incorso, ancorché fosse in vita soltanto al principio di esso.*

Il legato però non può esigersi, se non dopo scaduto il termine. Si può tuttavia esigere al principio del termine il legato a titolo di alimenti.

671. Legati e oneri a carico del legatario.

Il legatario è tenuto all'adempimento del legato e di ogni altro onere [647] a lui imposto entro i limiti del valore della cosa legata [662, 672, 673, comma 2, 756, 793 comma 2].

672. Spese per la prestazione del legato.

Le spese per la prestazione del legato sono a carico dell'onerato [662, 1196].

■ Codice civile del 1865: *Art. 877. Le spese necessarie per la prestazione del legato sono a carico dell'eredità, senza che possano diminuire la porzione riservata dalla legge..*

Il pagamento della tassa di successione è a carico degli eredi, salvo il regresso di questi verso i legatari ove la cosa legata vi sia soggetta.

673. Perimento della cosa legata. Impossibilità della prestazione.

Il legato non ha effetto se la cosa legata è interamente perita durante la vita del testatore [649, 651].

L'obbligazione dell'onerato si estingue se, dopo la morte del testatore, la prestazione è divenuta impossibile per causa a lui non imputabile [1221, 1256].

■ Codice civile del 1865: *Art. 893. Il legato non ha effetto, se la cosa legata è intieramente perita durante la vita del testatore: come neppure, se è perita dopo la morte di lui senza fatto o colpa dell'erede, benché questi sia stato costituito in mora a consegnarla, allorquando sarebbe egualmente perita presso il legatario.*

Sezione IV
Del diritto di accrescimento

674. Accrescimento tra coeredi.

Quando più eredi [675] sono stati istituiti con uno stesso testamento nell'universalità dei beni [588, 678], senza determinazione di parti o in parti uguali, anche se determinate, qualora uno di essi non possa [4, 70, 72, 463, 480, 487, comma 3, 634, 2662, comma 1] o non voglia [459, 519] accettare [523], la sua parte si accresce agli altri [642, 675 ss., 773 comma 2, 1104, 1542, 2609].

Se più eredi sono stati istituiti in una stessa quota, l'accrescimento ha luogo a favore degli altri istituiti nella quota medesima [773, comma 2].

L'accrescimento non ha luogo quando dal testamento risulta una diversa volontà del testatore [523, 675, 688].

È salvo in ogni caso il diritto di rappresentazione [467, 688].

■ Codice civile del 1865: *Art. 879. Se tra gli eredi instituiti alcuno è premorto al testatore, o rinunzia all'eredità, o è incapace, la sua porzione è devoluta al coerede o ai coeredi, qualora abbia luogo il diritto d'accrescimento, salvo ciò che è stabilito dall'art. 890.*

Art. 880. Il diritto d'accrescimento ha luogo fra i coeredi, quando in uno stesso testamento e con una sola e stessa disposizione siano stati congiuntamente chiamati, senza che il testatore abbia fatta tra essi distribuzione di parti.

Art. 881. S'intende fatta distribuzione di parti soltanto nel caso, in cui il testatore ha espressamente indicata una quota per ciascuno. La semplice espressione per eguali parti, o in eguali porzioni non esclude il diritto d'accrescimento.

Art. 882. I coeredi ai quali in forza del diritto di accrescimento è devoluta la porzione dell'erede mancante, sottentrano negli obblighi e nei carichi a cui egli sarebbe sottoposto.

Art. 883. Ogniqualvolta non ha luogo il diritto di accrescimento, la porzione dell'erede mancante è devoluta agli eredi legittimi del testatore.

Questi sottentrano nei carichi e negli obblighi a cui era sottoposto l'erede mancante.

Art. 884. Quando alcuno dè legatari sia premorto al testatore, o rinunzi al legato, o ne sia incapace, o venga a mancare la condizione sotto la quale era chiamato, si fa pure luogo tra i medesimi al diritto d'accrescimento a norma degli articoli 880 e 881, e così pure quando una cosa sia stata nello stesso testamento legata a più persone, anche con separata disposizione.

Art. 885. Se a più persone è lasciato un usufrutto in modo che secondo le regole sopra stabilite vi sia fra loro il diritto di accrescimento, la porzione del mancante si accresce sempre ai superstiti, anche quando egli manchi dopo l'accettazione del legato.

Se non vi è diritto di accrescimento, la porzione del mancante si consolida con la proprietà.

Art. 886. Se fra i legatari non ha luogo il diritto di accrescimento, la porzione del mancante rimane a profitto dell'erede o del legatario personalmente gravato, o di tutti gli eredi ed in proporzione delle loro quote ereditarie quando ne sia gravata l'eredità.

Art. 887. La disposizione dell'art. 882 riguardo agli obblighi cui fosse sottoposto il coerede mancante, si estende anche al collegatario a cui favore si verifica il diritto di accrescimento, ed all'erede o al legatario a cui favore si rende caduco il legato.

675. Accrescimento tra collegatari.

L'accrescimento ha luogo anche tra più legatari [649, 674] ai quali è stato legato uno stesso oggetto, salvo che dal testamento risulti una diversa volontà [688, 691] e salvo sempre il diritto di rappresentazione [467, 678].

■ Codice civile del 1865: *Art. 884. Quando alcuno dè legatari sia premorto al testatore, o rinunzi al legato, o ne sia incapace, o venga a mancare la condizione sotto la quale era chiamato, si fa pure luogo tra i medesimi al diritto d'accrescimento a norma degli articoli 880 e 881, e così pure quando una cosa sia stata nello stesso testamento legata a più persone, anche con separata disposizione.*

♦ Codice civile francese

Articolo 1044. *Si avrà accrescimento a vantaggio dei legatari nel caso in cui il legato sarà fatto ai più congiuntamente. Il legato sarà considerato fatto congiuntamente quando sarà fatto con una sola e stessa disposizione, e il testatore non avrà assegnato la parte di ciascuno dei collegatari nella cosa legata.*

676. Effetti dell'accrescimento.

L'acquisto per accrescimento ha luogo di diritto [470, 519, 520, 773].

I coeredi o i legatari, a favore dei quali si verifica l'accrescimento, subentrano negli obblighi a cui era sottoposto l'erede o il legatario mancante, salvo che si tratti di obblighi di carattere personale [572, 677, 690, 752].

■ Codice civile del 1865: *Art. 882. I coeredi ai quali in forza del diritto di accrescimento è devoluta la porzione dell'erede mancante, sottentrano negli obblighi e nei carichi a cui egli sarebbe sottoposto.*

Art. 887. La disposizione dell'art. 882 riguardo agli obblighi cui fosse sottoposto il coerede mancante, si estende anche al collegatario a cui favore si verifica il diritto di accrescimento, ed all'erede o al legatario a cui favore si rende caduco il legato.

677. Mancanza di accrescimento.

Se non ha luogo l'accrescimento, la porzione dell'erede mancante si devolve agli eredi legittimi [523, 565] e la porzione del legatario mancante va a profitto dell'onerato [457, comma 2, 662, 678].

Gli eredi legittimi [565 ss.] e l'onerato [662] subentrano negli obblighi che gravano sull'erede o sul legatario mancante, salvo che si tratti di obblighi di carattere personale [647, 676].

Le disposizioni precedenti si applicano anche nel caso di risoluzione di disposizioni testamentarie per inadempimento dell'onere [648].

■ Codice civile del 1865: *Art. 883. Ogniqualvolta non ha luogo il diritto di accrescimento, la porzione dell'erede mancante è devoluta agli eredi legittimi del testatore.*

Questi sottentrano nei carichi e negli obblighi a cui era sottoposto l'erede mancante.

Art. 886. Se fra i legatari non ha luogo il diritto di accrescimento, la porzione del mancante rimane a profitto dell'erede o del legatario personalmente gravato, o di tutti gli eredi ed in proporzione delle loro quote ereditarie quando ne sia gravata l'eredità.

678. Accrescimento nel legato di usufrutto.

Quando a più persone è legato un usufrutto [467, 698, 978] in modo che tra di loro vi sia il diritto di accrescimento [675], l'accrescimento ha luogo anche

CODICE CIVILE

quando una di esse viene a mancare dopo conseguito il possesso della cosa su cui cade l'usufrutto [698, 773, 882, comma 2, 979, 982, 1014, n. 2, 1015, 1026, 1874].

Se non vi è diritto di accrescimento [674], la porzione del legatario mancante si consolida con la proprietà [1014, comma 1, n. 2.

■ Codice civile del 1865: *Art. 885. Se a più persone è lasciato un usufrutto in modo che secondo le regole sopra stabilite vi sia fra loro il diritto di accrescimento, la porzione del mancante si accresce sempre ai superstiti, anche quando egli manchi dopo l'accettazione del legato.*

Se non vi è diritto di accrescimento, la porzione del mancante si consolida con la proprietà.

Sezione V
Della revocazione delle disposizioni testamentarie

679. Revocabilità del testamento.

Non si può in alcun modo rinunziare alla facoltà di revocare [256, 587, 687] o mutare le disposizioni testamentarie: ogni clausola o condizione contraria non ha effetto [256, 458, 463 n. 4].

■ Codice civile del 1865: *Art. 916. Non si può in qualsiasi forma rinunziare alla libertà di rivocare o cangiare le disposizioni fatte per testamento: ogni clausola o condizione contraria non ha effetto.*

680. Revocazione espressa.

La revocazione espressa [466, comma 2] può farsi soltanto con un nuovo testamento [587], o con un atto [1324] ricevuto da notaio [2699] in presenza di due testimoni, in cui il testatore personalmente dichiara di revocare, in tutto o in parte, la disposizione anteriore [587, 681, 686].

■ Codice civile del 1865: *Art. 917. I testamenti possono essere rivocati o in tutto o in parte con un testamento posteriore, o con un atto ricevuto da un notaio in presenza di quattro testimoni che lo sottoscrivano, in cui il testatore personalmente dichiari di rivocare o in tutto o in parte la disposizione anteriore.*

♦ Codice civile francese

Articolo 1035. *I testamenti non potranno essere revocati in tutto od in parte che da un testamento posteriore o da un atto davanti ai notai recante dichiarazione del cambiamento della volontà.*

681. Revocazione della revocazione.

La revocazione totale o parziale di un testamento [587, 680] può essere a sua volta revocata sempre con le forme stabilite dall'articolo precedente. In tal caso rivivono le disposizioni revocate.

■ Codice civile del 1865: *Art. 919. Le disposizioni rivocate nel modo espresso nell'art. 917 non si possono far rivivere, se con un nuovo testamento.*

682. Testamento posteriore.

Il testamento posteriore [601, 602, 683], che non revoca in modo espresso i precedenti, annulla in questi soltanto le disposizioni che sono con esso incompatibili [680].

■ Codice civile del 1865: *Art. 920. Il testamento posteriore che non revoca in modo espresso i precedenti, annulla in questi soltanto le disposizioni che si trovassero contrarie alle nuove o incompatibili con esse.*

♦ Codice civile francese

Articolo 1036. *I testamenti posteriori che non revocheranno in modo espresso i precedenti, annulleranno in questi, solo le disposizioni contenute che si troveranno incompatibili con le nuove o che saranno contrarie.*

683. Testamento posteriore inefficace.

La revocazione fatta con un testamento posteriore [682] conserva la sua efficacia anche quando questo rimane senza effetto perché l'erede istituito o il legatario è premorto al testatore, o è incapace [596 ss.] o indegno [463, 591], ovvero ha rinunziato all'eredità [519] o al legato [649].

■ Codice civile del 1865: *Art. 921. La rivocazione fatta con un testamento posteriore ha pieno effetto, ancorché questo nuovo atto resti senza esecuzione perché l'erede instituito od il legatario sia premorto, sia incapace o rinunzi all'eredità od al legato.*

684. Distruzione del testamento olografo.

Il testamento olografo [602] distrutto, lacerato o cancellato, in tutto o in parte, si considera in tutto o in parte revocato [679], a meno che si provi [2724, comma 1, n. 3, 2725, comma 2] che fu distrutto, lacerato o cancellato da persona diversa dal testatore, ovvero si provi che il testatore [463 n. 5] non ebbe l'intenzione di revocarlo.

685. Effetti del ritiro del testamento segreto.

Il ritiro del testamento segreto [604, 605], a opera del testatore, dalle mani del notaio o dell'archivista [614, 617] presso cui si trova depositato [608], non importa revocazione del testamento quando la scheda testamentaria può valere come testamento olografo [476, 602, 607].

686. Alienazione e trasformazione della cosa legata.

L'alienazione che il testatore faccia della cosa legata [651] o di parte [952, 957, 978, 1021, 1022,] di essa, anche mediante vendita con patto di riscatto [1500 ss.], revoca il legato riguardo a ciò che è stato alienato, anche quando l'alienazione è annullabile per cause diverse dai vizi del consenso [1394, 1425, 1427], ovvero la cosa ritorna in proprietà del testatore [476, 588, comma 2, 651, comma 2, 657].

Lo stesso avviene se il testatore ha trasformato la cosa legata in un'altra, in guisa che quella abbia perduto la precedente forma e la primitiva denominazione [667, 940].

È ammessa la prova di una diversa volontà del testatore.

■ Codice civile del 1865: *Art. 892. Qualunque alienazione faccia il testatore del tutto o di parte della cosa legata, anche mediante vendita con patto di riscatto, revoca il legato riguardo a ciò che è stato alienato, ancorché l'alienazione sia nulla o la cosa ritorni in possesso del testatore.*

Lo stesso avviene se il testatore ha trasformata la cosa legata in un'altra, in guisa che quella abbia perduta la precedente forma e la primitiva denominazione.

687. Revocazione per sopravvenienza di figli.

Le disposizioni a titolo universale o particolare [588, 803] fatte da chi al tempo del testamento non aveva o ignorava di aver figli o discendenti [462], sono revocate di diritto per l'esistenza o la sopravvenienza di un figlio o discendente del testatore, benché postumo [232], anche adottivo [291, 304], ovvero per il riconoscimento [250] di un figlio nato fuori del matrimonio [258, 268, 803][1].

La revocazione ha luogo anche se il figlio è stato concepito al tempo del testamento[2].

La revocazione non ha invece luogo qualora il testatore abbia provveduto al caso che esistessero o sopravvenissero figli o discendenti da essi.

Se i figli o discendenti non vengono alla successione [463, 519, 521] e non si fa luogo a rappresentazione [467], la disposizione ha il suo effetto.

[1] Comma così modificato dall'art. 85, D.Lgs. 28 dicembre 2013, n. 154, a decorrere dal 7 febbraio 2014. Il testo previgente disponeva: *Le disposizioni a titolo universale o particolare fatte da chi al tempo del testamento non aveva o ignorava di aver figli o discendenti, sono revocate di diritto per l'esistenza o la sopravvenienza di un figlio o discendente legittimo del testatore, benché postumo, o legittimato o adottivo, ovvero per il riconoscimento di un figlio naturale.*

[2] Comma così sostituito dall'art. 85, D.Lgs. 28 dicembre 2013, n. 154, a decorrere dal 7 febbraio 2014. Il testo previgente disponeva: *La revocazione ha luogo anche se il figlio è stato concepito al tempo del testamento, e trattandosi di figlio naturale legittimato, anche se è già stato riconosciuto dal testatore prima del testamento e soltanto in seguito legittimato.*

■ Codice civile del 1865: *Art. 888. Le disposizioni a titolo universale o particolare fatte da chi al tempo del testamento non aveva o ignorava di avere figli o discendenti, sono revocate di diritto per l'esistenza o la sopravvegnenza di un figlio o discendente legittimo del testatore, benché postumo o legittimato o adottivo.*

Lo stesso ha luogo ancorché il figlio fosse concepito al tempo del testamento, e trattandosi di figlio naturale legittimato, ancorché fosse già stato riconosciuto dal testatore prima del testamento e soltanto legittimato dopo.

La rivocazione non ha luogo qualora il testatore abbia provveduto al caso che esistessero o sopravvenissero figli o discendenti da essi.

Art. 889. Se i figli o discendenti sopravvenuti premuoiano al testatore, la disposizione ha il suo effetto.

CAPO VI
DELLE SOSTITUZIONI

Sezione I
Della sostituzione ordinaria

688. Casi di sostituzione ordinaria.

Il testatore può sostituire all'erede istituito [479, 691] altra persona [642, 689, 690, 691] per il caso che il primo non possa [487, comma 3, 2662, comma 1] o non voglia accettare l'eredità [4, 70, 72, 462, 463, 467, 480, 519, 523, 597, 635, 641, comma 1, 646, 674].

Se il testatore ha disposto per uno solo di questi casi, si presume che egli si sia voluto riferire anche a quello non espresso, salvo che consti una sua diversa volontà [795].

■ Codice civile del 1865: *Art. 895. Può all'erede instituito od al legatario sostituirsi un'altra persona, nel caso che alcuno di essi non possa o non voglia accettare l'eredità o il legato.*

Possono sostituirsi più persone ad una sola ed una sola a più.

689. Sostituzione plurima. Sostituzione reciproca.

Possono sostituirsi più persone a una sola e una sola a più [674].

La sostituzione può anche essere reciproca tra i coeredi istituiti. Se essi sono stati istituiti in parti disuguali, la proporzione fra le quote fissate nella prima istituzione si presume ripetuta anche nella sostituzione. Se nella sostituzione insieme con gli istituiti è chiamata un'altra persona, la quota vacante viene divisa in parti uguali tra tutti i sostituiti.

■ Codice civile del 1865: *Art. 895. Può all'erede instituito od al legatario sostituirsi un'altra persona, nel caso che alcuno di essi non possa o non voglia accettare l'eredità o il legato.*

Possono sostituirsi più persone ad una sola ed una sola a più.

690. Obblighi dei sostituiti.

I sostituiti devono adempiere gli obblighi imposti agli istituiti [647], a meno che una diversa volontà sia stata espressa dal testatore o si tratti di obblighi di carattere personale [676, comma 2, 677, comma 2].

■ Codice civile del 1865: *Art. 897. I sostituiti devono adempiere i pesi imposti a coloro ai quali sono sostituiti, purché non apparisca la volontà del testatore di limitare quei pesi alla persona dè primi chiamati.*

Nondimeno le condizioni che riguardassero specialmente la persona dell'erede o del legatario, non si presumono ripetute a riguardo del sostituito, se ciò non è stato espressamente dichiarato.

691. Sostituzione ordinaria nei legati.

Le norme stabilite in questa sezione si applicano anche ai legati [649].

Sezione II
Della sostituzione fedecommissaria

692. Sostituzione fedecommissaria.

Ciascuno dei genitori o degli altri ascendenti in linea retta o il coniuge dell'interdetto [85, comma 1, 414, 471] possono istituire rispettivamente il figlio, il discendente, o il coniuge con l'obbligo di conservare e restituire [588, comma 1, 694] alla sua morte i beni anche costituenti la legittima [536 ss., 549], a favore della persona o degli enti che, sotto la vigilanza del tutore, hanno avuto cura dell'interdetto medesimo [357, 360, comma 1, 384, 628, 696, 2660 n. 6].

La stessa disposizione si applica nel caso del minore di età, se trovasi nelle condizioni di abituale infermità di mente tali da far presumere che nel termine indicato dall'articolo 416 interverrà la pronuncia di interdizione.

Nel caso di pluralità di persone o enti di cui al primo comma i beni sono attribuiti proporzionalmente al tempo durante il quale gli stessi hanno avuto cura dell'interdetto.

La sostituzione è priva di effetto nel caso in cui l'interdizione sia negata [417] o il relativo procedimento non sia iniziato entro due anni dal raggiungimento della maggiore età del minore abitualmente infermo di mente. È anche priva di effetto nel caso di revoca dell'interdizione [429] o rispetto alle persone o agli enti che abbiano violato gli obblighi di assistenza.

In ogni altro caso [1424] la sostituzione è nulla [692, comma 4, 1379, 2660, comma 1, n. 6][1].

[1] Articolo così sostituito dall'art. 197, L. 19 maggio 1975, n. 151. Il testo previgente disponeva: *È valida la disposizione con la quale il testatore impone al proprio figlio l'obbligo di conservare e restituire alla sua morte in tutto o in parte i beni costituenti la disponibile a favore di tutti i figli nati e nascituri dall'istituto o a favore di un ente pubblico.*

È valida ugualmente la disposizione che importa a carico di un fratello o di una sorella del testatore l'obbligo di conservare e restituire i beni ad essi lasciati a favore di tutti i figli nati e nascituri da essi o a favore di un ente pubblico.

In ogni altro caso la sostituzione è nulla.

È parimenti nulla ogni disposizione con la quale il testatore proibisce all'erede di disporre per atto tra vivi o per atto di ultima volontà dei beni ereditari.

● Norme connesse:

- art. 238, L. 19 maggio 1975, n. 151, che dispone: *La disposizione dell'art. 692 del codice civile si applica anche alle successioni apertesi prima dell'entrata in vigore della presente legge a meno che la nullità della sostituzione non sia stata pronunziata con sentenza passata in giudicato.*

Salvo quanto previsto dal comma precedente, le sostituzioni fedecommissarie anteriori all'entrata in vigore della presente legge sono regolate dalle disposizioni anteriori.

■ Codice civile del 1865: *Art. 899. Qualunque disposizione colla quale l'erede o il legatario è gravato con qualsivoglia espressione di conservare e restituire ad una terza persona, è sostituzione fedecommessaria.*

Tale sostituzione è vietata.

Art. 900. La nullità della sostituzione fedecommessaria non reca pregiudizio alla validità dell'instituzione d'erede o del legato, a cui è aggiunta: ma sono prive di effetto tutte le sostituzioni anche di primo grado.

693. Diritti e obblighi dell'istituito.

L'istituito ha il godimento e la libera amministrazione dei beni che formano oggetto della sostituzione, e può stare in giudizio per tutte le azioni relative ai beni medesimi. Egli può altresì compiere tutte le innovazioni dirette ad una migliore utilizzazione dei beni.

All'istituito sono comuni, in quanto applicabili, le norme concernenti l'usufruttuario [981].

[...][1].

[1] Comma abrogato dall'art. 198, L. 19 maggio 1975, n. 151. Il comma 3 nel testo previgente disponeva: *Se l'istituito trascura di osservare i propri obblighi, l'autorità giudiziaria può nominare, anche d'ufficio, un amministratore.*

694. Alienazione dei beni.

L'autorità giudiziaria può consentire l'alienazione dei beni che formano oggetto della sostituzione in caso di utilità evidente, disponendo il reimpiego delle somme ricavate [1398, 1399-1418, comma 1]. Può anche essere consentita, con le necessarie cautele, la costituzione di ipoteche sui beni medesimi a garanzia di crediti destinati a miglioramenti e trasformazioni fondiarie [692; c.p.c. 747, 748].

695. Diritti dei creditori personali dell'istituito.

I creditori personali dell'istituito possono agire soltanto sui frutti [820] dei beni che formano oggetto della sostituzione [2645-ter, 2740, comma 2].

696. Devoluzione al sostituito.

L'eredità si devolve al sostituito [692] al momento della morte dell'istituito [360, comma 1, 384, 459, comma 1].

Se le persone o gli enti che hanno avuto cura dell'incapace muoiono [70, 72, 463, 487, comma 3, 519] o si estinguono [2501] prima della morte di lui, i beni o la porzione dei beni che spetterebbe loro è devoluta [467, 674, 688] ai successori legittimi dell'incapace [595][1].

[1] Articolo così sostituito dall'art. 199, L. 19 maggio 1975, n. 151. Il testo previgente disponeva: *L'eredità di devolve al sostituito al momento della morte dell'istituito.*

Se la sostituzione è a favore dei figli dell'istituito e questi muore senza lasciare prole, i beni si trasmettono ai suoi successori legittimi o testamentari.

Se la sostituzione è a favore di un ente pubblico e questo si estingue prima della morte dell'istituito, questi acquista definitivamente la proprietà dei beni.

Se l'istituito premuore al testatore o è incapace o indegno o rinunzia, l'eredità si devolve al sostituito, con effetto dal momento della morte del testatore.

697. Sostituzione fedecommissaria nei legati.
Le norme stabilite in questa sezione sono applicabili anche ai legati [637, 649, 795].

698. Usufrutto successivo.
La disposizione, con la quale è lasciato a più persone [678] successivamente l'usufrutto [796, 978, 979, 1021, 1022, 1026], una rendita [1861, 1863, 1872] o un'annualità, ha valore soltanto a favore di quelli che alla morte del testatore si trovano primi chiamati a goderne [590, 692, 796].

■ Codice civile del 1865: *Art. 901. La disposizione, colla quale è lasciato l'usufrutto o altra annualità a più persone successivamente, ha soltanto effetto in favore dei primi chiamati a goderne alla morte del testatore.*

699. Premi di nuzialità, opere di assistenza e simili.
È valida la disposizione testamentaria avente per oggetto l'erogazione periodica, in perpetuo o a tempo, di somme determinate per premi di nuzialità o di natalità, sussidi per l'avviamento a una professione o a un'arte, opere di assistenza, o per altri fini di pubblica utilità, a favore di persone da scegliersi entro una determinata categoria o tra i discendenti di determinate famiglie. Tali annualità possono riscattarsi secondo le norme dettate in materia di rendita [28, comma 3, 670, 698, 1865, 1879, 2821, comma 2].

■ Codice civile del 1865: *Art. 902. Non è vietato di stabilire annualità da convertirsi in perpetuo o a tempo, in soccorsi all'indigenza, in premio alla virtù e al merito, od in altri oggetti di pubblica utilità, quantunque nella disposizione siano chiamate persone di una data qualità o di determinate famiglie.*

CAPO VII
DEGLI ESECUTORI TESTAMENTARI

700. Facoltà di nomina e di sostituzione.
Il testatore può nominare [701] uno o più [708, 709] esecutori testamentari [629] e per il caso che alcuni o tutti non vogliano o non possano accettare, altro o altri in loro sostituzione [702, 710, 711].

Se sono nominati più esecutori testamentari [587, comma 2, 629, comma 3], essi devono agire congiuntamente [716, comma 2], salvo che il testatore abbia diviso tra loro le attribuzioni, o si tratti di provvedimento urgente per la conservazione di un bene o di un diritto ereditario [708, 2258].

Il testatore può autorizzare l'esecutore testamentario a sostituire altri a se stesso, qualora egli non possa continuare nell'ufficio [710].

■ Codice civile del 1865: *Art. 903. Il testatore può nominare uno o più esecutori testamentari.*

Art. 910. Se vi sono più esecutori testamentari che hanno accettato, uno solo può agire in mancanza degli altri; ma sono tenuti in solido a render conto dei beni mobili loro affidati, purché il testatore non abbia diviso le loro funzioni e ciascuno di essi non siasi ristretto a quelli che gli fu attribuita.

♦ Codice civile francese

Articolo 1025. *Il testatore può nominare uno o più esecutori testamentari che godono della piena capacità civile per sorvegliare o procedere alla esecuzione delle sue volontà. L'esecutore testamentario che ha accettato il suo compito è tenuto ad adempierlo. I poteri dell'esecutore testamentario non sono trasmissibili mortis causa.*

Articolo 1027. *Se ci sono più esecutori testamentari che accettano uno di essi può agire in mancanza degli altri, a meno che il testatore abbia disposto diversamente o abbia diviso la loro funzione.*

701. Persone capaci di essere nominate.
Non possono essere nominati esecutori testamentari coloro che non hanno la piena capacità di obbligarsi [2, 354, 394, 397, comma 3, 414 ss., 424, 1425].

Anche un erede o un legatario può essere nominato esecutore testamentario [706].

● Norme connesse:
- art. 42, comma 1, R.D. 16 marzo 1942, n. 267.

■ Codice civile del 1865: *Art. 904. Chi non può contrattare obbligazioni, non può essere esecutore testamentario.*

Art. 905. Il minore non può essere esecutore testamentario, neppure col l'autorizzazione del padre, del tutore o del curatore.

702. Accettazione e rinunzia alla nomina.
L'accettazione della nomina di esecutore testamentario [700] o la rinunzia alla stessa deve risultare da dichiarazione fatta nella cancelleria del tribunale nella cui giurisdizione si è aperta la successione [456], e deve essere annotata nel registro delle successioni [disp. att. 52, 53][1].

L'accettazione non può essere sottoposta a condizione o a termine [637, 1184, 1353 ss.].

L'autorità giudiziaria, su istanza di qualsiasi interessato, può assegnare all'esecutore un termine per l'accettazione, decorso il quale l'esecutore si considera rinunziante [481, 650, 1399 comma 4; c.p.c. 749].

[1] Comma così modificato dall'art. 148, D.Lgs. 19 febbraio 1998, n. 51. Il testo previgente disponeva: *L'accettazione della nomina di esecutore testamentario o la rinunzia alla stessa deve risultare da dichiarazione fatta nella cancelleria della pretura nella cui giurisdizione si è aperta la successione, e deve essere annotata nel registro delle successioni.*

703. Funzioni dell'esecutore testamentario.
L'esecutore testamentario deve curare che siano esattamente eseguite le disposizioni di ultima volontà del defunto [629, comma 3, 706, 710, 712].

A tal fine, salvo contraria volontà del testatore [587, comma 2], egli deve amministrare la massa ere-

CODICE CIVILE

ditaria, prendendo possesso dei beni che ne fanno parte [707, 709].

Il possesso non può durare più di un anno dalla dichiarazione di accettazione [702], salvo che l'autorità giudiziaria, per motivi di evidente necessità, sentiti gli eredi, ne prolunghi la durata, che non potrà mai superare un altro anno [709].

L'esecutore deve amministrare come un buon padre di famiglia [1176 comma 1] e può compiere tutti gli atti di gestione occorrenti. Quando è necessario alienare beni dell'eredità, ne chiede l'autorizzazione all'autorità giudiziaria, la quale provvede sentiti gli eredi [706, comma 1;c.p.c. 747 ss.].

Qualsiasi atto dell'esecutore testamentario non pregiudica il diritto del chiamato a rinunziare all'eredità [519 ss.] o ad accettarla col beneficio d'inventario [484 ss.].

■ Codice civile del 1865: *Art. 906. Il testatore può concedere al l'esecutore testamentario l'immediato possesso di tutti o di una parte soltanto dei suoi beni mobili, ma tale possesso non può oltrepassare un anno computa bile dal giorno della sua morte.*

Art. 908. Gli esecutori testamentari faranno apporre i sigilli, quando fra gli eredi VI siano minori, interdetti o assenti od un corpo morale.

Faranno stendere l'inventario dei beni dell'eredità in presenza dell'erede presunto, o dopo averlo citato.

Non essendovi danaro bastante per soddisfare i legati, faranno istanza per la vendita dei mobili.

Vigileranno perché il testamento sia eseguito, ed in caso di controversia possono intervenire in giudizio per sostenerne la validità.

Spirato l'anno dalla morte del testatore, devono render conto della loro amministrazione.

♦ Codice civile francese

Articolo 1029. *L'esecutore testamentario assume le misure conservative utili alla corretta esecuzione del testamento. Può far procedere, nelle forme previste all'articolo 789, all'inventario della successione in presenza o meno degli eredi, dopo averli debitamente chiamati. Può provocare la vendita del mobilio in mancanza di liquidità sufficiente per adempiere i debiti urgenti della successione.*

Articolo 1030. *Il testatore può abilitare l'esecutore testamentario a prendere possesso di tutto o di parte del mobilio della successione ed a venderlo se è necessario per adempiere i legati particolari nel limite della quantità disponibile.*

704. Rappresentanza processuale.

Durante la gestione dell'esecutore testamentario, le azioni relative all'eredità [533] devono essere proposte anche nei confronti dell'esecutore [c.p.c. 102]. Questi ha facoltà d'intervenire nei giudizi promossi dall'erede e può esercitare le azioni relative all'esercizio del suo ufficio [c.p.c. 105].

705. Apposizione di sigilli e inventario.

L'esecutore testamentario fa apporre i sigilli [c.p.c. 752] quando tra i chiamati all'eredità vi sono minori [2, 390], assenti [48, 49], interdetti [390, 411, comma 4, 414, 415, c.p. 32] o persone giuridiche [11 ss., 38, 48, 414].

Egli in tal caso fa redigere l'inventario dei beni dell'eredità [c.p.c. 769] in presenza dei chiamati all'eredità o dei loro rappresentanti, o dopo averli invitati.

■ Codice civile del 1865: *Art. 908. Gli esecutori testamentari faranno apporre i sigilli, quando fra gli eredi VI siano minori, interdetti o assenti od un corpo morale.*

Faranno stendere l'inventario dei beni dell'eredità in presenza dell'erede presunto, o dopo averlo citato.

Non essendovi danaro bastante per soddisfare i legati, faranno istanza per la vendita dei mobili.

Vigileranno perché il testamento sia eseguito, ed in caso di controversia possono intervenire in giudizio per sostenerne la validità.

Spirato l'anno dalla morte del testatore, devono render conto della loro amministrazione.

706. Divisione da compiersi dall'esecutore testamentario.

Il testatore può disporre che l'esecutore testamentario, quando non è un erede o un legatario, proceda alla divisione tra gli eredi dei beni dell'eredità. In questo caso si osserva il disposto dell'articolo 733 [703, 734, 761, 763].

Prima di procedere alla divisione l'esecutore testamentario deve sentire gli eredi.

707. Consegna dei beni all'erede.

L'esecutore testamentario deve consegnare all'erede, che ne fa richiesta, i beni dell'eredità che non sono necessari all'esercizio del suo ufficio [703].

Egli non può rifiutare tale consegna a causa di obbligazioni che debba adempiere conformemente alla volontà del testatore, o di legati condizionali o a termine [633-648], se l'erede dimostra di averli già soddisfatti, od offre idonea garanzia [1179] per l'adempimento delle obbligazioni, dei legati o degli oneri [640].

■ Codice civile del 1865: *Art. 907. L'erede può far cessare il detto possesso, offrendosi pronto a con segnare all'esecutore testamentario un,quantità di danaro bastante al pagamento dei legati di beni mobili, o giustificando d'averli soddisfatti, od assicurandone il pagamento nei modi e tempi voluti dal testatore.*

708. Disaccordo tra più esecutori testamentari.

Se gli esecutori che devono agire congiuntamente [700] non sono d'accordo circa un atto del loro ufficio, provvede l'autorità giudiziaria, sentiti, se occorre, gli eredi [c.p.c. 750].

709. Conto della gestione.

L'esecutore testamentario [703] deve rendere il conto della sua gestione al termine della stessa, e anche spirato l'anno dalla morte del testatore, se la gestione si prolunga oltre l'anno [c.p.c. 263, 266].

Egli è tenuto, in caso di colpa [2030, comma 2] al risarcimento dei danni verso gli eredi e verso i legatari [703, comma 4, 2043 ss.].

Gli esecutori testamentari, quando sono più, rispondono solidalmente per la gestione comune [703, comma 4, 1292, 1710, comma 1, 1768, comma 2, 2043 ss., 2055; c.p.c. 22 n. 4].

Il testatore non può esonerare l'esecutore testamentario dall'obbligo di rendere il conto o dalla responsabilità della gestione.

■ Codice civile del 1865: *Art. 910. Se vi sono più esecutori testamentari che hanno accettato, uno solo può agire in mancanza degli altri; ma sono tenuti in solido a render conto dei beni mobili loro affidati, purché il testatore non abbia diviso le loro funzioni e ciascuno di essi non siasi ristretto a quelli che gli fu attribuita.*

710. Esonero dell'esecutore testamentario.

Su istanza di ogni interessato [c.p.c. 100], l'autorità giudiziaria può esonerare l'esecutore testamentario dal suo ufficio per gravi irregolarità nell'adempimento dei suoi obblighi [703, 707, 709], per inidoneità all'ufficio o per aver commesso azione che ne menomi la fiducia.

L'autorità giudiziaria, prima di provvedere, deve sentire l'esecutore e può disporre opportuni accertamenti [c.p.c. 750].

711. Retribuzione.

L'ufficio dell'esecutore testamentario è gratuito. Tuttavia il testatore può stabilire una retribuzione a carico dell'eredità [649].

712. Spese.

Le spese fatte dall'esecutore testamentario per l'esercizio del suo ufficio sono a carico dell'eredità [461, 484, 511].

■ Codice civile del 1865: *Art. 911. Le spese fatte dall'esecutore testamentario per l'inventario e il rendimento dei conti, e le altre indispensabili per l'esercizio delle sue funzioni sono a carico dell'eredità.*

TITOLO IV
DELLA DIVISIONE

CAPO I
DISPOSIZIONI GENERALI

● Norme connesse:

- art. 35, comma 1, R.D. 16 marzo 1942, n. 267; artt. 1 ss., L. 18 dicembre 1984, n. 975; art. 46, comma 3, L. 31 maggio 1995, n. 218.

713. Facoltà di domandare la divisione.

I coeredi possono sempre domandare la divisione [230-bis, comma 5, 715, 717, 724, 726, 728, 736, 757, 758, 761, 1111, 1113, 1199, 1325, comma 1, n. 1, 1350 n. 11, 1376, 2646, 2659, 2685, 2817, comma 1, n. 2; c.p.c. 22, 784 ss.].

Quando però tutti gli eredi istituiti o alcuni di essi sono minori di età [2], il testatore può disporre che la divisione non abbia luogo prima che sia trascorso un anno dalla maggiore età dell'ultimo nato.

Egli può anche disporre che la divisione dell'eredità o di alcuni beni di essa non abbia luogo prima che sia trascorso dalla sua morte un termine non eccedente il quinquennio [647, 715, 733, comma 1, 717, 1111, commi 1, 2.

Tuttavia in ambedue i casi l'autorità giudiziaria, qualora gravi circostanze lo richiedano, può, su istanza di uno o più coeredi, consentire che la divisione si effettui senza indugio o dopo un termine minore di quello stabilito dal testatore.

● Norme connesse:

- per il vincolo di indivisibilità nella disciplina dello sviluppo della proprietà coltivatrice, art. 11, L. 14 agosto 1971, n. 817 che dispone: *I fondi acquistati con le agevolazioni creditizie concesse dallo Stato per la formazione o l'ampliamento della proprietà coltivatrice dopo l'entrata in vigore della presente legge sono soggetti per quindici anni a vincolo di indivisibilità.*

Il suddetto vincolo deve essere espressamente menzionato nei nulla osta ispettoriali, nonché, a cura dei notai roganti, negli atti di acquisto e di mutuo, e trascritto nei pubblici registri immobiliari dai conservatori dei registri stessi.

Il vincolo di cui ai precedenti commi può essere peraltro revocato, a domanda degli interessati, con provvedimento dell'ispettorato dell'agricoltura competente per territorio, e successivamente al 30 giugno 1972 dagli organi competenti delle regioni, qualora, in caso di successione ereditaria, i fondi medesimi siano divisibili fra gli eredi, in quanto aventi caratteristiche o suscettività per realizzare imprese familiari efficienti sotto il profilo tecnico ed economico. Nella ipotesi contraria, si applicano le disposizioni dell'articolo 720 del codice civile.

Il suddetto vincolo può essere, altresì, revocato, secondo le modalità di cui al precedente comma, nel caso in cui sia mutata la destinazione agricola del fondo per effetto degli strumenti urbanistici vigenti, a condizione che la porzione di terreno interessata sia tale da consentire l'efficiente prosecuzione dell'attività agricola sulla restante superficie. Il riscatto anticipato da parte dell'assegnatario avviene sulla base del valore attribuito al terreno all'epoca dell'assegnazione.

Contro il provvedimento dell'ispettorato che respinge la domanda dell'interessato, fino al trasferimento delle competenze alle regioni, è ammesso ricorso al Ministero delle politiche agricole e forestali nel termine di 30 giorni dalla comunicazione.

È nullo qualsiasi atto compiuto in violazione del vincolo di indivisibilità.

- per la comunione del diritto di utilizzazione dell'opera dell'ingegno, art. 115, L. 22 aprile 1941, n. 633 che dispone: *Dopo la morte dell'autore, il diritto di utilizzazione dell'opera, quando l'autore stesso non abbia altrimenti disposto, deve rimanere indiviso fra gli eredi per il periodo di tre anni dalla morte medesima, salvo che l'Autorità giudiziaria, sopra istanza di uno o più coeredi, consenta, per gravi ragioni, che la divisione si effettui senza indugio.*

Decorso il detto periodo, gli eredi, possono stabilire, per comune accordo, che il diritto rimanga ancora in comunione per la durata che sarà da essi fissata, entro i limiti indicati nelle disposizioni contenute nei Codici.

La comunione è regolata dalle disposizioni del Codice civile e da quelle che seguono.

■ Codice civile del 1865: *Art. 984. Si può sempre domandare la divisione dell'eredità nonostante qualunque divieto del testatore.*

Ciò non di meno, quando tutti gli eredi istituiti o alcuni di loro sono minori di età, il testatore può proibire la divisione dell'eredità tra i medesimi fino a che sia trascorso un anno dalla maggiore età dell'ultimo. L'autorità giudiziaria tuttavia, ove gravi ed urgenti circostanze lo richiedano, può permetterla.

714. Godimento separato di parte dei beni.

Può domandarsi [c.p.c. 784] la divisione anche quando uno o più coeredi hanno goduto separatamente parte dei beni ereditari, salvo che si sia verificata l'usucapione per effetto di possesso esclusivo [1102 comma 2, 1158 ss., 1164].

■ Codice civile del 1865: *Art. 985. Può domandarsi la divisione, quand'anche uno dei coeredi avesse goduto separatamente parte dei beni ereditari, salvoché si provi che la divisione fu fatta o che vi ha un possesso sufficiente ad indurre la prescrizione.*

♦ Codice civile francese

Articolo 816. *La divisione può essere domandata anche quando uno dei coeredi ha goduto separatamente di tutto o parte dei beni indivisi, se non c'è stato un atto di divisione o un possesso sufficiente per acquistare la prescrizione.*

715. Casi d'impedimento alla divisione.

Se tra i chiamati alla successione vi è un concepito [462] la divisione non può aver luogo prima della nascita del medesimo. Parimenti la divisione non può aver luogo durante la pendenza di un giudizio sulla filiazione [250, 269 ss.] di colui che, in caso di esito favorevole del giudizio, sarebbe chiamato a succedere, né può aver luogo durante lo svolgimento della [procedura amministrativa per l'ammissione del riconoscimento previsto dal quarto comma dell'art. 252][1] o per il riconoscimento dell'ente istituito erede [600][2].

L'autorità giudiziaria può tuttavia autorizzare [643] la divisione [1, comma 2, 484, 1353], fissando le opportune cautele.

La disposizione del comma precedente si applica anche se tra i chiamati alla successione vi sono nascituri non concepiti.

Se i nascituri non concepiti sono istituiti senza determinazione di quote, l'autorità giudiziaria [c.p.c. 747] può attribuire agli altri coeredi tutti i beni ereditari o parte di essi, secondo le circostanze, disponendo le opportune cautele nell'interesse dei nascituri [462 comma 3, 643, 1353].

[1] Il riferimento alla procedura in parentesi è privo di vigore giuridico a seguito della sostituzione dell'art. 252 avvenuta ad opera dell'art. 104, L. 19 maggio 1975, n. 151.

[2] Comma così modificato dall'art. 86, D.Lgs. 28 dicembre 2013, n. 154, a decorrere dal 7 febbraio 2014. Il testo previgente disponeva: *Se tra i chiamati alla successione vi è un concepito la divisione non può aver luogo prima della nascita del medesimo. Parimenti la divisione non può aver luogo durante la pendenza di un giudizio sulla legittimità o sulla filiazione naturale di colui che, in caso di esito favorevole del giudizio, sarebbe chiamato a succedere, né può aver luogo durante lo svolgimento della [procedura amministrativa per l'ammissione del riconoscimento previsto dal quarto comma dell'art. 252] o per il riconoscimento dell'ente istituito erede.*

716. Divisione di beni costituiti in patrimonio familiare.

[...][1].

[1] Articolo abrogato dall'art. 200, L. 19 maggio 1975, n. 151. Il testo previgente disponeva: *Nella divisione dei beni ereditari non si possono comprendere i beni costituenti il patrimonio familiare prima che tutti i figli abbiano raggiunta la maggiore età, salvo il caso previsto dal secondo comma dell'articolo 175.*

717. Sospensione della divisione per ordine del giudice.

L'autorità giudiziaria, su istanza di uno dei coeredi, può sospendere, per un periodo di tempo non eccedente i cinque anni, la divisione dell'eredità o di alcuni beni, qualora l'immediata sua esecuzione possa recare notevole pregiudizio al patrimonio ereditario [1111].

718. Diritto ai beni in natura.

Ciascun coerede può chiedere la sua parte in natura dei beni mobili e immobili dell'eredità [733, 734], salve le disposizioni degli articoli seguenti [727, 1114].

■ Codice civile del 1865: *Art. 987. Ciascuno dè coeredi può chiedere in natura la sua parte dè beni mobili ed immobili dell'eredità. Nondimeno, se vi fossero creditori che avessero sequestrati i mobili o che vi si opponessero o se il maggior numero dei coeredi ne giudicasse necessaria la vendila per il pagamento dei debiti e pesi ereditari, i mobili saranno venduti ai pubblici incanti.*

719. Vendita dei beni per il pagamento dei debiti ereditari.

Se i coeredi aventi diritto a più della metà dell'asse concordano nella necessità della vendita per il pagamento dei debiti e pesi ereditari [752 ss.], si procede [c.p.c. 747 ss.] alla vendita all'incanto dei beni mobili [c.p.c. 787] e se occorre, di quei beni immobili [c.p.c. 788] la cui alienazione rechi minor pregiudizio agli interessi dei condividenti [2646].

Quando concorre il consenso di tutte le parti, la vendita può seguire tra i soli condividenti e senza pubblicità, salvo che vi sia opposizione dei legatari o dei creditori.

■ Codice civile del 1865: *Art. 987. Ciascuno dè coeredi può chiedere in natura la sua parte dè beni mobili ed immobili dell'eredità. Nondimeno, se vi fossero creditori che avessero sequestrati i mobili o che vi si opponessero o se il maggior numero dei coeredi ne giudicasse necessaria la vendila per il pagamento dei debiti e pesi ereditari, i mobili saranno venduti ai pubblici incanti.*

720. Immobili non divisibili.

Se nell'eredità vi sono immobili non comodamente divisibili [560], o il cui frazionamento recherebbe pregiudizio alle ragioni della pubblica economia [722, 846, 2933] o dell'igiene, e la divisione dell'intera sostanza non può effettuarsi senza il loro frazionamento, essi devono preferibilmente essere compresi per intero, con addebito dell'eccedenza, nella porzione di uno dei coeredi aventi diritto alla quota maggiore, o anche nelle porzioni di più coeredi, se questi ne richiedono congiuntamente l'attribuzione. Se nessuno dei coeredi è a ciò disposto, si fa luogo alla vendita all'incanto [2646; c.p.c. 748, 788].

● Norme connesse:

- per il vincolo di indivisibilità nella disciplina dello sviluppo della proprietà coltivatrice, art. 11, L. 14 agosto 1971, n. 817.

■ Codice civile del 1865: *Art. 988. Se gli immobili non possono comodamente dividersi, se ne farà egualmente la vendita agli incanti giudiziali.*

Quando però le parti siano tutte in età maggiore e vi consentano, gli incanti possono seguire avanti un notaio eletto di comune accordo ed anche tra i soli condividenti.

721. Vendita degli immobili.

I patti e le condizioni della vendita degli immobili, qualora non siano concordati dai condividenti [719 comma 2], sono stabiliti dall'autorità giudiziaria [c.p.c. 747, 788].

■ Codice civile del 1865: *Art. 989. Patti e le condizioni della vendita, quando non si concordino dai condividenti, si stabiliranno dall'autorità giudiziaria.*

722. Beni indivisibili nell'interesse della produzione nazionale.

In quanto non sia diversamente disposto dalle leggi speciali, le disposizioni dei due articoli precedenti si applicano anche nel caso in cui nell'eredità vi sono beni che la legge dichiara indivisibili nell'interesse della produzione nazionale [846, 848].

● Norme connesse:

- per le norme per evitare il frazionamento delle unità poderali assegnate a contadini coltivatori diretti, L. 3 giugno 1940, n. 1078.

- per il divieto di frazionamento delle unità poderali, L. 19 febbraio 1992, n. 191, che dispone: *Il divieto di frazionamento delle unità poderali di cui all'art. 1 delle legge 3 giugno 1940, n. 1078, ha durata trentennale dalla prima assegnazione.*

723. Resa dei conti.

Dopo la vendita, se ha avuto luogo, dei mobili e degli immobili [719] si procede ai conti [c.p.c. 263] che i condividenti si devono rendere, alla formazione dello stato attivo e passivo dell'eredità e alla determinazione delle porzioni ereditarie [726, 727] e dei conguagli [728] o rimborsi che si devono tra loro i condividenti [2817 n. 2; c.p.c. 263 ss.].

■ Codice civile del 1865: *Art. 990. Dopo la stima e la vendita, se ebbe luogo, dei mobili e degli immobili, l'autorità giudiziaria può, secondo le circostanze, rimettere le parti o avanti un giudice delegato, o avanti un notaio da esse eletto o nominato di uffizio, quando esse non si accordino nella scelta.*

Avanti al giudice delegato od al notaio si procede ai conti che i condividenti si dovessero rendere, alla formazione dello stato attivo e passivo dell'eredità e alla determinazione delle rispettive porzioni ereditarie e dei conguagli o rimborsi che si debbano tra loro i condividenti.

724. Collazione e imputazione.

I coeredi tenuti a collazione [747], a norma del capo II di questo titolo [737 ss.], conferiscono [725] tutto ciò che è stato loro donato [552, 769, 809].

Ciascun erede deve imputare alla sua quota le somme di cui era debitore verso il defunto e quelle di cui è debitore verso i coeredi in dipendenza dei rapporti di comunione [1253].

■ Codice civile del 1865: *Art. 991. Ciascuno dei coeredi, a norma delle regole stabilite in appresso, conferisce tutto ciò che gli è stato donato e le somme di cui è debitore.*

725. Prelevamenti.

Se i beni donati non sono conferiti in natura [746, 750], o se vi sono debiti da imputare alla quota di un erede a norma del secondo comma dell'articolo precedente, gli altri eredi prelevano dalla massa ereditaria beni in proporzione delle loro rispettive quote [1113 comma 4].

I prelevamenti, per quanto è possibile, si formano con oggetti della stessa natura e qualità di quelli che non sono stati conferiti in natura.

■ Codice civile del 1865: *Art. 992. Se la collazione non è fatta in natura, i coeredi ai quali è dovuta, prelevano una porzione eguale sulla massa ereditaria.*

Questi prelevamenti, per quanto è possibile, si formano con oggetti della stessa natura, qualità e bontà di quelli che non sono stati conferiti in natura.

726. Stima e formazione delle parti.

Fatti i prelevamenti [725], si provvede [730] alla stima [733 comma 1] di ciò che rimane nella massa, secondo il valore venale dei singoli oggetti [753].

Eseguita la stima, si procede alla formazione [727] di tante porzioni quanti sono gli eredi o le stirpi condividenti in proporzione delle quote [469, 727; c.p.c. 789].

CODICE CIVILE

■ Codice civile del 1865: *Art. 993. Fatti i prelevamenti, si procede sopra ciò che rimane in massa, alla formazione di tante parti eguali, quanti sono gli eredi o le stirpi condividenti.*

727. Norme per la formazione delle porzioni.

Salvo quanto è disposto dagli articoli 720 e 722, le porzioni devono essere formate [730], previa stima dei beni [726], comprendendo una quantità di mobili, immobili e crediti [757, 760] di eguale [729] natura [728] e qualità [760], in proporzione dell'entità di ciascuna quota [718, 1114].

Si deve tuttavia evitare, per quanto è possibile, il frazionamento delle biblioteche, gallerie e collezioni che hanno una importanza storica, scientifica o artistica [816].

■ Codice civile del 1865: *Art. 994. Nella formazione e composizione delle parti si deve evitare, per quanto sia possibile, si smembrare i fondi e di recare danno colla divisione alla qualità delle coltivazioni, e fare in modo che entri possibilmente in ciascuna quota la medesima quantità di mobili, immobili, diritti o crediti di eguale natura e valore.*

728. Conguagli in danaro.

L'ineguaglianza in natura nelle quote ereditarie si compensa con un equivalente in danaro [192, 723, 1197, 1230, 2817 n. 2, 2834].

■ Codice civile del 1865: *Art. 995. L'ineguaglianza in natura nelle quote ereditarie si compensa con un equivalente o in rendite o in denaro.*

729. Assegnazione o attribuzione delle porzioni.

L'assegnazione delle porzioni eguali è fatta [730] mediante estrazione a sorte [1116]. Per le porzioni diseguali si procede mediante attribuzione. Tuttavia, rispetto a beni costituenti frazioni eguali di quote diseguali, si può procedere per estrazione a sorte [2646; c.p.c. 789 comma 3].

■ Codice civile del 1865: *Art. 996. Le quote si formano da uno dei coeredi o da altra persona, se tutti concordano nella scelta e se colui che è stato eletto accetta la commissione: in caso contrario si formano da un perito nominato d'uffizio.*

Le quote vengono in seguito estratte a sorte. Se però gli eredi non concorrono in parti eguali, l'autorità giudiziaria decide se si debba procedere per estrazione o per attribuzione in tutto o in parte.

730. Deferimento delle operazioni a un notaio.

Le operazioni indicate negli articoli precedenti possono essere, col consenso di tutti i coeredi, deferite a un notaio [c.p.c. 790, 791]. La nomina di questo, in mancanza di accordo, è fatta con decreto dal tribunale [disp. att. 51-bis] del luogo dell'aperta successione [456][1].

Qualora sorgano contestazioni nel corso delle operazioni, esse sono riservate e rimesse tutte insieme alla cognizione dell'autorità giudiziaria competente, che provvede con unica sentenza [c.p.c. 22 n. 1, 789].

[1] Comma così modificato dall'art. 144, D.Lgs. 19 febbraio 1998, n. 51. Il testo previgente disponeva: *Le operazioni indicate negli articoli precedenti possono essere, col consenso di tutti i coeredi, deferite a un notaio. La nomina di questo, in mancanza di accordo, è fatta con decreto dal pretore del luogo dell'aperta successione.*

■ Codice civile del 1865: *Art. 996. Le quote si formano da uno dei coeredi o da altra persona, se tutti concordano nella scelta e se colui che è stato eletto accetta la commissione: in caso contrario si formano da un perito nominato d'uffizio.*

Le quote vengono in seguito estratte a sorte. Se però gli eredi non concorrono in parti eguali, l'autorità giudiziaria decide se si debba procedere per estrazione o per attribuzione in tutto o in parte.

Art. 997. Prima di procedere all'estrazione delle quote, ciascun condividente è ammesso a proporre i suoi reclami contro la formazione delle medesime.

731. Suddivisioni tra stirpi.

Le norme sulla divisione dell'intero asse si osservano anche nelle suddivisioni tra i componenti di ciascuna stirpe [469].

■ Codice civile del 1865: *Art. 998. Le norme stabilite per la divisione delle masse da ripartirsi si osservano egualmente nelle suddivisioni tra le stirpi condividenti.*

732. Diritto di prelazione.

Il coerede [467, 479, 688], che vuol alienare [1500, 1523, 1542-1547] a un estraneo la sua quota o parte di essa, deve notificare [c.p.c. 137] la proposta di alienazione [1326], indicandone il prezzo, agli altri coeredi, i quali hanno diritto di prelazione [230-bis, comma 5, 1566, 2437-quater, comma 3, 2441, comma 3]. Questo diritto deve essere esercitato nel termine [2964] di due mesi dall'ultima delle notificazioni. In mancanza della notificazione [c.p.c. 137], i coeredi hanno diritto di riscattare [1324, 1334, 1350, 1502, 2943, 2946] la quota dall'acquirente e da ogni successivo avente causa, finché dura lo stato di comunione ereditaria [1501 ss.].

Se i coeredi che intendono esercitare il diritto di riscatto sono più, la quota è assegnata a tutti in parti uguali.

733. Norme date dal testatore per la divisione.

Quando il testatore ha stabilito particolari norme per formare le porzioni [727, 732], queste norme sono vincolanti per gli eredi, salvo che l'effettivo valore dei beni non corrisponda alle quote stabilite dal testatore [718, 763, comma 2].

Il testatore può disporre che la divisione si effettui secondo la stima di persona da lui designata che non sia erede o legatario [706, 726]: la divisione proposta da questa persona non vincola gli eredi, se l'autorità giudiziaria, su istanza di taluno di essi, la riconosce contraria alla volontà del testatore o manifestamente iniqua [718, 763, 1349].

734. Divisione fatta dal testatore.

Il testatore può dividere i suoi beni tra gli eredi comprendendo nella divisione anche la parte non disponibile [536, 549, 556, 728, 761, 1353, 2648, 2817, comma 1, n. 2].

Se nella divisione fatta dal testatore non sono compresi tutti i beni lasciati al tempo della morte [763], i beni in essa non compresi sono attribuiti conformemente alla legge [536, 565], se non risulta una diversa volontà del testatore [457, comma 2, 588, 713, 735, 762, 763].

■ Codice civile del 1865: *Art. 1044. Il padre, la madre e gli altri ascendenti possono dividere e distribuire i loro beni tra i loro figli e discendenti, comprendendo nella divisione anche la parte non disponibile.*

Art. 1045. Queste divisioni possono farsi per atto tra vivi, o per testamento colle stesse formalità, condizioni e regole stabilite per le donazioni e per i testamenti.

Le divisioni fatte per atto tra vivi non possono comprendere che i beni presenti.

Art. 1046. Se nella divisione non son stati compresi tutti i beni lasciati dal l'ascendente al tempo della sua morte, beni non compresi sono divisi in conformità della legge.

735. Preterizione di eredi e lesione di legittima.

La divisione nella quale il testatore non abbia compreso qualcuno dei legittimari [536] o degli eredi [588] istituiti è nulla [553].

Il coerede che è stato leso nella quota di riserva può esercitare l'azione di riduzione contro gli altri coeredi [554, 763, 767].

■ Codice civile del 1865: *Art. 1047. È interamente nulla la divisione nella quale non siano stati compresi tutti figli che saranno chiamati alla successione e i discendenti dei figli premorti.*

In questo caso tanto i figli o discendenti che non vi ebbero parte, quanto quelli che vi ebbero parte, possono promuoverne una nuova.

Art. 1048. La divisione fatta dall'ascendente può essere impugnata, se dalla medesima o dalle altre disposizioni fatte dall'ascendente risulta che sia leso nella porzione legittima alcuno di quelli, fra i quali sono stati divisi i beni. Se la divisione è fatta per atto tra vivi, può altresì essere impugnata per lesione oltre il quarto a norma dell'articolo 1038.

Art. 1049. Il figlio che per alcuna delle cause espresse nel precedente articolo impugna la divisione fatta dall'ascendente, deve anticipare le spese della stima, soccombendo nel giudizio definitivo, sarà condannato nelle spese medesime e in quelle della lite.

736. Consegna dei documenti.

Compiuta la divisione, si devono rimettere a ciascuno dei condividenti i documenti relativi ai beni e diritti particolarmente loro assegnati [1477, comma 3].

I documenti di una proprietà che è stata divisa rimangono a quello che ne ha la parte maggiore, con l'obbligo di comunicarli agli altri condividenti che vi hanno interesse, ogni qualvolta se ne faccia richiesta. Gli stessi documenti, se la proprietà è divisa in parti eguali, e quelli comuni all'intera eredità si consegnano alla persona scelta a tal fine da tutti gli interessati, la quale ha obbligo di comunicarli a ciascuno di essi, a ogni loro domanda. Se vi è contrasto nella scelta, la persona è determinata con decreto dal tribunale del luogo dell'aperta successione [456], su ricorso di alcuno degli interessati, sentiti gli altri[1].

[1] Comma così modificato dall'art. 144, D.Lgs. 19 febbraio 1998, n. 51. Il testo previgente disponeva: *I documenti di una proprietà che è stata divisa rimangono a quello che ne ha la parte maggiore, con l'obbligo di comunicarli agli altri condividenti che vi hanno interesse, ogni qualvolta se ne faccia richiesta. Gli stessi documenti, se la proprietà è divisa in parti eguali, e quelli comuni all'intera eredità si consegnano alla persona scelta a tal fine da tutti gli interessati, la quale ha obbligo di comunicarli a ciascuno di essi, a ogni loro domanda. Se vi è contrasto nella scelta, la persona è determinata con decreto dal pretore del luogo dell'aperta successione, su ricorso di alcuno degli interessati, sentiti gli altri.*

A decorrere dal 31 ottobre 2025, la parola "tribunale" verrà sostituita con le parole "giudice di pace" ex art. 27, D.Lgs. 13 luglio 2017, n. 116.

■ Codice civile del 1865: *Art. 999. Compita la divisione, si devono rimettere a ciascuno dè condividenti i documenti relativi ai beni e diritti particolarmente loro assegnati.*

I documenti di una proprietà divisa rimangono a quello che ne ha la maggior parte, coll'obbligo però di comunicarli agli altri condividenti che vi abbiano interesse, ogni qualvolta ne venga richiesto.

I documenti comuni all'intiera eredità si consegnano alla persona scelta a tal uopo da tutti gli eredi, la quale ha l'obbligo di comunicarli ai condividenti ad ogni loro domanda.

Se vi sia contrasto nella scelta, la persona verrà determinata dall'autorità giudiziaria.

CAPO II
DELLA COLLAZIONE

● Norme connesse:
- art. 1, comma 21, L. 20 maggio 2016, n. 76.

737. Soggetti tenuti alla collazione[1].

I figli [231 ss., 250, 291] e i loro discendenti ed il coniuge che concorrono alla successione [459, 565] devono conferire [661, 748, 1932, comma 2] ai coeredi [470] tutto ciò che hanno ricevuto dal defunto per donazione [744, 769] direttamente o indirettamente [210, 741, 742, 745, 809, 1180, 1236, 1411], salvo che il defunto non li abbia da ciò dispensati [disp. att. 135, comma 2][2].

La dispensa da collazione non produce effetto se non nei limiti della quota disponibile [556][3].

[1] Rubrica così sostituita dall'art. 201, L. 19 maggio 1975, n. 151.

[2] Comma così modificato dall'art. 87, D.Lgs. 28 dicembre 2013, n. 154, a decorrere dal 7 febbraio 2014. Il testo previgente disponeva: *I figli legittimi e naturali e i loro discendenti legittimi e naturali ed il coniuge che concorrono alla successione devono conferire ai coeredi tutto ciò che hanno ricevuto dal defunto per donazione direttamente o indirettamente, salvo che il defunto non li abbia da ciò dispensati.*

[3] Articolo così sostituito dall'art. 201, L. 19 maggio 1975, n. 151. Il testo previgente disponeva: *Il figlio o altro discendente, che concorre alla successione, sia pure con beneficio d'inventario, insieme con i fratelli o con le sorelle o con i loro discendenti, deve conferire ai coeredi tutto ciò che ha ricevuto dal defunto per donazione, direttamente o indirettamente, eccettuato il caso che il donante o il testatore abbia altrimenti disposto.*

Il figlio o altro discendente, anche se espressamente dispensato dall'obbligo di conferire, non può ritenere la donazione se non fino a concorrenza della quota disponibile.

■ Codice civile del 1865: *Art. 1001. Il figlio o discendente il quale venga alla successione, ancorché con benefizio d'inventario, insieme cò suoi fratelli o sorelle o loro discendenti, deve conferire à suoi coeredi tutto ciò che ha ricevuto dal defunto per donazione sì direttamente come indirettamente, eccettuato il caso che il donante abbia altrimenti disposto.*

Art. 1002. Ancorché il figlio o discendente fosse stato espressamente dispensato dall'obbligo di conferire, non può ritenere la donazione, se non fino alla concorrenza della quota disponibile; l'eccedente è soggetto a collazione.

♦ Codice civile francese

Articolo 843. *Ogni erede, anche se ha accettato in concorrenza dell'attivo, che viene chiamato ad una successione deve riportare ai suoi coeredi tutto quello che ha ricevuto dal defunto per donazione direttamente o indirettamente; non può trattenere i doni fatti dal defunto a meno che non siano stati fatti espressamente fuori dalla parte successoria. I legati fatti ad un erede sono considerati fatti fuori dalla parte successoria a meno che il testatore non abbia espresso la volontà contraria, in quel caso il legatario può reclamare i suoi legati solo prendendone meno.*

738. Limiti della collazione per il coniuge.

Non sono soggetti a collazione le donazioni di modico valore fatte al coniuge [783][1].

[1] Articolo così sostituito dall'art. 202, L. 19 maggio 1975, n. 151. Il testo previgente disponeva: *I figli legittimi sono tenuti alla collazione anche nei confronti dei figli naturali.*

Questi sono tenuti alla collazione nei confronti dei figli legittimi.

I figli naturali, nonostante qualunque dispensa, non possono conseguire nella successione più di quanto è indicato dall'art. 592, tenuto conto di ciò che hanno ricevuto per donazione, nè possono ritenere la donazione oltre i limiti indicati dall'art. 592 anche quando per rinunzia o altra causa non vengono alla successione. Si applica la disposizione dell'art. 599.

739. Donazioni ai discendenti o al coniuge dell'erede. Donazioni a coniugi.

L'erede non è tenuto a conferire le donazioni [745] fatte ai suoi discendenti o al coniuge, ancorché succedendo a costoro ne abbia conseguito il vantaggio.

Se le donazioni [769] sono state fatte congiuntamente a coniugi di cui uno è discendente del donante, la sola porzione a questo donata è soggetta a collazione.

■ Codice civile del 1865: *Art. 1004. Le donazioni fatte al discendente dell'erede sono sempre considera te come fatte colla dispensa dalla collazione.*

L'ascendente che succede al donante, non è tenuto a conferirle.

Art. 1006. Le donazioni in favore del coniuge di un discendente sono riputate come fatte colla dispensa dalla collazione.

Se le donazioni sono state fatte congiuntamente a due coniugi, di cui uno solamente sia discendente dal donante, la sola porzione a questo donata è soggetta a collazione.

740. Donazioni fatte all'ascendente dell'erede.

Il discendente che succede per rappresentazione [467] deve conferire ciò che è stato donato all'ascendente, anche nel caso in cui abbia rinunziato all'eredità di questo [519][1].

[1] Articolo così sostituito dall'art. 203, L. 19 maggio 1975, n. 151. Il testo previgente disponeva: *Il discendente che succede per rappresentazione deve conferire ciò che è stato donato all'ascendente, anche nel caso in cui abbia rinunziato all'eredità di questo.*

Ai discendenti del figlio naturale che succedono per rappresentazione si applica il terzo comma dell'art. 738 anche per le donazioni fatte al loro ascendente.

■ Codice civile del 1865: *Art. 1005. Parimente il discendente che succede per ragione propria al donante, non è tenuto a conferire le cose donate al suo ascendente, ancorché ne avessero accettata l'eredità.*

Ma se egli succede per diritto di rappresentazione, deve conferire ciò che fu donato all'ascendente, anchr nel caso in cui ne avesse rinunziata l'eredità.

741. Collazione di assegnazioni varie.

È soggetto a collazione ciò che il defunto ha speso a favore dei suoi discendenti per assegnazioni fatte a causa di matrimonio [167], per avviarli all'esercizio di una attività produttiva o professionale, per soddisfare premi relativi a contratti di assicurazione sulla vita [1919, 1923] a loro favore [1920] o per pagare i loro debiti[1].

[1] Articolo così sostituito dall'art. 204, L. 19 maggio 1975, n. 151. Il testo previgente disponeva: *È soggetto a collazione ciò che il defunto ha speso per costituire la dote o fare altra assegnazione ai suoi discendenti per causa di matrimonio, per procurare loro un ufficio o un collocamento, per soddisfare premi relativi a contratti di assicurazione sulla vita a loro favore o per pagare i loro debiti.*

Se il dotante ha pagato la dote al marito senza le sufficienti cautele, la figlia dotata è solo tenuta a conferire l'azione verso il patrimonio del marito.

■ Codice civile del 1865: *Art. 1007. È soggetto a collazione ciò che il defunto ha speso per la dote e il corredo nuziale delle discendenti, per costituire al discendente il patri-*

monio ecclesiastico, per procurargli qualunque uffizio o collocamento, o pagarne i debiti.

Se il dotante ha pagato la dote al marito senza le sufficienti cautele, la figlia dotata è soltanto obbligata a conferire l'azione verso il patrimonio del marito.

742. Spese non soggette a collazione.

Non sono soggette a collazione le spese di mantenimento e di educazione [147] e quelle sostenute per malattia, né quelle ordinarie fatte per abbigliamento o per nozze [741, 809].

Le spese per il corredo nuziale e quelle per l'istruzione artistica o professionale sono soggette a collazione solo per quanto eccedono notevolmente la misura ordinaria, tenuto conto delle condizioni economiche del defunto [L. fall. 64].

Non sono soggette a collazione le liberalità previste dal secondo comma dell'articolo 770.

■ Codice civile del 1865: *Art. 1007. È soggetto a collazione ciò che il defunto ha speso per la dote e il corredo nuziale delle discendenti, per costituire al discendente il patrimonio ecclesiastico, per procurargli qualunque uffizio o collocamento, o pagarne i debiti.*

Se il dotante ha pagato la dote al marito senza le sufficienti cautele, la figlia dotata è soltanto obbligata a conferire l'azione verso il patrimonio del marito.

Art. 1009. Non si debbono conferire le spese di mantenimento, di educazione, di istruzione e le ordinarie per abbigliamento, nozze e regali d'uso.

Art. 1010. Parimente non si conferiscono gli utili, che l'erede ha potuto conseguire da convenzioni fatte col defunto, purché queste non contenessero alcun indiretto vantaggio al momento che vennero fatte.

743. Società contratta con l'erede.

Non è dovuta collazione di ciò che si è conseguito per effetto di società [2247 ss.] contratta senza frode [765, 1344] tra il defunto e alcuno dei suoi eredi, se le condizioni sono state regolate con atto di data certa [2704].

■ Codice civile del 1865: *Art. 1011. Non è pure dovuta collazione alcuna in conseguenza delle società contratte senza frode tra il defunto ed alcuno dè suoi eredi, se le condizioni sono state regolate con un atto di data certa.*

744. Perimento della cosa donata.

Non è soggetta a collazione la cosa perita per causa non imputabile al donatario [1256].

■ Codice civile del 1865: *Art. 1012. L'immobile che è perito per caso fortuito e senza colpa del donatario non è soggetto a collazione.*

745. Frutti e interessi.

I frutti [820 ss.] delle cose e gli interessi sulle somme soggette a collazione non sono dovuti che dal giorno in cui si è aperta la successione [456].

■ Codice civile del 1865: *Art. 1013. I frutti e gli interessi delle cose soggette a collazione non sono dovuti, che dal giorno in cui si è aperta la successione.*

746. Collazione d'immobili.

La collazione di un bene immobile [748] si fa o col rendere il bene in natura [1324, 1334, 1350, comma 1, n. 5, 1353] o con l'imputarne il valore alla propria porzione, a scelta [744] di chi conferisce [747, 2645].

Se l'immobile è stato alienato [748, comma 3, 832] o ipotecato, la collazione si fa soltanto con l'imputazione [749].

■ Codice civile del 1865: *Art. 1015. La collazione si fa o col presentare la cosa in natura o coll'imputarne il valore alla propria porzione, a scelta di chi conferisce.*

Art. 1016. Quando il donatario d'un immobile lo ha alienato od ipotecato, la collazione si fa soltanto coll'imputazione.

747. Collazione per imputazione.

La collazione per imputazione [746, 750, 753] si fa avuto riguardo al valore dell'immobile [746] al tempo della aperta successione [456].

■ Codice civile del 1865: *Art. 1017. La collazione per imputazione si fa, avuto riguardo al valore dell'immobile, al tempo dell'aperta successione.*

748. Miglioramenti, spese e deterioramenti.

In tutti i casi, si deve dedurre a favore del donatario il valore delle migliorie apportate al fondo nei limiti del loro valore al tempo dell'aperta successione [456, 1150].

Devono anche computarsi a favore del donatario le spese straordinarie [1150] da lui sostenute per la conservazione della cosa, non cagionate da sua colpa.

Il donatario dal suo canto è obbligato per i deterioramenti che, per sua colpa, hanno diminuito il valore dell'immobile.

Il coerede che conferisce un immobile [746] in natura può ritenerne il possesso sino all'effettivo rimborso delle somme che gli sono dovute per spese e miglioramenti [748, 749, 975, 1006, 1011, 1152, 2040].

■ Codice civile del 1865: *Art. 1018. In tutti i casi si deve dar credito al donatario delle spese colle quali ha migliorato la cosa, avuto riguardo al maggior valore di essa al tempo dell'aperta successione.*

Art. 1019. Debbono egualmente computarsi a favore del donatario le spese necessarie che ha fatto per la conservazione della cosa, ancorché non l'abbia migliorata.

Art. 1020. Il donatario dal suo canto è obbligato per i guasti e deterioramenti, che per suo fatto o per sua colpa e negligenza abbiano diminuito il valore dell'immobile.

Art. 1023. Il coerede conferendo un immobile in natura può ritenerne il possesso sino all'effettivo rimborso delle somme che gli sono dovute per spese e miglioramenti.

749. Miglioramenti e deterioramenti dell'immobile alienato.

Nel caso in cui l'immobile è stato alienato [746] dal donatario, i miglioramenti e i deterioramenti fatti dall'acquirente devono essere computati a norma dell'articolo precedente.

■ Codice civile del 1865: *Art. 1021. Nel caso in cui l'immobile sia stato alienato dal donatario, i miglioramenti e deterioramenti fatti dall'acquirente debbono essere computati a norma dei tre articoli precedenti.*

750. Collazione di mobili.

La collazione dei mobili [751] si fa soltanto per imputazione [747], sulla base del valore che essi avevano al tempo dell'aperta successione [456, 556].

Se si tratta di cose delle quali non si può far uso senza consumarle [995], e il donatario le ha già consumate, si determina il valore che avrebbero avuto secondo il prezzo corrente [1474] al tempo dell'aperta successione [456].

Se si tratta di cose che con l'uso si deteriorano, il loro valore al tempo della aperta successione è stabilito con riguardo allo stato in cui si trovano.

La determinazione del valore dei titoli dello Stato, degli altri titoli di credito quotati in borsa e delle derrate e delle merci il cui prezzo corrente è stabilito dalle mercuriali [1474, comma 2], si fa in base ai listini di borsa e alle mercuriali del tempo dell'aperta successione.

■ Codice civile del 1865: *Art. 1024. La collazione dè mobili si fa soltanto per imputazione e sul ragguaglio del valore che avevano al tempo della donazione, giusta la stima annessa all'atto della medesima, ed in mancanza di tale stima a norma di quella che verrà fatta da periti.*

751. Collazione del danaro.

La collazione del danaro donato si fa prendendo una minore quantità del danaro che si trova nell'eredità, secondo il valore legale della specie donata o di quella ad essa legalmente sostituita all'epoca dell'aperta successione [1277].

Quando tale danaro non basta e il donatario non vuole conferire altro danaro o titoli dello Stato, sono prelevati mobili o immobili ereditari, in proporzione delle rispettive quote [456, 725].

■ Codice civile del 1865: *Art. 1025. La collazione del danaro donato si fa col prendere una minore quantità del danaro che si trova nell'eredità.*

Ove tale danaro non basti, il donatario può esimersi dal conferire altro danaro cedendo sino alla concorrente quantità l'equivalente in mobili, ed in mancanza di questi, in immobili ereditari.

CAPO III

DEL PAGAMENTO DEI DEBITI

752. Ripartizione dei debiti ereditari tra gli eredi.

I coeredi contribuiscono tra loro [1295] al pagamento dei debiti [456-1173] e pesi ereditari [647, 649, 754, 755, 756] in proporzione delle loro quote ereditarie [753], salvo che il testatore abbia altrimenti disposto [662, 663, 1010, 1295, 1315, 1318, 1319, 1351, 1546].

● Norme connesse:
- art. 1, D.L. 27 agosto 1993, n. 324, convertito in L. 27 ottobre 1993, n. 423 (Proroga dei termini di durata in carica degli amministratori straordinari delle unità sanitarie locali, nonché norme per le attestazioni da parte delle unità sanitarie locali della condizione di handicappato in ordine all'istruzione scolastica e per la concessione di un contributo compensativo all'Unione italiana ciechi); art. 1, L. 14 gennaio 1994, n. 20 (Azione di responsabilità).

■ Codice civile del 1865: *Art. 1027. I coeredi contribuiscono tra essi al pagamento dei debiti e pesi ereditari in proporzione delle loro quote ereditarie, salvoché il testatore abbia altrimenti determinato.*

753. Immobili gravati da rendita redimibile.

Ogni coerede, quando i beni immobili dell'eredità sono gravati con ipoteca da una prestazione di rendita redimibile [1865, 1869], può chiedere che gli immobili ne siano affrancati e resi liberi prima che si proceda alla formazione delle quote ereditarie. Se uno dei coeredi si oppone, decide l'autorità giudiziaria. Se i coeredi dividono l'eredità nello stato in cui si trova, l'immobile gravato deve stimarsi con gli stessi criteri con cui si stimano gli altri beni immobili [726, 747], detratto dal valore di esso il capitale corrispondente alla prestazione, secondo le norme relative al riscatto della rendita [1866 ss.], salvo che esista un patto speciale intorno al capitale da corrispondersi per l'affrancazione.

Alla prestazione della rendita è tenuto solo l'erede, nella cui quota cade detto immobile, con l'obbligo di garantire i coeredi.

■ Codice civile del 1865: *Art. 1028. Ciascun coerede, quando i beni immobili di una eredità sono gravati con ipoteca da una prestazione di rendita redimibile, può esigere che gli immobili ne siano affrancati e resi liberi prima che si proceda alla formazione delle quote ereditarie: se i coeredi dividono l'eredità nello stato in cui si trova, il fondo gravato deve stimarsi colle medesime norme, con cui si stimano gli altri beni immobili, detratto dal valore del fondo il capitale corrispondente alla prestazione.*

Il solo erede nella cui quota cade questo fondo, è incaricato della prestazione medesima, coll'obbligo di guarentire i coeredi.

754. Pagamento dei debiti e rivalsa.

Gli eredi sono tenuti verso i creditori al pagamento dei debiti [456-1173] e pesi [647, 649] ereditari [752] personalmente in proporzione [1295] della loro quota ereditaria [1010, 1315, 1316, 1318, 1546, 2560] e ipotecariamente per l'intero [2809 comma 2]. Il coerede che ha pagato oltre la parte a lui incombente può ripetere dagli altri coeredi soltanto la parte per cui essi devono contribuire a norma dell'articolo

752, quantunque si sia fatto surrogare nei diritti dei creditori [755, 1201, 1203 n. 3, 1205, 1299].

Il coerede conserva la facoltà di chiedere il pagamento del credito a lui personale e garantito da ipoteca, non diversamente da ogni altro creditore, detratta la parte che deve sopportare come coerede [752, 755, 1299].

■ Codice civile del 1865: *Art. 1029. Gli eredi sono tenuti à debiti e pesi ereditari personalmente in proporzione della loro quota, ed ipotecariamente per l'intero, salvo il loro regresso, se vi ha luogo, contro i coeredi in ragione della parte per cui essi debbono contribuire.*

Art. 1030. Il coerede, che in forza dell'ipoteca abbia pagato un debito comune oltre la sua parte, non ha regresso contro gli altri coeredi, fuorché per quella parte che ciascuno di essi deve personalmente sostenere, quantunque il coerede che ha pagato il debito, si fosse fatto surrogare nei diritti dei creditori. Il coerede conserva per altro la facoltà di richiedere il pagamento del credito a lui personale, non altrimenti che qualunque altro creditore, detratta la parte che deve sopportare come coerede.

755. Quota di debito ipotecario non pagata da un coerede.

In caso d'insolvenza di un coerede, la sua quota di debito ipotecario è ripartita in proporzione tra tutti gli altri coeredi [752, 754, 1299 comma 2].

■ Codice civile del 1865: *Art. 1031. In caso di non solvenza di un coerede, la sua quota del debito ipotecario è ripartita in proporzione sopra tutti gli altri.*

756. Esenzione del legatario dal pagamento dei debiti.

Il legatario non è tenuto a pagare i debiti ereditari [495, 668, 752] salvo ai creditori [1010, comma 4] l'azione ipotecaria sul fondo legato [2858] e l'esercizio del diritto di separazione [517 ss.]; ma il legatario che ha estinto il debito di cui era gravato il fondo legato subentra nelle ragioni del creditore contro gli eredi [499, comma 2, 514, commi 2, 3, 663, comma 1, 671, 752, 1201, 1203 n. 5, 2866].

■ Codice civile del 1865: *Art. 1033. Il legatario non è tenuto a pagare i debiti ereditari, salva però ai creditori l'azione ipotecaria sul fondo legato e salvo altresì il diritto di separazione; ma il legatario che ha estinto il debito di cui era gravato il fondo legato, sottentra nelle ragioni del creditore contro gli eredi.*

CAPO IV

DEGLI EFFETTI DELLA DIVISIONE E DELLA GARANZIA DELLE QUOTE

757. Diritto dell'erede sulla propria quota.

Ogni coerede è reputato solo e immediato successore in tutti i beni componenti la sua quota o a lui pervenuti dalla successione, anche per acquisto all'incanto [719, 720], e si considera come se non avesse mai avuto la proprietà degli altri beni ereditari [727, 760, 2646, 2825].

■ Codice civile del 1865: *Art. 1034. Ciascun coerede è riputato solo ed immediato successore in tutti i beni componenti la sua quota o a lui pervenuti per incanti fra i coeredi, e si ritiene che non abbia mai avuto la proprietà degli altri beni ereditari.*

758. Garanzia tra coeredi.

I coeredi si devono vicendevole garanzia [797] per le sole molestie ed evizioni derivanti da causa anteriore alla divisione [759, 760, 1483, 1484].

La garanzia non ha luogo, se è stata esclusa con clausola espressa nell'atto di divisione, o se il coerede soffre l'evizione per propria colpa [1487 comma 2].

■ Codice civile del 1865: *Art. 1035. I coeredi si debbono vicendevole garantìa per le sole molestie ed evizioni procedenti da causa anteriore alla divisione.*

La garantìa non ha luogo, se la qualità della evizione sofferta è stata eccettuata con una clausola particolare ed espressa nell'atto di divisione, o se il coerede soffre l'evizione per propria colpa.

759. Evizione subita da un coerede.

Se alcuno dei coeredi subisce evizione [1483, 1484], il valore del bene evitto, calcolato al momento dell'evizione, deve essere ripartito tra tutti i coeredi ai fini della garanzia stabilita dall'articolo precedente, in proporzione del valore che i beni attribuiti a ciascuno di essi hanno al tempo dell'evizione e tenuto conto dello stato in cui si trovano al tempo della divisione [754;disp. att. 140].

Se uno dei coeredi è insolvente, la parte per cui è obbligato deve essere egualmente ripartita fra l'erede che ha sofferto l'evizione e tutti gli eredi solventi [755].

■ Codice civile del 1865: *Art. 1036. Ciascun coerede è personalmente obbligato in proporzione della sua quota ereditaria a tenere indenne il suo coerede della perdita cagionata dalla evizione.*

Se uno dei coeredi non è solvente, la parte per cui è obbligato, debb'essere egualmente ripartita tra la persona guarentita e tutti i coeredi solventi.

760. Inesigibilità di crediti.

Non è dovuta garanzia per l'insolvenza del debitore di un credito assegnato a uno dei coeredi [727, 757, 1267], se l'insolvenza è sopravvenuta soltanto dopo che è stata fatta la divisione.

La garanzia della solvenza del debitore di una rendita [1861, 1864, 1868] è dovuta per i cinque anni successivi alla divisione.

■ Codice civile del 1865: *Art. 1037. La garantìa della solvenza del debitore di una rendita non dura oltre i cinque anni successivi alla divisione.*

Non vi è luogo a garantia per la non solvenza del debitore, se questa è sopravvenuta soltanto dopo che venne fatta la divisione.

CAPO V
DELL'ANNULLAMENTO E DELLA RESCISSIONE IN MATERIA DI DIVISIONE

761. Annullamento per violenza o dolo.

La divisione può essere annullata [768] quando è l'effetto di violenza [1434 ss., 1435] o di dolo [1439].

L'azione si prescrive [2934 ss.] in cinque anni dal giorno in cui è cessata la violenza o in cui il dolo è stato scoperto [1442].

■ Codice civile del 1865: *Art. 1038. Le divisioni possono rescindersi per causa di violenza o di dolo.*

Può altresì aver luogo la rescissione quando uno dei coeredi provi di essere stato leso nella divisione oltre il quarto. La semplice omissione di un oggetto dell'eredità non dà luogo all'azione di rescissione, ma soltanto ad un supplemento alla divisione.

762. Omissione di beni ereditari.

L'omissione di uno o più beni dell'eredità [494] non dà luogo a nullità [1418] della divisione, ma soltanto a un supplemento della divisione stessa [734].

763. Rescissione per lesione.

La divisione può essere rescissa quando taluno dei coeredi prova di essere stato leso oltre il quarto [734, 735, 766, 767, 1448, 2652 n. 1].

La rescissione è ammessa anche nel caso di divisione fatta dal testatore [734, 735], quando il valore dei beni assegnati ad alcuno dei coeredi è inferiore di oltre un quarto all'entità della quota ad esso spettante [733, 767].

L'azione si prescrive in due anni dalla divisione [1449, 2652, comma 1, n. 1, 2934, 2946; c.p.c. 22 n. 2].

764. Atti diversi dalla divisione.

L'azione di rescissione [763, 767] è anche ammessa contro ogni altro atto [537, comma 3] che abbia per effetto di far cessare tra i coeredi la comunione dei beni ereditari [1448].

L'azione non è ammessa [765] contro la transazione [1965] con la quale si è posto fine alle questioni insorte a causa della divisione o dell'atto fatto in luogo della medesima, ancorché non fosse al riguardo incominciata alcuna lite [1970].

■ Codice civile del 1865: *Art. 1039. L'azione di rescissione si ammette contro qualunque atto, che abbia per oggetto di far cessare tra i coeredi la comunione degli effetti ereditari, ancorché fosse qualificato con titoli di vendita, di permuta, di transazione, od in qualunque altra maniera.*

Ma, dopo la divisione o dopo l'atto fatto in luogo della medesima, l'azione di rescissione non è più ammessa contro la transazione fatta sopra le difficoltà reali che presentava il primo atto, ancorché non fosse cominciata alcuna lite sopra tale oggetto.

765. Vendita del diritto ereditario fatta al coerede.

L'azione di rescissione non è ammessa [764] contro la vendita del diritto ereditario [477, 1448, 1542 ss.] fatta senza frode [743, 1344; L. fall. 66] a uno dei coeredi, a suo rischio e pericolo, da parte degli altri coeredi o di uno di essi.

● Norme connesse:
- per l'alienabilità dei diritti nascenti dalle invenzioni industriali, art. 7, comma 1, R.D. 29 giugno 1939, n. 1127 (ora art. 63, D.Lgs. 10 febbraio 2005, n. 30.
- art. 66, R.D. 16 marzo 1942, n. 267.

■ Codice civile del 1865: *Art. 1040. La detta azione non è ammessa contro la vendita del diritto ereditario fatta senza frode ad uno dè coeredi, a suo rischio e pericolo, dagli altri coeredi o da uno di essi.*

766. Stima dei beni.

Per conoscere se vi è lesione [763] si procede alla stima dei beni secondo il loro stato e valore al tempo della divisione.

■ Codice civile del 1865: *Art. 1041. Per conoscere se vi sia stata lesione, si fa eseguire la stima degli oggetti secondo il loro stato o valore al tempo della divisione.*

767. Facoltà del coerede di dare il supplemento.

Il coerede contro il quale è promossa l'azione di rescissione [763, 764] può troncarne il corso e impedire una nuova divisione, dando il supplemento della porzione ereditaria, in danaro o in natura, all'attore e agli altri coeredi che si sono a lui associati [1432, 1448, 1450, 1467, comma 3].

■ Codice civile del 1865: *Art. 1042. Quello contro cui è promossa l'azione di rescissione, può troncare il corso alla medesima ed impedire una nuova divisione, dando all'attore il supplemento della sua porzione ereditaria in danaro o in natura.*

768. Alienazione della porzione ereditaria.

Il coerede che ha alienato la sua porzione o una parte di essa non è più ammesso a impugnare la divisione per dolo [1439] o violenza [761, 1434], se l'alienazione è seguita quando il dolo era stato scoperto o la violenza era cessata [761, 763].

Il coerede non perde il diritto di proporre l'impugnazione, se la vendita è limitata a oggetti di facile deterioramento o di valore minimo in rapporto alla quota.

■ Codice civile del 1865: *Art. 1043. Il coerede che ha alienato la sua porzione od una parte di essa, non è più ammesso a proporre l'azione di rescissione per dolo o violenza, se l'alienazione è seguita dopo che gli fu palese il dolo, o cessò la violenza.*

CAPO V-*BIS*

DEL PATTO DI FAMIGLIA[1]

[1] Capo aggiunto dall'art. 2, L. 14 febbraio 2006, n. 55.
● Norme connesse:
- art. 1, comma 21, L. 20 maggio 2016, n. 76.

768-*bis*. Nozione.

È patto di famiglia il contratto [191, comma 2, 458, 1321] con cui, compatibilmente con le disposizioni in materia di impresa familiare [230-bis] e nel rispetto delle differenti tipologie societarie [2252, 2300, 2322, 2355-bis, 2469, 2470], l'imprenditore trasferisce, in tutto o in parte, l'azienda [2112, 2555-2561, 2643, 2659], e il titolare di partecipazioni societarie trasferisce, in tutto o in parte, le proprie quote, ad uno o più discendenti[1].

[1] Articolo aggiunto dall'art. 2, L. 14 febbraio 2006, n. 55. L'art. 3, comma 4-ter, D.Lgs. 31 ottobre 1990, n. 346, aggiunto dal comma 78 dell'art. 1, L. 27 dicembre 2006, n. 296 e poi modificato dall'art. 1, comma 31, L. 24 dicembre 2007, n. 244, dispone: *I trasferimenti, effettuati anche tramite i patti di famiglia di cui agli articoli 768-bis e seguenti del codice civile a favore dei discendenti e del coniuge, di aziende o rami di esse, di quote sociali e di azioni non sono soggetti all'imposta. In caso di quote sociali e azioni di soggetti di cui all'articolo 73, comma 1, lettera a), del testo unico delle imposte sui redditi, di cui al decreto del Presidente della Repubblica 22 dicembre 1986, n. 917, il beneficio spetta limitatamente alle partecipazioni mediante le quali è acquisito o integrato il controllo ai sensi dell'articolo 2359, primo comma, numero 1), del codice civile. Il beneficio si applica a condizione che gli aventi causa proseguano l'esercizio dell'attività d'impresa o detengano il controllo per un periodo non inferiore a cinque anni dalla data del trasferimento, rendendo, contestualmente alla presentazione della dichiarazione di successione o all'atto di donazione, apposita dichiarazione in tal senso. Il mancato rispetto della condizione di cui al periodo precedente comporta la decadenza dal beneficio, il pagamento dell'imposta in misura ordinaria, della sanzione amministrativa prevista dall'articolo 13 del decreto legislativo 18 dicembre 1997, n. 471, e degli interessi di mora decorrenti dalla data in cui l'imposta medesima avrebbe dovuto essere pagata.*

768-*ter*. Forma.

A pena di nullità il contratto deve essere concluso per atto pubblico [320, commi 3, 4, 5, 371, 375, comma 1, n. 3, 397, 411, 424, 425, 732, 778, 782, comma 2, 1350, comma 1, n. 13, 2294, 2424, 2565, 2643, 2659, 2699][1].

[1] Articolo aggiunto dall'art. 2, L. 14 febbraio 2006, n. 55.
● Norme connesse:
- artt. 68, comma 3, 72, comma 5, D.Lgs. 10 febbraio 2005, n. 30.

768-*quater*. Partecipazione.

Al contratto devono partecipare anche il coniuge e tutti coloro che sarebbero legittimari ove in quel momento si aprisse la successione nel patrimonio dell'imprenditore [462, comma 2, 536, 548, comma 1, 585, comma 1].

Gli assegnatari dell'azienda o delle partecipazioni societarie devono liquidare gli altri partecipanti al contratto [1180], ove questi non vi rinunzino [809] in tutto o in parte, con il pagamento di una somma corrispondente al valore delle quote previste dagli articoli 536 e seguenti; i contraenti possono convenire che la liquidazione, in tutto o in parte, avvenga in natura [1321, 1325, 1350, 2643].

I beni assegnati con lo stesso contratto agli altri partecipanti non assegnatari dell'azienda, secondo il valore attribuito in contratto, sono imputati [564, comma 2] alle quote di legittima loro spettanti; l'assegnazione può essere disposta anche con successivo contratto che sia espressamente dichiarato collegato al primo e purché vi intervengano i medesimi soggetti che hanno partecipato al primo contratto o coloro che li abbiano sostituiti.

Quanto ricevuto dai contraenti non è soggetto a collazione [737] o a riduzione [553 ss.][1].

[1] Articolo aggiunto dall'art. 2, L. 14 febbraio 2006, n. 55.

768-*quinquies*. Vizi del consenso.

Il patto può essere impugnato dai partecipanti ai sensi degli articoli 1427 e seguenti.

L'azione si prescrive nel termine di un anno[1].

[1] Articolo aggiunto dall'art. 2, L. 14 febbraio 2006, n. 55.

768-*sexies*. Rapporti con i terzi.

All'apertura della successione dell'imprenditore, il coniuge e gli altri legittimari che non abbiano partecipato al contratto possono chiedere ai beneficiari del contratto stesso il pagamento della somma prevista dal secondo comma dell'articolo 768-*quater*, aumentata degli interessi legali.

L'inosservanza delle disposizioni del primo comma costituisce motivo di impugnazione ai sensi dell'articolo 768-*quinquies*[1].

[1] Articolo aggiunto dall'art. 2, L. 14 febbraio 2006, n. 55.

768-*septies*. Scioglimento.

Il contratto può essere sciolto [1372] o modificato [1321] dalle medesime persone che hanno concluso il patto di famiglia nei modi seguenti:

1) mediante diverso contratto, con le medesime caratteristiche e i medesimi presupposti di cui al presente capo;

2) mediante recesso [1373], se espressamente previsto nel contratto stesso e, necessariamente, attraverso dichiarazione agli altri contraenti certificata da un notaio [2699][1].

[1] Articolo aggiunto dall'art. 2, L. 14 febbraio 2006, n. 55.

768-*octies*. Controversie.

Le controversie derivanti dalle disposizioni di cui al presente capo sono devolute preliminarmente a uno degli organismi di conciliazione previsti dall'articolo 38 del decreto legislativo 17 gennaio 2003, n. 5[1 2].

[1] Articolo aggiunto dall'art. 2, L. 14 febbraio 2006, n. 55.
[2] L'art. 38, D.Lgs. 5/2003 è stato soppresso dall'art. 23, D.Lgs. 4 marzo 2010, n. 28. Vedi, ora, le corrispondenti disposizioni ivi contenute.

TITOLO V
DELLE DONAZIONI

● Norme connesse:
- artt. 1 ss, L. 18 dicembre 1984, n. 975; art. 56, L. 31 maggio 1995, n. 218; artt. 42, 64, 167, comma 2, R.D. 16 marzo 1942, n. 267.

CAPO I
DISPOSIZIONI GENERALI

769. Definizione.

La donazione è il contratto [550, comma 4, 555 ss., 564, comma 2, 737, 774, 782, 1321 ss., 1285 ss., 1326, 1329, 1331, 1353, 1346, 2643, 2659] col quale, per spirito di liberalità [770], una parte arricchisce l'altra [320, comma 3, 374 n. 3, 394, 411, 424, 438, comma 3, 441], disponendo a favore di questa di un suo diritto [832, 952, 957, 978, 1021, 1022, 1024, 1058, 1260, 1376, 2643, comma 1, n. 2-bis, 2645-ter] o assumendo verso la stessa un'obbligazione [437, 772, 1173 ss., 1273, 1862 comma 2].

● Norme connesse:
- per l'inefficacia degli atti a titolo gratuito compiuti dal fallito nei due anni anteriori alla dichiarazione di fallimento, art. 64, R.D. 16 marzo 1942, n. 267, nel testo modificato dall'art. 6, D.L. 27 giugno 2015, n. 83, convertito in L. 6 agosto 2015, n. 132 che dispone: *Sono privi di effetto rispetto ai creditori, se compiuti dal fallito nei due anni anteriori alla dichiarazione di fallimento, gli atti a titolo gratuito, esclusi i regali d'uso e gli atti compiuti in adempimento di un dovere morale o a scopo di pubblica utilità, in quanto la liberalità sia proporzionata al patrimonio del donante.*

I beni oggetto degli atti di cui al primo comma sono acquisiti al patrimonio del fallimento mediante trascrizione della sentenza dichiarativa di fallimento. Nel caso di cui al presente articolo ogni interessato può proporre reclamo avverso la trascrizione a norma dell'articolo 36

■ Codice civile del 1865: *Art. 1050. La donazione è un atto di spontanea liberalità, col quale il donante si spoglia attualmente ed irrevocabilmente della cosa donata in favore del donatario che l'accetta.*

♦ Codice civile francese

Articolo 893. *La liberalità è un atto per il quale una persona dispone a titolo gratuito di tutto o parte dei suoi beni o dei suoi diritti a vantaggio di un'altra persona. Può essere fatta liberalità solo con donazione tra vivi o con testamento.*

♦ Codice civile tedesco

§ 516 Definizione di donazione. *(1) Una attribuzione, con la quale un soggetto arricchisce un altro gravando sul proprio patrimonio, realizza una donazione nel caso in cui entrambe le parti concordino che l'attribuzione si verifichi in modo gratuito. (2) Qualora l'attribuzione sia realizzata senza la volontà dell'altra parte, il disponente può intimare lui, stabilendo un termine adeguato, di pronunciarsi sull'accettazione. Trascorso tale termine la donazione si considera accettata qualora l'altra parte non l'abbia rifiutata prima. Nell'ipotesi di un rifiuto può richiedersi la restituzione di quello che è stato trasferito in base alle disposizioni in materia di restituzione dell'ingiustificato arricchimento*

§ 517 Omesso acquisto patrimoniale. *Non c'è donazione nel caso in cui un soggetto rinunci, a favore di un altro ad un incremento patrimoniale o rinunci ad un diritto disposto a suo favore benché non ancora acquisito in modo definitivo ovvero rinunci ad una eredità o ad un legato.*

770. Donazione rimuneratoria.

È donazione anche la liberalità fatta per riconoscenza o in considerazione dei meriti del donatario o per speciale rimunerazione [437, 787, 797 n. 3, 805].

Non costituisce donazione [80, 742, comma 3, 797, 789, 798, 809] la liberalità che si suole fare in occasione di servizi resi [769-812, comma 3] o comunque in conformità agli usi [437, 742, 769-812, comma 1; L. fall. 64].

● Norme connesse:
- per l'esclusione dei regali d'uso dalla disciplina dell'inefficacia degli atti a titolo gratuito compiuti dal fallito nei due anni anteriori alla dichiarazione di fallimento, v. art. 64, R.D. 16 marzo 1942, n. 267.

■ Codice civile del 1865: *Art. 1051. È donazione anche la liberalità fatta per riconoscenza, o in considerazione dei meriti del donatario, o per ispeciale rimunerazione, e quella pure per cui s'imponga qualche peso al donatario.*

771. Donazione di beni futuri.

La donazione non può comprendere che i beni presenti del donante. Se comprende beni futuri [1348], è nulla rispetto a questi [1418 ss.], salvo che si tratti di frutti non ancora separati [820, 1419, 1472].

Qualora oggetto della donazione sia un'universalità di cose [782, comma 1, 816] e il donante ne conservi il godimento trattenendola presso di sé, si considerano comprese nella donazione anche le cose che vi si aggiungono successivamente, salvo che dall'atto risulti una diversa volontà [846, 848].

■ Codice civile del 1865: *Art. 1064. La donazione non può comprendere che i beni presenti del donante; se comprende beni futuri, è nulla riguardo a questi.*

♦ Codice civile francese

Articolo 943. *La donazione non potrà comprendere che i beni presenti del donante; se comprende beni futuri sarà nulla a questo riguardo.*

772. Donazione di prestazioni periodiche.

La donazione che ha per oggetto prestazioni periodiche si estingue alla morte del donante, salvo che risulti dall'atto una diversa volontà.

773. Donazione a più donatari.

La donazione fatta congiuntamente a favore di più donatari s'intende fatta per parti uguali, salvo che dall'atto risulti una diversa volontà.

È valida la clausola con cui il donante dispone che, se uno dei donatari non può o non vuole accettare, la sua parte si accresca agli altri [674, 676].

CAPO II

DELLA CAPACITÀ DI DISPORRE E DI RICEVERE PER DONAZIONE

774. Capacità di donare.

Non possono fare donazione coloro che non hanno la piena capacità di disporre dei propri beni [2, 394, 397, comma 3, 404, 414, 415, 424, 427]. È tuttavia valida la donazione fatta dal minore e dall'inabilitato [776] nel loro contratto di matrimonio [785] a norma degli articoli 165 e 166.

Le disposizioni precedenti si applicano anche al minore emancipato autorizzato all'esercizio di una impresa commerciale [397, 2195, 2198].

■ Codice civile del 1865: *Art. 1052. Non può donare: Chi non può far testamento;*

L'inabilitato dal giorno in cui fu promosso il giudizio d'inabilitazione ed il minore sebbene emancipato, salve le disposizioni particolari relative al contratto di matrimonio.

♦ Codice civile francese

Articolo 902. *Tutte le persone possono disporre e ricevere, sia con donazione sia con testamento, eccetto quelle che la legge dichiara incapaci.*

Articolo 903. *Il minore di età inferiore a sedici anni non potrà in nessun modo disporre salvo quello che è regolato dal capitolo IX del presente titolo.*

775. Donazione fatta da persona incapace d'intendere o di volere.

La donazione fatta da persona che, sebbene non interdetta [414], si provi essere stata per qualsiasi causa, anche transitoria, incapace di intendere o di volere al momento in cui la donazione è stata fatta [428], può essere annullata [120, 418, 591] su istanza del donante, dei suoi eredi o aventi causa [377, 428, 799].

L'azione si prescrive in cinque [2953] anni dal giorno [2962] in cui la donazione è stata fatta [428, comma 3, 799, 1442, 1443].

776. Donazione fatta dall'inabilitato.

La donazione fatta dall'inabilitato [415, 774], anche se anteriore alla sentenza di inabilitazione [421, 427, comma 2] o alla nomina del curatore provvisorio [419], può essere annullata [1442] se fatta dopo che è stato promosso il giudizio di inabilitazione [c.p.c. 712 ss.].

Il curatore dell'inabilitato per prodigalità [415 comma 2] può chiedere l'annullamento della donazione, anche se fatta nei sei mesi anteriori all'inizio del giudizio d'inabilitazione [427].

777. Donazioni fatte da rappresentanti di persone incapaci.

Il padre [316 comma 2] e il tutore [320, 374] non possono fare donazioni per la persona incapace [2 comma 1, 424] da essi rappresentata [378].

Sono consentite, con le forme abilitative richieste, le liberalità in occasione di nozze a favore dei discendenti dell'interdetto o dell'inabilitato [165, 166, 375, 774, comma 1, 785].

778. Mandato a donare.

È nullo [1418 ss.] il mandato [1703] con cui si attribuisce ad altri la facoltà di designare la persona del donatario o di determinare l'oggetto della donazione.

È peraltro valida la donazione a favore di persona che un terzo sceglierà tra più persone designate dal donante o appartenenti a determinate categorie, o a favore di una persona giuridica tra quelle indicate dal donante stesso [631, 782, 1392].

È del pari valida la donazione che ha per oggetto una cosa che un terzo determinerà tra più cose indicate dal donante o entro i limiti di valore dal donante stesso stabiliti [632].

779. Donazione a favore del tutore o protutore.

È nulla la donazione [799, 1418, 1421, 1422] a favore di chi è stato tutore o protutore del donante, se fatta prima che sia stato approvato il conto [386] o sia estinta l'azione per il rendimento del conto medesimo [323, 387, 388, 590, 596, 1471 n. 3].

Si applicano le disposizioni dell'articolo 599.

780. Donazione al figlio naturale non riconoscibile.

[...][1].

[1] Articolo abrogato dall'art. 205, L. 19 maggio 1975, n. 151. Il testo previgente disponeva: *È nulla la donazione fatta dal genitore al figlio naturale, se la filiazione non può essere riconosciuta o dichiarata.*

La nullità non si estende agli assegni fati dal genitore in occasione del matrimonio o per la sistemazione professionale del figlio nella misura consentita dalle condizioni economiche e sociali del donante.

CODICE CIVILE

La nullità può essere fatta valere dal donante, dai suoi discendenti legittimi o dal coniuge.

Si applicano le disposizioni dell'art. 599.

781. Donazione tra coniugi.

I coniugi non possono, durante il matrimonio, farsi l'uno all'altro alcuna liberalità salve quelle conformi agli usi[1].

[1] La Corte costituzionale, con sentenza 27 giugno 1973, n. 91, ha dichiarato l'illegittimità costituzionale del presente articolo.

■ Codice civile del 1865: *Art. 1054. I coniugi non possono durante il matrimonio farsi l'uno all'altro alcuna liberalità, salvo negli atti di ultima volontà nelle forme e secondo le regole stabilite per tali atti.*

CAPO III

DELLA FORMA E DEGLI EFFETTI DELLA DONAZIONE

782. Forma della donazione.

La donazione deve [1875] essere fatta per atto pubblico [1350 n. 13, 2699], sotto pena di nullità [783, 799, 1350, 1418, 1421, 1422, 2725, 2739]. Se ha per oggetto cose mobili, essa non è valida che per quelle specificate con indicazione del loro valore nell'atto medesimo della donazione, ovvero in una nota a parte sottoscritta dal donante, dal donatario e dal notaio.

L'accettazione può essere fatta nell'atto stesso o con atto pubblico posteriore [785]. In questo caso la donazione [769] non è perfetta se non dal momento in cui l'atto di accettazione è notificato [c.p.c. 137] al donante.

Prima che la donazione sia perfetta, tanto il donante quanto il donatario possono revocare la loro dichiarazione [1328, 1329].

[...][1].

[1] Comma abrogato dall'art. 13, L. 15 maggio 1997, n. 127, nel testo sostituito dall'art. 1, L. 22 giugno 2000, n. 192.

● Norme connesse:

- artt. 1 ss, L. 18 dicembre 1984, n. 975; art. 56, L. 31 maggio 1995, n. 218; artt. 42, 64, 167, comma 2, R.D. 16 marzo 1942, n. 267.

■ Codice civile del 1865: *Art. 1057. La donazione non obbliga il donante, e non produce effetto, se non dal giorno in cui viene accettata.*

L'accettazione può essere fatta nell'atto stesso, o con atto pubblico posteriore, prima però della morte del donante; ma in quest'ultimo caso la donazione non ha effetto, se non dal giorno in cui è notificato al donante l'atto di accettazione.

Art. 1058. Se il donatario è in età maggiore, l'accettazione deve essere fatta da lui, o in suo nome da persona munita di procura per atto autentico esprimente la facoltà di accettare la fattagli donazione la facoltà in generale di accettare donazioni.

♦ Codice civile francese

Articolo 931. *Ogni atto sulla donazione sarà redatto davanti al notaio nella forma ordinaria dei contratti e ne resterà minuta sotto pena di nullità.*

Articolo 932. *La donazione non impegna il donatore e non produrrà alcun effetto che dal giorno in cui sarà stata accettata nei termini espressi. L'accettazione potrà essere fatta dal vivente del donatore, con un atto posteriore e autentico, di cui resterà minuta; ma allora la donazione non avrà effetto, nei confronti del donatore che dal giorno in cui l'atto che constaterà questa accettazione gli sarà stato notificato.*

♦ Codice civile tedesco

§ 518 Forma della donazione promissoria. *(1) La validità del contratto con il quale viene promessa una prestazione a titolo di donazione è subordinata alla certificazione notarile della promessa. Analoghe considerazioni valgono per la promessa o per la dichiarazione di riconoscimento qualora una promessa di debito o una ricognizione di debito del tipo previsto nei §§ 780 e 781 venga fatta a titolo di donazione. (2) Il difetto di forma viene sanato attraverso l'esecuzione di quanto promesso.*

783. Donazioni di modico valore.

La donazione di modico valore che ha per oggetto beni mobili è valida anche se manca l'atto pubblico, purché vi sia stata la tradizione [738, 781, 782, 1153].

La modicità deve essere valutata anche in rapporto alle condizioni economiche del donante.

784. Donazione a nascituri.

La donazione può essere fatta anche a favore di chi è soltanto concepito [1, 462, 463, 2331], ovvero a favore dei figli di una determinata persona vivente al tempo della donazione [785], benché non ancora concepiti.

L'accettazione della donazione a favore di nascituri, benché non concepiti è regolata dalle disposizioni degli articoli 320 e 321 [462, 643].

Salvo diversa disposizione del donante, l'amministrazione dei beni donati spetta al donante o ai suoi eredi [643, 1357], i quali possono essere obbligati a prestare idonea garanzia [1179]. I frutti [820] maturati prima della nascita sono riservati al donatario se la donazione è fatta a favore di un nascituro già concepito. Se è fatta a favore di un non concepito, i frutti sono riservati al donante sino al momento della nascita del donatario.

■ Codice civile del 1865: *Art. 1059. La donazione fatta ad un minore non emancipato o ad un interdetto sarà accettata dal padre o dal tutore.*

La madre benché sia ancora in vita il padre, e gli altri ascendenti benché siano ancora in vita i genitori, possono accettare la donazione fatta al minore e all'interdetto, quantunque non ne siano tutori; ma in tali casi è necessaria l'autorizzazione del tribunale civile.

Lo stesso ha luogo quando la donazione sia fatta dal padre o dal tutore, con facoltà in ogni caso al tribunale di nominare per tale accettazione qualunque altra persona.

Le donazioni in favore dei nascituri da una determinata persona vivente possono essere negli stessi modi accettate dal padre, dalla madre, dall'avo o da qualunque altro degli ascendenti.

Il minore emancipato ed il maggiore inabilitato può accettare la donazione col consenso del curatore.

785. Donazione in riguardo di matrimonio.
La donazione fatta in riguardo di un determinato futuro matrimonio [165, 166, 784, 1411, comma 3, 1324-1334, 2645], sia dagli sposi tra loro [774], sia da altri a favore di uno o di entrambi gli sposi o dei figli nascituri [784] da questi, si perfeziona senza bisogno che sia accettata [1372, 1672], ma non produce effetto finché non segua il matrimonio [437, 777, 805, 1353].

L'annullamento del matrimonio [117] importa la nullità della donazione [1418]. Restano tuttavia salvi i diritti acquistati dai terzi di buona fede [1445] tra il giorno del matrimonio e il passaggio in giudicato [c.p.c. 324] della sentenza che dichiara la nullità del matrimonio. Il coniuge di buona fede [128] non è tenuto a restituire i frutti percepiti anteriormente alla domanda di annullamento del matrimonio [805, 1148].

La donazione in favore di figli nascituri rimane efficace per i figli rispetto ai quali si verificano gli effetti del matrimonio putativo [128].

● Norme connesse:
- L. 1 dicembre 1970, n. 898.
- artt. 1236, 1333, 1411, 1987, c.c.

■ Codice civile del 1865: *Art. 1062. La donazione debitamente accettata è perfetta tra le parti, e la proprietà degli effetti donati s'intende trasferita nel donatario senza necessità di tradizione.*

Le donazioni fatte in riguardo di un determinato futuro matrimonio, sia dagli sposi tra loro, sia da altri a favore degli sposi o della prole nascitura dai medesimi, non possono essere impugnate per mancanza di accettazione.

Art. 1068. Qualunque donazione fatta in riguardo di futuro matrimonio è senza effetto, se il matrimonio non segue.

Lo stesso ha luogo se il matrimonio è annullato; ma la donazione in quanto riguarda i figli rimane efficace nei casi espressi nell'art. 116, e sono pur salvi i diritti acquistati dai terzi nel tempo intermedio.

786. Donazione a ente non riconosciuto.
[...][1].

[1] Articolo abrogato dall'art. 13, L. 15 maggio 1997, n. 127, nel testo sostituito dall'art. 1, L. 22 giugno 2000, n. 192. L'articolo 13, citato, stabilisce che sono da ritenersi abrogate anche tutte le altre disposizioni che prescrivono autorizzazioni per l'acquisto di immobili o per accettazione di donazioni, eredità e legati da parte di persone giuridiche, ovvero il riconoscimento o autorizzazioni per l'acquisto di immobili o per accettazione di donazioni, eredità e legati da parte delle associazioni, fondazioni e di ogni altro ente non riconosciuto.

■ Codice civile del 1865: *Art. 1060. Le donazioni fatte ai corpi morali non possono essere accettate, se non coll'autorizzazione del governo menzionata nell'articolo 932.*

787. Errore sul motivo della donazione.
La donazione può essere impugnata per errore sul motivo, sia esso di fatto o di diritto, quando il motivo risulta dall'atto ed è il solo che ha determinato il donante a compiere la liberalità [624 comma 2, 794, 1427 ss.].

788. Motivo illecito.
Il motivo illecito [624, 1345] rende nulla la donazione quando risulta dall'atto ed è il solo che ha determinato il donante alla liberalità [626, 634, 794, 1345, 1418 ss.].

■ Codice civile del 1865: *Art. 1065. È nulla qualunque donazione fatta sotto condizioni impossibili o contrarie alla legge ed al buon costume.*

Art. 1066. È nulla qualunque donazione fatta sotto condizioni, la cui esecuzione dipenda dalla sola volontà del donante.

Art. 1067. È parimente nulla se è stata fatta sotto la condizione di soddisfare ad altri debiti o pesi fuori di quelli che esistevano al tempo della donazione, o specificamente designati nella medesima.

Art. 1068. Qualunque donazione fatta in riguardo di futuro matrimonio è senza effetto, se il matrimonio non segue.

Lo stesso ha luogo se il matrimonio è annullato; ma la donazione in quanto riguarda i figli rimane efficace nei casi espressi nell'art. 116, e sono pur salvi i diritti acquistati dai terzi nel tempo intermedio.

789. Inadempimento o ritardo nell'esecuzione.
Il donante, in caso d'inadempimento o di ritardo nell'eseguire la donazione, è responsabile soltanto per dolo o per colpa grave [798, 1218, 1223, 1224, 1225, 1229, 1768, 1812, 1821, 2030, 2697].

■ Codice civile del 1865: *Art. 1069. Quando il donante si è riservata la facoltà di disporre di qualche oggetto compreso nella donazione o di una determinata somma sui beni donati, e muore senza averne disposto, un tale oggetto od una tale somma appartiene agli eredi del donante, non ostante qualunque clausola o stipulazione in contrario.*

♦ Codice civile tedesco
§ 521 Responsabilità del donante. *Il donante è chiamato a rispondere soltanto per dolo o colpa grave.*

§ 522 Assenza d'interessi moratori. *Il donante non ha l'obbligo di pagare gli interessi moratori.*

790. Riserva di disporre di cose determinate.
Quando il donante si è riservata la facoltà di disporre di qualche oggetto [978, 1021, 1022, 1353, 1355] compreso nella donazione o di una determinata somma sui beni donati [793, 1353], e muore senza averne disposto, tale facoltà non può essere esercitata dagli eredi [796].

♦ Codice civile francese
Articolo 946. *Nel caso in cui il donatore si sia riservato la libertà di disporre di un effetto compreso nella donazione o di una somma fissa sui beni donati, se muore senza averne disposto, il detto effetto o detta somma apparterrà agli eredi del donatore, nonostante tutte le clausole e stipulazioni contrarie a questo.*

CODICE CIVILE

791. Condizione di riversibilità.

Il donante può stipulare la riversibilità [1353] delle cose donate, sia per il caso di premorienza del solo donatario, sia per il caso di premorienza del donatario e dei suoi discendenti [792].

Nel caso in cui la donazione è fatta con generica indicazione della riversibilità, questa riguarda la premorienza, non solo del donatario, ma anche dei suoi discendenti.

Non si fa luogo a riversibilità che a beneficio del solo donante. Il patto a favore di altri si considera non apposto [1354].

■ Codice civile del 1865: *Art. 1071. Il donante può stipulare la riversibilità degli effetti donati, tanto nel caso che avesse a premorire il solo donatario, quanto nel caso che avessero a premorire il donatario ed i suoi discendenti.*

A questo diritto non si fa luogo che a benefizio del solo donante.

792. Effetti della riversibilità.

Il patto di riversibilità [791] produce l'effetto di risolvere tutte le alienazioni dei beni donati e di farli ritornare al donante [1504] liberi da ogni peso o ipoteca, ad eccezione dell'ipoteca iscritta a garanzia della dote [166-*bis*] o di altre convenzioni matrimoniali, quando gli altri beni del coniuge donatario non sono sufficienti [560], e nel caso soltanto in cui la donazione è stata fatta con lo stesso contratto matrimoniale [162] da cui l'ipoteca risulta.

È valido il patto per cui la riversione non deve pregiudicare la quota di riserva spettante al coniuge superstite sul patrimonio del donatario, compresi in esso i beni donati [540].

■ Codice civile del 1865: *Art. 1072. Il diritto di riversibilità produce l'effetto di sciogliere tutte le alienazioni dei beni donati, e di farli ritornare al donante liberi ed esenti da ogni peso ed ipoteca, ad eccezione dell'ipoteca della dote, dei lucri dotali e delle convenzioni matrimoniali, quando gli altri beni del coniuge donatario non bastino, e nel caso soltanto in cui la donazione gli fosse stata fatta collo stesso contratto matrimoniale, da cui risultano tali diritti ed ipoteche.*

♦ Codice civile francese

Articolo 952. *L'effetto della riversibilità è di risolvere tutte le alienazioni dei beni e dei diritti donati e di far ritornare questi beni e diritti al donatore, liberi da tutti gli oneri ed ipoteche, eccetto l'ipoteca legale degli sposi se gli altri beni dello sposo donatario non sono sufficienti all'adempimento di questo ritorno e la donazione gli è stata fatta con il contratto di matrimonio da cui risultano questi oneri ed ipoteche.*

793. Donazione modale.

La donazione può essere gravata da un onere [647, 676, comma 2, 677, commi 2, 3, 794, 797 n. 3, 809, 1173, 1354, 1861].

Il donatario è tenuto all'adempimento dell'onere [647] entro i limiti del valore della cosa donata [438, comma 3, 671].

Per l'adempimento dell'onere può agire, oltre il donante, qualsiasi interessato, anche durante la vita del donante stesso [648, 1174].

La risoluzione per inadempimento [1453] dell'onere, se preveduta nell'atto di donazione, può essere domandata dal donante o dai suoi eredi [648, comma 2, 2652 n. 1].

♦ Codice civile francese

Articolo 1048. *Una liberalità può essere gravata di un onere che comporta l'obbligazione per il donatario o il legatario di conservare i beni od i diritti che ne sono oggetto e di trasmetterli, al suo decesso, ad un secondo onorato, designato nell'atto.*

♦ Codice civile tedesco

§ 525 Donazione modale. *(1) Colui che fa una donazione con onere può esigere l'esecuzione dell'onere dopo aver eseguito la prestazione. (2) Qualora l'esecuzione dell'onere sia di pubblico interesse, anche la stessa autorità competente può, morto il donante, richiederne l'esecuzione.*

§526 Rifiuto di eseguire l'onere. *Se in seguito ad un vizio di diritto o di un vizio della cosa donata, il valore della prestazione non arrivi ad eguagliare il valore delle spese necessarie per dare esecuzione all'onere, il donatario è legittimato a rifiutare l'esecuzione dell'onere fino a quando non venga raggiunto l'ammontare della perdita derivante dal vizio. Se il donatario adempie l'onere non conoscendo il vizio, può esigere dal donante la restituzione delle somme sostenute per l'esecuzione della prestazione nel caso in cui queste, a causa del vizio, eccedano il valore dell'attribuzione.*

§ 527 Mancata esecuzione dell'onere. *(1) Quando non c'è stata l'esecuzione dell'onere, il donante può, ave ricorrano le condizioni previste per l'esercizio del recesso nei contratti bilaterali, in base alle disposizioni sulla restituzione di un ingiustificato arricchimento, esigere la restituzione della donazione per il valore in cui la stessa avrebbe dovuto essere utilizzata per eseguire l'onere. (2) La pretesa non sussiste quando un terzo ha il diritto di pretendere l'esecuzione dell'onere.*

794. Onere illecito o impossibile.

L'onere illecito o impossibile si considera non apposto [634]; rende tuttavia nulla la donazione se ne ha costituito il solo motivo determinante [526, 626, 647, 788, 793, 1353, 1418, 2643].

795. Divieto di sostituzione.

Nelle donazioni non sono permesse le sostituzioni se non nei casi e nei limiti stabiliti per gli atti di ultima volontà [688 ss.].

La nullità delle sostituzioni non importa nullità della donazione.

■ Codice civile del 1865: *Art. 1073. Nelle donazioni non sono permesse le sostituzioni, se non nei casi e nè limiti stabiliti per gli atti di ultima volontà.*

La nullità delle sostituzioni non nuoce alla validità della donazione.

796. Riserva di usufrutto.

È permesso al donante di riservare l'usufrutto dei beni donati a proprio vantaggio, e dopo di lui a vantaggio di un'altra persona [769] o anche di più persone, ma non successivamente [698, 774, 790, 978 ss., 1002].

■ Codice civile del 1865: *Art. 1074. È permesso al donante di riservare a suo vantaggio e dopo di lui anche a vantaggio di uno o più altri, non però successivamente, l'uso o l'usufrutto dei beni donati tanto mobili quanto immobili.*

Art. 1076. Se la donazione di cose mobili è stata fatta con riserva d'usufrutto, questo cessando, il donatario è tenuto a ricevere gli effetti donati che si trovassero in natura nello stato in cui saranno, ed ha azione contro il donante o i suoi eredi per gli effetti non più sussistenti sino alla concorrenza del valore ad essi attribuito nell'atto della donazione, eccetto che siano periti per solo caso fortuito.

797. Garanzia per evizione.

Il donante [1266] è tenuto a garanzia verso il donatario, per l'evizione [758, 1483] che questi può soffrire delle cose donate, nei casi seguenti:

1) se ha espressamente promesso la garanzia [758, comma 2];

2) se l'evizione dipende dal dolo o dal fatto personale di lui [1487];

3) se si tratta di donazione che impone oneri al donatario, o di donazione rimuneratoria [770, 793], nei quali casi la garanzia è dovuta fino alla concorrenza dell'ammontare degli oneri o dell'entità delle prestazioni ricevute dal donante [1547 comma 2].

■ Codice civile del 1865: *Art. 1077. Il donante non è tenuto a garantìa verso il donatario per l'evizione che questi soffra delle cose donate.*

Questa regola però, oltre il caso espresso nell'art. 1396, cessa:

1° Quando il donante abbia espressamente promesso la garantìa;

2° Quando l'evizione dipenda dal dolo o dal fatto personale del donante;

3° Quando trattasi di donazione che imponga oneri al donatario, nel qual caso la garantìa è dovuta soltanto sino a concorrenza dell'importare degli oneri.

798. Responsabilità per vizi della cosa.

Salvo patto speciale, la garanzia del donante non si estende ai vizi della cosa [1490], a meno che il donante sia stato in dolo [789, 1490, 1710 comma 1, 1762 comma 2, 1812, 1821 comma 2, 2030 comma 2].

♦ Codice civile tedesco

§ 522 Responsabilità per vizi della cosa. *(1) Se il donante tace con dolo un vizio della cosa donata, ha l'obbligo di risarcire al donatario i danni conseguenti. (2) Se il donante aveva promesso la prestazione di una cosa determinata solo nel genere, che doveva ancora acquistare, il donatario può richiedere, qualora la cosa donata sia viziata ed il vizio era conosciuto dal donante ill momento dell'acquisto della cosa o ignorato a causa di una colpa grave, che gli venga data una cosa priva di vizi al posto della cosa viziata. Se poi il donante ha taciuto con dolo il vizio, il donatario è legittimato a chiedere, in cambio della fornitura di una cosa priva di vizi, il risarcimento del danno per inadempimento. A tali richieste vengono corrispondentemente applicate le disposizioni in tema di garanzia per vizi della cosa alienata.*

§ 523 Responsabilità per vizi giuridici. *(1) Se il donante rimane dolosamente in silenzio su un vizio di diritto, ha l'obbligo di risarcire al donatario il danno derivatogli. (2) Se il donante aveva promesso di donare un oggetto, che ancora doveva acquistare, il donatario è legittimato a chiedere il risarcimento del danno cagionato dall'inadempimento per un vizio di diritto, nel caso in cui il vizio fosse conosciuto dal donante al momento dell'acquisto della cosa o lo avesse ignorato a causa di colpa grave. Le disposizioni del § 433, comma I, e dei §§ 435,436,444,452,453, inerenti alla responsabilità del venditore per vizi giuridici trovano corrispondente applicazione.*

799. Conferma ed esecuzione volontaria di donazioni nulle.

La nullità della donazione [627, 775, 779, 780], da qualunque causa dipenda, non può essere fatta valere dagli eredi [590] o aventi causa [590, 649, 1470] dal donante [377, 428] che, conoscendo la causa della nullità, hanno, dopo la morte di lui, confermato la donazione o vi hanno dato volontaria esecuzione [590, 627, comma 2, 1423, 1444, 1933, comma 2, 2034, 2126, 2940].

■ Codice civile del 1865: *Art. 1311. La conferma, ratifica o esecuzione volontaria di una donazione o disposizione testamentaria per parte degli credi o aventi causa dal donante o testatore, dopo la morte di lui, include la loro rinunzia ad opporre i vizi delle forme e qualunque altra eccezione.*

♦ Codice civile tedesco

§ 141 Conferma del negozio giuridico nullo. *(1) Se un negozio giuridico nullo riceve conferma dal soggetto che lo ha posto in essere; tale conferma deve considerarsi come nuovo negozio posto in essere. (2) Se un contratto nullo riceve conferma dalle parti, queste nel dubbio hanno l'obbligo di garantirsi reciprocamente quello che avrebbero ottenuto nel caso in cui il contratto fosse stato valido sin dal principio.*

CAPO IV
DELLA REVOCAZIONE DELLE DONAZIONI

800. Cause di revocazione.

La donazione può essere revocata [805, 806, 809] per ingratitudine o per sopravvenienza di figli [803, 1922 comma 2].

■ Codice civile del 1865: *Art. 1078. La donazione può rivocarsi per effetto della condizione risolutiva, per causa d'ingratitudine e per sopravvegnenza di figli.*

♦ Codice civile francese

Articolo 953. *La donazione non potrà essere revocata che per inadempimento delle condizioni sotto le quali sarà stata fatta, per ingratitudine e per sopravvenienza di figli.*

♦ Codice civile tedesco

§ 530 Revoca della donazione. *(1) Una donazione può revocarsi quando il donatario si sia reso colpevole di grave ingratitudine a causa di una grave mancanza nei riguardi del donante o di un suo parente prossimo. (2) All'erede del donante è riconosciuto il diritto di revoca soltanto quando il do-*

CODICE CIVILE

natario abbia con dolo ed in modo illecito ucciso il donante o abbia cercato di ostacolare la revoca.

801. Revocazione per ingratitudine.

La domanda di revocazione per ingratitudine [800, 806, 809, 2652 n. 1] non può essere proposta che quando il donatario ha commesso uno dei fatti previsti dai numeri 1, 2 e 3 dell'articolo 463, ovvero si è reso colpevole d'ingiuria grave verso il donante o ha dolosamente arrecato grave pregiudizio al patrimonio di lui o gli ha rifiutato indebitamente gli alimenti dovuti ai sensi degli articoli 433, 435 e 436[1].

[1] Il riferimento all'art. 435 è privo di vigore giuridico in quanto abrogato dall'art. 169, L. 19 maggio 1975, n. 151.

● Norme connesse:

- art. 46, comma 1, n. 1, R.D. 16 marzo 1942, n. 267.

■ Codice civile del 1865: *Art. 1081. La rivocazione per causa d'ingratitudine non può essere proposta che nei seguenti casi:*

Se il donatario abbia attentato alla vita del donante.

Se siasi reso colpevole verso di lui di altro crimine, sevizie od ingiurie gravi.

Se gli neghi indebitamente gli alimenti.

♦ Codice civile francese

Articolo 955. *La donazione non potrà essere revocata per ingratitudine che nei casi seguenti: 1° se il donatario ha recato danno alla vita del donatore, 2° se si è reso colpevole verso di lui di sevizie, delitti o gravi ingiurie; 3° se gli rifiuta gli alimenti.*

802. Termini e legittimazione ad agire.

La domanda di revocazione per causa d'ingratitudine [801] deve essere proposta dal donante o dai suoi eredi, contro il donatario o i suoi eredi, entro l'anno dal giorno in cui il donante è venuto a conoscenza del fatto che consente la revocazione [2652 n. 1, 2900, 2964 ss.].

Se il donatario si è reso responsabile di omicidio volontario [c.p. 575 ss.] in persona del donante o gli ha dolosamente impedito di revocare la donazione, il termine per proporre l'azione è di un anno dal giorno in cui gli eredi hanno avuto notizia della causa di revocazione [disp. att. 141].

■ Codice civile del 1865: *Art. 1082. La domanda di rivocazione per ingratitudine deve essere proposta entro l'anno dal giorno del fatto che vi dà luogo o dal giorno in cui il donante ha potuto averne notizia.*

Tale domanda non può proporsi dal donante contro gli eredi del donatario né dagli eredi del donante contro il donatario, eccetto che l'azione in quest'ultimo caso sia stata promossa dallo stesso donante od egli fosse mancato di vita entro l'anno dal fatto avvenuto.

♦ Codice civile francese

Articolo 957. *La domanda di revoca per ingratitudine dovrà essere fatta nell'anno, a partire dal giorno del delitto imputato dal donatore al donatario, o dal giorno in cui il donatore avrà potuto conoscere il delitto. Questa revoca non potrà essere domandata dal donatore contro gli eredi del donatario né dagli eredi del donatore contro il donatario, a meno che, in quest'ultima caso, l'azione non sia stata intentata dal donatore o a meno che non sia deceduto nell'anno del delitto.*

♦ Codice civile tedesco

§ 531 Dichiarazione di revoca. *(1) La revoca si realizza con una dichiarazione resa nei confronti del donatario. (2) Quando la donazione viene revocata, può pretendersi la restituzione di quanto donato in base alle disposizioni sulla restituzione dell'ingiustificato arricchimento*

§ 532 Esclusione della revoca. *La revoca non è ammessa quando il donante ha perdonato il donatario o se sia trascorso un anno da quando l'avente diritto alla revoca ha avuto conoscenza del verificarsi dei presupposti del suo diritto. Una volta morto il donatario la revoca non è più ammessa.*

803. Revocazione per sopravvenienza di figli.

Le donazioni fatte da chi non aveva o ignorava di avere figli o discendenti al tempo della donazione, possono essere revocate per la sopravvenienza o l'esistenza [231] di un figlio [250 ss., 687] o discendente del donante. Possono inoltre essere revocate per il riconoscimento di un figlio, salvo che si provi che al tempo della donazione il donante aveva notizia dell'esistenza del figlio.

La revocazione può essere domandata anche se il figlio del donante era già concepito [462] al tempo della donazione [804, 806, 809][1][2].

[1] Articolo così sostituito dall'art. 88, D.Lgs. 28 dicembre 2013, n. 154, a decorrere dal 7 febbraio 2014. Il testo previgente disponeva: *Le donazioni, fatte da chi non aveva o ignorava di avere figli o discendenti legittimi al tempo della donazione, possono essere revocate per la sopravvenienza o l'esistenza di un figlio o discendente legittimo del donante. Possono inoltre essere revocate per il riconoscimento di un figlio naturale, fatto entro due anni dalla donazione, salvo che si provi che al tempo della donazione il donante aveva notizia dell'esistenza del figlio.*

La revocazione può essere domandata anche se il figlio del donante era già concepito al tempo della donazione.

[2] La Corte costituzionale, con sentenza 3 luglio 2000, n. 250, aveva dichiarato l'illegittimità costituzionale del primo e del secondo comma, nella parte in cui prevedevano che, in caso di sopravvenienza di un figlio naturale, la donazione potesse essere revocata solo se il riconoscimento del figlio fosse intervenuto entro due anni dalla donazione.

● Norme connesse:

- art. 46, comma 1, n. 1, R.D. 16 marzo 1942, n. 267.

■ Codice civile del 1865: *Art. 1083. Le donazioni fatte da persone che non avevano figli o discendenti legittimi viventi al tempo della donazione, possono essere rivocate per la sopravvegnenza di un figlio legittimo del donante, benché postumo, che sia nato vivo e vitale, o per la legittimazione di un figlio naturale per susseguente matrimonio, quando però sia nato dopo la donazione.*

Ove si tratti di donazioni reciproche, la rivocazione della donazione per la sopravvegnenza di prole ad uno dei donanti produce anche la rivocazione della donazione fatta dall'altro.

1085. La rivocazione può essere do mandata ancorché il figlio del donante fosse già concepito al tempo della donazione.

♦ Codice civile francese

Articolo 960. *Tutte le donazioni fatte da persone che non avevano figli o discendenti attualmente viventi al tempo della donazione, di qualunque valore queste donazioni possano essere, ed a qualsiasi titolo esse siano state fatte ed anche quando sia mutuali o remunerative, anche quelle che sarebbero state fatte in favore del matrimonio da persone diverse dai coniugi l'uno verso l'altro, possono essere revocate se l'atto di donazione lo prevede, per sopravvenienza di un figlio nato dal donatore, anche dopo il suo decesso, o adottato da lui nelle forme e nelle condizioni previste al capitolo 10 del titolo VIII del libro 1.*

804. Termine per l'azione.

L'azione di revocazione per sopravvenienza di figli [803] deve essere proposta entro cinque anni [2964 ss.] dal giorno della nascita dell'ultimo figlio nato nel matrimonio o discendente ovvero della notizia dell'esistenza del figlio o discendente, ovvero dell'avvenuto riconoscimento del figlio nato fuori del matrimonio [250 ss., 2652 n. 1][1].

Il donante non può proporre o proseguire l'azione dopo la morte del figlio o del discendente.

[1] Comma così modificato dall'art. 89, D.Lgs. 28 dicembre 2013, n. 154, a decorrere dal 7 febbraio 2014. Il testo previgente disponeva: *L'azione di revocazione per sopravvenienza di figli deve essere proposta entro cinque anni dal giorno della nascita dell'ultimo figlio o discendente legittimo ovvero della notizia dell'esistenza del figlio o discendente, ovvero dell'avvenuto riconoscimento del figlio naturale.*

■ Codice civile del 1865: *Art. 1090. L'azione di rivocazione per sopravvegnenza di figli al donante si prescrive col decorso di cinque anni computabili dal giorno della nascita dell'ultimo figlio.*

Il donante non può proporre la detta azione dopo la morte dei figli e loro discendenti.

♦ Codice civile francese

Articolo 966. *L'azione di revoca si prescrive in cinque anni a partire dalla nascita o dall'adozione dell'ultimo figlio. Non può essere esercitata che dal donatore.*

805. Donazioni irrevocabili.

Non possono revocarsi per causa d'ingratitudine, né per sopravvenienza di figli, le donazioni rimuneratorie [770] e quelle fatte in riguardo di un determinato matrimonio [785, 800, 801, 803].

■ Codice civile del 1865: *Art. 1087. Sono eccettuate dalle disposizioni precedenti, e rimangono irrevocabili tanto per causa di ingratitudine, quanto per sopravvegnenza di figli, le donazioni puramente rimuneratorie e quelle fatte in riguardo di un determinato matrimonio, salvo però ai figli del donante il diritto di chiederne la riduzione in quanto eccedono la porzione disponibile.*

♦ Codice civile francese

Articolo 959. *Le donazione fatte in riguardo di un matrimonio non saranno revocabili per ingratitudine.*

♦ Codice civile tedesco

§ 534 Donazioni doverose e decorose. *Le donazioni conformi ad un dovere morale o al rispetto dovuto al decoro, non sono sottoposte alla domanda di restituzione e alla revoca.*

806. Inammissibilità della rinunzia preventiva.

Non è valida la rinunzia preventiva alla revocazione della donazione per ingratitudine o per sopravvenienza di figli [800, 801, 803].

■ Codice civile del 1865: *Art. 1084. Qualunque clausola o convenzione, con cui il donante avesse rinunziato al diritto di rivocare la donazioni per la soppravvegnenza di figli, è nulla.*

♦ Codice civile tedesco

§ 533 Rinuncia al diritto di revoca. *Al diritto di revoca può rinunciarsi soltanto se l'ingratitudine è nota al legittimato alla revoca.*

807. Effetti della revocazione.

Revocata la donazione per ingratitudine [801] o sopravvenienza di figli [803], il donatario deve restituire i beni in natura, se essi esistono ancora, e i frutti [820] relativi, a partire dal giorno della domanda [808, 1148].

Se il donatario ha alienato i beni, deve restituirne il valore, avuto riguardo al tempo della domanda, e i frutti relativi [820], a partire dal giorno della domanda stessa [1148].

■ Codice civile del 1865: *Art. 1089. Rivocata la donazione, il donatario deve restituire il valore delle cose alienate, avuto riguardo al tempo della domanda, insieme coi frutti dal giorno della medesima.*

♦ Codice civile francese

Articolo 963. *I beni ed i diritti compresi nella donazione revocata rientrano nel patrimonio del donatore, liberi di tutti gli oneri ed ipoteche del donatario, senza che essi possano restare colpiti, anche da ipoteca legale degli sposi; è così anche se la donazione è stata/atta in favore del matrimonio del donatario ed inserita nel contratto di matrimonio.*

808. Effetti nei riguardi dei terzi.

La revocazione per ingratitudine [801] o per sopravvenienza di figli [803] non pregiudica i terzi che hanno acquistato diritti anteriormente alla domanda, salvi gli effetti della trascrizione di questa [807, 2652 nn. 1 e 5].

Il donatario, che prima della trascrizione della domanda di revocazione ha costituito sui beni donati diritti reali che ne diminuiscono il valore, deve indennizzare il donante della diminuzione di valore sofferta dai beni stessi.

■ Codice civile del 1865: *Art. 1088. La rivocazione per ingratitudine o per sopravvegnenza di figli non pregiudica ai terzi che hanno acquistati diritti sugli immobili anteriormente alla trascrizione della domanda.*

809. Norme sulle donazioni applicabili ad altri atti di liberalità.

Le liberalità anche se risultano da atti diversi da quelli previsti dall'articolo 769 [167, 210, 437, 776, 777, 779, 787, 788, 791, 793, 1180, 1236, 1237, 1411,

1862, 1875, 1920], sono soggette alle stesse norme che regolano la revocazione delle donazioni per causa d'ingratitudine [801] e per sopravvenienza di figli [803] nonché a quelle sulla riduzione delle donazioni per integrare la quota dovuta ai legittimari [553, 554, 555, 564, comma 2, 737, 1922, 1923 comma 2].

Questa disposizione non si applica alle liberalità previste dal secondo comma dell'articolo 770 e a quelle che a norma dell'articolo 742 non sono soggette a collazione.

LIBRO III
DELLA PROPRIETÀ

TITOLO I
DEI BENI

CAPO I
DEI BENI IN GENERALE

810. Nozione.

Sono beni [812-818] le cose che possono formare oggetto di diritti [1542, 2555, 2575].

■ Codice civile del 1865: *Art. 406. Tutte le cose che possono formare oggetto di proprietà pubblica o privata sono beni immobili o mobili.*

Sezione I
Dei beni nell'ordine corporativo

811. Disciplina corporativa.

[...][1].

[1] Articolo abrogato dall'art. 3, D.Lgs.Lgt. 14 settembre 1944, n. 287.

Sezione II
Dei beni immobili e mobili

812. Distinzione dei beni.

Sono beni immobili [819] il suolo, le sorgenti e i corsi d'acqua, gli alberi [1472], gli edifici e le altre costruzioni, anche se unite al suolo a scopo transitorio, e in genere tutto ciò che naturalmente o artificialmente è incorporato al suolo.

Sono reputati immobili i mulini, i bagni e gli altri edifici galleggianti quando sono saldamente assicurati alla riva o all'alveo e sono destinati ad esserlo in modo permanente per la loro utilizzazione [1350, 2643, 2810].

Sono mobili tutti gli altri beni [814, 815, 816, 923; c.p. 624, 628, 639, 646, 1153, 1766, 2468, 2784].

● Norme connesse:

- sulla vendita dei beni mobili di consumo, artt. da 128 a 135 del Codice del consumo (D.Lgs. 6 settembre 2005, n. 206).
- D.Lgs. 3 aprile 2006, n. 152.

■ Codice civile del 1865: *Art. 407. I beni sono immobili o per natura, o per destinazione, o per l'oggetto a cui si riferiscono.*

813. Distinzione dei diritti.

Salvo che dalla legge risulti diversamente, le disposizioni concernenti i beni immobili [812] si applicano anche ai diritti reali [832, 952, 957, 981, 1021, 1022, 1027, 2810] che hanno per oggetto beni immobili e alle azioni relative [c.p.c. 555]; le disposizioni concernenti i beni mobili [812 comma 3] si applicano a tutti gli altri diritti.

■ Codice civile del 1865: *Art. 415. La legge considera immobili per l'oggetto a cui si riferiscono:*

I diritti del concedente e quelli dell'enfiteuta sui fondi soggetti ad enfiteusi;

Il diritto di usufrutto e di uso sulle cose immobili, e quello di abitazione;

Le servitù prediali;

Le azioni che tendono a ricuperare immobili o diritti ad essi relativi.

814. Energie.

Si considerano beni mobili le energie naturali che hanno valore economico [812; c.p. 624].

● Norme connesse:

- art. 128, comma 2, n. 3, D.Lgs. 6 settembre 2005, n. 206.

815. Beni mobili iscritti in pubblici registri.

I beni mobili iscritti in pubblici registri [2683] sono soggetti alle disposizioni che li riguardano [507, 509, 534, 561, 563, 812, 819, 1158, 1159, 1162, 1706, 1707, 2683, 2750, 2779, 2810, 2913, 2914 n. 1, 2915; c.nav. 146, 245, 753, 861] e in mancanza, alle disposizioni relative ai beni mobili.

● Norme connesse:

- R.D.L. 15 marzo 1927, n. 436, convertito in L. 19 febbraio 1928, n. 510 (Disciplina dei contratti di compravendita degli autoveicoli ed istituzione del Pubblico Registro Automobilistico presso le sedi dell'Automobile club d'Italia); R.D. 29 luglio 1927, n. 1814 (Disposizioni di attuazione del R.D. 436/1927); D.Lgs.C.P.S. 22 gennaio 1947, n. 340 (Riordinamento del Registro Italiano Navale); D.Lgs. 25 luglio 1997, n. 250 (Istituzione dell'Ente Nazionale per l'Aviazione Civile-ENAC).

816. Universalità di mobili.

È considerata universalità di mobili [812] la pluralità di cose [816 comma 2] che appartengono alla stessa persona e hanno una destinazione unitaria [727 comma 1, 771 comma 2, 782, comma 1, 817, 994, 1010, 1156, 1160, 1170, 2784, 2914 n. 3].

Le singole cose componenti l'universalità possono formare oggetto di separati atti e rapporti giuridici [818, 2555].

817. Pertinenze.

Sono pertinenze [818] le cose destinate in modo durevole a servizio o ad ornamento di un'altra cosa [667, 983, 1477 comma 2, 1617, 2810 n. 1, 2912].

La destinazione può essere effettuata dal proprietario della cosa principale o da chi ha un diritto reale sulla medesima [959; c.nav. 29, 246, 247, 248, 862, 863].

● Norme connesse:

- comma 1: in tema di parcheggi, art. 41-*sexies*, L. 17 agosto 1942, n. 1150, che dispone: *Nelle nuove costruzioni ed anche nelle aree di pertinenza delle costruzioni stesse, debbono essere riservati appositi spazi per parcheggi in misura non inferiore ad un metro quadrato per ogni 10 metri cubi di costruzione.*

Gli spazi per parcheggi realizzati in forza del primo comma non sono gravati da vincoli pertinenziali di sorta nè da diritti d'uso a favore dei proprietari di altre unità immobiliari e sono trasferibili autonomamente da esse.

- L. 24 marzo 1989, n. 122 (Disposizioni in materia di parcheggi).

818. Regime delle pertinenze.

Gli atti e i rapporti giuridici che hanno per oggetto la cosa principale comprendono anche le pertinenze [667, 1477, 2811, 2912], se non è diversamente disposto.

Le pertinenze possono formare oggetto di separati atti o rapporti giuridici [817, 2762, comma 1; c.p.c. 515].

La cessazione della qualità di pertinenza non è opponibile ai terzi i quali abbiano anteriormente acquistato diritti sulla cosa principale [816, 819; c.nav. 247, 863].

● Norme connesse:

- art. 24, D.P.R. 26 aprile 1986 n. 131, T.U. imposta di registro, che dispone: *1. Nei trasferimenti immobiliari le accessioni, i frutti pendenti e le pertinenze si presumono trasferiti all'acquirente dell'immobile, a meno che siano esclusi espressamente dalla vendita o si provi, con atto che abbia acquistato data certa mediante la registrazione, che appartengono ad un terzo o sono stati ceduti all'acquirente da un terzo.*

2. Quando, entro tre anni, le pertinenze vengano comunque a risultare di proprietà dell'acquirente dell'immobile al cui servizio erano destinate, si applica l'imposta con l'aliquota relativa al trasferimento dell'immobile, diminuita dell'ammontare della imposta eventualmente pagata per il trasferimento delle pertinenze stesse separatamente intervenuto fra le stesse parti.

- art. 9, L. 24 marzo 1989, n. 122 (Disposizioni in materia di parcheggi), che dispone: *1. I proprietari di immobili possono realizzare nel sottosuolo degli stessi ovvero nei locali siti al piano terreno dei fabbricati parcheggi da destinare a pertinenza delle singole unità immobiliari, anche in deroga agli strumenti urbanistici ed ai regolamenti edilizi vigenti. Tali parcheggi possono essere realizzati, ad uso esclusivo dei residenti, anche nel sottosuolo di aree pertinenziali esterne al fabbricato, purché non in contrasto con i piani urbani del traffico, tenuto conto dell'uso della superficie sovrastante e compatibilmente con la tutela dei corpi idrici. Restano in ogni caso fermi i vincoli previsti dalla legislazione in materia paesaggistica ed ambientale ed i poteri attribuiti dalla medesima legislazione alle regioni e ai Ministeri dell'ambiente e per i beni culturali ed ambientali da esercitare motivatamente nel termine di 90 giorni. I parcheggi stessi, ove i piani urbani del traffico non siano stati redatti, potranno comunque essere realizzati nel rispetto delle indicazioni di cui al periodo precedente.*

2. L'esecuzione delle opere e degli interventi previsti dal comma 1 è soggetta a denuncia di inizio attività.

3. Le deliberazioni che hanno per oggetto le opere e gli interventi di cui al comma 1 sono approvate salvo che si tratti di proprietà non condominiale dalla assemblea del condominio, in prima o in seconda convocazione, con la maggioranza prevista dall'articolo 1136, secondo comma, del codice civile. Resta fermo quanto disposto dagli articoli 1120, secondo comma, e 1121, terzo comma, del codice civile.

4. I comuni, previa determinazione dei criteri di cessione del diritto di superficie e su richiesta dei privati interessati o di imprese di costruzione o di società anche cooperative, possono prevedere, nell'ambito del programma urbano dei parcheggi, la realizzazione di parcheggi da destinare a pertinenza di immobili privati su aree comunali o nel sottosuolo delle stesse. Tale disposizione si applica anche agli interventi in fase di avvio o già avviati. La costituzione del diritto di superficie è subordinata alla stipula di una convenzione nella quale siano previsti:

a) la durata della concessione del diritto di superficie per un periodo non superiore a novanta anni;

b) il dimensionamento dell'opera ed il piano economico-finanziario previsti per la sua realizzazione;

c) i tempi previsti per la progettazione esecutiva, la messa a disposizione delle aree necessarie e la esecuzione dei lavori;

d) i tempi e le modalità per la verifica dello stato di attuazione nonché le sanzioni previste per gli eventuali inadempimenti.

5. Fermo restando quanto previsto dall'articolo 41-sexies, della legge 17 agosto 1942, n. 1150, e successive modificazioni, e l'immodificabilità dell'esclusiva destinazione a parcheggio, la proprietà dei parcheggi realizzati a norma del comma 1 può essere trasferita, anche in deroga a quanto previsto nel titolo edilizio che ha legittimato la costruzione e nei successivi atti convenzionali, solo con contestuale destinazione del parcheggio trasferito a pertinenza di altra unità immobiliare sita nello stesso comune. I parcheggi realizzati ai sensi del comma 4 non possono essere ceduti separatamente dall'unità immobiliare alla quale sono legati da vincolo pertinenziale e i relativi atti di cessione sono nulli, ad eccezione di espressa previsione contenuta nella convenzione stipulata con il comune, ovvero quando quest'ultimo abbia autorizzato l'atto di cessione.

6. Le opere e gli interventi di cui ai precedenti commi 1 e 4, nonché gli acquisti di immobili destinati a parcheggi, effettuati da enti o imprese di assicurazione sono equiparati, ai fini della copertura delle riserve tecniche, ad immobili ai sensi degli articoli 32 ed 86 della legge 22 ottobre 1986, n. 742.

♦ Codice civile tedesco

§ 534 Accessori dell'immobile. *Se l'alienante e l'acquirente sono d'accordo sul fatto che l'alienazione si estenda anche agli accessori dell'immobile, l'acquirente acquista in uno alla proprietà dell'immobile anche la proprietà delle cose accessorie esistenti al momento dell'acquisto, in quanto appartenenti all'alienante. In caso di incertezza si deve ritenere che l'alienazione si applica anche agli accessori. (2) Se l'acquirente acquista in base ad un atto dispositivo il possesso di beni accessori, non appartenenti all'alienante o gravati da diritti dei terzi, si applicano le disposizioni dei § § da 932 a 936; ai fini della buona fede dell'acquirente assume rilievo il momento dell'acquisto del possesso.*

819. Diritti dei terzi sulle pertinenze.

La destinazione di una cosa al servizio o all'ornamento di un'altra non pregiudica i diritti preesistenti su di essa a favore dei terzi [818]. Tali diritti non possono essere opposti ai terzi di buona fede se non risultano da scrittura avente data certa [2704] anteriore, quando la cosa principale è un bene immobile [812] o un bene mobile iscritto in pubblici registri [815, 2683; c.nav. 146, 245, 247, 248, 753, 861, 863].

Sezione III
Dei frutti

820. Frutti naturali e frutti civili.

Sono frutti naturali quelli che provengono direttamente dalla cosa, vi concorra o no l'opera dell'uomo, come i prodotti agricoli, la legna, i parti degli animali, i prodotti delle miniere, cave e torbiere [181, 375, comma 1, n. 1, 464, 771, 807, 826 comma 2, 959, 984, 2757, 2763, 2764, 2776, 2791, 2865].

Finché non avviene la separazione [821], i frutti formano parte della cosa [1477;c.p.c. 516]. Si può tuttavia disporre di essi come di cosa mobile futura [771 comma 1, 1348, 1472; c.p.c. 531].

Sono frutti civili quelli che si ritraggono dalla cosa come corrispettivo del godimento che altri ne abbia [1148, 1149]. Tali sono gli interessi dei capitali [1224, 1282, 1815], i canoni enfiteutici [960], le rendite vitalizie [1861, 1872 ss.] e ogni altra rendita [1861], il corrispettivo delle locazioni [1571, 1587, comma 1, n. 2, 1615].

■ Codice civile del 1865: *Art. 444. I frutti naturali e i frutti civili appartengono per diritto d'accessione al proprietario della cosa che li produce.*

Sono frutti naturali quelli che provengono direttamente dalla cosa, vi concorra o non vi concorra l'industria dell'uomo, come le biade, il fieno, la legna, i parti degli animali e i prodotti delle miniere, cave e torbiere.

Sono frutti civili quelli che si ottengono per occasione dalla cosa, come gli interessi dei capitali, i proventi delle enfiteusi, dei censi, dei vitalizi ed ogni altra rendita.

I fitti e le pigioni dei fondi appartengono alla classe dei frutti civili.

821. Acquisto dei frutti.

I frutti naturali appartengono al proprietario della cosa che li produce [1263, 1477, 1775], salvo che la loro proprietà sia attribuita ad altri [181, 669, 896, 959, 984, 1021, 1148, 1615, 1960, 2791]. In quest'ultimo caso la proprietà si acquista con la separazione [820 comma 1, 1472 comma 1, 2912].

Chi fa propri i frutti deve, nei limiti del loro valore, rimborsare colui che abbia fatto spese per la produzione e il raccolto [55, 984 comma 3, 1149, 2041].

I frutti civili si acquistano giorno per giorno in ragione della durata del diritto [71, 820 comma 3, 1263 comma 3, 1531 comma 1].

■ Codice civile del 1865: *Art. 444. I frutti naturali e i frutti civili appartengono per diritto d'accessione al proprietario della cosa che li produce.*

Sono frutti naturali quelli che provengono direttamente dalla cosa, vi concorra o non vi concorra l'industria dell'uomo, come le biade, il fieno, la legna, i parti degli animali e i prodotti delle miniere, cave e torbiere.

Sono frutti civili quelli che si ottengono per occasione dalla cosa, come gli interessi dei capitali, i proventi delle enfiteusi, dei censi, dei vitalizi ed ogni altra rendita.

I fitti e le pigioni dei fondi appartengono alla classe dei frutti civili.

Art. 445. Chi raccoglie i frutti della cosa, ha l'obbligo di rimborsare i terzi delle spese della coltura, delle sementi e delle opere da loro fatte.

♦ Codice civile francese

Articolo. 547. *I frutti naturali o industriali della terra, i frutti civili, la crescita degli animali appartengono al proprietario per diritto di accessione.*

Articolo 548. *I frutti prodotti da una cosa appartengono al proprietario con l'onere di rimborsare le spese dei lavori e semine fatte dai terzi e il cui valore è stimato alla data del rimborso.*

Articolo 549. *Il semplice possessore fa suoi i frutti solo nel caso in cui il possiede in buona fede. Nel caso contrario è tenuto a restituire i prodotti con la cosa al proprietario che la rivendica; se detti prodotti non si ritrovano in natura il loro valore è stimato alla data del rimborso.*

♦ Codice civile tedesco

§ 953 Acquisto di prodotti e parti separate. *I prodotti e le altre parti di una cosa spettano, anche successivamente alla separazione, al proprietario della cosa, salvo che risulti diversamente dai § § da 954 a 957.*

CAPO II
DEI BENI APPARTENENTI ALLO STATO,
AGLI ENTI PUBBLICI E AGLI ENTI ECCLESIASTICI

822. Demanio pubblico.

Appartengono allo Stato e fanno parte del demanio pubblico [1145] il lido del mare [942], la spiaggia, le rade e i porti; i fiumi, i torrenti [945], i laghi e le altre acque definite pubbliche dalle leggi in materia [2774; c.nav. 28, 29, 692]; le opere destinate alla difesa nazionale [879].

Fanno parimenti parte del demanio pubblico, se appartengono allo Stato, le strade, le autostrade e le strade ferrate; gli aerodromi; gli acquedotti; gli immobili riconosciuti d'interesse storico, archeologico e artistico a norma delle leggi in materia; le raccolte dei musei, delle pinacoteche, degli archivi, delle biblioteche; e infine gli altri beni che sono dalla legge assoggettati al regime proprio del demanio pubblico [11, 823, 824, 1145; Cost. 9, 42].

● Norme connesse:

- comma 1: 1) per le concessioni demaniali marittime, art. 36 c.nav. e D.L. 5 ottobre 1993, n. 400, convertito in L. 4 dicembre 1993, n. 494 (Disposizioni per la determinazione dei canoni relativi a concessioni demaniali marittime).

2) per le acque pubbliche, R.D. 11 dicembre 1933, n. 1775 (Testo unico delle disposizioni di legge sulle acque e impianti elettrici); L. 27 dicembre 1953, n. 959 (Norme modificatrici del T.U. delle leggi sulle acque e sugli impianti elettrici); D.Lgs. 12 luglio 1993, n. 275 (Riordino in materia di concessione di acque pubbliche); artt. 143 (Proprietà delle infrastrutture), 144 (Tutela e uso delle risorse idriche), D.Lgs. 3 aprile 2006, n. 152 (T.U. ambiente).

- comma 2: 1) per la definizione e classificazione delle strade, art. 2 e artt. 13 ss., D.Lgs. 30 aprile 1992, n. 285, Nuovo codice della strada.

2) D.Lgs. 22 gennaio 2004, n. 42 (Codice dei ben culturali e paesaggio).

3) L. 125 aprile 2004, n. 106 e D.P.R. 3 maggio 2006, n. 252 (Deposito legale dei documenti di interesse culturale destinati all'uso pubblico).

4) R.D. 18 novembre 1923, n. 2440 (Amministrazione del patrimonio e contabilità di Stato).

- art. 4 (Beni non espropriabili o espropriabili in casi particolari), D.P.R. 8 giugno 2001, n. 327 (T.U. espropriazioni), che dispone: *1. I beni appartenenti al demanio pubblico non possono essere espropriati fino a quando non ne viene pronunciata la sdemanializzazione.*

1-bis. I beni gravati da uso civico non possono essere espropriati o asserviti coattivamente se non viene pronunciato il mutamento di destinazione d'uso, fatte salve le ipotesi in cui l'opera pubblica o di pubblica utilità sia compatibile con l'esercizio dell'uso civico.

2. I beni appartenenti al patrimonio indisponibile dello Stato e degli altri enti pubblici possono essere espropriati per perseguire un interesse pubblico di rilievo superiore a quello soddisfatto con la precedente destinazione.

3. I beni descritti dagli articoli 13, 14, 15 e 16 della legge 27 maggio 1929, n. 810, non possono essere espropriati se non vi è il previo accordo con la Santa Sede.

4. Gli edifici aperti al culto non possono essere espropriati se non per gravi ragioni previo accordo:

a) con la competente autorità ecclesiastica, se aperti al culto cattolico;

b) con l'Unione delle Chiese cristiane, se aperti al culto pubblico avventista;

c) con il presidente delle Assemblee di Dio in Italia, se aperti al culto pubblico delle chiese ad esse associate;

d) con l'Unione delle Comunità ebraiche italiane, se destinati all'esercizio pubblico del culto ebraico;

e) con l'Unione cristiana evangelica battista d'Italia, se aperti al culto pubblico delle chiese che ne facciano parte;

f) con il Decano della Chiesa evangelica luterana in Italia con l'organo responsabile della comunità interessata, se aperti al culto della medesima Chiesa;

g) col rappresentante di ogni altra confessione religiosa, nei casi previsti dalla legge.

5. Si applicano le regole sull'espropriazione dettate dal diritto internazionale generalmente riconosciuto e da trattati internazionali cui l'Italia aderisce.

■ Codice civile del 1865: *Art. 427. Le strade nazionali, il lido del mare, i porti, i seni, le spiagge, i fiumi e torrenti, le porte, le mura, le fosse, i bastioni delle piazze da guerra e delle fortezze fanno parte del demanio pubblico.*

823. Condizione giuridica del demanio pubblico.

I beni che fanno parte del demanio pubblico [822, 825] sono inalienabili e non possono formare oggetto di diritti a favore di terzi [879, 1145], se non nei modi e nei limiti stabiliti dalle leggi che li riguardano [c.nav. 30, 700].

Spetta all'autorità amministrativa la tutela dei beni che fanno parte del demanio pubblico. Essa ha facoltà sia di procedere in via amministrativa, sia di valersi dei mezzi ordinari a difesa della proprietà [948, 949, 950, 951] e del possesso [1168-1172] regolati dal presente codice [Cost. 42].

● Norme connesse:

- comma 1: 1) art. 4, comma 1, D.P.R. 8 giugno 2001, n. 327 (T.U. espropriazioni), a tenore del quale: *I beni appartenenti al demanio pubblico non possono essere espropriati fino a quando non ne viene pronunciata la sdemanializzazione.*

2) artt. 53-59 e 95-99, D.Lgs. 22 gennaio 2004, n. 42 (Codice dei ben culturali e paesaggio).

■ Codice civile del 1865: *Art. 430. I beni del demanio pubblico sono per loro natura inalienabili; quelli del patrimonio dello Stato non si possono alienare che in conformità delle leggi che li riguardano.*

824. Beni delle province e dei comuni soggetti al regime dei beni demaniali.

I beni della specie di quelli indicati dal secondo comma dell'articolo 822, se appartengono alle province o ai comuni, sono soggetti al regime del demanio pubblico [823, 829 comma 1, 1145].

Allo stesso regime sono soggetti i cimiteri e i mercati comunali [11, 825].

● Norme connesse:

- per i beni appartenenti alle Regioni a statuto speciale si rinvia ai relativi statuti.

- per i beni delle Regioni a statuto ordinario art. 11, L. 16 maggio 1970, n. 281; D.P.R. 24 luglio 1977, n. 616; art. 53, D.Lgs. 22 gennaio 2004, n. 42, Codice dei beni culturali e del paesaggio; art. 44, comma 2, D.P.R. 6 giugno 2001, n. 380 (T.U. edilizia).

- art. 4, D.P.R. 8 giugno 2001, n. 327 (T.U. espropriazioni), riportato in nota sub art. 822 c.c. precedente.

■ Codice civile del 1865: *Art. 432. I beni delle province e dei comuni si distinguono in beni di uso pubblico e in beni patrimoniali.*

La destinazione, il modo e le condizioni dell'uso pubblico, e le forme di amministrazione e di alienazione dei beni patrimoniali sono determinate da leggi speciali.

825. Diritti demaniali su beni altrui.

Sono parimenti soggetti al regime del demanio pubblico [823], i diritti reali che spettano allo Stato, alle province e ai comuni su beni appartenenti ad altri soggetti [824], quando i diritti stessi sono costituiti per l'utilità di alcuno dei beni indicati dagli articoli precedenti o per il conseguimento di fini di pubblico interesse corrispondenti a quelli a cui servono i beni medesimi [Cost. 119, comma 4].

● Norme connesse:

- art. 4, D.P.R. 8 giugno 2001, n. 327 (T.U. espropriazioni), riportato in nota sub art. 822 c.c. precedente.

826. Patrimonio dello Stato, delle province e dei comuni.

I beni appartenenti allo Stato, alle province e ai comuni, i quali non siano della specie di quelli indicati dagli articoli precedenti, costituiscono il patrimonio dello Stato [827] o, rispettivamente, delle province e dei comuni [11, 828, 829].

Fanno parte del patrimonio indisponibile dello Stato [828 comma 2] le foreste che a norma delle leggi in materia costituiscono il demanio forestale dello Stato, le miniere, le cave e torbiere quando la disponibilità ne è sottratta al proprietario del fondo [840], le cose d'interesse storico, archeologico, paletnologico, paleontologico e artistico, da chiunque e in qualunque modo ritrovate nel sottosuolo [839, 932], i beni costituenti la dotazione della Presidenza della Repubblica [Cost. 84], le caserme, gli armamenti, gli aeromobili militari [c.nav. 745] e le navi da guerra.

Fanno parte del patrimonio indisponibile dello Stato o, rispettivamente, delle province e dei comuni, secondo la loro appartenenza, gli edifici destinati a sede di uffici pubblici, con i loro arredi, e gli altri beni destinati a un pubblico servizio.

● Norme connesse:

- comma 2: R.D. 30 dicembre 1923, n. 3267 (Riordinamento e riforma della legislazione in materia di boschi e di terreni montani); L. 9 gennaio 1991, n. 9 (Norme per l'attuazione del nuovo Piano energetico nazionale: aspetti istituzionali, centrali idroelettriche ed elettrodotti, idrocarburi e geotermia, autoproduzione e disposizioni fiscali); artt. 1-3, L. 11 febbraio 1992, n. 157 (Norme per la protezione della fauna selvatica omeoterma e per il prelievo venatorio, c.d. legge sulla caccia).

- art. 4, D.P.R. 8 giugno 2001, n. 327 (T.U. espropriazioni), riportato in nota sub art. 822 c.c. precedente.

■ Codice civile del 1865: *Art. 432. I beni delle province e dei comuni si distinguono in beni di uso pubblico e in beni patrimoniali.*

La destinazione, il modo e le condizioni dell'uso pubblico, e le forme di amministrazione e di alienazione dei beni patrimoniali sono determinate da leggi speciali.

827. Beni immobili vacanti.

I beni immobili che non sono in proprietà di alcuno spettano al patrimonio dello Stato [823, 826, 923, 1158 ss., 1470; Cost. 119].

828. Condizione giuridica dei beni patrimoniali.

I beni che costituiscono il patrimonio dello Stato, delle province e dei comuni [826] sono soggetti alle regole particolari che li concernono e in quanto non è diversamente disposto, alle regole del presente codice [11].

I beni che fanno parte del patrimonio indisponibile [826 comma 2-3] non possono essere sottratti alla loro destinazione, se non nei modi stabiliti dalle leggi che li riguardano [830, 1145].

● Norme connesse:

- R.D. 18 novembre 1923, n. 2440 (Nuove disposizioni sull'amministrazione del patrimonio e sulla contabilità generale dello Stato); per l'espropriazione di beni appartenenti al patrimonio indisponibile dello Stato, art. 4, comma 2, D.P.R. 8 giugno 2001, n. 327, riportato in nota sub art. 822 c.c. precedente.

■ Codice civile del 1865: *Art. 430. I beni del demanio pubblico sono per loro natura inalienabili; quelli del patrimonio dello Stato non si possono alienare che in conformità delle leggi che li riguardano.*

829. Passaggio di beni dal demanio al patrimonio.

Il passaggio dei beni dal demanio pubblico al patrimonio dello Stato [826, 827, 946, 947] dev'essere dichiarato dall'autorità amministrativa. Dell'atto deve essere dato annunzio nella *Gazzetta Ufficiale* della Repubblica.

Per quanto riguarda i beni delle province e dei comuni, il provvedimento che dichiara il passaggio al patrimonio deve essere pubblicato nei modi stabiliti per i regolamenti comunali e provinciali [826].

● Norme connesse:

- comma 1: 1) sulla dismissione dei beni patrimoniali pubblici, D.Lgs. 16 febbraio 1996, n. 104 (Dismissione del patrimonio immobiliare degli enti previdenziali pubblici); art. 3, commi 86 ss. L. 13 dicembre 1996, n. 662 (Legge finanziaria 1997), in tema di vendita degli immobili dello Stato; nonché artt. 43-47, L. 23 dicembre 2000, n. 388 (Legge finanziaria 2001);

2) per la privatizzazione del patrimonio immobiliare degli enti locali, art. 84, L. 27 febbraio 2002, n. 289 (Legge finanziaria 2003);

3) L. 2 aprile 2001, n. 136 (Disposizioni in materia di immobili pubblici); D.L. 25 settembre 2001, n. 351, convertito in L. 23 novembre 2001, n. 410 (Disposizioni urgenti in materia di privatizzazione e valorizzazione del patrimonio immobiliare pubblico e di sviluppo dei fondi comuni di investimento immobiliare); art. 7, D.L. 24 dicembre 2002, n. 282, convertito in L. 21 febbraio 2003, n. 27 (Privatizzazione e valorizzazione del patrimonio immobiliare pubblico); D.M. 21 novembre 2002, per la vendita dei beni immobili con lo strumento delle c.d. "società di cartolarizzazione".

- comma 2: 1) art. 4, comma 2, D.P.R. 8 giugno 2001, n. 327 (T.U. espropriazioni), secondo cui: *I beni appartenenti al patrimonio indisponibile dello Stato e degli altri enti pubblici possono essere espropriati per perseguire un interesse pubblico di rilievo superiore a quello soddisfatto con la precedente destinazione.*

CODICE CIVILE

2) R.D. 18 novembre 1923, n. 2440 (Amministrazione del patrimonio e contabilità di Stato) e relativo regolamento di esecuzione di cui al R.D. 23 maggio 1924, n. 827.

830. Beni degli enti pubblici non territoriali.

I beni appartenenti agli enti pubblici non territoriali sono soggetti alle regole del presente codice, salve le disposizioni delle leggi speciali.

Ai beni di tali enti che sono destinati a un pubblico servizio si applica la disposizione del secondo comma dell'articolo 828.

● Norme connesse:

- art. 4, D.P.R. 8 giugno 2001, n. 327, riportato in nota sub art. 822 c.c. precedente.

831. Beni degli enti ecclesiastici ed edifici di culto.

I beni degli enti ecclesiastici sono soggetti alle norme del presente codice [c.p.c. 514, comma 1, n. 1], in quanto non è diversamente disposto dalle leggi speciali che li riguardano.

Gli edifici destinati all'esercizio pubblico del culto cattolico, anche se appartengono a privati, non possono essere sottratti alla loro destinazione neppure per effetto di alienazione, fino a che la destinazione stessa non sia cessata in conformità delle leggi che li riguardano [Cost. 7, 19].

● Norme connesse:

- comma 1: 1) artt. 9 ss., L. 27 maggio 1929, n. 848 (Disposizioni sugli enti ecclesiastici e sulle amministrazioni civili dei patrimoni destinati a fini di culto); L. 20 maggio 1985, n. 222 (Disposizioni sugli enti e beni ecclesiastici in Italia e per il sostentamento del clero cattolico in servizio nelle diocesi) e L. 25 marzo 1985, n. 121 (Ratifica ed esecuzione dell'accordo, con protocollo addizionale, firmato a Roma il 18 febbraio 1984, che apporta modificazioni al Concordato lateranense dell'11 febbraio 1929, tra la Repubblica italiana e la Santa Sede). L'art. 5 di tale ultima legge dispone: *1. Gli edifici aperti al culto non possono essere requisiti, occupati, espropriati o demoliti se non per gravi ragioni e previo accordo con la competente autorità ecclesiastica.*

2. Salvo i casi di urgente necessità, la forza pubblica non potrà entrare, per l'esercizio delle sue funzioni, negli edifici aperti al culto, senza averne dato previo avviso all'autorità ecclesiastica.

3. L'autorità civile terrà conto delle esigenze religiose delle popolazioni, fatte presenti dalla competente autorità ecclesiastica, per quanto concerne la costruzione di nuovi edifici di culto cattolico e delle pertinenti opere parrocchiali.

2) canoni 1254-1310 del nuovo codice di diritto canonico promulgato il 25 gennaio 1983 e in vigore dal 27 novembre 1983. Sui beni culturali di interesse religioso.

3) art. 9, D.Lgs. 22 gennaio 2004, n. 42 (Codice dei beni culturali e del paesaggio), che dispone: *1. Per i beni culturali di interesse religioso appartenenti ad enti ed istituzioni della Chiesa cattolica o di altre confessioni religiose, il Ministero e, per quanto di competenza, le regioni provvedono, relativamente alle esigenze di culto, d'accordo con le rispettive autorità.*

2. Si osservano, altresì, le disposizioni stabilite dalle intese concluse ai sensi dell'articolo 12 dell'Accordo di modificazione del Concordato lateranense firmato il 18 febbraio 1984, ratificato e reso esecutivo con legge 25 marzo 1985, n. 121, ovvero dalle leggi emanate sulla base delle intese sottoscritte con le confessioni religiose diverse dalla cattolica, ai sensi dell'articolo 8, comma 3, della Costituzione.

- art. 4, D.P.R. 8 giugno 2001, n. 327, riportato in nota sub art. 822 c.c. precedente; artt. 141 ss., D.Lgs. 10 febbraio 2005, n. 30; artt. 3, 8, 9, 11, L. 18 dicembre 1984, n. 975; art. 51, L. 31 maggio 1995, n. 218; artt. 69-81-bis, D.Lgs. 6 settembre 2005, n. 206.

■ Codice civile del 1865: *Art. 434. I beni degli istituti ecclesiastici sono soggetti alle leggi civili e non si possono alienare senza l'autorizzazione del governo*

TITOLO II
DELLA PROPRIETÀ

● Norme connesse:

- art. 4, D.P.R. 8 giugno 2001, n. 327, riportato in nota sub art. 822 c.c. precedente.

CAPO I
DISPOSIZIONI GENERALI

832. Contenuto del diritto.

Il proprietario ha diritto di godere [840, comma 2, 949] e disporre [841] delle cose in modo pieno ed esclusivo, entro i limiti e con l'osservanza degli obblighi stabiliti dall'ordinamento giuridico [692, 833, 838, 840, comma 2, 922, 948, comma 3; Cost. 42, 43, 44; disp. prel., 22; c.nav. 245-257, 861, 873].

● Norme connesse:

- art. 17 della Carta dei diritti Fondamentali UE (nella versione aggiornata al 2016), che dispone, al comma 1: *Ogni persona ha il diritto di godere della proprietà dei beni che ha acquisito legalmente, di usarli, di disporne e di lasciarli in eredità. Nessuna persona può essere privata della proprietà se non per causa di pubblico interesse, nei casi e nei modi previsti dalla legge e contro il pagamento in tempo utile di una giusta indennità per la perdita della stessa. L'uso dei beni può essere regolato dalla legge nei limiti imposti dall'interesse generale.*

- Convenzione Europea per la salvaguardia dei diritti dell'uomo e delle libertà fondamentali adottata a Roma il 4 novembre 1950, ratificata con L. 4 agosto 1955, n. 846. Il protocollo addizionale adottato a Parigi il 20 marzo 1952 e ratificato con la stessa legge 846/1955, che all'art. 1, comma 1, stabilisce: *Ogni persona fisica e giuridica ha diritto al rispetto dei suoi beni. Nessuno può essere privato della sua proprietà se non per causa di utilità pubblica e nelle condizioni previste dalla legge e dai principi generali del diritto internazionale.*

- art. 1, Protocollo addizionale n. 1, Cedu.

- art. 544, comma 1, del codice napoleonico del 1804 che stabilisce: *La proprietà è il diritto di godere e disporre delle cose nella maniera più assoluta, purché non se ne faccia un uso vietato dalle legge dai regolamenti.*

- art. 903 del codice civile tedesco del 1896 che dispone: *Il proprietario di una cosa può agire sulla cosa a proprio piaci-*

mento ed escludere gli altri da ogni ingerenza, in quanto non si opponga la legge o i diritti dei terzi. Il proprietario di un animale nell'esercizio delle sue facoltà deve rispettare le disposizioni a tutela degli animali.

- artt. 51 ss. L. 31 maggio 1995, n. 218, Riforma del sistema italiano di diritto internazionale privato; artt. 69-81-bis, D.Lgs. 6 settembre 2005, n. 206 (Codice del consumo), nel testo sostituito dal D.Lgs. 23 maggio 2011, n. 79 (Codice del Turismo).

- per il Trust, L. 16 ottobre 1989, n. 364; art. 2645-ter del presente codice.

■ Codice civile del 1865: *Art. 436. La proprietà è il diritto di godere e disporre delle cose nella maniera più assoluta, purché non se ne faccia un uso vietato dalle leggi o dai regolamenti.*

♦ Carta di Nizza

Articolo 17. Diritto di proprietà. *1. Ogni individuo ha il diritto di godere della proprietà dei beni che ha acquistato legalmente, di usarli, di disporne e di lasciarli in eredità. Nessuno può essere privato della proprietà se non per causa di pubblico interesse, nei casi e nei modi previsti dalla legge e contro il pagamento in tempo utile di una giusta indennità per la perdita della stessa. L'uso dei beni può essere regolato dalla legge nei limiti imposti dall'interesse generale.*

2. La proprietà intellettuale è protetta.

833. Atti d'emulazione.

Il proprietario non può fare atti i quali non abbiano altro scopo che quello di nuocere o recare molestia ad altri [832, 844].

● Norme connesse:

- art. 2 Cost., artt. 1175 e 2043, c.c.; art. 54, Carta dei diritti fondamentali dell'Unione Europea, riportata nella Parte I del presente volume; art. 17, Convenzione europea dei diritti dell'uomo, riportata nella Parte I del presente volume.

- art. 10-bis, L. 27 luglio 2000, n. 212, nel testo modificato dall'art. 7, D.Lgs. 24 settembre 2015, n. 156, che dispone: Disciplina dell'abuso del diritto o elusione fiscale. *1. Configurano abuso del diritto una o più operazioni prive di sostanza economica che, pur nel rispetto formale delle norme fiscali, realizzano essenzialmente vantaggi fiscali indebiti. Tali operazioni non sono opponibili all'amministrazione finanziaria, che ne disconosce i vantaggi determinando i tributi sulla base delle norme e dei principi elusi e tenuto conto di quanto versato dal contribuente per effetto di dette operazioni.*

2. Ai fini del comma 1 si considerano:

a) operazioni prive di sostanza economica i fatti, gli atti e i contratti, anche tra loro collegati, inidonei a produrre effetti significativi diversi dai vantaggi fiscali. Sono indici di mancanza di sostanza economica, in particolare, la non coerenza della qualificazione delle singole operazioni con il fondamento giuridico del loro insieme e la non conformità dell'utilizzo degli strumenti giuridici a normali logiche di mercato;

b) vantaggi fiscali indebiti i benefici, anche non immediati, realizzati in contrasto con le finalità delle norme fiscali o con i principi dell'ordinamento tributario.

3. Non si considerano abusive, in ogni caso, le operazioni giustificate da valide ragioni extrafiscali, non marginali, anche di ordine organizzativo o gestionale, che rispondono a finalità di miglioramento strutturale o funzionale dell'impresa ovvero dell'attività professionale del contribuente.

4. Resta ferma la libertà di scelta del contribuente tra regimi opzionali diversi offerti dalla legge e tra operazioni comportanti un diverso carico fiscale.

5. Il contribuente può proporre interpello ai sensi dell'articolo 11, comma 1, lettera c), per conoscere se le operazioni costituiscano fattispecie di abuso del diritto.

6. Senza pregiudizio dell'ulteriore azione accertatrice nei termini stabiliti per i singoli tributi, l'abuso del diritto è accertato con apposito atto, preceduto, a pena di nullità, dalla notifica al contribuente di una richiesta di chiarimenti da fornire entro il termine di sessanta giorni, in cui sono indicati i motivi per i quali si ritiene configurabile un abuso del diritto.

7. La richiesta di chiarimenti è notificata dall'amministrazione finanziaria ai sensi dell'articolo 60 del decreto del Presidente della Repubblica 29 settembre 1973, n. 600, e successive modificazioni, entro il termine di decadenza previsto per la notificazione dell'atto impositivo. Tra la data di ricevimento dei chiarimenti ovvero di inutile decorso del termine assegnato al contribuente per rispondere alla richiesta e quella di decadenza dell'amministrazione dal potere di notificazione dell'atto impositivo intercorrono non meno di sessanta giorni. In difetto, il termine di decadenza per la notificazione dell'atto impositivo è automaticamente prorogato, in deroga a quello ordinario, fino a concorrenza dei sessanta giorni.

8. Fermo quanto disposto per i singoli tributi, l'atto impositivo è specificamente motivato, a pena di nullità, in relazione alla condotta abusiva, alle norme o ai principi elusi, agli indebiti vantaggi fiscali realizzati, nonchè ai chiarimenti forniti dal contribuente nel termine di cui al comma 6.

9. L'amministrazione finanziaria ha l'onere di dimostrare la sussistenza della condotta abusiva, non rilevabile d'ufficio, in relazione agli elementi di cui ai commi 1 e 2. Il contribuente ha l'onere di dimostrare l'esistenza delle ragioni extrafiscali di cui al comma 3.

10. In caso di ricorso, i tributi o i maggiori tributi accertati, unitamente ai relativi interessi, sono posti in riscossione, ai sensi dell'articolo 68 del decreto legislativo 31 dicembre 1992, n. 546, e successive modificazioni, e dell'articolo 19, comma 1, del decreto legislativo 18 dicembre 1997, n. 472.

11. I soggetti diversi da quelli cui sono applicate le disposizioni del presente articolo possono chiedere il rimborso delle imposte pagate a seguito delle operazioni abusive i cui vantaggi fiscali sono stati disconosciuti dall'amministrazione finanziaria, inoltrando a tal fine, entro un anno dal giorno in cui l'accertamento è divenuto definitivo ovvero è stato definito mediante adesione o conciliazione giudiziale, istanza all'Agenzia delle entrate, che provvede nei limiti dell'imposta e degli interessi effettivamente riscossi a seguito di tali procedure.

12. In sede di accertamento l'abuso del diritto può essere configurato solo se i vantaggi fiscali non possono essere disconosciuti contestando la violazione di specifiche disposizioni tributarie.

13. Le operazioni abusive non danno luogo a fatti punibili ai sensi delle leggi penali tributarie. Resta ferma l'applicazione delle sanzioni amministrative tributarie.

♦ CEDU

Articolo 17. *Nessuna disposizione della presente Convenzione può essere interpretata nel senso di comportare il diritto di uno Stato, un gruppo o un individuo di esercitare un'attività o compiere un atto che miri alla distruzione dei diritti o delle libertà riconosciuti nella presente Convenzione o di imporre a tali diritti e libertà limitazioni più ampie di quelle previste dalla stessa Convenzione.*

CODICE CIVILE

♦ Carta di Nizza
Articolo 54. Divieto dell'abuso di diritto. *Nessuna disposizione della presente Carta deve essere interpretata nel senso di comportare il diritto di esercitare un'attività o compiere un atto che miri alla distruzione dei diritti o delle libertà riconosciuti nella presente Carta o di imporre a tali diritti e libertà limitazioni piø ampie di quelle previste dalla presente Carta.*
♦ Codice civile francese
Articolo 544. *La proprietà è il diritto di godere e di disporre delle cose nel modo più assoluto purché non se ne faccia un uso vietato dalle leggi o dai regolamenti.*
♦ Codice civile tedesco
§ 903 Facoltà del proprietario. *Il proprietario di una cosa ha il potere di agire sulla cosa come meglio crede ed impedire agli altri qualunque ingerenza, purchè non glielo impediscano la legge o i diritti di terzi. Il proprietario di un animale nell'esercitare le facoltà spettatigli deve altresì osservare le disposizioni a tutela degli animali.*

834. Espropriazione per pubblico interesse.
Nessuno può essere privato in tutto o in parte dei beni di sua proprietà se non per causa di pubblico interesse, legalmente dichiarata, e contro il pagamento di una giusta indennità [838, 851, 865, 867, 1020, 1259, 1638, 2742; Cost. 42].
Le norme relative all'espropriazione per causa di pubblico interesse sono determinate da leggi speciali [963].

● Norme connesse:
- D.P.R. 8 giugno 2001, n. 327 (T.U. espropriazioni).
- artt. 95-100, D.Lgs. 22 gennaio 2004, n. 42 (Codice dei beni culturali e del paesaggio).
- art. 17, comma 1, della Carta dei diritti Fondamentali UE (nella versione aggiornata al 2016), che dispone: *Ogni persona ha il diritto di godere della proprietà dei beni che ha acquisito legalmente, di usarli, di disporne e di lasciarli in eredità. Nessuna persona può essere privata della proprietà se non per causa di pubblico interesse, nei casi e nei modi previsti dalla legge e contro il pagamento in tempo utile di una giusta indennità per la perdita della stessa. L'uso dei beni può essere regolato dalla legge nei limiti imposti dall'interesse generale.*
- Convenzione Europea per la salvaguardia dei diritti dell'uomo e delle libertà fondamentali adottata a Roma il 4 novembre 1950, ratificata con L. 4 agosto 1955, n. 846. Il protocollo addizionale adottato a Parigi il 20 marzo 1952 e ratificato con la stessa legge 846/1955, che all'art. 1, comma 1, stabilisce: *Ogni persona fisica e giuridica ha diritto al rispetto dei suoi beni. Nessuno può essere privato della sua proprietà se non per causa di utilità pubblica e nelle condizioni previste dalla legge e dai principi generali del diritto internazionale.*
■ Codice civile del 1865: *Art. 438. Nessuno può essere costretto a cedere la sua proprietà od a permettere che altri ne faccia uso, se non per causa di utilità pubblica legalmente riconosciuta e dichiarata, e premesso il pagamento di una giusta indennità.*
Le norme relative alla spropriazione per causa di pubblica utilità sono determinate da leggi speciali.
♦ Codice civile francese
Articolo 545. *Nessuno può essere contrario a cedere la sua proprietà se ciò non è per una causa di utilità pubblica e dietro pagamento di una giusta e preliminare indennità.*

835. Requisizioni.
Quando ricorrono gravi e urgenti necessità pubbliche, militari o civili, può essere disposta la requisizione dei beni mobili o immobili [812]. Al proprietario è dovuta una giusta indennità.
Le norme relative alle requisizioni sono determinate da leggi speciali.

● Norme connesse:
- artt. 315-319, 370-526, D.Lgs. 15 marzo 2010, n. 66 (Codice dell'ordinamento militare).

836. Vincoli ed obblighi temporanei.
Per le cause indicate dall'articolo precedente l'autorità amministrativa, nei limiti e con le forme stabiliti da leggi speciali, può sottoporre a particolari vincoli od obblighi [Cost. 44] di carattere temporaneo le aziende commerciali [2195] e agricole [2135].

837. Ammassi.
Allo scopo di regolare la distribuzione di determinati prodotti agricoli o industriali nell'interesse della produzione nazionale sono costituiti gli ammassi [2617].
Le norme per il conferimento dei prodotti negli ammassi sono contenute in leggi speciali.

838. Espropriazione di beni che interessano la produzione nazionale o di prevalente interesse pubblico.
Salve le disposizioni delle leggi penali [c.p. 499] e di polizia [nonché le norme dell'ordinamento corporativo][1] e le disposizioni particolari concernenti beni determinati, quando il proprietario abbandona la conservazione, la coltivazione o l'esercizio di beni che interessano la produzione nazionale, in modo da nuocere gravemente alle esigenze della produzione stessa, può farsi luogo all'espropriazione dei beni da parte dell'autorità amministrativa [832, 834], premesso il pagamento di una giusta indennità.
La stessa disposizione si applica se il deperimento dei beni ha per effetto di nuocere gravemente al decoro delle città o alle ragioni dell'arte, della storia o della sanità pubblica.

[1] Le norme corporative si ritengono abrogate a seguito dell'entrata in vigore del R.D. 9 agosto 1943, n. 721 che ha disposto la soppressione dell'ordinamento corporativo.
● Norme connesse:
- D.P.R. 8 giugno 2001, n. 327 (T.U. espropriazioni).

839. Beni di interesse storico e artistico.
Le cose di proprietà privata, immobili o mobili, che presentano interesse artistico, storico, archeologico o etnografico, sono sottoposte alle disposizioni delle leggi speciali [826, 879; c.p.c. 733].

● Norme connesse:
- D.Lgs. 22 gennaio 2004, n. 42 (Codice dei beni culturali e del paesaggio); L. 8 ottobre 1997, n. 352 (Disposizioni sui beni culturali).

CAPO II
DELLA PROPRIETÀ FONDIARIA

Sezione I
Disposizioni generali

840. Sottosuolo e spazio sovrastante al suolo.

La proprietà del suolo si estende al sottosuolo, con tutto ciò che vi si contiene, e il proprietario può fare qualsiasi escavazione od opera che non rechi danno al vicino [826 comma 2, 832, 959]. Questa disposizione non si applica a quanto forma oggetto delle leggi sulle miniere, cave e torbiere. Sono del pari salve le limitazioni derivanti dalle leggi sulle antichità e belle arti, sulle acque, sulle opere idrauliche e da altre leggi speciali [c.nav. 714].

Il proprietario del suolo non può opporsi ad attività di terzi che si svolgano a tale profondità nel sottosuolo o a tale altezza nello spazio sovrastante, che egli non abbia interesse ad escluderle [833, 934; c.nav. 823].

● Norme connesse:

- in materia di miniere, R.D. 29 luglio 1927, n. 1443 (Norme di carattere legislativo per disciplinare la ricerca e la coltivazione delle miniere); L. 6 ottobre 1982, n. 752 (Norme per l'attuazione della politica mineraria); L. 15 giugno 1984, n. 246 (Integrazioni e modifiche al decreto del Presidente della Repubblica 9 aprile 1959, n. 128, contenente norme di polizia delle miniere e delle cave, nonché alla legge 6 ottobre 1982, n. 752, concernente l'attuazione della politica mineraria).

- in materia di cave, R.D. 29 luglio 1927, n. 1443, cit..

■ Codice civile del 1865: *Art. 440. Chi ha la proprietà del suolo ha pur quella dello spazio sovrastante e di tutto ciò che si trova sopra e sotto la superficie.*

♦ Codice civile francese

Articolo 551. *Tutto quello che unisce e si incorpora alla cosa appartiene al proprietario secondo le regole che saranno qui di seguito stabilite.*

Articolo 552. *La proprietà del suolo comporta la proprietà del sopra e del sotto. Il proprietario può fare sopra tutte le piantagioni e costruzioni che giudica a proposito salvo le eccezioni stabilite al titolo "Le servitù o le servitù fondiarie", Può fare nel sottosuolo tutte le costruzioni ed ispezioni che giudicherà a proposito e trarre da queste ispezioni tutti i prodotti che esse possono fornire, salvo le modifiche risultanti dalle leggi e regolamenti relativi alle mine, e dalle leggi e regolamenti di polizia.*

♦ Codice civile tedesco

§ 905 Limiti al diritto di proprietà. *Il diritto del proprietario di un immobile riguarda lo spazio sopra la superficie ed il terreno sotto la superficie. Il proprietario non può impedire gli interventi, realizzati ad una altezza o profondità tali da escludere ogni interesse ad evitarli.*

841. Chiusura del fondo.

Il proprietario può chiudere in qualunque tempo il fondo [832, 842, 843, 1054, 1064, comma 2, 2934; c.p. 637].

■ Codice civile del 1865: *Art. 442. Ciascuno può chiudere il suo fondo, salvi i diritti di servitù spettanti a terzi.*

842. Caccia e pesca.

Il proprietario di un fondo non può impedire che vi si entri per l'esercizio della caccia, a meno che il fondo sia chiuso [841, 1064], nei modi stabiliti dalla legge sulla caccia o vi siano colture in atto suscettibili di danno [923, 924].

Egli può sempre opporsi a chi non è munito della licenza rilasciata dall'autorità.

Per l'esercizio della pesca occorre il consenso del proprietario del fondo [923].

● Norme connesse:

- comma 1: L. 11 febbraio 1992, n. 157 (legge sulla caccia).

- comma 2: art. 33, R.D. 8 ottobre 1931, n. 1064 (T.U. delle leggi sulla pesca); art. 8, L. 31 gennaio 1994, n. 97 (Nuove disposizioni per le zone montane), che dispone: *1. Nei comuni montani la caccia, la pesca e la raccolta dei prodotti del sottobosco, che sono parte rilevante dell'economia delle zone montane, vanno finalizzate:*

a) alla tutela dell'ambiente e delle risorse naturali, secondo i princìpi di cui all'articolo 1 della legge 6 dicembre 1991, n. 394;

b) all'impiego delle risorse per la creazione di posti di lavoro anche part time, di attività imprenditoriali locali, di attività da parte degli addetti al settore agro-silvo-pastorale e da parte dei proprietari ed utilizzatori dei terreni, anche organizzati in forma cooperativa e consortile.

2. In sede di pianificazione della ripartizione dei territori per la gestione programmata della caccia ai sensi dell'articolo 14 della legge 11 febbraio 1992, n. 157, e di regolamentazione della istituzione delle aziende faunistico-venatorie ed agri-turistico-venatorie ai sensi dell'articolo 16 della stessa legge n. 157 del 1992, le regioni acquisiscono il parere delle comunità montane interessate, che vi provvedono entro sessanta giorni dalla richiesta.

■ Codice civile del 1865: *Art. 712. L'esercizio della caccia e della pesca è regolato da leggi particolari.*

Non è tuttavia lecito di introdursi nel fondo altrui per l'esercizio della caccia contro il divieto del possessore.

843. Accesso al fondo.

Il proprietario deve permettere l'accesso e il passaggio nel suo fondo [841], sempre che ne venga riconosciuta la necessità, al fine di costruire o riparare un muro o altra opera propria del vicino oppure comune [924, 1051, 1064, 1069; c.p.c. 637].

Se l'accesso cagiona danno, è dovuta un'adeguata indennità [1038, 1053, 2045].

Il proprietario deve parimenti permettere l'accesso a chi vuole riprendere la cosa sua che vi si trovi accidentalmente o l'animale che vi si sia riparato sfuggendo alla custodia. Il proprietario può impedire l'accesso consegnando la cosa o l'animale [896 comma 3, 924, 925].

■ Codice civile del 1865: *Art. 592. Ogni proprietario deve permettere l'accesso e il passaggio nel suo fondo, sempre che ne venga riconosciuta la necessità, affine di costruire o riparare un muro od altra opera propria del vicino od anche comune.*

CODICE CIVILE

Art. 594. Sarà sempre dovuta una indennità proporzionata al danno cagionato dall'accesso o dal passaggio, di cui è cenno nei due precedenti articoli.

844. Immissioni.

Il proprietario di un fondo non può impedire le immissioni di fumo o di calore, le esalazioni, i rumori, gli scuotimenti e simili propagazioni derivanti dal fondo del vicino, se non superano la normale tollerabilità, avuto anche riguardo alla condizione dei luoghi [890, 2059; Cost. 9, 32; c.p. 659, 674].

Nell'applicare questa norma l'autorità giudiziaria deve contemperare le esigenze della produzione con le ragioni della proprietà. Può tener conto della priorità di un determinato uso.

● Norme connesse:

- comma 1: 1) D.Lgs. 27 gennaio 1992, n. 134 (Rumore aereo emesso dagli apparecchi domestici); L. 26 ottobre 1995, n. 447 (Legge quadro sull'inquinamento acustico); D.P.C.M. 16 aprile 1999, n. 215 (Norme sui requisiti acustici delle sorgenti sonore nei pubblici esercizi); D.Lgs. 19 agosto 2005, n. 194 (Attuazione della direttiva 2002/49/CE relativa al rumore ambientale).

2) Codice dell'ambiente di cui al D.Lgs. n. 152/2006; L. 22 febbraio 2001, n. 36 (Legge quadro sulla protezione dall'esposizione ai campi elettrici, magnetici ed elettromagnetici).

3) art. 6-ter, D.L. 30 dicembre 2008, n. 208, convertito, in L. 27 febbraio 2009, n. 13, nel testo modificato dall'art. 1, comma 746, L. 30 dicembre 2018, n. 145, che dispone: *1. Nell'accertare la normale tollerabilità delle immissioni e delle emissioni acustiche, ai sensi dell'articolo 844 del codice civile, sono fatte salve in ogni caso le disposizioni di legge e di regolamento vigenti che disciplinano specifiche sorgenti e la priorità di un determinato uso.*

1-bis. Ai fini dell'attuazione del comma 1, si applicano i criteri di accettabilità del livello di rumore di cui alla legge 26 ottobre 1995, n. 447, e alle relative norme di attuazione.

4) artt. 2043-2059 c.c.

♦ Codice civile tedesco

§ 957 Immissioni di sostanze non ponderabili. *(1) Il proprietario di un immobile non può impedire l'immissione di gas, vapori, odori, fumo, fuliggine, calore, rumore, scuotimenti o analoghe ingerenze derivanti da altro bene immobile, ove l'immissione non riguardi o riguardi solo in modo non essenziale l'uso dell'immobile. Generalmente ricorre un'immissione non essenziale quando non vengono superati dalle immissioni previste ed esaminate dalle seguenti disposizioni i valori massimi o orientativi previsti dalle leggi o da ordinanze. Le medesime considerazioni si applicano per i valori in atti amministrativi generali, emanati in base al § 48 della legge federale per la tutela delle immissioni e rispecchianti lo stato della tecnica. (2) Analogamente nel caso in cui un danno rilevante derivi da un utilizzo dell'altro bene immobile tipico per quei luoghi e non possa essere evitato con misure che siano economicamente adeguate per utenti di questo tipo. Qualora il proprietario sia per questo costretto a tollerare un'ingerenza, può pretendere dall'utilizzatore dell'altro bene immobile un idoneo indennizzo in denaro, nei casi in cui l'immissione comprometta l'uso abituale nei luoghi dell'immobile o la sua utilità in modo superiore a quanto è ragionevole. (3) Non è ammessa l'immissione attraverso una specifica conduttura.*

845. Regole particolari per scopi di pubblico interesse.

La proprietà fondiaria è soggetta a regole particolari per il conseguimento di scopi di pubblico interesse nei casi previsti dalle leggi speciali e dalle disposizioni contenute nelle sezioni seguenti [Cost. 44].

● Norme connesse:

- L. 2 gennaio 1940, n. 1 (Colonizzazione del latifondo siciliano); L. 4 agosto 1978, n. 440 (Norme per l'utilizzazione delle terre incolte, abbandonate o insufficientemente coltivate).

Sezione II
Del riordinamento della proprietà rurale

846. - 848.

[...][1].

[1] Articoli abrogati dall'art. 5-*bis*, D.Lgs. 18 maggio 2001, n. 228, aggiunto dall'art. 7, D.Lgs. 29 marzo 2004, n. 99.

L'art. 846 disponeva: *Nei trasferimenti di proprietà, nelle divisioni e nelle assegnazioni a qualunque titolo, aventi per oggetto terreni destinati a coltura o suscettibili di coltura, e nella costituzione o nei trasferimenti di diritti reali sui terreni stessi non deve farsi luogo a frazionamenti che non rispettino la minima unità colturale. S'intende per minima unità colturale l'estensione di terreno necessaria e sufficiente per il lavoro di una famiglia agricola e, se non si tratta di terreno appoderato, per esercitare una conveniente coltivazione secondo le regole della buona tecnica agraria.*

L'art. 847 disponeva: *L'estensione della minima unità colturale sarà determinata distintamente per zone, avuto riguardo all'ordinamento produttivo e alla situazione demografica locale, con provvedimento dell'autorità amministrativa, da adottarsi sentite le associazioni professionali.*

L'art. 848 disponeva: *Gli atti compiuti contro il divieto dell'articolo 846 possono essere annullati dall'autorità giudiziaria, su istanza del pubblico ministero. L'azione si prescrive in tre anni dalla data della trascrizione dell'atto.*

849. Fondi compresi entro maggiori unità fondiarie.

Indipendentemente dalla formazione del consorzio previsto dall'articolo seguente, il proprietario di terreni entro i quali sono compresi appezzamenti appartenenti ad altri, di estensione inferiore alla minima unità colturale [846], può domandare che gli sia trasferita la proprietà di questi ultimi [2932], pagandone il prezzo, allo scopo di attuare una migliore sistemazione delle unità fondiarie. In caso di contrasto decide l'autorità giudiziaria, [sentite le associazioni professionali][1] circa la sussistenza delle condizioni che giustificano la richiesta di trasferimento [disp. att. 57].

[1] Le associazioni professionali sono state soppresse a seguito dell'entrata in vigore del D.Lgs.Lgt. 21 novembre 1944, n. 369.

850. Consorzi a scopo di ricomposizione fondiaria.

Quando più terreni contigui e inferiori alla minima unità colturale [846] appartengono a diversi proprietari, può, su istanza di alcuno degli interessati o per iniziativa dell'autorità amministrativa, essere costituito un consorzio tra gli stessi proprietari, allo scopo di provvedere a una ricomposizione fondiaria idonea alla migliore utilizzazione dei terreni stessi [851, 856].

Per la costituzione del consorzio si applicano le norme stabilite per i consorzi di bonifica [862].

851. Trasferimenti coattivi.

Il consorzio indicato dall'articolo precedente può predisporre il piano di riordinamento [850, 854, 855].

Per la migliore sistemazione delle unità fondiarie può procedersi a espropriazioni e a trasferimenti coattivi [834]; può anche procedersi a rettificazioni di confini e ad arrotondamento di fondi.

● Norme connesse:

- artt. 9 ss., 26 ss., D.P.R. 8 giugno 2001, n. 327 (T.U. espropriazioni).

852. Terreni esclusi dai trasferimenti.

Dai trasferimenti coattivi [857, 858, 859, 861, 862, 863, 864, 865, 922] previsti dall'articolo precedente sono esclusi:

1) gli appezzamenti forniti di casa di abitazione civile o colonica;

2) i terreni adiacenti ai fabbricati e costituenti dipendenze dei medesimi;

3) le aree fabbricabili;

4) gli orti, i giardini, i parchi;

5) i terreni necessari per piazzali o luoghi di deposito di stabilimenti industriali o commerciali;

6) i terreni soggetti a inondazioni, a scoscendimenti o ad altri gravi rischi;

7) i terreni che per la loro speciale destinazione, ubicazione o singolarità di coltura presentano caratteristiche di spiccata individualità [856].

853. Trasferimento dei diritti reali.

Nei trasferimenti coattivi [851] le servitù prediali [1027 ss.] sono abolite, conservate o create in relazione alle esigenze della nuova sistemazione [855, 1031, 1032].

Gli altri diritti reali di godimento sono trasferiti sui terreni assegnati in cambio e qualora non siano costituiti su tutti i terreni dello stesso proprietario, sono trasferiti soltanto su una parte determinata del fondo assegnato in cambio, che corrisponda in valore ai terreni su cui esistevano.

Le ipoteche [2808] che non siano costituite su tutti i terreni dello stesso proprietario sono trasferite sul fondo di nuova assegnazione per una quota corrispondente in valore ai terreni su cui erano costituite. In caso di espropriazione forzata dell'immobile gravato da ipoteca su una quota, l'immobile è espropriato per intero e il credito è collocato, secondo il grado dell'ipoteca, sulla parte del prezzo corrispondente alla quota soggetta all'ipoteca medesima [2809, 2852].

854. Notifica e trascrizione del piano di riordinamento.

Il piano di riordinamento [851] deve essere preventivamente portato a cognizione degli interessati, e contro di esso è ammesso reclamo in via amministrativa, nelle forme e nei termini stabiliti da leggi speciali.

Il provvedimento amministrativo di approvazione definitiva del piano dev'essere trascritto presso l'ufficio dei registri immobiliari nella cui circoscrizione sono situati i beni [2645, 2672].

855. Effetti dell'approvazione del piano di riordinamento.

Con l'approvazione del piano di riordinamento [851] si operano i trasferimenti di proprietà e degli altri diritti reali [922]; sono anche costituite le servitù imposte nel piano stesso [856, 1032].

856. Competenza dell'autorità giudiziaria.

Nelle materie indicate dagli articoli 850 e seguenti è salva la competenza dell'autorità giudiziaria ordinaria per la tutela dei diritti degli interessati [851, 855]. L'autorità giudiziaria non può tuttavia con le sue decisioni provocare una revisione del piano di riordinamento, ma può procedere alla conversione e liquidazione in danaro dei diritti da essa accertati.

Il credito relativo è privilegiato a norma delle leggi speciali.

Sezione III

Della bonifica integrale

● Norme connesse:

- R.D.L. 13 febbraio 1933, n. 215, convertito in L. 30 marzo 1933, n. 323 (Nuove norme per la bonifica integrale).

- art. 73 (Consorzi di bonifica), D.P.R. 24 luglio 1977, n. 616, che dispone: *Fermi restando i poteri regionali di istituzione, fusione e soppressione di cui all'art. 6 del decreto del Presidente della Repubblica 23 giugno 1962, n. 947, sono trasferite alle regioni le funzioni esercitate dallo Stato concernenti i consorzi di bonifica e di bonifica montana, anche interregionali. Quando si tratta di consorzi che operino in più regioni, si provvederà in base ad intese tra le regioni interessate, a norma dell'art. 8 del presente decreto.*

La classificazione, declassificazione e ripartizione di territori in consorzi di bonifica o di bonifica montana e la determinazione di bacini montani che ricadono nel territorio di due o più regioni e l'approvazione dei piani generali di bonifica e di programmi di sistemazione dei bacini montani che ricado-

no nel territorio di due o più regioni, spettano alle regioni interessate, che vi provvedono sulla base di intesa tra di loro. Le regioni possono costituire un ufficio comune. A tal fine, ciascuna regione determina, conformemente alle intese intervenute e a norma del proprio statuto, le funzioni, l'organizzazione, le norme di funzionamento dell'ufficio, nonché le modalità del concorso della regione nel finanziamento dell'ufficio e nell'attribuzione al medesimo del personale necessario.

Il trasferimento di cui all'art. 2 del decreto del Presidente della Repubblica 15 gennaio 1972, n. 11, comprende anche le funzioni svolte da organi collegiali centrali dello Stato.

- L. 7 febbraio 1992, n. 140 (Interventi per la realizzazione di opere di rilevanza nazionale nel settore della irrigazione, nonché per la concessione di mutui a tasso agevolato per operazioni di credito a sostegno della cooperazione agricola di rilevanza nazionale).

857. Terreni soggetti a bonifica.

Per il conseguimento di fini igienici, demografici, economici o di altri fini sociali possono essere dichiarati soggetti a bonifica i terreni che si trovano in un comprensorio [858, 860], in cui sono laghi, stagni, paludi e terre paludose, ovvero costituito da terreni montani dissestati nei riguardi idrogeologici e forestali, o da terreni estensivamente coltivati per gravi cause d'ordine fisico o sociale, i quali siano suscettibili di una radicale trasformazione dell'ordinamento produttivo [852, 866, 947].

858. Comprensorio di bonifica e piano delle opere.

Il comprensorio di bonifica e il piano generale dei lavori e di attività coordinate [860, 862] sono determinati e pubblicati a norma della legge speciale [852, 857, 1044].

859. Opere di competenza dello Stato.

Il piano generale indicato dall'articolo precedente stabilisce quali opere di bonifica siano di competenza dello Stato [852, 860].

860. Concorso dei proprietari nella spesa.

I proprietari dei beni situati entro il perimetro del comprensorio sono obbligati a contribuire nella spesa necessaria per la esecuzione, la manutenzione e l'esercizio delle opere in ragione del beneficio che traggono dalla bonifica [858, 864, 865].

● Norme connesse:

- art. 253 (Oneri reali e privilegi speciali), D.Lgs. 3 aprile 2006, n. 152 (T.U. ambiente), nel testo modificato dall'art. 53, D.L. 16 luglio 2020, n. 76, convertito in L. 11 settembre 2020, n. 120, che dispone: *1. Gli interventi di cui al presente titolo costituiscono onere reale sui siti contaminati qualora effettuati d'ufficio dall'autorità competente ai sensi degli articoli 250 e 252, comma 5. L'onere reale viene iscritto nei registri immobiliari tenuti dagli uffici dell'Agenzia del territorio a seguito della approvazione del progetto di bonifica e deve essere indicato nel certificato di destinazione urbanistica.*

2. Le spese sostenute per gli interventi di cui al comma 1 sono assistite da privilegio speciale immobiliare sulle aree medesime, ai sensi e per gli effetti dell'articolo 2748, secondo comma, del codice civile. Detto privilegio si può esercitare anche in pregiudizio dei diritti acquistati dai terzi sull'immobile.

3. Il privilegio e la ripetizione delle spese possono essere esercitati, nei confronti del proprietario del sito incolpevole dell'inquinamento o del pericolo di inquinamento, solo a seguito di provvedimento motivato dell'autorità competente che giustifichi, tra l'altro, l'impossibilità di accertare l'identità del soggetto responsabile ovvero che giustifichi l'impossibilità di esercitare azioni di rivalsa nei confronti del medesimo soggetto ovvero la loro infruttuosità.

4. In ogni caso, il proprietario non responsabile dell'inquinamento può essere tenuto a rimborsare, sulla base di provvedimento motivato e con l'osservanza delle disposizioni di cui alla legge 7 agosto 1990, n. 241, le spese degli interventi adottati dall'autorità competente soltanto nei limiti del valore di mercato del sito determinato a seguito dell'esecuzione degli interventi medesimi. Nel caso in cui il proprietario non responsabile dell'inquinamento abbia spontaneamente provveduto alla bonifica del sito inquinato, ha diritto di rivalersi nei confronti del responsabile dell'inquinamento per le spese sostenute e per l'eventuale maggior danno subito.

5. Gli interventi di bonifica dei siti inquinati possono essere assistiti, sulla base di apposita disposizione legislativa di finanziamento, da contributi pubblici entro il limite massimo del cinquanta per cento delle relative spese qualora sussistano preminenti interessi pubblici connessi ad esigenze di tutela igienico-sanitaria e ambientale o occupazionali. Ai predetti contributi pubblici non si applicano le disposizioni di cui ai commi 1 e 2.

861. Opere di competenza dei privati.

I proprietari degli immobili indicati dall'articolo precedente sono obbligati a eseguire, in conformità del piano generale di bonifica e delle connesse direttive di trasformazione agraria, le opere di competenza privata che siano di interesse comune a più fondi o d'interesse particolare a taluno di essi [865].

862. Consorzi di bonifica.

All'esecuzione, alla manutenzione e all'esercizio delle opere di bonifica può provvedersi a mezzo di consorzi tra i proprietari interessati [850, 858, 863].

A tali consorzi possono essere anche affidati l'esecuzione, la manutenzione e l'esercizio delle altre opere d'interesse comune a più fondi o d'interesse particolare a uno di essi [850].

I consorzi sono costituiti per decreto del Presidente della Repubblica e in mancanza dell'iniziativa privata, possono essere formati anche d'ufficio.

Essi sono persone giuridiche pubbliche [11] e svolgono la loro attività secondo le norme dettate dalla legge speciale.

863. Consorzi di miglioramento fondiario.

Nelle forme stabilite per i consorzi di bonifica [862] possono essere costituiti anche consorzi per l'esecuzione, la manutenzione e l'esercizio delle opere di miglioramento fondiario comuni a più fondi e indipendenti da un piano generale di bonifica [914, 918, 921].

Essi sono persone giuridiche private [12]. Possono tuttavia assumere il carattere di persone giuridiche pubbliche [11] quando, per la loro vasta estensione territoriale o per la particolare importanza delle loro funzioni ai fini dell'incremento della produzione, sono riconosciuti d'interesse nazionale con provvedimento dell'autorità amministrativa.

864. Contributi consorziali.

I contributi dei proprietari nella spesa di esecuzione, manutenzione ed esercizio delle opere di bonifica e di miglioramento fondiario sono esigibili con le norme e i privilegi stabiliti per l'imposta fondiaria [860, 2775].

● Norme connesse:

- art. 253 (Oneri reali e privilegi speciali), D.Lgs. 3 aprile 2006, n. 152 (T.U. ambiente), riportato in nota sub art. 860 c.c. precedente.

865. Espropriazione per inosservanza degli obblighi.

Quando l'inosservanza degli obblighi imposti ai proprietari [860, 861] risulta tale da compromettere l'attuazione del piano di bonifica, può farsi luogo all'espropriazione parziale o totale del fondo appartenente al proprietario inadempiente [834], osservate le disposizioni della legge speciale [852].

L'espropriazione ha luogo a favore del consorzio, se questo ne fa richiesta, o, in mancanza, a favore di altra persona che si obblighi ad eseguire le opere offrendo opportune garanzie [1179].

Sezione IV
Dei vincoli idrogeologici e delle difese fluviali

● Norme connesse:

- R.D. 30 dicembre 1923, n. 3267 (Riordinamento e riforma della legislazione in materia di boschi e di terreni montani).

art. 69, D.P.R. 24 luglio 1977, n. 616, che dispone: *Art. 69. Territori montani, foreste, conservazione del suolo. Sono delegate alle regioni le funzioni di cui alla legge 22 maggio 1973, n. 269, concernente la disciplina della produzione e del commercio di sementi e di piante di rimboschimento. Le regioni sono tenute ad istituire il libro dei boschi da seme di cui all'art. 14 della predetta legge secondo le modalità che saranno stabilite dal Consiglio dei Ministri, sentita la commissione di cui all'art. 16. Restano ferme le disposizioni di cui al capo V e agli articoli 27 e 28 della legge anzidetta.*

Sono trasferite alle regioni tutte le funzioni esercitate dallo Stato o da altri enti pubblici, comprese le camere di commercio, ed esclusi i comuni e le comunità montane, concernenti i territori montani, le foreste, la proprietà forestale privata, i rimboschimenti e le proprietà silvo-pastorali degli enti locali, compresi i poteri di determinazione di vincoli e gli interventi sui terreni sottoposti a vincoli. Lo Stato con legge può individuare patrimoni boschivi ai quali si applichino comunque i vincoli previsti dalla legislazione sulle foreste. La gestione dei beni forestali può essere affidata dalle regioni ad aziende interregionali costituite a norma delle disposizioni di cui all'art. 8 del presente decreto. Le regioni formano programmi per la gestione del patrimonio silvo-pastorale dei comuni ed altri enti. Tali programmi dovranno essere coordinati con gli interventi previsti dalla legge 3 dicembre 1971, n. 1102 e delle relative leggi regionali di attuazione.

Sono altresì trasferite alle regioni le funzioni di cui alla legge 1° marzo 1975, n. 47, contenente norme integrative per la difesa dei boschi dagli incendi. I piani di cui all'art. 1 della legge predetta vengono predisposti dalle regioni anche sulla base di intese interregionali. Le regioni provvedono altresì a costituire servizi antincendi boschivi. Resta ferma la competenza dello Stato in ordine all'organizzazione e gestione, d'intesa con le regioni, del servizio aereo di spegnimento degli incendi e dell'impiego del Corpo dei vigili del fuoco.

Sono inoltre trasferite alle regioni le funzioni concernenti la sistemazione idrogeologica e la conservazione del suolo, le opere di manutenzione forestale per la difesa delle coste nonché le funzioni relative alla determinazione del vincolo idrogeologico di cui al regio decreto 30 dicembre 1923, n. 3267, ivi comprese quelle esercitate attualmente dalle camere di commercio. Per la realizzazione di opere di sistemazione idrogeologica e di difesa del suolo che interessino il territorio di due o più regioni, queste provvedono mediante intesa tra loro. Fermo restando quanto stabilito dall'art. 13 del regio decreto 30 dicembre 1923, n. 3267, restano fermi i vincoli idrogeologici attualmente vigenti fino a quando non sarà stabilita una nuova disciplina statale di principio.

Le regioni possono altresì provvedere alle opere destinate alla difesa delle coste interessanti il rispettivo territorio previa autorizzazione dello Stato.

- L. 5 gennaio 1994, n. 37 (Norme per la tutela ambientale delle aree demaniali dei fiumi, dei torrenti, dei laghi e delle altre acque pubbliche).

866. Vincoli per scopi idrogeologici e per altri scopi.

Anche indipendentemente da un piano di bonifica [857, 858], i terreni di qualsiasi natura e destinazione possono essere sottoposti a vincolo idrogeologico, osservate le forme e le condizioni stabilite dalla legge speciale, al fine di evitare che possano con danno pubblico subire denudazioni, perdere la stabilità o turbare il regime delle acque.

L'utilizzazione dei terreni e l'eventuale loro trasformazione, la qualità delle colture, il governo dei boschi e dei pascoli sono assoggettati, per effetto del vincolo, alle limitazioni stabilite dalle leggi in materia.

Parimenti, a norma della legge speciale, possono essere sottoposti a limitazione nella loro utilizzazione i boschi che per la loro speciale ubicazione difendono terreni o fabbricati dalla caduta di valanghe, dal rotolamento dei sassi, dal sorrenamento e dalla furia dei venti, e quelli ritenuti utili per le condizioni igieniche locali.

867. Sistemazione e rimboschimento dei terreni vincolati.

Al fine del rimboschimento e del rinsaldamento i terreni vincolati possono essere assoggettati a espropriazione [834], a occupazione temporanea o a sospensione dell'esercizio del pascolo, nei modi e con le forme stabilite dalle leggi in materia.

868. Regolamento protettivo dei corsi d'acqua.

I proprietari d'immobili situati in prossimità di corsi d'acqua che arrecano o minacciano danni all'agricoltura, ad abitati o a manufatti d'interesse pubblico sono obbligati, anche indipendentemente da un piano di bonifica, a contribuire all'esecuzione delle opere necessarie per il regolamento del corso d'acqua nelle forme stabilite dalle leggi speciali.

Sezione V
Della proprietà edilizia

● Norme connesse:
- T.U. edilizia di cui al D.P.R. 6 giugno 2001, n. 380.

869. Piani regolatori.

I proprietari d'immobili nei comuni dove sono formati piani regolatori devono osservare le prescrizioni dei piani stessi nelle costruzioni e nelle riedificazioni o modificazioni delle costruzioni esistenti.

● Norme connesse:
- per l'attuazione dei piani urbanistici generali, art. 13, L. 28 gennaio 1977, n. 10 (Norme per la edificabilità dei suoli); L. 17 agosto 1942, n. 1150 (Legge urbanistica); D.P.R. 6 giugno 2001, n. 380 (T.U. edilizia).

870. Comparti.

Quando è prevista la formazione di comparti, costituenti unità fabbricabili con speciali modalità di costruzione e di adattamento, gli aventi diritto sugli immobili compresi nel comparto devono regolare i loro reciproci rapporti in modo da rendere possibile l'attuazione del piano [872]. Possono anche riunirsi in consorzio per l'esecuzione delle opere. In mancanza di accordo, può procedersi alla espropriazione a norma delle leggi in materia.

● Norme connesse:
- D.P.R. 8 giugno 2001, n. 327 (T.U. espropriazioni).

871. Norme di edilizia e di ornato pubblico.

Le regole da osservarsi nelle costruzioni sono stabilite dalla legge speciale e dai regolamenti edilizi comunali.

La legge speciale stabilisce altresì le regole da osservarsi per le costruzioni nelle località sismiche.

● Norme connesse:
- artt. 52 ss. D.P.R. 6 giugno 2001, n. 380 (T.U. edilizia).

872. Violazione delle norme di edilizia.

Le conseguenze di carattere amministrativo della violazione delle norme indicate dall'articolo precedente sono stabilite da leggi speciali.

Colui che per effetto della violazione ha subito danno deve esserne risarcito [2043, 2056], salva la facoltà di chiedere la riduzione in pristino quando si tratta della violazione delle norme contenute nella sezione seguente o da questa richiamate [2653, comma 1, n. 1, 2933].

● Norme connesse:
- artt. 30 ss. D.P.R. 6 giugno 2001, n. 380 (T.U. edilizia).

Sezione VI
Delle distanze nelle costruzioni, piantagioni e scavi, e dei muri, fossi e siepi interposti tra i fondi

873. Distanze nelle costruzioni.

Le costruzioni su fondi finitimi, se non sono unite o aderenti, devono essere tenute a distanza non minore di tre metri. Nei regolamenti locali può essere stabilita una distanza maggiore [875, 878, 879].

● Norme connesse:
- art. 79, comma 2, D.P.R. 6 giugno 2001, n. 380 (T.U. edilizia) per le opere finalizzate all'eliminazione delle barriere architettoniche.
- D.M. 2 aprile 1968, n. 1444, per i limiti inderogabili di distanza fra i fabbricati.

■ Codice civile del 1865: *Art. 570. Chi vuol fabbricare una casa, od un muro anche solo di cinta, può farlo sul confine della sua proprietà, salva sempre la facoltà al vicino di rendere il muro comune a norma dell'articolo 556.*

874. Comunione forzosa del muro sul confine.

Il proprietario di un fondo contiguo al muro altrui può chiederne la comunione [875, 2742, 2932], per tutta l'altezza o per parte di essa [880], purché lo faccia per tutta l'estensione della sua proprietà [903]. Per ottenere la comunione deve pagare la metà del valore del muro, o della parte di muro resa comune, e la metà del valore del suolo su cui il muro è costruito. Deve inoltre eseguire le opere che occorrono per non danneggiare il vicino [876, 877, 879, 885, 888, 904].

■ Codice civile del 1865: *Art. 556. Il proprietario di un fondo contiguo ad un muro ha pure la facoltà di renderlo comune in tutto od in parte, purché lo faccia per tutta l'estensione della sua proprietà, pagando al proprietario del muro la metà dell'intero valore, o la metà del valore di quella parte che vuol rendere comune e la metà del valore del suolo sopra cui il muro è costrutto, ed eseguendo altresì le opere che occorressero per non danneggiare il vicino.*

Questa disposizione non si applica agli edifizi destinati all'uso pubblico.

875. Comunione forzosa del muro che non è sul confine.

Quando il muro si trova ad una distanza dal confine minore di un metro e mezzo ovvero a distanza minore della metà di quella stabilita dai regolamenti locali [873], il vicino può chiedere la comunione [874, 2742] del muro [885, 903] soltanto allo scopo di fabbricare contro il muro stesso, pagando, oltre il valore della metà del muro, il valore del suolo da occupare con la nuova fabbrica, salvo che il proprietario preferisca estendere il suo muro sino al confine [873, 877, 879, 904].

Il vicino che intende domandare la comunione deve interpellare preventivamente il proprietario se preferisca di estendere il muro al confine o di procedere alla sua demolizione. Questi deve manifestare la propria volontà entro il termine di giorni quindici e deve procedere alla costruzione o alla demolizione entro sei mesi dal giorno in cui ha comunicato la risposta [882].

■ Codice civile del 1865: *Art. 571. Quand'anche non si fabbrichi sul confine, se non si lascia la distanza almeno di un metro e mezzo, il vicino può chiedere la comunione del muro e fabbricare sin contro il medesimo pagando, oltre il valore della metà del muro, il valore del suolo che verrebbe da lui occupato, salvo che il proprietario del suolo preferisca di estendere contemporaneamente il suo edifizio sino al confine.*

Non volendo il vicino profittare di tali facoltà, deve fabbricare in modo che vi sia la distanza di tre metri dal muro dell'altro.

Lo stesso ha luogo in tutti gli altri casi, in cui la fabbrica del vicino si trovi distante meno di tre metri dal confine.

Si reputa nuova fabbrica anche il semplice alzamento di una casa o di un muro già sussistente.

876. Innesto nel muro sul confine.

Se il vicino vuole servirsi del muro esistente sul confine solo per innestarvi un capo del proprio muro, non ha l'obbligo di renderlo comune a norma dell'articolo 874, ma deve pagare una indennità per l'innesto.

877. Costruzioni in aderenza.

Il vicino, senza chiedere la comunione del muro posto sul confine [874], può costruire sul confine stesso in aderenza, ma senza appoggiare la sua fabbrica a quella preesistente.

Questa norma si applica anche nel caso previsto dall'articolo 875; il vicino in tal caso deve pagare soltanto il valore del suolo [879, 904].

878. Muro di cinta.

Il muro di cinta e ogni altro muro isolato che non abbia un'altezza superiore ai tre metri non è considerato per il computo della distanza indicata dall'articolo 873 [892].

Esso, quando è posto sul confine, può essere reso comune anche a scopo d'appoggio, purché non preesista al di là un edificio a distanza inferiore ai tre metri [874, 886].

■ Codice civile del 1865: *Art. 570. Chi vuol fabbricare una casa, od un muro anche solo di cinta, può farlo sul confine della sua proprietà, salva sempre la facoltà al vicino di rendere il muro comune a norma dell'articolo 556.*

879. Edifici non soggetti all'obbligo delle distanze o a comunione forzosa.

Alla comunione forzosa non sono soggetti gli edifici appartenenti al demanio pubblico [822, 873, 874, 875] e quelli soggetti allo stesso regime [824], né gli edifici che sono riconosciuti di interesse storico, archeologico o artistico, a norma delle leggi in materia [839]. Il vicino non può neppure usare della facoltà concessa dall'articolo 877.

Alle costruzioni che si fanno in confine con le piazze e le vie pubbliche non si applicano le norme relative alle distanze, ma devono osservarsi le leggi e i regolamenti che le riguardano.

● Norme connesse:
- artt. 16-19, D.Lgs. 30 aprile 1992, n. 285 (Codice della strada).

■ Codice civile del 1865: *Art. 572. Le disposizioni dei due articoli precedenti non sono applicabili agli edifizi indicati nel capoverso dell'articolo 556, né ai muri confinanti colle piazze e colle vie o strade pubbliche, pei quali debbono osservarsi le leggi ed i regolamenti particolari che li riguardano.*

880. Presunzione di comunione del muro divisorio.

Il muro che serve di divisione tra edifici si presume comune [881, 885] fino alla sua sommità e in caso di altezze ineguali, fino al punto in cui uno degli edifici comincia ad essere più alto [874, 882, 886, 898, 903].

Si presume parimenti comune il muro che serve di divisione tra cortili, giardini e orti o tra recinti nei campi [881].

■ Codice civile del 1865: *Art. 546. Ogni muro che serve di divisione tra edifizi sino alla sua sommità, e in caso di altezze ineguali sino al punto in cui uno degli edifizi comincia ad essere più alto, ed altresì ogni muro che serve di divisione tra cortili, giardini ed anche tra recinti nè campi, si presume comune, se non vi è titolo o segno in contrario.*

881. Presunzione di proprietà esclusiva del muro divisorio.

Si presume che il muro divisorio tra i campi, cortili, giardini od orti [880] appartenga al proprietario del fondo verso il quale esiste il piovente e in ragione del piovente medesimo.

Se esistono sporti, come cornicioni, mensole e simili, o vani che si addentrano oltre la metà della grossezza del muro, e gli uni e gli altri risultano costruiti col muro stesso, si presume che questo spetti al proprietario dalla cui parte gli sporti o i vani si presentano, anche se vi sia soltanto qualcuno di tali segni [897].

Se uno o più di essi sono da una parte, e uno o più dalla parte opposta, il muro è reputato comune [882]: in ogni caso la positura del piovente prevale su tutti gli altri indizi.

■ Codice civile del 1865: *Art. 547. La proprietà del muro divisorio tra cortili, giardini, orti o campi è determinata dal piovente di esso muro ed in ragione del piovente medesimo.*

Se gli sporti, quali sono le mensole, i cornicioni e simili, e i vani che si addentrano oltre la metà della grossezza del muro, appaiono costrutti con esso, si presume che il muro sia di quel proprietario dalla cui parte si presentano, ancorché vi sia soltanto qualcuno di tali segni.

Se poi uno o più di essi sono da una parte, ed uno o più dalla parte opposta, il muro è riputato comune: in ogni caso la positura del piovente prevale a tutti gli altri indizi.

882. Riparazioni del muro comune.

Le riparazioni e le ricostruzioni necessarie del muro comune [875, 880, 881] sono a carico di tutti quelli che vi hanno diritto [887] e in proporzione del diritto di ciascuno [1104], salvo che la spesa sia stata cagionata dal fatto di uno dei partecipanti [917].

Il comproprietario di un muro comune può esimersi dall'obbligo di contribuire nelle spese di riparazione e ricostruzione, rinunziando al diritto di comunione [888], purché il muro comune non sostenga un edificio di sua spettanza [883, 1070-1350 n. 5, 2643, comma 1, n. 5].

La rinunzia non libera il rinunziante dall'obbligo delle riparazioni e ricostruzioni a cui abbia dato causa col fatto proprio.

■ Codice civile del 1865: *Art. 548. Le riparazioni e le ricostruzioni necessarie del muro comune sono a carico di tutti quelli che vi hanno diritto, ed in proporzione del diritto di ciascuno.*

Art. 549. Qualunque comproprietario di un muro comune può tuttavia esimersi dall'obbligo di contribuire alle spese delle riparazioni e ricostruzioni, rinunziando al diritto di comunione, purché il muro comune non sostenga un edifizio di sua spettanza.

La rinunzia però non libera il rinunziante dall'obbligo delle riparazioni e ricostruzioni a cui avesse dato causa col fatto proprio.

883. Abbattimento di edificio appoggiato al muro comune.

Il proprietario che vuole atterrare un edificio sostenuto da un muro comune può rinunziare alla comunione di questo [882], ma deve farvi le riparazioni e le opere che la demolizione rende necessarie per evitare ogni danno al vicino.

■ Codice civile del 1865: *Art. 550. Il proprietario che vuole atterrare un edifizio sostenuto da un muro comune, può rinunziare alla comunione di questo, ma deve per la prima volta farvi le riparazioni e le opere che la demolizione rende necessarie per evitare ogni danno al vicino.*

884. Appoggio e immissione di travi e catene nel muro comune.

Il comproprietario di un muro comune può fabbricare appoggiandovi le sue costruzioni e può immettervi travi, purché le mantenga a distanza di cinque centimetri dalla superficie opposta, salvo il diritto dell'altro comproprietario di fare accorciare la trave fino alla metà del muro, nel caso in cui egli voglia collocare una trave nello stesso luogo, aprirvi un incavo o appoggiarvi un camino. Il comproprietario può anche attraversare il muro comune con chiavi e catene di rinforzo, mantenendo la stessa distanza. Egli è tenuto in ogni caso a riparare i danni causati dalle opere compiute.

Non può fare incavi nel muro comune, né eseguirvi altra opera che ne comprometta la stabilità o che in altro modo lo danneggi [1120, 1122].

■ Codice civile del 1865: *Art. 551. Ogni comproprietario può fabbricare appoggiando le sue costruzioni al muro comune, ed immettere travi e travicelli per la grossezza del medesimo, in guisa però che dall'altra parte restino ancora cinque centimetri, salvo il diritto nell'altro comproprietario di far accorciare la trave fino alla metà del muro, nel caso in cui egli volesse collocare una trave nello stesso luogo, aprirvi un incavo od appoggiarvi un camino.*

Art. 552. Parimente ogni comproprietario di un muro comune può attraversarlo per intiero con chiavi e capi-chiavi, e collocare bolzoni all'opposto lato per guarentigia della sua fabbrica, osservando però la distanza di cinque centimetri dalla superficie esterna del muro verso il vicino, e facendo le opere necessarie per non recar danno alla solidità del muro comune, salvo il risarcimento dei danni temporanei provenienti dal collocamento delle chiavi e dei capi-chiavi e bolzoni.

885. Innalzamento del muro comune.

Ogni comproprietario può alzare il muro comune [875, 880], ma sono a suo carico tutte le spese di costruzione e conservazione della parte sopraedificata [903]. Anche questa può dal vicino essere resa comune a norma dell'articolo 874.

Se il muro non è atto a sostenere la sopraedificazione, colui che l'esegue è tenuto a ricostruirlo o a rinforzarlo a sue spese. Per il maggiore spessore che sia necessario, il muro deve essere costruito sul suolo proprio, salvo che esigenze tecniche impongano di costruirlo su quello del vicino. In entrambi i casi il muro ricostruito o ingrossato resta di proprietà comune, e il vicino deve essere indennizzato di ogni danno prodotto dall'esecuzione delle opere. Nel secondo caso il vicino ha diritto di conseguire anche il valore della metà del suolo occupato per il maggiore spessore.

Qualora il vicino voglia acquistare la comunione della parte sopraelevata del muro, si tiene conto, nel calcolare il valore di questa, anche delle spese occorse per la ricostruzione o per il rafforzamento.

■ Codice civile del 1865: *Art. 553. Ogni comproprietario può alzare il muro comune, ma sono a suo carico le spese dell'alzamento, le riparazioni pel mantenimento dell'alzata superiore al muro comune e le opere occorrenti per sostenere il maggiore peso derivante dall'alzamento, in modo che il muro riesca egualmente solido.*

Art. 554. Se il muro comune non è atto a sostenere l'alzamento, chi vuole alzare, è tenuto a farlo ricostruire per intiero a sue spese e sul proprio suolo quanto alla maggiore grossezza.

In questo caso e in quello espresso nel precedente articolo egli è inoltre tenuto a risarcire il vicino dei danni, che pel fatto anche temporaneo dell'alzamento o della nuova costruzione avesse a soffrire.

Art. 555. Il vicino che non ha contribuito all'alzamento, può acquistarne la comunione, pagando la metà di quanto ha costato e il valore della metà del suolo che fosse stato occupato per l'eccedente grossezza.

Art. 556. Il proprietario di un fondo contiguo ad un muro ha pure la facoltà di renderlo comune in tutto od in parte, purché lo faccia per tutta l'estensione della sua proprietà, pagando al proprietario del muro la metà dell'intero valore, o la metà del valore di quella parte che vuol rendere comune e la metà del valore del suolo sopra cui il muro è costrutto, ed eseguendo altresì le opere che occorressero per non danneggiare il vicino.

Questa disposizione non si applica agli edifizi destinati all'uso pubblico.

Art. 557. Uno dei vicini non può fare alcun incavo nel muro comune, né applicarvi od appoggiarvi alcuna nuova opera senza il consenso dell'altro e, in caso di rifiuto, senza aver fatto determinare dai periti i mezzi necessari affinché l'opera non riesca di danno ai diritti dell'altro.

Art. 558. Non si può ammucchiare contro un muro come letame, legnami, terra od altre materie, senza prendere le precauzioni necessarie affinché tali mucchi non possano nuocere con l'umidità, con la spinta, o con la soverchia elevazione, od in qualunque altro modo.

886. Costruzione del muro di cinta.

Ciascuno può costringere il vicino a contribuire per metà nella spesa di costruzione di muri di cinta che separano le rispettive case, i cortili e i giardini posti negli abitati [882, 888]. L'altezza di essi, se non è diversamente determinata dai regolamenti locali o dalla convenzione, deve essere di tre metri [878].

■ Codice civile del 1865: *Art. 559. Ciascuno può costringere il vicino a contribuire alle spese di costruzione o di riparazione dei muri di cinta che separano le rispettive case, i cortili e i giardini situati nelle città e nei sobborghi. L'altezza di essi sarà determinata secondo i regolamenti particolari, ed, in mancanza di questi o di una convenzione, ogni muro di cinta o divisorio tra vicini da costruirsi in avvenire a spese comuni sarà dell'altezza di tre metri.*

887. Fondi a dislivello negli abitati.

Se di due fondi posti negli abitati uno è superiore e l'altro inferiore, il proprietario del fondo superiore deve sopportare per intero le spese di costruzione e conservazione del muro dalle fondamenta all'altezza del proprio suolo, ed entrambi i proprietari devono contribuire per tutta la restante altezza [882].

Il muro deve essere costruito per metà sul terreno del fondo inferiore e per metà sul terreno del fondo superiore.

■ Codice civile del 1865: *Art. 560. Nel caso in cui nelle città o nei sobborghi un muro sia divisorio di due fondi l'uno superiore, l'altro inferiore, il proprietario del fondo superiore dovrà sopportare per intiero le spese di costruzione e di riparazione del muro sino all'altezza del proprio suolo; la parte del muro che sorge dal suolo del fondo superiore sino all'altezza indicata nell'articolo precedente, sarà costrutta e riparata a spese comuni.*

888. Esonero dal contributo nelle spese.

Il vicino si può esimere dal contribuire nelle spese di costruzione del muro di cinta o divisorio [1104], cedendo, senza diritto a compenso, la metà del terreno su cui il muro di separazione deve essere costruito [882, 886]. In tal caso il muro è di proprietà di colui che l'ha costruito, salva la facoltà del vicino di renderlo comune ai sensi dell'articolo 874, senza l'obbligo però di pagare la metà del valore del suolo su cui il muro è stato costruito.

■ Codice civile del 1865: *Art. 561. Nei casi espressi nei due articoli precedenti, il vicino che non vuol contribuire alle spese di costruzione o riparazione del muro di cinta o divisorio, se ne può esimere cedendo la metà del terreno su cui il muro di separazione deve essere costrutto e rinunziando al diritto di comunione, salva la disposizione dell'articolo 556.*

889. Distanze per pozzi, cisterne, fosse e tubi.

Chi vuole aprire pozzi, cisterne, fosse di latrina o di concime presso il confine, anche se su questo si trova un muro divisorio, deve osservare la distanza di almeno due metri tra il confine e il punto più vicino del perimetro interno delle opere predette.

Per i tubi d'acqua pura o lurida, per quelli di gas e simili e loro diramazioni deve osservarsi la distanza di almeno un metro dal confine.

Sono salve in ogni caso le disposizioni dei regolamenti locali.

■ Codice civile del 1865: *Art. 573. Chi vuole aprire un pozzo d'acqua viva, una cisterna, un pozzo nero, od una fossa di latrina o di concime presso un muro altrui od anche comune, deve, quando non sia altrimenti disposto dai regolamenti locali, osservare la distanza di due metri tra il confine colla contigua proprietà ed il punto più vicino del perimetro interno del muro del pozzo d'acqua viva, della cisterna, del pozzo nero o della fossa di latrina o di concime.*

Quanto ai tubi di latrina, di acquaio d'acqua cadente dai tetti, ovvero ascendente per mezzo di tromba o di qualsivoglia macchina, deve la distanza essere almeno di un metro dal confine.

Eguale distanza sarà osservata per le diramazioni di essi tubi, e sarà sempre computata dal confine al punto più vicino del perimetro esterno del tubo.

CODICE CIVILE

Qualora, osservate queste distanze, ne derivasse tuttavia danno al vicino, saranno stabilite maggiori distanze ed eseguite le opere occorrenti per riparare e mantenere riparata la proprietà del vicino.

890. Distanze per fabbriche e depositi nocivi o pericolosi.

Chi presso il confine, anche se su questo si trova un muro divisorio, vuole fabbricare forni, camini, magazzini di sale, stalle e simili, o vuol collocare materie umide o esplodenti o in altro modo nocive, ovvero impiantare macchinari, per i quali può sorgere pericolo di danni, deve osservare le distanze stabilite dai regolamenti e in mancanza, quelle necessarie a preservare i fondi vicini da ogni danno alla solidità, salubrità e sicurezza [844;c.p. 659, 674].

■ Codice civile del 1865: *Art. 574. Chi vuole fabbricare contro un muro comune o divisorio, ancorché proprio, camini, forni, fucine, stalle, magazzini di sale o di materie atte a danneggiarlo, ovvero stabilire in vicinanze della proprietà altrui macchine messe in moto dal vapore, od altri manufatti, per cui siavi pericolo d'incendio o di scoppio o di esalazioni nocive, deve eseguire le opere e mantenere le distanze, che secondo i casi siano stabilite dai regolamenti, e, in loro mancanza, dall'autorità giudiziaria, affine di evitare ogni danno al vicino.*

891. Distanze per canali e fossi.

Chi vuole scavare fossi o canali presso il confine, se non dispongono in modo diverso i regolamenti locali, deve osservare una distanza eguale alla profondità del fosso o canale. La distanza si misura dal confine al ciglio della sponda più vicina, la quale deve essere a scarpa naturale ovvero munita di opere di sostegno. Se il confine si trova in un fosso comune o in una via privata, la distanza si misura da ciglio a ciglio o dal ciglio al lembo esteriore della via [911].

■ Codice civile del 1865: *Art. 575. Non si possono scavare fossi o canali, se non osservando una distanza dal confine del fondo altrui eguale alla loro profondità, salve le maggiori distanze che fossero determinate dai regolamenti locali.*

892. Distanze per gli alberi.

Chi vuol piantare alberi presso il confine deve osservare le distanze stabilite dai regolamenti e in mancanza, dagli usi locali [895; c.p.c. 8 n. 2]. Se gli uni e gli altri non dispongono, devono essere osservate le seguenti distanze dal confine:

1) tre metri per gli alberi di alto fusto. Rispetto alle distanze, si considerano alberi di alto fusto quelli il cui fusto, semplice o diviso in rami, sorge ad altezza notevole, come sono i noci, i castagni, le querce, i pini, i cipressi, gli olmi, i pioppi, i platani e simili [898];

2) un metro e mezzo per gli alberi di non alto fusto. Sono reputati tali quelli il cui fusto, sorto ad altezza non superiore a tre metri, si diffonde in rami;

3) mezzo metro per le viti, gli arbusti, le siepi vive, le piante da frutto di altezza non maggiore di due metri e mezzo.

La distanza deve essere però di un metro, qualora le siepi siano di ontano, di castagno o di altre piante simili che si recidono periodicamente vicino al ceppo, e di due metri per le siepi di robinie.

La distanza si misura dalla linea del confine alla base esterna del tronco dell'albero nel tempo della piantagione, o dalla linea stessa al luogo dove fu fatta la semina [894, 896].

Le distanze anzidette non si devono osservare se sul confine esiste un muro divisorio, proprio o comune [878], purché le piante siano tenute ad altezza che non ecceda la sommità del muro.

■ Codice civile del 1865: *Art. 579. Non è permesso di piantare alberi verso il confine del vicino a distanze minori di quelle determinate dai regolamenti locali. In mancanza di questi, devono osservarsi le distanze seguenti:*

1° Tre metri per gli alberi di alto fusto. Sono riputati, quanto alle distanze, alberi di alto fusto quelli, il cui fusto semplice o diviso in rami sorge ad altezza notabile, quali sono i noci, i castagni, le querce, i pini, i cipressi, gli olmi, i pioppi, i platani e simili.

Gli alberi di robinie ed i gelsi della China sono equiparati per le distanze agli alberi di alto fusto.

2° Un metro e mezzo per gli alberi di non alto fusto.

Sono riputati alberi di non alto fusto quelli il cui fusto, sorto a breve altezza, si diffonde in rami, quali sono i peri, i meli, i ciliegi ed in generale gli alberi da frutto non indicati al numero 1°, ed altresì i gelsi, i salici, le robinie a ombrello ed altri simili.

3° Un mezzo metro per le viti, gli arbusti, le siepi vive, i gelsi tenuti nani ed anche per le piante da frutto tenute nane od a spalliera e ad altezza non maggiore di due metri e mezzo.

La distanza sarà però di un metro, qualora le siepi sieno di ontano, di castagno o di altre simili piante che si recidono periodicamente vicino al ceppo, e di due metri per le siepi di robinie.

Le distanze anzidette non sono necessarie qualora il fondo sia separato da quello del vicino con un muro proprio o comune, purché le piante siano mantenute in modo da non eccedere l'altezza del muro.

893. Alberi presso strade, canali e sul confine di boschi.

Per gli alberi che nascono o si piantano nei boschi, sul confine con terreni non boschivi, o lungo le strade o le sponde dei canali, si osservano, trattandosi di boschi, canali e strade di proprietà privata, i regolamenti e in mancanza, gli usi locali. Se gli uni e gli altri non dispongono, si osservano le distanze prescritte dall'articolo precedente [894].

■ Codice civile del 1865: *Art. 580. Per le piante che nascono e pei piantamenti che si fanno nell'interno dei boschi verso i rispettivi confini, o lungo le sponde dei canali, o lungo le strade comunali, senza impedimento del corso delle acque e dei passaggi, si osserveranno in mancanza di regolamenti gli usi locali e, solo in mancanza di questi, le distanze sopra stabilite.*

894. Alberi a distanza non legale.

Il vicino può esigere che si estirpino gli alberi e le siepi che sono piantati o nascono a distanza minore di quelle indicate dagli articoli precedenti [892, 893, 899].

■ Codice civile del 1865: *Art. 581. Il vicino può esigere che si estirpino gli alberi e le siepi che si piantassero nascessero a distanze minori di quelle determinate negli articoli precedenti.*

895. Divieto di ripiantare alberi a distanza non legale.

Se si è acquistato il diritto di tenere alberi a distanza minore di quelle sopra indicate [1027 ss.], e l'albero muore o viene reciso o abbattuto, il vicino non può sostituirlo, se non osservando la distanza legale [892].

La disposizione non si applica quando gli alberi fanno parte di filare situato lungo il confine [899].

896. Recisione di rami protesi e di radici.

Quegli sul cui fondo si protendono i rami degli alberi del vicino può in qualunque tempo costringerlo a tagliarli, e può egli stesso tagliare le radici che si addentrano nel suo fondo, salvi però in ambedue i casi i regolamenti e gli usi locali.

Se gli usi locali non dispongono diversamente, i frutti naturalmente caduti dai rami protesi sul fondo del vicino appartengono al proprietario del fondo su cui sono caduti [821].

Se a norma degli usi locali i frutti appartengono al proprietario dell'albero, per la raccolta di essi si applica il disposto dell'articolo 843.

■ Codice civile del 1865: *Art. 582. Quegli sul cui fondo si protendono i rami degli alberi del vicino, può costringerlo a tagliarli, e può egli stesso tagliare le radici che si addentrino nel suo fondo, salvi però in ambidue i casi i regolamenti e gli usi locali quanto agli ulivi.*

896-*bis*. Distanze minime per gli apiari.

Gli apiari devono essere collocati a non meno di dieci metri da strade di pubblico transito e a non meno di cinque metri dai confini di proprietà pubbliche o private.

Il rispetto delle distanze di cui al primo comma non è obbligatorio se tra l'apiario e i luoghi ivi indicati esistono dislivelli di almeno due metri o se sono interposti, senza soluzioni di continuità, muri, siepi o altri ripari idonei a non consentire il passaggio delle api. Tali ripari devono avere una altezza di almeno due metri. Sono comunque fatti salvi gli accordi tra le parti interessate.

Nel caso di accertata presenza di impianti industriali saccariferi, gli apiari devono rispettare una distanza minima di un chilometro dai suddetti luoghi di produzione[1].

[1] Articolo aggiunto dall'art. 8, L. 24 dicembre 2004, n. 313.

897. Comunione di fossi.

Ogni fosso interposto tra due fondi si presume comune [898, 899].

Si presume che il fosso appartenga al proprietario che se ne serve per gli scoli delle sue terre, o al proprietario del fondo dalla cui parte è il getto della terra o lo spurgo ammucchiatovi da almeno tre anni [881].

Se uno o più di tali segni sono da una parte o uno o più dalla parte opposta, il fosso si presume comune.

■ Codice civile del 1865: *Art. 565. Tutti i fossi tra due fondi si presumono comuni se non vi è titolo o segno contrario, e sono mantenuti a comuni spese.*

Art. 566. È segno che il fosso non è comune, se si trovi da una sola parte del medesimo il getto della terra o lo spurgo ammucchiatovi da tre anni.

Il fosso si presume di proprietà esclusiva di quello dalla cui parte è il getto della terra o lo spurgo così ammucchiato.

Art. 567. È segno che il fosso non è comune quando serve agli scoli dalle terre di un solo proprietario.

898. Comunione di siepi.

Ogni siepe tra due fondi si presume comune ed è mantenuta a spese comuni, salvo che vi sia termine di confine o altra prova in contrario [880, 897, 899].

Se uno solo dei fondi è recinto, si presume che la siepe appartenga al proprietario del fondo recinto, ovvero di quello dalla cui parte si trova la siepe stessa in relazione ai termini di confine esistenti.

■ Codice civile del 1865: *Art. 568. Ogni siepe tra due fondi è riputata comune ed è mantenuta a spese comuni, eccettoché un solo fondo sia cinto, o vi sia termine di confine o prova in contrario.*

899. Comunione di alberi.

Gli alberi sorgenti nella siepe comune sono comuni [895, 898].

Gli alberi sorgenti sulla linea di confine si presumono comuni, salvo titolo o prova in contrario [897].

Gli alberi che servono di limite o che si trovano nella siepe comune non possono essere tagliati, se non di comune consenso o dopo che l'autorità giudiziaria abbia riconosciuto la necessità o la convenienza del taglio [1105, 1108, 1109].

■ Codice civile del 1865: *Art. 569. Gli alberi sorgenti nella siepe comune sono comuni, e ciascuno dei due proprietari può chiedere che siano atterrati.*

CODICE CIVILE

Gli alberi sorgenti sulla linea di confine tra due proprietà si reputano comuni, quando non vi sia titolo o prova in contrario.

Gli alberi che servono di limite non possono tagliarsi, se non di comune consenso e dopo che l'autorità giudiziaria abbia riconosciuta la necessità o la convenienza del taglio.

Sezione VII
Delle luci e delle vedute

900. Specie di finestre.

Le finestre o altre aperture sul fondo del vicino sono di due specie: luci [901], quando danno passaggio alla luce e all'aria, ma non permettono di affacciarsi sul fondo del vicino; vedute [902, 905, 906, 907] o prospetti, quando permettono di affacciarsi e di guardare di fronte, obliquamente o lateralmente.

901. Luci.

Le luci che si aprono sul fondo del vicino [900] devono:

1) essere munite di un'inferriata idonea a garantire la sicurezza del vicino e di una grata fissa in metallo le cui maglie non siano maggiori di tre centimetri quadrati;

2) avere il lato inferiore a un'altezza non minore di due metri e mezzo dal pavimento o dal suolo del luogo al quale si vuole dare luce e aria, se esse sono al piano terreno, e non minore di due metri se sono ai piani superiori;

3) avere il lato inferiore a un'altezza non minore di due metri e mezzo dal suolo del fondo vicino, a meno che si tratti di locale che sia in tutto o in parte a livello inferiore al suolo del vicino e la condizione dei luoghi non consenta di osservare l'altezza stessa [902].

■ Codice civile del 1865: *Art. 584. Il proprietario di un muro non comune contiguo al fondo altrui, può aprire in questo muro luci o finestre con inferriate ed invetriate fisse.*

Queste finestre debbono essere munite di una grata di ferro, le cui maglie non abbiano apertura maggiore di un decimetro, e di un telaio ad invetriata fissa.

Tali finestre non impediranno al vicino di acquistare la comunione del muro: egli però non potrà chiuderle, se non appoggiandovi il suo edifizio.

Art. 585. Queste luci o finestre non si possono aprire ad un'altezza minore di due metri e mezzo sopra il pavimento o suolo del luogo che si vuole illuminare, se è al piano terreno, e di due metri se è nei piani superiori.

L'altezza di due metri e mezzo dal suolo deve sempre osservarsi anche dalla parte che ha sguardo sul fondo vicino.

902. Apertura priva dei requisiti prescritti per le luci.

L'apertura che non ha i caratteri di veduta o di prospetto [900] è considerata come luce, anche se non sono state osservate le prescrizioni indicate dall'articolo 901.

Il vicino ha sempre il diritto di esigere che essa sia resa conforme alle prescrizioni dell'articolo predetto [2934].

903. Luci nel muro proprio o nel muro comune.

Le luci possono essere aperte dal proprietario del muro contiguo al fondo altrui.

Se il muro è comune [880, 881], nessuno dei proprietari può aprire luci senza il consenso dell'altro [1108, 1120]; ma chi ha sopraelevato il muro comune può aprirle nella maggiore altezza a cui il vicino non abbia voluto contribuire [874, 875, 885].

■ Codice civile del 1865: *Art. 583. Un vicino non può senza il consenso dell'altro fare nel muro comune una finestra o altra apertura, neppure con invetriata fissa.*

Art. 586. Chi ha innalzato il muro comune non può aprire luci o finestre nella maggiore altezza, a cui il vicino non abbia voluto contribuire.

904. Diritto di chiudere le luci.

La presenza di luci in un muro non impedisce al vicino di acquistare la comunione del muro medesimo né di costruire in aderenza [874, 875, 877].

Chi acquista la comunione del muro non può chiudere le luci se ad esso non appoggia il suo edificio.

■ Codice civile del 1865: *Art. 584. Il proprietario di un muro non comune contiguo al fondo altrui, può aprire in questo muro luci o finestre con inferriate ed invetriate fisse.*

Queste finestre debbono essere munite di una grata di ferro, le cui maglie non abbiano apertura maggiore di un decimetro, e di un telaio ad invetriata fissa.

Tali finestre non impediranno al vicino di acquistare la comunione del muro: egli però non potrà chiuderle, se non appoggiandovi il suo edifizio.

905. Distanza per l'apertura di vedute dirette e balconi.

Non si possono aprire vedute dirette [900] verso il fondo chiuso o non chiuso e neppure sopra il tetto del vicino, se tra il fondo di questo e la faccia esteriore del muro in cui si aprono le vedute dirette non vi è la distanza di un metro e mezzo.

Non si possono parimenti costruire balconi o altri sporti, terrazze, lastrici solari e simili, muniti di parapetto che permetta di affacciarsi sul fondo del vicino, se non vi è la distanza di un metro e mezzo tra questo fondo e la linea esteriore di dette opere.

Il divieto cessa allorquando tra i due fondi vicini vi è una via pubblica [907].ù

■ Codice civile del 1865: *Art. 587. Non si possono aprire vedute dirette o finestre a prospetto, né balconi od altri simili sporti verso il fondo chiuso o non chiuso, e neppure sopra il tetto del vicino, se tra il fondo di questo ed il muro in cui si fanno le dette opere, non vi è la distanza di un metro e mezzo.*

Il divieto cessa allorquando vi è tra le due proprietà una via pubblica.

906. Distanza per l'apertura di vedute laterali od oblique.

Non si possono aprire vedute laterali od oblique [900] sul fondo del vicino se non si osserva la distanza di settantacinque centimetri, la quale deve misurarsi dal più vicino lato della finestra o dal più vicino sporto [907].

■ Codice civile del 1865: *Art. 588. Non si possono parimente aprire vedute laterali ed oblique sul fondo del vicino, se non vi è la distanza di mezzo metro.*

Cessa però questo divieto, quando la veduta laterale ed obliqua sul fondo del vicino formi nello stesso tempo una veduta diretta sulla via pubblica; ma dovranno in tal caso osservarsi i regolamenti locali.

907. Distanza delle costruzioni dalle vedute.

Quando si è acquistato il diritto di avere vedute dirette [900] verso il fondo vicino [1027], il proprietario di questo non può fabbricare a distanza minore di tre metri, misurata a norma dell'articolo 905.

Se la veduta diretta forma anche veduta obliqua, la distanza di tre metri deve pure osservarsi dai lati della finestra da cui la veduta obliqua si esercita [906].

Se si vuole appoggiare la nuova costruzione al muro in cui sono le dette vedute dirette od oblique, essa deve arrestarsi almeno a tre metri sotto la loro soglia.

■ Codice civile del 1865: *Art. 590. Quando per convenzione od altrimenti siasi acquistato il diritto di avere vedute dirette o finestre a prospetto verso il fondo vicino, il proprietario di quosto non può fabbricare a distanza minore di tre metri, misurata come nell'articolo precedente.*

Sezione VIII
Dello stillicidio

908. Scarico delle acque piovane.

Il proprietario deve costruire i tetti in maniera che le acque piovane scolino sul suo terreno e non può farle cadere nel fondo del vicino.

Se esistono pubblici colatoi, deve provvedere affinché le acque piovane vi siano immesse con gronde o canali. Si osservano in ogni caso i regolamenti locali e le leggi sulla polizia idraulica.

■ Codice civile del 1865: *Art. 591. Ogni proprietario deve costruire i tetti in maniera, che le acque piovane scolino sul suo terreno o sulla via pubblica in conformità ai particolari regolamenti, e non può farle cadere sul fondo del vicino*

Sezione IX
Delle acque

● Norme connesse:
- D.Lgs. 3 aprile 2006, n. 152 (T.U. ambiente).
- R.D. 11 dicembre 1933, n. 1775 (Testo unico delle disposizioni di legge sulle acque e impianti elettrici); artt. 88-90, D.P.R. 24 luglio 1977, n. 616, riparto di competenze tra Stato e regioni in materia di acque ed opere idrauliche; D.Lgs. 8 ottobre 2011, n. 176 (Utilizzazione e la commercializzazione delle acque minerali naturali).

909. Diritto sulle acque esistenti nel fondo.

Il proprietario del suolo ha diritto di utilizzare le acque in esso esistenti, salve le disposizioni delle leggi speciali per le acque pubbliche e per le acque sotterranee.

Egli può anche disporne a favore d'altri, qualora non osti il diritto di terzi [1904]; ma, dopo essersi servito delle acque, non può divertirle in danno d'altri fondi.

910. Uso delle acque che limitano o attraversano un fondo.

[...][1].

[1] Articolo abrogato dall'art. 2, D.P.R. 18 febbraio 1999, n. 238. Il testo previgente disponeva: *Il proprietario di un fondo limitato o attraversato da un'acqua non pubblica, che corre naturalmente e sulla quale altri non ha diritto, può, mentre essa trascorre, farne uso per l'irrigazione dei suoi terreni e per l'esercizio delle sue industrie, ma deve restituire le colature e gli avanzi al corso ordinario.*

911. Apertura di nuove sorgenti e altre opere.

Chi vuole aprire sorgenti, stabilire capi o aste di fonte e in genere eseguire opere per estrarre acque dal sottosuolo o costruire canali o acquedotti, oppure scavarne, profondarne o allargarne il letto, aumentarne o diminuirne il pendio o variarne la forma, deve, oltre le distanze stabilite nell'articolo 891, osservare le maggiori distanze ed eseguire le opere che siano necessarie per non recare pregiudizio ai fondi altrui, sorgenti, capi o aste di fonte, canali o acquedotti preesistenti e destinati all'irrigazione dei terreni o agli usi domestici o industriali [912, 918].

912. Conciliazione di opposti interessi.

Se sorge controversia tra i proprietari a cui un'acqua non pubblica può essere utile [1099], la autorità giudiziaria deve valutare l'interesse dei singoli proprietari nei loro rapporti e rispetto ai vantaggi che possono derivare all'agricoltura o all'industria dall'uso a cui l'acqua è destinata o si vuol destinare [911, 914, 1044].

L'autorità giudiziaria può assegnare un'indennità ai proprietari che sopportino diminuzione del proprio diritto.

In tutti i casi devono osservarsi le disposizioni delle leggi sulle acque e sulle opere idrauliche.

■ Codice civile del 1865: *Art. 578. Quegli che vuole aprire sorgenti, stabilire capi od aste di fonte, canali od acquedotti, oppure scavarne, profondarne od allargarne il letto, aumentarne o diminuirne il pendio, o variarne la forma, deve oltre le distanze sovra stabilite, osservare quelle maggiori distanze ed eseguire quelle opere che siano necessarie per non nuo-*

CODICE CIVILE

cere agli altrui fondi, sorgenti, capi od aste di fonte, canali od acquedotti preesistenti e destinati all'irrigazione dei beni od al giro di edifizi.

Sorgendo contestazioni fra i due proprietari l'autorità giudiziaria deve conciliare nel modo il più equo i riguardi dovuti ai diritti di proprietà, ai maggiori vantaggi che possono derivare all'agricoltura od all'industria dall'uso a cui l'acqua è destinata o vuolsi destinare, assegnando, ove sia d'uopo, all'uno od all'altro dei proprietari quelle indennità che loro possono essere dovute.

913. Scolo delle acque.

Il fondo inferiore è soggetto a ricevere le acque che dal fondo più elevato scolano naturalmente, senza che sia intervenuta l'opera dell'uomo [910, 912, 1094 ss.].

Il proprietario del fondo inferiore non può impedire questo scolo, né il proprietario del fondo superiore può renderlo più gravoso [1043].

Se per opere di sistemazione agraria dell'uno o dell'altro fondo si rende necessaria una modificazione del deflusso naturale delle acque, è dovuta un'indennità al proprietario del fondo a cui la modificazione stessa ha recato pregiudizio [1044].

■ Codice civile del 1865: *Art. 536. I fondi inferiori sono soggetti a ricevere le acque che dai più elevati scolino naturalmente, senza che via sia concorsa l'opera dell'uomo.*

Il proprietario del fondo inferiore non può in alcun modo impedire questo scolo.

Il proprietario del fondo superiore non può fare alcuna cosa che renda più gravosa la servitù del fondo inferiore.

914. Consorzi per regolare il deflusso delle acque.

Qualora per esigenze della produzione si debba provvedere ad opere di sistemazione degli scoli, di soppressione di ristagni o di raccolta di acque, l'autorità amministrativa, su richiesta della maggioranza degli interessati o anche d'ufficio, può costituire un consorzio tra i proprietari dei fondi che traggono beneficio dalle opere stesse [863, 865, 918, 947].

Si applicano a tale consorzio le disposizioni del secondo e del terzo comma dell'articolo 921.

915. Riparazioni di sponde e argini.

Qualora le sponde o gli argini che servivano di ritegno alle acque siano stati in tutto o in parte distrutti o atterrati, ovvero per la naturale variazione del corso delle acque si renda necessario costruire nuovi argini o ripari, e il proprietario del fondo non provveda sollecitamente a ripararli o a costruirli, ciascuno dei proprietari che hanno sofferto o possono ricevere danno può provvedervi, previa autorizzazione del tribunale, che provvede in via d'urgenza [c.p.c. 700][1].

Le opere devono essere eseguite in modo che il proprietario del fondo, in cui esse si compiono, non ne subisca danno, eccetto quello temporaneo causato dalla esecuzione delle opere stesse [916, 917].

[1] Comma così modificato dall'art. 149, D.Lgs. 19 febbraio 1998, n. 51.

■ Codice civile del 1865: *Art. 537. Se le sponde o gli argini che erano in un fondo e servivano di ritegno alle acque, siano stati distrutti od atterrati, o si tratti di ripari che la variazione del corso delle acque renda necessari, ed il proprietario del fondo stesso non voglia ripararli, ristabilirli o costruirli, possono i proprietari danneggiati o che ne fossero in grave pericolo, farvi a proprie spese le occorrenti riparazioni o costruzioni. Devono però le opere eseguirsi in modo che il proprietario del fondo non ne patisca danno, premessa l'autorizzazione giudiziaria, sentiti gli interessati ed osservati i regolamenti speciali sulle acque.*

916. Rimozione degli ingombri.

Le disposizioni dell'articolo precedente si applicano anche quando si tratta di togliere un ingombro formatosi sulla superficie di un fondo o in un fosso, rivo, colatoio o altro alveo, a causa di materie in essi impigliate, in modo che le acque danneggino o minaccino di danneggiare i fondi vicini [917, 1090].

■ Codice civile del 1865: *Art. 538. Lo stesso ha luogo quando si tratti di togliere un ingombro formatosi in un fondo, o in un fosso, rivo, scolatoio od altro alveo per materie in essi impigliate, sicché le acque danneggiano o possano danneggiare i fondi vicini.*

917. Spese per la riparazione, costruzione o rimozione.

Tutti i proprietari, ai quali torna utile che le sponde e gli argini siano conservati o costruiti e gli ingombri rimossi, devono contribuire nella spesa in proporzione del vantaggio che ciascuno ne ritrae.

Tuttavia, se la distruzione degli argini, la variazione delle acque o l'ingombro nei loro corsi deriva da colpa di alcuno dei proprietari, le spese di conservazione, di costruzione o di riparazione gravano esclusivamente su di lui, salvo in ogni caso il risarcimento dei danni [882].

■ Codice civile del 1865: *Art. 539. Tutti i proprietari ai quali è utile la conservazione delle sponde e degli argini, o la rimozione degli ingombri accennati nei due precedenti articoli, potranno essere chiamati ed obbligati a contribuire alla spesa in proporzione del vantaggio che ciascuno ne ricava, salvo in tutti i casi il risarcimento dei danni e delle spese verso chi avesse dato luogo alla distruzione degli argini od alla formazione degli ingombri anzidetti.*

918. Consorzi volontari.

Possono costituirsi in consorzio i proprietari di fondi vicini che vogliano riunire e usare in comune le acque defluenti dal medesimo bacino di alimentazione o da bacini contigui [863, 911, 914].

L'adesione degli interessati e il regolamento del consorzio devono risultare da atto scritto [1350 n. 13, 1418, 2725].

Il regolamento del consorzio è deliberato dalla maggioranza calcolata in base all'estensione dei terreni a cui serve l'acqua [1106].

■ Codice civile del 1865: *Art. 657. Coloro che hanno interesse comune nella derivazione e nell'uso dell'acqua, o nella bonificazione o nel prosciugamento dè terreni, possono riunirsi in consorzio, affine di provvedere all'esercizio, alla conservazione ed alla difesa dei loro diritti.*

L'adesione degli interessati e il regolamento del consorzio devono risultare da scritto.

919. Scioglimento del consorzio.

Lo scioglimento del consorzio non ha luogo se non quando è deliberato da una maggioranza eccedente i tre quarti, o quando, potendosi la divisione effettuare senza grave danno, essa è domandata da uno degli interessati [1111].

■ Codice civile del 1865: *Art. 660. Lo scioglimento del consorzio non ha luogo se non quando sia deliberato da una maggioranza eccedente i tre quarti, o quando potendo la divisione effettuarsi senza grave danno, essa venga domandata da qualunque degli interessati.*

920. Norme applicabili.

Salvo quanto è disposto dagli articoli precedenti, si applicano ai consorzi volontari ivi indicati le norme stabilite per la comunione [1100 ss.].

■ Codice civile del 1865: *Art. 661. In tutto il rimanente si osserveranno per tali consorzi le regole stabilite per la comunione, la società e la divisione.*

921. Consorzi coattivi.

Nel caso indicato dall'articolo 918, il consorzio può anche essere costituito d'ufficio dall'autorità amministrativa, allo scopo di provvedere a una migliore utilizzazione delle acque.

Per le forme di costituzione e il funzionamento si osservano le norme stabilite per i consorzi di miglioramento fondiario [863].

Il consorzio può anche procedere all'espropriazione dei singoli diritti mediante il pagamento delle dovute indennità [865, 914].

■ Codice civile del 1865: *Art. 659. La formazione di tale consorzio può anche venire ordinata all'autorità giudiziaria sulla domanda della maggioranza degli interessi, e sentiti sommariamente gli altri, quando si tratti dell'esercizio, della conservazione e della difesa di diritti comuni, dei quali non sia possibile la divisione senza grave danno. In tal caso il regolamento proposto e deliberato dalla maggioranza è pure soggetto all'approvazione dell'autorità giudiziaria.*

CAPO III
DEI MODI DI ACQUISTO DELLA PROPRIETÀ

922. Modi di acquisto.

La proprietà si acquista per occupazione [923, 938], per invenzione [927, 929, 932], per accessione [934], per specificazione [940], per unione o commistione [939], per usucapione [1158 ss.], per effetto di contratti [769, 1321, 1376], per successione a causa di morte [456] e negli altri modi stabiliti dalla legge [851, 852, 855, 1153, 1155, 1158, 1162, 1376; c.p. 236, 240].

● Norme connesse:

- artt. 8 ss., 23, 42-bis, 43, 55, D.P.R. 8 giugno 2001, n. 327.

- art. 711, commi 1 e 2, del codice napoleonico, che dispongono: *1. La proprietà dei beni sia acquista e si trasmette per successione, per donazione tra vivi o testamentaria, e per effetto di obbligazioni. 2. La proprietà si acquista anche per successione od incorporazione, ed in forza della prescrizione.*

■ Codice civile del 1865: *Art. 710. La proprietà si acquista coll'occupazione.*

La proprietà e gli altri diritti sulle cose si acquistano e si trasmettono per successione, per donazione e per effetto di convenzioni.

Possono anche acquistarsi col mezzo della prescrizione.

Sezione I
Dell'occupazione e dell'invenzione

923. Cose suscettibili di occupazione.

Le cose mobili [812] che non sono proprietà di alcuno si acquistano [922] con l'occupazione [827].

Tali sono le cose abbandonate e gli animali che formano oggetto di caccia o di pesca [842].

● Norme connesse:

- per la selvaggina, art. 1 ss. L. 11 febbraio 1992, n. 157 (legge sulla caccia).

- per la pesca, R.D. 8 ottobre 1931, n. 1604 (Approvazione del testo unico delle leggi sulla pesca); D.Lgs. 26 maggio 2004, n. 153 (Attuazione della legge 7 marzo 2003, n. 38, in materia di pesca marittima); D.Lgs. 9 gennaio 2012, n. 4 (Misure per il riassetto della normativa in materia di pesca e acquacoltura, a norma dell'articolo 28 della legge 4 giugno 2010, n. 96).

■ Codice civile del 1865: *Art. 711. Le cose che non sono ma possono venire in proprietà di alcuno, si acquistano coll'occupazione. Tali sono gli animali che formano oggetto di caccia o di pesca, il tesoro e le cose mobili abbandonate.*

♦ Codice civile francese

Articolo 714. *Ci sono cose che non appartengono a nessuno ed il cui uso è comune a tutti. Le leggi di polizia regolano il modo di goderne.*

♦ Codice civile tedesco

§ 958 Acquisto della proprietà di beni mobili senza proprietario. *(1) Chi entra nel possesso per sé di una cosa mobile di proprietà di nessuno, ne diventa proprietario. (2) La proprietà non si acquista, nel caso in cui l'occupazione sia vietata dalla legge o se, mediante il conseguimento del possesso, venga leso il diritto all'appropriazione di altri.*

924. Sciami di api.

Il proprietario di sciami di api ha diritto di inseguirli sul fondo altrui, ma deve indennità per il danno cagionato al fondo; se non li ha inseguiti entro due giorni o ha cessato durante due giorni di inse-

CODICE CIVILE

guirli, può prenderli e ritenerli il proprietario del fondo [843].

■ Codice civile del 1865: *Art. 713. Ogni proprietario di sciami di api ha diritto d'inseguirli sul fondo altrui, ma deve risarcire il danno cagionato al possessore del fondo: quando il proprietario non li abbia entro due giorni inseguiti, od abbia cessato durante due giorni d'inseguirli, può il possessore del fondo prenderli e ritenerli.*

Lo stesso diritto spetta al proprietario di animali mansuefatti, salva la disposizione dell'art. 462; ma essi appartengono a chi li avrà presi e ritenuti, se non sono reclamati entro venti giorni.

925. Animali mansuefatti.

Gli animali mansuefatti possono essere inseguiti dal proprietario nel fondo altrui, salvo il diritto del proprietario del fondo a indennità per il danno [843].

Essi appartengono a chi se ne è impossessato [923], se non sono reclamati entro venti giorni da quando il proprietario ha avuto conoscenza del luogo dove si trovano.

■ Codice civile del 1865: *Art. 713. Ogni proprietario di sciami di api ha diritto d'inseguirli sul fondo altrui, ma deve risarcire il danno cagionato al possessore del fondo: quando il proprietario non li abbia entro due giorni inseguiti, od abbia cessato durante due giorni d'inseguirli, può il possessore del fondo prenderli e ritenerli.*

Lo stesso diritto spetta al proprietario di animali mansuefatti, salva la disposizione dell'art. 462; ma essi appartengono a chi li avrà presi e ritenuti, se non sono reclamati entro venti giorni.

926. Migrazione di colombi, conigli e pesci.

I conigli o pesci che passano ad un'altra conigliera o peschiera si acquistano dal proprietario di queste [923], purché non vi siano stati attirati con arte o con frode.

La stessa norma si osserva per i colombi che passano ad altra colombaia, salve le diverse disposizioni di legge sui colombi viaggiatori.

● Norme connesse:

- L. 13 dicembre 1928, n. 3086 (Allevamento e impiego di colombi viaggiatori), soppressa dall'art. 164, D.Lgs. 31 marzo 1998, n. 112.

■ Codice civile del 1865: *Art. 462. I colombi, conigli e pesci che passano ad un'altra colombaia conigliera o peschiera, si acquistano dal proprietario di queste, quando non vi sieno stati attirati con arte o frode.*

927. Cose ritrovate.

Chi trova [1257] una cosa mobile deve restituirla al proprietario [930], e se non lo conosce, deve consegnarla senza ritardo al sindaco [928] del luogo in cui l'ha trovata, indicando le circostanze del ritrovamento [c.p. 647 n. 1; c.nav. 501].

● Norme connesse:

- sul ritrovamento dei beni culturali, art. 90 ss. D.Lgs. 22 gennaio 2004, n. 42 (Codice dei beni culturali e del paesaggio).

■ Codice civile del 1865: *Art. 715. Chi trova un oggetto mobile che non sia tesoro, deve restituirlo al possessore; e se non lo conosce, deve senza ritardo consegnarlo al sindaco del luogo dove lo ha trovato.*

♦ Codice civile tedesco

§ 965 Obbligo di denuncia a carico dell'inventore. *(1) Chi trova una cosa andata smarrita e la prende, deve darne tempestiva comunicazione a colui che l'ha smarrita, al proprietario, o ad altro legittimato a riceverla. (2) Se l'inventore non conosce i soggetti legittimati a ricevere la cosa o ignori il loro domicilio, è obbligato senza indugio a denunciare all'autorità competente il ritrovamento e le circostanze che siano rilevanti al fine dell'identificazione dei soggetti legittimati a ricevere la cosa. Se la cosa ha un valore che non superi i dieci euro, non è richiesto l'avviso.*

§ 966 Obbligo di custodia. *(1) L'inventore ha l'obbligo di custodire la cosa. (2) Qualora si tema il deterioramento della cosa o il suo mantenimento richieda costi eccessivi, l'inventore è tenuto a far vendere la cosa attraverso asta pubblica. Prima dell'asta si deve fare denuncia all'autorità competente. Il compenso viene surrogato alla cosa.*

928. Pubblicazione del ritrovamento.

Il sindaco rende nota la consegna [927] per mezzo di pubblicazione nell'albo pretorio del comune, da farsi per due domeniche successive e da restare affissa per tre giorni ogni volta [931; c.p. 647 n. 1].

■ Codice civile del 1865: *Art. 716. Il sindaco rende nota la consegna anzidetta per mezzo di pubblicazione nelle forme consuete da rinnovarsi in due domeniche consecutive.*

♦ Codice civile tedesco

§ 980 Annuncio pubblico del ritrovamento. *(1) La vendita all'asta è consentita soltanto dopo che il soggetto legittimato ad avere la cosa sia stato invitato a dichiarare i propri diritti nel termine determinato con annuncio pubblico del ritrovamento ed il termine sia passato inutilmente; essa non è consentita, quando la comunicazione è stata fatta in modo tempestivo. (2) L'annuncio pubblico non serve, quando si teme il deterioramento della cosa o la sua custodia comporti spese eccessive.*

929. Acquisto di proprietà della cosa ritrovata.

Trascorso un anno dall'ultimo giorno della pubblicazione senza che si presenti il proprietario, la cosa oppure il suo prezzo, se le circostanze ne hanno richiesto la vendita, appartiene a chi l'ha trovata [922].

Così il proprietario come il ritrovatore, riprendendo la cosa o ricevendo il prezzo, devono pagare le spese occorse [931, 1152; c.p. 647 n. 1].

■ Codice civile del 1865: *Art. 717. Passati due anni dal giorno della seconda pubblicazione, senza che si presenti il proprietario, la cosa oppure il suo prezzo, ove le circostanze ne abbiano richiesta la vendita, appartiene a chi l'ha ritrovata.*

Tanto il proprietario quanto il ritrovatore, ripigliando la cosa o il prezzo, devono pagare le spese per essa occorse.

♦ Codice civile tedesco

§ 967 Obbligo di consegna. *L'inventore può e su ordine dell'autorità competente deve consegnare la cosa o il compenso della vendita all'autorità competente.§ 970 Rimborso spese. Se l'inventore sostiene, per conservare o mantenere la cosa ovvero per individuare il soggetto a cui vada consegnata, delle spese che siano considerate necessarie tenuto conto delle circostanze, può chiederne il rimborso a colui che ha la legittimazione a ricevere la cosa.*

§ 973 Acquisto della proprietà da parte del ritrovatore. *(1) Passati sei mesi dalla denuncia del ritrovamento fatta all'autorità competente l'inventore consegue la proprietà della cosa, eccetto il caso in cui abbia avuto nel frattempo conoscenza di un soggetto legittimato a riceverla o questi non abbia comunicato il suo diritto all'autorità competente. Con il conseguimento della proprietà cessano gli altri diritti sulla cosa. (2) Quando la cosa non ha un valore superiore a dieci euro, il termine di sei mesi comincia a decorrere dal momento del ritrovamento. Il ritrovatore non ottiene la proprietà, quando su richiesta abbia occultato il ritrovamento. La comunicazione di un diritto all'autorità competente non ostacola l'acquisto della proprietà.*

930. Premio dovuto al ritrovatore.

Il proprietario deve pagare a titolo di premio al ritrovatore, se questi lo richiede, il decimo della somma o del prezzo della cosa ritrovata [927].

Se tale somma o prezzo eccede le 5,16 euro, il premio per il sovrappiù è solo del ventesimo.

Se la cosa non ha valore commerciale, la misura del premio è fissata dal giudice secondo il suo prudente apprezzamento.

■ Codice civile del 1865: *Art. 718. Il proprietario deve pagare a titolo di premio al ritrovatore, se questi lo richiede, il decimo della somma o del prezzo comune della cosa ritrovata. Ove tale somma o prezzo ecceda le due mila lire, il premio pel soprapiù sarà solamente del vigesimo.*

931. Equiparazione del possessore o detentore al proprietario.

Agli effetti delle disposizioni contenute negli articoli 927 e seguenti, al proprietario sono equiparati, secondo le circostanze, il possessore [1140-1441] e il detentore [1140].

932. Tesoro.

Tesoro è qualunque cosa mobile di pregio, nascosta o sotterrata, di cui nessuno può provare di essere proprietario.

Il tesoro appartiene al proprietario del fondo in cui si trova. Se il tesoro è trovato nel fondo altrui, purché sia stato scoperto per solo effetto del caso, spetta per metà al proprietario del fondo [959, 988; c.p. 647 n. 2] e per metà al ritrovatore. La stessa disposizione si applica se il tesoro è scoperto in una cosa mobile altrui.

Per il ritrovamento degli oggetti d'interesse storico, archeologico, paletnologico, paleontologico e artistico si osservano le disposizioni delle leggi speciali [826, comma 2].

● Norme connesse:

- artt. 88 ss. D.Lgs. 22 gennaio 2004, n. 42 (Codice dei beni culturali e del paesaggio).

■ Codice civile del 1865: *Art. 714. Il tesoro appartiene al proprietario del fondo in cui si trova. Se il tesoro è trovato nel fondo altrui, purché sia stato scoperto per solo effetto del caso, spetta per metà al proprietario del fondo.*

Tesoro è qualunque oggetto mobile di pregio, che sia nascosto o sotterrato, e del quale nessuno possa provare di essere padrone.

♦ Codice civile francese

Articolo 716. *La proprietà di un tesoro appartiene a colui che lo trova nel proprio fondo: se il tesoro è trovato nel fondo altrui appartiene per metà a colui che l'ha scoperto e per l'altra metà al proprietario del fondo. Il tesoro è ogni cosa nascosta o sotterrata su cui nessuno può giustificare la sua proprietà, e che è stato scoperto per puro effetto del caso.*

Codice civile tedesco

§ 984 Ritrovamento del tesoro. *Quando una cosa che è rimasta sepolta per molti anni, così che il suo proprietario non possa più essere trovato (te.soro), viene ritrovata e dopo il ritrovamento acquisita in possesso, la proprietà compete per metà all'inventore e per metà al proprietario del luogo, in cui il tesoro si trovava.*

933. Rigetti del mare e piante sul lido. Relitti aeronautici.

I diritti sopra le cose gettate in mare o sopra quelle che il mare rigetta e sopra le piante e le erbe che crescono lungo le rive del mare sono regolati dalle leggi speciali [c.nav. 510 ss.].

Parimenti si osservano le leggi speciali per il ritrovamento di aeromobili e di relitti di aeromobili [c.nav. 933 ss.].

■ Codice civile del 1865: *Art. 719. I diritti sopra le cose gettate in mare, o sopra quelle che il mare rigetta, o sopra le piante e le erbe che crescono lungo le rive del mare, sono regolati da leggi particolari.*

Sezione II

Dell'accessione, della specificazione, dell'unione e della commistione

934. Opere fatte sopra o sotto il suolo.

Qualunque piantagione, costruzione od opera esistente sopra o sotto il suolo [840] appartiene al proprietario di questo, salvo quanto è disposto dagli articoli 935, 936, 937 e 938 e salvo che risulti diversamente dal titolo [952] o dalla legge [177, 667, 959, comma 2, 975 comma 3, 986 comma 2, 1150 comma 5, 1593, 2811, 2873, comma 3].

● Norme connesse:

- artt. 8, 43, D.P.R. 8 giugno 2001, n. 327 (T.U. espropriazioni).

■ Codice civile del 1865: *Art. 447. Il proprietario può fare sopra il suo suolo qualsiasi costruzione1 e piantagione, salve le eccezioni stabilite nel capo Delle servitù prediali.*

Parimente disotto al suolo può fare qualsiasi costruzione e scavamento, e trarne tutti i prodotti possibili, salve le disposizioni delle leggi e dei regolamenti sulle miniere e di polizia.

♦ Codice civile francese

Articolo 552. *La proprietà del suolo comporta la proprietà del sopra e del sotto. Il proprietario può fare sopra tutte le piantagioni e costruzioni che giudica a proposito salvo le ec-*

CODICE CIVILE

cezioni stabilite al titolo "Le servitù o le servitù fondiarie". Può fare al di sotto tutte le costruzioni ed ispezioni che giudicherà a proposito e trarre da queste ispezioni tutti i prodotti che esse possono fornire, salvo le modifiche risultanti dalle leggi e regolamenti relativi alle mine, e dalle leggi e regolamenti di polizia.

Articolo 553. *Tutte le costruzioni, piantagioni e aperture su un terreno o all'interno sono considerate fatte dal proprietario a sue spese ed appartenergli se non è provato il contrario; senza pregiudizio della proprietà che un terzo potrebbe aver acquisito o potrebbe acquisire per prescrizione sia di un sotterraneo sotto l'edificio altrui sia di ogni altra parte dell'edificio.*

935. Opere fatte dal proprietario del suolo con materiali altrui.

Il proprietario del suolo che ha fatto costruzioni, piantagioni od opere con materiali altrui deve pagarne il valore, se la separazione non è chiesta dal proprietario dei materiali, ovvero non può farsi senza che si rechi grave danno all'opera costruita o senza che perisca la piantagione. Deve inoltre, anche nel caso che si faccia la separazione, il risarcimento dei danni, se è in colpa grave [2043].

In ogni caso la rivendicazione dei materiali [948] non è ammessa trascorsi sei mesi dal giorno in cui il proprietario ha avuto notizia dell'incorporazione [2964].

■ Codice civile del 1865: *Art. 448. Qualsiasi costruzione, piantagione od opera sopra o disotto il suolo si presume fatta dal proprietario a sue spese ed appartenergli, finché non consti del contrario, senza pregiudizio però dei diritti legittimamente acquistati dai terzi.*

Art. 449. Il proprietario del suolo che ha fatto costruzioni, piantagioni od opere con materiali altrui, deve pagarne il valore. Sarà anche tenuto in caso di malafede o di colpa grave al risarcimento dei danni; ma il proprietario dei materiali non ha diritto di levarli, salvo che lo possa senza distruggere l'opera costrutta o far perire la piantagione.

936. Opere fatte da un terzo con materiali propri.

Quando le piantagioni, costruzioni od opere sono state fatte da un terzo con suoi materiali, il proprietario del fondo ha diritto di ritenerle o di obbligare colui che le ha fatte a levarle.

Se il proprietario preferisce di ritenerle, deve pagare a sua scelta il valore dei materiali e il prezzo della mano d'opera oppure l'aumento di valore recato al fondo [1150, 2040].

Se il proprietario del fondo domanda che siano tolte, esse devono togliersi a spese di colui che le ha fatte. Questi può inoltre essere condannato al risarcimento dei danni.

Il proprietario non può obbligare il terzo a togliere le piantagioni, costruzioni ed opere, quando sono state fatte a sua scienza e senza opposizione o quando sono state fatte dal terzo in buona fede [1147, 1148].

La rimozione non può essere domandata trascorsi sei mesi dal giorno in cui il proprietario ha avuto notizia dell'incorporazione [2964 ss.].

■ Codice civile del 1865: *Art. 450. Allorché le piantagioni, costruzioni od opere sono state fatte da un terzo e con i suoi materiali, il proprietario del fondo ha diritto o di ritenerle, o di obbligare colui che la ha fatte a levarle.*

Se il proprietario del fondo domanda che sieno tolte le piantagioni e costruzioni, ciò verrà eseguito a spese di colui che le ha fatte, senza alcuna indennità a suo favore: questi potrà inoltre essere condannato al risarcimento dei danni che il proprietario del fondo avesse sofferto.

Se il proprietario preferisce di conservare le piantagioni e costruzioni, deve pagare a sua scelta il valore dè materiali e il prezzo della mano d'opera, oppure l'aumento di valore recato al fondo.

Il proprietario però non può chiedere che siano tolte le piantagioni, costruzioni od opere fatte da un terzo, che abbia sofferto evizione e per la sua buona fede sia andato esente dalla restituzione dei frutti, ma deve pagarle in uno dei modi accennati.

♦ Codice civile francese

Articolo 555. *Quando le piantagioni, le costruzioni e le aperture sono state fatte da un terzo e con materiali propri, il proprietario del fondo ha il diritto, sotto riserva delle disposizioni del comma 4°, sia di conservarne la proprietà sia di obbligare i terzi a levarle. Se il proprietario del fondo esige la soppressione delle costruzioni, piantagioni e aperture, sono eseguita a spese del terzo senza alcuna indennità per lui; il terzo può inoltre essere condannato, al risarcimento dei danni per il pregiudizio eventualmente subito dal proprietario del fondo. Se il proprietario del fondo preferisce conservare la proprietà delle costruzioni, piantagioni e aperture deve, a sua scelta, rimborsare i terzi sia di una somma uguale a quella di cui il fondo ha aumentato valore, sia del costo dei materiali ed del prezzo della manodopera valutata alla data del rimborso tenuto conto dello stato in cui si trovano dette costruzioni, piantagioni e aperture. Se le piantagioni, costruzioni e aperture sono state fatte da un terzo estromesso che non sarebbe stato condannato in ragione della sua buona fede, alla restituzione dei frutti, il proprietario non potrà esigere la soppressione di dette aperture, costruzioni e piantagioni ma avrà la scelta di rimborsare al terzo l'una o l'altra delle somme viste al comma precedente.*

937. Opere fatte da un terzo con materiali altrui.

Se le piantagioni, costruzioni o altre opere sono state fatte da un terzo con materiali altrui, il proprietario di questi può rivendicarli, previa separazione a spese del terzo, se la separazione può ottenersi senza grave danno delle opere e del fondo.

La rivendicazione non è ammessa trascorsi sei mesi dal giorno in cui il proprietario ha avuto notizia dell'incorporazione [2964].

Nel caso che la separazione dei materiali non sia richiesta o che i materiali siano inseparabili, il terzo che ne ha fatto uso e il proprietario del suolo che sia stato in malafede sono tenuti in solido [1292] al pagamento di una indennità pari al valore dei materiali stessi. Il proprietario dei materiali può anche esigere tale indennità dal proprietario del suolo, ancorché in buona fede, limitatamente al prezzo che da questo fosse ancora dovuto. Può altresì chiedere il risarcimento dei danni, tanto nei confronti del terzo che ne abbia fatto uso senza il suo consenso, quanto nei confronti del proprietario del suolo che in malafede abbia autorizzato l'uso [2043].

■ Codice civile del 1865: *Art. 451. Se le piantagioni, fabbriche od altre opere sieno state fatte da un terzo con materia altrui, il padrone della materia non ha diritto di rivendicarla, ma può esigere indennità dal terzo che ne ha fatto uso, ed anche dal proprietario del suolo ma soltanto sul prezzo che da questo fosse ancora dovuto.*

938. Occupazione di porzione di fondo attiguo.

Se nella costruzione di un edificio si occupa in buona fede una porzione del fondo attiguo, e il proprietario di questo non fa opposizione entro tre mesi [2964] dal giorno in cui ebbe inizio la costruzione, l'autorità giudiziaria, tenuto conto delle circostanze, può attribuire al costruttore la proprietà dell'edificio e del suolo occupato [1965]. Il costruttore è tenuto a pagare al proprietario del suolo il doppio del valore della superficie occupata, oltre il risarcimento dei danni.

● Norme connesse:
- artt. 8, 43, D.P.R. 8 giugno 2001, n. 327 (T.U. espropriazioni).

■ Codice civile del 1865: *Art. 452. Se nella costruzione di un edifizio si occupasse in buona fede una porzione del fondo attiguo, e la costruzione si fosse fatta a saputa e senza opposizione del vicino, potranno l'edifizio ed il suolo occupato essere dichiarati di proprietà del costruttore, il quale però sarà tenuto a pagare al proprietario del suolo il doppio valore della superficie occupata oltre al risarcimento dei danni.*

♦ Codice civile tedesco

§ 912 Occupazione mediante edifici; obbligo di sopportare. *(1) Se il proprietario di un bene immobile nel costruire un edificio ha edificato oltre il confine, senza che ricorrano dolo o colpa grave, il vicino è obbligato a sopportare tale sconfinamento, salvo il caso in cui abbia fatto opposizione prima o subito dopo lo sconfinamento. (2) Il vicino va tenuto indenne mediante una rendita in denaro. In ordine all'ammontare della rendita si considera il momento dello sconfinamento.*

§ 913 Pagamento della rendita per l'occupazione. *(1) La rendita per l'occupazione di una parte dell'immobile vicino va versata all'attuale proprietario del bene immobile occupato dall'attuale proprietario dell'altro immobile. (2) La rendita deve pagarsi anticipatamente in rate annuali.*

§ 914 Grado, iscrizione ed estinzione della rendita per l'occupazione. *(1) Il diritto alla rendita supera tutti gli altri diritti, anche anteriori, sul fondo gravato. Esso viene meno attraverso la rimozione della parte sconfinante dell'edificio. (2) Il diritto non deve iscriversi nel libro fondiario. È richiesta ['iscrizione per la rinuncia al diritto e per la determinazione della rendita con il contratto. (3) Quanto al resto si applicano le disposizioni vigenti per un onere reale che opera a favore dell'attuale proprietario di un fondo.*

§ 915 Riscatto. *(1) Il titolare del diritto alla rendita può pretendere in qualunque momento che il soggetto obbligato alla rendita gli risarcisca, dietro il trasferimento della proprietà relativa alla porzione di fondo occupata dall'edificio, il valore di questa al momento dello sconfinamento. Qualora intenda avvalersi di questa disposizione, i diritti e gli obblighi di entrambe le parti si individuano sulla base delle disposizioni in tema di vendita. (2) Nel lasso di tempo antecedente il momento del trasferimento della proprietà la rendita deve comunque essere pagata.*

939. Unione e commistione.

Quando più cose appartenenti a diversi proprietari sono state unite o mescolate in guisa da formare un sol tutto, ma sono separabili senza notevole deterioramento, ciascuno conserva la proprietà della cosa sua e ha diritto di ottenerne la separazione. In caso diverso, la proprietà ne diventa comune in proporzione del valore delle cose spettanti a ciascuno.

Quando però una delle cose si può riguardare come principale o è di molto superiore per valore, ancorché serva all'altra di ornamento, il proprietario della cosa principale acquista la proprietà del tutto. Egli ha l'obbligo di pagare all'altro il valore della cosa che vi è unita o mescolata; ma se l'unione o la mescolanza è avvenuta senza il suo consenso ad opera del proprietario della cosa accessoria, egli non è obbligato a corrispondere che la somma minore tra l'aumento di valore apportato alla cosa principale e il valore della cosa accessoria [936].

È inoltre dovuto il risarcimento dei danni in caso di colpa grave [2043].

■ Codice civile del 1865: *Art. 463. Il diritto d'accessione quando ha per oggetto cose mobili appartenenti a diversi proprietari, è regolato dai principii dell'equità naturale.*

Le seguenti disposizioni serviranno di norma al giudice per decidere nei casi non preveduti secondo le particolari circostanze.

Art. 467. Se di due cose unite per formare un solo tutto, l'una non può essere riputata come accessoria dell'altra, si reputa principale quella che è più notabile per valore, ovvero per volume nel caso di valori approssimativamente eguali.

Art. 471. Quando una cosa è stata formata con la mescolanza di differenti materie spettanti a diversi proprietari, se le materie possono essere separate senza danno, quegli che non ha assentito alla mescolanza, ha diritto di ottenerne la separazione.

Se le materie non possono più separarsi o la separazione non può aver luogo senza danno, la proprietà ne diventa comune in proporzione del valore delle materie spettanti a ciascuno.

Art. 472. Se però la materia appartenente ad uno dei proprietari potesse essere riputata come principale o fosse di molto superiore all'altra in valore, e non potessero le due materie separarsi, o la separazione cagionasse deterioramento, il proprietario della materia prevalente ha diritto alla proprietà della cosa prodotta dalla mescolanza, pagando all'altro il valore della sua materia.

Art. 473. Quando la cosa rimane comune fra i proprietari delle materie con le quali è stata formata, ciascuno di essi

CODICE CIVILE

può domandarne la vendita all'incanto a vantaggio e a spese comuni.

Art. 474. In tutti i casi, nè quali il proprietario della materia adoperata senza il suo assentimento può reclamare la proprietà della cosa, egli ha la scelta di farsi restituire altrettanta materia della stessa qualità o il valore della medesima.

Art. 475. Coloro che hanno adoperate materie spettanti ad altri e senza l'assentimento dei proprietari, possono pure essere condannati al risarcimento dei danni, salvo l'esercizio dell'azione penale, quando sia il caso.

♦ Codice civile tedesco

§ 946 Unione con un bene immobile. *Qualora un bene mobile venga unito con un immobile in modo tale che esso diventi parte necessaria dell'immobile, la proprietà sull'immobile investe anche questo bene.*

§ 947 Unione con beni mobili. *(1) Se i beni mobili sono uniti tra loro in modo tale da diventare parti necessarie di una cosa unitaria, i precedenti proprietari diventano comproprietari di tale cosa; le quote si calcolano in base al valore, che i beni hanno al momento dell'unione. (2) Se uno dei beni deve ritenersi come bene principale, il suo proprietario ne ottiene la proprietà in esclusiva.*

§ 948 Commistione. *(1) Se dei beni mobili vengono mescolati tra loro o uniti inseparabilmente, la previsione del § 947 si applica corrispondentemente. (2) All'inseparabilità viene equiparato il caso in cui la separazione di cose mescolate o mischiate richiederebbe costi eccessivi.*

§ 949 Cessazione dei diritti dei terzi. *Qualora in base ai §§ da 946 a 948 la proprietà di una cosa viene meno per estinzione, si estinguono anche gli altri diritti gravanti sulla cosa. Se il proprietario della cosa gravata consegue la comproprietà, i diritti si mantengono sulla quota, che egli consegue al posto della cosa. Se il proprietario della cosa gravata ne diventa proprietario in via esclusiva, i diritti investono la nuova cosa.*

940. Specificazione.

Se taluno ha adoperato una materia che non gli apparteneva per formare una nuova cosa [686], possa o non possa la materia riprendere la sua prima forma, ne acquista la proprietà pagando al proprietario il prezzo della materia, salvo che il valore della materia sorpassi notevolmente quello della mano d'opera. In questo ultimo caso la cosa spetta al proprietario della materia, il quale deve pagare il prezzo della mano d'opera.

■ Codice civile del 1865: *Art. 468. Se un artefice o altra persona abbia adoperata una materia che non gli apparteneva, per formare una cosa di nuova specie, possa o non possa questa materia riprendere la sua prima forma, il proprietario di essa ha diritto alla proprietà della cosa che se n'è formata, rimborsando l'artefice o l'altra persona del prezzo della mano d'opera.*

♦ Codice civile tedesco

§ 950 Specificazione. *(1) Colui che attraverso la lavorazione o la trasformazione di uno o più materiali realizza una nuova cosa mobile, ottiene la proprietà della cosa nuova, eccetto che il valore della lavorazione o della trasformazione sia notevolmente inferiore al valore del materiale. Nella lavorazione si ricomprendono anche lo scrivere, il disegnare, il dipingere, lo stampare, l'incidere o un simile trattamento della superficie. (2) Attraverso l'acquisto della proprietà sulla nuova cosa vengono meno i diritti esistenti sui materiali.*

§ 951 Indennizzo per perdita del diritto. *(1) Colui che in base alle disposizioni dei §§ da 946 a 950 sopporti la perdita di un diritto, può pretendere da colui a favore del quale la perdita si è verificata un indennizzo in denaro, in base alle disposizioni sulla restituzione dell'ingiustificato arricchimento. Non può chiedersi il ripristino dello stato antecedente. (2) Rimangono salve le disposizioni relative agli obblighi di risarcire il danno per fatto illecito e le disposizioni sul rimborso delle spese e sul diritto di eliminare le addizioni. Nelle ipotesi previste dai § § 946 e 947 l'eliminazione in base alle previsioni sul diritto alla rimozione del possessore verso il proprietario spetta anche quando l'unione non sia stata fatta dal possessore della cosa principale.*

941. Alluvione.

Le unioni di terra e gli incrementi, che si formano successivamente e impercettibilmente nei fondi posti lungo le rive dei fiumi o torrenti, appartengono al proprietario del fondo, salvo quanto è disposto dalle leggi speciali [947, 2651].

■ Codice civile del 1865: *Art. 453. Le unioni di terra e gli incrementi che si formano successivamente ed impercettibilmente nei fondi posti lungo le rive dei fiumi o torrenti, chiamansi alluvioni.*

L'alluvione cede a favore del proprietario lungo la riva di un fiume o torrente, siano questi atti o non alla navigazione od al trasporto, coll'obbligo nel primo caso di lasciare il marciapiede o sentiero secondo i regolamenti.

942. Terreni abbandonati dalle acque correnti.

I terreni abbandonati dalle acque correnti, che insensibilmente si ritirano da una delle rive portandosi sull'altra, appartengono al demanio pubblico, senza che il confinante della riva opposta possa reclamare il terreno perduto.

Ai sensi del primo comma, si intendono per acque correnti i fiumi, i torrenti e le altre acque definite pubbliche dalle leggi in materia.

Quanto stabilito al primo comma vale anche per i terreni abbandonati dal mare, dai laghi, dalle lagune e dagli stagni appartenenti al demanio pubblico[1].

[1] Articolo così sostituito dall'art. 1, L. 5 gennaio 1994, n. 37.

■ Codice civile del 1865: *Art. 454. Il terreno abbandonato dall'acqua corrente, che insensibilmente si ritira da una delle rive portandosi sull'altra, appartiene al proprietario della riva scoperta, senza che il confinante della riva opposta possa reclamare il terreno perduto.*

Questo diritto non ha luogo pei terreni abbandonati dal mare

943. Laghi e stagni.

Il terreno che l'acqua copre quando essa è all'altezza dello sbocco del lago o dello stagno appartiene al proprietario del lago o dello stagno, ancorché il volume dell'acqua venga a scemare.

Il proprietario non acquista alcun diritto sopra la terra lungo la riva che l'acqua ricopre nei casi di piena straordinaria.

■ Codice civile del 1865: *Art. 455. Non vi ha diritto di alluvione riguardo ai laghi ed agli stagni, il proprietario dei quali conserva sempre il terreno che l'acqua copre quand'essa è all'altezza dello sbocco del lago o dello stagno, ancorché il volume dell'acqua venisse a scemare.*

Parimente il proprietario del lago e dello stagno non acquista alcun diritto sopra la terra lungo la riva che l'acqua ricopre nei casi di straordinaria escrescenza.

944. Avulsione.

Se un fiume o torrente stacca per forza istantanea una parte considerevole e riconoscibile di un fondo contiguo al suo corso e la trasporta verso un fondo inferiore o verso l'opposta riva, il proprietario del fondo al quale si è unita la parte staccata ne acquista la proprietà. Deve però pagare all'altro proprietario un'indennità nei limiti del maggior valore recato al fondo dall'avulsione.

■ Codice civile del 1865: *Art. 456. Se un fiume o torrente per istantanea forza stacca una parte considerevole e riconoscibile di un fondo contiguo al suo corso, e la trasporta verso un fondo inferiore o verso l'opposta riva, il proprietario della parte staccata, può reclamarne la proprietà dentro l'anno. Scorso questo termine, la domanda non più ammissibile, salvo che il proprietario del fondo, a cui si unì la parte staccata, non ne abbia ancora preso possesso.*

945. Isole e unioni di terra.

Le isole e unioni di terra che si formano nel letto dei fiumi o torrenti appartengono al demanio pubblico [822].

[...][1].

[...][1].

[1] Comma abrogato dall'art. 2, L. 5 gennaio 1994, n. 37.

■ Codice civile del 1865: *Art. 457. Le isole, isolette, ed unioni di terra che si formano nei letti dei fiumi o torrenti navigabili od atti al trasporto, appartengono allo Stato, se non vi è titolo o prescrizione in contrario.*

Art. 458. Le isole ed unioni di terra, che si formano nei fiumi e torrenti non navigabili né atti al trasporto, appartengono ai proprietari che fronteggiano quel lato della linea mediana del fiume o torrente dal quale si trovano. Se le isole ed unioni di terra si estendono ad ambidue i lati della linea mediana, questa segnerà il confine della proprietà dei rivieraschi delle due sponde.

La porzione dell'isola od unione di terra spettante ai proprietari della stessa sponda è determinata dalle perpendicolari che, partendo dalla linea mediana del fiume o torrente, cadono sui punti estremi delle fronti dei loro fondi.

Art. 459. Le disposizioni dei due precedenti articoli non si applicano al caso in cui l'isola si formi con terreno staccato per forza istantanea dalla riva e trasportato nel fiume o torrente.

Il proprietario del fondo dal quale fu staccato il terreno, ne conserva la proprietà; ma trattandosi di un fiume navigabile od atto al trasporto, lo Stato ha diritto di farsi cedere la proprietà, mediante pagamento di un'indennità proporzionata.

Art. 460. Se un fiume o torrente, formando un nuovo corso, attraversa e circonda, facendone un'isola, il fondo del proprietario confinante, questi conserva la proprietà del fondo, salvo ciò che è stabilito dall'articolo precedente

946. Alveo abbandonato.

Se un fiume o un torrente si forma un nuovo letto, abbandonando l'antico, il terreno abbandonato rimane assoggettato al regime proprio del demanio pubblico[1].

[1] Articolo così sostituito dall'art. 3, L. 5 gennaio 1994, n. 37.

■ Codice civile del 1865: *Art. 461. Se un fiume o torrente si forma un nuovo letto, abbandonando l'antico, questo spetta ai proprietari confinanti alle due rive. Essi se lo dividono sino al mezzo del letto medesimo, secondo l'estensione della fronte del fondo di ciascuno.*

947. Mutamenti del letto dei fiumi derivanti da regolamento del loro corso.

Le disposizioni degli articoli 942, 945 e 946 si applicano ai terreni comunque abbandonati sia a seguito di eventi naturali che per fatti artificiali indotti dall'attività antropica, ivi comprendendo anche i terreni abbandonati per fenomeni di inalveamento.

La disposizione dell'art. 941 non si applica nel caso in cui le alluvioni derivano da regolamento del corso dei fiumi, da bonifiche [857] o da altri fatti artificiali indotti dall'attività antropica.

In ogni caso è esclusa la sdemanializzazione tacita dei beni del demanio idrico[1].

[1] Articolo così sostituito dall'art. 4, L. 5 gennaio 1994, n. 37.

CAPO IV

DELLE AZIONI A DIFESA DELLA PROPRIETÀ

948. Azione di rivendicazione.

Il proprietario può rivendicare la cosa [935, comma 2, 1481, 1994, 2653 n. 1] da chiunque la possiede o detiene [1140, 1153] e può proseguire l'esercizio dell'azione anche se costui, dopo la domanda, ha cessato, per fatto proprio, di possedere o detenere la cosa [2653 n. 1]. In tal caso il convenuto è obbligato a recuperarla per l'attore a proprie spese, o, in mancanza, a corrispondergliene il valore, oltre a risarcirgli il danno [1586, comma 2, 2789].

Il proprietario, se consegue direttamente dal nuovo possessore o detentore la restituzione della cosa, è tenuto a restituire al precedente possessore o detentore la somma ricevuta in luogo di essa.

L'azione di rivendicazione non si prescrive [533, comma 2, 2946], salvi gli effetti dell'acquisto della

CODICE CIVILE

proprietà da parte di altri per usucapione [1158, 1162, 2653 n. 1, 2934; c.p.c. 14, 15, 21, 404, comma 1].

● Norme connesse:
- art. 2033, c.c.
- art. 5, L. 31 maggio 1995, n. 218.
- sulla tutela restitutoria nei confronti della p.a., in materia espropriativa, artt. 43 e 53, D.P.R. 8 giugno 2001, n. 327 (T.U. espropriazioni).
- art. 133, D.Lgs. 2 luglio 2010, n. 104 (Codice del processo amministrativo).
- sui limiti relativi alla cognizione del G.O., artt. 2, 4 e 5 della LAC (L. 20 marzo 1865, n. 2248, all. E).
- artt. 8, 43, D.P.R. 8 giugno 2001, n. 327 (T.U. espropriazioni); artt. 1 ss., L. 18 dicembre 1984, n. 975.

■ Codice civile del 1865: *Art. 439. Il proprietario della cosa ha diritto di rivendicarla da qualsiasi possessore o detentore, salve le eccezioni stabilite dalle leggi.*

Se il possessore o detentore, dopo che gli fu intimata la domanda giudiziale, avrà cessato per fatto proprio di possedere la cosa, è tenuto a ricuperarla per l'attore a proprie spese, e, non potendo, a risarcirgliene il valore, senza che l'attore sia pregiudicato nel diritto di proporre invece la sua azione contro il nuovo possessore o detentore.

♦ Codice civile tedesco

§ 952 Diritto alla consegna. *Il proprietario può pretendere dal possessore la consegna della cosa.*

§ 986 Eccezioni spettanti al possessore. *(1) Il possessore è legittimato a rifiutare la consegna della cosa, qualora lui o il possessore mediato, dal quale ha ottenuto il suo diritto a possedere, siano legittimati al possesso verso il proprietario. Se il possessore mediato non ha legittimazione nei confronti del proprietario a rilasciare il possesso al possessore, il proprietario può pretendere dal possessore la consegna della cosa al possessore mediato ovvero, se costui non possa o non voglia riottenere il possesso, a se stesso. (2) Il possessore di una cosa, trasferita in base al § 931 attraverso la cessione del diritto alla restituzione, può opporre al nuovo proprietario le stesse eccezioni, che gli competono avverso la pretesa ceduta.*

§ 989 Risarcimento successivo alla domanda giudiziale. *Il possessore da quando si instaura il giudizio è responsabile del danno verso il proprietario nel caso in cui per sua colpa la cosa venga deteriorata, distrutta, o per altre ragioni non la possa più restituire.*

949. Azione negatoria.

Il proprietario [957, 1012, comma 2] può agire per far dichiarare l'inesistenza di diritti affermati da altri sulla cosa, quando ha motivo di temerne pregiudizio [1012, 1079, 2653 n. 1].

Se sussistono anche turbative o molestie, il proprietario può chiedere che se ne ordini la cessazione, oltre la condanna al risarcimento del danno [c.p.c. 15].

950. Azione di regolamento di confini.

Quando il confine tra due fondi è incerto, ciascuno dei proprietari può chiedere che sia stabilito giudizialmente [c.p.c. 15, 21].

Ogni mezzo di prova è ammesso.

In mancanza di altri elementi, il giudice si attiene al confine delineato dalle mappe catastali.

♦ Codice civile tedesco

§ 920 Dubbi sul confine. *(1) Qualora ci siano dubbi sulla linea di confine che non consentono di individuarlo con esattezza, per la sua individuazione si considera la situazione possessoria. Se non si può determinare la situazione possessoria, si deve riconoscere ad ogni fondo una parte uguale di superficie contestata. (2) Nella misura in cui l'individuazione del confine in base alle disposizioni seguenti conduca ad un risultato discordante rispetto alle circostanze accertate, ed in particolare alla dimensione accertata dei fondi, il confine va individuato in modo corrispondente ad equità in considerazione di tali circostanze.*

951. Azione per apposizione di termini.

Se i termini tra fondi contigui mancano o sono diventati irriconoscibili, ciascuno dei proprietari ha diritto di chiedere che essi siano apposti o ristabiliti a spese comuni [c.p.c. 8 n. 2; c.p. 631].

♦ Codice civile tedesco

§ 919 Apposizione di termini. *(1) Il titolare di un fondo può pretendere dal proprietario del fondo vicino, che costui partecipi all'apposizione di segni stabili di confine e, quando il segno di confine venga spostato o sia diventato non più riconoscibile, alla sua rinnovazione. (2) Il tipo di confine ed il procedimento si individuano sulla base delle leggi dei Lander; se queste non forniscono disposizioni utili, decidono gli usi locali. (3) I costi per l'apposizione dei termini vanno a gravare su entrambe le parti per il medesimo importo, salvo che risulti diversamente dai rapporti instaurati tra gli stessi.*

TITOLO III
DELLA SUPERFICIE

● Norme connesse:
- artt. 3, 8, 9, 11, L. 18 dicembre 1984, n. 975; artt. 51 ss., L. 31 maggio 1995, n. 218.

952. Costituzione del diritto di superficie.

Il proprietario [952, comma 2, 1108, comma 3] può costituire il diritto di fare e mantenere al di sopra del suolo una costruzione a favore di altri, che ne acquista la proprietà [796, 934, 953, 1108, comma 3, 1350 n. 2, 2643 n. 2, 2810 n. 3, 2812, comma 3, 2816].

Del pari può alienare la proprietà della costruzione già esistente, separatamente dalla proprietà del suolo [953, 956].

● Norme connesse:
- per la costituzione del diritto di superficie in materia di edilizia economica e popolare, art. 35, L. 22 ottobre 1971, n. 865.

953. Costituzione a tempo determinato.

Se la costituzione del diritto è stata fatta per un tempo determinato, allo scadere del termine il diritto di superficie si estingue e il proprietario del suolo diventa proprietario della costruzione [934].

954. Estinzione del diritto di superficie.

L'estinzione del diritto di superficie per scadenza del termine importa l'estinzione dei diritti reali imposti dal superficiario. I diritti gravanti sul suolo si estendono alla costruzione, salvo, per le ipoteche, il disposto del primo comma dell'articolo 2816.

I contratti di locazione [1571 e ss.], che hanno per oggetto la costruzione, non durano, se non per l'anno in corso alla scadenza del termine [999, 1596, 1599].

Il perimento della costruzione non importa, salvo patto contrario, l'estinzione del diritto di superficie.

Il diritto di fare la costruzione sul suolo altrui si estingue [2651] per prescrizione [2934] per effetto del non uso protratto per venti anni [294 ss., 970, 1014, comma 1, n. 1, 1018, comma 2, 1026, 1073, 1350, comma 1, n. 5, 1353, 2643, comma 1, n. 5, 2946].

955. Costruzioni al disotto del suolo.

Le disposizioni precedenti si applicano anche nel caso in cui è concesso il diritto di fare e mantenere costruzioni al disotto del suolo altrui [840].

956. Divieto di proprietà separata delle piantagioni.

Non può essere costituita o trasferita la proprietà delle piantagioni separatamente dalla proprietà del suolo [952 comma 2].

TITOLO IV
DELL'ENFITEUSI

● Norme connesse:

- artt. 3, 8, 9, 11, L. 18 dicembre 1984, n. 975; artt. 51 ss., L. 31 maggio 1995, n. 218.

957. Disposizioni inderogabili.

L'enfiteusi, salvo che il titolo [649, 734, 1321] disponga altrimenti, è regolata dalle norme contenute negli articoli seguenti [1350, comma 1, n. 2, 2643, comma 1, n. 2].

Il titolo [1158, 2810, 2812] non può tuttavia derogare alle norme contenute negli articoli 958, secondo comma, 961, secondo comma, 962, 965, 968, 971 e 973 [956, 977, 1108, comma 3, 1376].

● Norme connesse:

- comma 1: L. 22 luglio 1966, n. 607 (Norme in materia di enfiteusi e prestazioni fondiarie perpetue); L. 18 dicembre 1970, n. 1138 (Nuove norme in materia di enfiteusi); L. 14 giugno 1974, n. 270 (Norme in materia di enfiteusi); art. 47, D.P.R. 26 aprile 1986, n. 131 (Imposta di registro).

■ Codice civile del 1865: *Art. 1557. L'enfiteusi è regolata dalle convenzioni delle parti, in quanto non siano contrarie alle disposizioni degli artt. 1562, 1563 e 1564.*

In mancanza di convenzioni speciali si osservano le regole seguenti.

958. Durata.

L'enfiteusi può essere perpetua o a tempo.

L'enfiteusi temporanea non può essere costituita per una durata inferiore ai venti anni [965, 969, 971, 957 comma 2, 975, 1077, 1078, 1419, comma 2, 2815].

■ Codice civile del 1865: *Art. 1556. L'enfiteusi è un contratto, col quale si concede, in perpetuo o a tempo, un fondo coll'obbligo di migliorarlo e di pagare un'annua determinata prestazione in danaro o in derrate.*

959. Diritti dell'enfiteuta.

L'enfiteuta ha gli stessi diritti che avrebbe il proprietario sui frutti [820] del fondo, sul tesoro [932] e relativamente alle utilizzazioni del sottosuolo in conformità delle disposizioni delle leggi speciali [840].

Il diritto dell'enfiteuta si estende alle accessioni [817, 934 ss.].

■ Codice civile del 1865: *Art. 1561. L'enfiteuta fa suoi tutti i prodotti del fondo e delle accessioni.*

Ha gli stessi diritti che avrebbe il proprietario quanto al tesoro ed alle miniere che si scoprono nel fondo enfiteutico.

960. Obblighi dell'enfiteuta.

L'enfiteuta ha l'obbligo di migliorare il fondo e di pagare al concedente un canone periodico [820 comma 3, 972; c.p.c. 13][1]. Questo può consistere in una somma di danaro ovvero in una quantità fissa di prodotti naturali [2763].

L'enfiteuta non può pretendere remissione o riduzione del canone per qualunque insolita sterilità del fondo o perdita di frutti [1653, 1879, comma 2].

[1] V., anche, sentenza Corte costituzionale 7 aprile 1988, n. 406.

■ Codice civile del 1865: *Art. 1556. L'enfiteusi è un contratto, col quale si concede, in perpetuo o a tempo, un fondo coll'obbligo di migliorarlo e di pagare un'annua determinata prestazione in danaro o in derrate.*

1559. Non può l'enfiteuta pretendere remissione o riduzione del canone per qualunque insolita sterilità o perdita di frutti.

961. Pagamento del canone.

L'obbligo del pagamento del canone [2763] grava solidalmente [1292] su tutti i coenfiteuti [1294] e sugli eredi dell'enfiteuta finché dura la comunione [1295].

Nel caso in cui segua la divisione e il fondo venga goduto separatamente dagli enfiteuti o dagli eredi, ciascuno risponde per gli obblighi inerenti all'enfiteusi proporzionalmente al valore della sua porzione.

962. Revisione del canone.

[...][1].

[1] Articolo abrogato dall'art. 18, L. 22 luglio 1966, n. 607.

963. Perimento totale o parziale del fondo.

Quando il fondo enfiteutico perisce interamente, l'enfiteusi si estingue.

Se è perita una parte notevole del fondo e il canone risulta sproporzionato al valore della parte residua, l'enfiteuta, secondo le circostanze, può chiedere una congrua riduzione del canone, o rinunziare al suo diritto, restituendo il fondo al concedente, salvo il diritto al rimborso dei miglioramenti sulla parte residua [975].

La domanda di riduzione del canone e la rinunzia al diritto non sono ammesse, decorso un anno dall'avvenuto perimento [2964 ss.].

Qualora il fondo sia assicurato e l'assicurazione sia fatta anche nell'interesse del concedente, l'indennità è ripartita tra il concedente e l'enfiteuta in proporzione del valore dei rispettivi diritti [1891].

Nel caso di espropriazione per pubblico interesse [834], l'indennità si ripartisce a norma del comma precedente.

■ Codice civile del 1865: *Art. 1560. Se il fondo enfiteutico perisce interamente, l'enfiteuta è liberato dal peso dell'annua prestazione.*

Se il fondo non è distrutto che in parte, non può l'enfiteuta pretendere alcuna diminuzione di canone, ove la rendita della parte che resta, sia sufficiente per pagarlo interamente. In questo caso però, e sempreché ne sia perita una parte notabile, l'enfiteuta può rinunziare al suo diritto, retrocedendo il fondo al concedente.

964. Imposte e altri pesi.

Le imposte e gli altri pesi che gravano sul fondo [960, 967] sono a carico dell'enfiteuta, salve le disposizioni delle leggi speciali [1009].

Se in virtù del titolo costitutivo sono a carico del concedente, tale obbligo non può eccedere l'ammontare del canone.

■ Codice civile del 1865: *Art. 1558. Le imposte prediali e tutti gli altri pesi che gravano il fondo, sono a carico dell'enfiteuta.*

965. Disponibilità del diritto dell'enfiteuta.

L'enfiteuta può disporre del proprio diritto, sia per atto tra vivi [769-793, 968, 1078, 1350, comma 1, n. 2, 2643, comma 1, n. 2], sia per atto di ultima volontà [587, 649, 734, 2648].

Per l'alienazione del diritto dell'enfiteuta non è dovuta alcuna prestazione al concedente.

Nell'atto costitutivo può essere vietato all'enfiteuta di disporre per atto tra vivi, in tutto o in parte, del proprio diritto, per un tempo non maggiore di venti anni [958, 1379].

Nel caso di alienazione compiuta contro tale divieto, l'enfiteuta non è liberato dai suoi obblighi verso il concedente ed è tenuto a questi solidalmente [1292 ss.] con l'acquirente [957 comma 2, 967].

■ Codice civile del 1865: *Art. 1562. L'enfiteuta può disporre tanto del fondo enfiteutico, quanto delle sue accessioni, sia per atto tra vivi, sia per atto di ultima volontà.*

Per la trasmissione del fondo enfiteutico, in qualunque modo avvenga, non è dovuta alcuna prestazione al concedente. La subenfiteusi non è ammessa.

966. Prelazione a favore del concedente.

[...][1].

[1] Articolo abrogato dall'art. 10, L. 18 dicembre 1970, n. 1138.

967. Diritti e obblighi dell'enfiteuta e del concedente in caso di alienazione.

In caso di alienazione, il nuovo enfiteuta è obbligato solidalmente [1292 ss.] col precedente al pagamento dei canoni non soddisfatti [960, 964].

Il precedente enfiteuta non è liberato dai suoi obblighi, prima che sia stato notificato [c.p.c. 137] l'atto di acquisto al concedente [1264].

In caso di alienazione del diritto del concedente, l'acquirente non può pretendere l'adempimento degli obblighi dell'enfiteuta prima che a questo sia stata notificata l'alienazione.

968. Subenfiteusi.

La subenfiteusi non è ammessa [957 comma 2, 965].

■ Codice civile del 1865: *Art. 1562. L'enfiteuta può disporre tanto del fondo enfiteutico, quanto delle sue accessioni, sia per atto tra vivi, sia per atto di ultima volontà.*

Per la trasmissione del fondo enfiteutico, in qualunque modo avvenga, non è dovuta alcuna prestazione al concedente. La subenfiteusi non è ammessa.

969. Ricognizione.

Il concedente può richiedere la ricognizione del proprio diritto da chi si trova nel possesso del fondo enfiteutico, un anno prima del compimento del ventennio [2720].

Per l'atto di ricognizione non è dovuta alcuna prestazione. Le spese dell'atto sono a carico del concedente [1870].

■ Codice civile del 1865: *Art. 1563. Ogni ventinove anni il concedente può chiedere la ricognizione del proprio diritto da chi si trova nel possesso del fondo enfiteutico.*

Per l'atto di ricognizione non è dovuta alcuna pre-stazione; le spese di essa sono a carico del possessore del fondo.

970. Prescrizione del diritto dell'enfiteuta.

Il diritto dell'enfiteuta si prescrive per effetto del non uso protratto per venti anni [954, comma 4, 1014, comma 1, n. 1, 1026, 1073, 2815, comma 3, 2934, 2946].

971. Affrancazione.

[...][1].

[...][1].

[...][1].

Se più sono gli enfiteuti, l'affrancazione può promuoversi anche da uno solo di essi, ma per la totalità. In questo caso l'affrancante subentra nei diritti del concedente verso gli altri enfiteuti, salva, a favore di questi, una riduzione proporzionale del canone.

Se più sono i concedenti, l'affrancazione può effettuarsi per la quota che spetta a ciascun concedente.

L'affrancazione si opera mediante il pagamento di una somma [2815] risultante dalla capitalizzazione del canone annuo [960] sulla base dell'interesse legale [1284]. Le modalità sono stabilite da leggi speciali [957 comma 2].

[1] Comma abrogato dall'art. 10, L. 18 dicembre 1970, n. 1138.

● Norme connesse:

- artt. 2, 3, 4, L. 22 luglio 1966, n. 607 (Norme in materia di enfiteusi e prestazioni fondiarie perpetue).

■ Codice civile del 1865: *Art. 1564. L'enfiteuta può sempre redimere il fondo enfiteutico mediante il pagamento di un capitale in danaro corrispondente all'annuo canone sulla base dell'interesse legale, od al valore dello stesso canone, se è in derrate, sulla base del prezzo medio di queste negli ultimi dieci anni.*

Le parti possono tuttavia convenire il pagamento di un capitale inferiore a quello sopra accennato.

Ove si tratti di enfiteusi concessa a tempo determinato e non eccedente i trent'anni, possono anche convenire il pagamento di un capitale superiore, che non potrà però eccedere il quarto di quello sopra stabilito.

972. Devoluzione.

Il concedente può chiedere la devoluzione [1077, 1078, 2653 n. 2] del fondo enfiteutico [2653 n. 2, 2655, comma 2]:

1) se l'enfiteuta deteriora il fondo o non adempie all'obbligo di migliorarlo [960];

2) se l'enfiteuta è in mora nel pagamento di due annualità di canone [960, 1219]. La devoluzione non ha luogo se l'enfiteuta ha effettuato il pagamento dei canoni maturati prima che sia intervenuta nel giudizio sentenza, ancorché di primo grado, che abbia accolto la domanda [1453 comma 3].

La domanda di devoluzione [2653 n. 2] non preclude all'enfiteuta il diritto di affrancare, sempre che ricorrano le condizioni previste dall'articolo 971[1].

[1] Comma così modificato dall'art. 8, L. 22 luglio 1966, n. 607.

■ Codice civile del 1865: *Art. 1565. Il concedente può chiedere la devoluzione del fondo enfiteutico, qualora l'enfiteuta non preferisca di redimerlo a norma dell'articolo precedente:*

1° Se dopo una legittima interpellazione l'enfiteuta non ha pagato il canone per due anni consecutivi;

2° Se l'enfiteuta deteriora il fondo non adempie l'obbligazione di migliorarlo.

I creditori dell'enfiteuta possono intervenire nel giudizio per conservare le loro ragioni, valendosi anche all'uopo del diritto di affrancazione spettante all'enfiteuta, offrire il risarcimento dei danni e dare cauzioni per l'avvenire.

973. Clausola risolutiva espressa.

La dichiarazione del concedente di valersi della clausola risolutiva espressa [1456] non impedisce l'esercizio del diritto di affrancazione [971][1].

[1] Articolo così modificato dall'art. 9, L. 22 luglio 1966, n. 607.

974. Diritti dei creditori dell'enfiteuta.

I creditori dell'enfiteuta possono intervenire nel giudizio di devoluzione [972, 2900; c.p.c. 105] per conservare le loro ragioni, valendosi all'uopo anche del diritto di affrancazione che spetti all'enfiteuta [971]; possono offrire il risarcimento dei danni e dare cauzione per l'avvenire [149].

I creditori, che hanno iscritto ipoteca contro l'enfiteuta anteriormente alla trascrizione della domanda di devoluzione [2653 n. 2, 2815] e ai quali questa non è stata notificata in tempo utile per poter intervenire, conservano il diritto di affrancazione anche dopo avvenuta la devoluzione.

■ Codice civile del 1865: *Art. 1565. Il concedente può chiedere la devoluzione del fondo enfiteutico, qualora l'enfiteuta non preferisca di redimerlo a norma dell'articolo precedente:*

1° Se dopo una legittima interpellazione l'enfiteuta non ha pagato il canone per due anni consecutivi;

2° Se l'enfiteuta deteriora il fondo non adempie l'obbligazione di migliorarlo.

I creditori dell'enfiteuta possono intervenire nel giudizio per conservare le loro ragioni, valendosi anche all'uopo del diritto di affrancazione spettante all'enfiteuta, offrire il risarcimento dei danni e dare cauzioni per l'avvenire.

Art. 1567. Nel caso di devoluzione le ipoteche acquistate contro l'enfiteuta si risolvono sul prezzo dovuto pei miglioramenti.

Nel caso di affrancazione le ipoteche acquistate contro il concedente si risolvono sul prezzo dovuto per l'affrancazione.

975. Miglioramenti e addizioni.

Quando cessa l'enfiteusi [958, 963, 970, 972], all'enfiteuta spetta il rimborso dei miglioramenti [985, 1078] nella misura dell'aumento di valore conseguito dal fondo per effetto dei miglioramenti stessi, quali sono accertati al tempo della riconsegna [1150, 1592, 2811, 2815].

Se in giudizio è stata fornita qualche prova della sussistenza in genere dei miglioramenti, all'enfiteuta compete la ritenzione del fondo fino a quando non è soddisfatto il suo credito [748 comma 4, 985, 1152].

Per le addizioni fatte dall'enfiteuta, quando possono essere tolte senza nocumento del fondo, il concedente, se vuole ritenerle, deve pagarne il valore al tempo della riconsegna. Se le addizioni non sono separabili senza nocumento e costituiscono migliora-

CODICE CIVILE

mento, si applica la disposizione del primo comma di questo articolo [986, comma 3, 1593, comma 2;disp. att. 157].

■ Codice civile del 1865: *Art. 1566. Nel caso di devoluzione L'enfiteuta ha diritto al compenso pei miglioramenti da esso fatti al fondo enfiteutico.*

Tale compenso è dovuto sino alla concorrenza della minor somma che risulta tra lo speso ed il migliorato al tempo del rilascio del fondo, se la devoluzione è avvenuta per colpa dell'enfiteuta.

Ove la devoluzione avvenga per la scadenza del termine fissato all'enfiteusi, il compenso è dovuto in ragione del valore dei miglioramenti al tempo del rilascio.

976. Locazioni concluse dall'enfiteuta.

Per le locazioni concluse dall'enfiteuta si applicano le norme dell'articolo 999 [954, 1577 e ss.].

977. Enfiteusi costituite dalle persone giuridiche.

Le disposizioni contenute negli articoli precedenti si applicano anche alle enfiteusi costituite dalle persone giuridiche, salvo che sia disposto diversamente dalle leggi speciali [979, comma 2].

TITOLO V
DELL'USUFRUTTO, DELL'USO E DELL'ABITAZIONE

CAPO I
DELL'USUFRUTTO

● Norme connesse:
- artt. 3, 8, 9, 11, L. 18 dicembre 1984, n. 975; artt. 51 ss., L. 31 maggio 1995, n. 218.

Sezione I
Disposizioni generali

978. Costituzione.

L'usufrutto è stabilito dalla legge [194, comma 2, 324, 327, 1000], o dalla volontà dell'uomo [550, 587, 649, 678, 698, 769, 785, 796, 1000, 1010, 1078, 1260, 1350 n. 2, 2025, 2352, 2471-bis, 2561, 2643 n. 2, 2648, 2684, comma 1, n. 2, 2810, 2814]. Può anche acquistarsi per usucapione [1153, 1158].

■ Codice civile del 1865: *Art. 478. L'usufrutto è stabilito dalla legge o dalla volontà dell'uomo.*

Può essere stabilito con determinazione di tempo o sotto condizione, e sopra qualunque specie di beni mobili od immobili.

♦ Codice civile francese

Articolo 579. *L'usufrutto è stabilito dalla legge o dalla volontà dell'uomo.*

979. Durata.

La durata dell'usufrutto non può eccedere la vita dell'usufruttuario [678, 698, 796, 1014, 2814].

L'usufrutto costituito a favore di una persona giuridica non può durare più di trent'anni.

■ Codice civile del 1865: *Art. 517. L'usufrutto conceduto sino a che una terza persona sia giunta ad una determinata età, dura sino a tal tempo, ancorché quella persona sia morta prima dell'età stabilita.*

Art. 518. L'usufrutto stabilito in favore di comuni o di altri corpi morali per atto tra vivi o di ultima volontà non può eccedere la durata di trent'anni.

980. Cessione dell'usufrutto.

L'usufruttuario può cedere il proprio diritto [965] per un certo tempo o per tutta la sua durata [1078, 2684, comma 1, n. 2, 2814], se ciò non è vietato [326] dal titolo costitutivo [1350 n. 2, 2643 n. 2, 2810].

La cessione deve essere notificata al proprietario; finché non sia stata notificata, l'usufruttuario è solidalmente [1292] obbligato con il cessionario verso il proprietario.

■ Codice civile del 1865: *Art. 492. L'usufruttuario può cedere per qualsivoglia titolo oneroso o gratuito l'esercizio del suo diritto.*

Sezione II
Dei diritti nascenti dall'usufrutto

981. Contenuto del diritto di usufrutto.

L'usufruttuario ha diritto di godere della cosa, ma deve rispettarne la destinazione economica [693, 986, 996, 1060, 1015, 1615, 2561 comma 2].

Egli può trarre dalla cosa ogni utilità [820] che questa può dare, fermi i limiti stabiliti in questo capo [1078, 1998, 2352].

■ Codice civile del 1865: *Art. 477. L'usufrutto è il diritto di godere delle cose, di cui altri ha la proprietà, nel modo che ne godrebbe il proprietario, ma coll'obbligo di conservarne la sostanza tanto nella materia quanto nella forma.*

♦ Codice civile francese

Articolo 578. *L'usufrutto è il diritto di godere delle cose di cui un altro ha la proprietà come lo stesso proprietario ma con l'onere di conservarne la sostanza.*

982. Possesso della cosa.

L'usufruttuario ha diritto di conseguire il possesso [1140 ss.] della cosa di cui ha l'usufrutto, salvo quanto è disposto dall'articolo 1002.

983. Accessioni.

L'usufrutto si estende a tutte le accessioni della cosa [817 ss., 934 ss., 1998].

Se il proprietario dopo l'inizio dell'usufrutto, con il consenso dell'usufruttuario, ha fatto nel fondo costruzioni o piantagioni, l'usufruttuario è tenuto a corrispondere gli interessi [1284] sulle somme impiegate [1005, 1009]. La norma si applica anche nel caso in cui le costruzioni o piantagioni sono state fatte per disposizione della pubblica autorità.

984. Frutti.

I frutti naturali e i frutti civili [820, 821] spettano all'usufruttuario per la durata del suo diritto [1998].

Se il proprietario e l'usufruttuario si succedono nel godimento della cosa entro l'anno agrario o nel corso di un periodo produttivo di maggiore durata, l'insieme di tutti i frutti si ripartisce fra l'uno e l'altro in proporzione della durata del rispettivo diritto nel periodo stesso [disp. att. 150].

Le spese per la produzione e il raccolto sono a carico del proprietario e dell'usufruttuario nella proporzione indicata dal comma precedente ed entro i limiti del valore dei frutti [821 comma 2].

■ Codice civile del 1865: *Art. 479. Spetta all'usufruttuario ogni frutto naturale o civile che può produrre la cosa di cui ha l'usufrutto.*

Art. 480. I frutti naturali, che al cominciare dell'usufrutto non sono ancora separati dalla cosa che li produce, appartengono all'usufruttuario: quelli che non sono ancora separati quando l'usufrutto finisce, appartengono al proprietario, senza compenso nell'uno e nell'altro caso dei lavori e delle sementi, ma senza pregiudizio della porzione dei frutti, che potesse spettare al mezzaiuolo che vi era al tempo in cui cominciò o finì l'usufrutto.

Art. 481. I frutti civili s'intendono acquistati giorno per giorno, ed appartengono all'usufruttuario in proporzione della durata dell'usufrutto.

Art. 482. L'usufrutto di una rendita vitalizia attribuisce all'usufruttuario il diritto di riscuotere le pensioni che si maturano di giorno in giorno durante il suo usufrutto.

Egli deve sempre restituire il di più che avesse anticipatamente riscosso.

Art. 483. Se l'usufrutto comprende cose delle quali non si possa far uso senza consumarle, come danaro, grani, liquori, l'usufruttuario ha diritto di servirsene, coll'obbligo di pagarne il valore al termine dell'usufrutto secondo la stima che ne fosse stata fatta al cominciamento di esso. Ove tale stima non sia stata fatta, egli avrà la scelta o di restituire le cose in eguale quantità e qualità, o di pagarne il prezzo corrente al tempo della cessazione dell'usufrutto.

985. Miglioramenti.

L'usufruttuario ha diritto a un'indennità per i miglioramenti [975, 986, comma 3, 2811] che sussistono al momento della restituzione della cosa [disp. att. 157].

L'indennità si deve corrispondere nella minor somma tra l'importo della spesa e l'aumento di valore conseguito dalla cosa per effetto dei miglioramenti [1150, 1592].

L'autorità giudiziaria, avuto riguardo alle circostanze [1176], può disporre che il pagamento dell'indennità prevista dai commi precedenti sia fatto ratealmente, imponendo in questo caso idonea garanzia [1151, 1179; c.p.c. 119].

■ Codice civile del 1865: *Art. 495. Il proprietario non può in nessun modo nuocere ai diritti dell'usufruttuario; e questi o chi lo rappresenta non ha diritto in fine dell'usufrutto ad indennità per miglioramenti che avesse fatti, ancorché se ne fosse aumentato il valore della cosa.*

L'aumento di valore può tuttavia compensarsi con deterioramenti che fossero seguiti senza grave colpa dell'usufruttuario.

Quando non vi sia luogo a compenso, potrà l'usufruttuario ripigliare le fatte addizioni, ove possano togliersi con qualche suo profitto e senza danno della proprietà, salvo che il proprietario preferisca di ritenerle, rimborsando all'usufruttuario una somma corrispondente al prezzo che questi ne potrebbe ritrarre staccandole dal fondo.

Potrà eziandio l'usufruttuario togliere gli specchi, i quadri ed altri ornamenti, che avesse fatto collocare nel fondo tenuto ad usufrutto, coll'obbligo però di rimettere ogni cosa nel primitivo stato.

986. Addizioni.

L'usufruttuario può eseguire addizioni che non alterino la destinazione economica della cosa [981].

Egli ha diritto di toglierle alla fine dell'usufrutto, qualora ciò possa farsi senza nocumento della cosa, salvo che il proprietario preferisca ritenere le addizioni stesse. In questo caso deve essere corrisposta all'usufruttuario una indennità pari alla minor somma tra l'importo della spesa e il valore delle addizioni al tempo della riconsegna [975 comma 3, 1593; disp. att. 157].

Se le addizioni non possono separarsi senza nocumento della cosa e costituiscono miglioramento di essa, si applicano le disposizioni relative ai miglioramenti [985].

■ Codice civile del 1865: *Art. 495. Il proprietario non può in nessun modo nuocere ai diritti dell'usufruttuario; e questi o chi lo rappresenta non ha diritto in fine dell'usufrutto ad indennità per miglioramenti che avesse fatti, ancorché se ne fosse aumentato il valore della cosa.*

L'aumento di valore può tuttavia compensarsi con deterioramenti che fossero seguiti senza grave colpa dell'usufruttuario.

Quando non vi sia luogo a compenso, potrà l'usufruttuario ripigliare le fatte addizioni, ove possano togliersi con qualche suo profitto e senza danno della proprietà, salvo che il proprietario preferisca di ritenerle, rimborsando all'usufruttuario una somma corrispondente al prezzo che questi ne potrebbe ritrarre staccandole dal fondo.

Potrà eziandio l'usufruttuario togliere gli specchi, i quadri ed altri ornamenti, che avesse fatto collocare nel fondo tenuto ad usufrutto, coll'obbligo però di rimettere ogni cosa nel primitivo stato.

987. Miniere, cave e torbiere.

L'usufruttuario gode delle cave e torbiere già aperte e in esercizio all'inizio dell'usufrutto. Non ha facoltà di aprirne altre senza il consenso del proprietario.

Per le ricerche e le coltivazioni minerarie, di cui abbia ottenuto il permesso, l'usufruttuario deve indennizzare il proprietario dei danni che saranno accertati alla fine dell'usufrutto.

Se il permesso è stato ottenuto dal proprietario o da un terzo, questi devono all'usufruttuario un'indennità corrispondente al diminuito godimento del fondo durante l'usufrutto.

■ Codice civile del 1865: *Art. 494. L'usufruttuario gode dei diritti di servitù inerenti al fondo di cui ha l'usufrutto, e generalmente tutti quelli di cui potrebbe godere il proprietario.*

Gode pure delle miniere, delle cave e delle torbiere, che sono aperte ed in esercizio al tempo in cui comincia l'usufrutto.

Non ha però diritto sulle miniere, cave o torbiere non ancora aperte, né sul tesoro che si scoprisse durante l'usufrutto, salve le ragioni che gli potessero competere come ritrovatore.

988. Tesoro.

Il diritto dell'usufruttuario non si estende al tesoro [932] che si scopra durante l'usufrutto, salve le ragioni che gli possono competere come ritrovatore [930, 932].

989. Boschi, filari e alberi sparsi di alto fusto.

Se nell'usufrutto sono compresi boschi o filari cedui ovvero boschi o filari di alto fusto destinati alla produzione di legna, l'usufruttuario può procedere ai tagli ordinari, curando il mantenimento dell'originaria consistenza dei boschi o dei filari, e provvedendo, se occorre, alla loro ricostituzione.

Circa il modo, l'estensione, l'ordine e l'epoca dei tagli, l'usufruttuario è tenuto a uniformarsi, oltre che alle leggi e ai regolamenti forestali, alla pratica costante della regione.

Le stesse regole si applicano agli alberi di alto fusto sparsi per la campagna, destinati ad essere tagliati.

■ Codice civile del 1865: *Art. 485. Se l'usufrutto comprende boschi cedui, l'usufruttuario è tenuto ad osservare l'ordine e la quantità dei tagli, giusta la distribuzione dei medesimi o la pratica costante dei proprietari; ma non ha diritto a compenso pei tagli non eseguiti, né per le piante riservate affinché crescano, né per quelle di alto fusto che non fossero state tagliate durante l'usufrutto.*

Art. 486. L'usufruttuario, osservando sempre le epoche e la pratica dei precedenti proprietari, approfitta anche delle parti di bosco d'alto fusto, che sono state distribuite in tagli regolari, si facciano questi periodicamente sopra una certa quantità di terreno o sopra una determinata quantità di alberi presi indistintamente in tutta la superficie del fondo.

Art. 487. In tutti gli altri casi non può l'usufruttuario prevalersi degli alberi di alto fusto, salvo che si tratti di alberi sparsi per la campagna, i quali per consuetudine locale siano destinati ad essere periodicamente tagliati.

Art. 492. L'usufruttuario può cedere per qualsivoglia titolo oneroso o gratuito l'esercizio del suo diritto.

990. Alberi di alto fusto divelti, spezzati o periti.

Gli alberi di alto fusto divelti, spezzati o periti per accidente spettano al proprietario. L'usufruttuario può servirsi di essi soltanto per le riparazioni che sono a suo carico [1004].

■ Codice civile del 1865: *Art. 488. Può l'usufruttuario adoperare per le riparazioni che sono a suo carico, gli alberi svelti o spezzati per accidente. A questo fine può anche farne atterrare, se è necessario; ma ha l'obbligo di farne constare la necessità al proprietario.*

991. Alberi fruttiferi.

Gli alberi fruttiferi che periscono e quelli divelti o spezzati per accidente appartengono all'usufruttuario, ma questi ha l'obbligo di sostituirne altri.

■ Codice civile del 1865: *Art. 490. Gli alberi fruttiferi che periscono, e quelli che sono svelti o spezzati per accidente, appartengono all'usufruttuario, coll'obbligo di surrogarne altri.*

992. Pali per vigne e per altre coltivazioni.

L'usufruttuario può prendere nei boschi i pali occorrenti per le vigne e per le altre coltivazioni che ne abbisognano, osservando sempre la pratica costante della regione.

■ Codice civile del 1865: *Art. 489. L'usufruttuario può prendere pali nei boschi per le vigne comprese nell'usufrutto, ed anche i prodotti annuali periodici degli alberi, osservando sempre l'uso del paese o la pratica dei proprietari.*

993. Semenzai.

L'usufruttuario può servirsi dei piantoni dei semenzai, ma deve osservare la pratica costante della regione per il tempo e il modo dell'estrazione e per la rimessa dei virgulti.

■ Codice civile del 1865: *Art. 491. I piantoni di un semenzaio formano parte dell'usufrutto coll'obbligo all'usufruttuario di osservare gli usi locali tanto circa il tempo e modo dell'estrazione, quanto per la rimessa dei virgulti.*

994. Perimento delle mandre o dei greggi.

Se l'usufrutto è stabilito sopra una mandra o un gregge, l'usufruttuario è tenuto a surrogare gli animali periti, fino alla concorrente quantità dei nati, dopo che la mandra o il gregge [816] ha cominciato ad essere mancante del numero primitivo [1645].

Se la mandra o il gregge perisce interamente per causa non imputabile all'usufruttuario, questi non è obbligato verso il proprietario che a rendere conto delle pelli o del loro valore.

■ Codice civile del 1865: *Art. 513. Se l'usufrutto è stabilito sopra una mandra o un gregge che perisca intieramente senza colpa dell'usufruttario, questi non è obbligato verso il proprietario che a rendere conto delle pelli o del loro valore.*

Se la mandra o il gregge non perisce intieramente, l'usufruttuario è tenuto a surrogare gli animali periti sino alla corrente quantità dei nati, dopo che la mandra o il gregge cominciò ad essere mancante del numero primitivo.

995. Cose consumabili.

Se l'usufrutto comprende cose consumabili [750 comma 2], l'usufruttuario ha diritto di servirsene e ha l'obbligo di pagarne il valore al termine dell'usufrutto secondo la stima convenuta [1002].

Mancando la stima, è in facoltà dell'usufruttuario di pagare le cose secondo il valore che hanno al tempo in cui finisce l'usufrutto o di restituirne altre in eguale qualità e quantità [1001, 1258].

■ Codice civile del 1865: *Art. 483. Se l'usufrutto comprende cose delle quali non si possa far uso senza consumarle, come danaro, grani, liquori, l'usufruttuario ha diritto di servirsene, coll'obbligo di pagarne il valore al termine dell'usufrutto secondo la stima che ne fosse stata fatta al cominciamento di esso. Ove tale stima non sia stata fatta, egli avrà la scelta o di restituire le cose in eguale quantità e qualità, o di pagarne il prezzo corrente al tempo della cessazione dell'usufrutto.*

996. Cose deteriorabili.

Se l'usufrutto comprende cose che, senza consumarsi in un tratto, si deteriorano a poco a poco, l'usufruttuario ha diritto di servirsene secondo l'uso al quale sono destinate, alla fine dell'usufrutto è soltanto tenuto a restituirle nello stato in cui si trovano [1001, 1003, comma 3].

■ Codice civile del 1865: *Art. 484. Se l'usufrutto comprende cose, che, senza consumarsi in un tratto, si deteriorano a poco a poco con l'uso, come la biancheria e la mobilia, l'usufruttuario ha diritto di servirsene per l'uso a cui sono destinate, e non è obbligato a restituirle al cessare dell'usufrutto se non nello stato in cui si trovano, con l'obbligo però di tenere indenne il proprietario se per dolo o colpa sua fossero deteriorate.*

997. Impianti, opifici e macchinari.

Se l'usufrutto comprende impianti, opifici o macchinari che hanno una destinazione produttiva, l'usufruttuario è tenuto a riparare e a sostituire durante l'usufrutto le parti che si logorano, in modo da assicurare il regolare funzionamento delle cose suddette [2561]. Se l'usufruttuario ha sopportato spese che eccedono quelle delle ordinarie riparazioni [1004], il proprietario, al termine dell'usufrutto, è tenuto a corrispondergli una congrua indennità.

998. Scorte vive e morte.

Le scorte vive [1641] e morte [1640] di un fondo devono essere restituite in eguale quantità e qualità [2163, 2169]. L'eccedenza o la deficienza di esse deve essere regolata in danaro, secondo il loro valore al termine dell'usufrutto.

999. Locazioni concluse dall'usufruttuario.

Le locazioni concluse dall'usufruttuario, in corso al tempo della cessazione dell'usufrutto, purché constino da atto pubblico [2699] o da scrittura privata di data certa [2704] anteriore, continuano per la durata stabilita, ma non oltre il quinquennio dalla cessazione dell'usufrutto [1599].

Se la cessazione dell'usufrutto avviene per la scadenza del termine stabilito, le locazioni non durano in ogni caso se non per l'anno [954, comma 2], e trattandosi di fondi rustici dei quali il principale raccolto è biennale o triennale, se non per il biennio o triennio che si trova in corso al tempo in cui cessa l'usufrutto [976;disp. att. 151].

■ Codice civile del 1865: *Art. 493. Le locazioni fatte dall'usufruttuario per un tempo eccedente i cinque anni non sono durevoli nel caso di cessazione dell'usufrutto, se non per il quinquennio che si trova in corso al tempo in cui cessa l'usufrutto, computando il primo quinquennio dal giorno in cui ebbe principio la locazione, e gli altri successivi dal giorno della scadenza del precedente quinquennio.*

Le locazioni per un quinquennio e per minor tempo, che l'usufruttuario ha pattuite o rinnovate più di un anno prima della loro esecuzione, se i beni sono rustici, e più di sei mesi prima, se trattasi di case, non hanno verun effetto, quando la loro esecuzione non abbia cominciato prima che cessasse l'usufrutto.

Se l'usufrutto doveva cessare a tempo certo e determinato, le locazioni fatte dall'usufruttuario non dureranno in ogni caso se non per l'anno, e trattandosi di fondi dei quali il principale raccolto sia biennale o triennale, per il biennio o triennio che si trova in corso al tempo in cui cessa l'usufrutto.

1000. Riscossione di capitali.

Per la riscossione di somme [1998, comma 2] che rappresentano un capitale gravato d'usufrutto [1250, 1254, 1265, 1998], è necessario il concorso del titolare del credito [1188] e dell'usufruttuario. Il pagamento fatto a uno solo di essi non è opponibile all'altro, salve in ogni caso le norme relative alla cessione dei crediti [1260 ss.].

Il capitale riscosso dev'essere investito in modo fruttifero e su di esso si trasferisce l'usufrutto. Se le parti non sono d'accordo sul modo d'investimento, provvede l'autorità giudiziaria.

Sezione III

Degli obblighi nascenti dall'usufrutto

1001. Obbligo di restituzione. Misura della diligenza.

L'usufruttuario deve restituire le cose che formano oggetto del suo diritto, al termine dell'usufrutto, salvo quanto è disposto dall'articolo 995 [218, 981, 995, 1002, 1004, 1008].

Nel godimento della cosa egli deve usare la diligenza del buon padre di famiglia [218, 1176].

■ Codice civile del 1865: *Art. 497. L'usufruttuario deve dar cauzione di godere da buon padre di famiglia, se non ne è dispensato dal titolo.*

Il padre e la madre, che hanno l'usufrutto legale dei beni dei loro figli, il venditore o il donante con riserva d'usufrutto non sono obbligati a dare cauzione.

1002. Inventario e garanzia.

L'usufruttuario prende le cose nello stato in cui si trovano.

Egli è tenuto a fare a sue spese l'inventario dei beni, previo avviso al proprietario [218; c.p.c. 769]. Quando l'usufruttuario è dispensato dal fare l'inventario, questo può essere richiesto dal proprietario a sue spese.

L'usufruttuario deve inoltre dare idonea garanzia [278, 1179]. Dalla prestazione della garanzia sono dispensati [1015, comma 2] i genitori che hanno l'usufrutto legale sui beni dei loro figli minori [324, 327]. Sono anche dispensati il venditore e il donante con riserva di usufrutto [796]; ma qualora questi cedano l'usufrutto, il concessionario è tenuto a prestare garanzia [980, 1015].

L'usufruttuario non può conseguire il possesso dei beni [982] prima di avere adempiuto agli obblighi su indicati.

■ Codice civile del 1865: *Art. 496. L'usufruttuario prende le cose nello stato in cui si trovano: ma non può conseguirne il possesso, se non dopo aver fatto l'inventario dei mobili e la descrizione dello stato degli immobili soggetti all'usufrutto, presente o debitamente citato il proprietario.*

Le spese relative sono a carico dell'usufruttuario.

Ove l'usufruttuario sia stato dispensato dal fare l'inventario, questo potrà essere richiesto dal proprietario a sue spese.

1003. Mancanza o insufficienza della garanzia.

Se l'usufruttuario non presta la garanzia a cui è tenuto [1002], si osservano le disposizioni seguenti:

gli immobili sono locati o messi sotto amministrazione, salva la facoltà dell'usufruttuario di farsi assegnare per propria abitazione [1022] una casa compresa nell'usufrutto. L'amministrazione è affidata, con il consenso dell'usufruttuario, al proprietario o altrimenti a un terzo scelto di comune accordo tra proprietario e usufruttuario o, in mancanza di tale accordo, nominato dall'autorità giudiziaria [disp. att. 159];

il danaro è collocato a interesse [1000 comma 2];

i titoli al portatore [2003] si convertono in nominativi [2021] a favore del proprietario con il vincolo dell'usufrutto [1999, 2025], ovvero si depositano presso una terza persona, scelta dalle parti, o presso un istituto di credito, la cui designazione, in caso di dissenso, è fatta dall'autorità giudiziaria;

le derrate sono vendute e il loro prezzo è parimenti collocato a interesse [1000 comma 2].

In questi casi appartengono all'usufruttuario gli interessi dei capitali, le rendite, le pigioni e i fitti.

Se si tratta di mobili i quali si deteriorano con l'uso [996], il proprietario può chiedere che siano venduti e ne sia impiegato il prezzo come quello delle derrate. L'usufruttuario può nondimeno domandare che gli siano lasciati i mobili necessari per il proprio uso.

■ Codice civile del 1865: *Art. 498. Se l'usufruttuario non può dare una cauzione sufficiente:*

Gli immobili sono affittati o messi sotto amministrazione, salva la facoltà all'usufruttuario di farsi assegnare per la propria abitazione una casa compresa nell'usufrutto;

I danari compresi nell'usufrutto sono collocati ad interesse;

I titoli al portatore si convertono in carte nominali a favore del proprietario coll'annotazione dell'usufrutto;

Le derrate sono vendute, ed il loro prezzo è parimente collocato ad interesse.

In questi casi appartengono all'usufruttuario gli interessi dei capitali, le rendite ed i fitti.

Art. 499. Non dandosi dall'usufruttuario la cauzione, il proprietario ha diritto di chiedere che i mobili, i quali deteriorano coll'uso, sieno venduti e ne sia impiegato il prezzo, come quello delle derrate; nel qual caso l'usufruttuario ha pure diritto agli interessi.

L'usufruttuario può nondimeno domandare e l'autorità giudiziaria ordinare, secondo le circostanze, che gli sia lasciata una parte dei mobili necessari pel proprio uso coll'obbligo di restituirli in fine dell'usufrutto.

1004. Spese a carico dell'usufruttuario.

Le spese e in genere, gli oneri relativi alla custodia, amministrazione e manutenzione ordinaria della cosa sono a carico dell'usufruttuario.

Sono pure a suo carico le riparazioni straordinarie rese necessarie dall'inadempimento degli obblighi di ordinaria manutenzione [1015, 1576].

■ Codice civile del 1865: *Art. 501. L'usufruttuario è tenuto alle riparazioni ordinarie, ed anche alle straordinarie che sieno state cagionate dall'ineseguimento delle ordinarie dopo cominciato l'usufrutto.*

1005. Riparazioni straordinarie.

Le riparazioni straordinarie sono a carico del proprietario [1004, 1006, 1576].

Riparazioni straordinarie sono quelle necessarie ad assicurare la stabilità dei muri maestri e delle volte, la sostituzione delle travi, il rinnovamento, per intero o per una parte notevole, dei tetti, solai, scale, argini, acquedotti, muri di sostegno o di cinta.

L'usufruttuario deve corrispondere al proprietario, durante l'usufrutto, l'interesse [1284] delle somme spese per le riparazioni straordinarie.

■ Codice civile del 1865: *Art. 502. In ogni altro caso l'usufruttuario, il quale abbia eseguite le riparazioni straordinarie, ha diritto di essere rimborsato senza interessi del valore delle opere fatte, in quanto la loro utilità sussista ancora al tempo in cui cessa l'usufrutto.*

504. Sono riparazioni straordinarie quelle dei muri maestri e delle volte, la sostituzione di travi ed il rinnovamento intero o di una parte notabile dei tetti dei solai, degli argini, degli acquedotti e dei muri di sostegno e di cinta.

Tutte le altre riparazioni sono ordinarie.

1006. Rifiuto del proprietario alle riparazioni.

Se il proprietario rifiuta di eseguire le riparazioni poste a suo carico o ne ritarda l'esecuzione senza giusto motivo, è in facoltà dell'usufruttuario di farle eseguire a proprie spese. Le spese devono essere rimborsate alla fine dell'usufrutto senza interesse. A garanzia del rimborso l'usufruttuario ha diritto di ritenere l'immobile riparato [748, comma 4, 975, comma 2, 1011, 1152, 1502, comma 2, 2756; disp. att. 152].

■ Codice civile del 1865: *Art. 503. Se l'usufruttuario non voglia anticipare la somma occorrente per le riparazioni straordinarie, e il proprietario acconsenta di eseguirle a proprie spese, l'usufruttuario ne corrisponderà l'interesse al proprietario durante l'usufrutto.*

1007. Rovina parziale di edificio accessorio.
Le disposizioni dei due articoli precedenti si applicano anche nel caso in cui, per vetustà o caso fortuito, rovini soltanto in parte l'edificio che formava accessorio necessario del fondo soggetto a usufrutto.

■ Codice civile del 1865: *Art. 505. Le disposizioni degli articoli 502 e 503 si applicano pure quando per vetustà o per caso fortuito rovini soltanto in parte l'edifizio che formava un accessorio necessario pel godimento del fondo soggetto ad usufrutto.*

1008. Imposte e altri pesi a carico dell'usufruttuario.
L'usufruttuario è tenuto, per la durata dei suo diritto, ai carichi annuali, come le imposte, i canoni, le rendite fondiarie e gli altri pesi che gravano sul reddito [1025, comma 2].

Per l'anno in corso al principio e alla fine dell'usufrutto questi carichi si ripartiscono tra il proprietario e l'usufruttuario in proporzione della durata del rispettivo diritto [984 comma 2].

■ Codice civile del 1865: *Art. 506. L'usufruttuario è tenuto durante l'usufrutto a tutti i carichi annuali del fondo, come sono i tributi, i canoni ed altri pesi che secondo la consuetudine gravano i frutti.*

1009. Imposte e altri pesi a carico del proprietario.
Al pagamento dei carichi imposti sulla proprietà durante l'usufrutto, salvo diverse disposizioni di legge, è tenuto il proprietario [964], ma l'usufruttuario gli deve corrispondere l'interesse [1284] della somma pagata [983 comma 2, 1005 comma 3].

Se l'usufruttuario ne anticipa il pagamento, ha diritto di essere rimborsato del capitale alla fine dell'usufrutto [1011].

■ Codice civile del 1865: *Art. 507. Al pagamento dei carichi imposti sulla proprietà durante l'usufrutto è tenuto il proprietario, ma l'usufruttuario gli deve corrispondere l'interesse della somma pagata.*

Se l'usufruttuario ne anticipa il pagamento, ha diritto d'essere rimborsato del capitale alla fine dell'usufrutto.

1010. Passività gravanti su eredità in usufrutto.
L'usufruttuario di un'eredità o di una quota di eredità è obbligato a pagare per intero, o in proporzione della quota, le annualità e gli interessi dei debiti o dei legati da cui l'eredità stessa sia gravata [1009].

Per il pagamento del capitale dei debiti o dei legati, che si renda necessario durante l'usufrutto, è in facoltà dell'usufruttuario di fornire la somma occorrente, che gli deve essere rimborsata senza interesse alla fine dell'usufrutto [550, 734, 982, 1002, 1011, 1146].

Se l'usufruttuario non può o non vuole fare questa anticipazione, il proprietario può pagare tale somma, sulla quale l'usufruttuario deve corrispondergli l'interesse [1284] durante l'usufrutto, o può vendere una porzione dei beni soggetti all'usufrutto fino alla concorrenza della somma dovuta.

Se per il pagamento dei debiti si rende necessaria la vendita dei beni, questa è fatta d'accordo tra proprietario e usufruttuario, salvo ricorso all'autorità giudiziaria in caso di dissenso. L'espropriazione forzata deve seguire contro ambedue [c.p.c. 102].

1011. Ritenzione per le somme anticipate.
Nelle ipotesi contemplate dal secondo comma dell'articolo 1009 e dal secondo comma dell'articolo 1010, l'usufruttuario ha diritto di ritenzione sui beni che sono in suo possesso fino alla concorrenza della somma a lui dovuta [748, comma 4, 975, comma 2, 1011, 1152, 1502, comma 2; disp. att. 152].

1012. Usurpazioni durante l'usufrutto e azioni relative alle servitù.
Se durante l'usufrutto un terzo commette usurpazione sul fondo o altrimenti offende le ragioni del proprietario, l'usufruttuario è tenuto a fargliene denunzia e omettendola, è responsabile dei danni che eventualmente siano derivati al proprietario [1168, 1586, 1777, comma 2].

L'usufruttuario può far riconoscere l'esistenza delle servitù a favore del fondo o l'inesistenza di quelle che si pretende di esercitare sul fondo medesimo [949, 1079]; egli deve in questi casi chiamare in giudizio il proprietario [c.p.c. 102, 103].

■ Codice civile del 1865: *Art. 511. Se durante l'usufrutto un terzo commette qualche usurpazione sul fondo od altrimenti offende le ragioni del proprietario, l'usufruttuario è tenuto a fargliene la denuncia, e, ommettendola, è risponsabile di tutti i danni che ne fossero derivati al proprietario.*

1013. Spese per le liti.
Le spese delle liti che riguardano tanto la proprietà quanto l'usufrutto sono sopportate dal proprietario e dall'usufruttuario in proporzione del rispettivo interesse.

■ Codice civile del 1865: *Art. 510. L'usufruttuario è tenuto a sopportare le spese delle liti riguardanti l'usufrutto, e le condanne a cui le stesse liti potessero dar luogo.*

Se le liti riguardano tanto la proprietà quanto l'usufrutto, vi saranno tenuti il proprietario e l'usufruttuario in proporzione del rispettivo interesse.

Sezione IV
Estinzione e modificazioni dell'usufrutto

1014. Estinzione dell'usufrutto.

Oltre quanto è stabilito dall'articolo 979, l'usufrutto si estingue [1350 n. 5, 2643, comma 1, n. 5, 2651, 2814]:

1) per prescrizione per effetto del non uso durato per venti anni [954, comma 4, 970, 1026, 1073, 2814, 2934 ss.];

2) per la riunione dell'usufrutto e della proprietà nella stessa persona [1072, 1253];

3) per il totale perimento della cosa su cui è costituito [1016, 1019, 2814].

■ Codice civile del 1865: *Art. 515. L'usufrutto si estingue:*
Colla morte dell'usufruttuario;
Collo spirare del tempo per cui fu stabilito;
Colla consolidazione, ossia riunione nella stessa persona delle qualità di usufruttuario e di proprietario;
Col non usarne per lo spazio di trent'anni; Col totale perimento della cosa, sulla quale fu stabilito.

1015. Abusi dell'usufruttuario.

L'usufrutto può anche cessare per l'abuso [2814] che faccia l'usufruttuario del suo diritto alienando i beni o deteriorandoli [981] o lasciandoli andare in perimento per mancanza di ordinarie riparazioni [1004, 2561, comma 3].

L'autorità giudiziaria può, secondo le circostanze, ordinare che l'usufruttuario dia garanzia [c.p.c. 119], qualora ne sia esente [1002], o che i beni siano locati o posti sotto amministrazione a spese di lui, o anche dati in possesso al proprietario con l'obbligo di pagare annualmente all'usufruttuario, durante l'usufrutto, una somma determinata.

I creditori dell'usufruttuario possono intervenire nel giudizio per conservare le loro ragioni, offrire il risarcimento dei danni e dare garanzia per l'avvenire [2900, c.p.c. 105, 267].

■ Codice civile del 1865: *Art. 516. L'usufrutto può anche cessare per l'abuso che faccia l'usufruttuario del suo diritto, o alienando i beni, o deteriorandoli, o lasciandoli andare in perimento per mancanza di ordinarie riparazioni.*

L'autorità giudiziaria potrà però, secondo le circostanze, ordinare che l'usufruttuario debba dar cauzione qualore ne fosse esente, o che i beni sieno affittati, o posti sotto amministrazione a spese di lui, o dati anche in possesso al proprietario con obbligo di pagare annualmente all'usufruttuario od agli aventi causa da lui una somma determinata durante l'usufrutto.

I creditori dell'usufruttuario possono intervenire nel giudizio per conservare le loro ragioni, offrire il risarcimento dei danni e dare cauzioni per l'avvenire.

1016. Perimento parziale della cosa.

Se una sola parte della cosa soggetta all'usufrutto perisce, l'usufrutto si conserva sopra ciò che rimane [1014 n. 3, 1018].

■ Codice civile del 1865: *Art. 519. Se una sola parte della cosa soggetta all'usufrutto perisce, l'usufrutto si conserva sopra ciò che rimane.*

1017. Perimento della cosa per colpa o dolo di terzi.

Se il perimento della cosa non è conseguenza di caso fortuito, l'usufrutto si trasferisce sull'indennità [2742] dovuta dal responsabile del danno [1000].

1018. Perimento dell'edificio.

Se l'usufrutto è stabilito sopra un fondo, del quale fa parte un edificio, e questo viene in qualsiasi modo a perire, l'usufruttuario ha diritto di godere dell'area e dei materiali [1016].

La stessa disposizione si applica se l'usufrutto è stabilito soltanto sopra un edificio. In tal caso, però, il proprietario, se intende costruire un altro edificio, ha il diritto di occupare l'area e di valersi dei materiali, pagando all'usufruttuario, durante l'usufrutto, gli interessi [1284] sulla somma corrispondente al valore dell'area e dei materiali.

■ Codice civile del 1865: *Art. 520. Se l'usufrutto è stabilito sopra un podere, del quale faccia parte un edifizio, e questo venga in qualsivoglia modo a perire, l'usufruttuario avrà diritto di godere dell'area e dei materiali.*

Lo stesso avrà luogo se l'usufrutto non è stabilito che sopra un edifizio. In tal caso però, ove il proprietario intenda di costruire un altro edifizio, avrà il diritto di occupare l'area e valersi dei materiali, pagando all'usufruttuario, durante l'usufrutto, gli interessi del valore dell'area e dei materiali.

1019. Perimento di cosa assicurata dall'usufruttuario.

Se l'usufruttuario ha provveduto all'assicurazione della cosa o al pagamento dei premi per la cosa già assicurata, l'usufrutto si trasferisce sull'indennità [1000, 2742] dovuta dall'assicuratore [1901].

Se è perito un edificio e il proprietario intende ricostruirlo con la somma conseguita come indennità, l'usufruttuario non può opporsi. L'usufrutto in questo caso si trasferisce sull'edificio ricostruito. Se però la somma impiegata nella ricostruzione è maggiore di quella spettante in usufrutto, il diritto dell'usufruttuario sul nuovo edificio è limitato in proporzione di quest'ultima.

1020. Requisizione o espropriazione.

Se la cosa è requisita o espropriata per pubblico interesse [834], l'usufrutto si trasferisce sull'indennità relativa [1000, 1017, 1019, 2742].

● Norme connesse:
- art. 25 (Effetti dell'espropriazione per i terzi), D.P.R. 8 giugno 2001, n. 327 (T.U. espropriazioni), che dispone: *1. L'espropriazione del diritto di proprietà comporta l'estinzione automatica di tutti gli altri diritti, reali o personali, gravanti sul bene espropriato, salvo quelli compatibili con i fini cui l'espropriazione è preordinata.*

2. Le azioni reali e personali esperibili sul bene espropriando non incidono sul procedimento espropriativo e sugli effetti del decreto di esproprio.

3. Dopo la trascrizione del decreto di esproprio, tutti i diritti relativi al bene espropriato possono essere fatti valere unicamente sull'indennità.

4. A seguito dell'esecuzione del decreto di esproprio, il Prefetto convoca tempestivamente, e comunque non oltre dieci giorni dalla richiesta, il soggetto proponente e i soggetti gestori di servizi pubblici titolari del potere di autorizzazione e di concessione di attraversamento, per la definizione degli spostamenti concernenti i servizi interferenti e delle relative modalità tecniche. Il soggetto proponente, qualora i lavori di modifica non siano stati avviati entro sessanta giorni, può provvedervi direttamente, attenendosi alle modalità tecniche eventualmente definite ai sensi del presente comma..

CAPO II
DELL'USO E DELL'ABITAZIONE

● Norme connesse:
- artt. 3, 8, 9, 11, L. 18 dicembre 1984, n. 975; artt. 51 ss., L. 31 maggio 1995, n. 218.

1021. Uso.

Chi ha il diritto d'uso [584, comma 1, 995] di una cosa [540] può servirsi di essa e se è fruttifera, può raccogliere i frutti [820, 821] per quanto occorre ai bisogni suoi e della sua famiglia [1023].

I bisogni si devono valutare secondo la condizione sociale del titolare del diritto [438, 636, comma 2, 649, 769, 1022, 1158, 1321, 1350, comma 1, n. 4, 2644, 2645, 2810, 2812, 2913-2915, 2918; c.p.c. 498].

■ Codice civile del 1865: *Art. 521. Chi ha l'uso di un fondo, non può raccoglierne i frutti, se non per quanto sia necessario à suoi bisogni ed a quelli della sua famiglia.*

1022. Abitazione.

Chi ha il diritto di abitazione [581, 584, comma 1, 1003, 1021, 1162, 1171] di una casa può abitarla [636, comma 2] limitatamente ai bisogni suoi e della sua famiglia [540 comma 2, 636, comma 2, 649, 769, 1023, 1158, 1321, 1350, comma 1, n. 4, 2643, comma 1, n. 4, 2644, 2645, 2810, 2913-2915, 2919, c.p.c. 498].

■ Codice civile del 1865: *Art. 522. Chi ha il diritto d'abitazione in una casa, può abitarvi colla sua famiglia.*

Art. 524. Il diritto d'abitazione si limita a ciò che è necessario all'abitazione di quello a cui fu concesso e della sua famiglia, secondo la condizione del medesimo.

1023. Ambito della famiglia.

Nella famiglia [1021, 1022] si comprendono anche i figli nati dopo che è cominciato il diritto d'uso o d'abitazione, quantunque nel tempo in cui il diritto è sorto la persona non avesse contratto matrimonio. Si comprendono inoltre i figli adottivi e i figli riconosciuti, anche se l'adozione o il riconoscimento sono seguiti dopo che il diritto era già sorto [2240]. Si comprendono infine le persone che convivono con il titolare del diritto per prestare a lui o alla sua famiglia i loro servizi [disp. att. 153][1].

[1] Comma così modificato dall'art. 90, D.Lgs. 28 dicembre 2013, n. 154, a decorrere dal 7 febbraio 2014. Il testo previgente disponeva: *Nella famiglia si comprendono anche i figli nati dopo che è cominciato il diritto d'uso o d'abitazione, quantunque nel tempo in cui il diritto è sorto la persona non avesse contratto matrimonio. Si comprendono inoltre i figli adottivi, i figli naturali riconosciuti e gli affiliati, anche se l'adozione, il riconoscimento o l'affiliazione sono seguiti dopo che il diritto era già sorto. Si comprendono infine le persone che convivono con il titolare del diritto per prestare a lui o alla sua famiglia i loro servizi.*

■ Codice civile del 1865: *Art. 523. Nella famiglia si comprendono anche i figli nati dopo che cominciò il diritto d'uso o di abitazione, quantunque, al tempo in cui cominciò, la persona che ne gode, non avesse contratto matrimonio.*

1024. Divieto di cessione.

I diritti di uso e di abitazione non si possono cedere o dare in locazione [999].

■ Codice civile del 1865: *Art. 528. I diritti d'uso e di abitazione non si possono cedere né affittare.*

1025. Obblighi inerenti all'uso e all'abitazione.

Chi ha l'uso di un fondo e ne raccoglie tutti i frutti o chi ha il diritto di abitazione e occupa tutta la casa è tenuto alle spese di coltura, alle riparazioni ordinarie [1004] e al pagamento dei tributi come l'usufruttuario [1008].

Se non raccoglie che una parte dei frutti o non occupa che una parte della casa, contribuisce in proporzione di ciò che gode.

■ Codice civile del 1865: *Art. 527. Se chi ha l'uso di un fondo, ne raccoglie tutti i frutti, o se chi ha il diritto di abitazione, occupa tutta la casa, soggiace alle spese di coltura, alle riparazioni ordinarie ed al pagamento dei tributi, come l'usufruttuario.*

Se non raccoglie che una parte dei frutti o non occupa che una parte della casa, contribuisce in proporzione di ciò che gode.

1026. Applicabilità delle norme sull'usufrutto.

Le disposizioni relative all'usufrutto si applicano, in quanto compatibili, all'uso e all'abitazione [1021, 1022, 978 ss.].

CODICE CIVILE

TITOLO VI
DELLE SERVITÙ PREDIALI

● Norme connesse:

- artt. 3, 8, 9, 11, L. 18 dicembre 1984, n. 975; artt. 51 ss., L. 31 maggio 1995, n. 218.
- sull'indennità per le servitù pubbliche, art. 44, D.P.R. 8 giugno 2001, n. 327 (T.U. espropriazioni), che dispone: *1. È dovuta una indennità al proprietario del fondo che, dalla esecuzione dell'opera pubblica o di pubblica utilità, sia gravato da una servitù o subisca una permanente diminuzione di valore per la perdita o la ridotta possibilità di esercizio del diritto di proprietà.*

2. L'indennità è calcolata senza tenere conto del pregiudizio derivante dalla perdita di una utilità economica cui il proprietario non ha diritto.

3. L'indennità è dovuta anche se il trasferimento della proprietà sia avvenuto per effetto dell'accordo di cessione o nei casi previsti dall'articolo 43.

4. Le disposizioni dei commi precedenti non si applicano per le servitù disciplinate da leggi speciali.

5. Non è dovuta alcuna indennità se la servitù può essere conservata o trasferita senza grave incomodo del fondo dominante o di quello servente. In tal caso l'espropriante, se non effettua direttamente le opere, rimborsa le spese necessarie per la loro esecuzione.

6. L'indennità può anche essere concordata fra gli interessati prima o durante la realizzazione dell'opera e delle relative misure di contenimento del danno.

CAPO I
DISPOSIZIONI GENERALI

1027. Contenuto del diritto.

La servitù prediale [2812] consiste nel peso imposto sopra un fondo per l'utilità [1028] di un altro fondo appartenente a diverso proprietario [587, 649, 668, 769, 853, 1058, 1061, 1072, 1073, 1321, 1350, comma 1, n. 4, 1353, 2643, comma 1, n. 4, 2810, 2812].

■ Codice civile del 1865: *Art. 531. La servitù prediale consiste nel peso imposto sopra un fondo per l'uso e l'utilità di un fondo appartenente ad altro proprietario.*

♦ Codice civile francese

Articolo 637. *Una servitù è un onere imposto su una proprietà per l'uso e l'utilizzo di una proprietà appartenente ad un altro proprietario.*

1028. Nozione dell'utilità.

L'utilità può consistere anche nella maggiore comodità o amenità del fondo dominante. Può del pari essere inerente alla destinazione industriale del fondo [1074, 2596].

1029. Servitù per vantaggio futuro.

È ammessa la costituzione di una servitù per assicurare a un fondo un vantaggio futuro [1376].

È ammessa altresì a favore o a carico di un edificio da costruire [1353] o di un fondo da acquistare [771, 1353, 1478]; ma in questo caso la costituzione non ha effetto se non dal giorno in cui l'edificio è costruito o il fondo è acquistato [1472].

1030. Prestazioni accessorie.

Il proprietario del fondo servente non è tenuto a compiere alcun atto per rendere possibile l'esercizio della servitù da parte del titolare, salvo che la legge o il titolo disponga altrimenti [1065, 1070, 1218, 2947].

1031. Costituzione delle servitù.

Le servitù prediali possono essere costituite coattivamente [1032 ss.] o volontariamente [1058]. Possono anche essere costituite per usucapione [1061, 1062] o per destinazione del padre di famiglia.

■ Codice civile del 1865: *Art. 532. La servitù prediale è stabilita dalla legge o dal fatto dell'uomo.*

CAPO II
DELLE SERVITÙ COATTIVE

1032. Modi di costituzione.

Quando, in forza di legge [1033 ss.], il proprietario di un fondo ha diritto di ottenere da parte del proprietario di un altro fondo la costituzione di una servitù, questa, in mancanza di contratto, è costituita con sentenza [2643, comma 1, n. 4, 14, 2932]. Può anche essere costituita con atto dell'autorità amministrativa nei casi specialmente determinati dalla legge.

La sentenza stabilisce le modalità della servitù e determina l'indennità dovuta [1038, 1039, 1047, 1049, 1053, 2643, comma 1, n. 14, 2652, comma 1, n. 2, 2653, comma 1, n. 1].

Prima del pagamento dell'indennità il proprietario del fondo servente può opporsi all'esercizio della servitù.

● Norme connesse:

- art. 44, D.P.R. 8 giugno 2001, n. 327, riportato in nota sub rubrica Titolo VI precedente.

Sezione I
Dell'acquedotto e dello scarico coattivo

1033. Obbligo di dare passaggio alle acque.

Il proprietario è tenuto a dare passaggio per i suoi fondi alle acque di ogni specie che si vogliono condurre da parte di chi ha, anche solo temporaneamente, il diritto di utilizzarle per i bisogni della vita o per gli usi agrari o industriali [1032, 1034 ss.].

Sono esenti da questa servitù le case, i cortili, i giardini e le aie ad esse attinenti [1046].

■ Codice civile del 1865: *Art. 598 Ogni proprietario è tenuto a dare passaggio per i suoi fondi alle acque di ogni specie che vogliano condursi da chi abbia permanentemente od anche solo temporaneamente, il diritto di servirsene per le necessità della vita o per usi agrari od industriali.*

Sono esenti da questa servitù le case, i cortili, i giardini e le aie ad esse attinenti.

1034. Apertura di nuovo acquedotto.

Chi ha diritto di condurre acque per il fondo altrui [1033] deve costruire il necessario acquedotto [1038, 1041], ma non può far defluire le acque negli acquedotti già esistenti e destinati al corso di altre acque.

Il proprietario del fondo soggetto alla servitù può tuttavia impedire la costruzione, consentendo il passaggio nei propri acquedotti già esistenti, qualora ciò non rechi notevole pregiudizio alla condotta che si domanda. In tal caso al proprietario dell'acquedotto è dovuta un'indennità da determinarsi avuto riguardo all'acqua che s'introduce, al valore dell'acquedotto, alle opere che si rendono necessarie per il nuovo passaggio e alle maggiori spese di manutenzione.

La facoltà indicata dal comma precedente non è consentita al proprietario del fondo servente nei confronti della pubblica amministrazione [1037, 1046].

■ Codice civile del 1865: *Art. 599. Chi domanda il passaggio deve aprire il necessario canale, senza che possa far decorrere le sue acque nei canali già esistenti e destinati al corso di altre acque. Ma il proprietario del fondo che sia anche proprietario di un canale in esso esistente e delle acque nel medesimo scorrenti, potrà impedire che un nuovo canale sia aperto nel suo fondo, offrendo di dare il passaggio alle acque nel canale medesimo, quando ciò possa praticarsi senza notabile danno di chi domanda il passaggio. In tal caso sarà dovuta al proprietario del canale un'idennità da determinarsi, avuto riguardo all'acqua introdotta, al valore del canale, alle opere che si rendessero necessarie del nuovo transito ed alle maggiori spese di manutenzione.*

1035. Attraversamento di acquedotti.

Chi vuol condurre l'acqua per il fondo altrui può attraversare al disopra o al disotto gli acquedotti preesistenti, appartengano essi al proprietario del fondo o ad altri, purché esegua le opere necessarie a impedire ogni danno o alterazione degli acquedotti stessi [1033, 1037, 1046].

1036. Attraversamento dei fiumi o di strade.

Se per la condotta delle acque occorre attraversare strade pubbliche o corsi di acque pubbliche, si osservano le leggi e i regolamenti sulle strade e sulle acque [1046].

● Norme connesse:
- artt. 16 ss., D.Lgs. 30 aprile 1992, n. 285 (Codice della strada); R.D. 11 dicembre 1933, n. 1775 (Testo unico delle disposizioni di legge sulle acque e impianti elettrici), D.Lgs. 12 luglio 1993, n. 275 (Riordino in materia di concessione di acque pubbliche), D.P.R. 18 febbraio 1999, n. 238 (Regolamento recante norme per l'attuazione di talune disposizioni della L. 5 gennaio 1994, n. 36, in materia di risorse idriche).

■ Codice civile del 1865: *Art. 601. Dovendosi per la condotta delle acque attraversare strade pubbliche, ovvero fiumi o torrenti, si osserveranno le leggi ed i regolamenti speciali sulle strade ed acque.*

1037. Condizioni per la costituzione della servitù.

Chi vuol far passare le acque sul fondo altrui deve dimostrare che può disporre dell'acqua durante il tempo per cui chiede il passaggio; che la medesima è sufficiente per l'uso al quale si vuol destinare; che il passaggio richiesto è il più conveniente e il meno pregiudizievole al fondo servente, avuto riguardo alle condizioni dei fondi vicini, al pendio e alle altre condizioni per la condotta, per il corso e lo sbocco delle acque.

■ Codice civile del 1865: *Art. 602. Chi vuol far passare le acque sul fondo altrui, deve giustificare di poter disporre dell'acqua durante quel tempo per cui chiede il passaggio; che la medesima sia sufficiente per l'uso al quale è destinata; che il passaggio richiesto sia il più conveniente ed il meno pregiudizievole al fondo servente, avuto riguardo alle circostanze dei fondi vicini, al pendio ed alle altre condizioni per la condotta, il corso e lo sbocco delle acque.*

1038. Indennità per l'imposizione della servitù.

Prima di imprendere la costruzione dell'acquedotto, chi vuol condurre acqua per il fondo altrui deve pagare il valore, secondo la stima, dei terreni da occupare, senza detrazione delle imposte e degli altri carichi inerenti al fondo, oltre l'indennità [843, comma 2, 1053] per i danni, ivi compresi quelli derivanti dalla separazione in due o più parti o da altro deterioramento [1032 comma 3, 1039] del fondo da intersecare.

Per i terreni, però, che sono occupati soltanto per il deposito delle materie estratte e per il getto dello spurgo non si deve pagare che la metà del valore del suolo, e sempre senza detrazione delle imposte e degli altri carichi inerenti; ma nei terreni medesimi il proprietario del fondo servente può fare piantagioni e rimuovere e trasportare le materie ammucchiate, purché tutto segua senza danno dell'acquedotto, del suo spurgo e della sua riparazione.

■ Codice civile del 1865: *Art. 603. Prima d'imprendere la costruzione dell'acquedotto, quegli che vuol condurre acqua per l'altrui fondo, deve pagare il valore a cui saranno stati stimati i terreni da occuparsi, senza detrazione delle imposte e degli altri carichi inerenti al fondo, e col soprappiù del quinto, oltre al risarcimento dei danni immediati, compresi quelli derivanti dalla separazione in due o più parti, o da altro deterioramento del fondo da intersecarsi.*

I terreni però che venissero occupati soltanto per la risposta delle materie estratte e per il getto dello spurgo, non saranno pagati che per la metà del valore del suolo col soprappiù del quinto, e sempre senza detrazione delle imposte e degli altri carichi inerenti: ma nè terreni medesimi il proprie-

tario del fondo servente può piantare ed allevare alberi od altri vegetali, e rimovere e trasportare le materie ammucchiate, purché tutto segua senza danno del canale, del suo spurgo e della sua riparazione.

1039. Indennità per il passaggio temporaneo.

Qualora il passaggio delle acque sia domandato per un tempo non maggiore di nove anni, il pagamento dei valori e delle indennità indicati dall'articolo precedente è ristretto alla sola metà, ma con l'obbligo, scaduto il termine, di rimettere le cose nel primitivo stato.

Il passaggio temporaneo può essere reso perpetuo prima della scadenza del termine mediante il pagamento dell'altra metà con gli interessi legali [1284] dal giorno in cui il passaggio è stato praticato; scaduto il termine, non si tiene più conto di ciò che è stato pagato per la concessione temporanea.

■ Codice civile del 1865: *Art. 604. Ove la domanda del passaggio delle acque sia per un tempo non maggiore di nove anni, il pagamento dei valori e delle indennità di cui è cenno nell'articolo precedente, sarà ristretto alla sola metà, ma coll'obbligo, dopo scaduto il termine, di rimettere le cose nel primitivo stato.*

Chi ha ottenuto questo passaggio temporaneo può avanti la scadenza del termine renderlo perpetuo, pagando l'altra metà cogli interessi legali dal giorno in cui il passaggio venne praticato: scaduto il termine, non gli sarà più tenuto conto di ciò che ha pagato per la concessione temporanea.

1040. Uso dell'acquedotto.

Chi possiede un acquedotto nel fondo altrui non può immettervi maggiore quantità d'acqua, se l'acquedotto non ne è capace o ne può venir danno al fondo servente.

Se l'introduzione di una maggior quantità d'acqua esige nuove opere, queste non possono farsi, se prima non se ne determinano la natura e la qualità e non si paga la somma dovuta per il suolo da occupare e per i danni nel modo stabilito dall'articolo 1038.

La stessa disposizione si applica anche quando per il passaggio attraverso un acquedotto occorre sostituire una tomba a un ponte-canale o viceversa.

■ Codice civile del 1865: *Art. 605. Chi possiede un canale nel fondo altrui, non può immettervi maggior quantità d'acqua, se non è riconosciuto che il canale ne sia capace, e che non ne possa venir danno al fondo servente.*

Se l'introduzione di una maggior quantità d'acqua esiga nuove opere, queste non possono farsi, se prima non ne è determinata la natura e la qualità, e pagata la somma dovuta per suolo da occuparsi e pei danni nel modo stabilito dall'articolo 603.

Lo stesso ha luogo, quando per il passaggio a traverso un acquedotto sia da sostituire ad un ponte-canale una tomba o viceversa.

1041. Letto dell'acquedotto.

È sempre in facoltà del proprietario del fondo servente di far determinare stabilmente il letto dell'acquedotto con l'apposizione di capisaldi o soglie da riportarsi a punti fissi. Se però di tale facoltà egli non ha fatto uso al tempo della concessione dell'acquedotto, deve sopportare la metà delle spese occorrenti [1034].

■ Codice civile del 1865: *Art. 607. Sarà sempre in facoltà del proprietario del terreno servente di far determinare stabilmente il fondo del canale con l'apposizione di capisaldi o soglie da riportarsi a punti fissi. Ove però di tale facoltà egli non abbia fatto uso nella prima concessione dell'acquedotto, dovrà sopportare la metà delle spese occorrenti.*

1042. Obblighi inerenti all'uso di corsi contigui a fondi altrui.

Se un corso d'acqua impedisce ai proprietari dei fondi contigui l'accesso ai medesimi, o la continuazione dell'irrigazione o dello scolo delle acque, coloro che si servono di quel corso sono obbligati, in proporzione del beneficio che ne ritraggono, a costruire e a mantenere i ponti e i loro accessi sufficienti per un comodo e sicuro transito, come pure le botti sotterranee, i ponti-canali o altre opere simili per continuare l'irrigazione o lo scolo, salvi i diritti derivanti dal titolo o dall'usucapione [1158].

■ Codice civile del 1865: *Art. 608. Ove un corso d'acqua impedisse ai padroni dei fondi contigui l'accesso ai medesimi, o la continuazione dell'irrigazione o dello scolo delle acque, coloro che si servono di quel corso sono obbligati, in proporzione del benefizio che ne ritraggono, a costruire e mantenere i ponti ed i loro accessi sufficienti per un comodo e sicuro transito, come pure le botti sotterranee, i ponti-canali od altre simili opere per la continuazione dell'irrigazione e dello scolo, salvi i diritti derivanti da convenzione o dalla prescrizione.*

1043. Scarico coattivo.

Le disposizioni contenute negli articoli precedenti per il passaggio delle acque si applicano anche se il passaggio è domandato al fine di scaricare acque sovrabbondanti che il vicino non consente di ricevere nel suo fondo [913].

Lo scarico può essere anche domandato per acque impure, purché siano adottate le precauzioni atte a evitare qualsiasi pregiudizio o molestia.

■ Codice civile del 1865: *Art. 606. Le disposizioni contenute negli articoli precedenti pel passaggio delle acque si estendono al caso in cui il passaggio venga domandato affine di scaricare acque soprabbondanti che il vicino non consentisse di ricevere nel suo fondo.*

1044. Bonifica.

Ferme le disposizioni delle leggi sulla bonifica [858] e sul vincolo forestale, il proprietario che intende prosciugare o bonificare le sue terre con fognature, con colmate o altri mezzi ha diritto, premesso il pagamento dell'indennità e col minor danno possibile, di condurre per fogne o per fossi le acque di scolo attraverso i fondi che separano le sue terre da un corso d'acqua o da qualunque altro colatoio [913].

Se il prosciugamento risulta in contrasto con gli interessi di coloro che utilizzano le acque provenienti dal fondo paludoso, e se gli opposti interessi non si possono conciliare con opportune opere che importino una spesa proporzionata allo scopo, l'autorità giudiziaria dà le disposizioni per assicurare l'interesse prevalente, avuto in ogni caso riguardo alle esigenze generali della produzione. Se si fa luogo al prosciugamento, può essere assegnata una congrua indennità a coloro che al prosciugamento si sono opposti.

■ Codice civile del 1865: *Art. 609. Il proprietario che intende prosciugare o bonificare le sue terre colla fognatura, con colmate od altri mezzi, ha diritto, premesso il pagamento dell'indennità e col minor danno possibile, di condurre per fogne o per fossi le acque di scolo attraverso i fondi che separano le sue terre da un corso di acqua o da qualunque altro scolatoio.*

Art. 612. Se al prosciugamento di un fondo paludoso si opponesse alcuno avente diritto sulle acque che ne derivano, e se, con opportune opere portanti una spesa proporzionata allo scopo, non si potessero conciliare i due interessi, si farà luogo al prosciugamento mediante una congrua indennità all'opponente.

1045. Utilizzazione di fogne o di fossi altrui.

I proprietari dei fondi attraversati da fogne o da fossi altrui, o che altrimenti possono approfittare dei lavori fatti in forza dell'articolo precedente, hanno facoltà di servirsene per risanare i loro fondi, a condizione che non ne venga danno ai fondi già risanati e che essi sopportino le nuove spese occorrenti per modificare le opere già eseguite, affinché queste siano in grado di servire anche ai fondi attraversati, e inoltre sopportino una parte proporzionale delle spese già fatte e di quelle richieste per il mantenimento delle opere, le quali divengono comuni.

■ Codice civile del 1865: *Art. 610. I proprietari dei fondi attraversati da fogne o da fossi altrui, o che altrimenti possano profittare dei lavori fatti in forza dell'articolo precedente, hanno la facoltà di servirsene per risanare i loro fondi a condizione che non ne avvenga danno ai fondi già risanati, e che essi sopportino*

1° Le nuove spese occorrenti per modificare le opere già eseguite, affinché le medesime possano servire anche ai fondi attraversati;

2° Una parte proporzionale delle spese già fatte e di quelle richieste pel mantenimento delle opere divenute comuni.

1046. Norme per l'esecuzione delle opere.

Nell'esecuzione delle opere indicate dagli articoli precedenti sono applicabili le disposizioni del secondo comma dell'articolo 1033 e degli articoli 1035 e 1036.

■ Codice civile del 1865: *Art. 611. Nell'eseguimento delle opere indicate negli articoli precedenti sono applicabili le disposizioni del capoverso dell'articolo 598, e degli articoli 600 e 601.*

Sezione II
Dell'appoggio e dell'infissione di chiusa

1047. Contenuto della servitù.

Chi ha diritto di derivare acque da fiumi, torrenti, rivi, canali, laghi o serbatoi può, qualora sia necessario, appoggiare o infiggere una chiusa alle sponde, con l'obbligo però di pagare, l'indennità e di fare e mantenere le opere atte ad assicurare i fondi da ogni danno.

■ Codice civile del 1865: *Art. 613. Quelli che hanno diritto di derivare acque da fiumi, torrenti, rivi, canali, laghi o serbatoi, possono ove ciò sia necessario, appoggiare od infiggere una chiusa alle sponde, coll'obbligo però di pagare l'indennità, e di fare e mantenere le opere che valgano ad assicurare i fondi da ogni danno.*

1048. Obblighi degli utenti.

Nella derivazione e nell'uso delle acque a norma del precedente articolo, deve evitarsi tra gli utenti superiori e gli inferiori ogni vicendevole pregiudizio che possa provenire dallo stagnamento, dal rigurgito o dalla diversione delle acque medesime.

■ Codice civile del 1865: *Art. 614. Gli aventi diritto alla derivazione ed all'uso delle acque a norma del precedente articolo, devono evitare tra gli utenti superiori e gli inferiori ogni vicendevole pregiudizio che possa provenire dallo stagnamento, dal rigurgito o dalla diversione delle medesime acque [1048].*

Coloro che vi hanno dato luogo, sono tenuti al risarcimento dei danni e soggetti alle pene stabilite dai regolamenti di polizia rurale.

Sezione III
Della somministrazione coattiva di acqua a un edificio o a un fondo

1049. Somministrazione di acqua a un edificio.

Se a una casa o alle sue dipendenze manca l'acqua necessaria per l'alimentazione degli uomini o degli animali e per gli altri usi domestici, e non è possibile procurarla senza eccessivo dispendio, il proprietario del fondo vicino deve consentire che sia dedotta l'acqua di sopravanzo nella misura indispensabile per le necessità anzidette [1032].

Prima che siano iniziati i lavori, deve pagarsi il valore dell'acqua, che si chiede di dedurre, calcolato per un'annualità. Si devono altresì sostenere tutte le spese per le opere di presa e di derivazione. Si applicano inoltre le disposizioni del primo comma dell'articolo 1038.

In mancanza di convenzione, la sentenza determina le modalità della derivazione e l'indennità dovuta [2643 nn. 4 e 14, 2932].

Qualora si verifichi un mutamento nelle condizioni originarie, la derivazione può essere soppressa su istanza dell'una o dell'altra parte [1082].

CODICE CIVILE

1050. Somministrazione di acqua a un fondo.

Le norme stabilite dall'articolo precedente si applicano anche se il proprietario di un fondo non ha acqua per irrigarlo, quando le acque del fondo vicino consentono una parziale somministrazione, dopo soddisfatto ogni bisogno domestico, agricolo o industriale [1032].

Le disposizioni di questo articolo e del precedente non si applicano nel caso in cui delle acque si dispone in forza di concessione amministrativa.

Sezione IV
Del passaggio coattivo

1051. Passaggio coattivo.

Il proprietario, il cui fondo è circondato da fondi altrui, e che non ha uscita sulla via pubblica né può procurarsela senza eccessivo dispendio o disagio, ha diritto di ottenere il passaggio sul fondo vicino per la coltivazione e il conveniente uso del proprio fondo [843, 1032, 1055].

Il passaggio si deve stabilire in quella parte per cui l'accesso alla via pubblica è più breve e riesce di minore danno al fondo sul quale è consentito. Esso può essere stabilito anche mediante sottopassaggio, qualora ciò sia preferibile, avuto riguardo al vantaggio del fondo dominante e al pregiudizio del fondo servente.

Le stesse disposizioni si applicano nel caso in cui taluno, avendo un passaggio sul fondo altrui, abbia bisogno ai fini suddetti di ampliarlo per il transito dei veicoli anche a trazione meccanica.

Sono esenti da questa servitù le case, i cortili, i giardini e le aie ad esse attinenti.

■ Codice civile del 1865: *Art. 593. Il proprietario, il cui fondo è circondato da fondi altrui, e che non ha uscita sulla via pubblica né può procurarsela senza eccessivo dispendio o disagio, ha diritto di ottenere il passaggio sui fondi vicini per la coltivazione ed il conveniente uso del proprio fondo.*

Questo passaggio deve stabilirsi in quella parte per cui il transito dal fondo circondato alla via pubblica sia più breve, e riesca di minor danno al fondo su cui viene concesso.

La stessa disposizione può applicarsi a chi avendo un passaggio nei fondi altrui, abbisogni al fine suddetto di ampliarlo nel transito di veicoli.

1052. Passaggio coattivo a favore di fondo non intercluso.

Le disposizioni dell'articolo precedente si possono applicare anche se il proprietario del fondo ha un accesso alla via pubblica, ma questo è inadatto o insufficiente ai bisogni del fondo e non può essere ampliato.

Il passaggio può essere concesso dall'autorità giudiziaria solo quando questa riconosce che la domanda risponde alle esigenze dell'agricoltura o dell'industria [2908][1].

[1] La Corte costituzionale, con sentenza 10 maggio 1999, n. 167, ha dichiarato l'illegittimità costituzionale del presente comma, nella parte in cui non prevede che il passaggio coattivo di cui al primo comma possa essere concesso dall'autorità giudiziaria quando questa riconosca che la domanda risponde alle esigenze di accessibilità, di cui alla legislazione relativa ai portatori di handicap, degli edifici destinati ad uso abitativo.

1053. Indennità.

Nei casi previsti dai due articoli precedenti è dovuta un'indennità proporzionata al danno cagionato dal passaggio [843, comma 2, 1038, 1054].

Qualora, per attuare il passaggio, sia necessario occupare con opere stabili o lasciare incolta una zona del fondo servente, il proprietario che lo domanda deve, prima d'imprendere le opere o di iniziare il passaggio, pagare il valore della zona predetta nella misura stabilita dal primo comma dell'articolo 1038.

■ Codice civile del 1865: *Art. 594. Sarà sempre dovuta una indennità proporzionata al danno cagionato dall'accesso o dal passaggio, di cui è cenno nei due precedenti articoli.*

1054. Interclusione per effetto di alienazione o di divisione.

Se il fondo è divenuto da ogni parte chiuso per effetto di alienazione a titolo oneroso, il proprietario ha il diritto di ottenere dall'altro contraente il passaggio senza alcuna indennità [disp. att. 154].

La stessa norma si applica in caso di divisione [1111].

■ Codice civile del 1865: *Art. 595. Se il fondo divenne da ogni parte chiuso per effetto di una vendita, permuta o divisione, i venditori, permutanti o condividenti sono tenuti a dare il passaggio senza alcuna indennità.*

1055. Cessazione dell'interclusione.

Se il passaggio cessa di essere necessario [1051], può essere soppresso in qualunque tempo a istanza del proprietario del fondo dominante o del fondo servente. Quest'ultimo deve restituire il compenso ricevuto; ma l'autorità giudiziaria può disporre una riduzione della somma, avuto riguardo alla durata della servitù e al danno sofferto. Se l'indennità fu convenuta in annualità, la prestazione cessa dall'anno successivo.

■ Codice civile del 1865: *Art. 596. Il passaggio concesso ad un fondo circondato, se cessa di essere necessario per la riunione di esso ad un altro fondo contiguo alla via pubblica, può essere soppresso in qualunque tempo ad istanza del proprietario del fondo servente, mediante la restituzione del ricevuto compenso o la cessazione dell'annualità che si fosse convenuta. Lo stesso ha luogo se viene aperta una nuova strada che riesca al fondo già circondato.*

Sezione V
Dell'elettrodotto coattivo e del passaggio coattivo di linee teleferiche

1056. Passaggio di condutture elettriche.
Ogni proprietario è tenuto a dare passaggio per i suoi fondi alle condutture elettriche, in conformità delle leggi in materia [c.nav. 714-717-*bis*].

● Norme connesse:
- artt. 119 ss. R.D. 11 dicembre 1933, n. 1775 (Testo unico delle disposizioni di legge sulle acque e impianti elettrici); L. 28 giugno 1986, n. 339 (Nuove norme per la disciplina della costruzione e dell'esercizio di linee elettriche aeree esterne).

1057. Passaggio di vie funicolari.
Ogni proprietario è parimenti tenuto a lasciar passare sopra il suo fondo le gomene di vie funicolari aeree a uso agrario e industriale e a tollerare sul fondo le opere, i meccanismi e le occupazioni necessarie a tale scopo, in conformità delle leggi in materia[1].

● Norme connesse:
- L. 13 giugno 1907 n. 403, e relativo regolamento di esecuzione di cui al R.D. 25 agosto 1908, n. 829, per l'impianto di vie funicolari aeree.

CAPO III
DELLE SERVITÙ VOLONTARIE

1058. Modi di costituzione.
Le servitù prediali possono essere costituite per contratto [1031, 1321, 1350 n. 4, 1376, 2643 n. 4] o per testamento [588, comma 2, 649 ss., 651, 734, 959, 2648, 2812].

■ Codice civile del 1865: *Art. 629. Le servitù continue ed apparenti si stabiliscono in forza di un titolo, o colla prescrizione di trent'anni, o per la destinazione del padre di famiglia.*
Art. 630. Le servitù continue non apparenti e le servitù discontinue, sieno o non sieno apparenti, non possono stabilirsi del mediante un titolo.
Il possesso, benché immemorabile, non basta a stabilirle.

1059. Servitù concessa da uno dei comproprietari.
La servitù concessa [1372] da uno dei comproprietari di un fondo indiviso non è costituita se non quando gli altri l'hanno anch'essi concessa unitamente o separatamente [1108 comma 3].
La concessione, però, fatta da uno dei comproprietari, indipendentemente dagli altri [2643], obbliga il concedente e i suoi eredi o aventi causa a non porre impedimento all'esercizio del diritto concesso [1103].

■ Codice civile del 1865: *Art. 636. La servitù, concessa da uno dei comproprietari di un fondo indiviso, non vi s'intende stabilita e realmente impressa, se non quando gli altri l'abbiano anch'essi concessa unitamente o separatamente.*
Le concessioni per qualsivoglia titolo fatte dai primi rimangono sempre in sospeso sintanto che sia seguita quella dell'ultimo.
La concessione però fatta da uno dei comproprietari, indipendentemente dagli altri, obbliga non solo il concedente, ma i suoi successori anche particolari ed aventi causa a non mettere impedimento all'esercizio del diritto concesso.

1060. Servitù costituite dal nudo proprietario.
Il proprietario può, senza il consenso dell'usufruttuario, imporre sul fondo le servitù che non pregiudicano il diritto di usufrutto [978, 1078].

■ Codice civile del 1865: *Art. 635. Il proprietario può, senza il consenso dell'usufruttuario, imporre al fondo le servitù che non pregiudicano al diritto di usufrutto: coll'assenso dell'usufruttuario può imporvi anche quelle che lo diminuiscono.*

CAPO IV
DELLE SERVITÙ ACQUISTATE PER USUCAPIONE E PER DESTINAZIONE DEL PADRE DI FAMIGLIA

1061. Servitù non apparenti.
Le servitù non apparenti non possono acquistarsi per usucapione [1031, 1095, 1158, 1159, disp. att. 158] o per destinazione del padre di famiglia [1062].
Non apparenti sono le servitù quando non si hanno opere visibili e permanenti destinate al loro esercizio.

■ Codice civile del 1865: *Art. 618. Le servitù sono apparenti o non apparenti.*
Apparenti sono quelle che si manifestano con segni visibili, come una porta, una finestra, un acquedotto.
Non apparenti sono quelle che non hanno segni visibili della loro esistenza, come il divieto di fabbricare sopra un fondo, o di non fabbricare che ad un'altezza determinata.
Art. 630. Le servitù continue non apparenti e le servitù discontinue, sieno o non sieno apparenti, non possono stabilirsi del mediante un titolo.
Il possesso, benché immemorabile, non basta a stabilirle.

1062. Destinazione del padre di famiglia.
La destinazione del padre di famiglia [1031, 1061] ha luogo quando consta, mediante qualunque genere di prova, che due fondi, attualmente divisi, sono stati posseduti dallo stesso proprietario, e che questi ha posto o lasciato le cose nello stato dal quale risulta la servitù.
Se i due fondi cessarono di appartenere allo stesso proprietario senza alcuna disposizione relativa alla servitù, questa si intende stabilita attivamente e passivamente a favore e sopra ciascuno dei fondi separati [1072].

■ Codice civile del 1865: *Art. 632. La destinazione del padre di famiglia ha luogo quando consta per qualunque genere di prova, che due fondi, attualmente divisi, sono stati posseduti dallo stesso proprietario, e che questi pose o lasciò le cose nello stato dal quale risulta la servitù.*

CODICE CIVILE

Art. 633. Cessando i due fondi di appartenere allo stesso proprietario, senza alcuna disposizione relativa alla servitù, questa s'intende stabilita attivamente e passivamente a favore e sopra ciascuno dei fondi separati.

CAPO V
DELL'ESERCIZIO DELLE SERVITÙ

1063. Norme regolatrici.

L'estensione e l'esercizio delle servitù sono regolati dal titolo e in mancanza, dalle disposizioni seguenti.

■ Codice civile del 1865: *Art. 616. I proprietari possono stabilire sopra i loro fondi od a benefizio di essi qualunque servitù, purché sia solamente imposta ad un fondo e a vantaggio di un altro fondo, e non sia in alcun modo contraria all'ordine pubblico.*

L'esercizio e l'estensione delle servitù sono regolati dal titolo, ed in difetto dalle disposizioni seguenti.

1064. Estensione del diritto di servitù.

Il diritto di servitù comprende tutto ciò che è necessario per usarne.

Se il fondo viene chiuso [841], il proprietario deve lasciarne libero e comodo l'ingresso a chi ha un diritto di servitù che renda necessario il passaggio per il fondo stesso.

■ Codice civile del 1865: *Art. 639. Il diritto di servitù comprende tutto ciò che è necessario per usarne.*

Così la servitù di attingere acqua alla fonte altrui racchiude il diritto del passaggio nel fondo dove la fonte si trova.

Parimenti il diritto di far passare le acque nel fondo altrui comprende quello di passare lungo le sponde del canale per vigilare la condotta delle acque, e di farvi gli spurghi e le riparazioni occorrenti.

Nel caso in cui il fondo venisse chiuso, dovrà il proprietario lasciarne libero e comodo l'ingresso a chi esercita il diritto di servitù per l'oggetto sopra indicato.

1065. Esercizio conforme al titolo o al possesso.

Colui che ha un diritto di servitù non può usarne se non a norma del suo titolo o del suo possesso [1075, 1076]. Nel dubbio circa l'estensione e le modalità di esercizio, la servitù deve ritenersi costituita in guisa da soddisfare il bisogno del fondo dominante col minor aggravio del fondo servente [1067, 1069].

■ Codice civile del 1865: *Art. 646. Colui che ha un diritto di servitù non può usarne, se non a norma del rito titolo o del suo possesso, e senza che tanto nel fondo servente, quanto nel dominante possa fare alcuna innovazione che renda più gravosa la condizione del primo.*

Art. 647. Nel dubbio circa l'estensione della servitù, il suo esercizio deve limitarsi a ciò che è necessario per la destinazione ed il conveniente uso del fondo dominante col minor danno del servente.

1066. Possesso delle servitù.

Nelle questioni di possesso delle servitù [1140] si ha riguardo alla pratica dell'anno antecedente e se si tratta di servitù esercitate a intervalli maggiori di un anno, si ha riguardo alla pratica dell'ultimo godimento.

■ Codice civile del 1865: *Art. 700. In tutte le quistioni di possesso in materia di servitù la pratica dell'anno antecedente, e, quando si tratti di servitù esercitate ad intervalli maggiori di un anno, quella dell'ultimo godimento, determina i diritti ed i doveri tanto di chi ne gode, quanto di chi la deve e di ogni altro interessato.*

1067. Divieto di aggravare o di diminuire l'esercizio della servitù.

Il proprietario del fondo dominante non può fare innovazioni che rendano più gravosa la condizione del fondo servente [1065, 1069].

Il proprietario del fondo servente non può compiere alcuna cosa che tenda a diminuire l'esercizio della servitù o a renderlo più incomodo [1068].

■ Codice civile del 1865: *Art. 645. Il proprietario del fondo servente non può fare cosa alcuna, che tenda a diminuire l'uso della servitù o a renderlo più incomodo.*

Non può quindi variare lo stato del fondo né trasferire l'esercizio della servitù in un luogo diverso da quello dove fu originariamente stabilita.

Tuttavia, se l'originario esercizio fosse divenuto più gravoso al proprietario del fondo servente, o se gli impedisse di farvi lavori, riparazioni o miglioramenti, egli può offrire al proprietario dell'altro fondo un luogo egualmente comodo per l'esercizio dè suoi diritti, e questi non può ricusarlo.

Il cambiamento di luogo per l'esercizio della servitù può parimente ammettersi ad istanza del proprietario del fondo dominante, ove questi provi che il cambiamento riesca per lui di notabile vantaggio e non sia di danno al fondo servente.

Art. 646. Colui che ha un diritto di servitù non può usarne, se non a norma del rito titolo o del suo possesso, e senza che tanto nel fondo servente, quanto nel dominante possa fare alcuna innovazione che renda più gravosa la condizione del primo.

1068. Trasferimento della servitù in luogo diverso.

Il proprietario del fondo servente non può trasferire l'esercizio della servitù in luogo diverso da quello nel quale è stata stabilita originariamente [1067, 1071, comma 2, 1074, 1321].

Tuttavia, se l'originario esercizio è divenuto più gravoso per il fondo servente o se impedisce di fare lavori, riparazioni o miglioramenti, il proprietario del fondo servente può offrire al proprietario dell'altro fondo un luogo egualmente comodo per l'esercizio dei suoi diritti, e questi non può ricusarlo [1350, comma 1, n. 4, 2643, comma 1, n. 4].

Il cambiamento di luogo per l'esercizio della servitù si può del pari concedere su istanza del proprietario del fondo dominante, se questi prova che il cambiamento riesce per lui di notevole vantaggio e non reca danno al fondo servente [1350, comma 1, n. 4, 2643, comma 1, n. 4].

L'autorità giudiziaria può anche disporre che la servitù sia trasferita su altro fondo del proprietario del fondo servente o di un terzo che vi acconsenta, purché l'esercizio di essa riesca egualmente agevole [1067] al proprietario del fondo dominante.

■ Codice civile del 1865: *Art. 645. Il proprietario del fondo servente non può fare cosa alcuna, che tenda a diminuire l'uso della servitù o a renderlo più incomodo.*

Non può quindi variare lo stato del fondo né trasferire l'esercizio della servitù in un luogo diverso da quello dove fu originariamente stabilita.

Tuttavia, se l'originario esercizio fosse divenuto più gravoso al proprietario del fondo servente, o se gli impedisse di farvi lavori, riparazioni o miglioramenti, egli può offrire al proprietario dell'altro fondo un luogo egualmente comodo per l'esercizio dè suoi diritti, e questi non può ricusarlo.

Il cambiamento di luogo per l'esercizio della servitù può parimente ammettersi ad istanza del proprietario del fondo dominante, ove questi provi che il cambiamento riesca per lui di notabile vantaggio e non sia di danno al fondo servente.

1069. Opere sul fondo servente.

Il proprietario del fondo dominante, nel fare le opere necessarie per conservare la servitù, deve scegliere il tempo e il modo che siano per recare minore incomodo al proprietario del fondo servente [843, 1064, 1065, 1067].

Egli deve fare le opere a sue spese, salvo che sia diversamente stabilito dal titolo o dalla legge [952, 1030].

Se però le opere giovano anche al fondo servente, le spese sono sostenute in proporzione dei rispettivi vantaggi [952, 1070, 1100].

■ Codice civile del 1865: *Art. 640. Colui al quale è dovuta una servitù, nel fare le opere necessarie per usarne e conservarla, deve scegliere il tempo e il modo che sia per recare minore incomodo al proprietario del fondo servente.*

Art. 641. Tali opere debbono farsi a sue spese, salvo che sia diversamente stabilito dal titolo.

Qualora però l'uso della cosa nella parte soggetta a servitù sia comune fra il proprietario del fondo dominante e quello del fondo servente, le opere suddette saranno fatte in comune, ed in proporzione dei rispettivi vantaggi, salvo che il titolo disponga altrimenti.

1070. Abbandono del fondo servente.

Il proprietario del fondo servente, quando è tenuto in forza del titolo o della legge alle spese necessarie per l'uso o per la conservazione della servitù [1030, 1045, 1069, 1091], può sempre liberarsene, rinunziando alla proprietà del fondo servente a favore del proprietario del fondo dominante [827, 1104, 1321, 1324, 1333, 1350, comma 1, n. 5, 2643 comma 5].

Nel caso in cui l'esercizio della servitù sia limitato a una parte del fondo, la rinunzia può limitarsi alla parte stessa.

■ Codice civile del 1865: *Art. 643. Quando pure il proprietario del fondo servente fosse tenuto in forza del titolo alle spese necessarie per l'uso o per la conservazione della servitù, può sempre liberarsene, abbandonando il fondo servente al proprietario del fondo dominante.*

1071. Divisione del fondo dominante o del fondo servente.

Se il fondo dominante viene diviso, la servitù è dovuta a ciascuna porzione, senza che però si renda più gravosa la condizione del fondo servente [1067].

Se il fondo servente viene diviso e la servitù ricade su una parte determinata del fondo stesso, le altre parti sono liberate.

■ Codice civile del 1865: *Art. 644. Se il fondo a cui vantaggio fu stabilita una servitù, viene diviso, la servitù è dovuta a ciascuna porzione, senza che si renda però più gravosa la condizione del fondo servente: così trattandosi di un diritto di passaggio, ciascun proprietario di una porzione del fondo dominante deve usarne nello stesso luogo.*

CAPO VI

DELL'ESTINZIONE DELLE SERVITÙ

1072. Estinzione per confusione.

La servitù si estingue [658] quando in una sola persona [1027] si riunisce la proprietà del fondo dominante con quella del fondo servente [1014 n. 2, 1062, 1253, 2862].

■ Codice civile del 1865: *Art. 664. Qualsivoglia servitù si estingue, riunendosi in una sola persona la proprietà del fondo dominante e quella del fondo servente.*

1073. Estinzione per prescrizione.

La servitù si estingue per prescrizione [2934 ss.] quando non se ne usa per venti anni [970, 1014, comma 1, n. 1, 1158, 2651].

Il termine decorre dal giorno in cui si è cessato di esercitarla; ma, se si tratta di servitù negativa o di servitù per il cui esercizio non è necessario il fatto dell'uomo, il termine decorre dal giorno in cui si è verificato un fatto che ne ha impedito l'esercizio.

Nelle servitù che si esercitano a intervalli, il termine decorre dal giorno in cui la servitù si sarebbe potuta esercitare e non ne fu ripreso l'esercizio.

Agli effetti dell'estinzione si computa anche il tempo per il quale la servitù non fu esercitata dai precedenti titolari.

Se il fondo dominante appartiene a più persone in comune, l'uso della servitù fatto da una di esse impedisce l'estinzione riguardo a tutte.

La sospensione [2941] o l'interruzione [2934] della prescrizione [1166] a vantaggio di uno dei comproprietari giova anche agli altri [1310; disp. att. 252].

■ Codice civile del 1865: *Art. 666. La servitù è estinta quando non se ne usi per lo spazio di trent'anni.*

CODICE CIVILE

1074. Impossibilità di uso e mancanza di utilità.

L'impossibilità di fatto di usare della servitù e il venir meno dell'utilità della medesima non fanno estinguere la servitù, se non è decorso il termine indicato dall'articolo precedente.

■ Codice civile del 1865: *Art. 662. Le servitù cessano quando le cose si trovano in tale stato che non se ne possa più far uso.*

Art. 663. Le servitù risorgono, se le cose sono ristabilite in modo che se ne possa nuovamente far uso, salvo che sia già trascorso uno spazio di tempo bastante ad estinguere la servitù. Sotto la stessa limitazione, ricostruendosi un muro od una casa, si conservano le preesistenti servitù.

1075. Esercizio limitato della servitù.

La servitù esercitata in modo da trarne un'utilità minore di quella indicata dal titolo si conserva per intero [1063, 1065;disp. att. 158].

1076. Esercizio della servitù non conforme al titolo o al possesso.

L'esercizio di una servitù in un tempo diverso da quello determinato dal titolo o dal possesso [1065] non ne impedisce l'estinzione per prescrizione [1063, 1073, 1085 ss.].

1077. Servitù costituite sul fondo enfiteutico.

Le servitù costituite dall'enfiteuta sul fondo enfiteutico cessano quando l'enfiteusi si estingue per decorso del termine [958, 959], per prescrizione [970] o per devoluzione [972].

■ Codice civile del 1865: *Art. 665. Le servitù acquistate dal marito al fondo dotale e dall'enfiteuta al fondo enfiteutico non cessano per lo scioglimento del matrimonio nè per l'estinzione dell'enfiteusi: cessano però quelle che sullo stesso fondo fossero state imposte dalle suddette persone.*

1078. Servitù costituite a favore del fondo enfiteutico, [dotale] o in usufrutto.

Le servitù costituite dall'enfiteuta a favore del fondo enfiteutico [978] non cessano con l'estinguersi dell'enfiteusi [957]. Lo stesso vale per le servitù costituite dall'usufruttuario a favore del fondo di cui ha l'usufrutto [985, 1026] o dal marito a favore del fondo dotale [166-bis][1].

[1] La costituzione di dote è vietata ex art. 166-*bis*, aggiunto dall'art. 47, L. 19 maggio 1975, n. 151.

CAPO VII
DELLE AZIONI A DIFESA DELLE SERVITÙ

1079. Accertamento della servitù e altri provvedimenti di tutela.

Il titolare della servitù può farne riconoscere in giudizio l'esistenza contro chi ne contesta l'esercizio [949, 1012 comma 2] e può far cessare gli eventuali impedimenti e turbative [1168, 1170, 1172]. Può anche chiedere la rimessione delle cose in pristino, oltre il risarcimento dei danni [2043, 2653, comma 1, n. 1, 2933; c.p.c. 15, 21].

CAPO VIII
DI ALCUNE SERVITÙ IN MATERIA DI ACQUE

Sezione I
Della servitù di presa o di derivazione di acqua

1080. Presa d'acqua continua.

Il diritto alla presa d'acqua continua si può esercitare in ogni istante [1084 ss.].

■ Codice civile del 1865: *Art. 623. Il diritto alla presa d'acqua continua si può esercitare in ogni istante.*

1081. Modulo d'acqua.

Nelle servitù in cui è convenuta ed espressa una costante quantità di acqua, la quantità deve esprimersi in relazione al modulo [1083].

Il modulo è l'unità di misura dell'acqua corrente.

Esso è un corpo d'acqua che scorre nella costante quantità di cento litri al minuto secondo e si divide in decimi, centesimi e millesimi.

■ Codice civile del 1865: *Art. 622. Nelle nuove concessioni in cui è convenuta ed espressa una costante quantità di acqua, la quantità concessa deve in tutti gli atti esprimersi in relazione al modulo.*

Il modulo è l'unità di misura dell'acqua corrente.

Esso è un corpo d'acqua che scorre nella costante quantità di cento litri al minuto secondo, e si divide in decimi, centesimi e millesimi.

1082. Forma della bocca e dell'edificio derivatore.

Quando, per la derivazione di una data e costante quantità di acqua corrente, è stata determinata la forma della bocca e dell'edificio derivatore, le parti non possono chiederne la modificazione per eccedenza o deficienza d'acqua, salvo che l'eccedenza o la deficienza provenga da variazioni seguite nel canale dispensatore o nel corso delle acque in esso correnti.

Se la forma non è stata determinata, ma la bocca e l'edificio derivatore sono stati costruiti e posseduti per cinque anni, non è neppure ammesso dopo tale tempo alcun reclamo delle parti per eccedenza o deficienza d'acqua, salvo in caso di variazione seguita nel canale o nel corso delle acque.

In mancanza di titolo o di possesso la forma è determinata dall'autorità giudiziaria.

■ Codice civile del 1865: *Art. 620. Quando per la derivazione di una costante e determinata quantità d'acqua scorrente è stata convenuta la forma della bocca e dell'edifizio derivatore, questa forma deve essere mantenuta, e non sono le parti ammesse ad impugnarla sotto pretesto di eccedenza o deficienza d'acqua, salvo che l'eccedenza o la deficienza provenga da variazioni seguite nel canale dispensatore o nel corso delle acque in esso scorrenti.*

Se la forma non è stata convenuta, ma la bocca e L'edifizio derivatore sono stati costruiti e posseduti pacificamente durante cinque anni, non è neppure ammesso dopo tal tempo alcun richiamo delle parti sotto pretesto di eccedenza o deficienza d'acqua, salvo nel caso di variazione seguita nel canale o nel corso delle acque come sopra. In mancanza di convenzioni e del possesso precedentemente menzionato, la forma sarà determinata dall'autorità giudiziaria.

1083. Determinazione della quantità d'acqua.

Quando la quantità d'acqua non è stata determinata, ma la derivazione è stata fatta per un dato scopo, s'intende concessa la quantità necessaria per lo scopo medesimo, e chi vi ha interesse può in ogni tempo fare stabilire la forma della derivazione in modo che ne venga assicurato l'uso necessario e impedito l'eccesso [1081].

Se però è stata determinata la forma della bocca e dell'edificio derivatore, o se, in mancanza di titolo, si è posseduta per cinque anni la derivazione in una data forma, non è ammesso reclamo delle parti, se non nel caso indicato dall'articolo precedente.

■ Codice civile del 1865: *Art. 621. Nelle concessioni d'acqua fatte per un determinato servizio senza che ne sia espressa la quantità, s'intende concessa la quantità necessaria a quel servizio; e chi vi ha interesse può in ogni tempo fare stabilire la forma della derivazione in modo che ne venga ad un tempo assicurato l'uso necessario suddetto ed impedito l'eccesso.*

Se però è stata convenuta la forma della bocca e dell'edifizio derivatore, o se, in mancanza di convenzione, si è esercitata pacificamente per cinque anni la derivazione in una determinata forma, non è più ammesso alcun richiamo delle parti, se non nel caso accennato nell'articolo precedente.

1084. Norme regolatrici della servitù.

Per l'esercizio della servitù di presa d'acqua [1080], quando non dispone il titolo o non è possibile riferirsi al possesso, si osservano gli usi locali.

In mancanza di tali usi si osservano le disposizioni dei tre articoli seguenti.

1085. Tempo d'esercizio della servitù.

Il diritto alla presa d'acqua si esercita, per l'acqua estiva, dall'equinozio di primavera a quello d'autunno; per l'acqua iemale, dall'equinozio d'autunno a quello di primavera.

La distribuzione d'acqua per giorni e per notti si riferisce al giorno e alla notte naturali.

L'uso delle acque nei giorni festivi è regolato dalle feste di precetto vigenti al tempo in cui l'uso fu convenuto o in cui si è incominciato a possedere.

■ Codice civile del 1865: *Art. 624. Tale diritto si esercita per l'acqua estiva dall'equinozio di primavera a quello di autunno; per l'acqua termale dall'equinozio d'autunno a quello di primavera, e per l'acqua distribuita ad intervalli d'ore, giorni, settimane, mesi od altrimenti nei tempi determinati dalla convenzione o dal possesso.*

La distribuzione d'acqua per giorni e per notti si riferisce al giorno ed alla notte naturali.

L'uso delle acque nei giorni festivi è regolato dalle feste di precetto vigenti al tempo in cui l'uso fu convenuto o si è cominciato a possedere.

1086. Distribuzione per ruota.

Nelle distribuzione per ruota il tempo che impiega l'acqua per giungere alla bocca di derivazione dell'utente si consuma a suo carico, e la coda dell'acqua appartiene a quello di cui cessa il turno.

■ Codice civile del 1865: *Art. 625. Nelle distribuzioni per ruota il tempo che impiega l'acqua per giungere alla bocca di derivazione dell'utente si consuma a suo carico, e la coda dell'acqua appartiene a quello di cui cessa il turno.*

1087. Acque sorgenti o sfuggite.

Nei canali soggetti a distribuzione per ruota le acque sorgenti o sfuggite, ma contenute nell'alveo del canale, non possono trattenersi o derivarsi da un utente che al tempo del suo turno.

■ Codice civile del 1865: *Art. 626. Nei canali soggetti a distribuzioni per ruota le acque sorgenti o sfuggite ma contenute nell'alveo del canale, non possono rattenersi o derivarsi da un utente che al tempo del suo turno.*

1088. Variazione del turno tra gli utenti.

Gli utenti dei medesimi canali possono variare o permutare tra loro il turno, purché tale cambiamento non rechi danno agli altri.

■ Codice civile del 1865: *Art. 627. Nei medesimi canali possono gli utenti variare o permutare fra loro il turno, purché tale cambiamento non rechi danno agli altri.*

1089. Acqua impiegata come forza motrice.

Chi ha diritto di servirsi dell'acqua come forza motrice non può, senza espressa disposizione del titolo, impedirne o rallentarne il corso, procurandone il ribocco o ristagno.

■ Codice civile del 1865: *Art. 628. Chi ha diritto di servirsi dell'acqua come forza motrice, non può senza una espressa disposizione del titolo impedirne o rallentarne il corso, procurandone il ribocco o ristagno.*

1090. Manutenzione del canale.

Nella servitù di presa o di condotta d'acqua [1080], quando il titolo non dispone altrimenti, il proprietario del fondo servente può domandare che il canale sia mantenuto convenientemente spurgato e le sue sponde siano tenute in istato di buona manutenzione a spese del proprietario del fondo dominante [1069].

■ Codice civile del 1865: *Art. 642. Nella servitù di presa e di condotta d'acqua, quando il titolo non disponga altrimenti, il proprietario del fondo servente può sempre domandare, che il cavo si mantenga convenientemente spurgato e le sue sponde siano in istato di buona riparazione a spese del proprietario del fondo dominante.*

1091. Obblighi del concedente fino al luogo di consegna dell'acqua.

Se il titolo non dispone diversamente, il concedente dell'acqua di una fonte o di un canale è tenuto verso gli utenti ad eseguire le opere ordinarie e straordinarie per la derivazione e condotta dell'acqua fino al punto in cui ne fa la consegna, a mantenere in buono stato gli edifici, a conservare l'alveo e le sponde della fonte o del canale, a praticare i consueti spurghi e a usare la dovuta diligenza, affinché la derivazione e la regolare condotta dell'acqua siano in tempi debiti effettuate [1030].

■ Codice civile del 1865: *Art. 649. In mancanza di particolare canone, il proprietario od altro concedente dell'acqua di una fonte o di un canale è tenuto verso gli utenti a fare le opere ordinarie e straordinarie per la derivazione e condotta dell'acqua sino al punto in cui ne fa consegna, a mantenere in buono stato gli edifizi, a conservare L'alveo e le sponde della fonte o del canale, a praticare i consueti spurghi e ad usare la dovuta diligenza, custodia e vigilanza, affinché la derivazione e la regolare condotta dell'acqua sieno a tempi debiti effettuate.*

1092. Deficienza dell'acqua.

La deficienza dell'acqua deve essere sopportata da chi ha diritto di prenderla e di usarla nel tempo in cui la deficienza si verifica.

Tra i diversi utenti la deficienza dell'acqua deve essere sopportata prima da quelli che hanno titolo o possesso più recente, e tra utenti in parità di condizione dall'ultimo utente.

Tuttavia l'autorità giudiziaria, con provvedimento in camera di consiglio [c.p.c. 737], sentiti gli uffici tecnici competenti [disp. att. 60], può modificare o limitare i turni di utilizzazione e dare le altre disposizioni necessarie in relazione alla quantità di acqua disponibile, agli usi e alle colture a cui l'acqua è destinata.

Il concedente dell'acqua è tenuto a una proporzionale diminuzione del corrispettivo per la deficienza dell'acqua verificatasi per causa naturale o per fatto altrui.

Parimenti si fa luogo alle dovute indennità in conseguenza delle modificazioni o limitazioni di turni, che siano state disposte dall'autorità giudiziaria.

■ Codice civile del 1865: *Art. 650. Il concedente dell'acqua però, se giustifica essere la deficienza della medesima avvenuta naturalmente, od anche per un fatto altrui che non possa in alcun modo essere a lui nè direttamente nè indirettamente imputato, non è tenuto al risarcimento dei danni, ma soltanto ad una diminuzione proporzionata del fitto o prezzo pattuito, tuttora da pagarsi od anche già pagato, salvo al concedente ed al concessionario il diritto pei danni verso gli autori della deficienza.*

Quando gli stessi autori siano convenuti dagli utenti, questi possono obbligare il concedente ad intervenire nel giudizio e a coadiuvarli con tutti i mezzi che sono in suo potere a conseguire il risarcimento dei danni da chi diede causa alla deficienza.

Art. 651. La deficienza dell'acqua deve sopportarsi da chi ha diritto di prenderla e di usarla nel tempo in cui accade tale deficienza, salvo il diritto al risarcimento dei danni o alla diminuzione del fitto o prezzo, come nell'articolo precedente.

Art. 652. Fra diversi utenti la deficienza dell'acqua deve sopportarsi prima da quelli che hanno titolo o possesso più recente, e fra utenti in parità di condizione dall'ultimo utente.

È sempre salvo il diritto al risarcimento dei danni verso chi diede causa alla deficienza.

1093. Riduzione della servitù.

Se la servitù dà diritto di derivare acqua da un fondo e per fatti indipendenti dalla volontà del proprietario si verifica una diminuzione dell'acqua tale che essa non possa bastare alle esigenze del fondo servente, il proprietario di questo può chiedere una riduzione della servitù, avuto riguardo ai bisogni di ciascun fondo. In questo caso è dovuta una congrua indennità al proprietario del fondo dominante.

Sezione II

Della servitù degli scoli e degli avanzi di acqua

1094. Servitù attiva degli scoli.

Gli scoli o acque colaticce derivanti dall'altrui fondo possono costituire oggetto di servitù a favore del fondo che li riceve, all'effetto di impedire la loro diversione [909, 913, 1098].

■ Codice civile del 1865: *Art. 637. Gli scoli derivanti dall'altrui fondo possono costituire una servitù attiva a favore del fondo che li riceve, all'effetto d'impedire la loro diversione.*

Allorché il modo d'acquisto di tale servitù è la prescrizione, questa non si ha per cominciata se non dal giorno in cui il proprietario del fondo dominante abbia fatto sul fondo servente opere visibili e permanenti destinate a raccogliere e condurre i detti scoli a proprio vantaggio, oppure dal giorno in cui il proprietario del fondo dominante abbia cominciato o continuato a goderli, non ostante un atto formale, di opposizione per parte del proprietario del fondo servente.

1095. Usucapione della servitù attiva degli scoli.

Nella servitù attiva degli scoli il termine per l'usucapione [1158] comincia a decorrere dal giorno in cui il proprietario del fondo dominante ha fatto sul fondo servente opere visibili e permanenti destinate a raccogliere e condurre i detti scoli a vantaggio del proprio fondo [1061].

Quando sul fondo servente è aperto un cavo destinato a raccogliere e condurre gli scoli, il regolare spurgo e la manutenzione delle sponde fanno presumere che il cavo sia opera del proprietario del fondo dominante, purché non vi sia titolo, segno o prova in contrario [1062].

Si reputa segno contrario l'esistenza sul cavo di opere costruite o mantenute dal proprietario del fondo in cui il cavo è aperto [1164].

■ Codice civile del 1865: *Art. 637. Gli scoli derivanti dall'altrui fondo possono costituire una servitù attiva a favore del fondo che li riceve, all'effetto d'impedire la loro diversione.*

Allorché il modo d'acquisto di tale servitù è la prescrizione, questa non si ha per cominciata se non dal giorno in cui il proprietario del fondo dominante abbia fatto sul fondo servente opere visibili e permanenti destinate a raccogliere e condurre i detti scoli a proprio vantaggio, oppure dal giorno in cui il proprietario del fondo dominante abbia cominciato o continuato a goderli, non ostante un atto formale, di opposizione per parte del proprietario del fondo servente.

Art. 638. Lo spurgo regolare e la manutenzione delle sponde di un cavo aperto sul fondo altrui, destinato e servente a raccogliere e a condurre gli scoli, fa presumere che esso sia opera del proprietario del fondo dominante, quando non vi sia titolo, segno o prova in contrario.

Si reputa segno contrario l'esistenza sul cavo di edifizi costrutti e mantenuti dal proprietario stesso del fondo, in cui il cavo è aperto.

1096. Diritti del proprietario del fondo servente.

La servitù degli scoli non toglie al proprietario del fondo servente il diritto di usare liberamente dell'acqua a vantaggio del suo fondo, di cambiare la coltivazione di questo e di abbandonarne in tutto o in parte l'irrigazione.

■ Codice civile del 1865: *Art. 655. La servitù degli scoli non toglie al proprietario del fondo servente il diritto di usare liberamente dell'acqua a vantaggio del suo fondo, di cambiarne la coltivazione, ed anche di abbandonarne in tutto od in parte la irrigazione.*

1097. Diritto agli avanzi d'acqua.

Quando l'acqua è concessa, riservata o posseduta per un determinato uso, con restituzione al concedente o ad altri di ciò che ne sopravanza, tale uso non può variarsi a danno del fondo a cui la restituzione è dovuta [1098].

■ Codice civile del 1865: *Art. 653. Quando l'acqua sia concessa, riservata o posseduta per un determinato uso, coll'obbligo della restituzione al concedente o ad altri di ciò che ne sopravanza, tale uso non può variarsi a danno del fondo a cui la restituzione è dovuta.*

1098. Divieto di deviare acque di scolo o avanzi d'acqua.

Il proprietario del fondo vincolato alla restituzione degli scoli o degli avanzi d'acqua [910, 1094, 1097] non può deviarne una parte qualunque adducendo di avervi introdotto una maggiore quantità di acqua viva o un diverso corpo, ma deve lasciarli discendere nella totalità a favore del fondo dominante [1069].

■ Codice civile del 1865: *Art. 654. Il proprietario del fondo vincolato alla restituzione degli scoli o degli avanzi d'acqua non può deviarne una parte qualunque sotto pretesto di avervi introdotto una maggiore quantità di acqua viva od un diverso corpo, ma deve lasciarli nella totalità discendere a favore del fondo dominante.*

1099. Sostituzione di acqua viva.

Il proprietario del fondo soggetto alla servitù degli scoli o degli avanzi d'acqua può sempre liberarsi da tale servitù mediante la concessione e l'assicurazione al fondo dominante di un corpo di acqua viva, la cui quantità è determinata dall'autorità giudiziaria, tenuto conto di tutte le circostanze [912].

■ Codice civile del 1865: *Art. 656. Il proprietario del fondo soggetto alla servitù degli scoli e degli avanzi d'acqua può sempre liberarsi da tale servitù mediante la concessione e l'assicurazione al fondo dominante di un corpo d'acqua viva, la cui quantità sarà determinata dall'autorità giudiziaria, tenuto il debito conto di tutte le circostanze.*

TITOLO VII
DELLA COMUNIONE

● Norme connesse:
- art. 51 ss. L. 31 maggio 1995, n. 218 (Riforma del sistema italiano di diritto internazionale privato). Per i contratti in materia di multiproprietà; artt. 69-81-bis, D.Lgs. 6 settembre 2005, n. 206 (Codice del consumo), nel testo sostituito dal D.Lgs. 23 maggio 2011, n. 79 (Codice del Turismo).

CAPO I
DELLA COMUNIONE IN GENERALE

● Norme connesse:
- artt. 1 ss., L. 18 dicembre 1984, n. 975; art. 51, L. 31 maggio 1995, n. 218; artt. 69 ss., D.Lgs. 6 settembre 2005, n. 206.

1100. Norme regolatrici.

Quando la proprietà o altro diritto reale spetta in comune a più persone [177, 210, 713, 920, 939, 1350, comma 1, n. 3], se il titolo o la legge [c.nav. 258 ss.] non dispone diversamente, si applicano le norme seguenti [920, 2248, 2643, comma 1, n. 3, 2684, 2825].

● Norme connesse:
- artt. 10, 115, 116, 117, L. 22 aprile 1941, n. 633.

1101. Quote dei partecipanti.

Le quote dei partecipanti alla comunione si presumono eguali [1118].

Il concorso dei partecipanti, tanto nei vantaggi [1103, 1105] quanto nei pesi [1104, 1123, 2263] della comunione, è in proporzione delle rispettive quote.

■ Codice civile del 1865: *Art. 674. Le quote dei partecipanti alla comunione si presumono eguali fino a prova contraria.*

CODICE CIVILE

Il concorso dei partecipanti, tanto nei vantaggi quanto nei pesi della comunione, sarà proporzionato alle rispettive quote.

♦ Codice civile tedesco

§ 1008 Comproprietà per quote. *Se la proprietà di un bene spetta a più soggetti per quote, trovano applicazione le disposizioni dei §§ da 1009 a 1011.*

1102. Uso della cosa comune.

Ciascun partecipante può servirsi della cosa comune, purché non ne alteri la destinazione e non impedisca agli altri partecipanti di farne parimenti uso secondo il loro diritto [1073, 1108, 2256]. A tal fine può apportare a proprie spese le modificazioni necessarie per il miglior godimento della cosa [1103, 1108].

Il partecipante non può estendere il suo diritto sulla cosa comune in danno degli altri partecipanti [1705, comma 2, 2028], se non compie atti idonei a mutare il titolo del suo possesso [714, 1164].

■ Codice civile del 1865: *Art. 675. Ciascun partecipante può servirsi delle cose comuni, purché le impieghi secondo la loro destinazione fissata dall'uso, e non se ne serva contro l'interesse della comunione o in modo che impedisca agli altri partecipanti di servirsene secondo il loro diritto.*

1103. Disposizioni della quota.

Ciascun partecipante può disporre del suo diritto [1059, 1104, 1379, 1478 ss.] e cedere ad altri il godimento della cosa [1102] nei limiti della sua quota [1101, 1113, 1705, comma 2, 2028; c.nav. 873].

Per le ipoteche costituite da uno dei partecipanti si osservano le disposizioni contenute nel capo IV del titolo III del libro VI [263, 872, 1108, comma 4, 2808, 2825].

■ Codice civile del 1865: *Art. 679. Ciascun partecipante ha la piena proprietà della sua quota e dè relativi utili o frutti. Egli può liberamente alienare, cedere od ipotecare tale quota, ed anche sostituire altri nel godimento di essa, se non si tratti di diritti personali. Ma l'effetto dell'alienazione o dell'ipoteca si limita a quella porzione che verrà a spettare al partecipante nella divisione.*

1104. Obblighi dei partecipanti.

Ciascun partecipante deve contribuire nelle spese necessarie [1101] per la conservazione e per il godimento della cosa comune e nelle spese deliberate dalla maggioranza a norma delle disposizioni seguenti [1105], salva la facoltà di liberarsene con la rinunzia al suo diritto [882, 888, 1070, 1118, comma 2, 1128, 1350, comma 1, n. 5, 2643, comma 1, n. 5].

La rinunzia non giova al partecipante che abbia anche tacitamente approvato la spesa.

Il cessionario del partecipante è tenuto in solido [1292] con il cedente a pagare i contributi da questo dovuti e non versati.

■ Codice civile del 1865: *Art. 676. Ciascun partecipante ha diritto di obbligare gli altri a contribuire con esso alle spese necessarie per la conservazione della cosa comune, salva a questi la facoltà di liberarsene coll'abbandono dei loro diritti di comproprietà.*

♦ Codice civile francese

Articolo 2228. *Il possesso è la detenzione o il godimento di una cosa o di un diritto che teniamo o che noi stessi esercitiamo o con un altro che lo tiene o che l'esercita in nostro nome.*

♦ Codice civile tedesco

854 Acquisto del possesso. *(1) Il possesso di una cosa si acquista attraverso l'ottenimento del potere di fatto sulla cosa. (2) L'accordo tra il precedente possessore e l'acquirente consente l'acquisto, nei casi in cui l'acquirente sia in grado di esercitare il potere di fatto sulla cosa.*

§ 855 Ausiliario nel possesso. *Qualora un soggetto eserciti il potere di fatto su una cosa per conto di un altro nell'esercizio dell'attività domestica o imprenditoriale di questi o di un rapporto simile, in base al quale deve attuare le istruzioni dell'altro relative alla cosa, soltanto quest'ultimo è possessore.*

§ 868 Possesso mediato. *Quando qualcuno possiede una cosa in qualità di usufruttuario, creditore pignoratizio, affittuario, conduttore, depositario o in forza di un titolo simile, sulla base del quale è provvisoriamente legittimato o obbligato al possesso nei confronti di un altro, anche l'altro è un possessore (possesso mediato.*

§ 872 Possesso per sé stessi. *Chi possiede una cosa comportandosi come se gli appartenesse, è possessore per sé stesso.*

§ 856 Fine del possesso. *(1) Il possesso ha fine quando il possessore cede o perde in altro modo il potere di fatto sulla cosa. (2) Il possesso non ha fine a causa di un impedimento nell'esercizio del potere di fatto a carattere temporaneo.*

1105. Amministrazione.

Tutti i partecipanti hanno diritto di concorrere nell'amministrazione della cosa comune [180, 1106, 2347, comma 1].

Per gli atti di ordinaria amministrazione le deliberazioni della maggioranza dei partecipanti, calcolata secondo il valore delle loro quote, sono obbligatorie per la minoranza dissenziente [1137; c.nav. 259, 872].

Per la validità delle deliberazioni della maggioranza si richiede che tutti i partecipanti siano stati preventivamente informati dell'oggetto della deliberazione [1109 n. 2].

Se non si prendono i provvedimenti necessari per l'amministrazione della cosa comune o non si forma una maggioranza, ovvero, se la deliberazione adottata non viene eseguita, ciascun partecipante può ricorrere all'autorità giudiziaria. Questa provvede in camera di consiglio [c.p.c. 737] e può anche nominare un amministratore [c.nav. 261, 872].

■ Codice civile del 1865: *Art. 678. Per l'amministrazione e pel migliore godimento della cosa comune le deliberazioni della maggioranza dè partecipanti sono obbligatorie anche per la minorità dissenziente.*

Non vi è maggioranza, se non quando i voti che concorrono alla deliberazione, rappresentano la maggiore entità degli interessi che costituiscono l'oggetto della comunione.

Se non si forma una maggioranza, o se le deliberazioni di essa risultano gravemente pregiudizievoli alla cosa comune, l'autorità giudiziaria può dare gli opportuni provvedimenti, ed anche nominare all'uopo un amministratore.

1106. Regolamento della comunione e nomina di amministratore.

Con la maggioranza calcolata nel modo indicato dall'articolo precedente, può essere formato un regolamento [1107] per l'ordinaria amministrazione e per il miglior godimento della cosa comune [918, 1138].

Nello stesso modo l'amministrazione può essere delegata ad uno o più partecipanti, o anche a un estraneo, determinandosi i poteri e gli obblighi dell'amministratore [1129, 2257 ss.].

1107. Impugnazione del regolamento.

Ciascuno dei partecipanti dissenzienti può impugnare davanti all'autorità giudiziaria il regolamento della comunione [1106, 1137] entro trenta giorni dalla deliberazione che lo ha approvato [1138, 2964]. Per gli assenti il termine decorre dal giorno in cui è stata loro comunicata la deliberazione. L'autorità giudiziaria decide con un'unica sentenza sulle opposizioni proposte [1109].

Decorso il termine indicato dal comma precedente senza che il regolamento sia stato impugnato, questo ha effetto anche per gli eredi e gli aventi causa dai singoli partecipanti.

1108. Innovazioni e altri atti eccedenti l'ordinaria amministrazione.

Con deliberazione della maggioranza dei partecipanti che rappresenti almeno due terzi del valore complessivo della cosa comune [1109 n. 3], si possono disporre tutte le innovazioni dirette al miglioramento della cosa o a renderne più comodo o redditizio il godimento, purché esse non pregiudichino il godimento di alcuno dei partecipanti [899, 903] e non importino una spesa eccessivamente gravosa [1120, 1121; c.nav. 260, 872].

Nello stesso modo si possono compiere gli altri atti eccedenti l'ordinaria amministrazione, sempre che non risultino pregiudizievoli all'interesse di alcuno dei partecipanti [1109 n. 3].

È necessario il consenso di tutti i partecipanti per gli atti di alienazione o di costituzione di diritti reali sul fondo comune e per le locazioni di durata superiore a nove anni [1350, comma 1, n. 8, 1572, 2643, comma 1, n. 8].

L'ipoteca può essere tuttavia consentita dalla maggioranza indicata dal primo comma, qualora abbia lo scopo di garantire la restituzione delle somme mutuate per la ricostruzione o per il miglioramento della cosa comune [1103 comma 3, 2825; c.nav. 262, 872].

■ Codice civile del 1865: *Art. 677. Uno dè partecipanti non può fare innovazioni nella cosa comunque, ancorché le pretenda vantaggiose a tutti, se gli altri non vi acconsentano.*

1109. Impugnazione delle deliberazioni.

Ciascuno dei componenti la minoranza dissenziente può impugnare [23, 1137, 2377] davanti all'autorità giudiziaria le deliberazioni della maggioranza:

1) nel caso previsto dal secondo comma dell'articolo 1105, se la deliberazione è gravemente pregiudizievole alla cosa comune;

2) se non è stata osservata la disposizione del terzo comma dell'articolo 1105;

3) se la deliberazione relativa a innovazioni o ad altri atti eccedenti l'ordinaria amministrazione è in contrasto con le norme del primo e del secondo comma dell'articolo 1108 [1137 comma 2].

L'impugnazione deve essere proposta, sotto pena di decadenza [2964], entro trenta giorni dalla deliberazione. Per gli assenti il termine decorre dal giorno in cui è stata loro comunicata la deliberazione. In pendenza del giudizio, l'autorità giudiziaria può ordinare la sospensione del provvedimento deliberato [1137 comma 2].

● Norme connesse:
- art. 117, L. 22 aprile 1941, n. 633.

1110. Rimborso di spese.

Il partecipante che, in caso di trascuranza degli altri partecipanti o dell'amministratore, ha sostenuto spese necessarie per la conservazione della cosa comune, ha diritto al rimborso [1104, 1134].

1111. Scioglimento della comunione.

Ciascuno dei partecipanti [1071] può sempre domandare lo scioglimento della comunione [919, 1112, 1350, comma 1, n. 11, 1506, 2283, 2646, 2817, comma 1, n. 2, 2825; c.p.c. 784 ss.]; l'autorità giudiziaria può stabilire una congrua dilazione, in ogni caso non superiore a cinque anni, se l'immediato scioglimento può pregiudicare gli interessi degli altri [320, 375, comma 1, n. 3, 717, 728].

Il patto di rimanere in comunione per un tempo non maggiore di dieci anni è valido e ha effetto anche per gli aventi causa dai partecipanti. Se è stato stipulato per un termine maggiore, questo si riduce a dieci anni [713, commi 2, 3, 715, 717].

Se gravi circostanze lo richiedono, l'autorità giudiziaria può ordinare lo scioglimento della comunione prima del tempo convenuto [713 commi 3, 4, 2646; c.nav. 260 comma 2 e 872].

● Norme connesse:
- art. 35, comma 1, R.D. 16 marzo 1942, n. 267.
- in tema di scioglimento della comunione legale, art. 191 c.c.

CODICE CIVILE

■ Codice civile del 1865: *Art. 681. Nessuno può essere costretto a rimanere in comunione, e sempre se ne può da ciascuno dè partecipanti domandare lo scioglimento.*

Nondimeno è valido il patto che si debba rimanere in comunione per un tempo determinato, non maggiore di anni dieci.

L'autorità giudiziaria, però, ove gravi ed urgenti circostanze lo richiedano, può ordinare lo scioglimento della comunione anche prima del tempo convenuto.

1112. Cose non soggette a divisione.

Lo scioglimento della comunione [1111] non può essere chiesto quando si tratta di cose che, se divise, cesserebbero di servire all'uso a cui sono destinate [720, 1114, 1119].

■ Codice civile del 1865: *Art. 683. Lo scioglimento della comunione non può essere domandato dai comproprietari di cose che dividendosi cesserebbero di servire all'uso a cui sono destinate.*

1113. Intervento nella divisione e opposizione.

I creditori [2808] e gli aventi causa [979, 1021, 1022] da un partecipante [1103] possono intervenire nella divisione a proprie spese, ma non possono impugnare la divisione già eseguita, a meno che abbiano notificato un'opposizione anteriormente alla divisione stessa e salvo sempre ad essi l'esperimento dell'azione revocatoria [2901] o dell'azione surrogatoria [2900].

Nella divisione che ha per oggetto beni immobili [1350 n. 11], l'opposizione, per l'effetto indicato dal comma precedente, deve essere trascritta prima della trascrizione dell'atto di divisione e se si tratta di divisione giudiziale, prima della trascrizione della relativa domanda [2646, 2685].

Devono essere chiamati a intervenire, perché la divisione abbia effetto nei loro confronti, i creditori iscritti e coloro che hanno acquistato diritti sull'immobile in virtù di atti soggetti a trascrizione e trascritti prima della trascrizione dell'atto di divisione o della trascrizione della domanda di divisione giudiziale [1506, 2685, 2825].

Nessuna ragione di prelevamento in natura per crediti nascenti dalla comunione può opporsi contro le persone indicate dal comma precedente, eccetto le ragioni di prelevamento nascenti da titolo anteriore alla comunione medesima, ovvero da collazione [737, 2646].

■ Codice civile del 1865: *Art. 680. I creditori o cessionari di un partecipante possono opporsi alla divisione a cui si proceda senza il loro intervento, e possono intervenirvi a proprie spese; ma non possono impugnare una divisione consumata, eccettuata il caso di frode, o di divisione eseguita non ostante una formale opposizione, e salvo sempre ad essi l'esperimento delle ragioni del debitore o cedente.*

1114. Divisione in natura.

La divisione ha luogo in natura [2283], se la cosa può essere comodamente divisa in parti corrispondenti alle quote dei partecipanti [718 ss., 1112, 1119, 1506].

1115. Obbligazioni solidali dei partecipanti.

Ciascun partecipante può esigere che siano estinte le obbligazioni in solido [1292] contratte per la cosa comune [1108], le quali siano scadute o scadano entro l'anno dalla domanda di divisione.

La somma per estinguere le obbligazioni si preleva dal prezzo di vendita della cosa comune, e se la divisione ha luogo in natura, si procede alla vendita di una congrua frazione della cosa, salvo diverso accordo tra i condividenti.

Il partecipante che ha pagato il debito in solido e non ha ottenuto il rimborso concorre nella divisione per una maggiore quota corrispondente al suo diritto verso gli altri condividenti [1299].

1116. Applicabilità delle norme sulla divisione ereditaria.

Alla divisione delle cose comuni si applicano le norme sulla divisione dell'eredità, in quanto non siano in contrasto con quelle sopra stabilite [713 ss., 1350 n. 11].

■ Codice civile del 1865: *Art. 684. Sono applicabili alle divisioni fra i partecipanti alla comunione le regole concernenti le divisioni delle eredità.*

CAPO II

DEL CONDOMINIO NEGLI EDIFICI

1117. Parti comuni dell'edificio.

Sono oggetto di proprietà comune dei proprietari delle singole unità immobiliari dell'edificio, anche se aventi diritto a godimento periodico e se non risulta il contrario dal titolo [1118; disp. att. 61, 62;c.p.c. 8, comma 4, 23]:

1) tutte le parti dell'edificio necessarie all'uso comune, come il suolo su cui sorge l'edificio, le fondazioni, i muri maestri, i pilastri e le travi portanti, i tetti e i lastrici solari [1126], le scale, i portoni di ingresso, i vestiboli, gli anditi, i portici, i cortili e le facciate;

2) le aree destinate a parcheggio nonchè i locali per i servizi in comune, come la portineria, incluso l'alloggio del portiere, la lavanderia, gli stenditoi e i sottotetti destinati, per le caratteristiche strutturali e funzionali, all'uso comune;

3) le opere, le installazioni, i manufatti di qualunque genere destinati all'uso comune, come gli ascensori, i pozzi, le cisterne, gli impianti idrici e fognari, i sistemi centralizzati di distribuzione e di trasmissione per il gas, per l'energia elettrica, per il riscaldamento ed il condizionamento dell'aria, per la ricezione radiotelevisiva e per l'accesso a qualunque altro genere di flusso informativo, anche da satellite o via cavo, e i relativi collegamenti fino al punto di diramazione ai locali di proprietà individuale dei singoli condomini, ovvero, in caso di impianti unitari, fino al punto di utenza, salvo quanto disposto dalle normative di settore in materia di reti pubbliche [1120, 1122, 1123, 1128, 1130, comma 1, n. 2, 4, 1131, 1134, 1138][1].

[1] Articolo così sostituito dall'art. 1, L. 11 dicembre 2012, n. 220, a decorrere dal 18 giugno 2013. Il testo previgente disponeva: *1117. Parti comuni dell'edificio. Sono oggetto di proprietà comune dei proprietari dei diversi piani o porzioni di piani di un edificio, se il contrario non risulta dal titolo:*

1) il suolo su cui sorge l'edificio, le fondazioni, i muri maestri, i tetti e i lastrici solari, le scale, i portoni d'ingresso, i vestiboli, gli anditi, i portici, i cortili e in genere tutte le parti dell'edificio necessarie all'uso comune;

2) i locali per la portineria e per l'alloggio del portiere, per la lavanderia, per il riscaldamento centrale, per gli stenditoi e per altri simili servizi in comune;

3) le opere, le installazioni, i manufatti di qualunque genere che servono all'uso e al godimento comune, come gli ascensori, i pozzi, le cisterne, gli acquedotti e inoltre le fognature e i canali di scarico, gli impianti per l'acqua, per il gas, per l'energia elettrica, per il riscaldamento e simili, fino al punto di diramazione degli impianti ai locali di proprietà esclusiva dei singoli condomini.

● Norme connesse:

- art. 36, comma 3-*bis*, D.P.R. 22 dicembre 1986, n. 917 (T.U. imposte sui redditi), che dispone: *Il reddito imputabile a ciascun condomino derivante dagli immobili di cui all'art. 1117, n. 2, c.c. oggetto di proprietà comune, cui è attribuito o attribuibile un'autonoma rendita catastale, non concorre a formare il reddito del contribuente se d'importo non superiore a euro 25,82.*

- artt. 205 e ss., R.D. 28 aprile 1938, n. 1165, sugli elementi che costituiscono oggetto di condominio.

1117-*bis*. Ambito di applicabilità.

Le disposizioni del presente capo si applicano, in quanto compatibili, in tutti i casi in cui più unità immobiliari o più edifici ovvero più condominii di unità immobiliari o di edifici abbiano parti comuni ai sensi dell'articolo 1117[1].

[1] Articolo aggiunto dall'art. 2, L. 11 dicembre 2012, n. 220, a decorrere dal 18 giugno 2013.

1117-*ter*. Modificazioni delle destinazioni d'uso.

Per soddisfare esigenze di interesse condominiale, l'assemblea, con un numero di voti che rappresenti i quattro quinti dei partecipanti al condominio e i quattro quinti del valore dell'edificio, può modificare la destinazione d'uso delle parti comuni.

La convocazione dell'assemblea deve essere affissa per non meno di trenta giorni consecutivi nei locali di maggior uso comune o negli spazi a tal fine destinati e deve effettuarsi mediante lettera raccomandata o equipollenti mezzi telematici, in modo da pervenire almeno venti giorni prima della data di convocazione.

La convocazione dell'assemblea, a pena di nullità, deve indicare le parti comuni oggetto della modificazione e la nuova destinazione d'uso.

La deliberazione deve contenere la dichiarazione espressa che sono stati effettuati gli adempimenti di cui ai precedenti commi.

Sono vietate le modificazioni delle destinazioni d'uso che possono recare pregiudizio alla stabilità o alla sicurezza del fabbricato o che ne alterano il decoro architettonico[1].

[1] Articolo aggiunto dall'art. 2, L. 11 dicembre 2012, n. 220, a decorrere dal 18 giugno 2013.

1117-*quater*. Tutela delle destinazioni d'uso.

In caso di attività che incidono negativamente e in modo sostanziale sulle destinazioni d'uso delle parti comuni, l'amministratore o i condomini, anche singolarmente, possono diffidare l'esecutore e possono chiedere la convocazione dell'assemblea per far cessare la violazione, anche mediante azioni giudiziarie. L'assemblea delibera in merito alla cessazione di tali attività con la maggioranza prevista dal secondo comma dell'articolo 1136[1].

[1] Articolo aggiunto dall'art. 2, L. 11 dicembre 2012, n. 220, a decorrere dal 18 giugno 2013.

1118. Diritti dei partecipanti sulle parti comuni.

Il diritto di ciascun condomino sulle parti comuni, salvo che il titolo non disponga altrimenti, è proporzionale al valore dell'unità immobiliare che gli appartiene.

Il condomino non può rinunziare al suo diritto sulle parti comuni [882, 1104, 1121, 1123, 1138, comma 4].

Il condomino non può sottrarsi all'obbligo di contribuire alle spese per la conservazione delle parti comuni, neanche modificando la destinazione d'uso della propria unità immobiliare, salvo quanto disposto da leggi speciali.

Il condomino può rinunciare all'utilizzo dell'impianto centralizzato di riscaldamento o di condizionamento, se dal suo distacco non derivano notevoli squilibri di funzionamento o aggravi di spesa per gli altri condomini. In tal caso il rinunziante resta tenuto a concorrere al pagamento delle sole spese per la manutenzione straordinaria dell'impianto e per la sua conservazione e messa a norma[1].

[1] Articolo così sostituito dall'art. 3, L. 11 dicembre 2012, n. 220, a decorrere dal 18 giugno 2013. Il testo previgente disponeva: *1118. Diritti dei partecipanti sulle cose comuni. Il diritto di ciascun condomino sulle cose indicate dall'articolo*

precedente è proporzionato al valore del piano o porzione di piano che gli appartiene, se il titolo non dispone altrimenti.

Il condomino non può, rinunziando al diritto sulle cose anzidette, sottrarsi al contributo nelle spese per la loro conservazione.

1119. Indivisibilità.

Le parti comuni dell'edificio non sono soggette a divisione [1112], a meno che la divisione possa farsi senza rendere più incomodo l'uso della cosa a ciascun condomino [1138] e con il consenso di tutti i partecipanti al condominio [disp. att. 61, 62][1].

[1] Comma così modificato dall'art. 4, L. 11 dicembre 2012, n. 220, a decorrere dal 18 giugno 2013. Il testo previgente disponeva: *Le parti comuni dell'edificio non sono soggette a divisione, a meno che la divisione possa farsi senza rendere più incomodo l'uso della cosa a ciascun condomino.*

1120. Innovazioni.

I condomini, con la maggioranza indicata dal quinto comma dell'articolo 1136, possono disporre tutte le innovazioni dirette al miglioramento o all'uso più comodo o al maggior rendimento delle cose comuni [1108 comma 1, 1117, 1121, 1122, 1123].

I condomini, con la maggioranza indicata dal secondo comma dell'articolo 1136, possono disporre le innovazioni che, nel rispetto della normativa di settore, hanno ad oggetto:

1) le opere e gli interventi volti a migliorare la sicurezza e la salubrità degli edifici e degli impianti;

2) le opere e gli interventi previsti per eliminare le barriere architettoniche, per il contenimento del consumo energetico degli edifici e per realizzare parcheggi destinati a servizio delle unità immobiliari o dell'edificio, nonchè per la produzione di energia mediante l'utilizzo di impianti di cogenerazione, fonti eoliche, solari o comunque rinnovabili da parte del condominio o di terzi che conseguano a titolo oneroso un diritto reale o personale di godimento del lastrico solare o di altra idonea superficie comune;

3) l'installazione di impianti centralizzati per la ricezione radiotelevisiva e per l'accesso a qualunque altro genere di flusso informativo, anche da satellite o via cavo, e i relativi collegamenti fino alla diramazione per le singole utenze, ad esclusione degli impianti che non comportano modifiche in grado di alterare la destinazione della cosa comune e di impedire agli altri condomini di farne uso secondo il loro diritto[1].

L'amministratore è tenuto a convocare l'assemblea entro trenta giorni dalla richiesta anche di un solo condomino interessato all'adozione delle deliberazioni di cui al precedente comma. La richiesta deve contenere l'indicazione del contenuto specifico e delle modalità di esecuzione degli interventi proposti. In mancanza, l'amministratore deve invitare senza indugio il condomino proponente a fornire le necessarie integrazioni[1].

Sono vietate le innovazioni che possano recare pregiudizio alla stabilità o alla sicurezza del fabbricato, che ne alterino il decoro architettonico o che rendano talune parti comuni dell'edificio inservibili all'uso o al godimento anche di un solo condomino [1121, 1122, 1123, 1138][2].

[1] Comma aggiunto dall'art. 5, L. 11 dicembre 2012, n. 220, a decorrere dal 18 giugno 2013.

[2] Per una deroga delle disposizioni di cui al presente articolo, v. art. 30, comma 2, L. 5 agosto 1978, n. 457; art. 2, comma 3, L. 9 gennaio 1989, n. 13; art. 9, comma 3, L. 24 marzo 1989, n. 122.

● Norme connesse:

- artt. 17, 78 e 123, comma 5, D.P.R. 6 giugno 2001, n. 380 (T.U. edilizia) (per l'applicazione degli artt. 1120, comma 2, e 1121, comma 3, alle deliberazioni sull'eliminazione delle barriere architettoniche ex lege n. 13/1983).
- in materia di sistema di termoregolamentazione e di contabilizzazione del calore nonché di riparto elle spese relative, art. 26, L. 9 gennaio 1991, n. 10 ove si stabiliscono deroghe alle maggioranze di cui agli artt. 1120 e 1136 c.c.
- art. 30, L. 5 agosto 1978, n. 457, come modificato dalla L. 17 febbraio 1992, n. 179, secondo cui gli interventi di recupero relativi ad un solo immobile composto da più unità immobiliari possono essere disposti dalla maggioranza dei condomini che comunque rappresentino almeno metà del valore dell'edifico.

1121. Innovazioni gravose o voluttuarie.

Qualora l'innovazione [1120] importi una spesa molto gravosa o abbia carattere voluttuario rispetto alle particolari condizioni e all'importanza dell'edificio, e consista in opere, impianti o manufatti suscettibili di utilizzazione separata, i condomini che non intendono trarne vantaggio sono esonerati da qualsiasi contributo nella spesa.

Se l'utilizzazione separata non è possibile, l'innovazione non è consentita, salvo che la maggioranza dei condomini che l'ha deliberata o accettata intenda sopportarne integralmente la spesa.

Nel caso previsto dal primo comma i condomini e i loro eredi o aventi causa possono tuttavia, in qualunque tempo, partecipare ai vantaggi dell'innovazione, contribuendo nelle spese di esecuzione e di manutenzione dell'opera [1108 comma 1, 1118][1].

[1] Per una deroga delle disposizioni di cui al presente articolo, v. art. 30, comma 2, L. 5 agosto 1978, n. 457.

1122. Opere su parti di proprietà o uso individuale.

Nell'unità immobiliare di sua proprietà ovvero nelle parti normalmente destinate all'uso comune, che siano state attribuite in proprietà esclusiva o destinate all'uso individuale, il condomino non può eseguire opere che rechino danno alle parti comuni ovvero determinino pregiudizio alla stabilità, alla sicurezza o al decoro architettonico dell'edificio [1117, 1120, 1123, 1138].

In ogni caso è data preventiva notizia all'amministratore che ne riferisce all'assemblea[1].

[1] Articolo così sostituito dall'art. 6, L. 11 dicembre 2012, n. 220, a decorrere dal 18 giugno 2013. Il testo previgente disponeva: *1122. Opere sulle parti dell'edificio di proprietà comune. Ciascun condomino, nel piano o porzione di piano di sua proprietà, non può eseguire opere che rechino danno alle parti comuni dell'edificio.*

1122-*bis*. Impianti non centralizzati di ricezione radiotelevisiva e di produzione di energia da fonti rinnovabili.

Le installazioni di impianti non centralizzati per la ricezione radiotelevisiva e per l'accesso a qualunque altro genere di flusso informativo, anche da satellite o via cavo, e i relativi collegamenti fino al punto di diramazione per le singole utenze sono realizzati in modo da recare il minor pregiudizio alle parti comuni e alle unità immobiliari di proprietà individuale, preservando in ogni caso il decoro architettonico dell'edificio, salvo quanto previsto in materia di reti pubbliche.

È consentita l'installazione di impianti per la produzione di energia da fonti rinnovabili destinati al servizio di singole unità del condominio sul lastrico solare, su ogni altra idonea superficie comune e sulle parti di proprietà individuale dell'interessato.

Qualora si rendano necessarie modificazioni delle parti comuni, l'interessato ne dà comunicazione all'amministratore indicando il contenuto specifico e le modalità di esecuzione degli interventi. L'assemblea può prescrivere, con la maggioranza di cui al quinto comma dell'articolo 1136, adeguate modalità alternative di esecuzione o imporre cautele a salvaguardia della stabilità, della sicurezza o del decoro architettonico dell'edificio e, ai fini dell'installazione degli impianti di cui al secondo comma, provvede, a richiesta degli interessati, a ripartire l'uso del lastrico solare e delle altre superfici comuni, salvaguardando le diverse forme di utilizzo previste dal regolamento di condominio o comunque in atto. L'assemblea, con la medesima maggioranza, può altresì subordinare l'esecuzione alla prestazione, da parte dell'interessato, di idonea garanzia per i danni eventuali.

L'accesso alle unità immobiliari di proprietà individuale deve essere consentito ove necessario per la progettazione e per l'esecuzione delle opere. Non sono soggetti ad autorizzazione gli impianti destinati alle singole unità abitative[1].

[1] Articolo aggiunto dall'art. 7, L. 11 dicembre 2012, n. 220, a decorrere dal 18 giugno 2013.

1122-*ter*. Impianti di videosorveglianza sulle parti comuni.

Le deliberazioni concernenti l'installazione sulle parti comuni dell'edificio di impianti volti a consentire la videosorveglianza su di esse sono approvate dall'assemblea con la maggioranza di cui al secondo comma dell'articolo 1136[1].

[1] Articolo aggiunto dall'art. 7, L. 11 dicembre 2012, n. 220, a decorrere dal 18 giugno 2013.

1123. Ripartizione delle spese.

Le spese necessarie per la conservazione e per il godimento delle parti comuni dell'edificio [882, 1117, 1122], per la prestazione dei servizi nell'interesse comune e per le innovazioni [1120] deliberate dalla maggioranza sono sostenute dai condomini in misura proporzionale al valore della proprietà di ciascuno [1118 comma 2; disp. att. 68], salvo diversa convenzione [1130, comma 1, n. 3, 1134, 1135, comma 1, n. 2, 1138; disp. att. 63, 68].

Se si tratta di cose destinate a servire i condomini in misura diversa, le spese sono ripartite in proporzione dell'uso che ciascuno può farne.

Qualora un edificio abbia più scale, cortili, lastrici solari, opere o impianti destinati a servire una parte dell'intero fabbricato, le spese relative alla loro manutenzione sono a carico del gruppo di condomini che ne trae utilità [1124-1126; disp. att. 63, 68, 69].

● Norme connesse:
- artt. 752, 754, 1115, 1294, 1295, 1314 c.c.

■ Codice civile del 1865: *Art. 562. Quando i diversi piani di una casa appartengono a più proprietari, e i titoli di proprietà non provvedono circa le riparazioni e ricostruzioni, queste devono farsi nel modo che segue:*

I muri maestri e i tetti sono a carico di tutti i proprietari in proporzione del valore del piano che appartiene a ciascuno. Lo stesso ha luogo per gli anditi, lo porto, i pozzi, le cisterne, gli acquedotti e le altre cose comuni a tutti i proprietari: le latrine però sono a carico comune in proporzione del numero delle aperture d'immissione.

Il proprietario di ciascun piano o porzione di esso fa e mantiene il pavimento su cui cammina, le volte, i solai e i soffitti che coprono i luoghi di sua proprietà.

Le scale sono costrutte e mantenute dai proprietari dei diversi piani a cui servono, in ragione del valore di ciascun piano.

Si considerano come piani di una casa le cantine, i palchi morti e le soffitte o camere a tetto.

1124. Manutenzione e sostituzione delle scale e degli ascensori[1].

Le scale e gli ascensori sono mantenuti e sostituiti dai proprietari delle unità immobiliari a cui servono [1123]. La spesa relativa è ripartita tra essi, per metà in ragione del valore delle singole unità immobiliari e per l'altra metà esclusivamente in misura proporzionale all'altezza di ciascun piano dal suolo[2].

Al fine del concorso nella metà della spesa, che è ripartita in ragione del valore, si considerano come piani le cantine, i palchi morti, le soffitte o camere a tetto e i lastrici solari, qualora non siano di proprietà comune [disp. att. 68, 69].

CODICE CIVILE

[1] Rubrica così sostituita dall'art. 8, L. 11 dicembre 2012, n. 220, a decorrere dal 18 giugno 2013. Il testo previgente disponeva: *Manutenzione e ricostruzione delle scale.*

[2] Comma così sostituito dall'art. 8, L. 11 dicembre 2012, n. 220, a decorrere dal 18 giugno 2013. Il testo previgente disponeva: *Le scale sono mantenute e ricostruite dai proprietari dei diversi piani a cui servono. La spesa relativa è ripartita tra essi, per metà in ragione del valore dei singoli piani o porzioni di piano, e per l'altra metà in misura proporzionale all'altezza di ciascun piano dal suolo.*

■ Codice civile del 1865: *Art. 562. Quando i diversi piani di una casa appartengono a più proprietari, e i titoli di proprietà non provvedono circa le riparazioni e ricostruzioni, queste devono farsi nel modo che segue:*

I muri maestri e i tetti sono a carico di tutti i proprietari in proporzione del valore del piano che appartiene a ciascuno. Lo stesso ha luogo per gli anditi, le porte, i pozzi, le cisterne, gli acquedotti e le altre cose comuni a tutti i proprietari: le latrine però sono a carico comune in proporzione del numero delle aperture d'immissione.

Il proprietario di ciascun piano o porzione di esso fa e mantiene il pavimento su cui cammina, le volte, i solai e i soffitti che coprono i luoghi di sua proprietà.

Le scale sono costrutte e mantenute dai proprietari dei diversi piani a cui servono, in ragione del valore di ciascun piano.

Si considerano come piani di una casa le cantine, i palchi morti e le soffitte o camere a tetto.

1125. Manutenzione e ricostruzione dei soffitti, delle volte e dei solai.

Le spese per la manutenzione e ricostruzione dei soffitti, delle volte e dei solai sono sostenute in parti eguali dai proprietari dei due piani l'uno all'altro sovrastanti, restando a carico del proprietario del piano superiore la copertura del pavimento e a carico del proprietario del piano inferiore l'intonaco, la tinta e la decorazione del soffitto.

1126. Lastrici solari di uso esclusivo.

Quando l'uso dei lastrici solari o di una parte di essi non è comune a tutti i condomini [1117, comma 1, n. 1, 1123], quelli che ne hanno l'uso esclusivo sono tenuti a contribuire per un terzo nella spesa delle riparazioni o ricostruzioni del lastrico: gli altri due terzi sono a carico di tutti i condomini dell'edificio o della parte di questo a cui il lastrico solare serve in proporzione del valore del piano o della porzione di piano di ciascuno [disp. att. 68].

■ Codice civile del 1865: *Art. 563. Le norme stabilite per la contribuzione della spesa di riparazione o ricostruzione dei tetti di una casa appartenente a più proprietari si osservano anche nei casi di riparazione dei lastrici così detti solari.*

Ove l'uso dei medesimi non sia comune a tutti i proprietari della casa, quelli che hanno l'uso esclusivo di uno o più lastrici solari, per ragione del calpestio, sono tenuti a contribuire per una quarta parte della spesa delle riparazioni o ricostruzioni, e le altre tre quarte parti saranno a carico di essi e degli altri proprietari della casa, nella proporzione stabilita dall'articolo precedente, salve le particolari stipulazioni.

1127. Costruzione sopra l'ultimo piano dell'edificio.

Il proprietario dell'ultimo piano dell'edificio può elevare nuovi piani o nuove fabbriche, salvo che risulti altrimenti dal titolo. La stessa facoltà spetta a chi è proprietario esclusivo del lastrico solare [832, 952 ss.].

La sopraelevazione non è ammessa se le condizioni statiche dell'edificio non la consentono.

I condomini possono altresì opporsi alla sopraelevazione, se questa pregiudica l'aspetto architettonico dell'edificio ovvero diminuisce notevolmente l'aria o la luce dei piani sottostanti.

Chi fa la sopraelevazione deve corrispondere agli altri condomini un'indennità pari al valore attuale dell'area da occuparsi con la nuova fabbrica, diviso per il numero dei piani, ivi compreso quello da edificare, e detratto l'importo della quota a lui spettante. Egli è inoltre tenuto a ricostruire il lastrico solare di cui tutti o parte dei condomini avevano il diritto di usare [1126].

■ Codice civile del 1865: *Art. 564. Il proprietario dell'ultimo piano di una casa non può, senza il consenso dei proprietari degli altri piani, alzare nuovi piani e nuove fabbriche, eccettuate quelle costituenti parapetto di lastrici solari, qualora possa derivarne danno al valore della proprietà degli altri.*

1128. Perimento totale o parziale dell'edificio.

Se l'edificio perisce interamente o per una parte che rappresenti i tre quarti del suo valore, ciascuno dei condomini può richiedere la vendita all'asta del suolo e dei materiali, salvo che sia stato diversamente convenuto.

Nel caso di perimento di una parte minore, l'assemblea dei condomini delibera [1136] circa la ricostruzione delle parti comuni dell'edificio [1117], e ciascuno è tenuto a concorrervi in proporzione dei suoi diritti sulle parti stesse [1104, 1123].

L'indennità corrisposta per l'assicurazione [1882] relativa alle parti comuni è destinata alla ricostruzione di queste [1017, 1019, 1020, 2742].

Il condomino che non intende partecipare alla ricostruzione dell'edificio è tenuto a cedere [2932] agli altri condomini i suoi diritti, anche sulle parti di sua esclusiva proprietà, secondo la stima che ne sarà fatta, salvo che non preferisca cedere i diritti stessi ad alcuni soltanto dei condomini.

1129. Nomina, revoca ed obblighi dell'amministratore.

Quando i condomini sono più di otto, se l'assemblea non vi provvede, la nomina di un amministratore è fatta dall'autorità giudiziaria su ricorso di uno o più condomini o dell'amministratore dimissionario.

Contestualmente all'accettazione della nomina e ad ogni rinnovo dell'incarico, l'amministratore comunica i propri dati anagrafici e professionali, il codice fiscale, o, se si tratta di società, anche la sede legale e la denominazione, il locale ove si trovano i registri di cui ai numeri *6)* e *7)* dell'articolo 1130, nonchè i giorni e le ore in cui ogni interessato, previa richiesta all'amministratore, può prenderne gratuitamente visione e ottenere, previo rimborso della spesa, copia da lui firmata.

L'assemblea può subordinare la nomina dell'amministratore alla presentazione ai condomini di una polizza individuale di assicurazione per la responsabilità civile per gli atti compiuti nell'esercizio del mandato.

L'amministratore è tenuto altresì ad adeguare i massimali della polizza se nel periodo del suo incarico l'assemblea deliberi lavori straordinari. Tale adeguamento non deve essere inferiore all'importo di spesa deliberato e deve essere effettuato contestualmente all'inizio dei lavori. Nel caso in cui l'amministratore sia coperto da una polizza di assicurazione per la responsabilità civile professionale generale per l'intera attività da lui svolta, tale polizza deve essere integrata con una dichiarazione dell'impresa di assicurazione che garantisca le condizioni previste dal periodo precedente per lo specifico condominio.

Sul luogo di accesso al condominio o di maggior uso comune, accessibile anche ai terzi, è affissa l'indicazione delle generalità, del domicilio e dei recapiti, anche telefonici, dell'amministratore.

In mancanza dell'amministratore, sul luogo di accesso al condominio o di maggior uso comune, accessibile anche ai terzi, è affissa l'indicazione delle generalità e dei recapiti, anche telefonici, della persona che svolge funzioni analoghe a quelle dell'amministratore.

L'amministratore è obbligato a far transitare le somme ricevute a qualunque titolo dai condomini o da terzi, nonchè quelle a qualsiasi titolo erogate per conto del condominio, su uno specifico conto corrente, postale o bancario, intestato al condominio; ciascun condomino, per il tramite dell'amministratore, può chiedere di prendere visione ed estrarre copia, a proprie spese, della rendicontazione periodica.

Alla cessazione dell'incarico l'amministratore è tenuto alla consegna di tutta la documentazione in suo possesso afferente al condominio e ai singoli condomini e ad eseguire le attività urgenti al fine di evitare pregiudizi agli interessi comuni senza diritto ad ulteriori compensi.

Salvo che sia stato espressamente dispensato dall'assemblea, l'amministratore è tenuto ad agire per la riscossione forzosa delle somme dovute dagli obbligati entro sei mesi dalla chiusura dell'esercizio nel quale il credito esigibile è compreso, anche ai sensi dell'articolo 63, primo comma, delle disposizioni per l'attuazione del presente codice.

L'incarico di amministratore ha durata di un anno e si intende rinnovato per eguale durata. L'assemblea convocata per la revoca o le dimissioni delibera in ordine alla nomina del nuovo amministratore.

La revoca dell'amministratore può essere deliberata in ogni tempo dall'assemblea, con la maggioranza prevista per la sua nomina oppure con le modalità previste dal regolamento di condominio. Può altresì essere disposta dall'autorità giudiziaria, su ricorso di ciascun condomino, nel caso previsto dal quarto comma dell'articolo 1131, se non rende il conto della gestione, ovvero in caso di gravi irregolarità. Nei casi in cui siano emerse gravi irregolarità fiscali o di non ottemperanza a quanto disposto dal numero 3) del dodicesimo comma del presente articolo, i condomini, anche singolarmente, possono chiedere la convocazione dell'assemblea per far cessare la violazione e revocare il mandato all'amministratore. In caso di mancata revoca da parte dell'assemblea, ciascun condomino può rivolgersi all'autorità giudiziaria; in caso di accoglimento della domanda, il ricorrente, per le spese legali, ha titolo alla rivalsa nei confronti del condominio, che a sua volta può rivalersi nei confronti dell'amministratore revocato.

Costituiscono, tra le altre, gravi irregolarità:

1) l'omessa convocazione dell'assemblea per l'approvazione del rendiconto condominiale, il ripetuto rifiuto di convocare l'assemblea per la revoca e per la nomina del nuovo amministratore o negli altri casi previsti dalla legge;

2) la mancata esecuzione di provvedimenti giudiziari e amministrativi, nonchè di deliberazioni dell'assemblea;

3) la mancata apertura ed utilizzazione del conto di cui al settimo comma;

4) la gestione secondo modalità che possono generare possibilità di confusione tra il patrimonio del condominio e il patrimonio personale dell'amministratore o di altri condomini;

5) l'aver acconsentito, per un credito insoddisfatto, alla cancellazione delle formalità eseguite nei registri immobiliari a tutela dei diritti del condominio;

6) qualora sia stata promossa azione giudiziaria per la riscossione delle somme dovute al condominio, l'aver omesso di curare diligentemente l'azione e la conseguente esecuzione coattiva;

7) l'inottemperanza agli obblighi di cui all'articolo 1130, numeri *6)*, *7)* e *9)*;

8) l'omessa, incompleta o inesatta comunicazione dei dati di cui al secondo comma del presente articolo.

In caso di revoca da parte dell'autorità giudiziaria, l'assemblea non può nominare nuovamente l'amministratore revocato.

L'amministratore, all'atto dell'accettazione della nomina e del suo rinnovo, deve specificare analiticamente, a pena di nullità della nomina stessa, l'importo dovuto a titolo di compenso per l'attività svolta.

Per quanto non disciplinato dal presente articolo si applicano le disposizioni di cui alla sezione I del capo IX del titolo III del libro IV [1703 ss.].

Il presente articolo si applica anche agli edifici di alloggi di edilizia popolare ed economica, realizzati o recuperati da enti pubblici a totale partecipazione pubblica o con il concorso dello Stato, delle regioni, delle province o dei comuni, nonchè a quelli realizzati da enti pubblici non economici o società private senza scopo di lucro con finalità sociali proprie dell'edilizia residenziale pubblica[1].

[1] Articolo così sostituito dall'art. 9, L. 11 dicembre 2012, n. 220, a decorrere dal 18 giugno 2013. Il testo previgente disponeva: *1129. Nomina e revoca dell'amministratore. Quando i condomini sono più di quattro, l'assemblea nomina un amministratore. Se l'assemblea non provvede, la nomina è fatta dall'autorità giudiziaria, su ricorso di uno o più condomini.*

L'amministratore dura in carica un anno e può essere revocato in ogni tempo dall'assemblea.

Può altresì essere revocato dall'autorità giudiziaria, su ricorso di ciascun condomino, oltre che nel caso previsto dall'ultimo comma dell'articolo 1131, se per due anni non ha reso il conto della sua gestione, ovvero se vi sono fondati sospetti di gravi irregolarità.

La nomina e la cessazione per qualunque causa dell'amministratore dall'ufficio sono annotate in apposito registro.

1130. Attribuzioni dell'amministratore.

L'amministratore, oltre a quanto previsto dall'articolo 1129 e dalle vigenti disposizioni di legge, deve:

1) eseguire le deliberazioni dell'assemblea, convocarla annualmente per l'approvazione del rendiconto condominiale di cui all'articolo 1130-*bis* e curare l'osservanza del regolamento di condominio;

2) disciplinare l'uso delle cose comuni e la fruizione dei servizi nell'interesse comune, in modo che ne sia assicurato il miglior godimento a ciascuno dei condomini;

3) riscuotere i contributi ed erogare le spese occorrenti per la manutenzione ordinaria delle parti comuni dell'edificio e per l'esercizio dei servizi comuni;

4) compiere gli atti conservativi relativi alle parti comuni dell'edificio;

5) eseguire gli adempimenti fiscali;

6) curare la tenuta del registro di anagrafe condominiale contenente le generalità dei singoli proprietari e dei titolari di diritti reali e di diritti personali di godimento, comprensive del codice fiscale e della residenza o domicilio, i dati catastali di ciascuna unità immobiliare, nonchè ogni dato relativo alle condizioni di sicurezza delle parti comuni dell'edificio. Ogni variazione dei dati deve essere comunicata all'amministratore in forma scritta entro sessanta giorni. L'amministratore, in caso di inerzia, mancanza o incompletezza delle comunicazioni, richiede con lettera raccomandata le informazioni necessarie alla tenuta del registro di anagrafe. Decorsi trenta giorni, in caso di omessa o incompleta risposta, l'amministratore acquisisce le informazioni necessarie, addebitandone il costo ai responsabili[1];

7) curare la tenuta del registro dei verbali delle assemblee, del registro di nomina e revoca dell'amministratore e del registro di contabilità. Nel registro dei verbali delle assemblee sono altresì annotate: le eventuali mancate costituzioni dell'assemblea, le deliberazioni nonchè le brevi dichiarazioni rese dai condomini che ne hanno fatto richiesta; allo stesso registro è allegato il regolamento di condominio, ove adottato. Nel registro di nomina e revoca dell'amministratore sono annotate, in ordine cronologico, le date della nomina e della revoca di ciascun amministratore del condominio, nonchè gli estremi del decreto in caso di provvedimento giudiziale. Nel registro di contabilità sono annotati in ordine cronologico, entro trenta giorni da quello dell'effettuazione, i singoli movimenti in entrata ed in uscita. Tale registro può tenersi anche con modalità informatizzate;

8) conservare tutta la documentazione inerente alla propria gestione riferibile sia al rapporto con i condomini sia allo stato tecnico-amministrativo dell'edificio e del condominio;

9) fornire al condomino che ne faccia richiesta attestazione relativa allo stato dei pagamenti degli oneri condominiali e delle eventuali liti in corso;

10) redigere il rendiconto condominiale annuale della gestione e convocare l'assemblea per la relativa approvazione entro centottanta giorni[2][3].

[1] Numero così modificato dall'art. 1, D.L. 23 dicembre 2013, n. 145, convertito in L. 21 febbraio 2014, n. 9, che dopo le parole: «nonchè ogni dato relativo alle condizioni di sicurezza» ha aggiunto le seguenti: «delle parti comuni dell'edificio».

[2] Articolo così sostituito dall'art. 10, L. 11 dicembre 2012, n. 220, a decorrere dal 18 giugno 2013. Il testo previgente disponeva: *1130. Attribuzioni dell'amministratore. L'amministratore deve:*

1) eseguire le deliberazioni dell'assemblea dei condomini e curare l'osservanza del regolamento di condominio;

2) disciplinare l'uso delle cose comuni e la prestazione dei servizi nell'interesse comune, in modo che sia assicurato miglior godimento a tutti i condomini;

3) riscuotere i contributi ed erogare le spese occorrenti per la manutenzione ordinaria delle parti comuni dell'edificio e per l'esercizio dei servizi comuni;

4) compiere gli atti conservativi dei diritti inerenti alle parti comuni dell'edificio.

Egli, alla fine di ciascun anno, deve rendere il conto della sua gestione.

[3] Per la riscossione dei contributi in base allo stato di ripartizione approvato dall'assemblea e per gli obblighi di chi subentra nei diritti del condominio v. art. 63, disp. att. Sugli obblighi di comunicazione dell'amministratore del condomi-

nio v. art. 1, D.M. 12 novembre 1998 di cui si riporta il testo: *1. L'amministratore del condominio negli uffici deve comunicare annualmente, oltre al proprio codice fiscale e ai propri dati anagrafici (cognome, nome, luogo e data di nascita):*

a) relativamente a ciascun condominio, il codice fiscale, la denominazione, l'indirizzo completo e lo specifico codice di natura giuridica;

b) relativamente a ciascun fornitore, il cognome e il nome, la data e il luogo di nascita se persona fisica, ovvero la ragione o denominazione sociale se altro soggetto, il codice fiscale, il domicilio fiscale, nonché l'importo complessivo degli acquisti di beni e servizi effettuati nell'anno solare. Ai fini della determinazione del momento di effettuazione degli acquisti si applicano le disposizioni dell'art. 6 del decreto del Presidente della Repubblica 26 ottobre 1972, n. 633.

2. Non devono essere comunicati:

a) i dati relativi alle forniture di acqua, energia elettrica e gas;

b) i dati relativi alle forniture di servizi che hanno comportato il pagamento di compensi soggetti alle ritenute alle fonte;

c) con riferimento al singolo fornitore, i dati elencati alla lettera b) del comma precedente qualora l'importo complessivo degli acquisti nell'anno solare non sia superiore a lire cinquecentomila.

Il termine di cui al numero 10) è stato sospeso fino alla cessazione dello stato di emergenza da COVID-19, dichiarato con delibera del Consiglio dei ministri del 29 luglio 2020 ex art. 63-bis, D.L. 14 agosto 2020, n. 104, convertito in L. 13 ottobre 2020, n. 126, a decorrere dal 14 ottobre 2020.

1130-*bis*. Rendiconto condominiale.

Il rendiconto condominiale contiene le voci di entrata e di uscita ed ogni altro dato inerente alla situazione patrimoniale del condominio, ai fondi disponibili ed alle eventuali riserve, che devono essere espressi in modo da consentire l'immediata verifica. Si compone di un registro di contabilità, di un riepilogo finanziario, nonché di una nota sintetica esplicativa della gestione con l'indicazione anche dei rapporti in corso e delle questioni pendenti. L'assemblea condominiale può, in qualsiasi momento o per più annualità specificamente identificate, nominare un revisore che verifichi la contabilità del condominio. La deliberazione è assunta con la maggioranza prevista per la nomina dell'amministratore e la relativa spesa è ripartita fra tutti i condomini sulla base dei millesimi di proprietà. I condomini e i titolari di diritti reali o di godimento sulle unità immobiliari possono prendere visione dei documenti giustificativi di spesa in ogni tempo ed estrarne copia a proprie spese. Le scritture e i documenti giustificativi devono essere conservati per dieci anni dalla data della relativa registrazione.

L'assemblea può anche nominare, oltre all'amministratore, un consiglio di condominio composto da almeno tre condomini negli edifici di almeno dodici unità immobiliari. Il consiglio ha funzioni consultive e di controllo[1].

[1] Articolo aggiunto dall'art. 11, L. 11 dicembre 2012, n. 220, a decorrere dal 18 giugno 2013.

1131. Rappresentanza.

Nei limiti delle attribuzioni stabilite dall'articolo 1130 o dei maggiori poteri conferitigli dal regolamento di condominio [1138] o dall'assemblea, l'amministratore ha la rappresentanza dei partecipanti e può agire in giudizio sia contro i condomini sia contro i terzi[1].

Può essere convenuto in giudizio per qualunque azione concernente le parti comuni dell'edificio [1117]; a lui sono notificati i provvedimenti dell'autorità amministrativa che si riferiscono allo stesso oggetto [disp. att. 65].

Qualora la citazione o il provvedimento abbia un contenuto che esorbita dalle attribuzioni dell'amministratore [1136], questi è tenuto a darne senza indugio notizia all'assemblea dei condomini.

L'amministratore che non adempie a quest'obbligo può essere revocato ed è tenuto al risarcimento dei danni [1129; disp. att. 64].

[1] Comma così modificato dall'art. 12, L. 11 dicembre 2012, n. 220, a decorrere dal 18 giugno 2013. Il testo previgente disponeva: *Nei limiti delle attribuzioni stabilite dall'articolo precedente o dei maggiori poteri conferitigli dal regolamento di condominio o dall'assemblea, l'amministratore ha la rappresentanza dei partecipanti e può agire in giudizio sia contro i condomini sia contro i terzi.*

1132. Dissenso dei condomini rispetto alle liti.

Qualora l'assemblea dei condomini abbia deliberato di promuovere una lite o di resistere a una domanda [1131, 1136], il condomino dissenziente, con atto notificato all'amministratore, può separare la propria responsabilità in ordine alle conseguenze della lite per il caso di soccombenza. L'atto deve essere notificato entro trenta giorni da quello in cui il condomino ha avuto notizia della deliberazione.

Il condomino dissenziente ha diritto di rivalsa per ciò che abbia dovuto pagare alla parte vittoriosa.

Se l'esito della lite è stato favorevole al condominio, il condomino dissenziente che ne abbia tratto vantaggio è tenuto a concorrere nelle spese del giudizio che non sia stato possibile ripetere dalla parte soccombente [1138 comma 4].

1133. Provvedimenti presi dall'amministratore.

I provvedimenti presi dall'amministratore nell'ambito dei suoi poteri [1130, 1131] sono obbligatori per i condomini. Contro i provvedimenti dell'amministratore è ammesso ricorso all'assemblea, senza pregiudizio del ricorso all'autorità giudiziaria [c.p.c. 163] nei casi e nel termine previsti dall'articolo 1137.

1134. Gestione di iniziativa individuale.

Il condomino che ha assunto la gestione delle parti comuni senza autorizzazione dell'amministratore o dell'assemblea non ha diritto al rimborso, salvo che si tratti di spesa urgente [1110].

CODICE CIVILE

[1] Articolo così sostituito dall'art. 13, L. 11 dicembre 2012, n. 220, a decorrere dal 18 giugno 2013. Il testo previgente disponeva: *1134. Spese fatte dal condomino. Il condomino che ha fatto spese per le cose comuni senza autorizzazione dell'amministratore o dell'assemblea non ha diritto al rimborso, salvo che si tratti di spesa urgente.*

1135. Attribuzioni dell'assemblea dei condomini.

Oltre a quanto è stabilito dagli articoli precedenti, l'assemblea dei condomini provvede [1130, comma 1, n. 1, 1136; disp. att. 66]:

1) alla conferma dell'amministratore e alla eventuale sua retribuzione [1129];

2) all'approvazione del preventivo delle spese occorrenti durante l'anno e alla relativa ripartizione tra i condomini;

3) all'approvazione del rendiconto annuale dell'amministratore [1130] e all'impiego del residuo attivo della gestione;

4) alle opere di manutenzione straordinaria e alle innovazioni, costituendo obbligatoriamente un fondo speciale di importo pari all'ammontare dei lavori; se i lavori devono essere eseguiti in base a un contratto che ne prevede il pagamento graduale in funzione del loro progressivo stato di avanzamento, il fondo può essere costituito in relazione ai singoli pagamenti dovuti[1].

L'amministratore non può ordinare lavori di manutenzione straordinaria, salvo che rivestano carattere urgente, ma in questo caso deve riferirne nella prima assemblea [1134].

L'assemblea può autorizzare l'amministratore a partecipare e collaborare a progetti, programmi e iniziative territoriali promossi dalle istituzioni locali o da soggetti privati qualificati, anche mediante opere di risanamento di parti comuni degli immobili nonchè di demolizione, ricostruzione e messa in sicurezza statica, al fine di favorire il recupero del patrimonio edilizio esistente, la vivibilità urbana, la sicurezza e la sostenibilità ambientale della zona in cui il condominio è ubicato[2].

[1] Numero prima sostituito dall'art. 13, L. 11 dicembre 2012, n. 220, a decorrere dal 18 giugno 2013, poi modificato dall'art. 1, D.L. 23 dicembre 2013, n. 145, convertito in L. 21 febbraio 2014, n. 9, che ha aggiunto in fine, il seguente periodo: «; se i lavori devono essere eseguiti in base a un contratto che ne prevede il pagamento graduale in funzione del loro progressivo stato di avanzamento, il fondo può essere costituito in relazione ai singoli pagamenti dovuti». Il testo previgente la modifica del 2012 disponeva: *4) alle opere di manutenzione straordinaria, costituendo, se occorre, un fondo speciale.*

[2] Comma aggiunto dall'art. 13, L. 11 dicembre 2012, n. 220, a decorrere dal 18 giugno 2013.

● Norme connesse:
- art. 10, L. 5 agosto 1978, n. 392.

1136. Costituzione dell'assemblea e validità delle deliberazioni.

L'assemblea in prima convocazione è regolarmente costituita con l'intervento di tanti condomini che rappresentino i due terzi del valore dell'intero edificio e la maggioranza dei partecipanti al condominio.

Sono valide le deliberazioni approvate con un numero di voti che rappresenti la maggioranza degli intervenuti e almeno la metà del valore dell'edificio.

Se l'assemblea in prima convocazione non può deliberare per mancanza di numero legale, l'assemblea in seconda convocazione delibera in un giorno successivo a quello della prima e, in ogni caso, non oltre dieci giorni dalla medesima. L'assemblea in seconda convocazione è regolarmente costituita con l'intervento di tanti condomini che rappresentino almeno un terzo del valore dell'intero edificio e un terzo dei partecipanti al condominio. La deliberazione è valida se approvata dalla maggioranza degli intervenuti con un numero di voti che rappresenti almeno un terzo del valore dell'edificio.

Le deliberazioni che concernono la nomina e la revoca dell'amministratore o le liti attive e passive relative a materie che esorbitano dalle attribuzioni dell'amministratore medesimo, le deliberazioni che concernono la ricostruzione dell'edificio o riparazioni straordinarie di notevole entità e le deliberazioni di cui agli articoli 1117-*quater*, 1120, secondo comma, 1122-*ter* nonchè 1135, terzo comma, devono essere sempre approvate con la maggioranza stabilita dal secondo comma del presente articolo.

Le deliberazioni di cui all'articolo 1120, primo comma, e all'articolo 1122-*bis*, terzo comma, devono essere approvate dall'assemblea con un numero di voti che rappresenti la maggioranza degli intervenuti ed almeno i due terzi del valore dell'edificio.

L'assemblea non può deliberare, se non consta che tutti gli aventi diritto sono stati regolarmente convocati.

Delle riunioni dell'assemblea si redige processo verbale da trascrivere nel registro tenuto dall'amministratore[1].

[1] Articolo così sostituito dall'art. 14, L. 11 dicembre 2012, n. 220, a decorrere dal 18 giugno 2013. Il testo previgente disponeva: *1136. Costituzione dell'assemblea e validità delle deliberazioni. L'assemblea è regolarmente costituita con l'intervento di tanti condomini che rappresentino i due terzi del valore dell'intero edificio e i due terzi dei partecipanti al condominio.*

Sono valide le deliberazioni approvate con un numero di voti che rappresenti la maggioranza degli intervenuti e almeno la metà del valore dell'edificio.

Se l'assemblea non può deliberare per mancanza di numero, l'assemblea di seconda convocazione delibera in un giorno successivo a quello della prima e in ogni caso, non oltre dieci giorni dalla medesima; la deliberazione è valida se riporta un numero di voti che rappresenti il terzo dei partecipanti al condominio e almeno un terzo del valore dell'edificio.

Le deliberazioni che concernono la nomina e la revoca dell'amministratore o le liti attive e passive relative a materie che esorbitano dalle attribuzioni dell'amministratore medesimo, nonché le deliberazioni che concernono la ricostruzione dell'edificio o riparazioni straordinarie di notevole entità devono essere sempre prese con la maggioranza stabilita dal secondo comma.

Le deliberazioni che hanno per oggetto le innovazioni previste dal primo comma dell'articolo 1120 devono essere sempre approvate con un numero di voti che rappresenti la maggioranza dei partecipanti al condominio e i due terzi del valore dell'edificio.

L'assemblea non può deliberare, se non consta che tutti i condomini sono stati invitati alla riunione.

Delle deliberazioni dell'assemblea si redige processo verbale da trascriversi in un registro tenuto dall'amministratore.

● Norme connesse:

- art. 10, L. 5 agosto 1978, n. 392.
- art. 119, commi 1, 1bis, 9bis, D.L. 19 maggio 2020, n. 34, convertito in L. 17 luglio 2020, n. 77.
- comma 1: art. 66, comma 6, disp. att. c.c.

1137. Impugnazione delle deliberazioni dell'assemblea.

Le deliberazioni prese dall'assemblea a norma degli articoli precedenti sono obbligatorie per tutti i condomini [1105].

Contro le deliberazioni contrarie alla legge o al regolamento di condominio ogni condomino assente, dissenziente o astenuto può adire l'autorità giudiziaria [c.p.c. 163] chiedendone l'annullamento nel termine perentorio di trenta giorni [1442, comma 4], che decorre dalla data della deliberazione per i dissenzienti o astenuti e dalla data di comunicazione della deliberazione per gli assenti [1107, 1109].

L'azione di annullamento non sospende l'esecuzione della deliberazione, salvo che la sospensione sia ordinata dall'autorità giudiziaria.

L'istanza per ottenere la sospensione proposta prima dell'inizio della causa di merito non sospende nè interrompe il termine per la proposizione dell'impugnazione della deliberazione. Per quanto non espressamente previsto, la sospensione è disciplinata dalle norme di cui al libro IV, titolo I, capo III, sezione I, con l'esclusione dell'articolo 669-*octies*, sesto comma, del codice di procedura civile[1 2].

[1] Articolo così sostituito dall'art. 15, L. 11 dicembre 2012, n. 220, a decorrere dal 18 giugno 2013. Il testo previgente disponeva: *1137. Impugnazione delle deliberazioni dell'assemblea. Le deliberazioni prese dall'assemblea a norma degli articoli precedenti sono obbligatorie per tutti i condomini.*

Contro le deliberazioni contrarie alla legge o al regolamento di condominio ogni condomino dissenziente può fare ricorso all'autorità giudiziaria, ma il ricorso non sospende l'esecuzione del provvedimento, salvo che la sospensione sia ordinata dall'autorità stessa.

Il ricorso deve essere proposto, sotto pena di decadenza, entro trenta giorni, che decorrono dalla data della deliberazione per i dissenzienti e dalla data di comunicazione per gli assenti.

[2] La Corte costituzionale, con sentenza 2 febbraio 1990, n. 49 ha dichiarato costituzionalmente illegittimo l'art. 1 della L. 7 ottobre 1969, n. 742, nella parte in cui non prevede che la sospensione dei termini nel periodo feriale si applichi anche al termine di decadenza di trenta giorni previsti dal presente articolo per l'impugnazione delle delibere assembleari.

1138. Regolamento di condominio.

Quando in un edificio il numero dei condomini è superiore a dieci, deve essere formato un regolamento [1106, 1130, comma 1, n. 1], il quale contenga le norme circa l'uso delle cose comuni [1117, 1122] e la ripartizione delle spese [1123], secondo i diritti e gli obblighi spettanti a ciascun condomino, nonché le norme per la tutela del decoro dell'edificio e quelle relative all'amministrazione [disp. att. 68, 72].

Ciascun condomino può prendere l'iniziativa per la formazione del regolamento di condominio o per la revisione di quello esistente.

Il regolamento deve essere approvato dall'assemblea con la maggioranza stabilita dal secondo comma dell'articolo 1136 ed allegato al registro indicato dal numero *7)* dell'articolo 1130. Esso può essere impugnato a norma dell'articolo 1107[1].

Le norme del regolamento non possono in alcun modo menomare i diritti di ciascun condomino, quali risultano dagli atti di acquisto e dalle convenzioni, e in nessun caso possono derogare alle disposizioni degli articoli 1118, secondo comma, 1119, 1120, 1129, 1131, 1132, 1136 e 1137 [disp. att. 72, 155].

Le norme del regolamento non possono vietare di possedere o detenere animali domestici[2].

[1] Comma così sostituito dall'art. 16, L. 11 dicembre 2012, n. 220, a decorrere dal 18 giugno 2013. Il testo previgente disponeva: *Il regolamento deve essere approvato dall'assemblea con la maggioranza stabilita dal secondo comma dell'articolo 1136 e trascritto nel registro indicato dall'ultimo comma dell'articolo 1129. Esso può essere impugnato a norma dell'articolo 1107.*

[2] Comma aggiunto dall'art. 16, L. 11 dicembre 2012, n. 220, a decorrere dal 18 giugno 2013.

1139. Rinvio alle norme sulla comunione.

Per quanto non è espressamente previsto da questo capo si osservano le norme sulla comunione in generale [1100 ss.; disp. att. 61, 62].

TITOLO VIII
DEL POSSESSO

● Norme connesse:

- artt. 1 ss., L. 18 dicembre 1984, n. 975; art. 51, L. 31 maggio 1995, n. 218.

CAPO I
DISPOSIZIONI GENERALI

1140. Possesso.

Il possesso è il potere sulla cosa che si manifesta in un'attività corrispondente all'esercizio della proprietà [832 ss.] o di altro diritto reale [952 ss., 957 ss., 978 ss., 1027 ss., 1058, 1066, 1153, comma 3, 1158, 1350, comma 1,n. 5, 2784 ss., 832; c.p. 646].

Si può possedere direttamente o per mezzo di altra persona, che ha la detenzione della cosa [931, 982, 1141, 1597-1780][1].

[1] L'art. 228, comma 1, del codice napoleonico del 1804 definisce il possesso *"la detenzione di una cosa che si trova in nostro potere o il godimento di un diritto che esercitiamo noi stessi, o per mezzo di un altro che ritiene la cosa o esercita il diritto in nome nostro"*. L'art. 854 del codice civile tedesco del 1896 stabilisce, al primo comma, che *"Il possesso di una cosa si acquista con il conseguimento del potere di fatto sulla cosa"*.

● Norme connesse:
- art. 167, L. 22 aprile 1941, n. 633.

■ Codice civile del 1865: *Art. 685. Il possesso è la detenzione di una cosa o il godimento di un diritto, che uno ha o per se stesso, o per mezzo di un altro il quale detenga la cosa od eserciti il diritto in nome di lui.*

Art. 686. Il possesso è legittimo quando sia continuo, non interrotto, pacifico, pubblico, non equivoco e con animo di tener la cosa come propria.

1141. Mutamento della detenzione in possesso.

Si presume [2728] il possesso in colui che esercita il potere di fatto, quando non si prova che ha cominciato a esercitarlo semplicemente come detenzione [1168].

Se alcuno ha cominciato ad avere la detenzione [1140], non può acquistare il possesso finché il titolo non venga a essere mutato per causa proveniente da un terzo o in forza di opposizione da lui fatta contro il possessore [1164]. Ciò vale anche per i successori a titolo universale [588, 1146].

■ Codice civile del 1865: *Art. 687. Si presume sempre che ciascuno possieda per se stesso ed a titolo di proprietà, quando non si provi che abbia cominciato a possedere in nome altrui.*

Quando siasi cominciato a possedere in nome altrui, si presume sempre che il possesso abbia continuato con lo stesso titolo, qualora non siavi prova in contrario.

Art. 2115. Non possono prescrivere a proprio favore quelli che possedono in nome altrui e i loro successori a titolo universale.

Sono possessori in nome altrui il conduttore, il depositario, l'usufruttario e generalmente coloro che ritengono precariamente la cosa.

Art. 2116. Le persone indicate nel precedente articolo possono tuttavia prescrivere, se il titolo del loro possesso si trova mutato o per causa provenente da un terzo, o in forza delle opposizioni da loro fatte contro il diritto del proprietario.

Art. 2117. Possono prescrivere quelli ai quali i conduttori, depositari ed altri possessori a titolo precario hanno ceduto la cosa a titolo di proprietà.

Art. 2118. Nessuno può prescrivere contro il proprio titolo in questo senso, che nessuno può cangiare riguardo a sè medesimo la causa ed il principio del suo possesso.

Ciascuno può prescrivere contro il proprio titolo in questo senso, che si può colla prescrizione conseguire la liberazione dall'obbligazione.

1142. Presunzione di possesso intermedio.

Il possessore attuale che ha posseduto in tempo più remoto si presume [2728] che abbia posseduto anche nel tempo intermedio.

■ Codice civile del 1865: *Art. 691. Il possessore attuale che provi d'aver posseduto in un tempo più remoto, si presume che abbia posseduto anche nel tempo intermedio, salva la prova del contrario.*

♦ Codice civile francese

Articolo 2234. *Il possessore attuale che prova di aver posseduto precedentemente si presume che abbia posseduto nel tempo intermediario salvo la prova contraria.*

♦ Codice civile tedesco

§ 938 Presunzione di possedere per sé. *Se un soggetto ha disposto all'inizio e alla fine di un periodo di tempo del possesso della cosa per sé, opera la presunzione che il suo possesso per se stesso sia continuato anche nel periodo intermedio.*

1143. Presunzione di possesso anteriore.

Il possesso attuale non fa presumere il possesso anteriore, salvo che il possessore abbia un titolo a fondamento del suo possesso; in questo caso si presume [2728] che egli abbia posseduto dalla data del titolo.

■ Codice civile del 1865: *Art. 692. Il possesso attuale non fa presumere l'antico, salvo che il possessore abbia un titolo; nel qual caso si presume aver egli posseduto dalla data del suo titolo, se non è provato il contrario.*

1144. Atti di tolleranza.

Gli atti compiuti con l'altrui tolleranza non possono servire di fondamento all'acquisto del possesso.

■ Codice civile del 1865: *Art. 688. Gli atti meramente facoltativi e quelli di semplice tolleranza non possono servire di fondamento all'acquisto del possesso legittimo.*

1145. Possesso di cose fuori commercio.

Il possesso delle cose di cui non si può acquistare la proprietà è senza effetto [823, 828, 2934].

Tuttavia nei rapporti tra privati è concessa l'azione di spoglio [1168] rispetto ai beni appartenenti al pubblico demanio e ai beni delle province e dei comuni soggetti al regime proprio del demanio pubblico [822, 824].

Se trattasi di esercizio di facoltà, le quali possono formare oggetto di concessione da parte della pubblica amministrazione, è data altresì l'azione di manutenzione [1170].

■ Codice civile del 1865: *Art. 690. Il possesso delle cose, di cui non si può acquistare la proprietà, non ha effetto giuridico.*

1146. Successione nel possesso. Accessione del possesso.

Il possesso continua nell'erede con effetto dall'apertura della successione [456, 460, 1141].

Il successore a titolo particolare può unire al proprio possesso quello del suo autore per goderne gli effetti [588, 649, 1148, 1470].

■ Codice civile del 1865: *Art. 693. Il possesso continua di diritto nella persona del successore, a titolo universale.*

Il successore a titolo particolare può unire al proprio possesso quello del suo autore per invocarne e goderne gli effetti.

♦ Codice civile francese

Articolo 2235. *Per completare la prescrizione si può aggiungere al suo possesso quello del suo erede, in qualunque maniera sia succeduto, sia a titolo universale o particolare, sia a titolo lucrativo od oneroso.*

♦ Codice civile tedesco

§ 857 Ereditabilità. *Il possesso si trasferisce all'erede.*

§ 943 Usucapione nel caso di successione nei rapporti giuridici. *Se la cosa perviene mediante acquisto a titolo derivativo nel possesso per sé di un terzo, il lasso temporale per l'usucapione passato nel corso del possesso del dante causa va a vantaggio anche del terzo.*

§ 944 Possessore dell'eredità. *Il periodo di tempo utile per l'usucapione decorso a vantaggio del possessore di un'eredità reca giovamento anche all'erede.*

1147. Possesso di buona fede.

È possessore di buona fede chi possiede ignorando di ledere l'altrui diritto [534, comma 2, 535, 1148, 1150, 1152, 1153, 1155, 1159, 1160, comma 2, 1161, 1162, 1189, 1415, 1445, 1599, 1994, 2756, comma 2].

La buona fede non giova se l'ignoranza dipende da colpa grave.

La buona fede è presunta e basta che vi sia stata al tempo dell'acquisto [113, 1415, 1445, 2033 ss.].

■ Codice civile del 1865: *Art. 701. È possessore di buona fede chi possede come proprietario in forza di un titolo abile a trasferire il dominio, del qual titolo ignorava i vizi.*

Art. 702. La buona fede è sempre presunta, e chi allega la mala fede deve darne la prova.

Basta che la buona fede vi sia stata al tempo dell'acquisto.

CAPO II
DEGLI EFFETTI DEL POSSESSO

Sezione I
Dei diritti e degli obblighi del possessore nella restituzione della cosa

1148. Acquisto dei frutti.

Il possessore di buona fede [1147] fa suoi i frutti naturali separati fino al giorno della domanda giudiziale [55; c.p.c. 137 ss., 163, comma 4] e i frutti civili [820] maturati fino allo stesso giorno [56, 71, comma 2, 535, 1149, 1150, 1361, comma 2]. Egli, fino alla restituzione della cosa, risponde verso il rivendicante [948] dei frutti percepiti dopo la domanda giudiziale e di quelli che avrebbe potuto percepire dopo tale data, usando la diligenza di un buon padre di famiglia [329, 821, 1176, 2033].

■ Codice civile del 1865: *Art. 703. Il possessore di buona fede fa suoi i frutti, e non è tenuto a restituire se non quelli che gli siano pervenuti dopo la domanda giudiziale.*

♦ Codice civile tedesco

§ 955 Acquisto da parte del possessore per sé in buona fede. *Chi possiede una cosa per sé, diventa proprietario dei prodotti e delle altre parti che rientrano tra i frutti della cosa, fatte salve le previsioni dei § § 956, 957, con la separazione. L'acquisto non si realizza, nei casi in cui il possessore per sé non sia legittimato al possesso per sé o altro soggetto sia legittimato, attraverso un diritto sulla cosa, a ricevere i frutti e il possessore per sé, al tempo dell'acquisto del possesso per sé, non era in buona fede o prima della separazione viene a conoscenza della mancanza del diritto. (2) Al possessore per sé è equiparato il possessore della cosa allo scopo di esercitarvi un diritto di godimento. (3) Al possesso per sé ed al possesso ad esso equiparato si applica corrispondentemente la disposizione del § 940, comma 2.*

§ 987 Utili successivi alla domanda giudiziale. *(1) Il possessore è tenuto a trasferire al proprietario gli utili che ottiene successivamente all'instaurazione del giudizio. (2) Se il possessore successivamente all'introduzione del giudizio non consegue gli utili, che avrebbe potuto conseguire secondo le regole di un corretto impiego della cosa, egli ha l'obbligo di pagarne il valore al proprietario, nella misura in cui gli sia addebitabile una colpa.*

§ 990 Responsabilità del possessore in caso di conoscenza. *(1) Nel caso in cui al momento dell'acquisto del possesso il possessore non era in buona fede, ne risponde verso il proprietario in base ai § § 987, 989 dal momento dell'acquisto del possesso. Se il possessore ottiene la consapevolezza di non essere legittimato a possedere in un momento. successivo, egli risponde comunque dal momento in cui ne ha avuta conoscenza. (2) Rimane ferma l'ulteriore responsabilità del possessore per il ritardo.*

1149. Rimborso delle spese per la produzione e il raccolto dei frutti.

Il possessore che è tenuto a restituire i frutti indebitamente percepiti ha diritto al rimborso delle spese a norma del secondo comma dell'articolo 821.

1150. Riparazioni, miglioramenti e addizioni.

Il possessore, anche se di mala fede, ha diritto al rimborso delle spese fatte per le riparazioni straordinarie [1005, 1479].

Ha anche diritto a indennità per i miglioramenti recati alla cosa, purché sussistano al tempo della restituzione [975].

L'indennità si deve corrispondere nella misura dell'aumento di valore conseguito dalla cosa per effetto dei miglioramenti, se il possessore è di buona fede [1147, 1502]; se il possessore è di mala fede, nella minor somma tra l'importo della spesa e l'aumento di valore [975, 985].

Se il possessore è tenuto alla restituzione dei frutti [1148, 1149, 1152], gli spetta anche il rimborso delle spese fatte per le riparazioni ordinarie, limitatamente al tempo per il quale la restituzione è dovuta.

Per le addizioni fatte dal possessore sulla cosa si applica il disposto dell'articolo 936. Tuttavia, se le addizioni costituiscono miglioramento [934] e il possessore è di buona fede, è dovuta un'indennità nella misura dell'aumento di valore conseguito dalla cosa [535, 2040; disp. att. 157].

■ Codice civile del 1865: *Art. 704. Il possessore, ancorché di buona fede, non può pretendere alcuna indennità per causa di miglioramenti, se più non sussistono al tempo dell'evizione.*

Art. 705. Il possessore tanto di buona quanto di mala fede non può pretendere pè miglioramenti, se non la somma minore che risulterà tra lo speso e il migliorato.

1151. Pagamento delle indennità.

L'autorità giudiziaria, avuto riguardo alle circostanze, può disporre che il pagamento delle indennità previste dall'articolo precedente sia fatto ratealmente, ordinando, in questo caso, le opportune garanzie [985, 1179, 2040; c.p.c. 119].

1152. Ritenzione a favore del possessore di buona fede.

Il possessore di buona fede [1147] può ritenere la cosa [748 comma 4, 975 comma 2, 1006, 1011, 1502 comma 2, 2040] finché non gli siano corrisposte le indennità dovute [1149, 1150, 2864], purché queste siano state domandate nel corso del giudizio di rivendicazione [948] e sia stata fornita una prova generica della sussistenza delle riparazioni e dei miglioramenti [1006, 1011, 1502, 2756].

Egli ha lo stesso diritto finché non siano prestate le garanzie ordinate dall'autorità giudiziaria nel caso previsto dall'articolo precedente [563, 929, 2040, 2864; c.p.c. 119].

■ Codice civile del 1865: *Art. 706. Al solo possessore di buona fede compete la ritenzione dè beni per causa di miglioramenti in essi realmente fatti e sussistenti, se questi sono stati domandati nel corso del giudizio di rivendicazione, e già venne fornita qualche prova della sussistenza in genere dei medesimi.*

Sezione II

Del possesso di buona fede di beni mobili

1153. Effetti dell'acquisto del possesso.

Colui al quale sono alienati beni mobili da parte di chi non è proprietario, ne acquista la proprietà [922] mediante il possesso [948, 1994, 2920], purché sia in buona fede [1147, 1154, 1155, 1415] al momento della consegna [1706] e sussista un titolo idoneo al trasferimento della proprietà [563 comma 2, 769, 1155, 1159, 1161, 1192, 1470, 1552, 1599, 2919].

La proprietà si acquista libera da diritti altrui sulla cosa, se questi non risultano dal titolo e vi è la buona fede dell'acquirente [1158, comma 2, 1159, 1599, comma 2, 2747, 2764, 2913].

Nello stesso modo si acquistano i diritti di usufrutto [978], di uso [1021] e di pegno [2784, 2913].

● Norme connesse:

- art. 186, comma 4, D.Lgs. 18 aprile 2016, n. 50 (Codice dei Contratti pubblici), che dispone: *Fermo restando quanto previsto dall'articolo 1153 del codice civile, il privilegio può essere esercitato anche nei confronti dei terzi che abbiano acquistato diritti sui beni che sono oggetto dello stesso dopo la trascrizione prevista dal comma 3. Nell'ipotesi in cui non sia possibile far valere il privilegio nei confronti del terzo acquirente, il privilegio si trasferisce sul corrispettivo.*

- art. 46, D.Lgs. 1 settembre 1993, n. 385.

■ Codice civile del 1865: *Art. 707. Riguardo ai beni mobili per loro natura ed ai titoli al portatore, il possesso produce a favore dei terzi di buona fede l'effetto stesso del titolo. Questa disposizione non si applica all'universalità dè mobili.*

Art. 708. Colui però che ha smarrita la cosa o che ne fu derubato, può ripeterla da quello presso cui la trova, salvo a questo il regresso per indennità contro colui dal quale l'ha ricevuta.

Art. 709. Se però l'attuale possessore della cosa sottratta o smarrita l'ha comprata in una fiera o in un mercato, ovvero all'occasione di un vendita pubblica, o da un commerciante che faccia pubblico spaccio di simili oggetti, il proprietario non può ottenere la restituzione della cosa sua, se non rimborsando il possessore del prezzo che gli è costata.

♦ Codice civile tedesco

§ 932 Acquisto in buona fede da chi non è legittimato. *(1) L'acquirente diventa proprietario mediante il trasferimento fatto in base al § 929 anche nei casi in cui la cosa non sia di proprietà dell'alienante, salvo che egli nel momento in cui, in base a tale disposizione avrebbe dovuto acquistare la proprietà, non era in buona fede. Nel caso del § 929, periodo 2 questo si applica soltanto quando l'acquirente abbia conseguito il possesso da colui che aliena. (2) L'acquirente non è in buona fede, quando conosce, o ignora per colpa grave, che la cosa non è di proprietà dell'alienante.*

§ 935 Mancanza di acquisto in buona fede in caso di cose smarrite. *(1) L'acquisto della proprietà attraverso le disposizioni di cui ai § § da 932 a 934 non si determina, quando il bene sia stato sottratto al proprietario, costui l'abbia perduto o sia altrimenti andato disperso. Analoghe considerazioni valgono, se il proprietario era possessore mediato, nel momento in cui il possessore ha perduto il bene. (2) Questa disposizione non si estende al denaro o ai titoli al portatore, ovvero alle cose, alienate in un'asta pubblica.§ 936 Perdita dei, diritti dei terzi. (1) Qualora una cosa alienata sia gravata dal diritto di un terzo, questo diritto viene meno con il trasferimento della proprietà. Nel caso del § 929, periodo 2 questo si applica soltanto quando l'acquirente abbia conseguito il possesso dal venditore. Se la vendita si verifica in base al § 929a o al § 930, o ancora se la cosa alienata in base al § 931 non era nel possesso mediato del venditore, il diritto del terzo cessa solo nel momento in cui l'acquirente consegua il possesso della cosa per mezzo della vendita. (2) Il diritto del terzo non viene meno, nel caso in cui l'acquirente al tempo indicato dal comma 1 non si trovava in buona fede in ordine al diritto. (3) Qualora nell'ipotesi del § 931 il diritto appartenga al possessore, esso non viene meno neppure nei confronti dell'acquirente in buonafede.*

1154. Conoscenza dell'illegittima provenienza della cosa.

A colui che ha acquistato conoscendo l'illegittima provenienza della cosa [1153] non giova l'erronea credenza che il suo autore o un precedente possessore ne sia divenuto proprietario [2644].

1155. Acquisto di buona fede e precedente alienazione ad altri.

Se taluno con successivi contratti aliena a più persone un bene mobile, quella tra esse che ne ha acquistato in buona fede il possesso [1147] è preferita alle altre, anche se il suo titolo è di data posteriore [922, 1153, 1265, 1380, 1991, 1999 comma 1, 2644].

■ Codice civile del 1865: *Art. 1126. Se la cosa che taluno si è obbligato con successive convenzioni di dare o consegnare a due persone, è un mobile per natura o un titolo al portatore, quella fra esse a cui fu dato il possesso, sarà preferita all'altra, sebbene il suo titolo fosse posteriore di data, purché il possesso sia di buona fede.*

1156. Universalità di mobili e mobili iscritti in pubblici registri.

Le disposizioni degli articoli precedenti non si applicano alle universalità di mobili [816] e ai beni mobili iscritti in pubblici registri [815, 1162, 2683; c.nav. 146, 753].

1157. Possesso dei titoli di credito.

Gli effetti del possesso di buona fede dei titoli di credito sono regolati dal titolo V del libro IV [1992-2027].

Sezione III
Dell'usucapione

1158. Usucapione dei beni immobili e dei diritti reali immobiliari.

La proprietà dei beni immobili e gli altri diritti reali di godimento [957, 978, 1021, 1022, 1031, 1061, comma 1, 2555] sui beni medesimi [disp. att. 158, 252] si acquistano [922, 948, 1014 n. 1, 1042, 1061, 1073, 1164, 1422] in virtù del possesso [1140, 1163] continuato per venti anni [66, 71, 73, 177, comma 1, lett. a), 533, 714, 954, comma 4, 970, 978, 1143, 1153, comma 2, 1159, 1166, 2651, 2815, comma 3].

■ Codice civile del 1865: *Art. 2135. Tutte le azioni tanto reali quanto personali si prescrivono col decorso di trent'anni, senza che possa in contrario opporsi il difetto di titolo o di buona fede.*

♦ Codice civile tedesco

§ 927 Procedimento di notificazione pubblica *(1) Il proprietario di un immobile, quando il bene immobile è da trenta anni nel possesso altrui, può venire escluso dal suo diritto mediante il procedimento di notificazione pubblica. La durata del possesso viene calcolata nello stesso modo del termine per l'usucapione di un bene mobile. Se il proprietario è iscritto nel libro fondiario, il procedimento di notificazione pubblica è consentito soltanto quando egli sia morto o assente e non ci sia stata da trenta anni nessuna iscrizione nel libro fondiario, per la quale è necessario il consenso del proprietario. (2) Colui che ha ottenuto la sentenza di esclusione acquista la proprietà attraverso l'iscrizione in qualità di proprietario nel libro fondiario. (3) Qualora prima della pronuncia della sentenza di esclusione sia stato iscritto un terzo nel libro fondiario in qualità di proprietario, ovvero un'opposizione all'esattezza del libro fondiario per la proprietà di un terzo, la sentenza non produce effetti nei confronti del terzo.*

1159. Usucapione decennale.

Colui che acquista in buona fede [1147, 1425, 1478] da chi non è proprietario un immobile, in forza di un titolo che sia idoneo [2652, comma 1, n. 6] a trasferire la proprietà [922] e che sia stato debitamente trascritto [2643 n. 1], ne compie l'usucapione in suo favore col decorso di dieci anni dalla data della trascrizione [177, comma 1, lett. a), 1146, 1153, 2651].

La stessa disposizione si applica nel caso di acquisto degli altri diritti reali di godimento sopra un immobile.

■ Codice civile del 1865: *Art. 2137. Chi acquista in buona fede un immobile o un diritto reale sopra un immobile in forza di un titolo, che sia stato debitamente trascritto e che non sia nullo per difetto di forma, ne compie in suo favore la prescrizione col decorso di dieci anni dalla data della trascrizione.*

1159-*bis*. Usucapione speciale per la piccola proprietà rurale.

La proprietà dei fondi rustici con annessi fabbricati situati in comuni classificati montani dalla legge si acquista in virtù del possesso continuato per quindici anni.

Colui che acquista in buona fede [1147] da chi non è proprietario, in forza di un titolo che sia idoneo a trasferire la proprietà [922] e che sia debitamente trascritto [2643, comma 1, n. 1], un fondo rustico con annessi fabbricati, situati in comuni classificati montani dalla legge, ne compie l'usucapione in suo favore col decorso di cinque anni dalla data di trascrizione [1146, 1153, 2651].

La legge speciale stabilisce la procedura, le modalità e le agevolazioni per la regolarizzazione del titolo di proprietà.

Le disposizioni di cui ai commi precedenti si applicano anche ai fondi rustici con annessi fabbricati, situati in comuni non classificati montani dalla legge, aventi un reddito non superiore ai limiti fissati dalla legge speciale[1].

[1] Articolo aggiunto dall'art. 1, L. 10 maggio 1976, n. 346.

● Norme connesse:

- comma 1: L. 3 dicembre 1971, n. 1102 (Nuove norme per lo sviluppo della montagna).

- comma 3: art. 3, L. 10 maggio 1976, n. 346 (Usucapione speciale per la piccola proprietà rurale).

CODICE CIVILE

1160. Usucapione delle universalità di mobili.

L'usucapione di un'universalità di mobili [816, 2555] o di diritti reali di godimento sopra la medesima si compie in virtù del possesso continuato per venti anni [1156].

Nel caso di acquisto in buona fede [1147] da chi non è proprietario, in forza di titolo idoneo [922], l'usucapione si compie con il decorso di dieci anni [1159, 1163; disp. att. 252].

● Norme connesse:
- art. 53, comma 1, L. 31 maggio 1995, n. 218.

1161. Usucapione dei beni mobili.

In mancanza di titolo idoneo [922], la proprietà dei beni mobili [1153] e gli altri diritti reali di godimento sui beni medesimi si acquistano in virtù del possesso continuato per dieci anni, qualora il possesso sia stato acquistato in buona fede [1147].

Se il possessore è di mala fede, l'usucapione si compie con il decorso di venti anni [1163, 1166; disp. att. 252].

● Norme connesse:
- art. 53, L. 31 maggio 1995, n. 218.

1162. Usucapione di beni mobili iscritti in pubblici registri.

Colui che acquista in buona fede [1147] da chi non è proprietario un bene mobile iscritto in pubblici registri [815, 948, 1156, 2683; c.nav. 146, 753], in forza di un titolo che sia idoneo a trasferire la proprietà e che sia stato debitamente trascritto [922, 2683], ne compie in suo favore l'usucapione col decorso di tre anni dalla data della trascrizione.

Se non concorrono le condizioni previste dal comma precedente, l'usucapione si compie col decorso di dieci anni.

Le stesse disposizioni si applicano nel caso di acquisto degli altri diritti reali di godimento [957, 978, 1021, 1031].

● Norme connesse:
- art. 53, L. 31 maggio 1995, n. 218.

1163. Vizi del possesso.

Il possesso acquistato in modo violento o clandestino non giova per l'usucapione [1158, 1160, 1161, 1162, 1170] se non dal momento in cui la violenza o la clandestinità è cessata.

■ Codice civile del 1865: *Art. 689. Parimenti gli atti violenti o clandestini non possono servire di fondamento all'acquisto del possesso legittimo: esso tuttavia può cominciare quando la violenza o la clandestinità siano cessate.*

Art. 2106. Per acquistare mediante la prescrizione è necessario un possesso legittimo.

1164. Interversione del possesso.

Chi ha il possesso corrispondente all'esercizio di un diritto reale su cosa altrui [1102, comma 2] non può usucapire la proprietà della cosa stessa, se il titolo del suo possesso non è mutato per causa proveniente da un terzo o in forza di opposizione da lui fatta contro il diritto del proprietario [1095, 1141]. Il tempo necessario per l'usucapione [1158-1168, 2653, comma 1, n. 5] decorre dalla data in cui il titolo del possesso è stato mutato.

■ Codice civile del 1865: *Art. 2115. Non possono prescrivere a proprio favore quelli che possedono in nome altrui e i loro successori a titolo universale.*

Sono possessori in nome altrui il conduttore, il depositario, l'usufruttario e generalmente coloro che ritengono precariamente la cosa.

Art. 2116. Le persone indicate nel precedente articolo possono tuttavia prescrivere, se il titolo del loro possesso si trova mutato o per causa provenente da un terzo, o in forza delle opposizioni da loro fatte contro il diritto del proprietario.

Art. 2117. Possono prescrivere quelli ai quali i conduttori, depositari ed altri possessori a titolo precario hanno ceduto la cosa a titolo di proprietà.

Art. 2118. Nessuno può prescrivere contro il proprio titolo in questo senso, che nessuno può cangiare riguardo a sè medesimo la causa ed il principio del suo possesso.

Ciascuno può prescrivere contro il proprio titolo in questo senso, che si può colla prescrizione conseguire la liberazione dall'obbligazione.

1165. Applicazione di norme sulla prescrizione.

Le disposizioni generali sulla prescrizione [2934, 2936, 2937], quelle relative alle cause di sospensione [2941, 2942] e d'interruzione [1167, 2653 n. 5, 2943] e al computo dei termini [2962, 2963] si osservano, in quanto applicabili, rispetto all'usucapione [1166].

1166. Inefficacia delle cause di impedimento e di sospensione rispetto al terzo possessore.

Nell'usucapione ventennale [1073, 1158, 1161] non hanno luogo, riguardo al terzo possessore di un immobile o di un diritto reale sopra un immobile, né l'impedimento derivante da condizione o da termine [2935], né le cause di sospensione indicate dall'articolo 2942.

L'impedimento derivante da condizione o da termine e le cause di sospensione menzionate nel detto articolo non sono nemmeno opponibili al terzo possessore nella prescrizione per non uso dei diritti reali sui beni da lui posseduti [954 comma 4, 970, 1014, 1073].

♦ Codice civile tedesco

§ 939 Sospensione dell'usucapione. *(1) L'usucapione viene sospesa, se la richiesta di restituzione nei confronti del possessore per sé o, in caso di possesso mediato, nei confronti del possessore che consegua il proprio diritto al possesso dal possessore per sé, viene richiesta in uno dei modi capaci di sospendere la prescrizione secondo i § § 203 e 204.*

La sospensione opera tuttavia soltanto a vantaggio di chi l'abbia determinata. (2) L'usucapione viene anche sospesa, finchè resti sospesa la prescrizione della richiesta alla restituzione in base ai § § da 205 a 207 o il suo decorso in base ai§ §210 e 211.

1167. Interruzione dell'usucapione per perdita di possesso.

L'usucapione è interrotta [1165] quando il possessore è stato privato del possesso per oltre un anno [2945].

L'interruzione si ha come non avvenuta se è stata proposta l'azione diretta a recuperare il possesso [1168] e questo è stato recuperato [2653, comma 1, n. 5].

■ Codice civile del 1865: *Art. 2123. La prescrizione può essere interrotta naturalmente o civilmente.*

Art. 2124. È interrotta naturalmente, quando il possessore viene privato per più d'un anno del godimento della cosa.

♦ Codice civile tedesco

§ 940 Interruzione per perdita del possesso. *(1) L'usucapione è interrotta in caso di perdita del possesso per sé. (2) L'interruzione si considera non operante, se il possessore per sé ha perduto il possesso contro la sua volontà e lo ha riottenuto entro il termine di un anno o attraverso un'azione esperita entro lo stesso termine.*

§ 941 Interruzione attraverso atti esecutivi. *L'usucapione viene interrotta mediante la realizzazione o la richiesta di un atto esecutivo giudiziale o amministrativo. Il § 212, commi 2 e 3 trova corrispondente applicazione.*

§ 942 Effetti dell'interruzione. *Qualora l'usucapione venga interrotta, il tempo decorso fino al momento dell'interruzione non viene calcolato; una nuova usucapione può cominciare soltanto successivamente alla cessazione dell'interruzione.*

CAPO III
DELLE AZIONI A DIFESA DEL POSSESSO

● Norme connesse:

- artt. 1 ss., L. 18 dicembre 1984, n. 975; art. 5, L. 31 maggio 1995, n. 218.

1168. Azione di reintegrazione.

Chi è stato violentemente od occultamente spogliato del possesso [374, comma 1, n. 5, 460, comma 1, 1012, 1145, comma 2, 2789] può, entro l'anno dal sofferto spoglio, chiedere contro l'autore di esso la reintegrazione del possesso medesimo [823, comma 2, 1079, 1140 comma 2, 1165, 1246, comma 1, n. 1, 2, 1588, 1858; c.p.c. 21, comma 2, 669-bis ss., 703; c.p. 634].

L'azione è concessa altresì a chi ha la detenzione della cosa [1141], tranne il caso che l'abbia per ragioni di servizio o di ospitalità.

Se lo spoglio è clandestino, il termine per chiedere la reintegrazione decorre dal giorno della scoperta dello spoglio [1170].

La reintegrazione deve ordinarsi dal giudice sulla semplice notorietà del fatto, senza dilazione [c.p.c. 703, 704, 705].

● Norme connesse:

- sulla tutela possessoria nei confronti della p.a., in materia espropriativa, artt. 43, 53, D.P.R. 8 giugno 2001, n. 327 (T.U. espropriazioni).

- art. 133, comma 1, lett. g), D.Lgs. 2 luglio 2010, n. 104 (Codice del processo amministrativo), in tema di giurisdizione esclusiva del G.A. in materia edilizia ed espropriativa.

- sui limiti relativi alla cognizione del G.O., artt. 4 e 5 della LAC (L. 20 marzo 1865, n. 2248, all. E).

■ Codice civile del 1865: *Art. 695. Chi è stato violentemente od occultamente spogliato del possesso, qualunque esso sia, di una cosa mobile od immobile, può entro l'anno dal sofferto spoglio chiedere contro l'autore di esso di venir reintegrato nel possesso medesimo.*

Art. 696. La reintegrazione deve ordinarsi dal giudice, premessa la citazione dell'altra parte, sulla semplice notorietà del fatto, senza dilazione e con la maggior celerità di procedura, contro qualsivoglia persona, fosse anche il proprietario delle cose di cui si è patito lo spoglio.

♦ Codice civile francese

Articolo 2282. *Il possesso è protetto senza aver riguardo del contenuto del diritto, contro il disturbo che lo colpisce o lo minaccia. La protezione possessoria è parallelamente accordata al detentore contro ogni altro soggetto che detiene i suoi diritti.*

Articolo 2283. *Le azioni possessorie sono ammesse nelle condizioni previste dal codice di procedura civile a quelli che possiedono o detengono pacificamente.*

♦ Codice civile tedesco

§ 858 Impossessamento arbitrario illecito. *(1) Colui che sottrae al possessore il possesso o lo molesta nel possesso contro la sua volontà agisce in modo illecito (impossessamento arbitrario illecito), salvo che la legge consenta lo spossessamento o la molestia. (2) Il possesso conseguito attraverso un impossessamento arbitrario illecito è viziato. Tale vizio può farsi valere anche nei confronti del successore nel possesso, qualora costui sia erede del possessore o conoscesse il vizio del possesso del suo dante causa al tempo dell'acquisto.*

§ 861 Richiesta conseguente alla sottrazione del possesso. *(1) Se il possesso viene tolto al possessore mediante impossessamento arbitrario illecito, costui può pretendere la reimmissione nel possesso da parte di colui che possiede in modo vizioso nei suoi confronti. (2) Questa pretesa non ricorre, qualora il possesso spogliato fosse vizioso rispetto all'attuale possessore od al suo dante causa, e sia stato ottenuto nel corso dell'anno precedente allo spossessamento.*

§ 864 Estinzione delle pretese possessorie. *(1) Una richiesta basata sui §§ 861, 862 viene meno trascorso un anno dal momento dello impossessamento arbitrario illecito, nel caso in cui la pretesa non sia stata fatta valere prima in via di azione. (2) L'estinzione si determina anche se successivamente all'esercizio dell'impossessamento arbitrario illecito venga accertato con sentenza passata in giudicato, che al soggetto che l'ha compiuta compete un diritto sulla cosa, in base al quale egli possa pretendere l'introduzione di una situazione possessoria corrispondente al suo modo di operare.*

§ 859 Autotutela del possessore. *(1) Il possessore è legittimato a difendersi con la forza dall'impossessamento arbitrario illecito; (2) Qualora un bene mobile sia preso al possessore con impossessamento arbitrario illecito, costui è legittimato a riprenderselo subito con la forza dal soggetto colto sul fatto o inseguito (3) Qualora al possessore di un bene immo-*

CODICE CIVILE

bile sia stato tolto il possesso mediante impossessamento arbitrario illecito, costui può, immediatamente dopo lo spoglio, riottenere con la forza il possesso del bene immobile mediante lo spossessamento di colui che ha commesso il fatto. (4) Gli stessi diritti spettano al possessore nei confronti di colui verso il quale può farsi valere il possesso viziato ai sensi del § 858, comma 2.

1169. Reintegrazione contro l'acquirente consapevole dello spoglio.

La reintegrazione si può domandare anche contro chi è nel possesso in virtù di un acquisto a titolo particolare, fatto con la conoscenza dell'avvenuto spoglio.

1170. Azione di manutenzione.

Chi è stato molestato nel possesso [460, comma 1, 1145, comma 2] di un immobile, di un diritto reale sopra un immobile [1079] o di un'universalità di mobili [816] può, entro l'anno dalla turbativa [1168], chiedere la manutenzione del possesso medesimo [1145; c.p.c. 703, 8 n. 1, 21 comma 2].

L'azione è data se il possesso dura da oltre un anno, continuo e non interrotto, e non è stato acquistato violentemente o clandestinamente. Qualora il possesso sia stato acquistato in modo violento o clandestino, l'azione può nondimeno esercitarsi, decorso un anno dal giorno in cui la violenza o la clandestinità è cessata.

Anche colui che ha subito uno spoglio non violento o clandestino può chiedere di essere rimesso nel possesso, se ricorrono le condizioni indicate dal comma precedente.

● Norme connesse:

- sulla tutela possessoria nei confronti della p.a., in materia espropriativa, artt. 43, 53, D.P.R. 8 giugno 2001, n. 327 (T.U. espropriazioni).

- art. 133, comma 1, lett. g), D.Lgs. 2 luglio 2010, n. 104 (Codice del processo amministrativo), in tema di giurisdizione esclusiva del G.A. in materia edilizia ed espropriativa.

- sui limiti relativi alla cognizione del G.O., artt. 4 e 5 della LAC (L. 20 marzo 1865, n. 2248, all. E).

■ Codice civile del 1865: *Art. 694. Chi trovandosi da oltre un anno nel possesso legittimo di un immobile o di un diritto reale, o di una universalità di mobili, viene in tale possesso molestato, può entro l'anno dalla molestia chiedere la manutenzione del possesso medesimo.*

♦ Codice civile tedesco

§ 862 Richieste per la molestia nel possesso. *(1) Qualora il possessore sia molestato attraverso un impossessamento arbitrario illecito nel suo possesso, è legittimato a pretendere verso colui che le ha poste in essere la conclusione delle molestie. Se si temono ulteriori molestie, il possessore può agire per chiederne la cessazione. (2) Analoga pretesa non ricorre, quando il possessore possieda in modo vizioso nei confronti del molestante o del suo dante causa, ed il possesso è stato conseguito nel corso dell'anno antecedente alla molestia.*

TITOLO IX
DELLA DENUNZIA DI NUOVA OPERA E DI DANNO TEMUTO

1171. Denunzia di nuova opera.

Il proprietario [832], il titolare di altro diritto reale di godimento [982, 1021, 1022, 1031] o il possessore, il quale ha ragione di temere che da una nuova opera, da altri intrapresa sul proprio come sull'altrui fondo, sia per derivare danno alla cosa che forma l'oggetto del suo diritto o del suo possesso, può denunziare all'autorità giudiziaria la nuova opera, purché questa non sia terminata e non sia trascorso un anno dal suo inizio [2813; c.p.c. 21, comma 2, 688 ss.].

L'autorità giudiziaria, presa sommaria cognizione del fatto, può vietare la continuazione dell'opera, ovvero permetterla, ordinando le opportune cautele [1172]: nel primo caso per il risarcimento del danno prodotto dalla sospensione dell'opera, qualora le opposizioni al suo proseguimento risultino infondate nella decisione del merito; nel secondo caso, per la demolizione o riduzione dell'opera e per il risarcimento del danno che possa soffrirne il denunziante, se questi ottiene sentenza favorevole, nonostante la permessa continuazione [c.p.c. 688 ss.].

● Norme connesse:

- sulla tutela possessoria nei confronti della p.a., in materia espropriativa, artt. 43, 53, D.P.R. 8 giugno 2001, n. 327 (T.U. espropriazioni).

- art. 133, comma 1, lett. g), D.Lgs. 2 luglio 2010, n. 104 (Codice del processo amministrativo), in tema di giurisdizione esclusiva del G.A. in materia edilizia ed espropriativa.

- sui limiti relativi alla cognizione del G.O., artt. 4 e 5 della LAC (L. 20 marzo 1865, n. 2248, all. E).

■ Codice civile del 1865: *Art. 698. Chi ha ragione di temere che da una nuova opera da altri impresa così sul proprio come sull'altrui suolo, sia per derivare danno ad un immobile, ad un diritto reale o ad altro oggetto da lui posseduto, può denunziare al giudice tale nuova opera, purché non sia terminata e non sia trascorso un anno dal suo cominciamento.*

Il giudice, presa sommaria cognizione del fatto, può vietare la continuazione della nuova opera, ovvero permetterla, ordinando le opportune cautele; nel primo caso pel risarcimento del danno prodotto dalla sospensione dell'opera, quando le opposizioni al suo proseguimento risultino non fondate nella definitiva decisione sul merito; e nel secondo caso per la demolizione o riduzione dell'opera, e pel risarcimento dei danni che possa soffrirne il denunziante, se questi ottenga definitiva sentenza favorevole non ostante la permessa continuazione.

1172. Denunzia di danno temuto.

Il proprietario [832], il titolare di altro diritto reale di godimento [982, 1021, 1022, 1031, 1079] o il possessore, il quale ha ragione di temere che da qualsiasi edificio, albero o altra cosa sovrasti pericolo di un danno grave e prossimo alla cosa che forma l'oggetto del suo diritto o del suo possesso, può denunziare il fatto all'autorità giudiziaria e ottenere, secondo le circostanze, che si provveda per ovviare al pericolo [823, 2813; c.p.c. 21, comma 2, 688].

L'autorità giudiziaria, qualora ne sia il caso, dispone idonea garanzia per i danni eventuali [1171, 1179; c.p.c. 119].

■ Codice civile del 1865: *Art. 699. Chi ha ragionevole motivo di temere che da qualsivoglia edifizio, da un albero, o da altro oggetto sovrasti pericolo di un danno grave e prossimo ad un fondo od oggetto da lui posseduto, ha diritto di denunziare il fatto al giudice, e di ottenere, secondo le circostanze, che si provveda per ovviare al pericolo, o s'ingiunga al vicino l'obbligo di dare cauzione pei danni possibili.*

♦ Codice civile tedesco

§ 908 Pericolo di rovina di edificio. *Nel caso in cui un bene immobile venga minacciato dal pericolo di essere danneggiato a causa della rovina di un edificio odi un'altra opera, accedente ad un immobile vicino, o dalla caduta di parti di edificio o dell'opera, il proprietario può pretendere dal soggetto che in base al § 836, comma 1 o ai § § 837, 838 sarebbe responsabile per il danno, che costui prenda le misure idonee alla rimozione del pericolo.*

LIBRO IV
DELLE OBBLIGAZIONI

TITOLO I
DELLE OBBLIGAZIONI IN GENERALE

● Norme connesse:

- L. 18 dicembre 1984, n. 975 (Ratifica ed esecuzione della convenzione sulla legge applicabile alle obbligazioni contrattuali, adottata a Roma il 19 giugno 1960); art. 57, L. 31 maggio 1995, n. 218 (Riforma del sistema italiano di diritto internazionale privato).

CAPO I
DISPOSIZIONI PRELIMINARI

1173. Fonti delle obbligazioni.

Le obbligazioni derivano da contratto [1321], da fatto illecito [2043 ss.], o da ogni altro atto [651, 662, 1987] o fatto [1337, 1890] idoneo a produrle [647, 737, 843, 1337] in conformità dell'ordinamento giuridico [433, 1175, 1755, 1762, 1987, 2028, 2033, 2041; L. camb. 11, 14].

● Norme connesse:

- per gli obblighi nascenti da accordi tra privati e pubbliche amministrazioni, art. 11, L. 7 agosto 1990, n. 241, che dispone: *1. In accoglimento di osservazioni e proposte presentate a norma dell'articolo 10, l'amministrazione procedente può concludere, senza pregiudizio dei diritti dei terzi, e in ogni caso nel perseguimento del pubblico interesse, accordi con gli interessati al fine di determinare il contenuto discrezionale del provvedimento finale ovvero in sostituzione di questo.*

1-bis. Al fine di favorire la conclusione degli accordi di cui al comma 1, il responsabile del procedimento può predisporre un calendario di incontri cui invita, separatamente o contestualmente, il destinatario del provvedimento ed eventuali controinteressati.

2. Gli accordi di cui al presente articolo debbono essere stipulati, a pena di nullità, per atto scritto, salvo che la legge disponga altrimenti. Ad essi si applicano, ove non diversamente previsto, i princìpi del codice civile in materia di obbligazioni e contratti in quanto compatibili. Gli accordi di cui al presente articolo devono essere motivati ai sensi dell'articolo 3.

3. Gli accordi sostitutivi di provvedimenti sono soggetti ai medesimi controlli previsti per questi ultimi.

4. Per sopravvenuti motivi di pubblico interesse l'amministrazione recede unilateralmente dall'accordo, salvo l'obbligo di provvedere alla liquidazione di un indennizzo in relazione agli eventuali pregiudizi verificatisi in danno del privato.

4-bis. A garanzia dell'imparzialità e del buon andamento dell'azione amministrativa, in tutti i casi in cui una pubblica amministrazione conclude accordi nelle ipotesi previste al comma 1, la stipulazione dell'accordo è preceduta da una determinazione dell'organo che sarebbe competente per l'adozione del provvedimento5.

5. […];

- per gli accordi tra amministrazioni pubbliche, art. 15, L. 7 agosto 1990, n. 241, che dispone: *1. Anche al di fuori delle ipotesi previste dall'articolo 14, le amministrazioni pubbliche possono sempre concludere tra loro accordi per disciplinare lo svolgimento in collaborazione di attività di interesse comune.*

2. Per detti accordi si osservano, in quanto applicabili, le disposizioni previste dall'articolo 11, commi 2 e 3.

2-bis. A fare data dal 30 giugno 2014 gli accordi di cui al comma 1 sono sottoscritti con firma digitale, ai sensi dell'articolo 24 del decreto legislativo 7 marzo 2005, n. 82, con firma elettronica avanzata, ai sensi dell'articolo 1, comma 1, lettera q-bis), del decreto legislativo 7 marzo 2005, n. 82, ovvero con altra firma elettronica qualificata, pena la nullità degli stessi. Dall'attuazione della presente disposizione non devono derivare nuovi o maggiori oneri a carico del bilancio dello Stato. All'attuazione della medesima si provvede nell'ambito delle risorse umane, strumentali e finanziarie previste dalla legislazione vigente.

- per gli obblighi da contratti stipulati dalla P.A. in tema di lavori, servizi e forniture, art. 30, comma 8, D.Lgs. 18 aprile 2016, n. 50 (Codice dei contratti pubblici).

- in materia di responsabilità del medico dipendente di una struttura sanitaria, pubblica o privata:

A) art. 7, L. 8 marzo 2017, n. 24 (Disposizioni in materia di sicurezza delle cure e della persona assistita, nonchè in materia di responsabilità professionale degli esercenti le professioni sanitarie), che recita: *Art. 7. Responsabilità civile della struttura e dell'esercente la professione sanitaria. 1. La struttura sanitaria o sociosanitaria pubblica o privata che, nell'adempimento della propria obbligazione, si avvalga dell'opera di esercenti la professione sanitaria, anche se scelti dal paziente e ancorchè non dipendenti della struttura stessa, risponde, ai sensi degli articoli 1218 e 1228 del codice civile, delle loro condotte dolose o colpose.*

2. La disposizione di cui al comma 1 si applica anche alle prestazioni sanitarie svolte in regime di libera professione intramuraria ovvero nell'ambito di attività di sperimentazione e di ricerca clinica ovvero in regime di convenzione con il Servizio sanitario nazionale nonchè attraverso la telemedicina.

3. L'esercente la professione sanitaria di cui ai commi 1 e 2 risponde del proprio operato ai sensi dell'articolo 2043 del codice civile, salvo che abbia agito nell'adempimento di obbligazione contrattuale assunta con il paziente. Il giudice, nella determinazione del risarcimento del danno, tiene conto della condotta dell'esercente la professione sanitaria ai sensi dell'articolo 5 della presente legge e dell'articolo 590-sexies del codice penale, introdotto dall'articolo 6 della presente legge.

4. Il danno conseguente all'attività della struttura sanitaria o sociosanitaria, pubblica o privata, e dell'esercente la professione sanitaria è risarcito sulla base delle tabelle di cui agli articoli 138 e 139 del codice delle assicurazioni private, di cui al decreto legislativo 7 settembre 2005, n. 209, integrate, ove necessario, con la procedura di cui al comma 1 del predetto articolo 138 e sulla base dei criteri di cui ai citati articoli, per tener conto delle fattispecie da esse non previste, afferenti alle attività di cui al presente articolo.

5. Le disposizioni del presente articolo costituiscono norme imperative ai sensi del codice civile;

B) art. 3, D.L. 13 settembre 2012, n. 158, convertito in L. 8 novembre 2012, n. 189 (Disposizioni urgenti per promuovere lo sviluppo del Paese mediante un più alto livello di tutela della salute), nel testo modificato dall'art. 27, D.L. 24 giugno 2014, n. 90, convertito in L. 11 agosto 2014, n. 114, dall'art. 6, L. 8 marzo 2017, n. 24 e dall'art. 11, L. 11 gennaio 2018, n. 3, che recita: *Art. 3. Responsabilità professionale dell'esercente le professioni sanitarie. 1. [L'esercente la professione sanitaria che nello svolgimento della propria attività si attiene a linee guida e buone pratiche accreditate dalla comunità scientifica non risponde penalmente per colpa lieve. In tali casi resta comunque fermo l'obbligo di cui all'articolo 2043 del codice civile. Il giudice, anche nella determinazione del risarcimento del danno, tiene debitamente conto della condotta di cui al primo periodo] (abrogato).*

2. [Con decreto del Presidente della Repubblica, adottato ai sensi dell'articolo 17, comma 1, della legge 23 agosto 1988, n. 400, da emanare entro il 30 giugno 2013, su proposta del Ministro della salute, di concerto con i Ministri dello sviluppo economico e dell'economia e delle finanze, sentite l'Associazione nazionale fra le imprese assicuratrici (ANIA), la Federazione nazionale degli ordini dei medici chirurghi e degli odontoiatri, nonchè le Federazioni nazionali degli ordini e dei collegi delle professioni sanitarie e le organizzazioni sindacali maggiormente rappresentative delle categorie professionali interessate, anche in attuazione dell'articolo 3, comma 5, lettera e), del decreto-legge 13 agosto 2011, n. 138, convertito, con modificazioni, dalla legge 14 settembre 2011, n. 148, al fine di agevolare l'accesso alla copertura assicurativa agli esercenti le professioni sanitarie, sono disciplinati le procedure e i requisiti minimi e uniformi per l'idoneità dei relativi contratti, in conformità ai seguenti criteri:

a) determinare i casi nei quali, sulla base di definite categorie di rischio professionale, prevedere l'obbligo, in capo ad un fondo appositamente costituito, di garantire idonea copertura assicurativa agli esercenti le professioni sanitarie, anche nell'esercizio dell'attività libero-professionale intramuraria, nei limiti delle risorse del fondo stesso. Il fondo viene finanziato dal contributo dei professionisti che ne facciano espressa richiesta, nella misura determinata dal soggetto gestore del fondo di cui alla lettera b), e da un ulteriore contributo a carico delle imprese autorizzate all'esercizio dell'assicurazione per danni derivanti dall'attività medico-professionale, determinato in misura percentuale ai premi incassati nel precedente esercizio, comunque non superiore al 4 per cento del premio stesso, con provvedimento adottato dal Ministro dello sviluppo economico, di concerto con il Ministro della salute e il Ministro dell'economia e delle finanze, sentite la Federazione nazionale degli ordini dei medici chirurghi e degli odontoiatri, nonchè le Federazioni nazionali degli ordini e dei collegi delle professioni sanitarie;

b) determinare il soggetto gestore del Fondo di cui alla lettera a) e le sue competenze senza nuovi o maggiori oneri a carico della finanza pubblica;

c) prevedere che i contratti di assicurazione debbano essere stipulati anche in base a condizioni che dispongano alla scadenza la variazione in aumento o in diminuzione del premio in relazione al verificarsi o meno di sinistri e subordinare comunque la disdetta della polizza alla reiterazione di una condotta colposa da parte del sanitario accertata con sentenza definitiva] (abrogato).

3. [Il danno biologico conseguente all'attività dell'esercente della professione sanitaria è risarcito sulla base delle tabelle di cui agli articoli 138 e 139 del decreto legislativo 7 settembre 2005, n. 209, eventualmente integrate con la procedura di cui al comma 1 del predetto articolo 138 e sulla base dei criteri di cui ai citati articoli, per tener conto delle fattispecie da esse non previste, afferenti all'attività di cui al presente articolo] (abrogato).

4. Nel rispetto dell'ambito applicativo dell'art. 3, comma 5, lettera e) del decreto legge 13 agosto 2011, n. 138, convertito, con modificazioni, dalla legge 14 settembre 2011, n. 148, per i contenuti e le procedure inerenti ai contratti assicurativi per i rischi derivanti dall'esercizio dell'attività professionale resa nell'ambito del Servizio sanitario nazionale o in rapporto di convenzione, il decreto di cui al comma 2 viene adottato sentita altresì la Conferenza permanente per i rapporti tra lo Stato, le regioni e le province autonome di Trento e di Bolzano. Resta comunque esclusa a carico degli enti del Servizio sanitario nazionale ogni copertura assicurativa della responsabilità civile ulteriore rispetto a quella prevista, per il relativo personale, dalla normativa contrattuale vigente.

5. Gli albi dei consulenti tecnici d'ufficio di cui all'articolo 13 del regio decreto 18 dicembre 1941, n. 1368, recante disposizioni di attuazione del codice di procedura civile, devono essere aggiornati con cadenza almeno quinquennale, al fine di garantire, oltre a quella medico legale, una idonea e qualificata rappresentanza di esperti delle discipline specialistiche dell'area sanitaria anche con il coinvolgimento delle società scientifiche, tra i quali scegliere per la nomina tenendo conto della disciplina interessata nel procedimento.

6. Dall'applicazione del presente articolo non devono derivare nuovi o maggiori oneri a carico della finanza pubblica.

Il testo del citato art. 3, D.L. 158/2012, precedente la conversione in legge, disponeva: *1. Fermo restando il disposto dell'articolo 2236 del codice civile, nell'accertamento della colpa lieve nell'attività dell'esercente le professioni sanitarie il giudice, ai sensi dell'articolo 1176 del codice civile, tiene conto in particolare dell'osservanza, nel caso concreto, delle linee guida e delle buone pratiche accreditate dalla comunità scientifica nazionale e internazionale.*

2. Con decreto del Presidente della Repubblica, adottato ai sensi dell'articolo 17, comma 1, della legge 23 agosto 1988, n. 400, su proposta del Ministro della salute, di concerto con i Ministri dello sviluppo economico e dell'economia e delle finanze, sentite l'Associazione nazionale fra le imprese assicuratrici (ANIA), le Federazioni nazionali degli ordini e dei collegi delle professioni sanitarie e le organizzazioni sindacali maggiormente rappresentative delle categorie professionali interessate, anche in attuazione dell'articolo 3, comma 5, lettera e), del decreto-legge 13 agosto 2011, n. 138, convertito, con modificazioni, dalla legge 14 settembre 2011, n. 148, al fine di agevolare l'accesso alla copertura assicurativa agli esercenti le professioni sanitarie, sono disciplinati le procedure e i requisiti minimi e uniformi per l'idoneità dei relativi contratti, in conformità ai seguenti criteri:

a) determinare i casi nei quali, sulla base di definite categorie di rischio professionale, prevedere l'obbligo, in capo ad un fondo appositamente costituito, di garantire idonea copertura assicurativa agli esercenti le professioni sanitarie. Il fondo viene finanziato dal contributo dei professionisti che ne facciano espressa richiesta e da un ulteriore contributo a carico delle imprese autorizzate all'esercizio dell'assicurazione per danni derivanti dall'attività medico-professionale, determinato in misura percentuale ai premi incassati nel precedente esercizio, comunque non superiore al 4 per cento del premio stesso, con provvedimento adottato dal Ministro dello sviluppo economico, di concerto con il Ministro della salute e il Ministro dell'economia e delle finanze, sentite le Federazioni nazionali degli ordini e dei collegi delle professioni sanitarie;

b) determinare il soggetto gestore del Fondo di cui alla lettera a) e le sue competenze senza nuovi o maggiori oneri a carico della finanza pubblica;

c) prevedere che i contratti di assicurazione debbano essere stipulati anche in base a condizioni che dispongano alla scadenza la variazione in aumento o in diminuzione del premio in relazione al verificarsi o meno di sinistri e subordinare comunque la disdetta della polizza alla reiterazione di una condotta colposa da parte del sanitario.

3. Il danno biologico conseguente all'attività dell'esercente della professione sanitaria è risarcito sulla base delle tabelle di cui agli articoli 138 e 139 del decreto legislativo 7 settembre 2005, n. 209, eventualmente integrate con la procedura di cui al comma 1 del predetto articolo 138 e sulla base dei criteri di cui ai citati articoli, per tener conto delle fattispecie da esse non previste, afferenti all'attività di cui al presente articolo.

4. Per i contenuti e le procedure inerenti ai contratti assicurativi per i rischi derivanti dall'esercizio dell'attività professionale resa nell'ambito del Servizio sanitario nazionale o in rapporto di convenzione, il decreto di cui al comma 2 viene adottato sentita altresì la Conferenza permanente per i rapporti tra lo Stato, le regioni e le province autonome di Trento e di Bolzano. Resta comunque esclusa a carico degli enti del Servizio sanitario nazionale ogni copertura assicurativa della responsabilità civile ulteriore rispetto a quella prevista, per il relativo personale, dalla normativa contrattuale vigente.

5. Gli albi dei consulenti tecnici d'ufficio di cui all'articolo 13 del regio decreto 18 dicembre 1941, n. 1368, recante disposizioni di attuazione del codice di procedura civile, devono essere aggiornati con cadenza almeno quinquennale, al fine di garantire, oltre a quella medico legale, una idonea e qualificata rappresentanza di esperti delle discipline specialistiche dell'area sanitaria, anche con il coinvolgimento delle società scientifiche.

6. Dall'applicazione del presente articolo non derivano nuovi o maggiori oneri a carico della finanza pubblica.

- art. 11, R.D. 14 dicembre 1933, n. 1669; art. 14, R.D. 21 dicembre 1933, n. 1736.

- artt. 1181, 1337, 1754, c.c.; art. 43, D.Lgs. 7 settembre 2005, n. 209 (Codice delle assicurazioni private); artt. 7, 30, D.Lgs. 2 luglio 2010, n. 104 (Codice del processo amministrativo)

■ Codice civile del 1865: *Art. 1097. Le obbligazioni derivano dalla legge da contratto o quasi-contratto da delitto o quasi-delitto.*

♦ Codice civile francese

Articolo 1100. *Le obbligazioni derivano da atti giuridici, da fatti giuridici e dalla legge. Possono nascere dalla esecuzione volontaria o dalla promessa di esecuzione o dal dovere di coscienza verso altri.*

Articolo 1100.1. *Gli atti giuridici sono delle manifestazioni di volontà destinati a produrre gli effetti di diritto. Possono essere convenzionali o unilaterali. Obbediscono, per la validità ed i loro effetti alle regole che governano i contratti.*

Articolo 1100.2. *I fatti giuridici sono dei fatti o degli avvenimenti a cui la legge collega degli effetti di diritto. Le obbligazioni che nascono da un fatto giuridico sono regolati, secondo i casi, dal titolo relativo alla responsabilità extracontrattuale o dal titolo relativo alle altre fonti di obbligazioni.*

♦ Codice civile tedesco

§ 241 Obblighi derivanti da rapporto obbligatorio. *In forza del rapporto obbligatorio il creditore è legittimato ad esigere una prestazione dal debitore. (2) La prestazione In forza del rapporto obbligatorio il creditore è legittimato ad esigere una prestazione dal debitore.*

1174. Carattere patrimoniale della prestazione.

La prestazione che forma oggetto dell'obbligazione deve essere suscettibile di valutazione economica e deve corrispondere a un interesse [1197, 1206, 1236, 1255, 1256, 1257, 1288, 1321, 1322, 1324, 1379, 1384, 1411, 1421, 1457, 1464, 2230], anche non patrimoniale, del creditore [648, 793, 840, 2059].

● Norme connesse:

- artt. 1256, 1321, 1325, n. 2, 1463, 2059, c.c.

1175. Comportamento secondo correttezza.

Il debitore e il creditore devono comportarsi secondo le regole della correttezza [Cost. 2; 1176, 1206, 1227, 1236, 1337, 1338, 1339, 1358, 1366, 1375, 1391, 1460, 1746 comma 1, 1759, 1805 comma 1, 1821, 1914, 2105, 2392, 2598 n. 3; c.p.c. 88; Cost. 111; L. 241/1990, 1, comma 1][1].

[1] Articolo così modificato dall'art. 3 comma 2, D.Lgs.Lgt. 14 settembre 1944, n. 287.

● Norme connesse:

- sulle clausole abusive nei contratti dei consumatori, art. 36, D.Lgs. 6 settembre 2005, n. 206.

- sull'abuso di dipendenza economica, art. 9, L. 18 giugno 1998, n. 192.

- sulle clausole abusive nelle transazioni commerciali, art. 7, D.Lgs. 9 ottobre 2002, n. 231.

- sull'abuso di posizione dominante vedi art. 3, L. 10 ottobre 1990, n. 287.

- art. 833 c.c.; art. 54, Carta dei diritti fondamentali dell'Unione Europea, riportata nella Parte I del volume; art. 17, Convenzione europea dei diritti dell'uomo, riportata nella Parte I del volume.

- artt. 10, comma 1, e 10-bis, L. 27 luglio 2000, n. 212, nel testo modificato dall'art. 7, D.Lgs. 24 settembre 2015, n. 156 che, rispettivamente, dispongono: Art. 10. Tutela dell'affidamento e della buona fede. Errori del contribuente. *1. I rapporti tra contribuente e amministrazione finanziaria sono improntati al principio della collaborazione e della buona fede.*

Art. 10-bis. Disciplina dell'abuso del diritto o elusione fiscale. *1. Configurano abuso del diritto una o più operazioni prive di sostanza economica che, pur nel rispetto formale del-*

CODICE CIVILE

le norme fiscali, realizzano essenzialmente vantaggi fiscali indebiti. Tali operazioni non sono opponibili all'amministrazione finanziaria, che ne disconosce i vantaggi determinando i tributi sulla base delle norme e dei principi elusi e tenuto conto di quanto versato dal contribuente per effetto di dette operazioni.

2. Ai fini del comma 1 si considerano:

a) operazioni prive di sostanza economica i fatti, gli atti e i contratti, anche tra loro collegati, inidonei a produrre effetti significativi diversi dai vantaggi fiscali. Sono indici di mancanza di sostanza economica, in particolare, la non coerenza della qualificazione delle singole operazioni con il fondamento giuridico del loro insieme e la non conformità dell'utilizzo degli strumenti giuridici a normali logiche di mercato;

b) vantaggi fiscali indebiti i benefici, anche non immediati, realizzati in contrasto con le finalità delle norme fiscali o con i principi dell'ordinamento tributario.

3. Non si considerano abusive, in ogni caso, le operazioni giustificate da valide ragioni extrafiscali, non marginali, anche di ordine organizzativo o gestionale, che rispondono a finalità di miglioramento strutturale o funzionale dell'impresa ovvero dell'attività professionale del contribuente.

4. Resta ferma la libertà di scelta del contribuente tra regimi opzionali diversi offerti dalla legge e tra operazioni comportanti un diverso carico fiscale.

5. Il contribuente può proporre interpello ai sensi dell'articolo 11, comma 1, lettera c), per conoscere se le operazioni costituiscano fattispecie di abuso del diritto.

6. Senza pregiudizio dell'ulteriore azione accertatrice nei termini stabiliti per i singoli tributi, l'abuso del diritto è accertato con apposito atto, preceduto, a pena di nullità, dalla notifica al contribuente di una richiesta di chiarimenti da fornire entro il termine di sessanta giorni, in cui sono indicati i motivi per i quali si ritiene configurabile un abuso del diritto.

7. La richiesta di chiarimenti è notificata dall'amministrazione finanziaria ai sensi dell'articolo 60 del decreto del Presidente della Repubblica 29 settembre 1973, n. 600, e successive modificazioni, entro il termine di decadenza previsto per la notificazione dell'atto impositivo. Tra la data di ricevimento dei chiarimenti ovvero di inutile decorso del termine assegnato al contribuente per rispondere alla richiesta e quella di decadenza dell'amministrazione dal potere di notificazione dell'atto impositivo intercorrono non meno di sessanta giorni. In difetto, il termine di decadenza per la notificazione dell'atto impositivo è automaticamente prorogato, in deroga a quello ordinario, fino a concorrenza dei sessanta giorni.

8. Fermo quanto disposto per i singoli tributi, l'atto impositivo è specificamente motivato, a pena di nullità, in relazione alla condotta abusiva, alle norme o ai principi elusi, agli indebiti vantaggi fiscali realizzati, nonchè ai chiarimenti forniti dal contribuente nel termine di cui al comma 6.

9. L'amministrazione finanziaria ha l'onere di dimostrare la sussistenza della condotta abusiva, non rilevabile d'ufficio, in relazione agli elementi di cui ai commi 1 e 2. Il contribuente ha l'onere di dimostrare l'esistenza delle ragioni extrafiscali di cui al comma 3.

10. In caso di ricorso, i tributi o i maggiori tributi accertati, unitamente ai relativi interessi, sono posti in riscossione, ai sensi dell'articolo 68 del decreto legislativo 31 dicembre 1992, n. 546, e, successive modificazioni, e dell'articolo 19, comma 1, del decreto legislativo 18 dicembre 1997, n. 472.

11. I soggetti diversi da quelli cui sono applicate le disposizioni del presente articolo possono chiedere il rimborso delle imposte pagate a seguito delle operazioni abusive i cui vantaggi fiscali sono stati disconosciuti dall'amministrazione finanziaria, inoltrando a tal fine, entro un anno dal giorno in cui l'accertamento è divenuto definitivo ovvero è stato definito mediante adesione o conciliazione giudiziale, istanza all'Agenzia delle entrate, che provvede nei limiti dell'imposta e degli interessi effettivamente riscossi a seguito di tali procedure.

12. In sede di accertamento l'abuso del diritto può essere configurato solo se i vantaggi fiscali non possono essere disconosciuti contestando la violazione di specifiche disposizioni tributarie.

13. Le operazioni abusive non danno luogo a fatti punibili ai sensi delle leggi penali tributarie. Resta ferma l'applicazione delle sanzioni amministrative tributarie.

♦ I principi di diritto europeo dei contratti

Art. 1:201: Buona fede e correttezza. *(1) Le parti devono agire nel rispetto della buona fede e della correttezza. (2) La parti non possono escludere o limitare questo obbligo.*

CAPO II
DELL'ADEMPIMENTO DELLE OBBLIGAZIONI

Sezione I
Dell'adempimento in generale

1176. Diligenza nell'adempimento.

Nell'adempiere [1197, 1198, 1218] l'obbligazione il debitore deve [1375] usare la diligenza del buon padre di famiglia [382, 491, 531, 703, comma 4, 789, 1001, 1107, 1148, 1218, 1227, 1228, 1341, 1587, comma 1, n. 1, 1681, 1693, 1710, 1746, 1749, 1768, 1785, 1787, 1800, comma 3, 1804, 1812, 1838, 1839, 1856, 1961, comma 2, 2030, 2148, comma 2, 2167, comma 2, 2174, 2236, 2392, 2407, comma 1, 2598, comma 3].

Nell'adempimento delle obbligazioni inerenti all'esercizio di un'attività professionale, la diligenza deve valutarsi con riguardo alla natura dell'attività esercitata [2104, 2145 comma 2, 2174, comma 2, 2224 comma 1, 2232, 2236].

● Norme connesse:

- in materia di intermediazione finanziaria v. artt. 21 ss. D.Lgs. 24 febbraio 1998, n. 58 (TUF).

- in materia di responsabilità del medico dipendente di una struttura sanitaria, pubblica o privata:

A) art. 7, L. 8 marzo 2017, n. 24 (Disposizioni in materia di sicurezza delle cure e della persona assistita, nonchè in materia di responsabilità professionale degli esercenti le professioni sanitarie), che recita: *Art. 7. Responsabilità civile della struttura e dell'esercente la professione sanitaria. 1. La struttura sanitaria o sociosanitaria pubblica o privata che, nell'adempimento della propria obbligazione, si avvalga dell'opera di esercenti la professione sanitaria, anche se scelti dal paziente e ancorchè non dipendenti della struttura stessa, risponde, ai sensi degli articoli 1218 e 1228 del codice civile, delle loro condotte dolose o colpose.*

2. La disposizione di cui al comma 1 si applica anche alle prestazioni sanitarie svolte in regime di libera professione intramuraria ovvero nell'ambito di attività di sperimentazione e di ricerca clinica ovvero in regime di convenzione con il Servizio sanitario nazionale nonchè attraverso la telemedicina.

3. L'esercente la professione sanitaria di cui ai commi 1 e 2 risponde del proprio operato ai sensi dell'articolo 2043 del codice civile, salvo che abbia agito nell'adempimento di obbligazione contrattuale assunta con il paziente. Il giudice, nella determinazione del risarcimento del danno, tiene conto della condotta dell'esercente la professione sanitaria ai sensi dell'articolo 5 della presente legge e dell'articolo 590-sexies del codice penale, introdotto dall'articolo 6 della presente legge.

4. Il danno conseguente all'attività della struttura sanitaria o sociosanitaria, pubblica o privata, e dell'esercente la professione sanitaria è risarcito sulla base delle tabelle di cui agli articoli 138 e 139 del codice delle assicurazioni private, di cui al decreto legislativo 7 settembre 2005, n. 209, integrate, ove necessario, con la procedura di cui al comma 1 del predetto articolo 138 e sulla base dei criteri di cui ai citati articoli, per tener conto delle fattispecie da esse non previste, afferenti alle attività di cui al presente articolo.

5. Le disposizioni del presente articolo costituiscono norme imperative ai sensi del codice civile;

B) art. 3, D.L. 13 settembre 2012, n. 158, convertito in L. 8 novembre 2012, n. 189 (Disposizioni urgenti per promuovere lo sviluppo del Paese mediante un più alto livello di tutela della salute), nel testo modificato dall'art. 27, D.L. 24 giugno 2014, n. 90, convertito in L. 11 agosto 2014, n. 114, dall'art. 6, L. 8 marzo 2017, n. 24 dall'art. 11, L. 11 gennaio 2018, n. 3, che recita: *Art. 3. Responsabilità professionale dell'esercente le professioni sanitarie. 1. [L'esercente la professione sanitaria che nello svolgimento della propria attività si attiene a linee guida e buone pratiche accreditate dalla comunità scientifica non risponde penalmente per colpa lieve. In tali casi resta comunque fermo l'obbligo di cui all'articolo 2043 del codice civile. Il giudice, anche nella determinazione del risarcimento del danno, tiene debitamente conto della condotta di cui al primo periodo] (abrogato).*

2. [Con decreto del Presidente della Repubblica, adottato ai sensi dell'articolo 17, comma 1, della legge 23 agosto 1988, n. 400, da emanare entro il 30 giugno 2013, su proposta del Ministro della salute, di concerto con i Ministri dello sviluppo economico e dell'economia e delle finanze, sentite l'Associazione nazionale fra le imprese assicuratrici (ANIA), la Federazione nazionale degli ordini dei medici chirurghi e degli odontoiatri, nonchè le Federazioni nazionali degli ordini e dei collegi delle professioni sanitarie e le organizzazioni sindacali maggiormente rappresentative delle categorie professionali interessate, anche in attuazione dell'articolo 3, comma 5, lettera e), del decreto-legge 13 agosto 2011, n. 138, convertito, con modificazioni, dalla legge 14 settembre 2011, n. 148, al fine di agevolare l'accesso alla copertura assicurativa agli esercenti le professioni sanitarie, sono disciplinati le procedure e i requisiti minimi e uniformi per l'idoneità dei relativi contratti, in conformità ai seguenti criteri:

a) determinare i casi nei quali, sulla base di definite categorie di rischio professionale, prevedere l'obbligo, in capo ad un fondo appositamente costituito, di garantire idonea copertura assicurativa agli esercenti le professioni sanitarie, anche nell'esercizio dell'attività libero-professionale intramuraria, nei limiti delle risorse del fondo stesso. Il fondo viene finanziato dal contributo dei professionisti che ne facciano espressa richiesta, nella misura determinata dal soggetto gestore del fondo di cui alla lettera b), e da un ulteriore contributo a carico delle imprese autorizzate all'esercizio dell'assicurazione per danni derivanti dall'attività medico-professionale, determinato in misura percentuale ai premi incassati nel precedente esercizio, comunque non superiore al 4 per cento del premio stesso, con provvedimento adottato dal Ministro dello sviluppo economico, di concerto con il Ministro della salute e il Ministro dell'economia e delle finanze, sentite la Federazione nazionale degli ordini dei medici chirurghi e degli odontoiatri, nonchè le Federazioni nazionali degli ordini e dei collegi delle professioni sanitarie;

b) determinare il soggetto gestore del Fondo di cui alla lettera a) e le sue competenze senza nuovi o maggiori oneri a carico della finanza pubblica;

c) prevedere che i contratti di assicurazione debbano essere stipulati anche in base a condizioni che dispongano alla scadenza la variazione in aumento o in diminuzione del premio in relazione al verificarsi o meno di sinistri e subordinare comunque la disdetta della polizza alla reiterazione di una condotta colposa da parte del sanitario accertata con sentenza definitiva] (abrogato).

3. [Il danno biologico conseguente all'attività dell'esercente della professione sanitaria è risarcito sulla base delle tabelle di cui agli articoli 138 e 139 del decreto legislativo 7 settembre 2005, n. 209, eventualmente integrate con la procedura di cui al comma 1 del predetto articolo 138 e sulla base dei criteri di cui ai citati articoli, per tener conto delle fattispecie da esse non previste, afferenti all'attività di cui al presente articolo] (abrogato).

4. Nel rispetto dell'ambito applicativo dell'art. 3, comma 5, lettera e) del decreto legge 13 agosto 2011, n. 138, convertito, con modificazioni, dalla legge 14 settembre 2011, n. 148, per i contenuti e le procedure inerenti ai contratti assicurativi per i rischi derivanti dall'esercizio dell'attività professionale resa nell'ambito del Servizio sanitario nazionale o in rapporto di convenzione, il decreto di cui al comma 2 viene adottato sentita altresì la Conferenza permanente per i rapporti tra lo Stato, le regioni e le province autonome di Trento e di Bolzano. Resta comunque esclusa a carico degli enti del Servizio sanitario nazionale ogni copertura assicurativa della responsabilità civile ulteriore rispetto a quella prevista, per il relativo personale, dalla normativa contrattuale vigente.

5. Gli albi dei consulenti tecnici d'ufficio di cui all'articolo 13 del regio decreto 18 dicembre 1941, n. 1368, recante disposizioni di attuazione del codice di procedura civile, devono essere aggiornati con cadenza almeno quinquennale, al fine di garantire, oltre a quella medico legale, una idonea e qualificata rappresentanza di esperti delle discipline specialistiche dell'area sanitaria anche con il coinvolgimento delle società scientifiche, tra i quali scegliere per la nomina tenendo conto della disciplina interessata nel procedimento.

6. Dall'applicazione del presente articolo non devono derivare nuovi o maggiori oneri a carico della finanza pubblica.

Il testo del citato art. 3, D.L. 158/2012, precedente la conversione in legge, disponeva: *1. Fermo restando il disposto dell'articolo 2236 del codice civile, nell'accertamento della colpa lieve nell'attività dell'esercente le professioni sanitarie il giudice, ai sensi dell'articolo 1176 del codice civile, tiene conto in particolare dell'osservanza, nel caso concreto, delle linee guida e delle buone pratiche accreditate dalla comunità scientifica nazionale e internazionale.*

2. Con decreto del Presidente della Repubblica, adottato ai sensi dell'articolo 17, comma 1, della legge 23 agosto 1988,

CODICE CIVILE

n. 400, su proposta del Ministro della salute, di concerto con i Ministri dello sviluppo economico e dell'economia e delle finanze, sentite l'Associazione nazionale fra le imprese assicuratrici (ANIA), le Federazioni nazionali degli ordini e dei collegi delle professioni sanitarie e le organizzazioni sindacali maggiormente rappresentative delle categorie professionali interessate, anche in attuazione dell'articolo 3, comma 5, lettera e), del decreto-legge 13 agosto 2011, n. 138, convertito, con modificazioni, dalla legge 14 settembre 2011, n. 148, al fine di agevolare l'accesso alla copertura assicurativa agli esercenti le professioni sanitarie, sono disciplinati le procedure e i requisiti minimi e uniformi per l'idoneità dei relativi contratti, in conformità ai seguenti criteri:

a) determinare i casi nei quali, sulla base di definite categorie di rischio professionale, prevedere l'obbligo, in capo ad un fondo appositamente costituito, di garantire idonea copertura assicurativa agli esercenti le professioni sanitarie. Il fondo viene finanziato dal contributo dei professionisti che ne facciano espressa richiesta e da un ulteriore contributo a carico delle imprese autorizzate all'esercizio dell'assicurazione per danni derivanti dall'attività medico-professionale, determinato in misura percentuale ai premi incassati nel precedente esercizio, comunque non superiore al 4 per cento del premio stesso, con provvedimento adottato dal Ministro dello sviluppo economico, di concerto con il Ministro della salute e il Ministro dell'economia e delle finanze, sentite le Federazioni nazionali degli ordini e dei collegi delle professioni sanitarie;

b) determinare il soggetto gestore del Fondo di cui alla lettera a) e le sue competenze senza nuovi o maggiori oneri a carico della finanza pubblica;

c) prevedere che i contratti di assicurazione debbano essere stipulati anche in base a condizioni che dispongano alla scadenza la variazione in aumento o in diminuzione del premio in relazione al verificarsi o meno di sinistri e subordinare comunque la disdetta della polizza alla reiterazione di una condotta colposa da parte del sanitario.

3. Il danno biologico conseguente all'attività dell'esercente della professione sanitaria è risarcito sulla base delle tabelle di cui agli articoli 138 e 139 del decreto legislativo 7 settembre 2005, n. 209, eventualmente integrate con la procedura di cui al comma 1 del predetto articolo 138 e sulla base dei criteri di cui ai citati articoli, per tener conto delle fattispecie da esse non previste, afferenti all'attività di cui al presente articolo.

4. Per i contenuti e le procedure inerenti ai contratti assicurativi per i rischi derivanti dall'esercizio dell'attività professionale resa nell'ambito del Servizio sanitario nazionale o in rapporto di convenzione, il decreto di cui al comma 2 viene adottato sentita altresì la Conferenza permanente per i rapporti tra lo Stato, le regioni e le province autonome di Trento e di Bolzano. Resta comunque esclusa a carico degli enti del Servizio sanitario nazionale ogni copertura assicurativa della responsabilità civile ulteriore rispetto a quella prevista, per il relativo personale, dalla normativa contrattuale vigente.

5. Gli albi dei consulenti tecnici d'ufficio di cui all'articolo 13 del regio decreto 18 dicembre 1941, n. 1368, recante disposizioni di attuazione del codice di procedura civile, devono essere aggiornati con cadenza almeno quinquennale, al fine di garantire, oltre a quella medico legale, una idonea e qualificata rappresentanza di esperti delle discipline specialistiche dell'area sanitaria, anche con il coinvolgimento delle società scientifiche.

6. Dall'applicazione del presente articolo non derivano nuovi o maggiori oneri a carico della finanza pubblica.

- in materia di diligenza dell'attività della Pubblica amministrazione, art. 1, comma 1, L. 7 agosto 1990, n. 241, che dispone: *1. L'attività amministrativa persegue i fini determinati dalla legge ed è retta da criteri di economicità, di efficacia, di imparzialità, di pubblicità e di trasparenza secondo le modalità previste dalla presente legge e dalle altre disposizioni che disciplinano singoli procedimenti, nonché dai principi dell'ordinamento comunitario.*

- in materia di società tra professionisti, D.M. 8 febbraio 2013, n. 34.

- sul consenso informato, L. 22 dicembre 2017, n. 219.

- sulla responsabilità colposa della banca per aver pagato l'assegno non trasferibile a persona diversa dall'effettivo prenditore, art. 43, R.D. 21 dicembre 1933, n. 1736 (c.d. legge assegni).

- art. 29-bis, D.L. 8 aprile 2020, n. 23, convertito in L. 5 giugno 2020, n. 40.

■ Codice civile del 1865: *Art. 1224. La diligenza che si deve impiegare nell'adempimento dell'obbligazione, abbia questa per oggetto l'utilità di una delle parti o d'ambedue, è sempre quella di un buon padre di famiglia, salvo il caso di deposito accennato nell'articolo 1843.*

Questa regola per altro si deve applicare con maggiore o minor rigare, secondo le norme contenute per certi casi in questo codice.

♦ Codice europeo dei contratti

Art. 75. Modalità dell'esecuzione. *1. Ogni parte è tenuta ad adempiere esattamente ed integralmente tutti gli obblighi nascenti dal contratto che incombono su di essa, senza che sia necessaria una richiesta dell'avente diritto. Nell'eseguire le prestazioni dovute, il debitore deve comportarsi conformemente a quanto pattuito dalle parti, secondo buona fede e con quella puntuale diligenza che è richiesta nel caso specifico, in base agli accordi, alle circostanze e alla prassi corrente.*

2. Per l'obbligo che viene adempiuto nell'esercizio di una attività professionale o imprenditoriale, il grado della diligenza richiesta dipende anche dalla natura della prestazione dovuta.

3. Se il contratto prevede un obbligo di fare di natura professionale, questo si considera adempiuto quando il debitore abbia posto in essere con la dovuta diligenza tutti gli atti che sono necessari per il verificarsi del risultato previsto, salvo che in base all'accordo delle parti, alle circostanze o agli usi, debba ritenersi che l'adempimento si verifichi solo con la piena realizzazione del risultato medesimo.

♦ I principi di diritto europeo dei contratti

Art. 1:202: Obbligo di cooperazione. *Le parti sono tenute reciprocamente a cooperare al fine di dare piena esecuzione al contratto.*

♦ Codice civile francese

Articolo 1134. *Le obbligazioni legalmente formate costituiscono legge per quelli che le hanno fatte. Non possono essere revocate che con il loro mutuale consenso o per le cause che la legge autorizza. Devono essere adempiute in buona fede.*

♦ Codice civile tedesco

§ 242 Prestazione secondo buona fede. *Il debitore è obbligato ad eseguire la prestazione così come richiesto dalla buona fede, tenuto conto degli usi del traffico giuridico*

§ 362 Estinzione mediante adempimento. *(1) Il rapporto obbligatorio si estingue quando l'adempimento dovuto è ef-*

fettuato al creditore. (2)Se la prestazione è effettuata ad un terzo al fine di realizzare l'adempimento, si applicano le disposizioni del § 185.

1177. Obbligazione di custodire.

L'obbligazione di consegnare [1476, 1575, 1590, 1718], una cosa determinata include quella di custodirla fino alla consegna [1477, 1768, 1770, 1804].

■ Codice civile del 1865: *Art. 1219. L'obbligazione di dare include quella di consegnare la cosa e di conservarla sino alla consegna.*

Se il debitore è in mora a farne la consegna, la cosa rimane a rischio e pericolo di lui, quantunque prima della mora si trovasse a rischio e pericolo del creditore.

♦ Codice civile francese

Articolo 1136. *L'obbligazione di dare comporta quello di consegnare la cosa e conservarla fino alla consegna, a pena di risarcimento dei danni verso il creditore.*

1178. Obbligazione generica.

Quando l'obbligazione ha per oggetto la prestazione di cose determinate soltanto nel genere, il debitore deve prestare cose di qualità non inferiore alla media [664, 1179, 1378, 1465].

♦ Codice civile francese

Articolo 1246. *Se il debito è di una cosa che non è determinata che per il suo genere, il debitore non sarà tenuto per essere liberato, a darla del miglior genere; ma potrà offrirla del peggiore.*

♦ Codice civile tedesco

§ 243 Obbligazioni di genere. *(1) Il debitore di una cosa determinata solo nel genere è obbligato alla prestazione di una cosa di specie e di qualità media. (2) Se il debitore ha fatto quanto da parte sua necessario per eseguire la prestazione, il rapporto obbligatorio è limitato a questa cosa.*

1179. Obbligo di garanzia.

Chi è tenuto a dare una garanzia [492, 639], senza che ne siano determinati il modo e la forma, può prestare a sua scelta un'idonea garanzia reale [2745, 2784 ss., 2808] o personale [1936, 1943], ovvero altra sufficiente cautela [295, 492, 502, 515, 707, 784, 985, 1002, 1151, 1172, 1186, 1200, 1461, 1936, 2784; c.p.c. 119].

● Norme connesse:
- art. 8, comma 2, L. 1 dicembre 1970, n. 898.

1180. Adempimento del terzo.

L'obbligazione può essere adempiuta da un terzo [1201, 1203 n. 3, 1208 n. 2, 1406, 1717, 1950], anche contro la volontà del creditore, se questi non ha interesse a che il debitore esegua personalmente la prestazione [1197, 1201, 1272, 1273, comma 4, 1656, 1674, 1811, 2036, 2041, 2222, 2230, 2232, 2834].

Tuttavia il creditore può rifiutare l'adempimento offertogli dal terzo, se il debitore gli ha manifestato la sua opposizione [1236, 1936].

● Norme connesse:
- artt. 1203, n. 3, 1325, n. 2, c.c.

■ Codice civile del 1865: *Art. 1238. Le obbligazioni possono estinguersi col pagamento fatto da qualunque persona che vi ha interesse, come da un coobbligato o da un fideiussore.*

Possono anche essere estinte col pagamento fatto da un terzo che non vi ha interesse, purché questo terzo agisca in nome e per la liberazione del debitore, e, ove agisca in nome proprio, non venga a sottentrare nei diritti del creditore.

Art. 1239. L'obbligazione di fare non può adempirsi da un terzo contro la volontà del creditore, ove questi abbia interesse che sia adempita dal debitore medesimo.

♦ Codice europeo dei contratti

Art. 79. Adempimento da parte di un terzo. *1. Se il contratto non prevede che un obbligo debba essere adempiuto personalmente dal debitore, o se ciò non sia richiesto dalla natura della prestazione, l'adempimento può essere effettuato da un soggetto incaricato dal predetto, o da un terzo anche all'insaputa del debitore medesimo; ma il creditore può rifiutare tale adempimento se esso determini un suo pregiudizio o se il debitore gli ha manifestato la sua opposizione.*

2. Il terzo che ha adempiuto, se aveva garantito l'obbligo o aveva un interesse diretto all'adempimento di esso, è surrogato nei diritti del creditore. Questi ha comunque la facoltà di surrogarlo nei propri diritti, in modo espresso, al momento in cui riceve il pagamento, salvo che il terzo abbia adempiuto senza che il debitore ne fosse a conoscenza.

♦ I principi di diritto europeo dei contratti

Art. 7:106: Adempimento del terzo. *(1) Salvo che il contratto esiga una prestazione qualificata personalmente, il creditore non può rifiutare l'adempimento offertogli dal terzo se questi (a) agisce con il consenso del debitore; o (b) ha un interesse legittimo all'adempimento e il debitore non ha adempiuto o è chiaro che non adempirà alla scadenza.*

(2) L'adempimento del terzo nei termini del paragrafo (1) libera il debitore.

♦ Codice civile francese

Articolo 1236. *Una obbligazione può • essere adempiuta da ogni persona che vi ha interesse come un coobbligato od un garante. L'obbligazione può anche essere adempiuta da un terzo che non vi ha interesse purché questo terzo agisca in nome e per il conto debitore o che, se tratta a suo proprio nome, non sia sostituito nei diritti del creditore.*

Articolo 1237. *L'obbligazione di fare non può essere adempiuta da un terzo contro la volontà del creditore quando questi ha interesse che sia adempiuta dal debitore stesso.*

♦ Codice civile tedesco

§ 267 Prestazione da parte di terzi. *(1) Se il debitore non è obbligato ad eseguire la prestazione personalmente, quest'ultima può essere eseguita anche da un terzo. Il consenso del debitore non è necessario. (2) Se il debitore si oppone, il creditore può rifiutare la prestazione.*

1181. Adempimento parziale.

Il creditore può rifiutare un adempimento parziale [1197, 1285] anche se la prestazione è divisibile [1205, 1314 ss., 1384, 1464], salvo che la legge o gli usi dispongano diversamente [1193, comma 2, 1208 n. 3, 1258, 1285, 1314, 1484, 1672, 2873, comma 2; disp. prel. 8; L. camb. 45].

● Norme connesse:

- art. 45, comma 2, R.D. 14 dicembre 1933, n. 1669; art. 37, comma 2, R.D. 21 dicembre 1933, n. 1736.

■ Codice civile del 1865: *Art. 1246. Il debitore non può costringere il creditore a ricevere in parte il pagamento di un debito, ancorché divisibile.*

♦ Unidroit

Articolo 6.1.3 (Adempimento parziale). *(1) Il creditore può nel momento in cui è dovuta la prestazione, rifiutare un'offerta di adempimento parziale anche se il debitore assicuri il necessario completamento dell'esecuzione, a meno che non abbia alcun legittimo interesse a rifiutare.*

(2) Le spese supplementari sopportate dal creditore a causa dell'adempimento parziale sono a carico del debitore, ferma restando la possibilità di esercitare ogni altro rimedio.

♦ Codice europeo dei contratti

Articolo 77. Adempimento parziale. *1. Il creditore può rifiutare un adempimento parziale anche se la prestazione è divisibile, salvo che il contratto, la legge o gli usi dispongano diversamente.*

2. Tuttavia, se il debito si compone di una parte liquida e di una parte non liquida, il debitore potrà effettuare e il creditore potrà esigere la prestazione della prima nei termini previsti dal contratto o dal presente codice, senza attendere che si renda liquida la seconda.

♦ Codice civile tedesco

§ 266 Prestazioni parziali. *Il debitore non è legittimato ad eseguire prestazioni parziali.*

1182. Luogo dell'adempimento.

Se il luogo nel quale la prestazione deve essere eseguita non è determinato dalla convenzione o dagli usi e non può desumersi dalla natura della prestazione [1174] o da altre circostanze, si osservano le norme che seguono [disp. att. 159; c.p.c. 20].

L'obbligazione di consegnare una cosa certa e determinata deve essere adempiuta nel luogo in cui si trovava la cosa quando l'obbligazione è sorta [1510, 1590, comma 4, 1774].

L'obbligazione avente per oggetto una somma di danaro deve essere adempiuta al domicilio [43] che il creditore ha al tempo della scadenza [1498, 1528, 1834, comma 2, 1843, comma 2, 2099, comma 1]. Se tale domicilio è diverso da quello che il creditore aveva quando è sorta l'obbligazione [1209] e ciò rende più gravoso l'adempimento, il debitore, previa dichiarazione al creditore, ha diritto di eseguire il pagamento al proprio domicilio [1219 n. 3].

Negli altri casi l'obbligazione deve essere adempiuta al domicilio che il debitore ha al tempo della scadenza [1208, comma 1, n. 6, 1245, 1278;disp. att. 159].

● Norme connesse:

- artt. 44, 99, R.D. 14 dicembre 1933, n. 1669; artt. 1, 81, R.D. 21 dicembre 1933, n. 1736.

- comma 3: v. art. 1219, comma 2, n. 3, c.c. e art. 20, c.p.c.

■ Codice civile del 1865: *Art. 1249. Il pagamento deve farsi nel luogo fissato dal contratto. Non essendo fissato il luogo e trattandosi di cosa certa c determinata, il pagamento deve farsi nel luogo ove al tempo del contratto si trovava la cosa che ne forma l'oggetto.*

Fuori di questi due casi, il pagamento si deve fare al domicilio del debitore, salvo ciò che è stabilito dall'articolo 1508.

♦ Unidroit

Articolo 6.1.6 (Luogo dell'adempimento). *(1) Se il luogo nel quale la prestazione deve essere eseguita non è determinato né determinabile in base al contratto, la parte deve adempiere: (a) presso la sede d'affari del creditore se si tratta di obbligazione pecuniaria; (b) presso la propria sede d'affari negli altri casi.*

(2) La parte che trasferisce la propria sede d'affari successivamente alla conclusione del contratto deve sopportare le maggiori spese relative all'adempimento causate da tale trasferimento.

♦ Codice europeo dei contratti

Art. 82. Luogo dell'adempimento. *1. Gli obblighi derivanti dal contratto devono essere adempiuti nel luogo previsto, espressamente o implicitamente, nel medesimo, oppure, in difetto di una tale previsione, tenendosi conto degli usi e delle circostanze in relazione alla natura della prestazione dovuta. Se il luogo della prestazione non è determinato nel contratto o non può desumersi in base ai suddetti criteri, si osservano le disposizioni seguenti.*

2. L'obbligo di consegnare una cosa certa e determinata deve essere adempiuto nel luogo in cui la cosa si trovava quando l'obbligo è sorto. Trattandosi di merci prodotte dal debitore, la loro consegna deve essere effettuata presso la sede degli affari che egli ha alla scadenza.

3. L'obbligo avente per oggetto una somma di denaro deve essere adempiuto, a rischio del debitore, al domicilio del creditore o, se questi è un imprenditore, alla sede dei suoi affari al momento della scadenza. Se il domicilio o la sede degli affari sono diversi da quelli che il creditore aveva quando è sorto l'obbligo, e ciò rende più gravoso l'adempimento, il debitore può eseguire il pagamento al proprio domicilio previa comunicazione al creditore.

4. Negli altri casi l'obbligo deve essere adempiuto al domicilio che il debitore ha al momento della scadenza.

♦ I principi di diritto europeo dei contratti

Art. 7:101: Luogo dell'adempimento. *(1) Se il luogo della prestazione di una obbligazione contrattuale non è determinato dal contratto e non è determinabile in base ad esso, (a) se si tratta di un'obbligazione pecuniaria, essa dovrà essere adempiuta al domicilio o alla sede dell'impresa del creditore al momento della conclusione del contratto; (b) per le altre obbligazioni al domicilio o alla sede dell'impresa del debitore al momento della conclusione del contratto.*

(2) Se il creditore o il debitore ha più di un domicilio o sede dell'impresa, luogo dell'adempimento è quello che presenta la relazione più stretta con il contratto, avuto riguardo alle circostanze note o contemplate dalle parti al tempo della conclusione di esso.

(3) Se il creditore o il debitore non ha un domicilio o una sede dell'impresa, si avrà riguardo alla sua dimora abituale.

♦ Codice civile francese

Articolo 1247. *Il pagamento deve essere eseguito nel luogo designato dal contratto. Se il luogo non vi è designato il pagamento, quando si tratta di un bene certo e determinato, deve essere fatto nel luogo in cui si trovava, al tempo dell'obbligazione, la cosa che ne è oggetto. Gli alimenti concessi in giudizio devono essere versati salvo decisione contraria del giudice, al domicilio o alla residenza di colui che deve averli. Fuori da questi casi, il pagamento deve essere fatto al domicilio del debitore.*

♦ Codice civile tedesco

§ 269 Luogo della prestazione. *(1) Se il luogo della prestazione non è determinato né può desumersi dalle circostanze, in colare dalla natura del rapporto obbligatorio, la prestazione deve essere adempiuta nel luogo in cui il debitore aveva il proprio domicilio al tempo in cui l'obbligazione è sorta. (2) Se il rapporto obbligatorio è sorto nell'ambito di una attività commerciale del debitore, laddove il debitore ha la propria sede commerciale in un altro luogo, il luogo della sede subentra al luogo del domicilio(3) Non può desumersi, dalla sola circostanza che il debitore ha assunto i costi di spedizione, che il luogo verso il quale la spedizione deve essere effettuata deve essere il luogo della prestazione.*

§ 270 Luogo del pagamento. *(1) Nell'incertezza il debitore deve rimettere il denaro, a proprio rischio e a proprie spese, al creditore, al suo domicilio. (2) Se il credito è nato nell'ambito dell'attività commerciale del creditore il luogo della sede subentra al luogo del domicilio, laddove il creditore ha la propria sede commerciale in un altro luogo. (3)5e le spese o il rischio della rimessa aumentato a seguito del trasferimento del domicilio o della sede commerciale del creditore, intervenuto dopo la nascita dell'obbligazione, il creditore deve sopportare nel primo caso le maggiori spese, nell'altro il rischio. (4) Sono invariate le disposizioni sul luogo della prestazione.*

1183. Tempo dell'adempimento.

Se non è determinato il tempo in cui la prestazione deve essere eseguita [1184], il creditore può esigerla immediatamente [1175, 1219, 1771]. Qualora tuttavia, in virtù degli usi o per la natura della prestazione ovvero per il modo o il luogo dell'esecuzione, sia necessario un termine, questo, in mancanza di accordo delle parti, è stabilito dal giudice [645, 650, 1331, 1482, comma 2, 1771, comma 2, 1810, 1817].

Se il termine per l'adempimento è rimesso alla volontà del debitore, spetta ugualmente al giudice di stabilirlo secondo le circostanze [1817, comma 2]; se è rimesso alla volontà del creditore, il termine può essere fissato su istanza del debitore che intende liberarsi [disp. att. 80].

● Norme connesse:

- per il termine di definizione del procedimento amministrativo, art. 2, L. 7 agosto 1990, n. 241, che dispone: *2. Conclusione del procedimento. 1. Ove il procedimento consegua obbligatoriamente ad un'istanza, ovvero debba essere iniziato d'ufficio, le pubbliche amministrazioni hanno il dovere di concluderlo mediante l'adozione di un provvedimento espresso. Se ravvisano la manifesta irricevibilità, inammissibilità, improcedibilità o infondatezza della domanda, le pubbliche amministrazioni concludono il procedimento con un provvedimento espresso redatto in forma semplificata, la cui motivazione può consistere in un sintetico riferimento al punto di fatto o di diritto ritenuto risolutivo.*

2. Nei casi in cui disposizioni di legge ovvero i provvedimenti di cui ai commi 3, 4 e 5 non prevedono un termine diverso, i procedimenti amministrativi di competenza delle amministrazioni statali e degli enti pubblici nazionali devono concludersi entro il termine di trenta giorni.

3. Con uno o più decreti del Presidente del Consiglio dei ministri, adottati ai sensi dell'articolo 17, comma 3, della legge 23 agosto 1988, n. 400, su proposta dei Ministri competenti e di concerto con i Ministri per la pubblica amministrazione e l'innovazione e per la semplificazione normativa, sono individuati i termini non superiori a novanta giorni entro i quali devono concludersi i procedimenti di competenza delle amministrazioni statali. Gli enti pubblici nazionali stabiliscono, secondo i propri ordinamenti, i termini non superiori a novanta giorni entro i quali devono concludersi i procedimenti di propria competenza.

4. Nei casi in cui, tenendo conto della sostenibilità dei tempi sotto il profilo dell'organizzazione amministrativa, della natura degli interessi pubblici tutelati e della particolare complessità del procedimento, sono indispensabili termini superiori a novanta giorni per la conclusione dei procedimenti di competenza delle amministrazioni statali e degli enti pubblici nazionali, i decreti di cui al comma 3 sono adottati su proposta anche dei Ministri per la pubblica amministrazione e l'innovazione e per la semplificazione normativa e previa deliberazione del Consiglio dei ministri. I termini ivi previsti non possono comunque superare i centottanta giorni, con la sola esclusione dei procedimenti di acquisto della cittadinanza italiana e di quelli riguardanti l'immigrazione.

5. Fatto salvo quanto previsto da specifiche disposizioni normative, le autorità di garanzia e di vigilanza disciplinano, in conformità ai propri ordinamenti, i termini di conclusione dei procedimenti di rispettiva competenza.

6. I termini per la conclusione del procedimento decorrono dall'inizio del procedimento d'ufficio o dal ricevimento della domanda, se il procedimento è ad iniziativa di parte.

7. Fatto salvo quanto previsto dall'articolo 17, i termini di cui ai commi 2, 3, 4 e 5 del presente articolo possono essere sospesi, per una sola volta e per un periodo non superiore a trenta giorni, per l'acquisizione di informazioni o di certificazioni relative a fatti, stati o qualità non attestati in documenti già in possesso dell'amministrazione stessa o non direttamente acquisibili presso altre pubbliche amministrazioni. Si applicano le disposizioni dell'articolo 14, comma 2.

8. La tutela in materia di silenzio dell'amministrazione è disciplinata dal codice del processo amministrativo, di cui al decreto legislativo 2 luglio 2010, n. 104. Le sentenze passate in giudicato che accolgono il ricorso proposto avverso il silenzio inadempimento dell'amministrazione sono trasmesse, in via telematica, alla Corte dei conti.

9. La mancata o tardiva emanazione del provvedimento costituisce elemento di valutazione della performance individuale, nonchè di responsabilità disciplinare e amministrativo-contabile del dirigente e del funzionario inadempiente.

9-bis. L'organo di governo individua, nell'ambito delle figure apicali dell'amministrazione, il soggetto cui attribuire il potere sostitutivo in caso di inerzia. Nell'ipotesi di omessa individuazione il potere sostitutivo si considera attribuito al dirigente generale o, in mancanza, al dirigente preposto all'ufficio o in mancanza al funzionario di più elevato livello presente nell'amministrazione. Per ciascun procedimento, sul sito internet istituzionale dell'amministrazione è pubblicata, in formato tabellare e con collegamento ben visibile nella home page, l'indicazione del soggetto a cui è attribuito il potere sostituivo e a cui l'interessato può rivolgersi ai sensi e per gli effetti del comma 9-ter. Tale soggetto, in caso di ritardo, comunica senza indugio il nominativo del responsabile, ai fini della valutazione dell'avvio del procedimento disciplinare, secondo le disposizioni del proprio ordinamento e dei contratti collettivi nazionali di lavoro, e, in caso di mancata ottemperanza alle disposizioni del presente comma, assume la sua medesima responsabilità oltre a quella propria.

9-ter. Decorso inutilmente il termine per la conclusione del procedimento o quello superiore di cui al comma 7, il privato può rivolgersi al responsabile di cui al comma 9-bis perchè, entro un termine pari alla metà di quello originariamente previsto, concluda il procedimento attraverso le strutture competenti o con la nomina di un commissario.

9-quater. Il responsabile individuato ai sensi del comma 9-bis, entro il 30 gennaio di ogni anno, comunica all'organo di governo, i procedimenti, suddivisi per tipologia e strutture amministrative competenti, nei quali non è stato rispettato il termine di conclusione previsto dalla legge o dai regolamenti. Le Amministrazioni provvedono all'attuazione del presente comma, con le risorse umane, strumentali e finanziarie disponibili a legislazione vigente, senza nuovi o maggiori oneri a carico della finanza pubblica.

9-quinquies. Nei provvedimenti rilasciati in ritardo su istanza di parte sono espressamente indicati il termine previsto dalla legge o dai regolamenti e quello effettivamente impiegato.

- per il danno da violazione del termine, art. 2-bis, L. 7 agosto 1990, n. 241.

■ Codice civile del 1865: *Art. 1173. Quando non sia apposto termine, l'obbligazione deve subito eseguirsi, sempreché, la qualità dell'obbligazione, o il modo con cui deve essere eseguita, o il luogo convenuto per la sua esecuzione non porti seco la necessità di un termine da stabilirsi dall'autorità giudiziaria.*

Spetta egualmente all'autorità giudiziaria di stabilire per l'adempimento dell'obbligazione un termine conveniente, se questo sia stato rimesso alla volontà del debitore.

♦ Unidroit

Articolo 6.1.1 (Tempo dell'adempimento). *La parte deve adempiere le proprie obbligazioni: (a) se una data è fissata o determinabile in base al contratto, in tale data; (b) se un periodo di tempo è fissato o determinabile in base al contratto, in qualsiasi momento entro tale periodo, a meno che dalle circostanze non risulti che spetta all'altra parte scegliere una data; (c) in ogni altro caso, entro un termine ragionevole dalla conclusione del contratto.*

♦ Codice europeo dei contratti

Art. 83. Tempo dell'adempimento. *1. Gli obblighi che nascono dal contratto devono essere adempiuti nel tempo previsto, espressamente o implicitamente, dal medesimo, o, in difetto di una tale previsione, tenendosi conto degli usi e delle circostanze, in relazione alla natura della prestazione e al modo e luogo in cui essa deve essere adempiuta. Se il tempo in cui la prestazione deve essere eseguita non è determinato dal contratto o non è determinabile in base ai criteri predetti, e non è neppure ragionevole prevedere a favore del debitore un lasso adeguato di tempo per predisporre ed effettuare l'adempimento, l'obbligo deve essere adempiuto immediatamente.*

2. Salvo patto contrario l'adempimento deve essere eseguito ad un'ora ragionevole e, se il creditore è un imprenditore, durante le ore consuete degli affari.

3. Quando un termine per l'adempimento è fissato nel contratto o è determinabile in base ai criteri di cui sopra, esso si presume a favore del debitore, il quale può pertanto adempiere anche prima del termine medesimo, salvo che esso risulti stabilito a favore del creditore o di entrambi. Se il termine deve considerarsi a favore del creditore, egli può rifiutare l'esecuzione anticipata, salvo che essa sia tale da non pregiudicare i suoi interessi.

4. Se il termine non deve considerarsi stabilito a favore del creditore questi può esigere la prestazione prima della scadenza solo se il debitore è divenuto insolvente, o ha diminuito per fatto proprio le garanzie che aveva dato, o non ha dato le garanzie che aveva promesso.

5. Il debitore non può ripetere ciò che ha pagato anticipatamente ignorando l'esistenza del termine.

6. Il termine entro il quale l'obbligo deve essere adempiuto si calcola conformemente a ciò che è previsto nell'art. 58. Salvo patto contrario, se il termine scade in un giorno festivo si intende prorogato al successivo giorno lavorativo, qualora non vi siano usi diversi.

♦ I principi di diritto europeo dei contratti

Art. 7:102: Tempo dell'adempimento. *Il debitore deve eseguire la sua prestazione:*

(1) nel termine fissato dalle parti o determinabile in base al contratto;

(2) se le parti hanno fissato o in base al contratto è determinabile un lasso di tempo, in qualsiasi momento nel corso di esso, salvo che le circostanze del caso suggeriscano che spetti all'altra parte scegliere il termine;

(3) in tutti gli altri casi, in un tempo ragionevole dopo la conclusione del contratto.

♦ Codice civile francese

Articolo 1186. *Ciò che si deve a tempo determinato non può essere richiesto prima dello scadere del termine; ma quello che è stato pagato in anticipo non può essere ripetuto.*

♦ Codice civile tedesco

§ 271 Tempo della prestazione. *(1) Se non è determinato un tempo della prestazione né può desumersi dalle circostanze, il creditore può esigerla immediatamente e il debitore può effettuarla immediatamente. (2) Se è determinato un termine, nell'incertezza di deve ritenere che, prima di tale termine, il creditore non possa esigere la prestazione mentre il debitore può eseguirla anticipatamente.*

1184. Termine.

Se per l'adempimento è fissato un termine [108, 475, 520, 702, 1187, 1219, 1231, 1347], questo si presume a favore del debitore [1186, 1286, 1371, 1771], qualora non risulti stabilito a favore del creditore [1185, 1208 n. 4] o di entrambi [1457, 1563, 1816].

● Norme connesse:

- art. 46, R.D. 14 dicembre 1933, n. 1669; art. 120-ter, D.Lgs. 1 settembre 1993, n. 385.

■ Codice civile del 1865: *Art. 1175. Il termine si presume sempre stipulato in favore del debitore, se non risulta dalla stipulazione o dalle circostanze, che si è stipulato egualmente in favore del creditore.*

♦ Codice civile francese

Articolo 1187. *Il termine si presume sempre che sia stipulato in favore del debitore a meno che non risulta dalla stipulazione o dalle circostanze che è stato anche convenuto in favore del creditore.*

1185. Pendenza del termine.

Il creditore non può esigere la prestazione prima della scadenza [1206], salvo che il termine sia stabilito esclusivamente a suo favore [1184, 1208 n. 4, 1771 comma 2].

Tuttavia il debitore non può ripetere ciò che ha pagato anticipatamente, anche se ignorava l'esistenza del termine [2033]. In questo caso però egli può ripetere, nei limiti della perdita subita, ciò di cui il creditore si è arricchito per effetto del pagamento anticipato [2041, 2042].

● Norme connesse:
- art. 46, R.D. 14 dicembre 1933, n. 1669.

■ Codice civile del 1865: *Art. 1174. Ciò che si deve a tempo determinato non si può esigere prima della scadenza del termine; ma non si può ripetere ciò che si è pagato anticipatamente, ancorché il debitore ignorasse il termine.*

♦ I principi di diritto europeo dei contratti

Art. 7:103: Adempimento anticipato. *(1) Il creditore può rifiutare l'adempimento che gli venga offerto prima della scadenza salvo il caso in cui l'accettazione della prestazione non pregiudica in maniera irragionevole i suoi interessi.*

(2) L'accettazione dell'adempimento anticipato non modifica il termine fissato per la prestazione dovuta a propria volta dal creditore.

♦ Codice europeo dei contratti

Art. 81. Destinatario del pagamento. *1. Il pagamento deve essere effettuato al creditore o al suo rappresentante a ciò espressamente designato, o alla persona indicata dal creditore stesso, anche se non menzionata nel contratto, o autorizzata dalla legge o dal giudice a riceverlo. Il pagamento fatto a un terzo non legittimato a riceverlo libera il debitore se il creditore lo ratifica, o nei limiti in cui questi ne ha tratto vantaggio.*

2. Il pagamento effettuato a chi appare legittimato, sia pure come rappresentante apparente, a riceverlo in base a circostanze univoche, libera il debitore che dimostri di essere stato in buona fede. Chi ha ricevuto il pagamento è tenuto alla restituzione verso l'effettivo creditore.

3. È inefficace il pagamento effettuato a un creditore che non può riceverlo in quanto sottoposto ad una procedura di sequestro, di espropriazione, o simili.

♦ Codice civile francese

Articolo 1239. *Il pagamento deve essere fatto al creditore o a qualcuno che ha il suo potere o che sia autorizzato dal giudice o dalla legge a riceverlo per il suo conto. Il pagamento fatto a chi non avrebbe il potere di ricevere per il creditore, è valido se questi lo ratifica o se ne ha approfittato.*

1186. Decadenza dal termine.

Quantunque il termine sia stabilito a favore del debitore [1184], il creditore può esigere immediatamente la prestazione se il debitore è divenuto insolvente [1268, 1868] o ha diminuito, per fatto proprio, le garanzie che aveva date [2743, 2813] o non ha dato le garanzie che aveva promesse [506, 1179, 1274, 1299, 1313, 1461, 1626, 1819, 1822, 1844 comma 2, 1850, 1867 n. 2, 1877, 2743; L. fall. 55 comma 2, 150, 210 comma 3].

● Norme connesse:
- art. 50, R.D. 14 dicembre 1933, n. 1669; artt. 55, comma 2, 150, 210, comma 3, R.D. 16 marzo 1942, n. 267.

■ Codice civile del 1865: *Art. 1176. Il debitore non può più reclamare il benefizio del termine, se è divenuto non solvente, o se per fatto proprio ha diminuito le cautele date al creditore, ovvero non gli ha dato le cautele promesse.*

1187. Computo del termine.

Il termine fissato per l'adempimento delle obbligazioni è computato secondo le disposizioni dell'articolo 2963 [1184].

La disposizione relativa alla proroga del termine che scade in giorno festivo si osserva se non vi sono usi diversi [c.p.c. 155].

È salva in ogni caso una diversa pattuizione.

● Norme connesse:
- artt. 41, 96-98, R.D. 14 dicembre 1933, n. 1669; artt. 78-80, R.D. 21 dicembre 1933, n. 1736.

1188. Destinatario del pagamento.

Il pagamento [1196, 1199, 1200] deve essere fatto al creditore [1000, 1189, 1190] o al suo rappresentante [320, 374 n. 2, 1387, 1752, 2213 ss.], ovvero alla persona indicata dal creditore [1269, 1744, 1777] o autorizzata dalla legge [1000, 1979-1980, 2803; c.p.c. 494] o dal giudice a riceverlo [156, comma 6, 1189, 1208 n. 1, 2883].

Il pagamento fatto a chi non era legittimato a riceverlo libera il debitore, se il creditore lo ratifica [1399] o se ne ha approfittato [1189, 1190].

● Norme connesse:
- art. 8, comma 5, L. 1 dicembre 1970, n. 898; art. 44, comma 2, R.D. 16 marzo 1942, n. 267.

■ Codice civile del 1865: *Art. 1241. Il pagamento debb'essere fatto al creditore, od a persona autorizzata a riceverlo dal creditore medesimo, dall'autorità giudiziaria o dalla legge.*

È valido il pagamento fatto a colui che non era autorizzato a riceverlo pel creditore, quando questi lo ratifichi o ne abbia approfittato.

1189. Pagamento al creditore apparente.

Il debitore che esegue il pagamento a chi appare legittimato a riceverlo in base a circostanze univoche, è liberato se prova di essere stato in buona fede [534, comma 2, 1147, 1188, 1264, comma 2, 1415, 1836, 1992, 2559].

Chi ha ricevuto il pagamento è tenuto alla restituzione verso il vero creditore secondo le regole stabilite per la ripetizione dell'indebito [2033 ss.].

● Norme connesse:
- artt. 534, 1398, c.c.

■ Codice civile del 1865: *Art. 1242. Il pagamento fatto in buona fede a chi si trova nel possesso del credito, è valido, ancorché il possessore ne abbia in appresso sofferta l'evizione.*

CODICE CIVILE

1190. Pagamento al creditore incapace.

Il pagamento fatto al creditore incapace di riceverlo [316, 320, 357, 374, 394, 424, 427, 428, 1208, comma 1,n. 1] non libera il debitore, se questi non prova che ciò che fu pagato è stato rivolto a vantaggio dell'incapace [428, 1188 comma 2, 1191, 1443, 1769, 1950, 2039, 2041].

■ Codice civile del 1865: *Art. 1243. Non è valido il pagamento fatto al creditore, se questi era incapace di riceverlo, salvo che il debitore provi che la cosa pagata fu rivolta in vantaggio del creditore.*

♦ Codice civile francese

Articolo 1241. *Il pagamento fatto al creditore non è valido se egli era incapace di riceverlo a meno che il debitore non prova che la cosa pagata è a vantaggio del creditore.*

1191. Pagamento eseguito da un incapace.

Il debitore che ha eseguito la prestazione dovuta non può impugnare il pagamento a causa della propria incapacità [2, 428, 1190, 1208, 1425, 1443, 1933, comma 2, 1950, 2034].

● Norme connesse:
- artt. 1321, 1325, 2932, c.c.

1192. Pagamento eseguito con cose altrui.

Il debitore non può impugnare il pagamento eseguito con cose di cui non poteva disporre [1478], salvo che offra di eseguire la prestazione dovuta con cose di cui può disporre.

Il creditore che ha ricevuto il pagamento in buona fede [1147, 1153, 1479] può impugnarlo, salvo il diritto al risarcimento del danno [1218].

■ Codice civile del 1865: *Art. 1240. Il pagamento che ha per oggetto di trasferire la proprietà della cosa pagata nel creditore, non è valido, se non è fatto da colui che sia proprietario della cosa e capace di alienarla.*

Tuttavia non si può ripetere il pagamento di una somma di danaro o di cosa che si consuma coll'uso, dal creditore che l'ha consumata in buona fede, sebbene il pagamento sia stato fatto da chi non ne era proprietario o non aveva la capacità di alienarla.

1193. Imputazione del pagamento.

Chi ha più debiti della medesima specie verso la stessa persona può dichiarare [1324, 1334], quando paga, quale debito intende soddisfare [1194].

In mancanza di tale dichiarazione, il pagamento deve essere imputato al debito scaduto; tra più debiti scaduti, a quello meno garantito; tra più debiti ugualmente garantiti, al più oneroso per il debitore; tra più debiti ugualmente onerosi, al più antico. Se tali criteri non soccorrono, l'imputazione è fatta proporzionalmente ai vari debiti [1194, 1195, 1249].

■ Codice civile del 1865: *Art. 1255. Chi ha più debiti della stessa specie, ha diritto di dichiarare, quando paga, qual sia il debito che intende di soddisfare.*

Art. 1258. Quando la quitanza non esprime alcuna imputazione, il pagamento deve essere imputato al debito che a quel tempo il debitore aveva maggior interesse di estinguere tra quelli che erano parimente scaduti; in caso diverso al debito scaduto, quantunque meno gravoso di quelli non peranco scaduti.

Se i debiti sono di egual natura, l'imputazione si fa al più antico e proporzionalmente in parità di cose.

♦ Unidroit

Articolo 6.1.12 (Imputazione dei pagamenti). *(1) Un debitore che ha diverse obbligazioni pecuniarie nei confronti dello stesso creditore può specificare, al momento del pagamento, il debito al quale intende imputare tale pagamento. Tuttavia, il pagamento deve essere imputato prima alle spese, poi agli interessi, ed infine al capitale.*

(2) Se il debitore non effettua tale specificazione, il creditore può, entro un termine ragionevole dal pagamento, dichiarare al debitore a quale debito intende imputare il pagamento, posto che tale debito sia dovuto e non contestato.

(3) In mancanza di un'imputazione ai sensi del primo o secondo comma, il pagamento viene imputato a quel debito che soddisfa uno dei seguenti criteri nell'ordine indicato: (a) un debito esigibile o che per primo diviene esigibile; (b) il debito per il quale il creditore ha meno garanzie; (c) il debito più oneroso per il debitore; (d) il debito sorto per primo.

Se nessuno dei precedenti criteri è applicabile, il pagamento viene imputato a tutti i debiti proporzionalmente.

♦ Codice europeo dei contratti

Art. 84. Imputazione del pagamento. *1. Chi ha più debiti di denaro o del medesimo genere verso la stessa persona può, quando adempie, indicare quale debito intende soddisfare. L'imputazione può riguardare anche obblighi nascenti da contratti annullabili e non coercibili, ed è vincolante per il creditore se egli non la rifiuta entro un termine ragionevole.*

2. Se il debitore non rende nota, neppure implicitamente, la sua intenzione al creditore, questi può, emettendo la quietanza o in un momento successivo, indicare a quale debito intende imputare l'avvenuto pagamento, sempre che si tratti di un obbligo valido e azionabile, e non può in seguito modificare tale imputazione. Il debitore può contestare tale imputazione se il creditore ha agito ponendo in essere dei raggiri o approfittando scorrettamente delle circostanze.

3. Qualora né il debitore né il creditore si siano manifestati circa l'imputazione, il pagamento deve considerarsi relativo al debito scaduto; tra più debiti scaduti a quello meno garantito; tra più debiti ugualmente garantiti al più oneroso per il debitore; tra debiti ugualmente onerosi al più antico. Se tali criteri non soccorrono, l'imputazione è fatta proporzionalmente ad ognuno dei debiti.

♦ I principi di diritto europeo dei contratti

Art. 7:109: Imputazione dei pagamenti. *(1) Quando il debitore deve adempiere più obbligazioni della stessa natura e la prestazione offerta non è sufficiente a estinguere tutte le obbligazioni, fatto salvo il paragrafo (4), il debitore può al momento dell'adempimento dichiarare a quale obbligazione la prestazione si riferisce.*

(2) Se il debitore che adempie non fa tale dichiarazione, il creditore può entro un termine ragionevole indicare l'obbligazione alla quale intende imputare il pagamento, informandone il debitore. In ogni caso è invalida l'imputazione a una obbligazione che (a) non sia ancora scaduta, o (b) è contraria a norme imperative, o (c) è controversa. (3) Nel caso che nes-

suna delle parti provveda all'imputazione, fatto salvo il paragrafo (4), il pagamento è imputato all'obbligazione che soddisfa uno dei criteri indicati nell'ordine che segue: (a) l'obbligazione che è scaduta o è la prima a scadere; (b) l'obbligazione per la quale il creditore ha meno garanzie; (c) l'obbligazione maggiormente gravosa per il debitore; (d) l'obbligazione che è sorta per prima.

(3) Se nessuno dei criteri indicati trova applicazione, la prestazione è imputata in proporzione a tutte le obbligazioni.

(4) Nell'obbligazione pecuniaria il pagamento del debitore è imputato, in primo luogo, alle spese, in secondo luogo agli interessi, in terzo luogo al capitale, salvo che il creditore lo imputi altrimenti.

♦ Codice civile francese

Articolo 1253. *Il debitore di più debiti ha il diritto di dichiarare, quando paga, quale debito intende adempiere.*

1194. Imputazione del pagamento agli interessi.

Il debitore non può imputare il pagamento al capitale, piuttosto che agli interessi e alle spese, senza il consenso del creditore [1193, 1960].

Il pagamento fatto in conto di capitale e d'interessi deve essere imputato prima agli interessi [1199 comma 2, 1282].

■ Codice civile del 1865: *Art. 1256. Chi ha un debito che produce frutti o interessi, non può senza il consenso del creditore imputare al capitale ciò che paga, in preferenza dei frutti e degli interessi: il pagamento fatto in conto di capitale e d'interessi, se non è integrale, s'imputa prima agli interessi.*

♦ Codice civile francese

Articolo 1254. *Il debitore di un debito che produce interesse o arretrati non può, senza il consenso del creditore, addebitare il pagamento che ha fatto sul capitale in preferenza degli arretrati o degli interessi: il pagamento fatto sul capitale e sugli interessi ma che non è integrale, si addebita prima di tutto sugli interessi.*

♦ Codice civile tedesco

§ 367 Imputazione sugli interessi e sulle spese. *(1) Se il debitore, oltre alla prestazione principale, è tenuto a versare interessi e spese, la prestazione non sufficiente ad estinguere l'intero debito è imputata sulle spese, sugli interessi in subordine ed infine sulla prestazione principale. (2) Se il debitore indica un differente ordine di imputazione il creditore ha la facoltà di rifiutare di accettare la prestazione.*

1195. Quietanza con imputazione.

Chi, avendo più debiti, accetta una quietanza [1199] nella quale il creditore ha dichiarato di imputare il pagamento a uno di essi, non può pretendere un'imputazione diversa [1193], se non vi è stato dolo [1439, 1440] o sorpresa da parte del creditore [2726].

■ Codice civile del 1865: *Art. 1257. Chi ha più debiti verso una stessa persona, se accetta una quitanza per cui il creditore imputi specificamente la somma ricevuta ad uno di essi, non può più chiedere l'imputazione ad un debito differente, quando non siavi intervenuto dolo o sorpresa per parte del creditore.*

♦ Codice civile francese

Articolo 1255. *Quando il debitore di diversi debiti ha accettato una quietanza per cui il creditore ha addebitato quello che ha ricevuto su uno di questi debiti, il debitore non può più domandare l'imputazione su un debito differente a meno che non ci sia stato dolo o inganno da parte del creditore.*

1196. Spese del pagamento.

Le spese del pagamento sono a carico del debitore [204, comma 2, 672, 1215, 1245, 1475, 1510 comma 2, 1774 comma 2].

■ Codice civile del 1865: *Art. 1250. Le spese del pagamento sono a carico del debitore.*

♦ Unidroit

Articolo 6.1.11 (Spese dell'adempimento). *Ciascuna parte sopporta le spese relative all'adempimento delle proprie obbligazioni.*

♦ Codice europeo dei contratti

Art. 75. Modalità dell'esecuzione. *[...] 4. Le spese dell'adempimento e della quietanza sono a carico del debitore.*

♦ Codice civile francese

Articolo 1248. *Le spese del pagamento sono a carico del debitore.*

1197. Prestazione in luogo dell'adempimento.

Il debitore non può liberarsi eseguendo una prestazione diversa da quella dovuta, anche se di valore uguale o maggiore, salvo che il creditore consenta [1320]. In questo caso l'obbligazione si estingue quando la diversa prestazione è eseguita [1198; L. fall. 67, n. 2].

Se la prestazione consiste nel trasferimento della proprietà o di un altro diritto, il debitore è tenuto alla garanzia per l'evizione e per i vizi della cosa secondo le norme della vendita [1470 ss., 1483 ss., 1490 ss.], salvo che il creditore preferisca esigere la prestazione originaria e il risarcimento del danno.

In ogni caso non rivivono le garanzie prestate dai terzi [1213, comma 2, 1251, 1275, 1276, 2881, 2926, 2927 comma 2].

● Norme connesse:

- R.D. 21 dicembre 1933, n. 1736; art. 67, comma 1, n. 2, R.D. 16 marzo 1942, n. 267.

■ Codice civile del 1865: *Art. 1245. Il creditore non può essere costretto a ricevere una cosa diversa da quella che gli è dovuta, quantunque il valore della cosa offerta fosse uguale od anche maggiore.*

♦ Codice europeo dei contratti

Art. 78. Prestazione diversa da quella dovuta ed effettuata con cose di cui il debitore non poteva disporre. *1. Il debitore non può liberarsi eseguendo una prestazione diversa da quella prevista dal contratto, anche se sia di valore uguale o maggiore, a meno che il creditore lo consenta. In quest'ultimo caso quando è eseguita la prestazione diversa, l'obbligo contrattuale si considera estinto.*

2. Se la diversa prestazione consiste nella cessione di un credito, l'obbligo si considera eseguito con la riscossione del

CODICE CIVILE

credito stesso, se non risulta una diversa volontà delle parti, e salvo che la mancata riscossione dipenda da negligenza del cessionario.

3. Se il debitore ha effettuato il pagamento con cose delle quali non poteva disporre, egli non può chiederne la restituzione se non offrendo di eseguire la prestazione dovuta con cose di cui può disporre. Il creditore che ha ricevuto in buona fede il pagamento effettuato con cose di cui il debitore non poteva disporre, ha il diritto di restituire queste ultime e di pretendere la prestazione dovutagli, salvo in ogni caso il risarcimento dei danni, ma deve comportarsi in modo da non pregiudicare i diritti del soggetto avente la proprietà o la giuridica disponibilità delle cose utilizzate dal debitore.

♦ Codice civile tedesco

§ 368 Accettazione in luogo di adempimento. *(1) Il rapporto obbligatorio si estingue, se il creditore accetta una prestazione diversa da quella dovuta in luogo dell'adempimento. (2) Se il debitore, al fine di soddisfare il creditore, assume una nuova obbligazione, nell'incertezza non deve ritenersi che assuma l'obbligazione in luogo dell'adempimento.*

1198. Cessione di un credito in luogo dell'adempimento.

Quando in luogo dell'adempimento è ceduto un credito [1260 ss.], l'obbligazione si estingue con la riscossione del credito [2928], se non risulta una diversa volontà delle parti.

È salvo quanto è disposto dal secondo comma dell'articolo 1267 [1320].

● Norme connesse:

- L. 21 febbraio 1991, n. 52; L. 14 luglio 1993, n. 260.

♦ Codice civile tedesco

§ 365 Garanzia nel caso di azione in luogo di adempimento. *Se in luogo dell'adempimento si trasferisce un bene, un credito nei confronti di un terzo o un altro diritto, il debitore è obbligato a prestare la stessa garanzia per vizi giuridici o per vizi della cosa cui è tenuto il venditore nella compravendita.*

1199. Diritto del debitore alla quietanza.

Il creditore che riceve il pagamento deve, a richiesta e a spese del debitore, rilasciare quietanza [1188, 1195, 1196, 1202, comma 1, n. 1, 1324, 2735] e farne annotazione sul titolo, se questo non è restituito al debitore [1237, 2124, 2213 comma 2, 2704, 2708, 2726].

Il rilascio di una quietanza per il capitale fa presumere il pagamento degli interessi [1194, comma 2, 1195, 1311 n. 1, 2213; L. camb. 45].

● Norme connesse:

- art. 45, R.D. 14 dicembre 1933, n. 1669; art. 37, R.D. 21 dicembre 1933, n. 1736.

■ Codice civile del 1865: *Art. 1834. La quitanza pel capitale rilasciata senza riserva degli interessi fa presumere il loro pagamento e ne produce la liberazione, salva la prova contraria.*

♦ Codice europeo dei contratti

Art. 85. Emissione della quietanza e liberazione dalle garanzie. *1. Il creditore deve, a richiesta del debitore che ha adempiuto, rilasciare quietanza in quella forma che quest'ultimo ha un legittimo interesse a pretendere. Le spese della quietanza sono, salvo patto contrario, a carico del debitore.*

2. Il creditore deve inoltre annotare sul documento, da cui risulta l'esistenza del credito, che quest'ultimo è stato soddisfatto, anche se lo restituisce al debitore che ha il diritto di esigerlo. Se il creditore afferma di non essere in grado di restituire tale documento, il debitore ha diritto di pretendere una dichiarazione dal medesimo, circa questo fatto, nell'atto di quietanza.

1200. Liberazione dalle garanzie.

Il creditore che ha ricevuto il pagamento [1188] deve consentire la liberazione dei beni dalle garanzie reali [1179, 2784, 2794, 2882, 2883] date per il credito e da ogni altro vincolo che comunque ne limiti la disponibilità [1208, comma 2, 1210].

● Norme connesse:

- art. 120-quater, comma 1, D.Lgs. 1 settembre 1993, n. 385.

♦ Codice europeo dei contratti

Art. 85. Emissione della quietanza e liberazione dalle garanzie. *[...]. 3. Il creditore che ha ricevuto il pagamento deve restituire i beni mobili avuti in pegno, consentire la liberazione degli altri beni dalle garanzie reali fornite per il credito, e da ogni altro vincolo che comunque ne limiti la disponibilità.*

Sezione II
Del pagamento con surrogazione

1201. Surrogazione per volontà del creditore.

Il creditore, ricevendo il pagamento da un terzo [1180], può [1202] surrogarlo nei propri diritti [754, 756, 2843]. La surrogazione deve essere fatta in modo espresso e contemporaneamente al pagamento [1204, 2835, 2839, comma 1, n. 2, 2843, 2844].

■ Codice civile del 1865: *Art. 1252. La surrogazione è convenzionale:*

1° Quando il creditore ricevendo il pagamento da una terza persona, la surroga nei diritti, nelle azioni, nè privilegi o nelle ipoteche che essa ha contro il debitore: questa surrogazione debb'essere espressa e fatta contemporaneamente al pagamento.

2° Quando il debitore prende a prestito una somma, affine di pagare il suo debito, e di surrogare il mutuante nei diritti del creditore. Per la validità di tale surrogazione è d'uopo che l'atto di prestito e la quitanza abbiano data certa; che nell'atto di prestito si dichiari che la somma fu presa a prestito per fare il pagamento e nella quitanza si dichiari che al pagamento è stato fatto coi danari somministrati a tal effetto dal nuovo creditore. Questa surrogazione si opera senza il concorso della volontà del creditore.

♦ Codice civile francese

Articolo 1249. *La surrogazione nei diritti del creditore a vantaggio di una terza persona che lo paga o è convenzionale o è legale.*

1202. Surrogazione per volontà del debitore.

Il debitore, che prende a mutuo [1813 ss.] una somma di danaro o altra cosa fungibile al fine di pagare il debito, può surrogare [2703, 2835, 2836, 2843] il mutuante nei diritti del creditore, anche senza il consenso di questo.

La surrogazione ha effetto quando concorrono le seguenti condizioni:

1) che il mutuo e la quietanza [1199] risultino da atto avente data certa [2704];

2) che nell'atto di mutuo sia indicata espressamente la specifica destinazione della somma mutuata;

3) che nella quietanza si menzioni la dichiarazione del debitore circa la provenienza della somma impiegata nel pagamento. Sulla richiesta del debitore, il creditore non può rifiutarsi di inserire nella quietanza tale dichiarazione.

■ Codice civile del 1865: *Art. 1252. La surrogazione è convenzionale:*

1° Quando il creditore ricevendo il pagamento da una terza persona, la surroga nei diritti, nelle azioni, nè privilegi o nelle ipoteche che essa ha contro il debitore: questa surrogazione debb'essere espressa e fatta contemporaneamente al pagamento.

2° Quando il debitore prende a prestito una somma, affine di pagare il suo debito, e di surrogare il mutuante nei diritti del creditore. Per la validità di tale surrogazione è d'uopo che l'atto di prestito e la quitanza abbiano data certa; che nell'atto di prestito si dichiari che la somma fu presa a prestito per fare il pagamento e nella quitanza si dichiari che al pagamento è stato fatto coi danari somministrati a tal effetto dal nuovo creditore. Questa surrogazione si opera senza il concorso della volontà del creditore.

♦ Codice civile francese

Articolo 1250. *Questa surrogazione è convenzionale: 1 quando il creditore che riceve il suo pagamento da una terza persona lo surroga nei suoi diritti, azioni, privilegi o ipoteche contro il debitore: questa surrogazione deve essere espressa e fatta nello stesso tempo del pagamento; 2 0 quando il debitore chiede in prestito una somma per pagare il suo debito e per surrogare il prestatore nei diritti del creditore. Bisogna, perché questa surrogazione sia valida, che il prestito e la quietanza siano stipulati davanti a notaio; che nel prestito sia dichiarato che la somma è stata chiesta in prestito per fare il pagamento e che nella quietanza sia dichiarato che è stato fatto il pagamento degli ultimi prestiti a tal fine dal nuovo creditore. Questa surrogazione si ha senza il concorso della volontà del creditore.*

1203. Surrogazione legale.

La surrogazione ha luogo di diritto nei seguenti casi:

1) a vantaggio di chi, essendo creditore, ancorché chirografario, paga un altro creditore che ha diritto di essergli preferito in ragione dei suoi privilegi [2745 ss.], del suo pegno [2784] o delle sue ipoteche [2808 ss.];

2) a vantaggio dell'acquirente di un immobile che, fino alla concorrenza del prezzo di acquisto, paga [1241] uno o più creditori a favore dei quali l'immobile è ipotecato [2866; c.p.c. 792];

3) a vantaggio di colui che, essendo tenuto con altri o per altri al pagamento del debito, aveva interesse di soddisfarlo [754, 1180, 1292, 1299, 1316, 1949, 1950, 2871];

4) a vantaggio dell'erede con beneficio d'inventario [484 ss.], che paga con danaro proprio i debiti ereditari [490, n. 2];

5) negli altri casi stabiliti dalla legge [756, 971, comma 4, 1259, 1762, 1776, 1780, comma 2, 1796, 1916, 2036, comma 3, 2038, 2856, 2866, 2869, 2871, comma 2].

● Norme connesse:

- artt. 115, comma 5 142, 283, comma 5, 292, 299, comma 3, 304, comma 1, D.Lgs. 7 settembre 2005, n. 209.

- art. 97, D.Lgs. 6 settembre 2005, n. 206.

- artt. 37, comma 3, 82, R.D. 14 dicembre 1933, n. 1669.

- in tema di surroga delle imprese di assicurazione all'INPS, artt. 41 e 42, L. 4 novembre 2010, n. 183 (c.d. collegato Lavoro), che, rispettivamente, dispongono: *Art. 41. Responsabilità di terzi nelle invalidità civili. 1. Le pensioni, gli assegni e le indennità, spettanti agli invalidi civili ai sensi della legislazione vigente, corrisposti in conseguenza del fatto illecito di terzi, sono recuperate fino a concorrenza dell'ammontare di dette prestazioni dall'ente erogatore delle stesse nei riguardi del responsabile civile e della compagnia di assicurazioni.*

2. Agli effetti del comma 1, il valore capitale della prestazione erogata è determinato mediante criteri e tariffe stabiliti con decreto del Ministro del lavoro e delle politiche sociali e del Ministro dell'economia e delle finanze, sentito il consiglio di amministrazione dell'INPS, da emanare entro sessanta giorni dalla data di entrata in vigore della presente legge.

Art. 42. Comunicazioni delle imprese di assicurazione all'INPS. 1. A decorrere dal 1° giugno 2010, nei casi di infermità comportante incapacità lavorativa, derivante da responsabilità di terzi, il medico è tenuto a darne segnalazione nei certificati di malattia di cui all'articolo 2 del decreto-legge 30 dicembre 1979, n. 663, convertito, con modificazioni, dalla legge 29 febbraio 1980, n. 33, al fine di consentire all'ente assicuratore l'esperibilità delle azioni surrogatorie e di rivalsa.

2. In caso di eventi occorsi in danno di soggetti aventi diritto all'indennità di malattia erogata dall'INPS ed imputabili a responsabilità di terzi, l'impresa di assicurazione, prima di procedere all'eventuale risarcimento del danno, è tenuta a darne immediata comunicazione all'INPS.

3. Entro quindici giorni dal ricevimento della comunicazione di cui al comma 2, l'INPS trasmette all'impresa di assicurazione un «certificato di indennità corrisposte» (CIR) attestante l'avvenuta liquidazione dell'indennità di malattia ed il relativo importo.

4. L'impresa assicuratrice procede, conseguentemente, ad accantonare e rimborsare preventivamente all'INPS l'importo certificato ai sensi del comma 3.

5. Dall'attuazione del presente articolo non devono derivare nuovi o maggiori oneri per la finanza pubblica.

■ Codice civile del 1865: *Art. 1253. La surrogazione ha luogo di diritto.*

1° A vantaggio di colui che, essendo egli stesso creditore, ancorché chirografario, paga un altro creditore che ha il diritto di essergli preferito in ragione dei suoi privilegi o delle sue ipoteche;

2° Avvantaggio di colui che, avendo acquistato un immobile, fino alla concorrenza del prezzo del suo acquisto paga uno o più creditori, a favore dei quali il fondo è ipotecato;

CODICE CIVILE

3° A vantaggio di colui che, essendo obbligato con altri o per altri al pagamento del debito, aveva interesse di soddisfarlo;

4° A vantaggio dell'erede con benefizio d'inventario che ha pagato coi propri danari i debiti ereditari.

♦ Codice civile francese

Articolo 1251. *La surrogazione ha luogo di diritto: 1 a vantaggio di colui che essendo lui stesso creditore, paga un altro creditore che gli è preferibile in ragione dei suoi privilegi o ipoteche; 2 a vantaggio dell'acquirente di un immobile che impiega i l prezzo del suo acquisto per i l pagamento dei creditori a cui questa bene era ipotecato; 3° a vantaggio di colui che, essendo tenuto con altri o per altri al pagamento del debito, aveva interesse di adempierlo; 4 a vantaggio dell'erede che accetta in concorrenza dell'attivo netto che ha pagato i suoi ultimi debiti della successione; 5 a vantaggio di colui che ha pagato le sue ultime spese funerarie per il conto della successione.*

♦ Codice civile tedesco

§ 268 Diritto di purgazione del terzo. *(1) Se il creditore promuove l'esecuzione forzata su un bene di proprietà del debitore, chiunque corra il rischio di perdere un diritto sul bene a causa dell'esecuzione forzata, ha diritto di soddisfare il creditore. Lo stesso diritto spetta al possessore di un bene, qualora corra il rischio di perderne il possesso a causa dell'esecuzione forzata. (2) Il soddisfacimento può avvenire anche con deposito o compensazione. (3) Se il terzo soddisfa il creditore, il credito si trasferisce in capo al terzo. Il trasferimento non può essere fatto valere in pregiudizio del creditore.*

1204. Terzi garanti.

La surrogazione contemplata nei precedenti articoli ha effetto anche contro i terzi che hanno prestato garanzia per il debitore [2835, 2836, 2839, comma 2, n. 2, 2843, 2844].

Se il credito è garantito da pegno [2784 ss.], si osserva la disposizione del secondo comma dell'articolo 1263.

■ Codice civile del 1865: *Art. 1254. La surrogazione stabilita negli articoli precedenti ha luogo tanto contro i fideiussori quanto contro i debitori.*

Il creditore che fu solo in parte soddisfatto, e colui che gli fece il pagamenlo in parte, concorrono insieme a far valere i loro diritti in proporzione di quanto è ai medesimi dovuto.

1205. Surrogazione parziale.

Se il pagamento è parziale, il terzo surrogato e il creditore concorrono nei confronti del debitore in proporzione di quanto è loro dovuto, salvo patto contrario [1181].

■ Codice civile del 1865: *Art. 1254. La surrogazione stabilita negli articoli precedenti ha luogo tanto contro i fideiussori quanto contro i debitori.*

Il creditore che fu solo in parte soddisfatto, e colui che gli fece il pagamenlo in parte, concorrono insieme a far valere i loro diritti in proporzione di quanto è ai medesimi dovuto.

Sezione III
Della mora del creditore

1206. Condizioni.

Il creditore è in mora [1207] quando, senza motivo legittimo, non riceve il pagamento offertogli [1185, 1208, 1217] nei modi indicati dagli articoli seguenti o non compie quanto è necessario affinché il debitore possa adempiere l'obbligazione [1175; disp. att. 160].

● Norme connesse:

- art. 18, ult. comma, L. 20 maggio 1970, n. 300, nel testo modificato dall'art. 1, L. 28 giugno 2012, n. 92.

■ Codice civile del 1865: *Art. 1259. Quando il creditore ricusa di ricevere il pagamento, il debitore può ottenere la sua liberazione mediante l'offerta reale ed il susseguente deposito della cosa dovuta.*

Dal giorno del deposito legalmente eseguito cessano gli interessi, e la cosa depositata rimane a rischio e pericolo del creditore.

♦ Codice europeo dei contratti

Art. 103. Nozione di mora del creditore. *Si ha la mora del creditore se questi senza un giusto motivo non riceve, o rifiuta, o impedisce, od ostacola l'adempimento da parte del debitore, o non effettua l'opzione prevista dall'art. 87 comma 2 per un suo credito alternativo qualora la controparte non intenda effettuare lei stessa l'opzione medesima, o egli non procura - essendone tenuto - la presenza di un terzo o l'autorizzazione o la licenza della pubblica autorità quali previste dall'art. 76 comma 2, o tiene comunque un comportamento attivo od omissivo che non consente al debitore di adempiere.*

♦ Codice civile francese

Articolo 1345 *Quando il creditore senza motivo legittimo rifiuta di ricevere il pagamento che gli è dovuto o lo impedisce, il debitore può metterlo in mora. La messa in mora del creditore interrompe il decorso degli interessi dovuti dal debitore e pone il rischio della cosa a carico del creditore, salvo il fatto doloso del debitore. Non interrompe la prescrizione.*

♦ Codice civile tedesco

§ 293 Mora nell'accettazione. *Il creditore è in mora se non accetta la prestazione offertagli.*

§ 294 Offerta effettiva. *La prestazione deve essere effettivamente offerta al creditore nel modo in cui deve essere eseguita.*

§ 295 Offerta verbale. *È sufficiente una offerta verbale del debitore, quando il creditore ha dichiarato che non accetterà la prestazione o quando per effettuare la prestazione è richiesto un atto del creditore. In particolare se il creditore deve ritirare la cosa dovuta. All'offerta è equiparata la richiesta al creditore di compiere l'atto necessario.*

1207. Effetti.

Quando il creditore è in mora, è a suo carico l'impossibilità della prestazione sopravvenuta per causa non imputabile al debitore [1256, 1673]. Non sono più dovuti gli interessi [1282] né i frutti della cosa [820] che non siano stati percepiti dal debitore.

Il creditore è pure tenuto a risarcire i danni derivati dalla sua mora [1224] e a sostenere le spese per la custodia [1211] e la conservazione della cosa dovuta.

Gli effetti della mora si verificano dal giorno dell'offerta [1208, 1209, 1216, 1217], se questa è successivamente dichiarata valida con sentenza passata in giudicato [c.p.c. 324] o se è accettata dal creditore [1223 ss.].

■ Codice civile del 1865: *Art. 1259. Quando il creditore ricusa di ricevere il pagamento, il debitore può ottenere la sua liberazione mediante l'offerta reale ed il susseguente deposito della cosa dovuta.*

Dal giorno del deposito legalmente eseguito cessano gli interessi, e la cosa depositata rimane a rischio e pericolo del creditore.

♦ Codice civile tedesco

§ 300 Effetti della mora del creditore. *(1) Il debitore durante la mora del creditore, risponde solo per dolo o colpa grave. (2) Se è dovuta una cosa determinata solo nel genere, il rischio si trasmette al creditore quando questi cade in mora per non aver accettato l'offerta.*

§ 301 Cessazione della corresponsione degli interessi. *Su una obbligazione pecuniaria soggetta ad interessi, il debitore non è obbligato a corrispondere gli interessi durante la mora del creditore.*

§ 302 Utili. *Se il debitore deve restituire o sostituire gli utili di un bene, il suo obbligo, durante la mora del creditore, si circoscrive agli utili che ne trae.*

§ 304 Risarcimento delle maggiori spese. *Il debitore può, in caso di mora del creditore, richiedere il risarcimento delle maggiori spese che ha sostenuto per l'offerta infruttuosa come per la custodia e la conservazione del bene dovuto.*

1208. Requisiti per la validità dell'offerta.

Affinché l'offerta [1209, 1214] sia valida è necessario [1215, 1220, 1503, comma 2]:

1) che sia fatta al creditore capace di ricevere o a chi ha la facoltà di ricevere per lui [1188, 1190];

2) che sia fatta da persona che può validamente adempiere [1180, 1191];

3) che comprenda la totalità della somma [1181] o delle cose dovute, dei frutti [820] o degli interessi [1282] e delle spese liquide, e una somma per le spese non liquide, con riserva di un supplemento, se è necessario;

4) che il termine sia scaduto, se stipulato in favore del creditore [1184, 1816];

5) che si sia verificata la condizione dalla quale dipende l'obbligazione [1353, 1359];

6) che l'offerta sia fatta alla persona del creditore o nel suo domicilio [43, 1182, 1209];

7) che l'offerta sia fatta da un ufficiale pubblico a ciò autorizzato [1209; disp. att. 73].

Il debitore può subordinare l'offerta al consenso del creditore necessario per liberare i beni dalle garanzie reali [2784 ss.] o da altri vincoli che comunque ne limitino la disponibilità [1200; c.p.c. 687].

■ Codice civile del 1865: *Art. 1260. Affinché l'offerta reale sia valida, è necessario:*

1° Che sia fatta al creditore capace di esigere od a chi ha facoltà di ricevere pel medesimo;

2° Che sia fatta da persona capace di pagare;

3° Che comprenda l'intera somma od altra cosa dovuta, i frutti e gli interessi pur dovuti, le spese liquide ed una somma per le spese non liquidate, colla riserva per qualunque supplemento;

4° Che il termine sia scaduto, se fu stipulato a favore del creditore;

5° Che siasi verificata la condizione, sotto la quale fu contratto il debito;

6° Che l'offerta sia fatta nel luogo convenuto pel pagamento; e quando non vi sia convenzione speciale riguardo al luogo del pagamento, che sia fatta alla persona del creditore, o al suo domicilio a quello scelto per l'esecuzione del contratto;

7° Che l'offerta sia fatta per mezzo di un notaio o d'altro uffiziale pubblico autorizzato a tal sorta di atti.

♦ Codice europeo dei contratti

Art. 105. Adempimenti richiesti al debitore per essere liberato. *1. In presenza di una situazione quale quella indicata nell'art. 103, il debitore, se anziché far constare con sua dichiarazione l'inadempimento del creditore intenda adempiere l'obbligo che è a suo carico e liberarsi dal medesimo, è tenuto ad effettuare nei confronti di quest'ultimo, nel luogo in cui l'obbligo stesso deve essere adempiuto, una offerta reale o per intimazione della totale prestazione dovuta, comprensiva degli accessori, frutti e interessi e nelle forme che vengano prescritte, su sua domanda, dal giudice di prima istanza competente per valore del luogo in cui l'offerta deve essere effettuata.*

2. Se è nell'impossibilità di conoscere l'entità esatta della somma o della quantità di cose dovute, il debitore, su autorizzazione del giudice, può fare offerta dell'importo o della quantità da lui determinata in base agli elementi di cui dispone, impegnandosi a corrispondere quanto ulteriormente dovuto.

3. Se il creditore accetta l'offerta e riceve la prestazione, il debitore è liberato. Nell'ipotesi di cui al comma 2 di questo articolo, la liberazione è subordinata al fatto che il debitore corrisponda quanto da lui ancora dovuto conformemente ad una fondata e motivata richiesta del creditore.

4. Se il creditore non accetta l'offerta e si tratta di un obbligo di dare, il debitore per essere liberato è tenuto ad effettuare la consegna di quanto dovuto nelle forme prescritte dal giudice indicato nel comma 1 del presente articolo, e circa le quali la richiesta può essere proposta nella stessa domanda di cui al comma 1. La regolarità della consegna e la liberazione del debitore vengono accertate dal giudice medesimo. Trattandosi di un obbligo di fare il debitore deve adempierlo come prescritto dal giudice, che poi accerta la regolarità del comportamento del debitore e la sua liberazione.

5. È sufficiente l'offerta, e non occorre procedere alla consegna o all'adempimento se la prestazione non può essere effettuata al creditore o al suo rappresentante per assenza o incapacità dei medesimi di riceverla, o se vi è incertezza, senza colpa del debitore, circa la persona alla quale la prestazione deve essere effettuata, o più soggetti si dichiarano in diritto di ottenerla, o sia stato smarrito il titolo da cui risulta a chi spetta il diritto alla prestazione, e queste circostanze sono state specificate nella domanda di cui al comma 1 del presente articolo.

♦ Codice civile francese

Articolo 1258. *Perché le offerte reali siano valide è necessario: 1 che siano fatte al creditore che ha la capacità di*

CODICE CIVILE

ricevere o a colui che ha il potere di ricevere per il suo conto; 2 0 che siano fatte da una persona capace di pagare; 3° che siano dell'insieme della somma esigibile, degli arretrati o degli interessi dovuti, delle spese liquide e di una somma per le spese non liquide, salvo perfezionare; 4° che il termine sia scaduto se è stato stipulato in favore del creditore; 5° che la condizione sotto cui il debito è stato contratto si sia verificata; 6° che le offerte siano fatte nel luogo in cui si è convenuto per il pagamento e se non c'è convenzione speciale sul luogo del pagamento, che siano fatte o alla persona del creditore o presso il suo domicilio eletto per l'adempimento del contratto; 7° che le offerte siano fatte da un ufficiale ministeriale che ha carattere per questo generi di atti.

1209. Offerta reale e offerta per intimazione.

Se l'obbligazione ha per oggetto danaro [1277 ss.], titoli di credito [1922 ss.], ovvero cose mobili [812 comma 3] da consegnare al domicilio del creditore [1208], l'offerta deve essere reale [1211; disp. att. 73, 74].

Se si tratta invece di cose mobili da consegnare in luogo diverso [1182, 1510, 1518], l'offerta consiste nell'intimazione al creditore di riceverle [1210, 1211], fatta mediante atto a lui notificato nelle forme prescritte per gli atti di citazione [1214, 1216, 1217; disp. att. 73, 75; c.p.c. 137, 163].

● Norme connesse:

- comma 1: art. 7, L. 11 febbraio 1971, n. 11 (Nuova disciplina dell'affitto di fondi rustici), che dispone: *Il pagamento dell'ammontare massimo stabilito per ciascuna zona agraria omogenea dalle tabelle per i canoni di equo affitto dei fondi rustici costituisce, ad ogni effetto, adempimento dell'obbligo del canone, anche se non viene proposta azione di perequazione a mente dell'articolo 7, L. 12 giugno 1962, n. 567.*

In caso di rifiuto del concedente a ricevere in pagamento il canone corrisposto dall'affittuario, quest'ultimo sarà ritenuto adempiente se avrà depositato tale somma in un libretto di risparmio intestato al concedente presso l'ufficio postale o presso una banca del comune ove si trova l'azienda, ed avrà dato al locatore comunicazione a mezzo raccomandata con ricevuta di ritorno entro quindici giorni dall'avvenuto deposito.

La prova del pagamento del canone, di cui al precedente comma, sostituisce, a tutti gli effetti, l'offerta reale di cui all'articolo 1209, primo comma, del codice civile.

1210. Facoltà di deposito e suoi effetti liberatori.

Se il creditore rifiuta di accettare l'offerta reale [1209 comma 1] o non si presenta per ricevere le cose offertegli mediante intimazione, il debitore può eseguire il deposito [1211 ss., 1514; disp. att. 77, 78; c.nav. 449, 450].

Eseguito il deposito, quando questo è accettato dal creditore o è dichiarato valido con sentenza passata in giudicato [c.p.c. 324], il debitore non può più ritirarlo ed è liberato dalla sua obbligazione [1213, 1214, 1215].

● Norme connesse:

- comma 1: D.Lgs. 21 novembre 2007, n. 231 (Attuazione della direttiva 2005/60/CE concernente la prevenzione dell'utilizzo del sistema finanziario a scopo di riciclaggio dei proventi di attività criminose e di finanziamento del terrorismo nonchè della direttiva 2006/70/CE che ne reca misure di esecuzione).

- art. 48, R.D. 14 dicembre 1933, n. 1669; art. 117, R.D. 16 marzo 1942, n. 267.

■ Codice civile del 1865: *Art. 1264. Allorché il debitore ha ottenuto una sentenza passata in giudicato, quale abbia dichiarato buona e valida, sua offerta ed il deposito non può più, nemmeno col consenso di creditore, ritirare il deposito in pregiudizio dei suoi condebitori e fideiussori.*

1211. Cose deperibili o di dispendiosa custodia.

Se le cose non possono essere conservate o sono deteriorabili, oppure se le spese della loro custodia [1207 comma 2] sono eccessive, il debitore, dopo l'offerta reale [1209] o l'intimazione di ritirarle, può farsi autorizzare dal tribunale a venderle nei modi stabiliti per le cose pignorate [2796; c.p.c. 529 ss.] e a depositarne il prezzo [2795, 2797; disp. att. 73-bis][1].

[1] Comma così modificato dall'art. 150, D.Lgs. 19 febbraio 1998, n. 51.

A decorrere dal 31 ottobre 2025, la parola "tribunale" verrà sostituita con le parole "giudice di pace" ex art. 27, D.Lgs. 13 luglio 2017, n. 116.

1212. Requisiti del deposito.

Per la validità del deposito è necessario [disp. att. 73]:

1) che sia stato preceduto da un'intimazione notificata [c.p.c. 137] al creditore e contenente l'indicazione del giorno, dell'ora e del luogo in cui la cosa offerta sarà depositata [disp. att. 74];

2) che il debitore abbia consegnato la cosa, con gli interessi [1224, 1284] e i frutti dovuti fino al giorno dell'offerta [1207], nel luogo indicato dalla legge o, in mancanza, dal giudice;

3) che sia redatto dal pubblico ufficiale [disp. att. 73] un processo verbale [dsip. att. 74] da cui risulti la natura delle cose offerte, il rifiuto di riceverle da parte del creditore o la sua mancata comparizione, e infine il fatto del deposito [disp. att. 78; c.p.c. 126];

4) che, in caso di non comparizione del creditore, il processo verbale di deposito gli sia notificato [c.p.c. 137] con l'invito a ritirare la cosa depositata.

Il deposito che ha per oggetto somme di denaro può eseguirsi anche presso un istituto di credito [disp. att. 73, 76, 251].

● Norme connesse:

- art. 48, R.D. 14 dicembre 1933, n. 1669.

■ Codice civile del 1865: *Art. 1261. Per la validità del deposito non è necessario che venga autorizzato dal giudice, ma basta:*

1° Che sia stato preceduto da una intimazione fatta al creditore, nella quale s'indichi il giorno, l'ora e il luogo in cui la cosa offerta sarà depositata;

2° Che il debitore siasi privato del possesso della cosa offerta, consegnandola, insieme cogli interessi decorsi sino al giorno del deposito, nel luogo indicato dalla legge per ricevere tali depositi;

3° Che siasi steso dall'uffiziale pubblico un processo verbale indicante la specie delle cose offerte, il rifiuto di accettarle per parte del creditore la sua mancanza a comparire, e finalmente il deposito;

4° Che quando il creditore non sia comparso, gli sia stato notificato il processo verbale del deposito colla intimazione di ritirare la cosa depositata.

1213. Ritiro del deposito.

Il deposito non produce effetto se il debitore lo ritira prima che sia stato accettato dal creditore o prima che sia stato riconosciuto valido con sentenza passata in giudicato [1210; c.p.c. 281-quinquies, 324].

Se, dopo l'accettazione del deposito o il passaggio in giudicato della sentenza che lo dichiara valido [1210 comma 2], il creditore consente che il debitore ritiri il deposito, egli non può più rivolgersi contro i condebitori e i fideiussori, né valersi dei privilegi, del pegno e delle ipoteche che garantivano il credito [1197, 1251, 1276, 2878].

■ Codice civile del 1865: *Art. 1263. Finché il deposito non è stato accettato dal creditore, il debitore può ritirarlo; e quando lo ritiri, i suoi condebitori o i suoi fideiussori no restano liberati.*

Art. 1265. Il creditore, il quale ha acconsentito che il debitore ritiri il deposito dopo che questo fu dichiarato valido con sentenza passata in giudicato, non può più valersi, pel pagamento del suo credito, dè privilegi e delle ipotesi che vi erano annesse.

♦ Codice civile francese

Articolo 1263. *Il creditore che ha acconsentito che il debitore ritiri il suo deposito dopo che è stato dichiarato valido da una sentenza passata in giudicato, non può più per il pagamento del suo credito, esercitare i privilegi o le ipoteche che vi erano annesse; non ha più ipoteca che dal giorno in cui l'atto con cui ha acconsentito che il deposito sia ritirato sarà rivestito delle forme richieste.*

1214. Offerta secondo gli usi e deposito.

Se il debitore ha offerto la cosa dovuta nelle forme d'uso anziché in quelle prescritte dagli articoli 1208 e 1209 [1217, 1517], gli effetti della mora si verificano dal giorno in cui egli esegue il deposito [1210] a norma dell'articolo 1212, se questo è accettato dal creditore o è dichiarato valido con sentenza passata in giudicato [1220; disp. att. 73, 77; c.p.c. 324].

1215. Spese.

Quando l'offerta reale [1209] e il deposito sono validi, le spese occorse sono a carico del creditore [1196, 1210].

■ Codice civile del 1865: *Art. 1262. Le spese dell'offerta reale e del deposito, se questi atti sono validi, sono a carico del creditore.*

1216. Intimazione di ricevere la consegna di un immobile.

Se deve essere consegnato un immobile [812 comma 1, 2], l'offerta consiste nell'intimazione al creditore di prenderne possesso. L'intimazione deve essere fatta nella forma prescritta dal secondo comma dell'articolo 1209 [disp. att. 73, 75; c.p.c. 137].

Il debitore, dopo l'intimazione al creditore, può ottenere dal giudice la nomina di un sequestratario [c.p.c. 671]. In questo caso egli è liberato dal momento in cui ha consegnato al sequestratario la cosa dovuta [disp. att. 79].

1217. Obbligazioni di fare.

Se la prestazione consiste in un fare, il creditore è costituito in mora mediante l'intimazione di ricevere [1209, comma 2] la prestazione o di compiere gli atti che sono da parte sua necessari per renderla possibile [1256, comma 2; disp. att. 80].

L'intimazione può essere fatta nelle forme d'uso [1214; disp. att. 80].

CAPO III
DELL'INADEMPIMENTO DELLE OBBLIGAZIONI

1218. Responsabilità del debitore.

Il debitore che non esegue [1228, 1229] esattamente la prestazione [1382] dovuta [1176, 1181, 1453] è tenuto al risarcimento del danno [1192, 1197, 1223 ss., 1307, 1453 ss.], se non prova [1673, 1681, 1783, 1784, 1787, 1805, 2697, comma 2] che l'inadempimento o il ritardo è stato determinato da impossibilità della prestazione [1256, 1257] derivante da causa a lui non imputabile [1221, 1223, 1229, 1256, 1257, 1307, 1308, 1337, 1494, 1557, 1558, 1578, comma 2, 1588, 1611, 1618, 1668, 1673, 1681, 1693, 1710, 1768, 1780, 1783, 1784, 1785, 1787, 1805, 1818, 1821, 1836, 1839, 1915, 1924, 2037, 2104, 2175, 2236, 2740; disp. trans. 160; c.p.c. 641][1].

● Norme connesse:

- per i vizi nelle vendite di beni mobili di consumo, artt. 128-135, Codice del consumo di cui al D.Lgs. 6 settembre 2005, n. 206.

sulle cause di esonero da responsabilità nella vendita internazionale di beni mobili, art. 79, Convenzione di Vienna 11 ottobre 1989 (ratificata con L. 11 dicembre 1985, n. 765).

- per la vendita di pacchetti turistici, artt. 32 ss. del D.Lgs. 23 maggio 2011, n. 79 (Codice del Turismo), nel testo modificato dal D.Lgs. 21 maggio 2018, n. 62.

- per i danni alla persona nel trasporto ferroviario, art. 1, L. 7 ottobre 1977, n. 754 di modifica dell'art. 13, R.D.L. 11 ottobre 1934, n. 1948, conv. in L. 4 aprile 1935, n. 911 (Nuovo testo delle condizioni e tariffe per il trasporto delle persone sulle ferrovie dello Stato).

- per il danno da vacanza rovinata, art. 46, D.Lgs. 23 maggio 2011, n. 79 (Codice del turismo), nel testo sostituito dall'art. 1, D.Lgs. 21 maggio 2018, n. 62, che recita: *Art. 46.*

CODICE CIVILE

Risarcimento del danno da vacanza rovinata. 1. Nel caso in cui l'inadempimento delle prestazioni che formano oggetto del pacchetto non è di scarsa importanza ai sensi dell'articolo 1455 del codice civile, il viaggiatore può chiedere all'organizzatore o al venditore, secondo la responsabilità derivante dalla violazione dei rispettivi obblighi assunti con i rispettivi contratti, oltre ed indipendentemente dalla risoluzione del contratto, un risarcimento del danno correlato al tempo di vacanza inutilmente trascorso ed all'irripetibilità dell'occasione perduta.

2. Il diritto al risarcimento si prescrive in tre anni, ovvero nel più lungo periodo per il risarcimento del danno alla persona previsto dalle disposizioni che regolano i servizi compresi nel pacchetto, a decorrere dalla data del rientro del viaggiatore nel luogo di partenza.

- in materia di responsabilità del medico dipendente di una struttura sanitaria, pubblica o privata:

A) art. 7, L. 8 marzo 2017, n. 24 (Disposizioni in materia di sicurezza delle cure e della persona assistita, nonchè in materia di responsabilità professionale degli esercenti le professioni sanitarie), che recita: *Art. 7. Responsabilità civile della struttura e dell'esercente la professione sanitaria. 1. La struttura sanitaria o sociosanitaria pubblica o privata che, nell'adempimento della propria obbligazione, si avvalga dell'opera di esercenti la professione sanitaria, anche se scelti dal paziente e ancorchè non dipendenti della struttura stessa, risponde, ai sensi degli articoli 1218 e 1228 del codice civile, delle loro condotte dolose o colpose.*

2. La disposizione di cui al comma 1 si applica anche alle prestazioni sanitarie svolte in regime di libera professione intramuraria ovvero nell'ambito di attività di sperimentazione e di ricerca clinica ovvero in regime di convenzione con il Servizio sanitario nazionale nonchè attraverso la telemedicina.

3. L'esercente la professione sanitaria di cui ai commi 1 e 2 risponde del proprio operato ai sensi dell'articolo 2043 del codice civile, salvo che abbia agito nell'adempimento di obbligazione contrattuale assunta con il paziente. Il giudice, nella determinazione del risarcimento del danno, tiene conto della condotta dell'esercente la professione sanitaria ai sensi dell'articolo 5 della presente legge e dell'articolo 590-sexies del codice penale, introdotto dall'articolo 6 della presente legge.

4. Il danno conseguente all'attività della struttura sanitaria o sociosanitaria, pubblica o privata, e dell'esercente la professione sanitaria è risarcito sulla base delle tabelle di cui agli articoli 138 e 139 del codice delle assicurazioni private, di cui al decreto legislativo 7 settembre 2005, n. 209, integrate, ove necessario, con la procedura di cui al comma 1 del predetto articolo 138 e sulla base dei criteri di cui ai citati articoli, per tener conto delle fattispecie da esse non previste, afferenti alle attività di cui al presente articolo.

5. Le disposizioni del presente articolo costituiscono norme imperative ai sensi del codice civile;

B) art. 3, D.L. 13 settembre 2012, n. 158, convertito in L. 8 novembre 2012, n. 189 (Disposizioni urgenti per promuovere lo sviluppo del Paese mediante un più alto livello di tutela della salute), nel testo modificato dall'art. 27, D.L. 24 giugno 2014, n. 90, convertito in L. 11 agosto 2014, n. 114, dall'art. 6, L. 8 marzo 2017, n. 24 e dall'art. 11, L. 11 gennaio 2018, n. 3, che recita: *Art. 3. Responsabilità professionale dell'esercente le professioni sanitarie. 1. [L'esercente la professione sanitaria che nello svolgimento della propria attività si attiene a linee guida e buone pratiche accreditate dalla comunità scientifica non risponde penalmente per colpa lieve. In tali casi resta comunque fermo l'obbligo di cui all'articolo 2043 del codice civile. Il giudice, anche nella determinazione del risarcimento del danno, tiene debitamente conto della condotta di cui al primo periodo] (abrogato).*

2. [Con decreto del Presidente della Repubblica, adottato ai sensi dell'articolo 17, comma 1, della legge 23 agosto 1988, n. 400, da emanare entro il 30 giugno 2013, su proposta del Ministro della salute, di concerto con i Ministri dello sviluppo economico e dell'economia e delle finanze, sentite l'Associazione nazionale fra le imprese assicuratrici (ANIA), la Federazione nazionale degli ordini dei medici chirurghi e degli odontoiatri, nonchè le Federazioni nazionali degli ordini e dei collegi delle professioni sanitarie e le organizzazioni sindacali maggiormente rappresentative delle categorie professionali interessate, anche in attuazione dell'articolo 3, comma 5, lettera e), del decreto-legge 13 agosto 2011, n. 138, convertito, con modificazioni, dalla legge 14 settembre 2011, n. 148, al fine di agevolare l'accesso alla copertura assicurativa agli esercenti le professioni sanitarie, sono disciplinati le procedure e i requisiti minimi e uniformi per l'idoneità dei relativi contratti, in conformità ai seguenti criteri:

a) determinare i casi nei quali, sulla base di definite categorie di rischio professionale, prevedere l'obbligo, in capo ad un fondo appositamente costituito, di garantire idonea copertura assicurativa agli esercenti le professioni sanitarie, anche nell'esercizio dell'attività libero-professionale intramuraria, nei limiti delle risorse del fondo stesso. Il fondo viene finanziato dal contributo dei professionisti che ne facciano espressa richiesta, nella misura determinata dal soggetto gestore del fondo di cui alla lettera b), e da un ulteriore contributo a carico delle imprese autorizzate all'esercizio dell'assicurazione per danni derivanti dall'attività medico-professionale, determinato in misura percentuale ai premi incassati nel precedente esercizio, comunque non superiore al 4 per cento del premio stesso, con provvedimento adottato dal Ministro dello sviluppo economico, di concerto con il Ministro della salute e il Ministro dell'economia e delle finanze, sentite la Federazione nazionale degli ordini dei medici chirurghi e degli odontoiatri, nonchè le Federazioni nazionali degli ordini e dei collegi delle professioni sanitarie;

b) determinare il soggetto gestore del Fondo di cui alla lettera a) e le sue competenze senza nuovi o maggiori oneri a carico della finanza pubblica;

c) prevedere che i contratti di assicurazione debbano essere stipulati anche in base a condizioni che dispongano alla scadenza la variazione in aumento o in diminuzione del premio in relazione al verificarsi o meno di sinistri e subordinare comunque la disdetta della polizza alla reiterazione di una condotta colposa da parte del sanitario accertata con sentenza definitiva] (abrogato).

3. [Il danno biologico conseguente all'attività dell'esercente della professione sanitaria è risarcito sulla base delle tabelle di cui agli articoli 138 e 139 del decreto legislativo 7 settembre 2005, n. 209, eventualmente integrate con la procedura di cui al comma 1 del predetto articolo 138 e sulla base dei criteri di cui ai citati articoli, per tener conto delle fattispecie da esse non previste, afferenti all'attività di cui al presente articolo] (abrogato).

4. Nel rispetto dell'ambito applicativo dell'art. 3, comma 5, lettera e) del decreto legge 13 agosto 2011, n. 138, convertito, con modificazioni, dalla legge 14 settembre 2011, n. 148, per i contenuti e le procedure inerenti ai contratti assicurativi per i rischi derivanti dall'esercizio dell'attività professionale resa nell'ambito del Servizio sanitario nazionale o in rapporto di convenzione, il decreto di cui al comma 2 viene adottato sentita altresì la Conferenza permanente per i rapporti tra lo Stato, le regioni e le province autonome di Trento e di Bolzano. Resta comunque esclusa a carico degli enti del Servizio sanitario nazionale ogni copertura assicurativa della responsabilità civile ulteriore rispetto a quella prevista, per il relativo personale, dalla normativa contrattuale vigente.

5. Gli albi dei consulenti tecnici d'ufficio di cui all'articolo 13 del regio decreto 18 dicembre 1941, n. 1368, recante disposizioni di attuazione del codice di procedura civile, devono essere aggiornati con cadenza almeno quinquennale, al fine di garantire, oltre a quella medico legale, una idonea e qualificata rappresentanza di esperti delle discipline specialistiche dell'area sanitaria anche con il coinvolgimento delle società scientifiche, tra i quali scegliere per la nomina tenendo conto della disciplina interessata nel procedimento.

6. Dall'applicazione del presente articolo non devono derivare nuovi o maggiori oneri a carico della finanza pubblica.

Il testo del citato art. 3, D.L. 158/2012, precedente la conversione in legge, disponeva: *1. Fermo restando il disposto dell'articolo 2236 del codice civile, nell'accertamento della colpa lieve nell'attività dell'esercente le professioni sanitarie il giudice, ai sensi dell'articolo 1176 del codice civile, tiene conto in particolare dell'osservanza, nel caso concreto, delle linee guida e delle buone pratiche accreditate dalla comunità scientifica nazionale e internazionale.*

2. Con decreto del Presidente della Repubblica, adottato ai sensi dell'articolo 17, comma 1, della legge 23 agosto 1988, n. 400, su proposta del Ministro della salute, di concerto con i Ministri dello sviluppo economico e dell'economia e delle finanze, sentite l'Associazione nazionale fra le imprese assicuratrici (ANIA), le Federazioni nazionali degli ordini e dei collegi delle professioni sanitarie e le organizzazioni sindacali maggiormente rappresentative delle categorie professionali interessate, anche in attuazione dell'articolo 3, comma 5, lettera e), del decreto-legge 13 agosto 2011, n. 138, convertito, con modificazioni, dalla legge 14 settembre 2011, n. 148, al fine di agevolare l'accesso alla copertura assicurativa agli esercenti le professioni sanitarie, sono disciplinati le procedure e i requisiti minimi e uniformi per l'idoneità dei relativi contratti, in conformità ai seguenti criteri:

a) determinare i casi nei quali, sulla base di definite categorie di rischio professionale, prevedere l'obbligo, in capo ad un fondo appositamente costituito, di garantire idonea copertura assicurativa agli esercenti le professioni sanitarie. Il fondo viene finanziato dal contributo dei professionisti che ne facciano espressa richiesta e da un ulteriore contributo a carico delle imprese autorizzate all'esercizio dell'assicurazione per danni derivanti dall'attività medico-professionale, determinato in misura percentuale ai premi incassati nel precedente esercizio, comunque non superiore al 4 per cento del premio stesso, con provvedimento adottato dal Ministro dello sviluppo economico, di concerto con il Ministro della salute e il Ministro dell'economia e delle finanze, sentite le Federazioni nazionali degli ordini e dei collegi delle professioni sanitarie;

b) determinare il soggetto gestore del Fondo di cui alla lettera a) e le sue competenze senza nuovi o maggiori oneri a carico della finanza pubblica;

c) prevedere che i contratti di assicurazione debbano essere stipulati anche in base a condizioni che dispongano alla scadenza la variazione in aumento o in diminuzione del premio in relazione al verificarsi o meno di sinistri e subordinare comunque la disdetta della polizza alla reiterazione di una condotta colposa da parte del sanitario.

3. Il danno biologico conseguente all'attività dell'esercente della professione sanitaria è risarcito sulla base delle tabelle di cui agli articoli 138 e 139 del decreto legislativo 7 settembre 2005, n. 209, eventualmente integrate con la procedura di cui al comma 1 del predetto articolo 138 e sulla base dei criteri di cui ai citati articoli, per tener conto delle fattispecie da esse non previste, afferenti all'attività di cui al presente articolo.

4. Per i contenuti e le procedure inerenti ai contratti assicurativi per i rischi derivanti dall'esercizio dell'attività professionale resa nell'ambito del Servizio sanitario nazionale o in rapporto di convenzione, il decreto di cui al comma 2 viene adottato sentita altresì la Conferenza permanente per i rapporti tra lo Stato, le regioni e le province autonome di Trento e di Bolzano. Resta comunque esclusa a carico degli enti del Servizio sanitario nazionale ogni copertura assicurativa della responsabilità civile ulteriore rispetto a quella prevista, per il relativo personale, dalla normativa contrattuale vigente.

5. Gli albi dei consulenti tecnici d'ufficio di cui all'articolo 13 del regio decreto 18 dicembre 1941, n. 1368, recante disposizioni di attuazione del codice di procedura civile, devono essere aggiornati con cadenza almeno quinquennale, al fine di garantire, oltre a quella medico legale, una idonea e qualificata rappresentanza di esperti delle discipline specialistiche dell'area sanitaria, anche con il coinvolgimento delle società scientifiche.

6. Dall'applicazione del presente articolo non derivano nuovi o maggiori oneri a carico della finanza pubblica.

- con riguardo all'ipotesi di violazione dell'obbligo di OPA totalitaria, art. 106, D.Lgs. 24 febbraio 1998, n. 58 (TUF).

- v. artt. 15, 40, 41, 42, 43, c.p.

- v. art. 2697 c.c.

- art. 3, commi 6-bis, 6-ter, D.L. 23 febbraio 2020, n. 6, convertito in L. 5 marzo 2020, n. 13.

- artt. 14terdecies, 14quaterdecies, L. 27 gennaio 2012, n. 3.

■ Codice civile del 1865: *Art. 1218. Chi ha contratto una obbligazione, è tenuto ad adempierla esattamente e in mancanza al risarcimento dei danni.*

Art. 1225. Il debitore sarà condannato al risarcimento dei danni, tanto per l'inadempimento dell'obbligazione quanto pel ritardo dell'esecuzione, ove non provi che l'adempimento o il ritardo sia derivato da una causa estranea a lui non imputabile, ancorché non sia per sua parte intervenuta mala fede.

Art. 1226. Il debitore non è tenuto a verun risarcimento di danni, quando in conseguenza di una forza maggiore o di un caso fortuito fu impedito di dare o di fare ciò a cui si era obbligato, od ha fatto ciò che gli era vietato.

♦ Unidroit

Articolo 7.4.1 (Diritto al risarcimento del danno). *Ogni inadempimento, sempreché non sia scusabile in conformità con i presenti Principi, attribuisce al creditore il diritto al risarcimento del danno, sia a titolo esclusivo che congiuntamente ad altri rimedi.*

♦ Codice europeo dei contratti

Art. 89. Nozione di inadempimento. *Salvo quanto previsto nelle disposizioni seguenti, un obbligo contrattuale si con-*

sidera inadempiuto se un contraente o suoi collaboratori o incaricati tengono un comportamento diverso da quello dovuto in base al contratto, o se si verifica una situazione di diritto o di fatto diversa da quella che può ritenersi promessa.

♦ Codice civile francese

Articolo 1147. *Il debitore è condannato, se necessario, al pagamento del risarcimento dei danni, sia in ragione dell'inadempimento dell'obbligazione, sia in ragione del ritardo nell'adempimento, tutte le volte che non prova che l'inadempimento proviene da una causa estranea che non può essergli imputata, anche quando non vi sia malafede da parte sua.*

♦ Codice civile tedesco

§ 280 Risarcimento del danno per violazione di un obbligo. *(1) Se il debitore viola, un obbligo derivante dall'obbligazione, il creditore può richiedere il risarcimento del danno che ne è derivato. Ciò non vale se la violazione dell'obbligo non è imputabile al debitore. (2) Il creditore può pretendere il risarcimento del danno per ritardo della prestazione solamente se sussistono gli ulteriori presupposti del § 286. (3) Il creditore può richiedere il risarcimento in luogo della prestazione solo quando sussistono gli ulteriori presupposti del §281 o del §283.*

1219. Costituzione in mora.

Il debitore [1208, 1220] è costituito in mora [2943] mediante intimazione o richiesta fatta per iscritto [497, 1282, 1308, 1335; disp. att. 160].

Non è necessaria la costituzione in mora:

1) quando il debito deriva da fatto illecito [2043 ss.];

2) quando il debitore ha dichiarato per iscritto di non voler eseguire l'obbligazione [1460];

3) quando è scaduto il termine [1183, 1184], se la prestazione deve essere eseguita al domicilio [43] del creditore [1182]. Se il termine scade dopo la morte del debitore, gli eredi non sono costituiti in mora che mediante intimazione o richiesta fatta per iscritto, e decorsi otto giorni dall'intimazione o dalla richiesta [1222;c.p.c. 429 comma 3].

● Norme connesse:

- art. 4, comma 2, D.Lgs. 9 ottobre 2002, n. 231; art. 3, comma 3, L. 18 giugno 1998, n. 192.

■ Codice civile del 1865: *Art. 1223. Se l'obbligazione consiste nel dare o nel fare, il debitore è costituito in mora per la sola scadenza del termine stabilito nella convenzione.*

Se il termine scade dopo la morte del debitore, l'erede non è costituito in mora se non mediante una intimazione od altro atto equivalente, e dopo il decorso di otto giorni dalla intimazione.

Se nella convenzione non è stabilito alcun termine, il debitore non è costituito in mora che mediante un'intimazione od altro atto equivalente.

♦ Codice civile tedesco

§ 286 Mora del debitore. *(1) Se il debitore non adempie la prestazione dopo la diffida del creditore, successiva all'inesigibilità, viene costituito in mora mediante diffida. Alla diffida è equiparata la proposizione dell'azione per la prestazione nonché la notifica di un decreto ingiuntivo nel procedimento monitorio. (2) La diffida non è necessaria quando: 1. per la prestazione è stabilito un termine secondo il calendario; 2. la prestazione deve essere preceduta da un evento ed è stabilito un congruo termine per la prestazione in modo che questa possa computarsi dall'evento secondo il calendario; 3. il debitore rifiuta definitivamente e seriamente la prestazione; 4. l'inizio della mora è giustificato da particolari motivi, comparando gli interessi di entrambe le parti. (3)Il debitore di un credito oneroso è costituito al più tardi in mora se non adempie la prestazione entro 30 giorni dall'esigibilità e dall'arrivo di una fattura o di una nota di pagamento equivalente. Ciò vale nei confronti di un debitore, consumatore, solo quando nella fattura o nella nota di pagamento si pone l'attenzione specificatamente su tali conseguenze. Se il momento dell'arrivo della fattura o della nota di pagamento è incerto, il debitore non consumatore, viene costituito in mora al più tardi 30 giorni dall'esigibilità e dall'arrivo della controprestazione. (4) Il debitore non è costituito in mora fino a quando non si ha la prestazione per circostanze a lui non imputabili.*

1220. Offerta non formale.

Il debitore non può essere considerato in mora, se tempestivamente ha fatto offerta della prestazione dovuta anche senza osservare le forme indicate nella sezione III del precedente capo [1208], a meno che il creditore l'abbia rifiutata per un motivo legittimo [1181, 1222].

1221. Effetti della mora sul rischio.

Il debitore che è in mora non è liberato per la sopravvenuta impossibilità della prestazione derivante da causa a lui non imputabile [673, 1218, 1256], se non prova [2697] che l'oggetto della prestazione sarebbe ugualmente perito presso il creditore [1805, comma 2].

In qualunque modo sia perita o smarrita [1257] una cosa illecitamente sottratta, la perdita di essa non libera chi l'ha sottratta dall'obbligo di restituirne il valore.

■ Codice civile del 1865: *Art. 1298. Quando una determinata cosa che formava l'oggetto dell'obbligazione perisce, od è posta fuori di commercio, o si smarrisce in modo che se ne ignori assolutamente l'esistenza, l'obbligazione si estingue, se la cosa è perita o posta fuori di commercio o smarrita senza colpa del debitore, e prima che questi fosse in mora.*

Ancorché il debitore sia in mora e non abbia assunto a suo carico il pericolo dei casi fortuiti, si estingue l'obbligazione, se la cosa sarebbe egualmente perita presso il creditore ove gli fosse stata consegnata.

Il debitore è tenuto a provare il caso fortuito che allega.

In qualunque modo sia perita o smarrita una cosa rubata, la perdita di essa non dispensa colui che l'ha sottratta, dal restituirne il valore.

♦ Codice civile tedesco

§ 287 Responsabilità durante la mora. *Il debitore risponde durante la mora per qualsiasi colpa. Risponde della prestazione anche per il caso fortuito salvo che il danno si sarebbe verificato anche con un tempestivo adempimento.*

1222. Inadempimento di obbligazioni negative.

Le disposizioni sulla mora [1219 ss.] non si applicano alle obbligazioni di non fare; ogni fatto compiuto in violazione di queste costituisce di per sé inadempimento [1218].

1223. Risarcimento del danno.

Il risarcimento del danno per l'inadempimento [1480, 1483, 2057] o per il ritardo [1218 ss.] deve comprendere così la perdita subita dal creditore come il mancato guadagno [1518, 1905, comma 2, 2056 comma 2], in quanto ne siano conseguenza immediata e diretta [1225, 1226, 1382, 1385, 1453, 1479 comma 2, 1494, 1515, comma 4, 1516, comma 2, 1518, 1526, 1589, 1591, 1662, 1696, 1905, 2030, comma 2, 2056, 2057, 2058, 2059].

● Norme connesse:

- art. 6, D.Lgs. 9 ottobre 2002, n. 231 (Disciplina dei ritardi di pagamento nelle transazioni commerciali, in attuazione della direttiva 2000/35/CE).

- in materia di proprietà industriale, art. 125, D.Lgs. 10 febbraio 2005, n. 30 (Codice della proprietà industriale).

- nella vendita internazionale di beni mobili, artt. 74 ss. Convenzione di Vienna 11 ottobre 1989 (ratificata con L. 11 dicembre 1985, n. 765).

- per i danni causati da oggetti spaziali, art. 5, L. 25 gennaio 1983, n. 23.

- sul risarcimento del danno nell'azione collettiva di classe, art. 140-bis, commi 1 e 12, D.Lgs. 6 settembre 2005, n. 206. L'art. 140-bis cit. è stato poi abrogato dall'art. 5, L. 12 aprile 2019, n. 31, decorsi diciannove mesi dalla pubblicazione nella Gazzetta Ufficiale (avvenuta il 18 aprile 2019). Le disposizioni della citata L. 31/2019 si applicano alle condotte illecite poste in essere successivamente alla data della sua entrata in vigore. Alle condotte illecite poste in essere precedentemente continuano ad applicarsi le disposizioni vigenti prima della medesima data di entrata in vigore. V., ora, artt. 840-bis e ss. c.p.c.

- con riferimento all'istituto della compensatio lucri cum damno, art. 1224, ult. comma, c.c.

- con riguardo al diritto del conduttore all'indennità per i miglioramenti apportati alla cosa locata, art. 1592, c.c.

- in tema di risarcimento per il ritardo dell'amministrazione nella conclusione del procedimento, art. 2-bis, L. 7 agosto 1990, n. 241.

- sul giudizio di responsabilità davanti alla Corte dei Conti, art. 1, comma 1-bis, L. 14 gennaio 1994, n. 20, nel testo da ultimo modificato dall'art. 4, D.L. 18 aprile 2019, n. 32, convertito in L. 14 giugno 2019, n. 55, che dispone: *Nel giudizio di responsabilità, fermo restando il potere di riduzione, deve tenersi conto dei vantaggi comunque conseguiti dall'amministrazione di appartenenza, o da altra amministrazione, o dalla comunità amministrata in relazione al comportamento degli amministratori o dei dipendenti pubblici soggetti al giudizio di responsabilità.*

- in caso di espropriazione parziale di un bene unitario, art. 33, comma 2, D.P.R. 8 giugno 2001, n. 327 (T.U. Espropriazioni), che dispone: *Se dall'esecuzione dell'opera deriva un vantaggio immediato e speciale alla parte non espropriata del bene, dalla somma relativa al valore della parte espropriata è detratto l'importo corrispondente al medesimo vantaggio.*

- in tema di equo indennizzo per perdita della integrità fisica del dipendente pubblico da causa di servizio, art. 68, D.P.R. 10 gennaio 1957, n. 3, che dispone: *L'aspettativa per infermità è disposta, d'ufficio o a domanda, quando sia accertata, in base al giudizio di un medico scelto dall'amministrazione, l'esistenza di una malattia che impedisca temporaneamente la regolare prestazione del servizio.*

Alle visite per tale accertamento assiste un medico di fiducia dell'impiegato, se questi ne fa domanda e si assume la spesa relativa.

L'aspettativa per infermità ha termine col cessare della causa per la quale fu disposta; essa non può protrarsi per più di diciotto mesi.

L'amministrazione può, in ogni momento, procedere agli opportuni accertamenti sanitari.

Durante l'aspettativa l'impiegato ha diritto all'intero stipendio per i primi dodici mesi ed alla metà di esso per il restante periodo, conservando integralmente gli assegni per carichi di famiglia.

Il tempo trascorso in aspettativa per infermità è computato per intero ai fini della progressione in carriera, dell'attribuzione degli aumenti periodici di stipendio e del trattamento di quiescenza e previdenza.

Qualora l'infermità che è motivo dell'aspettativa sia riconosciuta dipendente da causa di servizio, permane, inoltre, per tutto il periodo dell'aspettativa il diritto dell'impiegato a tutti gli assegni escluse le indennità per prestazioni di lavoro straordinario.

Per le infermità riconosciute dipendenti da causa di servizio, è a carico dell'amministrazione la spesa per la corresponsione di un equo indennizzo per la perdita dell'integrità fisica eventualmente subita dall'impiegato.

- sul diritto di surroga dell'assicuratore sociale, art. 142, D.Lgs. 7 settembre 2005, n. 209 (Codice delle assicurazioni private).

- sull'indennità di accompagnamento, L. 11 febbraio 1980, n. 18 (Indennità di accompagnamento agli invalidi civili totalmente inabili).

- in tema di indennizzo a favore dei soggetti danneggiati da vaccinazioni obbligatorie e trasfusioni, L. 25 febbraio 1992, n. 210.

- in tema di surroga delle imprese di assicurazione all'INPS, artt. 41 e 42, L. 4 novembre 2010, n. 183 (c.d. collegato lavoro), riportati in nota sub art. 1203 c.c.

- v. art. 2 Cost. e artt. 2058 e 2059, c.c.

- art. 3, commi 6-bis, 6-ter, D.L. 23 febbraio 2020, n. 6, convertito in L. 5 marzo 2020, n. 13.

■ Codice civile del 1865: *Art. 1227. I danni sono in genere dovuti al creditore per la perdita sofferta e pel guadagno di cui fu privato, salve le modificazioni ed eccezioni in appresso stabilite.*

Art. 1229. Quantunque l'inadempimento dell'obbligazione derivi da dolo del debitore, i danni relativi alla perdita sofferta dal creditore ed al guadagno di cui fu il medesimo privato, non debbono estendersi se non a ciò che è una conseguenza immediata e diretta dell'inadempimento dell'obbligazione.

♦ Unidroit

Articolo 7.4.2 (Risarcimento integrale). *(1) Il creditore ha diritto al risarcimento integrale del danno subito in conseguenza dell'inadempimento. Il danno comprende sia ogni perdita sofferta che ogni mancato guadagno, tenuto conto dei van-*

CODICE CIVILE

taggi economici che il creditore ha ottenuto evitando spese e danni.

(2) Il danno può essere di natura non patrimoniale e comprende, per esempio, la sofferenza fisica e morale.

♦ Codice europeo dei contratti

Art. 163. Danno patrimoniale risarcibile. *1. Il danno patrimoniale risarcibile comprende: a) sia la perdita subita, b) sia il mancato guadagno che il creditore poteva ragionevolmente attendersi secondo il corso ordinario delle cose, stanti le circostanze particolari e le misure da lui adottate. Fa parte del mancato guadagno il venir meno della possibilità di un guadagno che con ragionevole certezza può ritenersi che sarebbe stato conseguito, e da valutarsi con riferimento al momento dell'inadempimento o del ritardo.*

2. Il danno patrimoniale indiretto, subito da chi ha un diritto di credito verso il danneggiato, è riparabile solo in caso di morte o di lesioni gravi che hanno colpito quest'ultimo.

♦ Codice civile francese

Articolo 1149 *Il risarcimento dei danni dovuto al creditore è, in generale, la perdita che ha subito ed il guadagno di cui è stato privato, salvo le eccezioni e le modifiche qui di seguito.*

1224. Danni nelle obbligazioni pecuniarie.

Nelle obbligazioni che hanno per oggetto una somma di danaro [1277], sono dovuti dal giorno della mora gli interessi legali [820, 1282, 1284], anche se non erano dovuti precedentemente e anche se il creditore non prova di aver sofferto alcun danno [1382, 1591]. Se prima della mora erano dovuti interessi in misura superiore a quella legale [1284 comma 3], gli interessi moratori sono dovuti nella stessa misura [1499, 1950].

Al creditore che dimostra di [2697] aver subito un danno maggiore spetta l'ulteriore risarcimento. Questo non è dovuto se è stata convenuta la misura degli interessi moratori [1284, comma 1, 1382; c.p.c. 429].

● Norme connesse:

- artt. 6 e 7, D.Lgs. 9 ottobre 2002, n. 231, nel testo sostituito dall'art. 1, D.Lgs. 9 novembre 2012, n. 192 e da ultimo modificato dall'art. 3, D.L. 14 dicembre 2018, n. 135, convertito in L. 11 febbraio 2019, n. 12, che recitano: *Art. 6. Risarcimento delle spese di recupero. 1. Nei casi previsti dall'articolo 3, il creditore ha diritto anche al rimborso dei costi sostenuti per il recupero delle somme non tempestivamente corrisposte.*

2. Al creditore spetta, senza che sia necessaria la costituzione in mora, un importo forfettario di 40 euro a titolo di risarcimento del danno. È fatta salva la prova del maggior danno, che può comprendere i costi di assistenza per il recupero del credito.

Art. 7. Nullità. 1. Le clausole relative al termine di pagamento, al saggio degli interessi moratori o al risarcimento per i costi di recupero, a qualunque titolo previste o introdotte nel contratto, sono nulle quando risultano gravemente inique in danno del creditore. Si applicano gli articoli 1339 e 1419, secondo comma, del codice civile.

2. Il giudice dichiara, anche d'ufficio, la nullità della clausola avuto riguardo a tutte le circostanze del caso, tra cui il grave scostamento dalla prassi commerciale in contrasto con il principio di buona fede e correttezza, la natura della merce o del servizio oggetto del contratto, l'esistenza di motivi oggettivi per derogare al saggio degli interessi legali di mora, ai termini di pagamento o all'importo forfettario dovuto a titolo di risarcimento per i costi di recupero.

3. Si considera gravemente iniqua la clausola che esclude l'applicazione di interessi di mora. Non è ammessa prova contraria.

4-bis. Nelle transazioni commerciali in cui il creditore sia una PMI, come definita ai sensi del decreto del Ministro delle attività produttive 18 aprile 2005, pubblicato nella Gazzetta Ufficiale n. 238 del 12 ottobre 2005, si presume che sia gravemente iniqua la clausola che prevede termini di pagamento superiori a sessanta giorni. Il presente comma non si applica quando tutte le parti del contratto sono PMI.

4. Si presume che sia gravemente iniqua la clausola che esclude il risarcimento per i costi di recupero di cui all'articolo 6.

5. Nelle transazioni commerciali in cui il debitore è una pubblica amministrazione è nulla la clausola avente ad oggetto la predeterminazione o la modifica della data di ricevimento della fattura. La nullità è dichiarata d'ufficio dal giudice.

La dir. 2000/35/CE cit è stata abrogata a decorrere dal 2013 dalla dir. 2011/7/UE.

- per i contratti bancari, artt. 38 ss. T.U. Bancario di cui al D.Lgs. 1 settembre 1993, n. 385.

- per i contratti agrari, art. 20, L. 3 maggio 1982, n. 203 (Norme sui contratti agrari).

- in materia espropriativa, artt. 20 e 22, D.P.R. 8 giugno 2001, n. 327 (T.U. espropriazioni).

- art. 87, Convenzione di Vienna 11 ottobre 1989 (ratificata con L. 11 dicembre 1985, n. 765).

- per i danni causati da oggetti spaziali, art. 5, L. 25 gennaio 1983, n. 23.

- per l'inclusione nella nozione di "usura" anche degli interessi moratori, all'art. 2, comma 4, L. 7 marzo 1996, n. 108.

■ Codice civile del 1865: *Art. 1231. In mancanza di patto speciale, nelle obbligazioni che hanno per oggetto una somma di danaro, i danni derivanti dal ritardo nell'eseguirle consistono sempre nel pagamento degli interessi legali, salve le regole particolari al commercio, alla fideiussione ed alla società.*

Questi danni sono dovuti dal giorno della mora, senza che il creditore sia tenuto a giustificare alcuna perdita.

♦ Unidroit

Articolo 7.4.9 (Interessi per il mancato pagamento di una somma di denaro). *(1) Se una parte non paga una somma di denaro allo scadere del termine entro cui essa è dovuta, il creditore ha diritto agli interessi su tale somma dal momento in cui il pagamento era dovuto al momento del pagamento effettivo, indipendentemente dal fatto che il mancato pagamento fosse scusato o meno.*

(2) Il tasso di interesse è il tasso bancario medio per i prestiti a breve termine alla migliore clientela prevalente per la moneta di pagamento nel luogo di pagamento o, in difetto di tale tasso in tale luogo, lo stesso tasso nello Stato della moneta di pagamento. In difetto di un tale tasso in entrambi i luoghi, il tasso di interesse sarà quello appropriato, determinato dalla legge dello Stato della moneta di pagamento.

(3) Il creditore ha diritto all'ulteriore risarcimento se il mancato pagamento gli ha causato danni maggiori.

Articolo 7.4.10(Interessi sulla somma del risarcimento). *Salvo diverso accordo tra le parti, gli interessi sulla somma del risarcimento per inadempimento di obbligazioni non pecuniarie decorrono dal momento dell'inadempimento.*

♦ Codice europeo dei contratti

Art. 169. Risarcimento per i debiti pecuniari. *1. Salve le norme speciali concernenti l'attività commerciale e assicurativa, in caso di inadempimento o di inesatto adempimento o di ritardo, relativi ai debiti pecuniari, il debitore è tenuto comunque al risarcimento a favore del creditore senza che questi debba provare l'esistenza di un danno, e non può invocare l'esimente di cui all'art. 162 comma 1.*

2. Tale risarcimento è costituito dal pagamento degli interessi, che sono dovuti nella misura di cui al comma 3 di questo articolo, maggiorati, se del caso, di una somma a titolo di rivalutazione come previsto dall'art. 86 comma 5.

3. Salvo diverso accordo, gli interessi sono dovuti in base ai "tassi ufficiali" pubblicati periodicamente dalla Banca Centrale Europea, la quale deve fare riferimento per gli interessi dovuti ai privati e agli imprenditori rispettivamente al rendimento medio e al costo medio del denaro.

4. Salvo diverso accordo, il calcolo della rivalutazione deve essere effettuato sulla base delle tabelle più recenti dell' "indice armonizzato dei prezzi al consumo" pubblicate periodicamente dall'Eurostat.

5. Tutte le somme di denaro di cui ai commi precedenti sono a loro volta produttive di ulteriori interessi e suscettibili di rivalutazione secondo gli stessi criteri.

6. É salva ogni diversa convenzione.

♦ Codice civile francese

Articolo 1153. *Nelle obbligazioni che si limitano al pagamento di una determinata somma, il risarcimento dei danni che risulta dal ritardo nell'esecuzione consiste nella condanna al pagamento degli interessi ai tassi legali, salvo le regole particolari del commercio e di fideiussione. Questo risarcimento di danni è dovuto senza che il creditore sia tenuto a provare alcuna perdita. Non è dovuto che dal giorno dell'intimazione di pagamento o di un altro atto equivalente quale una missiva se ne rappresenta una interpellanza sufficiente eccetto nel caso in cui la legge lo fa decorrere di diritto. Il creditore a cui il suo debitore in ritardo ha causato, per sua malafede, un pregiudizio indipendente da questo ritardo, può ottenere il risarcimento dei danni e degli interessi moratori del credito.*

♦ Codice civile tedesco

§ 256 Produzione di interessi sulle spese. *Chi è tenuto al rimborso delle spese deve corrispondere interessi sull'importo impiegato, o se sono stati impiegati beni diversi dal denaro, sull'importo da pagare quale risarcimento del loro valore, fin dal tempo della spesa. Qualora siano state effettuate spese per un bene che deve essere restituito al debitore, non devono essere corrisposti interessi per il tempo in cui gli utili o i frutti del bene restano privi di remunerazione per il debitore.*

§ 288 Interessi moratori. *(1) Il debito di una somma di danaro produce interessi durante la mora. Il tasso di interessi è pari all'anno a cinque punti percentuali oltre il saggio di interesse di base. (2) Nei negozi giuridici in cui non è parte un consumatore, il saggio di interesse per i crediti onerosi è pari a otto punti percentuali oltre il saggio di interessi di base. (3) Il creditore può pretendere sulla base di una differente ragione giuridica interessi maggiori. (4) Non è esclusa la pretesa del danno ulteriore.*

1225. Prevedibilità del danno.

Se l'inadempimento o il ritardo non dipende da dolo [2043] del debitore [1479, comma 3], il risarcimento [1223] è limitato al danno che poteva prevedersi [1176, 1223] nel tempo in cui è sorta l'obbligazione [1173].

■ Codice civile del 1865: *Art. 1228. Il debitore non è tenuto se non ai danni che sono stati preveduti, o che si sono potuti prevedere al tempo del contratto, quando l'inadempimento dell'obbligazione non derivi da suo dolo.*

♦ Unidroit

Articolo 7.4.4 (Prevedibilità del danno). *La parte inadempiente è responsabile solo per il danno che ha previsto o poteva ragionevolmente prevedere al momento della conclusione del contratto come possibile conseguenza dell'inadempimento.*

♦ Codice civile francese

Articolo 1150. *Il debitore è tenuto solo al risarcimento dei danni che sono stati previsti o che si è potuto prevedere al momento del contratto quando non è per suo dolo che l'obbligazione non è adempiuta.*

1226. Valutazione equitativa del danno.

Se il danno [1218, 1223] non può essere provato nel suo preciso ammontare, è liquidato dal giudice con valutazione equitativa [2056; c.p.c. 113].

● Norme connesse:

- sulla liquidazione equitativa del danno nell'azione collettiva di classe, art. 140-bis, comma 12, D.Lgs. 6 settembre 2005, n. 206. L'art. 140-bis cit. è stato poi abrogato dall'art. 5, L. 12 aprile 2019, n. 31, decorsi diciannove mesi dalla pubblicazione nella Gazzetta Ufficiale (avvenuta il 18 aprile 2019). Le disposizioni della citata L. 31/2019 si applicano alle condotte illecite poste in essere successivamente alla data della sua entrata in vigore. Alle condotte illecite poste in essere precedentemente continuano ad applicarsi le disposizioni vigenti prima della medesima data di entrata in vigore. V., ora, artt. 840-bis e ss. c.p.c.

♦ Codice europeo dei contratti

Art. 168. Valutazione equitativa del danno. *1. Se l'esistenza del danno è provata, o comunque non contestata, ma risulta impossibile o eccezionalmente difficile anche ricorrendo a consulenze tecniche la determinazione del suo preciso ammontare, è ammessa una valutazione equitativa di esso, la quale deve essere effettuata sulla base delle prove parziali e degli elementi attendibili forniti dalle parti, e tenendo conto delle circostanze tutte del caso, secondo il metodo presuntivo applicato con un criterio particolarmente prudente di probabilità e verosimiglianza.*

2. Tenuto conto del comportamento, dell'interesse e delle condizioni economiche del creditore, il giudice può equitativamente limitare l'entità dei danni risarcibili: a) se il risarcimento integrale risulta sproporzionato e crea per il debitore delle conseguenze palesemente insostenibili, considerata anche la sua condizione economica, e sempre che l'inadempimento, l'inesatto adempimento o il ritardo non dipendano da sua mala fede; b) in caso di colpa lieve del debitore, soprattutto nei contratti nei quali non è previsto a suo favore alcun corrispettivo per la prestazione da lui dovuta.

CODICE CIVILE

1227. Concorso del fatto colposo del creditore.

Se il fatto colposo [2043] del creditore ha concorso a cagionare il danno, il risarcimento [2056] è diminuito secondo la gravità della colpa e l'entità delle conseguenze che ne sono derivate [1914, 2055, comma 3].

Il risarcimento non è dovuto per i danni che il creditore avrebbe potuto evitare usando l'ordinaria diligenza [1175, 1176, 1375, 2056][2].

● Norme connesse:

- comma 1: art. 30, comma 2 e art. 124, D.Lgs. 2 luglio 2010, n. 104 (Codice del processo amministrativo) che, rispettivamente, dispongono: *Art. 30. Azione di condanna. [...]. 4. Per il risarcimento dell'eventuale danno che il ricorrente comprovi di aver subito in conseguenza dell'inosservanza dolosa o colposa del termine di conclusione del procedimento, il termine di cui al comma 3 non decorre fintanto che perdura l'inadempimento. Il termine di cui al comma 3 inizia comunque a decorrere dopo un anno dalla scadenza del termine per provvedere. [...].; Art. 124. Tutela in forma specifica e per equivalente. 1. L'accoglimento della domanda di conseguire l'aggiudicazione e il contratto è comunque condizionato alla dichiarazione di inefficacia del contratto ai sensi degli articoli 121, comma 1, e 122. Se il giudice non dichiara l'inefficacia del contratto dispone il risarcimento del danno per equivalente, subito e provato.*

2. La condotta processuale della parte che, senza giustificato motivo, non ha proposto la domanda di cui al comma 1, o non si è resa disponibile a subentrare nel contratto, è valutata dal giudice ai sensi dell'articolo 1227 del codice civile.

- comma 2: in materia di danno da prodotti difettosi, art. 122, D.Lgs. 6 settembre 2005, n. 206.

♦ Unidroit

Articolo 7.4.7(Danno imputabile in parte al danneggiato). *Se il danno è imputabile in parte ad un atto od omissione del danneggiato, o ad un altro evento di cui questi abbia assunto il rischio, l'ammontare del danno risarcibile sarà ridotto nella misura in cui questi fattori abbiano contribuito al verificarsi del danno, tenuto conto del rispettivo comportamento delle parti.*

♦ Codice europeo dei contratti

Art. 167. Fatto del creditore. *1. Non è dovuto alcun risarcimento per il danno che non si sarebbe prodotto se il creditore avesse adottato le necessarie misure di sua spettanza prima del verificarsi di esso.*

2. L'aggravamento del danno che il creditore avrebbe potuto impedire dopo il verificarsi di esso, adottando le misure del caso, non è parimenti risarcibile.

3. Se un'azione o un'omissione del creditore hanno concorso a causare il danno, il risarcimento è diminuito in rapporto alle conseguenze che ne sono derivate.

4. È valutabile sotto il profilo di cui al comma che precede il fatto che il debitore non sia stato avvertito dal creditore di quei particolari rischi, a quest'ultimo noti o che egli avrebbe dovuto conoscere, che l'esecuzione avrebbe comportato.

♦ I principi di diritto europeo dei contratti

Art. 9:504: Danno imputabile al creditore. *Il debitore inadempiente non risponde del danno subito dal creditore nella misura in cui quest'ultimo ha concorso all'inadempimento o alle conseguenze di esso.*

♦ Codice civile tedesco

§ 254 Concorso di colpa. *(1) Se al sorgere del danno ha contribuito una colpa del creditore, l'obbligo del risarcimento e l'entità del risarcimento dovuto sono valutati secondo le circostanze e, in particolare, nella misura in cui il danno sia cagionato in prevalenza dall'una o dall'altra parte. (2) Ciò vale anche quando la colpa del danneggiato è limitata al fatto che ha omesso di rendere noto al debitore il pericolo di un danno di notevole gravità che il debitore non conosceva né era obbligato a conoscere ovvero che ha omesso di evitare il danno o di ridurlo. La disposizione del §278 trova corrispondente applicazione.*

1228. Responsabilità per fatto degli ausiliari.

Salva diversa volontà delle parti, il debitore che nell'adempimento dell'obbligazione si vale dell'opera di terzi, risponde anche dei fatti dolosi o colposi di costoro [1229, 1670, 1717, 1784, comma 1, n. 1, 1785-bis, 2049].

● Norme connesse:

- art. 5, D.M. 8 febbraio 2013, n. 34, che dispone: *Art. 5. Esecuzione dell'incarico. 1. Nell'esecuzione dell'incarico ricevuto, il socio professionista può avvalersi, sotto la propria direzione e responsabilità, della collaborazione di ausiliari e, solo in relazione a particolari attività, caratterizzate da sopravvenute esigenze non prevedibili, può avvalersi di sostituti. In ogni caso i nominativi dei sostituti e degli ausiliari sono comunicati al cliente ai sensi dell'articolo 4, commi 2 e 3.*

2. È fatta salva la facoltà del cliente di comunicare per iscritto il proprio dissenso, entro tre giorni dalla comunicazione del comma 1.

- art. 33, comma 2, lett. q), D.Lgs. 6 settembre 2005, n. 206.

- in materia di responsabilità del medico dipendente di una struttura sanitaria, v. art. 7, L. 8 marzo 2017, n. 24.

- in tema di servizio di handling aeroportuale, art. 935, R.D. 30 marzo 1942, n. 327 (Codice della navigazione), che dispone: *L'esercente ha l'obbligo di assicurare contro i rischi di volo, secondo le modalità e nei limiti stabiliti [dalle norme corporative] il personale navigante abitualmente od occasionalmente addetto al servizio di volo.*

L'assicurazione esonera l'esercente dalla responsabilità per infortuni di volo del personale nei casi previsti dalla legge sull'assicurazione obbligatoria degli infortuni sul lavoro.

Per i rischi diversi da quelli di volo si applicano le disposizioni delle leggi speciali.

- sul trasporto aereo internazionale, artt. 22 e 30 Convenzione di Montreal del 28 maggio 1999.

- sul libero accesso al mercato dei servizi di assistenza a terra negli aeroporti dell'Unione Europea, D.Lgs. 13 gennaio 1999, n. 18, di recepimento della Direttiva 96/67/CE.

♦ Codice civile tedesco

§ 278 Responsabilità del debitore per terzi. *(1) Il debitore deve rispondere per la colpa del proprio rappresentante legale e delle persone di cui si avvale per l'adempimento della sua obbligazione nella misura in cui risponde per colpa propria. Non trova applicazione la disposizione del § 276 comma 3.*

1229. Clausole di esonero da responsabilità.

È nullo [1419] qualsiasi patto che esclude o limita preventivamente la responsabilità del debitore [1228, 2049] per dolo o per colpa grave [1218, 1341, comma 2, 1490, comma 2, 1579, 1580, 1681, 1694, 1713, comma 2, 1784, 1838, 1900, 1917, 2043; c.p.c. 641].

È nullo altresì qualsiasi patto preventivo di esonero o di limitazione di responsabilità per i casi in cui il fatto del debitore e dei suoi ausiliari [1228] costituisca violazione di obblighi derivanti da norme di ordine pubblico [1580, 1681, comma 2, 1784, 1785-quater, 1838, comma 4, 2087].

● Norme connesse:

- artt. 33, comma 2, lett. a), 124, D.Lgs. 6 settembre 2005, n. 206.

♦ Codice europeo dei contratti

Art. 106. Clausole di esonero e di limitazione di responsabilità. *1. Qualsiasi convenzione che esclude o limita preventivamente la responsabilità del debitore per dolo o colpa grave è nulla.*

2. Il patto con cui si conviene che una delle parti non può opporre eccezioni al fine di evitare o ritardare la prestazione dovuta, è inefficace per le eccezioni di nullità, di annullabilità e di rescissione del contratto. Tuttavia anche nei casi in cui il patto è efficace, il giudice, se riconosce che ricorrono motivi gravi, può nondimeno sospendere la condanna, imponendo, se del caso, una cauzione.

3. A prescindere da quanto previsto dall'art. 30 sulle clausole abusive, la convenzione che esclude o limita la responsabilità del debitore per colpa lieve è inefficace se il creditore l'ha conclusa essendo al servizio del primo, o se la responsabilità stessa si verifica nell'esercizio di un'attività professionale oppure di un'attività di impresa la quale viene esercitata in regime di monopolio in forza di una licenza dell'autorità.

4. Le parti possono validamente concludere dei patti con i quali convengono dei margini di tolleranza nell'esecuzione o di franchigia quanto alla risarcibilità del danno, che siano conformi agli usi o alla buona fede, tenuto conto della qualità delle parti e della natura della prestazione.

5. Le parti possono validamente concludere dei patti che stabiliscono delle presunzioni semplici di caso fortuito per eventi che normalmente, nelle ipotesi contemplate, dipendono dal caso fortuito.

♦ Codice civile tedesco

§ 276 Responsabilità del debitore. *(1) Il debitore deve rispondere per colpa e dolo, laddove non prevista o, dal restante contenuto dell'obbligazione, in particolare dall'assunzione di una garanzia o di un rischio di approvvigionamento, non risulti una responsabilità più grave o più lieve: Le disposizioni dei §§ 827 e 282 trovano corrispondente applicazione. (2) Agisce con colpa chi omette la diligenza richiesta nel traffico giuridico. (3) Il debitore non può essere esonerato preventivamente dalla responsabilità per dolo.*

§ 277 Diligenza nei propri affari. *Chi risponde solamente per la diligenza che è tenuto ad usare nei propri affari, non è liberato dalla responsabilità per colpa grave.*

CAPO IV
DEI MODI DI ESTINZIONE DELLE OBBLIGAZIONI DIVERSI DALL'ADEMPIMENTO

Sezione I
Della novazione

1230. Novazione oggettiva.

La obbligazione si estingue quando le parti sostituiscono all'obbligazione originaria [1234] una nuova obbligazione con oggetto o titolo diverso [647-659, 1231 ss., 1300, 1320, comma 2, 1321, 1348, 1353, 1976].

La volontà di estinguere l'obbligazione precedente deve risultare in modo non equivoco [1231, 1235, 1268, 1272, 1273, 1937, 1976].

● Norme connesse:

- art. 66, R.D. 14 dicembre 1933, n. 1669; art. 58, R.D. 21 dicembre 1933, n. 1736.

- v. art. 1321 c.c.

■ Codice civile del 1865: *Art. 1267. La novazione ha luogo in tre maniere:*

1° Quando il debitore contrae verso il suo creditore un nuovo debito, il quale viene sostituito all'antico che rimane estinto;

2° Quando un nuovo debitore è sostituito all'antico, il quale viene liberato dal creditore

3° Quando in forza di una nuovi obbligazione un nuovo creditore viene sostituito all'antico, verso cui il debitore rimane liberato.

Art. 1269. La novazione non si presume, ma bisogna che dall'atto chiaramente risulti la volontà di effettuarla.

Art. 1273. La semplice indicazione fatta dal debitore di una persona che debba pagare in sua vece, non produce novazione.

Non la produce nemmeno la semplice indicazione fatta dal creditore d'una persona che debba per lui ricevere.

♦ Codice europeo dei contratti

Art. 130. Novazione. *1. Si ha novazione oggettiva quando le parti concordano di sostituire con un altro contratto, sostanzialmente diverso, il contratto preesistente e non ancora del tutto eseguito, il quale così si estingue. La novazione comporta inoltre l'estinzione sia delle garanzie che assistevano il contratto originario, sia delle condizioni accessorie di esso, fra cui le agevolazioni di pagamento, se non esplicitamente confermate con l'accordo novativo.*

2. La volontà di effettuare una novazione deve essere manifestata da entrambe le parti in un modo che sia non equivoco e che può risultare anche dal fatto della incompatibilità oggettiva del primo contratto rispetto al secondo.

3. Se i due predetti contratti non sono oggettivamente incompatibili, la loro coesistenza deve risultare dalla volontà non equivoca di entrambe le parti.

4. Nel dubbio si deve ritenere che il contratto originario sopravviva modificato.

5. L'invalidità del contratto originario non influisce sulla validità del nuovo contratto, così come l'invalidità del contratto novativo o del secondo contratto non determina il rivivere del contratto originario; ma la parte che non è in buona fede risponde dei danni che l'altra subisce.

CODICE CIVILE

6. La riproduzione o ripetizione del contratto o la sua stesura per iscritto non comportano la sua novazione se non ricorrono le condizioni di cui ai commi 1 e 2 del presente articolo. In caso di discordanza fra l'espressione originaria e quella successiva prevale, nel dubbio, quest'ultima.

7. La novazione può riguardare, con effetti analoghi, una singola clausola del contratto o un obbligo da esso derivato.

8. Agli accordi di cui ai commi 1 e 7 del presente articolo si applica il comma 2 dell'art. 36 del presente codice, in relazione all'ammontare del nuovo contratto o del nuovo obbligo.

♦ Codice civile francese

Articolo 1329. *La novazione è un contratto che ha per oggetto di sostituire ad una obbligazione una nuova obbligazione che viene creata. Può avere per sostituzione di obbligazione tra le stesse parti, per cambiamento di debitore o per cambiamento di creditore.*

Articolo 1330. *La novazione non si presume; la volontà di operare deve risultare chiaramente dall'atto.*

Articolo 1331. *La novazione non ha luogo che se l'obbligazione vecchia e l'obbligazione nuova sono l'una e l'altra valutabili, a meno che non abbia per oggetto dichiarato di sostituire un impegno valutabile con uno non valutabile.*

Articolo 1332. *La novazione per cambiamento di debitore può effettuarsi senza il concorso del primo debitore.*

Articolo 1333. *La novazione per cambiamento del creditore richiede il consenso del debitore. Questi può accettare che il nuovo creditore sia designato dal primo. La novazione è opponibile ai terzi alla data dell'atto. In caso di contestazione della data di novazione, la prova incombe al nuovo creditore che può portarla con ogni mezzo.*

1231. Modalità che non importano novazione.

Il rilascio di un documento o la sua rinnovazione, l'apposizione o l'eliminazione di un termine [1183] e ogni altra modificazione accessoria dell'obbligazione non producono novazione [1230, 1823].

1232. Privilegi, pegno e ipoteche.

I privilegi [2745], il pegno [2784] e le ipoteche [2808] del credito originario si estinguono [1936], se le parti non convengono espressamente di mantenerli per il nuovo credito [1233, 1275, 2655, 2843, 2878].

■ Codice civile del 1865: *Art. 1274. I privilegi e le ipoteche del credito anteriore non passano in quello che gli è sostituito, se il creditore non ne ha fatta espressa riserva.*

♦ Codice civile francese

Articolo 1334 *L'estinzione dell'obbligazione precedente si estende ai suoi accessori. Con eccezione, le garanzie originali possono essere riservate per la garanzia della nuova obbligazione con il consenso dei terzi garanti.*

1233. Riserva delle garanzie nelle obbligazioni solidali.

Se la novazione si effettua tra il creditore e uno dei debitori in solido [1292] con effetto liberatorio per tutti [1300], i privilegi [2745], il pegno [2784] e le ipoteche del credito anteriore possono essere riservati soltanto sui beni del debitore che fa la novazione [1232].

♦ Codice civile francese

Articolo 1335 *La novazione convenuta tra il creditore ed uno dei condebitori solidali libera gli altri.*

1234. Inefficacia della novazione.

La novazione è senza effetto, se non esisteva [1418] l'obbligazione originaria [1230].

Qualora l'obbligazione originaria derivi da un titolo annullabile [1425], la novazione è valida se il debitore ha assunto validamente il nuovo debito conoscendo il vizio del titolo originario [1444].

1235. Novazione soggettiva.

Quando un nuovo debitore è sostituito a quello originario che viene liberato [1230], si osservano le norme contenute nel capo VI di questo titolo [1268 ss.].

♦ Codice europeo dei contratti

Art. 125. Cessione per successione o per novazione. *1. Il trasferimento di un debito può effettuarsi nei seguenti due modi: a) per successione nel rapporto obbligatorio – che si trasferisce quindi oggettivamente inalterato – di un altro debitore, il quale si aggiunge al debitore originario o subentra a quest'ultimo come precisato nel successivo art. 126; b) mediante l'estinzione convenzionale dell'obbligo originario e la simultanea costituzione di un nuovo obbligo avente un soggetto passivo diverso. [...].*

3. La cessione ha luogo per novazione solo se ciò viene dichiarato in modo espresso e non equivoco dalle parti nel loro accordo trilaterale. Nel dubbio si presume che la cessione è stata effettuata per successione.

Art. 127. Diritti e doveri delle parti. *[...]. 3. Se la cessione avviene in base ad un accordo novativo, il creditore e il nuovo debitore possono rispettivamente esercitare solo i diritti e opporre solo le eccezioni che derivano dall'accordo medesimo, salvo quanto previsto nel comma seguente.*

Art. 126. Modi con i quali può effettuarsi la cessione. *[...]. 6. Nell'accordo trilaterale, con il quale le parti possono effettuare la novazione soggettiva del debito, può convenirsi che il creditore, per chiedere l'adempimento, debba aver effettuato o almeno offerto una controprestazione.*

Sezione II
Della remissione

1236. Dichiarazione di remissione del debito.

La dichiarazione [774-777, 1324] del creditore di rimettere [458-771-1348, 647-658, 649-658] il debito [793, 1276, 1348, 1353, 2393, comma 4] estingue l'obbligazione quando è comunicata al debitore [1334] salvo che questi dichiari in un congruo termine di non volerne approfittare [737, 809, 1301, 1320, comma 1, 1332, 1353, 2113, 2726].

● Norme connesse:

- art. 64, R.D. 16 marzo 1942, n. 267.
- artt. 785, 1333, 1411, 1987, c.c.

♦ Codice europeo dei contratti

Art. 131. Remissione del debito. *1. Un obbligo nato o che può nascere da un contratto si estingue se il creditore rinuncia ad esso in uno dei modi seguenti.*

2. Il creditore può dichiarare in termini non equivoci che egli rinuncia al suo diritto, comunicandolo al debitore, il quale può entro un congruo termine dichiarare di non volerne profittare. La volontaria restituzione del titolo originale del credito che il creditore faccia al debitore, anche in seguito al pagamento parziale dell'importo in esso indicato, ha lo stesso valore della predetta dichiarazione di rinuncia al credito. La remissione accordata al debitore principale libera anche i fideiussori. La rinuncia da parte del creditore alle garanzie che assistono il credito non fa invece presumere la remissione del debito.

3. Il creditore può rinunciare al suo credito mediante un contratto concluso col debitore.

4. Il creditore può anche impegnarsi verso il debitore a rinunciare al suo credito mediante un contratto di carattere obbligatorio, al quale egli fa seguire un atto astratto di rinuncia al credito stesso. In questo caso la nullità del primo contratto non si trasmette all'atto successivo.

5. Le parti possono estinguere un contratto unilaterale o bilaterale mediante un successivo contratto con il quale esse rinunciano reciprocamente a tutti i diritti che da esso sono nati o possono nascere dal primo.

6. Agli atti di cui ai commi che precedono, anche se la remissione del debito non ha contenuto transattivo, si applica il comma 2 dell'art. 36 del presente codice in relazione all'ammontare del debito che viene rimesso. Se la remissione ha luogo a titolo gratuito, o anche di liberalità, non è richiesta la forma necessaria per la donazione.

♦ Codice civile francese

Articolo 1350 *La remissione di debito è il contratto con cui il creditore libera il debitore della sua obbligazione.*

Articolo 1350.1. *La remissione di debito consentita ad uno dei condebitori solidali libera gli altri in concorrenza della sua parte. La remissione di debito fatta da uno solo dei creditori solidali non libera il debitore che per la parte di questo creditore.*

♦ Codice civile tedesco

§ 278 Contratto di remissione del debito; riconoscimento negativo del debito. *Il rapporto obbligatorio si estingue se il creditore rimette al debitore, con contratto, il debito. 2) Tale disposizione si applica anche nel caso in cui il creditore, mediante regolarmente contrattuale, riconosce al debitore che l'obbligazione non esiste.*

1237. Restituzione volontaria del titolo.

La restituzione volontaria del titolo originale del credito, fatta dal creditore al debitore, costituisce prova della liberazione [2726] anche rispetto ai condebitori in solido [1292, 1301].

Se il titolo del credito è in forma pubblica [2699], la consegna volontaria della copia spedita in forma esecutiva [2714; c.p.c. 475] fa presumere la liberazione, salva la prova contraria [1238].

■ Codice civile del 1865: *Art. 1279. La volontaria restituzione del titolo originale del credito sotto forma privata, fatta dal creditore al debitore, costituisce la prova della liberazione tanto in favore dello stesso debitore, quanto in favore dei condebitori in solido.*

1238. Rinunzia alle garanzie.

La rinunzia alle garanzie dell'obbligazione non fa presumere la remissione del debito [1239, 1240].

■ Codice civile del 1865: *Art. 1280. La restituzione del pegno non basta per far presumere la rimessione del debito.*

1239. Fideiussori.

La remissione accordata al debitore principale libera i fideiussori [1247, 1253, 1936, 1939, 1945; L. fall. 135, 184].

La remissione accordata a uno dei fideiussori non libera gli altri che per la parte del fideiussore liberato [1941]. Tuttavia se gli altri fideiussori hanno consentito la liberazione, essi rimangono obbligati per l'intero [1301].

● Norme connesse:

- artt. 135, 184, R.D. 16 marzo 1942, n. 267.
- art. 59, Codice della crisi di impresa e dell'insolvenza, attuativo della Legge delega 19 ottobre 2017, n. 155 (D.Lgs. 12 gennaio 2019, n. 14), che prevede l'applicazione dell'art. cit. ai creditori che hanno concluso gli accordi di ristrutturazione.

■ Codice civile del 1865: *Art. 1282. La rimessione o liberazione convenzionale accordata al debitore principale libera i fideiussori; quella accordata al fideiussore non libera il debitore principale.*

Art. 1283. La liberazione accordata dal creditore ad uno dè suoi fideiussori senza il consenso degli altri, profitta ai medesimi per la parte di quello che fu liberato.

♦ Codice civile francese

Articolo 1287. *La remissione o la liberazione convenzionale accordata al debitore principale libera i garanti; quella accordata al garante non libera il debitore principale; quella accordata ad uno dei garanti non libera gli altri.*

1240. Rinunzia a una garanzia verso corrispettivo.

Il creditore che ha rinunziato, verso corrispettivo, alla garanzia prestata da un terzo [1238] deve imputare al debito principale quanto ha ricevuto, a beneficio del debitore e di coloro che hanno prestato garanzia per l'adempimento dell'obbligazione.

Sezione III
Della compensazione

● Norme connesse:

- art. 33, comma 2, lett. c), D.Lgs. 6 settembre 2005, n. 206.

1241. Estinzione per compensazione.

Quando due persone sono obbligate l'una verso l'altra, i due [1249] debiti si estinguono [1242-1252] per le quantità corrispondenti [447, comma 2, 587, comma 1, 1302, 1320, 1824, comma 1, 1930, 1931, 2247, 2438-2440, 2481, comma 4], secondo le norme degli articoli che seguono [1242, 1252, 1853, 2271; L. fall. 56].

● Norme connesse:

- artt. 56, 169, 201, R.D. 16 marzo 1942, n. 267; D.Lgs. 8 luglio 1999, n. 270 (Nuova disciplina dell'amministrazione straordinaria delle grandi imprese in stato di insolvenza).

- art. 8, comma 1, L. 27 luglio 2000, n. 212 (Disposizioni in materia di statuto dei diritti del contribuente) secondo cui: *l'obbligazione tributaria può essere estinta anche per compensazione.*

■ Codice civile del 1865: *Art. 1285 Quando due sono debitori l'uno verso l'altro, ha luogo tra essi una compensazione che estingue i due debiti nel modo e nei casi seguenti.*

Art. 1286. La compensazione si fa di diritto in virtù della legge, ed anche senza saputa dei debitori, al momento stesso della contemporanea esistenza dei due debiti che reciprocamente si estinguono per le quantità corrispondenti

♦ Unidroit

Articolo 8.1 (Presupposti della compensazione). *(1) Quando due parti sono obbligate l'una verso l'altra al pagamento di una somma di denaro o all'adempimento di altre prestazioni dello stesso genere, ciascuna di esse ("la prima parte") può compensare il proprio debito con il debito del proprio creditore ("la controparte") se, al momento della compensazione: (a) la prima parte può validamente adempiere la propria obbligazione; (b) il debito della controparte è certo sia nell'esistenza che nell'ammontare ed è esigibile.*

(2) Quando i debiti di entrambe le parti derivano dallo stesso contratto, la prima parte può compensare il proprio debito anche con un debito della controparte che non sia certo nell'esistenza o nell'ammontare.

♦ Codice europeo dei contratti

Art. 132. Compensazione. *1. Un credito derivante da un contratto si estingue per compensazione se il creditore è a sua volta tenuto ad adempiere, a qualunque titolo, un obbligo nei confronti della controparte. La compensazione, che può essere opposta anche da un fideiussore, si verifica alle condizioni di cui ai commi seguenti.*

2. I due crediti reciproci devono coesistere alla stessa data, essendo entrambi liquidi ed esigibili; devono inoltre avere entrambi per oggetto una somma di denaro o una quantità di cose fungibili dello stesso genere. Essi si estinguono per le quantità corrispondenti.

3. La compensazione si verifica qualora un creditore lo richieda con una dichiarazione incondizionata e senza termine, la quale deve essere comunicata alla controparte, o formulata in sede giudiziale entro la fine della prima udienza di trattazione orale. Tale dichiarazione ha effetto al momento in cui essa è comunicata alla controparte o è resa in sede giudiziale. La controparte può entro un congruo termine manifestare con una dichiarazione la sua opposizione in relazione a quanto previsto nei commi seguenti.

6. Se non ricorrono le condizioni previste dal comma 2 del presente articolo, il creditore ha soltanto un diritto di ritenzione nei confronti della controparte, quale previsto nell'art. 108 che precede; e, se uno dei crediti non è liquido ma di facile e pronta liquidazione, il giudice, su istanza del creditore, può sospendere la condanna di quest'ultimo, per l'obbligo che è a suo carico, sino all'accertamento dell'entità del credito da lui opposto in compensazione. Anche se non si verificano le condizioni previste nei commi che precedono, la compensazione può aver luogo per volontà delle parti.

7. Alle dichiarazioni previste dal presente articolo si applica l'art. 36 comma 2 in relazione all'entità del credito opposto in compensazione.

♦ I principi di diritto europeo dei contratti

Articolo 13:101: Condizioni della compensazione. *Quando due parti si trovano debitrici l'una verso l'altra di debiti della stessa natura, ciascuna può compensare il suo credito con quello dell'altra se e nella misura in cui, all'epoca della compensazione: il suo debito è esigibile; il debito dell'altra parte lo è ugualmente.*

♦ Codice civile francese

Articolo 1289. *Quando due persone si trovano debitrici l'una verso l'altra si effettua tra loro una compensazione che estingue i due debiti, nel modo e nei casi qui di seguito espressi.*

♦ Codice civile tedesco

§ 387 Presupposti della compensazione. *Se due persone sono obbligate reciprocamente a prestazioni della stessa natura, ciascuna di esse può compensare il proprio credito con il credito dell'altra parte, appena quest'ultima sia nella condizione di esigere la prestazione spettantegli e di adempiere la prestazione a cui è tenuta.*

§ 388 Dichiarazione di compensazione. *La compensazione si verifica a seguito di dichiarazione alla controparte. La dichiarazione è inefficace se eseguita con l'apposizione di una condizione o di un termine.*

1242. Effetti della compensazione.

La compensazione estingue i due debiti dal giorno della loro coesistenza [447, comma 2]. Il giudice non può rilevarla d'ufficio [c.p.c. 112].

La prescrizione [2934] non impedisce la compensazione, se non era compiuta quando si è verificata la coesistenza dei due debiti.

■ Codice civile del 1865: *Art. 1286. La compensazione si fa di diritto in virtù della legge, ed anche senza saputa dei debitori, al momento stesso della contemporanea esistenza dei due debiti che reciprocamente si estinguono per le quantità corrispondenti.*

♦ Unidroit

Articolo 8.5 (Effetti della compensazione). *(1) La compensazione estingue i debiti.*

(2) Se i debiti sono di diverso ammontare, la compensazione estingue i debiti fino a concorrenza del debito di importo minore.

(3) La compensazione produce effetto dal momento dell'avviso.

♦ I principi di diritto europeo dei contratti

Articolo 13:106: Effetti della compensazione. *A partire dalla notifica, la compensazione estingue i debiti in concorrenza del più debole.*

♦ Codice civile francese

Articolo 1290. *La compensazione si effettua di diritto per la sola forza di legge anche all'insaputa dei debitori; i due debiti si estinguono reciprocamente, nel momento in cui essi esistono contemporaneamente fino alla concorrenza delle loro rispettive quantità.*

♦ Codice civile tedesco

§ Effetti della compensazione. *La compensazione ha come conseguenza che i crediti, nella misura in cui coincidono, si estinguono nel momento in cui si sono fronteggiati in modo idoneo alla compensazione.*

1243. Compensazione legale e giudiziale.

La compensazione si verifica solo tra due debiti che hanno per oggetto una somma di danaro o una quantità di cose fungibili dello stesso genere e che sono egualmente liquidi ed esigibili [1244, 1248; L. fall. 56].

Se il debito opposto in compensazione non è liquido [1252] ma è di facile e pronta liquidazione, il giudice può dichiarare la compensazione per la parte del debito che riconosce esistente, e può anche sospendere la condanna per il credito liquido fino all'accertamento del credito opposto in compensazione [c.p.c. 35].

● Norme connesse:
- art. 56, R.D. 16 marzo 1942, n. 267.
- comma 2: v. artt. 35, 295, 337, comma 2, c.p.c.

■ Codice civile del 1865: *Art. 1287. Non ha luogo la compensazione, se non tra due debiti che hanno egualmente per oggetto una somma di danaro o una determinata quantità di cose della stessa specie, le quali possono nei pagamenti tener luogo le une delle altre, e che sono egualmente liquide ed esigibili.*

Le prestazioni non controverse di grani o di derrate, il cui valore è regolato dal prezzo dei pubblici mercati, possono compensarsi con somme liquide ed esigibili.

1244. Dilazione.

La dilazione concessa gratuitamente dal creditore non è di ostacolo alla compensazione [1243].

■ Codice civile del 1865: *Art. 1288. Le dilazioni, che si fossero concesse gratuitamente dal creditore, non sono di ostacolo alla compensazione.*

1245. Debiti non pagabili nello stesso luogo.

Quando i due debiti non sono pagabili nello stesso luogo, si devono computare le spese del trasporto al luogo del pagamento [1182, 1188, 1196].

■ Codice civile del 1865: *Art. 1292. Quando i due debiti non sieno pagabili nello stesso luogo, non si può opporre la compensazione, se non computate le spese di trasporto al luogo del pagamento.*

♦ Codice europeo dei contratti

Art. 132. Compensazione. *[...]. 5. Se i due obblighi reciproci devono essere per contratto adempiuti in due luoghi diversi, si devono computare le spese del trasporto al luogo previsto per l'adempimento, a meno che il creditore si opponga alla compensazione avendo un interesse plausibile a che l'adempimento avvenga nel luogo convenuto.*

♦ Codice civile francese

Articolo 1296. *Quando i due debiti non sono pagabili nello stesso luogo, non si può opporne la compensazione che facendo riparazione delle spese della remissione.*

♦ Codice civile tedesco

§ 391 Compensazione in caso di diversità dei luoghi di esecuzione della prestazione. *(1) La compensazione non è esclusa quando per i crediti siano previsti differenti luoghi di esecuzione della prestazione o di consegna del bene. La parte che fa valere la compensazione è tenuta a risarcire il danno subito dalla controparte per il fatto di non aver ottenuto o realizzato, a seguito della compensazione, la prestazione nel luogo all'uopo indicato. (2) Se è stato concordato che la prestazione debba adempiersi in un determinato termine in un determinato luogo, nell'incertezza deve ritenersi che la compensazione di un credito per il quale è stabilito un diverso luogo di esecuzione della prestazione sia esclusa.*

1246. Casi in cui la compensazione non si verifica.

La compensazione si verifica qualunque sia il titolo [1230, 1256, 1351, comma 1, n. 2] dell'uno o dell'altro debito, eccettuati i casi [1252, 1824]:

1) di credito per la restituzione di cose di cui il proprietario sia stato ingiustamente spogliato [1168];

2) di credito per la restituzione di cose depositate [1766, 1771, 1853] o date in comodato [1803];

3) di credito dichiarato impignorabile [447, 1881, 1923;c.p.c. 545];

4) di rinunzia alla compensazione fatta preventivamente dal debitore;

5) di divieto stabilito dalla legge [447, comma 2, 1272, comma 3, 1248, 1824, 2271, 2805; L. fall. 56].

● Norme connesse:
- art. 56, R.D. 16 marzo 1942, n. 267.

■ Codice civile del 1865: *Art. 1289. La compensazione ha luogo, qualunque sieno le cause dell'uno o dell'altro debito, eccettuati i seguenti casi:*

1° Quando si tratta della domanda per la restituzione della cosa di cui il proprietario fu ingiustamente spogliato;

2° Quando si tratta della domanda per la restituzione del deposito del comodato;

3° Quando si tratta di un debito il cui titolo deriva da alimenti dichiarati non soggetti a sequestro;

4° Quando il debitore ha preventivamente rinunziato alla compensazione.

♦ Codice europeo dei contratti

Art. 132. Compensazione. *[...] 4. La compensazione non si verifica, e contro chi la invoca è data la facoltà di opporsi, se: uno dei due crediti deriva da un atto illecito extracontrattuale, o una parte lo ha preventivamente contestato con idonee motivazioni, o ha per oggetto la restituzione di cose depositate o date in comodato, oppure vi è stata una rinuncia preventiva alla compensazione, nonché negli altri casi previsti dalla legge. Per i conti correnti ai quali si ricorre nell'ambito dei rapporti commerciali si applicano gli usi. Sono salve le disposizioni, concernenti i consumatori, che sono in vigore nell'Unione europea e negli Stati membri di questa.*

♦ Codice civile francese

Articolo 1293. *La compensazione ha luogo, quali che siano le cause dell'uno o dell'altro dei debiti, eccetto nel caso. I della domanda di restituzione di una cosa di cui il proprietario è stato ingiustamente spogliato; 2° della domanda di restituzione di un deposito o del prestito ad uso; 3 D di un debito che ha per causa alimenti dichiarati impercettibili.*

♦ Codice civile tedesco

§ 390 Esclusione della compensazione in caso di credito gravato da eccezione. *Un credito a cui è opponibile un'eccezione non è oggetto di compensazione.*

§ 392 Compensazione con un credito sottoposto a sequestro. *La compensazione di un credito spettante al debitore nei confronti del creditore è esclusa in seguito al sequestro del credito solo quando il credito è sorto in capo al debitore dopo il sequestro o se tale credito è maturato successivamente al sequestro e in un periodo successivo al credito al credito sottoposto a sequestro.*

§ 393 Esclusione della compensazione con un credito scaturente da atto illecito. *Non è consentita la compensazio-*

CODICE CIVILE

ne nel caso di un credito proveniente da atto illecito compiuto dolosamente.

§ 394 Esclusione della compensazione con un credito non sottoponibile a pignoramento. *Nella misura in cui il credito non è soggetto a pignoramento, non si ha la compensazione con il credito. Nei confronti delle somme al cui versamento sono tenuti istituti e fondi di previdenza, nonché casse istituite al fine di sostenere le spese funebri, in particolare casse di previdenza per minatori e casse cooperative di sindacati di minatori è possibile compensare i contributi dovuti.*

1247. Compensazione opposta da terzi garanti.

Il fideiussore [1936] può opporre in compensazione il debito che il creditore ha verso il debitore principale [1239, 1939, 1941, 1945].

Lo stesso diritto spetta al terzo che ha costituito un'ipoteca [2808 ss.] o un pegno [2784 ss., 2859, 2870].

■ Codice civile del 1865: *Art. 1290. Il fideiussore può opporre la compensazione di ciò che il creditore deve al debitore principale; ma il debitore principale non può opporre la compensazione di ciò che il creditore deve al fideiussore.*

Il debitore in solido non può invocare la compensazione di quanto dal creditore è dovuto al suo condebitore, se non sino alla concorrenza della parte dello stesso condebitore.

1248. Inopponibilità della compensazione.

Il debitore, se ha accettato puramente e semplicemente la cessione che il creditore ha fatta delle sue ragioni a un terzo [1264], non può opporre al cessionario la compensazione che avrebbe potuto opporre al cedente [1272, comma 3, 1409, 2805].

La cessione non accettata dal debitore, ma a questo notificata, impedisce la compensazione dei crediti sorti posteriormente alla notificazione [1264, 1265; c.p.c. 137].

● Norme connesse:

- art. 125-septies, D.Lgs. 1 settembre 1993, n. 385.

■ Codice civile del 1865: *Art. 1291. Il debitore che senza condizione o riserva ha consentito alla cessione che il creditore ha fatto delle sue ragioni ad un terzo, non può opporre al cessionario la compensazione che avrebbe potuto opporre al cedente prima dell'accettazione.*

La cessione però non accettata dal debitore, ma che gli fu notificata, non impedisce la compensazione, fuorché dei crediti posteriori alla notificazione.

1249. Compensazione di più debiti.

Quando una persona ha verso un'altra più debiti compensabili, si osservano per la compensazione le disposizioni del secondo comma dell'articolo 1193 [1246].

■ Codice civile del 1865: *Art. 1293. Quando la medesima persona abbia più debiti compensabili, si osservano per la compensazione le stesse regole che sono stabilite per l'imputazione nell'articolo 1258.*

♦ Codice civile francese

Articolo 1297. *Quando ci sono più debiti compensabili dovuti dalla stessa persona si segue, per la compensazione, le regole stabilite per l'imputazionè dall'articolo 1256.*

♦ Codice civile tedesco

§ 396 Pluralità di crediti. *(1) Se una o l'altra parte dispone di più crediti idonei alla compensazione, la parte che fa valere la compensazione può indicare i crediti reciprocamente da compensare. Se nella dichiarazione di compensazione manca tale indicazione o la controparte dichiara il proprio dissenso senza indugio, trova corrispondente applicazione la disposizione del § 366, comma 2. (2) Se la parte che fa valere la compensazione deve alla controparte la prestazione principale e gli interessi e spese, trovano applicazione le disposizioni del §367.*

1250. Compensazione rispetto ai terzi.

La compensazione non si verifica [1830] in pregiudizio dei terzi che hanno acquistato diritti di usufrutto [978, 1000, 1248] o di pegno [2784 ss.] su uno dei crediti [1251, 2917].

■ Codice civile del 1865: *Art. 1294. La compensazione non ha luogo in pregiudizio dei diritti acquistati da un terzo. Quegli perciò che essendo debitore, divenne creditore dopo il sequestro fatto presso di sé a favore di un terzo, non può opporre la compensazione a pregiudizio di chi ottenne il sequestro.*

♦ Codice civile francese

Articolo 1298. *La compensazione non ha luogo in pregiudizio dei diritti acquisiti da un terzo. Così colui che, essendo debitore, è divenuto creditore del pignoramento presso terzi non può in pregiudizio del pignorante opporre la compensazione.*

1251. Garanzie annesse al credito.

Chi ha pagato un debito mentre poteva invocare la compensazione [1243] non può più valersi, in pregiudizio dei terzi, dei privilegi e delle garanzie a favore del suo credito [2878], salvo che abbia ignorato l'esistenza di questo per giusti motivi [1213, 1276].

■ Codice civile del 1865: *Art. 1295. Quegli che ha pagato un debito, il quale di diritto era estinto in forza della compensazione, e poi propone il eredito per cui non ha opposto la compensazione, non può, in pregiudizio dei terzi, valersi dei privilegi, delle ipoteche o cauzioni annesse al suo credito, sempreché non abbia avuto un giusto motivo d'ignorare il credito che avrebbe dovuto compensare il suo debito.*

♦ Codice civile francese

Articolo 1299. *Colui che ha pagato un debito che era di diritto estinto per compensazione non può più, esercitandone il credito di cui non ha opposto la compensazione, giovarsi, in pregiudizio dei terzi, dei privilegi o delle ipoteche che vi erano legate, a meno che non abbia avuto una giusta causa per ignorare il credito che doveva compensare il suo debito.*

1252. Compensazione volontaria.

Per volontà delle parti [647-659, 1180-1272-1273, 1321] può aver luogo compensazione [447, comma 2, 1823, 1824, comma 1, 1852 ss., 2247, 2343-2343-ter, 2465, 2438-2440, 2481, comma 4] anche se non ricorrono le condizioni previste dagli articoli precedenti [1243, 1246, 2034].

Le parti possono anche stabilire preventivamente le condizioni di tale compensazione[1].

Sezione IV
Della confusione

1253. Effetti della confusione.
Quando le qualità di creditore e di debitore si riuniscono nella stessa persona [649-658], l'obbligazione si estingue [1014 n. 2, 1072, 1303, 1779], e i terzi che hanno prestato garanzia per il debitore sono liberati [484, 1239, 1247, 1255, 1320, 1945].

■ Codice civile del 1865: *Art. 1296. Quando le qualità di creditore e di debitore si riuniscono nella stessa persona, avviene una confusione di diritto che estingue il debito e il credito.*

♦ Codice europeo dei contratti
Art. 133. Confusione. *Un credito derivante da un contratto è inesigibile qualora, e per tutto il tempo in cui, con riguardo ad esso le qualità di creditore e di debitore si riuniscono nella stessa persona.*

♦ Codice civile francese
Articolo 1300. *Quando la qualità di debitore e creditore si riuniscono nella stessa persona si crea una confusione di diritto che estingue i due crediti.*

1254. Confusione rispetto ai terzi.
La confusione non opera [490, comma 1, n. 1] in pregiudizio dei terzi che hanno acquistato diritti di usufrutto [978, 1000] o di pegno [2784 ss.] sul credito [1250].

♦ Codice europeo dei contratti
Art. 133. Confusione. *[...]. 3. La confusione non è opponibile ai terzi che ne potrebbero risultare comunque pregiudicati, e in tutti i casi in cui le norme vigenti nell'Unione europea o negli Stati membri della medesima la escludono nell'interesse dei terzi.*

1255. Riunione delle qualità di fideiussore e di debitore.
Se nella medesima persona si riuniscono le qualità di fideiussore [1936] e di debitore principale, la fideiussione resta in vita [1945], purché il creditore vi abbia interesse [1174, 1256, 1322, 1379, 1384, 1464].

■ Codice civile del 1865: *Art. 1926. La confusione che si effettua nella persona del debitore principale e del suo fideiussore, quando divengono eredi l'uno dell'altro, non estingue l'azione del creditore contro colui che ha fatto sicurtà pel fideiussore.*

♦ Codice europeo dei contratti
Art. 133. Confusione. *[...]. 2. Se nella medesima persona si riuniscono le qualità di creditore e di debitore in solido, l'effetto di cui al comma 1 che precede si verifica per la parte del predetto debitore in solido rispetto agli altri debitori. Se nella medesima persona si riuniscono le qualità di creditore in solido e di debitore, l'effetto di cui al comma 1 che precede si verifica per la parte di quest'ultimo. Queste norme si applicano anche agli obblighi indivisibili.*

Sezione V
Dell'impossibilità sopravvenuta per causa non imputabile al debitore

1256. Impossibilità definitiva e impossibilità temporanea.
L'obbligazione si estingue quando, per una causa non imputabile al debitore, la prestazione diventa impossibile [673, 1207, 1218, 1221, 1257, 1258, 1288, 1289, 1463, 1588, 1780, 1818, 2037, 2175].

Se l'impossibilità è solo temporanea, il debitore finché essa perdura, non è responsabile del ritardo nell'adempimento [1219]. Tuttavia l'obbligazione si estingue se l'impossibilità perdura fino a quando, in relazione al titolo dell'obbligazione [1230, 1246, 1325 n. 2] o alla natura dell'oggetto, il debitore non può più essere ritenuto obbligato a eseguire la prestazione ovvero il creditore non ha più interesse a conseguirla [1174, 1255, 1288 ss., 1322, 1379, 1384, 1421, 1466, 1686].

■ Codice civile del 1865: *Art. 1298. Quando una determinata cosa che formava l'oggetto dell'obbligazione perisce, od è posta fuori di commercio, o si smarrisce in modo che se ne ignori assolutamente l'esistenza, l'obbligazione si estingue, se la cosa è perita o posta fuori di commercio o smarrita senza colpa del debitore, e prima che questi fosse in mora.*

Ancorché il debitore sia in mora e non abbia assunto a suo carico il pericolo dei casi fortuiti, si estingue l'obbligazione, se la cosa sarebbe egualmente perita presso il creditore ove gli fosse stata consegnata.

Il debitore è tenuto a provare il caso fortuito che allega.

In qualunque modo sia perita o smarrita una cosa rubata, la perdita di essa non dispensa colui che l'ha sottratta, dal restituirne il valore.

1257. Smarrimento di cosa determinata.
La prestazione che ha per oggetto una cosa determinata si considera divenuta impossibile anche quando la cosa è smarrita senza che possa esserne provato il perimento [927, 1218, 1221].

In caso di successivo ritrovamento della cosa, si applicano le disposizioni del secondo comma dell'articolo precedente.

1258. Impossibilità parziale.
Se la prestazione è divenuta impossibile solo in parte, il debitore si libera dall'obbligazione eseguendo la prestazione per la parte che è rimasta possibile [994, 995, 996, 1181, 1464, 1672, 2175].

La stessa disposizione si applica quando, essendo dovuta una cosa determinata, questa ha subito un deterioramento, o quando residua alcunché dal perimento totale della cosa [1181, 1673, 2742].

1259. Subingresso del creditore nei diritti del debitore.
Se la prestazione che ha per oggetto una cosa determinata è divenuta impossibile [1256], in tutto o

in parte, il creditore subentra nei diritti spettanti al debitore [673, 1203, comma 1, n. 5] in dipendenza del fatto che ha causato l'impossibilità [1203], e può esigere dal debitore la prestazione di quanto questi abbia conseguito a titolo di risarcimento [1780, 2742].

■ Codice civile del 1865: *Art. 1299. Allorché la cosa è perita, posta fuori commercio o smarrita senza colpa del debitore, i diritti e le azioni che gli spettavano riguardo alla medesima, passano al suo creditore.*

CAPO V
DELLA CESSIONE DEI CREDITI

● Norme connesse:
- art. 15, R.D. 14 dicembre 1933, n. 1669; artt. 17, 27, R.D. 21 dicembre 1933, n. 1736; art. 12, L.18 dicembre 1984, n. 975; art. 125-septies, D.Lgs. 1 settembre 1993, n. 385.
- sul factoring internazionale, L. 14 luglio 1993, n. 260.
- sulla cartolarizzazione dei crediti, L. 30 aprile 1999, n. 130.
- sulla cessione dei crediti d'impresa, L. 21 febbraio 1991, n. 52; art. 106, comma 13, D.Lgs. 18 aprile 2016, n. 50 (Codice dei contratti pubblici), che dispone: *Si applicano le disposizioni di cui alla legge 21 febbraio 1991, n. 52. Ai fini dell'opponibilità alle stazioni appaltanti, le cessioni di crediti devono essere stipulate mediante atto pubblico o scrittura privata autenticata e devono essere notificate alle amministrazioni debitrici. Fatto salvo il rispetto degli obblighi di tracciabilità, le cessioni di crediti da corrispettivo di appalto, concessione, concorso di progettazione, sono efficaci e opponibili alle stazioni appaltanti che sono amministrazioni pubbliche qualora queste non le rifiutino con comunicazione da notificarsi al cedente e al cessionario entro quarantacinque giorni dalla notifica della cessione. Le amministrazioni pubbliche, nel contratto stipulato o in atto separato contestuale, possono preventivamente accettare la cessione da parte dell'esecutore di tutti o di parte dei crediti che devono venire a maturazione. In ogni caso l'amministrazione cui è stata notificata la cessione può opporre al cessionario tutte le eccezioni opponibili al cedente in base al contratto relativo a lavori, servizi, forniture, progettazione, con questo stipulato.*

1260. Cedibilità dei crediti.

Il creditore può trasferire a titolo oneroso [1198, 1248, 1266, 1348, 1376] o gratuito il suo credito [771, 1198, 1264, 1376, 2015, 2112], anche senza il consenso del debitore, purché il credito non abbia carattere strettamente personale o il trasferimento non sia vietato dalla legge [323, comma 3, 378, 447, 1261, 1471, 1823, 1889, comma 1, 2843].

Le parti possono escludere la cedibilità del credito [1379, 1823], ma il patto non è opponibile al cessionario, se non si prova che egli lo conosceva al tempo della cessione.

● Norme connesse:
- comma 1: L. 21 febbraio 1991, n. 52; L. 14 luglio 1993, n. 260, L. 30 aprile 1999, n. 130.
- comma 2: D.P.R. 5 gennaio 1950, n. 180 (Approvazione del testo unico delle leggi concernenti il sequestro, il pignoramento e la cessione degli stipendi, salari e pensioni dei dipendenti dalle Pubbliche Amministrazioni).
- per la cessione dei crediti d'imposta, artt. 43-bis e 43-ter D.P.R. 29 settembre 1973, n. 602 (Disposizioni sulla riscossione delle imposte sul reddito) e D.M. 30 settembre 1997, n. 384 (Regolamento recante norme per la disciplina della cessione dei crediti d'imposta).
- per la cessione dei crediti tributari da parte di enti locali e camere di commercio, art. 76, L. 21 novembre 2000, n. 342 (Misure in materia fiscale).
- per la cessione del diritto al risarcimento dei danni derivante della circolazione dei veicoli a motore e dei natanti, art. 150-ter, Codice delle assicurazioni private (D.Lgs. 7 settembre 2005, n. 209).
- art. 3, L. 21 febbraio 1991, n. 52; art. 64, R.D. 16 marzo 1942, n. 267.

■ Codice civile del 1865: *Art. 1538. La vendita o cessione di un credito, di un diritto o di una azione è perfetta, e la proprietà se ne acquista di diritto dal compratore o cessionario al momento che si è convenuto sul credito sul diritto da cedersi e sul prezzo, quantunque non ne sia trasferito il possesso.*

Il possesso si trasferisce mediante la consegna del documento che prova il credito o diritto ceduto.

♦ Regolamento (CE) n. 593/2008 del Parlamento europeo e del Consiglio del 17 giugno 2008 sulla legge applicabile alle obbligazioni contrattuali (Roma I)

Articolo 14. Cessione di credito e surrogazione convenzionale. *1. I rapporti tra cedente e cessionario o tra surrogante e surrogato nell'ambito di una cessione o di una surrogazione convenzionale di credito nei confronti di un altro soggetto («il debitore») sono disciplinati dalla legge che, in forza del presente regolamento, si applica al contratto che li vincola.*

2. La legge che disciplina il credito ceduto o surrogato determina la cedibilità di questo, i rapporti tra cessionario o surrogato e debitore, le condizioni di opponibilità della cessione o surrogazione al debitore e il carattere liberatorio della prestazione fatta dal debitore.

3. Il concetto di cessione nel presente articolo include i trasferimenti definitivi di crediti, i trasferimenti di crediti a titolo di garanzia nonché gli impegni e altri diritti di garanzia sui crediti.

♦ Unidroit

Articolo 9.1.1 Definizioni. *Per "cessione di un credito" si intende il trasferimento consensuale da una persona (il "cedente") ad un'altra (il "cessionario") del diritto del cedente al pagamento di una somma di denaro o ad altra prestazione da parte di un terzo (il "debitore ceduto"), includendo i trasferimenti a scopo di garanzia.*

♦ Codice europeo dei contratti

Art. 121. Trasferibilità del credito. *1. Un credito nascente dal contratto o dalla sua esecuzione o inesecuzione può essere trasferito ad un terzo (o a più altri soggetti), totalmente o parzialmente, anche se al momento esso sia non esigibile o futuro, purché non abbia carattere strettamente personale e il trasferimento non sia escluso dalla legge, dall'accordo delle parti o dalla natura del contratto.*

2. Se il credito viene trasferito parzialmente il giudice può disporre, se del caso, che nei confronti del debitore ceduto il cedente e il cessionario agiscano in litisconsorzio.

3. Un credito futuro può essere ceduto se esso è determinato o è determinabile ai sensi dell'art. 31 del presente co-

dice. In tal caso l'effetto traslativo si verifica quando il credito viene ad esistenza in capo al cedente.

4. Un divieto pattizio è opponibile al cessionario se il ceduto prova che il predetto ne era a conoscenza al momento della cessione; in tal caso il divieto impedisce che il cessionario acquisti il diritto nei confronti del ceduto, ma non del cedente.

5. Si considera non trasferibile per la natura del contratto un credito la cui cessione determinerebbe una alterazione sostanziale del contenuto dell'obbligo che grava sul ceduto.

6. A prescindere da quanto previsto dall'art. 118, il cedente può accordarsi col cessionario nel senso che quest'ultimo si assuma l'impegno di adempiere determinati obblighi.

♦ Codice civile francese

Articolo 1321 *La cessione di credito è un contratto in base al quale il creditore cedente trasmette, a titolo oneroso o gratuito, tutto o una parte del suo credito contro il debitore ceduto ad un terzo chiamato cessionario. Può ricadere su uno o più crediti presenti o futuri, determinati o indeterminabili. Si estende agli accessori del credito. Il consenso del debitore non è richiesto a meno che il credito sia stato stipulato incedibile.*

Articolo 1322 *La cessione di credito deve essere constatata per iscritto a pena di nullità.*

♦ Codice civile tedesco

§398 Cessione. *Un credito, un contratto con un terzo, può essere trasferito dal creditore a quest'ultimo. Con la conclusione del contratto il nuovo creditore subentra nella posizione del cedente.*

1261. Divieti di cessione.

I magistrati dell'ordine giudiziario, i funzionari delle cancellerie e segreterie giudiziarie, gli ufficiali giudiziari, gli avvocati, [i procuratori,][1] i patrocinatori e i notai non possono, neppure per interposta persona, rendersi cessionari [323, comma 3, 379, commi 1, 4, 447, comma 1, 1389, 1471, 2113] di diritti sui quali è sorta contestazione davanti l'autorità giudiziaria di cui fanno parte o nella cui giurisdizione esercitano le loro funzioni, sotto pena di nullità e dei danni.

La disposizione del comma precedente non si applica alle cessioni di azioni ereditarie tra coeredi, né a quelle fatte in pagamento di debiti o per difesa di beni posseduti dal cessionario [323, 378].

[1] Il termine «procuratore legale» va sostituito con il termine «avvocato» ex art. 3, L. 24 febbraio 1997, n. 27, di soppressione del relativo albo.

■ Codice civile del 1865: *Art. 1458. I giudici, gli uffiziali del pubblico ministero, i cancellieri, gli uscieri, gli avvocati, i procuratori o patrocinatori ed i notai non possono essere cessionari delle liti, ragioni ed azioni litigiose di competenza della corte, del tribunale della pretura, di cui fanno parte o nella cui giurisdizione esercitano le loro funzioni, sotto pena di nullità, dei danni e delle spese.*

Rimane eccettuato dalle disposizioni precedenti il caso in cui si tratti di azioni ereditarie fra i coeredi, o di cessioni in soddisfazione di crediti o per difesa di beni posseduti.

Inoltre gli avvocati e procuratori non possono né per loro, né per interposta persona stabilire coi loro clienti alcun patto, né fare coi medesimi contratto alcuno di vendita, donazione, permuta o altro simile sulle cose comprese nelle cause alle quali prestano il loro patrocinio, sotto pena di nullità, dei danni e delle spese.

1262. Documenti probatori del credito.

Il cedente deve consegnare al cessionario i documenti probatori del credito che sono in suo possesso [1477, comma 3; L. camb. 25 comma 2].

Se è stata ceduta solo una parte del credito, il cedente è tenuto a dare al cessionario una copia autentica dei documenti.

● Norme connesse:

- art. 25, comma 2, R.D. 14 dicembre 1933, n. 1669.

♦ Codice europeo dei contratti

Art. 123. Doveri delle parti. *Il cedente è tenuto a consegnare al cessionario i documenti probatori del credito dei quali è in possesso, oppure una copia autentica di essi se viene ceduta solo una parte del credito, nonché a fornirgli tutte le informazioni necessarie ed utili per far valere il credito.*

♦ Codice civile francese

Articolo 1323 *Tra le parti, il trasferimento del credito si verifica alla data dell'atto. È opponibile ai terzi da questo momento. In caso di contestazione, la prova della data della cessione incombe sul cessionario che può provarla con ogni mezzo. Tuttavia il trasferimento di un credito futuro non ha luogo che dal giorno della sua nascita sia nei confronti delle parti che dei terzi.*

Articolo 1325 *Il concorso tra cessionari successivi di un credito si risolve in favore del primo in data; egli può agire con ricorso contro colui al quale il debitore avrà fatto il pagamento.*

Articolo 1326 *Colui che cede un credito a titolo oneroso garantisce l'esistenza del credito e dei suoi accessori a meno che il cessionario l'abbia acquisito a suo rischio e pericolo o che conosceva il carattere incerto del credito. Non risponde della solvibilità del debitore che quando vi si è impegnato e fino alla concorrenza del prezzo che ha potuto ritirare dalla cessione del suo credito. Quando il cedente ha garantito la solvibilità del debitore, questa garanzia non si intende che la solvibilità attuale; può tuttavia estendersi al credito in scadenza a condizione che il cedente lo abbia espressamente specificato.*

♦ Codice civile tedesco

§ 403 Obbligo di documentazione. *Il cedente deve rilasciare al nuovo creditore, dietro richiesta, documentazione autenticata pubblicamente dell'avvenuta cessione. Il nuovo creditore deve assumersi e anticipare le relative spese.*

1263. Accessori del credito.

Per effetto della cessione [1960], il credito è trasferito al cessionario con i privilegi [2745 ss.], con le garanzie personali [1936 ss.] e reali [2784 ss.] e con gli altri accessori [1350, comma 1, n. 13, 1285, 2831, comma 2, 2835, 2836, 2843].

Il cedente non può trasferire al cessionario, senza il consenso del costituente, il possesso della cosa ricevuta in pegno [2792]; in caso di dissenso, il cedente rimane custode del pegno [1204 comma 2].

Salvo patto contrario, la cessione non comprende i frutti scaduti [821, comma 3, 1531].

● Norme connesse:

- art. 25, comma 1, R.D. 14 dicembre 1933, n. 1669; art. 1-4, L. 30 aprile 1999, n. 130; art. 58, comma 3, D.Lgs. 1 settembre 1993, n. 385.

■ Codice civile del 1865: *Art. 1541. La vendita o la cessione di un credito comprende gli accessori del credito stesso, come sarebbero le cauzioni, i privilegi e le ipoteche. Non comprende però le rendite e gli interessi scaduti, salvo che siasi convenuto altrimenti.*

♦ Unidroit

Articolo 9.1.14 (Diritti accessori al credito ceduto). *La cessione di un credito trasferisce al cessionario: (a) tutti i diritti del cedente al pagamento o ad altra prestazione derivanti dal contratto e relativi al credito ceduto, e (b) tutti i diritti che garantiscono l'adempimento del credito ceduto.*

♦ I principi di dritto europeo dei contratti

Articolo 11:201: Diritti trasmessi al cessionario. *1. La cessione di credito trasferisce al cessionario: nella misura dei crediti ceduti, tutti i diritti del cedente all'adempimento delle obbligazioni; e tutti di diritti accessori che garantiscono l'adempimento.*

♦ Codice civile francese

Articolo 1324 *La cessione non è opponibile al debitore se non vi ha acconsentito, che se gli è stata notificata o se ne ha preso atto. Il debitore può opporre al cessionario le eccezioni inerenti al debito, quali la nullità, l'eccezione di inadempimento, la risoluzione o la compensazione dei debiti connessi. Può ugualmente opporre le eccezioni nate dai suoi rapporti con il cedente prima che la cessione gli sia divenuta opponibile, quale il rilascio di un termine, la remissione di debito o la compensazione di debiti non connessi. Il cedente ed il cessionario sono solidalmente tenuti a tutte le spese supplementari occasionati dalla cessione che il debitore non può anticipare. Salvo clausola contraria le spese incombono al cessionario.*

♦ Codice civile tedesco

§ 401 Trapasso dei diritti accessori e dei privilegi. *(1) Con la cessione del credito si ha il trasferimento al nuovo creditore delle ipoteche, delle ipoteche marittime e dei diritti di pegno costituiti in garanzia del credito stesso, nonchè dei diritti provenienti da una fideiussione relativa al credito. (2) Un privilegio collegato al credito per l'eventualità di esecuzione forzata o di insolvenza può essere fatto.*

1264. Efficacia della cessione riguardo al debitore ceduto.

La cessione ha effetto nei confronti del debitore ceduto quando questi l'ha accettata [1988] o quando gli è stata notificata [967, 1248, comma 2, 1407, 2914 n. 2].

Tuttavia, anche prima della notificazione, il debitore che paga al cedente non è liberato, se il cessionario prova che il debitore medesimo era a conoscenza dell'avvenuta cessione [1189, 1978 comma 2, 2559].

● Norme connesse:

- artt. 1-4, L. 30 aprile 1999, n. 130; art. 5, L. 21 febbraio 1991, n. 52; art. 58, comma 2, 4, D.Lgs. 1 settembre 1993, n. 385.

■ Codice civile del 1865: *Art. 1540. Il debitore è validamente liberato se ha pagato al cedente, prima che questi o il cessionario gli abbia notificata la cessione.*

♦ Unidroit

Articolo 9.1.10 (Avviso al debitore ceduto). *(1) Fino a quando il debitore ceduto non riceva l'avviso della cessione o dal cedente o dal cessionario, egli si libera dalla propria obbligazione con il pagamento al cedente.*

(2) Dopo che il debitore ceduto abbia ricevuto tale avviso, egli si libera dalla propria obbligazione solo con il pagamento al cessionario.

♦ I principi di diritto europeo dei contratti

Articolo 11:202: Effetto della cessione. *La cessione di un credito esistente ha effetto dal momento dell'accordo della cessione o in un momento ulteriore che il cedente ed il cessionario hanno convenuto*

La cessione di un credito futuro è subordinata alla sua nascita, ma, quando questa sopravviene, ha effetto dal momento dell'accordo della cessione o in un momento ulteriore che il cedente ed il cessionario hanno convenuto.

♦ Codice civile francese

Articolo 1323 *Tra le parti, il trasferimento del credito si verifica alla data dell'atto. È opponibile ai terzi da questo momento. In caso di contestazione, la prova della data della cessione incombe sul cessionario che può provarla con ogni mezzo. Tuttavia il trasferimento di un credito futuro non ha luogo che dal giorno della sua nascita sia nei confronti delle parti che dei terzi.*

Articolo 1325 *Il concorso tra cessionari successivi di un credito si risolve in favore del primo in data; egli può agire con ricorso contro colui al quale il debitore avrà fatto il pagamento.*

Articolo 1694. *Il cedente non risponde della solvenza del debitore che quando vi è stato impegnato e fino alla concorrenza solamente del prezzo che ha ritirato dal credito.*

Articolo 1695. *Quando egli ha promesso la garanzia della solvenza del debitore, questa promessa non si estende che alla solvenza attuale, e non si estende al tempo futuro, se il cedente non l'ha espressamente stipulato.*

1265. Efficacia della cessione riguardo ai terzi.

Se il medesimo credito ha formato oggetto di più cessioni a persone diverse, prevale la cessione notificata per prima al debitore [1380], o quella che è stata prima accettata dal debitore con atto di data certa [2704], ancorché essa sia di data posteriore [1155, 1248, 1605, 2559].

La stessa norma si osserva quando il credito ha formato oggetto di costituzione di usufrutto [1000] o di pegno [1978, 2800, 2914 n. 2].

■ Codice civile del 1865: *Art. 1539. Il cessionario non ha diritto verso i terzi se non dopo fatta l'intimazione al debitore della seguita cessione, ovvero quando il debitore abbia accettata la cessione con atto autentico.*

1266. Obbligo di garanzia del cedente.

Quando la cessione è a titolo oneroso [1260], il cedente è tenuto a garantire l'esistenza del credito al tempo della cessione [1410]. La garanzia può essere esclusa per patto, ma il cedente resta sempre obbligato per il fatto proprio [1483, 1487, comma 2].

Se la cessione è a titolo gratuito, la garanzia è dovuta solo nei casi e nei limiti in cui la legge pone a carico del donante la garanzia per l'evizione [797, 1410].

■ Codice civile del 1865: *Art. 1542. Quegli che cede un credito o altro diritto, deve garantirne la sussistenza al tempo della cessione, quantunque questa si faccia senza garantìa.*

♦ Unidroit

Articolo 9.1.15 (Obblighi di garanzia del cedente). *Il cedente garantisce al cessionario, salvo diversa comunicazione al cessionario stesso, che: (a) il credito ceduto esiste al momento della cessione, salvo il caso di un credito futuro; (b) il cedente può disporre del credito; (c) il credito non è stato precedentemente ceduto ad altro cessionario ed è libero da ogni altro diritto o pretesa da parte di terzi; (d) il debitore ceduto non può opporre alcuna eccezione; (e) né il debitore ceduto né il cedente hanno dato avviso di compensazione riguardo al credito ceduto, né daranno tale avviso; (f) il cedente restituirà al cessionario qualsiasi pagamento ricevuto da parte del debitore ceduto prima dell'avviso della cessione.*

♦ Codice europeo dei contratti

Art. 123. Doveri delle parti. *[...]. 2. Se la cessione è a titolo oneroso, il cedente in buona fede garantisce, nei limiti di quanto ha ricevuto, l'esistenza del credito al tempo della cessione, nonché la solvibilità attuale - e futura solo se espressamente promesso - del ceduto, salvo che l'inadempimento da parte di quest'ultimo dipenda da negligenza del cessionario. Qualora la garanzia predetta sia stata consensualmente esclusa, il cedente è obbligato se per fatto suo proprio il credito venga meno.*

3. Se la cessione è a titolo gratuito, il cedente in buona fede risponde dell'esistenza del credito e della solvibilità del debitore solo se, e nei limiti in cui, lo ha promesso.

4. Se il cedente è in mala fede, egli risponde in ogni caso dei danni che il cessionario subisce, purché l'inadempimento non dipenda da negligenza di quest'ultimo.

5. Il debitore ceduto ha gli stessi obblighi che aveva nei confronti del cedente.

♦ I principi di diritto europeo dei contratti

Articolo 11:204: Garanzie dovute dal cedente. *Nel cedere o nell'impegnarsi a cedere un credito, il cedente garantisce al cessionario che: a) al momento in cui la cessione ha effetto, salvo indicazioni contrarie, le condizioni saranno soddisfatte: il cedente ha diritto di cedere il credito; il credito esiste e diritti del ceduto non sono autenticati da mezzi di difesa o diritti, (ivi compresa la compensazione) che il debitore potrebbe opporre al cedente; il credito non è stato ceduto anteriormente, dato in garanzia o a vantaggio di un terzo e non è oggetto di alcun altro onere. (b) il credito ed il contratto da cui nasce non saranno modificati senza l'accordo del cessionario, a meno che la modifica non sia stata prevista nell'atto di cessione o non sia stata effettuata in buona fede e senza che il cessionario abbia potuto, ragionevolmente, farvi obiezione. (c) che il cedente trasmetterà al cessionario tutti i diritti cedibili destinati a garantire l'adempimento del credito e che non ne costituiscono l'accessorio.*

♦ Codice civile francese

Articolo 1326 *Colui che cede un credito a titolo oneroso garantisce l'esistenza del credito e dei suoi accessori a meno che il cessionario l'abbia acquisito a suo rischio e pericolo o che conosceva il carattere incerto del credito. Non risponde della solvibilità del debitore che quando vi si è impegnato e fino alla concorrenza del prezzo che ha potuto ritirare dalla cessione del suo credito. Quando il cedente ha garantito la solvibilità del debitore, questa garanzia non si intende che la solvibilità attuale; può tuttavia estendersi al credito in scadenza a condizione che il cedente lo abbia espressamente specificato.*

1267. Garanzia della solvenza del debitore.

Il cedente non risponde della solvenza del debitore, salvo che ne abbia assunto la garanzia [760, 797, 1408, 1829, 1858, 2255]. In questo caso egli risponde nei limiti di quanto ha ricevuto [1410, comma 2]; deve inoltre corrispondere gli interessi, rimborsare le spese della cessione e quelle che il cessionario abbia sopportate per escutere il debitore, e risarcire il danno [2012; L. camb. 19]. Ogni patto diretto ad aggravare la responsabilità del cedente è senza effetto [1418].

Quando il cedente ha garantito la solvenza del debitore, la garanzia cessa, se la mancata realizzazione del credito per insolvenza del debitore è dipesa da negligenza del cessionario nell'iniziare o nel proseguire le istanze contro il debitore stesso [1198, 1957].

● Norme connesse:

- art. 4, L. 21 febbraio 1991, n. 52; art. 19, R.D. 14 dicembre 1933, n. 1669; art. 21, R.D. 21 dicembre 1933, n. 1736.

■ Codice civile del 1865: *Art. 1543. Il cedente non è risponsabile della solvenza del debitore che quando ne ha assunto l'obbligo, e per la concorrenza soltanto del prezzo che ha riscosso dal credito ceduto.*

Art. 1544. Quando il cedente ha promesso la garantìa della solvenza del debitore e nulla fu convenuto sulla durata di tale garantìa, s'intende che l'abbia limitata ad un anno da computarsi dal tempo della cessione del credito, se il termine di questo era già scaduto.

Se il credito è pagabile fra un termine non ancora scaduto, l'anno decorre dalla scadenza.

Se il credito porta costituzione di una rendita perpetua, la garantìa della solvenza si estingue col decorso di dieci anni dalla data della cessione.

CAPO VI
DELLA DELEGAZIONE, DELL'ESPROMISSIONE E DELL'ACCOLLO

1268. Delegazione cumulativa.

Se il debitore assegna [1321, 1324-1334] al creditore un nuovo debitore [647-658, 649-658], il quale si obbliga [1703] verso il creditore [1333], il debitore originario non è liberato dalla sua obbligazione, salvo che il creditore dichiari espressamente [1230, 1272, 1273, 1300, 1937] di liberarlo [1236, 1274, 1294].

Tuttavia il creditore che ha accettato l'obbligazione del terzo non può rivolgersi al delegante, se prima non ha richiesto al delegato l'adempimento [1408, 1530, 2356].

■ Codice civile del 1865: *Art. 1271. La delegazione per cui un debitore assegna al creditore un altro debitore, il quale*

CODICE CIVILE

si obbliga verso il creditore, non produce novazione, se il creditore espressamente non ha dichiarato la sua volontà di liberare il debitore che ha fatta la delegazione.

♦ Codice civile francese

Articolo 1336 *La delegazione è una operazione per la quale una persona, il delegante ottiene da un altro soggetto, il delegato, che si obbliga verso un terzo, delegatario che lo accetta come debitore. Il delegato non può, salvo stipulazione contraria, opporre al delegatario alcuna eccezione collegata ai suoi rapporti con il delegante od ai rapporti tra quest'ultimo ed il delegatario.*

Articolo 1337 *Quando il delegante è debitore del delegatario e che la volontà del delegatario di liberare il delegante risulta espressamente dall'atto, la delegazione opera come novazione. Tuttavia il delegante messo in mora se è espressamente impegnato a garantire la solvibilità futura del delegato o se quest'ultimo si trova soggetto ad una procedura di liberazione dei suoi debiti al momento della delegazione.*

Articolo 1339 *Quando il delegante è creditore del delegato, il suo credito non si estende che alla esecuzione della obbligazione del delegato verso il delegatario. Fino ad allora, il delegante non può esigere o riceverne il pagamento che per la parte che eccede l'impegno del delegato. Non ricopre i suoi diritti che in esecuzione della sua obbligazione verso il delegatario. La cessione od il sequestro del credito del delegante non produce effetti che sotto gli stessi limiti. Tuttavia se il delegatario ha liberato il delegante, il delegato è lui stesso liberato nei confronti del delegante, in concorrenza dell'ammontare del suo impegno verso il delegatario.*

Articolo 1340 *La semplice indicazione fatta dal debitore di una persona designata a pagare al suo posto non determina né novazione né delegazione. Lo stesso vale per la semplice indicazione fatta dal creditore, di una persona designata per ricevere il pagamento per lui.*

1269. Delegazione di pagamento.

Se il debitore per eseguire il pagamento ha delegato [1321, 1324-1334] un terzo [1272], questi può obbligarsi [1703 ss.] verso il creditore, salvo che il debitore l'abbia vietato [647-658, 1315].

Il terzo delegato per eseguire il pagamento non è tenuto ad accettare l'incarico [1703], ancorché sia debitore del delegante [1181, 1188, 1720]. Sono salvi gli usi diversi.

♦ Codice civile francese

Articolo 1338 *Quando il delegante è debitore del delegatario ma questi non lo ha liberato da suo debito, la delegazione dà al delegatario un secondo debitore. Il pagamento fatto ad uno dei due libera l'altro.*

1270. Estinzione della delegazione.

Il delegante può revocare [1722, comma 1, n. 2] la delegazione, fino a quando il delegato non abbia assunto l'obbligazione in confronto del delegatario o non abbia eseguito il pagamento a favore di questo [1275, 1723].

Il delegato può assumere l'obbligazione o eseguire il pagamento a favore del delegatario anche dopo la morte o la sopravvenuta incapacità del delegante [1330].

1271. Eccezioni opponibili dal delegato.

Il delegato può opporre al delegatario le eccezioni relative ai suoi rapporti con questo.

Se le parti non hanno diversamente pattuito, il delegato non può opporre al delegatario, benché questi ne fosse stato a conoscenza, le eccezioni che avrebbe potuto opporre al delegante, salvo che sia nullo il rapporto tra delegante e delegatario [1409].

Il delegato non può neppure opporre le eccezioni relative al rapporto tra il delegante e il delegatario, se ad esso le parti non hanno fatto espresso riferimento [1530].

■ Codice civile del 1865: *Art. 1278. Il debitore che accettò la delegazione, non può opporre al secondo creditore le eccezioni che avrebbe potuto opporre al creditore originario, salva però la sua azione contro di questo.*

Tuttavia trattandosi di eccezioni dipendenti dalla qualità della persona, il debitore può opporle, se tale qualità sussisteva ancora al tempo in cui ha acconsentito alla delegazione.

♦ Codice civile tedesco

§ 404 Eccezioni del debitore. *Il debitore può opporre al nuovo creditore le eccezioni esistenti nei confronti del cedente al momento della cessione del credito.*

1272. Espromissione.

Il terzo che senza delegazione del debitore [1180], ne assume verso il creditore il debito [588, comma 1-647, 1321], è obbligato in solido [1292] col debitore originario, se il creditore non dichiara espressamente di liberare quest'ultimo [1230, 1235, 1268, 1273, 1275, 1276].

Se non si è convenuto diversamente, il terzo non può opporre al creditore le eccezioni relative ai suoi rapporti col debitore originario [1273, comma 4, 1409, 1413].

Può opporgli invece le eccezioni che al creditore avrebbe potuto opporre il debitore originario, se non sono personali a quest'ultimo e non derivano da fatti successivi all'espromissione [1248]. Non può opporgli la compensazione [1246 n. 5] che avrebbe potuto opporre il debitore originario, quantunque si sia verificata prima dell'espromissione.

♦ Unidroit

Articolo 9.2.1 (Modalità di trasferimento). *L'obbligazione di pagare una somma di denaro o di eseguire un'altra prestazione può essere trasferita da un soggetto (il "debitore originario") ad un altro (il "nuovo debitore"): [...]; (b) mediante un accordo tra il creditore ed il nuovo debitore, attraverso il quale quest'ultimo assume l'obbligazione.*

Articolo 9.2.5 (Liberazione del debitore originario). *(1) Il creditore può liberare il debitore originario.*

(2) Il creditore può anche conservare il debitore originario come debitore per il caso in cui il nuovo debitore non adempia correttamente.

(3) In tutti gli altri casi, il debitore originario ed il nuovo debitore sono solidalmente responsabili.

Articolo 9.2.7 (Eccezioni e compensazione). *(1) Il nuovo debitore può opporre al creditore tutte le eccezioni che il debitore originario avrebbe potuto opporre al creditore.*

(2) Il nuovo debitore non può far valere nei confronti del creditore la compensazione che avrebbe potuto far valere il debitore originario nei confronti del creditore.

♦ Codice europeo dei contratti

Art. 126. Modi con i quali può effettuarsi la cessione. *[...]. 3. Mediante una convenzione fra il creditore e un terzo, quest'ultimo di sua iniziativa può impegnarsi verso il primo ad eseguire l'obbligo, divenendo così obbligato in solido con il debitore originario se il creditore non dichiara espressamente di liberare quest'ultimo. Il debitore originario può, manifestando la sua opposizione quando ne venga a conoscenza, rendere inefficace l'accordo suddetto.*

Art. 127. Diritti e doveri delle parti. *1. Salvo quanto previsto dal comma 4 dell'art. 126 che precede, se la cessione non ha luogo in base ad un accordo novativo, il nuovo debitore può opporre al creditore le eccezioni che spettavano al debitore originario; e inoltre, se quest'ultimo è stato liberato dal creditore, si estinguono le garanzie annesse al credito, a meno che coloro che le hanno prestate acconsentano espressamente a mantenerle.*

2. Nell'ipotesi di cui al comma 1 di questo articolo, il creditore che ha accettato l'obbligo assunto del terzo non può rivolgersi al debitore originario se prima non ha richiesto al terzo l'adempimento, e, se ha liberato il debitore originario, non ha azione contro di lui se il terzo subentrante diviene insolvente, salvo che ne abbia fatto espressa riserva.

1273. Accollo.

Se il debitore e un terzo convengono [769-782] che questi assuma [588, comma 1-647, 1321, 1333] il debito dell'altro [1322-13481351], il creditore può aderire alla convenzione, rendendo irrevocabile la stipulazione a suo favore [668, comma 1, 1010, comma 1, 1408, 1411 comma 1, 1546, 1602, 1918, comma 3, 2031, comma 1, 2331, comma 3, 2356, comma 1, 2472, 2558, 2560, comma 2, 2825-bis].

L'adesione del creditore importa liberazione del debitore originario solo se ciò costituisce condizione espressa della stipulazione o se il creditore dichiara espressamente di liberarlo [1230, 1235, 1268, 1272, 1274, 1276, 1937].

Se non vi è liberazione del debitore, questi rimane obbligato in solido col terzo [1292].

In ogni caso il terzo è obbligato verso il creditore che ha aderito alla stipulazione nei limiti in cui ha assunto il debito, e può opporre al creditore le eccezioni fondate sul contratto in base al quale l'assunzione è avvenuta [1272, comma 3, 1409, 1411, 1413].

● Norme connesse:

- art. 124, comma 2, lett. c), R.D. 16 marzo 1942, n. 267.

♦ Unidroit

Articolo 9.2.1 (Modalità di trasferimento). *L'obbligazione di pagare una somma di denaro o di eseguire un'altra prestazione può essere trasferita da un soggetto (il "debitore originario") ad un altro (il "nuovo debitore"): mediante un accordo tra il debitore originario ed il nuovo debitore soggetto all'art. 9.2.3*

Articolo 9.2.5 (Liberazione del debitore originario). *(1) Il creditore può liberare il debitore originario.*

(2) Il creditore può anche conservare il debitore originario come debitore per il caso in cui il nuovo debitore non adempia correttamente.

(3) In tutti gli altri casi, il debitore originario ed il nuovo debitore sono solidalmente responsabili.

Articolo 9.2.7 (Eccezioni e compensazione). *(1) Il nuovo debitore può opporre al creditore tutte le eccezioni che il debitore originario avrebbe potuto opporre al creditore.*

(2) Il nuovo debitore non può far valere nei confronti del creditore la compensazione che avrebbe potuto far valere il debitore originario nei confronti del creditore.

Articolo 9.2.6 (Adempimento di un terzo). *(1) Senza necessità del consenso del creditore, il debitore può convenire con un terzo che quest'ultimo adempirà l'obbligazione al suo posto, a meno che l'obbligazione, considerate le circostanze del caso, non abbia un carattere essenzialmente personale.*

(2) Il creditore mantiene la propria pretesa nei confronti del debitore.

♦ Codice europeo dei contratti

Art. 125. Cessione per successione o per novazione. *1. Il trasferimento di un debito può effettuarsi nei seguenti due modi: per successione nel rapporto obbligatorio – che si trasferisce quindi oggettivamente inalterato – di un altro debitore, il quale si aggiunge al debitore originario o subentra a quest'ultimo come precisato nel successivo art. 126.*

Art. 126. Modi con i quali può effettuarsi la cessione. *1. Mediante una convenzione fra il debitore e un terzo, quest'ultimo può impegnarsi verso il primo ad estinguere l'obbligo del medesimo, e può adempierlo nei limiti previsti dall'art. 79 comma 1. Tale accordo ha solo effetti interni fra il debitore e il terzo.*

2. Mediante una convenzione fra il debitore e un terzo, quest'ultimo può impegnarsi verso il creditore ad estinguere l'obbligo, divenendo così obbligato in solido con il debitore originario, salvo che il creditore dichiari espressamente di liberare quest'ultimo.

Art. 127. Diritti e doveri delle parti. *1. Salvo quanto previsto dal comma 4 dell'art. 126 che precede, se la cessione non ha luogo in base ad un accordo novativo, il nuovo debitore può opporre al creditore le eccezioni che spettavano al debitore originario; e inoltre, se quest'ultimo è stato liberato dal creditore, si estinguono le garanzie annesse al credito, a meno che coloro che le hanno prestate acconsentano espressamente a mantenerle.*

2. Nell'ipotesi di cui al comma 1 di questo articolo, il creditore che ha accettato l'obbligo assunto del terzo non può rivolgersi al debitore originario se prima non ha richiesto al terzo l'adempimento, e, se ha liberato il debitore originario, non ha azione contro di lui se il terzo subentrante diviene insolvente, salvo che ne abbia fatto espressa riserva.

♦ Codice civile tedesco

§ 414 Contratto tra creditore e accollante. *Un debito può essere assunto da un terzo con contratto con il creditore, in modo che il terzo subentra nella posizione del debitore originario.*

§ 415 Contratto tra debitore e accollante. *(1) Se l'accollo è stipulato tra il terzo e il debitore, la validità dello stesso dipende dall'autorizzazione del creditore. L'autorizzazione può intervenire in seguito alla comunicazione del terzo o del debitore al creditore dell'accollo. Fino all'autorizzazione del credi-*

CODICE CIVILE

tore le parti sono legittimate a modificare o risolvere il contratto. (2) Se l'autorizzazione è rifiutata, l'accollo si considera come non avvenuta. Se il debitore o il terzo sollecitano il creditore, stabilendo un termine entro pronunciarsi sulla propria autorizzazione, essa può venire dichiarata solo fino al decorso del termine; se non è dichiarata, si intende rifiutata. (3) Finchè il creditore non dichiara la propria autorizzazione, l'accollante è tenuto in caso di incertezza, nei confronti del debitore, a soddisfare il creditore in tempo utile. Vale lo stesso nel caso in cui il creditore rifiuti la propria autorizzazione.

§ 417 Eccezioni dell'accollante. *(1) L'accollante può opporre al creditore le eccezioni derivanti dal rapporto giuridico tra il creditore e il debitore originario. Non può porre in compensazione un credito di cui è titolare il debitore originario. (2) L'accollante non può utilizzare, nei confronti del creditore, eccezioni derivanti dal rapporto giuridico, alla base dell'accollo intercorrente tra se stesso e il debitore originario.*

1274. Insolvenza del nuovo debitore.

Il creditore che, in seguito a delegazione, ha liberato il debitore originario, non ha azione contro di lui se il delegato diviene insolvente, salvo che ne abbia fatto espressa riserva [1268, 1269, 1944, comma 2].

Tuttavia, se il delegato era insolvente al tempo in cui assunse il debito in confronto del creditore [1186], il debitore originario non è liberato [1276].

Le medesime disposizioni si osservano quando il creditore ha aderito all'accollo stipulato a suo favore e la liberazione del debitore originario era condizione espressa della stipulazione [1273].

■ Codice civile del 1865: *Art. 1272. Il creditore che ha liberato il debitore da cui fu fatta la delegazione, non ha regresso contro di lui, se il delegato diviene non solvente, purché l'atto non contenga una riserva espressa, o il delegato non fosse di già in istato di non solvenza o di fallimento al momento della delegazione.*

1275. Estinzione delle garanzie.

In tutti i casi nei quali il creditore libera il debitore originario, si estinguono le garanzie annesse al credito, se colui che le ha prestate non consente espressamente a mantenerle [1232, 1270, 1276, 2878].

■ Codice civile del 1865: *Art. 1275. Quando la novazione si effettua per la sostituzione di un nuovo debitore, i privilegi e le ipoteche primitive del credito non si trasferiscono sui beni del nuovo debitore.*

♦ Codice civile tedesco

§ 418 Estinzione di diritti di garanzia e di privilegi. *(1) A seguito dell'accollo si estinguono le fideiussioni e i diritti di pegno relativi al credito. Se il credito è garantito da ipoteca o da ipoteca marittima, si applica la medesima disciplina applicabile laddove il creditore rinunci all'ipoteca o all"ipoteca marittima. Tali disposizioni non sono valevoli se il garante o colui a cui appartiene il bene oggetto di garanzia reale al momento dell'accollo, dia il suo consenso preventivo a quest'ultimo. (2) Un privilegio collegato al credito per l'eventualità della procedura di insolvenza non può essere esercitato nel quadro di una procedura di insolvenza nei confronti dell'accollante.*

1276. Invalidità della nuova obbligazione.

Se l'obbligazione assunta dal nuovo debitore verso il creditore è dichiarata nulla [1418] o annullata [1425], e il creditore aveva liberato il debitore originario, l'obbligazione di questo rivive, ma il creditore non può valersi delle garanzie prestate dai terzi [1197, 1213, 1251, 1275, 2881].

CAPO VII

DI ALCUNE SPECIE DI OBBLIGAZIONI

Sezione I

Delle obbligazioni pecuniarie

1277. Debito di somma di danaro.

I debiti pecuniari si estinguono con moneta avente corso legale nello Stato al tempo del pagamento e per il suo valore nominale [751, 1278].

Se la somma dovuta era determinata in una moneta che non ha più corso legale al tempo del pagamento, questo deve farsi in moneta legale ragguagliata per valore alla prima [1281].

● Norme connesse:

- art. 429, comma 3, c.p.c.; D.Lgs. 24 giugno 1998, n. 213 (Introduzione dell'euro); D.Lgs. 9 ottobre 2002, n. 231 (Disciplina dei ritardi di pagamento nelle transazioni commerciali, in attuazione della direttiva 2000/35/CE); artt. 38 ss. T.U. Bancario di cui al D.Lgs. 1 settembre 1993, n. 385; art. 20, L. 3 maggio 1982, n. 203 (Norme sui contratti agrari). In materia espropriativa; artt. 20 e 22, D.P.R. 8 giugno 2001, n. 327 (T.U. espropriazioni); art. 87, Convenzione di Vienna 11 ottobre 1989 (ratificata con L. 11 dicembre 1985, n. 765); per i danni causati da oggetti spaziali, art. 5, L. 25 gennaio 1983, n. 23; L. 24 febbraio 1953, n. 90 (Norme per la rivalutazione delle rendite vitalizie in denaro); art. 55, comma 2, 169, 201, R.D. 16 marzo 1942, n. 267; art. 5, commi 6-11, L. 1 dicembre 1970, n. 898.

- sulle modalità di adempimento delle obbligazioni pecuniarie: 1) art. 1, comma 1, D.L. 143/1991, convertito in L. 243/1991 (abrogato dall'art. 64, D.Lgs. 231/2007), che recita: 1. *È vietato il trasferimento di denaro contante o di libretti di deposito bancari o postali al portatore o di titoli al portatore [in lire o in valuta estera], effettuato a qualsiasi titolo tra soggetti diversi, quando il valore da trasferire è complessivamente superiore a euro 12.500. Il trasferimento può tuttavia essere eseguito per il tramite degli intermediari abilitati; per il denaro contante vanno osservate le modalità indicate ai commi 1-bis e 1-ter.*

2) D.L. 4 luglio 2006, n. 223 (conv. dalla legge n. 248/2006) il cui art. 35, comma 12, che ha aggiunto due commi all'art. 19, D.P.R. 29 settembre 1973, n. 600, ha disposto che "*I compensi in denaro per l'esercizio di arti e professioni sono riscossi esclusivamente mediante assegni non trasferibili o bonifici ovvero altre modalità di pagamento bancario o postale nonché mediante sistemi di pagamento elettronico, salvo per importi unitari inferiori a 100 euro*".

3) art. 49 del D.Lgs n. 21 novembre 2007, n. 231, come sostituito dall'art. 3, D.Lgs. 25 maggio 2017, n. 90 e da ultimo modificato dall'art. 18, D.L. 26 ottobre 2019, n. 124, convertito in L. 19 dicembre 2019, n. 157: *Art. 49. Limitazioni all'uso del*

contante e dei titoli al portatore. 1. È vietato il trasferimento di denaro contante e di titoli al portatore in euro o in valuta estera, effettuato a qualsiasi titolo tra soggetti diversi, siano esse persone fisiche o giuridiche, quando il valore oggetto di trasferimento, è complessivamente pari o superiore a 3.000 euro. Il trasferimento superiore al predetto limite, quale che ne sia la causa o il titolo, è vietato anche quando è effettuato con più pagamenti, inferiori alla soglia, che appaiono artificiosamente frazionati e può essere eseguito esclusivamente per il tramite di banche, Poste italiane S.p.a., istituti di moneta elettronica e istituti di pagamento, questi ultimi quando prestano servizi di pagamento diversi da quelli di cui all'articolo 1, comma 1, lettera b), numero 6), del decreto legislativo 27 gennaio 2010, n. 11. Il trasferimento effettuato per il tramite degli intermediari bancari e finanziari avviene mediante disposizione accettata per iscritto dagli stessi, previa consegna ai medesimi intermediari della somma in contanti. A decorrere dal terzo giorno lavorativo successivo a quello dell'accettazione, il beneficiario ha diritto di ottenere il pagamento nella provincia del proprio domicilio. La comunicazione da parte del debitore al creditore della predetta accettazione produce gli effetti di cui all'articolo 1277, primo comma, del codice civile e, nei casi di mora del creditore, gli effetti di cui all'articolo 1210 del medesimo codice.

2. Per il servizio di rimessa di denaro di cui all'articolo 1, comma 1, lettera b), numero 6), del decreto legislativo 27 gennaio 2010, n. 11, la soglia è di 1.000 euro.

3. Per la negoziazione a pronti di mezzi di pagamento in valuta, svolta dai soggetti iscritti nella sezione prevista dall'articolo 17-bis del decreto legislativo 13 agosto 2010, n. 141, la soglia è di 3.000 euro.

3-bis. A decorrere dal 1° luglio 2020 e fino al 31 dicembre 2021, il divieto di cui al comma 1 e la soglia di cui al comma 3 sono riferiti alla cifra di 2.000 euro. A decorrere dal 1° gennaio 2022, il predetto divieto e la predetta soglia sono riferiti alla cifra di 1.000 euro.

4. I moduli di assegni bancari e postali sono rilasciati dalle banche e da Poste Italiane S.p.A. muniti della clausola di non trasferibilità. Il cliente può richiedere, per iscritto, il rilascio di moduli di assegni bancari e postali in forma libera.

5. Gli assegni bancari e postali emessi per importi pari o superiori a 1.000 euro devono recare l'indicazione del nome o della ragione sociale del beneficiario e la clausola di non trasferibilità.

6. Gli assegni bancari e postali emessi all'ordine del traente possono essere girati unicamente per l'incasso a una banca o a Poste Italiane S.p.A.

7. Gli assegni circolari, vaglia postali e cambiari sono emessi con l'indicazione del nome o della ragione sociale del beneficiario e la clausola di non trasferibilità.

8. Il rilascio di assegni circolari, vaglia postali e cambiari, di importo inferiore a 1.000 euro può essere richiesto, per iscritto, dal cliente senza la clausola di non trasferibilità.

9. Il richiedente di assegno circolare, vaglia cambiario o mezzo equivalente, intestato a terzi ed emesso con la clausola di non trasferibilità, può chiedere il ritiro della provvista previa restituzione del titolo all'emittente.

10. Per ciascun modulo di assegno bancario o postale richiesto in forma libera ovvero per ciascun assegno circolare o vaglia postale o cambiario rilasciato in forma libera è dovuta dal richiedente, a titolo di imposta di bollo, la somma di 1,50 euro.

11. I soggetti autorizzati a utilizzare le comunicazioni di cui all'articolo 7, comma 6, del decreto del Presidente della Repubblica 29 settembre 1973, n. 605, e successive modificazioni, possono chiedere alla banca o a Poste Italiane S.p.A. i dati identificativi e il codice fiscale dei soggetti ai quali siano stati rilasciati moduli di assegni bancari o postali in forma libera ovvero che abbiano richiesto assegni circolari o vaglia postali o cambiari in forma libera nonchè di coloro che li abbiano presentati all'incasso. Con provvedimento del Direttore dell'Agenzia delle entrate sono individuate le modalità tecniche di trasmissione dei dati di cui al presente comma. La documentazione inerente i dati medesimi, costituisce prova documentale ai sensi dell'articolo 234 del codice di procedura penale.

12. A decorrere dall'entrata in vigore della presente disposizione è ammessa esclusivamente l'emissione di libretti di deposito, bancari o postali, nominativi ed è vietato il trasferimento di libretti di deposito bancari o postali al portatore che, ove esistenti, sono estinti dal portatore entro il 31 dicembre 2018.

13. Le disposizioni di cui al presente articolo, concernenti la circolazione del contante e le modalità di circolazione degli assegni e dei vaglia non si applicano ai trasferimenti in cui siano parte banche o Poste Italiane S.p.A., istituti di moneta elettronica e istituti di pagamento, nonchè ai trasferimenti tra gli stessi effettuati in proprio o per il tramite di vettori specializzati di cui all'articolo 3, comma 5, lettera e).

14. Le disposizioni di cui al comma 1 non si applicano ai trasferimenti di certificati rappresentativi di quote in cui siano parte banche, Poste Italiane S.p.A., SIM, SGR, SICAV, SICAF e imprese di assicurazione che operano in Italia nei rami di cui all'articolo 2, comma 1, CAP.

15. Restano ferme le disposizioni relative ai pagamenti effettuati allo Stato o agli altri enti pubblici e alle erogazioni da questi comunque disposte verso altri soggetti. È altresì fatto salvo quanto previsto dall'articolo 494 del codice di procedura civile.

♦ Codice europeo dei contratti

Art. 86. Adempimento dei debiti pecuniari. *1. I debiti pecuniari si estinguono mettendo nella disponibilità del creditore, con le modalità in uso nella prassi, l'importo dovutogli, nella moneta avente corso legale al momento e nel luogo del pagamento. I versamenti effettuati mediante accredito bancario o in forme equivalenti sono liberatori senza che sia necessaria l'accettazione del creditore o, in difetto di essa, l'offerta nei modi di cui all'art. 105.*

2. Se tale moneta non ha più corso legale o di essa non è più ammesso o non è possibile l'impiego al momento del pagamento, questo deve farsi con moneta legale ragguagliata al valore della prima.

3. Se un debito pecuniario deve essere adempiuto in un periodo successivo a quello in cui è sorto, il debitore, salvo patto contrario o diverso, è tenuto a corrispondere al creditore gli interessi compensativi sulla somma medesima nella misura convenuta per iscritto dalle parti, o, in difetto di accordo, nella misura prevista dall'art. 169 comma 3. Inoltre, qualora l'intervenuta svalutazione della moneta comporti una perdita di valore della medesima, superiore al cinquanta per cento al momento della scadenza del debito rispetto al tempo in cui questo è sorto, il debitore è tenuto, salvo patto contrario o diverso a pagare al creditore, che non è in ritardo nell'adempimento del suo obbligo, una somma ulteriore, rispetto a quella

CODICE CIVILE

corrispondente al valore nominale, da calcolarsi come previsto nell'art. 169 comma 4.

4. La corresponsione spontanea di interessi in misura superiore a quella di cui al comma precedente, purché non usuraria, non dà il diritto di ripetere l'eccedenza.

5. Salvo patto contrario o diverso, il debitore che è in ritardo nell'adempimento di un obbligo di natura pecuniaria risponde in ogni caso del danno provocato al creditore, in relazione all'intervenuta svalutazione monetaria, anche al di sotto del limite di cui al comma 3 che precede, come previsto dall'art. 169 comma 4.

♦ I principi di diritto europeo dei contratti

Art. 7:108. Moneta del pagamento. *(1) Le parti possono stabilire che il pagamento deve essere fatto in una determinata moneta.*

(2) In mancanza di un tale accordo, una somma di danaro espressa in una moneta diversa da quella del luogo del pagamento può essere pagata nella moneta del luogo al tasso di cambio ivi corrente alla scadenza.

(3) Se, in un caso regolato secondo il paragrafo precedente, il debitore non ha pagato alla scadenza, il creditore può esigere il pagamento nella moneta del luogo in cui esso deve essere eseguito, secondo la ragione di cambio ivi corrente o alla scadenza o al momento dell'effettivo pagamento.

♦ Codice civile francese

Articolo 1343 *Il debitore di una obbligazione di una somma di danaro si libera con il versamento del suo ammontare nominale. L'ammontare della somma dovuta può variare per effetto dell'indicizzazione. Il debitore di un debito di valore si libera con il versamento della somma di danaro risultante dalla sua liquidazione.*

Articolo 1343.1. *Quando l'obbligazione di una somma di danaro produce interessi il debitore si libera versando il capitale e gli interessi. Il pagamento parziale si imputa per primo sugli interessi. L'interesse è accordato per legge o stipulato nel contratto. Il tasso di interesse convenzionale deve essere fissato per iscritto. Si considera annuale di difetto.*

♦ Codice civile tedesco

§ 245 Debito pecuniario di specie. *Se un debito pecuniario deve essere pagato in una determinata moneta non avente più corso legale al tempo del pagamento, questo deve effettuarsi come se la moneta non fosse determinata.*

1278. Debito di somma di monete non aventi corso legale.

Se la somma dovuta è determinata in una moneta non avente corso legale nello Stato [1277], il debitore ha facoltà di pagare in moneta legale, al corso del cambio nel giorno della scadenza e nel luogo stabilito per il pagamento [1182, 1281, 1834; L. camb. 47].

● Norme connesse:

- art. 47, R.D. 14 dicembre 1933, n. 1669; art. 39, R.D. 21 dicembre 1933, n. 1736.

■ Codice del commercio del 1882: *Art. 39. Se la moneta indicata in un contratto non ha corso legale o commerciale nel Regno e se il corso non fu espresso, il pagamento può essere fatto colla moneta del paese, secondo il corso del cambio a vista nel giorno della scadenza e nel luogo del pagamento, e, qualora ivi non sia un corso di cambio, secondo il corso della piazza più vicina, salvo se il contratto porti la clausola "effettivo" od altra equivalente.*

♦ Unidroit

Articolo 6.1.9 (Moneta di pagamento). *(1) Se un'obbligazione pecuniaria è espressa in una moneta diversa da quella del luogo stabilito per il pagamento, essa può essere pagata dal debitore nella moneta del luogo di pagamento, a meno che (a) questa moneta non sia liberamente convertibile; o (b) le parti abbiano stabilito che il pagamento debba avvenire esclusivamente nella moneta nella quale l'obbligazione pecuniaria è espressa.*

(2) Se è impossibile per il debitore effettuare il pagamento nella moneta in cui l'obbligazione pecuniaria è espressa, il creditore può esigerlo nella moneta del luogo stabilito per il pagamento, e ciò anche nel caso previsto alla lettera (b) del primo comma.

(3) Il pagamento nella moneta del luogo stabilito per il pagamento deve avvenire al corso del cambio prevalente nel giorno della scadenza e nel luogo stabilito per il pagamento.

(4) Tuttavia, se il debitore non ha pagato alla scadenza, il creditore può esigere il pagamento sia al corso del cambio prevalente nel giorno della scadenza, sia a quello prevalente nel giorno del pagamento.

Codice civile tedesco

§ 244 Debito in moneta estera. *(1) Se un debito pecuniario espresso con una valuta diversa dall'euro deve essere pagato nello Stato, il pagamento può effettuarsi in euro, a meno che non sia espressamente pattuito il pagamento in un'altra valuta. (2) La conversione avviene secondo il valore di cambio con riferimento al tempo del pagamento per il luogo di pagamento.*

1279. Clausola di pagamento effettivo in monete non aventi corso legale.

La disposizione dell'articolo precedente non si applica, se la moneta non avente corso legale nello Stato è indicata con la clausola «effettivo» o altra equivalente, salvo che alla scadenza dell'obbligazione non sia possibile procurarsi tale moneta [1281; L. camb. 47].

● Norme connesse:

- art. 47, R.D. 14 dicembre 1933, n. 1669; art. 39, R.D. 21 dicembre 1933, n. 1736.

■ Codice del commercio del 1882: *Art. 39. Se la moneta indicata in un contratto non ha corso legale o commerciale nel Regno e se il corso non fu espresso, il pagamento può essere fatto colla moneta del paese, secondo il corso del cambio a vista nel giorno della scadenza e nel luogo del pagamento, e, qualora ivi non sia un corso di cambio, secondo il corso della piazza più vicina, salvo se il contratto porti la clausola "effettivo" od altra equivalente.*

1280. Debito di specie monetaria avente valore intrinseco.

Il pagamento deve farsi con una specie di moneta avente valore intrinseco, se così è stabilito dal titolo costitutivo del debito, sempreché la moneta avesse corso legale al tempo in cui l'obbligazione fu assunta.

Se però la moneta non è reperibile, o non ha più corso, o ne è alterato il valore intrinseco, il pagamento si effettua con moneta corrente che rappresenti il valore intrinseco che la specie monetaria dovuta aveva al tempo in cui l'obbligazione fu assunta [1277, 1279, 1281].

1281. Leggi speciali.

Le norme che precedono si osservano in quanto non siano in contrasto con i principi derivanti da leggi speciali [1277, 1278, 1280].

Sono salve le disposizioni particolari concernenti i pagamenti da farsi fuori del territorio dello Stato.

● Norme connesse:

- art. 47, R.D. 14 dicembre 1933, n. 1669; art. 39, R.D. 21 dicembre 1933, n. 1736; D.P.R. 31 marzo 1988, n. 148, recante il testo unico in materia valutaria. In materia di pagamenti informatici v. artt. 38 e 66, Codice dell'amministrazione digitale di cui al D.Lgs. 7 marzo 2005, n. 82 (Codice dell'amministrazione digitale).

1282. Interessi nelle obbligazioni pecuniarie.

I crediti liquidi ed esigibili di somme di denaro producono interessi [1283, 1284, 2749, 2788, 2855] di pieno diritto [820, 1194, 1224], salvo che la legge [1207, comma 2, 1499, 1714, 1825, comma 2, 2033, 2036, comma 2, 2151, 2154] o il titolo [1815, 1825, 1960] stabiliscano diversamente [506, 2885, 2948 n. 4; disp. trans. 161; L. fall. 54, 55].

Salvo patto contrario, i crediti per fitti e pigioni non producono interessi se non dalla costituzione in mora [1219, 1587 n. 2].

Se il credito ha per oggetto rimborso di spese fatte per cose da restituire [1149], non decorrono interessi per il periodo di tempo in cui chi ha fatto le spese abbia goduto della cosa senza corrispettivo e senza essere tenuto a render conto del godimento.

■ Codice del commercio del 1882: *Art. 41. I debiti commerciali liquidi ed esigibili di somme di danaro producono interessi di pieno diritto.*

1283. Anatocismo.

In mancanza di usi contrari [1834], gli interessi scaduti possono produrre interessi solo dal giorno della domanda giudiziale o per effetto di convenzione posteriore alla loro scadenza [1825], e sempre che si tratti di interessi dovuti almeno per sei mesi [821, comma 3;disp. att. 162][1 2 3 4 5].

● Norme connesse:

- art. 2, comma 61, D.L. 29 dicembre 2010, n. 225, convertito in L. 26 febbraio 2011, n. 10, che dispone: *In ordine alle operazioni bancarie regolate in conto corrente l'articolo 2935 del codice civile si interpreta nel senso che la prescrizione relativa ai diritti nascenti dall'annotazione in conto inizia a decorrere dal giorno dell'annotazione stessa. In ogni caso non si fa luogo alla restituzione degli importi già versati alla data di entrata in vigore della legge di conversione del presente decreto* (27 febbraio 2011). La Corte costituzionale, con sentenza 5 aprile 2012, n. 78, ne ha dichiarato poi l'illegittimità costituzionale.

- art. 11-quaterdecies, comma 12, D.L. 30 settembre 2005, n. 203, conv. in L. 2 dicembre 2005, n. 248 (Misure di contrasto all'evasione fiscale e disposizioni urgenti in materia tributaria e finanziaria), nel testo modificato dall'art. 1, L. 2 aprile 2015, n. 44, che dispone: *12. Il prestito vitalizio ipotecario ha per oggetto la concessione da parte di banche nonchè di intermediari finanziari, di cui all'articolo 106 del testo unico di cui al decreto legislativo 1° settembre 1993, n. 385, e successive modificazioni, di finanziamenti a medio e lungo termine, con capitalizzazione annuale di interessi e di spese, riservati a persone fisiche con età superiore a sessanta anni compiuti, il cui rimborso integrale in un'unica soluzione può essere richiesto al momento della morte del soggetto finanziato ovvero qualora vengano trasferiti, in tutto o in parte, la proprietà o altri diritti reali o di godimento sull'immobile dato in garanzia o si compiano atti che ne riducano significativamente il valore, inclusa la costituzione di diritti reali di garanzia in favore di terzi che vadano a gravare sull'immobile.*

- in materia di anatocismo bancario, art. 120 T.U. bancario, D.Lgs. 1 settembre 1993, n. 385, come sostituito dall'art. 4, D.Lgs. 13 agosto 2010, n. 141, nel testo modificato dall'art. 3, D.Lgs. 14 dicembre 2010, n. 218, dall'art. 1, comma 629, L. 27 dicembre 2013, n. 147 e dall'art. 17-bis, D.L. 14 febbraio 2016, n. 18, convertito in L. 8 aprile 2016, n. 49: *Art. 120. Decorrenza delle valute e calcolo degli interessi. 01. Il titolare del conto corrente ha la disponibilità economica delle somme relative agli assegni circolari o bancari versati sul suo conto, rispettivamente emessi da o tratti su una banca insediata in Italia, entro i quattro giorni lavorativi successivi al versamento.*

1. Gli interessi sul versamento di assegni presso una banca sono conteggiati fino al giorno del prelevamento e con le seguenti valute:

a) dal giorno in cui è effettuato il versamento, per gli assegni circolari emessi dalla stessa banca e per gli assegni bancari tratti sulla stessa banca presso la quale è effettuato il versamento;

b) per gli assegni diversi da quelli di cui alla lettera a), dal giorno lavorativo successivo al versamento, se si tratta di assegni circolari emessi da una banca insediata in Italia, e dal terzo giorno lavorativo successivo al versamento, se si tratta di assegni bancari tratti su una banca insediata in Italia.

1-bis. Il CICR può stabilire termini inferiori a quelli previsti nei commi 01 e 1 in relazione all'evoluzione delle procedure telematiche disponibili per la gestione del servizio di incasso degli assegni.

2. Il CICR stabilisce modalità e criteri per la produzione di interessi nelle operazioni poste in essere nell'esercizio dell'attività bancaria, prevedendo in ogni caso che:

a) nei rapporti di conto corrente o di conto di pagamento sia assicurata, nei confronti della clientela, la stessa periodicità nel conteggio degli interessi sia debitori sia creditori, comunque non inferiore ad un anno; gli interessi sono conteggiati il 31 dicembre di ciascun anno e, in ogni caso, al termine del rapporto per cui sono dovuti;

b) gli interessi debitori maturati, ivi compresi quelli relativi a finanziamenti a valere su carte di credito, non possono produrre interessi ulteriori, salvo quelli di mora, e sono calcolati esclusivamente sulla sorte capitale; per le aperture di credito regolate in conto corrente e in conto di pagamento, per gli

CODICE CIVILE

sconfinamenti anche in assenza di affidamento ovvero oltre il limite del fido: 1) gli interessi debitori sono conteggiati al 31 dicembre e divengono esigibili il 1° marzo dell'anno successivo a quello in cui sono maturati; nel caso di chiusura definitiva del rapporto, gli interessi sono immediatamente esigibili; 2) il cliente può autorizzare, anche preventivamente, l'addebito degli interessi sul conto al momento in cui questi divengono esigibili; in questo caso la somma addebitata è considerata sorte capitale; l'autorizzazione è revocabile in ogni momento, purchè prima che l'addebito abbia avuto luogo.

3. Per gli strumenti di pagamento diversi dagli assegni circolari e bancari restano ferme le disposizioni sui tempi di esecuzione, data valuta e disponibilità di fondi previste dagli articoli da 19 a 23 del decreto legislativo 27 gennaio 2010, n. 11.

- art. 37, comma 50, D.L. 4 luglio 2006, n. 223, convertito in L. 4 agosto 2006, n. 248: *Gli interessi previsti per il rimborso di tributi non producono in nessun caso interessi ai sensi dell'articolo 1283 del codice civile.*

- v. art. 2697 c.c.

- delib. CICR 3 agosto 2016 di attuazione dell'art. 120 TUB che dispone: *Art. 1. Definizioni. 1. Ai fini del presente provvedimento si definisce:*

- "cliente", qualsiasi soggetto che ha in essere un rapporto contrattuale con un intermediario.

Non sono clienti le banche, le società finanziarie, gli istituti di moneta elettronica, gli istituti di pagamento, le imprese di assicurazione, le imprese di investimento, gli organismi di investimento collettivo del risparmio, i fondi di investimento alternativi, le società di gestione del risparmio, le società di gestione accentrata di strumenti finanziari, i fondi pensione, Poste Italiane s.p.a., la Cassa depositi e prestiti e ogni altro soggetto che svolge attività di intermediazione finanziaria. Non si considerano clienti nemmeno le società aventi natura finanziaria controllanti, controllate o sottoposte al comune controllo dei soggetti sopra indicati;

- "intermediario", le banche, gli intermediari finanziari di cui all'articolo 106 del TUB e gli altri soggetti abilitati a erogare a titolo professionale finanziamenti ai quali si applica il titolo VI del TUB;

- "conto di pagamento", il conto come definito all'articolo 1, comma 1, lettera l), del decreto legislativo 27 gennaio 2010, n. 11.

Art. 2. Scopo e ambito di applicazione. 1. Il presente decreto attua l'articolo 120, comma 2, del TUB e si applica alle operazioni di raccolta del risparmio e di esercizio del credito tra intermediari e clienti disciplinate ai sensi del titolo VI del TUB.

2. La produzione di interessi nelle operazioni di cui al comma 1 è regolata secondo le modalità e i criteri indicati negli articoli 3 e 4.

3. L'imputazione dei pagamenti è regolata in conformità dell'articolo 1194 del codice civile.

Art. 3. Regime degli interessi. 1. Nelle operazioni indicate dall'articolo 2, comma 1, ivi compresi i finanziamenti a valere su carte di credito, gli interessi debitori maturati non possono produrre interessi, salvo quelli di mora.

2. Agli interessi moratori si applicano le disposizioni del codice civile.

3. Nei rapporti di conto corrente o di conto di pagamento è assicurata la stessa periodicità, comunque non inferiore a un anno, nel conteggio degli interessi creditori e debitori. Gli interessi sono conteggiati il 31 dicembre di ciascun anno e, comunque, al termine del rapporto per cui sono dovuti; per i contratti stipulati nel corso dell'anno, il conteggio è effettuato il 31 dicembre.

Art. 4. Interessi maturati in relazione alle aperture di credito regolate in conto corrente e conto di pagamento e agli sconfinamenti. 1. Il presente articolo si applica:

a) alle aperture di credito regolate in conto corrente di cui all'articolo 2, comma 1, lettera a), del decreto del Ministro dell'economia e delle finanze 30 giugno 2012, n. 644, pubblicato nella Gazzetta Ufficiale del 5 luglio 2012, n. 155, e a quelle regolate in conto di pagamento anche quando la disponibilità sul conto, nella forma di cui all'articolo 1842 del codice civile, sia generata da operazioni di anticipo su crediti e documenti;

b) agli sconfinamenti di cui all'articolo 2, comma 1, lettere b), c) ed), del medesimo decreto del Ministro dell'economia e delle finanze 30 giugno 2012, n. 644, quali definiti dall'articolo 1, comma 1, lettera d), del decreto anzidetto.

2. Ai contratti di apertura di credito che vengono stipulati e si esauriscono nel corso di uno stesso anno solare si applica il solo comma 7.

3. Gli interessi debitori maturati sono contabilizzati separatamente rispetto alla sorte capitale. Il saldo periodico della sorte capitale produce interessi nel rispetto di quanto stabilito dal presente articolo.

4. Gli interessi debitori divengono esigibili il 1° marzo dell'anno successivo a quello in cui sono maturati. Al cliente deve comunque essere assicurato un periodo di trenta giorni dal ricevimento delle comunicazioni previste ai sensi dell'articolo 119 o 126-quater, comma 1, lettera b), del TUB prima che gli interessi maturati divengano esigibili. Il contratto può prevedere termini diversi, se a favore del cliente.

5. Ai sensi dell'articolo 120, comma 2, lettera b), del TUB, il cliente può autorizzare, anche preventivamente, l'addebito degli interessi sul conto al momento in cui questi divengono esigibili; in questo caso la somma addebitata è considerata sorte capitale; l'autorizzazione è revocabile in ogni momento, purché prima che l'addebito abbia avuto luogo.

6. Il contratto può stabilire che, dal momento in cui gli interessi sono esigibili, i fondi accreditati sul conto dell'intermediario e destinati ad affluire sul conto del cliente sul quale è regolato il finanziamento siano impiegati per estinguere il debito da interessi.

7. Fermo restando quanto disposto dall'articolo 2, comma 3, in caso di chiusura definitiva del rapporto, gli interessi sono immediatamente esigibili. Il saldo relativo alla sorte capitale può produrre interessi, secondo quanto previsto dal contratto; quanto dovuto a titolo di interessi non produce ulteriori interessi.

Art. 5. Disposizioni finali. 1. Gli intermediari applicano il presente decreto, al più tardi, agli interessi maturati a partire dal 1° ottobre 2016.

2. I contratti in corso sono adeguati con l'introduzione di clausole conformi all'articolo 120, comma 2, del TUB e al presente decreto, ai sensi degli articoli 118 e 126-sexies del TUB. L'adeguamento costituisce giustificato motivo ai sensi dell'articolo 118 del TUB. Sulla clausola contenente l'autorizzazione prevista dall'articolo 4, comma 6, deve essere acquisito il consenso espresso del cliente, secondo quanto previsto dall'articolo 117, comma 1, del TUB. Per i contratti che non prevedono l'applicazione degli articoli 118 e 126-sexies del TUB, gli intermediari propongono al cliente l'adeguamento del contratto entro il 30 settembre 2016.

3. Ai sensi dell'art. 127, comma 1, del TUB, le previsioni del presente decreto sono derogabili solo in senso più favorevole al cliente.

- comma 57 dell'art. 2, D.L. 29 dicembre 2010, n. 225, convertito in L. 26 febbraio 2011, n. 26, nel testo modificato dall'art. 9, D.L. 9 dicembre 2011, n. 201, convertito in L. 22 dicembre 2011, n. 214 e dall'art. 1, comma 170, L. 27 dicembre 2013, n. 147, che dispone: *57. Il credito d'imposta di cui ai commi 55, 56, 56-bis, 56-bis.1 e 56-ter non è rimborsabile nè produttivo di interessi. Esso può essere utilizzato, senza limiti di importo, in compensazione ai sensi dell'articolo 17 del decreto legislativo 9 luglio 1997, n. 241, ovvero può essere ceduto al valore nominale secondo quanto previsto dall'articolo 43-ter del decreto del Presidente della Repubblica 29 settembre 1973, n. 602. Il credito va indicato nella dichiarazione dei redditi e non concorre alla formazione del reddito di impresa nè della base imponibile dell'imposta regionale sulle attività produttive. L'eventuale credito che residua dopo aver effettuato le compensazioni di cui al secondo periodo del presente comma è rimborsabile.*

■ Codice civile del 1865: *Art. 1232. Gl'interessi scaduti possono produrre altri interessi o nella tassa le gale in forza di giudiziale domanda e dal giorno di questa, o nella misura che verrà pattuita in forza di una convenzione posteriore alla scadenza dei medesimi.*

Nelle materie commerciali l'interesse degl'interessi è inoltre regolato dagli usi e dalle consuetudini.

L'interesse convenzionale o legale d'interessi scaduti per debiti civili non comincia a decorrere, se non quando trattasi d'interessi dovuti per una annata intera, salvo però riguardo alle casse di risparmio ed altri simili istituti quanto fosse altrimenti stabilito dai rispettivi loro regolamenti.

♦ Codice civile francese

Articolo 1343 2. *Gli interessi scaduti, dovuti almeno per un anno intero, producono interessi se il contratto l'ha previsto o se una decisione del giudice lo precisa.*

♦ Codice civile tedesco

§ 248 Anatocismo. *(1) È nulla la convenzione presa preventivamente secondo cui gli interessi scaduti producono altri interessi. Le casse di risparmio, gli istituti di credito e le banche possono concordare preventivamente che gli interessi non riscossi dei depositi valgano come nuovi depositi produttivi di interessi. (2) Gli istituti di credito autorizzati all'emissione di obbligazioni al portatore produttivi di interessi per l'ammontare dei mutui concessi dagli stessi, possono farsi promettere preventivamente su tali mutui la riscossione di interessi sugli interessi arretrati.*

§ 289 Divieto di anatocismo. *Sugli interessi non possono essere corrisposti interessi moratori. È salvo il diritto del creditore al risarcimento derivante dalla mora.*

1284. Saggio degli interessi.

Il saggio degli interessi legali è determinato in misura pari al 5 per cento in ragione d'anno. Il Ministro del tesoro, con proprio decreto pubblicato nella *Gazzetta Ufficiale* della Repubblica italiana non oltre il 15 dicembre dell'anno precedente a quello cui il saggio si riferisce, può modificarne annualmente la misura, sulla base del rendimento medio annuo lordo dei titoli di Stato di durata non superiore a 12 mesi e tenuto conto del tasso di inflazione registrato nell'anno. Qualora entro il 15 dicembre non sia fissata una nuova misura del saggio, questo rimane invariato per l'anno successivo [1224, 1652, 1714, 1720, 1866, 1950][1].

Allo stesso saggio si computano gli interessi convenzionali, se le parti non ne hanno determinato la misura [1825].

Gli interessi superiori alla misura legale [1350, comma 1, n. 13] devono essere determinati per iscritto [1224, 1350, 2725]; altrimenti sono dovuti nella misura legale [983, 1005, 1009, 1010, 1018, 1039, 1815, comma 2; disp. att. 161].

Se le parti non ne hanno determinato la misura, dal momento in cui è proposta domanda giudiziale il saggio degli interessi legali è pari a quello previsto dalla legislazione speciale relativa ai ritardi di pagamento nelle transazioni commerciali[2].

La disposizione del quarto comma si applica anche all'atto con cui si promuove il procedimento arbitrale[2] [3].

[1] Comma così sostituito dall'art. 2, comma 185, L. 23 dicembre 1996, n. 662.

[2] Comma aggiunto dall'art. 17, D.L. 12 settembre 2014, n. 132, convertito in L. 10 novembre 2014, n. 162. Tali nuove disposizioni producono effetti rispetto ai procedimenti iniziati a decorrere dal trentesimo giorno successivo all'entrata in vigore della suddetta L. 162/2014.

[3] Articolo così sostituito dall'art. 1, L. 26 novembre 1990, n. 353.

● Norme connesse:

- D.M. 11 dicembre 2020 che fissa il saggio degli interessi legali allo 0,01 per cento in ragione di anno, con decorrenza dal 1° gennaio 2021.

- art. 7, D.Lgs. 9 ottobre 2002, n. 231, nel testo sostituito dall'art. 1, D.Lgs. 9 novembre 2012, n. 192, che recita: *Art. 7. Nullità. 1. Le clausole relative al termine di pagamento, al saggio degli interessi moratori o al risarcimento per i costi di recupero, a qualunque titolo previste o introdotte nel contratto, sono nulle quando risultano gravemente inique in danno del creditore. Si applicano gli articoli 1339 e 1419, secondo comma, del codice civile.*

2. Il giudice dichiara, anche d'ufficio, la nullità della clausola avuto riguardo a tutte le circostanze del caso, tra cui il grave scostamento dalla prassi commerciale in contrasto con il principio di buona fede e correttezza, la natura della merce o del servizio oggetto del contratto, l'esistenza di motivi oggettivi per derogare al saggio degli interessi legali di mora, ai termini di pagamento o all'importo forfettario dovuto a titolo di risarcimento per i costi di recupero.

3. Si considera gravemente iniqua la clausola che esclude l'applicazione di interessi di mora. Non è ammessa prova contraria.

4. Si presume che sia gravemente iniqua la clausola che esclude il risarcimento per i costi di recupero di cui all'articolo 6.

5. Nelle transazioni commerciali in cui il debitore è una pubblica amministrazione è nulla la clausola avente ad ogget-

CODICE CIVILE

to la predeterminazione o la modifica della data di ricevimento della fattura. La nullità è dichiarata d'ufficio dal giudice.

- art. 5, 105, R.D. 14 dicembre 1933, n. 1669; art. 7, R.D. 21 dicembre 1933, n. 1736.

■ Codice civile del 1865: *Art. 1831. L'interesse è legale o convenzionale.*

L'interesse legale è determinato nel cinque per cento in materia civile e nel sei per cento in materia commerciale, e si applica nei casi in cui l'interesse sia dovuto e manchi una convenzione che ne stabilisca la misura.

L'interesse convenzionale è stabilito a volontà dei contraenti.

Nelle materie civili l'interesse convenzionale, eccedente la misura legale, da atto scritto; altrimenti non è dovuto alcun interesse.

Art. 1832. Il debitore può sempre, dopo cinque anni dal contratto, restituire le somme portanti un interesse maggiore, della misura legale, non ostante qualsiasi patto contrario. Deve però darne sei mesi prima per iscritto l'avviso, il quale produce di diritto la rinunzia alla più lunga mora convenuta.

Art. 1833. Le disposizioni dell'articolo precedente non sono applicabili ai contratti di rendite vitalizie, né a quelli che stabiliscono la restituzione per via di annualità che comprendono gl'interessi ed una quota destinata alla restituzione progressiva del capitale.

Esse non sono del pari applicabili a qualunque specie di debito contratto dallo Stato, dai comuni o da altri corpi morali colle autorizzazioni richieste dalle leggi.

Art. 1834. La quitanza pel capitale rilasciata senza riserva degli interessi fa presumere il loro pagamento e ne produce la liberazione, salva la prova contraria.

♦ Codice civile tedesco

§ 246 Tasso di interesse legale. *Se un debito produce interessi secondo la legge o un negozio giuridico, deve corrispondersi il quattro per cento annuo, salvo disposizioni contrarie.*

§ 247 Tasso di interesse di base. *(1) Il tasso di interesse di base è pari al 3,62 per cento. Varia al I °gennaio e all D luglio di ogni anno dei punti percentuali, di cui è aumentata o diminuita la base di calcolo dall'ultima variazione del tasso di interesse di base. La base di calcolo è il tasso di interesse per le recenti operazioni di rifinanziamento principale della Banca Centrale Europea entro il primo giorno del semestre considerato. (2) La Deutsche Bundesbank comunica nel bollettino ufficiale del governo federale il vigente tasso di interesse di base senza ritardo dopo i termini indicati nel comma I periodo 2.*

Sezione II
Delle obbligazioni alternative

1285. Obbligazione alternativa.

Il debitore di un'obbligazione alternativa [443, comma 1, 537, comma 3, 542, comma 3, 566, comma 2, 651, comma 1, 746, comma 1, 1278, 1450, 1453, 1467, comma 3, 2858] si libera eseguendo una delle due prestazioni dedotte in obbligazione, ma non può costringere il creditore a ricevere parte dell'una e parte dell'altra [769, 1181, 1197, 1286, 1291, 1470, 1552].

● Norme connesse:

- art. 5, comma 8, L. 1 dicembre 1970, n. 898.

■ Codice civile del 1865: *Art. 1177. Chi ha contratta un'obbligazione alternativa, si libera prestando una delle cose disgiuntamente comprese nell'obbligazione; ma non può costringere il creditore a ricevere parte dell'una e parte dell'altra cosa.*

♦ Codice europeo dei contratti

Art. 87. Adempimento degli obblighi cumulativi e alternativi. *1. Quando dal contratto nasce l'obbligo di effettuare due o più prestazioni, se non risulta diversamente dalla volontà delle parti, dalle circostanze o dagli usi, il debitore è tenuto ad eseguire tutte le prestazioni.*

2. Quando dal contratto nasce un obbligo con prestazioni alternative, il debitore è tenuto ad eseguire una delle due o più prestazioni, ma non è in facoltà di eseguire parte dell'una e parte dell'altra o delle altre.

3. Salvo diverso accordo delle parti, la scelta spetta al debitore e diventa irrevocabile con la dichiarazione di scelta o con l'inizio dell'esecuzione di una delle prestazioni.

4. Se entro il termine previsto la parte alla quale spetta la scelta non la esercita, la scelta stessa si trasferisce alla controparte, salvo che questa intenda addivenire alla risoluzione del contratto ed esigere il risarcimento dei danni.

5. Se una delle prestazioni alternative diviene impossibile per una causa che non è imputabile ad alcuna delle parti, l'obbligo si considera semplice. Se l'impossibilità deriva da una causa imputabile ad una delle parti, l'altra può considerarla inadempiente.

♦ I principi di diritto europeo dei contratti

Art. 7:105: Obbligazione alternativa. *(1) Quando l'obbligazione si estingue con l'esecuzione di una tra prestazioni alternative, la scelta spetta al debitore, salvo che le circostanze depongano in senso diverso.*

(2) Se la parte che deve fare la scelta non la fa entro il termine fissato dal contratto, (a) se il termine per la scelta è essenziale, il diritto di scelta passa all'altra parte; (b) se il termine non è essenziale l'altra parte può fissare un termine aggiuntivo di durata ragionevole, entro il quale la parte che ha la scelta deve farla, e comunicarlo a quest'ultima. Se la scelta non è esercitata, passa all'altra parte.

♦ Codice civile francese

Articolo 1189. *Il debitore di una obbligazione alternativa è liberato dalla consegna di una delle due cose dedotte nell'obbligazione.*

Articolo 1307 *L'obbligazione è alternativa quando ha per oggetto più prestazioni e l'esecuzione di una libera il debitore.*

1286. Facoltà di scelta.

La scelta spetta al debitore [1184], se non è stata attribuita al creditore o ad un terzo [665, 1285, 1289].

La scelta diviene irrevocabile [666] con l'esecuzione di una delle due prestazioni, ovvero con la dichiarazione di scelta, comunicata all'altra parte, o ad entrambe se la scelta è fatta da un terzo [1453, 1492].

Se la scelta deve essere fatta da più persone, il giudice può fissare loro un termine. Se la scelta non è fatta nel termine stabilito, essa è fatta dal giudice [1349, 2037, comma 2; disp. att. 81; c.p.c. 749].

■ Codice civile del 1865: *Art. 1178. La scelta appartiene al debitore, se non è stata espressamente concessa al creditore.*

♦ Codice civile francese

Articolo 1307.1. *La scelta tra le prestazioni appartiene al debitore. Se la scelta non è esercitata nel tempo convenuto o in un termine ragionevole, l'altra parte può, dopo la messa in mora, esercitare questa scelta o risolvere il contratto. La scelta esercitata è definitiva e fa perdere all'obbligazione il suo carattere alternativo.*

♦ Codice civile tedesco

§ 262 Obbligazione alternativa; diritto di scelta. *Se sono dovute più prestazioni in modo che possa essere eseguita solo l'una dopo l'altra, il diritto di scelta, nel dubbio, è conferito al debitore.*

§ 263 Esercizio del diritto di scelta; effetti. *(1) La scelta avviene con dichiarazione all'altra parte. (2) La prestazione scelta è considerata come l'unica dovuta.*

1287. Decadenza dalla facoltà di scelta.

Quando il debitore, condannato alternativamente a due prestazioni, non ne esegue alcuna nel termine assegnatogli dal giudice, la scelta spetta al creditore [1289].

Se la facoltà di scelta spetta al creditore [769] e questi non l'esercita nel termine stabilito o in quello fissatogli dal debitore, la scelta passa a quest'ultimo.

Se la scelta è rimessa a un terzo e questi non la fa nel termine assegnatogli, essa è fatta dal giudice [631, 664, 1349; disp. att. 81].

♦ Codice civile francese

Articolo 1307.1. *La scelta tra le prestazioni appartiene al debitore. Se la scelta non è esercitata nel tempo convenuto o in un termine ragionevole, l'altra parte può, dopo la messa in mora, esercitare questa scelta o risolvere il contratto. La scelta esercitata è definitiva e fa perdere all'obbligazione il suo carattere alternativo.*

♦ Codice civile tedesco

§ 264 Mora dell'avente diritto alla scelta. *(1) Se il debitore, avente diritto alla scelta, non effettua tale scelta prima dell'inizio dell'esecuzione forzata, il creditore può orientare l'esecuzione forzata, a sua scelta, verso l'una o l'altra prestazione, tuttavia, il debitore può liberarsi dell'obbligazione per mezzo di una delle restanti prestazioni finché il creditore non ha ricevuto in tutto o in parte la prestazione scelta. (2) Se il creditore avente diritto alla scelta è in mora, il debitore può, con assegnazione di un termine adeguato, intimargli di eseguire la scelta. Scaduto il termine, il diritto di scelta si trasferisce al debitore se il creditore non ha eseguito tempestivamente la scelta.*

1288. Impossibilità di una delle prestazioni.

L'obbligazione alternativa si considera semplice, se una delle due prestazioni non poteva formare oggetto di obbligazione, [1174, 1346] o se è divenuta impossibile per causa non imputabile ad alcuna delle parti [1218, 1256, 1557].

■ Codice civile del 1865: *Art. 1179. L'obbligazione è semplice quantunque contratta in modo alternativo, se una delle due cose promesse non poteva formare oggetto dell'obbligazione.*

♦ Codice civile francese

Articolo 1192. *L'obbligazione è pura e semplice benché in modo alternativo se una delle due cose promesse non poteva essere oggetto dell'obbligazione.*

♦ Codice civile tedesco

§ 265 Impossibilità in caso di obbligazione alternativa. *Se una delle prestazioni è impossibile fin dall'inizio o lo diventa successivamente, il rapporto obbligatorio è limitato alle restanti prestazioni. Suddetta limitazione non interviene laddove la prestazione diventa impossibile a seguito di un evento non imputabile alla parte non avente diritto alla scelta.*

1289. Impossibilità colposa di una delle prestazioni.

Quando la scelta spetta al debitore, l'obbligazione alternativa diviene semplice, se una delle due prestazioni diventa impossibile anche per causa a lui imputabile [1256, 1288]. Se una delle due prestazioni diviene impossibile per colpa del creditore, il debitore è liberato dall'obbligazione, qualora non preferisca eseguire l'altra prestazione, e chiedere il risarcimento dei danni.

Quando la scelta spetta al creditore [1286, 1287], il debitore è liberato dall'obbligazione, se una delle due prestazioni diviene impossibile per colpa del creditore, salvo che questi preferisca esigere l'altra prestazione e risarcire il danno. Se dell'impossibilità deve rispondere il debitore, il creditore può scegliere l'altra prestazione o esigere il risarcimento del danno.

■ Codice civile del 1865: *Art. 1180. L'obbligazione alternativa diviene semplice, se una delle due cose promesse perisce, o non può più essere consegnata, quantunque ciò accada per colpa del debitore.*

Il prezzo della cosa non può essere offerto in luogo della medesima.

Se ambedue le cose sono perite e il debitore è in colpa riguardo ad una di esse, deve pagare il prezzo di quella che perì l'ultima.

Art. 1181. Quando, nei casi espressi nel precedente articolo, la scelta fu accordata nella convenzione al creditore:

Se una soltanto delle cose è perita ma senza colpa del debitore, il creditore deve ricevere quella che resta: ove il debitore sia in colpa, il creditore può chiedere la cosa rimasta o il prezzo della cosa perita,

Se ambedue le cose sono perite e il debitore è in colpa relativamente ad ambedue o anche ad una sola, il creditore può domandare il prezzo dell'una o dell'altra a sua scelta.

♦ Codice civile francese

Articolo 1307.2. *In caso di forza maggiore l'impossibilità di eseguire la prestazione scelta libera il debitore.*

Articolo 1307.3. *Il debitore che non ha fatto conoscere la sua scelta deve, se una delle due prestazioni diviene impossibile, eseguire l'altra.*

Articolo 1307.4. *Il creditore che non ha fatto conoscere la sua scelta deve, se l'altra prestazione diviene impossibile per causa di forza maggiore, accontentarsi dell'altra.*

Articolo 1307.5. *Quando le prestazioni diventano impossibili il debitore non è liberato che se l'impossibilità proviene da un causa di forza maggiore.*

1290. Impossibilità sopravvenuta di entrambe le prestazioni.

Qualora entrambe le prestazioni siano divenute impossibili e il debitore debba rispondere riguardo a una di esse, egli deve pagare l'equivalente di quella che è divenuta impossibile per l'ultima, se la scelta

CODICE CIVILE

spettava a lui. Se la scelta spettava al creditore, questi può domandare l'equivalente dell'una o dell'altra.

■ Codice civile del 1865: *Art. 1180. L'obbligazione alternativa diviene semplice, se una delle due cose promesse perisce, o non può più essere consegnata, quantunque ciò accada per colpa del debitore.*

Il prezzo della cosa non può essere offerto in luogo della medesima.

Se ambedue le cose sono perite e il debitore è in colpa riguardo ad una di esse, deve pagare il prezzo di quella che perì l'ultima.

Art. 1181. Quando, nei casi espressi nel precedente articolo, la scelta fu accordata nella convenzione al creditore:

Se una soltanto delle cose è perita ma senza colpa del debitore, il creditore deve ricevere quella che resta: ove il debitore sia in colpa, il creditore può chiedere la cosa rimasta o il prezzo della cosa perita;

Se ambedue le cose sono perite e il debitore è in colpa relativamente ad ambedue o anche ad una sola, il creditore può domandare il prezzo dell'una o dell'altra a sua scelta.

1291. Obbligazione con alternativa multipla.

Le regole stabilite in questa sezione si osservano anche quando le prestazioni dedotte in obbligazione sono più di due [1285].

■ Codice civile del 1865: *Art. 1183. Le regole stabilite in questa sezione si applicano ai casi, nei quali più di due cose sono comprese nell'obbligazione alternativa.*

Sezione III
Delle obbligazioni in solido

1292. Nozione della solidarietà.

L'obbligazione è in solido [38, 1272, 1273, 1939-1941, 1944, 1955-1957, 2054, 2506-quater, comma 3] quando più debitori [1294] sono obbligati tutti per la medesima prestazione, in modo che ciascuno può essere costretto all'adempimento per la totalità e l'adempimento da parte di uno [1296] libera gli altri; oppure quando tra più creditori [727, 757, 760] ciascuno ha diritto di chiedere l'adempimento dell'intera obbligazione [1840, 1854] e l'adempimento conseguito da uno di essi libera il debitore verso tutti i creditori [1237, 1296 1303, 1312, 1716, comma 3; L. fall. 61 ss.].

● Norme connesse:

- artt. 54, 62, R.D. 14 dicembre 1933, n. 1669; artt. 61, comma 1, 62, comma 1, 135, comma 2, 142, comma 4, 169, 201, R.D. 16 marzo 1942, n. 267.

■ Codice civile del 1865: *Art. 1184. L'obbligazione è in solido verso più creditori, quando il titolo espressamente attribuisce a ciascuno di loro il diritto di chiedere il pagamento dell'intero credito, e il pagamento fatto ad uno di essi, libera il debitore, ancorché il benefizio dell'obbligazione si possa dividere fra i diversi creditori.*

Art. 1186. L'obbligazione è in solido per parte dei debitori, quando sono obbligati ad una medesima cosa, in maniera che ciascuno possa essere costretto al pagamento per la totalità, e il pagamento eseguito da un solo liberi gli altri verso il creditore.

♦ Regolamento (CE) n. 864/2007 del Parlamento europeo e del Consiglio dell'11 luglio 2007 sulla legge applicabile alle obbligazioni extracontrattuali («Roma II»)

Articolo 20. Obbligazioni solidali. *Qualora il creditore vanti un credito nei confronti di vari debitori che sono responsabili in solido e uno di essi abbia già adempiuto l'obbligazione in tutto o in parte, il diritto di tale debitore di rivalersi sugli altri debitori è disciplinato dalla legge applicabile all'obbligazione extracontrattuale del suddetto debitore nei confronti del creditore.*

♦ Unidroit

Articolo 11.1.1 (Definizioni). *Quando più debitori sono tenuti all'adempimento della medesima prestazione nei confronti di un creditore: 1) Le obbligazioni sono solidali se ciascun debitore è tenuto ad adempiere per la totalità; 2) Le obbligazioni sono parziarie se ciascun debitore è tenuto ad adempiere solo per la sua parte.*

Articolo 11.2.1 (Definizioni). *Quando più creditori possono pretendere l'adempimento della medesima prestazione da parte di un debitore: (1) I crediti sono parziari se ciascun creditore può esigere soltanto la propria parte; (2) I crediti sono solidali se ciascun creditore può esigere la prestazione per intero; (3) I crediti sono collettivi se l'adempimento deve essere domandato da tutti i creditori congiuntamente.*

Articolo 11.2.2 (Effetti della solidarietà). *L'adempimento integrale dell'obbligazione in favore di uno dei creditori in solido libera il debitore nei confronti degli altri creditori.*

♦ Codice europeo dei contratti

Art. 88. Adempimento degli obblighi solidali e indivisibili. *1. Salvo patto contrario e se la legge non dispone diversamente, quando dal contratto nasce l'obbligo a carico di due o più debitori di eseguire la medesima prestazione, la controparte creditrice ha il diritto di esigerne l'integrale esecuzione da uno qualsiasi dei predetti debitori, a sua scelta, e l'adempimento effettuato da un condebitore estingue l'obbligo.*

2. Il condebitore che ha adempiuto totalmente o parzialmente ha il diritto di recuperare dagli altri condebitori le quote del debito pagato, o della parte del debito pagata, che sono a carico di ognuno di essi e che, salvo patto contrario, si presumono uguali.

3. Se un debitore è tenuto ad effettuare una prestazione a favore di più creditori, ognuno di essi ha il diritto di chiedere l'adempimento dell'intero obbligo solo se questo è indivisibile o se ciò è stato espressamente convenuto o è disposto dalla legge: nel qual caso l'esecuzione effettuata a favore di uno dei concreditori libera il debitore anche nei confronti di tutti gli altri. Nei rapporti interni l'obbligo solidale si divide tra i diversi creditori in parti uguali, salvo patto contrario, a meno che esso sia stato contratto nell'interesse esclusivo di uno o di taluni di essi.

4. Nel caso di cui al comma 1, se non è convenuto diversamente, l'intimazione di adempiere, ed ogni altra comunicazione o dichiarazione concernenti la sorte del debito, volta anche ad interrompere la prescrizione o a rinunciare al credito, devono essere indirizzate a tutti i condebitori, pena la loro inefficacia, salvo che debbano avere effetto solo nei confronti di uno dei condebitori per la quota ideale a suo carico. Nel caso di cui al comma 3, ogni comunicazione indirizzata al debitore da uno dei concreditori ha effetto, salvo patto contrario, solo per chi la emette.

5. Le disposizioni del presente articolo sono applicabili, agli obblighi indivisibili per legge o per la loro natura o per il modo con cui sono stati considerati dalle parti contraenti.

♦ I principi di diritto europeo dei contratti

Articolo 10:101 Obbligazioni solidali, divisibili e comuni. *Le obbligazioni sono solidali quando tutti i debitori sono tenuti ad adempiere un'unica e medesima obbligazione ed il creditore può richiederla a ciascuno dei debitori fino al completo adempimento.*

L'obbligazione è comune quando tutti i debitori sono tenuti ad adempiere insieme la prestazione ed il creditore può richiamare l'adempimento di tutti.

♦ Codice civile francese

Articolo 1310. *La solidarietà è legale o convenzionale. Non si presume.*

Articolo 1311. *La solidarietà tra creditori permette a ciascuno di essi di esigere e di ricevere il pagamento di tutto il credito. Il pagamento fatto ad uno di essi, che ne tiene conto agli altri, libera il debitori nei confronti di tutti. Il debitore può pagare o l'uno o l'altro dei creditori solidali finché non viene perseguito da uno di essi.*

Articolo 1312 *Ogni atto che interrompe o sospende la prescrizione nei confronti di uno dei creditori solidali giova agli altri concreditori.*

Articolo 1313 *La solidarietà tra i debitori obbliga ciascuno di essi per tutto il debito. Il pagamento fatto da uno di essi li libera tutti verso il creditore. Il creditore può domandare il pagamento al debitore solidale a sua scelta. I procedimenti esercitati nei confronti di uno dei debitore non impedisce al creditore di esercitarlo nei confronti degli altri.*

Articolo 1314 *La domanda di interessi formata contro uno dei debitori solidali fa decorrere gli interessi nei confronti di tutti.*

Articolo 1316 *Il creditore che riceve il pagamento di uno dei condebitori solidali e consente la remissione di solidarietà conserva il suo credito verso gli altri, deduzione fatta della parte del debitore che lo ha scaricato.*

Articolo 1318 *Se il debito proviene da un affare che non concerne che uno dei condebitori solidali, questi è il solo tenuto al debito nei confronti degli altri. Se egli ha pagato non dispone di alcun ricorso contro i suoi condebitori. Se questi hanno pagato dispongono di un ricorso contro di lui.*

Articolo 1319 *I condebitori solidali rispondono solidalmente dell'inadempimento dell'obbligazione.*

Articolo 1197 *L'obbligazione è solidale tra più creditori quando il titolo dà espressamente a ciascuno di essi il diritto di richiedere il pagamento totale del credito e il pagamento fatto ad uno di essi libera il debitore e ancora il beneficio dell'obbligazione sia ripartibile e divisibile tra i diversi creditori.*

Articolo 1200. *C'è solidarietà da parte dei debitori quando sono obbligati alla stessa cosa in modo che ciascuno possa essere obbligato per la totalità e il pagamento fatto da uno solo libera gli altri verso il creditore.*

♦ Codice civile tedesco

§421 Debitori solidali. *Se più debitori sono obbligati ad seguire la prestazione in modo che ciascuno di essi sia tenuto ad eseguirla per intero, ma il creditore può richiedere la prestazione una volta soltanto (debitori solidali), il creditore può esigere la prestazione a sua discrezione, o interamente o in parte, da uno qualsiasi dei debitori. Fino all'esecuzione della prestazione per intero restano obbligati tutti i debitori.*

§ 422 Effetti dell'adempimento. *(1) L'adempimento di un debitore solidale ha efficacia anche nei confronti degli altri debitori. Lo stesso vale per l'esecuzione in luogo di adempimento, per il deposito della prestazione e per la compensazione. (2) Un credito di cui è titolare uno dei debitori solidali non può essere dedotto in compensazione dai condebitori.*

§ 428 Creditori in solido. *Se più creditori sono legittimati a richiedere l'adempimento della prestazione in modo che ciascuno possa richiedere l'esecuzione della prestazione per intero, ma il debitore è tenuto ad eseguire la prestazione una volta soltanto (creditori solidali), il debitore può adempiere la prestazione, a propria discrezione, ad uno dei creditori. Tale disposizione si applica anche nel caso in cui uno dei creditori ha agito per ottenere l'esecuzione della prestazione.*

1293. Modalità varie dei singoli rapporti.

La solidarietà non è esclusa dal fatto che i singoli debitori siano tenuti ciascuno con modalità diverse [1268, 1292, 1944 comma 2, 1408 comma 2, 2268, 2304], o il debitore comune sia tenuto con modalità diverse di fronte ai singoli creditori [1297].

■ Codice civile del 1865: *Art. 1187. L'obbligazione può essere in solido, ancorché uno dei debitori sia obbligato in modo diverso dall'altro al pagamento della medesima cosa: come quando l'obbligazione dell'uno è condizionale e semplice quella dell'altro, ovvero se uno ha un termine a pagare che non è concesso all'altro.*

♦ Codice civile francese

Articolo 1201. *L'obbligazione può essere solidale benché uno dei debitori sia obbligato in modo differente dall'altro al pagamento della stessa cosa; per esempio se uno non è obbligato che condizionalmente mentre l'impegno dell'altro è puro e semplice o se uno ha un termine che non è accordato all'altro.*

1294. Solidarietà tra condebitori.

I condebitori [1292] sono tenuti in solido [1716, 1944, 1946, 2054, 2055; c.p.c. 97], se dalla legge [752, 754, 1682] o dal titolo non risulta diversamente [441, 443, 752, 754, 961, 1268, 1314, 1317, 1408, 1682, 1944, 2055, 2150, 2268, 2304, 2506-bis, 2506-quater, 2513, 2670].

● Norme connesse:

- art. 121, D.Lgs. 6 settembre 2005, n. 206; in materia di condomino art. 1123 c.c. V., anche, art. 2055 c.c. e artt. 62, 63 disp. att. c.c.

■ Codice civile del 1865: *Art. 1188. L'obbligazione in solido non si presume ma debb'essere stipulata espressamente.*

Questa regola non cessa, fuorché nè casi nei quali l'obbligazione in solido ha luogo di diritto in forza della legge.

♦ Unidroit

Articolo 11.1.2 (Presunzione di solidarietà). *Quando più debitori sono tenuti ad adempiere la medesima prestazione nei confronti di un creditore, si presumono obbligati in solido, a meno che dalle circostanze non risulti altrimenti.*

♦ I principi di diritto europeo dei contratti

Articolo 10:105: Ripartizione del debito tra i condebitori solidali. *1 I condebitori solidali sono tenuti gli uni nei confronti degli altri, in parti uguali, a meno che il contratto o la legge dispongano diversamente.*

♦ Codice civile tedesco

§ 430 Obbligo di rivalsa dei creditori solidali. *I creditori solidali sono obbligati l'uno verso l'altro in base a quote uguali salvo che sia previsto diversamente.*

1295. Divisibilità tra gli eredi.

Salvo patto contrario [1321], l'obbligazione si divide tra gli eredi di uno dei condebitori o di uno dei creditori in solido, in proporzione delle rispettive quote [713, 752, 754, 1314, 1318, 1319, 1507, 1509].

1296. Scelta del creditore per il pagamento.

Il debitore ha la scelta di pagare all'uno o all'altro dei creditori in solido [1292], quando non è stato prevenuto da uno di essi con domanda giudiziale [c.p.c. 163].

■ Codice civile del 1865: *Art. 1185. Il debitore ha la scelta di pagare o all'uno o all'altro dei creditori in solido, quando non sia stato prevenuto da uno di essi con giudiziale domanda.*

Ciò nondimeno la rimessione fatta da un solo dei creditori non libera il debitore se non per la porzione di questo creditore.

1297. Eccezioni personali.

Uno dei debitori in solido non può opporre al creditore le eccezioni personali agli altri debitori [1945].

A uno dei creditori in solido il debitore non può opporre le eccezioni personali agli altri creditori [1293].

■ Codice civile del 1865: *Art. 1193. Il debitore in solido convenuto dal creditore può opporre tutte le eccezioni che gli sono personali, e quelle pure che sono comuni a tutti gli altri condebitori.*

Non può opporre le eccezioni che sono personali soltanto ad alcuno degli altri condebitori.

♦ Unidroit

Articolo 11.1.4 (Opponibilità di eccezioni e della compensazione). *Il debitore in solido al quale il creditore si rivolga per l'adempimento può opporre tutte le eccezioni e la compensazione che sono a lui personali o comuni a tutti i condebitori, con l'esclusione di quelle eccezioni che sono personali a uno o più degli altri condebitori.*

Articolo 11.1.12 (Eccezioni nelle azioni di ripetizione). *Il debitore in solido chiamato in regresso dal condebitore che ha adempiuto all'obbligazione: (a) può far valere le eccezioni comuni o la compensazione che il condebitore avrebbe potuto opporre al creditore; (b) può sollevare le eccezioni e la compensazione che sono a lui personali; (c) non può far valere le eccezioni e la compensazione che sono personali ad uno o più degli altri condebitori.*

Articolo 11.2.3 (Eccezioni opponibili ai creditori in solido). *Il debitore può opporre a ciascuno dei creditori in solido tutte le eccezioni e la compensazione che sono personali al suo rapporto con quel creditore o che possa far valere contro tutti i concreditori, ma non può opporre le eccezioni e la compensazione che siano personali al suo rapporto con uno o più degli altri concreditori.*

♦ Codice civile francese

Articolo 1315 *Il debitore solidale perseguito dal creditore può opporre le eccezioni che sono comuni a tutti i condebitori, tali quali la nullità o la risoluzione e quelle che sono personali. Non può opporre le eccezioni che sono personali agli altri condebitori, quale il rilascio di un termine. Tuttavia, quando una eccezione personale ad un altro condebitore estingue la parte indivisa di questo, come in caso di compensazione o di remissione di debito, egli può richiedere di farlo detrarre dal debito totale.*

1298. Rapporti interni tra debitori o creditori solidali.

Nei rapporti interni l'obbligazione in solido si divide tra i diversi debitori o tra i diversi creditori, salvo che sia stata contratta nell'interesse esclusivo di alcuno di essi [1292, 1294, 1299, 1301].

Le parti di ciascuno si presumono uguali [1293], se non risulta diversamente [2055].

■ Codice civile del 1865: *Art. 1198. L'obbligazione contratta in solido verso il creditore si divide di diritto fra i debitori: questi non sono fra loro obbligati, se non ciascuno per la sua parte.*

Art. 1201. Se l'affare per cui fu contratto il debito in solido, non riguarda che uno degli obbligati in solido, questi è tenuto per tutto il debito verso gli altri, i quali relativamente ad esso non sono riputati che come suoi fideiussori.

♦ Unidroit

Articolo 11.1.9 (Ripartizione tra debitori in solido). *Nei rapporti interni tra debitori in solido, l'obbligazione si divide in parti uguali, a meno che dalle circostanze non risulti altrimenti.*

Articolo 11.2.4 (Ripartizione tra creditori in solido). *(1) Nei rapporti interni, i creditori hanno diritto a parti identiche, salvo che dalle circostanze risulti altrimenti.*

(2) Il creditore che ha ricevuto più della propria parte deve restituire l'eccedenza agli altri concreditori in proporzione alle rispettive quote.

♦ I principi di diritto europeo dei contratti

Articolo 10:204: Ripartizione dei creditori solidali. *1. I creditori solidali hanno diritto a parti uguali, salvo che la legge od il contratto dispongano diversamente.*

2. Il creditore che ha ricevuto più della sua parte deve restituire l'eccedente agli altri creditori in proporzione delle loro rispettive parti.

♦ Codice civile francese

Articolo 1213 L'obbligazione contratta solidalmente verso il creditore, si divide di diritto tra i debitori che non sono tenuti tra loro che ciascuno per la sua parte e porzione.

1299. Regresso tra condebitori.

Il debitore in solido che ha pagato l'intero debito può ripetere dai condebitori soltanto la parte di ciascuno di essi [443, 1203 n. 3, 1310, 1954, 2871; L. fall. 61, 62, 151].

Se uno di questi è insolvente, la perdita si ripartisce per contributo tra gli altri condebitori, compreso quello che ha fatto il pagamento [754, 755, 1910, 1947, 2280, 2615].

La stessa norma si applica qualora sia insolvente il condebitore nel cui esclusivo interesse l'obbligazione era stata assunta [1203, comma 1, n. 3, 1298, 1313, 1320, 2871].

● Norme connesse:

- artt. 61, comma 2, 62, comma 2, 3, 135, comma 2, 142, comma 4, R.D. 16 marzo 1942, n. 267.

■ Codice civile del 1865: *Art. 1198. L'obbligazione contratta in solido verso il creditore si divide di diritto fra i debitori: questi non sono fra loro obbligati, se non ciascuno per la sua parte.*

Art. 1201. Se l'affare per cui fu contratto il debito in solido, non riguarda che uno degli obbligati in solido, questi è tenuto per tutto il debito verso gli altri, i quali relativamente ad esso non sono riputati che come suoi fideiussori.

♦ Unidroit

Articolo 11.1.13 (Impossibilità di ripetere). *Se il debitore in solido che ha adempiuto in misura superiore alla propria quota non è in grado, nonostante ogni ragionevole sforzo, di ripetere la parte eccedente da un altro condebitore, la quota degli altri, compresa quella di chi ha adempiuto, si accresce proporzionalmente.*

♦ I principi di diritto europeo dei contratti

Articolo 10:106: Azione di regresso tra i debitori solidali. *1 Il debitore che ha pagato più della sua parte può richiedere l'eccedente ad ognuno degli altri debitori nel limite della parte non pagata da ciascuno, così come la parte corrispondente alle spese che ha sostenuto.*

2 Il debitore solidale a cui si applica il comma precedente può ugualmente, sotto riserva dei diritti che avrebbe potuto conservare il creditore, esercitare i diritti e le azioni di quest'ultimo, ivi comprese le garanzie connesse, per ripetere contro uno degli altri debitori la parte non pagata da ciascuno, a condizione di rispettare i diritti anteriori del creditore.

3 Quando il debitore solidale che ha pagato più della sua parte non ha potuto malgrado sforzi ragionevoli, ripetere il suo contributo contro uno degli altri condebitori solidali, la parte degli altri, ivi compreso colui che ha pagato, è aumentata in proporzione.

♦ Codice civile francese

Articolo 1214. *Il condebitore di un debito solidale che ha pagato per intero, può ripetere contro gli altri solo le parti e la porzione di ciascuno di essi. Se uno di essi è insolvente la perdita che determina la sua insolvenza si ripartisce per quota tra tutti gli altri condebitori solvibili e colui che ha fatto il pagamento.*

Articolo 1317 *Tra loro i condebitori solidali non contribuiscono al debito che ciascuno per la loro parte. Colui che ha pagato al di là della sua parte ricorre contro gli altri in proporzione della loro parte. Se uno di essi è insolvibile, la sua parte si ripartisce tra ci condebitori solvibili compreso colui che ha fatto il pagamento e colui che ha beneficiato di una remissione di debito.*

♦ Codice civile tedesco

§ 426 Diritto di regresso dei condebitori solidali. Trasferimento del credito. *(1) I condebitori solidali sono, tra loro, obbligati in quote uguali l'uno verso l'altro, salvo che sia previsto diversamente. Se la quota dovuta da uno dei debitori solidali non può essere corrisposta, la differenza deve essere sopportata in parti uguali dai condebitori obbligati al regresso. (2) Se uno dei condebitori soddisfa il creditore ed è legittimato al regresso verso gli altri condebitori, il credito spettante al creditore nei confronti degli altri condebitori, si trasmette in capo al solvente. Il trasferimento non può farsi valere a detrimento del creditore originario.*

1300. Novazione.

La novazione [1230] tra il creditore e uno dei debitori in solido libera gli altri debitori [1233]. Qualora però si sia voluto limitare la novazione a uno solo dei debitori, gli altri non sono liberati che per la parte di quest'ultimo.

Se convenuta tra uno dei creditori in solido e il debitore, la novazione ha effetto verso gli altri creditori solo per la parte del primo [1268 ss., 1320].

● Norme connesse:

- artt. 61, comma 2, 62, comma 2, 3, 135, comma 2, 142, comma 4, R.D. 16 marzo 1942, n. 267; art. 58, R.D. 21 dicembre 1933, n. 1736; art. 66, R.D. 14 dicembre 1933, n. 1669.

■ Codice civile del 1865: *Art. 1277. Mediante la novazione fatta tra il creditore ed uno dei debitori in solido, i condebitori restano liberati.*

La novazione effettuata relativamente al debitore principale libera i fideiussori.

Nondimeno se il creditore esige nel primo caso l'adesione dei condebitori, o nel secondo quella dei fideiussori, e i medesimi ricusano di aderire alla nuova convenzione, sussiste il credito anteriore.

♦ Codice civile francese

Articolo 1281. *Per la novazione fatta tra il creditore e uno dei debitori solidali i condebitori sono liberati. La novazione effettuata nei confronti del debitore principale libera i garanti. Tuttavia se il creditore ha richiesto nel primo caso, l'adesione dei condebitori o, nel secondo, quella dei garanti, il vecchio credito sussiste se i condebitori o i garanti rifiutano di acconsentire ad un nuovo accordo.*

Articolo 1281. *Per la novazione fatta tra il creditore e uno dei debitori solidali i condebitori sono liberati. La novazione effettuata nei confronti del debitore principale libera i garanti. Tuttavia se il creditore ha richiesto nel prima caso, l'adesione dei condebitori o, nel secondo, quella dei garanti, il vecchio credito sussiste se i condebitori o i garanti rifiutano di acconsentire ad un nuovo accordo.*

1301. Remissione.

La remissione [1236] a favore di uno dei debitori in solido libera anche gli altri debitori [1237, 1296], salvo che il creditore abbia riservato il suo diritto verso gli altri, nel qual caso il creditore non può esigere il credito da questi, se non detratta la parte del debitore a favore del quale ha consentito la remissione [1239, 1311, L. fall. 135, 184].

Se la remissione è fatta da uno dei creditori in solido, essa libera il debitore verso gli altri creditori solo per la parte spettante al primo [1298, 1320].

● Norme connesse:

- artt. 135, 184, R.D. 16 marzo 1942, n. 267.

■ Codice civile del 1865: *Art. 1281. Il creditore il quale, dichiarando di rimettere il debito a vantaggio di uno dei condebitori in solido, non vuole liberare tutti gli altri, deve espressamente riservarsi i suoi diritti contro di essi. Ma in tal caso non può ripetere il credito, se non colla detrazione della parte di colui al quale ha fatto la rimessione.*

♦ Codice civile francese

Articolo 1285. *La remissione o liberazione convenzionale a vantaggio di uno dei condebitori solidali, libera tutti gli altri*

CODICE CIVILE

a meno che il creditore non abbia espressamente riservato i suoi diritti contro questi ultimi. In quest'ultimo caso non può più ripetere il debito che una volta fatta la deduzione della parte di colui a cui ha fatto la remissione.

♦ Codice civile tedesco

§ 423 Effetti della remissione. *Una remissione fatta tra il creditore ed uno dei debitori solidali produce effetto anche nei confronti dei restanti debitori se le parti contrattuali intendono estinguere l'intero rapporto obbligatorio.*

1302. Compensazione.

Ciascuno dei debitori in solido può opporre in compensazione [1241; c.p.c. 35] il credito di un condebitore solo fino alla concorrenza della parte di quest'ultimo.

A uno dei creditori in solido il debitore può opporre in compensazione ciò che gli è dovuto da un altro dei creditori, ma solo per la parte di questo [1320].

■ Codice civile del 1865: *Art. 1290. Il fideiussore può opporre la compensazione di ciò che il creditore deve al debitore principale; ma il debitore principale non può opporre la compensazione di ciò che il creditore deve al fideiussore.*

Il debitore in solido non può invocare la compensazione di quanto dal creditore è dovuto al suo condebitore, se non sino alla concorrenza della parte dello stesso condebitore.

♦ Unidroit

Articolo 11.1.5(Effetti dell'adempimento e della compensazione). *L'adempimento e la compensazione da parte di uno dei debitori in solido o la compensazione da parte del creditore nei confronti di uno dei debitori in solido, libera gli altri debitori verso il creditore nei limiti dell'adempimento o della compensazione.*

♦ I principi di diritto europeo dei contratti

Articolo 10:107: Obbligazioni solidali: pagamento, compensazione, confusione. *1 Il pagamento o la compensazione di un debitore solidale o la compensazione effettuata dal creditore con il debito di uno dei debitori solidali, libera gli altri nei confronti del creditore nella misura del pagamento o della compensazione.*

1303. Confusione.

Se nella medesima persona si riuniscono le qualità di creditore e di debitore in solido, l'obbligazione degli altri debitori si estingue per la parte di quel condebitore [1253, 1292].

Se nella medesima persona si riuniscono le qualità di debitore e di creditore in solido, l'obbligazione si estingue per la parte di questo [1320].

■ Codice civile del 1865: *Art. 1297. La confusione che si opera per la riunione delle qualità di creditore e di debitore principale nella stessa persona, profitta ai fideiussori.*

La riunione nella persona del fideiussore della qualità di creditore e di debitore principale non produce l'estinzione dell'obbligazione principale.

La confusione nella persona di uno dei debitori in solido non profitta ai suoi condebitori, se non per la porzione di cui era debitore.

♦ Codice civile tedesco

§429 Effetti dei mutamenti. *(1) La mora di un creditore solidale ha efficacia anche nei confronti degli altri creditori. (2) Se il credito e il debito si confondono nella persona di uno dei creditori solidali, i diritti degli altri creditori nei confronti del debitore si estinguono. (3) Per il resto si applicano le disposizioni dei §§ 422, 423 e 425. In particolare restano impregiudicati i diritti degli altri creditori laddove uno dei creditori solidali trasferisca il proprio credito ad un altro.*

1304. Transazione.

La transazione [1965] fatta dal creditore con uno dei debitori in solido non produce effetto nei confronti degli altri, se questi non dichiarano di volerne profittare [1411].

Parimenti, se è intervenuta tra uno dei creditori in solido e il debitore, la transazione non ha effetto nei confronti degli altri creditori, se questi non dichiarino di volerne profittare [1320].

♦ Unidroit

Articolo 11.1.6 (Effetti della remissione e della transazione). *(1) La remissione a favore di uno dei debitori in solido, o la transazione stipulata con uno dei debitori in solido, libera tutti gli altri debitori per la quota spettante al debitore a favore del quale è stata consentita la remissione o che ha stipulato la transazione, a meno che dalle circostanze non risulti altrimenti.*

(2) I debitori liberati per la quota spettante al debitore al cui favore è stata consentita la remissione o che ha stipulato la transazione, non dispongono più verso di questo di un'azione di ripetizione a norma dell'art. 11.1.10.

♦ I principi di diritto europeo dei contratti

Articolo 10:108: Obbligazioni solidali: remissione di debito, transazione. *1 Quando il creditore rimette il debito di un debitore solidale o conclude una transazione con lo stesso, gli altri debitori sono liberati per la parte del debitore che ne beneficia.*

2 I debitori sono liberati totalmente per la remissione di debito o per la transazione se l'atto lo prevede.

3 Nei rapporti tra debitori solidali, il debitore liberato della sua parte lo è per il debito che aveva alla data di questa liberazione, non per la parte supplementare che potrebbe ulteriormente incombergli in virtù dell'articolo 10:106, comma 3.

1305. Giuramento.

Il giuramento [2736; c.p.c. 233] sul debito e non sul vincolo solidale, deferito da uno dei debitori in solido al creditore o da uno dei creditori in solido al debitore, ovvero dal creditore a uno dei debitori in solido o dal debitore a uno dei creditori in solido, produce gli effetti seguenti:

il giuramento ricusato dal creditore o dal debitore, ovvero prestato dal condebitore o dal concreditore in solido, giova agli altri condebitori o concreditori;

il giuramento prestato dal creditore o dal debitore, ovvero ricusato dal condebitore o dal concreditore in solido, nuoce solo a chi lo ha deferito o a colui al quale è stato deferito [1309].

■ Codice civile del 1865: *Art. 1373. Il giuramento ricusato o prestato non fa prova che in vantaggio o contro di colui che l'ha deferito, ed avantaggio dè suoi eredi od aventi causa o contro di essi.*

Il giuramento

Deferito da uno dei creditori in solido al debitore, non lo libera che per la porzione dovuta a quel creditore;

Deferito al debitore principale, libera egualmente i fideiussori;

Deferito ad uno dei debitori in solido, giova ai condebitori;

Deferito al fideiussore, giova al debitore principale.

Nei due ultimi casi il giuramento del condebitore in solido o del fideiussore non giova agli altri condebitori o al debitore principale, se non quando fu deferito sul debito, e non sul fatto della obbligazione in solido o della fideiussione.

1306. Sentenza.

La sentenza pronunziata tra il creditore e uno dei debitori in solido, o tra il debitore e uno dei creditori in solido, non ha effetto contro gli altri debitori o contro gli altri creditori [2909].

Gli altri debitori possono opporla al creditore, salvo che sia fondata sopra ragioni personali al condebitore; gli altri creditori possono farla valere contro il debitore, salve le eccezioni personali che questi può opporre a ciascuno di essi.

♦ Unidroit

Articolo 11.1.8 (Effetti di una decisione). *(1) La decisione di un giudice relativa alla responsabilità di uno dei debitori in solido nei confronti del creditore non ha effetto su: (a) le obbligazioni degli altri debitori in solido verso il creditore; o (b) i diritti di regresso tra debitori in solido secondo l'art. 11.1.10.*

(2) Tuttavia, gli altri debitori in solido possono profittare di tale decisione, salvo che si sia fondata su ragioni personali al condebitore interessato; in tale caso, però, i diritti di regresso tra debitori in solido ai sensi dell'art. 11.1.10 subiscono gli opportuni adattamenti.

♦ I principi di diritto europeo dei contratti

Articolo 10:109: Obbligazioni solidali: effetti di una decisione giudiziaria. *La decisione giudiziaria relativa al debito di un debitore solidale nei confronti del creditore non ricade sui diritti del creditore verso gli altri debitori sulle azioni di regresso tra i debitori solidali sulla base dell'articolo 10:106.*

1307. Inadempimento.

Se l'adempimento dell'obbligazione è divenuto impossibile per causa imputabile a uno o più condebitori, gli altri condebitori [1218] non sono liberati dall'obbligo solidale [1292] di corrispondere il valore della prestazione dovuta [1700]. Il creditore può chiedere il risarcimento del danno ulteriore [1224] al condebitore o a ciascuno dei condebitori inadempienti [1218].

■ Codice civile del 1865: *Art. 1191. Se la cosa dovuta è perita per colpa o durante la mora di uno o più debitori in solido, gli altri condebitori non restano liberati dall'obbligo di pagarne il prezzo, ma non sono tenuti al risarcimento dei danni.*

Il creditore può ripetere tale risarcimento soltanto dai debitori, per colpa dei quali la cosa è perita, o che erano in mora.

1308. Costituzione in mora.

La costituzione in mora di uno dei debitori in solido non ha effetto riguardo agli altri [1219], salvo il disposto dell'articolo 1310.

La costituzione in mora del debitore da parte di uno dei creditori in solido giova agli altri [1305, 1879, 1988, 2944, 2966].

1309. Riconoscimento del debito.

Il riconoscimento del debito [1988] fatto da uno dei debitori in solido non ha effetto riguardo agli altri; se fatto dal debitore nei confronti di uno dei creditori in solido, giova agli altri.

■ Codice civile del 1865: *Art. 2130. Gli atti enunciati nell'articolo 2125 intimati ad uno dei debitori in solido, o la ricognizione del diritto fatta da uno di questi interrompono la prescrizione contro gli altri ed anche contro i loro eredi.*

Gli atti stessi intimati ad uno degli eredi del debitore in solido, o la ricognizione del diritto fatta da questo erede non interrompono la prescrizione riguardo agli altri coeredi, quantunque il credito fosse ipotecario, se l'obbligazione non è indivisibile.

Tali atti o ricognizioni non interrompono la prescrizione riguardo agli altri condebitori in solido, che per la parte di debito a carico dello stesso erede.

Per interrompere totalmente la prescrizione riguardo ai condebitori in solido si richiede l'intimazione degli atti summentovati a tutti gli eredi del debitore defunto, ovvero la ricognizione per parte di tutti questi eredi.

♦ Unidroit

Articolo 11.1.6 (Effetti della remissione e della transazione). *(1) La remissione a favore di uno dei debitori in solido, o la transazione stipulata con uno dei debitori in solido, libera tutti gli altri debitori per la quota spettante al debitore a favore del quale è stata consentita la remissione o che ha stipulato la transazione, a meno che dalle circostanze non risulti altrimenti.*

(2) I debitori liberati per la quota spettante al debitore al cui favore è stata consentita la remissione o che ha stipulato la transazione, non dispongono più verso di questo di un'azione di ripetizione a norma dell'art. 11.1.10.

♦ I principi di diritto europeo dei contratti

Articolo 10:108: Obbligazioni solidali: remissione di debito, transazione. *1 Quando il creditore rimette il debito di un debitore solidale o conclude una transazione con lo stesso, gli altri debitori sono liberati per la parte del debitore che ne beneficia.*

2 I debitori sono liberati totalmente per la remissione di debito o per la transazione se l'atto lo prevede.

1310. Prescrizione.

Gli atti con i quali il creditore interrompe la prescrizione [2943 ss.] contro uno dei debitori in solido, oppure uno dei creditori in solido interrompe la prescrizione contro il comune debitore, hanno effetto riguardo agli altri debitori o agli altri creditori [1308].

CODICE CIVILE

La sospensione della prescrizione [2941, 2942] nei rapporti di uno dei debitori o di uno dei creditori in solido non ha effetto riguardo agli altri. Tuttavia il debitore che sia stato costretto a pagare ha regresso contro i condebitori liberati in conseguenza della prescrizione [1299].

La rinunzia alla prescrizione [2937] fatta da uno dei debitori in solido non ha effetto riguardo agli altri; fatta in confronto di uno dei creditori in solido, giova agli altri. Il condebitore che ha rinunziato alla prescrizione non ha regresso verso gli altri debitori liberati in conseguenza della prescrizione medesima.

● Norme connesse:

- art. 76, R.D. 21 dicembre 1933, n. 1736; art. 95, R.D. 14 dicembre 1933, n. 1669.

■ Codice civile del 1865: *Art. 2122. La sospensione della prescrizione a favore di uno dei creditori in solido non giova agli altri.*

Art. 2131. Qualunque atto che interrompe la prescrizione a favore di uno dei creditori in solido, giova egualmente agli altri creditori.

♦ Unidroit

Articolo 11.1.7 (Effetti della scadenza e della sospensione della prescrizione). *(1) La prescrizione dei diritti del creditore nei confronti di uno dei debitori in solido non ha effetto su: (a) le obbligazioni degli altri debitori in solido verso il creditore; o (b) i diritti di regresso tra debitori in solido ai sensi dell'art. 11.1.10.*

(2) Se il creditore instaura un procedimento giudiziale ai sensi degli artt. 10.5, 10.6 o 10.7 contro uno dei debitori in solido, il decorso della prescrizione è sospeso anche nei confronti degli altri condebitori.

♦ I principi di diritto europeo dei contratti

Articolo 10:110: Obbligazioni solidali: prescrizione. *La prescrizione decorsa nei confronti di un debitore solidale non colpisce i diritti del creditore verso gli altri debitori le azioni di regresso tra i debitori solidali sulla base dell'articolo 10:106.*

1311. Rinunzia alla solidarietà.

Il creditore che rinunzia alla solidarietà a favore di uno dei debitori conserva l'azione in solido contro gli altri [1301, 1313].

Rinunzia alla solidarietà:

1) il creditore che rilascia a uno dei debitori quietanza per la parte di lui senza alcuna riserva [1199, 1237];

2) il creditore che ha agito giudizialmente contro uno dei debitori per la parte di lui, se questi ha aderito alla domanda, o se è stata pronunciata una sentenza di condanna.

■ Codice civile del 1865: *Art. 1195. Il creditore che acconsente alla divisione del debito a favore di uno dei condebitori, conserva la sua azione in solido contro gli altri per l'intero credito.*

Art. 1196. Il creditore che riceve separatamente la parte di uno dei debitori senza riservarsi nella quietanza l'obbligazione in solido o i suoi diritti in generale, non rinunzia all'obbligazione in solido se non riguardo a questo debitore.

Non si presume che il creditore abbia liberato il debitore dall'obbligazioni. in solido, quando ha ricevuto da questo una somma eguale alla sua parte, se la quitanza non dichiara che la riceve per la sua parte.

Lo stesso ha luogo per la semplice domanda fatta contro uno dei condebitori per la sua parte, se questi non vi ha aderito, o se non è stata pronunziata una sentenza di condanna.

♦ Codice civile francese

Articolo 1211. *Il creditore che riceve in modo diviso la parte di uno dei debitori, senza riservare nella quietanza la solidarietà o i suoi diritti in generale, non rinuncia alla solidarietà che nei confronti di questo debitore, Il creditore non è considerato di rimettere la solidarietà al debitore quando riceve da lui una somma uguale alla porzione a cui è tenuto, se la quietanza non riporta che è per la sua parte. Accade lo stesso per la semplice domanda formata contro uno dei condebitori per la sua parte se questi non ha acconsentito alla domanda o se non è intervenuta una sentenza di condanna.*

1312. Pagamento separato dei frutti o degli interessi.

Il creditore che riceve, separatamente e senza riserva, la parte dei frutti o degli interessi che è a carico di uno dei debitori perde contro di lui l'azione in solido per i frutti o per gli interessi scaduti, ma la conserva per quelli futuri [1313].

■ Codice civile del 1865: *Art. 1197. Il creditore che riceve separatamente e senza riserva da uno dei condebitori la sua porzione dei frutti maturati o degli interessi del debito, rinunzia all'azione in solido pei frutti od interessi scaduti, ma non per quelli che hanno da scadere né pel capitale, eccetto che il pagamento separato siasi continuato per dieci anni consecutivi.*

♦ Codice civile francese

Articolo 1212. *Il creditore che riceve in modo diviso e senza riserva la porzione di uno dei condebitori negli arretrati o interessi del debito, non perde la solidarietà che per gli arretrati o interessi scaduti e non per quelli a scadere né per il capitale, a meno che il pagamento diviso non sia stato continuato per dieci anni consecutivi.*

1313. Insolvenza di un condebitore in caso di rinunzia alla solidarietà.

Nel caso di rinunzia del creditore alla solidarietà verso alcuno dei debitori [1236, 1311, 1312], se uno degli altri è insolvente, la sua parte di debito è ripartita per contributo tra tutti i condebitori, compreso quello che era stato liberato dalla solidarietà [1299].

■ Codice civile del 1865: *Art. 1200. Nel caso in cui il creditore ha rinunziato all'azione in solido verso alcuno dei debitori, se uno o più degli altri condebitori diventano non solventi, la porzione di questi è per contributo ripartita fra tutti i debitori, ed anche fra quelli che sono stati precedentemente liberati dall'obbligazione in solido per parte del creditore.*

♦ Codice civile francese

Articolo 1215. *Nel caso in cui il creditore ha rinunciato all'azione solidale verso uno dei debitori, se uno o più degli altri condebitori diviene insolvente la porzione degli insolventi sarà ripartita tra tutti i debitori anche tra quelli che in precedenza erano liberati dalla solidarietà dal creditore.*

Sezione IV
Delle obbligazioni divisibili e indivisibili

1314. Obbligazioni divisibili.
Se più sono i debitori o i creditori di una prestazione divisibile [1181] e la obbligazione non è solidale [752, 961, 1292, 1911], ciascuno dei creditori non può domandare il soddisfacimento del credito che per la sua parte, e ciascuno dei debitori non è tenuto a pagare il debito che per la sua parte [1295, 1509; c.p.c. 11][1].

[1] In materia di condomino cfr. art. 1123 c.c.

♦ Codice civile francese

Articolo 1216. *L'obbligazione che è suscettibile di divisione deve essere adempiuta come se fosse indivisibile. La divisibilità non ha applicazione che nei confronti dei loro eredi, che non possono domandare il debito o che non sono tenuti a pagarlo che per le parti di cui sono incaricati o a cui sono tenuti come rappresentanti del creditore o del debitore.*

♦ Codice civile tedesco

§ 420 Obbligazione divisibile. *Se più soggetti sono obbligati ad eseguire una prestazione divisibile o legittimati a richiedere l'esecuzione di una prestazione divisibile, nell'incertezza ciascuno debitore è tenuto solo all'adempimento dell'obbligazione in uguale proporzione, e ogni creditore è legittimato ad esigere solo l'adempimento dell'obbligazione in uguale proporzione.*

1315. Limiti alla divisibilità tra gli eredi del debitore.
Il beneficio della divisione non può essere opposto da quello tra gli eredi del debitore, che è stato incaricato [1703] di eseguire la prestazione [663, 754] o che è in possesso della cosa dovuta, se questa è certa e determinata [752].

■ Codice civile del 1865: *Art. 1205. La divisibilità fra gli eredi del debitore non è ammessa:*

1° Quando sia dovuto un corpo determinato;

2° Quando un solo degli eredi sia in forza del titolo incaricato dell'adempimento dell'obbligazione;

3° Quando risulti o dalla natura dell'obbligazione, o dalla cosa che ne forma l'oggetto, o dal fine che si è avuto di mira nel contratto, essere stata intenzione dei contraenti che il debito non potesse soddisfarsi partitamente.

Nei primi due casi l'erede che possiede la cosa dovuta o che è solo incaricato del debito, e nel terzo caso ciascun erede può essere convenuto per l'intero, salvo il regresso contro i coeredi.

1316. Obbligazioni indivisibili.
L'obbligazione è indivisibile, quando la prestazione ha per oggetto una cosa o un fatto che non è suscettibile di divisione per sua natura o per il modo in cui è stato considerato dalle parti contraenti [1317, 1772; c.p.c. 187].

■ Codice civile del 1865: *Art. 1202. È indivisibile l'obbligazione che ha per oggetto una cosa o un fatto non capace di divisione, ed eziandio quella che ha per oggetto una cosa o un fatto, il quale è bensì di sua natura divisibile ma cessa di essere tale, avuto riguardo al modo in cui lo considerarono le parti contraenti.*

Ogni altra obbligazione è divisibile.

1317. Disciplina delle obbligazioni indivisibili.
Le obbligazioni indivisibili [1316] sono regolate dalle norme relative alle obbligazioni solidali [1292-1313], in quanto applicabili, salvo quanto è disposto dagli articoli seguenti.

■ Codice civile del 1865: *Art. 1206. Coloro che hanno contratto congiuntamente un debito indivisibile, vi sono obbligati ciascuno per la totalità, ancorché l'obbligazione non sia stata contratta in solido.*

Lo stesso ha luogo riguardo agli eredi di colui che ha contratto una simile obbligazione.

♦ Codice civile tedesco

§ 431 Pluralità di debitori in caso di prestazione indivisibile. *Se più debitori sono tenuti ad eseguire una prestazione indivisibile, rispondono in qualità di debitori solidali.*

§ 432 Pluralità di creditori in caso di prestazione indivisibile. *(1) Se più creditori sono contitolari di un credito relativo ad una prestazione indivisibile, il debitore, salvo che non si tratti di creditori solidali, può adempiere l'obbligazione solo nei confronti di tutti in comune e ciascuno dei creditori può richiedere la prestazione solo nei confronti di tutti. Ciascun creditore può esigere che il debitore depositi la cosa dovuta con efficacia nei confronti di tutti i creditori ovvero, se il bene non è idoneo al deposito, la trasmetta ad un depositario nominato dal tribunale. (2) Per il resto, un fatto che si verifica solo in relazione ad uno dei creditori non ha efficacia in favore o contro i restanti creditori.*

1318. Indivisibilità nei confronti degli eredi.
L'indivisibilità opera anche nei confronti degli eredi del debitore o di quelli del creditore [752, 1295].

■ Codice civile del 1865: *Art. 1206. Coloro che hanno contratto congiuntamente un debito indivisibile, vi sono obbligati ciascuno per la totalità, ancorché l'obbligazione non sia stata contratta in solido.*

Lo stesso ha luogo riguardo agli eredi di colui che ha contratto una simile obbligazione.

♦ Codice civile francese

Articolo 1224. *Ogni erede del creditore può esigere in totalità l'adempimento dell'obbligazione indivisibile. Non può fare solo la rimessa della totalità del debito; non può ricevere solo il prezzo in luogo della cosa. Se uno degli eredi ha solo rimesso il debito o ricevuto il prezzo della cosa, il suo coerede non può domandare la cosa indivisibile che tenendo conto della porzione del coerede che ha fatto il pagamento o che ha ricevuto il prezzo.*

1319. Diritto di esigere l'intero.
Ciascuno dei creditori può esigere l'esecuzione dell'intera prestazione indivisibile [752, 1772 comma 2]. Tuttavia l'erede del creditore, che agisce per il soddisfacimento dell'intero credito, deve dare cauzione a garanzia dei coeredi [1179; c.p.c. 119].

■ Codice civile del 1865: *Art. 1207. Ciascun erede del creditore può esigere l'intera esecuzione dell'obbligazione indivisibile, coll'obbligo di dar cauzione idonea per l'indennità degli altri coeredi, ma non può egli solo rimettere il debito intero né ricevere il valore invece della cosa.*

Se uno solo fra gli eredi ha rimesso il debito o ricevuto il valore della cosa, il coerede non può domandare la cosa indivisibile, se non addebitandosi la porzione del coerede che ha fatto la rimessione ricevuto il valore.

1320. Estinzione parziale.

Se uno dei creditori ha fatto remissione del debito o ha consentito a ricevere un'altra prestazione in luogo di quella dovuta [1197], il debitore non è liberato verso gli altri creditori. Questi tuttavia non possono domandare la prestazione indivisibile se non addebitandosi ovvero rimborsando il valore della parte di colui che ha fatto la remissione o che ha ricevuto la prestazione diversa [1301].

La medesima disposizione si applica in caso di transazione [1304, 1965], novazione [1230, 1300], compensazione [1241, 1302] e confusione [1253, 1303].

■ Codice civile del 1865: *Art. 1207. Ciascun erede del creditore può esigere l'intera esecuzione dell'obbligazione indivisibile, coll'obbligo di dar cauzione idonea per l'indennità degli altri coeredi, ma non può egli solo rimettere il debito intero né ricevere il valore invece della cosa.*

Se uno solo fra gli eredi ha rimesso il debito o ricevuto il valore della cosa, il coerede non può domandare la cosa indivisibile, se non addebitandosi la porzione del coerede che ha fatto la rimessione ricevuto il valore.

TITOLO II
DEI CONTRATTI IN GENERALE

● Norme connesse:

- per i contratti del consumatore, D.Lgs. 6 settembre 2005, n. 206.
- per i contratti informatici, D.Lgs. 7 marzo 2005, n. 82 (Codice dell'amministrazione digitale).
- per i contratti della P.A., D.Lgs. 18 aprile 2016, n. 50.
- L. 18 dicembre 1984, n. 975 (Ratifica ed esecuzione della Convenzione sulla legge applicabile alle obbligazioni contrattuali, adottata a Roma il 19 giugno 1980); art. 57, L. 31 maggio 1995, n. 218 (Riforma del sistema italiano di diritto internazionale privato).

CAPO I
DISPOSIZIONI PRELIMINARI

● Norme connesse:

- artt. 55 ss., L.18 dicembre 1984, n. 975; artt. 1-22, L. 31 maggio 1995, n. 218; artt. 121 ss., D.Lgs. 1 settembre 1993, n. 385; D.Lgs. 6 settembre 2005, n. 206.

1321. Nozione.

Il contratto [1173] è l'accordo di due o più parti [1420, 1446, 1459, 1466] per costituire, regolare o estinguere [1230, 1372] tra loro un rapporto giuridico patrimoniale [1174, 1322, 1326].

● Norme connesse:

- art. 1101 del codice napoleonico del 1804: *Il contratto è una convenzione mediante la quale una o più persone si obbligano, verso una o più persone, a dare, a fare o a non fare qualcosa.*
- sull'applicazione delle norme del codice civile ai contratti della P.A., art. 30, comma 8, D.Lgs. 18 aprile 2016, n. 50 (Codice dei contratti pubblici), Area IV, *Obbligazioni*, secondo cui: *Per quanto non espressamente previsto nel presente codice e negli atti attuativi, alle procedure di affidamento e alle altre attività amministrative in materia di contratti pubblici si applicano le disposizioni di cui alla legge 7 agosto 1990, n. 241, alla stipula del contratto e alla fase di esecuzione si applicano le disposizioni del codice civile.*
- sull'applicazione, in quanto compatibili, dei principi del codice civile sui contratti agli accordi tra p.a. e privati, art. 11, comma 2, L. 7 agosto 1990, n. 241, nel testo modificato dall'art. 1, comma 47, L. 6 novembre 2012, n. 190, secondo cui: *Gli accordi di cui al presente articolo debbono essere stipulati, a pena di nullità, per atto scritto, salvo che la legge disponga altrimenti. Ad essi si applicano, ove non diversamente previsto, i princìpi del codice civile in materia di obbligazioni e contratti in quanto compatibili. Gli accordi di cui al presente articolo devono essere motivati ai sensi dell'articolo 3.*
- sugli accordi tra pubbliche amministrazioni, art. 15, L. 7 agosto 1990, n. 241 che rinvia al precedente art. 11.
- sulla soggezione dell'attività non autoritativa della P.A. alle regole del diritto comune, art. 1, comma 1-*bis*, L. 7 agosto 1990, n. 241, che dispone: *La pubblica amministrazione, nell'adozione di atti di natura non autoritativa, agisce secondo le norme di diritto privato salvo che la legge disponga diversamente.*
- in materia di pubblico impiego privatizzato, art. 5, comma 2, del D.Lgs. 30 marzo 2001, n. 165, sostituito dall'art. 34, D.Lgs. 27 ottobre 2009, n. 150 e poi, da ultimo, modificato dall'art. 2, D.Lgs. 25 maggio 2017, n. 75, che dispone: *2. Nell'ambito delle leggi e degli atti organizzativi di cui all'articolo 2, comma 1, le determinazioni per l'organizzazione degli uffici e le misure inerenti alla gestione dei rapporti di lavoro, nel rispetto del principio di pari opportunità, e in particolare la direzione e l'organizzazione del lavoro nell'ambito degli uffici sono assunte in via esclusiva dagli organi preposti alla gestione con la capacità e i poteri del privato datore di lavoro, fatte salve la sola informazione ai sindacati ovvero le ulteriori forme di partecipazione, ove previsti nei contratti di cui all'articolo 9.*
- art. 33, comma 2, lett. m), D.Lgs. 6 settembre 2005, n. 206.
- v. D.Lgs. 9 aprile 2003, n. 70 sul contratto elettronico.
- v. artt. 79 ss., c.c. e artt. 587 ss., c.c.

■ Codice civile del 1865: *Art. 1098. Il contratto è l'accordo di due o più persone per costituire, regolare o sciogliere fra loro un vincolo giuridico.*

Art. 1099. Il contratto è bilaterale, quando i contraenti si obbligano reciprocamente gli uni verso gli altri.

Art. 1100. Il contratto è unilaterale, quando una o più persone si obbligano verso una o più persone, senza che queste ultime incontrino alcuna obbligazione.

Art. 1101. È a titolo oneroso quel contratto nel quale ciascuno dei contraenti intende, mediante equivalente, procurarsi un vantaggio; a titolo gratuito o di beneficenza quello in cui uno dei contraenti intende procurare un vantaggio all'altro senza equivalente.

Art. 1102. È contratto di sorte o aleatorio, quando per ambidue i contraenti o per l'uno di essi il vantaggio dipende da un avvenimento incerto.

Tali sono il contratto di assicurazione, il prestito a tutto rischio, il giuoco, la scommessa e il contratto vitalizio.

♦ Regolamento (CE) n. 593/2008 del Parlamento europeo e del Consiglio del 17 giugno 2008 sulla legge applicabile alle obbligazioni contrattuali (Roma I)

Articolo 3. Libertà di scelta. *1. Il contratto è disciplinato dalla legge scelta dalle parti. La scelta è espressa o risulta chiaramente dalle disposizioni del contratto o dalle circostanze del caso. Le parti possono designare la legge applicabile a tutto il contratto ovvero a una parte soltanto di esso.*

2. Le parti possono convenire, in qualsiasi momento, di sottoporre il contratto ad una legge diversa da quella che lo disciplinava in precedenza per effetto di una scelta anteriore effettuata ai sensi del presente articolo o per effetto di altre disposizioni del presente regolamento. Qualsiasi modifica relativa alla determinazione della legge applicabile, intervenuta posteriormente alla conclusione del contratto, non ne inficia la validità formale ai sensi dell'articolo 11 e non pregiudica i diritti dei terzi.

3. Qualora tutti gli altri elementi pertinenti alla situazione siano ubicati, nel momento in cui si opera la scelta, in un paese diverso da quello la cui legge è stata scelta, la scelta effettuata dalle parti fa salva l'applicazione delle disposizioni alle quali la legge di tale diverso paese non permette di derogare convenzionalmente.

4. Qualora tutti gli altri elementi pertinenti alla situazione siano ubicati, nel momento in cui si opera la scelta, in uno o più Stati membri, la scelta di una legge applicabile diversa da quella di uno Stato membro ad opera delle parti fa salva l'applicazione delle disposizioni di diritto comunitario, se del caso, come applicate nello Stato membro del foro, alle quali non è permesso derogare convenzionalmente.

5. L'esistenza e la validità del consenso delle parti sulla legge applicabile sono disciplinate dagli articoli 10, 11 e 13.

♦ Codice europeo dei contratti

Art. 1. Definizione. *1. Il contratto è l'accordo di due o più parti volto a costituire, regolare, modificare o estinguere un rapporto giuridico che può comportare obblighi ed altri effetti anche a carico di una sola parte.*

2. Salvo quanto previsto nelle disposizioni seguenti, l'accordo si forma anche mediante comportamenti concludenti, attivi od omissivi, quando ciò sia conforme ad intese precedenti, o agli usi o a buona fede.

♦ Codice civile francese

Articolo 1101. *Il contratto è l'accordo attraverso cui una persona o più persone si obbligano verso una o più persone a dare, a fare o a non fare qualsiasi cosa.*

1322. Autonomia contrattuale.

Le parti possono liberamente determinare il contenuto del contratto nei limiti imposti dalla legge [Cost. 41] [e dalle norme corporative] [1321][1].

Le parti possono anche concludere contratti che non appartengano ai tipi aventi una disciplina particolare [1323], purché siano diretti a realizzare interessi meritevoli di tutela secondo l'ordinamento giuridico [1343, 2035, 2645-*ter*].

[1] Le parole in parentesi sono da ritenersi abrogate dal R.D.L. 9 agosto 1943, n. 721.

● Norme connesse:

- art. 13, L. 15 settembre 1964, n. 756 e art. 27, L. 3 maggio 1982, n. 203.
- art. 1, commi 139-140, L. 4 agosto 2017, n. 124, in tema di *leasing*.
- art. 1, L. 6 maggio 2004, n. 129, in tema di *franchising*.
- artt. 1 e ss., L. 16 ottobre 1989, n. 364, di ratifica della Convenzione dell'Aja del 1985 sul trust.
- L. 22 giugno 2017, n. 112, recante "*Disposizioni in materia di assistenza in favore delle persone con disabilità grave prive del sostegno familiare*", in tema di affidamento fiduciario.
- art. 23, D.Lgs. 24 febbraio 1998, n. 58, in tema di contratto-quadro.

♦ Unidroit

Articolo 1.1 Libertà contrattuale. *Le parti sono libere di concludere un contratto e di determinarne il contenuto.*

♦ Codice europeo dei contratti

Art. 2. Autonomia contrattuale. *1. Le parti possono liberamente determinare il contenuto del contratto entro i limiti imposti dalle norme imperative, dal buon costume, dall'ordine pubblico, quali definiti nel presente codice, nel diritto comunitario, o nelle leggi nazionali degli Stati-membri dell'Unione europea, purché non perseguano unicamente lo scopo di nuocere ad altri.*

2. Entro i limiti di cui al comma precedente le parti possono concludere contratti che non sono disciplinati da questo codice, anche mediante la combinazione di schemi legali differenti e il collegamento fra più atti.

♦ I principi di diritto europeo dei contratti

Articolo 1:102: Autonomia contrattuale. *(1) Le parti sono libere di stipulare contratti e di determinarne il contenuto, nel rispetto della buona fede e della correttezza nonché delle norme imperative contenute nei Principi.*

(2) Le parti possono escludere l'applicazione di una qualsiasi norma contenuta nei Principi o derogarvi o modificarne gli effetti, salvo che non sia altrimenti previsto nei Principi.

♦ Codice civile tedesco

§154 Palese mancanza di accordo; difetto di certificazione. *Ove le parti non si siano accordate su tutti i punti di un contratto, sui quali anche in base alla dichiarazione di una sola parte deve sussistere l'accordo, il contratto nel dubbio non è concluso.*

§ 155 Mancanza occulta di accordo. *Qualora le parti di un contratto, che esse ritengono concluso, non abbiano in realtà trovato un accordo su un punto sul quale avrebbero dovuto trovare un accordo, si applica quanto concordato, laddove possa ritenersi che il contratto sarebbe stato concluso comunque anche senza un accordo su quel punto.*

§ 314 Rapporti obbligatori negoziati e simili a quelli negoziati. *Per instaurare un rapporto obbligatorio mediante negozio giuridico o per modificare il contenuto di un rapporto obbligatorio è richiesto un contratto tra le parti se ed in quanto la legge non disponga diversamente.*

♦ Codice civile francese

Articolo 1102 *Ciascuno è libero di contrarre e di non contrarre, di scegliere il suo contraente e di determinare il contenuto e la forma del contratto nei limiti fissati dalla legge. La libertà contrattuale non permette di derogare alle regole che interessano l'ordine pubblico.*

CODICE CIVILE

1323. Norme regolatrici dei contratti.
Tutti i contratti, ancorché non appartengano ai tipi che hanno una disciplina particolare [1322, 2249], sono sottoposti alle norme generali contenute in questo titolo.

■ Codice civile del 1865: *Art. 1103. I contratti abbiano o non abbiano una particolare denominazione propria, sono sottoposti a regole generali, le quali formano l'oggetto di questo titolo.*
Le regole particolari a certi contratti civili sono stabilite nei titoli relativi a ciascuno di essi e quelle proprie delle contrattazioni commerciali nel codice di commercio.

♦ Codice europeo dei contratti
Art. 3. Norme generali e speciali applicabili ai contratti. *1. I contratti, sia che abbiano in questo codice una denominazione propria, sia che non l'abbiano, sono sottoposti alle regole generali contenute nel presente libro.*
2. Le regole relative ai contratti che in questo codice hanno una denominazione propria si applicano in via analogica a quelli che non l'hanno.

♦ Codice civile francese
Articolo 1107. *I contratti, sia che abbiano una denominazione propria, sia che non l'abbiano, sono soggetti a delle regole generali che sono oggetto del presente titolo. Le regole particolari per alcuni contratti sono stabilite sotto i titoli relativi a ciascuno di loro; e le regole particolari sulle transazioni commerciali sono stabilite dalle leggi relative al commercio:*

1324. Norme applicabili agli atti unilaterali.
Salvo diverse disposizioni di legge, le norme che regolano i contratti si osservano, in quanto compatibili [1352], per gli atti unilaterali tra vivi aventi contenuto patrimoniale [482, 470, 482, 483, 526, 1174, 1322, 1334, 1414, 1503, 1987, 2328, comma 1, 2463, comma 1, 2730, 2732, 2821, 2878, 2882].

♦ Codice europeo dei contratti
Art. 4. Disciplina degli atti unilaterali. *Salvo disposizioni contrarie del presente codice o comunitarie o in vigore come precetti imperativi negli Stati-membri dell'Unione europea, le norme seguenti in materia di contratti devono essere osservate, in quanto compatibili, per gli atti unilaterali che sono compiuti in vista della stipulazione di un contratto o nel corso del rapporto che da questo deriva, anche per provocarne l'estinzione o l'invalidazione.*

CAPO II
DEI REQUISITI DEL CONTRATTO

1325. Indicazione dei requisiti.
I requisiti del contratto [1418] sono:
1) l'accordo delle parti [1326];
2) la causa [1362, comma 1];
3) l'oggetto [1346];
4) la forma, quando risulta che è prescritta dalla legge sotto pena di nullità [1350, 1351, 1352, 1392, 2328, 2463].

● Norme connesse:
- art. 62, D.L. 24 gennaio 2012, n. 1, convertito in L. 24 marzo 2012, n. 27 (Disposizioni urgenti per la concorrenza, lo sviluppo delle infrastrutture e la competitività); art. 9, L.18 dicembre 1984, n. 975.
- artt. 1174, 1256, 1463, c.c.

■ Codice civile del 1865: *Art. 1104. I requisiti essenziali per la validità di un contratto sono: La capacità di contrattare; Il consenso valido dei contraenti;*
Un oggetto determinato che possa essere materia di convenzione;
Una causa lecita per obbligarsi.

♦ Unidroit
Articolo 1.2 Libertà di forma. *Nessuna disposizione di questi Principi richiede che un contratto, dichiarazione o qualunque altro atto sia fatto o provato in una forma particolare. Esso può essere provato con qualsiasi mezzo, inclusi i testimoni.*

♦ Codice europeo dei contratti
Art. 5. Capacità di contrattare ed elementi essenziali del contratto. *1. Salvo diversa disposizione che stabilisca un'età inferiore, il contratto può essere concluso da una persona fisica che ha compiuto gli anni diciotto, oppure che è stata emancipata ed ha conseguito le autorizzazioni richieste dalla sua legge nazionale.*
2. Il contratto concluso da un minore non emancipato, da una persona dichiarata legalmente incapace o che non sia anche transitoriamente in condizione di intendere e di volere può essere annullato come previsto dall'art. 150.
3. Sono elementi essenziali del contratto: a) l'accordo delle parti; b) il contenuto.
4. Una forma speciale è necessaria solo nei casi e ai fini indicati nelle norme del presente codice.

♦ I principi di diritto europeo dei contratti
Art. 2:101: Requisiti dell'accordo delle parti. *(1) Il contratto è concluso quando (a) le parti hanno manifestato la volontà di vincolarsi giuridicamente e (b) hanno raggiunto un accordo sufficiente.*
Non è richiesto alcun altro requisito.
(2) Né la conclusione né la prova del contratto necessita della forma scritta o di altro requisito di forma. La prova del contratto può essere data con qualsiasi mezzo, compresa la testimonianza.

♦ Codice civile francese
Articolo 1128 *Sono necessari ai fini della validità del contratto: il consenso delle parti; la loro capacità di contrarre; un contenuto lecito e determinato.*

Sezione I
Dell'accordo delle parti

1326. Conclusione del contratto.
Il contratto è concluso nel momento in cui chi ha fatto la proposta ha conoscenza dell'accettazione dell'altra parte [782, 1328, 1330, 1333, 1335, 1401].

L'accettazione deve giungere al proponente nel termine da lui stabilito o in quello ordinariamente necessario secondo la natura dell'affare o secondo gli usi [1362, 1328 comma 2, 2964].

Il proponente può ritenere efficace l'accettazione tardiva, purché ne dia immediatamente avviso all'altra parte [1175, 1457].

Qualora il proponente richieda per l'accettazione una forma determinata, l'accettazione non ha effetto se è data in forma diversa [1352].

Un'accettazione non conforme alla proposta equivale a nuova proposta [1335, 1336].

● Norme connesse:

- artt. 46-68 ss. D.Lgs. 6 settembre 2005, n. 206 (Codice del consumo); artt. 12 e 13, D.Lgs. 9 aprile 2003, n. 70, con riguardo al commercio elettronico; art. 32, comma 2, D.Lgs. 18 aprile 2016, n. 50 (Codice dei contratti pubblici); art. 19, R.D. 18 novembre 1923, n. 2440, che dispone: «*Gli atti di aggiudicazione definitiva ed i contratti, anche se stipulati per corrispondenza ai sensi del precedente art. 17, non sono obbligatori per l'amministrazione, finché non sono approvati dal ministro o dall'ufficiale all'uopo delegato e non sono eseguibili che dopo l'approvazione.*

L'approvazione dei contratti pei quali sia richiesto il parere del Consiglio di Stato deve essere data con decreto ministeriale. Il decreto sarà motivato quando non sia seguito in tutto o in parte tale parere.

I decreti di approvazione dei contratti di importo eccedente i 10.329,14 euro sono sottoposti alla registrazione preventiva della Corte dei conti.

Per il medesimo oggetto non possono essere formati più contratti, salve speciali necessità da farsi constare nel decreto di approvazione del contratto.

Quando si tratti di oggetti che, per la loro natura o per il luogo in cui si effettua la vendita, debbono essere immediatamente consegnati all'acquirente, il ministro può conferire all'autorità che presiede l'asta la facoltà di approvare e rendere eseguibile il contratto».

■ Codice del commercio del 1882: *Art. 36. Il contratto bilaterale tra persone lontane non è perfetto, se l'accettazione non giunga a notizia del proponente nel termine da lui stabilito, o nel termine ordinariamente necessario allo scambio della proposta e dell'accettazione, secondo la qualità del contratto e gli usi generali del commercio. Il proponente può ritenere efficace anche un'accettazione giunta in ritardo, purché ne dia immediatamente avviso all'accettante.*

Qualora poi il proponente richieda l'esecuzione immediata del contratto ed una preventiva risposta di accettazione non sia domandata, e per la qualità del contratto non sia necessaria secondo gli usi generali del commercio, il contratto è perfetto appena l'altra parte ne abbia impresa l'esecuzione.

Sino a che il contratto non è perfetto, la proposta e l'accettazione sono rivocabili; ma sebbene la rivocazione impedisca la perfezione del contratto, tuttavia, se essa giunga a notizia dell'altra parte dopo che questa ne ha impresa l'esecuzione, il rivocante è tenuto al risarcimento dei danni.

Nei contratti unilaterali le promesse sono obbligatorie appena giungano a notizia della parte cui sono fatte.

Art. 37. Un'accettazione condizionata o limitata equivale a rifiuto della proposta accompagnato da nuova proposta.

♦ Unidroit

Articolo 2.1.1 Modo di formazione. *Un contratto può essere concluso sia con l'accettazione dell'offerta, sia con un comportamento delle parti che dimostri con sufficiente certezza il raggiungimento dell'accordo.*

Articolo 2.1.2 Definizione di offerta. *Una proposta di concludere un contratto costituisce offerta se è sufficientemente precisa e se indica l'intenzione del proponente di obbligarsi in caso di accettazione.*

Articolo 2.1.6 Accettazione. *(1) Una dichiarazione od altro comportamento tenuto dal destinatario indicante il suo consenso ad un'offerta costituisce accettazione. Il silenzio o l'inerzia, di per sé, non equivalgono ad accettazione.*

(2) L'accettazione di un'offerta produce effetto nel momento in cui l'indicazione del consenso perviene al proponente.

(3) Tuttavia, se, in virtù dell'offerta o in conseguenza delle pratiche che le parti hanno instaurato tra loro o degli usi, il destinatario dell'offerta può manifestare il suo consenso compiendo un atto senza darne notizia al proponente, l'accettazione produce effetto nel momento in cui l'atto è compiuto.

Articolo 2.1.7 Termine per l'accettazione. *Un'offerta deve essere accettata entro il termine stabilito dal proponente o, se nessun termine è previsto, entro un periodo di tempo ragionevole, avuto riguardo alle circostanze dell'affare, inclusa la rapidità dei mezzi di comunicazione utilizzati dal proponente. Un'offerta verbale deve essere accettata immediatamente a meno che dalle circostanze non risulti altrimenti*

Articolo 2.1.11 Accettazione non conforme all'offerta. *Una risposta ad un'offerta volta ad essere un'accettazione, ma che contiene aggiunte, limitazioni o altre modificazioni è un rifiuto dell'offerta e vale come controproposta*

Tuttavia, una risposta ad un'offerta volta ad essere una accettazione, ma che contiene clausole aggiunte o difformi che non alterano sostanzialmente i termini dell'offerta, costituisce accettazione, a meno che l'autore dell'offerta, senza ritardo ingiustificato, non si opponga a queste differenze. In caso contrario, il contenuto del contratto è il contenuto dell'offerta con le modificazioni aggiunte nell'accettazione.

♦ Codice europeo dei contratti

Art. 11. Proposta verbale e sua accettazione. *1. La proposta verbale di concludere un contratto, anche se accompagnata da un documento consegnato contestualmente alla controparte presente, deve essere accettata subito, a meno che dalle intese o dalle circostanze risulti diversamente.*

2. Se la proposta può essere accettata successivamente o viene fatta per telefono, il contratto si intende concluso nel momento e nel luogo in cui il proponente viene o debba considerarsi a conoscenza dell'accettazione.

Art. 12. Proposta scritta e sua accettazione. *1. Quando una parte invia ad un'altra con un mezzo qualsiasi la proposta scritta di concludere un contratto, questo si considera concluso nel momento e nel luogo in cui il proponente viene o debba considerarsi a conoscenza dell'accettazione della controparte.*

2. Se la proposta è rivolta a più soggetti determinati, il contratto è concluso nel momento e nel luogo in cui il proponente viene o debba considerarsi a conoscenza dell'accettazione di uno di essi, salvo sia precisato nella proposta o possa ragionevolmente desumersi dalla medesima o dalle circostanze che la proposta stessa decade se non venga accettata da tutti i destinatari o da un certo numero di essi. In questa seconda ipotesi il contratto é concluso nel momento e nel luogo in cui il proponente viene o debba considerarsi a conoscenza dell'ultima accettazione.

Art. 13. Nozioni di proposta e di invito a fare una proposta. *1. Una dichiarazione che mira alla conclusione di un contratto vale come proposta se contiene tutte le condizioni del contratto da stipulare o idonee indicazioni circa la determinabilità del contenuto, così da essere suscettibile di un'accettazione pura e semplice, e se inoltre esprime, almeno implicitamente, la volontà del proponente di considerarsi vincolato in caso di accettazione.*

2. Una dichiarazione che non ha i requisiti di cui al comma che precede o è rivolta a persone indeterminate e ha il carattere di una comunicazione pubblicitaria non costituisce una proposta e non è quindi suscettibile di essere accettata, ma costituisce un invito a fare una proposta, salvo che essa contenga una promessa a favore di chi compia un atto o riveli l'esistenza di una determinata situazione; nel qual caso costituisce una promessa al pubblico ai fini e per gli effetti di cui all'art. 23.

Art. 14. Efficacia della proposta. *1. La proposta non è efficace finché non giunge al destinatario di essa e può fino a questo momento essere ritirata dal proponente anche se egli l'ha dichiarata irrevocabile per iscritto o tale deve ritenersi ai sensi dell'art. 17.*

2. Essa conserva la sua efficacia fino a quando viene revocata, o rifiutata, o viene meno per decadenza.

Art. 16. Accettazione. *1. L'accettazione è costituita da una dichiarazione o da un comportamento che esprimono chiaramente la volontà di concludere il contratto in modo conforme alla proposta.*

2. L'accettazione produce effetto nel momento in cui il proponente ne viene a conoscenza.

3. Il silenzio e l'inerzia costituiscono accettazione solo se: a) ciò è previamente concordato fra le parti, o è desumibile dall'esistenza di rapporti fra di esse intervenuti, dalle circostanze o dagli usi; b) la proposta è diretta a concludere un contratto da cui derivano effetti solo a carico del proponente.

4. Nel caso di cui alla lett. b) del comma precedente, il destinatario può rifiutare la proposta nel termine richiesto dalla natura dell'affare o dagli usi. In mancanza di tale rifiuto il contratto è concluso.

5. Il proponente, dando una conferma immediata alla controparte, può considerare concluso il contratto sulla base di una accettazione di cui egli viene a conoscenza in data successiva al termine di cui all'art. 15 comma 3, o che non gli viene data nella forma o secondo le modalità richieste nella proposta.

6. Una accettazione non conforme alla proposta comporta il rifiuto della stessa e costituisce una nuova proposta, salvo quanto previsto nel comma successivo.

7. Se l'accettazione contiene delle clausole diverse, che però non determinano una sostanziale modifica della proposta concernendo aspetti marginali del rapporto, e il proponente non comunica prontamente il suo dissenso circa tali modifiche, il contratto si intende concluso in senso conforme all'accettazione.

8. L'accettazione può essere ritirata, purché la relativa dichiarazione giunga al proponente prima o contemporaneamente all'accettazione stessa.

♦ I principi di diritto europeo dei contratti

Sezione seconda: Proposta e accettazione

Art. 2:201: Proposta. *(1) Una offerta ammonta a proposta quando: a) è volta alla conclusione di un contratto se l'altra parte la accetta e b) contiene clausole sufficientemente precise ai fini della conclusione del contratto.*

(2) La proposta può essere rivolta a una o più persone determinate o al pubblico.

(3) L'offerta di beni o servizi a un prezzo determinato fatta da un professionista mediante pubblicità o cataloghi o con l'esposizione di beni si presume proposta di vendita o di fornitura a quel prezzo fino a quando la scorta dei beni offerti o la capacità dell'offerente di fornire il servizio sia esaurita.

Art. 2:204: Accettazione. *(1) Dichiarazioni in qualunque forma o comportamenti dell'oblato che indichino accoglimento della proposta costituiscono accettazione.*

(2) Il silenzio o la passività per sé sola non costituisce accettazione.

Art. 2:205: Conclusione del contratto. *(1) Nel caso di spedizione dell'accettazione, il contratto è concluso quando l'accettazione da parte dell'oblato perviene al proponente.*

(2) Nel caso di accettazione mediante esecuzione, il contratto è concluso quando la comunicazione dell'esecuzione perviene al proponente.

(3) Se in virtù della proposta, o di pratiche che le parti hanno instaurato tra loro o degli usi l'accettazione può avvenire mediante esecuzione di cui non debba essere data comunicazione al proponente, il contratto è concluso quando ha inizio l'esecuzione.

Art. 2:206: Termine per l'accettazione. *(1) L'accettazione deve pervenire al proponente nel termine da lui stabilito.*

(2) Se il proponente non ha fissato alcun termine l'accettazione gli deve pervenire entro un termine ragionevole.

(3) Nel caso di accettazione mediante esecuzione secondo l'art. 2:205 (3), l'esecuzione deve iniziare entro il termine fissato dal proponente per l'accettazione o, in mancanza di esso, entro un termine ragionevole.

Art. 2:207: Accettazione tardiva. *(1) Un'accettazione tardiva è ugualmente efficace se senza indugio il proponente informa l'oblato che la considera tale.*

(2) Se una lettera o altro scritto contenente una accettazione tardiva è stata spedita in circostanze tali che se la trasmissione fosse stata normale essa sarebbe pervenuta al proponente entro il termine dovuto, l'accettazione tardiva ha effetto come accettazione salvo che, senza indugio, il proponente renda noto all'oblato che considera la proposta ormai perenta.

Art. 2:208: Accettazione non conforme. *(1) Una risposta dell'oblato che contiene o comporta condizioni aggiuntive o diverse che modificano in maniera sostanziale quelle contenute nella proposta costituisce un rigetto di questa e una nuova proposta.*

(2) Una risposta che contenga una adesione chiara alla proposta vale come accettazione anche se contiene o comporta condizioni aggiuntive o diverse quando queste non modificano in maniera sostanziale le condizioni della proposta. In tal caso le condizioni aggiuntive o diverse entrano a far parte del contenuto del contratto.

(3) Una risposta di tal genere sarà però considerata come rigetto della proposta se: (a) la proposta espressamente limita l'accettazione alle condizioni della proposta; o (b) il proponente senza indugio si oppone alle condizioni aggiuntive o diverse; o (c) l'oblato condiziona la propria accettazione all'adesione del proponente alle condizioni aggiuntive o diverse e tale adesione non perviene all'oblato entro un termine ragionevole.

♦ Codice civile tedesco

§ 147 Termine per accettare. *(1) La proposta fatta ad un soggetto presente può essere accettata solo immediatamente. Lo stesso vale anche per la proposta fatta telefonicamente o per mezzo di altro strumento tecnico direttamente da una persona all'altra. (2) La proposta fatta a persona assente può essere accettata soltanto fino al momento in cui il proponente, in circostanze normali, può ragionevolmente aspettarsi la risposta.*

§ 148 Ricorrenza di un termine per accettare. *Se il proponente ha previsto un termine entro il quale deve accettarsi la proposta, l'accettazione può essere fatta solo entro quel termine.*

§ 149 Accettazione tardiva. *Se la dichiarazione di accettazione giunta tardivamente al proponente è stata inviata in modo tale che, con una spedizione regolare, il proponente l'avrebbe ricevuta in tempo e se il proponente avrebbe dovuto accorgersene, questi è tenuto a comunicare il ritardo all'accettante subito dopo aver ricevuto la dichiarazione, nel caso in cui non l'abbia fatto prima. Se invece egli temporeggia nella spedizione di tale comunicazione, l'accettazione si considera non tardiva.*

§ 150 Accettazione tardiva e accettazione con modifiche. *(1) L'accettazione tardiva di una proposta vale come nuova proposta. (2) Un'accettazione con ampliamenti, limitazioni o altre modifiche vale come rifiuto collegato ad una nuova proposta.*

♦ Codice civile francese

Articolo 1113 *Il contratto è formato dall'incontro di una offerta e di una accettazione per le quali le parti manifestano la loro volontà di impegnarsi. Questa volontà può risultare da una dichiarazione o da un comportamento non equivoco del suo autore.*

Articolo 1114 *L'offerta fatta ad un soggetto determinato od indeterminato, comprende gli elementi essenziali del contratto ed esprime la volontà del suo autore di essere vincolato in caso di accettazione. In difetto sussiste solo un invito ad entrare in negoziazione.*

Articolo 1118 *L'accettazione è la manifestazione di volontà del suo autore di essere vincolato nei termini dell'offerta.*

Articolo 1120 *Il silenzio non equivale ad accettazione salvo che non sia previsto diversamente dalla legge, dagli usi, dalle relazioni d'affari e dalle circostanze particolari.*

Articolo 1121 *Il contratto è concluso quando l'accettazione giunge all'offerente. Sì considera il luogo in cui è giunta l'accettazione.*

1327. Esecuzione prima della risposta dell'accettante.

Qualora, su richiesta del proponente o per la natura dell'affare o secondo gli usi, la prestazione debba eseguirsi senza una preventiva risposta, il contratto è concluso nel tempo e nel luogo in cui ha avuto inizio l'esecuzione.

L'accettante deve dare prontamente avviso [1326] all'altra parte [1395] della iniziata esecuzione [1175] e in mancanza, è tenuto al risarcimento del danno.

● Norme connesse:

- v. artt. 476, 684, 923, 1444, comma 2, c.c.

■ Codice del commercio del 1882: *Art. 36. Il contratto bilaterale tra persone lontane non è perfetto, se l'accettazione non giunga a notizia del proponente nel termine da lui stabilito, o nel termine ordinariamente necessario allo scambio della proposta e dell'accettazione, secondo la qualità del contratto e gli usi generali del commercio. Il proponente può ritenere efficace anche un'accettazione giunta in ritardo, purché ne dia immediatamente avviso all'accettante.*

Qualora poi il proponente richieda l'esecuzione immediata del contratto ed una preventiva risposta di accettazione non sia domandata, e per la qualità del contratto non sia necessaria secondo gli usi generali del commercio, il contratto è perfetto appena l'altra parte ne abbia impresa l'esecuzione.

Sino a che il contratto non è perfetto, la proposta e l'accettazione sono rivocabili; ma sebbene la rivocazione impedisca la perfezione del contratto, tuttavia, se essa giunga a notizia dell'altra parte dopo che questa ne ha impresa l'esecuzione, il rivocante è tenuto al risarcimento dei danni.

Nei contratti unilaterali le promesse sono obbligatorie appena giungano a notizia della parte cui sono fatte.

1328. Revoca della proposta e dell'accettazione.

La proposta può essere revocata finché il contratto non sia concluso [782, 1329, 1887]. Tuttavia, se l'accettante ne ha intrapreso in buona fede [1337, 1366, 1375] l'esecuzione [1327] prima di avere notizia della revoca, il proponente è tenuto a indennizzarlo [843, 924, 925, 1038, 1053, 2045, 2047] delle spese e delle perdite subite per l'iniziata esecuzione del contratto [1337].

L'accettazione può essere revocata, purché la revoca giunga a conoscenza [1335] del proponente prima dell'accettazione [1326 comma 2, 1329, 1335, 1336].

● Norme connesse:

- per la revocabilità della proposta di contatto di assicurazione sulla vita, art. 176, D.Lgs. 7 settembre 2005, n. 209 (Codice delle assicurazioni private).

- v. artt. 1334 e 1336 c.c.

■ Codice del commercio del 1882: *Art. 36. Il contratto bilaterale tra persone lontane non è perfetto, se l'accettazione non giunga a notizia del proponente nel termine da lui stabilito, o nel termine ordinariamente necessario allo scambio della proposta e dell'accettazione, secondo la qualità del contratto e gli usi generali del commercio. Il proponente può ritenere efficace anche un'accettazione giunta in ritardo, purché ne dia immediatamente avviso all'accettante.*

Qualora poi il proponente richieda l'esecuzione immediata del contratto ed una preventiva risposta di accettazione non sia domandata, e per la qualità del contratto non sia necessaria secondo gli usi generali del commercio, il contratto è perfetto appena l'altra parte ne abbia impresa l'esecuzione.

Sino a che il contratto non è perfetto, la proposta e l'accettazione sono rivocabili; ma sebbene la rivocazione impedisca la perfezione del contratto, tuttavia, se essa giunga a notizia dell'altra parte dopo che questa ne ha impresa l'esecuzione, il rivocante è tenuto al risarcimento dei danni.

Nei contratti unilaterali le promesse sono obbligatorie appena giungano a notizia della parte cui sono fatte.

♦ Unidroit

Articolo 2.1.4 Revoca dell'offerta. *(1) Finché un contratto non è concluso un'offerta può essere revocata se la revoca perviene al destinatario prima che questi abbia spedito l'accettazione.*

(2) Tuttavia, un'offerta non può essere revocata: a) se indica, fissando un termine per l'accettazione o altrimenti, che è irrevocabile; o (b) se è ragionevole per il destinatario considerare l'offerta irrevocabile e se questi ha agito di conseguenza.

Articolo 2.1.10 Ritiro dell'accettazione. *L'accettazione può essere ritirata se il ritiro perviene al proponente prima del momento in cui l'accettazione avrebbe prodotto effetto o nello stesso momento.*

♦ Codice europeo dei contratti

Articolo 15 Revoca, rifiuto, decadenza della proposta. *1. La proposta può essere revocata fino a che il destinatario di essa non ha spedito la sua accettazione.*

2. La proposta, anche se irrevocabile, cessa di avere effetto dal momento in cui giunge al proponente una dichiarazione di rifiuto di essa da parte del destinatario, anche se abbinata ad una controproposta.

3. Salvo quanto disposto dall'art. 11 comma 1 e dall'art. 16 comma 5, una proposta, anche se irrevocabile, perde la sua efficacia per decadenza: a) alla scadenza del termine indicato per l'accettazione, se questa non è intervenuta secondo le modalità e nel rispetto delle forme fissate nella proposta o previste dalla legge o dagli usi; b) se non è indicato alcun termine, dopo il decorso di un periodo di tempo che può considerarsi ragionevole, tenuto conto della natura dell'affare, degli usi, nonché della rapidità dei mezzi di comunicazione utilizzati.

4. Il ritardo con cui la proposta giunge al destinatario, se è imputabile al proponente, proroga ragionevolmente il termine di decadenza.

♦ I principi di diritto europeo dei contratti

Art. 2:202: Revoca della proposta. *(1) La proposta può essere revocata se la revoca giunge al destinatario prima che esso abbia spedito la sua accettazione o, in caso di accettazione mediante esecuzione, prima che il contratto sia concluso secondo l'articolo 2:205 (2) o (3).*

(2) L'offerta al pubblico può essere revocata nella stessa maniera in cui è stata fatta. (3) La revoca della proposta comunque non produce effetto se: a) la proposta era irrevocabile; o b) era stato fissato un termine per l'accettazione; o c) l'oblato ha potuto ragionevolmente ritenere che la proposta fosse irrevocabile e ha agito sulla base di tale affidamento.

Art. 2:203: Rifiuto della proposta. *La proposta perde efficacia quando il rifiuto di essa perviene al proponente.*

♦ Codice civile tedesco

§ 146 Estinzione della proposta. *La proposta si estingue nel momento in cui viene rifiutata allo stesso proponente, ovvero quando non sia stata tempestivamente comunicata al proponente l'accettazione secondo i §§ da 147 a 149.*

§ 109 Diritto di revoca della controparte. *(1) Fino alla successiva approvazione del contratto l'altra parte è legittimata alla revoca. La revoca può anche essere dichiarata al minore stesso. (2) Qualora l'altra parte sia a conoscenza della minore età del contraente, può esercitare la revoca solo se il minore ha falsamente dichiarato l'esistenza del consenso del rappresentante; non può comunque revocare se al momento della conclusione del contratto conosceva la mancanza del consenso.*

♦ Codice civile francese

Articolo 1115 *L'offerta può essere ritirata liberamente finché non è pervenuta al suo destinatario.*

Articolo 1116 *L'offerta non può essere ritirata prima dello scadere del termine fissato dal suo autore, o in mancanza, di un termine ragionevole. La revoca dell'offerta in violazione di questo divieto impedisce la conclusione del contratto. Questa determina la responsabilità extracontrattuale del suo autore nelle condizioni di diritto comune senza obbligarlo a risarcire la parte dei vantaggi attesi dal contratto.*

Articolo 1118 *Il comma Finche l'accettazione non è giunta al proponente può essere liberamente revocata purché la ritrattazione giunga al proponente prima dell'accettazione. L'accettazione non conforme all'offerta è senza effetti salvo a costituire una nuova offerta.*

1329. Proposta irrevocabile.

Se il proponente si è obbligato a mantenere ferma la proposta per un certo tempo [1183, 1326 comma 2, 1328, 1331, 1333, 1887, 2964], la revoca è senza effetto [1104, comma 2, 1117, 1140, 1324, 1331, 1333, 1334, 1346, 1475, 2476, comma 1, n. 3, 1537-1538, 2659, 2817].

Nell'ipotesi prevista dal comma precedente, la morte o la sopravvenuta incapacità [414] del proponente non toglie efficacia alla proposta, salvo che la natura dell'affare o altre circostanze escludano tale efficacia [1330].

♦ Codice europeo dei contratti

Art. 17. Proposta irrevocabile. *1. Una proposta è irrevocabile se il proponente si è obbligato espressamente a mantenerla ferma per un certo periodo di tempo, oppure se dai precedenti rapporti intercorsi tra le parti, o dalle trattative, o dal contenuto delle clausole, o dagli usi debba ragionevolmente ritenersi che essa è tale. Salvo quanto previsto dall'art. 14 comma 1, la dichiarazione di revoca di una proposta irrevocabile è priva di effetto.*

2. Lo stesso vale se la proposta è irrevocabile per effetto di un accordo intervenuto fra le parti.

♦ Codice civile tedesco

§ 145 Proposta vincolante. *Colui che propone ad un altro la conclusione di un contratto è vincolato alla proposta, salvo che abbia escluso la vincolatività.*

♦ Codice civile francese

Articolo 1122 *La legge od il contratto possono prevedere un termine di riflessione, che è il termine prima dello scadere del quale il destinatario dell'offerta non può manifestare la sua accettazione o la sua revoca, che è un termine prima dello scadere del quale il beneficiario può ritirare il suo consenso.*

1330. Morte o incapacità dell'imprenditore.

La proposta o l'accettazione, quando è fatta dall'imprenditore nell'esercizio della sua impresa [2082], non perde efficacia se l'imprenditore muore o diviene incapace [414, 1425] prima della conclusione del contratto [1326, 1722 n. 4], salvo che si tratti di piccoli imprenditori [2083] o che diversamente risulti dalla natura dell'affare o da altre circostanze [1270, 1329, 1722, comma 1, n. 4].

1331. Opzione.

Quando le parti convengono che una di esse rimanga vincolata alla propria dichiarazione e l'altra abbia facoltà di accettarla o meno [1351-2645-bis], la dichiarazione della prima si considera quale proposta irrevocabile [1321, 1328, 1355, 1406, 1411] per gli effetti previsti dall'articolo 1329 [1104, comma 2, 1117, 1140, 1321, 1346, 1401, 1411, 1475, 1476, comma 1, n. 3, 1537-1538, 1659, 1817].

Se per l'accettazione non è stato fissato un termine, questo può essere stabilito dal giudice [1183].

1332. Adesione di altre parti al contratto.
Se ad un contratto possono aderire altre parti e non sono determinate le modalità dell'adesione, questa deve essere diretta all'organo che sia stato costituito per l'attuazione del contratto o, in mancanza di esso, a tutti i contraenti originari [1981, 2525, 2528].

♦ Codice europeo dei contratti
Art. 19. Adesione di altre parti al contratto. *Se ad un contratto possono aderire altre parti e non sono determinate le modalità dell'adesione, questa deve essere diretta all'organo costituito per l'attuazione del contratto o, in mancanza di esso, a tutti i contraenti originari.*

1333. Contratto con obbligazioni del solo proponente.
La proposta diretta a concludere un contratto [1027, 1321] da cui derivino obbligazioni solo per il proponente [1236, 1268, 1272, 1273, 1936] è irrevocabile appena giunge a conoscenza [1335] della parte alla quale è destinata [1326, 1328, 1329].

Il destinatario può rifiutare la proposta nel termine richiesto dalla natura dell'affare o dagli usi [2964]. In mancanza di tale rifiuto il contratto è concluso [1236, 1399, 1468].

● Norme connesse:
- artt. 785, 1236, 1411, 1987, c.c.

■ Codice del commercio del 1882: *Art. 36. Il contratto bilaterale tra persone lontane non è perfetto, se l'accettazione non giunga a notizia del proponente nel termine da lui stabilito, o nel termine ordinariamente necessario allo scambio della proposta e dell'accettazione, secondo la qualità del contratto e gli usi generali del commercio. Il proponente può ritenere efficace anche un'accettazione giunta in ritardo, purché ne dia immediatamente avviso all'accettante.*

Qualora poi il proponente richieda l'esecuzione immediata del contratto ed una preventiva risposta di accettazione non sia domandata, e per la qualità del contratto non sia necessaria secondo gli usi generali del commercio, il contratto è perfetto appena l'altra parte ne abbia impresa l'esecuzione.

Sino a che il contratto non è perfetto, la proposta e l'accettazione sono rivocabili; ma sebbene la rivocazione impedisca la perfezione del contratto, tuttavia, se essa giunga a notizia dell'altra parte dopo che questa ne ha impresa l'esecuzione, il rivocante è tenuto al risarcimento dei danni.

Nei contratti unilaterali le promesse sono obbligatorie appena giungano a notizia della parte cui sono fatte.

1334. Efficacia degli atti unilaterali.
Gli atti unilaterali [1324, 1414, comma 3] producono effetto dal momento in cui pervengono a conoscenza [1335] della persona alla quale sono destinati [428, 1324, 1335, 1724].

♦ Codice europeo dei contratti
Art. 20. Atti unilaterali. *Le dichiarazioni e gli atti unilaterali recettizi producono gli effetti che da essi possono derivare in base alla legge, agli usi e alla buona fede, dal momento in cui pervengono a conoscenza della persona alla quale sono destinati e, anche se dichiarati dall'emittente irrevocabili, possono fino a questo momento essere ritirati.*

1335. Presunzione di conoscenza.
La proposta, l'accettazione, [1326] la loro revoca [1328] e ogni altra dichiarazione diretta a una determinata persona si reputano conosciute nel momento in cui giungono all'indirizzo del destinatario [1333, 1334], se questi non prova di essere stato, senza sua colpa, nell'impossibilità di averne notizia [1070, 1399, 1414, comma 3].

♦ Codice europeo dei contratti
Art. 21. Presunzione di conoscenza. *1. La proposta, l'accettazione, il ritiro e la revoca delle medesime, nonché il ritiro e la revoca di ogni altra manifestazione di volontà, ivi compresi gli atti di cui all'articolo precedente, si considerano conosciuti dal destinatario quando vengono a lui comunicati verbalmente, o viene a lui personalmente consegnata la relativa dichiarazione scritta, o questa perviene alla sua sede d'affari o di lavoro, al suo recapito postale o alla sua dimora abituale o al domicilio che egli ha convenzionalmente eletto.*

2. Il destinatario può dimostrare di essere stato, senza sua colpa, nell'impossibilità di averne notizia.

♦ Codice civile tedesco
§ 130 Efficacia della dichiarazione di volontà nei confronti degli assenti. *La dichiarazione di volontà che deve essere emessa nei confronti di un altro, se viene emessa in sua assenza, produce effetti nel momento in cui egli la riceve. Non produce effetti se prima o contemporaneamente l'altro riceva una revoca. (2) Non incide sulla efficacia della dichiarazione di volontà il fatto che dopo la dichiarazione lo stesso dichiarante muoia o divenga incapace di agire. (3) Tali disposizioni trovano applicazione anche quando la dichiarazione di volontà sia resa ad una pubblica autorità.*

1336. Offerta al pubblico.
L'offerta al pubblico, quando contiene gli estremi essenziali del contratto alla cui conclusione è diretta, vale come proposta [1326, 1329], salvo che risulti diversamente dalle circostanze o dagli usi [1989].

La revoca dell'offerta, se è fatta nella stessa forma dell'offerta o in forma equipollente [1396, 1990], è efficace anche in confronto di chi non ne ha avuto notizia [1328].

● Norme connesse:
artt. 18 ss. D.L. 8 aprile 1974, n. 95, convertito in L. 7 giugno 1974, n. 216 (Disposizioni relative al mercato mobiliare ed al trattamento fiscale dei titoli azionari); L. 18 febbraio 1992, n. 149; art. 3, D.Lgs. 31 marzo 1998, n. 114 (Riforma della disciplina relativa al settore del commercio), sulla vendita al dettaglio in un esercizio commerciale; art. 116, comma 4, T.U. bancario di cui al D.Lgs. 1 settembre 1993, n. 385, in materia di comunicazioni alla clientela da parte delle banche e degli intermediari finanziari; artt. 30 ss. D.Lgs. 24 febbraio 1998, n. 58, T.U. intermediazione finanziaria.

♦ Codice europeo dei contratti
Art. 22. Offerta al pubblico. *1. L'offerta al pubblico, quando contiene gli elementi essenziali del contratto, alla cui con-*

CODICE CIVILE

clusione è diretta, vale come proposta, salvo che risulti diversamente dalle circostanze o dagli usi.

2. Se fatta nella stessa forma dell'offerta o in forma equipollente, la revoca della medesima è efficace anche in confronto di chi non ne ha avuto notizia.

1337. Trattative e responsabilità precontrattuale.

Le parti, nello svolgimento delle trattative e nella formazione del contratto, devono comportarsi secondo buona fede [1173, 1175, 1218, 1328, 1338, 1358, 1366, 1375, 1440, 1460; c.p.c. 88].

● Norme connesse:

- v. artt. 2 Cost., 1175, 1218, 1243, 1358, 1366, 1440, 1460, comma 2, c.c.

- artt. 21 ss. D.Lgs. 24 febbraio 1998, n. 58 (T.U. intermediazione finanziaria); artt. 36 ss. delib. Consob 15 febbraio 2018, n. 20307 che abroga la delib. Consob 29 ottobre 2007, n. 16190.

- sull'obbligo e le modalità di informazione precontrattuale, artt. 1759, 1892 e 1893 c.c.; artt. 6 e ss., 13 e ss., 48, 49, 67-quater e ss., 70, 71, del codice del consumo di cui al D.Lgs. 6 settembre 2005, n. 206; art. 131 del codice delle assicurazioni private di cui al D.Lgs. 7 settembre 2005, n. 209; artt. 30, 120-septies-120-novies, 124, 125-bis, 126quater, 126duodecies, 126septiesdecies del T.U. Bancario di cui al D.Lgs. 1 settembre 1993, n. 385; art. 10, comma 1, L. 27 luglio 2000, n. 212, che dispone: *1. I rapporti tra contribuente e amministrazione finanziaria sono improntati al principio della collaborazione e della buona fede*; artt. 34-38, D.Lgs. 23 maggio 2011, n. 79 (Codice del turismo), nel testo modificato dal D.Lgs. 21 maggio 2018, n. 62.

♦ Regolamento (CE) n. 864/2007 del Parlamento europeo e del Consiglio dell'11 luglio 2007 sulla legge applicabile alle obbligazioni extracontrattuali («Roma II»)

Articolo 12. Culpa in contrahendo. *1. La legge applicabile alle obbligazioni extracontrattuali derivanti dalle trattative precontrattuali, a prescindere dal fatto che il contratto sia stato effettivamente concluso o meno, è la legge che si applica al contratto o che sarebbe stata applicabile al contratto se lo stesso fosse stato concluso.*

2. Quando la legge applicabile non può essere determinata in base al paragrafo 1, si applica: a) la legge del paese in cui si verifica il danno, indipendentemente dal paese nel quale si è verificato il fatto che ha determinato il danno e a prescindere dal paese o dai paesi in cui si sono verificate le conseguenze indirette del fatto; oppure b) se le parti hanno la loro residenza abituale nel medesimo paese nel momento in cui si verifica il fatto che determina il danno, la legge di tale paese; oppure c) se dal complesso delle circostanze del caso risulta evidente che l'obbligazione extracontrattuale che deriva da trattative precontrattuali presenta collegamenti manifestamente più stretti con un paese diverso da quello di cui alle lettere a) e b), la legge di quest'altro paese.

♦ Unidroit

Articolo 2.1.15 Trattative in mala fede. *(1) Ciascuna parte è libera di condurre trattative e non è responsabile per il mancato raggiungimento di un accordo.*

(2) Tuttavia, la parte che ha condotto o interrotto le trattative in mala fede è responsabile per le perdite cagionate all'altra parte.

(3) In particolare, si considera mala fede iniziare o continuare trattative malgrado l'intenzione di non raggiungere un accordo con l'altra parte.

♦ Codice europeo dei contratti

Art. 6. Dovere di correttezza. *1. Ogni parte è libera di instaurare delle trattative in vista della conclusione di un contratto e non incorre in nessuna responsabilità per la mancata stipulazione di esso, salvo che il suo comportamento sia contrario a buona fede.*

2. Agisce in modo contrario a buona fede la parte che intraprende o continua le trattative senza l'intenzione di giungere alla conclusione del contratto.

3. Se nel corso delle trattative le parti hanno già preso in considerazione gli elementi essenziali di un contratto, di cui si può prevedere la possibile conclusione, quella parte che ha fatto sorgere nell'altra un ragionevole affidamento circa la stipulazione del contratto medesimo agisce in modo contrario a buona fede qualora interrompa le trattative senza giustificato motivo.

4. Nelle ipotesi previste dai commi precedenti, la parte che ha agito in modo contrario a buona fede è tenuta a risarcire all'altra parte il danno cagionatole, nei limiti delle spese che questa ha dovuto effettuare durante le trattative in vista della stipulazione del contratto, nonché della perdita di altre consimili occasioni d'affari causata dalla pendenza delle trattative medesime.

Art. 8. Dovere di riservatezza. *1. Le parti hanno il dovere di fare un uso riservato delle informazioni che ottengono in via confidenziale durante lo svolgimento delle trattative.*

2. La parte che non ottemperi a tale dovere è tenuta a risarcire il danno subìto dalla controparte e, se ha tratto inoltre un indebito vantaggio dalla informazione confidenziale, è tenuta a indennizzare la controparte nei limiti del proprio arricchimento.

♦ I principi di diritto europeo dei contratti

Art. 2: 301: Trattative contrarie alla buona fede. *(1) Le parti sono libere di entrare in trattative e non rispondono del mancato raggiungimento dell'accordo.*

(2) Tuttavia, la parte che ha condotto o ha interrotto le trattative in maniera contraria alla buona fede e alla correttezza è responsabile delle perdite cagionate all'altra parte.

(3) In particolare, è contrario alla buona fede e alla correttezza iniziare le trattative o continuarle in assenza di una effettiva volontà di raggiungere un accordo con l'altra parte.

♦ Codice civile tedesco

§ 142 Effetti dell'impugnazione. *(1) Qualora un negozio giuridico impugnabile sia impugnato, deve considerarsi nullo sin dall'inizio. (2) Colui che conosceva o avrebbe dovuto conoscere l'impugnabilità del negozio viene considerato, se si verifica l'impugnazione, come se avesse conosciuto o avesse dovuto conoscere la nullità del negozio.*

♦ Codice civile francese

Articolo 1112 *L'iniziativa, la progressione e la rottura delle negoziazioni precontrattuali sono libere. Esse devono imperativamente soddisfare le esigenze di buona fede. In caso di errore commesso nelle negoziazioni, la riparazione del pregiudizio che ne risulta non può avere come oggetto di compensare la parte dei vantaggi attesi dal contratto non concluso.*

1338. Conoscenza delle cause di invalidità.

La parte che, conoscendo o dovendo conoscere l'esistenza di una causa di invalidità del contratto [1418], non ne ha dato notizia all'altra parte è tenuta a risarcire il danno da questa risentito per avere confidato, senza sua colpa, nella validità del contratto [139, 1175, 1337, 1398, 1439, 1892, 1893].

● Norme connesse:

- v. artt. 1427, 1440, 1448, 1449, 1494, 1812, 1821, c.c.
- v. artt. 2 e 5, D.Lgs. 6 settembre 2005, n. 206 (Codice del consumo).
- v. artt. 21 ss., D.Lgs. 24 febbraio 1998, n. 58 (Testo unico delle disposizioni in materia di intermediazione finanziaria).

♦ Codice europeo dei contratti

Art. 7. Dovere di informazione. *1. Nel corso delle trattative ogni parte ha il dovere di informare l'altra di ogni circostanza di fatto e di diritto, di cui sia o debba essere a conoscenza, che consenta a quest'ultima di rendersi conto della validità e convenienza del contratto.*

2. In caso di omessa informazione o di dichiarazione falsa o reticente, se il contratto non è stato concluso o è affetto da nullità, la parte che ha agito in modo contrario a buona fede risponde nei confronti dell'altra nei limiti di cui al comma 4 dell'art. 6, mentre se il contratto è stato concluso, è tenuta alla restituzione del corrispettivo versato o al pagamento di una somma di denaro, a titolo di indennità, nella misura che il giudice ritenga conforme a equità, salvo il diritto della controparte di annullare il contratto per errore.

♦ Codice civile francese

Articolo 1112.1 *La parte che conosce una informazione la cui importante è determinante per il consenso dell'altra, deve informala quando questa legittimamente ignora questa informazione od ha fiducia nella controparte. Tuttavia, questo dovere di informazione non ricade sulla stima del valore della prestazione. Hanno una importanza determinante le informazioni che hanno un collegamento diretto e necessario con il contenuto del contratto o con la qualità delle parti. E 'in capo al contraente che le informazioni era dovuto dimostrare che l'altra parte gli doveva, a condizione che dall'altra parte dimostrare che l'ha fornito. su colui che pretende che una informazione sia da provarsi che l'altra parte doveva, a carico di quell'altra parte di provare che l'ha fornito. Le parti non possono né limitare né escludere questo dovere. Oltre alla responsabilità a cui questi era tenuto, la mancanza di questo dovere di informazione può determinare l'annullamento del contratto nelle condizioni previste agli articoli 1130 e seguenti.*

Articolo 1112.2. *Colui che utilizza o divulga senza autorizzazione una informazione confidenziale ottenuta in occasione delle negoziazioni determina la sua responsabilità nelle condizioni del diritto comune.*

1339. Inserzione automatica di clausole.

Le clausole, i prezzi di beni o di servizi, imposti dalla legge [2063; disp. prel. 5] [o da norme corporative][1] sono di diritto inseriti nel contratto, anche in sostituzione delle clausole difformi apposte dalle parti [1374, 1419, comma 2, 1679, comma 4, 1815, comma 2, 1932, comma 2, 2066, 2077, 2554, 2597, 2936].

[1] Le parole in parentesi sono da ritenersi abrogate dal R.D.L. 9 agosto 1943, n. 721.

● Norme connesse:

- art. 129, comma 4, D.P.R. 6 giugno 2001, n. 380 (T.U. edilizia) il cui testo recita: *4. I contratti relativi alla fornitura di energia e alla conduzione degli impianti di cui al presente capo, contenenti clausole in contrasto con essa, sono nulli. Ai contratti che contengono clausole difformi si applica l'articolo 1339 del codice civile.*
- art. 2, comma 3-bis, D.Lgs. 30 marzo 2001, n. 165, aggiunto dall'art. 33, D.Lgs. 27 ottobre 2009, n. 150, il cui testo recita: *3-bis. Nel caso di nullità delle disposizioni contrattuali per violazione di norme imperative o dei limiti fissati alla contrattazione collettiva, si applicano gli articoli 1339 e 1419, secondo comma, del codice civile.*
- art. 7, comma 1, D.Lgs. 9 ottobre 2002, n. 231.

1340. Clausole d'uso.

Le clausole d'uso s'intendono inserite nel contratto, se non risulta che non sono state volute dalle parti [1368, 1374, 1512, comma 3, 1733].

● Norme connesse:

- art. 23, comma 4, T.U. intermediazione finanziaria (D.Lgs. 24 febbraio 1998, n. 58); art. 118, comma 6, T.U. Bancario (D.Lgs. 1 settembre 1993, n. 385).

♦ Unidroit

Articolo 2.1.19 Uso di clausole standard. *(1) Se una o entrambe le parti fanno uso di clausole standard nella conclusione del contratto, si applicano le regole generali sulla formazione, ove non contrastino con gli articoli da 2.1.20 a 2.1.22.*

(2) Per clausole standard si intendono le disposizioni preparate in anticipo da una parte per un uso generale e ripetuto ed effettivamente usate senza aver costituito oggetto di trattative con la controparte.

♦ Codice europeo dei contratti

Art. 32. Clausole implicite. *1. Oltre alle clausole espresse, rientrano nel contenuto del contratto le clausole che: a) sono imposte dal presente codice o da disposizioni comunitarie o nazionali, anche in sostituzione di clausole difformi apposte dalle parti; b) derivano dal dovere di buona fede; c) devono considerarsi tacitamente volute dalle parti in base a precedenti rapporti d'affari, alle trattative, alle circostanze, agli usi generali e locali; d) devono considerarsi necessarie affinché il contratto possa produrre gli effetti voluti dalle parti.*

2. Salva l'osservanza delle disposizioni che disciplinano la forma, hanno effetto fra le parti contraenti, qualora trovino un qualche riscontro nel testo contrattuale, le dichiarazioni che ciascuna delle parti ha fatto all'altra durante le trattative o al momento della conclusione del contratto, circa situazioni o aspettative di fatto o di diritto che, in quanto relative ai soggetti, al contenuto o allo scopo del contratto, possono aver determinato il consenso delle parti; salva la facoltà di avvalersi dei rimedi previsti negli artt. 151 e 157.

3. Nei contratti internazionali-intercontinentali si presume, salvo patto contrario, che le parti abbiano implicitamente considerato applicabili al rapporto instaurato anche gli usi generalmente osservati per i contratti dello stesso tipo, nel relativo settore commerciale, dei quali esse sono o debbano ritenersi a conoscenza.

1341. Condizioni generali di contratto.

Le condizioni generali di contratto [1342, 1679, 2211] predisposte da uno dei contraenti sono efficaci nei confronti dell'altro, se al momento della conclusione del contratto questi le ha conosciute o avrebbe dovuto conoscerle usando l'ordinaria diligenza [1176, 1370, 1932].

In ogni caso non hanno effetto, se non sono specificamente approvate per iscritto, le condizioni che stabiliscono, a favore di colui che le ha predisposte, limitazioni di responsabilità [1229], facoltà di recedere dal contratto [1373] o di sospenderne l'esecuzione [1461], ovvero sanciscono a carico dell'altro contraente decadenze [2965], limitazioni alla facoltà di opporre eccezioni [1462], restrizioni alla libertà contrattuale nei rapporti coi terzi [1379, 1566, 2596], tacita proroga o rinnovazione del contratto [1597, 1899], clausole compromissorie [c.p.c. 808] o deroghe alla competenza dell'autorità giudiziaria [1370, 1469-bis; c.p.c. 6, 28, 29, 30, 413].

● Norme connesse:

- per le clausole abusive nei contratti del consumatore, artt. 33-37, 141, comma 4, D.Lgs. 6 settembre 2005, n. 206.

- per le condizioni generali nei contratti bancari, artt. 117 ss., 118, T.U. bancario di cui al D.Lgs. 1 settembre 1993, n. 385.

- per i contratti di abbonamento ai servizi della rete telefonica, artt. 70 ss. D.Lgs. 1 agosto 2003, n. 259 (Codice delle comunicazioni elettroniche).

♦ Codice europeo dei contratti

Art. 33. Condizioni generali di contratto. *Le condizioni generali di contratto predisposte da una delle parti, per disciplinare in modo uniforme una pluralità di determinati rapporti contrattuali, sono efficaci nei confronti della controparte se questa le ha conosciute o avrebbe dovuto conoscerle usando l'ordinaria diligenza, salvo che le parti stesse abbiano pattuito l'inapplicabilità o la sostituzione di esse o di alcune di esse, o che le condizioni medesime debbano considerarsi abusive in base alle norme del presente codice o a disposizioni comunitarie o nazionali.*

♦ I principi di diritto europeo dei contratti

Art. 2:209: Condizioni generali contrastanti. *(1) Se le parti hanno raggiunto un accordo, solo che la proposta e l'accettazione fanno riferimento a condizioni generali di contratto contrastanti, il contratto è ciononostante concluso. Le condizioni generali fanno parte del contenuto del contratto nella misura in cui sono sostanzialmente coincidenti.*

(2) Tuttavia il contratto non è concluso se una parte: (a) ha manifestato in anticipo, espressamente e non mediante condizioni generali di contratto, l'intenzione di non essere vincolata dal contratto quando ricorrano gli estremi del paragrafo (1); o (b) senza indugio informa l'altra parte che non ha intenzione di essere vincolata da tale contratto. (3) Condizioni generali di contratto sono le condizioni predisposte per un numero indeterminato di contratti di un certo tipo13, e che non sono state oggetto di trattativa individuale tra le parti.

♦ Codice civile tedesco

§ 305 Inclusione di condizioni generali nel contratto. *(1) Condizioni generali di contratto sono le condizioni di contratto predisposte per più contratti, che uno dei contraenti (utilizzatore) sottopone all'altro contraente al momento della conclusione del contratto. È irrilevante che le clausole costituiscano una parte separata del contratto o siano inserite nello stesso testo contrattuale, quale estensione abbiano, con quale tipo di scrittura siano stare redatte e quale [orma abbia il regolamento contrattuale. Se le condizioni hanno costituito l'oggetto di un negoziato individuale tra le parti non sono condizioni generali di contratto. (2) Le condizioni generali di contratto diventano parte del contratto solo se l'utilizzatore, al momento della conclusione del regolamento contrattuale: 1. le indica espressamente all'altro contraente ovvero laddove una espressa indicazione, considerato il modo di conclusione del contratto sia possibile solo con difficoltà sproporzionate, con avviso visibile nel luogo della conclusione del contratto e 2. assicura all'altro contraente la facoltà di avere conoscenza del loro contenuto, tenuto conto di un eventuale impedimento fisico dell'altra parte, riconoscibile dall'utilizzatore, e 3. se l'altra parte concorda circa la loro applicazione. (3) Le parti possono anticipatamente concordare per un determinato negozio giuridico l'impiego di specifiche condizioni generali di contratto, tenuto conto dei requisiti indicati nel comma 2.*

♦ Codice civile francese

Articolo 1119 *Le condizioni generali invocate da una parte non hanno effetto nei confronti dell'altra parte che se sono portati a conoscenza di quest'ultima e se sono accettate. In caso di disaccordo sulle condizioni generali invocate da una e dall'altra parte, le clausole incompatibili sono senza effetti. In caso di contrasto tra le condizioni generali e le condizioni particolari, le seconde prevalgono sulle prime.*

1342. Contratto concluso mediante moduli o formulari.

Nei contratti conclusi mediante la sottoscrizione di moduli o formulari [1370], predisposti per disciplinare in maniera uniforme determinati rapporti contrattuali, le clausole aggiunte al modulo o al formulario prevalgono su quelle del modulo o del formulario qualora siano incompatibili con esse anche se queste ultime non sono state cancellate [1469-bis, 2211].

Si osserva inoltre la disposizione del secondo comma dell'articolo precedente.

● Norme connesse:

- art. 5, L. 3 febbraio 1989, n. 39.

- per i moduli e formulari nei quali sono indicate le condizioni dei contratti di mediazione, art. 5, comma 4, L. 3 febbraio 1989, n. 39.

- sui contratti del consumatore, art. 34, comma 5, D.Lgs. 6 settembre 2005, n. 206.

- sulla competenza del Giudice di pace, art. 113, comma 2, c.p.c. che dispone: *Il giudice di pace decide secondo equità le cause il cui valore non eccede millecento euro, salvo quelle derivanti da rapporti giuridici relativi a contratti conclusi secondo le modalità di cui all'articolo 1342 del codice civile* (ricordiamo che La Corte costituzionale, con sentenza 6 luglio 2004, n. 206, ha dichiarato l'illegittimità costituzionale del citato comma 2, nella parte in cui non prevede che il giudice di pace debba osservare i principi informatori della materia; ricordiamo, inoltre, che a decorrere dal 31 ottobre 2025 la parola: «millecento» verrà sostituita dalla seguente: «duemilacinquecento», ex art. 27, D.Lgs 13 luglio 2017, n. 116).

- art. 118, T.U. bancario riportato sub art. 1372.

♦ Codice europeo dei contratti

Art. 38. Contratto concluso mediante moduli o formulari. *1. Nei contratti conclusi mediante la sottoscrizione di moduli o formulari, prestampati o comunque predisposti per disciplinare in maniera uniforme determinati rapporti contrattuali, le clausole aggiunte al modulo o al formulario prevalgono su quelle del modulo o del formulario qualora siano incompatibili con esse, anche se queste ultime non sono state cancellate. 2. Si osserva inoltre la disposizione di cui all'art. 30 comma 4 che precede.*

Sezione II
Della causa del contratto

1343. Causa illecita.

La causa è illecita [1322, 1418] quando è contraria a norme imperative, all'ordine pubblico o al buon costume [5, 23, 25, 634, 1322, 1325 n. 2, 1343, 1344, 1354, 1417, 1418, 2035, 2744].

● Norme connesse:
- art. 16, L. 31 maggio 1995, n. 218.
- sul divieto per il notaio di ricevere o autenticare atti proibiti dalla legge o manifestamente contrari al buon costume o all'ordine pubblico, art. 28, L. 16 febbraio 1913, n. 89.
- L.18 dicembre 1984, n. 975.

■ Codice civile del 1865: *Art. 1122. La causa è illecita, quando è contraria alla legge, al buon costume o all'ordine pubblico.*

♦ Codice civile francese
Articolo 1131. *Il contratto senza causa o con una causa falsa o illecita non può avere alcun effetto.*

1344. Contratto in frode alla legge.

Si reputa altresì illecita [1354] la causa quando il contratto costituisce il mezzo per eludere l'applicazione di una norma imperativa [743, 1418, comma 2, 2120, 2119, 2744].

● Norme connesse:
- art. 38-bis, D.Lgs. 15 giugno 2015, n. 81.

♦ Codice civile francese
Articolo 1133. *La causa è illecita quando è vietata dalla legge, quando è contraria al buon costume o all'ordine pubblico.*

1345. Motivo illecito.

Il contratto è illecito quando le parti si sono determinate a concluderlo esclusivamente per un motivo illecito comune ad entrambe [624, 626, 647, 787, 788, 1418 comma 2, 1439, comma 1, 1972, 2035].

Sezione III
Dell'oggetto del contratto

1346. Requisiti.

L'oggetto del contratto deve essere possibile, lecito, determinato o determinabile [1325 n. 3, 1349, 1429, comma 1, n. 1, 1972].

■ Codice civile del 1865: *Art. 1116. Le sole cose che sono in commercio, possono formare oggetto di contratto.*

Art. 1117. La cosa che forma l'oggetto del contratto, debb'essere determinata almeno nella sua specie.

La quantità della cosa può essere incerta, purché si possa determinare.

♦ Codice europeo dei contratti
Art. 25. Requisiti del contenuto. *Il contenuto del contratto deve essere utile, possibile, lecito, determinato o determinabile.*

Art. 26. Contenuto utile. *Il contenuto del contratto è utile quando corrisponde ad un interesse anche non patrimoniale di entrambe le parti o almeno di una di esse.*

Art. 27. Contenuto possibile. *Il contenuto del contratto è possibile quando il regolamento di interessi è suscettibile di attuazione per la mancanza di ostacoli obbiettivi di carattere materiale o giuridico, che impediscano in modo assoluto il conseguimento del risultato perseguito.*

♦ Codice civile francese
Articolo 1129. *È necessario che l'obbligazione abbia per oggetto una cosa almeno determinata quanto al suo genere. La quantità della cosa può essere incerta purché essa possa essere determinata.*

1347. Possibilità sopravvenuta dell'oggetto.

Il contratto sottoposto a condizione sospensiva [1353 ss.] o a termine [1184, 1185, 1353] è valido, se la prestazione inizialmente impossibile diviene possibile prima dell'avveramento della condizione o della scadenza del termine [1465].

♦ Codice europeo dei contratti
Art. 28. Possibilità sopravvenuta. *Nel contratto sottoposto a condizione sospensiva o a termine si considera possibile il contenuto che diviene tale prima dell'avveramento della condizione o della scadenza del termine.*

1348. Cose future.

La prestazione di cose future [820 comma 2, 1472] può essere dedotta in contratto [1472], salvi i particolari divieti della legge [179, 458, 771, 1029, comma 2, 1472, 1478, 1938, 2823].

■ Codice civile del 1865: *Art. 1118. Le cose future possono formare oggetto di contratto.*

Non si può rinunziare però ad una successione non ancora aperta, né fare alcuna stipulazione intorno alla medesima, sia con quello della cui eredità si tratta sia con terzi, quantunque intervenisse il consenso di esso.

♦ Codice europeo dei contratti
Art. 29. Cose future. *Il contratto può avere per contenuto una prestazione relativa a cose future, salvi i particolari divieti stabiliti dal presente codice o da disposizioni comunitarie o nazionali.*

♦ Codice civile francese
Articolo 1130. *Le cose future possono essere oggetto di una obbligazione. Si può tuttavia rinunciare ad una successione non aperta, e fare pattuizione su una parallela successione, anche con il consenso di colui della cui successione si tratta solo nelle condizioni previste dalla legge.*

1349. Determinazione dell'oggetto.

Se la determinazione della prestazione dedotta in contratto è deferita [1703] a un terzo e non risulta che le parti vollero rimettersi al suo mero arbitrio, il

CODICE CIVILE

terzo [1324] deve procedere con equo apprezzamento [631, 632, 664]. Se manca la determinazione del terzo o se questa è manifestamente iniqua o erronea, la determinazione è fatta dal giudice [630-632, 664-665, 706, 733, 778, 788, commi 2, 3, 1286, 1287, 1473, 2264, 2437-ter, comma 6, 2603; c.p.c. 113].

La determinazione rimessa al mero arbitrio del terzo non si può impugnare se non provando la sua mala fede. Se manca la determinazione del terzo e le parti non si accordano per sostituirlo, il contratto è nullo [631, 1418, 1421, 1423].

Nel determinare la prestazione il terzo deve tener conto anche delle condizioni generali della produzione a cui il contratto eventualmente abbia riferimento.

♦ Codice civile tedesco

§ 317 Determinazione della prestazione ad opera di un terzo *(1). Se la determinazione della prestazione è deferita ad un terzo, si deve ritenere, nell'incertezza, che debba essere eseguita con equo apprezzamento. (2) Se la determinazione deve essere eseguita da più terzi è richiesto, nell'incertezza, l'accordo di tutti; se deve essere determinata una somma, nel caso in cui siano determinate più somme, prevale, nell'incertezza, la somma media.*

§ 318 Impugnazione della determinazione. *(1) La determinazione della prestazione attribuita ad un terzo ha luogo mediante dichiarazione nei confronti di uno dei contraenti. (2) L'impugnazione della determinazione eseguita per errore, minaccia o inganno doloso è attribuita alle sole parti contraenti; controparte nell'impugnazione è l'altra parte. L'impugnazione deve essere effettuata senza ritardo, dopo che l'avente diritto all'impugnazione è a conoscenza del motivo dell'impugnazione. È esclusa trascorsi 30 giorni dalla determinazione della prestazione.*

§ 319 Inefficacia della determinazione; sostituzione. *(1) Se al terzo viene deferita la determinazione della prestazione con equo apprezzamento, la determinazione eseguita non vincola le parti contraenti, laddove palesemente iniqua. In tal caso la determinazione ha luogo con sentenza; lo stesso accade se il terzo non può o non vuole eseguire la determinazione o se la ritarda. (2) Se il terzo deve eseguire la determinazione con libera discrezione, il contratto è inefficace quando il terzo non può o non vuole eseguire la determinazione o la ritarda.*

Sezione IV
Della forma del contratto

1350. Atti che devono farsi per iscritto.

Devono farsi per atto pubblico [2699 ss.] o per scrittura privata [2702 ss.], sotto pena di nullità [812, 1351, 1392, 1403, 1418, comma 2, 1543, 2328, 2463, 2725 comma 2]:

1) i contratti che trasferiscono la proprietà di beni immobili [769, 812, 1470, 1537, 1543, 1552, 2556, 2643, comma 1, n. 1, 2645];

2) i contratti che costituiscono, modificano o trasferiscono il diritto di usufrutto su beni immobili [978], il diritto di superficie [952 ss.], il diritto del concedente [960] e dell'enfiteuta [957, 959, 2643, comma 1, n. 2, 1645];

3) i contratti che costituiscono la comunione di diritti indicati dai numeri precedenti [1100 ss., 2643, comma 1, n. 2, 3, 1645];

4) i contratti che costituiscono o modificano le servitù prediali [1027 ss., 1051, 1058, 1068], il diritto di uso [1021 ss.] su beni immobili e il diritto di abitazione [1022, 2643, comma 1, n. 4];

5) gli atti di rinunzia ai diritti indicati dai numeri precedenti [882, 1070, 1104, 118, 1324, 2643, comma 1, n. 5];

6) i contratti di affrancazione del fondo enfiteutico [971, 2643, comma 1, n. 7];

7) i contratti di anticresi [1960 ss., 2643, comma 1, n. 12];

8) i contratti di locazione di beni immobili per una durata superiore a nove anni [1108, 1571, 1572, 1573, 1607, 2643, comma 1, n. 8];

9) i contratti di società [2247 ss., 2251] o di associazione [2549] con i quali si conferisce il godimento di beni immobili [812] o di altri diritti reali immobiliari per un tempo eccedente i nove anni o per un tempo indeterminato [2643, comma 1, n. 10];

10) gli atti che costituiscono rendite perpetue [1861 ss.] o vitalizie [1872 ss.], salve le disposizioni relative alle rendite dello Stato [1871, 2643, comma 1, n. 1, 11];

11) gli atti di divisione di beni immobili e di altri diritti reali immobiliari [713 ss., 1111 ss.];

12) le transazioni che hanno per oggetto controversie relative ai rapporti giuridici menzionati nei numeri precedenti [1965 ss., 2643, comma 1, n. 13];

13) gli altri atti specialmente indicati dalla legge [14, 47, 162, 484, 519, 601, 768-ter, 782, 918, 1284 comma 3, 1351, 1392, 1403, 1503 comma 3, 1543 comma 1, 1751-bis, 1846, 1888, 1928, 1978, 2096, 2125, 23281, comma 1, 2333, comma 3, 2463, comma 1, 2475, 2500, 2504, 2521, 2603, 2607, 2645-bis, 2645-ter, 2645-quater, 2657, 2787, 2800, 2806, 2821, 2879, 2882; c.p.c. 29, 807, 813; c.nav. 237, 242, 249, 278, 328 ss., 375, 565 comma 2, 852, 857, 864, 1027].

● Norme connesse:

- n. 8: art. 27 (Atti sottoposti a condizione sospensiva approvazione od omologazione), D.P.R. 26 aprile 1986, n. 131 (Imposta di registro); artt. 117, comma 1, 125-bis, 126quinquies, D.Lgs. 1 settembre 1993, n. 385, artt. 1 e 13, L. 9 dicembre 1998, n. 431.

- n. 10: D.P.R. 30 dicembre 2003, n. 398 (Testo unico delle disposizioni legislative e regolamentari in materia di debito pubblico).

- n. 13: artt. 50, 71, 72, D.Lgs. 6 settembre 2005, n. 206; art. 117, T.U. bancario di cui al D.Lgs. 1 settembre 1993, n. 385; art. 23, D.Lgs. 24 febbraio 1998, n. 58 (T.U. intermediazione finanziaria); art. 2, L. 18 giugno 1998, n. 192; art. 11, comma 2 e 15, L. 7 agosto 1990, n. 241, per gli accordi delle pubbliche amministrazioni; art. 32, comma 14, e 208, comma 4, D.Lgs. 18 aprile 2016, n. 50 (Codice dei contratti pubblici); art. 3, L. 6 maggio 2004, n. 129. Sul documento informatico v. art. 21, comma 2-bis, Codice dell'amministrazione digitale di cui al D.Lgs. 7 marzo 2005, n. 82, che dispone: *2-bis. Salvo il caso di sottoscrizione autenticata, le scritture private di cui all'articolo 1350, primo comma, numeri da 1 a 12, del codice civile, se fatte con documento informatico, sono sottoscritte, a pena di nullità, con firma elettronica qualificata o con firma digitale. Gli atti di cui all'articolo 1350, numero 13), del codice civile redatti su documento informatico o formati attraverso procedimenti informatici sono sottoscritti, a pena di nullità, con firma elettronica avanzata, qualificata o digitale ovvero sono formati con le ulteriori modalità di cui all'articolo 20, comma 1-bis, primo periodo*; art. 62, D.L. 24 gennaio 2012, n. 1, convertito in L. 24 marzo 2012, n. 27; art. 3 (Caratteristiche dei contratti di cessione dei prodotti agricoli e alimentari), D.M. 19 ottobre 2012, n. 199; art. 1, commi da 61 a 63, L. 27 dicembre 2013, n. 147, che dispongono: *61. I soggetti erogatori dei contributi di cui al comma 60 disciplinano le modalità e i tempi di restituzione.*

62. All'articolo 11, comma 12-quinquies, del decreto-legge 28 giugno 2013, n. 76, convertito, con modificazioni, dalla legge 9 agosto 2013, n. 99, le parole: «La garanzia dello Stato di cui al comma 12-ter cessa al momento della ristrutturazione di cui al presente comma» sono soppresse.

63. Il notaio o altro pubblico ufficiale è tenuto a versare su apposito conto corrente dedicato:

a) tutte le somme dovute a titolo di tributi per i quali il medesimo sia sostituto o responsabile d'imposta, e comunque le spese anticipate di cui all'articolo 15, primo comma, numero 3), del decreto del Presidente della Repubblica 26 ottobre 1972, n. 633, e successive modificazioni, in relazione agli atti a repertorio dallo stesso ricevuti o autenticati e soggetti a pubblicità immobiliare o commerciale;

b) ogni altra somma affidatagli e soggetta ad obbligo di annotazione nel registro delle somme e dei valori di cui alla legge 22 gennaio 1934, n. 64;

c) l'intero prezzo o corrispettivo, ovvero il saldo degli stessi, se determinato in denaro, oltre alle somme destinate ad estinzione di gravami o spese non pagate o di altri oneri dovuti in occasione del ricevimento o dell'autenticazione di atti di trasferimento della proprietà o di trasferimento, costituzione o estinzione di altro diritto reale su immobili o aziende, se in tal senso richiesto da almeno una delle parti e conformemente all'incarico espressamente conferito; nei casi previsti dalla presente lettera, il notaio deve ricusare il suo ministero se le parti non depositano, antecedentemente o contestualmente alla sottoscrizione dell'atto, l'importo dei tributi, degli onorari e delle altre spese dell'atto, salvo che si tratti di persone ammesse al beneficio del gratuito patrocinio.

- artt. 13, 16 e 17 del R.D. 18 novembre 1923, n. 2440, sull'obbligo della forma scritta per i contratti della p.a., che, rispettivamente, dispongono: *Art. 13. Deve essere nuovamente sentito il Consiglio di Stato, prima di rescindere o variare un contratto per causa in esso prevista, se il contratto stesso venne già sottoposto all'esame di detto Consiglio.*

Art. 16. I contratti sono stipulati da un pubblico ufficiale delegato a rappresentare l'amministrazione e ricevuti da un funzionario designato quale ufficiale rogante, con le norme stabilite dal regolamento.

I processi verbali di aggiudicazione nelle aste e nelle licitazioni private sono parimenti formati da quest'ultimo funzionario.

I contratti ed i verbali anzidetti hanno forza di titolo autentico.

I processi verbali di aggiudicazione definitiva, in seguito ad incanti pubblici o a private licitazioni, equivalgono per ogni legale effetto al contratto.

Il deliberatario non può impugnare l'efficacia dell'atto o incanto pel motivo che non sia stato da lui firmato il relativo verbale d'asta o di licitazione privata.

Art. 17. I contratti a trattativa privata, oltre che in forma pubblica amministrativa nel modo indicato al precedente art. 16, possono anche stipularsi:

per mezzo di scrittura privata firmata dall'offerente e dal funzionario rappresentante l'amministrazione;

per mezzo di obbligazione stessa appiedi del capitolato;

con atto separato di obbligazione sottoscritto da chi presenta l'offerta;

per mezzo di corrispondenza, secondo l'uso del commercio, quando sono conclusi con ditte commerciali.

■ Codice civile del 1865: *Art. 1314. Devono farsi per atto pubblico per scrittura privata, sotto pena di nullità:*

1° Le convenzioni che trasferiscono proprietà d'immobili o di altri beni o diritti capaci d'ipoteca, salve le disposizioni relative alle rendite sopra lo stato.

2° Le convenzioni che costituiscono o modificano servitù prediali, o diritti di uso o di abitazione o trasferiscono l'esercizio del diritto di usufrutto;

3° Gli atti di rinunzia ai diritti enunciati nei due numeri precedenti;

4° I contratti di locazione d'immobili per un tempo eccedente i nove anni;

5° I contratti di società che hanno per oggetto il godimento di beni immobili, quando la durata della società è indeterminata o eccede i nove anni;

6° Gli atti che costituiscono rendite sì perpetue come vitalizio;

7° Le transazioni;

8° Gli altri atti specialmente indicati dalla legge.

♦ Codice europeo dei contratti

Art. 35. Contratti per i quali è richiesta la forma scritta a pena di nullità. *1. Devono farsi per atto pubblico o per scrittura privata a pena di nullità i contratti che hanno per oggetto il trasferimento della proprietà o il trasferimento o la costituzione di diritti reali sui beni immobili.*

2. Il comma che precede si applica anche ai rispettivi contratti preliminari, salvo che sia diversamente disposto dalle norme nazionali vigenti nel luogo in cui si trovano i beni immobili.

3. Sono fatte salve le norme comunitarie e degli Stati nei cui territori sono situati i beni immobili, che formano oggetto del contratto, relative al regime dei beni medesimi.

4. Il contratto di donazione deve essere concluso per atto pubblico a pena di nullità, anche se ha per oggetto dei beni mobili, salvo che questi siano di modico valore, tenuto conto delle condizioni economiche del donante.

♦ Codice civile tedesco

§ 125 Nullità per vizio di forma. *Il negozio giuridico che è privo della forma richiesta dalla legge è nullo. Il difetto della forma richiesta con un negozio giuridico, nel dubbio, è causa anch'esso di nullità.*

§ 126 Forma scritta richiesta dalla legge. *(1) Quando è richiesta dalla legge la forma scritta il documento deve essere sottoscritto di proprio pugno da chi lo predispone con la firma o con una sigla avente l'autenticazione del notaio. (2) In un contratto la sottoscrizione delle parti deve avvenire sullo stesso documento. Quando vengono realizzate più copie conformi di un contratto è sufficiente che ciascuna parte sottoscriva il documento redatto per l'altra parte. (3) La forma scritta può essere sostituita dalla forma elettronica se dalla legge non risulta diversamente. (4) La forma scritta è sostituita dalla certificazione notarile.*

§ 126b Text form. *Quando è prevista per legge una Text Form, la dichiarazione è rimessa ad un documento o ad altro strumento idoneo alla riproduzione duratura per mezzo di segni grafici, la persona del dichiarante deve essere menzionata e la conclusione della dichiarazione va resa riconoscibile attraverso l'imitazione della sottoscrizione o in altro modo.*

1351. Contratto preliminare.

Il contratto preliminare [2932] è nullo [1421, 1423] se non è fatto nella stessa forma che la legge prescrive per il contratto definitivo [177-180, comma 2-184, 1350, 1353, 1372, 1385, 1392, 1399, 1403, 1411, 1453, 1822, 2247, 2645-bis, 2725 comma 2, 2775-bis, , 2739, 2806, 2825-*bis*, 2826, 2932].

● Norme connesse:

- v. artt. 180-184, 769, 1401, 1406, 1411, 1479, 1822, 2247 c.c.
- artt. 72, commi 3, 7, 8, 72-bis, R.D. 16 marzo 1942, n. 267; sui contratti preliminari aventi per oggetto immobili da costruire, art. 6, D.Lgs. 20 giugno 2005, n. 122.

1352. Forme convenzionali.

Se le parti hanno convenuto per iscritto di adottare una determinata forma per la futura conclusione di un contratto, si presume [2728] che la forma sia stata voluta per la validità [1350, 1418, 1421] di questo [1324, 1326 comma 4, 1362, 1367, 2725].

♦ Codice europeo dei contratti

Art. 37. Forme convenzionali. *Salvo diverse disposizioni comunitarie o nazionali, vigenti nel luogo in cui il contratto è concluso, se le parti hanno convenuto per iscritto di adottare una determinata forma per la futura conclusione di un contratto, si presume che la forma sia stata voluta per la validità di questo.*

♦ Codice civile tedesco

§ 125 Nullità per vizio di forma. *Il negozio giuridico che è privo della forma richiesta dalla legge è nullo. Il difetto della forma richiesta con un negozio giuridico, nel dubbio, è causa anch'esso di nullità.*

§ 127 Forma scritta voluta dalle parti. *(1) Le disposizioni di cui ai §§ 126, 126a e 126b nel dubbio si applicano anche nei casi in cui la forma scritta è richiesta,da un negozio giuridico. (2) Per garantire la forma scritta richiesta dal negozio giuridico è sufficiente, ave non sussista una diversa volontà, la trasmissione attraverso un mezzo di comunicazione a distanza e, in caso di un contratto, lo scambio epistolare. Qualora venga scelta una simile forma successivamente può pretendersi una certificazione di cui al § 126. (3) Al fine di rispettare la forma elettronica prevista con il negozio giuridico è sufficiente, se non ricorre una diversa volontà, anche una firma diversa da quella elettronica prevista dal § 126a e, in caso di contratto, è sufficiente lo scambio dell'offerta e dell'accettazione con l'aggiunta di una firma elettronica. Quando venga scelta analoga forma può successivamente richiedersi una sottoscrizione elettronica di cui al § 126a ovvero, se ciò non è possibile per una delle parti, una certificazione di cui al § 126.*

CAPO III

DELLA CONDIZIONE NEL CONTRATTO

1353. Contratto condizionale.

Le parti possono subordinare l'efficacia o la risoluzione del contratto o di un singolo patto a un avvenimento futuro e incerto [108, 475, 520, 633, 702, 1465, comma 4, 1521, 1757, 1938, 2010, 2655, comma4, 2659, 2668, comma 3, 2852; L. camb. 16, 31].

● Norme connesse:

- artt. 16, 31, R.D. 14 dicembre 1933, n. 1669.

■ Codice civile del 1865: *Art. 1157. È condizionale l'obbligazione, la cui sussistenza o risoluzione dipende da un avvenimento futuro ed incerto.*

Art. 1158. È sospensiva la condizione che fa dipendere l'obbligazione da un avvenimento futuro ed incerto.

La condizione risolutiva è quella che, verificandosi, rimette le cose nello stato in cui erano, come se l'obbligazione non avesse mai avuto luogo.

Art. 1159. Casuale è la condizione che dipende da un evento fortuito, il quale non è in potere né del creditore, né del debitore: potestativa quella il cui adempimento dipende dalla volontà di uno dei contraenti: mista quella che dipende ad un tempo dalla volontà di una delle parti contraenti e dalla volontà di un terzo, o dal caso.

Art. 1163. Quando l'obbligazione è contratta sotto condizione sospensiva, e, prima che questa si verifichi, la cosa che ne forma l'oggetto, perisce o deteriora, si osservano le seguenti regole:

Se la cosa è interamente perita senza colpa del debitore, l'obbligazione si ha come non contratta.

Se la cosa è interamente perita per colpa del debitore, questi è tenuto al risarcimento dei danni verso il creditore.

Se la cosa è deteriorata senza colpa del debitore, il creditore deve riceverla nello stato in cui si trova, senza diminuzione del prezzo.

Se la cosa è deteriorata per colpa del debitore, il creditore ha il diritto di sciogliere l'obbligazione o di esigere la cosa nello stato in cui si trova, oltre al risarcimento dei danni.

Art. 1164. La condizione risolutiva non sospende l'esecuzione dell'obbligazione: essa obbliga soltanto il creditore a restituire ciò che ha ricevuto, ove accada l'avvenimento preveduto nella condizione.

Art. 1165. La condizione risolutiva è sempre sottintesa nei contratti bilaterali, pel caso in cui una delle parti non soddisfaccia alla sua obbligazione.

In questo caso il contratto non è sciolto di diritto. La parte verso cui non fu eseguita l'obbligazione, ha la scelta o di costringere l'altra all'adempimento del contratto, quando sia possibile, o di domandarne lo scioglimento, oltre il risarcimento dei danni in ambidue i casi.

La risoluzione del contratto deve domandarsi giudizialmente, e può essere concessa al convenuto una dilazione secondo le circostanze.

Art. 1166. Qualunque condizione debb'essere adempita nel modo verisimilmente voluto ed inteso dalle parti.

Art. 1167. Quando un'obbligazione è contratta sotto la condizione che un avvenimento segua in un tempo determinato, una tale condizione si reputa mancata, se il tempo sia spirato senza che l'avvenimento sia seguito. Se non vi è tempo determinato, la condizione può sempre essere adempita, e non si ha per mancata, se non quando sia certo che l'avvenimento non seguirà.

Art. 1168. Quando un'obbligazione è contratta sotto la condizione che un avvenimento non segua in un dato tempo la condizione s'intende verificata, allorché questo tempo è spirato senza che sia seguito l'avvenimento: essa è verificata egualmente, se prima del termine sia certo che non sarà per seguire l'avvenimento; e se non vi è tempo determinato, essa è verificata solo quando sia certo che l'avvenimento non sarà più per seguire.

Art. 1169. La condizione si ha per adempita, quando lo stesso debitore obbligato sotto condizione ne abbia impedito l'adempimento.

Art. 1170. La condizione adempita ha effetto retroattivo al giorno in cui fu contratta l'obbligazione. Se il creditore è morto prima che si verifichi la condizione, le sue ragioni passano al suo erede.

Art. 1171. Il creditore può, prima che siasi verificata la condizione, esercitare tutti gli atti che tendono a conservare i suoi diritti.

♦ Unidroit

Articolo 5.3.1 (Tipi di condizioni). *Un contratto o un'obbligazione contrattuale possono essere sottoposti alla condizione che si verifichi un evento futuro incerto, con l'effetto che il contratto o l'obbligazione contrattuale diventino efficaci (condizione sospensiva) o siano risolti (condizione risolutiva) solo al verificarsi dell'evento.*

♦ Codice europeo dei contratti

Art. 49. Condizione sospensiva. *1. Le parti possono convenire che il contratto o una o più clausole di esso abbiano effetto al verificarsi o al non verificarsi di un avvenimento futuro e incerto.*

2. In questo caso il contratto produce i suoi effetti a partire dal momento dell'avveramento della condizione, salvo che i contraenti abbiano espressamente convenuto che gli effetti retroagiscano al momento della conclusione del contratto, o abbiano concordato in qual modo ciò possa attuarsi in senso conforme al diritto e ai loro specifici interessi.

3. Anche se le parti hanno convenuto l'effetto retroattivo della condizione i frutti percepiti sono dovuti soltanto dal momento in cui la condizione si è avverata.

Art. 50. Condizione risolutiva. *1. Le parti possono convenire che il contratto o una o più clausole di esso cessino di avere effetto al verificarsi o al non verificarsi di un avvenimento futuro e incerto.*

2. Gli effetti dell'avveramento della condizione retroagiscono al momento in cui è stato concluso il contratto solo se le parti lo abbiano espressamente convenuto come previsto nel comma 2 dell'art. 49, salva l'applicazione della disposizione di cui al comma 3 del medesimo.

♦ I principi di diritto europeo dei contratti

Articolo 16:101: Tipi di condizioni. *L'obbligazione contrattuale può essere condizionale se la si fa dipendere da un evento futuro ed incerto, sia differendone l'esigibilità fino a quando l'evento si verifica (condizione sospensiva), sia annullandola quando l'evento si verifica (condizione risolutiva).*

Articolo 16:103: Effetti della condizione. *L'obbligazione sotto condizione sospensiva ha effetto quando la condizione si realizza, a meno che le parti non convengano diversamente.*

L'obbligazione sotto condizione risolutiva si estingue quando la condizione si realizza, a meno che le parti non convengano diversamente.

♦ Codice civile francese

Articolo 1304 *L'obbligazione è condizionale quando dipende da un evento futuro ed incerto. La condizione è sospensiva quando il suo verificarsi rende l'obbligazione pura e semplice. È risolutiva quando il suo verificarsi determina l'annientamento dell'obbligazione.*

Articolo 1304.1. *La condizione deve essere lecita. In mancanza l'obbligazione è nulla.*

Articolo 1304.4. *Una parte è libera di rinunciare alla condizione stipulata nel suo interesse esclusivo quando non è stata portata a compimento.*

Articolo 1304.6. *L'obbligazione diviene pura e semplice al verificarsi della condizione sospensiva. Tuttavia le parti possono prevedere che il verificarsi della condizione retroagisce al giorno del contratto. Il bene oggetto dell'obbligazione non diminuisce il rischio del debitore che ne conserva l'amministrazione ed i diritti ed i frutti fino al verificarsi della condizione. In caso di difetto della condizione sospensiva, l'obbligazione si considera come se non fosse mai esistita.*

Articolo 1304.7. *Il verificarsi della condizione risolutiva ha effetto retroattivo senza mettere in discussione gli atti conservati e di amministrazione. La retroattività non ha luogo se tale è la convenzione delle parti o se le reciproche prestazioni hanno trovato la loro utilità in misura dell'esecuzione reciproca del contratto.*

♦ Codice civile tedesco

§ 158 Condizione sospensiva o condizione risolutiva. *(1) Quando viene concluso un negozio giuridico con una condizione sospensiva, l'efficacia subordinata alla condizione si determina con l'avveramento della condizione. (2) Quando un negozio giuridico è concluso sotto condizione risolutiva, l'efficacia del negozio viene meno con l'avverarsi della condizione; in quel momento si determina nuovamente la situazione giuridica antecedente.§ 159 Riferimento. Se in base al contenuto del negozio giuridico le conseguenze riconducibili all'avveramento della condizione devono riferirsi ad un momento precedente, qualora si avveri la condizione i soggetti coinvolti sono obbligati a garantirsi reciprocamente quanto avrebbero avuto nel caso in cui le conseguenze si fossero verificate precedentemente.*

1354. Condizioni illecite o impossibili.

È nullo [1418, 1419] il contratto al quale è apposta una condizione, sospensiva o risolutiva, contraria a norme imperative [1344], all'ordine pubblico o al buon costume [108, 634, 791, 1343, 1353, 2035].

La condizione impossibile rende nullo il contratto se è sospensiva [1347]; se è risolutiva, si ha come non apposta [634].

Se la condizione illecita o impossibile è apposta a un patto singolo del contratto, si osservano, riguardo all'efficacia del patto [1367], le disposizioni dei

CODICE CIVILE

commi precedenti, fermo quanto è disposto dall'articolo 1419.

● Norme connesse:
- art. 16, L. 31 maggio 1995, n. 218; art. 33, comma 2, lett. v), D.Lgs. 6 settembre 2005, n. 206.

■ Codice civile del 1865: *Art. 1160. Qualunque condizione contraria al buon costume od alla legge, o che impone di fare una cosa impossibile, è nulla e rende nulla l'obbligazione da essa dipendente.*

Art. 1161. La condizione di non fare una cosa impossibile non rende nulla l'obbligazione contratta sotto la medesima.

♦ Codice europeo dei contratti

Art. 53. Condizioni illecite e impossibili. *1. É nullo il contratto al quale è apposta una condizione sospensiva o risolutiva contraria a norme imperative, all'ordine pubblico e al buon costume.*

2. La condizione impossibile rende nullo il contratto, se è sospensiva, e si considera come non apposta se è risolutiva.

3. Se la condizione illecita o impossibile è apposta ad una singola clausola del contratto si applicano le disposizioni dei commi precedenti circa la validità della medesima, salva l'applicabilità della disposizione di cui all'art. 144 sulla nullità parziale.

♦ Codice civile francese

Articolo 1172. *Ogni condizione di una cosa impossibile o contraria al buon costume o vietata dalla legge è nulla o rende nullo il contratto che ne dipende.*

1355. Condizione meramente potestativa.

È nulla [1418] l'alienazione di un diritto o l'assunzione di un obbligo subordinata a una condizione sospensiva che la faccia dipendere dalla mera volontà dell'alienante o, rispettivamente, da quella del debitore [645, 1331].

● Norme connesse:
- L.18 dicembre 1984, n. 975; art. 16, L. 31 maggio 1995, n. 218.

■ Codice civile del 1865: *Art. 1162. È nulla l'obbligazione contratta sotto una condizione, che la fa dipendere dalla mera volontà di colui che si è obbligato.*

♦ Codice europeo dei contratti

Art. 54. Condizione meramente potestativa. *1. Il contratto sottoposto ad una condizione sospensiva il cui avverarsi dipenda esclusivamente dalla volontà di una delle parti, è nullo.*

2. Se una condizione sospensiva meramente potestativa è apposta ad una singola clausola di un contratto, essa rende nullo il contratto medesimo, salva l'applicabilità della disposizione di cui all'art. 144 sulla nullità parziale.

♦ Codice civile francese

Articolo 1304.2. *È nulla l'obbligazione contratta sotto una condizione la cui realizzazione dipende dalla sola volontà del debitore. Questa nullità non può essere invocata quando l'obbligazione è stata eseguita in conoscenza di causa.*

1356. Pendenza della condizione.

In pendenza della condizione sospensiva l'acquirente di un diritto può compiere atti conservativi [641, 1357, 2901; c.p.c. 563, 670; L. fall. 55].

L'acquirente di un diritto sotto condizione risolutiva può, in pendenza di questa, esercitarlo, ma l'altro contraente può compiere atti conservativi.

● Norme connesse:
- art. 55, comma 3, R.D. 16 marzo 1942, n. 267.

■ Codice civile del 1865: *Art. 1171. Il creditore può, prima che siasi verificata la condizione, esercitare tutti gli atti che tendono a conservare i suoi diritti.*

♦ Codice europeo dei contratti

Art. 51. Pendenza della condizione. *Fino a che la condizione non si sia avverata la parte contraente che ha assunto un obbligo o ha costituito o trasferito un diritto reale è tenuta a comportarsi secondo buona fede in modo da non pregiudicare i diritti della controparte, la quale può, se del caso, chiedere al giudice l'emissione di uno dei provvedimenti previsti dall'art. 172, salvo il risarcimento dei danni.*

♦ Codice civile francese

Articolo 1304.5. *Prima che condizione sospensiva si verifichi, il debitore deve astenersi da ogni atto che impedisce la buona esecuzione dell'obbligazione; il creditore può compiere ogni atto conservativo ed andare contro agli atti del debitore compiuti in frode dei suoi diritti. Quello che è stato pagato può essere ripetuto finché la condizione sospensiva non si verifica.*

1357. Atti di disposizione in pendenza della condizione.

Chi ha un diritto subordinato a condizione sospensiva o risolutiva può disporne in pendenza di questa [1356]; ma gli effetti di ogni atto di disposizione sono subordinati alla stessa condizione [1361, 2852].

♦ Codice civile tedesco

§ 161 Inefficacia delle disposizioni durante la pendenza. *(1) Quando qualcuno ha disposto di un oggetto durante la pendenza di una condizione sospensiva, nel momento in cui si avvera la condizione è inefficace ogni altro atto dispositivo che egli compie sull'oggetto in pendenza, ove ostacoli o pregiudichi gli effetti dipendenti dalla condizione. A tale disposizione si equipara la disposizione che in pendenza si realizza attraverso l'esecuzione forzata, l'esecuzione del sequestro o attraverso il curatore fallimentare. (2) Le stesse considerazioni valgono in presenza di una condizione risolutiva per gli atti dispositivi del soggetto i cui diritti vengono meno con l'avverarsi della condizione. (3) Allo stesso modo trovano applicazione le disposizioni a favore di colui che acquista diritti da un soggetto non legittimato.*

1358. Comportamento delle parti nello stato di pendenza.

Colui che si è obbligato o che ha alienato un diritto sotto condizione sospensiva, ovvero lo ha acquistato sotto condizione risolutiva, deve, in pendenza della condizione, comportarsi secondo buona fede [1175, 1337, 1366, 1375, 1391, 1460] per conservare integre le ragioni dell'altra parte.

♦ Codice civile tedesco

§ 160 Responsabilità in pendenza. *(1) Il soggetto titolare di un diritto sotto condizione sospensiva può, ove si avveri la condizione, richiedere il risarcimento del danno all'altra parte, se questa durante la pendenza ostacola o compromette in modo colpevole il diritto subordinato alla condizione. (2) Ricorrendo i medesimi presupposti analoga pretesa si riconosce, in caso di negozio giuridico sottoposto a condizione risolutiva, al soggetto a favore del quale si determina nuovamente la situazione giuridica antecedente.*

1359. Avveramento della condizione.

La condizione [1353] si considera avverata qualora sia mancata per causa imputabile alla parte che aveva interesse contrario all'avveramento di essa [1208, comma 1, n. 5].

■ Codice civile del 1865: *Art. 1169. La condizione si ha per adempita, quando lo stesso debitore obbligato sotto condizione ne abbia impedito l'adempimento.*

♦ Unidroit

Articolo 5.3.3 (Interferenza con le condizioni). *(1) Se una delle parti impedisce il verificarsi di una condizione in contrasto con l'obbligo di buona fede e con il dovere di cooperazione, quella parte non potrà giovarsi del mancato avveramento della condizione.*

(2) Se una delle parti provoca l'avveramento di una condizione, in contrasto con il dovere di buona fede e con l'obbligo di cooperazione, quella parte non potrà giovarsi dell'avveramento della condizione.

♦ Codice europeo dei contratti

Art. 52. Avveramento della condizione. *1. Qualora non sia fissato un termine entro il quale la condizione debba verificarsi, questa si considera non avverata al momento in cui risulti evidente l'impossibilità del suo avveramento.*

2. La condizione si considera come avverata o non avverata qualora la parte contraente che ne ha interesse ne abbia impedito o causato l'avveramento.

♦ Codice civile francese

Articolo 1178. *La condizione è considerata adempiuta quando è il debitore, obbligato sotto questa condizione, che ne ha impedito l'adempimento.*

♦ Codice civile tedesco

§ 162 Interferenze non consentite sulla condizione. (1) Nel caso in cui l'avveramento della condizione venga impedito, con modalità contrarie a buona fede, dalla parte a svantaggio della quale opererebbe, la condizione si considera avverata. (2) Quando l'avveramento della condizione sia realizzato con comportamenti contrari a buonafede dalla parte che tragga vantaggio da esso, la condizione si considera non avverata.

1360. Retroattività della condizione.

Gli effetti dell'avveramento della condizione [1353] retroagiscono [646] al tempo in cui è stato concluso il contratto [1606], salvo che, per volontà delle parti o per la natura del rapporto, gli effetti del contratto o della risoluzione debbano essere riportati a un momento diverso [1465, 1757, 2655, comma 4, 2935].

Se però la condizione risolutiva è apposta a un contratto ad esecuzione continuata o periodica [1467], l'avveramento di essa, in mancanza di patto contrario, non ha effetto riguardo alle prestazioni già eseguite [1361, 1373, 1458, 1465, comma 4, 2126, 2332].

■ Codice civile del 1865: *Art. 1170. La condizione adempita ha effetto retroattivo al giorno in cui fu contratta l'obbligazione. Se il creditore è morto prima che si verifichi la condizione, le sue ragioni passano al suo erede.*

♦ Codice civile francese

Articolo 1179. *La condizione adempiuta ha un effetto retroattivo al giorno in cui l'impegno è stato contratto. Se il creditore è morto prima dell'adempimento della condizione i suoi diritti passano al suo erede.*

1361. Atti di amministrazione.

L'avveramento della condizione [1359] non pregiudica la validità degli atti di amministrazione [320] compiuti dalla parte a cui, in pendenza della condizione stessa, spettava l'esercizio del diritto [1357, 1360].

Salvo diverse disposizioni di legge o diversa pattuizione, i frutti percepiti sono dovuti dal giorno in cui la condizione si è avverata [646, 1148].

CAPO IV
DELL'INTERPRETAZIONE DEL CONTRATTO

● Norme connesse:

- art. 35, D.Lgs. 6 settembre 2005, n. 206; sull'interpretazione degli atti in materia di imposta di registro, art. 20, D.P.R. 26 aprile 1986, n. 131 (Imposta di registro).

1362. Intenzione dei contraenti.

Nell'interpretare il contratto si deve indagare quale sia stata la comune intenzione delle parti [1325, comma 1, n. 2)] e non limitarsi al senso letterale delle parole [1356, 1366].

Per determinare la comune intenzione delle parti, si deve valutare il loro comportamento complessivo anche posteriore alla conclusione del contratto [1326, 1371].

■ Codice civile del 1865: *Art. 1131. Nei contratti si deve indagare quale sia stata la comune intenzione delle parti contraenti, anziché stare al senso letterale delle parole.*

♦ Unidroit

Articolo 4.1(Intenzione delle parti). *(1) Un contratto deve essere interpretato secondo la comune intenzione delle parti.*

(2) Se tale intenzione non può essere determinata, il contratto deve essere interpretato secondo il significato che persone ragionevoli della stessa qualità delle parti avrebbero ad esso attribuito nelle medesime circostanze.

♦ Codice europeo dei contratti

Art. 39. Analisi del testo contrattuale e valutazione degli elementi extratestuali all'atto. *1. Quando le dichiarazioni contrattuali sono tali da rivelare in modo chiaro ed univoco l'intenzione dei contraenti, il contenuto del contratto deve desumersi dal significato letterale di esse, avendo riguardo al testo contrattuale nel suo complesso e coordinando le varie clausole le une per mezzo delle altre.*

2. Rispetto al senso comune delle parole usate prevalgono quel significato che i contraenti hanno espressamente dichiarato di attribuire ad esse o, in mancanza, quella diversa accezione tecnica o invalsa negli usi del commercio che sia conforme alla natura del contratto.

3. Qualora l'esame del testo contrattuale susciti dei dubbi non superabili attraverso una valutazione globale di esso, e ciò anche in relazione a dichiarazioni o comportamenti delle parti sia pure successivi alla stipulazione del contratto e il cui significato trovi un qualche riscontro nel testo contrattuale, quest'ultimo deve interpretarsi conformemente alla comune intenzione dei contraenti, quale accertabile mediante il ricorso anche ad elementi extratestuali riferibili alle parti.

4. In ogni caso l'interpretazione del contratto non deve condurre ad un risultato che sia contrario a buona fede o a ragionevolezza.

♦ I principi di diritto europeo dei contratti

Art. 5:101: Regole generali di interpretazione. *(1) Il contratto deve essere interpretato secondo la comune intenzione delle parti anche quando questa non è conforme al significato letterale delle parole.*

(2) Quando sia accertato che una parte ha inteso dare al contratto un determinato significato, e al momento della conclusione del contratto l'altra parte non ha potuto non essere a conoscenza della volontà della prima, il contratto deve essere interpretato nel senso in cui questa lo ha inteso.

(3) Quando una intenzione secondo i paragrafi (1) e (2) non può essere accertata, il contratto deve essere interpretato secondo il significato che persone ragionevoli e con le stesse caratteristiche delle parti darebbero ad esso nelle stesse circostanze.

♦ Codice civile francese

Articolo 1156. *Nei contratti si deve ricercare quella che è stata la comune intenzione delle parti contraenti, piuttosto che fermarsi al senso letterale dei termini.*

♦ Codice civile tedesco

§ 133 Interpretazione della dichiarazione di volontà. *Quando si interpreta una dichiarazione di volontà bisogna verificare la reale volontà e non ci si deve fermare al senso letterale dell'espressione usata.*

1363. Interpretazione complessiva delle clausole.

Le clausole del contratto si interpretano le une per mezzo delle altre, attribuendo a ciascuna il senso che risulta dal complesso dell'atto [1367, 1370, 1419].

■ Codice civile del 1865: *Art. 1136. Le clausole dei contratti s'interpretano le une per mezzo delle altre, attribuendo a ciascuna il senso che risulta dall'atto intero.*

♦ Unidroit

Articolo 4.4 (Interpretazione complessiva delle clausole). *e clausole e le espressioni si interpretano attribuendo a ciascuna il senso che risulta dal complesso del contratto o della dichiarazione in cui sono inserite.*

♦ Codice civile francese

Articolo 1161. *Tutte le clausole dei contratti si interpretano le une dopo le altre dando a ciascuna il significato che risulta dall'intero atto.*

1364. Espressioni generali.

Per quanto generali siano le espressioni usate nel contratto, questo non comprende che gli oggetti sui quali le parti si sono proposte di contrattare [1369].

■ Codice civile del 1865: *Art. 1138. Per quanto sieno generali le espressioni di un contratto, esso non comprende che le cose sopra le quali apparisce che le parti si sono proposto di contrattare.*

1365. Indicazioni esemplificative.

Quando in un contratto si è espresso un caso al fine di spiegare un patto, non si presumono esclusi i casi non espressi, ai quali, secondo ragione, può estendersi lo stesso patto.

■ Codice civile del 1865: *Art. 1139. Quando in un contratto si è espresso un caso affine di spiegare un patto, non si presume che siansi voluti escludere i casi non espressi, ai quali secondo ragione può estendersi lo stesso patto.*

1366. Interpretazione di buona fede.

Il contratto deve essere interpretato secondo buona fede [1175, 1328, 1337, 1358, 1362, 1375, 1391, 1460].

♦ Codice civile tedesco

§ 157 Interpretazione dei contratti. *I contratti vanno interpretati in modo conforme a buona fede rispettando le pratiche in uso.*

1367. Conservazione del contratto.

Nel dubbio, il contratto o le singole clausole devono interpretarsi nel senso in cui possono avere qualche effetto, anziché in quello secondo cui non ne avrebbero alcuno [1352, 1362, 1363, 1368, 1371, 1374, 1424].

■ Codice civile del 1865: *Art. 1132. Quando una clausola ammette due sensi, si deve intendere nel senso per cui può la medesima avere qualche effetto, piuttosto che in quello per cui non ne potrebbe avere alcuno.*

♦ Codice europeo dei contratti

Art. 40. Espressioni ambigue. *1. Quando malgrado la valutazione condotta in base al comma 3 dell'art. 39 non sia possibile attribuire un senso univoco alle espressioni usate dai contraenti, si osservano, nell'ordine, le disposizioni seguenti.*

2. Nel dubbio, il contratto o le singole clausole devono interpretarsi nel senso in cui possono avere qualche effetto anziché in quello che impedirebbe ad esse di produrne.

♦ I principi di diritto europeo dei contratti

Art. 5:106: Conservazione del contratto. *Le clausole del contratto devono essere interpretate nel senso in cui esse sono lecite ed efficaci.*

♦ Codice civile francese

Articolo 1157. *Quando una clausola è suscettibile di due significati si deve intenderla piuttosto in quel significato con cui può produrre qualche effetto che in quello con cui non produrrebbe nessun effetto.*

1368. Pratiche generali interpretative.

Le clausole ambigue s'interpretano secondo ciò che si pratica generalmente nel luogo in cui il contratto è stato concluso [1340, 1367, 1374].

Nei contratti in cui una delle parti è un imprenditore [2082], le clausole ambigue s'interpretano secondo ciò che si pratica generalmente nel luogo in cui è la sede dell'impresa [2083, 2196, comma 1, n. 4, 2197].

■ Codice civile del 1865: *Art. 1134. Il patto ambiguo s'interpreta secondo ciò che si pratica nel paese dove fu stipulato il contratto.*

1369. Espressioni con più sensi.

Le espressioni che possono avere più sensi devono, nel dubbio, essere intese nel senso più conveniente alla natura e all'oggetto del contratto [1346, 1364].

■ Codice civile del 1865: *Art. 1133. Le parole che possono avere due sensi, debbono essere intese nel senso più conveniente alla materia del contratto.*

♦ Codice civile francese

Articolo 1158. *I termini suscettibili di due significati devono essere interpretati nel significato che è più congeniale alla materia del contratto.*

1370. Interpretazione contro l'autore della clausola.

Le clausole inserite nelle condizioni generali di contratto o in moduli o formulari predisposti da uno dei contraenti s'interpretano, nel dubbio, a favore dell'altro [1341, 1342, 1363, 1366, 1371].

● Norme connesse:

- art. 35, D.Lgs. 6 settembre 2005, n. 206, secondo cui: *1. Nel caso di contratti di cui tutte le clausole o talune clausole siano proposte al consumatore per iscritto, tali clausole devono sempre essere redatte in modo chiaro e comprensibile.*

2. In caso di dubbio sul senso di una clausola, prevale l'interpretazione più favorevole al consumatore.

3. La disposizione di cui al comma 2 non si applica nei casi di cui all'articolo 37.

♦ Unidroit

Articolo 4.6 (Interpretazione contro l'autore della clausola). *Se sono ambigue le clausole contrattuali stabilite da una parte, si dà preferenza ad una loro interpretazione sfavorevole a quella parte.*

♦ Codice europeo dei contratti

Art. 40. Espressioni ambigue. *[...]. 3. Le clausole predisposte da uno dei contraenti e che non hanno costituito oggetto di trattativa si interpretano, nel dubbio, in senso sfavorevole al medesimo.*

♦ I principi di diritto europeo dei contratti

Art. 5:103: Interpretazione contro l'autore della clausola. *Nel dubbio circa il significato di una clausola che non sia stata oggetto di trattativa individuale, si deve preferire l'interpretazione sfavorevole alla parte che l'ha predisposta.*

♦ Codice civile francese

Articolo 1162. *Nel dubbio il contratto è interpretato contro colui che ha stipulato e in favore di colui che ha contratto l'obbligazione.*

1371. Regole finali.

Qualora, nonostante l'applicazione delle norme contenute in questo capo, il contratto rimanga oscuro, esso deve essere inteso nel senso meno gravoso per l'obbligato [1184], se è a titolo gratuito, e nel senso che realizzi l'equo contemperamento degli interessi delle parti [1374], se è a titolo oneroso [1286, 1362].

[...][1].

[1] Comma abrogato dall'art. 3, D.Lgs.Lgt. 14 settembre 1944, n. 287.

■ Codice civile del 1865: *Art. 1137. Nel dubbio il contratto si interpreta contro colui che ha stipulato, ed in favore di quello che ha contratto l'obbligazione.*

CAPO V

DEGLI EFFETTI DEL CONTRATTO

Sezione I

Disposizioni generali

1372. Efficacia del contratto.

Il contratto ha forza di legge tra le parti [1373, 1374, 1415]. Non può essere sciolto che per mutuo consenso [1321] o per cause ammesse dalla legge [177, 320, comma 3, 374, 375, 557, 1399 comma 3, 1418, 1447, 1453, 1458, comma 2, 1671, 1896, 2227, 2643, 2655, comma 4; L. fall. 72 ss.].

Il contratto non produce effetto rispetto ai terzi [1379, 1381, 1478, 1479] che nei casi previsti dalla legge [1239, 1300, 1301, 1411, 1415].

● Norme connesse:

- sullo *jus variandi*, art. 768-*septies* c.c. sul patto di famiglia.

- in materia di contratti bancari, art. 118, D.Lgs. 1 settembre 1993, n. 385, nel testo sostituito dall'art. 4, D.Lgs. 13 agosto 2010, n. 141 e poi modificato dall'art. 8, D.L. 13 maggio 2011, n. 70, convertito in L. 12 luglio 2011, n. 106: «*Art. 118. Modifica unilaterale delle condizioni contrattuali. 1. Nei contratti a tempo indeterminato può essere convenuta, con clausola approvata specificamente dal cliente, la facoltà di modificare unilateralmente i tassi, i prezzi e le altre condizioni previste dal contratto qualora sussista un giustificato motivo. Negli altri contratti di durata la facoltà di modifica unilaterale può essere convenuta esclusivamente per le clausole non aventi ad oggetto i tassi di interesse, sempre che sussista un giustificato motivo.*

2. Qualunque modifica unilaterale delle condizioni contrattuali deve essere comunicata espressamente al cliente secondo modalità contenenti in modo evidenziato la formula: "Proposta di modifica unilaterale del contratto", con preavviso minimo di due mesi, in forma scritta o mediante altro supporto durevole preventivamente accettato dal cliente. Nei rapporti al portatore la comunicazione è effettuata secondo le modalità stabilite dal CICR. La modifica si intende approvata ove il cliente non receda, senza spese, dal contratto entro la data prevista per la sua applicazione. In tale caso, in sede di liquidazione del rapporto, il cliente ha diritto all'applicazione delle condizioni precedentemente praticate.

2-bis. Se il cliente non è un consumatore nè una microimpresa come definita dall'articolo 1, comma 1, lettera t), del decreto legislativo 27 gennaio 2010, n. 11, nei contratti di durata diversi da quelli a tempo indeterminato di cui al comma 1 del presente articolo possono essere inserite clausole, espressamente approvate dal cliente, che prevedano la possibilità di modificare i tassi di interesse al verificarsi di specifici eventi e condizioni, predeterminati nel contratto.

3. Le variazioni contrattuali per le quali non siano state osservate le prescrizioni del presente articolo sono inefficaci, se sfavorevoli per il cliente.

CODICE CIVILE

4. Le variazioni dei tassi di interesse adottate in previsione o in conseguenza di decisioni di politica monetaria riguardano contestualmente sia i tassi debitori che quelli creditori, e si applicano con modalità tali da non recare pregiudizio al cliente».

- art. 172, D.Lgs. 7 settembre 2005, n. 209 (Codice delle assicurazioni private); art. 72, R.D. 16 marzo 1942, n. 267.

- artt. 61 e 62 del Codice della crisi di impresa e dell'insolvenza, attuativo della Legge delega 19 ottobre 2017, n. 155 (D.Lgs. 12 gennaio 2019, n. 14), i quali prevedono, in deroga all'articolo in oggetto, l'estensione, rispettivamente, degli effetti dell'accordo di ristrutturazione e della convenzione di moratoria anche ai creditori non aderenti, appartenenti alla medesima categoria giuridica dei creditori aderenti.

- art. 11, L. 7 agosto 1990, n. 241.

■ Codice civile del 1865: *Art. 1123. I contratti legalmente formati hanno forza di legge per coloro che li hanno fatti.*

Non possono essere rivocati che per mutuo consenso o per cause autorizzate dalla legge.

Art. 1130. I contratti non hanno effetto che fra le parti contraenti: essi non pregiudicano né giovano ai terzi, fuorché nei casi stabiliti dalla legge.

♦ Unidroit

Articolo 1.3 Carattere vincolante del contratto. *Un contratto validamente concluso è vincolante per le parti. Può essere modificato o risolto soltanto in conformità alle sue clausole o di comune accordo tra le parti o secondo quanto altrimenti previsto da questi Principi.*

♦ Codice europeo dei contratti

Art. 42. Effetti fra le parti e a favore di terzi. *Il contratto ha forza di legge tra le parti e produce effetti a favore di terzi come previsto nelle norme del presente titolo.*

♦ Codice civile francese

Articolo 1199 *Il contratto non crea obbligazioni che tra le parti. I terzi non possono né domandare l'esecuzione del contratto né vedersi costretti ad eseguirlo, sotto riserva delle disposizioni della presente sezione e di quelle del capitolo III del titolo IV.*

1373. Recesso unilaterale.

Se a una delle parti è attribuita la facoltà di recedere dal contratto [1324, 1334, 1341, 1350, 1453, 1458, comma 2], tale facoltà può essere esercitata finché il contratto non abbia avuto un principio di esecuzione [1385, 1411, 1537, 1660, 1671, 1674, 1722 n. 4, 1985, 2224, 2227, 2237, 2558].

Nei contratti a esecuzione continuata o periodica [1467], tale facoltà può essere esercitata anche successivamente [1569, 1612-1614, 1616, 1627, 1660, 1671, 1722-1727, 1750, 1833, 1855, 1893, 1897, 1899, 1918, 1985, 2118, 2119, 2227, 2285, 2307, 2315, 2437, 2454, 2473, 2532], ma il recesso non ha effetto per le prestazioni già eseguite o in corso di esecuzione.

Qualora sia stata stipulata la prestazione di un corrispettivo per il recesso, questo ha effetto [1376, 1453] quando la prestazione è eseguita [1386].

È salvo in ogni caso il patto contrario [1458, comma 2].

● Norme connesse:

- comma 1: 1) sul recesso per i contratti i negoziati fuori dei locali commerciali e per i contratti a distanza, artt. 52-59, D.Lgs. 6 settembre 2005, n. 206.

2) sul recesso nei contratti relativi al diritto di godimento ripartito sugli immobili, art. 73 dello stesso codice del consumo.

3) sul recesso nei contratti relativi alla commercializzazione a distanza di servizi finanziari ai consumatori, art. 67-duodecies, del medesimo codice del consumo.

4) per il generale divieto di recesso nei contratti della p.a., art. 21-*sexies*, L. 7 agosto 1990, n. 241, secondo cui: "*il recesso unilaterale dai contratti della pubblica amministrazione è ammesso nei casi previsti dalla legge o dal contratto*".

5) per la speciale disciplina in tema di recesso negli appalti pubblici di lavori, art. 109, D.Lgs. 18 aprile 2016, n. 50 (Codice dei contratti pubblici); art. 32, comma 8, dello stesso D.Lgs. 18 aprile 2016, n. 50, nel testo modificato modificato dall'art. 4, D.L. 16 luglio 2020, n. 76, convertito in L. 11 settembre 2020, n. 120, secondo cui: *Divenuta efficace l'aggiudicazione, e fatto salvo l'esercizio dei poteri di autotutela nei casi consentiti dalle norme vigenti, la stipulazione del contratto di appalto o di concessione deve avere luogo entro i successivi sessanta giorni, salvo diverso termine previsto nel bando o nell'invito ad offrire, ovvero l'ipotesi di differimento espressamente concordata con l'aggiudicatario, purchè comunque giustificata dall'interesse alla sollecita esecuzione del contratto. La mancata stipulazione del contratto nel termine previsto deve essere motivata con specifico riferimento all'interesse della stazione appaltante e a quello nazionale alla sollecita esecuzione del contratto e viene valutata ai fini della responsabilità erariale e disciplinare del dirigente preposto. Non costituisce giustificazione adeguata per la mancata stipulazione del contratto nel termine previsto, salvo quanto previsto dai commi 9 e 11, la pendenza di un ricorso giurisdizionale, nel cui ambito non sia stata disposta o inibita la stipulazione del contratto. Le stazioni appaltanti hanno facoltà di stipulare contratti di assicurazione della propria responsabilità civile derivante dalla conclusione del contratto e dalla prosecuzione o sospensione della sua esecuzione. Se la stipulazione del contratto non avviene nel termine fissato, l'aggiudicatario può, mediante atto notificato alla stazione appaltante, sciogliersi da ogni vincolo o recedere dal contratto. All'aggiudicatario non spetta alcun indennizzo, salvo il rimborso delle spese contrattuali documentate. Nel caso di lavori, se è intervenuta la consegna dei lavori in via di urgenza e nel caso di servizi e forniture, se si è dato avvio all'esecuzione del contratto in via d'urgenza, l'aggiudicatario ha diritto al rimborso delle spese sostenute per l'esecuzione dei lavori ordinati dal direttore dei lavori, ivi comprese quelle per opere provvisionali. Nel caso di servizi e forniture, se si è dato avvio all'esecuzione del contratto in via d'urgenza, l'aggiudicatario ha diritto al rimborso delle spese sostenute per le prestazioni espletate su ordine del direttore dell'esecuzione. L'esecuzione d'urgenza di cui al presente comma è ammessa esclusivamente nelle ipotesi di eventi oggettivamente imprevedibili, per ovviare a situazioni di pericolo per persone, animali o cose, ovvero per l'igiene e la salute pubblica, ovvero per il patrimonio storico, artistico, culturale ovvero nei casi in cui la mancata esecuzione immediata della prestazione dedotta nella gara determinerebbe un grave danno all'interesse pubblico che è destinata a soddisfare, ivi compresa la perdita di finanziamenti comunitari.*

6) per la revoca unilaterale di provvedimenti ed accordi amministrativi, artt. 11 (Accordi integrativi o sostitutivi del provvedimento), e 21-*quinquies* (Revoca del provvedimento), L. 7 agosto 1990, n. 241.

7) per il recesso dal collocamento fuori sede di strumenti finanziari e servizi di investimento, art. 30, comma 6, D.Lgs. 24 febbraio 1998, n. 58 (T.U. intermediazione finanziaria).

8) in materia assicurativa, art. 172, D.Lgs. 7 settembre 2005, n. 209 (Codice delle assicurazioni private).

9) per il recesso nei contratti bancari, artt. 120-bis e 125-ter, D.Lgs. 1 settembre 1993, n. 385 (T.U. bancario).

10) per il recesso in materia locatizia, artt. 4 e 9, L. 27 luglio 1978, n. 392.

- art. 80, comma 2, R.D. 16 marzo 1942, n. 267; artt.33, comma 2, lett. g), h), 47, 48, 64-67, 67-duodecies, 73, 74, D.Lgs. 6 settembre 2005, n. 206.

♦ Codice europeo dei contratti

Art. 43. Modificazione e scioglimento del contratto e diritto di recesso. *1. Il contratto può essere modificato, rinegoziato o risolto per mutuo consenso o nei casi previsti da questo codice, da disposizioni nazionali o comunitarie.*

2. Salvo quanto previsto dall'art. 57, comma 2, il diritto di recedere unilateralmente dal contratto può essere attribuito, ad uno dei contraenti o ad entrambi, dall'accordo delle parti nei limiti consentiti da questo codice, dalle disposizioni nazionali o comunitarie.

♦ Codice civile francese

Articolo 1210 *Gli impegni perpetui sono vietati. Ciascun contraente può mettervi fine nelle condizioni previste per il contratto a durata indeterminata.*

Articolo 1211. *Quando il contratto è concluso per una durata indeterminata, ciascuna parte può mettere fine ad ogni momento, sotto riserva di rispettare il termine di preavviso contrattualmente previsto o, in mancanza, di un termine ragionevole.*

Articolo 1212 *Quando il contratto è concluso per una durata indeterminata ciascuna parte deve eseguirlo fino al suo termine. Nessuno può esigere il rinnovo del contratto.*

Articolo 1213 *Il contratto può essere prorogato se i contraenti ne manifestano la volontà prima del suo scadere. La proroga non può determinare violazione dei diritti dei terzi.*

Articolo 1214 *Il contratto a durata determinata può essere rinnovato per effetto della legge o per accordo delle parti. Il rinnovo dà luogo alla nascita di un nuovo contratto il cui contenuto è identico al precedente ma la cui durata è indeterminata.*

Articolo 1215 *Quando allo scadere del termine di un contratto concluso a durata determinata i contraenti continuano ad eseguire le obbligazioni, c'è un tacito rinnovo. Questo determina gli effetti del rinnovo del contratto.*

♦ Codice civile tedesco

§ 323 Recesso per prestazione non eseguita o eseguita in modo non conforme al contratto. *(1) Se in un contratto a prestazioni corrispettive il debitore non adempie una prestazione esigibile o la adempie non conformemente al contratto, il creditore, dopo aver fissato un congruo termine per la prestazione o per l'adempimento successivo, può recedere dal contratto. (2) La fissazione del termine non è necessaria quando: 1. il debitore ha rifiutato definitivamente la prestazione; 2. il debitore non adempie l'obbligazione nel termine previsto nel contratto o entro un termine determinato e il creditore nel contratto ha vincolato la sopravvivenza del proprio interesse alla prestazione alla tempestiva prestazione del debitore; 3. se sussistono particolari circostanze che, tenuto conto degli interessi di entrambe le parti, giustificano il recesso immediato. (3) Se in base al tipo di violazione dell'obbligo non può essere presa in considerazione una fissazione del termine, ad essa si sostituisce una intimazione. (4) Il creditore può recedere prima della esigibilità della prestazione quando è chiaro che sussisteranno i presupposti del recesso. (5) Se il debitore ha adempiuto parzialmente la prestazione, il creditore può recedere dal contratto se non ha interesse alla prestazione parziale. Se il debitore ha eseguito la prestazione in modo non conforme al contratto, il creditore non può recedere dal contratto se la violazione dell'obbligo è irrilevante. (6) Il recesso è escluso quando il creditore è responsabile da solo o in modo prevalente per il fatto che lo legittimerebbe al recesso o se il fatto non imputabile al debitore sopravviene quando il creditore era moroso nell'accettazione.*

§ 325 Risarcimento del danno e recesso. *Il diritto di richiedere il risarcimento del danno in un contratto a prestazioni corrispettive non è escluso dal recesso.*

1374. Integrazione del contratto.

Il contratto obbliga le parti non solo a quanto è nel medesimo espresso, ma anche a tutte le conseguenze che ne derivano secondo la legge, o, in mancanza, secondo gli usi [1739, comma 2, 1756, 1825, 1498, comma 2] e l'equità [1226, 1339, 1340, 1349, 1367, 1368, 1450, 1467, comma 3, 1468, 1733, 1751, comma 1, 2187].

■ Codice civile del 1865: *Art. 1124. I contratti debbono essere eseguiti di buona fede, ed obbligano non solo a quanto è nei medesimi espresso, ma anche in tutte le conseguenze che secondo l'equità, l'uso la legge ne derivano.*

♦ Unidroit

Articolo 1.9 Usi e pratiche. *(1) Le parti sono vincolate dagli usi che hanno accettato e dalle pratiche che si sono instaurate tra loro.*

(2) Le parti sono vincolate dagli usi che sono generalmente conosciuti e regolarmente osservati nel commercio internazionale nel particolare settore commerciale considerato, salvo quando l'applicazione di tali usi sia irragionevole.

1375. Esecuzione di buona fede.

Il contratto deve essere eseguito secondo buona fede [Cost. 2; 1175, 1337, 1358, 1366, 1391, 1460].

● Norme connesse:

- sulle clausole abusive nei contratti del consumatori, art. 36, D.Lgs. 6 settembre 2005, n. 206.

- sull'abuso di dipendenza economica, art. 9, L. 18 giugno 1998, n. 192.

- sulle clausole abusive nelle transazioni commerciali, art. 7, D.Lgs. 9 ottobre 2002, n. 231.

- sull'abuso di posizione dominante, art. 3, L. 10 ottobre 1990, n. 287.

- art. 10, comma 1, L. 27 luglio 2000, n. 212, che dispone: *1. I rapporti tra contribuente e amministrazione finanziaria sono improntati al principio della collaborazione e della buona fede.*

■ Codice civile del 1865: *Art. 1124. I contratti debbono essere eseguiti di buona fede, ed obbligano non solo a quan-*

to è nei medesimi espresso, ma anche in tutte le conseguenze che secondo l'equità, l'uso la legge ne derivano.

♦ Unidroit

Articolo 1.7 Buona fede. *(1) Ciascuna parte deve agire in conformità alla buona fede nel commercio internazionale.*

(2) Le parti non possono escludere o limitare quest'obbligo.

1376. Contratto con effetti reali.

Nei contratti che hanno per oggetto il trasferimento della proprietà di una cosa determinata [1377], la costituzione o il trasferimento di un diritto reale ovvero il trasferimento di un altro diritto, la proprietà o il diritto si trasmettono e si acquistano [922] per effetto del consenso delle parti legittimamente [1427, 1440] manifestato [1260, 1465, 1470, 1472, 1476 n. 2, 1520, 1523, 1529, 1532, 1552, 1706, 2003, 2011, 2022, 2644, 2684, 2808 comma 2, 2932].

■ Codice civile del 1865: *Art. 1125. Nei contratti che hanno per oggetto la traslazione della proprietà o di altro diritto, la proprietà o il diritto si trasmette e si acquista per effetto del consenso legittimamente manifestato, e la cosa rimane a rischio e pericolo dell'acquirente, quantunque non ne sia seguita la tradizione.*

♦ Codice europeo dei contratti

Art. 46. Effetti reali. *1. Salvo esplicito patto contrario, il contratto stipulato allo scopo di trasferire la proprietà di una cosa mobile, o di costituire o trasferire un diritto reale sulla medesima, produce effetti reali sia fra le parti sia nei confronti dei terzi dal momento della consegna di essa all'avente diritto, o alla persona da questi incaricata a riceverla, o al vettore che deve pattiziamente provvedere alla consegna.*

2. Nell'ipotesi di cui al comma che precede, se colui che trasferisce per contratto una cosa mobile o un diritto reale su di essa non ne è proprietario o titolare, la controparte diviene proprietaria della cosa o titolare del diritto, come previsto dal contratto, al momento della consegna, purché sia in buona fede.

3. Per i beni mobili registrati e per i beni immobili, quanto agli effetti reali continuano ad applicarsi nei vari Stati le norme in essi in vigore al momento dell'adozione di questo codice. Comunque per i beni mobili registrati o per i beni immobili gli effetti reali si verificano dovunque solo col compimento delle formalità di pubblicità previste per la zona in cui si trova il bene immobile, o nella quale deve essere consegnato all'avente diritto il bene mobile registrato.

4. Nelle ipotesi di cui ai commi precedenti, il rischio del perimento o danneggiamento della cosa si trasferisce in capo all'avente diritto al momento della consegna della cosa stessa al predetto, alla persona da lui incaricata di riceverla, o al vettore che deve pattiziamente provvedere alla consegna.

♦ Codice civile francese

Articolo 1196 *Nei contratti aventi per oggetto l'alienazione della proprietà o la cessione di un altro diritto, il trasferimento si verifica al momento della conclusione del contratto. Questo trasferimento può essere differito per volontà delle parti, per la natura delle cose o per effetto della legge. Il trasferimento della proprietà comporta il trasferimento dei rischi della cosa. Tuttavia il debitore dell'obbligazione di consegna si ritrova incaricato di contare la sua messa in mora conformemente all'articolo 1344.2 e sotto riserva delle regole previste all'articolo 1351.1.*

♦ Codice civile tedesco

§ 928 Accordo tra le parti per il trasferimento della proprietà di beni immobili. *(1) L'accordo tra alienante e acquirente necessario in base al § 873 per trasferire la proprietà di un immobile (accordo per il trasferimento della proprietà di beni immobili) va dichiarato davanti alla sede competente alla presenza contemporanea di entrambe le parti. Alfine di ricevere l'accordo deputato al trasferimento di proprietà di immobili è competente, fatta salva la competenza di altre sedi, qualunque notaio. Un accordo per il trasferimento di proprietà di beni immobili può dichiararsi anche in una conciliazione giudiziale o in un piano d'insolvenza confermato con sentenza passata in giudicato. (2) Un accordo per il trasferimento della proprietà di immobili, fatto sotto condizione o termine, non è efficace.*

Contra

§ 929 Accordo e consegna. *Per trasferire la proprietà di una cosa mobile il proprietario deve consegnare la cosa all'acquirente e deve esserci l'accordo di entrambe le parti a che la proprietà venga trasferita. Se l'acquirente è già nel possesso del bene, basta l'accordo in ordine al trasferimento della proprietà.*

Contra

§ 931 Cessione del titolo alla restituzione. *Se un terzo si trova nel possesso della cosa, la consegna può essere sostituita con il fatto che il proprietario conferisca all'acquirente la pretesa alla consegna della cosa.*

§ 933 Acquisto in buona fede in caso di costituto possessorio. *Qualora una cosa alienata in base al § 930 non è di proprietà dell'alienante, l'acquirente diventa proprietario nel momento in cui la cosa gli venga consegnata dall'alienante, a meno che in tale momento non sia in buonafede.*

1377. Trasferimento di una massa di cose.

Quando oggetto del trasferimento è una determinata massa di cose [1376], anche se omogenee, si applica la disposizione dell'articolo precedente, ancorché, per determinati effetti, le cose debbano essere numerate, pesate o misurate [1537, 1782, 1814].

■ Codice civile del 1865: *Art. 1451. Se al contrario le mercanzie sono state vendute in massa, la vendita è immediatamente perfetta.*

S'intende fatta la vendita in massa, se le cose sono state vendute per un solo e certo prezzo, senza che siasi avuto riguardo al peso, al numero o alla misura, od anche quando vi si abbia riguardo unicamente all'effetto di determinare la quantità del prezzo medesimo.

1378. Trasferimento di cosa determinata solo nel genere.

Nei contratti che hanno per oggetto il trasferimento di cose determinate solo nel genere [1178, 1376], la proprietà si trasmette con l'individuazione fatta d'accordo tra le parti o nei modi da essi stabiliti [1465, 1472]. Trattandosi di cose che devono essere trasportate da un luogo a un altro, l'individuazione avviene anche mediante la consegna [1510] al vettore [1678] o allo spedizioniere [1737].

♦ Codice europeo dei contratti

Art. 47. Alienazione a più soggetti della stessa cosa mobile o dello stesso diritto reale o personale di godimento. *1. Se con successivi contratti un soggetto trasferisce a favore di altrettanti contraenti la proprietà di una cosa mobile o un diritto reale sulla medesima, escludendosi nei contratti stessi che per gli effetti reali sia necessaria la consegna della cosa, l'acquisto si verifica a favore di colui che ha avuto in buona fede la materiale disponibilità di essa.*

2. In caso di costituzione di un diritto personale di godimento sulla medesima cosa a favore di diversi contraenti con successivi contratti, il godimento spetta al contraente che per primo lo ha conseguito. Se nessuno dei contraenti lo ha conseguito, è preferito quello tra essi che ha il titolo di data certa anteriore.

1379. Divieto di alienazione.

Il divieto di alienare stabilito per contratto [1341] ha effetto solo tra le parti [965], e non è valido se non è contenuto entro convenienti limiti di tempo [2596] e se non risponde a un apprezzabile interesse [1174, 1184, 1255, 1384] di una delle parti [965, comma 3, 980, comma 1, 1024, 1184, 1260, 1501, 1566, 1975, 2355-bis, comma 1, 2469, 2530, 2808, 2839].

● Norme connesse:

- artt. 1183, 1331, 1350, c.c..

♦ Codice europeo dei contratti

Art. 48. Impegno a non alienare e a non praticare un prezzo diverso. *1. L'impegno assunto da una parte di non alienare la cosa ricevuta dalla controparte ha effetto solo fra i contraenti a prescindere dalla buona o mala fede del terzo acquirente. Tale impegno non ha effetto se non è contenuto entro ragionevoli limiti di tempo e non risponde ad un effettivo interesse dell'alienante.*

2. La disposizione di cui al comma precedente si applica anche all'impegno assunto da una parte di non alienare la cosa, che viene ceduta, ad un prezzo diverso da quello previsto nell'accordo.

♦ Codice civile tedesco

§137 Divieto di alienare previsto da un negozio giuridico. *La facoltà di disporre di un diritto alienabile non può essere eliminato o ridotta da un negozio giuridico. L'efficacia dell'obbligazione di non godere di tale diritto non è colpita dalla disposizione in esame.*

1380. Conflitto tra più diritti personali di godimento.

Se, con successivi contratti, una persona concede a diversi contraenti un diritto personale di godimento relativo alla stessa cosa, il godimento spetta al contraente che per primo lo ha conseguito [1155, 1265, 1991].

Se nessuno dei contraenti ha conseguito il godimento, è preferito quello che ha il titolo di data certa [2702, 2704] anteriore.

Sono salve le norme relative agli effetti della trascrizione [2643, 2644].

1381. Promessa dell'obbligazione o del fatto del terzo.

Colui che ha promesso l'obbligazione o il fatto di un terzo è tenuto a indennizzare l'altro contraente, se il terzo rifiuta di obbligarsi o non compie il fatto promesso [1183, 1321, 1372, 1478, 1936, 2822].

■ Codice civile del 1865: *Art. 1129. Può taluno obbligarsi verso un altro, promettendo il fatto di una terza persona. Tale promessa dà soltanto diritto ad indennità verso colui che si è obbligato, o che ha promesso la ratifica dei terzo, se questi ricusa di adempiere l'obbligazione.*

Sezione II
Della clausola penale e della caparra

1382. Effetti della clausola penale.

La clausola [647], con cui si conviene che, in caso di inadempimento [1229] o di ritardo nell'adempimento [1218, 1383], uno dei contraenti è tenuto a una determinata prestazione, ha l'effetto di limitare il risarcimento alla prestazione promessa, se non è stata convenuta la risarcibilità del danno ulteriore [1223, 1224, 1229].

La penale è dovuta indipendentemente dalla prova del danno.

● Norme connesse:

- art. 33, comma 2, lett. f), D.Lgs. 6 settembre 2005, n. 206.

■ Codice civile del 1865: *Art. 1209. La clausola penale è quella con cui una persona, per assicurare l'adempimento di una obbligazione, si obbliga a qualche cosa nel caso che non l'adempia o ne ritardi l'esecuzione.*

Art. 1212. La clausola penale è la compensazione dei danni che soffre il creditore per l'inadempimento dell'obbligazione principale.

Il creditore può domandare nel tempo medesimo la cosa principale e la pena, quando non l'abbia stipulata pel semplice ritardo.

♦ Codice europeo dei contratti

Art. 170. Clausola penale. *1. Salvo quanto previsto dal comma 5, se le parti all'atto della stipulazione del contratto hanno convenuto in una clausola penale che in caso di inadempimento o di inesatto adempimento o di ritardo è dovuta dal debitore una determinata prestazione, questa costituisce il risarcimento dovuto dal medesimo al verificarsi delle situazioni predette, sempre che non sia stata convenuta la risarcibilità del danno ulteriore.*

2. La prestazione di cui al comma precedente è dovuta senza che il creditore sia tenuto a provare l'esistenza del danno e la sua entità.

♦ Codice civile francese

Articolo 1229. *La clausola penale è la compensazione dei danni che il creditore sopporta per l'inadempimento dell'obbligazione principale. Non può domandare allo stesso tempo l'obbligazione principale e la sanzione, a meno che essa non sia stata accordata per il semplice ritardo.*

♦ Codice civile tedesco

§ 339 Esigibilità della penale contrattuale. *Se il debitore promette al creditore il pagamento di una somma di denaro a titolo di penale nel caso in cui non adempia o non adempia nel modo dovuto la propria prestazione, la penale è esigibile se questi è in mora. Se la prestazione dovuta consiste in una omissione, l'esigibilità si verifica con il compimento dell'azione.*

CODICE CIVILE

§ 340 Promessa di penale per l'inadempimento. *(1) Se il debitore ha promesso la penale se non esegue la propria obbligazione, il creditore può richiedere la penale divenuta esigibile in luogo dell'adempimento. (2) Se il creditore ha una pretesa al risarcimento del danno per l'adempimento inesatto, si applicano le disposizioni del §340, comma 2. Se il creditore accetta l'adempimento, può richiedere la penale solo laddove nell'accettazione se ne riserva il diritto.*

§ 345 Onere della prova. *Se il debitore contesta l'esigibilità della penale per aver eseguito la propria prestazione, è tenuto a provare l'adempimento, a meno che la prestazione dovuta consista in una omissione.*

1383. Divieto di cumulo.

Il creditore non può domandare insieme la prestazione principale e la penale [1382], se questa non è stata stipulata per il semplice ritardo.

■ Codice civile del 1865: *Art. 1211. Il creditore può domandare al debitore che è in mora, l'esecuzione dell'obbligazione principale, invece della pena stipulata.*

♦ Codice europeo dei contratti

Art. 170. Clausola penale. *3. Il creditore può esigere sia l'adempimento che la prestazione prevista dalla clausola penale solo se quest'ultima è stata stipulata per il semplice ritardo.*

♦ I principi di diritto europeo dei contratti

Art. 9:509: Clausola penale. *(1) Quando il contratto prevede che la parte inadempiente paghi una determinata somma al creditore per l'inadempimento, tale somma è dovuta a prescindere dal verificarsi di una effettiva perdita.*

(2) Tuttavia, nonostante qualsiasi accordo in contrario, la somma prevista può essere ridotta a un ammontare congruo quando risulti manifestamente eccessiva rispetto alla perdita conseguente all'inadempimento e in relazione alle altre circostanze.

1384. Riduzione della penale.

La penale può essere diminuita equamente dal giudice, se l'obbligazione principale è stata eseguita in parte ovvero se l'ammontare della penale è manifestamente eccessivo, avuto sempre riguardo all'interesse [1174, 1255, 1256, comma 2, 1322, 1379, 1411, 1421, 1457, 1464] che il creditore aveva all'adempimento [1181, 1526; disp. att. 163].

■ Codice civile del 1865: *Art. 1214. La pena può essere diminuiti dal giudice, allorché l'obbligazione principale è stata eseguita in parte.*

♦ Codice europeo dei contratti

Art. 170. Clausola penale. *4. La prestazione prevista dalla clausola penale può essere equamente diminuita dal giudice se il debitore ha effettuato, e il creditore non ha rifiutato, un adempimento parziale, o se l'entità della prestazione prevista dalla clausola penale medesima è manifestamente eccessiva, avuto riguardo, in ogni caso, all'interesse che il creditore aveva per l'adempimento.*

♦ Codice civile tedesco

§ 343 Riduzione della penale. *(1) Se una penale divenuta esigibile sia sproporzionamente eccessiva, può essere ridotta, su richiesta del debitore, con sentenza, ad un adeguato importo. Nel giudizio sull'adeguatezza deve essere valutato ogni legittimo interesse del creditore, non solo l'interesse patrimoniale. Dopo la corresponsione della penale, la riduzione è esclusa. (2) Lo stesso si verifica anche al di fuori dei casi dei §§ 339,342, se qualcuno promette una penale nel caso in cui egli compia o ometta di compiere una azione.*

1385. Caparra confirmatoria.

Se al momento della conclusione del contratto [1326 ss.] una parte dà all'altra, a titolo di caparra, una somma di danaro o una quantità di altre cose fungibili, la caparra, in caso di adempimento, deve essere restituita o imputata alla prestazione dovuta [1194, 1277].

Se la parte che ha dato la caparra è inadempiente [1218], l'altra può recedere dal contratto, ritenendo la caparra [1382]; se inadempiente è invece la parte che l'ha ricevuta, l'altra può recedere dal contratto [1373] ed esigere il doppio della caparra [1277, 1382, 1386].

Se però la parte che non è inadempiente preferisce domandare l'esecuzione o la risoluzione del contratto [1453 ss.], il risarcimento del danno è regolato dalle norme generali [1223; disp. att. 164].

■ Codice civile del 1865: *Art. 1217. Quando non risulta una diversa volontà dei contraenti, ciò che si dà anticipatamente nella conclusione del contratto, si considera come una cautela per il risarcimento dei danni in caso d'inadempimento della convenzione, e si dice caparra.*

La parte che non è in colpa, se non preferisce di ottenere l'adempimento della convenzione, può tenersi la caparra ricevuta o domandare il doppio di quelli che ha data.

♦ Codice civile tedesco

§ 336 Interpretazione della caparra. *(1) Se nella conclusione di un contratto viene dato qualcosa a titolo di caparra, ciò vale come segno di conclusione del contratto. (2) La caparra non vale nell'incertezza come caparra penitenziale.*

§337 Imputazione o restituzione della caparra. *(1) La caparra deve essere imputata, nell'incertezza, sulla prestazione dovuta dal datore della caparra oppure, se ciò non può avvenire, deve essere restituita al momento dell'adempimento del contratto. (2) Se il contratto viene risolto la caparra deve essere restituita.*

1386. Caparra penitenziale.

Se nel contratto è stipulato il diritto di recesso per una o per entrambe le parti, la caparra ha la sola funzione di corrispettivo del recesso [1373].

In questo caso, il recedente perde la caparra data o deve restituire il doppio di quella che ha ricevuta [1385].

CAPO VI
DELLA RAPPRESENTANZA

● Norme connesse:
- art. 1, L.18 dicembre 1984, n. 975.
- art. 60, L. 31 maggio 1995, n. 218.

1387. Fonti della rappresentanza.

Il potere di rappresentanza [19, 1400] è conferito dalla legge [48, 320, 357, 360, 424, 643, 778, 1188, comma 1, 1269, comma 2, 1349, 1558; c.p.c. 78] ovvero dall'interessato [1324, 1389, 1392, 1396, 1708, 1722, 1723, 1724, 1726; L. fall. 31].

● Norme connesse:

- L.18 dicembre 1984, n. 975; artt. 28, 31, R.D. 16 marzo 1942, n. 267.

1388. Contratto concluso dal rappresentante. Il contratto concluso dal rappresentante in nome e nell'interesse del rappresentato, nei limiti delle facoltà conferitegli [19], produce direttamente effetto nei confronti del rappresentato [1398].

♦ Unidroit

Articolo 2.2.1 Ambito di applicazione della Sezione. *(1) Questa Sezione disciplina il potere di una persona ("il rappresentante") di produrre direttamente effetti nella sfera giuridica di un'altra persona ("il rappresentato") concludendo o eseguendo un contratto con un terzo, sia che il rappresentante agisca in nome proprio o in nome del rappresentato.*

(2) La Sezione disciplina soltanto i rapporti tra il rappresentato o il rappresentante, da un lato, e il terzo, dall'altro lato.

(3) La Sezione non disciplina il potere di rappresentanza fondato sulla legge o su un provvedimento della pubblica autorità o del giudice.

♦ Codice europeo dei contratti

Art. 60. Contratto concluso dal rappresentante. *1. Il contratto concluso da un soggetto autorizzato dall'interessato ad agire in nome e nell'interesse di quest'ultimo produce direttamente effetto in capo al rappresentato medesimo, se il rappresentante ha agito nei limiti delle facoltà conferitegli, e il terzo che conclude il contratto è consapevole del rapporto di rappresentanza.*

2. Le dichiarazioni unilaterali emesse da e nei confronti di un rappresentante, autorizzato ad emetterle e a riceverle, producono effetto direttamente in capo al rappresentato.

3. Le disposizioni di cui ai commi 1 e 2 che precedono si applicano anche se il potere di rappresentanza sia conferito dalla legge o dall'autorità giudiziaria.

♦ I principi di diritto europeo dei contratti

Art. 3:201: Rappresentanza espressa, implicita e apparente. *[...] (2) Il rappresentante ha il potere di compiere tutti gli atti che nelle circostanze sono necessari al conseguimento dello scopo per il quale il potere è stato conferito.*

(3) Quando le dichiarazioni o la condotta di un soggetto induce il terzo a ritenere ragionevolmente e in buona fede a credere che a colui che appare come rappresentante sono stati attribuiti i poteri relativi all'atto che ha compiuto, si considera che al rappresentante apparente siano stati attribuiti tali poteri

Art. 3:202: Rappresentante che agisce nell'esercizio dei suoi poteri. *Quando un rappresentante agisce con i poteri attribuitigli secondo l'art. 3:201, il suoi atti vincolano direttamente il rappresentato e il terzo. Il rappresentante non è vincolato nei confronti del terzo.*

♦ Codice civile francese

Articolo 1153 *Il rappresentante legale, giudiziale o convenzionale non ha titolo di agire che nei limiti dei poteri che gli sono stati conferiti.*

Articolo 1154 *Quando il rappresentante agisce nel limite dei suoi poteri in nome e per conto del rappresentato, questi solo è tenuto all'impegno del contratto. Quando il rappresentante dichiara di agire per conto altrui ma contrae a suo nome, è il solo vincolato per la controparte.*

Articolo 1155. *Quando il potere del rappresentante è definito nei termini generali, non copre che gli atti conservativi e di amministrazione ordinaria. Quando il potere è specialmente determinato, il rappresentante non può compiere che gli atti per cui è abilitato e quelli a questi accessori.*

Articolo 1156 *L'atto compiuto da un rappresentante senza potere o al di là dei suoi poteri è inopponibile al rappresentante, salvo se il terzo contraente ha legittimamente creduto nella realtà dei poteri del rappresentante, in particolare in forza del comportamento o delle dichiarazioni del rappresentato. Quando ignorava che l'atto era stato compiuto da un rappresentante senza potere o al di là dei suoi poteri, il terzo contraente può invocarne la nullità. L'inopponibilità come la nullità dell'atto non possono essere invocati quando il rappresentante ha ratificato.*

Articolo 1157 *Quando il rappresentante agisce a scapito del rappresentato, quest'ultimo può invocare la nullità dell'atto compiuto se il terzo ne aveva conoscenza o non poteva ignorarlo.*

Articolo 1158 *Il terzo che dubita della estensione del potere del rappresentante in occasione di un atto che si appresta a concludere, può richiedere per iscritto al rappresentato di confermare, in un termine che fissa e che deve essere ragionevole, che il rappresentante è abilitato a concludere questo atto. In difetto della risposta in questi termini il rappresentante è considerato abilitato a concludere questo atto.*

Articolo 1161 *Un rappresentante non può agire per conto di due parti del contratto né contrarre per conto suo con il rappresentato. In questi casi l'atto compiuto è nullo salvo che la legge non lo autorizzi o che il rappresentato non l'abbia autorizzato o abbia ratificato.*

♦ Codice civile tedesco

§ 164 Efficacia delle dichiarazioni rese dal rappresentante *(1) La dichiarazione di volontà, che un soggetto rende in nome del rappresentato, nell'ambito del suo potere di rappresentanza, produce immediatamente effetti a vantaggio ed a sfavore del rappresentato. Non c'è differenza se la dichiarazione venga fatta espressamente in nome del rappresentato o se si deduce dalle circostanze che debba essere emessa in suo nome. (2) Quando la volontà di agire a nome altrui non si evince chiaramente, non sussiste il difetto di volontà di agire in nome proprio. (3) Le disposizioni del comma 1 si applicano anche quando una dichiarazione di volontà, che deve rendersi nei confronti di un altro, venga resa al suo rappresentante.*

1389. Capacità del rappresentante e del rappresentato.

Quando la rappresentanza è conferita dall'interessato [1387], per la validità del contratto concluso dal rappresentante basta che questi abbia la capacità di intendere e di volere [428, 1390, 1425 comma 2], avuto riguardo alla natura e al contenuto del contratto stesso, sempre che sia legalmente capace [2] il rappresentato [777, 1329, 1330, 1425, 1722, comma 1, n. 4].

In ogni caso, per la validità del contratto concluso dal rappresentante è necessario che il contratto non sia vietato al rappresentato [323, 378, 779, 1261, 1471].

CODICE CIVILE

♦ Codice europeo dei contratti

Art. 66. Capacità dei soggetti. *Nell'ipotesi di rappresentanza volontaria, per la validità del contratto concluso dal rappresentante si richiede soltanto che le facoltà mentali di quest'ultimo non siano alterate per ragioni morbose, e che invece il rappresentato abbia la capacità di contrattare di cui all'art. 5 del presente codice, e inoltre che per lui non sussistano divieti di concluderlo.*

♦ Codice civile francese

Articolo 1160 *I poteri del rappresentante cessano se è colpito da incapacità o da interdizione.*

♦ Codice civile tedesco

§ Rappresentante limitatamente capace. *L'efficacia della dichiarazione di volontà emessa da un rappresentante o nei suoi confronti, non è pregiudicata dalla limitata capacità di agire del rappresentante.*

1390. Vizi della volontà.

Il contratto è annullabile [1441 ss.] se è viziata la volontà del rappresentante. Quando però il vizio riguarda elementi predeterminati dal rappresentato, il contratto è annullabile solo se era viziata la volontà di questo [1391, 1427].

♦ Codice civile francese

Articolo 1160 *I poteri del rappresentante cessano se è colpito da incapacità o da interdizione.*

♦ Codice civile tedesco

§ 166 Vizi della volontà. Ignoranza inescusabile. *(1) Qualora le conseguenze giuridiche di una dichiarazione di volontà siano riconducibili a vizi della volontà o alla conoscenza o all'ignoranza inescusabile di alcune circostanze, non rileva la persona del rappresentato, ma quella del rappresentante. (2) Qualora, ricorrendo un potere di rappresentanza rilasciato mediante negozio giuridico (procura), il rappresentante abbia agito in base a specifiche istruzioni ricevute da colui che gli ha conferito la procura, quest'ultimo non può, in ordine a tali circostanze da lui stesso conosciute, avvalersi dell'ignoranza del rappresentante. Analoghe considerazioni valgono con riferimento alle circostanze che il soggetto conferente la procura doveva conoscere, nei casi in cui l'ignoranza inescusabile venga equiparata alla conoscenza.*

1391. Stati soggettivi rilevanti.

Nei casi in cui è rilevante lo stato di buona o di mala fede, di scienza o d'ignoranza di determinate circostanze [1153, 1175, 1337, 1358, 1366, 1375, 1428], si ha riguardo alla persona del rappresentante, salvo che si tratti di elementi predeterminati dal rappresentato [1390, 1894].

In nessun caso il rappresentato che è in mala fede può giovarsi dello stato d'ignoranza o di buona fede del rappresentante [1426].

♦ Codice europeo dei contratti

Art. 67. Stati soggettivi. *1. Il contratto concluso dal rappresentante è suscettibile di essere annullato quando è viziata la volontà del rappresentante. Se il vizio riguarda elementi predeterminati dal rappresentato, il contratto è suscettibile di essere annullato se era viziata la volontà di quest'ultimo.*

2. Nei casi in cui è rilevante lo stato di buona o di mala fede, di conoscenza o di ignoranza di determinate circostanze, si ha riguardo alla persona del rappresentante, salvo che si tratti di elementi predeterminati dal rappresentato.

3. In nessun caso il rappresentato che è in mala fede può giovarsi dello stato d'ignoranza o di buona fede del rappresentante.

4. Le norme del presente e del precedente articolo non si applicano a colui che sia incaricato di svolgere una pura attività di trasmissione della volontà altrui.

♦ Codice civile francese

Articolo 1160 *I poteri del rappresentante cessano se è colpito da incapacità o da interdizione.*

1392. Forma della procura.

La procura non ha effetto se non è conferita con le forme prescritte per il contratto che il rappresentante deve concludere [1324, 1334, 1350, 1351, 1352, 1387, 1396, 1399, 1403, 1722, comma 1, n 4, 2206; c.p.c. 83].

● Norme connesse:

- art. 60, L.18 dicembre 1984, n. 975.

♦ Codice europeo dei contratti

Art. 62. Conferimento della procura. *1. Il potere di rappresentare un altro soggetto può essere conferito con una dichiarazione scritta o verbale diretta al rappresentante o al terzo con il quale quest'ultimo deve concludere il contratto. Nella prima ipotesi il terzo che contratta col rappresentante può esigere che questi giustifichi i suoi poteri, e, se la rappresentanza gli è stata conferita con una procura scritta, che gliene dia una copia da lui firmata in segno di autenticazione.*

2. La procura deve essere conferita con le forme prescritte dalla legge per il contratto che il rappresentante deve concludere.

♦ I principi di diritto europeo dei contratti

Art. 3:201: Rappresentanza espressa, implicita e apparente. *La procura del rappresentato può essere conferita al rappresentante in modo espresso o essere inferita dalle circostanze.*

♦ Codice civile tedesco

§ 167 Rilascio della procura. *(1) Il rilascio della procura avviene per mezzo di una dichiarazione resa al soggetto a cui si vuole conferire la procura o al terzo presso il quale deve operare la rappresentanza. (2) La dichiarazione non necessita della forma richiesta per il negozio giuridico a cui fa riferimento la procura.*

1393. Giustificazione dei poteri del rappresentante.

Il terzo che contragga col rappresentante può sempre esigere che questi giustifichi i suoi poteri e se la rappresentanza risulta da un atto scritto, che gliene dia una copia da lui firmata [1397].

1394. Conflitto d'interessi.

Il contratto concluso dal rappresentante in conflitto d'interessi [1395] col rappresentato può essere annullato [1441] su domanda del rappresentato, se il conflitto era conosciuto o riconoscibile dal terzo.

● Norme connesse:
- art. 21, D.Lgs. 24 febbraio 1998, n. 58 (T.U. intermediazione finanziaria); artt. 92 e 93, delib. Consob 15 febbraio 2018, n. 20307 che abroga la delib. Consob n. 16190/2007.

♦ Unidroit

Articolo 2.2.7 Conflitto di interessi. *(1) Se il contratto è concluso da un rappresentante in conflitto d'interessi con il rappresentato, di cui il terzo era o avrebbe dovuto essere a conoscenza, il rappresentato può annullare il contratto. Il diritto di annullamento è disciplinato dagli articoli 3.2.9 e 3.2.11 fino a 3.2.15.*

(2) Tuttavia, il rappresentato non può annullare il contratto (a) se ha acconsentito alla condotta del rappresentante in conflitto d'interessi o ne era o avrebbe dovuto esserne a conoscenza; oppure (b) se il rappresentante ha reso noto il conflitto d'interessi al rappresentato e questi non si è opposto entro un termine ragionevole.

♦ Codice europeo dei contratti

Art. 68. Contratto con se stesso e conflitto di interessi. *1. È suscettibile di essere annullato il contratto che il rappresentante conclude con se stesso, in proprio o come rappresentante di un'altra parte, a meno che il rappresentato lo abbia autorizzato specificatamente, o il contenuto del contratto sia determinato in modo da escludere ogni possibilità di conflitto d'interessi.*

2. L'annullamento non può aver luogo che ad iniziativa del rappresentato.

3. Il contratto concluso dal rappresentante in conflitto di interessi col rappresentato è suscettibile di essere annullato ad iniziativa del rappresentato, se il conflitto era conosciuto o riconoscibile dal terzo.

♦ I principi di diritto europeo dei contratti

Art. 3:205: Conflitto d'interessi. *(1) Se il contratto è stipulato da un rappresentante in conflitto d'interessi, del quale il terzo sapeva o poteva non essere inconsapevole, il rappresentato può annullare il contratto secondo quanto previsto dagli articoli da 4:112 a 4:116.*

(2) Il conflitto d'interessi si presume quando il rappresentante: (a) ha agito in pari tempo come rappresentante del terzo; o (b) ha concluso il contratto con se stesso.

(3) Il rappresentato, comunque, non può annullare il contratto: (a) se ha acconsentito alla condotta del rappresentante o non poteva non essere a conoscenza di essa; o (b) il rappresentante ha reso noto il conflitto di interessi al rappresentato e questi non si è opposto entro un termine ragionevole.

1395. Contratto con se stesso.

È annullabile [323, 378, 1441] il contratto che il rappresentante conclude con se stesso [1321, 1735], in proprio o come rappresentante di un'altra parte, a meno che il rappresentato lo abbia autorizzato specificamente ovvero il contenuto del contratto sia determinato [1339] in modo da escludere la possibilità di conflitto d'interessi [1394, 1398, 1399, 1418, 1444, 1471 n. 4, 1735, 2364, comma 1, n. 5, , 2373, 2391].

L'impugnazione può essere proposta soltanto dal rappresentato.

♦ Codice europeo dei contratti

Art. 68. Contratto con se stesso e conflitto di interessi. *1. È suscettibile di essere annullato il contratto che il rappresentante conclude con se stesso, in proprio o come rappresentante di un'altra parte, a meno che il rappresentato lo abbia autorizzato specificatamente, o il contenuto del contratto sia determinato in modo da escludere ogni possibilità di conflitto d'interessi.*

2. L'annullamento non può aver luogo che ad iniziativa del rappresentato.

3. Il contratto concluso dal rappresentante in conflitto di interessi col rappresentato è suscettibile di essere annullato ad iniziativa del rappresentato, se il conflitto era conosciuto o riconoscibile dal terzo.

♦ Codice civile tedesco

§181 Negozio con se stesso. *Quando manca il consenso, un rappresentante non può stipulare un negozio giuridico in nome del rappresentato con se stesso, in nome proprio o in qualità di rappresentante di un terzo, salvo il caso in cui il negozio sia destinato in via esclusiva all'adempimento di un'obbligazione.*

1396. Modificazione ed estinzione della procura.

Le modificazioni e la revoca della procura devono essere portate a conoscenza dei terzi con mezzi idonei [1392, 1903, 2266, 2267]. In mancanza, esse non sono opponibili ai terzi, se non si prova che questi le conoscevano al momento della conclusione del contratto [19, 111, 1336, 2207, 2266, comma 3, 2298].

Le altre cause di estinzione del potere di rappresentanza conferito dall'interessato [1722, 1727 ss.] non sono opponibili ai terzi che le hanno senza colpa ignorate [1729].

● Norme connesse:
- art. 78, R.D. 16 marzo 1942, n. 267.

♦ Unidroit

Articolo 2.2.10 Estinzione della procura. *Le cause di estinzione della procura non sono opponibili al terzo se non si prova che questi le conosceva o avrebbe dovuto conoscerle.*

Nonostante l'estinzione della procura il rappresentante conserva il potere di compiere tutti gli atti che si rendano necessari per evitare un danno ai legittimi interessi del rappresentato.

♦ Codice europeo dei contratti

Art. 63. Revoca della procura. *1. La dichiarazione di revoca della procura non ha effetto se il rappresentato ha espressamente pattuito la irrevocabilità della medesima, salvo il risarcimento del danno che il terzo subisca per aver ignorato, senza sua colpa, l'irrevocabilità.*

2. Se la procura viene conferita nell'interesse anche del rappresentante o di un terzo, essa non può essere revocata senza il consenso dell'interessato, salvo che sussista un giustificato motivo.

3. Quando il potere di rappresentanza viene revocato o cessa per altra causa la procura scritta deve essere restituita al rappresentato.

4. La revoca della procura o la modifica dei poteri di rappresentanza non hanno effetto se non sono rese note ai terzi con i quali il rappresentante sia entrato o possa entrare in contatto, o non si prova che questi ne erano a conoscenza al momento della conclusione del contratto. Le altre cause di estinzione del potere di rappresentanza conferito dall'interessato non sono opponibili ai terzi che le hanno senza colpa ignorate.

♦ Codice civile tedesco

§ 168 Estinzione della procura. L'estinzione della procura si verifica in base al rapporto giuridico posto a fondamento del conferimento. *La procura è revocabile anche quando si mantiene il rapporto giuridico, se non è previsto diversamente. Alla dichiarazione di revoca si correla la prescrizione di cui al § 167 comma 1.*

§ 169 Procura del mandatario e del socio amministratore. *In base a quanto previsto ai § § 674, 729 la procura estinta di un mandatario o di un socio amministratore è ritenuta ancora persistente, non è efficace verso un terzo che, nel momento in cui realizza un negozio giuridico, conosce o dovrebbe conoscere l'avvenuta estinzione.*

§ 170 Efficacia temporale della procura. *Qualora la procura venga conferita ad un terzo attraverso una dichiarazione, rimane efficace nei suoi confronti, fino a quando non gli sia comunicata la cessazione da parte di chi ha rilasciato la procura.*

§ 171 Efficacia in caso di annuncio. *(1) Qualora taluno attraverso una specifica comunicazione ad un terzo o con un pubblico proclama annuncia di aver attribuito la procura ad un altro, per effetto dell'annuncio costui avrà il potere di rappresentanza verso il terzo, nel primo caso, e verso qualsiasi terzo, nel secondo caso. (2) Il potere di rappresentanza rimane fino a quando l'annuncio non venga revocato con le stesse modalità con le quali è stato posto in essere.*

§ 173 Efficacia in caso di conoscenza o ignoranza colpevole. *Le disposizioni di cui al § 170, al § 171 comma 2 ed al § 172 comma 2, non si applicano se il terzo, nel porre in essere il negozio giuridico, conosca o dovrebbe conoscere la cessazione del potere di rappresentanza.*

§ 176 Invalidità del documento che prova il conferimento della procura. *(1) Il soggetto che ha rilasciato la procura può poi dichiarare privo di efficacia il documento che accerta il rilascio della procura a mezzo di un pubblico proclama; la dichiarazione con la quale si toglie efficacia alla procura va pubblicata in base a quanto statuito dal codice di procedura civile applicabile alla notificazione della citazione per pubblici proclami. La dichiarazione di invalidità diventa efficace con il decorso del termine di un mese dall'ultimo inserimento nei pubblici fogli. (2) La competenza ad autorizzare la pubblicazione spetta sia all'Amtsgericht, nella cui circoscrizione ha il foro generale colui che ha rilasciato la procura, sia Amtsgericht che sarebbe competente all'azione rivolta alla restituzione del documento, a prescindere dal valore dell'oggetto della lite.*

§ 183 Revocabilità del consenso. *L'approvazione preventiva (consenso) è suscettibile di revoca fino al momento in cui è concluso il negozio, salvo che non risulti altrimenti dal rapporto giuridico sottostante la sua comunicazione. La revoca può essere dichiarata sia ad una parte che all'altra.*

1397. Restituzione del documento della rappresentanza.

Il rappresentante è tenuto a restituire il documento dal quale risultano i suoi poteri, quando questi sono cessati [1393].

1398. Rappresentanza senza potere.

Colui che ha contrattato come rappresentante senza averne i poteri o eccedendo i limiti delle facoltà conferitegli, è responsabile del danno che il terzo contraente ha sofferto per avere confidato senza sua colpa nella validità del contratto [1338, 1399, 1890, comma 2, 2822; L. camb. 11].

● Norme connesse:

- art. 11, R.D. 14 dicembre 1933, n. 1669; art. 14, R.D. 21 dicembre 1933, n. 1736.

♦ Unidroit

Articolo 2.2.5 Rappresentanza senza potere. *(1) Quando un rappresentante agisce senza poteri o eccedendo i limiti dei poteri conferitigli, i suoi atti non vincolano il rappresentato e il terzo.*

(2) Tuttavia, se il rappresentato induce il terzo a ritenere ragionevolmente che il rappresentante è autorizzato ad agire per conto del rappresentato e che agisce nei limiti dei poteri conferitigli, il rappresentato non può eccepire nei confronti del terzo la mancanza di poteri del rappresentante.

Articolo 2.2.6 Responsabilità del rappresentante senza poteri. *(1) Chi agisce come rappresentante senza averne i poteri o eccedendo i limiti dei poteri conferitigli, in mancanza di ratifica da parte del rappresentato, è tenuto a risarcire i danni così da mettere il terzo nella stessa situazione in cui si sarebbe trovato se il rappresentante non avesse agito senza poteri o eccedendo i limiti dei poteri conferitigli.*

(2) Tuttavia, il rappresentante non è responsabile se il terzo sapeva o avrebbe dovuto sapere che il rappresentante agiva senza poteri o eccedendo i limiti dei poteri conferitigli.

♦ Codice europeo dei contratti

Art. 64. Rappresentanza senza potere. *1. Chi ha contrattato come rappresentante senza averne i poteri, o eccedendo i limiti delle facoltà conferitegli, è responsabile del danno che il terzo contraente ha subìto per la convinzione che egli ha avuto in buona fede di concludere un contratto valido con il presunto rappresentato, salvo che il terzo medesimo si avvalga della facoltà di considerare il contratto come concluso con il rappresentante senza poteri.*

2. Qualora il terzo non si avvalga della facoltà di chiedere l'adempimento del contratto nei confronti del rappresentante senza poteri, il risarcimento di cui al comma precedente è dovuto, a scelta del danneggiato, per il danno che egli avrebbe evitato se il rappresentante avesse avuto il potere, oppure se questi non avesse falsamente dichiarato di averlo.

♦ I principi di diritto europeo dei contratti

Art. 3:204: Rappresentanza senza potere. *(1) Quando taluno agisce come rappresentante essendo sprovvisto dei relativi poteri o comunque eccedendo i limiti delle facoltà conferitegli, i suoi atti non vincolano il rappresentato e il terzo.*

(2) In mancanza della ratifica da parte del rappresentato prevista dall'art. 3:207, colui che ha agito come rappresentante è tenuto al risarcimento del danno nei confronti del terzo contraente nella misura che consenta a quest'ultimo di trovarsi nella stessa situazione nella quale si sarebbe trovato se il rappresentante avesse agito con i relativi poteri. È fatto salvo il caso in cui il terzo contraente conosceva o non poteva non conoscere la mancanza di potere del rappresentante.

♦ Codice civile tedesco

§177 Conclusione del contratto da parte di un rappresentante senza potere. *Quando viene concluso un contratto in nome altrui ad opera di un soggetto senza potere di rappresentanza, l'efficacia di tale contratto a vantaggio e contro il rappresentato dipende dalla sua ratifica. (2) Nel caso in cui la controparte inviti il rappresentato a pronunciarsi in ordine alla ratifica, la dichiarazione può emettersi soltanto verso di lui; Una ratifica o un rifiuto della ratifica, comunicati al rappresentante prima dell'invito, sono inefficaci. La ratifica può essere fatta solo entro due settimane successive al ricevimento dell'invito; se non viene dichiarata, si ritiene rifiutata.*

§ 179 Responsabilità del rappresentante senza potere. *(1) Colui che ha stipulato un contratto in qualità di rappresentante ha l'obbligo, qualora non sia in grado di dare prove del suo potere di rappresentanza, a seconda di quanto scelto dall'altra parte, di adempiere o di risarcire il danno, nel caso in cui il rappresentato rifiuti la ratifica del contratto. (2) Qualora il rappresentante non abbia conoscenza del difetto di rappresentanza è obbligato a risarcire il solo danno che l'altra parte patisce per aver fatto affidamento sul potere di rappresentanza, tuttavia non può superare l'interesse che la controparte ripone nell'efficacia del contratto. (3) Il rappresentante non è responsabile se l'altra parte conosceva o doveva conoscere il difetto del potere di rappresentanza. Il rappresentante non è responsabile neanche nel caso in cui avesse limitata capacità di agire, salvo che abbia agito con il consenso del suo rappresentante legale.*

§ 180 Negozio giuridico unilaterale. *In caso di negozio unilaterale non è ammissibile la rappresentanza senza poteri. Qualora però il soggetto nei cui confronti doveva porsi in essere tale negozio giuridico, non contesti il potere di rappresentanza affermato dal rappresentante nel momento in cui ha concluso il negozio, o era d'accordo a che il rappresentante agisse senza poteri, quanto statuito in tema di contratti trova corrispondente applicazione. Analoghe considerazioni valgono anche quando un negozio giuridico sia concluso per un rappresentante senza poteri con il suo consenso.*

§ 175 Restituzione del documento conferente lo procura. *Dopo l'estinzione della procura il procuratore deve restituire il documento che attesta l'attribuzione della procura a colui che gliela abbia conferita; non ha alcun diritto di ritenzione.*

1399. Ratifica.

Nell'ipotesi prevista dall'articolo precedente, il contratto può essere ratificato dall'interessato [1188, 1444, 1711, 1890, 2032, 2822, comma 2], con l'osservanza delle forme prescritte per la conclusione di esso [1335, 1350, 1392, 1403, 1444, 1711, 2643, 2805].

La ratifica ha effetto retroattivo, ma sono salvi i diritti dei terzi [1445].

Il terzo e colui che ha contrattato come rappresentante possono d'accordo sciogliere il contratto prima della ratifica [1372].

Il terzo contraente può invitare l'interessato a pronunciarsi sulla ratifica assegnandogli un termine, scaduto il quale, nel silenzio, la ratifica s'intende negata [481, 650, 1454, 1712, comma 2, 2964].

La facoltà di ratifica si trasmette agli eredi.

♦ Unidroit

Articolo 2.2.9 Ratifica. *(1) Gli atti del rappresentante posti in essere senza averne i poteri o eccedendo i limiti dei poteri conferitigli possono essere ratificati dal rappresentato. In seguito alla ratifica gli atti producono gli stessi effetti che avrebbero prodotto se fossero stati posti in essere da un rappresentante fornito di potere.*

(2) Il terzo può mediante avviso fissare al rappresentato un termine ragionevole entro cui provvedere alla ratifica. Se il rappresentato non ratifica entro tale termine perde il diritto di ratifica.

(3) Se al momento del compimento dell'atto da parte del rappresentante il terzo non sapeva né avrebbe dovuto sapere della mancanza di potere del rappresentante, egli può in qualsiasi momento prima della ratifica avvisare il rappresentato che non intende accettare una ratifica da parte di quest'ultimo.

♦ Codice europeo dei contratti

Art. 65. Ratifica. *1. L'interessato può assumere su di sé gli effetti del contratto concluso in suo nome dal rappresentante senza poteri rivolgendo al terzo una dichiarazione di ratifica, che deve essere emessa nella forma prescritta dalla legge per la conclusione del contratto medesimo. La ratifica deve aver luogo entro un periodo di tempo ragionevole, avendo il terzo contraente la facoltà di invitare l'interessato a pronunciarsi sulla eventuale ratifica, assegnandogli a tal fine un termine. Scaduto tale termine, in caso di silenzio la ratifica si intende negata.*

2. La ratifica ha effetto retroattivo, salvi i diritti dei terzi in buona fede. 3. La facoltà di ratifica si trasmette agli eredi.

♦ I principi di diritto europeo dei contratti

Art. 3:207: Ratifica del rappresentato. *(1) Nel caso in cui chi agisce come rappresentante non ne ha i poteri o eccede i limiti dei poteri conferitigli, il rappresentato può ratificare gli atti del rappresentante.*

(2) In seguito alla ratifica, gli atti del rappresentante sono considerati come se fossero stati compiuti da un rappresentante fornito di potere, ma sono salvi i diritti dei terzi.

♦ Codice civile tedesco

§ 178 Diritto di revoca della controparte. *Fino al momento della ratifica del contratto l'altra parte può chiedere la revoca, salvo che alla conclusione del contratto fosse a conoscenza della mancanza del potere di rappresentanza. La revoca può dichiararsi al rappresentante* § 182 Consenso. *Quando l'efficacia di un contratto o di un negozio giuridico unilaterale, da porre in essere nei confronti di altro soggetto, richiede l'approvazione di un terzo, la comunicazione o il rifiuto dell'approvazione può dichiararsi sia ad una parte che all'altra. (2) L'approvazione non necessita della forma richiesta per il negozio giuridico. (3) Se un negozio giuridico, i cui effetti dipendano dall'approvazione di un terzo, sia concluso con il consenso del terzo, si applicano le corrispondenti disposizioni di cui ai §§ 111, periodi 2,3*

§ 184 Retroattività della ratifica. *(1) Il consenso successivo (ratifica) ha efficacia retroattiva dal momento in cui il negozio giuridico è stato concluso, salvo che sia previsto diversamente. (2) Stante la retroattività non perdono efficacia le disposizioni inerenti all'oggetto del negozio antecedenti la ratifica poste in essere dal ratificante prima della ratifica o fatte in relazione all'esecuzione forzata o all'esecuzione del sequestro o compiute dal curatore fallimentare.*

§ 185 Atti compiuti da un non legittimato. *(1) L'atto dispositivo di un bene, fatto da un soggetto non legittimato, produce effetti quando viene compiuto con il consenso dell'avente diritto. (2) L'atto dispositivo diventa efficace quando viene ratificato dall'avente diritto o quando il disponente acquista il bene o se succede all'avente diritto ed è chiamato a rispondere in modo illimitato delle obbligazioni ereditarie. Negli ultimi due casi, se vengono compiuti più atti dispositivi del bene tra loro incompatibili, acquista efficacia solo quello più risalente.*

1400. Speciali forme di rappresentanza.

Le speciali forme di rappresentanza nelle imprese agricole e commerciali sono regolate dal libro V [2138, 2150, 2203].

● Norme connesse:
- art. 48, L. 3 maggio 1982, n. 203 (Norme sui contratti agrari).

CAPO VII

DEL CONTRATTO PER PERSONA DA NOMINARE

1401. Riserva di nomina del contraente.

Nel momento della conclusione del contratto [1326, 1351] una parte [320, comma 3, 374, 414] può riservarsi la facoltà di nominare successivamente [1353-1361, 1402, 1703] la persona che deve acquistare i diritti e assumere gli obblighi nascenti dal contratto stesso [778, comma 2, 1387, 1404;c.p.c. 583].

● Norme connesse:
- art. 6, comma 2, L. 18 febbraio 1992, n. 149 (Disciplina delle offerte pubbliche di vendita, sottoscrizione, acquisto e scambio di titoli), che dispone: *Le accettazioni sono irrevocabili e non possono essere assoggettate a condizioni. Non sono ammesse accettazioni per persona da nominare.*

♦ Codice europeo dei contratti

Art. 70. Riserva di nomina e modalità della dichiarazione. *1. Sino al momento della conclusione del contratto una parte può riservarsi la facoltà di indicare successivamente il soggetto che acquista i diritti e assume gli obblighi nascenti dal contratto. Tale facoltà è esclusa per i contratti che non possono essere conclusi da un rappresentante o per i quali è imprescindibile l'individuazione dei contraenti effettivi al momento della stipulazione.*

2. L'indicazione del soggetto che subentra al contraente deve essere effettuata mediante comunicazione all'altra parte entro il termine di otto giorni dalla conclusione del contratto, se le parti non hanno convenuto un termine diverso. Si applica la disposizione di cui all'art. 21 del presente codice.

3. L'indicazione di cui al comma che precede non ha effetto se non è accompagnata dall'accettazione espressa dalla persona indicata o se questa non ha conferito anteriormente alla conclusione del contratto una procura a chi effettua l'indicazione stessa.

4. Se il contratto è stato concluso con una forma determinata, anche se non prescritta dalla legge, l'indicazione della persona che subentra, o la dichiarazione di accettazione di quest'ultima, o la procura da questa emessa non hanno effetto se non rivestono questa stessa forma.

5. Se il diritto nazionale del luogo in cui il contratto è concluso o ha esecuzione prescrive per questo una determinata forma di pubblicità, la stessa deve essere adottata per gli atti di cui al comma che precede. Per i contratti relativi a beni mobili registrati o a beni immobili si applica l'art. 46 comma 3 di questo codice per gli effetti ivi indicati.

1402. Termine e modalità della dichiarazione di nomina.

La dichiarazione di nomina [1324, 1334] deve essere comunicata all'altra parte nel termine di tre giorni [2964] dalla stipulazione del contratto [c.p.c. 579 comma 3], se le parti non hanno stabilito un termine diverso[1].

La dichiarazione non ha effetto se non è accompagnata dall'accettazione [1399] della persona nominata o se non esiste una procura [1387] anteriore al contratto [1405].

● Norme connesse:
- art. 14, R.D. 14 dicembre 1933, n. 1669; art. 17, R.D. 21 dicembre 1933, n. 1736; art. 60, L. 31 maggio 1995, n. 218; art. 32 (Dichiarazione di nomina), D.P.R. 26 aprile 1986, n. 131 (Imposta di registro), che dispone: *1. La dichiarazione di nomina della persona, per la quale un atto è stato in tutto o in parte stipulato, è soggetta all'imposta in misura fissa a condizione che la relativa facoltà derivi dalla legge ovvero derivi da espressa riserva contenuta nell'atto cui la dichiarazione si riferisce e sia esercitata, entro tre giorni dalla data dell'atto, mediante atto pubblico ovvero mediante scrittura privata autenticata o presentata per la registrazione entro il termine stesso. Se la dichiarazione di nomina viene fatta nello stesso atto o contratto che contiene la riserva non è dovuta alcuna imposta. In ogni altro caso, nonché quando la dichiarazione di nomina non è conforme alla riserva o è fatta a favore di altro partecipante alla gara, è dovuta l'imposta stabilita per l'atto cui si riferisce la dichiarazione..*

1403. Forme e pubblicità.

La dichiarazione di nomina e la procura o l'accettazione della persona nominata non hanno effetto se non rivestono la stessa forma che la parti hanno usata per il contratto [1350 n. 13], anche se non prescritta dalla legge [1392, 1399, 2806].

Se per il contratto è richiesta a determinati effetti una forma di pubblicità [26432659, comma 2], deve agli stessi effetti essere resa pubblica anche la dichiarazione di nomina [1350, comma 1, n. 13, 2643, 2655, 2657], con l'indicazione dell'atto di procura o dell'accettazione della persona nominata.

1404. Effetti della dichiarazione di nomina.

Quando la dichiarazione di nomina è stata validamente fatta, la persona nominata acquista i diritti e assume gli obblighi derivanti dal contratto con effetto dal momento in cui questo fu stipulato.

♦ Codice europeo dei contratti

Art. 71. Effetti della dichiarazione di nomina e della mancata dichiarazione. *1. Se l'indicazione del soggetto che subentra è fatta validamente, questi acquista in via esclusiva i diritti ed assume gli obblighi che derivano dal contratto, con effetto dal momento in cui esso è stato stipulato.*

2. Al soggetto che subentra e al contraente che lo ha indicato si applicano le disposizioni di cui all'art. 67 del presente codice.

3. Se l'indicazione del soggetto che deve subentrare non viene fatta validamente entro il termine stabilito dalla legge o dalle parti, il contratto produce definitivamente i suoi effetti tra i contraenti originari.

1405. Effetti della mancata dichiarazione di nomina.

Se la dichiarazione di nomina non è fatta validamente nel termine stabilito dalla legge o dalle parti, il contratto produce i suoi effetti fra i contraenti originari [1762 comma 2, 2964; c.p.c. 583].

CAPO VIII
DELLA CESSIONE DEL CONTRATTO

● Norme connesse:

- sulla cessione dei contratti di vendita con riserva di proprietà, art. 7, L. 28 novembre 1965, n. 1392 (Provvedimenti per l'acquisto di nuove macchine utensili).
- sulla cessione del contratto di prestazione sportiva, art. 5, L. 23 marzo 1981, n. 91.
- sui contratti agrari, art. 48, L. 3 maggio 1982, n. 203;
- per il diritto dei consumatori, art. 89, D.Lgs. 6 settembre 2005, n. 206 (Codice del consumo).
- per il diritto assicurativo, art. 171, comma 1, lett. b), D.Lgs. 7 settembre 2005, n. 209 (Codice delle assicurazioni).
- in materia di imposta di registro, art. 31, D.P.R. 26 aprile 1986, n. 131, che dispone: *1. La cessione del contratto è soggetta all'imposta con l'aliquota propria del contratto ceduto, con esclusione della cessione prevista dall'articolo 5 della parte prima della tariffa. 2. Per la cessione verso corrispettivo di un contratto a titolo gratuito l'imposta si applica con l'aliquota stabilita per il corrispondente contratto a titolo oneroso.*
- in materia di appalti pubblici, art. 105, comma 4, D.Lgs. 18 aprile 2016, n. 50 (Codice dei contratti pubblici), che dispone: *Art. 105. Subappalto. [...].4. I soggetti affidatari dei contratti di cui al presente codice possono affidare in subappalto le opere o i lavori, i servizi o le forniture compresi nel contratto, previa autorizzazione della stazione appaltante purchè: a) l'affidatario del subappalto non abbia partecipato alla procedura per l'affidamento dell'appalto; b) il subappaltatore sia qualificato nella relativa categoria; c) all'atto dell'offerta siano stati indicati i lavori o le parti di opere ovvero i servizi e le forniture o parti di servizi e forniture che si intende subappaltare; d) il concorrente dimostri l'assenza in capo ai subappaltatori dei motivi di esclusione di cui all'articolo 80.*
- per le locazioni immobiliari, artt. 36, 38, 39, L. 27 luglio 1978, n. 392.
- in materia di banca, art. 58, D.Lgs. 1 settembre 1993, n. 385.

1406. Nozione.

Ciascuna parte può sostituire a sé un terzo nei rapporti derivanti da un contratto con prestazioni corrispettive, se queste non sono state ancora eseguite, purché l'altra parte vi consenta [649, 754, 1180, 1260, 1376, 1505, 1594, 1599, 1602, 1624, 1875, 1918 comma 3, 2112, 2149, 2160, 2558, 2645].

● Norme connesse:

- art. 12 comma 3, L. 11 febbraio 1971, n. 11 (Nuova disciplina dell'affitto di fondi rustici), che dispone: *Nei casi previsti dai commi precedenti, il contratto può essere ceduto dall'affittuario ad uno o più componenti della propria famiglia, anche senza il consenso del locatore, sempreché sia continuata dal cessionario la diretta conduzione o coltivazione del fondo*; artt. 6 e 36, L. 27 luglio 1978, n. 392; art. 48, L. 3 maggio 1982, n. 203.

♦ Unidroit

Articolo 9.3.1(Definizioni). *Per "cessione di contratto" si intende il trasferimento mediante accordo da una persona (il "cedente") ad un'altra (il "cessionario") dei diritti e delle obbligazioni del cedente derivanti da un contratto concluso con un'altra persona (il "terzo").*

♦ Codice europeo dei contratti

Art. 118. Nozione. *Ciascuna parte, in quanto il rapporto in concreto lo consenta, può cedere a titolo gratuito o oneroso, totalmente o parzialmente a un terzo (o a più altri soggetti), la propria posizione contrattuale relativa ad un contratto che non ha ancora esaurito i suoi effetti.*

In tale occasione le parti possono modificare il contenuto del contratto che viene ceduto e possono anche accordarsi e transigere sui diritti e sugli obblighi già derivati e che possono derivare da esso o dalla sua esecuzione o inesecuzione.

Salvo patto contrario, si intende trasferita anche la clausola compromissoria che è contenuta nel contratto che viene ceduto.

Se il trasferimento della posizione contrattuale avviene non per volontà delle parti ma per legge e fra vivi, oppure per successione a causa di morte, non si applicano ad esso le norme della presente sezione, bensì, nell'ambito di ciascuno degli Stati dell'Unione europea, le norme che in esso sono in vigore, salvo il ricorso ai principi del diritto internazionale privato se ciò si rende necessario.

♦ I principi di diritto europeo dei contratti

Articolo 12:201: Cessione del contratto. *Una parte può convenire ad un contratto con un terzo che questi gli sarà sostituito come parte contraente. La sostituzione ha effetto se l'altra parte accetta che la sostituzione libera anche il suo contraente originale.*

Nella misura in cui la sostituzione del contraente implica una cessione di credito, si applicano le disposizioni del capitolo 11; nella mista in cui c'è cessione di debito, si applicano le disposizioni della sezione 1 del presente capitolo

♦ Codice civile francese

Articolo 1216 *Un contraente, il cedente, può cedere la sua qualità di parte del contratto ad un terzo, il cessionario con l'accordo del suo contraente ceduto. Questo accordo può essere effettuato in anticipo, in particolare nel contratto concluso tra il futuro cedente e ceduto, in questo caso la cessione produce effetto con riguardo al ceduto quando, il contratto concluso tra il cedente ed il cessionario, gli è stato notificato o quando ne ha preso atto. La cessione deve essere per iscritto a pena di nullità.*

Articolo 1216.1. *Se il ceduto lo ha espressamente consentito, la cessione del contratto libera il cedente per l'avvenire. In difetto e salvo la clausola contraria, il cedente è tenuto solidalmente alla esecuzione del contratto.*

Articolo 1216.3. *Se il cedente non è liberato dal ceduto, le garanzie sussistono. Se il cedente è liberato, i suoi condebitori solidali restano, deduzione fatta della sua parte nel debito.*

1407. Forma.

Se una parte ha consentito preventivamente che l'altra sostituisca a sé un terzo nei rapporti derivanti dal contratto, la sostituzione è efficace [1408] nei suoi confronti dal momento in cui le è stata notificata o in cui essa l'ha accettata [1264, 2645].

CODICE CIVILE

Se tutti gli elementi del contratto risultano da un documento nel quale è inserita la clausola «all'ordine» o altra equivalente, la girata del documento produce la sostituzione del giratario nella posizione del girante [2008]

● Norme connesse:
- art. 15, R.D. 14 dicembre 1933, n. 1669.

1408. Rapporti fra contraente ceduto e cedente.

Il cedente è liberato dalle sue obbligazioni verso il contraente ceduto dal momento in cui la sostituzione diviene efficace nei confronti di questo [1407].

Tuttavia il contraente ceduto, se ha dichiarato di non liberare il cedente, può agire contro di lui qualora il cessionario non adempia le obbligazioni assunte [1267, 1294].

Nel caso previsto dal comma precedente, il contraente ceduto deve dare notizia al cedente dell'inadempimento del cessionario, entro quindici giorni da quello in cui l'inadempimento si è verificato; in mancanza è tenuto al risarcimento del danno [2356, 2472].

♦ Unidroit

Articolo 9.3.3 (Necessità del consenso del terzo). *La cessione di un contratto esige il consenso del terzo.*

Articolo 9.3.4 (Consenso preventivo del terzo). *(1) Il terzo può prestare il proprio consenso in anticipo.*

(2) Se il terzo ha prestato il proprio consenso in anticipo, la cessione del contratto diviene efficace quando ne viene dato avviso al terzo o quando quest'ultimo la accetta.

Articolo 9.3.5 (Liberazione del cedente). *(1) Il terzo può liberare il cedente.*

(2) Il terzo può anche conservare il cedente come debitore per il caso in cui il cessionario non adempia correttamente.

(3) In tutti gli altri casi, il cedente ed il cessionario sono solidalmente responsabili.

♦ Codice europeo dei contratti

Art. 120. Diritti e doveri dei soggetti. *1. Quando la cessione diviene efficace, il cedente è liberato verso il ceduto dai suoi obblighi che vengono nel momento stesso assunti dal cessionario. Tuttavia il ceduto può, al momento della sua adesione preventiva, contestuale o successiva, dichiarare di non voler liberare il cedente; e in questo caso può poi agire contro di lui se il cessionario non adempie ai suoi obblighi, purché abbia dato notizia al cedente dell'inadempimento medesimo entro quindici giorni da quando esso è stato accertato, pena, in difetto, il risarcimento del danno.*

2. Il cedente è tenuto a fornire al cessionario tutte le informazioni che gli consentano di far valere i diritti e di eseguire gli obblighi nascenti dal contratto ed a consegnargli tutti i documenti pertinenti. In caso di inosservanza di questi obblighi si applica la disposizione di cui all'art. 7 comma 2 di questo codice.

3. Qualora sussistano fondati dubbi sulla validità o l'efficacia dell'accordo di cessione, ogni debitore ha la facoltà di chiedere al giudice di effettuare il deposito della prestazione dovuta, come previsto dall'art. 105.

4. Il ceduto può opporre al cessionario tutte le eccezioni derivanti dal contratto, ma non quelle fondate su altri rapporti che abbia col cedente, salvo che ne abbia fatto espressa riserva al momento della sua adesione preventiva, contestuale o successiva.

5. La responsabilità del cedente sia circa la validità del contratto ceduto sia circa l'esecuzione del medesimo dipende dalla natura del contratto con il quale è stata effettuata la cessione, e in ogni caso dalla volontà delle parti.

6. Se però nell'effettuare la cessione le parti non hanno fatto riferimento ad alcuna figura contrattuale, né questa è desumibile dal contenuto dell'accordo per via di interpretazione, si osservano, salvo patto contrario, le norme seguenti. Se la cessione è a titolo oneroso, il cedente risponde della invalidità e della inefficacia del contratto ceduto. Egli risponde altresì come fideiussore, nei limiti del corrispettivo ricevuto, se è in buona fede per gli obblighi del ceduto già sorti, salvo che l'inadempimento di questi dipenda da fatto del cessionario. Se la cessione è a titolo gratuito il cedente garantisce soltanto la validità del contratto ceduto e risponde dell'esecuzione di questo solo se lo ha promesso, e se è in buona fede.

♦ Codice civile francese

Articolo 1216.2. *Il cessionario può opporre al ceduto le eccezioni inerenti al debito, quali la nullità, l'eccezione di inadempimento, la risoluzione o la compensazione dei debiti collegati. Non può opporre le eccezioni personali al cedente. Il ceduto può opporre al cessionario tutte le eccezioni che avrebbe potuto opporre al cedente.*

1409. Rapporti fra contraente ceduto e cessionario.

Il contraente ceduto può opporre al cessionario tutte le eccezioni derivanti dal contratto, ma non quelle fondate su altri rapporti col cedente [1241], salvo che ne abbia fatto espressa riserva al momento in cui ha consentito alla sostituzione [1271, 1413].

1410. Rapporti fra cedente e cessionario.

Il cedente è tenuto a garantire la validità del contratto [1266].

Se il cedente assume la garanzia dell'adempimento del contratto, egli risponde come un fideiussore per le obbligazioni del contraente ceduto [1267, 1942, 1944].

CAPO IX

DEL CONTRATTO A FAVORE DI TERZI

1411. Contratto a favore di terzi.

È valida la stipulazione a favore di un terzo [462, comma 3, 784, 1273, 1321, 1372, 1599, 1689, 1773, 1875, 1920], qualora lo stipulante vi abbia interesse [771, 809, 1174, 1197, 2643, 2655, 2668, comma 3].

Salvo patto contrario, il terzo acquista il diritto contro il promittente per effetto della stipulazione [1689]. Questa però può essere revocata [588, comma 1, 1324, 1334, 2934] o modificata dallo stipulante, finché il terzo non abbia dichiarato [1324, 1334], anche in confronto del promittente di volerne profittare [782, comma 2, 1373, 1412, 1921, 2668, comma 3].

In caso di revoca [1412] della stipulazione o di rifiuto [1350] del terzo di profittarne [2645], la prestazione rimane a beneficio dello stipulante [2643], salvo che diversamente risulti dalla volontà delle parti o dalla natura del contratto [2655].

● Norme connesse:
- artt. 61 e 62 del Codice della crisi di impresa e dell'insolvenza, attuativo della Legge delega 19 ottobre 2017, n. 155 (D.Lgs. 12 gennaio 2019, n. 14), i quali prevedono, in deroga all'articolo in oggetto, l'estensione, rispettivamente, degli effetti dell'accordo di ristrutturazione e della convenzione di moratoria anche ai creditori non aderenti, appartenenti alla medesima categoria giuridica dei creditori aderenti.
- artt. 785, 1236, 1333, 1987, c.c.

■ Codice civile del 1865: *Art. 1128. Nessuno può stipulare in suo proprio nome, fuorché per se medesimo.*

Tuttavia può ciascuno stipulare a vantaggio di un terzo, quando ciò formi condizione di una stipulazione che fa per se stesso, o di una donazione che fa ad altri, Chi ha fatta questa stipulazione, non può più rivocarla, se il terzo ha dichiarato di volerne profittare.

♦ Unidroit

Articolo 5.2.1 (Contratto a favore di terzi). *(1) Le parti (il "promittente" e lo "stipulante") possono attribuire, tramite accordo espresso o implicito, un diritto a un terzo (il "beneficiario").*

(2) L'esistenza e il contenuto del diritto del beneficiario nei confronti del promittente sono determinati dall'accordo delle parti e sono soggetti alle condizioni o altre limitazioni previste dall'accordo stesso.

Articolo 5.2.5 (Revoca). *Le parti possono modificare o revocare i diritti attribuiti in base al contratto al beneficiario fino a quando il beneficiario non li abbia accettati o abbia agito facendo ragionevolmente affidamento su di essi.*

♦ Codice europeo dei contratti

Art. 72. Attribuzione di un diritto a un terzo. *1. Le parti possono concludere un contratto con il quale attribuiscono un diritto ad un terzo, ponendo a carico di una delle parti stesse il dovere di soddisfare il diritto del terzo.*

2. Il terzo può anche non essere individuato o non esistere al momento della conclusione del contratto.

3. Salvo patto contrario, il terzo beneficiario acquista il diritto nei confronti del promittente per effetto della conclusione del contratto predetto e senza che sia necessaria una sua accettazione. Egli tuttavia può manifestare la sua rinuncia. In tal caso il promittente è tenuto ad adempiere non più a favore del terzo beneficiario bensì a favore della controparte stipulante, salvo che dalla volontà dei soggetti o dalla natura del rapporto risulti diversamente.

4. Le parti contraenti possono modificare o risolvere consensualmente il contratto sino a che il terzo beneficiario non abbia dichiarato alle parti medesime di voler esercitare il diritto conferitogli dal contratto.

♦ I principi di diritto europeo dei contratti

Art. 6:110: Contratto a favore di un terzo. *(1) Un terzo può chiedere l'adempimento di una obbligazione contrattuale quando tale diritto è stato espressamente pattuito tra un promittente e uno stipulante, oppure quando un accordo in tal senso può essere ricavato dalla natura o dall'oggetto del contratto o dalle circostanze del caso. Non è necessario che l'identità del terzo sia nota al momento della conclusione del contratto.*

(2) Se il terzo rinunzia al diritto alla prestazione, il diritto si considera come non mai acquistato da lui.

(3) Lo stipulante può, mediante comunicazione al promittente, revocare il diritto acquistato dal terzo, salvo che: (a) il terzo ha ricevuto comunicazione dallo stipulante che il diritto gli è stato attribuito in maniera irrevocabile, o (b) il promittente o lo stipulante ha ricevuto dal terzo comunicazione di volerne profittare.

♦ Codice civile francese

Articolo 1121. *Si può parallelamente stipulare a vantaggio di un terzo, quando tale è la condizione di una stipulazione che si fa per sé stessi o di una donazione che si fa ad un altro. Colui che ha fatto questa stipulazione non può più revocarla, se il terzo ha dichiarato di volerne profittare.*

♦ Codice civile tedesco

§ 328 Contratto a favore di terzo. *(1) Una prestazione può essere rivolta ad un terzo con contratto, con la conseguenza che il terzo acquista direttamente il diritto a richiedere la prestazione. (2) In assenza di una disposizione speciale, si deve desumere dalle circostanze, in particolare dallo scopo del contratto, se il terzo deve acquisire il diritto, se tale diritto nasce subito o in base a determinati presupposti e se le parti contraenti abbiano riservata la facoltà di revocare o modificare il diritto del terzo senza il suo consenso.*

§ 333 Rifiuto del diritto da parte del terzo. *Se il terzo rifiuta nei confronti del promettente il diritto acquisito con il contratto, il diritto si considera come non acquisito.*

§ 334 Eccezioni del debitore nei confronti del terzo. *Le eccezioni che derivano dal contratto spettano al promettente anche nei confronti del terzo.*

§ 335 Diritto di credito del promissario. *Il promissario, a meno che non si debba riscontrare una diversa volontà delle parti contraenti, può esigere l'esecuzione della prestazione in favore del terzo anche quando a quest'ultimo spetti il diritto alla prestazione.*

1412. Prestazione al terzo dopo la morte dello stipulante.

Se la prestazione deve essere fatta al terzo dopo la morte dello stipulante, questi può revocare il beneficio [1921] anche con una disposizione testamentaria [587, 679] e quantunque il terzo abbia dichiarato di volerne profittare, salvo che, in quest'ultimo caso, lo stipulante abbia rinunciato per iscritto al potere di revoca [1921].

La prestazione deve essere eseguita a favore degli eredi del terzo se questi premuore allo stipulante, purché il beneficio non sia stato revocato o lo stipulante non abbia disposto diversamente.

1413. Eccezioni opponibili dal promittente al terzo.

Il promittente può opporre al terzo le eccezioni fondate sul contratto dal quale il terzo deriva il suo diritto, ma non quelle fondate su altri rapporti tra promittente e stipulante [1272, 1273, comma 4, 1409].

♦ Unidroit

Articolo 5.2.4 (Eccezioni). *Il promittente può far valere nei confronti del beneficiario tutte le eccezioni che il promittente potrebbe far valere contro lo stipulante.*

CODICE CIVILE

♦ Codice europeo dei contratti

Art. 73. Facoltà spettanti al terzo. *1. Il terzo beneficiario, il cui diritto può essere subordinato alla condizione che la parte stipulante adempia ai suoi obblighi contrattuali nei confronti della parte promittente, può agire nei confronti di quest'ultima come se fosse egli stesso una parte contraente, ed esperire qualsiasi azione per omesso, ritardato o inesatto adempimento, nonché avvalersi di qualsiasi clausola di esonero o di limitazione di responsabilità prevista nel contratto.*

2. Il promittente può opporre al terzo le eccezioni che dipendano dalla invalidità o dalla inefficacia del contratto, nonché dall'omesso, ritardato o inesatto adempimento del contratto stesso, ma non quelle eccezioni che derivino da altri rapporti intercorrenti fra lui e lo stipulante.

♦ Codice civile tedesco

§ 334 Eccezioni del debitore nei confronti del terzo. *Le eccezioni derivanti dal contratto spettano al promettente anche nei confronti del terzo.*

CAPO X
DELLA SIMULAZIONE

1414. Effetti della simulazione tra le parti.

Il contratto simulato non produce effetto tra le parti [123, 164, 1415, 1418, comma 2, 2332].

Se le parti hanno voluto concludere un contratto diverso da quello apparente, ha effetto tra esse il contratto dissimulato [2934], purché ne sussistano i requisiti di sostanza [1346] e di forma [1350].

Le precedenti disposizioni si applicano anche agli atti unilaterali destinati a una persona determinata [1236, 1324, 1334], che siano simulati per accordo tra il dichiarante e il destinatario [1324, 1334; c.p.c. 102].

● Norme connesse:

- R.D. 14 dicembre 1933, n. 1669.
- in tema di nullità del patto occulto di maggiorazione del canone, art. 13, L. 9 dicembre 1998, n. 431 (per le locazioni ad uso abitativo); art. 79, L. 27 luglio 1978, n. 392 (per le locazioni non abitative).

♦ Codice europeo dei contratti

Art. 155. Simulazione e riserva mentale. *Salva ogni diversa disposizione comunitaria o in vigore negli Stati membri dell'Unione europea che si renda applicabile, se le parti pongono in essere un contratto simulato, ossia solo in apparenza, esso è inefficace; e se le medesime vogliono anche concludere un diverso contratto, dissimulato, ha effetto quest'ultimo, purché sia dotato dei necessari requisiti di sostanza e di forma, e purché la simulazione non sia stata posta in essere in frode a un creditore o alla legge: nel qual caso il contratto simulato e quello dissimulato sono entrambi nulli.*

3. Le parti contraenti per far valere il contratto dissimulato, dopo avere emesso al riguardo una apposita dichiarazione, contenente le necessarie indicazioni e alla quale si applicano le disposizioni di cui agli artt. 21 e 36 comma 2, non possono reciprocamente avvalersi della prova testimoniale, ma unicamente della prova documentale. La prova testimoniale è ammissibile solo per far accertare che il contratto dissimulato è illecito o comunque nullo.

4. Se una parte emette una dichiarazione non conforme alla sua volontà rivolgendola all'altra, la dichiarazione stessa vincola ciononostante il dichiarante nel senso in cui il destinatario può intenderla in buona fede, salvo che quest'ultimo sia consapevole della riserva mentale; nel qual caso la dichiarazione produce per il destinatario ed per i terzi gli stessi effetti di un atto simulato, come previsto nei commi che precedono.

♦ I principi di diritto europeo dei contratti

Art. 6:103: Simulazione. *Quando le parti hanno concluso un contratto apparente, volutamente non corrispondente alla loro effettiva volontà, è l'accordo vero ad avere efficacia.*

♦ Codice civile tedesco

§ 117 Negozio simulato. *(1) Quando una dichiarazione di volontà deve essere emessa nei confronti di un altro soggetto, e viene emessa con il suo accordo al solo fine di simulare, allora è nulla. (2) Quando con un negozio simulato viene dissimulato un diverso negozio giuridico, si applicano le disposizioni valevoli per il negozio dissimulato.*

§ 116 Riserva mentale. *Una dichiarazione di volontà non è nulla per il solo fatto che il dichiarante si riserva mentalmente di non volere quanto dichiarato. La dichiarazione è però nulla se deve essere emessa nei confronti di un soggetto che nasce la riserva.*

1415. Effetti della simulazione rispetto ai terzi.

La simulazione non può essere opposta né dalle parti contraenti [1414], né dagli aventi causa o dai creditori del simulato alienante, ai terzi che in buona fede [1147 comma 3, 1153, 1388, 1445] hanno acquistato diritti dal titolare apparente, salvi gli effetti della trascrizione della domanda di simulazione [2652 n. 4, 2690, comma 1, n. 1].

I terzi possono far valere la simulazione in confronto delle parti, quando essa pregiudica i loro diritti [164, 1372].

♦ Codice europeo dei contratti

Art. 155. Simulazione e riserva mentale. *[...]. 2. I terzi, oltre che eccepire l'inopponibilità del contratto dissimulato, possono anche dichiarare di volersene avvalere, ed avvalersene conformemente ai loro interessi leciti; e nessun limite è posto alla prova esperibile dai medesimi a questi fini.*

1416. Rapporti con i creditori.

La simulazione non può essere opposta dai contraenti ai creditori del titolare apparente che in buona fede hanno compiuto atti di esecuzione sui beni che furono oggetto del contratto simulato [1147, 2652, 2910 ss.; c.p.c. 483].

I creditori del simulato alienante possono far valere la simulazione che pregiudica i loro diritti e nel conflitto con i creditori chirografari del simulato acquirente, sono preferiti a questi, se il loro credito è anteriore all'atto simulato.

1417. Prova della simulazione.

La prova per testimoni [2721 ss.] della simulazione è ammissibile senza limiti, se la domanda è proposta da creditori o da terzi e qualora sia diretta a far valere l'illiceità del contratto dissimulato [1343, 1354], anche se è proposta dalle parti [164, 2721].

CAPO XI
DELLA NULLITÀ DEL CONTRATTO

● Norme connesse:
- per le cause di nullità del provvedimento amministrativo, art. 21-*septies*, L. 7 agosto 1990, n. 241.

1418. Cause di nullità del contratto.

Il contratto è nullo quando è contrario a norme imperative [1352, 1422, 1462, 1876, 2331, 2332], salvo che la legge disponga diversamente [590, 799, 1471, comma 1, 2098, 2126, 2332, comma 2, 2652, comma 1, n. 6].

Producono nullità del contratto la mancanza di uno dei requisiti indicati dall'articolo 1325, l'illiceità della causa [1343, 1344], l'illiceità dei motivi nel caso indicato dall'articolo 1345 e la mancanza nell'oggetto dei requisiti stabiliti dall'articolo 1346.

Il contratto è altresì nullo negli altri casi stabiliti dalla legge [162, 458, 771, 778, 785, 786, 788, 794, 1338, 1341, comma 2, 1349, comma 2, 1350, 1354, 1355, 1471, comma 1, n. 1, 2, 1472, 1895, 1904, 1963, 1972, 2103, 2115, comma 3, 2265, 2332, 2379, 2652, comma 2, n. 6, 2744].

● Norme connesse:
- comma 1: 1) art. 38, comma 2, D.Lgs. 1 settembre 1993, n. 385 (TUB).

2) artt. 21 ss. D.Lgs. 24 febbraio 1998, n. 58 (T.U. intermediazione finanziaria); artt. 36 ss. del nuovo regolamento di cui alla delib. Consob 15 febbraio 2018, n. 20307 che abroga la delibera Consob 16190/2007.

- artt. 36, 52, comma 3, 67-quater e ss., 67-septiesdecies, comma 4, 71, 134, D.Lgs. 6 settembre 2005, n. 206, artt. 2 e 5, comma 1-bis, D.Lgs. 20 giugno 2005, n. 122 (Acquisti di immobili da costruire), artt. 23 e 24, D.Lgs. 24 febbraio 1998, n. 58 (T.U. intermediazione finanziaria); artt. 117 e 127, T.U. bancario di cui al D.Lgs. 1 settembre 1993, n. 385; artt. 6 e 9, L. 18 giugno 1992, n. 198; artt. 2 e 33, L. 10 ottobre 1990, n. 287.

- art. 7, D.Lgs. 9 ottobre 2002, n. 231 (Disciplina dei ritardi di pagamento nelle transazioni commerciali, in attuazione della direttiva 2000/35/CE), nel testo sostituito dall'art. 1, D.Lgs. 9 novembre 2012, n. 192 e poi modificato dall'art. 3, D.L. 14 dicembre 2018, n. 135, convertito in L. 11 febbraio 2019, n. 12, che recita: *Art. 7. Nullità. 1. Le clausole relative al termine di pagamento, al saggio degli interessi moratori o al risarcimento per i costi di recupero, a qualunque titolo previste o introdotte nel contratto, sono nulle quando risultano gravemente inique in danno del creditore. Si applicano gli articoli 1339 e 1419, secondo comma, del codice civile.*

2. Il giudice dichiara, anche d'ufficio, la nullità della clausola avuto riguardo a tutte le circostanze del caso, tra cui il grave scostamento dalla prassi commerciale in contrasto con il principio di buona fede e correttezza, la natura della merce o del servizio oggetto del contratto, l'esistenza di motivi oggettivi per derogare al saggio degli interessi legali di mora, ai termini di pagamento o all'importo forfettario dovuto a titolo di risarcimento per i costi di recupero.

3. Si considera gravemente iniqua la clausola che esclude l'applicazione di interessi di mora. Non è ammessa prova contraria.

4. Si presume che sia gravemente iniqua la clausola che esclude il risarcimento per i costi di recupero di cui all'articolo 6.

4-bis. Nelle transazioni commerciali in cui il creditore sia una PMI, come definita ai sensi del decreto del Ministro delle attività produttive 18 aprile 2005, pubblicato nella Gazzetta Ufficiale n. 238 del 12 ottobre 2005, si presume che sia gravemente iniqua la clausola che prevede termini di pagamento superiori a sessanta giorni. Il presente comma non si applica quando tutte le parti del contratto sono PMI.

5. Nelle transazioni commerciali in cui il debitore è una pubblica amministrazione è nulla la clausola avente ad oggetto la predeterminazione o la modifica della data di ricevimento della fattura. La nullità è dichiarata d'ufficio dal giudice.

- art. 167, D.Lgs. 7 settembre 2005, n. 209 (Codice assicurazioni); art. 89, L. 27 luglio 1978, n. 392; art. 13, L. 9 dicembre 1998, n. 431; art. 1, comma 346, legge 30 dicembre 2004, n. 311, Legge finanziaria 2005, che prevede la nullità dei contratti di locazione non registrati; artt. 17 e 76, D.P.R. 26 aprile 1986, n. 131 (Imposta di registro) in tema di ravvedimento operoso del contribuente per il pagamento dell'imposta di registro; art. 40, L. 28 febbraio 1985, n. 47 in materia edilizia e artt. 30, 46 e 47, D.P.R. 6 giugno 2001, n. 380 (T.U. edilizia); art. 7, D.L. 10 gennaio 2006, n. 3, convertito in L. 22 febbraio 2006, n. 78, in materia di protezione giuridica delle invenzioni biotecnologiche; in materia di beni culturali e paesaggistici, art. 164 (Violazioni in atti giuridici), D.Lgs. 22 gennaio 2004, n. 42 (Codice dei beni culturali e del paesaggio), che dispone: *1. Le alienazioni, le convenzioni e gli atti giuridici in genere, compiuti contro i divieti stabiliti dalle disposizioni del Titolo I della Parte seconda, o senza l'osservanza delle condizioni e modalità da esse prescritte, sono nulli. 2. Resta salva la facoltà del Ministero di esercitare la prelazione ai sensi dell'articolo 61, comma 2.*

- per le ipotesi di nullità per violazione della forma scritta di cui alle leggi citate in nota all'art. 1350.

- art. 2-bis, D.L. 29 novembre 2008, n. 185, convertito in L. 28 gennaio 2009, n. 2, nel testo modificato dall'art. 2, D.L. 1 luglio 2009, n. 78, convertito in L. 3 agosto 2009, n. 102 e dall'art. 27, D.L. 24 gennaio 2012, n. 1, convertito in L. 24 marzo 2012, n. 27 (che ha abrogato i commi 1 e 3), recante Misure urgenti per il sostegno a famiglie, lavoro, occupazione e impresa e per ridisegnare in funzione anti-crisi il quadro strategico nazionale: *Art. 2-bis. Ulteriori disposizioni concernenti contratti bancari. [1. Sono nulle le clausole contrattuali aventi ad oggetto la commissione di massimo scoperto se il saldo del cliente risulti a debito per un periodo continuativo inferiore a trenta giorni ovvero a fronte di utilizzi in assenza di fido. Sono altresì nulle le clausole, comunque denominate, che prevedono una remunerazione accordata alla banca per la messa a disposizione di fondi a favore del cliente titolare di conto corrente indipendentemente dall'effettivo prelevamento della somma, ovvero che prevedono una remunerazione accordata alla banca indipendentemente dall'effettiva durata dell'utilizzazione dei fondi da parte del cliente, salvo che il corrispettivo per il servizio di messa a disposizione delle somme sia predeterminato, unitamente al tasso debitore per le somme effettivamente utilizzate, con patto scritto non rinnovabile tacitamente, in misura onnicomprensiva e proporzionale all'importo e alla durata dell'affidamento richiesto dal cliente e sia specificatamente evidenziato e rendicontato al cliente con cadenza massima annuale con l'indicazione dell'effettivo utilizzo avvenuto nello stesso periodo, fatta salva comunque la facoltà di recesso del cliente in ogni momento. L'ammontare del corrispettivo omnicomprensivo di cui al periodo precedente non può comunque superare lo 0,5 per cento, per trimestre, dell'importo dell'affidamento, a pena di nullità del patto di remunerazione. Il Ministro dell'economia e delle finanze assicura, con propri provvedimenti, la vigilanza sull'osservanza delle prescrizioni del presente articolo] (abrogato).*

2. Gli interessi, le commissioni e le provvigioni derivanti dalle clausole, comunque denominate, che prevedono una remunerazione, a favore della banca, dipendente dall'effettiva durata dell'utilizzazione dei fondi da parte del cliente, dalla data di entrata in vigore della legge di conversione del presente decreto, sono comunque rilevanti ai fini dell'applicazione dell'articolo 1815 del codice civile, dell'articolo 644 del codice penale e degli articoli 2 e 3 della legge 7 marzo 1996, n. 108. Il Ministro dell'economia e delle finanze, sentita la Banca d'Italia, emana disposizioni transitorie in relazione all'applicazione dell'articolo 2 della legge 7 marzo 1996, n. 108, per stabilire che il limite previsto dal terzo comma dell'articolo 644 del codice penale, oltre il quale gli interessi sono usurari, resta regolato dalla disciplina vigente alla data di entrata in vigore della legge di conversione del presente decreto fino a che la rilevazione del tasso effettivo globale medio non verrà effettuata tenendo conto delle nuove disposizioni.

3. [I contratti in corso alla data di entrata in vigore della legge di conversione del presente decreto sono adeguati alle disposizioni del presente articolo entro centocinquanta giorni dalla medesima data. Tale obbligo di adeguamento costituisce giustificato motivo agli effetti dell'articolo 118, comma 1, del testo unico delle leggi in materia bancaria e creditizia, di cui al decreto legislativo 1° settembre 1993, n. 385, e successive modificazioni] (abrogato).

- sull'obbligo di registrazione degli atti nulli, art. 38, D.P.R. 26 aprile 1986, n. 131 (Imposta di registro), che dispone: *1. La nullità o l'annullabilità dell'atto non dispensa dall'obbligo di chiedere la registrazione e di pagare la relativa imposta. 2. L'imposta assolta a norma del comma 1 deve essere restituita, per la parte eccedente la misura fissa, quando l'atto sia dichiarato nullo o annullato, per causa non imputabile alle parti, con sentenza passata in giudicato e non sia suscettibile di ratifica, convalida o conferma.*

- sul divieto per il notaio di ricevere o autorizzare atti proibiti dalla legge o manifestamente contrari al buon costume o all'ordine pubblico, art. 28, L. 16 febbraio 1913, n. 89.

- art. 2, comma 3-bis, D.Lgs. 30 marzo 2001, n. 165, aggiunto dall'art. 33, D.Lgs. 27 ottobre 2009, n. 150, che dispone: *3-bis. Nel caso di nullità delle disposizioni contrattuali per violazione di norme imperative o dei limiti fissati alla contrattazione collettiva, si applicano gli articoli 1339 e 1419, secondo comma, del codice civile.*

- art. 21-septies, L. 7 agosto 1990, n. 241, nel testo modificato dall'art. 4, all. 4, D.Lgs. 2 luglio 2010, n. 104, che dispone: *Art. 21-septies. Nullità del provvedimento. 1. È nullo il provvedimento amministrativo che manca degli elementi essenziali, che è viziato da difetto assoluto di attribuzione, che è stato adottato in violazione o elusione del giudicato, nonché negli altri casi espressamente previsti dalla legge. 2. [...].*

- art. 31, comma 4, D.Lgs. 2 luglio 2010, n. 104, che dispone: *4. La domanda volta all'accertamento delle nullità previste dalla legge si propone entro il termine di decadenza di centottanta giorni. La nullità dell'atto può sempre essere opposta dalla parte resistente o essere rilevata d'ufficio dal giudice. Le disposizioni del presente comma non si applicano alle nullità di cui all'articolo 114, comma 4, lettera b), per le quali restano ferme le disposizioni del Titolo I del Libro IV.*

- art. 27-bis, comma 1, D.L. 24 gennaio 2012, n. 1, convertito in L. 24 marzo 2012, n. 27, nel testo modificato dall'art. 1, D.L. 24 marzo 2012, n. 29, convertito in L. 18 maggio 2012, n. 62, che dispone: *1. Sono nulle tutte le clausole comunque denominate che prevedano commissioni a favore delle banche a fronte della concessione di linee di credito, della loro messa a disposizione, del loro mantenimento in essere, del loro utilizzo anche nel caso di sconfinamenti in assenza di affidamento ovvero oltre il limite del fido, stipulate in violazione delle disposizioni applicative dell'articolo 117-bis del testo unico delle leggi in materia bancaria e creditizia, di cui al decreto legislativo 1° settembre 1993, n. 385, adottate dal Comitato interministeriale per il credito ed il risparmio al fine di rendere i costi trasparenti e immediatamente comparabili.*

- art. 10, comma 3, L. 27 luglio 2000, n. 212, che dispone: *3. Le sanzioni non sono comunque irrogate quando la violazione dipende da obiettive condizioni di incertezza sulla portata e sull'àmbito di applicazione della norma tributaria o quando si traduce in una mera violazione formale senza alcun debito di imposta; in ogni caso non determina obiettiva condizione di incertezza la pendenza di un giudizio in ordine alla legittimità della norma tributaria. Le violazioni di disposizioni di rilievo esclusivamente tributario non possono essere causa di nullità del contratto.*

- artt. 132, comma 14, 48, comma 10, 103, comma 5, 105, comma 1, 186, comma 2, 208, comma 4, 209, comma 3, 7, D.Lgs. 18 aprile 2016, n. 50.

- v. art. 2 Cost. e art. 1175 c.c.

- comma 3: 1) art. 23, D.Lgs. 24 febbraio 1998, n. 58 (Testo unico delle disposizioni in materia di intermediazione finanziaria).

♦ Codice europeo dei contratti

Art. 140. Nullità. *1. Salvo che la legge disponga diversamente, il contratto è nullo: a) quando è contrario all'ordine pubblico, ai buoni costumi, a una regola imperativa emanata per la tutela dell'interesse generale o per la salvaguardia di situazioni di rilevanza sociale primaria; b) quando è contrario ad ogni altra norma imperativa applicabile; c) quando manca di uno dei requisiti essenziali indicati nei commi 3 e 4 dell'art. 5; d) negli altri casi indicati nel presente codice e nelle leggi dell'Unione europea, e degli Stati membri di questa, che siano applicabili; e) in tutte le ipotesi in cui nel presente codice o in una legge applicabile si dispone che un elemento è richiesto a pena di nullità o perché l'atto sia valido, o ricorrono espressioni equivalenti.*

2. Il comma 1 del presente articolo si applica anche alla singola clausola di un contratto che può considerarsi valido per la parte restante, ai sensi dell'art. 144.

3. Nell'ipotesi di un conflitto fra le norme dell'Unione europea e quelle degli Stati membri di essa, si considerano prevalere queste ultime in quanto esse siano attinenti all'utilità sociale nazionale e in particolare siano conformi ai precetti costituzionali fondamentali vigenti in ciascuno Stato e relativi ai principi di uguaglianza, solidarietà sociale, tutela della personalità umana.

4. In presenza di un divieto di ordine penale si ha nullità se tale divieto riguarda il contratto in quanto tale, ossia punisce il comportamento di entrambe le parti in ordine al mede-

simo. Nullo é pertanto il contratto la cui conclusione è vietata qualora non sia stata in precedenza emessa una specifica autorizzazione a concluderlo da parte di un organo pubblico.

5. Se di un contratto valido l'esecuzione risulti inserita in un'attività illecita, esso non si considera nullo per quel contraente che non sia partecipe dell'illecito. Egli pertanto può esigere l'esecuzione della prestazione dovutagli e può esperire i rimedi previsti in caso di inadempimento, inesatto adempimento, o ritardo.

6. Salvo quanto previsto dall'art. 137 comma 2 lett. d), il contratto che manchi di taluno dei requisiti richiesti non è nullo nei casi in cui la legge consenta il meccanismo della formazione successiva dell'atto e qualora i requisiti già esistenti siano giuridicamente idonei in funzione del sopraggiungere degli altri che ne determinino la completezza.

Art. 141. Effetti della nullità. *1. Salvo quanto previsto negli articoli successivi, la nullità determina l'assenza sin dall'origine di qualsiasi effetto sul piano contrattuale, a prescindere dagli obblighi di restituzione di cui all'art. 160 e dalla eventuale responsabilità aquiliana anche ai sensi dell'art. 161.*

2. La nullità si verifica per il solo fatto che ne sussistano le condizioni, ma la parte che intende avvalersene deve, entro il termine di prescrizione di dieci anni decorrenti dalla conclusione del contratto, farla rilevare mediante una dichiarazione indirizzata alla controparte, contenente le necessarie indicazioni, alla quale si applicano le disposizioni di cui agli artt. 21 e 36 comma 2. E la parte medesima può anche, entro lo stesso termine di prescrizione, chiedere un accertamento giudiziale al riguardo; ma l'azione non può essere iniziata prima che siano decorsi sei (tre) mesi dal ricevimento della suddetta dichiarazione, per dar modo alle parti di definire stragiudizialmente la questione. Se il contratto non è stato ancora eseguito, l'eccezione di nullità si prescrive al momento in cui si prescrive l'azione volta a chiedere l'esecuzione del contratto stesso.

3. È fatta salva la facoltà, in caso di urgenza, di chiedere al giudice le misure di cui all'art. 172.

♦ Codice civile francese

Articolo 1178 *Un contratto che non soddisfa lo condizioni richieste per la sua validità è nullo. La nullità deve essere pronunciata dal giudice, a meno che parti non la constatino di comune accordo. Il contratto annullato è considerato come se non fosse mai esistito. Le prestazioni eseguite danno luogo alla restituzione nelle condizioni previste agli articoli 1352 1352.9. Indipendentemente dall'annullamento del contratto, la parte lesa può domandare la riparazione del danno subito alle condizioni del diritto comune della responsabilità extracontrattuale.*

Articolo 1179 *La nullità è assoluta quando la regola violata a come oggetto la salvaguardia dell'interesse generale. È relativa quando la regola violata ha come oggetto la salvaguardia di un interesse privato.*

Articolo 1180 *La nullità assoluta può essere domandata da ogni persona che giustifica un interesse così come dal Ministero pubblico. Non può essere coperta per la conferma del contratto*

Articolo 1183 *Una parte può domandare per iscritto a quella che potrebbe far valere la nullità sia di confermare il contratto sia di agire per la nullità in un termine di sei mesi a pena di preclusione. La causa di nullità deve essere cessata. Lo scritto menziona espressamente che in caso di mancanza di azione di nullità esercitata prima dello scadere del termine di sei mesi, il contratto sarà considerato confermato.*

Articolo 1184 *Quando la causa di nullità non ha effetto che per una o più clausole del contratto, non determina la nullità dell'atto per intero salvo che questo o queste clausole abbiano costituito un elemento determinato dell'impegno delle parti o di una di queste. Il contratto è mantenuto quando la legge considera la clausola non scritta o quando lo scopo della norma violata richiedono il suo mantenimento.*

Articolo 1185 *L'eccezione di nullità non si prescrive se si tratta di un contratto che non ha ricevuto alcuna esecuzione.*

♦ Codice civile tedesco

§ Divieto previsto dalla legge. *Il negozio giuridico contrario ad un divieto previsto dalla legge è nullo se la legge non prevede diversamente.*

§ 138 Negozio giuridico contrario al buon costume. *Usura. 1) Un negozio giuridico contrario al buon costume è nullo. (2) In particolare è nullo il negozio giuridico per mezzo del quale taluno, approfittando dello stato di costrizione, della scarsa esperienza, della carenza di comprensione o della notevole debolezza della volontà altrui, si faccia promettere o faccia promettere ad un terzo dei vantaggi patrimoniali per una prestazione che siano notevolmente sproporzionati rispetto alla prestazione stessa.*

1419. Nullità parziale.

La nullità parziale [771, comma 1, 1367] di un contratto o la nullità di singole clausole importa la nullità dell'intero contratto, se risulta che i contraenti non lo avrebbero concluso senza quella parte del suo contenuto che è colpita dalla nullità [475, 652, 655, 771, 1229, 1339, 1341, comma 2, 1354, 1363, 1480, 2265].

La nullità di singole clausole non importa la nullità del contratto, quando le clausole nulle sono sostituite di diritto da norme imperative [1339, 1500, comma 2, 1501, 1573, 1679 comma 4, 1815, 1932 comma 2, 1962 comma 2, 2066 comma 2, 2077 comma 2, 2115 comma 3].

● Norme connesse:

- art. 36, D.Lgs. 6 settembre 2005, n. 206; art. 7, D.Lgs. 9 ottobre 2002, n. 231.

- art. 2, comma 3-bis, D.Lgs. 30 marzo 2001, n. 165, aggiunto dall'art. 33, D.Lgs. 27 ottobre 2009, n. 150, il cui testo recita: *3-bis. Nel caso di nullità delle disposizioni contrattuali per violazione di norme imperative o dei limiti fissati alla contrattazione collettiva, si applicano gli articoli 1339 e 1419, secondo comma, del codice civile.*

♦ Codice europeo dei contratti

Art. 144. Nullità parziale. *1. Salvo quanto disposto dall'art. 143 comma 1, se la nullità colpisce solo una clausola o una parte del contratto, questo rimane valido nella parte restante, purché quest'ultima abbia una sua autonoma consistenza e validità e realizzi in modo ragionevole lo scopo perseguito dalle parti.*

2. Nei contratti collegati o con più di due parti, se la nullità colpisce un solo contratto o il vincolo di una sola delle parti, il principio di cui al comma 1 del presente articolo si applica se il contratto nullo o, rispettivamente, il vincolo di una sola parte non abbiano una portata essenziale rispetto al contenuto dell'affare nel suo complesso.

CODICE CIVILE

3. La norma di cui al comma 1 del presente articolo non si applica se dall'atto o dalle circostanze risulta una diversa volontà delle parti.

4. La nullità parziale si verifica per il solo fatto che ne sussistano le condizioni; ma la parte che intenda avvalersene deve - entro il termine di prescrizione di tre anni, decorrenti dalla data della conclusione del contratto - indirizzare alla controparte una dichiarazione in proposito, contenente le necessarie indicazioni, alla quale si applicano gli artt. 21 e 36 comma 2. E la parte medesima può anche, entro lo stesso termine di prescrizione, chiedere un accertamento giudiziale; ma nessuna azione può essere intrapresa prima che siano decorsi sei (tre) mesi dal ricevimento della predetta dichiarazione, per dar modo alle parti di definire stragiudizialmente la questione, fatta salva la facoltà, in caso di urgenza, di chiedere al giudice le misure di cui all'art. 172.

5. La nullità parziale non si verifica se alla clausola o parte nulla subentrano una diversa clausola o parte, per effetto di una norma imperativa o in virtù del trattamento di conversione di cui all'art. 145.

♦ Codice civile francese

Articolo 1181 *La nullità relativa non può essere richiesta che dalla parte che la legge intende proteggere. Può essere convalidata. Se l'azione di nullità ha più titolari, la rinuncia di uno non impedisce agli altri di agire.*

♦ Codice civile tedesco

§ 319 Nullità parziale. *Quando è nulla una parte del negozio giuridico è nullo tutto il negozio, salvo che possa ritenersi che si sarebbe comunque stipulato anche in mancanza della parte colpita da nullità.*

1420. Nullità del contratto plurilaterale.

Nei contratti con più di due parti [1446], in cui le prestazioni di ciascuna sono dirette al conseguimento di uno scopo comune, la nullità che colpisce il vincolo di una sola delle parti non importa nullità del contratto, salvo che la partecipazione di essa debba, secondo le circostanze, considerarsi essenziale [1459, 1466].

● Norme connesse:

- v. artt. 1446, 1459, 1466, c.c.

1421. Legittimazione all'azione di nullità.

Salvo diverse disposizioni di legge [1903] la nullità può essere fatta valere da chiunque vi ha interesse [1462, 1972] e può essere rilevata d'ufficio dal giudice [2379, comma 2; c.p.c. 101, 112].

● Norme connesse:

- art. 127, comma 2, T.U. bancario di cui al D.Lgs. 1 settembre 1993, n. 385, nel testo sostituito dall'art. 4, D.Lgs. 13 agosto 2010, n. 141, nel testo modificato, da ultimo, dall'art. 2, D.Lgs. 19 settembre 2012, n. 169: *2. Le nullità previste dal presente titolo operano soltanto a vantaggio del cliente e possono essere rilevate d'ufficio dal giudice.*

- art. 167, D.Lgs. 7 settembre 2005, n. 209 (Codice delle assicurazioni private): *Art. 167. Nullità dei contratti conclusi con imprese non autorizzate. 1. È nullo il contratto di assicurazione stipulato con un'impresa non autorizzata o con un'impresa alla quale sia fatto divieto di assumere nuovi affari. 2. La nullità può essere fatta valere solo dal contraente o dall'assicurato. La pronuncia di nullità obbliga alla restituzione dei premi pagati. In ogni caso non sono ripetibili gli indennizzi e le somme eventualmente corrisposte o dovute dall'impresa agli assicurati ed agli altri aventi diritto a prestazioni assicurative.*

- art. 2, comma 1, D.Lgs. n. 20 giugno 2005, n. 122 in tema di vendita di immobili da costruire: *1. All'atto della stipula di un contratto che abbia come finalità il trasferimento non immediato della proprietà o di altro diritto reale di godimento su un immobile da costruire o di un atto avente le medesime finalità, ovvero in un momento precedente, il costruttore è obbligato, a pena di nullità del contratto che può essere fatta valere unicamente dall'acquirente, a procurare il rilascio ed a consegnare all'acquirente una fideiussione, anche secondo quanto previsto dall'articolo 1938 del codice civile, di importo corrispondente alle somme e al valore di ogni altro eventuale corrispettivo che il costruttore ha riscosso e, secondo i termini e le modalità stabilite nel contratto, deve ancora riscuotere dall'acquirente prima del trasferimento della proprietà o di altro diritto reale di godimento. Restano comunque esclusi le somme per le quali è pattuito che debbano essere erogate da un soggetto mutuante, nonchè i contributi pubblici già assistiti da autonoma garanzia.*

- art. 36, comma 3, D.Lgs. 6 settembre 2005, n. 206: *3. La nullità opera soltanto a vantaggio del consumatore e può essere rilevata d'ufficio dal giudice.*

1422. Imprescrittibilità dell'azione di nullità.

L'azione per far dichiarare la nullità [2652 n. 6] non è soggetta a prescrizione [2379, 2934], salvi gli effetti dell'usucapione [1158] e della prescrizione delle azioni di ripetizione [2033 ss.].

1423. Inammissibilità della convalida.

Il contratto nullo non può essere convalidato [1444, 1451, 1972], se la legge non dispone diversamente [117, 123, comma 2, 590, 799, 1424, 1972, 2126, 2332, comma 5, 2379].

♦ Codice europeo dei contratti

Art. 143. Convalida del contratto nullo. *1. I contratti nulli nei casi indicati nell'art. 140 comma 1 lett. a) sono insuscettibili di convalida, del trattamento di nullità parziale e di conversione nonché di qualsiasi altro correttivo.*

2. I contratti nulli in casi diversi da quelli ai quali fa riferimento il comma 1 del presente articolo sono suscettibili di convalida. Questa viene effettuata mediante un atto posto in essere dalle parti medesime con il quale, riproducendo il contratto nullo, esse eliminano il motivo della nullità, si impegnano a provvedere alle restituzioni che siano dovute ed inoltre ad effettuarsi le reciproche prestazioni, come esse avrebbero dovuto se il contratto stesso fosse stato valido sin dall'inizio. All'atto predetto si applica l'art. 36 comma 2.

3. Per porre in essere tale convalida le parti possono procedere come disposto dagli artt. 12 e ss.

4. Le disposizioni del presente articolo valgono anche per la singola clausola di un contratto che possa considerarsi valido per la parte restante in base a quanto disposto dall'art. 144.

♦ Codice civile francese

Articolo 1182. *La conferma è l'atto con cui colui che potrebbe fa valere la nullità vi rinuncia. Questo atto menziona l'oggetto dell'obbligazione ed il vizio di cui è affetto il contratto. La conferma non può intervenire che dopo la conclusione del contratto. L'esecuzione volontaria del contratto, con la conoscenza della causa di nullità, vale come conferma. In caso di violenza, la conferma non può intervenire che dopo che la violenza è cessata. La conferma determina la rinuncia ai mezzi ed alle eccezioni che potevano essere opposti, senza pregiudizio tuttavia dei diritti dei terzi.*

♦ Codice civile tedesco

§ 141 Conferma del negozio giuridico nullo. *(1) Se un negozio giuridico nullo riceve conferma dal soggetto che lo ha posto in essere, tale conferma deve considerarsi come nuovo negozio posto in essere. (2) Se un contratto nullo riceve conferma dalle parti, queste nel dubbio hanno l'obbligo di garantirsi reciprocamente quello che avrebbero ottenuto nel caso in cui il contratto fosse stato valido sin dal principio.*

§ 144 Conferma del negozio impugnabile. *(1) L'impugnazione non è ammessa quando il negozio giuridico impugnabile riceve conferma da parte di colui che è legittimato ad impugnare. (2) La conferma non richiede la forma prevista per il negozio giuridico.*

1424. Conversione del contratto nullo.

Il contratto nullo può produrre gli effetti di un contratto diverso, del quale contenga i requisiti di sostanza e di forma [607, 2701], qualora, avuto riguardo allo scopo perseguito dalle parti, debba ritenersi che esse lo avrebbero voluto se avessero conosciuto la nullità [630, comma 1, 696, comma 2, 1367, 1414].

● Norme connesse:

- artt. 25 ss., L. 3 maggio 1982, n. 203; art. 76, comma 3, del codice della proprietà industriale di cui al D.Lgs. 10 febbraio 2005, n. 30, per la conversione del brevetto nullo in un brevetto diverso.

♦ Codice europeo dei contratti

Art. 145 Conversione del contratto nullo. *1. Salvo quanto disposto dall'art. 40 comma 2. e dall'art. 143 comma 1, il contratto nullo produce gli effetti di un contratto diverso e valido, di cui sussistano i requisiti di sostanza e di forma, e che consenta di realizzare in modo ragionevole lo scopo perseguito dalle parti.*

2. La norma di cui al comma 1 del presente articolo si applica anche alla singola clausola di un contratto

3. La conversione non ha luogo se dal contratto o dalle circostanze risulta una diversa volontà delle parti.

4. La conversione si verifica per il solo fatto che ne sussistano le condizioni; ma la parte che intende avvalersene deve - entro il termine di prescrizione di tre anni, decorrenti dalla data della conclusione del contratto – indirizzare alla controparte una dichiarazione in proposito, contenente le necessarie indicazioni, alla quale si applicano agli artt. 21 e 36 comma 2. La parte medesima può anche, entro lo stesso termine di prescrizione, chiedere un accertamento giudiziale; ma nessuna azione può essere instaurata prima che siano decorsi sei (tre) mesi dal ricevimento della predetta dichiarazione, per dar modo alle parti di definire stragiudizialmente la questione, fatta salva la facoltà, in caso di urgenza, di chiedere al giudice le misure di cui al successivo art. 172.

5. Le norme del presente articolo si applicano anche al contratto annullato. Per quanto concerne il contratto inefficace si rinvia a quanto disposto nell'art. 153 comma 5.

♦ Codice civile tedesco

§ 140 Conversione. *Qualora un negozio giuridico nullo presenti i requisiti di un altro negozio giuridico, è valido quest'ultimo se può ritenersi che, conoscendo la causa di nullità, la sua validità sarebbe stata comunque voluta.*

CAPO XII
DELL'ANNULLABILITÀ DEL CONTRATTO

● Norme connesse:

- per le cause di annullamento del provvedimento amministrativo, art. 21-*octies*, L. 7 agosto 1990, n. 241. Per l'annullamento d'ufficio v. l'art. 21-*nonies* della medesima legge.

Sezione I
Dell'incapacità

1425. Incapacità delle parti.

Il contratto è annullabile [1234, 1276, 1445, 1462, 1471, comma 1, n. 2] se una delle parti era legalmente incapace di contrattare [2, 84, 85, 322, 323, 404, 414, 415, 427, 428, 591, comma 2, n. 3, 775, 1441 ss., 1442, 1443, 1444, 1471 n. 2 e 3, 1939].

È parimenti annullabile, quando ricorrono le condizioni stabilite dall'articolo 428, il contratto stipulato da persona incapace di intendere o di volere [120, 591, comma 2, n. 3, 428, 1191, 1389, 2652, comma 1, n. 6; c.p. 19, 32, 32-ter, 32-quater].

■ Codice civile del 1865: *Art. 1105. Qualunque persona può contrattare, se non è dichiarata incapace dalla legge.*

Art. 1106. Sono incapaci di contrattare nei casi espressi dalla legge:

I minori;

Gli interdetti;

Gli inabilitati;

Le donne maritate;

E generalmente tutti coloro ai quali la legge vieta determinati contratti.

♦ Codice europeo dei contratti

Art. 146. Annullabilità. *1. L'annullabilità ricorre nei casi indicati nel successivo comma 2, e può essere fatta valere solo dalla parte alla quale è accordata dalla legge tale facoltà.*

2. Il contratto è annullabile: per l'incapacità di una parte, come previsto nell'art. 150;

♦ Codice civile francese

Articolo 1123. *Ogni persona può contrarre se non è dichiarata incapace dalla legge. Articolo 1124. Sono incapaci di contrarre, nella misura definita dalla legge: i minori non emancipati; i maggiorenni protetti ai sensi dell'articolo 488 del presente codice.*

♦ Codice civile tedesco

§ Nullità della dichiarazione di volontà. *La dichiarazione di volontà di un soggetto incapace d'agire è nulla.(2) È altresì nulla la dichiarazione di volontà resa in stato d'incoscienza o di un turbamento intellettivo transitorio. Contra*

§ 110 Esecuzione della prestazione con propri mezzi. *Il contratto stipulato dal minore senza l'approvazione del legale rappresentante è considerato efficace dall'inizio purchè il minore esegua la propria prestazione contrattuale con i mezzi a lui concessi dal rappresentante o, da un terzo con l'approva-*

CODICE CIVILE

zione del rappresentante, per questo fine o per disporne liberamente.

1426. Raggiri usati dal minore.

Il contratto non è annullabile, se il minore ha con raggiri occultato la sua minore età [2]; ma la semplice dichiarazione da lui fatta di essere maggiorenne non è di ostacolo all'impugnazione del contratto [1321, 1439].

■ Codice civile del 1865: *Art. 1305. L'obbligazione non si può impugnare da quel minore, che con raggiri mezzi dolosi ha occultato di essere tale. Ma a costituire in dolo il minore noli basta la dichiarazione da lui fatta di essere maggiore.*

♦ Codice europeo dei contratti

Art. 150. Contratto concluso da un incapace. *1. Nelle ipotesi previste dall'art. 5 comma 2, il contratto concluso da: a) un minore non emancipato; b) una persona dichiarata legalmente incapace senza che nella stipulazione intervenga chi è preposto alla sua rappresentanza o assistenza legale; c) una persona che, anche a titolo transitorio, non è in condizioni di comprendere o di volere; d) una persona le cui facoltà fisiche sono alterate al punto da non consentirle di esprimere la sua volontà, come il sordomuto che non sa scrivere; è annullabile come previsto dagli artt. 146 ss., a meno che dal contratto stesso derivino soltanto dei vantaggi per l'incapace.*

2. Il contratto non è annullabile se il minore ha occultato con raggiri la sua minore età o se la controparte era in buona fede non essendo riconoscibile lo stato di infermità mentale dell'incapace, o non essendo agevolmente accertabile il suo stato di incapacità dichiarata.

3. Il contratto concluso da un incapace non è inoltre annullabile, nell'ipotesi prevista dall'art. 5 comma 1, se egli ha ottenuto le autorizzazioni richieste dalla sua legge nazionale, ed altresì se si tratta di uno degli atti usuali della vita quotidiana che comportano un esborso modesto e vengono effettuati con l'impiego di denaro o di mezzi provenienti da attività lavorative consentite all'incapace oppure messigli lecitamente a disposizione affinché egli abbia a disporne liberamente.

4. Annullato il contratto, l'incapace è tenuto alla restituzione di quanto egli ha ricevuto, conformemente a quanto prevede l'art. 160, comma 8, nei limiti in cui ne ha tratto effettivo vantaggio.

5. I terzi che hanno garantito il contratto stipulato dall'incapace rispondono del contratto stesso verso la controparte, anche se il medesimo viene annullato, salvo il loro diritto di rivalersi, se del caso, sull'incapace o sul suo legale rappresentante.

♦ Codice civile tedesco

§ 109 Diritto di revoca della controparte. *(1) Fino alla successiva approvazione del contratto l'altra parte è legittimata alla revoca. La revoca può anche essere dichiarata al minore stesso. (2) Qualora l'altra parte sia a conoscenza della minore età del contraente, può esercitare la revoca solo se il minore ha falsamente dichiarato l'esistenza del consenso del rappresentante; non può comunque revocare se al momento della conclusione del contratto conosceva la mancanza del consenso.*

Sezione II

Dei vizi del consenso

1427. Errore, violenza, e dolo.

Il contraente [1390], il cui consenso fu dato per errore [122, 1390, 1421, 1428, 1429], estorto con violenza [1434 ss.] o carpito con dolo [1439], può chiedere l'annullamento del contratto [1441 ss.] secondo le disposizioni seguenti [122, 482, 483, 526, 624, 686, 761, 768-quinquies, 787, 1969, 1973].

■ Codice civile del 1865: *Art. 1108. Il consenso non èvalido se fu dato per errore, estorto con violenza o carpito con dolo.*

♦ Codice europeo dei contratti

Art. 146. Annullabilità. *1. L'annullabilità ricorre nei casi indicati nel successivo comma 2, e può essere fatta valere solo dalla parte alla quale è accordata dalla legge tale facoltà.*

2. Il contratto è annullabile: [...] b) per un vizio del consenso, come previsto negli artt. 151 e 152.

♦ Codice civile francese

Articolo 1130 *L'errore, il dolo e la violenza viziano il consenso quando sono di tale natura che senza di essi, una delle parti non avrebbe contratto o avrebbe contratto a delle condizioni sostanzialmente differenti. Il loro carattere determinante si valuta con riferimento alle persone ed alle circostanze in base alle quali il consenso è stato dato.*

Articolo 1131. *I vizi del consenso sono causa di nullità relativa del contratto.*

1428. Rilevanza dell'errore.

L'errore è causa di annullamento del contratto [122, 483, 624, 787, 1432, 1973 ss., 2732] quando è essenziale [1429] ed è riconoscibile [1391, 1431] dall'altro contraente.

♦ Codice civile francese

Articolo 1132. *L'errore di diritto o di fatto, a meno che non sia inescusabile, è una causa di nullità del contratto quando ricade sulle qualità essenziali della prestazione o su quelle dei contraenti.*

Articolo 1135 *L'errore su un semplice motivo, estraneo alle qualità essenziali della prestazione dovuta o dei contraenti, non è una causa di nullità, a meno che le parti non abbiano reso espressamente un elemento determinante del loro consenso. Tuttavia l'errore sul motivo di una liberalità, in assenza della quale il suo autore non avrebbe disposto, è una causa di nullità.*

Articolo 1136 *L'errore sul valore, senza sbagliarsi sulle qualità essenziali della prestazioni, di cui il contraente da solamente di questo una valutazione economica inesatta, non è una causa di nullità.*

♦ Codice civile tedesco

§ 119 Annullabilità per errore. *(1) Colui che rendendo una dichiarazione di volontà versava in errore sul suo contenuto, o non voleva in nessun modo rendere una dichiarazione con quel contenuto, è legittimato ad impugnare tale dichiarazione se si ritiene che, conoscendo lo stato delle cose e valutando adeguatamente il caso, non l'avrebbe emessa. (2) Al pari dell'errore sul contenuto della dichiarazione rileva anche l'errore sulle qualità della persona o della cosa considerate essenziali nei rapporti tra le parti.*

1429. Errore essenziale.

L'errore è essenziale:

1) quando cade sulla natura o sull'oggetto del contratto [1322];

2) quando cade sull'identità dell'oggetto della prestazione [1346] ovvero sopra una qualità dello stesso che, secondo il comune apprezzamento o in relazione alle circostanze, deve ritenersi determinante del consenso;

3) quando cade sull'identità o sulle qualità della persona dell'altro contraente [122, comma 2], sempre che l'una o le altre siano state determinanti del consenso [122 comma 3];

4) quando, trattandosi di errore di diritto, è stata la ragione unica o principale del contratto [624 comma 2, 787, 1969, 2732].

■ Codice civile del 1865: *Art. 1109. L'errore di diritto produce la nullità del contratto solo quando ne è causa unica o principale.*

Art. 1110. L'errore di fatto non produce la nullità del contratto, se non quando cade sopra la sostanza della cosa che ne forma l'oggetto.

Non produce la nullità, quando cade soltanto sulla persona colla quale si è contrattato, eccetto che la considerazione della persona colla quale s'intende contrattare, sia la causa principale della convenzione.

♦ Unidroit

Articolo 3.2.2 (Errore rilevante). *(1) L'errore può costituire causa di annullamento del contratto solamente nel caso in cui, al momento della conclusione del contratto, esso era di una tale importanza che una persona ragionevole, trovandosi nella stessa situazione della parte in errore, avrebbe concluso il contratto a condizioni sostanzialmente differenti o non avrebbe concluso il contratto affatto se la vera realtà delle cose le fosse stata nota, e (a) l'altra parte era incorsa nello stesso errore, o lo aveva causato, oppure conosceva o avrebbe dovuto conoscere l'errore ed era contrario ai criteri ordinari di correttezza nel commercio lasciare l'altra parte in errore; o (b) l'altra parte al momento dell'annullamento non aveva ancora agito facendo affidamento sul contratto.*

(2) In ogni caso, una parte non può annullare il contratto se (a) è stata in colpa grave nel commettere l'errore; o (b) l'errore si riferisce ad un elemento con riguardo al quale era stato assunto il rischio dell'errore o che, considerando tutte le circostanze del caso, avrebbe dovuto essere sopportato dalla parte in errore.

♦ Codice europeo dei contratti

Art. 151. Contratto viziato da errore. *1. L'errore unilaterale rende annullabile il contratto se ricorrono le seguenti condizioni: se esso è relativo ad un elemento o ad un aspetto, economico o giuridico, fondamentale del contratto e la sua presenza ha avuto importanza determinante del consenso; inoltre se esso è stato provocato da una ingannevole dichiarazione o dall'atteggiamento ingiustificatamente reticente della controparte, o comunque se quest'ultima si è resa conto dell'errore stesso e della sua importanza determinante o avrebbe dovuto rendersene conto usando la normale diligenza.*

2. Se la dichiarazione ingannevole proviene da un terzo il contratto è annullabile se essa era nota alla controparte che ne ha tratto vantaggio.

3. Non ricorrendo le condizioni di cui al comma 1 del presente articolo, l'errore che non dipenda da una grossolana negligenza della parte che ne è vittima consente a questa di procedere all'annullamento del contratto soltanto qualora esso risulti per la medesima del tutto privo di interesse ed inoltre la parte stessa risarcisca alla controparte il danno da questa subito per avere confidato nella validità e nella puntuale esecuzione del contratto.

5. La parte in errore non può procedere all'annullamento del contratto se ciò risulti contrario a buona fede; e se, ciononostante persista nella sua pretesa dopo una motivata replica della controparte, può essere condannata, valutate le circostanze, a versare alla controparte un'equa indennità. [...].

7. L'errore comune su circostanze determinanti, anche non espressamente menzionate, che nella convinzione delle parti hanno accompagnato la conclusione del contratto, o relativo all'impossibilità obbiettiva della sua esecuzione, o l'errata previsione delle parti circa il verificarsi di un evento, anche non dichiarato in modo espresso, che nell'economia del contratto ha un'importanza determinante, rendono annullabile il contatto stesso su iniziativa di ognuna di esse.

♦ I principi di diritto europeo dei contratti

Art. 4:103: Errore essenziale di fatto o di diritto. *(1) Una parte può annullare il contratto per errore di fatto o circa il diritto vigente al momento della sua conclusione se: (a) (i) l'errore è stato causato da informazioni fornite dall'altra parte; o (ii) l'altra parte aveva o avrebbe dovuto avere conoscenza dell'errore e, in maniera contraria alla buona fede e alla correttezza, abbia lasciato che la parte in errore vi rimanesse; o (iii) l'altra parte è caduta nello stesso errore, e (b) l'altra parte sapeva o avrebbe dovuto sapere che se la parte in errore non vi fosse caduta non avrebbe concluso il contratto o lo avrebbe concluso solo a condizioni fondamentalmente diverse.*

(2) Il contratto tuttavia non può essere annullato quando (a) in relazione alle circostanze, l'errore è stato inescusabile, o (b) la parte in errore ne aveva assunto il rischio o, secondo le circostanze, lo avrebbe dovuto assumere.

♦ Codice civile francese

Articolo 1133 *Le qualità essenziali della prestazioni sono quelle che sono state espressamente o tacitamente convenute in considerazione delle quali le parti hanno contratto. L'errore è una causa di nullità quando ricade sulla prestazione di una o dell'altra parte. L'accettazione di un alea su una qualità della prestazione esclude l'errore relativo a queste qualità.*

Articolo 1134 *L'errore sulle qualità essenziali dei contraenti non è una causa di nullità che quando i contratti sono stati conclusi i considerazioni della persona.*

1430. Errore di calcolo.

L'errore di calcolo non dà luogo ad annullamento del contratto, ma solo a rettifica, tranne che, concretandosi in errore sulla quantità, sia stato determinante del consenso [1429].

♦ Codice europeo dei contratti

Art. 151. Contratto viziato da errore. *[...]. 4. Se ricorrono le condizioni di cui al comma 1 lett. b) del presente articolo, l'errore non rende annullabile il contratto ma consente alla parte che ne è vittima di pretendere una rettifica dell'entità della prestazione da lei dovuta o il risarcimento del danno qualora: a) si tratti di un errore di calcolo, salvo che esso sia di entità tale da doversi considerare determinante del consenso; b) se l'errore cada su un elemento secondario o non abbia avuto un effetto determinante del consenso, ossia se il contratto stesso sarebbe stato ugualmente concluso, ma a condizioni diverse.*

CODICE CIVILE

1431. Errore riconoscibile.

L'errore si considera riconoscibile [1428] quando, in relazione al contenuto, alle circostanze del contratto ovvero alla qualità dei contraenti, una persona di normale diligenza [1176] avrebbe potuto rilevarlo [1337, 1433].

1432. Mantenimento del contratto rettificato.

La parte in errore non può domandare l'annullamento del contratto se, prima che ad essa possa derivarne pregiudizio, l'altra offre di eseguirlo in modo conforme al contenuto e alle modalità del contratto che quella intendeva concludere [1324, 1334, 1450, 1453].

♦ I principi di diritto europeo dei contratti

Art. 4:105: Rettifica del contratto. *(1) Quando una parte può annullare il contratto per errore ma l'altra parte è disposta ad adempiere, o adempie il contratto nei termini in cui la parte legittimata ad annullarlo lo ha inteso, il contratto si considera concluso nei termini in cui quest'ultima lo ha inteso. L'altra parte deve mostrare di essere disposta ad adempiere o deve adempiere non appena le vengano resi noti i termini in cui la parte legittimata all'annullamento ha inteso il contratto e prima che quest'ultima agisca confidando su una comunicazione di annullamento.*

(2) Il diritto di annullare il contratto si estingue e ogni altra comunicazione di annullamento perde efficacia in seguito alla mostrata disponibilità ad adempiere o all'adempimento di cui al comma precedente.

(3) Quando le parti sono cadute nello stesso errore, il giudice può, su domanda di una di esse ricondurre il contratto ai termini nei quali ragionevolmente avrebbe potuto essere concluso ove l'errore non si fosse verificato.

1433. Errore nella dichiarazione o nella sua trasmissione.

Le disposizioni degli articoli precedenti si applicano anche al caso in cui l'errore cade sulla dichiarazione, o in cui la dichiarazione è stata inesattamente trasmessa dalla persona o dall'ufficio che ne era stato incaricato [2706].

♦ Codice europeo dei contratti

Art. 151. Contratto viziato da errore. *[...]. 6. Le disposizioni di cui ai commi che precedono si applicano anche se l'errore cade sulla dichiarazione o questa viene inesattamente trasmessa alla controparte dalla persona o dall'ufficio incaricati.*

♦ I principi di diritto europeo dei contratti

Art: 4:104: Inesattezza di comunicazione. *L'inesattezza dell'espressione o della trasmissione di una dichiarazione deve essere considerata come un errore del soggetto che ha fatto o trasmesso la dichiarazione. Si applica l'art. 4:103.*

♦ Codice civile tedesco

§120 Annullabilità per errore trasmissione. *La dichiarazione di volontà erroneamente trasmessa dalla persona o dall'istituzione utilizzati per la trasmissione, può essere impugnata ave ricorrano gli stessi presupposti della dichiarazione emessa erroneamente secondo il § 119.*

1434. Violenza.

La violenza è causa di annullamento del contratto, anche se esercitata da un terzo [122, 265, 463, comma 1, n. 4, 482, 526, 624, 761, 2732; c.p. 610].

■ Codice civile del 1865: *Art. 1111. La violenza usata contro colui che ha contratta l'obbligazione, è causa di nullità, ancorché sia stata usata da una persona diversa da quella, a vantaggio della quale si è fatta la convenzione.*

♦ Codice europeo dei contratti

Art. 152. Contratto viziato da violenza morale. *1. A prescindere da quanto previsto dal comma 3 dell'art. 30, il contratto è annullabile se è stato concluso sotto l'effetto determinante di intimidazioni o minacce gravi, tali da impressionare qualsiasi persona normale, che sono state rivolte alla parte o a suoi congiunti dalla controparte o anche da un terzo, ma in quest'ultimo caso essendone la controparte stessa consapevole e avendone tratto vantaggio.*

2. La minaccia di far valere un diritto può essere causa di annullamento del contratto solo quando è diretta a conseguire dei vantaggi ingiusti.

♦ Codice civile francese

Articolo 1140 *C'è violenza quando una parte si impegna sotto la pressione di una minaccia che ispira la paura di esporre la propria persona, il proprio patrimonio o quelle a lui vicini, ad un male considerevole.*

Articolo 1142 *La violenza è una causa di nullità quando è stata esercitata da una parte o da un terzo.*

Articolo 1143 *C'è ugualmente violenza quando una parte, abusando dello stato di dipendenza in cui si trova il suo contraente, ottiene da questa un impegno che non avrebbe sottoscritto in assenza di una tale minaccia ed ottiene un vantaggio manifestamente eccessivo.*

1435. Caratteri della violenza.

La violenza deve essere di tal natura da fare impressione sopra una persona sensata e da farle temere di esporre sé o i suoi beni a un male ingiusto e notevole. Si ha riguardo, in questa materia, all'età, al sesso e alla condizione delle persone [1438].

■ Codice civile del 1865: *Art. 1112. Il consenso si reputa estorto colla violenza, quando questa è di tal natura da far impressione sopra una persona sensata, e tale da poterle incutere ragionevole timore di esporre sé o le sue sostanze ad un male notabile. Si ha riguardo in questa materia all'età, al sesso ed alla condizione delle persone.*

♦ Unidroit

Articolo 3.2.6 (Violenza). *La violenza può costituire causa di annullamento del contratto quando una parte sia stata indotta a concluderlo da una minaccia ingiusta che, con riguardo alle circostanze, apparisse così imminente e grave da non lasciarle alcuna ragionevole alternativa. In particolare, una minaccia è ingiusta se l'atto o l'omissione con i quali la parte è stata minacciata sono illeciti di per sé, o è illecito usarli come mezzo per ottenere la conclusione del contratto.*

♦ I principi di diritto europeo dei contratti

Art. 4:108: Violenza. *Il contratto può essere annullato dalla parte che è stata indotta a concluderlo dall'altra parte mediante la minaccia grave e seria di un atto: (a) che sia illecito in sé, o (b) che sia illecito usare come strumento per ottenere la conclusione del contratto, salvo che nelle circostanze la parte minacciata avesse un'alternativa ragionevole.*

♦ Codice civile francese

Articolo 1112. *C'è violenza quando essa è di natura tale da fare impressione su una persona ragionevole e può ispirargli il timore di esporre la sua persona o il suo patrimonio ad un male considerevole e presente. Si ha riguardo, in tal senso, dell'età, del sesso e della condizione delle persone.*

1436. Violenza diretta contro terzi.

La violenza è causa di annullamento del contratto anche quando il male minacciato riguarda la persona o i beni del coniuge del contraente o di un discendente o ascendente di lui.

Se il male minacciato riguarda altre persone, l'annullamento del contratto è rimesso alla prudente valutazione delle circostanze da parte del giudice.

● Norme connesse:

- art. 1, comma 16, L. 20 maggio 2016, n. 76.

■ Codice civile del 1865: *Art. 1113. La violenza è causa di nullità del contratto, anche quando il male minacciato sia diretto a colpire la persona o i beni del coniuge, di un discendente o di un ascendente del contraente. Trattandosi di altre persone, spetta al giudice di pronunziare sulla nullità secondo le circostanze.*

1437. Timore riverenziale.

Il solo timore riverenziale non è causa di annullamento del contratto [122, comma 1].

■ Codice civile del 1865: *Art. 1114. Il solo timore riverenziale, senza che sia intervenuta violenza, non basta per annullare il contratto.*

♦ Codice europeo dei contratti

Art. 152. Contratto viziato da violenza morale. *[...]. 3. Salvo quanto previsto dall'art. 156, il timore riverenziale rende annullabile il contratto solo se risulta dalle circostanze che colui che lo ha cagionato era consapevole dell'influenza determinante che esso ha avuto sulla controparte, e inoltre ne ha tratto dei vantaggi ingiusti.*

♦ Codice civile francese

Articolo 1114 *Il solo timore reverenziale verso il padre, la madre od altro ascendente, senza che ci sia stata violenza esercitata, non è sufficiente per annullare il contratto.*

1438. Minaccia di far valere un diritto.

La minaccia di far valere un diritto può essere causa di annullamento del contratto solo quando è diretta a conseguire vantaggi ingiusti [610; c.p. 612].

♦ Codice civile francese

Articolo 1141 *La minaccia di far valere un diritto non costituisce violenza. Avviene diversamente quando la minaccia di far valere un diritto è rivolta a proprio vantaggio o quando è invocata o esercitata per ottenere un vantaggio manifestamente eccessivo.*

1439. Dolo.

Il dolo [624] è causa di annullamento del contratto [463, comma 1, n. 4, 482, 526, 761, 1195] quando i raggiri usati da uno dei contraenti sono stati tali che, senza di essi, l'altra parte non avrebbe contrattato [1195, 1338, 1426, 1892, 1975, 1986].

Quando i raggiri sono stati usati da un terzo [1434], il contratto è annullabile se essi erano noti al contraente che ne ha tratto vantaggio.

● Norme connesse:

- in materia di affiliazione commerciale, art. 8, L. 6 maggio 2004, n. 129, che dispone: *Se una parte ha fornito false informazioni, l'altra parte può chiedere l'annullamento del contratto ai sensi dell'articolo 1439 del codice civile nonché il risarcimento del danno, se dovuto.*

■ Codice civile del 1865: *Art. 1115. Il dolo è causa di nullità del contratto, quando i raggiri usati da uno dei contraenti sono stati tali, che l'altro senza di essi non avrebbe contrattato.*

♦ Unidroit

Articolo 3.2.5 (Dolo). *Una parte può annullare il contratto quando sia stata indotta a concluderlo dall'inganno della controparte, attuato anche con parole o comportamenti, o nascondendo dolosamente alla parte stessa circostanze che, in base ai criteri ordinari di correttezza nel commercio, avrebbe dovuto comunicarle.*

♦ I principi di diritto europeo dei contratti

Art. 4:107: Dolo. *(1) La parte che sia stata indotta a concludere il contratto dai raggiri usati dall'altra parte, mediante parole o comportamenti o qualsiasi mancata informazione che invece secondo buona fede e correttezza avrebbe dovuto esserle rivelata, può annullare il contratto.*

(2) I raggiri o la mancata rivelazione costituiscono dolo quando hanno lo scopo di trarre in inganno. (3) Ai fini di stabilire se la buona fede e la correttezza imponevano a una parte la rivelazione di una determinata informazione, deve aversi riguardo a tutte le circostanze, e in particolare: (a) alla specifica competenza della parte; (b) al costo al quale ha potuto conseguire l'informazione in questione; (c) alla capacità dell'altra parte di conseguire da sé l'informazione; (d) l'importanza apparente dell'informazione per l'altra parte.

♦ Codice civile francese

Articolo 1137 *Il dolo è il fatto per un contraente di ottenere il consenso dell'altro con delle manovre o delle menzogne. Costituisce ugualmente dolo la dissimulazione intenzionale di uno dei contraenti di una informazione di cui conosce il carattere determinante per l'altra parte.*

Articolo 1138 *Il dolo è ugualmente costituito se proviene dal rappresentante, dal gestore di affari o preposto del contraente. C'è dolo quando proviene da una terzo in connivenza.*

Articolo 1139 *L'errore che risulta da dolo è sempre scusabile; è una causa di nullità quando ricade sul valore della prestazione o su un semplice motivo del contratto.*

♦ Codice civile tedesco

§ 313 Alterazione del fondamento negoziale. *(1) Se le circostanze che sono il fondamento del contratto sono notevolmente mutate dopo la conclusione del contratto, e le parti non avrebbero concluso il contratto o lo avrebbero concluso a condizioni diverse se avessero previsto queste modifiche, può richiedersi l'adeguamento del contratto, laddove tenuto conto di tutte le circostanze del caso concreto, in particolare della ripartizione contrattuale e legale dei rischi, da una delle parti non possa esigersi il mantenimento del contratto non modificato. (2) Al mutamento delle circostanze è equiparata l'ipotesi in cui le rappresentazioni essenziali, divenute fondamento del contratto, si rivelano false. Se non è perseguibile l'adegua-*

mento del contratto ovvero non sia esigibile da una delle parti, la parte svantaggiata può recedere dal contratto. Nei rapporti obbligatori di durata il diritto di disdetta subentra al diritto di recesso.

§ 123 Annullamento a causa di dolo o minaccia. *(1) Chi è stato indotto a rendere una dichiarazione di volontà con l'inganno doloso o in modo antigiuridico con minaccia può impugnare la dichiarazione. (2) Se l'inganno è fatto da un terzo, la dichiarazione che doveva essere resa nei confronti di un altro soggetto è annullabile solo se questi conosceva o avrebbe dovuto conoscere l'inganno. Se un altro, diverso dal soggetto nei cui confronti doveva rendersi la dichiarazione, ha acquistato subito un diritto dalla dichiarazione, la dichiarazione è impugnabile verso di lui se conosceva l'inganno o avrebbe dovuto conoscerlo.*

1440. Dolo incidente.

Se i raggiri non sono stati tali da determinare il consenso, il contratto è valido, benché senza di essi sarebbe stato concluso a condizioni diverse [c.p. 640]; ma il contraente in mala fede risponde dei danni [1337, 1338, 2056].

● Norme connesse:

- artt. 21 ss. D.Lgs. 24 febbraio 1998, n. 58 (T.U. intermediazione finanziaria); artt. 27 ss. del nuovo regolamento di cui alla delibera Consob 15 febbraio 2018, n. 20307 che abroga la delib. Consob 16190/2007; art. 8, L. 6 maggio 2004, n. 129; artt. 20 ss., D.Lgs. 6 settembre 2005, n. 206.

Sezione III

Dell'azione di annullamento

● Norme connesse:

- art. 33, comma 2, lett.b), D.Lgs. 6 settembre 2005, n. 206.

- per le cause di annullabilità del provvedimento amministrativo, art. 21-*octies*, L. 7 agosto 1990, n. 241, nel testo modificato dall'art. 12, D.L. 16 luglio 2020, n. 76, convertito in L. 11 settembre 2020, n. 120, che dispone: *1. È annullabile il provvedimento amministrativo adottato in violazione di legge o viziato da eccesso di potere o da incompetenza.*

2. Non è annullabile il provvedimento adottato in violazione di norme sul procedimento o sulla forma degli atti qualora, per la natura vincolata del provvedimento, sia palese che il suo contenuto dispositivo non avrebbe potuto essere diverso da quello in concreto adottato. Il provvedimento amministrativo non è comunque annullabile per mancata comunicazione dell'avvio del procedimento qualora l'amministrazione dimostri in giudizio che il contenuto del provvedimento non avrebbe potuto essere diverso da quello in concreto adottato. La disposizione di cui al secondo periodo non si applica al provvedimento adottato in violazione dell'articolo 10-bis.

1441. Legittimazione.

L'annullamento del contratto può essere domandato solo dalla parte nel cui interesse è stabilito dalla legge [184, 322, 323, 377, 378, 388, 396, 412, 427, 428, 624, 775, 1394, 1395, comma 2, 1462, 1971].

L'incapacità del condannato in istato di interdizione legale [c.p. 32] può essere fatta valere da chiunque vi ha interesse [119, 606, comma 2, 624, comma 1].

■ Codice civile del 1865: *Art. 1107. La persona capace di obbligarsi non può opporre l'incapacità del minore, dell'interdetto, dell'inabilitato o della donna maritata, con cui essa ha contrattato.*

L'incapacità però derivante da interdizione per causa di pena si può opporre da chiunque vi abbia interesse.

1442. Prescrizione.

L'azione di annullamento si prescrive in cinque anni [428 comma 3, 482, 526, 624, comma 3, 761 comma 2, 765 comma 2, 2948].

Quando l'annullabilità dipende da vizio del consenso [1427] o da incapacità legale [1425], il termine decorre dal giorno in cui è cessata la violenza, è stato scoperto l'errore o il dolo, è cessato lo stato d'interdizione o d'inabilitazione [429, 431], ovvero il minore ha raggiunto la maggiore età [2, 2935].

Negli altri casi il termine decorre dal giorno della conclusione del contratto [428 comma 3, 765 comma 2].

L'annullabilità può essere opposta dalla parte convenuta per l'esecuzione del contratto, anche se è prescritta l'azione per farla valere [1449, comma 2, 1467, comma 3, 1468, 1495, comma 3, 1137, comma 2].

■ Codice civile del 1865: *Art. 1300. Le azioni di nullità o di rescissione di un contratto durano per cinque anni in tutti i casi, nei quali non siano state ristrette a minor tempo da una legge particolare.*

Questo tempo non comincia a decorrere nel caso di violenza, se non dal giorno in cui è cessata; nel caso di errore o di dolo, dal giorno in cui furono scoperti; riguardo agli atti degli interdetti e degli inabilitati, dal giorno in cui è tolta l'interdizione o l'inabilitazione; riguardo agli atti dei minori dal giorno della loro maggiore età; e riguardo agli atti delle donne maritate, dal giorno dello scioglimento del matrimonio.

Art. 1301. Le dette azioni si trasmettono agli eredi; ma essi non possono esercitarle, se non entro quel tempo che rimaneva ai loro autori, salve però le disposizioni relative all'interruzione o sospensione del corso delle prescrizioni.

Art. 1302. L'eccezione di nullità o di rescissione può essere opposta da chi è convenuto per l'esecuzione del contratto in tutti i casi, nei quali avrebbe potuto egli stesso agire per nullità o rescissione.

Quest'eccezione non è soggetta alla prescrizione stabilita nell'articolo 1300.

Art. 1303. Nelle obbligazioni dei minori l'azione di nullità è ammessa:

1° Allorché il minore non emancipato ha fatto da sé un atto senza l'intervento del suo legittimo rappresentante;

2° Allorché il minore emancipato ha fatto da sé un atto, pel quale la legge richiede l'assistenza del curatore;

3° Allorché non sono osservate le formalità stabilite per alcuni atti con disposizioni speciali di legge.

Art. 1304. Gli atti compiuti nel modo voluto dalla legge nell'interesse di un minore, di un interdetto o di un inabilitato hanno la forza che avrebbero, se fossero fatti da un maggiore di età pienamente capace.

Art. 1305. L'obbligazione non si può impugnare da quel minore, che con raggiri mezzi dolosi ha occultato di essere tale. Ma a costituire in dolo il minore noli basta la dichiarazione da lui fatta di essere maggiore.

Art. 1306. Il minore è pareggiato al maggiore di età per le obbligazioni nascenti da delitto o quasi-delitto.

Art. 1310. Non si possono sanare con verun atto confermativo i vizi di un atto nullo in modo assoluto per difetto di formalità.

♦ Codice europeo dei contratti

Art. 148. Modalità e termini dell'annullamento. *[...]. 5. L'annullamento del contratto è soggetto al termine di prescrizione di tre anni. Questi decorrono dal giorno in cui sono cessate l'incapacità o la violenza morale, oppure dal giorno in cui è stato scoperto l'errore e, negli altri casi, dal giorno della conclusione del contratto. Ma la dichiarazione di annullamento, di cui al comma 1 del presente articolo, può essere emessa ed opposta in via di eccezione dal soggetto al quale viene richiesta l'esecuzione del contratto, anche dopo il predetto termine di tre anni.*

♦ Codice civile francese

Articolo 1304. *In tutti i casi in cui l'azione di nullità o di rescissione di un contratto non è limitata ad un minimo di tempo da una legge particolare, questa azione dura cinque anni. Questo tempo non decorre nel caso di violenza che dal giorno in cui essa ha cessato; nel caso di errore o di dolo, dal giorno in cui sono stati scoperti. Il tempo non decorre, nei confronti degli atti compiuti da un minore, che dal giorno della maggiore età o dell'emancipazione; e nei confronti degli atti compiuti da un maggiorenne protetto, che dal giorno in cui ne ha avuto conoscenza, nel momento che era nella situazione di rifarli validamente. Non decorre contro gli eredi dell'incapace che dal giorno del decesso se non ha iniziato a decorrere prima.*

♦ Codice civile tedesco

§ 121 Termine per impugnare. *(1) Nei casi previsti dai §§ 119, 120 l'impugnazione deve essere fatta senza ritardo nel momento in cui il soggetto legittimato ad impugnare viene a conoscenza del motivo che giustifica l'impugnazione. L'impugnazione proposta contro l'assente è tempestiva quando la dichiarazione d'impugnazione sia stata spedita senza ritardo. (2) L'impugnazione va esclusa quando siano trascorsi dieci anni dalla dichiarazione di volontà.*

§ 124 Termine per impugnare. *(1) L'impugnazione di una dichiarazione annullabile sulla base del § 123 può essere fatta soltanto entro il termine di un anno. (2) In caso di inganno doloso il termine inizia a decorrere dal momento in cui il soggetto legittimato ad impugnare scopre l'inganno; in caso di minaccia dal momento in cui viene meno lo stato di coazione. Al decorrere del termine trovano corrispondente applicazione le vigenti disposizioni in tema di prescrizione di cui ai §§ 206,210 e 211. (3) Non è ammessa l'impugnazione quando siano trascorsi dieci anni da quando è stata emessa la dichiarazione di volontà.*

1443. Ripetizione contro il contraente incapace.

Se il contratto è annullato per incapacità [1425] di uno dei contraenti, questi non è tenuto a restituire all'altro la prestazione ricevuta se non nei limiti in cui è stata rivolta a suo vantaggio [1190, 1769, 2039, 2041, 2042].

■ Codice civile del 1865: *Art. 1307. Nessuno può pretendere di essere rimborsato di ciò che ha pagato a un minore, a un interdetto o inabilitato a una donna maritata in forza di un'obbligazione che rimanga annullata, ove non provi che quanto fu pagato, venne rivolto a vantaggio dei medesimi.*

♦ Codice civile tedesco

§ 105a Negozi del vivere quotidiano. *Quando un soggetto incapace maggiorenne conclude un negozio della vita quotidiana che può essere eseguito con risorse di modico valore, il contratto da questi concluso è valido tenendo in considerazione la prestazione e, se concordata, la controprestazione, nel momento in cui prestazione e controprestazione ricevano esecuzione. Il periodo 1 non trova applicazione in caso di pericolo notevole per la persona o per il patrimonio dell'incapace.*

1444. Convalida.

Il contratto annullabile può essere convalidato [1324, 2643] dal contraente al quale spetta l'azione di annullamento [1441], mediante un atto che contenga la menzione del contratto e del motivo di annullabilità, e la dichiarazione che s'intende convalidarlo [184, 590, 799, 1188, 1234, 1399, 1711, 1890, 2032, 2331, comma 2, 2822].

Il contratto è pure convalidato, se il contraente al quale spettava l'azione di annullamento vi ha dato volontariamente esecuzione conoscendo il motivo di annullabilità [2264, comma 2].

La convalida non ha effetto, se chi l'esegue non è in condizione di concludere validamente il contratto [1423, 1425, 1451, 2824].

● Norme connesse:

- per la convalida del provvedimento amministrativo, art. 21-*nonies*, comma 2, L. 7 agosto 1990, n. 241, che dispone: *2. È fatta salva la possibilità di convalida del provvedimento annullabile, sussistendone le ragioni di interesse pubblico ed entro un termine ragionevole*; art. 21-*octies* comma 2, della stessa legge, riportato in nota sub rubrica Sezione III precedente.

■ Codice civile del 1865: *Art. 1309. L'atto di conferma o ratifica da una obbligazione, contro la quale la legge ammette l'azione di nullità, non è valido, se non contiene la sostanza della stessa obbligazione, il motivo che la rende viziosa e la dichiarazione che s'intende correggere il vizio su cui tale azione è fondata.*

In mancanza d'atto di conferma o ratifica, basta che l'obbligazione venga in tutto o nella maggior parte eseguita volontariamente da chi conosce il vizio dopo il tempo, in cui l'obbligazione stessa poteva essere validamente confermata ratificata.

La conferma, ratifica o esecuzione volontaria secondo le forme e nei tempi determinati dalla legge produce la rinunzia ai mezzi ed alle eccezioni che potevano opporsi contro tale atto, salvi però i diritti dei terzi.

Le disposizioni di quest'articolo non si applicano all'azione di rescissione per causa di lesione.

♦ Unidroit

Articolo 3.2.9 (Convalida). *È esclusa la possibilità di annullare il contratto se la parte che ne ha diritto conferma in modo espresso o tacito il contratto stesso dopo che è iniziato a decorrere il termine per dare l'avviso di annullamento.*

CODICE CIVILE

♦ Codice europeo dei contratti

Art. 149. Mantenimento e convalida del contratto annullabile. *1. L'annullamento non ha luogo se, entro il termine indicato nella dichiarazione della parte che vi procede (o, se un termine non viene indicato, entro un termine ragionevole), la controparte si impegna a procedere all'esecuzione del contratto in senso conforme al contenuto e alle modalità con cui la prima intendeva concludere il contratto, o ad effettuare delle prestazioni concordate dalle parti che valgano ad assicurare un risultato sostanzialmente analogo, o accettabile per la parte interessata.*

2. Il contratto annullabile può essere convalidato, e resta quindi in vigore a tutti gli effetti, se il contraente legittimato, o il suo legale rappresentante, dichiarano, osservando la disposizione di cui all'art. 36 comma 2, di rinunciare all'annullamento o danno volontaria esecuzione al contratto stesso. La convalida presuppone che il contraente predetto - o, se questi è incapace, il suo legale rappresentante - siano nelle condizioni di concludere un contratto valido e siano inoltre pienamente consapevoli del motivo dell'annullabilità.

♦ I principi di diritto europeo dei contratti

Art. 4:114: Convalida. *Quando la parte legittimata all'annullamento convalida il contratto, in maniera espressa o tacita, dopo che ha avuto conoscenza dei presupposti dell'annullamento o che è diventata capace di agire, il contratto non può essere più annullato.*

1445. Effetti dell'annullamento nei confronti dei terzi.

L'annullamento che non dipende da incapacità legale non pregiudica i diritti acquistati a titolo oneroso dei terzi di buona fede [534, comma 2, 785, comma 2, 1399, comma 2, 1387, 1415, 1425, 1452, 1458, comma 2, 1757, 2332, 2377, comma 6], salvi gli effetti della trascrizione della domanda di annullamento [23 comma 2, 25 comma 2, 2652 n. 6, 2680 n. 3; disp. att. 165; c.p.c. 742].

1446. Annullabilità nel contratto plurilaterale.

Nei contratti indicati dall'articolo 1420 l'annullabilità che riguarda il vincolo di una sola delle parti non importa annullamento del contratto, salvo che la partecipazione di questa debba, secondo le circostanze, considerarsi essenziale [1459, 1466].

♦ Codice europeo dei contratti

Art. 146. Annullabilità. *1. L'annullabilità ricorre nei casi indicati nel successivo comma 2, e può essere fatta valere solo dalla parte alla quale è accordata dalla legge tale facoltà. [...].*

3. Il presente articolo si applica anche alla singola clausola di un contratto o al vincolo di una singola parte di un contratto plurilaterale, qualora l'una o l'altro abbiano una loro autonoma consistenza e validità giuridica rispetto all'affare nel suo complesso.

CAPO XIII

DELLA RESCISSIONE DEL CONTRATTO

● Norme connesse:

- art. 33, comma 2, lett. b), D.Lgs. 6 settembre 2005, n. 206.

1447. Contratto concluso in istato di pericolo.

Il contratto con cui una parte ha assunto obbligazioni a condizioni inique [1448], per la necessità, nota alla controparte, di salvare sé o altri dal pericolo attuale di un danno grave alla persona [2045], può essere rescisso sulla domanda della parte che si è obbligata [1462, comma 1, 1757, comma 3, 2652, comma 1, n. 1].

Il giudice nel pronunciare la rescissione può, secondo le circostanze, assegnare un equo compenso all'altra parte per l'opera prestata.

♦ I principi di diritto europeo dei contratti

Art. 4:109: Ingiusto profitto o vantaggio iniquo. *(1) Una parte può annullare il contratto se, al momento della conclusione di esso: (a) fosse in situazione di dipendenza o avesse una relazione di fiducia con l'altra parte, si trovasse in situazione di bisogno economico o avesse necessità urgenti, fosse affetto da prodigalità, ignorante, privo di esperienza o dell'accortezza necessaria a contrattare, e (b) l'altra parte era o avrebbe dovuto essere a conoscenza di ciò e, date le circostanze e lo scopo del contratto, ha approfittato della situazione della prima in maniera gravemente scorretta o ne ha tratto un ingiusto profitto*

(2) Su domanda della parte legittimata all'annullamento, il giudice può, ove il rimedio sia adeguato, modificare il contratto in modo da metterlo in armonia con quanto avrebbe potuto essere convenuto nel rispetto della buona fede e della correttezza.

(3) Il giudice può parimente modificare il contratto su domanda della parte alla quale è stata inviata la comunicazione di annullamento per ingiusto profitto o vantaggio iniquo, purché la parte che ha inviato la comunicazione ne sia informata prontamente da quella che l'ha ricevuta e prima che abbia potuto agire sulla fede nella comunicazione.

1448. Azione generale di rescissione per lesione.

Se vi è sproporzione tra la prestazione di una parte e quella dell'altra, e la sproporzione è dipesa dallo stato di bisogno di una parte, del quale l'altra ha approfittato per trarne vantaggio [c.p. 644], la parte danneggiata può domandare [1462] la rescissione del contratto [764, 964, 1964, 1970, 2922, comma 2; disp. att. 166].

L'azione non è ammissibile se la lesione non eccede la metà del valore che la prestazione eseguita o promessa dalla parte danneggiata aveva al tempo del contratto.

La lesione deve perdurare fino al tempo in cui la domanda è proposta.

Non possono essere rescissi per causa di lesione i contratti aleatori [765, 1469, 1970].

Sono salve le disposizioni relative alla rescissione della divisione [763 ss.; disp. att. 166].

■ Codice civile del 1865: *Art. 1308. L'azione di rescissione per cali sa di lesione non si può proporre, ancorché si tratti di minori, se non nei casi e sotto le condizioni specialmente espresse nella legge.*

La detta azione, nei casi in cui è ammessa, non produce effetto a danno dei terzi, i quali hanno acquistato diritti sii gli immobili anteriormente alla trascrizione della domanda di rescissione.

Art. 1529. Il venditore che è stato leso oltre la metà nel giusto prezzo di un in) mobile, ha il diritto di chiedere la rescissione della vendita ancorché nel contratto avesse rinunziato espressamente alla facoltà di domandare una tale rescissione, ed avesse dichiarato di donare il di più del valore.

Art. 1530. Per conoscere se vi è lesione oltre la metà, si deve stimare l'immobile secondo il suo stato e valore al tempo della vendita.

Art. 1531. La domanda non è più ammessa, spirati due anni dal giorno della vendita.

Questo termine decorre contro gli assenti, contro gli interdetti ed i minori aventi causa da un venditore di maggiore età.

Lo stesso termine decorre e non si sospende durante il tempo stipulato pel iscatto.

Art. 1532. La prova della lesione non può essere ammessa che nel caso in cui i fatti denunziati siano bastantemente verisimili e gravi per far presumere la lesione.

Art. 1533. La prova del valore si fa mediante perizia.

La prova testimoniale non può essere ammessa, se non per stabilire circostanze di fatto che la perizia non ha potuto definire.

Art. 1534. Nel caso in cui l'azione di rescissione venga ammessa, il compratore ha la scelta o di restituire la cosa, o di ritenerla pagando il supplemento al giusto prezzo.

Art. 1535. Il compratore, se presceglie di ritenere la cosa, è tenuto agli interessi del supplemento dal giorno della domanda di rescissione.

Se presceglie di restituirla e di ritirarne il prezzo, deve i frutti dal giorno della domanda.

Gli interessi del prezzo ch'egli ha pagato, sono a lui parimente computati dal giorno della domanda, o dal giorno del pagamento se non ha raccolto alcun frutto.

Art. 1536. La rescissione a titolo di lesione non ha luogo in favore del compratore.

Essa non ha luogo neppure nelle vendite che si fanno ai pubblici incanti.

Art. 1537. Le regole espresse nel paragrafo precedente pei casi in cui più persone hanno venduto unitamente o separatamente, e per quello in cui il venditore o compratore ha lasciato più eredi, si osservano anche quando si tratta dell'azione di rescissione.

♦ Codice europeo dei contratti

Art. 156. Rescissione per lesione. *1. Salvo quanto previsto per l'usura dalle norme comunitarie o vigenti negli Stati membri dell'Unione europea che si rendono applicabili, nell'ipotesi prevista dall'art. 30 comma 3, la parte che intende procedere alla rescissione del contratto deve indirizzare alla controparte una dichiarazione, contenente le necessarie indicazioni, alla quale si applicano le disposizioni di cui agli artt. 21 e 36 comma 2.*

2. Nessuna azione può essere iniziata prima che siano decorsi sei (tre) mesi dal ricevimento della dichiarazione di cui al comma 1 che precede, affinché sia dato modo alle parti di comporre stragiudizialmente la questione. È fatta salva la facoltà, in caso di urgenza, di chiedere al giudice le misure di cui all'art. 172.

3. La controparte o qualunque interessato possono intimare al soggetto legittimato - o, se quest'ultimo è incapace, al suo legale rappresentante - di dichiarare entro un termine non inferiore a sessanta giorni se essi intendano procedere o meno alla rescissione del contratto. Decorso inutilmente tale termine, si intende ad ogni effetto che il soggetto legittimato o il suo legale rappresentante hanno rinunciato a procedervi. Alla predetta intimazione si applicano le disposizioni di cui agli artt. 21 e 36 comma 2. [...].

5. L'intenzione o comunque la consapevolezza di una parte di abusare della situazione di inferiorità o di inesperienza della controparte possono risultare dalle circostanze; ma devono comunque escludersi nei contratti aleatori e qualora la controparte medesima abbia manifestato la volontà di versare un corrispettivo elevato a motivo della sua particolare affezione per l'oggetto del contratto, oppure se dai rapporti fra le parti sia dato dedurre che esse hanno voluto concludere un contratto misto, a titolo sia oneroso che lucrativo.

1449. Prescrizione.

L'azione di rescissione si prescrive in un anno dalla conclusione del contratto [763, comma 3, 1326]; ma se il fatto costituisce reato, si applica l'ultimo comma dell'articolo 2947.

La rescindibilità del contratto non può essere opposta in via di eccezione quando l'azione è prescritta [1442, 1495, comma 3].

■ Codice civile del 1865: *Art. 1300. Le azioni di nullità o di rescissione di un contratto durano per cinque anni in tutti i casi, nei quali non siano state ristrette a minor tempo da una legge particolare.*

Questo tempo non comincia a decorrere nel caso di violenza, se non dal giorno in cui è cessata; nel caso di errore o di dolo, dal giorno in cui furono scoperti; riguardo agli atti degli interdetti e degli inabilitati, dal giorno in cui è tolta l'interdizione o l'inabilitazione; riguardo agli atti dei minori dal giorno della loro maggiore età; e riguardo agli atti delle donne maritate, dal giorno dello scioglimento del matrimonio.

Art. 1301. Le dette azioni si trasmettono agli eredi; ma essi non possono esercitarle, se non entro quel tempo che rimaneva ai loro autori, salve però le disposizioni relative all'interruzione o sospensione del corso delle prescrizioni.

Art. 1302. L'eccezione di nullità o di rescissione può essere opposta da chi è convenuto per l'esecuzione del contratto in tutti i casi, nei quali avrebbe potuto egli stesso agire per nullità o rescissione.

Quest'eccezione non è soggetta alla prescrizione stabilita nell'articolo 1300.

♦ Codice europeo dei contratti

Art. 156. Rescissione per lesione. *[...]. 4. La rescissione del contratto è soggetta al termine di prescrizione di un anno che decorre dalla data della conclusione del contratto. Tale termine si applica anche all'eccezione di rescindibilità.*

1450. Offerta di modificazione del contratto.

Il contraente contro il quale è domandata la rescissione può evitarla offrendo una modificazione del contratto sufficiente per ricondurlo ad equità [767, 1432, 1448, 1467 comma 3, 1468].

CODICE CIVILE

1451. Inammissibilità della convalida.

Il contratto rescindibile non può essere convalidato [1444].

■ Codice civile del 1865: *Art. 1309. L'atto di conferma o ratifica da una obbligazione, contro la quale la legge ammette l'azione di nullità, non è valido, se non contiene la sostanza della stessa obbligazione, il motivo che la rende viziosa e la dichiarazione che s'intende correggere il vizio su cui tale azione è fondata.*

In mancanza d'atto di conferma o ratifica, basta che l'obbligazione venga in tutto o nella maggior parte eseguita volontariamente da chi conosce il vizio dopo il tempo, in cui l'obbligazione stessa poteva essere validamente confermata ratificata.

La conferma, ratifica o esecuzione volontaria secondo le forme e nei tempi determinati dalla legge produce la rinunzia ai mezzi ed alle eccezioni che potevano opporsi contro tale atto, salvi però i diritti dei terzi.

Le disposizioni di quest'articolo non si applicano all'azione di rescissione per causa di lesione.

♦ Codice europeo dei contratti

Art. 156. Rescissione per lesione. *[...]. 6. Il contratto rescindibile non è soggetto a convalida, ma la rescissione non ha luogo se il contenuto di esso viene ricondotto ad equità in base all'accordo delle parti stesse o, su istanza di una di esse, da un provvedimento del giudice.*

1452. Effetti della rescissione rispetto ai terzi.

La rescissione del contratto non pregiudica i diritti acquistati dai terzi [23, comma 2, 25, comma 2, 534, comma 2, 785, comma 2, 1399, comma 2, 1415, 1445, 1458, 1757, 2332, 2377, comma 6; c.p.c. 742]; salvi gli effetti della trascrizione della domanda di rescissione [2033, 2652 n. 1, 2690 n. 1; disp. att. 166].

■ Codice civile del 1865: *Art. 1308. L'azione di rescissione per cali sa di lesione non si può proporre, ancorché si tratti di minori, se non nei casi e sotto le condizioni specialmente espresse nella legge.*

La detta azione, nei casi in cui è ammessa, non produce effetto a danno dei terzi, i quali hanno acquistato diritti sii gli immobili anteriormente alla trascrizione della domanda di rescissione.

CAPO XIV
DELLA RISOLUZIONE DEL CONTRATTO

Sezione I
Della risoluzione per inadempimento

● Norme connesse:

- art. 36, comma 2, lett. b), D.Lgs. 6 settembre 2005, n. 206.

1453. Risolubilità del contratto per inadempimento.

Nei contratti con prestazioni corrispettive, quando uno dei contraenti non adempie [1492] le sue obbligazioni [1218], l'altro può a sua scelta chiedere l'adempimento [1454, 2930] o la risoluzione del contratto [1618, 1668, 1669, 1877, 1878, 1976, 1986, 1924, comma 2, 2159, 2907, 2908], salvo, in ogni caso, il risarcimento del danno [648, 972, 1223, 1385, comma 3, 1458, 1479, 1480, 1489, 1492, 1497, 1517, 1878, 2286, 2652, comma 1, n. 1].

La risoluzione può essere domandata anche quando il giudizio è stato promosso per ottenere l'adempimento; ma non può più chiedersi l'adempimento quando è stata domandata la risoluzione [1286, 1492].

Dalla data della domanda di risoluzione l'inadempiente non può più adempiere la propria obbligazione [972, 1432, 1450, 1493, 1494].

● Norme connesse:

- comma 1: artt. 5 e 55, L. 27 luglio 1978, n. 392.

- per la vendita di beni mobili di consumo, art. 130, comma 7, D.Lgs. 6 settembre 2005, n. 206.

- artt. 108, 104, 110, 165, comma 5, 176, 194, comma 17, 18, D.Lgs. 18 aprile 2016, n. 50; artt. 102, comma 2, lett. b), 168, 171, comma 1, lett. a), 190, comma 5-bis, lett c), 329, comma 2, D.Lgs. 7 settembre 2005, n. 209; art. 72, R.D. 16 marzo 1942, n. 267.

- art. 125 quinquies, D.Lgs. 1 settembre 1993, n. 385 (T.U.B.), relativo alla risoluzione del collegato contratto di credito per inadempimento del fornitore.

■ Codice civile del 1865: *Art. 1165. La condizione risolutiva è sempre sottintesa nei contratti bilaterali, pel caso in cui una delle parti non soddisfaccia alla sua obbligazione.*

In questo caso il contratto non è sciolto di diritto. La parte verso cui non fu eseguita l'obbligazione, ha la scelta o di costringere l'altra all'adempimento del contratto, quando sia possibile, o di domandarne lo scioglimento, oltre il risarcimento dei danni in ambidue i casi.

La risoluzione del contratto deve domandarsi giudizialmente, e può essere concessa al convenuto una dilazione secondo le circostanze.

♦ Unidroit

Articolo 7.3.1 (Diritto alla risoluzione del contratto). *(1) Una parte può risolvere il contratto se l'inadempimento della controparte costituisce un inadempimento essenziale.*

(2) Nel decidere se l'inadempimento sia essenziale si deve considerare, in particolare, se (a) l'inadempimento priva sostanzialmente il creditore di ciò che aveva diritto di aspettarsi dal contratto, a meno che la controparte non abbia previsto né avrebbe potuto ragionevolmente prevedere tale risultato; (b) l'esatto adempimento dell'obbligazione non eseguita è essenziale nell'economia del contratto; (c) l'inadempimento è doloso o gravemente colposo; (d) l'inadempimento dà al creditore motivo di ritenere di non poter fare affidamento sul futuro adempimento della controparte; (e) la parte inadempiente in caso di risoluzione del contratto subirà una perdita eccessiva quale conseguenza della preparazione del contratto o delle prestazioni già eseguite.

(3) In caso di ritardo il creditore può altresì risolvere il contratto se la controparte non adempie entro il termine concesso ai sensi dell'articolo 7.1.5.

Articolo 7.3.5 (Effetti generali della risoluzione). *(1) La risoluzione del contratto libera per l'avvenire entrambe le parti dalle rispettive obbligazioni di effettuare e di ricevere la prestazione.*

(2) La risoluzione non preclude il diritto al risarcimento del danno per l'inadempimento.

(3) La risoluzione non ha effetto sulle clausole del contratto relative alla composizione delle controversie o su qualunque altra clausola del contratto che debba essere operativa anche dopo la risoluzione.

♦ Codice europeo dei contratti

Art. 111. Adempimento in forma specifica. *1. Nei confronti del debitore che non ha adempiuto l'obbligo, quale che sia l'importanza dell'inadempimento, il creditore ha il diritto di ottenere, se oggettivamente possibile, e salvo in ogni caso il risarcimento del danno, l'adempimento o il completamento di esso in forma specifica*

2. Il creditore in particolare: a) può ottenere giudizialmente la consegna della cosa certa e determinata o della quantità di cose indicate solo nel genere e dovutegli, che siano nella disponibilità del debitore, o che questi abbia trasferito ad un terzo in mala fede o con un atto simulato; b) può farsi autorizzare dal giudice a procurarsi in quanto possibile, a spese del debitore, la cosa certa e determinata o la quantità di cose indicate solo nel genere dovutegli, che siano nella disponibilità di terzi; c) può ottenere che il debitore sia condannato ad adempiere, in quanto possibile, o a completare la prestazione dovuta; o può farsi autorizzare dal giudice ad eseguire o completare personalmente o a far eseguire o completare da terzi, a spese del debitore, la prestazione medesima; d) può ottenere che il debitore sia condannato a distruggere ciò che ha compiuto in violazione di un obbligo di non fare, o può farsi autorizzare dal giudice a distruggere personalmente o a far distruggere da terzi, a spese del debitore, ciò che questi ha compiuto in violazione di un'obbligazione di non fare; e) può ottenere che il giudice pronunci una sentenza che ha l'effetto del contratto che il debitore si è impegnato a concludere con un contratto preliminare ineseguito.

3. Il giudice, per indurre il debitore inadempiente ad ottemperare alla condanna volta ad assicurare l'esecuzione in forma specifica della prestazione che sia oggettivamente possibile, può inoltre condannare il debitore, per il caso che egli non ottemperi o ottemperi con ritardo, al pagamento di una pena pecuniaria fino al triplo del valore della prestazione dovuta, che spetterà in misura del settanta per cento al creditore e del trenta per cento allo Stato. Tale pena può essere costituita da una somma fissa, sulla quale decorrono gli interessi nella misura fissata dal giudice, oppure da un importo dovuto per ogni giorno di ritardo e da ripartirsi come da lui prescritto.

Art. 114. Diritto alla risoluzione del contratto. *1. Verificandosi un inadempimento di rilevante importanza, nel senso di cui all'art. 107, il creditore ha il diritto di procedere alla risoluzione del contratto, intimando al debitore di eseguirlo entro un termine ragionevole, e comunque non inferiore a quindici giorni, con l'avvertimento che, decorso inutilmente detto termine, il contratto si intenderà senz'altro risolto di diritto.*

2. Se nel contratto è contenuta una clausola in base alla quale l'inadempimento di una determinata prestazione da parte di un contraente conferisce alla controparte il diritto di risolvere il contratto, l'inadempimento stesso si considera in ogni caso di rilevante importanza ai sensi dell'art. 107, ed il contratto si considera risolto quando la parte interessata comunica al debitore che intende avvalersi della clausola medesima.

3. Dopo che è decorso il termine di cui al primo comma del presente articolo o è giunta al debitore la comunicazione di cui al secondo comma del medesimo, il creditore non può più pretendere l'esecuzione del contratto, e può rifiutarla, ed il debitore non è più tenuto a procedervi. Il creditore può inoltre esercitare i diritti di cui agli artt. 115 e 116.

4. La risoluzione del contratto può aver luogo anche in via parziale se il debitore non ha adempiuto totalmente e il creditore ritenga di accettare quanto ricevuto, avvalendosi del diritto di prestare un corrispettivo proporzionalmente inferiore, come previsto dagli artt. 92 e 93.

5. Se l'inadempimento interviene durante lo svolgimento di un contratto ad esecuzione continuata o periodica, l'effetto della risoluzione non riguarda le prestazioni eseguite precedentemente.

6. Il creditore non ha il diritto di procedere alla risoluzione del contratto se l'inadempimento dipende esclusivamente da un'azione od omissione a lui imputabile, salva l'applicabilità degli artt. 103 e 104. Non ha inoltre tale diritto se egli ha ingenerato nella controparte la convinzione che non procederà alla risoluzione stessa neppure nel caso di un inadempimento di rilevante importanza.

Art. 116. Risarcimento del danno. *1. Salvo quanto previsto negli articoli che precedono, in caso di inadempimento, e quale che ne sia la gravità, il creditore ha il diritto di ottenere dal debitore il risarcimento dei danni subiti, così come previsto negli artt. 162 ss.*

2. Tale diritto può essere esercitato cumulativamente con gli altri diritti previsti dalle regole che precedono, e come previsto in esse e nell'art. 171.

Art. 117. Diritti dei terzi in buona fede. *L'esercizio da parte del creditore dei diritti previsti dalle norme che precedono non pregiudica i diritti che i terzi hanno acquistato in buona fede sulle cose del creditore o a questi dovute dal debitore, prima che ad essi quest'ultimo, avendo fondati motivi di temere l'inadempimento, abbia inviato un avvertimento scritto, o prima che, trattandosi di cose immobili o di mobili registrati, egli abbia provveduto alla trascrizione delle sue istanze giudiziali sui pubblici registri immobiliari, secondo le regole vigenti nello Stato in cui questi sono previsti. E ciò, salvo quanto disposto dall'art. 161.*

♦ I principi di diritto europeo dei contratti

Art. 9:301: Diritto di risolvere il contratto. *(1) In caso di inadempimento grave di una parte, l'altra può risolvere il contratto.*

(2) Altresì in caso di ritardo la parte insoddisfatta può risolvere il contratto in conformità all'art. 8:106.

Art. 9:501: Diritto al risarcimento. *(1) Il creditore insoddisfatto ha diritto al risarcimento della perdita subita a causa dell'inadempimento del debitore quando questi non sia esonerato da responsabilità in conformità all'art. 8:108.*

(2) La perdita di cui può essere domandato il risarcimento comprende: (a) il danno non patrimoniale; e (b) la perdita futura che è ragionevolmente prevedibile.

♦ Codice civile francese

Articolo 1224 *La risoluzione risulta sia dall'applicazione di una clausola risolutiva, sia, in caso di inadempimento sufficientemente grave, da una notifica del creditore al debitore o da una decisione giudiziaria.*

Articolo 1227 *La risoluzione può, in ogni caso, essere domandata in giudizio.*

Articolo 1228 *Il giudice può, secondo le circostanze, constatare o pronunciare la risoluzione od ordinare l'esecuzione del contratto, in accordo eventualmente di un termine al debitore, od assegnare solamente i danni e gli interessi.*

CODICE CIVILE

1454. Diffida ad adempiere.

Alla parte inadempiente [1455] l'altra può intimare per iscritto [1324, 1334, 1355] di adempiere in un congruo termine, con dichiarazione che, decorso inutilmente detto termine, il contratto s'intenderà senz'altro risoluto [1482, 1662, comma 2, 1901].

Il termine non può essere inferiore a quindici giorni, salvo diversa pattuizione delle parti o salvo che, per la natura del contratto o secondo gli usi, risulti congruo un termine minore.

Decorso il termine senza che il contratto sia stato adempiuto, questo è risoluto di diritto.

♦ Codice civile tedesco

§ 250 Risarcimento del danno in danaro dopo la fissazione di un termine. *Il creditore può fissare per il debitore un termine adeguato per la reintegrazione, dichiarando che dopo la scadenza del termine, rifiuterà la reintegrazione. Scaduto il termine il creditore può esigere il risarcimento in danaro, se la reintegrazione non avviene tempestivamente; la pretesa alla reintegrazione è esclusa.*

1455. Importanza dell'inadempimento.

Il contratto non si può risolvere [1453] se l'inadempimento di una delle parti ha scarsa importanza [24 comma 3], avuto riguardo all'interesse dell'altra [1522, 1525, 1564, 1565, 1668, comma 2, 1819, 1820, 1868, 1901, 2286].

● Norme connesse:

- art. 130, commi 7, 10, D.Lgs. 6 settembre 2005, n. 206; art. 3, L. 15 luglio 1966, n. 604 (Norme sui licenziamenti individuali); L. 11 maggio 1990, n. 108, Disciplina dei licenziamenti individuali; art. 5, L. 27 luglio 1978, n. 392; art. 5, L. 3 maggio 1982, n. 203 (Norme sui contratti agrari).

- per il danno da vacanza rovinata, art. 46, D.Lgs. 23 maggio 2011, n. 79 (Codice del turismo), nel testo sostituito dall'art. 1, D.Lgs. 21 maggio 2018, n. 62, che recita: *Art. 46. Risarcimento del danno da vacanza rovinata. 1. Nel caso in cui l'inadempimento delle prestazioni che formano oggetto del pacchetto non è di scarsa importanza ai sensi dell'articolo 1455 del codice civile, il viaggiatore può chiedere all'organizzatore o al venditore, secondo la responsabilità derivante dalla violazione dei rispettivi obblighi assunti con i rispettivi contratti, oltre ed indipendentemente dalla risoluzione del contratto, un risarcimento del danno correlato al tempo di vacanza inutilmente trascorso ed all'irripetibilità dell'occasione perduta.*

2. Il diritto al risarcimento si prescrive in tre anni, ovvero nel più lungo periodo per il risarcimento del danno alla persona previsto dalle disposizioni che regolano i servizi compresi nel pacchetto, a decorrere dalla data del rientro del viaggiatore nel luogo di partenza.

♦ Codice europeo dei contratti

Art. 107. Inadempimento di rilevante importanza. *1. Ai fini delle regole seguenti un inadempimento è di rilevante importanza se concerne uno degli obblighi principali (e non secondari) del contratto, e inoltre quando, tenuto conto della qualità delle persone e della natura della prestazione, l'inadempimento stesso cagiona al creditore un pregiudizio tale da privarlo sostanzialmente di ciò che egli è in diritto di attendersi dal contratto.*

2. Si considera, in particolare, di rilevante importanza l'inadempimento quando: a) è totale; b) è parziale, ma l'interesse del creditore di ottenere la parte rimanente è venuto obbiettivamente meno.

3. Sono obbligazioni secondarie quelle il cui adempimento è di scarsa importanza avuto riguardo all'economia del rapporto contrattuale e all'interesse del creditore.

1456. Clausola risolutiva espressa.

I contraenti possono convenire espressamente che il contratto si risolva nel caso che una determinata obbligazione non sia adempiuta secondo le modalità stabilite [973, 1458, comma 2, 1525].

In questo caso, la risoluzione si verifica di diritto [1517] quando la parte interessata dichiara all'altra [1324, 1334, 1350] che intende valersi della clausola risolutiva [1457 comma 2].

1457. Termine essenziale per una delle parti.

Se il termine fissato per la prestazione di una delle parti deve considerarsi essenziale nell'interesse [1256 comma 2] dell'altra, questa, salvo patto o uso contrario, se vuole esigerne l'esecuzione nonostante la scadenza del termine, deve darne notizia all'altra parte entro tre giorni.

In mancanza, il contratto si intende risoluto di diritto anche se non è stata espressamente pattuita la risoluzione [1454, 1456, 1458, 1901].

1458. Effetti della risoluzione.

La risoluzione del contratto per inadempimento ha effetto retroattivo tra le parti, salvo il caso di contratti ad esecuzione continuata o periodica, riguardo ai quali l'effetto della risoluzione non si estende alle prestazioni già eseguite [1360, comma 2, 1373, comma 2, 1526, 2033, 2040, 2126, 2332, comma 2, 2645, 2655].

La risoluzione, anche se è stata espressamente pattuita [1456], non pregiudica i diritti acquistati dai terzi [23, comma 2, 534, comma 2, 1399, 1445, 1452, 1595, comma 3], salvi gli effetti della trascrizione [2643-2696] della domanda di risoluzione [1467, 2652 n. 1; disp. att. 165].

● Norme connesse:

- art. 1, commi 139-140, L. 4 agosto 2017, n. 124, in tema di risoluzione del contratto di leasing per inadempimento dell'utilizzatore.

1459. Risoluzione nel contratto plurilaterale.

Nei contratti indicati dall'articolo 1420 l'inadempimento di una delle parti non importa la risoluzione del contratto rispetto alle altre, salvo che la prestazione mancata debba, secondo le circostanze, considerarsi essenziale [1446, 1466].

1460. Eccezione d'inadempimento.

Nei contratti con prestazioni corrispettive [1453], ciascuno dei contraenti può rifiutarsi di adempiere la sua obbligazione, se l'altro non adempie [1218, 1219, 1453, 1517] o non offre di adempiere contemporaneamente la propria [1208 ss., 1220], salvo che termini diversi per l'adempimento siano stati stabiliti dalle parti o risultino dalla natura del contratto [1481, 1482, 1565, 1901, 1924].

Tuttavia non può rifiutarsi la esecuzione se, avuto riguardo alle circostanze, il rifiuto è contrario alla buona fede [1175, 1337, 1375, 1565].

● Norme connesse:

- art. 33, comma 2, lett. r), comma 7, D.Lgs. 6 settembre 2005, n. 206.

♦ Unidroit

Articolo 7.1.3 (Eccezione di inadempimento). *(1) Se le parti devono adempiere contemporaneamente le loro obbligazioni, ciascuna di esse può sospendere l'adempimento della sua obbligazione finché la controparte non offra di adempiere la propria.*

(2) Se le parti non devono adempiere contemporaneamente le loro obbligazioni, la parte che deve adempiere per ultima può rifiutarsi di adempiere la sua obbligazione finché la parte che deve adempiere per prima non abbia adempiuto la propria obbligazione.

♦ I principi di diritto europeo dei contratti

Art. 9:201: Eccezione di inadempimento. *(1) La parte che deve adempiere contemporaneamente o dopo l'altra parte può rifiutarsi di adempiere la sua obbligazione fino a quando quest'ultima non offra o non esegua la sua prestazione. La parte che eccepisce l'inadempimento può rifiutarsi di adempiere in tutto o in parte secondo che sia ragionevole in relazione alla circostanze.*

(2) Analogamente la parte può rifiutarsi di adempiere la sua obbligazione fino a quando sia evidente che l'altra parte non adempirà alla scadenza.

♦ Codice civile francese

Articolo 1219 *Una parte può rifiutare di eseguire la sua obbligazione anche quando questa è esigibile, se l'altra non esegue la sua e se questo inadempimento è sufficientemente grave.*

Articolo 1220 *Una parte può sospendere l'esecuzione della sua obbligazione quando è chiaro che la sua controparte non l'eseguirà e che le conseguenze di questo inadempimento sono sufficientemente gravi per essa. Questa sospensione deve essere notificata con tutti i dettagli.*

♦ Codice civile tedesco

§320 Eccezione di inadempimento del contratto. *(1) Chi è obbligato, in base ad un contratto a prestazioni corrispettive, può rifiutare di adempiere la sua prestazione sino all'esecuzione della controprestazione, a meno che sia tenuto ad eseguire la prestazione per primo. Se la prestazione deve essere adempiuta nei confronti di più persone, può essere rifiutata a ciascuna di esse la parte a questi spettante sino all'esecuzione dell'intera controprestazione. La disposizione del §273, comma 3, non trova applicazione. (2) Quando una delle parti ha adempiuto in parte l'obbligazione, la controprestazione non può essere rifiutata se tale rifiuto, tenuto conto delle circostanze, in particolare vista l'esiguità della parte restante della prestazione, sarebbe contrario a buona fede.*

1461. Mutamento nelle condizioni patrimoniali dei contraenti.

Ciascun contraente può sospendere l'esecuzione della prestazione da lui dovuta, se le condizioni patrimoniali dell'altro sono divenute tali da porre in evidente pericolo il conseguimento della controprestazione, salvo che sia prestata idonea garanzia [1179, 1822, 1850, 1877, 1956, 1959; disp. att. 169].

1462. Clausola limitativa della proponibilità di eccezioni.

La clausola con cui si stabilisce che una delle parti non può opporre eccezioni al fine di evitare o ritardare la prestazione dovuta, non ha effetto per le eccezioni di nullità [1418 ss.], di annullabilità [1425] e di rescissione [1447 ss.] del contratto [1321].

Nei casi in cui la clausola è efficace, il giudice, se riconosce che concorrono gravi motivi, può tuttavia sospendere la condanna, imponendo, se del caso, una cauzione [disp. att. 167].

Sezione II

Dell'impossibilità sopravvenuta

1463. Impossibilità totale.

Nei contratti con prestazioni corrispettive [1453], la parte liberata per la sopravvenuta impossibilità [1557] della prestazione [1256] dovuta non può chiedere la controprestazione [1686], e deve restituire quella che abbia già ricevuta, secondo le norme relative alla ripetizione dell'indebito [2033 ss.].

● Norme connesse:

- artt. 1174, 1325, n. 2, c.c.

- art. 22, Dir. UE, 790/2019.

- artt. 88, 88bis, D.L. 17 marzo 2020, n. 18, convertito in L. 24 aprile 2020, n. 27.

1464. Impossibilità parziale.

Quando la prestazione di una parte è divenuta solo parzialmente impossibile [1258], l'altra parte ha diritto a una corrispondente riduzione della prestazione da essa dovuta, e può anche recedere dal contratto [1373] qualora non abbia un interesse apprezzabile [1174, 1322] all'adempimento parziale [1181, 1672, 2110, 2228].

1465. Contratto con effetti traslativi o costitutivi.

Nei contratti che trasferiscono la proprietà di una cosa determinata ovvero costituiscono o trasferiscono diritti reali [1376], il perimento della cosa per una causa non imputabile all'alienante non libera l'acquirente dall'obbligo di eseguire la controprestazione, ancorché la cosa non gli sia stata consegnata [1673, 2254].

La stessa disposizione si applica nel caso in cui l'effetto traslativo o costitutivo sia differito fino allo scadere di un termine [1353, 1465, comma 4, 2286].

Qualora oggetto del trasferimento sia una cosa determinata solo nel genere [1178], l'acquirente non è liberato dall'obbligo di eseguire la controprestazione, se l'alienante ha fatto la consegna o se la cosa è stata individuata [1378].

L'acquirente è in ogni caso liberato dalla sua obbligazione, se il trasferimento era sottoposto a condizione sospensiva e l'impossibilità è sopravvenuta prima che si verifichi la condizione [1353, 1360, 1523].

● Norme connesse:

- sul passaggio del rischio nella vendita internazionale di beni mobili, art. 66 Convenzione di Vienna 11 aprile 1980, sulla vendita internazionale di beni mobili, ratificata con L. 11 dicembre 1985, n. 765.

■ Codice civile del 1865: *Art. 1125. Nei contratti che hanno per oggetto la traslazione della proprietà o di altro diritto, la proprietà o il diritto si trasmette e si acquista per effetto del consenso legittimamente manifestato, e la cosa rimane a rischio e pericolo dell'acquirente, quantunque non ne sia seguita la tradizione.*

♦ Codice civile francese

Articolo 1196 *Nei contratti che hanno per oggetto l'alienazione della proprietà o la cessione di un altro diritto, il trasferimento si verifica al momento della conclusione del contratto. Questo trasferimento può essere differito dalla volontà delle parti, dalla natura delle cose o per effetto della legge. Il trasferimento della proprietà determina il trasferimento dei rischi del bene.*

1466. Impossibilità nel contratto plurilaterale.

Nei contratti indicati dall'articolo 1420 l'impossibilità della prestazione [1256] di una delle parti non importa scioglimento del contratto rispetto alle altre, salvo che la prestazione mancata debba, secondo le circostanze, considerarsi essenziale [1446, 1459].

Sezione III

Dell'eccessiva onerosità

1467. Contratto con prestazioni corrispettive.

Nei contratti a esecuzione continuata o periodica, ovvero a esecuzione differita [1453], se la prestazione di una delle parti è divenuta eccessivamente onerosa per il verificarsi di avvenimenti straordinari e imprevedibili, la parte che deve tale prestazione può domandare la risoluzione del contratto, con gli effetti stabiliti dall'articolo 1458 [1336, 1378, 1470, 1472, 1478, 1879;disp. att. 168].

La risoluzione non può essere domandata se la sopravvenuta onerosità rientra nell'alea normale del contratto.

La parte contro la quale è domandata la risoluzione può evitarla offrendo di modificare equamente le condizioni del contratto [767, 1334, 1432, 1450, 1469, 1623, 1664].

● Norme connesse:

- art. 20, Dir. UE, 790/2019.

♦ Unidroit

Articolo 6.2.1(Obbligatorietà del contratto). *Se l'adempimento del contratto diviene più oneroso per una delle parti, tale parte rimane ugualmente obbligata ad adempiere le sue obbligazioni, salvo quanto previsto dalle seguenti disposizioni sull'hardship.*

Articolo 6.2.2 (Definizione di hardship). *Ricorre l'ipotesi di hardship quando si verificano eventi che alterano sostanzialmente l'equilibrio del contratto, o per l'accrescimento dei costi della prestazione di una delle parti, o per la diminuzione del valore della controprestazione, e (a) gli eventi si verificano, o divengono noti alla parte svantaggiata, successivamente alla conclusione del contratto; (b) gli eventi non potevano essere ragionevolmente presi in considerazione dalla parte svantaggiata al momento della conclusione del contratto; (c) gli eventi sono estranei alla sfera di controllo della parte svantaggiata; e (d) il rischio di tali eventi non era stato assunto dalla parte svantaggiata.*

Articolo 6.2.3 (Effetti dell'hardship). *(1) In caso di hardship la parte svantaggiata ha diritto di chiedere la rinegoziazione del contratto. La richiesta deve essere fatta senza ingiustificato ritardo e deve indicare i motivi sui quali è basata.*

(2) La richiesta di rinegoziazione non dà, di per sé, alla parte svantaggiata il diritto di sospendere l'esecuzione.

(3) In caso di mancato accordo tra le parti entro un termine ragionevole, ciascuna delle parti può rivolgersi al giudice.

(4) Il giudice, se accerta il ricorrere di una ipotesi di hardship, può, ove il caso, (a) risolvere il contratto, in tempi e modi di volta in volta da stabilire, oppure (b) modificare il contratto al fine di ripristinarne l'originario equilibrio.

♦ I principi di diritto europeo dei contratti

Art. 6:111: Mutamento delle circostanze. *(1) Ciascuna parte è tenuta ad adempiere le sue obbligazioni anche quando la prestazione sia divenuta più onerosa o perché il costo ne sia aumentato o perché sia diminuito il valore della prestazione alla quale ha diritto.*

(2) Se però la prestazione è divenuta eccessivamente onerosa per il mutamento delle circostanze, le parti sono tenute a intavolare trattative per modificare o sciogliere il contratto, nel caso in cui: (a) il mutamento di circostanze si verifichi dopo la conclusione del contratto, (b) il mutamento di circostanze non fosse una possibilità suscettibile ragionevolmente di essere presa in considerazione al momento della conclusione del contratto, e (c) il rischio di mutamento delle circostanze non sia uno di quelli che, in relazione al contratto, la parte che lo subisce possa essere tenuta a sopportare.

(3) Se le parti non riescono a raggiungere un accordo in un tempo ragionevole, il giudice può (a) sciogliere il contratto a far data da un termine e alle condizioni che il giudice stesso stabilirà o (b) modificare il contratto in modo da distribuire tra le parti in maniera giusta ed equa le perdite e i vantaggi derivanti dal mutamento di circostanze. Nell'un caso e nell'altro il giudice può condannare al risarcimento dei danni per la perdita cagionata dal rifiuto di una parte di intavolare trattative o dalla rottura di esse in maniera contraria alla buona fede e alla correttezza.

♦ Codice civile tedesco

§ 275 Esclusione dell'obbligo alla prestazione. *(1) La pretesa della prestazione viene meno quando questa sia impossibile per Il debitore o per chiunque. (2) Il debitore può rifiutare di adempiere la prestazione quando questa richieda uno sforzo che è sproporzionato rispetto all'interesse del creditore alla prestazione, tenuto conto dell'oggetto dell'obbligazione e del principio di buona fede. Nella determinazione degli sforzi da pretendersi dal debitore deve essere considerato altresì se l'impedimento della prestazione è imputabile al debitore. (3) Il debitore può inoltre rifiutare di eseguire la prestazione se deve eseguirla personalmente e se essa non può pretendersi dal debitore, comparando gli impedimenti contrastanti la sua prestazione e l'interesse del creditore alla prestazione. (4) I diritti del creditore si determinano sulla base dei §§ 280, da 283 a 285, 311 e 326.*

1468. Contratto con obbligazioni di una sola parte.

Nell'ipotesi prevista dall'articolo precedente, se si tratta di un contratto nel quale una sola delle parti ha assunto obbligazioni [1331, 1333], questa può chiedere una riduzione della sua prestazione ovvero una modificazione nelle modalità di esecuzione, sufficienti per ricondurla ad equità [1450, 1469, 1623, 1664].

1469. Contratto aleatorio.

Le norme degli articoli precedenti [1467, 1468] non si applicano ai contratti aleatori per loro natura [1872, 1882, 1919, 1933] o per volontà delle parti [1448 comma 4, 1467, 1472].

■ Codice civile del 1865: *Art. 1102. È contratto di sorte o aleatorio, quando per ambidue i contraenti o per l'uno di essi il vantaggio dipende da un avvenimento incerto.*

Tali sono il contratto di assicurazione, il prestito a tutto rischio, il giuoco, la scommessa e il contratto vitalizio.

CAPO XIV-*BIS*

DEI CONTRATTI DEL CONSUMATORE[1]

[1] Capo aggiunto dall'art. 25, L. 6 febbraio 1996, n. 52.

● Norme connesse:

- artt. da 33 a 38 del codice del consumo (D.Lgs. 6 settembre 2005, n. 206). L'art. 38, comma 1, di detto codice stabilisce che: *Per quanto non previsto dal presente codice, ai contratti conclusi tra il consumatore ed il professionista si applicano le disposizioni del codice civile.*

1469-*bis*. Contratti del consumatore.

Le disposizioni del presente titolo si applicano ai contratti del consumatore, ove non derogate dal codice del consumo o da altre disposizioni più favorevoli per il consumatore[1].

[1] Articolo aggiunto dall'art. 25, L. 6 febbraio 1996, n. 52 e così sostituito dall'art. 142, D.Lgs. 6 settembre 2005, n. 206. Il testo previgente disponeva: *«Clausole vessatorie nel contratto tra professionista e consumatore. 1. Nel contratto concluso tra il consumatore ed il professionista si considerano vessatorie le clausole che, malgrado la buona fede, determinano a carico del consumatore un significativo squilibrio dei diritti e degli obblighi derivanti dal contratto. 2. In relazione al contratto di cui al primo comma, il consumatore è la persona fisica che agisce per scopi estranei all'attività imprenditoriale o professionale eventualmente svolta. Il professionista è la persona fisica o giuridica, pubblica o privata, che, nel quadro della sua attività imprenditoriale o professionale, utilizza il contratto di cui al primo comma. 3. Si presumono vessatorie fino a prova contraria le clausole che hanno per oggetto o per effetto di: 1) escludere o limitare la responsabilità del professionista in caso di morte o danno alla persona del consumatore, risultante da un fatto o da un'omissione del professionista; 2) escludere o limitare le azioni o i diritti del consumatore nei confronti del professionista o di un'altra parte in caso di inadempimento totale o parziale o di adempimento inesatto da parte del professionista; 3) escludere o limitare l'opponibilità da parte del consumatore della compensazione di un debito nei confronti del professionista con un credito vantato nei confronti di quest'ultimo; 4) prevedere un impegno definitivo del consumatore mentre l'esecuzione della prestazione del professionista è subordinata ad una condizione il cui adempimento dipende unicamente dalla sua volontà; 5) consentire al professionista di trattenere una somma di denaro versata dal consumatore se quest'ultimo non conclude il contratto o ne recede, senza prevedere il diritto del consumatore di esigere dal professionista il doppio della somma corrisposta se è quest'ultimo a non concludere il contratto oppure a recedere; 6) imporre al consumatore, in caso di inadempimento o di ritardo nell'adempimento, il pagamento di una somma di denaro a titolo di risarcimento, clausola penale o altro titolo equivalente d'importo manifestamente eccessivo; 7) riconoscere al solo professionista e non anche al consumatore la facoltà di recedere dal contratto, nonché consentire al professionista di trattenere anche solo in parte la somma versata dal consumatore a titolo di corrispettivo per prestazioni non ancora adempiute, quando sia il professionista a recedere dal contratto; 8) consentire al professionista di recedere da contratti a tempo indeterminato senza un ragionevole preavviso, tranne nel caso di giusta causa; 9) stabilire un termine eccessivamente anticipato rispetto alla scadenza del contratto per comunicare la disdetta al fine di evitare la tacita proroga o rinnovazione; 10) prevedere l'estensione dell'adesione del consumatore a clausole che non ha avuto la possibilità di conoscere prima della conclusione del contratto; 11) consentire al professionista di modificare unilateralmente le clausole del contratto, ovvero le caratteristiche del prodotto o del servizio da fornire, senza un giustificato motivo indicato nel contratto stesso; 12) stabilire che il prezzo dei beni o dei servizi sia determinato al momento della consegna o della prestazione; 13) consentire al professionista di aumentare il prezzo del bene o del servizio senza che il consumatore possa recedere se il prezzo finale è eccessivamente elevato rispetto a quello originariamente convenuto; 14) riservare al professionista il potere di accertare la conformità del bene venduto o del servizio prestato a quello previsto nel contratto o conferirgli il diritto esclusivo d'interpretare una clausola qualsiasi del contratto; 15) limitare la responsabilità del professionista rispetto alle obbligazioni derivanti dai contratti stipulati in suo nome dai mandatari o subordinare l'adempimento delle suddette obbligazioni al rispetto di particolari formalità; 16) limitare o escludere l'opponibilità*

dell'eccezione d'inadempimento da parte del consumatore; 17) consentire al professionista di sostituire a sé un terzo nei rapporti derivanti dal contratto, anche nel caso di preventivo consenso del consumatore, qualora risulti diminuita la tutela dei diritti di quest'ultimo; 18) sancire a carico del consumatore decadenze, limitazioni della facoltà di opporre eccezioni, deroghe alla competenza dell'autorità giudiziaria, limitazioni all'allegazione di prove, inversioni o modificazioni dell'onere della prova, restrizioni alla libertà contrattuale nei rapporti con i terzi; 19) stabilire come sede del foro competente sulle controversie località diversa da quella di residenza o domicilio elettivo del consumatore; 20) prevedere l'alienazione di un diritto o l'assunzione di un obbligo come subordinati ad una condizione sospensiva dipendente dalla mera volontà del professionista a fronte di un'obbligazione immediatamente efficace del consumatore. È fatto salvo il disposto dell'articolo 1355. 4. Se il contratto ha ad oggetto la prestazione di servizi finanziari a tempo indeterminato il professionista può, in deroga ai numeri 8) e 11) del terzo comma: 1) recedere, qualora vi sia un giustificato motivo, senza preavviso, dandone immediata comunicazione al consumatore; 2) modificare, qualora sussista un giustificato motivo, le condizioni del contratto, preavvisando entro un congruo termine il consumatore, che ha diritto di recedere dal contratto. 5. Se il contratto ha ad oggetto la prestazione di servizi finanziari il professionista può modificare, senza preavviso, sempreché vi sia un giustificato motivo in deroga ai numeri 12) e 13) del terzo comma, il tasso di interesse o l'importo di qualunque altro onere relativo alla prestazione finanziaria originariamente convenuti, dandone immediata comunicazione al consumatore che ha diritto di recedere dal contratto. 6. I numeri 8), 11), 12) e 13) del terzo comma non si applicano ai contratti aventi ad oggetto valori mobiliari, strumenti finanziari ed altri prodotti o servizi il cui prezzo è collegato alle fluttuazioni di un corso e di un indice di borsa o di un tasso di mercato finanziario non controllato dal professionista, nonché la compravendita di valuta estera, di assegni di viaggio o di vaglia postali internazionali emessi in valuta estera. 7. I numeri 12) e 13) del terzo comma non si applicano alle clausole di indicizzazione dei prezzi, ove consentite dalla legge, a condizione che le modalità di variazione siano espressamente descritte.».

● Norme connesse:
- artt. 33 ss., D.Lgs. 6 settembre 2005, n. 206.

1469-*ter*. Accertamento della vessatorietà delle clausole.

[...][1].

[1] Articolo aggiunto dall'art. 25, L. 6 febbraio 1996, n. 52 e poi abrogato dall'art. 142, D.Lgs. 6 settembre 2005, n. 206. Il testo previgente disponeva: «*1. La vessatorietà di una clausola è valutata tenendo conto della natura del bene o del servizio oggetto del contratto e facendo riferimento alle circostanze esistenti al momento della sua conclusione ed alle altre clausole del contratto medesimo o di un altro collegato o da cui dipende. 2. La valutazione del carattere vessatorio della clausola non attiene alla determinazione dell'oggetto del contratto, né all'adeguatezza del corrispettivo dei beni e dei servizi, purché tali elementi siano individuati in modo chiaro e comprensibile. 3. Non sono vessatorie le clausole che riproducono disposizioni di legge ovvero che siano riproduttive di disposizioni o attuative di principi contenuti in convenzioni internazionali delle quali siano parti contraenti tutti gli Stati membri dell'Unione europea o l'Unione europea. 4. Non sono vessatorie le clausole o gli elementi di clausola che siano stati oggetto di trattativa individuale. 5. Nel contratto concluso mediante sottoscrizione di moduli o formulari predisposti per disciplinare in maniera uniforme determinati rapporti contrattuali, incombe sul professionista l'onere di provare che le clausole, o gli elementi di clausola, malgrado siano dal medesimo unilateralmente predisposti, siano stati oggetto di specifica trattativa con il consumatore.*».

1469-*quater*. Forma e interpretazione.

[...][1].

[1] Articolo aggiunto dall'art. 25, L. 6 febbraio 1996, n. 52 e poi abrogato dall'art. 142, D.Lgs. 6 settembre 2005, n. 206. Il testo previgente disponeva: «*1. Nel caso di contratti di cui tutte le clausole o talune clausole siano proposte al consumatore per iscritto, tali clausole devono sempre essere redatte in modo chiaro e comprensibile. 2. In caso di dubbio sul senso di una clausola, prevale l'interpretazione più favorevole al consumatore. 3. La disposizione di cui al secondo comma non si applica nei casi di cui all'articolo 1469-sexies.*».

1469-*quinquies*. Inefficacia.

[...][1].

[1] Articolo aggiunto dall'art. 25, L. 6 febbraio 1996, n. 52 e poi abrogato dall'art. 142, D.Lgs. 6 settembre 2005, n. 206. Il testo previgente disponeva: «*1. Le clausole considerate vessatorie ai sensi degli articoli 1469-bis e 1469-ter sono inefficaci mentre il contratto rimane efficace per il resto. 2 Sono inefficaci le clausole che, quantunque oggetto di trattativa, abbiano per oggetto o per effetto di: 1) escludere o limitare la responsabilità del professionista in caso di morte o danno alla persona del consumatore, risultante da un fatto o da un'omissione del professionista; 2) escludere o limitare le azioni del consumatore nei confronti del professionista o di un'altra parte in caso di inadempimento totale o parziale o di adempimento inesatto da parte del professionista; 3) prevedere l'adesione del consumatore come estesa a clausole che non ha avuto, di fatto, la possibilità di conoscere prima della conclusione del contratto. 3. L'inefficacia opera soltanto a vantaggio del consumatore e può essere rilevata d'ufficio dal giudice. 4. Il venditore ha diritto di regresso nel confronti del fornitore per i danni che ha subito in conseguenza della declaratoria d'inefficacia delle clausole dichiarate abusive. 5. È inefficace ogni clausola contrattuale che, prevedendo l'applicabilità al contratto di una legislazione di un Paese extracomunitario, abbia l'effetto di privare il consumatore della protezione assicurata dal presente capo, laddove il contratto presenti un collegamento più stretto con il territorio di uno Stato membro dell'Unione europea.*».

1469-*sexies*. Azione inibitoria.

[...][1].

[1] Articolo aggiunto dall'art. 25, L. 6 febbraio 1996, n. 52 e poi abrogato dall'art. 142, D.Lgs. 6 settembre 2005, n. 206. Il testo previgente disponeva: «*1. Le associazioni rappresentative dei consumatori e dei professionisti e le camere di commercio, industria, artigianato e agricoltura, possono conveni-*

re in giudizio il professionista o l'associazione di professionisti che utilizzano o che raccomandano l'utilizzo di condizioni generali di contratto e richiedere al giudice competente che inibisca l'uso delle condizioni di cui sia accertata l'abusività ai sensi del presente capo. 2. L'inibitoria può essere concessa, quando ricorrono giusti motivi di urgenza, ai sensi degli articoli 669-bis e seguenti del codice di procedura civile. 3. Il giudice può ordinare che il provvedimento sia pubblicato in uno o più giornali, di cui uno almeno a diffusione nazionale.».

TITOLO III
DEI SINGOLI CONTRATTI

CAPO I
DELLA VENDITA

Sezione I
Disposizioni generali

● Norme connesse:

- sui contratti di vendita internazionale di beni mobili, L. 11 dicembre 1985, n. 765, di ratifica della Convenzione di Vienna dell'11 aprile 1980.
- sulla vendita di beni culturali, artt. 59 ss. D.Lgs. 22 gennaio 2004, n. 42 (Codice dei beni culturali e del paesaggio).
- sulla vendita dei beni mobili di consumo, artt. 128-135, D.Lgs. 6 settembre 2005, n. 206.
- sul divieto di forme di vendita piramidali, artt. 5-6, L. 17 agosto 2005, n. 173.
- artt. 67, comma 3, lett. c), 72, 73, R.D. 16 marzo 1942, n. 267.

1470. Nozione.

La vendita [1555] è il contratto che ha per oggetto [1376] il trasferimento della proprietà di una cosa o il trasferimento di un altro diritto verso il corrispettivo di un prezzo [1376, 1465, 1476, 1498, 1862].

● Norme connesse:

- art. 1582 del Codice napoleonico che definisce la vendita come "*Una convenzione per cui uno si obbliga a dare una cosa e l'altro a pagarla. È perfetta tra le parti e la proprietà si acquista di diritto dal compratore riguardo al venditore, al momento che siasi convenuto sul la cosa e sul prezzo, quantunque non sia seguita la tradizione della cosa né si sia pagato il prezzo*".
- art. 433 del Codice civile tedesco così recita: "*1. Con il contratto di vendita il venditore di una cosa è obbligato a consegnare la cosa al compratore ed a procurargli la proprietà sulla cosa. Il venditore deve procurare al compratore la cosa libera da vizi materiali e da vizi giuridici. 2. Il compratore è obbligato a pagare al venditore il prezzo pattuito e a prendere in consegna la cosa venduta*".

■ Codice civile del 1865: *Art. 1447. La vendita è un contratto, per cui uno si obbliga a dare una cosa e l'altro a pagarne il prezzo.*

♦ Codice europeo dei contratti

Art. 174 Definizione. *1. La vendita è il contratto mediante il quale il venditore si obbliga a trasferire o trasferisce la proprietà di un bene, o un diritto su di esso, al compratore, il quale si obbliga a pagare o paga al venditore un corrispettivo in denaro (prezzo) con le modalità in uso, e come previsto dall'art. 86 commi 1 e 21. Si ha una vendita anche se il venditore, d'intesa con il compratore, si obbliga a trasferire o trasferisce la proprietà del bene, o un diritto su di esso, ad un terzo.*

2. Salvo quanto previsto dall'art. 176, al contratto preliminare di vendita si applicano gli artt. 35 comma 22 e 111 comma 2, lett. e)3.

♦ Codice civile francese

Articolo 1582. *La vendita è una contratto con cui uno si obbliga a consegnare una cosa e l'altro a pagarla. Essa può essere fatta con un atto autentico o con scrittura privata.*

♦ Codice civile tedesco

§ 433 Obbligazioni contrattuali tipiche nel contratto di vendita. *(1) Con il contratto di vendita il venditore di una cosa è obbligato a consegnare la cosa al compratore e a trasmettergli la proprietà sulla cosa. Il venditore deve procurare la cosa al compratore libera da vizi materiali e giuridici. (2) Il compratore è tenuto a pagare al venditore il prezzo concordato e a prendere in consegna la cosa venduta.*

1471. Divieti speciali di comprare.

Non possono essere compratori nemmeno all'asta pubblica, [c.p.c. 579] né direttamente né per interposta persona [1260, 1261, 1389]:

1) gli amministratori dei beni dello Stato, dei comuni, delle province o degli altri enti pubblici, rispetto ai beni affidati alla loro cura;

2) gli ufficiali pubblici, rispetto ai beni che sono venduti per loro ministero [c.p.c. 534, 570, 576];

3) coloro che per legge o per atto della pubblica autorità amministrano beni altrui, rispetto ai beni medesimi [320, 323, 357, 378, 424, 779];

4) i mandatari [1703], rispetto ai beni che sono stati incaricati di vendere, salvo il disposto dell'articolo 1395 [1735].

Nei primi due casi l'acquisto è nullo [1418, 1421]; negli altri è annullabile [1425, 1441].

■ Codice civile del 1865: *Art. 1457. Non possono essere compratori nemmeno all'asta pubblica, sotto pena di nullità del contratto, né direttamente, né per interposte persone:*

Il genitore, dei beni dei figli soggetti alla sua potestà;

I tutori, i protutori e i curatori, dei beni delle persone soggette alla loro tutela, protutela, o cura;

I procuratori, dei beni che sono incaricati di vendere;

Gli amministratori, dei beni dè comuni o degli istituti pubblici affidati alla loro cura, salvo che, per particolari circostanze nell'atto che permette la vendita, siano autorizzati a concorrere agli incanti;

I pubblici uffiziali, dei beni che si vendono sotto la loro autorità o mediante il loro intervento.

♦ Codice europeo dei contratti

Art. 179 Divieti speciali di acquistare. *1. Salvi i divieti imposti da norme comunitarie e nazionali per ragioni di ordine e di interesse pubblico, sono nulli ai sensi degli artt. 140 comma 114, e 143 comma 115 gli acquisti di beni appartenenti agli Stati e agli enti pubblici effettuati, anche per interposta persona, da coloro che sono preposti alle loro cure, e gli acquisti di beni venduti nelle aste giudiziarie effettuati da coloro che sono ad esse preposti.*

2. Sono annullabili ai sensi dell'art. 6816 gli acquisti di beni effettuati, anche per interposta persona, da coloro che sono incaricati di amministrarli o di venderli o di acquistarli nell'interesse altrui.

♦ Codice civile francese

Articolo 1596. *Non possono rendersi aggiudicatari, sotto pena di nullità, né di essi né di persone interposte: i tutori dei beni di coloro di cui hanno la tutela; i mandatari dei beni che sono incaricati di vendere; gli amministratori, dei comuni o degli istituti pubblici affidati alle loro cure; i pubblici ufficiali dei beni nazionali le cui vendite si fanno tramite il loro ministero.*

1472. Vendita di cose future.

Nella vendita [662, 1356-1358, 1476, comma 1, n. 2, 1669, 2645-bis, 2659, comma 1, n. 2, 4, 2668, comma 3, 2817, 2823] che ha per oggetto una cosa futura [1029, 1348, 1938], l'acquisto della proprietà si verifica non appena la cosa viene ad esistenza. Se oggetto della vendita sono gli alberi o i frutti di un fondo, la proprietà si acquista quando gli alberi sono tagliati o i frutti sono separati [820].

Qualora le parti non abbiano voluto concludere un contratto aleatorio [1448, 1467, 1469], la vendita è nulla [1453, 1463], se la cosa non viene ad esistenza [1325 n. 2, 1418, 2645-bis, comma 6, 2655].

Comma 1

♦ Codice europeo dei contratti

Art. 182 Vendita di beni futuri. *1. La vendita di un bene futuro, materiale o immateriale, è ammessa nei limiti previsti dall'art. 2921. [...].*

3. Nel caso previsto dal comma che precede, il venditore che non abbia informato il compratore in buona fede del prevedibile rischio che il bene non venga ad esistenza, è tenuto a risarcirgli il danno che egli subisca nella misura prevista dall'art. 166 comma 3, lett. b)23, e deve comunque risarcirgli il danno subìto se ha garantito l'esistenza presente o futura del bene.

4. Non si ha vendita di un bene futuro nei casi previsti dall'art. 177 comma 4.

Comma 2

♦ Codice europeo dei contratti

Art. 182 Vendita di beni futuri. *[...]. 2. Se il bene non esiste al momento della conclusione del contratto né viene ad esistenza successivamente, e le parti non hanno inteso concludere un contratto aleatorio, la vendita è inefficace e il compratore ha diritto alla restituzione del prezzo pagato come previsto dall'art. 16022.*

1473. Determinazione del prezzo affidata a un terzo.

Le parti possono affidare la determinazione del prezzo a un terzo, eletto nel contratto o da eleggere posteriormente [1349, 1474 comma 3].

Se il terzo non vuole o non può accettare l'incarico, ovvero le parti non si accordano per la sua nomina o per la sua sostituzione, la nomina, su richiesta di una delle parti, è fatta dal presidente del tribunale del luogo in cui è stato concluso il contratto [disp. att. 82, 170].

■ Codice civile del 1865: *Art. 1454. Il prezzo della vendita debb'essere determinato e specificato dalle parti.*

Può per altro rimettersi all'arbitrio di un terzo scelto dalle parti nell'atto della vendita. Può anche pattuirsi che la scelta sia fatta posteriormente d'accordo dalle parti, purché sia espresso nella convenzione che, non concordando le parti, la scelta venga fatta dal pretore o dal conciliatore del luogo del contratto, o del domicilio o della residenza di una delle parti. Se la persona scelta nell'atto non vuole o non può fare la dichiarazione del prezzo, la vendita è nulla.

Si può altresì pattuire, che il prezzo sia quello risultante da una certa e determinata mercuriale.

■ Codice del commercio del 1882: *Art. 60. La vendita commerciale fatta per un prezzo non determinato nel contratto è valida, se le parti hanno convenuto un modo qualunque di determinarlo in appresso.*

La vendita fatta per il giusto prezzo, a prezzo corrente, è pur valida; il prezzo si determina secondo le disposizioni dell'articolo 38.

La determinazione del prezzo può essere rimessa all'arbitrio di un terzo eletto nel contratto o da eleggersi posteriormente.

Se, nei due casi, l'eletto non vuole o non può accettare, le parti devono procedere a nuova nomina.

La nomina è fatta dall'autorità giudiziaria, se le parti non si accordano.

♦ I principi di diritto europeo dei contratti

Art. 6:106: Determinazione ad opera di un terzo. *(1) Quando il prezzo o altra clausola del contratto deve essere determinata ad opera di un terzo, e questi non può o non vuole, si presume che le parti abbiano voluto investire il giudice del potere di nominare un'altra persona che provveda alla determinazione.*

(2) Se il prezzo o altra clausola determinata dal terzo è manifestamente iniqua, in sostituzione sarà adottato un prezzo equo o altra clausola ragionevole.

♦ Codice civile francese

Articolo 1591. *Il prezzo della vendita deve essere determinato e designato dalle parti.*

Articolo 1592. *Può tuttavia essere lasciato alla valutazione di un terzo; se il terzo non vuole o non può fare la valutazione, non c'è vendita.*

1474. Mancanza di determinazione espressa del prezzo.

Se il contratto ha per oggetto cose che il venditore vende abitualmente e le parti non hanno determinato il prezzo [1470], né hanno convenuto il modo di determinarlo, né esso è stabilito per atto della pubblica autorità [1339] [o da norme corporative][1], si presume che le parti abbiano voluto riferirsi al prezzo normalmente praticato dal venditore.

Se si tratta di cose aventi un prezzo di borsa o di mercato, il prezzo si desume dai listini o dalle mercuriali del luogo in cui deve essere eseguita la consegna, o da quelli della piazza più vicina [1515, 1518, 1696, 1735].

Qualora le parti abbiano inteso riferirsi al giusto prezzo, si applicano le disposizioni dei commi precedenti; e quando non ricorrono i casi da essi previsti, il prezzo, in mancanza di accordo, è determinato da un terzo, nominato a norma del secondo comma dell'articolo precedente [1561].

[1] Le norme corporative sono state abrogate a seguito della soppressione dell'ordinamento corporativo avvenuta con R.D.L. 9 agosto 1943, n. 721.

■ Codice del commercio del 1882: *Art. 38. Ogni qualvolta si deve determinare il giusto prezzo o il prezzo corrente delle derrate, delle merci, dei trasporti, dei noli delle navi, dei premii di assicurazione, dei corsi dei cambii, degli effetti pubblici e dei titoli industriali, esso è desunto dalle liste di borsa o dalle mercuriali del luogo di esecuzione del contratto, o, in mancanza, da quelle del luogo più vicino, e da ogni altra fonte di prova.*

Art. 60. La vendita commerciale fatta per un prezzo non determinato nel contratto è valida, se le parti hanno convenuto un modo qualunque di determinarlo in appresso.

La vendita fatta per il giusto prezzo, a prezzo corrente, è pur valida; il prezzo si determina secondo le disposizioni dell'articolo 38.

La determinazione del prezzo può essere rimessa all'arbitrio di un terzo eletto nel contratto o da eleggersi posteriormente.

Se, nei due casi, l'eletto non vuole o non può accettare, le parti devono procedere a nuova nomina.

La nomina è fatta dall'autorità giudiziaria, se le parti non si accordano.

1475. Spese della vendita.

Le spese del contratto di vendita e le altre accessorie sono a carico del compratore, se non è stato pattuito diversamente [1196, 1475, 1479, 1493, 1502, 1510, comma 2, 1539, 1554, 2670].

■ Codice civile del 1865: *Art. 1455. Le spese degli atti e le altre accessorie alla vendita sono a carico del compratore, salve le particolari convenzioni.*

♦ Codice europeo dei contratti

Art. 186 Spese della vendita e della consegna del bene. *1. Salvo patto contrario, sono a carico del compratore le spese relative alla conclusione del contratto. Si intendono fra esse comprese quelle relative alla valutazione economica e all'accertamento delle caratteristiche del bene, alla determinazione del prezzo affidata ad un terzo, alla redazione del contratto, alle obbligazioni fiscali.*

2. Salvo patto contrario, le spese relative al trasporto del bene venduto per la consegna di esso sono a carico del venditore che vi provveda con i propri mezzi; esse sono a carico del compratore che provveda lui stesso al ritiro o se il trasporto venga effettuato da un vettore.

♦ Codice civile francese

Articolo 1593. *Le spese degli atti e gli altri accessori della vendita sono a carico del compratore.*

§ 1

Delle obbligazioni del venditore

● Norme connesse:

- sugli obblighi del venditore nella vendita internazionale di beni mobili, artt. 30 ss. Convenzione di Vienna 11 aprile 1980, ratificata dalla L. 11 dicembre 1985, n. 765.

1476. Obbligazioni principali del venditore.

Le obbligazioni principali del venditore sono:

1) quella di consegnare la cosa al compratore [1177, 1183, 1470, 1472, 1477, 1516, 1527];

2) quella di fargli acquistare la proprietà della cosa o il diritto, se l'acquisto non è effetto immediato del contratto [1285, 1356-1358, 1376, 1377, 1378, 1447, 1453, 1463, 1467, 1472, 1478, 1520, 1523, 2643, 2659, comma 4];

3) quella di garantire il compratore dall'evizione [1483 ss., 1497] e dai vizi della cosa [1374, 1490 ss., 1669].

● Norme connesse:

- art. 12, D.L. 21 marzo 1978, n. 59, convertito in L. 18 maggio 1978, n. 191; art. 7, L. 12 agosto 1993, n. 310 sull'obbligo di comunicazione all'Autorità di P.S. dei trasferimenti di immobili; art. 6 (Attestato di prestazione energetica, rilascio e affissione), D.Lgs. 19 agosto 2005, n. 192, nel testo sostituito dall'art. 6, D.L. 4 giugno 2013, n. 63, convertito in L. 3 agosto 2013, n. 90; art. 72, R.D. 16 marzo 1942, n. 267.

■ Codice civile del 1865: *Art. 1462. Il venditore ha due obbligazioni principali, quella di consegnare e quella di garantire la cosa che vende.*

Art. 1481. La garantia che il venditore deve al compratore ha due oggetti: il primo riguarda il pacifico possesso della cosa venduta; il secondo riguarda i vizi o i difetti occulti della medesima.

Art. 1482. Quantunque nel contratto di vendita non siasi stipulata la garantia, il venditore è tenuto di diritto a garantire il compratore dall'evizione che lo priva di tutto o di parte della cosa venduta, ed altresì dai pesi che si pretendono gravarla e che non furono dichiarati nel contratto.

♦ Codice europeo dei contratti

Art. 187 Obblighi principali. *In relazione al tipo e alla natura del bene, come specificato nelle norme seguenti, gli obblighi di chi offre in vendita e, rispettivamente, di chi vende sono, oltre a quelli indicati in disposizioni particolari e a prescindere da quanto previsto in caso di inadempimento, i seguenti: a) dare preventivamente tutte le necessarie informazioni all'eventuale compratore; b) consegnare al compratore il bene venduto, che deve essere pienamente conforme al contratto, come previsto dalle disposizioni del presente capo, deve possedere tutti i requisiti dovuti, ed essere inoltre accompagnato da tutte le informazioni necessarie per la sua utilizzazione; c) trasmettergliene la proprietà e il possesso; d) garantire il compratore da pretese di terzi sul bene; e) provvedere se del caso alla installazione del bene; f) concedere al compratore una garanzia pluriennale di corretto funzionamento; g) provvedere se del caso alla periodica manutenzione del bene.*

♦ Codice civile francese

Articolo 1602. *Il venditore è tenuto a spiegare chiaramente quello per cui si obbliga. Ogni patto oscuro o ambiguo si interpreta contro il venditore.*

Articolo 1603. *Il venditore ha due obbligazioni principali, quella di consegnare e quella di garantire la cosa che ha venduto.*

1477. Consegna della cosa.

La cosa deve essere consegnata nello stato in cui si trovava al momento della vendita [1177, 1182, 1476].

Salvo diversa volontà delle parti, la cosa deve essere consegnata insieme con gli accessori, le pertinenze [817] e i frutti [820, 821] dal giorno della vendita.

Il venditore deve pure consegnare i titoli e i documenti relativi alla proprietà e all'uso della cosa venduta [1182, 1262, 1527].

■ Codice civile del 1865: *Art. 1470. La cosa deve consegnarsi nello stato in cui si trovava al tempo della vendita.*

Dal giorno della vendita tutti i frutti spettano al compratore.

Art. 1471. L'obbligo di consegnare la cosa comprende quello di consegnare i suoi accessori e tutto ciò che fu destinato al perpetuo uso di essa.

♦ Codice europeo dei contratti

Art. 194 Consegna del bene venduto. *1. Il venditore ha l'obbligo di procedere alla consegna del bene venduto nei termini di cui all'art. 8335, e come previsto dagli artt. 8136 e 8237. Egli deve pertanto compiere tutti gli atti necessari per trasmettere al compratore la proprietà nonché il possesso, se questi già non ce l'ha, del bene medesimo.*

2. Nella vendita su documenti, la consegna deve essere effettuata mettendo a disposizione del compratore il titolo rappresentativo della merce nonché gli altri documenti che sono previsti dal contratto o, in difetto, dagli usi.

♦ Codice civile francese

Articolo 1614. *La cosa deve essere consegnata nello stato in cui si trova al momento della vendita. Da questo giorno, tutti i frutti appartengono all'acquirente.*

Articolo 1615. *L'obbligazione di consegnare la cosa comprende i suoi accessori e tutto quello che è destinato al suo uso perpetuo.*

Articolo 1616. Il venditore è tenuto a consegnare la capacità tale che è riportata nel contratto, sotto le modifiche qui di seguito espresse.

♦ Codice civile tedesco

§ 446 Passaggio del rischio e degli oneri. *Con la consegna della cosa venduta il pericolo di perimento o peggioramento per caso fortuito passa al compratore. Dalla consegna spettano al compratore le utilità sopporta gli oneri del bene. È equiparato alla consegna il caso in cui il compratore è in ritardo nell'accettazione.*

1478. Vendita di cosa altrui.

Se al momento del contratto [1326] la cosa venduta non era di proprietà del venditore [1103, 2659], questi è obbligato a procurarne l'acquisto al compratore [1357, 1358, 1476 n. 2].

Il compratore diventa proprietario nel momento in cui il venditore acquista la proprietà [177, comma 1, lett. a), 1411] dal titolare di essa [1159, 1479, 2817, 2822;disp. att. 171].

■ Codice civile del 1865: *Art. 1459. La vendita della cosa altrui è nulla: essa può dar luogo al risarcimento dei danni, se il compratore ignorava che la cosa era d'altri.*

La nullità stabilita da questo articolo non si può mai opporre dal venditore.

■ Codice del commercio del 1882: *Art. 59. La vendita commerciale della cosa altrui è valida. Essa obbliga il venditore a farne l'acquisto e la consegna al compratore sotta pena del risarcimento dei danni.*

♦ Codice europeo dei contratti

Art. 183 Vendita di beni altrui. *1. La vendita di un bene altrui è valida, e fa sorgere a carico del venditore l'obbligo di procurarne al compratore la proprietà e il possesso.*

2. Se non si tratta di derrate o di merci, o più in generale di beni fungibili, ma di un bene che ha una sua specifica individualità e il venditore non è stato incaricato dal proprietario di venderlo come rappresentante o commissionario, né ha su di esso un diritto di prelazione, egli deve prima della conclusione del contratto informare la controparte che il bene non gli appartiene. In difetto di ciò, conclusa la vendita, il compratore che ne venga a conoscenza può entro un termine ragionevole recedere dal contratto, comunicandolo per iscritto al venditore, il quale sarà tenuto al risarcimento del danno volto ad assicurare al compratore, a sua scelta, il soddisfacimento dell'interesse positivo o negativo, quali indicati nell'art. 166 comma 324.

3. Se il venditore prima di divenire proprietario del bene altrui ne fa la consegna al compratore, questi se è in buona fede ne acquista la proprietà e il possesso come previsto dall'art. 46 comma 225.

♦ Codice civile francese

Articolo 1599. *La vendita di cosa altrui è nulla; essa può dare luogo al risarcimento dei danni quando il compratore ha ignorato che la cosa fu di altri.*

1479. Buona fede del compratore.

Il compratore può chiedere la risoluzione del contratto [1223, 1229, 1453], se, quando l'ha concluso, ignorava che la cosa non era di proprietà del venditore [1103, 1192], e se frattanto il venditore non gliene ha fatto acquistare la proprietà [1478, 1480, 1488, 1489].

Salvo il disposto dell'articolo 1223 [1483], il venditore è tenuto a restituire all'acquirente il prezzo pagato anche se la cosa è diminuita di valore o è deteriorata; deve inoltre rimborsargli le spese e i pagamenti legittimamente fatti per il contratto [1475, 1493]. Se la diminuzione di valore o il deterioramento derivano da un fatto del compratore, dall'ammontare suddetto si deve detrarre l'utile che il compratore ne ha ricavato.

Il venditore è inoltre tenuto a rimborsare al compratore le spese necessarie e utili fatte per la cosa, e se era in mala fede, anche quelle voluttuarie [1150, 1482, 1483, 1488; disp. att. 171].

● Norme connesse:

- sulla vendita internazionale di beni mobili, Convenzione dell'Aja del 1° luglio 1964 (ratificata con L. 21 giugno 1971, n. 816).

■ Codice civile del 1865: *Art. 1459. La vendita della cosa altrui è nulla: essa può dar luogo al risarcimento dei danni, se il compratore ignorava che la cosa era d'altri.*

La nullità stabilita da questo articolo non si può mai opporre dal venditore.

1480. Vendita di cosa parzialmente di altri.

Se la cosa che il compratore riteneva di proprietà del venditore era solo in parte di proprietà altrui [1314,

1479, 1484, 1488, 1489], il compratore può chiedere la risoluzione del contratto [1453] e il risarcimento del danno a norma dell'articolo precedente, quando deve ritenersi, secondo le circostanze, che non avrebbe acquistato la cosa senza quella parte di cui non è divenuto proprietario [1419, 1484]; altrimenti può solo ottenere una riduzione del prezzo, oltre al risarcimento del danno [1223, 1478, 1484, 1488, 1489; disp. att. 171].

1481. Pericolo di rivendica.

Il compratore può sospendere il pagamento del prezzo [1498], quando ha ragione di temere che la cosa o una parte di essa possa essere rivendicata [948] da terzi, salvo che il venditore presti idonea garanzia [1460, 1488, 1489].

Il pagamento non può essere sospeso se il pericolo era noto al compratore al tempo della vendita [1460, comma 2, 1489 comma 2].

■ Codice civile del 1865: *Art. 1510. Il compratore, se è o ha ragione di temere di essere molestato con un'azione ipotecaria o rivendicatrici, può sospendere il pagamento del prezzo fino a che il venditore abbia fatto cessare le molestie, sempreché questi non prescelga di dar cauzione, o non siasi convenuto che il compratore pagherà non ostante qualunque molestia.*

1482. Cosa gravata da garanzie reali o da altri vincoli.

Il compratore può altresì sospendere il pagamento del prezzo [1498], se la cosa venduta risulta gravata da garanzie reali [2784, 2808] o da vincoli derivanti da pignoramento [c.p.c. 492] o da sequestro [c.p.c. 671], non dichiarati dal venditore e dal compratore stesso ignorati [1460].

Egli può inoltre far fissare dal giudice un termine [1454], alla scadenza del quale, se la cosa non è liberata, il contratto è risoluto con obbligo del venditore di risarcire il danno ai sensi dell'articolo 1479.

Se l'esistenza delle garanzie reali o dei vincoli sopra indicati era nota al compratore, questi non può chiedere la risoluzione del contratto, e il venditore è tenuto verso di lui solo per il caso di evizione [1483, 1488, 2866].

■ Codice civile del 1865: *Art. 1510. Il compratore, se è o ha ragione di temere di essere molestato con un'azione ipotecaria o rivendicatrici, può sospendere il pagamento del prezzo fino a che il venditore abbia fatto cessare le molestie, sempreché questi non prescelga di dar cauzione, o non siasi convenuto che il compratore pagherà non ostante qualunque molestia.*

♦ Codice civile francese

Articolo 1653. *Se il compratore è disturbato o ha motivo di temere di essere disturbato da una azione, sia ipotecaria sia di rivendicazione, può sospendere il pagamento del prezzo fino a quando il venditore abbia fatto cessare il disturbo, se non preferisce dare garanzia, o a meno che non sia stato stipulato che, nonostante il disturbo, l'acquirente pagherà.*

1483. Evizione totale della cosa.

Se il compratore [797, 1197 comma 2, 1476, comma 1, n. 3, 1553, 2254, 2921, 2927] subisce l'evizione totale della cosa per effetto di diritti che un terzo ha fatti valere su di essa [758, 759], il venditore è tenuto a risarcirlo del danno [1223] a norma dell'articolo 1479 [1453, 1482, 1488, 1489, 1862].

Egli deve inoltre corrispondere al compratore il valore dei frutti che questi sia tenuto a restituire a colui dal quale è evitto, le spese che egli abbia fatte per la denunzia della lite [1485] e quelle che abbia dovuto rimborsare all'attore [1225, 1475, 1484, 1486, 2921, comma 2].

■ Codice civile del 1865: *Art. 1486. Se fu promessa la garantìa o nulla fu stipulato su tale oggetto, il compratore che ha sofferta l'evizione, ha di ritto di domandare al venditore:*

1° La restituzione del prezzo;

2° Quella dè frutti, quando sia obbligato di restituirli al proprietario, che ha rivendicato la cosa;

3° Le spese fatte in conseguenze, della denunzia della lite al suo autore, e quelle fatte dall'autore principale;

4° Finalmente il risarcimento dei danni, come pure le spese ed i legittimi pagamenti fatti pel contratto.

Art. 1487. Se quando si verifica l'evizione, la cosa venduta si trova diminuita di valore o notabilmente deteriorata, tanto per negligenza del compratore, quanto per forza maggiore, il venditore è ugualmente tenuto a restituire l'intero prezzo.

Art. 1488. Se però il compratore ha ricavato un utile dai deterioramenti da esso fatti, il venditore ha diritto di ritenere sul prezzo una somma corrispondente all'utile anzidetto.

Art. 1489. Se la cosa venduta fosse aumentata di prezzo al tempo dell'evizione, anche indipendentemente dal fatto del compratore, il venditore è tenuto a pagargli ciò che supera il prezzo dell; vendita.

Art. 1490. Il venditore è tenuto a rimborsare il compratore o a farlo rimborsare da chi ha rivendicato il fondo, di tutte le riparazioni o di tutti i miglioramonti utili cho vi avrà fatti.

Art. 1491. Il venditore, se ha venduto in mala fede il fondo altrui, è tenuto a rimborsare il compratore di tutte le spese. anche voluttuarie, che questi avesse fatte sul fondo.

♦ Codice civile francese

Articolo 1630. *Quando la garanzia è stata promessa, o quando non è stato stipulato niente su questo soggetto, se l'acquirente è evinto, egli ha diritto di richiedere contro il venditore: 1° la restituzione del prezzo; 2° quella dei frutti, quando è obbligato a renderli al proprietario che lo evince; 3° le spese fatte sulla domanda di garanzia del compratore, e quelle fatte dall'attore originario; 4° infine il risarcimento del danno, così come le spese contrattuali.*

1484. Evizione parziale.

In caso di evizione parziale della cosa, si osservano le disposizioni dell'articolo 1480 e quella del secondo comma dell'articolo precedente [1553, 2921].

■ Codice civile del 1865: *Art. 1492. Il compratore, se ha sofferta l'evizione di una parte della cosa, e questa parte è relativamente al tutto di tale entità che non avrebbe comprato il tutto senza la parte colpita dall'evizione, può fare sciogliere il contratto di vendita.*

Art. 1493. Se nel caso di evizione di una parte del fondo venduto non si è sciolta la vendita, il compratore sarà rimborsalo dal venditore del valore della parte colpita dall'evizione secondo la stima al tempo dell'evizione, e non in proporzione del prezzo totale della vendita, tanto se la cosa venduta sia aumentata, quanto se sia diminuita di valore.

Art. 1494. Se il fondo venduto è gravato di servitù non apparenti, senza che se ne sia fatta dichiarazione, e queste sono di tale entità da far presumere che il compratore, ove ne fosse stato avvertito, non lo avrebbe comprato, egli può domandare lo scioglimento del contratto, quando non prescelga di contentarsi di un'indennità.

Art. 1495. Le altre questioni che possono nascere pel risarcimento dei danni dovuti al compratore per l'inesecuzione della vendita, debbono essere decise secondo le regole generali stabilite nel titolo Delle obbligazioni e dei contratti in genere.

♦ Codice civile francese

Articolo 1636 *Se il compratore non è evitto che di una parte della cosa, e che essa sia di tale conseguenza, che l'acquirente non avrebbe comprato senza la parte di cui è stato evitto, egli può fare annullare la vendita.*

1485. Chiamata in causa del venditore.

Il compratore convenuto da un terzo che pretende di avere diritti sulla cosa venduta, deve chiamare in causa il venditore [1269, 1483; c.p.c. 106]. Qualora non lo faccia e sia condannato con sentenza passata in giudicato [c.p.c. 324], perde il diritto alla garanzia, se il venditore prova che esistevano ragioni sufficienti per far respingere la domanda.

Il compratore che ha spontaneamente riconosciuto il diritto del terzo perde il diritto alla garanzia, se non prova che non esistevano ragioni sufficienti per impedire l'evizione [1489].

■ Codice civile del 1865: *Art. 1497. La garantìa per causa di evizione cessa quando il compratore si è lasciato condannare con una sentenza passata in giudicato, senza chiamare in giudizio il venditore, se questi prova che vi erano sufficienti motivi per fare respingere la domanda.*

1486. Responsabilità limitata del venditore.

Se il compratore ha evitato l'evizione della cosa mediante il pagamento di una somma di denaro, il venditore può liberarsi da tutte le conseguenze della garanzia col rimborso della somma pagata, degli interessi e di tutte le spese [1483, 1488, 1489, 2866].

■ Codice civile del 1865: *Art. 1496. Quando il compratore ha evitato l'evizione del fondo, mediante il pagamento di una somma di danaro, il venditore può liberarsi da tutte le conseguenze della garantia, rimborsandolo della somma pagata, degli interessi e di tutte le spese.*

1487. Modificazione o esclusione convenzionale della garanzia.

I contraenti possono aumentare [1382] o diminuire [1229] gli effetti della garanzia e possono altresì pattuire che il venditore non sia soggetto a garanzia alcuna [1488].

Quantunque sia pattuita l'esclusione della garanzia [788], il venditore è sempre tenuto per l'evizione derivante da un fatto suo proprio. È nullo ogni patto contrario [1229, 1266, 1375, 1476, 1489].

■ Codice civile del 1865: *Art. 1483. I contraenti possono con patti particolari accrescere o diminuire L'effetto di questa obbligazione di diritto, e pattuire altresì che il venditore non sarà soggetto ad alcuna garantia .*

Art. 1484. Quantunque siasi pattuito che il venditore non sarà soggetto ad alcuna garantia, ciò non ostante egli resterà obbligato a quella che risulta da un fatto suo proprio. Qualunque convenzione in contrario è nulla.

1488. Effetti dell'esclusione della garanzia.

Quando è esclusa la garanzia [1229], non si applicano le disposizioni degli articoli 1479 e 1480; se si verifica l'evizione, il compratore può pretendere dal venditore soltanto la restituzione del prezzo pagato e il rimborso delle spese.

Il venditore è esente [1229, 1487, comma 2] anche da quest'obbligo quando la vendita è stata convenuta a rischio e pericolo del compratore [1448, comma 4, 1469, 1489, 1490].

■ Codice civile del 1865: *Art. 1485. Nello stesso caso di stipulata esclusione della garantia, il venditore, accadendo l'evizione, è tenuto alla restituzione del prezzo, eccetto che il compratore fosse consapevole del pericolo dell'evizione all'atto della vendita o avesse comprato a suo rischio e pericolo.*

1489. Cosa gravata da oneri o da diritti di godimento di terzi.

Se la cosa venduta è gravata da oneri o da diritti reali [1027] o personali [1599, 1600] non apparenti che ne diminuiscono il libero godimento e non sono stati dichiarati nel contratto [1479], il compratore che non ne abbia avuto conoscenza può domandare la risoluzione del contratto [1453] oppure una riduzione del prezzo secondo la disposizione dell'articolo 1480.

Si osservano inoltre, in quanto applicabili, le disposizioni degli articoli 1481, 1485, 1486, 1487 e 1488.

1490. Garanzia per i vizi della cosa venduta.

Il venditore [1197, 1476, comma 1, n. 3, 2254] è tenuto a garantire che la cosa venduta sia immune da vizi [1491] che la rendano inidonea all'uso a cui è destinata o ne diminuiscano in modo apprezzabile il valore [1491, 1495, 1512, 1578, 1667, 1698, 2226, 2922].

Il patto con cui si esclude o si limita la garanzia non ha effetto, se il venditore ha in mala fede taciuto al compratore i vizi della cosa [1229, 1488, 1491, 1492, 1579, 1812].

● Norme connesse:

- sul regime delle garanzie nella vendita dei beni mobili di consumo, artt. 128-135, D.Lgs. 6 settembre 2005, n. 206; artt. 16 ss. D.Lgs. 31 marzo 1998, n. 114 (Riforma del commercio).

- sulla conformità dei beni venduti nella vendita internazionale di beni mobili, artt. 35 ss. Convenzione di Vienna 11 aprile 1980, ratificata dalla L. 11 dicembre 1985, n. 765.

■ Codice civile del 1865: *Art. 1498. Il venditore è tenuto a garantire la cosa venduta dai vizi o difetti occulti che la rendono non atta all'uso cui è destinata, o che ne diminuiscono l'uso in modo che se il compratore gli avesse conosciuti, o non l'avrebbe comprata o avrebbe offerto un prezzo minore.*

♦ Codice civile francese

Articolo 1641. *Il venditore è tenuto alla garanzia per i difetti nascosti della cosa venduta che la rendono impropria all'uso a cui è destinata, o che diminuiscono talmente questo uso che il compratore non l'avrebbe acquisita o non avrebbe dato che il minor prezzo, se li avesse conosciuti.*

♦ Codice civile tedesco

§434 Vizio materiale. *(1) La cosa è libera da vizi materiali se, al momento del trasferimento del rischio, ha la qualità concordata. Se la qualità non è concordata la cosa è libera da vizi materiali: 1. quando è idonea all'uso stabilito nel contratto; 2. quando è idonea all'uso abituale ed ha la qualità usuale per cose analoghe e che il compratore può attendersi in base al tipo di cosa. Fanno parte della qualità di cui al periodo 2 n. 2 anche le peculiarità che il compratore può attendersi sulla base delle dichiarazioni su particolari caratteristiche della cosa rese pubblicamente dal venditore, dal produttore (§4 e commi 1 e 2 della legge sulla responsabilità del prodotto difetto dal suo ausiliario, specialmente nella pubblicità o sull'etichetta, a meno che il venditore non conosceva o non era obbligato a conoscere la dichiarazione; che al momento della stipula del contratto la dichiarazione non è stata rettificata in forma equivalente o non poteva incidere sulla decisione in merito all'acquisto. (2) Un vizio materiale sussiste anche quando l'installazione pattuita sia stata eseguita in modo improprio dal venditore o dal suo ausiliario. Per una cosa su cui è previsto il montaggio, il vizio materiale sussiste anche quando le istruzioni di montaggio sono difettose salvo che lo stesso montaggio non sia eseguito correttamente. (3) È equiparato ad un vizio materiale il caso in cui il venditore da una cosa diversa o una quantità inferiore.*

§ 435 Vizio giuridico. *La cosa è senza vizi giuridici se terzi riguardo ad essa non possono far valere diritti nei confronti del compratore o possono far valore solo quelli accettati nel contratto di vendita. Equivale a vizio giuridico il caso in cui è trascritto nel libro fondiario un diritto inesistente.*

§ 444 Esclusione di responsabilità. *Il venditore non può far valere un accordo con cui sono esclusi o limitati i diritti del compratore per vizi se egli ha taciuto dolosamente il vizio o ha assunto una garanzia per la qualità della cosa.*

1491. Esclusione della garanzia.

Non è dovuta la garanzia [1490] se al momento del contratto il compratore conosceva i vizi della cosa; parimenti non è dovuta, se i vizi erano facilmente riconoscibili, salvo, in questo caso, che il venditore abbia dichiarato che la cosa era esente da vizi [1511, 1578, 1579].

● Norme connesse:

- art. 129, D.Lgs. 6 settembre 2005, n. 206.

■ Codice civile del 1865: *Art. 1499. Il venditore non è obbligato pei vizi apparenti, e che il compratore avrebbe potuto da se stesso conoscere.*

♦ Codice civile francese

Articolo 1642. *Il venditore non è tenuto ai vizi apparenti che il compratore ha potuto lui stesso appurare.*

♦ Codice civile tedesco

§442 Conoscenza del compratore. *(1) I diritti del compratore per un vizio della cosa sono esclusi se lo conosceva al momento della conclusione del contratto. Se il compratore non ha riconosciuto un vizio per colpa grave, può far valere i diritti solo per questo vizio se il venditore lo ha taciuto dolosamente o ha assunto una garanzia per la qualità della cosa. (2) Un diritto trascritto nel libro fondiario deve essere rimosse dal venditore anche se il compratore lo conosce.*

1492. Effetti della garanzia.

Nei casi indicati dall'articolo 1490 il compratore può domandare a sua scelta la risoluzione del contratto [1453 ss.] ovvero la riduzione del prezzo [1668], salvo che, per determinati vizi, gli usi escludano la risoluzione.

La scelta è irrevocabile quando è fatta con la domanda giudiziale [1286, 1453].

Se la cosa consegnata è perita in conseguenza dei vizi, il compratore ha diritto alla risoluzione del contratto; se invece è perita per caso fortuito o per colpa del compratore, o se questi l'ha alienata o trasformata, egli non può domandare che la riduzione del prezzo.

● Norme connesse:

- art. 130, D.Lgs. 6 settembre 2005, n. 206.

- comma 3: v. art. 2943, comma 4, c.c.

■ Codice civile del 1865: *Art. 1501. Il compratore nei casi indicati negli articoli 1498 e 1500 ha la scelta di rendere la cosa e farsi restituire il prezzo, o di ritenerla e di farsi restituire quella parte di prezzo, che sarà determinata dall'autorità giudiziaria.*

Art. 1504. Se la cosa che era difettosa, è perita in conseguenza dei suoi difetti, il perimento sta a carico del venditore, il quale è tenuto verso il compratore alla restituzione del prezzo, ed alle altre indennità indicate nei due articoli precedenti.

È però a carico del compratore il perimento derivante da caso fortuito.

♦ Codice civile francese

Articolo 1644. *Nel caso degli articoli 1641 e 1643 il compratore ha la scelta di rendere la cosa e di farsi restituire il prezzo o di trattenere la cosa e di farsi rendere una parte del prezzo come sarà valutato da esperti.*

♦ Codice civile tedesco

§ 437 Diritti del compratore in caso di vizi. *Se la cosa è colpita da vizi, il compratore, se ricorrono i presupposti delle disposizioni seguenti e se non è stabilito diversamente, può: J. richiedere l'adempimento successivo in base al § 439; 2. recedere dal contratto in base ai §§ 440, 323, 326 comma 5 o ridurre il prezzo di acquisto in base al §442 ; 3. pretendere il risarcimento del danno in base ai §§ 440, 280, 281, 283 e 311 a o chiedere il rimborso delle spese inutilmente sostenute in base al § 284.*

§ 439 Adempimento successivo. *(1) A titolo di adempimento successivo il compratore può richiedere, a sua scelta, l'eliminazione del vizio o la consegna del bene libero da vizi. (2) Il venditore deve sostenere le spese necessarie all'adempimento successivo, in particolare i costi di trasporto, di pedaggio nonché i costi del lavoro e dei materiali. (3) Fatta salva l'applicazione del § 275 comma 2 e 3, il venditore può rifiutare l'adempimento successivo richiesto dal compratore solo laddove questo è realizzabile a costi sproporzionati. In tal caso si deve tenere conto del valore del bene in condizione privo di vizi, della rilevanza del vizio e della possibilità di ricorrere all'altro tipo di adempimento successivo senza svantaggi per il compratore. In tal caso la pretesa del compratore si limita all'altro tipo di adempimento supplementare; è salvo il diritto del venditore di rifiutare anche questo tipo di adempimento se sussistono i presupposti del periodo 1. (4) Se al fine dell'adempimento successivo, il venditore consegna una cosa priva di vizi, può pretendere dal compratore, a norma dei §§ da 346 a 348, la restituzione della cosa colpita da vizi.*

1493. Effetti della risoluzione del contratto.

In caso di risoluzione del contratto il venditore deve restituire il prezzo e rimborsare al compratore le spese e i pagamenti legittimamente fatti per la vendita [1475, 1479].

Il compratore deve restituire la cosa, se questa non è perita in conseguenza dei vizi.

1494. Risarcimento del danno.

In ogni caso il venditore è tenuto verso il compratore al risarcimento del danno [1223], se non prova di avere ignorato senza colpa i vizi della cosa [1578, 1812, 1821].

Il venditore deve altresì risarcire al compratore i danni derivati dai vizi della cosa [1578, comma 2, 1812, 1821].

● Norme connesse:

- art. 123, D.Lgs. 6 settembre 2005, n. 206; artt. 42 ss. D.Lgs. 23 maggio 2011, n. 79 (Codice del Turismo), nel testo modificato dal D.Lgs. 21 maggio 2018, n. 62.

■ Codice civile del 1865: *Art. 1502. Se il venditore conosceva i vizi della cosa venduta, è tenuto, oltre alla restituzione del prezzo ricevuto, al risarcimento dei danni verso il compratore.*

Art. 1503. Se il venditore ignorava i vizi della cosa, non è tenuto che alla restituzione del prezzo, e a rimborsare il compratore delle spese fatte per causa della vendita.

♦ Codice civile francese

Articolo 1645 *Se il venditore conosceva i vizi della cosa egli è tenuto, oltre alla restituzione del prezzo che ha ricevuto, al risarcimento dei danni verso il compratore.*

1495. Termini e condizioni per l'azione.

Il compratore decade dal diritto alla garanzia [2964], se non denunzia i vizi al venditore entro otto giorni dalla scoperta [1511], salvo il diverso termine stabilito dalle parti [2965] o dalla legge [1490, 1511, 1512, 1522, 1745, comma 1].

La denunzia non è necessaria se il venditore ha riconosciuto l'esistenza del vizio o l'ha occultato [2964].

L'azione si prescrive [1497], in ogni caso, in un anno dalla consegna; ma il compratore, che sia convenuto per l'esecuzione del contratto, può sempre far valere la garanzia [1442, 1449], purché il vizio della cosa sia stato denunziato entro otto giorni dalla scoperta e prima del decorso dell'anno dalla consegna [1497, 1522, 1667; disp. att. 172].

● Norme connesse:

- art. 132, D.Lgs. 6 settembre 2005, n. 206, in tema di prescrizione nella vendita dei beni di consumo.

■ Codice civile del 1865: *Art. 1505. L'azione redibitoria che proviene dai vizi della cosa deve proporsi al compratore, se si tratta d'immobili, entro un anno dalla consegna.*

Se si tratta di animali, deve proporsi fra i quaranta giorni, e se d'altri effetti mobili, fra tre mesi dalla consegna, salvo che da usi particolari siano stabiliti maggiori o minori termini.

L'azione redibitoria nelle vendite di animali non ha luogo che per i vizi determinati dalla legge o da usi locali.

♦ Codice civile francese

Articolo 1648. *L'azione che risulta dai vizi redibitori deve essere intentata dall'acquirente, in un termine di due anni a partire dalla scoperta del vizio. Nel caso previsto dall'articolo 1642.1 l'azione deve essere introdotta, a pena di decadenza, nell'anno che segue la data in cui il venditore può essere esonerato dei vizi apparenti.*

♦ Codice civile tedesco

§ 438 Prescrizione delle pretese per vizi. *(1) Le pretese previste al § 437 n. 1 e 3 si prescrivono 1. in 30 anni se il vizio consiste a) in un diritto reale di un terzo su cui può essere pretesa la restituzione del bene comprato o b) in un altro diritto iscritto nel libro fondiario 2. in cinque anni a) nel caso di opera edile e b) per un bene che corrispondente all'uso abituale è stata impiegata in un'opera edile e ne ha causato i vizi 3. per il resto in due anni. (2) La prescrizione decorre per gli immobili dalla consegna, per il resto dalla consegna della cosa. (3) In deroga a quanto previsto dal comma 1 n.2 e 3 e dal comma 2, le pretese si prescrivono nel termine ordinari, quando il venditore ha taciuto dolosamente il vizio. Nel caso di cui al comma 1 n. 2 la prescrizione non avviene prima del decorso del termine che vi è indicato. (4) Per il diritto di recesso previsto al § 437 vale il § 218. Il compratore, nonostante una inefficacia del recesso ai sensi del § 218 comma 1, può rifiutare il pagamento del prezzo nella misura in cui ne avrebbe avuto diritto in base al recesso. Se egli utilizza questo diritto il venditore può recedere dal contratto. (5) Sul diritto di riduzione del prezzo previsto al § 437 trovano corrispondente applicazione il § 218 e il comma 4, periodo 2.*

1496. Vendita di animali.

Nella vendita di animali la garanzia per i vizi è regolata dalle leggi speciali o, in mancanza, dagli usi locali. Se neppure questi dispongono si osservano le norme che precedono [1490 ss.].

■ Codice civile del 1865: *Art. 1505. L'azione redibitoria che proviene dai vizi della cosa deve proporsi al compratore, se si tratta d'immobili, entro un anno dalla consegna.*

Se si tratta di animali, deve proporsi fra i quaranta giorni, e se d'altri effetti mobili, fra tre mesi dalla consegna, salvo che da usi particolari siano stabiliti maggiori o minori termini.

L'azione redibitoria nelle vendite di animali non ha luogo che per i vizi determinati dalla legge o da usi locali.

1497. Mancanza di qualità.

Quando la cosa venduta non ha le qualità promesse ovvero quelle essenziali per l'uso a cui è destinata, il compratore ha diritto di ottenere la risoluzione del contratto secondo le disposizioni generali sulla risoluzione per l'inadempimento [1453 ss.], purché il difetto di qualità ecceda i limiti di tolleranza stabiliti dagli usi [1429, comma 1, n. 2].

Tuttavia il diritto di ottenere la risoluzione è soggetto alla decadenza e alla prescrizione stabilite dall'articolo 1495 [2964;disp. att. 172].

♦ Codice civile francese

Articolo 1647. *Se la cosa che aveva i vizi è perita in seguito alla cattiva qualità, la perdita è a carico del venditore che sarà tenuto verso il compratore alla restituzione del prezzo, ed agli altri rimborsi spiegati nei due articoli precedenti. Ma la perdita verificatasi per caso fortuito sarà a carico del compratore.*

§ 2

Delle obbligazioni del compratore

● Norme connesse:

- sugli obblighi del compratore nella vendita internazionale di beni mobili, artt. 53 ss. Convenzione di Vienna 11 aprile 1980, ratificata con L. 11 dicembre 1985, n. 765.

1498. Pagamento del prezzo.

Il compratore è tenuto a pagare il prezzo [1470, 1481, 1482, 1515] nel termine [1184] e nel luogo fissati dal contratto [2817 n. 1; L. fall. 72, 73].

In mancanza di pattuizione e salvi gli usi diversi, il pagamento deve avvenire al momento della consegna e nel luogo [1510] dove questa si esegue [1477, 1528].

Se il prezzo non si deve pagare al momento della consegna [1499], il pagamento si fa al domicilio [43] del venditore [1182].

● Norme connesse:

- comma 1: D.Lgs. 6 settembre 2005, n. 206; art. 1, comma 63, lett. c), L. 27 dicembre 2013, n. 147, che dispone: *Il notaio o altro pubblico ufficiale è tenuto a versare su apposito conto corrente dedicato: [...]. c) l'intero prezzo o corrispettivo, ovvero il saldo degli stessi, se determinato in denaro, oltre alle somme destinate ad estinzione di gravami o spese non pagate o di altri oneri dovuti in occasione del ricevimento o dell'autenticazione di atti di trasferimento della proprietà o di trasferimento, costituzione o estinzione di altro diritto reale su immobili o aziende, se in tal senso richiesto da almeno una delle parti e conformemente all'incarico espressamente conferito; nei casi previsti dalla presente lettera, il notaio deve ricusare il suo ministero se le parti non depositano, antecedentemente o contestualmente alla sottoscrizione dell'atto, l'importo dei tributi, degli onorari e delle altre spese dell'atto, salvo che si tratti di persone ammesse al beneficio del gratuito patrocinio.*

- artt. 72-73, R.D. 16 marzo 1942, n. 267.

■ Codice civile del 1865: *Art. 1507. L'obbligazione principale del compratore è di pagare il prezzo nel giorno e nel luogo determinati nel contratto di vendita.*

Art. 1508. Quando nel contratto non si è stabilito nulla in proposito, il compratore deve pagare nel luogo e nel tempo in cui deve farsi la tradizione.

♦ Codice civile francese

Articolo 1650. *La principale obbligazione del compratore è di pagare il prezzo il giorno e nel luogo regolati dalla vendita.*

Articolo 1651. *Se non è stato regolato niente a questo proposito al momento della vendita, il compratore deve pagare nel luogo e nel tempo in cui deve fare la consegna.*

1499. Interessi compensativi sul prezzo.

Salvo diversa pattuizione, qualora la cosa venduta e consegnata al compratore produca frutti o altri proventi [1477, comma 2], decorrono gli interessi sul prezzo, anche se questo non è ancora esigibile [1224, 1282, 1477].

■ Codice civile del 1865: *Art. 1509. In mancanza di convenzione speciale, il compratore è tenuto agli interessi sino al giorno del pagamento del prezzo, ancorché non sia in mora, se la cosa venduta e consegnata produce frutti od altri proventi.*

§ 3

Del riscatto convenzionale

1500. Patto di riscatto.

Il venditore può riservarsi il diritto [1197, 1331, 1406, 15101, 1503, 2653 n. 3] di riavere la proprietà della cosa venduta mediante la restituzione del prezzo e i rimborsi stabiliti dalle disposizioni che seguono [686, 1356-1359, 1502 ss., 1604, 1963, 2744; disp. att. 173].

Il patto di restituire un prezzo superiore a quello stipulato per la vendita è nullo per l'eccedenza [1419, 1548, 2659].

■ Codice civile del 1865: *Art. 1515. Il riscatto convenzionale è un patto, per cui il venditore si riserva di riprendere la cosa venduta, mediante la restituzione del prezzo capitale ed il rimborso di cui si tratta nell'articolo 1528.*

♦ Codice europeo dei contratti

Art. 213. Vendita con patto di riscatto. *1. Al momento della conclusione del contratto il venditore può riservarsi il diritto di recuperare la proprietà del bene venduto, entro un termine convenuto che non può superare i tre anni, verso restituzione al compratore del prezzo ricevuto, se del caso maggiorato per l'eventuale aumento di valore del bene stesso, sia per le spese utili sostenute dal compratore, sia per l'intervenuta svalutazione della moneta ai sensi dell'art. 86 comma 394.*

2. Il compratore è obbligato a restituire il bene entro un mese dalla richiesta del venditore che sia pronto a versargli la somma dovutagli, e pertanto salvo quanto previsto dall'art. 108 comma 195. Se il compratore non è più in possesso del bene e non può recuperarlo, o se esso risulta deteriorato a causa di un uso negligente, il venditore ha diritto al risarcimento dei danni ai sensi dell'art. 166 comma 3, lett. a).

♦ Codice civile francese

Articolo 1658. *Indipendentemente dalle cause di nullità o di risoluzione già spiegate in questo titolo e di quelle che sono*

CODICE CIVILE

comuni a tutte le convenzioni, il contratto di vendita può essere risolto per l'esercizio della facoltà di riscatto e per il prezzo vile.

Articolo 1659. *La facoltà di riscatto è un patto con cui il venditore si riserva di riprendere il bene venduto, con la restituzione del prezzo principale e il rimborso di cui è detto all'articolo 1673.*

1501. Termini.

Il termine [2964] per il riscatto [1500, 1604] non può essere maggiore di due anni nella vendita di beni mobili [1502, 1510 ss.] e di cinque anni in quella di beni immobili [732, 1537]. Se le parti stabiliscono un termine maggiore, esso si riduce a quello legale [1374, 1419, 2964;disp. att. 173].

Il termine stabilito dalla legge è perentorio e non si può prorogare.

■ Codice civile del 1865: *Art. 1516. Il diritto di riscatto non può stipularsi per un tempo maggiore di cinque anni.*

Quando fosse stipulato per un tempo maggiore, si riduce al termine anzidetto.

Art. 1517. Il termine fissato, è perentorio, e non può essere prorogato.

Art. 1518. Non promovendo il venditore l'azione di riscatto nel termine convenuto, il compratore rimane proprietario irrevocabile.

Art. 1519. Il termine decorre contro qualunque persona, ancorché minore di età, salvo il regresso contro chi di ragione.

♦ Codice civile francese

Articolo 1660. *La facoltà di riscatto non può essere stipulata per un termine che eccede i cinque anni. Se è stata stipulata per un termine più lungo, è ridotta a questo termine.*

Articolo 1661. *Il termine fissato è di rigore e non può essere prolungato dal giudice.*

1502. Obblighi del riscattante.

Il venditore che esercita il diritto di riscatto [732] è tenuto a rimborsare al compratore il prezzo, le spese e ogni altro pagamento legittimamente fatto per la vendita [1475], le spese per le riparazioni necessarie e nei limiti dell'aumento, quelle che hanno aumentato il valore della cosa [1150, 1500].

Fino al rimborso delle spese necessarie e utili, il compratore ha diritto di ritenere la cosa [748, comma 4, 975 comma 2, 1006, 1011]. Il giudice tuttavia, per il rimborso delle spese utili, può accordare una dilazione disponendo, se occorrono, le opportune cautele [1151, 1179].

■ Codice civile del 1865: *Art. 1528. Il venditore che fa uso del patto di riscatto deve rimborsare il compratore non solo del prezzo capitale, ma anche delle spese e di qualunque altro legittimo pagamento fatto per la vendita, per le riparazioni necessarie, e per quelle altresì che hanno aumentato il valore del fondo, sino all'importare dell'aumento. Egli non può rientrare in possesso se non dopo aver soddisfatto a tutte queste obbligazioni.*

Il venditore che rientra in possesso del fondo in forza del patto di riscatto, lo riprende esente da tutti i pesi e da tutte le ipoteche di cui il compratore lo avesse gravato: è però tenuto a mantenere le locazioni fatte senza frode dal compratore, purché siano convenute per un tempo non maggiore di un triennio.

♦ Codice civile francese

Articolo 1673. *Il venditore che usa il patto di riscatto deve rimborsare non solo il prezzo principale ma anche le spese contrattuali della vendita, le riparazioni necessarie, e quelle che hanno aumentato il valore del fondo, fino a concorrenza di questo aumento. Non può entrarne in possesso che dopo aver soddisfatto tutte queste obbligazioni. Quando il venditore rientra nella sua proprietà per l'effetto del patto di riscatto, egli la riprende, esente di tutti gli oneri ed ipoteche di cui l'acquirente sarebbe gravato, a condizione che questo patto sia stato regolarmente pubblicato nell'ufficio delle ipoteche, precedentemente alla pubblicazione di detti oneri ed ipoteche. È tenuto ad adempiere gli affitti fatti senza frode dall'acquirente.*

1503. Esercizio del riscatto.

Il venditore decade dal diritto di riscatto, se entro il termine fissato [1501, 2964] non comunica al compratore [1504, 1509] la dichiarazione [1324, 1334] di riscatto e non gli corrisponde le somme liquide dovute per il rimborso del prezzo, delle spese e di ogni altro pagamento legittimamente fatto per la vendita [1604].

Se il compratore rifiuta di ricevere il pagamento di tali rimborsi, il venditore decade dal diritto di riscatto, qualora non ne faccia offerta reale [1209] entro otto giorni dalla scadenza del termine [1206].

Nella vendita di beni immobili la dichiarazione di riscatto deve essere fatta per iscritto, sotto pena di nullità [177, comma 1, lett. a), 1350 n. 13, 2653 n. 3, 2654, 2691, 2725].

● Norme connesse:

- art. 39, L. 27 luglio 1978, n. 392.

♦ Codice europeo dei contratti

Art. 213 Vendita con patto di riscatto. *[...]. 3. Il venditore decade dal diritto di riscatto se non lo esercita nel termine convenuto. Se invece la controparte si rifiuta di dare esecuzione a tale richiesta, il venditore può agire ai sensi dell'art. 11197 o, in ogni caso, chiedere il risarcimento dei danni ai sensi dell'art. 166 comma 3, lett. a).*

♦ Codice civile francese

Articolo 1662 *In mancanza da parte del venditore dell'esercizio della sua azione di riscatto nel termine prescritto, l'acquirente rimane proprietario irrevocabile.*

1504. Effetti del riscatto rispetto ai subacquirenti.

Il venditore che ha legittimamente esercitato il diritto di riscatto nei confronti del compratore [1502, 1503] può ottenere il rilascio della cosa anche dai successivi acquirenti, purché il patto sia ad essi opponibile [732, 792, 2645, 2653 n. 3].

Se l'alienazione è stata notificata al venditore, il riscatto deve essere esercitato in confronto del terzo acquirente.

■ Codice civile del 1865: *Art. 1520. Il venditore che ha pattuito il riscatto, può promuoverne l'azione contro i terzi ac-*

quirenti, quantunque nei rispettivi contratti non sia stato denunziato il riscatto convenuto.

♦ Codice civile francese

Articolo 1664 *Il venditore con patto di riscatto può esercitare la sua azione contro un secondo acquirente, anche quando la facoltà di riscatto non sarebbe stata dichiarata nel secondo contratto.*

1505. Diritti costituiti dal compratore sulla cosa.

Il venditore che ha esercitato il diritto di riscatto riprende la cosa [177, comma 1, lett. a)] esente dai pesi e dalle ipoteche da cui sia stata gravata [2653, comma 1, n. 3]; ma è tenuto a mantenere le locazioni fatte senza frode, purché abbiano data certa [2704] e siano state convenute [1606] per un tempo non superiore ai tre anni [1599, 1604, 2704].

■ Codice civile del 1865: *Art. 1528. Il venditore che fa uso del patto di riscatto deve rimborsare il compratore non solo del prezzo capitale, ma anche delle spese e di qualunque altro legittimo pagamento fatto per la vendita, per le riparazioni necessarie, e per quelle altresì che hanno aumentato il valore del fondo, sino all'importare dell'aumento. Egli non può rientrare in possesso se non dopo aver soddisfatto a tutte queste obbligazioni.*

Il venditore che rientra in possesso del fondo in forza del patto di riscatto, lo riprende esente da tutti i pesi e da tutte le ipoteche di cui il compratore lo avesse gravato: è però tenuto a mantenere le locazioni fatte senza frode dal compratore, purché siano convenute per un tempo non maggiore di un triennio.

1506. Riscatto di parte indivisa.

In caso di vendita con patto di riscatto di una parte indivisa di una cosa, il comproprietario che chiede la divisione [713, 1111] deve proporre la domanda anche in confronto del venditore [1113].

Se la cosa non è comodamente divisibile [720, 1114] e si fa luogo all'incanto [c.p.c. 576], il venditore che non ha esercitato il riscatto anteriormente all'aggiudicazione decade da tale diritto, anche se aggiudicatario sia lo stesso compratore.

♦ Codice civile francese

Articolo 1667. *Se l'acquirente con patto di riscatto di una parte indivisa di una eredità si è reso aggiudicatario della totalità su una aggiudicazione provocata contro di lui, può obbligare il venditore a ritirare il tutto quando questi vuole usare il patto.*

1507. Vendita congiuntiva di cosa indivisa.

Se più persone hanno venduto congiuntamente, mediante un solo contratto, una cosa indivisa, ciascuna può esercitare il diritto di riscatto solo sopra la quota che le spettava.

La medesima disposizione si osserva se il venditore ha lasciato più eredi [1295].

Il compratore, nei casi sopra espressi, può esigere che tutti i venditori o tutti i coeredi esercitino congiuntamente il diritto di riscatto dell'intera cosa; se essi non si accordano, il riscatto può esercitarsi soltanto da parte di colui o di coloro che offrono di riscattare la cosa per intero.

■ Codice civile del 1865: *Art. 1523. Se più persone hanno venduto unitamente e mediante un solo contratto un fondo tra esse comune, ciascuna può promuovere l'azione di riscatto sopra la parte soltanto che le spettava.*

Art. 1524. Ha luogo la stessa disposizione se chi ha venduto il fondo, ha lasciato più eredi.

Ciascuno di questi può far uso della facoltà del riscatto per la parte soltanto di cui è erede.

Art. 1525. Il compratore però nei casi espressi nè due precedenti articoli può pretendere l'intervento in causa di tutti i venditori del fondo comune o di tutti i coeredi, affinché concordino tra loro pel riscatto del fondo intero. Se non concordano, egli sarà assoluto dalla domanda.

Tuttavia non volendo uno o più dè coeredi o dei venditori del fondo comune effettuare il riscatto, possono gli altri ed anche un solo eseguirlo nella totalità per proprio conto.

♦ Codice civile francese

Articolo 1668. *Se più persone hanno venduto congiuntamente e con un solo parte che aveva contratto, una proprietà comune tra loro, ciascuno può esercitare l'azione di riscatto solo per la parte che aveva.*

1508. Vendita separata di cosa indivisa.

Se i comproprietari di una cosa non l'hanno venduta congiuntamente e per intero [1507], ma ciascuno ha venduto la sola sua quota, essi possono separatamente esercitare il diritto di riscatto sopra la quota che loro spettava, e il compratore non può valersi della facoltà prevista dall'ultimo comma dell'articolo precedente [1509].

■ Codice civile del 1865: *Art. 1526. Se diversi proprietari di un fondo non l'abbiano venduto unitamente e per intero, ma ciascuno abbia venduto la sola sua parte, essi possono separatamente esercitare l'azione di riscatto sopra la porzione che loro apparteneva.*

Il compratore non può costringere colui che in tal modo la esercita, a ricomprare l'intero fondo.

♦ Codice civile francese

Articolo 1671. *Se la vendita di una proprietà appartenente a più persone non è stata fatta congiuntamente e di tutta la proprietà ma ciascuno ha venduto solo la parte che aveva, possono esercitare separatamente l'azione di riscatto sulla porzione che gli apparteneva. L'acquirente non può forzare colui che l'eserciterà in questo modo, a ritirare tutto.*

1509. Riscatto contro gli eredi del compratore.

Qualora il compratore abbia lasciato più eredi, il diritto di riscatto si può esercitare contro ciascuno di essi [1503] solo per la parte che gli spetta [1314], anche quando la cosa venduta è tuttora indivisa [1295, 1508].

Se l'eredità è stata divisa e la cosa venduta è stata assegnata a uno degli eredi, il diritto di riscatto non può esercitarsi contro di lui che per la totalità.

■ Codice civile del 1865: *Art. 1527. Se il compratore ha lasciato più eredi, l'azione di riscatto non si può promuovere che contro ciascuno di essi e per la parte che gli spetta, tanto nel caso in cui la cosa venduta sia ancora indivisa, quanto in quello in cui la medesima sia stata tra essi divisa.*

Ma se l'eredità fu divisa e la cosa venduta è compresa nella porzione di uno degli eredi, l'azione di riscatto può essere promossa contro di lui per la totalità.

♦ Codice civile francese

Articolo 1669. *Lo stesso avviene se colui che ha venduto da solo una proprietà ha lasciato più eredi. Ciascuno di questi coeredi non può utilizzare la facoltà di riscatto che per la pare che prende nella successione.*

Articolo 1672. *Se l'acquirente ha lasciato più eredi, l'azione di riscatto può essere esercitata contro ciascuno di essi solo per la loro quota, nel caso in cui essa è ancora indivisa e nel caso in cui la cosa venduta sia stata divisa tra loro. Ma se non c'è stata divisione dell'eredità e la cosa venduta è maturata nella quota di uno degli eredi, l'azione di recupero può essere intentata contro di lui.*

Sezione II
Della vendita di cose mobili

● Norme connesse:

- Convenzioni de L'Aja 15 giugno 1955 sulla legge applicabile alle vendite a carattere internazionale di oggetti mobili corporali (L. 4 febbraio 1958, n. 50); Convenzione 1° luglio 1964 (L. 21 giugno 1971, n. 816), relativa alla legge uniforme sulla vendita internazionale di oggetti mobili corporali e sulla formazione dei contratti di vendita internazionale di oggetti mobili corporali; Convenzione di Vienna 14 aprile 1980, ratificata dalla L. 11 dicembre 1985, n. 765, sui contratti di compravendita internazionale di beni mobili; Convenzione di Ginevra del 17 febbraio 1983, sulla rappresentanza nella vendita internazionale di merci.
- sul regime delle garanzie nella vendita di beni mobili di consumo, artt. 128-135, D.Lgs. 6 settembre 2005, n. 206.
- art. 55, L. 31 maggio 1995, n. 218.

§ 1
Disposizioni generali

● Norme connesse:

- R.D.L. 15 marzo 1927, n. 436, convertito in L. 19 febbraio 1928, n. 510 (Disciplina dei contratti di compravendita degli autoveicoli ed istituzione del Pubblico Registro Automobilistico presso le sedi dell'Automobile club d'Italia); L. 4 febbraio 1958, n. 50 (Convenzioni de L'Aja 15 giugno 1955 sulla legge applicabile alle vendite a carattere internazionale di oggetti mobili corporali); L. 11 dicembre 1985, n. 765; D.Lgs. 6 settembre 2005, n. 206.

1510. Luogo della consegna.

In mancanza di patto o di uso contrario, la consegna della cosa deve avvenire nel luogo dove questa si trovava [1209, 1498] al tempo della vendita, se le parti ne erano a conoscenza [1182], ovvero nel luogo dove il venditore aveva il suo domicilio [43] o la sede dell'impresa [2196, 2197].

Salvo patto o uso contrario, se la cosa venduta deve essere trasportata da un luogo all'altro [1511], il venditore si libera dall'obbligo della consegna rimettendo la cosa [1378] al vettore [1678] o allo spedizioniere [1737]; le spese del trasporto sono a carico del compratore [1196, 1475].

■ Codice civile del 1865: *Art. 1468. La tradizione si deve fare nel luogo in cui la cosa si trovava al momento della vendita, quando non si è diversamente pattuito.*

♦ Codice europeo dei contratti

Art. 197 Modalità della consegna. *1. In relazione al suo tipo e natura, il bene deve essere consegnato dal venditore in un involucro o in un contenitore idoneo per il trasporto che il compratore deve prevedibilmente effettuarne; e, se deve essere affidato da lui o dal compratore ad un vettore per la consegna in altro luogo, esso deve essere a cura del venditore stesso idoneamente collocato e imballato. Salvo quanto previsto dall'art. 186 comma 2, le spese relative all'involucro o all'imballaggio o al contenitore sono, a meno di diverso accordo, a carico del venditore.*

2. Se la consegna deve essere effettuata a distanza, a meno di diverso accordo delle parti, il venditore deve provvedere, a sua cura ma a spese del compratore, al trasporto del bene, affidandolo ad un vettore idoneo, da lui scelto e incaricato della consegna. E ciò, a meno che il vettore sia scelto e indicato dal compratore.

3. Come previsto dall'art. 46 comma 440, nella prima ipotesi indicata nel comma che precede, la consegna si considera avvenuta nel momento in cui il vettore mette il bene a disposizione del compratore che lo riceve, e da questo momento il rischio del perimento o danneggiamento del bene passa al compratore stesso. Nella seconda ipotesi prevista nel comma che precede, ossia se il vettore è scelto e indicato dal compratore, la consegna si considera avvenuta nel momento in cui il venditore affida il bene al vettore e da questo momento il rischio predetto passa al compratore.

♦ Codice civile francese

Articolo 1609 *La consegna si deve fare nel luogo in cui si trovava, al momento della vendita la cosa che ne è oggetto se non è stato diversamente convenuto.*

1511. Denunzia nella vendita di cose da trasportare.

Nella vendita di cose da trasportare da un luogo a un altro [1378, 1510], il termine per la denunzia dei vizi e dei difetti di qualità apparenti decorre dal giorno del ricevimento [1491, 1495; disp. att. 172].

1512. Garanzia di buon funzionamento.

Se il venditore ha garantito per un tempo determinato il buon funzionamento della cosa venduta [1490, 1497, 1667, 1698, 2226], il compratore, salvo patto contrario, deve denunziare al venditore [1745, 2212] il difetto di funzionamento entro trenta giorni dalla scoperta, sotto pena di decadenza [2964]. L'azione si prescrive [2946] in sei mesi dalla scoperta [1495].

Il giudice, secondo le circostanze, può assegnare al venditore un termine per sostituire o riparare la cosa in modo da assicurarne il buon funzionamento, salvo il risarcimento dei danni [1223, 1668].

Sono salvi gli usi i quali stabiliscono che la garanzia di buon funzionamento è dovuta anche in mancanza di patto espresso [disp. att. 174].

● Norme connesse:
- art. 26, D.P.C.M. 6 agosto 1997, n. 452 (Garanzie delle apparecchiature fornite e responsabilità dell'impresa).

♦ Codice europeo dei contratti

Art. 199. Garanzia di buon funzionamento. *1. Salvo quanto previsto dagli artt. 205 e 206, la vendita di un bene nuovo, ossia non ancora utilizzato, e destinato per sua natura ad un uso prolungato, crea a carico del venditore l'obbligo di provvedere a sue spese, sia pure mediante l'opera di imprese da lui indicate, alle sostituzioni e riparazioni di cui all'art. 207 e a quelle che occorrano per consentire il regolare uso e la normale conservazione del bene, purchè siffatti interventi non siano resi necessari da intenzionali manomissioni o da un uso non corretto del bene da parte del compratore.*

2. La garanzia di cui al comma che precede ha la durata minima di due anni; e a richiesta del compratore è prolungata di un ulteriore periodo uguale al primo, verso l'esborso da parte di quest'ultimo della somma indicata nel documento o nel supporto di cui al comma seguente.

3. Il venditore ha l'obbligo di rendere edotto il compratore di tale garanzia, e della sua facoltà di prolungarne la durata, consegnandogli un documento o un supporto duraturo nel quale sia inoltre chiaramente indicato a quali officine o imprese egli può rivolgersi.

4. Per avvalersi della garanzia il compratore può, entro due mesi da quando scopre l'anomalia o si rende necessario l'intervento, affidare il bene comprato al venditore o alle officine o imprese indicate nel comma 3 che precede, o, considerata la natura e le dimensioni del bene, può invitare il venditore o le predette imprese a ritirarlo o a provvedere alle sostituzioni o riparazioni nel luogo ove esso è stato installato. Se del caso, il compratore può inoltre inviare una comunicazione scritta al venditore, indicandogli il motivo per il quale dichiara di avvalersi della garanzia.

5. In caso di rifiuto o di inerzia del venditore o delle imprese da lui indicate, decorso un termine ragionevole non inferiore a quindici giorni dalla suddetta comunicazione, e dopo avere eventualmente richiesto l'intervento dell'ufficio o dell'impiegato di cui all'art. 203, il compratore può ricorrere alla procedura arbitrale prevista dall'art. 17341, salvo richiedere, sussistendo motivi di urgenza, un'ingiunzione ai sensi dell'art. 17242. Se il rifiuto o l'inerzia del venditore costituiscono una grave inadempienza ai sensi dell'art. 114 comma 143, il compratore può procedere alla risoluzione del contratto, salvo il risarcimento del danno.

6. Una analoga garanzia biennale, rinnovabile, può essere fornita al compratore anche dal venditore di un bene usato, alle condizioni che devono essere chiaramente specificate in un documento o in un supporto duraturo quali indicati nel comma 3 del presente articolo. Se il bene usato è venduto da un imprenditore ad un consumatore, si applicano le disposizioni dei commi precedenti, salva la possibilità per le parti di ridurre la durata della garanzia a dodici mesi.

1513. Accertamento dei difetti.

In caso di divergenza sulla qualità o condizione della cosa, il venditore o il compratore possono chiederne la verifica nei modi stabiliti dall'articolo 696 del codice di procedura civile. Il giudice, su istanza della parte interessata, può ordinare il deposito [disp. att. 77] o il sequestro [c.p.c. 670] della cosa stessa, nonché la vendita per conto di chi spetta [1515, 1516], determinandone le condizioni [1697, 1718].

La parte che non ha chiesto la verifica della cosa, deve, in caso di contestazione, provarne rigorosamente l'identità e lo stato.

1514. Deposito della cosa venduta.

Se il compratore non si presenta per ricevere la cosa acquistata, il venditore può depositarla, per conto e a spese del compratore medesimo, in un locale di pubblico deposito [disp. att. 77], oppure in altro locale idoneo determinato dal tribunale del luogo in cui la consegna doveva essere fatta [1510][1].

Il venditore deve dare al compratore pronta notizia del deposito eseguito [1210, 1686, 1690].

[1] Comma così modificato dall'art. 150, D.Lgs. 19 febbraio 1998, n. 51.

A decorrere dal 31 ottobre 2025, la parola "tribunale" verrà sostituita con le parole "giudice di pace" ex art. 27, D.Lgs. 13 luglio 2017, n. 116.

1515. Esecuzione coattiva per inadempimento del compratore.

Se il compratore non adempie l'obbligazione di pagare il prezzo [1498, 1513, 1516], il venditore può far vendere senza ritardo la cosa per conto e a spese di lui [1796, 2762].

La vendita è fatta all'incanto a mezzo di una persona autorizzata a tali atti [disp. att. 83] o, in mancanza di essa nel luogo in cui la vendita deve essere eseguita, a mezzo di un ufficiale giudiziario. Il venditore deve dare tempestiva notizia al compratore del giorno, del luogo e dell'ora in cui la vendita sarà eseguita.

Se la cosa ha un prezzo corrente, stabilito per atto della pubblica autorità [o da norme corporative][1], ovvero risultante da listini di borsa o da mercuriali [1474, 1696], la vendita può essere fatta senza incanto, al prezzo corrente, a mezzo delle persone indicate nel comma precedente o di un commissionario [1735] nominato dal tribunale. In tal caso il venditore deve dare al compratore pronta notizia della vendita [1518][2].

Il venditore ha diritto alla differenza tra il prezzo convenuto e il ricavo netto della vendita, oltre al risarcimento del maggior danno [1223, 1518, 1536, 1551, 1686, 1690, 1718, 1789, 1796; disp. att. 83].

[1] Le parole in parentesi devono intendersi soppresse a seguito dell'entrata in vigore del R.D.L. 9 agosto 1943, n. 721.

[2] Comma così modificato dall'art. 150, D.Lgs. 19 febbraio 1998, n. 51.

A decorrere dal 31 ottobre 2025, le parole "dal tribunale" verranno sostituite con le parole "dal giudice di pace" ex art. 27, D.Lgs. 13 luglio 2017, n. 116.

CODICE CIVILE

● Norme connesse:
- art. 44, D.Lgs. 1 settembre 1993, n. 385.

■ Codice del commercio del 1882: *Art. 68. Se il compratore di cosa mobile non adempie la sua obbligazione, il venditore ha facoltà di depositare la cosa venduta in un luogo di pubblico deposito, o, in mancanza, presso un'accreditata casa di commercio per conto e a spesa del compratore, ovvero di farla vendere.*

La vendita è fatta al pubblico incanto, anche al prezzo corrente, se la cosa ha un prezzo di borsa o di mercato, col mezzo di un pubblico ufficiale autorizzato a tale specie di atti, salvo al venditore il diritto al pagamento della differenza tra il prezzo ricavato o il prezzo convenuto, e al risarcimento dei danni.

Se l'inadempimento ha luogo da parte del venditore, il compratore ha diritto di far comprare la cosa, col mezzo di un pubblico ufficiale autorizzato a tale specie di atti, per conto e a spese del venditore e di essere risarcito dei danni.

Il contraente che usa delle facoltà suddette, deve in ogni caso darne pronta notizia all'altro contraente.

1516. Esecuzione coattiva per inadempimento del venditore.

Se la vendita ha per oggetto cose fungibili che hanno un prezzo corrente a norma del terzo comma dell'articolo precedente, e il venditore non adempie la sua obbligazione [1476], il compratore può fare acquistare senza ritardo le cose, a spese del venditore, a mezzo di una delle persone indicate nel secondo e terzo comma dell'articolo precedente. Dell'acquisto il compratore deve dare pronta notizia al venditore [1533, 1536, 1551;disp. att. 83].

Il compratore ha diritto alla differenza tra l'ammontare della spesa occorsa per l'acquisto e il prezzo convenuto, oltre al risarcimento del maggior danno [1223, 1518, 1536, 1551].

■ Codice del commercio del 1882: *Art. 68. Se il compratore di cosa mobile non adempie la sua obbligazione, il venditore ha facoltà di depositare la cosa venduta in un luogo di pubblico deposito, o, in mancanza, presso un'accreditata casa di commercio per conto e a spesa del compratore, ovvero di farla vendere.*

La vendita è fatta al pubblico incanto, anche al prezzo corrente, se la cosa ha un prezzo di borsa o di mercato, col mezzo di un pubblico ufficiale autorizzato a tale specie di atti, salvo al venditore il diritto al pagamento della differenza tra il prezzo ricavato o il prezzo convenuto, e al risarcimento dei danni.

Se l'inadempimento ha luogo da parte del venditore, il compratore ha diritto di far comprare la cosa, col mezzo di un pubblico ufficiale autorizzato a tale specie di atti, per conto e a spese del venditore e di essere risarcito dei danni.

Il contraente che usa delle facoltà suddette, deve in ogni caso darne pronta notizia all'altro contraente.

1517. Risoluzione di diritto.

La risoluzione ha luogo di diritto a favore del contraente che, prima della scadenza del termine stabilito, abbia offerto all'altro, nelle forme d'uso [1214], la consegna della cosa [1477] o il pagamento del prezzo, [1498] se l'altra parte non adempie la propria obbligazione [1453].

La risoluzione di diritto ha luogo pure a favore del venditore, se, alla scadenza del termine stabilito per la consegna, il compratore, la cui obbligazione di pagare il prezzo non sia scaduta, non si presenta per ricevere la cosa preventivamente offerta, ovvero non l'accetta [1206].

Il contraente che intende valersi della risoluzione disposta dal presente articolo deve darne comunicazione all'altra parte entro otto giorni dalla scadenza del termine [1456]; in mancanza di tale comunicazione, si osservano le disposizioni generali sulla risoluzione per inadempimento [1453, 1454].

● Norme connesse:
- art. 72, R.D. 16 marzo 1942, n. 267.

■ Codice civile del 1865: *Art. 1512. Trattandosi di cose mobili, lo scioglimento della vendita ha luogo di diritto nell'interesse del venditore, ove il compratore, prima che sia scaduto il termine stabilito per la consegna della cosa, non siasi presentato per riceverla, od anche presentandosi per riceverla, non ne abbia contemporaneamente offerto il prezzo, salvo che pel pagamento di questo fosse stata convenuta una maggiore dilazione.*

■ Codice del commercio del 1882: *Art. 67. Nella vendita commerciale di cosa mobile la condizione risolutiva ha luogo di diritto a favore della parte, che prima della scadenza del termine stabilito per l'adempimento del contratto abbia offerto all'altra parte, nei modi usati in commercio, la consegna della cosa venduta o il pagamento del prezzo, se questa non adempie la sua obbligazione.*

In mancanza di tale offerta e di speciali stipulazioni, lo scioglimento del contratto è regolato secondo le disposizioni del codice civile intorno alla condizione risolutiva tacita.

In ambedue i casi l'inadempiente è tenuto al risarcimento del danno.

1518. Normale determinazione del risarcimento.

Se la vendita ha per oggetto una cosa che ha un prezzo corrente a norma del terzo comma dell'articolo 1515, e il contratto si risolve per l'inadempimento di una delle parti [1517], il risarcimento è costituito dalla differenza tra il prezzo convenuto e quello corrente nel luogo e nel giorno in cui si doveva fare la consegna [1223, 1696], salva la prova di un maggior danno [1474, 1515, 1516].

Nella vendita a esecuzione periodica, la liquidazione del danno si determina sulla base dei prezzi correnti nel luogo e nel giorno fissati per le singole consegne.

1519. Restituzione di cose non pagate.

Se la vendita è stata fatta senza dilazione per il pagamento del prezzo, il venditore, in mancanza di pagamento, può riprendere il possesso delle cose vendute, finché queste si trovano presso il compratore, purché la domanda sia proposta entro quindici giorni dalla consegna e le cose si trovino nello stato in cui erano al tempo della consegna stessa [1458].

Il diritto di riprendere il possesso delle cose non si può esercitare in pregiudizio dei privilegi previsti dagli articoli 2764 e 2765, salvo che si provi che il creditore, al tempo dell'introduzione di esse nella casa o nel fondo locato ovvero nel fondo concesso a mezzadria o a colonia, conosceva che il prezzo era ancora dovuto.

La disposizione del comma precedente si applica anche a favore dei creditori del compratore che abbiano sequestrato o pignorato le cose, a meno che si provi che essi, al momento del sequestro o del pignoramento, conoscevano che il prezzo era ancora dovuto [L. fall. 75].

● Norme connesse:
- art. 75, 138, R.D. 16 marzo 1942, n. 267.

■ Codice civile del 1865: *Art. 1513. Se la vendita fu fatta senza dilazione al pagamento, il venditore può eziandio in mancanza di pagamento rivendicare le cose mobili vendute, sinchi queste si trovano in possesso del compratore, od impedirne la rivendita, purché la domanda per rivendicarle venga proposta entro i quindici giorni dal rilascio, e le cose si trovino in quello stato medesimo in cui erano al tempo della consegna.*

Il diritto di rivendicazione non ha però effetto in pregiudizio del privilegio accordato al locatore, quando non sia provato che al tempo dell'introduzione dè mobili che forniscono la casa od il fondo locato, egli fosse informato che ne era ancora dovuto il prezzo.

Non sono derogate le leggi e consuetudini commerciali concernenti la rivendicazione.

§ 1-*bis*
Della vendita dei beni di consumo[1]

[1] Paragrafo aggiunto dall'art. 1, D.Lgs. 2 febbraio 2002, n. 24.

1519-*bis*. Ambito di applicazione e definizioni.

[...][1].

[1] Articolo aggiunto dall'art. 1, D.Lgs. 2 febbraio 2002, n. 24 e poi abrogato dall'art. 146, D.Lgs. 6 settembre 2005, n. 206. Il testo previgente era il seguente: «*1. Il presente paragrafo disciplina taluni aspetti dei contratti di vendita e delle garanzie concernenti i beni di consumo. A tali fini ai contratti di vendita sono equiparati i contratti di permuta e di somministrazione nonché quelli di appalto, di opera e tutti gli altri contratti comunque finalizzati alla fornitura di beni di consumo da fabbricare o produrre. 2. Ai fini del presente paragrafo si intende per: a) consumatore: qualsiasi persona fisica che, nei contratti di cui al comma primo, agisce per scopi estranei all'attività imprenditoriale o professionale eventualmente svolta; b) beni di consumo: qualsiasi bene mobile, anche da assemblare, tranne: 1) i beni oggetto di vendita forzata o comunque venduti secondo altre modalità dalle autorità giudiziarie, anche mediante delega ai notai; 2) l'acqua e il gas, quando non confezionati per la vendita in un volume delimitato o in quantità determinata; 3) l'energia elettrica; c) venditore: qualsiasi persona fisica o giuridica pubblica o privata che, nell'esercizio della propria attività imprenditoriale o professionale, utilizza i contratti di cui al comma primo; d) produttore: il fabbricante di un bene di consumo, l'importatore del bene di consumo nel territorio della Unione europea o qualsiasi altra persona che si presenta come produttore apponendo sul bene di consumo il suo nome, marchio o altro segno distintivo; e) garanzia convenzionale ulteriore: qualsiasi impegno di un venditore o di un produttore, assunto nei confronti del consumatore senza costi supplementari, di rimborsare il prezzo pagato, sostituire, riparare, o intervenire altrimenti sul bene di consumo, qualora esso non corrisponda alle condizioni enunciate nella dichiarazione di garanzia o nella relativa pubblicità; f) riparazione: nel caso di difetto di conformità, il ripristino del bene di consumo per renderlo conforme al contratto di vendita. 3. Le disposizioni del presente paragrafo si applicano alla vendita di beni di consumo usati, tenuto conto del tempo del pregresso utilizzo, limitatamente ai difetti non derivanti dall'uso normale della cosa.*».

1519-*ter*. Conformità al contratto.

[...][1].

[1] Articolo aggiunto dall'art. 1, D.Lgs. 2 febbraio 2002, n. 24 e poi abrogato dall'art. 146, D.Lgs. 6 settembre 2005, n. 206. Il testo previgente era il seguente: «*1. Il venditore ha l'obbligo di consegnare al consumatore beni conformi al contratto di vendita. 2. Si presume che i beni di consumo siano conformi al contratto se, ove pertinenti, coesistono le seguenti circostanze: a) sono idonei all'uso al quale servono abitualmente beni dello stesso tipo; b) sono conformi alla descrizione fatta dal venditore e possiedono le qualità del bene che il venditore ha presentato al consumatore come campione o modello; c) presentano la qualità e le prestazioni abituali di un bene dello stesso tipo, che il consumatore può ragionevolmente aspettarsi, tenuto conto della natura del bene e, se del caso, delle dichiarazioni pubbliche sulle caratteristiche specifiche dei beni fatte al riguardo dal venditore, dal produttore o dal suo agente o rappresentante, in particolare nella pubblicità o sull'etichettatura; d) sono altresì idonei all'uso particolare voluto dal consumatore e che sia stato da questi portato a conoscenza del venditore al momento della conclusione del contratto e che il venditore abbia accettato anche per fatti concludenti. 3. Non vi è difetto di conformità se, al momento della conclusione del contratto, il consumatore era a conoscenza del difetto o non poteva ignorarlo con l'ordinaria diligenza o se il difetto di conformità deriva da istruzioni o materiali forniti dal consumatore. 4. Il venditore non è vincolato dalle dichiarazioni pubbliche di cui al comma secondo, lettera c), quando, in via anche alternativa, dimostra che: a) non era a conoscenza della dichiarazione e non poteva conoscerla con l'ordinaria diligenza; b) la dichiarazione è stata adeguatamente corretta entro il momento della conclusione del contratto in modo da essere conoscibile al consumatore; c) la decisione di acquistare il bene di consumo non è stata influenzata dalla dichiarazione. 5. Il difetto di conformità che deriva dall'imperfetta installazione del bene di consumo è equiparato al difetto di conformità del bene quando l'installazione è compresa nel contratto di vendita ed è stata effettuata dal venditore o sotto la sua responsabilità. Tale equiparazione si applica anche nel caso in cui il prodotto, concepito per essere installato dal consumatore, sia da questo*

installato in modo non corretto a causa di una carenza delle istruzioni di installazione.».

1519-*quater*. Diritti del consumatore.

[...][1].

[1] Articolo aggiunto dall'art. 1, D.Lgs. 2 febbraio 2002, n. 24 e poi abrogato dall'art. 146, D.Lgs. 6 settembre 2005, n. 206. Il testo previgente era il seguente: «*1. Il venditore è responsabile nei confronti del consumatore per qualsiasi difetto di conformità esistente al momento della consegna del bene. 2. In caso di difetto di conformità, il consumatore ha diritto al ripristino, senza spese, della conformità del bene mediante riparazione o sostituzione, a norma dei commi terzo, quarto, quinto e sesto, ovvero ad una riduzione adeguata del prezzo o alla risoluzione del contratto, conformemente ai commi settimo, ottavo e nono. 3. Il consumatore può chiedere, a sua scelta, al venditore di riparare il bene o di sostituirlo, senza spese in entrambi i casi, salvo che il rimedio richiesto sia oggettivamente impossibile o eccessivamente oneroso rispetto all'altro. 4. Ai fini di cui al comma terzo è da considerare eccessivamente oneroso uno dei due rimedi se impone al venditore spese irragionevoli in confronto all'altro, tenendo conto: a) del valore che il bene avrebbe se non vi fosse difetto di conformità; b) dell'entità del difetto di conformità; c) dell'eventualità che il rimedio alternativo possa essere esperito senza notevoli inconvenienti per il consumatore. 5. Le riparazioni o le sostituzioni devono essere effettuate entro un congruo termine dalla richiesta e non devono arrecare notevoli inconvenienti al consumatore, tenendo conto della natura del bene e dello scopo per il quale il consumatore ha acquistato il bene. 6. Le spese di cui ai commi secondo e terzo si riferiscono ai costi indispensabili per rendere conformi i beni, in particolare modo con riferimento alle spese effettuate per la spedizione, per la mano d'opera e per i materiali. 7. Il consumatore può richiedere, a sua scelta, una congrua riduzione del prezzo o la risoluzione del contratto ove ricorra una delle seguenti situazioni: a) la riparazione e la sostituzione sono impossibili o eccessivamente onerose; b) il venditore non ha provveduto alla riparazione o alla sostituzione del bene entro il termine congruo di cui al comma sesto; c) la sostituzione o la riparazione precedentemente effettuata ha arrecato notevoli inconvenienti al consumatore. 8. Nel determinare l'importo della riduzione o la somma da restituire si tiene conto dell'uso del bene. 9. Dopo la denuncia del difetto di conformità, il venditore può offrire al consumatore qualsiasi altro rimedio disponibile, con i seguenti effetti: a) qualora il consumatore abbia già richiesto uno specifico rimedio, il venditore resta obbligato ad attuarlo, con le necessarie conseguenze in ordine alla decorrenza del termine congruo di cui al comma sesto, salvo accettazione da parte del consumatore del rimedio alternativo proposto; b) qualora il consumatore non abbia già richiesto uno specifico rimedio, il consumatore deve accettare la proposta o respingerla scegliendo un altro rimedio ai sensi del presente articolo. - Un difetto di conformità di lieve entità per il quale non è stato possibile o è eccessivamente oneroso esperire i rimedi della riparazione o della sostituzione, non dà diritto alla risoluzione del contratto*».

1519-*quinquies*. Diritto di regresso.

[...][1].

[1] Articolo aggiunto dall'art. 1, D.Lgs. 2 febbraio 2002, n. 24 e poi abrogato dall'art. 146, D.Lgs. 6 settembre 2005, n. 206. Il testo previgente era il seguente: «*1. Il venditore finale, quando è responsabile nei confronti del consumatore a causa di un difetto di conformità imputabile ad un'azione o ad un'omissione del produttore, di un precedente venditore della medesima catena contrattuale distributiva o di qualsiasi altro intermediario, ha diritto di regresso, salvo patto contrario o rinuncia, nei confronti del soggetto o dei soggetti responsabili facenti parte della suddetta catena distributiva. 2. Il venditore finale che abbia ottemperato ai rimedi esperiti dal consumatore, può agire, entro un anno dall'esecuzione della prestazione, in regresso nei confronti del soggetto o dei soggetti responsabili per ottenere la reintegrazione di quanto prestato*».

1519-*sexies*. Termini.

[...][1].

[1] Articolo aggiunto dall'art. 1, D.Lgs. 2 febbraio 2002, n. 24 e poi abrogato dall'art. 146, D.Lgs. 6 settembre 2005, n. 206. Il testo previgente era il seguente: «*1. Il venditore è responsabile, a norma dell'articolo 1519-quater, quando il difetto di conformità si manifesta entro il termine di due anni dalla consegna del bene. 2. Il consumatore decade dai diritti previsti dall'articolo 1519-quater, comma secondo, se non denuncia al venditore il difetto di conformità entro il termine di due mesi dalla data in cui ha scoperto il difetto. La denuncia non è necessaria se il venditore ha riconosciuto l'esistenza del difetto o l'ha occultato. 3. Salvo prova contraria, si presume che i difetti di conformità che si manifestano entro sei mesi dalla consegna del bene esistessero già a tale data, a meno che tale ipotesi sia incompatibile con la natura del bene o con la natura del difetto di conformità. 4. L'azione diretta a far valere i difetti non dolosamente occultati dal venditore si prescrive, in ogni caso, nel termine di ventisei mesi dalla consegna del bene; il consumatore, che sia convenuto per l'esecuzione del contratto, può tuttavia far valere sempre i diritti di cui all'articolo 1519-quater, comma secondo, purché il difetto di conformità sia stato denunciato entro due mesi dalla scoperta e prima della scadenza del termine di cui al periodo precedente*».

1519-*septies*. Garanzia convenzionale.

[...][1].

[1] Articolo aggiunto dall'art. 1, D.Lgs. 2 febbraio 2002, n. 24 e poi abrogato dall'art. 146, D.Lgs. 6 settembre 2005, n. 206. Il testo previgente era il seguente: «*1. La garanzia convenzionale vincola chi la offre secondo le modalità indicate nella dichiarazione di garanzia medesima o nella relativa pubblicità. 2. La garanzia deve, a cura di chi la offre, almeno indicare: a) la specificazione che il consumatore è titolare dei diritti previsti dal presente paragrafo e che la garanzia medesima lascia impregiudicati tali diritti; b) in modo chiaro e comprensibile l'oggetto della garanzia e gli elementi essenziali necessari per farla valere, compresi la durata e l'estensione territoriale della garanzia, nonché il nome o la ditta e il domicilio o la sede di chi la offre. 3. A richiesta del consumatore, la garanzia deve essere disponibile per iscritto o su altro supporto duraturo a lui accessibile. 4. La garanzia deve essere redatta in lingua italiana con caratteri non meno evidenti di quelli di eventuali altre lingue. 5. Una garanzia non rispondente ai requisiti di cui ai commi secondo, terzo e quarto rimane*

comunque valida e il consumatore può continuare ad avvalersene ed esigerne l'applicazione».

1519-*octies*. Carattere imperativo delle disposizioni.

[...][1].

[1] Articolo aggiunto dall'art. 1, D.Lgs. 2 febbraio 2002, n. 24 e poi abrogato dall'art. 146, D.Lgs. 6 settembre 2005, n. 206. Il testo previgente era il seguente: «*1. È nullo ogni patto, anteriore alla comunicazione al venditore del difetto di conformità, volto ad escludere o limitare, anche in modo indiretto, i diritti riconosciuti dal presente paragrafo. La nullità può essere fatta valere solo dal consumatore e può essere rilevata d'ufficio dal giudice. 2. Nel caso di beni usati, le parti possono limitare la durata della responsabilità di cui all'articolo 1519-sexies, comma primo, ad un periodo di tempo in ogni caso non inferiore ad un anno. 3. È nulla ogni clausola contrattuale che, prevedendo l'applicabilità al contratto di una legislazione di un paese extracomunitario, abbia l'effetto di privare il consumatore della protezione assicurata dal presente paragrafo, laddove il contratto presenti uno stretto collegamento con il territorio di uno Stato membro dell'Unione europea*».

1519-*nonies*. Tutela in base ad altre disposizioni.

[...][1].

[1] Articolo aggiunto dall'art. 1, D.Lgs. 2 febbraio 2002, n. 24 e poi abrogato dall'art. 146, D.Lgs. 6 settembre 2005, n. 206. Il testo previgente era il seguente: «*1. Le disposizioni del presente paragrafo non escludono né limitano i diritti che sono attribuiti al consumatore da altre norme dell'ordinamento giuridico*».

§ 2
Della vendita con riserva di gradimento, a prova, a campione

● Norme connesse:
- artt. 45, 64-67, D.Lgs. 6 settembre 2005, n. 206, con particolare riguardo alla disciplina del recesso.

1520. Vendita con riserva di gradimento.

Quando si vendono cose con riserva di gradimento da parte del compratore, la vendita non si perfeziona [1326] fino a che il gradimento non sia comunicato al venditore [1334].

Se l'esame della cosa deve farsi presso il venditore, questi è liberato, qualora il compratore non vi proceda nel termine stabilito dal contratto o dagli usi, o, in mancanza, in un termine congruo fissato dal venditore.

Se la cosa si trova presso il compratore e questi non si pronunzia nel termine sopra indicato, la cosa si considera di suo gradimento.

♦ Codice europeo dei contratti

Art. 210 Vendita con riserva di gradimento, a prova e su campione. *1. La vendita con riserva di gradimento non si perfeziona sino a che non viene comunicato, entro il termine convenuto, il gradimento del compratore, il quale, sino a questo momento, deve limitarsi ad un semplice esame del bene e non può farne uso se non nei limiti strettamente indispensabili per verificarne la rispondenza alle sue esigenze nonchè l'assenza di anomalie esteriormente riconoscibili. Se egli non procede all'esame entro il termine convenuto, essendo il bene presso il venditore, si considera la vendita come non avvenuta. Se invece il bene è stato consegnato al compratore, ed egli non si pronuncia nel termine predetto, il bene si considera come di suo gradimento.*

2. Nella vendita di beni inconsumabili, effettuata con la formula "soddisfatti o rimborsati", il compratore acquista la proprietà del bene con la consegna, e può farne uso con la dovuta cura, senza scomporlo, per poter esercitare il diritto di comunicare poi al venditore la sua dichiarazione di recesso, senza doverla motivare, entro il termine indicato dal venditore, che non può essere inferiore a otto giorni. Se il termine indicato dal venditore è inferiore a otto giorni, esso è considerato ad ogni effetto della durata di otto giorni. A seguito della suddetta dichiarazione, decorsi otto giorni da essa, il compratore può esigere il rimborso del prezzo pagato, verso restituzione del bene acquistato.

1521. Vendita a prova.

La vendita a prova si presume fatta sotto la condizione sospensiva [1353] che la cosa abbia le qualità pattuite o sia idonea all'uso a cui è destinata.

La prova si deve eseguire nel termine e secondo le modalità stabiliti dal contratto o dagli usi.

■ Codice civile del 1865: *Art. 1452. Quanto al vino, all'olio ed alle altre cose delle quali si usa fare l'assaggio prima della compra, non vi è contratto di vendita finché il compratore non le ha assaggiate e riconosciute della qualità pattuita.*

Art. 1453. La vendita col patto di precedente assaggio si presume sempre fatta condizione sospensiva.

♦ Codice europeo dei contratti

Art. 210 Vendita con riserva di gradimento, a prova e su campione. *[...]. 3. La vendita a prova è sottoposta alla condizione sospensiva che sia accertata con un'apposita verifica la conformità del bene venduto ai requisiti previsti dall'art. 196. Il risultato della prova, da effettuarsi come previsto dal contratto o dagli usi, deve essere adeguatamente motivato. Se tale risultato è favorevole, il compratore può in seguito sollevare dei reclami soltanto per la mancanza di qualità e per i difetti o vizi manifestatisi successivamente, che non potevano essere accertati al momento della prova. Se la prova ha un risultato sfavorevole, il compratore può chiedere il risarcimento del danno ai sensi dell'art. 6 comma 286, qualora il venditore abbia agito in modo contrario a buona fede.*

1522. Vendita su campione e su tipo di campione.

Se la vendita è fatta su campione, s'intende che questo deve servire come esclusivo paragone per la qualità della merce, e in tal caso qualsiasi difformità attribuisce al compratore il diritto alla risoluzione del contratto [1453, 1760 n. 1].

Qualora, però, dalla convenzione o dagli usi risulti che il campione deve servire unicamente a indicare in modo approssimativo la qualità, si può domandare la risoluzione soltanto se la difformità dal campione sia notevole [1455].

In ogni caso l'azione è soggetta alla decadenza e alla prescrizione stabilite dall'articolo 1495 [disp. att. 172].

♦ Codice europeo dei contratti

Art. 210 Vendita con riserva di gradimento, a prova e su campione. *[...]. 4. Nella vendita su campione il venditore è obbligato a consegnare al compratore un bene che abbia non soltanto tutti i requisiti previsti dall'art. 196, ma che sia inoltre conforme ad un campione che le parti hanno scelto concordemente, come elemento vincolante per l'identificazione dell'oggetto della vendita, e la cui conservazione deve essere effettuata con tutte le dovute cautele. Del bene venduto e consegnato si esige una stretta conformità al campione, salvi quei margini di tolleranza che le parti abbiano espressamente convenuto, stante la natura del bene stesso, ai sensi dell'art. 106 comma 487. Non verificandosi la conformità, quale pattuita, il compratore ha la facoltà di agire come previsto dall'art. 205 comma. 2.*

§ 3
Della vendita con riserva della proprietà

● Norme connesse:

- art. 73, R.D. 16 marzo 1942, n. 267; art. 124, comma 3, T.U. bancario di cui al D.Lgs. 1 settembre 1993, n. 385; L. 28 novembre 1965, n. 1329 sull'acquisto di nuove macchine utensili; D.M. 21 dicembre 1973, di applicazione della L. n. 1329/ 1965; art. 1, commi 76-81, L. 28 dicembre 2015, n. 208.
- art. 178 del Codice della crisi di impresa e dell'insolvenza, attuativo della Legge delega 19 ottobre 2017, n. 155 (D.Lgs. 12 gennaio 2019, n. 14), in tema di effetti della procedura di liquidazione giudiziale sul pendente contratto di vendita con riserva di proprietà.

1523. Passaggio della proprietà e dei rischi.

Nella vendita a rate con riserva della proprietà [1524], il compratore acquista la proprietà della cosa col pagamento dell'ultima rata di prezzo [1376, 1465], ma assume i rischi dal momento della consegna [649, 651, 668, 754, 832, 1353, 1356-1358, 1406, 1465, 1643, 2054, 2659, comma 2, 2668, comma 3; L. fall. 73; art. 1, comma 76, L. 208/2015].

● Norme connesse:

- per l'opponibilità della riserva di proprietà nelle transazioni commerciali v. art. 11, comma 3, D.Lgs. 9 ottobre 2002, n. 231.
- artt. 72, 73, R.D. 16 marzo 1942, n. 267; art. 39, L. 27 luglio 1978, n. 392.

♦ Codice europeo dei contratti

Art. 211. Vendita con riserva della proprietà. *Nella vendita a rate con riserva della proprietà, il compratore acquista la proprietà del bene (mobile) solo col pagamento dell'ultima rata del prezzo, ma assume il rischio del perimento o del danneggiamento di esso a partire dal momento della consegna.*

♦ Codice civile francese

Articolo 2367. *La proprietà di un bene può essere trattenuta in garanzia per l'effetto di una clausola di riserva della proprietà che sospende l'effetto traslativo del contratto fino al completo pagamento dell'obbligazione che ne costituisce la contropartita. La proprietà così riservata è l'accessorio del credito di cui garantisce il pagamento.*

♦ Codice civile tedesco

§ 449 Riserva di proprietà. *(1) Se il venditore di un bene mobile si è riservato la proprietà fino al pagamento del prezzo, nell'incertezza si ritiene che la proprietà viene trasmessa sotto la condizione sospensiva del pagamento del prezzo intero. (2) Sulla base della riserva di proprietà il venditore può richiedere la consegna del bene solo se è receduto dal contratto. (3) La pattuizione della riserva della proprietà è nulla se il trasferimento della proprietà dipende dal fatto che il compratore adempia le pretese di un terzo, in particolare di una impresa collegata al venditore.*

1524. Opponibilità della riserva di proprietà nei confronti di terzi.

La riserva della proprietà è opponibile ai creditori del compratore, solo se risulta da atto scritto avente data certa [2704] anteriore al pignoramento [1523, 2915; c.p.c. 491].

Se la vendita ha per oggetto macchine e il prezzo è superiore ai 15,49 euro, la riserva della proprietà è opponibile anche al terzo acquirente [1153], purché il patto di riservato dominio sia trascritto in apposito registro tenuto nella cancelleria del tribunale nella giurisdizione del quale è collocata la macchina [2762], e questa, quando è acquistata dal terzo, si trovi ancora nel luogo dove la trascrizione è stata eseguita [2659, comma 2, 2668, comma 3, 2762; disp. att. 84, 175, 254, 255].

Sono salve le disposizioni relative ai beni mobili iscritti in pubblici registri [2683; disp. att. 175].

● Norme connesse:

- art. 44, D.Lgs. 1 settembre 1993, n. 385.

♦ Codice europeo dei contratti

Art. 211. Vendita con riserva della proprietà. *[...]. 2. Salvo speciali disposizioni comunitarie o nazionali concernenti determinati beni o relative alla procedura conseguente all'insolvenza, un patto di riserva della proprietà è opponibile ai terzi se esso risulta da un apposito atto, sottoscritto da entrambe le parti contraenti, avente data certa anteriore al momento in cui i terzi instaurano un atto esecutivo sul bene venduto.*

1525. Inadempimento del compratore.

Nonostante patto contrario, il mancato pagamento di una sola rata, che non superi l'ottava parte del prezzo, non dà luogo alla risoluzione del contratto, e il compratore conserva il beneficio del termine relativamente alle rate successive [1455, 1523; disp. att. 176].

● Norme connesse:

- art. 125 T.U. bancario di cui al D.Lgs. 1 settembre 1993, n. 385; art. 42, D.Lgs. 6 settembre 2005, n. 206.

♦ Codice europeo dei contratti

Art. 211. Vendita con riserva della proprietà. *[...]. 3. Se il compratore è inadempiente in misura superiore al limite indica-*

to nell'art. 110 comma 288, il venditore può risolvere il contratto procedendo come previsto dall'art. 11489, salvo che venga concessa al debitore una proroga ai sensi dell'art. 92, lett. a).

1526. Risoluzione del contratto.

Se la risoluzione del contratto ha luogo per l'inadempimento del compratore, il venditore deve restituire le rate riscosse [1523], salvo il diritto a un equo compenso per l'uso della cosa, oltre al risarcimento del danno [1223, 1458; disp. att. 176; L. fall. 73].

Qualora si sia convenuto che le rate pagate restino acquisite al venditore a titolo d'indennità [1382], il giudice, secondo le circostanze, può ridurre l'indennità convenuta [1384].

La stessa disposizione si applica nel caso in cui il contratto sia configurato come locazione [131, 1351, 1414, 2645-bis], e sia convenuto che, al termine di esso, la proprietà della cosa sia acquisita al conduttore per effetto del pagamento dei canoni pattuiti [disp. att. 176].

● Norme connesse:

- artt. 72-*quater* (effetti della sentenza dichiarativa di fallimento sul pendente contratto di *leasing*), 73, R.D. 16 marzo 1942, n. 267. Cfr. artt. 97, comma 13 e 177 del Codice della crisi di impresa e dell'insolvenza, attuativo della Legge delega 19 ottobre 2017, n. 155 (D.Lgs. 12 gennaio 2019, n. 14), relativi, rispettivamente, agli effetti della procedura di concordato preventivo e di liquidazione giudiziale sul pendente contratto di *leasing*.

- art. 1, commi 139-140, L. 4 agosto 2017, n. 124, in tema di *leasing*.

♦ Codice europeo dei contratti

Art. 211. Vendita con riserva della proprietà. *[...]. 4. In caso di risoluzione, il bene venduto deve essere restituito al venditore, il quale ha a sua volta il dovere di restituire le rate percepite, ma ha il diritto ad un equo compenso per l'uso che la controparte ha fatto del bene stesso, oltre al risarcimento del danno. Se è stato convenuto che le rate versate spettino al venditore a titolo di indennità e il loro ammontare risulti manifestamente eccessivo, il compratore può ottenerne un'equa diminuzione secondo il criterio previsto dall'art. 170 comma 4, ult. parte.*

§ 4

Della vendita su documenti e con pagamento contro documenti

1527. Consegna.

Nella vendita su documenti, il venditore si libera dall'obbligo della consegna rimettendo al compratore [1860] il titolo rappresentativo della merce [1792, 1996] e gli altri documenti stabiliti dal contratto o, in mancanza, dagli usi [1477].

1528. Pagamento del prezzo.

Salvo patto o usi contrari, il pagamento del prezzo e degli accessori deve eseguirsi nel momento e nel luogo in cui avviene la consegna dei documenti indicati dall'articolo precedente [1498].

Quando i documenti sono regolari, il compratore non può rifiutare il pagamento del prezzo adducendo eccezioni relative alla qualità e allo stato delle cose [1490], a meno che queste risultino già dimostrate [1460].

1529. Rischi.

Se la vendita ha per oggetto [1325 n. 3, 1346] cose in viaggio, e tra i documenti consegnati al compratore è compresa la polizza di assicurazione per i rischi del trasporto [1889], sono a carico del compratore i rischi a cui si trova esposta la merce dal momento della consegna al vettore [1510, 1891, 1895].

Questa disposizione non si applica se il venditore al tempo del contratto era a conoscenza della perdita o dell'avaria della merce, e le ha in mala fede taciute al compratore.

1530. Pagamento contro documenti a mezzo di banca.

Quando il pagamento del prezzo deve avvenire a mezzo di una banca, il venditore non può rivolgersi al compratore se non dopo il rifiuto opposto dalla banca stessa e constatato all'atto della presentazione dei documenti nelle forme stabilite dagli usi [1269, 1527].

La banca che ha confermato il credito al venditore può opporgli solo le eccezioni derivanti dall'incompletezza o irregolarità dei documenti e quelle relative al rapporto di conferma del credito [1268, 1271].

§ 5

Della vendita a termine di titoli di credito

● Norme connesse:

- art. 76, R.D. 16 marzo 1942, n. 267, art. 107, D.Lgs. 24 febbraio 1998, n. 58.

1531. Interessi, dividendi e diritto di voto.

Nella vendita a termine di titoli di credito [1992], gli interessi e i dividendi esigibili dopo la conclusione del contratto e prima della scadenza del termine, se riscossi dal venditore, sono accreditati al compratore [821, 1263, 1550].

Qualora la vendita abbia per oggetto titoli azionari [2346], il diritto di voto [2351] spetta al venditore fino al momento della consegna [disp. att. 177; L. fall. 76].

1532. Diritto di opzione.

Il diritto di opzione [2441] inerente ai titoli venduti a termine spetta al compratore [1550].

Il venditore, qualora il compratore gliene faccia richiesta in tempo utile, deve mettere il compratore in grado di esercitare il diritto di opzione, oppure deve esercitarlo per conto del compratore, se questi gli ha fornito i fondi necessari.

In mancanza di richiesta da parte del compratore, il venditore deve curare la vendita dei diritti di opzione per conto del compratore, a mezzo di un agente di cambio o di un istituto di credito [1550, 1838; disp. att. 251].

1533. Estrazione per premi o rimborsi.

Se i titoli venduti a termine sono soggetti a estrazione per premi o rimborsi, i diritti e gli oneri derivanti dall'estrazione spettano al compratore, qualora la conclusione del contratto sia anteriore al giorno stabilito per l'inizio dell'estrazione [1550].

Il venditore, al solo effetto indicato dal comma precedente, deve comunicare per iscritto al compratore una distinta numerica dei titoli almeno un giorno prima dell'inizio dell'estrazione [1998].

In mancanza di tale comunicazione, il compratore ha facoltà di acquistare, a spese del venditore, i diritti spettanti a una quantità corrispondente di titoli, dandone comunicazione al venditore prima dell'inizio dell'estrazione.

1534. Versamenti richiesti sui titoli.

Il compratore deve fornire al venditore, almeno due giorni prima della scadenza, le somme necessarie per eseguire i versamenti richiesti sui titoli non liberati [1550, 2356].

1535. Proroga dei contratti a termine.

Se alla scadenza del termine le parti convengono di prorogare l'esecuzione del contratto, è dovuta la differenza tra il prezzo originario e quello corrente nel giorno della scadenza, salva l'osservanza degli usi diversi.

1536. Inadempimento.

In caso d'inadempimento della vendita a termine dei titoli, si osservano le norme degli articoli 1515 e 1516, salva, per i contratti di borsa, l'applicazione delle leggi speciali.

● Norme connesse:
- artt. 18 e 72, D.Lgs. 24 febbraio 1998, n. 58 (T.U. intermediazione finanziaria).

Sezione III
Della vendita di cose immobili

● Norme connesse:
- R.D.L. 30 giugno 1936, n. 274, convertito in L. 24 luglio 1936, n. 1692 (Norme per la vendita e la locazione degli immobili adibiti per uso alberghiero); art. 40 (mancata presentazione dell'istanza), L. 28 febbraio 1985, n. 47 (Norme in materia di controllo dell'attività urbanistico-edilizia, sanzioni, recupero e sanatoria delle opere edilizie); artt. 30, 46 e 47 del D.P.R. 6 giugno 2001, n. 380 (T.U. edilizia); art. 55, L. 31 maggio 1995, n. 218; D.Lgs. 20 giugno 2005, n. 122, sugli immobili da costruire; art. 6 (Attestato di prestazione energetica, rilascio e affissione), D.Lgs. 19 agosto 2005, n. 192, nel testo sostituito dall'art. 6, D.L. 4 giugno 2013, n. 63, convertito in L. 3 agosto 2013, n. 90.

1537. Vendita a misura.

Quando un determinato immobile [812] è venduto con l'indicazione della sua misura e per un prezzo stabilito in ragione di un tanto per ogni unità di misura, il compratore ha diritto a una riduzione, se la misura effettiva dell'immobile è inferiore a quella indicata nel contratto [disp. att. 166].

Se la misura risulta superiore a quella indicata nel contratto, il compratore deve corrispondere il supplemento del prezzo, ma ha facoltà di recedere dal contratto [1373] qualora l'eccedenza oltrepassi la ventesima parte della misura dichiarata [1373, 1377, 1430, 1538, 1539, 1540, 1541, 1631].

■ Codice civile del 1865: *Art. 1473. Se la vendita di un immobile si è fatta coll'indicazione della quantità, in ragione di un tanto per ogni misura, il venditore è obbligato di consegnare al compratore che lo esige, la quantità indicata nel contratto.*

Quando ciò non è possibile o il compratore non lo esige, il venditore è obbligato a soggiacere ad una proporzionata diminuzione del prezzo.

Art. 1474. Se all'opposto, nel caso dell'articolo precedente, la quantità si trova maggiore di quella espressa nel contratto, il compratore deve corrispondere il supplemento del prezzo: ha però la facoltà di recedere dal contratto, se l'eccedenza oltrepassa la vigesima parte della quantità dichiarata nel medesimo.

1538. Vendita a corpo.

Nei casi in cui il prezzo [1277, 1278] è determinato in relazione al corpo dell'immobile e non alla sua misura [1537], sebbene questa sia stata indicata, non si fa luogo a diminuzione o a supplemento di prezzo, salvo che la misura reale sia inferiore o superiore di un ventesimo rispetto a quella indicata nel contratto [1540].

Nel caso in cui dovrebbe pagarsi un supplemento di prezzo, il compratore ha la scelta di recedere dal contratto [1373, 1539] o di corrispondere il supplemento [1430, 1541, 1631].

■ Codice civile del 1865: *Art. 1475. In tutti gli altri casi in cui la vendita riguarda un corpo determinato e limitato, o fondi distinti e separati, ovvero comincia dalla misura o dall'indicazione del corpo venduto susseguita dalla misura, l'espressione della misura non dà luogo ad alcun supplemento di prezzo in favore del venditore per l'eccedenza della medesima, né ad alcuna diminuzione di prezzo in favore del compratore, se essa sia minore, salvo quando la differenza della misura reale in confronto di quella indicata nel contratto ecceda la vigesima parte in più o in meno del valore intero della cosa venduta, purché non vi sia stipulazione in contrario.*

Art. 1476. Nel caso in cui, secondo il precedente articolo, vi è luogo ad accrescimento di prezzo per eccedenza di misura, il compratore ha la scelta o di recedere dal contratto, o di corrispondere il supplemento del prezzo cogli interessi, se ha ritenuto l'immobile.

1539. Recesso dal contratto.

Quando il compratore esercita il diritto di recesso, il venditore è tenuto a restituire il prezzo e a rimborsare le spese del contratto [1475].

■ Codice civile del 1865: *Art. 1477. In tutti i casi in cui il compratore usa del diritto di recedere dal contratto, il venditore è tenuto a restituirgli, oltre il prezzo che avesse ricevuto, le spese del contratto medesimo.*

1540. Vendita cumulativa di più immobili.

Se due o più immobili sono stati venduti con lo stesso contratto per un solo e medesimo prezzo [1277, 1278], con l'indicazione della misura di ciascuno di essi, e si trova che la quantità è minore nell'uno e maggiore nell'altro, se ne fa compensazione fino alla debita concorrenza; il diritto al supplemento o alla diminuzione del prezzo spetta in conformità delle disposizioni sopra stabilite [1537, 1538].

■ Codice civile del 1865: *Art. 1479. Se si sono venduti due fondi collo stesso contratto e per un solo e medesimo prezzo, coll'indicazione della misura di ciascuno di essi, e si trova che la quantità è minore nell'uno e maggiore nell'altro, se ne fa la compensazione fino alla debita concorrenza; e l'azione tanto pel supplemento, quanto per la diminuzione del prezzo non ha luogo se non in conformità delle regole sopra stabilite.*

1541. Prescrizione.

Il diritto del venditore al supplemento [1538] e quello del compratore alla diminuzione del prezzo o al recesso dal contratto si prescrivono in un anno dalla consegna dell'immobile [disp. att. 178].

■ Codice civile del 1865: *Art. 1478. Nei casi sopra espressi l'azione pel supplemento del prezzo che spetta al venditore, e quella per la diminuzione del prezzo o pel recesso dal contratto che spetta al compratore, debbono proporsi nel termine di un anno dal giorno del contratto, sotto pena della perdita delle rispettive ragioni.*

Sezione IV
Della vendita di eredità

1542. Garanzia.

Chi vende un'eredità [477, 732, 765] senza specificarne gli oggetti [448] non è tenuto a garantire che la propria qualità di erede [458, 478, 588, 674, 676, comma 1, 1448, comma 1, 1469, 1547].

■ Codice civile del 1865: *Art. 1545. Quegli che vende un'eredità senza specificarne gli oggetti, non è tenuto a garantire che la propria qualità di erede.*

Se egli aveva già rivolto a proprio profitto i frutti di qualche fondo, o riscosso qualche credito appartenente a tale eredità, o venduti alcuni effetti della medesima, è tenuto a rimborsarne il compratore, qualora non gli abbia espressamente riservati nella vendita.

Il compratore deve dal canto suo rimborsare il venditore di quanto questi ha pagato pei debiti e pesi dell'eredità, e tenergli conto di quanto gli fosse dovuto sulla medesima, qualora non vi sia stipulazione in contrario.

♦ Codice civile francese

Articolo 1696. *Colui che vende una eredità senza specificarne in dettaglio gli oggetti, non è tenuto a garantire che la sua qualità di erede.*

1543. Forme.

La vendita di un'eredità deve farsi per atto scritto, sotto pena di nullità [1350, 2725].

Il venditore è tenuto a prestarsi agli atti che sono necessari da parte sua per rendere efficace, di fronte ai terzi, la trasmissione di ciascuno dei diritti compresi nell'eredità [1547, 2657].

1544. Obblighi del venditore.

Se il venditore ha percepito i frutti di qualche bene o riscosso qualche credito ereditario, ovvero ha venduto [769] qualche bene dell'eredità, è tenuto a rimborsarne il compratore, salvo patto contrario [765].

■ Codice civile del 1865: *Art. 1545. Quegli che vende un'eredità senza specificarne gli oggetti, non è tenuto a garantire che la propria qualità di erede.*

Se egli aveva già rivolto a proprio profitto i frutti di qualche fondo, o riscosso qualche credito appartenente a tale eredità, o venduti alcuni effetti della medesima, è tenuto a rimborsarne il compratore, qualora non gli abbia espressamente riservati nella vendita.

Il compratore deve dal canto suo rimborsare il venditore di quanto questi ha pagato pei debiti e pesi dell'eredità, e tenergli conto di quanto gli fosse dovuto sulla medesima, qualora non vi sia stipulazione in contrario.

♦ Codice civile francese

Articolo 1697. *Se il venditore aveva già approfittato dei frutti di qualche bene, o ricevuto l'ammontare di qualche credito appartenente a questa eredità o venduto qualche effetto della successione, è tenuto a rimborsarli all'acquirente se non li ha espressamente riservati al momento della vendita.*

1545. Obblighi del compratore.

Il compratore deve rimborsare il venditore di quanto questi ha pagato per debiti e pesi dell'eredità [457], e deve corrispondergli quanto gli sarebbe dovuto dall'eredità medesima, salvo che sia convenuto diversamente [752, 1273].

■ Codice civile del 1865: *Art. 1545. Quegli che vende un'eredità senza specificarne gli oggetti, non è tenuto a garantire che la propria qualità di erede.*

Se egli aveva già rivolto a proprio profitto i frutti di qualche fondo, o riscosso qualche credito appartenente a tale eredità, o venduti alcuni effetti della medesima, è tenuto a rimborsarne il compratore, qualora non gli abbia espressamente riservati nella vendita.

Il compratore deve dal canto suo rimborsare il venditore di quanto questi ha pagato pei debiti e pesi dell'eredità, e tenergli conto di quanto gli fosse dovuto sulla medesima, qualora non vi sia stipulazione in contrario.

CODICE CIVILE

♦ Codice civile francese
Articolo 1698. *L'acquirente deve dal suo lato suo rimborsare al venditore quello che questi ha pagato per i debiti e gli oneri della successione e fargli giustizia di tutto quello di cui era creditore se non c'è stipulazione contraria.*

1546. Responsabilità per debiti ereditari.

Il compratore [769], se non vi è patto contrario, è obbligato in solido [1292] col venditore a pagare i debiti ereditari [737, 754, 1545, 2112, 2560].

1547. Altre forme di alienazione di eredità.

Le disposizioni precedenti si applicano alle altre forme di alienazione di un'eredità a titolo oneroso [1197, 1542, 1543, 1861, 1872, 1965, 2247, 2342, 2464].

Nelle alienazioni a titolo gratuito la garanzia è regolata dall'articolo 797.

CAPO II
DEL RIPORTO

● Norme connesse:
- art. 76, R.D. 16 marzo 1942, n. 267.

1548. Nozione.

Il riporto è il contratto per il quale il riportato trasferisce in proprietà al riportatore titoli di credito [1992, 2346, comma 1, 2410] di una data specie per un determinato prezzo, e il riportatore assume l'obbligo di trasferire al riportato, alla scadenza del termine [1551] stabilito, la proprietà di altrettanti titoli della stessa specie, verso rimborso del prezzo, che può essere aumentato o diminuito nella misura convenuta [1500, 1549].

■ Codice del commercio del 1882: *Art. 73. Il contratto di riporto è costituito da una compra a pronto pagamento di titoli di credito circolanti in commercio, e dalla contemporanea rivendita a termine, per un prezzo determinato, alla stessa persona, di titoli della stessa specie.*

Per la validità del contratto è necessaria la consegna reale dei titoli dati a riporto. La proprietà di questi è trasferita nel compratore.

Le parti possono convenire che i premii, i rimborsi e gli interessi da conseguirsi sui titoli nel termine del riporto debbano rimanere a vantaggio del venditore.

1549. Perfezione del contratto.

Il contratto si perfeziona con la consegna dei titoli [1548].

■ Codice del commercio del 1882: *Art. 73. Il contratto di riporto è costituito da una compra a pronto pagamento di titoli di credito circolanti in commercio, e dalla contemporanea rivendita a termine, per un prezzo determinato, alla stessa persona, di titoli della stessa specie.*

Per la validità del contratto è necessaria la consegna reale dei titoli dati a riporto. La proprietà di questi è trasferita nel compratore.

Le parti possono convenire che i premii, i rimborsi e gli interessi da conseguirsi sui titoli nel termine del riporto debbano rimanere a vantaggio del venditore.

1550. Diritti accessori e obblighi inerenti ai titoli.

I diritti accessori e gli obblighi inerenti ai titoli dati a riporto spettano al riportato. Si applicano le disposizioni degli articoli 1531, 1532, 1533 e 1534.

Il diritto di voto [2351], salvo patto contrario, spetta al riportatore [1531; disp. att. 177].

1551. Inadempimento.

In caso di inadempimento di una delle parti [1548], si osservano le disposizioni degli articoli 1515 e 1516, salva per i contratti di borsa l'applicazione delle leggi speciali [L. fall. 76].

Se entrambe le parti non adempiono le proprie obbligazioni nel termine stabilito, il riporto cessa di avere effetto, e ciascuna parte ritiene ciò che ha ricevuto al tempo della stipulazione del contratto.

● Norme connesse:
- artt. 58, D.Lgs. 24 febbraio 1998, n. 58.

CAPO III
DELLA PERMUTA

● Norme connesse:
- art. 72, R.D. 16 marzo 1942, n. 267.

1552. Nozione.

La permuta è il contratto che ha per oggetto il reciproco trasferimento della proprietà di cose, o di altri diritti, da un contraente all'altro.

■ Codice civile del 1865: *Art. 1549. La permuta è un contratto, con cui ciascuna delle parti si obbliga di dare una cosa per averne un'altra.*

♦ Codice civile francese
Articolo 1702. *Lo scambio è un contratto con cui le parti si danno rispettivamente un bene per un altro bene.*

1553. Evizione.

Il permutante, se ha sofferto l'evizione e non intende riavere la cosa data, ha diritto al valore della cosa evitta, secondo le norme stabilite per la vendita [1483], salvo in ogni caso il risarcimento del danno [1223].

■ Codice civile del 1865: *Art. 1552. Il permutante, il quale ha sofferto l'evizione della cosa ricevuta in permuta, può a sua scelta domandare il risarcimento dei danni o ripetere la cosa data.*

1554. Spese della permuta.

Salvo patto contrario, le spese della permuta e le altre accessorie sono a carico di entrambi i contraenti in parti uguali [1475; disp. att. 63, comma 4].

1555. Applicabilità delle norme sulla vendita.
Le norme stabilite per la vendita [1470] si applicano alla permuta, in quanto siano con questa compatibili.

● Norme connesse:
- art. 72, R.D. 16 marzo 1942, n. 267.

■ Codice civile del 1865: *Art. 1555. Le altre regole stabilite pel contratto di vendita, si applicano anche alla permuta.*

CAPO IV
DEL CONTRATTO ESTIMATORIO

1556. Nozione.
Con il contratto estimatorio una parte consegna [1558] una o più cose mobili all'altra e questa si obbliga [1557] a pagarne il prezzo, salvo che restituisca le cose nel termine stabilito.

♦ Codice europeo dei contratti
Art. 214 Contratto estimatorio. *1. Con questo contratto il venditore consegna dei beni mobili materiali al compratore, che ne acquista la proprietà e il possesso obbligandosi a pagarne il prezzo convenuto entro il termine concordato, salva la sua facoltà di restituire, nel termine predetto, i beni stessi o alcuni di essi, oppure, su espresso accordo, delle parti rappresentative dei medesimi. [...].*
3. Se entro il termine convenuto il compratore non paga il prezzo dovuto ed è ancora in possesso dei beni ricevuti, il venditore può agire nei suoi confronti, a sua scelta, per ottenere o la restituzione dei beni o il pagamento del prezzo ai sensi dell'art. 111.

1557. Impossibilità di restituzione.
Chi ha ricevuto le cose non è liberato dall'obbligo di pagarne il prezzo, se la restituzione di esse nella loro integrità è divenuta impossibile per causa a lui non imputabile [1218, 1288, 1463].

♦ Codice europeo dei contratti
Art. 214 Contratto estimatorio. *[...]. 2. Se i beni consegnati, o alcuni di essi, sono distrutti, danneggiati o vengono sottratti al compratore, anche se per una causa a lui non imputabile, egli deve comunque pagarne il prezzo al venditore.*

1558. Disponibilità delle cose.
Sono validi gli atti di disposizione compiuti da chi ha ricevuto le cose; ma i suoi creditori non possono sottoporle a pignoramento [c.p.c. 491, 513, 543] o a sequestro [c.p.c. 670, 671] finché non ne sia stato pagato il prezzo.
Colui che ha consegnato le cose non può disporne fino a che non gli siano restituite.

CAPO V
DELLA SOMMINISTRAZIONE

● Norme connesse:
- gli appalti pubblici di forniture sono attualmente regolati, unitamente a quelli di opere e servizi, dal D.Lgs. 18 aprile 2016, n. 50 (Codice dei contratti pubblici).
- art. 48 (Aziende erogatrici di servizi pubblici) T.U. edilizia di cui al D.P.R. 6 giugno 2001, n. 380; art. 74, R.D. 16 marzo 1942, n. 267.

1559. Nozione.
La somministrazione è il contratto con il quale una parte si obbliga, verso corrispettivo di un prezzo [1561 ss.], a eseguire, a favore dell'altra, prestazioni periodiche o continuative di cose [1560, 1677; L. fall. 74].

♦ Codice europeo dei contratti
Art. 215 Somministrazione. *Se il venditore si obbliga ad effettuare, verso corrispettivo di un prezzo, consegne continuative o periodiche di beni mobili, l'entità e la scadenza di ciascuna di tali consegne, se non concordate al momento della stipulazione del contratto, possono essere di volta in volta indicate con congruo anticipo dal compratore entro i limiti convenuti.*

1560. Entità della somministrazione.
Qualora non sia determinata l'entità della somministrazione, s'intende pattuita quella corrispondente al normale fabbisogno della parte che vi ha diritto, avuto riguardo al tempo della conclusione del contratto [1326].
Se le parti hanno stabilito soltanto il limite massimo e quello minimo per l'intera somministrazione o per le singole prestazioni, spetta all'avente diritto alla somministrazione di stabilire, entro i limiti suddetti, il quantitativo dovuto.
Se l'entità della somministrazione deve determinarsi in relazione al fabbisogno ed è stabilito un quantitativo minimo, l'avente diritto alla somministrazione è tenuto per la quantità corrispondente al fabbisogno se questo supera il minimo stesso.

1561. Determinazione del prezzo.
Nella somministrazione a carattere periodico, se il prezzo deve essere determinato secondo le norme dell'articolo 1474, si ha riguardo al tempo della scadenza delle singole prestazioni e al luogo in cui queste devono essere eseguite.

1562. Pagamento del prezzo.
Nella somministrazione a carattere periodico il prezzo è corrisposto all'atto delle singole prestazioni e in proporzione di ciascuna di esse.
Nella somministrazione a carattere continuativo il prezzo è pagato secondo le scadenze d'uso.

♦ Codice europeo dei contratti
Art. 215 Somministrazione. *[...]. 2. In mancanza di accordo, il prezzo deve essere pagato alle scadenze d'uso per le consegne continuative, e al momento della singola fornitura per le consegne periodiche.*

1563. Scadenza delle singole prestazioni.
Il termine stabilito per le singole prestazioni si presume pattuito nell'interesse di entrambe le parti [1184].

Se l'avente diritto alla somministrazione ha la facoltà di fissare la scadenza delle singole prestazioni, egli deve comunicarne la data al somministrante con un congruo preavviso.

1564. Risoluzione del contratto.

In caso d'inadempimento di una delle parti relativo a singole prestazioni, l'altra può chiedere la risoluzione del contratto, se l'inadempimento ha una notevole importanza ed è tale da menomare la fiducia nell'esattezza dei successivi adempimenti [1453, 1455].

● Norme connesse:
- art. 74, R.D. 16 marzo 1942, n. 267.

♦ Codice europeo dei contratti
Art. 215 Somministrazione. *[...]. 3. Se per l'inadempimento di una delle parti, che sia di rilevante importanza ai sensi dell'art. 107100, la controparte addiviene alla risoluzione del contratto, per le prestazioni eseguite precedentemente si applica l'art. 114 comma 5101.*

1565. Sospensione della somministrazione.

Se la parte che ha diritto alla somministrazione è inadempiente e l'inadempimento è di lieve entità [1455], il somministrante non può sospendere l'esecuzione del contratto [1459] senza dare congruo preavviso [1460, 1845].

1566. Patto di preferenza.

Il patto con cui l'avente diritto alla somministrazione si obbliga a dare la preferenza al somministrante nella stipulazione di un successivo contratto per lo stesso oggetto, è valido purché la durata dell'obbligo non ecceda il termine di cinque anni. Se è convenuto un termine maggiore, questo si riduce a cinque anni [1341, 2596].

L'avente diritto alla somministrazione deve comunicare al somministrante le condizioni propostegli da terzi e il somministrante deve dichiarare, sotto pena di decadenza, nel termine stabilito o, in mancanza, in quello richiesto dalle circostanze o dagli usi, se intende valersi del diritto di preferenza [disp. att. 179].

1567. Esclusiva a favore del somministrante.

Se nel contratto è pattuita la clausola di esclusiva [1341] a favore del somministrante, l'altra parte non può ricevere da terzi prestazioni della stessa natura né, salvo patto contrario, può provvedere con mezzi propri alla produzione delle cose che formano oggetto del contratto [1568, 1743].

1568. Esclusiva a favore dell'avente diritto alla somministrazione.

Se la clausola di esclusiva è pattuita [1341] a favore dell'avente diritto alla somministrazione, il somministrante non può compiere nella zona per cui l'esclusiva è concessa e per la durata del contratto, né direttamente né indirettamente, prestazioni della stessa natura di quelle che formano oggetto del contratto.

L'avente diritto alla somministrazione, che assume l'obbligo di promuovere, nella zona assegnatagli, la vendita delle cose di cui ha l'esclusiva, risponde dei danni [1223] in caso di inadempimento a tale obbligo, anche se ha eseguito il contratto rispetto al quantitativo minimo che sia stato fissato [1743].

1569. Contratto a tempo indeterminato.

Se la durata della somministrazione non è stabilita, ciascuna delle parti può recedere dal contratto [1373], dando preavviso nel termine pattuito o in quello stabilito dagli usi o, in mancanza, in un termine congruo avuto riguardo alla natura della somministrazione.

1570. Rinvio.

Si applicano alla somministrazione, in quanto compatibili con le disposizioni che precedono, anche le regole che disciplinano il contratto a cui corrispondono le singole prestazioni [1677].

CAPO VI
DELLA LOCAZIONE

● Norme connesse:
- L. 27 luglio 1978, n. 392, Disciplina delle locazioni di immobili urbani; L. 9 dicembre 1998, n. 431, Disciplina delle locazioni e del rilascio degli immobili adibiti ad uso abitativo.
- art. 6 (Attestato di prestazione energetica, rilascio e affissione), D.Lgs. 19 agosto 2005, n. 192, nel testo sostituito dall'art. 6, D.L. 4 giugno 2013, n. 63, convertito in L. 3 agosto 2013, n. 90.
- art. 185 del Codice della crisi di impresa e dell'insolvenza, attuativo della Legge delega 19 ottobre 2017, n. 155 (D.Lgs. 12 gennaio 2019, n. 14), in tema di effetti della procedura di liquidazione giudiziale sul pendente contratto di locazione.

Sezione I
Disposizioni generali

● Norme connesse:
- art. 80, R.D. 16 marzo 1942, n. 267; artt. 3, 8, 9, 11, L. 18 dicembre 1984, n. 975; art. 4, L. 27 luglio 1978, n. 392; artt. 1, comma 4, 13, comma 5, L. 9 dicembre 1998, n. 431.

1571. Nozione.

La locazione è il contratto [1350 n. 8] col quale una parte [320] si obbliga a far godere all'altra una cosa mobile o immobile per un dato tempo [1573, 1574], verso un determinato corrispettivo [180, comma 2, 378, 820, 954, 1380, 1572, 1639, 1803, 2643, comma 1, n. 8, 2764, 2923, 2948 n. 3; disp. att. 180].

■ Codice civile del 1865: *Art. 1569. La locazione delle cose è un contratto, col quale una delle parti contraenti si obbliga di far godere l'altra di una cosa per un determinato tempo, e mediante un determinato prezzo che questa si obbliga di pagarle.*

♦ Codice civile francese

Articolo 1709. *L'affitto di cose è un contratto con cui una delle parti si obbliga a far godere all'altra un bene durante un determinato periodo di tempo, e dietro pagamento di un certo prezzo che questi si obbliga a pagargli.*

♦ Codice civile tedesco

§ 535 Contenuto e obbligazioni principali del contratto di locazione. *(1) Attraverso il contratto di locazione il locatore assume l'obbligo di garantire al conduttore il godimento della cosa data in locazione per il tempo della locazione. Il locatore ha l'obbligo di consegnare al conduttore la cosa locata in uno stato utile per l'uso previsto nel contratto e deve mantenerla in tale stato durante il corso della locazione. Il locatore è obbligato a sostenere gli oneri che gravano sulla cosa data in locazione. (2) Il conduttore ha l'obbligo di pagare al locatore il canone stabilito.*

1572. Locazioni e anticipazioni eccedenti l'ordinaria amministrazione.

Il contratto di locazione per una durata superiore a nove anni [1571, 1607] è atto eccedente l'ordinaria amministrazione [180, comma 2, 320, comma 3, 374, comma 1, n. 4, 394, 411, 1108, comma 3, 1350 n. 8, 2643 n. 8, 2923, comma 2].

Sono, altresì, atti eccedenti l'ordinaria amministrazione le anticipazioni del corrispettivo della locazione per una durata superiore a un anno [1605][1].

[1] In deroga v., art. 2-ter, D.L. 19 giugno 1974, n. 236, convertito in L. 12 agosto 1974, n. 351.

■ Codice civile del 1865: *Art. 1572. La locazione che eccede i nove anni, non è permessa a coloro i quali non possono fare se non gli atti di semplice amministrazione.*

1573. Durata della locazione.

Salvo diverse norme di legge [1607, 1629, 1800], la locazione non può stipularsi per un tempo eccedente i trent'anni [1350 n. 8, 1584, 2643 n. 8, 2923]. Se stipulata per un periodo più lungo o in perpetuo, è ridotta al termine suddetto [1339, 1574].

● Norme connesse:

- artt. 1, 27, 28, 58, 59, 67, L. 27 luglio 1978, n. 392; artt. 2-5, L. 9 dicembre 1998, n. 431.

- per i beni immobili patrimoniali dello Stato, art. 8, comma 1, lett. a), D.P.R. n. 41/2001.

■ Codice civile del 1865: *Art. 1571. Le locazioni d'immobili noti possono stipularsi per un tempo eccedenti i trent'anni. Quelle che venissero fatte per un maggior tempo s'intendono ristretti. ai trent'anni, computabili dal giorno in cui ebbero principio. Qualunque patto contrario è di nessun effetto.*

Trattandosi di locazione di una casi per abitazione, può pattuirsi che la medesima duri tutta la vita dell'inquilino o anche sino a due anni dopo.

Le locazioni dei terreni affatto incolti, che si fanno col patto di dissodarli e di ridurli a coltura, possono anche estendersi a un tempo maggiore di trent'anni ma non oltre i cento.

♦ Codice civile tedesco

§ 544 Locazione eccedente i trent'anni. *Quando viene concluso un contratto di locazione per un periodo superiore a trent'anni, ogni parte del contratto può, passati 30 anni dal trasferimento della cosa locata, sciogliere la locazione in via straordinaria nel rispetto del termine di legge. La disdetta non è ammissibile quando il contratto sia stato concluso per ['intera vita del locatore o del conduttore.*

1574. Locazione senza determinazione di tempo.

Quando le parti non hanno determinato la durata della locazione, questa si intende convenuta [1573, 1596, 1600, 1616, 1630, 1800]:

1) se si tratta di case senza arredamento di mobili o di locali per l'esercizio di una professione, di un'industria o di un commercio, per la durata di un anno, salvi gli usi locali;

2) se si tratta di camere o di appartamenti mobiliati, per la durata corrispondente all'unità di tempo a cui è commisurata la pigione;

3) se si tratta di cose mobili, per la durata corrispondente all'unità di tempo a cui è commisurato il corrispettivo;

4) se si tratta di mobili forniti dal locatore per l'arredamento di un fondo urbano, per la durata della locazione del fondo stesso [2923].

● Norme connesse:

- artt. 1, 3, 27, 28, 58, 59, 67, L. 27 luglio 1978, n. 392; artt. 2-5, L. 9 dicembre 1998, n. 431.

1575. Obbligazioni principali del locatore.

Il locatore deve:

1) consegnare al conduttore la cosa locata in buono stato di manutenzione [1177, 1590, 1617];

2) mantenerla in stato da servire all'uso convenuto [1576, 1577, 1582, 1584];

3) garantirne il pacifico godimento durante la locazione [1585, 1586].

● Norme connesse:

- artt. 21, 39, L. 27 luglio 1978, n. 392; art. 6 (Attestato di prestazione energetica, rilascio e affissione), D.Lgs. 19 agosto 2005, n. 192, nel testo sostituito dall'art. 6, D.L. 4 giugno 2013, n. 63, convertito in L. 3 agosto 2013, n. 90.

■ Codice civile del 1865: *Art. 1575. Il locatore è tenuto per la natura del contratto e senza bisogno di speciale stipulazione:*

1° A consegnare al conduttore la cosa locata;

2° A mantenerla in istato di servire all'uso per cui venne locata;

3° A garantirne al conduttore il pacifico godimento per tutto il tempo della locazione.

Art. 1576. Il locatore è tenuto a consegnare la cosa in buono stato di riparazioni d'ogni specie.

Deve farvi, durante la locazione tutte quelle riparazioni che possono essere necessarie, eccettuate le piccole riparazioni, che per uso sono a carico del conduttore.

♦ Codice civile francese

Articolo 1719. *Il locatore è obbligato per la natura del contratto, e senza che sia necessaria alcuna stipulazione particolare: 1° a consegnare al conduttore la cosa locata e, se si tratta della sua abitazione principale, un alloggio decente; 2° a mantenere questa cosa nello stato da servire all'uso per cui è stata locata; 3° a farne godere pacificamente il conduttore durante la durata della locazione; 4° ad assicurare ugualmente la permanenza e la qualità delle piantagioni.*

1576. Mantenimento della cosa in buono stato locativo.

Il locatore deve eseguire, durante la locazione, tutte le riparazioni necessarie [1575, comma 1, n. 2, 1583], eccettuate quelle di piccola manutenzione che sono a carico del conduttore [1575, comma 1, n. 2, 1609, 1621, 2153, 2764].

Se si tratta di cose mobili, le spese di conservazione e di ordinaria manutenzione sono, salvo patto contrario, a carico del conduttore.

● Norme connesse:

- artt. 9, 23, L. 27 luglio 1978, n. 392; artt. 2-5, L. 9 dicembre 1998, n. 431.
- sulla ripartizione degli oneri accessori tra locatore e conduttore, tabella all. G, D.M. 30 dicembre 2002.

■ Codice civile del 1865: *Art. 1576. Il locatore è tenuto a consegnare la cosa in buono stato di riparazioni d'ogni specie.*

Deve farvi, durante la locazione tutte quelle riparazioni che possono essere necessarie, eccettuate le piccole riparazioni, che per uso sono a carico del conduttore.

♦ Codice civile francese

Articolo 1720. *Il locatore è tenuto a consegnare la cosa in buono stato di riparazioni di ogni genere. Deve farvi, durante la durata della locazione tutte le riparazioni che possono divenire necessarie diverse da quelle locatizie.*

1577. Necessità di riparazioni.

Quando la cosa locata [2254, comma 2] abbisogna di riparazioni che non sono a carico del conduttore [1576], questi è tenuto a darne avviso al locatore.

Se si tratta di riparazioni urgenti, il conduttore può eseguirle direttamente, salvo rimborso, purché ne dia contemporaneamente avviso al locatore [1583].

● Norme connesse:

- art. 23, L. 27 luglio 1978, n. 392; L. 9 dicembre 1998, n. 431.

♦ Codice civile francese

Articolo 1724. *Se, durante la locazione, la cosa locata ha bisogno di riparazioni urgenti e che non possono essere differite fino al suo termine, il conduttore deve sopportarle, qualunque disagio causino, e benché sia privato, quando si fanno, di una parte della cosa locata. Ma, se queste riparazioni durano più di quaranta giorni. il prezzo della locazione sarà diminuito in proporzione del tempo e della parte della cosa locata di cui sarà stato privato. Se queste riparazioni sono di natura tale da rendere inabitabile ciò che è necessario all'alloggio del conduttore e della sua famiglia, questi potrà far risolvere la locazione.*

1578. Vizi della cosa locata.

Se al momento della consegna la cosa locata [2254] è affetta da vizi che ne diminuiscono in modo apprezzabile l'idoneità all'uso pattuito [1490, 1491, 1667, 1698, 2226], il conduttore può domandare la risoluzione del contratto o una riduzione del corrispettivo, salvo che si tratti di vizi da lui conosciuti o facilmente riconoscibili [1580].

Il locatore è tenuto a risarcire al conduttore i danni derivati da vizi della cosa, se non prova di avere, senza colpa, ignorato i vizi stessi al momento della consegna [1494 comma 2, 1581, 1812, 1821].

■ Codice civile del 1865: *Art. 1577. Il conduttore debb'essere garantito per tutti quei vizi e difetti della cosa locata che ne impediscano l'uso, quantunque non fossero noti al locatore al tempo della locazione.*

Se da questi vizi o difetti proviene qualche danno al conduttore, il locatore è tenuto a farnelo indenne salvo che provi di averli ignorati.

♦ Codice civile francese

Articolo 1721. *È dovuta garanzia al conduttore per tutti i vizi o i difetti del bene locato che ne impediscono l'uso, anche quando il locatore non li avrebbe conosciuti al momento della locazione. Se da questi vizi o difetti risulta una qualche perdita per il conduttore, il locatore è tenuto ad indennizzarlo.*

♦ Codice civile tedesco

§ 536 Diminuzione del canone per vizi materiali e giuridici. *(1) Qualora la cosa locata sia affetta, nel momento della consegna al conduttore, da un vizio che escluda la sua idoneità ad un impiego conforme al contratto, ovvero se un tale vizio si manifesti durante la locazione, il conduttore non è obbligato, per il tempo necessario a rimuovere il vizio, a pagare il canone. Per il tempo in cui il godimento è diminuito, il conduttore è obbligato soltanto a pagare una somma sufficientemente ridotta. Una diminuzione ininfluente sulla idoneità del bene non viene presa in considerazione. (2) Le disposizioni del comma 1, periodi 1 e 2, trovano applicazione anche quando manchi o venga successivamente a mancare alla cosa locata una delle qualità promesse dal locatore. (3) Se al conduttore sia precluso in tutto o in parte l'utilizzo della cosa locata previsto dal contratto a causa del diritto di un terzo, trovano corrispondente applicazione nei commi 1 e 2. (4) In caso di un rapporto locatizio avente ad oggetto immobili ad uso abitativo, l'accordo in deroga che pregiudichi il conduttore è senza effetti.*

§ 536a Diritto del conduttore al risarcimento del danno e delle spese in caso di vizi. *(1) Qualora al momento della conclusione del contratto ricorra un vizio in base al § 536 o un analogo vizio si determini successivamente per un fatto imputabile al locatore ovvero se il locatore temporeggi nell'eliminazione del vizio, il conduttore può, rimanendo fermi i diritti di cui al § 536, esigere il risarcimento del danno. Il conduttore può rimuovere il vizio a sue spese ed esigere la restituzione delle somme pagate se: Il locatore ritardi nell'eliminazione del vizio oppure 2 la rimozione immediata del vizio è essenziale per il mantenimento o la riparazione dello stato di cosa locata.*

§ 536b Conoscenza del vizio da parte del conduttore al momento della conclusione del contratto o dell'accettazione. *Il conduttore, qualora sia a conoscenza del vizio della cosa locata nel momento in cui concluda il contratto, non può poi usufruire dei diritti di cui ai §§ 536 e 536a. Se a causa di colpa grave non abbia avuto conoscenza del vizio, può godere di tali diritti soltanto se il locatore gli abbia in malafede nascosto il vizio. Il conduttore, qualora sia a conoscenza del vizio della cosa locata nel momento in cui concluda il contratto, non può poi usufruire dei diritti di cui ai §§ 536 e 536a. Se a causa di colpa grave non abbia avuto conoscenza del vizio, può godere di tali diritti soltanto se il locatore gli abbia in malafede nascosto il vizio. Il conduttore, che abbia accettato la consegna di un bene viziato, sebbene conoscesse il vizio, può avvalersi dei diritti di cui ai §§ 536 e 536a soltanto nel caso in cui faccia riserva dei suoi diritti quando procede all'accettazione.*

1579. Limitazioni convenzionali della responsabilità.

Il patto con cui si esclude o si limita la responsabilità [1229] del locatore per i vizi della cosa non ha effetto, se il locatore li ha in mala fede taciuti al conduttore, oppure se i vizi sono tali da rendere impossibile il godimento della cosa [1490, 1575, comma 1, n. 2, 1580, 1581].

♦ Codice civile tedesco

§ 536d Esclusione contrattuale di diritti del conduttore per vizi. *Il locatore, qualora abbia taciuto in mala fede al conduttore i vizi della cosa locata, non può giovarsi di un patto con il quale siano stati eliminati o ridotti i diritti del conduttore in caso di vizi della cosa data in locazione.*

1580. Cose pericolose per la salute.

Se i vizi della cosa o di parte notevole di essa espongono a serio pericolo la salute [Cost. 32] del conduttore o dei suoi familiari o dipendenti, il conduttore può ottenere la risoluzione del contratto, anche se i vizi gli erano noti, nonostante qualunque rinunzia [1229, 1578, 1579, 1581].

1581. Vizi sopravvenuti.

Le disposizioni degli articoli precedenti si osservano, in quanto applicabili, anche nel caso di vizi della cosa sopravvenuti nel corso della locazione [1578-1580].

♦ Codice civile tedesco

§ 536c Vizi che sopravvengono durante la locazione; denuncia dei vizi da parte del conduttore. *(1) Il conduttore, se durante la locazione si determini un vizio della cosa locata si renda necessario adottare un provvedimento a tutela della cosa locata a causa di un pericolo imprevisto, deve segnalarlo immediatamente al locatore. Si verifica lo stesso quando un terzo si arroghi un diritto sulla cosa. (2) Il conduttore, nel caso in cui non provveda a denunciare i vizi, deve risarcire i danni da ciò derivanti al locatore. Nella misura in cui il locatore non sia in grado di riparare le conseguenze dell'omessa denuncia, il conduttore non può; 1. avvalersi dei diritti stabiliti dal § 536; 2. esigere il risarcimento del danno in base al § 536a, comma 1 oppure 3. disdire il contratto senza l'individuazione di un termine idoneo a porre rimedio a norma del § 543, comma 3 periodo 1.*

1582. Divieto d'innovazione.

Il locatore non può compiere sulla cosa innovazioni che diminuiscano il godimento da parte del conduttore [1575 n. 2].

1583. Mancato godimento per riparazioni urgenti.

Se, nel corso della locazione, la cosa abbisogna di riparazioni che non possono differirsi fino al termine del contratto, il conduttore deve tollerarle anche quando importano privazione del godimento di parte della cosa locata [1576, 1577, 1584].

■ Codice civile del 1865: *Art. 1580. Se durante la locazione la cosa locata abbisogna di riparazioni urgenti e che non possono differirsi fino al termine del contratto, il conduttore deve soffrire, quantunque sia, l'incomodo che gli arrecano, quantunque nel tempo che si eseguiscono resti privato di una parte della cosa locata.*

Se però tali riparazioni continuano oltre venti giorni, viene diminuito il prezzo della locazione proporzionatamente al tempo ed alla parte della cosa locata di cui il conduttore è rimasto privo.

Se le riparazioni sono di tal natura che rendano inabitabile quella parte che è necessaria per l'alloggio del conduttore e della sua famiglia, si può secondo le circostanze far luogo allo scioglimento del contratto.

1584. Diritti del conduttore in caso di riparazioni.

Se l'esecuzione delle riparazioni si protrae per oltre un sesto della durata della locazione [1573] e in ogni caso, per oltre venti giorni, il conduttore ha diritto a una riduzione del corrispettivo, proporzionata all'intera durata delle riparazioni stesse e all'entità del mancato godimento [1583].

Indipendentemente dalla sua durata, se l'esecuzione delle riparazioni rende inabitabile quella parte della cosa che è necessaria per l'alloggio del conduttore e della sua famiglia, il conduttore può ottenere, secondo le circostanze, lo scioglimento del contratto [1622].

■ Codice civile del 1865: *Art. 1580. Se durante la locazione la cosa locata abbisogna di riparazioni urgenti e che non possono differirsi fino al termine del contratto, il conduttore deve soffrire, quantunque sia, l'incomodo che gli arrecano, quantunque nel tempo che si eseguiscono resti privato di una parte della cosa locata.*

Se però tali riparazioni continuano oltre venti giorni, viene diminuito il prezzo della locazione proporzionatamente al tempo ed alla parte della cosa locata di cui il conduttore è rimasto privo.

Se le riparazioni sono di tal natura che rendano inabitabile quella parte che è necessaria per l'alloggio del conduttore e della sua famiglia, si può secondo le circostanze far luogo allo scioglimento del contratto.

CODICE CIVILE

1585. Garanzia per molestie.

Il locatore è tenuto a garantire [c.p.c. 32] il conduttore dalle molestie, che diminuiscono l'uso o il godimento della cosa [1575], arrecate da terzi che pretendono di avere diritti sulla cosa medesima [949, 1586].

Non è tenuto a garantirlo dalle molestie di terzi che non pretendono di avere diritti, salva al conduttore la facoltà di agire contro di essi in nome proprio [1168, 2254].

■ Codice civile del 1865: *Art. 1581. Il locatore non è tenuto a garantire il conduttore dalle molestie che terze persone con vie di fatto arrecano al suo godimento, quando però non pretendano qualche diritto sulla cosa locata, salva al conduttore la facoltà di agire contro di esse in suo proprio nome.*

Se al contrario il conduttore è stato molestato nel suo godimento in conseguenza di un'azione relativa alla proprietà della cosa, esso ha diritto ad una diminuzione proporzionata sul prezzo della pigione o del fitto, purché la molestia e l'impedimento sieno stati denunziati al locatore.

1586. Pretese da parte di terzi.

Se i terzi, che arrecano le molestie, pretendono di avere diritti sulla cosa locata, il conduttore è tenuto a darne pronto avviso al locatore, sotto pena del risarcimento dei danni [1012, 1777 comma 2, 1575, comma 1, n. 3, 1585].

Se i terzi agiscono in via giudiziale, il locatore è tenuto ad assumere la lite, qualora sia chiamato nel processo [1485]. Il conduttore deve esserne estromesso con la semplice indicazione del locatore, se non ha interesse a rimanervi [c.p.c. 108].

■ Codice civile del 1865: *Art. 1582. Se quelli che hanno cagionate molestie con vie di fatto, pretendono di avere qualche diritto sulla cosa locata, o se il conduttore è citato in giudizio per essere condannato a rilasciare la cosa in tutto o in parte o a soffrire l'esercizio di qualche servitù, egli deve chiamare il locatore nello stesso giudizio per essere rilevato dalle molestie, e se lo chiede, deve esser posto fuori di causa, anche solo indicando il locatore nel cui nome possiede.*

1587. Obbligazioni principali del conduttore.

Il conduttore deve:

1) prendere in consegna la cosa e osservare la diligenza del buon padre di famiglia [1176] nel servirsene per l'uso determinato nel contratto o per l'uso che può altrimenti presumersi dalle circostanze [1588];

2) dare il corrispettivo nei termini convenuti [820 comma 3, 1182, 1183, 1282 comma 2, 2764, 2948, n. 2].

● Norme connesse:

- art. 5, 12 ss., 62, 63, 80, L. 27 luglio 1978, n. 392.

- art. 95, D.L. 17 marzo 2020, n. 18, convertito in L. 24 aprile 2020, n. 27; art. 18-bis, D.L. 8 aprile 2020, n. 23, convertito in L. 5 giugno 2020, n. 40; artt. 8, 8-bis, 9-quater, D.L. 28 ottobre 2020, n. 137, convertito in L. 18 dicembre 2020, n. 176.

■ Codice civile del 1865: *Art. 1583. Il conduttore ha due obbligazioni principali:*

1° Deve servirsi della cosa locata da buon padre di famiglia, e per l'uso determinato nel contratto, o in mancanza di convenzione, per quello che può presumersi secondo le circostanze;

2° Deve pagare il prezzo della locazione nei termini convenuti.

1588. Perdita e deterioramento della cosa locata.

Il conduttore risponde della perdita e del deterioramento [1592 comma 2] della cosa che avvengono nel corso della locazione, anche se derivanti da incendio [1589, 1611], qualora non provi che siano accaduti per causa a lui non imputabile [1218 ss., 1256 ss., 1587, 2281].

È pure responsabile della perdita e del deterioramento cagionati da persone che egli ha ammesse, anche temporaneamente, all'uso o al godimento della cosa [1592 comma 2, 1594].

■ Codice civile del 1865: *Art. 1588. Il conduttore è obbligato pè deterioramenti e per le perdite che avvengono durante il suo godimento, quando non provi che siano avvenute senza) sua colpa.*

È pur obbligato pè deterioramenti per le perdite cagionate dalle persone della sua famiglia o dà suoi subconduttori.

♦ Codice civile francese

Articolo 1732. *Il conduttore risponde dei deterioramenti o delle perdite che si verificano durante il suo godimento, a meno che non prova che hanno avuto luogo senza sua colpa.*

1589. Incendio di cosa assicurata.

Se la cosa distrutta o deteriorata per incendio era stata assicurata dal locatore o per conto di questo [1588, 1891], la responsabilità del conduttore verso il locatore è limitata alla differenza tra l'indennizzo corrisposto dall'assicuratore e il danno effettivo [1223, 1611].

Quando si tratta di cosa mobile stimata [1908] e l'assicurazione è stata fatta per valore uguale alla stima, cessa ogni responsabilità del conduttore in confronto del locatore, se questi è indennizzato dall'assicuratore.

Sono salve in ogni caso le norme concernenti il diritto di surrogazione dell'assicuratore [1916].

■ Codice civile del 1865: *Art. 1589. Egli è obbligato per l'incendio, quando non provi:*

Che è avvenuto per caso fortuito o forza maggiore, o per difetto di costruzione, o nonostante la diligenza solita ad usarsi da ogni accurato padre di famiglia;

O che il fuoco si è comunicato di una casa, o da un fondo vicino.

1590. Restituzione della cosa locata.

Il conduttore deve restituire [1591] la cosa al locatore nello stato medesimo in cui l'ha ricevuta, in conformità della descrizione che ne sia stata fatta dalle parti, salvo il deterioramento o il consumo risultante dall'uso della cosa in conformità del contratto [, 1575, comma 1, n. 1, 2281].

In mancanza di descrizione, si presume che il conduttore abbia ricevuto la cosa in buono stato di manutenzione [1575 n. 1].

Il conduttore non risponde del perimento o del deterioramento dovuti a vetustà [1609, 1807].

Le cose mobili si devono restituire nel luogo dove sono state consegnate [1182 comma 2].

● Norme connesse:

- art. 12, L. 27 luglio 1978, n. 392.

■ Codice civile del 1865: *Art. 1585. Il conduttore deve restituire la cosa nello stato medesimo in cui l'ha ricevuta, in conformità della descrizione, che ne sia stata fatta fra esso ed il locatore, ad eccezione di ciò che fosse perito o deteriorato per vetustà o per forza maggiore.*

Art. 1586. Se non si è proceduto alla descrizione dello stato della cosa locata, si presume che il conduttore l'abbia ricevuta in buono stato di riparazioni locative, e deve restituirla nella stessa condizione, salva la prova in contrario.

♦ Codice civile tedesco

§ 538 Consumo della cosa locata per uso conforme al contratto. *Il conduttore non è chiamato a rispondere di modificazioni o deterioramenti della cosa locata causati da un utilizzo non conforme al contratto.*

§ 541 Azione inibitoria in caso di uso non conforme al contratto. *Qualora il conduttore perseveri nell'usare la cosa locata in modo non conforme al contratto, nonostante sia stato intimato dal locatore, quest'ultimo può agire in giudizio per esercitare l'azione inibitoria.*

1591. Danni per ritardata restituzione.

Il conduttore in mora [1219] a restituire la cosa [1590] è tenuto a dare al locatore il corrispettivo convenuto fino alla riconsegna, salvo l'obbligo di risarcire il maggior danno [1223, 1224].

● Norme connesse:

- art. 12, L. 27 luglio 1978, n. 392.

- per le locazioni ad uso abitativo, art. 6, L. 9 dicembre 1998, n. 431.

- per le locazioni immobiliari non abitative, art. 2, D.L. 25 settembre 1987, n. 393, convertito in L. 25 novembre 1987, n. 478, che dispone: *Il conduttore, per il periodo di occupazione dell'immobile intercorso fra la data di scadenza del regime transitorio previsto dalla legge 27 luglio 1978, n. 392, e successive modificazioni ed integrazioni, e la data fissata giudizialmente per il rilascio ovvero la data di stipulazione del nuovo contratto ai sensi dell'articolo 1 del decreto-legge 9 dicembre 1986, n. 832, convertito, con modificazioni, dalla legge 6 febbraio 1987, n. 15, non è tenuto a corrispondere al locatore alcun aumento di canone, salvo quanto previsto dall'articolo 2 del citato decreto-legge 9 dicembre 1986, n. 832, convertito, con modificazioni, dalla legge 6 febbraio 1987, n. 15, né il risarcimento del danno, ai sensi dell'articolo 1591 del codice civile. Sono fatti salvi i diversi accordi già intervenuti.*

La Corte costituzionale, con sentenza 18 marzo-1° aprile 1992, n. 149, ha poi dichiarato l'illegittimità costituzionale del citato articolo 2, nella parte in cui esonera il conduttore da responsabilità per i danni cagionati al locatore dal ritardo della restituzione dell'immobile senza eccettuare il caso di comprovata insussistenza della difficoltà per il conduttore di reperire altro immobile idoneo.

♦ Codice civile tedesco

§ 546a Indennizzo del locatore per restituzione tardiva. *(1) Se il conduttore non restituisce la cosa locata dopo la fine del rapporto locatizio, il locatore è legittimato a richiedere, per il periodo di detenzione illecita, a titolo d'indennizzo il pagamento del canone stabilito ovvero il pagamento del canone che usualmente è praticato in quel luogo per beni analoghi. (2) Non viene meno il diritto al risarcimento di un danno ulteriore.*

1592. Miglioramenti.

Salvo disposizioni particolari della legge o degli usi, il conduttore non ha diritto a indennità per i miglioramenti apportati alla cosa locata [975, 985]. Se però vi è stato il consenso del locatore, questi è tenuto a pagare un'indennità corrispondente alla minor somma tra l'importo della spesa e il valore del risultato utile al tempo della riconsegna [1151].

Anche nel caso in cui il conduttore non ha diritto a indennità, il valore dei miglioramenti può compensare i deterioramenti che si sono verificati senza colpa grave del conduttore [1223, 1588, 1593, 1632, 1633, 1651].

● Norme connesse:

- artt. 34, 35, L. 27 luglio 1978, n. 392.

1593. Addizioni.

Il conduttore che ha eseguito le addizioni sulla cosa locata ha diritto di toglierle alla fine della locazione qualora ciò possa avvenire senza nocumento della cosa, salvo che il proprietario preferisca ritenere le addizioni stesse. In tal caso questi deve pagare al conduttore un'indennità pari alla minor somma tra l'importo della spesa e il valore delle addizioni al tempo della riconsegna [975, 986, 1150 comma 5].

Se le addizioni non sono separabili senza nocumento della cosa e ne costituiscono un miglioramento, si osservano le norme dell'articolo precedente.

♦ Codice civile tedesco

§ 539 Rimborso di spese ulteriori e diritto di rimozione del conduttore. *(1) Il conduttore può esigere dal locatore la restituzione, in base alle disposizioni sulla gestione di affari altrui, delle spese fatte sulla cosa locata, che il locatore non è tenuto a risarcirgli ai sensi del § 536a, comma 2. (2) Il conduttore può rimuovere le addizioni che ha realizzato sulla cosa locata.*

1594. Sublocazione o cessione della locazione.

Il conduttore, salvo patto contrario [1624], ha facoltà di sublocare [1406, 1614] la cosa locatagli [1624, 1649, 1804], ma non può cedere il contratto

CODICE CIVILE

[1406] senza il consenso del locatore [1588, 1649, 2149].

Trattandosi di cosa mobile, la sublocazione deve essere autorizzata dal locatore o consentita dagli usi [c.nav. 378, 394].

● Norme connesse:

- per la disciplina della sublocazione nonché per il regime della successione in caso di morte del conduttore, art. 2, 6, commi 1, 2, 3, 6, commi 1, 2, 36, 37, commi 1, 2, 3, 4, L. 27 luglio 1978, n. 392.
- sul divieto di sublocazione di beni immobili patrimoniali dello Stato, v. D.P.R. 13 settembre 2005, n. 296.
- art. 1, commi 20 e 44, L. 20 maggio 2016, n. 76.

■ Codice civile del 1865: *Art. 1573. Il conduttore ha diritto di sublocare o di cedere il suo affitto ad un altro, se tale facoltà non gli è stata vietata.*

Gli può essere vietata in tutto o in parte; ma il divieto non ha luogo senza un patto speciale.

♦ Codice civile francese

Articolo 1717. *Il conduttore ha il diritto di subaffittare, ed anche di cedere la sua locazione ad un altro se questa facoltà non gli è vietata. Questa facoltà può essere vietata in tutto od in parte. Questa clausola è sempre di rigore.*

♦ Codice civile tedesco

§ 540 *(1) Il conduttore non può, senza il consenso del locatore, trasferire il godimento della cosa locata ad un terzo, tanto meno locarla ulteriormente. Se il locatore non dà il consenso, il conduttore è legittimato a disdire il contratto di locazione in via straordinaria entro il termine di legge, se non ricorre una giusta causa 'in capo al terzo. (2) Il conduttore che trasferisce il godimento del bene ad un terzo è chiamato a rispondere del debito assunto dal terzo per il godimento del bene, anche quando il locatore abbia permesso il trasferimento.*

1595. Rapporti tra il locatore e il subconduttore.

Il locatore, senza pregiudizio dei suoi diritti verso il conduttore, ha azione diretta contro il subconduttore per esigere il prezzo della sublocazione, di cui questi sia ancora debitore al momento della domanda giudiziale, e per costringerlo ad adempiere tutte le altre obbligazioni derivanti dal contratto di sublocazione [1594, 2764].

Il subconduttore non può opporgli pagamenti anticipati, salvo che siano stati fatti secondo gli usi locali [1605].

Senza pregiudizio delle ragioni del subconduttore verso il sublocatore, la nullità o la risoluzione del contratto di locazione ha effetto anche nei confronti del subconduttore [1445, 1458] e la sentenza pronunciata tra locatore e conduttore ha effetto anche contro di lui [2909].

■ Codice civile del 1865: *Art. 1574. Il subconduttore non è obbligato verso il locatore che sino alla concorrenza del prezzo convenuto nella sublocazione, del quale sia debitore al tempo dell'intimazione della domanda, senza che possa opporre pagamenti fatti anticipatamente.*

Non si reputano però anticipati i pagamenti eseguiti dal subconduttore in conformità della consuetudine dei luoghi.

1596. Fine della locazione per lo spirare del termine.

La locazione per un tempo determinato dalle parti cessa con lo spirare del termine [954, 976, 999], senza che sia necessaria la disdetta.

La locazione senza determinazione di tempo non cessa, se prima della scadenza stabilita a norma dell'articolo 1574 una delle parti non comunica all'altra disdetta [1373] nel termine [fissato dalle norme corporative o, in mancanza, in quello][1] determinato dalle parti o dagli usi [1603, 1616].

[1] Le parole in parentesi devono ritenersi abrogate ex R.D.L. 9 agosto 1943, n. 721.

● Norme connesse:

- artt. 1, 3, 27, 28, L. 27 luglio 1978, n. 392; artt. 2, 3, 5, L. 9 dicembre 1998, n. 431.

■ Codice civile del 1865: *Art. 1591. La locazione fatta per un tempo determinato cessa di diritto collo spirare del termine stabilito, senza che sia necessario di dare la licenza.*

1597. Rinnovazione tacita del contratto.

La locazione si ha per rinnovata se, scaduto il termine di essa, il conduttore rimane ed è lasciato nella detenzione della cosa locata o se, trattandosi di locazione a tempo indeterminato [1574], non è stata comunicata la disdetta a norma dell'articolo precedente [1596, comma 2].

La nuova locazione è regolata dalle stesse condizioni della precedente, ma la sua durata è quella stabilita per le locazioni a tempo indeterminato [1574].

Se è stata data licenza, il conduttore non può opporre la tacita rinnovazione, salvo che consti la volontà del locatore di rinnovare il contratto [1598;L. fall. 80].

● Norme connesse:

- artt. 3, 9, 23, 28, L. 27 luglio 1978, n. 392; artt. 2, 3, 5, L. 9 dicembre 1998, n. 431; art. 80, R.D. 16 marzo 1942, n. 267.

■ Codice civile del 1865: *Art. 1592. Spirato il termine stabilito nel contratto di locazione, se il conduttore rimane ed è lasciato in possesso, si ha per rinnovata la locazione, il cui effetto è regolato dall'articolo relativo alle locazioni fatte senza determinazione di tempo.*

♦ Codice civile francese

Articolo 1738. *Se, allo scadere delle locazioni scritte, il conduttore resta ed è lasciato nel possesso, si ha una nuova locazione il cui effetto è regolato dall'articolo relativo alle locazioni non fatte per iscritto.*

Articolo 1739. *Quando c'è una disdetta notificata, il conduttore benché abbia continuato il suo godimento, non può invocare il tacito rinnovo.*

♦ Codice civile tedesco

§ 545 Rinnovazione tacita del rapporto di locazione. *Qualora il conduttore resti nel godimento del bene locato dopo che è scaduto il contratto, il rapporto di locazione viene rinnovato per un periodo indeterminato, nella misura in cui una parte del contratto non comunichi all'altra la sua volontà di mettere fine al rapporto entro due settimane. Il termine decor-*

re 1. per il conduttore dalla continuazione del godimento; 2. per il locatore dal momento in cui ha la conoscenza della continuazione.

1598. Garanzie della locazione.

Le garanzie prestate da terzi non si estendono alle obbligazioni derivanti da proroghe della durata del contratto [1597, 1941].

1599. Trasferimento a titolo particolare della cosa locata.

Il contratto di locazione è opponibile al terzo acquirente [1602, 1603], se ha data certa [2704] anteriore all'alienazione della cosa [954 comma 2, 976, 999, 1601, 2160, 2812].

La disposizione del comma precedente non si applica alla locazione di beni mobili non iscritti in pubblici registri, se l'acquirente ne ha conseguito il possesso in buona fede [1147, 1153].

Le locazioni di beni immobili non trascritte non sono opponibili al terzo acquirente, se non nei limiti di un novennio dall'inizio della locazione [2643 n. 8, 2644, 2923].

L'acquirente è in ogni caso tenuto a rispettare la locazione, se ne ha assunto l'obbligo verso l'alienante [1505, 1600].

● Norme connesse:

- art. 6, comma 6, L. 1 dicembre 1970, n. 898; art. 3, comma 1, lett. g), L. 9 dicembre 1998, n. 431; art. 6, 7, 61, L. 27 luglio 1978, n. 392.

■ Codice civile del 1865: *Art. 1597. Se il locatore vende la cosa locata, il compratore è tenuto a stare alla locazione, quando questa sia anteriore alla vendita e consti da atto pubblico o da scrittura privata di data certa, semprechè il locatore stesso non siasi riservato il diritto di sciogliere la locazione in caso di vendita.*

♦ Codice civile tedesco

§ 546 Obblighi di restituzione del conduttore. *(1) Il conduttore deve restituire la cosa locata a seguito della conclusione del rapporto locatizio. (2) Se il conduttore ha concesso il godimento della cosa ad un terzo, il locatore può richiedere, cessato Il rapporto locatizio, la restituzione della cosa anche dal terzo.*

1600. Detenzione anteriore al trasferimento.

Se la locazione non ha data certa [2704], ma la detenzione del conduttore è anteriore al trasferimento, l'acquirente non è tenuto a rispettare [1599, 1602] la locazione che per una durata corrispondente a quella stabilita per le locazioni a tempo indeterminato [1574, 2923].

● Norme connesse:

- artt. 2-5, L. 9 dicembre 1998, n. 431; artt. 1, 27, 28, 58, 59, 67, L. 27 luglio 1978, n. 392.

■ Codice civile del 1865: *Art. 1598. Quantunque il conduttore non abbia un atto pubblico o una scrittura di data certa, se il suo possesso è anteriore alla vendita, il compratore è tenuto a lasciarlo continuare per tutto quel tempo per cui s'intendono fatte le locazioni senza determinazione di tempo.*

Nel caso che il compratore voglia licenziare il conduttore dopo il detto tempo, è inoltre tenuto a renderlo avvertito nel termine stabilito dalla consuetudine del luogo per le denunzie di licenza.

1601. Risarcimento del danno al conduttore licenziato.

Se il conduttore è stato licenziato dall'acquirente perché il contratto di locazione non aveva data certa [2704] anteriore al trasferimento [1599], il locatore è tenuto a risarcirgli il danno [1223, 1603].

■ Codice civile del 1865: *Art. 1601. Il conduttore licenziato dall'acquirente in mancanza di locazione per atto autentico o per iscrittura avente data certa, ha diritto al risarcimento dei danni verso il locatore.*

1602. Effetti dell'opponibilità della locazione al terzo acquirente.

Il terzo acquirente tenuto a rispettare la locazione [1603] subentra, dal giorno del suo acquisto, nei diritti e nelle obbligazioni derivanti dal contratto di locazione [1406].

1603. Clausola di scioglimento del contratto in caso di alienazione.

Se si è convenuto che il contratto possa sciogliersi in caso di alienazione della cosa locata [1599], l'acquirente che vuole valersi di tale facoltà deve dare licenza al conduttore rispettando il termine di preavviso stabilito dal secondo comma dell'articolo 1596. In tal caso al conduttore licenziato non spetta il risarcimento dei danni, salvo patto contrario [1601, 1625, 2923].

● Norme connesse:

- artt. 7, 38, L. 27 luglio 1978, n. 392. In particolare l'art. 7 dispone: *Clausola di scioglimento in caso di alienazione. È nulla la clausola che prevede la risoluzione del contratto in caso di alienazione della cosa locata.*

■ Codice civile del 1865: *Art. 1599. Se nel contratto di locazione si è convenuto, che nel caso di vendita il compratore possa licenziare il conduttore, questi non ha diritto ad alcuna indennità né verso il locatore né verso il compratore, salvo che siasi pattuito il contrario.*

Art. 1600. Il compratore che vuole far uso della facoltà riservata nel contratto di licenziare il conduttore in caso di vendita, è tenuto a rendere anticipatamente avvertito il conduttore nel tempo fissato dalla consuetudine del luogo per le denunzie di licenza.

L'affittuario dè beni rustici debb'essere avvertito almeno un anno prima.

1604. Vendita della cosa locata con patto di riscatto.

Il compratore con patto di riscatto [1500, 1503, 1505] non può esercitare la facoltà di licenziare il conduttore [1603] fino a che il suo acquisto non sia divenuto irrevocabile con la scadenza del termine fissato per il riscatto [1501].

● Norme connesse:
- art. 7, L. 27 luglio 1978, n. 392.

■ Codice civile del 1865: *Art. 1602. Il compratore con patto di riscatto non può usare della facoltà di licenziare il conduttore sino a che, collo spirare del termine fissato per il riscatto, non divenga irrevocabilmente proprietario.*

1605. Liberazione o cessione del corrispettivo della locazione.

La liberazione o la cessione del corrispettivo della locazione non ancora scaduto non può opporsi al terzo acquirente della cosa locata, se non risulta da atto scritto avente data certa [2704] anteriore al trasferimento [1595, 2918, 2924]. Si può in ogni caso opporre il pagamento anticipato eseguito in conformità degli usi locali [2812 comma 3].

Se la liberazione o la cessione è stata fatta per un periodo eccedente i tre anni e non è stata trascritta [2643 n. 9, 2644], può essere opposta solo entro i limiti di un triennio; se il triennio è già trascorso, può essere opposta solo nei limiti dell'anno in corso nel giorno del trasferimento [2812, 2918, 2924].

1606. Estinzione del diritto del locatore.

Nei casi in cui il diritto del locatore sulla cosa locata si estingue con effetto retroattivo, le locazioni da lui concluse aventi data certa [2704] sono mantenute, purché siano state fatte senza frode e non eccedano il triennio [1360, 1445, 1458].

Sono salve le diverse disposizioni di legge.

Sezione II

Della locazione di fondi urbani

● Norme connesse:
- art. 1, 2 ss., 4, L. 27 luglio 1978, n. 392; art. 1, comma 4, L. 9 dicembre 1998, n. 431.

1607. Durata massima della locazione di case.

La locazione di una casa per abitazione può essere convenuta per tutta la durata della vita dell'inquilino e per due anni successivi alla sua morte [1350, comma 1, n. 8, 1572 ss., 1614, 2643, comma 1, n. 8].

● Norme connesse:
- artt. 1, 23 ss., 27, 58, 67, 71, L. 27 luglio 1978, n. 392; art. 8, L. 9 dicembre 1998, n. 431.

1608. Garanzie per il pagamento della pigione.

Nelle locazioni di case non mobiliate l'inquilino può essere licenziato se non fornisce la casa di mobili sufficienti [2764] o non presta altre garanzie idonee ad assicurare il pagamento della pigione [1587, comma 1, n. 2].

● Norme connesse:
- art. 11, L. 27 luglio 1978, n. 392; L. 9 dicembre 1998, n. 431.

■ Codice civile del 1865: *Art. 1603. L'inquilino che non fornisce la casa di mobili sufficienti, può essere licenziato da essa, se non dà cautele bastanti ad assicurare la pigione.*

1609. Piccole riparazioni a carico dell'inquilino.

Le riparazioni di piccola manutenzione, che a norma dell'articolo 1576 devono essere eseguite dall'inquilino a sue spese [1621], sono quelle dipendenti da deterioramenti prodotti dall'uso, e non quelle dipendenti da vetustà o da caso fortuito [1590, 1807, 2764].

Le suddette riparazioni, in mancanza di patto, sono determinate dagli usi locali.

■ Codice civile del 1865: *Art. 1604. Le riparazioni di piccola manutenzione, che stanno a carico dell'inquilino, se non vi è patto in contrario, sono determinate dalla consuetudine dè luoghi, e fra le altre sono le riparazioni da farsi:*

Ai focolari, frontoni, stipiti ed architravi dè camini;

All'incrostamento del basso delle muraglie negli appartamenti e negli altri luoghi di abitazione all'altezza di un metro;

Al pavimento ed à quadrelli delle camere, quando solamente alcuni di essi sieno rotti;

Ai vetri, eccetto che sieno stati rotti dalla grandine, o per qualche altro accidente straordinario e di forza maggiore, per cui l'inquilino non sia risponsabile;

Alle imposte degli usci, ai telai delle finestre, alle tavole dei tramezzi alle imposte delle botteghe, ai cardini, ai chiavistelli o alle serrature.

Art. 1605. Non sono però a carico dell'inquilino quelle fra le suddette riparazioni che siano cagionate da vetustà o da forza maggiore.

1610. Spurgo di pozzi e di latrine.

Lo spurgo dei pozzi e delle latrine è a carico del locatore.

● Norme connesse:
- art. 9 L. 27 luglio 1978, n. 392, che ha posto questo obbligo a carico del conduttore; art. 6, L. 9 dicembre 1998, n. 431.

■ Codice civile del 1865: *Art. 1606. Lo spurgamento dei pozzi r delle latrine è a carico del locatore.*

1611. Incendio di casa abitata da più inquilini.

Se si tratta di casa occupata da più inquilini, tutti sono responsabili verso il locatore del danno prodotto dall'incendio [1589], proporzionatamente al valore della parte occupata. Se nella casa abita anche il locatore, si detrae dalla somma dovuta una quota corrispondente alla parte da lui occupata.

La disposizione del comma precedente non si applica se si prova che l'incendio è cominciato dall'abitazione di uno degli inquilini, ovvero se alcuno di questi prova che l'incendio non è potuto cominciare nella sua abitazione.

■ Codice civile del 1865: *Art. 1590. Se una casa è abitata da pii inquilini, tutti sono obbligati per l'incendio in concorso col locatore, se anch'esso vi abita, e ciascuno in proporzione del valore della parte da esso occupato.*

Eccetto che provino che l'incendio è cominciato nell'abitazione d'uno di essi, nel quale caso questi solo deve esserne risponsabile.

O che alcuno di essi provi che l'incendio non ha potuto cominciare nella sua abitazione, nel qual caso questi non è risponsabile.

1612. Recesso convenzionale del locatore.

Il locatore che si è riservata la facoltà di recedere dal contratto [1373] per abitare egli stesso nella casa locata deve dare licenza motivata nel termine stabilito dagli usi locali [c.p.c. 657].

● Norme connesse:
- artt. 25, 29, 58, 59, 73, 79, L. 27 luglio 1978, n. 392.
- artt. 3, 13, L. 9 dicembre 1998, n. 431.

■ Codice civile del 1865: *Art. 1613. Quando si è pattuito nel con ratto di locazione che il locatore possa portarsi ad abitare la casa, egli è tenuto a ilare anticipatamente la licenza all'inquilino nel tempo fissato dalla consuetudine del luogo.*

1613. Facoltà di recesso degli impiegati pubblici.

Gli impiegati delle pubbliche amministrazioni possono, nonostante patto contrario, recedere dal contratto [1373] nel caso di trasferimento, purché questo non sia stato disposto su loro domanda.

Tale facoltà si esercita mediante disdetta motivata, e il recesso ha effetto dal secondo mese successivo a quello in corso alla data della disdetta.

● Norme connesse:
- art. 4, L. 27 luglio 1978, n. 392; L. 9 dicembre 1998, n. 431.

1614. Morte dell'inquilino.

Nel caso di morte dell'inquilino, se la locazione deve ancora durare per più di un anno ed è stata vietata la sublocazione [1594], gli eredi possono recedere dal contratto [1373] entro tre mesi dalla morte.

Il recesso si deve esercitare mediante disdetta comunicata con preavviso non inferiore a tre mesi [1627].

● Norme connesse:
- art. 6, comma 1, 2, 3 37, comma 1 2, 3, 4, L. 27 luglio 1978, n. 392; L. 9 dicembre 1998, n. 431; art. 1, commi 20 e 44, L. 20 maggio 2016, n. 76.

Sezione III
Dell'affitto

§ 1
Disposizioni generali

● Norme connesse:
- art. 3, 8, 9, 11, L.18 dicembre 1984, n. 975.

1615. Gestione e godimento della cosa produttiva.

Quando la locazione ha per oggetto il godimento di una cosa produttiva, mobile o immobile, l'affittuario deve curarne la gestione in conformità della destinazione economica della cosa [1618, 1619] e dell'interesse della produzione [1619, 1620]. A lui spettano i frutti [820, 821] e le altre utilità della cosa [Cost. 41].

1616. Affitto senza determinazione di tempo.

Se le parti non hanno determinato la durata dell'affitto [1574], ciascuna di esse può recedere dal contratto [1373] dando all'altra un congruo preavviso [1596].

Sono salvi [le norme corporative e][1] gli usi che dispongano diversamente [disp. prel. 8].

[1] Le parole in parentesi devono ritenersi abrogate ex R.D.L. 9 agosto 1943, n. 721.

1617. Obblighi del locatore.

Il locatore è tenuto a consegnare la cosa, con i suoi accessori e le sue pertinenze [817], in istato da servire all'uso e alla produzione a cui è destinata [1575 n. 1, 1615].

1618. Inadempimenti dell'affittuario.

Il locatore può chiedere la risoluzione del contratto [1453], se l'affittuario non destina al servizio della cosa i mezzi necessari per la gestione di essa, se non osserva le regole della buona tecnica [1176 comma 2], ovvero se muta stabilmente la destinazione economica della cosa [1615].

● Norme connesse:
- art. 16, L. 3 maggio 1982, n. 203.

■ Codice civile del 1865: *Art. 1615. Se l'affittuario di un fondo rustico non lo fornisce del bestiame e degli strumenti necessari alla coltivazione, se ne abbandona la coltura, se non lo coltiva da buon padre di famiglia, se impiega il fondo locato a uso diverso da quello per cui fu destinato, generalmente se non eseguisce i patti dell'affitto, in guisa che ne derivi danno al locatore, questi può secondo le circostanze fare sciogliere l'affitto*

In tutti i casi l'affittuario è tenuto al risarcimento dei danni derivanti dall'inadempimento del contratto.

1619. Diritto di controllo.

Il locatore può accertare in ogni tempo, anche con accesso in luogo, se l'affittuario osserva gli obblighi che gli incombono [1615, 1618, 1662].

1620. Incremento della produttività della cosa.

L'affittuario può prendere le iniziative atte a produrre un aumento di reddito della cosa, purché esse

CODICE CIVILE

non importino obblighi per il locatore [1632] o non gli arrechino pregiudizio, e siano conformi all'interesse della produzione [1592, 1615].

1621. Riparazioni.

Il locatore è tenuto ad eseguire a sue spese, durante l'affitto, le riparazioni straordinarie [1622]. Le altre sono a carico dell'affittuario [1576, 1609, 2153, 2764].

1622. Perdite determinate da riparazioni.

Se l'esecuzione delle riparazioni che sono a carico del locatore determina per l'affittuario una perdita superiore al quinto del reddito annuale, o, nel caso di affitto non superiore a un anno, al quinto del reddito complessivo, l'affittuario può domandare una riduzione del fitto in ragione della diminuzione del reddito oppure, secondo le circostanze, lo scioglimento del contratto [1584, 1621].

1623. Modificazioni sopravvenute del rapporto contrattuale.

Se, in conseguenza di una disposizione di legge [, di una norma corporativa][1] o di un provvedimento dell'autorità riguardanti la gestione produttiva, il rapporto contrattuale risulta notevolmente modificato in modo che le parti ne risentano rispettivamente una perdita e un vantaggio, può essere richiesto un aumento o una diminuzione del fitto ovvero, secondo le circostanze, lo scioglimento del contratto [1467, 1611].

Sono salve le diverse disposizioni della legge, [della norma corporativa][1] o del provvedimento dell'autorità.

[1] Le parole in parentesi devono ritenersi abrogate ex R.D.L. 9 agosto 1943, n. 721.

1624. Divieto di subaffitto. Cessione dell'affitto.

L'affittuario non può subaffittare la cosa senza il consenso del locatore [1594, 1649, 2149].

La facoltà di cedere l'affitto comprende quella di subaffittare; la facoltà di subaffittare non comprende quella di cedere l'affitto.

● Norme connesse:

- art. 21, L. 11 febbraio 1971, n. 11, che dispone: *Salvo quanto previsto dall'ultimo comma del precedente articolo 12, sono vietati il subaffitto, la cessione del contratto di affitto ed in generale ogni forma di subconcessione dei fondi rustici.*

È ammessa la subconcessione di terreni ai soci da parte delle cooperative che propongano, nell'oggetto sociale, la conduzione e coltivazione dei terreni affittati.

- artt. 21 e 23, L. 3 maggio 1982, n. 203.

1625. Clausola di scioglimento del contratto in caso di alienazione.

Se si è convenuto che l'affitto possa sciogliersi in caso di alienazione, l'acquirente che voglia dare licenza all'affittuario, deve osservare la disposizione dell'articolo 1616 [1603].

Quando l'affitto ha per oggetto un fondo rustico la licenza deve essere data col preavviso di sei mesi e ha effetto per la fine dell'anno agrario in corso alla scadenza del termine di preavviso.

● Norme connesse:

- artt. 4 e 58, L. 3 maggio 1982, n. 203.

1626. Incapacità o insolvenza dell'affittuario.

L'affitto si scioglie per l'interdizione [414], l'inabilitazione [415] o l'insolvenza dell'affittuario [L. fall. 80], salvo che al locatore sia prestata idonea garanzia [1179] per l'esatto adempimento degli obblighi dell'affittuario.

● Norme connesse:

- art. 80, R.D. 16 marzo 1942, n. 267.

1627. Morte dell'affittuario.

Nel caso di morte dell'affittuario, il locatore e gli eredi dell'affittuario possono, entro tre mesi dalla morte [2964], recedere dal contratto [1373] mediante disdetta comunicata all'altra parte con preavviso di sei mesi [1614].

Se l'affitto ha per oggetto un fondo rustico [1628 ss.], la disdetta ha effetto per la fine dell'anno agrario in corso alla scadenza del termine di preavviso [1625].

● Norme connesse:

- L. 12 giugno 1962, n. 567 (Norme in materia di affitto di fondi rustici); L. 11 febbraio 1971, n. 11 (Nuova disciplina dell'affitto di fondi rustici); L. 10 dicembre 1973, n. 814 (Modifiche alla L. 11 febbraio 1971, n. 11, concernente la disciplina dell'affitto dei fondi rustici).

§ 2

Dell'affitto di fondi rustici

● Norme connesse:

- L. 12 giugno 1962, n. 567 (Norme in materia di affitto di fondi rustici); L. 11 febbraio 1971, n. 11 (Nuova disciplina dell'affitto di fondi rustici); L. 10 dicembre 1973, n. 814 (Modifiche alla L. 11 febbraio 1971, n. 11, concernente la disciplina dell'affitto dei fondi rustici); L. 3 maggio 1982, n. 203; art. 6, D.Lgs. 18 maggio 2001, n. 228; D.Lgs. 23 marzo 2004, n. 99 (Disposizioni in materia di soggetti e attività, integrità aziendale e semplificazione amministrativa in agricoltura).

1628. Durata minima dell'affitto.

[Se le norme corporative stabiliscono un periodo minimo di durata del contratto, l'affitto di un fondo rustico stipulato per una durata inferiore si estende al periodo minimo così stabilito][1].

[1] Le norme corporative sono state abolite ex R.D.L. 9 agosto 1943, n. 721. L'articolo è da ritenersi comunque abrogato a seguito dell'entrata in vigore della L. 3 maggio 1982, n.

203 (artt. 2 e 22), che prevedono una durata minima di quindici anni, mentre per la durata massima si rinvia all'art. 1616.

1629. Fondi destinati al rimboschimento.

L'affitto di fondi rustici destinati al rimboschimento può essere stipulato per un termine massimo di novantanove anni.

1630. Affitto senza determinazione di tempo.

L'affitto a tempo indeterminato di un fondo soggetto a rotazione di colture si reputa stipulato [1574] per il tempo necessario affinché l'affittuario possa svolgere e portare a compimento il normale ciclo di avvicendamento delle colture praticate nel fondo [2143, 2165].

Se il fondo non è soggetto ad avvicendamento di colture, l'affitto si reputa fatto per il tempo necessario alla raccolta dei frutti [1635].

L'affitto non cessa se prima della scadenza una delle parti non ha dato disdetta con preavviso di sei mesi [1596].

[...][1].

[1] Comma da ritenersi abrogato ex R.D.L. 9 agosto 1943, n. 721 di soppressione delle norme corporative.

● Norme connesse:

- art. 17, L. 11 febbraio 1971, n. 11, che dispone: *Per i contratti di affitto a conduttore non coltivatore, regolati dalla L. 22 luglio 1966, n. 606, il periodo minimo di durata di cui al primo comma dell'art. 1 della legge stessa è elevato a 15 anni e la disciplina ivi contenuta si applica ai contratti in corso alla data di entrata in vigore della presente legge anche se stipulati prima dell'entrata in vigore della L. 22 luglio 1966, n. 606.*

- artt. 4 e 22, L. 3 maggio 1982, n. 203.

■ Codice civile del 1865: *Art. 1622. L'affitto di un fondo rustico senza determinazione di tempo si reputa fatto pel tempo che è necessario, affinché l'affittuario raccolga tutti i frutti del fondo locato.*

L'affitto di terreni colti, quando sono divisi in porzioni coltivabili alternativamente, si reputa fatto per tanti anni quante sono le porzioni.

1631. Estensione del fondo.

Per l'affitto a misura, oppure a corpo con indicazione della misura, nel caso di eccesso o di difetto dell'estensione del fondo rispetto alla misura indicata, i diritti e le obbligazioni delle parti sono determinati secondo le norme contenute nel capo della vendita [1537, 1538, 1539].

■ Codice civile del 1865: *Art. 1614. Se in un contratto d'affitto si dà ai fondi una maggiore o minore estensione di quella che realmente hanno, non si fa luogo alla diminuzione o all'aumento del fitto che nei casi, nel termine e secondo le regole spiegate nel titolo Della vendita.*

1632. - 1633.

[...][1].

[1] Articoli abrogati dall'art. 29, L. 11 febbraio 1971, n. 11.

1634. Inderogabilità.

[Le disposizioni dei due articoli precedenti sono inderogabili][1].

[1] Articolo da ritenersi implicitamente abrogato dall'art. 29, L. 11 febbraio 1971, n. 11.

1635. Perdita fortuita dei frutti negli affitti pluriennali.

Se, durante l'affitto convenuto per più anni, almeno la metà dei frutti di un anno non ancora separati perisce per caso fortuito, l'affittuario può domandare una riduzione del fitto, salvo che la perdita trovi compenso nei precedenti raccolti [960, 1636].

Qualora la perdita non trovi compenso nei precedenti raccolti, la riduzione è determinata alla fine dell'affitto, eseguito il conguaglio con i frutti raccolti in tutti gli anni decorsi [1630]. Il giudice può dispensare provvisoriamente l'affittuario dal pagamento di una parte del fitto in proporzione della perdita sofferta.

La riduzione non può mai eccedere la metà del fitto.

In ogni caso si deve tener conto degli indennizzi che l'affittuario abbia conseguito o possa conseguire in relazione alla perdita sofferta.

Al perimento è equiparata la mancata produzione dei frutti.

● Norme connesse:

- comma 1: art. 12, L. 12 giugno 1962, n. 567, che dispone: *La riduzione del canone di cui agli articoli 1635, comma primo, secondo e terzo, e 1636 del codice civile, è ammessa in relazione a ciascuna annata agraria a favore dell'affittuario, qualora per caso fortuito si verifichi perimento di frutti non ancora separati o mancata produzione di essi, in misura non inferiore al terzo della normale produzione.*

■ Codice civile del 1865: *Art. 1617. Se l'affitto è fatto per più anni, e durante lo stesso la totalità o almeno la metà della raccolta di un anno perisce per casi fortuiti, l'affittuario può domandare una riduzione del fitto eccetto che sia compensato dalle precedenti raccolte.*

Se non è compensato, non si fa luogo a determinare la riduzione che alla fine dell'affitto; nel qual tempo si fa un conguaglio coi frutti raccolti in tutti gli anni del medesimo.

Frattanto può l'autorità giudiziaria dispensare temporaneamente L'affittuario dal pagamento di una parte del fitto, in proporzione del danno sofferto.

1636. Perdita fortuita dei frutti negli affitti annuali.

Se l'affitto ha la durata di un solo anno, e si è verificata la perdita per caso fortuito di almeno la metà dei frutti, l'affittuario può essere esonerato dal pagamento di una parte del fitto, in misura non superiore alla metà.

■ Codice civile del 1865: *Art. 1618. Se l'affitto è per un anno solo ed è accaduta la perdita o della totalità o almeno*

CODICE CIVILE

della metà dè frutti, l'affittuario viene esonerato da una parte proporzionata del fitto.

Non può pretendere alcuna riduzione, se la perdita è minore della metà.

1637. Accollo di casi fortuiti.

L'affittuario può, con patto espresso, assumere il rischio dei casi fortuiti ordinari [1643, 1648]. Sono reputati tali i fortuiti che, avuto riguardo ai luoghi e a ogni altra circostanza, le parti potevano ragionevolmente ritenere probabili.

È nullo il patto [1418] col quale l'affittuario si assoggetta ai casi fortuiti straordinari.

● Norme connesse:

- comma 1: art. 4, L. 12 giugno 1962, n. 567, che dispone: *Quando in determinate zone agrarie si siano verificate avversità atmosferiche o calamità naturali che abbiano gravemente danneggiato le coltivazioni provocando perimento e mancata percezione dei frutti in misura non inferiore al 30 per cento della normale produzione, la commissione tecnica provinciale determina, non oltre 60 giorni dalla fine dell'annata agraria, le percentuali di riduzione da apportarsi ai canoni in atto corrisposti dagli affittuari.*

Qualora le avversità atmosferiche o le calamità naturali abbiano causato il perimento e la mancata percezione dei frutti in misura di almeno la metà della normale produzione nelle zone delimitate ai sensi dell'articolo 9 della legge 21 luglio 1960, n. 739, e successive modificazioni ed integrazioni la commissione tecnica provinciale, entro 30 giorni dalla pubblicazione sulla Gazzetta Ufficiale del decreto ministeriale di delimitazione delle zone, dovrà determinare le percentuali di riduzione dei canoni, nella misura del 35 per cento se il danno subito ammonta alla metà della normale produzione, e in misura proporzionale in caso di danni superiori.

Nel caso che non si provveda entro 60 giorni dall'evento alla delimitazione di cui al precedente comma, la commissione tecnica provinciale determina la percentuale di riduzione da apportarsi ai canoni corrisposti dagli affittuari che abbiano subito i danni.

■ Codice civile del 1865: *Art. 1620. L'affittuario può con una espressa convenzione assoggettarsi ai casi fortuiti.*

Art. 1621. Tale convenzione non s'intende fatta che pei casi fortuiti ordinari, come la grandine, il fulmine, la brina.

Essa non s'intende fatta pè casi fortuiti straordinari, come le devastazioni della guerra, o una inondazione a cui non sia d'ordinario sottoposto il paese, eccetto che l'affittuario siasi assoggettato a tutti i casi fortuiti preveduti ed impreveduti.

1638. Espropriazione per pubblico interesse.

In caso di espropriazione per pubblico interesse [834] o di occupazione temporanea del fondo locato, l'affittuario ha diritto di ottenere dal locatore la parte d'indennità a questo corrisposta per i frutti non percepiti o per il mancato raccolto.

● Norme connesse:

- D.P.R. 8 maggio 2001, n. 327 (T.U. espropriazioni).

1639. Canone di affitto.

Il fitto può consistere anche in una quota ovvero in una quantità fissa o variabile dei frutti del fondo locato [1282 comma 2, 1571, 2099 comma 3, 2764].

1640. Scorte morte.

Le scorte morte [998] costituenti la dotazione del fondo, che sono state consegnate all'affittuario all'inizio dell'affitto, con determinazione della specie, qualità e quantità, devono, anche se stimate, essere restituite al locatore alla fine dell'affitto, nella stessa specie, qualità e quantità e se si tratta di scorte fisse, come macchinari e attrezzi nello stesso stato d'uso [2764]. L'eccedenza o la deficienza deve essere regolata in danaro, secondo il valore corrente al tempo della riconsegna. La dotazione necessaria non può essere distratta e deve essere mantenuta secondo le esigenze delle colture e la pratica dei luoghi [1642, 2764].

La disposizione del comma precedente si applica anche se, all'inizio dell'affitto, l'affittuario ha depositato la somma, che rappresenti il valore delle scorte presso il locatore, salvo l'obbligo di questo di restituirla al tempo della riconsegna delle scorte.

Se le scorte sono state consegnate con la sola indicazione del valore, l'affittuario ne acquista la proprietà, e alla fine dell'affitto, deve restituire il valore ricevuto o scorte in natura per un corrispondente valore, determinato secondo il prezzo corrente, al tempo della riconsegna, ovvero parte dell'uno e parte delle altre [182, 1645, 1806].

Sono salve [le diverse disposizioni delle norme corporative o][1] le diverse pattuizioni delle parti.

[1] Le parole in parentesi devono ritenersi abrogate a seguito dell'entrata in vigore del R.D.L. 9 agosto 1943, n. 721.

1641. Scorte vive.

Quando il bestiame da lavoro o da allevamento, costituente la dotazione del fondo, è stato in tutto o in parte fornito dal locatore, si osservano le disposizioni degli articoli seguenti, salvi [le norme corporative o][1] i patti diversi [2163, comma 1, n. 1].

[1] Le parole in parentesi devono ritenersi abrogate a seguito dell'entrata in vigore del R.D.L. 9 agosto 1943, n. 721.

1642. Proprietà del bestiame consegnato.

Qualora il bestiame consegnato all'affittuario sia stato determinato con indicazione della specie, del numero, del sesso, della qualità, dell'età e del peso, anche se ne è stata fatta stima, la proprietà di esso rimane al locatore. Tuttavia l'affittuario può disporre dei singoli capi, ma deve mantenere nel fondo la dotazione necessaria [1640, 1643, 1645].

● Norme connesse:

- art. 35-bis, L. 3 maggio 1982, n. 203.

1643. Rischio della perdita di bestiame.

Il rischio della perdita del bestiame è a carico dell'affittuario dal momento in cui questi ha ricevuto, se non è stato diversamente pattuito [1637, 1642].

1644. Accrescimenti e frutti del bestiame.

L'affittuario fa suoi i parti e gli altri frutti del bestiame, l'accrescimento e ogni altro provento che ne deriva [1615].

Il letame però deve essere impiegato esclusivamente nella coltivazione del fondo.

1645. Riconsegna del bestiame.

Nel caso previsto dall'articolo 1642, al termine del contratto l'affittuario deve restituire bestiame corrispondente per specie, numero, sesso, qualità, età e peso a quello ricevuto. Se vi sono differenze di qualità o di quantità contenute nei limiti in cui esse possano ammettersi avuto riguardo ai bisogni della coltivazione del fondo [1640, 1642], l'affittuario deve restituire bestiame di eguale valore [994]. Se vi è eccedenza o deficienza nel valore del bestiame, ne è fatto conguaglio in denaro tra le parti, secondo il valore al tempo della riconsegna [1640].

La disposizione del comma precedente si applica anche se, all'inizio dell'affitto, l'affittuario ha depositato presso il locatore la somma che rappresenta il valore del bestiame [1806].

Si applica altresì la disposizione del terzo comma dell'articolo 1640.

Sono salvi [le disposizioni delle norme corporative][1] e i patti diversi.

[1] Le parole in parentesi devono ritenersi abrogate a seguito dell'entrata in vigore del R.D.L. 9 agosto 1943, n. 721.

1646. Rapporti fra gli affittuari uscente e subentrante.

L'affittuario uscente deve mettere a disposizione di chi subentra nella coltivazione i locali opportuni e gli altri comodi occorrenti per i lavori dell'anno seguente; il nuovo affittuario deve lasciare al precedente i locali opportuni e gli altri comodi occorrenti per il consumo dei foraggi e per le raccolte che restano da fare.

Per l'ulteriore determinazione dei rapporti tra l'affittuario uscente e l'affittuario subentrante si osservano [le disposizioni delle norme corporative e in mancanza][1] gli usi locali.

[1] Le parole in parentesi devono ritenersi abrogate a seguito dell'entrata in vigore del R.D.L. 9 agosto 1943, n. 721.

■ Codice civile del 1865: *Art. 1625. L'affittuario che cessa deve lasciare a quello che gli succede nella coltivazione, i fabbricati opportuni e gli altri comodi occorrenti pè lavori dell'anno susseguente; e reciprocamente, il nuovo affittuario deve lasciare a quello che cessa, gli opportuni fabbricati e gli altri comodi occorrenti pel consumo dei foraggi e per le raccolte che restano a farsi.*

Così nell'uno come nell'altro caso si debbono osservare le consuetudini dei luoghi.

Art. 1626. L'affittuario che cessa, deve pure lasciare la paglia, lo strame ed il concime dell'annata, se li ha ricevuti al principio dell'affitto; se non li ha ricevuti, il locatore può ritenerli secondo la stima.

§ 3
Dell'affitto a coltivatore diretto

● Norme connesse:

- L. 12 giugno 1962, n. 567 (Norme in materia di affitto di fondi rustici); L. 11 febbraio 1971, n. 11 (Nuova disciplina dell'affitto di fondi rustici); L. 10 dicembre 1973, n. 814 (Modifiche alla L. 11 febbraio 1971, n. 11, concernente la disciplina dell'affitto dei fondi rustici); L. 3 maggio 1982, n. 203; art. 6, D.Lgs. 18 maggio 2001, n. 228; D.Lgs. 23 marzo 2004, n. 99 (Disposizioni in materia di soggetti e attività, integrità aziendale e semplificazione amministrativa in agricoltura).

1647. Nozione.

Quando l'affitto ha per oggetto un fondo che l'affittuario coltiva col lavoro prevalentemente proprio o di persone della sua famiglia [2083], si applicano le norme che seguono [sempre che il fondo non superi i limiti di estensione che, per singole zone e colture, possono essere determinati dalle norme corporative] [1654, 2079, 2080][1].

[1] Le parole in parentesi devono ritenersi abrogate a seguito dell'entrata in vigore del R.D.L. 9 agosto 1943, n. 721.

● Norme connesse:

- art. 1, L. 25 giugno 1949, n. 353 (Proroga dei contratti agrari di affitto dei fondi rustici, mezzadria, colonia parziaria e compartecipazione, nonché delle concessioni di terre incolte o mal coltivate), che dispone: *I contratti, verbali o scritti, di affitto dei fondi rustici a coltivatore diretto sono prorogati a tutta l'annata agraria 1949-50.*

Alla proroga di cui al comma precedente si applicano le disposizioni contenute negli artt. 3, 4 e 9 del D.Lgs. 1° aprile 1947, n. 273 e negli artt. 9 e 11 della L. 4 agosto 1948, n. 1094.

Le disposizioni del primo comma si applicano all'affittuario, il quale coltivi il podere con il lavoro proprio e della famiglia, sempreché tale forza lavorativa costituisca almeno un terzo di quella occorrente per le normali necessità di coltivazione del fondo

- art. 25, L. 11 febbraio 1971, n. 11 (Nuova disciplina dell'affitto di fondi rustici), che dispone: *Agli effetti della L. 11 luglio 1952, n. 765, e successive modificazioni, integrazioni e proroghe, della L. 12 giugno 1962, n. 567, e della presente legge, è coltivatore diretto l'affittuario che sia tale a norma dell'art. 1, terzo comma, della L. 25 giugno 1949, n. 353, tenuto conto, agli effetti del computo del fabbisogno di giornate lavorative del fondo, anche dell'impiego delle macchine agricole. Il lavoro della donna è considerato equivalente a quello dell'uomo.*

1648. Casi fortuiti ordinari.

[Il giudice, con riguardo alle condizioni economiche dell'affittuario, può disporre il pagamento ra-

CODICE CIVILE

teale del fitto se per un caso fortuito ordinario, le cui conseguenze l'affittuario ha assunte a suo carico [1637], si verifica la perdita di almeno la metà dei frutti del fondo [1654]][1].

[1] V., ora, art. 11, L. 12 giugno 1962, n. 567 (Norme in materia di affitto di fondi rustici), che dispone: *Nei contratti conclusi con affittuari coltivatori diretti che siano tali a norma dell'art. 1, terzo comma, della legge 25 giugno 1949, n. 353, è nullo qualunque patto che accolli all'affittuario il rischio dei casi fortuiti straordinari o di quelli ordinari, che determinino perimento di frutti non separati o mancata produzione in misura superiore ad un terzo della normale produzione.*

1649. Subaffitto.

Se il locatore consente il subaffitto, questo è considerato come locazione diretta tra il locatore e il nuovo affittuario [1549, 1624, 1654, 1656, 1770, 1804, 2149].

● Norme connesse:

- art. 21, L. 3 maggio 1982, n. 203, che dispone: *Art. 21. Nullità del subaffitto o della subconcessione. Diritto di surroga. Sono vietati i contratti di subaffitto, di sublocazione e comunque di subconcessione dei fondi rustici.*

La violazione del divieto, ai fini della dichiarazione di nullità del subaffitto o della subconcessione, della risoluzione del contratto di affitto e della restituzione del fondo, può essere fatta valere soltanto dal locatore, entro quattro mesi dalla data in cui ne è venuto a conoscenza. Se il locatore non si avvale di tale facoltà, il subaffittuario o il subconcessionario subentra nella posizione giuridica dell'affittuario o del concessionario.

Se il locatore fa valere i propri diritti, il subaffittuario o il subconcessionario ha facoltà di subentrare nella posizione giuridica dell'affittuario o del concessionario per tre annate agrarie a partire dalla scadenza di quella in corso e comunque per una durata non eccedente quella del contratto agrario.

1650. - 1651.

[...][1].

[1] Articoli abrogati dall'art. 29, L. 11 febbraio 1971, n. 11.

1652. Anticipazioni all'affittuario.

Qualora l'affittuario non possa provvedere altrimenti, il locatore è tenuto ad anticipargli le sementi e le materie fertilizzanti e antiparassitarie necessarie per la coltivazione del fondo.

Il credito del locatore produce interessi in misura corrispondente al saggio legale [1248, 1654].

1653. Sostituzione del locatore all'affittuario.

[...][1].

[1] Articolo abrogato dall'art. 29, L. 11 febbraio 1971, n. 11.

1654. Inderogabilità.

[Le disposizioni che precedono sono inderogabili][1].

[1] Articolo da ritenersi implicitamente abrogato dall'art. 29, L. 11 febbraio 1971, n. 11.

CAPO VII
DELL'APPALTO

● Norme connesse:

- D.Lgs. 18 aprile 2016, n. 50 (Codice dei contratti pubblici); art. 81, R.D. 16 marzo 1942, n. 267.

- art. 186 del Codice della crisi di impresa e dell'insolvenza, attuativo della Legge delega 19 ottobre 2017, n. 155 (D.Lgs. 12 gennaio 2019, n. 14) in tema di effetti della procedura di liquidazione giudiziale sul pendente contratto di appalto.

1655. Nozione.

L'appalto è il contratto con il quale una parte assume, con organizzazione [2082] dei mezzi necessari e con gestione a proprio rischio, il compimento di un'opera o di un servizio verso un corrispettivo in danaro [1326, 1360, comma 2, 1373, comma 2, 1453, 1458, comma 2, 1657, 1677, 2222].

● Norme connesse:

- artt. 29 e 84, D.Lgs. 10 settembre 2003, n. 276, nel testo, da ultimo, modificato dall'art. 2, D.L. 17 marzo 2017, n. 25, convertito in L. 20 aprile 2017, n. 49, che, rispettivamente dispongono: *Art. 29. Appalto. 1. Ai fini della applicazione delle norme contenute nel presente titolo, il contratto di appalto, stipulato e regolamentato ai sensi dell'articolo 1655 del codice civile, si distingue dalla somministrazione di lavoro per la organizzazione dei mezzi necessari da parte dell'appaltatore, che può anche risultare, in relazione alle esigenze dell'opera o del servizio dedotti in contratto, dall'esercizio del potere organizzativo e direttivo nei confronti dei lavoratori utilizzati nell'appalto, nonché per la assunzione, da parte del medesimo appaltatore, del rischio d'impresa.*

2. In caso di appalto di opere o di servizi, il committente imprenditore o datore di lavoro è obbligato in solido con l'appaltatore, nonchè con ciascuno degli eventuali subappaltatori entro il limite di due anni dalla cessazione dell'appalto, a corrispondere ai lavoratori i trattamenti retributivi, comprese le quote di trattamento di fine rapporto, nonchè i contributi previdenziali e i premi assicurativi dovuti in relazione al periodo di esecuzione del contratto di appalto, restando escluso qualsiasi obbligo per le sanzioni civili di cui risponde solo il responsabile dell'inadempimento. Il committente che ha eseguito il pagamento è tenuto, ove previsto, ad assolvere gli obblighi del sostituto d'imposta ai sensi delle disposizioni del decreto del Presidente della Repubblica 29 settembre 1973, n. 600, e può esercitare l'azione di regresso nei confronti del coobbligato secondo le regole generali.

3. L'acquisizione del personale già impiegato nell'appalto a seguito di subentro di nuovo appaltatore dotato di propria struttura organizzativa e operativa, in forza di legge, di contratto collettivo nazionale di lavoro o di clausola del contratto d'appalto, ove siano presenti elementi di discontinuità che determinano una specifica identità di impresa, non costituisce trasferimento d'azienda o di parte d'azienda.

3-bis. Quando il contratto di appalto sia stipulato in violazione di quanto disposto dal comma 1, il lavoratore interessato può chiedere, mediante ricorso giudiziale a norma dell'articolo 414 del codice di procedura civile, notificato anche soltanto al soggetto che ne ha utilizzato la prestazione, la costituzione di un rapporto di lavoro alle dipendenze di quest'ulti-

mo. In tale ipotesi si applica il disposto dell'articolo 27, comma 2.

3-ter. Fermo restando quando previsto dagli articoli 18 e 19, le disposizioni di cui al comma 2 non trovano applicazione qualora il committente sia una persona fisica che non esercita attività di impresa o professionale

Art. 84. Interposizione illecita e appalto genuino. 1. Le procedure di certificazione di cui al capo primo possono essere utilizzate, sia in sede di stipulazione di appalto di cui all'articolo 1655 del codice civile sia nelle fasi di attuazione del relativo programma negoziale, anche ai fini della distinzione concreta tra somministrazione di lavoro e appalto ai sensi delle disposizioni di cui al Titolo III del presente decreto legislativo.

2. Entro sei mesi dalla entrata in vigore del presente decreto, il Ministro del lavoro e delle politiche sociali adotta con proprio decreto codici di buone pratiche e indici presuntivi in materia di interposizione illecita e appalto genuino, che tengano conto della rigorosa verifica della reale organizzazione dei mezzi e della assunzione effettiva del rischio tipico di impresa da parte dell'appaltatore. Tali codici e indici presuntivi recepiscono, ove esistano, le indicazioni contenute negli accordi interconfederali o di categoria stipulati da associazioni dei datori e dei prestatori di lavoro comparativamente più rappresentative sul piano nazionale.

1656. Subappalto.

L'appaltatore non può dare in subappalto l'esecuzione dell'opera o del servizio, se non è stato autorizzato dal committente [1670, 1674].

● Norme connesse:

- art. 105 (subappalto), D.Lgs. 18 aprile 2016, n. 50 (Codice dei contratti pubblici); art. 21, L. 13 settembre 1982, n. 646 (Misure di prevenzione di carattere patrimoniale), nel testo da ultimo modificato dall'art. 25, D.L. 4 ottobre 2018, n. 113, convertito in L. 1° dicembre 2018, n. 132, a decorrere dal 4 dicembre 2018, che dispone: *Chiunque, avendo in appalto opere riguardanti la pubblica amministrazione, concede anche di fatto, in subappalto o a cottimo, in tutto o in parte le opere stesse, senza l'autorizzazione dell'autorità competente, è punito con la reclusione da uno a cinque anni e con la multa non inferiore ad un terzo del valore dell'opera concessa in subappalto o a cottimo e non superiore ad un terzo del valore complessivo dell'opera ricevuta in appalto. Nei confronti del subappaltatore e dell'affidatario del cottimo si applica la pena della reclusione da uno a cinque anni e della multa pari ad un terzo del valore dell'opera ricevuta in subappalto o in cottimo. È data all'amministrazione appaltante la facoltà di chiedere la risoluzione del contratto.*

L'autorizzazione prevista dal precedente comma è rilasciata previo accertamento dei requisiti di idoneità tecnica del subappaltatore, nonché del possesso, da parte di quest'ultimo, dei requisiti soggettivi per l'iscrizione all'albo nazionale dei costruttori. L'autorizzazione non può essere rilasciata nei casi previsti dall'articolo 10-quinquies della L. 31 maggio 1965, n. 575.

Per i rapporti di subappalto e cottimo contemplati nel presente articolo, che siano in corso alla data di entrata in vigore della presente legge, l'autorizzazione deve intervenire entro 90 giorni dalla data anzidetta. L'ulteriore prosecuzione dei rapporti stessi, in carenza del titolo autorizzatorio, è punita con le pene stabilite nel primo comma, ferma restando la facoltà dell'amministrazione appaltante di chiedere la risoluzione del contratto.

1657. Determinazione del corrispettivo.

Se le parti non hanno determinato la misura del corrispettivo né hanno stabilito il modo di determinarla, essa è calcolata con riferimento alle tariffe esistenti o agli usi; in mancanza, è determinata dal giudice [1474, 1655, 1709, 1733, 1755, comma 2, 2225, 2233].

1658. Fornitura della materia.

La materia necessaria a compiere l'opera deve essere fornita dall'appaltatore, se non è diversamente stabilito dalla convenzione o dagli usi [1663, 1673, 2223].

■ Codice civile del 1865: *Art. 1634. Quando si commette ad alcuno di fare un lavoro, si può pattuire che egli somministri soltanto la sua opera o la sua industria, ovvero che somministri anche la materia.*

1659. Variazioni concordate del progetto.

L'appaltatore non può apportare variazioni alle modalità convenute dell'opera se il committente non le ha autorizzate [1668].

L'autorizzazione si deve provare per iscritto [2725].

Anche quando le modificazioni sono state autorizzate, l'appaltatore, se il prezzo dell'intera opera è stato determinato globalmente, non ha diritto a compenso per le variazioni o per le aggiunte, salvo diversa pattuizione [1660, 1661].

● Norme connesse:

- art. 106 (Modifica di contratti durante il periodo di efficacia), 149 (Varianti), 191 (Affidamento a contraente generale), D.Lgs. 18 aprile 2016, n. 50 (Codice dei contratti pubblici).

■ Codice civile del 1865: *Art. 1640. Un architetto o un imprenditore che si è incaricato per appalto di costruire un edifizio, in conformità di un disegno stabilito e concordato col committente, non può domandare alcun aumento del prezzo, né col pretesto che sia aumentato il prezzo della mano d'opera dei materiali, né col pretesto che siensi fatte al disegno variazioni od aggiunte, se queste non sono state approvate in iscritto e non se ne è convenuto il prezzo col committente.*

1660. Variazioni necessarie del progetto.

Se per l'esecuzione dell'opera a regola d'arte è necessario apportare variazioni al progetto e le parti non si accordano, spetta al giudice di determinare le variazioni da introdurre e le correlative variazioni del prezzo [1659].

Se l'importo delle variazioni supera il sesto del prezzo complessivo convenuto, l'appaltatore può recedere dal contratto [1373] e può ottenere, secondo le circostanze, una equa indennità.

Se le variazioni sono di notevole entità, il committente può recedere dal contratto ed è tenuto a corrispondere un equo indennizzo.

● Norme connesse:
- art. 106 (Modifica di contratti durante il periodo di efficacia), 149 (Varianti), 194 (Affidamento a contraente generale), D.Lgs. 18 aprile 2016, n. 50 (Codice dei contratti pubblici).

1661. Variazioni ordinate dal committente.
Il committente può apportare variazioni al progetto [1324, 1334], purché il loro ammontare non superi il sesto del prezzo complessivo convenuto. L'appaltatore ha diritto al compenso per i maggiori lavori eseguiti, anche se il prezzo dell'opera era stato determinato globalmente [1659].

La disposizione del comma precedente non si applica quando le variazioni, pur essendo contenute nei limiti suddetti, importano notevoli modificazioni della natura dell'opera o dei quantitativi nelle singole categorie di lavori previste nel contratto per l'esecuzione dell'opera medesima.

● Norme connesse:
- art. 106 (Modifica di contratti durante il periodo di efficacia), D.Lgs. 18 aprile 2016, n. 50 (Codice dei contratti pubblici).

1662. Verifica nel corso di esecuzione dell'opera.
Il committente ha diritto di controllare lo svolgimento dei lavori e di verificarne a proprie spese lo stato [1665].

Quando, nel corso dell'opera, si accerta che la sua esecuzione non procede secondo le condizioni stabilite dal contratto e a regola d'arte [2224], il committente può fissare un congruo termine entro il quale l'appaltatore si deve conformare a tali condizioni; trascorso inutilmente il termine stabilito, il contratto è risoluto [1454], salvo il diritto del committente al risarcimento del danno [1223, 1667].

● Norme connesse:
- art. 111 (Controllo tecnico, contabile e amministrativo), D.Lgs. 18 aprile 2016, n. 50 (Codice dei contratti pubblici).

1663. Denuncia dei difetti della materia.
L'appaltatore è tenuto a dare pronto avviso al committente dei difetti della materia da questo fornita [1658], se si scoprono nel corso dell'opera e possono comprometterne la regolare esecuzione [1673].

1664. Onerosità o difficoltà dell'esecuzione.
Qualora per effetto di circostanze imprevedibili si siano verificati aumenti o diminuzioni nel costo dei materiali o della mano d'opera, tali da determinare un aumento o una diminuzione superiori al decimo del prezzo complessivo convenuto, l'appaltatore o il committente possono chiedere una revisione del prezzo medesimo [1468]. La revisione può essere accordata solo per quella differenza che eccede il decimo.

Se nel corso dell'opera si manifestano difficoltà di esecuzione derivanti da cause geologiche, idriche e simili, non previste dalle parti, che rendono notevolmente più onerosa la prestazione dell'appaltatore, questi ha diritto a un equo compenso [1467].

● Norme connesse:
- art. 106 (Modifica di contratti durante il periodo di efficacia), 149 (Varianti), 194 (Affidamento a contraente generale), D.Lgs. 18 aprile 2016, n. 50 (Codice dei contratti pubblici).

1665. Verifica e pagamento dell'opera.
Il committente, prima di ricevere la consegna, ha diritto di verificare l'opera compiuta [1666, 1673].

La verifica deve essere fatta dal committente appena l'appaltatore lo mette in condizioni di poterla eseguire.

Se, nonostante l'invito fattogli dall'appaltatore, il committente tralascia di procedere alla verifica senza giusti motivi, ovvero non ne comunica il risultato entro un breve termine, l'opera si considera accettata [1667, 2226].

Se il committente riceve senza riserve la consegna dell'opera, questa si considera accettata ancorché non si sia proceduto alla verifica.

Salvo diversa pattuizione o uso contrario, l'appaltatore ha diritto al pagamento del corrispettivo quando l'opera è accettata dal committente [disp. att. 181].

● Norme connesse:
- sulla disciplina dei pagamenti negli appalti di lavori pubblici, D.M. 19 aprile 2000, n. 145 (Regolamento contenente il capitolato generale dei lavori pubblici), nel testo modificato dal D.P.R. 5 ottobre 2010, n. 207 (Regolamento di attuazione del Codice degli appalti pubblici).

1666. Verifica e pagamento di singole partite.
Se si tratta di opera da eseguire per partite, ciascuno dei contraenti può chiedere che la verifica avvenga per le singole partite [1665]. In tal caso l'appaltatore può domandare il pagamento in proporzione dell'opera eseguita.

Il pagamento fa presumere l'accettazione della parte di opera pagata [1667]; non produce questo effetto il versamento di semplici acconti [disp. att. 181].

● Norme connesse:
- art. 109 (Recesso), D.Lgs. 18 aprile 2016, n. 50 (Codice dei contratti pubblici); D.M. 19 aprile 2000, n. 145 (Regolamento contenente il capitolato generale dei lavori pubblici).

■ Codice civile del 1865: *Art. 1638. Quando si tratti di un lavoro che sia di più pezzi o a misura, la verificazione può farsi in partite diverse; e si presume fatta per tutte le partite soddisfatte, se il committente paga l'artefice in proporzione del lavoro fatto.*

1667. Difformità e vizi dell'opera.
L'appaltatore è tenuto alla garanzia per le difformità e i vizi dell'opera [1490, 1578, 1668, 1698, 2226]. La garanzia non è dovuta se il committente ha

accettato l'opera [1665] e le difformità o i vizi erano da lui conosciuti o erano riconoscibili, purché in questo caso, non siano stati in mala fede taciuti dall'appaltatore [1218, 1453, 2931].

Il committente deve, a pena di decadenza [2964], denunziare all'appaltatore le difformità o i vizi entro sessanta giorni [2964] dalla scoperta. La denunzia non è necessaria se l'appaltatore ha riconosciuto le difformità o i vizi o se li ha occultati [1495 comma 2, 1666, 1670].

L'azione contro l'appaltatore si prescrive [2946] in due anni dal giorno della consegna dell'opera. Il committente convenuto per il pagamento può sempre far valere la garanzia [1442, 1449], purché le difformità o i vizi siano stati denunciati entro sessanta giorni dalla scoperta e prima che siano decorsi i due anni dalla consegna [1495 comma 3; disp. att. 181; c.nav. 240, 855].

1668. Contenuto della garanzia per difetti dell'opera.

Il committente può chiedere che le difformità o i vizi siano eliminati a spese dell'appaltatore, oppure che il prezzo sia proporzionalmente diminuito, salvo il risarcimento del danno nel caso di colpa dell'appaltatore [1223].

Se però le difformità o i vizi dell'opera sono tali da renderla del tutto inadatta alla sua destinazione, il committente può chiedere la risoluzione del contratto [1453, 1455, 1492, 2226; disp. att. 181].

1669. Rovina e difetti di cose immobili.

Quando si tratta di edifici o di altre cose immobili destinate per loro natura a lunga durata, se, nel corso di dieci anni dal compimento, l'opera, per vizio del suolo o per difetto della costruzione, rovina in tutto o in parte, ovvero presenta evidente pericolo di rovina o gravi difetti, l'appaltatore è responsabile nei confronti del committente e dei suoi aventi causa, purché sia fatta la denunzia entro un anno dalla scoperta [1470, 2043, 2053].

Il diritto del committente si prescrive in un anno dalla denunzia [2946].

■ Codice civile del 1865: *Art. 1639. Se nel corso di dieci anni dal giorno in cui fu compiuta la fabbricazione di un edifizio o di altra opera notabile, l'una o l'altra rovina in tutto o in parte, o presenta evidente pericolo di rovinare per difetto di costruzione o per vizio del suolo, l'architetto e l'imprenditore ne sono responsabili.*

L'azione per l'indennità deve essere promossa entro due anni dal giorno in cui si è verificato uno dei casi sopra enunciati.

1670. Responsabilità dei subappaltatori.

L'appaltatore, per agire in regresso nei confronti dei subappaltatori [1656], deve, sotto pena di decadenza [2964], comunicare ad essi la denunzia entro sessanta giorni dal ricevimento [1667].

1671. Recesso unilaterale dal contratto.

Il committente può recedere dal contratto [1373, 1569, 1660], anche se è stata iniziata l'esecuzione dell'opera o la prestazione del servizio, purché tenga indenne l'appaltatore delle spese sostenute, dei lavori eseguiti e del mancato guadagno [1734, 1738, 2227, 2237].

■ Codice civile del 1865: *Art. 1641. Il committente può sciogliere a suo arbitrio l'accordo dell'appalto, quantunque sia già cominciato il lavoro, tenendo indenne l'imprenditore di tutte le spese, di tutti i lavori e di tutto ciò che avrebbe potuto guadagnare in tale impresa.*

1672. Impossibilità di esecuzione dell'opera.

Se il contratto si scioglie perché l'esecuzione dell'opera è divenuta impossibile in conseguenza di una causa non imputabile ad alcuna delle parti [1464], il committente deve pagare la parte dell'opera già compiuta, nei limiti in cui è per lui utile [1675, 2228, 2231, 2237], in proporzione del prezzo pattuito per l'opera intera.

1673. Perimento o deterioramento della cosa.

Se, per causa non imputabile ad alcuna delle parti, l'opera perisce o è deteriorata prima che sia accettata dal committente o prima che il committente sia in mora [1207] a verificarla [1655], il perimento o il deterioramento è a carico dell'appaltatore, qualora questi abbia fornito la materia [1658].

Se la materia è stata fornita in tutto o in parte dal committente, il perimento o il deterioramento dell'opera è a suo carico per quanto riguarda la materia da lui fornita, e per il resto è a carico dell'appaltatore [1465, 1663].

■ Codice civile del 1865: *Art. 1635. Nel caso in cui l'artefice somministri la materia, se la cosa viene a perire in qualsivoglia modo prima di essere consegnata, la perdita rimane a carico dell'artefice, purché il committente non fosse in mora per riceverla.*

Art. 1636. Nel caso in cui l'artefice impieghi solamente il suo lavoro o l'industria, se la cosa viene a perire, l'artefice è obbligato soltanto per la sua colpa.

Art. 1637. Nel caso dell'articolo precedente, se la cosa perisce, quantunque senza colpa dell'artefice, prima che l'opera sia consegnata, e senza che il committente sia in mora a verificarla, l'artefice non ha più diritto di pretendere la mercede, purché la cosa non sia perita per un vizio della materia.

1674. Morte dell'appaltatore.

Il contratto di appalto non si scioglie per la morte dell'appaltatore, salvo che la considerazione della sua persona sia stata motivo determinante del contratto. Il committente può sempre recedere dal contratto [1373], se gli eredi dell'appaltatore non danno affidamento per la buona esecuzione dell'opera o del servizio [1614, 1627, 1675; L. fall. 81].

● Norme connesse:
- art. 81, R.D. 16 marzo 1942, n. 267.

■ Codice civile del 1865: *Art. 1642. Il contratto di locazione di un'opera si scioglie colla morte dell'artefice e dell'architetto od imprenditore incaricato di essa.*

1675. Diritti e obblighi degli eredi dell'appaltatore.

Nel caso di scioglimento del contratto per morte dell'appaltatore [1674], il committente è tenuto a pagare agli eredi il valore delle opere eseguite, in ragione del prezzo pattuito, e a rimborsare le spese sostenute per l'esecuzione del rimanente, ma solo nei limiti in cui le opere eseguite e le spese sostenute gli sono utili [1672].

Il committente ha diritto di domandare la consegna, verso una congrua indennità, dei materiali preparati e dei piani in via di esecuzione, salve le norme che proteggono le opere dell'ingegno [2578].

● Norme connesse:
- L. 22 aprile 1941, n. 633.

■ Codice civile del 1865: *Art. 1643. Il committente è però tenuto a pagare ai loro eredi, in proporzione del prezzo fissato nella convenzione, l'importare dei lavori fatti e dei materiali preparati, allorché tali lavori o materiali possono essergli utili.*

1676. Diritti degli ausiliari dell'appaltatore verso il committente.

Coloro che, alle dipendenze dell'appaltatore, hanno dato la loro attività per eseguire l'opera o per prestare il servizio possono proporre azione diretta contro il committente per conseguire quanto è loro dovuto, fino alla concorrenza del debito che il committente ha verso l'appaltatore nel tempo in cui essi propongono la domanda [1705, 2900].

● Norme connesse:
- art. 35, D.Lgs. 15 giugno 2015, n. 81 (Disciplina organica dei contratti di lavoro e revisione della normativa in tema di mansioni).

■ Codice civile del 1865: *Art. 1645. I muratori, fabbri ed altri artefici impiegati alla costruzione di un edifizio o di altra opera data in appalto, non hanno azione contro il committente dei lavori, se non fino a concorrenza del debito che egli ha verso l'imprenditore nel tempo in cui promuovono la loro azione.*

1677. Prestazione continuativa o periodica di servizi.

Se l'appalto ha per oggetto prestazioni continuative o periodiche di servizi, si osservano, in quanto compatibili, le norme di questo capo e quelle relative al contratto di somministrazione [1559 ss., 1570, 1655].

CAPO VIII
DEL TRASPORTO

● Norme connesse:
- Convenzione di Bruxelles 23 aprile 1970, ratificata con L. 27 dicembre 1977, n. 1084.

Sezione I
Disposizioni generali

1678. Nozione.

Col contratto di trasporto il vettore [1510] si obbliga, verso corrispettivo [2761], a trasferire persone [1681] o cose da un luogo a un altro [1683, 2951].

■ Codice del commercio del 1882: *Art. 388. Il contratto di trasporto ha luogo tra lo speditore o mittente che dà l'incarico del trasporto e l'imprenditore che assume di farlo eseguire in nome proprio e per conto altrui, oppure tra uno di essi ed il vetturale che assume di eseguirlo.*

Si designa col nome di "vettore" chiunque assume in qualunque modo di eseguire o di far eseguire trasporti.

Le obbligazioni tra il mittente o l'imprenditore di trasporti per acqua ed il capitano o padrone sono regolate nel libro secondo.

♦ Regolamento (CE) n. 593/2008 del Parlamento europeo e del Consiglio del 17 giugno 2008 sulla legge applicabile alle obbligazioni contrattuali (Roma I)

Articolo 5. Contratti di trasporto. *1. Nella misura in cui la legge applicabile al contratto di trasporto di merci non sia stata scelta a norma dell'articolo 3, la legge applicabile è quella del paese di residenza abituale del vettore, a condizione che il luogo di ricezione o di consegna o la residenza abituale del mittente siano anch'essi situati in tale paese. Se tali condizioni non sono soddisfatte, si applica la legge del paese in cui si trova il luogo di consegna convenuto dalle parti.*

2. Nella misura in cui la legge applicabile a un contratto di trasporto di passeggeri non sia stata scelta dalle parti conformemente al secondo comma, la legge applicabile è quella del paese di residenza abituale del passeggero, purché il luogo di partenza o di destinazione sia situato in tale paese. Se tali condizioni non sono soddisfatte, si applica la legge del paese in cui il vettore ha la residenza abituale.

Le parti possono scegliere come legge applicabile al contratto di trasporto di passeggeri a norma dell'articolo 3 solo la legge del paese in cui: a) il passeggero ha la residenza abituale; o b) il vettore ha la residenza abituale; o c) il vettore ha la sua amministrazione centrale; o d) è situato il luogo di partenza; o e) è situato il luogo di destinazione.

3. Se dal complesso delle circostanze del caso risulta chiaramente che il contratto, in mancanza di scelta della legge, presenta collegamenti manifestamente più stretti con un paese diverso da quello indicato ai paragrafi 1 o 2, si applica la legge di tale diverso paese.

1679. Pubblici servizi di linea.

Coloro [2951 comma 4] che per concessione amministrativa esercitano servizi di linea per il trasporto di persone o di cose sono obbligati a accettare le richieste di trasporto [2597] che siano compatibili con i mezzi ordinari dell'impresa, secondo le condizioni generali [1341] stabilite o autorizzate nell'atto di concessione e rese note al pubblico [1341, 1342, 2951].

I trasporti devono eseguirsi secondo l'ordine delle richieste, in caso di più richieste simultanee, deve essere preferita quella di percorso maggiore.

Se le condizioni generali ammettono speciali concessioni, il vettore è obbligato ad applicarle a parità di condizioni a chiunque ne faccia richiesta.

Salve le speciali concessioni ammesse dalle condizioni generali, qualunque deroga alle medesime è nulla, e alla clausola difforme è sostituita la norma delle condizioni generali [1339, 1419, 2951].

● Norme connesse:

- sulla definizione di servizi di linea per trasporto di persone, art. 87, D.Lgs. 30 aprile 1992, n. 285 (Codice della strada), che dispone: *1. Agli effetti del presente articolo un veicolo si intende adibito al servizio di linea quando l'esercente, comunque remunerato, effettua corse per una destinazione predeterminata su itinerari autorizzati e con offerta indifferenziata al pubblico, anche se questo sia costituito da una particolare categoria di persone.*

2. Possono essere destinati ai servizi di linea per trasporto di persone: gli autobus, gli autosnodati, gli autoarticolati, gli autotreni, i filobus, i filosnodati, i filoarticolati e i filotreni destinati a tale trasporto.

3. La carta di circolazione di tali veicoli è rilasciata sulla base del nulla osta emesso dalle autorità competenti ad accordare le relative concessioni.

4. I suddetti veicoli possono essere utilizzati esclusivamente sulle linee per le quali l'intestatario della carta di circolazione ha ottenuto il titolo legale, salvo le eventuali limitazioni imposte in detto titolo. Il concedente la linea può autorizzare l'utilizzo di veicoli destinati al servizio di linea per quello di noleggio da rimessa, purché non sia pregiudicata la regolarità del servizio. A tal fine la carta di circolazione deve essere accompagnata da un documento rilasciato dall'autorità concedente, in cui sono indicate le linee o i bacini di traffico o il noleggio per i quali i veicoli possono essere utilizzati.

5. I proprietari di autoveicoli immatricolati a uso servizio di linea per trasporto di persone possono locare temporaneamente e in via eccezionale, secondo direttive emanate con decreto del Ministero delle infrastrutture e dei trasporti, ad altri esercenti di servizi di linea per trasporto persone parte dei propri veicoli, con l'autorizzazione delle rispettive autorità competenti a rilasciare le concessioni.

6. Chiunque utilizza in servizio di linea un veicolo non adibito a tale uso, ovvero impiega un veicolo su linee diverse da quelle per le quali ha titolo legale, è soggetto alla sanzione amministrativa del pagamento di una somma da euro 431 a euro 1.734.

7. La violazione di cui al comma 6 importa la sanzione accessoria della sospensione della carta di circolazione da due a otto mesi, secondo le norme del capo I, sezione II, del titolo VI.

- D.Lgs. 21 novembre 2005, n. 286 (Liberalizzazione regolata dell'attività di autotrasportatore); D.Lgs. 21 novembre 2005, n. 284 (Riordino della consulta generale e del comitato centrale per l'atto nazionale).

- art. 101, D.Lgs. 6 settembre 2005, n. 206.

- sulla gestione dei servizi pubblici locali in generale, artt. 113 e 113-bis, T.U.E.L. approvato con D.Lgs. 18 agosto 2000, n. 267, art. 23-*bis*, D.L. 25 giugno 2008, n. 112, convertito in L. 6 agosto 2008, n. 133, soppresso dall'art. 1, D.P.R. 18 luglio 2011, n. 113 e D.P.R. 7 settembre 2010, n. 168 (Regolamento in materia di servizi pubblici locali di rilevanza economica); art. 4 (Adeguamento della disciplina dei servizi pubblici locali al referendum popolare e alla normativa dall'Unione europea), D.L. 13 agosto 2011, n. 138, convertito in L. 14 settembre 2011, n. 148, che la Corte costituzionale, con sentenza 20 luglio 2012, n. 199, ha dichiarato incostituzionale sia nel testo originario che in quello risultante dalle successive modificazioni.

- D.Lgs. 19 novembre 1997, n. 422 (Conferimento alle regioni ed agli enti locali di funzioni e compiti in materia di trasporto pubblico locale); D.Lgs. 8 luglio 2003 n. 188 (Attuazione delle direttive 2001/12/CE, 2001/13/CE e 2001/14/CE in materia ferroviaria).

1680. Limiti di applicabilità delle norme.

Le disposizioni di questo capo si applicano anche ai trasporti per via d'acqua o per via d'aria e a quelli ferroviari e postali, in quanto non siano derogate dal codice della navigazione e delle leggi speciali.

● Norme connesse:

- per i trasporti ferroviari interni di persone, R.D.L. 11 ottobre 1934, n. 1948, convertito in L. 4 aprile 1935, n. 911.

- per i trasporti ferroviari interni di cose, R.D.L. 25 gennaio 1940, n. 674 e successive modificazioni.

- per i trasporti ferroviari internazionali, Convenzione di Berna del 7 febbraio 1970 (L. 27 ottobre 1975, n. 692).

- per i trasporti internazionali di merce su strada, Convenzione di Ginevra del 19 maggio 1956 (L. 6 dicembre 1960, n. 1621) e successivo protocollo di modifica (L. 27 aprile 1982, n. 242).

- per il trasporto aereo internazionale, Convenzione di Varsavia del 12 aprile 1929 (L. 19 maggio 1932, n. 84).

- per il trasporto degli effetti postali sulle autolinee in concessione alle industrie private, L. 8 gennaio 1952, n. 543.

- v. nota *sub* art. 1679.

Sezione II
Del trasporto di persone

● Norme connesse:

- L. 11 agosto 2003, n. 218 (Disciplina dell'attività di trasporto di viaggiatori effettuato mediante noleggio di autobus con conducente).

- per la vendita di pacchetti turistici, artt. 32 ss. D.Lgs. 23 maggio 2011, n. 79 (Codice del Turismo), nel testo modificato dal D.Lgs. 21 maggio 2018, n. 62.

- v. nota *sub* art. 1679.

1681. Responsabilità del vettore.

Salva la responsabilità per il ritardo e per l'inadempimento nell'esecuzione del trasporto [1218], il vettore risponde [1682] dei sinistri che colpiscono la persona del viaggiatore durante il viaggio e della perdita o dell'avaria delle cose che il viaggiatore porta con sé, se non prova di avere adottato tutte le misure idonee a evitare il danno [1693, 1694, 2043, 2050, 2054, 2951; c.nav. 396, 940].

Sono nulle le clausole che limitano la responsabilità del vettore per i sinistri che colpiscono il viaggiatore [1229, 1694].

Le norme di questo articolo si osservano anche nei contratti di trasporto gratuito [c.nav. 414, 415].

● Norme connesse:

- comma 1: 1) per il danno subito da persone o cose sulle ferrovie dello Stato, R.D.L. n. 1948 del 1934; R.D.L. n. 9 del 1940.

2) per il trasporto di persone via mare, artt. 396-418 c.nav. e, per quello via area, artt. 940-949 c.nav.

3) sui limiti al risarcimento in tema di trasporti aerei internazionali, L. 7 luglio 1988, n. 274.

4) per la responsabilità del vettore aereo comunitario in caso di incidenti, v. Reg. CE n. 2027/97 del 9 ottobre 1997.

- artt. 122, 141 e 149, comma 2, D.Lgs. 7 settembre 2005, n. 209 (Codice delle assicurazioni private).

- Convenzione per l'unificazione di alcune norme relative al trasporto aereo internazionale (convenzione di Montreal).

1682. Responsabilità del vettore nei trasporti cumulativi.

Nei trasporti cumulativi ciascun vettore risponde nell'ambito del proprio percorso [1294, 1681, 1700].

Tuttavia il danno per il ritardo o per l'interruzione del viaggio si determina in ragione dell'intero percorso [1294].

Sezione III
Del trasporto di cose

● Norme connesse:

- D.Lgs. 14 marzo 1998, n. 85 (Riordino della disciplina per l'esercizio dell'attività di autotrasporto di cose per conto terzi); D.M. 11 maggio 1998, n. 212 (Requisiti per le autorizzazioni all'impresa di autotrasporto).

- v. nota *sub* art. 1679.

1683. Indicazioni e documenti che devono essere forniti al vettore.

Il mittente deve indicare con esattezza al vettore il nome del destinatario e il luogo di destinazione, la natura, il peso, la quantità e il numero delle cose da trasportare e gli altri estremi necessari per eseguire il trasporto [1684; c.nav. 419, 964].

Se per l'esecuzione del trasporto occorrono particolari documenti, il mittente deve rimetterli al vettore all'atto in cui consegna le cose da trasportare.

Sono a carico del mittente i danni che derivano dall'omissione o dall'inesattezza delle indicazioni o dalla mancata consegna o irregolarità dei documenti.

■ Codice del commercio del 1882: *Art. 390. La lettera di vettura dev'essere datata, e sottoscritta dal mittente, ed indicare:*

1° La natura, il peso, la misura o il numero delle cose da trasportare, e sono in colli, anche le qualità dell'imballaggio, il numero e i contrassegni o marche di essi;

2° La persona del mittente e la sua residenza;

3° La persona del vettore e la sua residenza;

4° Il luogo di destinazione e la persona del destinatario, esprimendo se la lettera di vettura sia all'ordine ovvero al portatore;

5° Il porto, o prezzo del trasporto, e le somme dovute al vettore per le spedizioni aggravate di spese anticipate o di assegni;

6° Il tempo entro il quale deve essere eseguito il trasporto, ovvero, trattandosi di trasporto per strada ferrata, se debba essere fatta a grande o a piccola velocità;

7° Le altre stipulazioni convenute tra le parti.

Il mittente può indicare sè stesso come destinatario.

Art. 391. Il mittente deve consegnare al vettore i documenti doganali o altri che occorrano; egli risponde della loro verità e regolarità.

1684. Lettera di vettura e ricevuta di carico.

Su richiesta del vettore, il mittente deve rilasciare una lettera di vettura [1687] con la propria sottoscrizione, contenente le indicazioni enunciate nell'articolo precedente e le condizioni convenute per il trasporto.

Su richiesta del mittente, il vettore deve rilasciare un duplicato della lettera di vettura con la propria sottoscrizione o, se non gli è stata rilasciata lettera di vettura, una ricevuta di carico, con le stesse indicazioni [1685].

Salvo contrarie disposizioni di legge, il duplicato della lettera di vettura e la ricevuta di carico possono essere rilasciate con la clausola «all'ordine» [1691, 1996, 2008].

■ Codice del commercio del 1882: *Art. 389. Il mittente deve rilasciare una lettera di vettura al vettore che gliene faccia domanda.*

La lettera di vettura può essere all'ordine o al portatore.

La forma e gli effetti della girata della lettera di vettura sono regolati secondo le disposizioni del titolo X di questo libro.

Art. 392. Il vettore deve restituire un esemplare della lettera di vettura, colla sua sottoscrizione, al mittente che ne faccia domanda.

Se la lettera di vettura è all'ordine o al portatore, la girata o la consegna dell'esemplare sottoscritto dal vettore trasferisce la disponibilità delle cose trasportate.

Le convenzioni non indicate nella lettera di vettura non hanno effetto contro il destinatario, e contro il possessore dell'esemplare della lettera di vettura all'ordine o al portatore sottoscritto dal vettore.

1685. Diritti del mittente.

Il mittente può sospendere il trasporto e chiedere la restituzione delle cose, ovvero ordinarne la consegna a un destinatario diverso da quello originariamente indicato o anche disporre diversamente [1510], salvo l'obbligo di rimborsare le spese e di risarcire i danni derivanti dal contrordine [1671, 1686, 1684, comma 2, 1687, 1725, 1734, 1738, 2227, 2237].

Qualora dal vettore sia stato rilasciato al mittente un duplicato della lettera di vettura o una ricevuta di carico [1684], il mittente non può disporre delle cose consegnate per il trasporto, se non esibisce al vettore il duplicato o la ricevuta per farvi annotare le nuove indicazioni [1691, 1996]. Queste devono essere sottoscritte dal vettore.

Il mittente non può disporre delle cose trasportate dal momento in cui esse sono passate a disposizione del destinatario [1378, 1687, 1689].

■ Codice del commercio del 1882: *Art. 396. Il mittente ha diritto di sospendere il trasporto e di ordinare la restituzione delle cose trasportate o la consegna di esse a un destinatario diverso da quello indicato nella lettera di vettura, o di disporne altrimenti; ma deve rifondere al vettore le spese e risarcirgli i danni che sono la conseguenza immediata e diretta del contrordine.*

L'obbligo del vettore di eseguire gli ordini del mittente cessa dal momento in cui, arrivate le cose al luogo di destinazione, il destinatario che sia in possesso del documento atto ad esigere la riconsegna l'abbia reclamata dal vettore, questi gli abbia consegnato la lettera di vettura. In questi casi il solo destinatario ha facoltà di disporre delle cose trasportate.

Se la lettera di vettura è all'ordine o al portatore, il diritto indicato nella prima parte del presente articolo compete al possessore dell'esemplare della lettera di vettura sottoscritto dal vettore. Questi, ricevendo il contrordine, ha diritto che l'esemplare stesso gli sia restituito, e se è mutata la destinazione delle cose trasportate può esigere una nuova lettera di vettura.

1686. Impedimenti e ritardi nell'esecuzione del trasporto.

Se l'inizio o la continuazione del trasporto sono impediti [1256, 1463] o soverchiamente ritardati per causa non imputabile al vettore, questi deve chiedere immediatamente istruzioni [1685] al mittente, provvedendo alla custodia delle cose consegnategli.

Se le circostanze rendono impossibile la richiesta di istruzioni al mittente o se le istruzioni non sono attuabili, il vettore può depositare le cose a norma dell'articolo 1514 [disp. att. 77], o, se sono soggette a rapido deterioramento, può farle vendere a norma dell'articolo 1515. Il vettore deve informare prontamente il mittente del deposito o della vendita [disp. att. 83].

Il vettore ha diritto al rimborso delle spese. Se il trasporto è stato iniziato, egli ha diritto anche al pagamento del prezzo in proporzione del percorso compiuto [1672, 1690], salvo che l'interruzione del trasporto sia dovuta alla perdita totale delle cose derivante da caso fortuito [1690, 2228].

■ Codice del commercio del 1882: *Art. 395. Se il trasporto è impedito o soverchiamente ritardato da caso fortuito da forza maggiore, il vettore deve tosto avvisarne il mittente, il quale ha facoltà di risolvere il contratto colla sola rifusione delle spese sostenute dal vettore. Se l'impedimento interviene durante l'esecuzione del trasporto, il vettore ha anche diritto al pagamento del porto in proporzione del cammino percorso. In questi casi dev'essere restituito al vettore l'esemplare della lettera di vettura all'ordine o al portatore da lui sottoscritto.*

1687. Riconsegna delle merci.

Il vettore deve mettere le cose trasportate a disposizione del destinatario nel luogo, nel termine e con le modalità indicati dal contratto o, in mancanza, dagli usi [1690, 2951].

Se la riconsegna non deve eseguirsi presso il destinatario, il vettore deve dargli prontamente avviso dell'arrivo delle cose trasportate [1177, 1691].

Se dal mittente è stata rilasciata una lettera di vettura [1684], il vettore deve esibirla al destinatario [1685].

■ Codice del commercio del 1882: *Art. 394. Il vettore deve fare la spedizione delle cose da trasportarsi secondo l'ordine in cui ne ha ricevuto la consegna, se, per la natura di esse, per la loro destinazione o per altri motivi, non sia necessario seguire un ordine diverso, o non ne sia impedito da caso fortuito o da forza maggiore.*

1688. Termine di resa.

Il termine di resa, quando sono indicati più termini parziali, è determinato dalla somma di questi.

1689. Diritti del destinatario.

I diritti nascenti dal contratto di trasporto verso il vettore spettano al destinatario dal momento in cui, arrivate le cose a destinazione o scaduto il termine in cui sarebbero dovute arrivare, il destinatario ne richiede la riconsegna al vettore [1411, 1685, comma 3, 1691 comma 3].

Il destinatario non può esercitare i diritti nascenti dal contratto se non verso pagamento al vettore dei crediti derivanti dal trasporto [2761 comma 1] e degli assegni da cui le cose trasportate sono gravate [1692]. Nel caso in cui l'ammontare delle somme dovute sia controverso, il destinatario deve depositare la differenza contestata presso un istituto di credito [1411, 1702, disp. att. 251].

■ Codice del commercio del 1882: *Art. 407. Dopo l'arrivo delle cose trasportate o dopo il giorno in cui esse avrebbero dovuto arrivare nel luogo di destinazione, il destinatario può esercitare tutti i diritti derivanti dal contratto di trasporto e le azioni di risarcimento: da quel momento egli può pretendere la riconsegna delle cose stesse e della lettera di vettura.*

1690. Impedimenti alla riconsegna.

Se il destinatario è irreperibile ovvero rifiuta o ritarda a chiedere la riconsegna delle cose trasportate, il vettore deve domandare immediatamente istru-

CODICE CIVILE

zioni al mittente e si applicano le disposizioni dell'articolo 1686.

Se sorge controversia tra più destinatari o circa il diritto del destinatario alla riconsegna o circa l'esecuzione di questa, ovvero se il destinatario ritarda a ricevere le cose trasportate, il vettore può depositarle a norma dell'articolo 1514 o, se sono soggette a rapido deterioramento, può farle vendere a norma dell'articolo 1515 per conto dell'avente diritto. Il vettore deve informare prontamente il mittente del deposito o della vendita [disp. att. 77, 83].

■ Codice del commercio del 1882: *Art. 413. Se il destinatario non si trovi, o sorga controversia intorno al ricevimento delle cose trasportate, il presidente del tribunale di commercio, o il pretore può ordinare il deposito o il sequestro delle cose stesse. Può anche farne verificare lo stato ed ordinarne la vendita sino alla concorrenza delle somme dovute al vettore, osservando le forme stabilite nell'articolo 71.*

Se non vi è controversia, il vettore per ottenere il pagamento dovutogli può procedere secondo le disposizioni dell'articolo 363.

1691. Lettera di vettura o ricevuta di carico all'ordine.

Se il vettore ha rilasciato al mittente un duplicato della lettera di vettura all'ordine o la ricevuta di carico all'ordine [1684 comma 3], i diritti nascenti dal contratto verso il vettore si trasferiscono mediante girata del titolo [1685, 1996, 2009].

In tal caso il vettore è esonerato dall'obbligo di dare avviso dell'arrivo delle cose trasportate [1687], salvo che sia stato indicato un domiciliatario nel luogo di destinazione, e l'indicazione risulti dal duplicato della lettera di vettura o dalla ricevuta di carico.

Il possessore del duplicato della lettera di vettura all'ordine o della ricevuta di carico all'ordine, deve restituire il titolo al vettore all'atto della riconsegna delle cose trasportate.

1692. Responsabilità del vettore nei confronti del mittente.

Il vettore che esegue la riconsegna al destinatario senza riscuotere i propri crediti o gli assegni da cui è gravata la cosa, o senza esigere il deposito della somma controversa [1689 comma 2], è responsabile verso il mittente [1702] dell'importo degli assegni dovuti al medesimo e non può rivolgersi a quest'ultimo per il pagamento dei propri crediti, salva l'azione verso il destinatario [2951].

■ Codice del commercio del 1882: *Art. 410. Se il vettore consegna le cose trasportate senza riscuotere le somme dovute a lui, ai vettori precedenti od al mittente, o senza esigere il deposito della somma controversa, egli perde il diritto di regresso e rimane responsabile verso il mittente e verso i vettori precedenti per le somme assegnate, salva la sua azione verso il destinatario.*

1693. Responsabilità per perdita e avaria.

Il vettore è responsabile della perdita e dell'avaria [1696] delle cose consegnategli per il trasporto, dal momento in cui le riceve a quello in cui le riconsegna al destinatario, se non prova che la perdita o l'avaria è derivata da caso fortuito, dalla natura o dai vizi delle cose stesse o dal loro imballaggio, o dal fatto del mittente o da quello del destinatario [1218, 1681, 1694, 1701].

Se il vettore accetta le cose da trasportare senza riserve, si presume che le cose stesse non presentino vizi apparenti d'imballaggio [1698, 1701].

■ Codice civile del 1865: *Art. 1630. I vetturini sono obbligati non solo per ciò che essi hanno già ricevuto nel loro bastimento o nella loro vettura, ma altresì per ciò che è stato consegnato loro sul porto o nel luogo di ricapito, per essere riposto nel loro bastimento o nella loro vettura.*

Art. 1631. Essi sono obbligati per la perdita e per i guasti o le avarie delle cose loro affidate, se non provano che si sono perdute o hanno sofferto guasto o avaria per un caso fortuito o per forza maggiore.

■ Codice del commercio del 1882: *Art. 400. Il vettore è responsabile della perdita e dell'avaria delle cose affidategli per il trasporto dal momento in cui le riceve sino a quello della riconsegna al destinatario, se non prova che la perdita l'avaria è derivata da caso fortuito o da forza maggiore, da vizio delle cose stesse o dalla loro natura, da fatto del mittente o del destinatario.*

1694. Presunzioni di fortuito.

Sono valide le clausole che stabiliscono presunzioni di caso fortuito per eventi che normalmente, in relazione ai mezzi e alle condizioni del trasporto, dipendono da caso fortuito [1681, 1693, 2698;disp. att. 182].

■ Codice del commercio del 1882: *Art. 401. Se trattisi del trasporto di determinate specie di cose fragili e soggette a facile deterioramento, o di animali, ovvero di trasporti fatti in modo speciale, le amministrazioni di strade ferrate possono stipulare che la perdita o l'avaria si presuma derivata da vizio delle cose trasportate, dalla loro natura, o da fatto del mittente o del destinatario, se non è provata la loro colpa.*

1695. Calo naturale.

Per le cose che, data la loro particolare natura, sono soggette durante il trasporto a diminuzione nel peso o nella misura, il vettore risponde solo delle diminuzioni che oltrepassano il calo naturale, a meno che il mittente o il destinatario provi che la diminuzione non è avvenuta in conseguenza della natura delle cose o che per le circostanze del caso non poteva giungere alla misura accertata [1787].

Si deve tener conto del calo separatamente per ogni collo.

■ Codice del commercio del 1882: *Art. 404. Rispetto alle cose che per loro natura soggiacciono durante il trasporto ad una diminuzione nel peso o nella misura, il vettore può limita-*

re la sua responsabilità sino alla concorrenza di un tanto per cento preventivamente determinato, che dev'essere stabilito per ciascun collo se la cosa è divisa in colli.

La limitazione della responsabilità non ha effetto, se il mittente o il destinatario provi che la diminuzione non avvenne in conseguenza della natura delle cose, o che per le circostanze del caso non poteva giungere alla misura stabilita.

1696. Calcolo del danno in caso di perdita o di avaria.

Il danno derivante da perdita o da avaria [1693, comma 1] si calcola secondo il prezzo corrente delle cose trasportate nel luogo e nel tempo della riconsegna [1223, 1474, 1515, comma 3, 1518].

Il risarcimento dovuto dal vettore non può essere superiore a un euro per ogni chilogrammo di peso lordo della merce perduta o avariata nei trasporti nazionali ed all'importo di cui all'articolo 23, comma 3, della Convenzione per il trasporto stradale di merci, ratificata con legge 6 dicembre 1960, n. 1621, e successive modificazioni, nei trasporti internazionali[1].

La previsione di cui al comma precedente non è derogabile a favore del vettore se non nei casi e con le modalità previste dalle leggi speciali e dalle convenzioni internazionali applicabili[1].

Il vettore non può avvalersi della limitazione della responsabilità prevista a suo favore dal presente articolo ove sia fornita la prova che la perdita o l'avaria della merce sono stati determinati da dolo o colpa grave del vettore o dei suoi dipendenti e preposti, ovvero di ogni altro soggetto di cui egli si sia avvalso per l'esecuzione del trasporto, quando tali soggetti abbiano agito nell'esercizio delle loro funzioni[1].

[1] Comma aggiunto dall'art. 10, D.Lgs. 21 novembre 2005, n. 286.

● Norme connesse:

- comma 1: L. 22 agosto 1985, n. 450, il cui art. 2 dispone: *Art. 2. L'ammontare del risarcimento per danni prodotti alle cose trasportate su strada dai veicoli destinati ad uso pubblico e degli autobus destinati ad uso privato, sia per bagagli a mano che per quelli consegnati, non può essere superiore a quanto stabilito per il trasporto marittimo ed aereo dalla legge 16 aprile 1954, n. 202*

- D.Lgs. 21 novembre 2005, n. 286 (Disposizioni per il riassetto normativo in materia di liberalizzazione regolata dell'esercizio dell'attività di autotrasportatore).

■ Codice del commercio del 1882: *Art. 405. Il danno derivante da perdita o da avaria si calcola secondo il prezzo corrente delle cose trasportate nel luogo e nel tempo della riconsegna. Il prezzo corrente si determina secondo le disposizioni dell'articolo 38, detratte le spese risparmiate in conseguenza della perdita o dell'avaria.*

Se il danno è operato con dolo o manifesta negligenza, la misura del risarcimento si determina secondo le disposizioni degli articoli 1227 e 1229 del codice civile.

La misura del risarcimento del danno derivante dalla perdita dei bagagli di un viaggiatore, consegnati al vettore senza indicazione del contenuto, si determina secondo le particolari circostanze del fatto.

1697. Accertamento della perdita e dell'avaria.

Il destinatario ha diritto di fare accertare a sue spese, prima della riconsegna, l'identità e lo stato delle cose trasportate.

Se la perdita o l'avaria esiste, il vettore deve rimborsargli le spese.

Salvo diverse disposizioni della legge, la perdita e l'avaria si accertano nei modi stabiliti dall'articolo 696 del codice di procedura civile.

■ Codice del commercio del 1882: *Art. 402. Le avarie si accertano nei modi stabiliti nell'articolo 71, e il mittente, il possessore o il destinatario, secondo i casi preveduti nell'articolo 396, può essere autorizzato dall'autorità giudiziaria ad esigere la consegna delle cose trasportate con cauzione o senza.*

1698. Estinzione dell'azione nei confronti del vettore.

Il ricevimento senza riserve delle cose trasportate col pagamento di quanto è dovuto al vettore [1689 comma 2] estingue le azioni derivanti dal contratto, tranne il caso di dolo o colpa grave del vettore. Sono salve le azioni [2951] per perdita parziale o per avaria non riconoscibili al momento della riconsegna, purché in quest'ultimo caso il danno sia denunziato appena conosciuto e non oltre otto giorni dopo il ricevimento [1681;disp. att. 182].

■ Codice del commercio del 1882: *Art. 415. Il pagamento del porto ed il ricevimento senza risevva delle cose trasportate, quand'anche il pagamento del porto sia stato anticipato, estinguono ogni azione contro il vettore.*

Tuttavia l'azione contro il vettore per la perdita parziale o per l'avaria non riconoscibile al momento della riconsegna sussiste anche dopo il pagamento del porto ed il ricevimento delle cose trasportate se si provi che la perdita o l'avaria avvenne nell'intervallo tra la consegna al vettore e la riconsegna, e a condizione che la domanda di verificazione sia proposta appena scoperto il danno e non più tardi di sette giorni dopo il ricevimento.

1699. Trasporto con rispedizione della merce.

Se il vettore si obbliga di far proseguire le cose trasportate, oltre le proprie linee, per mezzo di vettori successivi, senza farsi rilasciare dal mittente una lettera di vettura [1684] diretta fino al luogo di destinazione, si presume che egli assuma, per il trasporto oltre le proprie linee, gli obblighi di uno spedizioniere [1737 ss.].

1700. Trasporto cumulativo.

Nei trasporti che sono assunti cumulativamente da più vettori successivi con unico contratto, i vettori rispondono in solido [1292 ss.] per l'esecuzione del contratto dal luogo originario di partenza fino al luogo di destinazione [1682].

Il vettore chiamato a rispondere di un fatto non proprio può agire in regresso contro gli altri vettori, singolarmente o cumulativamente. Se risulta che il

CODICE CIVILE

fatto dannoso è avvenuto nel percorso di uno dei vettori, questi è tenuto al risarcimento integrale; in caso contrario, al risarcimento sono tenuti tutti i vettori in parti proporzionali ai percorsi, esclusi quei vettori che provino che il danno non è avvenuto nel proprio percorso [1701].

■ Codice del commercio del 1882: *Art. 398. Il vettore è responsabile dei fatti dei suoi dipendenti, di tutti i vettori successivi e di ogni altra persona cui egli affidi l'esecuzione del trasporto.*

1701. Diritto di accertamento dei vettori successivi.

I vettori successivi hanno diritto di far dichiarare nella lettera di vettura o in atto separato, lo stato delle cose da trasportare al momento in cui sono loro consegnate [1700]. In mancanza di dichiarazione, si presume che le abbiano ricevute in buono stato e conformi alla lettera di vettura [1684].

■ Codice del commercio del 1882: *Art. 399. I vettori successivi hanno diritto di far dichiarare sulla lettera di vettura o altrimenti lo stato delle cose da trasportarsi al momento cui sono loro consegnate.*

In mancanza di dichiarazione, si presume che le abbiano ricevute in condizione buona e conforme alle indicazioni della lettera di vettura.

1702. Riscossione dei crediti da parte dell'ultimo vettore.

L'ultimo vettore rappresenta i vettori precedenti per la riscossione dei rispettivi crediti che nascono dal contratto di trasporto [1689] e per l'esercizio del privilegio sulle cose trasportate [2761, comma 1].

Se egli omette tale riscossione o l'esercizio del privilegio, è responsabile verso i vettori precedenti per le somme loro dovute, salva l'azione contro il destinatario [1692].

■ Codice del commercio del 1882: *Art. 412. Per tutti i crediti dipendenti dal contratto di trasporto il vettore ha privilegio sulle cose trasportate sino alla riconsegna al destinatario.*

Se vi sono più vettori, l'ultimo di essi esercita i diritti dei precedenti.

CAPO IX
DEL MANDATO

Sezione I
Disposizioni generali

● Norme connesse:

- L.18 dicembre 1984, n. 975; art. 60, L. 31 maggio 1995, n. 218; artt. 78, commi 2, 3, 201, R.D. 16 marzo 1942, n. 267.
- art. 185 del Codice della crisi di impresa e dell'insolvenza, attuativo della Legge delega 19 ottobre 2017, n. 155 (D.Lgs. 12 gennaio 2019, n. 14), in tema di effetti della procedura di liquidazione giudiziale sul pendente contratto di mandato.

1703. Nozione.

Il mandato è il contratto col quale una parte [1471, comma 1, n. 4, 1716] si obbliga a compiere uno o più atti giuridici per conto dell'altra [778, 1731, 1737, 2030, 2032].

● Norme connesse:

- art. 78, R.D. 16 marzo 1942, n. 267.

■ Codice civile del 1865: *Art. 1737. Il mandato è un contratto in forza del quale una persona si obbliga gratuitamente o mediante un compenso a compiere un affare per conto di un'altra persona da cui ne ha avuto l'incarico.*

■ Codice del commercio del 1882: *Art. 349. Il mandato commerciale ha per oggetto la trattazione di affari commerciali per conto e in nome del mandante.*

Il mandato commerciale non si presume gratuito.

Art. 350. Il mandato commerciale, sebbene concepito in termini generali, non si estende ad affari non commerciali, se ciò non è dichiarato espressamente.

Se al mandatario non sono date istruzioni che rispetto a certe particolarità dell'affare, il mandato si reputa libero per le altre.

Il mandato per un certo affare comprende tutti gli atti necessari all'esecuzione di esso, ancorché non espressamente indicati.

Art. 351. Il commerciante che non vuole accettare un incarico deve nel più breve tempo possibile far conoscere il suo rifiuto al mandante, e non ostante il rifiuto deve far riporre in luogo sicuro le cose speditegli ed aver cura della loro conservazione a spese del mandante, sino a che questi abbia potuto dare le disposizioni opportune.

In caso di ritardo può anche provocare il deposito giudiziale e la vendita delle cose secondo le disposizioni dell'articolo 71.

Art. 352. Se le cose che il mandatario riceve per conto del mandante presentano segni visibili di danni sofferti durante il trasporto, egli deve fare gli atti necessarii a preservare i diritti del mandante verso il vettore; altrimenti è responsabile delle cose ricevute secondo le descrizioni contenute nelle lettere di avviso o di vettura o nelle polizze di carico. Se il danno richieda urgenti provvedimenti, il mandatario può anche provocare la vendita delle cose secondo le disposizioni dell'articolo 71.

♦ Codice civile francese

Articolo 1984. *Il mandato o procura è un atto con cui una persona dà ad un'altra il potere di fare qualche cosa per il mandante e a suo nome. Il contratto non si forma che per accettazione del mandatario.*

1704. Mandato con rappresentanza.

Se al mandatario è stato conferito il potere di agire in nome del mandante, si applicano anche le norme del capo VI del titolo II di questo libro [1387 ss.].

● Norme connesse:

- art. 60, L. 31 maggio 1995, n. 218.

♦ I principi di diritto europeo dei contratti

Art. 3:102: Categorie della rappresentanza. *(1) Quando il mandatario agisce in nome del mandante, si applicano le norme sulla rappresentanza diretta (sezione seconda). Non è rilevante che il nome del mandante sia rivelato al momento in cui il mandatario agisce o sia rivelato successivamente.*

1705. Mandato senza rappresentanza.
Il mandatario che agisce in proprio nome [1706, 1707, 1715, 1719] acquista i diritti [177, comma 1, lett. a)] e assume gli obblighi derivanti dagli atti compiuti con i terzi, anche se questi hanno avuto conoscenza del mandato [1351, 2645-bis].

I terzi non hanno alcun rapporto col mandante. Tuttavia il mandante, sostituendosi al mandatario, può esercitare i diritti di credito derivanti dall'esecuzione del mandato [1717, 2900], salvo che ciò possa pregiudicare i diritti attribuiti al mandatario dalle disposizioni degli articoli che seguono [1715, 1721].

■ Codice civile del 1865: *Art. 1744. Quando il mandatario agisce in suo nome, il mandante non ha azione contro coloro coi quali il mandatario ha contrattato, né i medesimi l'hanno contro il mandante.*

In tal caso però il mandatario è direttamente obbligato verso la persona con cui ha contrattato, come se l'affare fosse suo proprio.

♦ I principi di diritto europeo dei contratti

Art. 3:102: Categorie della rappresentanza. *[...]. (2) Quando il mandatario agisce in esecuzione di un incarico e per conto, ma non nel nome, del mandante, o quando il terzo non sa o non ha ragione di sapere che chi agisce lo fa come rappresentante, si applicano le norme sulla rappresentanza indiretta (sezione terza).*

Art. 3:301: Mandato senza rappresentanza. *(1) Quando un mandatario agisce: (a) sulla base di istruzioni e nell'interesse, ma non in nome, del mandante, o (b) sulla base di istruzioni del mandante senza che il terzo lo sappia o abbia ragione di saperlo, gli effetti si producono tra il mandatario e il terzo.*

(2) Gli effetti si producono tra il mandante e il terzo quando ricorrono i presupposti previsti negli articoli da 3:302 a 3:304.

1706. Acquisti del mandatario.
Il mandante può rivendicare [948] le cose mobili [815] acquistate per suo conto dal mandatario che ha agito in nome proprio [1705], salvi i diritti acquistati dai terzi per effetto del possesso di buona fede [1147, 1153 ss., 1478, 1707].

Se le cose acquistate dal mandatario sono beni immobili o beni mobili iscritti in pubblici registri [812 ss.], il mandatario è obbligato [1351, 2645-bis] a ritrasferirle al mandante [1324, 1334, 2643]. In caso d'inadempimento, si osservano le norme relative all'esecuzione dell'obbligo di contrarre [2652 n. 2, 2690 n. 1, 2932; disp. att. 183].

1707. Creditori del mandatario.
I creditori del mandatario non possono far valere le loro ragioni sui beni che, in esecuzione del mandato, il mandatario ha acquistati in nome proprio [1706], purché, trattandosi di beni mobili o di crediti, il mandato risulti da scrittura avente data certa [2704] anteriore al pignoramento, ovvero trattandosi di beni immobili o di beni mobili iscritti in pubblici registri [815 2683], sia anteriore al pignoramento la trascrizione dell'atto di ritrasferimento o della domanda giudiziale diretta a conseguirlo [2652 n. 2, 2914, comma 2, n. 1, 2915 comma 2; disp. att. 183].

● Norme connesse:
- art. 36, D.Lgs. 24 febbraio 1998, n. 58.

1708. Contenuto del mandato.
Il mandato comprende non solo gli atti per i quali è stato conferito, ma anche quelli che sono necessari al loro compimento [1711].

Il mandato generale non comprende gli atti che eccedono l'ordinaria amministrazione, se non sono indicati espressamente [320, 374].

● Norme connesse:
- art. 12, R.D. 14 dicembre 1933, n. 1669; art. 15, R.D. 21 dicembre 1933, n. 1736.

■ Codice civile del 1865: *Art. 1740. Il mandato è speciale per un affare o per certi affari solamente, ovvero è generale per tutti gli affari del mandante.*

Art. 1741. Il mandato concepito in termini generali non comprende che gli atti di amministrazione.

Quando si tratti di alienare, ipotecare o fare altri atti che eccedono la ordinaria amministrazione, il mandato debb'essere espresso.

♦ Codice civile francese

Articolo 1988. *Il mandato concepito in termini generali non abbraccia che gli atti di amministrazione. Se si tratta di alienare o ipotecare, o di qualche altro atto di proprietà, il mandato deve essere espresso.*

1709. Presunzione di onerosità.
Il mandato si presume oneroso [1710, 1725]. La misura del compenso, se non è stabilita dalle parti, è determinata in base alle tariffe professionali o agli usi; in mancanza è determinata dal giudice [1474, 1657, 1720, comma 1, 1733, 1740, 1755, comma 2, 2099, 2225, 2233].

■ Codice civile del 1865: *Art. 1739. Il mandato è gratuito se non vi è patto in contrario.*

§ 1

Delle obbligazioni del mandatario

1710. Diligenza del mandatario.
Il mandatario è tenuto a eseguire il mandato [1856 comma 1, 2030, 2392, comma 1, 2407, comma 1] con la diligenza del buon padre di famiglia [1176]; ma se il mandato è gratuito, la responsabilità per colpa è valutata con minor rigore [1768 comma 1].

Il mandatario è tenuto a rendere note al mandante le circostanze sopravvenute che possono determinare la revoca [1723 ss.] o la modificazione del mandato.

■ Codice civile del 1865: *Art. 1745. Il mandatario è tenuto ad eseguire il mandato sino a che ne rimane incaricato, ed è risponsabile dei danni derivanti dall'inadempimento del medesimo.*

È parimente tenuto a terminare l'affare già cominciato al tempo della morte del mandante, se dal ritardo possa derivare pericolo.

Art. 1746. Il mandatario è risponsabile non solamente pel dolo, ma anche per la colpa commessa nell'esecuzione del mandato.

Tale risponsabilità riguardo alla colpa è applicata, quando il mandato è gratuito, meno rigorosamente che nel caso contrario.

■ Codice del commercio del 1882: *Art. 353. Il mandatario è obbligato a render noti al mandante tutti i fatti che possono determinarlo a rivocare od a modificare il mandato.*

1711. Limiti del mandato.

Il mandatario non può eccedere [2028 ss.] i limiti fissati nel mandato. L'atto che esorbita dal mandato resta a carico del mandatario [1717], se il mandante non lo ratifica [1324, 1334, 1360, 1398, 1399, 1712 comma 2, 1735].

Il mandatario può discostarsi dalle istruzioni ricevute qualora circostanze ignote al mandante, e tali che non possano essergli comunicate in tempo, facciano ragionevolmente ritenere che lo stesso mandante avrebbe dato la sua approvazione [1712].

■ Codice civile del 1865: *Art. 1742. Il mandatario non può fare cosa alcuna oltre i limiti del suo mandato: la facoltà di fare transazione non comprende quella di fare compromessi.*

1712. Comunicazione dell'eseguito mandato.

Il mandatario deve senza ritardo comunicare al mandante [1716, 1728] l'esecuzione del mandato [1722, comma 1, n. 1].

Il ritardo del mandante a rispondere dopo aver ricevuto tale comunicazione, per un tempo superiore a quello richiesto dalla natura dell'affare o dagli usi, importa approvazione, anche se il mandatario si è discostato dalle istruzioni o ha ecceduto i limiti del mandato [1711].

■ Codice del commercio del 1882: *Art. 357. Il mandatario deve dare notizia senza ritardo al mandante dell'esecuzione del mandato.*

Il ritardo del mandante a rispondere dopo ricevuto l'avviso, per un tempo maggiore di quello richiesto dalla natura dell'affare o concesso dagli usi del commercio fa presumere la sua applicazione, ancorché il mandatario abbia ecceduto il mandato.

1713. Obbligo di rendiconto.

Il mandatario deve rendere al mandante il conto del suo operato e rimettergli tutto ciò che ha ricevuto [1714] a causa del mandato [1718;c.p.c. 263-266; disp. att. c.p.c. 109, 178].

La dispensa preventiva dall'obbligo di rendiconto non ha effetto nei casi in cui il mandatario deve rispondere per dolo o per colpa grave [1229].

■ Codice civile del 1865: *Art. 1747. Ogni mandatario deve rendere conto del suo operato e corrispondere al mandante tutto quello che ha ricevuto in forza del mandato, quantunque ciò che ha ricevuto non fosse dovuto al mandante.*

♦ Codice civile francese

Articolo 1993. *Ogni mandatario è tenuto a rendere conto della sua gestione e di far ragione al mandante di tutto quello che ha ricevuto in virtù della sua procura, anche quando quello che ha ricevuto non è stato dovuto al mandante.*

1714. Interessi sulle somme riscosse.

Il mandatario deve corrispondere al mandante gli interessi legali [1284] sulle somme riscosse per conto del mandante stesso, con decorrenza dal giorno in cui avrebbe dovuto fargliene la consegna o la spedizione ovvero impiegarle secondo le istruzioni ricevute [1713].

■ Codice civile del 1865: *Art. 1750. Il mandatario deve gli interessi delle somme che ha impiegate a proprio uso dalla data del fattone impiego, e gli interessi di quelle di cui è rimasto in debito dal giorno in cui fu costituito in mora.*

■ Codice del commercio del 1882: *Art. 355. Il mandatario è tenuto a pagare l'interesse delle somme che appartengono al mandante, dal giorno in cui avrebbe dovuto farne la spedizione o la consegna.*

♦ Codice civile francese

Articolo 1996. *Il mandatario deve l'interesse delle somme che egli ha impiegata a suo uso a partire da questo impieghi e di quelle di cui egli è debitore, a partire dal giorno in cui è messo in mora.*

1715. Responsabilità per le obbligazioni dei terzi.

In mancanza di patto contrario [1318, 1736], il mandatario che agisce in proprio nome [1705] non risponde verso il mandante dell'adempimento delle obbligazioni assunte dalle persone con le quali ha contrattato, tranne il caso che l'insolvenza di queste gli fosse o dovesse essergli nota all'atto della conclusione del contratto.

1716. Pluralità di mandatari.

Salvo patto contrario, il mandato conferito a più persone designate a operare congiuntamente non ha effetto, se non è accettato da tutte [1703, 1730].

Se nel mandato non è dichiarato che i mandatari devono agire congiuntamente, ciascuno di essi può concludere l'affare [2203 comma 3]. In questo caso il mandante, appena avvertito della conclusione [1712], deve darne notizia agli altri mandatari; in mancanza è tenuto a risarcire i danni derivanti dall'omissione o dal ritardo.

Se più mandatari hanno comunque operato congiuntamente, essi sono obbligati in solido [1292 ss.] verso il mandante [1726].

■ Codice civile del 1865: *Art. 1749. Se in un solo atto si sono costituiti più mandatari o procuratori, l'obbligazione in solido tra essi non ha luogo se non è stata pattuita.*

■ Codice del commercio del 1882: *Art. 364. Se più mandatarii sono designati nello stesso atto e non è dichiarato che debbano operare congiuntamente, essi si reputano incaricati di operare l'uno in mancanza dell'altro secondo l'ordine nel quale il loro nome è indicato nell'atto di nomina.*

Se è dichiarato che i mandatarii debbano operare congiuntamente, e il mandato non viene accettato da tutti, quelli che accettano si reputano autorizzati ad eseguirlo, qualora costituiscano la maggioranza dei nominati. L'obbligazione di più mandatarii commerciali è solidaria.

♦ Codice civile francese

Articolo 1995. *Quando ci sono più procuratori o mandatari stabiliti dallo stesso atto c'è solidarietà tra loro solo quando è espressa.*

1717. Sostituto del mandatario.

Il mandatario che, nell'esecuzione del mandato, sostituisce altri a se stesso, senza esservi autorizzato o senza che ciò sia necessario per la natura dell'incarico, risponde dell'operato della persona sostituita [1228, 1411, 1711, comma 2, 1856 comma 2, 2232].

Se il mandante aveva autorizzato la sostituzione senza indicare la persona, il mandatario risponde soltanto quando è in colpa nella scelta [1710].

Il mandatario risponde delle istruzioni che ha impartite al sostituto.

Il mandante può agire direttamente contro la persona sostituita dal mandatario [1856].

■ Codice civile del 1865: *Art. 1748. Il mandatario è risponsabile per colui che ha sostituito nell'incarico avuto:*

1° Quando non gli fu concessa la facoltà di sostituire alcuno;

2° Quando una tale facoltà gli fu concessa senza indicazione della persona, e quella da lui scelta era notoriamente incapace o non solvente.

In tutti i casi può il mandante direttamente agire contro la persona che venne sostituita dal mandatario.

♦ Codice civile francese

Articolo 1994. *Il mandatario risponde di colui che gli si è sostituito nella sua gestione: I quando non ha ricevuto il potere di sostituirsi; 2 0 quando questo potere gli è stato conferito senza designazione di una persona e che quella di cui egli ha fatto la scelta era notoriamente incapace o insolvente. In tutti i casi, il mandante può agire direttamente contro la persona a cui il mandatario si è sostituito.*

1718. Custodia delle cose e tutela dei diritti del mandante.

Il mandatario deve provvedere alla custodia delle cose che gli sono state spedite per conto del mandante e tutelare i diritti di quest'ultimo di fronte al vettore, se le cose presentano segni di deterioramento o sono giunte con ritardo [1177, 1513, 1693 ss.].

Se vi è urgenza, il mandatario può procedere alla vendita delle cose a norma dell'articolo 1515 [disp. att. 83].

Di questi fatti, come pure del mancato arrivo della merce, egli deve dare immediato avviso al mandante [1712, 1747].

Le disposizioni di questo articolo si applicano anche se il mandatario non accetta l'incarico conferitogli dal mandante, sempre che tale incarico rientri nell'attività professionale del mandatario.

■ Codice del commercio del 1882: *Art. 352. Se le cose che il mandatario riceve per conto del mandante presentano segni visibili di danni sofferti durante il trasporto, egli deve fare gli atti necessarii a preservare i diritti del mandante verso il vettore; altrimenti è responsabile delle cose ricevute secondo le descrizioni contenute nelle lettere di avviso o di vettura o nelle polizze di carico. Se il danno richieda urgenti provvedimenti, il mandatario può anche provocare la vendita delle cose secondo le disposizioni dell'articolo 71.*

§ 2

Delle obbligazioni del mandante

1719. Mezzi necessari per l'esecuzione del mandato.

Il mandante, salvo patto contrario, è tenuto a somministrare al mandatario i mezzi necessari per l'esecuzione del mandato e per l'adempimento delle obbligazioni che a tal fine il mandatario ha contratte in proprio nome [1705 ss., 1748, 1756, 2031].

■ Codice civile del 1865: *Art. 1752. Il mandante è tenuto ad eseguire le obbligazioni contratte dal mandatario secondo le facoltà che gli ha date.*

Non è obbligato per quello che il mandatario avesse fatto oltre tali facoltà, se ciò non è stato espressamente o tacitamente ratificato.

■ Codice del commercio del 1882: *Art. 360. Il mandante è tenuto a somministrare al mandatario i mezzi necessarii all'esecuzione del mandato, se non vi è convenzione contraria.*

1720. Spese e compenso del mandatario.

Il mandante deve rimborsare al mandatario le anticipazioni, con gli interessi legali [1284] dal giorno in cui sono state [2031] fatte, e deve pagargli il compenso che gli spetta [1709, 1733, 2756 comma 3, 2761 comma 2].

Il mandante deve inoltre risarcire i danni che il mandatario ha subìti a causa dell'incarico.

■ Codice civile del 1865: *Art. 1753. Il mandante deve rimborsare il mandatario delle anticipazioni e delle spese che questi ha fatto per l'esecuzione del mandato, e pagargli il compenso se l'ha promesso.*

Se non è imputabile alcuna colpa al mandatario, il mandante non può dispensarsi di tale rimborso e pagamento, ancorché l'affare non fosse riuscito, né può far ridurre la somma delle spese e delle anticipazioni, col pretesto che avrebbero potuto essere minori.

Art. 1754. Il mandante deve parimente tener indenne il mandatario delle perdite sofferte per occasione degli assunti incarichi, quando non gli si possa imputare alcuna colpa.

Art. 1755. Il mandante deve al mandatario gli interessi delle somme da questo anticipate dal giorno del provato pagamento delle medesime.

Art. 1756. Se il mandato è stato conferito da più persone per un affare comune, ciascuna di esse è tenuta in solido verso il mandatario per tutti gli effetti del mandato.

♦ Codice civile francese

Articolo 1999. *Il mandante deve rimborsare al mandatario gli anticipi e le spese che questi ha fatto per l'esecuzione del mandato e pagargli i suoi compensi quando sono stati promessi. Se non c'è alcuna colpa imputabile al mandatario, il mandante non può esonerarsi da fare questi rimborsi e pagamenti, anche quando l'affare non sarebbe riuscito, né far ridurre l'ammontare delle spese e degli anticipi sotto il pretesto che potevano essere inferiori.*

Articolo 2000. *Il mandante deve anche indennizzare il mandatario delle perdite che questi ha sopportato per la sua gestione, senza che gli sia imputabile imprudenza.*

1721. Diritto del mandatario sui crediti.

Il mandatario ha diritto di soddisfarsi sui crediti pecuniari sorti dagli affari che ha conclusi, con precedenza sul mandante e sui creditori di questo [1705 comma 2, 2756, 2761, comma 2].

■ Codice del commercio del 1882: *Art. 362. Il mandatario commerciale, per le sue anticipazioni e spese, per gli interessi delle somme sborsate e per la sua provvigione, ha privilegio speciale sulle cose di ragione del mandante ch'egli detiene per l'esecuzione del mandato o che si trovano a sua disposizione nei suoi magazzini o in luogo di pubblico deposito, o delle quali egli può provare la fattagli spedizione col possesso legittimo della polizza di carico "sola" o "prima" o della lettera di vettura.*

I crediti suddetti sono preferiti ad ogni altro credito verso il mandante e verso il venditore rivendicante, ancorché le anticipazioni o le spese siano fatte prima o dopo che le cose sono pervenute in possesso del mandatario.

Il mandatario che ha comprato merci per conto del mandante ha privilegio anche per il prezzo pagato, se le merci si trovano a sua disposizione nei suoi magazzini o in luogo di pubblico deposito.

In caso di fallimento del mandante, il privilegio del mandatario sulle cose comprate per di lui conto si esercita secondo le disposizioni del capo III, titolo IV, libro terzo del presente codice.

Se le cose appartenenti al mandante sono state vendute dal mandatario, il privilegio si esercita sul prezzo.

§ 3

Dell'estinzione del mandato

1722. Cause di estinzione.

Il mandato si estingue [1729, 1730; disp. att. 184]:

1) per la scadenza del termine o per il compimento, da parte del mandatario [1712], dell'affare per il quale è stato conferito;

2) per revoca [1324, 1334, 1373] da parte del mandante [1396, 1723 ss.];

3) per rinunzia [1324, 1334] del mandatario [1727];

4) per la morte, l'interdizione o l'inabilitazione [415 ss.] del mandante o del mandatario [1723, 1728]. Tuttavia il mandato che ha per oggetto il compimento di atti relativi all'esercizio di un'impresa [2082] non si estingue [1330, 2558], se l'esercizio dell'impresa è continuato, salvo il diritto di recesso delle parti o degli eredi [1373;disp. att. 184].

● Norme connesse:

- art. 22, comma 3, R.D. 14 dicembre 1933, n. 1669; art. 26, comma 3, R.D. 21 dicembre 1933, n. 1736; art. 78, comma 2, 3, R.D. 16 marzo 1942, n. 267.

■ Codice civile del 1865: *Art. 1757. Il mandato si estingue:*

Per la rivocazione fattane dal mandante;

Per la rinunzia del mandatario;

Per la morte, per l'interdizione e pel fallimento (c. com. 683 s.) sia del mandante sia del mandatario;

Per l'inabilitazione del mandatario del mandante, se oggetto del mandato siano atti ch'essi non potrebbero fare direttamente senza l'assistenza del curatore.

♦ Codice civile francese

Articolo 2003. *Il mandato termina: per la revoca del mandatario; per la rinuncia di questo al mandato; per la morte naturale, la tutela dei maggiorenni o l'insolvenza sia del mandante sia del mandatario.*

1723. Revocabilità del mandato.

Il mandante può revocare il mandato [1710, 1725]; ma, se era stata pattuita l'irrevocabilità, risponde dei danni, salvo che ricorra una giusta causa [1722, comma 1, n. 2].

Il mandato conferito anche nell'interesse del mandatario o di terzi non si estingue per revoca da parte del mandante, salvo che sia diversamente stabilito o ricorra una giusta causa di revoca [2259 comma 1]; non si estingue per la morte o per la sopravvenuta incapacità [1425] del mandante [1722, comma 1, n. 4, 1728, 1729].

● Norme connesse:

- art. 26, comma 3, R.D. 14 dicembre 1933, n. 1669.

■ Codice civile del 1865: *Art. 1758. Il mandante può, quando vuole, rivocare il mandato e costringere il mandatario a restituirgli lo scritto che lo comprova.*

■ Codice del commercio del 1882: *Art. 366. Se l'esecuzione del mandato è interrotta per la rivocazione del mandante o per rinuncia del mandatario, senza giusta causa, si fa luogo al risarcimento dei danni.*

Se è interrotta per la morte del mandante o del mandatario, il compenso di questo si determina in proporzione di ciò che gli sarebbe stato dovuto per l'esecuzione completa.

♦ Codice civile francese

Articolo 2004. *Il mandante può revocare la sua procura quando gli sembra giusto, e costringere, se ha luogo, il mandatario a rimettergli, sia la scrittura privata che la contiene, sia l'originale della procura, se è stata rilasciata in brevetto, sia la copia autentica se ne è stata tenuta minuta.*

1724. Revoca tacita.

La nomina di un nuovo mandatario per lo stesso affare o il compimento di questo da parte del mandante importano revoca del mandato, e producono effetto dal giorno in cui sono stati comunicati al mandatario [1334, 1335, 1710].

■ Codice civile del 1865: *Art. 1760. La nomina di un nuovo mandatario per lo stesso affare produce la rivocazione del mandato conferito al precedente dal giorno in cui fu a questo notificata.*

1725. Revoca del mandato oneroso.

La revoca del mandato oneroso [1709], conferito per un tempo determinato o per un determinato affare, obbliga il mandante a risarcire i danni [1223 ss.], se è fatta prima della scadenza del termine o del compimento dell'affare, salvo che ricorra una giusta causa [1958].

Se il mandato è a tempo indeterminato, la revoca obbliga il mandante al risarcimento, qualora non sia dato un congruo preavviso, salvo che ricorra una giusta causa.

■ Codice del commercio del 1882: *Art. 366. Se l'esecuzione del mandato è interrotta per la rivocazione del mandante o per rinuncia del mandatario, senza giusta causa, si fa luogo al risarcimento dei danni.*

Se è interrotta per la morte del mandante o del mandatario, il compenso di questo si determina in proporzione di ciò che gli sarebbe stato dovuto per l'esecuzione completa.

1726. Revoca del mandato collettivo.

Se il mandato è stato conferito da più persone con unico atto e per un affare d'interesse comune, la revoca non ha effetto qualora non sia fatta da tutti i mandanti, salvo che ricorra una giusta causa [1716, 1730, 2609 comma 2].

1727. Rinunzia del mandatario.

Il mandatario che rinunzia senza giusta causa al mandato deve risarcire i danni [1223] al mandante. Se il mandato è a tempo indeterminato, il mandatario che rinunzia senza giusta causa è tenuto al risarcimento, qualora non abbia dato un congruo preavviso [1373, 1725].

In ogni caso la rinunzia deve essere fatta in modo e in tempo tali che il mandante [1722] possa provvedere altrimenti, salvo il caso di impedimento grave da parte del mandatario [1747].

● Norme connesse:
- art. 24, D.Lgs. 24 febbraio 1998, n. 58.

■ Codice civile del 1865: *Art. 1761. Il mandatario può rinunziare al mandato notificando al mandante la sua rinunzia.*

Tuttavia il mandante, se tale rinunzia lo pregiudica, deve essere tenuto indenne dal mandatario, salvoché questi non possa continuare nell'esercizio del mandato senza notabile suo danno.

■ Codice del commercio del 1882: *Art. 366. Se l'esecuzione del mandato è interrotta per la rivocazione del mandante o per rinuncia del mandatario, senza giusta causa, si fa luogo al risarcimento dei danni.*

Se è interrotta per la morte del mandante o del mandatario, il compenso di questo si determina in proporzione di ciò che gli sarebbe stato dovuto per l'esecuzione completa.

♦ Codice civile francese

Articolo 2007. *Il mandatario può rinunciare al mandato notificando al mandante la sua rinunzia. Tuttavia, se questa rinunzia pregiudica il mandante, egli dovrà esserne indennizzato dal mandatario, a meno che questi non si trova nell'impossibilità di continuare il mandato senza provarne lui stesso un pregiudizio considerevole.*

1728. Morte o incapacità del mandante o del mandatario.

Quando il mandato si estingue per morte o per incapacità sopravvenuta del mandante [1425, 1722 n. 4, 1723], il mandatario che ha iniziato l'esecuzione deve continuarla, se vi è pericolo nel ritardo.

Quando il mandato si estingue per morte o per sopravvenuta incapacità [1425] del mandatario, i suoi eredi ovvero colui che lo rappresenta o lo assiste, se hanno conoscenza del mandato, devono avvertire prontamente il mandante [1712] e prendere intanto nell'interesse di questo i provvedimenti richiesti dalle circostanze.

■ Codice civile del 1865: *Art. 1745. Il mandatario è tenuto ad eseguire il mandato sino a che ne rimane incaricato, ed è risponsabile dei danni derivanti dall'inadempimento del medesimo.*

È parimente tenuto a terminare l'affare già cominciato al tempo della morte del mandante, se dal ritardo possa derivare pericolo.

Art. 1763. In caso di morte del mandatario, i suoi eredi consapevoli del mandato debbono darne avviso al mandante, e provvedere frattanto a ciò che le circostanze richiedono per l'interesse di questo.

■ Codice del commercio del 1882: *Art. 366. Se l'esecuzione del mandato è interrotta per la rivocazione del mandante o per rinuncia del mandatario, senza giusta causa, si fa luogo al risarcimento dei danni.*

Se è interrotta per la morte del mandante o del mandatario, il compenso di questo si determina in proporzione di ciò che gli sarebbe stato dovuto per l'esecuzione completa.

♦ Codice civile francese

Articolo 2010. *In caso di morte del mandatario i suoi eredi devono darne avviso al mandante e provvedere, in attesa, a quello che le circostanze esigono per il suo interesse.*

1729. Mancata conoscenza della causa di estinzione.

Gli atti che il mandatario ha compiuti prima di conoscere l'estinzione del mandato [1723] sono validi nei confronti del mandante o dei suoi eredi [1326, 1396, 1722].

■ Codice civile del 1865: *Art. 1762. È valido ciò che fa il mandatario, in nome del mandante, nel tempo che ignora la morte di lui od una delle altre cause per cui cessa il mandato, purché siano in buona fede coloro coi quali contratta.*

1730. Estinzione del mandato conferito a più mandatari.

Salvo patto contrario, il mandato conferito a più persone designate a operare congiuntamente si estin-

CODICE CIVILE

gue anche se la causa di estinzione concerne uno solo dei mandatari [1716, 1722, 1726].

Sezione II
Della commissione

● Norme connesse:
- art. 78, comma 1, R.D. 16 marzo 1942, n. 267.
- art. 185 del Codice della crisi di impresa e dell'insolvenza, attuativo della Legge delega 19 ottobre 2017, n. 155 (D.Lgs. 12 gennaio 2019, n. 14), in tema di effetti della procedura di liquidazione giudiziale sul pendente contratto di commissione.

1731. Nozione.
Il contratto di commissione è un mandato [1703, 1705, 1746, comma 2, 1826] che ha per oggetto l'acquisto o la vendita di beni per conto del committente e in nome del commissionario [1705, 1706; c.p.c. 532; L. fall. 78].

■ Codice del commercio del 1882: *Art. 380. La commissione ha per oggetto la trattazione di affari commerciali per conto del committente a nome del commissionario.*
Tra committente e commissionario esistono gli stessi diritti e doveri come tra mandante e mandatario, colle modificazioni indicate negli articoli seguenti.

1732. Operazione a fido.
Il commissionario si presume autorizzato a concedere dilazioni di pagamento in conformità degli usi del luogo in cui compie l'operazione, se il committente non ha disposto altrimenti [1744, 2210].

Se il commissionario concede dilazioni di pagamento, malgrado il divieto del committente o quando non è autorizzato dagli usi, il committente può esigere da lui il pagamento immediato, salvo il diritto del commissionario di far propri i vantaggi che derivano dalla concessa dilazione [1711, 1736].

Il commissionario che ha concesso dilazioni di pagamento deve indicare al committente la persona del contraente e il termine concesso; altrimenti l'operazione si considera fatta senza dilazione e si applica il disposto del comma precedente.

■ Codice del commercio del 1882: *Art. 384. Il commissionario che senza autorizzazione del committente fa anticipazioni, vendite o altre operazioni ii fido, assume i rischi a suo carico, e il committente può esigere da lui il pagamento immediato delle somme corrispondenti ai fidi fatti, cedendogli gli interessi ed i vantaggi che ne derivano.*
Il commissionario si presume autorizzato a concedere i termini d'uso nella piazza ove fa l'operazione, se il committente non ha disposto altrimenti.

1733. Misura della provvigione.
La misura della provvigione spettante al commissionario, se non è stabilita dalle parti, si determina secondo gli usi del luogo in cui è compiuto l'affare. In mancanza di usi provvede il giudice secondo equità [1709, 1720, 1735, 1736, 1740, 2225, 2233].

1734. Revoca della commissione.
Il committente può revocare l'ordine di concludere l'affare fino a che il commissionario non l'abbia concluso. In tal caso spetta al commissionario una parte della provvigione, che si determina tenendo conto delle spese sostenute e dell'opera prestata [1671, 1720, 1738, 2227].

1735. Commissionario contraente in proprio.
Nella commissione di compera o di vendita di titoli, divise o merci aventi un prezzo corrente che risulti nei modi indicati dal terzo comma dell'articolo 1515, se il committente non ha diversamente disposto, il commissionario può fornire al prezzo suddetto le cose che deve comprare, o può acquistare per sé le cose che deve vendere, salvo, in ogni caso, il suo diritto alla provvigione [1395, 1471, comma 1, n. 4, 1733].

Anche quando il committente ha fissato il prezzo, il commissionario che acquista per sé non può praticare un prezzo inferiore a quello corrente nel giorno in cui compie l'operazione, se questo è superiore al prezzo fissato dal committente; e il commissionario che fornisce le cose che deve comprare non può praticare un prezzo superiore a quello corrente [1474], se questo è inferiore al prezzo fissato dal committente.

■ Codice del commercio del 1882: *Art. 386. Nella commissione di compra o di vendita di cambiali, di obbligazioni dello Stato o di altri titoli di credito circolanti in commercio, o di merci che hanno un prezzo di borsa o di mercato, il commissionario, se il committente non dispose altrimenti, può somministrare egli stesso al prezzo corrente come venditore le cose che deve comprare, o ritenere per sé al prezzo corrente come compratore le cose che deve vendere per conto del committente, salvo il suo diritto alla provvigione.*
Se nel dare avviso al committente della commissione eseguita il commissionario nei casi suddetti non nomina la persona colla quale ha contrattato, il committente ha diritto di ritenere che egli abbia venduto o comprato per proprio conto, e di esigere da lui l'adempimento del contratto.

1736. Star del credere.
Il commissionario che, in virtù di patto o di uso, è tenuto allo «star del credere» risponde nei confronti del committente per l'esecuzione dell'affare [1715, 1732]. In tal caso ha diritto, oltre che alla provvigione, a un compenso o a una maggiore provvigione, la quale, in mancanza di patto, si determina secondo gli usi del luogo in cui è compiuto l'affare [1733]. In mancanza di usi, provvede il giudice secondo equità [1709].

■ Codice del commercio del 1882: *Art. 387. Il commissionario non è responsabile dell'adempimento delle obbligazioni assunte dalle persone colle quali ha contrattato, quando non vi sia convenzione od uso contrario.*

Il commissionario che assume tale responsabilità è personalmente obbligato verso il committente all'adempimento delle obbligazioni derivanti dal contratto.

In questo caso egli ha diritto alla provvigione speciale denominata "star del credere" che si determina secondo gli usi del luogo dell'eseguita commissione.

Sezione III
Della spedizione

● Norme connesse:

- sul riconoscimento giuridico della professione di spedizionieri doganale, L. 22 dicembre 1960, n. 612; L. 25 luglio 2000, n. 213 (Norme di adeguamento dell'attività degli spedizionieri alle mutate esigenze dei traffici e dell'interscambio internazionale delle merci).

1737. Nozione.

Il contratto di spedizione è un mandato [1703] col quale lo spedizioniere assume l'obbligo di concludere, in nome proprio e per conto del mandante, un contratto di trasporto [1678, 1679] e di compiere le operazioni accessorie [1378, 1510].

1738. Revoca.

Finché lo spedizioniere non abbia concluso il contratto di trasporto col vettore, il mittente può revocare [1723] l'ordine di spedizione [1378, 1510], rimborsando lo spedizioniere delle spese sostenute e corrispondendogli un equo compenso per l'attività prestata [1671, 1685, 1725, 1734, 2227, 2237].

1739. Obblighi dello spedizioniere.

Nella scelta della via, del mezzo e delle modalità di trasporto della merce, lo spedizioniere è tenuto a osservare le istruzioni del committente e in mancanza, a operare secondo il migliore interesse del medesimo [1711].

Salvo che gli sia stato diversamente ordinato e salvi gli usi contrari, lo spedizioniere non ha obbligo di provvedere all'assicurazione delle cose spedite [1891].

I premi, gli abbuoni e i vantaggi di tariffa ottenuti dallo spedizioniere devono essere accreditati al committente, salvo patto contrario [1699].

● Norme connesse:

- Convenzione per l'unificazione di alcune norme relative al trasporto aereo internazionale (convenzione di Montreal).

1740. Diritti dello spedizioniere.

La misura della retribuzione dovuta allo spedizioniere per l'esecuzione dell'incarico si determina, in mancanza di convenzione, secondo le tariffe professionali o, in mancanza, secondo gli usi del luogo in cui avviene la spedizione [1709, 1733, 1736, 1755].

Le spese anticipate e i compensi per le prestazioni accessorie eseguite dallo spedizioniere sono liquidati sulla base dei documenti giustificativi, a meno che il rimborso e i compensi siano stati preventivamente convenuti in una somma globale unitaria [2951].

1741. Spedizioniere vettore.

Lo spedizioniere che con mezzi propri o altrui assume l'esecuzione del trasporto [1735] in tutto o in parte, ha gli obblighi e i diritti del vettore [1683-1702].

CAPO X
DEL CONTRATTO DI AGENZIA

● Norme connesse:

- L. 3 maggio 1985, n. 204 (Disciplina dell'attività di agente e rappresentante di commercio); D.M. 21 agosto 1985 (Norme di attuazione della legge 3 maggio 1985, n. 204 concernente la disciplina dell'attività di agente e rappresentante di commercio); D.Lgs. 10 settembre 1991, n. 303 (Attuazione della direttiva 86/653/CEE concernente gli agenti di commercio indipendenti).

1742. Nozione.

Col contratto di agenzia una parte assume stabilmente l'incarico di promuovere, per conto dell'altra, verso retribuzione, la conclusione di contratti in una zona determinata [1752].

Il contratto deve essere provato per iscritto. Ciascuna parte ha diritto di ottenere dall'altra un documento dalla stessa sottoscritto che riproduca il contenuto del contratto e delle clausole aggiuntive. Tale diritto è irrinunciabile[1].

[1] Comma aggiunto dall'art. 1, D.Lgs. 10 settembre 1991, n. 303 e così sostituito dall'art. 1, D.Lgs. 15 febbraio 1999, n. 65.

● Norme connesse:

- per il divieto di stipulare contratti di agenzia da parte di chi non è iscritto nell'apposito ruolo, art. 9, L. 3 maggio 1985, n. 204.
- art. 3, L. 17 agosto 2005, n. 173.

1743. Diritto di esclusiva.

Il preponente non può valersi contemporaneamente di più agenti nella stessa zona e per lo stesso ramo di attività [1748], né l'agente può assumere l'incarico di trattare nella stessa zona e per lo stesso ramo gli affari di più imprese in concorrenza tra loro [1567, 1568].

1744. Riscossioni.

L'agente non ha facoltà di riscuotere i crediti del preponente [1188]. Se questa facoltà gli è stata attribuita [2213 comma 2], egli non può concedere sconti o dilazioni senza speciale autorizzazione [1732, 2210].

1745. Rappresentanza dell'agente.

Le dichiarazioni che riguardano l'esecuzione del contratto concluso per il tramite dell'agente e i reclami relativi alle inadempienze contrattuali [1495, 2226] sono validamente fatti all'agente [1512, 1752, 1903, 2212].

L'agente può chiedere i provvedimenti cautelari [c.p.c. 670] nell'interesse del preponente e presentare i reclami che sono necessari per la conservazione dei diritti spettanti a quest'ultimo.

1746. Obblighi dell'agente.

Nell'esecuzione dell'incarico l'agente deve tutelare gli interessi del preponente e agire con lealtà e buona fede [1175, 1176, 1375]. In particolare, deve adempiere l'incarico affidatogli in conformità delle istruzioni ricevute [1711] e fornire al preponente le informazioni riguardanti le condizioni del mercato nella zona assegnatagli, e ogni altra informazione utile per valutare la convenienza dei singoli affari [1759]. È nullo ogni patto contrario [1418, 1419][1].

Egli deve altresì osservare gli obblighi che incombono al commissionario [1731] ad eccezione di quelli di cui all'articolo 1736, in quanto non siano esclusi dalla natura del contratto di agenzia[2].

È vietato il patto che ponga a carico dell'agente una responsabilità, anche solo parziale, per l'inadempimento del terzo [1229]. È però consentito eccezionalmente alle parti di concordare di volta in volta la concessione di una apposita garanzia da parte dell'agente, purché ciò avvenga con riferimento a singoli affari, di particolare natura ed importo, individualmente determinati; l'obbligo di garanzia assunto dall'agente non sia di ammontare più elevato della provvigione che per quell'affare l'agente medesimo avrebbe diritto a percepire; sia previsto per l'agente un apposito corrispettivo[3].

[1] Comma così sostituito dall'art. 2, D.Lgs. 15 febbraio 1999, n. 65. Il testo previgente disponeva: *1. L'agente deve adempiere l'incarico affidatogli in conformità delle istruzioni ricevute e fornire al preponente le informazioni riguardanti le condizioni del mercato nella zona assegnatagli, e ogni altra informazione utile per valutare la convenienza dei singoli affari.*

[2] Comma così modificato dall'art. 28, L. 21 dicembre 1999, n. 526.

[3] Comma aggiunto dall'art. 28, L. 21 dicembre 1999, n. 526.

1747. Impedimento dell'agente.

L'agente che non è in grado di eseguire l'incarico affidatogli deve dare immediato avviso al preponente [1175]. In mancanza è obbligato al risarcimento del danno [1223, 1727].

1748. Diritti dell'agente.

Per tutti gli affari conclusi durante il contratto l'agente ha diritto alla provvigione quando l'operazione è stata conclusa per effetto del suo intervento.

La provvigione è dovuta anche per gli affari conclusi dal preponente con terzi che l'agente aveva in precedenza acquisito come clienti per affari dello stesso tipo o appartenenti alla zona o alla categoria o gruppo di clienti riservati all'agente, salvo che sia diversamente pattuito.

L'agente ha diritto alla provvigione sugli affari conclusi dopo la data di scioglimento del contratto se la proposta è pervenuta al preponente o all'agente in data antecedente o gli affari sono conclusi entro un termine ragionevole dalla data di scioglimento del contratto e la conclusione è da ricondurre prevalentemente all'attività da lui svolta; in tali casi la provvigione è dovuta solo all'agente precedente, salvo che da specifiche circostanze risulti equo ripartire la provvigione tra gli agenti intervenuti.

Salvo che sia diversamente pattuito, la provvigione spetta all'agente dal momento e nella misura in cui il preponente ha eseguito o avrebbe dovuto eseguire la prestazione in base al contratto concluso con il terzo. La provvigione spetta all'agente, al più tardi, inderogabilmente dal momento e nella misura in cui il terzo ha eseguito o avrebbe dovuto eseguire la prestazione qualora il preponente avesse eseguito la prestazione a suo carico.

Se il preponente e il terzo si accordano per non dare, in tutto o in parte, esecuzione al contratto, l'agente ha diritto, per la parte ineseguita, ad una provvigione ridotta nella misura determinata dagli usi o, in mancanza, dal giudice secondo equità.

L'agente è tenuto a restituire le provvigioni riscosse solo nella ipotesi e nella misura in cui sia certo che il contratto tra il terzo e il preponente non avrà esecuzione per cause non imputabili al preponente. È nullo ogni patto più sfavorevole all'agente.

L'agente non ha diritto al rimborso delle spese di agenzia[1].

[1] Articolo così sostituito dall'art. 3, D.Lgs. 15 febbraio 1999, n. 65.

1749. Obblighi del preponente.

Il preponente, nei rapporti con l'agente, deve agire con lealtà e buona fede [1746]. Egli deve mettere a disposizione dell'agente la documentazione necessaria relativa ai beni o servizi trattati e fornire all'agente le informazioni necessarie all'esecuzione del contratto: in particolare avvertire l'agente, entro un termine ragionevole, non appena preveda che il volume delle operazioni commerciali sarà notevolmente inferiore a quello che l'agente avrebbe potuto normalmente attendersi. Il preponente deve inoltre informare l'agente, entro un termine ragionevole, dell'accettazione o del rifiuto e della mancata esecuzione di un affare procuratogli.

Il preponente consegna all'agente un estratto conto delle provvigioni dovute al più tardi l'ultimo giorno del mese successivo al trimestre nel corso del quale esse sono maturate. L'estratto conto indica gli elementi essenziali in base ai quali è stato effettuato il calcolo delle provvigioni. Entro il medesimo termine le provvigioni liquidate devono essere effettivamente pagate all'agente.

L'agente ha diritto di esigere che gli siano fornite tutte le informazioni necessarie per verificare l'importo delle provvigioni liquidate ed in particolare un estratto dei libri contabili.

È nullo [1418, 1419] ogni patto contrario alle disposizioni del presente articolo[1].

[1] Articolo così sostituito dall'art. 4, D.Lgs. 15 febbraio 1999, n. 65.

1750. Durata del contratto o recesso.

Il contratto di agenzia a tempo determinato che continui ad essere eseguito dalle parti successivamente alla scadenza del termine si trasforma in contratto a tempo indeterminato.

Se il contratto di agenzia è a tempo indeterminato, ciascuna delle parti può recedere [1373, 2118] dal contratto stesso dandone preavviso all'altra entro un termine stabilito [2121].

Il termine di preavviso non può comunque essere inferiore ad un mese per il primo anno di durata del contratto, a due mesi per il secondo anno iniziato, a tre mesi per il terzo anno iniziato, a quattro mesi per il quarto anno, a cinque mesi per il quinto anno e a sei mesi per il sesto anno e per tutti gli anni successivi.

Le parti possono concordare termini di preavviso di maggiore durata, ma il preponente non può osservare un termine inferiore a quello posto a carico dell'agente.

Salvo diverso accordo tra le parti, la scadenza del termine di preavviso deve coincidere con l'ultimo giorno del mese di calendario[1].

[1] Articolo così sostituito dall'art. 3, D.Lgs. 10 settembre 1991, n. 303. Per i contratti già in corso alla data del 1 gennaio 1990, il presente articolo si applica a decorrere dall'1 gennaio 1994 (art. 6, D.Lgs. 303/1991 cit.).

1751. Indennità in caso di cessazione del rapporto.

All'atto della cessazione del rapporto, il preponente è tenuto a corrispondere all'agente un'indennità se ricorrono le seguenti condizioni [2120][1]:

l'agente abbia procurato nuovi clienti al preponente o abbia sensibilmente sviluppato gli affari con i clienti esistenti e il preponente riceva ancora sostanziali vantaggi derivanti dagli affari con tali clienti;

il pagamento di tale indennità sia equo, tenuto conto di tutte le circostanze del caso, in particolare delle provvigioni [1748] che l'agente perde e che risultano dagli affari con tali clienti.

L'indennità non è dovuta:

quando il preponente risolve [1453] il contratto per un'inadempienza imputabile [1218] all'agente, la quale, per la sua gravità, non consenta la prosecuzione anche provvisoria del rapporto;

quando l'agente recede [1750] dal contratto, a meno che il recesso sia giustificato da circostanze attribuibili al preponente o da circostanze attribuibili all'agente, quali età, infermità o malattia, per le quali non può più essergli ragionevolmente chiesta la prosecuzione dell'attività [1747];

quando, ai sensi di un accordo con il preponente, l'agente cede ad un terzo i diritti e gli obblighi che ha in virtù del contratto d'agenzia [1406].

L'importo dell'indennità non può superare una cifra equivalente ad un'indennità annua calcolata sulla base della media annuale delle retribuzioni riscosse dall'agente negli ultimi cinque anni e se il contratto risale a meno di cinque anni, sulla media del periodo in questione.

La concessione dell'indennità non priva comunque l'agente del diritto all'eventuale risarcimento dei danni.

L'agente decade [2964-2969] dal diritto all'indennità prevista dal presente articolo se, nel termine di un anno dallo scioglimento del rapporto, omette di comunicare al preponente l'intenzione di far valere i propri diritti.

Le disposizioni di cui al presente articolo sono inderogabili a svantaggio dell'agente.

L'indennità è dovuta anche se il rapporto cessa per morte dell'agente[2 3].

[1] Alinea così sostituito dall'art. 5, D.Lgs. 15 febbraio 1999, n. 65.

[2] Comma aggiunto dall'art. 5, D.Lgs. 15 febbraio 1999, n. 65.

[3] Articolo così sostituito dall'art. 4, D.Lgs. 10 settembre 1991, n. 303. A norma dell'art. 6, D.Lgs. 303/1991, le disposizioni del presente articolo si applicano a decorrere dall'1 gennaio 1993, salvo per i contratti già in corso alla data dell'1 gennaio 1990, per i quali le nuove disposizioni hanno effetto a decorrere dall'1 gennaio 1994.

1751-*bis*. Patto di non concorrenza.

Il patto che limita la concorrenza da parte dell'agente dopo lo scioglimento del contratto deve farsi per iscritto [2125, 2596]. Esso deve riguardare la medesima zona, clientela e genere di beni o servizi per i quali era stato concluso il contratto di agenzia e la sua durata non può eccedere i due anni successivi all'estinzione del contratto.

L'accettazione del patto di non concorrenza comporta, in occasione della cessazione del rapporto, la corresponsione all'agente commerciale di una indennità di natura non provvigionale [1748]. L'indennità va commisurata alla durata, non superiore a due anni dopo l'estinzione del contratto, alla natura del con-

CODICE CIVILE

tratto di agenzia e all'indennità di fine rapporto [1751]. La determinazione della indennità in base ai parametri di cui al precedente periodo è affidata alla contrattazione tra le parti tenuto conto degli accordi economici nazionali di categoria. In difetto di accordo l'indennità è determinata dal giudice in via equitativa anche con riferimento:

1) alla media dei corrispettivi riscossi dall'agente in pendenza di contratto ed alla loro incidenza sul volume d'affari complessivo nello stesso periodo;

2) alle cause di cessazione del contratto di agenzia;

3) all'ampiezza della zona assegnata all'agente;

4) all'esistenza o meno del vincolo di esclusiva per un solo preponente[1] [2].

[1] Comma aggiunto dall'art. 23, L. 29 dicembre 2000, n. 422. Tali disposizioni si applicano esclusivamente agli agenti che esercitano in forma individuale, di società di persone o di società di capitali con un solo socio, nonché, ove previsto da accordi economici nazionali di categoria, a società di capitali costituite esclusivamente o prevalentemente da agenti commerciali ed acquistano efficacia a decorrere dal 1° giugno 2001.

[2] Articolo aggiunto dall'art. 5, D.Lgs. 10 settembre 1991, n. 303. Per i contratti già in corso alla data del 1 gennaio 1990, il presente articolo si applica a decorrere dall' 1 gennaio 1994 (art. 6, D.Lgs. 303/1991 cit.).

1752. Agente con rappresentanza.

Le disposizioni del presente capo si applicano anche nell'ipotesi in cui all'agente è conferita dal preponente la rappresentanza [1387] per la conclusione dei contratti [1745, 1753].

1753. Agenti di assicurazione.

Le disposizioni di questo capo sono applicabili anche agli agenti di assicurazione, in quanto non siano derogate [dalle norme corporative o][1] dagli usi e in quanto siano compatibili con la natura dell'attività assicurativa [1903].

[1] Le parole in parentesi devono intendersi abrogate a seguito dell'entrata in vigore del R.D.L. 9 agosto 1943, n. 721.

● Norme connesse:

- artt. 106-121, D.Lgs. 7 settembre 2005, n. 209.

CAPO XI
DELLA MEDIAZIONE

● Norme connesse:

- per la disciplina della professione di mediatore, L. 3 febbraio 1989, n. 39, i cui artt. 1 e 10, rispettivamente, dispongono: Art. 1. *Le norme previste dalla presente legge si applicano ai mediatori di cui al capo XI del titolo III del libro IV del codice civile, eccezion fatta per gli agenti di cambio, per i mediatori pubblici e per i mediatori marittimi, categorie per le quali continuano ad avere applicazione le disposizioni attualmente in vigore.*

Art. 10: *Sono abrogate la legge 21 marzo 1958, n. 253, e le norme del relativo regolamento approvato con decreto del Presidente della Repubblica 6 novembre 1960, n. 1926, incompatibili con la presente legge.*

- regolamento di attuazione della legge n. 39/1989 emanato con D.M. 21 febbraio 1990, n. 452.

- in materia di lavoro, artt. 4 e 7, D.Lgs. 10 settembre 2003, n. 276 (Attuazione delle deleghe in materia di occupazione e mercato del lavoro, di cui alla legge 14 febbraio 2003, n. 30).

- in materia creditizia D.P.R. 28 luglio 2000, n. 287 (Regolamento di attuazione dell'articolo 6 della L. 7 marzo 1996, n. 108, recante disciplina dell'attività di mediazione creditizia).

- in materia di mediatore marittimo L. 12 marzo 1968, n. 478 (Ordinamento della professione di mediatore marittimo).

- in materia assicurativa artt. 106-121, 305, 308, 343, D.Lgs. 7 settembre 2005, n. 209.

- D.Lgs. 24 febbraio 1998, n. 58.

- D.Lgs. 23 maggio 2011, n. 79, nel testo modificato dal D.Lgs. 21 maggio 2018, n. 62.

1754. Mediatore.

È mediatore colui che mette in relazione due o più parti [1321] per la conclusione di un affare [2195, comma 1, n.5], senza essere legato ad alcuna di esse da rapporti di collaborazione, di dipendenza o di rappresentanza [1387, 1761].

● Norme connesse:

- art. 73, D.Lgs. 26 marzo 2010, n. 59, nel testo modificato dall'art. 11, D.Lgs. 6 agosto 2012, n. 147, che ha soppresso il ruolo di cui all'art. 2, L. 3 febbraio 1989, n. 39. Il citato art. 73 così recita: *È soppresso il ruolo di cui all'articolo 2 della legge 3 febbraio 1989, n. 39, e successive modificazioni.*

2. Le attività disciplinate dalla legge 3 febbraio 1989, n. 39, sono soggette a segnalazione certificata di inizio di attività, da presentare alla Camera di commercio, industria, artigianato e agricoltura per il tramite dello sportello unico del comune competente per territorio ai sensi dell'articolo 19 della legge 7 agosto 1990, n. 241, corredata delle autocertificazioni e delle certificazioni attestanti il possesso dei requisiti prescritti.

3. La Camera di commercio, industria, artigianato e agricoltura verifica il possesso dei requisiti e iscrive i relativi dati nel registro delle imprese, se l'attività è svolta in forma di impresa, oppure nel repertorio delle notizie economiche e amministrative (REA) previsto dall'articolo 8 della legge 29 dicembre 1993, n. 580, e dall'articolo 9 del decreto del Presidente della Repubblica 7 dicembre 1995, n. 581, e successive modificazioni, assegnando ad essi la qualifica di intermediario per le diverse tipologie di attività, distintamente previste dalla legge 3 febbraio 1989, n. 39.

4. Le disposizioni del presente articolo non si applicano alle attività di agente d'affari non rientranti tra quelle disciplinate dalla legge 3 febbraio 1989, n. 39. È fatta salva per le attività relative al recupero di crediti, ai pubblici incanti, alle agenzie matrimoniali e di pubbliche relazioni, l'applicazione dell'articolo 115 del testo unico delle leggi di pubblica sicurezza, di cui al regio decreto 18 giugno 1931, n. 773.

5. Fermo restando quanto disposto dall'articolo 8 della legge 29 dicembre 1993, n. 580, e dal decreto del Presidente della Repubblica 7 dicembre 1995, n. 581, le iscrizioni previste dal presente decreto per i soggetti diversi dalle imprese, sono effettuate in una apposita sezione del REA ed hanno effetto dichiarativo del possesso dei requisiti abilitanti all'esercizio della relativa attività professionale.

6. Ad ogni effetto di legge, i richiami al ruolo contenuti nella legge 3 febbraio 1989, n. 39, si intendono riferiti alle iscrizioni previste dal presente articolo nel registro delle imprese o nel repertorio delle notizie economiche e amministrative (REA).

7. [...].

- D.Lgs. 13 agosto 2010, n. 141, Attuazione della direttiva 2008/48/CE relativa ai contratti di credito ai consumatori, nonché modifiche del titolo VI del testo unico bancario (decreto legislativo n. 385 del 1993) in merito alla disciplina dei soggetti operanti nel settore finanziario, degli agenti in attività finanziaria e dei mediatori creditizi.

1755. Provvigione.

Il mediatore ha diritto alla provvigione [1758] da ciascuna delle parti [2950], se l'affare [1351] è concluso [1173, 1748] per effetto del suo intervento [1757, 2950].

La misura della provvigione e la proporzione in cui questa deve gravare su ciascuna delle parti, in mancanza di patto, di tariffe professionali o di usi, sono determinate dal giudice secondo equità [1709, 2099, 2225, 2233].

● Norme connesse:

- comma 1: art. 6, L. 3 febbraio 1989, n. 39, che dispone: *1. Hanno diritto alla provvigione soltanto coloro che sono iscritti nei ruoli.*

2. La misura delle provvigioni e la proporzione in cui questa deve gravare su ciascuna delle parti, in mancanza di patto, sono determinate dalle giunte camerali, sentito il parere della commissione provinciale di cui all'articolo 7 e tenendo conto degli usi locali.

■ Codice del commercio del 1882: *Art. 32. Al mediatore non compete il diritto di mediazione, se l'affare non è stato conchiuso.*

1756. Rimborso delle spese.

Salvo patti o usi contrari, il mediatore ha diritto al rimborso delle spese nei confronti della persona per incarico della quale sono state eseguite anche se l'affare non è stato concluso [1719, 1748].

1757. Provvigioni nei contratti condizionali o invalidi.

Se il contratto è sottoposto a condizione sospensiva [1353], il diritto alla provvigione sorge nel momento in cui si verifica la condizione [1360, 1755].

Se il contratto è sottoposto a condizione risolutiva, il diritto alla provvigione non viene meno col verificarsi della condizione.

La disposizione del comma precedente si applica anche quando il contratto è annullabile [1425] o rescindibile [1447], se il mediatore non conosceva la causa d'invalidità [1445, 1452].

1758. Pluralità di mediatori.

Se l'affare è concluso per l'intervento di più mediatori, ciascuno di essi ha diritto a una quota della provvigione [1755].

1759. Responsabilità del mediatore.

Il mediatore deve comunicare alle parti le circostanze a lui note, relative alla valutazione e alla sicurezza dell'affare, che possono influire sulla conclusione di esso [1746].

Il mediatore risponde dell'autenticità della sottoscrizione delle scritture e dell'ultima girata dei titoli trasmessi per il suo tramite [2008].

■ Codice del commercio del 1882: *Art. 29. Il mediatore è responsabile della verità dell'ultima sottoscrizione delle carte che passano per le sue mani e che riguardano gli affari da lui trattati.*

1760. Obblighi del mediatore professionale.

Il mediatore professionale in affari su merci o su titoli deve [1764]:

1) conservare i campioni delle merci vendute sopra campione [1522], finché sussista la possibilità di controversia sull'identità della merce;

2) rilasciare al compratore una lista firmata dei titoli negoziati, con l'indicazione della serie e del numero;

3) annotare su apposito libro [2214] gli estremi essenziali del contratto che si stipula col suo intervento, e rilasciare alle parti copia da lui sottoscritta di ogni annotazione.

■ Codice del commercio del 1882: *Art. 33. Chiunque esercita la professione di mediatore deve tenere i seguenti libri:*

1° Un libretto in carta libera, nel quale deve annotare, anche a matita, nel momento della conclusione, tutte le operazioni fatte col suo ministero, indicandone sommariamente l'oggetto e le condizioni essenziali;

2° Un giornale numerato, firmato e vidimato secondo le disposizioni dell'articolo 23, nel quale deve registrare in modo più particolareggiato, giorno per giorno, senza abbreviazioni e cifre numeriche, tutte le condizioni delle vendite, compre, assicurazioni, negoziazioni e in generale tutte le operazioni fatte col suo ministero.

Il mediatore deve dare alle parti, nel momento della conchiusione del contratto, una copia delle annotazioni fatte nel suo libretto e, a loro richiesta, una copia del contratto perfettamente conforme alla fatta registrazione, sottoscritta da lui ed anche dalle parti se queste vi consentano. Rispetto ai contratti di borsa si osservano le leggi speciali.

Ai mediatori si applicano inoltre le disposizioni del capoverso dell'art. 21 e degli articoli 25 e 26.

1761. Rappresentanza del mediatore.

Il mediatore può essere incaricato da una delle parti di rappresentarla negli atti relativi all'esecuzione del contratto concluso con il suo intervento [1388, 1752, 1754].

CODICE CIVILE

1762. Contraente non nominato.

Il mediatore che non manifesta a un contraente il nome dell'altro risponde dell'esecuzione del contratto [1405] e quando lo ha eseguito [1401], subentra nei diritti verso il contraente non nominato [1203 n. 5].

Se dopo la conclusione del contratto il contraente non nominato si manifesta all'altra parte o è nominato dal mediatore, ciascuno dei contraenti può agire direttamente contro l'altro, ferma restando la responsabilità del mediatore.

■ Codice del commercio del 1882: *Art. 31. Il mediatore che non manifesta ad uno dei contraenti il nome dell'altro si rende responsabile dell'esecuzione del contratto, ed eseguendolo resta surrogato nei diritti verso l'altro contraente.*

1763. Fideiussione del mediatore.

Il mediatore può prestare fideiussione [1936] per una delle parti.

1764. Sanzioni.

Il mediatore che non adempie gli obblighi imposti dall'articolo 1760 è punito con [l'ammenda][1] da euro 5 a euro 516 [c.p. 26][2].

Nei casi più gravi può essere aggiunta la sospensione [c.p. 35] dalla professione fino a sei mesi.

Alle stesse pene è soggetto il mediatore che presta la sua attività nell'interesse di persona notoriamente insolvente [L. fall. 5] o della quale conosce lo stato d'incapacità.

[1] Ora sanzione amministrativa ex art. 1, L. 24 dicembre 1975, n. 706. V. anche art. 8, L. 3 febbraio 1989, n. 39, nel testo da ultimo modificato dall'art. 12, L. 11 gennaio 2018, n. 3, che dispone: *1. Chiunque esercita l'attività di mediazione senza essere iscritto nel ruolo è punito con la sanzione amministrativa del pagamento di una somma compresa fra euro 7.500 e euro 15.000 ed è tenuto alla restituzione alle parti contraenti delle provvigioni percepite. Per l'accertamento dell'infrazione, per la contestazione della medesima e per la riscossione delle somme dovute si applicano le disposizioni di cui alla legge 24 novembre 1981, n. 689.*

2. A coloro che siano già incorsi nella sanzione di cui al comma 1, anche se vi sia stato pagamento con effetto liberatorio, si applicano le pene previste dall'articolo 348 del codice penale, nonché l'articolo 2231 del codice civile.

3. La condanna importa la pubblicazione della sentenza nelle forme di legge.

[2] Gli importi sono stati così aumentati dall'art. 114, L. 24 novembre 1981, n. 689.

● Norme connesse:

- art. 8, L. 3 febbraio 1989, n. 39; art. 5, R.D. 16 marzo 1942, n. 267.

1765. Leggi speciali.

Sono salve le disposizioni delle leggi speciali.

● Norme connesse:

- v. nota sub capo XI.
- artt. 21 ss. L. 20 marzo 1913, n. 272 (Ordinamento delle borse di commercio), con il relativo regolamento di esecuzione varato con R.D. 4 agosto 1913, n. 1068 (in particolare artt. 52 ss.); L. 29 maggio 1967, n. 402, recante ordinamento della professione degli agenti di cambio; L. 12 marzo 1968, n. 478 (e relativo regolamento di esecuzione di cui al D.P.R. 4 gennaio 1973, n. 66), sull'ordinamento della professione di mediatore marittimo; L. 28 novembre 1984, n. 792, recante norme sull'istituzione ed il funzionamento dell'albo dei mediatori; art. 16, L. 7 marzo 1996, n. 108 (e relativo regolamento di esecuzione di cui al D.P.R. 28 luglio 2000. n 287), per la disciplina dell'attività di mediazione nel settore del credito.
- per la mediazione nei contratti di borsa, D.Lgs. 24 febbraio 1998, n. 58 (T.U. intermediazione finanziaria).
- per l'attività di intermediazione nel settore del turismo, D.Lgs. 23 maggio 2011, n. 79 (Codice del Turismo), nel testo modificato dal D.Lgs. 21 maggio 2018, n. 62.
- per l'adeguamento delle borse merci, art. 30 D.Lgs. 18 maggio 2001, n. 228.
- per la materia assicurativa, D.Lgs. 7 settembre 2005, n. 209.

CAPO XII
DEL DEPOSITO

Sezione I
Del deposito in generale

1766. Nozione.

Il deposito è il contratto col quale una parte [1772] riceve dall'altra una cosa mobile [812, 816] con l'obbligo [1771, 1779, 1780] di custodirla e di restituirla in natura.

■ Codice civile del 1865: *Art. 1835. Il deposito in genere è un atto, per cui si riceve la cosa altrui coll'obbligo di custodirla e di restituirla in natura.*

1837. Il deposito propriamente detto è un contratto essenzialmente gratuito, il quale non può avere per soggetto che cose mobili.

Esso non è perfetto che colla tradizione della cosa.

La tradizione si compie col solo consenso, se la cosa che si conviene di lasciare in deposito, sia già presso il depositario per qualche altro titolo.

♦ Codice civile francese

Articolo 1915. *Il deposito in generale è un atto con cui si riceve la cosa d'altri con l'onere di custodirla e di restituirla in natura.*

1767. Presunzione di gratuità.

Il deposito si presume gratuito [1709, 1768], salvo che dalla qualità professionale del depositario [1787] o da altre circostanze si debba desumere una diversa volontà delle parti [1781].

■ Codice civile del 1865: *Art. 1837. Il deposito propriamente detto è un contratto essenzialmente gratuito, il quale non può avere per soggetto che cose mobili.*

Esso non è perfetto che colla tradizione della cosa.

La tradizione si compie col solo consenso, se la cosa che si conviene di lasciare in deposito, sia già presso il depositario per qualche altro titolo.

1768. Diligenza nella custodia.

Il depositario deve usare nella custodia la diligenza del buon padre di famiglia [1176, 1177, 1770, 1800, 2051, 2148, 2167, 2790].

Se il deposito è gratuito, la responsabilità per colpa è valutata con minor rigore [1218, 1710, 1767, 1770, 1812, 1821, 2030, 2051].

■ Codice civile del 1865: *Art. 1843. Il depositario deve usare nel custodire la cosa depositata la stessa diligenza che usa nel custodire le cose proprie.*

Art. 1844. La disposizione del precedente articolo si deve applicare con maggior rigore,

1° Quando il depositario si è offerto a ricevere il deposito;

2° Quando ha stipulato una rimunerazione per la custodia del deposito;

3° Quando il deposito si è fatto unicamente per l'interesse del depositario;

4° Quando si è convenuto espressamente che il depositario sarà obbligato per qualunque colpa.

Art. 1845. Il depositario non è risponsabile in verun caso per gli accidenti prodotti da forza maggiore, eccetto che sia stato costituito in mora per la restituzione della cosa depositata.

♦ Codice civile francese

Articolo 1927. *Il depositario deve apportare, nella custodia della cosa depositata, le stesse cure che dà alle cose che gli appartengono.*

1769. Responsabilità del depositario incapace.

Il depositario incapace è responsabile della conservazione della cosa nei limiti in cui può essere tenuto a rispondere per fatti illeciti [2043, 2046, 2047]. In ogni caso il depositante ha diritto di conseguire la restituzione della cosa finché questa si trova presso il depositario; altrimenti può pretendere il rimborso di ciò che sia stato rivolto a vantaggio di quest'ultimo [2039, 2041].

■ Codice civile del 1865: *Art. 1842. Se il deposito è stato fatto da una persona capace ad una incapace, quella che ha fatto il deposito, non ha che l'azione rivendicatoria della cosa depositata, finché questa si trova presso il depositario, ovvero un'azione di restituzione sino alla concorrenza di quanto si fosse rivolto in vantaggio di quest'ultimo.*

♦ Codice civile francese

Articolo 1926. *Se il deposito è stato fatto da una persona capace ad una persona che non lo è, la persona che ha [atto il deposito non ha che ['azione di rivendica della cosa depositata, finché esiste nelle mani del depositario, od una azione di restituzione fino alla concorrenza di quello che è a beneficio di quest'ultimo.*

1770. Modalità della custodia.

Il depositario non può servirsi della cosa depositata né darla in deposito ad altri, senza il consenso del depositante [1656, 1782, 1804].

Se circostanze urgenti lo richiedono, il depositario può esercitare la custodia in modo diverso da quello convenuto [1768], dandone avviso al depositante appena è possibile.

● Norme connesse:
- artt. 85-89, D.Lgs. 24 febbraio 1998, n. 58.

■ Codice civile del 1865: *Art. 1846. Non può servirsi della costi depositata senza l'espresso o presunto permesso del deponente.*

1771. Richiesta di restituzione e obbligo di ritirare la cosa.

Il depositario [1776] deve restituire la cosa [1775, 1779] appena il depositante la richiede [1183, 1795, 1834], salvo che sia convenuto un termine nell'interesse del depositario [1184].

Il depositario può richiedere in qualunque tempo che il depositante riprenda la cosa [1373 comma 2], salvo che sia convenuto un termine nell'interesse del depositante. Anche se non è stato convenuto un termine, il giudice può concedere al depositante un termine congruo per ricevere la cosa [1246 n. 2].

■ Codice civile del 1865: *Art. 1860. Il deposito si deve restituire al deponente appena lo domanda, quantunque siasi fissato nel contratto un termine per la restituzione, purché non siavi presso il depositario un atto di sequestro di opposizione nei modi stabiliti dalla legge.*

Parimente il depositario può obbligare il deponente a ritirare il deposito; ma se per motivi speciali il deponente vi si oppone, spetta all'autorità giudiziaria il pronunziare.

♦ Codice civile francese

Articolo 1944. *Il deposito deve essere rimesso al depositante non appena lo reclama, anche quando il contratto ha fissato un termine determinato per la restituzione; a meno che non esiste, nelle mani del depositario un pignoramento presso terzi o una opposizione alla restituzione e al trasferimento della cosa depositata.*

1772. Pluralità di depositanti e di depositari.

Se più sono i depositanti [1766] di una cosa ed essi non si accordano circa la restituzione, questa deve farsi secondo le modalità stabilite dall'autorità giudiziaria.

La stessa norma si applica quando a un solo depositante succedono più eredi, se la cosa non è divisibile [1314, 1316, 1319].

Se più sono i depositari, il depositante ha facoltà di chiedere la restituzione a quello tra essi che detiene la cosa. Questi deve darne pronta notizia agli altri.

■ Codice civile del 1865: *Art. 1855. In caso di morte del deponente, la cosa depositata non può restituirsi che all'erede.*

Se vi sono più eredi, la cosa depositata deve restituirsi ad ognuno di essi per la sua porzione.

Se la cosa non è divisibile, essi debbono fra loro accordarsi sul modo di riceverla.

1773. Terzo interessato nel deposito.

Se la cosa è stata depositata anche nell'interesse di un terzo e questi ha comunicato al depositante e al depositario la sua adesione [1411, 1777, 1798], il

CODICE CIVILE

depositario non può liberarsi restituendo la cosa al depositante senza il consenso del terzo.

1774. Luogo di restituzione e spese relative.

Salvo diversa convenzione, la restituzione della cosa deve farsi nel luogo in cui doveva essere custodita [1182].

Le spese per la restituzione sono a carico del depositante [1196, 1781].

■ Codice civile del 1865: *Art. 1858. Se nel contratto di deposito si è indicato il luogo in cui deve farsi la restituzione, il depositario è tenuto di trasportarvi la cosa depositata. Le spese di trasporto che occorressero, sono a carico del deponente.*

Art. 1859. La restituzione deve farsi, se il contratto non indica il luogo, in quello ove si trova la cosa depositata.

♦ Codice civile francese

Articolo 1942. *Se il contratto di deposito designa il luogo in cui deve essere fatta la restituzione, il depositario è tenuto a portarvi la cosa depositata. Se ci sono delle spese di trasporto sono a carico del depositante.*

Articolo 1943. *Se il contratto non designa il luogo della restituzione, deve essere fatta nello stesso luogo del deposito.*

1775. Restituzione dei frutti.

Il depositario è obbligato a restituire i frutti della cosa che egli abbia percepiti [821, 1771].

■ Codice civile del 1865: *Art. 1852. Il depositario è tenuto a restituire i frutti che la cosa depositata avesse prodotto, e che fossero stati da lui riscossi.*

Egli non è debitore di alcun interesse del danaro depositato, se non dal giorno in cui fu costituito in mora a farne la restituzione.

1776. Obblighi dell'erede del depositario.

L'erede del depositario [1771], il quale ha alienato in buona fede la cosa che ignorava essere tenuta in deposito, è obbligato soltanto a restituire il corrispettivo ricevuto [1811, 2041]. Se questo non è stato ancora pagato, il depositante subentra nel diritto dell'alienante [1203, 1780, 2038].

■ Codice civile del 1865: *Art. 1851. L'erede del depositario, il quale ha venduto in buona fede la cosa che ignorava essere depositata, è obbligato soltanto a restituire, il prezzo ricevuto, o a cedere la sua azione verso il compratore nel caso che il prezzo non gli sia stato pagato.*

1777. Persona a cui deve essere restituita la cosa.

Il depositario deve restituire la cosa al depositante o alla persona indicata per riceverla [1188, 1793], e non può esigere che il depositante provi di esserne proprietario [1773, 1778, 1779, 1836].

Se è convenuto in giudizio da chi rivendica la proprietà della cosa [948] o pretende di avere diritti su di essa, deve, sotto pena del risarcimento del danno, denunziare la controversia al depositante [1012, 1586], e può ottenere di essere estromesso dal giudizio indicando la persona del medesimo [c.p.c. 106]. In questo caso egli può anche liberarsi dall'obbligo di restituire la cosa, depositandola, nei modi stabiliti dal giudice, a spese del depositante [c.p.c. 109].

■ Codice civile del 1865: *Art. 1853. Il depositario non deve restituire la cosa depositata se non a colui che glie l'ha affidata, o a colui in nome del quale fu fatto il deposito, o alla persona indicata per riceverlo, salvo il disposto dall'art. 1841.*

Art. 1854. Esso non può pretendere che il deponente provi d'essere proprietario della cosa depositata.

Ciò non ostante, se scopre che la cosa è stata rubata e chi ne è il vero padrone, deve denunziare a questo il deposito fatto presso di sé, intimandogli che lo reclami in un determinato e congruo termine, salve le disposizioni del codice penale. Se quegli a cui fu fatta la denunzia, è negligente nel reclamare il deposito, il depositario è validamente liberato colla consegna del deposito a colui dal quale l'ha ricevuto.

♦ Codice civile francese

Articolo 1937. *Il depositario deve restituire la cosa depositata solo a colui che gliel'ha data o a colui in nome del quale il deposito è stato fatto, o a colui che è stato indicato per riceverlo.*

Articolo 1938. *Non può esigere da colui che ha fatto il deposito, la prova che egli era proprietario della cosa depositata. Tuttavia, se il depositario scopre che la cosa è stata rubata e, quale che sia il vero proprietario, egli deve denunciare a questi il deposito che gli è stato fatto con intimazione di reclamarlo in un termine determinato e sufficiente. Se colui al quale la denuncia è stata fatta, trascura di reclamare il deposito, il depositario è validamente esonerato dalla consegna che fa a colui da cui ha ricevuto.*

1778. Cosa proveniente da reato.

Il depositario, se scopre che la cosa proviene da un reato e gli è nota la persona alla quale è stata sottratta, deve denunziarle il deposito fatto presso di sé [c.p. 712].

Il depositario è liberato se restituisce la cosa al depositante decorsi dieci giorni dalla denunzia senza che gli sia stata notificata opposizione [1777, 2906].

■ Codice civile del 1865: *Art. 1854. Esso non può pretendere che il deponente provi d'essere proprietario della cosa depositata.*

Ciò non ostante, se scopre che la cosa è stata rubata e chi ne è il vero padrone, deve denunziare a questo il deposito fatto presso di sé, intimandogli che lo reclami in un determinato e congruo termine, salve le disposizioni del codice penale. Se quegli a cui fu fatta la denunzia, è negligente nel reclamare il deposito, il depositario è validamente liberato colla consegna del deposito a colui dal quale l'ha ricevuto.

1779. Cosa propria del depositario.

Il depositario è liberato da ogni obbligazione, se risulta che la cosa gli appartiene e che il depositante non ha su di essa alcun diritto [1253 ss., 1766].

■ Codice civile del 1865: *Art. 1861. Ogni obbligazione del depositario si estingue, quando venga a scoprire e provi che a lui stesso appartiene la cosa depositata.*

1780. Perdita non imputabile della detenzione della cosa.

Se la detenzione [1168] della cosa è tolta al depositario in conseguenza di un fatto a lui non imputabile, egli è liberato dall'obbligazione di restituire la cosa [1256], ma deve, sotto pena di risarcimento del danno, denunziare immediatamente al depositante il fatto per cui ha perduto la detenzione [1777 comma 2].

Il depositante ha diritto di ricevere ciò che, in conseguenza del fatto stesso, il depositario abbia conseguito, e subentra nei diritti spettanti a quest'ultimo [1259, 1776, 2900].

■ Codice civile del 1865: *Art. 1850. Il depositario, a cui la cosa depositata fu tolta per forza maggiore, e che ha ricevuto in luogo di quella una somma di denaro o qualche altra cosa, deve restituire ciò che ha ricevuto.*

1781. Diritti del depositario.

Il depositante è obbligato a rimborsare il depositario delle spese fatte per conservare la cosa [1774, 1808], a tenerlo indenne delle perdite cagionate dal deposito e a pagargli il compenso pattuito [1592, 1593, 1767, 1774, 1802, 2756, comma 3, 2761].

■ Codice civile del 1865: *Art. 1862. Il deponente è obbligato a rimborsare il depositario delle spese fatte per conservare la cosa depositata e a tenerlo indenne di tutte le perdite di cui il deposito può essergli stato occasione.*

♦ Codice civile francese

Articolo 1974. *La persona che ha fatto il deposito è tenuta a rimborsare al depositario le spese che ha fatto per la conservazione della cosa depositata e ad indennizzarlo di tutte le perdite che può avergli occasionato il deposito.*

1782. Deposito irregolare.

Se il deposito [1782] ha per oggetto una quantità di danaro o di altre cose fungibili, con facoltà per il depositario di servirsene, questi ne acquista la proprietà ed è tenuto a restituirne altrettante della stessa specie e qualità [1246, comma 1, n. 2, 1277, 1280, 1834].

In tal caso si osservano, in quanto applicabili, le norme relative al mutuo [1813, 1814, 1815, 1819, 1820, 1822].

■ Codice civile del 1865: *Art. 1848. Il depositario deve restituire l'identica cosa che ha ricevuto.*

Un deposito di danaro, quando in conformità dell'art. 1846 il depositario ne avesse fatto uso, deve restituirsi nelle medesime specie in cui fu fatto, nel caso tanto d'aumento quanto di diminuzione del loro valore.

Sezione II
Del deposito in albergo

● Norme connesse:

- Convenzione di Parigi del 17 dicembre 1962 sulla responsabilità dell'albergatore per le cose portate dai clienti nell'albergo. La convenzione è entrata in vigore il 12 agosto 1979. La legge di ratifica ed esecuzione 10 agosto 1978, n. 316 ha modificato gli articoli del codice riportati nella sezione.

1783. Responsabilità per le cose portate in albergo.

Gli albergatori sono responsabili di ogni deterioramento, distruzione o sottrazione delle cose portate dal cliente in albergo.

Sono considerate cose portate in albergo [1786]:

1) le cose che vi si trovano durante il tempo nel quale il cliente dispone dell'alloggio;

2) le cose di cui l'albergatore, un membro della sua famiglia o un suo ausiliario [1228] assumono la custodia, fuori dell'albergo, durante il periodo di tempo in cui il cliente dispone dell'alloggio;

3) le cose di cui l'albergatore, un membro della sua famiglia o un suo ausiliario [1228] assumono la custodia sia nell'albergo, sia fuori dell'albergo, durante un periodo di tempo ragionevole, precedente o successivo a quello in cui il cliente dispone dell'alloggio.

La responsabilità di cui al presente articolo è limitata al valore di quanto sia deteriorato, distrutto o sottratto, sino all'equivalente di cento volte il prezzo di locazione dell'alloggio per giornata[1].

[1] Articolo così sostituito dall'art. 3, L. 10 giugno 1978, n. 316. Il testo previgente disponeva: *Art. 1783. Responsabilità per le cose consegnate. Gli albergatori sono obbligati come depositari per le cose che i clienti hanno consegnate loro in custodia.*

■ Codice civile del 1865: *Art. 1865. [Il deposito necessario è sottoposto a tutte le regole del deposito volontario, salvo quanto è disposto dall'art. 1348] [soppresso ex art. 15, R.D.L. 12 ottobre 1819, n. 2099].*

Art. 1866. [Gli osti e gli albergatori sono obbligati, come depositari, per gli effetti portati entro i loro alberghi dal viandante che vi alloggia: il deposito di tali effetti deve riguardarsi come un deposito necessario] [soppresso ex art. 15, R.D.L. 12 ottobre 1819, n. 2099].

Art. 1867. [Essi sono obbligati pel furto e pel danno arrecato agli effetti del viandante, nel caso che il furto sia stato commesso, o che il danno sia stato arrecati) dai domestici o dalle persone preposte alle direzione degli alberghi, o da estranei che li frequentano] [soppresso ex art. 15, R.D.L. 12 ottobre 1819, n. 2099].

Art. 1868. [Essi non sono obbligati pei furti commessi a mano armata o altrimenti con forza maggiore, o per negligenza grave del proprietario] [soppresso ex art. 15, R.D.L. 12 ottobre 1819, n. 2099].

♦ Codice civile francese

Articolo 1952. *Gli albergatori rispondono come depositari dei vestiti, bagagli ed altri oggetti portati nel loro albergo dal viaggiatore che vi alloggia; il deposito di questo genere di beni deve essere visto come un deposito necessario.*

1784. Responsabilità per le cose consegnate e obblighi dell'albergatore.

La responsabilità dell'albergatore è illimitata:

1) quando le cose gli sono state consegnate in custodia;

2) quando ha rifiutato di ricevere in custodia cose che aveva l'obbligo di accettare.

CODICE CIVILE

L'albergatore ha l'obbligo di accettare le carte-valori, il danaro contante e gli oggetti di valore; egli può rifiutarsi di riceverli soltanto se si tratti di oggetti pericolosi o che, tenuto conto dell'importanza e delle condizioni di gestione dell'albergo, abbiano valore eccessivo o natura ingombrante.

L'albergatore può esigere che la cosa consegnatagli sia contenuta in un involucro chiuso o sigillato[1].

[1] Articolo così sostituito dall'art. 3, L. 10 giugno 1978, n. 316. Il testo previgente disponeva: *Art. 1784. (Responsabilità per le cose portate in albergo). L'albergatore risponde della sottrazione, della perdita o del deterioramento delle cose portate dai clienti nell'albergo e a lui non consegnate, fino al limite massimo di lire duecentomila. La responsabilità dell'albergatore è illimitata: 1) se il danno è imputabile a colpa grave sua, dei membri della sua famiglia o dei suoi ausiliari; 2) se egli ha rifiutato di ricevere in custodia le cose del cliente senza giusti motivi. Si considerano giusti motivi di rifiuto l'eccessivo valore della cosa relativamente all'importanza dell'albergo, e la sua natura ingombrante rispetto alla capacità dei locali. In ogni caso l'albergatore è esente da responsabilità, se prova che la sottrazione, la perdita o il deterioramento sono dovuti a colpa grave del cliente, delle persone da lui dipendenti o di coloro che lo visitano o l'accompagnano, oppure se la perdita o il deterioramento sono dovuti alla natura o al vizio della cosa, o a caso fortuito. È nullo ogni patto tendente a escludere o a diminuire la responsabilità prevista dai commi precedenti.*

♦ Codice civile francese

Articolo 1953. *Gli albergatori sono responsabili del furto o del danno di questi beni, sia che questo furto sia stato commesso o che il danno sia stato causato dai loro preposti, o da estranei che vanno e vengono nell'albergo. Questa responsabilità è illimitata, nonostante ogni clausola contraria, nel caso di furto o di deterioramento degli oggetti di ogni natura depositati nelle loro mani o che essi hanno rifiutato di ricevere senza giusta causa. In tutti gli altri casi, il risarcimento dei danni dovuto al viaggiatore è, ad esclusione di ogni limitazione convenzionale inferiore, limitato all'equivalente di cento volte il prezzo della locazione dell'alloggio per giornata, salvo quando il viaggiatore mostri che il pregiu dizio che ha subito risulta da una colpa dell'albergatore o di persone di cui quest'ultimo deve rispondere.*

1785. Limiti di responsabilità.

L'albergatore non è responsabile [1785-quinquies] quando il deterioramento, la distruzione o la sottrazione siano dovuti:

1) al cliente, alle persone che l'accompagnano, che sono al suo servizio o che gli rendono visita;

2) a forza maggiore;

3) alla natura della cosa[1].

[1] Articolo così sostituito dall'art. 3, L. 10 giugno 1978, n. 316. Il testo previgente disponeva: *Art. 1785. (Obbligo di d enuncia del danno). Fuori del caso indicato dal n. 1 del secondo comma dell'articolo precedente la responsabilità dell'albergatore è esclusa, se il cliente non gli denunzia il danno appena ne ha avuto conoscenza.*

■ Codice civile del 1865: *Art. 1868. [Essi non sono obbligati pei furti commessi a mano armata o altrimenti con forza maggiore, o per negligenza grave del proprietario] [soppresso ex art. 15, R.D.L. 12 ottobre 1819, n. 2099].*

♦ Codice civile francese

Articolo 1954. *Gli albergatori non sono responsabili dei furti o dei danni che si verificano per forza maggiore, né della perdita che risulta dalla natura o da un vizio della cosa, con l'onere di dimostrare il fatto che essi adducono. In deroga alle disposizioni dell'articolo 1953 gli albergatori sono responsabili degli oggetti lasciati nei veicoli stazionati nei luoghi sui cui hanno il godimento in concorrenza di cinquanta volte il prezzo della locazione dell'alloggio per giornata. Gli articoli 1952 e 1953 non si applicano sugli animali.*

1785-*bis*. Responsabilità per colpa dell'albergatore.

L'albergatore è responsabile, senza che egli possa invocare il limite previsto dall'ultimo comma dell'articolo 1783, quando il deterioramento, la distruzione o la sottrazione delle cose portate dal cliente in albergo sono dovuti a colpa sua, dei membri della sua famiglia o dei suoi ausiliari [1218, 1228, 1229][1].

[1] Articolo aggiunto dall'art. 3, L. 10 giugno 1978, n. 316.

1785-*ter*. Obbligo di denuncia del danno.

Fuori del caso previsto dall'articolo 1785-*bis*, il cliente non potrà valersi delle precedenti disposizioni se, dopo aver constatato il deterioramento, la distruzione o la sottrazione, denunci il fatto all'albergatore con ritardo ingiustificato[1].

[1] Articolo aggiunto dall'art. 3, L. 10 giugno 1978, n. 316.

1785-*quater*. Nullità.

Sono nulli i patti o le dichiarazioni tendenti ad escludere o a limitare preventivamente la responsabilità dell'albergatore[1].

[1] Articolo aggiunto dall'art. 3, L. 10 giugno 1978, n. 316.

1785-*quinquies*. Limiti di applicazione.

Le disposizioni della presente sezione non si applicano ai veicoli, alle cose lasciate negli stessi, né agli animali vivi.

[1] Articolo aggiunto dall'art. 3, L. 10 giugno 1978, n. 316.

1786. Stabilimenti e locali assimilati agli alberghi.

Le norme di questa sezione si applicano anche agli imprenditori di case di cura, stabilimenti di pubblici spettacoli, stabilimenti balneari, pensioni, trattorie, carrozze letto e simili [1783].

Sezione III
Del deposito nei magazzini generali

● Norme connesse:

- sull'ordinamento dei magazzini generali, R.D.L. 1 luglio 1926, n. 2290, convertito in L. 9 giugno 1927, n. 1158 (Ordinamento dei magazzini generali); R.D. 16 gennaio 1927, n. 126 (Regolamento generale dei magazzini generali); D.Lgs. 9 settembre 1990, n. 376 (Riordinamento della disciplina relativa ai magazzini generali).

1787. Responsabilità dei magazzini generali.
I magazzini generali sono responsabili della conservazione delle merci depositate, a meno che si provi che la perdita, il calo [1695] o l'avaria è derivata da caso fortuito, dalla natura delle merci ovvero da vizi di esse o dell'imballaggio [1218].

1788. Diritti del depositante.
Il depositante ha diritto d'ispezionare le merci depositate e di ritirare i campioni d'uso [1793].

1789. Vendita delle cose depositate.
I magazzini generali, previo avviso al depositante, possono procedere alla vendita delle merci, quando, al termine del contratto, le merci non sono ritirate o non è rinnovato il deposito, ovvero, trattandosi di deposito a tempo indeterminato, quando è decorso un anno dalla data del deposito, e in ogni caso quando le merci sono minacciate di deperimento. Per la vendita si osservano le modalità stabilite dall'articolo 1515 [disp. att. 83].

Il ricavato della vendita, dedotte le spese e quanto altro spetta ai magazzini generali, deve essere tenuto a disposizione degli aventi diritto.

1790. Fede di deposito.
I magazzini generali, a richiesta del depositante, devono rilasciare una fede di deposito delle merci depositate [1996].

La fede di deposito deve indicare:

1) il cognome e il nome o la ditta [2563] e il domicilio [43] del depositante;

2) il luogo del deposito;

3) la natura e la quantità delle cose depositate e gli altri estremi atti a individuarle;

4) se per la merce sono stati pagati i diritti doganali e se essa è stata assicurata.

■ Codice del commercio del 1882: *Art. 461. La fede di deposito di merci e derrate nei magazzini generali deve indicare:*

1° Il nome, il cognome, la condizione e il domicilio del deponente;

2° Il luogo del deposito;

3° La natura e quantità della cosa depositata, col nome più noto in commercio o colle altre circostanze opportune a stabilirne l'identità;

4° Se la merce sia o no sdaziata, se sia o no assicurata.

1791. Nota di pegno.
Alla fede di deposito è unita la nota di pegno, sulla quale sono ripetute le indicazioni richieste dall'articolo precedente.

La fede di deposito e la nota di pegno devono essere staccate da un unico registro a matrice, da conservarsi presso i magazzini.

■ Codice del commercio del 1882: *Art. 462. Alla fede di deposito è unita la nota di pegno, nella quale sono ripetute le stesse indicazioni.*

Questi titoli devono essere staccati da apposito registro a matrice da conservarsi presso il magazzino.

1792. Intestazione e circolazione dei titoli.
La fede di deposito [1790] e la nota di pegno [1791] possono intestarsi al nome del depositante o di un terzo da questo designato, e sono trasferibili, sia congiuntamente sia separatamente, mediante girata [1527, 2009].

■ Codice del commercio del 1882: *Art. 463. La fede di deposito e la nota di pegno possono essere al nome del deponente o di un terzo.*

1793. Diritti del possessore.
Il possessore della fede di deposito [1790] unita alla nota di pegno [1791] ha diritto alla riconsegna delle cose depositate [1777, 1996]; egli ha altresì diritto di richiedere che, a sue spese, le cose depositate siano divise in più partite e che per ogni partita gli sia rilasciata una fede di deposito distinta con la nota di pegno in sostituzione del titolo complessivo [1996, 2000].

Il possessore della sola nota di pegno ha diritto di pegno [1791] sulle cose depositate [1997, 2784].

Il possessore della sola fede di deposito non ha diritto alla riconsegna delle cose depositate, se non osserva le condizioni indicate dall'articolo 1795; egli può valersi della facoltà concessa dall'articolo 1788.

■ Codice del commercio del 1882: *Art. 464. Il possessore della fede di deposito unita alla nota di pegno ha diritto di richiedere che la cosa depositata sia divisa in più parti a sue spese, e che per ogni partita gli sia rilasciata una fede distinta colla relativa nota di pegno in surrogazione del titolo complessivo ed unico che dev'essere ritirato ed estinto.*

1794. Prima girata della nota di pegno.
La prima girata [2009] della sola nota di pegno deve indicare l'ammontare del credito e degli interessi [1282] nonché la scadenza. La girata corredata delle dette indicazioni deve essere trascritta sulla fede di deposito e controfirmata dal giratario.

La girata della nota di pegno che non indica l'ammontare del credito [2787] vincola, a favore del possessore di buona fede [1147, 1994], tutto il valore delle cose depositate. Rimane tuttavia salva al titolare o al terzo possessore della fede di deposito, che abbia pagato una somma non dovuta, l'azione di rivalsa nei confronti del diretto contraente e del possessore di mala fede della nota di pegno [1791, 1792, 2033].

CODICE CIVILE

■ Codice del commercio del 1882: *Art. 466. La prima girata della nota di pegno deve contenere l'indicazione della somma del credito per cui è fatta, degli interessi dovuti della scadenza, dev'essere trascritta colle dette indicazioni nella fede di deposito, e la trascrizione dev'essere sottoscritta dal giratario.*

1795. Diritti del possessore della sola fede di deposito.

Il possessore della sola fede di deposito può ritirare le cose depositate anche prima della scadenza del debito per cui furono costituite in pegno [1791], depositando presso i magazzini generali la somma dovuta alla scadenza al creditore pignoratizio [1771, 1793, 1849].

Sotto la responsabilità dei magazzini generali, quando si tratta di merci fungibili, il possessore della sola fede di deposito può ritirare anche parte delle merci, depositando presso i magazzini generali una somma proporzionale all'ammontare del debito garantito dalla nota di pegno e alla quantità delle merci ritirate.

■ Codice del commercio del 1882: *Art. 470. Il possessore di una fede di deposito separata dalla nota di pegno può ritirare la cosa depositata anche prima della scadenza del debito per cui fu costituita in pegno, depositando presso il magazzino generale il capitale e gli interessi del debito calcolati sino alla scadenza.*

Questa somma è pagata al possessore della nota di pegno contro restituzione della nota stessa.

Sotto la responsabilità del magazzino generale, e quando si tratti di merci omogenee, il possessore di una fede di deposito separata dalla nota di pegno può ritirare anche soltanto una parte della merce, depositando presso il magazzino una somma proporzionata al totale del debito garantito dalla nota di pegno ed alla quantità della merce estratta.

1796. Diritti del possessore della nota di pegno insoddisfatto.

Il possessore della nota di pegno [1791], che non sia stato soddisfatto alla scadenza e che abbia levato il protesto a norma della legge cambiaria, può far vendere le cose depositate in conformità dell'articolo 1515, decorsi otto giorni da quello della scadenza [1797;L. camb. 68; L. fall. 53].

Il girante che ha pagato volontariamente il possessore della nota di pegno è surrogato nei diritti di questo [1203 ss.], e può procedere alla vendita delle cose depositate decorsi otto giorni dalla scadenza [1515; disp. att. 83].

● Norme connesse:

- art. 68, R.D. 14 dicembre 1933, n. 1669; art. 60, R.D. 21 dicembre 1933, n. 1736; art. 53, R.D. 16 marzo 1942, n. 267.

■ Codice del commercio del 1882: *Art. 471. Il possessore della nota di pegno non pagata alla scadenza e protestata secondo le disposizioni del titolo X di questo libro, può, trascorsi sette giorni dopo quello del protesto, far vendere il pegno agli incanti senza formalità giudiziarie.*

Il girante che ha pagato il possessore è surrogato nei suoi diritti, e può far procedere alla vendita otto giorno dopo la scadenza senza obbligo di costituzione in mora.

1797. Azione nei confronti dei giranti.

Il possessore della nota di pegno non può agire contro il girante, se prima non ha proceduto alla vendita del pegno [1796, 2012].

I termini per esercitare l'azione di regresso contro i giranti sono quelli stabiliti dalla legge cambiaria e decorrono dal giorno in cui è avvenuta la vendita delle cose depositate [L. camb. 94].

Il possessore della nota di pegno decade dall'azione di regresso contro i giranti, se alla scadenza non leva il protesto o se, entro quindici giorni dal protesto, non fa istanza per la vendita delle cose depositate [1796].

Egli conserva tuttavia l'azione contro i giranti della fede di deposito [1790] e contro il debitore. Quest'azione si prescrive in tre anni [2934].

● Norme connesse:

- art. 49, 94, R.D. 14 dicembre 1933, n. 1669.

■ Codice del commercio del 1882: *Art. 474. Il possessore della nota di pegno non può agire contro i beni del debitore, né contro i giranti, se non ha prima esercitato la sua azione sul pegno.*

I termini per esercitare l'azione di regresso contro i giranti decorrono dal giorno in cui è compiuta la vendita della cosa depositata.

Art. 475. Il possessore della nota di pegno decade dall'azione contro i giranti, se alla scadenza non fa il protesto per mancato pagamento, o se, entro quindici giorni da quello del protesto, non fa istanza per la vendita della cosa depositata; ma conserva l'azione contro il primo debitore e contro i giranti della fede di deposito. Questa azione è soggetta alla prescrizione stabilita nell'art. 919.

CAPO XIII
DEL SEQUESTRO CONVENZIONALE

● Norme connesse:

- artt. 124, 129 ss., 137, 144-bis, D.Lgs. 10 febbraio 2005, n. 30.

1798. Nozione.

Il sequestro convenzionale è il contratto col quale due o più persone affidano a un terzo una cosa o una pluralità di cose [812, 1260, 2346, comma 1, 2468], rispetto alla quale sia nata tra esse controversia, perché la custodisca e la restituisca a quella a cui spetterà quando la controversia sarà definita [1773, 2906; c.p.c. 670 ss.].

■ Codice civile del 1865: *Art. 1870. Il sequestro convenzionale è il deposito di una cosa controversa fatto da due o più persone presso un terzo che si obbliga di restituirla, terminata la controversia, a colui al quale sarà dichiarato che debba appartenere.*

Art. 1873. Il sequestro può avere per oggetto beni mobili ed immobili.

♦ Codice civile francese

Articolo 1956. *Il sequestro convenzionale è il deposito fatto da una o più persone di una cosa contenziosa, nelle mani di un terzo che si obbliga a renderla, terminata la contestazione, alla persona che sarà giudicata di doverla ottenere.*

1799. Obblighi, diritti e poteri del sequestratario.

Gli obblighi, i diritti e i poteri del sequestratario sono determinati dal contratto; in mancanza, si osservano le disposizioni seguenti.

1800. Conservazione e alienazione dell'oggetto del sequestro.

Il sequestratario, per la custodia delle cose affidategli, è soggetto alle norme del deposito [1708, 1710, 1766 ss., 1768].

Se vi è imminente pericolo di perdita o di grave deterioramento delle cose mobili affidategli, il sequestratario può alienarle, dandone pronta notizia agli interessati [1246, comma 1, n. 2].

Qualora la natura delle cose lo richieda, egli ha pure l'obbligo di amministrarle. In questo caso si applicano le norme del mandato [1703 ss.].

Il sequestratario non può consentire locazioni per durata superiore a quella stabilita per le locazioni a tempo indeterminato [1574].

1801. Liberazione del sequestratario.

Prima che la controversia sia definita, il sequestratario non può essere liberato che per accordo delle parti o per giusti motivi.

■ Codice civile del 1865: *Art. 1874. Il depositario incaricato del sequestro non può essere liberato prima che sia terminata la controversia, se non mediante il consenso di tutte le parti interessate o per una causa giudicata legittima.*

1802. Compenso e rimborso delle spese al sequestratario.

Il sequestratario ha diritto a compenso [1767, 2225], se non si è pattuito diversamente. Egli ha pure diritto al rimborso delle spese e di ogni altra erogazione fatta per la conservazione e per l'amministrazione della cosa [1720, 1781, 2761].

■ Codice civile del 1865: *Art. 1871. Il sequestro può non essere gratuito.*

CAPO XIV
DEL COMODATO

● Norme connesse:

- art 12, D.L. 21 marzo 1978, n. 59, convertito in L. 18 maggio 1978, n. 191, sull'obbligo di comunicazione all'autorità di P.S. della cessione in godimento di un fabbricato o parte di esso.

- per il comodato dei beni culturali v. art. 44 (Comodato e deposito di beni culturali), D.Lgs. 22 gennaio 2004, n. 42 (Codice dei beni culturali e del paesaggio), che dispone: *1. I direttori degli archivi e degli istituti che abbiano in amministrazione o in deposito raccolte o collezioni artistiche, archeologiche, bibliografiche e scientifiche possono ricevere in comodato da privati proprietari, previo assenso del competente organo ministeriale, beni culturali mobili al fine di consentirne la fruizione da parte della collettività, qualora si tratti di beni di particolare pregio o che rappresentino significative integrazioni delle collezioni pubbliche e purché la loro custodia presso i pubblici istituti non risulti particolarmente onerosa.*

2. Il comodato non può avere durata inferiore a cinque anni e si intende prorogato tacitamente per un periodo pari a quello convenuto, qualora una delle parti contraenti non abbia comunicato all'altra la disdetta almeno due mesi prima della scadenza del termine. Anche prima della scadenza le parti possono risolvere consensualmente il comodato.

3. I direttori adottano ogni misura necessaria per la conservazione dei beni ricevuti in comodato, dandone comunicazione al comodante. Le relative spese sono a carico del Ministero.

4. I beni sono protetti da idonea copertura assicurativa a carico del Ministero. L'assicurazione può essere sostituita dall'assunzione dei relativi rischi da parte dello Stato, ai sensi dell'articolo 48, comma 5.

5. I direttori possono ricevere altresì in deposito, previo assenso del competente organo ministeriale, beni culturali appartenenti ad enti pubblici. Le spese di conservazione e custodia specificamente riferite ai beni depositati sono a carico degli enti depositanti, salvo che le parti abbiano convenuto che le spese medesime siano, in tutto o in parte, a carico del Ministero, anche in ragione del particolare pregio dei beni e del rispetto degli obblighi di conservazione da parte dell'ente depositante. Dall'attuazione del presente comma non devono derivare nuovi o maggiori oneri a carico della finanza pubblica.

6. Per quanto non espressamente previsto dal presente articolo, si applicano le disposizioni in materia di comodato e di deposito.

- artt. 3, 8, 9, 11, L.18 dicembre 1984, n. 975.

1803. Nozione.

Il comodato è il contratto col quale una parte consegna all'altra una cosa mobile o immobile, affinché se ne serva per un tempo o per un uso determinato, con l'obbligo di restituire la stessa cosa ricevuta [793, 794, 1373, 1380, 1810, 1811, 2556].

Il comodato è essenzialmente gratuito [1571].

■ Codice civile del 1865: *Art. 1805. Il comodato o prestito ad uso è un contratto, per cui una delle parti consegna all'altra una cosa, affinché se ne serva per un tempo od uso determinato, coll'obbligo di restituire la stessa cosa ricevuta.*

Art. 1806. Il comodato è essenzialmente gratuito

♦ Codice civile francese

Articolo 1875. *Il prestito ad uso è un contratto con cui una delle parti consegna una cosa all'altra per servirsene con l'onere per il beneficiario di renderla dopo che se ne è servito.*

Articolo 1876. Questo prestito è essenzialmente gratuito.

1804. Obbligazioni del comodatario.

Il comodatario è tenuto a custodire [1177] e a conservare la cosa con la diligenza del buon padre di famiglia [1176]. Egli non può servirsene che per l'uso determinato dal contratto o dalla natura della cosa [1805].

Non può concedere a un terzo il godimento della cosa senza il consenso del comodante.

Se il comodatario non adempie gli obblighi suddetti, il comodante può chiedere l'immediata restituzione [1373] della cosa, oltre al risarcimento del danno [1218, 1223, 1819, 1820, 2756].

■ Codice civile del 1865: *Art. 1808. Il comodatario è tenuto a vegliare da buon padre di famiglia alla custodia e conservazione della cosa prestata, e non può servirsene chi per l'uso determinato dalla natura della cosa o dalla convenzione, sotto pena del risarcimento dei danni.*

♦ Codice civile francese

Articolo 1880. *Il mutuatario è tenuto, come un buon padre di famiglia, alla tutela ed alla conservazione della cosa prestata. Non può servirsene che per l'uso determinato dalla sua natura o dal contratto; a pena di risarcimento dei danni se ha luogo.*

1805. Perimento della cosa.

Il comodatario è responsabile se la cosa perisce per un caso fortuito a cui poteva sottrarla sostituendola con la cosa propria, o se, potendo salvare una delle due cose, ha preferito la propria.

Il comodatario che impiega la cosa per un uso diverso o per un tempo più lungo di quello a lui consentito, è responsabile [1218] della perdita avvenuta per causa a lui non imputabile, qualora non provi che la cosa sarebbe perita anche se non l'avesse impiegata per l'uso diverso o l'avesse restituita a tempo debito [1221, 1804].

■ Codice civile del 1865: *Art. 1809. Se il comodatario impiega la cosa in un uso diverso o per un tempo più lungo di quello che dovrebbe, è risponsabile della perdita avvenuta anche per caso fortuito, eccetto che provi che la cosa sarebbe ugualmente perita quando pure non l'avesse impiegata in un uso diverso o l'avesse restituita al tempo determinato nel contratto.*

Art. 1810. Se la cosa prestata perisce per un caso fortuito a cui il comodatario l'avrebbe potuta sottrarre surrogandone una propria, o se egli, non potendo salvare che una delle due cose, ha preferito la propria, è risponsabile della perdita dell'altra.

♦ Codice civile francese

Articolo 1882. *Se la cosa prestata perisce per caso fortuito che il mutuatario avrebbe potuto garantire impiegando la sua cosa o se non potendo conservare che una delle due ha preferito la sua è responsabile della perdita dell'altra.*

Articolo 1881. *Se il mutuatario impiega la cosa per un altro uso o per un tempo più lungo di quello dovuto, sarà responsabile della perdita verificatasi, anche per caso fortuito.*

1806. Stima.

Se la cosa è stata stimata al tempo del contratto, il suo perimento è a carico del comodatario, anche se avvenuto per causa a lui non imputabile.

■ Codice civile del 1865: *Art. 1811. Se la cosa fu stimata al tempo del prestito, la perdita, ancorché avvenuta per caso fortuito, è a carico del corno datario, qualora non vi sia patto in contrario.*

1807. Deterioramento per effetto dell'uso.

Se la cosa si deteriora per solo effetto dell'uso per cui è stata consegnata e senza colpa del comodatario, questi non risponde del deterioramento [1590, 1609, 2281].

■ Codice civile del 1865: *Art. 1812. Se la cosa si deteriora a cagione unicamente dell'uso per cui fu data a prestito e senza colpa del comodatario, questi non è obbligato pel deterioramento.*

♦ Codice civile francese

Articolo 1884. *Se la cosa si deteriora per il solo effetto dell'uso per cui è stata impiegata e senza alcuna colpa del mutuatario egli non è responsabile.*

1808. Spese per l'uso della cosa e spese straordinarie.

Il comodatario non ha diritto al rimborso delle spese sostenute per servirsi della cosa [1781].

Egli però ha diritto di essere rimborsato delle spese straordinarie sostenute per la conservazione della cosa, se queste erano necessarie e urgenti [2756, 2778, comma 1, n. 3].

■ Codice civile del 1865: *Art. 1813. Il comodatario che ha fatto qualche spesa per potersi servire della cosa comodata, non può ripeterla.*

Art. 1817. Se durante il prestito il comodatario è stato obbligato, per conservare la cosa, a fare qualche spesa straordinaria, necessaria ed urgente in modo da non poterne avvisare il comodante, questi è tenuto a rimborsarne il comodatario.

1809. Restituzione.

Il comodatario è obbligato a restituire la cosa [1246 comma 1, n. 2] alla scadenza del termine convenuto [1811] o, in mancanza di termine, quando se ne è servito in conformità del contratto [1810].

Se però, durante il termine convenuto o prima che il comodatario abbia cessato di servirsi della cosa, sopravviene un urgente e impreveduto bisogno al comodante, questi può esigerne la restituzione [1373] immediata [1468].

■ Codice civile del 1865: *Art. 1815. Il comodante non può ripigliare la cosa data a prestito, fuorché decorso il termine convenuto, ovvero, in mancanza di convenzione, dopo che la cosa ha servito all'uso per cui fu prestata.*

Art. 1816. Nondimeno, se durante il detto termine o prima che sia cessato il bisogno del comodatario, sopravviene al comodante un urgente impreveduto bisogno di valersi della cosa, può l'autorità giudiziaria, secondo le circostanze, obbligare il comodatario a restituirla.

♦ Codice civile francese

Articolo 1888. *Il prestatore può ritirare la cosa prestata solo dopo il termine convenuto, o, in mancanza di contratto, dopo che essa è servita all'uso per cui è stata presa in prestito.*

Articolo 1889. *Tuttavia se, durante questo termine o prima che il bisogno del mutuatario sia cessato sopravviene al prestatore un bisogno imprevisto della propria cosa, il giudice può secondo le circostanze obbligare il mutuatario a renderglièla.*

1810. Comodato senza determinazione di durata.

Se non è stato convenuto un termine né questo risulta dall'uso a cui la cosa doveva essere destinata [1803, 1809], il comodatario è tenuto a restituirla [1373] non appena il comodante la richiede [1183, 1771].

1811. Morte del comodatario.

In caso di morte del comodatario, il comodante, benché sia stato convenuto un termine [1809], può esigere dagli eredi l'immediata restituzione [1373] della cosa [1776].

1812. Danni al comodatario per vizi della cosa.

Se la cosa comodata ha vizi tali che rechino danno a chi se ne serve, il comodante è tenuto al risarcimento [1494] qualora, conoscendo i vizi della cosa, non ne abbia avvertito il comodatario [798, 1710, 1768, 1821, 2030, 2043].

■ Codice civile del 1865: *Art. 1818. Se la cosa comodata ha difetti tali da recar danno a colui che se ne serve, il comodante è tenuto al risarcimento del danno, qualora conoscendo i difetti della cosa non ne abbia avvertito il comodatario.*

♦ Codice civile francese

Articolo 1891 *Quando la cosa prestata ha dei difetti tali che possono causare pregiudizio a colui che se ne serve, il prestatore è responsabile se conosceva i difetti e non ha avvertito il mutuatario.*

CAPO XV

DEL MUTUO

● Norme connesse:

- per le operazioni di credito fondiario, agrario e alle opere pubbliche, att. 38 ss., 120-quater, T.U. bancario di cui al D.Lgs. 1 settembre 1993, n. 385.

- R.D. 28 aprile 1938, n. 1165 (T.U. edilizia popolare ed economica); L. 12 agosto 1977, n. 675 (Provvedimenti per il coordinamento della politica industriale, la ristrutturazione, al riconversione e lo sviluppo del settore); artt. 14 ss. L. 5 agosto 1978, n. 457 (Norme per l'edilizia residenziale); L. 18 dicembre 1986, n. 891 (Disposizioni per l'acquisto da parte dei lavoratori della prima casa); D.M. 30 luglio 1999, n. 311 (Norme per la detrazione degli interessi passivi in dipendenza di mutui per l'abitazione principale); art. 2 (Mutui prima casa: per i mutui in corso le rate variabili 2009 non possono superare il 4 per cento grazie all'accollo da parte dello Stato dell'eventuale eccedenza; per i nuovi mutui, il saggio di base su cui si calcolano gli spread è costituito dal saggio BCE), D.L. 29 novembre 2008, n. 185, convertito in L. 28 gennaio 2009, n. 2 (Misure urgenti per il sostegno a famiglie, lavoro, occupazione e impresa e per ridisegnare in funzione anti-crisi il quadro strategico nazionale); artt. 7-8-bis, D.L. 31 gennaio 2007, n. 7, convertito dalla 2 aprile 2007, n. 40 (Misure urgenti per la tutela dei consumatori, la promozione della concorrenza, lo sviluppo di attività economiche e la nascita di nuove imprese, la valorizzazione dell'istruzione tecnico-professionale e la rottamazione di autoveicoli).

- art. 3, 8, 9, 11, L. 18 dicembre 1984, n. 975.

- art. 206, D.Lgs. 6 settembre 2005, n. 206.

1813. Nozione.

Il mutuo [1202] è il contratto col quale una parte consegna [1322] all'altra una determinata quantità di danaro o di altre cose fungibili, e l'altra si obbliga a restituire [1277] altrettante cose della stessa specie e qualità [320 comma 3, 374, 1179, 1353, 1373 comma 2, 1458 comma 1, 1782, 1818, 1821, 2740, 2766].

■ Codice civile del 1865: *Art. 1819. Il mutuo o prestito di consumazione è un contratto, per cui una delle parti consegna all'altra una data quantità di cose, coll'obbligo nell'ultima di restituire altrettanto della medesima specie e qualità di cose.*

♦ Codice civile francese

Articolo 1892. *Il prestito a consumo è un contratto con cui una delle parti consegna all'altra una certa quantità di cose che si consumano per l'uso con l'onere da parte quest'ultima di renderle della stessa specie e qualità.*

♦ Codice civile tedesco

§ 488 Obblighi contrattuali propri del contratto di mutuo. *(1) Con il contratto di mutuo il mutuante si obbliga a mettere a disposizione del mutuatario una somma di denaro pari a quanto pattuito. Il mutuatario è obbligato a pagare gli interessi dovuti e, alla scadenza, deve altresì restituire il mutuo messo a sua disposizione. (2) Se non è previsto diversamente, gli interessi stabiliti devono essere pagati alla fine di ogni anno o, quando il mutuo vada restituito prima che sia passato un anno, al momento della restituzione. (3) Quando non sia stato stabilito un termine per la restituzione del mutuo, la scadenza dipende dalla disdetta del mutuante o del mutuatario. Il termine di preavviso è di tre mesi. Qualora non siano dovuti interessi, il mutuatario è legittimato a restituire il mutuo anche senza bisogno della disdetta.*

§ 491 Contratto di mutuo del Consumatore. *(1) In caso di contratti di mutuo a titolo oneroso conclusi tra un imprenditore in veste di mutuante ed un consumatore come mutuatario (contratti di mutuo del consumatore) trovano applicazione, a titolo integrativo, le seguenti disposizioni, fatto salvo quanto stabilito dai commi 2 e 3. (2) Le disposizioni seguenti non trovano applicazione nei contratti di mutuo del consumatore: 1. nei quali la somma da pagarsi (importo netto del mutuo) non superi i 200 euro; 2. stipulati da un datore di lavoro e il suo dipendente, a tassi d'interesse minori rispetto a quelli usualmente praticati sul mercato; 3. stipulati direttamente, nell'ambito degli incentivi alle case di abitazione e all'edilizia cittadina, sulla base di decreti autorizzativi di diritto pubblico oppure sulla base di stanziamenti nei pubblici bilanci tra l'ente pubblico datore degli incentivi ed il mutuatario, a tassi d'interesse minori rispetto a quelli solitamente praticati sul mercato. (3) Non si applicano neppure: 1. il § 358, comma 2, 4 e 5 ed i §§ da 491 a 495 ai contratti di mutuo del consumatore trascritti in un verbale giudiziario scritto in base a quanto stabilito nel codice di procedura civile o documentati per atto pubblico, nei casi in cui nel verbale o nell'atto pubblico siano indicati il tas-*

CODICE CIVILE

so annuale d'interesse, i costi del mutuo calcolati al momento della conclusione del contratto, nonché i presupposti necessari per riuscire a modificare l'interesse annuale o i costi; il §358, comma 2, 4 e 5 ed §359 ai contratti di mutuo del consumatore necessari a finanziare l'acquisto di titoli di credito, valute estere, derivati o metalli preziosi.

1814. Trasferimento della proprietà.

Le cose date a mutuo passano in proprietà [177 comma 1, lett.a] del mutuatario [372 comma 1, n. 3, 374 comma 1, n. 2, 1782].

■ Codice civile del 1865: *Art. 1820. In forza del mutuo il mutuatario diviene padrone della cosa mutuata, la quale, venendo in qualunque modo a perire, perisce per conto del medesimo.*

1815. Interessi.

Salvo diversa volontà delle parti [1284 comma 3], il mutuatario deve corrispondere gli interessi al mutuante [1282, 1820, 2749, 2788, 2855]. Per la determinazione degli interessi si osservano le disposizioni dell'articolo 1284.

Se sono convenuti interessi usurari [c.p. 644, 649], la clausola è nulla e non sono dovuti interessi [1339, 1419; disp. att. 185][1].

[1] Comma così sostituito dall'art. 4, L. 7 marzo 1996, n. 108. Il testo previgente disponeva: *Se sono convenuti interessi usurari, la clausola è nulla e gli interessi sono dovuti solo nella misura legale.*

● Norme connesse:

- art. 2, L. 7 marzo 1996, n. 108, nel testo modificato dall'art. 8, D.L. 13 maggio 2011, n. 70, convertito in L. 12 luglio 2011, n. 106, che dispone: «*1. Il Ministro del tesoro, sentiti la Banca d'Italia e l'Ufficio italiano dei cambi, rileva trimestralmente il tasso effettivo globale medio, comprensivo di commissioni, di remunerazioni a qualsiasi titolo e spese, escluse quelle per imposte e tasse, riferito ad anno, degli interessi praticati dalle banche e dagli intermediari finanziari iscritti negli elenchi tenuti dall'Ufficio italiano dei cambi e dalla Banca d'Italia ai sensi degli articoli 106 e 107 del decreto legislativo 1° settembre 1993, n. 385, nel corso del trimestre precedente per operazioni della stessa natura. I valori medi derivanti da tale rilevazione, corretti in ragione delle eventuali variazioni del tasso ufficiale di sconto successive al trimestre di riferimento, sono pubblicati senza ritardo nella Gazzetta Ufficiale.*

2. La classificazione delle operazioni per categorie omogenee, tenuto conto della natura, dell'oggetto, dell'importo, della durata, dei rischi e delle garanzie è effettuata annualmente con decreto del Ministro del tesoro, sentiti la Banca d'Italia e l'Ufficio italiano dei cambi e pubblicata senza ritardo nella Gazzetta Ufficiale.

3. Le banche e gli intermediari finanziari di cui al comma 1 ed ogni altro ente autorizzato alla erogazione del credito sono tenuti ad affiggere nella rispettiva sede, e in ciascuna delle proprie dipendenze aperte al pubblico, in modo facilmente visibile, apposito avviso contenente la classificazione delle operazioni e la rilevazione dei tassi previsti nei commi 1 e 2.

4. Il limite previsto dal terzo comma dell'articolo 644 del codice penale, oltre il quale gli interessi sono sempre usurari, è stabilito nel tasso medio risultante dall'ultima rilevazione pubblicata nella Gazzetta Ufficiale ai sensi del comma 1 relativamente alla categoria di operazioni in cui il credito è compreso, aumentato di un quarto, cui si aggiunge un margine di ulteriori quattro punti percentuali. La differenza tra il limite e il tasso medio non può essere superiore a otto punti percentuali».

- sulla nozione penale di usura, l'art. 644 c.p.: «*1. Chiunque, fuori dei casi preveduti dall'articolo 643, si fa dare o promettere, sotto qualsiasi forma, per sè o per altri, in corrispettivo di una prestazione di denaro o di altra utilità, interessi o altri vantaggi usurari, è punito con la reclusione da due a dieci anni e con la multa da euro 5.000 a euro 30.000.*

2. Alla stessa pena soggiace chi, fuori del caso di concorso nel delitto previsto dal primo comma, procura a taluno una somma di denaro od altra utilità facendo dare o promettere, a sè o ad altri, per la mediazione, un compenso usurario.

3. La legge stabilisce il limite oltre il quale gli interessi sono sempre usurari. Sono altresì usurari gli interessi, anche se inferiori a tale limite, e gli altri vantaggi o compensi che, avuto riguardo alle concrete modalità del fatto e al tasso medio praticato per operazioni similari, risultano comunque sproporzionati rispetto alla prestazione di denaro o di altra utilità, ovvero all'opera di mediazione, quando chi li ha dati o promessi si trova in condizioni di difficoltà economica o finanziaria.

4. Per la determinazione del tasso di interesse usurario si tiene conto delle commissioni, remunerazioni a qualsiasi titolo e delle spese, escluse quelle per imposte e tasse, collegate alla erogazione del credito.

5. Le pene per i fatti di cui al primo e secondo comma sono aumentate da un terzo alla metà:

1) se il colpevole ha agito nell'esercizio di una attività professionale, bancaria o di intermediazione finanziaria mobiliare;

2) se il colpevole ha richiesto in garanzia partecipazioni o quote societarie o aziendali o proprietà immobiliari;

3) se il reato è commesso in danno di chi si trova in stato di bisogno;

4) se il reato è commesso in danno di chi svolge attività imprenditoriale, professionale o artigianale;

5) se il reato è commesso da una persona sottoposta con provvedimento definitivo alla misura di prevenzione della sorveglianza speciale durante il periodo previsto di applicazione e fino a tre anni dal momento in cui è cessata l'esecuzione.

6. Nel caso di condanna, o di applicazione di pena ai sensi dell'articolo 444 del codice di procedura penale, per uno dei delitti di cui al presente articolo, è sempre ordinata la confisca dei beni che costituiscono prezzo o profitto del reato ovvero di somme di denaro, beni ed utilità di cui il reo ha la disponibilità anche per interposta persona per un importo pari al valore degli interessi o degli altri vantaggi o compensi usurari, salvi i diritti della persona offesa dal reato alle restituzioni e al risarcimento dei danni».

- testo originario dell'art. 644 c.p. che così recitava: *Art. 644. (Usura). Chiunque, fuori dei casi preveduti dall'articolo precedente, approfittando dello stato di bisogno di una persona, si fa da questa dare o promettere, sotto qualsiasi forma, per sè o per altri, in corrispettivo di una prestazione di denaro o di altra cosa mobile, interessi o altri vantaggi usurari, è punito con la reclusione da uno a cinque anni e con la multa da lire sei milioni a lire trenta milioni. Alla stessa pena soggiace chi, fuori dei casi di concorso nel delitto preveduto dalla di-*

sposizione precedente, procura ad una persona in stato di bisogno una somma di denaro o un'altra cosa mobile, facendo dare o promettere, a sè o ad altri, per la mediazione, un compenso usurario. Le pene sono aumentate da un terzo alla metà se i fatti di cui ai commi precedenti sono commessi nell'esercizio di una attività professionale o di intermediazione finanziaria.

- art. 644-*bis* c.p. (usura impropria), abrogato dalla L. n. 108/1996 cit. che così recitava: «*644-bis. (Usura impropria). Chiunque, fuori dei casi previsti dall'articolo 644, approfittando delle condizioni di difficoltà economica o finanziaria di persona che svolge una attività imprenditoriale o professionale, si fa dare o promettere, sotto qualsiasi forma, per sè o per altri, in corrispettivo di una prestazione di denaro o di altra cosa mobile, interessi o altri vantaggi usurari, è punito con la reclusione da sei mesi a quattro anni e con la multa da lire quattro milioni a lire venti milioni. Alla stessa pena soggiace chi, fuori dei casi di concorso nel delitto previsto dal comma precedente, procura ad una persona che svolge una attività imprenditoriale o professionale e che versa in condizioni di difficoltà economica o finanziaria una somma di denaro o un'altra cosa mobile, facendo dare o promettere, a sè o ad altri, per la mediazione, un compenso usurario. Si applica la disposizione del terzo comma dell'articolo 644*».

- art. 644 ter c.p., inserito dalla L. n. 108/1996 cit., che dispone: «*La prescrizione del reato di usura decorre dal giorno dell'ultima riscossione sia degli interessi che del capitale*».

- D.L. 29 dicembre 2000, n. 394, convertito in L. 28 febbraio 2001, n. 24 (Interpretazione autentica della legge 7 marzo 1996, n. 108, recante disposizioni in materia di usura), il cui art. 1 dispone: «*1. Ai fini dell'applicazione dell'art. 644 del codice penale e dell'art. 1815, secondo comma, del codice civile, si intendono usurari gli interessi che superano il limite stabilito dalla legge nel momento in cui essi sono promessi o comunque convenuti, a qualunque titolo, indipendentemente dal momento del loro pagamento.*

2. In considerazione dell'eccezionale caduta dei tassi di interesse verificatasi in Europa e in Italia nel biennio 1998-1999, avente carattere strutturale, il tasso degli interessi pattuito nei finanziamenti non agevolati, stipulati nella forma di mutui a tasso fisso rientranti nella categoria dei mutui, individuata con il decreto del Ministro del tesoro, del bilancio e della programmazione economica previsto dall'articolo 2, comma 2, della legge 7 marzo 1996, n. 108, in essere alla data di entrata in vigore del presente decreto, è sostituito, salvo diversa pattuizione più favorevole per il debitore, dal tasso indicato al comma 3. Il tasso di sostituzione é altresì ridotto all'8 per cento con riferimento ai mutui ovvero a quote di mutuo di importo originario non superiore a 150 milioni di lire, o all'equivalente importo in valuta al cambio vigente al momento della stipulazione del contratto, accesi per l'acquisto o la costruzione di abitazioni, diverse da quelle rientranti nelle categorie catastali A/1, A/8 e A/9, per i quali spettano le detrazioni di cui alla lettera b) del comma 1 e al comma 1-ter dell'articolo 13-bis del testo unico delle imposte sui redditi, approvato con decreto del Presidente della Repubblica 22 dicembre 1986, n. 917, e successive modificazioni. La sostituzione di cui al presente comma non ha efficacia novativa, non comporta spese a carico del mutuatario e si applica alle rate che scadono successivamente al 2 gennaio 2001.

3. Il tasso di sostituzione è stabilito, [per le rate con scadenza a decorrere dal 3 gennaio 2001], in misura non superiore al valore medio per il periodo gennaio 1986-ottobre 2000 dei rendimenti lordi dei buoni del Tesoro poliennali con vita residua superiore ad un anno.

4. Le disposizioni legislative in materia di limiti di tassi di interesse non si applicano ai finanziamenti ed ai prestiti, in essere alla data di entrata in vigore del presente decreto, concessi o ricevuti in applicazione di leggi speciali in materia di debito pubblico di cui all'art. 104 del trattato sull'Unione europea.

- sull'*anatocismo bancario*, norme citate in nota all'art. 1283 c.c.

- art. 2-bis, D.L. 29 novembre 2008, n. 185, convertito in L. 28 gennaio 2009, n. 2, nel testo modificato dall'art. 27, D.L. 24 gennaio 2012, n. 1, convertito in L. 24 marzo 2012, n. 27 che recita: *Art. 2-bis. Ulteriori disposizioni concernenti contratti bancari. 1. [Sono nulle le clausole contrattuali aventi ad oggetto la commissione di massimo scoperto se il saldo del cliente risulti a debito per un periodo continuativo inferiore a trenta giorni ovvero a fronte di utilizzi in assenza di fido. Sono altresì nulle le clausole, comunque denominate, che prevedono una remunerazione accordata alla banca per la messa a disposizione di fondi a favore del cliente titolare di conto corrente indipendentemente dall'effettivo prelevamento della somma, ovvero che prevedono una remunerazione accordata alla banca indipendentemente dall'effettiva durata dell'utilizzazione dei fondi da parte del cliente, salvo che il corrispettivo per il servizio di messa a disposizione delle somme sia predeterminato, unitamente al tasso debitore per le somme effettivamente utilizzate, con patto scritto non rinnovabile tacitamente, in misura onnicomprensiva e proporzionale all'importo e alla durata dell'affidamento richiesto dal cliente e sia specificatamente evidenziato e rendicontato al cliente con cadenza massima annuale con l'indicazione dell'effettivo utilizzo avvenuto nello stesso periodo, fatta salva comunque la facoltà di recesso del cliente in ogni momento. L'ammontare del corrispettivo omnicomprensivo di cui al periodo precedente non può comunque superare lo 0,5 per cento, per trimestre, dell'importo dell'affidamento, a pena di nullità del patto di remunerazione. Il Ministro dell'economia e delle finanze assicura, con propri provvedimenti, la vigilanza sull'osservanza delle prescrizioni del presente articolo] (abrogato).*

2. Gli interessi, le commissioni e le provvigioni derivanti dalle clausole, comunque denominate, che prevedono una remunerazione, a favore della banca, dipendente dall'effettiva durata dell'utilizzazione dei fondi da parte del cliente, dalla data di entrata in vigore della legge di conversione del presente decreto, sono comunque rilevanti ai fini dell'applicazione dell'articolo 1815 del codice civile, dell'articolo 644 del codice penale e degli articoli 2 e 3 della legge 7 marzo 1996, n. 108. Il Ministro dell'economia e delle finanze, sentita la Banca d'Italia, emana disposizioni transitorie in relazione all'applicazione dell'articolo 2 della legge 7 marzo 1996, n. 108, per stabilire che il limite previsto dal terzo comma dell'articolo 644 del codice penale, oltre il quale gli interessi sono usurari, resta regolato dalla disciplina vigente alla data di entrata in vigore della legge di conversione del presente decreto fino a che la rilevazione del tasso effettivo globale medio non verrà effettuata tenendo conto delle nuove disposizioni.

3. [I contratti in corso alla data di entrata in vigore della legge di conversione del presente decreto sono adeguati alle disposizioni del presente articolo entro centocinquanta giorni dalla medesima data. Tale obbligo di adeguamento costitui-

CODICE CIVILE

sce giustificato motivo agli effetti dell'articolo 118, comma 1, del testo unico delle leggi in materia bancaria e creditizia, di cui al decreto legislativo 1° settembre 1993, n. 385, e successive modificazioni.] (abrogato)».

- art. 120, D.Lgs. 1 settembre 1993, n. 385; art. 24, L. 7 marzo 1996, n. 108.

■ Codice civile del 1865: *Art. 1829. È permessa la stipulazione dr gli interessi nel mutuo di danaro, di drr rate o di altre cose mobili.*

Art. 1830. Il mutuatario che ha pagato interessi non convenuti o eccedenti la misura convenuta, non può ripeterli né imputarli al capitale.

Art. 1831. L'interesse è legale o convenzionale.

L'interesse legale è determinato nel cinque per cento in materia civile e nel sei per cento in materia commerciale, e si applica nei casi in cui l'interesse sia dovuto e manchi una convenzione che ne stabilisca la misura.

L'interesse convenzionale è stabilito a volontà dei contraenti.

Nelle materie civili l'interesse convenzionale, eccedente la misura legale, da atto scritto; altrimenti non è dovuto alcun interesse.

Art. 1832. Il debitore può sempre, dopo cinque anni dal contratto, restituire le somme portanti un interesse maggiore, della misura legale, non ostante qualsiasi patto contrario. Deve però darne sei mesi prima per iscritto l'avviso, il quale produce di diritto la rinunzia alla più lunga mora convenuta.

Art. 1833. Le disposizioni dell'articolo precedente non sono applicabili ai contratti di rendite vitalizie, né a quelli che stabiliscono la restituzione per via di annualità che comprendono gl'interessi ed una quota destinata alla restituzione progressiva del capitale.

Esse non sono del pari applicabili a qualunque specie di debito contratto dallo Stato, dai comuni o da altri corpi morali colle autorizzazioni richieste dalle leggi.

Art. 1834. La quitanza pel capitale rilasciata senza riserva degli interessi fa presumere il loro pagamento e ne produce la liberazione, salva la prova contraria.

♦ Codice civile francese

Articolo 1905. *È permesso di stipulare interessi per il semplice prestito sia di denaro o di altre cose mobili.*

Articolo 1907. *L'interesse è legale o convenzionale. L'interesse legale è fissato dalla legge. L'interesse convenzionale può eccedere quello della legge, tutte le volte che la legge non lo vieta. Il tasso dell'interesse convenzionale deve essere fissato per iscritto.*

♦ Codice civile tedesco

§ 497 Disciplina degli interessi di mora, calcolo delle prestazioni parziali. *(1) Qualora il mutuatario sia in mora con i pagamenti dovuti in base al contratto di mutuo del consumatore, deve pagare gli interessi sulla somma dovuta in base al § 288, comma 1, salvo che ricorra un contratto di mutuo del consumatore garantito con pegno immobiliare. In questi contratti il tasso d'interesse di mora annuale è pari a due punti percentuali e mezzo oltre il tasso base. Nel caso specifico poi, il mutuante può provare il maggior danno o il mutuatario può provare il minor danno. (2) Gli interessi maturati in seguito alla mora vanno contabilizzati su conto separato e non possono essere rimessi in un conto corrente insieme all'importo dovuto o con altri crediti del mutuante. A questi interessi si applica il § 289, periodo 2, con la precisazione che il mutuante può esigere il risarcimento del danno soltanto per un ammontare pari al tasso d'interesse legale (§ 246). (3) I pagamenti del mutuatario, che non siano sufficienti ad estinguere l'intero debito scaduto, vengono accreditati, in deroga al § 367, comma 1, prima sui costi della tutela dei diritti, poi sul restante importo dovuto (comma 1) ed infine sugli interessi (comma 2). Il mutuante non può rifiutare pagamenti parziali. Il termine di prescrizione delle pretese alla restituzione del mutuo e agli interessi viene sospeso con ['entrata in mora ai sensi del comma 1 fino al loro accertamento in base alle modalità indicate dal § 197, comma 1, n. 3 a 5, per non più di dieci anni dalla loro nascita. Il § 197, comma 2 non trova applicazione per le pretese agli interessi. I periodi da 1 a 4 non si applicano, qualora vengano fatti pagamenti in seguito a titoli esecutivi il cui credito principale abbia ad oggetto gli interessi. (4) I commi 2 e 3 periodi 1, 2, 4, 5, non si applicano ai contratti di mutuo garantiti con pegno immobiliare.*

1816. Termine per la restituzione fissato dalle parti.

Il termine per la restituzione si presume stipulato a favore di entrambe le parti e se il mutuo è a titolo gratuito, a favore del mutuatario [1184, 1817].

● Norme connesse:

- artt. 40, 120-quater, 167, comma 7-quater, D.Lgs. 1 settembre 1993, n. 385; art. 2, D.L. 29 novembre 2008, n. 185, convertito in L. 28 gennaio 2009, n. 2, riportato in nota sub art. 1815 c.c. precedente.

■ Codice civile del 1865: *Art. 1825. Il mutuante non può prima del termine convenuto domandare le cose prestate.*

1817. Termine per la restituzione fissato dal giudice.

Se non è fissato un termine per la restituzione, questo è stabilito dal giudice, avuto riguardo alle circostanze [1183, 1816].

Se è stato convenuto che il mutuatario paghi solo quando potrà, il termine per il pagamento è pure fissato dal giudice [1183 comma 2].

■ Codice civile del 1865: *Art. 1826. Non essendo fissato il termine della restituzione, l'autorità giudiziaria può concedere al mutuatario una dilazione secondo le circostanze.*

Art. 1827. Ove siasi convenuto soltanto che il mutuatario paghi quando potrà o quando ne avrà i mezzi, l'autorità giudiziaria gli prescriverà un termine al pagamento, secondo le circostanze.

♦ Codice civile francese

Articolo 1900. *Se non è stato fissato un termine per la restituzione il giudice può accordare al mutuatario un termine secondo le circostanze.*

Articolo 1901. *Se è stato solamente convenuto che il mutuatario pagherà quando potrà o avrà i mezzi, il giudice fisserà un termine di pagamento secondo le circostanze.*

1818. Impossibilità o notevole difficoltà di restituzione.

Se sono state mutuate cose diverse dal danaro, e la restituzione è divenuta impossibile o notevolmente difficile per causa non imputabile al debitore, questi è tenuto a pagarne il valore, avuto riguardo al tempo e al luogo in cui la restituzione si doveva eseguire [1256].

♦ Codice civile francese

Articolo 1903. *Se il mutuatario è nell'impossibilità di soddisfarvi, egli è tenuto a pagarne il valore avuto riguardo dei tempi e del luogo in cui la cosa doveva essere resa secondo il contratto, Se questo tempo e questo luogo non sono stati regolati, il pagamento si fa al prezzo del tempo e del luogo in cui il prestito è stato fatto.*

1819. Restituzione rateale.

Se è stata convenuta la restituzione rateale delle cose mutuate e il mutuatario non adempie l'obbligo del pagamento anche di una sola rata, il mutuante può chiedere, secondo le circostanze, l'immediata restituzione dell'intero [1186, 1373, 1455, 1804, 1820].

♦ Codice civile tedesco

§ 498 Scadenza nel mutuo a pagamenti parziali. *(1) Per effetto della mora del il mutuante è legittimato a dare disdetta da un contratto di mutuo del consumatore, dove il mutuo va estinto mediante pagamenti parziali, soltanto in alcuni casi: l. il mutuatario è in mora con almeno due pagamenti parziali successivi, in tutto o in parte e almeno con il 10 per cento - per una durata del contratto di mutuo del consumatore superiore a tre anni con il 5 per cento - dell'importo nominale del mutuo o del prezzo del pagamento parziale, e 2. il mutuante ha previsto inutilmente per il mutuatario un termine di due settimane per il pagamento di quanto dovuto, con la dichiarazione che in caso di mancato pagamento entro tale termine esigerà il pagamento dell'intero ammontare residuo. Il mutuante deve offrire al mutuatario, al massimo fissando un termine, una trattativa in ordine alla possibilità di un regolamento consensuale. (2) Qualora il mutuante dia disdetta dal contratto di mutuo del consumatore, il debito rimanente diminuisce degli interessi e degli altri costi del mutuo connessi alla durata, che in caso di calcolo a scaglioni maturano dopo che la disdetta ha acquistato efficacia. (3) I commi l e 2 non si applicano ai contratti di mutuo del consumatore garantiti da pegno immobiliare.*

1820. Mancato pagamento degli interessi.

Se il mutuatario non adempie l'obbligo del pagamento degli interessi [1815], il mutuante può chiedere la risoluzione del contratto [1453, 1819].

1821. Danni al mutuatario per vizi delle cose.

Il mutuante è responsabile del danno cagionato al mutuatario per i vizi delle cose date a prestito, se non prova di averli ignorati senza colpa [1494].

Se il mutuo è gratuito, il mutuante è responsabile solo nel caso in cui, conoscendo i vizi, non ne abbia avvertito il mutuatario [789, 798, 1710, 1768, 1812, 2030].

1822. Promessa di mutuo.

Chi ha promesso di dare a mutuo [1351, 1813] può rifiutare l'adempimento della sua obbligazione, se le condizioni patrimoniali dell'altro contraente sono divenute tali da rendere notevolmente difficile la restituzione, e non gli sono offerte idonee garanzie [1179, 1186, 1461].

CAPO XVI
DEL CONTO CORRENTE

● Norme connesse:

- art. 42, R.D. 21 dicembre 1933, n. 1736; artt. 78, comma 1, 201, R.D. 16 marzo 1942, n. 267; D.Lgs. 1 settembre 1993, n. 385.
- art. 183 del Codice della crisi di impresa e dell'insolvenza, attuativo della Legge delega 19 ottobre 2017, n. 155 (D.Lgs. 12 gennaio 2019, n. 14), relativo agli effetti della procedura di liquidazione giudiziale sul pendente contratto di conto corrente.

1823. Nozione.

Il conto corrente è il contratto col quale le parti si obbligano ad annotare in un conto i crediti derivanti da reciproche rimesse [1260], considerandoli inesigibili e indisponibili fino alla chiusura del conto [1851, 1852].

Il saldo del conto è esigibile alla scadenza stabilita [1831]. Se non è richiesto il pagamento, il saldo si considera quale prima rimessa di un nuovo conto e il contratto s'intende rinnovato a tempo indeterminato [1833].

● Norme connesse:

- per i versamenti in moneta elettronica, art. 114-*bis*, T.U. bancario di cui al D.Lgs. 1 settembre 1993, n. 385,
- per il regime speciale che connota il credito al consumo, art. 126, T.U. bancario di cui al D.Lgs. 1 settembre 1993, n. 385.
- per la disciplina del conto corrente postale cfr. D.P.R. 14 marzo 2001, n. 144 (Regolamento recante norme sui servizi di bancoposta).
- art. 42, comma 2, R.D. 21 dicembre 1933, n. 1736; art. 78, R.D. 16 marzo 1942, n. 267; art. 118, D.Lgs. 1 settembre 1993, n. 385.

■ Codice del commercio del 1882: *Art. 345. Il contratto di conto corrente produce:*

1° Il trasferimento della proprietà del credito annotato in conto corrente a favore del ricevente che se ne dà debito, e la novazione dell'obbligazione precedente nei rapporti tra il rimettente ed il ricevente stesso; però l'annotazione in conto corrente di un effetto di commercio o altro titolo di credito si presume fatta sotto la condizione "salvo incasso";

2° La reciproca compensazione tra le parti, sino alla concorrenza del rispetto dare ed avere alla chiusura del conto, salvo il pagamento della differenza;

3° La decorrenza dell'interesse sulle somme annotate in conto corrente, a debito del ricevente, dal giorno dell'esazione.

L'interesse è calcolato a giorni ed alla ragione commerciale, se non è convenuto diversamente.

1824. Crediti esclusi dal conto corrente.

Sono esclusi dal conto corrente i crediti che non sono suscettibili di compensazione [1243, 1246].

CODICE CIVILE

Qualora il contratto intervenga tra imprenditori, s'intendono esclusi dal conto i crediti estranei alle rispettive imprese [2082 ss.].

1825. Interessi.

Sulle rimesse decorrono gli interessi [1282, 1283] nella misura stabilita dal contratto o dagli usi ovvero, in mancanza, in quella legale [1284].

● Norme connesse:

- sull'anatocismo bancario, art. 120, D.Lgs. 1 settembre 1993, n. 385, nel testo, da ultimo, modificato dall'art. 17-bis, D.L. 14 febbraio 2016, n. 18, convertito in L. 8 aprile 2016, n. 49, che dispone: «*Decorrenza delle valute e calcolo degli interessi. 01. Il titolare del conto corrente ha la disponibilità economica delle somme relative agli assegni circolari o bancari versati sul suo conto, rispettivamente emessi da o tratti su una banca insediata in Italia, entro i quattro giorni lavorativi successivi al versamento.*

1. Gli interessi sul versamento di assegni presso una banca sono conteggiati fino al giorno del prelevamento e con le seguenti valute:

a) dal giorno in cui è effettuato il versamento, per gli assegni circolari emessi dalla stessa banca e per gli assegni bancari tratti sulla stessa banca presso la quale è effettuato il versamento;

b) per gli assegni diversi da quelli di cui alla lettera a), dal giorno lavorativo successivo al versamento, se si tratta di assegni circolari emessi da una banca insediata in Italia, e dal terzo giorno lavorativo successivo al versamento, se si tratta di assegni bancari tratti su una banca insediata in Italia.

1-bis. Il CICR può stabilire termini inferiori a quelli previsti nei commi 01 e 1 in relazione all'evoluzione delle procedure telematiche disponibili per la gestione del servizio di incasso degli assegni.

2. Il CICR stabilisce modalità e criteri per la produzione di interessi nelle operazioni poste in essere nell'esercizio dell'attività bancaria, prevedendo in ogni caso che:

a) nei rapporti di conto corrente o di conto di pagamento sia assicurata, nei confronti della clientela, la stessa periodicità nel conteggio degli interessi sia debitori sia creditori, comunque non inferiore ad un anno; gli interessi sono conteggiati il 31 dicembre di ciascun anno e, in ogni caso, al termine del rapporto per cui sono dovuti;

b) gli interessi debitori maturati, ivi compresi quelli relativi a finanziamenti a valere su carte di credito, non possono produrre interessi ulteriori, salvo quelli di mora, e sono calcolati esclusivamente sulla sorte capitale; per le aperture di credito regolate in conto corrente e in conto di pagamento, per gli sconfinamenti anche in assenza di affidamento ovvero oltre il limite del fido: 1) gli interessi debitori sono conteggiati al 31 dicembre e divengono esigibili il 1° marzo dell'anno successivo a quello in cui sono maturati; nel caso di chiusura definitiva del rapporto, gli interessi sono immediatamente esigibili; 2) il cliente può autorizzare, anche preventivamente, l'addebito degli interessi sul conto al momento in cui questi divengono esigibili; in questo caso la somma addebitata è considerata sorte capitale; l'autorizzazione è revocabile in ogni momento, purchè prima che l'addebito abbia avuto luogo.

3. Per gli strumenti di pagamento diversi dagli assegni circolari e bancari restano ferme le disposizioni sui tempi di esecuzione, data valuta e disponibilità di fondi previste dagli articoli da 19 a 23 del decreto legislativo 27 gennaio 2010, n. 11.

■ Codice del commercio del 1882: *Art. 345. Il contratto di conto corrente produce:*

1° Il trasferimento della proprietà del credito annotato in conto corrente a favore del ricevente che se ne dà debito, e la novazione dell'obbligazione precedente nei rapporti tra il rimettente ed il ricevente stesso; però l'annotazione in conto corrente di un effetto di commercio o altro titolo di credito si presume fatta sotto la condizione "salvo incasso";

2° La reciproca compensazione tra le parti, sino alla concorrenza del rispetto dare ed avere alla chiusura del conto, salvo il pagamento della differenza;

3° La decorrenza dell'interesse sulle somme annotate in conto corrente, a debito del ricevente, dal giorno dell'esazione.

L'interesse è calcolato a giorni ed alla ragione commerciale, se non è convenuto diversamente.

1826. Spese e diritti di commissione.

L'esistenza del conto corrente non esclude i diritti di commissione [1731]e il rimborso delle spese per le operazioni che danno luogo alle rimesse. Tali diritti sono inclusi nel conto, salvo convenzione contraria [1857].

■ Codice del commercio del 1882: *Art. 346. L'esistenza del conto corrente non esclude i diritti di commissione ed il rimborso delle spese per gli affari che vi si riferiscono.*

1827. Effetti dell'inclusione nel conto.

L'inclusione di un credito nel conto corrente non esclude l'esercizio delle azioni ed eccezioni relative all'atto da cui il credito deriva.

Se l'atto è dichiarato nullo [1418], annullato [1425], rescisso [1447] o risoluto [1453], la relativa partita si elimina dal conto.

1828. Efficacia della garanzia dei crediti iscritti.

Se il credito incluso nel conto è assistito da una garanzia reale o personale [1936, 1960, 2784, 2786, 2808], il correntista ha diritto di valersi della garanzia per il saldo esistente a suo favore alla chiusura del conto e fino alla concorrenza del credito garantito [1936].

La stessa disposizione si applica se per il credito esiste un coobbligato solidale [1292].

1829. Crediti verso terzi.

Se non risulta una diversa volontà delle parti, l'inclusione nel conto di un credito verso un terzo si presume fatta con la clausola «salvo incasso». In tal caso, se il credito non è soddisfatto, il ricevente ha la scelta di agire per la riscossione o di eliminare la partita dal conto reintegrando nelle sue ragioni colui che ha fatto la rimessa. Può eliminare la partita dal conto anche dopo aver infruttuosamente esercitato le azioni contro il debitore [1267, 1857].

■ Codice del commercio del 1882: *Art. 345. Il contratto di conto corrente produce:*

1° Il trasferimento della proprietà del credito annotato in conto corrente a favore del ricevente che se ne dà debito, e la novazione dell'obbligazione precedente nei rapporti tra il rimettente ed il ricevente stesso; però l'annotazione in conto corrente di un effetto di commercio o altro titolo di credito si presume fatta sotto la condizione "salvo incasso";

2° La reciproca compensazione tra le parti, sino alla concorrenza del rispetto dare ed avere alla chiusura del conto, salvo il pagamento della differenza;

3° La decorrenza dell'interesse sulle somme annotate in conto corrente, a debito del ricevente, dal giorno dell'esazione.

L'interesse è calcolato a giorni ed alla ragione commerciale, se non è convenuto diversamente.

1830. Sequestro o pignoramento del saldo.

Se il creditore di un correntista ha sequestrato [2905; c.p.c. 670] o pignorato [2917; c.p.c. 543] l'eventuale saldo del conto spettante al suo debitore, l'altro correntista non può, con nuove rimesse, pregiudicare le ragioni del creditore [2917]. Non si considerano nuove rimesse quelle fatte in dipendenza di diritti sorti prima del sequestro o del pignoramento [1250].

Il correntista presso cui è stato eseguito il sequestro o il pignoramento deve darne notizia all'altro. Ciascuno di essi può recedere dal contratto [1373, 1833].

1831. Chiusura del conto.

La chiusura del conto con la liquidazione del saldo è fatta alle scadenze stabilite dal contratto o dagli usi e in mancanza, al termine di ogni semestre, computabile dalla data del contratto [1823, 1833 comma 3].

■ Codice del commercio del 1882: *Art. 347. La chiusura del conto corrente e la liquidazione della differenza hanno luogo alla scadenza dei termini stabiliti dalla convenzione o dagli usi del commercio e in difetto alla fine del dicembre di ogni anno.*

Sulla differenza decorre l'interesse della data della liquidazione.

1832. Approvazione del conto.

L'estratto conto trasmesso da un correntista all'altro s'intende approvato, se non è contestato nel termine pattuito o in quello usuale, o altrimenti nel termine che può ritenersi congruo secondo le circostanze [1857].

L'approvazione del conto non preclude il diritto di impugnarlo per errori di scritturazione o di calcolo, per omissioni o per duplicazioni [2162; c.p.c. 266]. L'impugnazione deve essere proposta, sotto pena di decadenza, entro sei mesi [2964] dalla data di ricezione [1353] dell'estratto conto relativo alla liquidazione di chiusura, che deve essere spedito per mezzo di raccomandata [1857].

1833. Recesso dal contratto.

Se il contratto è a tempo indeterminato [1823, 1831], ciascuna delle parti può recedere dal contratto [1373 comma 2] a ogni chiusura del conto, dandone preavviso almeno dieci giorni prima [1855].

In caso d'interdizione [414], d'inabilitazione [415], d'insolvenza o di morte di una delle parti, ciascuna di queste o gli eredi hanno diritto di recedere dal contratto [L. fall. 78].

Lo scioglimento del contratto impedisce l'inclusione nel conto di nuove partite, ma il pagamento del saldo non può richiedersi che alla scadenza del periodo stabilito dall'articolo 1831.

● Norme connesse:

- art. 78, R.D. 16 marzo 1942, n. 267; art. 125-quater, D.Lgs. 1 settembre 1993, n. 385.

■ Codice del commercio del 1882: *Art. 348. Il contratto di conto corrente è sciolto di diritto:*

1° Per la scadenza del termine convenuto;

2° In mancanza di convenzione, per la disdetta data da una delle parti;

3° Per il fallimento di una delle parti.

Lo scioglimento del contratto di conto corrente può essere domandato in caso di morte, di interdizione o di inabilitazione di una delle parti.

CAPO XVII
DEI CONTRATTI BANCARI

● Norme connesse:

- artt. 115-128-bis, D.Lgs. 1 settembre 1993, n. 385; art. 58, D.Lgs. 24 febbraio 1998, n. 58, artt. 49, 51, D.Lgs. 21 novembre 2007, n. 231; art. 206, D.Lgs. 6 settembre 2005, n. 206.

Sezione I
Dei depositi bancari

1834. Depositi di danaro.

Nei depositi di una somma di danaro presso una banca [1852, 2195 n. 4], questa ne acquista la proprietà [1782, 1813] ed è obbligata a restituirla nella stessa specie monetaria [1278], alla scadenza del termine convenuto ovvero a richiesta del depositante [1183, 1771], con l'osservanza del periodo di preavviso stabilito dalle parti o dagli usi [1283, 1782, 1852].

Salvo patto contrario, i versamenti e i prelevamenti si eseguono alla sede della banca presso la quale si è costituito il rapporto [1182 comma 3, 1843].

1835. Libretto di deposito a risparmio.

Se la banca rilascia un libretto di deposito a risparmio, i versamenti e i prelevamenti si devono annotare sul libretto.

Le annotazioni sul libretto, firmate dall'impiegato della banca che appare addetto al servizio [2210], fanno piena prova nei rapporti tra banca e depositante [2702].

È nullo ogni patto contrario.

● Norme connesse:
- L. 30 luglio 1951, n. 948 (Disposizioni in materia di ammortamento di titoli rappresentativi di depositi bancari); L. 26 maggio 1975, n. 187 (Modifica alla L. 30 luglio 1951, n. 948, limitatamente alla disciplina dell'ammortamento di documenti rappresentativi di depositi bancari di modico valore).

1836. Legittimazione del possessore.
Se il libretto di deposito è pagabile al portatore [167, 2003], la banca che senza dolo o colpa grave adempie la prestazione nei confronti del possessore è liberata, anche se questi non è il depositante [1777, 1992].

La stessa disposizione si applica nel caso in cui il libretto di deposito pagabile al portatore sia intestato al nome di una determinata persona [2002] o in altro modo contrassegnato.

Sono salve le disposizioni delle leggi speciali.

● Norme connesse:
- L. 30 luglio 1951, n. 948 (Disposizioni in materia di ammortamento di titoli rappresentativi di depositi bancari); L. 26 maggio 1975, n. 187 (Modifica alla L. 30 luglio 1951, n. 948, limitatamente alla disciplina dell'ammortamento di documenti rappresentativi di depositi bancari di modico valore); L. 29 maggio 1989, n. 206 (Modifica della legge 26 maggio 1975, n. 187, concernente disciplina dell'ammortamento di documenti rappresentativi di depositi bancari di modico valore).

1837. Libretti in favore di minori.
[...][1].

[1] Articolo abrogato dall'art. 11, L. 8 marzo 1975, n. 39. Il testo originario disponeva: *Art. 1837. (Libretti in favore dei minori). Il minore che ha compiuto diciotto anni può validamente effettuare depositi a risparmio e fare prelevamenti sui medesimi, salva l'opposizione del suo legale rappresentante. Il libretto di deposito a risparmio rilasciato al minore deve essere nominativo. Sono salve le disposizioni delle leggi speciali.*

1838. Deposito di titoli in amministrazione.
La banca che assume il deposito di titoli in amministrazione deve custodire i titoli, esigerne gli interessi o i dividendi, verificare i sorteggi per l'attribuzione di premi o per il rimborso di capitale, curare le riscossioni per conto del depositante, e in generale provvedere alla tutela dei diritti inerenti ai titoli. Le somme riscosse devono essere accreditate al depositante.

Se per i titoli depositati si deve provvedere al versamento di decimi [2344, 2489, 2491] o si deve esercitare un diritto di opzione [2441], la banca deve chiedere in tempo utile istruzioni al depositante e deve eseguirle, qualora abbia ricevuto i fondi all'uopo occorrenti. In mancanza d'istruzioni, i diritti di opzione devono essere venduti per conto del depositante a mezzo di un agente di cambio [1532].

Alla banca spetta un compenso nella misura stabilita dalla convenzione o dagli usi, nonché il rimborso delle spese necessarie da essa fatte [1848].

È nullo il patto col quale si esonera la banca dall'osservare, nell'amministrazione dei titoli, l'ordinaria diligenza [1176, 1229].

Sezione II
Del servizio bancario delle cassette di sicurezza

1839. Cassette di sicurezza.
Nel servizio delle cassette di sicurezza la banca risponde verso l'utente per l'idoneità e la custodia dei locali e per l'integrità della cassetta, salvo il caso fortuito.

1840. Apertura della cassetta.
Se la cassetta è intestata a più persone, l'apertura di essa è consentita singolarmente a ciascuno degli intestatari [1314], salvo diversa pattuizione [1292, 1317].

In caso di morte dell'intestatario o di uno degli intestatari, la banca che ne abbia ricevuto comunicazione non può consentire l'apertura della cassetta se non con l'accordo di tutti gli aventi diritto o secondo le modalità stabilite dall'autorità giudiziaria [1772].

1841. Apertura forzata della cassetta.
Quando il contratto è scaduto, la banca, previa intimazione all'intestatario e decorsi sei mesi dalla data della medesima, può chiedere al tribunale l'autorizzazione ad aprire la cassetta. L'intimazione può farsi anche mediante raccomandata con avviso di ricevimento.

L'apertura si esegue con l'assistenza di un notaio all'uopo designato e con le cautele che il tribunale ritiene opportune [c.p.c. 68].

Il tribunale può dare le disposizioni necessarie per la conservazione degli oggetti rinvenuti e può ordinare la vendita di quella parte di essi che occorra al soddisfacimento di quanto è dovuto alla banca per canoni e spese [disp. att. 73-bis][1].

[1] Articolo così modificato dall'art. 150, D.Lgs. 19 febbraio 1998, n. 51.
A decorrere dal 31 ottobre 2025, la parola "tribunale" verrà sostituita, ovunque ricorra, con le parole "giudice di pace" ex art. 27, D.Lgs. 13 luglio 2017, n. 116.

Sezione III
Dell'apertura di credito bancario

● Norme connesse:
- D.Lgs. 6 settembre 2005, n. 206; artt. 117-bis, 121, comma 1, lett i), 125, comma 3, lett b), 126, D.Lgs. 1 settembre 1993, n. 385.

1842. Nozione.
L'apertura di credito bancario è il contratto col quale la banca si obbliga a tenere a disposizione dell'altra parte una somma di danaro per un dato perio-

do di tempo o a tempo indeterminato [1284 comma 3, 1376, 1782, 1813, 1822, 1845; c.p.c. 474].

1843. Utilizzazione del credito.
Se non è convenuto altrimenti, l'accreditato può utilizzare in più volte il credito, secondo le forme d'uso [117 TUB], e può con successivi versamenti ripristinare la sua disponibilità [1852].

Salvo patto contrario, i prelevamenti ed i versamenti si eseguono presso la sede della banca dove è costituito il rapporto [1182 comma 3, 1834].

1844. Garanzia.
Se per l'apertura di credito è data una garanzia reale [1956, 1960, 2784, 2808] o personale [1936], questa non si estingue prima della fine del rapporto per il solo fatto che l'accreditato cessa di essere debitore della banca [1938, 2852].

Se la garanzia diviene insufficiente [1186], la banca può chiedere un supplemento di garanzia o la sostituzione del garante [1943]. Se l'accreditato non ottempera alla richiesta, la banca può ridurre il credi to proporzionalmente al diminuito valore della garanzia o recedere [1373, 1461] dal contratto [1850, 1867 n. 2, 1877, 2743].

1845. Recesso dal contratto.
Salvo patto contrario, la banca non può recedere dal contratto prima della scadenza del termine [1373], se non per giusta causa [1186].

Il recesso sospende immediatamente [1324, 1334, 1565] l'utilizzazione del credito, ma la banca deve concedere un termine di almeno quindici giorni per la restituzione delle somme utilizzate e dei relativi accessori.

Se l'apertura di credito è a tempo indeterminato, ciascuna delle parti può recedere dal contratto, mediante preavviso nel termine stabilito dal contratto, dagli usi o, in mancanza, in quello di quindici giorni.

● Norme connesse:
- art. 125-quater, D.Lgs. 1 settembre 1993, n. 385.

Sezione IV
Dell'anticipazione bancaria

1846. Disponibilità delle cose date in pegno.
Nell'anticipazione bancaria su pegno di titoli o di merci [2784], la banca non può disporre delle cose ricevute in pegno, se ha rilasciato un documento nel quale le cose stesse sono individuate. Il patto contrario deve essere provato per iscritto [1350 comma 1, n. 13, 1848, 1851, 2725, 2790, 2791, 2792].

1847. Assicurazione delle merci.
La banca deve provvedere per conto del contraente all'assicurazione delle merci date in pegno [1891] se, per la natura, il valore o l'ubicazione di esse, l'assicurazione [1474] risponde alle cautele d'uso [2790].

1848. Spese di custodia.
La banca, oltre al corrispettivo dovutole, ha diritto al rimborso delle spese occorse per la custodia delle merci e dei titoli [1838, 2790], salvo che ne abbia acquistato la disponibilità [1846, 1851].

1849. Ritiro dei titoli o delle merci.
Il contraente, anche prima della scadenza del contratto, può ritirare in parte i titoli o le merci dati in pegno [2799], previo rimborso proporzionale delle somme anticipate e delle altre somme spettanti alla banca secondo la disposizione dell'articolo precedente, salvo che il credito residuo risulti insufficientemente garantito [1850].

1850. Diminuzione della garanzia.
Se il valore della garanzia diminuisce almeno di un decimo rispetto a quello che era al tempo del contratto, la banca può chiedere al debitore un supplemento di garanzia nei termini d'uso [1849], con la diffida che, in mancanza, si procederà alla vendita dei titoli o delle merci dati in pegno [1461, 1844, 1867 comma 1, n. 2, 1877, 1943, 2743]. Se il debitore non ottempera alla richiesta, la banca può procedere alla vendita a norma del secondo e quarto comma dell'articolo 2797.

La banca ha diritto al rimborso immediato del residuo non soddisfatto col ricavato della vendita.

1851. Pegno irregolare a garanzia di anticipazione.
Se, a garanzia di uno o più crediti, sono vincolati depositi di danaro, merci o titoli che non siano stati individuati o per i quali sia stata conferita alla banca la facoltà di disporre, la banca deve restituire solo la somma o la parte delle merci o dei titoli che eccedono l'ammontare dei crediti garantiti. L'eccedenza è determinata in relazione al valore delle merci o dei titoli al tempo della scadenza dei crediti [1846, 1848, 2744].

Sezione V
Delle operazioni bancarie in conto corrente

● Norme connesse:
- artt. 78, comma 1, 201, R.D. 16 marzo 1942, n. 267.

1852. Disposizioni da parte del correntista.
Qualora il deposito [1834], l'apertura di credito [1842] o altre operazioni bancarie siano regolate in conto corrente, il correntista può disporre in qualsiasi momento delle somme risultanti a suo credito [1823], salva l'osservanza del termine di preavviso eventualmente pattuito [1834].

CODICE CIVILE

1853. Compensazione tra i saldi di più rapporti o più conti.

Se tra la banca e il correntista esistono più rapporti o più conti, ancorché in monete differenti [1278], i saldi attivi e passivi si compensano reciprocamente [1241], salvo patto contrario [1246 nn. 2 e 4].

1854. Conto corrente intestato a più persone.

Nel caso in cui il conto sia intestato a più persone, con facoltà per le medesime di compiere operazioni anche separatamente, gli intestatari sono considerati creditori o debitori in solido [1292] dei saldi del conto.

1855. Operazione a tempo indeterminato.

Se l'operazione regolata in conto corrente è a tempo indeterminato, ciascuna delle parti può recedere dal contratto [1373], dandone preavviso nel termine stabilito dagli usi o, in mancanza, entro quindici giorni [1833].

1856. Esecuzione d'incarichi.

La banca risponde secondo le regole del mandato [1703 ss.], per l'esecuzione d'incarichi ricevuti dal correntista o da altro cliente [1710].

Se l'incarico deve eseguirsi su una piazza dove non esistono filiali della banca questa può incaricare dell'esecuzione un'altra banca o un suo corrispondente [1717].

1857. Norme applicabili.

Alle operazioni regolate in conto corrente si applicano le norme degli articoli 1826, 1829 e 1832.

Sezione VI
Dello sconto bancario

1858. Nozione.

Lo sconto è il contratto col quale la banca, previa deduzione dell'interesse [1282, 1815], anticipa al cliente l'importo di un credito verso terzi non ancora scaduto, mediante la cessione, salvo buon fine, del credito stesso [1260-1267].

1859. Sconto di cambiali.

Se lo sconto avviene mediante girata di cambiale o di assegno bancario [2009], la banca, nel caso di mancato pagamento, oltre ai diritti derivanti dal titolo, ha anche il diritto alla restituzione della somma anticipata.

Sono salve le norme delle leggi speciali relative alla cessione della provvista nello sconto di tratte non accettate o munite di clausole «senza accettazione».

● Norme connesse:
- art. 66, R.D. 14 dicembre 1933, n. 1669; R.D. 21 dicembre 1933, n. 1736; R.D.L. 21 settembre 1933, n. 1345 (Cambiale tratta garantita mediante cessione di credito derivante da forniture).

1860. Sconto di tratte documentate.

La banca che ha scontato tratte documentate ha sulla merce lo stesso privilegio del mandatario finché il titolo rappresentativo [1527, 1996] è in suo possesso [1530, 1721, 2761 comma 2].

CAPO XVIII
DELLA RENDITA PERPETUA

● Norme connesse:
- artt. 60, 64, R.D. 16 marzo 1942, n. 267.

1861. Nozione.

Col contratto di rendita perpetua una parte conferisce all'altra il diritto di esigere in perpetuo [1865] la prestazione periodica di una somma di danaro [1260, 1277, 1378] o di una certa quantità di altre cose fungibili [2948 n. 1], quale corrispettivo dell'alienazione di un immobile o della cessione di un capitale [668, 670, 699, 1008, 1260, 1350 comma 1, n. 10, 1862, 1863, 2817 comma 1, n. 1; 13 comma 2, c.p.c. 553 comma 2].

La rendita perpetua può essere costituita anche quale onere dell'alienazione gratuita di un immobile o della cessione gratuita di un capitale [793].

■ Codice civile del 1865: *Art. 1778. Si può stipulare una rendita ossia annua prestazione in danaro od in derrate, mediante la cessione di un immobile od il pagamento di un capitale che il cedente si obbliga a non più ripetere.*

1862. Norme applicabili.

L'alienazione dell'immobile, se fatta a titolo oneroso, è soggetta alle norme stabilite per la vendita [1470 ss.].

L'alienazione o la cessione fatta a titolo gratuito è soggetta alle norme stabilite per la donazione [769 ss.].

● Norme connesse:
- art. 3, 8, 9, 11, L.18 dicembre 1984, n. 975; art. 56, L. 31 maggio 1995, n. 218.

■ Codice civile del 1865: *Art. 1781. La cessione d'immobili accennata nell'articolo precedente trasferisce nel cessionario il pieno dominio, non ostante qualsivoglia clausola contraria.*

La cessione, se è fatta a titolo oneroso, è soggetta alle regole stabilite pel contratto di vendita: se è fatta a titolo gratuito, è soggetta alle regole stabilite per le donazioni.

1863. Rendita fondiaria e rendita semplice.

È fondiaria [668] la rendita costituita mediante alienazione di un immobile [2817 n. 1]. È semplice quella costituita mediante cessione di un capitale [1864].

■ Codice civile del 1865: *Art. 1780. La rendita per prezzo d'alienazione, o come condizione di cessione d'immobili sia a titolo oneroso sia a titolo gratuito, si chiama rendita fondiaria.*

Art. 1782. La rendita costituita mediante un capitale si chiama rendita semplice o censo, e debb'essere assicurata con ipoteca speciale sopra un fondo determinato: altrimenti il capitale è ripetibile.

1864. Garanzia della rendita semplice.

La rendita semplice [1863] deve essere garantita con ipoteca [2817 n. 1] sopra un immobile [1869, 2827]; altrimenti il capitale è ripetibile [2808].

■ Codice civile del 1865: *Art. 1782. La rendita costituita mediante un capitale si chiama rendita semplice o censo, e debb'essere assicurata con ipoteca speciale sopra un fondo determinato: altrimenti il capitale è ripetibile.*

1865. Diritto di riscatto della rendita perpetua.

La rendita perpetua è redimibile a volontà del debitore [699, 753, 1324, 1334, 1373 comma 2], nonostante qualunque convenzione contraria [1866, 1879].

Le parti possono tuttavia convenire che il riscatto non possa eseguirsi durante la vita del beneficiario o prima di un certo termine, il quale non può eccedere i dieci anni nella rendita semplice e i trenta anni nella rendita fondiaria [1863].

Può anche stipularsi che il debitore non esegua il riscatto senza averne dato preavviso al beneficiario. Il termine di preavviso non può eccedere l'anno.

Se sono convenuti termini più lunghi, essi si riducono nei limiti sopra stabiliti [1869].

■ Codice civile del 1865: *Art. 1783. La rendita costituita a termini dei due articoli precedenti è essenzialmente redimibile a volontà del debitore, non ostante qualunque patto contrario.*

Può tuttavia stipularsi, che il riscatto non si eseguisca durante la vita del cedente o prima di un certo termine, il quale nelle rendite fondiarie non può eccedere i trent'anni e nelle altre i dieci.

Può anche stipularsi, che il debitore non effettuerà il riscatto senza che n'abbia avvisato il creditore, e sia trascorso da questo avviso il termine convenuto, il quale non può eccedere un anno.

Qualora siansi convenuti maggiori termini, i medesimi saranno ridotti rispettivamente a quelli sopra stabiliti.

1866. Esercizio del riscatto.

Il riscatto [732] della rendita semplice e della rendita fondiaria [753, 1865] si effettua mediante il pagamento della somma che risulta dalla capitalizzazione della rendita annua sulla base dell'interesse legale [1284; L. fall. 60].

Le modalità del riscatto sono stabilite dalle leggi speciali [1869].

● Norme connesse:
- R.D.L. 15 luglio 1923, n. 1717, convertito in L. 11 giugno 1925, n. 998 (Riforma delle vigenti disposizioni sulla affrancazione dei canoni, censi ed altre prestazioni perpetue); R.D. 7 febbraio 1926, n. 426 (Disposizioni transitorie e di attuazione alla L. 11 giugno 1925, n. 998 per la riforma delle vigenti disposizioni, sulla affrancazione dei canoni, censi ed altre prestazioni perpetue); L. 22 luglio 1966, n. 607 (Norme in materia di enfiteusi e prestazioni perpetue); art. 60, R.D. 16 marzo 1942, n. 267.

■ Codice civile del 1865: *Art. 1784. Il riscatto della rendita semplice si opera mediante il rimborso del capitale in danaro pagato per la costituzione della medesima, ed il riscatto di una rendita fondiaria mediante il pagamento di un capitale in denaro corrispondente all'annua rendita sulla base dell'interesse legale, od al valore della stessa rendita, se è in derrate, sulla base del prezzo medio di queste negli ultimi dieci anni, sempreché non sia stato fissato nell'atto un capitale inferiore. In questo caso il debitore è liberato dall'annua rendita col pagamento del capitale fissato.*

1867. Riscatto forzoso.

Il debitore di una rendita perpetua può essere costretto al riscatto [1453, 1458 comma 1, 1868]:

1) se è in mora [1219] nel pagamento di due annualità di rendita [1868, 2948 comma 1, n. 2];

2) se non ha dato al creditore le garanzie promesse, o se, venendo a mancare quelle già date, non ne sostituisce altre di uguale sicurezza [1186, 1461, 1844, 1850, 1877, 2743];

3) se, per effetto di alienazione [769, 1470] o di divisione [713], il fondo su cui è garantita la rendita [1864] è diviso fra più di tre persone.

■ Codice civile del 1865: *Art. 1785. Il debitore di un'annua rendita oltre i casi espressi nel contratto, può essere costretto al riscatto della medesima,*

1° Se dopo una legittima interpellazione non ha pagata la rendita pel corso di due anni consecutivi;

2° Se tralascia di dare al creditore le cautele promesse nel contratto;

3° Se, venendo a mancare le cautele date, non ne sostituisce altre di eguale sicurezza;

4° Se per effetto di alienazione o divisione il fondo su cui è costituita od assicurata la rendita, viene diviso fra più di tre possessori.

1868. Riscatto per insolvenza del debitore.

Si fa pure luogo al riscatto della rendita, nel caso d'insolvenza del debitore [760, 1867, 1869], salvo che, essendo stato alienato il fondo su cui era garantita la rendita [1864], l'acquirente se ne sia assunto il debito o si dichiari pronto ad assumerlo [1273, 1869].

■ Codice civile del 1865: *Art. 1786. Si fa pure luogo al riscatto della rendita nel caso di fallimento (c. com. 683) o non solvenza del debitore.*

Nondimeno trattandosi di rendita fondiaria, ove il debitore prima del fallimento o della non solvenza avesse alienato il fondo obbligato per servizio della rendita, il creditore non ha diritto di chiedere il riscatto, se il possessore del fondo si offre pronto al pagamento della medisima e presenta per essa sufficienti cautele.

1869. Altre prestazioni perpetue.

Le disposizioni degli articoli 1864, 1865, 1866, 1867 e 1868 si applicano a ogni altra annua presta-

CODICE CIVILE

zione perpetua costituita a qualsiasi titolo, anche per atto di ultima volontà [587, 699].

■ Codice civile del 1865: *Art. 1788. Gli articoli 1783, 1784, 1785, e 1786 sono applicabili ad ogni altra annua prestazione perpetua costituita a qualsiasi titolo, anche per atto d'ultima volontà, ad eccezione di quella avente per causa una concessione d'acqua demaniale, e salve le speciali disposizioni riguardanti l'enfiteusi.*

1870. Ricognizione.

Il debitore della rendita o di ogni altra prestazione annua che debba o possa durare oltre i dieci anni deve fornire a proprie spese al titolare, se questi lo richiede, un nuovo documento, trascorsi nove anni dalla data del precedente [969, 1988, 2720, 2944, 2966; disp. att. 186].

1871. Rendite dello Stato.

Le disposizioni di questo capo non si applicano alle rendite emesse dallo Stato.

● Norme connesse:
- D.P.R. 30 dicembre 2003, n. 398 (T.U. del debito pubblico).

CAPO XIX
DELLA RENDITA VITALIZIA

● Norme connesse:
- art. 60, R.D. 16 marzo 1942, n. 267; art. 3, 8, 9, 11, L.18 dicembre 1984, n. 975; art. 209, D.Lgs. 7 settembre 2005, n. 209.
- sulla rivalutazione delle rendite vitalizie in denaro, L. 24 febbraio 1953, n. 90 (Norme per la rivalutazione delle rendite vitalizie in denaro); L. 29 ottobre 1961, n. 1216 (Nuove disposizioni tributarie in materia di assicurazioni private e di contratti vitalizi).

1872. Modi di costituzione.

La rendita vitalizia [698, 1260, 1277; 13 comma 2, c.p.c. 553 comma 2] può essere costituita [1350 n. 10] a titolo oneroso, mediante alienazione di un bene mobile o immobile [1862] o mediante cessione di capitale [2057].

La rendita vitalizia può essere costituita anche per donazione [769, 772, 796] o per testamento [550, 587, 670, 698], e in questo caso si osservano le norme stabilite dalla legge per tali atti [2948 comma 1, n. 1].

● Norme connesse:
- articoli corrispondenti di cui al D.Lgs. 7 settembre 2005, n. 209 (Codice assicurazioni private).

■ Codice civile del 1865: *Art. 1789. La rendita vitalizia può essere costituita a titolo oneroso, mediante una somma di denaro od altra cosa mobile, o mediante un immobile.*

Art. 1790. Può altresì essere costituita a titolo semplicemente gratuito, per donazione o per testamento e deve in tal caso essere rivestita delle forme stabilite dalla legge per tali atti.

♦ Codice civile francese

Articolo 1968. *La rendita vitalizia può essere costituita a titolo oneroso, dietro pagamento di una somma di danaro, o per una cosa mobile apprezzabile o per un immobile.*

Articolo 1969. *La rendita vitalizia può essere anche costituita, a titolo puramente gratuito, con donazione inter vivos o per testamento. Essa deve essere allora rivestita delle forme richieste dalla legge.*

1873. Determinazione della durata.

La rendita vitalizia può costituirsi per la durata della vita del beneficiario o di altra persona [1876].

Essa può costituirsi anche per la durata della vita di più persone [1870, 1874].

■ Codice civile del 1865: *Art. 1792. La rendita vitalizia può costituirsi tanto sulla vita di colui che somministra il prezzo, quanto su quella di un terzo che non ha diritto alla rendita.*

Art. 1793. Essa può costituirsi sopra la vita di una o più persone.

1874. Costituzione a favore di più persone.

Se la rendita è costituita a favore di più persone [1873], la parte spettante al creditore premorto si accresce a favore degli altri, salvo patto contrario [674, 773, 2609].

1875. Costituzione a favore di un terzo.

La rendita vitalizia costituita a favore di un terzo [809, 1411], quantunque importi per questo una liberalità, non richiede le forme stabilite per la donazione [782].

■ Codice civile del 1865: *Art. 1794. Può costituirsi a vantaggio di un terzo, benché un altro ne abbia somministrato il prezzo.*

In questo caso la rendita vitalizia, quantunque abbia il carattere di una liberalità, non richiede le formalità stabilite per le donazioni; ma va soggetta a riduzione o è nulla nei casi espressi nell'articolo 1791.

♦ Codice civile francese

Articolo 1973. *La rendita vitalizia può essere costituita a beneficio di un terzo, benché il prezzo sia fornito da un'altra persona. In questo ultimo caso, benché abbia i caratteri di una liberalità, non è soggetta alle forme richieste per le donazioni; salvo il caso di riduzione e di nullità enunciati nell'articolo 1970. Quando, costituita dai coniugi o da uno di essi la rendita è stipulata reversibile a vantaggio del coniuge superstite, la clausola di reversibilità può avere i caratteri di una liberalità o di un atto a titolo oneroso. In questo ultimo caso, la ricompensa o l'indennità dovuta dal beneficiario della reversibilità alla comunione o alla successione del predeceduto è uguale al valore della reversione della rendita. Salvo volontà contraria dei coniugi, la 'reversibilità si presume consentita a titolo gratuito.*

1876. Rendita costituita su persone già defunte.

Il contratto è nullo, se la rendita è costituita per la durata della vita di persona che, al tempo del contratto, aveva già cessato di vivere [1325 n. 2, 1418, 1873, 1895].

■ Codice civile del 1865: *Art. 1795. Ogni contratto di rendita vitalizia costituita sopra la vita di una persona che al tempo del contratto era già defunta, non produce alcun effetto.*

1877. Risoluzione del contratto di vitalizio oneroso.

Il creditore di una rendita vitalizia costituita a titolo oneroso può chiedere la risoluzione del contratto [1453], se il promittente non gli dà o diminuisce le garanzie pattuite [1186, 1461, 1844, 1850, 1867 comma 1, n. 2, 1943 comma 2, 2743].

■ Codice civile del 1865: *Art. 1796. Quegli a vantaggio del quale fu costituita una rendita vitalizia mediante un prezzo, può chiedere lo scioglimento del contratto, se il costituente non gli somministra le cautele stipulate per l'esecuzione.*

1878. Mancanza di pagamento delle rate scadute.

In caso di mancato pagamento delle rate di rendita scadute [2948 n. 1], il creditore della rendita, anche se è lo stesso stipulante, non può domandare la risoluzione del contratto [1453, 1455], ma può far sequestrare [c.p.c. 670] e vendere [c.p.c. 501] i beni del suo debitore affinché col ricavato della vendita si faccia l'impiego di una somma sufficiente ad assicurare il pagamento della rendita.

■ Codice civile del 1865: *Art. 1797. La sola mancanza del pagamento delle pensioni maturate non autorizza quello in cui favore è costituita la rendita vitalizia, a chiedere d'essere rimborsato del capitale o a rientrare nel possesso del fondo alienato. Egli ha solo il diritto di far sequestrare e di far vendere i beni del suo debitore, e di domandare che venga ordinato, quando il debitore non vi acconsenta, che col prodotto della vendita si faccia l'impiego d'una somma bastante per soddisfare alle pensioni.*

♦ Codice civile francese

Articolo 1978. *Il solo mancato pagamento delle rate scadute della rendita non autorizza colui al cui favore essa è costituita, a domandare il rimborso del capitale o a rientrare nei fondi da lui alienati; ha solo il diritto di pignorare e di far vendere i beni del suo debitore e di far ordinare o consentire, sul prodotto della vendita, l'impiego di una somma sufficiente per il servizio degli arretrati.*

1879. Divieto di riscatto e onerosità sopravvenuta.

Il debitore della rendita, salvo patto contrario, non può liberarsi del pagamento della rendita stessa offrendo il rimborso del capitale, anche se rinunzia alla ripetizione delle annualità pagate [1865].

Egli è tenuto a pagare la rendita per tutto il tempo per il quale è stata costituita, per quanto gravosa sia divenuta la sua prestazione [1469].

■ Codice civile del 1865: *Art. 1798. Il costituente non può liberarsi dal pagamento della rendita coll'offrire il rimborso del capitale, e col rinunziare alla ripetizione delle annualità pagate: egli è tenuto a pagare la rendita durante tutta la vita della persona o delle persone sopra la vita delle quali fu costituita, qualunque sia la durata della vita di tali persone, e per quanto gravosa abbia potuto divenire la prestazione della rendita.*

♦ Codice civile francese

Articolo 1979. *Il costituente non può liberarsi del pagamento della rendita, offrendo di rimborsare il capitale e rinunciando alla ripetizione degli arretrati pagati; egli è tenuto a pagare la rendita durante tutta la vita della persona o delle persone su cui la rendita è stata costituita, quale che sia la durata della vita di queste persone, e quanto oneroso sia potuto divenire il servizio della rendita.*

1880. Modalità del pagamento della rendita.

La rendita vitalizia costituita mediante contratto è dovuta al creditore in proporzione del numero dei giorni vissuti da colui sulla vita del quale è costituita.

Se però è stato convenuto di pagarla a rate anticipate, ciascuna rata si acquista dal giorno in cui è scaduta [821, 2948 comma 1, n. 1].

■ Codice civile del 1865: *Art. 1799. La rendita vitalizia è dovuta al proprietario in proporzione del numero dei giorni che ha vissuto.*

Se però fu convenuto di pagare per rate anticipate, ciascuna rata s'acquista dal giorno in cui è scaduto il pagamento.

♦ Codice civile francese

Articolo 1980. *La rendita vitalizia è acquisita dal proprietario solo nella proporzione del numero dei giorni che egli ha vissuto. Tuttavia, se è stato convenuto che essa sarebbe stata pagata in anticipo, il termine che ha dovuto essere pagato, è acquisito dal giorno in cui il pagamento ha dovuto essere fatto.*

1881. Sequestro o pignoramento della rendita.

Quando la rendita vitalizia è costituita a titolo gratuito [1872 comma 2], si può disporre che essa non sia soggetta a pignoramento [c.p.c. 545] o a sequestro [c.p.c. 670 ss.] entro i limiti del bisogno alimentare del creditore [438, 1246 comma 1, n. 3, 1878].

■ Codice civile del 1865: *Art. 1800. Nel solo caso in cui la rendita vitalizia sia costituita a titolo gratuito, si può disporre che la medesima non sia soggetta a sequestro.*

CAPO XX
DELL'ASSICURAZIONE

● Norme connesse:

- Codice delle assicurazioni private di cui al D.Lgs. 7 settembre 2005, n. 209, il cui art. 165 stabilisce che: *Fermo restando quanto diversamente disposto dal presente codice, i contratti di assicurazione, coassicurazione e riassicurazione rimangono disciplinati dalle norme del codice civile.*

Sezione I
Disposizioni generali

1882. Nozione.

L'assicurazione è il contratto col quale l'assicuratore, verso il pagamento di un premio, si obbliga a rivalere l'assicurato, entro i limiti convenuti, del danno ad esso prodotto da un sinistro [1900, 1904], ovvero a pagare un capitale o una rendita [1872] al verificarsi di un evento attinente alla vita umana [1919, 1927, 2952].

● Norme connesse:
- art. 166, D.Lgs. 7 settembre 2005, n. 209, che dispone: *1. Il contratto e ogni altro documento consegnato dall'impresa al contraente va redatto in modo chiaro ed esauriente.*

2. Le clausole che indicano decadenze, nullità o limitazione delle garanzie ovvero oneri a carico del contraente o dell'assicurato sono riportate mediante caratteri di particolare evidenza.
- art. 170 (Divieto di abbinamento), D.Lgs. 7 settembre 2005, n. 209 (Codice delle assicurazioni private).
- artt. 10 e 12, L. 8 marzo 2017, n. 24, che, rispettivamente, dispongono: *Art. 10. Obbligo di assicurazione. 1. Le strutture sanitarie e sociosanitarie pubbliche e private devono essere provviste di copertura assicurativa o di altre analoghe misure per la responsabilità civile verso terzi e per la responsabilità civile verso prestatori d'opera, ai sensi dell'articolo 27, comma 1-bis, del decreto-legge 24 giugno 2014, n. 90, convertito, con modificazioni, dalla legge 11 agosto 2014, n. 114, anche per danni cagionati dal personale a qualunque titolo operante presso le strutture sanitarie o sociosanitarie pubbliche e private, compresi coloro che svolgono attività di formazione, aggiornamento nonchè di sperimentazione e di ricerca clinica. La disposizione del primo periodo si applica anche alle prestazioni sanitarie svolte in regime di libera professione intramuraria ovvero in regime di convenzione con il Servizio sanitario nazionale nonchè attraverso la telemedicina. Le strutture di cui al primo periodo stipulano, altresì, polizze assicurative o adottano altre analoghe misure per la copertura della responsabilità civile verso terzi degli esercenti le professioni sanitarie anche ai sensi e per gli effetti delle disposizioni di cui al comma 3 dell'articolo 7, fermo restando quanto previsto dall'articolo 9. Le disposizioni di cui al periodo precedente non si applicano in relazione agli esercenti la professione sanitaria di cui al comma 2.*

2. Per l'esercente la professione sanitaria che svolga la propria attività al di fuori di una delle strutture di cui al comma 1 del presente articolo o che presti la sua opera all'interno della stessa in regime libero-professionale ovvero che si avvalga della stessa nell'adempimento della propria obbligazione contrattuale assunta con il paziente ai sensi dell'articolo 7, comma 3, resta fermo l'obbligo di cui all'articolo 3, comma 5, lettera e), del decreto-legge 13 agosto 2011, n. 138, convertito, con modificazioni, dalla legge 14 settembre 2011, n. 148, all'articolo 5 del regolamento di cui al decreto del Presidente della Repubblica 7 agosto 2012, n. 137, e all'articolo 3, comma 2, del decreto-legge 13 settembre 2012, n. 158, convertito, con modificazioni, dalla legge 8 novembre 2012, n. 189.

3. Al fine di garantire efficacia alle azioni di cui all'articolo 9 e all'articolo 12, comma 3, ciascun esercente la professione sanitaria operante a qualunque titolo in strutture sanitarie o sociosanitarie pubbliche o private provvede alla stipula, con oneri a proprio carico, di un'adeguata polizza di assicurazione per colpa grave.

4. Le strutture di cui al comma 1 rendono nota, mediante pubblicazione nel proprio sito internet, la denominazione dell'impresa che presta la copertura assicurativa della responsabilità civile verso i terzi e verso i prestatori d'opera di cui al comma 1, indicando per esteso i contratti, le clausole assicurative ovvero le altre analoghe misure che determinano la copertura assicurativa.

5. Con decreto da emanare entro novanta giorni dalla data di entrata in vigore della presente legge, il Ministro dello sviluppo economico, di concerto con il Ministro della salute, definisce i criteri e le modalità per lo svolgimento delle funzioni di vigilanza e controllo esercitate dall'IVASS sulle imprese di assicurazione che intendano stipulare polizze con le strutture di cui al comma 1 e con gli esercenti la professione sanitaria.

6. Con decreto del Ministro dello sviluppo economico, da emanare entro centoventi giorni dalla data di entrata in vigore della presente legge, di concerto con il Ministro della salute e con il Ministro dell'economia e delle finanze, previa intesa in sede di Conferenza permanente per i rapporti tra lo Stato, le regioni e le province autonome di Trento e di Bolzano, sentiti l'IVASS, l'Associazione nazionale fra le imprese assicuratrici (ANIA), le Associazioni nazionali rappresentative delle strutture private che erogano prestazioni sanitarie e sociosanitarie, la Federazione nazionale degli ordini dei medici chirurghi e degli odontoiatri, le Federazioni nazionali degli ordini e dei collegi delle professioni sanitarie e le organizzazioni sindacali maggiormente rappresentative delle categorie professionali interessate, nonchè le associazioni di tutela dei cittadini e dei pazienti, sono determinati i requisiti minimi delle polizze assicurative per le strutture sanitarie e sociosanitarie pubbliche e private e per gli esercenti le professioni sanitarie, prevedendo l'individuazione di classi di rischio a cui far corrispondere massimali differenziati. Il medesimo decreto stabilisce i requisiti minimi di garanzia e le condizioni generali di operatività delle altre analoghe misure, anche di assunzione diretta del rischio, richiamate dal comma 1; disciplina altresì le regole per il trasferimento del rischio nel caso di subentro contrattuale di un'impresa di assicurazione nonchè la previsione nel bilancio delle strutture di un fondo rischi e di un fondo costituito dalla messa a riserva per competenza dei risarcimenti relativi ai sinistri denunciati. A tali fondi si applicano le disposizioni di cui all'articolo 1, commi 5 e 5-bis, del decreto-legge 18 gennaio 1993, n. 9, convertito, con modificazioni, dalla legge 18 marzo 1993, n. 67.

7. Con decreto del Ministro dello sviluppo economico da emanare, di concerto con il Ministro della salute e sentito l'IVASS, entro centoventi giorni dalla data di entrata in vigore della presente legge, sono individuati i dati relativi alle polizze di assicurazione stipulate ai sensi dei commi 1 e 2, e alle altre analoghe misure adottate ai sensi dei commi 1 e 6 e sono stabiliti, altresì, le modalità e i termini per la comunicazione di tali dati da parte delle strutture sanitarie e sociosanitarie pubbliche e private e degli esercenti le professioni sanitarie all'Osservatorio. Il medesimo decreto stabilisce le modalità e i termini per l'accesso a tali dati.

Art. 12. Azione diretta del soggetto danneggiato. 1. Fatte salve le disposizioni dell'articolo 8, il soggetto danneggiato ha diritto di agire direttamente, entro i limiti delle somme per le quali è stato stipulato il contratto di assicurazione, nei confronti dell'impresa di assicurazione che presta la copertura assicurativa alle strutture sanitarie o sociosanitarie pubbliche o private di cui al comma 1 dell'articolo 10 e all'esercente la professione sanitaria di cui al comma 2 del medesimo articolo 10.

2. Non sono opponibili al danneggiato, per l'intero massimale di polizza, eccezioni derivanti dal contratto diverse da quelle stabilite dal decreto di cui all'articolo 10, comma 6, che definisce i requisiti minimi delle polizze assicurative per le strutture sanitarie e sociosanitarie pubbliche e private e per gli esercenti le professioni sanitarie di cui all'articolo 10, comma 2.

3. L'impresa di assicurazione ha diritto di rivalsa verso l'assicurato nel rispetto dei requisiti minimi, non derogabili contrattualmente, stabiliti dal decreto di cui all'articolo 10, comma 6.

4. Nel giudizio promosso contro l'impresa di assicurazione della struttura sanitaria o sociosanitaria pubblica o privata a norma del comma 1 è litisconsorte necessario la struttura medesima; nel giudizio promosso contro l'impresa di assicurazione dell'esercente la professione sanitaria a norma del comma 1 è litisconsorte necessario l'esercente la professione sanitaria. L'impresa di assicurazione, l'esercente la professione sanitaria e il danneggiato hanno diritto di accesso alla documentazione della struttura relativa ai fatti dedotti in ogni fase della trattazione del sinistro.

5. L'azione diretta del danneggiato nei confronti dell'impresa di assicurazione è soggetta al termine di prescrizione pari a quello dell'azione verso la struttura sanitaria o sociosanitaria pubblica o privata o l'esercente la professione sanitaria.

6. Le disposizioni del presente articolo si applicano a decorrere dalla data di entrata in vigore del decreto di cui al comma 6 dell'articolo 10 con il quale sono determinati i requisiti minimi delle polizze assicurative per le strutture sanitarie e sociosanitarie e per gli esercenti le professioni sanitarie.

■ Codice del commercio del 1882: *Art. 417. L'assicurazione è il contratto con cui l'assicuratore si obbliga, mediante un premio, a risarcire le perdite o i danni che possono derivare all'assicurato da determinati casi fortuiti o di forza maggiore, ovvero a pagare una somma di denaro secondo la durata o gli eventi della vita di una o più persone.*

1883. Esercizio delle assicurazioni.

L'impresa di assicurazione [2195 n. 4] non può essere esercitata che da un istituto di diritto pubblico o da una società per azioni [2325, 2546] e con l'osservanza delle norme stabilite dalle leggi speciali.

● Norme connesse:

- D.Lgs. 7 settembre 2005, n. 209, il cui art. 167 (Nullità dei contratti conclusi con le imprese non autorizzate) recita: *1. È nullo il contratto di assicurazione stipulato con un'impresa non autorizzata o con un'impresa alla quale sia fatto divieto di assumere nuovi affari.*

2. La nullità può essere fatta valere solo dal contraente o dall'assicurato. La pronuncia di nullità obbliga alla restituzione dei premi pagati. In ogni caso non sono ripetibili gli indennizzi e le somme eventualmente corrisposte o dovute dall'impresa agli assicurati ed agli altri aventi diritto a prestazioni assicurative.

1884. Assicurazioni mutue.

Le assicurazioni mutue sono disciplinate dalle norme del presente capo, in quanto compatibili con la specialità del rapporto [2546, 2547, 2548].

■ Codice del commercio del 1882: *Art. 419. Le associazioni di mutua assicurazione regolate dalle disposizioni del titolo IX sono soggette anche a quelle del presente titolo che non siano incompatibili colla loro speciale natura.*

1885. Assicurazioni contro i rischi della navigazione.

Le assicurazioni contro i rischi della navigazione sono disciplinate dalle norme del presente capo per quanto non è regolato dal codice della navigazione [c.nav. 446 ss., 514-547].

■ Codice del commercio del 1882: *Art. 418. Le assicurazioni marittime sono specialmente regolate nel libro secondo.*

1886. Assicurazioni sociali.

Le assicurazioni sociali sono disciplinate dalle leggi speciali. In mancanza si applicano le norme del presente capo.

1887. Efficacia della proposta.

La proposta scritta diretta all'assicuratore rimane ferma [1329] per il termine di quindici giorni, o di trenta giorni quando occorre una visita medica [2964]. Il termine decorre dalla data della consegna o della spedizione della proposta [1932].

1888. Prova del contratto.

Il contratto di assicurazione deve essere provato per iscritto [2725].

L'assicuratore è obbligato a rilasciare al contraente la polizza di assicurazione o altro documento da lui sottoscritto [disp. att. 187].

L'assicuratore è anche tenuto a rilasciare, a richiesta e a spese del contraente, duplicati o copie della polizza; ma in tal caso può esigere la presentazione o la restituzione dell'originale [disp. att. 187].

● Norme connesse:

- art. 33, D.L. 19 maggio 2020, n. 34, convertito in L. 17 luglio 2020, n. 77

■ Codice del commercio del 1882: *Art. 420. Il contratto di assicurazione dev'essere fatto per iscritto. La polizza d'assicurazione deve essere datata e deve indicare:*

1° La persona che fa assicurare e la sua residenza o il suo domicilio;

2° La persona dell'assicuratore e la sua residenza o il suo domicilio;

3° L'oggetto dell'assicurazione;

4° La somma assicurata;

5° Il premio di assicurazione;

6° I rischi che l'assicuratore assume a suo carico, e il tempo da cui cominciano e in cui finiscono.

1889. Polizze all'ordine e al portatore.

Se la polizza di assicurazione è all'ordine o al portatore, il suo trasferimento importa trasferimento del credito verso l'assicuratore, con gli effetti della cessione [1260, 1407, 1918, 2002, 2003, 2011].

Tuttavia l'assicuratore è liberato se senza dolo o colpa grave adempie la prestazione nei confronti del giratario o del portatore della polizza, anche se questi non è l'assicurato [1992].

CODICE CIVILE

In caso di smarrimento, furto o distruzione della polizza all'ordine, si applicano le disposizioni relative all'ammortamento dei titoli all'ordine [2016; disp. att. 187].

● Norme connesse:
- art. 89-93, R.D. 14 dicembre 1933, n. 1669; art. 69-74, R.D. 21 dicembre 1933, n. 1736.

■ Codice del commercio del 1882: *Art. 422. L'assicuratore può fare assicurare da altri le cose che ha assicurate.*

L'assicurato può far assicurare il premio dell'assicurazione.

La cessione dei diritti verso l'assicuratore si opera col trasferimento della polizza mediante dichiarazione sottoscritta dal cedente e dal cessionario, e non ha effetto verso i terzi, se non è notificata all'assicuratore o da lui accettate per iscritto.

1890. Assicurazione in nome altrui.

Se il contraente stipula l'assicurazione in nome altrui [1891] senza averne il potere [1398], l'interessato può ratificare il contratto anche dopo la scadenza o il verificarsi del sinistro [1399, 1894, 2032].

Il contraente è tenuto personalmente ad osservare gli obblighi derivanti dal contratto [1173] fino al momento in cui l'assicuratore ha avuto notizia della ratifica o del rifiuto di questa [1399, 1891, 2031; L. camb. 11].

Egli deve all'assicuratore i premi del periodo in corso nel momento in cui l'assicuratore ha avuto notizia del rifiuto della ratifica [1892, 1901].

● Norme connesse:
- art.11, R.D. 14 dicembre 1933, n. 1669; art. 14, R.D. 21 dicembre 1933, n. 1736.

1891. Assicurazione per conto altrui o per conto di chi spetta.

Se l'assicurazione è stipulata per conto altrui [1890] o per conto di chi spetta [963, 1529, 1589, 1739, 1847], il contraente deve adempiere gli obblighi derivanti dal contratto, salvi quelli che per loro natura non possono essere adempiuti che dall'assicurato.

I diritti derivanti dal contratto spettano all'assicurato, e il contraente, anche se in possesso della polizza, non può farli valere senza espresso consenso dell'assicurato medesimo.

All'assicurato sono opponibili le eccezioni che si possono opporre al contraente in dipendenza del contratto [1413, 1894].

Per il rimborso dei premi pagati all'assicuratore e delle spese del contratto, il contraente ha privilegio sulle somme dovute dall'assicuratore nello stesso grado dei crediti per spese di conservazione [2756, 2778 comma 1, n. 16].

■ Codice del commercio del 1882: *Art. 421. Se non è dichiarato nella polizza che l'assicurazione è contratta per conto altrui o per conto di chi spetta, si reputa contratta per conto proprio di chi fa assicurare.*

1892. Dichiarazioni inesatte e reticenze con dolo o colpa grave.

Le dichiarazioni inesatte e le reticenze del contraente, relative a circostanze tali che l'assicuratore non avrebbe dato il suo consenso [1439] o non lo avrebbe dato alle medesime condizioni se avesse conosciuto il vero stato delle cose [1440], sono causa di annullamento [1441] del contratto quando il contraente ha agito con dolo o con colpa grave [1338, 1442, 1893, 1894, 1898, 1906].

L'assicuratore decade [2964] dal diritto d'impugnare il contratto se, entro tre mesi dal giorno in cui ha conosciuto l'inesattezza della dichiarazione o la reticenza, non dichiara al contraente di volere esercitare l'impugnazione.

L'assicuratore ha diritto ai premi relativi al periodo di assicurazione in corso al momento in cui ha domandato l'annullamento [1890, 1896, 1897, 1901, 1909, 1918, 1926] e in ogni caso, al premio convenuto per il primo anno. Se il sinistro si verifica prima che sia decorso il termine indicato dal comma precedente, egli non è tenuto a pagare la somma assicurata.

Se l'assicurazione riguarda più persone o più cose, il contratto è valido per quelle persone o per quelle cose alle quali non si riferisce la dichiarazione inesatta o la reticenza [1932].

■ Codice del commercio del 1882: *Art. 429. Qualunque dichiarazione falsa od erronea, e qualunque reticenza di circostanze conosciute dall'assicurato, è causa di nullità dell'assicurazione, quando la dichiarazione o la reticenza sia di tale natura, che l'assicuratore non avrebbe dato il suo consenso al contratto o non lo avrebbe dato alle medesime condizioni, se avesse conosciuto il vero stato delle cose.*

L'assicurazione è nulla, sebbene la dichiarazione o la reticenza riguardi circostanze che in effetto non hanno influito sul danno o sulla perdita delle cose assicurate.

Se da parte dell'assicurato vi è stata mala fede, l'assicuratore ha diritto al premio.

1893. Dichiarazioni inesatte e reticenze senza dolo o colpa grave.

Se il contraente ha agito senza dolo o colpa grave, le dichiarazioni inesatte e le reticenze non sono causa di annullamento del contratto, ma l'assicuratore può recedere dal contratto stesso [1373, 1897, 1898, 1899, 1918, 1926], mediante dichiarazione da farsi all'assicurato nei tre mesi dal giorno in cui ha conosciuto l'inesattezza della dichiarazione o la reticenza [1892, 1894, 2964].

Se il sinistro si verifica prima che l'inesattezza della dichiarazione o la reticenza sia conosciuta dall'assicuratore, o prima che questi abbia dichiarato di recedere dal contratto, la somma dovuta è ridotta in proporzione della differenza tra il premio convenuto e quello che sarebbe stato applicato se si fosse conosciuto il vero stato delle cose [1906, 1932].

1894. Assicurazione in nome o per conto di terzi.

Nelle assicurazioni in nome o per conto di terzi [1890, 1891], se questi hanno conoscenza dell'inesattezza delle dichiarazioni o delle reticenze relative al rischio, si applicano a favore dell'assicuratore le disposizioni degli articoli 1892 e 1893 [1391, 1932].

● Norme connesse:

- art. 514 c.nav. che dispone: *Rischio putativo. Se il rischio non è mai esistito o ha cessato di esistere ovvero se il sinistro è avvenuto prima della conclusione del contratto, l'assicurazione è nulla quando la notizia dell'inesistenza o della cessazione del rischio ovvero dell'avvenimento del sinistro è pervenuta, prima della conclusione del contratto, nel luogo della stipulazione o in quello dal quale l'assicurato diede l'ordine di assicurazione.*

Si presume, fino a prova contraria, che la notizia sia tempestivamente pervenuta nei luoghi suddetti.

L'assicuratore, che non sia a conoscenza dell'inesistenza o della cessazione del rischio ovvero dell'avvenimento del sinistro, ha diritto al rimborso delle spese; ha diritto invece all'intero premio convenuto se dimostra una tale conoscenza da parte dell'assicurato.

1895. Inesistenza del rischio.

Il contratto è nullo [1325 n. 2, 1418] se il rischio non è mai esistito [1882] o ha cessato di esistere prima della conclusione del contratto [1529, 1896, 1904; c.nav. 514].

■ Codice del commercio del 1882: *Art. 430. L'assicurazione è nulla, se l'assicurazione e l'assicurato o la persona che ha fatto assicurare la persona conoscevano la mancanza o la cessazione dei rischi o l'avvenimento del danno.*

Se il solo assicuratore conosceva la mancanza o la cessazione dei rischi, l'assicurato non è obbligato a pagare il premio; se la persona che ha fatto assicurare sapeva che il danno era già avvenuto, l'assicuratore non è tenuto all'adempimento del contratto, ma ha diritto al premio.

1896. Cessazione del rischio durante l'assicurazione.

Il contratto si scioglie [1453] se il rischio cessa di esistere dopo la conclusione del contratto stesso [1326], ma l'assicuratore ha diritto al pagamento dei premi finché la cessazione del rischio non gli sia comunicata o non venga altrimenti a sua conoscenza [1918]. I premi relativi al periodo di assicurazione in corso al momento della comunicazione o della conoscenza sono dovuti per intero [1890, 1892, 1895, 1897, 1898, 1901, 1909, 1918, 1926].

Qualora gli effetti dell'assicurazione debbano avere inizio in un momento posteriore alla conclusione del contratto e il rischio cessi nell'intervallo, l'assicuratore ha diritto al solo rimborso delle spese.

● Norme connesse:

- art. 122, comma 3, D.Lgs. 7 settembre 2005, n. 209 (Codice delle assicurazioni private), che stabilisce: *L'assicurazione non ha effetto nel caso di circolazione avvenuta contro la volontà del proprietario, dell'usufruttuario, dell'acquirente con patto di riservato dominio o del locatario in caso di locazione finanziaria, fermo quanto disposto dall'articolo 283, comma 1, lettera d), a partire dal giorno successivo alla denuncia presentata all'autorità di pubblica sicurezza. In deroga all'articolo 1896, primo comma, secondo periodo, del codice civile l'assicurato ha diritto al rimborso del rateo di premio, relativo al residuo periodo di assicurazione, al netto dell'imposta pagata e del contributo previsto dall'articolo 334.*

- artt. 82, 201, R.D. 16 marzo 1942, n. 267.

■ Codice del commercio del 1882: *Art. 431. L'assicurazione si ha come non avvenuta, se la cosa assicurata non è stata esposta ai rischi, ma l'assicuratore ha diritto ad una indennità che si determina secondo la disposizione del capoverso dell'articolo 428.*

1897. Diminuzione del rischio.

Se il contraente comunica all'assicuratore mutamenti che producono una diminuzione del rischio tale che, se fosse stata conosciuta al momento della conclusione del contratto, avrebbe portato alla stipulazione di un premio minore, l'assicuratore, a decorrere dalla scadenza del premio o della rata di premio successiva alla comunicazione suddetta [1890, 1892, 1896], non può esigere che il minor premio, ma ha facoltà di recedere dal contratto [1373] entro due mesi dal giorno in cui è stata fatta la comunicazione.

La dichiarazione di recesso dal contratto ha effetto dopo un mese [1932; disp. att. 187].

1898. Aggravamento del rischio.

Il contraente ha l'obbligo di dare immediato avviso all'assicuratore dei mutamenti che aggravano il rischio in modo tale che, se il nuovo stato di cose fosse esistito e fosse stato conosciuto dall'assicuratore al momento della conclusione del contratto, l'assicuratore non avrebbe consentito l'assicurazione o l'avrebbe consentita per un premio più elevato [1892, 1926].

L'assicuratore può recedere dal contratto [1373, 1893, 1897, 1899, 1918], dandone comunicazione per iscritto all'assicurato entro un mese dal giorno in cui ha ricevuto l'avviso o ha avuto in altro modo conoscenza dell'aggravamento del rischio [1892, 2964].

Il recesso dell'assicuratore ha effetto immediato se l'aggravamento è tale che l'assicuratore non avrebbe consentito l'assicurazione; ha effetto dopo quindici giorni, se l'aggravamento del rischio è tale che per l'assicurazione sarebbe stato richiesto un premio maggiore.

Spettano all'assicuratore i premi relativi al periodo di assicurazione in corso al momento in cui è comunicata la dichiarazione di recesso [1890, 1896, 1901, 1909].

Se il sinistro si verifica prima che siano trascorsi i termini per la comunicazione e per l'efficacia del

CODICE CIVILE

recesso, l'assicuratore non risponde qualora l'aggravamento del rischio sia tale che egli non avrebbe consentito l'assicurazione se il nuovo stato di cose fosse esistito al momento del contratto; altrimenti, la somma dovuta è ridotta, tenuto conto del rapporto tra il premio stabilito nel contratto e quello che sarebbe stato fissato se il maggiore rischio fosse esistito al tempo del contratto stesso [1932; disp. att. 187].

● Norme connesse:
- artt. 82, 201, R.D. 16 marzo 1942, n. 267.
- art. 187 del Codice della crisi di impresa e dell'insolvenza, attuativo della Legge delega 19 ottobre 2017, n. 155 (D.Lgs. 12 gennaio 2019, n. 14), relativo al diritto di recesso dell'assicuratore in caso di apertura della procedura di liquidazione giudiziale.

1899. Durata dell'assicurazione.

L'assicurazione ha effetto dalle ore ventiquattro del giorno della conclusione del contratto [1326] alle ore ventiquattro dell'ultimo giorno della durata stabilita nel contratto stesso. L'assicuratore, in alternativa ad una copertura di durata annuale, può proporre una copertura di durata poliennale a fronte di una riduzione del premio rispetto a quello previsto per la stessa copertura dal contratto annuale. In questo caso, se il contratto supera i cinque anni, l'assicurato, trascorso il quinquennio, ha facoltà di recedere [1373] dal contratto con preavviso di sessanta giorni e con effetto dalla fine dell'annualità nel corso della quale la facoltà di recesso è stata esercitata[1].

Il contratto può essere tacitamente prorogato una o più volte, ma ciascuna proroga tacita non può avere una durata superiore a due anni [1932; disp. att. 187].

Le norme del presente articolo non si applicano alle assicurazioni sulla vita [1919 ss., 1932].

[1] Comma così modificato prima dall'art. 5, D.L. 31 gennaio 2007, n. 7, convertito in L. 2 aprile 2007, n. 40, poi dall'art. 21, L. 23 luglio 2009, n. 99. Il testo previgente la modifica del 2007 stabiliva: *L'assicurazione ha effetto dalle ore ventiquattro del giorno della conclusione del contratto alle ore ventiquattro dell'ultimo giorno della durata stabilita nel contratto stesso. Se questa supera i dieci anni, le parti, trascorso il decennio e nonostante patto contrario, hanno facoltà di recedere dal contratto, con preavviso di sei mesi, che può darsi anche mediante raccomandata.* Il testo previgente la modifica del 2009 stabiliva: *L'assicurazione ha effetto dalle ore ventiquattro del giorno della conclusione del contratto alle ore ventiquattro dell'ultimo giorno della durata stabilita nel contratto stesso. In caso di durata poliennale, l'assicurato ha facoltà di recedere annualmente dal contratto senza oneri e con preavviso di sessanta giorni.* Le disposizioni così da ultimo modificate si applicano ai contratti stipulati successivamente alla data di entrata in vigore della legge di modifica.

● Norme connesse:
- art. 170-bis, D.Lgs. 7 settembre 2005, n. 209.

1900. Sinistri cagionati con dolo o con colpa grave dell'assicurato o dei dipendenti.

L'assicuratore non è obbligato per i sinistri cagionati da dolo o da colpa grave del contraente, dell'assicurato o del beneficiario [1927], salvo patto contrario per i casi di colpa grave [1229, 1882, 1905, 1917].

L'assicuratore è obbligato per il sinistro cagionato da dolo o da colpa grave delle persone del fatto delle quali l'assicurato deve rispondere [2047, 2048, 2049; c.nav. 524].

Egli è obbligato altresì, nonostante patto contrario, per i sinistri conseguenti ad atti del contraente, dell'assicurato o del beneficiario, compiuti per dovere di solidarietà umana [Cost. 2] o nella tutela degli interessi comuni all'assicuratore [1914 comma 3; c.nav. 522].

■ Codice del commercio del 1882: *Art. 434. Sono a carico dell'assicuratore le perdite ed i danni che accadono alle cose assicurate, per cagione dei casi fortuiti o di forza maggiore dei quali ha assunto i rischi.*

L'assicuratore non risponde delle perdite e dei danni derivanti da solo vizio inerente alla cosa assicurata e non denunciato, né di quelli cagionati da fatti o colpa dell'assicurato o dei suoi agenti, committenti o commissionarii.

Egli non risponde dei rischi di guerra e dei danni derivanti da sollevazioni popolari, se non vi è convenzione contraria.

1901. Mancato pagamento del premio.

Se il contraente non paga il premio o la prima rata di premio stabilita dal contratto, l'assicurazione resta sospesa fino alle ore ventiquattro del giorno in cui il contraente paga quanto è da lui dovuto [1460].

Se alle scadenze convenute il contraente non paga i premi successivi, l'assicurazione resta sospesa dalle ore ventiquattro del quindicesimo giorno dopo quello della scadenza [2952].

Nelle ipotesi previste dai due commi precedenti il contratto è risoluto di diritto [1453] se l'assicuratore, nel termine di sei mesi dal giorno in cui il premio o la rata sono scaduti, non agisce per la riscossione [1454, 1457]; l'assicuratore ha diritto soltanto al pagamento del premio relativo al periodo di assicurazione in corso [1918 ss.], e al rimborso delle spese. La presente norma non si applica alle assicurazioni sulla vita [1924, 1927, 1932; disp. att. 187].

● Norme connesse:
- comma 2: artt. 127, comma 2 e 172, comma 2, D.Lgs. 7 settembre 2005, n. 209 (Codice delle assicurazioni private) che, rispettivamente, stabiliscono: "*L'impresa di assicurazione è obbligata nei confronti dei terzi danneggiati per il periodo di tempo indicato nel certificato, salvo quanto disposto dall'articolo 1901, secondo comma, del codice civile e dall'articolo 122, comma 3, primo periodo*".

"*Fatto salvo quanto previsto dal comma 1, la disdetta del contratto è inviata a mezzo telefax o raccomandata almeno quindici giorni prima della data di scadenza indicata nella polizza*".

1902. Fusione, concentrazione e liquidazione coatta amministrativa.

La fusione [2501] e la concentrazione di aziende tra più imprese assicuratrici non sono cause di scioglimento del contratto di assicurazione. Il contratto continua con l'impresa assicuratrice che risulta dalla fusione o che incorpora le imprese preesistenti [2504]. Per i trasferimenti di portafoglio si osservano le leggi speciali [2558; disp. att. 187].

Nel caso di liquidazione coatta amministrativa [L. fall. 194 ss.] dell'impresa assicuratrice, il contratto di assicurazione si scioglie nei modi e con gli effetti stabiliti dalle leggi speciali anche per ciò che riguarda il privilegio a favore della massa degli assicurati [1932].

● Norme connesse:

- comma 1: artt. 168 e 169, D.Lgs. 7 settembre 2005, n. 209 (Codice delle assicurazioni private). L'art. 168 (Effetti del trasferimento di portafoglio, della fusione e della scissione) così dispone: *1. Ad integrazione di quanto previsto dall'articolo 1902, primo comma, del codice civile, il trasferimento di portafoglio, che sia autorizzato in conformità a quanto previsto dagli articoli 198 e 200, non è causa di risoluzione dei contratti, ma i contraenti che hanno il domicilio o, se persone giuridiche, la sede legale nel territorio della Repubblica possono recedere entro il termine di sessanta giorni dalla pubblicazione del provvedimento di autorizzazione, se il trasferimento avviene a favore di un'impresa di assicurazione che ha la sede legale all'estero oppure a favore di una sede secondaria all'estero di un'impresa che ha la sede legale nel territorio della Repubblica.*

2. Nei casi previsti dal comma 1, se il trasferimento riguarda contratti per l'assicurazione obbligatoria della responsabilità civile derivante dalla circolazione dei veicoli a motore e dei natanti, i soggetti che hanno diritto ad un risarcimento possono agire direttamente, entro i limiti delle somme per le quali è stata stipulata l'assicurazione, nei confronti dell'impresa italiana cedente sino alla pubblicazione del provvedimento di autorizzazione rilasciato dall'IVASS.

3. Ad integrazione di quanto previsto dall'articolo 1902, primo comma, del codice civile, il trasferimento del portafoglio di imprese di assicurazione di altri Stati membri, che sia stato autorizzato dall'autorità di vigilanza dello Stato membro di origine dell'impresa cedente ed effettuato con l'assenso dell'IVASS, non è causa di risoluzione dei contratti trasferiti, ma i contraenti che hanno il domicilio o, se persone giuridiche, la sede legale nel territorio della Repubblica possono recedere dal rispettivi contratti entro il termine di sessanta giorni dalla pubblicazione dell'avviso di cui all'articolo 199, comma 6.

4. Ad integrazione di quanto previsto dall'articolo 1902, primo comma, del codice civile, le disposizioni di cui al presente articolo si applicano anche ai trasferimenti di portafoglio conseguenti ad una fusione o ad una scissione.

L'art. 169 (Effetti della liquidazione coatta di imprese di assicurazione) così recita: *1. Ad integrazione di quanto previsto dall'articolo 1902, secondo comma, del codice civile, i contratti di assicurazione in corso di esecuzione alla data di pubblicazione nella Gazzetta Ufficiale del provvedimento di liquidazione continuano a coprire i rischi fino al sessantesimo giorno successivo.*

2. Gli assicurati hanno facoltà di recesso, dopo la pubblicazione del provvedimento di liquidazione, mediante raccomandata con avviso di ricevimento. Il recesso ha effetto dal giorno successivo a quello di ricevimento della comunicazione da parte della liquidazione.

3. In deroga al comma 1, i contratti di assicurazione obbligatoria della responsabilità civile per i danni causati dalla circolazione dei veicoli a motore e dei natanti, in corso di esecuzione alla data di pubblicazione del provvedimento di liquidazione, continuano, nei limiti delle somme minime per cui è obbligatoria l'assicurazione, a coprire i rischi fino alla scadenza del contratto o del periodo di tempo per il quale è stato pagato il premio.

- artt. 194 ss., comma 1, R.D. 16 marzo 1942, n. 267.

1903. Agenti di assicurazione.

Gli agenti autorizzati a concludere contratti di assicurazione [1752] possono compiere gli atti concernenti le modificazioni e la risoluzione dei contratti medesimi, salvi i limiti contenuti nella procura che sia pubblicata nelle forme richieste dalla legge [1753].

Possono inoltre promuovere azioni ed essere convenuti in giudizio in nome dell'assicuratore, per le obbligazioni dipendenti dagli atti compiuti nell'esecuzione del loro mandato, davanti l'autorità giudiziaria del luogo in cui ha sede l'agenzia presso la quale è stato concluso il contratto [1392, 2204; disp. att. 187; c.p.c. 77].

● Norme connesse:

- comma 1: artt. 106-121, D.Lgs. 7 settembre 2005, n. 209.

Sezione II

Dell'assicurazione contro i danni

● Norme connesse:

- artt. 122 ss. D.Lgs. 7 settembre 2005, n. 209 (Codice delle assicurazioni private, L. 31 dicembre 1962, n. 1860 (Impiego pacifico dell'energia nucleare).

1904. Interesse all'assicurazione.

Il contratto di assicurazione contro i danni è nullo [1418] se, nel momento in cui l'assicurazione deve avere inizio, non esiste un interesse dell'assicurato al risarcimento del danno [1325 n. 2, 1895].

■ Codice del commercio del 1882. *Art. 423. Può far assicurare non solo il proprietario, ma anche il creditore che ha privilegio o ipoteca sulla cosa, e in generale chiunque ha un interesse reale e legittimo o una responsabilità per la conservazione di essa.*

1905. Limiti del risarcimento.

L'assicuratore è tenuto a risarcire, nei modi e nei limiti stabiliti dal contratto, il danno sofferto dall'assicurato in conseguenza del sinistro [1223, 1259, 1900, 1908, 1917].

L'assicuratore risponde del profitto sperato solo se si è espressamente obbligato [1223].

CODICE CIVILE

● Norme connesse:
- D.P.R. 18 luglio 2006, n. 254 (Regolamento recante disciplina del risarcimento diretto dei danni derivanti dalla circolazione stradale, a norma dell'articolo 150 del decreto legislativo 7 settembre 2005, n. 209).

1906. Danni cagionati da vizio della cosa.

Salvo patto contrario, l'assicuratore non risponde dei danni prodotti da vizio intrinseco della cosa assicurata, che non gli sia stato denunziato [1892, 1893].

Se il vizio ha aggravato il danno, l'assicuratore, salvo patto contrario, risponde del danno nella misura in cui sarebbe stato a suo carico, qualora il vizio non fosse esistito [1898].

■ Codice del commercio del 1882: *Art. 434. Sono a carico dell'assicuratore le perdite ed i danni che accadono alle cose assicurate, per cagione dei casi fortuiti o di forza maggiore dei quali ha assunto i rischi.*

L'assicuratore non risponde delle perdite e dei danni derivanti da solo vizio inerente alla cosa assicurata e non denunciato, né di quelli cagionati da fatti o colpa dell'assicurato o dei suoi agenti, committenti o commissionarii.

Egli non risponde dei rischi di guerra e dei danni derivanti da sollevazioni popolari, se non vi è convenzione contraria.

1907. Assicurazione parziale.

Se l'assicurazione copre solo una parte del valore che la cosa assicurata aveva nel tempo del sinistro [1914], l'assicuratore risponde dei danni in proporzione della parte suddetta, a meno che non sia diversamente convenuto [1908, 1909].

■ Codice del commercio del 1882: *Art. 425. Se l'assicurazione contro i danni non copre che una parte del valore della cosa assicurata, l'assicurato sostiene una parte proporzionale dei danni o delle perdite.*

1908. Valore della cosa assicurata.

Nell'accertare il danno [1905] non si può attribuire alle cose perite o danneggiate un valore superiore a quello che avevano al tempo del sinistro [1907, 1909].

Il valore delle cose assicurate può essere tuttavia stabilito al tempo della conclusione del contratto, mediante stima accettata per iscritto dalle parti [1341, 2725].

Non equivale a stima la dichiarazione di valore delle cose assicurate contenuta nella polizza o in altri documenti [c.nav. 515; 1021].

Nell'assicurazione dei prodotti del suolo il danno si determina in relazione al valore che i prodotti avrebbero avuto al tempo della maturazione o al tempo in cui ordinariamente si raccolgono.

■ Codice del commercio del 1882: *Art. 435. Il risarcimento del danno dovuto dall'assicuratore si determina secondo il valore che le cose assicurate avevano al tempo del sinistro.*

Se all'assicurazione ha preceduto una stima accettata dall'assicuratore, questi non può impugnarla che per frode, simulazione o falsificazione senza pregiudizio di ogni altra azione, anche penale.

Se non vi ha stima accettata, il valore delle cose assicurate può essere stabilito con tutti i mezzi di prova ammessi dalla legge.

Salve le disposizioni riguardanti le assicurazioni contro i rischi della navigazione, l'assicurato non ha diritto di abbandonare all'assicuratore le cose avanzate o salvate dal sinistro. Il valore delle cose avanzate o salvate si deduce dalla somma dovuta dall'assicuratore.

1909. Assicurazione per somma eccedente il valore delle cose.

L'assicurazione per una somma che eccede il valore reale della cosa assicurata [1908] non è valida [1441 ss.] se vi è stato dolo da parte dell'assicurato; l'assicuratore, se è in buona fede, ha diritto ai premi del periodo di assicurazione in corso [1898].

Se non vi è stato dolo da parte del contraente, il contratto ha effetto fino alla concorrenza del valore reale della cosa assicurata, e il contraente ha diritto di ottenere per l'avvenire una proporzionale riduzione del premio.

■ Codice del commercio del 1882: *Art. 428. L'assicurazione per una somma eccedente il valore delle cose assicurate non produce effetto riguardo all'assicurato, se vi fu dolo o frode da parte sua, e l'assicuratore di buona fede ha diritto al premio.*

Se non vi fu dolo né frode da parte dell'assicurato, l'assicurazione è valida sino alla concorrenza del valore delle cose assicurate; l'assicurato non è tenuto a pagare il premio per la somma eccedente, ma deve soltanto una indennità eguale alla metà del premio e non maggiore del mezzo per cento della somma assicurata.

1910. Assicurazione presso diversi assicuratori.

Se per il medesimo rischio sono contratte separatamente più assicurazioni presso diversi assicuratori, l'assicurato deve dare avviso di tutte le assicurazioni a ciascun assicuratore [1911].

Se l'assicurato omette dolosamente di dare l'avviso, gli assicuratori non sono tenuti a pagare l'indennità.

Nel caso di sinistro, l'assicurato deve darne avviso a tutti gli assicuratori a norma dell'articolo 1913, indicando a ciascuno il nome degli altri. L'assicurato può chiedere a ciascun assicuratore l'indennità dovuta secondo il rispettivo contratto, purché le somme complessivamente riscosse non superino l'ammontare del danno [1908].

L'assicuratore che ha pagato ha diritto di regresso contro gli altri per la ripartizione proporzionale in ragione delle indennità dovute secondo i rispettivi contratti. Se un assicuratore è insolvente [L. fall. 5], la sua quota viene ripartita fra gli altri assicuratori [1299].

● Norme connesse:
- art. 5, R.D. 16 marzo 1942, n. 267.

1911. Coassicurazione.

Qualora la medesima assicurazione o l'assicurazione di rischi relativi alle stesse cose sia ripartita tra più assicuratori per quote determinate, ciascun assicuratore è tenuto al pagamento dell'indennità assicurata soltanto in proporzione della rispettiva quota, anche se unico è il contratto sottoscritto da tutti gli assicuratori [1910].

● Norme connesse:
- artt. 106-121, D.Lgs. 7 settembre 2005, n. 209.

1912. Terremoto, guerra, insurrezione, tumulti popolari.

Salvo patto contrario, l'assicuratore non è obbligato per i danni determinati da movimenti tellurici, da guerra, da insurrezione o da tumulti popolari [c.nav. 512].

■ Codice del commercio del 1882: *Art. 434. Sono a carico dell'assicuratore le perdite ed i danni che accadono alle cose assicurate, per cagione dei casi fortuiti o di forza maggiore dei quali ha assunto i rischi.*

L'assicuratore non risponde delle perdite e dei danni derivanti da solo vizio inerente alla cosa assicurata e non denunciato, né di quelli cagionati da fatti o colpa dell'assicurato o dei suoi agenti, committenti o commissionarii.

Egli non risponde dei rischi di guerra e dei danni derivanti da sollevazioni popolari, se non vi è convenzione contraria.

1913. Avviso all'assicuratore in caso di sinistro.

L'assicurato deve dare avviso del sinistro all'assicuratore o all'agente autorizzato a concludere il contratto [1903], entro tre giorni da quello in cui il sinistro si è verificato o l'assicurato ne ha avuta conoscenza [1915]. Non è necessario l'avviso, se l'assicuratore o l'agente autorizzato alla conclusione del contratto interviene entro il detto termine alle operazioni di salvataggio o di constatazione del sinistro [1914; c.nav. 533].

Nelle assicurazioni contro la mortalità del bestiame l'avviso, salvo patto contrario, deve essere dato entro ventiquattro ore [1910 comma 3].

● Norme connesse:
- art. 148, comma 9, D.Lgs. 7 settembre 2005, n. 209 (Codice delle assicurazioni private), secondo cui: *Agli effetti dell'applicazione delle disposizioni di cui al presente articolo, l'impresa di assicurazione non può opporre al danneggiato l'eventuale inadempimento da parte dell'assicurato dell'obbligo di avviso del sinistro di cui all'articolo 1913 del codice civile.*

■ Codice del commercio del 1882: *Art. 436. L'assicurato, entro giorni tre dacché avvenne il sinistro o dacché ne ebbe conoscenza, deve darne notizia all'assicuratore: deve inoltre fare quanto sta in lui per evitare o diminuire i danni.*

Le spese fatte a tale scopo dall'assicurato sono a carico dell'assicuratore, quantunque il loro ammontare aggiunto a quello del danno ecceda la somma assicurata e lo scopo non siasi ottenuto, se non è riconosciuto che, in tutto o in parte, siano state fatte inconsideratamente.

1914. Obbligo di salvataggio.

L'assicurato deve fare quanto gli è possibile per evitare o diminuire il danno [1227 comma 2, 1915].

Le spese fatte a questo scopo dall'assicurato sono a carico dell'assicuratore, in proporzione del valore assicurato rispetto a quello che la cosa aveva nel tempo del sinistro [1907], anche se il loro ammontare, unitamente a quello del danno, supera la somma assicurata, e anche se non si è raggiunto lo scopo, salvo che l'assicuratore provi che le spese sono state fatte inconsideratamente [1932, 2031; disp. att. 187; c.nav. 534].

L'assicuratore risponde dei danni materiali direttamente derivati alle cose assicurate dai mezzi adoperati dall'assicurato per evitare o diminuire i danni del sinistro, salvo che egli provi che tali mezzi sono stati adoperati inconsideratamente [1900].

L'intervento dell'assicuratore per il salvataggio delle cose assicurate e per la loro conservazione non pregiudica i suoi diritti [1913].

L'assicuratore che interviene al salvataggio deve, se richiesto dall'assicurato, anticiparne le spese o concorrere in proporzione del valore assicurato.

■ Codice del commercio del 1882: *Art. 436. L'assicurato, entro giorni tre dacché avvenne il sinistro o dacché ne ebbe conoscenza, deve darne notizia all'assicuratore: deve inoltre fare quanto sta in lui per evitare o diminuire i danni.*

Le spese fatte a tale scopo dall'assicurato sono a carico dell'assicuratore, quantunque il loro ammontare aggiunto a quello del danno ecceda la somma assicurata e lo scopo non siasi ottenuto, se non è riconosciuto che, in tutto o in parte, siano state fatte inconsideratamente.

1915. Inadempimento dell'obbligo di avviso o di salvataggio.

L'assicurato che dolosamente non adempie [1218] l'obbligo dell'avviso [1913] o del salvataggio [1914] perde il diritto all'indennità.

Se l'assicurato omette colposamente di adempiere tale obbligo, l'assicuratore ha diritto di ridurre l'indennità in ragione del pregiudizio sofferto [1932; disp. att. 187].

● Norme connesse:
- art. 143 (Denuncia di sinistro) D.Lgs. 7 settembre 2005, n. 209 (Codice delle assicurazioni private), secondo cui: *1. Nel caso di sinistro avvenuto tra veicoli a motore per i quali vi sia obbligo di assicurazione, i conducenti dei veicoli coinvolti o, se persone diverse, i rispettivi proprietari sono tenuti a denunciare il sinistro alla propria impresa di assicurazione, avvalendosi del modulo fornito dalla medesima, il cui modello è approvato dall'ISVAP. In caso di mancata presentazione della denuncia di sinistro si applica l'articolo 1915 del codice civile per l'omesso avviso di sinistro. 2. Quando il modulo sia firmato congiuntamente da entrambi i conducenti coinvolti nel sinistro si presume, salvo prova contraria da parte dell'impresa di assicurazione, che il sinistro si sia verificato nelle circostanze, con le modalità e con le conseguenze risultanti dal modulo stesso.*

CODICE CIVILE

1916. Diritto di surrogazione dell'assicuratore.

L'assicuratore che ha pagato l'indennità è surrogato, fino alla concorrenza dell'ammontare di essa, nei diritti dell'assicurato verso i terzi responsabili [1203, 1589].

Salvo il caso di dolo, la surrogazione non ha luogo se il danno è causato dai figli, dagli ascendenti, da altri parenti [74] o da affini [78] dell'assicurato stabilmente con lui conviventi o da domestici [2240][1 2].

L'assicurato è responsabile verso l'assicuratore del pregiudizio arrecato al diritto di surrogazione [1589].

Le disposizioni di questo articolo si applicano anche alle assicurazioni contro gli infortuni sul lavoro e contro le disgrazie accidentali[3].

[1] Comma così modificato dall'art. 91, D.Lgs. 28 dicembre 2013, n. 154, a decorrere dal 7 febbraio 2014. Il testo previgente disponeva: *Salvo il caso di dolo, la surrogazione non ha luogo se il danno è causato dai figli, dagli affiliati, dagli ascendenti, da altri parenti o da affini dell'assicurato stabilmente con lui conviventi o da domestici.*

[2] La Corte costituzionale, con sentenza 21 maggio 1975, n. 117, ha dichiarato l'illegittimità costituzionale del presente nella parte in cui non annovera, tra le persone nei confronti delle quali non è ammessa surrogazione, il coniuge dell'assicurato.

[3] La Corte costituzionale, con sentenza 18 luglio 1991, n. 356 ha dichiarato l'illegittimità costituzionale del presente articolo nella parte in cui consente all'assicuratore di avvalersi, nell'esercizio del diritto di surrogazione nei confronti del terzo responsabile, anche delle somme da questi dovute all'assicurato a titolo di risarcimento del danno biologico.

■ Codice del commercio del 1882: *Art. 438. L'assicuratore che ha risarcito il danno o la perdita delle cose assicurate è surrogato verso i terzi nei diritti che per causa del danno competono all'assicurato. Questi è responsabile di ogni pregiudizio da lui recato a tali diritti.*

Se il danno fu risarcito solo in parte, l'assicurato e l'assicuratore concorrono insieme a far valere i loro diritti in proporzione di quanto è ad essi dovuto.

1917. Assicurazione della responsabilità civile.

Nell'assicurazione della responsabilità civile l'assicuratore è obbligato a tenere indenne l'assicurato di quanto questi, in conseguenza del fatto accaduto durante il tempo dell'assicurazione, deve pagare a un terzo, in dipendenza della responsabilità dedotta nel contratto. Sono esclusi i danni derivanti da fatti dolosi [1229, 1900, 1905, 2952; c.nav. 798].

L'assicuratore ha facoltà, previa comunicazione all'assicurato, di pagare direttamente al terzo danneggiato l'indennità dovuta, ed è obbligato al pagamento diretto se l'assicurato lo richiede [1930, 2767].

Le spese sostenute per resistere all'azione del danneggiato contro l'assicurato sono a carico dell'assicuratore nei limiti del quarto della somma assicurata. Tuttavia, nel caso che sia dovuta al danneggiato una somma superiore al capitale assicurato, le spese giudiziali si ripartiscono tra assicuratore e assicurato in proporzione del rispettivo interesse [1932].

L'assicurato, convenuto dal danneggiato, può chiamare in causa l'assicuratore [1932; c.p.c. 106].

● Norme connesse:
- artt. 99 e 163, D.Lgs. 7 settembre 2005, n. 209 (Codice delle assicurazioni private).
- art. 11, L. 8 marzo 2017, n. 24 (legge Gelli).

1918. Alienazione delle cose assicurate.

L'alienazione delle cose assicurate non è causa di scioglimento del contratto di assicurazione [c.nav. 517].

L'assicurato, che non comunica all'assicuratore l'avvenuta alienazione e all'acquirente l'esistenza del contratto [1406] di assicurazione, rimane obbligato a pagare i premi che scadono posteriormente alla data dell'alienazione [1896].

I diritti e gli obblighi dell'assicurato passano all'acquirente, se questi, avuta notizia dell'esistenza del contratto di assicurazione, entro dieci giorni dalla scadenza del primo premio successivo all'alienazione, non dichiara all'assicuratore, mediante raccomandata, che non intende subentrare nel contratto.

Spettano in tal caso all'assicuratore i premi relativi al periodo di assicurazione in corso [1890, 1892, 1896, 1897, 1909].

L'assicuratore, entro dieci giorni da quello in cui ha avuto notizia dell'avvenuta alienazione, può recedere dal contratto [1373, 1897, 1899] con preavviso di quindici giorni, che può essere dato anche mediante raccomandata [2558].

Se è stata emessa una polizza all'ordine o al portatore [1889], nessuna notizia dell'alienazione deve essere data all'assicuratore, e così quest'ultimo come l'acquirente non possono recedere dal contratto [1407].

● Norme connesse:
- art. 171 (Trasferimento di proprietà del veicolo o del natante) D.Lgs. 7 settembre 2005, n. 209 (Codice delle assicurazioni private), secondo cui: *1. Il trasferimento di proprietà del veicolo o del natante determina, a scelta irrevocabile dell'alienante, uno dei seguenti effetti:*

a) la risoluzione del contratto a far data dal perfezionamento del trasferimento di proprietà, con diritto al rimborso del rateo di premio relativo al residuo periodo di assicurazione al netto dell'imposta pagata e del contributo obbligatorio di cui all'articolo 334;

b) la cessione del contratto di assicurazione all'acquirente;

c) la sostituzione del contratto per l'assicurazione di altro veicolo o, rispettivamente, di un altro natante di sua proprietà, previo l'eventuale conguaglio del premio.

2. Eseguito il trasferimento di proprietà, l'alienante informa contestualmente l'impresa di assicurazione e l'acquirente se, insieme al veicolo, viene ceduto il contratto di assicurazione.

3. La garanzia è valida per il nuovo veicolo o natante dalla data del rilascio del nuovo certificato e, ove occorra, del nuovo contrassegno relativo al veicolo o al natante secondo le modalità previste dal regolamento adottato, su proposta dell'ISVAP, dal Ministro delle attività produttive.

■ Codice del commercio del 1882: *Art. 439. In caso di alienazione delle cose assicurate, i diritti e le obbligazioni del precedente proprietario non passano all'acquirente, se non è convenuto il contrario.*

Sezione III
Dell'assicurazione sulla vita

● Norme connesse:
- artt. 176-178 e 181 D.Lgs. 7 settembre 2005, n. 209 (Codice delle assicurazioni private).

1919. Assicurazione sulla vita propria o di un terzo.

L'assicurazione può essere stipulata sulla vita [1899] propria o su quella di un terzo.

L'assicurazione contratta per il caso di morte di un terzo non è valida se questi o il suo legale rappresentante non dà il consenso alla conclusione del contratto. Il consenso deve essere provato per iscritto [2725].

■ Codice del commercio del 1882: *Art. 449. Ognuno può far assicurare, mediante un premio, il pagamento di una somma di danaro secondo la durata o gli eventi della vita propria o di quella di un terzo.*

L'assicurazione contratta sulla vita di un terzo è nulla, se il contraente non abbia alcun interesse all'esistenza di questo.

1920. Assicurazione a favore di un terzo.

È valida l'assicurazione sulla vita a favore di un terzo [741, 809, 1411].

La designazione del beneficiario può essere fatta nel contratto di assicurazione, o con successiva dichiarazione scritta comunicata all'assicuratore, o per testamento [587]; essa è efficace anche se il beneficiario è determinato solo genericamente [628]. Equivale a designazione l'attribuzione della somma assicurata fatta nel testamento a favore di una determinata persona.

Per effetto della designazione il terzo acquista un diritto proprio ai vantaggi dell'assicurazione [1411].

1921. Revoca del beneficio.

La designazione del beneficiario è revocabile con le forme con le quali può essere fatta a norma dell'articolo precedente. La revoca non può tuttavia farsi dagli eredi dopo la morte del contraente, né dopo che, verificatosi l'evento, il beneficiario ha dichiarato di voler profittare del beneficio [1411].

Se il contraente ha rinunziato per iscritto al potere di revoca, questa non ha effetto dopo che il beneficiario ha dichiarato al contraente di voler profittare del beneficio [1922]. La rinuncia del contraente e la dichiarazione del beneficiario devono essere comunicate per iscritto all'assicuratore [1411, 1412; disp. att. 188].

1922. Decadenza dal beneficio.

La designazione del beneficiario, anche se irrevocabile, non ha effetto qualora il beneficiario attenti alla vita dell'assicurato [801].

Se la designazione è irrevocabile [1921] ed è stata fatta a titolo di liberalità, essa può essere revocata nei casi previsti dall'articolo 800 [disp. att. 188].

1923. Diritti dei creditori e degli eredi.

Le somme dovute dall'assicuratore al contraente o al beneficiario non possono essere sottoposte ad azione esecutiva [c.p.c. 491] o cautelare [c.p.c. 670].

Sono salve, rispetto ai premi pagati, le disposizioni relative alla revocazione degli atti compiuti in pregiudizio dei creditori [2901; L. fall. 6 ss.] e quelle relative alla collazione [737, 741], all'imputazione [747] e alla riduzione delle donazioni [555].

1924. Mancato pagamento dei premi.

Se il contraente non paga il premio relativo al primo anno, l'assicuratore può agire per l'esecuzione del contratto nel termine di sei mesi dal giorno in cui il premio è scaduto. La disposizione si applica anche se il premio è ripartito in più rate, fermo restando il disposto dei primi due commi dell'articolo 1901; in tal caso il termine decorre dalla scadenza delle singole rate.

Se il contraente non paga i premi successivi nel termine di tolleranza previsto dalla polizza o, in mancanza, nel termine di venti giorni dalla scadenza, il contratto è risoluto di diritto [1453], e i premi pagati restano acquisiti all'assicuratore, salvo che sussistano le condizioni per il riscatto dell'assicurazione o per la riduzione della somma assicurata [1925].

● Norme connesse:
- art. 201, D.Lgs. 7 settembre 2005, n. 209.

1925. Riscatto e riduzione della polizza.

Le polizze di assicurazione devono regolare i diritti di riscatto e di riduzione della somma assicurata, in modo tale che l'assicurato sia in grado in ogni momento, di conoscere quale sarebbe il valore di riscatto o di riduzione dell'assicurazione.

1926. Cambiamento di professione dell'assicurato.

I cambiamenti di professione o di attività dell'assicurato non fanno cessare gli effetti dell'assicurazione, qualora non aggravino il rischio in modo tale che, se il nuovo stato di cose fosse esistito al tempo del contratto, l'assicuratore non avrebbe consentito l'assicurazione [1898].

Qualora i cambiamenti siano di tale natura che, se il nuovo stato di cose fosse esistito al tempo del contratto, l'assicuratore avrebbe consentito l'assicurazione per un premio più elevato, il pagamento della somma assicurata è ridotto in proporzione del minor premio convenuto in confronto di quello che sarebbe stato stabilito.

Se l'assicurato dà notizia dei suddetti cambiamenti all'assicuratore, questi, entro quindici giorni, deve dichiarare se intende far cessare gli effetti del contratto [1373, 1893, 1897, 1899, 1918] ovvero ridurre la somma assicurata o elevare il premio.

Se l'assicuratore dichiara di voler modificare il contratto in uno dei due sensi su indicati, l'assicurato, entro quindici giorni successivi, deve dichiarare se intende accettare la proposta.

Se l'assicurato dichiara di non accettare, il contratto è risoluto, salvo il diritto dell'assicuratore al premio relativo al periodo di assicurazione in corso e salvo il diritto dell'assicurato al riscatto [1925]. Il silenzio dell'assicurato vale come adesione alla proposta dell'assicuratore.

Le comunicazioni e dichiarazioni previste dai commi precedenti possono farsi anche mediante raccomandata [1932; disp. att. 187].

■ Codice del commercio del 1882: *Art. 451. I cambiamenti di residenza, di occupazione, di stato e di genere di vita per parte dell'assicurato non fanno cessare gli effetti dell'assicurazione, se non hanno i caratteri indicati nell'articolo 432, e se l'assicuratore dopo avutane notizia, non chiese lo scioglimento del contratto.*

In caso di scioglimento, l'assicuratore deve restituire all'assicurato la terza parte del premio.

1927. Suicidio dell'assicurato.

In caso di suicidio dell'assicurato, avvenuto prima che siano decorsi due anni dalla stipulazione del contratto [1326], l'assicuratore non è tenuto al pagamento delle somme assicurate, salvo patto contrario.

L'assicuratore non è nemmeno obbligato se, essendovi stata sospensione del contratto per mancato pagamento dei premi [1901, 1924], non sono decorsi due anni dal giorno in cui la sospensione è cessata.

■ Codice del commercio del 1882: *Art. 450. L'assicuratore non è tenuto al pagamento della somma assicurata, se la morte della persona che ha fatto assicurare la propria vita sia avvenuta per effetto di condanna giudiziaria, di duello o di suicidio volontario, ovvero abbia per causa immediata un crimine o un delitto commesso dall'assicurato e di cui egli poteva prevedere le conseguenze avvenute.*

In questi casi l'assicuratore trattiene il premio, se non vi è convenzione contraria.

Sezione IV
Della riassicurazione

● Norme connesse:
- L.18 dicembre 1984, n. 975.

1928. Prova.

I contratti generali di riassicurazione relativi a una serie di rapporti assicurativi devono essere provati per iscritto [1350 comma 1, n. 13, 2725].

I rapporti di riassicurazione in esecuzione dei contratti generali e i contratti di riassicurazione per singoli rischi possono essere provati secondo le regole generali [2697, 2952].

1929. Efficacia del contratto.

Il contratto di riassicurazione non crea rapporti tra l'assicurato e il riassicuratore, salve le disposizioni delle leggi speciali sul privilegio a favore della massa degli assicurati [2952].

● Norme connesse:
- art. 259, D.Lgs. 7 settembre 2005, n. 209 (Codice delle assicurazioni private).

1930. Diritto del riassicurato in caso di liquidazione coatta amministrativa.

In caso di liquidazione coatta amministrativa [L. fall. 194 ss.] del riassicurato, il riassicuratore deve pagare integralmente l'indennità dovuta al riassicurato, salva la compensazione con i premi e gli altri crediti [1241 ss., 1917, 2952; disp. att. 187; L. fall. 56, 201].

● Norme connesse:
- art. 259 (Ulteriori disposizioni per il trattamento dei crediti derivanti da contratti di riassicurazione) D.Lgs. 7 settembre 2005, n. 209 (Codice delle assicurazioni private), nel testo modificato dall'art. 21, D.Lgs. 29 febbraio 2008, n. 56, in base al quale: *1. In caso di liquidazione coatta amministrativa del riassicurato si applica l'articolo 1930 del codice civile. 2. In caso di liquidazione coatta amministrativa dell'impresa del riassicuratore o del riassicurato si applica l'articolo 1931 del codice civile.*
- artt. 56, 194, 201, R.D. 16 marzo 1942, n. 267.

1931. Compensazione dei crediti e debiti.

In caso di liquidazione coatta amministrativa [L. fall. 194 ss.] dell'impresa del riassicuratore o del riassicurato, i debiti e i crediti che, alla fine della liquidazione, risultano dalla chiusura dei conti relativi a più contratti di riassicurazione, si compensano di diritto [1241; disp. att. 187; L. fall. 56, 201].

● Norme connesse:
- artt. 56, 194, 201, R.D. 16 marzo 1942, n. 267.

Sezione V
Disposizioni finali

1932. Norme inderogabili.

Le disposizioni degli articoli 1887, 1892, 1893, 1894, 1897, 1898, 1899, secondo comma, 1901, 1903, secondo comma, 1914, secondo comma, 1915, secondo comma, 1917, terzo e quarto comma, e 1926 non possono essere derogate se non in senso più favorevole all'assicurato.

Le clausole che derogano in senso meno favorevole all'assicurato sono sostituite di diritto dalle corrispondenti disposizioni di legge [1339, 1419 comma 2].

CAPO XXI
DEL GIUOCO E DELLA SCOMMESSA

● Norme connesse:
- D.Lgs. 14 aprile 1948, n. 496 (Disciplina delle attività di giuoco).

1933. Mancanza di azione.

Non compete azione per il pagamento di un debito di giuoco o di scommessa, anche se si tratta di giuoco o di scommessa non proibiti [718, 1934].

Il perdente tuttavia non può ripetere quanto abbia spontaneamente pagato dopo l'esito di un giuoco o di una scommessa in cui non vi sia stata alcuna frode [2034 comma 2]. La ripetizione è ammessa in ogni caso se il perdente è un incapace [414, 1191, 2934; c.p. 718].

● Norme connesse:
- art. 23, comma 5, D.Lgs. 24 febbraio 1998, n. 58.

■ Codice civile del 1865: *Art. 1802. La legge non accorda azione veruna pel pagamento di un debito di giuoco o di scommessa.*

Art. 1804. Il perdente non può in verun caso ripetere quanto avesse volontariamente pagato purchè per parte del vincitore non siavi stato frode o dolo, o purchè il perdente non sia minore di età, interdetto o inabilitato.

♦ Codice civile francese
Articolo 1965. *La legge non accorda nessuna azione per un debito di gioco o per il pagamento di una scommessa.Articolo 1967. In nessun caso, il perdente può ripetere quello che ha volontariamente pagato, a meno che non ci sia stato, da parte del vincente, dolo o truffa.*

1934. Competizioni sportive.

Sono eccettuati dalla norma del primo comma dell'articolo precedente, anche rispetto alle persone che non vi prendono parte, i giuochi che addestrano al maneggio delle armi, le corse di ogni specie e ogni altra competizione sportiva.

Tuttavia il giudice può rigettare o ridurre la domanda, qualora ritenga la posta eccessiva.

■ Codice civile del 1865: *Art. 1803. Sono eccettuati i giuochi che contribuiscono all'esercizio del corpo, come sono quelli che addestrano al maneggio delle armi, alle corse a piedi o a cavallo, a quelle dè carri, al giuoco del pallone ed altri di tal natura.*

Nondimeno l'autorità giudiziaria può rigettare la domanda, quando la somma impegnata nel giuoco o nella scommessa sia eccessiva.

1935. Lotterie autorizzate.

Le lotterie danno luogo ad azione in giudizio, qualora siano state legalmente autorizzate.

● Norme connesse:
- D.Lgs. 14 aprile 1948, n. 496 (Disciplina delle attività di giuoco); sull'ordinamento del gioco del lotto, L. 2 agosto 1982, n. 528 e relativo regolamento di attuazione di cui al D.P.R. 16 settembre 1996, n. 560; D.Lgs., 23 dicembre 1998, n 504 (Imposta unica sui concorsi pronostici e sulle scommesse); D.M. 31 gennaio 2000, n. 29 (Istituzione del gioco del Bingo); D.P.R. 26 ottobre 2001, n. 430 (Revisione della disciplina dei concorsi a premio); D.L. 4 luglio 2006, n. 223, convertito in L. 4 agosto 2006, n. 248, in tema di misure di contrasto contro il gioco illecito.

CAPO XXII
DELLA FIDEIUSSIONE

● Norme connesse:
- artt. 35 ss. R.D. 14 dicembre 1933, n. 1669; artt 28 ss., R.D. 21 dicembre 1933, n. 1736.
- sulle garanzie finanziarie, D.Lgs. 21 maggio 2004, n. 170, attuazione della direttiva 2002/4/CE in materia di contratti di garanzia finanziaria.
- artt. 2 e 6, D.Lgs. 20 giugno 2005, n. 122; artt. 135, comma 2, 142, comma 4, R.D. 16 marzo 1942, n. 267.
- art. 12 ter, L. 27 gennaio 2012, n. 3, sul sovraindebitamento, con riguardo agli effetti dell'omologazione del piano del consumatore sulle fideiussioni.
- artt. 135, 142, 167, 184 del R.D. 16 marzo 1942, n. 267, relativi agli effetti della crisi d'impresa sulle fideiussioni.
- cfr. artt. 79, comma 5, 94, comma 2, 117, comma 1, del Codice della crisi di impresa e dell'insolvenza, attuativo della Legge delega 19 ottobre 2017, n. 155 (D.Lgs. 12 gennaio 2019, n. 14).

Sezione I
Disposizioni generali

1936. Nozione.

È fideiussore colui che, obbligandosi personalmente verso il creditore, garantisce l'adempimento di un'obbligazione altrui [320 comma 3, 649, 1255, 1333, 1410, 1763, 2358, 2483; L. camb. 35 ss.].

La fideiussione è efficace anche se il debitore non ne ha conoscenza [1180 comma 2, 1950].

■ Codice civile del 1865: *Art. 1898. Quegli che si costituisce fideiussore per un'obbligazione, si vincola verso il creditore a soddisfare alla stessa obbligazione, qualora il debitore non vi soddisfaccia.*

Art. 1901. Ciascuno può rendersi fideiussore senza ordine ed eziandio senza saputa di colui pel quale si obbliga, e costituirsi fideiussore non solo del debitore principale ma anche del fideiussore di questo.

♦ Codice civile francese
Articolo 2288 *Colui che si rende fideiussore di una obbligazione, soggiace al creditore per soddisfare questa obbligazione se il debitore non adempie.*

1937. Manifestazione della volontà.

La volontà di prestare fideiussione deve essere espressa [1230].

■ Codice civile del 1865: *Art. 1902. La fideiussione non si presume, ma deve essere espressa, e non può estendersi oltre i limiti nei quali fu contratta.*

♦ Codice civile francese

Articolo 2292. *La fideiussione non si presume; deve essere espressa e non può andare oltre i limiti in cui essa è stata contratta.*

1938. Fideiussione per obbligazioni future o condizionali.

La fideiussione può essere prestata anche per un'obbligazione condizionale [1353] o futura [1844, 1956, 1958, 2852] con la previsione, in questo ultimo caso, dell'importo massimo garantito [1953][1].

[1] Articolo così sostituito dall'art. 10, L. 17 febbraio 1992, n. 154.

1939. Validità della fideiussione.

La fideiussione non è valida se non è valida [1325 comma 2, 1418] l'obbligazione principale [1253, 1255, 1941], salvo che sia prestata per un'obbligazione assunta da un incapace [1425, 1945, 1950 comma 4].

● Norme connesse:

- art. 37, comma 2., R.D. 14 dicembre 1933, n. 1669.

■ Codice civile del 1865: *Art. 1899. La fideiussione non può sussistere che per una obbligazione valida.*

Ciò non ostante può prestarsi la fideiussione per un'obbligazione, la quale possa essere annullata in forza di una eccezione meramente personale all'obbligato, siccome nel caso della minore età.

1940. Fideiussore del fideiussore.

La fideiussione può essere prestata così per il debitore principale, come per il suo fideiussore [1948].

■ Codice civile del 1865: *Art. 1901. Ciascuno può rendersi fideiussore senza ordine ed eziandio senza saputa di colui pel quale si obbliga, e costituirsi fideiussore non solo del debitore principale ma anche del fideiussore di questo.*

1941. Limiti della fideiussione.

La fideiussione non può eccedere ciò che è dovuto dal debitore, né può essere prestata a condizioni più onerose [1598, 1942, 2784, 2808].

Può prestarsi per una parte soltanto del debito o a condizioni meno onerose.

La fideiussione eccedente il debito o contratta a condizioni più onerose è valida nei limiti dell'obbligazione principale [1939].

■ Codice civile del 1865: *Art. 1900. La fideiussione non può eccedere ciò che è dovuto dal debitore, né essere contratta sotto condizioni più gravi.*

Può prestarsi per una parte soltanto del debito, ed a condizioni meno gravi. La fideiussione che eccede il debito, che si contrae sotto condizioni più gravi, è valida soltanto sino alla misura dell'obbligazione principale.

♦ Codice civile francese

Articolo 2290. *La fideiussione non può eccedere quello che è dovuto dal debitore né essere contratta sotto condizioni più onerose. Può essere contratta per una parte del debito solamente, e sotto le condizioni meno onerose. La fideiussione che eccede il debito o che è contratta sotto le condizioni onerose non è nulla; è solamente riducibile nella misura della obbligazione principale.*

1942. Estensione della fideiussione.

Salvo patto contrario, la fideiussione si estende a tutti gli accessori del debito principale, nonché alle spese per la denunzia al fideiussore della causa promossa contro il debitore principale e alle spese successive [1941].

■ Codice civile del 1865: *Art. 1903. La fideiussione indefinita per una obbligazione principale si estende a tutti gli accessori del debito, e anche alle spese della prima domanda, ed a tutte quelle posteriori alla denunzia fatta al fideiussore.*

1943. Obbligazione di prestare fideiussione.

Il debitore obbligato a dare un fideiussore [1179] deve presentare persona capace, che possieda beni sufficienti a garantire l'obbligazione e che abbia o elegga domicilio nella giurisdizione della corte di appello in cui la fideiussione si deve prestare [disp. att. 189, 1850].

Quando il fideiussore è divenuto insolvente, deve esserne dato un altro [1844 comma 2, 1810, 1867 n. 2, 1877, 2743] tranne che la fideiussione sia stata prestata dalla persona voluta dal creditore.

■ Codice civile del 1865: *Art. 1904. Il debitore obbligato a dare sicurtà deve presentare persona capace di contrattare che posseda beni sufficienti per cautelare l'obbligazione, e che abbia il suo domicilio nella giurisdizione della corte d'appello in cui si deve prestare la sicurtà.*

Art. 1906. Quando il fideiussore accettato dal creditore volontariamente o giudizialmente sia divenuto in appresso non solvente, se ne deve dare un altro.

Questa regola soggiace ad eccezione nel solo caso in cui il fideiussore non sia stato dato che in forza di una convenzione, colla quale il creditore ha voluto per fideiussore quella determinata persona.

♦ Codice civile francese

Articolo 2295. *Il debitore obbligato a dare un fideiussore deve presentarne uno che abbia la capacità di contrarre, che abbia un bene sufficiente per rispondere dell'oggetto dell'obbligazione e il cui domicilio sia nella competenza della Corte d'Appello in cui deve essere data.*

Sezione II

Dei rapporti tra creditore e fideiussore

1944. Obbligazione del fideiussore.

Il fideiussore [1948] è obbligato in solido col debitore principale al pagamento del debito [1292 ss., 1410 comma 2, 1952, 1953, 2871].

Le parti però possono convenire che il fideiussore non sia tenuto a pagare prima dell'escussione del debitore principale [L. fall. 5]. In tal caso, il fideiussore, che sia convenuto dal creditore e intenda valersi del beneficio dell'escussione, deve indicare i beni del debitore principale da sottoporre ad esecuzione [2268, 2868; L. fall. 55 comma 3].

Salvo patto contrario, il fideiussore è tenuto ad anticipare le spese necessarie.

● Norme connesse:
- art. 55, comma 3, R.D. 16 marzo 1942, n. 267.

■ Codice civile del 1865: *Art. 1907. Il fideiussore non è tenuto a pagare il creditore se non in mancanza del debitore principale, il quale deve preventivamente essere escusso eccetto che il fideiussore abbia rinunziato al benefizio dell'escussione e siasi obbligato in solido col debitore; in questo caso l'effetto della sua obbligazione si regola cogli stessi principi stabiliti riguardo ai debiti in solidi.*

Art. 1908. Il creditore non è tenuto ad escutere il debitore principale, se non quando il fideiussore ne faccia istanza ne primi atti della causa contro di lui promossa.

Art. 1909. Il fideiussore che fa istanza per l'escussione, deve indicare al creditore i beni del debitore principale ed anticipiare le spese occorrenti per l'escussione.

Non si tien conto dell'indicazione di beni del debitore principale situati fuori della giurisdizione della corte d'appello in cui si deve fare il pagamento, o di beni litigiosi, o di beni già ipotecati per cautela del debito, i quali non siano più in potere del debitore.

Art. 1910. Qualora il fideiussore abbia fatta l'indicazione dei beni in conformità dell'articolo precedente, ed abbia somministrate le spese occorrenti per la escussione, il creditore è responsabile verso il fideiussore fino alla concorrenza dei beni indicati, a cagione della non solvenza del debitore principale, sopraggiunta per essersi da lui differito il procedimento giudiziale.

Art. 1913. Se il creditore ha diviso egli stesso e volontariamente la sua azione, non può recedere dalla fatta divisione, quantunque prima del tempo in cui ha dato il consenso per tale divisione, vi fossero dè fideiussori non solventi.

1945. Eccezioni opponibili dal fideiussore.

Il fideiussore può opporre contro il creditore tutte le eccezioni che spettano al debitore principale [1239, 1247, 1253, 1255, 1297, 1306, 2805], salva quella derivante dall'incapacità [1939].

■ Codice civile del 1865: *Art. 1927. Il fideiussore può opporre contro il creditore tutte le eccezioni che spettano al debitore principale e che sono inerenti al debito; ma non può opporre quelle che sono puramente personali al debitore.*

♦ Codice civile francese

Articolo 2313. *Il fideiussore può opporre al creditore tutte le eccezione che appartengono al debitore principale, e che sono inerenti al debito; ma non può opporre le eccezione che sono puramente personali del debitore.*

1946. Fideiussione prestata da più persone.

Se più persone hanno prestato fideiussione per un medesimo debitore e a garanzia di un medesimo debito, ciascuna di esse è obbligata per l'intero debito [1239 comma 2, 1294, 1954], salvo che sia stato pattuito il beneficio della divisione [1947].

■ Codice civile del 1865: *Art. 1911. Se più persone hanno fatto sicurtà per un medesimo debitore e per uno stesso debito, ciascuna di esse rimane obbligata per l'intero debito.*

1947. Beneficio della divisione.

Se è stato stipulato il beneficio della divisione [1946], ogni fideiussore che sia convenuto per il pagamento dell'intero debito può esigere che il creditore riduca l'azione alla parte da lui dovuta.

Se alcuno dei fideiussori era insolvente al tempo in cui un altro ha fatto valere il beneficio della divisione, questi è obbligato per tale insolvenza in proporzione della sua quota, ma non risponde delle insolvenze sopravvenute [1299].

● Norme connesse:
- art. 5, comma 2, R.D. 16 marzo 1942, n. 267.

■ Codice civile del 1865: *Art. 1912. Nondimeno ciascuna delle dette persone, ove non abbia rinunziato al benefizio della divisione, può esigere che il creditore divida preventivamente la sua azione e la riduca alla parte di ciascuna.*

Se alcuni fideiussori erano non solventi nel tempo in cui uno dè fideiussori ha ottenuto la divisione, questi è obbligato in proporzione per tale non solvenza, ma non può essere più molestato per causa delle non solvenze sopravvenute dopo la divisione.

1948. Obbligazione del fideiussore del fideiussore.

Il fideiussore del fideiussore [1940] non è obbligato verso il creditore, se non nel caso in cui il debitore principale e tutti i fideiussori di questo siano insolventi [L. fall, 5], o siano liberati perché incapaci.

● Norme connesse:
- art. 63, R.D. 16 marzo 1942, n. 267.

■ Codice civile del 1865: *Art. 1914. Il fideiussore del fideiussore non è obbligato verso il creditore, se non nel caso in cui il debitore principale e tutti i fideiussori sieno non solventi, o sieno liberati per mezzo di eccezioni personali al debitore ed ai fedeiussori.*

Sezione III
Dei rapporti tra fideiussore e debitore principale

1949. Surrogazione del fideiussore nei diritti del creditore.

Il fideiussore che ha pagato il debito è surrogato nei diritti che il creditore aveva contro il debitore [1203 comma 1 n. 3, 1204, 1951, 1955].

■ Codice civile del 1865: *Art. 1916. Il fideiussore che ha pagato il debito, sottentra in tutte le ragioni che aveva il creditore contro il debitore.*

♦ Codice civile francese

Articolo 2306. *Il fideiussore che ha pagato il debito è surrogato in tutti i diritti che aveva il creditore contro il debitore.*

CODICE CIVILE

1950. Regresso contro il debitore principale.

Il fideiussore che ha pagato [1180] ha regresso contro il debitore principale [2871], benché questi non fosse consapevole della prestata fideiussione [1936, 1951; L. fall. 63].

Il regresso comprende il capitale, gli interessi e le spese che il fideiussore ha fatto dopo che ha denunziato al debitore principale le istanze proposte contro di lui.

Il fideiussore inoltre ha diritto agli interessi legali [1284] sulle somme pagate dal giorno del pagamento. Se il debito principale produceva interessi in misura superiore al saggio legale, il fideiussore ha diritto a questi fino al rimborso del capitale [1224].

Se il debitore è incapace [1939], il regresso del fideiussore è ammesso solo nei limiti di ciò che sia stato rivolto a suo vantaggio [1190, 2041 ss.].

■ Codice civile del 1865: *Art. 1915. Il fideiussore che ha pagato, ha regresso contro il debitore principale, ancorché non consapevole della prestata sicurtà.*

Il regresso ha luogo tanto pel capitale, quanto per gli interessi e le spese: il fideiussore però non ha regresso che per le spese da esso fatte dopo che ha denunziato al debitore principale le molestie sofferte.

Egli ha regresso per gli interessi di tutto ciò che ha pagato pel debitore, ancorché il debito non producesse interessi, ed anche pei danni, quando sia il caso.

Gli interessi però che non sarebbero dovuti al creditore, non decorrono a favore del fideiussore che dal giorno in cui avrà notificato il pagamento.

♦ Codice civile francese

Articolo 2305. *Il fideiussore che ha pagato ricorre contro il debitore principale, sia che la fideiussione sia stata data all'insaputa o meno del debitore. Questo ricorso ha luogo sia per il principale che per gli interessi e le spese; tuttavia il fideiussore non ricorre che per le spese da lui fatte da quando ha denunciato al debitore principale le azioni dirette contro di lui. Egli ricorre anche per il risarcimento dei danni se ha luogo.*

1951. Regresso contro più debitori principali.

Se vi sono più debitori principali obbligati in solido [1292], il fideiussore che ha garantito per tutti ha regresso contro ciascuno [1950] per ripetere integralmente ciò che ha pagato [2871 comma 2].

■ Codice civile del 1865: *Art. 1917. Se vi sono più debitori principali obbligati in solido per lo stesso debito, il fideiussore che ha fatto sicurtà per tutti, ha il regresso contro ciascuno di loro per ripetere L'intiera somma pagata.*

♦ Codice civile francese

Articolo 2307. *Quando vi sono più debitori principali solidali di un stesso debito, il fideiussore che li ha tutti garantiti, contro ciascuno di essi, ricorre per la ripetizione del totale di quello che ha pagato.*

1952. Divieto di agire contro il debitore principale.

Il fideiussore non ha regresso contro il debitore principale [1950] se, per avere omesso di denunziargli il pagamento fatto, il debitore ha pagato ugualmente il debito.

Se il fideiussore ha pagato senza averne dato avviso al debitore principale, questi può opporgli le eccezioni che avrebbe potuto opporre al creditore principale all'atto del pagamento [1485].

In entrambi i casi è fatta salva al fideiussore l'azione per la ripetizione contro il creditore [2033].

■ Codice civile del 1865: *Art. 1918. Il fideiussore che ha pagato, non ha regresso contro il debitore principale che abbia pagato anch'esso, qualora il fideiussore non abbia avvertito il debitore del fatto pagamento, salva la sua azione contro il creditore per la ripetizione.*

Se il fideiussore ha pagato senza essere convenuto e senza avere avvertito il debitore principale, non ha alcun regresso contro di questo nel caso in cui, al tempo del pagamento, il debitore avesse avuto mezzi di far dichiarare estinto il debito, salva la sua azione contro il creditore per la ripetizione.

♦ Codice civile francese

Articolo 2308. *Il fideiussore che ha pagato una prima volta, non ricorre contro il debitore principale che ha pagato una seconda volta quando non l'ha avvertito del pagamento da lui fatto; salvo la sua azione di ripetizione contro il creditore. Quando il fideiussore avrà pagato senza essere perseguito e senza aver avvertito il debitore principale, non avrà ricorso contro di lui nel caso in cui, al momento del pagamento, questo debitore avrà avuto i mezzi per far dichiarare il debito estinto; salvo una sua azione di ripetizione contro il creditore.*

1953. Rilievo del fideiussore.

Il fideiussore, anche prima di aver pagato, può agire contro il debitore perché questi gli procuri la liberazione o, in mancanza, presti le garanzie necessarie [1179] per assicurargli il soddisfacimento delle eventuali ragioni di regresso, nei casi seguenti:

1) quando è convenuto in giudizio per il pagamento [106, c.p.c. 269];

2) quando il debitore è divenuto insolvente [L. fall. 5 comma 2];

3) quando il debitore si è obbligato di liberarlo dalla fideiussione entro un tempo determinato;

4) quando il debito è divenuto esigibile per la scadenza del termine [1957];

5) quando sono decorsi cinque anni, e l'obbligazione principale non ha un termine, purché essa non sia di tal natura da non potersi estinguere prima di un tempo determinato [1183][1].

● Norme connesse:

- art. 5, comma 2, R.D. 16 marzo 1942, n. 267.
- art. 614-bis c.p.c.

■ Codice civile del 1865: *Art. 1919. Il fideiussore, anche prima di aver pagato, può agire contro il debitore per essere da lui rilevato:*

1° Quando sia convenuto giudizialmente pel pagamento;

2° Quando il debitore sia fallito o si trovi in istato di non solvenza;

3° Quando il debitore siasi obbligato di liberarlo dalla sicurtà in un tempo determinato, e questo sia scaduto;

4° Quando il debito sia divenuto esigibile per essere scaduto il termine convenuto pel pagamento;

5° Al termine di anni dieci, quando l'obbligazione principale non abbia un termine fisso per la scadenza, purché l'obbligazione principale non fosse di tal natura da non potersi estinguere prima di un tempo determinato, come accade riguardo alla tutela, o non vi fosse convenzione in contrario.

Sezione IV
Dei rapporti fra più fideiussori

1954. Regresso contro gli altri fideiussori.

Se più persone hanno prestato fideiussione per un medesimo debitore [1946] e per un medesimo debito, il fideiussore che ha pagato ha regresso contro gli altri fideiussori per la loro rispettiva porzione [1299]. Se uno di questi è insolvente, si osserva la disposizione del secondo comma dell'articolo 1299.

■ Codice civile del 1865: *Art. 1920. Se più persone hanno fatto sicurtà per uno stesso debitore e per un medesimo debito, il fideiussore che ha pagato il debito, ha regresso contro gli altri fideiussori per la loro rispettiva porzione.*

Il regresso però non ha luogo che quando il fideiussore abbia pagato in uno dei casi espressi nell'articolo precedente.

♦ Codice civile francese

Articolo 2309. *Il fideiussore anche prima di aver pagato può agire contro il debitore per essere da lui indennizzato: 1o quando è perseguito in giudizio per il pagamento; 20 quando il debitore è fallito o è insolvente; 3 o quando il debitore si è obbligato a restituirgli la sua liberazione in un certo tempo; 4 0 quando il debito è divenuto esigibile per il decorso del termine sotto il quale era stato contratto; 5° dopo dieci anni quando l'obbligazione principale non ha un termine fisso di decorso, a meno che l'obbligazione principale, non sia di natura tale da poter essere estinta prima di un tempo determinato.*

Sezione V
Dell'estinzione della fideiussione

1955. Liberazione del fideiussore per fatto del creditore.

La fideiussione si estingue quando, per fatto del creditore, non può avere effetto la surrogazione del fideiussore nei diritti [1949], nel pegno [2784], nelle ipoteche [2808] e nei privilegi [2745] del creditore [2869, 2926].

■ Codice civile del 1865: *Art. 1925. L'obbligazione che nasce dalla fideiussione, si estingue per le stesse cause per cui si estinguono le altre obbligazioni.*

1956. Liberazione del fideiussore per obbligazione futura.

Il fideiussore per un'obbligazione futura [1938, 1958] è liberato se il creditore, senza speciale autorizzazione del fideiussore, ha fatto credito al terzo, pur conoscendo che le condizioni patrimoniali di questo erano divenute tali da rendere notevolmente più difficile il soddisfacimento del credito [1461, 1844, 1850, 1887, 1959, 2743].

Non è valida la preventiva rinuncia del fideiussore ad avvalersi della liberazione[1].

[1] Comma aggiunto dell'art. 10, L. 17 febbraio 1992, n. 154.

1957. Scadenza dell'obbligazione principale.

Il fideiussore rimane obbligato anche dopo la scadenza dell'obbligazione principale, purché il creditore entro sei mesi abbia proposto le sue istanze contro il debitore e le abbia con diligenza continuate [1198 comma 2, 1267 comma 2].

La disposizione si applica anche al caso in cui il fideiussore ha espressamente limitato la sua fideiussione allo stesso termine dell'obbligazione principale.

In questo caso però l'istanza contro il debitore deve essere proposta entro due mesi.

L'istanza proposta contro il debitore interrompe la prescrizione anche nei confronti del fideiussore [disp. att. 190, 1310, 2943 ss.].

■ Codice civile del 1865: *Art. 1931. Il fideiussore che ha limitata la sua fideiussione allo stesso termine che fu accordato al debitore principale, rimane obbligato anche al di là di quel termine e per tutto il tempo necessario per costringerlo al pagamento, purché il creditore entro due mesi dalla scadenza del termine abbia proposte le sue istanze e le abbia con diligenza continuate.*

CAPO XXIII
DEL MANDATO DI CREDITO

1958. Effetti del mandato di credito.

Se una persona si obbliga verso un'altra [1327, 1333], che le ha conferito l'incarico [1710, 1716], a fare credito a un terzo, in nome e per conto proprio, quella che ha dato l'incarico risponde come fideiussore [1936, 1944] di un debito futuro [1938, 1956].

Colui che ha accettato l'incarico non può rinunziarvi [1959], ma chi l'ha conferito può revocarlo, salvo l'obbligo di risarcire il danno all'altra parte [1223, 1723-1726].

1959. Sopravvenuta insolvenza del mandante o del terzo.

Se, dopo l'accettazione dell'incarico, le condizioni patrimoniali di colui che lo ha conferito o del terzo sono divenute tali da rendere notevolmente più difficile il soddisfacimento del credito, colui che ha accettato l'incarico non può essere costretto ad eseguirlo [1461].

Si applica inoltre la disposizione dell'articolo 1956.

CAPO XXIV
DELL'ANTICRESI

1960. Nozione.

L'anticresi è il contratto [320 comma 3, 375 comma 1 n. 2, 1321; c.p.c. 747] col quale il debitore o un terzo [1273] si obbliga a consegnare un immobile al creditore a garanzia del credito [832, 957, 952 comma 2, 978], affinché il creditore ne percepisca i frutti [821], imputandoli agli interessi [1194], se dovuti [1282], e quindi al capitale [1350 comma 1, n. 7, 1380, 2643 n. 12].

■ Codice civile del 1865: *Art. 1891. L'anticresi è un contratto, mediante il quale il creditore acquista il diritto di fare suoi i frutti dell'immobile del suo debitore, coll'obbligo di imputarli annualmente a sconto degli interessi, se gli sono dovuti, e quindi del capitale del suo eredito.*

1961. Obblighi del creditore anticretico.

Il creditore, se non è stato convenuto diversamente, è obbligato a pagare i tributi e i pesi annui dell'immobile ricevuto in anticresi.

Egli ha l'obbligo di conservare, amministrare e coltivare il fondo da buon padre di famiglia [1176, 2790]. Le spese relative devono essere prelevate dai frutti.

Il creditore, se vuole liberarsi da tali obblighi, può, in ogni tempo, restituire l'immobile al debitore, purché non abbia rinunziato a tale facoltà [1070].

■ Codice civile del 1865: *Art. 1892. Il creditore, se non fu convenuto diversamente, è tenuto a pagare i tributi ed i pesi annui dell'immobile che tiene in anticresi.*

Deve pure, sotto pena dei danni, provvedere alla manutenzione ed alle riparazioni necessarie dell'immobile.

Tutte le spese relative a tali oggetti saranno prelevate dai frutti.

Art. 1893. Il debitore non può rientrare nel godimento dell'immobile che ha dato in anticresi, prima che abbia soddisfatto interamente il debito.

Ma il creditore che vuole liberarsi dagli obblighi accennati nell'articolo precedente, può sempre costringere il debitore a riprendere il godimento dell'immobile, purché non abbia rinunziato a questo diritto.

1962. Durata dell'anticresi.

L'anticresi dura finché il creditore sia stato interamente soddisfatto del suo credito, anche se il credito o l'immobile dato in anticresi sia divisibile, salvo che sia stata stabilita la durata.

In ogni caso l'anticresi non può avere una durata superiore ai dieci anni [disp. att. 191].

Se è stato stipulato un termine maggiore questo si riduce al termine suddetto [1339].

1963. Divieto del patto commissorio.

È nullo [1419] qualunque patto, anche posteriore alla conclusione [1326] del contratto, con cui si conviene che la proprietà dell'immobile passi al creditore nel caso di mancato pagamento del debito [1418, 2744].

■ Codice civile del 1865: *Art. 1894. Il creditore non diventa proprietario dell'immobile per la sola mancanza del pagamento nel termine convenuto: qualunque patto in contrario è nullo. In mancanza di pagamento può domandare coi mezzi legali la spropriazione del suo debitore.*

1964. Compensazione dei frutti con gli interessi.

Salva la disposizione dell'articolo 1448, è valido il patto col quale le parti convengono che i frutti si compensino con gli interessi in tutto o in parte. In tal caso il debitore può in ogni tempo estinguere il suo debito e rientrare nel possesso dell'immobile [disp. att. 192].

■ Codice civile del 1865: *Art. 1895. I contraenti possono stipulare che i frutti si compenseranno cogli interessi in tutto od in parte.*

CAPO XXV
DELLA TRANSAZIONE

● Norme connesse:
- sulla transazione negli appalti e contratti pubblici cfr. art. 208, D.Lgs. 18 aprile 2016, n. 50 (Codice dei contratti pubblici).

1965. Nozione.

La transazione [764] è il contratto [1350 n. 12, 1967, 2643 n. 13] col quale le parti, facendosi reciproche concessioni, pongono fine a una lite già incominciata o prevengono una lite che può sorgere tra loro [1304, 1966, 2113, 2668 comma 1, 2684 comma 1, n. 4; c.p.c. 306].

Con le reciproche concessioni si possono creare, modificare o estinguere anche rapporti diversi [1476 comma 1, n. 3] da quello che ha formato oggetto della pretesa e della contestazione delle parti [1976].

● Norme connesse:
- in tema di transazione nell'azione di classe, artt. 140-bis, comma 15, D.Lgs. 6 settembre 2005, n. 206. L'art. 140-bis cit. è stato poi abrogato dall'art. 5, L. 12 aprile 2019, n. 31, decorsi diciannove mesi dalla pubblicazione nella Gazzetta Ufficiale (avvenuta il 18 aprile 2019). Le disposizioni della citata L. 31/2019 si applicano alle condotte illecite poste in essere successivamente alla data della sua entrata in vigore. Alle condotte illecite poste in essere precedentemente continuano ad applicarsi le disposizioni vigenti prima della medesima data di entrata in vigore. V., ora, artt. 840-bis e ss. c.p.c.
- art. 208, comma 4, D.Lgs. 18 aprile 2016, n. 50; art. 35, R.D. 16 marzo 1942, n. 267.

■ Codice civile del 1865: *Art. 1764. La transazione è un contratto, con cui le parti, dando, promettendo o ritenendo ciascuna qualche cosa, pongono fine ad una lite già cominciata o prevengono una lite che può sorgere.*

♦ Codice civile francese

Articolo 2044. *La transazione è un contratto con cui le parti mettono fine ad una contestazione nata, o prevengono una contestazione che nasce.*

1966. Capacità a transigere e disponibilità dei diritti.

Per transigere le parti devono avere la capacità di disporre dei diritti che formano oggetto della lite [180 comma 2, 320 comma 3, 375comma 1, n. 4, 493, 2395 comma 5, 2731; c.p.c. 747].

La transazione è nulla [1418] se tali diritti, per loro natura o per espressa disposizione di legge, sono sottratti alla disponibilità delle parti [2113, 1937].

■ Codice civile del 1865: *Art. 1765. Per far transazione è necessario che si abbia la capacità di disporre degli oggetti compresi in essa.*

♦ Codice civile francese

Articolo 2045. *Per transigere bisogna avere la capacità di disporre degli oggetti compresi nella transazione. Il tutore non può transigere per il minore o il maggiorenne sotto tutela che conformemente all'articolo 467 al titolo "la minore età, la tutela e l'emancipazionè; e non può transigere con il minore divenuto maggiorenne, sul conto della tutela, che conformemente all'articolo 472 dello stesso titolo. I comuni e gli istituti pubblici non possono transigere che con l'autorizzazione espressa del primo ministro.*

1967. Prova.

La transazione deve essere provata per iscritto [2725], fermo il disposto del n. 12 dell'articolo 1350 [1392, 2643 comma 1, n. 13, 2657, 2671].

1968. Transazione sulla falsità di documenti.

La transazione nei giudizi civili di falso non produce alcun effetto, se non è stata omologata dal tribunale, sentito il pubblico ministero [c.p.c. 70, 221].

1969. Errore di diritto.

La transazione non può essere annullata per errore di diritto [1429 n. 4] relativo alle questioni che sono state oggetto di controversia tra le parti.

■ Codice civile del 1865: *Art. 1772. Le transazioni hanno fra le parti l'autorità di una sentenza irrevocabile.*

Non possono impugnarsi per causa di errore di diritto, né per causa di lesione: ma deve essere corretto l'errore di calcolo.

Art. 1773. È però ammessa l'azione di nullità contro una transazione nei casi di dolo, di violenza o di erro re sopra la persona o l'oggetto della controversia.

1970. Lesione.

La transazione non può essere impugnata per causa di lesione [764 comma 2, 1447 ss.].

■ Codice civile del 1865: *Art. 1772. Le transazioni hanno fra le parti l'autorità di una sentenza irrevocabile.*

Non possono impugnarsi per causa di errore di diritto, né per causa di lesione: ma deve essere corretto l'errore di calcolo.

Art. 1773. È però ammessa l'azione di nullità contro una transazione nei casi di dolo, di violenza o di erro re sopra la persona o l'oggetto della controversia.

1971. Transazione su pretesa temeraria.

Se una delle parti era consapevole della temerarietà della sua pretesa, l'altra può chiedere l'annullamento della transazione [1441 ss.; c.p.c. 96].

1972. Transazione su un titolo nullo.

È nulla la transazione relativa a un contratto illecito [1343, 1346], ancorché le parti abbiano trattato della nullità di questo [1418].

Negli altri casi in cui la transazione è stata fatta relativamente a un titolo nullo, l'annullamento [1441] di essa può chiedersi solo dalla parte che ignorava la causa di nullità del titolo [1423].

■ Codice civile del 1865: *Art. 1774. Si può egualmente impugnare una transazione che sia stata fatta in esecuzione di un titolo nullo, salvo che le parti abbiano espressamente trattato della nullità.*

1973. Annullabilità per falsità di documenti.

È annullabile [1427, 1441] la transazione fatta, in tutto o in parte, sulla base di documenti che in seguito sono stati riconosciuti falsi [c.p.c. 395 n. 2].

■ Codice civile del 1865: *Art. 1775. La transazione fatta sopra documenti, che si sono in appresso riconosciuti falsi, è interamente nulla.*

1974. Annullabilità per cosa giudicata.

È pure annullabile la transazione fatta su lite già decisa con sentenza passata in giudicato [2909; c.p.c. 324], della quale le parti o una di esse non avevano notizia [1427, 1441; c.p.c. 395 n. 5].

■ Codice civile del 1865: *Art. 1776. È parimenti nulla la transazione di una lite, che fosse finita con sentenza passata in giudicato, della quale le parti o una di esse non avesse notizia.*

1975. Annullabilità per scoperta di documenti.

La transazione che le parti hanno conclusa generalmente sopra tutti gli affari che potessero esservi tra loro non può impugnarsi per il fatto che posteriormente una di esse venga a conoscenza di documenti che le erano ignoti al tempo della transazione, salvo che questi siano stati occultati dall'altra parte [1439].

La transazione è annullabile [1441], quando non riguarda che un affare determinato e con documenti posteriormente scoperti si prova che una delle parti non aveva alcun diritto [1427; c.p.c. 395 n. 3].

■ Codice civile del 1865: *Art. 1777. Allorché le parti hanno fatta transazione generalmente sopra tutti gli affari che potessero esservi fra loro, i documenti che erano allora ignoti in quel tempo e che posteriormente si sono scoperti, non costituiscono un titolo per impugnare la transazione, salvo che siano stati occultati per fatto di una delle parti contraenti.*

CODICE CIVILE

Ma la transazione è nulla, quando essa non riguardi che un solo oggetto, e resti provato dai documenti posteriormente scoperti, che una delle parti non aveva alcun diritto sopra lo stesso oggetto.

♦ Codice civile francese

Articolo 2057. *Quando le parti hanno transatto generalmente su tutti gli affari che esse potevano avere insieme, i documenti che erano allora sconosciuti, e che sarebbero stati successivamente scoperti, non sono una causa di rescissione, a meno che non siano stati ammessi per colpa di una delle parti; ma la transazione sarà nulla se non aveva che un oggetto su cui sarebbe constatata, dai titoli scoperti, che una delle parti non aveva alcun diritto.*

1976. Risoluzione della transazione per inadempimento.

La risoluzione della transazione per inadempimento [1453] non può essere richiesta se il rapporto preesistente è stato estinto per novazione [1230, 1965], salvo che il diritto alla risoluzione sia stato espressamente stipulato.

CAPO XXVI
DELLA CESSIONE DEI BENI AI CREDITORI

● Norme connesse:
- artt. 46, 160, 177, 182, 184, R.D. 16 marzo 1942, n. 267.

1977. Nozione.

La cessione dei beni ai creditori [507] è il contratto [320, 375, 1321, 1326, 1978; c.p.c. 747] col quale il debitore incarica [1332, 1387, 1704, 1723 comma 2] i suoi creditori o alcuni di essi di liquidare tutte o alcune sue attività [1348] e di ripartirne tra loro il ricavato in soddisfacimento dei loro crediti [1982, 1984, 2649, 2687, 2725 comma 2; L. fall. 160, 182, 186].

● Norme connesse:
- artt. 160, 182, 186, R.D. 16 marzo 1942, n. 267.

1978. Forma.

La cessione dei beni [1977] si deve fare per iscritto, sotto pena di nullità [1350 n. 13, 2649, 2687, 2725].

Se tra i beni ceduti esistono crediti, si osservano le disposizioni degli articoli 1264 e 1265.

1979. Poteri dei creditori cessionari.

L'amministrazione dei beni ceduti spetta ai creditori cessionari. Questi possono esercitare tutte le azioni di carattere patrimoniale relative ai beni medesimi [disp. att. 193].

1980. Effetti della cessione.

Il debitore non può disporre dei beni ceduti.

I creditori anteriori alla cessione che non vi hanno partecipato possono agire esecutivamente anche su tali beni.

I creditori cessionari, se la cessione ha avuto per oggetto solo alcune attività del debitore, non possono agire esecutivamente sulla altre attività prima di aver liquidato quelle cedute [disp. att. 193].

1981. Spese.

I creditori che hanno concluso il contratto o vi hanno aderito [1332] devono anticipare le spese necessarie per la liquidazione e hanno il diritto di prelevarne l'importo sul ricavato di essa [2521 comma 1, n. 6; c.p.c. 95].

1982. Riparto.

I creditori devono ripartire tra loro le somme ricavate in proporzione dei rispettivi crediti, salve le cause di prelazione [2741]. Il residuo spetta al debitore [disp. att. 193].

1983. Controllo del debitore.

Il debitore ha diritto di controllare la gestione e di averne il rendiconto alla fine della liquidazione, o alla fine di ogni anno se la gestione dura più di un anno [c.p.c. 263-266; disp. att. c.p.c. 109, 178].

Se è stato nominato un liquidatore, questi deve rendere il conto anche al debitore [1703; disp. att. 193].

1984. Liberazione del debitore.

Se non vi è patto contrario [1197], il debitore è liberato verso i creditori solo dal giorno in cui essi ricevono la parte loro spettante sul ricavato della liquidazione, e nei limiti di quanto hanno ricevuto [disp. att. 193].

1985. Recesso dal contratto.

Il debitore può recedere [1373] dal contratto offrendo il pagamento del capitale e degli interessi a coloro con i quali ha contrattato o che hanno aderito alla cessione [1332]. Il recesso ha effetto dal giorno del pagamento [2655].

Il debitore è tenuto al rimborso delle spese di gestione [1703, 1981; disp. att. 193].

1986. Annullamento e risoluzione del contratto.

La cessione può essere annullata [1441] se il debitore, avendo dichiarato di cedere tutti i suoi beni, ha dissimulato parte notevole di essi [1439], ovvero se ha occultato passività o ha simulato passività inesistenti [L. fall. 138].

La cessione può essere risoluta per inadempimento secondo le regole generali [1453 ss.].

● Norme connesse:
- art.138, R.D. 16 marzo 1942, n. 267.

TITOLO IV
DELLE PROMESSE UNILATERALI

● Norme connesse:
- art. 58, comma 1, L. 31 maggio 1995, n. 218.

1987. Efficacia delle promesse.

La promessa unilaterale di una prestazione non produce effetti obbligatori fuori dei casi ammessi dalla legge [785, 1322, 1333, 2821].

♦ Codice civile francese

Articolo 1124 *La promessa unilaterale è il contratto per cui una parte, il promittente, accorda ad un'altra, beneficiario, il diritto di ottenere per la conclusione di un contratto, i cui elementi essenziali sono determinati, e per la formazione del quale non manca che il consenso del beneficiario. La revoca della promessa durante il tempo concesso al beneficiario per ottenerlo non impedisce la formazione del contratto promesso. Il contratto concluso in violazione della promessa unilaterale con un terzo che conosce l'esistenza è nullo.*

1988. Promessa di pagamento e ricognizione di debito.

La promessa di pagamento o la ricognizione di un debito [969, 1309, 1870, 2720, 2944, 2966] dispensa colui a favore del quale è fatta dall'onere di provare [2697] il rapporto fondamentale. L'esistenza di questo si presume fino a prova contraria [1325 n. 2, 2944].

1989. Promessa al pubblico.

Colui che, rivolgendosi al pubblico, promette una prestazione a favore di chi si trovi in una determinata situazione o compia una determinata azione [1991], è vincolato dalla promessa non appena questa è resa pubblica [1334, 1336].

Se alla promessa non è apposto un termine, o questo non risulta dalla natura o dallo scopo della medesima, il vincolo del promittente cessa, qualora entro l'anno dalla promessa non gli sia stato comunicato l'avveramento della situazione o il compimento dell'azione prevista nella promessa.

● Norme connesse:

- art. 1, D.P.R. 26 ottobre 2001, n. 430 in tema di promesse di premi al pubblico relative a concorsi ed operazioni a premio di ogni specie.

1990. Revoca della promessa.

La promessa [1989] può essere revocata prima della scadenza del termine indicato dall'articolo precedente solo per giusta causa, purché la revoca sia resa pubblica nella stessa forma della promessa o in forma equivalente [1336 comma 2, 1396].

In nessun caso la revoca può avere effetto se la situazione prevista nella promessa si è già verificata o se l'azione è già stata compiuta.

1991. Cooperazione di più persone.

Se l'azione è stata compiuta da più persone separatamente, oppure se la situazione è comune a più persone, la prestazione promessa, quando è unica, spetta a colui che per primo ne ha dato notizia al promittente.

TITOLO V
DEI TITOLI DI CREDITO

● Norme connesse:

- L.18 dicembre 1984, n. 975; art. 59, comma 1, L. 31 maggio 1995, n. 218; R.D. 14 dicembre 1933, n. 1669; R.D. 21 dicembre 1933, n. 1736; art.1, comma 2, D.Lgs. 24 febbraio 1998, n. 58.

CAPO I
DISPOSIZIONI GENERALI

1992. Adempimento della prestazione.

Il possessore di un titolo di credito ha diritto alla prestazione in esso indicata verso presentazione del titolo, purché sia legittimato nelle forme prescritte dalla legge [2003, 2008, 2021].

Il debitore, che senza dolo o colpa grave adempie la prestazione nei confronti del possessore, è liberato anche se questi non è il titolare del diritto [1189, 1836, 1889 comma 2, 2006 comma 3; L. camb. 46].

● Norme connesse:

- art. 46, R.D. 14 dicembre 1933, n. 1669.

1993. Eccezioni opponibili.

Il debitore può opporre al possessore del titolo soltanto le eccezioni a questo personali, le eccezioni di forma, quelle che sono fondate sul contesto letterale del titolo, nonché quelle che dipendono da falsità della propria firma, da difetto di capacità [2, 404, 414 ss.] o di rappresentanza [1387] al momento dell'emissione, o dalla mancanza delle condizioni necessarie per l'esercizio dell'azione.

Il debitore può opporre al possessore del titolo le eccezioni fondate sui rapporti personali con i precedenti possessori, soltanto se, nell'acquistare il titolo, il possessore ha agito intenzionalmente a danno del debitore medesimo [2014 comma 2; L. camb. 21].

● Norme connesse:

- artt. 21, 65, 94, R.D. 14 dicembre 1933, n. 1669; artt. 1, 2, 25, 26, 57, 75, R.D. 21 dicembre 1933, n. 1736.

1994. Effetti del possesso di buona fede.

Chi ha acquistato in buona fede [1147] il possesso [1153, 1157] di un titolo di credito, in conformità delle norme che ne disciplinano la circolazione, non è soggetto a rivendicazione [948, 1157, 2003, 2009, 2022; L. camb. 20].

● Norme connesse:

- art. 20, R.D. 14 dicembre 1933, n. 1669; art. 24, R.D. 21 dicembre 1933, n. 1736.

1995. Trasferimento dei diritti accessori.

Il trasferimento del titolo di credito comprende anche i diritti accessori che sono ad esso inerenti [2011; L. camb. 18].

● Norme connesse:
- art. 18, R.D. 14 dicembre 1933, n. 1669; art. 20, R.D. 21 dicembre 1933, n. 1736.

1996. Titoli rappresentativi.

I titoli rappresentativi di merci attribuiscono al possessore il diritto alla consegna delle merci che sono in essi specificate, il possesso delle medesime e il potere di disporne mediante trasferimento del titolo [1527, 1684, 1685, 1691, 1790, 1791, 1793, 1860, 1997; c.nav. 460-467, 956-964].

1997. Efficacia dei vincoli sul credito.

Il pegno [2784 ss.], il sequestro [c.p.c. 670 ss.], il pignoramento [c.p.c. 491 ss.] e ogni altro vincolo sul diritto menzionato in un titolo di credito o sulle merci da esso rappresentate non hanno effetto se non si attuano sul titolo [2014, 2024, 2786].

● Norme connesse:
- art. 34, D.Lgs. 24 giugno 1998, n. 213, Introduzione dell'euro; art. 15, D.P.R. 30 dicembre 2003, n. 398 (T.U. debito pubblico).

1998. Titoli con diritto a premi.

Nel caso di usufrutto [978] di titoli di credito [2025] il godimento dell'usufruttuario si estende ai premi e alle altre utilità aleatorie prodotte dal titolo [983].

Il premio è investito a norma dell'articolo 1000.

Nel pegno di titoli di credito [2802] la garanzia non si estende ai premi e alle altre utilità aleatorie prodotte dal titolo [1533, 2791].

1999. Conversione dei titoli.

I titoli di credito al portatore [2003 ss.] possono essere convertiti dall'emittente in titoli nominativi [1003, 2021], su richiesta e a spese del possessore [373].

Salvo il caso in cui la convertibilità sia stata espressamente esclusa dall'emittente, i titoli nominativi possono essere convertiti in titoli al portatore, su richiesta e a spese dell'intestatario che dimostri la propria identità e la propria capacità a norma del secondo comma dell'articolo 2022 [373].

2000. Riunione e frazionamento dei titoli.

I titoli di credito emessi in serie possono essere riuniti in un titolo multiplo, su richiesta e a spese del possessore.

I titoli di credito multipli possono essere frazionati in più titoli di taglio minore [1793].

● Norme connesse:
- art. 8, R.D. 29 marzo 1942, n. 239, che dispone: *Ferma la indivisibilità del titolo unitario, il titolare di un titolo multiplo può richiederne la divisione in più titoli.*

2001. Rinvio a disposizioni speciali.

Le norme di questo titolo si applicano in quanto non sia diversamente disposto da altre norme di questo codice o di leggi speciali.

I titoli del debito pubblico, i biglietti di banca e gli altri titoli equivalenti sono regolati da leggi speciali.

● Norme connesse:
- comma 1: R.D. 14 dicembre 1933, n. 1669; R.D. 21 dicembre 1933, n. 1736; D.Lgs. 21 novembre 2007, n. 231 (Attuazione della direttiva 2005/60/CE concernente la prevenzione dell'utilizzo del sistema finanziario a scopo di riciclaggio dei proventi di attività criminose e di finanziamento del terrorismo nonchè della direttiva 2006/70/CE che ne reca misure di esecuzione).
- comma 2: art. 3 (Prescrizione delle banconote e dei biglietti a debito dello Stato), L. 7 aprile 1997, n. 96 (Norme in materia di circolazione monetaria), che dispone: *1. Le banconote ed i biglietti a debito dello Stato si prescrivono a favore dell'Erario decorsi dieci anni dalla data di cessazione del corso legale.*

1-bis. Le banconote in lire possono essere convertite in euro presso le filiali della Banca d'Italia non oltre il 28 febbraio 2012.

2. In deroga a quanto stabilito dal comma 1, le banconote ed i biglietti dello Stato per i quali è già stata disposta da almeno cinque anni la cessazione del corso legale si prescrivono a favore dell'Erario nel termine di cinque anni dalla data di entrata in vigore della presente legge.

2002. Documenti di legittimazione e titoli impropri.

Le norme di questo titolo non si applicano ai documenti che servono solo ad identificare l'avente diritto alla prestazione, o a consentire il trasferimento del diritto senza l'osservanza delle forme proprie della cessione [1835, 1836, 1889].

CAPO II
DEI TITOLI AL PORTATORE

2003. Trasferimento del titolo e legittimazione del possessore.

Il trasferimento del titolo al portatore si opera con la consegna del titolo [1376, 1994; c.p. 491].

Il possessore del titolo al portatore è legittimato all'esercizio del diritto in esso menzionato in base alla presentazione del titolo [1836, 1889, 1992, 1993, 1999, 2412, 2831].

● Norme connesse:
- art. 49, D.Lgs. 21 novembre 2007, n. 231.

2004. Limitazione della libertà di emissione.

Il titolo di credito contenente l'obbligazione di pagare una somma di denaro non può essere emesso al portatore se non nei casi stabiliti dalla legge.

2005. Titolo deteriorato.

Il possessore di un titolo deteriorato che non sia più idoneo alla circolazione, ma sia tuttora sicuramente identificabile, ha diritto di ottenere dall'emittente un titolo equivalente, verso la restituzione del primo e il rimborso delle spese.

■ Codice del commercio del 1882: *Art. 56. Il possessore di un titolo al portatore reso logoro o guasto, ma tuttora riconoscibile per contrassegni certi, ha diritto di chiedere all'emittente un titolo duplicato o un titolo equivalente.*

Il possessore di un titolo al portatore, che ne provi la distruzione, ha diritto di chiedere in contraddittorio dell'emittente un duplicato del titolo distrutto o un titolo equivalente. L'autorità giudiziaria, se ne ordina la consegna, deve stabilire le cautele che reputa opportune.

Le spese sono a carico del richiedente.

Rispetto ai titoli del debito pubblico, ai biglietti di banca e ad altri titoli equivalenti, si osservano le leggi speciali.

2006. Smarrimento e sottrazione del titolo.

Salvo disposizioni di leggi speciali, non è ammesso l'ammortamento dei titoli al portatore [2016] smarriti o sottratti.

Tuttavia chi denunzia all'emittente lo smarrimento o la sottrazione d'un titolo al portatore e gliene fornisce la prova ha diritto alla prestazione e agli accessori della medesima, decorso il termine di prescrizione del titolo [2946].

Il debitore che esegue la prestazione a favore del possessore del titolo prima del termine suddetto è liberato, salvo che si provi che egli conoscesse il vizio del possesso del presentatore [1992 comma 2, 2016 comma 5].

Se i titoli smarriti o sottratti sono azioni al portatore [2354], il denunziante può essere autorizzato dal tribunale, previa cauzione [c.p.c. 119], se del caso, a esercitare i diritti inerenti alle azioni [2350 ss.] anche prima del termine di prescrizione, fino a quando i titoli non vengano presentati da altri.

È salvo, in ogni caso, l'eventuale diritto del denunziante verso il possessore del titolo.

● Norme connesse:

- comma 1: L. 12 agosto 1993, n. 313 (Rimborso del capitale di titoli di Stato al portatore sottratti, distrutti o smarriti); D.M. 16 febbraio 1996, n. 312 (Regolamento per l'applicazione della legge 12 agosto 1993, n. 313, riguardante il rimborso del capitale di titoli di Stato al portatore sottratti, distrutti o smarriti).

■ Codice del commercio del 1882: *Art. 57. La rivendicazione dei titoli al portatore smarriti o rubati è ammessa soltanto contro colui che li ha trovati o rubati e contro coloro che li hanno ricevuti per qualunque titolo, conoscendo il vizio della causa del possesso.*

2007. Distruzione del titolo.

Il possessore del titolo al portatore, che ne provi la distruzione, ha diritto di chiedere all'emittente il rilascio di un duplicato o di un titolo equivalente.

Le spese sono a carico del richiedente.

Se la prova della distruzione non è raggiunta, si osservano le disposizioni dell'articolo precedente.

■ Codice del commercio del 1882: *Art. 56. Il possessore di un titolo al portatore reso logoro o guasto, ma tuttora riconoscibile per contrassegni certi, ha diritto di chiedere all'emittente un titolo duplicato o un titolo equivalente.*

Il possessore di un titolo al portatore, che ne provi la distruzione, ha diritto di chiedere in contraddittorio dell'emittente un duplicato del titolo distrutto o un titolo equivalente. L'autorità giudiziaria, se ne ordina la consegna, deve stabilire le cautele che reputa opportune.

Le spese sono a carico del richiedente.

Rispetto ai titoli del debito pubblico, ai biglietti di banca e ad altri titoli equivalenti, si osservano le leggi speciali.

CAPO III
DEI TITOLI ALL'ORDINE

2008. Legittimazione del possessore.

Il possessore di un titolo all'ordine è legittimato all'esercizio del diritto in esso menzionato in base a una serie continua di girate [1992; c.p. 491; L. camb. 20].

● Norme connesse:

- art. 20, R.D. 14 dicembre 1933, n. 1669; art. 22, R.D. 21 dicembre 1933, n. 1736.

2009. Forma della girata.

La girata deve essere scritta sul titolo e sottoscritta dal girante [1859; L. camb. 17].

È valida la girata anche se non contiene l'indicazione del giratario.

La girata al portatore vale come girata in bianco [2023; L. camb. 16].

● Norme connesse:

- art. 21 ss., R.D. 14 dicembre 1933, n. 1669; art. 18 ss., R.D. 21 dicembre 1933, n. 1736.

2010. Girata condizionale o parziale.

Qualsiasi condizione [1353] apposta alla girata si ha come non scritta [L. camb. 16 comma 1].

È nulla la girata parziale [L. camb. 16 comma 2].

● Norme connesse:

- art. 16, R.D. 14 dicembre 1933, n. 1669; art. 18, R.D. 21 dicembre 1933, n. 1736.

2011. Effetti della girata.

La girata trasferisce tutti i diritti inerenti al titolo [1407 comma 2, 1995, 2831, 2839, 2887].

Se il titolo è girato in bianco, il possessore può riempire la girata col proprio nome o con quello di altra persona, ovvero può girare di nuovo il titolo o trasmetterlo a un terzo senza riempire la girata o senza apporne una nuova [L. camb. 18].

● Norme connesse:

- art. 18, R.D. 14 dicembre 1933, n. 1669; art. 20, R.D. 21 dicembre 1933, n. 1736.

2012. Obblighi del girante.

Salvo diversa disposizione di legge [1797] o clausola contraria risultante dal titolo, il girante non è obbligato per l'inadempimento della prestazione da parte dell'emittente [1267; L. camb. 19].

● Norme connesse:

- art. 19, R.D. 14 dicembre 1933, n. 1669; art. 21, R.D. 21 dicembre 1933, n. 1736.

2013. Girata per incasso o per procura.

Se alla girata è apposta una clausola che importa conferimento di una procura per incasso, il giratario può esercitare tutti i diritti inerenti al titolo, ma non può girare il titolo, fuorché per procura.

L'emittente può opporre al giratario per procura soltanto le eccezioni opponibili al girante.

L'efficacia della girata per procura non cessa per la morte o per la sopravvenuta incapacità del girante [1722 n. 4; 1723 comma 2; L. camb. 22].

● Norme connesse:

- art. 22, R.D. 14 dicembre 1933, n. 1669; art. 26, R.D. 21 dicembre 1933, n. 1736.

2014. Girata a titolo di pegno.

Se alla girata è apposta una clausola che importa costituzione di pegno [2026, 2784, 2786], il giratario può esercitare tutti i diritti inerenti al titolo, ma la girata da lui fatta vale solo come girata per procura.

L'emittente non può opporre al giratario in garanzia le eccezioni fondate sui propri rapporti personali col girante, a meno che il giratario, ricevendo il titolo, abbia agito intenzionalmente a danno dell'emittente [1993 comma 2, 1997, 2026; L. camb. 23].

● Norme connesse:

- art. 23, R.D. 14 dicembre 1933, n. 1669.

2015. Cessione del titolo all'ordine.

L'acquisto di un titolo all'ordine con un mezzo diverso dalla girata produce gli effetti della cessione [1260; L. camb. 25].

● Norme connesse:

- artt. 24, 25, R.D. 14 dicembre 1933, n. 1669; art. 27, R.D. 21 dicembre 1933, n. 1736.

2016. Procedura d'ammortamento.

In caso di smarrimento, sottrazione o distruzione del titolo [1889 comma 3], il possessore può farne denunzia al debitore e chiedere l'ammortamento del titolo con ricorso al presidente del tribunale del luogo in cui il titolo è pagabile [2006].

Il ricorso deve indicare i requisiti essenziali del titolo e se si tratta di titolo in bianco [2009 comma 3, 2011 comma 2], quelli sufficienti a identificarlo.

Il presidente del tribunale, premessi gli opportuni accertamenti sulla verità dei fatti e sul diritto del possessore, pronunzia con decreto l'ammortamento e autorizza il pagamento del titolo dopo trenta giorni dalla data di pubblicazione del decreto nella *Gazzetta Ufficiale* della Repubblica, purché nel frattempo non sia fatta opposizione dal detentore. Se alla data della pubblicazione il titolo non è ancora scaduto, il termine per il pagamento decorre dalla data della scadenza [2018].

Il decreto deve essere notificato al debitore e pubblicato [c.p.c. 137] nella *Gazzetta Ufficiale* della Repubblica a cura del ricorrente.

Nonostante la denunzia, il pagamento fatto al detentore prima della notificazione del decreto libera il debitore [1997, 2006 comma 3, 2027; L. camb. 89].

● Norme connesse:

- artt. 89 ss., R.D. 14 dicembre 1933, n. 1669; artt. 69 ss., R.D. 21 dicembre 1933, n. 1736.

2017. Opposizione del detentore.

L'opposizione del detentore deve essere proposta davanti al tribunale che ha pronunziato l'ammortamento, con citazione da notificarsi al ricorrente e al debitore [L. camb. 90].

L'opposizione non è ammissibile senza il deposito del titolo presso la cancelleria del tribunale.

Se l'opposizione è respinta, il titolo è consegnato a chi ha ottenuto l'ammortamento.

● Norme connesse:

- art. 90, R.D. 14 dicembre 1933, n. 1669; artt. 70, 94, R.D. 21 dicembre 1933, n. 1736.

2018. Diritti del ricorrente durante il termine per l'opposizione.

Durante il termine stabilito dall'articolo 2016, il ricorrente può compiere tutti gli atti che tendono a conservare i suoi diritti, e se il titolo è scaduto o pagabile a vista, può esigerne il pagamento mediante cauzione o chiedere il deposito giudiziario della somma [2027; L. camb. 91].

● Norme connesse:

- art. 91, R.D. 14 dicembre 1933, n. 1669; art. 71, R.D. 21 dicembre 1933, n. 1736.

2019. Effetti dell'ammortamento.

Trascorso senza opposizione il termine indicato dall'articolo 2016, il titolo non ha più efficacia, salve le ragioni del detentore verso chi ha ottenuto l'ammortamento [2027 comma 3].

Chi ha ottenuto l'ammortamento, su presentazione del decreto e di un certificato del cancelliere del tribunale comprovante che non fu interposta opposizione, può esigere il pagamento o, qualora il titolo sia in bianco [2009 comma 2, 2011 comma 2] o non sia ancora scaduto, può ottenere un duplicato.

● Norme connesse:

- artt. 92, 93, R.D. 14 dicembre 1933, n. 1669; artt. 72, 74, 96, R.D. 21 dicembre 1933, n. 1736.

2020. Leggi speciali.
Le norme di questa sezione si applicano ai titoli all'ordine regolati da leggi speciali in quanto queste non dispongano diversamente.

● Norme connesse:
- R.D. 14 dicembre 1933, n. 1669, R.D. 21 dicembre 1933, n. 1736.

CAPO IV
DEI TITOLI NOMINATIVI

2021. Legittimazione del possessore.
Il possessore di un titolo nominativo [1003, 1999, 2354] è legittimato all'esercizio del diritto in esso menzionato per effetto dell'intestazione a suo favore contenuta nel titolo e nel registro dell'emittente [1992, 2421 comma 1, n. 1].

2022. Trasferimento.
Il trasferimento del titolo nominativo si opera mediante l'annotazione del nome dell'acquirente sul titolo e nel registro dell'emittente o col rilascio di un nuovo titolo intestato al nuovo titolare. Del rilascio deve essere fatta annotazione nel registro [2469, 2470].

Colui che chiede l'intestazione del titolo a favore di un'altra persona, o il rilascio di un nuovo titolo ad essa intestato, deve provare la propria identità e la propria capacità di disporre, mediante certificazione di un notaio o di un agente di cambio. Se l'intestazione o il rilascio è richiesto dall'acquirente, questi deve esibire il titolo e dimostrare il suo diritto mediante atto autentico [1999 comma 2, 2024 comma 2, 2703].

Le annotazioni nel registro e sul titolo sono fatte a cura e sotto la responsabilità dell'emittente.

L'emittente che esegue il trasferimento nei modi indicati dal presente articolo è esonerato da responsabilità, salvo il caso di colpa [2355 comma 4; c.nav. 161 comma 3, 962 comma 3].

● Norme connesse:
- comma 1: artt. 2 e 12, R.D. 29 marzo 1942, n. 239 (Norme interpretative, integrative e complementari del regio decreto-legge 25 ottobre 1941, n. 1148, convertito nella legge 9 febbraio 1942, n. 96, riguardante la nominatività obbligatoria dei titoli azionari) che, rispettivamente, dispongono: *Art. 2. Trasferimento delle azioni. Il trasferimento dei titoli azionari si opera con l'annotazione del nuovo titolare, a cura della società emittente, sul titolo e nel libro dei soci, oppure mediante girata sul titolo.*

Di fronte alla società emittente il trasferimento per girata non produce effetto che in seguito all'annotazione nel libro dei soci, da eseguirsi a cura della società stessa su presentazione del titolo da parte dell'ultimo giratario, che se ne dimostri possessore mediante una serie continua di girate.

Art. 12. Girata dei titoli azionari. La girata dei titoli azionari deve essere datata e sottoscritta dal girante, il quale deve indicare tutte le generalità e la nazionalità del giratario richieste dall'articolo 4 per l'intestazione dei titoli. Se il titolo non è interamente liberato, è necessaria anche la sottoscrizione del giratario.

La girata è scritta sul titolo ovvero su un foglio di allungamento, che deve ripetere la indicazione della specie, serie, numero e importo del titolo e deve portare il timbro e la firma del notaio, agente di cambio o azienda di credito autorizzata, apposti in modo che figurino in parte sul titolo e in parte sul foglio di allungamento.

La sottoscrizione del girante, e, ove richiesta, quella del giratario debbono, all'atto dell'apposizione, essere autenticate da un notaio, da un agente di cambio, ovvero dai funzionari delle aziende di credito autorizzate, da queste a ciò delegati.

I notai, gli agenti di cambio e le aziende di credito autorizzate possono autenticare la sottoscrizione del girante anche quando la girata è fatta in proprio favore. La sottoscrizione da essi apposta sul titolo in qualità di giranti o di giratari non ha bisogno di autenticazione.

L'autenticazione può essere fatta anche con la semplice formula: «vera la firma di ...».

L'autenticante risponde dell'identità del girante e, nel caso di titoli non liberati, del giratario e della loro capacità. Egli si accerta altresì che la girata contenga tutte le indicazioni prescritte dal presente articolo.

La firma dell'autenticante è esente da legalizzazione.

Nessuna imposta di registro o bollo è dovuta per le girate.

2023. Trasferimento mediante girata.
Salvo diverse disposizioni della legge, il titolo nominativo può essere trasferito anche mediante girata [2009] autenticata [2703] da un notaio o da un agente di cambio.

La girata deve essere datata e sottoscritta dal girante e contenere l'indicazione del giratario. Se il titolo non è interamente liberato, è necessaria anche la sottoscrizione del giratario [1534, 2356].

Il trasferimento mediante girata non ha efficacia nei confronti dell'emittente fino a che non ne sia fatta annotazione nel registro. Il giratario che si dimostra possessore del titolo in base a una serie continua di girate ha diritto di ottenere l'annotazione del trasferimento nel registro dell'emittente.

● Norme connesse:
- comma 1: artt. 2 e 12, R.D. 29 marzo 1942, n. 239 (Norme interpretative, integrative e complementari del regio decreto-legge 25 ottobre 1941, n. 1148, convertito nella legge 9 febbraio 1942, n. 96, riguardante la nominatività obbligatoria dei titoli azionari), riportati in nota sub art. 2022 c.c..

2024. Vincoli sul credito.
Nessun vincolo sul credito produce effetti nei confronti dell'emittente e dei terzi, se non risulta da una corrispondente annotazione sul titolo e nel registro [167 comma 4, 1997, 2026].

Per l'annotazione si osserva il disposto del secondo comma dell'articolo 2022.

● Norme connesse:
- comma 1: per il trasferimento delle azioni, v. artt. 2 e 12, R.D. 29 marzo 1942, n. 239 (Norme interpretative, integrative

e complementari del regio decreto-legge 25 ottobre 1941, n. 1148, convertito nella legge 9 febbraio 1942, n. 96, riguardante la nominatività obbligatoria dei titoli azionari), riportati in nota sub art. 2022 c.c..

2025. Usufrutto.

Chi ha l'usufrutto [978] del credito menzionato in un titolo nominativo [1003] ha diritto di ottenere un titolo separato da quello del proprietario [1998, 2352].

2026. Pegno.

La costituzione in pegno di un titolo nominativo [2784, 2786] può farsi anche mediante consegna del titolo, girato con la clausola «in garanzia» o altra equivalente [2014, 2352].

Il giratario in garanzia non può trasmettere ad altri il titolo se non mediante girata per procura [2013, 2014].

● Norme connesse:
- comma 1: er il pegno su azioni, v. art. 3, R.D. 29 marzo 1942, n. 239, che dispone: *Art. 3. Vincoli reali sulle azioni. I vincoli reali sui titoli azionari si costituiscono mediante annotazione, a cura della società emittente, sul titolo e nel libro dei soci.*

Il pegno dei titoli azionari può essere costituito anche mediante consegna del titolo, girato con la clausola «in garanzia» od altra equivalente. Di fronte alla società emittente il pegno non produce effetto che in seguito all'annotazione nel libro dei soci, da eseguirsi dalla società immediatamente.

I pignoramenti, sequestri ed altre opposizioni debbono essere eseguiti sul titolo.

Gli atti di cui al comma precedente non possono essere eseguiti contro il girante del titolo dopo che questo sia stato consegnato alla stanza di compensazione.

2027. Ammortamento.

In caso di smarrimento, sottrazione o distruzione del titolo, l'intestatario o il giratario di esso può farne denunzia all'emittente e chiedere l'ammortamento del titolo in conformità delle norme relative ai titoli all'ordine [2016].

In caso di smarrimento, sottrazione o distruzione di azioni nominative, durante il termine stabilito dall'articolo 2016 il ricorrente può esercitare i diritti inerenti alle azioni, salva, se del caso, la prestazione di una cauzione [2018; c.p.c. 119].

L'ammortamento estingue il titolo, ma non pregiudica le ragioni del detentore verso chi ha ottenuto il nuovo titolo [1189, 2019].

TITOLO VI
DELLA GESTIONE DI AFFARI

● Norme connesse:
- art. 61, comma 1, L. 31 maggio 1995, n. 218.

2028. Obbligo di continuare la gestione.

Chi, senza esservi obbligato [1173], assume scientemente la gestione di un affare altrui, è tenuto a continuarla e a condurla a termine finché l'interessato non sia in grado di provvedervi da se stesso [75, c.p.c. 81].

L'obbligo di continuare la gestione sussiste anche se l'interessato muore prima che l'affare sia terminato, finché l'erede possa provvedere direttamente.

■ Codice civile del 1865: *Art. 1141. Quegli che volontariamente si assume un affare altrui, contrae l'obbligazione di continuare la gestione cominciata e di condurla a termine, sino a che l'interessato non sia in grado di provvedervi da sé stesso, e deve altresì soggiacere a tutte le conseguenze del medesimo affare ed a tutte le obbligazioni, che risulterebbero da un mandato avuto dall'interessato.*

Art. 1142. È pur tenuto a continuare la gestione, ancorché l'interessato muoia prima che l'affare sia terminato, sino a che l'erede possa assumerne la direzione.

♦ Regolamento (CE) n. 864/2007 del Parlamento europeo e del Consiglio dell'11 luglio 2007 sulla legge applicabile alle obbligazioni extracontrattuali («Roma II»)

Articolo 11. Negotiorum gestio. *1. Qualora un'obbligazione extracontrattuale che deriva da una gestione d'affari altrui si ricolleghi ad una relazione esistente tra le parti, come quella derivante da un contratto o da un fatto illecito, che presenti uno stretto collegamento con tale obbligazione extracontrattuale, la legge applicabile è quella che disciplina tale relazione.*

2. Quando la legge applicabile non può essere determinata in base al paragrafo 1 e le parti hanno la loro residenza abituale nel medesimo paese nel momento in cui si verifica il fatto che determina il danno, si applica la legge di tale paese.

3. Quando la legge applicabile non può essere determinata in base ai paragrafi 1 o 2, si applica la legge del paese in cui si è svolta la gestione d'affari.

4. Se dal complesso delle circostanze del caso risulta che l'obbligazione extracontrattuale che deriva da una gestione d'affari altrui presenta collegamenti manifestamente più stretti con un paese diverso da quello di cui ai paragrafi 1, 2 e 3, si applica la legge di quest'altro paese.

♦ Codice civile francese

Articolo 1301 *Colui che, senza esservi tenuto, gestisce scientemente ed utilmente l'affare altrui, all'insaputa o senza l'opposizione del gerito, è soggetto, al completamento degli atti giuridici e materiali della sua gestione ed a tutte le obbligazioni del mandatario.*

Articolo 1301.4 *L'interesse personale del gerente ad incaricarsi dell'affare altrui non esclude l'applicazione delle regole della gestione degli affari.In questi casi l'assunzione degli impegni, delle spese e dei danni è ripartita in proporzione degli interessi di ciascuno nell'affare comune.*

Articolo 1301.5 *Se l'azione del gerente non risponde alle condizioni della gestione d'affari ma tuttavia giova all'interessato di questo affare, questi deve indennizzare il gerente secondo le regole dell'arricchimento senza causa.*

2029. Capacità del gestore.

Il gestore deve avere la capacità di contrattare [2, 1425].

2030. Obbligazioni del gestore.
Il gestore è soggetto alle stesse obbligazioni che deriverebbero da un mandato [1703, 1710 ss.].

Tuttavia il giudice, in considerazione delle circostanze che hanno indotto il gestore ad assumere la gestione, può moderare il risarcimento dei danni ai quali questi sarebbe tenuto per effetto della sua colpa [789, 798, 1176, 1223, 1710, 1768 comma 2, 1812, 1821 comma 2].

■ Codice civile del 1865: *Art. 1143. È parimente tenuto ad usare nella sua amministrazione tutte le cure di un buon padre di famiglia. L'autorità giudiziaria può tuttavia moderare la valutazione dei danni, che fossero derivati da colpa o negligenza dell'amministratore, secondo le circostanze che lo hanno indotto ad assumere l'affare.*

♦ Codice civile francese
Articolo 1301.1. *Il gestore è tenuto a condurre la gestione di affari altrui con la cura di una persona ragionevole; deve perseguire la gestione finchè l'interessato od un suo successore sia in grado di provvedervi. Il giudice può, secondo le circostanze, modificare l'indennità dovuta all'interessato in ragione della negligenza del gerente.*

2031. Obblighi dell'interessato.
Qualora la gestione sia stata utilmente iniziata, l'interessato deve adempiere le obbligazioni che il gestore ha assunte in nome di lui, deve tenere indenne il gestore di quelle assunte dal medesimo in nome proprio e rimborsargli tutte le spese necessarie o utili con gli interessi [1284] dal giorno in cui le spese stesse sono state fatte [1719, 1720, 1890, 1914 comma 2].

Questa disposizione non si applica agli atti di gestione eseguiti contro il divieto dell'interessato, eccetto che tale divieto sia contrario alla legge, all'ordine pubblico o al buon costume [23 comma 4, 25 comma 1, 1343, 1354 comma 1, 2035].

● Norme connesse:
- art. 16, comma 1, L. 31 maggio 1995, n. 218.

■ Codice civile del 1865: *Art. 1144. Se l'affare fu bene amministrato, l'interessato deve adempire le obbligazioni contratte in nome suo dall'amministratore, tenerlo indenne da quelle che ha personalmente assunto, e rimborsarlo delle spese necessarie ed utili, cogli interessi dal giorno in cui furono fatte.*

♦ Codice civile francese
Articolo 1301.2. *Colui, il cui affare è utilmente gestito deve soddisfare gli impegni contratti nel suo interesse dal gerente. Egli rimborsa al gerente le spesse fatte nel suo interesse e lo indennizza dei danni che ha subito in ragione della sua gestione. Le somme avanzate dal gerente producono interessi dal giorno del pagamento.*

2032. Ratifica dell'interessato.
La ratifica [1399] dell'interessato produce, relativamente alla gestione, gli effetti che sarebbero derivati da un mandato [1703 ss.], anche se la gestione è stata compiuta da persona che credeva di gestire un affare proprio [1711, 1890].

● Norme connesse:
- v. artt. 1571 e 1705, c.c..

♦ Codice civile francese
Articolo 1301.3. *La ratifica della gestione dall'interessato vale come mandato.*

TITOLO VII
DEL PAGAMENTO DELL'INDEBITO

● Norme connesse:
- art. 61, comma 1, L. 31 maggio 1995, n. 218.

2033. Indebito oggettivo.
Chi ha eseguito un pagamento non dovuto [1189] ha diritto di ripetere ciò che ha pagato [1185 comma 2, 1463, 1952 comma 3, 2039]. Ha inoltre diritto ai frutti [820 ss.] e agli interessi [1284] dal giorno del pagamento, se chi lo ha ricevuto era in mala fede, oppure, se questi era in buona fede [1147], dal giorno della domanda [1148, 2036; L. fall. 39].

● Norme connesse:
- art. 39, comma 4, R.D. 16 marzo 1942, n. 267; art. 140-bis, comma 1, D.Lgs. 6 settembre 2005, n. 206. L'art. 140-bis cit. è stato poi abrogato dall'art. 5, L. 12 aprile 2019, n. 31, decorsi diciannove mesi dalla pubblicazione nella Gazzetta Ufficiale (avvenuta il 18 aprile 2019). Le disposizioni della citata L. 31/2019 si applicano alle condotte illecite poste in essere successivamente alla data della sua entrata in vigore. Alle condotte illecite poste in essere precedentemente continuano ad applicarsi le disposizioni vigenti prima della medesima data di entrata in vigore. V., ora, artt. 840-bis e ss. c.p.c.
- art. 23, D.Lgs. 24 febbraio 1998, n. 58 in tema di nullità del contratto di investimento e relativi effetti restitutori.
- v. artt. 948 e 1283 c.c.

■ Codice civile del 1865: *Art. 1145. Chi per errore o scientemente riceve ciò che non gli è dovuto, è obbligato a restituirlo a colui dal quale lo ha indebitamente ricevuto.*

Art. 1237. Ogni pagamento presuppone un debito: ciò che è pagato senza essere dovuto, è ripetibile.

La ripetizione non è ammessa riguardo alle obbligazioni naturali che si sono volontariamente soddisfatte.

♦ Codice civile francese
Articolo 1302. *Ogni pagamento suppone un debito; quello che è stato ricevuto senza essere dovuto è soggetto a restituzione.*

2034. Obbligazioni naturali.
Non è ammessa la ripetizione [2033] di quanto è stato spontaneamente prestato [590, 627 comma 2, 799, 1185 comma 2, 1933 comma 2, 2035, 2433] in esecuzione di doveri morali o sociali [2231], salvo che la prestazione sia stata eseguita da un incapace [2, 591, 1191, 2126, 2321, 2940; L. fall. 64].

I doveri indicati dal comma precedente, e ogni altro per cui la legge non accorda azione [2231] ma esclude la ripetizione di ciò che è stato spontaneamente pagato [1933 comma 2, 2035, 2036 comma 3, 2321, 2433 comma 4, 2940], non producono altri effetti [1246 n. 5].

● Norme connesse:
- art. 64, R.D. 16 marzo 1942, n. 267.

■ Codice civile del 1865: *Art. 1237. Ogni pagamento presuppone un debito: ciò che è pagato senza essere dovuto, è ripetibile.*

La ripetizione non è ammessa riguardo alle obbligazioni naturali che si sono volontariamente soddisfatte.

♦ Codice civile francese

Articolo 1302. *La restituzione non è ammessa con riguardo alle obbligazioni naturali che sono state volontariamente quietanzate.*

2035. Prestazione contraria al buon costume.

Chi ha eseguito una prestazione per uno scopo che, anche da parte sua, costituisca offesa al buon costume [5, 24 comma 4, 25 comma 1, 634, 1343, 1354 comma 1] non può ripetere quanto ha pagato.

2036. Indebito soggettivo.

Chi ha pagato un debito altrui, credendosi debitore in base a un errore scusabile [1180], può ripetere ciò che ha pagato, sempre che il creditore non si sia privato in buona fede [1147] del titolo o delle garanzie del credito [1189, 1237].

Chi ha ricevuto l'indebito [1189 comma 2] è anche tenuto a restituire i frutti [820 ss.] e gli interessi [1284] dal giorno del pagamento [1282], se era in mala fede, o dal giorno della domanda, se era in buona fede [1147, 1148, 2033, 2039].

Quando la ripetizione non è ammessa [2034], colui che ha pagato subentra nei diritti del creditore [1203 n. 5].

■ Codice civile del 1865: *Art. 1146. Chi per errore si credeva debitore, quando abbia pagato il debito, ha il diritto della ripetizione contro il creditore.*

Cessa però tale diritto, se il creditore in conseguenza del pagamento si è privato in buona fede del titolo e delle cautele relative al credito; nel qual caso è salvo a colui che ha pagato, il regresso conto il vero debitore.

Art. 1147. Quegli che ha ricevuto il pagamento, se era in mala fede, è tenuto a restituire tanto il capitale, quanto gli interessi o i frutti dal giorno del pagamento.

♦ Codice civile francese

Articolo 1302.2. *Colui che per errore o sotto costrizione ha soddisfatto un debito altrui può agire per la restituzione contro il creditore. Tuttavia questo diritto cessa nei casi in cui il creditore, a seguito del pagamento, ha distrutto il suo titolo od ha perso le garanzie che garantivano questo suo credito. La restituzione può anche essere domandata a colui il cui debito è stato adempiuto per errore.*

Articolo 1376. *Colui che riceve per errore o scientemente quello che non gli è dovuto, si obbliga a restituirlo a colui da cui egli l'ha indebitamente ricevuto.*

Articolo 1378. *Se c'è stata mala fede da parte di colui che ha ricevuto, egli è tenuto a restituire, sia il capitale che gli interessi o i frutti dal giorno del pagamento.*

2037. Restituzione di cosa determinata.

Chi ha ricevuto indebitamente una cosa determinata è tenuto a restituirla [1189 comma 2, 2041].

Se la cosa è perita, anche per caso fortuito [1218, 1256], chi l'ha ricevuta in mala fede è tenuto a corrisponderne il valore; se la cosa è soltanto deteriorata, colui che l'ha data può chiedere l'equivalente, oppure la restituzione e un'indennità per la diminuzione di valore.

Chi ha ricevuto la cosa in buona fede non risponde del perimento o del deterioramento di essa, ancorché dipenda da fatto proprio, se non nei limiti del suo arricchimento [1147, 2041].

■ Codice civile del 1865: *Art. 1148. Quegli che indebitamente ha ricevuta una cosa, deve restituirla in natura, se sussiste : qualora la cosa più non sussista o sia deteriorata, quegli che l'ha ricevuta in mala fede, deve restituirne il valore, ancorché la cosa sia perita ovvero sia deteriorata per solo caso fortuito; ed avendola ricevuta in buona fede, non è tenuto alla restituzione che sino alla concorrenza di ciò che è stato rivolto in suo profitto.*

2038. Alienazione della cosa ricevuta indebitamente.

Chi, avendo ricevuto la cosa in buona fede [1147], l'ha alienata prima di conoscere l'obbligo di restituirla è tenuto a restituire il corrispettivo conseguito. Se questo è ancora dovuto, colui che ha pagato l'indebito subentra nel diritto dell'alienante [1203 comma 1 n. 5, 1776]. Nel caso di alienazione a titolo gratuito, il terzo acquirente è obbligato, nei limiti del suo arricchimento, verso colui che ha pagato l'indebito.

Chi ha alienato la cosa ricevuta in mala fede, o dopo aver conosciuto l'obbligo di restituirla, è obbligato a restituirla in natura o a corrisponderne il valore. Colui che ha pagato l'indebito può però esigere il corrispettivo dell'alienazione e può anche agire direttamente per conseguirlo. Se l'alienazione è stata fatta a titolo gratuito, l'acquirente, qualora l'alienante sia stato inutilmente escusso, è obbligato, nei limiti dell'arricchimento, verso colui che ha pagato l'indebito [1147, 2041].

■ Codice civile del 1865: *Art. 1149. Chi ha venduto la cosa ricevuta in buona fede, non è tenuto che a restituire il prezzo ricavato dalla vendita od a cedere l'azione per conseguirlo.*

2039. Indebito ricevuto da un incapace.

L'incapace che ha ricevuto l'indebito, anche in mala fede, non è tenuto che nei limiti in cui ciò che ha ricevuto è stato rivolto a suo vantaggio [1190, 1443, 1769, 1950 comma 4, 2033, 2041].

2040. Rimborso di spese e di miglioramenti.

Colui al quale è restituita la cosa è tenuto a rimborsare il possessore delle spese e dei miglioramenti, a norma degli articoli 1149, 1150, 1151 e 1152.

■ Codice civile del 1865: *Art. 1150. Colui al quale è restituita la cosa, deve rimborsare anche il possessore di mala fede delle spese fatte per la conservazione della cosa, e delle utili a norma dell'articolo 705.*

TITOLO VIII
DELL'ARRICCHIMENTO SENZA CAUSA

● Norme connesse:

- art. 61, L. 31 maggio 1995, n. 218; art. 125, D.Lgs. 10 febbraio 2005, n. 30; art. 67, R.D. 14 dicembre 1933, n. 1669; art. 59, R.D. 21 dicembre 1933, n. 1736.

2041. Azione generale di arricchimento.

Chi, senza una giusta causa, si è arricchito a danno di un'altra persona è tenuto, nei limiti dell'arricchimento, a indennizzare quest'ultima della correlativa diminuzione patrimoniale [31 comma 3, 535 comma 2, 821 comma 2, 1185 comma 2, 1443, 1769, 2037 comma 3, 2038 comma 2; c.p.c. 429 comma 3; L. camb. 67].

Qualora l'arricchimento abbia per oggetto una cosa determinata, colui che l'ha ricevuta è tenuto a restituirla in natura, se sussiste al tempo della domanda [2037, 2038].

● Norme connesse:

- sulle restituzioni nell'azione collettiva di classe, art. 140-bis, comma 1, D.Lgs. 6 settembre 2005, n. 206. L'art. 140-bis cit. è stato poi abrogato dall'art. 5, L. 12 aprile 2019, n. 31, decorsi diciannove mesi dalla pubblicazione nella Gazzetta Ufficiale (avvenuta il 18 aprile 2019). Le disposizioni della citata L. 31/2019 si applicano alle condotte illecite poste in essere successivamente alla data della sua entrata in vigore. Alle condotte illecite poste in essere precedentemente continuano ad applicarsi le disposizioni vigenti prima della medesima data di entrata in vigore. V., ora, artt. 840-bis e ss. c.p.c.

- artt. 191 e 194, D.Lgs. 18 agosto 2000, n. 267 (Testo unico enti locali).

♦ Regolamento (CE) n. 864/2007 del Parlamento europeo e del Consiglio dell'11 luglio 2007 sulla legge applicabile alle obbligazioni extracontrattuali («Roma II»)

Articolo 10. Arricchimento senza causa. *1. Ove un'obbligazione extracontrattuale derivante da un arricchimento senza causa, compresa la ripetizione dell'indebito, si ricolleghi a una relazione esistente tra le parti, come quella derivante da un contratto o da un fatto illecito, che presenti uno stretto collegamento con tale arricchimento senza causa, la legge applicabile è quella che disciplina tale relazione.*

2. Quando la legge applicabile non può essere determinata in base al paragrafo 1 e le parti hanno la loro residenza abituale nel medesimo paese nel momento in cui si verifica il fatto che determina l'arricchimento senza causa, si applica la legge di tale paese.

3. Quando la legge applicabile non può essere determinata in base ai paragrafi 1 o 2, si applica la legge del paese in cui l'arricchimento senza causa si è prodotto.

4. Se dal complesso delle circostanze del caso risulta che l'obbligazione extracontrattuale che deriva da un arricchimento senza causa presenta collegamenti manifestamente più stretti con un paese diverso da quello di cui ai paragrafi 1, 2 e 3, si applica la legge di quest'altro paese.

♦ Codice civile francese

Articolo 1301 *Fuori dai casi della gestione di affari e del pagamento dell'indebito, colui che benefica di un arricchimento ingiustificato con l'impoverimento altrui deve, a colui che si trova impoverito, una indennità uguale alla minor somma dei due valori di arricchimento ed impoverimento.*

Articolo 1303.1. *L'arricchimento è ingiustificato quando non proviene né dall'adempimento di una obbligazione per l'impoverito né dal suo intento di liberalità.*

Articolo 1303.2. *Non ha luogo l'indennizzo se l'impoverimento proviene da un atto acconsentito dall'impoverito in vista di un profitto personale. L'indennizzo può essere modificato dal giudice se l'impoverimento proviene da un errore dell'impoverito.*

Articolo 1303.3. *L'impoverito non ha azione quando contro di lui è in corso un'altra azione o se incontra un ostacolo di diritto, quale la prescrizione.*

2042. Carattere sussidiario dell'azione.

L'azione di arricchimento non è proponibile quando il danneggiato può esercitare un'altra azione per farsi indennizzare del pregiudizio subito [821, 1185, 1190, 1443, 1769, 2037, 2038].

● Norme connesse:

- art. 125, D.Lgs. 10 febbraio 2005, n. 30.

TITOLO IX
DEI FATTI ILLECITI

● Norme connesse:

- art. 125, D.Lgs. 10 febbraio 2005, n. 30; artt.114-127, 140-bis, D.Lgs. 6 settembre 2005, n. 206. L'art. 140-bis cit. è stato poi abrogato dall'art. 5, L. 12 aprile 2019, n. 31, decorsi diciannove mesi dalla pubblicazione nella Gazzetta Ufficiale (avvenuta il 18 aprile 2019). Le disposizioni della citata L. 31/ 2019 si applicano alle condotte illecite poste in essere successivamente alla data della sua entrata in vigore. Alle condotte illecite poste in essere precedentemente continuano ad applicarsi le disposizioni vigenti prima della medesima data di entrata in vigore. V., ora, artt. 840-bis e ss. c.p.c.; artt. 170-172, D.Lgs. 7 settembre 2005, n. 209; art. 33, comma 2, L. 10 ottobre 1990, n. 287; art. 62, L. 31 maggio 1995, n. 218; art. 142, comma 3, lett. b), R.D. 16 marzo 1942, n. 267; art. 5, D.Lgs. 30 giugno 2003, n. 196; artt. 2, 7, L. 13 aprile 1988, n. 117.

2043. Risarcimento per fatto illecito.

Qualunque fatto doloso o colposo, che cagiona ad altri un danno ingiusto, obbliga colui che ha commesso il fatto a risarcire il danno [7, 10, 81, 129-*bis*, 840, 844, 872 comma 2, 935, 939, 948, 949, 1176, 1337, 1338, 1440, 1494, 2395, 2600, 2675, 2818, 2947; cost. 28; c.p. 185, 198; c.p.p. 74 ss.; c.p.c. 55, 60, 64 comma 2, 96, 278].

● Norme connesse:

- art. 1382 del Codice Napoleonico del 1804, prevede che *Tout fait quelconque de l'homme, qui cause à autrui un dommage, oblie celui per la faute duquel il est arrivé, a le rèparer (Qualunque fatto dell'uomo che arreca danno ad altri,*

CODICE CIVILE

obbliga colui per colpa del quale è avvenuto, a risarcire il danno cagionato).

- § 823 comma 1 del BGB tedesco del 1896 così recita: *Wer vorsatzlich oder fahrlassig das Leben, den Korper, die Gesundheit, die Freiheit, das Eigentum oder ein sonstiges Recht eines anderen widerrechtlich verletzt, ist dem anderen zum Ersatz des daraus entstelhenden Schadens verpflichtet » (Chi lede con dolo o colpa vita, integrità fisica, salute, libertà, proprietà o altro diritto della vittima è tenuto al risarcimento del danno).* Il comma 2 dispone : *Il medesimo obbligo incombe su chi viola una legge che mira alla tutela di un altro. Se secondo il tenore della legge si ha una violazione di questa tutela anche senza colpa, l'obbligo di risarcimento sorge solo in caso di colpa.* Il successivo § 836 recita: *Chi in modo contrario al buon costume crea dolosamente un danno ad un altro, è obbligato verso l'altro a risarcire il danno.*

- v. artt. 40, 41, 42, 43, 593, c.p.

- v. art. 2 Cost., artt. 1127 e 1375 c.c.

- art. 300 (*Danno ambientale*) del D.Lgs. 3 aprile 2006, n. 152 (Norme in materia ambientale); art. 18, comma 5, L. 8 luglio 1986, n. 349, che dispone: *Le associazioni individuate in base all'articolo 13 della presente legge possono intervenire nei giudizi per danno ambientale e ricorrere in sede di giurisdizione amministrativa per l'annullamento di atti illegittimi.*

- per la *responsabilità civile della P.A.*, artt. 30 e 34, D.Lgs. 2 luglio 2010, n. 104 (Codice del processo amministrativo), nel testo modificato dall'art. 1, D.Lgs. 14 settembre 2012, n. 160: Art. 30. Azione di condanna. *1. L'azione di condanna può essere proposta contestualmente ad altra azione o, nei soli casi di giurisdizione esclusiva e nei casi di cui al presente articolo, anche in via autonoma. 2. Può essere chiesta la condanna al risarcimento del danno ingiusto derivante dall'illegittimo esercizio dell'attività amministrativa o dal mancato esercizio di quella obbligatoria. Nei casi di giurisdizione esclusiva può altresì essere chiesto il risarcimento del danno da lesione di diritti soggettivi. Sussistendo i presupposti previsti dall'articolo 2058 del codice civile, può essere chiesto il risarcimento del danno in forma specifica. 3. La domanda di risarcimento per lesione di interessi legittimi è proposta entro il termine di decadenza di centoventi giorni decorrente dal giorno in cui il fatto si è verificato ovvero dalla conoscenza del provvedimento se il danno deriva direttamente da questo. Nel determinare il risarcimento il giudice valuta tutte le circostanze di fatto e il comportamento complessivo delle parti e, comunque, esclude il risarcimento dei danni che si sarebbero potuti evitare usando l'ordinaria diligenza, anche attraverso l'esperimento degli strumenti di tutela previsti. 4. Per il risarcimento dell'eventuale danno che il ricorrente comprovi di aver subito in conseguenza dell'inosservanza dolosa o colposa del termine di conclusione del procedimento, il termine di cui al comma 3 non decorre fintanto che perdura l'inadempimento. Il termine di cui al comma 3 inizia comunque a decorrere dopo un anno dalla scadenza del termine per provvedere. 5. Nel caso in cui sia stata proposta azione di annullamento la domanda risarcitoria può essere formulata nel corso del giudizio o, comunque, sino a centoventi giorni dal passaggio in giudicato della relativa sentenza. 6. Di ogni domanda di condanna al risarcimento di danni per lesioni di interessi legittimi o, nelle materie di giurisdizione esclusiva, di diritti soggettivi conosce esclusivamente il giudice amministrativo.*

Art. 34. Sentenze di merito. *1. In caso di accoglimento del ricorso il giudice, nei limiti della domanda: a) annulla in tutto o in parte il provvedimento impugnato; b) ordina all'amministrazione, rimasta inerte, di provvedere entro un termine; c) condanna al pagamento di una somma di denaro, anche a titolo di risarcimento del danno, all'adozione delle misure idonee a tutelare la situazione giuridica soggettiva dedotta in giudizio e dispone misure di risarcimento in forma specifica ai sensi dell'articolo 2058 del codice civile. L'azione di condanna al rilascio di un provvedimento richiesto è esercitata, nei limiti di cui all'articolo 31, comma 3, contestualmente all'azione di annullamento del provvedimento di diniego o all'azione avverso il silenzio; e) dispone le misure idonee ad assicurare l'attuazione del giudicato e delle pronunce non sospese, compresa la nomina di un commissario ad acta, che può avvenire anche in sede di cognizione con effetto dalla scadenza di un termine assegnato per l'ottemperanza. 2. In nessun caso il giudice può pronunciare con riferimento a poteri amministrativi non ancora esercitati. Salvo quanto previsto dal comma 3 e dall'articolo 30, comma 3, il giudice non può conoscere della legittimità degli atti che il ricorrente avrebbe dovuto impugnare con l'azione di annullamento di cui all'articolo 29. 3. Quando, nel corso del giudizio, l'annullamento del provvedimento impugnato non risulta più utile per il ricorrente, il giudice accerta l'illegittimità dell'atto se sussiste l'interesse ai fini risarcitori. 4. In caso di condanna pecuniaria, il giudice può, in mancanza di opposizione delle parti, stabilire i criteri in base ai quali il debitore deve proporre a favore del creditore il pagamento di una somma entro un congruo termine. Se le parti non giungono ad un accordo, ovvero non adempiono agli obblighi derivanti dall'accordo concluso, con il ricorso previsto dal Titolo I del Libro IV, possono essere chiesti la determinazione della somma dovuta ovvero l'adempimento degli obblighi ineseguiti. 5. Qualora nel corso del giudizio la pretesa del ricorrente risulti pienamente soddisfatta, il giudice dichiara cessata la materia del contendere.*

- per la *responsabilità nelle materie di giurisdizione esclusiva del G.A.*, art. 133, D.Lgs. 2 luglio 2010, n. 104 (Codice del processo amministrativo), nel testo, da ultimo, modificato dalla L. 30 dicembre 2018, n. 145: *Art. 133. Materie di giurisdizione esclusiva. 1. Sono devolute alla giurisdizione esclusiva del giudice amministrativo, salvo ulteriori previsioni di legge: a) le controversie in materia di: 1) risarcimento del danno ingiusto cagionato in conseguenza dell'inosservanza dolosa o colposa del termine di conclusione del procedimento amministrativo; 2) formazione, conclusione ed esecuzione degli accordi integrativi o sostitutivi di provvedimento amministrativo e degli accordi fra pubbliche amministrazioni; 3) silenzio di cui all'articolo 31, commi 1, 2 e 3, e provvedimenti espressi adottati in sede di verifica di segnalazione certificata, denuncia e dichiarazione di inizio attività, di cui all'articolo 19, comma 6-ter, della legge 7 agosto 1990, n. 241; 4) determinazione e corresponsione dell'indennizzo dovuto in caso di revoca del provvedimento amministrativo; 5) nullità del provvedimento amministrativo adottato in violazione o elusione del giudicato; 6) diritto di accesso ai documenti amministrativi e violazione degli obblighi di trasparenza amministrativa; a-bis) le controversie relative all'applicazione dell'articolo 20 della legge 7 agosto 1990, n. 241; b) le controversie aventi ad oggetto atti e provvedimenti relativi a rapporti di concessione di beni pubblici, ad eccezione delle controversie concernenti indennità, canoni ed altri corrispettivi e quelle attribuite ai tribunali delle acque pubbliche e al Tribunale superiore delle acque pubbliche; c) le controversie in materia di pubblici servizi relative a concessioni di pubblici servizi, escluse quelle concernenti indennità, canoni ed altri corrispettivi, ovvero relative a provvedimenti adottati dalla pubblica amministrazione o dal gestore di un pubblico servizio in un procedimento amministrativo, ovvero ancora relative all'affidamento di un pubblico servizio, ed alla vigilanza e controllo nei confronti del gestore, nonchè afferenti alla vigilanza sul credito, sulle assicurazioni e sul mercato mobiliare, al servizio farmaceutico, ai trasporti, alle telecomunicazioni e ai servizi di pubblica utilità; d) le controversie concernenti l'esercizio del diritto a chiedere e ottenere l'uso delle tecnologie telematiche nelle comunicazioni con le pubbliche amministrazioni e con i gestori di pubblici servizi statali; e) le controversie: 1) relative a procedure di affidamento di pubblici lavori, servizi, forniture, svolte da soggetti comunque tenuti, nella scelta del contraente o del socio, all'applicazione della normativa comunitaria ovvero al rispetto dei procedimenti di evidenza pubblica previsti dalla normativa statale o regionale, ivi incluse quelle risarcitorie e con estensione della giurisdizione esclusiva alla dichiarazione di inefficacia del contratto a seguito di annullamento dell'aggiudicazione ed alle sanzioni alternative; 2) relative al divieto di rinnovo tacito dei contratti pubblici di lavori, servizi, forniture, relative alla clausola di revisione del prezzo e al relativo provvedimento applicativo nei contratti ad esecuzione continuata o periodica, nell'ipotesi di cui all'articolo 115 del decreto legislativo 12 aprile 2006, n. 163, nonchè quelle relative ai provvedimenti applicativi dell'adeguamento dei prezzi ai sensi dell'articolo 133, commi 3 e 4, dello stesso decreto; f) le controversie aventi ad oggetto gli atti e i provvedimenti delle pubbliche amministrazioni in materia urbanistica e edilizia, concernente tutti gli aspetti dell'uso del territorio, e ferme restando le giurisdizioni del Tribunale superiore delle acque pubbliche e del Commissario liquidatore per gli usi civici, nonchè del giudice ordinario per le controversie riguardanti la determinazione e la corresponsione delle indennità in conseguenza dell'adozione di atti di natura espropriativa o ablativa; g) le controversie aventi ad oggetto gli atti, i provvedimenti, gli accordi e i comportamenti, riconducibili, anche mediatamente, all'esercizio di un pubblico potere, delle pubbliche amministrazioni in materia di espropriazione per pubblica utilità, ferma restando la giurisdizione del giudice ordinario per quelle riguardanti la determinazione e la corresponsione delle indennità in conseguenza dell'adozione di atti di natura espropriativa o ablativa; h) le controversie aventi ad oggetto i decreti di espropriazione per causa di pubblica utilità delle invenzioni industriali; i) le controversie relative ai rapporti di lavoro del personale in regime di diritto pubblico; l) le controversie aventi ad oggetto tutti i provvedimenti, compresi quelli sanzionatori ed esclusi quelli inerenti ai rapporti di impiego privatizzati, adottati dalla Banca d'Italia, dagli Organismi di cui agli articoli 112-bis, 113 e 128-duodecies del decreto legislativo 1 settembre 1993, n. 385, dall'Autorità garante della concorrenza e del mercato, dall'Autorità per le garanzie nelle comunicazioni, dall'Autorità per l'energia elettrica e il gas, e dalle altre Autorità istituite ai sensi della legge 14 novembre 1995, n. 481, dall'Autorità per la vigilanza sui contratti pubblici di lavori, servizi e forniture, dalla Commissione vigilanza fondi pensione, dalla Commissione per la valutazione, la trasparenza e l'integrità della pubblica amministrazione, dall'Istituto per la vigilanza sulle assicurazioni private, comprese le controversie relative ai ricorsi avverso gli atti che applicano le sanzioni ai sensi dell'articolo 326 del decreto legislativo 7 settembre 2005, n. 209; m) le controversie aventi ad oggetto i provvedimenti in materia di comunicazioni elettroniche, compresi quelli relativi all'imposizione di servitù, nonché i giudizi riguardanti l'assegnazione di diritti d'uso delle frequenze, la gara e le altre procedure di cui ai commi da 8 a 13 dell'articolo 1 della legge 13 dicembre 2010, n. 220, incluse le procedure di cui all'articolo 4 del decreto legge 31 marzo 2011, n. 34, convertito, con modificazioni, dalla legge 26 maggio 2011, n. 75; n) le controversie relative alle sanzioni amministrative ed ai provvedimenti adottati dall'organismo di regolazione competente in materia di infrastrutture ferroviarie ai sensi dell'articolo 37 del decreto legislativo 8 luglio 2003, n. 188; o) le controversie, incluse quelle risarcitorie, attinenti alle procedure e ai provvedimenti della pubblica amministrazione concernenti la produzione di energia, i rigassificatori, i gasdotti di importazione, le centrali termoelettriche e quelle relative ad infrastrutture di trasporto ricomprese o da ricomprendere nella rete di trasmissione nazionale o rete nazionale di gasdotti; p) le controversie aventi ad oggetto le ordinanze e i provvedimenti commissariali adottati in tutte le situazioni di emergenza dichiarate ai sensi dell'articolo 5, comma 1, della legge 24 febbraio 1992, n. 225, nonchè gli atti, i provvedimenti e le ordinanze emanati ai sensi dell'articolo 5, commi 2 e 4 della medesima legge n. 225 del 1992 e le controversie comunque attinenti alla complessiva azione di gestione del ciclo dei rifiuti, seppure posta in essere con comportamenti della pubblica amministrazione riconducibili, anche mediatamente, all'esercizio di un pubblico potere, quand'anche relative a diritti costituzionalmente tutelati; q) le controversie aventi ad oggetto i provvedimenti anche contingibili ed urgenti, emanati dal Sindaco in materia di ordine e sicurezza pubblica, di incolumità pubblica e di sicurezza urbana, di edilità e di polizia locale, d'igiene pubblica e dell'abitato; r) le controversie aventi ad oggetto i provvedimenti relativi alla disciplina o al divieto dell'esercizio d'industrie insalubri o pericolose; s) le controversie aventi ad oggetto atti e provvedimenti adottati in violazione delle disposizioni in materia di danno all'ambiente, nonchè avverso il silenzio inadempimento del Ministro dell'ambiente e della tutela del territorio e del mare e per il risarcimento del danno subito a causa del ritardo nell'attivazione, da parte del medesimo Ministro, delle misure di precauzione, di prevenzione o di contenimento del danno ambientale, nonchè quelle inerenti le ordinanze ministeriali di ripristino ambientale e di risarcimento del danno ambientale; t) le controversie relative all'applicazione del prelievo supplementare nel settore del latte e dei prodotti lattiero-caseari; u) le controversie aventi ad oggetto i provvedimenti in materia di passaporti; v) le controversie tra lo Stato e i suoi creditori riguardanti l'interpretazione dei contratti aventi per oggetto i titoli di Stato o le leggi relative ad essi o comunque sul debito pubblico; z) le controversie aventi ad oggetto atti del Comitato olimpico nazionale italiano o delle Federazioni sportive non riservate agli organi di giustizia dell'ordinamento sportivo ed escluse quelle inerenti i rapporti patrimoniali tra società, associazioni e atleti; z-bis) le controversie aventi ad oggetto tutti i provvedimenti, compresi quelli sanzionatori ed esclusi quelli inerenti i rapporti di impiego, adottati dall'Agenzia nazionale di regolamentazione del settore postale di cui alla lettera h) del comma 2 dell'articolo 37 della legge 4 giugno 2010, n. 96; z-ter) le controversie aventi ad oggetto i provvedimenti dell'Agenzia nazionale per la regolazione e la vigilanza in materia di acqua istituita dall'articolo 10, comma 11, del decreto legge 13 maggio 2011, n. 70, convertito, con modificazioni, dalla legge 12 luglio 2011, n. 106; z-quater) le controversie aventi ad oggetto i provvedimenti adottati ai sensi dell'articolo 3, comma 2, del decreto legislativo 6 settembre 2011, n. 149; z-quinquies) le controversie relative all'esercizio dei poteri speciali inerenti alle attività di rilevanza strategica nei settori della difesa e della sicurezza nazionale e nei settori dell'energia, dei trasporti e delle comunicazioni; z-sexies) le controversie relative agli atti ed ai provvedimenti che concedono aiuti di Stato in violazione dell'articolo 108, paragrafo 3, del Trattato sul funzionamento dell'Unione europea e le controversie aventi ad oggetto gli atti e i provvedimenti adottati in esecuzione di una decisione di recupero di cui all'articolo 16 del regolamento (UE) 2015/1589 del Consiglio, del 13 luglio 2015, a prescindere dalla forma dell'aiuto e dal soggetto che l'ha concesso; z-septies) le controversie relative ai provvedimenti di ammissione ed esclusione dalle competizioni professionistiche delle società o associazioni sportive professionistiche, o comunque incidenti sulla partecipazione a competizioni professionistiche*

- sulla *responsabilità del pubblico dipendente,* art. 28 Cost.; artt. 18-24; 26-30, D.P.R. 10 gennaio 1957, n. 3 (Testo unico delle disposizioni concernenti lo statuto degli impiegati civili dello Stato); L. 31 dicembre 1962, n. 1833 (Modificazioni ed integrazioni alla disciplina della responsabilità patrimoniale dei dipendenti dello Stato, adibiti alla conduzione di autoveicoli o altri mezzi meccanici e semplificazione delle procedure di liquidazione dei danni); art. 61, L. 11 luglio 1980, n. 312 (Nuovo assetto retributivo-funzionale del personale civile e militare dello Stato); art. 1, L. 14 gennaio 1994, n. 20 (Disposizioni in materia di giurisdizione e controllo della Corte dei conti).

- sulla *responsabilità per danni nell'esercizio delle funzioni giudiziarie,* L. 13 aprile 1988, n. 117 (Risarcimento dei danni cagionati nell'esercizio delle funzioni giudiziarie e responsabilità civile dei magistrati) e L. 24 marzo 2001, n. 89 (Previsione di equa riparazione in caso di violazione del termine ragionevole del processo e modifica dell'articolo 375 del codice di procedura civile).

- in tema di *responsabilità per danno da prodotto difettoso,* art. 114, D.Lgs. 6 settembre 2005, n. 206 (Codice del consumo).

- in tema di *assicurazione obbligatoria della responsabilità civile,* gli artt. 170-172, D.Lgs. 7 settembre 2005, n. 209 (Codice delle assicurazioni).

- per *danni da violazione delle norme in materia di tutela dai dati personali* v. art. 82, Reg. UE 27 aprile 2016, n. 679, relativo alla protezione delle persone fisiche con riguardo al trattamento dei dati personali, nonché alla libera circolazione di tali dati, che dispone: *Art. 82. Diritto al risarcimento e responsabilità. 1. Chiunque subisca un danno materiale o immateriale causato da una violazione del presente regolamento ha il diritto di ottenere il risarcimento del danno dal titolare del trattamento o dal responsabile del trattamento.*

2. Un titolare del trattamento coinvolto nel trattamento risponde per il danno cagionato dal suo trattamento che violi il presente regolamento. Un responsabile del trattamento risponde per il danno causato dal trattamento solo se non ha adempiuto gli obblighi del presente regolamento specificatamente diretti ai responsabili del trattamento o ha agito in modo difforme o contrario rispetto alle legittime istruzioni del titolare del trattamento.

3. Il titolare del trattamento o il responsabile del trattamento è esonerato dalla responsabilità, a norma del paragrafo 2 se dimostra che l'evento dannoso non gli è in alcun modo imputabile.

4. Qualora più titolari del trattamento o responsabili del trattamento oppure entrambi il titolare del trattamento e il responsabile del trattamento siano coinvolti nello stesso trattamento e siano, ai sensi dei paragrafi 2 e 3, responsabili dell'eventuale danno causato dal trattamento, ogni titolare del trattamento o responsabile del trattamento è responsabile in solido per l'intero ammontare del danno, al fine di garantire il risarcimento effettivo dell'interessato.

5. Qualora un titolare del trattamento o un responsabile del trattamento abbia pagato, conformemente al paragrafo 4, l'intero risarcimento del danno, tale titolare del trattamento o responsabile del trattamento ha il diritto di reclamare dagli altri titolari del trattamento o responsabili del trattamento coinvolti nello stesso trattamento la parte del risarcimento corrispondente alla loro parte di responsabilità per il danno conformemente alle condizioni di cui al paragrafo 2.

6. Le azioni legali per l'esercizio del diritto di ottenere il risarcimento del danno sono promosse dinanzi alle autorità giurisdizionali competenti a norma del diritto dello Stato membro di cui all'articolo 79, paragrafo 2.

- in materia di proprietà industriale, art. 125, Codice ella proprietà industriale di cui al D.Lgs. 10 febbraio 2005, n. 30.

- in materia di *danno da atti o comportamenti o condotte discriminatorie a causa della razza o dell'origine etnica delle persone,* art. 4, comma 4, D.Lgs. 9 luglio 2003, n. 215 (Attuazione della direttiva 2000/43/CE per la parità di trattamento tra le persone indipendentemente dalla razza e dall'origine etnica). V. anche D.Lgs. 11 aprile 2006, n. 198 (Codice delle pari opportunità tra uomo e donna).

- in materia *antitrust,* art. 33, comma 2, L. 10 ottobre 1990, n. 287.

- in materia di *danni da operazioni militari e criteri per la determinazione dell'invalidità permanente,* artt. 1078 ss. D.P.R. 15 marzo 2010, n. 90 (Testo unico delle disposizioni regolamentari in materia di ordinamento militare, a norma dell'articolo 14 della legge 28 novembre 2005, n. 246).

- per il *danno subito dalle vittime di richieste estorsive e di usura,* L. 23 febbraio 1999, n. 44 (Disposizioni concernenti il Fondo di solidarietà per le vittime delle richieste estorsive e dell'usura).

- L. 25 febbraio 1992, n. 210 (*Danno da emotrasfusioni*); art. 13, D.Lgs. 23 febbraio 2000, n. 38 (*Danno biologico in materia di infortuni e malattie professionali*); art. 36, D.Lgs. 8 luglio 2003, n. 224; art. 5, D.L. 22 novembre 2004, n. 279, convertito in L. 28 gennaio 2005, n. 5, ambedue questi ultimi provvedimenti sul risarcimento del *danno alla salute e all'ambiente derivante dall'emissione di organismi geneticamente modificati* (OGM).

- in materia di pubblica sicurezza, art. 7, R.D. 18 giugno 1931, n. 773 (Approvazione del testo unico delle leggi di pubblica sicurezza); D.P.R. 18 aprile 1994, n. 388 (Regolamento recante semplificazione del procedimento di risarcimento dei danni provocati a persone e a cose a seguito di operazioni di polizia giudiziaria); art. 5, L. 25 gennaio 1983, n. 23 (Norme di attuazione della convenzione sulla responsabilità internazionale per i danni causati da oggetti spaziali, firmata a Londra, Mosca e Washington il 29 marzo 1972).

- in tema di risarcimento del danno nell'azione collettiva di classe, art. 140-bis, commi 1 e 12, D.Lgs. 6 settembre 2005, n. 206. L'art. 140-bis cit. è stato poi abrogato dall'art. 5, L. 12

aprile 2019, n. 31, decorsi diciannove mesi dalla pubblicazione nella Gazzetta Ufficiale (avvenuta il 18 aprile 2019). Le disposizioni della citata L. 31/2019 si applicano alle condotte illecite poste in essere successivamente alla data della sua entrata in vigore. Alle condotte illecite poste in essere precedentemente continuano ad applicarsi le disposizioni vigenti prima della medesima data di entrata in vigore. V., ora, artt. 840-bis e ss. c.p.c.

- art. 4, comma 43, L. 12 novembre 2011, n. 183, in base al quale: *La prescrizione del diritto al risarcimento del danno derivante da mancato recepimento nell'ordinamento dello Stato di direttive o altri provvedimenti obbligatori comunitari soggiace, in ogni caso, alla disciplina di cui all'articolo 2947 del codice civile e decorre dalla data in cui il fatto, dal quale sarebbero derivati i diritti se la direttiva fosse stata tempestivamente recepita, si è effettivamente verificato.*

- in materia di responsabilità del medico dipendente di una struttura sanitaria, pubblica o privata:

A) art. 7, L. 8 marzo 2017, n. 24 (Disposizioni in materia di sicurezza delle cure e della persona assistita, nonchè in materia di responsabilità professionale degli esercenti le professioni sanitarie), che recita: *Art. 7. Responsabilità civile della struttura e dell'esercente la professione sanitaria. 1. La struttura sanitaria o sociosanitaria pubblica o privata che, nell'adempimento della propria obbligazione, si avvalga dell'opera di esercenti la professione sanitaria, anche se scelti dal paziente e ancorchè non dipendenti della struttura stessa, risponde, ai sensi degli articoli 1218 e 1228 del codice civile, delle loro condotte dolose o colpose.*

2. La disposizione di cui al comma 1 si applica anche alle prestazioni sanitarie svolte in regime di libera professione intramuraria ovvero nell'ambito di attività di sperimentazione e di ricerca clinica ovvero in regime di convenzione con il Servizio sanitario nazionale nonchè attraverso la telemedicina.

3. L'esercente la professione sanitaria di cui ai commi 1 e 2 risponde del proprio operato ai sensi dell'articolo 2043 del codice civile, salvo che abbia agito nell'adempimento di obbligazione contrattuale assunta con il paziente. Il giudice, nella determinazione del risarcimento del danno, tiene conto della condotta dell'esercente la professione sanitaria ai sensi dell'articolo 5 della presente legge e dell'articolo 590-sexies del codice penale, introdotto dall'articolo 6 della presente legge.

4. Il danno conseguente all'attività della struttura sanitaria o sociosanitaria, pubblica o privata, e dell'esercente la professione sanitaria è risarcito sulla base delle tabelle di cui agli articoli 138 e 139 del codice delle assicurazioni private, di cui al decreto legislativo 7 settembre 2005, n. 209, integrate, ove necessario, con la procedura di cui al comma 1 del predetto articolo 138 e sulla base dei criteri di cui ai citati articoli, per tener conto delle fattispecie da esse non previste, afferenti alle attività di cui al presente articolo.

5. Le disposizioni del presente articolo costituiscono norme imperative ai sensi del codice civile;

B) art. 3, D.L. 13 settembre 2012, n. 158, convertito in L. 8 novembre 2012, n. 189 (Disposizioni urgenti per promuovere lo sviluppo del Paese mediante un più alto livello di tutela della salute), nel testo modificato dall'art. 27, D.L. 24 giugno 2014, n. 90, convertito in L. 11 agosto 2014, n. 114, dall'art. 6, L. 8 marzo 2017, n. 24 e dall'art. 11, L. 11 gennaio 2018, n. 3, che recita: *Art. 3. Responsabilità professionale dell'esercente le professioni sanitarie. 1. [L'esercente la professione sanitaria che nello svolgimento della propria attività si attiene a linee guida e buone pratiche accreditate dalla comunità scientifica non risponde penalmente per colpa lieve. In tali casi resta comunque fermo l'obbligo di cui all'articolo 2043 del codice civile. Il giudice, anche nella determinazione del risarcimento del danno, tiene debitamente conto della condotta di cui al primo periodo] (abrogato).*

2. [Con decreto del Presidente della Repubblica, adottato ai sensi dell'articolo 17, comma 1, della legge 23 agosto 1988, n. 400, da emanare entro il 30 giugno 2013, su proposta del Ministro della salute, di concerto con i Ministri dello sviluppo economico e dell'economia e delle finanze, sentite l'Associazione nazionale fra le imprese assicuratrici (ANIA), la Federazione nazionale degli ordini dei medici chirurghi e degli odontoiatri, nonchè le Federazioni nazionali degli ordini e dei collegi delle professioni sanitarie e le organizzazioni sindacali maggiormente rappresentative delle categorie professionali interessate, anche in attuazione dell'articolo 3, comma 5, lettera e), del decreto-legge 13 agosto 2011, n. 138, convertito, con modificazioni, dalla legge 14 settembre 2011, n. 148, al fine di agevolare l'accesso alla copertura assicurativa agli esercenti le professioni sanitarie, sono disciplinati le procedure e i requisiti minimi e uniformi per l'idoneità dei relativi contratti, in conformità ai seguenti criteri:

a) determinare i casi nei quali, sulla base di definite categorie di rischio professionale, prevedere l'obbligo, in capo ad un fondo appositamente costituito, di garantire idonea copertura assicurativa agli esercenti le professioni sanitarie, anche nell'esercizio dell'attività libero-professionale intramuraria, nei limiti delle risorse del fondo stesso. Il fondo viene finanziato dal contributo dei professionisti che ne facciano espressa richiesta, nella misura determinata dal soggetto gestore del fondo di cui alla lettera b), e da un ulteriore contributo a carico delle imprese autorizzate all'esercizio dell'assicurazione per danni derivanti dall'attività medico-professionale, determinato in misura percentuale ai premi incassati nel precedente esercizio, comunque non superiore al 4 per cento del premio stesso, con provvedimento adottato dal Ministro dello sviluppo economico, di concerto con il Ministro della salute e il Ministro dell'economia e delle finanze, sentite la Federazione nazionale degli ordini dei medici chirurghi e degli odontoiatri, nonchè le Federazioni nazionali degli ordini e dei collegi delle professioni sanitarie;

b) determinare il soggetto gestore del Fondo di cui alla lettera a) e le sue competenze senza nuovi o maggiori oneri a carico della finanza pubblica;

c) prevedere che i contratti di assicurazione debbano essere stipulati anche in base a condizioni che dispongano alla scadenza la variazione in aumento o in diminuzione del premio in relazione al verificarsi o meno di sinistri e subordinare comunque la disdetta della polizza alla reiterazione di una condotta colposa da parte del sanitario accertata con sentenza definitiva] (abrogato).

3. [Il danno biologico conseguente all'attività dell'esercente della professione sanitaria è risarcito sulla base delle tabelle di cui agli articoli 138 e 139 del decreto legislativo 7 settembre 2005, n. 209, eventualmente integrate con la procedura di cui al comma 1 del predetto articolo 138 e sulla base dei criteri di cui ai citati articoli, per tener conto delle fattispecie da esse non previste, afferenti all'attività di cui al presente articolo] (abrogato).

4. Nel rispetto dell'ambito applicativo dell'art. 3, comma 5, lettera e) del decreto legge 13 agosto 2011, n. 138, conver-

CODICE CIVILE

tito, con modificazioni, dalla legge 14 settembre 2011, n. 148, per i contenuti e le procedure inerenti ai contratti assicurativi per i rischi derivanti dall'esercizio dell'attività professionale resa nell'ambito del Servizio sanitario nazionale o in rapporto di convenzione, il decreto di cui al comma 2 viene adottato sentita altresì la Conferenza permanente per i rapporti tra lo Stato, le regioni e le province autonome di Trento e di Bolzano. Resta comunque esclusa a carico degli enti del Servizio sanitario nazionale ogni copertura assicurativa della responsabilità civile ulteriore rispetto a quella prevista, per il relativo personale, dalla normativa contrattuale vigente.

5. Gli albi dei consulenti tecnici d'ufficio di cui all'articolo 13 del regio decreto 18 dicembre 1941, n. 1368, recante disposizioni di attuazione del codice di procedura civile, devono essere aggiornati con cadenza almeno quinquennale, al fine di garantire, oltre a quella medico legale, una idonea e qualificata rappresentanza di esperti delle discipline specialistiche dell'area sanitaria anche con il coinvolgimento delle società scientifiche, tra i quali scegliere per la nomina tenendo conto della disciplina interessata nel procedimento.

6. Dall'applicazione del presente articolo non devono derivare nuovi o maggiori oneri a carico della finanza pubblica.

Il testo del citato art. 3, D.L. 158/2012, precedente la conversione in legge, disponeva: *1. Fermo restando il disposto dell'articolo 2236 del codice civile, nell'accertamento della colpa lieve nell'attività dell'esercente le professioni sanitarie il giudice, ai sensi dell'articolo 1176 del codice civile, tiene conto in particolare dell'osservanza, nel caso concreto, delle linee guida e delle buone pratiche accreditate dalla comunità scientifica nazionale e internazionale.*

2. Con decreto del Presidente della Repubblica, adottato ai sensi dell'articolo 17, comma 1, della legge 23 agosto 1988, n. 400, su proposta del Ministro della salute, di concerto con i Ministri dello sviluppo economico e dell'economia e delle finanze, sentite l'Associazione nazionale fra le imprese assicuratrici (ANIA), le Federazioni nazionali degli ordini e dei collegi delle professioni sanitarie e le organizzazioni sindacali maggiormente rappresentative delle categorie professionali interessate, anche in attuazione dell'articolo 3, comma 5, lettera e), del decreto-legge 13 agosto 2011, n. 138, convertito, con modificazioni, dalla legge 14 settembre 2011, n. 148, al fine di agevolare l'accesso alla copertura assicurativa agli esercenti le professioni sanitarie, sono disciplinati le procedure e i requisiti minimi e uniformi per l'idoneità dei relativi contratti, in conformità ai seguenti criteri:

a) determinare i casi nei quali, sulla base di definite categorie di rischio professionale, prevedere l'obbligo, in capo ad un fondo appositamente costituito, di garantire idonea copertura assicurativa agli esercenti le professioni sanitarie. Il fondo viene finanziato dal contributo dei professionisti che ne facciano espressa richiesta e da un ulteriore contributo a carico delle imprese autorizzate all'esercizio dell'assicurazione per danni derivanti dall'attività medico-professionale, determinato in misura percentuale ai premi incassati nel precedente esercizio, comunque non superiore al 4 per cento del premio stesso, con provvedimento adottato dal Ministro dello sviluppo economico, di concerto con il Ministro della salute e il Ministro dell'economia e delle finanze, sentite le Federazioni nazionali degli ordini e dei collegi delle professioni sanitarie;

b) determinare il soggetto gestore del Fondo di cui alla lettera a) e le sue competenze senza nuovi o maggiori oneri a carico della finanza pubblica;

c) prevedere che i contratti di assicurazione debbano essere stipulati anche in base a condizioni che dispongano alla scadenza la variazione in aumento o in diminuzione del premio in relazione al verificarsi o meno di sinistri e subordinare comunque la disdetta della polizza alla reiterazione di una condotta colposa da parte del sanitario.

3. Il danno biologico conseguente all'attività dell'esercente della professione sanitaria è risarcito sulla base delle tabelle di cui agli articoli 138 e 139 del decreto legislativo 7 settembre 2005, n. 209, eventualmente integrate con la procedura di cui al comma 1 del predetto articolo 138 e sulla base dei criteri di cui ai citati articoli, per tener conto delle fattispecie da esse non previste, afferenti all'attività di cui al presente articolo.

4. Per i contenuti e le procedure inerenti ai contratti assicurativi per i rischi derivanti dall'esercizio dell'attività professionale resa nell'ambito del Servizio sanitario nazionale o in rapporto di convenzione, il decreto di cui al comma 2 viene adottato sentita altresì la Conferenza permanente per i rapporti tra lo Stato, le regioni e le province autonome di Trento e di Bolzano. Resta comunque esclusa a carico degli enti del Servizio sanitario nazionale ogni copertura assicurativa della responsabilità civile ulteriore rispetto a quella prevista, per il relativo personale, dalla normativa contrattuale vigente.

5. Gli albi dei consulenti tecnici d'ufficio di cui all'articolo 13 del regio decreto 18 dicembre 1941, n. 1368, recante disposizioni di attuazione del codice di procedura civile, devono essere aggiornati con cadenza almeno quinquennale, al fine di garantire, oltre a quella medico legale, una idonea e qualificata rappresentanza di esperti delle discipline specialistiche dell'area sanitaria, anche con il coinvolgimento delle società scientifiche.

6. Dall'applicazione del presente articolo non derivano nuovi o maggiori oneri a carico della finanza pubblica.

■ Codice civile del 1865: *Art. 1151. Qualunque fatto dell'uomo che arreca danno ad altri, obbliga quello per colpa del quale è avvenuto, a risarcire il danno.*

Art. 1152. Ognuno è responsabile del danno che ha cagionato non solamente per un fatto proprio, ma anche per propria negligenza od imprudenza.

♦ Regolamento (CE) n. 864/2007 del Parlamento europeo e del Consiglio dell'11 luglio 2007 sulla legge applicabile alle obbligazioni extracontrattuali («Roma II»)

Capo II – Illeciti

Articolo 4. Norma generale. 1. Salvo se diversamente previsto nel presente regolamento, la legge applicabile alle obbligazioni extracontrattuali che derivano da un fatto illecito è quella del paese in cui il danno si verifica, indipendentemente dal paese nel quale è avvenuto il fatto che ha dato origine al danno e a prescindere dal paese o dai paesi in cui si verificano le conseguenze indirette di tale fatto.

2. Tuttavia, qualora il presunto responsabile e la parte lesa risiedano abitualmente nello stesso paese nel momento in cui il danno si verifica, si applica la legge di tale paese.

3. Se dal complesso delle circostanze del caso risulta chiaramente che il fatto illecito presenta collegamenti manifestamente più stretti con un paese diverso da quello di cui ai paragrafi 1 o 2, si applica la legge di quest'altro paese. Un collegamento manifestamente più stretto con un altro paese potrebbe fondarsi segnatamente su una relazione preesistente tra le parti, quale un contratto, che presenti uno stretto collegamento con il fatto illecito in questione.

♦ Codice civile francese

Articolo 1383. *Ciascuno è responsabile del danno che ha causato non solamente per fatto suo ma anche per sua negligenza o per sua imprudenza.*

♦ Codice civile tedesco

§ 823 Obbligo di risarcimento del danno. *(1) Colui che dolosamente o colposamente lede illecitamente la vita, il corpo, la salute, la libertà, là proprietà o un altro diritto altrui, è obbligato nei confronti dell'altro a risarcire il danno da ciò derivante. (2) Il medesimo obbligo incombe su chi viola una legge che mira alla tutela di un altro. Se secondo il tenore della legge si ha una violazione di questa tutela anche senza colpa, l'obbligo di risarcimento sorge solo nel caso di colpa.*

§ 826 Danno doloso contrario al buon costume. *Chi in modo contrario al buon costume crea dolosamente danno ad un altro, è obbligato verso l'altro a risarcire il danno.*

2044. Legittima difesa.

Non è responsabile chi cagiona il danno per legittima difesa di sé o di altri [c.p. 52].

Nei casi di cui all'articolo 52, commi secondo, terzo e quarto, del codice penale, la responsabilità di chi ha compiuto il fatto è esclusa[1].

Nel caso di cui all'articolo 55, secondo comma, del codice penale, al danneggiato è dovuta una indennità la cui misura è rimessa all'equo apprezzamento del giudice, tenuto altresì conto della gravità, delle modalità realizzative e del contributo causale della condotta posta in essere dal danneggiato[1].

[1] Comma aggiunto dall'art. 7, L. 26 aprile 2019, n. 36.

● Norme connesse:

- v. artt. 52, 55, 59, c.p.

2045. Stato di necessità.

Quando chi ha compiuto il fatto dannoso vi è stato costretto dalla necessità di salvare sé o altri dal pericolo attuale di un danno grave alla persona [1447], e il pericolo non è stato da lui volontariamente causato né era altrimenti evitabile [c.p. 54], al danneggiato è dovuta un'indennità [843, 924, 2047], la cui misura è rimessa all'equo apprezzamento del giudice [925, 1038, 1053, 1328, 2047 comma 2; disp. att. 194; c.p.c. 113].

● Norme connesse:

- v. art. 59, c.p.
- art. 2, L.24 novembre 1981, n. 689.

2046. Imputabilità del fatto dannoso.

Non risponde delle conseguenze del fatto dannoso chi non aveva la capacità d'intendere o di volere [428; c.p. 85] al momento in cui lo ha commesso, a meno che lo stato d'incapacità derivi da sua colpa [2047; c.p. 87].

● Norme connesse:

- artt. 85 ss. c.p.
- art. 2, L.24 novembre 1981, n. 689.

2047. Danno cagionato dall'incapace.

In caso di danno cagionato da persona incapace di intendere o di volere [428, 2046; c.p. 85], il risarcimento è dovuto da chi è tenuto alla sorveglianza dell'incapace, salvo che provi di non aver potuto impedire il fatto [2048].

Nel caso in cui il danneggiato non abbia potuto ottenere il risarcimento da chi è tenuto alla sorveglianza, il giudice, in considerazione delle condizioni economiche delle parti, può condannare l'autore del danno a un'equa indennità [843 comma 2, 924, 925, 1038, 1053, 1328, 2045; c.p.c. 113].

● Norme connesse:

- art. 2, L.24 novembre 1981, n. 689.

■ Codice civile del 1865: *Art. 1152. Ognuno è responsabile del danno che ha cagionato non solamente per un fatto proprio, ma anche per propria negligenza od imprudenza.*

2048. Responsabilità dei genitori, dei tutori, dei precettori e dei maestri d'arte.

Il padre e la madre [316], o il tutore [357, 424] sono responsabili del danno [2056 ss.; c.p. 190] cagionato dal fatto illecito dei figli minori non emancipati [316, 320, 390 ss.] o delle persone soggette alla tutela [343, 414], che abitano con essi [2047]. [La stessa disposizione si applica all'affiliante][1].

I precettori e coloro che insegnano un mestiere o un'arte sono responsabili del danno cagionato dal fatto illecito dei loro allievi e apprendisti nel tempo in cui sono sotto la loro vigilanza [2049, 2056, 2130].

Le persone indicate dai commi precedenti sono liberate dalla responsabilità soltanto se provano di non aver potuto impedire il fatto [1900, 2047 comma 1, 2054].

[1] Le parole in parentesi devono intendersi abrogate dall'art. 77, L. 4 maggio 1983, n. 184.

● Norme connesse:

- comma 2: art. 61 (Disciplina della responsabilità patrimoniale del personale direttivo, docente, educativo e non docente), L. 11 luglio 1980, n. 312, Nuovo assetto retributivo-funzionale del personale civile e militare dello Stato: «*1. La responsabilità patrimoniale del personale direttivo, docente, educativo e non docente della scuola materna, elementare, secondaria ed artistica dello Stato e delle istituzioni educative statali per danni arrecati direttamente all'Amministrazione in connessione a comportamenti degli alunni è limitata ai soli casi di dolo o colpa grave nell'esercizio della vigilanza sugli alunni stessi. 2. La limitazione di cui al comma precedente si applica anche alla responsabilità del predetto personale verso l'Amministrazione che risarcisca il terzo dei danni subiti per comportamenti degli alunni sottoposti alla vigilanza. Salvo rivalsa nei casi di dolo o colpa grave, l'Amministrazione si surroga al personale medesimo nelle responsabilità civili derivanti da azioni giudiziarie promosse da terzi*».

■ Codice civile del 1865: *Art. 1153. Ciascuno parimente è obbligato non solo pel danno che cagiona per fatto proprio, ma anche per quello che viene arrecato col fatto delle perso-*

CODICE CIVILE

ne delle quali deve rispondere, o colle cose che ha in custodia:

Il padre e in sua mancanza la madre sono obbligati pei danni cagionati dai loro figli minori abitanti con essi;

I tutori pei danni cagionati dai loro amministrati abitanti con essi;

I padroni ed i committenti pei danni cagionati dai loro domestici e commessi nell'esercizio delle incombenze alle quali li hanno destinati;

I precettori e gli artigiani pei danni cagionati dai loro allievi ed apprendenti nel tempo in cui sono sotto la loro vigilanza.

La detta responsabilità non ha luogo allorché i genitori, i tutori, i precettori e gli artigiani provano di non aver potuto impedire il fatto di cui dovrebbero essere risponsabili.

♦ Codice civile francese

Articolo 1384. *Si è responsabili non solamente del danno che si causa per fatto proprio ma anche di quello che è causato per fatto di persone di cui si deve rispondere o di cose che si ha sotto la propria sorveglianza. Tuttavia colui che detiene, ad un qualsiasi titolo, tutto o parte dell'immobile o di beni mobili in cui è sorto un incendio, sarà responsabile, nei confronti dei terzi, dei danni causati da questo incendio se si prova che questo incendio deve essere attribuito a sua colpa o alla colpa delle persone di cui è responsabile. Questa disposizione non si applica ai rapporti tra proprietari e locatari che restano regolati dagli articoli 1733 e 1734 del codice civile. Il padre e la madre finché esercitano l'autorità dei genitori sono solidalmente responsabili del danno causato dai loro figli minori che abitano con loro. I proprietari ed i committenti del danno causato dai loro interni e preposti nelle funzioni a cui sono impiegati; Gli educatori e gli artigiani del danno causato dai loro allievi e apprendisti durante il tempo che sono sotto la loro sorveglianza; la responsabilità qui sopra ha luogo, a meno che il padre e la madre e gli artigiani non provano che non hanno potuto impedire il fatto che dà luogo a questa responsabilità. Per quello che concerne gli educatori, le colpe, le imprudenze o negligenze richiamate contro di essi come responsabili del fatto dannoso, dovranno essere provate conformemente al diritto comune, dall'attore nel procedimento.*

2049. Responsabilità dei padroni e dei committenti.

I padroni e i committenti [2082 ss.] sono responsabili per i danni [2056 ss.] arrecati dal fatto illecito dei loro domestici e commessi nell'esercizio delle incombenze a cui sono adibiti [1228, 1900, 2048].

● Norme connesse:

- per la responsabilità riguardante gli infortuni sul lavoro, artt. 10 e 11, D.P.R. 30 giugno 1965, n. 1124 (TU infortuni su lavoro e malattie professionali); D.Lgs. 9 aprile 2008, n. 81 (Attuazione dell'articolo 1 della legge 3 agosto 2007, n. 123, in materia di tutela della salute e della sicurezza nei luoghi di lavoro).

- art. 31, comma 3, D.Lgs. 24 febbraio 1998, n. 58, sulla responsabilità della banca e delle società di intermediazione per fatto illecito del preposto.

■ Codice civile del 1865: *Art. 1153. Ciascuno parimente è obbligato non solo pel danno che cagiona per fatto proprio, ma anche per quello che viene arrecato col fatto delle persone delle quali deve rispondere, o colle cose che ha in custodia:*

Il padre e in sua mancanza la madre sono obbligati pei danni cagionati dai loro figli minori abitanti con essi;

I tutori pei danni cagionati dai loro amministrati abitanti con essi;

I padroni ed i committenti pei danni cagionati dai loro domestici e commessi nell'esercizio delle incombenze alle quali li hanno destinati;

I precettori e gli artigiani pei danni cagionati dai loro allievi ed apprendenti nel tempo in cui sono sotto la loro vigilanza.

La detta responsabilità non ha luogo allorché i genitori, i tutori, i precettori e gli artigiani provano di non aver potuto impedire il fatto di cui dovrebbero essere risponsabili.

2050. Responsabilità per l'esercizio di attività pericolose.

Chiunque cagiona danno ad altri nello svolgimento di un'attività pericolosa, per sua natura o per la natura dei mezzi adoperati, è tenuto al risarcimento, se non prova di avere adottato tutte le misure idonee a evitare il danno [1681, 2054].

● Norme connesse:

- per i danni da violazione delle norme in materia di tutela dai dati personali v. art. 82, Reg. UE 27 aprile 2016, n. 679, relativo alla protezione delle persone fisiche con riguardo al trattamento dei dati personali, nonché alla libera circolazione di tali dati, riportato in nota sub art. 2043 c.c..

- art. 15, L. 31 dicembre 1962, n. 1860, Impiego pacifico dell'energia nucleare, nel testo modificato dalla L. 23 luglio 2020, n. 97, in base al quale: «*L'esercente di un impianto nucleare è responsabile, in conformità della presente legge, di ogni danno nucleare causato da un incidente nucleare avvenuto nell'impianto nucleare o connesso con lo stesso.*

Si considera connesso con l'impianto nucleare il danno nucleare cagionato direttamente dai combustibili nucleari o dai prodotti o rifiuti radioattivi immagazzinati, abbandonati, sottratti o perduti.

La responsabilità dell'esercente non comprende i danni nucleari:

1) all'impianto nucleare in sé, anche in corso di costruzione, e alle cose che si trovano sul luogo dell'impianto stesso e che sono o debbono essere utilizzate in rapporto con esso;

2) nel caso previsto nel successivo art. 16, al mezzo di trasporto sul quale le materie nucleari si trovano al momento dell'incidente nucleare, se risulta provato che il danno è causato da un incidente nucleare nel quale sono coinvolti sia combustibili nucleari, prodotti o rifiuti radioattivi, detenuti nell'impianto nucleare, sia materie nucleari provenienti dall'impianto nucleare, salvo quanto altro previsto dal citato art. 16.

Allorché dei danni nucleari sono causati congiuntamente da un incidente nucleare e da un incidente diverso da un incidente nucleare, il danno causato da questo secondo incidente, nella misura in cui non può essere separato con certezza dal danno causato dall'incidente nucleare, è considerato come un danno causato dall'incidente nucleare. Quando il danno nucleare è causato congiuntamente da un incidente nucleare e da una emissione di radiazioni ionizzanti, nessuna disposizione della presente legge limita o riduce in alcun modo la responsabilità di chiunque per quanto riguarda la suddetta emissione di radiazioni ionizzanti.

[...].

L'esercente di un impianto nucleare non è responsabile dei danni nucleari causati da un incidente nucleare se tale incidente è dovuto direttamente ad atti di conflitto armato, di ostilità, di guerra civile, di insurrezione o a cataclismi naturali di carattere eccezionale».

- L. 23 aprile 1981, n. 147 (Ratifica ed esecuzione del protocollo comune relativo all'applicazione delle convenzioni di Vienna e di Parigi sulla responsabilità dell'esercente nucleare, con atto finale, fatto a Vienna il 21 settembre 1988).

- art. 5, L. 25 gennaio 1983, n. 23 (Norme di attuazione della convenzione sulla responsabilità internazionale per i danni causati da oggetti spaziali, firmata a Londra, Mosca e Washington il 29 marzo 1972), secondo cui: «*1. La responsabilità dello Stato italiano nei confronti delle persone contemplate dagli articoli 2 e 3 per i danni indicati nell'articolo 1 ha natura obiettiva e non ammette prova liberatoria. 2. Nelle ipotesi previste dall'articolo 2, secondo comma, e dall'articolo 3 la misura del risarcimento è stabilita a norma degli articoli 2056, 1223 e 1226 del codice civile e il danneggiato può chiedere il risarcimento in forma specifica ai sensi dell'articolo 2058 del codice civile».*

- per il danno da fumo, art. 51, L. 16 gennaio 2003, n. 3, nel testo, da ultimo modificato dall'art. 24, D.Lgs. 12 gennaio 2016, n. 6, che recita: «Art. 51. Tutela della salute dei non fumatori. *1. È vietato fumare nei locali chiusi, ad eccezione di:*

a) quelli privati non aperti ad utenti o al pubblico;

b) quelli riservati ai fumatori e come tali contrassegnati.

1-bis. Il divieto di cui al comma 1 è esteso anche alle aree all'aperto di pertinenza delle istituzioni del sistema educativo di istruzione e di formazione, nonchè alle pertinenze esterne delle strutture universitarie ospedaliere, presidi ospedalieri e IRCCS pediatrici e alle pertinenze esterne dei reparti di ginecologia e ostetricia, neonatologia e pediatria delle strutture universitarie ospedaliere e dei presidi ospedalieri e degli IRCCS.

1-ter Il divieto di cui al comma 1 è esteso al conducente di autoveicoli, in sosta o in movimento, e ai passeggeri a bordo degli stessi in presenza di minori di anni diciotto e di donne in stato di gravidanza.

2. Gli esercizi e i luoghi di lavoro di cui al comma 1, lettera b), devono essere dotati di impianti per la ventilazione ed il ricambio di aria regolarmente funzionanti. Al fine di garantire i livelli essenziali del diritto alla salute, le caratteristiche tecniche degli impianti per la ventilazione ed il ricambio di aria sono definite, entro centottanta giorni dalla data di pubblicazione della presente legge nella Gazzetta Ufficiale, con decreto del Presidente del Consiglio dei ministri di recepimento di un accordo tra lo Stato, le regioni e le province autonome, su proposta del Ministro della salute. Con lo stesso provvedimento sono definiti i locali riservati ai fumatori nonché i modelli dei cartelli connessi all'attuazione delle disposizioni di cui al presente articolo.

3. Negli esercizi di ristorazione, ai sensi del comma 1, lettera b), devono essere adibiti ai non fumatori uno o più locali di superficie prevalente rispetto alla superficie complessiva di somministrazione dell'esercizio.

4. Con regolamento da emanare ai sensi dell'articolo 17, comma 1, della legge 23 agosto 1988, n. 400, e successive modificazioni, su proposta del Ministro della salute, possono essere individuati eventuali ulteriori luoghi chiusi nei quali sia consentito fumare, nel rispetto delle disposizioni di cui ai commi 1, 2 e 3. Tale regolamento deve prevedere che in tutte le strutture in cui le persone sono costrette a soggiornare non volontariamente devono essere previsti locali adibiti ai fumatori.

5. Alle infrazioni al divieto previsto dal presente articolo si applicano le sanzioni di cui all'articolo 7 della legge 11 novembre 1975, n. 584, come sostituito dall'articolo 52, comma 20, della legge 28 dicembre 2001, n. 448.

6. Al fine di consentire una adeguata attività di informazione, da attivare d'intesa con le organizzazioni di categoria più rappresentative, le disposizioni di cui ai commi 1, 2, primo periodo, 3 e 5 entrano in vigore decorso un anno dalla data di entrata in vigore del provvedimento di cui al comma 2.

7. Entro centoventi giorni dalla data di pubblicazione della presente legge nella Gazzetta Ufficiale, con accordo sancito in sede di Conferenza permanente per i rapporti tra lo Stato, le regioni e le province autonome di Trento e di Bolzano, su proposta del Ministro della salute di concerto con i Ministri della giustizia e dell'interno, sono ridefinite le procedure per l'accertamento delle infrazioni, la relativa modulistica per il rilievo delle sanzioni nonché l'individuazione dei soggetti legittimati ad elevare i relativi processi verbali, di quelli competenti a ricevere il rapporto sulle infrazioni accertate ai sensi dell'articolo 17 della legge 24 novembre 1981, n. 689, e di quelli deputati a irrogare le relative sanzioni.

8. Le disposizioni di cui al presente articolo non comportano maggiori oneri a carico del bilancio dello Stato.

9. Rimangono in vigore, in quanto compatibili, le disposizioni di cui agli articoli 3, 5, 6, 8, 9, 10 e 11 della legge 11 novembre 1975, n. 584.

10. Restano ferme le disposizioni che disciplinano il divieto di fumo nei locali delle pubbliche amministrazioni.

10-bis. Il Ministero della salute esercita il monitoraggio, per i profili di competenza, sugli effetti dei prodotti succedanei dei prodotti da fumo, al fine di promuovere le necessarie iniziative anche normative a tutela della salute.

10 ter. La pubblicità di marchi di liquidi o ricariche per sigarette elettroniche contenenti nicotina è consentita a condizione che riporti, in modo chiaramente visibile:

a) la dicitura: "presenza di nicotina";

b) l'avvertimento sul rischio di dipendenza da nicotina.

10-quater. Entro sei mesi dalla data di entrata in vigore della presente disposizione, le emittenti radiotelevisive pubbliche e private e le agenzie pubblicitarie, unitamente ai rappresentanti della produzione, adottano un codice di autoregolamentazione sulle modalità e sui contenuti dei messaggi pubblicitari relativi alle ricariche per sigarette elettroniche contenenti nicotina.

10-quinquies. È vietata la pubblicità di liquidi o ricariche per sigarette elettroniche contenenti nicotina che:

a) sia trasmessa all'interno di programmi rivolti ai minori e nei quindici minuti precedenti e successivi alla trasmissione degli stessi;

b) attribuisca efficacia o indicazioni terapeutiche che non siano espressamente riconosciute dal Ministero della salute;

c) rappresenti minori di anni diciotto intenti all'utilizzo di sigarette elettroniche.

10-sexies. È vietata la pubblicità diretta o indiretta delle ricariche per sigarette elettroniche contenenti nicotina nei luoghi frequentati prevalentemente dai minori.

10-septies. È vietata la pubblicità radiotelevisiva di liquidi o ricariche per sigarette elettroniche contenenti nicotina nella fascia oraria dalle 16 alle 19.

10-octies. È vietata in qualsiasi forma la pubblicità di liquidi o ricariche per sigarette elettroniche contenenti nicotina:

a) sulla stampa quotidiana e periodica destinata ai minori;

b) nelle sale cinematografiche in occasione della proiezione di film destinati prevalentemente alla visione da parte dei minori.

10-novies. La violazione delle disposizioni di cui ai commi da 10-ter a 10-octies è punita con la sanzione amministrativa consistente nel pagamento di una somma da euro 5.000 a euro 25.000. La sanzione è raddoppiata per ogni ulteriore trasgressione.

10-decies. La sanzione di cui al comma 10-novies si applica altresì alle industrie produttrici e ai responsabili delle emittenti radiotelevisive e degli organi di stampa nonché ai proprietari delle sale cinematografiche.

- artt. 1, 9, 10, 14, D.Lgs. 12 gennaio 2016, n. 6 (Recepimento della direttiva 2014/40/UE sul ravvicinamento delle disposizioni legislative, regolamentari e amministrative degli Stati membri relative alla lavorazione, alla presentazione e alla vendita dei prodotti del tabacco e dei prodotti correlati e che abroga la direttiva 2001/37/CE).

- art. 2, D.L. 3 dicembre 2012, n. 207, convertito in L. 24 dicembre 2012, n. 231, che dispone: *Responsabilità nella conduzione degli impianti. 1. Nei limiti consentiti dal presente decreto, rimane in capo ai titolari dell'autorizzazione integrata ambientale di cui all'articolo 1, comma 1, la gestione e la responsabilità della conduzione degli impianti di interesse strategico nazionale anche ai fini dell'osservanza di ogni obbligo, di legge o disposto in via amministrativa, e ferma restando l'attività di controllo dell'autorità di cui all'articolo 29-decies, comma 3, del decreto legislativo 3 aprile 2006, n. 152, e successive modificazioni.*

2051. Danno cagionato da cosa in custodia.

Ciascuno è responsabile del danno cagionato dalle cose che ha in custodia, salvo che provi il caso fortuito [1218, 1256, 2052; c.p.c. 675].

● Norme connesse:

- art. 14, D.Lgs. 30 aprile 1992, n. 285 (Codice della strada), che dispone: *Poteri e compiti degli enti proprietari delle strade. 1. Gli enti proprietari delle strade, allo scopo di garantire la sicurezza e la fluidità della circolazione, provvedono: a) alla manutenzione, gestione e pulizia delle strade, delle loro pertinenze e arredo, nonché delle attrezzature, impianti e servizi; b) al controllo tecnico dell'efficienza delle strade e relative pertinenze; c) alla apposizione e manutenzione della segnaletica prescritta. 2. Gli enti proprietari provvedono, inoltre: a) al rilascio delle autorizzazioni e delle concessioni di cui al presente titolo; b) alla segnalazione agli organi di polizia delle violazioni alle disposizioni di cui al presente titolo e alle altre norme ad esso attinenti, nonché alle prescrizioni contenute nelle autorizzazioni e nelle concessioni. 2-bis. Gli enti proprietari delle strade provvedono altresì, in caso di manutenzione straordinaria della sede stradale, a realizzare percorsi ciclabili adiacenti purché realizzati in conformità ai programmi pluriennali degli enti locali, salvo comprovati problemi di sicurezza. 3. Per le strade in concessione i poteri e i compiti dell'ente proprietario della strada previsti dal presente codice sono esercitati dal concessionario, salvo che sia diversamente stabilito. 4. Per le strade vicinali di cui all'art. 2, comma 7, i poteri dell'ente proprietario previsti dal presente codice sono esercitati dal comune.*

■ Codice civile del 1865: *Art. 1153. Ciascuno parimente è obbligato non solo pel danno che cagiona per fatto proprio, ma anche per quello che viene arrecato col fatto delle persone delle quali deve rispondere, o colle cose che ha in custodia:*

Il padre e in sua mancanza la madre sono obbligati pei danni cagionati dai loro figli minori abitanti con essi;

I tutori pei danni cagionati dai loro amministrati abitanti con essi;

I padroni ed i committenti pei danni cagionati dai loro domestici e commessi nell'esercizio delle incombenze alle quali li hanno destinati;

I precettori e gli artigiani pei danni cagionati dai loro allievi ed apprendenti nel tempo in cui sono sotto la loro vigilanza.

La detta responsabilità non ha luogo allorché i genitori, i tutori, i precettori e gli artigiani provano di non aver potuto impedire il fatto di cui dovrebbero essere risponsabili.

2052. Danno cagionato da animali.

Il proprietario di un animale o chi se ne serve per il tempo in cui lo ha in uso, è responsabile dei danni [2056 ss.] cagionati dall'animale [c.p. 672], sia che fosse sotto la sua custodia, sia che fosse smarrito o fuggito, salvo che provi il caso fortuito [1218, 1256, 2051].

● Norme connesse:

- L. 14 agosto 1991, n. 281 (Legge-quadro in materia di animali da affezione e prevenzione del randagismo); L. 2 dicembre 1998, n. 434 (Finanziamento degli interventi in materia di animali da affezione e per la prevenzione del randagismo).

- artt. 2, 3, 4 e 5, L. 14 agosto 1991, n. 281 che, rispettivamente, dispongono: *Art. 2. Trattamento dei cani e di altri animali di affezione. 1. Il controllo della popolazione dei cani e dei gatti mediante la limitazione delle nascite viene effettuato, tenuto conto del progresso scientifico, presso i servizi veterinari delle unità sanitarie locali. I proprietari o i detentori possono ricorrere a proprie spese agli ambulatori veterinari autorizzati delle società cinofile, delle società protettrici degli animali e di privati. 2. I cani vaganti ritrovati, catturati o comunque ricoverati presso le strutture di cui al comma 1 dell'articolo 4, non possono essere soppressi. 3. I cani catturati o comunque provenienti dalle strutture di cui al comma 1 dell'articolo 4, non possono essere destinati alla sperimentazione. 4. I cani vaganti catturati, regolarmente tatuati, sono restituiti al proprietario o al detentore. 5. I cani vaganti non tatuati catturati, nonché i cani ospitati presso le strutture di cui al comma 1 dell'articolo 4, devono essere tatuati; se non reclamati entro il termine di sessanta giorni possono essere ceduti a privati che diano garanzie di buon trattamento o ad associazioni protezioniste, previo trattamento profilattico contro la rabbia, l'echinococcosi e altre malattie trasmissibili. 6. I cani ricoverati nelle strutture di cui al comma 1 dell'articolo 4, fatto salvo quanto previsto dagli articoli 86, 87 e 91 del regolamento di polizia veterinaria approvato con decreto del Presidente della Repubblica 8 febbraio 1954, n. 320, e successive modificazioni, possono essere soppressi, in modo esclusivamente eutanasico, ad opera di medici veterinari, soltanto se gravemente malati, incurabili o di comprovata pericolosità. 7. È vietato a chiunque maltrattare i gatti che vivono in libertà. 8. I gatti che vivono in libertà sono sterilizzati dall'autorità sanitaria competente per territorio e riammessi nel loro gruppo. 9. I gatti in libertà possono essere soppressi soltanto se gravemente malati o incurabili. 10. Gli enti e le associazioni protezioniste possono, d'intesa con le unità sanitarie locali, avere in gestione le colonie di gatti che vivono in libertà, assicurandone la cura della salute e le condizioni di sopravvivenza. 11. Gli enti e le associazioni protezioniste possono gestire le strutture di cui al comma 1 dell'articolo 4, sotto il controllo sanitario dei servizi veterinari dell'unità sanitaria locale. 12. Le strutture di cui al comma 1 dell'articolo 4 possono tenere in custodia a pagamento cani di proprietà e garantiscono il servizio di pronto soccorso.*

Art. 3. Competenze delle regioni. 1. Le regioni disciplinano con propria legge, entro sei mesi dalla data di entrata in vigore della presente legge, l'istituzione dell'anagrafe canina presso i comuni o le unità sanitarie locali, nonché le modalità per l'iscrizione a tale anagrafe e per il rilascio al proprietario o al detentore della sigla di riconoscimento del cane, da imprimersi mediante tatuaggio indolore. 2. Le regioni provvedono a determinare, con propria legge, entro sei mesi dalla data di entrata in vigore della presente legge, i criteri per il risanamento dei canili comunali e la costruzione dei rifugi per cani. Tali strutture devono garantire buone condizioni di vita per i cani e il rispetto delle norme igienico-sanitarie e sono sottoposte al controllo sanitario dei servizi veterinari delle unità sanitarie locali. La legge regionale determina altresì i criteri e le modalità per il riparto tra i comuni dei contributi per la realizzazione degli interventi di loro competenza. 3. Le regioni adottano, entro sei mesi dalla data di entrata in vigore della presente legge, sentite le associazioni animaliste, protezioniste e venatorie, che operano in ambito regionale, un programma di prevenzione del randagismo. 4. Il programma di cui al comma 3 prevede interventi riguardanti: a) iniziative di informazione da svolgere anche in ambito scolastico al fine di conseguire un corretto rapporto di rispetto della vita animale e la difesa del suo habitat; b) corsi di aggiornamento o formazione per il personale delle regioni, degli enti locali e delle unità sanitarie locali addetto ai servizi di cui alla presente legge nonché per le guardie zoofile volontarie che collaborano con le unità sanitarie locali e con gli enti locali. 5. Al fine di tutelare il patrimonio zootecnico le regioni indennizzano gli imprenditori agricoli per le perdite di capi di bestiame causate da cani randagi o inselvatichiti, accertate dal servizio veterinario dell'unità sanitaria locale. 6. Per la realizzazione degli interventi di competenza regionale, le regioni possono destinare una somma non superiore al 25 per cento dei fondi assegnati alla regione dal decreto ministeriale di cui all'articolo 8, comma 2. La rimanente somma è assegnata dalla regione agli enti locali a titolo di contributo per la realizzazione degli interventi di loro competenza. 7. Le regioni a statuto speciale e le province autonome di Trento e di Bolzano adeguano la propria legislazione ai principi contenuti nella presente legge e adottano un programma regionale per la prevenzione del randagismo, nel rispetto dei criteri di cui al presente articolo.

Art. 4. Competenze dei comuni. 1. I comuni, singoli o associati, e le comunità montane provvedono prioritariamente ad attuare piani di controllo delle nascite attraverso la sterilizzazione. A tali piani è destinata una quota non inferiore al 60 per cento delle risorse di cui all'articolo 3, comma 6. I comuni provvedono, altresì, al risanamento dei canili comunali esistenti e costruiscono rifugi per i cani, nel rispetto dei criteri stabiliti con legge regionale e avvalendosi delle risorse di cui all'articolo 3, comma 6. I comuni, singoli o associati, e le comunità montane provvedono a gestire i canili e gattili sanitari direttamente o tramite convenzioni con le associazioni animaliste e zoofile o con soggetti privati che garantiscano la presenza nella struttura di volontari delle associazioni animaliste e zoofile preposti alla gestione delle adozioni e degli affidamenti dei cani e dei gatti. 2. I servizi comunali e i servizi veterinari delle unità sanitarie locali si attengono, nel trattamento degli animali, alle disposizioni di cui all'articolo 2.

Art. 5. Sanzioni. 1. Chiunque abbandona cani, gatti o qualsiasi altro animale custodito nella propria abitazione, è punito con la sanzione amministrativa del pagamento di una somma da lire trecentomila a lire un milione. 2. Chiunque omette di iscrivere il proprio cane all'anagrafe di cui al comma 1 dell'articolo 3, è punito con la sanzione amministrativa del pagamento di una somma di lire centocinquantamila. 3. Chiunque, avendo iscritto il cane all'anagrafe di cui al comma 1 dell'articolo 3, omette di sottoporlo al tatuaggio, è punito con la sanzione amministrativa del pagamento di una somma di lire centomila. 4. Chiunque fa commercio di cani o gatti al fine di sperimentazione, in violazione delle leggi vigenti, è punito con la sanzione amministrativa del pagamento di una somma da lire cinque milioni a lire dieci milioni. 5. [...]. 6. Le entrate derivanti dalle sanzioni amministrative di cui ai commi 1, 2, 3 e 4 confluiscono nel fondo per l'attuazione della presente legge previsto dall'articolo 8.

- artt. 19 e 26, L. 11 febbraio 1992, n. 157 (legge sulla caccia) che, rispettivamente, dispongono: *Art. 19. Controllo della fauna selvatica. 1. Le regioni possono vietare o ridurre per periodi prestabiliti la caccia a determinate specie di fauna selvatica di cui all'articolo 18, per importanti e motivate ragioni connesse alla consistenza faunistica o per sopravvenute particolari condizioni ambientali, stagionali o climatiche o per malattie o altre calamità. 2. Le regioni, per la migliore gestione del patrimonio zootecnico, per la tutela del suolo, per motivi sanitari, per la selezione biologica, per la tutela del patrimonio storico artistico, per la tutela delle produzioni zoo agro forestali ed ittiche, provvedono al controllo delle specie di fauna selvatica anche nelle zone vietate alla caccia. Tale controllo, esercitato selettivamente, viene praticato di norma mediante l'utilizzo di metodi ecologici su parere dell'Istituto nazionale per la fauna selvatica. Qualora l'Istituto verifichi l'inefficacia dei predetti metodi, le regioni possono autorizzare piani di abbattimento. Tali piani devono essere attuati dalle guardie venatorie dipendenti dalle amministrazioni provinciali. Queste ultime potranno altresì avvalersi dei proprietari o conduttori dei fondi sui quali si attuano i piani medesimi, purché muniti di licenza per l'esercizio venatorio, nonché delle guardie forestali e delle guardie comunali munite di licenza per l'esercizio venatorio. 3. Le province autonome di Trento e di Bolzano possono attuare i piani di cui al comma 2 anche avvalendosi di altre persone, purché munite di licenza per l'esercizio venatorio.*

Art. 26. Risarcimento dei danni prodotti dalla fauna selvatica e dall'attività venatoria. 1. Per far fronte ai danni non altrimenti risarcibili arrecati alla produzione agricola e alle opere approntate sui terreni coltivati e a pascolo dalla fauna selvatica, in particolare da quella protetta, e dall'attività venatoria, è costituito a cura di ogni regione un fondo destinato alla prevenzione e ai risarcimenti, al quale affluisce anche una percentuale dei proventi di cui all'articolo 23. 2. Le regioni prov-

CODICE CIVILE

vedono, con apposite disposizioni, a regolare il funzionamento del fondo di cui al comma 1, prevedendo per la relativa gestione un comitato in cui siano presenti rappresentanti di strutture provinciali delle organizzazioni professionali agricole maggiormente rappresentative a livello nazionale e rappresentanti delle associazioni venatorie nazionali riconosciute maggiormente rappresentative. 3. Il proprietario o il conduttore del fondo è tenuto a denunciare tempestivamente i danni al comitato di cui al comma 2, che procede entro trenta giorni alle relative verifiche anche mediante sopralluogo e ispezioni e nei centottanta giorni successivi alla liquidazione. 4. Per le domande di prevenzione dei danni, il termine entro cui il procedimento deve concludersi è direttamente disposto con norma regionale.

■ Codice civile del 1865: *Art. 1154. Il proprietario di un animale o chi se ne serve, pel tempo in cui se ne serve, è obbligato pel danno cagionato da esso, tanto se si trovi sotto la sua custodia, quanto se siasi smarrito o sia fuggito.*

♦ Codice civile francese

Articolo 1385. *Il proprietario di un animale o colui che se ne serve, quando è sotto il suo uso, è responsabile del danno che l'animale ha causato, sia se l'animale era sotto la sua sorveglianza, sia se era smarrito o se era scappato.*

2053. Rovina di edificio.

Il proprietario di un edificio o di altra costruzione è responsabile dei danni cagionati dalla loro rovina, salvo che provi che questa non è dovuta a difetto di manutenzione o a vizio di costruzione [1669, 2054; c.p. 677].

■ Codice civile del 1865: *Art. 1155. Il proprietario di un edifizio è obbligato pè danni cagionati dalla rovina di esso, quando sia avvenuta per mancanza di riparazione o per un vizio nella costruzione.*

♦ Codice civile francese

Articolo 1386. *Il proprietario di un edificio è responsabile del danno causato dalle sue rovine, quando è successo in seguito ad un difetto di manutenzione o ad un vizio della sua costruzione.*

2054. Circolazione di veicoli.

Il conducente di un veicolo senza guida di rotaie è obbligato a risarcire il danno prodotto a persone o a cose dalla circolazione del veicolo [2050], se non prova di aver fatto tutto il possibile per evitare il danno [1227, 2047 comma 2, 2947].

Nel caso di scontro tra veicoli si presume, fino a prova contraria, che ciascuno dei conducenti abbia concorso ugualmente a produrre il danno subito dai singoli veicoli [2055][1].

Il proprietario del veicolo, o, in sua vece, l'usufruttuario [978] o l'acquirente con patto di riservato dominio [1523], è responsabile in solido col conducente [1292], se non prova che la circolazione del veicolo è avvenuta contro la sua volontà.

In ogni caso le persone indicate dai commi precedenti sono responsabili dei danni derivati da vizi di costruzione o da difetto di manutenzione del veicolo [2053].

[1] La Corte costituzionale, con sentenza 29 dicembre 1972, n. 205, ha dichiarato l'illegittimità costituzionale del presente comma limitatamente alla parte in cui nel caso di scontro tra veicoli esclude che la presunzione di egual concorso dei conducenti operi anche se uno dei veicoli non abbia riportato danni.

● Norme connesse:

- comma 1: artt. 122 ss. D.Lgs. 7 settembre 2005, n. 209 (Codice delle assicurazioni private); artt. 91, 140 ss. D.Lgs. 30 aprile 1992, n. 285 (Codice della strada); art. 40, D.Lgs. 18 luglio 2005, n. 171 (Codice della nautica da diporto); art. 6, L. 5 febbraio 1992, n. 122, in ordine all'obbligo del proprietario o possessore dei veicoli a motore di rivolgersi, per la manutenzione o riparazione dei medesimi, ad imprese iscritte nel registro delle imprese.
- D.M. 11 marzo 2020, n. 54.

2055. Responsabilità solidale.

Se il fatto dannoso è imputabile a più persone, tutte sono obbligate in solido [1292] al risarcimento del danno [1294; c.p. 187 comma 2].

Colui che ha risarcito il danno ha regresso contro ciascuno degli altri, nella misura determinata dalla gravità della rispettiva colpa e dall'entità delle conseguenze che ne sono derivate [1227, 1299].

Nel dubbio, le singole colpe si presumono uguali [1298, 1299, 2054].

● Norme connesse:

- in tema di responsabilità per danni da prodotti difettosi, v. art. 121 (Pluralità di responsabili) D.Lgs. 6 settembre 2005, n. 206, in base al quale: «*1. Se più persone sono responsabili del medesimo danno, tutte sono obbligate in solido al risarcimento. 2. Colui che ha risarcito il danno ha regresso contro gli altri nella misura determinata dalle dimensioni del rischio riferibile a ciascuno, dalla gravità delle eventuali colpe e dalla entità delle conseguenze che ne sono derivate. Nel dubbio la ripartizione avviene in parti uguali*». V. anche art. 21-*quinquies*, comma 1-*bis*, L. 7 agosto 1990, n. 241, che dispone: *Ove la revoca di un atto amministrativo ad efficacia durevole o istantanea incida su rapporti negoziali, l'indennizzo liquidato dall'amministrazione agli interessati è parametrato al solo danno emergente e tiene conto sia dell'eventuale conoscenza o conoscibilità da parte dei contraenti della contrarietà dell'atto amministrativo oggetto di revoca all'interesse pubblico, sia dell'eventuale concorso dei contraenti o di altri soggetti all'erronea valutazione della compatibilità di tale atto con l'interesse pubblico.*
- comma 1: artt. 1123, 1294, c.c.; artt. 62, 63, disp. att. c.c.
- comma 2: art. 1198 c.c.

■ Codice civile del 1865: *Art. 1156. Se il delitto o quasi-delitto e imputabile a più persone, queste aono tenute in solido al risarcimento del danno cagionato.*

2056. Valutazione dei danni.

Il risarcimento dovuto al danneggiato si deve determinare secondo le disposizioni degli articoli 1223, 1226 e 1227.

Il lucro cessante è valutato dal giudice con equo apprezzamento delle circostanze del caso [1226; c.p.c. 113].

● Norme connesse:

- comma 1: artt 137 ss. D.Lgs. 7 settembre 2005, n. 209 (Codice delle assicurazioni private); art. 125, D.Lgs. 10 febbraio 2005, n. 30.

- comma 2: art. 2, L. 24 marzo 2001, n. 89, nel testo, da ultimo, modificato dall'art. 1, comma 777, L. 28 dicembre 2015, n. 208 (Diritto all'equa riparazione): *1. È inammissibile la domanda di equa riparazione proposta dal soggetto che non ha esperito i rimedi preventivi all'irragionevole durata del processo di cui all'articolo 1-ter. 2. Nell'accertare la violazione il giudice valuta la complessità del caso, l'oggetto del procedimento, il comportamento delle parti e del giudice durante il procedimento, nonchè quello di ogni altro soggetto chiamato a concorrervi o a contribuire alla sua definizione. 2-bis. Si considera rispettato il termine ragionevole di cui al comma 1 se il processo non eccede la durata di tre anni in primo grado, di due anni in secondo grado, di un anno nel giudizio di legittimità. Ai fini del computo della durata il processo si considera iniziato con il deposito del ricorso introduttivo del giudizio ovvero con la notificazione dell'atto di citazione. Si considera rispettato il termine ragionevole se il procedimento di esecuzione forzata si è concluso in tre anni, e se la procedura concorsuale si è conclusa in sei anni. Il processo penale si considera iniziato con l'assunzione della qualità di imputato, di parte civile o di responsabile civile, ovvero quando l'indagato ha avuto legale conoscenza della chiusura delle indagini preliminari. 2-ter. Si considera comunque rispettato il termine ragionevole se il giudizio viene definito in modo irrevocabile in un tempo non superiore a sei anni. 2-quater. Ai fini del computo non si tiene conto del tempo in cui il processo è sospeso e di quello intercorso tra il giorno in cui inizia a decorrere il termine per proporre l'impugnazione e la proposizione della stessa. 2-quinquies. Non è riconosciuto alcun indennizzo: a) in favore della parte che ha agito o resistito in giudizio consapevole della infondatezza originaria o sopravvenuta delle proprie domande o difese, anche fuori dai casi di cui all'articolo 96 del codice di procedura civile; b) nel caso di cui all'articolo 91, primo comma, secondo periodo, del codice di procedura civile; c) nel caso di cui all'articolo 13, comma 1, primo periodo, del decreto legislativo 4 marzo 2010, n. 28; d) in ogni altro caso di abuso dei poteri processuali che abbia determinato una ingiustificata dilazione dei tempi del procedimento. 2-sexies. Si presume insussistente il pregiudizio da irragionevole durata del processo, salvo prova contraria, nel caso di: a) dichiarazione di intervenuta prescrizione del reato, limitatamente all'imputato; b) contumacia della parte; c) estinzione del processo per rinuncia o inattività delle parti ai sensi degli articoli 306 e 307 del codice di procedura civile e dell'articolo 84 del codice del processo amministrativo, di cui al decreto legislativo 2 luglio 2010, n. 104; d) perenzione del ricorso ai sensi degli articoli 81 e 82 del codice del processo amministrativo, di cui al decreto legislativo 2 luglio 2010, n. 104; e) mancata presentazione della domanda di riunione nel giudizio amministrativo presupposto, in pendenza di giudizi dalla stessa parte introdotti e ricorrendo le condizioni di cui all'articolo 70 del codice del processo amministrativo, di cui al decreto legislativo 2 luglio 2010, n. 104; f) introduzione di domande nuove, connesse con altre già proposte, con ricorso separato, pur ricorrendo i presupposti per i motivi aggiunti di cui all'articolo 43 del codice del processo amministrativo, di cui al decreto legislativo 2 luglio 2010, n. 104, salvo che il giudice amministrativo disponga la separazione dei processi; g) irrisorietà della pretesa o del valore della causa, valutata anche in relazione alle condizioni personali della parte. 2-septies. Si presume parimenti insussistente il danno quando la parte ha conseguito, per effetto della irragionevole durata del processo, vantaggi patrimoniali eguali o maggiori rispetto alla misura dell'indennizzo altrimenti dovuto. 3. […].*

2057. Danni permanenti.

Quando il danno alle persone ha carattere permanente la liquidazione può essere fatta dal giudice, tenuto conto delle condizioni delle parti e della natura del danno, sotto forma di una rendita vitalizia [1872]. In tal caso il giudice dispone le opportune cautele [disp. att. 194].

● Norme connesse:

- art. 13, D.Lgs. 23 febbraio 2000, n. 38, che dispone: *Art. 13. Danno biologico. 1. In attesa della definizione di carattere generale di danno biologico e dei criteri per la determinazione del relativo risarcimento, il presente articolo definisce, in via sperimentale, ai fini della tutela dell'assicurazione obbligatoria conto gli infortuni sul lavoro e le malattie professionali il danno biologico come la lesione all'integrità psicofisica, suscettibile di valutazione medico legale, della persona. Le prestazioni per il ristoro del danno biologico sono determinate in misura indipendente dalla capacità di produzione del reddito del danneggiato.*

2. In caso di danno biologico, i danni conseguenti ad infortuni sul lavoro e a malattie professionali verificatisi o denunciati a decorrere dalla data di entrata in vigore del decreto ministeriale di cui al comma 3, l'INAIL nell'ambito del sistema d'indennizzo e sostegno sociale, in luogo della prestazione di cui all'art. 66, primo comma, n. 2), del testo unico, eroga l'indennizzo previsto e regolato dalle seguenti disposizioni:

a) le menomazioni conseguenti alle lesioni dell'integrità psicofisica di cui al comma 1 sono valutate in base a specifica "tabella delle menomazioni", comprensiva degli aspetti dinamico-relazionali. L'indennizzo delle menomazioni di grado pari o superiore al 6 per cento ed inferiore al 16 per cento è erogato in capitale dal 16 per cento è erogato in rendita, nella misura indicata nell'apposita "tabella indennizzo danno biologico". Per l'applicazione di tale tabella si fa riferimento all'età dell'assicurato al momento della guarigione clinica. Non si applica il disposto dell'art. 91 del testo unico;

b) le menomazioni di grado pari o superiore al 16 per cento danno diritto all'erogazione di un'ulteriore quota di rendita per l'indennizzo delle conseguenze delle stesse, commisurata al grado della menomazione, alla retribuzione dell'assicurato e al coefficiente di cui all'apposita "tabella dei coefficienti", che costituiscono indici di determinazione della percentuale di retribuzione da prendere in riferimento per l'indennizzo delle conseguenze patrimoniali, in relazione alla categoria di attività lavorativa di appartenenza dell'assicurato e alla ricollocabilità dello stesso. Per la determinazione della corrispondente quota di rendita, la retribuzione, determinata con le modalità e i criteri previsti dal testo unico, viene moltiplicata per il coefficiente di cui alla "tabella dei coefficienti" e per il grado percentuale di menomazione.

3. Le tabelle di cui alle lettere a) e b), i relativi criteri applicativi e i successivi adeguamenti sono approvati con decreto del Ministro del lavoro e della previdenza sociale su delibera del consiglio di amministrazione dell'INAIL. In sede di prima attuazione il decreto ministeriale è emanato entro trenta giorni dalla data di entrata in vigore del presente decreto legislativo.

4. Entro dieci anni dalla data dell'infortunio, o quindici anni se trattasi di malattia professionale, qualora le condizioni dell'assicurato, dichiarato guarito senza postumi d'invalidità permanente o con postumi che non raggiungono il minimo per l'indennizzabilità in capitale o per l'indennizzabilità in rendita, dovessero aggravarsi in conseguenza dell'infortunio o della malattia professionale in misura da raggiungere l'indennizzabilità in capitale o in rendita, l'assicurato stesso può chiedere all'istituto assicuratore la liquidazione del capitale o della rendita, formulando la domanda nei modi e nei termini stabiliti per la revisione della rendita in caso di aggravamento. L'importo della renditaè decurtato dell'importo dell'eventuale indennizzo in capitale già corrisposto. La revisione dell'indennizzo in capitale, per aggravamento della menomazione sopravvenuto nei termini di cui sopra, può avvenire una sola volta. Per le malattie neoplastiche, per la silicosi e l'asbestosi e per le malattie infettive e parassitarie la domanda di aggravamento, ai fini della liquidazione della rendita, può essere presentata anche oltre i limiti temporali di cui sopra, con scadenze quinquennali dalla precedente revisione.

5. Nel caso in cui l'assicurato, già colpito da uno o più eventi lesivi rientranti nella disciplina delle presenti disposizioni, subisca un nuovo evento lesivo si procede alla valutazione complessiva dei postumi ed alla liquidazione di un'unica rendita o dell'indennizzo in capitale corrispondente al grado complessivo della menomazione dell'integrità psicofisica. L'importo della nuova rendita o del nuovo indennizzo in capitale è decurtato dell'importo dell'eventuale indennizzo in capitale già corrisposto e non recuperato.

6. Il grado di menomazione dell'integrità psicofisica causato da infortunio sul lavoro o malattia professionale, quando risulti aggravato da menomazioni preesistenti concorrenti derivanti da fatti estranei al lavoro o da infortuni o malattie professionali verificatisi o denunciate prima della data di entrata in vigore del decreto ministeriale di cui al comma 3 e non indennizzati in rendita, deve essere rapportato non all'integrità psicofisica completa, ma a quella ridotta per effetto delle preesistenti menomazioni, il rapporto è espresso da una frazione in cui il denominatore indica il grado d'integrità psicofisica preesistente e il numeratore la differenza tra questa ed il grado d'integrità psicofisica residuato dopo l'infortunio o la malattia professionale. Quando per le conseguenze degli infortuni o delle malattie professionali verificatisi o denunciate prima della data di entrata in vigore del decreto ministeriale di cui al comma 3 l'assicurato percepisca una rendita o sia stato liquidato in capitale ai sensi del testo unico, il grado di menomazione conseguente al nuovo infortunio o alla nuova malattia professionale viene valutato senza tenere conto delle preesistenze. In tale caso, l'assicurato continuerà a percepire l'eventuale rendita corrisposta in conseguenza di infortuni o malattie professionali verificatisi o denunciate prima della data sopra indicata.

7. La misura della rendita può essere riveduta, nei modi e nei termini di cui agli articoli 83, 137 e 146 del testo unico La rendita può anche essere soppressa nel caso di recupero dell'integrità psicofisica nei limiti del minimo indennizzabile in rendita. In tale caso, qualora il grado di menomazione accertato sia compreso nel limite indennizzabile in capitale, viene corrisposto l'indennizzo in capitale calcolato con riferimento all'età dell'assicurato al momento della soppressione della rendita.

8. Quando per le condizioni della lesione non sia ancora accertabile il grado di menomazione dell'integrità psicofisica e sia, comunque, presumibile che questa rientri nei limiti dell'indennizzo in capitale, l'istituto assicuratore può liquidare un indennizzo in capitale in misura provvisoria, dandone comunicazione all'interessato entro trenta giorni dalla data di ricevimento del certificato medico constatante la cessazione dell'inabilità temporanea assoluta, con riserva di procedere a liquidazione definitiva non prima di sei mesi e non oltre un anno dalla data di ricevimento del predetto certificato medico. In ogni caso l'indennizzo definitivo non può essere inferiore a quello provvisoriamente liquidato.

9. In caso di morte dell'assicurato, avvenuta prima che l'istituto assicuratore abbia corrisposto l'indennizzo in capitale, è dovuto un indennizzo proporzionale al tempo trascorso tra la data della guarigione clinica e la morte.

10. Per l'applicazione dell'art. 77 del testo unico si fa riferimento esclusivamente alla quota di rendita di cui al comma 2, lettera b).

11. Per quanto non previsto dalle presenti disposizioni, si applica la normativa del testo unico, in quanto compatibile.

12. [...].

La Corte costituzionale, con sentenza 13 aprile 2021, n. 63, ha dichiarato l'illegittimità costituzionale del secondo periodo del comma 6, nella parte in cui non prevede che, per le patologie aggravate da menomazioni preesistenti concorrenti, trovi applicazione la medesima disciplina contemplata dal primo periodo in aggiunta alla persistente erogazione della rendita di cui al terzo periodo del medesimo comma 6.

- art. 95 (Disposizioni in materia di tutela sanitaria degli infortuni sul lavoro), L. 23 dicembre 2000, n. 388 (legge finanziaria 2001), che dispone: *1. Per realizzare l'effettiva garanzia, di cui all'articolo 57, della legge 23 dicembre 1978, n. 833, per gli infortunati sul lavoro ed i tecnopatici di compiuto recupero della integrità psico-fisica, comprensiva degli aspetti dinamico-relazionali, ai sensi degli articoli 86 ed 89 del testo unico delle disposizioni per l'assicurazione obbligatoria contro gli infortuni sul lavoro e le malattie professionali, approvato con decreto del Presidente della Repubblica 30 giugno 1965, n. 1124, e dell'articolo 13 del decreto legislativo 23 febbraio 2000, n. 38, le regioni possono definire con l'INAIL convenzioni per disciplinare la tempestiva erogazione delle cure sanitarie necessarie ed utili, nel rispetto del principio di continuità assistenziale previsto dalla normativa del Servizio sanitario nazionale.*

2. Le convenzioni, stipulate secondo uno schema tipo approvato dal Ministero della sanità di concerto con il Ministero del lavoro e della previdenza sociale, su proposta dell'INAIL e della Conferenza permanente per i rapporti tra lo Stato, le regioni e le province autonome di Trento e di Bolzano, inquadrano l'erogazione delle prestazioni di cui al comma 1 nell'àmbito della programmazione sanitaria, nazionale e regionale, garantendo la piena integrazione fra i livelli di tutela a carico del Servizio sanitario nazionale e quelli a carico dell'INAIL, ferme restando la non duplicazione delle strutture sanitarie e la disciplina dell'autorizzazione e dell'accreditamento per i servizi sanitari.

2058. Risarcimento in forma specifica.

Il danneggiato può chiedere la reintegrazione in forma specifica, qualora sia in tutto o in parte possibile [7, 1843, 2930, 2931, 2933].

Tuttavia il giudice può disporre che il risarcimento avvenga solo per equivalente, se la reintegrazione in forma specifica risulta eccessivamente onerosa per il debitore [1223; disp. att. 195].

● Norme connesse:

- art. 311, D.Lgs. 3 aprile 2006, n. 152, in materia di *danno ambientale*.

- artt. 30, 34 e 130, D.Lgs. 2 luglio 2010, n. 104 (Codice del processo amministrativo) riportati sub. art. 2043, in tema di *responsabilità civile della p.a.*

- art. 130, D.Lgs. 6 settembre 2005, n. 206, in materia di riparazione e sostituzione del bene non conforme nella *vendita di beni mobili di consumo*; art. 2, comma 3, lett. b), L. 24 marzo 2001, n. 89 (Previsione di equa riparazione in caso di violazione del *termine ragionevole del processo* e modifica dell'articolo 375 del codice di procedura civile), riportata sub. art. 2056;

- art. 8, L. 8 febbraio 1948, n. 47 sul *diritto di rettifica nella stampa*, che dispone: *Il direttore o, comunque, il responsabile è tenuto a fare inserire gratuitamente nel quotidiano o nel periodico o nell'agenzia di stampa le dichiarazioni o le rettifiche dei soggetti di cui siano state pubblicate immagini od ai quali siano stati attribuiti atti o pensieri o affermazioni da essi ritenuti lesivi della loro dignità o contrari a verità, purché le dichiarazioni o le rettifiche non abbiano contenuto suscettibile di incriminazione penale. Per i quotidiani, le dichiarazioni o le rettifiche di cui al comma precedente sono pubblicate, non oltre due giorni da quello in cui è avvenuta la richiesta, in testa di pagina e collocate nella stessa pagina del giornale che ha riportato la notizia cui si riferiscono. Per i periodici, le dichiarazioni o le rettifiche sono pubblicate, non oltre il secondo numero successivo alla settimana in cui è pervenuta la richiesta, nella stessa pagina che ha riportato la notizia cui si riferisce. Le rettifiche o dichiarazioni devono fare riferimento allo scritto che le ha determinate e devono essere pubblicate nella loro interezza, purché contenute entro il limite di trenta righe, con le medesime caratteristiche tipografiche, per la parte che si riferisce direttamente alle affermazioni contestate. Qualora, trascorso il termine di cui al secondo e terzo comma, la rettifica o dichiarazione non sia stata pubblicata o lo sia stata in violazione di quanto disposto dal secondo, terzo e quarto comma, l'autore della richiesta di rettifica, se non intende procedere a norma del decimo comma dell'articolo 21, può chiedere al pretore, ai sensi dell'articolo 700 del codice di procedura civile, che sia ordinata la pubblicazione. La mancata o incompleta ottemperanza all'obbligo di cui al presente articolo è punita con la sanzione amministrativa da euro 7.746 a euro 12.911. La sentenza di condanna deve essere pubblicata per estratto nel quotidiano o nel periodico o nell'agenzia. Essa, ove ne sia il caso, ordina che la pubblicazione omessa sia effettuata.*

- art. 5, L. 25 gennaio 1983, n. 23 (Norme di attuazione della convenzione sulla responsabilità internazionale per i danni causati da oggetti spaziali, firmata a Londra, Mosca e Washington il 29 marzo 1972), secondo cui: «*1. La responsabilità dello Stato italiano nei confronti delle persone contemplate dagli articoli 2 e 3 per i danni indicati nell'articolo 1 ha natura obiettiva e non ammette prova liberatoria. 2. Nelle ipotesi previste dall'articolo 2, secondo comma, e dall'articolo 3 la misura del risarcimento è stabilita a norma degli articoli 2056, 1223 e 1226 del codice civile e il danneggiato può chiedere il risarcimento in forma specifica ai sensi dell'articolo 2058 del codice civile*».

- sul *risarcimento del danno alla salute e all'ambiente* derivante dall'emissione di organismi geneticamente modificati (OGM), art. 36, D.Lgs. 8 luglio 2003, n. 224 che dispone. «*1. Fatte salve le disposizioni previste negli articoli 34 e 35 e sempre che il fatto non costituisca più grave reato, chi, nell'effettuazione di un'emissione deliberata nell'ambiente di un OGM ovvero nell'immissione sul mercato di un OGM, cagiona pericolo per la salute pubblica ovvero pericolo di degradazione rilevante e persistente delle risorse naturali biotiche o abiotiche è punito con l'arresto sino a tre anni o con l'ammenda sino ad euro 51.700. 2. Chiunque, con il proprio comportamento omissivo o commissivo, in violazione delle disposizioni del presente decreto, provoca un danno alle acque, al suolo, al sottosuolo od alle altre risorse ambientali, ovvero determina un pericolo concreto ed attuale di inquinamento ambientale, è tenuto a procedere a proprie spese agli interventi di messa in sicurezza, di bonifica e di ripristino ambientale delle aree inquinate: e degli impianti dai quali è derivato il danno ovvero deriva il pericolo di inquinamento, ai sensi e secondo il procedimento di cui all'articolo 17 del decreto legislativo 5 febbraio 1997, n. 22. 3. Ai sensi dell'articolo 18 della legge 8 luglio 1986, n. 349, è fatto salvo il diritto ad ottenere il risarcimento del danno non eliminabile con la bonifica ed il ripristino ambientale di cui al comma 2. 4. Nel caso in cui non sia possibile una precisa quantificazione del danno di cui al comma 3, lo stesso si presume, salvo prova contraria, di ammontare non inferiore alla somma corrispondente alla sanzione pecuniaria amministrativa ovvero alla sanzione penale, in concreto applicata. Nel caso in cui sia stata irrogata una pena detentiva, solo al fine della quantificazione del danno di cui al presente comma, il ragguaglio fra la stessa e la pena pecuniaria ha luogo calcolando duecentosei euro per un giorno di pena detentiva. 5. In caso di condanna penale o di emanazione del provvedimento di cui all'articolo 444 del codice di procedura penale, la cancelleria del giudice che ha emanato il provvedimento trasmette copia dello stesso al Ministero dell'ambiente e della tutela del territorio. Gli enti di cui al comma 1 dell'articolo 56 del decreto legislativo 11 maggio 1999, n. 152, come modificato dall'articolo 22 del decreto legislativo 18 agosto 2000, n. 258, danno prontamente notizia dell'avvenuta erogazione delle sanzioni amministrative al Ministero dell'ambiente e della tutela del territorio, al fine del recupero del danno ambientale. 6. Chiunque non ottempera alle prescrizioni di cui al comma 2 è punito con l'arresto da sei mesi ad un anno e con l'ammenda da euro 2.600 ad euro 25.900*».

- art. 125, D.Lgs. 10 febbraio 2005, n. 30; v., anche, D.L. 22 novembre 2004 n. 279, convertito in L. 28 gennaio 2005, n. 5 (Disposizioni urgenti per assicurare la coesistenza tra le forme di agricoltura transgenica, convenzionale e biologica).

- sul risarcimento in forma specifica del danno cagionato dall'esercizio del potere amministrativo, art. 30, comma 2, D.Lgs. 2 luglio 2010, n. 104 (Codice del processo amministrativo) riportato sub. art. 2043, in tema di *responsabilità civile della p.a.*

♦ Codice civile tedesco

§ 249 Natura ed entità del risarcimento del danno. *(1) Il danneggiante deve reintegrare lo stato che sarebbe sussistito se non si fosse verificata la circostanza che obbliga al risarcimento. (2) Se deve essere corrisposto il risarcimento del danno per la lesione ad una persona o per il danneggiamento di una cosa, il creditore può chiedere in luogo della reintegrazione la somma di danaro a ciò necessaria. In caso di danneggiamento di un bene l'importo di danaro necessario, secondo il comma precedente, comprende l'imposta sul valore aggiunto solo se effettivamente maturata.*

§ 251 Risarcimento del danno in danaro senza fissazione di termine. *(1) Laddove la reintegrazione non sia possibile o non sia sufficiente all'indennizzo del creditore, il debitore deve indennizzare il danneggiato in danaro. (2) Il debitore può indennizzare il creditore in danaro se la reintegrazione è possibile solo a costi eccessivamente onerosi. Le spese derivanti dalla cura di un animale ferito non sono eccessivamente onerose per il solo fatto di eccederne considerevolmente il valore.*

2059. Danni non patrimoniali.

Il danno non patrimoniale deve essere risarcito solo nei casi determinati dalla legge [2087; Cost. 2, 13, 25, 27, 29, 32, 41; c.p.c. 89, 120; c.p. 185, 187, 189, 598].

● Norme connesse:

- art. 300 (*Danno ambientale*) D.Lgs. 3 aprile 2006, n. 152 (Codice dell'ambiente).

- sulla responsabilità per *danni nell"esercizio delle funzioni giudiziarie,* art. 1, comma 1, L. 13 aprile 1988, n. 117 (Risarcimento dei danni cagionati nell'esercizio delle funzioni giudiziarie e responsabilità civile dei magistrati); art. 2, L. 24 marzo 2001, n. 89 (Previsione di equa riparazione in caso di violazione del termine ragionevole del processo e modifica dell'articolo 375 del codice di procedura civile).

- in tema di responsabilità per *danno da prodotto difettoso,* v. art. 114-127, 140-bis, D.Lgs. 6 settembre 2005, n. 206 (Codice del consumo). L'art. 140-bis cit. è stato poi abrogato dall'art. 5, L. 12 aprile 2019, n. 31, decorsi diciannove mesi dalla pubblicazione nella Gazzetta Ufficiale (avvenuta il 18 aprile 2019). Le disposizioni della citata L. 31/2019 si applicano alle condotte illecite poste in essere successivamente alla data della sua entrata in vigore. Alle condotte illecite poste in essere precedentemente continuano ad applicarsi le disposizioni vigenti prima della medesima data di entrata in vigore. V., ora, artt. 840-bis e ss. c.p.c.

- in tema di assicurazione obbligatoria della responsabilità civile v. artt. 138, 170-172, D.Lgs. 7 settembre 2005, n. 209 (Codice delle assicurazioni).

- in materia di responsabilità del medico dipendente di una struttura sanitaria, pubblica o privata:

A) art. 7, L. 8 marzo 2017, n. 24 (Disposizioni in materia di sicurezza delle cure e della persona assistita, nonchè in materia di responsabilità professionale degli esercenti le professioni sanitarie), che recita: *Art. 7. Responsabilità civile della struttura e dell'esercente la professione sanitaria. 1. La struttura sanitaria o sociosanitaria pubblica o privata che, nell'adempimento della propria obbligazione, si avvalga dell'opera di esercenti la professione sanitaria, anche se scelti dal paziente e ancorchè non dipendenti della struttura stessa, risponde, ai sensi degli articoli 1218 e 1228 del codice civile, delle loro condotte dolose o colpose.*

2. La disposizione di cui al comma 1 si applica anche alle prestazioni sanitarie svolte in regime di libera professione intramuraria ovvero nell'ambito di attività di sperimentazione e di ricerca clinica ovvero in regime di convenzione con il Servizio sanitario nazionale nonchè attraverso la telemedicina.

3. L'esercente la professione sanitaria di cui ai commi 1 e 2 risponde del proprio operato ai sensi dell'articolo 2043 del codice civile, salvo che abbia agito nell'adempimento di obbligazione contrattuale assunta con il paziente. Il giudice, nella determinazione del risarcimento del danno, tiene conto della condotta dell'esercente la professione sanitaria ai sensi dell'articolo 5 della presente legge e dell'articolo 590-sexies del codice penale, introdotto dall'articolo 6 della presente legge.

4. Il danno conseguente all'attività della struttura sanitaria o sociosanitaria, pubblica o privata, e dell'esercente la professione sanitaria è risarcito sulla base delle tabelle di cui agli articoli 138 e 139 del codice delle assicurazioni private, di cui al decreto legislativo 7 settembre 2005, n. 209, integrate, ove necessario, con la procedura di cui al comma 1 del predetto articolo 138 e sulla base dei criteri di cui ai citati articoli, per tener conto delle fattispecie da esse non previste, afferenti alle attività di cui al presente articolo.

5. Le disposizioni del presente articolo costituiscono norme imperative ai sensi del codice civile;

B) art. 3, D.L. 13 settembre 2012, n. 158, convertito in L. 8 novembre 2012, n. 189 (Disposizioni urgenti per promuovere lo sviluppo del Paese mediante un più alto livello di tutela della salute), nel testo modificato dall'art. 27, D.L. 24 giugno 2014, n. 90, convertito in L. 11 agosto 2014, n. 114, dall'art. 6, L. 8 marzo 2017, n. 24 e dall'art. 11, L. 11 gennaio 2018, n. 3, che recita: *Art. 3. Responsabilità professionale dell'esercente le professioni sanitarie. 1. [L'esercente la professione sanitaria che nello svolgimento della propria attività si attiene a linee guida e buone pratiche accreditate dalla comunità scientifica non risponde penalmente per colpa lieve. In tali casi resta comunque fermo l'obbligo di cui all'articolo 2043 del codice civile. Il giudice, anche nella determinazione del risarcimento del danno, tiene debitamente conto della condotta di cui al primo periodo] (abrogato).*

2. [Con decreto del Presidente della Repubblica, adottato ai sensi dell'articolo 17, comma 1, della legge 23 agosto 1988, n. 400, da emanare entro il 30 giugno 2013, su proposta del Ministro della salute, di concerto con i Ministri dello sviluppo economico e dell'economia e delle finanze, sentite l'Associazione nazionale fra le imprese assicuratrici (ANIA), la Federazione nazionale degli ordini dei medici chirurghi e degli odontoiatri, nonchè le Federazioni nazionali degli ordini e dei collegi delle professioni sanitarie e le organizzazioni sindacali maggiormente rappresentative delle categorie professionali interessate, anche in attuazione dell'articolo 3, comma 5, lettera e), del decreto-legge 13 agosto 2011, n. 138, convertito, con modificazioni, dalla legge 14 settembre 2011, n. 148, al fine di agevolare l'accesso alla copertura assicurativa agli esercenti le professioni sanitarie, sono disciplinati le procedure e i requisiti minimi e uniformi per l'idoneità dei relativi contratti, in conformità ai seguenti criteri:

a) determinare i casi nei quali, sulla base di definite categorie di rischio professionale, prevedere l'obbligo, in capo ad un fondo appositamente costituito, di garantire idonea copertura assicurativa agli esercenti le professioni sanitarie, anche nell'esercizio dell'attività libero-professionale intramuraria, nei limiti delle risorse del fondo stesso. Il fondo viene finanziato dal contributo dei professionisti che ne facciano espressa richiesta, nella misura determinata dal soggetto gestore del fondo di cui alla lettera b), e da un ulteriore contributo a carico delle imprese autorizzate all'esercizio dell'assicurazione per danni derivanti dall'attività medico-professionale, determina-

to in misura percentuale ai premi incassati nel precedente esercizio, comunque non superiore al 4 per cento del premio stesso, con provvedimento adottato dal Ministro dello sviluppo economico, di concerto con il Ministro della salute e il Ministro dell'economia e delle finanze, sentite la Federazione nazionale degli ordini dei medici chirurghi e degli odontoiatri, nonchè le Federazioni nazionali degli ordini e dei collegi delle professioni sanitarie;

b) determinare il soggetto gestore del Fondo di cui alla lettera a) e le sue competenze senza nuovi o maggiori oneri a carico della finanza pubblica;

c) prevedere che i contratti di assicurazione debbano essere stipulati anche in base a condizioni che dispongano alla scadenza la variazione in aumento o in diminuzione del premio in relazione al verificarsi o meno di sinistri e subordinare comunque la disdetta della polizza alla reiterazione di una condotta colposa da parte del sanitario accertata con sentenza definitiva] (abrogato).

3. [Il danno biologico conseguente all'attività dell'esercente della professione sanitaria è risarcito sulla base delle tabelle di cui agli articoli 138 e 139 del decreto legislativo 7 settembre 2005, n. 209, eventualmente integrate con la procedura di cui al comma 1 del predetto articolo 138 e sulla base dei criteri di cui ai citati articoli, per tener conto delle fattispecie da esse non previste, afferenti all'attività di cui al presente articolo] (abrogato).

4. Nel rispetto dell'ambito applicativo dell'art. 3, comma 5, lettera e) del decreto legge 13 agosto 2011, n. 138, convertito, con modificazioni, dalla legge 14 settembre 2011, n. 148, per i contenuti e le procedure inerenti ai contratti assicurativi per i rischi derivanti dall'esercizio dell'attività professionale resa nell'ambito del Servizio sanitario nazionale o in rapporto di convenzione, il decreto di cui al comma 2 viene adottato sentita altresì la Conferenza permanente per i rapporti tra lo Stato, le regioni e le province autonome di Trento e di Bolzano. Resta comunque esclusa a carico degli enti del Servizio sanitario nazionale ogni copertura assicurativa della responsabilità civile ulteriore rispetto a quella prevista, per il relativo personale, dalla normativa contrattuale vigente.

5. Gli albi dei consulenti tecnici d'ufficio di cui all'articolo 13 del regio decreto 18 dicembre 1941, n. 1368, recante disposizioni di attuazione del codice di procedura civile, devono essere aggiornati con cadenza almeno quinquennale, al fine di garantire, oltre a quella medico legale, una idonea e qualificata rappresentanza di esperti delle discipline specialistiche dell'area sanitaria anche con il coinvolgimento delle società scientifiche, tra i quali scegliere per la nomina tenendo conto della disciplina interessata nel procedimento.

6. Dall'applicazione del presente articolo non devono derivare nuovi o maggiori oneri a carico della finanza pubblica.

Il testo del citato art. 3, D.L. 158/2012, precedente la conversione in legge, disponeva: *1. Fermo restando il disposto dell'articolo 2236 del codice civile, nell'accertamento della colpa lieve nell'attività dell'esercente le professioni sanitarie il giudice, ai sensi dell'articolo 1176 del codice civile, tiene conto in particolare dell'osservanza, nel caso concreto, delle linee guida e delle buone pratiche accreditate dalla comunità scientifica nazionale e internazionale.*

2. Con decreto del Presidente della Repubblica, adottato ai sensi dell'articolo 17, comma 1, della legge 23 agosto 1988, n. 400, su proposta del Ministro della salute, di concerto con i Ministri dello sviluppo economico e dell'economia e delle finanze, sentite l'Associazione nazionale fra le imprese assicuratrici (ANIA), le Federazioni nazionali degli ordini e dei collegi delle professioni sanitarie e le organizzazioni sindacali maggiormente rappresentative delle categorie professionali interessate, anche in attuazione dell'articolo 3, comma 5, lettera e), del decreto-legge 13 agosto 2011, n. 138, convertito, con modificazioni, dalla legge 14 settembre 2011, n. 148, al fine di agevolare l'accesso alla copertura assicurativa agli esercenti le professioni sanitarie, sono disciplinati le procedure e i requisiti minimi e uniformi per l'idoneità dei relativi contratti, in conformità ai seguenti criteri:

a) determinare i casi nei quali, sulla base di definite categorie di rischio professionale, prevedere l'obbligo, in capo ad un fondo appositamente costituito, di garantire idonea copertura assicurativa agli esercenti le professioni sanitarie. Il fondo viene finanziato dal contributo dei professionisti che ne facciano espressa richiesta e da un ulteriore contributo a carico delle imprese autorizzate all'esercizio dell'assicurazione per danni derivanti dall'attività medico-professionale, determinato in misura percentuale ai premi incassati nel precedente esercizio, comunque non superiore al 4 per cento del premio stesso, con provvedimento adottato dal Ministro dello sviluppo economico, di concerto con il Ministro della salute e il Ministro dell'economia e delle finanze, sentite le Federazioni nazionali degli ordini e dei collegi delle professioni sanitarie;

b) determinare il soggetto gestore del Fondo di cui alla lettera a) e le sue competenze senza nuovi o maggiori oneri a carico della finanza pubblica;

c) prevedere che i contratti di assicurazione debbano essere stipulati anche in base a condizioni che dispongano alla scadenza la variazione in aumento o in diminuzione del premio in relazione al verificarsi o meno di sinistri e subordinare comunque la disdetta della polizza alla reiterazione di una condotta colposa da parte del sanitario.

3. Il danno biologico conseguente all'attività dell'esercente della professione sanitaria è risarcito sulla base delle tabelle di cui agli articoli 138 e 139 del decreto legislativo 7 settembre 2005, n. 209, eventualmente integrate con la procedura di cui al comma 1 del predetto articolo 138 e sulla base dei criteri di cui ai citati articoli, per tener conto delle fattispecie da esse non previste, afferenti all'attività di cui al presente articolo.

4. Per i contenuti e le procedure inerenti ai contratti assicurativi per i rischi derivanti dall'esercizio dell'attività professionale resa nell'ambito del Servizio sanitario nazionale o in rapporto di convenzione, il decreto di cui al comma 2 viene adottato sentita altresì la Conferenza permanente per i rapporti tra lo Stato, le regioni e le province autonome di Trento e di Bolzano. Resta comunque esclusa a carico degli enti del Servizio sanitario nazionale ogni copertura assicurativa della responsabilità civile ulteriore rispetto a quella prevista, per il relativo personale, dalla normativa contrattuale vigente.

5. Gli albi dei consulenti tecnici d'ufficio di cui all'articolo 13 del regio decreto 18 dicembre 1941, n. 1368, recante disposizioni di attuazione del codice di procedura civile, devono essere aggiornati con cadenza almeno quinquennale, al fine di garantire, oltre a quella medico legale, una idonea e qualificata rappresentanza di esperti delle discipline specialistiche dell'area sanitaria, anche con il coinvolgimento delle società scientifiche.

6. Dall'applicazione del presente articolo non derivano nuovi o maggiori oneri a carico della finanza pubblica.

- per i danni da violazione delle norme in materia di tutela dai dati personali v. art. 82, Reg. UE 27 aprile 2016, n. 679, relativo alla protezione delle persone fisiche con riguardo al trattamento dei dati personali, nonché alla libera circolazione di tali dati, riportato in nota all'art. 2043.

- in materia di *danno da atti o comportamenti o condotte discriminatorie a causa della razza o dell'origine etnica delle persone*, art. 4, comma 4, D.Lgs. 9 luglio 2003, n. 215 (Attuazione della direttiva 2000/43/CE per la parità di trattamento tra le persone indipendentemente dalla razza e dall'origine etnica). V. anche D.Lgs. 11 aprile 2006, n. 198 (Codice delle pari opportunità tra uomo e donna).

- in materia di *criteri per il riconoscimento dell'invalidità permanente del personale impiegato nelle missioni militari all'estero*, nei conflitti e nelle basi militari nazionali, art. 5, D.P.R. 3 marzo 2009, n. 37 (Regolamento per la disciplina dei termini e delle modalità di riconoscimento di particolari infermità da cause di servizio per il personale impiegato nelle missioni militari all'estero, nei conflitti e nelle basi militari nazionali, a norma dell'articolo 2, commi 78 e 79, della legge 24 dicembre 2007, n. 244), abrogato dall'art. 2269, D.Lgs. 15 marzo 2010, n. 66; v., ora, art. 1082, D.P.R. 15 marzo 2010, n. 90 (Testo unico delle disposizioni regolamentari in materia di ordinamento militare, a norma dell'articolo 14 della legge 28 novembre 2005, n. 246) e D.P.R. 24 febbraio 2012, n. 40, di modifica che così recita: *Art. 1082. Criteri per la determinazione dell'invalidità permanente. 1. Per l'accertamento delle percentuali di invalidità si procede secondo i seguenti criteri e modalità:*

a) la percentuale d'invalidità permanente (IP), riferita alla capacità lavorativa, è attribuita scegliendo il valore più favorevole tra quello determinato in base alle tabelle per i gradi di invalidità e relative modalità d'uso approvate, in conformità all'articolo 3, comma 3, della legge 29 dicembre 1990, n. 407, con il decreto del Ministro della salute 5 febbraio 1992 e successive modificazioni, e il valore determinato in base alle tabelle A, B, E ed F1 annesse al decreto del Presidente della Repubblica 23 dicembre 1978, n. 915, e relativi criteri applicativi.

Alla classifica di cui alle categorie della tabella A e alla tabella B sono equiparate le fasce percentuali d'invalidità permanente, riferite alla capacità lavorativa, secondo le seguenti corrispondenze:

1) tabella A prima categoria 100% - 91%;
2) tabella A seconda categoria 90% - 81%;
3) tabella A terza categoria 80% - 71%;
4) tabella A quarta categoria 70% - 61%;
5) tabella A quinta categoria 60% - 51%;
6) tabella A sesta categoria 50% - 41%;
7) tabella A settima categoria 40% - 31%;
8) tabella A ottava categoria 30% - 21%;
9) tabella B 20% - 11%.

Alle invalidità o mutilazioni di prima categoria della Tabella A che risultino contemplate anche nella Tabella E, corrisponde un'invalidità permanente non inferiore al cento per cento;

b) la percentuale del danno biologico (DB) è determinata in base alle tabelle delle menomazioni e relativi criteri applicativi di cui agli articoli 138, comma 1, e 139, comma 4, del decreto legislativo 7 settembre 2005, n. 209;

c) la determinazione della percentuale del danno morale (DM) viene effettuata, caso per caso, tenendo conto della entità della sofferenza e del turbamento dello stato d'animo, oltre che della lesione alla dignità della persona, connessi e in rapporto all'evento dannoso, in una misura fino a un massimo di due terzi del valore percentuale del danno biologico;

d) la percentuale di invalidità complessiva (IC), che in ogni caso non può superare la misura del cento per cento, è data dalla somma delle percentuali del danno biologico, del danno morale e del valore, se positivo, risultante dalla differenza tra la percentuale di invalidità riferita alla capacità lavorativa e la percentuale del danno biologico: IC= DB+DM+ (IP-DB).

2. Fino alla data di predisposizione delle tabelle di menomazione di cui agli articoli 138, comma 1, e 139, comma 4, del decreto legislativo n. 209 del 2005, la percentuale del danno biologico è determinata in base alla tabella delle menomazioni e relativi criteri applicativi, approvata con decreto del Ministro della salute 12 luglio 2000, pubblicato nel supplemento ordinario alla Gazzetta Ufficiale n. 172 del 25 luglio 2000, e successive modificazioni. La percentuale del danno biologico, così determinata, può essere aumentata, ai sensi degli articoli 138, comma 3, e 139, comma 3, del decreto legislativo n. 209 del 2005, da parte dei competenti organismi sanitari.

- per i *danni da vacanza rovinata nonché per quelli alla persona cagionati nell'esecuzione di contratti del turismo organizzato*, v. artt. 42 e ss., D.Lgs. 23 maggio 2011, n. 79 (Codice del turismo), nel testo modificato dal D.Lgs. 21 maggio 2018, n. 62.

- D.P.R. 30 ottobre 2009, n. 181 (Regolamento recante i criteri medico-legali per l'accertamento e la determinazione dell'invalidità e del *danno biologico e morale a carico delle vittime del terrorismo e delle stragi di tale matrice*).

- L. 25 febbraio 1992, n. 210, *Danno da emotrasfusioni*;

- art. 13, D.Lgs. 23 febbraio 2000, n. 38, *Danno biologico in materia di infortuni e malattie professionali*, che recita: *13. Danno biologico. 1. In attesa della definizione di carattere generale di danno biologico e dei criteri per la determinazione del relativo risarcimento, il presente articolo definisce, in via sperimentale, ai fini della tutela dell'assicurazione obbligatoria contro gli infortuni sul lavoro e le malattie professionali il danno biologico come la lesione all'integrità psicofisica, suscettibile di valutazione medico legale, della persona. Le prestazioni per il ristoro del danno biologico sono determinate in misura indipendente dalla capacità di produzione del reddito del danneggiato.*

2. In caso di danno biologico, i danni conseguenti ad infortuni sul lavoro verificatisi, nonché a malattie professionali denunciate a decorrere dalla data di entrata in vigore del decreto ministeriale di cui al comma 3, l'INAIL nell'àmbito del sistema d'indennizzo e sostegno sociale, in luogo della prestazione di cui all'articolo 66, primo comma, numero 2), del testo unico, eroga l'indennizzo previsto e regolato dalle seguenti disposizioni:

a) le menomazioni conseguenti alle lesioni dell'integrità psicofisica di cui al comma 1 sono valutate in base a specifica «tabella delle menomazioni», comprensiva degli aspetti dinamico-relazionali. L'indennizzo delle menomazioni di grado pari o superiore al 6 per cento ed inferiore al 16 per cento è erogato in capitale, dal 16 per cento è erogato in rendita, nella misura indicata nell'apposita «tabella indennizzo danno biologico». Per l'applicazione di tale tabella si fa riferimento all'età dell'assicurato al momento della guarigione clinica. Non si applica il disposto dell'articolo 91 del testo unico;

b) le menomazioni di grado pari o superiore al 16 per cento danno diritto all'erogazione di un'ulteriore quota di rendita per l'indennizzo delle conseguenze delle stesse, commisurata al grado della menomazione, alla retribuzione dell'assicurato e al coefficiente di cui all'apposita «tabella dei coefficienti», che costituiscono indici di determinazione della percentuale di retribuzione da prendere in riferimento per l'indennizzo delle conseguenze patrimoniali, in relazione alla categoria di attività lavorativa di appartenenza dell'assicurato e alla ricollocabilità dello stesso. Per la determinazione della corrispondente quota di rendita, la retribuzione, determinata con le modalità e i criteri previsti dal testo unico, viene moltiplicata per il coefficiente di cui alla "tabella dei coefficienti" e per il grado percentuale di menomazione.

3. Le tabelle di cui alle lettere a) e b), i relativi criteri applicativi e i successivi adeguamenti sono approvati con decreto del Ministro del lavoro e della previdenza sociale su delibera del consiglio di amministrazione dell'INAIL. In sede di prima attuazione il decreto ministeriale è emanato entro trenta giorni dalla data di entrata in vigore del presente decreto legislativo.

4. Entro dieci anni dalla data dell'infortunio, o quindici anni se trattasi di malattia professionale, qualora le condizioni dell'assicurato, dichiarato guarito senza postumi d'invalidità permanente o con postumi che non raggiungono il minimo per l'indennizzabilità in capitale o per l'indennizzabilità in rendita, dovessero aggravarsi in conseguenza dell'infortunio o della malattia professionale in misura da raggiungere l'indennizzabilità in capitale o in rendita, l'assicurato stesso può chiedere all'istituto assicuratore la liquidazione del capitale o della rendita, formulando la domanda nei modi e nei termini stabiliti per la revisione della rendita in caso di aggravamento. L'importo della rendita è decurtato dell'importo dell'eventuale indennizzo in capitale già corrisposto. La revisione dell'indennizzo in capitale, per aggravamento della menomazione sopravvenuto nei termini di cui sopra, può avvenire una sola volta. Per le malattie neoplastiche, per la silicosi e l'asbestosi e per le malattie infettive e parassitarie la domanda di aggravamento, ai fini della liquidazione della rendita, può essere presentata anche oltre i limiti temporali di cui sopra, con scadenze quinquennali dalla precedente revisione.

5. Nel caso in cui l'assicurato, già colpito da uno o più eventi lesivi rientranti nella disciplina delle presenti disposizioni, subisca un nuovo evento lesivo si procede alla valutazione complessiva dei postumi ed alla liquidazione di un'unica rendita o dell'indennizzo in capitale corrispondente al grado complessivo della menomazione dell'integrità psicofisica. L'importo della nuova rendita o del nuovo indennizzo in capitale è decurtato dell'importo dell'eventuale indennizzo in capitale già corrisposto e non recuperato.

6. Il grado di menomazione dell'integrità psicofisica causato da infortunio sul lavoro o malattia professionale, quando risulti aggravato da menomazioni preesistenti concorrenti derivanti da fatti estranei al lavoro o da infortuni o malattie professionali verificatisi o denunciate prima della data di entrata in vigore del decreto ministeriale di cui al comma 3 e non indennizzati in rendita, deve essere rapportato non all'integrità psicofisica completa, ma a quella ridotta per effetto delle preesistenti menomazioni, il rapporto è espresso da una frazione in cui il denominatore indica il grado d'integrità psicofisica preesistente e il numeratore la differenza tra questa ed il grado d'integrità psicofisica residuato dopo l'infortunio o la malattia professionale. Quando per le conseguenze degli infortuni o delle malattie professionali verificatisi o denunciate prima della data di entrata in vigore del decreto ministeriale di cui al comma 3 l'assicurato percepisca una rendita o sia stato liquidato in capitale ai sensi del testo unico, il grado di menomazione conseguente al nuovo infortunio o alla nuova malattia professionale viene valutato senza tenere conto delle preesistenze. In tale caso, l'assicurato continuerà a percepire l'eventuale rendita corrisposta in conseguenza di infortuni o malattie professionali verificatisi o denunciate prima della data sopra indicata.

7. La misura della rendita può essere riveduta, nei modi e nei termini di cui agli articoli 83, 137 e 146 del testo unico. La rendita può anche essere soppressa nel caso di recupero dell'integrità psicofisica nei limiti del minimo indennizzabile in rendita. In tale caso, qualora il grado di menomazione accertato sia compreso nel limite indennizzabile in capitale, viene corrisposto l'indennizzo in capitale calcolato con riferimento all'età dell'assicurato al momento della soppressione della rendita.

8. Quando per le condizioni della lesione non sia ancora accertabile il grado di menomazione dell'integrità psicofisica e sia, comunque, presumibile che questa rientri nei limiti dell'indennizzo in capitale, l'istituto assicuratore può liquidare un indennizzo in capitale in misura provvisoria, dandone comunicazione all'interessato entro trenta giorni dalla data di ricevimento del certificato medico constatante la cessazione dell'inabilità temporanea assoluta, con riserva di procedere a liquidazione definitiva non prima di sei mesi e non oltre un anno dalla data di ricevimento del predetto certificato medico. In ogni caso l'indennizzo definitivo non può essere inferiore a quello provvisoriamente liquidato.

9. In caso di morte dell'assicurato, avvenuta prima che l'istituto assicuratore abbia corrisposto l'indennizzo in capitale, è dovuto un indennizzo proporzionale al tempo trascorso tra la data della guarigione clinica e la morte.

10. Per l'applicazione dell'articolo 77 del testo unico si fa riferimento esclusivamente alla quota di rendita di cui al comma 2, lettera b).

11. Per quanto non previsto dalle presenti disposizioni, si applica la normativa del testo unico, in quanto compatibile.

12. [...].

La Corte costituzionale, con sentenza 13 aprile 2021, n. 63, ha dichiarato l'illegittimità costituzionale del secondo periodo del comma 6, nella parte in cui non prevede che, per le patologie aggravate da menomazioni preesistenti concorrenti, trovi applicazione la medesima disciplina contemplata dal primo periodo in aggiunta alla persistente erogazione della rendita di cui al terzo periodo del medesimo comma 6.

- art. 36, D.Lgs. 8 luglio 2003, n. 224; art. 5, D.L. 22 novembre 2004, n. 279, convertito in L. 28 gennaio 2005, n. 5. Ambedue i proovedimenti afferiscono al risarcimento del *danno alla salute e all'ambiente derivante dall'emissione di organismi geneticamente modificati* (OGM).

- in *materia di pubblica sicurezza,* art. 7, R.D. 18 giugno 1931, n. 773 (Approvazione del testo unico delle leggi di pubblica sicurezza); D.P.R. 18 aprile 1994, n. 388 (Regolamento recante semplificazione del procedimento di risarcimento dei danni provocati a persone e a cose a seguito di operazioni di polizia giudiziaria); art. 5, L. 25 gennaio 1983, n. 23 (Norme di attuazione della convenzione sulla responsabilità internazionale per i *danni causati da oggetti spaziali*, firmata a Londra, Mosca e Washington il 29 marzo 1972).

- in materia di rimedi risarcitori ai detenuti conseguenti alla violazione dell'articolo 3 della Convenzione europea per

CODICE CIVILE

la salvaguardia dei diritti dell'uomo e delle libertà fondamentali nei confronti di soggetti detenuti o internati, art. 35-ter, L. 26 luglio 1975, n. 354 (Ordinamento penitenziario), aggiunto dall'art. 1, D.L. 26 giugno 2014, n. 92, convertito in L. 11 agosto 2014, n. 117, che dispone: «*Rimedi risarcitori conseguenti alla violazione dell'articolo 3 della Convenzione europea per la salvaguardia dei diritti dell'uomo e delle libertà fondamentali nei confronti di soggetti detenuti o internati. 1. Quando il pregiudizio di cui all'articolo 69, comma 6, lett. b), consiste, per un periodo di tempo non inferiore ai quindici giorni, in condizioni di detenzione tali da violare l'articolo 3 della Convenzione per la salvaguardia dei diritti dell'uomo e delle libertà fondamentali, ratificata ai sensi della legge 4 agosto 1955, n. 848, come interpretato dalla Corte europea dei diritti dell'uomo, su istanza presentata dal detenuto, personalmente ovvero tramite difensore munito di procura speciale, il magistrato di sorveglianza dispone, a titolo di risarcimento del danno, una riduzione della pena detentiva ancora da espiare pari, nella durata, a un giorno per ogni dieci durante il quale il richiedente ha subito il pregiudizio.*

2. Quando il periodo di pena ancora da espiare è tale da non consentire la detrazione dell'intera misura percentuale di cui al comma 1, il magistrato di sorveglianza liquida altresì al richiedente, in relazione al residuo periodo e a titolo di risarcimento del danno, una somma di denaro pari a euro 8,00 per ciascuna giornata nella quale questi ha subito il pregiudizio. Il magistrato di sorveglianza provvede allo stesso modo nel caso in cui il periodo di detenzione espiato in condizioni non conformi ai criteri di cui all'articolo 3 della Convenzione per la salvaguardia dei diritti dell'uomo e delle libertà fondamentali sia stato inferiore ai quindici giorni.

3. Coloro che hanno subito il pregiudizio di cui al comma 1, in stato di custodia cautelare in carcere non computabile nella determinazione della pena da espiare ovvero coloro che hanno terminato di espiare la pena detentiva in carcere possono proporre azione, personalmente ovvero tramite difensore munito di procura speciale, di fronte al tribunale del capoluogo del distretto nel cui territorio hanno la residenza. L'azione deve essere proposta, a pena di decadenza, entro sei mesi dalla cessazione dello stato di detenzione o della custodia cautelare in carcere. Il tribunale decide in composizione monocratica nelle forme di cui agli articoli 737 e seguenti del codice di procedura civile. Il decreto che definisce il procedimento non è soggetto a reclamo. Il risarcimento del danno è liquidato nella misura prevista dal comma 2».

- art. 1174 c.c. sul carattere patrimoniale della prestazione.

- art. 1, comma 49, L. 20 maggio 2016, n. 76, sulle unioni civili e convivenze, nell'ambito della tematica del risarcimento del danno non patrimoniale nei confronti dei familiari superstiti.

♦ Codice europeo dei contratti

Art. 164. Danno morale risarcibile. *1. Il danno morale è risarcibile: a) in caso di grave turbamento psichico o della sfera affettiva, determinato da lesioni fisiche o da offese al patrimonio morale, anche di una persona giuridica, o alla memoria di un congiunto defunto; b) in caso di dolore fisico quale condizione di sofferenza somatica, pur se non accompagnata da alterazioni patologiche organiche o funzionali; c) nelle lesioni alla salute e negli altri casi indicati dalle disposizioni applicabili.*

2. Il danno morale indiretto è risarcibile solo se subito dagli stretti congiunti del soggetto danneggiato.

♦ Codice civile tedesco

§ 253 Danni immateriali. *(1) Per il danno non patrimoniale può essere richiesto un risarcimento in danaro solo nei casi stabiliti dalla legge. (2) Se è richiesto un risarcimento per una lesione del corpo, della salute, della libertà o della libertà sessuale, per il danno non patrimoniale può esigersi anche un'equa indennità in danaro.*

LIBRO V
DEL LAVORO

TITOLO I
DELLA DISCIPLINA DELLE ATTIVITÀ PROFESSIONALI

CAPO I
DISPOSIZIONI GENERALI

2060. Del lavoro.

Il lavoro è tutelato in tutte le sue forme organizzative ed esecutive, intellettuali, tecniche e manuali [Cost. 35][1].

[1] Articolo così modificato dall'art. 3 comma 2, D.Lgs.Lgt. 14 settembre 1944, n. 287. Il testo previgente disponeva: Il lavoro è tutelato in tutte le sue forme organizzative ed esecutive, intellettuali, tecniche e manuali, secondo i principi della Carta del lavoro.

2061. Ordinamento delle categorie professionali.

L'ordinamento delle categorie professionali è stabilito dalle leggi [2229], dai regolamenti, dai provvedimenti dell'autorità governativa [e dagli statuti delle associazioni professionali][1].

[1] Le parole in parentesi devono intendersi abrogate a seguito dell'entrata in vigore del R.D.L. 9 agosto 1943, n. 721 e del D.Lgs.Lgt. 23 novembre 1944, n. 369.

2062. Esercizio professionale delle attività economiche.

L'esercizio professionale delle attività economiche [2082, 2247; Cost. 41] è disciplinato dalle leggi, dai regolamenti [e dalle norme corporative][1].

[1] Le parole in parentesi devono intendersi abrogate a seguito dell'entrata in vigore del R.D.L. 9 agosto 1943, n. 721.

CAPO II
DELLE ORDINANZE CORPORATIVE E DEGLI ACCORDI ECONOMICI COLLETTIVI[1]

[1] Capo da intendersi abrogato a seguito dell'entrata in vigore del R.D.L. 9 agosto 1943, n. 721 e del D.Lgs.Lgt. 23 novembre 1944, n. 369.

2063. - 2066.

[...][1].

[1] Articoli da intendersi abrogati a seguito dell'entrata in vigore del R.D.L. 9 agosto 1943, n. 721 e del D.Lgs.Lgt. 23 novembre 1944, n. 369.

CAPO III
DEL CONTRATTO COLLETTIVO DI LAVORO E DELLE NORME EQUIPARATE[1]

[1] Le norme contenute in questo capo sono applicabili, se compatibili, ai contratti collettivi di diritto comune. Con D.Lgs.Lgt. 23 novembre 1944, n. 369 sono state mantenute in vigore, per i rapporti di lavoro collettivi e individuali, salvo le successive modifiche, le norme contenute nei contratti collettivi, negli accordi economici e nelle sentenze della magistratura del lavoro.

2067. Soggetti.

I contratti collettivi di lavoro sono stipulati dalle associazioni professionali [Cost. 39; c.p. 509].

● Norme connesse:
- D.Lgs.Lgt. 23 novembre 1944, n. 369 (Soppressione delle organizzazioni sindacali fasciste e liquidazione dei rispettivi patrimoni).

2068. Rapporti di lavoro sottratti a contratto collettivo.

Non possono essere regolati da contratto collettivo i rapporti di lavoro, in quanto siano disciplinati con atti della pubblica autorità in conformità della legge.

Sono altresì sottratti alla disciplina del contratto collettivo i rapporti di lavoro concernenti prestazioni di carattere personale o domestico [2240][1].

[1] La Corte costituzionale, con sentenza 9 aprile 1969, n. 68, ha dichiarato l'illegittimità costituzionale del presente comma, nella parte in cui dispone che siano sottratti alla disciplina nel contratto collettivo i rapporti di lavoro concernenti prestazioni di carattere domestico.

● Norme connesse:
- L. 22 luglio 1975, n. 382 (Norme sull'ordinamento regionale e sulla organizzazione della pubblica amministrazione); D.Lgs. 30 marzo 2001, n. 165 (T.U. pubblico impiego).

2069. Efficacia.

Il contratto collettivo deve contenere l'indicazione della categoria d'imprenditori e di prestatori di lavoro, ovvero delle imprese o dell'impresa [2082], a cui si riferisce, e del territorio dove ha efficacia [2071].

In mancanza di tali indicazioni il contratto collettivo è obbligatorio per tutti gli imprenditori e i prestatori di lavoro rappresentati dalle associazioni stipulanti [2075].

● Norme connesse:
- art. 36, L. 20 maggio 1970, n. 300; art. 8, L. 18 dicembre 1973, n. 877 (Nuove norme per la tutela del lavoro a domicilio), riportato in nota sub art. 2099 c.c.; artt. 41 ss. (apprendistato) D.Lgs. 15 giugno 2015, n. 81.

2070. Criteri di applicazione.

L'appartenenza alla categoria professionale, ai fini dell'applicazione del contratto collettivo, si determina secondo l'attività effettivamente esercitata dall'imprenditore [2082, 2195; Cost. 39].

Se l'imprenditore esercita distinte attività aventi carattere autonomo, si applicano ai rispettivi rapporti di lavoro le norme dei contratti collettivi corrispondenti alle singole attività.

Quando il datore di lavoro esercita non professionalmente un'attività organizzata, si applica il contratto collettivo che regola i rapporti di lavoro relativi alle imprese che esercitano la stessa attività.

2071. Contenuto.

Il contratto collettivo deve contenere le disposizioni occorrenti, secondo la natura del rapporto [per attuare i principi della Carta del Lavoro e] per dare esecuzione alle norme di questo codice concernenti la disciplina del lavoro, i diritti e gli obblighi degli imprenditori e dei prestatori di lavoro [2096][1].

Deve inoltre indicare le qualifiche e le rispettive mansioni dei prestatori di lavoro appartenenti alla categoria a cui si riferisce la disciplina collettiva.

Deve infine contenere la determinazione della sua durata [2074].

[1] Comma così modificato dall'art. 3, D.Lgs.Lgt. 14 settembre 1944, n. 287. Il testo previgente disponeva: *Il contratto collettivo deve contenere le disposizioni occorrenti, secondo la natura del rapporto, per attuare i principi della Carta del lavoro e per dare esecuzione alle norme di questo codice concernenti la disciplina del lavoro, i diritti e gli obblighi degli imprenditori e dei prestatori di lavoro.*

2072. - 2076.

[...][1].

[1] Articoli da intendersi abrogati a seguito dell'entrata in vigore del R.D.L. 9 agosto 1943, n. 721 e del D.Lgs.Lgt. 23 novembre 1944, n. 369.

L'art. 2072 disponeva: *Il deposito e la pubblicazione del contratto collettivo sono regolati dalle leggi speciali.*

Prima della pubblicazione l'autorità governativa deve accertare che ricorrano le condizioni richieste per la validità del contratto collettivo.

La pubblicazione può essere rifiutata, se il contratto collettivo non contiene le disposizioni e le indicazioni richieste dall'articolo 2071, salvo che le parti si siano obbligate a integrarlo con successivi patti da stipularsi entro un termine stabilito. Se i patti integrativi non sono stipulati nel termine, può essere adita la magistratura del lavoro per la formazione delle disposizioni integrative.

Contro il rifiuto di pubblicazione è ammesso ricorso alla magistratura del lavoro a norma delle leggi speciali.

L'art. 2073 disponeva: *La denunzia del contratto collettivo deve farsi almeno tre mesi prima della scadenza.*

Se, avvenuta la denunzia, le associazioni professionali non hanno, un mese prima della scadenza, provveduto alla stipulazione e al deposito del nuovo contratto collettivo, ed è rimasto infruttuoso l'esperimento di conciliazione previsto nell'articolo 412 codice di procedura civile, può essere adita la magistratura del lavoro per la formazione di nuove condizioni di lavoro.

L'art. 2074 disponeva: *Il contratto collettivo, anche quando è stato denunziato, continua a produrre i suoi effetti dopo la scadenza, fino a che sia intervenuto un nuovo regolamento collettivo.*

L'art. 2075 disponeva: *Il contratto collettivo conserva efficacia nei confronti della categoria alla quale si riferisce, anche se la rappresentanza legale di questa, per effetto di variazioni nell'inquadramento, spetta ad altra associazione.*

Questa ha però facoltà di denunziare il contratto collettivo indipendentemente dal termine fissato per la scadenza di esso.

L'art. 2076 disponeva: *Il contratto collettivo annullabile conserva efficacia fino a che intervenga una sentenza di annullamento passata in giudicato.*

La domanda di annullamento è proposta davanti la magistratura del lavoro dalle associazioni interessate o dal pubblico ministero.

La domanda deve essere proposta, sotto pena di decadenza, entro sei mesi dalla pubblicazione del contratto collettivo.

2077. Efficacia del contratto collettivo sul contratto individuale.

I contratti individuali di lavoro tra gli appartenenti alle categorie alle quali si riferisce il contratto collettivo devono uniformarsi alle disposizioni di questo [2113].

Le clausole difformi dei contratti individuali, preesistenti o successivi al contratto collettivo, sono sostituite di diritto da quelle del contratto collettivo, salvo che contengano speciali condizioni più favorevoli ai prestatori di lavoro [1339, 1419, 2113].

● Norme connesse:
- art. 7, L. 14 luglio 1959, n. 741, che dispone: *I trattamenti economici e normativi minimi, contenuti nelle leggi delegate, si sostituiscono di diritto a quelli in atto, salvo le condizioni, anche di carattere aziendale, più favorevoli ai lavoratori. Essi conservano piena efficacia anche dopo la scadenza o il rinnovo dell'accordo o contratto collettivo cui il Governo si è uniformato sino a quando non intervengano successive modifiche di legge o di accordi e contratti collettivi aventi efficacia verso tutti gli appartenenti alla categoria.*

Alle norme che stabiliscono il trattamento di cui sopra si può derogare, sia con accordi o contratti collettivi che con contratti individuali, soltanto a favore dei lavoratori.

2078. Efficacia degli usi.

In mancanza di disposizioni di legge e di contratto collettivo si applicano gli usi. Tuttavia gli usi più favorevoli ai prestatori di lavoro prevalgono sulle norme dispositive di legge [disp. prel. 1, 8].

Gli usi non prevalgono sui contratti individuali di lavoro [disp. att. 98].

● Norme connesse:
- comma 1: art. 17, R.D. 13 novembre 1924, n. 1825, che dispone: *Le disposizioni del presente decreto saranno osservate malgrado ogni patto in contrario, salvo il caso di particolari convenzioni od usi più favorevoli all'impiegato e salvo il caso che il presente decreto espressamente ne consenta la deroga consensuale.*

Nel caso però in cui l'impiegato venga assunto in riguardo alla specialità di una sua competenza tecnica, si potrà, con patto speciale, stipulare l'obbligo di un più lungo termine di preavviso o di una indennità maggiore di quella stabilità dall'art. 14 per il caso di risoluzione di contratto da parte dell'impiegato.

2079. Rapporti di associazione agraria e di affitto a coltivatore diretto.

La disciplina del contratto collettivo di lavoro si applica anche ai rapporti di associazione agraria regolati dal capo II del titolo II [2141 ss.] ed a quelli di affitto a coltivatore diretto del fondo [1647 ss.].

Tuttavia in questi rapporti il contratto collettivo non deve contenere norme relative al salario, all'orario di lavoro, alle ferie, al periodo di prova, od altre che contrastino con la natura dei rapporti medesimi.

2080. Colonia parziaria e affitto con obbligo di miglioria.

Nei contratti individuali di colonia parziaria [2164 ss.] e di affitto a coltivatore diretto [1647], con l'obbligo di miglioria, conservano efficacia le clausole difformi dalle disposizioni del contratto collettivo stipulato durante lo svolgimento del rapporto.

● Norme connesse:
- per le norme sui contratti agrari, L. 3 maggio 1982, n. 203.

2081. Norme equiparate al contratto collettivo.

[...][1].

[1] Articolo da intendersi abrogato a seguito dell'entrata in vigore del R.D.L. 9 agosto 1943, n. 721 e del D.Lgs.Lgt. 23 novembre 1944, n. 369. Il testo previgente disponeva: *Le disposizioni sul contratto collettivo di lavoro contenute in questo capo valgono, in quanto applicabili, per le altre norme corporative che disciplinano rapporti di lavoro.*

TITOLO II
DEL LAVORO NELL'IMPRESA

● Norme connesse:
- artt. 1 ss. L. 20 maggio 1970, n. 300; D.Lgs. 30 marzo 2001, n. 165 (T.U. impiego pubblico); L. 14 febbraio 2003, n. 30 (Delega al Governo in materia di occupazione e mercato del lavoro); D.Lgs. 10 settembre 2003, n. 276 (Attuazione delle deleghe in materia di occupazione e mercato del lavoro, di cui alla legge 14 febbraio 2003, n. 30); L. 24 dicembre 2007, n. 247 (Norme di attuazione del Protocollo del 23 luglio 2007 su previdenza, lavoro e competitività per favorire l'equità e la crescita sostenibili, nonchè ulteriori norme in materia di lavoro e previdenza sociale); L. 28 giugno 2012, n. 92 (Disposizioni in materia di riforma del mercato del lavoro in una prospettiva di crescita); L. 10 dicembre 2014, n. 183 (Deleghe al Governo in materia di riforma degli ammortizzatori sociali, dei servizi per il lavoro e delle politiche attive, nonchè in materia di riordino della disciplina dei rapporti di lavoro e dell'attività ispettiva e di tutela e conciliazione delle esigenze di cura, di vita e di lavoro); D.Lgs. 4 marzo 2015, n. 22 (Disposizioni per il riordino della normativa in materia di ammortizzatori sociali in caso di disoccupazione involontaria e di ricollocazione dei lavoratori disoccupati, in attuazione della legge 10 dicembre 2014, n. 183); D.Lgs. 4 marzo 2015, n. 23 (Disposizioni in materia di contratto di lavoro a tempo indeterminato a tutele crescenti, in attuazione della legge 10 dicembre 2014, n. 183); D.Lgs. 15 giugno 2015, n. 80 (Misure per la conciliazione delle esigenze di cura, di vita e di lavoro, in attuazione dell'articolo 1, commi 8 e 9, della legge 10 dicembre 2014, n. 183); D.Lgs. 15 giugno 2015, n. 81 (Disciplina organica dei contratti di lavoro e revisione della normativa in tema di mansioni, a norma dell'articolo 1, comma 7, della legge 10 dicembre 2014, n. 183); D.Lgs. 14 settembre 2015, n. 148 (Disposizioni per il riordino della normativa in materia di ammortizzatori sociali in costanza di rapporto di lavoro, in attuazione della legge 10 dicembre 2014, n. 183); D.Lgs. 14 settembre 2015, n. 149 (Disposizioni per la razionalizzazione e la semplificazione dell'attività ispettiva in materia di lavoro e legislazione sociale, in attuazione della legge 10 dicembre 2014, n. 183); D.Lgs. 14 settembre 2015, n. 150 (Disposizioni per il riordino della normativa in materia di servizi per il lavoro e di politiche attive, ai sensi dell'articolo 1, comma 3, della legge 10 dicembre 2014, n. 183); D.Lgs. 14 settembre 2015, n. 151 (Disposizioni di razionalizzazione e semplificazione delle procedure e degli adempimenti a carico di cittadini e imprese e altre disposizioni in materia di rapporto di lavoro e pari opportunità, in attuazione della legge 10 dicembre 2014, n. 183).

CAPO I
DELL'IMPRESA IN GENERALE

Sezione I
Dell'imprenditore

2082. Imprenditore.

È imprenditore [1330, 1368 comma 2, 1722 n. 4, 1824, 2710] chi esercita professionalmente [2070] una attività economica [2062] organizzata [1655, 2195, 2238, 2247] al fine della produzione o dello scambio di beni o di servizi [2135, 2555].

● Norme connesse:
- art. 1, R.D. 16 marzo 1942, n. 267.
■ art. 8, Codice del commercio del 1882.

2083. Piccoli imprenditori.

Sono piccoli imprenditori i coltivatori diretti del fondo [1647, 2139, 2221], gli artigiani, i piccoli commercianti e coloro che esercitano un'attività professionale organizzata prevalentemente con il lavoro proprio e dei componenti della famiglia [1330, 2202, 2214; Cost. 45; L. fall. 1].

● Norme connesse:
- per la nozione di «piccola impresa» ai fini della concessione di agevolazioni, art. 1, L. 5 ottobre 1991, n. 317 (Interventi per l'innovazione e lo sviluppo delle piccole imprese); D.M. 22 marzo 1994.
- art. 2, comma 1, D.P.R. 14 dicembre 1999, n. 558, secondo cui i piccoli imprenditori sono iscritti nella sezione speciale del registro delle imprese prevista dallo stesso art. 2.
- per la nozione di imprenditore artigiano, artt. 2, 3 e 4, L. 8 agosto 1985, n. 443 (Legge-quadro per l'artigianato).
- art. 1, R.D. 16 marzo 1942, n. 267.
- artt. 7, 18, D.P.R. 7 dicembre 1995, n. 581.

2084. Condizioni per l'esercizio dell'impresa.

La legge determina le categorie d'imprese il cui esercizio è subordinato a concessione o autorizzazione amministrativa.

Le altre condizioni per l'esercizio delle diverse categorie d'imprese sono stabilite dalla legge [e dalle norme corporative][1].

[1] Le parole in parentesi devono intendersi abrogate a seguito dell'entrata in vigore del R.D.L. 9 agosto 1943, n. 721 e del D.Lgs.Lgt. 23 novembre 1944, n. 369.

● Norme connesse:
- in materia di segnalazione certificata di inizio attività - *Scia*, art. 19, L. 7 agosto 1990, n. 241.
- per l'esercizio della funzione finanziaria, D.Lgs. 24 febbraio 1998, n. 58.
- per la disciplina delle imprese editrici di quotidiani e periodici, L. 5 agosto 1981, n. 416.
- per la disciplina del sistema radiotelevisivo, D.Lgs. 31 luglio 2005, n. 177.
- per l'esercizio delle assicurazioni private contro i danni e per l'esercizio delle assicurazioni private sulla vita, D.Lgs. 7 settembre 2005, n. 209.
- per l'esercizio della funzione creditizia, D.Lgs. 1 settembre 1993, n. 385.

2085. Indirizzo della produzione.

Il controllo sull'indirizzo della produzione e degli scambi in relazione all'interesse unitario dell'economia nazionale è esercitato dallo Stato, nei modi previsti dalla legge [e dalle norme corporative] [2088][1].

La legge stabilisce altresì i casi e i modi nei quali si esercita la vigilanza dello Stato sulla gestione delle imprese [Cost. 41, 43].

[1] Le parole in parentesi devono intendersi abrogate a seguito dell'entrata in vigore del R.D.L. 9 agosto 1943, n. 721 e del D.Lgs.Lgt. 23 novembre 1944, n. 369.

2086. Gestione dell'impresa[1].

L'imprenditore è il capo dell'impresa e da lui dipendono gerarchicamente i suoi collaboratori [2094, 2104, 2145].

L'imprenditore, che operi in forma societaria o collettiva, ha il dovere di istituire un assetto organizzativo, amministrativo e contabile adeguato alla natura e alle dimensioni dell'impresa, anche in funzione della rilevazione tempestiva della crisi dell'impresa e della perdita della continuità aziendale, nonchè di attivarsi senza indugio per l'adozione e l'attuazione di uno degli strumenti previsti dall'ordinamento per il superamento della crisi e il recupero della continuità aziendale[2].

[1] Rubrica così sostituita dall'art. 375, D.Lgs. 12 gennaio 2019, n. 14, a decorrere dal trentesimo giorno successivo alla pubblicazione in G.U. del decreto (avvenuta il 14 febbraio 2019). Il testo previgente disponeva: *Direzione e gerarchia nell'impresa.*

[2] Comma aggiunto dall'art. 375, D.Lgs. 12 gennaio 2019, n. 14, a decorrere dal trentesimo giorno successivo alla pubblicazione in G.U. del decreto (avvenuta il 14 febbraio 2019).

● Norme connesse:
- artt. 19 ss. L. 20 maggio 1970, n. 300.

2087. Tutela delle condizioni di lavoro.

L'imprenditore è tenuto ad adottare nell'esercizio dell'impresa le misure che, secondo la particolarità del lavoro, l'esperienza e la tecnica, sono necessarie a tutelare l'integrità fisica e la personalità morale dei prestatori di lavoro [Cost. 37, 41; c.p. 437 e 451].

● Norme connesse:
- art. 9, L. 20 maggio 1970, n. 300 (Statuto dei lavoratori); D.Lgs. 9 aprile 2008, n. 81 (Testo unico in materia di salute e sicurezza dei lavoratori).
- art. 29-bis, D.L. 8 aprile 2020, n. 23, convertito in L. 5 giugno 2020, n. 40.

2088. - 2092.

[...][1].

[1] Articoli da intendersi abrogati a seguito dell'entrata in vigore del R.D.L. 9 agosto 1943, n. 721 e del D.Lgs.Lgt. 23 novembre 1944, n. 369.

2093. Imprese esercitate da enti pubblici.

Le disposizioni di questo libro si applicano agli enti pubblici inquadrati nelle associazioni professionali.

Agli enti pubblici non inquadrati si applicano le disposizioni di questo libro, limitatamente alle imprese da essi esercitate [2201].

Sono salve le diverse disposizioni della legge [2221; L. fall. 1, 195; c.p.c. 409 n. 4].

● Norme connesse:
- comma 2: art. 37, L. 20 maggio 1970, n. 300.

- comma 3: 1) per la privatizzazione degli enti pubblici economici, D.L. 5 dicembre 1991, n. 386, convertito in L. 29 gennaio 1992, n. 35.

2) per l'esclusione degli enti pubblici dalle imprese soggette a fallimento, concordato preventivo, amministrazione controllata e liquidazione coatta amministrativa, artt. 1 e 195, comma 8, R.D. 16 marzo 1942, n. 267.

Sezione II
Dei collaboratori dell'imprenditore

2094. Prestatore di lavoro subordinato.
È prestatore di lavoro subordinato chi si obbliga mediante retribuzione [2099 ss.] a collaborare nell'impresa, prestando il proprio lavoro intellettuale o manuale alle dipendenze e sotto la direzione dell'imprenditore [2086, 2104, 2095, 2238, 2239; Cost. 36].

● Norme connesse:
- per il lavoro a domicilio, v. art. 1, comma 2, L. 18 dicembre 1973, n. 877, che dispone: *La subordinazione, agli effetti della presente legge e in deroga a quanto stabilito dall'articolo 2094 del codice civile, ricorre quando il lavoratore a domicilio è tenuto ad osservare le direttive dell'imprenditore circa le modalità di esecuzione, le caratteristiche e i requisiti del lavoro da svolgere nella esecuzione parziale, nel completamento o nell'intera lavorazione di prodotti oggetto dell'attività dell'imprenditore committente.*

2095. Categorie dei prestatori di lavoro.
I prestatori di lavoro subordinato si distinguono in dirigenti, quadri, impiegati e operai[1].

Le leggi speciali [e le norme corporative][2], in relazione a ciascun ramo di produzione e alla particolare struttura dell'impresa, determinano i requisiti di appartenenza alle indicate categorie [disp. att. 95, 96].

[1] Comma così sostituito dall'art. 1, L. 13 maggio 1985, n. 190. Il testo previgente disponeva: *I prestatori di lavoro subordinato si distinguono in dirigenti amministrativi o tecnici, impiegati e operai.*

[2] Le parole in parentesi devono intendersi abrogate a seguito dell'entrata in vigore del R.D.L. 9 agosto 1943, n. 721 e del D.Lgs.Lgt. 23 novembre 1944, n. 369.

Sezione III
Del rapporto di lavoro

§ 1
Della costituzione del rapporto di lavoro

● Norme connesse:
- L. 29 aprile 1949, n. 264 (Provvedimenti in materia di avviamento al lavoro e di assistenza dei lavoratori involontariamente disoccupati); L. 2 aprile 1968, n. 482 (Disciplina generale delle assunzioni obbligatorie presso le pubbliche amministrazioni e le aziende private); D.L. 30 ottobre 1984, n. 726, convertito n L. 19 dicembre 1984, n. 863 (Misure urgenti a sostegno e ad incremento dei livelli occupazionali); D.P.R. 18 aprile 1994, n. 345 (Regolamento recante disciplina dei procedimenti di autorizzazione all'esonero parziale dall'obbligo di assumere l'intera percentuale di invalidi prescritta e di autorizzazione alla compensazione territoriale e per la disciplina del procedimento di denuncia); D.M. 3 settembre 1997, n. 381 (Regolamento recante norme per l'istituzione dell'albo delle società esercenti attività di fornitura di lavoro temporaneo); L. 12 marzo 1999, n. 68 (Norme per il diritto al lavoro dei disabili); L. 14 febbraio 2003, n. 30 (Delega al Governo in materia di occupazione e mercato del lavoro); D.Lgs. 10 settembre 2003, n. 276 (Attuazione delle deleghe in materia di occupazione e mercato del lavoro, di cui alla legge 14 febbraio 2003, n. 30); L. 24 dicembre 2007, n. 247 (Norme di attuazione del Protocollo del 23 luglio 2007 su previdenza, lavoro e competitività per favorire l'equità e la crescita sostenibili, nonchè ulteriori norme in materia di lavoro e previdenza sociale); L. 28 giugno 2012, n. 92 (Disposizioni in materia di riforma del mercato del lavoro in una prospettiva di crescita); L. 10 dicembre 2014, n. 183 (Deleghe al Governo in materia di riforma degli ammortizzatori sociali, dei servizi per il lavoro e delle politiche attive, nonchè in materia di riordino della disciplina dei rapporti di lavoro e dell'attività ispettiva e di tutela e conciliazione delle esigenze di cura, di vita e di lavoro); D.Lgs. 4 marzo 2015, n. 22 (Disposizioni per il riordino della normativa in materia di ammortizzatori sociali in caso di disoccupazione involontaria e di ricollocazione dei lavoratori disoccupati, in attuazione della legge 10 dicembre 2014, n. 183); D.Lgs. 4 marzo 2015, n. 23 (Disposizioni in materia di contratto di lavoro a tempo indeterminato a tutele crescenti, in attuazione della legge 10 dicembre 2014, n. 183); D.Lgs. 15 giugno 2015, n. 80 (Misure per la conciliazione delle esigenze di cura, di vita e di lavoro, in attuazione dell'articolo 1, commi 8 e 9, della legge 10 dicembre 2014, n. 183); D.Lgs. 15 giugno 2015, n. 81 (Disciplina organica dei contratti di lavoro e revisione della normativa in tema di mansioni, a norma dell'articolo 1, comma 7, della legge 10 dicembre 2014, n. 183); D.Lgs. 14 settembre 2015, n. 148 (Disposizioni per il riordino della normativa in materia di ammortizzatori sociali in costanza di rapporto di lavoro, in attuazione della legge 10 dicembre 2014, n. 183); D.Lgs. 14 settembre 2015, n. 149 (Disposizioni per la razionalizzazione e la semplificazione dell'attività ispettiva in materia di lavoro e legislazione sociale, in attuazione della legge 10 dicembre 2014, n. 183); D.Lgs. 14 settembre 2015, n. 150 (Disposizioni per il riordino della normativa in materia di servizi per il lavoro e di politiche attive, ai sensi dell'articolo 1, comma 3, della legge 10 dicembre 2014, n. 183); D.Lgs. 14 settembre 2015, n. 151 (Disposizioni di razionalizzazione e semplificazione delle procedure e degli adempimenti a carico di cittadini e imprese e altre disposizioni in materia di rapporto di lavoro e pari opportunità, in attuazione della legge 10 dicembre 2014, n. 183).

2096. Assunzione in prova.
Salvo diversa disposizione [delle norme corporative][1], l'assunzione del prestatore di lavoro per un periodo di prova deve risultare da atto scritto [1350 n. 13, 2241, 2725].

L'imprenditore e il prestatore di lavoro sono rispettivamente tenuti a consentire e a fare l'esperimento che forma oggetto del patto di prova.

Durante il periodo di prova ciascuna delle parti può recedere dal contratto [1373], senza obbligo di

CODICE CIVILE

preavviso o d'indennità. Se però la prova è stabilita per un tempo minimo necessario, la facoltà di recesso non può esercitarsi prima della scadenza del termine[2].

Compiuto il periodo di prova, l'assunzione diviene definitiva e il servizio prestato si computa nell'anzianità del prestatore di lavoro [2120].

[1] Le parole in parentesi devono intendersi abrogate a seguito dell'entrata in vigore del R.D.L. 9 agosto 1943, n. 721 e del D.Lgs.Lgt. 23 novembre 1944, n. 369.

[2] La Corte costituzionale, con sentenza 22 dicembre 1980, n. 189, ha dichiarato l'illegittimità costituzionale del presente comma, nella parte in cui non riconosce il diritto all'indennità di anzianità di cui agli artt. 2120 e 2121, al lavoratore assunto con patto di prova nel caso di recesso dal contratto durante il periodo di prova medesimo.

● Norme connesse:

- art. 10, L. 20 maggio 1970, n. 300; artt. 41 ss. (apprendistato) D.Lgs. 15 giugno 2015, n. 81.

2097. Durata del contratto di lavoro.

[...][1 2].

[1] Articolo abrogato dall'art. 9, L. 18 aprile 1962, n. 230. Il testo previgente disponeva: *Il contratto di lavoro si reputa a tempo indeterminato, se il termine non risulta dalla specialità del rapporto o da atto scritto.*

In quest'ultimo caso l'apposizione del termine è priva di effetto, se è fatta per eludere le disposizioni che riguardano il contratto a tempo indeterminato.

Se la prestazione di lavoro continua dopo la scadenza del termine e non risulta una contraria volontà delle parti, il contratto si considera a tempo indeterminato.

Salvo diversa disposizione delle norme corporative, se il contratto di lavoro è stato stipulato per una durata superiore a cinque anni, o a dieci se si tratta di dirigenti, il prestatore di lavoro può recedere da esso trascorso il quinquennio o il decennio, osservata la disposizione dell'art. 2118.

[2] La disciplina generale del contratto a tempo determinato è oggi contenuta nel D.Lgs. 6 settembre 2001, n. 368, Attuazione della direttiva 1999/70/CE relativa all'accordo quadro sul lavoro a tempo determinato concluso dall'UNICE, dal CEEP e dal CES.

2098. Violazione delle norme sul collocamento dei prestatori di lavoro.

Il contratto di lavoro stipulato senza l'osservanza delle disposizioni concernenti la disciplina della domanda e dell'offerta di lavoro può essere annullato, salva l'applicazione delle sanzioni penali [2126].

La domanda di annullamento è proposta dal pubblico ministero, su denunzia dell'ufficio di collocamento, entro un anno dalla data dell'assunzione del prestatore di lavoro [2964 ss.].

● Norme connesse:

- artt. 33 e 34, L. 30 maggio 1970, n. 300.

- D.Lgs. 15 giugno 2015, n. 81 (Disciplina organica dei contratti di lavoro e revisione della normativa in tema di mansioni).

§ 2

Dei diritti e degli obblighi delle parti

2099. Retribuzione.

La retribuzione del prestatore di lavoro può essere stabilita a tempo o a cottimo [2100, 2101] e deve essere corrisposta [nella misura determinata dalle norme corporative][1], con le modalità e nei termini in uso nel luogo in cui il lavoro viene eseguito [2751-*bis* n. 1, 2955 n. 2, 2956 n. 1; Cost. 36, 37; c.p.c. 545].

In mancanza di [norme corporative o di][1] accordo tra le parti, la retribuzione è determinata dal giudice [, tenuto conto, ove occorra, del parere delle associazioni professionali][1].

Il prestatore di lavoro può anche essere retribuito in tutto o in parte con partecipazione agli utili o ai prodotti [2102], con provvigione o con prestazioni in natura [2121].

[1] Le parole in parentesi devono intendersi abrogate a seguito dell'entrata in vigore del R.D.L. 9 agosto 1943, n. 721 e del D.Lgs.Lgt. 23 novembre 1944, n. 369.

● Norme connesse:

- per la nozione di retribuzione ai fini della determinazione dell'indennità spettante alla lavoratrice madre, D.Lgs. 26 marzo 2001, n. 151.

- per la retribuzione del lavoro a domicilio, art. 8, L. 18 dicembre 1973, n. 877, che dispone: *I lavoratori che eseguono lavoro a domicilio debbono essere retribuiti sulla base di tariffe di cottimo pieno risultanti dai contratti collettivi della categoria.*

Qualora i contratti collettivi non dispongano in ordine alla tariffa di cottimo pieno, questa viene determinata da una commissione a livello regionale composta di 8 membri, in rappresentanza paritetica dei datori di lavoro e dei lavoratori nominati dal direttore dell'ufficio regionale del lavoro su designazione delle organizzazioni sindacali di categoria maggiormente rappresentative. Presiede la commissione, senza diritto di voto, il capo dell'ispettorato regionale del lavoro.

Spetta altresì alla commissione determinare la percentuale sull'ammontare della retribuzione dovuta al lavoratore a titolo di rimborso spese per l'uso di macchine, locali, energia ed accessori, nonché le maggiorazioni retributive da valere a titolo di indennità per il lavoro festivo, le ferie, la gratifica natalizia e l'indennità di anzianità.

Ove la tariffa e le indennità accessorie di cui ai precedenti secondo e terzo comma, non vengano determinate in un congruo termine fissato dal direttore dell'ufficio regionale del lavoro, le medesime sono stabilite con decreto dello stesso direttore dell'ufficio regionale del lavoro in relazione alla qualità del lavoro richiesto, in base alle retribuzioni orarie fissate dai contratti collettivi osservati dall'imprenditore committente o dai contratti collettivi riguardanti lavorazioni similari.

Le tariffe di cottimo pieno applicabili al lavoro a domicilio sono adeguate alle variazioni dell'indennità di contingenza al 30 giugno o al 31 dicembre di ogni anno, con decreto del direttore dell'ufficio regionale del lavoro.

2100. Obbligatorietà del cottimo.

Il prestatore di lavoro deve essere retribuito secondo il sistema del cottimo [2099] quando, in conseguenza dell'organizzazione del lavoro, è vincolato all'osservanza di un determinato ritmo produttivo, o quando la valutazione della sua prestazione è fatta in base al risultato delle misurazioni dei tempi di lavorazione [2101, 2127, 2131].

[...][1].

[1] Comma da intendersi abrogato a seguito dell'entrata in vigore del R.D.L. 9 agosto 1943, n. 721 e del D.Lgs.Lgt. 23 novembre 1944, n. 369.

● Norme connesse:

- art. 8, L. 18 dicembre 1973, n. 877, riportato in nota sub art. 2099 c.c.

2101. Tariffe di cottimo.

Le norme [corporative][1] possono stabilire che le tariffe di cottimo non divengano definitive se non dopo un periodo di esperimento.

Le tariffe possono essere sostituite o modificate soltanto se intervengono mutamenti nelle condizioni di esecuzione del lavoro, e in ragione degli stessi. In questo caso la sostituzione o la variazione della tariffa non diviene definitiva se non dopo il periodo di esperimento stabilito dalle norme [corporative][1].

L'imprenditore deve comunicare preventivamente ai prestatori di lavoro i dati riguardanti gli elementi costitutivi della tariffa di cottimo, le lavorazioni da eseguirsi e il relativo compenso unitario. Deve altresì comunicare i dati relativi alla quantità di lavoro eseguita e al tempo impiegato.

[1] Le parole in parentesi devono intendersi abrogate a seguito dell'entrata in vigore del R.D.L. 9 agosto 1943, n. 721 e del D.Lgs.Lgt. 23 novembre 1944, n. 369.

2102. Partecipazione agli utili.

Se [le norme corporative o][1] la convenzione non dispongono diversamente, la partecipazione agli utili [2099] spettante al prestatore di lavoro [2121, 2554] è determinata in base agli utili netti dell'impresa e per le imprese soggette alla pubblicazione del bilancio [2323], in base agli utili netti risultanti dal bilancio regolarmente approvato e pubblicato.

[1] Le parole in parentesi devono intendersi abrogate a seguito dell'entrata in vigore del R.D.L. 9 agosto 1943, n. 721 e del D.Lgs.Lgt. 23 novembre 1944, n. 369.

2103. Prestazione del lavoro.

Il lavoratore deve essere adibito alle mansioni per le quali è stato assunto o a quelle corrispondenti all'inquadramento superiore che abbia successivamente acquisito ovvero a mansioni riconducibili allo stesso livello e categoria legale di inquadramento delle ultime effettivamente svolte.

In caso di modifica degli assetti organizzativi aziendali che incide sulla posizione del lavoratore, lo stesso può essere assegnato a mansioni appartenenti al livello di inquadramento inferiore purchè rientranti nella medesima categoria legale.

Il mutamento di mansioni è accompagnato, ove necessario, dall'assolvimento dell'obbligo formativo, il cui mancato adempimento non determina comunque la nullità dell'atto di assegnazione delle nuove mansioni.

Ulteriori ipotesi di assegnazione di mansioni appartenenti al livello di inquadramento inferiore, purchè rientranti nella medesima categoria legale, possono essere previste dai contratti collettivi.

Nelle ipotesi di cui al secondo e al quarto comma, il mutamento di mansioni è comunicato per iscritto, a pena di nullità, e il lavoratore ha diritto alla conservazione del livello di inquadramento e del trattamento retributivo in godimento, fatta eccezione per gli elementi retributivi collegati a particolari modalità di svolgimento della precedente prestazione lavorativa.

Nelle sedi di cui all'articolo 2113, quarto comma, o avanti alle commissioni di certificazione, possono essere stipulati accordi individuali di modifica delle mansioni, della categoria legale e del livello di inquadramento e della relativa retribuzione, nell'interesse del lavoratore alla conservazione dell'occupazione, all'acquisizione di una diversa professionalità o al miglioramento delle condizioni di vita. Il lavoratore può farsi assistere da un rappresentante dell'associazione sindacale cui aderisce o conferisce mandato o da un avvocato o da un consulente del lavoro.

Nel caso di assegnazione a mansioni superiori il lavoratore ha diritto al trattamento corrispondente all'attività svolta e l'assegnazione diviene definitiva, salvo diversa volontà del lavoratore, ove la medesima non abbia avuto luogo per ragioni sostitutive di altro lavoratore in servizio, dopo il periodo fissato dai contratti collettivi o, in mancanza, dopo sei mesi continuativi.

Il lavoratore non può essere trasferito da un'unità produttiva ad un'altra se non per comprovate ragioni tecniche, organizzative e produttive.

Salvo che ricorrano le condizioni di cui al secondo e al quarto comma e fermo quanto disposto al sesto comma, ogni patto contrario è nullo[1].

[1] Articolo così sostituito, prima dall'art. 13, L. 20 maggio 1970, n. 300, poi dall'art. 3, D.Lgs. 15 giugno 2015, n. 81.

Il testo previgente la modifica del 1970 disponeva: *Il prestatore di lavoro deve essere adibito alle mansioni per cui è stato assunto. Tuttavia, se non è convenuto diversamente, l'imprenditore può, in relazione alle esigenze dell'impresa, adibire il prestatore di lavoro ad una mansione diversa, purché essa non importi una diminuzione nella retribuzione o un mutamento sostanziale nella posizione di lui.*

Il testo previgente la modifica del 2015 disponeva: *Art. 2103. Mansioni del lavoratore. Il prestatore di lavoro deve essere adibito alle mansioni per le quali è stato assunto o a*

CODICE CIVILE

quelle corrispondenti alla categoria superiore che abbia successivamente acquisito ovvero a mansioni equivalenti alle ultime effettivamente svolte, senza alcuna diminuzione della retribuzione. Nel caso di assegnazione a mansioni superiori il prestatore ha diritto al trattamento corrispondente all'attività svolta, e l'assegnazione stessa diviene definitiva, ove la medesima non abbia avuto luogo per sostituzione del lavoratore assente con diritto alla conservazione del posto, dopo un periodo fissato dai contratti collettivi, e comunque non superiore a tre mesi. Egli non può essere trasferito da una unità produttiva ad un'altra se non per comprovate ragioni tecniche, organizzative e produttive. Ogni patto contrario è nullo.

● Norme connesse:

- per la nullità dell'atto o patto diretto a discriminare il lavoratore nell'assegnazione di qualifiche o mansioni, art. 15, comma 1 lettera b), L. 20 maggio 1970, n. 300, che dispone: *È nullo qualsiasi patto od atto diretto a: b) licenziare un lavoratore, discriminarlo nella assegnazione di qualifiche o mansioni, nei trasferimenti, nei provvedimenti disciplinari, o recargli altrimenti pregiudizio a causa della sua affiliazione o attività sindacale ovvero della sua partecipazione ad uno sciopero.*

- per le sanzioni a carico del datore di lavoro per l'inosservanza di norme sulla parità tra uomini e donne relativa all'attribuzione delle mansioni e delle qualifiche, art. 16, L. 9 dicembre 1977, n. 903 e le corrispondenti disposizioni di cui al D.Lgs. 11 aprile 2006, n. 198.

2104. Diligenza del prestatore di lavoro.

Il prestatore di lavoro deve usare la diligenza richiesta dalla natura della prestazione dovuta, dall'interesse dell'impresa e da quello superiore della produzione nazionale [1176].

Deve inoltre osservare le disposizioni per l'esecuzione e per la disciplina del lavoro impartite dall'imprenditore e dai collaboratori di questo dai quali gerarchicamente dipende [2086, 2090, 2094, 2106].

● Norme connesse:

- per il licenziamento determinato da un notevole inadempimento degli obblighi contrattuali del lavoratore, art. 3, L. 15 luglio 1966, n. 604.

2105. Obbligo di fedeltà.

Il prestatore di lavoro non deve trattare affari, per conto proprio o di terzi, in concorrenza con l'imprenditore, né divulgare notizie attinenti all'organizzazione e ai metodi di produzione dell'impresa, o farne uso in modo da poter recare ad essa pregiudizio [2106, 2125].

● Norme connesse:

- per il divieto di concorrenza nel lavoro a domicilio, art. 11, L. 18 dicembre 1973, n. 877, che dispone: *Il lavoratore a domicilio deve prestare la sua attività con diligenza, custodire il segreto sui modelli del lavoro affidatogli e attenersi alle istruzioni ricevute dall'imprenditore nell'esecuzione del lavoro.*

Il lavoratore a domicilio non può eseguire lavoro per conto proprio e di terzi in concorrenza con l'imprenditore, quando questi gli affida una quantità di lavoro atto a procurargli una prestazione continuativa corrispondente all'orario normale di lavoro secondo le disposizioni vigenti e quelle stabilite dal contratto collettivo di lavoro di categoria.

2106. Sanzioni disciplinari.

L'inosservanza delle disposizioni contenute nei due articoli precedenti può dar luogo all'applicazione di sanzioni disciplinari, secondo la gravità dell'infrazione [e in conformità delle norme corporative][1] [1175; disp. att. 96, 97].

[1] Le parole in parentesi devono intendersi abrogate a seguito dell'entrata in vigore del R.D.L. 9 agosto 1943, n. 721 e del D.Lgs.Lgt. 23 novembre 1944, n. 369.

● Norme connesse:

- per le disposizioni relative alle sanzioni disciplinari, art. 7, L. 20 maggio 1970, n. 300.

2107. Orario di lavoro.

La durata giornaliera e settimanale della prestazione di lavoro non può superare i limiti stabiliti dalle leggi speciali [o dalle norme corporative] [2108; Cost. 36][1].

[1] Le parole in parentesi devono intendersi abrogate a seguito dell'entrata in vigore del R.D.L. 9 agosto 1943, n. 721 e del D.Lgs.Lgt. 23 novembre 1944, n. 369.

● Norme connesse:

- R.D.L. 15 marzo 1923, n. 692 (Limitazioni all'orario di lavoro per gli operai ed impiegati delle aziende industriali o commerciali di qualunque natura); art. 12, R.D. 10 settembre 1923, n. 1955 (Approvazione del regolamento relativo alla limitazione dell'orario di lavoro per gli operai ed impiegati delle aziende industriali o commerciali di qualunque natura); R.D. 10 settembre 1923, n. 1957 (Approvazione della tabella indicante le industrie e le lavorazioni per le quali è consentita la facoltà di superare le 8 ore giornaliere o le 48 settimanali di lavoro); D.L. 20 maggio 1993, n. 148, convertito in L. 19 luglio 1993, n. 236 (Interventi urgenti a sostegno dell'occupazione); D.L. 29 settembre 1998, n. 335, convertito in L. 27 novembre 1998, n. 409 (Disposizioni urgenti in materia di lavoro straordinario); D.Lgs. 8 aprile 2003, n. 66 (Attuazione delle direttive 93/104/CE e 2000/34/CE concernenti taluni aspetti dell'organizzazione dell'orario di lavoro, in materia di organizzazione dell'orario di lavoro); D.M. 9 luglio 2008 (Modalità di tenuta e conservazione del libro unico del lavoro e disciplina del relativo regime transitorio).

- art. 39, commi da 1 a 7, D.L. 25 giugno 2008, n. 112, convertito in L. 6 agosto 2008, n. 133, nel testo, da ultimo, modificato dall'art. 22, D.Lgs. 14 settembre 2015, n. 151, che dispone «*Art. 39. Adempimenti di natura formale nella gestione dei rapporti di lavoro. 1. Il datore di lavoro privato, con la sola esclusione del datore di lavoro domestico, deve istituire e tenere il libro unico del lavoro nel quale sono iscritti tutti i lavoratori subordinati, i collaboratori coordinati e continuativi e gli associati in partecipazione con apporto lavorativo. Per ciascun lavoratore devono essere indicati il nome e cognome, il codice fiscale e, ove ricorrano, la qualifica e il livello, la retribuzione base, l'anzianità di servizio, nonchè le relative posizioni assicurative.*

2. Nel libro unico del lavoro deve essere effettuata ogni annotazione relativa a dazioni in danaro o in natura corrisposte o gestite dal datore di lavoro, compresi le somme a titolo di rimborso spese, le trattenute a qualsiasi titolo effettuate, le detrazioni fiscali, i dati relativi agli assegni per il nucleo familiare, le prestazioni ricevute da enti e istituti previdenziali. Le somme erogate a titolo di premio o per prestazioni di lavoro straordinario devono essere indicate specificatamente. Il libro unico del lavoro deve altresì contenere un calendario delle presenze, da cui risulti, per ogni giorno, il numero di ore di lavoro effettuate da ciascun lavoratore subordinato, nonchè l'indicazione delle ore di straordinario, delle eventuali assenze dal lavoro, anche non retribuite, delle ferie e dei riposi. Nella ipotesi in cui al lavoratore venga corrisposta una retribuzione fissa o a giornata intera o a periodi superiori è annotata solo la giornata di presenza al lavoro.

3. Il libro unico del lavoro deve essere compilato coi dati di cui ai commi 1 e 2, per ciascun mese di riferimento, entro la fine del mese successivo.

4. Il Ministro del lavoro, della salute e delle politiche sociali stabilisce, con decreto da emanarsi entro trenta giorni dalla data di entrata in vigore del presente decreto, le modalità e tempi di tenuta e conservazione del libro unico del lavoro e disciplina il relativo regime transitorio.

5. Con la consegna al lavoratore di copia delle scritturazioni effettuate nel libro unico del lavoro il datore di lavoro adempie agli obblighi di cui alla legge 5 gennaio 1953, n. 4.

6. La violazione dell'obbligo di istituzione e tenuta del libro unico del lavoro di cui al comma 1 è punita con la sanzione pecuniaria amministrativa da 500 a 2.500 euro. L'omessa esibizione agli organi di vigilanza del libro unico del lavoro è punita con la sanzione pecuniaria amministrativa da 200 a 2.000 euro. I soggetti di cui all'articolo 1, quarto comma, della legge 11 gennaio 1979, n. 12, che, senza giustificato motivo, non ottemperino entro quindici giorni alla richiesta degli organi di vigilanza di esibire la documentazione in loro possesso sono puniti con la sanzione amministrativa da 250 a 2000 euro. In caso di recidiva della violazione la sanzione varia da 500 a 3000.

7. Salvo i casi di errore meramente materiale, l'omessa o infedele registrazione dei dati di cui ai commi 1, 2 e 3 che determina differenti trattamenti retributivi, previdenziali o fiscali è punita con la sanzione amministrativa pecuniaria da 150 a 1.500 euro. Se la violazione si riferisce a più di cinque lavoratori ovvero a un periodo superiore a sei mesi la sanzione va da 500 a 3.000 euro. Se la violazione si riferisce a più di dieci lavoratori ovvero a un periodo superiore a dodici mesi la sanzione va da 1.000 a 6.000 euro. Ai fini del primo periodo, la nozione di omessa registrazione si riferisce alle scritture complessivamente omesse e non a ciascun singolo dato di cui manchi la registrazione e la nozione di infedele registrazione si riferisce alle scritturazioni dei dati di cui ai commi 1 e 2 diverse rispetto alla qualità o quantità della prestazione lavorativa effettivamente resa o alle somme effettivamente erogate. La mancata conservazione per il termine previsto dal decreto di cui al comma 4 è punita con la sanzione pecuniaria amministrativa da 100 a 600 euro. Alla contestazione delle sanzioni amministrative di cui al presente comma provvedono gli organi di vigilanza che effettuano accertamenti in materia di lavoro e previdenza. Autorità competente a ricevere il rapporto ai sensi dell'articolo 17 della legge 24 novembre 1981, n. 689, è la Direzione territoriale del lavoro territorialmente competente».

2108. Lavoro straordinario e notturno.

In caso di prolungamento dell'orario normale, il prestatore di lavoro deve essere compensato per le ore straordinarie con un aumento di retribuzione rispetto a quella dovuta per il lavoro ordinario.

Il lavoro notturno non compreso in regolari turni periodici deve essere parimenti retribuito con una maggiorazione rispetto al lavoro diurno.

I limiti entro i quali sono consentiti il lavoro straordinario e quello notturno, la durata di essi e la misura della maggiorazione sono stabiliti dalla legge [o dalle norme corporative][1].

[1] Le parole in parentesi devono intendersi abrogate a seguito dell'entrata in vigore del R.D.L. 9 agosto 1943, n. 721 e del D.Lgs.Lgt. 23 novembre 1944, n. 369.

● Norme connesse:

- per il lavoro straordinario degli impiegati ed operai delle aziende industriali o commerciali di qualunque natura, artt. 5 e 5-*bis*, R.D.L. 15 marzo 1923, n. 692.

- per il divieto di adibire al lavoro notturno i bambini e gli adolescenti, artt. 15 e 17, L. 17 ottobre 1967, n. 977 (Tutela del lavoro dei bambini e degli adolescenti).

- per il divieto di adibire le donne al lavoro notturno nelle aziende manifatturiere, art. 5, comma 2, lett. c), L. 9 dicembre 1977, n. 903 che dispone: *2. Il lavoro notturno non deve essere obbligatoriamente prestato: c) dalla lavoratrice o dal lavoratore che abbia a proprio carico un soggetto disabile ai sensi della legge 5 febbraio 1992, n. 104, e successive modificazioni.*

2109. Periodo di riposo.

Il prestatore di lavoro ha diritto ad un giorno di riposo ogni settimana, di regola in coincidenza con la domenica [Cost. 36].

Ha anche diritto, dopo un anno d'ininterrotto servizio, ad un periodo annuale di ferie retribuito [2243], possibilmente continuativo, nel tempo che l'imprenditore stabilisce, tenuto conto delle esigenze dell'impresa e degli interessi del prestatore di lavoro. La durata di tale periodo è stabilita dalla legge, [dalle norme corporative,][1] dagli usi o secondo equità [disp. att. 98][2].

L'imprenditore deve preventivamente comunicare al prestatore di lavoro il periodo stabilito per il godimento delle ferie.

Non può essere computato nelle ferie il periodo di preavviso indicato nell'articolo 2118[3].

[1] Le parole in parentesi devono intendersi abrogate a seguito dell'entrata in vigore del R.D.L. 9 agosto 1943, n. 721 e del D.Lgs.Lgt. 23 novembre 1944, n. 369.

[2] La Corte costituzionale, con sentenza 10 maggio 1963, n. 66, ha dichiarato l'illegittimità costituzionale del presente comma, limitatamente alle parole «dopo un anno di ininterrotto servizio».

[3] La Corte costituzionale, con sentenza 16 dicembre 1980, n. 189, ha dichiarato l'illegittimità costituzionale del presente comma, nella parte in cui non prevede il diritto a ferie retribuite anche per il lavoratore assunto in prova in caso di recesso del contratto durante il periodo di prova medesimo. La Corte costituzionale, con sentenza 30 dicembre 1987, n. 616, ha

CODICE CIVILE

dichiarato l'illegittimità costituzionale del presente articolo nella parte in cui prevede che la malattia insorta durante il periodo feriale ne sospende il decorso.

● Norme connesse:

- per il riposo domenicale e settimanale, L. 22 febbraio 1934, n. 370 (Riposo domenicale e settimanale).

- per il riposo settimanale e ferie annuali dei bambini e degli adolescenti, artt. 22 e 23, L. 17 ottobre 1967, n. 977 (Tutela del lavoro dei bambini e degli adolescenti).

- per il divieto di godimento delle ferie contemporaneamente ai periodi di astensione obbligatoria o facoltativa della lavoratrice madre, D.Lgs. 26 marzo - 2001, n. 151.

2110. Infortunio, malattia, gravidanza, puerperio.

In caso di infortunio, di malattia, di gravidanza o di puerperio, se la legge [o le norme corporative][1] non stabiliscono forme equivalenti di previdenza o di assistenza, è dovuta al prestatore di lavoro la retribuzione o un'indennità nella misura e per il tempo determinati dalle leggi speciali [dalle norme corporative][1], dagli usi o secondo equità [2111; Cost. 38; disp. att. 98].

Nei casi indicati nel comma precedente, l'imprenditore ha diritto di recedere dal contratto a norma dell'articolo 2118, decorso il periodo stabilito dalla legge [dalle norme corporative][1], dagli usi o secondo equità.

Il periodo di assenza dal lavoro per una delle cause anzidette deve essere computato nell'anzianità di servizio [2120].

[1] Le parole in parentesi devono intendersi abrogate a seguito dell'entrata in vigore del R.D.L. 9 agosto 1943, n. 721 e del D.Lgs.Lgt. 23 novembre 1944, n. 369.

● Norme connesse:

- per il lavoratore assente per infortunio, malattia, gravidanza o puerperio e il trattamento da corrispondere in determinate ricorrenze festive, artt. 2 e 3, L. 31 marzo 1954, n. 90 (Modificazioni alla legge 27 maggio 1949, n. 260, sulle ricorrenze festive).

- per il testo unico delle disposizioni per l'assicurazione obbligatoria contro gli infortuni e le malattie professionali, D.P.R. 30 giugno 1965, n. 1124.

- per le visite mediche di controllo, art. 5, L. 20 maggio 1970, n. 300.

- per il congedo per cure dei lavoratori mutilati e invalidi civili, art. 7, D.Lgs. 18 luglio 2011, n. 119 che dispone: *1. Salvo quanto previsto dall'articolo 3, comma 42, della legge 24 dicembre 1993, n. 537, e successive modificazioni, i lavoratori mutilati e invalidi civili cui sia stata riconosciuta una riduzione della capacità lavorativa superiore al cinquanta per cento possono fruire ogni anno, anche in maniera frazionata, di un congedo per cure per un periodo non superiore a trenta giorni.*

2. Il congedo di cui al comma 1 è accordato dal datore di lavoro a seguito di domanda del dipendente interessato accompagnata dalla richiesta del medico convenzionato con il Servizio sanitario nazionale o appartenente ad una struttura sanitaria pubblica dalla quale risulti la necessità della cura in relazione all'infermità invalidante riconosciuta.

3. Durante il periodo di congedo, non rientrante nel periodo di comporto, il dipendente ha diritto a percepire il trattamento calcolato secondo il regime economico delle assenze per malattia. Il lavoratore è tenuto a documentare in maniera idonea l'avvenuta sottoposizione alle cure. In caso di lavoratore sottoposto a trattamenti terapeutici continuativi, a giustificazione dell'assenza può essere prodotta anche attestazione cumulativa.

4. Sono abrogati l'articolo 26 della legge 30 marzo 1971, n. 118, di conversione, con modificazioni, del decreto-legge 30 gennaio 1971, n. 5, e l'articolo 10 del decreto legislativo 23 novembre 1988, n. 509.

- per la tutela della lavoratrice madre, D.Lgs. 26 marzo 2001, n. 151.

- per l'indennità di malattia spettante ai lavoratori pubblici e privati con contratto a tempo determinato, art. 5, D.L. 12 settembre 1983, n. 463, convertito in L. 11 novembre 1983, n. 638, nel testo modificato dall'art. 25, D.Lgs. 14 settembre 2015, n. 151 che dispone: *1. Ai lavoratori pubblici e privati, con contratto a tempo determinato, i trattamenti economici e le indennità economiche di malattia sono corrisposti per un periodo non superiore a quello di attività lavorativa nei dodici mesi immediatamente precedenti l'evento morboso, fermi restando i limiti massimi di durata previsti dalle vigenti disposizioni.*

2. Non possono essere corrisposti trattamenti economici e indennità economiche per malattia per periodi successivi alla cessazione del rapporto di lavoro a tempo determinato.

3. Nel caso in cui il lavoratore a tempo determinato nei dodici mesi immediatamente precedenti non possa far valere periodi lavorativi superiori a trenta giorni, il trattamento economico e l'indennità di malattia sono concessi per un periodo massimo di trenta giorni nell'anno solare. In tal caso l'indennità economica di malattia è corrisposta, previa comunicazione del datore di lavoro, direttamente dall'Istituto nazionale per la previdenza sociale.

4. Il periodo di malattia di cui al precedente comma si computa ai fini del limite massimo delle giornate indennizzabili.

5. Il datore di lavoro non può corrispondere l'indennità economica di malattia per un numero di giornate superiore a quelle effettuate dal lavoratore a tempo determinato alle proprie dipendenze. Le indennità relative ad un maggior numero di giornate indennizzabili sono corrisposte al lavoratore direttamente dall'Istituto nazionale della previdenza sociale.

6. I lavoratori agricoli a tempo determinato iscritti o aventi diritto alla iscrizione negli elenchi nominativi di cui all'articolo 7, n. 5), del D.L. 3 febbraio 1970, n. 7, convertito, con modificazioni, nella L. 11 marzo 1970, n. 83, hanno diritto, a condizione che risultino iscritti nei predetti elenchi nell'anno precedente per almeno 51 giornate, per ciascun anno alle prestazioni di cui ai commi precedenti per un numero di giornate corrispondente a quello risultante dalla anzidetta iscrizione nell'anno precedente. In ogni caso il periodo indennizzabile non può eccedere i limiti di durata massima prevista in materia.

7. Le disposizioni dei commi precedenti non si applicano ai marittimi assistiti ai sensi del R.D.L. 23 settembre 1937, n. 1918, convertito, con modificazioni, nella legge 24 aprile 1938, n. 831. Le disposizioni di cui al comma 2 del presente articolo non si applicano ai lavoratori dello spettacolo assistiti ai sensi del D.Lgs.C.P.S. 16 luglio 1947, n. 708, e successive modificazioni ed integrazioni.

8. Ai fini del presente articolo i periodi di godimento del trattamento di cassa integrazione guadagni e di astensione obbligatoria dal lavoro per gravidanza e puerperio sono assimilati ai periodi di lavoro.

9. Ai fini dei controlli sullo stato di salute dei lavoratori, il Ministro della sanità, di concerto con il Ministro del lavoro e della previdenza sociale, formula gli schemi-tipo di convenzione di cui all'articolo 8-bis, D.L. 30 aprile 1981, n. 168, convertito, con modificazioni, nella L. 27 giugno 1981, n. 331, nei casi in cui gli schemi suddetti non siano stati elaborati di intesa fra l'Istituto nazionale della previdenza sociale e le regioni entro trenta giorni dall'entrata in vigore del presente decreto.

10. Entro i trenta giorni successivi alla data di pubblicazione degli schemi di cui al comma che precede le unità sanitarie locali adottano le convenzioni di cui al comma che precede e predispongono un servizio idoneo ad assicurare entro lo stesso giorno della richiesta, anche se domenicale o festivo, in fasce orarie di reperibilità, il controllo dello stato di malattia dei lavoratori dipendenti per tale causa assentatisi dal lavoro e accertamenti preliminari al controllo stesso anche mediante personale non medico, nonché un servizio per visite collegiali presso poliambulatori pubblici per accertamenti specifici.

11. L'omissione degli adempimenti di cui al comma che precede nel termine fissato comporta l'immediata nomina di un commissario ad acta da parte del competente organo regionale.

12. Per l'effettuazione delle visite mediche di controllo dei lavoratori l'Istituto nazionale della previdenza sociale, sentiti gli ordini dei medici, istituisce presso le proprie sedi liste speciali formate da medici, a rapporto di impiego con pubbliche amministrazioni e da medici liberi professionisti, ai quali possono fare ricorso gli istituti previdenziali o i datori di lavoro.

13. L'Istituto nazionale della previdenza sociale, per gli accertamenti sanitari connessi alla sua attività istituzionale, è autorizzato a stipulare apposite convenzioni con l'Istituto nazionale per l'assicurazione contro gli infortuni sul lavoro. Con il medesimo decreto sono stabilite le esenzioni dalla reperibilità per i lavoratori subordinati dipendenti dai datori di lavoro privati.

14. Con decreto del Ministro del lavoro e della previdenza sociale, di concerto con il Ministro della sanità, sentiti la Federazione nazionale degli ordini dei medici e il consiglio di amministrazione dell'Istituto nazionale della previdenza sociale, sono stabilite le modalità per la disciplina e l'attuazione dei controlli secondo i criteri di cui al comma 10 del presente articolo ed i compensi spettanti ai medici.

15. Qualora il lavoratore, pubblico o privato, risulti assente alla visita di controllo senza giustificato motivo, decade dal diritto a qualsiasi trattamento economico per l'intero periodo sino a dieci giorni e nella misura della metà per l'ulteriore periodo, esclusi quelli di ricovero ospedaliero o già accertati da precedente visita di controllo.

- per disposizioni in materia di tutela e sostegno della maternità e paternità, D.Lgs. 26 marzo 2001, n. 151.

2111. Servizio militare.

[La chiamata alle armi per adempiere agli obblighi di leva risolve il contratto di lavoro, salvo diverse disposizioni delle norme corporative][1].

In caso di richiamo alle armi, si applicano le disposizioni del primo e del terzo comma dell'articolo precedente [Cost. 52].

[1] Comma da ritenersi abrogato ex art. 1, D.Lgs.C.p.S. 13 settembre 1946, n. 303.

2112. Mantenimento dei diritti dei lavoratori in caso di trasferimento d'azienda.

In caso di trasferimento d'azienda, il rapporto di lavoro continua con il cessionario ed il lavoratore conserva tutti i diritti che ne derivano.

Il cedente ed il cessionario sono obbligati, in solido, per tutti i crediti che il lavoratore aveva al tempo del trasferimento. Con le procedure di cui agli articoli 410 e 411 del codice di procedura civile il lavoratore può consentire la liberazione del cedente dalle obbligazioni derivanti dal rapporto di lavoro.

Il cessionario è tenuto ad applicare i trattamenti economici e normativi previsti dai contratti collettivi nazionali, territoriali ed aziendali vigenti alla data del trasferimento, fino alla loro scadenza, salvo che siano sostituiti da altri contratti collettivi applicabili all'impresa del cessionario. L'effetto di sostituzione si produce esclusivamente fra contratti collettivi del medesimo livello.

Ferma restando la facoltà di esercitare il recesso ai sensi della normativa in materia di licenziamenti, il trasferimento d'azienda non costituisce di per sé motivo di licenziamento. Il lavoratore, le cui condizioni di lavoro subiscono una sostanziale modifica nei tre mesi successivi al trasferimento d'azienda, può rassegnare le proprie dimissioni con gli effetti di cui all'articolo 2119, primo comma.

Ai fini e per gli effetti di cui al presente articolo si intende per trasferimento d'azienda qualsiasi operazione che, in seguito a cessione contrattuale o fusione, comporti il mutamento nella titolarità di un'attività economica organizzata, con o senza scopo di lucro, preesistente al trasferimento e che conserva nel trasferimento la propria identità a prescindere dalla tipologia negoziale o dal provvedimento sulla base del quale il trasferimento è attuato ivi compresi l'usufrutto o l'affitto di azienda. Le disposizioni del presente articolo si applicano altresì al trasferimento di parte dell'azienda, intesa come articolazione funzionalmente autonoma di un'attività economica organizzata, identificata come tale dal cedente e dal cessionario al momento del suo trasferimento[1].

Nel caso in cui l'alienante stipuli con l'acquirente un contratto di appalto la cui esecuzione avviene utilizzando il ramo d'azienda oggetto di cessione, tra appaltante e appaltatore opera un regime di solidarietà di cui all'articolo 29, comma 2, del decreto legislativo 10 settembre 2003, n. 276[2][3].

[1] Comma così sostituito dall'art. 32, D.Lgs. 10 settembre 2003, n. 276.

[2] Comma aggiunto dall'art. 32, D.Lgs. 10 settembre 2003, n. 276, nel testo modificato dall'art. 9, D.Lgs. 6 ottobre 2004, n. 251.

[3] Articolo così sostituito dall'art. 1, D.Lgs. 2 febbraio 2001, n. 18, a decorrere dal 1° luglio 2001.

CODICE CIVILE

Il Testo previgente le modifiche apportate dal D.Lgs. 6 ottobre 2004, n. 251, disponeva:

In caso di trasferimento d'azienda, il rapporto di lavoro continua con il cessionario ed il lavoratore conserva tutti i diritti che ne derivano.

Il cedente ed il cessionario sono obbligati, in solido, per tutti i crediti che il lavoratore aveva al tempo del trasferimento. Con le procedure di cui agli articoli 410 e 411 del codice di procedura civile il lavoratore può consentire la liberazione del cedente dalle obbligazioni derivanti dal rapporto di lavoro.

Il cessionario è tenuto ad applicare i trattamenti economici e normativi previsti dai contratti collettivi nazionali, territoriali ed aziendali vigenti alla data del trasferimento, fino alla loro scadenza, salvo che siano sostituiti da altri contratti collettivi applicabili all'impresa del cessionario. L'effetto di sostituzione si produce esclusivamente fra contratti collettivi del medesimo livello.

Ferma restando la facoltà di esercitare il recesso ai sensi della normativa in materia di licenziamenti, il trasferimento d'azienda non costituisce di per sé motivo di licenziamento. Il lavoratore, le cui condizioni di lavoro subiscono una sostanziale modifica nei tre mesi successivi al trasferimento d'azienda, può rassegnare le proprie dimissioni con gli effetti di cui all'articolo 2119, primo comma.

Ai fini e per gli effetti di cui al presente articolo si intende per trasferimento d'azienda qualsiasi operazione che, in seguito a cessione contrattuale o fusione, comporti il mutamento nella titolarità di un'attività economica organizzata, con o senza scopo di lucro, preesistente al trasferimento e che conserva nel trasferimento la propria identità a prescindere dalla tipologia negoziale o dal provvedimento sulla base del quale il trasferimento è attuato ivi compresi l'usufrutto o l'affitto di azienda. Le disposizioni del presente articolo si applicano altresì al trasferimento di parte dell'azienda, intesa come articolazione funzionalmente autonoma di un'attività economica organizzata, identificata come tale dal cedente e dal cessionario al momento del suo trasferimento.

Nel caso in cui l'alienante stipuli con l'acquirente un contratto di appalto la cui esecuzione avviene utilizzando il ramo d'azienda oggetto di cessione, tra appaltante e appaltatore opera un regime di solidarietà di cui all'articolo 1676.

Il testo previgente le modifiche apportate dal D.Lgs. 10 settembre 2003, n. 276, disponeva:

In caso di trasferimento d'azienda, il rapporto di lavoro continua con il cessionario ed il lavoratore conserva tutti i diritti che ne derivano.

Il cedente ed il cessionario sono obbligati, in solido, per tutti i crediti che il lavoratore aveva al tempo del trasferimento. Con le procedure di cui agli articoli 410 e 411 del codice di procedura civile il lavoratore può consentire la liberazione del cedente dalle obbligazioni derivanti dal rapporto di lavoro.

Il cessionario è tenuto ad applicare i trattamenti economici e normativi previsti dai contratti collettivi nazionali, territoriali ed aziendali vigenti alla data del trasferimento, fino alla loro scadenza, salvo che siano sostituiti da altri contratti collettivi applicabili all'impresa del cessionario. L'effetto di sostituzione si produce esclusivamente fra contratti collettivi del medesimo livello.

Ferma restando la facoltà di esercitare il recesso ai sensi della normativa in materia di licenziamenti, il trasferimento d'azienda non costituisce di per sé motivo di licenziamento. Il lavoratore, le cui condizioni di lavoro subiscono una sostanziale modifica nei tre mesi successivi al trasferimento d'azienda, può rassegnare le proprie dimissioni con gli effetti di cui all'articolo 2119, primo comma.

Ai fini e per gli effetti di cui al presente articolo si intende per trasferimento d'azienda qualsiasi operazione che comporti il mutamento nella titolarità di un'attività economica organizzata, con o senza scopo di lucro, al fine della produzione o dello scambio di beni o di servizi, preesistente al trasferimento e che conserva nel trasferimento la propria identità, a prescindere dalla tipologia negoziale o dal provvedimento sulla base dei quali il trasferimento è attuato, ivi compresi l'usufrutto o l'affitto d'azienda. Le disposizioni del presente articolo si applicano altresì al trasferimento di parte dell'azienda, intesa come articolazione funzionalmente autonoma di un'attività economica organizzata ai sensi del presente comma, preesistente come tale al trasferimento e che conserva nel trasferimento la propria identità.

Il testo previgente le modifiche apportate dal D.Lgs. 2 febbraio 2001, n. 18, disponeva:

In caso di trasferimento d'azienda, il rapporto di lavoro continua con l'acquirente ed il lavoratore conserva tutti i diritti che ne derivano.

L'alienante e l'acquirente sono obbligati, in solido, per tutti i crediti che il lavoratore aveva al tempo del trasferimento. Con le procedure di cui agli articoli 410 e 411 del codice di procedura civile il lavoratore può consentire la liberazione dell'alienante dalle obbligazioni derivanti dal rapporto di lavoro.

L'acquirente è tenuto ad applicare i trattamenti economici e normativi, previsti dai contratti collettivi anche aziendali vigenti alla data del trasferimento, fino alla loro scadenza, salvo che siano sostituiti da altri contratti collettivi applicabili all'impresa dell'acquirente.

Le disposizioni di questo articolo si applicano anche in caso di usufrutto o di affitto dell'azienda.

Il testo originario, precedente le modifiche apportate dalla L. 29 dicembre 1990, n. 428, infine, disponeva:

In caso di trasferimento dell'azienda, se l'alienante non ha dato disdetta in tempo utile, il contratto di lavoro continua con l'acquirente, e il prestatore di lavoro conserva i diritti derivanti dall'anzianità raggiunta anteriormente al trasferimento.

L'acquirente è obbligato in solido con l'alienante per tutti i crediti che il prestatore di lavoro aveva al tempo del trasferimento in dipendenza del lavoro prestato, compresi quelli che trovano causa nella disdetta data dall'alienante, sempreché l'acquirente ne abbia avuto conoscenza all'atto del trasferimento, o i crediti risultino dai libri dell'azienda trasferita o dal libretto di lavoro.

Con l'intervento delle associazioni professionali alle quali appartengono l'imprenditore e il prestatore di lavoro, questi può consentire la liberazione dell'alienante dalle obbligazioni derivanti dal rapporto di lavoro.

Le disposizioni di quest'articolo si applicano anche in caso di usufrutto o di affitto dell'azienda.

● Norme connesse:

- artt. 104-bis, comma 6, 105, comma 3, R.D. 16 marzo 1942, n. 267; art. 198, D.Lgs. 7 settembre 2005, n. 209.

2113. Rinunzie e transazioni.

Le rinunzie [1236] e le transazioni [1965], che hanno per oggetto diritti del prestatore di lavoro derivanti da disposizioni inderogabili della legge e dei contratti o accordi collettivi concernenti i rapporti di cui all'articolo 409 del codice di procedura civile, non sono valide.

L'impugnazione deve essere proposta, a pena di decadenza [2964], entro sei mesi dalla data di cessazione del rapporto o dalla data della rinunzia o della transazione, se queste sono intervenute dopo la cessazione medesima [disp. att. 197].

Le rinunzie e le transazioni di cui ai commi precedenti possono essere impugnate con qualsiasi atto scritto, anche stragiudiziale, del lavoratore idoneo a renderne nota la volontà.

Le disposizioni del presente articolo non si applicano alla conciliazione intervenuta ai sensi degli articoli 185, 410, 411, 412-*ter* e 412-*quater* del codice di procedura civile[1 2].

[1] Comma così modificato dall'art. 31, L. 4 novembre 2010, n. 183. Il testo previgente disponeva: *Le disposizioni del presente articolo non si applicano alla conciliazione intervenuta ai sensi degli articoli 185, 410 e 411 del codice di procedura civile.*

[2] Articolo così sostituito dall'art. 6, L. 11 agosto 1973, n. 533. V. anche art. 68, D.Lgs. 10 settembre 2003, n. 276. Il testo previgente disponeva: *Le rinunzie e le transazioni, che hanno per oggetto diritti del prestatore di lavoro derivanti da disposizioni inderogabili della legge o da norme corporative, non sono valide.*

L'impugnazione deve essere proposta, a pena di decadenza, entro tre mesi dalla cessazione del rapporto o dalla data della rinunzia o della transazione, se queste sono intervenute dopo la cessazione medesima.

Resta salva, in caso di controversia, l'applicazione degli articoli 185, 430 e 431 del codice di procedura civile.

● Norme connesse:
- art. 125, D.Lgs. 10 febbraio 2005, n. 30.

§ 3
Della previdenza e dell'assistenza

● Norme connesse:
- per le norme in materia pensionistica, L. 23 agosto 2004, n. 243 (Norme in materia pensionistica e deleghe al Governo nel settore della previdenza pubblica, per il sostegno alla previdenza complementare e all'occupazione stabile e per il riordino degli enti di previdenza ed assistenza obbligatoria); L. 24 dicembre 2007, n. 247 (Protocollo sul welfare); D.L. 28 gennaio 2019, n. 4 (Disposizioni urgenti in materia di reddito di cittadinanza e di pensioni).

2114. Previdenza ed assistenza obbligatorie.

Le leggi speciali [e le norme corporative][1] determinano i casi e le forme di previdenza e di assistenza obbligatorie e le contribuzioni e prestazioni relative [2115, 2116; Cost. 38].

[1] Le parole in parentesi devono intendersi abrogate a seguito dell'entrata in vigore del R.D.L. 9 agosto 1943, n. 721 e del D.Lgs.Lgt. 23 novembre 1944, n. 369.

● Norme connesse:
- D.Lgs. 30 dicembre 1992, n. 503, di riordino del sistema previdenziale dei lavoratori privati e pubblici, L. 8 agosto 1995, n. 335, di riforma del sistema pensionistico, D.Lgs. 18 giugno 1998, n. 237, sul reddito minimo di inserimento; L. 8 novembre 2000, n. 328, sul sistema integrato di interventi e servizi sociali; art. 24, D.L. 6 dicembre 2011, n. 201, convertito in L. 22 dicembre 2011, n. 214, di riforma del sistema pensionistico; D.L. 28 gennaio 2019, n. 4 (Disposizioni urgenti in materia di reddito di cittadinanza e di pensioni).

2115. Contribuzioni.

Salvo diverse disposizioni della legge [o delle norme corporative][1], l'imprenditore e il prestatore di lavoro contribuiscono in parti eguali alle istituzioni di previdenza e di assistenza [2753, 2754].

L'imprenditore è responsabile del versamento del contributo, anche per la parte che è a carico del prestatore di lavoro, salvo il diritto di rivalsa secondo le leggi speciali.

È nullo qualsiasi patto diretto ad eludere gli obblighi relativi alla previdenza o all'assistenza [1418, 1419 comma 2].

[1] Le parole in parentesi devono intendersi abrogate a seguito dell'entrata in vigore del R.D.L. 9 agosto 1943, n. 721 e del D.Lgs.Lgt. 23 novembre 1944, n. 369.

2116. Prestazioni.

Le prestazioni indicate nell'articolo 2114 sono dovute al prestatore di lavoro, anche quando l'imprenditore non ha versato regolarmente i contributi dovuti alle istituzioni di previdenza e di assistenza, salvo diverse disposizioni delle leggi speciali [o delle norme corporative][1].

Nei casi in cui, secondo tali disposizioni, le istituzioni di previdenza e di assistenza, per mancata o irregolare contribuzione, non sono tenute a corrispondere in tutto o in parte le prestazioni dovute, l'imprenditore è responsabile del danno che ne deriva al prestatore di lavoro [1218, 2946, 2751-*bis* n. 1].

[1] Le parole in parentesi devono intendersi abrogate a seguito dell'entrata in vigore del R.D.L. 9 agosto 1943, n. 721 e del D.Lgs.Lgt. 23 novembre 1944, n. 369.

2117. Fondi speciali per la previdenza e l'assistenza.

I fondi speciali per la previdenza e l'assistenza che l'imprenditore abbia costituiti, anche senza contribuzione dei prestatori di lavoro, non possono essere distratti dal fine al quale sono destinati e non possono formare oggetto di esecuzione da parte dei creditori dell'imprenditore o del prestatore di lavoro [2123, 2740; c.p.c. 545].

● Norme connesse:
- D.Lgs. 5 dicembre 2005, n. 252 (Disciplina delle forme pensionistiche complementari).

CODICE CIVILE

§ 4

Dell'estinzione del rapporto di lavoro

2118. Recesso dal contratto a tempo indeterminato.

Ciascuno dei contraenti può recedere dal contratto di lavoro a tempo indeterminato, dando preavviso nel termine e nei modi stabiliti [dalle norme corporative][1], dagli usi o secondo equità [2109, 2110; disp. att. 98].

In mancanza di preavviso, il recedente è tenuto verso l'altra parte a un'indennità equivalente all'importo della retribuzione che sarebbe spettata per il periodo di preavviso [1750, 2119, 2276, 2948 n. 5; disp. att. 98].

La stessa indennità è dovuta dal datore di lavoro nel caso di cessazione del rapporto per morte del prestatore di lavoro [2122, 2751 n. 1; c.p.c. 545].

[1] Le parole in parentesi devono intendersi abrogate a seguito dell'entrata in vigore del R.D.L. 9 agosto 1943, n. 721 e del D.Lgs.Lgt. 23 novembre 1944, n. 369.

● Norme connesse:

- comma 1: 1) per le limitazioni al licenziamento di dipendenti da parte di datori di lavoro che occupano fino a quindici dipendenti o più di quindici dipendenti, rispettivamente, L. 15 luglio 1966, n. 604 (Norme sui licenziamenti individuali) e L. 20 maggio 1970, n. 300 (Statuto dei lavoratori).

2) per il divieto di licenziamento delle lavoratrici per causa di matrimonio, L. 9 gennaio 1963, n. 7.

3) per il divieto di licenziamento delle lavoratrici-madri, D.Lgs. 26 marzo 2001, n. 151.

4) per il licenziamento degli invalidi, art. 10, L. 2 aprile 1968, n. 482.

- art. 1, comma 17, L. 20 maggio 2016, n. 76.

2119. Recesso per giusta causa.

Ciascuno dei contraenti può recedere dal contratto [1373] prima della scadenza del termine, se il contratto è a tempo determinato, o senza preavviso, se il contratto è a tempo indeterminato, qualora si verifichi una causa che non consenta la prosecuzione, anche provvisoria, del rapporto. Se il contratto è a tempo indeterminato, al prestatore di lavoro che recede per giusta causa compete l'indennità indicata nel secondo comma dell'articolo precedente [2244].

Non costituisce giusta causa di risoluzione del contratto il fallimento dell'imprenditore [2221] o la liquidazione coatta amministrativa dell'azienda [L. fall. 194].

● Norme connesse:

- comma 1: art. 1, L. 15 luglio 1966, n. 604.

- artt. 97, ult. comma e 189 del Codice della crisi di impresa e dell'insolvenza, attuativo della Legge delega 19 ottobre 2017, n. 155 (D.Lgs. 12 gennaio 2019, n. 14) rispettivamente inerenti agli effetti della procedura di concordato preventivo e di liquidazione giudiziale sui rapporti di lavoro subordinato pendenti.

2120. Disciplina del trattamento di fine rapporto.

In ogni caso di cessazione del rapporto di lavoro subordinato, il prestatore di lavoro ha diritto a un trattamento di fine rapporto. Tale trattamento si calcola sommando per ciascun anno di servizio una quota pari e comunque non superiore all'importo della retribuzione dovuta per l'anno stesso divisa per 13,5. La quota è proporzionalmente ridotta per le frazioni di anno, computandosi come mese intero le frazioni di mese uguali o superiori a 15 giorni.

Salvo diversa previsione dei contratti collettivi la retribuzione annua, ai fini del comma precedente, comprende tutte le somme, compreso l'equivalente delle prestazioni in natura, corrisposte in dipendenza del rapporto di lavoro, a titolo non occasionale e con esclusione di quanto è corrisposto a titolo di rimborso spese.

In caso di sospensione della prestazione di lavoro nel corso dell'anno per una delle cause di cui all'articolo 2110, nonché in caso di sospensione totale o parziale per la quale sia prevista l'integrazione salariale, deve essere computato nella retribuzione di cui al primo comma l'equivalente della retribuzione a cui il lavoratore avrebbe avuto diritto in caso di normale svolgimento del rapporto di lavoro.

Il trattamento di cui al precedente primo comma, con esclusione della quota maturata nell'anno, è incrementato, su base composta, al 31 dicembre di ogni anno, con l'applicazione di un tasso costituito dall'1,5 per cento in misura fissa e dal 75 per cento dell'aumento dell'indice dei prezzi al consumo per le famiglie di operai ed impiegati, accertato dall'ISTAT, rispetto al mese di dicembre dell'anno precedente.

Ai fini dell'applicazione del tasso di rivalutazione di cui al comma precedente per frazioni di anno, l'incremento dell'indice ISTAT è quello risultante nel mese di cessazione del rapporto di lavoro rispetto a quello di dicembre dell'anno precedente. Le frazioni di mese uguali o superiori a quindici giorni si computano come mese intero.

Il prestatore di lavoro, con almeno otto anni di servizio presso lo stesso datore di lavoro, può chiedere, in costanza di rapporto di lavoro, una anticipazione non superiore al 70 per cento sul trattamento cui avrebbe diritto nel caso di cessazione del rapporto alla data della richiesta.

Le richieste sono soddisfatte annualmente entro i limiti del 10 per cento degli aventi titolo, di cui al precedente comma, e comunque del 4 per cento del numero totale dei dipendenti.

La richiesta deve essere giustificata dalla necessità di:

a) eventuali spese sanitarie per terapie o interventi straordinari riconosciuti dalle competenti strutture pubbliche;

b) acquisto della prima casa di abitazione per sé o per i figli, documentato con atto notarile[1].

L'anticipazione può essere ottenuta una sola volta nel corso del rapporto di lavoro e viene detratta, a tutti gli effetti, dal trattamento di fine rapporto.

Nell'ipotesi di cui all'articolo 2122 la stessa anticipazione è detratta dall'indennità prevista dalla norma medesima.

Condizioni di miglior favore possono essere previste dai contratti collettivi o da patti individuali. I contratti collettivi possono altresì stabilire criteri di priorità per l'accoglimento delle richieste di anticipazione[2].

[1] La Corte costituzionale, con sentenza 5 aprile 1991, n. 142, ha dichiarato l'illegittimità costituzionale della presente lettera, nella parte in cui non prevede la possibilità di concessione dell'anticipazione in ipotesi di acquisto in itinere comprovato con mezzi idonei a dimostrarne l'effettività.

[2] Articolo così sostituito dall'art. 1, L. 29 maggio 1982, n. 297. Il testo previgente disponeva: *In caso di cessazione del contratto a tempo indeterminato, è dovuta al prestatore di lavoro un'indennità proporzionale agli anni di servizio, salvo il caso di licenziamento per di lui colpa o di dimissioni volontarie.*

Le norme corporative possono tuttavia stabilire che l'indennità sia dovuta anche in caso di dimissioni volontarie, determinandone le condizioni e le modalità.

L'ammontare dell'indennità è determinato dalle norme corporative, dagli usi o secondo equità, in base all'ultima retribuzione e in relazione alla categoria alla quale appartiene il prestatore di lavoro.

Sono salve le norme corporative che stabiliscono forme equivalenti di previdenza.

● Norme connesse:

- D.Lgs. 27 gennaio 1992, n. 80; art. 71, L. 17 maggio 1999, n. 144 (*Trasformazione in titoli del trattamento di fine rapporto*); art. 12-bis, L. 1 dicembre 1970, n. 898; art. 1, comma 17, L. 20 maggio 2016, n. 76.

- per l'esclusione del valore del servizio di mensa dalla retribuzione, art. 6, comma 3, D.L. 11 luglio 1992, n. 333, convertito in L. 8 agosto 1992, n. 359 che dispone: *Salvo che gli accordi ed i contratti collettivi, anche aziendali, dispongano diversamente, stabilendo se e in quale misura la mensa è retribuzione in natura, il valore del servizio di mensa, comunque gestito ed erogato, e l'importo della prestazione pecuniaria sostitutiva di esso, percepita da chi non usufruisce del servizio ictituito dall'azienda, non fanno parte della retribuzione a nessun effetto attinente a istituti legali e contrattuali del rapporto di lavoro subordinato.*

- per l'anticipazione del trattamento di fine rapporto ai fini delle spese da sostenere durante i congedi per maternità e formazione, art. 7, L. 8 marzo 2000, n. 53, nel testo modificato dall'art. 4, D.L. 29 novembre 2008, n. 185, convertito in L. 28 gennaio 2009, n. 2, che dispone: *1. Oltre che nelle ipotesi di cui all'articolo 2120, ottavo comma, del codice civile, il trattamento di fine rapporto può essere anticipato ai fini delle spese da sostenere durante i periodi di fruizione dei congedi di cui all'articolo 7, comma 1, della legge 30 dicembre 1971, n. 1204, come sostituito dall'articolo 3, comma 2, della presente legge, e di cui agli articoli 5 e 6 della presente legge. L'anticipazione è corrisposta unitamente alla retribuzione relativa al mese che precede la data di inizio del congedo. Le medesime disposizioni si applicano anche alle domande di anticipazioni per indennità equipollenti al trattamento di fine rapporto, comunque denominate, spettanti a lavoratori dipendenti di datori di lavoro pubblici e privati.*

2. Gli statuti delle forme pensionistiche complementari di cui al decreto legislativo 21 aprile 1993, n. 124, e successive modificazioni, possono prevedere la possibilità di conseguire, ai sensi dell'articolo 7, comma 4, del citato decreto legislativo n. 124 del 1993, un'anticipazione delle prestazioni per le spese da sostenere durante i periodi di fruizione dei congedi di cui agli articoli 5 e 6 della presente legge.

3. Con decreto del Ministro per la funzione pubblica, di concerto con i Ministri del tesoro, del bilancio e della programmazione economica, del lavoro e della previdenza sociale e per la solidarietà sociale, sono definiti i requisiti, i criteri e le modalità applicative delle disposizioni del comma 1 in riferimento ai dipendenti delle pubbliche amministrazioni.

2121. Computo dell'indennità di mancato preavviso.

L'indennità di cui all'art. 2118 deve calcolarsi computando le provvigioni, i premi di produzione, le partecipazioni agli utili o ai prodotti ed ogni altro compenso di carattere continuativo, con esclusione di quanto è corrisposto a titolo di rimborso spese.

Se il prestatore di lavoro è retribuito in tutto o in parte con provvigioni, con premi di produzione o con partecipazioni, l'indennità suddetta è determinata sulla media degli emolumenti degli ultimi tre anni di servizio o del minor tempo di servizio prestato.

Fa parte della retribuzione anche l'equivalente del vitto e dell'alloggio dovuto al prestatore di lavoro[1].

[1] Articolo così sostituito dall'art. 1, L. 29 maggio 1982, n. 297. Il testo previgente disponeva: *Le indennità di cui agli articoli 2118 e 2120 devono calcolarsi computando le provvigioni, i premi di produzione, le partecipazioni agli utili o ai prodotti e ogni altro compenso di carattere continuativo, con esclusione di quanto è corrisposto a titolo di rimborso di spese.*

Se il prestatore di lavoro è retribuito in tutto o in parte con provvigioni, con premi di produzione o con partecipazioni, le indennità suddette sono determinate sulla media degli emolumenti degli ultimi tre anni di servizio o del minor tempo di servizio prestato.

Fa parte della retribuzione anche l'equivalente del vitto e dell'alloggio dovuto al prestatore di lavoro.

● Norme connesse:

- art. 6, D.L. 11 luglio 1992, n. 333, convertito in L. 8 agosto 1992, n. 359 (Misure urgenti per il risanamento della finanza pubblica).

2122. Indennità in caso di morte.

In caso di morte del prestatore di lavoro, le indennità indicate dagli articoli 2118 e 2120 devono corrispondersi al coniuge [548, 585], ai figli e se vivevano a carico del prestatore di lavoro, ai parenti entro il terzo grado [74, 76] e agli affini entro il secondo grado [78, 1751].

CODICE CIVILE

La ripartizione delle indennità, se non vi è accordo tra gli aventi diritto, deve farsi secondo il bisogno di ciascuno.

In mancanza delle persone indicate nel primo comma, le indennità sono attribuite secondo le norme della successione legittima [565 ss.][1].

È nullo [1418] ogni patto anteriore alla morte del prestatore di lavoro circa l'attribuzione e la ripartizione delle indennità [458].

[1] La Corte costituzionale, con sentenza 19 gennaio 1972, n. 8, ha dichiarato l'illegittimità costituzionale del presente comma, nella parte in cui esclude che il lavoratore subordinato, in mancanza delle persone indicate nel primo comma possa disporre per testamento delle indennità di cui allo stesso articolo.

● Norme connesse:
- art. 12-bis, L. 1 dicembre 1970, n. 898.

2123. Forme di previdenza.

Salvo patto contrario, l'imprenditore che ha compiuto volontariamente atti di previdenza può dedurre dalle somme da lui dovute a norma degli articoli 2110, 2111 e 2120 quanto il prestatore di lavoro ha diritto di percepire per effetto degli atti medesimi [1751].

Se esistono fondi di previdenza formati con il contributo dei prestatori di lavoro, questi hanno diritto alla liquidazione della propria quota, qualunque sia la causa della cessazione del contratto.

2124. Certificato di lavoro.

Se non è obbligatorio il libretto di lavoro, all'atto della cessazione del contratto, qualunque ne sia la causa, l'imprenditore deve rilasciare un certificato con l'indicazione del tempo durante il quale il prestatore di lavoro è stato occupato alle sue dipendenze e delle mansioni esercitate [2133, 2246][1].

[1] Il libretto di lavoro è stato soppresso ex art. 8, D.Lgs. 19 dicembre 2002, n. 297, a decorrere dal 30 gennaio 2003.

2125. Patto di non concorrenza.

Il patto con il quale si limita lo svolgimento dell'attività del prestatore di lavoro, per il tempo successivo alla cessazione del contratto, è nullo se non risulta da atto scritto [1350 n. 13, 2725], se non è pattuito un corrispettivo a favore del prestatore di lavoro e se il vincolo non è contenuto entro determinati limiti di oggetto, di tempo e di luogo.

La durata del vincolo non può essere superiore a cinque anni, se si tratta di dirigenti, e a tre anni negli altri casi. Se è pattuita una durata maggiore, essa si riduce nella misura suindicata [2105, 2557, 2596; disp. att. 198].

§ 5
Disposizioni finali

2126. Prestazioni di fatto con violazione di legge.

La nullità o l'annullamento del contratto di lavoro non produce effetto per il periodo in cui il rapporto ha avuto esecuzione, salvo che la nullità derivi dall'illiceità dell'oggetto o della causa [1343, 1345, 1346, 1418, 1445, 2035].

Se il lavoro è stato prestato con violazione di norme poste a tutela del prestatore di lavoro, questi ha in ogni caso diritto alla retribuzione [2098].

2127. Divieto d'interposizione nel lavoro a cottimo.

È vietato all'imprenditore di affidare ai propri dipendenti lavori a cottimo da eseguirsi da prestatori di lavoro assunti e retribuiti direttamente dai dipendenti medesimi [2100].

In caso di violazione di tale divieto, l'imprenditore risponde direttamente, nei confronti dei prestatori di lavoro assunti dal proprio dipendente, degli obblighi derivanti dai contratti di lavoro da essi stipulati.

2128. Lavoro a domicilio.

Ai prestatori di lavoro a domicilio si applicano le disposizioni di questa sezione, in quanto compatibili con la specialità del rapporto.

● Norme connesse:
- L. 18 dicembre 1973, n. 877 (Nuove norme per la tutela del lavoro a domicilio).

2129. Contratto di lavoro per i dipendenti da enti pubblici.

Le disposizioni di questa sezione si applicano ai prestatori di lavoro dipendenti da enti pubblici, salvo che il rapporto sia diversamente regolato dalla legge [disp. att. 98].

● Norme connesse:
- art. 37, L. 20 maggio 1970, n. 300; D.Lgs. 30 marzo 2001, n. 165 (T.U. impiego pubblico).

Sezione IV
Del tirocinio

● Norme connesse:
- art. 3, D.L. 30 ottobre 1984, n. 726, convertito in L. 19 dicembre 1984, n. 863 (Misure urgenti a sostegno e ad incremento dei livelli occupazionali), in nota sub art. 2130 c.c..

2130. Durata del tirocinio.

Il periodo di tirocinio non può superare i limiti stabiliti [dalle norme corporative o][1] dagli usi [Cost. 35 comma 2; disp. att. 195 ss.].

[1] Le parole in parentesi devono intendersi abrogate a seguito dell'entrata in vigore del R.D.L. 9 agosto 1943, n. 721 e del D.Lgs.Lgt. 23 novembre 1944, n. 369.

● Norme connesse:

- per le disposizioni e la durata in materia di apprendistato, D.Lgs. 15 giugno 2015, n. 81.

- per il contratto di formazione e lavoro, art. 3, D.L. 30 ottobre 1984, n. 726, convertito in convertito in L. 19 dicembre 1984, n. 863 che dispone: *1. I lavoratori di età compresa tra i 15 e i 29 anni possono essere assunti nominativamente, in attuazione dei progetti di cui al comma 3, con contratto di formazione e lavoro non superiore a 24 mesi e non rinnovabile, dagli enti pubblici economici e dalle imprese e loro consorzi che al momento della richiesta non abbiano sospensioni dal lavoro in atto ai sensi dell'articolo 2 della legge 12 agosto 1977, n. 675, ovvero non abbiano proceduto a riduzioni di personale nei dodici mesi precedenti la richiesta stessa, salvo che l'assunzione non avvenga per l'acquisizione di professionalità diverse da quelle dei lavoratori interessati alle predette sospensioni e riduzioni di personale.*

1-bis. Nelle aree indicate dall'articolo 1 del testo unico delle leggi sugli interventi per il Mezzogiorno approvato con decreto del Presidente della Repubblica 6 marzo 1978, n. 218, nonché in quelle svantaggiate del Centro-Nord previste dalla legge 29 dicembre 1990, n. 407, l'assunzione con contratti di formazione e lavoro è ammessa sino all'età di 32 anni.

2. Fra i lavoratori assunti a norma del comma precedente, una quota fino al cinque per cento deve essere riservata ai cittadini emigrati rimpatriati, ove in possesso dei requisiti necessari. In caso di carenza di predetto personale dichiarata dall'Ufficio di collocamento si procede ai sensi del comma 1.

3. I tempi e le modalità di svolgimento dell'attività di formazione e lavoro sono stabiliti mediante progetti predisposti dagli enti pubblici economici e dalle imprese ed approvati dalla commissione regionale per l'impiego. Nel caso in cui la delibera della commissione regionale per l'impiego non sia intervenuta nel termine di trenta giorni dalla loro presentazione, provvede il direttore dell'ufficio regionale del lavoro e della massima occupazione. La commissione regionale per l'impiego, nell'ambito delle direttive generali fissate dal Ministro del lavoro e della previdenza sociale, sentita la commissione centrale per l'impiego, delibera, in coerenza con le finalità formative ed occupazionali e con le caratteristiche dei diversi settori produttivi, in ordine ai criteri di approvazione dei progetti ed agli eventuali specifici requisiti che gli stessi devono avere, tra i quali può essere previsto il rapporto tra organico aziendale e numero dei lavoratori con contratti di formazione e lavoro. Nel caso in cui i progetti interessino più ambiti regionali, i medesimi progetti sono sottoposti all'approvazione del Ministro del lavoro e della previdenza sociale, il quale, entro trenta giorni, delibera sentito il parere della commissione centrale per l'impiego. Non sono soggetti all'approvazione i progetti conformi alle regolamentazioni del contratto di formazione e lavoro concordate tra le organizzazioni sindacali nazionali dei datori di lavoro e dei lavoratori aderenti alle confederazioni maggiormente rappresentative, recepite dal Ministro del lavoro e della previdenza sociale sentita la commissione centrale per l'impiego.

4. I progetti di cui al comma 3, che prevedono la richiesta di finanziamento alle regioni, devono essere predisposte in conformità ai regolamenti comunitari. Essi possono essere finanziati dal fondo di rotazione di cui all'articolo 25 della legge 21 dicembre 1978, n. 845, secondo le modalità di cui all'articolo 27 della stessa legge. A tal fine le regioni ogni anno determinano la quota del limite massimo di spesa, di cui al secondo comma dell'articolo 24 della legge predetta, da destinare al finanziamento dei progetti. Hanno precedenza nell'accesso ai finanziamenti i progetti predisposti d'intesa con i sindacati di cui al comma 3 del presente articolo.

5. Ai contratti di formazione e lavoro si applicano le disposizioni legislative che disciplinano i rapporti di lavoro subordinato in quanto non siano derogate dal presente decreto. Il periodo di formazione e lavoro è computato nell'anzianità di servizio in caso di trasformazione del rapporto di formazione e lavoro in rapporto a tempo indeterminato, effettuata durante ovvero al termine dell'esecuzione del contratto di formazione e lavoro.

6. Per i lavoratori assunti con contratto di formazione e lavoro la quota di contribuzione a carico del datore di lavoro è dovuta in misura fissa corrispondente a quella prevista per gli apprendisti dalla legge 19 gennaio 1955, n. 25, e successive modificazioni, ferma restando la contribuzione a carico del lavoratore nelle misure previste per la generalità dei lavoratori.

7. Al termine del rapporto il datore di lavoro è tenuto ad attestare l'attività svolta e i risultati formativi conseguiti dal lavoratore, dandone comunicazione all'Ufficio di collocamento territorialmente competente.

8. La commissione regionale per l'impiego può effettuare controlli, per il tramite dell'Ispettorato del lavoro, sull'attuazione dei progetti di formazione e lavoro.

9. In caso di inosservanza da parte del datore di lavoro degli obblighi del contratto di formazione e lavoro, il contratto stesso si considera a tempo indeterminato fin dalla data dell'instaurazione del relativo rapporto.

10. I lavoratori assunti con contratto di formazione e lavoro sono esclusi dal computo dei limiti numerici previsti da leggi e contratti collettivi per l'applicazione di particolari normative e istituti.

11. Il rapporto di formazione e lavoro nel corso del suo svolgimento può essere convertito in rapporto a tempo indeterminato, ferma restando l'utilizzazione del lavoratore in attività corrispondenti alla formazione conseguita. In questo caso continuano a trovare applicazione i commi 6 e 10 fino alla scadenza del termine originariamente previsto dal contratto di formazione e lavoro.

12. I lavoratori che abbiano svolto attività di formazione e lavoro entro dodici mesi dalla cessazione del rapporto possono essere assunti a tempo indeterminato, dal medesimo o da altro datore di lavoro, con richiesta nominativa per l'espletamento di attività corrispondenti alla formazione conseguita. Qualora il lavoratore sia assunto, entro i limiti di tempo fissati dal presente comma, dal medesimo datore di lavoro, il periodo di formazione è computato nell'anzianità di servizio. La commissione regionale per l'impiego, tenendo conto delle particolari condizioni del mercato nonché delle caratteristiche della formazione conseguita, può elevare il predetto limite fino ad un massimo di trentasei mesi.

13. (Omissis).

14. Ferme restando le norme relative al praticantato, possono effettuare assunzioni con il contratto di cui al comma 1 anche i datori di lavoro iscritti agli albi professionali quando il progetto di formazione venga predisposto dagli ordini e collegi professionali ed autorizzato in conformità a quanto previsto dal comma 3. Trovano altresì applicazione i commi 4 e 6.

15. Ferme restando le altre disposizioni in materia di contratto di formazione e lavoro, quando i progetti formativi di cui al comma 3 sono relativi ad attività direttamente collegate alla ricerca scientifica e tecnologica, essi sono approvati dal Ministro per il coordinamento delle iniziative per la ricerca scientifica e tecnologica, d'intesa con il Ministro del lavoro e della previdenza sociale. I predetti progetti formativi possono prevedere una durata del contratto di formazione e lavoro superiore a ventiquattro mesi.

16. Il Ministro per il coordinamento delle iniziative per la ricerca scientifica e tecnologica, ai fini della formazione professionale prevista dai progetti di cui al comma precedente, utilizza, attivandoli e coordinandoli, gli strumenti e i relativi mezzi finanziari previsti nel campo della ricerca finalizzata, applicata e di sviluppo tecnologico, secondo linee programmatiche approvate dal CIPE.

17. Nel caso in cui per lo svolgimento di determinate attività sia richiesto il possesso di apposito titolo di studio, questo costituisce requisito per la stipulazione del contratto di formazione e lavoro finalizzato allo svolgimento delle predette attività.

18. I lavoratori iscritti negli elenchi di cui all'articolo 19 della legge 2 aprile 1968, n. 482, assunti con contratto di formazione e lavoro, sono considerati ai fini delle percentuali d'obbligo di cui all'articolo 11 della stessa legge.

2131. Retribuzione.

La retribuzione [2099] dell'apprendista non può assumere la forma del salario a cottimo [2100][1].

[1] V. D.Lgs. 15 giugno 2015, n. 81.

2132. Istruzione professionale.

L'imprenditore deve permettere che l'apprendista frequenti i corsi per la formazione professionale e deve destinarlo soltanto ai lavori attinenti alla specialità professionale a cui si riferisce il tirocinio[1].

[1] V. D.Lgs. 15 giugno 2015, n. 81.

2133. Attestato di tirocinio.

Alla cessazione del tirocinio, l'apprendista, per il quale non è obbligatorio il libretto di lavoro, ha diritto di ottenere un attestato del tirocinio compiuto [2124][1].

[1] V. D.Lgs. 15 giugno 2015, n. 81.

2134. Norme applicabili al tirocinio.

Al tirocinio si applicano le disposizioni della sezione precedente, in quanto siano compatibili con la specialità del rapporto e non siano derogate da disposizioni dalle leggi speciali [o da norme corporative][1].

[1] Le parole in parentesi devono intendersi abrogate a seguito dell'entrata in vigore del R.D.L. 9 agosto 1943, n. 721 e del D.Lgs.Lgt. 23 novembre 1944, n. 369.

● Norme connesse:
- D.Lgs. 15 giugno 2015, n. 81.

CAPO II
DELL'IMPRESA AGRICOLA

Sezione I
Disposizioni generali

2135. Imprenditore agricolo.

È imprenditore agricolo chi esercita una delle seguenti attività: coltivazione del fondo, selvicoltura, allevamento di animali e attività connesse.

Per coltivazione del fondo, per selvicoltura e per allevamento di animali si intendono le attività dirette alla cura ed allo sviluppo di un ciclo biologico o di una fase necessaria del ciclo stesso, di carattere vegetale o animale, che utilizzano o possono utilizzare il fondo, il bosco o le acque dolci, salmastre o marine.

Si intendono comunque connesse le attività, esercitate dal medesimo imprenditore agricolo, dirette alla manipolazione, conservazione, trasformazione, commercializzazione e valorizzazione che abbiano ad oggetto prodotti ottenuti prevalentemente dalla coltivazione del fondo o del bosco o dall'allevamento di animali, nonché le attività dirette alla fornitura di beni o servizi mediante l'utilizzazione prevalente di attrezzature o risorse dell'azienda normalmente impiegate nell'attività agricola esercitata, ivi comprese le attività di valorizzazione del territorio e del patrimonio rurale e forestale, ovvero di ricezione ed ospitalità come definite dalla legge[1].

[1] Articolo così sostituito dall'art. 1, D.Lgs. 18 maggio 2001, n. 228. Il testo previgente disponeva: *È imprenditore agricolo chi esercita un'attività diretta alla coltivazione del fondo, alla silvicoltura, all'allevamento del bestiame e attività connesse.*

Si reputano connesse le attività dirette alla trasformazione o all'alienazione dei prodotti agricoli, quando rientrano nell'esercizio normale dell'agricoltura.

● Norme connesse:

- art. 1, comma 2, D.Lgs. 18 maggio 2001, n. 228, nel testo modificato dall'art. 1, D.L. 20 giugno 2017, n. 91, convertito in L. 3 agosto 2017, n. 123, che dispone: *Si considerano imprenditori agricoli le cooperative di imprenditori agricoli ed i loro consorzi quando utilizzano per lo svolgimento delle attività di cui all'articolo 2135, terzo comma, del codice civile, come sostituito dal comma 1 del presente articolo, prevalentemente prodotti dei soci, ovvero forniscono prevalentemente ai soci beni e servizi diretti alla cura ed allo sviluppo del ciclo biologico.*

- D.Lgs. 29 marzo 2004, n. 99 (Disposizioni in materia di soggetti e attività, integrità aziendale e semplificazione amministrativa in agricoltura).

- per l'attività di coltivazione dei funghi, art. 1, L. 5 aprile 1985, n. 126, che dispone: *L'attività di coltivazione dei funghi è considerata a tutti gli effetti attività imprenditoriale agricola.*

- per la coltivazione e commercio dei tartufi, L. 16 dicembre 1985, n. 752 (Normativa quadro in materia di raccolta, coltivazione e commercio dei tartufi freschi o conservati destinati al consumo).

- per le imprese di allevamento, art. 1, L. 10 novembre 1986, n. 778; per l'attività di acquicoltura, L. 5 febbraio 1992, n. 102.

- per l'attività cinotecnica, art. 2, L. 23 agosto 1993, n. 349, che dispone: *1. L'attività cinotecnica è considerata a tutti gli effetti attività imprenditoriale agricola quando i redditi che ne derivano sono prevalenti rispetto a quelli di altre attività economiche non agricole svolte dallo stesso soggetto.*

2. I soggetti, persone fisiche o giuridiche, singoli o associati, che esercitano l'attività cinotecnica di cui al comma 1 sono imprenditori agricoli, ai sensi dell'articolo 2135 del codice civile.

3. Non sono comunque imprenditori agricoli gli allevatori che producono nell'arco di un anno un numero di cani inferiore a quello determinato, per tipi o per razze, con decreto del Ministro dell'agricoltura e delle foreste da emanare entro trenta giorni dalla data di entrata in vigore della presente legge.

- artt. 183, comma 1, lett. bb), 184, comma 3, lett. a), 190, comma 1-ter, 193, comma 9-bis, 212, comma 19-bis, L. 3 aprile 2006, n. 152 (T.U. ambiente).
- art. 8, L. 29 dicembre 1993, n. 580.

2136. Inapplicabilità delle norme sulla registrazione.

Le norme relative alla iscrizione nel registro delle imprese [2188] non si applicano agli imprenditori agricoli, salvo quanto è disposto dall'articolo 2200.

● Norme connesse:

- per l'iscrizione degli imprenditori agricoli in una sezione speciale del registro delle imprese, art. 8, L. 29 dicembre 1993, n. 580.

2137. Responsabilità dell'imprenditore agricolo.

L'imprenditore, anche se esercita l'impresa sul fondo altrui, è soggetto agli obblighi stabiliti dalla legge [e dalle norme corporative][1] concernenti l'esercizio dell'agricoltura [2088].

[1] Le parole in parentesi devono intendersi abrogate a seguito dell'entrata in vigore del R.D.L. 9 agosto 1943, n. 721 e del D.Lgs.Lgt. 23 novembre 1944, n. 369.

2138. Dirigenti e fattori di campagna.

I poteri dei dirigenti preposti all'esercizio dell'impresa agricola e quelli dei fattori di campagna, se non sono determinati per iscritto dal preponente, sono regolati [dalle norme corporative e in mancanza][1], dagli usi.

[1] Le parole in parentesi devono intendersi abrogate a seguito dell'entrata in vigore del R.D.L. 9 agosto 1943, n. 721 e del D.Lgs.Lgt. 23 novembre 1944, n. 369.

2139. Scambio di mano d'opera o di servizi.

Tra i piccoli imprenditori agricoli [2083] è ammesso lo scambio di mano d'opera o di servizi secondo gli usi.

2140. Comunioni tacite familiari.

[...][1].

[1] Articolo abrogato dall'art. 205, L. 19 maggio 1975, n. 151. Il testo previgente disponeva: *Le comunioni tacite familiari nell'esercizio dell'agricoltura sono regolate dagli usi.*

Sezione II
Della mezzadria

● Norme connesse:

- per il divieto di nuovi contratti di mezzadria, art. 3, L. 15 settembre 1964, n. 756 che dispone: *A decorrere dalla data di entrata in vigore della presente legge non possono essere stipulati nuovi contratti di mezzadria.*

I contratti stipulati in violazione del divieto di cui al precedente comma sono nulli. La nullità ai sensi della precedente disposizione non produce effetto per il periodo in cui il rapporto ha avuto esecuzione.

Agli effetti del primo comma non si considerano nuovi contratti quelli stipulati per estendere il fondo oggetto del contratto al fine di adeguarlo alle esigenze della famiglia colonica e della buona conduzione.

- per la disciplina della conversione in affitto dei contratti di mezzadria, artt. 25 ss., L. 3 maggio 1982, n. 203 (Norme sui contratti agrari).

2141. Nozione.

Nella mezzadria il concedente ed il mezzadro, in proprio e quale capo di una famiglia colonica [2142, 2150], si associano per la coltivazione di un podere e per l'esercizio delle attività connesse [2135] al fine di dividerne a metà i prodotti e gli utili. È valido tuttavia il patto con il quale taluni prodotti si dividono in proporzioni diverse [2155, 2156, 2187].

● Norme connesse:

- per la quota da assegnarsi al mezzadro, art. 4, L. 15 settembre 1964, n. 756 che dispone: *Nei rapporti di mezzadria in corso alla data di entrata in vigore della presente legge la divisione dei prodotti e degli utili del fondo è effettuata assegnando al mezzadro una quota non inferiore al 58 per cento.*

I prodotti sono divisi in natura sul fondo con l'intervento delle parti, le quali, a divisione avvenuta, acquistano la piena disponibilità della quota a ciascuna spettante. Non si dividono in natura tra i contraenti quei prodotti il cui valore non si può determinare prima della vendita in comune o per i quali non si può effettuare la vendita separata senza pregiudizio dell'interesse delle parti. In caso di mancato accordo fra le parti circa la vendita in comune, ciascuna di esse ha facoltà di fare propria la proposta dell'altra.

Gli usi locali relativi alla vendita o utilizzazione in comune, tranne diversi accordi delle parti, restano salvi soltanto per quei prodotti che si ottengono giornalmente con continuità durante l'anno.

Quando i prodotti sono conferiti in comune ad aziende di trasformazione o di conservazione o ad esercizi di vendita, i relativi accrediti sono fatti separatamente alle parti per le rispettive quote. In tal caso il concedente e il mezzadro partecipano a parità di condizioni ai risultati economici delle operazioni di trasformazione, conservazione e vendita dei prodotti.

Se l'azienda è provvista di impianti idonei e sufficienti per la conservazione, la lavorazione e la trasformazione del prodotto, il mezzadro che voglia vendere i prodotti di sua spet-

tanza assegnatigli in natura, deve, a parità di condizioni (comprese le modalità di pagamento), preferire il concedente. Le parti possono altresì concordare di dividere il prodotto dopo la conservazione, lavorazione o trasformazione eseguita in comune nei suddetti impianti o di vendere in comune i prodotti conservati, lavorati o trasformati. In mancanza di accordo il mezzadro ha diritto di immagazzinare, lavorare e trasformare la sua quota di prodotto negli impianti aziendali, corrispondendo un equo compenso al concedente.

Non sono dovuti dal mezzadro regalie, prestazioni gratuite, onoranze e qualsiasi altro compenso in eccedenza alla quota di prodotti e di utili spettanti al concedente. Sono nulle di pieno diritto le relative pattuizioni.

Il mezzadro può in qualunque momento, ma in ogni caso non oltre due anni dalla cessazione del rapporto, ripetere quanto il concedente abbia percepito in eccedenza alla quota di sua spettanza.

- per le modificazioni della quota di riporto, art. 37, L. 3 maggio 1982, n. 203.

■ art. 1647, Codice civile del 1865.

2142. Famiglia colonica.

[...][1].

[1] Articolo abrogato per incompatibilità con l'art. 7, L. 15 settembre 1964, n. 756. Il testo previgente disponeva: *La composizione della famiglia colonica non può volontariamente essere modificata senza il consenso del concedente, salvi i casi di matrimonio, di adozione e di riconoscimento di figli naturali. La composizione e le variazioni della famiglia colonica devono risultare dal libretto colonico.*

● Norme connesse:

- per le possibilità di modificazione della famiglia colonica senza il consenso del concedente fuori dai casi previsti dal presente articolo, art. 7, L. 15 settembre 1964, n. 756 che dispone: *La composizione della famiglia colonica può essere modificata senza il consenso del concedente anche fuori dei casi previsti dall'art. 2142 del Codice civile, purché non ne risulti compromessa la normale conduzione del fondo. Ai fini della presente legge, il lavoro della donna è considerato equivalente a quello dell'uomo.*

- per il rapporto di mezzadria in presenza di impresa familiare coltivatrice, art. 48, L. 3 maggio 1982, n. 203, che dispone: *Il rapporto di mezzadria e, in presenza di impresa familiare coltivatrice, il rapporto di colonia parziaria e quello di affitto ed ogni altro rapporto agrario intercorrono tra concedente e famiglia coltivatrice, la quale è rappresentata nei confronti del concedente, se questi lo richiede, da uno dei suoi familiari.*

Il rapporto continua anche con un solo familiare, purché la sua forza lavorativa costituisca almeno un terzo di quella occorrente per le normali necessità di coltivazione del fondo.

Per le obbligazioni assunte nello svolgimento del rapporto agrario, i familiari rispondono con i beni comuni. Delle obbligazioni stesse rispondono anche, personalmente e solidalmente, i familiari che hanno agito in nome e per conto della famiglia e, salvo patto contrario, anche gli altri.

Qualora non sussista impresa familiare, il contratto può essere ceduto dal concessionario, anche senza il consenso del locatore, ad uno o più componenti la propria famiglia che continuino la diretta conduzione o coltivazione del fondo, purché già svolgano da almeno tre anni attività agricola a titolo principale.

2143. Mezzadria a tempo indeterminato.

La mezzadria a tempo indeterminato [2144] s'intende convenuta per la durata di un anno agrario [salvo diverse disposizioni delle norme corporative][1], e si rinnova tacitamente di anno in anno, se non è stata comunicata disdetta almeno sei mesi [2964] prima della scadenza nei modi fissati [dalle norme corporative,][1] dalla convenzione o dagli usi [1630; c.p.c. 409 n. 2].

[1] Le parole in parentesi devono intendersi abrogate a seguito dell'entrata in vigore del R.D.L. 9 agosto 1943, n. 721 e del D.Lgs.Lgt. 23 novembre 1944, n. 369.

● Norme connesse:

- per la proroga dei contratti di mezzadria, art. 14, L. 15 settembre 1964, n. 756 che dispone: *Sono prorogati fino a nuova disposizione i contratti di mezzadria in corso alla data di entrata in vigore della presente legge.*

Sono altresì prorogati fino a nuova disposizione i contratti di colonia parziaria di affitto a coltivatore diretto e di compartecipazione, compresi quelli con clausola migliorataria e quelli di colonia mista ad affitto, nonché le concessioni di terre incolte o insufficientemente coltivate disposte ai sensi del decreto legislativo luogotenenziale 19 ottobre 1944, n. 279, e del decreto legislativo 6 settembre 1946, n. 89, e successive integrazioni o modificazioni, in corso alla data di entrata in vigore della presente legge.

Ai contratti e alle concessioni prorogati ai sensi dei primi due commi del presente articolo si applicano le norme che disciplinano i contratti e le concessioni prorogati dalla legge 28 marzo 1957, n. 244. Le stesse norme si applicano per i contratti e le concessioni conclusi o disposte dopo l'entrata in vigore della presente legge.

I mezzadri, gli affittuari coltivatori diretti e gli altri concessionari possono sempre recedere dal contratto, dandone preavviso al concedente almeno sei mesi prima della fine dell'anno agrario.

- art. 53, L. 3 maggio 1982, n. 203.

- art. 5-*ter*, D.L. 5 luglio 1971, n. 432, convertito in L. 4 agosto 1971, n. 592 che dispone: *I contratti di tipo mezzadrile instaurati di fatto in data posteriore all'entrata in vigore della legge 15 settembre 1964, n. 756, sono assoggettati alla proroga legale di cui all'art. 14 della stessa legge.*

È inoperante ogni precedente adesione del mezzadro al rilascio del fondo a seguito della eccepita nullità del contratto, sempre che il rapporto sia ancora di fatto esistente al momento dell'entrata in vigore del presente decreto.

La norma di cui all'art. 32 della legge 11 febbraio 1971, n. 11, che dispone l'abrogazione dell'articolo unico della legge 13 giugno 1961, n. 527, va intesa nel senso che è altresì abrogata la lettera b) dell'art. 1 del decreto legislativo del Capo provvisorio dello Stato 1 aprile 1947, n. 273.

- per la durata dei contratti di mezzadria non convertiti e per la fissazione all'11 novembre dell'inizio dell'annata agraria, artt. 34 e 39, L. 3 maggio 1982, n. 203, Norme sui contratti agrari.

■ art. 1664, Codice civile del 1865.

2144. Mezzadria a tempo determinato.

La mezzadria a tempo determinato [2143] non cessa di diritto alla scadenza del termine.

Se non è comunicata disdetta a norma dell'articolo precedente, il contratto s'intende rinnovato di anno in anno [2172].

● Norme connesse:
- art. 14, L. 15 settembre 1964, n. 756 (Norme in materia di contratti agrari).
■ art. 1651, Codice civile del 1865.

2145. Diritti ed obblighi del concedente.
Il concedente conferisce il godimento del podere, dotato di quanto occorre per l'esercizio dell'impresa e di un'adeguata casa per la famiglia colonica [2146, 2154, 2765].

La direzione dell'impresa spetta al concedente il quale deve osservare le norme della buona tecnica agraria [2086, 2147, 2155, 2169].

● Norme connesse:
- per la partecipazione del mezzadro alla direzione dell'impresa mezzadrile, art. 6, L. 15 settembre 1964, n. 756 che dispone: *Il mezzadro collabora con il concedente nella direzione dell'impresa. A tal fine le parti concordano tutte le decisioni di rilevante interesse, secondo le esigenze della buona tecnica agraria.*
In caso di disaccordo, è data facoltà a ciascuna delle parti di chiedere il parere al capo dell'Ispettorato provinciale dell'agricoltura.
Nelle compravendite di cose o prodotti compiute nel comune interesse il mezzadro ha diritto di partecipare con il concedente alle relative operazioni.

2146. Conferimento delle scorte.
Le scorte vive e morte [998] sono conferite dal concedente e dal mezzadro in parti uguali, salvo diversa disposizione [delle norme corporative,][1] della convenzione o degli usi.

Le scorte conferite divengono comuni in proporzione dei rispettivi conferimenti [2163].

[1] Le parole in parentesi devono intendersi abrogate a seguito dell'entrata in vigore del R.D.L. 9 agosto 1943, n. 721 e del D.Lgs.Lgt. 23 novembre 1944, n. 369.

2147. Obblighi del mezzadro.
Il mezzadro è obbligato a prestare, secondo le direttive del concedente e le necessità della coltivazione [2145], il lavoro proprio e quello della famiglia colonica [2148].

È a carico del mezzadro, salvo diverse disposizioni [delle norme corporative][1], della convenzione o degli usi, la spesa della mano d'opera eventualmente necessaria per la normale coltivazione del podere [2149, 2151, 2153, 2169].

[1] Le parole in parentesi devono intendersi abrogate a seguito dell'entrata in vigore del R.D.L. 9 agosto 1943, n. 721 e del D.Lgs.Lgt. 23 novembre 1944, n. 369.
● Norme connesse:
- per la partecipazione del mezzadro alla direzione dell'impresa mezzadrile, art. 6, L. 15 settembre 1964, n. 756 (Norme in materia di contratti agrari).
- per l'impresa familiare coltivatrice, art. 48, L. 3 maggio 1982, n. 203.
■ artt. 1655-1659, Codice civile del 1865.

2148. Obblighi di residenza e di custodia.
Il mezzadro ha l'obbligo di risiedere stabilmente nel podere con la famiglia colonica [43, 2145 comma 2].

Egli deve custodire il podere e mantenerlo in normale stato di produttività. Egli deve altresì custodire e conservare le altre cose affidategli dal concedente, con la diligenza del buon padre di famiglia [1176, 1768, 2167], e non può, senza il consenso del concedente o salvo uso contrario, svolgere attività a suo esclusivo profitto o compiere prestazioni a favore di terzi.

2149. Divieto di subconcessione.
Il mezzadro non può cedere la mezzadria, né affidare ad altri la coltivazione del podere, senza il consenso del concedente [1624, 1656, 1717, 1770, 2169, 2232].

● Norme connesse:
- art. 21, L. 3 maggio 1982, n. 203.
■ art. 1649, Codice civile del 1865.

2150. Rappresentanza della famiglia colonica.
[Nei rapporti relativi alla mezzadria il mezzadro rappresenta, nei confronti del concedente, i componenti della famiglia colonica][1].

Le obbligazioni contratte dal mezzadro nell'esercizio della mezzadria sono garantite dai suoi beni e da quelli comuni della famiglia colonica. I componenti della famiglia colonica non rispondono con i loro beni, se non hanno prestato espressa garanzia.

[1] V., ora, art. 48, L. 3 maggio 1982, n. 203.

2151. Spese per la coltivazione.
[Le spese per la coltivazione del podere e per l'esercizio delle attività connesse [2135] ivi comprese quelle per l'impiego e la manutenzione dei mezzi meccanici ed escluse quelle per la mano d'opera previste dall'articolo 2147, sono a carico del concedente [2765] e del mezzadro in parti uguali, se non dispongono diversamente [le norme corporative][1], la convenzione o gli usi.

Se il mezzadro è sfornito di mezzi propri, il concedente deve anticipare senza interesse [1282, 1815], sino alla scadenza dell'anno agrario in corso [2], le spese [216] indicate nel comma precedente, salvo rivalsa mediante prelevamento sui prodotti e sugli utili].

[1] Le parole in parentesi devono intendersi abrogate a seguito dell'entrata in vigore del R.D.L. 9 agosto 1943, n. 721 e del D.Lgs.Lgt. 23 novembre 1944, n. 369.

CODICE CIVILE

● Norme connesse:

- per la disciplina delle spese per la coltivazione del podere, art. 5, L. 15 settembre 1964, n. 756 che dispone: *Le spese per la coltivazione del podere e per l'esercizio delle attività connesse, ivi comprese quelle per l'impiego e la manutenzione dei mezzi meccanici ed escluse quelle per la mano d'opera, previste dall'art. 2147 del Codice civile, sono a carico del concedente e del mezzadro in parti uguali.*

Se il mezzadro è sfornito di mezzi propri il concedente deve anticipare senza interessi sino alla scadenza dell'anno agrario le spese indicate nel precedente comma.

2152. Miglioramenti.

Il concedente che intende compiere miglioramenti sul podere deve valersi del lavoro dei componenti della famiglia colonica che siano forniti della necessaria capacità lavorativa, e questi sono tenuti a prestarlo verso compenso.

La misura del compenso, se non è stabilita [dalle norme corporative][1], dalla convenzione o dagli usi, è determinata dal giudice [, sentite, ove occorra, le associazioni professionali][1] e tenuto conto dell'eventuale incremento di reddito realizzato dal mezzadro [2169].

[1] Le parole in parentesi devono intendersi abrogate a seguito dell'entrata in vigore del R.D.L. 9 agosto 1943, n. 721 e del D.Lgs.Lgt. 23 novembre 1944, n. 369.

● Norme connesse:

- per le innovazioni del mezzadro, art. 8, L. 15 settembre 1964, n. 756, che dispone: *Il mezzadro può eseguire, anche se il concedente si opponga, innovazioni dell'ordinamento produttivo, quando il capo dell'Ispettorato provinciale dell'agricoltura abbia riconosciuto che le innovazioni proposte sono di sicura utilità per la produzione e proporzionate all'equilibrio economico dell'azienda ed allo sviluppo economico della zona.*

Al mezzadro che esegue tali innovazioni possono essere concessi i contributi e le altre agevolazioni statali previste dalle leggi in vigore.

Il mezzadro ha diritto ad una indennità corrispondente alla spesa effettivamente sostenuta per eseguire le innovazioni di cui al primo comma, detratti gli eventuali contributi pubblici. Il pagamento dell'indennità deve essere effettuato entro il termine massimo di tre anni.

2153. Riparazioni di piccola manutenzione.

Salvo diverse disposizioni [delle norme corporative][1], della convenzione o degli usi, sono a carico del mezzadro le riparazioni di piccola manutenzione della casa colonica e degli strumenti di lavoro, di cui egli e la famiglia colonica si servono [1576, 1577, 1621, 2765].

[1] Le parole in parentesi devono intendersi abrogate a seguito dell'entrata in vigore del R.D.L. 9 agosto 1943, n. 721 e del D.Lgs.Lgt. 23 novembre 1944, n. 369.

2154. Anticipazioni di carattere alimentare alla famiglia colonica.

Se la quota dei prodotti spettante al mezzadro [2141], per scarsezza del raccolto a lui non imputabile, non è sufficiente ai bisogni alimentari della famiglia colonica, e questa non è in grado di provvedervi, il concedente deve somministrare [2765] senza interesse il necessario [2161] per il mantenimento della famiglia colonica, salvo rivalsa mediante prelevamento sulla parte dei prodotti e degli utili spettanti al mezzadro.

Il giudice, con riguardo alle circostanze, può disporre il rimborso rateale.

● Norme connesse:

- comma 1: per la disciplina della ripartizione dei prodotti nella mezzadria, art. 4, L. 15 settembre 1964, n. 756 che dispone: *Nei rapporti di mezzadria in corso alla data di entrata in vigore della presente legge la divisione dei prodotti e degli utili del fondo è effettuata assegnando al mezzadro una quota non inferiore al 58 per cento.*

I prodotti sono divisi in natura sul fondo con l'intervento delle parti, le quali, a divisione avvenuta, acquistano la piena disponibilità della quota a ciascuna spettante. Non si dividono in natura tra i contraenti quei prodotti il cui valore non si può determinare prima della vendita in comune o per i quali non si può effettuare la vendita separata senza pregiudizio dell'interesse delle parti. In caso di mancato accordo fra le parti circa la vendita in comune, ciascuna di esse ha facoltà di fare propria la proposta dell'altra.

Gli usi locali relativi alla vendita o utilizzazione in comune, tranne diversi accordi delle parti, restano salvi soltanto per quei prodotti che si ottengono giornalmente con continuità durante l'anno.

Quando i prodotti sono conferiti in comune ad aziende di trasformazione o di conservazione o ad esercizi di vendita, i relativi accrediti sono fatti separatamente alle parti per le rispettive quote. In tal caso il concedente e il mezzadro partecipano a parità di condizioni ai risultati economici delle operazioni di trasformazione, conservazione e vendita dei prodotti.

Se l'azienda è provvista di impianti idonei e sufficienti per la conservazione, la lavorazione e la trasformazione del prodotto, il mezzadro che voglia vendere i prodotti di sua spettanza assegnatigli in natura, deve, a parità di condizioni (comprese le modalità di pagamento), preferire il concedente. Le parti possono altresì concordare di dividere il prodotto dopo la conservazione, lavorazione o trasformazione eseguita in comune nei suddetti impianti o di vendere in comune i prodotti conservati, lavorati o trasformati. In mancanza di accordo il mezzadro ha diritto di immagazzinare, lavorare e trasformare la sua quota di prodotto negli impianti aziendali, corrispondendo un equo compenso al concedente.

Non sono dovuti dal mezzadro regalie, prestazioni gratuite, onoranze e qualsiasi altro compenso in eccedenza alla quota di prodotti e di utili spettanti al concedente. Sono nulle di pieno diritto le relative pattuizioni.

Il mezzadro può in qualunque momento, ma in ogni caso non oltre due anni dalla cessazione del rapporto, ripetere quanto il concedente abbia percepito in eccedenza alla quota di sua spettanza.

2155. Raccolta e divisione dei prodotti.

Il mezzadro non può iniziare le operazioni di raccolta senza il consenso del concedente ed è obbligato a custodire i prodotti sino alla divisione.

I prodotti sono divisi in natura sul fondo con l'intervento delle parti [2156, 2157].

Salvo diverse disposizioni [delle norme corporative][1], della convenzione o degli usi, il mezzadro deve trasportare ai magazzini del concedente la quota a questo assegnata nella divisione [2169].

[1] Le parole in parentesi devono intendersi abrogate a seguito dell'entrata in vigore del R.D.L. 9 agosto 1943, n. 721 e del D.Lgs.Lgt. 23 novembre 1944, n. 369.

● Norme connesse:

- per la disciplina della ripartizione dei prodotti nella mezzadria, art. 4, L. 15 settembre 1964, n. 756; per l'aumento della quota dei prodotti e degli utili a favore del mezzadro per il caso di mancata conversione del contratto di mezzadria, v. art. 37, L. 3 maggio 1982, n. 203.

■ art. 1660, Codice civile del 1865.

2156. Vendita dei prodotti.

La vendita dei prodotti [2157], che, in conformità degli usi non si dividono in natura [2155 comma 2] è fatta dal concedente previo accordo col mezzadro e in mancanza, sulla base del prezzo di mercato.

La divisione si effettua sul ricavato della vendita, dedotte le spese [2169].

● Norme connesse:

- per la disciplina della vendita dei prodotti, artt. 4 e 6, comma 3, L. 15 settembre 1964, n. 756 (Norme in materia di contratti agrari).

■ art. 1650, Codice civile del 1865.

2157. Diritto di preferenza del concedente.

Il mezzadro, nella vendita dei prodotti assegnatigli in natura [2156 comma 1], deve, a parità di condizioni, preferire il concedente [2169].

● Norme connesse:

- per le condizioni per la sussistenza del diritto di preferenza del concedente, art. 4, comma 5, L. 15 settembre 1964, n. 756 8 Norme in materia di contratti agrari).

2158. Morte di una delle parti.

La mezzadria non si scioglie per la morte del concedente [2168, 2179].

In caso di morte del mezzadro la mezzadria si scioglie alla fine dell'anno agrario in corso, salvo che tra gli eredi del mezzadro vi sia persona idonea a sostituirlo ed i componenti della famiglia colonica si accordino nel designarla.

Se la morte del mezzadro è avvenuta negli ultimi quattro mesi dell'anno agrario, i componenti della famiglia colonica possono chiedere che la mezzadria continui sino alla fine dell'anno successivo, purché assicurino la buona coltivazione del podere. La richiesta deve essere fatta entro due mesi dalla morte del mezzadro, o, se ciò non è possibile, prima dell'inizio del nuovo anno agrario.

In tutti i casi, se il podere non è coltivato con la dovuta diligenza [2147, 2148], il concedente può far eseguire a sue spese i lavori necessari, salvo rivalsa mediante prelevamento sui prodotti e sugli utili.

● Norme connesse:

- per la prosecuzione del contratto nel caso di morte del concedente o del mezzadro, art. 49, L. 3 maggio 1982, n. 203, che dispone: *Nel caso di morte del proprietario di fondi rustici condotti o coltivati direttamente da lui o dai suoi familiari, quelli tra gli eredi che, al momento dell'apertura della successione, risultino avere esercitato e continuino ad esercitare su tali fondi attività agricola, in qualità di imprenditori a titolo principale ai sensi dell'art. 12 della legge 9 maggio 1975, n. 153, o di coltivatori diretti, hanno diritto a continuare nella conduzione o coltivazione dei fondi stessi anche per le porzioni ricomprese nelle quote degli altri coeredi e sono considerati affittuari di esse. Il rapporto di affitto che così si instaura tra i coeredi è disciplinato dalle norme della presente legge, con inizio dalla data di apertura della successione.*

L'alienazione della propria quota dei fondi o di parte di essa effettuata da parte degli eredi di cui al comma precedente è causa di decadenza dal diritto previsto dal comma stesso.

I contratti agrari non si sciolgono per la morte del concedente.

In caso di morte dell'affittuario, mezzadro, colono, compartecipante o soccidario, il contratto si scioglie alla fine dell'annata agraria in corso, salvo che tra gli eredi vi sia persona che abbia esercitato e continui ad esercitare attività agricola in qualità di coltivatore diretto o di imprenditore a titolo principale, come previsto dal primo comma.

■ art. 1653, Codice civile del 1865.

2159. Scioglimento del contratto.

Salve le norme generali sulla risoluzione dei contratti per inadempimento [1453 ss.], ciascuna delle parti può chiedere lo scioglimento del contratto quando si verificano fatti tali da non consentire la prosecuzione del rapporto [2169, 2180; c.p.c. 409 n. 2].

● Norme connesse:

- per la disciplina della risoluzione del contratto di mezzadria non convertito, artt. 5 e 34, L. 3 maggio 1982, n. 203.

- per lo scioglimento del contratto per effetto dell'esercizio del diritto di ripresa da parte del concedente, art. 42, L. 3 maggio 1982, n. 203.

- per l'attribuzione al mezzadro di un equo indennizzo nell'ipotesi di risoluzione incolpevole del contratto, art. 43, L. 3 maggio 1982, n. 203.

■ art. 1652, Codice civile del 1865.

2160. Trasferimento del diritto di godimento del fondo.

Se viene trasferito il diritto di godimento del fondo [978, 1470, 1552, 1599], la mezzadria continua nei confronti di chi subentra al concedente, salvo che il mezzadro, entro un mese dalla notizia del trasferimento, dichiari di recedere dal contratto [1373]. In tal caso il recesso ha effetto alla fine dell'anno agra-

CODICE CIVILE

rio in corso o di quello successivo, se non è comunicato almeno tre mesi prima della fine dell'anno agrario in corso.

I crediti e i debiti del concedente verso il mezzadro risultanti dal libretto colonico [2161] passano a chi subentra nel godimento del fondo, salva per i debiti la responsabilità sussidiaria dell'originario concedente [2169].

2161. Libretto colonico.

Il concedente deve istituire un libretto colonico da tenersi in due esemplari, uno per ciascuna delle parti [2142, 2169].

Il concedente deve annotare di volta in volta su entrambi gli esemplari i crediti e i debiti delle parti relativi alla mezzadria, con indicazione della data e del fatto che li ha determinati.

Le annotazioni devono, alla fine dell'anno agrario, essere sottoscritte per accettazione dal concedente e dal mezzadro.

Il mezzadro deve presentare il libretto colonico al concedente per le annotazioni e per i saldi annuali [2160, 2162].

■ art. 1662, Codice civile del 1865.

2162. Efficacia probatoria del libretto colonico.

Le annotazioni eseguite sui due esemplari del libretto colonico [2161] fanno prova a favore e contro ciascuno di contraenti, se il mezzadro non ha reclamato entro novanta giorni dalla consegna del libretto fattagli dal concedente [2964 ss.].

Se una delle parti non presenta il proprio libretto, fa fede quello presentato.

In ogni caso le annotazioni delle partite fanno prova contro chi le ha scritte [2707].

Con la sottoscrizione delle parti alla chiusura annuale del conto colonico, questo s'intende approvato. Le risultanze del conto possono essere impugnate soltanto per errori materiali, omissioni, falsità e duplicazioni di partite entro novanta giorni dalla consegna del libretto al mezzadro [2964; c.p.c. 266].

■ artt. 1662, 1663, Codice civile del 1865.

2163. Assegnazione delle scorte al termine della mezzadria.

Salvo diverse disposizioni [delle norme corporative,][1] della convenzione o degli usi, l'assegnazione delle scorte [2146] al termine della mezzadria deve farsi secondo le norme seguenti:

1) se si tratta di scorte vive [1641], secondo la specie, il sesso, il numero, la qualità e il peso, ovvero, in mancanza di tali determinazioni, secondo il valore, tenuto conto della differenza di esso tra il tempo del conferimento e quello della riconsegna;

2) se si tratta di scorte morte [1640] circolanti, per quantità e qualità, valutando le eccedenze e le diminuzioni in base ai prezzi di mercato nel tempo della riconsegna;

3) se si tratta di scorte morte fisse, per specie, quantità, qualità e stato di uso [998, 1640].

[1] Le parole in parentesi devono intendersi abrogate a seguito dell'entrata in vigore del R.D.L. 9 agosto 1943, n. 721 e del D.Lgs.Lgt. 23 novembre 1944, n. 369.

● Norme connesse:

- n. 1: per le norme interpretative in materia di consegna e riconsegna delle scorte vive nella mezzadria, L. 29 maggio 1956, n. 500.

Sezione III
Della colonia parziaria

2164. Nozione.

Nella colonia parziaria [2080] il concedente ed uno o più coloni si associano per la coltivazione di un fondo e per l'esercizio delle attività connesse [2135], al fine di dividerne i prodotti e gli utili.

La misura della ripartizione dei prodotti e degli utili è stabilita [dalle norme corporative][1], dalla convenzione o dagli usi.

[1] Le parole in parentesi devono intendersi abrogate a seguito dell'entrata in vigore del R.D.L. 9 agosto 1943, n. 721 e del D.Lgs.Lgt. 23 novembre 1944, n. 369.

● Norme connesse:

- per l'aumento della quota dei prodotti e degli utili a favore del colono per il caso di mancata conversione del contratto di colonia, art. 37, L. 3 maggio 1982, n. 203, che dispone: *Al mezzadro, colono, compartecipante o soccidario che non può ottenere, o che comunque non richiede, la conversione del contratto in affitto è riconosciuto un aumento della quota dei prodotti e degli utili alla quale ha diritto per legge, patto individuale, contratto collettivo o consuetudine, pari al sei per cento della produzione lorda vendibile.*

Nei casi previsti dal comma precedente, il colono, compartecipante o soccidario ha diritto ad una quota non inferiore al sessanta per cento della produzione lorda vendibile, semprechè partecipi o intenda partecipare a non meno del cinquanta per cento delle spese di conduzione, escluse quelle per la mano d'opera estranea.

2165. Durata.

La colonia parziaria è contratta per il tempo necessario affinché il colono possa svolgere e portare a compimento un ciclo normale di rotazione delle colture praticate nel fondo.

Se non si fa luogo a rotazione di culture, la colonia non può avere una durata inferiore a due anni [1630, 2143].

● Norme connesse:

- comma 1: per la proroga dei contratti di colonia parziaria, v. art. 14, comma 2, L. 15 settembre 1964, n. 756 che dispone: *Sono altresì prorogati fino a nuova disposi-*

zione i contratti di colonia parziaria di affitto a coltivatore diretto e di compartecipazione, compresi quelli con clausola miglioratarìa e quelli di colonia mista ad affitto, nonché le concessioni di terre incolte o insufficientemente coltivate disposte ai sensi del decreto legislativo luogotenenziale 19 ottobre 1944, n. 279, e del decreto legislativo 6 settembre 1946, n. 89, e successive integrazioni o modificazioni, in corso alla data di entrata in vigore della presente legge.

2166. Obblighi del concedente.
Il concedente deve consegnare il fondo in istato di servire alla produzione alla quale è destinato [2145 comma 1].

2167. Obblighi del colono.
Il colono deve prestare il lavoro proprio secondo le direttive del concedente [2145, 2173] e le necessità della coltivazione [2147].

Egli deve custodire il fondo e mantenerlo in normale stato di produttività; deve altresì custodire e conservare le altre cose affidategli dal concedente con la diligenza del buon padre di famiglia [1176, 2148, 2765].

● Norme connesse:
- per l'applicabilità alla colonia parziaria delle norme sulla direzione dell'impresa mezzadrile, art. 6, L. 15 settembre 1964, n. 756, che dispone: *Il mezzadro collabora con il concedente nella direzione dell'impresa. A tal fine le parti concordano tutte le decisioni di rilevante interesse, secondo le esigenze della buona tecnica agraria.*

In caso di disaccordo, è data facoltà a ciascuna delle parti di chiedere il parere al capo dell'Ispettorato provinciale dell'agricoltura.

Nelle compravendite di cose o prodotti compiute nel comune interesse il mezzadro ha diritto di partecipare con il concedente alle relative operazioni.

V., anche, l'art. 12, L. 15 settembre 1964, n. 756 che dispone: *Ai contratti di colonia parziaria si applicano le disposizioni del titolo secondo, relative alla mezzadria ad eccezione del primo comma dell'art. 4, del primo comma dell'art. 5 e degli articoli 3 e 7.*

2168. Morte di una delle parti.
La colonia parziaria non si scioglie per la morte del concedente [2179].

In caso di morte del colono, si applicano a favore degli eredi di questo le disposizioni del secondo, terzo e quarto comma dell'articolo 2158.

2169. Rinvio.
Sono applicabili alla colonia parziaria le norme dettate per la mezzadria negli articoli 2145, secondo comma, 2147, secondo comma, 2149, 2151, secondo comma, 2152, 2155, 2156, 2157, 2159, 2160 e 2163, nonché quelle concernenti la tenuta e l'efficacia probatoria del libretto colonico, qualora le parti l'abbiano d'accordo istituito.

● Norme connesse:
- art. 12, L. 15 settembre 1964, n. 756 (Norme in materia di contratti agrari).

Sezione IV
Della soccida

● Norme connesse:
- L. 15 settembre 1964, n. 756 (Norme in materia di contratti agrari).

§ 1
Disposizioni generali

2170. Nozione.
Nella soccida il soccidante e il soccidario si associano per l'allevamento e lo sfruttamento di una certa quantità di bestiame e per l'esercizio delle attività connesse [2135], al fine di ripartire l'accrescimento del bestiame e gli altri prodotti e utili che ne derivano [2181, 2184, 2187].

L'accrescimento consiste tanto nei parti sopravvenuti, quanto nel maggior valore intrinseco che il bestiame abbia al termine del contratto [2178; disp. att. 195].

■ artt. 1665-1668, Codice civile del 1865.

§ 2
Della soccida semplice

2171. Nozione.
Nella soccida semplice il bestiame è conferito dal soccidante.

La stima del bestiame all'inizio del contratto non ne trasferisce la proprietà al soccidario.

La stima deve indicare il numero, la razza, la qualità, il sesso, il peso e l'età del bestiame e il relativo prezzo di mercato. La stima serve di base per determinare il prelevamento a cui ha diritto il soccidante alla fine del contratto, a norma dell'articolo 2181.

■ art. 1670, Codice civile del 1865.

2172. Durata del contratto.
Se nel contratto non è stabilito un termine, la soccida ha la durata di tre anni [2176, 2181].

Alla scadenza del termine il contratto non cessa di diritto, e la parte che non intende rinnovarlo deve darne disdetta almeno sei mesi prima della scadenza o nel maggior termine fissato [dalle norme corporative][1], dalla convenzione o dagli usi.

Se non è data disdetta [1373], il contratto s'intende rinnovato di anno in anno.

[1] Le parole in parentesi devono intendersi abrogate a seguito dell'entrata in vigore del R.D.L. 9 agosto 1943, n. 721 e del D.Lgs.Lgt. 23 novembre 1944, n. 369.

■ art. 1681, Codice civile del 1865.

CODICE CIVILE

2173. Direzione dell'impresa e assunzione di mano d'opera.

La direzione dell'impresa spetta al soccidante [2186], il quale deve esercitarla secondo le regole della buona tecnica dell'allevamento [1176 comma 2].

La scelta di prestatori di lavoro, estranei alla famiglia del soccidario, deve essere fatta con consenso del soccidante, anche quando secondo la convenzione o gli usi la relativa spesa è posta a carico del soccidario [2147, 2149, 2174].

2174. Obblighi del soccidario.

Il soccidario deve prestare, secondo le direttive del soccidante [2173], il lavoro occorrente per la custodia e l'allevamento del bestiame affidatogli, per la lavorazione dei prodotti e per il trasporto sino ai luoghi di ordinario deposito.

Il soccidario deve usare la diligenza del buon allevatore [1176, 1618, 2148, 2167, 2175].

■ art. 1671, Codice civile del 1865.

2175. Perimento del bestiame.

Il soccidario non risponde del bestiame che provi essere perito per causa a lui non imputabile, ma deve rendere conto delle parti recuperabili [1218, 1236, 1258, 2176].

■ artt. 1672-1676, Codice civile del 1865.

2176. Reintegrazione del bestiame conferito.

Nella soccida stipulata per un tempo non inferiore a tre anni, qualora durante la prima metà del periodo contrattuale perisca la maggior parte del bestiame inizialmente conferito, per causa non imputabile al soccidario, questi può chiederne la reintegrazione con altri capi di valore intrinseco eguale a quello che i capi periti avevano all'inizio del contratto, tenuto conto del numero, della razza, della qualità, del sesso, del peso e dell'età.

Se il soccidante non provvede alla reintegrazione, il soccidario può recedere dal contratto [2183].

2177. Trasferimento dei diritti sul bestiame.

Se la proprietà o il godimento del bestiame dato a soccida viene trasferito ad altri, il contratto non si scioglie, e i crediti e i debiti del soccidante, derivanti dalla soccida, passano all'acquirente in proporzione della quota acquistata, salva per i debiti la responsabilità sussidiaria del soccidante.

Se il trasferimento riguarda la maggior parte del bestiame, il soccidario può, nel termine di un mese da quando ha avuto conoscenza del trasferimento, recedere dal contratto con effetto dalla fine dell'anno in corso [2160].

■ art. 1678, Codice civile del 1865.

2178. Accrescimenti, prodotti, utili e spese.

Gli accrescimenti [2170 comma 2], i prodotti, gli utili e le spese si dividono tra le parti secondo le proporzioni stabilite [dalle norme corporative][1], dalla convenzione o dagli usi [disp. att. 8].

È nullo [1418, 1419] il patto per il quale il soccidario debba sopportare nella perdita una parte maggiore di quella spettantegli nel guadagno [2184, 2263, 2265].

[1] Le parole in parentesi devono intendersi abrogate a seguito dell'entrata in vigore del R.D.L. 9 agosto 1943, n. 721 e del D.Lgs.Lgt. 23 novembre 1944, n. 369.

■ art. 1677, Codice civile del 1865.

2179. Morte di una delle parti.

La soccida non si soglie per la morte del soccidante [2158, 2178, 1186 comma 3].

In caso di morte del soccidario si osservano, in quanto applicabili, nei riguardi degli eredi le disposizioni del secondo, terzo e quarto comma dell'articolo 2158 [2168 comma 2, 2186].

2180. Scioglimento del contratto.

Salve le norme generali sulla risoluzione dei contratti per inadempimento [1453 ss.], ciascuna delle parti può chiedere lo scioglimento del contratto, quando si verificano fatti tali da non consentire la prosecuzione del rapporto [2159, 2169, 2186 comma 3].

■ art. 1682, Codice civile del 1865.

2181. Prelevamento e divisione al termine del contratto.

Al termine del contratto le parti procedono a nuova stima del bestiame.

Il soccidante preleva, d'accordo con il soccidario, un complesso di capi che, avuto riguardo al numero, alla razza, al sesso, al peso, alla qualità e all'età, sia corrispondente alla consistenza del bestiame apportato all'inizio della soccida. Il di più si divide a norma dell'articolo 2178 [2171].

Se non vi sono capi sufficienti ad eguagliare la stima iniziale, il soccidante prende quelli che rimangono.

■ art. 1683, Codice civile del 1865.

§ 3

Della soccida parziaria

● Norme connesse:

- per la conversione dei contratti di soccida parziaria e con conferimento di pascolo, art. 25, L. 3 maggio 1982, n. 203, che dispone: *Entro quattro anni dall'entrata in vigore della presente legge, i contratti di mezzadria e quelli di colonia parziaria anche con clausola miglioritaria sono convertiti in affitto a richiesta di una delle parti, salvo quanto stabilito dagli artt. 28, 29, 36 e 42.*

La conversione in affitto è estesa ai contratti di compartecipazione agraria, esclusi quelli stagionali, ai contratti di soccida con conferimento di pascolo e ai contratti di soccida parziaria, ove vi sia conferimento di pascolo, quando l'apporto del bestiame da parte del soccidante è inferiore al venti per cento del valore dell'intero bestiame conferito dalle parti.

La parte che intende ottenere la conversione comunica la propria decisione all'altra mediante lettera raccomandata con avviso di ricevimento, almeno sei mesi prima della fine dell'annata agraria.

2182. Conferimento del bestiame.

Nella soccida parziaria il bestiame è conferito da entrambi i contraenti nelle proporzioni convenute [2171 comma 1].

Essi divengono comproprietari del bestiame in proporzione del rispettivo conferimento [2171 comma 2].

■ art. 1684, Codice civile del 1865.

2183. Reintegrazione del bestiame conferito.

Nella soccida stipulata per un tempo non inferiore a tre anni, qualora durante la prima metà del periodo contrattuale perisca per causa non imputabile al soccidario la maggior parte del bestiame inizialmente conferito, e i contraenti non si accordino per la reintegrazione, ciascuno di essi ha diritto di recedere dal contratto [1373, 2176].

Salvo diverso accordo delle parti, il recesso ha effetto con la fine dell'anno in corso.

Il bestiame rimasto è diviso fra le parti nella proporzione indicata nell'articolo 2184.

Se è convenuto che nella divisione del bestiame da farsi alla scadenza del contratto sia attribuita ad uno dei contraenti una quota maggiore di quella corrispondente al suo conferimento, tale quota deve essere ridotta in rapporto alla minor durata della soccida.

2184. Divisione del bestiame, dei prodotti e degli utili.

Gli accrescimenti [2170 comma 2], i prodotti, gli utili, le spese e al termine del contratto, il bestiame conferito si dividono nella proporzione stabilita [dalle norme corporative][1], dalla convenzione o dagli usi [2178, 2186].

[1] Le parole in parentesi devono intendersi abrogate a seguito dell'entrata in vigore del R.D.L. 9 agosto 1943, n. 721 e del D.Lgs.Lgt. 23 novembre 1944, n. 369.

2185. Rinvio.

Per quanto non è disposto dagli articoli precedenti, si applicano alla soccida parziaria le disposizioni relative alla soccida semplice [2171 ss.].

§ 4
Della soccida con conferimento di pascolo

● Norme connesse:

- art. 24, L. 11 febbraio 1971, n. 11, che dispone: *In parziale deroga all'art. 13 della L. 15 settembre 1964, n. 756, sono trasformati in contratti d'affitto a richiesta del coltivatore, i contratti in corso nei quali vi sono elementi di contratto di affitto ancorché non prevalenti, i contratti di soccida con conferimento di pascolo e i contratti di pascolo, anche di durata inferiore ad un anno, con corrispettivo rapportato al numero dei capi di bestiame introdotti nel fondo.*

Sono fatti salvi i casi previsti dalla L. 25 febbraio 1963, n. 327, e successive modifiche.

Sono esclusi dal presente articolo i contratti di affitto o le vendite di erbe, di durata inferiore ad un anno, riguardanti l'utilizzazione stagionale a pascolo dei terreni coltivati con rotazione tra colture e periodi di riposo e comunque destinati precariamente al pascolo.

Nella determinazione dei canoni per i contratti di cui al comma precedente si applicano i criteri stabiliti all'articolo 3 della presente legge con riferimento ai terreni a pascolo, proporzionando l'ammontare del canone al periodo pascolativo previsto dal contratto.

Per i terreni appartenenti al demanio pubblico e per quelli delle regioni, province, comuni soggetti al regime dei beni demaniali, dati in concessione per lo sfalcio delle erbe o per il pascolo, i canoni da corrispondere saranno determinati dalle commissioni tecniche provinciali in base ai canoni medi provinciali, stabiliti in applicazione dei criteri della presente legge, ridotti del 70 per cento.

- art. 25, L. 2 maggio 1982, n. 203; L. 14 febbraio 1990, n. 29.

2186. Nozione e norme applicabili.

Si ha rapporto di soccida anche quando il bestiame è conferito dal soccidario e il soccidante conferisce il terreno per il pascolo.

In tal caso il soccidario ha la direzione dell'impresa e al soccidante spetta il controllo della gestione [2173].

Si osservano inoltre le disposizioni dell'articolo 2184 e in quanto applicabili, quelle dettate per la soccida semplice [2171 ss.].

■ art. 1686, Codice civile del 1865.

Sezione V
Disposizione finale

2187. Usi.

Nei rapporti di associazione agraria regolati dalle sezioni II, III, e IV di questo capo, per quanto non è espressamente disposto, si applicano, in mancanza di convenzione, gli usi [1374; disp. att. 195 ss.].

■ art. 1654, Codice civile del 1865.

CODICE CIVILE

CAPO III
DELLE IMPRESE COMMERCIALI E DELLE ALTRE IMPRESE SOGGETTE A REGISTRAZIONE

Sezione I
Del registro delle imprese

2188. Registro delle imprese.

È istituito il registro delle imprese per le iscrizioni previste dalla legge [2136, 2195, 2202, 2835 comma 3; L. fall. 17, 197].

Il registro è tenuto dall'ufficio del registro delle imprese sotto la vigilanza di un giudice delegato dal presidente del tribunale.

Il registro è pubblico [disp. att. 99].

● Norme connesse:

- per l'istituzione del registro delle imprese, art. 8, L. 29 dicembre 1993, n. 580, nonché D.P.R. 7 dicembre 1995, n. 581 (Regolamento di attuazione dell'art. 8 della legge 29 dicembre 1993, n. 580, in materia di istituzione del registro delle imprese di cui all'art. 2188 del codice civile).
- per la modulistica concernente l'iscrizione e il deposito nel registro delle imprese, D.M. 7 agosto 1998.
- per le norme di semplificazione in materia di registro delle imprese, D.P.R. 14 dicembre 1999, n. 558 (Regolamento recante norme per la semplificazione della disciplina in materia di registro delle imprese, nonché per la semplificazione dei procedimenti relativi alla denuncia di inizio di attività e per la domanda di iscrizione all'albo delle imprese artigiane o al registro delle imprese per particolari categorie di attività soggette alla verifica di determinati requisiti tecnici - numeri 94-97-98 dell'allegato 1 L. 15 marzo 1997, n. 59).
- artt. 17, 197, R.D. 16 marzo 1942, n. 267; art. 8, L. 29 dicembre 1993, n. 580; art. 7, D.P.R. 7 dicembre 1995, n. 581; art. 2, D.Lgs. 18 maggio 2001, n. 228.

2189. Modalità dell'iscrizione.

Le iscrizioni nel registro sono eseguite su domanda sottoscritta dall'interessato [2190, 2194].

Prima di procedere all'iscrizione, l'ufficio del registro deve accertare l'autenticità della sottoscrizione e il concorso delle condizioni richieste dalla legge per l'iscrizione [2566].

Il rifiuto dell'iscrizione deve essere comunicato con raccomandata al richiedente. Questi può ricorrere entro otto giorni al giudice del registro, che provvede con decreto [2192].

● Norme connesse:

- per l'istituzione del registro delle imprese, art. 8, L. 29 dicembre 1993, n. 580; D.P.R. 7 dicembre 1995, n. 581.
- per la modulistica concernente l'iscrizione e il deposito nel registro delle imprese, D.M. 7 agosto 1998.

2190. Iscrizione d'ufficio.

Se un'iscrizione obbligatoria [2194, 2195] non è stata richiesta, l'ufficio del registro invita mediante raccomandata l'imprenditore a richiederla entro un congruo termine. Decorso inutilmente il termine assegnato, il giudice del registro può ordinarla con decreto [2191, 2192].

● Norme connesse:

- per l'istituzione del registro delle imprese, art. 8, L. 29 dicembre 1993, n. 580; art. 16, D.P.R. 7 dicembre 1995, n. 581.
- per la modulistica concernente l'iscrizione e il deposito nel registro delle imprese, D.M. 7 agosto 1998.

2191. Cancellazione d'ufficio.

Se un'iscrizione è avvenuta senza che esistano le condizioni richieste dalla legge, il giudice del registro, sentito l'interessato, ne ordina con decreto la cancellazione.

● Norme connesse:

- per l'istituzione del registro delle imprese, art. 8, L. 29 dicembre 1993, n. 580; art. 17, D.P.R. 7 dicembre 1995, n. 581.
- per la modulistica concernente l'iscrizione e il deposito nel registro delle imprese, D.M. 7 agosto 1998; D.P.R. 23 luglio 2004, n. 247.
- art. 17, D.P.R. 7 dicembre 1995, n. 581.

2192. Ricorso contro il decreto del giudice del registro.

Contro il decreto del giudice del registro emesso a norma degli articoli precedenti, l'interessato, entro quindici giorni dalla comunicazione, può ricorrere al tribunale dal quale dipende l'ufficio del registro.

Il decreto che pronunzia sul ricorso deve essere iscritto d'ufficio nel registro.

● Norme connesse:

- per l'istituzione del registro delle imprese, art. 8, L. 29 dicembre 1993, n. 580; art. 11, commi 12-14, D.P.R. 7 dicembre 1995, n. 581.
- per la modulistica concernente l'iscrizione e il deposito nel registro delle imprese, D.M. 7 agosto 1998.

2193. Efficacia dell'iscrizione.

I fatti dei quali la legge prescrive l'iscrizione [34], se non sono stati iscritti, non possono essere opposti ai terzi da chi è obbligato a richiederne l'iscrizione, a meno che questi provi che i terzi ne abbiano avuto conoscenza [2207, 2298, 2300].

L'ignoranza dei fatti dei quali la legge prescrive l'iscrizione non può essere opposta dai terzi dal momento in cui l'iscrizione è avvenuta.

Sono salve le disposizioni particolari della legge.

● Norme connesse:

- per l'istituzione del registro delle imprese, art. 8, L. 29 dicembre 1993, n. 580; art. 11, D.P.R. 7 dicembre 1995, n. 581.
- per la modulistica concernente l'iscrizione e il deposito nel registro delle imprese, D.M. 7 agosto 1998.

2194. Inosservanza dell'obbligo di iscrizione.

Salvo quanto disposto dagli articoli 2626 e 2634, chiunque omette di richiedere l'iscrizione nei modi e nel termine stabilito dalla legge, è punito con la sanzione amministrativa del pagamento di una somma da 10 a 516 euro [disp. att. 100].

● Norme connesse:

- per l'istituzione del registro delle imprese, art. 8, L. 29 dicembre 1993, n. 580; D.P.R. 7 dicembre 1995, n. 581.
- per la modulistica concernente l'iscrizione e il deposito nel registro delle imprese, D.M. 7 agosto 1998.
- per la depenalizzazione dell'ammenda, artt. 113 e 114, L. 24 novembre 1981, n. 689.

Sezione II

Dell'obbligo di registrazione

2195. Imprenditori soggetti a registrazione.

Sono soggetti all'obbligo dell'iscrizione nel registro delle imprese [2188; disp. att. 100] gli imprenditori che esercitano:

1) un'attività industriale diretta alla produzione di beni o di servizi [2135];

2) un'attività intermediaria nella circolazione dei beni;

3) un'attività di trasporto per terra [1678], per acqua o per aria;

4) un'attività bancaria [1834] o assicurativa [1882, 1883];

5) altre attività ausiliarie delle precedenti [1754].

Le disposizioni della legge che fanno riferimento alle attività e alle imprese commerciali si applicano, se non risulta diversamente, a tutte le attività indicate in questo articolo e alle imprese che le esercitano.

● Norme connesse:

- per l'istituzione del registro delle imprese, art. 8, L. 29 dicembre 1993, n. 580; art. 7, D.P.R. 7 dicembre 1995, n. 581.
- per la modulistica concernente l'iscrizione e il deposito nel registro delle imprese, D.M. 7 agosto 1998.
- per il registro nazionale delle imprese radiotelevisive, artt. 10 ss., D.P.R. 27 marzo 1992, n. 255 (Regolamento di attuazione della legge 6 agosto 1990, n. 223, sulla disciplina del sistema radiotelevisivo pubblico e privato).
- per l'istituzione del registro degli esercenti il commercio e la somministrazione al pubblico di alimenti o bevande, D.Lgs. 31 marzo 1998, n. 114 (Riforma della disciplina del commercio).
- per l'albo delle banche, art. 13, D.Lgs. 1 settembre 1993, n. 385, modificato dall'art. 1, D.Lgs. 14 novembre 2016, n. 223 che dispone: *1. Fermo restando quanto previsto dalle disposizioni del MVU in tema di pubblicazione dell'elenco dei soggetti vigilati, la Banca d'Italia iscrive in un apposito albo le banche italiane e le succursali in Italia di banche extracomunitarie, nonchè le succursali delle banche comunitarie stabilite nel territorio della Repubblica.*

2. Le banche indicano negli atti e nella corrispondenza l'iscrizione nell'albo.

- art. 2, D.Lgs. 18 maggio 2001, n. 228.

2196. Iscrizione dell'impresa.

Entro trenta giorni dall'inizio dell'impresa l'imprenditore che esercita un'attività commerciale [2195] deve chiedere l'iscrizione all'ufficio del registro delle imprese nella cui circoscrizione stabilisce la sede, indicando:

1) il cognome e il nome, il luogo e la data di nascita, la cittadinanza;

2) la ditta [2563];

3) l'oggetto dell'impresa;

4) la sede dell'impresa;

5) il cognome e il nome degli institori [2203] e procuratori [2209].

[...][1].

L'imprenditore deve inoltre chiedere l'iscrizione delle modificazioni relative agli elementi suindicati e della cessazione dell'impresa, entro trenta giorni da quello in cui le modificazioni o la cessazione si verificano [2194].

[1] Comma abrogato dall'art. 33, L. 24 novembre 2000, n. 340. Il testo previgente disponeva: *All'atto della richiesta l'imprenditore deve depositare la sua firma autografa e quelle dei suoi institori e procuratori.*

● Norme connesse:

- art. 10, R.D. 16 marzo 1942, n. 267; art. 7, D.P.R. 7 dicembre 1995, n. 581; art. 2, D.Lgs. 18 maggio 2001, n. 228.

2197. Sedi secondarie.

L'imprenditore che istituisce nel territorio dello Stato sedi secondarie con una rappresentanza stabile deve, entro trenta giorni, chiederne l'iscrizione all'ufficio del registro delle imprese del luogo dove è la sede principale dell'impresa [2194].

Nello stesso termine la richiesta deve essere fatta all'ufficio del luogo nel quale è istituita la sede secondaria [2203 comma 2], indicando altresì la sede principale, e il cognome e il nome del rappresentante preposto alla sede secondaria[1].

La disposizione del secondo comma si applica anche all'imprenditore che ha all'estero la sede principale dell'impresa.

L'imprenditore che istituisce sedi secondarie con rappresentanza stabile all'estero deve, entro trenta giorni chiederne l'iscrizione all'ufficio del registro nella cui circoscrizione si trova la sede principale.

[1] Comma così modificato dall'art. 33, L. 24 novembre 2000, n. 340. Il testo previgente disponeva: *Nello stesso termine la richiesta deve essere fatta all'ufficio del luogo nel quale è istituita la sede secondaria, indicando altresì la sede principale, e il cognome e il nome del rappresentante preposto alla sede secondaria. Il rappresentante deve depositare presso il medesimo ufficio la sua firma autografa.*

CODICE CIVILE

● Norme connesse:
- art. 11, comma 2, D.P.R. 7 dicembre 1995, n. 581; art. 25, L. 31 maggio 1995, n. 218; artt. 14, 15, D.Lgs. 1 settembre 1993, n. 385.

2198. Minori, interdetti e inabilitati.
I provvedimenti di autorizzazione all'esercizio di un'impresa commerciale [2195] da parte di un minore emancipato [397] o di un inabilitato [425; disp. att. 199] o nell'interesse di un minore non emancipato [320, 371 n. 3] o di un interdetto [424] e i provvedimenti con i quali l'autorizzazione viene revocata devono essere comunicati senza indugio a cura del cancelliere all'ufficio del registro delle imprese per l'iscrizione [disp. att. 100].

2199. Indicazione dell'iscrizione.
L'imprenditore deve indicare negli atti e nella corrispondenza, che si riferiscono all'impresa, il registro presso il quale è iscritto [disp. att. 100 comma 3].

2200. Società.
Sono soggette all'obbligo dell'iscrizione nel registro delle imprese le società costituite secondo uno dei tipi regolati nei capi III e seguenti del titolo V [2291] e le società cooperative [2511 ss.], anche se non esercitano un'attività commerciale [2136, 2195].

L'iscrizione delle società nel registro delle imprese [disp. att. 100] è regolata dalle disposizioni dei titoli V e VI [2250, 2296, 2297, 2317].

● Norme connesse:
- art. 7, D.P.R. 7 dicembre 1995, n. 581.

2201. Enti pubblici.
Gli enti pubblici che hanno per oggetto esclusivo o principale un'attività commerciale [2093; c.p.c. 409 n. 4] sono soggetti all'obbligo dell'iscrizione nel registro delle imprese [disp. att. 100].

● Norme connesse:
- per l'iscrizione nel registro delle imprese degli enti pubblici esistenti alla data di entrata in vigore del regolamento, art. 30-bis, D.P.R. 7 dicembre 1995, n. 581 che dispone: *1. Gli enti pubblici di cui all'art. 2201 del codice civile esistenti alla data di entrata in vigore del presente regolamento richiedono l'iscrizione nel registro delle imprese entro il 30 ottobre 1996.*
- artt. 7, 12, 28, D.P.R. 7 dicembre 1995, n. 581.

2202. Piccoli imprenditori.
Non sono soggetti all'obbligo dell'iscrizione nel registro delle imprese i piccoli imprenditori [2083; L. fall. 1][1].

● Norme connesse:
- per l'iscrizione dei piccoli imprenditori in una sezione speciale del registro delle imprese, art. 8, L. 29 dicembre 1993, n. 580.
- per gli interventi per l'innovazione e lo sviluppo delle piccole imprese, L. 5 ottobre 1991, n. 317.
- art. 18, D.P.R. 7 dicembre 1995, n. 581; art. 1, R.D. 16 marzo 1942, n. 267.

Sezione III
Disposizioni particolari per le imprese commerciali

§ 1
Della rappresentanza

2203. Preposizione institoria.
È institore colui che è preposto dal titolare [425] all'esercizio di un'impresa commerciale [2195 n. 5; c.nav. 290].

La preposizione può essere limitata all'esercizio di una sede secondaria o di un ramo particolare dell'impresa [2197].

Se sono preposti più institori, questi possono agire disgiuntamente, salvo che nella procura sia diversamente disposto [1716 comma 2, 2257].

■ art. 367, Codice del commercio del 1882.

2204. Poteri dell'institore.
L'institore può compiere tutti gli atti pertinenti all'esercizio dell'impresa a cui è preposto, salve le limitazioni contenute nella procura [2206 comma 2]. Tuttavia non può alienare o ipotecare i beni immobili del preponente, se non è stato a ciò espressamente autorizzato.

L'institore può stare in giudizio in nome del preponente per le obbligazioni dipendenti da atti compiuti nell'esercizio dell'impresa a cui è preposto [c.p.c. 77].

■ artt. 372, 375, Codice del commercio del 1882.

2205. Obblighi dell'institore.
Per le imprese o le sedi secondarie alle quali è preposto, l'institore è tenuto, insieme con l'imprenditore, all'osservanza delle disposizioni riguardanti l'iscrizione nel registro delle imprese [2196 ss.] e la tenuta delle scritture contabili [2214-2220].

■ art. 373, Codice del commercio del 1882.

2206. Pubblicità della procura.
La procura con sottoscrizione del preponente autenticata deve essere depositata per l'iscrizione presso il competente ufficio del registro delle imprese [2196 n. 5, 2197; disp. att. 100].

In mancanza dell'iscrizione, la rappresentanza si reputa generale e le limitazioni di essa non sono opponibili ai terzi, se non si prova che questi le conoscevano al momento della conclusione dell'affare [2193].

■ artt. 369, 370, Codice del commercio del 1882.

2207. Modificazione e revoca della procura.
Gli atti con i quali viene successivamente limitata o revocata la procura devono essere depositati, per l'iscrizione nel registro delle imprese, anche se la procura non fu pubblicata [1396].

In mancanza dell'iscrizione, le limitazioni o la revoca non sono opponibili ai terzi, se non si prova che questi le conoscevano al momento della conclusione dell'affare [19, 2193, 2298; c.nav. 289].

■ art. 374, Codice del commercio del 1882.

2208. Responsabilità personale dell'institore.
L'institore è personalmente obbligato se omette di far conoscere al terzo che egli tratta per il preponente; tuttavia il terzo può agire anche contro il preponente per gli atti compiuti dall'institore, che siano pertinenti all'esercizio dell'impresa a cui è preposto [2204; L. fall. 227, 236 n. 2].

● Norme connesse:
- art. 9, R.D. 14 dicembre 1933, n. 1669; artt. 227, 236, comma 2, n. 2, R.D. 16 marzo 1942, n. 267.
■ art. 371, Codice del commercio del 1882.

2209. Procuratori.
Le disposizioni degli articoli 2206 e 2207 si applicano anche ai procuratori, i quali, in base a un rapporto continuativo, abbiano il potere di compiere per l'imprenditore gli atti pertinenti all'esercizio dell'impresa [2204], pur non essendo preposti ad esso.

2210. Poteri dei commessi dell'imprenditore.
I commessi dell'imprenditore, salve le limitazioni contenute nell'atto di conferimento della rappresentanza, possono compiere gli atti che ordinariamente comporta la specie delle operazioni di cui sono incaricati [1835].

Non possono tuttavia esigere il prezzo delle merci delle quali non facciano la consegna [2213], né concedere dilazioni o sconti che non sono d'uso, salvo che siano a ciò espressamente autorizzati [1732, 1744, 2211].

2211. Poteri di deroga alle condizioni generali di contratto.
I commessi, anche se autorizzati a concludere contratti in nome dell'imprenditore, non hanno il potere di derogare alle condizioni generali di contratto o alle clausole stampate sui moduli dell'impresa, se non sono muniti di una speciale autorizzazione scritta [1341, 1342].

2212. Poteri dei commessi relativi agli affari conclusi.
Per gli affari da essi conclusi, i commessi dell'imprenditore sono autorizzati a ricevere per conto di questo le dichiarazioni che riguardano l'esecuzione del contratto e i reclami relativi alle inadempienze contrattuali [1495, 1512, 1745, 2226].

Sono altresì legittimati a chiedere i provvedimenti cautelari [c.p.c. 670] nell'interesse dell'imprenditore [1745].

2213. Poteri dei commessi preposti alla vendita.
I commessi preposti alla vendita nei locali dell'impresa possono esigere il prezzo delle merci da essi vendute [1188, 1199, 2210], salvo che alla riscossione sia palesemente destinata una cassa speciale.

Fuori dei locali dell'impresa non possono esigere il prezzo, se non sono autorizzati o se non consegnano quietanza firmata dall'imprenditore.

■ art. 379, Codice del commercio del 1882.

§ 2
Delle scritture contabili

2214. Libri obbligatori e altre scritture contabili.
L'imprenditore che esercita un'attività commerciale [2195] deve tenere il libro giornale [2215, 2216] e il libro degli inventari [2217, 2709; disp. att. 200; c.p.c. 634].

Deve altresì tenere le altre scritture contabili che siano richieste dalla natura e dalle dimensioni dell'impresa [disp. att. 200] e conservare ordinatamente per ciascun affare gli originali delle lettere, dei telegrammi e delle fatture ricevute, nonché le copie delle lettere, dei telegrammi e delle fatture spedite [2220, 2709-2711; L. fall. 86].

Le disposizioni di questo paragrafo non si applicano ai piccoli imprenditori [2083; L. fall. 1].

● Norme connesse:
- art. 14 (scritture contabili), D.P.R. 29 settembre 1973, n. 600 (Disposizioni comuni in materia di accertamento delle imposte sui redditi); artt. 1, 86, comma 1, lett. c), R.D. 16 marzo 1942, n. 267; art. 114-terdecies, comma 4, D.Lgs. 1 settembre 1993, n. 385; art. 201, D.Lgs. 24 febbraio 1998, n. 58.
■ art. 21, Codice del commercio del 1882.

2215. Modalità di tenuta delle scritture contabili.
I libri contabili, prima di essere messi in uso, devono essere numerati progressivamente in ogni pagina e, qualora sia previsto l'obbligo della bollatura o della vidimazione, devono essere bollati in ogni foglio dall'ufficio del registro delle imprese o da un notaio secondo le disposizioni delle leggi speciali. L'ufficio del registro o il notaio deve dichiarare nell'ultima pagina dei libri il numero dei fogli che li compongono.

CODICE CIVILE

Il libro giornale e il libro degli inventari devono essere numerati progressivamente e non sono soggetti a bollatura né a vidimazione[1].

[1] Articolo così sostituito dall'art. 8, L. 18 ottobre 2001, n. 383. Il testo previgente disponeva: *Il libro giornale e il libro degli inventari, prima di essere messi in uso, devono essere numerati progressivamente in ogni pagina e bollati in ogni foglio dall'ufficio del registro delle imprese o da un notaio secondo le disposizioni delle leggi speciali.*

L'ufficio del registro o il notaio deve dichiarare nell'ultima pagina dei libri il numero dei fogli che li compongono.

■ art. 23, Codice del commercio del 1882.

2215-*bis*. Documentazione informatica.

I libri, i repertori, le scritture e la documentazione la cui tenuta è obbligatoria per disposizione di legge o di regolamento o che sono richiesti dalla natura o dalle dimensioni dell'impresa possono essere formati e tenuti con strumenti informatici.

Le registrazioni contenute nei documenti di cui al primo comma debbono essere rese consultabili in ogni momento con i mezzi messi a disposizione dal soggetto tenutario e costituiscono informazione primaria e originale da cui è possibile effettuare, su diversi tipi di supporto, riproduzioni e copie per gli usi consentiti dalla legge.

Gli obblighi di numerazione progressiva e di vidimazione previsti dalle disposizioni di legge o di regolamento per la tenuta dei libri, repertori e scritture sono assolti, in caso di tenuta con strumenti informatici, mediante apposizione, almeno una volta all'anno, della marcatura temporale e della firma digitale dell'imprenditore o di altro soggetto dal medesimo delegato[1].

Qualora per un anno non siano state eseguite registrazioni, la firma digitale e la marcatura temporale devono essere apposte all'atto di una nuova registrazione e da tale apposizione decorre il periodo annuale di cui al terzo comma[2].

I libri, i repertori e le scritture tenuti con strumenti informatici, secondo quanto previsto dal presente articolo, hanno l'efficacia probatoria di cui agli articoli 2709 e 2710 del codice civile.

Per i libri e per i registri la cui tenuta è obbligatoria per disposizione di legge o di regolamento di natura tributaria, il termine di cui al terzo comma opera secondo le norme in materia di conservazione digitale contenute nelle medesime disposizioni[3][4].

[1] Comma così sostituito dall'art. 6, D.L. 13 maggio 2011, n. 70, convertito in L. 12 luglio 2011, n. 106. Il testo previgente disponeva: *Gli obblighi di numerazione progressiva, vidimazione e gli altri obblighi previsti dalle disposizioni di legge o di regolamento per la tenuta dei libri, repertori e scritture, ivi compreso quello di regolare tenuta dei medesimi, sono assolti, in caso di tenuta con strumenti informatici, mediante apposizione, ogni tre mesi a far data dalla messa in opera, della marcatura temporale e della firma digitale dell'imprenditore, o di altro soggetto dal medesimo delegato, inerenti al documento contenente le registrazioni relative ai tre mesi precedenti.*

[2] Comma così sostituito dall'art. 6, D.L. 13 maggio 2011, n. 70, convertito in L. 12 luglio 2011, n. 106. Il testo previgente disponeva: *Qualora per tre mesi non siano state eseguite registrazioni, la firma digitale e la marcatura temporale devono essere apposte all'atto di una nuova registrazione, e da tale apposizione decorre il periodo trimestrale di cui al terzo comma.*

[3] Comma aggiunto dall'art. 6, D.L. 13 maggio 2011, n. 70, convertito in L. 12 luglio 2011, n. 106.

[4] Articolo aggiunto dall'art. 16, D.L. 29 novembre 2008, n. 185, convertito in L. 28 gennaio 2009, n. 2.

2216. Contenuto del libro giornale.

Il libro giornale deve indicare giorno per giorno le operazioni relative all'esercizio dell'impresa[1].

[1] Articolo così sostituito dall'art. 7-*bis*, D.L. 10 giugno 1994, n. 357, convertito in L. 8 agosto 1994, n. 489. Il testo previgente le modifiche apportate dal D.L. 10 giugno 1994, n. 357, disponeva: *Il libro giornale deve indicare giorno per giorno le operazioni relative all'esercizio dell'impresa e il volume in corso deve essere presentato per la vidimazione all'ufficio del registro delle imprese o ad un notaio entro la fine del secondo mese successivo alla scadenza di ciascun anno dalla data di bollatura di cui all'art. 2215.*

Il testo originario previgente le modifiche apportate dalla L. 30 dicembre 1991, n. 413, invece, disponeva: *Il libro giornale deve indicare giorno per giorno le operazioni relative all'esercizio dell'impresa e deve essere annualmente vidimato dall'ufficio del registro delle imprese o da un notaio.*

■ art. 23, Codice del commercio del 1882.

2217. Redazione dell'inventario.

L'inventario [365] deve redigersi all'inizio dell'esercizio dell'impresa [2196] e successivamente ogni anno, e deve contenere l'indicazione e la valutazione delle attività e delle passività relative all'impresa, nonché delle attività e delle passività dell'imprenditore estranee alla medesima.

L'inventario si chiude con il bilancio e con il conto dei profitti e delle perdite, il quale deve dimostrare con evidenza e verità gli utili conseguiti o le perdite subite. Nelle valutazioni di bilancio l'imprenditore deve attenersi ai criteri stabiliti per i bilanci delle società per azioni, in quanto applicabili.

L'inventario deve essere sottoscritto dall'imprenditore entro tre mesi dal termine per la presentazione della dichiarazione dei redditi ai fini delle imposte dirette[1].

[1] Comma così sostituito dall'art. 7-*bis*, D.L. 10 giugno 1994, n. 357, convertito in L. 8 agosto 1994, n. 489. Il testo previgente disponeva: *L'inventario deve essere sottoscritto dall'imprenditore e presentato entro tre mesi dal termine per la presentazione della dichiarazione dei redditi ai fini delle imposte dirette all'ufficio del registro delle imprese o ad un notaio per la vidimazione.*

Nel testo originario precedente le modifiche apportate dalla L. 30 dicembre 1991, n. 413, invece, disponeva: *L'inventario deve essere sottoscritto dall'imprenditore e presentato entro tre mesi all'ufficio del registro delle imprese o a un notaio per la vidimazione.*

● Norme connesse:
- art. 160, R.D. 16 marzo 1942, n. 267.

■ art. 22, Codice del commercio del 1882.

2218. Bollatura facoltativa.

L'imprenditore può far bollare nei modi indicati nell'articolo 2215 gli altri libri da lui tenuti[1].

[1] Articolo così sostituito dall'art. 7-*bis*, D.L. 10 giugno 1994, n. 357, convertito in L. 8 agosto 1994, n. 489. Il testo previgente disponeva: *L'imprenditore può far bollare e vidimare nei modi indicati negli articoli 2215 e 2216 gli altri libri da lui tenuti.*

2219. Tenuta della contabilità.

Tutte le scritture devono essere tenute secondo le norme di un'ordinata contabilità, senza spazi in bianco, senza interlinee e senza trasporti in margine. Non vi si possono fare abrasioni e se è necessaria qualche cancellazione, questa deve eseguirsi in modo che le parole cancellate siano leggibili [2710].

■ art. 25, Codice del commercio del 1882.

2220. Conservazione delle scritture contabili.

Le scritture devono essere conservate per dieci anni dalla data dell'ultima registrazione [2312 comma 4].

Per lo stesso periodo devono conservarsi le fatture, le lettere e i telegrammi ricevuti e le copie delle fatture, delle lettere e dei telegrammi spediti [2214].

Le scritture e documenti di cui al presente articolo possono essere conservati sotto forma di registrazioni su supporti di immagini, sempre che le registrazioni corrispondano ai documenti e possano in ogni momento essere rese leggibili con mezzi messi a disposizione dal soggetto che utilizza detti supporti[1].

[1] Comma aggiunto dall'art. 7-*bis*, D.L. 10 giugno 1994, n. 357, convertito in L. 8 agosto 1994, n. 489.

● Norme connesse:
- comma 2: per l'obbligo di conservazione delle scritture contabili, fino a quando non siano definiti gli accertamenti relativi al corrispondente periodo d'imposta, art. 22, D.P.R. 29 settembre 1973, n. 600 che dispone: *Fermo restando quanto stabilito dal codice civile per il libro giornale e per il libro degli inventari e dalle leggi speciali per i libri e registri da esse prescritti, le scritture contabili di cui ai precedenti articoli, ad eccezione delle scritture ausiliarie di cui alla lettera c) e alla lettera d) del primo comma dell'articolo 14, devono essere tenute a norma dell'articolo 2219 del codice stesso e numerate progressivamente in ogni pagina, in esenzione dall'imposta di bollo. Le registrazioni nelle scritture cronologiche e nelle scritture ausiliarie di magazzino devono essere eseguite non oltre sessanta giorni.*

Le scritture contabili obbligatorie ai sensi del presente decreto, di altre leggi tributarie, del codice civile o di leggi speciali devono essere conservate fino a quando non siano definiti gli accertamenti relativi al corrispondente periodo di imposta, anche oltre il termine stabilito dall'art. 2220 del codice civile o da altre leggi tributarie, salvo il disposto dell'art. 2457 del detto codice. Gli eventuali supporti meccanografici, elettronici e similari devono essere conservati fino a quando i dati contabili in essi contenuti non siano stati stampati sui libri e registri previsti dalle vigenti disposizioni di legge. L'autorità adita in sede contenziosa può limitare l'obbligo di conservazione alle scritture rilevanti per la risoluzione della controversia in corso.

Fino allo stesso termine di cui al precedente comma devono essere conservati ordinatamente, per ciascun affare, gli originali delle lettere, dei telegrammi e delle fatture ricevuti e le copie delle lettere e dei telegrammi spediti e delle fatture emesse.

Con decreti del Ministro per le finanze potranno essere determinate modalità semplificative per la tenuta del registro dei beni ammortizzabili e del registro riepilogativo di magazzino in considerazione delle caratteristiche dei vari settori di attività.

■ art. 26, Codice del commercio del 1882.

§ 3
Dell'insolvenza

● Norme connesse:
- artt. 245 ss., D.Lgs. 7 settembre 2005, n. 209.

2221. Fallimento e concordato preventivo.

Gli imprenditori che esercitano un'attività commerciale [2195], esclusi gli enti pubblici e i piccoli imprenditori [2083, 2201], sono soggetti, in caso di insolvenza, alle procedure del fallimento e del concordato preventivo, salve le disposizioni delle leggi speciali.

● Norme connesse:
- artt. 1, 2, 5, 160, R.D. 16 marzo 1942, n. 267.

TITOLO III
DEL LAVORO AUTONOMO

CAPO I
DISPOSIZIONI GENERALI

2222. Contratto d'opera.

Quando una persona si obbliga a compiere verso un corrispettivo un'opera o un servizio, con lavoro prevalentemente proprio e senza vincolo di subordinazione nei confronti del committente, si applicano le norme di questo capo, salvo che il rapporto abbia una disciplina particolare nel libro IV [1655].

2223. Prestazione della materia.

Le disposizioni di questo capo si osservano anche se la materia è fornita dal prestatore d'opera, purché le parti non abbiano avuto prevalentemente in considerazione la materia, nel qual caso si applicano le norme sulla vendita [1470 ss., 1658].

■ art. 1634, Codice civile del 1865.

2224. Esecuzione dell'opera.

Se il prestatore d'opera non procede all'esecuzione dell'opera secondo le condizioni stabilite [1662] dal contratto e a regola d'arte [1176 comma 2], il committente può fissare un congruo termine, entro il quale il prestatore d'opera deve conformarsi a tali condizioni [1454].

Trascorso inutilmente il termine fissato, il committente può recedere dal contratto [1373], salvo il diritto al risarcimento dei danni.

2225. Corrispettivo.

Il corrispettivo, se non è convenuto dalle parti e non può essere determinato secondo le tariffe professionali o gli usi [disp. prel. 8], è stabilito dal giudice [1657] in relazione al risultato ottenuto e al lavoro normalmente necessario per ottenerlo [1709, 1733, 1755 comma 2, 2263 comma 2, 2223].

2226. Difformità e vizi dell'opera.

L'accettazione espressa o tacita dell'opera libera il prestatore d'opera dalla responsabilità per difformità o per vizi della medesima, se all'atto dell'accettazione questi erano noti al committente o facilmente riconoscibili, purché in questo caso non siano stati dolosamente occultati [1665, 1667].

Il committente deve, a pena di decadenza, denunziare le difformità e i vizi occulti [1490], al prestatore d'opera entro otto giorni dalla scoperta [1495, 1745, 2212]. L'azione si prescrive entro un anno dalla consegna [disp. att. 201].

I diritti del committente nel caso di difformità o di vizi dell'opera sono regolati dall'articolo 1668 [2946].

2227. Recesso unilaterale dal contratto.

Il committente può recedere dal contratto [1373], ancorché sia iniziata l'esecuzione dell'opera, tenendo indenne il prestatore d'opera delle spese, del lavoro eseguito e del mancato guadagno [1671, 1685 comma 1, 1734, 2237].

2228. Impossibilità sopravvenuta dell'esecuzione dell'opera.

Se l'esecuzione dell'opera diventa impossibile per causa non imputabile ad alcuna delle parti [1464], il prestatore d'opera ha diritto ad un compenso per il lavoro prestato in relazione all'utilità della parte dell'opera compiuta [1672, 2237 comma 2].

CAPO II
DELLE PROFESSIONI INTELLETTUALI

2229. Esercizio delle professioni intellettuali.

La legge determina le professioni intellettuali per l'esercizio delle quali è necessaria l'iscrizione in appositi albi o elenchi [2062].

L'accertamento dei requisiti per l'iscrizione negli albi o negli elenchi, la tenuta dei medesimi e il potere disciplinare sugli iscritti sono demandati alle associazioni professionali[1], sotto la vigilanza dello Stato, salvo che la legge disponga diversamente [Cost. 33 comma 5].

Contro il rifiuto dell'iscrizione o la cancellazione dagli albi o elenchi, e contro i provvedimenti disciplinari che importano la perdita o la sospensione del diritto all'esercizio della professione è ammesso ricorso in via giurisdizionale nei modi e nei termini stabiliti dalle leggi speciali.

[1] Le associazioni professionali previste dall'ordinamento corporativo sono state soppresse dall'art. 1, D.Lgs.lgt. 23 novembre 1944, n. 369.

● Norme connesse:

- per la professione di avvocato, R.D.L. 27 novembre 1933, n. 1578 (Ordinamento delle professioni di avvocato e procuratore); R.D. 22 gennaio 1934, n. 37 (Norme integrative e di attuazione del regio decreto-legge 27 novembre 1933, n. 1578); L. 31 dicembre 2012, n. 247, sull'ordinamento delle professioni di avvocato.

- per la pubblicità sanitaria e la repressione dell'esercizio abusivo delle professioni sanitarie, L. 5 febbraio 1992, n. 175.

2230. Prestazione d'opera intellettuale.

Il contratto che ha per oggetto una prestazione d'opera intellettuale è regolato dalle norme seguenti e in quanto compatibili con queste e con la natura del rapporto, dalle disposizioni del capo precedente [disp. att. 202].

Sono salve le disposizioni delle leggi speciali.

2231. Mancanza d'iscrizione.

Quando l'esercizio di un'attività professionale è condizionato all'iscrizione in un albo o elenco, la prestazione eseguita da chi non è iscritto non gli dà azione per il pagamento della retribuzione [1933, 2034, 2041, 2126].

La cancellazione dall'albo o elenco risolve il contratto in corso, salvo il diritto del prestatore d'opera al rimborso delle spese incontrate e a un compenso adeguato all'utilità del lavoro compiuto [1672, 2228, 2237].

2232. Esecuzione dell'opera.

Il prestatore d'opera deve eseguire personalmente l'incarico assunto [1176]. Può tuttavia valersi, sotto la propria direzione e responsabilità, di sostituti e ausiliari [1228], se la collaborazione di altri è consentita dal contratto o dagli usi e non è incompatibile con l'oggetto della prestazione [1717].

2233. Compenso.

Il compenso, se non è convenuto dalle parti e non può essere determinato secondo le tariffe o gli usi, è determinato dal giudice, sentito il parere dell'associazione professionale a cui il professionista appartiene [1657, 1709, 1755, 2225, 2751-*bis* n. 2, 2965 n. 2].

In ogni caso la misura del compenso deve essere adeguata all'importanza dell'opera e al decoro della professione.

Sono nulli, se non redatti in forma scritta, i patti conclusi tra gli avvocati ed i praticanti abilitati con i loro clienti che stabiliscono i compensi professionali[1].

[1] Comma così sostituito dall'art. 2, D.L. 4 luglio 2006, n. 223, convertito in L. 4 agosto 2006, n. 248. Il testo previgente disponeva: *Gli avvocati, i procuratori e i patrocinatori non possono, neppure per interposta persona, stipulare con i loro clienti alcun patto relativo ai beni che formano oggetto delle controversie affidate al loro patrocinio, sotto pena di nullità e dei danni.*

2234. Spese e acconti.

Il cliente, salvo diversa pattuizione, deve anticipare al prestatore d'opera le spese occorrenti al compimento dell'opera e corrispondere, secondo gli usi, gli acconti sul compenso.

2235. Divieto di ritenzione.

Il prestatore d'opera non può ritenere le cose e i documenti ricevuti, se non per il periodo strettamente necessario alla tutela dei propri diritti secondo le leggi professionali [2961].

2236. Responsabilità del prestatore d'opera.

Se la prestazione implica la soluzione di problemi tecnici di speciale difficoltà, il prestatore d'opera non risponde dei danni, se non in caso di dolo o di colpa grave [1176, 1218].

● Norme connesse:

- in materia di responsabilità del medico dipendente di una struttura sanitaria, pubblica o privata

A) art. 7, L. 8 marzo 2017, n. 24 (Disposizioni in materia di sicurezza delle cure e della persona assistita, nonchè in materia di responsabilità professionale degli esercenti le professioni sanitarie), che recita: *Art. 7. Responsabilità civile della struttura e dell'esercente la professione sanitaria. 1. La struttura sanitaria o sociosanitaria pubblica o privata che, nell'adempimento della propria obbligazione, si avvalga dell'opera di esercenti la professione sanitaria, anche se scelti dal paziente e ancorchè non dipendenti della struttura stessa, risponde, ai sensi degli articoli 1218 e 1228 del codice civile, delle loro condotte dolose o colpose.*

2. La disposizione di cui al comma 1 si applica anche alle prestazioni sanitarie svolte in regime di libera professione intramuraria ovvero nell'ambito di attività di sperimentazione e di ricerca clinica ovvero in regime di convenzione con il Servizio sanitario nazionale nonchè attraverso la telemedicina.

3. L'esercente la professione sanitaria di cui ai commi 1 e 2 risponde del proprio operato ai sensi dell'articolo 2043 del codice civile, salvo che abbia agito nell'adempimento di obbligazione contrattuale assunta con il paziente. Il giudice, nella determinazione del risarcimento del danno, tiene conto della condotta dell'esercente la professione sanitaria ai sensi dell'articolo 5 della presente legge e dell'articolo 590-sexies del codice penale, introdotto dall'articolo 6 della presente legge.

4. Il danno conseguente all'attività della struttura sanitaria o sociosanitaria, pubblica o privata, e dell'esercente la professione sanitaria è risarcito sulla base delle tabelle di cui agli articoli 138 e 139 del codice delle assicurazioni private, di cui al decreto legislativo 7 settembre 2005, n. 209, integrate, ove necessario, con la procedura di cui al comma 1 del predetto articolo 138 e sulla base dei criteri di cui ai citati articoli, per tener conto delle fattispecie da esse non previste, afferenti alle attività di cui al presente articolo.

5. Le disposizioni del presente articolo costituiscono norme imperative ai sensi del codice civile;

B) art. 3, D.L. 13 settembre 2012, n. 158, convertito in L. 8 novembre 2012, n. 189 (Disposizioni urgenti per promuovere lo sviluppo del Paese mediante un più alto livello di tutela della salute), nel testo modificato dall'art. 27, D.L. 24 giugno 2014, n. 90, convertito in L. 11 agosto 2014, n. 114, dall'art. 6, L. 8 marzo 2017, n. 24 e dall'art. 11, L. 11 gennaio 2018, n. 3, che recita: *Art. 3. Responsabilità professionale dell'esercente le professioni sanitarie. 1. [L'esercente la professione sanitaria che nello svolgimento della propria attività si attiene a linee guida e buone pratiche accreditate dalla comunità scientifica non risponde penalmente per colpa lieve. In tali casi resta comunque fermo l'obbligo di cui all'articolo 2043 del codice civile. Il giudice, anche nella determinazione del risarcimento del danno, tiene debitamente conto della condotta di cui al primo periodo] (abrogato).*

2. [Con decreto del Presidente della Repubblica, adottato ai sensi dell'articolo 17, comma 1, della legge 23 agosto 1988, n. 400, da emanare entro il 30 giugno 2013, su proposta del Ministro della salute, di concerto con i Ministri dello sviluppo economico e dell'economia e delle finanze, sentite l'Associazione nazionale fra le imprese assicuratrici (ANIA), la Federazione nazionale degli ordini dei medici chirurghi e degli odontoiatri, nonchè le Federazioni nazionali degli ordini e dei collegi delle professioni sanitarie e le organizzazioni sindacali maggiormente rappresentative delle categorie professionali interessate, anche in attuazione dell'articolo 3, comma 5, lettera e), del decreto-legge 13 agosto 2011, n. 138, convertito, con modificazioni, dalla legge 14 settembre 2011, n. 148, al fine di agevolare l'accesso alla copertura assicurativa agli esercenti le professioni sanitarie, sono disciplinati le procedure e i requisiti minimi e uniformi per l'idoneità dei relativi contratti, in conformità ai seguenti criteri:

a) determinare i casi nei quali, sulla base di definite categorie di rischio professionale, prevedere l'obbligo, in capo ad un fondo appositamente costituito, di garantire idonea copertura assicurativa agli esercenti le professioni sanitarie, anche nell'esercizio dell'attività libero-professionale intramuraria, nei limiti delle risorse del fondo stesso. Il fondo viene finanziato dal contributo dei professionisti che ne facciano espressa richiesta, nella misura determinata dal soggetto gestore del fondo di cui alla lettera b), e da un ulteriore contributo a carico delle imprese autorizzate all'esercizio dell'assicurazione per danni derivanti dall'attività medico-professionale, determinato in misura percentuale ai premi incassati nel precedente esercizio, comunque non superiore al 4 per cento del premio stesso, con provvedimento adottato dal Ministro dello sviluppo economico, di concerto con il Ministro della salute e il Ministro dell'economia e delle finanze, sentite la Federazione nazionale degli ordini dei medici chirurghi e degli odontoiatri, nonchè le Federazioni nazionali degli ordini e dei collegi delle professioni sanitarie;

b) determinare il soggetto gestore del Fondo di cui alla lettera a) e le sue competenze senza nuovi o maggiori oneri a carico della finanza pubblica;

c) prevedere che i contratti di assicurazione debbano essere stipulati anche in base a condizioni che dispongano alla scadenza la variazione in aumento o in diminuzione del premio in relazione al verificarsi o meno di sinistri e subordinare comunque la disdetta della polizza alla reiterazione di una condotta colposa da parte del sanitario accertata con sentenza definitiva] (abrogato).

3. [Il danno biologico conseguente all'attività dell'esercente della professione sanitaria è risarcito sulla base delle tabelle di cui agli articoli 138 e 139 del decreto legislativo 7 settembre 2005, n. 209, eventualmente integrate con la procedura di cui al comma 1 del predetto articolo 138 e sulla base dei criteri di cui ai citati articoli, per tener conto delle fattispecie da esse non previste, afferenti all'attività di cui al presente articolo] (abrogato).

4. Nel rispetto dell'ambito applicativo dell'art. 3, comma 5, lettera e) del decreto legge 13 agosto 2011, n. 138, convertito, con modificazioni, dalla legge 14 settembre 2011, n. 148, per i contenuti e le procedure inerenti ai contratti assicurativi per i rischi derivanti dall'esercizio dell'attività professionale resa nell'ambito del Servizio sanitario nazionale o in rapporto di convenzione, il decreto di cui al comma 2 viene adottato sentita altresì la Conferenza permanente per i rapporti tra lo Stato, le regioni e le province autonome di Trento e di Bolzano. Resta comunque esclusa a carico degli enti del Servizio sanitario nazionale ogni copertura assicurativa della responsabilità civile ulteriore rispetto a quella prevista, per il relativo personale, dalla normativa contrattuale vigente.

5. Gli albi dei consulenti tecnici d'ufficio di cui all'articolo 13 del regio decreto 18 dicembre 1941, n. 1368, recante disposizioni di attuazione del codice di procedura civile, devono essere aggiornati con cadenza almeno quinquennale, al fine di garantire, oltre a quella medico legale, una idonea e qualificata rappresentanza di esperti delle discipline specialistiche dell'area sanitaria anche con il coinvolgimento delle società scientifiche, tra i quali scegliere per la nomina tenendo conto della disciplina interessata nel procedimento.

6. Dall'applicazione del presente articolo non devono derivare nuovi o maggiori oneri a carico della finanza pubblica.

Il testo del citato art. 3, D.L. 158/2012, precedente la conversione in legge, disponeva: *1. Fermo restando il disposto dell'articolo 2236 del codice civile, nell'accertamento della colpa lieve nell'attività dell'esercente le professioni sanitarie il giudice, ai sensi dell'articolo 1176 del codice civile, tiene conto in particolare dell'osservanza, nel caso concreto, delle linee guida e delle buone pratiche accreditate dalla comunità scientifica nazionale e internazionale.*

2. Con decreto del Presidente della Repubblica, adottato ai sensi dell'articolo 17, comma 1, della legge 23 agosto 1988, n. 400, su proposta del Ministro della salute, di concerto con i Ministri dello sviluppo economico e dell'economia e delle finanze, sentite l'Associazione nazionale fra le imprese assicuratrici (ANIA), le Federazioni nazionali degli ordini e dei collegi delle professioni sanitarie e le organizzazioni sindacali maggiormente rappresentative delle categorie professionali interessate, anche in attuazione dell'articolo 3, comma 5, lettera e), del decreto-legge 13 agosto 2011, n. 138, convertito, con modificazioni, dalla legge 14 settembre 2011, n. 148, al fine di agevolare l'accesso alla copertura assicurativa agli esercenti le professioni sanitarie, sono disciplinati le procedure e i requisiti minimi e uniformi per l'idoneità dei relativi contratti, in conformità ai seguenti criteri:

a) determinare i casi nei quali, sulla base di definite categorie di rischio professionale, prevedere l'obbligo, in capo ad un fondo appositamente costituito, di garantire idonea copertura assicurativa agli esercenti le professioni sanitarie. Il fondo viene finanziato dal contributo dei professionisti che ne facciano espressa richiesta e da un ulteriore contributo a carico delle imprese autorizzate all'esercizio dell'assicurazione per danni derivanti dall'attività medico-professionale, determinato in misura percentuale ai premi incassati nel precedente esercizio, comunque non superiore al 4 per cento del premio stesso, con provvedimento adottato dal Ministro dello sviluppo economico, di concerto con il Ministro della salute e il Ministro dell'economia e delle finanze, sentite le Federazioni nazionali degli ordini e dei collegi delle professioni sanitarie;

b) determinare il soggetto gestore del Fondo di cui alla lettera a) e le sue competenze senza nuovi o maggiori oneri a carico della finanza pubblica;

c) prevedere che i contratti di assicurazione debbano essere stipulati anche in base a condizioni che dispongano alla scadenza la variazione in aumento o in diminuzione del premio in relazione al verificarsi o meno di sinistri e subordinare comunque la disdetta della polizza alla reiterazione di una condotta colposa da parte del sanitario.

3. Il danno biologico conseguente all'attività dell'esercente della professione sanitaria è risarcito sulla base delle tabelle di cui agli articoli 138 e 139 del decreto legislativo 7 settembre 2005, n. 209, eventualmente integrate con la procedura di cui al comma 1 del predetto articolo 138 e sulla base dei criteri di cui ai citati articoli, per tener conto delle fattispecie da esse non previste, afferenti all'attività di cui al presente articolo.

4. Per i contenuti e le procedure inerenti ai contratti assicurativi per i rischi derivanti dall'esercizio dell'attività professionale resa nell'ambito del Servizio sanitario nazionale o in rapporto di convenzione, il decreto di cui al comma 2 viene adottato sentita altresì la Conferenza permanente per i rapporti tra lo Stato, le regioni e le province autonome di Trento e di Bolzano. Resta comunque esclusa a carico degli enti del Servizio sanitario nazionale ogni copertura assicurativa della responsabilità civile ulteriore rispetto a quella prevista, per il relativo personale, dalla normativa contrattuale vigente.

5. Gli albi dei consulenti tecnici d'ufficio di cui all'articolo 13 del regio decreto 18 dicembre 1941, n. 1368, recante disposizioni di attuazione del codice di procedura civile, devono essere aggiornati con cadenza almeno quinquennale, al fine di garantire, oltre a quella medico legale, una idonea e qualificata rappresentanza di esperti delle discipline specialistiche dell'area sanitaria, anche con il coinvolgimento delle società scientifiche.

6. Dall'applicazione del presente articolo non derivano nuovi o maggiori oneri a carico della finanza pubblica.

- per le *società tra professionisti*, D.M. 8 febbraio 2013, n. 34.

2237. Recesso.

Il cliente può recedere dal contratto [1373], rimborsando al prestatore d'opera le spese sostenute e pagando il compenso per l'opera svolta [2227].

Il prestatore d'opera può recedere dal contratto per giusta causa [2119]. In tal caso egli ha diritto al rimborso delle spese fatte e al compenso per l'opera svolta, da determinarsi con riguardo al risultato utile che ne sia derivato al cliente [1671, 1685, 1725, 1738, 2228, 2231].

Il recesso del prestatore d'opera deve essere esercitato in modo da evitare pregiudizio al cliente.

2238. Rinvio.

Se l'esercizio della professione costituisce elemento di un'attività organizzata in forma di impresa, si applicano anche le disposizioni del titolo II.

In ogni caso, se l'esercente una professione intellettuale impiega sostituti o ausiliari, si applicano le disposizioni delle sezioni II, III e IV del capo I del titolo II.

TITOLO IV
DEL LAVORO SUBORDINATO IN PARTICOLARI RAPPORTI

CAPO I
DISPOSIZIONI GENERALI

2239. Norme applicabili.

I rapporti di lavoro subordinato che non sono inerenti all'esercizio di un'impresa sono regolati dalle disposizioni delle sezioni II, III, IV del capo I del titolo II, in quanto compatibili con la specialità del rapporto [2094 ss.; disp. att. 98 comma 2].

CAPO II
DEL LAVORO DOMESTICO

● Norme connesse:

- L. 2 aprile 1958, n. 339 (Per la tutela del rapporto di lavoro domestico); L. 18 maggio 1973, n. 304 (Ratifica ed esecuzione dell'accordo europeo sul collocamento alla pari, con allegati e protocollo, adottato a Strasburgo il 24 novembre 1969).

2240. Norme applicabili.

Il rapporto di lavoro che ha per oggetto la prestazione di servizi di carattere domestico [1023, 1916] è regolato dalle disposizioni di questo capo e in quanto più favorevoli al prestatore di lavoro, dalla convenzione e dagli usi [2068; disp. att. 203].

2241. Periodo di prova.

Il patto di prova si presume per i primi otto giorni [2096].

2242. Vitto, alloggio e assistenza.

Il prestatore di lavoro ammesso alla convivenza familiare ha diritto, oltre alla retribuzione in danaro, al vitto, all'alloggio [2121] e per le infermità di breve durata, alla cura e all'assistenza medica.

Le parti devono contribuire alle istituzioni di previdenza e di assistenza, nei casi e nei modi stabiliti dalla legge [2114].

● Norme connesse:

- comma 1: art. 2, D.P.R. 31 dicembre 1971, n. 1403 (Disciplina dell'obbligo delle assicurazioni sociali nei confronti dei lavoratori addetti ai servizi domestici e familiari, nonché dei lavoratori addetti a servizi di riassetto e di pulizia dei locali).

2243. Periodo di riposo.

Il prestatore di lavoro, oltre al riposo settimanale secondo gli usi, ha diritto dopo un anno di ininterrotto servizio, ad un periodo di ferie retribuito, che non può essere inferiore a otto giorni [2109; Cost. 36][1].

[1] La Corte costituzionale, con sentenza 17 febbraio 1969, n. 16, ha dichiarato l'illegittimità costituzionale del presente articolo, limitatamente alle parole «dopo un anno di ininterrotto servizio».

2244. Recesso.

Al contratto di lavoro domestico sono applicabili le norme sul recesso volontario [1373] e per giusta causa, stabilite negli articoli 2118 e 2119.

Il periodo di preavviso non può essere inferiore a otto giorni o, se l'anzianità di servizio è superiore a due anni, a quindici giorni.

2245. Indennità di anzianità.

In caso di cessazione del contratto è dovuta al prestatore di lavoro un'indennità proporzionale agli anni di servizio, salvo il caso di licenziamento per colpa di lui o di dimissioni volontarie [2120].

L'ammontare dell'indennità è determinata sulla base dell'ultima retribuzione in danaro, nella misura di otto giorni per ogni anno di servizio.

[Se gli usi lo stabiliscono, l'indennità è dovuta anche nel caso di dimissioni volontarie][1].

[1] Comma da ritenersi abrogato dall'art. 17, L. 2 aprile 1958, n. 339.

2246. Certificato di lavoro.

Alla cessazione del contratto il prestatore di lavoro ha diritto al rilascio di un certificato che attesti la natura delle mansioni disimpegnate e il periodo di servizio prestato [2124].

CODICE CIVILE

TITOLO V
DELLE SOCIETÀ

CAPO I
DISPOSIZIONI GENERALI

● Norme connesse:
- artt. 1, 4, L. 18 dicembre 1984, n. 975; art. 25, L. 31 maggio 1995, n. 218.

2247. Contratto di società[1].

Con il contratto di società [1420, 1446, 1459, 1466] due o più persone conferiscono beni o servizi [2253, 2293, 2295 n. 6, 2315, 2464, comma 2; 2342, comma 5, 2454] per l'esercizio in comune di un'attività economica allo scopo di dividerne gli utili [2082, 2253, 2949].

[1] Rubrica così sostituita dall'art. 1, D.Lgs. 2 marzo 1993, n. 88.

● Norme connesse:
- per l'esclusione dello scopo lucrativo nelle società di gestione di fondi mutualistici, art. 11, L. 31 gennaio 1992, n. 59, che dispone: *1. Le associazioni nazionali di rappresentanza, assistenza e tutela del movimento cooperativo, riconosciute ai sensi dell'articolo 5 del citato decreto legislativo del Capo provvisorio dello Stato 14 dicembre 1947, n. 1577, e successive modificazioni, e quelle riconosciute in base a leggi emanate da regioni a statuto speciale possono costituire fondi mutualistici per la promozione e lo sviluppo della cooperazione. I fondi possono essere gestiti senza scopo di lucro da società per azioni o da associazioni.*

2. L'oggetto sociale deve consistere esclusivamente nella promozione e nel finanziamento di nuove imprese e di iniziative di sviluppo della cooperazione, con preferenza per i programmi diretti all'innovazione tecnologica, all'incremento dell'occupazione ed allo sviluppo del Mezzogiorno.

3. Per realizzare i propri fini, i fondi di cui al comma 1 possono promuovere la costituzione di società cooperative o di loro consorzi, nonché assumere partecipazioni in società cooperative o in società da queste controllate. Possono altresì finanziare specifici programmi di sviluppo di società cooperative o di loro consorzi, organizzare o gestire corsi di formazione professionale del personale dirigente amministrativo o tecnico del settore della cooperazione, promuovere studi e ricerche su temi economici e sociali di rilevante interesse per il movimento cooperativo.

4. Le società cooperative e i loro consorzi, aderenti alle associazioni riconosciute di cui al primo periodo del comma 1, devono destinare alla costituzione e all'incremento di ciascun fondo costituito dalle associazioni cui aderiscono una quota degli utili annuali pari al 3 per cento. Il versamento non deve essere effettuato se l'importo non supera ventimila lire.

5. Deve inoltre essere devoluto ai fondi di cui al comma 1 il patrimonio residuo delle cooperative in liquidazione, dedotti il capitale versato e rivalutato ed i dividendi eventualmente maturati, di cui al primo comma, lettera c), dell'articolo 26 del citato decreto legislativo del Capo provvisorio dello Stato 14 dicembre 1947, n. 1577, e successive modificazioni.

6. Le società cooperative e i loro consorzi non aderenti alle associazioni riconosciute di cui al primo periodo del comma 1, o aderenti ad associazioni che non abbiano costituito il fondo di cui al comma 1, assolvono agli obblighi di cui ai commi 4 e 5, secondo quanto previsto all'articolo 20.

7. Le società cooperative ed i loro consorzi sottoposti alla vigilanza delle regioni a statuto speciale, che non aderiscono alle associazioni riconosciute di cui al primo periodo del comma 1 o che aderiscono ad associazioni che non abbiano costituito il fondo di cui al comma 1, effettuano il versamento previsto al comma 4 nell'apposito fondo regionale, ove istituito o, in mancanza di tale fondo, secondo le modalità di cui al comma 6.

8. Lo Stato e gli enti pubblici possono finanziare specifici progetti predisposti dagli enti gestori dei fondi di cui al comma 1 o dalla pubblica amministrazione, rivolti al conseguimento delle finalità di cui al comma 2. I fondi possono essere altresì alimentati da contributi erogati da soggetti privati.

9. I versamenti ai fondi effettuati dai soggetti di cui all'articolo 87, comma 1, lettera a), del testo unico delle imposte sui redditi approvato con decreto del Presidente della Repubblica 22 dicembre 1986, n. 917, sono esenti da imposte e sono deducibili, nel limite del 3 per cento, dalla base imponibile del soggetto che effettua l'erogazione.

10. Le società cooperative e i loro consorzi che non ottemperano alle disposizioni del presente articolo decadono dai benefici fiscali e di altra natura concessi ai sensi della normativa vigente.

- per l'esclusione dello scopo lucrativo nelle società aventi ad oggetto l'organizzazione e la gestione dei mercati regolamentati di strumenti finanziari, art. 64, D.Lgs. 24 febbraio 1998, n. 58, nel testo sostituito dall'art. 3, comma 1, D.Lgs. 3 agosto 2017, n. 129, a decorrere dal 3 gennaio 2018, che dispone: *1. L'attività di organizzazione e gestione di mercati regolamentati di strumenti finanziari è esercitata da società per azioni anche senza scopo di lucro (gestore del mercato regolamentato).*

2. Il gestore del mercato regolamentato:

a) predispone le strutture, fornisce i servizi del mercato e determina i corrispettivi a esso dovuti;

b) assicura e verifica il rispetto dei requisiti del mercato regolamentato previsti nel presente titolo;

c) dispone l'ammissione, l'esclusione e la sospensione degli strumenti finanziari dalla quotazione e dalle negoziazioni e degli operatori dalle negoziazioni;

d) adotta tutti gli atti necessari per l'ordinato funzionamento del mercato regolamentato;

e) adotta le disposizioni e gli atti necessari a prevenire e identificare abusi di informazioni privilegiate e manipolazioni del mercato;

f) provvede agli altri compiti a esso eventualmente affidati dalle autorità competenti.

3. Il gestore del mercato regolamentato esercita i diritti che corrispondono al mercato regolamentato e ha la responsabilità di garantire che il mercato gestito soddisfi, al momento dell'autorizzazione e continuativamente, i requisiti stabiliti dalla presente parte, anche qualora l'esecuzione di funzioni operative essenziali sia affidata a terzi.

4. La Consob, con regolamento:

a) individua le attività connesse e strumentali che possono essere svolte dal gestore del mercato regolamentato;

b) stabilisce i requisiti generali di organizzazione del gestore del mercato regolamentato;

c) adotta le disposizioni attuative dell'articolo 4-undecies.

5. La Consob verifica che le modificazioni statutarie dei gestori dei mercati regolamentati non contrastino con i requisiti previsti dal presente capo. Non si può dare corso al procedimento per l'iscrizione nel registro delle imprese se non consti tale verifica.

6. Ai gestori dei mercati regolamentati si applicano le disposizioni della parte IV, titolo III, capo II, sezione VI, a eccezione degli articoli 157 e 158.

7. Il gestore del mercato regolamentato può gestire un sistema multilaterale di negoziazione o un sistema organizzato di negoziazione, previa verifica da parte della Consob che esso rispetti le pertinenti disposizioni contenute nella parte III.

Per le organizzazioni non lucrative di utilità sociale, v. D.Lgs. 4 dicembre 1997, n. 460. Per la costituzione di società a responsabilità limitata con atto unilaterale, v. art. 2475, ultimo comma, del presente codice; per la costituzione di società per azioni per atto unilaterale da parte di una società posseduta per intero direttamente o indirettamente dallo Stato, v. art. 10, D.L. 31 maggio 1994, n. 332, convertito in L. 30 luglio 1994, n. 474 che dispone: *1. Alle operazioni di riorganizzazione e ristrutturazione di società e gruppi di società di cui all'art. 1 e loro controllate, funzionali alle cessioni previste dal presente decreto, si applicano, ferme restando le competenze previste dall'art. 15 del decreto-legge 11 luglio 1992, n. 333, convertito, con modificazioni, dalla legge 8 agosto 1992, n. 359, le disposizioni che seguono:*

a) la costituzione di società per azioni può avvenire anche per atto unilaterale, nel rispetto di quanto previsto dal terzo comma dell'art. 2475 del codice civile, da parte di una società posseduta per intero, direttamente od indirettamente, dallo Stato, con conferimento di danaro, di crediti, di beni in natura anche a valore di libro; il conferimento a valore di libro può avvenire altresì in sede di aumento di capitale da parte ed in favore di una società posseduta per intero, direttamente od indirettamente, dallo Stato; quando il conferimento è effettuato a valore di libro, la relazione di cui all'art. 2343 del codice civile deve limitarsi a verificare che la somma dei valori di libro dei beni conferiti corrisponda al valore del capitale o dell'aumento di capitale, nonché dell'eventuale sovrapprezzo, della società conferitaria; in tali casi i compensi professionali per la relazione giurata non possono eccedere il 10% della tariffa;

b) nei casi di cui alla lettera a) possono essere costituite con un unico atto una società per azioni controllante e una o più società per azioni controllate; in tal caso le aziende o rami di azienda appartenenti a società partecipanti all'operazione sono conferiti direttamente alle società controllate e le azioni sono attribuite alla controllante;

c) nel caso in cui siano previste più operazioni tra loro collegate che richiedano nomine di esperti ai sensi degli articoli 2343, 2440, 2498, secondo comma, 2501-quinquies e 2504-novies del codice civile, il presidente del tribunale nomina un unico esperto o un unico collegio di esperti. Quando concorrano diverse competenze territoriali provvede alla nomina il presidente del tribunale del luogo in cui ha sede la principale Borsa nazionale per volumi scambiati. Si applica la legge 8 luglio 1980, n. 319, ed i relativi decreti di determinazione dei compensi. Le tariffe ivi indicate sono ridotte del 50 per cento;

d) il termine di cui all'art. 2503, comma primo, del codice civile per le fusioni e le scissioni è ridotto ad un mese;

e) alle scissioni di società interamente possedute dallo Stato, sia direttamente sia per il tramite di altre società interamente possedute dallo Stato, non si applica la disposizione di cui all'art. 2504-decies, secondo comma, del codice civile; lo Stato è solidalmente responsabile dei debiti della società scissa non soddisfatti dalla società a cui essi fanno carico.

- artt. 146, 182-bis, R.D. 16 marzo 1942, n. 267.

■ artt. 1697, 1698, Codice civile del 1865.

♦ Codice civile francese

Articolo 1832. *La società è istituita tra due o più persone che convengono con un contratto di destinare ad un'impresa comune dei beni o il loro lavoro in vista di dividere il beneficio o di approfittare dell'economia che potrà risultarne. Essa può essere istituita, nei casi previsti dalla legge, dall'atto di volontà di una sola persona. Gli associati si impegnano a contribuire alle perdite.*

2248. Comunione a scopo di godimento.

La comunione costituita o mantenuta al solo scopo del godimento di una o più cose è regolata dalle norme del titolo VII del libro III [1100 ss.].

2249. Tipi di società.

Le società che hanno per oggetto l'esercizio di un'attività commerciale [2195, 2291] devono costituirsi secondo uno dei tipi regolati nei capi III e seguenti di questo titolo.

Le società che hanno per oggetto l'esercizio di un'attività diversa [2135] sono regolate dalle disposizioni sulla società semplice [2251 ss.], a meno che i soci abbiano voluto costituire la società secondo uno degli altri tipi regolati nei capi III e seguenti di questo titolo.

Sono salve le disposizioni riguardanti le società cooperative [2511 ss.] e quelle delle leggi speciali che per l'esercizio di particolari categorie di imprese prescrivono la costituzione della società secondo un determinato tipo.

● Norme connesse:

- art. 10 comma 1, L. 23 marzo 1981, n. 91.
- per le banche, D.Lgs. 1 settembre 1993, n. 385 (Testo unico delle leggi in materia bancaria e creditizia).
- per le società di intermediazione mobiliare; D.Lgs. 24 febbraio 1998, n. 58 (T.U. intermediazione finanziaria).
- per le società che possono esercitare le assicurazioni contro i danni, D.Lgs. 7 settembre 2005, n. 209.

2250. Indicazione negli atti e nella corrispondenza.

Negli atti e nella corrispondenza delle società soggette all'obbligo dell'iscrizione nel registro delle imprese devono essere indicati la sede della società e l'ufficio del registro delle imprese presso il quale questa è iscritta [2199, 2200] e il numero d'iscrizione [2199, 2630].

Il capitale delle società per azioni, in accomandita per azioni e a responsabilità limitata deve essere negli atti e nella corrispondenza indicato secondo la

CODICE CIVILE

somma effettivamente versata e quale risulta esistente dall'ultimo bilancio [2630].

Dopo lo scioglimento delle società previste dal primo comma deve essere espressamente indicato negli atti e nella corrispondenza che la società è in liquidazione [2630].

Negli atti e nella corrispondenza delle società per azioni ed a responsabilità limitata deve essere indicato se queste hanno un unico socio [2470, commi 4-7, 2630][1].

Gli atti delle società costituite secondo uno dei tipi regolati nei capi V, VI e VII del presente titolo, per i quali è obbligatoria l'iscrizione o il deposito, possono essere altresì pubblicati in apposita sezione del registro delle imprese in altra lingua ufficiale delle Comunità europee, con traduzione giurata di un esperto[2].

In caso di discordanza con gli atti pubblicati in lingua italiana, quelli pubblicati in altra lingua ai sensi del quinto comma non possono essere opposti ai terzi, ma questi possono avvalersene, salvo che la società dimostri che essi erano a conoscenza della loro versione in lingua italiana[2].

Le società di cui al quinto comma che dispongono di uno spazio elettronico destinato alla comunicazione collegato ad una rete telematica ad accesso pubblico forniscono, attraverso tale mezzo, tutte le informazioni di cui al primo, secondo, terzo e quarto comma[2 3].

[1] Comma aggiunto dall'art. 2, D.Lgs. 3 marzo 1993, n. 88 e così modificato dall'art. 6, D.Lgs. 6 febbraio 2004, n. 37.

[2] Comma aggiunto dall'art. 42, L. 7 luglio 2009, n. 88.

[3] Articolo così sostituito dall'art. 1, D.P.R. 29 dicembre 1969, n. 1127. Il testo previgente disponeva: *Negli atti e nella corrispondenza delle società soggette all'obbligo dell'iscrizione nel registro delle imprese devono essere indicati la sede della società e l'ufficio del registro delle imprese presso il quale questa è iscritta e il numero di iscrizione.*

Il capitale delle società per azioni, in accomandita per azioni e a responsabilità limitata deve essere negli atti e nella corrispondenza indicato secondo la somma effettivamente versata e quale risulta esistente dall'ultimo bilancio.

Dopo lo scioglimento delle società previste dal primo comma deve essere espressamente indicato negli atti e nella corrispondenza che la società è in liquidazione.

Negli atti e nella corrispondenza delle società a responsabilità limitata deve essere indicato se queste hanno un unico socio.

Il testo precedente le modifiche apportate dal D.Lgs. 3 marzo 1993, n. 88, invece, disponeva: *Negli atti e nella corrispondenza delle società soggette all'obbligo dell'iscrizione nel registro delle imprese devono essere indicati la sede della società e l'ufficio del registro delle imprese presso il quale questa è iscritta e il numero d'iscrizione.*

Il capitale delle società per azioni, in accomandita per azioni e a responsabilità limitata deve essere negli atti e nella corrispondenza indicato secondo la somma effettivamente versata e quale risulta esistente dall'ultimo bilancio.

Dopo lo scioglimento delle società previste dal primo comma deve essere espressamente indicato negli atti e nella corrispondenza che la società è in liquidazione.

Infine, nel testo originario, precedente le modifiche apportate dal D.P.R. 29 dicembre 1969, n. 1127, disponeva: *Negli atti e nella corrispondenza delle società soggette all'obbligo dell'iscrizione nel registro delle imprese devono essere indicati la sede della società e l'ufficio del registro delle imprese presso il quale questa è iscritta.*

Il capitale delle società per azioni, in accomandita per azioni e a responsabilità limitata deve essere negli atti e nella corrispondenza indicato secondo la somma effettivamente versata e quale risulta esistente dall'ultimo bilancio.

Dopo lo scioglimento delle società previste dal primo comma deve essere espressamente indicato negli atti e nella corrispondenza che la società è in liquidazione.

■ art. 104, Codice del commercio del 1882.

CAPO II
DELLA SOCIETÀ SEMPLICE

● Norme connesse:
- artt. 7, 18, D.P.R. 7 dicembre 1995, n. 581; art. 2, D.Lgs. 18 maggio 2001, n. 228.

Sezione I
Disposizioni generali

2251. Contratto sociale.
Nella società semplice [2249, comma 2; disp. att. 204 comma 2] il contratto [2295, 2316] non è soggetto a forme speciali, salve quelle richieste dalla natura dei beni conferiti [1350 nn. 1, 9].

2252. Modificazioni del contratto sociale.
Il contratto sociale può essere modificato soltanto con il consenso di tutti i soci [1372 comma 1, 2272 n. 3], se non è convenuto diversamente [2368, comma 1].

● Norme connesse:
- art. 7, D.P.R. 7 dicembre 1995, n. 581.

Sezione II
Dei rapporti tra i soci

2253. Conferimenti.
Il socio è obbligato a eseguire i conferimenti determinati nel contratto sociale [2247, 2286].

Se i conferimenti non sono determinati, si presume che i soci siano obbligati a conferire, in parti uguali tra loro, quanto è necessario per il conseguimento dell'oggetto sociale.

2254. Garanzia e rischi dei conferimenti.
Per le cose conferite in proprietà la garanzia dovuta dal socio e il passaggio dei rischi sono regolati dalle norme sulla vendita [1465 ss., 1483 ss.].

Il rischio delle cose conferite in godimento resta a carico del socio che le ha conferite [2281]. La garanzia per il godimento è regolata dalle norme sulla locazione [1578, 1585].

■ art. 1709, Codice civile del 1865.

2255. Conferimento di crediti.
Il socio che ha conferito un credito risponde della insolvenza del debitore, nei limiti indicati dall'articolo 1267 per il caso di assunzione convenzionale della garanzia.

2256. Uso illegittimo delle cose sociali.
Il socio non può servirsi, senza il consenso degli altri soci, delle cose appartenenti al patrimonio sociale per fini estranei a quelli della società.

■ art. 1723, Codice civile del 1865.

2257. Amministrazione disgiuntiva.
L'istituzione degli assetti di cui all'articolo 2086, secondo comma, spetta esclusivamente agli amministratori. Salvo diversa pattuizione, l'amministrazione della società spetta a ciascuno dei soci disgiuntamente dagli altri[1].

Se l'amministrazione spetta disgiuntamente a più soci, ciascun socio amministratore ha diritto di opporsi all'operazione che un altro voglia compiere, prima che sia compiuta.

La maggioranza dei soci, determinata secondo la parte attribuita a ciascun socio negli utili, decide sull'opposizione [2258 comma 2].

[1] Comma così sostituito prima dall'art. 377, D.Lgs. 12 gennaio 2019, n. 14, a decorrere dal trentesimo giorno successivo alla pubblicazione in G.U. del decreto (avvenuta il 14 febbraio 2019), poi dall'art. 40, D.Lgs. 26 ottobre 2020, n. 147, a decorrere dal 20 novembre 2020.

Il testo previgente la modifica del 2019 disponeva: *Salvo diversa pattuizione, l'amministrazione della società spetta a ciascuno dei soci disgiuntamente dagli altri.*

Il testo previgente la modifica del 2020 disponeva: *La gestione dell'impresa si svolge nel rispetto della disposizione di cui all'articolo 2086, secondo comma, e spetta esclusivamente agli amministratori, i quali compiono le operazioni necessarie per l'attuazione dell'oggetto sociale. Salvo diversa pattuizione, l'amministrazione della società spetta a ciascuno dei soci disgiuntamente dagli altri.*

■ art. 1721, Codice civile del 1865.

2258. Amministrazione congiuntiva.
Se l'amministrazione spetta congiuntamente a più soci, è necessario il consenso di tutti i soci amministratori per il compimento delle operazioni sociali.

Se è convenuto che per l'amministrazione o per determinati atti sia necessario il consenso della maggioranza, questa si determina a norma dell'ultimo comma dell'articolo precedente [2257 comma 3].

Nei casi preveduti da questo articolo, i singoli amministratori non possono compiere da soli alcun atto, salvo che vi sia urgenza di evitare un danno alla società.

■ art. 1722, Codice civile del 1865.

2259. Revoca della facoltà di amministrare.
La revoca dell'amministratore nominato con il contratto sociale non ha effetto se non ricorre una giusta causa.

L'amministratore nominato con atto separato è revocabile secondo le norme sul mandato [1723 ss.].

La revoca per giusta causa può in ogni caso essere chiesta giudizialmente da ciascun socio.

2260. Diritti e obblighi degli amministratori.
I diritti e gli obblighi degli amministratori sono regolati dalle norme sul mandato [1703 ss.].

Gli amministratori sono solidalmente responsabili [1292 ss.] verso la società per l'adempimento degli obblighi ad essi imposti dalle legge e dal contratto sociale. Tuttavia la responsabilità non si estende a quelli che dimostrino di essere esenti da colpa.

■ art. 1720, Codice civile del 1865.

♦ Codice civile francese

Articolo 1850. *Ogni amministratore è responsabile individualmente verso la società e verso i terzi sia delle infrazioni alle leggi e regolamenti sia della violazione degli statuti sia delle colpe commesse nella sua amministrazione. Se più amministratori hanno partecipato agli stessi fatti la loro responsabilità è solidale nei confronti dei terzi e dei soci. Tuttavia nei loro rapporti il tribunale determina la parte contributiva di ognuno nel risarcimento dei danni.*

2261. Controllo dei soci.
I soci che non partecipano all'amministrazione hanno diritto di avere dagli amministratori notizia dello svolgimento degli affari sociali, di consultare i documenti relativi all'amministrazione e di ottenere il rendiconto quando gli affari per cui fu costituita la società sono stati compiuti [2257, 2258, 2320 comma 3].

Se il compimento degli affari sociali dura oltre un anno, i soci hanno diritto di avere il rendiconto dell'amministrazione al termine di ogni anno, salvo che il contratto stabilisca un termine diverso [2552].

2262. Utili.
Salvo patto contrario, ciascun socio ha diritto di percepire la sua parte di utili dopo l'approvazione del rendiconto [2261 comma 2, 2350, 2303 ss.].

2263. Ripartizione dei guadagni e delle perdite.
Le parti spettanti ai soci nei guadagni e nelle perdite si presumono proporzionali ai conferimenti [2265]. Se il valore dei conferimenti non è determinato dal contratto, esse si presumono eguali.

La parte spettante al socio che ha conferito la propria opera, se non è determinata dal contratto, è fissata dal giudice secondo equità [2295 n. 7].

CODICE CIVILE

Se il contratto determina soltanto la parte di ciascun socio nei guadagni, nella stessa misura si presume che debba determinarsi la partecipazione alle perdite.

■ art. 1717, Codice civile del 1865.

2264. Partecipazione ai guadagni e alle perdite rimessa alla determinazione di un terzo.

La determinazione della parte di ciascun socio nei guadagni e nelle perdite può essere rimessa ad un terzo [2603].

La determinazione del terzo può essere impugnata soltanto nei casi previsti dall'articolo 1349 e nel termine di tre mesi dal giorno in cui il socio, che pretende di esserne leso, ne ha avuto comunicazione [2964 ss.]. L'impugnazione non può essere proposta dal socio che ha volontariamente eseguito la determinazione del terzo.

■ art. 1718, Codice civile del 1865.

2265. Patto leonino.

È nullo il patto con il quale uno o più soci sono esclusi da ogni partecipazione agli utili o alle perdite [1419].

■ art. 1719, Codice civile del 1865.

Sezione III

Dei rapporti con i terzi

2266. Rappresentanza della società.

La società acquista diritti e assume obbligazioni per mezzo dei soci che ne hanno la rappresentanza e sta in giudizio nella persona dei medesimi.

In mancanza di diversa disposizione del contratto, la rappresentanza spetta a ciascun socio amministratore e si estende a tutti gli atti che rientrano nell'oggetto sociale [2257].

Le modificazioni e l'estinzione dei poteri di rappresentanza sono regolate dall'articolo 1396.

2267. Responsabilità per le obbligazioni sociali.

I creditori della società possono far valere i loro diritti sul patrimonio sociale [2268]. Per le obbligazioni sociali rispondono inoltre personalmente e solidalmente [1292] i soci che hanno agito in nome e per conto della società [33, 38, 41, 2317] e salvo patto contrario, gli altri soci [2291, 2297].

Il patto deve essere portato a conoscenza dei terzi con mezzi idonei [1396]; in mancanza, la limitazione della responsabilità o l'esclusione della solidarietà non è opponibile a coloro che non ne hanno avuto conoscenza.

■ artt. 1726-1728, Codice civile del 1865.

2268. Escussione preventiva del patrimonio sociale.

Il socio richiesto del pagamento di debiti sociali può domandare, anche se la società è in liquidazione, la preventiva escussione del patrimonio sociale, indicando i beni sui quali il creditore possa agevolmente soddisfarsi [1944, 2304].

2269. Responsabilità del nuovo socio.

Chi entra a far parte di una società già costituita risponde con gli altri soci [2270] per le obbligazioni sociali anteriori all'acquisto della qualità di socio.

2270. Creditore particolare del socio.

Il creditore particolare del socio, finché dura la società, può far valere i suoi diritti sugli utili spettanti al debitore [2262] e compiere atti conservativi sulla quota spettante a quest'ultimo nella liquidazione.

Se gli altri beni del debitore sono insufficienti a soddisfare i suoi crediti, il creditore particolare del socio può inoltre chiedere in ogni tempo la liquidazione della quota del suo debitore. La quota deve essere liquidata entro tre mesi dalla domanda, salvo che sia deliberato lo scioglimento della società [2272, 2288].

2271. Esclusione della compensazione.

Non è ammessa compensazione fra il debito che un terzo ha verso la società e il credito che egli ha verso un socio.

Sezione IV

Dello scioglimento della società

2272. Cause di scioglimento.

La società si scioglie:

1) per il decorso del termine [2285];

2) per il conseguimento dell'oggetto sociale o per la sopravvenuta impossibilità di conseguirlo [27];

3) per la volontà di tutti i soci [2252];

4) quando viene a mancare la pluralità dei soci, se nel termine di sei mesi questa non è ricostituita [2323];

5) per le altre cause previste dal contratto sociale.

■ art. 1729, Codice civile del 1865.

♦ Codice civile francese

Articolo 1844.7. *La società termina: 1° per lo scadere del termine per cui è stata costituita, salvo proroga effettuata conformemente all'articolo 1844.6; 2° per la realizzazione o ['estinzione del suo oggetto i 3° per l'annullamento del contratto di società; 4° per lo scioglimento anticipato deciso dai soci; 5° per lo scioglimento anticipato pronunciato dal tribunale su domanda di un socio per giusta causa, specialmente in caso di inadempimento delle sue obbligazioni da un socio o di disaccordo tra i soci che paralizza il funzionamento della società; 6° per lo scioglimento anticipato pronunciato dal tribunale nel caso previsto all'articolo 1844.5; 7° per effetto di una sentenza che ordina la liquidazione giudiziaria. Per ogni altra causa prevista dagli statuti.*

2273. Proroga tacita.

La società è tacitamente prorogata a tempo indeterminato quando, decorso il tempo per cui fu contratta, i soci continuano a compiere le operazioni sociali [2285, 2307].

2274. Poteri degli amministratori dopo lo scioglimento.

Avvenuto lo scioglimento della società, i soci amministratori conservano il potere di amministrare, limitatamente agli affari urgenti, fino a che siano presi i provvedimenti necessari per la liquidazione [29, 2272, 2275].

■ art. 197, Codice del commercio del 1882.

2275. Liquidatori.

Se il contratto non prevede il modo di liquidare il patrimonio sociale e i soci non sono d'accordo nel determinarlo, la liquidazione è fatta da uno o più liquidatori, nominati con il consenso di tutti i soci o, in caso di disaccordo, dal presidente del tribunale.

I liquidatori possono essere revocati per volontà di tutti i soci e in ogni caso dal tribunale per giusta causa su domanda di uno o più soci [2259][1].

[1] Relativamente alle disposizioni di cui al presente articolo trovano applicazione le norme di cui alla Sezione II (Del procedimento in confronto di più parti) del Capo II (Del procedimento) del Titolo IV (Del procedimento in camera di consiglio), D.Lgs. 17 gennaio 2003, n. 5 (Definizione dei procedimenti in materia di diritto societario e di intermediazione finanziaria, nonché in materia bancaria e creditizia, in attuazione dell'articolo 12 della legge 3 ottobre 2001, n. 366) (art. 33, D.Lgs. 5/2003, cit.), poi abrogato dall'art. 54, L. 18 giugno 2009, n. 69 (le disposizioni ivi contenute continuano ad applicarsi alle controversie pendenti alla data di entrata in vigore della L. 69/2009 cit.).

■ art. 197, Codice del commercio del 1882.

2276. Obblighi e responsabilità dei liquidatori.

Gli obblighi e la responsabilità dei liquidatori sono regolati dalle disposizioni stabilite per gli amministratori [2260], in quanto non sia diversamente disposto dalle norme seguenti o dal contratto sociale.

■ art. 205, Codice del commercio del 1882.

2277. Inventario.

Gli amministratori devono consegnare ai liquidatori i beni e i documenti sociali e presentare ad essi il conto della gestione relativo al periodo successivo all'ultimo rendiconto.

I liquidatori devono prendere in consegna i beni e i documenti sociali, e redigere, insieme con gli amministratori, l'inventario dal quale risulti lo stato attivo e passivo del patrimonio sociale [c.p.c. 79 ss.]. L'inventario deve essere sottoscritto dagli amministratori e dai liquidatori.

■ art. 200, Codice del commercio del 1882.

2278. Poteri dei liquidatori.

I liquidatori possono compiere gli atti necessari per la liquidazione e se i soci non hanno disposto diversamente, possono vendere anche in blocco i beni sociali [2280] e fare transazioni e compromessi [1965; c.p.c. 806 ss.].

Essi rappresentano la società anche in giudizio [2266; c.p.c. 75].

■ art. 203, Codice del commercio del 1882.

2279. Divieto di nuove operazioni.

I liquidatori non possono intraprendere nuove operazioni. Contravvenendo a tale divieto, essi rispondono personalmente e solidalmente per gli affari intrapresi [29].

■ art. 201, Codice del commercio del 1882.

2280. Pagamento dei debiti sociali.

I liquidatori non possono ripartire tra i soci, neppure parzialmente, i beni sociali, finché non siano pagati i creditori della società o non siano accantonate le somme necessarie per pagarli.

Se i fondi disponibili risultano insufficienti per il pagamento dei debiti sociali, i liquidatori possono chiedere ai soci i versamenti ancora dovuti sulle rispettive quote e se occorre, le somme necessarie, nei limiti della rispettiva responsabilità e in proporzione della parte di ciascuno nelle perdite. Nella stessa proporzione si ripartisce tra i soci il debito del socio insolvente [2265].

■ artt. 201, 202, Codice del commercio del 1882.

2281. Restituzione dei beni conferiti in godimento.

I soci che hanno conferito beni in godimento hanno diritto di riprenderli nello stato in cui si trovano [1590]. Se i beni sono periti o deteriorati per causa imputabile agli amministratori, i soci hanno diritto al risarcimento del danno a carico del patrimonio sociale, salva l'azione contro gli amministratori [2043, 2254].

2282. Ripartizione dell'attivo.

Estinti i debiti sociali, l'attivo residuo è destinato al rimborso dei conferimenti. L'eventuale eccedenza è ripartita tra i soci in proporzione della parte di ciascuno nei guadagni [2265].

CODICE CIVILE

L'ammontare dei conferimenti non aventi per oggetto somme di danaro è determinato secondo la valutazione che ne è stata fatta nel contratto o, in mancanza, secondo il valore che essi avevano nel momento in cui furono eseguiti.

2283. Ripartizione dei beni in natura.

Se è convenuto che la ripartizione dei beni sia fatta in natura, si applicano le disposizioni sulla divisione delle cose comuni [1111].

Sezione V

Dello scioglimento del rapporto sociale limitatamente a un socio

2284. Morte del socio.

Salvo contraria disposizione del contratto sociale, in caso di morte di uno dei soci, gli altri devono liquidare la quota agli eredi, a meno che preferiscano sciogliere la società [2272 n. 3], ovvero continuarla con gli eredi stessi e questi vi acconsentano.

■ art. 1732, Codice civile del 1865.

♦ Codice civile francese

Articolo 1870. *La società non è sciolta per il decesso di un socio, ma continua con i suoi eredi o legatari, salvo prevedere negli statuti, che essi devono essere autorizzati dai soci. Può, tuttavia, essere convenuto che questo decesso comporterà lo scioglimento della società o che questa continuerà con i soli soci superstiti. Può ugualmente essere convenuto che la società continuerà sia con il coniuge superstite sia con uno o più eredi, sia con ogni altra persona designata dagli statuti o, se questi l'autorizzano, da disposizione testamentaria. Salvo clausola contraria degli statuti, quando la successione è devoluta ad una persona giuridica, questa non può divenire socio che con il consenso degli altri soci dato secondo le condizioni statutarie o, in mancanza, con accordo unanime dei soci.*

2285. Recesso del socio.

Ogni socio può recedere dalla società quando questa è contratta a tempo indeterminato o per tutta la vita di uno dei soci [1373].

Può inoltre recedere nei casi previsti nel contratto sociale ovvero quando sussiste una giusta causa.

Nei casi previsti nel primo comma il recesso deve essere comunicato agli altri soci con un preavviso di almeno tre mesi.

■ artt. 1733, 1734, Codice civile del 1865.

♦ Codice civile francese

Articolo 1869. *Senza pregiudizio dei diritti dei terzi, un socio può ritirarsi totalmente o parzialmente dalla società, nelle condizioni previste dagli statuti o, in mancanza, dopo autorizzazione data con un decisione unanime degli altri soci. Questo ritiro può ugualmente essere autorizzato per giusta causa con un decisione del giudice. A meno che non sia fatta applicazione*

Articolo 1870.1. *Gli eredi o i legatari che non diventano soci hanno diritto solo al valore delle quote sociali dei loro danti causa. Questo valore deve essergli pagato dai nuovi titolari delle quote o dalla società stessa se questa le ha riacquistate in vista del loro annullamento. Il valore di questi diritti sociali è determinato il giorno del decesso nelle condizioni previste all'articolo 1843.4.*

2286. Esclusione.

L'esclusione di un socio può avere luogo per gravi inadempienze [24 comma 3, 1455] delle obbligazioni che derivano dalla legge [1374] o dal contratto sociale [2301], nonché per l'interdizione, l'inabilitazione del socio [disp. att. 208 comma 2] o per la sua condanna ad una pena che importa l'interdizione, anche temporanea, dai pubblici uffici [2287].

Il socio che ha conferito nella società la propria opera o il godimento di una cosa può altresì essere escluso per la sopravvenuta inidoneità a svolgere l'opera conferita o per il perimento della cosa dovuto a causa non imputabile agli amministratori.

Parimenti può essere escluso il socio che si è obbligato con il conferimento a trasferire la proprietà di una cosa, se questa è perita prima che la proprietà sia acquistata alla società.

■ art. 1735, Codice civile del 1865.

2287. Procedimento di esclusione.

L'esclusione è deliberata dalla maggioranza dei soci, non computandosi nel numero di questi il socio da escludere, ed ha effetto decorsi trenta giorni dalla data della comunicazione al socio escluso.

Entro questo termine il socio escluso può fare opposizione davanti al tribunale, il quale può sospendere l'esecuzione.

Se la società si compone di due soci, l'esclusione di uno di essi è pronunciata dal tribunale, su domanda dell'altro.

2288. Esclusione di diritto.

È escluso di diritto il socio che sia dichiarato fallito.

Parimenti è escluso di diritto il socio nei cui confronti un suo creditore particolare abbia ottenuto la liquidazione della quota a norma dell'articolo 2270.

● Norme connesse:

- artt. 1, 5, 149, R.D. 16 marzo 1942, n. 267.

2289. Liquidazione della quota del socio uscente.

Nei casi in cui il rapporto sociale si scioglie limitatamente a un socio [2284-2286], questi o i suoi eredi hanno diritto soltanto ad una somma di danaro che rappresenti il valore della quota.

La liquidazione della quota è fatta in base alla situazione patrimoniale della società nel giorno in cui si verifica lo scioglimento.

Se vi sono operazioni in corso, il socio o i suoi eredi partecipano agli utili e alle perdite inerenti alle operazioni medesime.

Salvo quanto è disposto nell'articolo 2270, il pagamento della quota spettante al socio deve essere fatto entro sei mesi dal giorno in cui si verifica lo scioglimento del rapporto.

■ art. 1732, Codice civile del 1865.

2290. Responsabilità del socio uscente o dei suoi eredi.

Nei casi in cui il rapporto sociale si scioglie limitatamente a un socio, questi o i suoi eredi sono responsabili verso i terzi per le obbligazioni sociali fino al giorno in cui si verifica lo scioglimento [2284, 2286].

Lo scioglimento deve essere portato a conoscenza dei terzi con mezzi idonei [2267]; in mancanza non è opponibile ai terzi che lo hanno senza colpa ignorato.

CAPO III

DELLA SOCIETÀ IN NOME COLLETTIVO

● Norme connesse:

- art. 1, L. 23 dicembre 1982, n. 947 (Disciplina per la regolarizzazione delle società di fatto), riportato in nota sub art. 2291 c.c.

- art. 3, commi 68 ss., L. 23 dicembre 1996, n. 662, che dispone: *Art. 3. Disposizioni in materia di entrata. 1. - 67. [...]. 68. Le società di fatto o irregolari esistenti alla data del 31 luglio 2000 possono essere regolarizzate, entro il 28 febbraio 2001, in una delle forme previste dai capi III e IV del titolo V del libro quinto del codice civile secondo le procedure e con le agevolazioni previste dai commi da 69 a 74*[44].

69. L'atto di regolarizzazione della società può essere stipulato con sottoscrizione dei contraenti, autenticata ai sensi dell'articolo 2703 del codice civile. Per gli atti posti in essere ai fini della regolarizzazione delle società di fatto, gli onorari notarili sono ridotti ad un quarto. Il comune dove ha sede la società da regolarizzare può applicare uno specifico tributo, nella misura massima di euro 129,11. Il notaio rogante o autenticante, in sede di atto di regolarizzazione, verifica che sia stata pagata l'imposta sostitutiva di cui al comma 70 o provvede a riscuoterla dalle parti, versandola entro i trenta giorni successivi presso il competente ufficio del registro; verifica altresì che il tributo di cui al periodo precedente sia stato assolto o provvede a riscuoterlo dalle parti, riversandolo entro i trenta giorni successivi alla tesoreria comunale.

70. Gli atti e le formalità posti in essere ai fini della regolarizzazione sono assoggettati, in luogo dei relativi tributi, ad una imposta sostitutiva, qualora il contribuente faccia contestuale richiesta, dovuta nelle seguenti misure:

a) dalle società irregolari costituite con atto scritto registrato, nonché dalle società di fatto denunciate agli effetti dell'imposta di registro e già assoggettate a detto tributo, in euro 258,23 per l'atto di regolarizzazione e per la variazione nell'intestazione dei beni mobili iscritti nei pubblici registri, dei beni immobili strumentali di proprietà della società ovvero di quelli nel cui atto d'acquisto i soci siano intervenuti in nome o per conto della società;

b) dalle società di fatto, in euro 516,46; se nell'atto di regolarizzazione figurano beni, già utilizzati dalla società, di proprietà del socio e che vengono conferiti alla società stessa, l'imposta è dovuta nella misura di euro 774,69 quando il conferimento ha per oggetto beni mobili iscritti nei pubblici registri e nella misura di euro 1.549,37 quando ha per oggetto beni immobili strumentali.

71. Entro trenta giorni dalla stipulazione dell'atto di regolarizzazione gli amministratori della società richiedono l'iscrizione nel registro delle imprese.

72. La regolarizzazione costituisce titolo per la variazione dell'intestazione, a favore della società regolarizzata, di tutti gli atti ed i provvedimenti della pubblica amministrazione intestati, alla data della regolarizzazione, alla società preesistente ovvero ai soci, limitatamente ai beni da essi conferiti.

73. Ai fini dell'imposta sul valore aggiunto, le detrazioni e gli adempimenti disciplinati dall'articolo 19 e dal titolo II del decreto del Presidente della Repubblica 26 ottobre 1972, n. 633, effettuati dai soci per l'attività esercitata dalla società anteriormente alla regolarizzazione, si considerano effettuati dalla società regolarizzata.

74. Non si fa comunque luogo a rimborso di imposte, pene pecuniarie e soprattasse corrisposte prima della data di entrata in vigore della presente legge.

75. Ai fini della regolarizzazione agli effetti fiscali, le disposizioni dei commi da 68 a 74 si applicano, in quanto compatibili, alle società semplici che svolgono attività agricola, esistenti alla data del 1° dicembre 1998[45]*. Per dette società l'imposta sostitutiva è determinata nella misura di euro 258,23.*

75-bis. Le società di fatto esercenti le attività indicate dall'articolo 2135 del codice civile e le comunioni tacite familiari di cui all'articolo 230-bis, ultimo comma, del codice civile, esistenti alla data del 1° gennaio 1997, possono essere modificate, entro il 1° dicembre 1997, in imprese agricole individuali. Gli atti e le formalità posti in essere ai fini della modificazione, ad esclusione dei trasferimenti dei beni immobili, sono assoggettati, in luogo dei relativi tributi e diritti, ad una imposta sostitutiva di euro 258,23. La modificazione costituisce titolo, senza ulteriori oneri, per la variazione dell'intestazione, a favore dell'impresa individuale, di tutti gli atti e provvedimenti della pubblica amministrazione intestati alla società di fatto o comunione preesistente, compresa l'iscrizione al registro delle imprese.

76. Fermo restando quanto previsto nell'articolo 1 del decreto-legge 10 luglio 1982, n. 429, convertito, con modificazioni, dalla legge 7 agosto 1982, n. 516, non si applicano le sanzioni previste per l'omessa presentazione della dichiarazione dei redditi da parte della società, a condizione che la stessa abbia presentato le dichiarazioni prescritte ai fini dell'imposta sul valore aggiunto e che i soci abbiano presentato le dichiarazioni prescritte ai fini dell'imposta sui redditi, indicandovi completamente quelli riconducibili all'attività sociale.

2291. Nozione.

Nella società in nome collettivo tutti i soci rispondono solidalmente [1292] e illimitatamente per le obbligazioni sociali [2304, 2315, 2615; L. fall. 147].

Il patto contrario non ha effetto nei confronti dei terzi [2267].

● Norme connesse:

- per la regolarizzazione delle società di fatto mediante costituzione in forma di società in nome collettivo, art. 1, L. 23 dicembre 1982, n. 947 che dispone: *Le società di fatto o irre-*

CODICE CIVILE

golari esistenti alla data del 30 giugno 1982 possono essere regolarizzate entro il 31 dicembre 1984 in una delle forme previste dai capi III e IV del titolo V del libro quinto del codice civile con atto sottoposto a registrazione con l'applicazione dell'Imposta di registro nella misura dell'1 per cento e senza applicazione di sanzioni. L'imposta è ridotta allo 0,50 per cento per la regolarizzazione delle società aventi sede ed operanti nei territori di cui al testo unico approvato con decreto del Presidente della Repubblica 6 marzo 1978, n. 218, e successive modificazioni. Le imposte ipotecarie e catastali sono dovute in misura fissa.

La base imponibile è costituita dal patrimonio netto della società quale risulta dalla situazione patrimoniale alla data della regolarizzazione, da allegarsi all'atto, redatta sulla base delle scritture contabili obbligatorie anche se ai soli fini fiscali o, in mancanza, di documenti aventi data certa. Nella situazione patrimoniale è consentito comprendere anche i beni immobili e mobili iscritti nei pubblici registri, o loro quote, comunque utilizzati come beni strumentali nell'esercizio dell'impresa societaria ancorché intestati ai soci o ad alcuno di essi. Ai fini della situazione patrimoniale per i beni non risultanti dalle scritture obbligatorie il valore è determinato secondo i criteri indicati nel decreto del Presidente della Repubblica 23 dicembre 1974, n. 689. Resta escluso il giudizio di congruità dei valori di cui all'art. 48 del decreto del Presidente della Repubblica 26 ottobre 1972, n. 634.

Agli effetti dell'imposta comunale sugli incrementi di valore degli immobili si applica la disciplina prevista per le fusioni dall'art. 6, settimo comma, del decreto del Presidente della Repubblica 26 ottobre 1972, n. 643, e successive modificazioni.

Le società di fatto esistenti alla data di entrata in vigore della presente legge che non intendano avvalersi delle disposizioni di cui al primo comma possono essere regolarizzate agli effetti fiscali entro il 31 dicembre 1984, mediante atto sottoposto alla registrazione con l'applicazione dell'imposta di registro nella misura dell'1 per cento e senza applicazione di sanzioni. L'aliquota è ridotta allo 0,50 per cento per le società aventi sede ed operanti nei territori di cui al testo unico approvato con decreto del Presidente della Repubblica 6 marzo 1978, n. 218, e successive modificazioni. Per la determinazione della base imponibile valgono le disposizioni di cui al secondo comma ad eccezione di quelle relative ai beni immobili i quali non possono essere inclusi nella situazione patrimoniale.

Ai fini dell'applicazione della presente legge la prova dell'esistenza della società deve risultare da dichiarazione fatta in data anteriore al 1° luglio 1982 agli effetti dell'imposta sul valore aggiunto o delle imposte sul reddito o da certificato della camera di commercio, industria, artigianato ed agricoltura o da altro documento avente data certa.

- art. 147, R.D. 16 marzo 1942, n. 267.

■ artt. 76, 106, Codice del commercio del 1882.

2292. Ragione sociale.

La società in nome collettivo agisce sotto una ragione sociale costituita dal nome di uno o più soci con l'indicazione del rapporto sociale [2563, 2564, 2567].

La società può conservare nella ragione sociale il nome del socio receduto o defunto [2284], se il socio receduto o gli eredi del socio defunto vi consentono [disp. att. 207].

■ artt. 77, 105, Codice del commercio del 1882.

2293. Norme applicabili.

La società in nome collettivo è regolata dalle norme di questo capo e in quanto queste non dispongano, dalle norme del capo precedente.

2294. Incapace.

La partecipazione di un incapace alla società in nome collettivo è subordinata in ogni caso all'osservanza delle disposizioni degli articoli 320, 371, 397, 424 e 425.

● Norme connesse:

- per la partecipazione di incapaci all'impresa artigiana, art. 5, comma 3, L. 8 agosto 1985, n. 443 che dispone: *L'impresa costituita ed esercitata in forma di società a responsabilità limitata che, operando nei limiti dimensionali di cui alla presente legge e con gli scopi di cui al primo comma dell'articolo 3, presenti domanda alla commissione di cui all'articolo 9, ha diritto al riconoscimento della qualifica artigiana ed alla conseguente iscrizione nell'albo provinciale, sempreché la maggioranza dei soci, ovvero, uno nel caso di due soci, svolga in prevalenza lavoro personale, anche manuale, nel processo produttivo e detenga la maggioranza del capitale sociale e degli organi deliberanti della società.*

2295. Atto costitutivo.

L'atto costitutivo della società deve indicare [2316]:

1) il cognome e il nome, il luogo e la data di nascita, il domicilio, la cittadinanza dei soci;

2) la ragione sociale [2292];

3) i soci che hanno l'amministrazione e la rappresentanza della società [2298];

4) la sede della società e le eventuali sedi secondarie [2299];

5) l'oggetto sociale [2266, 2272 n. 2, 2553];

6) i conferimenti di ciascun socio, il valore ad essi attribuito e il modo di valutazione [2253];

7) le prestazioni a cui sono obbligati i soci di opera;

8) le norme secondo le quali gli utili devono essere ripartiti e la quota di ciascun socio negli utili e nelle perdite [2263];

9) la durata della società [2307].

■ art. 88, Codice del commercio del 1882.

2296. Pubblicazione.

L'atto costitutivo della società con sottoscrizione autenticata dei contraenti, o una copia autenticata [2703] di esso se la stipulazione è avvenuta per atto pubblico, deve entro trenta giorni essere depositato per l'iscrizione a cura degli amministratori, presso l'ufficio del registro delle imprese [2188 ss.; disp. att. 99 ss.] nella cui circoscrizione è stabilita la sede sociale.

Se gli amministratori non provvedono al deposito nel termine indicato nel comma precedente, ciascun socio può provvedervi a spese della società, o far condannare gli amministratori ad eseguirlo.

Se la stipulazione è avvenuta per atto pubblico, è obbligato ad eseguire il deposito anche il notaio.

● Norme connesse:

- art. unico, L. 13 marzo 1980, n. 73, che dispone: *1. Per gli atti ricevuti od autenticati all'estero, i termini di cui all'art. 2671 del codice civile decorrono dalla data del deposito effettuato a norma dell'art. 106, n. 4, della legge 16 febbraio 1913, n. 89.*

2. Per gli atti ricevuti o autenticati all'estero per i quali sia prevista al pubblicità nel registro delle imprese, i termini decorrono dalla data stabilita nel comma 1, ma il deposito per l'iscrizione deve avvenire entro il quarantacinquesimo giorno successivo al compimento dell'atto.

- artt. 7, 11, 16, D.P.R. 7 dicembre 1995, n. 581.

■ artt. 90, 97, Codice del commercio del 1882.

2297. Mancata registrazione.

Fino a quando la società non è iscritta nel registro delle imprese [disp. att. 101], i rapporti tra la società e i terzi, ferma restando la responsabilità illimitata e solidale di tutti i soci [29, 38, 41, 1292, 2267, 2291], sono regolati dalle disposizioni relative alla società semplice [2251; c.nav. 284].

Tuttavia, si presume [2727] che ciascun socio che agisce per la società abbia la rappresentanza sociale, anche in giudizio. I patti che attribuiscono la rappresentanza ad alcuno soltanto dei soci o che limitano i poteri di rappresentanza non sono opponibili ai terzi, a meno che si provi che questi ne erano a conoscenza [2193].

● Norme connesse:

- art. 147, R.D. 16 marzo 1942, n. 267.

■ art. 98, Codice del commercio del 1882.

2298. Rappresentanza della società.

L'amministratore che ha la rappresentanza della società [2295 n. 3; L. fall. 152] può compiere tutti gli atti che rientrano nell'oggetto sociale [2266], salve le limitazioni che risultano dall'atto costitutivo o dalla procura [19, 2204]. Le limitazioni non sono opponibili ai terzi, se non sono iscritte nel registro delle imprese [34, 2188; disp. att. 100] o se non si prova che i terzi ne hanno avuto conoscenza [19, 2193].

[...][1].

[1] Comma abrogato dall'art. 33, L. 24 novembre 2000, n. 340. Il testo previgente disponeva: *Gli amministratori che hanno la rappresentanza sociale devono, entro quindici giorni dalla notizia della nomina, depositare presso l'ufficio del registro delle imprese le loro firme autografe.*

2299. Sedi secondarie.

Un estratto dell'atto costitutivo deve essere depositato per l'iscrizione presso l'ufficio del registro delle imprese [disp. att. 99, 101] del luogo in cui la società istituisce sedi secondarie [2295 n. 5] con una rappresentanza stabile, entro trenta giorni dall'istituzione delle medesime [2197].

L'estratto deve indicare l'ufficio del registro presso il quale è iscritta la società e la data dell'iscrizione.

[...][1].

L'istituzione di sedi secondarie deve essere denunciata per l'iscrizione nello stesso termine anche all'ufficio del registro del luogo dove è iscritta la società.

[1] Comma abrogato dall'art. 33, L. 24 novembre 2000, n. 340. Il testo previgente disponeva: *Presso l'ufficio del registro in cui è iscritta la sede secondaria deve essere altresì depositata la firma autografa del rappresentante preposto all'esercizio della sede medesima.*

● Norme connesse:

- artt. 7, 11, comma 2, D.P.R. 7 dicembre 1995, n. 581.

2300. Modificazioni dell'atto costitutivo.

Gli amministratori devono richiedere nel termine di trenta giorni all'ufficio del registro delle imprese [disp. att. 101] l'iscrizione delle modificazioni dell'atto costitutivo [2252] e degli altri fatti relativi alla società, dei quali è obbligatoria l'iscrizione.

Se la modificazione dell'atto costitutivo risulta da deliberazione dei soci, questa deve essere depositata in copia autentica.

Le modificazioni dell'atto costitutivo, finché non sono iscritte, non sono opponibili ai terzi, a meno che si provi che questi ne erano a conoscenza [2193; c.nav. 284].

● Norme connesse:

- per l'iscrizione degli atti ricevuti o autenticati all'estero, art. unico, L. 13 marzo 1980, n. 73, riportato in nota sub art. 2296 c.c.

- art. 7, D.P.R. 7 dicembre 1995, n. 581.

■ artt. 96, 100, Codice del commercio del 1882.

2301. Divieto di concorrenza.

Il socio non può, senza il consenso degli altri soci, esercitare per conto proprio o altrui un'attività concorrente [2595] con quella della società, né partecipare come socio illimitatamente responsabile ad altra società concorrente [2291, 2318, 2462].

Il consenso si presume se l'esercizio dell'attività o la partecipazione ad altra società preesisteva al contratto sociale, e gli altri soci ne erano a conoscenza.

In caso d'inosservanza delle disposizioni del primo comma la società ha diritto al risarcimento del danno, salva l'applicazione dell'articolo 2286.

■ artt. 112, 113, Codice del commercio del 1882.

2302. Scritture contabili.

Gli amministratori devono tenere i libri e le altre scritture contabili prescritti dall'articolo 2214 [disp. att. 200].

2303. Limiti alla distribuzione degli utili.

Non può farsi luogo a ripartizione di somme tra soci se non per utili realmente conseguiti.

Se si verifica una perdita del capitale sociale [2295 n. 6], non può farsi luogo a ripartizione di utili fino a che il capitale non sia reintegrato o ridotto in misura corrispondente.

2304. Responsabilità dei soci.

I creditori sociali, anche se la società è in liquidazione, non possono pretendere il pagamento dai singoli soci, se non dopo l'escussione del patrimonio sociale [2268].

● Norme connesse:
- art. 184, comma 2, R.D. 16 marzo 1942, n. 267.

■ art. 106, Codice del commercio del 1882.

2305. Creditore particolare del socio.

Il creditore particolare del socio, finché dura la società [2308], non può chiedere la liquidazione della quota del socio debitore [2307].

■ art. 85, Codice del commercio del 1882.

2306. Riduzione di capitale.

La deliberazione di riduzione di capitale, mediante rimborso ai soci delle quote pagate o mediante liberazione di essi dall'obbligo di ulteriore versamento, può essere eseguita soltanto dopo tre mesi dal giorno dell'iscrizione nel registro delle imprese [disp. att. 99-101], purché entro questo termine [2964] nessun creditore sociale anteriore all'iscrizione abbia fatto opposizione [disp. att. 211].

Il tribunale, nonostante l'opposizione, può disporre che l'esecuzione abbia luogo, previa prestazione da parte della società di un'idonea garanzia [1179].

■ art. 101, Codice del commercio del 1882.

2307. Proroga della società.

Il creditore particolare del socio può fare opposizione alla proroga della società entro tre mesi dall'iscrizione della deliberazione di proroga nel registro delle imprese [disp. att. 99-101].

Se l'opposizione è accolta, la società deve, entro tre mesi dalla notificazione della sentenza, liquidare la quota del socio debitore dell'opponente [2289].

In caso di proroga tacita [2273] ciascun socio può sempre recedere dalla società, dando preavviso a norma dell'articolo 2285, e il creditore particolare del socio può chiedere la liquidazione della quota del suo debitore a norma dell'articolo 2270 [disp. att. 211].

■ art. 102, Codice del commercio del 1882.

2308. Scioglimento della società.

La società si scioglie [2250, 2304, 2305], oltre che per le cause indicate dall'articolo 2272, per provvedimento dell'autorità governativa nei casi stabiliti dalla legge, e salvo che abbia per oggetto un'attività non commerciale, per la dichiarazione di fallimento [2221; L. fall. 147].

● Norme connesse:
- artt. 1, 147, 222, R.D. 16 marzo 1942, n. 267.

■ artt. 189-192, Codice del commercio del 1882.

2309. Pubblicazione della nomina dei liquidatori.

La deliberazione dei soci o la sentenza che nomina i liquidatori e ogni atto successivo che importa cambiamento nelle persone dei liquidatori devono essere, entro trenta giorni dalla notizia della nomina, depositati in copia autentica a cura dei liquidatori medesimi per l'iscrizione presso l'ufficio del registro delle imprese[1].

[...][2].

[1] Comma così modificato dall'art. 33, L. 24 novembre 2000, n. 340. Il testo previgente disponeva: *La deliberazione dei soci o la sentenza che nomina i liquidatori e ogni atto successivo che importa cambiamento nelle persone dei liquidatori devono essere, entro quindici giorni dalla notizia della nomina, depositati in copia autentica a cura dei liquidatori medesimi per l'iscrizione presso l'ufficio del registro delle imprese.*

[2] Comma abrogato dall'art. 33, L. 24 novembre 2000, n. 340. Il testo previgente disponeva: *I liquidatori devono altresì depositare presso lo stesso ufficio le loro firme autografe.*

● Norme connesse:
- art. 7, D.P.R. 7 dicembre 1995, n. 581.

2310. Rappresentanza della società in liquidazione.

Dall'iscrizione della nomina dei liquidatori la rappresentanza della società, anche in giudizio, spetta ai liquidatori [2298].

2311. Bilancio finale di liquidazione e piano di riparto.

Compiuta la liquidazione, i liquidatori devono redigere il bilancio finale e proporre ai soci il piano di riparto.

Il bilancio, sottoscritto dai liquidatori, e il piano di riparto devono essere comunicati mediante raccomandata ai soci, e s'intendono approvati se non sono stati impugnati nel termine di due mesi dalla comunicazione [2964 ss.].

In caso d'impugnazione del bilancio e del piano di riparto, il liquidatore può chiedere che le questioni relative alla liquidazione siano esaminate separatamente da quelle relative alla divisione, alle quali il liquidatore può restare estraneo.

Con l'approvazione del bilancio i liquidatori sono liberati di fronte ai soci [disp. att. 218].

■ art. 208, Codice del commercio del 1882.

2312. Cancellazione della società.

Approvato il bilancio finale di liquidazione, i liquidatori devono chiedere la cancellazione della società dal registro delle imprese.

Dalla cancellazione della società i creditori sociali che non sono stati soddisfatti possano far valere i loro crediti nei confronti dei soci e se il mancato pagamento è dipeso da colpa dei liquidatori, anche nei confronti di questi [2324].

Le scritture contabili ed i documenti che non spettano ai singoli soci sono depositati presso la persona designata dalla maggioranza.

Le scritture contabili e i documenti devono essere conservati per dieci anni a decorrere dalla cancellazione della società dal registro delle imprese.

● Norme connesse:
- art. 10, R.D. 16 marzo 1942, n. 267; art. 7 D.P.R. 7 dicembre 1995, n. 581.
■ artt. 206, 209, Codice del commercio del 1882.

CAPO IV

DELLA SOCIETÀ IN ACCOMANDITA SEMPLICE

● Norme connesse:
- art. 3, commi 68 ss., L. 23 dicembre 1996, n. 662.

2313. Nozione.

Nella società in accomandita semplice i soci accomandatari rispondono solidalmente e illimitatamente per le obbligazioni sociali [2318], e i soci accomandanti rispondono limitatamente alla quota conferita [2320].

Le quote di partecipazione dei soci non possono essere rappresentate da azioni.

● Norme connesse:
- per la disciplina di regolarizzazione delle società di fatto, mediante costituzione in forma di società in accomandita semplice, art. 1, L. 23 dicembre 1982, n. 947, riportato in nota sub art. 2291 c.c.
- artt. 147, 150, R.D. 16 marzo 1942, n. 267.
■ artt. 76, 114, 117, Codice del commercio del 1882.

2314. Ragione sociale.

La società agisce sotto una ragione sociale costituita dal nome[1] di almeno uno dei soci accomandatari, con l'indicazione di società in accomandita semplice, salvo il disposto del secondo comma dell'articolo 2292 [2564, 2567].

L'accomandante, il quale consente che il suo nome sia compreso nella ragione sociale, risponde di fronte ai terzi illimitatamente e solidalmente con i soci accomandatari per le obbligazioni sociali [2320].

[1] Leggasi «nome e cognome».
■ artt. 77, 114, Codice del commercio del 1882.

2315. Norme applicabili.

Alla società in accomandita semplice si applicano le disposizioni relative alla società in nome collettivo [2291 ss.], in quanto siano compatibili con le norme seguenti.

2316. Atto costitutivo.

L'atto costitutivo [2295] deve indicare i soci accomandatari e i soci accomandanti.

● Norme connesse:
- art. 7, D.P.R. 7 dicembre 1995, n. 581.
■ art. 88, Codice del commercio del 1882.

2317. Mancata registrazione.

Fino a quando la società non è iscritta nel registro delle imprese [disp. att. 100], ai rapporti fra la società e i terzi si applicano le disposizioni dell'articolo 2297.

Tuttavia per le obbligazioni sociali i soci accomandanti rispondono limitatamente alla loro quota, salvo che abbiano partecipato alle operazioni sociali [2320].

■ art. 98, Codice del commercio del 1882.

2318. Soci accomandatari.

I soci accomandatari hanno i diritti e gli obblighi dei soci della società in nome collettivo.

L'amministrazione della società può essere conferita soltanto ai soci accomandatari [2323 comma 2].

■ art. 114, Codice del commercio del 1882.

2319. Nomina e revoca degli amministratori.

Se l'atto costitutivo non dispone diversamente, per la nomina degli amministratori e per la loro revoca nel caso indicato nel secondo comma dell'articolo 2259 sono necessari il consenso dei soci accomandatari e l'approvazione di tanti soci accomandanti che rappresentino la maggioranza del capitale da essi sottoscritto.

2320. Soci accomandanti.

I soci accomandanti non possono compiere atti di amministrazione, né trattare o concludere affari in nome della società, se non in forza di procura speciale per singoli affari. Il socio accomandante che contravviene a tale divieto assume responsabilità illimitata e solidale verso i terzi per tutte le obbligazioni sociali e può essere escluso a norma dell'articolo 2286.

I soci accomandanti possono tuttavia prestare la loro opera sotto la direzione degli amministratori e se l'atto costitutivo lo consente, dare autorizzazioni e pareri per determinate operazioni e compiere atti di ispezione e di sorveglianza.

CODICE CIVILE

In ogni caso essi hanno diritto di aver comunicazione annuale del bilancio e del conto dei profitti e delle perdite, e di controllarne l'esattezza, consultando i libri e gli altri documenti della società [2261].

■ art. 118, Codice del commercio del 1882.

2321. Utili percepiti in buona fede.
I soci accomandanti non sono tenuti alla restituzione degli utili riscossi in buona fede secondo il bilancio regolarmente approvato.

2322. Trasferimento della quota.
La quota di partecipazione del socio accomandante è trasmissibile per causa di morte [2284].

Salvo diversa disposizione dell'atto costitutivo, la quota può essere ceduta, con effetto verso la società, con il consenso dei soci che rappresentano la maggioranza del capitale.

2323. Cause di scioglimento.
La società si scioglie, oltre che per le cause previste nell'articolo 2308 [2322], quando rimangono soltanto soci accomandanti o soci accomandatari, sempreché nel termine di sei mesi non sia stato sostituito il socio che è venuto meno.

Se vengono a mancare tutti gli accomandatari, per il periodo indicato dal comma precedente gli accomandanti nominano un amministratore provvisorio per il compimento degli atti di ordinaria amministrazione. L'amministratore provvisorio non assume la qualità di socio accomandatario.

■ artt. 189-192, Codice del commercio del 1882.

2324. Diritti dei creditori sociali dopo la liquidazione.
Salvo il diritto previsto dal secondo comma dell'articolo 2312 nei confronti degli accomandatari e dei liquidatori, i creditori sociali che non sono stati soddisfatti nella liquidazione della società possono far valere i loro crediti anche nei confronti degli accomandanti, limitatamente alla quota di liquidazione [2311].

■ art. 206, Codice del commercio del 1882.

CAPO V
SOCIETÀ PER AZIONI[1]

[1] L'originario Capo V, comprendente gli articoli da 2325 a 2461, è stato così sostituito, a decorrere dal 1° gennaio 2004, con l'attuale Capo V, comprendente gli articoli da 2325 a 2451, dall'art. 1, D.Lgs. 17 gennaio 2003, n. 6. V. D.M. 23 luglio 2004, n. 222 e D.M. 23 luglio 2004, n. 223.

Sezione I
Disposizioni generali[1]

[1] Sezione così sostituita dall'art. 1, D.Lgs. 17 gennaio 2003, n. 6, a decorrere dal 1° gennaio 2004.

2325. Responsabilità.
Nella società per azioni per le obbligazioni sociali risponde soltanto la società con il suo patrimonio [2291, 2313, 2447-*bis* ss., 2462, 2740].

In caso di insolvenza della società, per le obbligazioni sociali sorte nel periodo in cui le azioni sono appartenute ad una sola persona [2328, comma 1, 2463, comma 1], questa risponde illimitatamente quando i conferimenti non siano stati effettuati secondo quanto previsto dall'articolo 2342 o fin quando non sia stata attuata la pubblicità prescritta dall'articolo 2362 [2331, comma 2][1].

[1] Articolo così sostituito dall'art. 1, D.Lgs. 17 gennaio 2003, n. 6, a decorrere dal 1° gennaio 2004. Il testo previgente disponeva: *Art. 2325 - Nozione.*

Nella società per azioni per le obbligazioni sociali risponde soltanto la società con il suo patrimonio.

Le quote di partecipazione dei soci sono rappresentate da azioni.

● Norme connesse:
- artt. 14, 59, D.Lgs. 7 settembre 2005, n. 209; artt. 147, comma 1, 150, comma 1, R.D. 16 marzo 1942, n. 267.

■ art. 76, Codice del commercio del 1882.

2325-*bis*. Società che fanno ricorso al mercato del capitale di rischio.
Ai fini dell'applicazione del presente titolo, sono società che fanno ricorso al mercato del capitale di rischio le società con azioni quotate in mercati regolamentati o diffuse fra il pubblico in misura rilevante [2341-*ter*, 2351, comma 2, 2366, comma 3, 2368, comma 2, 2369, commi 5 e 7, 2370, comma 2, 2372, comma 2, 2377, comma 3, 2379-*ter*, comma 2, 2393, comma 6, 2393-*bis*, comma 2, 2407, comma 3, 2408, comma 2, 2409, commi 1, 7, 2409-*bis*, comma 2, 2409-*octiesdecies*, comma 1, 2437, comma 3, 2441, comma 3; disp. att. 111-*bis*][1].

Le norme di questo titolo si applicano alle società con azioni quotate in mercati regolamentati in quanto non sia diversamente disposto da altre norme di questo codice o di leggi speciali[1 2 3].

[1] Comma così modificato dall'art. 5, D.Lgs. 6 febbraio 2004, n. 37. Il testo del comma 1 previgente disponeva: *Ai fini dell'applicazione del presente capo, sono società che fanno ricorso al mercato del capitale di rischio le società con azioni quotate in mercati regolamentati o diffuse fra il pubblico in misura rilevante.* Il testo del comma 2 previgente disponeva: *Le norme di questo capo si applicano alle società emittenti di azioni quotate in mercati regolamentati in quanto non sia diversamente disposto da altre norme di questo codice o di leggi speciali.*

[2] A norma dell'art. 111-bis, R.D. 30 marzo 1942, n. 318, la misura rilevante di cui al presente comma è quella stabilita a norma dell'art. 116, D.Lgs. 24 febbraio 1998, n. 58, nel testo, da ultimo, modificato dall'art. 3, D.Lgs. 18 giugno 2012, n. 91, che dispone: *1. Gli articoli 114, ad eccezione del comma 7, e 115 si applicano anche agli emittenti strumenti finanziari che,*

ancorché non quotati in mercati regolamentati italiani, siano diffusi tra il pubblico in misura rilevante. La CONSOB stabilisce con regolamento i criteri per l'individuazione di tali emittenti e può dispensare, in tutto o in parte, dall'osservanza degli obblighi previsti dai predetti articoli emittenti strumenti finanziari quotati in mercati regolamentati di altri paesi dell'Unione Europea o in mercati di paesi extracomunitari, in considerazione degli obblighi informativi a cui sono tenuti in forza della quotazione.

2. Agli emittenti indicati al comma 1 si applicano le disposizioni della parte IV, titolo III, capo II, sezione VI, ad eccezione degli articoli 157 e 158.

2-bis. Gli articoli 114, ad eccezione del comma 7, e 115, si applicano anche agli emittenti strumenti finanziari ammessi alle negoziazioni nei sistemi multilaterali di negoziazione che presentano le caratteristiche stabilite dalla Consob con regolamento e a condizione che l'ammissione sia stata richiesta o autorizzata dall'emittente.

2-ter. [...].

[3] Articolo aggiunto dall'art. 1, D.Lgs. 17 gennaio 2003, n. 6, a decorrere dal 1° gennaio 2004.

2326. Denominazione sociale.

La denominazione sociale, in qualunque modo formata, deve contenere l'indicazione di società per azioni [2250, 2354, comma 3 n. 1, 2414, comma 1 n. 1, 2567][1].

[1] Articolo così sostituito dall'art. 1, D.Lgs. 17 gennaio 2003, n. 6, a decorrere dal 1° gennaio 2004. Il testo previgente disponeva: *La denominazione sociale, in qualunque modo formata, deve contenere l'indicazione di società per azioni.*

● Norme connesse:

- art. 308, D.Lgs. 7 settembre 2005, n. 209; art. 133, D.Lgs. 1 settembre 1993, n. 385

■ art. 77, Codice del commercio del 1882.

2327. Ammontare minimo del capitale.

La società per azioni deve costituirsi con un capitale non inferiore a cinquantamila euro [2463, comma 2 n. 4; disp. att. 223 *ter*][1 2 3].

[1] Comma così modificato dall'art. 20, D.L. 24 giugno 2014, n. 91, convertito in L. 11 agosto 2014, n. 116. Il testo previgente disponeva: *La società per azioni deve costituirsi con un capitale non inferiore a centoventimila euro.*

[2] Articolo così sostituito dall'art. 1, D.Lgs. 17 gennaio 2003, n. 6, a decorrere dal 1° gennaio 2004. Il testo previgente disponeva: *La società per azioni deve costituirsi con un capitale non inferiore a centomila euro.*

Il valore nominale delle azioni delle società di nuova costituzione è di un euro o suoi multipli.

[3] A norma dell'art. 223-bis, R.D. 30 marzo 1942, n. 318, le società di cui ai capi V, VI e VII del titolo V del libro V, del codice civile, iscritte nel registro delle imprese alla data del 1° gennaio 2004, devono uniformare l'atto costitutivo e lo statuto alle nuove disposizioni inderogabili entro il 30 settembre 2004.

2328. Atto costitutivo.

La società può essere costituita per contratto o per atto unilaterale.

L'atto costitutivo deve essere redatto per atto pubblico [2332, n. 1] e deve indicare:

1) il cognome e il nome o la denominazione, la data e il luogo di nascita o lo Stato di costituzione, il domicilio o la sede, la cittadinanza dei soci e degli eventuali promotori, nonché il numero delle azioni assegnate a ciascuno di essi [2346, comma 4][1];

2) la denominazione [2326] e il comune ove sono poste la sede della società [disp. att. 111-*ter*] e le eventuali sedi secondarie;

3) l'attività che costituisce l'oggetto sociale [2332 n. 2, 2437, comma 1 lett. a)];

4) l'ammontare del capitale sottoscritto [2329, n. 1] e di quello versato;

5) il numero e l'eventuale valore nominale delle azioni, le loro caratteristiche e le modalità di emissione e circolazione [2346, comma 1];

6) il valore attribuito ai crediti e beni conferiti in natura [2343];

7) le norme secondo le quali gli utili devono essere ripartiti [2265, 2430, comma 1, 2433];

8) i benefici eventualmente accordati ai promotori o ai soci fondatori [2340, 2341];

9) il sistema di amministrazione adottato [2380 ss., 2409-*octies* ss., 2409-*sexiesdecies* ss.], il numero degli amministratori e i loro poteri, indicando quali tra essi hanno la rappresentanza della società;

10) il numero dei componenti il collegio sindacale [2397, 2400, comma 1, 2402, 2409-*duodecies*, 2409-*octiesdecies*];

11) la nomina dei primi amministratori e sindaci ovvero dei componenti del consiglio di sorveglianza e, quando previsto, del soggetto incaricato di effettuare la revisione legale dei conti [2368, comma 1][2];

12) l'importo globale, almeno approssimativo, delle spese per la costituzione poste a carico della società;

13) la durata della società ovvero, se la società è costituita a tempo indeterminato, il periodo di tempo, comunque non superiore ad un anno, decorso il quale il socio potrà recedere [2437, comma 3].

Lo statuto contenente le norme relative al funzionamento della società, anche se forma oggetto di atto separato, costituisce parte integrante dell'atto costitutivo [2521, comma 4, 2463 n. 7]. In caso di contrasto tra le clausole dell'atto costitutivo e quelle dello statuto prevalgono le seconde [disp. att. 223-*bis*, comma 7][3].

[1] Numero così modificato dall'art. 5, D.Lgs. 6 febbraio 2004, n. 37. Il testo previgente disponeva: *1) il cognome e il nome o la denominazione, la data e il luogo di nascita o di costituzione, il domicilio o la sede, la cittadinanza dei soci e degli eventuali promotori, nonché il numero delle azioni assegnate a ciascuno di essi.*

CODICE CIVILE

[2] Numero prima modificato dall'art. 5, D.Lgs. 6 febbraio 2004, n. 37, poi dall'art. 37, D.Lgs. 27 gennaio 2010, n. 39. Il testo previgente la riforma del 2004 disponeva: *11) la nomina dei primi amministratori e sindaci e, quando previsto, del soggetto al quale è demandato il controllo contabile.* Il testo previgente la riforma del 2010 disponeva: *11) la nomina dei primi amministratori e sindaci ovvero dei componenti del consiglio di sorveglianza e, quando previsto, del soggetto al quale è demandato il controllo contabile.*

[3] Articolo così sostituito dall'art. 1, D.Lgs. 17 gennaio 2003, n. 6, a decorrere dal 1° gennaio 2004. Il testo previgente disponeva: *La società deve costituirsi per atto pubblico. L'atto costitutivo deve indicare:*

1) il cognome ed il nome, il luogo e la data di nascita, il domicilio e la cittadinanza dei soci e degli eventuali promotori, nonché il numero delle azioni sottoscritte da ciascuno di essi;

2) la denominazione, la sede della società e le eventuali sedi secondarie;

3) l'oggetto sociale;

4) l'ammontare del capitale sottoscritto e versato;

5) il valore nominale e il numero delle azioni e se queste sono nominative o al portatore;

6) il valore dei crediti e dei beni conferiti in natura;

7) le norme secondo le quali gli utili devono essere ripartiti;

8) la partecipazione agli utili eventualmente accordata ai promotori o ai soci fondatori;

9) il numero degli amministratori e i loro poteri, indicando quali tra essi hanno la rappresentanza della società;

10) il numero dei componenti il collegio sindacale;

11) la durata della società;

12) l'importo globale, almeno approssimativo, delle spese per la costituzione poste a carico della società.

Lo statuto contenente le norme relative al funzionamento della società, anche se forma oggetto di atto separato, si considera parte integrante dell'atto costitutivo e deve essere a questo allegato.

● Norme connesse:

- artt. 25, comma 1, 60, comma 2, L. 31 maggio 1995, n. 218; art. 20, Trattato dell'Unione Europea.

■ artt. 87, 89, Codice del commercio del 1882.

2329. Condizioni per la costituzione.

Per procedere alla costituzione della società è necessario:

1) che sia sottoscritto per intero il capitale sociale [2327, 2328 n. 4];

2) che siano rispettate le previsioni degli articoli 2342, 2343 e 2343-*ter* relative ai conferimenti[1];

3) che sussistano le autorizzazioni e le altre condizioni richieste dalle leggi speciali per la costituzione della società, in relazione al suo particolare oggetto [2463, comma 3; disp. att. 223-*quater*][2 3].

[1] Numero così modificato dall'art. 1, D.Lgs. 4 agosto 2008, n. 142.

[2] Articolo così sostituito dall'art. 1, D.Lgs. 17 gennaio 2003, n. 6, a decorrere dal 1° gennaio 2004. Il testo previgente disponeva: *Per procedere alla costituzione della società è necessario:*

1) che sia sottoscritto per intero il capitale sociale;

2) che siano versati presso un istituto di credito almeno i tre decimi dei conferimenti in danaro;

3) che sussistano le autorizzazioni governative e le altre condizioni richieste dalle leggi specialiper la costituzione della società, in relazione al suo particolare oggetto.

Le somme depositate a norma del n. 2 del comma precedente non possono essere consegnate agli amministratori se non provano l'avvenuta iscrizione della società nel registro delle imprese. L'istituto di credito è responsabile nei confronti della società e dei terzi per l'inosservanza del presente divieto.

Se entro un anno dal deposito l'iscrizione non ha avuto luogo, le somme di cui al comma precedente devono essere restituite ai sottoscrittori.

[3] Per il caso di autorizzazioni rilasciate successivamente alla stipulazione dell'atto costitutivo, cfr. art. 223-quater, R.D. 30 marzo 1942, n. 318.

● Norme connesse:

- artt. 13, 14, 58, 59, D.Lgs. 7 settembre 2005, n. 209; art. 14, comma 3, D.Lgs. 1 settembre 1993, n. 385.

■ artt. 128, 131, Codice del commercio del 1882.

2330. Deposito dell'atto costitutivo e iscrizione della società.

Il notaio che ha ricevuto l'atto costitutivo deve depositarlo entro dieci giorni presso l'ufficio del registro delle imprese nella cui circoscrizione è stabilita la sede sociale, allegando i documenti comprovanti la sussistenza delle condizioni previste dall'articolo 2329[1].

Se il notaio o gli amministratori non provvedono al deposito nel termine indicato nel comma precedente, ciascun socio può provvedervi a spese della società.

L'iscrizione della società nel registro delle imprese è richiesta contestualmente al deposito dell'atto costitutivo [disp. att. 111-*ter*]. L'ufficio del registro delle imprese, verificata la regolarità formale della documentazione, iscrive la società nel registro [2189, comma 2, 2436, comma 2].

Se la società istituisce sedi secondarie, si applica l'articolo 2299 [2463, comma 3][2 3].

[1] Comma così modificato dall'art. 3, D.L. 14 dicembre 2018, n. 135, convertito in L. 11 febbraio 2019, n. 12, che ha sostituito le parole "entro venti giorni" con le parole "entro dieci giorni".

[2] Articolo così sostituito dall'art. 1, D.Lgs. 17 gennaio 2003, n. 6, a decorrere dal 1° gennaio 2004. Il testo previgente disponeva: *Il notaio che ha ricevuto l'atto costitutivo deve depositarlo entro trenta giorni presso l'ufficio del registro delle imprese nella cui circoscrizione è stabilita la sede sociale, allegando i documenti comprovanti l'avvenuto versamento dei decimi in danaro e, per i conferimenti di beni in natura o di crediti, la relazione indicata nell'articolo 2343, nonché le eventuali autorizzazioni richieste per la costituzione della società.*

Se il notaio o gli amministratori non provvedono al deposito dell'atto costitutivo e degli allegati nel termine indicato nel comma precedente, ciascun socio può provvedervi a spese della società o far condannare gli amministratori ad eseguirlo.

L'iscrizione della società nel registro delle imprese è richiesta contestualmente al deposito dell'atto costitutivo. L'ufficio del registro delle imprese, verificata la regolarità formale della documentazione, iscrive la società nel registro.

Tutti i termini previsti in disposizioni speciali con riferimento all'omologazione dell'atto costitutivo decorrono dalla data dell'iscrizione nel registro delle imprese.

Se la società istituisce sedi secondarie, si applica l'articolo 2299.

[3] A norma dell'art. 223-bis, comma 5, R.D. 30 marzo 1942, n. 318, dal 1° gennaio 2004 non possono più essere iscritte nel registro le società regolate da atto costitutivo e statuto non conformi alle nuove norme; in tal caso si applica l'art. 2331, comma 4.

Seguiva l'art. 2330-*bis Pubblicazione dell'atto costitutivo*, già abrogato dall'art. 33, L. 24 novembre 2000, n. 340.

● Norme connesse:
- art. 7, D.P.R. 7 dicembre 1995, n. 581.

■ artt. 91, 97, Codice del commercio del 1882.

2331. Effetti dell'iscrizione.

Con l'iscrizione nel registro la società acquista la personalità giuridica.

Per le operazioni compiute in nome della società prima dell'iscrizione sono illimitatamente e solidalmente responsabili verso i terzi coloro che hanno agito. Sono altresì solidalmente e illimitatamente responsabili il socio unico fondatore e quelli tra i soci che nell'atto costitutivo o con atto separato hanno deciso, autorizzato o consentito il compimento dell'operazione.

Qualora successivamente all'iscrizione la società abbia approvato un'operazione prevista dal precedente comma, è responsabile anche la società ed essa è tenuta a rilevare coloro che hanno agito.

Le somme depositate a norma del secondo comma dell'articolo 2342 non possono essere consegnate agli amministratori se non provano l'avvenuta iscrizione della società nel registro. Se entro novanta giorni dalla stipulazione dell'atto costitutivo o dal rilascio delle autorizzazioni previste dal numero *3)* dell'articolo 2329 l'iscrizione non ha avuto luogo, esse sono restituite ai sottoscrittori e l'atto costitutivo perde efficacia.

Prima dell'iscrizione nel registro è vietata l'emissione delle azioni ed esse, salvo l'offerta pubblica di sottoscrizione ai sensi dell'articolo 2333, non possono costituire oggetto di una offerta al pubblico di prodotti finanziari[1 2].

[1] Comma così modificato dall'art. 5, D.Lgs. 28 marzo 2007, n. 51.

[2] Articolo così sostituito dall'art. 1, D.Lgs. 17 gennaio 2003, n. 6, a decorrere dal 1° gennaio 2004. Il testo previgente disponeva: *Con l'iscrizione nel registro la società acquista la personalità giuridica.*

Per le operazioni compiute in nome della società prima dell'iscrizione sono illimitatamente e solidalmente responsabili verso i terzi coloro che hanno agito.

L'emissione e la vendita delle azioni prima dell'iscrizione della società sono nulle.

■ artt. 98, 137, Codice del commercio del 1882.

2332. Nullità della società.

Avvenuta l'iscrizione nel registro delle imprese, la nullità della società può essere pronunciata soltanto nei seguenti casi:

1) mancata stipulazione dell'atto costitutivo nella forma dell'atto pubblico;

2) illiceità dell'oggetto sociale;

3) mancanza nell'atto costitutivo di ogni indicazione riguardante la denominazione della società, o i conferimenti, o l'ammontare del capitale sociale o l'oggetto sociale [disp. att. 223-*quater*, comma 2].

La dichiarazione di nullità non pregiudica l'efficacia degli atti compiuti in nome della società dopo l'iscrizione nel registro delle imprese.

I soci non sono liberati dall'obbligo di conferimento fino a quando non sono soddisfatti i creditori sociali.

La sentenza che dichiara la nullità nomina i liquidatori.

La nullità non può essere dichiarata quando la causa di essa è stata eliminata e di tale eliminazione è stata data pubblicità con iscrizione nel registro delle imprese.

Il dispositivo della sentenza che dichiara la nullità deve essere iscritto, a cura degli amministratori o dei liquidatori nominati ai sensi del quarto comma, nel registro delle imprese [2463, comma 3][1].

[1] Articolo così sostituito dall'art. 1, D.Lgs. 17 gennaio 2003, n. 6, a decorrere dal 1° gennaio 2004. Il testo previgente disponeva: *Avvenuta l'iscrizione nel registro delle imprese, la nullità della società può essere pronunciata soltanto nei seguenti casi:*

1) mancanza dell'atto costitutivo;

2) mancata stipulazione dell'atto costitutivo nella forma di atto pubblico;

3) [...];

4) illiceità o contrarietà all'ordine pubblico dell'oggetto sociale;

5) mancanza nell'atto costitutivo o nello statuto di ogni indicazione riguardante la denominazione della società, o i conferimenti, o l'ammontare del capitale sottoscritto o l'oggetto sociale;

6) inosservanza della disposizione di cui all'articolo 2329, numero 2;

7) incapacità di tutti i soci fondatori;

8) mancanza della pluralità dei fondatori.

La dichiarazione di nullità non pregiudica l'efficacia degli atti compiuti in nome della società dopo l'iscrizione nel registro delle imprese.

I soci non sono liberati dall'obbligo dei conferimenti fino a quando non sono soddisfatti i creditori sociali.

La sentenza che dichiara la nullità nomina i liquidatori.

La nullità non può essere dichiarata quando la causa di essa è stata eliminata per effetto di una modificazione dell'atto costitutivo iscritta nel registro delle imprese.

Sezione II

Della costituzione per pubblica sottoscrizione[1]

[1] Sezione così sostituita dall'art. 1, D.Lgs. 17 gennaio 2003, n. 6, a decorrere dal 1° gennaio 2004.

2333. Programma e sottoscrizione delle azioni.

La società può essere costituita anche per mezzo di pubblica sottoscrizione sulla base di un programma che ne indichi l'oggetto e il capitale, le principali disposizioni dell'atto costitutivo e dello statuto, l'eventuale partecipazione che i promotori si riservano agli utili e il termine entro il quale deve essere stipulato l'atto costitutivo.

Il programma con le firme autenticate dei promotori, prima di essere reso pubblico, deve essere depositato presso un notaio.

Le sottoscrizioni delle azioni devono risultare da atto pubblico o da scrittura privata autenticata. L'atto deve indicare il cognome e il nome o la denominazione, il domicilio o la sede del sottoscrittore, il numero delle azioni sottoscritte e la data della sottoscrizione[1].

[1] Articolo così sostituito dall'art. 1, D.Lgs. 17 gennaio 2003, n. 6, a decorrere dal 1° gennaio 2004. Il testo previgente disponeva: *La società può essere costituita anche per mezzo di pubblica sottoscrizione sulla base di un programma che ne indichi l'oggetto e il capitale, le principali disposizioni dell'atto costitutivo, l'eventuale partecipazione che i promotori si riservano agli utili e il termine entro il quale deve essere stipulato l'atto costitutivo.*

Il programma con le firme autenticate dei promotori, prima di essere reso pubblico, deve essere depositato presso un notaio.

Le sottoscrizioni delle azioni devono risultare da atto pubblico o da scrittura privata autenticata. L'atto deve indicare il cognome e il nome, il domicilio o la sede del sottoscrittore, il numero delle azioni sottoscritte e la data della sottoscrizione.

● Norme connesse:

- artt. 43, 43-bis, D.Lgs. 24 febbraio 1998, n. 58.

■ artt. 129, 130, Codice del commercio del 1882.

2334. Versamenti e convocazione dell'assemblea dei sottoscrittori.

Raccolte le sottoscrizioni, i promotori, con raccomandata o nella forma prevista nel programma, devono assegnare ai sottoscrittori un termine non superiore a trenta giorni per fare il versamento prescritto dal secondo comma dell'articolo 2342.

Decorso inutilmente questo termine, è in facoltà dei promotori di agire contro i sottoscrittori morosi o di scioglierli dall'obbligazione assunta. Qualora i promotori si avvalgano di quest'ultima facoltà, non può procedersi alla costituzione della società prima che siano collocate le azioni che quelli avevano sottoscritte.

Salvo che il programma stabilisca un termine diverso, i promotori, nei venti giorni successivi al termine fissato per il versamento prescritto dal primo comma del presente articolo, devono convocare l'assemblea dei sottoscrittori mediante raccomandata, da inviarsi a ciascuno di essi almeno dieci giorni prima di quello fissato per l'assemblea, con l'indicazione delle materie da trattare[1].

[1] Articolo così sostituito dall'art. 1, D.Lgs. 17 gennaio 2003, n. 6, a decorrere dal 1° gennaio 2004. Il testo previgente disponeva: *Raccolte le sottoscrizioni, i promotori, con raccomandata o nella forma prevista nel programma, devono assegnare ai sottoscrittori un termine non superiore ad un mese per fare il versamento prescritto dal numero 2 dell'articolo 2329.*

Decorso inutilmente questo termine, è facoltà dei promotori di agire contro i sottoscrittori morosi o di scioglierli dall'obbligazione assunta. Qualora i promotori si avvalgono di quest'ultima facoltà, non può procedersi alla costituzione della società prima che siano collocate le azioni che quelli avevano sottoscritte.

Salvo che il programma stabilisca un termine diverso, i promotori, nei venti giorni successivi al termine fissato per il versamento prescritto dal numero 2 dell'articolo 2329, devono convocare l'assemblea dei sottoscrittori mediante raccomandata, da inviarsi a ciascuno di essi almeno dieci giorni prima di quello fissato per l'assemblea, con l'indicazione delle materie da trattare.

■ art. 132, Codice del commercio del 1882.

2335. Assemblea dei sottoscrittori.

L'assemblea dei sottoscrittori:

1) accerta l'esistenza delle condizioni richieste per la costituzione della società;

2) delibera sul contenuto dell'atto costitutivo e dello statuto;

3) delibera sulla riserva di partecipazione agli utili fatta a proprio favore dai promotori;

4) nomina gli amministratori, ed i sindaci ovvero i componenti del consiglio di sorveglianza e, quando previsto, il soggetto incaricato di effettuare la revisione legale dei conti[1].

L'assemblea è validamente costituita con la presenza della metà dei sottoscrittori.

Ciascun sottoscrittore ha diritto a un voto, qualunque sia il numero delle azioni sottoscritte, e per la validità delle deliberazioni si richiede il voto favorevole della maggioranza dei presenti.

Tuttavia per modificare le condizioni stabilite nel programma è necessario il consenso di tutti i sottoscrittori[2].

[1] Numero prima modificato dall'art. 5, D.Lgs. 6 febbraio 2004, n. 37, poi dall'art. 37, D.Lgs. 27 gennaio 2010, n. 39. Il testo previgente la riforma del 2004 disponeva: *4) nomina gli amministratori, i membri del collegio sindacale e, quando previsto, il soggetto cui è demandato il controllo contabile.* Il testo previgente la riforma del 2010 disponeva: *4) nomina gli amministratori, ed i sindaci ovvero i componenti del consiglio di*

sorveglianza e, quando previsto, il soggetto cui è demandato il controllo contabile.

[2] Articolo così sostituito dall'art. 1, D.Lgs. 17 gennaio 2003, n. 6, a decorrere dal 1° gennaio 2004. Il testo previgente disponeva: *L'assemblea dei sottoscrittori:*

1) accerta l'esistenza delle condizioni richieste per la costituzione della società;

2) delibera sul contenuto dell'atto costitutivo;

3) delibera sulla riserva di partecipazione agli utili fatta a proprio favore dai promotori;

4) nomina gli amministratori e i membri del collegio sindacale.

L'assemblea è validamente costituita con la presenza della metà dei sottoscrittori.

Ciascun sottoscrittore ha diritto a un voto, qualunque sia il numero delle azioni sottoscritte, e per la validità delle deliberazioni si richiede il voto favorevole della maggioranza dei presenti.

Tuttavia per modificare le condizioni stabilite nel programma è necessario il consenso di tutti i sottoscrittori.

■ art. 134, Codice del commercio del 1882.

2336. Stipulazione e deposito dell'atto costitutivo.

Eseguito quanto è prescritto nell'articolo precedente, gli intervenuti all'assemblea, in rappresentanza anche dei sottoscrittori assenti, stipulano l'atto costitutivo, che deve essere depositato per l'iscrizione nel registro delle imprese a norma dell'articolo 2330[1].

[1] Articolo così sostituito dall'art. 1, D.Lgs. 17 gennaio 2003, n. 6, a decorrere dal 1° gennaio 2004. Il testo previgente disponeva: *Eseguito quanto è prescritto nell'articolo precedente, gli intervenuti all'assemblea, in rappresentanza anche dei sottoscrittori assenti, stipulano l'atto costitutivo, che deve essere depositato per l'iscrizione nel registro delle imprese a norma dell'articolo 2330.*

■ art. 136, Codice del commercio del 1882.

Sezione III

Dei promotori e dei soci fondatori[1]

[1] Sezione così sostituita dall'art. 1, D.Lgs. 17 gennaio 2003, n. 6, a decorrere dal 1° gennaio 2004.

2337. Promotori.

Sono promotori coloro che nella costituzione per pubblica sottoscrizione hanno firmato il programma a norma del secondo comma dell'articolo 2333[1].

[1] Articolo così sostituito dall'art. 1, D.Lgs. 17 gennaio 2003, n. 6, a decorrere dal 1° gennaio 2004. Il testo previgente disponeva: *Sono promotori coloro che nella costituzione per pubblica sottoscrizione hanno firmato il programma a norma del secondo comma dell'articolo 2333.*

2338. Obbligazioni dei promotori.

I promotori sono solidalmente responsabili [1292] verso i terzi per le obbligazioni assunte per costituire la società.

La società è tenuta a rilevare i promotori dalle obbligazioni assunte e a rimborsare loro le spese sostenute, sempre che siano state necessarie per la costituzione della società [2328, comma 2 n. 12] o siano state approvate dall'assemblea [2331, comma 3].

Se per qualsiasi ragione la società non si costituisce, i promotori non possono rivalersi verso i sottoscrittori delle azioni[1].

[1] Articolo così sostituito dall'art. 1, D.Lgs. 17 gennaio 2003, n. 6, a decorrere dal 1° gennaio 2004. Il testo previgente disponeva: *I promotori sono solidalmente responsabili verso i terzi per le obbligazioni assunte per costituire la società.*

La società è tenuta a rilevare i promotori dalle obbligazioni assunte e a rimborsare loro le spese sostenute, sempreché siano state necessarie per la costituzione della società o siano state approvate dall'assemblea.

Se per qualsiasi ragione la società non si costituisce, i promotori non possono rivalersi verso i sottoscrittori delle azioni.

■ art. 126, Codice del commercio del 1882.

2339. Responsabilità dei promotori.

I promotori sono solidalmente responsabili verso la società e verso i terzi:

1) per l'integrale sottoscrizione del capitale sociale e per i versamenti richiesti per la costituzione della società [2329 n. 1];

2) per l'esistenza dei conferimenti in natura in conformità della relazione giurata indicata nell'articolo 2343 [2329 n. 2];

3) per la veridicità delle comunicazioni da essi fatte al pubblico per la costituzione della società [1337].

Sono del pari solidalmente responsabili verso la società e verso i terzi coloro per conto dei quali i promotori hanno agito[1]

[1] Articolo così sostituito dall'art. 1, D.Lgs. 17 gennaio 2003, n. 6, a decorrere dal 1° gennaio 2004. Il testo previgente disponeva: *I promotori sono solidalmente responsabili verso la società e verso i terzi:*

1) per l'integrale sottoscrizione del capitale sociale e per i versamenti richiesti per la costituzione della società;

2) per l'esistenza dei conferimenti in natura in conformità della relazione giurata indicata nell'articolo 2343;

3) per la veridicità delle comunicazioni da essi fatte al pubblico per la costituzione della società.

Sono del pari solidalmente responsabili verso la società e verso i terzi coloro per conto dei quali i promotori hanno agito.

2340. Limiti dei benefici riservati ai promotori.

I promotori possono riservarsi nell'atto costitutivo [2328, comma 2 n. 8], indipendentemente dalla loro qualità di soci, una partecipazione non superiore complessivamente a un decimo degli utili netti risultanti dal bilancio e per un periodo massimo di cinque anni.

Essi non possono stipulare a proprio vantaggio altro beneficio[1].

[1] Articolo così sostituito dall'art. 1, D.Lgs. 17 gennaio 2003, n. 6, a decorrere dal 1° gennaio 2004. Il testo previgente disponeva: *I promotori possono riservarsi nell'atto costitutivo, indipendentemente dalla loro qualità di soci, una partecipazione non superiore complessivamente a un decimo degli utili netti risultanti dal bilancio e per un periodo massimo di cinque anni.*

Essi non possono stipulare a proprio vantaggio altro beneficio.

■ art. 127, Codice del commercio del 1882.

2341. Soci fondatori.

La disposizione del primo comma dell'articolo 2340 si applica anche ai soci che nella costituzione simultanea o in quella per pubblica sottoscrizione stipulano l'atto costitutivo [2463, comma 3][1].

[1] Articolo così sostituito dall'art. 1, D.Lgs. 17 gennaio 2003, n. 6, a decorrere dal 1° gennaio 2004. Il testo previgente disponeva: *Le disposizioni dell'articolo precedente si applicano anche ai soci che nella costituzione simultanea o in quella per pubblica sottoscrizione stipulano l'atto costitutivo.*

Sezione III-*bis*
Dei patti parasociali[1]

[1] Sezione aggiunta dall'art. 1, D.Lgs. 17 gennaio 2003, n. 6, a decorrere dal 1° gennaio 2004.

● Norme connesse:
- art. 122, D.Lgs. 24 febbraio 1998, n. 58.

2341-*bis*. Patti parasociali.

I patti, in qualunque forma stipulati, che al fine di stabilizzare gli assetti proprietari o il governo della società:

a) hanno per oggetto l'esercizio del diritto di voto nelle società per azioni o nelle società che le controllano;

b) pongono limiti al trasferimento delle relative azioni o delle partecipazioni in società che le controllano;

c) hanno per oggetto o per effetto l'esercizio anche congiunto di un'influenza dominante su tali società, non possono avere durata superiore a cinque anni [disp. att. 223-*vicies semel*] e si intendono stipulati per questa durata anche se le parti hanno previsto un termine maggiore; i patti sono rinnovabili alla scadenza.

Qualora il patto non preveda un termine di durata, ciascun contraente ha diritto di recedere con un preavviso di centottanta giorni.

Le disposizioni di questo articolo non si applicano ai patti strumentali ad accordi di collaborazione nella produzione o nello scambio di beni o servizi e relativi a società interamente possedute dai partecipanti all'accordo[1 2].

[1] Articolo aggiunto dall'art. 1, D.Lgs. 17 gennaio 2003, n. 6, a decorrere dal 1° gennaio 2004.

[2] A decorrere dal 1° gennaio 2004, per tutte le controversie relative a patti parasociali, anche diversi da quelli disciplinati nel presente articolo, e accordi di collaborazione di cui all'ultimo comma del presente articolo, si osservano le disposizioni dettate dal D.Lgs. 17 gennaio 2003, n. 5 (art. 1, D.Lgs. 5/2003, cit.).

● Norme connesse:
- artt. 122, 123, 193, 207, D.Lgs. 24 febbraio 1998, n. 58.

2341-*ter*. Pubblicità dei patti parasociali.

Nelle società che fanno ricorso al mercato del capitale di rischio [2325-*bis*] i patti parasociali devono essere comunicati alla società e dichiarati in apertura di ogni assemblea. La dichiarazione deve essere trascritta nel verbale e questo deve essere depositato presso l'ufficio del registro delle imprese.

In caso di mancanza della dichiarazione prevista dal comma precedente i possessori delle azioni cui si riferisce il patto parasociale non possono esercitare il diritto di voto e le deliberazioni assembleari adottate con il loro voto determinante sono impugnabili a norma dell'articolo 2377[1].

[1] Articolo aggiunto dall'art. 1, D.Lgs. 17 gennaio 2003, n. 6, a decorrere dal 1° gennaio 2004. Il testo previgente disponeva: *Se nell'atto costitutivo non è stabilito diversamente, il conferimento deve farsi in danaro.*

Per i conferimenti di beni in natura e di crediti si osservano le disposizioni degli articoli 2254 e 2255. Le azioni corrispondenti a tali conferimenti devono essere integralmente liberate al momento della sottoscrizione.

Non possono formare oggetto di conferimento le prestazioni di opera o di servizi.

● Norme connesse:
- artt. 122, 123, 193, 207, D.Lgs. 24 febbraio 1998, n. 58.

Sezione IV
Dei conferimenti[1]

[1] Sezione così sostituita dall'art. 1, D.Lgs. 17 gennaio 2003, n. 6, a decorrere dal 1° gennaio 2004.

2342. Conferimenti.

Se nell'atto costitutivo non è stabilito diversamente, il conferimento deve farsi in danaro [2464, comma 3].

Alla sottoscrizione dell'atto costitutivo deve essere versato presso una banca almeno il venticinque per cento dei conferimenti in danaro o, nel caso di costituzione con atto unilaterale, il loro intero ammontare.

Per i conferimenti di beni in natura e di crediti si osservano le disposizioni degli articoli 2254 e 2255. Le azioni corrispondenti a tali conferimenti devono essere integralmente liberate al momento della sottoscrizione [2440].

Se viene meno la pluralità dei soci, i versamenti ancora dovuti devono essere effettuati entro novanta giorni.

Non possono formare oggetto di conferimento le prestazioni di opera o di servizi [2263, comma 2, 2346, comma 6, 2464, comma 6; 2440][1].

[1] Articolo così sostituito dall'art. 1, D.Lgs. 17 gennaio 2003, n. 6, a decorrere dal 1° gennaio 2004. Il testo previgente disponeva: *Se nell'atto costitutivo non è stabilito diversamente, il conferimento deve farsi in danaro.*

Per i conferimenti di beni in natura e di crediti si osservano le disposizioni degli articoli 2254 e 2255. Le azioni corrispondenti a tali conferimenti devono essere integralmente liberate al momento della sottoscrizione.

Non possono formare oggetto di conferimento le prestazioni di opera o di servizi.

● Norme connesse:

- artt. 2, 53, D.Lgs. 10 febbraio 2005, n. 30.

■ artt. 80, 133, Codice del commercio del 1882.

2343. Stima dei conferimenti di beni in natura e di crediti.

Chi conferisce beni in natura o crediti deve presentare la relazione giurata di un esperto designato dal tribunale nel cui circondario ha sede la società, contenente la descrizione dei beni o dei crediti conferiti, l'attestazione che il loro valore è almeno pari a quello ad essi attribuito ai fini della determinazione del capitale sociale e dell'eventuale soprapprezzo e i criteri di valutazione seguiti. La relazione deve essere allegata all'atto costitutivo [2500-*ter*][1].

L'esperto risponde dei danni causati alla società, ai soci e ai terzi. Si applicano le disposizioni dell'articolo 64 del codice di procedura civile [2465, comma 3].

Gli amministratori devono, nel termine di centottanta giorni dalla iscrizione della società, controllare le valutazioni contenute nella relazione indicata nel primo comma e, se sussistano fondati motivi, devono procedere alla revisione della stima. Fino a quando le valutazioni non sono state controllate, le azioni corrispondenti ai conferimenti sono inalienabili e devono restare depositate presso la società.

Se risulta che il valore dei beni o dei crediti conferiti era inferiore di oltre un quinto a quello per cui avvenne il conferimento, la società deve proporzionalmente ridurre il capitale sociale, annullando le azioni che risultano scoperte. Tuttavia il socio conferente può versare la differenza in danaro o recedere dalla società; il socio recedente ha diritto alla restituzione del conferimento, qualora sia possibile in tutto o in parte in natura. L'atto costitutivo può prevedere, salvo in ogni caso quanto disposto dal quinto comma dell'articolo 2346, che per effetto dell'annullamento delle azioni disposto nel presente comma si determini una loro diversa ripartizione tra i soci [2440][2].

[1] Relativamente alle istanze di cui al presente comma trovano applicazione le norme di cui alla Sezione I (Del procedimento in confronto di una parte sola) del Capo II (Del procedimento) del Titolo IV (Del procedimento in camera di consiglio), D.Lgs. 17 gennaio 2003, n. 5 (art. 33, D.Lgs. 5/2003, cit.), poi abrogato dall'art. 54, L. 18 giugno 2009, n. 69 (le disposizioni ivi contenute continuano ad applicarsi alle controversie pendenti alla data di entrata in vigore della L. 69/2009 cit.).

[2] Articolo così sostituito dall'art. 1, D.Lgs. 17 gennaio 2003, n. 6, a decorrere dal 1° gennaio 2004. Il testo previgente disponeva: *Chi conferisce beni in natura o crediti deve presentare la relazione giurata di un esperto designato dal presidente del tribunale, contenente la descrizione dei beni o dei crediti conferiti, il valore a ciascuno di essi attribuito, i criteri di valutazione seguiti, nonché l'attestazione che il valore attribuito non è inferiore al valore nominale, aumentato dell'eventuale sopraprezzo, delle azioni emesse a fronte del conferimento. La relazione deve essere allegata all'atto costitutivo.*

All'esperto nominato dal presidente del tribunale si applicano le disposizioni dell'articolo 64 del codice di procedura civile.

Gli amministratori e i sindaci devono, nel termine di sei mesi dalla costituzione della società, controllare le valutazioni contenute nella relazione indicata nel primo comma e, se sussistano fondati motivi, devono procedere alla revisione della stima. Fino a quando le valutazioni non sono state controllate, le azioni corrispondenti ai conferimenti sono inalienabili e devono restare depositate presso la società.

Se risulta che il valore dei beni o dei crediti conferiti era inferiore di oltre un quinto a quello per cui avvenne il conferimento, la società deve proporzionalmente ridurre il capitale sociale, annullando le azioni che risultano scoperte. Tuttavia il socio conferente può versare la differenza in danaro o recedere dalla società.

● Norme connesse:

- artt. 123-bis, 158, comma 3-bis, D.Lgs. 24 febbraio 1998, n. 58.

2343-*bis*. Acquisto della società da promotori, fondatori, soci e amministratori.

L'acquisto da parte della società, per un corrispettivo pari o superiore al decimo del capitale sociale, di beni o di crediti dei promotori, dei fondatori, dei soci o degli amministratori, nei due anni dalla iscrizione della società nel registro delle imprese, deve essere autorizzato dall'assemblea ordinaria.

L'alienante deve presentare la relazione giurata di un esperto designato dal tribunale nel cui circondario ha sede la società ovvero la documentazione di cui all'articolo 2343-*ter* primo e secondo comma contenente la descrizione dei beni o dei crediti, il valore a ciascuno di essi attribuito, i criteri di valutazione seguiti, nonché l'attestazione che tale valore non è inferiore al corrispettivo, che deve comunque essere indicato[1 2].

La relazione deve essere depositata nella sede della società durante i quindici giorni che precedono l'assemblea. I soci possono prenderne visione. Entro trenta giorni dall'autorizzazione il verbale dell'assemblea, corredato dalla relazione dell'esperto designato dal tribunale ovvero dalla documentazione di cui all'articolo 2343-*ter*, deve essere depositato a cura degli amministratori presso l'ufficio del registro delle imprese[3].

Le disposizioni del presente articolo non si applicano agli acquisti che siano effettuati a condizioni normali nell'ambito delle operazioni correnti della società né a quelli che avvengono nei mercati regolamentati o sotto il controllo dell'autorità giudiziaria o amministrativa.

In caso di violazione delle disposizioni del presente articolo gli amministratori e l'alienante sono solidalmente responsabili per i danni causati alla società, ai soci ed ai terzi [2465, comma 3][4].

[1] Comma così modificato dall'art. 20, D.L. 24 giugno 2014, n. 91, convertito in L. 11 agosto 2014, n. 116. Il testo previgente disponeva: *L'alienante deve presentare la relazione giurata di un esperto designato dal tribunale nel cui circondario ha sede la società contenente la descrizione dei beni o dei crediti, il valore a ciascuno di essi attribuito, i criteri di valutazione seguiti, nonché l'attestazione che tale valore non è inferiore al corrispettivo, che deve comunque essere indicato.*

[2] Relativamente alle istanze di cui al presente comma trovano applicazione le norme di cui alla Sezione I (Del procedimento in confronto di una parte sola) del Capo II (Del procedimento) del Titolo IV (Del procedimento in camera di consiglio), D.Lgs. 17 gennaio 2003, n. 5 (art. 33, D.Lgs. 5/2003, cit.), poi abrogato dall'art. 54, L. 18 giugno 2009, n. 69 (le disposizioni ivi contenute continuano ad applicarsi alle controversie pendenti alla data di entrata in vigore della L. 69/2009 cit.).

[3] Comma così modificato dall'art. 20, D.L. 24 giugno 2014, n. 91, convertito in L. 11 agosto 2014, n. 116. Il testo previgente disponeva: *La relazione deve essere depositata nella sede della società durante i quindici giorni che precedono l'assemblea. I soci possono prenderne visione. Entro trenta giorni dall'autorizzazione il verbale dell'assemblea, corredato dalla relazione dell'esperto designato dal tribunale, deve essere depositato a cura degli amministratori presso l'ufficio del registro delle imprese.*

[4] Articolo aggiunto dall'art. 7, D.P.R. 10 febbraio 1986, n. 30 e così sostituito dall'art. 1, D.Lgs. 17 gennaio 2003, n. 6, a decorrere dal 1° gennaio 2004. Il testo previgente disponeva: *L'acquisto da parte della società, per un corrispettivo pari o superiore al decimo del capitale sociale, di beni o di crediti dei promotori, dei fondatori, dei soci o degli amministratori, nei due anni dalla iscrizione della società nel registro delle imprese [2188], deve essere autorizzato dall'assemblea ordinaria.*

L'alienante deve presentare la relazione giurata di un esperto designato dal presidente del tribunale contenente la descrizione dei beni o dei crediti, il valore a ciascuno di essi attribuito, i criteri di valutazione seguiti, nonché l'attestazione che tale valore non è inferiore al corrispettivo, che deve comunque essere indicato.

La relazione deve essere depositata nella sede della società durante i quindici giorni che precedono l'assemblea. I soci possono prenderne visione. Entro trenta giorni dall'autorizzazione il verbale dell'assemblea, corredato dalla relazione dell'esperto designato dal presidente del tribunale, deve essere depositato a cura degli amministratori presso l'ufficio del registro delle imprese.

Le disposizioni del presente articolo non si applicano agli acquisti che siano effettuati a condizioni normali nell'ambito delle operazioni correnti della società né a quelli che avvengono in borsa o sotto il controllo dell'autorità giudiziaria o amministrativa.

2343-*ter*. Conferimento di beni in natura o crediti senza relazione di stima.

Nel caso di conferimento di valori mobiliari ovvero di strumenti del mercato monetario [disp. att. 111-*bis*] non è richiesta la relazione di cui all'articolo 2343, primo comma, se il valore ad essi attribuito ai fini della determinazione del capitale sociale e dell'eventuale sovrapprezzo è pari o inferiore al prezzo medio ponderato al quale sono stati negoziati su uno o più mercati regolamentati nei sei mesi precedenti il conferimento [2343-*quater*, comma 1].

Fuori dai casi in cui è applicabile il primo comma, non è altresì richiesta la relazione di cui all'articolo 2343, primo comma, qualora il valore attribuito, ai fini della determinazione del capitale sociale e dell'eventuale sovrapprezzo, ai beni in natura o crediti conferiti sia pari o inferiore:

a) al fair value iscritto nel bilancio dell'esercizio precedente quello nel quale è effettuato il conferimento a condizione che il bilancio sia sottoposto a revisione legale e la relazione del revisore non esprima rilievi in ordine alla valutazione dei beni oggetto del conferimento, ovvero;

b) al valore risultante da una valutazione riferita ad una data precedente di non oltre sei mesi il conferimento e conforme ai principi e criteri generalmente riconosciuti per la valutazione dei beni oggetto del conferimento, a condizione che essa provenga da un esperto indipendente da chi effettua il conferimento, dalla società e dai soci che esercitano individualmente o congiuntamente il controllo sul soggetto conferente o sulla società medesima, dotato di adeguata e comprovata professionalità [2343-*quater*, comma 1][1].

Chi conferisce beni o crediti ai sensi del primo e secondo comma presenta la documentazione dalla quale risulta il valore attribuito ai conferimenti e la sussistenza, per i conferimenti di cui al secondo comma, delle condizioni ivi indicate. La documentazione è allegata all'atto costitutivo [2440, comma 2].

L'esperto di cui al secondo comma, lettera *b)*, risponde dei danni causati alla società, ai soci e ai terzi.

Ai fini dell'applicazione del secondo comma, lettera a), per la definizione di "fair value" si fa riferimento ai principi contabili internazionali adottati dall'Unione europea[2 3].

[1] Comma così sostituito dall'art. 1, D.Lgs. 29 novembre 2010, n. 224. Il testo previgente disponeva: *Non è altresì richiesta la relazione di cui all'articolo 2343, primo comma, qualora il valore attribuito, ai fini della determinazione del ca-*

pitale sociale e dell'eventuale sovrapprezzo, ai beni in natura o crediti conferiti, diversi da quelli di cui al primo comma, corrisponda:

a) al valore equo ricavato da un bilancio approvato da non oltre un anno, purchè sottoposto a revisione legale e a condizione che la relazione del revisore non esprima rilievi in ordine alla valutazione dei beni oggetto del conferimento, ovvero

b) al valore equo risultante dalla valutazione, precedente di non oltre sei mesi il conferimento e conforme ai principi e criteri generalmente riconosciuti per la valutazione dei beni oggetto del conferimento, effettuata da un esperto indipendente da chi effettua il conferimento e dalla società e dotato di adeguata e comprovata professionalità.

[2] Comma aggiunto dall'art. 1, D.Lgs. 29 novembre 2010, n. 224.

[3] Articolo aggiunto dall'art. 1, D.Lgs. 4 agosto 2008, n. 142.

● Norme connesse:

- art. 1, commi 1, lett. w-ter), 1-bis, 1-ter, D.Lgs. 24 febbraio 1998, n. 58.

2343-*quater*. Fatti eccezionali o rilevanti che incidono sulla valutazione.

Gli amministratori verificano, nel termine di trenta giorni dalla iscrizione della società, se, nel periodo successivo a quello di cui all'articolo 2343-*ter*, primo comma, sono intervenuti fatti eccezionali che hanno inciso sul prezzo dei valori mobiliari o degli strumenti del mercato monetario conferiti in modo tale da modificare sensibilmente il valore di tali beni alla data di iscrizione della società nel registro delle imprese, comprese le situazioni in cui il mercato dei valori o strumenti non è più liquido. Gli amministratori verificano altresì nel medesimo termine se, successivamente al termine dell'esercizio cui si riferisce il bilancio di cui alla lettera *a)* del secondo comma dell'articolo 2343-*ter*, o alla data della valutazione di cui alla lettera *b)* del medesimo comma, si sono verificati fatti nuovi rilevanti tali da modificare sensibilmente il valore dei beni o dei crediti conferiti alla data di iscrizione della società nel registro delle imprese, nonchè i requisiti di professionalità ed indipendenza dell'esperto che ha reso la valutazione di cui all'articolo 2343-*ter*, secondo comma, lettera *b)*[1].

Qualora gli amministratori ritengano che siano intervenuti i fatti di cui al primo comma, ovvero ritengano non idonei i requisiti di professionalità e indipendenza dell'esperto che ha reso la valutazione di cui all'articolo 2343-*ter*, secondo comma, lettera b), si procede, su iniziativa degli amministratori, ad una nuova valutazione ai sensi e per gli effetti dell'articolo 2343[2].

Fuori dai casi di cui al secondo comma, è depositata per l'iscrizione nel registro delle imprese, nel medesimo termine di cui al primo comma, una dichiarazione degli amministratori contenente le seguenti informazioni:

a) la descrizione dei beni o dei crediti conferiti per i quali non si è fatto luogo alla relazione di cui all'articolo 2343, primo comma;

b) il valore ad essi attribuito, la fonte di tale valutazione e, se del caso, il metodo di valutazione;

c) la dichiarazione che tale valore è almeno pari a quello loro attribuito ai fini della determinazione del capitale sociale e dell'eventuale sovrapprezzo;

d) la dichiarazione che non sono intervenuti fatti eccezionali o rilevanti che incidono sulla valutazione di cui alla lettera *b)*;

e) la dichiarazione di idoneità dei requisiti di professionalità e indipendenza dell'esperto di cui all'articolo 2343-*ter*, secondo comma, lettera *b)*.

Fino all'iscrizione della dichiarazione le azioni sono inalienabili e devono restare depositate presso la società[3].

[1] Comma così sostituito dall'art. 1, D.Lgs. 29 novembre 2010, n. 224. Il testo previgente disponeva: *Gli amministratori verificano, nel termine di trenta giorni dalla iscrizione della società, se, nel periodo successivo a quello di cui all'articolo 2343-ter, primo comma, sono intervenuti fatti eccezionali che hanno inciso sul prezzo dei valori mobiliari o degli strumenti del mercato monetario conferiti in modo tale da modificare sensibilmente il valore di tali beni alla data effettiva del conferimento, comprese le situazioni in cui il mercato dei valori o strumenti non è più liquido, ovvero se, successivamente al termine dell'esercizio cui si riferisce il bilancio di cui alla lettera a) del secondo comma dell'articolo 2343-ter, o alla data della valutazione di cui alla lettera b) del medesimo comma si sono verificati fatti nuovi rilevanti tali da modificare sensibilmente il valore equo dei beni o dei crediti conferiti. Gli amministratori verificano altresì nel medesimo termine i requisiti di professionalità ed indipendenza dell'esperto che ha reso la valutazione di cui all'articolo 2343-ter, secondo comma, lettera b).*

[2] Comma così sostituito dall'art. 1, D.Lgs. 29 novembre 2010, n. 224. Il testo previgente disponeva: *Qualora gli amministratori ritengano che siano intervenuti i fatti di cui al primo comma ovvero ritengano non idonei i requisiti di professionalità e indipendenza dell'esperto che ha reso la valutazione di cui all'articolo 2343-ter, secondo comma, lettera b), procedono ad una nuova valutazione. Si applica in tal caso l'articolo 2343.*

[3] Articolo aggiunto dall'art. 1, D.Lgs. 4 agosto 2008, n. 142.

2344. Mancato pagamento delle quote.

Se il socio non esegue i pagamenti dovuti, decorsi quindici giorni dalla pubblicazione di una diffida nella *Gazzetta Ufficiale* della Repubblica, gli amministratori, se non ritengono utile promuovere azione per l'esecuzione del conferimento, offrono le azioni agli altri soci, in proporzione alla loro partecipazione, per un corrispettivo non inferiore ai conferimenti ancora dovuti. In mancanza di offerte possono far vendere le azioni a rischio e per conto del socio, a mezzo di una banca o di un intermediario autorizzato alla negoziazione in mercati regolamentati[1].

CODICE CIVILE

Qualora la vendita non possa aver luogo per mancanza di compratori, gli amministratori possono dichiarare decaduto il socio, trattenendo le somme riscosse, salvo il risarcimento dei maggiori danni.

Le azioni non vendute, se non possono essere rimesse in circolazione entro l'esercizio in cui fu pronunziata la decadenza del socio moroso, devono essere estinte con la corrispondente riduzione del capitale.

Il socio in mora nei versamenti non può esercitare il diritto di voto[2].

[1] Comma così modificato dall'art. 5, D.Lgs. 6 febbraio 2004, n. 37.

[2] Articolo così sostituito dall'art. 1, D.Lgs. 17 gennaio 2003, n. 6, a decorrere dal 1° gennaio 2004. Il testo previgente disponeva: *Se il socio non esegue il pagamento delle quote dovute, gli amministratori, decorsi quindici giorni dalla pubblicazione di una diffida nella Gazzetta Ufficiale della Repubblica, possono far vendere le azioni a suo rischio e per suo conto, a mezzo di un agente di cambio o di un istituto di credito.*

Qualora la vendita non possa aver luogo per mancanza di compratori, gli amministratori possono dichiarare decaduto il socio, trattenendo le somme riscosse, salvo il risarcimento dei maggiori danni.

Le azioni non vendute, se non possono essere rimesse in circolazione entro l'esercizio in cui fu pronunziata la decadenza del socio moroso, devono essere estinte con la corrispondente riduzione del capitale.

Il socio in mora nei versamenti non può esercitare il diritto di voto.

● Norme connesse:

- artt. 150, comma 1, 210, comma 3, R.D. 16 marzo 1942, n. 267.

■ art. 168, Codice del commercio del 1882.

2345. Prestazioni accessorie.

Oltre l'obbligo dei conferimenti, l'atto costitutivo può stabilire l'obbligo dei soci di eseguire prestazioni accessorie non consistenti in danaro, determinandone il contenuto, la durata, le modalità e il compenso, e stabilendo particolari sanzioni per il caso di inadempimento. Nella determinazione del compenso devono essere osservate le norme applicabili ai rapporti aventi per oggetto le stesse prestazioni.

Le azioni alle quali è connesso l'obbligo delle prestazioni anzidette devono essere nominative e non sono trasferibili senza il consenso degli amministratori.

Se non è diversamente disposto dall'atto costitutivo, gli obblighi previsti in questo articolo non possono essere modificati senza il consenso di tutti i soci[1].

[1] Articolo così sostituito dall'art. 1, D.Lgs. 17 gennaio 2003, n. 6, a decorrere dal 1° gennaio 2004. Il testo previgente disponeva: *Oltre l'obbligo dei conferimenti, l'atto costitutivo può stabilire l'obbligo dei soci di eseguire prestazioni accessorie non consistenti in danaro, determinandone il contenuto, la durata, le modalità e il compenso, e stabilendo particolari sanzioni per il caso di inadempimento. Nella determinazione del compenso devono essere osservate le norme corporative applicabili ai rapporti aventi per oggetto le stesse prestazioni.*

Le azioni alle quali è connesso l'obbligo delle prestazioni anzidette devono essere nominative e non sono trasferibili senza il consenso degli amministratori.

Se non è diversamente disposto dall'atto costitutivo, gli obblighi previsti in questo articolo non possono essere modificati senza il consenso di tutti i soci.

Sezione V
Delle azioni e di altri strumenti finanziari partecipativi[1]

[1] Sezione così sostituita dall'art. 1, D.Lgs. 17 gennaio 2003, n. 6, a decorrere dal 1° gennaio 2004.

● Norme connesse:

- per la disciplina transitoria in materia di sistemi di amministrazione, controllo dualistico e monistico, di categorie di azioni diverse dalle ordinarie e di strumenti finanziari, art. 6, comma 2, D.Lgs. 6 febbraio 2004, n. 37.

- art. 1 comma 2, D.Lgs. 24 febbraio 1998, n. 58.

2346. Emissione delle azioni.

La partecipazione sociale è rappresentata da azioni; salvo diversa disposizione di leggi speciali lo statuto può escludere l'emissione dei relativi titoli o prevedere l'utilizzazione di diverse tecniche di legittimazione e circolazione.

Se determinato nello statuto, il valore nominale di ciascuna azione corrisponde ad una frazione del capitale sociale; tale determinazione deve riferirsi senza eccezioni a tutte le azioni emesse dalla società.

In mancanza di indicazione del valore nominale delle azioni, le disposizioni che ad esso si riferiscono si applicano con riguardo al loro numero in rapporto al totale delle azioni emesse.

A ciascun socio è assegnato un numero di azioni proporzionale alla parte del capitale sociale sottoscritta e per un valore non superiore a quello del suo conferimento. Lo statuto può prevedere una diversa assegnazione delle azioni [2468, comma 2][1].

In nessun caso il valore dei conferimenti può essere complessivamente inferiore all'ammontare globale del capitale sociale [2343, comma 4; 2454, 2464, comma 1].

Resta salva la possibilità che la società, a seguito dell'apporto da parte dei soci o di terzi anche di opera o servizi, emetta strumenti finanziari forniti di diritti patrimoniali o anche di diritti amministrativi, escluso il voto nell'assemblea generale degli azionisti [2349, comma 2, 2351, comma 5, 2376]. In tal caso lo statuto ne disciplina le modalità e condizioni di emissione, i diritti che conferiscono, le sanzioni in caso di inadempimento delle prestazioni e, se ammessa, la legge di circolazione[2].

[1] Comma così modificato dall'art. 7, D.Lgs. 28 dicembre 2004, n. 310. Il testo previgente disponeva: *A ciascun socio è*

assegnato un numero di azioni proporzionale alla parte del capitale sociale sottoscritta e per un valore non superiore a quello del suo conferimento. L'atto costitutivo può prevedere una diversa assegnazione delle azioni.

[3] Articolo così sostituito dall'art. 1, D.Lgs. 17 gennaio 2003, n. 6, a decorrere dal 1° gennaio 2004. Il testo previgente disponeva: *Le azioni non possono emettersi per somma inferiore al loro valore nominale.*

● Norme connesse:

- art. 56, comma 3, D.Lgs. 7 settembre 2005, n. 209; artt. 1, lett. h-quater), h-quinquies), 150-bis, D.Lgs. 1 settembre 1993, n. 385; artt. 1, comma 6-bis, 83-bis, comma 3, 83-ter ss., 145, D.Lgs. 24 febbraio 1998, n. 58; art. 1, comma 491, L. 24 dicembre 2012, n. 228 (legge di stabilità 2013), che dispone: *Il trasferimento della proprietà di azioni e di altri strumenti finanziari partecipativi di cui al sesto comma dell'articolo 2346 del codice civile, emessi da società residenti nel territorio dello Stato, nonchè di titoli rappresentativi dei predetti strumenti indipendentemente dalla residenza del soggetto emittente, è soggetto ad un'imposta sulle transazioni finanziarie con l'aliquota dello 0,2 per cento sul valore della transazione. È soggetto all'imposta di cui al precedente periodo anche il trasferimento di proprietà di azioni che avvenga per effetto della conversione di obbligazioni. L'imposta non si applica qualora il trasferimento della proprietà avvenga per successione o donazione. Per valore della transazione si intende il valore del saldo netto delle transazioni regolate giornalmente relative al medesimo strumento finanziario e concluse nella stessa giornata operativa da un medesimo soggetto, ovvero il corrispettivo versato. L'imposta è dovuta indipendentemente dal luogo di conclusione della transazione e dallo Stato di residenza delle parti contraenti. L'aliquota. dell'imposta è ridotta alla metà per i trasferimenti che avvengono in mercati regolamentati e sistemi multilaterali di negoziazione. Sono escluse dall'imposta le operazioni di emissione e di annullamento dei titoli azionari e dei predetti strumenti finanziari, nonchè le operazioni di conversione in azioni di nuova emissione e le operazioni di acquisizione temporanea di titoli indicate nell'articolo 2, punto 10, del regolamento (CE) 1287/2006 della Commissione del 10 agosto 2006. Sono altresì esclusi dall'imposta i trasferimenti di proprietà di azioni negoziate in mercati regolamentari o sistemi multilaterali di negoziazione emesse da società la cui capitalizzazione media nel mese di novembre dell'anno precedente a quello in cui avviene il trasferimento di proprietà sia inferiore a 500 milioni di euro.*

2347. Indivisibilità delle azioni.

Nel caso di comproprietà di un'azione, i diritti dei comproprietari devono essere esercitati [2437, 2441] da un rappresentante comune nominato secondo le modalità previste dagli articoli 1105 e 1106.

Se il rappresentante comune non è stato nominato, le comunicazioni e le dichiarazioni fatte dalla società a uno dei comproprietari sono efficaci nei confronti di tutti [2372, comma 5].

I comproprietari dell'azione rispondono solidalmente delle obbligazioni da essa derivanti [2344][1][2].

[1] Relativamente alle istanze di cui al presente articolo trovano applicazione le norme di cui alla Sezione I (Del procedimento in confronto di una parte sola) del Capo II (Del procedimento) del Titolo IV (Del procedimento in camera di consiglio), D.Lgs. 17 gennaio 2003, n. 5 (art. 33, D.Lgs. 5/2003, cit.), poi abrogato dall'art. 54, L. 18 giugno 2009, n. 69 (le disposizioni ivi contenute continuano ad applicarsi alle controversie pendenti alla data di entrata in vigore della L. 69/2009 cit.).

[2] Articolo così sostituito dall'art. 1, D.Lgs. 17 gennaio 2003, n. 6, a decorrere dal 1° gennaio 2004. Il testo previgente disponeva: *Le azioni sono indivisibili. Nel caso di comproprietà di un'azione, i diritti dei comproprietari devono essere esercitati da un rappresentante comune.*

Se il rappresentante comune non è stato nominato, le comunicazioni e le dichiarazioni fatte dalla società a uno dei comproprietari sono efficaci nei confronti di tutti.

I comproprietari dell'azione rispondono solidalmente delle obbligazioni da essa derivanti.

2348. Categorie di azioni.

Le azioni devono essere di uguale valore e conferiscono ai loro possessori uguali diritti.

Si possono tuttavia creare, con lo statuto o con successive modificazioni di questo, categorie di azioni fornite di diritti diversi anche per quanto concerne la incidenza delle perdite [2468, comma 3]. In tal caso la società, nei limiti imposti dalla legge, può liberamente determinare il contenuto delle azioni delle varie categorie [2376].

Tutte le azioni appartenenti ad una medesima categoria conferiscono uguali diritti[1].

[1] Articolo così sostituito dall'art. 1, D.Lgs. 17 gennaio 2003, n. 6, a decorrere dal 1° gennaio 2004. Il testo previgente disponeva: *Le azioni devono essere di uguale valore e conferiscono ai loro possessori uguali diritti.*

Si possono tuttavia creare categorie di azioni fornite di diritti diversi con l'atto costitutivo o con successive modificazioni di questo.

● Norme connesse:

- artt. 127-quater, 145, D.Lgs. 24 febbraio 1998, n. 58.

■ art. 164, Codice del commercio del 1882.

2349. Azioni e strumenti finanziari a favore dei prestatori di lavoro.

Se lo statuto lo prevede, l'assemblea straordinaria può deliberare l'assegnazione di utili ai prestatori di lavoro dipendenti delle società o di società controllate mediante l'emissione, per un ammontare corrispondente agli utili stessi, di speciali categorie di azioni da assegnare individualmente ai prestatori di lavoro, con norme particolari riguardo alla forma, al modo di trasferimento ed ai diritti spettanti agli azionisti [Cost. 46]. Il capitale sociale deve essere aumentato in misura corrispondente.

L'assemblea straordinaria può altresì deliberare l'assegnazione ai prestatori di lavoro dipendenti della società o di società controllate di strumenti finanziari, diversi dalle azioni, forniti di diritti patrimoniali o anche di diritti amministrativi, escluso il voto nell'assemblea generale degli azionisti [2346, com-

CODICE CIVILE

ma 6, 2351, comma 5, 2376]. In tal caso possono essere previste norme particolari riguardo alle condizioni di esercizio dei diritti attribuiti, alla possibilità di trasferimento ed alle eventuali cause di decadenza o riscatto[1 2].

[1] Comma così modificato dall'art. 5, D.Lgs. 6 febbraio 2004, n. 37. Il testo previgente disponeva: *L'assemblea straordinaria può altresì deliberare l'assegnazione ai dipendenti della società o di società controllate di strumenti finanziari, diversi dalle azioni, forniti di diritti patrimoniali o diritti amministrativi, escluso il voto nell'assemblea generale degli azionisti. In tal caso possono essere previste norme particolari riguardo alle condizioni di esercizio dei diritti attribuiti, alla possibilità di trasferimento ed alle eventuali cause di decadenza o riscatto.*

[2] Articolo così sostituito dall'art. 1, D.Lgs. 17 gennaio 2003, n. 6, a decorrere dal 1° gennaio 2004. Il testo previgente disponeva: *In caso di assegnazione straordinaria di utili ai prestatori di lavoro dipendenti dalla società, possono essere emesse, per un ammontare corrispondente agli utili stessi, speciali categorie di azioni da assegnare individualmente ai prestatori di lavoro, con norme particolari riguardo alla forma, al modo di trasferimento ed ai diritti spettanti agli azionisti.*

Il capitale sociale deve essere aumentato in misura corrispondente.

● Norme connesse:
- art. 56, comma 3, D.Lgs. 7 settembre 2005, n. 209.

■ art. 86, Codice del commercio del 1882.

2350. Diritto agli utili e alla quota di liquidazione.

Ogni azione attribuisce il diritto a una parte proporzionale degli utili netti [2433, commi 1 e 2, 2433-*bis*] e del patrimonio netto risultante dalla liquidazione [2492, 2493], salvi i diritti stabiliti a favore di speciali categorie di azioni.

Fuori dai casi di cui all'articolo 2447-*bis*, la società può emettere azioni fornite di diritti patrimoniali correlati ai risultati dell'attività sociale in un determinato settore. Lo statuto stabilisce i criteri di individuazione dei costi e ricavi imputabili al settore, le modalità di rendicontazione, i diritti attribuiti a tali azioni, nonché le eventuali condizioni e modalità di conversione in azioni di altra categoria[1].

Non possono essere pagati dividendi ai possessori delle azioni previste dal precedente comma se non nei limiti degli utili risultanti dal bilancio della società[2].

[1] Comma così modificato dall'art. 5, D.Lgs. 6 febbraio 2004, n. 37. Il testo previgente disponeva: *Fuori dai casi di cui all'articolo 2447-*bis*, la società può emettere azioni fornite di diritti patrimoniali correlati ai risultati dell'attività sociale in un determinato settore. Lo statuto stabilisce i criteri di individuazione dei costi e ricavi imputabili al settore, le modalità di rendicontazione, i diritti attribuiti a tali azioni, nonché l'eventuali condizioni e modalità di conversione in azioni di altra categoria.*

[2] Articolo così sostituito dall'art. 1, D.Lgs. 17 gennaio 2003, n. 6, a decorrere dal 1° gennaio 2004. Il testo previgente disponeva: *Ogni azione attribuisce il diritto a una parte proporzionale degli utili netti e del patrimonio netto risultante dalla liquidazione, salvi i diritti stabiliti a favore di speciali categorie di azioni a norma degli articoli precedenti.*

2351. Diritto di voto.

Ogni azione attribuisce il diritto di voto.

Salvo quanto previsto dalle leggi speciali, lo statuto può prevedere la creazione di azioni [2348, comma 2, 2368, 2369, comma 5] senza diritto di voto, con diritto di voto limitato a particolari argomenti, con diritto di voto subordinato al verificarsi di particolari condizioni non meramente potestative. Il valore di tali azioni non può complessivamente superare la metà del capitale sociale [2369, comma 5].

Lo statuto può altresì prevedere che, in relazione alla quantità delle azioni possedute da uno stesso soggetto, il diritto di voto sia limitato a una misura massima o disporne scaglionamenti[1].

Salvo quanto previsto dalle leggi speciali, lo statuto può prevedere la creazione di azioni con diritto di voto plurimo anche per particolari argomenti o subordinato al verificarsi di particolari condizioni non meramente potestative. Ciascuna azione a voto plurimo può avere fino a un massimo di tre voti[2].

Gli strumenti finanziari di cui agli articoli 2346, sesto comma, e 2349, secondo comma, possono essere dotati del diritto di voto su argomenti specificamente indicati e in particolare può essere ad essi riservata, secondo modalità stabilite dallo statuto, la nomina di un componente indipendente del consiglio di amministrazione o del consiglio di sorveglianza o di un sindaco. Alle persone così nominate si applicano le medesime norme previste per gli altri componenti dell'organo cui partecipano[3 4].

[1] Comma così sostituito dall'art. 20, D.L. 24 giugno 2014, n. 91, convertito in L. 11 agosto 2014, n. 116. Il testo previgente disponeva: *Lo statuto delle società che non fanno ricorso al mercato del capitale di rischio può prevedere che, in relazione alla quantità di azioni possedute da uno stesso soggetto, il diritto di voto sia limitato ad una misura massima o disporne scaglionamenti.*

[2] Comma così sostituito dall'art. 20, D.L. 24 giugno 2014, n. 91, convertito in L. 11 agosto 2014, n. 116. Il testo previgente disponeva: *Non possono emettersi azioni a voto plurimo.*

[3] Articolo così sostituito dall'art. 1, D.Lgs. 17 gennaio 2003, n. 6, a decorrere dal 1° gennaio 2004. Il testo previgente disponeva: *Ogni azione attribuisce il diritto di voto.*

L'atto costitutivo può tuttavia stabilire che le azioni privilegiate nella ripartizione degli utili e nel rimborso del capitale allo scioglimento della società abbiano diritto di voto soltanto nelle deliberazioni previste nell'articolo 2365. Le azioni con voto limitato non possono superare la metà del capitale sociale.

Non possono emettersi azioni a voto plurimo.

[4] Per una deroga delle disposizioni di cui al presente articolo, v. art. 127-sexies, D.Lgs. 24 febbraio 1998, n. 58, aggiunto dall'art. 20, D.L. 24 giugno 2014, n. 91, convertito in L. 11 agosto 2014, n. 116.

● Norme connesse:
- art. 1, comma 1, lett. nn), D.Lgs. 7 settembre 2005, n. 209; art. 127-sexies, R.D. 16 marzo 1942, n. 267; artt. 1, comma 6-bis, 120, 122-124, 145, commi 1, 5, D.Lgs. 24 febbraio 1998, n. 58.
■ art. 164, Codice del commercio del 1882.

2352. Pegno, usufrutto e sequestro delle azioni.

Nel caso di pegno [2784 ss.] o usufrutto [978 ss.] sulle azioni, il diritto di voto spetta, salvo convenzione contraria, al creditore pignoratizio o all'usufruttuario. Nel caso di sequestro delle azioni [c.p.c. 670, 671] il diritto di voto è esercitato dal custode.

Se le azioni attribuiscono un diritto di opzione, questo spetta al socio ed al medesimo sono attribuite le azioni in base ad esso sottoscritte. Qualora il socio non provveda almeno tre giorni prima della scadenza al versamento delle somme necessarie per l'esercizio del diritto di opzione e qualora gli altri soci non si offrano di acquistarlo, questo deve essere alienato per suo conto a mezzo banca od intermediario autorizzato alla negoziazione nei mercati regolamentati.

Nel caso di aumento del capitale sociale ai sensi dell'articolo 2442, il pegno, l'usufrutto o il sequestro si estendono alle azioni di nuova emissione [2446, 2447].

Se sono richiesti versamenti sulle azioni, nel caso di pegno, il socio deve provvedere al versamento delle somme necessarie almeno tre giorni prima della scadenza; in mancanza il creditore pignoratizio può vendere le azioni nel modo stabilito dal secondo comma del presente articolo. Nel caso di usufrutto, l'usufruttuario deve provvedere al versamento, salvo il suo diritto alla restituzione al termine dell'usufrutto.

Se l'usufrutto spetta a più persone, si applica il secondo comma dell'articolo 2347 [2347, comma 1].

Salvo che dal titolo o dal provvedimento del giudice risulti diversamente, i diritti amministrativi diversi da quelli previsti nel presente articolo spettano, nel caso di pegno o di usufrutto, sia al socio sia al creditore pignoratizio o all'usufruttuario; nel caso di sequestro sono esercitati dal custode [2471-*bis*][1].

[1] Articolo così sostituito dall'art. 1, D.Lgs. 17 gennaio 2003, n. 6, a decorrere dal 1° gennaio 2004. Il testo previgente disponeva: *Nel caso di pegno o di usufrutto sulle azioni, il diritto di voto spetta, salvo convenzione contraria, al creditore pignoratizio o all'usufruttuario.*

Se le azioni attribuiscono un diritto di opzione, questo spetta al socio. Qualora il socio non provveda almeno tre giorni prima della scadenza al versamento delle somme necessarie per l'esercizio del diritto di opzione, questo deve essere alienato per conto del socio medesimo a mezzo di un agente di cambio o di un istituto di credito.

Se sono richiesti versamenti sulle azioni, nel caso di pegno, il socio deve provvedere al versamento delle somme necessarie almeno tre giorni prima della scadenza; in mancanza, il creditore pignoratizio può vendere le azioni nel modo stabilito dal comma precedente. Nel caso di usufrutto, l'usufruttuario deve provvedere al versamento, salvo il suo diritto alla restituzione al termine dell'usufrutto.

Se l'usufrutto spetta a più persone, si applica il secondo comma dell'articolo 2347.

● Norme connesse:
- art. 676, commi 1, 2, 3, Codice di procedura civile.

2353. Azioni di godimento.

Salvo diversa disposizione dello statuto, le azioni di godimento attribuite ai possessori delle azioni rimborsate non danno diritto di voto nell'assemblea. Esse concorrono nella ripartizione degli utili che residuano dopo il pagamento delle azioni non rimborsate di un dividendo pari all'interesse legale e, nel caso di liquidazione, nella ripartizione del patrimonio sociale residuo dopo il rimborso delle altre azioni al loro valore nominale [2376][1].

[1] Articolo così sostituito dall'art. 1, D.Lgs. 17 gennaio 2003, n. 6, a decorrere dal 1° gennaio 2004. Il testo previgente disponeva: *Salvo diversa disposizione dell'atto costitutivo, le azioni di godimento attribuite ai possessori delle azioni rimborsate non danno diritto di voto nell'assemblea. Esse concorrono nella ripartizione degli utili che residuano dopo il pagamento alle azioni non rimborsate di un dividendo pari all'interesse legale e, in caso di liquidazione, nella ripartizione del patrimonio sociale residuo dopo il rimborso delle altre azioni al loro valore nominale.*

2354. Titoli azionari.

I titoli possono essere nominativi [2345, comma 2, 2355, comma 3, 2355-*bis*, comma 1] o al portatore, a scelta del socio, se lo statuto o le leggi speciali non stabiliscono diversamente[1].

Finché le azioni non siano interamente liberate, non possono essere emessi titoli al portatore.

I titoli azionari devono indicare:

1) la denominazione e la sede della società;

2) la data dell'atto costitutivo e della sua iscrizione e l'ufficio del registro delle imprese dove la società è iscritta;

3) il loro valore nominale o, se si tratta di azioni senza valore nominale, il numero complessivo delle azioni emesse, nonché l'ammontare del capitale sociale;

4) l'ammontare dei versamenti parziali sulle azioni non interamente liberate [2356];

5) i diritti e gli obblighi particolari ad essi inerenti [2355-*bis*, comma 4].

I titoli azionari devono essere sottoscritti da uno degli amministratori. È valida la sottoscrizione mediante riproduzione meccanica della firma.

Le disposizioni di questo articolo si applicano anche ai certificati provvisori che si distribuiscono ai soci prima dell'emissione dei titoli definitivi.

Sono salve le disposizioni delle leggi speciali in tema di strumenti finanziari negoziati o destinati alla negoziazione nelle sedi di negoziazione[2].

CODICE CIVILE

Lo statuto può assoggettare le azioni alla disciplina prevista dalle leggi speciali di cui al precedente comma[3].

[1] Comma così modificato dall'art. 5, D.Lgs. 6 febbraio 2004, n. 37. Il testo previgente disponeva: *I titoli possono essere nominativi o al portatore, a scelta del socio, se lo statuto o le leggi speciali non stabiliscano diversamente.*

[2] Comma così modificato dall'art. 4, D.Lgs. 12 agosto 2016, n. 176. Il testo previgente disponeva: *Sono salve le disposizioni delle leggi speciali in tema di strumenti finanziari negoziati o destinati alla negoziazione nei mercati regolamentati.*

[3] Articolo così sostituito dall'art. 1, D.Lgs. 17 gennaio 2003, n. 6, a decorrere dal 1° gennaio 2004. Il testo previgente disponeva: *Le azioni devono indicare:*

1) la denominazione, la sede e la durata della società;

2) la data dell'atto costitutivo e della sua iscrizione, e l'ufficio del registro delle imprese dove la società è iscritta;

3) il loro valore nominale e l'ammontare del capitale sociale;

4) l'ammontare dei versamenti parziali sulle azioni non interamente liberate;

5) i diritti e gli obblighi particolari ad esse inerenti.

Le azioni devono essere sottoscritte da uno degli amministratori. È valida la sottoscrizione mediante riproduzione meccanica della firma, purché autenticata.

Le disposizioni di questo articolo si applicano anche ai certificati provvisori che si distribuiscono ai soci prima dell'emissione dei titoli definitivi.

● Norme connesse:

- artt. 35-quater, comma 4, 35-quinquies, comma 2, 145, comma 3, 198, D.Lgs. 24 febbraio 1998, n. 58.

■ artt. 164, 165, Codice del commercio del 1882.

2355. Circolazione delle azioni.

Nel caso di mancata emissione dei titoli azionari [2346, comma 1] il trasferimento delle azioni ha effetto nei confronti della società dal momento dell'iscrizione nel libro dei soci.

Le azioni al portatore si trasferiscono con la consegna del titolo.

Il trasferimento delle azioni nominative si opera mediante girata autenticata da un notaio o da altro soggetto secondo quanto previsto dalle leggi speciali. Il giratario che si dimostra possessore in base a una serie continua di girate ha diritto di ottenere l'annotazione del trasferimento nel libro dei soci, ed è comunque legittimato ad esercitare i diritti sociali; resta salvo l'obbligo della società, previsto dalle leggi speciali, di aggiornare il libro dei soci.

Il trasferimento delle azioni nominative con mezzo diverso dalla girata si opera a norma dell'articolo 2022.

Nei casi previsti ai commi sesto e settimo dell'articolo 2354, il trasferimento si opera mediante scritturazione sui conti destinati a registrare i movimenti degli strumenti finanziari; in tal caso, se le azioni sono nominative, si applica il terzo comma e la scritturazione sul conto equivale alla girata[1].

[1] Articolo così sostituito dall'art. 1, D.Lgs. 17 gennaio 2003, n. 6, a decorrere dal 1° gennaio 2004. Il testo previgente disponeva: *Le azioni possono essere nominative o al portatore, a scelta dell'azionista, se l'atto costitutivo non stabilisce che devono essere nominative.*

Le azioni non possono essere al portatore, finché non siano interamente liberate.

L'atto costitutivo può sottoporre a particolari condizioni l'alienazione delle azioni nominative.

● Norme connesse:

- artt. 122-124, D.Lgs. 24 febbraio 1998, n. 58.

■ art. 169, Codice del commercio del 1882.

2355-*bis*. Limiti alla circolazione delle azioni.

Nel caso di azioni nominative ed in quello di mancata emissione dei titoli azionari, lo statuto può sottoporre a particolari condizioni il loro trasferimento e può, per un periodo non superiore a cinque anni dalla costituzione della società o dal momento in cui il divieto viene introdotto, vietarne il trasferimento [2437, comma 2 lett. b)].

Le clausole dello statuto che subordinano il trasferimento delle azioni al mero gradimento di organi sociali o di altri soci sono inefficaci se non prevedono, a carico della società o degli altri soci, un obbligo di acquisto oppure il diritto di recesso dell'alienante; resta ferma l'applicazione dell'articolo 2357. Il corrispettivo dell'acquisto o rispettivamente la quota di liquidazione sono determinati secondo le modalità e nella misura previste dall'articolo 2437-*ter*.

La disposizione del precedente comma si applica in ogni ipotesi di clausole che sottopongono a particolari condizioni il trasferimento a causa di morte delle azioni, salvo che sia previsto il gradimento e questo sia concesso.

Le limitazioni al trasferimento delle azioni devono risultare dal titolo [2343, comma 3, 2345, comma 2, 2354, 2469, comma 2][1].

[1] Articolo aggiunto dall'art. 1, D.Lgs. 17 gennaio 2003, n. 6, a decorrere dal 1° gennaio 2004.

● Norme connesse:

- artt. 15, 35-quater, comma 7, 111, D.Lgs. 24 febbraio 1998, n. 58.

2356. Responsabilità in caso di trasferimento di azioni non liberate.

Coloro che hanno trasferito azioni non liberate sono obbligati in solido [1292] con gli acquirenti per l'ammontare dei versamenti ancora dovuti, per il periodo di tre anni dall'annotazione del trasferimento nel libro dei soci.

Il pagamento non può essere ad essi domandato se non nel caso in cui la richiesta al possessore dell'azione sia rimasta infruttuosa[1].

[1] Articolo così sostituito dall'art. 1, D.Lgs. 17 gennaio 2003, n. 6, a decorrere dal 1° gennaio 2004. Il testo previgente di-

sponeva: *Coloro che hanno trasferito azioni non liberate sono obbligati solidalmente con gli acquirenti per l'ammontare dei versamenti ancora dovuti, per il periodo di tre anni dal trasferimento.*

Il pagamento non può essere ad essi domandato se non nel caso in cui la richiesta al possessore dell'azione sia rimasta infruttuosa.

● Norme connesse:

- art. 35-quater, commi 3, 7, D.Lgs. 24 febbraio 1998, n. 58; art. 150, comma 1, R.D. 16 marzo 1942, n. 267.

■ art. 166, Codice del commercio del 1882.

2357. Acquisto delle proprie azioni.

La società non può acquistare azioni proprie se non nei limiti degli utili distribuibili e delle riserve disponibili risultanti dall'ultimo bilancio regolarmente approvato. Possono essere acquistate soltanto azioni interamente liberate.

L'acquisto deve essere autorizzato dall'assemblea, la quale ne fissa le modalità, indicando in particolare il numero massimo di azioni da acquistare, la durata, non superiore ai diciotto mesi, per la quale l'autorizzazione è accordata, il corrispettivo minimo ed il corrispettivo massimo.

Il valore nominale delle azioni acquistate a norma del primo e secondo comma dalle società che fanno ricorso al mercato del capitale di rischio non può eccedere la quinta parte del capitale sociale, tenendosi conto a tal fine anche delle azioni possedute da società controllate[1].

Le azioni acquistate in violazione dei commi precedenti debbono essere alienate secondo modalità da determinarsi dall'assemblea, entro un anno dal loro acquisto. In mancanza, deve procedersi senza indugio al loro annullamento e alla corrispondente riduzione del capitale [2446]. Qualora l'assemblea non provveda, gli amministratori e i sindaci devono chiedere che la riduzione sia disposta dal tribunale secondo il procedimento previsto dall'articolo 2446, secondo comma [2394].

Le disposizioni del presente articolo si applicano anche agli acquisti fatti per tramite di società fiduciaria o per interposta persona[2].

[1] Comma, da ultimo, così sostituito dall'art. 7, D.L. 10 febbraio 2009, n. 5, convertito in L. 9 aprile 2009, n. 33. La versione previgente era la seguente: *Il valore nominale delle azioni acquistate a norma del primo e secondo comma dalle società che fanno ricorso al mercato del capitale di rischio non può eccedere la decima parte del capitale sociale, tenendosi conto a tale fine anche delle azioni possedute da società controllate.*

[2] Articolo così sostituito dall'art. 1, D.Lgs. 17 gennaio 2003, n. 6, a decorrere dal 1° gennaio 2004. Il testo previgente disponeva: *La società non può acquistare azioni proprie se non nei limiti degli utili distribuibili e delle riserve disponibili risultanti dall'ultimo bilancio regolarmente approvato. Possono essere acquistate soltanto azioni interamente liberate.*

L'acquisto deve essere autorizzato dall'assemblea, la quale ne fissa le modalità, indicando in particolare il numero massimo di azioni da acquistare, la durata, non superiore ai diciotto mesi, per la quale l'autorizzazione è accordata, il corrispettivo minimo ed il corrispettivo massimo.

In nessun caso il valore nominale delle azioni acquistate a norma dei commi precedenti può eccedere la decima parte del capitale sociale, tenendosi conto a tal fine anche delle azioni possedute da società controllate.

Le azioni acquistate in violazione dei commi precedenti debbono essere alienate secondo modalità da determinarsi dall'assemblea, entro un anno dal loro acquisto. In mancanza, deve procedersi senza indugio al loro annullamento e alla corrispondente riduzione del capitale. Qualora l'assemblea non provveda, gli amministratori e i sindaci devono chiedere che la riduzione sia disposta dal tribunale secondo il procedimento previsto dall'articolo 2446, secondo comma.

Le disposizioni del presente articolo si applicano anche agli acquisti fatti per tramite di società fiduciaria o per interposta persona.

● Norme connesse:

- artt. 35-quater, comma 8, 73, 93, 132, 172, D.Lgs. 24 febbraio 1998, n. 58.

2357-*bis*. Casi speciali di acquisto delle proprie azioni.

Le limitazioni contenute nell'articolo 2357 non si applicano quando l'acquisto di azioni proprie avvenga:

1) in esecuzione di una deliberazione dell'assemblea di riduzione del capitale [2445], da attuarsi mediante riscatto [1470, 2437-*sexies*] e annullamento di azioni;

2) a titolo gratuito, sempre che si tratti di azioni interamente liberate;

3) per effetto di successione universale o di fusione o scissione;

4) in occasione di esecuzione forzata per il soddisfacimento di un credito della società, sempre che si tratti di azioni interamente liberate.

Se il valore nominale delle azioni proprie supera il limite della quinta parte del capitale per effetto di acquisti avvenuti a norma dei numeri *2)*, *3)* e *4)* del primo comma del presente articolo, si applica per l'eccedenza il penultimo comma dell'articolo 2357, ma il termine entro il quale deve avvenire l'alienazione è di tre anni[1] [2].

[1] Comma così sostituito dall'art. 7, D.L. 10 febbraio 2009, n. 5, convertito in L. 9 aprile 2009, n. 33. La versione previgente era la seguente: *Se il valore nominale delle azioni proprie supera il limite della decima parte del capitale per effetto di acquisti avvenuti a norma dei numeri 2), 3) e 4) del primo comma del presente articolo, si applica per l'eccedenza il penultimo comma dell'articolo 2357, ma il termine entro il quale deve avvenire l'alienazione è di tre anni.*

[2] Articolo aggiunto dall'art. 9, D.P.R. 10 febbraio 1986, n. 30 e così sostituito dall'art. 1, D.Lgs. 17 gennaio 2003, n. 6, a decorrere dal 1° gennaio 2004. Il testo previgente disponeva: *Le limitazioni contenute nell'articolo precedente non si applicano quando l'acquisto di azioni proprie avvenga:*

CODICE CIVILE

1) in esecuzione di una deliberazione dell'assemblea di riduzione del capitale, da attuarsi mediante riscatto e annullamento di azioni;

2) a titolo gratuito, sempre che si tratti di azioni interamente liberate;

3) per effetto di successione universale o di fusione; 4) in occasione di esecuzione forzata per il soddisfacimento di un credito della società, sempre che si tratti di azioni interamente liberate.

Se il valore nominale delle azioni proprie supera il limite della decima parte del capitale per effetto di acquisti avvenuti a norma dei nn. 2), 3) e 4) del primo comma del presente articolo, si applica per l'eccedenza il penultimo comma dell'articolo precedente, ma il termine entro il quale deve avvenire l'alienazione è di tre anni.

2357-*ter*. Disciplina delle proprie azioni.

Gli amministratori non possono disporre delle azioni acquistate a norma dei due articoli precedenti se non previa autorizzazione dell'assemblea, la quale deve stabilire le relative modalità. A tal fine possono essere previste, nei limiti stabiliti dal primo e secondo comma dell'articolo 2357, operazioni successive di acquisto ed alienazione.

Finchè le azioni restano in proprietà della società, il diritto agli utili e il diritto di opzione sono attribuiti proporzionalmente alle altre azioni. Il diritto di voto è sospeso, ma le azioni proprie sono tuttavia computate ai fini del calcolo delle maggioranze e delle quote richieste per la costituzione e per le deliberazioni dell'assemblea. Nelle società che fanno ricorso al mercato del capitale di rischio il computo delle azioni proprie è disciplinato dall'articolo 2368, terzo comma[1].

L'acquisto di azioni proprie comporta una riduzione del patrimonio netto di eguale importo, tramite l'iscrizione nel passivo del bilancio di una specifica voce, con segno negativo[2 3].

[1] Comma così sostituito dall'art. 1, D.Lgs. 29 novembre 2010, n. 224. Il testo previgente disponeva: *Finché le azioni restano in proprietà della società, il diritto agli utili e il diritto di opzione sono attribuiti proporzionalmente alle altre azioni; l'assemblea può tuttavia, alle condizioni previste dal primo e secondo comma dell'articolo 2357, autorizzare l'esercizio totale o parziale del diritto di opzione. Il diritto di voto è sospeso, ma le azioni proprie sono tuttavia computate nel capitale ai fini del calcolo delle quote richieste per la costituzione e per le deliberazioni dell'assemblea.*

[2] Comma così sostituito dall'art. 6, D.Lgs. 18 agosto 2015, n. 139. Tali nuove disposizioni entrano in vigore a decorrere dal 1° gennaio 2016 e si applicano ai bilanci relativi agli esercizi finanziari aventi inizio a partire da quella data. Il testo previgente disponeva: *Una riserva indisponibile pari all'importo delle azioni proprie iscritto all'attivo del bilancio deve essere costituita e mantenuta finché le azioni non siano trasferite o annullate.*

[3] Articolo aggiunto dall'art. 10, D.P.R. 10 settembre 1986, n. 30 e così sostituito dall'art. 1, D.Lgs. 17 gennaio 2003, n. 6, a decorrere dal 1° gennaio 2004. Il testo previgente disponeva: *Gli amministratori non possono disporre delle azioni acquistate a norma dei due articoli precedenti se non previa autorizzazione dell'assemblea, la quale deve stabilire le relative modalità.*

Finché le azioni restano in proprietà della società, il diritto agli utili e il diritto di opzione sono attribuiti proporzionalmente alle altre azioni. Il diritto di voto è sospeso, ma le azioni proprie sono tuttavia computate nel capitale ai fini del calcolo delle quote richieste per la costituzione e per le deliberazioni dell'assemblea.

Una riserva indisponibile pari all'importo delle azioni proprie iscritto all'attivo del bilancio deve essere costituita e mantenuta finché le azioni non siano trasferite o annullate.

2357-*quater*. Divieto di sottoscrizione delle proprie azioni.

Salvo quanto previsto dall'articolo 2357-*ter*, secondo comma, la società non può sottoscrivere azioni proprie[1].

Le azioni sottoscritte in violazione del divieto stabilito nel precedente comma si intendono sottoscritte e devono essere liberate dai promotori [2337] e dai soci fondatori [2341] o, in caso di aumento del capitale sociale, dagli amministratori. La presente disposizione non si applica a chi dimostri di essere esente da colpa.

Chiunque abbia sottoscritto in nome proprio, ma per conto della società, azioni di quest'ultima è considerato a tutti gli effetti sottoscrittore per conto proprio. Della liberazione delle azioni rispondono solidalmente, a meno che dimostrino di essere esenti da colpa, i promotori, i soci fondatori e, nel caso di aumento del capitale sociale, gli amministratori [2394, 2628][2].

[1] Comma così modificato dall'art. 5, D.Lgs. 6 febbraio 2004, n. 37. Il testo previgente disponeva: *Salvo quanto previsto dall'articolo 2357-*ter*, comma secondo, la società non può sottoscrivere azioni proprie.*

[2] Articolo aggiunto dall'art. 11, D.P.R. 10 settembre 1986, n. 30 e così sostituito dall'art. 1, D.Lgs. 17 gennaio 2003, n. 6, a decorrere dal 1° gennaio 2004. Il testo previgente disponeva: *In nessun caso la società può sottoscrivere azioni proprie.*

Le azioni sottoscritte in violazione del divieto stabilito nel precedente comma si intendono sottoscritte e devono essere liberate dai promotori e dai soci fondatori o, in caso di aumento del capitale sociale, dagli amministratori. La presente disposizione non si applica a chi dimostri di essere esente da colpa.

Chiunque abbia sottoscritto in nome proprio, ma per conto della società, azioni di quest'ultima è considerato a tutti gli effetti sottoscrittore per conto proprio. Della liberazione delle azioni rispondono solidalmente, salvo che non dimostrino di essere esenti da colpa, i promotori, i soci fondatori e, nel caso di aumento del capitale sociale, gli amministratori.

2358. Altre operazioni sulle proprie azioni.

La società non può [1418], direttamente o indirettamente, accordare prestiti, nè fornire garanzie per l'acquisto o la sottoscrizione delle proprie azioni, se non alle condizioni previste dal presente articolo.

Tali operazioni sono preventivamente autorizzate dall'assemblea straordinaria.

Gli amministratori della società predispongono una relazione che illustri, sotto il profilo giuridico ed economico, l'operazione, descrivendone le condizioni, evidenziando le ragioni e gli obiettivi imprenditoriali che la giustificano, lo specifico interesse che l'operazione presenta per la società, i rischi che essa comporta per la liquidità e la solvibilità della società ed indicando il prezzo al quale il terzo acquisirà le azioni. Nella relazione gli amministratori attestano altresì che l'operazione ha luogo a condizioni di mercato, in particolare per quanto riguarda le garanzie prestate e il tasso di interesse praticato per il rimborso del finanziamento, e che il merito di credito della controparte è stato debitamente valutato. La relazione è depositata presso la sede della società durante i trenta giorni che precedono l'assemblea. Il verbale dell'assemblea, corredato dalla relazione degli amministratori, è depositato entro trenta giorni per l'iscrizione nel registro delle imprese.

In deroga all'articolo 2357-*ter*, quando le somme o le garanzie fornite ai sensi del presente articolo sono utilizzate per l'acquisto di azioni detenute dalla società ai sensi dell'articolo 2357 e 2357-*bis* l'assemblea straordinaria autorizza gli amministratori a disporre di tali azioni con la delibera di cui al secondo comma. Il prezzo di acquisto delle azioni è determinato secondo i criteri di cui all'articolo 2437-*ter*, secondo comma. Nel caso di azioni negoziate in un mercato regolamentato il prezzo di acquisto è pari almeno al prezzo medio ponderato al quale le azioni sono state negoziate nei sei mesi che precedono la pubblicazione dell'avviso di convocazione dell'assemblea.

Qualora la società accordi prestiti o fornisca garanzie per l'acquisto o la sottoscrizione delle azioni proprie a singoli amministratori della società o della controllante o alla stessa controllante ovvero a terzi che agiscono in nome proprio e per conto dei predetti soggetti, la relazione di cui al terzo comma attesta altresì che l'operazione realizza al meglio l'interesse della società.

L'importo complessivo delle somme impiegate e delle garanzie fornite ai sensi del presente articolo non può eccedere il limite degli utili distribuibili e delle riserve disponibili risultanti dall'ultimo bilancio regolarmente approvato, tenuto conto anche dell'eventuale acquisto di proprie azioni ai sensi dell'articolo 2357. Una riserva indisponibile pari all'importo complessivo delle somme impiegate e delle garanzie fornite è iscritta al passivo del bilancio [2357-*ter*].

La società non può, neppure per tramite di società fiduciaria, o per interposta persona, accettare azioni proprie in garanzia.

Salvo quanto previsto dal comma sesto, le disposizioni del presente articolo non si applicano alle operazioni effettuate per favorire l'acquisto di azioni da parte di dipendenti della società o di quelli di società controllanti o controllate.

Resta salvo quanto previsto dagli articoli 2391-*bis* e 2501-*bis*[1].

[1] Articolo, da ultimo, così sostituito dall'art. 1, D.Lgs. 4 agosto 2008, n. 142. Il testo originario disponeva: *La società non può accordare prestiti, né fornire garanzie per l'acquisto o la sottoscrizione delle azioni proprie.*

La società non può, neppure per tramite di società fiduciaria, o per interposta persona, accettare azioni proprie in garanzia.

Le disposizioni dei due commi precedenti non si applicano alle operazioni effettuate per favorire l'acquisto di azioni da parte di dipendenti della società o di quelli di società controllanti o controllate. In questi casi tuttavia le somme impiegate e le garanzie prestate debbono essere contenute nei limiti degli utili distribuibili regolarmente accertati e delle riserve disponibili risultanti dall'ultimo bilancio regolarmente approvato.

Il testo previgente la riforma del 2008 disponeva: *La società non può accordare prestiti, né fornire garanzie per l'acquisto o la sottoscrizione delle azioni proprie.*

La società non può, neppure per tramite di società fiduciaria, o per interposta persona, accettare azioni proprie in garanzia.

Le disposizioni dei due commi precedenti non si applicano alle operazioni effettuate per favorire l'acquisto di azioni da parte di dipendenti della società o di quelli di società controllanti o controllate. In questi casi tuttavia le somme impiegate e le garanzie prestate debbono essere contenute nei limiti degli utili distribuibili regolarmente accertati e delle riserve disponibili risultanti dall'ultimo bilancio regolarmente approvato.

2359. Società controllate e società collegate.

Sono considerate società controllate [2497 ss.]:

1) le società in cui un'altra società dispone della maggioranza dei voti esercitabili [2351] nell'assemblea ordinaria;

2) le società in cui un'altra società dispone di voti sufficienti per esercitare un'influenza dominante nell'assemblea ordinaria;

3) le società che sono sotto influenza dominante di un'altra società in virtù di particolari vincoli contrattuali con essa.

Ai fini dell'applicazione dei numeri *1)* e *2)* del primo comma si computano anche i voti spettanti a società controllate, a società fiduciarie e a persona interposta: non si computano i voti spettanti per conto di terzi.

Sono considerate collegate le società sulle quali un'altra società esercita un'influenza notevole. L'influenza si presume quando nell'assemblea ordinaria può essere esercitato almeno un quinto dei voti ovvero un decimo se la società ha azioni quotate in mercati regolamentati[1 2].

CODICE CIVILE

[1] Comma così modificato dall'art. 8, D.Lgs. 28 dicembre 2004, n. 310. Il testo previgente disponeva: *Sono considerate collegate le società sulle quali un'altra società esercita un'influenza notevole. L'influenza si presume quando nell'assemblea ordinaria può essere esercitato almeno un quinto dei voti ovvero un decimo se la società ha azioni quotate in borsa.*

[2] Articolo così sostituito dall'art. 1, D.Lgs. 17 gennaio 2003, n. 6, a decorrere dal 1° gennaio 2004. Il testo previgente disponeva: *Sono considerate società controllate:*

1) le società in cui un'altra società dispone della maggioranza dei voti esercitabili nell'assemblea ordinaria;

2) le società in cui un'altra società dispone di voti sufficienti per esercitare un'influenza dominante nell'assemblea ordinaria;

3) le società che sono sotto influenza dominante di un'altra società in virtù di particolari vincoli contrattuali con essa.

Ai fini dell'applicazione dei numeri 1) e 2) del primo comma si computano anche i voti spettanti a società controllate, a società fiduciarie e a persona interposta; non si computano i voti spettanti per conto di terzi.

Sono considerate collegate le società sulle quali un'altra società esercita un'influenza notevole. L'influenza si presume quando nell'assemblea ordinaria può essere esercitato almeno un quinto dei voti, ovvero un decimo se la società ha azioni quotate in borsa.

● Norme connesse:

- commi 1 e 2: D.P.R. 30 novembre 2012, n. 251 (Regolamento concernente la parità di accesso agli organi di amministrazione e di controllo nelle società, costituite in Italia, controllate da pubbliche amministrazioni, ai sensi dell'articolo 2359, commi primo e secondo, del codice civile, non quotate in mercati regolamentati, in attuazione dell'articolo 3, comma 2, della legge 12 luglio 2011, n. 120).

- artt. 2, 4, 5, 6 e 8, D.L. 13 maggio 2011, n. 70, convertito in L. 12 luglio 2011, n. 106 (Semestre Europeo - Prime disposizioni urgenti per l'economia); art. 72, D.Lgs. 7 settembre 2005, n. 209; art. 23, D.Lgs. 1 settembre 1993, n. 385; artt. 93, 120, 121, 132, 165-ter, D.Lgs. 24 febbraio 1998, n. 58; art. 7, L. 10 ottobre 1990, n. 287; D.P.R. 30 novembre 2012, n. 251 di attuazione del presente articolo.

2359-*bis*. Acquisto di azioni o quote da parte di società controllate.

La società controllata non può [1418] acquistare azioni o quote della società controllante se non nei limiti degli utili distribuibili e delle riserve disponibili risultanti dall'ultimo bilancio regolarmente approvato. Possono essere acquistate soltanto azioni interamente liberate [2342].

L'acquisto deve essere autorizzato dall'assemblea a norma del secondo comma dell'articolo 2357.

In nessun caso il valore nominale delle azioni acquistate a norma dei commi primo e secondo può eccedere la quinta parte del capitale della società controllante qualora questa sia una società che faccia ricorso al mercato del capitale di rischio, tenendosi conto a tal fine delle azioni possedute dalla medesima società controllante o dalle società da essa controllate [2359-*quater*][1].

Una riserva indisponibile, pari all'importo delle azioni o quote della società controllante iscritto all'attivo del bilancio deve essere costituita e mantenuta finché le azioni o quote non siano trasferite.

La società controllata da altra società non può esercitare il diritto di voto nelle assemblee di questa.

Le disposizioni di questo articolo si applicano anche agli acquisti fatti per il tramite di società fiduciaria o per interposta persona[2].

[1] Comma così sostituito dall'art. 1, D.Lgs. 29 novembre 2010, n. 224. Il testo previgente disponeva: *In nessun caso il valore nominale delle azioni o quote acquistate a norma dei commi precedenti può eccedere la decima parte del capitale della società controllante, tenendosi conto a tal fine delle azioni o quote possedute dalla medesima società controllante e dalle società da essa controllate.*

[2] Articolo aggiunto dall'art. 6, D.L. 8 aprile 1974, n. 95, convertito in L. 7 giugno 1974, n. 216 e, da ultimo, così sostituito dall'art. 1, D.Lgs. 17 gennaio 2003, n. 6, a decorrere dal 1° gennaio 2004. Il testo previgente disponeva: *La società controllata non può acquistare azioni o quote della società controllante se non nei limiti degli utili distribuibili e delle riserve disponibili risultanti dall'ultimo bilancio regolarmente approvato. Possono essere acquistate soltanto azioni interamente liberate.*

L'acquisto deve essere autorizzato dall'assemblea a norma del secondo comma dell'articolo 2357.

In nessun caso il valore nominale delle azioni o quote acquistate a norma dei commi precedenti può eccedere la decima parte del capitale della società controllante, tenendosi conto a tal fine delle azioni o quote possedute dalla medesima società controllante e dalle società da essa controllate.

Una riserva indisponibile, pari all'importo delle azioni o quote della società controllante iscritto all'attivo del bilancio, deve essere costituita e mantenuta finché le azioni o quote non siano trasferite.

La società controllata da altra società non può esercitare il diritto di voto nelle assemblee di questa.

Le disposizioni di questo articolo si applicano anche agli acquisti fatti per il tramite di società fiduciaria o per interposta persona.

● Norme connesse:

- artt. 121, 132, D.Lgs. 24 febbraio 1998, n. 58.

2359-*ter*. Alienazione o annullamento delle azioni o quote della società controllante.

Le azioni o quote acquistate in violazione dell'articolo 2359-*bis* devono essere alienate secondo modalità da determinarsi dall'assemblea entro un anno dal loro acquisto [2357, comma 4].

In mancanza, la società controllante deve procedere senza indugio al loro annullamento e alla corrispondente riduzione del capitale [2446], con rimborso secondo i criteri indicati dagli articoli 2437-*ter* e 2437-*quater*. Qualora l'assemblea [2365] non provveda, gli amministratori e i sindaci devono chiedere che la riduzione sia disposta dal tribunale secondo il procedimento previsto dall'articolo 2446, secondo comma[1].

[1] Articolo aggiunto dall'art. 3, D.Lgs. 2 maggio 1994, n. 315 e così sostituito dall'art. 1, D.Lgs. 17 gennaio 2003, n. 6, a

*decorrere dal 1° gennaio 2004. Il testo previgente disponeva: Le azioni o quote acquistate in violazione dell'articolo 2359-*bis *devono essere alienate secondo modalità da determinarsi dall'assemblea entro un anno dal loro acquisto.*

In mancanza, la società controllante deve procedere senza indugio al loro annullamento e alla corrispondente riduzione del capitale, con rimborso secondo i criteri indicati dall'articolo 2437. Qualora l'assemblea non provveda, gli amministratori e i sindaci devono chiedere che la riduzione sia disposta dal tribunale secondo il procedimento previsto dall'articolo 2446, secondo comma.

2359-*quater*. Casi speciali di acquisto o di possesso di azioni o quote della società controllante.

Le limitazioni dell'articolo 2359-*bis* non si applicano quando l'acquisto avvenga ai sensi dei numeri 2, 3 e 4 del primo comma dell'articolo 2357-*bis*.

Le azioni o quote così acquistate, che superino il limite stabilito dal terzo comma dell'articolo 2359-*bis*, devono tuttavia essere alienate, secondo modalità da determinarsi dall'assemblea [2364], entro tre anni dall'acquisto. Si applica il secondo comma dell'articolo 2359-*ter*.

Se il limite indicato dal terzo comma dell'articolo 2359-*bis* è superato per effetto di circostanze sopravvenute, la società controllante, entro tre anni dal momento in cui si è verificata la circostanza che ha determinato il superamento del limite, deve procedere all'annullamento delle azioni o quote in misura proporzionale a quelle possedute da ciascuna società, con conseguente riduzione del capitale e con rimborso alle società controllate secondo i criteri indicati dagli articoli 2437-*ter* e 2437-*quater*. Qualora l'assemblea non provveda, gli amministratori e i sindaci devono chiedere che la riduzione sia disposta dal tribunale secondo il procedimento previsto dall'articolo 2446, secondo comma[1].

[1] Articolo aggiunto dall'art. 4, D.Lgs. 2 maggio 1994, n. 315 e così sostituito dall'art. 1, D.Lgs. 17 gennaio 2003, n. 6, a decorrere dal 1° gennaio 2004. Il testo previgente disponeva: *Le limitazioni dell'articolo 2359-bis non si applicano quando l'acquisto avvenga ai sensi dei numeri 2, 3 e 4 del primo comma dell'articolo 2357-bis.*

Le azioni o quote così acquistate, che superino il limite stabilito dal terzo comma dell'articolo 2359-bis, devono tuttavia essere alienate, secondo modalità da determinarsi dall'assemblea entro tre anni dall'acquisto. Si applica il secondo comma dell'articolo 2359-ter.

Se il limite indicato al terzo comma dell'articolo 2359-bis è superato per effetto di circostanze sopravvenute, la società controllante, entro tre anni dal momento in cui si è verificata la circostanza che ha determinato il superamento del limite, deve procedere all'annullamento delle azioni o quote in misura proporzionale a quelle possedute da ciascuna società, con conseguente riduzione del capitale e con rimborso alle società controllate secondo i criteri indicati dall'articolo 2437. Qualora l'assemblea non provveda, gli amministratori e i sindaci devono chiedere che la riduzione sia disposta dal tribunale secondo il procedimento previsto dall'articolo 2446, secondo comma.

2359-*quinquies*. Sottoscrizione di azioni o quote della società controllante.

La società controllata non può sottoscrivere azioni o quote della società controllante.

Le azioni o quote sottoscritte in violazione del comma precedente si intendono sottoscritte e devono essere liberate dagli amministratori, che non dimostrino di essere esenti da colpa [2628].

Chiunque abbia sottoscritto in nome proprio, ma per conto della società controllata, azioni o quote della società controllante è considerato a tutti gli effetti sottoscrittore per conto proprio. Della liberazione delle azioni o quote rispondono solidalmente gli amministratori della società controllata che non dimostrino di essere esenti da colpa[1].

[1] Articolo aggiunto dall'art. 5, D.Lgs. 2 maggio 1994, n. 315 e così sostituito dall'art. 1, D.Lgs. 17 gennaio 2003, n. 6, a decorrere dal 1° gennaio 2004. Il testo previgente disponeva: *La società controllata non può sottoscrivere azioni o quote della società controllante.*

Le azioni o quote sottoscritte in violazione del comma precedente si intendono sottoscritte e devono essere liberate dagli amministratori, che non dimostrino di essere esenti da colpa.

Chiunque abbia sottoscritto in nome proprio, ma per conto della società controllata, azioni o quote della società controllante è considerato a tutti gli effetti sottoscrittore per conto proprio. Della liberazione delle azioni o quote rispondono solidalmente gli amministratori della società controllata che non dimostrino di essere esenti da colpa.

2360. Divieto di sottoscrizione reciproca di azioni.

È vietato alle società di costituire o di aumentare il capitale mediante sottoscrizione reciproca di azioni, anche per tramite di società fiduciaria o per interposta persona[1].

[1] Articolo così sostituito dall'art. 1, D.Lgs. 17 gennaio 2003, n. 6, a decorrere dal 1° gennaio 2004. Il testo previgente disponeva: *È vietato alle società di costituire o di aumentare il capitale mediante sottoscrizione reciproca di azioni, anche per tramite di società fiduciaria o per interposta persona.*

● Norme connesse:
- art. 121, D.Lgs. 24 febbraio 1998, n. 58.

2361. Partecipazioni.

L'assunzione di partecipazioni in altre imprese, anche se prevista genericamente nello statuto, non è consentita, se per la misura e per l'oggetto della partecipazione ne risulta sostanzialmente modificato l'oggetto sociale determinato dallo statuto [2437, 2473].

L'assunzione di partecipazioni in altre imprese comportante una responsabilità illimitata per le obbligazioni delle medesime deve essere deliberata dall'assemblea; di tali partecipazioni gli amministratori danno specifica informazione nella nota integrativa del bilancio [disp. att. 111-*duodecies*][1].

[1] Articolo così sostituito dall'art. 1, D.Lgs. 17 gennaio 2003, n. 6, a decorrere dal 1° gennaio 2004. Il testo previgente disponeva: *L'assunzione di partecipazioni in altre imprese, anche se prevista genericamente nell'atto costitutivo, non è consentita, se per la misura e per l'oggetto della partecipazione ne risulta sostanzialmente modificato l'oggetto sociale determinato dall'atto costitutivo.*

● Norme connesse:
- artt. 120, 121, D.Lgs. 24 febbraio 1998, n. 58; art. 20, D.Lgs. 1 settembre 1993, n. 385; art. 147, comma 1, R.D. 16 marzo 1942, n. 267.

2362. Unico azionista.

Quando le azioni risultano appartenere ad una sola persona [2250, comma 4, 2325, comma 2] o muta la persona dell'unico socio, gli amministratori devono depositare per l'iscrizione del registro delle imprese [2188] una dichiarazione contenente l'indicazione del cognome e nome o della denominazione, della data e del luogo di nascita o lo Stato di costituzione, del domicilio o della sede e cittadinanza dell'unico socio[1].

Quando si costituisce o ricostituisce la pluralità dei soci, gli amministratori ne devono depositare apposita dichiarazione per l'iscrizione nel registro delle imprese.

L'unico socio o colui che cessa di essere tale può provvedere alla pubblicità prevista nei commi precedenti.

Le dichiarazioni degli amministratori previste dai precedenti commi devono essere depositate entro trenta giorni dall'iscrizione nel libro dei soci e devono indicare la data di iscrizione.

I contratti della società con l'unico socio o le operazioni a favore dell'unico socio sono opponibili ai creditori della società solo se risultano dal libro delle adunanze e delle deliberazioni del consiglio di amministrazione o da atto scritto avente data certa anteriore al pignoramento [2912 ss.][2].

[1] Comma così modificato dall'art. 5, D.Lgs. 6 febbraio 2004, n. 37. Il testo previgente disponeva: *Quando le azioni risultano appartenere ad una sola persona o muta la persona dell'unico socio, gli amministratori devono depositare per l'iscrizione del registro delle imprese una dichiarazione contenente l'indicazione del cognome e nome o della denominazione, della data e del luogo di nascita o di costituzione, del domicilio o della sede e cittadinanza dell'unico socio.*

[2] Articolo così sostituito dall'art. 1, D.Lgs. 17 gennaio 2003, n. 6, a decorrere dal 1° gennaio 2004. Il testo previgente disponeva: *In caso di insolvenza della società, per le obbligazioni sociali sorte nel periodo in cui le azioni risultano essere appartenute ad una sola persona, questa risponde illimitatamente.*

Sezione VI
Dell'assemblea[1]

[1] Sezione (già § 1 della Sezione VI originaria) così sostituita dall'art. 1, D.Lgs. 17 gennaio 2003, n. 6, a decorrere dal 1° gennaio 2004.

2363. Luogo di convocazione dell'assemblea.

L'assemblea è convocata [2366, 2379] nel comune dove ha sede la società, se lo statuto non dispone diversamente.

L'assemblea è ordinaria o straordinaria[1].

[1] Articolo così sostituito dall'art. 1, D.Lgs. 17 gennaio 2003, n. 6, a decorrere dal 1° gennaio 2004. Il testo previgente disponeva: *L'assemblea è convocata dagli amministratori nella sede della società, se l'atto costitutivo non dispone diversamente.*

L'assemblea è ordinaria o straordinaria.

■ art. 154, Codice del commercio del 1882.

2364. Assemblea ordinaria nelle società prive di consiglio di sorveglianza.

Nelle società prive di consiglio di sorveglianza, l'assemblea ordinaria:

1) approva il bilancio;

2) nomina e revoca gli amministratori; nomina i sindaci e il presidente del collegio sindacale e, quando previsto, il soggetto incaricato di effettuare la revisione legale dei conti[1];

3) determina il compenso degli amministratori e dei sindaci, se non è stabilito dallo statuto;

4) delibera sulla responsabilità degli amministratori e dei sindaci;

5) delibera sugli altri oggetti attribuiti dalla legge alla competenza dell'assemblea, nonché sulle autorizzazioni eventualmente richieste dallo statuto per il compimento di atti degli amministratori, ferma in ogni caso la responsabilità di questi per gli atti compiuti;

6) approva l'eventuale regolamento dei lavori assembleari.

L'assemblea ordinaria deve essere convocata [2367, comma 1, 2369, comma 1, 2386, comma 2, 2401, comma 3, 2446, comma 1, 2447] almeno una volta l'anno, entro il termine stabilito dallo statuto e comunque non superiore a centoventi giorni dalla chiusura dell'esercizio sociale. Lo statuto può prevedere un maggior termine, comunque non superiore a centottanta giorni, nel caso di società tenute alla redazione del bilancio consolidato ovvero quando lo richiedono particolari esigenze relative alla struttura ed all'oggetto della società; in questi casi gli amministratori segnalano nella relazione prevista dall'articolo 2428 le ragioni della dilazione[2 3].

[1] Numero così modificato dall'art. 37, D.Lgs. 27 gennaio 2010, n. 39. Il testo previgente disponeva: *2) nomina e revoca gli amministratori; nomina i sindaci e il presidente del collegio sindacale e, quando previsto, il soggetto al quale è demandato il controllo contabile.*

[2] Comma così modificato dall'art. 9, D.Lgs. 28 dicembre 2004, n. 310. Il testo previgente disponeva: *L'assemblea ordinaria deve essere convocata almeno una volta l'anno, entro il termine stabilito dallo statuto e comunque non superiore a centoventi giorni dalla chiusura dell'esercizio sociale. Lo statuto può prevedere un maggior termine, comunque non superiore a centottanta giorni, nel caso di società tenute alla redazione del bilancio consolidato e quando lo richiedono particolari esigenze relative alla struttura ed all'oggetto della società; in questi casi gli amministratori segnalano nella relazione prevista dall'articolo 2428 le ragioni della dilazione.*

[3] Articolo così sostituito dall'art. 1, D.Lgs. 17 gennaio 2003, n. 6, a decorrere dal 1° gennaio 2004. Il testo previgente disponeva: *L'assemblea ordinaria:*

1) approva il bilancio;

2) nomina gli amministratori, i sindaci e il presidente del collegio sindacale;

3) determina il compenso degli amministratori e dei sindaci, se non è stabilito nell'atto costitutivo;

4) delibera sugli altri oggetti attinenti alla gestione della società riservati alla sua competenza dall'atto costitutivo, o sottoposti al suo esame dagli amministratori, nonché sulla responsabilità degli amministratori e dei sindaci.

L'assemblea ordinaria deve essere convocata almeno una volta all'anno, entro quattro mesi dalla chiusura dell'esercizio sociale. L'atto costitutivo può stabilire un termine maggiore, non superiore in ogni caso a sei mesi, quando particolari esigenze lo richiedono.

● Norme connesse:

- art. 1, comma 1, D.L. 25 marzo 2011, n. 26, convertito in L. 23 maggio 2011, n. 73 (Misure urgenti per garantire l'ordinato svolgimento delle assemblee societarie annuali) in base al quale: *In sede di prima applicazione del decreto legislativo 27 gennaio 2010, n. 27, è consentito alle società alle quali si applica l'articolo 154-ter del testo unico delle disposizioni in materia di intermediazione finanziaria, di cui al decreto legislativo 24 febbraio 1998, n. 58, convocare l'assemblea di cui all'articolo 2364, secondo comma, e 2364-bis, secondo comma, del codice civile, nel termine di centottanta giorni dalla chiusura dell'esercizio 2010, anche qualora tale possibilità non sia prevista dallo statuto della società.*

- artt. 72, 92, D.Lgs. 7 settembre 2005, n. 209; art. 23, D.Lgs. 1 settembre 1993, n. 385; artt. 123-bis, 123-ter, 154-ter, D.Lgs. 24 febbraio 1998, n. 58.

■ art. 154, Codice del commercio del 1882.

2364-*bis*. Assemblea ordinaria nelle società con consiglio di sorveglianza.

Nelle società ove è previsto il consiglio di sorveglianza, l'assemblea ordinaria:

1) nomina e revoca i consiglieri di sorveglianza;

2) determina il compenso ad essi spettante, se non è stabilito nello statuto;

3) delibera sulla responsabilità dei consiglieri di sorveglianza;

4) delibera sulla distribuzione degli utili [2433];

5) nomina il soggetto incaricato di effettuare la revisione legale dei conti[1].

Si applica il secondo comma dell'articolo 2364[2].

[1] Numero così modificato dall'art. 37, D.Lgs. 27 gennaio 2010, n. 39. Il testo previgente disponeva: *5) nomina il revisore.*

[2] Articolo aggiunto dall'art. 1, D.Lgs. 17 gennaio 2003, n. 6, a decorrere dal 1° gennaio 2004.

● Norme connesse:

- art. 1, comma 1, D.L. 25 marzo 2011, n. 26, convertito in L. 23 maggio 2011, n. 73 (Misure urgenti per garantire l'ordinato svolgimento delle assemblee societarie annuali), riportato in nota sub art. 2364 c.c..

- artt. 72, 92, D.Lgs. 7 settembre 2005, n. 209; art. 23, D.Lgs. 1 settembre 1993, n. 385; artt. 123-bis, 123-ter, 154-ter, D.Lgs. 24 febbraio 1998, n. 58.

2365. Assemblea straordinaria.

L'assemblea straordinaria delibera sulle modificazioni dello statuto, sulla nomina, sulla sostituzione e sui poteri dei liquidatori e su ogni altra materia espressamente attribuita dalla legge alla sua competenza [2420-*bis*, 2487-*ter*].

Fermo quanto disposto dagli articoli 2420-*ter* e 2443, lo statuto può attribuire alla competenza dell'organo amministrativo o del consiglio di sorveglianza o del consiglio di gestione le deliberazioni concernenti la fusione nei casi previsti dagli articoli 2505 e 2505-*bis*, l'istituzione o la soppressione di sedi secondarie, la indicazione di quali tra gli amministratori hanno la rappresentanza della società, la riduzione del capitale in caso di recesso del socio, gli adeguamenti dello statuto a disposizioni normative, il trasferimento della sede sociale nel territorio nazionale. Si applica in ogni caso l'articolo 2436 [disp. att. 223-*bis*, comma 4][1].

[1] Articolo così sostituito dall'art. 1, D.Lgs. 17 gennaio 2003, n. 6, a decorrere dal 1° gennaio 2004. Il testo previgente disponeva: *L'assemblea straordinaria delibera sulle modificazioni dell'atto costitutivo e sull'emissione di obbligazioni. Delibera altresì sulla nomina e sui poteri dei liquidatori a norma degli articoli 2450 e 2452.*

● Norme connesse:

- artt. 152, 161, 214, R.D. 16 marzo 1942, n. 267.

2366. Formalità per la convocazione.

L'assemblea è convocata dall'amministratore unico, dal consiglio di amministrazione [2381, comma 2] o dal consiglio di gestione mediante avviso contenente l'indicazione del giorno, dell'ora e del luogo dell'adunanza e l'elenco delle materie da trattare [2367, 2406, 2409, comma 4][1].

L'avviso deve essere pubblicato nella *Gazzetta Ufficiale* della Repubblica o in almeno un quotidiano indicato nello statuto almeno quindici giorni prima di quello fissato per l'assemblea. Se i quotidiani

CODICE CIVILE

indicati nello statuto hanno cessato le pubblicazioni, l'avviso deve essere pubblicato nella *Gazzetta Ufficiale*. Per le società che fanno ricorso al mercato del capitale di rischio, le modalità di pubblicazione dell'avviso sono definite dalle leggi speciali[2].

Lo statuto delle società che non fanno ricorso al mercato del capitale di rischio può, in deroga al comma precedente, consentire la convocazione mediante avviso comunicato ai soci con mezzi che garantiscano la prova dell'avvenuto ricevimento almeno otto giorni prima dell'assemblea.

In mancanza delle formalità previste per la convocazione, l'assemblea si reputa regolarmente costituita, quando è rappresentato l'intero capitale sociale e partecipa all'assemblea la maggioranza dei componenti degli organi amministrativi e di controllo. Tuttavia in tale ipotesi ciascuno dei partecipanti può opporsi alla discussione degli argomenti sui quali non si ritenga sufficientemente informato[3].

Nell'ipotesi di cui al comma precedente, dovrà essere data tempestiva comunicazione delle deliberazioni assunte ai componenti degli organi amministrativi e di controllo non presenti[4].

[1] Comma così modificato prima dall'art. 1, D.Lgs. 27 gennaio 2010, n. 27, poi dall'art. 1, D.Lgs. 18 giugno 2012, n. 91. Il testo previgente la modifica del 2010 disponeva: *L'assemblea è convocata dagli amministratori o dal consiglio di gestione mediante avviso contenente l'indicazione del giorno, dell'ora e del luogo dell'adunanza e l'elenco delle materie da trattare.* Il testo previgente la modifica del 2012 disponeva: *Salvo quanto previsto dalle leggi speciali per le società, diverse dalle società cooperative, che fanno ricorso al mercato del capitale di rischio, l'assemblea è convocata dagli amministratori o dal consiglio di gestione mediante avviso contenente l'indicazione del giorno, dell'ora e del luogo dell'adunanza e l'elenco delle materie da trattare.* Le disposizioni modificate dal D.Lgs. 91/2012 cit. si applicano alle assemblee il cui avviso di convocazione sia pubblicato dopo il 1° gennaio 2013.

[2] Comma prima modificato dall'art. 5, D.Lgs. 6 febbraio 2004, n. 37, poi dall'art. 1, D.Lgs. 27 gennaio 2010, n. 27, poi dall'art. 1, D.Lgs. 18 giugno 2012, n. 91. Il testo previgente la riforma del 2004 disponeva: *L'avviso deve essere pubblicato nella Gazzetta Ufficiale della Repubblica o in almeno un quotidiano indicato nello statuto almeno quindici giorni prima di quello fissato per l'assemblea.* Il testo previgente la riforma del 2010 disponeva: *L'avviso deve essere pubblicato nella Gazzetta Ufficiale della Repubblica o in almeno un quotidiano indicato nello statuto almeno quindici giorni prima di quello fissato per l'assemblea se i quotidiani indicati nello statuto hanno cessato le pubblicazioni, l'avviso deve essere pubblicato nella Gazzetta Ufficiale.* Il testo previgente la riforma del 2012 disponeva: *L'avviso deve essere pubblicato nella Gazzetta Ufficiale della Repubblica o in almeno un quotidiano indicato nello statuto almeno quindici giorni prima di quello fissato per l'assemblea se i quotidiani indicati nello statuto hanno cessato le pubblicazioni, l'avviso deve essere pubblicato nella Gazzetta Ufficiale. Per le società, diverse dalle società cooperative, che fanno ricorso al mercato del capitale di rischio, le modalità di pubblicazione dell'avviso sono definite dalle leggi speciali.* Le disposizioni modificate dal D.Lgs. 91/2012 cit. si applicano alle assemblee il cui avviso di convocazione sia pubblicato dopo il 1° gennaio 2013.

[3] Comma così modificato dall'art. 1, D.Lgs. 27 gennaio 2010, n. 27. Il testo previgente disponeva: *In mancanza delle formalità suddette, l'assemblea si reputa regolarmente costituita, quando è rappresentato l'intero capitale sociale e partecipa all'assemblea la maggioranza dei componenti degli organi amministrativi e di controllo. Tuttavia in tale ipotesi ciascuno dei partecipanti può opporsi alla discussione degli argomenti sui quali non si ritenga sufficientemente informato.*

[4] Articolo così sostituito dall'art. 1, D.Lgs. 17 gennaio 2003, n. 6, a decorrere dal 1° gennaio 2004. Il testo previgente disponeva: *L'assemblea deve essere convocata dagli amministratori mediante avviso contenente l'indicazione del giorno, dell'ora e del luogo dell'adunanza e l'elenco delle materie da trattare.*

L'avviso deve essere pubblicato nella Gazzetta Ufficiale della Repubblica almeno quindici giorni prima di quello fissato per l'adunanza.

In mancanza delle formalità suddette, l'assemblea si reputa regolarmente costituita, quando è rappresentato l'intero capitale sociale e sono intervenuti tutti gli amministratori e i componenti del collegio sindacale. Tuttavia in tale ipotesi ciascuno degli intervenuti può opporsi alla discussione degli argomenti sui quali non si ritenga sufficientemente informato.

● Norme connesse:

- artt. 35-sexies, 135-quater, 151, 151-bis, D.Lgs. 24 febbraio 1998, n. 58.

■ art. 155, Codice del commercio del 1882.

2367. Convocazione su richiesta di soci.

Gli amministratori o il consiglio di gestione devono convocare [2364, comma 2, 2369, comma 1, 2386, comma 2, 2401, comma 3, 2446, comma 1, 2447] senza ritardo l'assemblea, quando ne è fatta domanda da tanti soci che rappresentino almeno il ventesimo del capitale sociale nelle società che fanno ricorso al mercato del capitale di rischio e il decimo del capitale sociale nelle altre o la minore percentuale prevista nello statuto, e nella domanda sono indicati gli argomenti da trattare[1].

Se gli amministratori o il consiglio di gestione, oppure in loro vece i sindaci o il consiglio di sorveglianza o il comitato per il controllo sulla gestione, non provvedono, il tribunale, sentiti i componenti degli organi amministrativi e di controllo, ove il rifiuto di provvedere risulti ingiustificato, ordina con decreto la convocazione dell'assemblea, designando la persona che deve presiederla[2].

La convocazione su richiesta di soci non è ammessa per argomenti sui quali l'assemblea delibera, a norma di legge, su proposta degli amministratori o sulla base di un progetto o di una relazione da essi predisposta[3].

[1] Comma così modificato dall'art. 1, D.Lgs. 27 gennaio 2010, n. 27. Il testo previgente disponeva: *Gli amministratori o il consiglio di gestione devono convocare senza ritardo l'as-*

semblea, quando ne è fatta domanda da tanti soci che rappresentino almeno il decimo del capitale sociale o la minore percentuale prevista nello statuto, e nella domanda sono indicati gli argomenti da trattare.

[2] Relativamente alle disposizioni di cui al presente comma trovano applicazione le norme di cui alla Sezione II (Del procedimento in confronto di più parti) del Capo II (Del procedimento) del Titolo IV (Del procedimento in camera di consiglio), D.Lgs. 17 gennaio 2003, n. 5 (Definizione dei procedimenti in materia di diritto societario e di intermediazione finanziaria, nonché in materia bancaria e creditizia, in attuazione dell'articolo 12 della legge 3 ottobre 2001, n. 366) (art. 33, D.Lgs. 5/2003, cit.), poi abrogato dall'art. 54, L. 18 giugno 2009, n. 69 (le disposizioni ivi contenute continuano ad applicarsi alle controversie pendenti alla data di entrata in vigore della L. 69/2009 cit.).

[3] Articolo così sostituito dall'art. 1, D.Lgs. 17 gennaio 2003, n. 6, a decorrere dal 1° gennaio 2004. Il testo previgente disponeva: *Gli amministratori devono convocare senza ritardo l'assemblea, quando ne è fatta domanda da tanti soci che rappresentino almeno il quinto del capitale sociale e nella domanda sono indicati gli argomenti da trattare.*

Se gli amministratori, o in loro vece i sindaci, non provvedono, la convocazione dell'assemblea è ordinata con decreto del presidente del tribunale, il quale designa la persona che deve presiederla.

● Norme connesse:
- artt. 125-ter, 145, D.Lgs. 24 febbraio 1998, n. 58.

■ art. 159, Codice del commercio del 1882.

2368. Costituzione dell'assemblea e validità delle deliberazioni.

L'assemblea ordinaria [2364, 2364-*bis*] è regolarmente costituita quando è rappresentata almeno la metà del capitale sociale, escluse dal computo le azioni prive del diritto di voto nell'assemblea medesima. Essa delibera a maggioranza assoluta, salvo che lo statuto richieda una maggioranza più elevata. Per la nomina alle cariche sociali lo statuto può stabilire norme particolari [2368, comma 2][1].

L'assemblea straordinaria [2365] delibera con il voto favorevole di più della metà del capitale sociale, se lo statuto non richiede una maggioranza più elevata. Nelle società che fanno ricorso al mercato del capitale di rischio l'assemblea straordinaria è regolarmente costituita quando è rappresentata almeno la metà del capitale sociale o la maggiore percentuale prevista dallo statuto e delibera con il voto favorevole di almeno i due terzi del capitale rappresentato in assemblea [2368, comma 2; disp. att. 223-*bis*, comma 3][2].

Salvo diversa disposizione di legge le azioni per le quali non può essere esercitato il diritto di voto sono computate ai fini della regolare costituzione dell'assemblea. Le medesime azioni e quelle per le quali il diritto di voto non è stato esercitato a seguito della dichiarazione del soggetto al quale spetta il diritto di voto di astenersi per conflitto di interessi non sono computate ai fini del calcolo della maggioranza e della quota di capitale richiesta per l'approvazione della deliberazione[3][4].

[1] Comma così modificato dall'art. 1, D.Lgs. 27 gennaio 2010, n. 27. Il testo previgente disponeva: *L'assemblea ordinaria è regolarmente costituita con l'intervento di tanti soci che rappresentino almeno la metà del capitale sociale, escluse dal computo le azioni prive del diritto di voto nell'assemblea medesima. Essa delibera a maggioranza assoluta, salvo che lo statuto richieda una maggioranza più elevata. Per la nomina alle cariche sociali lo statuto può stabilire norme particolari.*

[2] Comma così modificato dall'art. 1, D.Lgs. 27 gennaio 2010, n. 27. Il testo previgente disponeva: *L'assemblea straordinaria delibera con il voto favorevole di tanti soci che rappresentino più della metà del capitale sociale, se lo statuto non richiede una maggioranza più elevata. Nelle società che fanno ricorso al mercato del capitale di rischio l'assemblea straordinaria è regolarmente costituita con la presenza di tanti soci che rappresentino almeno la metà del capitale sociale o la maggiore percentuale prevista dallo statuto e delibera con il voto favorevole di almeno i due terzi del capitale rappresentato in assemblea.*

[3] Comma così modificato dall'art. 1, D.Lgs. 27 gennaio 2010, n. 27. Il testo previgente disponeva: *Salvo diversa disposizione di legge le azioni per le quali non può essere esercitato il diritto di voto sono computate ai fini della regolare costituzione dell'assemblea. Le medesime azioni e quelle per le quali il diritto di voto non è stato esercitato a seguito della dichiarazione del socio di astenersi per conflitto di interessi non sono computate ai fini del calcolo della maggioranza e della quota di capitale richiesta per l'approvazione della deliberazione.*

[4] Articolo così sostituito dall'art. 1, D.Lgs. 17 gennaio 2003, n. 6, a decorrere dal 1° gennaio 2004. Il testo previgente disponeva: *L'assemblea ordinaria è regolarmente costituita con la presenza di tanti soci che rappresentino almeno la metà del capitale sociale, escluse dal computo le azioni a voto limitato. Essa delibera a maggioranza assoluta, salvo che l'atto costitutivo richieda una maggioranza più elevata. Per la nomina alle cariche sociali l'atto costitutivo può stabilire norme particolari.*

L'assemblea straordinaria delibera con il voto favorevole di tanti soci che rappresentino più della metà del capitale sociale, se l'atto costitutivo non richiede una maggioranza più elevata.

■ art. 157, Codice del commercio del 1882.

2369. Seconda convocazione e convocazioni successive.

Se all'assemblea non è complessivamente rappresentata la parte di capitale richiesta dall'articolo precedente, l'assemblea deve essere nuovamente convocata. Salvo che lo statuto disponga diversamente, le assemblee delle società, diverse dalle società cooperative, che fanno ricorso al mercato del capitale di rischio, si tengono in unica convocazione alla quale si applicano, per l'assemblea ordinaria, le maggioranze indicate dal terzo e quarto comma, nonchè dell'articolo 2368, primo comma, secondo periodo, e per l'assemblea straordinaria, le maggioranze previ-

CODICE CIVILE

ste dal settimo comma del presente articolo. Restano salve le disposizioni di legge o dello statuto che richiedono maggioranze più elevate per l'approvazione di talune deliberazioni[1].

Nell'avviso di convocazione dell'assemblea può essere fissato il giorno per la seconda convocazione. Questa non può aver luogo nello stesso giorno fissato per la prima. Se il giorno per la seconda convocazione non è indicato nell'avviso, l'assemblea deve essere riconvocata entro trenta giorni dalla data della prima, e il termine stabilito dal secondo comma dell'articolo 2366 è ridotto ad otto giorni.

In seconda convocazione l'assemblea ordinaria delibera sugli oggetti che avrebbero dovuto essere trattati nella prima, qualunque sia la parte di capitale rappresentata, e l'assemblea straordinaria è regolarmente costituita con la partecipazione di oltre un terzo del capitale sociale e delibera con il voto favorevole di almeno i due terzi del capitale rappresentato in assemblea[2].

Lo statuto può richiedere maggioranze più elevate, tranne che per l'approvazione del bilancio e per la nomina e la revoca delle cariche sociali.

Nelle società che non fanno ricorso al mercato del capitale di rischio è necessario, anche in seconda convocazione, il voto favorevole di più di un terzo del capitale sociale per le deliberazioni concernenti il cambiamento dell'oggetto sociale, la trasformazione della società, lo scioglimento anticipato, la proroga della società, la revoca dello stato di liquidazione, il trasferimento della sede sociale all'estero e l'emissione delle azioni di cui al secondo comma dell'articolo 2351[3].

Lo statuto può prevedere eventuali ulteriori convocazioni dell'assemblea, alle quali si applicano le disposizioni del terzo, quarto e quinto comma.

Nelle società che fanno ricorso al mercato del capitale di rischio l'assemblea straordinaria è costituita, nelle convocazioni successive alla seconda, quando è rappresentato almeno un quinto del capitale sociale, salvo che lo statuto richieda una quota di capitale più elevata, e delibera con il voto favorevole di almeno i due terzi del capitale rappresentato in assemblea[4 5].

[1] Comma così sostituito dall'art. 1, D.Lgs. 27 gennaio 2010, n. 27 e poi così modificato dall'art. 1, D.Lgs. 18 giugno 2012, n. 91. Il testo previgente la modifica del 2010 disponeva: *Se i soci partecipanti all'assemblea non rappresentano complessivamente la parte di capitale richiesta dall'articolo precedente, l'assemblea deve essere nuovamente convocata.* Il testo previgente la modifica del 2012 disponeva: *Se all'assemblea non è complessivamente rappresentata la parte di capitale richiesta dall'articolo precedente, l'assemblea deve essere nuovamente convocata. Lo statuto delle società, diverse dalle società cooperative, che fanno ricorso al mercato del capitale di rischio può escludere il ricorso a convocazioni successive alla prima disponendo che all'unica convocazione si applichino, per l'assemblea ordinaria, le maggioranze indicate dal terzo e dal quarto comma, nonché dall'articolo 2368, primo comma, secondo periodo, e, per l'assemblea straordinaria, le maggioranze previste dal settimo comma del presente articolo.* Le disposizioni modificate dal D.Lgs. 91/2012 cit. si applicano alle assemblee il cui avviso di convocazione sia pubblicato dopo il 1° gennaio 2013.

[2] Comma così modificato dall'art. 1, D.Lgs. 27 gennaio 2010, n. 27. Il testo previgente disponeva: *In seconda convocazione l'assemblea ordinaria delibera sugli oggetti che avrebbero dovuto essere trattati nella prima, qualunque sia la parte di capitale rappresentata dai soci partecipanti, e l'assemblea straordinaria è regolarmente costituita con la partecipazione di oltre un terzo del capitale sociale e delibera con il voto favorevole di almeno i due terzi del capitale rappresentato in assemblea.*

[3] Comma così modificato prima dall'art. 5, D.Lgs. 6 febbraio 2004, n. 37, poi dall'art. 1, D.Lgs. 27 gennaio 2010, n. 27. Il testo previgente la riforma del 2004 disponeva: *Nelle società che non fanno ricorso al mercato del capitale di rischio è necessario, anche in seconda convocazione, il voto favorevole di tanti soci che rappresentino più di un terzo del capitale sociale per le deliberazioni concernenti il cambiamento dell'oggetto sociale, la trasformazione della società, lo scioglimento anticipato, la proroga della società, la revoca dello stato di liquidazione, il trasferimento della sede sociale all'estero e l'emissione di azioni privilegiate.* Il testo previgente la riforma del 2010 disponeva: *Nelle società che non fanno ricorso al mercato del capitale di rischio è necessario, anche in seconda convocazione, il voto favorevole di tanti soci che rappresentino più di un terzo del capitale sociale per le deliberazioni concernenti il cambiamento dell'oggetto sociale, la trasformazione della società, lo scioglimento anticipato, la proroga della società, la revoca dello stato di liquidazione, il trasferimento della sede sociale all'estero e l'emissione delle azioni di cui al secondo comma dell'articolo 2351.*

[4] Comma così modificato dall'art. 1, D.Lgs. 27 gennaio 2010, n. 27. Il testo previgente disponeva: *Nelle società che fanno ricorso al mercato del capitale di rischio l'assemblea straordinaria è costituita, nelle convocazioni successive alla seconda, con la presenza di tanti soci che rappresentino almeno un quinto del capitale sociale, salvo che lo statuto richieda una quota di capitale più elevata.*

[5] Articolo così sostituito dall'art. 1, D.Lgs. 17 gennaio 2003, n. 6, a decorrere dal 1° gennaio 2004. Il testo previgente disponeva: *Se i soci intervenuti non rappresentano complessivamente la parte di capitale richiesta dall'articolo precedente, l'assemblea deve essere nuovamente convocata.*

Nell'avviso di convocazione dell'assemblea può essere fissato il giorno per la seconda convocazione. Questa non può aver luogo nello stesso giorno fissato per la prima. Se il giorno per la seconda convocazione non è indicato nell'avviso, l'assemblea deve essere riconvocata entro trenta giorni dalla data della prima, e il termine stabilito dal secondo comma dell'articolo 2366 è ridotto ad otto giorni.

In seconda convocazione l'assemblea ordinaria delibera sugli oggetti che avrebbero dovuto essere trattati nella prima, qualunque sia la parte di capitale rappresentata dai soci intervenuti, e l'assemblea straordinaria delibera con il voto favorevole di tanti soci che rappresentino più del terzo del capitale sociale, a meno che l'atto costitutivo richieda una maggioranza più elevata.

Tuttavia anche in seconda convocazione è necessario il voto favorevole di tanti soci che rappresentino più della metà del capitale sociale per le deliberazioni concernenti il cambiamento dell'oggetto sociale, la trasformazione della società, lo scioglimento anticipato di questa, il trasferimento della sede sociale all'estero e l'emissione di azioni privilegiate.

● Norme connesse:
- artt. 35-sexies, 126, D.Lgs. 24 febbraio 1998, n. 58.
■ art. 157, Codice del commercio del 1882.

2370. Diritto d'intervento all'assemblea ed esercizio del voto.

Possono intervenire all'assemblea coloro ai quali spetta il diritto di voto [2021, 2341-*ter*, comma 2, 2344, 2418].

Lo statuto delle società le cui azioni non sono ammesse alla gestione accentrata, può richiedere il preventivo deposito delle azioni presso la sede sociale o presso le banche indicate nell'avviso di convocazione, fissando il termine entro il quale debbono essere depositate ed eventualmente prevedendo che non possano essere ritirate prima che l'assemblea abbia avuto luogo. Qualora le azioni emesse dalle società indicate al primo periodo siano diffuse fra il pubblico in misura rilevante il termine non può essere superiore a due giorni non festivi.

Se le azioni sono nominative, le società di cui al secondo comma provvedono all'iscrizione nel libro dei soci di coloro che hanno partecipato all'assemblea o che hanno effettuato il deposito.

Lo statuto può consentire l'intervento all'assemblea mediante mezzi di telecomunicazione ovvero l'espressione del voto per corrispondenza o in via elettronica. Chi esprime il voto per corrispondenza o in via elettronica si considera intervenuto all'assemblea.

Resta fermo quanto previsto dalle leggi speciali in materia di legittimazione all'intervento e all'esercizio del diritto di voto nell'assemblea nonché in materia di aggiornamento del libro soci nelle società con azioni ammesse alla gestione accentrata[1].

[1] Articolo prima sostituito dall'art. 1, D.Lgs. 17 gennaio 2003, n. 6, a decorrere dal 1° gennaio 2004, come integrato dall'art. 10, D.Lgs. 28 dicembre 2004, n. 310 e poi dall'art. 1, D.Lgs. 27 gennaio 2010, n. 27. Il testo previgente la riforma del 2003 disponeva: *Possono intervenire all'assemblea gli azionisti iscritti nel libro dei soci almeno cinque giorni prima di quello fissato per l'assemblea, e quelli che hanno depositato nel termine stesso le loro azioni presso la sede sociale o gli istituti di credito indicati nell'avviso di convocazione.* Il testo previgente la riforma del 2010 disponeva: Art. 2370. *Diritto d'intervento all'assemblea ed esercizio del voto. Possono intervenire all'assemblea gli azionisti cui spetta il diritto di voto.*

Lo statuto può richiedere il preventivo deposito delle azioni o della relativa certificazione presso la sede sociale o le banche indicate nell'avviso di convocazione, fissando il termine entro il quale debbono essere depositate ed eventualmente prevedendo che non possano essere ritirate prima che l'assemblea abbia avuto luogo. Nelle società che fanno ricorso al mercato del capitale di rischio il termine non può essere superiore a due giorni non festivi e, nei casi previsti dai commi sesto e settimo dell'articolo 2354, il deposito è sostituito da una comunicazione dell'intermediario che tiene i relativi conti.

Se le azioni sono nominative, la società provvede all'iscrizione nel libro dei soci di coloro che hanno partecipato all'assemblea o che hanno effettuato il deposito, ovvero che risultino dalla comunicazione dell'intermediario di cui al comma precedente.

Lo statuto può consentire l'intervento all'assemblea mediante mezzi di telecomunicazione o l'espressione del voto per corrispondenza. Chi esprime il voto per corrispondenza si considera intervenuto all'assemblea.

● Norme connesse:
- artt. 35-sexies, 83-sexies, 127, 145, D.Lgs. 24 febbraio 1998, n. 58.

2371. Presidenza dell'assemblea.

L'assemblea è presieduta [2479-*bis*] dalla persona indicata nello statuto o, in mancanza, da quella eletta con il voto della maggioranza dei presenti. Il presidente è assistito da un segretario designato nello stesso modo. Il presidente dell'assemblea verifica la regolarità della costituzione, accerta l'identità e la legittimazione dei presenti, regola il suo svolgimento ed accerta i risultati delle votazioni; degli esiti di tali accertamenti deve essere dato conto nel verbale.

L'assistenza del segretario non è necessaria quando il verbale dell'assemblea è redatto da un notaio[1].

[1] Articolo così sostituito dall'art. 1, D.Lgs. 17 gennaio 2003, n. 6, a decorrere dal 1° gennaio 2004. Il testo previgente disponeva: *L'assemblea è presieduta dalla persona indicata nell'atto costitutivo o, in mancanza, da quella designata dagli intervenuti. Il presidente è assistito da un segretario designato nello stesso modo.*

L'assistenza del segretario non è necessaria quando il verbale dell'assemblea è redatto da un notaio.

2372. Rappresentanza nell'assemblea.

Coloro ai quali spetta il diritto di voto possono farsi rappresentare nell'assemblea salvo che, nelle società che non fanno ricorso al mercato del capitale di rischio e nelle società cooperative, lo statuto disponga diversamente. La rappresentanza deve essere conferita per iscritto [2377] e i documenti relativi devono essere conservati dalla società.

Nelle società che fanno ricorso al mercato del capitale di rischio la rappresentanza può essere conferita solo per singole assemblee, con effetto anche per le successive convocazioni, salvo che si tratti di procura generale o di procura conferita da una società, associazione, fondazione o altro ente collettivo o istituzione ad un proprio dipendente.

La delega non può essere rilasciata con il nome del rappresentante in bianco ed è sempre revocabile nonostante ogni patto contrario. Il rappresentante può farsi sostituire solo da chi sia espressamente indicato nella delega.

Se la rappresentanza è conferita ad una società, associazione, fondazione od altro ente collettivo o istituzione, questi possono delegare soltanto un proprio dipendente o collaboratore.

La rappresentanza non può essere conferita né ai membri degli organi amministrativi o di controllo o ai dipendenti della società, né alle società da essa controllate o ai membri degli organi amministrativi o di controllo o ai dipendenti di queste.

La stessa persona non può rappresentare in assemblea più di venti soci o, se si tratta di società previste nel secondo comma di questo articolo, più di cinquanta soci se la società ha capitale non superiore a cinque milioni di euro, più di cento soci se la società ha capitale superiore a cinque milioni di euro e non superiore a venticinque milioni di euro, e più di duecento soci se la società ha capitale superiore a venticinque milioni di euro.

Le disposizioni del quinto e del sesto comma di questo articolo si applicano anche nel caso di girata delle azioni per procura.

Le disposizioni del quinto e del sesto comma non si applicano alle società con azioni quotate nei mercati regolamentati diverse dalle società cooperative. Resta fermo quanto previsto dall'articolo 2539[2] [3].

[1] Comma così sostituito dall'art. 1, D.Lgs. 27 gennaio 2010, n. 27. Il testo previgente disponeva: *Salvo disposizione contraria dello statuto, i soci possono farsi rappresentare nell'assemblea. La rappresentanza deve essere conferita per iscritto e i documenti relativi devono essere conservati dalla società.*

[2] Comma aggiunto dall'art. 1, D.Lgs. 27 gennaio 2010, n. 27.

[3] Articolo così sostituito dall'art. 1, D.Lgs. 17 gennaio 2003, n. 6, a decorrere dal 1° gennaio 2004. Il testo previgente disponeva: *Salvo disposizione contraria dell'atto costitutivo, i soci possono farsi rappresentare nell'assemblea. La rappresentanza deve essere conferita per iscritto e i documenti relativi devono essere conservati dalla società.*

La rappresentanza può essere conferita soltanto per singole assemblee, con effetto anche per le convocazioni successive.

La delega non può essere rilasciata con il nome del rappresentante in bianco. Il rappresentante può farsi sostituire solo da chi sia espressamente indicato nella delega.

La rappresentanza non può essere conferita né agli amministratori, ai sindaci e ai dipendenti della società, né alle società da essa controllate e agli amministratori, sindaci e dipendenti di queste.

La stessa persona non può rappresentare in assemblea più di dieci soci o se si tratta di società con azioni quotate in borsa, più di cinquanta soci se la società ha capitale non superiore ai dieci miliardi, più di cento soci se la società ha capitale superiore ai dieci miliardi e non superiore a cinquanta miliardi e più di duecento soci se la società ha capitale superiore ai cinquanta miliardi.

Le disposizioni del quarto e del quinto comma si applicano anche nel caso di girata delle azioni per procura.

● Norme connesse:
- artt. 135-novies, 144, D.Lgs. 24 febbraio 1998, n. 58.

■ art. 160, Codice del commercio del 1882.

2373. Conflitto d'interessi.

La deliberazione approvata con il voto determinante di coloro che abbiano, per conto proprio o di terzi, un interesse in conflitto con quello della società è impugnabile a norma dell'articolo 2377 qualora possa recarle danno[1].

Gli amministratori non possono votare nelle deliberazioni riguardanti la loro responsabilità. I componenti del consiglio di gestione non possono votare nelle deliberazioni riguardanti la nomina, la revoca o la responsabilità dei consiglieri di sorveglianza[1].

[1] Comma così modificato dall'art. 1, D.Lgs. 27 gennaio 2010, n. 27. Il testo previgente disponeva: *La deliberazione approvata con il voto determinante di soci che abbiano, per conto proprio o di terzi, un interesse in conflitto con quello della società è impugnabile a norma dell'articolo 2377 qualora possa recarle danno.*

[2] Articolo così sostituito dall'art. 1, D.Lgs. 17 gennaio 2003, n. 6, a decorrere dal 1° gennaio 2004. Il testo previgente disponeva: *Il diritto di voto non può essere esercitato dal socio nelle deliberazioni in cui egli ha, per conto proprio o di terzi, un interesse in conflitto con quello della società.*

In caso d'inosservanza della disposizione del comma precedente, la deliberazione, qualora possa recare danno alla società, è impugnabile a norma dell'articolo 2377 se, senza il voto dei soci che avrebbero dovuto astenersi dalla votazione, non si sarebbe raggiunta la necessaria maggioranza.

Gli amministratori non possono votare nelle deliberazioni riguardanti la loro responsabilità.

Le azioni per le quali, a norma di questo articolo, non può essere esercitato il diritto di voto sono computate ai fini della regolare costituzione dell'assemblea.

■ art. 161, Codice del commercio del 1882.

2374. Rinvio dell'assemblea.

I soci intervenuti che riuniscono un terzo del capitale rappresentato nell'assemblea, se dichiarano di non essere sufficientemente informati sugli oggetti posti in deliberazione, possono chiedere che l'assemblea sia rinviata a non oltre cinque giorni.

Questo diritto non può esercitarsi che una sola volta per lo stesso oggetto[1].

[1] Articolo così sostituito dall'art. 1, D.Lgs. 17 gennaio 2003, n. 6, a decorrere dal 1° gennaio 2004. Il testo previgente disponeva: *I soci intervenuti che riuniscono il terzo del capitale rappresentato nell'assemblea, se dichiarano di non essere sufficientemente informati sugli oggetti posti in deliberazione, possono chiedere che l'adunanza sia rinviata a non oltre tre giorni.*

Questo diritto non può esercitarsi che una sola volta per lo stesso oggetto.

■ art. 162, Codice del commercio del 1882.

2375. Verbale delle deliberazioni dell'assemblea.

Le deliberazioni dell'assemblea devono constare da verbale sottoscritto dal presidente e dal segretario o dal notaio. Il verbale deve indicare la data dell'assemblea e, anche in allegato, l'identità dei partecipanti e il capitale rappresentato da ciascuno; deve altresì indicare le modalità e il risultato delle votazioni e deve consentire, anche per allegato, l'identificazione dei soci favorevoli, astenuti o dissenzienti. Nel verbale devono essere riassunte, su richiesta dei soci, le loro dichiarazioni pertinenti all'ordine del giorno [2377, comma 5 n. 3, 2379, comma 3].

Il verbale dell'assemblea straordinaria [2365] deve essere redatto da un notaio [2421 n. 3].

Il verbale deve essere redatto senza ritardo [2379-*bis*, comma 2], nei tempi necessari per la tempestiva esecuzione degli obblighi di deposito o di pubblicazione[1].

[1] Articolo così sostituito dall'art. 1, D.Lgs. 17 gennaio 2003, n. 6, a decorrere dal 1° gennaio 2004. Il testo previgente disponeva: *Le deliberazioni dell'assemblea devono constare da verbale sottoscritto dal presidente e dal segretario o dal notaio. Nel verbale devono essere riassunte, su richiesta dei soci, le loro dichiarazioni.*

Il verbale dell'assemblea straordinaria deve essere redatto da un notaio.

● Norme connesse:

- art. 125-quater, D.Lgs. 24 febbraio 1998, n. 58.

2376. Assemblee speciali.

Se esistono diverse categorie di azioni [2348] o strumenti finanziari che conferiscono diritti amministrativi [2346, comma 6, 2349, comma 2, 2351, comma 5], le deliberazioni dell'assemblea, che pregiudicano i diritti di una di esse, devono essere approvate anche dall'assemblea speciale degli appartenenti alla categoria interessata.

Alle assemblee speciali si applicano le disposizioni relative alle assemblee straordinarie.

Quando le azioni o gli strumenti finanziari sono ammessi al sistema di gestione accentrata la legittimazione all'intervento e al voto nella relativa assemblea è disciplinata dalle leggi speciali[1] [2].

[1] Comma aggiunto dall'art. 1, D.Lgs. 18 giugno 2012, n. 91. Le disposizioni modificate dal D.Lgs. 91/2012 cit. si applicano alle assemblee il cui avviso di convocazione sia pubblicato dopo il 1° gennaio 2013.

[2] Articolo così sostituito dall'art. 1, D.Lgs. 17 gennaio 2003, n. 6, a decorrere dal 1° gennaio 2004. Il testo previgente disponeva: *Se esistono diverse categorie di azioni, le deliberazioni dell'assemblea, che pregiudicano i diritti di una di esse, devono essere approvate anche dall'assemblea speciale dei soci della categoria interessata.*

Alle assemblee speciali si applicano le disposizioni relative alle assemblee straordinarie.

● Norme connesse:

- artt. 35-septies, 146, 147-bis, D.Lgs. 24 febbraio 1998, n. 58.

2377. Annullabilità delle deliberazioni.

Le deliberazioni dell'assemblea, prese in conformità della legge e dell'atto costitutivo, vincolano tutti i soci, ancorché non intervenuti o dissenzienti[1].

Le deliberazioni che non sono prese in conformità della legge o dello statuto possono essere impugnate dai soci assenti, dissenzienti od astenuti [2375, comma 1], dagli amministratori, dal consiglio di sorveglianza e dal collegio sindacale.

L'impugnazione può essere proposta dai soci quando possiedono tante azioni aventi diritto di voto con riferimento alla deliberazione che rappresentino, anche congiuntamente, l'uno per mille del capitale sociale nelle società che fanno ricorso al mercato del capitale di rischio e il cinque per cento nelle altre; lo statuto può ridurre o escludere questo requisito. Per l'impugnazione delle deliberazioni delle assemblee speciali queste percentuali sono riferite al capitale rappresentato dalle azioni della categoria.

I soci che non rappresentano la parte di capitale indicata nel comma precedente e quelli che, in quanto privi di voto, non sono legittimati a proporre l'impugnativa hanno diritto al risarcimento del danno loro cagionato dalla non conformità della deliberazione alla legge o allo statuto.

La deliberazione non può essere annullata:

1) per la partecipazione all'assemblea di persone non legittimate [2370], salvo che tale partecipazione sia stata determinante ai fini della regolare costituzione dell'assemblea a norma degli articoli 2368 e 2369;

2) per l'invalidità di singoli voti o per il loro errato conteggio, salvo che il voto invalido o l'errore di conteggio siano stati determinanti ai fini del raggiungimento della maggioranza richiesta;

3) per l'incompletezza o l'inesattezza del verbale, salvo che impediscano l'accertamento del contenuto, degli effetti e della validità della deliberazione.

L'impugnazione o la domanda di risarcimento del danno sono proposte nel termine di novanta giorni dalla data della deliberazione, ovvero, se questa è soggetta ad iscrizione nel registro delle imprese, entro novanta giorni dall'iscrizione o, se è soggetta solo a deposito presso l'ufficio del registro delle imprese, entro novanta giorni dalla data di questo [2436].

L'annullamento della deliberazione ha effetto rispetto a tutti i soci ed obbliga gli amministratori, il consiglio di sorveglianza e il consiglio di gestione a prendere i conseguenti provvedimenti sotto la propria responsabilità. In ogni caso sono salvi i diritti acquistati in buona fede dai terzi in base ad atti compiuti in esecuzione della deliberazione [1445, 2379-*bis*, comma 2, 2384, comma 1, 2388, comma 4].

CODICE CIVILE

L'annullamento della deliberazione non può aver luogo, se la deliberazione impugnata è sostituita [1444] con altra presa in conformità della legge e dello statuto. In tal caso il giudice provvede sulle spese di lite, ponendole di norma a carico della società, e sul risarcimento dell'eventuale danno.

Restano salvi i diritti acquisiti dai terzi sulla base della deliberazione sostituita[2][3].

[1] Comma aggiunto dall'art. 5, D.Lgs. 6 febbraio 2004, n. 37.

[2] Articolo così sostituito dall'art. 1, D.Lgs. 17 gennaio 2003, n. 6, a decorrere dal 1° gennaio 2004. Il testo previgente disponeva: *Le deliberazioni dell'assemblea, prese in conformità della legge e dell'atto costitutivo, vincolano tutti i soci, ancorché non intervenuti o dissenzienti.*

Le deliberazioni che non sono prese in conformità della legge o dell'atto costitutivo possono essere impugnate dagli amministratori, dai sindaci e dai soci assenti o dissenzienti, e quelle dell'assemblea ordinaria altresì dai soci con diritto di voto limitato, entro tre mesi dalla data della deliberazione, ovvero, se questa è soggetta ad iscrizione nel registro delle imprese, entro tre mesi dall'iscrizione.

L'annullamento della deliberazione ha effetto rispetto a tutti i soci ed obbliga gli amministratori a prendere i conseguenti provvedimenti, sotto la propria responsabilità. In ogni caso sono salvi i diritti acquistati in buona fede dai terzi in base ad atti compiuti in esecuzione della deliberazione.

L'annullamento della deliberazione non può aver luogo, se la deliberazione impugnata è sostituita con altra presa in conformità della legge e dell'atto costitutivo.

[3] Per l'applicazione delle disposizioni del presente articolo alle deliberazioni anteriori al 1° gennaio 2004, v. art. 223-*sexies*, R.D. 30 marzo 1942, n. 318.

● Norme connesse:

- artt. 127-bis, 147, 157, D.Lgs. 24 febbraio 1998, n. 58.

■ art. 163, Codice del commercio del 1882.

2378. Procedimento d'impugnazione.

L'impugnazione è proposta con atto di citazione [c.p.c. 163] davanti al tribunale del luogo dove la società ha sede.

Il socio o i soci opponenti devono dimostrarsi possessori al tempo dell'impugnazione del numero delle azioni previsto dal terzo comma dell'articolo 2377. Fermo restando quanto disposto dall'articolo 111 del codice di procedura civile, qualora nel corso del processo venga meno a seguito di trasferimenti per atto tra vivi il richiesto numero delle azioni, il giudice, previa se del caso revoca del provvedimento di sospensione dell'esecuzione della deliberazione, non può pronunciare l'annullamento e provvede sul risarcimento dell'eventuale danno, ove richiesto[1].

Con ricorso depositato contestualmente al deposito, anche in copia, della citazione, l'impugnante può chiedere la sospensione dell'esecuzione della deliberazione. In caso di eccezionale e motivata urgenza, il presidente del tribunale, omessa la convocazione della società convenuta, provvede sull'istanza con decreto motivato, che deve altresì contenere la designazione del giudice per la trattazione della causa di merito e la fissazione, davanti al giudice designato, entro quindici giorni, dell'udienza per la conferma, modifica o revoca dei provvedimenti emanati con il decreto, nonché la fissazione del termine per la notificazione alla controparte del ricorso e del decreto.

Il giudice designato per la trattazione della causa di merito, sentiti gli amministratori e sindaci, provvede valutando comparativamente il pregiudizio che subirebbe il ricorrente dalla esecuzione e quello che subirebbe la società dalla sospensione dell'esecuzione della deliberazione; può disporre in ogni momento che i soci opponenti prestino idonea garanzia per l'eventuale risarcimento dei danni. All'udienza, il giudice, ove lo ritenga utile, esperisce il tentativo di conciliazione eventualmente suggerendo le modificazioni da apportare alla deliberazione impugnata e, ove la soluzione appaia realizzabile, rinvia adeguatamente l'udienza.

Tutte le impugnazioni relative alla medesima deliberazione, anche se separatamente proposte ed ivi comprese le domande proposte ai sensi del quarto comma dell'articolo 2377, devono essere istruite congiuntamente e decise con unica sentenza. Salvo quanto disposto dal quarto comma del presente articolo, la trattazione della causa di merito ha inizio trascorso il termine stabilito nel sesto comma dell'articolo 2377[1].

I dispositivi del provvedimento di sospensione e della sentenza che decide sull'impugnazione devono essere iscritti, a cura degli amministratori, nel registro delle imprese[2][3][4].

[1] Comma così modificato dall'art. 5, D.Lgs. 6 febbraio 2004, n. 37. Il comma 2 nel testo previgente disponeva: *Il socio o i soci opponenti devono dimostrarsi possessori al tempo dell'impugnazione del numero delle azioni previsto dal secondo comma dell'articolo 2377.* Il comma 5 nel testo previgente disponeva: *Il giudice designato per la trattazione della causa di merito, sentiti gli amministratori e sindaci, provvede valutando comparativamente il pregiudizio che subirebbe il ricorrente dalla esecuzione e quello che subirebbe la società dalla sospensione dell'esecuzione della deliberazione; può disporre in ogni momento che i soci opponenti prestino idonea garanzia per l'eventuale risarcimento dei danni. All'udienza, il giudice, ove lo ritenga utile, esperisce il tentativo di conciliazione eventualmente suggerendo le modificazioni da apportare alla deliberazione impugnata e, ove la soluzione appaia realizzabile, rinvia adeguatamente l'udienza.* Il comma 6 nel testo previgente disponeva: *Tutte le impugnazioni relative alla medesima deliberazione, anche se separatamente proposte ed ivi comprese le domande proposte ai sensi del terzo comma dell'articolo 2377, devono essere istruite congiuntamente e decise con unica sentenza. Salvo quanto disposto dal quarto comma del presente articolo, la trattazione della causa di merito ha inizio trascorso il termine stabilito nel quinto comma dell'articolo 2377.*

[2] Comma aggiunto dall'art. 5, D.Lgs. 6 febbraio 2004, n. 37.

[3] Articolo così sostituito dall'art. 1, D.Lgs. 17 gennaio 2003, n. 6, a decorrere dal 1° gennaio 2004. Il testo previgente disponeva: *L'impugnazione è proposta davanti al tribunale del luogo dove la società ha sede.*

Il socio opponente deve depositare in cancelleria almeno un'azione. Il presidente del tribunale può disporre con decreto che il socio opponente presti una idonea garanzia per l'eventuale risarcimento dei danni.

Tutte le impugnazioni relative alla medesima deliberazione devono essere istruite congiuntamente e decise con unica sentenza. La trattazione della causa ha inizio trascorso il termine stabilito nel secondo comma dell'articolo precedente.

Il presidente del tribunale o il giudice istruttore, sentiti gli amministratori e i sindaci, può sospendere, se ricorrono gravi motivi, su richiesta del socio opponente, l'esecuzione della deliberazione impugnata, con decreto motivato da notificarsi agli amministratori.

I dispositivi del decreto di sospensione e della sentenza che decide sull'impugnazione devono essere iscritti, a cura degli amministratori, nel registro delle imprese.

[4] Per l'applicazione delle disposizioni del presente articolo alle deliberazioni anteriori al 1° gennaio 2004, v. art. 223-*sexies*, R.D. 30 marzo 1942, n. 318.

2379. Nullità delle deliberazioni.

Nei casi di mancata convocazione dell'assemblea [2366], di mancanza del verbale e di impossibilità o illiceità dell'oggetto la deliberazione [1346] può essere impugnata da chiunque vi abbia interesse entro tre anni [2964] dalla sua iscrizione o deposito nel registro delle imprese, se la deliberazione vi è soggetta, o dalla trascrizione nel libro delle adunanze dell'assemblea, se la deliberazione non è soggetta né a iscrizione né a deposito. Possono essere impugnate senza limiti di tempo le deliberazioni che modificano l'oggetto sociale prevedendo attività illecite o impossibili.

Nei casi e nei termini previsti dal precedente comma l'invalidità può essere rilevata d'ufficio dal giudice [1421].

Ai fini di quanto previsto dal primo comma la convocazione non si considera mancante nel caso d'irregolarità dell'avviso, se questo proviene da un componente dell'organo di amministrazione o di controllo della società ed è idoneo a consentire a coloro che hanno diritto di intervenire di essere preventivamente avvertiti della convocazione e della data dell'assemblea. Il verbale non si considera mancante se contiene la data della deliberazione e il suo oggetto ed è sottoscritto dal presidente dell'assemblea, o dal presidente del consiglio d'amministrazione o del consiglio di sorveglianza e dal segretario o dal notaio[1].

Si applicano, in quanto compatibili, il settimo e ottavo comma dell'articolo 2377[1 2 3].

[1] Comma così modificato dall'art. 5, D.Lgs. 6 febbraio 2004, n. 37. Il comma 3 nel testo previgente disponeva: *Ai fini di quanto previsto dal primo comma la convocazione non si considera mancante nel caso d'irregolarità dell'avviso, se questo proviene da un componente dell'organo di amministrazione o di controllo della società ed è idoneo a consentire a coloro che hanno diritto di intervenire di essere tempestivamente avvertiti della convocazione e della data dell'assemblea. Il verbale non si considera mancante se contiene la data della deliberazione e il suo oggetto ed è sottoscritto dal presidente dell'assemblea, o dal presidente del consiglio d'amministrazione o del consiglio di sorveglianza e dal segretario o dal notaio.* Il comma 4 nel testo previgente disponeva: *Si applicano, in quanto compatibili, il sesto e settimo comma dell'articolo 2377.*

[2] Articolo così sostituito dall'art. 1, D.Lgs. 17 gennaio 2003, n. 6, a decorrere dal 1° gennaio 2004. Il testo previgente disponeva: *Alle deliberazioni nulle per impossibilità o illiceità dell'oggetto si applicano le disposizioni degli articoli 1421, 1422 e 1423.*

[3] Per l'applicazione delle disposizioni del presente articolo alle deliberazioni anteriori al 1° gennaio 2004, v. art. 223-*sexies*, R.D. 30 marzo 1942, n. 318.

● Norme connesse:
- art. 157, D.Lgs. 24 febbraio 1998, n. 58.

2379-*bis*. Sanatoria della nullità.

L'impugnazione della deliberazione invalida per mancata convocazione non può essere esercitata da chi anche successivamente abbia dichiarato il suo assenso allo svolgimento dell'assemblea [2434-*bis*, 2479-*ter*, 2500-*bis*, 2504-*quater*, 2506-*ter*].

L'invalidità della deliberazione per mancanza del verbale può essere sanata mediante verbalizzazione eseguita prima dell'assemblea successiva. La deliberazione ha effetto dalla data in cui è stata presa, salvi i diritti dei terzi che in buona fede ignoravano la deliberazione[1 2].

[1] Articolo aggiunto dall'art. 1, D.Lgs. 17 gennaio 2003, n. 6, a decorrere dal 1° gennaio 2004.

[2] Per l'applicazione delle disposizioni del presente articolo alle deliberazioni anteriori al 1° gennaio 2004, v. art. 223-*sexies*, R.D. 30 marzo 1942, n. 318.

2379-*ter*. Invalidità delle deliberazioni di aumento o di riduzione del capitale e della emissione di obbligazioni.

Nei casi previsti dall'articolo 2379 l'impugnativa dell'aumento di capitale [2438], della riduzione del capitale ai sensi dell'articolo 2445 o della emissione di obbligazioni non può essere proposta dopo che siano trascorsi centottanta giorni dall'iscrizione della deliberazione nel registro delle imprese [2436] o, nel caso di mancata convocazione, novanta giorni dall'approvazione del bilancio dell'esercizio nel corso del quale la deliberazione è stata anche parzialmente eseguita.

Nelle società che fanno ricorso al mercato del capitale di rischio l'invalidità della deliberazione di aumento del capitale non può essere pronunciata dopo che a norma dell'articolo 2444 sia stata iscritta nel registro delle imprese l'attestazione che l'aumento è

CODICE CIVILE

stato anche parzialmente eseguito; l'invalidità della deliberazione di riduzione del capitale ai sensi dell'articolo 2445 o della deliberazione di emissione delle obbligazioni [2410] non può essere pronunciata dopo che la deliberazione sia stata anche parzialmente eseguita.

Resta salvo il diritto al risarcimento del danno eventualmente spettante ai soci e ai terzi[1 2].

[1] Articolo aggiunto dall'art. 1, D.Lgs. 17 gennaio 2003, n. 6, a decorrere dal 1° gennaio 2004.

[2] Per l'applicazione delle disposizioni del presente articolo alle deliberazioni anteriori al 1° gennaio 2004, v. art. 223-*sexies*, R.D. 30 marzo 1942, n. 318.

Sezione VI-*bis*
Dell'amministrazione e del controllo[1]

[1] Sezione aggiunta dall'art. 1, D.Lgs. 17 gennaio 2003, n. 6, a decorrere dal 1° gennaio 2004. Composta dai §§ da 1 a 6, ricomprende col medesimo numero e con la medesima rubrica il § 2 (Degli amministratori) e il § 3 (Del collegio sindacale) che in origine appartenevano alla precedente Sezione VI.

§ 1
Disposizioni generali[1]

[1] Paragrafo aggiunto dall'art. 1, D.Lgs. 17 gennaio 2003, n. 6, a decorrere dal 1° gennaio 2004.

2380. Sistemi di amministrazione e di controllo.

Se lo statuto non dispone diversamente, l'amministrazione e il controllo della società sono regolati dai successivi paragrafi 2, 3 e 4 [2328 n. 9].

Lo statuto può adottare per l'amministrazione e per il controllo della società il sistema di cui al paragrafo 5, oppure quello di cui al paragrafo 6; salvo che la deliberazione disponga altrimenti, la variazione di sistema ha effetto alla data dell'assemblea convocata per l'approvazione del bilancio relativo all'esercizio successivo.

Salvo che sia diversamente stabilito, le disposizioni che fanno riferimento agli amministratori si applicano a seconda dei casi al consiglio di amministrazione o al consiglio di gestione [disp. att. 223-*septies*][1].

[1] Articolo così sostituito dall'art. 1, D.Lgs. 17 gennaio 2003, n. 6, a decorrere dal 1° gennaio 2004. Il testo previgente disponeva: *L'amministrazione della società può essere affidata anche a non soci.*

Quando l'amministrazione è affidata a più persone, queste costituiscono il consiglio di amministrazione.

Se l'atto costitutivo non stabilisce il numero degli amministratori, ma ne indica solamente un numero massimo e minimo, la determinazione spetta all'assemblea.

Il consiglio di amministrazione sceglie tra i suoi membri il presidente, se questi non è nominato dall'assemblea.

§ 2
Degli amministratori[1]

[1] Paragrafo aggiunto dall'art. 1, D.Lgs. 17 gennaio 2003, n. 6, a decorrere dal 1° gennaio 2004. Sostituisce l'originario § 2 ricompreso nella precedente Sezione VI.

2380-*bis*. Amministrazione della società.

La gestione dell'impresa si svolge nel rispetto della disposizione di cui all'articolo 2086, secondo comma, e spetta esclusivamente agli amministratori, i quali compiono le operazioni necessarie per l'attuazione dell'oggetto sociale. **L'istituzione degli assetti di cui all'articolo 2086, secondo comma, spetta esclusivamente agli amministratori**[1].

L'amministrazione della società [2409-*noviesdecies*] può essere affidata anche a non soci.

Quando l'amministrazione è affidata a più persone, queste costituiscono il consiglio di amministrazione [2381, comma 2, 2388].

Se lo statuto non stabilisce il numero degli amministratori [2328 n. 9], ma ne indica solamente un numero massimo e minimo, la determinazione spetta all'assemblea [2364].

Il consiglio di amministrazione sceglie tra i suoi componenti il presidente [2381], se questi non è nominato dall'assemblea [2409-*undecies*][2].

[1] Comma così sostituito dall'art. 377, D.Lgs. 12 gennaio 2019, n. 14, a decorrere dal trentesimo giorno successivo alla pubblicazione in G.U. del decreto (avvenuta il 14 febbraio 2019), poi modificato dall'art. 40, D.Lgs. 26 ottobre 2020, n. 147, a decorrere dal 20 novembre 2020.

Il testo previgente la modifica del 2019 disponeva: *La gestione dell'impresa spetta esclusivamente agli amministratori, i quali compiono le operazioni necessarie per l'attuazione dell'oggetto sociale.*

Il testo previgente la modifica del 2020 disponeva: *La gestione dell'impresa si svolge nel rispetto della disposizione di cui all'articolo 2086, secondo comma, e spetta esclusivamente agli amministratori, i quali compiono le operazioni necessarie per l'attuazione dell'oggetto sociale.*

[2] Articolo aggiunto dall'art. 1, D.Lgs. 17 gennaio 2003, n. 6, a decorrere dal 1° gennaio 2004. Il testo previgente disponeva: *L'amministrazione della società può essere affidata anche a non soci.*

Quando l'amministrazione è affidata a più persone, queste costituiscono il consiglio di amministrazione.

Se l'atto costitutivo non stabilisce il numero degli amministratori, ma ne indica solamente un numero massimo e minimo, la determinazione spetta all'assemblea. Il consiglio di amministrazione sceglie tra i suoi membri il presidente, se questi non è nominato dall'assemblea.

● Norme connesse:
- art. 28, comma 1, lett. b), R.D. 16 marzo 1942, n. 267.
■ art. 121, Codice del commercio del 1882.

2381. Presidente, comitato esecutivo e amministratori delegati.

Salvo diversa previsione dello statuto, il presidente convoca il consiglio di amministrazione, ne fissa l'ordine del giorno, ne coordina i lavori e provvede affinché adeguate informazioni sulle materie iscritte all'ordine del giorno vengano fornite a tutti i consiglieri [2388, 2421 n. 4].

Se lo statuto o l'assemblea lo consentono, il consiglio di amministrazione può delegare proprie attribuzioni ad un comitato esecutivo composto da alcuni dei suoi componenti, o ad uno o più dei suoi componenti [2421 n. 6].

Il consiglio di amministrazione determina il contenuto, i limiti e le eventuali modalità di esercizio della delega; può sempre impartire direttive agli organi delegati e avocare a sè operazioni rientranti nella delega. Sulla base delle informazioni ricevute valuta l'adeguatezza dell'assetto organizzativo, amministrativo e contabile della società; quando elaborati, esamina i piani strategici, industriali e finanziari della società; valuta, sulla base della relazione degli organi delegati, il generale andamento della gestione.

Non possono essere delegate le attribuzioni indicate negli articoli 2420-*ter*, 2423, 2443, 2446, 2447, 2501-*ter* e 2506-*bis*.

Gli organi delegati curano che l'assetto organizzativo, amministrativo e contabile sia adeguato alla natura e alle dimensioni dell'impresa e riferiscono al consiglio di amministrazione e al collegio sindacale, con la periodicità fissata dallo statuto e in ogni caso almeno ogni sei mesi, sul generale andamento della gestione e sulla sua prevedibile evoluzione nonché sulle operazioni di maggior rilievo, per le loro dimensioni o caratteristiche, effettuate dalla società e dalle sue controllate[1].

Gli amministratori sono tenuti ad agire in modo informato; ciascun amministratore può chiedere agli organi delegati che in consiglio siano fornite informazioni relative alla gestione della società [2409-*noviesdecies*, 2409-*undecies*][2].

[1] Comma così modificato dall'art. 5, D.Lgs. 6 febbraio 2004, n. 37. Il testo previgente disponeva: *Gli organi delegati curano che l'assetto organizzativo, amministrativo e contabile sia adeguato alla natura e alle dimensioni dell'impresa e riferiscono al consiglio di amministrazione e al collegio sindacale, con la periodicità fissata dallo statuto e in ogni caso almeno ogni centottanta giorni, sul generale andamento della gestione e sulla sua prevedibile evoluzione nonché sulle operazioni di maggior rilievo, per le loro dimensioni o caratteristiche, effettuate dalla società e dalle sue controllate.*

[2] Articolo così sostituito dall'art. 1, D.Lgs. 17 gennaio 2003, n. 6, a decorrere dal 1° gennaio 2004. Il testo previgente disponeva: *Il consiglio di amministrazione, se l'atto costitutivo o l'assemblea lo consentono, può delegare le proprie attribuzioni ad un comitato esecutivo composto di alcuni dei suoi membri, o ad uno o più dei suoi membri, determinando i limiti della delega. Non possono essere delegate le attribuzioni indicate negli articoli 2423, 2443, 2446 e 2447.*

2382. Cause di ineleggibilità e di decadenza. Non può essere nominato amministratore, e se nominato decade dal suo ufficio, l'interdetto [414], l'inabilitato [415], il fallito, o chi è stato condannato ad una pena che importa l'interdizione, anche temporanea, dai pubblici uffici o l'incapacità ad esercitare uffici direttivi [2387, 2409-*undecies*, 2409-*noviesdecies*][1].

[1] Articolo così sostituito dall'art. 1, D.Lgs. 17 gennaio 2003, n. 6, a decorrere dal 1° gennaio 2004. Il testo previgente disponeva: *Non può essere nominato amministratore, e se nominato decade dal suo ufficio, l'interdetto, l'inabilitato, il fallito o chi è stato condannato ad una pena che importa l'interdizione, anche temporanea, dai pubblici uffici o l'incapacità ad esercitare uffici direttivi.*

■ art. 151, Codice del commercio del 1882.

2383. Nomina e revoca degli amministratori. La nomina degli amministratori spetta all'assemblea [2368, comma 1, 2380-*bis*, comma 4], fatta eccezione per i primi amministratori, che sono nominati nell'atto costitutivo [2328, comma 2, n. 11], e salvo il disposto degli articoli 2351, 2449 e 2450.

Gli amministratori non possono essere nominati per un periodo superiore a tre esercizi, e scadono alla data dell'assemblea convocata per l'approvazione del bilancio relativo all'ultimo esercizio della loro carica.

Gli amministratori sono rieleggibili, salvo diversa disposizione dello statuto, e sono revocabili dall'assemblea in qualunque tempo, anche se nominati nell'atto costitutivo, salvo il diritto dell'amministratore al risarcimento dei danni, se la revoca avviene senza giusta causa [2409-*undecies*].

Entro trenta giorni dalla notizia della loro nomina gli amministratori devono chiederne l'iscrizione nel registro delle imprese indicando per ciascuno di essi il cognome e il nome, il luogo e la data di nascita, il domicilio e la cittadinanza, nonché a quali tra essi è attribuita la rappresentanza della società [2384], precisando se disgiuntamente o congiuntamente [2385, comma 3, 2409-*undecies*].

Le cause di nullità o di annullabilità della nomina degli amministratori che hanno la rappresentanza della società non sono opponibili ai terzi dopo l'adempimento della pubblicità di cui al quarto comma, salvo che la società provi che i terzi ne erano a conoscenza [2409-*noviesdecies*][1].

[1] Articolo così sostituito dall'art. 1, D.Lgs. 17 gennaio 2003, n. 6, a decorrere dal 1° gennaio 2004. Il testo previgente disponeva: *La nomina degli amministratori spetta all'assemblea, fatta eccezione per i primi amministratori, che sono nominati nell'atto costitutivo, e salvo il disposto degli articoli 2458 e 2459.*

La nomina degli amministratori non può essere fatta per un periodo superiore a tre anni.

CODICE CIVILE

Gli amministratori sono rieleggibili, salvo diversa disposizione dell'atto costitutivo, e sono revocabili dall'assemblea in qualunque tempo, anche se nominati nell'atto costitutivo, salvo il diritto dell'amministratore al risarcimento dei danni, se la revoca avviene senza giusta causa.

Entro trenta giorni dalla notizia della loro nomina gli amministratori devono chiederne l'iscrizione nel registro delle imprese indicando per ciascuno di essi il cognome e il nome, il luogo e la data di nascita, il domicilio e la cittadinanza.

La pubblicità prevista dal comma precedente deve indicare se gli amministratori cui è attribuita la rappresentanza della società hanno il potere di agire da soli o se debbono agire congiuntamente.

Le cause di nullità o di annullabilità della nomina degli amministratori che hanno la rappresentanza della società non sono opponibili ai terzi dopo l'adempimento della pubblicità di cui al quarto comma, salvo che la società provi che i terzi ne erano a conoscenza.

■ artt. 124, 139, Codice del commercio del 1882.

2384. Poteri di rappresentanza.

Il potere di rappresentanza [2409-*undecies*, 2409-*noviesdecies*; c.p.c. 75, comma 3] attribuito agli amministratori dallo statuto o dalla deliberazione di nomina è generale.

Le limitazioni ai poteri degli amministratori che risultano dallo statuto o da una decisione degli organi competenti non sono opponibili ai terzi, anche se pubblicate, salvo che si provi che questi abbiano intenzionalmente agito a danno della società[1].

[1] Articolo così sostituito dall'art. 1, D.Lgs. 17 gennaio 2003, n. 6, a decorrere dal 1° gennaio 2004. Il testo previgente disponeva: *Gli amministratori che hanno la rappresentanza della società possono compiere tutti gli atti che rientrano nell'oggetto sociale salvo le limitazioni che risultano dalla legge o dall'atto costitutivo.*

Le limitazioni al potere di rappresentanza che risultano dall'atto costitutivo o dallo statuto, anche se pubblicate, non sono opponibili ai terzi, salvo che si provi che questi abbiano intenzionalmente agito a danno della società.

2385. Cessazione degli amministratori.

L'amministratore che rinunzia [1334] all'ufficio deve darne comunicazione scritta al consiglio d'amministrazione e al presidente del collegio sindacale. La rinunzia ha effetto immediato, se rimane in carica la maggioranza del consiglio di amministrazione, o, in caso contrario, dal momento in cui la maggioranza del consiglio si è ricostituita in seguito all'accettazione dei nuovi amministratori [2409-*undecies*, 2409-*noviesdecies*].

La cessazione degli amministratori per scadenza del termine [2383, comma 2] ha effetto dal momento in cui il consiglio di amministrazione è stato ricostituito.

La cessazione degli amministratori dall'ufficio per qualsiasi causa deve essere iscritta entro trenta giorni nel registro delle imprese a cura del collegio sindacale [2630][1].

[1] Articolo così sostituito dall'art. 1, D.Lgs. 17 gennaio 2003, n. 6, a decorrere dal 1° gennaio 2004. Il testo previgente disponeva: *L'amministratore che rinunzia all'ufficio deve darne comunicazione scritta al consiglio di amministrazione e al presidente del collegio sindacale. La rinunzia ha effetto immediato, se rimane in carica la maggioranza del consiglio di amministrazione, o, in caso contrario, dal momento in cui la maggioranza del consiglio si è ricostituita in seguito all'accettazione dei nuovi amministratori.*

La cessazione degli amministratori per scadenza del termine ha effetto dal momento in cui il consiglio di amministrazione è stato ricostituito.

La cessazione degli amministratori dall'ufficio per qualsiasi causa deve essere iscritta entro trenta giorni nel registro delle imprese a cura del collegio sindacale.

● Norme connesse:
- artt. 7, 18, D.P.R. 7 dicembre 1995, n. 581.

2386. Sostituzione degli amministratori.

Se nel corso dell'esercizio vengono a mancare uno o più amministratori, gli altri provvedono a sostituirli [2409-*noviesdecies*] con deliberazione approvata dal collegio sindacale, purché la maggioranza sia sempre costituita da amministratori nominati dall'assemblea. Gli amministratori così nominati restano in carica fino alla prossima assemblea [2383, 2393, 2393-*bis*, 2437].

Se viene meno la maggioranza degli amministratori nominati dall'assemblea, quelli rimasti in carica devono convocare l'assemblea perché provveda alla sostituzione dei mancanti.

Salvo diversa disposizione dello statuto o dell'assemblea, gli amministratori nominati ai sensi del comma precedente scadono insieme con quelli in carica all'atto della loro nomina.

Se particolari disposizioni dello statuto prevedono che a seguito della cessazione di taluni amministratori cessi l'intero consiglio, l'assemblea per la nomina del nuovo consiglio è convocata d'urgenza dagli amministratori rimasti in carica [2406, 2631]; lo statuto può tuttavia prevedere l'applicazione in tal caso di quanto disposto nel successivo comma.

Se vengono a cessare l'amministratore unico o tutti gli amministratori, l'assemblea per la nomina dell'amministratore o dell'intero consiglio deve essere convocata d'urgenza dal collegio sindacale [2366, 2406], il quale può compiere nel frattempo gli atti di ordinaria amministrazione [2401, 2409-*octiesdecies*, 2409-*noviesdecies*, 2457, 2458][1].

[1] Articolo così sostituito dall'art. 1, D.Lgs. 17 gennaio 2003, n. 6, a decorrere dal 1° gennaio 2004. Il testo previgente disponeva: *Se nel corso dell'esercizio vengono a mancare uno o più amministratori, gli altri provvedono a sostituirli con deliberazione approvata dal collegio sindacale. Gli amministratori così nominati restano in carica fino alla prossima assemblea.*

Se viene meno la maggioranza degli amministratori, quelli rimasti in carica devono convocare l'assemblea perché provveda alla sostituzione dei mancanti.

Gli amministratori nominati dall'assemblea scadono insieme con quelli in carica all'atto della loro nomina.

Se vengono a cessare l'amministratore unico o tutti gli amministratori, l'assemblea per la sostituzione dei mancanti deve essere convocata d'urgenza dal collegio sindacale, il quale può compiere nel frattempo gli atti di ordinaria amministrazione.

Seguiva l'originario art. 2387 *Cauzione degli amministratori*, già abrogato dall'art. 24, L. 4 giugno 1985, n. 281.

■ art. 125, Codice del commercio del 1882.

2387. Requisiti di onorabilità, professionalità e indipendenza.

Lo statuto può subordinare l'assunzione della carica di amministratore al possesso di speciali requisiti di onorabilità, professionalità ed indipendenza [2409-*undecies*, 2409-*noviesdecies*], anche con riferimento ai requisiti al riguardo previsti da codici di comportamento redatti da associazioni di categoria o da società di gestione di mercati regolamentati. Si applica in tal caso l'articolo 2382.

Resta salvo quanto previsto da leggi speciali in relazione all'esercizio di particolari attività[1].

[1] Articolo prima abrogato dall'art. 24, L. 4 giugno 1985, n. 281 poi ripristinato dall'art. 1, D.Lgs. 17 gennaio 2003, n. 6, a decorrere dal 1° gennaio 2004. La rubrica originaria era: "Cauzione degli amministratori". Il testo previgente le modifiche apportate dalla L. 4 giugno 1985, n. 281, disponeva: *L'amministratore deve prestare cauzione in azioni nominative della società o in titoli nominativi emessi o garantiti dallo Stato, in misura non inferiore alla cinquantesima parte del capitale sociale. Può tuttavia stabilirsi nell'atto costitutivo che la cauzione non occoda la somma di duecentomila lire al valore nominale delle azioni o dei titoli.*

Gli amministratori che non prestano cauzione entro trenta giorni dalla notizia della nomina decadono dall'ufficio.

Il vincolo cauzionale deve essere iscritto sul titolo e nel registro dell'emittente, e non può essere tolto finché l'assemblea non abbia approvato il bilancio dell'ultimo esercizio in cui l'amministratore ha tenuto l'ufficio.

● Norme connesse:

- art. 26, D.Lgs. 1 settembre 1993, n. 385; art. 13, D.Lgs. 24 febbraio 1998, n. 58.

2388. Validità delle deliberazioni del consiglio.

Per la validità delle deliberazioni del consiglio di amministrazione [2409-*noviesdecies*] è necessaria la presenza della maggioranza degli amministratori in carica, quando lo statuto non richiede un maggior numero di presenti. Lo statuto può prevedere che la presenza alle riunioni del consiglio avvenga anche mediante mezzi di telecomunicazione [2381, comma 1].

Le deliberazioni del consiglio di amministrazione sono prese a maggioranza assoluta dei presenti, salvo diversa disposizione dello statuto.

Il voto non può essere dato per rappresentanza.

Le deliberazioni che non sono prese in conformità della legge o dello statuto possono essere impugnate solo dal collegio sindacale e dagli amministratori assenti o dissenzienti entro novanta giorni dalla data della deliberazione; si applica in quanto compatibile l'articolo 2378. Possono essere altresì impugnate dai soci le deliberazioni lesive dei loro diritti; si applicano in tal caso, in quanto compatibili, gli articoli 2377 e 2378.

In ogni caso sono salvi i diritti acquistati in buona fede dai terzi in base ad atti compiuti in esecuzione delle deliberazioni [2409-*undecies*, comma 2, 2409-*quaterdecies*, 2409-*noviesdecies*][1].

[1] Articolo così sostituito dall'art. 1, D.Lgs. 17 gennaio 2003, n. 6, a decorrere dal 1° gennaio 2004. Il testo previgente disponeva: *Per la validità delle deliberazioni del consiglio di amministrazione è necessaria la presenza della maggioranza degli amministratori in carica, quando l'atto costitutivo non richiede un maggior numero di presenti.*

Le deliberazioni del consiglio di amministrazione sono prese a maggioranza assoluta, salvo diversa disposizione dell'atto costitutivo.

Il voto non può essere dato per rappresentanza.

■ art. 141, Codice del commercio del 1882.

2389. Compensi degli amministratori.

I compensi spettanti ai membri del consiglio di amministrazione [2409-*noviesdecies*] e del comitato esecutivo sono stabiliti all'atto della nomina o dall'assemblea [2364 n. 3].

Essi possono essere costituiti in tutto o in parte da partecipazioni agli utili o dall'attribuzione del diritto di sottoscrivere a prezzo predeterminato azioni di futura emissione.

La rimunerazione degli amministratori investiti di particolari cariche in conformità dello statuto è stabilita dal consiglio di amministrazione, sentito il parere del collegio sindacale. Se lo statuto lo prevede, l'assemblea può determinare un importo complessivo per la remunerazione di tutti gli amministratori, inclusi quelli investiti di particolari cariche [2409-*noviesdecies*][1].

[1] Articolo così sostituito dall'art. 1, D.Lgs. 17 gennaio 2003, n. 6, a decorrere dal 1° gennaio 2004. Il testo previgente disponeva: *I compensi e le partecipazioni agli utili spettanti ai membri del consiglio di amministrazione e del comitato esecutivo sono stabiliti nell'atto costitutivo o dall'assemblea.*

La rimunerazione degli amministratori investiti di particolari cariche in conformità dell'atto costitutivo è stabilita dal consiglio di amministrazione, sentito il parere del collegio sindacale.

● Norme connesse:

- art. 23-bis, commi da 5-bis a 5-sexies, D.L. 6 dicembre 2011, n. 201, convertito in L. 22 dicembre 2011, n. 214, aggiunti dall'art. 2, D.L. 6 luglio 2012, n. 95, convertito in L. 7 agosto 2012, n. 135 e dall'art. 84-ter, D.L. 21 giugno 2013, n. 69, convertito in L. 9 agosto 2013, n. 98. I commi 5-bis e 5-ter

CODICE CIVILE

sono stati abrogati dall'art. 1, L. 28 dicembre 2015, n. 208, dalla data di adozione del decreto di cui all'articolo 23-bis, comma 1, del decreto-legge 6 dicembre 2011, n. 201, convertito, con modificazioni, dalla legge 22 dicembre 2011, n. 214, come sostituito dal comma 672 del citato art. 1, L. 208/ 2015; i commi da 5-quater a 5-sexies, sono stati, invece, abrogati dall'art. 28, D.Lgs. 19 agosto 2016, n. 175: *5-bis. [Il compenso stabilito ai sensi dell'articolo 2389, terzo comma, del codice civile, dai consigli di amministrazione delle società non quotate, direttamente o indirettamente controllate dalle pubbliche amministrazioni di cui all'articolo 1, comma 2, del decreto legislativo 30 marzo 2001, n. 165, non può comunque essere superiore al trattamento economico del primo presidente della Corte di cassazione. Sono in ogni caso fatte salve le disposizioni legislative e regolamentari che prevedono limiti ai compensi inferiori a quello previsto al periodo precedente].*

5-ter. [Il trattamento economico annuo onnicomprensivo dei dipendenti delle società non quotate di cui al comma 5-bis non può comunque essere superiore al trattamento economico del primo presidente della Corte di cassazione. Sono in ogni caso fatte salve le disposizioni legislative e regolamentari che prevedono limiti ai compensi inferiori a quello previsto al periodo precedente].

5-quater. [Nelle società direttamente o indirettamente controllate dalle pubbliche amministrazioni di cui all'articolo 1, comma 2, del decreto legislativo 30 marzo 2001, n. 165, che emettono esclusivamente strumenti finanziari, diversi dalle azioni, quotati nei mercati regolamentati nonchè nelle società dalle stesse controllate, il compenso di cui all'articolo 2389, terzo comma, del codice civile per l'amministratore delegato e il presidente del consiglio d'amministrazione non può essere stabilito e corrisposto in misura superiore al 75 per cento del trattamento economico complessivo a qualsiasi titolo determinato, compreso quello per eventuali rapporti di lavoro con la medesima società, nel corso del mandato antecedente al rinnovo].

5-quinquies. [Nelle società direttamente o indirettamente controllate dalle pubbliche amministrazioni di cui all'articolo 1, comma 2, del decreto legislativo 30 marzo 2001, n. 165, che emettono titoli azionari quotati nei mercati regolamentati, in sede di rinnovo degli organi di amministrazione è sottoposta all'approvazione dell'assemblea degli azionisti una proposta in materia di remunerazione degli amministratori con deleghe di dette società e delle loro controllate, conforme ai criteri di cui al comma 5-quater. In tale sede, l'azionista di controllo pubblico è tenuto ad esprimere assenso alla proposta di cui al primo periodo].

5-sexies. [Le disposizioni di cui ai commi 5-quater e 5-quinquies si applicano limitatamente al primo rinnovo dei consigli di amministrazione successivo alla data di entrata in vigore della presente disposizione ovvero, qualora si sia già provveduto al rinnovo, ai compensi ancora da determinare ovvero da determinare in via definitiva. Le disposizioni di cui ai commi 5-quater e 5-quinquies non si applicano qualora nei dodici mesi antecedenti alla data di entrata in vigore della presente disposizione siano state adottate riduzioni dei compensi dell'amministratore delegato o del presidente del consiglio di amministrazione almeno pari a quelle previste nei medesimi commi].

- art. 123-ter, comma 6, D.Lgs. 24 febbraio 1998, n. 58.

2390. Divieto di concorrenza.

Gli amministratori non possono assumere la qualità di soci illimitatamente responsabili in società concorrenti [2409-*undecies*, 2409-*noviesdecies*], né esercitare un'attività concorrente per conto proprio o di terzi, né essere amministratori o direttori generali in società concorrenti, salvo autorizzazione dell'assemblea.

Per l'inosservanza di tale divieto l'amministratore può essere revocato dall'ufficio e risponde dei danni [2301][1].

[1] Articolo così sostituito dall'art. 1, D.Lgs. 17 gennaio 2003, n. 6, a decorrere dal 1° gennaio 2004. Il testo previgente disponeva: *Gli amministratori non possono assumere la qualità di soci illimitatamente responsabili in società concorrenti, né esercitare un'attività concorrente per conto proprio o di terzi, salvo autorizzazione dell'assemblea.*

Per l'inosservanza di tale divieto l'amministratore può essere revocato dall'ufficio e risponde dei danni.

2391. Interessi degli amministratori.

L'amministratore deve dare notizia agli altri amministratori e al collegio sindacale di ogni interesse [2475-*ter*; 2409-*noviesdecies*] che, per conto proprio o di terzi, abbia in una determinata operazione della società, precisandone la natura, i termini, l'origine e la portata; se si tratta di amministratore delegato, deve altresì astenersi dal compiere l'operazione, investendo della stessa l'organo collegiale, se si tratta di amministratore unico, deve darne notizia anche alla prima assemblea utile[1].

Nei casi previsti dal precedente comma la deliberazione del consiglio di amministrazione deve adeguatamente motivare le ragioni e la convenienza per la società dell'operazione.

Nei casi di inosservanza a quanto disposto nei due precedenti commi del presente articolo ovvero nel caso di deliberazioni del consiglio o del comitato esecutivo adottate con il voto determinante dell'amministratore interessato [1394, 2634], le deliberazioni medesime, qualora possano recare danno alla società, possono essere impugnate dagli amministratori e dal collegio sindacale entro novanta giorni [2964 ss.] dalla loro data; l'impugnazione non può essere proposta da chi ha consentito con il proprio voto alla deliberazione se sono stati adempiuti gli obblighi di informazione previsti dal primo comma. In ogni caso sono salvi i diritti acquistati in buona fede dai terzi in base ad atti compiuti in esecuzione della deliberazione.

L'amministratore risponde dei danni derivati alla società dalla sua azione od omissione.

L'amministratore risponde altresì dei danni che siano derivati alla società dalla utilizzazione a vantaggio proprio o di terzi di dati, notizie o opportunità di affari appresi nell'esercizio del suo incarico[2].

[1] Comma così modificato dall'art. 11, D.Lgs. 28 dicembre 2004, n. 310. Il testo previgente disponeva: *L'amministratore deve dare notizia agli altri amministratori e al collegio sindacale di ogni interesse che, per conto proprio o di terzi, abbia in una determinata operazione della società, precisandone la natura, i termini, l'origine e la portata; se si tratta di amministratore delegato, deve altresì astenersi dal compiere l'operazione, investendo della stessa l'organo collegiale.*

[2] Articolo così sostituito dall'art. 1, D.Lgs. 17 gennaio 2003, n. 6, a decorrere dal 1° gennaio 2004. Il testo previgente disponeva: *L'amministratore, che in una determinata operazione ha, per conto proprio o di terzi, interesse in conflitto con quello della società, deve darne notizia agli altri amministratori e al collegio sindacale, e deve astenersi dal partecipare alle deliberazioni riguardanti l'operazione stessa.*

In caso d'inosservanza, l'amministratore risponde delle perdite che siano derivate alla società dal compimento dell'operazione.

La deliberazione del consiglio, qualora possa recare danno alla società, può, entro tre mesi dalla sua data, essere impugnata dagli amministratori assenti o dissenzienti e dai sindaci se, senza il voto dell'amministratore che doveva astenersi, non si sarebbe raggiunta la maggioranza richiesta. In ogni caso sono salvi i diritti acquistati in buona fede dai terzi in base ad atti compiuti in esecuzione della deliberazione.

■ art. 150, Codice del commercio del 1882.

2391-*bis*. Operazioni con parti correlate.

Gli organi di amministrazione delle società che fanno ricorso al mercato del capitale di rischio adottano, secondo principi generali indicati dalla Consob, regole che assicurano la trasparenza e la correttezza sostanziale e procedurale delle operazioni con parti correlate e li rendono noti nella relazione sulla gestione; a tali fini possono farsi assistere da esperti indipendenti, in ragione della natura, del valore o delle caratteristiche dell'operazione.

I principi **e le regole previsti dal** primo comma si applicano alle operazioni realizzate direttamente o per il tramite di società controllate e disciplinano le operazioni stesse in termini di competenza decisionale, di motivazione e di documentazione. L'organo di controllo vigila sull'osservanza delle regole adottate ai sensi del primo comma e ne riferisce nella relazione all'assemblea[1].

La Consob, nel definire i principi indicati nel primo comma, individua, in conformità all'articolo 9-*quater* della direttiva 2007/36/CE, almeno:

***a)* le soglie di rilevanza delle operazioni con parti correlate tenendo conto di indici quantitativi legati al controvalore dell'operazione o al suo impatto su uno o più parametri dimensionali della società. La Consob può individuare anche criteri di rilevanza che tengano conto della natura dell'operazione e della tipologia di parte correlata;**

***b)* regole procedurali e di trasparenza proporzionate rispetto alla rilevanza e alle caratteristiche delle operazioni, alle dimensioni della società ovvero alla tipologia di società che fa ricorso al mercato del capitale di rischio, nonchè i casi di esenzione dall'applicazione, in tutto o in parte, delle predette regole;**

***c)* i casi in cui gli amministratori, fermo restando quanto previsto dall'articolo 2391, e gli azionisti coinvolti nell'operazione sono tenuti ad astenersi dalla votazione sulla stessa ovvero misure di salvaguardia a tutela dell'interesse della società che consentono ai predetti azionisti di prendere parte alla votazione sull'operazione[2][3].**

[1] Comma così modificato dall'art. 1, D.Lgs. 10 maggio 2019, n. 49, a decorrere dal 10 giugno 2019. Il testo previgente disponeva: *I principi di cui al primo comma si applicano alle operazioni realizzate direttamente o per il tramite di società controllate e disciplinano le operazioni stesse in termini di competenza decisionale, di motivazione e di documentazione. L'organo di controllo vigila sull'osservanza delle regole adottate ai sensi del primo comma e ne riferisce nella relazione all'assemblea.*

[2] Comma aggiunto dall'art. 1, D.Lgs. 10 maggio 2019, n. 49, a decorrere dal 10 giugno 2019.

[3] Articolo aggiunto dall'art. 12, D.Lgs. 28 dicembre 2004, n. 310.

● Norme connesse:

- artt. 93, 122, 154-ter, commi 4, 6, lett. c), D.Lgs. 24 febbraio 1998, n. 58.

2392. Responsabilità verso la società.

Gli amministratori devono adempiere i doveri ad essi imposti dalla legge e dallo statuto con la diligenza richiesta dalla natura dell'incarico e dalle loro specifiche competenze [1218]. Essi sono solidalmente responsabili verso la società [2409-*undecies*, 2409-*noviesdecies*] dei danni derivanti dall'inosservanza di tali doveri, a meno che si tratti di attribuzioni proprie del comitato esecutivo o di funzioni in concreto attribuite ad uno o più amministratori.

In ogni caso gli amministratori, fermo quanto disposto dal comma terzo dell'articolo 2381, sono solidalmente responsabili se, essendo a conoscenza di fatti pregiudizievoli, non hanno fatto quanto potevano per impedirne il compimento o eliminarne o attenuarne le conseguenze dannose.

La responsabilità per gli atti o le omissioni degli amministratori non si estende a quello tra essi che, essendo immune da colpa, abbia fatto annotare senza ritardo il suo dissenso nel libro delle adunanze e delle deliberazioni del consiglio, dandone immediata notizia per iscritto al presidente del collegio sindacale[1].

[1] Articolo così sostituito dall'art. 1, D.Lgs. 17 gennaio 2003, n. 6, a decorrere dal 1° gennaio 2004. Il testo previgente disponeva: *Gli amministratori devono adempiere i doveri ad essi imposti dalla legge e dall'atto costitutivo con la diligenza del mandatario, e sono solidalmente responsabili verso la società dei danni derivanti dall'inosservanza di tali doveri, a meno che si tratti di attribuzioni proprie del comitato esecutivo o di uno o più amministratori.*

In ogni caso gli amministratori sono solidalmente responsabili se non hanno vigilato sul generale andamento della gestione o se, essendo a conoscenza di atti pregiudizievoli, non hanno fatto quanto potevano per impedirne il compimento o eliminarne o attenuarne le conseguenze dannose.

La responsabilità per gli atti o le omissioni degli amministratori non si estende a quello tra essi che, essendo immune da colpa, abbia fatto annotare senza ritardo il suo dissenso, nel libro delle adunanze e delle deliberazioni del consiglio, dandone immediata notizia per iscritto al presidente del collegio sindacale.

■ artt. 147, 149, Codice del commercio del 1882.

2393. Azione sociale di responsabilità.

L'azione di responsabilità [2409-*noviesdecies*] contro gli amministratori è promossa in seguito a deliberazione dell'assemblea, anche se la società è in liquidazione.

La deliberazione concernente la responsabilità degli amministratori può essere presa in occasione della discussione del bilancio, anche se non è indicata nell'elenco delle materie da trattare, quando si tratta di fatti di competenza dell'esercizio cui si riferisce il bilancio.

L'azione di responsabilità può anche essere promossa a seguito di deliberazione del collegio sindacale, assunta con la maggioranza dei due terzi dei suoi componenti[1].

L'azione può essere esercitata entro cinque anni dalla cessazione dell'amministratore dalla carica [2941 n. 7, 2949].

La deliberazione dell'azione di responsabilità importa la revoca dall'ufficio degli amministratori contro cui è proposta, purché sia presa con il voto favorevole di almeno un quinto del capitale sociale. In questo caso, l'assemblea provvede alla sostituzione degli amministratori[2].

La società può rinunziare all'esercizio dell'azione di responsabilità e può transigere, purché la rinunzia e la transazione siano approvate con espressa deliberazione dell'assemblea, e purché non vi sia il voto contrario di una minoranza di soci che rappresenti almeno il quinto del capitale sociale o, nelle società che fanno ricorso al mercato del capitale di rischio, almeno un ventesimo del capitale sociale, ovvero la misura prevista nello statuto per l'esercizio dell'azione sociale di responsabilità ai sensi dei commi primo e secondo dell'articolo 2393-*bis*[3].

[1] Comma aggiunto dall'art. 3, L. 28 dicembre 2005, n. 262. Per effetto delle modifiche apportate dall'art. 3, comma 1, lett. a), L. 28 dicembre 2005, n. 262, che ha inserito un comma dopo il secondo, il presente comma ha cambiato numerazione.

[2] Comma così sostituito dall'art. 3, L. 28 dicembre 2005, n. 262. Il testo previgente disponeva: *La deliberazione dell'azione di responsabilità importa la revoca dall'ufficio degli amministratori contro cui è proposta, purché sia presa col voto favorevole di almeno un quinto del capitale sociale. In questo caso l'assemblea stessa provvede alla loro sostituzione.*

[3] Articolo così sostituito dall'art. 1, D.Lgs. 17 gennaio 2003, n. 6, a decorrere dal 1° gennaio 2004. Il testo previgente disponeva: *L'azione di responsabilità contro gli amministratori è promossa in seguito a deliberazione dell'assemblea, anche se la società è in liquidazione.*

La deliberazione concernente la responsabilità degli amministratori può essere presa in occasione della discussione del bilancio, anche se non è indicata nell'elenco delle materie da trattare.

La deliberazione dell'azione di responsabilità importa la revoca dall'ufficio degli amministratori contro cui è proposta, purché sia presa col voto favorevole di almeno un quinto del capitale sociale. In questo caso l'assemblea stessa provvede alla loro sostituzione.

La società può rinunziare all'esercizio dell'azione di responsabilità e può transigere, purché la rinunzia e la transazione siano approvate con espressa deliberazione dell'assemblea, e purché non vi sia il voto contrario di una minoranza di soci che rappresenti almeno il quinto del capitale sociale.

● Norme connesse:

- artt. 116, 145, comma 6, D.Lgs. 24 febbraio 1998, n. 58; artt. 145, comma 6, 146, comma 2, lett. a), 206, comma 1, R.D. 16 marzo 1942, n. 267.

■ art. 152, Codice del commercio del 1882.

2393-*bis*. Azione sociale di responsabilità esercitata dai soci.

L'azione sociale di responsabilità può essere esercitata anche dai soci che rappresentino almeno un quinto del capitale sociale o la diversa misura prevista nello statuto, comunque non superiore al terzo.

Nelle società che fanno ricorso al mercato del capitale di rischio, l'azione di cui al comma precedente può essere esercitata dai soci che rappresentino un quarantesimo del capitale sociale o la minore misura prevista nello statuto[1].

La società deve essere chiamata in giudizio e l'atto di citazione è ad essa notificato anche in persona del presidente del collegio sindacale.

I soci che intendono promuovere l'azione nominano, a maggioranza del capitale posseduto, uno o più rappresentanti comuni per l'esercizio dell'azione e per il compimento degli atti conseguenti.

In caso di accoglimento della domanda, la società rimborsa agli attori le spese del giudizio e quelle sopportate nell'accertamento dei fatti che il giudice non abbia posto a carico dei soccombenti o che non sia possibile recuperare a seguito della loro escussione.

I soci che hanno agito possono rinunciare all'azione o transigerla; ogni corrispettivo per la rinuncia o transazione deve andare a vantaggio della società.

Si applica all'azione prevista dal presente articolo l'ultimo comma dell'articolo precedente[2].

[1] Comma così modificato dall'art. 3, L. 28 dicembre 2005, n. 262. Il testo previgente disponeva: *Nelle società che fanno*

ricorso al mercato del capitale di rischio, l'azione di cui al comma precedente può essere esercitata dai soci che rappresentino un ventesimo del capitale sociale o la minore misura prevista nello statuto.

[2] Articolo aggiunto dall'art. 1, D.Lgs. 17 gennaio 2003, n. 6, a decorrere dal 1° gennaio 2004.

● Norme connesse:

- artt. 116, 145, comma 6, 146, comma 2, lett. a), D.Lgs. 24 febbraio 1998, n. 58.

2394. Responsabilità verso i creditori sociali.

Gli amministratori rispondono verso i creditori sociali [2409-*undecies*, 2409-*noviesdecies*] per l'inosservanza degli obblighi inerenti alla conservazione dell'integrità del patrimonio sociale.

L'azione può essere proposta dai creditori quando il patrimonio sociale risulta insufficiente al soddisfacimento dei loro crediti [2949, comma 2].

La rinunzia all'azione da parte della società non impedisce l'esercizio dell'azione da parte dei creditori sociali. La transazione può essere impugnata dai creditori sociali soltanto con l'azione revocatoria quando ne ricorrono gli estremi[1].

[1] Articolo così sostituito dall'art. 1, D.Lgs. 17 gennaio 2003, n. 6, a decorrere dal 1° gennaio 2004. Il testo previgente disponeva: *Gli amministratori rispondono verso i creditori sociali per l'inosservanza degli obblighi inerenti alla conservazione dell'integrità del patrimonio sociale.*

L'azione può essere proposta dai creditori quando il patrimonio sociale risulta insufficiente al soddisfacimento dei loro crediti.

In caso di fallimento o di liquidazione coatta amministrativa della società, l'azione spetta al curatore del fallimento o al commissario liquidatore.

La rinunzia all'azione da parte della società non impedisce l'esercizio dell'azione da parte dei creditori sociali. La transazione può essere impugnata dai creditori sociali soltanto con l'azione revocatoria, quando ne ricorrono gli estremi.

● Norme connesse:

- art. 146, comma 2, lett. a), D.Lgs. 24 febbraio 1998, n. 58; art. 206, comma 1, R.D. 16 marzo 1942, n. 267.

2394-*bis*. Azioni di responsabilità nelle procedure concorsuali.

In caso di fallimento, liquidazione coatta amministrativa e amministrazione straordinaria le azioni di responsabilità previste dai precedenti articoli spettano al curatore del fallimento, al commissario liquidatore e al commissario straordinario [2409-*undecies*, 2409-*noviesdecies*][1].

[1] Articolo aggiunto dall'art. 1, D.Lgs. 17 gennaio 2003, n. 6, a decorrere dal 1° gennaio 2004.

● Norme connesse:

- artt. 146, comma 2, lett. a), 206, R.D. 16 marzo 1942, n. 267.

2395. Azione individuale del socio e del terzo.

Le disposizioni dei precedenti articoli non pregiudicano il diritto al risarcimento del danno [2043] spettante al singolo socio o al terzo che sono stati direttamente danneggiati da atti colposi o dolosi degli amministratori [2409-*undecies*, 2409-*noviesdecies*].

L'azione può essere esercitata entro cinque anni dal compimento dell'atto che ha pregiudicato il socio o il terzo[1].

[1] Articolo così sostituito dall'art. 1, D.Lgs. 17 gennaio 2003, n. 6, a decorrere dal 1° gennaio 2004. Il testo previgente disponeva: *Le disposizioni dei precedenti articoli non pregiudicano il diritto al risarcimento del danno spettante al singolo socio o al terzo che sono stati direttamente danneggiati da atti colposi o dolosi degli amministratori.*

2396. Direttori generali.

Le disposizioni che regolano la responsabilità degli amministratori si applicano anche ai direttori generali nominati dall'assemblea o per disposizione dello statuto, in relazione ai compiti loro affidati, salve le azioni esercitabili in base al rapporto di lavoro con la società[1].

[1] Articolo così sostituito dall'art. 1, D.Lgs. 17 gennaio 2003, n. 6, a decorrere dal 1° gennaio 2004. Il testo previgente disponeva: *Le disposizioni che regolano la responsabilità degli amministratori si applicano anche ai direttori nominati dall'assemblea o per disposizione dell'atto costitutivo, in relazione ai compiti loro affidati.*

● Norme connesse:

- art. 146, comma 2, lett. a), R.D. 16 marzo 1942, n. 267.

■ art. 148, Codice del commercio del 1882.

§ 3

Del collegio sindacale[1]

[1] Paragrafo aggiunto dall'art. 1, D.Lgs. 17 gennaio 2003, n. 6, a decorrere dal 1° gennaio 2004. Sostituisce l'originario § 3 ricompreso nella precedente Sezione VI.

2397. Composizione del collegio.

Il collegio sindacale si compone di tre o cinque membri effettivi, soci o non soci [2328, comma 2 n. 10, 2399, 2400, 2402]. Devono inoltre essere nominati due sindaci supplenti [2401].

Almeno un membro effettivo ed uno supplente devono essere scelti tra i revisori legali iscritti nell'apposito registro. I restanti membri, se non iscritti in tale registro, devono essere scelti fra gli iscritti negli albi professionali individuati con decreto del Ministro della giustizia, o fra i professori universitari di ruolo, in materie economiche o giuridiche [2387, comma 1, 2409-*quinquies*, comma 2, 2409-*duodecies*, comma 6][1 2].

[...][3 4].

[1] Comma così modificato dall'art. 37, D.Lgs. 27 gennaio 2010, n. 39. Il testo previgente disponeva: *Almeno un membro effettivo ed uno supplente devono essere scelti tra gli iscritti nel registro dei revisori contabili istituito presso il Ministero della giustizia. I restanti membri, se non iscritti in tale registro,*

CODICE CIVILE

devono essere scelti fra gli iscritti negli albi professionali individuati con decreto del Ministro della giustizia, o fra i professori universitari di ruolo, in materie economiche o giuridiche.

[2] Per l'individuazione delle professionalità di cui al presente comma v. D.M. 29 dicembre 2004, n. 320.

[3] Comma aggiunto dall'art. 14, comma 14, L. 12 novembre 2011, n. 183, poi abrogato dall'art. 35, D.L. 9 febbraio 2012, n. 5, convertito in L. 4 aprile 2012, n. 35. Il testo previgente disponeva: *Per le società aventi ricavi o patrimonio netto inferiori a 1 milione di euro lo statuto può prevedere che l'organo di controllo sia composto da un sindaco unico, scelto tra i revisori legali iscritti nell'apposito registro.*

[4] Articolo così sostituito dall'art. 1, D.Lgs. 17 gennaio 2003, n. 6, a decorrere dal 1° gennaio 2004. Il testo previgente disponeva: *Il collegio sindacale si compone di tre o cinque membri effettivi, soci o non soci. Devono inoltre essere nominati due sindaci supplenti.*

I sindaci devono essere scelti tra gli iscritti nel registro dei revisori contabili istituito presso il Ministero di grazia e giustizia.

■ art. 183, Codice del commercio del 1882.

2398. Presidenza del collegio.

Il presidente del collegio sindacale [2385, comma 1, 2392, comma 3, 2393-*bis*] è nominato dall'assemblea [2364, 2401, comma 2][1].

[1] Articolo così sostituito dall'art. 1, D.Lgs. 17 gennaio 2003, n. 6, a decorrere dal 1° gennaio 2004. Il testo previgente disponeva: *Il presidente del collegio sindacale è nominato dall'assemblea.*

● Norme connesse:
- artt. 148-154, 208, D.Lgs. 24 febbraio 1998, n. 58.

2399. Cause d'ineleggibilità e di decadenza.

Non possono essere eletti alla carica di sindaco e, se eletti, decadono dall'ufficio [2401, comma 1]:

a) coloro che si trovano nelle condizioni previste dall'articolo 2382;

b) il coniuge, i parenti [74] e gli affini [78] entro il quarto grado degli amministratori della società, gli amministratori, il coniuge, i parenti e gli affini entro il quarto grado degli amministratori delle società da questa controllate, delle società che la controllano e di quelle sottoposte a comune controllo;

c) coloro che sono legati alla società o alle società da questa controllate o alle società che la controllano o a quelle sottoposte a comune controllo da un rapporto di lavoro o da un rapporto continuativo di consulenza o di prestazione d'opera retribuita, ovvero da altri rapporti di natura patrimoniale che ne compromettano l'indipendenza [2400, comma 4].

La cancellazione o la sospensione dal registro dei revisori legali e delle società di revisione legale e la perdita dei requisiti previsti dall'ultimo comma dell'articolo 2397 sono causa di decadenza [2404, comma 2, 2405, comma 2] dall'ufficio di sindaco [2400, comma 3][1].

Lo statuto può prevedere altre cause di ineleggibilità o decadenza, nonché cause di incompatibilità e limiti e criteri per il cumulo degli incarichi[2].

[1] Comma così modificato dall'art. 37, D.Lgs. 27 gennaio 2010, n. 39. Il testo previgente disponeva: *La cancellazione o la sospensione dal registro dei revisori contabili e la perdita dei requisiti previsti dall'ultimo comma dell'articolo 2397 sono causa di decadenza dall'ufficio di sindaco.*

[2] Articolo così sostituito dall'art. 1, D.Lgs. 17 gennaio 2003, n. 6, a decorrere dal 1° gennaio 2004. Il testo previgente disponeva: *Non possono essere eletti alla carica di sindaco e, se eletti, decadono dall'ufficio, coloro che si trovano nelle condizioni previste dall'articolo 2382, il coniuge, i parenti e gli affini degli amministratori entro il quarto grado, e coloro che sono legati alla società o alle società da questa controllate da un rapporto continuativo di prestazione d'opera retribuita.*

La cancellazione o la sospensione dal registro dei revisori contabili è causa di decadenza dall'ufficio di sindaco.

● Norme connesse:
- artt. 148-154, 208, D.Lgs. 24 febbraio 1998, n. 58.

■ art. 183, Codice del commercio del 1882.

2400. Nomina e cessazione dall'ufficio.

I sindaci sono nominati per la prima volta nell'atto costitutivo [2328, comma 2 n. 11] e successivamente dall'assemblea [2364 n. 2, 2368, comma 1], salvo il disposto degli articoli 2351, 2449 e 2450. Essi restano in carica per tre esercizi, e scadono alla data dell'assemblea convocata per l'approvazione del bilancio relativo al terzo esercizio della carica. La cessazione dei sindaci per scadenza del termine ha effetto dal momento in cui il collegio è stato ricostituito.

I sindaci possono essere revocati solo per giusta causa. La deliberazione di revoca deve essere approvata con decreto dal tribunale [c.p.c. 739], sentito l'interessato[1].

La nomina dei sindaci, con l'indicazione per ciascuno di essi del cognome e del nome, del luogo e della data di nascita e del domicilio, e la cessazione dall'ufficio devono essere iscritte, a cura degli amministratori, nel registro delle imprese nel termine di trenta giorni [2409-*quaterdecies*].

Al momento della nomina dei sindaci e prima dell'accettazione dell'incarico, sono resi noti all'assemblea gli incarichi di amministrazione e di controllo da essi ricoperti presso altre società [2399 lett. c), 2409-*quaterdecies*][2 3].

[1] Relativamente alle disposizioni di cui al presente comma trovano applicazione le norme di cui alla Sezione II (Del procedimento in confronto di più parti) del Capo II (Del procedimento) del Titolo IV (Del procedimento in camera di consiglio), D.Lgs. 17 gennaio 2003, n. 5 (Definizione dei procedimenti in materia di diritto societario e di intermediazione finanziaria, nonché in materia bancaria e creditizia, in attuazione dell'articolo 12 della legge 3 ottobre 2001, n. 366) (art. 33, D.Lgs. 5/2003, cit.), poi abrogato dall'art. 54, L. 18 giugno 2009,

n. 69 (le disposizioni ivi contenute continuano ad applicarsi alle controversie pendenti alla data di entrata in vigore della L. 69/2009 cit.).

[2] Comma aggiunto dall'art. 2, L. 28 dicembre 2005, n. 262.

[3] Articolo così sostituito dall'art. 1, D.Lgs. 17 gennaio 2003, n. 6, a decorrere dal 1° gennaio 2004. Il testo previgente disponeva: *I sindaci sono nominati per la prima volta nell'atto costitutivo e successivamente dall'assemblea, salvo il disposto degli articoli 2458 e 2459. Essi restano in carica per un triennio, e non possono essere revocati se non per giusta causa.*

La deliberazione di revoca deve essere approvata con decreto dal tribunale, sentito l'interessato.

La nomina dei sindaci, con l'indicazione per ciascuno di essi del cognome e del nome, del luogo e della data di nascita e del domicilio e la cessazione dall'ufficio devono essere iscritte, a cura degli amministratori, nel registro delle imprese nel termine di trenta giorni.

● Norme connesse:

- art. 148-bis, D.Lgs. 24 febbraio 1998, n. 58; art. 7, D.P.R. 7 dicembre 1995, n. 581.

■ art. 183, Codice del commercio del 1882.

2401. Sostituzione.

In caso di morte, di rinunzia o di decadenza [2399, comma 2, 2404, comma 2, 2405, comma 2] di un sindaco, subentrano i supplenti in ordine di età, nel rispetto dell'articolo 2397, secondo comma. I nuovi sindaci restano in carica fino alla prossima assemblea [2364], la quale deve provvedere alla nomina dei sindaci effettivi e supplenti necessari per l'integrazione del collegio, nel rispetto dell'articolo 2397, secondo comma. I nuovi nominati scadono insieme con quelli in carica.

In caso di sostituzione del presidente, la presidenza è assunta fino alla prossima assemblea dal sindaco più anziano.

Se con i sindaci supplenti non si completa il collegio sindacale, deve essere convocata l'assemblea [2364] perché provveda all'integrazione del collegio medesimo[1].

[1] Articolo così sostituito dall'art. 1, D.Lgs. 17 gennaio 2003, n. 6, a decorrere dal 1° gennaio 2004. Il testo previgente disponeva *In caso di morte, di rinunzia o di decadenza di un sindaco, subentrano i supplenti in ordine di età. I nuovi sindaci restano in carica fino alla prossima assemblea, la quale deve provvedere alla nomina dei sindaci effettivi e supplenti necessari per l'integrazione del collegio. I nuovi nominati scadono insieme con quelli in carica. In caso di sostituzione del presidente, la presidenza è assunta fino alla prossima assemblea dal sindaco più anziano.*

Se con i sindaci supplenti non si completa il collegio sindacale, deve essere convocata l'assemblea perché provveda all'integrazione del collegio medesimo.

■ art. 183, Codice del commercio del 1882.

2402. Retribuzione.

La retribuzione [2409-*quaterdecies*] annuale dei sindaci, se non è stabilita nello statuto, deve essere determinata dalla assemblea all'atto della nomina per l'intero periodo di durata del loro ufficio[1].

[1] Articolo così sostituito dall'art. 1, D.Lgs. 17 gennaio 2003, n. 6, a decorrere dal 1° gennaio 2004. Il testo previgente disponeva: *La retribuzione annuale dei sindaci, se non è stabilita nell'atto costitutivo, deve essere determinata dall'assemblea all'atto della nomina per l'intero periodo di durata del loro ufficio.*

2403. Doveri del collegio sindacale.

Il collegio sindacale [2409-*terdecies* lett. c)] vigila sull'osservanza della legge e dello statuto, sul rispetto dei principi di corretta amministrazione ed in particolare sull'adeguatezza dell'assetto organizzativo, amministrativo e contabile adottato dalla società e sul suo concreto funzionamento [2386, comma 5, 2404, comma 1, 2405, 2406, comma 1, 2408, comma 2, 2441, comma 6, 2446, comma 2].

Esercita inoltre il controllo contabile nel caso previsto dall'articolo 2409-*bis*, terzo comma[1].

[1] Articolo così sostituito dall'art. 1, D.Lgs. 17 gennaio 2003, n. 6, a decorrere dal 1° gennaio 2004. Il testo previgente disponeva: *Il collegio sindacale deve controllare l'amministrazione della società, vigilare sull'osservanza della legge e dell'atto costitutivo ed accertare la regolare tenuta della contabilità sociale, la corrispondenza del bilancio alle risultanze dei libri e delle scritture contabili e l'osservanza delle norme stabilite dall'articolo 2426 per la valutazione del patrimonio sociale.*

Il collegio sindacale deve altresì accertare almeno ogni trimestre la consistenza di cassa e l'esistenza dei valori e dei titoli di proprietà sociale o ricevuti dalla società in pegno, cauzione o custodia.

I sindaci possono in qualsiasi momento procedere, anche individualmente, ad atti di ispezione e di controllo.

Il collegio sindacale può chiedere agli amministratori notizie sull'andamento delle operazioni sociali o su determinati affari.

Degli accertamenti eseguiti deve farsi constare nel libro indicato nel numero 5 dell'articolo 2421.

● Norme connesse:

- artt. 146, comma 2-bis, 149-151, 154-155, 157, D.Lgs. 24 febbraio 1998, n. 58.

■ art. 184, Codice del commercio del 1882.

2403-*bis*. Poteri del collegio sindacale.

I sindaci possono in qualsiasi momento procedere, anche individualmente, ad atti di ispezione e di controllo.

Il collegio sindacale può chiedere agli amministratori notizie, anche con riferimento a società controllate, sull'andamento delle operazioni sociali o su determinati affari [2625, comma 1]. Può altresì scambiare informazioni con i corrispondenti organi delle società controllate in merito ai sistemi di amministrazione e controllo ed all'andamento generale dell'attività sociale [2377, comma 2, 2388, comma 4, 2391, comma 3, 2393, comma 3, 2406, comma 2, 2409, comma 7, 2409-*quaterdecies*].

Gli accertamenti eseguiti devono risultare dal libro previsto dall'articolo 2421, primo comma, n. *5)* [2409-*quaterdecies*].

CODICE CIVILE

Nell'espletamento di specifiche operazioni di ispezione e di controllo i sindaci sotto la propria responsabilità ed a proprie spese possono avvalersi di propri dipendenti ed ausiliari che non si trovino in una delle condizioni previste dall'articolo 2399.

L'organo amministrativo può rifiutare agli ausiliari e ai dipendenti dei sindaci l'accesso a informazioni riservate[1].

[1] Articolo aggiunto dall'art. 25, D.Lgs. 27 gennaio 1992, n. 88 e così sostituito dall'art. 1, D.Lgs. 17 gennaio 2003, n. 6, a decorrere dal 1° gennaio 2004. Il testo previgente disponeva: *Nell'espletamento di specifiche operazioni attinenti al controllo della regolare tenuta della contabilità e della corrispondenza del bilancio alle risultanze dei libri e delle scritture contabili i sindaci possono avvalersi, sotto la propria responsabilità e a proprie spese, di dipendenti e ausiliari che non si trovino in una delle condizioni previste dall'articolo 2399.*

La società può rifiutare agli ausiliari l'accesso a informazioni riservate.

● Norme connesse:
- art. 154, comma 1, D.Lgs. 24 febbraio 1998, n. 58.
■ art. 184, Codice del commercio del 1882.

2404. Riunioni e deliberazioni del collegio.

Il collegio sindacale deve riunirsi almeno ogni novanta giorni. La riunione può svolgersi, se lo statuto lo consente indicandone le modalità, anche con mezzi di telecomunicazione [2370, comma 4, 2388, comma 1, 2409-*quaterdecies*].

Il sindaco che, senza giustificato motivo, non partecipa durante un esercizio sociale a due riunioni del collegio decade dall'ufficio [2399, comma 2, 2405, comma 2].

Delle riunioni del collegio deve redigersi verbale, che viene trascritto nel libro previsto dall'articolo 2421, primo comma, n. *5)*, e sottoscritto dagli intervenuti [2409-*quaterdecies*].

Il collegio sindacale è regolarmente costituito con la presenza della maggioranza dei sindaci e delibera a maggioranza assoluta dei presenti. Il sindaco dissenziente ha diritto di fare iscrivere a verbale i motivi del proprio dissenso [2409-*quaterdecies*][1].

[1] Articolo così sostituito dall'art. 1, D.Lgs. 17 gennaio 2003, n. 6, a decorrere dal 1° gennaio 2004. Il testo previgente disponeva: *Il collegio sindacale deve riunirsi almeno ogni trimestre.*

Il sindaco che, senza giustificato motivo, non partecipa durante un esercizio sociale a due riunioni del collegio decade dall'ufficio.

Delle riunioni del collegio deve redigersi processo verbale, che viene trascritto nel libro previsto dal numero 5 dell'articolo 2421 e sottoscritto dagli intervenuti.

Le deliberazioni del collegio sindacale devono essere prese a maggioranza assoluta. Il sindaco dissenziente ha diritto di fare iscrivere a verbale i motivi del proprio dissenso.

2405. Intervento alle adunanze del consiglio di amministrazione e alle assemblee.

I sindaci devono assistere alle adunanze del consiglio di amministrazione, alle assemblee e alle riunioni del comitato esecutivo.

I sindaci, che non assistono senza giustificato motivo alle assemblee o, durante un esercizio sociale, a due adunanze consecutive del consiglio d'amministrazione o del comitato esecutivo, decadono dall'ufficio [2399, comma 2, 2404, comma 2][1].

[1] Articolo così sostituito dall'art. 1, D.Lgs. 17 gennaio 2003, n. 6, a decorrere dal 1° gennaio 2004. Il testo previgente disponeva: *I sindaci devono assistere alle adunanze del consiglio di amministrazione ed alle assemblee e possono assistere alle riunioni del comitato esecutivo.*

I sindaci, che non assistono senza giustificato motivo alle assemblee o, durante un esercizio sociale, a due adunanze del consiglio d'amministrazione, decadono dall'ufficio.

● Norme connesse:
- artt. 149-150, 153-154, D.Lgs. 24 febbraio 1998, n. 58.
■ art. 184, Codice del commercio del 1882.

2406. Omissioni degli amministratori.

In caso di omissione o di ingiustificato ritardo da parte degli amministratori [2364, comma 2, 2367, comma 1, 2386, comma 2, 2409-*quaterdecies*], il collegio sindacale deve convocare l'assemblea ed eseguire le pubblicazioni prescritte dalla legge [2631].

Il collegio sindacale può altresì, previa comunicazione al presidente del consiglio di amministrazione, convocare l'assemblea qualora nell'espletamento del suo incarico ravvisi fatti censurabili di rilevante gravità e vi sia urgente necessità di provvedere[1].

[1] Articolo così sostituito dall'art. 1, D.Lgs. 17 gennaio 2003, n. 6, a decorrere dal 1° gennaio 2004. Il testo previgente disponeva: *Il collegio sindacale deve convocare l'assemblea ed eseguire le pubblicazioni prescritte dalla legge in caso di omissione da parte degli amministratori.*

● Norme connesse:
- art. 146, comma 2, D.Lgs. 24 febbraio 1998, n. 58.

2407. Responsabilità.

I sindaci devono adempiere i loro doveri con la professionalità e la diligenza richieste dalla natura dell'incarico; sono responsabili della verità delle loro attestazioni e devono conservare il segreto sui fatti e sui documenti di cui hanno conoscenza per ragione del loro ufficio.

Essi sono responsabili solidalmente [1292 ss.] con gli amministratori per i fatti o le omissioni di questi, quando il danno non si sarebbe prodotto se essi avessero vigilato in conformità degli obblighi della loro carica.

All'azione di responsabilità contro i sindaci si applicano, in quanto compatibili, le disposizioni degli articoli 2393, 2393-*bis*, 2394, 2394-*bis* e 2395[1].

[1] Articolo così sostituito dall'art. 1, D.Lgs. 17 gennaio 2003, n. 6, a decorrere dal 1° gennaio 2004. Il testo previgente disponeva: *I sindaci devono adempiere i loro doveri con la diligenza del mandatario, sono responsabili della verità delle loro attestazioni e devono conservare il segreto sui fatti e sui documenti di cui hanno conoscenza per ragione del loro ufficio.*

Essi sono responsabili solidalmente con gli amministratori per i fatti o le omissioni di questi, quando il danno non si sarebbe prodotto se essi avessero vigilato in conformità degli obblighi della loro carica.

L'azione di responsabilità contro i sindaci è regolata dalle disposizioni degli articoli 2393 e 2394.

● Norme connesse:

- art. 41, comma 7, R.D. 16 marzo 1942, n. 267.

■ art. 185, Codice del commercio del 1882.

2408. Denunzia al collegio sindacale.

Ogni socio può denunziare i fatti che ritiene censurabili al collegio sindacale, il quale deve tener conto della denunzia nella relazione all'assemblea [2409-*quaterdecies*].

Se la denunzia è fatta da tanti soci che rappresentino un ventesimo del capitale sociale o un cinquantesimo nelle società che fanno ricorso al mercato del capitale di rischio, il collegio sindacale deve indagare senza ritardo sui fatti denunziati e presentare le sue conclusioni ed eventuali proposte all'assemblea; deve altresì, nelle ipotesi previste dal secondo comma dell'articolo 2406, convocare l'assemblea. Lo statuto può prevedere per la denunzia percentuali minori di partecipazione[1].

[1] Articolo così sostituito dall'art. 1, D.Lgs. 17 gennaio 2003, n. 6, a decorrere dal 1° gennaio 2004. Il testo previgente disponeva: *Ogni socio può denunziare i fatti che ritiene censurabili al collegio sindacale, il quale deve tenere conto della denunzia nella relazione all'assemblea.*

Se la denunzia è fatta da tanti soci che rappresentino un ventesimo del capitale sociale, il collegio sindacale deve indagare senza ritardo sui fatti denunziati e presentare le sue conclusioni ed eventuali proposte all'assemblea, convocando immediatamente la medesima se la denunzia appare fondata e vi è urgente necessità di provvedere.

● Norme connesse:

- artt. 116, 145, comma 6, D.Lgs. 24 febbraio 1998, n. 58.

■ art. 152, Codice del commercio del 1882.

2409. Denunzia al tribunale.

Se vi è fondato sospetto che gli amministratori, in violazione dei loro doveri [2392], abbiano compiuto gravi irregolarità nella gestione che possono arrecare danno alla società o a una o più società controllate, i soci che rappresentano il decimo del capitale sociale o, nelle società che fanno ricorso al mercato del capitale di rischio, il ventesimo del capitale sociale possono denunziare i fatti al tribunale con ricorso notificato anche alla società. Lo statuto può prevedere percentuali minori di partecipazione [disp. att. 223-*novies*].

Il tribunale, sentiti in camera di consiglio gli amministratori e i sindaci, può ordinare l'ispezione dell'amministrazione della società a spese dei soci richiedenti, subordinandola, se del caso, alla prestazione di una cauzione [disp. att. 103]. Il provvedimento è reclamabile.

Il tribunale non ordina l'ispezione e sospende per un periodo determinato il procedimento se l'assemblea sostituisce gli amministratori e i sindaci con soggetti di adeguata professionalità, che si attivano senza indugio per accertare se le violazioni sussistono e, in caso positivo, per eliminarle, riferendo al tribunale sugli accertamenti e le attività compiute.

Se le violazioni denunziate sussistono ovvero se gli accertamenti e le attività compiute ai sensi del terzo comma risultano insufficienti alla loro eliminazione, il tribunale può disporre gli opportuni provvedimenti provvisori e convocare l'assemblea per le conseguenti deliberazioni. Nei casi più gravi può revocare gli amministratori ed eventualmente anche i sindaci e nominare un amministratore giudiziario, determinandone i poteri e la durata [disp. att. 92, 103].

L'amministratore giudiziario può proporre l'azione di responsabilità contro gli amministratori e i sindaci. Si applica l'ultimo comma dell'articolo 2393.

Prima della scadenza del suo incarico l'amministratore giudiziario rende conto al tribunale che lo ha nominato; convoca e presiede l'assemblea per la nomina dei nuovi amministratori e sindaci o per proporre, se del caso, la messa in liquidazione della società o la sua ammissione ad una procedura concorsuale [disp. att. 94].

I provvedimenti previsti da questo articolo [disp. att. 103] possono essere adottati anche su richiesta del collegio sindacale, del consiglio di sorveglianza o del comitato per il controllo sulla gestione, nonché, nelle società che fanno ricorso al mercato del capitale di rischio, del pubblico ministero; in questi casi le spese per l'ispezione sono a carico della società[1 2 3].

[1] Relativamente alle disposizioni di cui al presente articolo trovano applicazione le norme di cui alla Sezione II (Del procedimento in confronto di più parti) del Capo II (Del procedimento) del Titolo IV (Del procedimento in camera di consiglio), D.Lgs. 17 gennaio 2003, n. 5 (Definizione dei procedimenti in materia di diritto societario e di intermediazione finanziaria, nonché in materia bancaria e creditizia, in attuazione dell'articolo 12 della legge 3 ottobre 2001, n. 366) (art. 33, D.Lgs. 5/2003, cit.), poi abrogato dall'art. 54, L. 18 giugno 2009, n. 69 (le disposizioni ivi contenute continuano ad applicarsi alle controversie pendenti alla data di entrata in vigore della L. 69/2009 cit.).

[2] Articolo così sostituito dall'art. 1, D.Lgs. 17 gennaio 2003, n. 6, a decorrere dal 1° gennaio 2004. Il testo previgente disponeva: *Se vi è fondato sospetto di gravi irregolarità nell'adempimento dei doveri degli amministratori e dei sindaci, i soci che rappresentano il decimo del capitale sociale possono denunziare i fatti al tribunale.*

Il tribunale, sentiti in camera di consiglio gli amministratori e i sindaci, può ordinare l'ispezione dell'amministrazione della società a spese dei soci richiedenti, subordinandola, se del caso, alla prestazione di una cauzione.

Se le irregolarità denunziate sussistono, il tribunale può disporre gli opportuni provvedimenti cautelari e convocare l'assemblea per le conseguenti deliberazioni. Nei casi più gravi può revocare gli amministratori ed i sindaci e nominare un amministratore giudiziario, determinandone i poteri e la durata.

L'amministratore giudiziario può proporre l'azione di responsabilità contro gli amministratori e i sindaci.

Prima della scadenza del suo incarico l'amministratore giudiziario convoca e presiede l'assemblea per la nomina dei nuovi amministratori e sindaci o per proporre, se del caso, la messa in liquidazione della società.

I provvedimenti previsti da questo articolo possono essere adottati anche su richiesta del pubblico ministero, e in questo caso le spese per l'ispezione sono a carico della società.

[3] Per il decreto di nomina dell'amministratore giudiziario di cui al presente comma, v. art. 92, R.D. 30 marzo 1942, n. 318. Per i provvedimenti del tribunale previsti dal presente articolo, v. art. 103, R.D. 30 marzo 1942, n. 318.

● Norme connesse:

- artt. 238, 305, D.Lgs. 7 settembre 2005, n. 209; artt. 70, 132-bis, D.Lgs. 1 settembre 1993, n. 385; artt. 116, 145, comma 6, 152, 165-ter, comma 7, 166, comma 3, D.Lgs. 24 febbraio 1998, n. 58.

■ art. 153, Codice del commercio del 1882.

§ 4
Della revisione legale dei conti[1 2]

[1] Paragrafo aggiunto dall'art. 1, D.Lgs. 17 gennaio 2003, n. 6, a decorrere dal 1° gennaio 2004.

[2] Rubrica così sostituita dall'art. 37, D.Lgs. 27 gennaio 2010, n. 39. Il testo previgente disponeva: *Del controllo contabile.*

● Norme connesse:

- artt. 155 ss., D.Lgs. 24 febbraio 1998, n. 58.

2409-*bis*. Revisione legale dei conti.

La revisione legale dei conti sulla società è esercitata da un revisore legale dei conti o da una società di revisione legale iscritti nell'apposito registro.

Lo statuto delle società che non siano tenute alla redazione del bilancio consolidato può prevedere che la revisione legale dei conti sia esercitata dal collegio sindacale. In tal caso il collegio sindacale è costituito da revisori legali iscritti nell'apposito registro [2380, comma 2][1 2].

[1] Articolo aggiunto dall'art. 1, D.Lgs. 17 gennaio 2003, n. 6, a decorrere dal 1° gennaio 2004 e poi così sostituito dall'art. 37, D.Lgs. 27 gennaio 2010, n. 39. Il testo previgente disponeva: 2409-bis. Controllo contabile. *Il controllo contabile sulla società è esercitato da un revisore contabile o da una società di revisione iscritti nel registro istituito presso il Ministero della giustizia.*

Nelle società che fanno ricorso al mercato del capitale di rischio il controllo contabile è esercitato da una società di revisione iscritta nel registro dei revisori contabili, la quale, limitatamente a tali incarichi, è soggetta alla disciplina dell'attività di revisione prevista per le società con azioni quotate in mercati regolamentati ed alla vigilanza della Commissione nazionale per le società e la borsa.

Lo statuto delle società che non fanno ricorso al mercato del capitale di rischio e che non siano tenute alla redazione del bilancio consolidato può prevedere che il controllo contabile sia esercitato dal collegio sindacale. In tal caso il collegio sindacale è costituito da revisori contabili iscritti nel registro istituito presso il Ministero della giustizia.

[2] A norma dell'art. 111-*bis*, R.D. 30 marzo 1942, n. 318, nel caso previsto dal presente comma si applicano, alle società di revisione, le disposizioni degli art. 155, comma 2, art. 162, commi 1 e 2 e art. 163, commi 1 e 4 del D.Lgs. 58/1998.

2409-*ter*. Funzioni di controllo contabile.

[...][1].

[1] Articolo aggiunto dall'art. 1, D.Lgs. 17 gennaio 2003, n. 6, a decorrere dal 1° gennaio 2004 e poi abrogato dall'art. 37, D.Lgs. 27 gennaio 2010, n. 39. Il testo previgente disponeva: 2409-ter. Funzioni di controllo contabile. *Il revisore o la società incaricata del controllo contabile:*

a) verifica, nel corso dell'esercizio e con periodicità almeno trimestrale, la regolare tenuta della contabilità sociale e la corretta rilevazione nelle scritture contabili dei fatti di gestione;

b) verifica se il bilancio di esercizio e, ove redatto, il bilancio consolidato corrispondono alle risultanze delle scritture contabili e degli accertamenti eseguiti e se sono conformi alle norme che li disciplinano;

c) esprime con apposita relazione un giudizio sul bilancio di esercizio e sul bilancio consolidato, ove redatto.

La relazione comprende:

a) un paragrafo introduttivo che identifica il bilancio sottoposto a revisione e il quadro delle regole di redazione applicate dalla società;

b) una descrizione della portata della revisione svolta con l'indicazione dei principi di revisione osservati;

c) un giudizio sul bilancio che indica chiaramente se questo è conforme alle norme che ne disciplinano la redazione e se rappresenta in modo veritiero e corretto la situazione patrimoniale e finanziaria e il risultato economico dell'esercizio;

d) eventuali richiami di informativa che il revisore sottopone all'attenzione dei destinatari del bilancio, senza che essi costituiscano rilievi;

e) un giudizio sulla coerenza della relazione sulla gestione con il bilancio.

Nel caso in cui il revisore esprima un giudizio sul bilancio con rilievi, un giudizio negativo o rilasci una dichiarazione di impossibilità di esprimere un giudizio, la relazione illustra analiticamente i motivi della decisione.

La relazione è datata e sottoscritta dal revisore.

La relazione sul bilancio è depositata presso la sede della società a norma dell'articolo 2429.

Il revisore o la società incaricata del controllo contabile può chiedere agli amministratori documenti e notizie utili al controllo e può procedere ad ispezioni; documenta l'attività svolta in apposito libro, tenuto presso la sede della società o in luogo diverso stabilito dallo statuto, secondo le disposizioni dell'articolo 2421, terzo comma.

2409-*quater*. Conferimento e revoca dell'incarico.

[...][1].

[1] Articolo aggiunto dall'art. 1, D.Lgs. 17 gennaio 2003, n. 6, a decorrere dal 1° gennaio 2004 e poi abrogato dall'art. 37, D.Lgs. 27 gennaio 2010, n. 39. Il testo previgente disponeva: 2409-qua-

ter. Conferimento e revoca dell'incarico. *Salvo quanto disposto dal numero 11) del secondo comma dell'articolo 2328, l'incarico del controllo contabile è conferito dall'assemblea, sentito il collegio sindacale, la quale determina il corrispettivo spettante al revisore o alla società di revisione per l'intera durata dell'incarico.*

L'incarico ha la durata di tre esercizi, con scadenza alla data dell'assemblea convocata per l'approvazione del bilancio relativo al terzo esercizio dell'incarico.

L'incarico può essere revocato solo per giusta causa, sentito il parere del collegio sindacale. La deliberazione di revoca deve essere approvata con decreto dal tribunale, sentito l'interessato.

2409-*quinquies*. Cause di ineleggibilità e di decadenza.

[...][1].

[1] Articolo aggiunto dall'art. 1, D.Lgs. 17 gennaio 2003, n. 6, a decorrere dal 1° gennaio 2004 e poi abrogato dall'art. 37, D.Lgs. 27 gennaio 2010, n. 39. Il testo previgente disponeva: 2409-quinquies. Cause di ineleggibilità e di decadenza. *Salvo quanto disposto dall'articolo 2409-bis, terzo comma, non possono essere incaricati del controllo contabile, e se incaricati decadono dall'ufficio, i sindaci della società o delle società da questa controllate, delle società che la controllano o di quelle sottoposte a comune controllo, nonché coloro che si trovano nelle condizioni previste dall'articolo 2399, primo comma.*

Lo statuto può prevedere altre cause di ineleggibilità o di decadenza, nonché cause di incompatibilità; può prevedere altresì ulteriori requisiti concernenti la specifica qualificazione professionale del soggetto incaricato del controllo contabile.

Nel caso di società di revisione le disposizioni del presente articolo si applicano con riferimento ai soci della medesima ed ai soggetti incaricati della revisione.

L'art. 43 del D.Lgs. 27 gennaio 2010, n. 39, nel confermare l'abrogazione del presente articolo, stabilisce che le norme in esso contenute continueranno ad applicarsi fino alla data di entrata in vigore dei regolamenti del Ministro dell'economia e delle finanze emanati ai sensi del citato decreto legislativo.

2409-*sexies*. Responsabilità.

[...][1].

[1] Articolo aggiunto dall'art. 1, D.Lgs. 17 gennaio 2003, n. 6, a decorrere dal 1° gennaio 2004 e poi abrogato dall'art. 37, D.Lgs. 27 gennaio 2010, n. 39. Il testo previgente disponeva: 2409-sexies. Responsabilità. *I soggetti incaricati del controllo contabile sono sottoposti alle disposizioni dell'articolo 2407 e sono responsabili nei confronti della società, dei soci e dei terzi per i danni derivanti dall'inadempimento ai loro doveri.*

Nel caso di società di revisione i soggetti che hanno effettuato il controllo contabile sono responsabili in solido con la società medesima.

L'azione si prescrive nel termine di cinque anni dalla cessazione dell'incarico.

2409-*septies*. Scambio di informazioni.

Il collegio sindacale e i soggetti incaricati della revisione legale dei conti si scambiano tempestivamente le informazioni rilevanti per l'espletamento dei rispettivi compiti[1].

[1] Articolo aggiunto dall'art. 1, D.Lgs. 17 gennaio 2003, n. 6, a decorrere dal 1° gennaio 2004 e poi così modificato dall'art. 37, D.Lgs. 27 gennaio 2010, n. 39. Il testo previgente disponeva: *Il collegio sindacale e i soggetti incaricati del controllo contabile si scambiano tempestivamente le informazioni rilevanti per l'espletamento dei rispettivi compiti.*

● Norme connesse:

- art. 154, comma 2, D.Lgs. 24 febbraio 1998, n. 58.

§ 5
Del sistema dualistico[1]

[1] Paragrafo aggiunto dall'art. 1, D.Lgs. 17 gennaio 2003, n. 6, a decorrere dal 1° gennaio 2004.

● Norme connesse:

- per la disciplina transitoria in materia di sistemi di amministrazione, controllo dualistico e monistico, di categorie di azioni diverse dalle ordinarie e di strumenti finanziari, art. 6, comma 2, D.Lgs. 6 febbraio 2004, n. 37, che dispone: *2. Per le materie di cui al comma 1, le norme dei decreti legislativi numero 385 del 1993 e numero 58 del 1998, modificate o sostituite dal presente decreto e le correlate norme del codice civile modificate o sostituite dal decreto legislativo n. 6 del 2003, continuano a trovare applicazione fino all'emanazione delle relative disposizioni attuative e comunque non oltre i termini di cui al comma 1.*

2409-*octies*. Sistema basato su un consiglio di gestione e un consiglio di sorveglianza.

Lo statuto può prevedere che l'amministrazione ed il controllo siano esercitati da un consiglio di gestione e da un consiglio di sorveglianza in conformità alle norme seguenti [2328 n. 9; disp. att. 223-*septies*][1].

[1] Articolo aggiunto dall'art. 1, D.Lgs. 17 gennaio 2003, n. 6, a decorrere dal 1° gennaio 2004.

2409-*novies*. Consiglio di gestione.

La gestione dell'impresa si svolge nel rispetto della disposizione di cui all'articolo 2086, secondo comma, e spetta esclusivamente al consiglio di gestione, il quale compie le operazioni necessarie per l'attuazione dell'oggetto sociale. Può delegare proprie attribuzioni ad uno o più dei suoi componenti; si applicano in tal caso il terzo, quarto e quinto comma dell'articolo 2381. **L'istituzione degli assetti di cui all'articolo 2086, secondo comma, spetta esclusivamente al consiglio di gestione**[1].

È costituito da un numero di componenti, anche non soci, non inferiore a due.

Fatta eccezione per i primi componenti, che sono nominati nell'atto costitutivo, e salvo quanto disposto dagli articoli 2351, 2449 e 2450, la nomina dei componenti il consiglio di gestione spetta al consiglio di sorveglianza, previa determinazione del loro numero nei limiti stabiliti dallo statuto [2382].

I componenti del consiglio di gestione non possono essere nominati consiglieri di sorveglianza, e

CODICE CIVILE

restano in carica per un periodo non superiore a tre esercizi, con scadenza alla data della riunione del consiglio di sorveglianza convocato per l'approvazione del bilancio relativo all'ultimo esercizio della loro carica.

I componenti del consiglio di gestione sono rieleggibili, salvo diversa disposizione dello statuto, e sono revocabili dal consiglio di sorveglianza in qualunque tempo, anche se nominati nell'atto costitutivo, salvo il diritto al risarcimento dei danni se la revoca avviene senza giusta causa.

Se nel corso dell'esercizio vengono a mancare uno o più componenti del consiglio di gestione, il consiglio di sorveglianza provvede senza indugio alla loro sostituzione[2].

[1] Comma così modificato prima dall'art. 377, D.Lgs. 12 gennaio 2019, n. 14, a decorrere dal trentesimo giorno successivo alla pubblicazione in G.U. del decreto (avvenuta il 14 febbraio 2019), poi dall'art. 40, D.Lgs. 26 ottobre 2020, n. 147, a decorrere dal 20 novembre 2020.

Il testo previgente la modifica del 2019 disponeva: *La gestione dell'impresa spetta esclusivamente al consiglio di gestione, il quale compie le operazioni necessarie per l'attuazione dell'oggetto sociale. Può delegare proprie attribuzioni ad uno o più dei suoi componenti; si applicano in tal caso il terzo, quarto e quinto comma dell'articolo 2381.*

Il testo previgente la modifica del 2020 disponeva: *La gestione dell'impresa si svolge nel rispetto della disposizione di cui all'articolo 2086, secondo comma, e spetta esclusivamente al consiglio di gestione, il quale compie le operazioni necessarie per l'attuazione dell'oggetto sociale. Può delegare proprie attribuzioni ad uno o più dei suoi componenti; si applicano in tal caso il terzo, quarto e quinto comma dell'articolo 2381.*

[2] Articolo aggiunto dall'art. 1, D.Lgs. 17 gennaio 2003, n. 6, a decorrere dal 1° gennaio 2004.

2409-*decies*. Azione sociale di responsabilità.

L'azione di responsabilità contro i consiglieri di gestione è promossa dalla società o dai soci, ai sensi degli articoli 2393 e 2393-*bis*.

L'azione sociale di responsabilità può anche essere proposta a seguito di deliberazione del consiglio di sorveglianza [2409-*terdecies* lett. d)]. La deliberazione è assunta dalla maggioranza dei componenti del consiglio di sorveglianza e, se è presa a maggioranza dei due terzi dei suoi componenti, importa la revoca dall'ufficio dei consiglieri di gestione contro cui è proposta, alla cui sostituzione provvede contestualmente lo stesso consiglio di sorveglianza.

L'azione può essere esercitata dal consiglio di sorveglianza entro cinque anni dalla cessazione dell'amministratore dalla carica.

Il consiglio di sorveglianza può rinunziare all'esercizio dell'azione di responsabilità e può transigerla, purché la rinunzia e la transazione siano approvate dalla maggioranza assoluta dei componenti del consiglio di sorveglianza e purché non si opponga la percentuale di soci indicata nell'ultimo comma dell'articolo 2393.

La rinuncia all'azione da parte della società o del consiglio di sorveglianza non impedisce l'esercizio delle azioni previste dagli articoli 2393-*bis*, 2394 e 2394-*bis*[1].

[1] Articolo aggiunto dall'art. 1, D.Lgs. 17 gennaio 2003, n. 6, a decorrere dal 1° gennaio 2004.

2409-*undecies*. Norme applicabili.

Al consiglio di gestione si applicano, in quanto compatibili, le disposizioni degli articoli 2380-*bis*, quinto comma, 2381, sesto comma, 2382, 2383, quarto e quinto comma, 2384, 2385, 2387, 2390, 2392, 2394, 2394-*bis*, 2395.

Si applicano alle deliberazioni del consiglio di gestione gli articoli 2388 e 2391, e la legittimazione ad impugnare le deliberazioni spetta anche al consiglio di sorveglianza[1].

[1] Articolo così sostituito dall'art. 1, D.Lgs. 17 gennaio 2003, n. 6, a decorrere dal 1° gennaio 2004.

2409-*duodecies*. Consiglio di sorveglianza.

Salvo che lo statuto non preveda un maggior numero, il consiglio di sorveglianza si compone di un numero di componenti, anche non soci, non inferiore a tre.

Fatta eccezione per i primi componenti che sono nominati nell'atto costitutivo, e salvo quanto disposto dagli articoli 2351, 2449 e 2450, la nomina dei componenti il consiglio di sorveglianza spetta all'assemblea, previa determinazione del loro numero nei limiti stabiliti dallo statuto [2373, comma 2].

I componenti del consiglio di sorveglianza restano in carica per tre esercizi e scadono alla data della successiva assemblea prevista dal secondo comma dell'articolo 2364-*bis*. La cessazione per scadenza del termine ha effetto dal momento in cui il consiglio di sorveglianza è stato ricostituito.

Almeno un componente effettivo del consiglio di sorveglianza deve essere scelto tra i revisori legali iscritti nell'apposito registro[1].

I componenti del consiglio di sorveglianza sono rieleggibili, salvo diversa disposizione dello statuto, e sono revocabili dall'assemblea in qualunque tempo con deliberazione adottata con la maggioranza prevista dal quinto comma dell'articolo 2393, anche se nominati nell'atto costitutivo, salvo il diritto al risarcimento dei danni, se la revoca avviene senza giusta causa[2].

Lo statuto, fatto salvo quanto previsto da leggi speciali in relazione all'esercizio di particolari attività, può subordinare l'assunzione della carica al possesso di particolari requisiti di onorabilità, professionalità e indipendenza.

Se nel corso dell'esercizio vengono a mancare uno o più componenti del consiglio di sorveglianza, l'assemblea provvede senza indugio alla loro sostituzione.

Il presidente del consiglio di sorveglianza è eletto dall'assemblea.

Lo statuto determina i poteri del presidente del consiglio di sorveglianza.

Non possono essere eletti alla carica di componente del consiglio di sorveglianza e, se eletti, decadono dall'ufficio:

a) coloro che si trovano nelle condizioni previste dall'articolo 2382;

b) i componenti del consiglio di gestione;

c) coloro che sono legati alla società o alle società da questa controllate o a quelle sottoposte a comune controllo da un rapporto di lavoro o da un rapporto continuativo di consulenza o di prestazione d'opera retribuita che ne compromettano l'indipendenza[3].

Lo statuto può prevedere altre cause di ineleggibilità o decadenza, nonché cause di incompatibilità e limiti e criteri per il cumulo degli incarichi[4].

[1] Comma così modificato dall'art. 37, D.Lgs. 27 gennaio 2010, n. 39. Il testo previgente disponeva: *Almeno un componente effettivo del consiglio di sorveglianza deve essere scelto tra gli iscritti nel registro dei revisori contabili istituito presso il Ministero della giustizia.*

[2] Comma così modificato dall'art. 3, L. 28 dicembre 2005, n. 262. Il testo previgente le modifiche apportate dalla L. 28 dicembre 2005, n. 262 disponeva: *I componenti del consiglio di sorveglianza sono rieleggibili, salvo diversa disposizione dello statuto, e sono revocabili dall'assemblea in qualunque tempo con deliberazione adottata con la maggioranza prevista dal quarto comma dell'articolo 2393, anche se nominati nell'atto costitutivo, salvo il diritto al risarcimento dei danni, se la revoca avviene senza giusta causa.*

Il testo precedente le modifiche apportate dal D.Lgs. 28 dicembre 2004, n. 310, invece, disponeva: *I componenti del consiglio di sorveglianza sono rieleggibili, salvo diversa disposizione dello statuto, e sono revocabili dall'assemblea in qualunque tempo con deliberazione adottata con la maggioranza prevista dal quarto comma dell'articolo 2393, anche se nominati nell'atto costitutivo, salvo il diritto al risarcimento dei danni, se la revoca avviene senza giusta causa.*

[3] Lettera così sostituita dall'art. 13, D.Lgs. 28 dicembre 2004, n. 310. Il testo previgente disponeva: *coloro che si trovano nelle condizioni previste dalla lettera c) del primo comma dell'articolo 2399.*

[4] Articolo aggiunto dall'art. 1, D.Lgs. 17 gennaio 2003, n. 6, a decorrere dal 1° gennaio 2004.

● Norme connesse:

- art. 154, comma 2, D.Lgs. 24 febbraio 1998, n. 58.

2409-*terdecies*. Competenza del consiglio di sorveglianza.

Il consiglio di sorveglianza:

a) nomina e revoca i componenti del consiglio di gestione; ne determina il compenso, salvo che la relativa competenza sia attribuita dallo statuto all'assemblea [2409-*novies*];

b) approva il bilancio di esercizio e, ove redatto, il bilancio consolidato [2409-*quaterdecies*, comma 2];

c) esercita le funzioni di cui all'articolo 2403, primo comma;

d) promuove l'esercizio dell'azione di responsabilità nei confronti dei componenti del consiglio di gestione [2409-*decies*];

e) presenta la denunzia al tribunale di cui all'articolo 2409;

f) riferisce per iscritto almeno una volta all'anno all'assemblea sull'attività di vigilanza svolta, sulle omissioni e sui fatti censurabili rilevati;

f-bis) se previsto dallo statuto, delibera in ordine alle operazioni strategiche e ai piani, industriali e finanziari della società predisposti dal consiglio di gestione, ferma in ogni caso la responsabilità di questo per gli atti compiuti[1].

Lo statuto può prevedere che in caso di mancata approvazione del bilancio o qualora lo richieda almeno un terzo dei componenti del consiglio di gestione o del consiglio di sorveglianza la competenza per l'approvazione del bilancio di esercizio sia attribuita all'assemblea.

I componenti del consiglio di sorveglianza devono adempiere i loro doveri con la diligenza richiesta dalla natura dell'incarico. Sono responsabili solidalmente con i componenti del consiglio di gestione per i fatti o le omissioni di questi quando il danno non si sarebbe prodotto se avessero vigilato in conformità degli obblighi della loro carica.

I componenti del consiglio di sorveglianza possono assistere alle adunanze del consiglio di gestione e devono partecipare alle assemblee[2].

[1] Lettera aggiunta dall'art. 5, D.Lgs. 6 febbraio 2004, n. 37 e poi così modificata dall'art. 14, D.Lgs. 28 dicembre 2004, n. 310. Il testo previgente disponeva: *se previsto dallo statuto, delibera in ordine ai piani strategici, industriali e finanziari della società predisposti dal consiglio di gestione, ferma in ogni caso la responsabilità di questo per gli atti compiuti.*

[2] Articolo aggiunto dall'art. 1, D.Lgs. 17 gennaio 2003, n. 6, a decorrere dal 1° gennaio 2004.

● Norme connesse:

- art. 154, comma 2, D.Lgs. 24 febbraio 1998, n. 58.

2409-*quaterdecies*. Norme applicabili.

Al consiglio di sorveglianza ed ai suoi componenti si applicano, in quanto compatibili, gli articoli 2388, 2400, terzo e quarto comma, 2402, 2403-*bis*, secondo e terzo comma, 2404, primo, terzo e quarto comma, 2406, 2408 e 2409-*septies*[1].

Alla deliberazione del consiglio di sorveglianza con cui viene approvato il bilancio di esercizio si applica l'articolo 2434-*bis* ed essa può venire impugnata anche dai soci ai sensi dell'articolo 2377[2].

[1] Comma così modificato dall'art. 2, L. 28 dicembre 2005, n. 262. Il testo previgente disponeva: *Al consiglio di sorveglianza ed ai suoi componenti si applicano, in quanto compatibili, gli articoli 2388, 2400, terzo comma, 2402, 2403-bis, secondo e terzo comma, 2404, primo, terzo e quarto comma, 2406, 2408 e 2409-septies.*

[2] Articolo aggiunto dall'art. 1, D.Lgs. 17 gennaio 2003, n. 6, a decorrere dal 1° gennaio 2004.

2409-*quinquiesdecies*. Revisione legale.

La revisione legale dei conti è svolta a norma dell'articolo 2409-*bis*, primo comma[1].

[1] Articolo aggiunto dall'art. 1, D.Lgs. 17 gennaio 2003, n. 6, a decorrere dal 1° gennaio 2004 e poi così sostituito dall'art. 37, D.Lgs. 27 gennaio 2010, n. 39. Il testo previgente disponeva: 2409-quinquiesdecies. Controllo contabile. *Il controllo contabile è esercitato a norma degli articoli 2409-bis primo e secondo comma, 2409-ter, 2409-quater, 2409-quinquies, e 2409-sexies, in quanto compatibili.*

§ 6
Del sistema monistico[1]

[1] Paragrafo aggiunto dall'art. 1, D.Lgs. 17 gennaio 2003, n. 6, a decorrere dal 1° gennaio 2004. Per la disciplina transitoria in materia di sistemi di amministrazione, controllo dualistico e monistico, di categorie di azioni diverse dalle ordinarie e di strumenti finanziari, v. art. 6, comma 2, D.Lgs. 6 febbraio 2004, n. 37.

2409-*sexiesdecies*. Sistema basato sul consiglio di amministrazione e un comitato costituito al suo interno.

Lo statuto può prevedere che l'amministrazione ed il controllo siano esercitati rispettivamente dal consiglio di amministrazione e da un comitato costituito al suo interno [2544][1].

[1] Articolo aggiunto dall'art. 1, D.Lgs. 17 gennaio 2003, n. 6, a decorrere dal 1° gennaio 2004.

2409-*septiesdecies*. Consiglio di amministrazione.

La gestione dell'impresa spetta esclusivamente al consiglio di amministrazione.

Almeno un terzo dei componenti del consiglio di amministrazione deve essere in possesso dei requisiti di indipendenza stabiliti per i sindaci dall'articolo 2399, primo comma, e, se lo statuto lo prevede, di quelli al riguardo previsti da codici di comportamento redatti da associazioni di categoria o da società di gestione di mercati regolamentati.

Al momento della nomina dei componenti del consiglio di amministrazione e prima dell'accettazione dell'incarico, sono resi noti all'assemblea gli incarichi di amministrazione e di controllo da essi ricoperti presso altre società[1 2].

[1] Comma aggiunto dall'art. 2, L. 28 dicembre 2005, n. 262.

[2] Articolo aggiunto dall'art. 1, D.Lgs. 17 gennaio 2003, n. 6, a decorrere dal 1° gennaio 2004.

● Norme connesse:

- art. 147-ter, commi 3, 4, D.Lgs. 24 febbraio 1998, n. 58.

2409-*octiesdecies*. Comitato per il controllo sulla gestione.

Salvo diversa disposizione dello statuto, la determinazione del numero e la nomina dei componenti del comitato per il controllo sulla gestione spetta al consiglio di amministrazione. Nelle società che fanno ricorso al mercato del capitale di rischio il numero dei componenti del comitato non può essere inferiore a tre.

Il comitato è composto da amministratori in possesso dei requisiti di onorabilità e professionalità stabiliti dallo statuto e dei requisiti di indipendenza di cui all'articolo 2409-*septiesdecies*, che non siano membri del comitato esecutivo ed ai quali non siano attribuite deleghe o particolari cariche e comunque non svolgano, anche di mero fatto, funzioni attinenti alla gestione dell'impresa sociale o di società che la controllano o ne sono controllate.

Almeno uno dei componenti del comitato per il controllo sulla gestione deve essere scelto fra i revisori legali iscritti nell'apposito registro[1].

In caso di morte, rinunzia revoca o decadenza di un componente del comitato per il controllo sulla gestione, il consiglio di amministrazione provvede senza indugio a sostituirlo scegliendolo tra gli altri amministratori in possesso dei requisiti previsti dai commi precedenti; se ciò non è possibile, provvede senza indugio a norma dell'articolo 2386 scegliendo persona provvista dei suddetti requisiti.

Il comitato per il controllo sulla gestione:

a) elegge al suo interno, a maggioranza assoluta dei suoi membri, il presidente;

b) vigila sull'adeguatezza della struttura organizzativa della società, del sistema di controllo interno e del sistema amministrativo e contabile, nonché sulla sua idoneità a rappresentare correttamente i fatti di gestione;

c) svolge gli ulteriori compiti affidatigli dal consiglio di amministrazione con particolare riguardo ai rapporti con il soggetto incaricato di effettuare la revisione legale dei conti[2].

Al comitato per il controllo sulla gestione si applicano altresì, in quanto compatibili, gli articoli 2404, primo, terzo e quarto comma, 2405, primo comma, e 2408[3].

[1] Comma così modificato dall'art. 37, D.Lgs. 27 gennaio 2010, n. 39. Il testo previgente disponeva: *Almeno uno dei*

componenti del comitato per il controllo sulla gestione deve essere scelto fra gli iscritti nel registro dei revisori contabili.

[2] Lettera così modificata dall'art. 37, D.Lgs. 27 gennaio 2010, n. 39. Il testo previgente disponeva: *c) svolge gli ulteriori compiti affidatigli dal consiglio di amministrazione con particolare riguardo ai rapporti con i soggetti incaricati del controllo contabile.*

[3] Articolo aggiunto dall'art. 1, D.Lgs. 17 gennaio 2003, n. 6, a decorrere dal 1° gennaio 2004.

2409-*noviesdecies*. Norme applicabili e revisione legale[1].

Al consiglio di amministrazione si applicano, in quanto compatibili, gli articoli 2380-*bis*, 2381, 2382, 2383, 2384, 2385, 2386, 2387, 2388, 2389, 2390, 2391, 2392, 2393, 2393-*bis*, 2394, 2394-*bis*, 2395.

La revisione legale dei conti è svolta ai sensi dell'articolo 2409-*bis*, primo comma[2 3].

[1] Rubrica così sostituita dall'art. 37, D.Lgs. 27 gennaio 2010, n. 39. Il testo previgente disponeva: *Norme applicabili e controllo contabile.*

[2] Comma così sostituito dall'art. 37, D.Lgs. 27 gennaio 2010, n. 39. Il testo previgente disponeva: *Il controllo contabile è esercitato a norma degli articoli 2409-bis primo e secondo comma, 2409-ter, 2409-quater, 2409-quinquies, 2409-sexies, 2409-septies, in quanto compatibili.*

[3] Articolo aggiunto dall'art. 1, D.Lgs. 17 gennaio 2003, n. 6, a decorrere dal 1° gennaio 2004.

Sezione VII
Delle obbligazioni[1]

[1] Sezione così sostituita dall'art. 1, D.Lgs. 17 gennaio 2003, n. 6, a decorrere dal 1° gennaio 2004.

● Norme connesse:

- artt. 55, comma 2, 58, 171, comma 4, R.D. 16 marzo 1942, n. 267.

2410. Emissione.

Se la legge o lo statuto [2328, comma 3] non dispongono diversamente, l'emissione di obbligazioni è deliberata dagli amministratori.

In ogni caso la deliberazione di emissione deve risultare da verbale redatto da notaio ed è depositata ed iscritta a norma dell'articolo 2436 [2436, comma 5][1].

[1] Articolo così sostituito dall'art. 1, D.Lgs. 17 gennaio 2003, n. 6, a decorrere dal 1° gennaio 2004. Il testo previgente disponeva: *La società può emettere obbligazioni, al portatore o nominative per somma non eccedente il capitale versato ed esistente secondo l'ultimo bilancio approvato.*

Tale somma può essere superata:

1) quando le obbligazioni sono garantite da ipoteca su immobili di proprietà sociale sino a due terzi del valore di questi;

2) quando l'eccedenza dell'importo delle obbligazioni rispetto al capitale versato è garantita da titoli nominativi emessi o garantiti dallo Stato, aventi scadenza non anteriore a quella delle obbligazioni, ovvero da equivalente credito di annualità o sovvenzioni a carico dello Stato o di enti pubblici. I titoli devono rimanere depositati e le annualità o sovvenzioni devono essere vincolate presso un istituto di credito, per la parte necessaria a garantire il pagamento degli interessi e l'ammortamento delle relative obbligazioni, fino all'estinzione delle obbligazioni emesse.

Quando ricorrono particolari ragioni che interessano l'economia nazionale, la società può essere autorizzata, con provvedimento dell'autorità governativa, ad emettere obbligazioni, anche senza le garanzie previste nel presente articolo, con l'osservanza dei limiti, delle modalità e delle cautele stabilite nel provvedimento stesso.

Restano salve le disposizioni di leggi speciali relative a particolari categorie di società.

L'originario art. 2410 corrisponde all'attuale art. 2412.

● Norme connesse:

- art. 124, comma 2, lett. c), R.D. 16 marzo 1942, n. 267; art. 15, comma 3, R.D. 14 dicembre 1933, n. 1669; artt. 7, 18, D.P.R. 7 dicembre 1995, n. 581; artt. 12, 46, comma 1-bis, D.Lgs. 1 settembre 1993, n. 385; artt. 35-bis, 94 ss., D.Lgs. 24 febbraio 1998, n. 58.

■ art. 172, Codice del commercio del 1882.

2411. Diritti degli obbligazionisti.

Il diritto degli obbligazionisti alla restituzione del capitale ed agli interessi può essere, in tutto o in parte, subordinato [1353] alla soddisfazione dei diritti di altri creditori della società.

I tempi e l'entità del pagamento degli interessi possono variare in dipendenza di parametri oggettivi anche relativi all'andamento economico della società.

La disciplina della presente sezione si applica inoltre agli strumenti finanziari, comunque denominati, che condizionano i tempi e l'entità del rimborso del capitale all'andamento economico della società[1].

[1] Articolo così sostituito dall'art. 1, D.Lgs. 17 gennaio 2003, n. 6, a decorrere dal 1° gennaio 2004. Il testo previgente disponeva: *Il notaio che ha verbalizzato la deliberazione dell'assemblea, entro trenta giorni, verificato l'adempimento delle condizioni stabilite dalla legge, ne richiede l'iscrizione nel registro delle imprese contestualmente al deposito e allega le eventuali autorizzazioni richieste. L'ufficio del registro delle imprese, verificata la regolarità formale della documentazione, iscrive la delibera nel registro. Se il notaio ritiene non adempiute le condizioni stabilite dalla legge, ne dà comunicazione tempestivamente, e comunque non oltre il detto termine, agli amministratori. Gli amministratori, nei trenta giorni successivi e, in mancanza, ciascun socio a spese della società, possono ricorrere al tribunale per il provvedimento di cui ai commi secondo e terzo. Tutti i termini previsti in disposizioni speciali con riferimento all'omologazione della delibera decorrono dalla data dell'iscrizione nel registro delle imprese.*

Il tribunale, verificato l'adempimento delle condizioni richieste dalla legge e sentito il pubblico ministero, ordina l'iscrizione nel registro delle imprese.

Il decreto del tribunale è soggetto a reclamo davanti alla corte di appello entro trenta giorni dalla comunicazione.

La deliberazione non può essere eseguita se non dopo l'iscrizione.

CODICE CIVILE

● Norme connesse:
- artt. 55, 58, R.D. 16 marzo 1942, n. 267; art. 12, comma 7, D.Lgs. 1 settembre 1993, n. 385.

2412. Limiti all'emissione.

La società può emettere obbligazioni al portatore o nominative [2430-*bis*] per somma complessivamente non eccedente il doppio del capitale sociale, della riserva legale [2430] e delle riserve disponibili [2423, comma 4, 2431, 2433] risultanti dall'ultimo bilancio approvato. I sindaci attestano il rispetto del suddetto limite.

Il limite di cui al primo comma può essere superato se le obbligazioni emesse in eccedenza sono destinate alla sottoscrizione da parte di investitori professionali soggetti a vigilanza prudenziale a norma delle leggi speciali. In caso di successiva circolazione delle obbligazioni, chi le trasferisce risponde della solvenza della società nei confronti degli acquirenti che non siano investitori professionali [2483].

Non è soggetta al limite di cui al primo comma, e non rientra nel calcolo al fine del medesimo, l'emissione di obbligazioni garantite da ipoteca di primo grado su immobili di proprietà della società, sino a due terzi del valore degli immobili medesimi.

Al computo del limite di cui al primo comma concorrono gli importi relativi a garanzie comunque prestate dalla società per obbligazioni emesse da altre società, anche estere[1].

I commi primo e secondo non si applicano alle emissioni di obbligazioni destinate ad essere quotate in mercati regolamentati o in sistemi multilaterali di negoziazione ovvero di obbligazioni che danno il diritto di acquisire ovvero di sottoscrivere azioni [2420-*bis*][2].

Quando ricorrono particolari ragioni che interessano l'economia nazionale, la società può essere autorizzata con provvedimento dell'autorità governativa, ad emettere obbligazioni per somma superiore a quanto previsto nel presente articolo, con l'osservanza dei limiti, delle modalità e delle cautele stabilite nel provvedimento stesso.

Restano salve le disposizioni di leggi speciali relative a particolari categorie di società e alle riserve di attività

[...][3 4].

[1] Comma aggiunto dall'art. 11, L. 28 dicembre 2005, n. 262.

[2] Comma prima modificato dall'art. 5, D.Lgs. 6 febbraio 2004, n. 37, poi così sostituito dall'art. 32, D.L. 22 giugno 2012, n. 83, convertito in L. 7 agosto 2012, n. 134. Il testo precedente le modifiche apportate dalla L. 28 dicembre 2005, n. 262, disponeva: *Il primo e il secondo comma non si applicano all'emissione di obbligazioni effettuata da società con azioni quotate in mercati regolamentati, limitatamente alle obbligazioni destinate ad essere quotate negli stessi o in altri mercati regolamentati.* Nel testo precedente le modifiche apportate dal D.Lgs. 28 dicembre 2004, n. 310, invece, disponeva: *Il primo e il secondo comma non si applicano all'emissione di obbligazioni effettuata da società con azioni quotate in mercati regolamentati, limitatamente alle obbligazioni destinate ad essere quotate negli stessi o in altri mercati regolamentati.* Nel testo precedente le modifiche apportate dal D.Lgs. 6 febbraio 2004, n. 37, disponeva: *Il primo e il secondo comma non si applicano all'emissione di obbligazioni effettuata da società le cui azioni siano quotate in mercati regolamentati, limitatamente alle obbligazioni destinate ad essere quotate negli stessi o in altri mercati regolamentati.* Nel testo precedente le modifiche apportate dal D.L. 22 giugno 2012, n. 83, convertito in L. 7 agosto 2012, n. 134, disponeva: *Il primo e il secondo comma non si applicano all'emissione di obbligazioni effettuata da società con azioni quotate in mercati regolamentati, limitatamente alle obbligazioni destinate ad essere quotate negli stessi o in altri mercati regolamentati.*

[3] Comma aggiunto dall'art. 15, D.Lgs. 28 dicembre 2004, n. 310 e poi abrogato dall'art. 11, L. 28 dicembre 2005, n. 262. Il testo previgente disponeva: *Le disposizioni del presente articolo si applicano anche alle obbligazioni emesse all'estero da società italiane ovvero da loro controllate o controllanti, se negoziate nello Stato, nei limiti stabiliti con regolamento del Ministro dell'economia e delle finanze e del Ministro della giustizia, da adottare ai sensi dell'articolo 17, comma 3, della legge 23 agosto 1988, n. 400, su proposta della Commissione nazionale per le società e la borsa; in questo caso la negoziazione ad opera di investitori professionali nei confronti di soggetti diversi deve, a pena di nullità, avvenire mediante consegna di un prospetto informativo contenente le informazioni stabilite dalla Commissione nazionale per le società e la borsa, anche quando la vendita avvenga su richiesta dell'acquirente.*

[4] Articolo (già 2410) così sostituito dall'art. 1, D.Lgs. 17 gennaio 2003, n. 6, a decorrere dal 1° gennaio 2004. Il testo previgente disponeva: *La società che ha emesso obbligazioni non può ridurre il capitale sociale, se non in proporzione delle obbligazioni rimborsate. Se la riduzione del capitale sociale deve essere deliberata in conseguenza di perdite, la misura della riserva legale deve continuare a calcolarsi sulla base del capitale sociale esistente al tempo dell'emissione, fino a che l'ammontare del capitale sociale e della riserva legale non eguagli l'ammontare delle obbligazioni in circolazione.*

● Norme connesse:
- artt. 185 (*Emissione di obbligazioni e di titoli di debito da parte delle società di progetto*), 194, comma 12 (*Affidamento a contraente generale*), D.Lgs. 18 aprile 2016, n. 50 (Codice dei contratti pubblici); artt. 11, comma 4, lett. d), 12, D.Lgs. 1 settembre 1993, n. 385; art. 100-bis, D.Lgs. 24 febbraio 1998, n. 58.

■ art. 171, Codice del commercio del 1882.

2413. Riduzione del capitale.

Salvo i casi previsti dal terzo, quarto e quinto comma dell'articolo 2412, la società che ha emesso obbligazioni non può [2379] ridurre volontariamente il capitale sociale o distribuire riserve se rispetto all'ammontare delle obbligazioni ancora in circolazione il limite di cui al primo comma dell'articolo medesimo non risulta più rispettato [2445, 2506].

Se la riduzione del capitale sociale è obbligatoria, o le riserve diminuiscono in conseguenza di perdite, non possono distribuirsi utili sinché l'ammontare del capitale sociale, della riserva legale e delle riserve disponibili non eguagli la metà dell'ammontare delle obbligazioni in circolazione[1 2].

[1] Comma così modificato dall'art. 5, D.Lgs. 6 febbraio 2004, n. 37. Il testo previgente disponeva: *Se la riduzione del capitale sociale è obbligatoria, o le riserve diminuiscono in conseguenza di perdite, non possono distribuirsi utili sinché l'ammontare del capitale sociale e delle riserve non eguagli l'ammontare delle obbligazioni in circolazione.*

[2] Articolo (già 2412) così sostituito dall'art. 1, D.Lgs. 17 gennaio 2003, n. 6, a decorrere dal 1° gennaio 2004. Il testo previgente disponeva: *Le obbligazioni devono indicare:*

1) la denominazione, l'oggetto e la sede della società, con l'indicazione dell'ufficio del registro delle imprese presso il quale la società è iscritta;

2) il capitale sociale versato ed esistente al momento dell'emissione;

3) la data della deliberazione dell'assemblea e della sua iscrizione nel registro;

4) l'ammontare complessivo delle obbligazioni emesse, il valore nominale di ciascuna, il saggio degli interessi e il modo di pagamento e di rimborso;

5) le garanzie da cui sono assistite.

● Norme connesse:

- art. 12, D.Lgs. 1 settembre 1993, n. 385.

2414. Contenuto delle obbligazioni.

I titoli obbligazionari devono indicare:

1) la denominazione [2326], l'oggetto e la sede della società, con l'indicazione dell'ufficio del registro delle imprese presso il quale la società è iscritta;

2) il capitale sociale e le riserve esistenti al momento dell'emissione [2412];

3) la data della deliberazione di emissione e della sua iscrizione nel registro [2410];

4) l'ammontare complessivo dell'emissione, il valore nominale di ciascun titolo, i diritti con essi attribuiti, il rendimento o i criteri per la sua determinazione e il modo di pagamento e di rimborso, l'eventuale subordinazione dei diritti degli obbligazionisti a quelli di altri creditori della società [2411];

5) le eventuali garanzie da cui sono assistiti;

6) la data di rimborso del prestito e gli estremi dell'eventuale prospetto informativo[1 2].

[1] Numero aggiunto dall'art. 5, D.Lgs. 6 febbraio 2004, n. 37.

[2] Articolo (già 2413) così sostituito dall'art. 1, D.Lgs. 17 gennaio 2003, n. 6, a decorrere dal 1° gennaio 2004. Il testo previgente disponeva: *L'assemblea che delibera l'emissione di obbligazioni con le garanzie previste nell'articolo 2410 deve designare un notaio che, per conto degli obbligazionisti, compia le formalità necessarie per la costituzione delle garanzie medesime.*

● Norme connesse:

- artt. 12, 46, commi 1-bis, 2, D.Lgs. 1 settembre 1993, n. 385; artt. 83-bis ss., D.Lgs. 24 febbraio 1998, n. 58.

■ art. 173, Codice del commercio del 1882.

2414-*bis*. Costituzione delle garanzie.

La deliberazione di emissione di obbligazioni che preveda la costituzione di garanzie reali a favore dei sottoscrittori deve designare un notaio che, per conto dei sottoscrittori, compia le formalità necessarie per la costituzione delle garanzie medesime.

Qualora un azionista pubblico garantisca i titoli obbligazionari si applica il numero *5)* dell'articolo 2414[1].

Le garanzie, reali e personali e di qualunque altra natura e le cessioni di credito in garanzia, che assistono i titoli obbligazionari possono essere costituite in favore dei sottoscrittori delle obbligazioni o anche di un loro rappresentante che sarà legittimato a esercitare in nome e per conto dei sottoscrittori tutti i diritti, sostanziali e processuali, relativi alle garanzie medesime[2 3].

[1] Comma aggiunto dall'art. 5, D.Lgs. 6 febbraio 2004, n. 37.

[2] Comma aggiunto dall'art. 13, D.L. 12 settembre 2014, n. 133, convertito in L. 11 novembre 2014, n. 164.

[3] Articolo (già 2414) aggiunto dall'art. 1, D.Lgs. 17 gennaio 2003, n. 6, a decorrere dal 1° gennaio 2004.

● Norme connesse:

- art. 12, D.Lgs. 1 settembre 1993, n. 385.

2415. Assemblea degli obbligazionisti.

L'assemblea degli obbligazionisti delibera [2421, comma 1, n. 7)]:

1) sulla nomina e sulla revoca del rappresentante comune;

2) sulle modificazioni delle condizioni del prestito;

3) sulla proposta di amministrazione controllata e di concordato;

4) sulla costituzione di un fondo [37, 38] per le spese necessarie alla tutela dei comuni interessi e sul rendiconto relativo;

5) sugli altri oggetti d'interesse comune degli obbligazionisti [2503-*bis*].

L'assemblea è convocata dal consiglio di amministrazione, dal consiglio di gestione o dal rappresentante degli obbligazionisti, quando lo ritengono necessario, o quando ne è fatta richiesta da tanti obbligazionisti che rappresentino il ventesimo dei titoli emessi e non estinti[1].

Si applicano all'assemblea degli obbligazionisti le disposizioni relative all'assemblea straordinaria dei soci [2363-2375] e le sue deliberazioni sono iscritte, a cura del notaio che ha redatto il verbale, nel registro delle imprese. Per la validità delle deliberazioni sull'oggetto indicato nel primo comma, numero *2)*, è necessario anche in seconda convocazione il voto favorevole degli obbligazionisti che rappresentino la metà delle obbligazioni emesse e non estinte. Quando le obbligazioni sono ammesse al sistema di ge-

CODICE CIVILE

stione accentrata la legittimazione all'intervento e al voto nell'assemblea degli obbligazionisti è disciplinata dalle leggi speciali[2].

La società, per le obbligazioni da essa eventualmente possedute, non può partecipare alle deliberazioni [2357, 2447-*octies*, comma 4].

All'assemblea degli obbligazionisti possono assistere gli amministratori, i sindaci e i componenti del consiglio di gestione o di sorveglianza[3 4 5].

[1] Comma così modificato dall'art. 1, D.Lgs. 18 giugno 2012, n. 91. Il testo previgente disponeva: *L'assemblea è convocata dagli amministratori o dal rappresentante degli obbligazionisti, quando lo ritengono necessario, o quando ne è fatta richiesta da tanti obbligazionisti che rappresentino il ventesimo dei titoli emessi e non estinti.* Le disposizioni modificate dal D.Lgs. 91/2012 cit. si applicano alle assemblee il cui avviso di convocazione sia pubblicato dopo il 1° gennaio 2013.

[2] Comma così modificato dall'art. 1, D.Lgs. 18 giugno 2012, n. 91. Il testo previgente disponeva: *Si applicano all'assemblea degli obbligazionisti le disposizioni relative all'assemblea straordinaria dei soci e le sue deliberazioni sono iscritte, a cura del notaio che ha redatto il verbale, nel registro delle imprese. Per la validità delle deliberazioni sull'oggetto indicato nel primo comma, numero 2), è necessario anche in seconda convocazione il voto favorevole degli obbligazionisti che rappresentino la metà delle obbligazioni emesse e non estinte.* Le disposizioni modificate dal D.Lgs. 91/2012 cit. si applicano alle assemblee il cui avviso di convocazione sia pubblicato dopo il 1° gennaio 2013.

[3] Comma così sostituito dall'art. 1, D.Lgs. 18 giugno 2012, n. 91. Il testo previgente disponeva: *All'assemblea degli obbligazionisti possono assistere gli amministratori ed i sindaci.* Le disposizioni modificate dal D.Lgs. 91/2012 cit. si applicano alle assemblee il cui avviso di convocazione sia pubblicato dopo il 1° gennaio 2013.

[4] Articolo così sostituito dall'art. 1, D.Lgs. 17 gennaio 2003, n. 6, a decorrere dal 1° gennaio 2004. Il testo previgente disponeva: *L'assemblea degli obbligazionisti delibera:*

1) sulla nomina e sulla revoca del rappresentante comune;

2) sulle modificazioni delle condizioni del prestito;

3) sulla proposta di amministrazione controllata e di concordato;

4) sulla costituzione di un fondo per le spese necessarie alla tutela dei comuni interessi e sul rendiconto relativo;

5) sugli altri oggetti d'interesse comune degli obbligazionisti.

L'assemblea è convocata dagli amministratori o dal rappresentante degli obbligazionisti, quando lo ritengono necessario, o quando ne è fatta richiesta da tanti obbligazionisti che rappresentino il ventesimo dei titoli emessi e non estinti.

Si applicano all'assemblea degli obbligazionisti le disposizioni relative all'assemblea straordinaria dei soci. Per la validità delle deliberazioni sull'oggetto indicato nel numero 2 di questo articolo è necessario anche in seconda convocazione il voto favorevole degli obbligazionisti che rappresentino la metà delle obbligazioni emesse e non estinte.

La società, per le obbligazioni da essa eventualmente possedute, non può partecipare alle deliberazioni. All'assemblea degli obbligazionisti possono assistere gli amministratori ed i sindaci.

[5] A norma dell'art. 223-decies, R.D. 30 marzo 1942, n. 318, le disposizioni del presente articolo si applicano anche alle obbligazioni emesse anteriormente al 1° gennaio 2004.

● Norme connesse:

- art. 12, D.Lgs. 1 settembre 1993, n. 385; artt. 125, 128, 171, 177, R.D. 16 marzo 1942, n. 267.

2416. Impugnazione delle deliberazioni dell'assemblea.

Le deliberazioni prese dall'assemblea degli obbligazionisti sono impugnabili [disp. att. 223-*decies*] a norma degli articoli 2377 e 2379. Le percentuali previste dall'articolo 2377 sono calcolate con riferimento all'ammontare del prestito obbligazionario e alla circostanza che le obbligazioni siano quotate in mercati regolamentati[1].

L'impugnazione è proposta innanzi al tribunale, nella cui giurisdizione la società ha sede, in contraddittorio del rappresentante degli obbligazionisti[2].

[1] Comma così modificato dall'art. 5, D.Lgs. 6 febbraio 2004, n. 37. Il testo previgente disponeva: *Le deliberazioni prese dall'assemblea degli obbligazionisti sono impugnabili a norma degli articoli 2377 e 2379. Le quote previste nell'articolo 2377 s'intendono riferite all'ammontare del prestito obbligazionario e alla circostanza che le obbligazioni siano quotate in mercati regolamentati.*

[2] Articolo così sostituito dall'art. 1, D.Lgs. 17 gennaio 2003, n. 6, a decorrere dal 1° gennaio 2004. Il testo previgente disponeva: *Le deliberazioni prese dall'assemblea vincolano anche gli obbligazionisti assenti o dissenzienti.*

Ciascun obbligazionista può impugnare le deliberazioni che non sono prese in conformità della legge, a norma degli articoli 2377 e 2378.

L'impugnazione è proposta innanzi al tribunale, nella cui giurisdizione la società ha sede, in contraddittorio del rappresentante degli obbligazionisti

● Norme connesse:

- art. 12, D.Lgs. 1 settembre 1993, n. 385; art. 146, comma 3, D.Lgs. 24 febbraio 1998, n. 58.

2417. Rappresentante comune.

Il rappresentante comune [disp. att. 223-*decies*] può essere scelto al di fuori degli obbligazionisti e possono essere nominate anche le persone giuridiche autorizzate all'esercizio dei servizi di investimento nonché le società fiduciarie. Non possono essere nominati rappresentanti comuni degli obbligazionisti e, se nominati, decadono dall'ufficio, gli amministratori, i sindaci, i dipendenti della società debitrice e coloro che si trovano nelle condizioni indicate nell'articolo 2399.

Se non è nominato dall'assemblea a norma dell'articolo 2415, il rappresentante comune è nominato con decreto dal tribunale su domanda di uno o più obbligazionisti o degli amministratori della società [disp. att. 104][1].

Il rappresentante comune dura in carica per un periodo non superiore a tre esercizi sociali e può essere rieletto. L'assemblea degli obbligazionisti ne fissa il compenso. Entro trenta giorni dalla notizia della sua nomina il rappresentante comune deve richiederne l'iscrizione nel registro delle imprese[2 3 4].

[1] Relativamente alle istanze di cui al presente comma trovano applicazione le norme di cui alla Sezione I (Del procedimento in confronto di una parte sola) del Capo II (Del procedimento) del Titolo IV (Del procedimento in camera di consiglio), D.Lgs. 17 gennaio 2003, n. 5 (Definizione dei procedimenti in materia di diritto societario e di intermediazione finanziaria, nonché in materia bancaria e creditizia, in attuazione dell'articolo 12 della legge 3 ottobre 2001, n. 366) (art. 33, D.Lgs. 5/2003, cit.), poi abrogato dall'art. 54, L. 18 giugno 2009, n. 69 (le disposizioni ivi contenute continuano ad applicarsi alle controversie pendenti alla data di entrata in vigore della L. 69/2009 cit.).

[2] Comma così modificato dall'art. 5, D.Lgs. 6 febbraio 2004, n. 37. Il testo previgente disponeva: *Il rappresentante comune dura in carica per un periodo non superiore ad un triennio e può essere rieletto. L'assemblea degli obbligazionisti ne fissa il compenso. Entro trenta giorni dalla notizia della sua nomina il rappresentante comune deve richiederne l'iscrizione nel registro delle imprese.*

[3] Articolo così sostituito dall'art. 1, D.Lgs. 17 gennaio 2003, n. 6, a decorrere dal 1° gennaio 2004. Il testo previgente disponeva: *Il rappresentante comune può essere scelto al di fuori degli obbligazionisti. Se non è nominato dall'assemblea a norma dell'articolo 2415, è nominato con decreto dal presidente del tribunale su domanda di uno o più obbligazionisti o degli amministratori della società. Non possono essere nominati rappresentanti comuni degli obbligazionisti e, se nominati, decadono dall'ufficio, gli amministratori, i sindaci, i dipendenti della società debitrice e coloro che si trovano nelle condizioni indicate nell'articolo 2399.*

Il rappresentante comune dura in carica per un periodo non superiore ad un triennio e può essere rieletto. L'assemblea degli obbligazionisti ne fissa il compenso. Entro trenta giorni dalla notizia della sua nomina il rappresentante comune deve richiederne l'iscrizione nel registro delle imprese.

[4] A norma dell'art. 223-decies, R.D. 30 marzo 1942, n. 318, le disposizioni del presente articolo si applicano anche alle obbligazioni emesse anteriormente al 1° gennaio 2004. A norma dell'art. 104, R.D. 30 marzo 1942, n. 318, il tribunale prima di procedere alla nomina del rappresentante degli obbligazionisti deve sentire gli amministratori o il consiglio di gestione della società.

● Norme connesse:

- art. 12, D.Lgs. 1 settembre 1993, n. 385; art. 147, comma 3, D.Lgs. 24 febbraio 1998, n. 58; artt. 125, comma 4, 171, comma 5, R.D. 16 marzo 1942, n. 267.

2418. Obblighi e poteri del rappresentante comune.

Il rappresentante comune [disp. att. 223-*decies*] deve provvedere all'esecuzione delle deliberazioni dell'assemblea degli obbligazionisti, tutelare gli interessi comuni di questi nei rapporti con la società e assistere alle operazioni di sorteggio delle obbligazioni. Egli ha diritto di assistere all'assemblea dei soci.

Per la tutela degli interessi comuni ha la rappresentanza processuale degli obbligazionisti anche nell'amministrazione controllata, nel concordato preventivo, nel fallimento, nella liquidazione coatta amministrativa e nell'amministrazione straordinaria della società debitrice[1].

[1] Articolo così sostituito dall'art. 1, D.Lgs. 17 gennaio 2003, n. 6, a decorrere dal 1° gennaio 2004. Il testo previgente disponeva: *Il rappresentante comune deve provvedere all'esecuzione delle deliberazioni dell'assemblea degli obbligazionisti, tutelare gli interessi comuni di questi nei rapporti con la società e assistere alle operazioni di sorteggio delle obbligazioni. Egli ha diritto di assistere all'assemblea dei soci.*

Per la tutela degli interessi comuni ha la rappresentanza processuale degli obbligazionisti anche nell'amministrazione controllata, nel concordato preventivo, nel fallimento e nella liquidazione coatta amministrativa della società debitrice.

● Norme connesse:

- art. 12, D.Lgs. 1 settembre 1993, n. 385; art. 147, D.Lgs. 24 febbraio 1998, n. 58.

2419. Azione individuale degli obbligazionisti.

Le disposizioni degli articoli precedenti non precludono le azioni individuali degli obbligazionisti, salvo che queste siano incompatibili con le deliberazioni dell'assemblea previste dall'articolo 2415[1 2].

[1] Articolo così sostituito dall'art. 1, D.Lgs. 17 gennaio 2003, n. 6, a decorrere dal 1° gennaio 2004. Il testo previgente disponeva: *Le disposizioni degli articoli precedenti non precludono le azioni individuali degli obbligazionisti, salvo che queste siano incompatibili con le deliberazioni dell'assemblea previste dall'articolo 2415.*

[2] A norma dell'art. 223-decies, R.D. 30 marzo 1942, n. 318, le disposizioni del presente articolo si applicano anche alle obbligazioni emesse anteriormente al 1° gennaio 2004.

● Norme connesse:

- art. 12, D.Lgs. 1 settembre 1993, n. 385.

2420. Sorteggio delle obbligazioni.

Le operazioni per l'estrazione a sorte delle obbligazioni devono farsi, a pena di nullità, alla presenza del rappresentante comune o, in mancanza, di un notaio [2415, comma 1, n. 4), 2418][1 2].

[1] Articolo così sostituito dall'art. 1, D.Lgs. 17 gennaio 2003, n. 6, a decorrere dal 1° gennaio 2004. Il testo previgente disponeva: *Le operazioni per la estrazione a sorte delle obbligazioni devono farsi, a pena di nullità, alla presenza del rappresentante comune o, in mancanza, di un notaio.*

[2] A norma dell'art. 223-decies, R.D. 30 marzo 1942, n. 318, le disposizioni del presente articolo si applicano anche alle obbligazioni emesse anteriormente al 1° gennaio 2004.

2420-*bis*. Obbligazioni convertibili in azioni.

L'assemblea straordinaria può deliberare l'emissione di obbligazioni convertibili in azioni, determinando il rapporto di cambio e il periodo e le modalità della conversione. La deliberazione non può essere adottata se il capitale sociale non sia stato interamente versato.

Contestualmente la società deve deliberare l'aumento del capitale sociale per un ammontare corrispondente alle azioni da attribuire in conversione. Si applicano, in quanto compatibili, le disposizioni del secondo, terzo, quarto e quinto comma dell'articolo 2346.

Nel primo mese di ciascun semestre gli amministratori provvedono all'emissione delle azioni spettanti agli obbligazionisti che hanno chiesto la conversione nel semestre precedente. Entro il mese successivo gli amministratori devono depositare per l'iscrizione nel registro delle imprese un'attestazione dell'aumento del capitale sociale in misura corrispondente al valore nominale delle azioni emesse. Si applica la disposizione del secondo comma dell'articolo 2444.

Fino a quando non siano scaduti i termini fissati per la conversione, la società non può deliberare né la riduzione volontaria del capitale sociale, né la modificazione delle disposizioni dello statuto concernenti la ripartizione degli utili, salvo che ai possessori di obbligazioni convertibili sia stata data la facoltà, mediante avviso depositato presso l'ufficio del registro delle imprese almeno novanta giorni prima della convocazione dell'assemblea, di esercitare il diritto di conversione nel termine di trenta giorni dalla pubblicazione [2503-*bis*, 2506-*ter*, comma 5].

Nei casi di aumento del capitale mediante imputazione di riserve [2442] e di riduzione del capitale per perdite [2413, comma 2, 2446, 2447], il rapporto di cambio è modificato in proporzione alla misura dell'aumento o della riduzione.

Le obbligazioni convertibili in azioni devono indicare in aggiunta a quanto stabilito nell'articolo 2414, il rapporto di cambio e le modalità della conversione[1].

[1] Articolo aggiunto dall'art. 9, D.L. 8 aprile 1974, n. 95, convertito in L. 7 giugno 1974, n. 216 e così sostituito dall'art. 1, D.Lgs. 17 gennaio 2003, n. 6, a decorrere dal 1° gennaio 2004. Il testo previgente disponeva: *L'assemblea straordinaria può deliberare l'emissione di obbligazioni convertibili in azioni, determinando il rapporto di cambio e il periodo e le modalità della conversione. La deliberazione non può essere adottata se il capitale sociale non sia stato interamente versato.*

Contestualmente la società deve deliberare l'aumento del capitale sociale per un ammontare corrispondente al valore nominale delle azioni da attribuire in conversione.

Le obbligazioni convertibili non possono emettersi per somma inferiore al loro valore nominale.

Nel primo mese di ciascun semestre gli amministratori provvedono all'emissione delle azioni spettanti agli obbligazionisti che hanno chiesto la conversione nel semestre precedente. Entro il mese successivo gli amministratori devono depositare per l'iscrizione nel registro delle imprese un'attestazione dell'aumento del capitale sociale in misura corrispondente al valore nominale delle azioni emesse.

Fino a quando non siano scaduti i termini fissati per la conversione, la società non può deliberare né la riduzione del capitale esuberante, né la modificazione delle disposizioni dell'atto costitutivo concernenti la ripartizione degli utili, salvo che ai possessori di obbligazioni convertibili sia stata data la facoltà, mediante avviso depositato presso l'ufficio del registro delle imprese almeno tre mesi prima della convocazione dell'assemblea, di esercitare il diritto di conversione nel termine di un mese dalla pubblicazione.

Nei casi di aumento del capitale mediante imputazione di riserve e di riduzione del capitale per perdite, il rapporto di cambio è modificato in proporzione alla misura dell'aumento o della riduzione.

Le obbligazioni convertibili in azioni devono indicare in aggiunta a quanto stabilito nell'articolo 2413 il rapporto di cambio e le modalità della conversione.

● Norme connesse:

- art. 15, comma 3, R.D. 14 dicembre 1933, n. 1669; artt. 55, comma 2, 58, 124, comma 2, lett. c), R.D. 16 marzo 1942, n. 267; art. 100, comma 1, lett. f), n. 1, D.Lgs. 24 febbraio 1998, n. 58.

2420-*ter*. Delega agli amministratori.

Lo statuto può attribuire agli amministratori [2381, comma 4] la facoltà di emettere in una o più volte obbligazioni convertibili, fino ad un ammontare determinato e per il periodo massimo di cinque anni dalla data di iscrizione della società nel registro delle imprese. In tal caso la delega comprende anche quella relativa al corrispondente aumento del capitale sociale.

Tale facoltà può essere attribuita anche mediante modificazione dello statuto, per il periodo massimo di cinque anni dalla data della deliberazione.

Si applica il secondo comma dell'articolo 2410[1].

[1] Articolo aggiunto dall'art. 16, D.P.R. 10 febbraio 1986, n. 30 e così sostituito dall'art. 1, D.Lgs. 17 gennaio 2003, n. 6, a decorrere dal 1° gennaio 2004. Il testo previgente disponeva: *L'atto costitutivo può attribuire agli amministratori la facoltà di emettere in una o più volte obbligazioni, anche convertibili, fino ad un ammontare determinato e per il periodo massimo di cinque anni dalla data di iscrizione della società nel registro delle imprese.*

Tale facoltà può essere attribuita anche mediante modificazione dell'atto costitutivo, per il periodo massimo di cinque anni dalla data della deliberazione.

Il verbale della deliberazione degli amministratori di emettere obbligazioni deve essere redatto da un notaio e deve essere depositato e iscritto a norma dell'articolo 2411.

Sezione VIII
Dei libri sociali[1]

[1] Sezione così sostituita dall'art. 1, D.Lgs. 17 gennaio 2003, n. 6, a decorrere dal 1° gennaio 2004.

2421. Libri sociali obbligatori.

Oltre i libri e le altre scritture contabili prescritti nell'articolo 2214, la società deve tenere [2409-*ter*, 2447-*sexies*]:

1) il libro dei soci, nel quale devono essere indicati distintamente per ogni categoria il numero delle azioni, il cognome e il nome dei titolari delle azioni nominative, i trasferimenti e i vincoli ad esse relativi e i versamenti eseguiti;

2) il libro delle obbligazioni [2412, 2414], il quale deve indicare l'ammontare delle obbligazioni emesse e di quelle estinte, il cognome e il nome dei titolari delle obbligazioni nominative e i trasferimenti e i vincoli ad esse relativi;

3) il libro delle adunanze e delle deliberazioni delle assemblee, in cui devono essere trascritti anche i verbali redatti per atto pubblico;

4) il libro delle adunanze e delle deliberazioni del consiglio di amministrazione o del consiglio di gestione;

5) il libro delle adunanze e delle deliberazioni del collegio sindacale ovvero del consiglio di sorveglianza o del comitato per il controllo sulla gestione;

6) il libro delle adunanze e delle deliberazioni del comitato esecutivo [2381], se questo esiste;

7) il libro delle adunanze e delle deliberazioni delle assemblee degli obbligazionisti, se sono state emesse obbligazioni;

8) il libro degli strumenti finanziari emessi ai sensi dell'articolo 2447-*sexies*.

I libri indicati nel primo comma, numeri *1)*, *2)*, *3)*, *4)* e *8)* sono tenuti a cura degli amministratori o dei componenti del consiglio di gestione, il libro indicato nel numero *5)* a cura del collegio sindacale ovvero del consiglio di sorveglianza o del comitato per il controllo sulla gestione, il libro indicato nel numero *6)* a cura del comitato esecutivo e il libro indicato nel numero *7)* a cura del rappresentante comune degli obbligazionisti.

I libri di cui al presente articolo, prima che siano messi in uso, devono essere numerati progressivamente in ogni pagina e bollati in ogni foglio a norma dell'articolo 2215[1].

[1] Articolo così sostituito dall'art. 1, D.Lgs. 17 gennaio 2003, n. 6, a decorrere dal 1° gennaio 2004. Il testo previgente disponeva: *Oltre i libri e le altre scritture contabili prescritti nell'articolo 2214, la società deve tenere:*

1) il libro dei soci, nel quale devono essere indicati il numero delle azioni, il cognome e il nome dei titolari delle azioni nominative, i trasferimenti e i vincoli ad esse relativi e i versamenti eseguiti;

2) il libro delle obbligazioni, il quale deve indicare l'ammontare delle obbligazioni emesse e di quelle estinte, il cognome e il nome dei titolari delle obbligazioni nominative e i trasferimenti e i vincoli ad esse relativi;

3) il libro delle adunanze e delle deliberazioni delle assemblee, in cui devono essere trascritti anche i verbali redatti per atto pubblico;

4) il libro delle adunanze e delle deliberazioni del consiglio di amministrazione;

5) il libro delle adunanze e delle deliberazioni del collegio sindacale;

6) il libro delle adunanze e delle deliberazioni del comitato esecutivo se questo esiste;

7) il libro delle adunanze e delle deliberazioni delle assemblee degli obbligazionisti, se sono state emesse obbligazioni.

I libri indicati nei numeri 1, 2, 3 e 4 sono tenuti a cura degli amministratori, il libro indicato nel numero 5 a cura del collegio sindacale, il libro indicato nel numero 6 a cura del comitato esecutivo e il libro indicato nel numero 7 a cura del rappresentante comune degli obbligazionisti.

I libri suddetti, prima che siano messi in uso, devono essere numerati progressivamente in ogni pagina e bollati in ogni foglio a norma dell'articolo 2215.

● Norme connesse:

- artt. 83-undecies, comma 2, 147 comma 3, 151, comma 4, D.Lgs. 24 febbraio 1998, n. 58; art. 101, D.Lgs. 7 settembre 2005, n. 209.

■ art. 140, Codice del commercio del 1882.

2422. Diritto d'ispezione dei libri sociali.

I soci hanno diritto di esaminare i libri indicati nel primo comma, numeri *1)* e *3)* dell'articolo 2421 e di ottenerne estratti a proprie spese [2476, 2478].

Eguale diritto spetta al rappresentante comune degli obbligazionisti per i libri indicati nei numeri *2)* e *3)* dell'articolo 2421, e al rappresentante comune dei possessori di strumenti finanziari ed ai singoli possessori per il libro indicato al numero *8)*, ai singoli obbligazionisti per il libro indicato nel numero *7)* dell'articolo medesimo[1].

[1] Articolo così sostituito dall'art. 1, D.Lgs. 17 gennaio 2003, n. 6, a decorrere dal 1° gennaio 2004. Il testo previgente disponeva: *I soci hanno diritto di esaminare i libri indicati nei numeri 1 e 3 dell'articolo precedente e di ottenerne estratti a proprie spese.*

Eguale diritto spetta al rappresentante comune degli obbligazionisti per i libri indicati nei numeri 2 e 3 dell'articolo precedente, e ai singoli obbligazionisti per il libro indicato nel numero 7 dell'articolo medesimo.

● Norme connesse:

- art. 147, comma 3, D.Lgs. 24 febbraio 1998, n. 58.

■ art. 142, Codice del commercio del 1882.

Sezione IX
Del bilancio[1]

[1] Sezione così sostituita dall'art. 1, D.Lgs. 17 gennaio 2003, n. 6, a decorrere dal 1° gennaio 2004. V. D.Lgs. 28 febbraio 2005, n. 38.

2423. Redazione del bilancio.

Gli amministratori devono redigere il bilancio di esercizio, costituito dallo stato patrimoniale, dal conto economico, dal rendiconto finanziario e dalla nota integrativa[1].

Il bilancio deve essere redatto con chiarezza e deve rappresentare in modo veritiero e corretto la si-

CODICE CIVILE

tuazione patrimoniale e finanziaria della società e il risultato economico dell'esercizio.

Se le informazioni richieste da specifiche disposizioni di legge non sono sufficienti a dare una rappresentazione veritiera e corretta, si devono fornire le informazioni complementari necessarie allo scopo.

Non occorre rispettare gli obblighi in tema di rilevazione, valutazione, presentazione e informativa quando la loro osservanza abbia effetti irrilevanti al fine di dare una rappresentazione veritiera e corretta. Rimangono fermi gli obblighi in tema di regolare tenuta delle scritture contabili. Le società illustrano nella nota integrativa i criteri con i quali hanno dato attuazione alla presente disposizione[2].

Se, in casi eccezionali, l'applicazione di una disposizione degli articoli seguenti è incompatibile con la rappresentazione veritiera e corretta, la disposizione non deve essere applicata. La nota integrativa deve motivare la deroga e deve indicarne l'influenza sulla rappresentazione della situazione patrimoniale, finanziaria e del risultato economico. Gli eventuali utili derivanti dalla deroga devono essere iscritti in una riserva non distribuibile se non in misura corrispondente al valore recuperato.

Il bilancio deve essere redatto in unità di euro, senza cifre decimali, ad eccezione della nota integrativa che può essere redatta in migliaia di euro[3].

[1] Comma così modificato dall'art. 6, D.Lgs. 18 agosto 2015, n. 139. Tali nuove disposizioni entrano in vigore a decorrere dal 1° gennaio 2016 e si applicano ai bilanci relativi agli esercizi finanziari aventi inizio a partire da quella data. Il testo previgente disponeva: *Gli amministratori devono redigere il bilancio di esercizio, costituito dallo stato patrimoniale, dal conto economico e dalla nota integrativa.*

[2] Comma aggiunto dall'art. 6, D.Lgs. 18 agosto 2015, n. 139. Tali nuove disposizioni entrano in vigore a decorrere dal 1° gennaio 2016 e si applicano ai bilanci relativi agli esercizi finanziari aventi inizio a partire da quella data.

[3] Articolo così sostituito dall'art. 1, D.Lgs. 17 gennaio 2003, n. 6, a decorrere dal 1° gennaio 2004. Il testo previgente disponeva: *Gli amministratori devono redigere il bilancio di esercizio, costituito dallo stato patrimoniale, dal conto economico e dalla nota integrativa.*

Il bilancio deve essere redatto con chiarezza e deve rappresentare in modo veritiero e corretto la situazione patrimoniale e finanziaria della società e il risultato economico dell'esercizio.

Se le informazioni richieste da specifiche disposizioni di legge non sono sufficienti a dare una rappresentazione veritiera e corretta, si devono fornire le informazioni complementari necessarie allo scopo.

Se, in casi eccezionali, l'applicazione di una disposizione degli articoli seguenti è incompatibile con la rappresentazione veritiera e corretta, la disposizione non deve essere applicata. La nota integrativa deve motivare la deroga e deve indicarne l'influenza sulla rappresentazione della situazione patrimoniale, finanziaria e del risultato economico. Gli eventuali utili derivanti dalla deroga devono essere iscritti in una riserva non distribuibile se non in misura corrispondente al valore recuperato.

Il bilancio è redatto in unità di euro, senza cifre decimali, ad eccezione della nota integrativa che può essere redatta in migliaia di euro.

● Norme connesse:

- art. 8, comma 2, D.Lgs. 7 settembre 2005, n. 209; art. 205, comma 2, R.D. 16 marzo 1942, n. 267.

■ art. 176, Codice del commercio del 1882.

2423-*bis*. Principi di redazione del bilancio.

Nella redazione del bilancio devono essere osservati i seguenti principi:

1) la valutazione delle voci deve essere fatta secondo prudenza e nella prospettiva della continuazione dell'attività[1];

1-bis) la rilevazione e la presentazione delle voci è effettuata tenendo conto della sostanza dell'operazione o del contratto[2];

2) si possono indicare esclusivamente gli utili realizzati alla data di chiusura dell'esercizio;

3) si deve tener conto dei proventi e degli oneri di competenza dell'esercizio, indipendentemente dalla data dell'incasso o del pagamento;

4) si deve tener conto dei rischi e delle perdite di competenza dell'esercizio, anche se conosciuti dopo la chiusura di questo;

5) gli elementi eterogenei ricompresi nelle singole voci devono essere valutati separatamente;

6) i criteri di valutazione non possono essere modificati da un esercizio all'altro.

Deroghe al principio enunciato nel numero *6)* del comma precedente sono consentite in casi eccezionali. La nota integrativa deve motivare la deroga e indicarne l'influenza sulla rappresentazione della situazione patrimoniale e finanziaria e del risultato economico[3].

[1] Numero così modificato dall'art. 6, D.Lgs. 18 agosto 2015, n. 139. Tali nuove disposizioni entrano in vigore a decorrere dal 1° gennaio 2016 e si applicano ai bilanci relativi agli esercizi finanziari aventi inizio a partire da quella data. Il testo previgente disponeva: *1) la valutazione delle voci deve essere fatta secondo prudenza e nella prospettiva della continuazione dell'attività, nonché tenendo conto della funzione economica dell'elemento dell'attivo o del passivo considerato.*

[2] Numero aggiunto dall'art. 6, D.Lgs. 18 agosto 2015, n. 139. Tali nuove disposizioni entrano in vigore a decorrere dal 1° gennaio 2016 e si applicano ai bilanci relativi agli esercizi finanziari aventi inizio a partire da quella data.

[3] Articolo aggiunto dall'art. 3, D.Lgs. 9 aprile 1991, n. 127 e così sostituito dall'art. 1, D.Lgs. 17 gennaio 2003, n. 6, a decorrere dal 1° gennaio 2004. Il testo previgente disponeva: *Nella redazione del bilancio devono essere osservati i seguenti principi:*

1) la valutazione delle voci deve essere fatta secondo prudenza e nella prospettiva della continuazione dell'attività;

2) si possono indicare esclusivamente gli utili realizzati alla data di chiusura dell'esercizio;

3) si deve tener conto dei proventi e degli oneri di competenza dell'esercizio, indipendentemente dalla data dell'incasso o del pagamento;

4) si deve tener conto dei rischi e delle perdite di competenza dell'esercizio, anche se conosciuti dopo la chiusura di questo; 5) gli elementi eterogenei ricompresi nelle singole voci devono essere valutati separatamente;

6) i criteri di valutazione non possono essere modificati da un esercizio all'altro.

Deroghe al principio enunciato nel numero 6) del comma precedente sono consentite in casi eccezionali. La nota integrativa deve motivare la deroga e indicarne l'influenza sulla rappresentazione della situazione patrimoniale e finanziaria e del risultato economico.

2423-*ter*. Struttura dello stato patrimoniale e del conto economico.

Salve le disposizioni di leggi speciali per le società che esercitano particolari attività, nello stato patrimoniale e nel conto economico devono essere iscritte separatamente, e nell'ordine indicato, le voci previste negli articoli 2424 e 2425.

Le voci precedute da numeri arabi possono essere ulteriormente suddivise, senza eliminazione della voce complessiva e dell'importo corrispondente; esse possono essere raggruppate soltanto quando il raggruppamento, a causa del loro importo, è irrilevante ai fini indicati nel secondo comma dell'articolo 2423 o quando esso favorisce la chiarezza del bilancio. In questo secondo caso la nota integrativa deve contenere distintamente le voci oggetto di raggruppamento.

Devono essere aggiunte altre voci qualora il loro contenuto non sia compreso in alcuna di quelle previste dagli articoli 2424 e 2425.

Le voci precedute da numeri arabi devono essere adattate quando lo esige la natura dell'attività esercitata.

Per ogni voce dello stato patrimoniale e del conto economico deve essere indicato l'importo della voce corrispondente dell'esercizio precedente. Se le voci non sono comparabili, quelle relative all'esercizio precedente devono essere adattate; la non comparabilità e l'adattamento o l'impossibilità di questo devono essere segnalati e commentati nella nota integrativa.

Sono vietati i compensi di partite[1].

[1] Articolo aggiunto dall'art. 4, D.Lgs. 9 aprile 1991, n. 127 e così sostituito dall'art. 1, D.Lgs. 17 gennaio 2003, n. 6, a decorrere dal 1° gennaio 2004. Il testo previgente disponeva: *Salve le disposizioni di leggi speciali per le società che esercitano particolari attività, nello stato patrimoniale e nel conto economico devono essere iscritte separatamente, e nell'ordine indicato, le voci previste negli articoli 2424 e 2425.*

Le voci precedute da numeri arabi possono essere ulteriormente suddivise, senza eliminazione della voce complessiva e dell'importo corrispondente; esse possono essere raggruppate soltanto quando il raggruppamento, a causa del loro importo, è irrilevante ai fini indicati nel secondo comma dell'articolo 2423 o quando esso favorisce la chiarezza del bilancio. In questo secondo caso la nota integrativa deve contenere distintamente le voci oggetto di raggruppamento.

Devono essere aggiunte altre voci qualora il loro contenuto non sia compreso in alcuna di quelle previste dagli articoli 2424 e 2425.

Le voci precedute da numeri arabi devono essere adattate quando lo esige la natura dell'attività esercitata.

Per ogni voce dello stato patrimoniale e del conto economico deve essere indicato l'importo della voce corrispondente dell'esercizio precedente. Se le voci non sono comparabili, quelle relative all'esercizio precedente devono essere adattate; la non comparabilità e l'adattamento o l'impossibilità di questo devono essere segnalati e commentati nella nota integrativa.

Sono vietati i compensi di partite.

2424. Contenuto dello stato patrimoniale.

Lo stato patrimoniale deve essere redatto in conformità al seguente schema.

ATTIVO:

A) Crediti verso soci per versamenti ancora dovuti, con separata indicazione della parte già richiamata.

B) Immobilizzazioni, con separata indicazione di quelle concesse in locazione finanziaria:

I - Immobilizzazioni immateriali:

1) costi di impianto e di ampliamento;

2) costi di sviluppo[1];

3) diritti di brevetto industriale e diritti di utilizzazione delle opere dell'ingegno;

4) concessioni, licenze, marchi e diritti simili;

5) avviamento;

6) immobilizzazioni in corso e acconti;

7) altre.

Totale.

II - Immobilizzazioni materiali:

1) terreni e fabbricati;

2) impianti e macchinario;

3) attrezzature industriali e commerciali;

4) altri beni;

5) immobilizzazioni in corso e acconti.

Totale.

III - Immobilizzazioni finanziarie, con separata indicazione, per ciascuna voce dei crediti, degli importi esigibili entro l'esercizio successivo:

1) partecipazioni in:

a) imprese controllate;

b) imprese collegate;

c) imprese controllanti;

d) imprese sottoposte al controllo delle controllanti[2];

d-bis) altre imprese[3];
2) crediti:
a) verso imprese controllate;
b) verso imprese collegate;
c) verso controllanti;
d) verso imprese sottoposte al controllo delle controllanti;
d-bis) verso altri[4];
3) altri titoli;
4) strumenti finanziari derivati attivi[5].
Totale.
Totale immobilizzazioni (B);

C) Attivo circolante:
I - Rimanenze:
1) materie prime, sussidiarie e di consumo;
2) prodotti in corso di lavorazione e semilavorati;
3) lavori in corso su ordinazione;
4) prodotti finiti e merci;
5) acconti.
Totale
II - Crediti, con separata indicazione, per ciascuna voce, degli importi esigibili oltre l'esercizio successivo:
1) verso clienti;
2) verso imprese controllate;
3) verso imprese collegate;
4) verso controllanti;
5) verso imprese sottoposte al controllo delle controllanti[6];
5-bis) crediti tributari[6];
5-ter) imposte anticipate[6];
5-quater) verso altri[6];
Totale.
III - Attività finanziarie che non costituiscono immobilizzazioni:
1) partecipazioni in imprese controllate;
2) partecipazioni in imprese collegate;
3) partecipazioni in imprese controllanti;
3-bis) partecipazioni in imprese sottoposte al controllo delle controllanti[7];
4) altre partecipazioni;
5) strumenti finanziari derivati attivi[8];
6) altri titoli.
Totale.
IV - Disponibilità liquide:
1) depositi bancari e postali;
2) assegni;
3) danaro e valori in cassa.
Totale.
Totale attivo circolante (C).

D) Ratei e risconti[9].

PASSIVO:

A) Patrimonio netto:
I - Capitale.
II - Riserva da soprapprezzo delle azioni.
III - Riserve di rivalutazione.
IV - Riserva legale.
V - Riserve statutarie.
VI - Altre riserve, distintamente indicate[10].
VII - Riserva per operazioni di copertura dei flussi finanziari attesi[10].
VIII - Utili (perdite) portati a nuovo[10].
IX - Utile (perdita) dell'esercizio[10].
X - Riserva negativa per azioni proprie in portafoglio[10].
Totale.

B) Fondi per rischi e oneri:
1) per trattamento di quiescenza e obblighi simili;
2) per imposte, anche differite[11];
3) strumenti finanziari derivati passivi[11];
4) altri[11].
Totale.

C) Trattamento di fine rapporto di lavoro subordinato.

D) Debiti, con separata indicazione, per ciascuna voce, degli importi esigibili oltre l'esercizio successivo:
1) obbligazioni;
2) obbligazioni convertibili;
3) debiti verso soci per finanziamenti;
4) debiti verso banche;
5) debiti verso altri finanziatori;
6) acconti;
7) debiti verso fornitori;
8) debiti rappresentati da titoli di credito;
9) debiti verso imprese controllate;
10) debiti verso imprese collegate;
11) debiti verso controllanti;
11-bis) debiti verso imprese sottoposte al controllo delle controllanti[7];
12) debiti tributari;
13) debiti verso istituti di previdenza e di sicurezza sociale;
14) altri debiti.
Totale.

E) Ratei e risconti[12].

Se un elemento dell'attivo o del passivo ricade sotto più voci dello schema, nella nota integrativa deve annotarsi, qualora ciò sia necessario ai fini della comprensione del bilancio, la sua appartenenza anche a voci diverse da quella nella quale è iscritto.

[...][13].

È fatto salvo quanto disposto dall'articolo 2447-*septies* con riferimento ai beni e rapporti giuridici compresi nei patrimoni destinati ad uno specifico affare ai sensi della lettera *a)* del primo comma dell'articolo 2447-*bis*[14].

[1] Numero così sostituito dall'art. 6, D.Lgs. 18 agosto 2015, n. 139. Tali nuove disposizioni entrano in vigore a decorrere dal 1° gennaio 2016 e si applicano ai bilanci relativi agli esercizi finanziari aventi inizio a partire da quella data. Il testo previgente disponeva: *2) costi di ricerca, di sviluppo e di pubblicità.*

[2] Lettera così sostituita dall'art. 6, D.Lgs. 18 agosto 2015, n. 139. Tali nuove disposizioni entrano in vigore a decorrere dal 1° gennaio 2016 e si applicano ai bilanci relativi agli esercizi finanziari aventi inizio a partire da quella data. Il testo previgente disponeva: *d) altre imprese.*

[3] Lettera aggiunta dall'art. 6, D.Lgs. 18 agosto 2015, n. 139. Tali nuove disposizioni entrano in vigore a decorrere dal 1° gennaio 2016 e si applicano ai bilanci relativi agli esercizi finanziari aventi inizio a partire da quella data.

[4] Numero così sostituito dall'art. 6, D.Lgs. 18 agosto 2015, n. 139. Tali nuove disposizioni entrano in vigore a decorrere dal 1° gennaio 2016 e si applicano ai bilanci relativi agli esercizi finanziari aventi inizio a partire da quella data. Il testo previgente disponeva: *2) crediti: a) verso imprese controllate; b) verso imprese collegate; c) verso controllanti; d) verso altri.*

[5] Numero così sostituito dall'art. 6, D.Lgs. 18 agosto 2015, n. 139. Tali nuove disposizioni entrano in vigore a decorrere dal 1° gennaio 2016 e si applicano ai bilanci relativi agli esercizi finanziari aventi inizio a partire da quella data. Il testo previgente disponeva: *4) azioni proprie, con indicazione anche del valore nominale complessivo.*

[6] Gli attuali numeri da 5) a 5-quater), così sostituiscono gli originari numeri da 4-bis) a 5), per effetto dell'art. 6, D.Lgs. 18 agosto 2015, n. 139. Tali nuove disposizioni entrano in vigore a decorrere dal 1° gennaio 2016 e si applicano ai bilanci relativi agli esercizi finanziari aventi inizio a partire da quella data. Il testo previgente disponeva: *4-bis) crediti tributari; 4-ter) imposte anticipate; 5) verso altri.*

[7] Numero aggiunto dall'art. 6, D.Lgs. 18 agosto 2015, n. 139. Tali nuove disposizioni entrano in vigore a decorrere dal 1° gennaio 2016 e si applicano ai bilanci relativi agli esercizi finanziari aventi inizio a partire da quella data.

[8] Numero così sostituito dall'art. 6, D.Lgs. 18 agosto 2015, n. 139. Tali nuove disposizioni entrano in vigore a decorrere dal 1° gennaio 2016 e si applicano ai bilanci relativi agli esercizi finanziari aventi inizio a partire da quella data. Il testo previgente disponeva: *5) azioni proprie, con indicazione anche del valore nominale complessivo.*

[9] Lettera così sostituita dall'art. 6, D.Lgs. 18 agosto 2015, n. 139. Tali nuove disposizioni entrano in vigore a decorrere dal 1° gennaio 2016 e si applicano ai bilanci relativi agli esercizi finanziari aventi inizio a partire da quella data. Il testo previgente disponeva: *D) Ratei e risconti, con separata indicazione del disaggio su prestiti.*

[10] Gli attuali numeri da VI a X così sostituiscono gli originari numeri da VI a IX, per effetto dell'art. 6, D.Lgs. 18 agosto 2015, n. 139. Tali nuove disposizioni entrano in vigore a decorrere dal 1° gennaio 2016 e si applicano ai bilanci relativi agli esercizi finanziari aventi inizio a partire da quella data. Il testo previgente disponeva: *VI - Riserva per azioni proprie in portafoglio. VII - Altre riserve, distintamente indicate. VIII - Utili (perdite) portati a nuovo. IX - Utile (perdita) dell'esercizio.*

[11] Gli attuali numeri da 2) a 4), così sostituiscono gli originari numeri 2) e 3), per effetto dell'art. 6, D.Lgs. 18 agosto 2015, n. 139. Tali nuove disposizioni entrano in vigore a decorrere dal 1° gennaio 2016 e si applicano ai bilanci relativi agli esercizi finanziari aventi inizio a partire da quella data. Il testo previgente disponeva: *2) per imposte, anche differite; 3) altri.*

[12] Lettera così sostituita dall'art. 6, D.Lgs. 18 agosto 2015, n. 139. Tali nuove disposizioni entrano in vigore a decorrere dal 1° gennaio 2016 e si applicano ai bilanci relativi agli esercizi finanziari aventi inizio a partire da quella data. Il testo previgente disponeva: *E) Ratei e risconti, con separata indicazione dell'aggio su prestiti.*

[13] Comma abrogato dall'art. 6, D.Lgs. 18 agosto 2015, n. 139. Tali nuove disposizioni entrano in vigore a decorrere dal 1° gennaio 2016 e si applicano ai bilanci relativi agli esercizi finanziari aventi inizio a partire da quella data. Il testo previgente disponeva: *In calce allo stato patrimoniale devono risultare le garanzie prestate direttamente o indirettamente, distinguendosi fra fideiussioni, avalli, altre garanzie personali e garanzie reali, ed indicando separatamente, per ciascun tipo, le garanzie prestate a favore di imprese controllate e collegate, nonché di controllanti e di imprese sottoposte al controllo di queste ultime; devono inoltre risultare gli altri conti d'ordine.*

[14] Articolo così sostituito dall'art. 1, D.Lgs. 17 gennaio 2003, n. 6, a decorrere dal 1° gennaio 2004. Il testo previgente disponeva: *Lo stato patrimoniale deve essere redatto in conformità al seguente schema:*

Attivo:

A) Crediti verso soci per versamenti ancora dovuti, con separata indicazione della parte già richiamata;

B) Immobilizzazioni:

I - Immobilizzazioni immateriali: 1) costi di impianto e di ampliamento; 2) costi di ricerca, di sviluppo e di pubblicità; 3) diritti di brevetto industriale e diritti di utilizzazione delle opere dell'ingegno; 4) concessioni, licenze, marchi e diritti simili; 5) avviamento; 6) immobilizzazioni in corso e acconti; 7) altre.

Totale.

II - Immobilizzazioni materiali: 1) terreni e fabbricati; 2) impianti e macchinario; 3) attrezzature industriali e commerciali; 4) altri beni; 5) immobilizzazioni in corso e acconti. Totale.

III - Immobilizzazioni finanziarie, con separata indicazione, per ciascuna voce dei crediti, degli importi esigibili entro l'esercizio successivo:

1) partecipazioni in: a) imprese controllate; b) imprese collegate; c) imprese controllanti; d) altre imprese;

2) crediti: a) verso imprese controllate; b) verso imprese collegate; c) verso controllanti; d) verso altri;

3) altri titoli;

4) azioni proprie, con indicazioni anche del valore nominale complessivo.

Totale.

Totale immobilizzazioni (B);

C) Attivo circolante:

I - Rimanenze: 1) materie prime, sussidiarie e di consumo; 2) prodotti in corso di lavorazione e semilavorati; 3) lavori in corso su ordinazione; 4) prodotti finiti e merci; 5) acconti.

Totale.

II - Crediti, con separata indicazione, per ciascuna voce degli importi esigibili oltre l'esercizio successivo: 1) verso clienti; 2) verso imprese controllate; 3) verso imprese collegate; 4) verso controllanti; 5) verso altri. Totale.

III - Attività finanziarie che non costituiscono immobilizzazioni: 1) partecipazioni in imprese controllate; 2) partecipazioni in imprese collegate; 3) partecipazioni in imprese controllanti; 4) altre partecipazioni; 5) azioni proprie, con indicazioni anche del valore nominale complessivo;

6) altri titoli.

Totale.

IV - Disponibilità liquide: 1) depositi bancari e postali; 2) assegni; 3) danaro e valori in cassa.

Totale.

Totale attivo circolante (C).

D) Ratei e risconti, con separata indicazione del disaggio su prestiti.

PASSIVO:

A) Patrimonio netto: I - Capitale. II - Riserva da soprapprezzo delle azioni. III - Riserve di rivalutazione. IV - Riserva legale. V - Riserva per azioni proprie in portafoglio. VI - Riserve statutarie. VII - Altre riserve, distintamente indicate. VIII - Utili (perdite) portati a nuovo. IX - Utile (perdita) dell'esercizio.

Totale.

B) Fondi per rischi e oneri: 1) per trattamento di quiescenza e obblighi simili; 2) per imposte; 3) altri.

Totale.

C) Trattamento di fine rapporto di lavoro subordinato.

D) Debiti, con separata indicazione, per ciascuna voce degli importi esigibili oltre l'esercizio successivo: 1) obbligazioni; 2) obbligazioni convertibili; 3) debiti verso banche; 4) debiti verso altri finanziatori; 5) acconti; 6) debiti verso fornitori; 7) debiti rappresentati da titoli di credito; 8) debiti verso imprese controllate; 9) debiti verso imprese collegate; 10) debiti verso controllanti; 11) debiti tributari; 12) debiti verso istituti di previdenza e di sicurezza sociale; 13) altri debiti.

Totale.

E) Ratei e risconti, con separata indicazione dell'aggio su prestiti.

Se un elemento dell'attivo o del passivo ricade sotto più voci dello schema, nella nota integrativa deve annotarsi, qualora ciò sia necessario ai fini della comprensione del bilancio, la sua appartenenza anche a voci diverse da quella nella quale è iscritto.

In calce allo stato patrimoniale devono risultare le garanzie prestate direttamente o indirettamente, distinguendosi tra fideiussioni, avalli, altre garanzie personali e garanzie reali, ed indicando separatamente, per ciascun tipo, le garanzie prestate a favore di imprese controllate e collegate, nonché di controllanti e di imprese sottoposte al controllo di queste ultime; devono inoltre risultare gli altri conti d'ordine.

2424-*bis*. Disposizioni relative a singole voci dello stato patrimoniale.

Gli elementi patrimoniali destinati ad essere utilizzati durevolmente devono essere iscritti tra le immobilizzazioni.

Le partecipazioni in altre imprese in misura non inferiore a quelle stabilite dal terzo comma dell'articolo 2359 si presumono immobilizzazioni.

Gli accantonamenti per rischi ed oneri sono destinati soltanto a coprire perdite o debiti di natura determinata, di esistenza certa o probabile, dei quali tuttavia alla chiusura dell'esercizio sono indeterminati o l'ammontare o la data di sopravvenienza.

Nella voce: "trattamento di fine rapporto di lavoro subordinato" deve essere indicato l'importo calcolato a norma dell'articolo 2120.

Le attività oggetto di contratti di compravendita con obbligo di retrocessione a termine devono essere iscritte nello stato patrimoniale del venditore.

Nella voce ratei e risconti attivi devono essere iscritti i proventi di competenza dell'esercizio esigibili in esercizi successivi, e i costi sostenuti entro la chiusura dell'esercizio ma di competenza di esercizi successivi. Nella voce ratei e risconti passivi devono essere iscritti i costi di competenza dell'esercizio esigibili in esercizi successivi e i proventi percepiti entro la chiusura dell'esercizio ma di competenza di esercizi successivi. Possono essere iscritte in tali voci soltanto quote di costi e proventi, comuni a due o più esercizi, l'entità dei quali vari in ragione del tempo.

Le azioni proprie sono rilevate in bilancio a diretta riduzione del patrimonio netto, ai sensi di quanto disposto dal terzo comma dell'articolo 2357-*ter*[1] [2].

[1] Comma aggiunto dall'art. 6, D.Lgs. 18 agosto 2015, n. 139. Tali nuove disposizioni entrano in vigore a decorrere dal 1° gennaio 2016 e si applicano ai bilanci relativi agli esercizi finanziari aventi inizio a partire da quella data.

[2] Articolo aggiunto dall'art. 6, D.Lgs. 9 aprile 1991, n. 127 e così sostituito dall'art. 1, D.Lgs. 17 gennaio 2003, n. 6, a decorrere dal 1° gennaio 2004. Il testo previgente disponeva: *Gli elementi patrimoniali destinati ad essere utilizzati durevolmente devono essere iscritti tra le immobilizzazioni.*

Le partecipazioni in altre imprese in misura non inferiore a quelle stabilite dal terzo comma dell'articolo 2359 si presumono immobilizzazioni.

Gli accantonamenti per rischi ed oneri sono destinati soltanto a coprire perdite o debiti di natura determinata, di esistenza certa o probabile, dei quali tuttavia alla chiusura dell'esercizio sono indeterminati o l'ammontare o la data di sopravvenienza.

Nella voce "trattamento di fine rapporto di lavoro subordinato" deve essere indicato l'importo calcolato a norma dell'articolo 2120.

Nella voce ratei e risconti attivi devono essere iscritti i proventi di competenza dell'esercizio esigibili in esercizi successivi, e i costi sostenuti entro la chiusura dell'esercizio ma di competenza di esercizi successivi. Nella voce ratei e risconti passivi devono essere iscritti i costi di competenza dell'esercizio esigibili in esercizi successivi e i proventi percepiti entro la chiusura dell'esercizio ma di competenza di esercizi successivi. Possono essere iscritte in tali voci soltanto quote di costi e proventi, comuni a due o più esercizi, l'entità dei quali varia in ragione del tempo.

2425. Contenuto del conto economico.

Il conto economico deve essere redatto in conformità al seguente schema:

A) Valore della produzione:

1) ricavi delle vendite e delle prestazioni;

2) variazioni delle rimanenze di prodotti in corso di lavorazione, semilavorati e finiti;

3) variazioni dei lavori in corso su ordinazione;

4) incrementi di immobilizzazioni per lavori interni;

5) altri ricavi e proventi, con separata indicazione dei contributi in conto esercizio.

Totale.

B) Costi della produzione:

6) per materie prime, sussidiarie, di consumo e di merci;

7) per servizi;

8) per godimento di beni di terzi;

9) per il personale:

a) salari e stipendi;

b) oneri sociali;

c) trattamento di fine rapporto;

d) trattamento di quiescenza e simili;

e) altri costi;

10) ammortamenti e svalutazioni:

a) ammortamento delle immobilizzazioni immateriali;

b) ammortamento delle immobilizzazioni materiali;

c) altre svalutazioni delle immobilizzazioni;

d) svalutazioni dei crediti compresi nell'attivo circolante e delle disponibilità liquide;

11) variazioni delle rimanenze di materie prime, sussidiarie, di consumo e merci;

12) accantonamenti per rischi;

13) altri accantonamenti;

14) oneri diversi di gestione.

Totale.

Differenza tra valore e costi della produzione (A - B).

C) Proventi e oneri finanziari:

15) proventi da partecipazioni, con separata indicazione di quelli relativi ad imprese controllate e collegate e di quelli relativi a controllanti e a imprese sottoposte al controllo di queste ultime[1];

16) altri proventi finanziari:

a) da crediti iscritti nelle immobilizzazioni, con separata indicazione di quelli da imprese controllate e collegate e di quelli da controllanti e da imprese sottoposte al controllo di queste ultime[2];

b) da titoli iscritti nelle immobilizzazioni che non costituiscono partecipazioni;

c) da titoli iscritti nell'attivo circolante che non costituiscono partecipazioni;

d) proventi diversi dai precedenti, con separata indicazione di quelli da imprese controllate e collegate e di quelli da controllanti e da imprese sottoposte al controllo di queste ultime[3];

17) interessi e altri oneri finanziari, con separata indicazione di quelli verso imprese controllate e collegate e verso controllanti;

17-bis) utili e perdite su cambi.

Totale (15 + 16 - 17+ - 17-*bis*).

D) Rettifiche di valore di attività e passività finanziarie[4]:

18) rivalutazioni:

a) di partecipazioni;

b) di immobilizzazioni finanziarie che non costituiscono partecipazioni;

c) di titoli iscritti all'attivo circolante che non costituiscono partecipazioni;

d) di strumenti finanziari derivati[5];

19) svalutazioni:

a) di partecipazioni;

b) di immobilizzazioni finanziarie che non costituiscono partecipazioni;

c) di titoli iscritti nell'attivo circolante che non costituiscono partecipazioni;

d) di strumenti finanziari derivati[5].

Totale delle rettifiche (18 - 19).

Risultato prima delle imposte (A-B+-C+-D);

20) imposte sul reddito dell'esercizio, correnti, differite e anticipate;

21) utile (perdite) dell'esercizio[6 7].

[1] Numero così modificato dall'art. 6, D.Lgs. 18 agosto 2015, n. 139. Tali nuove disposizioni entrano in vigore a decorrere dal 1° gennaio 2016 e si applicano ai bilanci relativi agli esercizi finanziari aventi inizio a partire da quella data. Il testo previgente disponeva: *15) proventi da partecipazioni, con separata indicazione di quelli relativi ad imprese controllate e collegate.*

[2] Lettera così modificata dall'art. 6, D.Lgs. 18 agosto 2015, n. 139. Tali nuove disposizioni entrano in vigore a decorrere dal 1° gennaio 2016 e si applicano ai bilanci relativi agli esercizi finanziari aventi inizio a partire da quella data. Il testo previgente disponeva: *a) da crediti iscritti nelle immobilizzazioni, con separata indicazione di quelli da imprese controllate e collegate e di quelli da controllanti.*

[3] Lettera così modificata dall'art. 6, D.Lgs. 18 agosto 2015, n. 139. Tali nuove disposizioni entrano in vigore a decorrere dal 1° gennaio 2016 e si applicano ai bilanci relativi agli esercizi finanziari aventi inizio a partire da quella data. Il testo previgente disponeva: *d) proventi diversi dai precedenti, con separata indicazione di quelli da imprese controllate e collegate e di quelli da controllanti.*

[4] Lettera così sostituita dall'art. 6, D.Lgs. 18 agosto 2015, n. 139. Tali nuove disposizioni entrano in vigore a decorrere dal 1° gennaio 2016 e si applicano ai bilanci relativi agli esercizi finanziari aventi inizio a partire da quella data. Il testo previgente disponeva: *D) Rettifiche di valore di attività finanziarie.*

[5] Lettera aggiunta dall'art. 6, D.Lgs. 18 agosto 2015, n. 139. Tali nuove disposizioni entrano in vigore a decorrere dal 1° gennaio 2016 e si applicano ai bilanci relativi agli esercizi finanziari aventi inizio a partire da quella data.

CODICE CIVILE

[6] Lettera così sostituita dall'art. 6, D.Lgs. 18 agosto 2015, n. 139. Tali nuove disposizioni entrano in vigore a decorrere dal 1° gennaio 2016 e si applicano ai bilanci relativi agli esercizi finanziari aventi inizio a partire da quella data. Il testo previgente disponeva: *E) Proventi e oneri straordinari: 20) proventi, con separata indicazione delle plusvalenze da alienazioni i cui ricavi non sono iscrivibili al n. 5); 21) oneri, con separata indicazione delle minusvalenze da alienazioni, i cui effetti contabili non sono iscrivibili al n. 14), e delle imposte relative a esercizi precedenti. Totale delle partite straordinarie (20-21). Risultato prima delle imposte (A-B+-C+-D+-E); 22) imposte sul reddito dell'esercizio, correnti, differite e anticipate; 23) utile (perdite) dell'esercizio.*

[7] Articolo così sostituito dall'art. 1, D.Lgs. 17 gennaio 2003, n. 6, a decorrere dal 1° gennaio 2004. Il testo previgente disponeva: *Il conto economico deve essere redatto in conformità al seguente schema:*

A) Valore della produzione: 1) ricavi delle vendite e delle prestazioni; 2) variazioni delle rimanenze di prodotti in corso di lavorazione, semilavorati e finiti; 3) variazioni dei lavori in corso su ordinazione; 4) incrementi di immobilizzazioni per lavori interni; 5) altri ricavi e proventi, con separata indicazione dei contributi in conto esercizio.

Totale.

B) Costi della produzione: 6) per materie prime, sussidiarie, di consumo e di merci; 7) per servizi; 8) per godimento di beni di terzi; 9) per il personale: a) salari e stipendi; b) oneri sociali; c) trattamento di fine rapporto; d) trattamento di quiescenza e simili; e) altri costi; 10) ammortamenti e svalutazioni: a) ammortamento delle immobilizzazioni immateriali; b) ammortamento delle immobilizzazioni materiali; c) altre svalutazioni delle immobilizzazioni; d) svalutazioni dei crediti compresi nell'attivo circolante e delle disponibilità liquide; 11) variazioni delle rimanenze di materie prime, sussidiarie, di consumo e merci; 12) accantonamenti per rischi; 13) altri accantonamenti; 14) oneri diversi di gestione.

Totale.

Differenza tra valore e costi della produzione (A –B).

C) Proventi e oneri finanziari: 15) proventi da partecipazioni, con separata indicazione di quelli relativi ad imprese controllate e collegate; 16) altri proventi finanziari: a) da crediti iscritti nelle immobilizzazioni, con separata indicazione di quelli da imprese controllate e collegate e di quelli da controllanti; b) da titoli iscritti nelle immobilizzazioni che non costituiscono partecipazioni; c) da titoli iscritti all'attivo circolante che non costituiscono partecipazioni; d) proventi diversi dai precedenti, con separata indicazione di quelli da imprese controllate e collegate e di quelli da controllanti; 17) interessi e altri oneri finanziari, con separata indicazione di quelli verso imprese controllate e collegate e verso controllanti.

Totale (15 + 16 - 17).

D) Rettifiche di valore di attività finanziarie:

18) rivalutazioni: a) di partecipazioni; b) di immobilizzazioni finanziarie che non costituiscono partecipazioni; c) di titoli iscritti all'attivo circolante che non costituiscono partecipazioni; 19) svalutazioni: a) di partecipazioni; b) di immobilizzazioni finanziarie che non costituiscono partecipazioni; c) di titoli iscritti nell'attivo circolante che non costituiscono partecipazioni.

Totale delle rettifiche (18 + 19).

E) Proventi e oneri straordinari: 20) proventi, con separata indicazione delle plusvalenze da alienazioni i cui ricavi non sono iscrivibili al numero 5); 21) oneri, con separata indicazione delle minusvalenze da alienazioni, i cui effetti contabili non sono iscrivibili al numero 14), e delle imposte relative a esercizi precedenti.

Totale delle partite straordinarie (20 21).

Risultato prima delle imposte (A + B+ C+ D+ E);

22) imposte sul reddito dell'esercizio; 23) - 25) [...]; 26) utile (perdita) dell'esercizio.

2425-*bis*. Iscrizione dei ricavi, proventi, costi ed oneri.

I ricavi e i proventi, i costi e gli oneri devono essere indicati al netto dei resi, degli sconti, abbuoni e premi, nonché delle imposte direttamente connesse con la vendita dei prodotti e la prestazione dei servizi.

I ricavi e i proventi, i costi e gli oneri relativi ad operazioni in valuta devono essere determinati al cambio corrente alla data nella quale la relativa operazione è compiuta [2425 n. 17-*bis*, 2426, comma 8-*bis*].

I proventi e gli oneri relativi ad operazioni di compravendita con obbligo di retrocessione a termine, ivi compresa la differenza tra prezzo a termine e prezzo a pronti, devono essere iscritti per le quote di competenza dell'esercizio.

Le plusvalenze derivanti da operazioni di compravendita con locazione finanziaria al venditore sono ripartite in funzione della durata del contratto di locazione[1] [2].

[1] Comma aggiunto dall'art. 16, D.Lgs. 28 dicembre 2004, n. 310.

[2] Articolo aggiunto dall'art. 11, D.L. 8 aprile 1974, n. 95, convertito in L. 7 giugno 1974, n. 216 e, da ultimo, così sostituito dall'art. 1, D.Lgs. 17 gennaio 2003, n. 6, a decorrere dal 1° gennaio 2004. Il testo previgente disponeva: *I ricavi e i proventi, i costi e gli oneri devono essere indicati al netto dei resi, degli sconti, abbuoni e premi, nonché delle imposte direttamente connesse con la vendita dei prodotti e la prestazione dei servizi.*

2425-*ter*. Rendiconto finanziario.

Dal rendiconto finanziario risultano, per l'esercizio a cui è riferito il bilancio e per quello precedente, l'ammontare e la composizione delle disponibilità liquide, all'inizio e alla fine dell'esercizio, ed i flussi finanziari dell'esercizio derivanti dall'attività operativa, da quella di investimento, da quella di finanziamento, ivi comprese, con autonoma indicazione, le operazioni con i soci[1].

[1] Articolo aggiunto dall'art. 6, D.Lgs. 18 agosto 2015, n. 139. Tali nuove disposizioni entrano in vigore a decorrere dal 1° gennaio 2016 e si applicano ai bilanci relativi agli esercizi finanziari aventi inizio a partire da quella data.

2426. Criteri di valutazioni.

Nelle valutazioni devono essere osservati i seguenti criteri:

1) le immobilizzazioni sono iscritte al costo di acquisto o di produzione. Nel costo di acquisto si computano anche i costi accessori. Il costo di produzione comprende tutti i costi direttamente imputabili al prodotto. Può comprendere anche altri costi, per la quota ragionevolmente imputabile al prodotto, relativi al periodo di fabbricazione e fino al momento dal quale il bene può essere utilizzato; con gli stessi criteri possono essere aggiunti gli oneri relativi al finanziamento della fabbricazione, interna o presso terzi; le immobilizzazioni rappresentate da titoli sono rilevate in bilancio con il criterio del costo ammortizzato, ove applicabile[1];

2) il costo delle immobilizzazioni, materiali e immateriali, la cui utilizzazione è limitata nel tempo deve essere sistematicamente ammortizzato in ogni esercizio in relazione con la loro residua possibilità di utilizzazione. Eventuali modifiche dei criteri di ammortamento e dei coefficienti applicati devono essere motivate nella nota integrativa;

3) l'immobilizzazione che, alla data della chiusura dell'esercizio, risulti durevolmente di valore inferiore a quello determinato secondo i numeri *1)* e *2)* deve essere iscritta a tale minore valore. Il minor valore non può essere mantenuto nei successivi bilanci se sono venuti meno i motivi della rettifica effettuata; questa disposizione non si applica a rettifiche di valore relative all'avviamento. Per le immobilizzazioni consistenti in partecipazioni in imprese controllate o collegate che risultino iscritte per un valore superiore a quello derivante dall'applicazione del criterio di valutazione previsto dal successivo numero *4)* o, se non vi sia obbligo di redigere il bilancio consolidato, al valore corrispondente alla frazione di patrimonio netto risultante dall'ultimo bilancio dell'impresa partecipata, la differenza dovrà essere motivata nella nota integrativa[2];

4) le immobilizzazioni consistenti in partecipazioni in imprese controllate o collegate possono essere valutate, con riferimento ad una o più tra dette imprese, anziché secondo il criterio indicato al numero *1)*, per un importo pari alla corrispondente frazione del patrimonio netto risultante dall'ultimo bilancio delle imprese medesime, detratti i dividendi ed operate le rettifiche richieste dai principi di redazione del bilancio consolidato nonché quelle necessarie per il rispetto dei principi indicati negli articoli 2423 e 2423-*bis*. Quando la partecipazione è iscritta per la prima volta in base al metodo del patrimonio netto, il costo di acquisto superiore al valore corrispondente del patrimonio netto riferito alla data di acquisizione o risultante dall'ultimo bilancio dell'impresa controllata o collegata può essere iscritto nell'attivo, purché ne siano indicate le ragioni nella nota integrativa. La differenza, per la parte attribuibile a beni ammortizzabili o all'avviamento, deve essere ammortizzata. Negli esercizi successivi le plusvalenze, derivanti dall'applicazione del metodo del patrimonio netto, rispetto al valore indicato nel bilancio dell'esercizio precedente sono iscritte in una riserva non distribuibile[3];

5) i costi di impianto e di ampliamento e i costi di sviluppo aventi utilità pluriennale possono essere iscritti nell'attivo con il consenso, ove esistente, del collegio sindacale. I costi di impianto e ampliamento devono essere ammortizzati entro un periodo non superiore a cinque anni. I costi di sviluppo sono ammortizzati secondo la loro vita utile; nei casi eccezionali in cui non è possibile stimarne attendibilmente la vita utile, sono ammortizzati entro un periodo non superiore a cinque anni. Fino a che l'ammortamento dei costi di impianto e ampliamento e di sviluppo non è completato possono essere distribuiti dividendi solo se residuano riserve disponibili sufficienti a coprire l'ammontare dei costi non ammortizzati[4];

6) l'avviamento può essere iscritto nell'attivo con il consenso, ove esistente, del collegio sindacale, se acquisito a titolo oneroso, nei limiti del costo per esso sostenuto. L'ammortamento dell'avviamento è effettuato secondo la sua vita utile; nei casi eccezionali in cui non è possibile stimarne attendibilmente la vita utile, è ammortizzato entro un periodo non superiore a dieci anni. Nella nota integrativa è fornita una spiegazione del periodo di ammortamento dell'avviamento[5];

7) il disaggio e l'aggio su prestiti sono rilevati secondo il criterio stabilito dal numero *8)*[6];

8) i crediti e i debiti sono rilevati in bilancio secondo il criterio del costo ammortizzato, tenendo conto del fattore temporale e, per quanto riguarda i crediti, del valore di presumibile realizzo[7];

8-bis) le attività e passività monetarie in valuta sono iscritte al cambio a pronti alla data di chiusura dell'esercizio; i conseguenti utili o perdite su cambi devono essere imputati al conto economico e l'eventuale utile netto è accantonato in apposita riserva non distribuibile fino al realizzo. Le attività e passività in valuta non monetarie devono essere iscritte al cambio vigente al momento del loro acquisto[8];

9) le rimanenze, i titoli e le attività finanziarie che non costituiscono immobilizzazioni sono iscritti al costo di acquisto o di produzione, calcolato secondo il numero *1)*, ovvero al valore di realizzazione desumibile dall'andamento del mercato, se minore; tale minor valore non può essere mantenuto nei successivi bilanci se ne sono venuti meno i motivi. I costi di distribuzione non possono essere computati nel costo di produzione;

10) il costo dei beni fungibili può essere calcolato col metodo della media ponderata o con quelli: "primo entrato, primo uscito" o: "ultimo entrato, primo uscito"; se il valore così ottenuto differisce in misura apprezzabile dai costi correnti alla chiusura dell'esercizio, la differenza deve essere indicata, per categoria di beni, nella nota integrativa;

11) i lavori in corso su ordinazione possono essere iscritti sulla base dei corrispettivi contrattuali maturati con ragionevole certezza;

11-bis) gli strumenti finanziari derivati, anche se incorporati in altri strumenti finanziari, sono iscritti al fair value. Le variazioni del fair value sono imputate al conto economico oppure, se lo strumento copre il rischio di variazione dei flussi finanziari attesi di un altro strumento finanziario o di un'operazione programmata, direttamente ad una riserva positiva o negativa di patrimonio netto; tale riserva è imputata al conto economico nella misura e nei tempi corrispondenti al verificarsi o al modificarsi dei flussi di cassa dello strumento coperto o al verificarsi dell'operazione oggetto di copertura. Gli elementi oggetto di copertura contro il rischio di variazioni dei tassi di interesse o dei tassi di cambio o dei prezzi di mercato o contro il rischio di credito sono valutati simmetricamente allo strumento derivato di copertura; si considera sussistente la copertura in presenza, fin dall'inizio, di stretta e documentata correlazione tra le caratteristiche dello strumento o dell'operazione coperti e quelle dello strumento di copertura. Non sono distribuibili gli utili che derivano dalla valutazione al fair value degli strumenti finanziari derivati non utilizzati o non necessari per la copertura. Le riserve di patrimonio che derivano dalla valutazione al fair value di derivati utilizzati a copertura dei flussi finanziari attesi di un altro strumento finanziario o di un'operazione programmata non sono considerate nel computo del patrimonio netto per le finalità di cui agli articoli 2412, 2433, 2442, 2446 e 2447 e, se positive, non sono disponibili e non sono utilizzabili a copertura delle perdite[9];

12) [...][10].

Ai fini della presente Sezione, per la definizione di "strumento finanziario", di "attività finanziaria" e "passività finanziaria", di "strumento finanziario derivato", di "costo ammortizzato", di "fair value", di "attività monetaria" e "passività monetaria", "parte correlata" e "modello e tecnica di valutazione generalmente accettato" si fa riferimento ai principi contabili internazionali adottati dall'Unione europea[11].

Ai fini dell'applicazione delle disposizioni del primo comma, numero 11-bis), sono considerati strumenti finanziari derivati anche quelli collegati a merci che conferiscono all'una o all'altra parte contraente il diritto di procedere alla liquidazione del contratto per contanti o mediante altri strumenti finanziari, ad eccezione del caso in cui si verifichino contemporaneamente le seguenti condizioni:

a) il contratto sia stato concluso e sia mantenuto per soddisfare le esigenze previste dalla società che redige il bilancio di acquisto, di vendita o di utilizzo delle merci;

b) il contratto sia stato destinato a tale scopo fin dalla sua conclusione;

c) si prevede che il contratto sia eseguito mediante consegna della merce[11].

Il fair value è determinato con riferimento:

a) al valore di mercato, per gli strumenti finanziari per i quali è possibile individuare facilmente un mercato attivo; qualora il valore di mercato non sia facilmente individuabile per uno strumento, ma possa essere individuato per i suoi componenti o per uno strumento analogo, il valore di mercato può essere derivato da quello dei componenti o dello strumento analogo;

b) al valore che risulta da modelli e tecniche di valutazione generalmente accettati, per gli strumenti per i quali non sia possibile individuare facilmente un mercato attivo; tali modelli e tecniche di valutazione devono assicurare una ragionevole approssimazione al valore di mercato[11].

Il fair value non è determinato se l'applicazione dei criteri indicati al quarto comma non dà un risultato attendibile[11][12].

[1] Numero così modificato dall'art. 6, D.Lgs. 18 agosto 2015, n. 139. Tali nuove disposizioni entrano in vigore a decorrere dal 1° gennaio 2016 e si applicano ai bilanci relativi agli esercizi finanziari aventi inizio a partire da quella data. Tali modificazioni possono non essere applicate alle componenti delle voci riferite a operazioni che non hanno ancora esaurito i loro effetti in bilancio. Il testo previgente disponeva: *1) le immobilizzazioni sono iscritte al costo di acquisto o di produzione. Nel costo di acquisto si computano anche i costi accessori. Il costo di produzione comprende tutti i costi direttamente imputabili al prodotto. Può comprendere anche altri costi, per la quota ragionevolmente imputabile al prodotto, relativi al periodo di fabbricazione e fino al momento dal quale il bene può essere utilizzato; con gli stessi criteri possono essere aggiunti gli oneri relativi al finanziamento della fabbricazione, interna o presso terzi.*

[2] Numero così modificato dall'art. 6, D.Lgs. 18 agosto 2015, n. 139. Tali nuove disposizioni entrano in vigore a decorrere dal 1° gennaio 2016 e si applicano ai bilanci relativi agli esercizi finanziari aventi inizio a partire da quella data. Il testo previgente disponeva: *3) l'immobilizzazione che, alla data della chiusura dell'esercizio, risulti durevolmente di valore inferiore a quello determinato secondo i numeri 1) e 2) deve essere iscritta a tale minore valore; questo non può essere mantenuto nei successivi bilanci se sono venuti meno i motivi della rettifica effettuata. Per le immobilizzazioni consistenti in partecipazioni in imprese controllate o collegate che risultino iscritte per un valore superiore a quello derivante dall'applicazione del criterio di valutazione previsto dal successivo numero 4) o, se non vi sia obbligo di redigere il bilancio consolidato, al valore corrispondente alla frazione di patrimonio netto risultante dall'ultimo bilancio dell'impresa partecipata, la differenza dovrà essere motivata nella nota integrativa.*

[3] Numero così modificato dall'art. 6, D.Lgs. 18 agosto 2015, n. 139. Tali nuove disposizioni entrano in vigore a decorrere dal 1° gennaio 2016 e si applicano ai bilanci relativi agli esercizi finanziari aventi inizio a partire da quella data. Il testo previgente disponeva: *4) le immobilizzazioni consistenti in partecipazioni in imprese controllate o collegate possono*

essere valutate, con riferimento ad una o più tra dette imprese, anziché secondo il criterio indicato al numero 1), per un importo pari alla corrispondente frazione del patrimonio netto risultante dall'ultimo bilancio delle imprese medesime, detratti i dividendi ed operate le rettifiche richieste dai principi di redazione del bilancio consolidato nonché quelle necessarie per il rispetto dei principi indicati negli articoli 2423 e 2423-bis. Quando la partecipazione è iscritta per la prima volta in base al metodo del patrimonio netto, il costo di acquisto superiore al valore corrispondente del patrimonio netto risultante dall'ultimo bilancio dell'impresa controllata o collegata può essere iscritto nell'attivo, purché ne siano indicate le ragioni nella nota integrativa. La differenza, per la parte attribuibile a beni ammortizzabili o all'avviamento, deve essere ammortizzata. Negli esercizi successivi le plusvalenze, derivanti dall'applicazione del metodo del patrimonio netto, rispetto al valore indicato nel bilancio dell'esercizio precedente sono iscritte in una riserva non distribuibile.

[4] Numero così sostituito dall'art. 6, D.Lgs. 18 agosto 2015, n. 139. Tali nuove disposizioni entrano in vigore a decorrere dal 1° gennaio 2016 e si applicano ai bilanci relativi agli esercizi finanziari aventi inizio a partire da quella data. Il testo previgente disponeva: *5) i costi di impianto e di ampliamento, i costi di ricerca, di sviluppo e di pubblicità aventi utilità pluriennale possono essere iscritti nell'attivo con il consenso, ove esistente, del collegio sindacale e devono essere ammortizzati entro un periodo non superiore a cinque anni. Fino a che l'ammortamento non è completato possono essere distribuiti dividendi solo se residuano riserve disponibili sufficienti a coprire l'ammontare dei costi non ammortizzati.*

[5] Numero così modificato dall'art. 6, D.Lgs. 18 agosto 2015, n. 139. Tali nuove disposizioni entrano in vigore a decorrere dal 1° gennaio 2016 e si applicano ai bilanci relativi agli esercizi finanziari aventi inizio a partire da quella data. Tali modificazioni possono non essere applicate alle componenti delle voci riferite a operazioni che non hanno ancora esaurito i loro effetti in bilancio. Il testo previgente disponeva: *6) l'avviamento può essere iscritto nell'attivo con il consenso, ove esistente, del collegio sindacale, se acquisito a titolo oneroso, nei limiti del costo per esso sostenuto e deve essere ammortizzato entro un periodo di cinque anni. È tuttavia consentito ammortizzare sistematicamente l'avviamento in un periodo limitato di durata superiore, purché esso non superi la durata per l'utilizzazione di questo attivo e ne sia data adeguata motivazione nella nota integrativa.*

[6] Numero così sostituito dall'art. 6, D.Lgs. 18 agosto 2015, n. 139. Tali nuove disposizioni entrano in vigore a decorrere dal 1° gennaio 2016 e si applicano ai bilanci relativi agli esercizi finanziari aventi inizio a partire da quella data. Il testo previgente disponeva: *7) il disaggio su prestiti deve essere iscritto nell'attivo e ammortizzato in ogni esercizio per il periodo di durata del prestito.*

[7] Numero così sostituito dall'art. 6, D.Lgs. 18 agosto 2015, n. 139. Tali nuove disposizioni entrano in vigore a decorrere dal 1° gennaio 2016 e si applicano ai bilanci relativi agli esercizi finanziari aventi inizio a partire da quella data. Tali modificazioni possono non essere applicate alle componenti delle voci riferite a operazioni che non hanno ancora esaurito i loro effetti in bilancio. Il testo previgente disponeva: *8) i crediti devono essere iscritti secondo il valore presumibile di realizzazione.*

[8] Numero così sostituito dall'art. 6, D.Lgs. 18 agosto 2015, n. 139. Tali nuove disposizioni entrano in vigore a decorrere dal 1° gennaio 2016 e si applicano ai bilanci relativi agli esercizi finanziari aventi inizio a partire da quella data. Il testo previgente disponeva: *8-bis) le attività e le passività in valuta, ad eccezione delle immobilizzazioni, devono essere iscritte al tasso di cambio a pronti alla data di chiusura dell'esercizio ed i relativi utili e perdite su cambi devono essere imputati al conto economico e l'eventuale utile netto deve essere accantonato in apposita riserva non distribuibile fino al realizzo. Le immobilizzazioni materiali, immateriali e quelle finanziarie, costituite da partecipazioni, rilevate al costo in valuta devono essere iscritte al tasso di cambio al momento del loro acquisto o a quello inferiore alla data di chiusura dell'esercizio se la riduzione debba giudicarsi durevole.*

[9] Numero aggiunto dall'art. 6, D.Lgs. 18 agosto 2015, n. 139. Tali nuove disposizioni entrano in vigore a decorrere dal 1° gennaio 2016 e si applicano ai bilanci relativi agli esercizi finanziari aventi inizio a partire da quella data.

[10] Numero abrogato dall'art. 6, D.Lgs. 18 agosto 2015, n. 139. Tali nuove disposizioni entrano in vigore a decorrere dal 1° gennaio 2016 e si applicano ai bilanci relativi agli esercizi finanziari aventi inizio a partire da quella data. Il testo previgente disponeva: *12) le attrezzature industriali e commerciali, le materie prime, sussidiarie e di consumo, possono essere iscritte nell'attivo ad un valore costante qualora siano costantemente rinnovate, e complessivamente di scarsa importanza in rapporto all'attivo di bilancio, sempreché non si abbiano variazioni sensibili nella loro entità, valore e composizione.*

[11] Comma aggiunto dall'art. 6, D.Lgs. 18 agosto 2015, n. 139. Tali nuove disposizioni entrano in vigore a decorrere dal 1° gennaio 2016 e si applicano ai bilanci relativi agli esercizi finanziari aventi inizio a partire da quella data.

[12] Articolo così sostituito dall'art. 1, D.Lgs. 17 gennaio 2003, n. 6, a decorrere dal 1° gennaio 2004. Il testo previgente disponeva: *Nelle valutazioni devono essere osservati i seguenti criteri:*

1) le immobilizzazioni sono iscritte al costo di acquisto o di produzione. Nel costo di acquisto si computano anche i costi accessori. Il costo di produzione comprende tutti i costi direttamente imputabili al prodotto. Può comprendere anche altri costi, per la quota ragionevolmente imputabile al prodotto, relativi al periodo di fabbricazione e fino al momento dal quale il bene può essere utilizzato; con gli stessi criteri possono essere aggiunti gli oneri relativi al finanziamento della fabbricazione, interna o presso terzi;

2) il costo delle immobilizzazioni, materiali e immateriali, la cui utilizzazione è limitata nel tempo deve essere sistematicamente ammortizzato in ogni esercizio in relazione con la loro residua possibilità di utilizzazione. Eventuali modifiche dei criteri di ammortamento e dei coefficienti applicati devono essere motivate nella nota integrativa;

3) l'immobilizzazione che, alla data della chiusura dell'esercizio, risulti durevolmente di valore inferiore a quello determinato secondo i numeri 1) e 2) deve essere iscritta a tale minor valore; questo non può essere mantenuto nei successivi bilanci se sono venuti meno i motivi della rettifica effettuata. Per le immobilizzazioni consistenti in partecipazioni in imprese controllate o collegate che risultino iscritte per un valore superiore a quello derivante dall'applicazione del criterio di valutazione previsto dal successivo numero 4) o, se non vi sia obbligo di redigere il bilancio consolidato, al valore corrispondente alla frazione di patrimonio netto risultante dall'ultimo bilancio dell'impresa partecipata, la differenza dovrà essere motivata nella nota integrativa;

4) le immobilizzazioni consistenti in partecipazioni in imprese controllate o collegate possono essere valutate, con riferimento ad una o più tra dette imprese, anziché secondo il criterio indicato al numero 1), per un importo pari alla corrispondente frazione del patrimonio netto risultante dall'ultimo bilancio delle imprese medesime, detratti i dividendi ed operate le rettifiche richieste dai principi di redazione del bilancio consolidato nonché quelle necessarie per il rispetto dei principi indicati negli articoli 2423 e 2423-bis. Quando la partecipazione è iscritta per la prima volta in base al metodo del patrimonio netto, il costo di acquisto superiore al valore corrispondente del patrimonio netto risultante dall'ultimo bilancio dell'impresa controllata o collegata può essere iscritto nell'attivo, purché ne siano indicate le ragioni nella nota integrativa. La differenza, per la parte attribuibile a beni ammortizzabili o all'avviamento, deve essere ammortizzata. Negli esercizi successivi le plusvalenze, derivanti dall'applicazione del metodo del patrimonio netto, rispetto al valore indicato nel bilancio dell'esercizio precedente sono iscritte in una riserva non distribuibile;

5) i costi di impianto e di ampliamento, i costi di ricerca, di sviluppo e di pubblicità aventi utilità pluriennale possono essere iscritti nell'attivo con il consenso del collegio sindacale e devono essere ammortizzati entro un periodo non superiore a cinque anni. Fino a che l'ammortamento non è completato possono essere distribuiti dividendi solo se residuano riserve disponibili sufficienti a coprire l'ammontare dei costi non ammortizzati;

6) l'avviamento può essere iscritto nell'attivo con il consenso del collegio sindacale, se acquisito a titolo oneroso, nei limiti del costo per esso sostenuto e deve essere ammortizzato entro un periodo di cinque anni. È tuttavia consentito ammortizzare sistematicamente l'avviamento in un periodo limitato di durata superiore, purché esso non superi la durata per l'utilizzazione di questo attivo e ne sia data adeguata motivazione nella nota integrativa;

7) il disaggio su prestiti deve essere iscritto nell'attivo e ammortizzato in ogni esercizio per il periodo di durata del prestito;

8) i crediti devono essere iscritti secondo il valore presumibile di realizzazione;

9) le rimanenze, i titoli e le attività finanziarie che non costituiscono immobilizzazioni sono iscritti al costo di acquisto o di produzione, calcolato secondo il numero 1), ovvero al valore di realizzazione desumibile dall'andamento del mercato, se minore; tale minor valore non può essere mantenuto nei successivi bilanci se ne sono venuti meno i motivi. I costi di distribuzione non possono essere computati nel costo di produzione;

10) il costo dei beni fungibili può essere calcolato col metodo della media ponderata con quelli "primo entrato, primo uscito" o "ultimo entrato, primo uscito"; se il valore così ottenuto differisce in misura apprezzabile dai costi correnti alla chiusura dell'esercizio, la differenza deve essere indicata, per categoria di beni, nella nota integrativa;

11) i lavori in corso su ordinazione possono essere iscritti sulla base dei corrispettivi contrattuali maturati con ragionevole certezza;

12) le attrezzature industriali e commerciali, le materie prime, sussidiarie e di consumo, possono essere iscritte nell'attivo ad un valore costante qualora siano costantemente rinnovate, e complessivamente di scarsa importanza in rapporto all'attivo di bilancio, sempreché non si abbiano variazioni sensibili nella loro entità, valore e composizione.

È consentito effettuare rettifiche di valore e accantonamenti esclusivamente in applicazione di norme tributarie.

● Norme connesse:
- artt. 149-150, 153-154, D.Lgs. 24 febbraio 1998, n. 58.

2427. Contenuto della nota integrativa.

La nota integrativa deve indicare, oltre a quanto stabilito da altre disposizioni:

1) i criteri applicati nella valutazione delle voci del bilancio, nelle rettifiche di valore e nella conversione dei valori non espressi all'origine in moneta avente corso legale nello Stato;

2) i movimenti delle immobilizzazioni, specificando per ciascuna voce: il costo; le precedenti rivalutazioni, ammortamenti e svalutazioni; le acquisizioni, gli spostamenti da una ad altra voce, le alienazioni avvenuti nell'esercizio; le rivalutazioni, gli ammortamenti e le svalutazioni effettuati nell'esercizio; il totale delle rivalutazioni riguardanti le immobilizzazioni esistenti alla chiusura dell'esercizio;

3) la composizione delle voci: "costi di impianto e di ampliamento" e: "costi di sviluppo", nonché le ragioni della iscrizione ed i rispettivi criteri di ammortamento[1];

3-bis) la misura e le motivazioni delle riduzioni di valore applicate alle immobilizzazioni materiali e immateriali, facendo a tal fine esplicito riferimento al loro concorso alla futura produzione di risultati economici, alla loro prevedibile durata utile e, per quanto rilevante, al loro valore di mercato, segnalando altresì le differenze rispetto a quelle operate negli esercizi precedenti ed evidenziando la loro influenza sui risultati economici dell'esercizio[2];

4) le variazioni intervenute nella consistenza delle altre voci dell'attivo e del passivo; in particolare, per le voci del patrimonio netto, per i fondi e per il trattamento di fine rapporto, la formazione e le utilizzazioni;

5) l'elenco delle partecipazioni, possedute direttamente o per tramite di società fiduciaria o per interposta persona, in imprese controllate e collegate, indicando per ciascuna la denominazione, la sede, il capitale, l'importo del patrimonio netto, l'utile o la perdita dell'ultimo esercizio, la quota posseduta e il valore attribuito in bilancio o il corrispondente credito;

6) distintamente per ciascuna voce, l'ammontare dei crediti e dei debiti di durata residua superiore a cinque anni, e dei debiti assistiti da garanzie reali su beni sociali, con specifica indicazione della natura delle garanzie e con specifica ripartizione secondo le aree geografiche;

6-bis) eventuali effetti significativi delle variazioni nei cambi valutari verificatesi successivamente alla chiusura dell'esercizio;

6-ter) distintamente per ciascuna voce, l'ammontare dei crediti e dei debiti relativi ad operazioni che prevedono l'obbligo per l'acquirente di retrocessione a termine;

7) la composizione delle voci "ratei e risconti attivi" e "ratei e risconti passivi" e della voce "altri fondi" dello stato patrimoniale, nonché la composizione della voce "altre riserve"[3];

7-bis) le voci di patrimonio netto devono essere analiticamente indicate, con specificazione in appositi prospetti della loro origine, possibilità di utilizzazione e distribuibilità, nonché della loro avvenuta utilizzazione nei precedenti esercizi;

8) l'ammontare degli oneri finanziari imputati nell'esercizio ai valori iscritti nell'attivo dello stato patrimoniale, distintamente per ogni voce;

9) l'importo complessivo degli impegni, delle garanzie e delle passività potenziali non risultanti dallo stato patrimoniale, con indicazione della natura delle garanzie reali prestate; gli impegni esistenti in materia di trattamento di quiescenza e simili, nonchè gli impegni assunti nei confronti di imprese controllate, collegate, nonchè controllanti e imprese sottoposte al controllo di quest'ultime sono distintamente indicati[4];

10) la ripartizione dei ricavi delle vendite e delle prestazioni secondo categorie di attività e secondo aree geografiche[5];

11) l'ammontare dei proventi da partecipazioni, indicati nell'articolo 2425, numero *15)*, diversi dai dividendi;

12) la suddivisione degli interessi ed altri oneri finanziari, indicati nell'articolo 2425, n. *17)*, relativi a prestiti obbligazionari, a debiti verso banche, e altri;

13) l'importo e la natura dei singoli elementi di ricavo o di costo di entità o incidenza eccezionali[6];

14) un apposito prospetto contenente:

a) la descrizione delle differenze temporanee che hanno comportato la rilevazione di imposte differite e anticipate, specificando l'aliquota applicata e le variazioni rispetto all'esercizio precedente, gli importi accreditati o addebitati a conto economico oppure a patrimonio netto, le voci escluse dal computo e le relative motivazioni;

b) l'ammontare delle imposte anticipate contabilizzato in bilancio attinenti a perdite dell'esercizio o di esercizi precedenti e le motivazioni dell'iscrizione, l'ammontare non ancora contabilizzato e le motivazioni della mancata iscrizione;

15) il numero medio dei dipendenti, ripartito per categoria;

16) l'ammontare dei compensi, delle anticipazioni e dei crediti concessi agli amministratori ed ai sindaci, cumulativamente per ciascuna categoria, precisando il tasso d'interesse, le principali condizioni e gli importi eventualmente rimborsati, cancellati o oggetto di rinuncia, nonchè gli impegni assunti per loro conto per effetto di garanzie di qualsiasi tipo prestate, precisando il totale per ciascuna categoria[7];

16-bis) salvo che la società sia inclusa in un ambito di consolidamento e le informazioni siano contenute nella nota integrativa del relativo bilancio consolidato, l'importo totale dei corrispettivi spettanti al revisore legale o alla società di revisione legale per la revisione legale dei conti annuali, l'importo totale dei corrispettivi di competenza per gli altri servizi di verifica svolti, l'importo totale dei corrispettivi di competenza per i servizi di consulenza fiscale e l'importo totale dei corrispettivi di competenza per altri servizi diversi dalla revisione contabile[8];

17) il numero e il valore nominale di ciascuna categoria di azioni della società e il numero e il valore nominale delle nuove azioni della società sottoscritte durante l'esercizio;

18) le azioni di godimento, le obbligazioni convertibili in azioni, i warrants, le opzioni e i titoli o valori simili emessi dalla società, specificando il loro numero e i diritti che essi attribuiscono[9];

19) il numero e le caratteristiche degli altri strumenti finanziari emessi dalla società, con l'indicazione dei diritti patrimoniali e partecipativi che conferiscono e delle principali caratteristiche delle operazioni relative;

19-bis) i finanziamenti effettuati dai soci alla società, ripartiti per scadenze e con la separata indicazione di quelli con clausola di postergazione rispetto agli altri creditori;

20) i dati richiesti dal terzo comma dell'articolo 2447-*septies* con riferimento ai patrimoni destinati ad uno specifico affare ai sensi della lettera *a)* del primo comma dell'articolo 2447-*bis*;

21) i dati richiesti dall'articolo 2447 *decies*, ottavo comma;

22) le operazioni di locazione finanziaria che comportano il trasferimento al locatario della parte prevalente dei rischi e dei benefici inerenti ai beni che ne costituiscono oggetto, sulla base di un apposito prospetto dal quale risulti il valore attuale delle rate di canone non scadute quale determinato utilizzando tassi di interesse pari all'onere finanziario effettivo inerenti i singoli contratti, l'onere finanziario effettivo attribuibile ad essi e riferibile all'esercizio, l'ammontare complessivo al quale i beni oggetto di locazione sarebbero stati iscritti alla data di chiusura dell'esercizio qualora fossero stati considerati immobilizzazioni, con separata indicazione di ammortamenti, rettifiche e riprese di valore che sarebbero stati inerenti all'esercizio.

22-bis) le operazioni realizzate con parti correlate, precisando l'importo, la natura del rapporto e ogni altra informazione necessaria per la compren-

CODICE CIVILE

sione del bilancio relativa a tali operazioni, qualora le stesse non siano state concluse a normali condizioni di mercato. Le informazioni relative alle singole operazioni possono essere aggregate secondo la loro natura, salvo quando la loro separata evidenziazione sia necessaria per comprendere gli effetti delle operazioni medesime sulla situazione patrimoniale e finanziaria e sul risultato economico della società[10];

22-ter) la natura e l'obiettivo economico di accordi non risultanti dallo stato patrimoniale, con indicazione del loro effetto patrimoniale, finanziario ed economico, a condizione che i rischi e i benefici da essi derivanti siano significativi e l'indicazione degli stessi sia necessaria per valutare la situazione patrimoniale e finanziaria e il risultato economico della società[11];

22-quater) la natura e l'effetto patrimoniale, finanziario ed economico dei fatti di rilievo avvenuti dopo la chiusura dell'esercizio[12];

22-quinquies) il nome e la sede legale dell'impresa che redige il bilancio consolidato dell'insieme più grande di imprese di cui l'impresa fa parte in quanto impresa controllata, nonchè il luogo in cui è disponibile la copia del bilancio consolidato[12];

22-sexies) il nome e la sede legale dell'impresa che redige il bilancio consolidato dell'insieme più piccolo di imprese di cui l'impresa fa parte in quanto impresa controllata nonchè il luogo in cui è disponibile la copia del bilancio consolidato[12];

22-septies) la proposta di destinazione degli utili o di copertura delle perdite[12].

Le informazioni in nota integrativa relative alle voci dello stato patrimoniale e del conto economico sono presentate secondo l'ordine in cui le relative voci sono indicate nello stato patrimoniale e nel conto economico[13 14].

[1] Numero così modificato dall'art. 6, D.Lgs. 18 agosto 2015, n. 139. Tali nuove disposizioni entrano in vigore a decorrere dal 1° gennaio 2016 e si applicano ai bilanci relativi agli esercizi finanziari aventi inizio a partire da quella data. Il testo previgente disponeva: *3) la composizione delle voci: "costi di impianto e di ampliamento" e: "costi di ricerca, di sviluppo e di pubblicità", nonché le ragioni della iscrizione ed i rispettivi criteri di ammortamento.*

[2] Numero così modificato dall'art. 18, D.Lgs. 28 dicembre 2004, n. 310. Il testo previgente disponeva: *3-bis) la misura e le motivazioni delle riduzioni di valore applicate alle immobilizzazioni immateriali di durata indeterminata, facendo a tal fine esplicito riferimento al loro concorso alla futura produzione di risultati economici, alla loro prevedibile durata utile e, per quanto determinabile, al loro valore di mercato, segnalando altresì le differenze rispetto a quelle operate negli esercizi precedenti ed evidenziando la loro influenza sui risultati economici dell'esercizio e sugli indicatori di redditività di cui sia stata data comunicazione.*

[3] Numero così modificato dall'art. 6, D.Lgs. 18 agosto 2015, n. 139. Tali nuove disposizioni entrano in vigore a decorrere dal 1° gennaio 2016 e si applicano ai bilanci relativi agli esercizi finanziari aventi inizio a partire da quella data. Il testo previgente disponeva: *7) la composizione delle voci "ratei e risconti attivi" e "ratei e risconti passivi" e della voce "altri fondi" dello stato patrimoniale, quando il loro ammontare sia apprezzabile, nonché la composizione della voce "altre riserve".*

[4] Numero così sostituito dall'art. 6, D.Lgs. 18 agosto 2015, n. 139. Tali nuove disposizioni entrano in vigore a decorrere dal 1° gennaio 2016 e si applicano ai bilanci relativi agli esercizi finanziari aventi inizio a partire da quella data. Il testo previgente disponeva: *9) gli impegni non risultanti dallo stato patrimoniale; le notizie sulla composizione e natura di tali impegni e dei conti d'ordine, la cui conoscenza sia utile per valutare la situazione patrimoniale e finanziaria della società, specificando quelli relativi a imprese controllate, collegate, controllanti e a imprese sottoposte al controllo di queste ultime.*

[5] Numero così modificato dall'art. 6, D.Lgs. 18 agosto 2015, n. 139. Tali nuove disposizioni entrano in vigore a decorrere dal 1° gennaio 2016 e si applicano ai bilanci relativi agli esercizi finanziari aventi inizio a partire da quella data. Il testo previgente disponeva: *10) se significativa, la ripartizione dei ricavi delle vendite e delle prestazioni secondo categorie di attività e secondo aree geografiche.*

[6] Numero così sostituito dall'art. 6, D.Lgs. 18 agosto 2015, n. 139. Tali nuove disposizioni entrano in vigore a decorrere dal 1° gennaio 2016 e si applicano ai bilanci relativi agli esercizi finanziari aventi inizio a partire da quella data. Il testo previgente disponeva: *13) la composizione delle voci: "proventi straordinari" e: "oneri straordinari" del conto economico, quando il loro ammontare sia apprezzabile.*

[7] Numero così modificato dall'art. 6, D.Lgs. 18 agosto 2015, n. 139. Tali nuove disposizioni entrano in vigore a decorrere dal 1° gennaio 2016 e si applicano ai bilanci relativi agli esercizi finanziari aventi inizio a partire da quella data. Il testo previgente disponeva: *16) l'ammontare dei compensi spettanti agli amministratori ed ai sindaci, cumulativamente per ciascuna categoria.*

[8] Numero aggiunto dall'art. 37, D.Lgs. 27 gennaio 2010, n. 39.

[9] Numero così modificato dall'art. 6, D.Lgs. 18 agosto 2015, n. 139. Tali nuove disposizioni entrano in vigore a decorrere dal 1° gennaio 2016 e si applicano ai bilanci relativi agli esercizi finanziari aventi inizio a partire da quella data. Il testo previgente disponeva: *18) le azioni di godimento, le obbligazioni convertibili in azioni e i titoli o valori simili emessi dalla società, specificando il loro numero e i diritti che essi attribuiscono.*

[10] Numero aggiunto dall'art. 1, D.Lgs. 3 novembre 2008, n. 173 e poi così modificato dall'art. 6, D.Lgs. 18 agosto 2015, n. 139. Tali nuove disposizioni entrano in vigore a decorrere dal 1° gennaio 2016 e si applicano ai bilanci relativi agli esercizi finanziari aventi inizio a partire da quella data. Il testo previgente disponeva: *22-bis) le operazioni realizzate con parti correlate, precisando l'importo, la natura del rapporto e ogni altra informazione necessaria per la comprensione del bilancio relativa a tali operazioni, qualora le stesse siano rilevanti e non siano state concluse a normali condizioni di mercato. Le informazioni relative alle singole operazioni possono essere aggregate secondo la loro natura, salvo quando la loro separata evidenziazione sia necessaria per comprendere gli effetti delle operazioni medesime sulla situazione patrimoniale e finanziaria e sul risultato economico della società.*

[11] Numero aggiunto dall'art. 1, D.Lgs. 3 novembre 2008, n. 173.

[12] Numero aggiunto dall'art. 6, D.Lgs. 18 agosto 2015, n. 139. Tali nuove disposizioni entrano in vigore a decorrere dal 1° gennaio 2016 e si applicano ai bilanci relativi agli esercizi finanziari aventi inizio a partire da quella data.

[13] Comma aggiunto dall'art. 1, D.Lgs. 3 novembre 2008, n. 173 e poi così sostituito dall'art. 6, D.Lgs. 18 agosto 2015, n. 139. Tali nuove disposizioni entrano in vigore a decorrere dal 1° gennaio 2016 e si applicano ai bilanci relativi agli esercizi finanziari aventi inizio a partire da quella data. Il testo previgente disponeva: *Ai fini dell'applicazione del primo comma, numeri 22-bis) e 22-ter), e degli articoli 2427-bis e 2428, terzo comma, numero 6-bis), per le definizioni di "strumento finanziario", "strumento finanziario derivato", "fair value", "parte correlata" e "modello e tecnica di valutazione generalmente accettato" si fa riferimento ai principi contabili internazionali adottati dall'Unione europea.*

[14] Articolo così sostituito dall'art. 1, D.Lgs. 17 gennaio 2003, n. 6, a decorrere dal 1° gennaio 2004. Il testo previgente disponeva: *La nota integrativa deve indicare, oltre a quanto stabilito da altre disposizioni:*

1) i criteri applicati nella valutazione delle voci del bilancio, nelle rettifiche di valore e nella conversione dei valori non espressi all'origine in moneta avente corso legale nello Stato;

2) i movimenti delle immobilizzazioni, specificando per ciascuna voce: il costo; le precedenti rivalutazioni, ammortamenti e svalutazioni; le acquisizioni, gli spostamenti da una ad altra voce le alienazioni avvenuti nell'esercizio; le rivalutazioni, gli ammortamenti e le svalutazioni effettuati nell'esercizio; il totale delle rivalutazioni riguardanti le immobilizzazioni esistenti alla chiusura dell'esercizio;

3) la composizione delle voci "costi di impianto e di ampliamento" e "costi di ricerca, di sviluppo e di pubblicità", nonché le ragioni della iscrizione ed i rispettivi criteri di ammortamento;

4) le variazioni intervenute nella consistenza delle altre voci dell'attivo e del passivo; in particolare, per i fondi e per il trattamento di fine rapporto, le utilizzazioni e gli accantonamenti;

5) l'elenco delle partecipazioni, possedute direttamente o per tramite di società fiduciaria o per interposta persona, in imprese controllate e collegate, indicando per ciascuna la denominazione, la sede, il capitale, l'importo del patrimonio netto, l'utile o la perdita dell'ultimo esercizio, la quota posseduta e il valore attribuito in bilancio o il corrispondente credito;

6) distintamente per ciascuna voce l'ammontare dei crediti e dei debiti di durata residua superiore a cinque anni, e dei debiti assistiti da garanzie reali su beni sociali, con specifica indicazione della natura delle garanzie;

7) la composizione delle voci "ratei e risconti attivi" e "ratei e risconti passivi" e della voce "altri fondi" dello stato patrimoniale, quando il loro ammontare sia apprezzabile, nonché la composizione della voce "altre riserve";

8) l'ammontare degli oneri finanziari imputati nell'esercizio ai valori iscritti nell'attivo dello stato patrimoniale, distintamente per ogni voce;

9) gli impegni non risultanti dallo stato patrimoniale; le notizie sulla composizione e natura di tali impegni e dei conti d'ordine, la cui conoscenza sia utile per valutare la situazione patrimoniale e finanziaria della società, specificando quelli relativi a imprese controllate, collegate, controllanti e a imprese sottoposte al controllo di queste ultime;

10) se significativa, la ripartizione dei ricavi delle vendite e delle prestazioni secondo categorie di attività e secondo aree geografiche;

11) l'ammontare dei proventi da partecipazioni, indicati nell'articolo 2425 numero 15), diversi dai dividendi;

12) la suddivisione degli interessi ed altri oneri finanziari, indicati nell'articolo 2425, numero 17), relativi a prestiti obbligazionari, a debiti verso banche, e altri;

13) la composizione delle voci "proventi straordinari" e "oneri straordinari" del conto economico, quando il loro ammontare sia apprezzabile;

14) i motivi delle rettifiche di valore e degli accantonamenti eseguiti esclusivamente in applicazione di norme tributarie ed i relativi importi, appositamente evidenziati rispetto all'ammontare complessivo delle rettifiche e degli accantonamenti risultanti dalle apposite voci del conto economico;

15) il numero medio dei dipendenti, ripartito per categoria;

16) l'ammontare dei compensi spettanti agli amministratori ed ai sindaci, cumulativamente per ciascuna categoria;

17) il numero e il valore nominale di ciascuna categoria di azioni della società e il numero e il valore nominale delle nuove azioni della società sottoscritte durante l'esercizio;

18) le azioni di godimento, le obbligazioni convertibili in azioni e i titoli o valori simili emessi dalla società, specificando il loro numero e i diritti che essi attribuiscono.

● Norme connesse:
- art. 90, D.Lgs. 7 settembre 2005, n. 209.

2427-*bis*. Informazioni relative al "fair value" degli strumenti finanziari[1].

1. Nella nota integrativa sono indicati:

1) per ciascuna categoria di strumenti finanziari derivati:

a) il loro fair value;

b) informazioni sulla loro entità e sulla loro natura, compresi i termini e le condizioni significative che possono influenzare l'importo, le scadenze e la certezza dei flussi finanziari futuri[2];

b-bis) gli assunti fondamentali su cui si basano i modelli e le tecniche di valutazione, qualora il fair value non sia stato determinato sulla base di evidenze di mercato[3];

b-ter) le variazioni di valore iscritte direttamente nel conto economico, nonchè quelle imputate alle riserve di patrimonio netto[3];

b-quater) una tabella che indichi i movimenti delle riserve di fair value avvenuti nell'esercizio[3];

2) per le immobilizzazioni finanziarie iscritte a un valore superiore al loro fair value, con esclusione delle partecipazioni in società controllate e collegate ai sensi dell'articolo 2359 e delle partecipazioni in joint venture:

a) il valore contabile e il fair value delle singole attività, o di appropriati raggruppamenti di tali attività;

b) i motivi per i quali il valore contabile non è stato ridotto, inclusa la natura degli elementi sostanziali sui quali si basa il convincimento che tale valore possa essere recuperato.

2. [...][4].
3. [...][5].
4. [...][6].
5. [...][7 8].

[1] Rubrica così modificata dall'art. 6, D.Lgs. 18 agosto 2015, n. 139. Tali nuove disposizioni entrano in vigore a decorrere dal 1° gennaio 2016 e si applicano ai bilanci relativi agli esercizi finanziari aventi inizio a partire da quella data. Il testo previgente disponeva: *Informazioni relative al valore equo "fair value" degli strumenti finanziari.*

[2] Lettera così modificata dall'art. 6, D.Lgs. 18 agosto 2015, n. 139. Tali nuove disposizioni entrano in vigore a decorrere dal 1° gennaio 2016 e si applicano ai bilanci relativi agli esercizi finanziari aventi inizio a partire da quella data. Il testo previgente disponeva: *b) informazioni sulla loro entità e sulla loro natura.*

[3] Lettera aggiunta dall'art. 6, D.Lgs. 18 agosto 2015, n. 139. Tali nuove disposizioni entrano in vigore a decorrere dal 1° gennaio 2016 e si applicano ai bilanci relativi agli esercizi finanziari aventi inizio a partire da quella data.

[4] Comma abrogato dall'art. 6, D.Lgs. 18 agosto 2015, n. 139. Tali nuove disposizioni entrano in vigore a decorrere dal 1° gennaio 2016 e si applicano ai bilanci relativi agli esercizi finanziari aventi inizio a partire da quella data. Il testo previgente disponeva: *2. Ai fini dell'applicazione delle disposizioni del comma 1, sono considerati strumenti finanziari derivati anche quelli collegati a merci che conferiscono all'una o all'altra parte contraente il diritto di procedere alla liquidazione del contratto per contanti o mediante altri strumenti finanziari, ad eccezione del caso in cui si verifichino contemporaneamente le seguenti condizioni: a) il contratto sia stato concluso e sia mantenuto per soddisfare le esigenze previste dalla società che redige il bilancio di acquisto, di vendita o di utilizzo delle merci; b) il contratto sia stato destinato a tale scopo fin dalla sua conclusione; c) si prevede che il contratto sia eseguito mediante consegna della merce.*

[5] Comma abrogato dall'art. 6, D.Lgs. 18 agosto 2015, n. 139. Tali nuove disposizioni entrano in vigore a decorrere dal 1° gennaio 2016 e si applicano ai bilanci relativi agli esercizi finanziari aventi inizio a partire da quella data. Il testo previgente disponeva: *3. Il fair value è determinato con riferimento: a) al valore di mercato, per gli strumenti finanziari per i quali è possibile individuare facilmente un mercato attivo; qualora il valore di mercato non sia facilmente individuabile per uno strumento, ma possa essere individuato per i suoi componenti o per uno strumento analogo, il valore di mercato può essere derivato da quello dei componenti o dello strumento analogo; b) al valore che risulta da modelli e tecniche di valutazione generalmente accettati, per gli strumenti per i quali non sia possibile individuare facilmente un mercato attivo; tali modelli e tecniche di valutazione devono assicurare una ragionevole approssimazione al valore di mercato.*

[6] Comma abrogato dall'art. 6, D.Lgs. 18 agosto 2015, n. 139. Tali nuove disposizioni entrano in vigore a decorrere dal 1° gennaio 2016 e si applicano ai bilanci relativi agli esercizi finanziari aventi inizio a partire da quella data. Il testo previgente disponeva: *4. Il fair value non è determinato se l'applicazione dei criteri indicati al comma precedente non dà un risultato attendibile.*

[7] Comma abrogato dall'art. 1, D.Lgs. 3 novembre 2008, n. 173. Il testo previgente disponeva: *5. Ai fini dell'applicazione del presente articolo e dell'articolo 2428, comma 2, numero 6-bis) per la definizione di strumento finanziario, di strumento finanziario derivato, di fair value e di modello e tecnica di valutazione generalmente accettato, si fa riferimento ai principi contabili riconosciuti in ambito internazionale e compatibili con la disciplina in materia dell'Unione europea.*

[8] Articolo aggiunto dall'art. 1, D.Lgs. 30 dicembre 2003, n. 394 a decorrere dal 1° gennaio 2005.

2428. Relazione sulla gestione.

Il bilancio deve essere corredato da una relazione degli amministratori contenente un'analisi fedele, equilibrata ed esauriente della situazione della società e dell'andamento e del risultato della gestione, nel suo complesso e nei vari settori in cui essa ha operato, anche attraverso imprese controllate, con particolare riguardo ai costi, ai ricavi e agli investimenti, nonchè una descrizione dei principali rischi e incertezze cui la società è esposta[1].

L'analisi di cui al primo comma è coerente con l'entità e la complessità degli affari della società e contiene, nella misura necessaria alla comprensione della situazione della società e dell'andamento e del risultato della sua gestione, gli indicatori di risultato finanziari e, se del caso, quelli non finanziari pertinenti all'attività specifica della società, comprese le informazioni attinenti all'ambiente e al personale. L'analisi contiene, ove opportuno, riferimenti agli importi riportati nel bilancio e chiarimenti aggiuntivi su di essi[2].

Dalla relazione devono in ogni caso risultare:

1) le attività di ricerca e di sviluppo;

2) i rapporti con imprese controllate, collegate, controllanti e imprese sottoposte al controllo di queste ultime;

3) il numero e il valore nominale sia delle azioni proprie sia delle azioni o quote di società controllanti possedute dalla società, anche per tramite di società fiduciaria o per interposta persona, con l'indicazione della parte di capitale corrispondente;

4) il numero e il valore nominale sia delle azioni proprie sia delle azioni o quote di società controllanti acquistate o alienate dalla società, nel corso dell'esercizio, anche per tramite di società fiduciaria o per interposta persona, con l'indicazione della corrispondente parte di capitale, dei corrispettivi e dei motivi degli acquisti e delle alienazioni;

5) [...][3];

6) l'evoluzione prevedibile della gestione;

6-bis) in relazione all'uso da parte della società di strumenti finanziari e se rilevanti per la valutazione della situazione patrimoniale e finanziaria e del risultato economico dell'esercizio:

a) gli obiettivi e le politiche della società in materia di gestione del rischio finanziario, compresa la politica di copertura per ciascuna principale categoria di operazioni previste;

b) l'esposizione della società al rischio di prezzo, al rischio di credito, al rischio di liquidità e al rischio di variazione dei flussi finanziari[4].

[...][5].

Dalla relazione deve inoltre risultare l'elenco delle sedi secondarie della società[6].

[1] Comma così modificato dall'art. 1, D.Lgs. 2 febbraio 2007, n. 32.

[2] Comma aggiunto dall'art. 1, D.Lgs. 2 febbraio 2007, n. 32.

[3] Numero abrogato dall'art. 6, D.Lgs. 18 agosto 2015, n. 139. Tali nuove disposizioni entrano in vigore a decorrere dal 1° gennaio 2016 e si applicano ai bilanci relativi agli esercizi finanziari aventi inizio a partire da quella data. Il testo previgente disponeva: *5) i fatti di rilievo avvenuti dopo la chiusura dell'esercizio.*

[4] Numero aggiunto dall'art. 3, D.Lgs. 30 dicembre 2003, n. 394 a decorrere dall'1-1-2005.

[5] Comma abrogato dall'art. 2, D.Lgs. 6 novembre 2007, n. 195.

[6] Articolo così sostituito dall'art. 1, D.Lgs. 17 gennaio 2003, n. 6, a decorrere dall'1 gennaio 2004. Il testo previgente disponeva: *Il bilancio deve essere corredato da una relazione degli amministratori sulla situazione della società e sull'andamento della gestione, nel suo complesso e nei vari settori in cui essa ha operato, anche attraverso imprese controllate, con particolare riguardo ai costi, ai ricavi e agli investimenti.*

Dalla relazione devono in ogni caso risultare:

1) le attività di ricerca e di sviluppo;

2) i rapporti con imprese controllate, collegate, controllanti e imprese sottoposte al controllo di queste ultime;

3) il numero e il valore nominale sia delle azioni proprie sia delle azioni o quote di società controllanti possedute dalla società, anche per tramite di società fiduciaria o per interposta persona, con l'indicazione della parte di capitale corrispondente;

4) il numero e il valore nominale sia delle azioni proprie sia delle azioni o quote di società controllanti acquistate o alienate dalla società, nel corso dell'esercizio, anche per tramite di società fiduciaria o per interposta persona, con l'indicazione della corrispondente parte di capitale, dei corrispettivi e dei motivi degli acquisti e delle alienazioni;

5) i fatti di rilievo avvenuti dopo la chiusura dell'esercizio;

6) l'evoluzione prevedibile della gestione.

Entro tre mesi dalla fine del primo semestre dell'esercizio gli amministratori delle società con azioni quotate in borsa devono trasmettere al collegio sindacale una relazione sull'andamento della gestione, redatta secondo i criteri stabiliti dalla commissione nazionale per le società e la borsa con regolamento pubblicato nella Gazzetta Ufficiale della Repubblica italiana. La relazione deve essere pubblicata nei modi e nei termini stabiliti dalla Commissione stessa con il regolamento anzidetto.

Dalla relazione deve inoltre risultare l'elenco delle sedi secondarie della società.

2429. Relazione dei sindaci e deposito del bilancio.

Il bilancio deve essere comunicato dagli amministratori al collegio sindacale e al soggetto incaricato della revisione legale dei conti, con la relazione, almeno trenta giorni prima di quello fissato per l'assemblea che deve discuterlo [2545][1].

Il collegio sindacale deve riferire [2408] all'assemblea sui risultati dell'esercizio sociale e sull'attività svolta nell'adempimento dei propri doveri, e fare le osservazioni e le proposte in ordine al bilancio e alla sua approvazione, con particolare riferimento all'esercizio della deroga di cui all'articolo 2423, quarto comma[2].

Il bilancio, con le copie integrali dell'ultimo bilancio delle società controllate e un prospetto riepilogativo dei dati essenziali dell'ultimo bilancio delle società collegate, deve restare depositato in copia nella sede della società, insieme con le relazioni degli amministratori, dei sindaci e del soggetto incaricato della revisione legale dei conti, durante i quindici giorni che precedono l'assemblea, e finché sia approvato. I soci possono prenderne visione[3].

Il deposito delle copie dell'ultimo bilancio delle società controllate prescritto dal comma precedente può essere sostituito, per quelle incluse nel consolidamento, dal deposito di un prospetto riepilogativo dei dati essenziali dell'ultimo bilancio delle medesime[4].

[1] Comma così modificato dall'art. 37, D.Lgs. 27 gennaio 2010, n. 39. Il testo previgente disponeva: *Il bilancio deve essere comunicato dagli amministratori al collegio sindacale, con la relazione, almeno trenta giorni prima di quello fissato per l'assemblea che deve discuterlo.*

[2] Comma prima modificato dall'art. 1, D.Lgs. 2 febbraio 2007, n. 32 poi dall'art. 37, D.Lgs. 27 gennaio 2010, n. 39. Il testo previgente la riforma del 2007 disponeva: *Il collegio sindacale deve riferire all'assemblea sui risultati dell'esercizio sociale e sull'attività svolta nell'adempimento dei propri doveri, e fare le osservazioni e le proposte in ordine al bilancio e alla sua approvazione, con particolare riferimento all'esercizio della deroga di cui all'articolo 2423, quarto comma. Analogamente relazione è predisposta dal soggetto incaricato del controllo contabile.* Il testo previgente la riforma del 2010 disponeva: *Il collegio sindacale deve riferire all'assemblea sui risultati dell'esercizio sociale e sull'attività svolta nell'adempimento dei propri doveri, e fare le osservazioni e le proposte in ordine al bilancio e alla sua approvazione, con particolare riferimento all'esercizio della deroga di cui all'articolo 2423, quarto comma. Il collegio sindacale, se esercita il controllo contabile, redige anche la relazione prevista dall'articolo 2409-ter.*

[3] Comma così modificato dall'art. 37, D.Lgs. 27 gennaio 2010, n. 39. Il testo previgente disponeva: *Il bilancio, con le copie integrali dell'ultimo bilancio delle società controllate e un prospetto riepilogativo dei dati essenziali dell'ultimo bilancio delle società collegate, deve restare depositato in copia nella sede della società, insieme con le relazioni degli amministratori, dei sindaci e del soggetto incaricato del controllo contabile, durante i quindici giorni che precedono l'assemblea, e finché sia approvato. I soci possono prenderne visione.*

[4] Articolo così sostituito dall'art. 1, D.Lgs. 17 gennaio 2003, n. 6, a decorrere dal 1° gennaio 2004. Il testo previgente disponeva: *Il bilancio deve essere comunicato dagli amministra-*

CODICE CIVILE

tori al collegio sindacale, con la relazione, almeno trenta giorni prima di quello fissato per l'assemblea che deve discuterlo.

Il collegio sindacale deve riferire all'assemblea sui risultati dell'esercizio sociale e sulla tenuta della contabilità, e fare le osservazioni e le proposte in ordine al bilancio ed alla sua approvazione, con particolare riferimento all'esercizio della deroga di cui all'articolo 2423, comma 4.

Il bilancio, con le copie integrali dell'ultimo bilancio delle società controllate e un prospetto riepilogativo dei dati essenziali dell'ultimo bilancio delle società collegate, deve restare depositato in copia nella sede della società, insieme con le relazioni degli amministratori e dei sindaci, durante i quindici giorni che precedono l'assemblea, e finché sia approvato. I soci possono prenderne visione.

Il deposito delle copie dell'ultimo bilancio delle società controllate prescritto dal comma precedente può essere sostituito, per quelle incluse nel consolidamento, dal deposito di un prospetto riepilogativo dei dati essenziali dell'ultimo bilancio delle medesime.

Seguiva l'art. 2429-*bis Relazione degli amministratori*, già abrogato dall'art. 13, D.Lgs. 9 aprile 1991, n. 127.

● Norme connesse:

- artt. 7, 12, D.P.R. 7 dicembre 1995, n. 581; artt. 135-sexies, 154, 154-ter, D.Lgs. 24 febbraio 1998, n. 58.

■ artt. 178, 179, Codice del commercio del 1882.

2430. Riserva legale.

Dagli utili netti annuali deve essere dedotta una somma corrispondente almeno alla ventesima parte di essi per costituire una riserva, fino a che questa non abbia raggiunto il quinto del capitale sociale [2412, 2431, 2432, 2545-*quater*, comma 1].

La riserva deve essere reintegrata a norma del comma precedente se viene diminuita per qualsiasi ragione.

Sono salve le disposizioni delle leggi speciali[1].

[1] Articolo così sostituito dall'art. 1, D.Lgs. 17 gennaio 2003, n. 6, a decorrere dal 1° gennaio 2004. Il testo previgente disponeva: *Dagli utili netti annuali deve essere dedotta una somma corrispondente almeno alla ventesima parte di essi per costituire una riserva, fino a che questa non abbia raggiunto il quinto del capitale sociale.*

La riserva deve essere reintegrata a norma del comma precedente se viene diminuita per qualsiasi ragione.

Sono salve le disposizioni delle leggi speciali.

■ art. 182, Codice del commercio del 1882.

2431. Soprapprezzo delle azioni.

Le somme percepite dalla società per l'emissione di azioni ad un prezzo superiore al loro valore nominale [2343, comma 1, 2343-*ter*, comma 1, 2441, comma 6], ivi comprese quelle derivate dalla conversione di obbligazioni, non possono essere distribuite fino a che la riserva legale non abbia raggiunto il limite stabilito dall'articolo 2430[1].

[1] Articolo così sostituito dall'art. 1, D.Lgs. 17 gennaio 2003, n. 6, a decorrere dal 1° gennaio 2004. Il testo previgente disponeva: *Le somme percepite dalla società per l'emissione di azioni ad un prezzo superiore al loro valore nominale non possono essere distribuite fino a che la riserva legale non abbia raggiunto il limite stabilito dall'articolo 2430.*

2432. Partecipazione agli utili.

Le partecipazioni agli utili eventualmente spettanti ai promotori [2337], ai soci fondatori e agli amministratori sono computate sugli utili netti risultanti dal bilancio, fatta deduzione della quota di riserva legale[1].

[1] Articolo così sostituito dall'art. 1, D.Lgs. 17 gennaio 2003, n. 6, a decorrere dal 1° gennaio 2004. Il testo previgente disponeva: *Le partecipazioni agli utili eventualmente spettanti ai promotori, ai soci fondatori e agli amministratori sono computate sugli utili netti risultanti dal bilancio, fatta deduzione della quota di riserva legale.*

2433. Distribuzione degli utili ai soci.

La deliberazione sulla distribuzione degli utili [2262, 2328, comma 2, n. 7), 2350, 2428] è adottata dall'assemblea che approva il bilancio ovvero, qualora il bilancio sia approvato dal consiglio di sorveglianza, dall'assemblea convocata a norma dell'articolo 2364-*bis*, secondo comma.

Non possono essere pagati dividendi sulle azioni, se non per utili realmente conseguiti e risultanti dal bilancio regolarmente approvato [2303, 2426, 2478, 2621, 2627].

Se si verifica una perdita del capitale sociale, non può farsi luogo a ripartizione di utili fino a che il capitale non sia reintegrato o ridotto in misura corrispondente.

I dividendi erogati in violazione delle disposizioni del presente articolo non sono ripetibili, se i soci li hanno riscossi in buona fede in base a bilancio regolarmente approvato, da cui risultano utili netti corrispondenti [2321, 2478][1].

[1] Articolo così sostituito dall'art. 1, D.Lgs. 17 gennaio 2003, n. 6, a decorrere dal 1° gennaio 2004. Il testo previgente disponeva: *L'assemblea che approva il bilancio delibera sulla distribuzione degli utili ai soci.*

Non possono essere pagati dividendi sulle azioni, se non per utili realmente conseguiti e risultanti dal bilancio regolarmente approvato.

Se si verifica una perdita del capitale sociale, non può farsi luogo a ripartizione di utili fino a che il capitale non sia reintegrato o ridotto in misura corrispondente.

I dividendi erogati in violazione delle disposizioni del presente articolo non sono ripetibili, se i soci li hanno riscossi in buona fede in base a bilancio regolarmente approvato, da cui risultano utili netti corrispondenti.

● Norme connesse:

- art. 127-quater, D.Lgs. 24 febbraio 1998, n. 58.

■ art. 181, Codice del commercio del 1882.

2433-*bis*. Acconti sui dividendi.

La distribuzione di acconti sui dividendi è consentita solo alle società il cui bilancio è assoggettato per legge a revisione legale dei conti, secondo il regime previsto dalle leggi speciali per gli enti di interesse pubblico [2627][1].

La distribuzione di acconti sui dividendi deve essere prevista dallo statuto ed è deliberata dagli amministratori dopo il rilascio da parte del soggetto incaricato di effettuare la revisione legale dei conti di un giudizio positivo sul bilancio dell'esercizio precedente e la sua approvazione[2].

Non è consentita la distribuzione di acconti sui dividendi quando dall'ultimo bilancio approvato risultino perdite relative all'esercizio o a esercizi precedenti.

L'ammontare degli acconti sui dividendi non può superare la minor somma tra l'importo degli utili conseguiti dalla chiusura dell'esercizio precedente, diminuito delle quote che dovranno essere destinate a riserva per obbligo legale o statutario, e quello delle riserve disponibili.

Gli amministratori deliberano la distribuzione di acconti sui dividendi sulla base di un prospetto contabile e di una relazione, dai quali risulti che la situazione patrimoniale, economica e finanziaria della società consente la distribuzione stessa. Su tali documenti deve essere acquisito il parere del soggetto incaricato della revisione legale dei conti[3].

Il prospetto contabile, la relazione degli amministratori e il parere del soggetto incaricato della revisione legale dei conti debbono restare depositati in copia nella sede della società fino all'approvazione del bilancio dell'esercizio in corso. I soci possono prenderne visione[4].

Ancorché sia successivamente accertata l'inesistenza degli utili di periodo risultanti dal prospetto, gli acconti sui dividendi erogati in conformità con le altre disposizioni del presente articolo non sono ripetibili se i soci li hanno riscossi in buona fede[5].

[1] Comma così modificato dall'art. 37, D.Lgs. 27 gennaio 2010, n. 39. Il testo previgente disponeva: *La distribuzione di acconti sui dividendi è consentita solo alle società il cui bilancio è assoggettato per legge al controllo da parte di società di revisione iscritte all'albo speciale.*

[2] Comma così modificato dall'art. 37, D.Lgs. 27 gennaio 2010, n. 39. Il testo previgente disponeva: *La distribuzione di acconti sui dividendi deve essere prevista dallo statuto ed è deliberata dagli amministratori dopo il rilascio da parte della società di revisione di un giudizio positivo sul bilancio dell'esercizio precedente e la sua approvazione.*

[3] Comma così modificato dall'art. 37, D.Lgs. 27 gennaio 2010, n. 39. Il testo previgente disponeva: *Gli amministratori deliberano la distribuzione di acconti sui dividendi sulla base di un prospetto contabile e di una relazione, dai quali risulti che la situazione patrimoniale, economica e finanziaria della società consente la distribuzione stessa. Su tali documenti deve essere acquisito il parere del soggetto incaricato del controllo contabile.*

[4] Comma così modificato dall'art. 37, D.Lgs. 27 gennaio 2010, n. 39. Il testo previgente disponeva: *Il prospetto contabile, la relazione degli amministratori e il parere del soggetto incaricato del controllo contabile debbono restare depositati in copia nella sede della società fino all'approvazione del bilancio dell'esercizio in corso. I soci possono prenderne visione.*

[5] Articolo aggiunto dall'art. 19, D.P.R. 10 febbraio 1986, n. 30 e così sostituito dall'art. 1, D.Lgs. 17 gennaio 2003, n. 6, a decorrere dal 1° gennaio 2004. Il testo previgente disponeva: *La distribuzione di acconti sui dividendi è consentita solo alle società il cui bilancio è assoggettato per legge alla certificazione da parte di società di revisione iscritte all'albo speciale.*

La distribuzione di acconti sui dividendi deve essere prevista dallo statuto ed è deliberata dagli amministratori dopo la certificazione e l'approvazione del bilancio dell'esercizio precedente.

Non è consentita la distribuzione di acconti sui dividendi quando dall'ultimo bilancio approvato risultino perdite relative all'esercizio o a esercizi precedenti.

L'ammontare degli acconti sui dividendi non può superare la minor somma tra l'importo degli utili conseguiti dalla chiusura dell'esercizio precedente, diminuito delle quote che dovranno essere destinate a riserva per obbligo legale o statutario, e quello delle riserve disponibili.

Gli amministratori deliberano la distribuzione di acconti sui dividendi sulla base di un prospetto contabile e di una relazione, dai quali risulti che la situazione patrimoniale, economica e finanziaria della società consente la distribuzione stessa. Su tali documenti deve essere acquisito il parere del collegio sindacale.

Il prospetto contabile, la relazione degli amministratori e il parere del collegio sindacale debbono restare depositati in copia nella sede della società fino all'approvazione del bilancio dell'esercizio in corso. I soci possono prenderne visione.

Ancorché sia successivamente accertata l'inesistenza degli utili di periodo risultanti dal prospetto, gli acconti sui dividendi erogati in conformità con le altre disposizioni del presente articolo non sono ripetibili se i soci li hanno riscossi in buona fede.

2434. Azione di responsabilità.

L'approvazione del bilancio non implica liberazione degli amministratori [2392], dei direttori generali, dei dirigenti preposti alla redazione dei documenti contabili societari e dei sindaci per le responsabilità incorse nella gestione sociale [2364, 2393, 2393-*bis*][1].

[1] Articolo così sostituito dall'art. 1, D.Lgs. 17 gennaio 2003, n. 6, a decorrere dal 1° gennaio 2004 e poi così modificato dall'art. 15, L. 28 dicembre 2005, n. 262. Il testo previgente disponeva: *L'approvazione del bilancio da parte dell'assemblea non implica liberazione degli amministratori, dei direttori generali e dei sindaci per le responsabilità incorse nella gestione sociale.* Il comma 1 nel testo previgente le modifiche apportate dal L. 28 dicembre 2005, n. 262, disponeva: L'approvazione del bilancio non implica liberazione degli amministratori, dei direttori generali e dei sindaci per le responsabilità incorse nella gestione sociale.

2434-*bis*. Invalidità della deliberazione di approvazione del bilancio.

Le azioni previste dagli articoli 2377 e 2379 non possono essere proposte nei confronti delle deliberazioni di approvazione del bilancio dopo che è avvenuta l'approvazione del bilancio dell'esercizio successivo [disp. att. 223-*sexies*].

La legittimazione ad impugnare la deliberazione di approvazione del bilancio su cui il soggetto incaricato di effettuare la revisione legale dei conti ha emesso un giudizio privo di rilievi spetta a tanti soci che rappresentino almeno il cinque per cento del capitale sociale[1].

Il bilancio dell'esercizio nel corso del quale viene dichiarata l'invalidità di cui al comma precedente tiene conto delle ragioni di questa[2 3].

[1] Comma così modificato dall'art. 37, D.Lgs. 27 gennaio 2010, n. 39. Il testo previgente disponeva: *La legittimazione ad impugnare la deliberazione di approvazione del bilancio su cui il revisore non ha formulato rilievi spetta a tanti soci che rappresentino almeno il cinque per cento del capitale sociale.*

[2] Articolo aggiunto dall'art. 1, D.Lgs. 17 gennaio 2003, n. 6, a decorrere dal 1° gennaio 2004.

[3] Per l'applicazione delle disposizioni del presente articolo alle deliberazioni anteriori al 1° gennaio 2004, v. art. 223-*sexies*, R.D. 30 marzo 1942, n. 318.

2435. Pubblicazione del bilancio e dell'elenco dei soci e dei titolari di diritti su azioni.

Entro trenta giorni dall'approvazione una copia del bilancio, corredata dalle relazioni previste dagli articoli 2428 e 2429 e dal verbale di approvazione dell'assemblea o del consiglio di sorveglianza, deve essere, a cura degli amministratori [2630], depositata presso l'ufficio del registro delle imprese o spedita al medesimo ufficio a mezzo di lettera raccomandata [2102, 2392, 2626].

Entro trenta giorni dall'approvazione del bilancio le società non aventi azioni quotate in mercati regolamentati sono tenute altresì a depositare per l'iscrizione nel registro delle imprese l'elenco dei soci riferito alla data di approvazione del bilancio, con l'indicazione del numero delle azioni possedute, nonché dei soggetti diversi dai soci che sono titolari di diritti o beneficiari di vincoli sulle azioni medesime. L'elenco deve essere corredato dall'indicazione analitica delle annotazioni effettuate nel libro dei soci a partire dalla data di approvazione del bilancio dell'esercizio precedente[1].

[1] Articolo così sostituito dall'art. 1, D.Lgs. 17 gennaio 2003, n. 6, a decorrere dal 1° gennaio 2004. Il testo previgente disponeva: *Entro trenta giorni dall'approvazione una copia del bilancio, corredata dalla relazione sulla gestione, dalla relazione del collegio sindacale e dal verbale di approvazione dell'assemblea, deve essere, a cura degli amministratori, depositata presso l'ufficio del registro delle imprese o spedita al medesimo ufficio a mezzo di lettera raccomandata.*

[...].

Entro trenta giorni dall'approvazione del bilancio le società non quotate in mercato regolamentato sono tenute altresì a depositare per l'iscrizione nel registro delle imprese l'elenco dei soci riferito alla data di approvazione del bilancio, con l'indicazione del numero delle azioni possedute, nonché dei soggetti diversi dai soci che sono titolari di diritti o beneficiari di vincoli sulle azioni medesime. L'elenco deve essere corredato dall'indicazione analitica delle annotazioni effettuate nel libro dei soci a partire dalla data di approvazione del bilancio dell'esercizio precedente.

● Norme connesse:

- art. 93, D.Lgs. 7 settembre 2005, n. 209; artt. 7, 14, comma 8, D.P.R. 7 dicembre 1995, n. 581.

■ art. 180, Codice del commercio del 1882.

2435-*bis*. Bilancio in forma abbreviata.

Le società, che non abbiano emesso titoli negoziati in mercati regolamentati, possono redigere il bilancio in forma abbreviata quando, nel primo esercizio o, successivamente, per due esercizi consecutivi, non abbiano superato due dei seguenti limiti:

1) totale dell'attivo dello stato patrimoniale: 4.400.000 euro[1];

2) ricavi delle vendite e delle prestazioni: 8.800.000 euro[1];

3) dipendenti occupati in media durante l'esercizio: 50 unità.

Nel bilancio in forma abbreviata lo stato patrimoniale comprende solo le voci contrassegnate nell'articolo 2424 con lettere maiuscole e con numeri romani; le voci A e D dell'attivo possono essere comprese nella voce CII; la voce E del passivo può essere compresa nella voce D; nelle voci CII dell'attivo e D del passivo devono essere separatamente indicati i crediti e i debiti esigibili oltre l'esercizio successivo. Le società che redigono il bilancio in forma abbreviata sono esonerate dalla redazione del rendiconto finanziario[2].

Nel conto economico del bilancio in forma abbreviata le seguenti voci previste dall'articolo 2425 possono essere tra loro raggruppate:

voci A2 e A3
voci B9(c), B9(d), B9(e)
voci B10(a), B10(b), B10(c)
voci C16(b) e C16(c)
voci D18(a), D18(b), D18(c), D18(d)
voci D19(a), D19(b), D19(c), D19(d)[3].

[...][4].

Fermo restando le indicazioni richieste dal terzo, quarto e quinto comma dell'articolo 2423, dal secondo e quinto comma dell'articolo 2423-*ter*, dal secondo comma dell'articolo 2424, dal primo comma, numeri *4)* e *6)*, dell'articolo 2426, la nota integrativa fornisce le indicazioni richieste dal primo comma dell'articolo 2427, numeri *1)*, *2)*, *6)*, per quest'ultimo limitatamente ai soli debiti senza indicazione della ripartizione geografica, *8)*, *9)*, *13)*, *15)*, per quest'ultimo anche omettendo la ripartizione per categoria, *16)*, *22-bis)*, *22-ter)*, per quest'ultimo anche omettendo le indicazioni riguardanti gli effetti patrimoniali, finanziari ed economici, *22-quater), 22-sexies)*, per quest'ultimo anche omettendo l'indicazione del luogo in cui è disponibile la copia del bilancio consolidato, nonchè dal primo comma dell'articolo 2427-*bis*, numero *1)*[5].

Le società possono limitare l'informativa richiesta ai sensi dell'articolo 2427, primo comma, numero 22-*bis*, alle operazioni realizzate direttamente o indirettamente con i loro maggiori azionisti ed a quelle con i membri degli organi di amministrazione e controllo, nonchè con le imprese in cui la società stessa detiene una partecipazione[6].

Qualora le società indicate nel primo comma forniscano nella nota integrativa le informazioni richieste dai numeri *3)* e *4)* dell'articolo 2428, esse sono esonerate dalla redazione della relazione sulla gestione.

Le società che redigono il bilancio in forma abbreviata, in deroga a quanto disposto dall'articolo 2426, hanno la facoltà di iscrivere i titoli al costo di acquisto, i crediti al valore di presumibile realizzo e i debiti al valore nominale[7].

Le società che a norma del presente articolo redigono il bilancio in forma abbreviata devono redigerlo in forma ordinaria quando per il secondo esercizio consecutivo abbiano superato due dei limiti indicati nel primo comma[8].

[1] Numero, da ultimo, così modificato dall'art. 1, D.Lgs. 3 novembre 2008, n. 173. Il testo previgente disponeva: *1) totale dell'attivo dello stato patrimoniale: 3.650.000 euro; 2) ricavi delle vendite e delle prestazioni: 7.300.000 euro.*

[2] Comma così modificato dall'art. 6, D.Lgs. 18 agosto 2015, n. 139. Tali nuove disposizioni entrano in vigore a decorrere dal 1° gennaio 2016 e si applicano ai bilanci relativi agli esercizi finanziari aventi inizio a partire da quella data. Il testo previgente disponeva: *Nel bilancio in forma abbreviata lo stato patrimoniale comprende solo le voci contrassegnate nell'articolo 2424 con lettere maiuscole e con numeri romani; le voci A e D dell'attivo possono essere comprese nella voce CII; dalle voci BI e BII dell'attivo devono essere detratti in forma esplicita gli ammortamenti e le svalutazioni; la voce E del passivo può essere compresa nella voce D; nelle voci CII dell'attivo e D del passivo devono essere separatamente indicati i crediti e i debiti esigibili oltre l'esercizio successivo.*

[3] Comma così modificato dall'art. 6, D.Lgs. 18 agosto 2015, n. 139. Tali nuove disposizioni entrano in vigore a decorrere dal 1° gennaio 2016 e si applicano ai bilanci relativi agli esercizi finanziari aventi inizio a partire da quella data. Il testo previgente disponeva: *Nel conto economico del bilancio in forma abbreviata le seguenti voci previste dall'articolo 2425 possono essere tra loro raggruppate: voci A2 e A3 - voci B9(c), B9(d), B9(e) - voci B10(a), B10(b), B10(c) - voci C16(b) e C16(c) - voci D18(a), D18(b), D18(c) - voci D19(a), D19(b), D19(c).*

[4] Comma abrogato dall'art. 6, D.Lgs. 18 agosto 2015, n. 139. Tali nuove disposizioni entrano in vigore a decorrere dal 1° gennaio 2016 e si applicano ai bilanci relativi agli esercizi finanziari aventi inizio a partire da quella data. Il testo previgente disponeva: *Nel conto economico del bilancio in forma abbreviata nella voce E20 non è richiesta la separata indicazione delle plusvalenze e nella voce E21 non è richiesta la separata indicazione delle minusvalenze e delle imposte relative a esercizi precedenti.*

[5] Comma così sostituito dall'art. 6, D.Lgs. 18 agosto 2015, n. 139. Tali nuove disposizioni entrano in vigore a decorrere dal 1° gennaio 2016 e si applicano ai bilanci relativi agli esercizi finanziari aventi inizio a partire da quella data. Il testo previgente disponeva: *Nella nota integrativa sono omesse le indicazioni richieste dal numero 10) dell'articolo 2426 e dai numeri 2), 3), 7), 9), 10), 12), 13), 14), 15), 16) e 17) dell'articolo 2427 e dal numero 1) del comma 1 dell'articolo 2427-bis; le indicazioni richieste dal numero 6) dell'articolo 2427 sono riferite all'importo globale dei debiti iscritti in bilancio.*

[6] Comma aggiunto dall'art. 1, D.Lgs. 3 novembre 2008, n. 173 e poi così modificato dall'art. 6, D.Lgs. 18 agosto 2015, n. 139. Tali nuove disposizioni entrano in vigore a decorrere dal 1° gennaio 2016 e si applicano ai bilanci relativi agli esercizi finanziari aventi inizio a partire da quella data. Il testo previgente disponeva: *Le società possono limitare l'informativa richiesta ai sensi dell'articolo 2427, primo comma, numero 22-bis, alle operazioni realizzate direttamente o indirettamente con i loro maggiori azionisti ed a quelle con i membri degli organi di amministrazione e controllo, nonchè limitare alla natura e all'obiettivo economico le informazioni richieste ai sensi dell'articolo 2427, primo comma, numero 22-ter.*

[7] Comma aggiunto dall'art. 6, D.Lgs. 18 agosto 2015, n. 139. Tali nuove disposizioni entrano in vigore a decorrere dal 1° gennaio 2016 e si applicano ai bilanci relativi agli esercizi finanziari aventi inizio a partire da quella data.

[8] Articolo aggiunto dall'art. 18, D.Lgs. 9 aprile 1991, n. 127 e, da ultimo, così sostituito dall'art. 1, D.Lgs. 17 gennaio 2003, n. 6, a decorrere dal 1° gennaio 2004. Il testo previgente disponeva: *Le società possono redigere il bilancio in forma abbreviata quando, nel primo esercizio o, successivamente, per due esercizi consecutivi, non abbiano superato due dei seguenti limiti:*

1) totale dell'attivo dello stato patrimoniale: 3.125.000 euro;

2) ricavi delle vendite e delle prestazioni: 6.250.000 euro;

3) dipendenti occupati in media durante l'esercizio: 50 unità.

Nel bilancio in forma abbreviata lo stato patrimoniale comprende solo le voci contrassegnate nell'articolo 2424 con lettere maiuscole e con numeri romani; dalle voce B e BI dell'attivo devono essere detratti in forma esplicita gli ammortamenti e le svalutazioni; nelle voci CII dell'attivo e D del passivo devono essere separatamente indicati i crediti e i debiti esigibili oltre l'esercizio successivo.

Nella nota integrativa sono omesse le indicazioni richieste dal numero 10) dell'articolo 2426 e dai numeri 2), 3) 7), 9), 10), 12), 13), 14), 15), 16) e 17) dell'articolo 2427; le indicazioni richieste dal numero 6) dell'articolo 2427 sono riferite all'importo globale dei debiti iscritti in bilancio.

Qualora le società indicate nel primo comma forniscano nella nota integrativa le informazioni richieste dai numeri 3) e 4) dell'articolo 2428, esse sono esonerate dalla redazione della relazione sulla gestione.

Le società che a norma del presente articolo redigono il bilancio in forma abbreviata devono redigerlo in forma ordinaria quando per il secondo esercizio consecutivo abbiano superato due dei limiti indicati nel primo comma.

2435-*ter*. Bilancio delle micro-imprese.

Sono considerate micro-imprese le società di cui all'articolo 2435-*bis* che nel primo esercizio o, successivamente, per due esercizi consecutivi, non abbiano superato due dei seguenti limiti:

1) totale dell'attivo dello stato patrimoniale: 175.000 euro;

2) ricavi delle vendite e delle prestazioni: 350.000 euro;

3) dipendenti occupati in media durante l'esercizio: 5 unità.

Fatte salve le norme del presente articolo, gli schemi di bilancio e i criteri di valutazione delle micro-imprese sono determinati secondo quanto disposto dall'articolo 2435-*bis*. Le micro-imprese sono esonerate dalla redazione:

1) del rendiconto finanziario;

2) della nota integrativa quando in calce allo stato patrimoniale risultino le informazioni previste dal primo comma dell'articolo 2427, numeri *9)* e *16)*;

3) della relazione sulla gestione: quando in calce allo stato patrimoniale risultino le informazioni richieste dai numeri *3)* e *4)* dell'articolo 2428.

Non sono applicabili le disposizioni di cui al quinto comma dell'articolo 2423 e al numero 11-*bis* del primo comma dell'articolo 2426.

Le società che si avvalgono delle esenzioni previste del presente articolo devono redigere il bilancio, a seconda dei casi, in forma abbreviata o in forma ordinaria quando per il secondo esercizio consecutivo abbiano superato due dei limiti indicati nel primo comma[1].

[1] Articolo aggiunto dall'art. 6, D.Lgs. 18 agosto 2015, n. 139. Tali nuove disposizioni entrano in vigore a decorrere dal 1° gennaio 2016 e si applicano ai bilanci relativi agli esercizi finanziari aventi inizio a partire da quella data.

Sezione X
Delle modificazioni dello statuto[1]

[1] Sezione così sostituita dall'art. 1, D.Lgs. 17 gennaio 2003, n. 6, a decorrere dal 1° gennaio 2004.

2436. Deposito, iscrizione e pubblicazione delle modificazioni.

Il notaio che ha verbalizzato la deliberazione di modifica dello statuto, entro trenta giorni, verificato l'adempimento delle condizioni stabilite dalla legge, ne richiede l'iscrizione nel registro delle imprese contestualmente al deposito e allega le eventuali autorizzazioni richieste [disp. att. 223-*quater*].

L'ufficio del registro delle imprese, verificata la regolarità formale della documentazione, iscrive la delibera nel registro.

Se il notaio ritiene non adempiute le condizioni stabilite dalla legge, ne dà comunicazione tempestivamente, e comunque non oltre il termine previsto dal primo comma del presente articolo, agli amministratori. Gli amministratori, nei trenta giorni successivi, possono convocare l'assemblea per gli opportuni provvedimenti oppure ricorrere al tribunale per il provvedimento di cui ai successivi commi; in mancanza la deliberazione è definitivamente inefficace.

Il tribunale, verificato l'adempimento delle condizioni richieste dalla legge e sentito il pubblico ministero, ordina l'iscrizione nel registro delle imprese con decreto soggetto a reclamo[1].

La deliberazione non produce effetti se non dopo l'iscrizione [2445, comma 3, 2503, comma 1, 2506-*ter*, comma 4].

Dopo ogni modifica dello statuto deve esserne depositato nel registro delle imprese il testo integrale nella sua redazione aggiornata[2][3].

[1] Relativamente alle istanze di cui al presente comma trovano applicazione le norme di cui alla Sezione I (Del procedimento in confronto di una parte sola) del Capo II (Del procedimento) del Titolo IV (Del procedimento in camera di consiglio), D.Lgs. 17 gennaio 2003, n. 5 (Definizione dei procedimenti in materia di diritto societario e di intermediazione finanziaria, nonché in materia bancaria e creditizia, in attuazione dell'articolo 12 della legge 3 ottobre 2001, n. 366) (art. 33, D.Lgs. 5/2003, cit.), poi abrogato dall'art. 54, L. 18 giugno 2009, n. 69 (le disposizioni ivi contenute continuano ad applicarsi alle controversie pendenti alla data di entrata in vigore della L. 69/2009 cit.).

[2] Articolo così sostituito dall'art. 1, D.Lgs. 17 gennaio 2003, n. 6, a decorrere dal 1° gennaio 2004. Il testo previgente disponeva: *Le deliberazioni che importano modificazioni dell'atto costitutivo devono essere depositate e iscritte a norma del primo, secondo e terzo comma dell'articolo 2411.*

Dopo ogni modifica dell'atto costitutivo o dello statuto deve essere depositato nel registro delle imprese il testo integrale dell'atto modificato nella sua redazione aggiornata.

[3] Per il caso di autorizzazioni rilasciate successivamente alla deliberazione dell'atto costitutivo, v. art. 223-*quater*, R.D. 30 marzo 1942, n. 318.

● Norme connesse:

- artt. 7, 13, 14, commi 5, 6, D.P.R. 7 dicembre 1995, n. 581; art. 114-terdecies, comma 1, D.Lgs. 1 settembre 1993, n. 385; artt. 35-septies, comma 2, 92, D.Lgs. 24 febbraio 1998, n. 58; artt. 11 ss., L. 18 dicembre 1984, n. 975; art. 25, comma 2, L. 31 maggio 1995, n. 218.

■ artt. 96, 100, Codice del commercio del 1882.

2437. Diritto di recesso.

Hanno diritto di recedere, per tutte o parte delle loro azioni, i soci che non hanno concorso alle deliberazioni riguardanti [2343, comma 4, 2355-*bis*, commi 2-3, 2437-*quinquies*, 2497-*quater*]:

a) la modifica della clausola dell'oggetto sociale, quando consente un cambiamento significativo dell'attività della società;

b) la trasformazione della società;

c) il trasferimento della sede sociale all'estero;

d) la revoca dello stato di liquidazione;

e) l'eliminazione di una o più cause di recesso previste dal successivo comma ovvero dallo statuto[1];

f) la modifica dei criteri di determinazione del valore dell'azione in caso di recesso;

g) le modificazioni dello statuto concernenti i diritti di voto o di partecipazione.

Salvo che lo statuto disponga diversamente, hanno diritto di recedere i soci che non hanno concorso all'approvazione delle deliberazioni riguardanti:

a) la proroga del termine;

b) l'introduzione o la rimozione di vincoli alla circolazione dei titoli azionari.

Se la società è costituita a tempo indeterminato e le azioni non sono quotate in un mercato regolamentato il socio può recedere con il preavviso di almeno centottanta giorni; lo statuto può prevedere un termine maggiore, non superiore ad un anno [2328, comma 2 n. 13].

Lo statuto delle società che non fanno ricorso al mercato del capitale di rischio può prevedere ulteriori cause di recesso.

Restano salve le disposizioni dettate in tema di recesso per le società soggette ad attività di direzione e coordinamento.

È nullo ogni patto volto ad escludere o rendere più gravoso l'esercizio del diritto di recesso nelle ipotesi previste dal primo comma del presente articolo[2].

[1] Per l'inapplicabilità delle disposizioni di cui alla presente lettera, v. art. 223-vicies ter, R.D. 30 marzo 1942, n. 318.

[2] Articolo così costituito dall'art. 1, D.Lgs. 17 gennaio 2003, n. 6, a decorrere dal 1° gennaio 2004. Il testo previgente disponeva: *I soci dissenzienti dalle deliberazioni riguardanti il cambiamento dell'oggetto o del tipo della società, o il trasferimento della sede sociale all'estero hanno diritto di recedere dalla società e di ottenere il rimborso delle proprie azioni, secondo il prezzo medio dell'ultimo semestre, se queste sono quotate in borsa, o, in caso contrario, in proporzione del patrimonio sociale risultante dal bilancio dell'ultimo esercizio.*

La dichiarazione di recesso deve essere comunicata con raccomandata dai soci intervenuti all'assemblea non oltre tre giorni dalla chiusura di questa, e dai soci non intervenuti non oltre quindici giorni dalla data dell'iscrizione della deliberazione nel registro delle imprese.

È nullo ogni patto che esclude il diritto di recesso o ne rende più gravoso l'esercizio.

● Norme connesse:

- artt. 127-bis, 127-quater, comma 4-ter, D.Lgs. 24 febbraio 1998, n. 58.

■ art. 158, Codice del commercio del 1882.

2437-*bis*. Termini e modalità di esercizio.

Il diritto di recesso [1324, 1334, 1353, 2532] è esercitato mediante lettera raccomandata che deve essere spedita entro quindici giorni dall'iscrizione nel registro delle imprese della delibera che lo legittima, con l'indicazione delle generalità del socio recedente, del domicilio per le comunicazioni inerenti al procedimento, del numero e della categoria delle azioni per le quali il diritto di recesso viene esercitato. Se il fatto che legittima il recesso è diverso da una deliberazione, esso è esercitato entro trenta giorni dalla sua conoscenza da parte del socio.

Le azioni per le quali è esercitato il diritto di recesso non possono essere cedute e devono essere depositate presso la sede sociale.

Il recesso non può essere esercitato e, se già esercitato, è privo di efficacia, se, entro novanta giorni, la società revoca la delibera che lo legittima ovvero se è deliberato lo scioglimento della società[1].

[1] Articolo aggiunto dall'art. 1, D.Lgs. 17 gennaio 2003, n. 6, a decorrere dal 1° gennaio 2004.

2437-*ter*. Criteri di determinazione del valore delle azioni.

Il socio ha diritto alla liquidazione delle azioni per le quali esercita il recesso [2355-*bis*].

Il valore di liquidazione delle azioni è determinato dagli amministratori, sentito il parere del collegio sindacale e del soggetto incaricato della revisione legale dei conti, tenuto conto della consistenza patrimoniale della società e delle sue prospettive reddituali, nonché dell'eventuale valore di mercato delle azioni[1 2].

Il valore di liquidazione delle azioni quotate in mercati regolamentati è determinato facendo riferimento alla media aritmetica dei prezzi di chiusura nei sei mesi che precedono la pubblicazione ovvero ricezione dell'avviso di convocazione dell'assemblea le cui deliberazioni legittimano il recesso. Lo statuto delle società con azioni quotate in mercati regolamentati può prevedere che il valore di liquidazione sia determinato secondo i criteri indicati dai commi 2 e 4 del presente articolo, fermo restando che in ogni caso tale valore non può essere inferiore al valore che sarebbe dovuto in applicazione del criterio indicato dal primo periodo del presente comma[3].

Lo statuto può stabilire criteri diversi di determinazione del valore di liquidazione, indicando gli elementi dell'attivo e del passivo del bilancio che possono essere rettificati rispetto ai valori risultanti dal bilancio, unitamente ai criteri di rettifica, nonché altri elementi suscettibili di valutazione patrimoniale da tenere in considerazione.

I soci hanno diritto di conoscere la determinazione del valore di cui al secondo comma del presente articolo nei quindici giorni precedenti alla

CODICE CIVILE

data fissata per l'assemblea; ciascun socio ha diritto di prenderne visione e di ottenerne copia a proprie spese.

In caso di contestazione da proporre contestualmente alla dichiarazione di recesso il valore di liquidazione è determinato entro novanta giorni dall'esercizio del diritto di recesso tramite relazione giurata di un esperto nominato dal tribunale, che provvede anche sulle spese, su istanza della parte più diligente; si applica in tal caso il primo comma dell'articolo 1349[4].

[1] Comma così modificato dall'art. 37, D.Lgs. 27 gennaio 2010, n. 39. Il testo previgente disponeva: *Il valore di liquidazione delle azioni è determinato dagli amministratori, sentito il parere del collegio sindacale e del soggetto incaricato della revisione contabile, tenuto conto della consistenza patrimoniale della società e delle sue prospettive reddituali, nonché dell'eventuale valore di mercato delle azioni.*

[2] Relativamente alle istanze di cui al presente comma trovano applicazione le norme di cui alla Sezione I (Del procedimento in confronto di una parte sola) del Capo II (Del procedimento) del Titolo IV (Del procedimento in camera di consiglio), D.Lgs. 17 gennaio 2003, n. 5 (Definizione dei procedimenti in materia di diritto societario e di intermediazione finanziaria, nonché in materia bancaria e creditizia, in attuazione dell'articolo 12 della legge 3 ottobre 2001, n. 366) (art. 33, D.Lgs. 5/2003, cit.), poi abrogato dall'art. 54, L. 18 giugno 2009, n. 69 (le disposizioni ivi contenute continuano ad applicarsi alle controversie pendenti alla data di entrata in vigore della L. 69/2009 cit.).

[3] Comma così modificato dall'art. 20, D.L. 24 giugno 2014, n. 91, convertito in L. 11 agosto 2014, n. 116. Il testo previgente disponeva: *Il valore di liquidazione delle azioni quotate in mercati regolamentati è determinato facendo esclusivo riferimento alla media aritmetica dei prezzi di chiusura nei sei mesi che precedono la pubblicazione ovvero ricezione dell'avviso di convocazione dell'assemblea le cui deliberazioni legittimano il recesso.*

[4] Articolo aggiunto dall'art. 1, D.Lgs. 17 gennaio 2003, n. 6, a decorrere dal 1° gennaio 2004.

2437-*quater*. Procedimento di liquidazione.

Gli amministratori offrono [2359-*ter*] in opzione le azioni [2441] del socio recedente agli altri soci in proporzione al numero delle azioni possedute. Se vi sono obbligazioni convertibili [2420-*bis*], il diritto di opzione spetta anche ai possessori di queste, in concorso con i soci, sulla base del rapporto di cambio.

L'offerta di opzione è depositata presso il registro delle imprese [2188, 2488] entro quindici giorni dalla determinazione definitiva del valore di liquidazione. Per l'esercizio del diritto di opzione deve essere concesso un termine non inferiore a trenta giorni dal deposito dell'offerta.

Coloro che esercitano il diritto di opzione, purché ne facciano contestuale richiesta, hanno diritto di prelazione nell'acquisto delle azioni che siano rimaste non optate.

Qualora i soci non acquistino in tutto o in parte le azioni del recedente, gli amministratori possono collocarle presso terzi; nel caso di azioni quotate in mercati regolamentati, il loro collocamento avviene mediante offerta nei mercati medesimi.

In caso di mancato collocamento ai sensi delle disposizioni dei commi precedenti entro centottanta giorni dalla comunicazione del recesso, le azioni del recedente vengono rimborsate mediante acquisto da parte della società utilizzando riserve disponibili anche in deroga a quanto previsto dal terzo comma dell'articolo 2357[1].

In assenza di utili e riserve disponibili, deve essere convocata l'assemblea straordinaria per deliberare la riduzione del capitale sociale, ovvero lo scioglimento della società.

Alla deliberazione di riduzione del capitale sociale si applicano le disposizioni del comma secondo, terzo e quarto dell'articolo 2445; ove l'opposizione sia accolta la società si scioglie[2 3].

[1] Comma così modificato dall'art. 5, D.Lgs. 6 febbraio 2004, n. 37. Il testo previgente disponeva: *In caso di mancato collocamento ai sensi delle disposizioni dei commi precedenti, le azioni del recedente vengono rimborsate mediante acquisto da parte della società utilizzando riserve disponibili anche in deroga a quanto previsto dal terzo comma dell'articolo 2357.*

[2] Relativamente alle disposizioni di cui al presente comma trovano applicazione le norme di cui alla Sezione II (Del procedimento in confronto di più parti) del Capo II (Del procedimento) del Titolo IV (Del procedimento in camera di consiglio), D.Lgs. 17 gennaio 2003, n. 5 (Definizione dei procedimenti in materia di diritto societario e di intermediazione finanziaria, nonché in materia bancaria e creditizia, in attuazione dell'articolo 12 della legge 3 ottobre 2001, n. 366) (art. 33, D.Lgs. 5/2003, cit.), poi abrogato dall'art. 54, L. 18 giugno 2009, n. 69 (le disposizioni ivi contenute continuano ad applicarsi alle controversie pendenti alla data di entrata in vigore della L. 69/2009 cit.).

[3] Articolo aggiunto dall'art. 1, D.Lgs. 17 gennaio 2003, n. 6, a decorrere dal 1° gennaio 2004.

2437-*quinquies*. Disposizioni speciali per le società con azioni quotate in mercati regolamentati.

Se le azioni sono quotate in mercati regolamentati hanno diritto di recedere i soci che non hanno concorso alla deliberazione che comporta l'esclusione dalla quotazione[1].

[1] Articolo aggiunto dall'art. 1, D.Lgs. 17 gennaio 2003, n. 6, a decorrere dal 1° gennaio 2004.

2437-*sexies*. Azioni riscattabili.

Le disposizioni degli articoli 2437-*ter* e 2437-*quater* si applicano, in quanto compatibili, alle azioni o categorie di azioni per le quali lo statuto prevede un potere di riscatto da parte della società o dei soci. Resta salva in tal caso l'applicazione della disciplina degli articoli 2357 e 2357-*bis*[1].

[1] Articolo aggiunto dall'art. 1, D.Lgs. 17 gennaio 2003, n. 6, a decorrere dal 1° gennaio 2004.

2438. Aumento di capitale.

Un aumento di capitale [2441] non può essere eseguito fino a che le azioni precedentemente emesse non siano interamente liberate [2632].

In caso di violazione del precedente comma, gli amministratori sono solidalmente responsabili per i danni arrecati ai soci ed ai terzi. Restano in ogni caso salvi gli obblighi assunti con la sottoscrizione delle azioni emesse in violazione del precedente comma[1].

[1] Articolo così sostituito dall'art. 1, D.Lgs. 17 gennaio 2003, n. 6, a decorrere dal 1° gennaio 2004. Il testo previgente disponeva: *Non si possono emettere nuove azioni fino a che quelle emesse non siano interamente liberate.*

● Norme connesse:

- art. 35-quater, comma 2, D.Lgs. 24 febbraio 1998, n. 58.

2439. Sottoscrizione e versamenti.

Salvo quanto previsto nel quarto comma dell'articolo 2342, i sottoscrittori delle azioni di nuova emissione devono, all'atto della sottoscrizione, versare alla società almeno il venticinque per cento del valore nominale delle azioni sottoscritte. Se è previsto un soprapprezzo, questo deve essere interamente versato all'atto della sottoscrizione.

Se l'aumento di capitale non è integralmente sottoscritto entro il termine che, nell'osservanza di quelli stabiliti dall'articolo 2441, secondo e terzo comma, deve risultare dalla deliberazione, il capitale è aumentato di un importo pari alle sottoscrizioni raccolte soltanto se la deliberazione medesima lo abbia espressamente previsto [2444; 2481-*bis*, comma 3][1].

[1] Articolo così sostituito dall'art. 1, D.Lgs. 17 gennaio 2003, n. 6, a decorrere dal 1° gennaio 2004. Il testo previgente disponeva: *I sottoscrittori delle azioni di nuova emissione devono, all'atto della sottoscrizione, versare alla società almeno i tre decimi del valore nominale delle azioni sottoscritte. Se è previsto un sopraprezzo, questo deve essere integralmente versato all'atto della sottoscrizione.*

Se l'aumento di capitale non è integralmente sottoscritto entro il termine che, nell'osservanza di quelli stabiliti dall'articolo 2441, secondo e terzo comma, deve risultare dalla deliberazione, il capitale è aumentato di un importo pari alle sottoscrizioni raccolte soltanto se la deliberazione medesima lo abbia espressamente previsto.

● Norme connesse:

- art. 35-quater, comma 2, D.Lgs. 24 febbraio 1998, n. 58.

2440. Conferimenti di beni in natura e di crediti.

Se l'aumento di capitale avviene mediante conferimento di beni in natura o di crediti si applicano le disposizioni degli articoli 2342, terzo e quinto comma, e 2343 [2346, comma 5].

L'aumento di capitale mediante conferimento di beni in natura o di crediti può essere sottoposto, su decisione degli amministratori, alla disciplina di cui agli articolo 2343-*ter* e 2343-*quater*.

Ai fini dell'applicazione dell'articolo 2343-*ter*, primo comma, rileva il periodo di negoziazione di sei mesi precedenti la data alla quale si riferisce la relazione degli amministratori redatta ai sensi dell'articolo 2441, sesto comma. Il conferimento è eseguito entro sessanta giorni da tale data, ovvero entro novanta giorni qualora l'aumento sia deliberato da una società che fa ricorso al mercato del capitale di rischio.

Qualora trovi applicazione l'articolo 2343-*ter*, secondo comma, il conferimento è eseguito, nel caso di cui alla lettera a), entro il termine dell'esercizio successivo a quello cui si riferisce il bilancio, ovvero, nel caso di cui alla lettera *b)*, entro sei mesi dalla data cui si riferisce la valutazione.

La verifica prevista dall'articolo 2343-*quater*, primo comma, è eseguita dagli amministratori nel termine di trenta giorni dall'esecuzione del conferimento ovvero, se successiva, dalla data di iscrizione nel registro delle imprese della deliberazione di aumento del capitale. La dichiarazione di cui all'articolo 2343-quater, terzo comma, è allegata all'attestazione prevista dall'articolo 2444.

Qualora siano conferiti beni in natura o crediti valutati ai sensi dell'articolo 2343-*ter*, secondo comma, nel termine indicato al quinto comma uno o più soci che rappresentino, e che rappresentavano alla data della delibera di aumento del capitale, almeno il ventesimo del capitale sociale, nell'ammontare precedente l'aumento medesimo, possono richiedere che si proceda, su iniziativa degli amministratori, ad una nuova valutazione ai sensi e per gli effetti dell'articolo 2343; la domanda dei soci non ha effetto qualora gli amministratori all'esito della verifica prevista dal quinto comma procedano ai sensi dell'articolo 2343-*quater*, secondo comma[1].

[1] Articolo, da ultimo, così sostituito dall'art. 1, D.Lgs. 29 novembre 2010, n. 224. Il testo previgente disponeva: *Se l'aumento di capitale avviene mediante conferimento di beni in natura o di crediti si applicano le disposizioni degli articoli 2342, terzo e quinto comma, e 2343, 2343-ter, e 2343-quater.*

La dichiarazione di cui all'articolo 2343-quater è allegata all'attestazione di cui all'articolo 2444.

Il testo previgente la modifica del 2003 disponeva: *Se l'aumento di capitale avviene mediante conferimento di beni in natura o di crediti si applicano le disposizioni degli articoli 2342, secondo e terzo comma, e 2343.*

● Norme connesse:

- artt. 35-quater, comma 2, 165-ter, comma 3, n. 3, D.Lgs. 24 febbraio 1998, n. 58; art. 15, comma 3, R.D. 14 dicembre 1933, n. 1669.

2440-*bis*. Aumento di capitale delegato liberato mediante conferimenti di beni in natura e di crediti senza relazione di stima.

[...][1].

1 Articolo aggiunto dall'art. 1, D.Lgs. 4 agosto 2008, n. 142 e poi abrogato dall'art. 1, D.Lgs. 29 novembre 2010, n. 224. Il testo previgente disponeva: *Nel caso sia attribuita agli amministratori la facoltà di cui all'articolo 2443, secondo comma, e sia deliberato il conferimento di beni in natura o crediti valutati in conformità dell'articolo 2343-ter, gli amministratori, espletata la verifica di cui all'articolo 2343-quater, primo comma, depositano per l'iscrizione nel registro delle imprese, in allegato al verbale della deliberazione di aumento del capitale, una dichiarazione con i contenuti di cui all'articolo 2343-quater, terzo comma, dalla quale risulti la data della delibera di aumento del capitale.*

Entro trenta giorni dall'iscrizione della dichiarazione di cui al primo comma i soci che rappresentano, e che rappresentavano alla data della delibera di aumento del capitale, almeno il ventesimo del capitale sociale, nell'ammontare precedente l'aumento medesimo, possono richiedere la presentazione di una nuova valutazione. Si applica in tal caso l'articolo 2343. Il conferimento non può essere eseguito fino al decorso del predetto termine e, se del caso, alla presentazione della nuova valutazione.

Qualora non sia richiesta la nuova valutazione, gli amministratori depositano per l'iscrizione nel registro delle imprese congiuntamente all'attestazione di cui all'articolo 2444 la dichiarazione che non sono intervenuti, successivamente alla data della dichiarazione di cui al secondo comma, i fatti o le circostanze di cui all'articolo 2343-quater, primo comma.

2441. Diritto di opzione.

Le azioni di nuova emissione e le obbligazioni convertibili in azioni devono essere offerte in opzione ai soci in proporzione al numero delle azioni possedute. Se vi sono obbligazioni convertibili il diritto di opzione spetta anche ai possessori di queste, in concorso con i soci, sulla base del rapporto di cambio.

L'offerta di opzione deve essere depositata presso l'ufficio del registro delle imprese e contestualmente resa nota mediante un avviso pubblicato sul sito internet della società, con modalità atte a garantire la sicurezza del sito medesimo, l'autenticità dei documenti e la certezza della data di pubblicazione, o, in mancanza, mediante deposito presso la sede della società. **Per l'esercizio del diritto di opzione deve essere concesso un termine non inferiore a quattordici giorni dalla pubblicazione dell'offerta nel sito internet della società con le modalità sopra descritte, o, in mancanza, dall'iscrizione dell'offerta nel registro delle imprese**[1].

Coloro che esercitano il diritto di opzione, purché ne facciano contestuale richiesta, hanno diritto di prelazione nell'acquisto delle azioni e delle obbligazioni convertibili in azioni che siano rimaste non optate. Se le azioni sono quotate in mercati regolamentati **o negoziate in sistemi multilaterali di negoziazione**, i diritti di opzione non esercitati devono essere offerti nel mercato regolamentato **o nel sistema multilaterale di negoziazione** dagli amministratori, per conto della società, entro il mese successivo alla scadenza del termine stabilito a norma del secondo comma, per almeno **due sedute**, salvo che i diritti di opzione siano già stati integralmente venduti[2].

Il diritto di opzione non spetta per le azioni di nuova emissione che, secondo la deliberazione di aumento del capitale, devono essere liberate mediante conferimenti in natura. Nelle società con azioni quotate in mercati regolamentati **o negoziate in sistemi multilaterali di negoziazione** lo statuto può altresì escludere il diritto di opzione nei limiti del dieci per cento del capitale sociale preesistente, a condizione che il prezzo di emissione corrisponda al valore di mercato delle azioni e ciò sia confermato in apposita relazione da un revisore legale o da una società di revisione legale. **Le ragioni dell'esclusione o della limitazione nonchè i criteri adottati per la determinazione del prezzo di emissione devono risultare da apposita relazione degli amministratori, depositata presso la sede sociale e pubblicata nel sito internet della società entro il termine della convocazione dell'assemblea, salvo quanto previsto dalle leggi speciali**[3].

Quando l'interesse della società lo esige, il diritto di opzione può essere escluso o limitato con la deliberazione di aumento di capitale[4].

Le proposte di aumento di capitale sociale con esclusione o limitazione del diritto di opzione, ai sensi del primo periodo del quarto comma o del quinto comma del presente articolo, devono essere illustrate dagli amministratori con apposita relazione, dalla quale devono risultare le ragioni dell'esclusione o della limitazione, ovvero, qualora l'esclusione derivi da un conferimento in natura, le ragioni di questo e in ogni caso i criteri adottati per la determinazione del prezzo di emissione. La relazione deve essere comunicata dagli amministratori al collegio sindacale o al consiglio di sorveglianza e al soggetto incaricato della revisione legale dei conti almeno trenta giorni prima di quello fissato per l'assemblea. Entro quindici giorni il collegio sindacale deve esprimere il proprio parere sulla congruità del prezzo di emissione delle azioni. Il parere del collegio sindacale e, nell'ipotesi prevista dal quarto comma, la relazione giurata dell'esperto designato dal Tribunale ovvero la documentazione indicata dall'articolo 2343-*ter*, terzo comma, devono restare depositati nella sede della società durante i quindici giorni che precedono l'assemblea e finchè questa non abbia deliberato; i soci possono prenderne visione. La deliberazione determina il prezzo di emissione delle azioni in base al valore del patrimonio netto, tenendo conto, per le azioni quotate in mercati regolamentati, anche dell'andamento delle quotazioni nell'ultimo semestre[5].

Non si considera escluso né limitato il diritto di opzione qualora la deliberazione di aumento di capitale preveda che le azioni di nuova emissione siano sottoscritte da banche, da enti o società finanziarie soggetti al controllo della Commissione nazionale per le società e la borsa ovvero da altri soggetti autorizzati all'esercizio dell'attività di collocamento di strumenti finanziari, con obbligo di offrirle agli azionisti della società, con operazioni di qualsiasi tipo, in conformità con i primi tre commi del presente articolo. Nel periodo di detenzione delle azioni offerte agli azionisti e comunque fino a quando non sia stato esercitato il diritto di opzione, i medesimi soggetti non possono esercitare il diritto di voto. Le spese dell'operazione sono a carico della società e la deliberazione di aumento del capitale deve indicarne l'ammontare.

Con deliberazione dell'assemblea presa con la maggioranza richiesta per le assemblee straordinarie può essere escluso il diritto di opzione per le azioni di nuova emissione, se queste sono offerte in sottoscrizione ai dipendenti della società o di società che la controllano o che sono da essa controllate[6] [7].

[1] Comma così sostituito dall'art. 20, D.L. 24 giugno 2014, n. 91, convertito in L. 11 agosto 2014, n. 116, poi così modificato dall'art. 44, D.L. 16 luglio 2020, n. 76, convertito in L. 11 settembre 2020, n. 120, a decorrere dal 15 settembre 2020.

Il testo previgente la modifica del 2014 disponeva: *L'offerta di opzione deve essere depositata presso l'ufficio del registro delle imprese. Salvo quanto previsto dalle leggi speciali per le società con azioni quotate in mercati regolamentati, per l'esercizio del diritto di opzione deve essere concesso un termine non inferiore a trenta giorni dalla pubblicazione dell'offerta.*

Il testo previgente la modifica del 2020 disponeva: *L'offerta di opzione deve essere depositata presso l'ufficio del registro delle imprese e contestualmente resa nota mediante un avviso pubblicato sul sito internet della società, con modalità atte a garantire la sicurezza del sito medesimo, l'autenticità dei documenti e la certezza della data di pubblicazione, o, in mancanza, mediante deposito presso la sede della società. Per l'esercizio del diritto di opzione deve essere concesso un termine non inferiore a quindici giorni dalla pubblicazione dell'offerta.*

[2] Comma così modificato prima dall'art. 19, D.Lgs. 28 dicembre 2004, n. 310, poi dall'art. 2, D.Lgs. 11 ottobre 2012, n. 184, infine dall'art. 44, D.L. 16 luglio 2020, n. 76, convertito in L. 11 settembre 2020, n. 120, a decorrere dal 15 settembre 2020.

Il testo previgente la modifica del 2004 disponeva: *Coloro che esercitano il diritto di opzione, purché ne facciano contestuale richiesta, hanno diritto di prelazione nell'acquisto delle azioni e delle obbligazioni convertibili in azioni che siano rimaste non optate. Se le azioni sono quotate sui mercati regolamentati, i diritti di opzione non esercitati devono essere offerti nel mercato regolamentato dagli amministratori, per conto della società, per almeno cinque riunioni, entro il mese successivo alla scadenza del termine stabilito a norma del secondo comma.*

Il testo previgente la modifica del 2012 disponeva: *Coloro che esercitano il diritto di opzione, purché ne facciano contestuale richiesta, hanno diritto di prelazione nell'acquisto delle azioni e delle obbligazioni convertibili in azioni che siano rimaste non optate. Se le azioni sono quotate in mercati regolamentati, i diritti di opzione non esercitati devono essere offerti nel mercato regolamentato dagli amministratori, per conto della società, per almeno cinque riunioni, entro il mese successivo alla scadenza del termine stabilito a norma del secondo comma.*

Il testo previgente la modifica del 2020 disponeva: *Coloro che esercitano il diritto di opzione, purché ne facciano contestuale richiesta, hanno diritto di prelazione nell'acquisto delle azioni e delle obbligazioni convertibili in azioni che siano rimaste non optate. Se le azioni sono quotate in mercati regolamentati, i diritti di opzione non esercitati devono essere offerti nel mercato regolamentato dagli amministratori, per conto della società, entro il mese successivo alla scadenza del termine stabilito a norma del secondo comma, per almeno cinque sedute, salvo che i diritti di opzione siano già stati integralmente venduti.*

[3] Comma così modificato prima dall'art. 37, D.Lgs. 27 gennaio 2010, n. 39, poi dall'art. 2, D.Lgs. 11 ottobre 2012, n. 184, infine dall'art. 44, D.L. 16 luglio 2020, n. 76, convertito in L. 11 settembre 2020, n. 120, a decorrere dal 15 settembre 2020.

Il testo previgente la modifica del 2010 disponeva: *Il diritto di opzione non spetta per le azioni di nuova emissione che, secondo la deliberazione di aumento del capitale, devono essere liberate mediante conferimenti in natura. Nelle società con azioni quotate in mercati regolamentati lo statuto può altresì escludere il diritto di opzione nei limiti del dieci per cento del capitale sociale preesistente, a condizione che il prezzo di emissione corrisponda al valore di mercato delle azioni e ciò sia confermato in apposita relazione dalla società incaricata della revisione contabile.*

Il testo previgente la modifica del 2012 disponeva: *Il diritto di opzione non spetta per le azioni di nuova emissione che, secondo la deliberazione di aumento del capitale, devono essere liberate mediante conferimenti in natura. Nelle società con azioni quotate in mercati regolamentati lo statuto può altresì escludere il diritto di opzione nei limiti del dieci per cento del capitale sociale preesistente, a condizione che il prezzo di emissione corrisponda al valore di mercato delle azioni e ciò sia confermato in apposita relazione dal revisore legale o dalla società di revisione legale.*

Il testo previgente la modifica del 2020 disponeva: *Il diritto di opzione non spetta per le azioni di nuova emissione che, secondo la deliberazione di aumento del capitale, devono essere liberate mediante conferimenti in natura. Nelle società con azioni quotate in mercati regolamentati lo statuto può altresì escludere il diritto di opzione nei limiti del dieci per cento del capitale sociale preesistente, a condizione che il prezzo di emissione corrisponda al valore di mercato delle azioni e ciò sia confermato in apposita relazione da un revisore legale o da una società di revisione legale.*

[4] Comma così modificato dall'art. 2, D.Lgs. 11 ottobre 2012, n. 184. Il testo previgente disponeva: *Quando l'interesse della società lo esige, il diritto di opzione può essere escluso o limitato con la deliberazione di aumento di capitale, approvata da tanti soci che rappresentino oltre la metà del capitale sociale, anche se la deliberazione è presa in assemblea di convocazione successiva alla prima.*

[5] Comma prima modificato dall'art. 19, D.Lgs. 28 dicembre 2004, n. 310, poi dall'art. 37, D.Lgs. 27 gennaio 2010, n.

CODICE CIVILE

39 e da ultimo dall'art. 1, D.Lgs. 29 novembre 2010, n. 224. Il testo previgente disponeva: *Le proposte di aumento di capitale sociale con esclusione o limitazione del diritto di opzione, ai sensi del primo periodo del quarto comma o del quinto comma del presente articolo, devono essere illustrate dagli amministratori con apposita relazione, dalla quale devono risultare le ragioni dell'esclusione o della limitazione, ovvero, qualora l'esclusione derivi da un conferimento in natura, le ragioni di questo e in ogni caso i criteri adottati per la determinazione del prezzo di emissione. La relazione deve essere comunicata dagli amministratori al collegio sindacale o al consiglio di sorveglianza e al soggetto incaricato della revisione legale dei conti almeno trenta giorni prima di quello fissato per l'assemblea. Entro quindici giorni il collegio sindacale deve esprimere il proprio parere sulla congruità del prezzo di emissione delle azioni. Il parere del collegio sindacale e la relazione giurata dell'esperto designato dal tribunale nell'ipotesi prevista dal quarto comma devono restare depositati nella sede della società durante i quindici giorni che precedono l'assemblea e finché questa non abbia deliberato; i soci possono prenderne visione. La deliberazione determina il prezzo di emissione delle azioni in base al valore del patrimonio netto, tenendo conto, per le azioni quotate in mercati regolamentati, anche dell'andamento delle quotazioni nell'ultimo semestre. Il testo previgente la riforma del 2004 disponeva: Le proposte di aumento di capitale sociale con esclusione o limitazione del diritto di opzione, ai sensi del primo periodo del quarto comma o del quinto comma del presente articolo, devono essere illustrate dagli amministratori con apposita relazione, dalla quale devono risultare le ragioni dell'esclusione o della limitazione, ovvero, qualora l'esclusione derivi da un conferimento in natura, le ragioni di questo e in ogni caso i criteri adottati per la determinazione del prezzo di emissione. La relazione deve essere comunicata dagli amministratori al collegio sindacale o al consiglio di sorveglianza e al soggetto incaricato del controllo contabile almeno trenta giorni prima di quello fissato per l'assemblea. Entro quindici giorni il collegio sindacale deve esprimere il proprio parere sulla congruità del prezzo di emissione delle azioni. Il parere del collegio sindacale e la relazione giurata dell'esperto designato dal tribunale nell'ipotesi prevista dal quarto comma devono restare depositati nella sede della società durante i quindici giorni che precedono l'assemblea e finché questa non abbia deliberato; i soci possono prenderne visione. La deliberazione determina il prezzo di emissione delle azioni in base al valore del patrimonio netto, tenendo conto, per le azioni quotate in borsa, anche dell'andamento delle quotazioni nell'ultimo semestre. Il testo previgente le modifiche di cui al D.Lgs. 39/2010 disponeva: Le proposte di aumento di capitale sociale con esclusione o limitazione del diritto di opzione, ai sensi del primo periodo del quarto comma o del quinto comma del presente articolo, devono essere illustrate dagli amministratori con apposita relazione, dalla quale devono risultare le ragioni dell'esclusione o della limitazione, ovvero, qualora l'esclusione derivi da un conferimento in natura, le ragioni di questo e in ogni caso i criteri adottati per la determinazione del prezzo di emissione. La relazione deve essere comunicata dagli amministratori al collegio sindacale o al consiglio di sorveglianza e al soggetto incaricato del controllo contabile almeno trenta giorni prima di quello fissato per l'assemblea. Entro quindici giorni il collegio sindacale deve esprimere il proprio parere sulla congruità del prezzo di emissione delle azioni. Il parere del collegio sindacale e la relazione giurata dell'esperto designato dal tribunale nell'ipotesi prevista dal quarto comma devono restare depositati nella sede della società durante i quindici giorni che precedono l'assemblea e finché questa non abbia deliberato; i soci possono prenderne visione. La deliberazione determina il prezzo di emissione delle azioni in base al valore del patrimonio netto, tenendo conto, per le azioni quotate in mercati regolamentati, anche dell'andamento delle quotazioni nell'ultimo semestre.*

[6] Comma così modificato dall'art. 2, D.Lgs. 11 ottobre 2012, n. 184. Il testo previgente disponeva: *Con deliberazione dell'assemblea presa con la maggioranza richiesta per le assemblee straordinarie può essere escluso il diritto di opzione limitatamente a un quarto delle azioni di nuova emissione, se queste sono offerte in sottoscrizione ai dipendenti della società o di società che la controllano o che sono da essa controllate. L'esclusione dell'opzione in misura superiore al quarto deve essere approvata con la maggioranza prescritta nel quinto comma.*

[7] Articolo così sostituito dall'art. 1, D.Lgs. 17 gennaio 2003, n. 6, a decorrere dal 1° gennaio 2004. Il testo previgente disponeva: *Le azioni di nuova emissione e le obbligazioni convertibili in azioni devono essere offerte in opzione ai soci in proporzione al numero delle azioni possedute. Se vi sono obbligazioni convertibili il diritto di opzione spetta anche ai possessori di queste, in concorso con i soci, sulla base del rapporto di cambio.*

L'offerta di opzione deve essere depositata presso l'ufficio del registro delle imprese. Per l'esercizio del diritto di opzione deve essere concesso un termine non inferiore a trenta giorni dalla pubblicazione dell'offerta.

Coloro che esercitano il diritto di opzione, purché ne facciano contestuale richiesta, hanno diritto di prelazione nell'acquisto delle azioni e delle obbligazioni convertibili in azioni che siano rimaste non optate. Se le azioni sono quotate in borsa, i diritti di opzione non esercitati devono essere offerti in borsa dagli amministratori, per conto della società, per almeno cinque riunioni, entro il mese successivo alla scadenza del termine stabilito a norma del secondo comma.

Il diritto di opzione non spetta per le azioni di nuova emissione che, secondo la deliberazione di aumento del capitale, devono essere liberate mediante conferimenti in natura.

Quando l'interesse della società lo esige, il diritto di opzione può essere escluso o limitato con la deliberazione di aumento di capitale, approvata da tanti soci che rappresentino oltre la metà del capitale sociale, anche se la deliberazione è presa in assemblea di seconda o terza convocazione.

Le proposte di aumento del capitale sociale con esclusione o limitazione del diritto di opzione, ai sensi del quarto o del quinto comma, devono essere illustrate dagli amministratori con apposita relazione, dalla quale devono risultare le ragioni dell'esclusione o della limitazione, ovvero, qualora l'esclusione derivi da un conferimento in natura, le ragioni di questo e in ogni caso i criteri adottati per la determinazione del prezzo di emissione. La relazione deve essere comunicata dagli amministratori al collegio sindacale almeno trenta giorni prima di quello fissato per l'assemblea. Entro quindici giorni il collegio sindacale deve esprimere il proprio parere sulla congruità del prezzo di emissione delle azioni. Il parere del collegio sindacale e la relazione giurata dell'esperto designato dal presidente del tribunale nell'ipotesi prevista dal quarto comma devono restare depositati nella sede della società durante i quindici giorni che precedono l'assemblea e finché questa non abbia deliberato; i soci possono prenderne visione. La deliberazione determina il prezzo di emissione delle azioni in base al valore del patrimonio netto, tenendo conto, per le azioni quotate in borsa, anche dell'andamento delle quotazioni nell'ultimo semestre.

Non si considera escluso nè limitato il diritto di opzione qualora la deliberazione di aumento di capitale preveda che le azioni di nuova emissione siano sottoscritte da banche, da enti o società finanziarie soggetti al controllo della Commissione nazionale per le società e la borsa ovvero da altri soggetti autorizzati all'esercizio dell'attività di collocamento di strumenti finanziari, con obbligo di offrirle agli azionisti della società, con operazioni di qualsiasi tipo, in conformità con i primi tre commi del presente articolo. Nel periodo di detenzione delle azioni offerte agli azionisti e comunque fino a quando non sia stato esercitato il diritto di opzione, i medesimi soggetti non possono esercitare il diritto di voto. Le spese dell'operazione sono a carico della società e la deliberazione di aumento di capitale deve indicarne l'ammontare.

Con deliberazione dell'assemblea presa con la maggioranza richiesta per le assemblee straordinarie può essere escluso il diritto di opzione limitatamente a un quarto delle azioni di nuova emissione, se queste sono offerte in sottoscrizione ai dipendenti della società. L'esclusione dell'opzione in misura superiore al quarto deve essere approvata con la maggioranza prescritta nel quinto comma.

● Norme connesse:

- artt. 35-quater, comma 2, 132, comma 3, 134, 145, commi 7, 8, 154, comma 1, 158, comma 1, 3, D.Lgs. 24 febbraio 1998, n. 58.

2442. Passaggio di riserve a capitale.

L'assemblea può aumentare il capitale, imputando a capitale le riserve e gli altri fondi iscritti in bilancio in quanto disponibili [2426, comma 1, n. 4), 2430, 2431].

In questo caso le azioni di nuova emissione devono avere le stesse caratteristiche di quelle in circolazione, e devono essere assegnate gratuitamente agli azionisti in proporzione di quelle da essi già possedute.

L'aumento di capitale può attuarsi anche mediante aumento del valore nominale delle azioni in circolazione[1].

[1] Articolo così sostituito dall'art. 1, D.Lgs. 17 gennaio 2003, n. 6, a decorrere dal 1° gennaio 2004. Il testo previgente disponeva: *L'assemblea può aumentare il capitale, imputando a capitale la parte disponibile delle riserve e dei fondi speciali iscritti in bilancio.*

In questo caso le azioni di nuova emissione devono avere le stesse caratteristiche di quelle in circolazione, e devono essere assegnate gratuitamente agli azionisti in proporzione di quelle da essi già possedute.

L'aumento di capitale può attuarsi anche mediante aumento del valore nominale delle azioni in circolazione.

● Norme connesse:

- artt. 35-quater, comma 2, 127-quater, comma 1, 127-quinquies, 127-sexies, D.Lgs. 24 febbraio 1998, n. 58.

2443. Delega agli amministratori.

Lo statuto può attribuire agli amministratori [2381, comma 4] la facoltà di aumentare in una o più volte il capitale fino ad un ammontare determinato e per il periodo massimo di cinque anni dalla data dell'iscrizione della società nel registro delle imprese. Tale facoltà può prevedere anche l'adozione delle deliberazioni di cui al quarto e quinto comma dell'articolo 2441; in questo caso si applica in quanto compatibile il sesto comma dell'articolo 2441 e lo statuto determina i criteri cui gli amministratori devono attenersi.

La facoltà di cui al secondo periodo del precedente comma può essere attribuita anche mediante modificazione dello statuto, per il periodo massimo di cinque anni dalla data della deliberazione[1].

Il verbale della deliberazione degli amministratori di aumentare il capitale deve essere redatto da un notaio e deve essere depositato e iscritto a norma dall'articolo 2436.

Se agli amministratori è attribuita la facoltà di adottare le deliberazioni di cui all'articolo 2441, quarto comma, qualora essi decidano di deliberare l'aumento di capitale con conferimenti di beni in natura o di crediti senza la relazione dell'esperto di cui all'articolo 2343, avvalendosi delle disposizioni contenute nell'articolo 2343-*ter*, il conferimento non può avere efficacia, salvo che consti il consenso di tutti i soci, prima del decorso del termine di trenta giorni dall'iscrizione nel registro delle imprese della deliberazione di aumento, contenente anche le dichiarazioni previste nelle lettere *a), b), c)* ed *e)*, di cui all'articolo 2343-*quater*, terzo comma. Entro detto termine uno o più soci che rappresentano, e che rappresentavano alla data della delibera di aumento del capitale, almeno il ventesimo del capitale sociale, nell'ammontare precedente l'aumento medesimo, possono richiedere che si proceda, su iniziativa degli amministratori, ad una nuova valutazione ai sensi e per gli effetti di cui all'articolo 2343. In mancanza di tale domanda, gli amministratori depositano per l'iscrizione nel registro delle imprese unitamente all'attestazione di cui all'articolo 2444 la dichiarazione prevista all'articolo 2343-*quater*, terzo comma, lettera *d)*[2][3].

[1] Comma così modificato dall'art. 2, D.Lgs. 11 ottobre 2012, n. 184. Il testo previgente disponeva: *La facoltà di cui al secondo periodo del precedente comma può essere attribuita anche mediante modificazione dello statuto, approvata con la maggioranza prevista dal quinto comma dell'articolo 2441, per il periodo massimo di cinque anni dalla data della deliberazione.*

[2] Comma aggiunto dall'art. 1, D.Lgs. 29 novembre 2010, n. 224.

[3] Articolo così sostituito dall'art. 1, D.Lgs. 17 gennaio 2003, n. 6, a decorrere dal 1° gennaio 2004. Il testo previgente di-

CODICE CIVILE

sponeva: *L'atto costitutivo può attribuire agli amministratori la facoltà di aumentare in una o più volte il capitale fino ad un ammontare determinato e per il periodo massimo di cinque anni dalla data dell'iscrizione della società nel registro delle imprese.*

Tale facoltà può essere attribuita anche mediante modificazioni dell'atto costitutivo, per il periodo massimo di cinque anni dalla data della deliberazione.

Il verbale della deliberazione degli amministratori di aumentare il capitale deve essere redatto da un notaio e deve essere depositato e iscritto a norma dell'articolo 2436.

● Norme connesse:

- artt. 35-quater, comma 2, 123-bis, comma 1, lett. b), 134, 158, D.Lgs. 24 febbraio 1998, n. 58.

2444. Iscrizione nel registro delle imprese.

Nei trenta giorni dall'avvenuta sottoscrizione delle azioni di nuova emissione gli amministratori devono depositare [2630] per l'iscrizione nel registro delle imprese un'attestazione che l'aumento del capitale è stato eseguito.

Fino a che l'iscrizione nel registro non sia avvenuta, l'aumento del capitale non può essere menzionato negli atti della società [2250][1].

[1] Articolo così sostituito dall'art. 1, D.Lgs. 17 gennaio 2003, n. 6, a decorrere dal 1° gennaio 2004. Il testo previgente disponeva: *Nei trenta giorni dall'avvenuta sottoscrizione delle azioni di nuova emissione gli amministratori devono depositare per l'iscrizione nel registro delle imprese un'attestazione che l'aumento del capitale è stato eseguito.*

[...].

Fino a che l'iscrizione nel registro non sia avvenuta, l'aumento del capitale non può essere menzionato negli atti della società.

● Norme connesse:

- art. 35-quater, comma 2, D.Lgs. 24 febbraio 1998, n. 58; artt. 7, 14, comma 5, D.P.R. 7 dicembre 1995, n. 581.

2445. Riduzione del capitale sociale.

La riduzione del capitale sociale può aver luogo sia mediante liberazione dei soci dall'obbligo dei versamenti ancora dovuti, sia mediante rimborso del capitale ai soci, nei limiti ammessi dagli articoli 2327 e 2413 [2626].

L'avviso di convocazione dell'assemblea deve indicare le ragioni e le modalità della riduzione. Nel caso di società cui si applichi l'articolo 2357, terzo comma, la riduzione deve comunque effettuarsi con modalità tali che le azioni proprie eventualmente possedute dopo la riduzione non eccedano la quinta parte del capitale sociale[1].

La deliberazione può essere eseguita soltanto dopo novanta giorni dal giorno dell'iscrizione nel registro delle imprese, purché entro questo termine nessun creditore sociale anteriore all'iscrizione abbia fatto opposizione.

Il tribunale, quando ritenga infondato il pericolo di pregiudizio per i creditori oppure la società abbia prestato idonea garanzia, dispone che l'operazione abbia luogo nonostante l'opposizione [2487-*ter*, comma 2][2 3 4].

[1] Comma così sostituito dall'art. 7, D.L. 10 febbraio 2009, n. 5, convertito in L. 9 aprile 2009, n. 33. La versione previgente era la seguente: *L'avviso di convocazione dell'assemblea deve indicare le ragioni e le modalità della riduzione. Nel caso di società cui si applichi l'articolo 2357, terzo comma, la riduzione deve comunque effettuarsi con modalità tali che le azioni proprie eventualmente possedute dopo la riduzione non eccedano la decima parte del capitale sociale.*

[2] Comma così modificato dall'art. 5, D.Lgs. 6 febbraio 2004, n. 37. Il testo previgente disponeva: *Il tribunale, quando ritenga infondato il pericolo di pregiudizio per i creditori oppure la società abbia prestato idonea garanzia, dispone che la riduzione abbia luogo nonostante l'opposizione.*

[3] Relativamente alle disposizioni di cui al presente comma trovano applicazione le norme di cui alla Sezione II (Del procedimento in confronto di più parti) del Capo II (Del procedimento) del Titolo IV (Del procedimento in camera di consiglio), D.Lgs. 17 gennaio 2003, n. 5 (Definizione dei procedimenti in materia di diritto societario e di intermediazione finanziaria, nonché in materia bancaria e creditizia, in attuazione dell'articolo 12 della legge 3 ottobre 2001, n. 366) (art. 33, D.Lgs. 5/2003, cit.), poi abrogato dall'art. 54, L. 18 giugno 2009, n. 69 (le disposizioni ivi contenute continuano ad applicarsi alle controversie pendenti alla data di entrata in vigore della L. 69/2009 cit.).

[4] Articolo così sostituito dall'art. 1, D.Lgs. 17 gennaio 2003, n. 6, a decorrere dal 1° gennaio 2004. Il testo previgente disponeva: *La riduzione del capitale, quando questo risulta esuberante per il conseguimento dell'oggetto sociale, può aver luogo sia mediante liberazione dei soci dall'obbligo dei versamenti ancora dovuti, sia mediante rimborso del capitale ai soci, nei limiti ammessi dagli articoli 2327 e 2412.*

L'avviso di convocazione dell'assemblea deve indicare le ragioni e le modalità della riduzione. La riduzione deve comunque effettuarsi con modalità tali che le azioni proprie eventualmente possedute dopo la riduzione non eccedano la decima parte del capitale sociale.

La deliberazione può essere eseguita soltanto dopo tre mesi dal giorno dell'iscrizione nel registro delle imprese, purché entro questo termine nessun creditore sociale anteriore all'iscrizione abbia fatto opposizione.

Il tribunale nonostante l'opposizione, può disporre che la riduzione abbia luogo, previa prestazione da parte della società di un'idonea garanzia.

● Norme connesse:

- art. 35-quater, comma 2, D.Lgs. 24 febbraio 1998, n. 58.

2446. Riduzione del capitale per perdite.

Quando risulta che il capitale è diminuito di oltre un terzo in conseguenza di perdite [2433, comma 3], gli amministratori [2381, comma 4] o il consiglio di gestione, e nel caso di loro inerzia il collegio sindacale ovvero il consiglio di sorveglianza, devono senza indugio [2631] convocare l'assemblea [2365] per gli opportuni provvedimenti. All'assemblea deve essere sottoposta una relazione sulla situazione patrimoniale della società, con le osservazioni del collegio sindacale o del comitato per il controllo sulla gestione. La relazione e le osservazioni devono restare depositate in copia nella sede della società durante gli otto giorni che precedono l'assemblea, perché i soci possano prenderne visione. Nell'assemblea gli amministratori devono dare conto dei fatti di rilievo avvenuti dopo la redazione della relazione.

Se entro l'esercizio successivo la perdita non risulta diminuita a meno di un terzo, l'assemblea ordinaria o il consiglio di sorveglianza che approva il bilancio di tale esercizio deve ridurre il capitale in proporzione delle perdite accertate. In mancanza gli amministratori e i sindaci o il consiglio di sorveglianza devono chiedere al tribunale che venga disposta la riduzione del capitale in ragione delle perdite risultanti dal bilancio. Il tribunale provvede, sentito il pubblico ministero, con decreto soggetto a reclamo, che deve essere iscritto nel registro delle imprese a cura degli amministratori[1].

Nel caso in cui le azioni emesse dalla società siano senza valore nominale, lo statuto, una sua modificazione ovvero una deliberazione adottata con le maggioranze previste per l'assemblea straordinaria possono prevedere che la riduzione del capitale di cui al precedente comma sia deliberata dal consiglio di amministrazione. Si applica in tal caso l'articolo 2436 [disp. att. 111-*terdecies*][2].

[1] Relativamente alle disposizioni di cui al presente comma trovano applicazione le norme di cui alla Sezione II (Del procedimento in confronto di più parti) del Capo II (Del procedimento) del Titolo IV (Del procedimento in camera di consiglio), D.Lgs. 17 gennaio 2003, n. 5 (Definizione dei procedimenti in materia di diritto societario e di intermediazione finanziaria, nonché in materia bancaria e creditizia, in attuazione dell'articolo 12 della legge 3 ottobre 2001, n. 366) (art. 33, D.Lgs. 5/2003, cit.), poi abrogato dall'art. 54, L. 18 giugno 2009, n. 69 (le disposizioni ivi contenute continuano ad applicarsi alle controversie pendenti alla data di entrata in vigore della L. 69/2009 cit.).

[2] Articolo così sostituito dall'art. 1, D.Lgs. 17 gennaio 2003, n. 6, a decorrere dal 1° gennaio 2004. Il testo previgente disponeva: *Quando risulta che il capitale è diminuito di oltre un terzo in conseguenza di perdite, gli amministratori devono senza indugio convocare l'assemblea per gli opportuni provvedimenti. All'assemblea deve essere sottoposta una relazione sulla situazione patrimoniale della società, con le osservazioni del collegio sindacale. La relazione degli amministratori con le osservazioni del collegio sindacale deve restare depositata in copia nella sede della società durante gli otto giorni che precedono l'assemblea, perché i soci possano prenderne visione.*

Se entro l'esercizio successivo la perdita non risulta diminuita a meno di un terzo, l'assemblea che approva il bilancio di tale esercizio deve ridurre il capitale in proporzione delle perdite accertate. In mancanza gli amministratori e i sindaci devono chiedere al tribunale che venga disposta la riduzione del capitale in ragione delle perdite risultanti dal bilancio. Il tribunale provvede, sentito il pubblico ministero, mediante decreto, che deve essere iscritto nel registro delle imprese a cura degli amministratori. Contro tale decreto è ammesso reclamo alla corte d'appello entro trenta giorni dall'iscrizione.

● Norme connesse:

- art. 182-sexies, R.D. 16 marzo 1942, n. 267; artt. 35-quater, comma 2, 125-bis, comma 3, 125-ter, comma 2, 145, comma 5, D.Lgs. 24 febbraio 1998, n. 58.
- artt. 20, comma 4, 64 e 89 del Codice della crisi di impresa e dell'insolvenza, attuativo della Legge delega 19 ottobre 2017, n. 155 (D.Lgs. 12 gennaio 2019, n. 14), che prevedono un differimento degli obblighi previsti dagli artt. 2446, commi 2 e 3, 2447, 2482-bis, commi 4, 5 e 6 e 2482-ter del codice civile, e la non operatività della causa di scioglimento della società per riduzione o perdita del capitale sociale di cui agli articoli 2484, comma 1, n. 4), e 2545-duodecies del codice civile, rispettivamente, durante il procedimento di composizione assistita della crisi, di cui all'art. 19 del decreto, fino alla sua conclusione; dalla data del deposito della domanda per l'omologazione degli accordi di ristrutturazione, disciplinati dagli artt. 57, 60 e 61 ovvero della richiesta di misure cautelari e protettive, ai sensi dell'art. 54, relative ad una proposta di accordo di ristrutturazione e sino all'omologazione; dalla data del deposito della domanda di concordato preventivo e sino all'omologazione.

■ art. 146, Codice del commercio del 1882.

2447. Riduzione del capitale sociale al di sotto del limite legale.

Se, per la perdita di oltre un terzo del capitale, questo si riduce al disotto del minimo stabilito dall'articolo 2327 [2484, comma 1 n. 4], gli amministratori [2381, comma 4] o il consiglio di gestione e, in caso di loro inerzia, il consiglio di sorveglianza devono senza indugio convocare l'assemblea per deliberare la riduzione del capitale ed il contemporaneo aumento del medesimo ad una cifra non inferiore al detto minimo, o la trasformazione della società [2498 ss.][1].

[1] Articolo così sostituito dall'art. 1, D.Lgs. 17 gennaio 2003, n. 6, a decorrere dal 1° gennaio 2004. Il testo previgente disponeva: *Se, per la perdita di oltre un terzo del capitale, questo si riduce al disotto del minimo stabilito dall'articolo 2327, gli amministratori devono senza indugio convocare l'assemblea per deliberare la riduzione del capitale ed il contemporaneo aumento del medesimo ad una cifra non inferiore al detto minimo, o la trasformazione della società.*

● Norme connesse:

- art. 182-sexies, R.D. 16 marzo 1942, n. 267; artt. 35-quater, comma 2, 125-bis, comma 3, 125-ter, comma 2, 165-ter, comma 3, lett. a), n. 2, D.Lgs. 24 febbraio 1998, n. 58.
- artt. 20, comma 4, 64 e 89 del Codice della crisi di impresa e dell'insolvenza, attuativo della Legge delega 19 ottobre 2017, n. 155 (D.Lgs. 12 gennaio 2019, n. 14), che prevedono un differimento degli obblighi previsti dagli artt. 2446, commi 2 e 3, 2447, 2482-bis, commi 4, 5 e 6 e 2482-ter del codice civile, e la non operatività della causa di scioglimento della società per riduzione o perdita del capitale sociale di cui agli articoli 2484, comma 1, n. 4), e 2545-duodecies del codice civile, rispettivamente, durante il procedimento di composizione assistita della crisi, di cui all'art. 19 del decreto, fino

CODICE CIVILE

alla sua conclusione; dalla data del deposito della domanda per l'omologazione degli accordi di ristrutturazione, disciplinati dagli artt. 57, 60 e 61 ovvero della richiesta di misure cautelari e protettive, ai sensi dell'art. 54, relative ad una proposta di accordo di ristrutturazione e sino all'omologazione; dalla data del deposito della domanda di concordato preventivo e sino all'omologazione.

Sezione XI
Dei patrimoni destinati ad uno specifico affare[1]

[1] Sezione così sostituita dall'art. 1, D.Lgs. 17 gennaio 2003, n. 6, a decorrere dal 1° gennaio 2004. L'originaria Sezione XI corrisponde all'attuale Capo VIII del presente Titolo V.

2447-*bis*. Patrimoni destinati ad uno specifico affare.

La società può:

a) costituire uno o più patrimoni ciascuno dei quali destinato in via esclusiva ad uno specifico affare [2447-*ter* ss.];

b) convenire che nel contratto relativo al finanziamento di uno specifico affare al rimborso totale o parziale del finanziamento medesimo siano destinati i proventi dell'affare stesso, o parte di essi [2447-*decies*].

Salvo quanto disposto in leggi speciali, i patrimoni destinati ai sensi della lettera *a)* del primo comma non possono essere costituiti per un valore complessivamente superiore al dieci per cento del patrimonio netto della società e non possono comunque essere costituiti per l'esercizio di affari attinenti ad attività riservate in base alle leggi speciali[1].

[1] Articolo aggiunto dall'art. 1, D.Lgs. 17 gennaio 2003, n. 6, a decorrere dal 1° gennaio 2004.

● Norme connesse:

- art. 8, D.Lgs. 28 febbraio 2005, n. 38 (Esercizio delle opzioni previste dall'articolo 5 del regolamento (CE) n. 1606/2002 in materia di principi contabili internazionali).

- artt. 14, 167, 2645-ter c.c., art. 8, L. 16 ottobre 1989, n. 364 (Ratifica ed esecuzione della Convenzione sulla legge applicabile ai trusts e sul loro riconoscimento); art. 36, comma 4, D.Lgs. 24 febbraio 1998, n. 58 (Testo unico delle disposizioni in materia di intermediazione finanziaria).

- art. 6, L. 22 giugno 2016, n. 112 (Disposizioni in materia di assistenza in favore delle persone con disabilità grave prive del sostegno familiare), nel testo, da ultimo, modificato dal D.Lgs. 3 agosto 2018, n. 105, che dispone: *Istituzione di trust, vincoli di destinazione e fondi speciali composti di beni sottoposti a vincolo di destinazione. 1. I beni e i diritti conferiti in trust ovvero gravati da vincoli di destinazione di cui all'articolo 2645-ter del codice civile ovvero destinati a fondi speciali di cui al comma 3 dell'articolo 1, istituiti in favore delle persone con disabilità grave come definita dall'articolo 3, comma 3, della legge 5 febbraio 1992, n. 104, accertata con le modalità di cui all'articolo 4 della medesima legge, sono esenti dall'imposta sulle successioni e donazioni prevista dall'articolo 2, commi da 47 a 49, del decreto-legge 3 ottobre 2006, n. 262, convertito, con modificazioni, dalla legge 24 novembre 2006, n. 286, e successive modificazioni.*

2. Le esenzioni e le agevolazioni di cui al presente articolo sono ammesse a condizione che il trust ovvero i fondi speciali di cui al comma 3 dell'articolo 1 ovvero il vincolo di destinazione di cui all'articolo 2645-ter del codice civile perseguano come finalità esclusiva l'inclusione sociale, la cura e l'assistenza delle persone con disabilità grave, in favore delle quali sono istituiti. La suddetta finalità deve essere espressamente indicata nell'atto istitutivo del trust, nel regolamento dei fondi speciali o nell'atto istitutivo del vincolo di destinazione.

3. Le esenzioni e le agevolazioni di cui al presente articolo sono ammesse se sussistono, congiuntamente, anche le seguenti condizioni:

a) l'istituzione del trust ovvero il contratto di affidamento fiduciario che disciplina i fondi speciali di cui al comma 3 dell'articolo 1 ovvero la costituzione del vincolo di destinazione di cui all'articolo 2645-ter del codice civile siano fatti per atto pubblico;

b) l'atto istitutivo del trust ovvero il contratto di affidamento fiduciario che disciplina i fondi speciali di cui al comma 3 dell'articolo 1 ovvero l'atto di costituzione del vincolo di destinazione di cui all'articolo 2645-ter del codice civile identifichino in maniera chiara e univoca i soggetti coinvolti e i rispettivi ruoli; descrivano la funzionalità e i bisogni specifici delle persone con disabilità grave, in favore delle quali sono istituiti; indichino le attività assistenziali necessarie a garantire la cura e la soddisfazione dei bisogni delle persone con disabilità grave, comprese le attività finalizzate a ridurre il rischio della istituzionalizzazione delle medesime persone con disabilità grave;

c) l'atto istitutivo del trust ovvero il contratto di affidamento fiduciario che disciplina i fondi speciali di cui al comma 3 dell'articolo 1 ovvero l'atto di costituzione del vincolo di destinazione di cui all'articolo 2645-ter del codice civile individuino, rispettivamente, gli obblighi del trustee, del fiduciario e del gestore, con riguardo al progetto di vita e agli obiettivi di benessere che lo stesso deve promuovere in favore delle persone con disabilità grave, adottando ogni misura idonea a salvaguardarne i diritti; l'atto istitutivo ovvero il contratto di affidamento fiduciario ovvero l'atto di costituzione del vincolo di destinazione indichino inoltre gli obblighi e le modalità di rendicontazione a carico del trustee o del fiduciario o del gestore;

d) gli esclusivi beneficiari del trust ovvero del contratto di affidamento fiduciario che disciplina i fondi speciali di cui al comma 3 dell'articolo 1 ovvero del vincolo di destinazione di cui all'articolo 2645-ter del codice civile siano le persone con disabilità grave;

e) i beni, di qualsiasi natura, conferiti nel trust o nei fondi speciali di cui al comma 3 dell'articolo 1 ovvero i beni immobili o i beni mobili iscritti in pubblici registri gravati dal vincolo di destinazione di cui all'articolo 2645-ter del codice civile siano destinati esclusivamente alla realizzazione delle finalità assistenziali del trust ovvero dei fondi speciali o del vincolo di destinazione;

f) l'atto istitutivo del trust ovvero il contratto di affidamento fiduciario che disciplina i fondi speciali di cui al comma 3 dell'articolo 1 ovvero l'atto di costituzione del vincolo di destinazione di cui all'articolo 2645-ter del codice civile individuino il soggetto preposto al controllo delle obbligazioni imposte all'atto dell'istituzione del trust o della stipula dei fondi speciali ovvero della costituzione del vincolo di destinazione a carico del trustee o del fiduciario o del gestore. Tale soggetto deve essere individuabile per tutta la durata del trust o dei fondi speciali o del vincolo di destinazione;

g) l'atto istitutivo del trust ovvero il contratto di affidamento fiduciario che disciplina i fondi speciali di cui al comma 3 dell'articolo 1 ovvero l'atto di costituzione del vincolo di destinazione di cui all'articolo 2645-ter del codice civile stabiliscano il termine finale della durata del trust ovvero dei fondi speciali di cui al comma 3 dell'articolo 1 ovvero del vincolo di destinazione di cui all'articolo 2645-ter del codice civile nella data della morte della persona con disabilità grave;

h) l'atto istitutivo del trust ovvero il contratto di affidamento fiduciario che disciplina i fondi speciali di cui al comma 3 dell'articolo 1 ovvero l'atto di costituzione del vincolo di destinazione di cui all'articolo 2645-ter del codice civile stabiliscano la destinazione del patrimonio residuo.

4. In caso di premorienza del beneficiario rispetto ai soggetti che hanno istituito il trust ovvero stipulato i fondi speciali di cui al comma 3 dell'articolo 1 ovvero costituito il vincolo di destinazione di cui all'articolo 2645-ter del codice civile, i trasferimenti di beni e di diritti reali a favore dei suddetti soggetti godono delle medesime esenzioni dall'imposta sulle successioni e donazioni di cui al presente articolo e le imposte di registro, ipotecaria e catastale si applicano in misura fissa.

5. Al di fuori dell'ipotesi di cui al comma 4, in caso di morte del beneficiario del trust ovvero del contratto che disciplina i fondi speciali di cui al comma 3 dell'articolo 1 ovvero del vincolo di destinazione di cui all'articolo 2645-ter del codice civile istituito a favore di soggetti con disabilità grave, come definita dall'articolo 3, comma 3, della legge 5 febbraio 1992, n. 104, accertata con le modalità di cui all'articolo 4 della medesima legge, il trasferimento del patrimonio residuo, ai sensi della lettera h) del comma 3 del presente articolo, è soggetto all'imposta sulle successioni e donazioni prevista dall'articolo 2, commi da 47 a 49, del decreto-legge 3 ottobre 2006, n. 262, convertito, con modificazioni, dalla legge 24 novembre 2006, n. 286, e successive modificazioni, in considerazione del rapporto di parentela o coniugio intercorrente tra disponente, fiduciante e destinatari del patrimonio residuo.

6. Ai trasferimenti di beni e di diritti in favore dei trust ovvero dei fondi speciali di cui al comma 3 dell'articolo 1 ovvero dei vincoli di destinazione di cui all'articolo 2645-ter del codice civile, istituiti in favore delle persone con disabilità grave come definita dall'articolo 3, comma 3, della legge 5 febbraio 1992, n. 104, accertata con le modalità di cui all'articolo 4 della medesima legge, le imposte di registro, ipotecaria e catastale si applicano in misura fissa.

7. Gli atti, i documenti, le istanze, i contratti, nonchè le copie dichiarate conformi, gli estratti, le certificazioni, le dichiarazioni e le attestazioni posti in essere o richiesti dal trustee ovvero dal fiduciario del fondo speciale ovvero dal gestore del vincolo di destinazione sono esenti dall'imposta di bollo prevista dal decreto del Presidente della Repubblica 26 ottobre 1972, n. 642.

8. In caso di conferimento di immobili e di diritti reali sugli stessi nei trust ovvero di loro destinazione ai fondi speciali di cui al comma 3 dell'articolo 1, i comuni possono stabilire, senza nuovi o maggiori oneri per la finanza pubblica, aliquote ridotte, franchigie o esenzioni ai fini dell'imposta municipale propria per i soggetti passivi di cui all'articolo 9, comma 1, del decreto legislativo 14 marzo 2011, n. 23.

9. Alle erogazioni liberali, alle donazioni e agli altri atti a titolo gratuito effettuati dai privati nei confronti di trust ovvero dei fondi speciali di cui al comma 3 dell'articolo 1 si applicano le detrazioni previste dall'articolo 83, comma 1, secondo periodo, del decreto legislativo 3 luglio 2017, n. 117, e le deduzioni di cui al comma 2 del predetto articolo 83 con il limite ivi indicato elevato al 20 per cento del reddito complessivo dichiarato e comunque nella misura massima di 100.000 euro annui.

10. Le agevolazioni di cui ai commi 1, 4, 6 e 7 si applicano a decorrere dal 1° gennaio 2017; le agevolazioni di cui al comma 9 si applicano a decorrere dal periodo d'imposta 2016.

11. Con decreto del Ministro dell'economia e delle finanze, da emanare, di concerto con il Ministro del lavoro e delle politiche sociali e il Ministro delegato per la famiglia e le disabilità, entro sessanta giorni dalla data di entrata in vigore della presente legge, sono definite le modalità di attuazione del presente articolo.

12. Alle minori entrate derivanti dai commi 1, 4, 6 e 7, valutate in 10 milioni di euro annui a decorrere dall'anno 2017, e dal comma 9, valutate in 6,258 milioni di euro per l'anno 2017 e in 3,650 milioni di euro annui a decorrere dall'anno 2018, si provvede ai sensi dell'articolo 9.

- artt. 72-ter, 155, comma 1, R.D. 16 marzo 1942, n. 267; art. 22, D.Lgs. 24 febbraio 1998, n. 58; art. 114-terdecies, D.Lgs. 1 settembre 1993, n. 385; art. 91, comma 2, D.Lgs. 7 settembre 2005, n. 209.

- artt. 167, 176 e 262 del Codice della crisi di impresa e dell'insolvenza, attuativo della Legge delega 19 ottobre 2017, n. 155 (D.Lgs. 12 gennaio 2019, n. 14) in tema, rispettivamente, di revocabilità dei patrimoni destinati ad uno specifico affare nell'ambito della procedura di liquidazione giudiziale e di effetti della procedura di liquidazione giudiziale.

- art. 8, D.Lgs. 3 luglio 2017, n. 117 (Codice del Terzo settore), che dispone: *Art. 8. Destinazione del patrimonio ed assenza di scopo di lucro. 1. Il patrimonio degli enti del Terzo settore, comprensivo di eventuali ricavi, rendite, proventi, entrate comunque denominate è utilizzato per lo svolgimento dell'attività statutaria ai fini dell'esclusivo perseguimento di finalità civiche, solidaristiche e di utilità sociale.*

2. Ai fini di cui al comma 1, è vietata la distribuzione, anche indiretta, di utili ed avanzi di gestione, fondi e riserve comunque denominate a fondatori, associati, lavoratori e collaboratori, amministratori ed altri componenti degli organi sociali, anche nel caso di recesso o di ogni altra ipotesi di scioglimento individuale del rapporto associativo.

3. Ai sensi e per gli effetti del comma 2, si considerano in ogni caso distribuzione indiretta di utili:

a) la corresponsione ad amministratori, sindaci e a chiunque rivesta cariche sociali di compensi individuali non proporzionati all'attività svolta, alle responsabilità assunte e alle specifiche competenze o comunque superiori a quelli previsti in enti che operano nei medesimi o analoghi settori e condizioni;

b) la corresponsione a lavoratori subordinati o autonomi di retribuzioni o compensi superiori del quaranta per cento rispetto a quelli previsti, per le medesime qualifiche, dai contratti collettivi di cui all'articolo 51 del decreto legislativo 15 giugno 2015, n. 81, salvo comprovate esigenze attinenti alla necessità di acquisire specifiche competenze ai fini dello svolgimento delle attività di interesse generale di cui all'articolo 5, comma 1, lettere b), g) o h);

c) l'acquisto di beni o servizi per corrispettivi che, senza valide ragioni economiche, siano superiori al loro valore normale;

d) le cessioni di beni e le prestazioni di servizi, a condizioni più favorevoli di quelle di mercato, a soci, associati o partecipanti, ai fondatori, ai componenti gli organi amministrativi e di controllo, a coloro che a qualsiasi titolo operino per l'organizzazione o ne facciano parte, ai soggetti che effettuano erogazioni liberali a favore dell'organizzazione, ai loro parenti entro il terzo grado ed ai loro affini entro il secondo grado, nonchè alle società da questi direttamente o indirettamente controllate o collegate, esclusivamente in ragione della loro qualità, salvo che tali cessioni o prestazioni non costituiscano l'oggetto dell'attività di interesse generale di cui all'articolo 5;

e) la corresponsione a soggetti diversi dalle banche e dagli intermediari finanziari autorizzati, di interessi passivi, in dipendenza di prestiti di ogni specie, superiori di quattro punti al tasso annuo di riferimento. Il predetto limite può essere aggiornato con decreto del Ministro del lavoro e delle politiche sociali, di concerto con il Ministro dell'economia e delle finanze.

2447-*ter*. Deliberazione costitutiva del patrimonio destinato.

La deliberazione che ai sensi della lettera *a)* del primo comma dell'articolo 2447-*bis* destina un patrimonio ad uno specifico affare deve indicare:

a) l'affare al quale è destinato il patrimonio;

b) i beni e i rapporti giuridici compresi in tale patrimonio;

c) il piano economico-finanziario da cui risulti la congruità del patrimonio rispetto alla realizzazione dell'affare, le modalità e le regole relative al suo impiego, il risultato che si intende perseguire e le eventuali garanzie offerte ai terzi;

d) gli eventuali apporti di terzi, le modalità di controllo sulla gestione e di partecipazione ai risultati dell'affare;

e) la possibilità di emettere strumenti finanziari di partecipazione all'affare, con la specifica indicazione dei diritti che attribuiscono;

f) la nomina di un revisore legale o di una società di revisione legale per la revisione dei conti dell'affare, quando la società non è già assoggettata alla revisione legale [disp. att. 111-*quater*][1];

g) le regole di rendicontazione dello specifico affare.

Salvo diversa disposizione dello statuto, la deliberazione di cui al presente articolo è adottata dall'organo amministrativo a maggioranza assoluta dei suoi componenti[2 3 4].

[1] Lettera prima modificata dall'art. 5, D.Lgs. 6 febbraio 2004, n. 37, poi sostituita dall'art. 37, D.Lgs. 27 gennaio 2010, n. 39. Il testo previgente la riforma del 2004 disponeva: *f) la nomina di una società di revisione per il controllo contabile sull'andamento dell'affare, quando la società non è assoggettata alla revisione contabile ed emette titoli sul patrimonio diffusi tra il pubblico in misura rilevante ed offerti ad investitori non professionali.* Il testo previgente la riforma del 2010 disponeva: *f) la nomina di una società di revisione per il controllo contabile sull'andamento dell'affare, quando la società non è già assoggettata alla revisione contabile da parte di una società di revisione ed emette titoli sul patrimonio diffusi tra il pubblico in misura rilevante ed offerti ad investitori non professionali.*

[2] Comma così modificato dall'art. 5, D.Lgs. 6 febbraio 2004, n. 37. Il testo previgente disponeva: *Salvo diversa disposizione dello statuto, la deliberazione di cui al presente articolo è adottata dal consiglio di amministrazione o di gestione a maggioranza assoluta dei suoi componenti.*

[3] Articolo aggiunto dall'art. 1, D.Lgs. 17 gennaio 2003, n. 6, a decorrere dal 1° gennaio 2004.

[4] A norma dell'art. 111-quater, R.D. 30 marzo 1942, n. 318, la società di revisione di cui alle presenti disposizioni è scelta tra quelle iscritte nell'albo speciale tenuto dalla Consob e non può essere una persona fisica.

2447-*quater*. Pubblicità della costituzione del patrimonio destinato.

La deliberazione prevista dal precedente articolo deve essere depositata e iscritta a norma dell'articolo 2436.

Nel termine di sessanta giorni dall'iscrizione della deliberazione nel registro delle imprese i creditori sociali anteriori all'iscrizione possono fare opposizione [2445, commi 3-4, 2447-*quinquies*]. Il tribunale, nonostante l'opposizione, può disporre che la deliberazione sia eseguita previa prestazione da parte della società di idonea garanzia[1 2].

[1] Relativamente alle disposizioni di cui al presente comma trovano applicazione le norme di cui alla Sezione II (Del procedimento in confronto di più parti) del Capo II (Del procedimento) del Titolo IV (Del procedimento in camera di consiglio), D.Lgs. 17 gennaio 2003, n. 5 (Definizione dei procedimenti in materia di diritto societario e di intermediazione finanziaria, nonché in materia bancaria e creditizia, in attuazione dell'articolo 12 della legge 3 ottobre 2001, n. 366) (art. 33, D.Lgs. 5/2003, cit.), poi abrogato dall'art. 54, L. 18 giugno 2009, n. 69 (le disposizioni ivi contenute continuano ad applicarsi alle controversie pendenti alla data di entrata in vigore della L. 69/2009 cit.).

[2] Articolo aggiunto dall'art. 1, D.Lgs. 17 gennaio 2003, n. 6, a decorrere dal 1° gennaio 2004.

● Norme connesse:

- art. 114-terdecies, D.Lgs. 1 settembre 1993, n. 385.

2447-*quinquies*. Diritti dei creditori.

Decorso il termine di cui al secondo comma del precedente articolo ovvero dopo l'iscrizione nel registro delle imprese del provvedimento del tribunale ivi previsto, i creditori della società non possono far valere alcun diritto sul patrimonio destinato allo specifico affare né, salvo che per la parte spettante alla società, sui frutti o proventi da esso derivanti.

Qualora nel patrimonio siano compresi immobili o beni mobili iscritti in pubblici registri, la disposizione del precedente comma non si applica fin quando la destinazione allo specifico affare non è trascritta nei rispettivi registri.

Qualora la deliberazione prevista dall'articolo 2447-*ter* non disponga diversamente, per le obbligazioni contratte in relazione allo specifico affare la società risponde nei limiti del patrimonio ad esso destinato. Resta salva tuttavia la responsabilità illimitata della società per le obbligazioni derivanti da fatto illecito [2043].

Gli atti compiuti in relazione allo specifico affare debbono recare espressa menzione del vincolo di destinazione; in mancanza ne risponde la società con il suo patrimonio residuo[1].

[1] Articolo aggiunto dall'art. 1, D.Lgs. 17 gennaio 2003, n. 6, a decorrere dal 1° gennaio 2004.

● Norme connesse:
- art. 156, comma 2, R.D. 16 marzo 1942, n. 267.

2447-*sexies*. Libri obbligatori e altre scritture contabili.

Con riferimento allo specifico affare cui un patrimonio è destinato ai sensi della lettera *a)* del primo comma dell'articolo 2447-*bis*, gli amministratori [2365, 2380-*bis*, 2409-*novies*, 2409-*septiesdecies*] tengono separatamente i libri e le scritture contabili prescritti dagli articoli 2214 e seguenti. Qualora siano emessi strumenti finanziari, la società deve altresì tenere un libro indicante le loro caratteristiche, l'ammontare di quelli emessi e di quelli estinti, le generalità dei titolari degli strumenti nominativi e i trasferimenti e i vincoli ad essi relativi[1 2].

[1] Comma così modificato dall'art. 5, D.Lgs. 6 febbraio 2004, n. 37. Il testo previgente disponeva: *Con riferimento allo specifico affare cui un patrimonio è destinato ai sensi della lettera a) del primo comma dell'articolo 2447-*bis*, gli amministratori o il consiglio di gestione tengono separatamente i libri e le scritture contabili prescritti dagli articoli 2214 e seguenti. Qualora siano emessi strumenti finanziari, la società deve altresì tenere un libro indicante le loro caratteristiche, l'ammontare di quelli emessi e di quelli estinti, le generalità dei titolari degli strumenti nominativi e i trasferimenti e i vincoli ad essi relativi.*

[2] Articolo aggiunto dall'art. 1, D.Lgs. 17 gennaio 2003, n. 6, a decorrere dal 1° gennaio 2004.

2447-*septies*. Bilancio.

I beni e i rapporti compresi nei patrimoni destinati ai sensi della lettera *a)* del primo comma dell'articolo 2447-*bis* sono distintamente indicati nello stato patrimoniale della società.

Per ciascun patrimonio destinato gli amministratori redigono un separato rendiconto, allegato al bilancio, secondo quanto previsto dagli articoli 2423 e seguenti.

Nella nota integrativa del bilancio della società gli amministratori devono illustrare il valore e la tipologia dei beni e dei rapporti giuridici compresi in ciascun patrimonio destinato, ivi inclusi quelli apportati da terzi, i criteri adottati per la imputazione degli elementi comuni di costo e di ricavo, nonché il corrispondente regime della responsabilità.

Qualora la deliberazione costitutiva del patrimonio destinato preveda una responsabilità illimitata della società per le obbligazioni contratte in relazione allo specifico affare, l'impegno da ciò derivante deve risultare in calce allo stato patrimoniale e formare oggetto di valutazione secondo criteri da illustrare nella nota integrativa [2427][1].

[1] Articolo aggiunto dall'art. 1, D.Lgs. 17 gennaio 2003, n. 6, a decorrere dal 1° gennaio 2004.

2447-*octies*. Assemblee speciali.

Per ogni categoria di strumenti finanziari previsti dalla lettera *e)* del primo comma dell'articolo 2447-*ter* l'assemblea dei possessori [2376] delibera:

1) sulla nomina e sulla revoca dei rappresentanti comuni di ciascuna categoria, con funzione di controllo sul regolare andamento dello specifico affare, e sull'azione di responsabilità nei loro confronti;

2) sulla costituzione di un fondo per le spese necessarie alla tutela dei comuni interessi dei possessori degli strumenti finanziari e sul rendiconto relativo;

3) sulle modificazioni dei diritti attribuiti dagli strumenti finanziari;

4) sulle controversie con la società e sulle relative transazioni e rinunce;

5) sugli altri oggetti di interesse comune a ciascuna categoria di strumenti finanziari.

Alle assemblee speciali si applicano le disposizioni contenute negli articoli 2415, secondo, terzo, quarto e quinto comma, 2416 e 2419.

Al rappresentante comune si applicano gli articoli 2417 e 2418[1].

[1] Articolo aggiunto dall'art. 1, D.Lgs. 17 gennaio 2003, n. 6, a decorrere dal 1° gennaio 2004.

2447-*novies*. Rendiconto finale.

Quando si realizza ovvero è divenuto impossibile l'affare cui è stato destinato un patrimonio ai sensi della lettera *a)* del primo comma dell'articolo 2447-*bis*, gli amministratori redigono un rendiconto finale che, accompagnato da una relazione dei sindaci e del soggetto incaricato della revisione legale dei conti, deve essere depositato presso l'ufficio del registro delle imprese [2189, 2655][1].

Nel caso in cui non siano state integralmente soddisfatte le obbligazioni contratte per lo svolgimento dello specifico affare cui era destinato il patrimonio, i relativi creditori possono chiederne la liquidazione mediante lettera raccomandata da inviare alla società entro novanta giorni dal deposito di cui al comma precedente. In tale caso, si applicano esclusivamente le disposizioni sulla liquidazione delle società di cui al capo VIII del presente titolo, in quanto compatibili[2].

Sono comunque salvi, con riferimento ai beni e rapporti compresi nel patrimonio destinato, i diritti dei creditori previsti dall'articolo 2447-*quinquies*.

La deliberazione costitutiva del patrimonio destinato può prevedere anche altri casi di cessazione della destinazione del patrimonio allo specifico affare. In tali ipotesi ed in quella di fallimento della società si applicano le disposizioni del presente articolo[3].

[1] Comma, da ultimo, così modificato dall'art. 37, D.Lgs. 27 gennaio 2010, n. 39. Il testo previgente le modifiche apportate con D.Lgs. 6 febbraio 2004, n. 37 disponeva: *Quando si realizza ovvero è divenuto impossibile l'affare cui è stato destinato un patrimonio ai sensi della lettera a) del primo comma dell'articolo 2447-bis, gli amministratori o il consiglio di gestione redigono un rendiconto finale che, accompagnato da una relazione dei sindaci e del soggetto incaricato della revisione contabile, deve essere depositato presso l'ufficio del registro delle imprese.* Il testo previgente le modifiche apportate dal D.Lgs. 28 dicembre 2004, n. 310, disponeva: *Quando si realizza ovvero è divenuto impossibile l'affare cui è stato destinato un patrimonio ai sensi della lettera a) del primo comma dell'articolo 2447-bis, gli amministratori redigono un rendiconto finale che, accompagnato da una relazione dei sindaci e del soggetto incaricato della revisione contabile, deve essere depositato presso l'ufficio del registro delle imprese.* Il testo previgente le modifiche apportate dal D.Lgs. 27 gennaio 2010, n. 39 disponeva: *Quando si realizza ovvero è divenuto impossibile l'affare cui è stato destinato un patrimonio ai sensi della lettera a) del primo comma dell'articolo 2447-bis, gli amministratori redigono un rendiconto finale che, accompagnato da una relazione dei sindaci e del soggetto incaricato della revisione contabile, deve essere depositato presso l'ufficio del registro delle imprese.*

[2] Comma così modificato dall'art. 20, D.Lgs. 28 dicembre 2004, n. 310. Il testo precedente le modifiche apportate dal D.Lgs. 28 dicembre 2004, n. 310, disponeva: *Nel caso in cui non siano state integralmente soddisfatte le obbligazioni contratte per lo svolgimento dello specifico affare cui era destinato il patrimonio, i relativi creditori possono chiederne la liquidazione mediante lettera raccomandata da inviare alla società entro novanta giorni dal deposito di cui al comma precedente. Si applicano in tal caso, in quanto compatibili, le disposizioni sulla liquidazione della società.* Il testo precedente le modifiche apportate dal D.Lgs. 6 febbraio 2004, n. 37, invece disponeva: *Nel caso in cui non siano state integralmente soddisfatte le obbligazioni contratte per lo svolgimento dello specifico affare cui era destinato il patrimonio, i relativi creditori possono chiederne la liquidazione mediante lettera raccomandata da inviare alla società entro novanta giorni dal deposito di cui al comma precedente. Si applicano in tal caso, in quanto compatibili, le disposizioni sulla liquidazione della società.*

[3] Articolo aggiunto dall'art. 1, D.Lgs. 17 gennaio 2003, n. 6, a decorrere dal 1° gennaio 2004.

● Norme connesse:

- artt. 67-bis, 156, R.D. 16 marzo 1942, n. 267.

2447-*decies*. Finanziamento destinato ad uno specifico affare.

Il contratto relativo al finanziamento di uno specifico affare ai sensi della lettera *b)* del primo comma dell'articolo 2447-*bis* può prevedere che al rimborso totale o parziale del finanziamento siano destinati, in via esclusiva, tutti o parte dei proventi dell'affare stesso [2447-*quater*].

Il contratto deve contenere:

a) una descrizione dell'operazione che consenta di individuarne lo specifico oggetto; le modalità ed i tempi di realizzazione; i costi previsti ed i ricavi attesi;

b) il piano finanziario dell'operazione, indicando la parte coperta dal finanziamento e quella a carico della società;

c) i beni strumentali necessari alla realizzazione dell'operazione;

d) le specifiche garanzie che la società offre in ordine all'obbligo di esecuzione del contratto e di corretta e tempestiva realizzazione dell'operazione;

e) i controlli che il finanziatore, o soggetto da lui delegato, può effettuare sull'esecuzione dell'operazione;

f) la parte dei proventi destinati al rimborso del finanziamento e le modalità per determinarli;

g) le eventuali garanzie che la società presta per il rimborso di parte del finanziamento;

h) il tempo massimo di rimborso, decorso il quale nulla più è dovuto al finanziatore.

I proventi dell'operazione costituiscono patrimonio separato da quello della società, e da quello relativo ad ogni altra operazione di finanziamento effettuata ai sensi della presente disposizione, a condizione:

a) che copia del contratto sia depositata per l'iscrizione presso l'ufficio del registro delle imprese [2188, 2488];

b) che la società adotti sistemi di incasso e di contabilizzazione idonei ad individuare in ogni momento i proventi dell'affare ed a tenerli separati dal restante patrimonio della società.

Alle condizioni di cui al comma precedente, sui proventi, sui frutti di essi e degli investimenti eventualmente effettuati in attesa del rimborso al finanziatore, non sono ammesse azioni da parte dei creditori sociali; alle medesime condizioni, delle obbligazioni nei confronti del finanziatore risponde esclusivamente il patrimonio separato, salva l'ipotesi di garanzia parziale di cui al secondo comma, lettera *g)*[1].

I creditori della società, sino al rimborso del finanziamento, o alla scadenza del termine di cui al secondo comma, lettera *h)* sui beni strumentali destinati alla realizzazione dell'operazione possono esercitare esclusivamente azioni conservative a tutela dei loro diritti.

Se il fallimento della società impedisce la realizzazione o la continuazione dell'operazione cessano le limitazioni di cui al comma precedente, ed il finanziatore ha diritto di insinuazione al passivo per il suo credito, al netto delle somme di cui ai commi terzo e quarto.

Fuori dall'ipotesi di cartolarizzazione previste dalle leggi vigenti, il finanziamento non può essere rappresentato da titoli destinati alla circolazione.

La nota integrativa alle voci di bilancio relative ai proventi di cui al terzo comma, ed ai beni di cui al quarto comma, deve contenere l'indicazione della destinazione dei proventi e dei vincoli relativi ai beni[2].

[1] Comma così modificato dall'art. 5, D.Lgs. 6 febbraio 2004, n. 37. Il testo previgente disponeva: *Alle condizioni di cui al comma precedente, sui proventi, sui frutti di essi e degli investimenti eventualmente effettuati in attesa del rimborso al finanziatore, non sono ammesse azioni da parte dei creditori sociali; alle medesime condizioni, delle obbligazioni nei confronti del finanziatore risponde esclusivamente il patrimonio separato, tranne l'ipotesi di garanzia parziale di cui al secondo comma, lettera g).*

[2] Articolo aggiunto dall'art. 1, D.Lgs. 17 gennaio 2003, n. 6, a decorrere dal 1° gennaio 2004.

● Norme connesse:
- art. 72-ter, R.D. 16 marzo 1942, n. 267.

Sezione XII[1]

[1] Sezione (già Sezione XI-*bis*) così sostituita dall'art. 1, D.Lgs. 17 gennaio 2003, n. 6, a decorrere dal 1° gennaio 2004.

2448. Effetti della pubblicazione nel registro delle imprese.

Gli atti per i quali il codice prescrive l'iscrizione o il deposito nel registro delle imprese sono opponibili ai terzi soltanto dopo tale pubblicazione, a meno che la società provi che i terzi ne erano a conoscenza.

Per le operazioni compiute entro il quindicesimo giorno dalla pubblicazione di cui al comma precedente, gli atti non sono opponibili ai terzi che provino di essere stati nella impossibilità di averne conoscenza[1].

[1] Articolo (già 2457-*ter*) così sostituito dall'art. 1, D.Lgs. 17 gennaio 2003, n. 6, a decorrere dal 1° gennaio 2004. Il testo previgente disponeva: *Gli atti per i quali il codice prescrive l'iscrizione o il deposito nel registro delle imprese sono opponibili ai terzi soltanto dopo tale pubblicazione, a meno che la società non provi che i terzi ne erano a conoscenza.*

Per le operazioni compiute entro il quindicesimo giorno dalla pubblicazione di cui al comma precedente, gli atti non sono opponibili ai terzi che provino di essere stati nell'impossibilità di averne conoscenza.

Nella versione originaria il testo disponeva: *La società per azioni si scioglie:*

1) per il decorso del termine;

2) per il conseguimento dell'oggetto sociale o per la sopravvenuta impossibilità di conseguirlo;

3) per l'impossibilità di funzionamento o per la continuata inattività dell'assemblea;

4) per la riduzione del capitale al disotto del minimo legale, salvo quanto è disposto dall'articolo 2447;

5) per deliberazione dell'assemblea;

6) per le altre cause previste dall'atto costitutivo.

La società si scioglie inoltre per provvedimento dell'autorità governativa nei casi stabiliti dalla legge, e per la dichiarazione di fallimento se la società ha per oggetto un'attività commerciale. Si osservano in questi casi le disposizioni delle leggi speciali.

L'originario art. 2448 corrisponde all'attuale art. 2484.

Sezione XIII
Delle società con partecipazione dello Stato o di enti pubblici[1]

[1] Sezione (già Sezione XII) così sostituita dall'art. 1, D.Lgs. 17 gennaio 2003, n. 6, a decorrere dal 1° gennaio 2004.

2449. Società con partecipazione dello Stato o di enti pubblici.

Se lo Stato o gli enti pubblici hanno partecipazioni in una società per azioni che non fa ricorso al mercato del capitale di rischio, lo statuto può ad essi conferire la facoltà di nominare un numero di amministratori e sindaci, ovvero componenti del consiglio di sorveglianza, proporzionale alla partecipazione al capitale sociale.

Gli amministratori e i sindaci o i componenti del consiglio di sorveglianza nominati a norma del primo comma possono essere revocati soltanto dagli enti che li hanno nominati. Essi hanno i diritti e gli obblighi dei membri nominati dall'assemblea. Gli amministratori non possono essere nominati per un periodo superiore a tre esercizi e scadono alla data dell'assemblea convocata per l'approvazione del bilancio relativo all'ultimo esercizio della loro carica.

I sindaci, ovvero i componenti del consiglio di sorveglianza, restano in carica per tre esercizi e scadono alla data dell'assemblea convocata per l'approvazione del bilancio relativo al terzo esercizio della loro carica.

Alle società che fanno ricorso al capitale di rischio si applicano le disposizioni del sesto comma dell'articolo 2346. Il consiglio di amministrazione può altresì proporre all'assemblea, che delibera con le maggioranze previste per l'assemblea ordinaria, che i diritti amministrativi previsti dallo statuto a favore dello Stato o degli enti pubblici siano rappresentati da una particolare categoria di azioni. A tal fine è in ogni caso necessario il consenso dello Stato o dell'ente pubblico a favore del quale i diritti amministrativi sono previsti[1].

[1] Articolo (già 2458), da ultimo, così sostituito dall'art. 13, L. 25 febbraio 2008, n. 34. Il testo previgente disponeva: *Se lo Stato o gli enti pubblici hanno partecipazioni in una società*

per azioni, l'atto costitutivo può ad essi conferire la facoltà di nominare uno o più amministratori o sindaci.

Gli amministratori e i sindaci nominati a norma del comma precedente possono essere revocati soltanto dagli enti che li hanno nominati.

Essi hanno i diritti e gli obblighi dei membri nominati dall'assemblea.

Il testo originario disponeva: *Gli amministratori, quando si è verificato un fatto che determina lo scioglimento della società, non possono intraprendere nuove operazioni. Contravvenendo a questo divieto, essi assumono responsabilità illimitata e solidale per gli affari intrapresi.*

Essi devono, nel termine di trenta giorni, convocare l'assemblea per le deliberazioni relative alla liquidazione.

Gli amministratori sono responsabili della conservazione dei beni sociali fino a quando non ne hanno fatto consegna ai liquidatori.

Nel caso previsto dal numero 5 dell'articolo 2448, la deliberazione dell'assemblea che decide lo scioglimento della società deve essere depositata ed iscritta nel registro delle imprese a norma dell'articolo 2411, primo, secondo e terzo comma.

Nei casi previsti dai numeri 1, 2, 4 e 6 dell'articolo 2448 deve essere depositata ed iscritta nel registro delle imprese la deliberazione del consiglio di amministrazione che accerta il verificarsi di una causa di scioglimento.

Nel caso previsto dal numero 3 dell'articolo 2448 deve essere iscritto e pubblicato a norma del comma precedente il decreto del presidente del tribunale che, su istanza dei soci, degli amministratori o dei sindaci accerti l'impossibilità di funzionamento o la continuata inattività dell'assemblea.

Nel caso previsto dall'articolo 2448, secondo comma, il provvedimento dell'autorità governativa e la sentenza dichiarativa di fallimento devono, a cura degli amministratori, entro trenta giorni dalla comunicazione del provvedimento o dalla pubblicazione della sentenza, essere depositati in copia autentica per l'iscrizione presso l'ufficio del registro delle imprese.

2450. Amministratori e sindaci nominati dallo Stato o da enti pubblici.

[...][1].

[1] Articolo (già 2459) abrogato dall'art. 3, D.L. 15 febbraio 2007, n. 10, convertito in L. 6 aprile 2007, n. 46.

La versione precedente l'abrogazione era la seguente: «*Le disposizioni dell'articolo precedente si applicano anche nel caso in cui la legge o lo statuto attribuisca allo Stato o a enti pubblici, anche in mancanza di partecipazione azionaria, la nomina di uno o più amministratori o sindaci o componenti del consiglio di sorveglianza, salvo che la legge disponga diversamente.*

Qualora uno o più sindaci siano nominati dallo Stato, il presidente del collegio sindacale deve essere scelto tra essi.».

L'originario art. 2450 corrisponde all'attuale art. 2487. Seguiva l'art. 2450-*bis Pubblicazione della nomina dei liquidatori*, corrispondente all'attuale art. 2487-*bis*.

Il testo originario anteriore all'1 gennaio 2004 era il seguente: *Le disposizioni dell'articolo precedente si applicano anche nel caso in cui la legge o l'atto costitutivo attribuisca allo Stato o a enti pubblici, anche in mancanza di partecipazione azionaria, la nomina di uno o più amministratori o sindaci, salvo che la legge disponga diversamente.*

Il testo originario era il seguente: *Il testo previgente disponeva: La nomina dei liquidatori spetta all'assemblea, salvo diversa disposizione dell'atto costitutivo.*

L'assemblea delibera con le maggioranze prescritte per l'assemblea straordinaria.

Nel caso previsto dal numero 3 dell'articolo 2448, o quando la maggioranza prescritta non è raggiunta, la nomina dei liquidatori è fatta con decreto dal presidente del tribunale su istanza dei soci, degli amministratori o dei sindaci.

I liquidatori possono essere revocati dall'assemblea con le maggioranze prescritte per l'assemblea straordinaria o, quando sussiste una giusta causa, dal tribunale su istanza dei soci, dei sindaci o del pubblico ministero.

Le disposizioni del primo, secondo e terzo comma si applicano anche alla sostituzione dei liquidatori.

Sezione XIV
Delle società di interesse nazionale[1]

[1] Sezione (già Sezione XIII) così sostituita dall'art. 1, D.Lgs. 17 gennaio 2003, n. 6, a decorrere dal 1° gennaio 2004.

2451. Norme applicabili.

Le disposizioni di questo capo si applicano anche alle società per azioni d'interesse nazionale, compatibilmente con le disposizioni delle leggi speciali che stabiliscono per tali società una particolare disciplina circa la gestione sociale, la trasferibilità delle azioni, il diritto di voto e la nomina degli amministratori, dei sindaci e dei dirigenti[1].

[1] Articolo (già 2461) così sostituito dall'art. 1, D.Lgs. 17 gennaio 2003, n. 6, a decorrere dal 1° gennaio 2004. L'originario art. 2451 corrisponde all'attuale art. 2488. Il testo previgente disponeva: *Le disposizioni di questo capo si applicano anche alle società per azioni d'interesse nazionale, compatibilmente con le disposizioni delle leggi speciali che stabiliscono per tali società una particolare disciplina circa la gestione sociale, la trasferibilità delle azioni, il diritto di voto e la nomina degli amministratori, dei sindaci e dei dirigenti.*

Il testo originario disponeva: *Le disposizioni sulle assemblee e sul collegio sindacale si applicano anche durante la liquidazione, in quanto compatibili con questa.*

CAPO VI
DELLA SOCIETÀ IN ACCOMANDITA PER AZIONI[1] [2]

[1] L'originario Capo VI *Della società in accomandita per azioni*, comprendente gli articoli da 2462 a 2471, è stato così sostituito, a decorrere dal 1° gennaio 2004, con l'attuale Capo VI *Della società in accomandita per azioni*, comprendente gli articoli da 2452 a 2461, dall'art. 2, D.Lgs. 17 gennaio 2003, n. 6.

[2] Per l'adeguamento dell'atto costitutivo e dello statuto da parte delle società iscritte nel registro delle imprese alla data dell'1 gennaio 2004, entro il 30 settembre 2004, v. art. 223-*bis*, R.D. 30 marzo 1942, n. 318.

● Norme connesse:

- artt. 1, 4, L. 18 dicembre 1984, n. 975; art. 25, L. 31 maggio 1995, n. 218; art. 14, D.Lgs. 1 settembre 1993, n. 385; art. 19, D.Lgs. 24 febbraio 1998, n. 58.

2452. Responsabilità e partecipazioni.

Nella società in accomandita per azioni [2250] i soci accomandatari rispondono solidalmente e illimitatamente per le obbligazioni sociali [2301], e i soci accomandanti sono obbligati nei limiti della quota di capitale sottoscritta. Le quote di partecipazione dei soci sono rappresentate da azioni[1].

[1] Articolo (già 2462) così sostituito dall'art. 2, D.Lgs. 17 gennaio 2003, n. 6, a decorrere dal 1° gennaio 2004. L'originario art. 2452 corrisponde all'attuale art. 2489. Il testo previgente disponeva: *Nella società in accomandita per azioni i soci accomandatari rispondono solidalmente e illimitatamente per le obbligazioni sociali, e i soci accomandanti sono obbligati nei limiti della quota di capitale sottoscritta.*

Le quote di partecipazione dei soci sono rappresentate da azioni.

Il testo originario disponeva: *Oltre che agli obblighi di cui all'articolo 2450-bis i liquidatori sono soggetti alle disposizioni degli articoli 2276, 2277, 2279, 2280, primo comma, e 2310.*

I poteri dei liquidatori sono regolati dal primo comma dell'articolo 2278, salvo che l'assemblea con le maggioranze stabilite per l'assemblea straordinaria non abbia disposto diversamente.

Se i fondi disponibili risultano insufficienti per il pagamento dei debiti sociali, i liquidatori possono chiedere proporzionalmente ai soci i versamenti ancora dovuti sulle rispettive azioni.

Le disposizioni dell'articolo 2450-bis, primo comma, relative alla pubblicità della nomina dei liquidatori si applicano anche alla deliberazione dell'assemblea straordinaria prevista dal secondo comma.

● Norme connesse:
- artt. 147, 150, L. 18 dicembre 1984, n. 975.
■ artt. 76, 117, Codice del commercio del 1882.

2453. Denominazione sociale.

La denominazione della società è costituita dal nome di almeno uno dei soci accomandatari, con l'indicazione di società in accomandita per azioni [2292, comma 2][1].

[1] Articolo (già 2463) così sostituito dall'art. 2, D.Lgs. 17 gennaio 2003, n. 6, a decorrere dal 1° gennaio 2004. L'originario art. 2453 corrisponde all'attuale art. 2492. Il testo previgente disponeva: *La denominazione della società è costituita dal nome di almeno uno dei soci accomandatari, con l'indicazione di società in accomandita per azioni.*

Il testo originario disponeva: *Compiuta la liquidazione, i liquidatori devono redigere il bilancio finale, indicando la parte spettante a ciascuna azione nella divisione dell'attivo.*

Il bilancio, sottoscritto dai liquidatori e accompagnato dalla relazione dei sindaci, è depositato presso l'ufficio del registro delle imprese.

Nei tre mesi successivi all'iscrizione dell'avvenuto deposito, ogni socio può proporre reclamo davanti al tribunale in contraddittorio dei liquidatori.

I reclami devono essere riuniti e decisi in unico giudizio, nel quale tutti i soci possono intervenire. La trattazione della causa ha inizio quando sia decorso il termine suddetto. La sentenza fa stato anche riguardo ai non intervenuti.

● Norme connesse:
- art. 133, D.Lgs. 1 settembre 1993, n. 385; art. 188, D.Lgs. 24 febbraio 1998, n. 58.
■ artt. 77, 114, Codice del commercio del 1882.

2454. Norme applicabili.

Alla società in accomandita per azioni sono applicabili le norme relative alla società per azioni [2325, 2328], in quanto compatibili con le disposizioni seguenti[1].

[1] Articolo (già 2464) così sostituito dall'art. 2, D.Lgs. 17 gennaio 2003, n. 6, a decorrere dal 1° gennaio 2004. L'originario art. 2454 corrisponde all'attuale art. 2493. Il testo previgente disponeva: *Alla società in accomandita per azioni sono applicabili le norme relative alla società per azioni, in quanto compatibili con le disposizioni seguenti.*

Il testo originario disponeva: *Decorso il termine di tre mesi senza che siano stati proposti reclami, il bilancio s'intende approvato, e i liquidatori, salvi i loro obblighi relativi alla distribuzione dell'attivo risultante dal bilancio, sono liberati di fronte ai soci.*

Indipendentemente dalla decorrenza del termine, la quietanza, rilasciata senza riserve all'atto del pagamento dell'ultima quota di riparto, importa approvazione del bilancio.

2455. Soci accomandatari.

L'atto costitutivo deve indicare i soci accomandatari [2452, 2453, 2460].

I soci accomandatari sono di diritto amministratori e sono soggetti agli obblighi degli amministratori della società per azioni[1].

[1] Articolo (già 2465) così sostituito dall'art. 2, D.Lgs. 17 gennaio 2003, n. 6, a decorrere dal 1° gennaio 2004. L'originario art. 2455 corrisponde all'attuale art. 2494. Il testo previgente disponeva: *L'atto costitutivo deve indicare i soci accomandatari.*

I soci accomandatari sono di diritto amministratori e sono soggetti agli obblighi degli amministratori della società per azioni, escluso quello della cauzione.

Il testo originario disponeva: *Le somme spettanti ai soci, non riscosse entro tre mesi dall'iscrizione dell'avvenuto deposito del bilancio a norma dell'articolo 2453, devono essere depositate presso un istituto di credito con l'indicazione del cognome e del nome del socio o dei numeri delle azioni, se queste sono al portatore.*

■ art. 89, Codice del commercio del 1882.

2456. Revoca degli amministratori.

La revoca degli amministratori deve essere deliberata con la maggioranza prescritta per le deliberazioni dell'assemblea straordinaria della società per azioni [2368, 2369].

Se la revoca avviene senza giusta causa, l'amministratore revocato ha diritto al risarcimento dei danni[1].

[1] Articolo (già 2466) così sostituito dall'art. 2, D.Lgs. 17 gennaio 2003, n. 6, a decorrere dal 1° gennaio 2004. L'origi-

CODICE CIVILE

nario art. 2456 corrisponde all'attuale art. 2495. Il testo previgente disponeva: *La revoca degli amministratori deve essere deliberata con la maggioranza prescritta per le deliberazioni dell'assemblea straordinaria della società per azioni.*

Se la revoca avviene senza giusta causa, l'amministratore revocato ha diritto al risarcimento dei danni.

Il testo originario disponeva: *Approvato il bilancio finale di liquidazione, i liquidatori devono chiedere la cancellazione della società dal registro delle imprese.*

Dopo la cancellazione della società i creditori sociali non soddisfatti possono far valere i loro crediti nei confronti dei soci, fino alla concorrenza delle somme da questi riscosse in base al bilancio finale di liquidazione, e nei confronti dei liquidatori, se il mancato pagamento è dipeso da colpa di questi.

■ art. 119, Codice del commercio del 1882.

2457. Sostituzione degli amministratori.

L'assemblea con la maggioranza indicata nell'articolo precedente provvede a sostituire l'amministratore che, per qualunque causa, ha cessato dal suo ufficio [2383]. Nel caso di pluralità di amministratori, la nomina deve essere approvata dagli amministratori rimasti in carica.

Il nuovo amministratore assume la qualità di socio accomandatario dal momento dell'accettazione della nomina [2318, 2455, 2475, 2542][1].

[1] Articolo (già 2467) così sostituito dall'art. 2, D.Lgs. 17 gennaio 2003, n. 6, a decorrere dal 1° gennaio 2004. L'originario art. 2457 corrisponde all'attuale art. 2496. Il testo previgente disponeva: *L'assemblea con la maggioranza indicata nell'articolo precedente provvede a sostituire l'amministratore che, per qualunque causa, ha cessato dal suo ufficio. Nel caso di pluralità di amministratori, la nomina deve essere approvata dagli amministratori rimasti in carica.*

Il nuovo amministratore assume la qualità di socio accomandatario dal momento dell'accettazione della nomina.

Il testo originario disponeva: *Compiuta la liquidazione, la distribuzione dell'attivo o il deposito indicato nell'articolo 2455, i libri della società devono essere depositati e conservati per dieci anni presso l'ufficio del registro delle imprese. Chiunque può esaminarli, anticipando le spese.*

Seguiva la Sezione XI-*bis*, composta dagli artt. 2457-*bis* e 2457-*ter*, attualmente corrispondente alla Sezione XII del Capo V precedente e la Sezione XII, composta dagli artt. 2458-2460, attualmente corrispondente alla Sezione XIII del Capo V precedente.

2458. Cessazione dall'ufficio di tutti i soci amministratori.

In caso di cessazione dall'ufficio di tutti gli amministratori, la società si scioglie se nel termine di centottanta giorni non si è provveduto alla loro sostituzione e i sostituti non hanno accettato la carica.

Per questo periodo il collegio sindacale nomina un amministratore provvisorio per il compimento degli atti di ordinaria amministrazione. L'amministratore provvisorio non assume la qualità di socio accomandatario [2323][1].

[1] Articolo (già 2468) così sostituito dall'art. 2, D.Lgs. 17 gennaio 2003, n. 6, a decorrere dal 1° gennaio 2004. L'originario art. 2458 corrisponde all'attuale art. 2449. Il testo previgente disponeva: *In caso di cessazione dall'ufficio di tutti gli amministratori, la società si scioglie se nel termine di sei mesi non si è provveduto alla loro sostituzione e i sostituti non hanno accettato la carica.*

Per questo periodo il collegio sindacale nomina un amministratore provvisorio per il compimento degli atti di ordinaria amministrazione. L'amministratore provvisorio non assume la qualità di socio accomandatario.

Il testo originario disponeva: *Se lo Stato o gli enti pubblici hanno partecipazioni in una società per azioni, l'atto costitutivo può ad essi conferire la facoltà di nominare uno o più amministratori o sindaci.*

Gli amministratori e i sindaci nominati a norma del comma precedente possono essere revocati soltanto dagli enti che li hanno nominati.

Essi hanno i diritti e gli obblighi dei membri nominati dall'assemblea.

2459. Sindaci, consiglio di sorveglianza e azione di responsabilità.

I soci accomandatari non hanno diritto di voto per le azioni ad essi spettanti nelle deliberazioni dell'assemblea che concernono la nomina e la revoca dei sindaci [2400, 2401] ovvero dei componenti del consiglio di sorveglianza e l'esercizio dell'azione di responsabilità[1].

[1] Articolo (già 2469) così sostituito dall'art. 2, D.Lgs. 17 gennaio 2003, n. 6, a decorrere dal 1° gennaio 2004. L'originario art. 2459 corrisponde all'attuale art. 2450. Il testo previgente disponeva: *I soci accomandatari non hanno diritto di voto per le azioni ad essi spettanti nelle deliberazioni dell'assemblea che concernono la nomina e la revoca dei sindaci e l'esercizio dell'azione di responsabilità.*

Il testo originario disponeva: *Le disposizioni dell'articolo precedente si applicano anche nel caso in cui la legge o l'atto costitutivo attribuisca allo Stato o a enti pubblici, anche in mancanza di partecipazione azionaria, la nomina di uno o più amministratori o sindaci, salvo che la legge disponga diversamente.*

2460. Modificazioni dell'atto costitutivo.

Le modificazioni dell'atto costitutivo [2365, 2436] devono essere approvate dall'assemblea con le maggioranze prescritte per l'assemblea straordinaria della società per azioni, e devono inoltre essere approvate da tutti i soci accomandatari[1].

[1] Articolo (già 2470) così sostituito dall'art. 2, D.Lgs. 17 gennaio 2003, n. 6, a decorrere dal 1° gennaio 2004. Il testo previgente disponeva: *Le modificazioni dell'atto costitutivo devono essere approvate dall'assemblea con le maggioranze prescritte per l'assemblea straordinaria della società per azioni, e devono inoltre essere approvate da tutti i soci accomandatari.*

Il testo originario disponeva: *Qualora uno o più sindaci siano nominati dallo Stato, il presidente del collegio sindacale deve essere scelto tra essi.*

Seguiva la Sezione XIII, composta dall'art. 2461, attualmente corrispondente alla Sezione XIV del Capo V precedente.

● Norme connesse:
- art. 7, D.P.R. 7 dicembre 1995, n. 581.

2461. Responsabilità degli accomandatari verso i terzi.

La responsabilità dei soci accomandatari verso i terzi è regolata dall'articolo 2304.

Il socio accomandatario che cessa dall'ufficio di amministratore non risponde per le obbligazioni della società sorte posteriormente all'iscrizione nel registro delle imprese della cessazione dall'ufficio [2188, 2488][1].

[1] Articolo (già 2471) così sostituito dall'art. 2, D.Lgs. 17 gennaio 2003, n. 6, a decorrere dal 1° gennaio 2004. L'originario art. 2461 corrisponde all'attuale art. 2451. Il testo previgente disponeva: *La responsabilità dei soci accomandatari verso i terzi è regolata dall'articolo 2304.*

Il socio accomandatario che cessa dall'ufficio di amministratore non risponde per le obbligazioni della società sorte posteriormente all'iscrizione nel registro delle imprese della cessazione dall'ufficio.

Il testo originario disponeva: Le disposizioni di questo capo si applicano anche alle società per azioni d'interesse nazionale, compatibilmente con le disposizioni delle leggi speciali che stabiliscono per tali società una particolare disciplina circa la gestione sociale, la trasferibilità delle azioni, il diritto di voto e la nomina degli amministratori, dei sindaci e dei dirigenti.

CAPO VII
DELLA SOCIETÀ A RESPONSABILITÀ LIMITATA[1]

[1] L'originario Capo VII *Della società a responsabilità limitata*, comprendente gli articoli da 2472 a 2497-*bis*, è stato così sostituito, a decorrere dal 1° gennaio 2004, con l'attuale Capo VII *Della società a responsabilità limitata*, comprendente gli articoli da 2462 a 2483, dall'art. 3, D.Lgs. 17 gennaio 2003, n. 6.

Sezione I
Disposizioni generali[1]

[1] Sezione così sostituita dall'art. 3, D.Lgs. 17 gennaio 2003, n. 6.

2462. Responsabilità.

Nella società a responsabilità limitata per le obbligazioni sociali risponde soltanto la società con il suo patrimonio [2468, comma 1].

In caso di insolvenza della società, per le obbligazioni sociali sorte nel periodo in cui l'intera partecipazione è appartenuta ad una sola persona, questa risponde illimitatamente quando i conferimenti non siano stati effettuati secondo quanto previsto dall'articolo 2464, o fin quando non sia stata attuata la pubblicità prescritta dall'articolo 2470 [2470, comma 4][1].

[1] Articolo (già 2472) così sostituito dall'art. 3, D.Lgs. 17 gennaio 2003, n. 6, a decorrere dal 1° gennaio 2004. L'originario art. 2462 corrisponde all'attuale art. 2452. Il testo previgente dell'art. 2472 disponeva: *Nella società a responsabilità limitata per le obbligazioni sociali risponde soltanto la società con il suo patrimonio.*

Le quote di partecipazione dei soci non possono essere rappresentate da azioni.

Il testo previgente del comma 2 dell'art. 2497, invece, disponeva:

In caso di insolvenza della società, per le obbligazioni sociali sorte nel periodo in cui le quote sono appartenute ad un solo socio, questi risponde illimitatamente: a) quando sia una persona giuridica ovvero sia socio unico di altra società di capitali; b) quando i conferimenti non siano stati effettuati secondo quando previsto dall'articolo 2476, secondo e terzo comma; c) fino a quando non sia stata attuata la pubblicità prescritta dall'articolo 2475-bis.

Il testo originario disponeva: *Nella società in accomandita per azioni i soci accomandatari rispondono solidalmente e illimitatamente per le obbligazioni sociali, e i soci accomandanti sono obbligati nei limiti della quota di capitale sottoscritta.*

Le quote di partecipazione dei soci sono rappresentate da azioni.

● Norme connesse:
- art. 150, comma 1, R.D. 16 marzo 1942, n. 267.
■ art. 76, Codice del commercio del 1882.

2463. Costituzione.

La società può essere costituita con contratto o con atto unilaterale.

L'atto costitutivo deve essere redatto per atto pubblico e deve indicare:

1) il cognome e il nome o la denominazione, la data e il luogo di nascita o lo Stato di costituzione, il domicilio o la sede, la cittadinanza di ciascun socio[1];

2) la denominazione, contenente l'indicazione di società a responsabilità limitata, e il comune ove sono poste la sede della società [disp. att. 111-*ter*] e le eventuali sedi secondarie;

3) l'attività che costituisce l'oggetto sociale;

4) l'ammontare del capitale, non inferiore a diecimila euro, sottoscritto e di quello versato;

5) i conferimenti di ciascun socio e il valore attribuito ai crediti e ai beni conferiti in natura;

6) la quota di partecipazione di ciascun socio [2468, comma 2];

7) le norme relative al funzionamento della società, indicando quelle concernenti l'amministrazione, la rappresentanza;

8) le persone cui è affidata l'amministrazione e l'eventuale soggetto incaricato di effettuare la revisione legale dei conti[2];

9) l'importo globale, almeno approssimativo, della spese per la costituzione poste a carico della società.

Si applicano alla società a responsabilità limitata le disposizioni degli articoli 2329, 2330, 2331, 2332 e 2341.

L'ammontare del capitale può essere determinato in misura inferiore a euro diecimila, pari almeno a un euro. In tal caso i conferimenti devono farsi in denaro e devono essere versati per intero alle persone cui è affidata l'amministrazione[3].

La somma da dedurre dagli utili netti risultanti dal bilancio regolarmente approvato, per formare la riserva prevista dall'articolo 2430, deve essere almeno pari a un quinto degli stessi, fino a che la riserva non abbia raggiunto, unitamente al capitale, l'ammontare di diecimila euro. La riserva così formata può essere utilizzata solo per imputazione a capitale e per copertura di eventuali perdite. Essa deve essere reintegrata a norma del presente comma se viene diminuita per qualsiasi ragione[3 4 5].

[1] Numero così modificato dall'art. 5, D.Lgs. 6 febbraio 2004, n. 37. Il testo previgente disponeva: *1) il cognome e il nome o la denominazione, la data e il luogo di nascita o di costituzione, il domicilio o la sede, la cittadinanza di ciascun socio.*

[2] Numero così modificato dall'art. 37, D.Lgs. 27 gennaio 2010, n. 39. Il testo previgente disponeva: *8) le persone cui è affidata l'amministrazione e gli eventuali soggetti incaricati del controllo contabile.*

[3] Comma aggiunto dall'art. 9, D.L. 28 giugno 2013, n. 76, convertito in L. 9 agosto 2013, n. 99.

[4] Articolo (già 2475) così sostituito dall'art. 3, D.Lgs. 17 gennaio 2003, n. 6, a decorrere dal 1° gennaio 2004. Il testo previgente dell'art. 2473 disponeva: *La denominazione sociale, in qualunque modo formata, deve contenere l'indicazione di società a responsabilità limitata.* Il testo previgente del comma 1 dell'art. 2474, invece, disponeva: *La società deve costituirsi con un capitale non inferiore a diecimila euro.* Infine, il testo previgente dell'art. 2475, disponeva: *La società deve costituirsi per atto pubblico. L'atto costitutivo deve indicare:*

1) il cognome e il nome, la data e il luogo di nascita, il domicilio, la cittadinanza di ciascun socio;

2) la denominazione, la sede della società e le eventuali sedi secondarie;

3) l'oggetto sociale;

4) l'ammontare del capitale sottoscritto e versato;

5) la quota di conferimento di ciascun socio e il valore dei beni e dei crediti conferiti;

6) le norme secondo le quali gli utili devono essere ripartiti;

7) il numero, il cognome e il nome, la data ed il luogo di nascita degli amministratori e i loro poteri, indicando quali tra essi hanno la rappresentanza della società;

8) il numero, il cognome ed il nome, la data ed il luogo di nascita dei componenti del collegio sindacale nei casi previsti dall'articolo 2488;

9) la durata della società;

10) l'importo globale, almeno approssimativo, delle spese per la costituzione poste a carico della società.

Si applicano alla società a responsabilità limitata le disposizioni degli articoli 2328, ultimo comma, 2329, 2330, 2331, primo e secondo comma, 2332, con esclusione del numero 8, e 2341.

La società può essere costituita con atto unilaterale. In tal caso, per le operazioni compiute in nome della società prima della sua iscrizione è responsabile, in solido con coloro che hanno agito, anche il socio fondatore.

Il testo originario disponeva: *La denominazione della società è costituita dal nome di almeno uno dei soci accomandatari, con l'indicazione di società in accomandita per azioni.*

[5] Per l'adeguamento dell'atto costitutivo e dello statuto da parte delle società iscritte nel registro delle imprese alla data dell'1 gennaio 2004, entro il 30 settembre 2004, v. art. 223-bis, R.D. 30 marzo 1942, n. 318.

● Norme connesse:

- art. 20, Trattato dell'Unione Europea; artt. 25, comma 1, 60, comma 2, L. 31 maggio 1995, n. 218; art. 7, D.P.R. 7 dicembre 1995, n. 581.

■ art. 87, Codice del commercio del 1882.

2463-*bis*. Società a responsabilità limitata semplificata.

La società a responsabilità limitata semplificata può essere costituita con contratto [1332] o atto unilaterale [1324] da persone fisiche[1].

L'atto costitutivo deve essere redatto per atto pubblico in conformità al modello standard tipizzato con decreto del Ministro della giustizia, di concerto con il Ministro dell'economia e delle finanze e con il Ministro dello sviluppo economico, e deve indicare:

1) il cognome, il nome [2659], la data, il luogo di nascita, il domicilio, la cittadinanza di ciascun socio;

2) la denominazione sociale contenente l'indicazione di società a responsabilità limitata semplificata e il comune ove sono poste la sede della società e le eventuali sedi secondarie;

3) l'ammontare del capitale sociale, pari almeno ad 1 euro e inferiore all'importo di 10.000 euro previsto all'articolo 2463, secondo comma, numero *4)*, sottoscritto e interamente versato alla data della costituzione. Il conferimento deve farsi in denaro ed essere versato all'organo amministrativo;

4) i requisiti previsti dai numeri *3)*, *6)*, *7)* e *8)* del secondo comma dell'articolo 2463;

5) luogo e data di sottoscrizione.

6) gli amministratori[2].

Le clausole del modello *standard* tipizzato sono inderogabili[3].

La denominazione di società a responsabilità limitata semplificata, l'ammontare del capitale sottoscritto e versato, la sede della società e l'ufficio del registro delle imprese presso cui questa è iscritta devono essere indicati negli atti, nella corrispondenza della società e nello spazio elettronico destinato alla comunicazione collegato con la rete telematica ad accesso pubblico [2250, comma 2].

[...][4].

Salvo quanto previsto dal presente articolo, si applicano alla società a responsabilità limitata semplificata le disposizioni del presente capo in quanto compatibili[5].

[1] Comma così modificato dall'art. 9, D.L. 28 giugno 2013, n. 76, convertito in L. 9 agosto 2013, n. 99. Il testo previgente

disponeva: *La società a responsabilità limitata semplificata può essere costituita con contratto o atto unilaterale da persone fisiche che non abbiano compiuto i trentacinque anni di età alla data della costituzione.*

[2] Numero così modificato dall'art. 9, D.L. 28 giugno 2013, n. 76, convertito in L. 9 agosto 2013, n. 99. Il testo previgente disponeva: *6) gli amministratori, i quali devono essere scelti tra i soci.*

[3] Comma aggiunto dall'art. 9, D.L. 28 giugno 2013, n. 76, convertito in L. 9 agosto 2013, n. 99.

[4] Comma abrogato dall'art. 9, D.L. 28 giugno 2013, n. 76, convertito in L. 9 agosto 2013, n. 99. Il testo previgente disponeva: *È fatto divieto di cessione delle quote a soci non aventi i requisiti di età di cui al primo comma e l'eventuale atto è conseguentemente nullo.*

[5] Articolo aggiunto dall'art. 3, D.L. 24 gennaio 2012, n. 1, convertito in L. 24 marzo 2012, n. 27.

● Norme connesse:

- Per la disciplina relativa alla Società a responsabilità limitata semplificata v. art. 44, D.L. 22 giugno 2012, n. 83, convertito in L. 7 agosto 2012, n. 134.
- Per il modello standard di atto costitutivo e statuto v. D.M. 23 giugno 2012, n. 138.

Sezione II
Dei conferimenti e delle quote[1]

[1] Sezione così sostituita dall'art. 3, D.Lgs. 17 gennaio 2003, n. 6, a decorrere dal 1° gennaio 2004.

2464. Conferimenti.

Il valore dei conferimenti non può essere complessivamente inferiore all'ammontare globale del capitale sociale [2346, commi 4-5, 2468, comma 2].

Possono essere conferiti tutti gli elementi dell'attivo suscettibili di valutazione economica.

Se nell'atto costitutivo non è stabilito diversamente, il conferimento deve farsi in danaro.

Alla sottoscrizione dell'atto costitutivo deve essere versato all'organo amministrativo nominato nel l'atto costitutivo almeno il venticinque per cento dei conferimenti in danaro e l'intero soprapprezzo o, nel caso di costituzione con atto unilaterale, il loro intero ammontare. I mezzi di pagamento sono indicati nell'atto. Il versamento può essere sostituito dalla stipula, per un importo almeno corrispondente, di una polizza di assicurazione o di una fidejussione bancaria con le caratteristiche determinate con decreto del Presidente del Consiglio dei Ministri; in tal caso il socio può in ogni momento sostituire la polizza o la fideiussione con il versamento del corrispondente importo in danaro[1].

Per i conferimenti di beni in natura e di crediti si osservano le disposizioni degli articoli 2254 e 2255. Le quote corrispondenti a tali conferimenti devono essere integralmente liberate al momento della sottoscrizione.

Il conferimento può anche avvenire mediante la prestazione di una polizza di assicurazione o di una fideiussione bancaria con cui vengono garantiti, per l'intero valore ad essi assegnato, gli obblighi assunti dal socio aventi per oggetto la prestazione d'opera o di servizi a favore della società. In tal caso, se l'atto costitutivo lo prevede, la polizza o la fideiussione possono essere sostituite dal socio con il versamento a titolo di cauzione del corrispondente importo in danaro presso la società [2342, comma 5].

Se viene meno la pluralità dei soci, i versamenti ancora dovuti devono essere effettuati nei novanta giorni[2].

[1] Comma così modificato dall'art. 9, D.L. 28 giugno 2013, n. 76, convertito in L. 9 agosto 2013, n. 99. Il testo previgente disponeva: *Alla sottoscrizione dell'atto costitutivo deve essere versato presso una banca almeno il venticinque per cento dei conferimenti in danaro e l'intero soprapprezzo o, nel caso di costituzione con atto unilaterale, il loro intero ammontare. Il versamento può essere sostituito dalla stipula, per un importo almeno corrispondente, di una polizza di assicurazione o di una fidejussione bancaria con le caratteristiche determinate con decreto del Presidente del Consiglio dei Ministri; in tal caso il socio può in ogni momento sostituire la polizza o la fideiussione con il versamento del corrispondente importo in danaro.*

[2] Articolo (già artt. 2474 e 2476) così sostituito dall'art. 3, D.Lgs. 17 gennaio 2003, n. 6, a decorrere dal 1° gennaio 2004. L'originario art. 2464 corrisponde all'attuale art. 2454. Il testo previgente disponeva: *Si applicano ai conferimenti dei soci e agli acquisti da parte della società di beni o crediti dei fondatori, dei soci e degli amministratori le disposizioni degli articoli 2342, 2343 e 2343-bis.*

In caso di costituzione della società con atto unilaterale il conferimento in danaro deve essere interamente versato ai sensi dell'articolo 2329, numero 2, del codice civile. In caso di aumento di capitale eseguito nel periodo in cui vi è un unico socio il conferimento in danaro deve essere interamente versato al momento della sottoscrizione.

Se viene meno la pluralità dei soci, i versamenti ancora dovuti devono essere effettuati entro tre mesi.

Il testo originario disponeva: *Alla società in accomandita per azioni sono applicabili le norme relative alla società per azioni, in quanto compatibili con le disposizioni seguenti.*

● Norme connesse:

- artt. 2, 53, D.Lgs. 10 febbraio 2005, n. 30; art. 151, R.D. 16 marzo 1942, n. 267.

■ artt. 80, 133, Codice del commercio del 1882.

2465. Stima dei conferimenti di beni in natura e di crediti.

Chi conferisce beni in natura o crediti deve presentare la relazione giurata di un revisore legale o di una società di revisione legali iscritti nell'apposito registro. La relazione, che deve contenere la descrizione dei beni o crediti conferiti, l'indicazione dei criteri di valutazione adottati e l'attestazione che il loro valore è almeno pari a quello ad essi attribuito ai fini della determinazione del capitale sociale e dell'eventuale soprapprezzo, deve essere allegata all'atto costitutivo[1].

La disposizione del precedente comma si applica in caso di acquisto da parte della società, per un corrispettivo pari o superiore al decimo del capitale sociale, di beni o di crediti dei soci fondatori, dei soci e degli amministratori, nei due anni dalla iscrizione della società nel registro delle imprese. In tal caso l'acquisto, salvo diversa disposizione dell'atto costitutivo, deve essere autorizzato con decisione dei soci a norma dell'articolo 2479.

Nei casi previsti dai precedenti commi si applicano il secondo comma dell'articolo 2343 ed il quarto e quinto comma dell'articolo 2343-*bis*[2].

[1] Comma prima modificato dall'art. 5, D.Lgs. 6 febbraio 2004, n. 37, poi dall'art. 37, D.Lgs. 27 gennaio 2010, n. 39. Il testo previgente la riforma del 2004 disponeva: *Chi conferisce beni in natura o crediti deve presentare la relazione giurata di un esperto o di una società di revisione iscritti nel registro dei revisori contabili o di una società di revisione iscritta nell'apposito registro albo. La relazione, che deve contenere la descrizione dei beni o crediti conferiti, l'indicazione dei criteri di valutazione adottati e l'attestazione che il loro valore è almeno pari a quello ad essi attribuito ai fini della determinazione del capitale sociale e dell'eventuale soprapprezzo, deve essere allegata all'atto costitutivo.* Il testo previgente la riforma del 2010 disponeva: *Chi conferisce beni in natura o crediti deve presentare la relazione giurata di un esperto o di una società di revisione iscritti nel registro dei revisori contabili o di una società di revisione iscritta nell'albo speciale. La relazione, che deve contenere la descrizione dei beni o crediti conferiti, l'indicazione dei criteri di valutazione adottati e l'attestazione che il loro valore è almeno pari a quello ad essi attribuito ai fini della determinazione del capitale sociale e dell'eventuale soprapprezzo, deve essere allegata all'atto costitutivo.*

[2] Articolo così sostituito dall'art. 3, D.Lgs. 17 gennaio 2003, n. 6, a decorrere dal 1° gennaio 2004. Il testo previgente disponeva: *Si applicano ai conferimenti dei soci e agli acquisti da parte della società di beni o crediti dei fondatori, dei soci e degli amministratori le disposizioni degli articoli 2342, 2343 e 2343-bis.*

Il testo originario disponeva: *L'atto costitutivo deve indicare i soci accomandatari.*

I soci accomandatari sono di diritto amministratori e sono soggetti agli obblighi degli amministratori della società per azioni, escluso quello della cauzione.

2466. Mancata esecuzione dei conferimenti.

Se il socio non esegue il conferimento nel termine prescritto, gli amministratori diffidano il socio moroso ad eseguirlo nel termine di trenta giorni.

Decorso inutilmente questo termine gli amministratori, qualora non ritengano utile promuovere azione per l'esecuzione dei conferimenti dovuti, possono vendere agli altri soci in proporzione alla loro partecipazione la quota del socio moroso. La vendita è effettuata a rischio e pericolo del medesimo per il valore risultante dall'ultimo bilancio approvato. In mancanza di offerte per l'acquisto, se l'atto costitutivo lo consente, la quota è venduta all'incanto[1].

Se la vendita non può aver luogo per mancanza di compratori, gli amministratori escludono il socio, trattenendo le somme riscosse. Il capitale deve essere ridotto in misura corrispondente [2482, 2482-*bis*].

Il socio moroso non può partecipare alle decisioni dei soci.

Le disposizioni dei precedenti commi si applicano anche nel caso in cui per qualsiasi motivo siano scadute o divengano inefficaci la polizza assicurativa o la garanzia bancaria prestate ai sensi dell'articolo 2464. Resta salva in tal caso la possibilità del socio di sostituirle con il versamento del corrispondente importo di danaro[2].

[1] Comma così modificato dall'art. 5, D.Lgs. 6 febbraio 2004, n. 37. Il testo previgente disponeva: *Decorso inutilmente questo termine gli amministratori, qualora non ritengano utile promuovere azione per l'esecuzione dei conferimenti dovuti, possono vendere agli altri soci in proporzione della loro partecipazione la quota del socio moroso. La vendita è effettuata a rischio e pericolo del medesimo per il valore risultante dall'ultimo bilancio approvato. In mancanza di offerte per l'acquisto, se l'atto costitutivo lo consente, la quota è venduta all'incanto.*

[2] Articolo così sostituito dall'art. 3, D.Lgs. 17 gennaio 2003, n. 6, a decorrere dal 1° gennaio 2004. Il testo previgente disponeva: *Se il socio non esegue il pagamento della quota nel termine prescritto, gli amministratori possono diffidare il socio moroso ad eseguirlo nel termine di trenta giorni.*

Decorso inutilmente questo termine, gli amministratori possono vendere, a rischio e per conto del socio moroso, la sua quota per il valore risultante dall'ultimo bilancio approvato. I soci hanno diritto di preferenza nell'acquisto. In mancanza di offerte per l'acquisto, la quota è venduta all'incanto.

Se la vendita non può aver luogo per mancanza di compratori, gli amministratori possono escludere il socio, trattenendo le somme riscosse, salvo il risarcimento dei maggiori danni. Il capitale deve essere ridotto in misura corrispondente.

Il socio in mora nei versamenti non può esercitare il diritto di voto.

Il testo originario disponeva: *La revoca degli amministratori deve essere deliberata con la maggioranza prescritta per le deliberazioni dell'assemblea straordinaria della società per azioni.*

Se la revoca avviene senza giusta causa, l'amministratore revocato ha diritto al risarcimento dei danni.

● Norme connesse:

- artt. 150, comma 1, 210, comma 3, R.D. 16 marzo 1942, n. 267.

2467. Finanziamenti dei soci.

Il rimborso dei finanziamenti dei soci a favore della società è postergato rispetto alla soddisfazione degli altri creditori e, se avvenuto nell'anno precedente la dichiarazione di fallimento della società, deve essere restituito.

Ai fini del precedente comma s'intendono finanziamenti dei soci a favore della società quelli, in qualsiasi forma effettuati, che sono stati concessi in un momento in cui, anche in considerazione del tipo di attività esercitata dalla società, risulta un eccessivo squilibrio dell'indebitamento rispetto al patrimonio netto oppure in una situazione finanziaria della società nella quale sarebbe stato ragionevole un conferimento[1].

[1] Articolo così sostituito dall'art. 3, D.Lgs. 17 gennaio 2003, n. 6, a decorrere dal 1° gennaio 2004. L'originario art. 2467 corrisponde all'attuale art. 2457. Il testo previgente disponeva: *L'assemblea con la maggioranza indicata nell'articolo precedente provvede a sostituire l'amministratore che, per qualunque causa, ha cessato dal suo ufficio. Nel caso di pluralità di amministratori, la nomina deve essere approvata dagli amministratori rimasti in carica.*

Il nuovo amministratore assume la qualità di socio accomandatario dal momento dell'accettazione della nomina.

Il presente articolo non si applica alle somme versate dai soci alle cooperative a titolo di prestito sociale (art. 1, comma 239, L. 27 dicembre 2017, n. 205).

● Norme connesse:

- art. 182-quater, comma 3, R.D. 16 marzo 1942, n. 267.
- art. 102, comma 1, del Codice della crisi di impresa e dell'insolvenza, attuativo della Legge delega 19 ottobre 2017, n. 155 (D.Lgs. 12 gennaio 2019, n. 14) che sancisce in deroga agli artt. cit., in presenza di determinate condizioni, la prededucibilità dei finanziamenti dei soci nella procedura di concordato preventivo.

2468. Quote di partecipazione.

Le partecipazioni dei soci non possono essere rappresentate da azioni né costituire oggetto di offerta al pubblico di prodotti finanziari[1].

Salvo quanto disposto dal terzo comma del presente articolo, i diritti sociali spettano ai soci in misura proporzionale alla partecipazione da ciascuno posseduta [2464, comma 1]. Se l'atto costitutivo non prevede diversamente, le partecipazioni dei soci sono determinate in misura proporzionale al conferimento.

Resta salva la possibilità che l'atto costitutivo preveda l'attribuzione a singoli soci di particolari diritti riguardanti l'amministrazione della società o la distribuzione degli utili.

Salvo diversa disposizione dell'atto costitutivo e salvo in ogni caso quanto previsto dal primo comma dell'articolo 2473, i diritti previsti dal precedente comma possono essere modificati solo con il consenso di tutti i soci.

Nel caso di comproprietà di una partecipazione, i diritti dei comproprietari devono essere esercitati da un rappresentante comune nominato secondo le modalità previste dagli articoli 1105 e 1106[2 3].

[1] Comma così modificato dall'art. 5, D.Lgs. 28 marzo 2007, n. 51.

[2] Comma così modificato dall'art. 21, D.Lgs. 28 dicembre 2004, n. 310. Il testo previgente disponeva: *Nel caso di comproprietà di una partecipazione, i diritti dei comproprietari devono essere esercitati da un rappresentante comune nominato secondo le modalità previste dagli articoli 1105 e 1106. Nel caso di pegno, usufrutto o sequestro delle partecipazioni si applica l'articolo 2352.*

[3] Articolo (già 2472) così sostituito dall'art. 3, D.Lgs. 17 gennaio 2003, n. 6, a decorrere dal 1° gennaio 2004. Il testo previgente dell'art. 2472 disponeva: *Nella società a responsabilità limitata per le obbligazioni sociali risponde soltanto la società con il suo patrimonio.*

Le quote di partecipazione dei soci non possono essere rappresentate da azioni.

Il comma 2 dell'art. 2482 nel testo previgente disponeva: *Se una quota sociale diventa proprietà comune di più persone, si applica l'articolo 2347.*

Il testo originario disponeva: *In caso di cessazione dall'ufficio di tutti gli amministratori, la società si scioglie se nel termine di sei mesi non si è provveduto alla loro sostituzione e i sostituti non hanno accettato la carica.*

Per questo periodo il collegio sindacale nomina un amministratore provvisorio per il compimento degli atti di ordinaria amministrazione. L'amministratore provvisorio non assume la qualità di socio accomandatario.

2469. Trasferimento delle partecipazioni.

Le partecipazioni sono liberamente trasferibili per atto tra vivi e per successione a causa di morte, salvo contraria disposizione dell'atto costitutivo[1].

Qualora l'atto costitutivo preveda l'intrasferibilità delle partecipazioni o ne subordini il trasferimento al gradimento di organi sociali [2468, comma 3], di soci o di terzi senza prevederne condizioni e limiti, o ponga condizioni o limiti che nel caso concreto impediscono il trasferimento a causa di morte, il socio o i suoi eredi possono esercitare il diritto di recesso ai sensi dell'articolo 2473. In tali casi l'atto costitutivo può stabilire un termine, non superiore a due anni dalla costituzione della società o dalla sottoscrizione della partecipazione, prima del quale il recesso non può essere esercitato [2355-*bis*][2].

[1] Comma così modificato dall'art. 5, D.Lgs. 6 febbraio 2004, n. 37. Il testo previgente disponeva: *Le partecipazioni sono liberamente trasmissibili per atto tra vivi e per successione a causa di morte, salvo contraria disposizione dell'atto costitutivo.*

[2] Articolo (già artt. 2475-*bis* e 2479) così sostituito dall'art. 3, D.Lgs. 17 gennaio 2003, n. 6, a decorrere dal 1° gennaio 2004. Il testo previgente disponeva: *Le quote sono trasferibili per atto tra vivi e per successione a causa di morte, salvo contraria disposizione dell'atto costitutivo.*

Il trasferimento delle quote ha effetto di fronte alla società dal momento dell'iscrizione nel libro dei soci.

L'iscrizione del trasferimento nel libro dei soci ha luogo nei trenta giorni dal deposito di cui al quarto comma, su richiesta dell'alienante o dell'acquirente, verso esibizione del titolo da cui risultino il trasferimento e l'avvenuto deposito.

L'atto di trasferimento delle quote, con sottoscrizione autenticata, deve essere depositato entro trenta giorni per l'iscrizione, a cura del notaio autenticante, presso l'ufficio del registro delle imprese nella cui circoscrizione è stabilita la sede sociale.

Il testo originario disponeva: *I soci accomandatari non hanno diritto di voto per le azioni ad essi spettanti nelle deli-*

berazioni dell'assemblea che concernono la nomina e la revoca dei sindaci e l'esercizio dell'azione di responsabilità.

2470. Efficacia e pubblicità.

Il trasferimento delle partecipazioni ha effetto di fronte alla società dal momento del deposito di cui al successivo comma[1].

L'atto di trasferimento, con sottoscrizione autenticata [2703], deve essere depositato entro trenta giorni, a cura del notaio autenticante, presso l'ufficio del registro delle imprese nella cui circoscrizione è stabilita la sede sociale. In caso di trasferimento a causa di morte il deposito è effettuato a richiesta dell'erede o del legatario verso presentazione della documentazione richiesta per l'annotazione nel libro dei soci dei corrispondenti trasferimenti in materia di società per azioni[2].

Se la quota è alienata con successivi contratti a più persone, quella tra esse che per prima ha effettuato in buona fede l'iscrizione nel registro delle imprese è preferita alle altre, anche se il suo titolo è di data posteriore.

Quando l'intera partecipazione appartiene ad un solo socio o muta la persona dell'unico socio, gli amministratori devono depositare per l'iscrizione nel registro delle imprese una dichiarazione contenente l'indicazione del cognome e nome o della denominazione, della data e del luogo di nascita o lo Stato di costituzione, del domicilio o della sede e cittadinanza dell'unico socio[3].

Quando si costituisce o ricostituisce la pluralità dei soci, gli amministratori ne devono depositare apposita dichiarazione per l'iscrizione nel registro delle imprese.

L'unico socio o colui che cessa di essere tale può provvedere alla pubblicità prevista nei commi precedenti.

Le dichiarazioni degli amministratori previste dai commi quarto e quinto devono essere depositate entro trenta giorni dall'avvenuta variazione della compagine sociale[4 5].

[1] Comma così modificato dall'art. 16, D.L. 29 novembre 2008, n. 185, convertito in L. 28 gennaio 2009, n. 2. Il testo previgente disponeva: *Il trasferimento delle partecipazioni ha effetto di fronte alla società dal momento dell'iscrizione nel libro dei soci secondo quanto previsto nel successivo comma.*

[2] Comma così modificato dall'art. 16, D.L. 29 novembre 2008, n. 185, convertito in L. 28 gennaio 2009, n. 2. Il testo previgente disponeva: *L'atto di trasferimento, con sottoscrizione autenticata, deve essere depositato entro trenta giorni, a cura del notaio autenticante, presso l'ufficio del registro delle imprese nella cui circoscrizione è stabilita la sede sociale. L'iscrizione del trasferimento nel libro dei soci ha luogo, su richiesta dell'alienante o dell'acquirente, verso esibizione del titolo da cui risultino il trasferimento e l'avvenuto deposito. In caso di trasferimento a causa di morte il deposito e l'iscrizione sono effettuati a richiesta dell'erede o del legatario verso presentazione della documentazione richiesta per l'annotazione nel libro dei soci dei corrispondenti trasferimenti in materia di società per azioni.*

L'atto di trasferimento di cui al secondo comma dell'articolo 2470 del codice civile può essere sottoscritto con firma digitale, nel rispetto della normativa anche regolamentare concernente la sottoscrizione dei documenti informatici, ed è depositato, entro trenta giorni, presso l'ufficio del registro delle imprese nella cui circoscrizione è stabilita la sede sociale, a cura di un intermediario abilitato ai sensi dell'articolo 31, comma 2-quater, della legge 24 novembre 2000, n. 340. Resta salva la disciplina tributaria applicabile agli atti di cui al presente comma (art. 36, D.L. 25 giugno 2008, n. 112, convertito in L. 6 agosto 2008, n. 133, nel testo modificato dall'art. 16, D.L. 29 novembre 2008, n. 185, convertito in L. 28 gennaio 2009, n. 2).

Per una deroga delle disposizioni di cui al presente comma, v. art. 14, comma 8, L. 12 novembre 2011, n. 183.

[3] Comma così modificato dall'art. 5, D.Lgs. 6 febbraio 2004, n. 37. Il testo previgente disponeva: *Quando l'intera partecipazione appartiene ad un solo socio o muta la persona dell'unico socio, gli amministratori devono depositare per l'iscrizione del registro delle imprese una dichiarazione contenente l'indicazione del cognome e nome o della denominazione, della data e del luogo di nascita o di costituzione, del domicilio o della sede e cittadinanza dell'unico socio.*

[4] Comma così sostituito dall'art. 16, D.L. 29 novembre 2008, n. 185, convertito in L. 28 gennaio 2009, n. 2. La versione previgente era la seguente: *Le dichiarazioni degli amministratori previste dai precedenti quarto e quinto comma devono essere depositate entro trenta giorni dall'iscrizione nel libro dei soci e devono indicare la data di tale iscrizione.*

[5] Articolo (già artt. 2475-*bis* e 2479) così sostituito dall'art. 3, D.Lgs. 17 gennaio 2003, n. 6, a decorrere dal 1° gennaio 2004. Il testo previgente dell'art. 2475-bis disponeva: *Quando le quote appartengono ad un solo socio o muta la persona dell'unico socio, gli amministratori devono depositare per l'iscrizione nel registro delle imprese una dichiarazione contenente l'indicazione del cognome e nome, della data e luogo di nascita, del domicilio e cittadinanza dell'unico socio.*

Quando si costituisce o ricostituisce la pluralità dei soci, gli amministratori ne devono depositare la dichiarazione per l'iscrizione nel registro delle imprese.

L'unico socio o colui che cessi di essere tale può provvedere alla pubblicità prevista nei commi precedenti.

Le dichiarazioni degli amministratori devono essere depositate entro trenta giorni dall'iscrizione nel libro dei soci e devono indicare la data di tale iscrizione.

I commi 2, 3 e 4 dell'art. 2479 disponevano: *Il trasferimento delle quote ha effetto di fronte alla società dal momento dell'iscrizione nel libro dei soci.*

L'iscrizione del trasferimento nel libro dei soci ha luogo nei trenta giorni dal deposito di cui al quarto comma, su richiesta dell'alienante o dell'acquirente, verso esibizione del titolo da cui risultino il trasferimento e l'avvenuto deposito.

L'atto di trasferimento delle quote, con sottoscrizione autenticata, deve essere depositato entro trenta giorni per l'iscrizione, a cura del notaio autenticante, presso l'ufficio del registro delle imprese nella cui circoscrizione è stabilita la sede sociale.

Infine, l'art. 2479-bis nel testo previgente disponeva: *Il deposito dei trasferimenti a causa di morte per l'iscrizione nel re-*

gistro delle imprese e la conseguente iscrizione nel libro dei soci avvengono verso presentazione della documentazione richiesta per l'annotazione nel libro dei soci dei corrispondenti trasferimenti in materia di società per azioni. Il deposito e l'iscrizione sono effettuati a richiesta dell'erede o del legatario.

Il testo originario disponeva: *Le modificazioni dell'atto costitutivo devono essere approvate dall'assemblea con le maggioranze prescritte per l'assemblea straordinaria della società per azioni, e devono inoltre essere approvate da tutti i soci accomandatari.*

● Norme connesse:
- artt. 6, 7, D.P.R. 7 dicembre 1995, n. 581.

2471. Espropriazione della partecipazione.

La partecipazione può formare oggetto di espropriazione [c.p.c. 543 ss.]. Il pignoramento si esegue mediante notificazione al debitore e alla società e successiva iscrizione nel registro delle imprese[1].

L'ordinanza del giudice che dispone la vendita della partecipazione deve essere notificata alla società a cura del creditore.

Se la partecipazione non è liberamente trasferibile e il creditore, il debitore e la società non si accordano sulla vendita della quota stessa, la vendita ha luogo all'incanto; ma la vendita è priva di effetto se, entro dieci giorni dall'aggiudicazione, la società presenta un altro acquirente che offra lo stesso prezzo.

Le disposizioni del comma precedente si applicano anche in caso di fallimento di un socio[2].

[1] Comma così modificato dall'art. 16, D.L. 29 novembre 2008, n. 185, convertito in L. 28 gennaio 2009, n. 2. Il testo previgente disponeva: *La partecipazione può formare oggetto di espropriazione. Il pignoramento si esegue mediante notificazione al debitore e alla società e successiva iscrizione nel registro delle imprese. Gli amministratori procedono senza indugio all'annotazione nel libro dei soci.*

[2] Articolo (già 2480) così sostituito dall'art. 3, D.Lgs. 17 gennaio 2003, n. 6, a decorrere dal 1° gennaio 2004. L'originario art. 2471 corrisponde all'attuale art. 2461. Il testo previgente disponeva: *La quota può formare oggetto di espropriazione.*

L'ordinanza del giudice che dispone la vendita della quota deve essere notificata alla società a cura del creditore.

Se la quota non è liberamente trasferibile e il creditore, il debitore e la società non si accordano sulla vendita della quota stessa, la vendita ha luogo all'incanto; ma la vendita è priva di effetto se, entro dieci giorni dall'aggiudicazione, la società presenta un altro acquirente che offra lo stesso prezzo.

Le disposizioni del comma precedente si applicano anche nel caso di fallimento di un socio.

Il testo originario disponeva: *La responsabilità dei soci accomandatari verso i terzi è regolata dall'articolo 2304.*

Il socio accomandatario che cessa dall'ufficio di amministratore non risponde per le obbligazioni della società sorte posteriormente all'iscrizione nel registro delle imprese della cessazione dall'ufficio.

Seguiva l'originario Capo VII *Della società a responsabilità limitata*, comprendente gli artt. da 2472 a 2497-*bis*, corrispondente all'attuale Capo VII comprendente gli artt. da 2462 a 2483 e la Sezione I *Disposizioni generali*, composta dagli articoli da 2472 a 2475-*bis*, corrispondente all'attuale Sezione I, composta dagli artt. 2462 e 2463.

● Norme connesse:
- art. 106, comma 2, R.D. 16 marzo 1942, n. 267.

2471-*bis*. Pegno, usufrutto e sequestro della partecipazione.

La partecipazione può formare oggetto di pegno [2784 ss.], usufrutto [978 ss.] e sequestro [c.p.c. 670 ss.]. Salvo quanto disposto dal terzo comma dell'articolo che precede, si applicano le disposizioni dell'articolo 2352[1].

[1] Articolo aggiunto dall'art. 3, D.Lgs. 17 gennaio 2003, n. 6, a decorrere dal 1° gennaio 2004.

● Norme connesse:
- art. 676, c.p.c.

2472. Responsabilità dell'alienante per i versamenti ancora dovuti.

Nel caso di cessione della partecipazione l'alienante è obbligato solidalmente con l'acquirente, per il periodo di tre anni dall'iscrizione del trasferimento nel registro delle imprese, per i versamenti ancora dovuti[1].

Il pagamento non può essere domandato all'alienante se non quando la richiesta al socio moroso è rimasta infruttuosa[2].

[1] Comma così modificato dall'art. 16, D.L. 29 novembre 2008, n. 185, convertito in L. 28 gennaio 2009, n. 2. Il testo previgente disponeva: *Nel caso di cessione della partecipazione l'alienante è obbligato solidalmente con l'acquirente, per il periodo di tre anni dall'iscrizione del trasferimento nel libro dei soci, per i versamenti ancora dovuti.*

[2] Articolo (già 2481) così sostituito dall'art. 3, D.Lgs. 17 gennaio 2003, n. 6, a decorrere dal 1° gennaio 2004. L'originario art. 2472 corrisponde agli attuali artt. 2462 e 2468. Il testo previgente disponeva: *Nel caso di cessione della quota l'alienante è obbligato solidalmente con l'acquirente, per il periodo di tre anni dal trasferimento, per i versamenti ancora dovuti.*

Il pagamento non può essere domandato all'alienante se non quando la richiesta al socio moroso è rimasta infruttuosa.

Il testo previgente disponeva: *Nella società a responsabilità limitata per le obbligazioni sociali risponde soltanto la società con il suo patrimonio.*

Le quote di partecipazione dei soci non possono essere rappresentate da azioni.

● Norme connesse:
- art. 150, comma 1, R.D. 16 marzo 1942, n. 267.

2473. Recesso del socio.

L'atto costitutivo determina quando il socio può recedere dalla società e le relative modalità. In ogni caso il diritto di recesso compete ai soci che non hanno consentito al cambiamento dell'oggetto o del tipo di

CODICE CIVILE

società, alla sua fusione o scissione, alla revoca dello stato di liquidazione al trasferimento della sede all'estero alla eliminazione di una o più cause di recesso previste dall'atto costitutivo [2479, comma 2, n. 5] e al compimento di operazioni che comportano una sostanziale modificazione dell'oggetto della società determinato nell'atto costitutivo o una rilevante modificazione dei diritti attribuiti ai soci a norma dell'articolo 2468, quarto comma [2469, comma 2, 2481-*bis*, comma 1, 2497-*quater*]. Restano salve le disposizioni in materia di recesso per le società soggette ad attività di direzione e coordinamento.

Nel caso di società contratta a tempo indeterminato il diritto di recesso compete al socio in ogni momento e può essere esercitato con un preavviso di almeno centottanta giorni; l'atto costitutivo può prevedere un periodo di preavviso di durata maggiore purché non superiore ad un anno.

I soci che recedono dalla società hanno diritto di ottenere il rimborso della propria partecipazione in proporzione del patrimonio sociale. Esso a tal fine è determinato tenendo conto del suo valore di mercato al momento della dichiarazione di recesso; in caso di disaccordo la determinazione è compiuta tramite relazione giurata di un esperto nominato dal tribunale, che provvede anche sulle spese, su istanza della parte più diligente; si applica in tal caso il primo comma dell'articolo 1349.

Il rimborso delle partecipazioni per cui è stato esercitato il diritto di recesso deve essere eseguito entro centottanta giorni dalla comunicazione del medesimo fatta alla società. Esso può avvenire anche mediante acquisto da parte degli altri soci proporzionalmente alle loro partecipazioni oppure da parte di un terzo concordemente individuato da soci medesimi. Qualora ciò non avvenga, il rimborso è effettuato utilizzando riserve disponibili o, in mancanza, corrispondentemente riducendo il capitale sociale; in quest'ultimo caso si applica l'articolo 2482 e, qualora sulla base di esso non risulti possibile il rimborso della partecipazione del socio receduto, la società viene posta in liquidazione[1].

Il recesso non può essere esercitato e, se già esercitato, è privo di efficacia, se la società revoca la delibera che lo legittima ovvero se è deliberato lo scioglimento della società[2].

[1] Comma così modificato dall'art. 5, D.Lgs. 6 febbraio 2004, n. 37. Il testo previgente disponeva: *Il rimborso delle partecipazioni per cui è stato esercitato il diritto di recesso deve essere eseguito entro centottanta giorni dalla comunicazione del medesimo fatta alla società. Esso può avvenire anche mediante acquisto da parte degli altri soci proporzionalmente alle loro partecipazioni oppure da parte di un terzo concordemente individuato dai soci medesimi. Qualora ciò non avvenga, il rimborso è effettuato utilizzando riserve disponibili o in mancanza corrispondentemente riducendo il capitale sociale; in quest'ultimo caso si applica l'articolo 2482 e, qualora sulla base di esso non risulti possibile il rimborso della partecipazione del socio receduto, la società viene posta in liquidazione.*

[2] Articolo così sostituito dall'art. 3, D.Lgs. 17 gennaio 2003, n. 6, a decorrere dal 1° gennaio 2004. Il testo previgente disponeva: *La denominazione sociale, in qualunque modo formata, deve contenere l'indicazione di società a responsabilità limitata.*

■ art. 158, Codice del commercio del 1882.

2473-*bis*. Esclusione del socio.

L'atto costitutivo può prevedere specifiche ipotesi di esclusione per giusta causa del socio. In tal caso si applicano le disposizioni del precedente articolo, esclusa la possibilità del rimborso della partecipazione mediante riduzione del capitale sociale[1].

[1] Articolo aggiunto dall'art. 3, D.Lgs. 17 gennaio 2003, n. 6, a decorrere dal 1° gennaio 2004.

2474. Operazioni sulle proprie partecipazioni.

In nessun caso la società può acquistare o accettare in garanzia partecipazioni proprie, ovvero accordare prestiti o fornire garanzia per il loro acquisto o la loro sottoscrizione[1].

[1] Articolo (già 2483) così sostituito dall'art. 3, D.Lgs. 17 gennaio 2003, n. 6, a decorrere dal 1° gennaio 2004. Il testo previgente disponeva: *In nessun caso la società può acquistare o accettare in garanzia le quote proprie, ovvero accordare prestiti o fornire garanzie per il loro acquisto o la loro sottoscrizione.*

Il testo originario disponeva: *La società deve costituirsi con un capitale non inferiore a diecimila euro.*

Le quote di conferimento dei soci relative alle società di nuova costituzione possono essere di diverso ammontare, ma in nessun caso inferiori ad un euro.

Se la quota di conferimento è superiore al minimo, deve essere costituita da un ammontare multiplo di un euro.

Se il valore di un conferimento in natura non raggiunge l'ammontare minimo o un multiplo di questo, la differenza deve essere integrata mediante conferimento in danaro.

Sezione III
Dell'amministrazione della società e dei controlli[1]

[1] Sezione così sostituita dall'art. 3, D.Lgs. 17 gennaio 2003, n. 6, a decorrere dal 1° gennaio 2004.

2475. Amministrazione della società.

L'istituzione degli assetti di cui all'articolo 2086, secondo comma, spetta esclusivamente agli amministratori. Salvo diversa disposizione dell'atto costitutivo, l'amministrazione della società è affidata a uno o più soci nominati con decisione dei soci presa ai sensi dell'articolo 2479[1].

All'atto di nomina degli amministratori si applicano il quarto e quinto comma dell'articolo 2383.

Quando l'amministrazione è affidata a più persone, queste costituiscono il consiglio di amministrazione. L'atto costitutivo può tuttavia prevedere, salvo quanto disposto nell'ultimo comma del presente articolo, che l'amministrazione sia ad esse affidata disgiuntamente oppure congiuntamente; in tali casi si applicano, rispettivamente, gli articoli 2257 e 2258.

Qualora sia costituito un consiglio di amministrazione, l'atto costitutivo può prevedere che le decisioni siano adottate mediante consultazione scritta o sulla base del consenso espresso per iscritto. In tal caso dai documenti sottoscritti dagli amministratori devono risultare con chiarezza l'argomento oggetto della decisione ed il consenso alla stessa.

La redazione del progetto di bilancio e dei progetti di fusione o scissione, nonché le decisioni di aumento del capitale ai sensi dell'articolo 2481 sono in ogni caso di competenza dell'organo amministrativo.

Si applica, in quanto compatibile, l'articolo 2381[2][3].

[1] Comma così sostituito prima dall'art. 377, D.Lgs. 12 gennaio 2019, n. 14, a decorrere dal trentesimo giorno successivo alla pubblicazione in G.U. del decreto (avvenuta il 14 febbraio 2019), poi dall'art. 40, D.Lgs. 26 ottobre 2020, n. 147, a decorrere dal 20 novembre 2020.

Il testo previgente la modifica del 2019 disponeva: *Salvo diversa disposizione dell'atto costitutivo, l'amministrazione della società è affidata a uno o più soci nominati con decisione dei soci presa ai sensi dell'articolo 2479.*

Il testo previgente la modifica del 2020 disponeva: *La gestione dell'impresa si svolge nel rispetto della disposizione di cui all'articolo 2086, secondo comma, e spetta esclusivamente agli amministratori, i quali compiono le operazioni necessarie per l'attuazione dell'oggetto sociale. Salvo diversa disposizione dell'atto costitutivo, l'amministrazione della società è affidata a uno o più soci nominati con decisione dei soci presa ai sensi dell'articolo 2479.*

[2] Comma aggiunto dall'art. 377, D.Lgs. 12 gennaio 2019, n. 14, a decorrere dal trentesimo giorno successivo alla pubblicazione in G.U. del decreto (avvenuta il 14 febbraio 2019).

[3] Articolo (già 2487) così sostituito dall'art. 3, D.Lgs. 17 gennaio 2003, n. 6, a decorrere dal 1° gennaio 2004. L'originario art. 2475 corrisponde all'attuale art. 2463. Il testo previgente disponeva: *Salvo diversa disposizione dell'atto costitutivo l'amministrazione della società deve essere affidata a uno o più soci.*

Si applicano all'amministrazione della società gli articoli 2381, 2382, 2383, primo, terzo, quarto, sesto e settimo comma, 2384, 2384-bis, 2385, 2386, 2388, 2389, 2390, 2391, 2392, 2393, 2394, 2395, 2396 e 2434.

Il testo originario disponeva: *La società deve costituirsi per atto pubblico. L'atto costitutivo deve indicare:*

1) il cognome e il nome, la data e il luogo di nascita, il domicilio, la cittadinanza di ciascun socio;

2) la denominazione, la sede della società e le eventuali sedi secondarie;

3) l'oggetto sociale;

4) l'ammontare del capitale sottoscritto e versato;

5) la quota di conferimento di ciascun socio e il valore dei beni e dei crediti conferiti;

6) le norme secondo le quali gli utili devono essere ripartiti;

7) il numero, il cognome e il nome, la data ed il luogo di nascita degli amministratori e i loro poteri, indicando quali tra essi hanno la rappresentanza della società;

8) il numero, il cognome ed il nome, la data ed il luogo di nascita dei componenti del collegio sindacale nei casi previsti dall'articolo 2488;

9) la durata della società;

10) l'importo globale, almeno approssimativo, delle spese per la costituzione poste a carico della società.

Si applicano alla società a responsabilità limitata le disposizioni degli articoli 2328, ultimo comma, 2329, 2330, 2331, primo e secondo comma, 2332, con esclusione del numero 8, e 2341.

La società può essere costituita con atto unilaterale. In tal caso, per le operazioni compiute in nome della società prima della sua iscrizione è responsabile, in solido con coloro che hanno agito, anche il socio fondatore.

● Norme connesse:

- art. 28, comma 1, lett. b), R.D. 16 marzo 1942, n. 267.

■ art. 121, Codice del commercio del 1882.

2475-*bis*. Rappresentanza della società.

Gli amministratori hanno la rappresentanza generale della società.

Le limitazioni ai poteri degli amministratori che risultano dall'atto costitutivo o dall'atto di nomina, anche se pubblicate, non sono opponibili ai terzi, salvo che si provi che questi abbiano intenzionalmente agito a danno della società[1].

[1] Articolo così sostituito dall'art. 3, D.Lgs. 17 gennaio 2003, n. 6, a decorrere dal 1° gennaio 2004.

Seguiva la Sezione II *Dei conferimenti e delle quote*, composta dagli articoli da 2476 a 2483, corrispondente all'attuale Sezione II *Dei conferimenti e delle quote*, composta dagli artt. da 2464 a 2474.

2475-*ter*. Conflitto di interessi.

I contratti conclusi dagli amministratori che hanno la rappresentanza della società in conflitto di interessi, per conto proprio o di terzi, con la medesima possono essere annullati su domanda della società, se il conflitto era conosciuto o riconoscibile dal terzo.

Le decisioni adottate dal consiglio di amministrazione con il voto determinante di un amministratore in conflitto di interessi con la società, qualora le cagionino un danno patrimoniale, possono essere impugnate entro novanta giorni dagli amministratori e, ove esistenti, dai soggetti previsti dall'articolo 2477. In ogni caso sono salvi i diritti acquistati in buona fede dai terzi in base ad atti compiuti in esecuzione della decisione[1].

[1] Articolo aggiunto dall'art. 3, D.Lgs. 17 gennaio 2003, n. 6, a decorrere dal 1° gennaio 2004.

CODICE CIVILE

2476. Responsabilità degli amministratori e controllo dei soci.

Gli amministratori sono solidalmente responsabili verso la società dei danni derivanti dall'inosservanza dei doveri ad essi imposti dalla legge e dall'atto costitutivo per l'amministrazione della società. Tuttavia la responsabilità non si estende a quelli che dimostrino di essere esenti da colpa e, essendo a cognizione che l'atto si stava per compiere, abbiano fatto constare del proprio dissenso.

I soci che non partecipano all'amministrazione hanno diritto di avere dagli amministratori notizie sullo svolgimento degli affari sociali e di consultare, anche tramite professionisti di loro fiducia, i libri sociali ed i documenti relativi all'amministrazione.

L'azione di responsabilità contro gli amministratori è promossa da ciascun socio, il quale può altresì chiedere, in caso di gravi irregolarità nella gestione della società, che sia adottato provvedimento cautelare di revoca degli amministratori medesimi. In tal caso il giudice può subordinare il provvedimento alla prestazione di apposita cauzione.

In caso di accoglimento della domanda la società, salvo il suo diritto di regresso nei confronti degli amministratori, rimborsa agli attori le spese di giudizio e quelle da essi sostenute per l'accertamento dei fatti.

Salvo diversa disposizione dell'atto costitutivo, l'azione di responsabilità contro gli amministratori può essere oggetto di rinuncia o transazione da parte della società, purché vi consenta una maggioranza dei soci rappresentante almeno i due terzi del capitale sociale e purché non si oppongano tanti soci che rappresentano almeno il decimo del capitale sociale.

Gli amministratori rispondono verso i creditori sociali per l'inosservanza degli obblighi inerenti alla conservazione dell'integrità del patrimonio sociale. L'azione può essere proposta dai creditori quando il patrimonio sociale risulta insufficiente al soddisfacimento dei loro crediti. La rinunzia all'azione da parte della società non impedisce l'esercizio dell'azione da parte dei creditori sociali. La transazione può essere impugnata dai creditori sociali soltanto con l'azione revocatoria quando ne ricorrono gli estremi[1].

Le disposizioni dei precedenti commi non pregiudicano il diritto al risarcimento dei danni spettante al singolo socio o al terzo che sono stati direttamente danneggiati da atti dolosi o colposi degli amministratori.

Sono altresì solidalmente responsabili con gli amministratori, ai sensi dei precedenti commi, i soci che hanno intenzionalmente deciso o autorizzato il compimento di atti dannosi per la società, i soci o i terzi.

L'approvazione del bilancio da parte dei soci non implica liberazione degli amministratori e dei sindaci per le responsabilità incorse nella gestione sociale[2].

[1] Comma aggiunto dall'art. 378, D.Lgs. 12 gennaio 2019, n. 14, a decorrere dal trentesimo giorno successivo alla pubblicazione in G.U. del decreto (avvenuta il 14 febbraio 2019).

[2] Articolo così sostituito dall'art. 3, D.Lgs. 17 gennaio 2003, n. 6, a decorrere dal 1° gennaio 2004. Il comma 1 nel testo previgente disponeva: *Nelle società in cui non esiste il collegio sindacale, ciascun socio ha diritto di avere dagli amministratori notizia dello svolgimento degli affari sociali e di consultare i libri sociali. I soci che rappresentano almeno un terzo del capitale hanno inoltre il diritto di far eseguire annualmente a proprie spese la revisione della gestione.*

Il testo originario disponeva: *Si applicano ai conferimenti dei soci e agli acquisti da parte della società di beni o crediti dei fondatori, dei soci e degli amministratori le disposizioni degli articoli 2342, 2343 e 2343-bis.*

In caso di costituzione della società con atto unilaterale il conferimento in danaro deve essere interamente versato ai sensi dell'articolo 2329, numero 2, del codice civile. In caso di aumento di capitale eseguito nel periodo in cui vi è un unico socio il conferimento in danaro deve essere interamente versato al momento della sottoscrizione.

Se viene meno la pluralità dei soci, i versamenti ancora dovuti devono essere effettuati entro tre mesi.

● Norme connesse:

- artt. 146, comma 2, lett. b), 206, R.D. 16 marzo 1942, n. 267.

■ artt. 142, 147, 149, Codice del commercio del 1882.

2477. Sindaco e revisione legale dei conti.

L'atto costitutivo può prevedere, determinandone le competenze e i poteri, ivi compresa la revisione legale dei conti, la nomina di un organo di controllo o di un revisore. Se lo statuto non dispone diversamente, l'organo di controllo è costituito da un solo membro effettivo[1].

[...][2].

La nomina dell'organo di controllo o del revisore è obbligatoria se la società:

***a)* è tenuta alla redazione del bilancio consolidato;**

***b)* controlla una società obbligata alla revisione legale dei conti;**

***c)* ha superato per due esercizi consecutivi almeno uno dei seguenti limiti:**

***1)* totale dell'attivo dello stato patrimoniale: 4 milioni di euro;**

***2)* ricavi delle vendite e delle prestazioni: 4 milioni di euro;**

***3)* dipendenti occupati in media durante l'esercizio: 20 unità**[3].

L'obbligo di nomina dell'organo di controllo o del revisore di cui alla lettera *c)* del secondo comma cessa quando, per tre esercizi consecutivi, non è superato alcuno dei predetti limiti[4].

Nel caso di nomina di un organo di controllo, anche monocratico, si applicano le disposizioni sul collegio sindacale previste per le società per azioni[5].

L'assemblea che approva il bilancio in cui vengono superati i **limiti indicati al secondo comma** deve provvedere, entro trenta giorni, alla nomina dell'organo di controllo o del revisore. Se l'assemblea non provvede, alla nomina provvede il tribunale su richiesta di qualsiasi soggetto interessato o su segnalazione del conservatore del registro delle imprese[6].

Si applicano le disposizioni dell'articolo 2409 anche se la società è priva di organo di controllo[7 8 9].

[1] Comma così sostituito dall'art. 35, D.L. 9 febbraio 2012, n. 5, convertito in L. 4 aprile 2012, n. 35. Il testo previgente disponeva: *L'atto costitutivo può prevedere, determinandone le competenze e poteri, la nomina di un sindaco o di un revisore.*

[2] Comma prima modificato dall'art. 35, D.L. 9 febbraio 2012, n. 5, convertito in L. 4 aprile 2012, n. 35, poi abrogato dall'art. 20, D.L. 24 giugno 2014, n. 91, convertito in L. 11 agosto 2014, n. 116. Il testo previgente la modifica del 2012 disponeva: *La nomina del sindaco è obbligatoria se il capitale sociale non è inferiore a quello minimo stabilito per le società per azioni.* Il testo previgente la modifica del 2014 disponeva: *La nomina dell'organo di controllo o del revisore è obbligatoria se il capitale sociale non è inferiore a quello minimo stabilito per le società per azioni.*

[3] Comma così sostituito prima dall'art. 379, D.Lgs. 12 gennaio 2019, n. 14, a decorrere dal trentesimo giorno successivo alla pubblicazione in G.U. del decreto (avvenuta il 14 febbraio 2019), poi dall'art. 2-bis, D.L. 18 aprile 2019, n. 32, convertito in L. 14 giugno 2019, n. 55, a decorrere dal 18 giugno 2019.

Il testo previgente la modifica di cui al D.Lgs. 14/2019 disponeva: *La nomina dell'organo di controllo o del revisore è obbligatoria se la società: a) è tenuta alla redazione del bilancio consolidato; b) controlla una società obbligata alla revisione legale dei conti; c) per due esercizi consecutivi ha superato due dei limiti indicati dal primo comma dell'articolo 2435-bis.*

Il testo previgente la modifica di cui al D.L. 32/2019 disponeva: *La nomina dell'organo di controllo o del revisore è obbligatoria se la società: a) è tenuta alla redazione del bilancio consolidato; b) controlla una società obbligata alla revisione legale dei conti; c) ha superato per due esercizi consecutivi almeno uno dei seguenti limiti: 1) totale dell'attivo dello stato patrimoniale: 2 milioni di euro; 2) ricavi delle vendite e delle prestazioni: 2 milioni di euro; 3) dipendenti occupati in media durante l'esercizio: 10 unità.*

Precedentemente l'alinea era stato modificato prima dall'art. 35, D.L. 9 febbraio 2012, n. 5, convertito in L. 4 aprile 2012, n. 35, poi dall'art. 20, D.L. 24 giugno 2014, n. 91, convertito in L. 11 agosto 2014, n. 116.

Il testo previgente la modifica del 2012 disponeva: *La nomina del sindaco è altresì obbligatoria se la società.*

Il testo previgente la modifica del 2014 disponeva: *La nomina dell'organo di controllo o del revisore è altresì obbligatoria se la società.*

[4] Comma così sostituito prima dall'art. 379, D.Lgs. 12 gennaio 2019, n. 14, a decorrere dal trentesimo giorno successivo alla pubblicazione in G.U. del decreto (avvenuta il 14 febbraio 2019), poi dall'art. 2-bis, D.L. 18 aprile 2019, n. 32, convertito in L. 14 giugno 2019, n. 55, a decorrere dal 18 giugno 2019.

Il testo previgente la modifica di cui al D.Lgs. 14/2019 disponeva: *L'obbligo di nomina dell'organo di controllo o del revisore di cui alla lettera c) del terzo comma cessa se, per due esercizi consecutivi, i predetti limiti non vengono superati.*

Il testo previgente la modifica di cui al D.L. 32/2019 disponeva: *L'obbligo di nomina dell'organo di controllo o del revisore di cui alla lettera c) del terzo comma cessa quando, per tre esercizi consecutivi, non è superato alcuno dei predetti limiti.*

Precedentemente il comma era stato modificato dall'art. 35, D.L. 9 febbraio 2012, n. 5, convertito in L. 4 aprile 2012, n. 35. Il testo previgente disponeva: *L'obbligo di nomina del sindaco di cui alla lettera c) del terzo comma cessa se, per due esercizi consecutivi, i predetti limiti non vengono superati.*

[5] Comma così sostituito dall'art. 35, D.L. 9 febbraio 2012, n. 5, convertito in L. 4 aprile 2012, n. 35. Il testo previgente disponeva: *Nei casi previsti dal secondo e terzo comma si applicano le disposizioni in tema di società per azioni; se l'atto costitutivo non dispone diversamente, la revisione legale dei conti è esercitata dal sindaco.*

[6] Comma così modificato prima dall'art. 35, D.L. 9 febbraio 2012, n. 5, convertito in L. 4 aprile 2012, n. 35, poi dall'art. 20, D.L. 24 giugno 2014, n. 91, convertito in L. 11 agosto 2014, n. 116, dall'art. 379, D.Lgs. 12 gennaio 2019, n. 14, a decorrere dal trentesimo giorno successivo alla pubblicazione in G.U. del decreto (avvenuta il 14 febbraio 2019), infine dall'art. 2-bis, D.L. 18 aprile 2019, n. 32, convertito in L. 14 giugno 2019, n. 55, a decorrere dal 18 giugno 2019.

Il testo previgente la modifica del 2012 disponeva: *L'assemblea che approva il bilancio in cui vengono superati i limiti indicati al secondo e terzo comma deve provvedere, entro trenta giorni, alla nomina del sindaco. Se l'assemblea non provvede, alla nomina provvede il tribunale su richiesta di qualsiasi soggetto interessato.*

Il testo previgente la modifica del 2014 disponeva: *L'assemblea che approva il bilancio in cui vengono superati i limiti indicati al secondo e terzo comma deve provvedere, entro trenta giorni, alla nomina dell'organo di controllo o del revisore. Se l'assemblea non provvede, alla nomina provvede il tribunale su richiesta di qualsiasi soggetto interessato.*

Il testo previgente la modifica di cui al D.Lgs. 14/2019 disponeva: *L'assemblea che approva il bilancio in cui vengono superati i limiti indicati al terzo comma deve provvedere, entro trenta giorni, alla nomina dell'organo di controllo o del revisore. Se l'assemblea non provvede, alla nomina provvede il tribunale su richiesta di qualsiasi soggetto interessato.*

Il testo previgente la modifica di cui al D.L. 32/2019 disponeva: *L'assemblea che approva il bilancio in cui vengono superati i limiti indicati al terzo comma deve provvedere, entro trenta giorni, alla nomina dell'organo di controllo o del revisore. Se l'assemblea non provvede, alla nomina provvede il tribunale su richiesta di qualsiasi soggetto interessato o su segnalazione del conservatore del registro delle imprese.*

[7] Comma aggiunto dall'art. 379, D.Lgs. 12 gennaio 2019, n. 14, a decorrere dal trentesimo giorno successivo alla pubblicazione in G.U. del decreto (avvenuta il 14 febbraio 2019).

[8] In conseguenza delle modifiche apportate al presente articolo dall'art. 20, D.L. 24 giugno 2014, n. 91, convertito in L. 11 agosto 2014, n. 116, la sopravvenuta insussistenza dell'obbligo di nomina dell'organo di controllo o del revisore costituisce giusta causa di revoca.

CODICE CIVILE

[9] Articolo prima sostituito dall'art. 3, D.Lgs. 17 gennaio 2003, n. 6, a decorrere dal 1° gennaio 2004, poi dall'art. 37, D.Lgs. 27 gennaio 2010, n. 39 e, infine, dall'art. 14, comma 13, L. 12 novembre 2011, n. 183. Il testo previgente la riforma del 2003 disponeva: *La nomina del collegio sindacale è obbligatoria se il capitale sociale non è inferiore a duecento milioni di lire o se è stabilita nell'atto costitutivo.*

È altresì obbligatoria se per due esercizi consecutivi siano stati superati due dei limiti indicati nel primo comma dell'articolo 2435-bis. L'obbligo cessa se, per due esercizi consecutivi, due dei predetti limiti non vengono superati.

Al collegio sindacale si applicano le disposizioni degli articoli 2397 e seguenti.

Anche quando manca il collegio sindacale, si applica l'articolo 2409.

Il testo previgente la riforma del 2011 disponeva: 2477. Collegio sindacale e revisione legale dei conti. *L'atto costitutivo può prevedere, determinandone le competenze e poteri, la nomina di un collegio sindacale o di un revisore.*

La nomina del collegio sindacale è obbligatoria se il capitale sociale non è inferiore a quello minimo stabilito per le società per azioni.

La nomina del collegio sindacale è altresì obbligatoria se la società:

a) è tenuta alla redazione del bilancio consolidato;

b) controlla una società obbligata alla revisione legale dei conti;

c) per due esercizi consecutivi ha superato due dei limiti indicati dal primo comma dell'articolo 2435-bis.

L'obbligo di nomina del collegio sindacale di cui alla lettera c) del terzo comma cessa se, per due esercizi consecutivi, i predetti limiti non vengono superati.

Nei casi previsti dal secondo e terzo comma si applicano le disposizioni in tema di società per azioni; se l'atto costitutivo non dispone diversamente, la revisione legale dei conti è esercitata dal collegio sindacale.

L'assemblea che approva il bilancio in cui vengono superati i limiti indicati al secondo e terzo comma deve provvedere, entro trenta giorni, alla nomina del collegio sindacale. Se l'assemblea non provvede, alla nomina provvede il tribunale su richiesta di qualsiasi soggetto interessato.

Il testo originario disponeva: *Se il socio non esegue il pagamento della quota nel termine prescritto, gli amministratori possono diffidare il socio moroso ad eseguirlo nel termine di trenta giorni.*

Decorso inutilmente questo termine, gli amministratori possono vendere, a rischio e per conto del socio moroso, la sua quota per il valore risultante dall'ultimo bilancio approvato. I soci hanno diritto di preferenza nell'acquisto. In mancanza di offerte per l'acquisto, la quota è venduta all'incanto.

Se la vendita non può aver luogo per mancanza di compratori, gli amministratori possono escludere il socio, trattenendo le somme riscosse, salvo il risarcimento dei maggiori danni. Il capitale deve essere ridotto in misura corrispondente.

Il testo previgente la riforma del 2010 disponeva: 2477. Controllo legale dei conti. *L'atto costitutivo può prevedere, determinandone le competenze e poteri, la nomina di un collegio sindacale o di un revisore.*

La nomina del collegio sindacale è obbligatoria se il capitale sociale non è inferiore a quello minimo stabilito per le società per azioni.

La nomina del collegio sindacale è altresì obbligatoria se per due esercizi consecutivi siano stati superati due dei limiti indicati dal primo comma dell'articolo 2435-bis. L'obbligo cessa se, per due esercizi consecutivi, due dei predetti limiti non vengono superati.

Nei casi previsti dal secondo e terzo comma si applicano le disposizioni in tema di società per azioni; se l'atto costitutivo non dispone diversamente, il controllo contabile è esercitato dal collegio sindacale.

2478. Libri sociali obbligatori.

Oltre i libri e le altre scritture contabili prescritti nell'articolo 2214, la società deve tenere:

1) [...][1];

2) il libro delle decisioni dei soci, nel quale sono trascritti senza indugio sia i verbali delle assemblee, anche se redatti per atto pubblico, sia le decisioni prese ai sensi del primo periodo del terzo comma dell'articolo 2479; la relativa documentazione è conservata dalla società;

3) il libro delle decisioni degli amministratori;

4) il libro delle decisioni del collegio sindacale nominato ai sensi dell'articolo 2477[2].

I libri indicati nei numeri *2)* e *3)* del primo comma devono essere tenuti a cura degli amministratori; il libro indicato nel numero *4)* del primo comma deve essere tenuto a cura dei sindaci[3].

I contratti della società con l'unico socio o le operazioni a favore dell'unico socio sono opponibili ai creditori della società solo se risultano dal libro indicato nel numero *3)* del primo comma o da atto scritto avente data certa anteriore al pignoramento[4].

[1] Numero abrogato dall'art. 16, D.L. 29 novembre 2008, n. 185, convertito in L. 28 gennaio 2009, n. 2. Il testo previgente disponeva: *1) il libro dei soci, nel quale devono essere indicati il nome dei soci, la partecipazione di spettanza di ciascuno, i versamenti fatti sulle partecipazioni, nonché le variazioni nelle persone dei soci.*

[2] Numero così modificato dall'art. 37, D.Lgs. 27 gennaio 2010, n. 39. Il testo previgente disponeva: *4) il libro delle decisioni del collegio sindacale o del revisore nominati ai sensi dell'articolo 2477.*

[3] Comma così modificato prima dall'art. 16, D.L. 29 novembre 2008, n. 185, convertito in L. 28 gennaio 2009, n. 2, poi dall'art. 37, D.Lgs. 27 gennaio 2010, n. 39. Il testo previgente la riforma del 2008 disponeva: *I primi tre libri devono essere tenuti a cura degli amministratori e il quarto a cura dei sindaci o del revisore.* Il testo previgente la riforma del 2010 disponeva: *I libri indicati nei numeri 2) e 3) del primo comma devono essere tenuti a cura degli amministratori; il libro indicato nel numero 4) del primo comma deve essere tenuto a cura dei sindaci o del revisore.*

[4] Articolo (già 2490) così sostituito dall'art. 3, D.Lgs. 17 gennaio 2003, n. 6, a decorrere dal 1° gennaio 2004. Il testo previgente dell'art. 2490 disponeva: *Oltre i libri e le altre scritture contabili prescritti nell'articolo 2214, la società deve tenere:*

1) il libro dei soci, nel quale devono essere indicati il nome dei soci e i versamenti fatti sulle quote, nonché le variazioni nelle persone dei soci;

2) il libro delle adunanze e delle deliberazioni dell'assemblea, in cui devono essere trascritti anche i verbali redatti per atto pubblico;

3) il libro delle adunanze e delle deliberazioni del consiglio di amministrazione;

4) il libro delle adunanze e delle deliberazioni del collegio sindacale, se questo esiste.

I primi tre libri devono essere tenuti a cura degli amministratori e il quarto a cura dei sindaci.

Ai soci spetta il diritto di esaminare i libri indicati nei numeri 1 e 2, e di ottenerne estratti a proprie spese.

Il comma 1 dell'art. 2490-bis disponeva: *I contratti tra la società e l'unico socio o le operazioni a favore dell'unico socio devono, anche quando non è stata attuata la pubblicità di cui all'articolo 2475-bis, essere trascritti nel libro indicato nel numero 3 del primo comma dell'articolo 2490 o risultare da atto scritto.*

Il testo originario disponeva: *L'atto costitutivo può prevedere l'obbligo dei soci al compimento di prestazioni accessorie. Si applicano in tal caso le disposizioni del primo e del terzo comma dell'articolo 2345.*

Le quote a cui è connesso l'obbligo delle prestazioni anzidette sono trasferibili soltanto con il consenso degli amministratori.

● Norme connesse:

- art. 151, D.Lgs. 24 febbraio 1998, n. 58.

■ art. 140, Codice del commercio del 1882.

2478-*bis*. Bilancio e distribuzione degli utili ai soci.

Il bilancio deve essere redatto con l'osservanza delle disposizioni di cui alla sezione IX, del capo V del presente libro. Esso è presentato ai soci entro il termine stabilito dall'atto costitutivo e comunque non superiore a centoventi giorni dalla chiusura dell'esercizio sociale, salva la possibilità di un maggior termine nei limiti ed alle condizioni previsti dal secondo comma dell'articolo 2364[1].

Entro trenta giorni dalla decisione dei soci di approvazione del bilancio deve essere depositata presso l'ufficio del registro delle imprese, a norma dell'articolo 2435, copia del bilancio approvato[2].

La decisione dei soci che approva il bilancio decide sulla distribuzione degli utili ai soci.

Possono essere distribuiti esclusivamente gli utili realmente conseguiti e risultanti da bilancio regolarmente approvato.

Se si verifica una perdita del capitale sociale, non può farsi luogo a ripartizione degli utili fino a che il capitale non sia reintegrato o ridotto in misura corrispondente[3].

Gli utili erogati in violazione delle disposizioni del presente articolo non sono ripetibili se i soci li hanno riscossi in buona fede in base a bilancio regolarmente approvato, da cui risultano utili netti corrispondenti[4].

[1] Comma così modificato dall'art. 6, D.Lgs. 18 agosto 2015, n. 139. Tali nuove disposizioni entrano in vigore a decorrere dal 1° gennaio 2016 e si applicano ai bilanci relativi agli esercizi finanziari aventi inizio a partire da quella data. Il testo previgente disponeva: *Il bilancio deve essere redatto con l'osservanza degli articoli da 2423, 2423-bis, 2423-ter, 2424, 2424-bis, 2425, 2425-bis, 2426, 2427, 2428, 2429, 2430 e 2431, salvo quanto disposto dall'articolo 2435-bis. Esso è presentato ai soci entro il termine stabilito dall'atto costitutivo e comunque non superiore a centoventi giorni dalla chiusura dell'esercizio sociale, salva la possibilità di un maggior termine nei limiti ed alle condizioni previsti dal secondo comma dell'articolo 2364.*

[2] Comma così modificato dall'art. 16, D.L. 29 novembre 2008, n. 185, convertito in L. 28 gennaio 2009, n. 2. Il testo previgente disponeva: *Entro trenta giorni dalla decisione dei soci di approvazione del bilancio devono essere depositati presso l'ufficio del registro delle imprese, a norma dell'articolo 2435, copia del bilancio approvato e l'elenco dei soci e degli altri titolari di diritti sulle partecipazioni sociali.*

[3] Comma così modificato dall'art. 5, D.Lgs. 6 febbraio 2004, n. 37. Il testo previgente disponeva: *Se si verifica una perdita del capitale sociale, non può farsi luogo a distribuzione degli utili fino a che il capitale non sia reintegrato o ridotto in misura corrispondente.*

[4] Articolo (già artt. 2491-2493) aggiunto dall'art. 3, D.Lgs. 17 gennaio 2003, n. 6, a decorrere dal 1° gennaio 2004. Il testo previgente dell'art. 2491 disponeva: *Il bilancio deve essere redatto con l'osservanza degli articoli da 2423 a 2431, salvo quanto disposto dall'articolo 2435-bis.*

Gli amministratori devono depositare nella sede sociale copia del bilancio, con la relazione sulla gestione, almeno quindici giorni prima dell'assemblea.

Se esiste il collegio sindacale, si applica l'articolo 2429.

Il comma 2 nel testo previgente dell'art. 2492 disponeva: *Si applicano inoltre le disposizioni dell'articolo 2433.*

● Norme connesse:

- art. 14, commi 9-11 e 13-bis, L. 12 novembre 2011, n. 183, nel testo modificato dall'art. 16, D.L. 22 dicembre 2011, n. 212, convertito in L. 17 febbraio 2012, n. 10 e dall'art. 8, D.L. 2 marzo 2012, n. 16, convertito in L. 26 aprile 2012, n. 44, secondo cui: *9. A partire dal 1° gennaio 2012, le società a responsabilità limitata che non abbiano nominato il collegio sindacale possono redigere il bilancio secondo uno schema semplificato. Con decreto del Ministro dell'economia e delle finanze, da adottare entro novanta giorni dalla data di entrata in vigore della presente legge, sono definite le voci e la struttura che compongono lo schema di bilancio semplificato e le modalità di attuazione del presente comma.*

10. [...].

11. I limiti per la liquidazione trimestrale dell'IVA sono i medesimi di quelli fissati per il regime di contabilità semplificata.

13-bis. Nelle società a responsabilità limitata, i collegi sindacali nominati entro il 31 dicembre 2011 rimangono in carica fino alla scadenza naturale del mandato deliberata dall'assemblea che li ha nominati.

■ artt. 176, 179-182, Codice del commercio del 1882.

Sezione IV
Delle decisioni dei soci[1]

[1] Sezione così sostituita dall'art. 3, D.Lgs. 17 gennaio 2003, n. 6, a decorrere dal 1° gennaio 2004.

2479. Decisioni dei soci.

I soci decidono sulle materie riservate alla loro competenza dall'atto costitutivo, nonché sugli argomenti che uno o più amministratori o tanti soci che rappresentano almeno un terzo del capitale sociale sottopongono alla loro approvazione[1].

In ogni caso sono riservate alla competenza dei soci:

1) l'approvazione del bilancio e la distribuzione degli utili;

2) la nomina, se prevista nell'atto costitutivo, degli amministratori;

3) la nomina nei casi previsti dall'articolo 2477 dei sindaci e del presidente del collegio sindacale o del soggetto incaricato di effettuare la revisione legale dei conti[2];

4) le modificazioni dell'atto costitutivo;

5) la decisione di compiere operazioni che comportano una sostanziale modificazione dell'oggetto sociale determinato nell'atto costitutivo o una rilevante modificazione dei diritti dei soci.

L'atto costitutivo può prevedere che le decisioni dei soci siano adottate mediante consultazione scritta o sulla base del consenso espresso per iscritto. In tal caso dai documenti sottoscritti dai soci devono risultare con chiarezza l'argomento oggetto della decisione ed il consenso alla stessa.

Qualora nell'atto costitutivo non vi sia la previsione di cui al terzo comma ed comunque con riferimento alle materie indicate nei numeri *4)* e *5)* del secondo comma del presente articolo nonché nel caso previsto dal quarto comma dell'articolo 2482-*bis* oppure quando lo richiedono uno o più amministratori o un numero di soci che rappresentano almeno un terzo del capitale sociale, le decisioni dei soci debbono essere adottate mediante deliberazione assembleare ai sensi dell'articolo 2479-*bis*[3].

Ogni socio ha diritto di partecipare alle decisioni previste dal presente articolo ed il suo voto vale in misura proporzionale alla sua partecipazione.

Salvo diversa disposizione dell'atto costitutivo, le decisioni dei soci sono prese con il voto favorevole di una maggioranza che rappresenti almeno la metà del capitale sociale[4][5].

[1] Comma così modificato dall'art. 5, D.Lgs. 6 febbraio 2004, n. 37. Il testo previgente disponeva: *I soci decidono sulle materie riservate alla loro competenza dall'atto costitutivo, nonché sugli argomenti che uno o più amministratori o tanti soci che rappresentano almeno un terzo del capitale sociale sottopongono alla loro approvazione*.

[2] Numero così modificato dall'art. 37, D.Lgs. 27 gennaio 2010, n. 39. Il testo previgente disponeva: *3) la nomina nei casi previsti dall'articolo 2477 dei sindaci e del presidente del collegio sindacale o del revisore.*

[3] Comma così modificato dall'art. 5, D.Lgs. 6 febbraio 2004, n. 37. Il testo previgente disponeva: *Qualora nell'atto costitutivo non vi sia la previsione di cui al terzo comma ed in ogni caso con riferimento alle materie indicate nei numeri 4) e 5) del secondo comma del presente articolo oppure quando lo richiedono uno o più amministratori o un numero di soci che rappresentano almeno un terzo del capitale sociale, le decisioni dei soci debbono essere adottate mediante deliberazione assembleare ai sensi dell'articolo 2479-bis.*

[4] Comma così sostituito dall'art. 5, D.Lgs. 6 febbraio 2004, n. 37. Il testo previgente disponeva: *Salvo diversa disposizione dell'atto costitutivo, le decisioni dei soci sono prese con il voto favorevole dei soci che rappresentano almeno la metà del capitale sociale.*

[5] Articolo così sostituito dall'art. 3, D.Lgs. 17 gennaio 2003, n. 6, a decorrere dal 1° gennaio 2004. Il testo previgente disponeva: *Ogni socio ha diritto ad almeno un voto nell'assemblea. Se la quota è multipla di un euro, il socio ha diritto a un voto per ogni euro.*

Il testo originario disponeva: *Le quote sono trasferibili per atto tra vivi e per successione a causa di morte, salvo contraria disposizione dell'atto costitutivo.*

Il trasferimento delle quote ha effetto di fronte alla società dal momento dell'iscrizione nel libro dei soci.

L'iscrizione del trasferimento nel libro dei soci ha luogo nei trenta giorni dal deposito di cui al quarto comma, su richiesta dell'alienante o dell'acquirente, verso esibizione del titolo da cui risultino il trasferimento e l'avvenuto deposito.

L'atto di trasferimento delle quote, con sottoscrizione autenticata, deve essere depositato entro trenta giorni per l'iscrizione, a cura del notaio autenticante, presso l'ufficio del registro delle imprese nella cui circoscrizione è stabilita la sede sociale.

■ art. 154, Codice del commercio del 1882.

2479-*bis*. Assemblea dei soci.

L'atto costitutivo determina i modi di convocazione dell'assemblea dei soci, tali comunque da assicurare la tempestiva informazione sugli argomenti da trattare [2479-*ter*, comma 3]. In mancanza la convocazione è effettuata mediante lettera raccomandata spedita ai soci almeno otto giorni prima dell'adunanza nel domicilio risultante dal registro delle imprese[1].

Se l'atto costitutivo non dispone diversamente, il socio può farsi rappresentare in assemblea e la relativa documentazione è conservata secondo quanto prescritto dall'articolo 2478, primo comma, numero *2)*.

Salvo diversa disposizione dell'atto costitutivo l'assemblea si riunisce presso la sede sociale ed è regolarmente costituita con la presenza di tanti soci che rappresentano almeno la metà del capitale sociale e delibera a maggioranza assoluta e, nei casi previsti dai numeri *4)* e *5)* del secondo comma dell'articolo 2479, con il voto favorevole dei soci che rappresentano almeno la metà del capitale sociale.

L'assemblea è presieduta dalla persona indicata nell'atto costitutivo o, in mancanza, da quella designata dagli intervenuti. Il presidente dell'assemblea verifica la regolarità della costituzione, accerta l'identità e la legittimazione dei presenti, regola il suo svolgimento ed accerta i risultati delle votazioni; degli esiti di tali accertamenti deve essere dato conto nel verbale.

In ogni caso la deliberazione s'intende adottata quando ad essa partecipa l'intero capitale sociale e tutti gli amministratori e sindaci sono presenti o informati della riunione e nessuno si oppone alla trattazione dell'argomento[2].

[1] Comma così modificato dall'art. 16, D.L. 29 novembre 2008, n. 185, convertito in L. 28 gennaio 2009, n. 2. Il testo previgente disponeva: *L'atto costitutivo determina i modi di convocazione dell'assemblea dei soci, tali comunque da assicurare la tempestiva informazione sugli argomenti da trattare. In mancanza la convocazione è effettuata mediante lettera raccomandata spedita ai soci almeno otto giorni prima dell'adunanza nel domicilio risultante dal libro dei soci.*

[2] Articolo aggiunto dall'art. 2, L. 12 agosto 1993, n. 310 e così sostituito dall'art. 3, D.Lgs. 17 gennaio 2003, n. 6, a decorrere dal 1° gennaio 2004. Il testo previgente dell'art. 2484 disponeva: *Salvo diversa disposizione dell'atto costitutivo, l'assemblea deve essere convocata dagli amministratori con raccomandata spedita ai soci almeno otto giorni prima dell'adunanza nel domicilio risultante dal libro dei soci.*

Nella lettera devono essere indicati il giorno, il luogo e l'ora dell'adunanza e l'elenco delle materie da trattare.

I commi 1 e 2 dell'art. 2486, nel testo previgente, disponevano: *Salvo diversa disposizione dell'atto costitutivo, l'assemblea ordinaria delibera col voto favorevole di tanti soci che rappresentino la maggioranza del capitale sociale, e l'assemblea straordinaria delibera con voto favorevole di tanti soci che rappresentino almeno due terzi del capitale sociale.*

Alle assemblee dei soci si applicano le disposizioni degli articoli 2363, 2364, 2365, 2367, 2371, 2372, 2373, 2374, 2375, 2377, 2378 e 2379.

Il testo originario disponeva: *Il deposito dei trasferimenti a causa di morte per l'iscrizione nel registro delle imprese e la conseguente iscrizione nel libro dei soci avvengono verso presentazione della documentazione richiesta per l'annotazione nel libro dei soci dei corrispondenti trasferimenti in materia di società per azioni. Il deposito e l'iscrizione sono effettuati a richiesta dell'erede o del legatario.*

2479-*ter*. Invalidità delle decisioni dei soci.

Le decisioni dei soci che non sono prese in conformità della legge o dell'atto costitutivo possono essere impugnate dai soci che non vi hanno consentito, da ciascun amministratore e dal collegio sindacale entro novanta giorni dalla loro trascrizione nel libro delle decisioni dei soci. Il tribunale, qualora ne ravvisi l'opportunità e ne sia fatta richiesta dalla società o da chi ha proposto l'impugnativa, può assegnare un termine non superiore a centottanta giorni per l'adozione di una nuova decisione idonea ad eliminare la causa di invalidità.

Qualora possano recare danno alla società, sono impugnabili a norma del precedente comma le decisioni assunte con la partecipazione determinante di soci che hanno, per conto proprio o di terzi, un interesse in conflitto con quello della società.

Le decisioni aventi oggetto illecito o impossibile e quelle prese in assenza assoluta di informazione possono essere impugnate da chiunque vi abbia interesse entro tre anni dalla trascrizione indicata nel primo periodo del primo comma. Possono essere impugnate senza limiti di tempo le deliberazioni che modificano l'oggetto sociale prevedendo attività impossibili o illecite[1].

Si applicano, in quanto compatibili, gli articoli 2377, primo, quinto, settimo, ottavo e nono comma, 2378, 2379-*bis*, 2379-*ter* e 2434-*bis*[2][3].

[1] Comma così modificato dall'art. 22, D.Lgs. 28 dicembre 2004, n. 310. Il testo precedente le modifiche apportate dal D.Lgs. 28 dicembre 2004, n. 310 disponeva: *Le decisioni aventi oggetto illecito o impossibile e quelle prese in assenza assoluta di informazione possono essere impugnate da chiunque vi abbia interesse entro tre anni dalla trascrizione indicata nel primo periodo del secondo comma. Possono essere impugnate senza limiti di tempo le deliberazioni che modificano l'oggetto sociale prevedendo attività impossibili o illecite.* Nel testo precedente le modifiche apportate dal D.Lgs. 6 febbraio 2004, n. 37, invece, disponeva: *Le decisioni aventi oggetto illecito o impossibile e quelle prese in assenza assoluta di informazione possono essere impugnate da chiunque vi abbia interesse entro tre anni dalla trascrizione indicata nel primo periodo del secondo comma. Possono essere impugnate senza limiti di tempo le deliberazioni che modificano l'oggetto sociale prevedendo attività impossibili o illecite.*

[2] Comma così modificato dall'art. 5, D.Lgs. 6 febbraio 2004, n. 37. Il testo precedente le modifiche apportate dal D.Lgs. 28 dicembre 2004, n. 310, disponeva: *Si applicano, in quanto compatibili, gli articoli 2377, primo, quinto, settimo, ottavo e nono comma, 2378, 2379-bis, 2379-ter e 2434-bis.* Nel testo precedente le modifiche apportate dal D.Lgs. 6 febbraio 2004, n. 37, invece, disponeva: *Si applicano, in quanto compatibili, gli articoli 2377, quarto, sesto, settimo e ottavo comma, 2378, 2379-bis, 2379-ter e 2434-bis.*

[3] Articolo aggiunto dall'art. 3, D.Lgs. 17 gennaio 2003, n. 6, a decorrere dal 1° gennaio 2004. Il testo previgente disponeva: *Salvo diversa disposizione dell'atto costitutivo, l'assemblea ordinaria delibera col voto favorevole di tanti soci che rappresentino la maggioranza del capitale sociale, e l'assemblea straordinaria delibera con voto favorevole di tanti soci che rappresentino almeno due terzi del capitale sociale.*

Alle assemblee dei soci si applicano le disposizioni degli articoli 2363, 2364, 2365, 2367, 2371, 2372, 2373, 2374, 2375, 2377, 2378 e 2379.

Alla società a responsabilità limitata non è consentita l'emissione di obbligazioni.

Sezione V
Delle modificazioni dell'atto costitutivo[1]

[1] Sezione (già Sezione IV) aggiunta dall'art. 3, D.Lgs. 17 gennaio 2003, n. 6, a decorrere dal 1° gennaio 2004.

2480. Modificazioni dell'atto costitutivo.

Le modificazioni dell'atto costitutivo sono deliberate dall'assemblea dei soci a norma dell'articolo 2479-*bis*. Il verbale è redatto da notaio e si applica l'articolo 2436[1].

CODICE CIVILE

[1] Articolo (già 2494) così sostituito dall'art. 3, D.Lgs. 17 gennaio 2003, n. 6, a decorrere dal 1° gennaio 2004. L'originario art. 2480 corrisponde all'attuale art. 2471. Il testo previgente disponeva: *Alle modificazioni dell'atto costitutivo si applicano le disposizioni degli articoli 2436 e 2437.*

Il testo originario disponeva: *La quota può formare oggetto di espropriazione.*

L'ordinanza del giudice che dispone la vendita della quota deve essere notificata alla società a cura del creditore.

Se la quota non è liberamente trasferibile e il creditore, il debitore e la società non si accordano sulla vendita della quota stessa, la vendita ha luogo all'incanto; ma la vendita è priva di effetto se, entro dieci giorni dall'aggiudicazione, la società presenta un altro acquirente che offra lo stesso prezzo.

Le disposizioni del comma precedente si applicano anche nel caso di fallimento di un socio.

● Norme connesse:
- art. 7, D.P.R. 7 dicembre 1995, n. 581.

2481. Aumento di capitale.

L'atto costitutivo può attribuire agli amministratori la facoltà di aumentare il capitale sociale, determinandone i limiti e le modalità di esercizio; la decisione degli amministratori, che deve risultare da verbale redatto senza indugio da notaio, deve essere depositata ed iscritta a norma dell'articolo 2436 [2632].

La decisione di aumentare il capitale sociale non può essere attuata fin quando i conferimenti precedentemente dovuti non sono stati integralmente eseguiti[1].

[1] Articolo (già 2495) così sostituito dall'art. 3, D.Lgs. 17 gennaio 2003, n. 6, a decorrere dal 1° gennaio 2004. L'originario art. 2481 corrisponde all'attuale art. 2472. Il testo previgente disponeva: *In caso di aumento del capitale si applicano in ordine alle quote le disposizioni degli articoli 2438, 2439, 2440, 2441, primo comma, e 2474, ultimo comma.*

Il testo originario disponeva: *Nel caso di cessione della quota l'alienante è obbligato solidalmente con l'acquirente, per il periodo di tre anni dal trasferimento, per i versamenti ancora dovuti.*

Il pagamento non può essere domandato all'alienante se non quando la richiesta al socio moroso è rimasta infruttuosa.

2481-*bis*. Aumento di capitale mediante nuovi conferimenti.

In caso di decisione di aumento del capitale sociale mediante nuovi conferimenti spetta ai soci il diritto di sottoscriverlo in proporzione delle partecipazioni da essi possedute. L'atto costitutivo può prevedere, salvo per il caso di cui all'articolo 2482-*ter*, che l'aumento di capitale possa essere attuato anche mediante offerta di quote di nuova emissione a terzi; in tal caso spetta ai soci che non hanno consentito alla decisione il diritto di recesso a norma dell'articolo 2473.

La decisione di aumento di capitale prevede l'eventuale soprapprezzo e le modalità ed i termini entro i quali può essere esercitato il diritto di sottoscrizione. Tali termini non possono essere inferiori a trenta giorni dal momento in cui viene comunicato ai soci che l'aumento di capitale può essere sottoscritto. La decisione può anche consentire, disciplinandone le modalità, che la parte dell'aumento di capitale non sottoscritta da uno o più soci sia sottoscritta dagli altri soci o da terzi.

Se l'aumento di capitale non è integralmente sottoscritto nel termine stabilito dalla decisione, il capitale è aumentato di un importo pari alle sottoscrizioni raccolte soltanto se la deliberazione medesima lo abbia espressamente consentito.

Salvo quanto previsto dal secondo periodo del quarto comma e dal sesto comma dell'articolo 2464, i sottoscrittori dell'aumento di capitale devono, all'atto della sottoscrizione, versare alla società almeno il venticinque per cento della parte di capitale sottoscritta e, se previsto, l'intero soprapprezzo. Per i conferimenti di beni in natura o di crediti si applica quanto disposto dal quinto comma dell'articolo 2464.

Se l'aumento di capitale è sottoscritto dall'unico socio, il conferimento in danaro deve essere integralmente versato all'atto della sottoscrizione.

Nei trenta giorni dall'avvenuta sottoscrizione gli amministratori devono depositare per l'iscrizione nel registro delle imprese un'attestazione che l'aumento di capitale è stato eseguito[1].

[1] Articolo aggiunto dall'art. 3, D.Lgs. 17 gennaio 2003, n. 6, a decorrere dal 1° gennaio 2004.

2481-*ter*. Passaggio di riserve a capitale.

La società può aumentare il capitale imputando ad esso le riserve e gli altri fondi iscritti in bilancio in quanto disponibili.

In questo caso la quota di partecipazione di ciascun socio resta immutata[1].

[1] Articolo aggiunto dall'art. 3, D.Lgs. 17 gennaio 2003, n. 6, a decorrere dal 1° gennaio 2004.

2482. Riduzione del capitale sociale.

La riduzione del capitale sociale può avere luogo, nei limiti previsti dal numero *4)* dell'articolo 2463, mediante rimborso ai soci delle quote pagate o mediante liberazione di essi dall'obbligo dei versamenti ancora dovuti [2626].

La decisione dei soci di ridurre il capitale sociale può essere eseguita soltanto dopo novanta giorni dal giorno dell'iscrizione nel registro delle imprese della decisione medesima, purché entro questo termine nessun creditore sociale anteriore all'iscrizione abbia fatto opposizione[1].

Il tribunale, quando ritenga infondato il pericolo di pregiudizio per i creditori oppure la società abbia prestato un'idonea garanzia, dispone che l'esecuzione abbia luogo nonostante l'opposizione[2 3].

1 Comma così modificato dall'art. 5, D.Lgs. 6 febbraio 2004, n. 37. Il testo previgente disponeva: *La decisione dei soci di ridurre il capitale sociale può essere eseguita soltanto dopo tre mesi dal giorno dell'iscrizione nel registro delle imprese della decisione medesima, purché entro questo termine nessun creditore sociale anteriore all'iscrizione abbia fatto opposizione.*

2 Relativamente alle disposizioni di cui al presente comma trovano applicazione le norme di cui alla Sezione II (Del procedimento in confronto di più parti) del Capo II (Del procedimento) del Titolo IV (Del procedimento in camera di consiglio), D.Lgs. 17 gennaio 2003, n. 5 (Definizione dei procedimenti in materia di diritto societario e di intermediazione finanziaria, nonché in materia bancaria e creditizia, in attuazione dell'articolo 12 della legge 3 ottobre 2001, n. 366) (art. 33, D.Lgs. 5/2003, cit.), poi abrogato dall'art. 54, L. 18 giugno 2009, n. 69 (le disposizioni ivi contenute continuano ad applicarsi alle controversie pendenti alla data di entrata in vigore della L. 69/2009 cit.).

3 Articolo (già 2496) così sostituito dall'art. 3, D.Lgs. 17 gennaio 2003, n. 6, a decorrere dal 1° gennaio 2004. Il testo previgente disponeva: *La riduzione del capitale ha luogo nei casi e nei modi prescritti per le società per azioni.*

Il limite minimo del capitale, agli effetti degli articoli 2445 e 2447, è quello indicato nell'articolo 2474.

In caso di riduzione del capitale per perdite, i soci conservano i diritti sociali secondo il valore originario delle rispettive quote.

Il testo originario disponeva: *Salvo contraria disposizione dell'atto costitutivo, le quote sono divisibili nel caso di successione a causa di morte o di alienazione, purché siano osservate le disposizioni del secondo e terzo comma dell'articolo 2474.*

Se una quota sociale diventa proprietà comune di più persone, si applica l'articolo 2347.

2482-*bis*. Riduzione del capitale per perdite.

Quando risulta che il capitale è diminuito di oltre un terzo in conseguenza di perdite, gli amministratori devono senza indugio convocare l'assemblea dei soci per gli opportuni provvedimenti [2631].

All'assemblea deve essere sottoposta una relazione degli amministratori sulla situazione patrimoniale della società, con le osservazioni nei casi previsti dall'articolo 2477 del collegio sindacale o del soggetto incaricato di effettuare la revisione legale dei conti. Se l'atto costitutivo non prevede diversamente, copia della relazione e delle osservazioni deve essere depositata nella sede della società almeno otto giorni prima dell'assemblea, perché i soci possano prenderne visione[1].

Nell'assemblea gli amministratori devono dare conto dei fatti di rilievo avvenuti dopo la redazione della relazione prevista nel precedente comma.

Se entro l'esercizio successivo la perdita non risulta diminuita a meno di un terzo, deve essere convocata l'assemblea per l'approvazione del bilancio e per la riduzione del capitale in proporzione delle perdite accertate. In mancanza gli amministratori e i sindaci o il soggetto incaricato di effettuare la revisione legale dei conti nominati ai sensi dell'articolo 2477 devono chiedere al tribunale che venga disposta la riduzione del capitale in ragione delle perdite risultanti dal bilancio[2,3].

Il tribunale, anche su istanza di qualsiasi interessato, provvede con decreto soggetto a reclamo, che deve essere iscritto nel registro delle imprese a cura degli amministratori.

Si applica, in quanto compatibile, l'ultimo comma dell'articolo 2446[4].

1 Comma così modificato dall'art. 37, D.Lgs. 27 gennaio 2010, n. 39. Il testo previgente disponeva: *All'assemblea deve essere sottoposta una relazione degli amministratori sulla situazione patrimoniale della società, con le osservazioni nei casi previsti dall'articolo 2477 del collegio sindacale o del revisore. Se l'atto costitutivo non prevede diversamente, copia della relazione e delle osservazioni deve essere depositata nella sede della società almeno otto giorni prima dell'assemblea, perché i soci possano prenderne visione.*

2 Comma prima modificato dall'art. 5, D.Lgs. 6 febbraio 2004, n. 37, poi dall'art. 37, D.Lgs. 27 gennaio 2010, n. 39. Il testo previgente la riforma del 2004 disponeva: *Se entro l'esercizio successivo la perdita non risulta diminuita a meno di un terzo, l'assemblea convocata per l'approvazione del bilancio deve ridurre il capitale in proporzione delle perdite accertate. In mancanza gli amministratori e i sindaci o il revisore nominati ai sensi dell'articolo 2477 devono chiedere al tribunale che venga disposta la riduzione del capitale in ragione delle perdite risultanti dal bilancio.* Il testo previgente la riforma del 2010 disponeva: *Se entro l'esercizio successivo la perdita non risulta diminuita a meno di un terzo, deve essere convocata l'assemblea per l'approvazione del bilancio e per la riduzione del capitale in proporzione delle perdite accertate. In mancanza gli amministratori e i sindaci o il revisore nominati ai sensi dell'articolo 2477 devono chiedere al tribunale che venga disposta la riduzione del capitale in ragione delle perdite risultanti dal bilancio.*

3 Relativamente alle disposizioni di cui al presente comma trovano applicazione le norme di cui alla Sezione II (Del procedimento in confronto di più parti) del Capo II (Del procedimento) del Titolo IV (Del procedimento in camera di consiglio), D.Lgs. 17 gennaio 2003, n. 5 (Definizione dei procedimenti in materia di diritto societario e di intermediazione finanziaria, nonché in materia bancaria e creditizia, in attuazione dell'articolo 12 della legge 3 ottobre 2001, n. 366) (art. 33, D.Lgs. 5/2003, cit.), poi abrogato dall'art. 54, L. 18 giugno 2009, n. 69 (le disposizioni ivi contenute continuano ad applicarsi alle controversie pendenti alla data di entrata in vigore della L. 69/2009 cit.).

4 Articolo aggiunto dall'art. 3, D.Lgs. 17 gennaio 2003, n. 6, a decorrere dal 1° gennaio 2004. Il testo previgente disponeva: *La riduzione del capitale ha luogo nei casi e nei modi prescritti per le società per azioni.*

Il limite minimo del capitale, agli effetti degli articoli 2445 e 2447, è quello indicato nell'articolo 2474.

In caso di riduzione del capitale per perdite, i soci conservano i diritti sociali secondo il valore originario delle rispettive quote.

● Norme connesse:

- art. 182-sexies, R.D. 16 marzo 1942, n. 267.

- artt. 20, comma 4, 64 e 89 del Codice della crisi di impresa e dell'insolvenza, attuativo della Legge delega 19 ottobre 2017, n. 155 (D.Lgs. 12 gennaio 2019, n. 14), che prevedono un differimento degli obblighi previsti dagli artt. 2446, commi 2 e 3, 2447, 2482-bis, commi 4, 5 e 6 e 2482-ter del codice civile, e la non operatività della causa di scioglimento della società per riduzione o perdita del capitale sociale di cui agli articoli 2484, comma 1, n. 4), e 2545-duodecies del codice civile, rispettivamente, durante il procedimento di composizione assistita della crisi, di cui all'art. 19 del decreto, fino alla sua conclusione; dalla data del deposito della domanda per l'omologazione degli accordi di ristrutturazione, disciplinati dagli artt. 57, 60 e 61 ovvero della richiesta di misure cautelari e protettive, ai sensi dell'art. 54, relative ad una proposta di accordo di ristrutturazione e sino all'omologazione; dalla data del deposito della domanda di concordato preventivo e sino all'omologazione.

■ art. 146, Codice del commercio del 1882.

2482-*ter*. Riduzione del capitale al disotto del minimo legale.

Se, per la perdita di oltre un terzo del capitale, questo si riduce al disotto del minimo stabilito dal numero *4)* dell'articolo 2463, gli amministratori devono senza indugio convocare l'assemblea per deliberare la riduzione del capitale ed il contemporaneo aumento del medesimo ad una cifra non inferiore al detto minimo.

È fatta salva la possibilità di deliberare la trasformazione della società [2498 ss.][1].

[1] Articolo aggiunto dall'art. 3, D.Lgs. 17 gennaio 2003, n. 6, a decorrere dal 1° gennaio 2004. Il testo previgente disponeva: *La riduzione del capitale ha luogo nei casi e nei modi prescritti per le società per azioni.*

Il limite minimo del capitale, agli effetti degli articoli 2445 e 2447, è quello indicato nell'articolo 2474.

In caso di riduzione del capitale per perdite, i soci conservano i diritti sociali secondo il valore originario delle rispettive quote.

● Norme connesse:

- art. 182-sexies, R.D. 16 marzo 1942, n. 267.

- artt. 20, comma 4, 64 e 89 del Codice della crisi di impresa e dell'insolvenza, attuativo della Legge delega 19 ottobre 2017, n. 155 (D.Lgs. 12 gennaio 2019, n. 14), che prevedono un differimento degli obblighi previsti dagli artt. 2446, commi 2 e 3, 2447, 2482-bis, commi 4, 5 e 6 e 2482-ter del codice civile, e la non operatività della causa di scioglimento della società per riduzione o perdita del capitale sociale di cui agli articoli 2484, comma 1, n. 4), e 2545-duodecies del codice civile, rispettivamente, durante il procedimento di composizione assistita della crisi, di cui all'art. 19 del decreto, fino alla sua conclusione; dalla data del deposito della domanda per l'omologazione degli accordi di ristrutturazione, disciplinati dagli artt. 57, 60 e 61 ovvero della richiesta di misure cautelari e protettive, ai sensi dell'art. 54, relative ad una proposta di accordo di ristrutturazione e sino all'omologazione; dalla data del deposito della domanda di concordato preventivo e sino all'omologazione.

2482-*quater*. Riduzione del capitale per perdite e diritti dei soci.

In tutti i casi di riduzione del capitale per perdite è esclusa ogni modificazione delle quote di partecipazione e dei diritti spettanti ai soci[1].

[1] Articolo aggiunto dall'art. 3, D.Lgs. 17 gennaio 2003, n. 6, a decorrere dal 1° gennaio 2004.

2483. Emissione di titoli di debito.

Se l'atto costitutivo lo prevede, la società può emettere titoli di debito. In tal caso l'atto costitutivo attribuisce la relativa competenza ai soci o agli amministratori determinando gli eventuali limiti, le modalità e le maggioranze necessarie per la decisione.

I titoli emessi ai sensi del precedente comma possono essere sottoscritti soltanto da investitori professionali soggetti a vigilanza prudenziale a norma delle leggi speciali. In caso di successiva circolazione dei titoli di debito, chi li trasferisce risponde della solvenza della società nei confronti degli acquirenti che non siano investitori professionali ovvero soci della società medesima.

La decisione di emissione dei titoli prevede le condizioni del prestito e le modalità del rimborso ed è iscritta a cura degli amministratori presso il registro delle imprese. Può altresì prevedere che, previo consenso della maggioranza dei possessori dei titoli, la società possa modificare tali condizioni e modalità.

Restano salve le disposizioni di leggi speciali relative a particolari categorie di società e alle riserve di attività[1].

[1] Articolo così sostituito dall'art. 3, D.Lgs. 17 gennaio 2003, n. 6, a decorrere dal 1° gennaio 2004. L'originario art. 2483 corrisponde all'attuale art. 2474. Il comma 3 dell'art. 2483 nel testo previgente disponeva: *Alla società a responsabilità limitata non è consentita l'emissione di obbligazioni.*

Il testo originario disponeva: *In nessun caso la società può acquistare o accettare in garanzia le quote proprie, ovvero accordare prestiti o fornire garanzie per il loro acquisto o la loro sottoscrizione.*

Seguiva la Sezione III *Degli organi sociali e dell'amministrazione*, composta dagli articoli da 2484 a 2493, corrispondente all'attuale Sezione III, composta dagli artt. da 2475 a 2478-*bis*.

● Norme connesse:

- art. 124, comma 2, lett. c), R.D. 16 marzo 1942, n. 267; artt. 11, 46, commi 1-bis, 2, D.Lgs. 1 settembre 1993, n. 385; artt. 1, commi 1-bis, lett. b), 2, lett. a), 100-bis, D.Lgs. 24 febbraio 1998, n. 58.

CAPO VIII

SCIOGLIMENTO E LIQUIDAZIONE DELLE SOCIETÀ DI CAPITALI[1]

[1] Capo (già Sezione XI del Capo V) così sostituito dall'art. 4, D.Lgs. 17 gennaio 2003, n. 6, a decorrere dal 1° gennaio 2004.

2484. Cause di scioglimento.

Le società per azioni, in accomandita per azioni e a responsabilità limitata si sciolgono:

1) per il decorso del termine [2328, comma 2 n. 13, 2454];

2) per il conseguimento dell'oggetto sociale o per la sopravvenuta impossibilità di conseguirlo, salvo che l'assemblea, all'uopo convocata senza indugio, non deliberi le opportune modifiche statutarie;

3) per l'impossibilità di funzionamento o per la continuata inattività dell'assemblea;

4) per la riduzione del capitale al disotto del minimo legale, salvo quanto è disposto dagli articoli 2447 e 2482-*ter*;

5) nelle ipotesi previste dagli articoli 2437-*quater* e 2473;

6) per deliberazione dell'assemblea [2368, comma 2, 2479, comma 2 n. 5];

7) per le altre cause previste dall'atto costitutivo o dallo statuto.

La società inoltre si scioglie per le altre cause previste dalla legge; in queste ipotesi le disposizioni dei seguenti articoli si applicano in quanto compatibili.

Gli effetti dello scioglimento si determinano, nelle ipotesi previste dai numeri *1)*, *2)*, *3)*, *4)* e *5)* del primo comma, alla data dell'iscrizione presso l'ufficio del registro delle imprese della dichiarazione con cui gli amministratori ne accertano la causa e, nell'ipotesi prevista dal numero *6)* del medesimo comma, alla data dell'iscrizione della relativa deliberazione.

Quando l'atto costitutivo o lo statuto prevedono altre cause di scioglimento, essi devono determinare la competenza a deciderle od accertarle, e ad effettuare gli adempimenti pubblicitari di cui al precedente comma[1].

[1] Articolo (già 2448) così sostituito dall'art. 4, D.Lgs. 17 gennaio 2003, n. 6, a decorrere dal 1° gennaio 2004. Il testo previgente disponeva: *La società per azioni si scioglie:*

1) per il decorso del termine;

2) per il conseguimento dell'oggetto sociale o per la sopravvenuta impossibilità di conseguirlo;

3) per l'impossibilità di funzionamento o per la continuata inattività dell'assemblea;

4) per la riduzione del capitale al disotto del minimo legale, salvo quanto è disposto dall'articolo 2447;

5) per deliberazione dell'assemblea;

6) per le altre cause previste dall'atto costitutivo.

La società si scioglie inoltre per provvedimento dell'autorità governativa nei casi stabiliti dalla legge, e per la dichiarazione di fallimento se la società ha per oggetto un'attività commerciale. Si osservano in questi casi le disposizioni delle leggi speciali.

Il testo originario disponeva: *Salvo diversa disposizione dell'atto costitutivo, l'assemblea deve essere convocata dagli amministratori con raccomandata spedita ai soci almeno otto giorni prima dell'adunanza nel domicilio risultante dal libro dei soci.*

Nella lettera devono essere indicati il giorno, il luogo e l'ora dell'adunanza e l'elenco delle materie da trattare.

● Norme connesse:

- artt. 118, comma 2, 182-sexies, R.D. 16 marzo 1942, n. 267; art. 7, D.P.R. 7 dicembre 1995, n. 581.

- artt. 20, comma 4, 64 e 89 del Codice della crisi di impresa e dell'insolvenza, attuativo della Legge delega 19 ottobre 2017, n. 155 (D.Lgs. 12 gennaio 2019, n. 14), che prevedono un differimento degli obblighi previsti dagli artt. 2446, commi 2 e 3, 2447, 2482-bis, commi 4, 5 e 6 e 2482-ter del codice civile, e la non operatività della causa di scioglimento della società per riduzione o perdita del capitale sociale di cui agli articoli 2484, comma 1, n. 4), e 2545-duodecies del codice civile, rispettivamente, durante il procedimento di composizione assistita della crisi, di cui all'art. 19 del decreto, fino alla sua conclusione; dalla data del deposito della domanda per l'omologazione degli accordi di ristrutturazione, disciplinati dagli artt. 57, 60 e 61 ovvero della richiesta di misure cautelari e protettive, ai sensi dell'art. 54, relative ad una proposta di accordo di ristrutturazione e sino all'omologazione; dalla data del deposito della domanda di concordato preventivo e sino all'omologazione.

■ art. 189-192, Codice del commercio del 1882.

2485. Obblighi degli amministratori.

Gli amministratori devono senza indugio accertare il verificarsi di una causa di scioglimento e procedere agli adempimenti previsti dal terzo comma dell'articolo 2484. Essi, in caso di ritardo od omissione, sono personalmente e solidalmente responsabili per i danni subiti dalla società, dai soci, dai creditori sociali e dai terzi.

Quando gli amministratori omettono gli adempimenti di cui al precedente comma, il tribunale, su istanza di singoli soci o amministratori ovvero dei sindaci, accerta il verificarsi della causa di scioglimento, con decreto che deve essere iscritto a norma del terzo comma dell'articolo 2484[1,2].

[1] Relativamente alle disposizioni di cui al presente comma trovano applicazione le norme di cui alla Sezione II (Del procedimento in confronto di più parti) del Capo II (Del procedimento) del Titolo IV (Del procedimento in camera di consiglio), D.Lgs. 17 gennaio 2003, n. 5 (Definizione dei procedimenti in materia di diritto societario e di intermediazione finanziaria, nonché in materia bancaria e creditizia, in attuazione dell'articolo 12 della legge 3 ottobre 2001, n. 366) (art. 33, D.Lgs. 5/2003, cit.), poi abrogato dall'art. 54, L. 18 giugno 2009, n. 69 (le disposizioni ivi contenute continuano ad applicarsi alle controversie pendenti alla data di entrata in vigore della L. 69/2009 cit.).

[2] Articolo così sostituito dall'art. 4, D.Lgs. 17 gennaio 2003, n. 6, a decorrere dal 1° gennaio 2004. Il testo previgente disponeva: *Gli amministratori, quando si è verificato un fatto che determina lo scioglimento della società, non possono intraprendere nuove operazioni. Contravvenendo a questo divieto, essi assumono responsabilità illimitata e solidale per gli affari intrapresi.*

Essi devono, nel termine di trenta giorni, convocare l'assemblea per le deliberazioni relative alla liquidazione.

CODICE CIVILE

Gli amministratori sono responsabili della conservazione dei beni sociali fino a quando non ne hanno fatto consegna ai liquidatori.

Nel caso previsto dal numero 5 dell'articolo 2448, la deliberazione dell'assemblea che decide lo scioglimento della società deve essere depositata ed iscritta nel registro delle imprese a norma dell'articolo 2411, primo, secondo e terzo comma.

Nei casi previsti dai numeri 1, 2, 4 e 6 dell'articolo 2448 deve essere depositata ed iscritta nel registro delle imprese la deliberazione del consiglio di amministrazione che accerta il verificarsi di una causa di scioglimento.

Nel caso previsto dal numero 3 dell'articolo 2448 deve essere iscritto e pubblicato a norma del comma precedente il decreto del presidente del tribunale che, su istanza dei soci, degli amministratori o dei sindaci accerti l'impossibilità di funzionamento o la continuata inattività dell'assemblea.

Nel caso previsto dall'articolo 2448, secondo comma, il provvedimento dell'autorità governativa e la sentenza dichiarativa di fallimento devono, a cura degli amministratori, entro trenta giorni dalla comunicazione del provvedimento o dalla pubblicazione della sentenza, essere depositati in copia autentica per l'iscrizione presso l'ufficio del registro delle imprese.

Il testo originario disponeva: *Ogni socio ha diritto ad almeno un voto nell'assemblea. Se la quota è multipla di un euro, il socio ha diritto a un voto per ogni euro.*

● Norme connesse:
- art. 7, D.P.R. 7 dicembre 1995, n. 581.

2486. Poteri degli amministratori.

Al verificarsi di una causa di scioglimento e fino al momento della consegna di cui all'articolo 2487-*bis*, gli amministratori conservano il potere di gestire la società, ai soli fini della conservazione dell'integrità e del valore del patrimonio sociale.

Gli amministratori sono personalmente e solidalmente responsabili dei danni arrecati alla società, ai soci, ai creditori sociali ed ai terzi, per atti od omissioni compiuti in violazione del precedente comma.

Quando è accertata la responsabilità degli amministratori a norma del presente articolo, e salva la prova di un diverso ammontare, il danno risarcibile si presume pari alla differenza tra il patrimonio netto alla data in cui l'amministratore è cessato dalla carica o, in caso di apertura di una procedura concorsuale, alla data di apertura di tale procedura e il patrimonio netto determinato alla data in cui si è verificata una causa di scioglimento di cui all'articolo 2484, detratti i costi sostenuti e da sostenere, secondo un criterio di normalità, dopo il verificarsi della causa di scioglimento e fino al compimento della liquidazione. Se è stata aperta una procedura concorsuale e mancano le scritture contabili o se a causa dell'irregolarità delle stesse o per altre ragioni i netti patrimoniali non possono essere determinati, il danno è liquidato in misura pari alla differenza tra attivo e passivo accertati nella procedura[1 2].

[1] Comma aggiunto dall'art. 378, D.Lgs. 12 gennaio 2019, n. 14, a decorrere dal trentesimo giorno successivo alla pubblicazione in G.U. del decreto (avvenuta il 14 febbraio 2019).

[2] Articolo così sostituito dall'art. 4, D.Lgs. 17 gennaio 2003, n. 6, a decorrere dal 1° gennaio 2004. Il comma 1 dell'art. 2449, nel testo previgente, disponeva: *Gli amministratori, quando si è verificato un fatto che determina lo scioglimento della società, non possono intraprendere nuove operazioni. Contravvenendo a questo divieto, essi assumono responsabilità illimitata e solidale per gli affari intrapresi.*

Il testo originario disponeva: *Salvo diversa disposizione dell'atto costitutivo, l'assemblea ordinaria delibera col voto favorevole di tanti soci che rappresentino la maggioranza del capitale sociale, e l'assemblea straordinaria delibera con voto favorevole di tanti soci che rappresentino almeno due terzi del capitale sociale.*

Alle assemblee dei soci si applicano le disposizioni degli articoli 2363, 2364, 2365, 2367, 2371, 2372, 2373, 2374, 2375, 2377, 2378 e 2379.

Alla società a responsabilità limitata non è consentita l'emissione di obbligazioni.

● Norme connesse:
- art. 182-sexies, R.D. 16 marzo 1942, n. 267.

■ art. 192, Codice del commercio del 1882.

2487. Nomina e revoca dei liquidatori; criteri di svolgimento della liquidazione.

Salvo che nei casi previsti dai numeri *2), 4)* e *6)* del primo comma dell'articolo 2484 non abbia già provveduto l'assemblea e salvo che l'atto costitutivo o lo statuto non dispongano in materia, gli amministratori, contestualmente all'accertamento della causa di scioglimento, debbono convocare l'assemblea dei soci perché deliberi, con le maggioranze previste per le modificazioni dell'atto costitutivo o dello statuto, su:

a) il numero dei liquidatori e le regole di funzionamento del collegio in caso di pluralità di liquidatori;

b) la nomina dei liquidatori, con indicazione di quelli cui spetta la rappresentanza della società;

c) i criteri in base ai quali deve svolgersi la liquidazione; i poteri dei liquidatori, con particolare riguardo alla cessione dell'azienda sociale, di rami di essa, ovvero anche di singoli beni o diritti, o blocchi di essi; gli atti necessari per la conservazione del valore dell'impresa, ivi compreso il suo esercizio provvisorio, anche di singoli rami, in funzione del migliore realizzo.

Se gli amministratori omettono la convocazione di cui al comma precedente, il tribunale vi provvede su istanza di singoli soci o amministratori, ovvero dei sindaci, e, nel caso in cui l'assemblea non si costituisca o non deliberi, adotta con decreto le decisioni ivi previste[1].

L'assemblea può sempre modificare, con le maggioranze richieste per le modificazioni dell'atto costitutivo o dello statuto, le deliberazioni di cui al primo comma.

I liquidatori possono essere revocati dall'assemblea o, quando sussiste una giusta causa, dal tribunale su istanza di soci, dei sindaci o del pubblico ministero[1 2].

[1] Relativamente alle disposizioni di cui al presente comma trovano applicazione le norme di cui alla Sezione II (Del procedimento in confronto di più parti) del Capo II (Del procedimento) del Titolo IV (Del procedimento in camera di consiglio), D.Lgs. 17 gennaio 2003, n. 5 (Definizione dei procedimenti in materia di diritto societario e di intermediazione finanziaria, nonché in materia bancaria e creditizia, in attuazione dell'articolo 12 della legge 3 ottobre 2001, n. 366) (art. 33, D.Lgs. 5/2003, cit.), poi abrogato dall'art. 54, L. 18 giugno 2009, n. 69 (le disposizioni ivi contenute continuano ad applicarsi alle controversie pendenti alla data di entrata in vigore della L. 69/2009 cit.).

[2] Articolo (già 2450) così sostituito dall'art. 4, D.Lgs. 17 gennaio 2003, n. 6, a decorrere dal 1° gennaio 2004. L'originario art. 2487 corrisponde all'attuale art. 2475. L'art. 2450 nel testo previgente disponeva: *La nomina dei liquidatori spetta all'assemblea, salvo diversa disposizione dell'atto costitutivo.*

L'assemblea delibera con le maggioranze prescritte per l'assemblea straordinaria.

Nel caso previsto dal numero 3 dell'articolo 2448, o quando la maggioranza prescritta non è raggiunta, la nomina dei liquidatori è fatta con decreto dal presidente del tribunale su istanza dei soci, degli amministratori o dei sindaci.

I liquidatori possono essere revocati dall'assemblea con le maggioranze prescritte per l'assemblea straordinaria o, quando sussiste una giusta causa, dal tribunale su istanza dei soci, dei sindaci o del pubblico ministero.

Le disposizioni del primo, secondo e terzo comma si applicano anche alla sostituzione dei liquidatori.

Il comma 2 dell'art. 2454, nel testo previgente, disponeva: *Indipendentemente dalla decorrenza del termine, la quietanza, rilasciata senza riserve all'atto del pagamento dell'ultima quota di riparto, importa approvazione del bilancio.*

Il testo originario disponeva: *Salvo diversa disposizione dell'atto costitutivo l'amministrazione della società deve essere affidata a uno o più soci.*

Si applicano all'amministrazione della società gli articoli 2381, 2382, 2383, primo, terzo, quarto, sesto e settimo comma, 2384, 2384-bis, 2385, 2386, 2388, 2389, 2390, 2391, 2392, 2393, 2394, 2395, 2396 e 2434.

● Norme connesse:
- art. 96-quinquies, D.Lgs. 1 settembre 1993, n. 385; artt. 35-octies, comma 3, 125-bis, D.Lgs. 24 febbraio 1998, n. 58.

■ art. 210, Codice del commercio del 1882.

2487-*bis*. Pubblicità della nomina dei liquidatori ed effetti.

La nomina dei liquidatori e la determinazione dei loro poteri, comunque avvenuta, nonché le loro modificazioni, devono essere iscritte, a loro cura, nel registro delle imprese.

Alla denominazione sociale deve essere aggiunta l'indicazione trattarsi di società in liquidazione.

Avvenuta l'iscrizione di cui al primo comma gli amministratori cessano dalla carica e consegnano ai liquidatori i libri sociali, una situazione dei conti alla data di effetto dello scioglimento ed un rendiconto sulla loro gestione relativo al periodo successivo all'ultimo bilancio approvato. Di tale consegna viene redatto apposito verbale[1].

[1] Articolo (già 2450-*bis*) aggiunto dall'art. 4, D.Lgs. 17 gennaio 2003, n. 6, a decorrere dal 1° gennaio 2004. L'art. 2450-bis disponeva: *La deliberazione dell'assemblea, la sentenza e il decreto del presidente del tribunale che nomina i liquidatori e ogni atto successivo che importi cambiamento nelle persone dei liquidatori devono essere, entro trenta giorni dalla notizia della nomina, depositati in copia autentica a cura dei liquidatori medesimi per l'iscrizione presso l'ufficio del registro delle imprese.*

[...].

[...].

● Norme connesse:
- art. 7, D.P.R. 7 dicembre 1995, n. 581.

■ artt. 198, 200, 212, Codice del commercio del 1882.

2487-*ter*. Revoca dello stato di liquidazione.

La società può in ogni momento revocare lo stato di liquidazione, occorrendo previa eliminazione della causa di scioglimento, con deliberazione dell'assemblea presa con le maggioranze richieste per le modificazioni dell'atto costitutivo o dello statuto [2437, comma 1 lett. d), 2473, comma 1]. Si applica l'articolo 2436.

La revoca ha effetto solo dopo sessanta giorni dall'iscrizione nel registro delle imprese della relativa deliberazione, salvo che consti il consenso dei creditori della società o il pagamento dei creditori che non hanno dato il consenso. Qualora nel termine suddetto i creditori anteriori all'iscrizione abbiano fatto opposizione, si applica l'ultimo comma dell'articolo 2445[1 2].

[1] Relativamente alle disposizioni di cui al presente comma trovano applicazione le norme di cui alla Sezione II (Del procedimento in confronto di più parti) del Capo II (Del procedimento) del Titolo IV (Del procedimento in camera di consiglio), D.Lgs. 17 gennaio 2003, n. 5 (Definizione dei procedimenti in materia di diritto societario e di intermediazione finanziaria, nonché in materia bancaria e creditizia, in attuazione dell'articolo 12 della legge 3 ottobre 2001, n. 366) (art. 33, D.Lgs. 5/2003, cit.), poi abrogato dall'art. 54, L. 18 giugno 2009, n. 69 (le disposizioni ivi contenute continuano ad applicarsi alle controversie pendenti alla data di entrata in vigore della L. 69/2009 cit.).

[2] Articolo aggiunto dall'art. 4, D.Lgs. 17 gennaio 2003, n. 6, a decorrere dal 1° gennaio 2004.

● Norme connesse:
- art. 7, D.P.R. 7 dicembre 1995, n. 581.

2488. Organi sociali.

Le disposizioni sulle decisioni dei soci, sulle assemblee e sugli organi amministrativi e di controllo si applicano, in quanto compatibili, anche durante la liquidazione[1].

[1] Articolo (già 2451) così sostituito dall'art. 4, D.Lgs. 17 gennaio 2003, n. 6, a decorrere dal 1° gennaio 2004. L'art.

CODICE CIVILE

2451 disponeva: *Le disposizioni sulle assemblee e sul collegio sindacale si applicano anche durante la liquidazione, in quanto compatibili con questa.*

Il testo originario disponeva: *La nomina del collegio sindacale è obbligatoria se il capitale sociale non è inferiore a duecento milioni di lire o se è stabilita nell'atto costitutivo.*

È altresì obbligatoria se per due esercizi consecutivi siano stati superati due dei limiti indicati nel primo comma dell'articolo 2435-bis. L'obbligo cessa se, per due esercizi consecutivi, due dei predetti limiti non vengono superati.

Al collegio sindacale si applicano le disposizioni degli articoli 2397 e seguenti.

Anche quando manca il collegio sindacale, si applica l'articolo 2409.

2489. Poteri, obblighi e responsabilità dei liquidatori.

Salvo diversa disposizione statutaria, ovvero adottata in sede di nomina, i liquidatori hanno il potere di compiere tutti gli atti utili per la liquidazione della società.

I liquidatori debbono adempiere i loro doveri con la professionalità e diligenza richieste dalla natura dell'incarico e la loro responsabilità per i danni derivanti dall'inosservanza di tali doveri è disciplinata secondo le norme in tema di responsabilità degli amministratori[1].

[1] Articolo (già 2452) così sostituito dall'art. 4, D.Lgs. 17 gennaio 2003, n. 6, a decorrere dal 1° gennaio 2004. L'art. 2452 disponeva: *Oltre che agli obblighi di cui all'articolo 2450-*bis *i liquidatori sono soggetti alle disposizioni degli articoli 2276, 2277, 2279, 2280, primo comma, e 2310.*

I poteri dei liquidatori sono regolati dal primo comma dell'articolo 2278, salvo che l'assemblea con le maggioranze stabilite per l'assemblea straordinaria non abbia disposto diversamente.

Se i fondi disponibili risultano insufficienti per il pagamento dei debiti sociali, i liquidatori possono chiedere proporzionalmente ai soci i versamenti ancora dovuti sulle rispettive azioni.

Le disposizioni dell'articolo 2450-bis, primo comma, relative alla pubblicità della nomina dei liquidatori si applicano anche alla deliberazione dell'assemblea straordinaria prevista dal secondo comma.

Il testo originario disponeva: *Nelle società in cui non esiste il collegio sindacale, ciascun socio ha diritto di avere dagli amministratori notizia dello svolgimento degli affari sociali e di consultare i libri sociali. I soci che rappresentano almeno un terzo del capitale hanno inoltre il diritto di far eseguire annualmente a proprie spese la revisione della gestione.*

È nullo ogni patto contrario.

■ artt. 203, 205, Codice del commercio del 1882.

2490. Bilanci in fase di liquidazione.

I liquidatori devono redigere il bilancio e presentarlo, alle scadenze previste per il bilancio di esercizio della società, per l'approvazione all'assemblea o, nel caso previsto dal terzo comma dell'articolo 2479, ai soci. Si applicano, in quanto compatibili con la natura, le finalità e lo stato della liquidazione, le disposizioni degli articoli 2423 e seguenti.

Nella relazione i liquidatori devono illustrare l'andamento, le prospettive, anche temporali, della liquidazione, ed i principi e criteri adottati per realizzarla.

Nella nota integrativa i liquidatori debbono indicare e motivare i criteri di valutazione adottati.

Nel primo bilancio successivo alla loro nomina i liquidatori devono indicare le variazioni nei criteri di valutazione adottati rispetto all'ultimo bilancio approvato, e le ragioni e conseguenze di tali variazioni. Al medesimo bilancio deve essere allegata la documentazione consegnata dagli amministratori a norma del terzo comma dell'articolo 2487-*bis*, con le eventuali osservazioni dei liquidatori.

Quando sia prevista una continuazione, anche parziale, dell'attività di impresa, le relative poste di bilancio devono avere una indicazione separata; la relazione deve indicare le ragioni e le prospettive della continuazione; la nota integrativa deve indicare e motivare i criteri di valutazione adottati.

Qualora per oltre tre anni consecutivi non venga depositato il bilancio di cui al presente articolo, la società è cancellata d'ufficio dal registro delle imprese con gli effetti previsti dall'articolo 2495[1].

[1] Articolo così sostituito dall'art. 4, D.Lgs. 17 gennaio 2003, n. 6, a decorrere dal 1° gennaio 2004. L'originario art. 2490 corrisponde all'attuale art. 2478. Il testo previgente disponeva: *Oltre i libri e le altre scritture contabili prescritti nell'articolo 2214, la società deve tenere:*

1) il libro dei soci, nel quale devono essere indicati il nome dei soci e i versamenti fatti sulle quote, nonché le variazioni nelle persone dei soci;

2) il libro delle adunanze e delle deliberazioni dell'assemblea, in cui devono essere trascritti anche i verbali redatti per atto pubblico;

3) il libro delle adunanze e delle deliberazioni del consiglio di amministrazione;

4) il libro delle adunanze e delle deliberazioni del collegio sindacale, se questo esiste.

I primi tre libri devono essere tenuti a cura degli amministratori e il quarto a cura dei sindaci.

Ai soci spetta il diritto di esaminare i libri indicati nei numeri 1 e 2, e di ottenerne estratti a proprie spese.

Seguiva l'art. 2490-bis *Contratti con il socio unico*, implicitamente soppresso dal D.Lgs. 17 gennaio 2003, n. 6.

■ art. 214, Codice del commercio del 1882.

2491. Poteri e doveri particolari dei liquidatori.

Se i fondi disponibili risultano insufficienti per il pagamento dei debiti sociali, i liquidatori possono chiedere proporzionalmente ai soci i versamenti ancora dovuti.

I liquidatori non possono ripartire tra i soci acconti sul risultato della liquidazione, salvo che dai bilanci risulti che la ripartizione non incide sulla disponibilità di somme idonee alla integrale e tempestiva soddisfazione dei creditori sociali; i liquidatori possono condizionare la ripartizione alla prestazione da parte del socio di idonee garanzie.

I liquidatori sono personalmente e solidalmente responsabili per i danni cagionati ai creditori sociali con la violazione delle disposizioni del comma precedente[1].

[1] Articolo così sostituito dall'art. 4, D.Lgs. 17 gennaio 2003, n. 6, a decorrere dal 1° gennaio 2004. Il comma 3 dell'art. 2452, disponeva: *Se i fondi disponibili risultano insufficienti per il pagamento dei debiti sociali, i liquidatori possono chiedere proporzionalmente ai soci i versamenti ancora dovuti sulle rispettive azioni.*

Il testo originario disponeva: *Il bilancio deve essere redatto con l'osservanza degli articoli da 2423 a 2431, salvo quanto disposto dall'articolo 2435-bis.*

Gli amministratori devono depositare nella sede sociale copia del bilancio, con la relazione sulla gestione, almeno quindici giorni prima dell'assemblea.

Se esiste il collegio sindacale, si applica l'articolo 2429.

■ artt. 201, 202, Codice del commercio del 1882.

2492. Bilancio finale di liquidazione.

Compiuta la liquidazione, i liquidatori devono redigere il bilancio finale, indicando la parte spettante a ciascun socio o azione nella divisione dell'attivo.

Il bilancio, sottoscritto dai liquidatori e accompagnato dalla relazione dei sindaci e del soggetto incaricato di effettuare la revisione legale dei conti, è depositato presso l'ufficio del registro delle imprese[1].

Nei novanta giorni successivi all'iscrizione dell'avvenuto deposito, ogni socio può proporre reclamo davanti al tribunale in contraddittorio dei liquidatori.

Entro i cinque giorni successivi alla presentazione del reclamo, il cancelliere comunica la notizia in via telematica, ai fini dell'annotazione, al competente ufficio del registro delle imprese[2].

I reclami devono essere riuniti e decisi in unico giudizio, nel quale tutti i soci possono intervenire. La trattazione della causa ha inizio quando sia decorso il termine suddetto. La sentenza fa stato anche riguardo ai non intervenuti. **Un estratto della sentenza definitiva che decide sul reclamo è trasmesso, entro cinque giorni, dal cancelliere al competente ufficio del registro delle imprese per la relativa annotazione**[3] [4].

[1] Comma così modificato dall'art. 37, D.Lgs. 27 gennaio 2010, n. 39. Il testo previgente disponeva: *Il bilancio, sottoscritto dai liquidatori e accompagnato dalla relazione dei sindaci e del soggetto incaricato della revisione contabile, è depositato presso l'ufficio del registro delle imprese.*

[2] Comma aggiunto dall'art. 40, D.L. 16 luglio 2020, n. 76, convertito in L. 11 settembre 2020, n. 120, a decorrere dal 15 settembre 2020.

[3] Comma così modificato dall'art. 40, D.L. 16 luglio 2020, n. 76, convertito in L. 11 settembre 2020, n. 120, a decorrere dal 15 settembre 2020. Il testo previgente disponeva: *I reclami devono essere riuniti e decisi in unico giudizio, nel quale tutti i soci possono intervenire. La trattazione della causa ha inizio quando sia decorso il termine suddetto. La sentenza fa stato anche riguardo ai non intervenuti.*

[4] Articolo (già 2453) così sostituito dall'art. 4, D.Lgs. 17 gennaio 2003, n. 6, a decorrere dal 1° gennaio 2004. L'art. 2453, disponeva: *Compiuta la liquidazione, i liquidatori devono redigere il bilancio finale, indicando la parte spettante a ciascuna azione nella divisione dell'attivo.*

Il bilancio, sottoscritto dai liquidatori e accompagnato dalla relazione dei sindaci, è depositato presso l'ufficio del registro delle imprese.

Nei tre mesi successivi all'iscrizione dell'avvenuto deposito, ogni socio può proporre reclamo davanti al tribunale in contraddittorio dei liquidatori.

I reclami devono essere riuniti e decisi in unico giudizio, nel quale tutti i soci possono intervenire. La trattazione della causa ha inizio quando sia decorso il termine suddetto. La sentenza fa stato anche riguardo ai non intervenuti.

Il testo originario disponeva: Salvo diversa disposizione dell'atto costitutivo, la ripartizione degli utili ai soci è fatta in proporzione delle rispettive quote di conferimento.

Si applicano inoltre le disposizioni dell'articolo 2433.

● Norme connesse:

- art. 7, D.P.R. 7 dicembre 1995, n. 581.

■ art. 215, Codice del commercio del 1882.

2493. Approvazione tacita del bilancio.

Decorso il termine di novanta giorni senza che siano stati proposti reclami, il bilancio finale di liquidazione s'intende approvato, e i liquidatori, salvi i loro obblighi relativi alla distribuzione dell'attivo risultante dal bilancio, sono liberati di fronte ai soci.

Indipendentemente dalla decorrenza del termine, la quietanza, rilasciata senza riserve all'atto del pagamento dell'ultima quota di riparto, importa approvazione del bilancio[1].

[1] Articolo (già 2454) così sostituito dall'art. 4, D.Lgs. 17 gennaio 2003, n. 6, a decorrere dal 1° gennaio 2004. L'art. 2454, disponeva: *Decorso il termine di tre mesi senza che siano stati proposti reclami, il bilancio s'intende approvato, e i liquidatori, salvi i loro obblighi relativi alla distribuzione dell'attivo risultante dal bilancio, sono liberati di fronte ai soci.*

Indipendentemente dalla decorrenza del termine, la quietanza, rilasciata senza riserve all'atto del pagamento dell'ultima quota di riparto, importa approvazione del bilancio.

Il testo originario disponeva: *Il bilancio approvato dall'assemblea e l'elenco dei soci e degli altri titolari di diritti su quote sociali devono essere depositati presso l'ufficio del registro delle imprese a norma dell'articolo 2435.*

Seguiva la Sezione IV *Delle modificazioni dell'atto costitutivo e dello scioglimento*, del Capo VII, composta dagli articoli da 2494 a 2497-*bis*, corrispondente all'attuale Sezione V del Capo VII, composta dagli artt. da 2480 a 2483.

■ art. 216, Codice del commercio del 1882.

2494. Deposito delle somme non riscosse.

Le somme spettanti ai soci, non riscosse entro novanta giorni dall'iscrizione dell'avvenuto deposito del bilancio a norma dell'articolo 2492, devono essere depositate presso una banca con l'indicazione del cognome e del nome del socio o dei numeri delle azioni, se queste sono al portatore[1].

[1] Articolo (già 2455) così sostituito dall'art. 4, D.Lgs. 17 gennaio 2003, n. 6, a decorrere dal 1° gennaio 2004. L'originario art. 2494 corrisponde all'attuale art. 2480. L'art. 2455, disponeva: *Le somme spettanti ai soci, non riscosse entro tre mesi dall'iscrizione dell'avvenuto deposito del bilancio a norma dell'articolo 2453, devono essere depositate presso un istituto di credito con l'indicazione del cognome e del nome del socio o dei numeri delle azioni, se queste sono al portatore.*

Il testo originario disponeva: *Alle modificazioni dell'atto costitutivo si applicano le disposizioni degli articoli 2436 e 2437.*

■ art. 217, Codice del commercio del 1882.

2495. Cancellazione della società.

Approvato il bilancio finale di liquidazione, i liquidatori devono chiedere la cancellazione della società dal registro delle imprese**, salvo quanto disposto dal secondo comma**[1].

Decorsi cinque giorni dalla scadenza del termine previsto dal terzo comma dell'articolo 2492, il conservatore del registro delle imprese iscrive la cancellazione della società qualora non riceva notizia della presentazione di reclami da parte del cancelliere[2].

Ferma restando l'estinzione della società, dopo la cancellazione i creditori sociali non soddisfatti possono far valere i loro crediti nei confronti dei soci, fino alla concorrenza delle somme da questi riscosse in base al bilancio finale di liquidazione, e nei confronti dei liquidatori, se il mancato pagamento è dipeso da colpa di questi. La domanda, se proposta entro un anno dalla cancellazione, può essere notificata presso l'ultima sede della società[3].

[1] Comma così modificato dall'art. 40, D.L. 16 luglio 2020, n. 76, convertito in L. 11 settembre 2020, n. 120, a decorrere dal 15 settembre 2020. Il testo previgente disponeva: *Approvato il bilancio finale di liquidazione, i liquidatori devono chiedere la cancellazione della società dal registro delle imprese.*

[2] Comma aggiunto dall'art. 40, D.L. 16 luglio 2020, n. 76, convertito in L. 11 settembre 2020, n. 120, a decorrere dal 15 settembre 2020.

[3] Articolo (già 2456) così sostituito dall'art. 4, D.Lgs. 17 gennaio 2003, n. 6, a decorrere dal 1° gennaio 2004. L'originario art. 2495 corrisponde all'attuale art. 2481. L'art. 2456, disponeva: *Approvato il bilancio finale di liquidazione, i liquidatori devono chiedere la cancellazione della società dal registro delle imprese.*

Dopo la cancellazione della società i creditori sociali non soddisfatti possono far valere i loro crediti nei confronti dei soci, fino alla concorrenza delle somme da questi riscosse in base al bilancio finale di liquidazione, e nei confronti dei liquidatori, se il mancato pagamento è dipeso da colpa di questi.

Il testo originario disponeva: *In caso di aumento del capitale si applicano in ordine alle quote le disposizioni degli articoli 2438, 2439, 2440, 2441, primo comma, e 2474, ultimo comma.*

● Norme connesse:
- art. 10, commi 1, 2, R.D. 16 marzo 1942, n. 267; art. 7, D.P.R. 7 dicembre 1995, n. 581.

■ art. 206, Codice del commercio del 1882.

2496. Deposito dei libri sociali.

Compiuta la liquidazione, la distribuzione dell'attivo o il deposito indicato nell'articolo 2494, i libri della società devono essere depositati e conservati per dieci anni presso l'ufficio del registro delle imprese; chiunque può esaminarli, anticipando le spese[1].

[1] Articolo (già 2457) così sostituito dall'art. 4, D.Lgs. 17 gennaio 2003, n. 6, a decorrere dal 1° gennaio 2004. L'originario art. 2496 corrisponde all'attuale art. 2482. L'art. 2457 disponeva: *Compiuta la liquidazione, la distribuzione dell'attivo o il deposito indicato nell'articolo 2455, i libri della società devono essere depositati e conservati per dieci anni presso l'ufficio del registro delle imprese. Chiunque può esaminarli, anticipando le spese.*

Il testo originario disponeva: *La riduzione del capitale ha luogo nei casi e nei modi prescritti per le società per azioni.*

Il limite minimo del capitale, agli effetti degli articoli 2445 e 2447, è quello indicato nell'articolo 2474.

In caso di riduzione del capitale per perdite, i soci conservano i diritti sociali secondo il valore originario delle rispettive quote.

● Norme connesse:
- art. 213, comma 4, R.D. 16 marzo 1942, n. 267.

■ art. 218, Codice del commercio del 1882.

CAPO IX

DIREZIONE E COORDINAMENTO DI SOCIETÀ[1]

[1] Capo così sostituito dall'art. 5, D.Lgs. 17 gennaio 2003, n. 6, a decorrere dal 1° gennaio 2004.

2497. Responsabilità.

Le società o gli enti che, esercitando attività di direzione e coordinamento di società, agiscono nell'interesse imprenditoriale proprio o altrui in violazione dei principi di corretta gestione societaria e imprenditoriale delle società medesime, sono direttamente responsabili nei confronti dei soci di queste per il pregiudizio arrecato alla redditività ed al valore della partecipazione sociale, nonché nei confronti dei creditori sociali per la lesione cagionata all'integrità del patrimonio della società. Non vi è responsabilità quando il danno risulta mancante alla luce del risultato complessivo dell'attività di direzione e coordinamento ovvero integralmente eliminato anche a seguito di operazioni a ciò dirette.

Risponde in solido chi abbia comunque preso parte al fatto lesivo e, nei limiti del vantaggio conseguito, chi ne abbia consapevolmente tratto beneficio.

Il socio ed il creditore sociale possono agire contro la società o l'ente che esercita l'attività di direzione e coordinamento, solo se non sono stati soddisfatti dalla società soggetta alla attività di direzione e coordinamento.

Nel caso di fallimento, liquidazione coatta amministrativa e amministrazione straordinaria di società soggetta ad altrui direzione e coordinamento, l'azione spettante ai creditori di questa è esercitata dal curatore o dal commissario liquidatore o dal commissario straordinario[1] [2].

[1] Articolo così sostituito dall'art. 5, D.Lgs. 17 gennaio 2003, n. 6, a decorrere dal 1° gennaio 2004. Il testo previgente disponeva: *Allo scioglimento e alla liquidazione della società si applicano le disposizioni degli articoli 2448 a 2457. La maggioranza necessaria per la nomina e la revoca dei liquidatori è quella richiesta dall'articolo 2486 per l'assemblea straordinaria.*

In caso di insolvenza della società, per le obbligazioni sociali sorte nel periodo in cui le quote sono appartenute ad un solo socio, questi risponde illimitatamente: a) quando sia una persona giuridica ovvero sia socio unico di altra società di capitali; b) quando i conferimenti non siano stati effettuati secondo quando previsto dall'articolo 2476, secondo e terzo comma; c) fino a quando non sia stata attuata la pubblicità prescritta dall'articolo 2475-bis.

[2] Per un'interpretazione autentica del presente articolo, v. art. 19, D.L. 1 luglio 2009, n. 78, convertito in L. 3 agosto 2009, n. 102.

2497-*bis*. Pubblicità.

La società deve indicare la società o l'ente alla cui attività di direzione e coordinamento è soggetta negli atti e nella corrispondenza, nonché mediante iscrizione, a cura degli amministratori, presso la sezione del registro delle imprese di cui al comma successivo[1].

È istituita presso il registro delle imprese apposita sezione nella quale sono indicate le società o gli enti che esercitano attività di direzione e coordinamento e quelle che vi sono soggette[1].

Gli amministratori che omettono l'indicazione di cui al comma primo ovvero l'iscrizione di cui al comma secondo, o le mantengono quando la soggezione è cessata, sono responsabili dei danni che la mancata conoscenza ditali fatti abbia recato ai soci o ai terzi.

La società deve esporre, in apposita sezione della nota integrativa, un prospetto riepilogativo dei dati essenziali dell'ultimo bilancio della società o dell'ente che esercita su di essa l'attività di direzione e coordinamento.

Parimenti, gli amministratori devono indicare nella relazione sulla gestione i rapporti intercorsi con chi esercita l'attività di direzione e coordinamento e con le altre società che vi sono soggette, nonché l'effetto che tale attività ha avuto sull'esercizio dell'impresa sociale e sui suoi risultati[2].

[1] Comma così modificato dall'art. 5, D.Lgs. 6 febbraio 2004, n. 37. Il comma 1 previgente disponeva: *La società deve indicare la propria soggezione all'altrui attività di direzione e coordinamento negli atti e nella corrispondenza, nonché mediante iscrizione, a cura degli amministratori, presso la sezione del registro delle imprese di cui al comma successivo.* Il comma 2 previgente disponeva: *È istituita presso il registro delle imprese apposita sezione nella quale sono indicati i soggetti che esercitano attività di direzione e coordinamento e quelle che vi sono soggette.*

[2] Articolo aggiunto dall'art. 5, D.Lgs. 17 gennaio 2003, n. 6, a decorrere dal 1° gennaio 2004.

● Norme connesse:

- art. 7, D.P.R. 7 dicembre 1995, n. 581; art. 150, comma 1, D.Lgs. 24 febbraio 1998, n. 58.

2497-*ter*. Motivazione delle decisioni.

Le decisioni delle società soggette ad attività di direzione e coordinamento, quando da questa influenzate, debbono essere analiticamente motivate e recare puntuale indicazione delle ragioni e degli interessi la cui valutazione ha inciso sulla decisione. Di esse viene dato adeguato conto nella relazione di cui all'articolo 2428[1].

[1] Articolo aggiunto dall'art. 5, D.Lgs. 17 gennaio 2003, n. 6, a decorrere dal 1° gennaio 2004.

2497-*quater*. Diritto di recesso.

Il socio di società soggetta ad attività di direzione e coordinamento può recedere:

a) quando la società o l'ente che esercita attività di direzione e coordinamento ha deliberato una trasformazione che implica il mutamento del suo scopo sociale, ovvero ha deliberato una modifica del suo oggetto sociale consentendo l'esercizio di attività che alterino in modo sensibile e diretto le condizioni economiche e patrimoniali della società soggetta ad attività di direzione e coordinamento;

b) quando a favore del socio sia stata pronunciata, con decisione esecutiva, condanna di chi esercita attività di direzione e coordinamento ai sensi dell'articolo 2497; in tal caso il diritto di recesso può essere esercitato soltanto per l'intera partecipazione del socio;

c) all'inizio ed alla cessazione dell'attività di direzione e coordinamento, quando non si tratta di una società con azioni quotate in mercati regolamentati e ne deriva un'alterazione delle condizioni di rischio dell'investimento e non venga promossa un'offerta pubblica di acquisto.

Si applicano, a seconda dei casi ed in quanto compatibili, le disposizioni previste per il diritto di recesso del socio nella società per azioni o in quella a responsabilità limitata[1].

[1] Articolo aggiunto dall'art. 5, D.Lgs. 17 gennaio 2003, n. 6, a decorrere dal 1° gennaio 2004.

2497-*quinquies*. Finanziamenti nell'attività di direzione e coordinamento.
Ai finanziamenti effettuati a favore della società da chi esercita attività di direzione e coordinamento nei suoi confronti o da altri soggetti ad essa sottoposti si applica l'articolo 2467[1].

[1] Articolo aggiunto dall'art. 5, D.Lgs. 17 gennaio 2003, n. 6, a decorrere dal 1° gennaio 2004.

● Norme connesse:
- art. 182-quater, comma 3, R.D. 16 marzo 1942, n. 267.
- art. 102, comma 1, del Codice della crisi di impresa e dell'insolvenza, attuativo della Legge delega 19 ottobre 2017, n. 155 (D.Lgs. 12 gennaio 2019, n. 14) che sancisce in deroga agli artt. cit., in presenza di determinate condizioni, la prededucibilità dei finanziamenti dei soci nella procedura di concordato preventivo.

2497-*sexies*. Presunzioni.
Ai fini di quanto previsto nel presente capo, si presume salvo prova contraria che l'attività di direzione e coordinamento di società sia esercitata dalla società o ente tenuto al consolidamento dei loro bilanci o che comunque le controlla ai sensi dell'articolo 2359[1].

[...][2 3].

[1] Comma così modificato dall'art. 5, D.Lgs. 6 febbraio 2004, n. 37. Il testo previgente disponeva: *Ai fini di quanto previsto nel presente capo, si presume salvo prova contraria che l'attività di direzione e coordinamento di società sia esercitata dalle società o enti tenuti al consolidamento dei loro bilanci o che comunque le controllano ai sensi dell'articolo 2359.*

[2] Comma abrogato dall'art. 5, D.Lgs. 6 febbraio 2004, n. 37. Il testo previgente disponeva: *Le disposizioni del presente capo si applicano altresì a chi esercita attività di direzione e coordinamento di società sulla base di un contratto con le società medesime o di clausole dei loro statuti.*

[3] Articolo aggiunto dall'art. 5, D.Lgs. 17 gennaio 2003, n. 6, a decorrere dal 1° gennaio 2004.

2497-*septies*. Coordinamento fra società.
Le disposizioni del presente capo si applicano altresì alla società o all'ente che, fuori dalle ipotesi di cui all'articolo 2497-*sexies*, esercita attività di direzione e coordinamento di società sulla base di un contratto con le società medesime o di clausole dei loro statuti[1].

[1] Articolo aggiunto dall'art. 5, D.Lgs. 6 febbraio 2004, n. 37.

CAPO X
DELLA TRASFORMAZIONE, DELLA FUSIONE E DELLA SCISSIONE[1]

[1] Capo (già Capo VIII) aggiunto dall'art. 6, D.Lgs. 17 gennaio 2003, n. 6, a decorrere dal 1° gennaio 2004.

Sezione I
Della trasformazione[1]

[1] Sezione così sostituita dall'art. 6, D.Lgs. 17 gennaio 2003, n. 6, a decorrere dal 1° gennaio 2004.

● Norme connesse:
- art. 7, D.P.R. 7 dicembre 1995, n. 581.

2498. Continuità dei rapporti giuridici.
Con la trasformazione l'ente trasformato conserva i diritti e gli obblighi e prosegue in tutti i rapporti anche processuali dell'ente che ha effettuato la trasformazione[1].

[1] Articolo così sostituito dall'art. 6, D.Lgs. 17 gennaio 2003, n. 6, a decorrere dal 1° gennaio 2004. Il testo previgente disponeva: *La deliberazione di trasformazione di una società in nome collettivo o in accomandita semplice in società per azioni, in accomandita per azioni o a responsabilità limitata deve risultare da atto pubblico e contenere le indicazioni prescritte dalla legge per l'atto costitutivo del tipo di società adottato.*

Essa deve essere accompagnata da una relazione di stima del patrimonio sociale a norma dell'articolo 2343 e deve essere iscritta nel registro delle imprese con le forme prescritte per l'atto costitutivo del tipo di società adottato.

La società acquista personalità giuridica con l'iscrizione della deliberazione nel registro delle imprese e conserva i diritti e gli obblighi anteriori alla trasformazione.

2499. Limiti alla trasformazione.
Può farsi luogo alla trasformazione anche in pendenza di procedura concorsuale, purché non vi siano incompatibilità con le finalità o lo stato della stessa[1].

[1] Articolo così sostituito dall'art. 6, D.Lgs. 17 gennaio 2003, n. 6, a decorrere dal 1° gennaio 2004. L'originario art. 2499 corrisponde all'attuale art. 2500-*quinquies*. Il testo previgente disponeva: *La trasformazione di una società non libera i soci a responsabilità illimitata dalla responsabilità per le obbligazioni sociali anteriori alla iscrizione della deliberazione di trasformazione nel registro delle imprese, se non risulta che i creditori sociali hanno dato il loro consenso alla trasformazione.*

Il consenso si presume se i creditori, ai quali la deliberazione di trasformazione sia stata comunicata per raccomandata, non hanno negato espressamente la loro adesione nel termine di trenta giorni dalla comunicazione.

● Norme connesse:
- artt. 23, 24, 160, 161, comma 7, 167, comma 2, 180, 181, 185, 186, R.D. 16 marzo 1942, n. 267.

2500. Contenuto, pubblicità ed efficacia dell'atto di trasformazione.
La trasformazione in società per azioni, in accomandita per azioni o a responsabilità limitata deve

risultare da atto pubblico, contenente le indicazioni previste dalla legge per l'atto di costituzione del tipo adottato.

L'atto di trasformazione è soggetto alla disciplina prevista per il tipo adottato ed alle forme di pubblicità relative, nonché alla pubblicità richiesta per la cessazione dell'ente che effettua la trasformazione.

La trasformazione ha effetto dall'ultimo degli adempimenti pubblicitari di cui al comma precedente[1].

[1] Articolo così sostituito dall'art. 6, D.Lgs. 17 gennaio 2003, n. 6, a decorrere dal 1° gennaio 2004. L'originario art. 2500 corrisponde all'attuale art. 2500-*quater*. L'art. 2498 disponeva: *La deliberazione di trasformazione di una società in nome collettivo o in accomandita semplice in società per azioni, in accomandita per azioni o a responsabilità limitata deve risultare da atto pubblico e contenere le indicazioni prescritte dalla legge per l'atto costitutivo del tipo di società adottato.*

Essa deve essere accompagnata da una relazione di stima del patrimonio sociale a norma dell'articolo 2343 e deve essere iscritta nel registro delle imprese con le forme prescritte per l'atto costitutivo del tipo di società adottato.

La società acquista personalità giuridica con l'iscrizione della deliberazione nel registro delle imprese e conserva i diritti e gli obblighi anteriori alla trasformazione.

Il testo originario disponeva: *Nella trasformazione in società per azioni o in accomandita per azioni di una società di altro tipo ciascun socio ha diritto all'assegnazione di un numero di azioni proporzionale al valore della sua quota secondo l'ultimo bilancio approvato.*

Nella trasformazione di una società di altro tipo in società a responsabilità limitata l'assegnazione delle quote deve farsi con l'osservanza dell'articolo 2474.

● Norme connesse:

- D.P.R. 7 dicembre 1995, n. 581.

2500-*bis*. Invalidità della trasformazione.

Eseguita la pubblicità di cui all'articolo precedente, l'invalidità dell'atto di trasformazione non può essere pronunciata.

Resta salvo il diritto al risarcimento del danno eventualmente spettante ai partecipanti all'ente trasformato ed ai terzi danneggiati dalla trasformazione[1].

[1] Articolo aggiunto dall'art. 6, D.Lgs. 17 gennaio 2003, n. 6, a decorrere dal 1° gennaio 2004.

2500-*ter*. Trasformazione di società di persone.

Salvo diversa disposizione del contratto sociale, la trasformazione di società di persone in società di capitali è decisa con il consenso della maggioranza dei soci determinata secondo la parte attribuita a ciascuno negli utili [2500-*quater*]; in ogni caso al socio che non ha concorso alla decisione spetta il diritto di recesso [2437, comma 1 lett. b), 2473, comma 1].

Nei casi previsti dal precedente comma il capitale della società risultante dalla trasformazione deve essere determinato sulla base dei valori attuali degli elementi dell'attivo e del passivo e deve risultare da relazione di stima redatta a norma dell'articolo 2343 ovvero dalla documentazione di cui all'articolo 2343-*ter* ovvero, infine, nel caso di società a responsabilità limitata, dell'articolo 2465. Si applicano altresì, nel caso di società per azioni o in accomandita per azioni, il secondo, terzo e, in quanto compatibile, quarto comma dell'articolo 2343 ovvero, nelle ipotesi di cui al primo e secondo comma dell'articolo 2343-*ter*, il terzo comma del medesimo articolo[1 2].

[1] Comma così sostituito dall'art. 20, D.L. 24 giugno 2014, n. 91, convertito in L. 11 agosto 2014, n. 116. Il testo previgente disponeva: *Nei casi previsti dal precedente comma il capitale della società risultante dalla trasformazione deve essere determinato sulla base dei valori attuali degli elementi dell'attivo e del passivo e deve risultare da relazione di stima redatta a norma dell'articolo 2343 o, nel caso di società a responsabilità limitata, dell'articolo 2465. Si applicano altresì, nel caso di società per azioni o in accomandita per azioni, il secondo, terzo e, in quanto compatibile, quarto comma dell'articolo 2343.*

[2] Articolo aggiunto dall'art. 6, D.Lgs. 17 gennaio 2003, n. 6, a decorrere dal 1° gennaio 2004.

2500-*quater*. Assegnazione di azioni o quote.

Nel caso previsto dall'articolo 2500-*ter*, ciascun socio ha diritto all'assegnazione di un numero di azioni o di una quota proporzionale alla sua partecipazione, salvo quanto disposto dai commi successivi.

Il socio d'opera ha diritto all'assegnazione di un numero di azioni o di una quota in misura corrispondente alla partecipazione che l'atto costitutivo gli riconosceva precedentemente alla trasformazione o, in mancanza, d'accordo tra i soci ovvero, in difetto di accordo, determinata dal giudice secondo equità.

Nelle ipotesi di cui al comma precedente, le azioni o quote assegnate agli altri soci si riducono proporzionalmente[1].

[1] Articolo (già 2500) aggiunto dall'art. 6, D.Lgs. 17 gennaio 2003, n. 6, a decorrere dal 1° gennaio 2004. L'art. 2500, disponeva: *Nella trasformazione in società per azioni o in accomandita per azioni di una società di altro tipo ciascun socio ha diritto all'assegnazione di un numero di azioni proporzionale al valore della sua quota secondo l'ultimo bilancio approvato.*

Nella trasformazione di una società di altro tipo in società a responsabilità limitata l'assegnazione delle quote deve farsi con l'osservanza dell'articolo 2474.

2500-*quinquies*. Responsabilità dei soci.

La trasformazione non libera i soci a responsabilità illimitata dalla responsabilità per le obbligazioni sociali sorte prima degli adempimenti previsti dal terzo comma dell'articolo 2500, se non risulta che i creditori sociali hanno dato il loro consenso alla trasformazione.

Il consenso si presume se i creditori, ai quali la deliberazione di trasformazione sia stata comunicata per raccomandata o con altri mezzi che garantiscano la prova dell'avvenuto ricevimento, non lo hanno espressamente negato nel termine di sessanta giorni dal ricevimento della comunicazione[1].

[1] Articolo aggiunto dall'art. 6, D.Lgs. 17 gennaio 2003, n. 6, a decorrere dal 1° gennaio 2004. L'art. 2499, disponeva: *La trasformazione di una società non libera i soci a responsabilità illimitata dalla responsabilità per le obbligazioni sociali anteriori alla iscrizione della deliberazione di trasformazione nel registro delle imprese, se non risulta che i creditori sociali hanno dato il loro consenso alla trasformazione.*

Il consenso si presume se i creditori, ai quali la deliberazione di trasformazione sia stata comunicata per raccomandata, non hanno negato espressamente la loro adesione nel termine di trenta giorni dalla comunicazione.

● Norme connesse:
- artt. 10, 147, commi 1, 2, R.D. 16 marzo 1942, n. 267.

2500-*sexies*. Trasformazione di società di capitali.

Salvo diversa disposizione dello statuto, la deliberazione di trasformazione di società di capitali in società di persone è adottata con le maggioranze previste per le modifiche dello statuto. È comunque richiesto il consenso dei soci che con la trasformazione assumono responsabilità illimitata.

Gli amministratori devono predisporre una relazione che illustri le motivazioni e gli effetti della trasformazione. Copia della relazione deve restare depositata presso la sede sociale durante i trenta giorni che precedono l'assemblea convocata per deliberare la trasformazione; i soci hanno diritto di prenderne visione e di ottenerne gratuitamente copia.

Ciascun socio ha diritto all'assegnazione di una partecipazione proporzionale al valore della sua quota o delle sue azioni.

I soci che con la trasformazione assumono responsabilità illimitata, rispondono illimitatamente anche per le obbligazioni sociali sorte anteriormente alla trasformazione[1].

[1] Articolo aggiunto dall'art. 6, D.Lgs. 17 gennaio 2003, n. 6, a decorrere dal 1° gennaio 2004.

2500-*septies*. Trasformazione eterogenea da società di capitali.

Le società disciplinate nei capi V, VI, VII del presente titolo possono trasformarsi in consorzi [2602 ss.], società consortili [2615-*ter*], società cooperative [2511 ss.], comunioni di azienda, associazioni non riconosciute [36] e fondazioni [14 ss.].

Si applica l'articolo 2500-*sexies*, in quanto compatibile.

La deliberazione deve essere assunta con il voto favorevole dei due terzi degli aventi diritto, e comunque con il consenso dei soci che assumono responsabilità illimitata.

La deliberazione di trasformazione in fondazione produce gli effetti che il capo II del titolo II del Libro primo ricollega all'atto di fondazione o alla volontà del fondatore [2500-*novies*][1].

[1] Articolo aggiunto dall'art. 6, D.Lgs. 17 gennaio 2003, n. 6, a decorrere dal 1° gennaio 2004.

● Norme connesse:
- art. 6, D.P.R. 10 febbraio 2000, n. 361.

2500-*octies*. Trasformazione eterogenea in società di capitali.

I consorzi [2602 ss.], le società consortili [2615-*ter*], le comunioni d'azienda, le associazioni riconosciute e le fondazioni [14 ss.] possono trasformarsi in una delle società disciplinate nei capi V, VI e VII del presente titolo.

La deliberazione di trasformazione deve essere assunta, nei consorzi, con il voto favorevole della maggioranza assoluta dei consorziati; nelle comunioni di aziende all'unanimità; nelle società consortili e nelle associazioni con la maggioranza richiesta dalla legge o dall'atto costitutivo per lo scioglimento anticipato.

La trasformazione di associazioni in società di capitali può essere esclusa dall'atto costitutivo o, per determinate categorie di associazioni, dalla legge; non è comunque ammessa per le associazioni che abbiano ricevuto contributi pubblici oppure liberalità e oblazioni del pubblico. Il capitale sociale della società risultante dalla trasformazione è diviso in parti uguali fra gli associati, salvo diverso accordo tra gli stessi.

La trasformazione di fondazioni in società di capitali è disposta dall'autorità governativa, su proposta dell'organo competente. Le azioni o quote sono assegnate secondo le disposizioni dell'atto di fondazione o, in mancanza, dell'articolo 31[1 2].

[1] Articolo aggiunto dall'art. 6, D.Lgs. 17 gennaio 2003, n. 6, a decorrere dal 1° gennaio 2004.

[2] Per la trasformazione di cui alle presenti disposizioni di associazioni e fondazioni costituite prima del 1° gennaio 2004, v. art. 223-*octies*, R.D. 30 marzo 1942, n. 318.

2500-*novies*. Opposizione dei creditori.

In deroga a quanto disposto dal terzo comma dell'articolo 2500, la trasformazione eterogenea ha effetto dopo sessanta giorni dall'ultimo degli adempimenti pubblicitari previsti dallo stesso articolo, salvo che consti il consenso dei creditori o il pagamento dei creditori che non hanno dato il consenso.

I creditori possono, nel suddetto termine di sessanta giorni, fare opposizione. Si applica in tal caso l'ultimo comma dell'articolo 2445[1 2].

[1] Relativamente alle disposizioni di cui al presente comma trovano applicazione le norme di cui alla Sezione II (Del procedimento in confronto di più parti) del Capo II (Del procedimento) del Titolo IV (Del procedimento in camera di consiglio), D.Lgs. 17 gennaio 2003, n. 5 (Definizione dei procedimenti in materia di diritto societario e di intermediazione finanziaria, nonché in materia bancaria e creditizia, in attuazione dell'articolo 12 della legge 3 ottobre 2001, n. 366) (art. 33, D.Lgs. 5/2003, cit.), poi abrogato dall'art. 54, L. 18 giugno 2009, n. 69 (le disposizioni ivi contenute continuano ad applicarsi alle controversie pendenti alla data di entrata in vigore della L. 69/2009 cit.).

[2] Articolo aggiunto dall'art. 6, D.Lgs. 17 gennaio 2003, n. 6, a decorrere dal 1° gennaio 2004.

Sezione II
Della fusione delle società[1]

[1] Sezione così sostituita dall'art. 6, D.Lgs. 17 gennaio 2003, n. 6, a decorrere dal 1° gennaio 2004.

● Norme connesse:

- art. 7, D.P.R. 7 dicembre 1995, n. 581; artt. 31, 57 ss., D.Lgs. 1 settembre 1993, n. 385.

2501. Forme di fusione.

La fusione di più società può eseguirsi mediante la costituzione di una nuova società, o mediante l'incorporazione in una società di una o più altre.

La partecipazione alla fusione non è consentita alle società in liquidazione che abbiano iniziato la distribuzione dell'attivo [2505-*quater*][1].

[1] Articolo così sostituito dall'art. 6, D.Lgs. 17 gennaio 2003, n. 6, a decorrere dal 1° gennaio 2004. Il testo previgente disponeva: *La fusione di più società può eseguirsi mediante la costituzione di una società nuova, o mediante l'incorporazione in una società di una o più altre.*

La partecipazione alla fusione non è consentita alle società sottoposte a procedure concorsuali né a quelle in liquidazione che abbiano iniziato la distribuzione dell'attivo.

2501-*bis*. Fusione a seguito di acquisizione con indebitamento.

Nel caso di fusione tra società, una delle quali abbia contratto debiti per acquisire il controllo dell'altra, quando per effetto della fusione il patrimonio di quest'ultima viene a costituire garanzia generica o fonte di rimborso di detti debiti, si applica la disciplina del presente articolo.

Il progetto di fusione di cui all'articolo 2501-*ter* deve indicare le risorse finanziarie previste per il soddisfacimento delle obbligazioni della società risultante dalla fusione.

La relazione di cui all'articolo 2501-*quinquies* deve indicare le ragioni che giustificano l'operazione e contenere un piano economico e finanziario con indicazione della fonte delle risorse finanziarie e la descrizione degli obiettivi che si intendono raggiungere.

La relazione degli esperti di cui all'articolo 2501-*sexies*, attesta la ragionevolezza delle indicazioni contenute nel progetto di fusione ai sensi del precedente secondo comma.

Al progetto deve essere allegata una relazione del soggetto incaricato della revisione legale dei conti della società obiettivo o della società acquirente[1].

Alle fusioni di cui al primo comma non si applicano le disposizioni degli articoli 2505 e 2505-*bis*[2].

[1] Comma prima modificato dall'art. 5, D.Lgs. 6 febbraio 2004, n. 37, poi dall'art. 37, D.Lgs. 27 gennaio 2010, n. 39. Il testo previgente la riforma del 2004 disponeva: *Al progetto deve essere allegata relazione della società di revisione incaricata della revisione contabile obbligatoria della società obiettivo o della società acquirente.* Il testo previgente la riforma del 2010 disponeva: *Al progetto deve essere allegata una relazione della società di revisione incaricata della revisione contabile obbligatoria della società obiettivo o della società acquirente.*

[2] Articolo aggiunto dall'art. 6, D.Lgs. 17 gennaio 2003, n. 6, a decorrere dal 1° gennaio 2004. Il testo previgente disponeva: *Gli amministratori delle società partecipanti alla fusione redigono un progetto di fusione, dal quale devono in ogni caso risultare:*

1) il tipo, la denominazione o ragione sociale, la sede delle società partecipanti alla fusione;

2) l'atto costitutivo della nuova società risultante dalla fusione o di quella incorporante, con le eventuali modificazioni derivanti dalla fusione;

3) il rapporto di cambio delle azioni o quote, nonché l'eventuale conguaglio in denaro;

4) le modalità di assegnazione delle azioni o delle quote della società che risulta dalla fusione o di quella incorporante;

5) la data dalla quale tali azioni o quote partecipano agli utili;

6) la data a decorrere dalla quale le operazioni delle società partecipanti alla fusione sono imputate al bilancio della società che risulta dalla fusione o di quella incorporante;

7) il trattamento eventualmente riservato a particolari categorie di soci e ai possessori di titoli diversi dalle azioni;

8) i vantaggi particolari eventualmente proposti a favore degli amministratori delle società partecipanti alla fusione.

Il conguaglio in denaro indicato nel numero 3) del comma precedente non può essere superiore al dieci per cento del valore nominale delle azioni o delle quote assegnate.

Il progetto di fusione è depositato per l'iscrizione nel registro delle imprese del luogo ove hanno sede le società partecipanti alla fusione.

Se alla fusione partecipano società regolate dai capi V, VI e VII, tra la data fissata per la delibera di fusione e l'iscrizione del progetto deve intercorrere almeno un mese.

2501-*ter*. Progetto di fusione.

L'organo amministrativo [2381, comma 4] delle società partecipanti alla fusione redige un progetto di fusione, dal quale devono in ogni caso risultare:

1) il tipo, la denominazione o ragione sociale, la sede delle società partecipanti alla fusione;

2) l'atto costitutivo della nuova società risultante dalla fusione o di quella incorporante, con le eventuali modificazioni derivanti dalla fusione;

3) il rapporto di cambio delle azioni o quote, nonché l'eventuale conguaglio in danaro [2501-*quinquies*, 2501-*sexies*, 2504-*quater*, comma 2];

4) le modalità di assegnazione delle azioni o delle quote della società che risulta dalla fusione o di quella incorporante;

5) la data dalla quale tali azioni o quote partecipano agli utili [2504-*bis*, comma 3];

6) la data a decorrere dalla quale le operazioni delle società partecipanti alla fusione sono imputate al bilancio della società che risulta dalla fusione o di quella incorporante;

7) il trattamento eventualmente riservato a particolari categorie di soci e ai possessori di titoli diversi dalle azioni [2420-*bis*];

8) i vantaggi particolari eventualmente proposti a favore dei soggetti cui compete l'amministrazione delle società partecipanti alla fusione.

Il conguaglio in danaro indicato nel numero *3)* del comma precedente non può essere superiore al dieci per cento del valore nominale delle azioni o delle quote assegnate [2505-*quater*].

Il progetto di fusione è depositato per l'iscrizione nel registro delle imprese del luogo ove hanno sede le società partecipanti alla fusione. In alternativa al deposito presso il registro delle imprese il progetto di fusione è pubblicato nel sito Internet della società, con modalità atte a garantire la sicurezza del sito medesimo, l'autenticità dei documenti e la certezza della data di pubblicazione[1].

Tra l'iscrizione o la pubblicazione nel sito Internet del progetto e la data fissata per la decisione in ordine alla fusione devono intercorrere almeno trenta giorni, salvo che i soci rinuncino al termine con consenso unanime [2505-*quater*][2 3].

[1] Comma così sostituito dall'art. 1, D.Lgs. 22 giugno 2012, n. 123. Il testo previgente disponeva: *Il progetto di fusione è depositato per l'iscrizione nel registro delle imprese del luogo ove hanno sede le società partecipanti alla fusione.*

[2] Comma così modificato dall'art. 1, D.Lgs. 22 giugno 2012, n. 123. Il testo previgente disponeva: *Tra l'iscrizione del progetto e la data fissata per la decisione in ordine alla fusione devono intercorrere almeno trenta giorni, salvo che i soci rinuncino al termine con consenso unanime.*

[3] Articolo (già 2501-*bis*) aggiunto dall'art. 4, D.Lgs. 16 gennaio 1991, n. 22 e poi così sostituito dall'art. 6, D.Lgs. 17 gennaio 2003, n. 6, a decorrere dal 1° gennaio 2004. L'originario art. 2501-*ter* corrisponde all'attuale art. 2501-*quater*. L'art. 2501-*bis*, disponeva: *Gli amministratori delle società partecipanti alla fusione redigono un progetto di fusione, dal quale devono in ogni caso risultare:*

1) il tipo, la denominazione o ragione sociale, la sede delle società partecipanti alla fusione;

2) l'atto costitutivo della nuova società risultante dalla fusione o di quella incorporante, con le eventuali modificazioni derivanti dalla fusione;

3) il rapporto di cambio delle azioni o quote, nonché l'eventuale conguaglio in denaro;

4) le modalità di assegnazione delle azioni o delle quote della società che risulta dalla fusione o di quella incorporante;

5) la data dalla quale tali azioni o quote partecipano agli utili;

6) la data a decorrere dalla quale le operazioni delle società partecipanti alla fusione sono imputate al bilancio della società che risulta dalla fusione o di quella incorporante;

7) il trattamento eventualmente riservato a particolari categorie di soci e ai possessori di titoli diversi dalle azioni;

8) i vantaggi particolari eventualmente proposti a favore degli amministratori delle società partecipanti alla fusione.

Il conguaglio in denaro indicato nel numero 3) del comma precedente non può essere superiore al dieci per cento del valore nominale delle azioni o delle quote assegnate.

Il progetto di fusione è depositato per l'iscrizione nel registro delle imprese del luogo ove hanno sede le società partecipanti alla fusione.

Se alla fusione partecipano società regolate dai capi V, VI e VII, tra la data fissata per la delibera di fusione e l'iscrizione del progetto deve intercorrere almeno un mese.

Il testo originario disponeva: *Gli amministratori delle società partecipanti alla fusione devono redigere la situazione patrimoniale delle società stesse, riferita ad una data non anteriore di oltre quattro mesi dal giorno in cui il progetto di fusione è depositato nella sede della società.*

La situazione patrimoniale è redatta con l'osservanza delle norme sul bilancio di esercizio.

La situazione patrimoniale può essere sostituita dal bilancio dell'ultimo esercizio, se questo è stato chiuso non oltre sei mesi prima del giorno del deposito indicato nel primo comma.

● Norme connesse:

- artt. 125-bis, 125-ter, 125-quater, D.Lgs. 24 febbraio 1998, n. 58.

2501-*quater*. Situazione patrimoniale.

L'organo amministrativo delle società partecipanti alla fusione redige, con l'osservanza delle norme sul bilancio d'esercizio, la situazione patrimoniale delle società stesse, riferita ad una data non anteriore di oltre centoventi giorni al giorno in cui il progetto di fusione è depositato nella sede della società ovvero pubblicato sul sito Internet di questa [2506-*ter*, comma 3][1].

La situazione patrimoniale può essere sostituita dal bilancio dell'ultimo esercizio, se questo è stato chiuso non oltre sei mesi prima del giorno del deposito o della pubblicazione indicato nel primo comma, ovvero, nel caso di società quotata in mercati regolamentati, dalla relazione finanziaria semestrale prevista dalle leggi speciali, purchè non riferita ad una data antecedente sei mesi dal giorno di deposito o pubblicazione indicato al primo comma[2].

La situazione patrimoniale non è richiesta se vi rinunciano all'unanimità i soci e i possessori di altri strumenti finanziari che attribuiscono il diritto di voto di ciascuna delle società partecipanti alla fusione[3 4].

[1] Comma così modificato dall'art. 1, D.Lgs. 22 giugno 2012, n. 123. Il testo previgente disponeva: *L'organo ammini-*

strativo delle società partecipanti alla fusione deve redigere, con l'osservanza delle norme sul bilancio d'esercizio, la situazione patrimoniale delle società stesse, riferita ad una data non anteriore di oltre centoventi giorni al giorno in cui il progetto di fusione è depositato nella sede della società.

[2] Comma così modificato dall'art. 1, D.Lgs. 22 giugno 2012, n. 123. Il testo previgente disponeva: *La situazione patrimoniale può essere sostituita dal bilancio dell'ultimo esercizio, se questo è stato chiuso non oltre sei mesi prima del giorno del deposito indicato nel primo comma.*

[3] Comma aggiunto dall'art. 1, D.Lgs. 22 giugno 2012, n. 123.

[4] Articolo (già 2501-*ter*) aggiunto dall'art. 5, D.Lgs. 16 gennaio 1991, n. 22 e poi così sostituito dall'art. 6, D.Lgs. 17 gennaio 2003, n. 6, a decorrere dal 1° gennaio 2004. L'originario art. 2501-*quater* corrisponde all'attuale art. 2501-*quinquies*. L'art. 2501-*ter*, disponeva: *Gli amministratori delle società partecipanti alla fusione devono redigere la situazione patrimoniale delle società stesse, riferita ad una data non anteriore di oltre quattro mesi dal giorno in cui il progetto di fusione è depositato nella sede della società.*

La situazione patrimoniale è redatta con l'osservanza delle norme sul bilancio di esercizio.

La situazione patrimoniale può essere sostituita dal bilancio dell'ultimo esercizio, se questo è stato chiuso non oltre sei mesi prima del giorno del deposito indicato nel primo comma.

Il testo originario disponeva: *Gli amministratori delle società partecipanti alla fusione devono redigere una relazione la quale illustri e giustifichi, sotto il profilo giuridico ed economico, il progetto di fusione e in particolare il rapporto di cambio delle azioni o delle quote.*

La relazione deve indicare i criteri di determinazione del rapporto di cambio.

Nella relazione devono essere segnalate le eventuali difficoltà di valutazione.

2501-*quinquies*. Relazione dell'organo amministrativo.

L'organo amministrativo delle società partecipanti alla fusione deve predisporre una relazione che illustri e giustifichi, sotto il profilo giuridico ed economico, il progetto di fusione e in particolare il rapporto di cambio delle azioni o delle quote [2505, comma 1, 2506-*ter*, comma 3].

La relazione deve indicare i criteri di determinazione del rapporto di cambio. Nella relazione devono essere segnalate le eventuali difficoltà di valutazione.

L'organo amministrativo segnala ai soci in assemblea e all'organo amministrativo delle altre società partecipanti alla fusione le modifiche rilevanti degli elementi dell'attivo e del passivo eventualmente intervenute tra la data in cui il progetto di fusione è depositato presso la sede della società ovvero pubblicato nel sito Internet di questa e la data della decisione sulla fusione[1].

La relazione di cui al primo comma non è richiesta se vi rinunciano all'unanimità i soci e i possessori di altri strumenti finanziari che attribuiscono il diritto di voto di ciascuna delle società partecipanti alla fusione[1 2].

[1] Comma aggiunto dall'art. 1, D.Lgs. 22 giugno 2012, n. 123.

[2] Articolo (già 2501-*quater*) aggiunto dall'art. 6, D.Lgs. 16 gennaio 1991, n. 22 e poi così sostituito dall'art. 6, D.Lgs. 17 gennaio 2003, n. 6, a decorrere dal 1° gennaio 2004. L'originario art. 2501-*quinquies* corrisponde all'attuale art. 2501-*sexies*. L'art. 2501-*quater* disponeva: *Gli amministratori delle società partecipanti alla fusione devono redigere una relazione la quale illustri e giustifichi, sotto il profilo giuridico ed economico, il progetto di fusione e in particolare il rapporto di cambio delle azioni o delle quote.*

La relazione deve indicare i criteri di determinazione del rapporto di cambio.

Nella relazione devono essere segnalate le eventuali difficoltà di valutazione.

Il testo originario disponeva: *Uno o più esperti per ciascuna società devono redigere una relazione sulla congruità del rapporto di cambio delle azioni o delle quote, che indichi: a) il metodo o i metodi seguiti per la determinazione del rapporto di cambio proposto e i valori risultanti dall'applicazione di ciascuno di essi; b) le eventuali difficoltà di valutazione.*

La relazione deve contenere, inoltre, un parere sull'adeguatezza del metodo o dei metodi seguiti per la determinazione del rapporto di cambio e sull'importanza relativa attribuita a ciascuno di essi nella determinazione del valore adottato. L'esperto o gli esperti sono designati dal presidente del tribunale; le società partecipanti alla fusione possono richiedere al presidente del tribunale del luogo in cui ha sede la società risultante dalla fusione o quella incorporante la nomina di uno o più esperti comuni.

Ciascun esperto ha diritto di ottenere dalle società partecipanti alla fusione tutte le informazioni e i documenti utili e di procedere ad ogni necessaria verifica.

L'esperto risponde dei danni causati alle società partecipanti alla fusione, ai loro soci e ai terzi. Si applicano le disposizioni dell'articolo 64 del codice di procedura civile.

La relazione, quanto alle società quotate in borsa, è redatta da società di revisione.

2501-*sexies*. Relazione degli esperti.

Uno o più esperti [2232] per ciascuna società redigono una relazione sulla congruità del rapporto di cambio delle azioni o delle quote, che indichi[1]:

a) il metodo o i metodi seguiti per la determinazione del rapporto di cambio proposto e i valori risultanti dall'applicazione di ciascuno di essi;

b) le eventuali difficoltà di valutazione.

La relazione deve contenere, inoltre, un parere sull'adeguatezza del metodo o dei metodi seguiti per la determinazione del rapporto di cambio e sull'importanza relativa attribuita a ciascuno di essi nella determinazione del valore adottato.

L'esperto o gli esperti sono scelti tra i soggetti di cui al primo comma dell'articolo 2409-*bis* e, se la società incorporante o la società risultante dalla fusione è una società per azioni o in accomandita per azioni, sono designati dal tribunale del luogo in cui

CODICE CIVILE

ha sede la società. Se la società è quotata in mercati regolamentati, l'esperto è scelto tra le società di revisione sottoposte alla vigilanza della Commissione Nazionale per le Società e la Borsa[2 3].

In ogni caso, le società partecipanti alla fusione possono congiuntamente richiedere al tribunale del luogo in cui ha sede la società risultante dalla fusione o quella incorporante la nomina di uno o più esperti comuni.

Ciascun esperto ha diritto di ottenere dalle società partecipanti alla fusione tutte le informazioni e i documenti utili e di procedere ad ogni necessaria verifica.

L'esperto risponde dei danni causati alle società partecipanti alle fusioni, ai loro soci e ai terzi. Si applicano le disposizioni dell'articolo 64 del codice di procedura civile.

Ai soggetti di cui ai precedenti terzo e quarto comma è altresì affidata, in ipotesi di fusione di società di persone con società di capitali, la relazione di stima del patrimonio della società di persone a norma dell'articolo 2343.

La relazione di cui al primo comma non è richiesta se vi rinunciano all'unanimità i soci e i possessori di altri strumenti finanziari che attribuiscono il diritto di voto di ciascuna società partecipante alla fusione[4 5].

[1] Alinea così modificato dall'art. 1, D.Lgs. 22 giugno 2012, n. 123. Il testo previgente disponeva: *Uno o più esperti per ciascuna società devono redigere una relazione sulla congruità del rapporto di cambio delle azioni o delle quote, che indichi.*

[2] Comma così sostituito dall'art. 5, D.Lgs. 6 febbraio 2004, n. 37 e poi modificato dall'art. 37, D.Lgs. 27 gennaio 2010, n. 39. Il testo previgente la riforma del 2004 disponeva: *L'esperto o gli esperti sono scelti tra i soggetti iscritti nell'albo dei revisori contabili o tra le società di revisione iscritte nell'apposito albo e, se la società incorporante o la società risultante dalla fusione è una società per azioni o in accomandita per azioni, sono designati dal tribunale del luogo in cui ha sede la società. Se la società è quotata in mercati regolamentati, l'esperto è scelto fra le società di revisione.* Il testo previgente la riforma del 2010 disponeva: *L'esperto o gli esperti sono scelti tra i soggetti di cui al primo comma dell'articolo 2409-bis e, se la società incorporante o la società risultante dalla fusione è una società per azioni o in accomandita per azioni, sono designati dal tribunale del luogo in cui ha sede la società. Se la società è quotata in mercati regolamentati, l'esperto è scelto fra le società di revisione iscritte nell'apposito albo.*

[3] Relativamente alle istanze di cui al presente comma trovano applicazione le norme di cui alla Sezione I (Del procedimento in confronto di una parte sola) del Capo II (Del procedimento) del Titolo IV (Del procedimento in camera di consiglio), D.Lgs. 17 gennaio 2003, n. 5 (Definizione dei procedimenti in materia di diritto societario e di intermediazione finanziaria, nonché in materia bancaria e creditizia, in attuazione dell'articolo 12 della legge 3 ottobre 2001, n. 366) (art. 33, D.Lgs. 5/2003, cit.), poi abrogato dall'art. 54, L. 18 giugno 2009, n. 69 (le disposizioni ivi contenute continuano ad applicarsi alle controversie pendenti alla data di entrata in vigore della L. 69/2009 cit.).

[4] Comma aggiunto dall'art. 1, D.Lgs. 13 ottobre 2009, n. 147 e poi modificato dall'art. 1, D.Lgs. 22 giugno 2012, n. 123. Il testo previgente disponeva: *La relazione di cui al primo comma non è richiesta se vi rinunciano all'unanimità i soci di ciascuna società partecipante alla fusione.*

[5] Articolo (già 2501-*quinquies*) aggiunto dall'art. 7, D.Lgs. 16 gennaio 1991, n. 22 e poi così sostituito dall'art. 6, D.Lgs. 17 gennaio 2003, n. 6, a decorrere dal 1° gennaio 2004. L'art. 2501-quinquies disponeva: *Uno o più esperti per ciascuna società devono redigere una relazione sulla congruità del rapporto di cambio delle azioni o delle quote, che indichi: a) il metodo o i metodi seguiti per la determinazione del rapporto di cambio proposto e i valori risultanti dall'applicazione di ciascuno di essi; b) le eventuali difficoltà di valutazione.*

La relazione deve contenere, inoltre, un parere sull'adeguatezza del metodo o dei metodi seguiti per la determinazione del rapporto di cambio e sull'importanza relativa attribuita a ciascuno di essi nella determinazione del valore adottato. L'esperto o gli esperti sono designati dal presidente del tribunale; le società partecipanti alla fusione possono richiedere al presidente del tribunale del luogo in cui ha sede la società risultante dalla fusione o quella incorporante la nomina di uno o più esperti comuni.

Ciascun esperto ha diritto di ottenere dalle società partecipanti alla fusione tutte le informazioni e i documenti utili e di procedere ad ogni necessaria verifica.

L'esperto risponde dei danni causati alle società partecipanti alla fusione, ai loro soci e ai terzi. Si applicano le disposizioni dell'articolo 64 del codice di procedura civile.

La relazione, quanto alle società quotate in borsa, è redatta da società di revisione.

Il testo originario disponeva: *Devono restare depositati in copia nella sede delle società partecipanti alla fusione, durante i trenta giorni che precedono l'assemblea e finché la fusione sia deliberata:*

1) il progetto di fusione con le relazioni degli amministratori indicate nell'articolo 2501-quater e le relazioni degli esperti indicate nell'articolo 2501-quinquies;

2) i bilanci degli ultimi tre esercizi delle società partecipanti alla fusione, con le relazioni degli amministratori e del collegio sindacale e l'eventuale relazione di certificazione;

3) le situazioni patrimoniali delle società partecipanti alla fusione redatte a norma dell'articolo 2501-ter.

I soci hanno diritto di prendere visione di questi documenti e di ottenerne gratuitamente copia.

2501-*septies*. Deposito di atti.

Devono restare depositati in copia nella sede delle società partecipanti alla fusione [2505-*quater*], ovvero pubblicati sul sito Internet delle stesse, durante i trenta giorni che precedono la decisione in ordine alla fusione, salvo che i soci rinuncino al termine con consenso unanime, e finché la fusione sia decisa[1]:

1) il progetto di fusione con le relazioni, ove redatte, indicate negli articoli 2501-*quinquies* e 2501-*sexies*[2];

2) i bilanci degli ultimi tre esercizi delle società partecipanti alla fusione, con le relazioni dei soggetti cui compete l'amministrazione e la revisione legale[3];

3) le situazioni patrimoniali della società partecipanti alla fusione ove redatte a norma dell'articolo 2501-*quater*, primo comma, ovvero, nel caso previsto dall'articolo 2501-*quater*, secondo comma, la relazione finanziaria semestrale [2502-*bis*][4].

I soci hanno diritto di prendere visione di questi documenti e di ottenerne gratuitamente copia. Su richiesta del socio le copie gli sono trasmesse telematicamente. La società non è tenuta a fornire copia dei documenti, qualora gli stessi siano stati pubblicati sul sito Internet della società dal quale sia possibile effettuarne liberamente copia o stampa[5 6].

[1] Alinea così modificato dall'art. 1, D.Lgs. 22 giugno 2012, n. 123. Il testo previgente disponeva: *Devono restare depositati in copia nella sede delle società partecipanti alla fusione, durante i trenta giorni che precedono la decisione in ordine alla fusione, salvo che i soci rinuncino al termine con consenso unanime, e finché la fusione sia decisa.*

[2] Numero così modificato dall'art. 1, D.Lgs. 22 giugno 2012, n. 123. Il testo previgente disponeva: *1) il progetto di fusione con le relazioni indicate negli articoli 2501-quinquies e 2501-sexies.*

[3] Numero così modificato dall'art. 37, D.Lgs. 27 gennaio 2010, n. 39. Il testo previgente disponeva: *2) i bilanci degli ultimi tre esercizi delle società partecipanti alla fusione, con le relazioni dei soggetti cui compete l'amministrazione e il controllo contabile.*

[4] Numero così sostituito dall'art. 1, D.Lgs. 22 giugno 2012, n. 123. Il testo previgente disponeva: *3) le situazioni patrimoniali delle società partecipanti alla fusione redatte a norma dell'articolo 2501-quater.*

[5] Comma così modificato dall'art. 1, D.Lgs. 22 giugno 2012, n. 123. Il testo previgente disponeva: *I soci hanno diritto di prendere visione di questi documenti e di ottenerne gratuitamente copia.*

[6] Articolo (già 2501-*sexies*) aggiunto dall'art. 6, D.Lgs. 17 gennaio 2003, n. 6, a decorrere dal 1° gennaio 2004. L'art. 2501-*sexies* disponeva: *Devono restare depositati in copia nella sede delle società partecipanti alla fusione, durante i trenta giorni che precedono l'assemblea e finché la fusione sia deliberata:*

1) il progetto di fusione con le relazioni degli amministratori indicate nell'articolo 2501-quater e le relazioni degli esperti indicate nell'articolo 2501-quinquies;

2) i bilanci degli ultimi tre esercizi delle società partecipanti alla fusione, con le relazioni degli amministratori e del collegio sindacale e l'eventuale relazione di certificazione;

3) le situazioni patrimoniali delle società partecipanti alla fusione redatte a norma dell'articolo 2501-ter.

I soci hanno diritto di prendere visione di questi documenti e di ottenerne gratuitamente copia.

■ art. 194, Codice del commercio del 1882.

2502. Decisione in ordine alla fusione.

La fusione è decisa da ciascuna delle società che vi partecipano mediante approvazione del relativo progetto. Se l'atto costitutivo o lo statuto non dispongono diversamente, tale approvazione avviene, nelle società di persone, con il consenso della maggioranza dei soci determinata secondo la parte attribuita a ciascuno negli utili, salva la facoltà di recesso per il socio che non abbia consentito alla fusione [2437, 2473] e, nelle società di capitali, secondo le norme previste per la modificazione dell'atto costitutivo o statuto [2436 ss., 2480 ss.].

La decisione di fusione può apportare al progetto di cui all'articolo 2501-*ter* solo le modifiche che non incidono sui diritti dei soci o dei terzi[1].

[1] Articolo così sostituito dall'art. 6, D.Lgs. 17 gennaio 2003, n. 6, a decorrere dal 1° gennaio 2004. Il testo previgente disponeva *La fusione deve essere deliberata da ciascuna delle società che vi partecipano mediante l'approvazione del relativo progetto.*

■ art. 193, Codice del commercio del 1882.

2502-*bis*. Deposito e iscrizione della decisione di fusione.

La deliberazione di fusione delle società previste nei capi V [2325 ss.], VI [2452 ss.] e VII [2462 ss.] deve essere depositata per l'iscrizione nel registro delle imprese, insieme con i documenti indicati nell'articolo 2501-*septies*. Si applica l'articolo 2436.

La decisione di fusione delle società previste nei capi II [2251 ss.], III [2291 ss.] e IV [2313 ss.] deve essere depositata per l'iscrizione nell'ufficio del registro delle imprese, insieme con i documenti indicati nell'articolo 2501-*septies*; il deposito va effettuato a norma dell'articolo 2436 se la società risultante dalla fusione o quella incorporante è regolata dai capi V, VI, VII[1].

[1] Articolo aggiunto dall'art. 9, D.Lgs. 16 gennaio 1991, n. 22 e così sostituito dall'art. 6, D.Lgs. 17 gennaio 2003, n. 6, a decorrere dal 1° gennaio 2004. Il testo previgente disponeva: *La deliberazione di fusione delle società previste nei capi V, VI e VII deve essere depositata per l'iscrizione nel registro delle imprese, insieme con i documenti indicati nell'articolo 2501-*sexies*, a norma del primo, secondo e terzo comma dell'articolo 2411.*

La deliberazione di fusione delle società previste nei capi III e IV deve essere depositata per l'iscrizione nell'ufficio del registro delle imprese, insieme con i documenti indicati nell'articolo 2501-sexies; il deposito va effettuato a norma del primo, secondo e terzo comma dell'articolo 2411 se la società risultante dalla fusione o quella incorporante è regolata dai capi V, VI e VII.

■ art. 194, Codice del commercio del 1882.

2503. Opposizione dei creditori.

La fusione può essere attuata solo dopo sessanta giorni dall'ultima delle iscrizioni previste dall'articolo 2502-*bis*, salvo che consti il consenso dei creditori delle società che vi partecipano anteriori all'iscrizione o alla pubblicazione prevista nel terzo comma dell'articolo 2501-*ter*, o il pagamento dei creditori che non hanno dato il consenso, ovvero il deposito delle somme corrispondenti presso una banca, salvo che la relazione di cui all'articolo 2501-*sexies* sia re-

CODICE CIVILE

datta, per tutte le società partecipanti alla fusione, da un'unica società di revisione la quale asseveri, sotto la propria responsabilità ai sensi del sesto comma dell'articolo 2501-*sexies*, che la situazione patrimoniale e finanziaria delle società partecipanti alla fusione rende non necessarie garanzie a tutela dei suddetti creditori [2505-*quater*][1].

Se non ricorre alcuna di tali eccezioni, i creditori indicati al comma precedente possono, nel suddetto termine di sessanta giorni, fare opposizione. Si applica in tal caso l'ultimo comma dell'articolo 2445[2][3].

[1] Comma così modificato dall'art. 1, D.Lgs. 22 giugno 2012, n. 123. Il testo previgente disponeva: *La fusione può essere attuata solo dopo sessanta giorni dall'ultima delle iscrizioni previste dall'articolo 2502-bis, salvo che consti il consenso dei creditori delle società che vi partecipano anteriori all'iscrizione prevista nel terzo comma dell'articolo 2501-ter, o il pagamento dei creditori che non hanno dato il consenso, ovvero il deposito delle somme corrispondenti presso una banca, salvo che la relazione di cui all'articolo 2501-sexies sia redatta, per tutte le società partecipanti alla fusione, da un'unica società di revisione la quale asseveri, sotto la propria responsabilità ai sensi del sesto comma dell'articolo 2501-sexies, che la situazione patrimoniale e finanziaria delle società partecipanti alla fusione rende non necessarie garanzie a tutela dei suddetti creditori.*

[2] Relativamente alle disposizioni di cui al presente comma trovano applicazione le norme di cui alla Sezione II (Del procedimento in confronto di più parti) del Capo II (Del procedimento) del Titolo IV (Del procedimento in camera di consiglio), D.Lgs. 17 gennaio 2003, n. 5 (Definizione dei procedimenti in materia di diritto societario e di intermediazione finanziaria, nonché in materia bancaria e creditizia, in attuazione dell'articolo 12 della legge 3 ottobre 2001, n. 366) (art. 33, D.Lgs. 5/2003, cit.), poi abrogato dall'art. 54, L. 18 giugno 2009, n. 69 (le disposizioni ivi contenute continuano ad applicarsi alle controversie pendenti alla data di entrata in vigore della L. 69/2009 cit.).

[3] Articolo così sostituito dall'art. 6, D.Lgs. 17 gennaio 2003, n. 6, a decorrere dal 1° gennaio 2004. Il testo previgente disponeva: *La fusione può essere attuata solo dopo due mesi dall'iscrizione delle deliberazioni delle società che vi partecipano, salvo che consti il consenso dei rispettivi creditori anteriore all'iscrizione prevista nel terzo comma dell'articolo 2501-*bis*, il pagamento dei creditori che non hanno dato il consenso o il deposito delle somme corrispondenti presso una banca.*

Durante il termine suddetto i creditori indicati nel primo comma possono fare opposizione.

Il tribunale, nonostante l'opposizione, può disporre che la fusione abbia luogo previa prestazione da parte della società di idonea garanzia.

● Norme connesse:
- art. 155, commi 1, 3, 4, c.p.c.

■ art. 195, Codice del commercio del 1882.

2503-*bis*. Obbligazioni.

I possessori di obbligazioni delle società partecipanti alla fusione possono fare opposizione a norma dell'articolo 2503, salvo che la fusione sia approvata dall'assemblea degli obbligazionisti.

Ai possessori di obbligazioni convertibili deve essere data facoltà, mediante avviso da pubblicarsi nella *Gazzetta Ufficiale* della Repubblica italiana almeno novanta giorni prima della iscrizione del progetto di fusione, di esercitare il diritto di conversione nel termine di trenta giorni dalla pubblicazione dell'avviso.

Ai possessori di obbligazioni convertibili che non abbiano esercitato la facoltà di conversione devono essere assicurati diritti equivalenti a quelli loro spettanti prima della fusione, salvo che la modificazione dei loro diritti sia stata approvata dall'assemblea prevista dall'articolo 2415[1].

[1] Articolo aggiunto dall'art. 11, D.Lgs. 16 gennaio 1991, n. 22 e così sostituito dall'art. 6, D.Lgs. 17 gennaio 2003, n. 6, a decorrere dal 1° gennaio 2004. Il testo previgente disponeva: *I possessori di obbligazioni possono fare opposizione a norma dell'articolo 2503, salvo che la fusione sia approvata dall'assemblea degli obbligazionisti.*

Ai possessori di obbligazioni convertibili deve essere data facoltà, mediante avviso da pubblicarsi nella Gazzetta Ufficiale della Repubblica italiana almeno tre mesi prima della iscrizione del progetto di fusione, di esercitare il diritto di conversione nel termine di un mese dalla pubblicazione dell'avviso.

Ai possessori di obbligazioni convertibili che non abbiano esercitato la facoltà di conversione devono essere assicurati diritti equivalenti a quelli loro spettanti prima della fusione, salvo che la modificazione dei loro diritti sia stata approvata dall'assemblea prevista dall'articolo 2415.

2504. Atto di fusione.

La fusione deve risultare da atto pubblico [2699].

L'atto di fusione deve essere depositato per l'iscrizione, a cura del notaio o dei soggetti cui compete l'amministrazione della società risultante dalla fusione o di quella incorporante, entro trenta giorni, nell'ufficio del registro delle imprese dei luoghi ove è posta la sede delle società partecipanti alla fusione, di quella che ne risulta o della società incorporante.

Il deposito relativo alla società risultante dalla fusione o di quella incorporante non può precedere quelli relativi alle altre società partecipanti alla fusione[1].

[1] Articolo così sostituito dall'art. 6, D.Lgs. 17 gennaio 2003, n. 6, a decorrere dal 1° gennaio 2004. Il testo previgente disponeva: *La fusione deve essere fatta per atto pubblico.*

L'atto di fusione deve essere depositato in ogni caso per l'iscrizione, a cura del notaio o degli amministratori della società risultante dalla fusione o di quella incorporante, entro trenta giorni, nell'ufficio del registro delle imprese dei luoghi ove è posta la sede delle società partecipanti alla fusione, di quella che ne risulta o della società incorporante.

Il deposito relativo alla società risultante dalla fusione o di quella incorporante non può precedere quelli relativi alle altre società partecipanti alla fusione.

[...].

2504-*bis*. Effetti della fusione.

La società che risulta dalla fusione o quella incorporante assumono i diritti e gli obblighi delle società partecipanti alla fusione, proseguendo in tutti i loro rapporti, anche processuali, anteriori alla fusione [2112].

La fusione ha effetto quando è stata eseguita l'ultima delle iscrizioni prescritte dall'articolo 2504. Nella fusione mediante incorporazione può tuttavia essere stabilita una data successiva.

Per gli effetti ai quali si riferisce il primo comma dell'articolo 2501-*ter*, numeri *5)* e *6)*, possono essere stabilite date anche anteriori.

Nel primo bilancio successivo alla fusione le attività e le passività sono iscritte ai valori risultanti dalle scritture contabili alla data di efficacia della fusione medesima; se dalla fusione emerge un disavanzo, esso deve essere imputato, ove possibile, agli elementi dell'attivo e del passivo delle società partecipanti alla fusione e, per la differenza e nel rispetto delle condizioni previste dal numero *6)* dell'articolo 2426, ad avviamento. Quando si tratta di società che fa ricorso al mercato del capitale di rischio, devono altresì essere allegati alla nota integrativa prospetti contabili indicanti i valori attribuiti alle attività e passività delle società che hanno partecipato alla fusione e la relazione di cui all'articolo 2501-*sexies*. Se dalla fusione emerge un avanzo, esso è iscritto ad apposita voce del patrimonio netto, ovvero, quando sia dovuto a previsione di risultati economici sfavorevoli, in una voce dei fondi per rischi ed oneri[1].

La fusione attuata mediante costituzione di una nuova società di capitali ovvero mediante incorporazione in una società di capitali non libera i soci a responsabilità illimitata dalla responsabilità per le obbligazioni delle rispettive società partecipanti alla fusione anteriori all'ultima delle iscrizioni prescritte dall'articolo 2504, se non risulta che i creditori hanno dato il loro consenso[2].

[1] Comma così modificato dall'art. 23, D.Lgs. 28 dicembre 2004, n. 310.

[2] Articolo aggiunto dall'art. 13, D.Lgs. 16 gennaio 1991, n. 22 e così sostituito dall'art. 6, D.Lgs. 17 gennaio 2003, n. 6, a decorrere dal 1° gennaio 2004. Il testo previgente disponeva: *La società che risulta dalla fusione o quella incorporante assumono i diritti e gli obblighi delle società estinte.*

La fusione ha effetto quando è stata eseguita l'ultima delle iscrizioni prescritte dall'articolo 2504. Nella fusione mediante incorporazione può tuttavia essere stabilita una data successiva.

Per gli effetti ai quali si riferisce l'articolo 2501-bis, numeri 5) e 6), possono essere stabilite date anche anteriori.

■ art. 196, Codice del commercio del 1882.

2504-*ter*. Divieto di assegnazione di azioni o quote.

La società che risulta dalla fusione non può assegnare azioni o quote in sostituzione di quelle delle società partecipanti alla fusione possedute, anche per il tramite di società fiduciarie o di interposta persona, dalle società medesime.

La società incorporante non può assegnare azioni o quote in sostituzione di quelle delle società incorporate possedute, anche per il tramite di società fiduciaria o di interposta persona, dalle incorporate medesime o dalla società incorporante[1].

[1] Articolo aggiunto dall'art. 14, D.Lgs. 16 gennaio 1991, n. 22 e così sostituito dall'art. 6, D.Lgs. 17 gennaio 2003, n. 6, a decorrere dal 1° gennaio 2004. IL testo previgente disponeva: *La società che risulta dalla fusione non può assegnare azioni o quote in sostituzione di quelle delle società partecipanti alla fusione possedute, anche per il tramite di società fiduciarie o di interposta persona, dalle società medesime.*

La società incorporante non può assegnare azioni o quote in sostituzione di quelle delle società incorporate possedute, anche per il tramite di società fiduciaria o di interposta persona, dalle incorporate medesime o dalla società incorporante.

2504-*quater*. Invalidità della fusione.

Eseguite le iscrizioni dell'atto di fusione a norma del secondo comma dell'articolo 2504, l'invalidità dell'atto di fusione non può essere pronunciata.

Resta salvo il diritto al risarcimento del danno eventualmente spettante ai soci o ai terzi danneggiati dalla fusione[1].

[1] Articolo aggiunto dall'art. 15, D.Lgs. 16 gennaio 1991, n. 22 e così sostituito dall'art. 6, D.Lgs. 17 gennaio 2003, n. 6, a decorrere dal 1° gennaio 2004. Il testo previgente disponeva: *Eseguite le iscrizioni dell'atto di fusione a norma del secondo comma dell'articolo 2504, l'invalidità dell'atto di fusione non può essere pronunciata.*

Resta salvo il diritto al risarcimento del danno eventualmente spettante ai soci o ai terzi danneggiati dalla fusione.

Seguivano gli artt. 2504-*quinquies* e 2504-*sexies*, attualmente corrispondenti agli artt. 2505 e 2505-*ter* e la Sezione III *Della scissione delle società*, composta dagli articoli da 2504-*septies* a 2404-*decies*, corrispondente all'attuale Sezione III *Della scissione delle società*, composta dagli articoli da 2506 a 2506-*quater*.

2505. Incorporazione di società interamente possedute.

Alla fusione per incorporazione di una società in un'altra che possiede tutte le azioni o le quote della prima non si applicano le disposizioni dell'articolo 2501-*ter*, primo comma, numeri *3)*, *4)* e *5)* e degli articoli 2501-*quinquies* e 2501-*sexies*.

L'atto costitutivo o lo statuto può prevedere che la fusione per incorporazione di una società in un'altra che possiede tutte le azioni o le quote della prima sia decisa, con deliberazione risultante da atto pubblico, dai rispettivi organi amministrativi, sempre che siano rispettate, con riferimento a ciascuna delle società partecipanti alla fusione, le disposizioni dell'articolo 2501-*ter*, terzo e quarto comma, nonchè, quanto alla società incorporante, quelle dell'articolo 2501-*septies*[1].

CODICE CIVILE

I soci della società incorporante che rappresentano almeno il cinque per cento del capitale sociale possono in ogni caso, con domanda indirizzata alla società entro otto giorni dal deposito o dalla pubblicazione di cui al terzo comma dell'articolo 2501-*ter*, chiedere che la decisione di approvazione della fusione da parte della incorporante medesima sia adottata a norma del primo comma dell'articolo 2502[2 3].

[1] Comma così modificato dall'art. 1, D.Lgs. 22 giugno 2012, n. 123. Il testo previgente disponeva: *L'atto costitutivo o lo statuto può prevedere che la fusione per incorporazione di una società in un'altra che possiede tutte le azioni o le quote della prima sia decisa, con deliberazione risultante da atto pubblico, dai rispettivi organi amministrativi, sempre che siano rispettate, con riferimento a ciascuna delle società partecipanti alla fusione, le disposizioni dell'articolo 2501-ter e, quanto alla società incorporante, anche quelle dell'articolo 2501-septies, primo comma, numeri 1 e 2.*

[2] Comma così modificato dall'art. 1, D.Lgs. 22 giugno 2012, n. 123. Il testo previgente disponeva: *I soci della società incorporante che rappresentano almeno il cinque per cento del capitale sociale possono in ogni caso, con domanda indirizzata alla società entro otto giorni dal deposito di cui al terzo comma dell'articolo 2501-ter, chiedere che la decisione di approvazione della fusione da parte della incorporante medesima sia adottata a norma del primo comma dell'articolo 2502.*

[3] Articolo (già 2504-*quinquies*) così sostituito dall'art. 6, D.Lgs. 17 gennaio 2003, n. 6, a decorrere dal 1° gennaio 2004. L'art. 2504-*quinquies* disponeva: *Alla fusione per incorporazione di una società in un'altra che possiede tutte le azioni o le quote della prima non si applicano le disposizioni dell'articolo 2501-bis, primo comma, numeri 3), 4), 5), e degli articoli 2501-quater e 2501-quinquies.*

L'originario art. 2505 apparteneva all'originario Capo IX *Delle società costituite all'estero od operanti all'estero* (ora Capo XI *Delle società costituite all'estero*) ed era stato abrogato dall'art. 73, L. 31 maggio 1995, n. 218, nel testo sostituito dall'art. 10, D.L. 23 ottobre 1996, n. 542, convertito in L. 23 dicembre 1996, n. 649, a far data dall'1 settembre 1995.

2505-*bis*. Incorporazione di società possedute al novanta per cento.

Alla fusione per incorporazione di una o più società in un'altra che possiede almeno il novanta per cento delle loro azioni o quote non si applicano le disposizioni degli articoli 2501-*quater*, 2501-*quinquies*, 2501-*sexies* e 2501-*septies*, qualora venga concesso agli altri soci della società incorporata il diritto di far acquistare le loro azioni o quote dalla società incorporante per un corrispettivo determinato alla stregua dei criteri previsti per il recesso[1].

L'atto costitutivo o lo statuto possono prevedere che la fusione per incorporazione di una o più società in un'altra che possiede almeno il novanta per cento delle loro azioni o quote sia decisa, quanto alla società incorporante, dal suo organo amministrativo, con deliberazione risultante da atto pubblico, sempre che siano rispettate le disposizioni dell'articolo 2501-*septies*, e che l'iscrizione o la pubblicazione prevista dall'articolo 2501-*ter*, terzo comma, sia fatta, per la società incorporante, almeno trenta giorni prima della data fissata per la decisione di fusione da parte della società incorporata[2].

Si applica la disposizione di cui al terzo comma dell'articolo 2505[3].

[1] Comma così modificato dall'art. 1, D.Lgs. 22 giugno 2012, n. 123. Il testo previgente disponeva: *Alla fusione per incorporazione di una o più società in un'altra che possiede almeno il novanta per cento delle loro azioni o quote non si applicano le disposizioni dell'articolo 2501-sexies, qualora venga concesso agli altri soci della società incorporata il diritto di far acquistare le loro azioni o quote dalla società incorporante per un corrispettivo determinato alla stregua dei criteri previsti per il recesso.*

[2] Comma così modificato dall'art. 1, D.Lgs. 22 giugno 2012, n. 123. Il testo previgente disponeva: *L'atto costitutivo o lo statuto possono prevedere che la fusione per incorporazione di una o più società in un'altra che possiede almeno il novanta per cento delle loro azioni o quote sia decisa, quanto alla società incorporante, dal suo organo amministrativo, con deliberazione risultante da atto pubblico, sempre che siano rispettate le disposizioni dell'articolo 2501-septies, primo comma, numeri 1) e 2), e che l'iscrizione prevista dall'articolo 2501-ter, terzo comma, sia fatta, per la società incorporante, almeno trenta giorni prima della data fissata per la decisione di fusione da parte della società incorporata.*

[3] Articolo aggiunto dall'art. 6, D.Lgs. 17 gennaio 2003, n. 6, a decorrere dal 1° gennaio 2004.

2505-*ter*. Effetti della pubblicazione degli atti del procedimento di fusione nel registro delle imprese.

Alle iscrizioni nel registro delle imprese ai sensi degli articoli 2501-*ter*, 2502-*bis* e 2504 conseguono gli effetti previsti dall'articolo 2448[1].

[1] Articolo (già 2504-*sexies*) aggiunto dall'art. 6, D.Lgs. 17 gennaio 2003, n. 6, a decorrere dal 1° gennaio 2004. L'art. 2504-*sexies* disponeva: *Alle iscrizioni nel registro delle imprese ai sensi degli articoli 2501-bis, 2502-bis e 2504 conseguono gli effetti previsti dall'articolo 2457-ter.*

2505-*quater*. Fusioni cui non partecipano società con capitale rappresentato da azioni.

Se alla fusione non partecipano società regolate dai capi V [2325 ss.] e VI [2452 ss.] del presente titolo, né società cooperative per azioni, non si applicano le disposizioni degli articoli 2501, secondo comma, e 2501-*ter*, secondo comma; i termini di cui agli articoli 2501-*ter*, quarto comma, 2501-*septies*, primo comma, e 2503, primo comma, sono ridotti alla metà[1].

[1] Articolo aggiunto dall'art. 6, D.Lgs. 17 gennaio 2003, n. 6, a decorrere dal 1° gennaio 2004 e poi così modificato dall'art. 1, D.Lgs. 13 ottobre 2009, n. 147. La versione previgente era la seguente: «Se alla fusione non partecipano società re-

golate dai capi V e VI del presente titolo, né società cooperative per azioni, non si applicano le disposizioni degli articoli 2501, secondo comma, e 2501-*ter*, secondo comma; le disposizioni dell'articolo 2501-*sexies* possono essere derogate con il consenso di tutti i soci delle società partecipanti alla fusione; i termini di cui agli articoli 2501-*ter*, quarto comma, 2501-*septies*, primo comma, e 2503, primo comma, sono ridotti alla metà.».

● Norme connesse:

- art. 7, D.P.R. 7 dicembre 1995, n. 581; artt. 31, 57 ss., D.Lgs. 1 settembre 1993, n. 385.

Sezione III
Della scissione delle società[1]

[1] L'originaria Sezione III *Della scissione delle società*, comprendente gli articoli da 2504-*septies* a 2504-*decies*, è stata, da ultimo, così sostituita, a decorrere dal 1° gennaio 2004, dall'art. 6, D.Lgs. 17 gennaio 2003, n. 6, dall'attuale Sezione III *Della scissione delle società*, comprendente gli articoli da 2506 a 2506-quater.

2506. Forme di scissione.

Con la scissione una società assegna l'intero suo patrimonio a più società, preesistenti o di nuova costituzione, o parte del suo patrimonio, in tal caso anche ad una sola società, e le relative azioni o quote ai suoi soci.

È consentito un conguaglio in danaro, purché non superiore al dieci per cento del valore nominale delle azioni o quote attribuite. È consentito inoltre che, per consenso unanime, ad alcuni soci non vengano distribuite azioni o quote di una delle società beneficiarie della scissione, ma azioni o quote della società scissa[1].

La società scissa può, con la scissione, attuare il proprio scioglimento senza liquidazione, ovvero continuare la propria attività.

La partecipazione alla scissione non è consentita alle società in liquidazione che abbiano iniziato la distribuzione dell'attivo[2].

[1] Comma così modificato dall'art. 5, D.Lgs. 6 febbraio 2004, n. 37. Il testo previgente disponeva: *È consentito un conguaglio in danaro, purché non superiore al dieci per cento del valore nominale delle azioni o quote attribuite. È consentito inoltre che, per consenso unanime, ad alcuni soci non vengano distribuite azioni di una delle società beneficiarie della scissione, ma azioni della società scissa.*

[2] Articolo (già 2504-*septies*) così sostituito dall'art. 6, D.Lgs. 17 gennaio 2003, n. 6, a decorrere dal 1° gennaio 2004. L'art. 2504-*septies* disponeva: *La scissione di una società si esegue mediante trasferimento dell'intero suo patrimonio a più società, preesistenti o di nuova costituzione, e assegnazione delle loro azioni o quote ai soci della prima; la scissione di una società può eseguirsi altresì mediante trasferimento di parte del suo patrimonio a una o più società, preesistenti o di nuova costituzione, e assegnazione delle loro azioni o quote ai soci della prima.*

La partecipazione alla scissione non è consentita alle società sottoposte a procedure concorsuali né a quelle in liquidazione che abbiano iniziato la distribuzione dell'attivo.

Il testo originario disponeva: *Le società costituite all'estero, le quali stabiliscono nel territorio dello Stato una o più sedi secondarie con rappresentanza stabile, sono soggette, per ciascuna sede, alle disposizioni della legge italiana sulla pubblicità degli atti sociali. Esse devono inoltre pubblicare, secondo le medesime disposizioni, il cognome, il nome, la data e il luogo di nascita delle persone che le rappresentano stabilmente nel territorio dello Stato, con indicazione dei relativi poteri.*

Ai terzi che hanno compiuto operazioni con la sede secondaria non può essere opposto che gli atti pubblicati ai sensi dei commi precedenti sono difformi da quelli pubblicati nello Stato ove è situata la sede principale.

Le società costituite all'estero sono altresì soggette, per quanto riguarda le sedi secondarie, alle disposizioni che regolano l'esercizio dell'impresa o che la subordinano all'osservanza di particolari condizioni.

Negli atti e nella corrispondenza delle sedi secondarie di società costituite all'estero devono essere contenute le indicazioni richieste dall'articolo 2250; devono essere altresì indicati l'ufficio del registro delle imprese presso il quale è iscritta la sede secondaria e il numero di iscrizione.

● Norme connesse:

- artt. 161, comma 7, 167, comma 2, 185, R.D. 16 marzo 1942, n. 267.

2506-*bis*. Progetto di scissione.

L'organo amministrativo [2381, comma 4] delle società partecipanti alla scissione redige un progetto dal quale devono risultare i dati indicati nel primo comma dell'articolo 2501-*ter* ed inoltre l'esatta descrizione degli elementi patrimoniali da assegnare a ciascuna delle società beneficiarie e dell'eventuale conguaglio in danaro.

Se la destinazione di un elemento dell'attivo non è desumibile dal progetto, esso, nell'ipotesi di assegnazione dell'intero patrimonio della società scissa, è ripartito tra le società beneficiarie in proporzione della quota del patrimonio netto assegnato a ciascuna di esse, così come valutato ai fini della determinazione del rapporto di cambio; se l'assegnazione del patrimonio della società è solo parziale, tale elemento rimane in capo alla società trasferente.

Degli elementi del passivo, la cui destinazione non è desumibile dal progetto, rispondono in solido, nel primo caso, le società beneficiarie, nel secondo la società scissa e le società beneficiarie. La responsabilità solidale è limitata al valore effettivo del patrimonio netto attribuito a ciascuna società beneficiaria.

Dal progetto di scissione devono risultare i criteri di distribuzione delle azioni o quote delle società beneficiarie. Qualora il progetto preveda una attribuzione delle partecipazioni ai soci non proporzionale alla loro quota di partecipazione originaria, il progetto medesimo deve prevedere il diritto dei soci che non approvino la scissione di far acquistare le proprie partecipazioni per un corrispettivo determinato alla stregua dei criteri previsti per il recesso, indicando coloro a cui carico è posto l'obbligo di acquisto.

Il progetto di scissione è depositato per l'iscrizione nel registro delle imprese ovvero pubblicato sul sito Internet della società a norma dell'articolo 2501-*ter*, commi terzo e quarto[1 2].

[1] Comma così sostituito dall'art. 1, D.Lgs. 22 giugno 2012, n. 123. Il testo previgente disponeva: *Il progetto di scissione deve essere pubblicato a norma dell'ultimo comma dell'articolo 2501-ter.*

[2] Articolo (già 2504-*octies*) aggiunto dall'art. 6, D.Lgs. 17 gennaio 2003, n. 6, a decorrere dal 1° gennaio 2004. L'art. 2504-*octies* disponeva: *Gli amministratori delle società partecipanti alla scissione redigono un progetto dal quale devono risultare i dati indicati nel primo comma dell'articolo 2501-*bis *ed inoltre l'esatta descrizione degli elementi patrimoniali da trasferire a ciascuna delle società beneficiarie.*

Se la destinazione di un elemento dell'attivo non è desumibile dal progetto, esso, nell'ipotesi di trasferimento dell'intero patrimonio della società scissa, è ripartito tra le società beneficiarie in proporzione della quota del patrimonio netto trasferito a ciascuna di esse, così come valutato ai fini della determinazione del rapporto di cambio; se il trasferimento del patrimonio della società è solo parziale, tale elemento rimane in capo alla società trasferente.

Degli elementi del passivo, la cui destinazione non è desumibile dal progetto, rispondono in solido, nel primo caso, le società beneficiarie, nel secondo la società trasferente e le società beneficiarie.

Dal progetto di scissione devono risultare i criteri di distribuzione delle azioni o quote delle società beneficiarie. Il progetto deve prevedere che ciascun socio possa in ogni caso optare per la partecipazione a tutte le società interessate all'operazione in proporzione della sua quota di partecipazione originaria.

[...].

● Norme connesse:
- art. 127-quater, D.Lgs. 24 febbraio 1998, n. 58.

2506-*ter*. Norme applicabili.

L'organo amministrativo delle società partecipanti alla scissione redige la situazione patrimoniale e la relazione illustrativa in conformità agli articoli 2501-*quater* e 2501-*quinquies*.

La relazione dell'organo amministrativo deve inoltre illustrare i criteri di distribuzione delle azioni o quote e deve indicare il valore effettivo del patrimonio netto assegnato alle società beneficiarie e di quello che eventualmente rimanga nella società scissa. Quando la scissione si realizza mediante aumento di capitale con conferimento di beni in natura o di crediti, la relazione dell'organo amministrativo menziona, ove prevista, l'elaborazione della relazione di cui all'articolo 2343 e il registro delle imprese presso il quale tale relazione è depositata[1].

Si applica alla scissione l'articolo 2501-*sexies*; la situazione patrimoniale prevista dall'articolo 2501-*quater* e le relazioni previste dagli articoli 2501-*quinquies* e 2501-*sexies*, non sono richieste quando la scissione avviene mediante la costituzione di una o più nuove società e non siano previsti criteri di attribuzione delle azioni o quote diversi da quello proporzionale[2].

Con il consenso unanime dei soci e dei possessori di altri strumenti finanziari che danno diritto di voto nelle società partecipanti alla scissione l'organo amministrativo può essere esonerato dalla redazione dei documenti previsti nei precedenti commi.

Sono altresì applicabili alla scissione gli articoli 2501-*septies*, 2502, 2502-*bis*, 2503, 2503-*bis*, 2504, 2504-*ter*, 2504-*quater*, 2505, primo e secondo comma, 2505-*bis* e 2505-*ter*. Tutti i riferimenti alla fusione contenuti in detti articoli s'intendono riferiti anche alla scissione[3 4].

[1] Comma così modificato dall'art. 27, L. 30 ottobre 2014, n. 161. Il testo previgente disponeva: *La relazione dell'organo amministrativo deve inoltre illustrare i criteri di distribuzione delle azioni o quote e deve indicare il valore effettivo del patrimonio netto assegnato alle società beneficiarie e di quello che eventualmente rimanga nella società scissa.*

[2] Comma così modificato dall'art. 1, D.Lgs. 22 giugno 2012, n. 123. Il testo previgente disponeva: *Si applica alla scissione l'articolo 2501-sexies; la relazione ivi prevista non è richiesta quando la scissione avviene mediante la costituzione di una o più nuove società e non siano previsti criteri di attribuzione delle azioni o quote diversi da quello proporzionale.*

[3] Comma, da ultimo, così modificato dall'art. 1, D.Lgs. 22 giugno 2012, n. 123. Il testo previgente disponeva: *Sono altresì applicabili alla scissione gli articoli 2501-septies, 2502, 2502-bis, 2503, 2503-bis, 2504, 2504-ter, 2504-quater, 2505, 2505-bis e 2505-ter. Tutti i riferimenti alla fusione contenuti in detti articoli s'intendono riferiti anche alla scissione.*

[4] Articolo (già 2504-*novies*) aggiunto dall'art. 6, D.Lgs. 17 gennaio 2003, n. 6, a decorrere dal 1° gennaio 2004. L'art. 2504-*novies* disponeva: *Gli amministratori delle società partecipanti alla scissione redigono la situazione patrimoniale e la relazione illustrativa in conformità agli articoli 2501-ter e 2501-quater.*

La relazione deve inoltre illustrare i criteri di distribuzione delle azioni o quote e deve indicare il valore effettivo del patrimonio netto trasferito alle società beneficiarie e di quello che eventualmente rimanga nella società scissa.

La relazione degli esperti è regolata dall'articolo 2501-quinquies. Tale relazione non è richiesta quando la scissione avviene mediante la costituzione di una o più nuove società e non siano previsti criteri di attribuzione delle azioni o quote diversi da quello proporzionale.

Sono altresì applicabili gli articoli 2501-sexies, 2502, 2502-bis, 2503, 2503-bis, 2504, 2504-ter, 2504-quater e 2504-sexies.

2506-*quater*. Effetti della scissione.

La scissione ha effetto dall'ultima delle iscrizioni dell'atto di scissione nell'ufficio del registro delle imprese in cui sono iscritte le società beneficiarie; può essere tuttavia stabilita una data successiva, tranne che nel caso di scissione mediante costituzione di società nuove. Per gli effetti a cui si riferisce l'articolo 2501-*ter*, numeri *5)* e *6)*, possono essere stabilite date anche anteriori. Si applica il quarto comma dell'articolo 2504-*bis*.

Qualunque società beneficiaria può effettuare gli adempimenti pubblicitari relativi alla società scissa.

Ciascuna società è solidalmente responsabile, nei limiti del valore effettivo del patrimonio netto ad essa assegnato o rimasto, dei debiti della società scissa non soddisfatti dalla società cui fanno carico[1].

[1] Articolo (già 2504-*decies*) aggiunto dall'art. 6, D.Lgs. 17 gennaio 2003, n. 6, a decorrere dal 1° gennaio 2004. L'art. 2504-*decies* disponeva: *La scissione ha effetti dall'ultima delle iscrizioni dell'atto di scissione nell'ufficio del registro delle imprese in cui sono iscritte le società beneficiarie; può essere tuttavia stabilita una data successiva, tranne che nel caso di scissione mediante costituzione di società nuove. Per gli effetti a cui si riferisce l'articolo 2501-bis, numeri 5) e 6), si possono stabilire date anche anteriori.*

Ciascuna società è solidalmente responsabile, nei limiti del valore effettivo del patrimonio netto ad essa trasferito o rimasto, dei debiti della società scissa non soddisfatti dalla società a cui essi fanno carico.

CAPO XI

DELLE SOCIETÀ COSTITUITE ALL'ESTERO[1]

[1] Capo (già Capo IX *Delle società costituite all'estero od operanti all'estero*) aggiunto dall'art. 7, D.Lgs. 17 gennaio 2003, n. 6, a decorrere dal 1° gennaio 2004.

2507. Rapporti con il diritto comunitario.

L'interpretazione ed applicazione delle disposizioni contenute nel presente capo è effettuata in base ai principi dell'ordinamento delle Comunità europee[1].

[1] Articolo aggiunto dall'art. 7, D.Lgs. 17 gennaio 2003, n. 6, a decorrere dal 1° gennaio 2004. L'originario art. 2507 corrisponde all'attuale art. 2509. Il testo previgente disponeva: *Le società costituite all'estero, che sono di tipo diverso da quelli regolati in questo codice, sono soggette alle norme della società per azioni, per ciò che riguarda gli obblighi relativi all'iscrizione degli atti sociali nel registro delle imprese e la responsabilità degli amministratori.*

2508. Società estere con sede secondaria nel territorio dello Stato.

Le società costituite all'estero, le quali stabiliscono nel territorio dello Stato una o più sedi secondarie con rappresentanza stabile, sono soggette, per ciascuna sede, alle disposizioni della legge italiana sulla pubblicità degli atti sociali. Esse devono inoltre pubblicare, secondo le medesime disposizioni, il cognome, il nome, la data e il luogo di nascita delle persone che le rappresentano stabilmente nel territorio dello Stato, con indicazione dei relativi poteri.

Ai terzi che hanno compiuto operazioni con la sede secondaria non può essere opposto che gli atti pubblicati ai sensi dei commi precedenti sono difformi da quelli pubblicati nello Stato ove è situata la sede principale.

Le società costituite all'estero sono altresì soggette, per quanto riguarda le sedi secondarie, alle disposizioni che regolano l'esercizio dell'impresa o che la subordinano all'osservanza di particolari condizioni.

Negli atti e nella corrispondenza delle sedi secondarie di società costituite all'estero devono essere contenute le indicazioni richieste dall'articolo 2250; devono essere altresì indicati l'ufficio del registro delle imprese presso il quale è iscritta la sede secondaria e il numero di iscrizione[1].

[1] Articolo (già 2506) così sostituito dall'art. 7, D.Lgs. 17 gennaio 2003, n. 6, a decorrere dal 1° gennaio 2004. L'originario art. 2508 corrisponde all'attuale art. 2509-*bis*. L'art. 2506 disponeva: *Le società costituite all'estero, le quali stabiliscono nel territorio dello Stato una o più sedi secondarie con rappresentanza stabile, sono soggette, per ciascuna sede, alle disposizioni della legge italiana sulla pubblicità degli atti sociali. Esse devono inoltre pubblicare, secondo le medesime disposizioni, il cognome, il nome, la data e il luogo di nascita delle persone che le rappresentano stabilmente nel territorio dello Stato, con indicazione dei relativi poteri.*

Ai terzi che hanno compiuto operazioni con la sede secondaria non può essere opposto che gli atti pubblicati ai sensi dei commi precedenti sono difformi da quelli pubblicati nello Stato ove è situata la sede principale.

Le società costituite all'estero sono altresì soggette, per quanto riguarda le sedi secondarie, alle disposizioni che regolano l'esercizio dell'impresa o che la subordinano all'osservanza di particolari condizioni.

Negli atti e nella corrispondenza delle sedi secondarie di società costituite all'estero devono essere contenute le indicazioni richieste dall'articolo 2250; devono essere altresì indicati l'ufficio del registro delle imprese presso il quale è iscritta la sede secondaria e il numero di iscrizione.

Il testo originario disponeva: *Fino all'adempimento delle formalità sopra indicate, coloro che agiscono in nome della società rispondono illimitatamente e solidalmente per le obbligazioni sociali.*

● Norme connesse:

- art. 7, D.P.R. 7 dicembre 1995, n. 581.

■ art. 230, Codice del commercio del 1882.

2509. Società estere di tipo diverso da quelle nazionali.

Le società costituite all'estero, che sono di tipo diverso da quelli regolati in questo codice, sono soggette alle norme della società per azioni, per ciò che riguarda gli obblighi relativi all'iscrizione degli atti sociali nel registro delle imprese e la responsabilità degli amministratori[1].

[1] Articolo (già 2507) così sostituito dall'art. 7, D.Lgs. 17 gennaio 2003, n. 6, a decorrere dal 1° gennaio 2004. L'art. 2507 disponeva: *Le società costituite all'estero, che sono di tipo diverso da quelli regolati in questo codice, sono soggette alle norme della società per azioni, per ciò che riguarda gli*

obblighi relativi all'iscrizione degli atti sociali nel registro delle imprese e la responsabilità degli amministratori.

Il testo originario disponeva: *Le società che si costituiscono nel territorio dello Stato, anche se l'oggetto della loro attività è all'estero, sono soggette alle disposizioni della legge italiana.*

● Norme connesse:

- art. 7, D.P.R. 7 dicembre 1995, n. 581.

■ art. 230, Codice del commercio del 1882.

2509-*bis*. Responsabilità in caso di inosservanza delle formalità.

Fino all'adempimento delle formalità sopra indicate, coloro che agiscono in nome della società rispondono illimitatamente e solidalmente per le obbligazioni sociali[1].

[1] Articolo (già 2508) così sostituito dall'art. 7, D.Lgs. 17 gennaio 2003, n. 6, a decorrere dal 1° gennaio 2004. L'art. 2508 disponeva: *Fino all'adempimento delle formalità sopra indicate, coloro che agiscono in nome della società rispondono illimitatamente e solidalmente per le obbligazioni sociali.*

■ art. 231, Codice del commercio del 1882.

2510. Società con prevalenti interessi stranieri.

Sono salve le disposizioni delle leggi speciali che vietano o sottopongono a particolari condizioni l'esercizio di determinate attività da parte di società nelle quali siano rappresentati interessi stranieri[1].

[1] Articolo così sostituito dall'art. 7, D.Lgs. 17 gennaio 2003, n. 6, a decorrere dal 1° gennaio 2004. L'art. 2510 disponeva: *Sono salve le disposizioni delle leggi speciali che vietano o sottopongono a particolari condizioni l'esercizio di determinate attività da parte di società nelle quali siano rappresentati interessi stranieri.*

TITOLO VI
DELLE SOCIETÀ COOPERATIVE E DELLE MUTUE ASSICURATRICI[1]

[1] Titolo così sostituito dall'art. 8, D.Lgs. 17 gennaio 2003, n. 6, a decorrere dal 1° gennaio 2004.

CAPO I
DELLE SOCIETÀ COOPERATIVE[1]

[1] Capo così sostituito dall'art. 8, D.Lgs. 17 gennaio 2003, n. 6, a decorrere dal 1° gennaio 2004. V. art. 14, comma 15, L. 12 novembre 2011, n. 183 secondo cui: *Nel caso in cui siano entrate in vigore norme di legge o regolamentari che incidano, direttamente o indirettamente, sulle materie regolate dallo statuto sociale, le società cooperative di cui al capo I del titolo VI del libro V del codice civile, le cui azioni non siano negoziate in mercati regolamentati, possono modificare il proprio statuto con le maggioranze assembleari previste in via generale dallo statuto per le sue modificazioni, anche nei casi in cui lo statuto stesso preveda maggioranze più elevate per la modifica di determinati suoi articoli.*

● Norme connesse:

- artt. 1, 4, L. 18 dicembre 1984, n. 975; art. 25, L. 31 maggio 1995, n. 218; artt. 150, 152, R.D. 16 marzo 1942, n. 267.

Sezione I
Disposizioni generali. Cooperative a mutualità prevalente[1]

[1] L'originaria Sezione I *Disposizioni generali*, comprendente gli articoli da 2511 a 2517, è stata così sostituita, a decorrere dal 1° gennaio 2004, con l'attuale Sezione I *Disposizioni generali. Cooperative a mutualità prevalente*, comprendente gli articoli da 2511 a 2520, dall'art. 8, D.Lgs. 17 gennaio 2003, n. 6.

2511. Società cooperative.

Le cooperative sono società a capitale variabile con scopo mutualistico iscritte presso l'albo delle società cooperative di cui all'articolo 2512, secondo comma, e all'articolo 223-*sexiesdecies* delle disposizioni per l'attuazione del presente codice[1].

[1] Articolo così sostituito dall'art. 8, D.Lgs. 17 gennaio 2003, n. 6, a decorrere dal 1° gennaio 2004 e poi così modificato dall'art. 10, L. 23 luglio 2009, n. 99. Il testo previgente le modifiche del 2003 disponeva: *Le imprese che hanno scopo mutualistico possono costituirsi come società cooperative a responsabilità illimitata o limitata, secondo le disposizioni seguenti.* Il testo previgente le modifiche del 2009 disponeva: *Le cooperative sono società a capitale variabile con scopo mutualistico.*

● Norme connesse:

- art. 14, D.Lgs. 7 settembre 2005, n. 209.

2512. Cooperativa a mutualità prevalente.

Sono società cooperative a mutualità prevalente, in ragione del tipo di scambio mutualistico, quelle che:

1) svolgono la loro attività prevalentemente in favore dei soci, consumatori o utenti di beni o servizi;

2) si avvalgono prevalentemente, nello svolgimento della loro attività, delle prestazioni lavorative dei soci;

3) si avvalgono prevalentemente, nello svolgimento della loro attività, degli apporti di beni o servizi da parte dei soci.

Le società cooperative a mutualità prevalente si iscrivono in un apposito albo, presso il quale depositano annualmente i propri bilanci[1 2].

[1] Articolo così sostituito dall'art. 8, D.Lgs. 17 gennaio 2003, n. 6, a decorrere dal 1° gennaio 2004. L'originario art. 2512 corrisponde all'attuale art. 2517. Il testo previgente disponeva: *Gli enti mutualistici diversi dalle società sono regolati dalle leggi speciali.*

[2] Il termine di presentazione delle domande di iscrizione delle società cooperative di cui al presente articolo è stato

fissato al 31 marzo 2005 dall'art. 19-*ter*, D.L. 9 novembre 2004, n. 266, convertito in L. 27 dicembre 2004, n. 306.

● Norme connesse:

- art. 150-bis, D.Lgs. 1 settembre 1993, n. 385.

2513. Criteri per la definizione della prevalenza.

Gli amministratori e i sindaci documentano la condizione di prevalenza di cui al precedente articolo nella nota integrativa al bilancio, evidenziando contabilmente i seguenti parametri [disp. att. 111-*septies*, 111-*undecies*]:

a) i ricavi dalle vendite dei beni e dalle prestazioni di servizi verso i soci sono superiori al cinquanta per cento del totale dei ricavi delle vendite e delle prestazioni ai sensi dell'articolo 2425, primo comma, punto A1;

b) il costo del lavoro dei soci è superiore al cinquanta per cento del totale del costo del lavoro di cui all'articolo 2425, primo comma, punto B9 computate le altre forme di lavoro inerenti lo scopo mutualistico[1];

c) il costo della produzione per servizi ricevuti dai soci ovvero per beni conferiti dai soci è rispettivamente superiore al cinquanta per cento del totale dei costi dei servizi di cui all'articolo 2425, primo comma, punto B7, ovvero al costo delle merci o materie prime acquistate o conferite, di cui all'articolo 2425, primo comma, punto B6.

Quando si realizzano contestualmente più tipi di scambio mutualistico, la condizione di prevalenza è documentata facendo riferimento alla media ponderata delle percentuali delle lettere precedenti.

Nelle cooperative agricole la condizione di prevalenza sussiste quando la quantità o il valore dei prodotti conferiti dai soci è superiore al cinquanta per cento della quantità o del valore totale dei prodotti[2 3].

[1] Lettera così modificata dall'art. 25, D.Lgs. 28 dicembre 2004, n. 310. Il testo previgente disponeva: *b) il costo del lavoro dei soci è superiore al cinquanta per cento del totale del costo del lavoro di cui all'articolo 2425, primo comma, punto B9.*

[2] Articolo così sostituito dall'art. 8, D.Lgs. 17 gennaio 2003, n. 6, a decorrere dal 1° gennaio 2004. Il testo previgente disponeva: *Nelle società cooperative a responsabilità illimitata per le obbligazioni sociali risponde la società con il suo patrimonio e, in caso di liquidazione coatta amministrativa o di fallimento, rispondono in via sussidiaria i soci solidalmente e illimitatamente a norma dell'articolo 2541.*

[2] Per disposizioni relative alle cooperative sociali e agricole, v. l'art. 111-*septies*, R.D. 30 marzo 1942, n. 318. Per i regimi derogatori al requisito della prevalenza di cui al presente articolo, v. l'art. 111-*undecies*, R.D. 30 marzo 1942, n. 318.

● Norme connesse:

- artt. 150, 150-bis, D.Lgs. 1 settembre 1993, n. 385.

2514. Requisiti delle cooperative a mutualità prevalente.

Le cooperative a mutualità prevalente devono prevedere nei propri statuti:

a) il divieto di distribuire i dividendi in misura superiore all'interesse massimo dei buoni postali fruttiferi, aumentato di due punti e mezzo rispetto al capitale effettivamente versato;

b) il divieto di remunerare gli strumenti finanziari offerti in sottoscrizione ai soci cooperatori in misura superiore a due punti rispetto al limite massimo previsto per i dividendi;

c) il divieto di distribuire le riserve fra i soci cooperatori;

d) l'obbligo di devoluzione, in caso di scioglimento della società, dell'intero patrimonio sociale, dedotto soltanto il capitale sociale e i dividendi eventualmente maturati, ai fondi mutualistici per la promozione e lo sviluppo della cooperazione.

Le cooperative deliberano l'introduzione e la soppressione delle clausole di cui al comma precedente con le maggioranze previste per l'assemblea straordinaria [2368, comma 2][1].

[1] Articolo così sostituito dall'art. 8, D.Lgs. 17 gennaio 2003, n. 6, a decorrere dal 1° gennaio 2004. Il testo previgente disponeva: *Nelle società cooperative a responsabilità limitata per le obbligazioni sociali risponde la società con il suo patrimonio. Le quote di partecipazione possono essere rappresentate da azioni.*

L'atto costitutivo può stabilire che in caso di liquidazione coatta amministrativa o di fallimento della società ciascun socio risponda sussidiariamente e solidalmente per una somma multipla della propria quota a norma dell'articolo 2541.

● Norme connesse:

- artt. 28, 150-bis, D.Lgs. 1 settembre 1993, n. 385.

2515. Denominazione sociale.

La denominazione sociale, in qualunque modo formata, deve contenere l'indicazione di società cooperativa.

L'indicazione di cooperativa non può essere usata da società che non hanno scopo mutualistico.

[...][1 2].

[1] Comma abrogato dall'art. 10, L. 23 luglio 2009, n. 99. Il testo previgente disponeva: *Le società cooperative a mutualità prevalente devono indicare negli atti e nella corrispondenza il numero di iscrizione presso l'albo delle cooperative a mutualità prevalente.*

[2] Articolo così sostituito dall'art. 8, D.Lgs. 17 gennaio 2003, n. 6, a decorrere dal 1° gennaio 2004. Il testo previgente disponeva: *La denominazione sociale, in qualunque modo formata, deve contenere l'indicazione di società cooperativa a responsabilità illimitata o di società cooperativa a responsabilità limitata.*

L'indicazione di cooperativa non può essere usata da società che non hanno scopo mutualistico.

2516. Rapporti con i soci.

Nella costituzione e nell'esecuzione dei rapporti mutualistici deve essere rispettato il principio di parità di trattamento[1].

[1] Articolo così sostituito dall'art. 8, D.Lgs. 17 gennaio 2003, n. 6, a decorrere dal 1° gennaio 2004. L'originario art. 2516 corrisponde all'attuale art. 2519. Il testo previgente disponeva: *Alle società cooperative si applicano in ogni caso le disposizioni riguardanti i conferimenti e le prestazioni accessorie, le assemblee, gli amministratori, i sindaci, i libri sociali, il bilancio e la liquidazione delle società per azioni, in quanto compatibili con le disposizioni seguenti e con quelle delle leggi speciali.*

2517. Enti mutualistici.

Le disposizioni del presente titolo non si applicano agli enti mutualistici diversi dalle società[1].

[1] Articolo (già 2512) così sostituito dall'art. 8, D.Lgs. 17 gennaio 2003, n. 6, a decorrere dal 1° gennaio 2004. L'originario art. 2517 corrisponde all'attuale art. 2520. L'art. 2512 disponeva: *Gli enti mutualistici diversi dalle società sono regolati dalle leggi speciali.*

Il testo originario disponeva: *Le società cooperative che esercitano il credito, le casse rurali ed artigiane, le società cooperative per la costruzione e l'acquisto di case popolari ed economiche e le altre società cooperative regolate dalle leggi speciali sono soggette alle disposizioni del presente titolo, in quanto compatibili con le disposizioni delle leggi speciali.*

Seguiva la Sezione II *Costituzione*, composta dagli articoli da 2518 a 2520, corrispondente all'attuale Sezione II *Della costituzione*, composta dagli artt. da 2521 a 2524.

2518. Responsabilità per le obbligazioni sociali.

Nelle società cooperative per le obbligazioni sociali risponde soltanto la società con il suo patrimonio[1].

[1] Articolo (già 2513 e 2514) così sostituito dall'art. 8, D.Lgs. 17 gennaio 2003, n. 6, a decorrere dal 1° gennaio 2004. L'originario art. 2518 corrisponde all'attuale art. 2521. L'art. 2513 disponeva: *Nelle società cooperative a responsabilità illimitata per le obbligazioni sociali risponde la società con il suo patrimonio e, in caso di liquidazione coatta amministrativa o di fallimento, rispondono in via sussidiaria i soci solidalmente e illimitatamente a norma dell'articolo 2541.*

L'art. 2514 disponeva: *Nelle società cooperative a responsabilità limitata per le obbligazioni sociali risponde la società con il suo patrimonio. Le quote di partecipazione possono essere rappresentate da azioni.*

L'atto costitutivo può stabilire che in caso di liquidazione coatta amministrativa o di fallimento della società ciascun socio risponda sussidiariamente e solidalmente per una somma multipla della propria quota a norma dell'articolo 2541.

Il testo originario disponeva: *La società deve costituirsi per atto pubblico.*

L'atto costitutivo deve indicare:

1) il cognome e il nome, il nome del padre, il domicilio e la cittadinanza dei soci;

2) la denominazione, la sede della società e le eventuali sedi secondarie;

3) l'oggetto sociale;

4) se la società è a responsabilità illimitata o limitata e, in questo caso, se il capitale sociale è ripartito in azioni e l'eventuale responsabilità sussidiaria dei soci;

5) la quota di capitale sottoscritto da ciascun socio, i versamenti eseguiti e, se il capitale è ripartito in azioni, il valore nominale di queste;

6) il valore dei crediti e dei beni conferiti in natura;

7) le condizioni per l'ammissione dei soci e il modo e il tempo in cui devono essere eseguiti i conferimenti;

8) le condizioni per l'eventuale recesso e per l'esclusione dei soci;

9) le norme secondo le quali devono essere ripartiti gli utili, la percentuale massima degli utili ripartibili e la destinazione che deve essere data agli utili residui;

10) le forme di convocazione dell'assemblea, in quanto si deroghi alle disposizioni di legge;

11) il numero degli amministratori e i loro poteri, indicando quali tra essi hanno la rappresentanza sociale;

12) il numero dei componenti il collegio sindacale;

13) la durata della società;

14) l'importo globale, almeno approssimativo, delle spese per la costituzione poste a carico della società.

Lo statuto contenente le norme relative al funzionamento della società, anche se forma oggetto di atto separato, si considera parte integrante dell'atto costitutivo e deve essere a questo allegato.

● Norme connesse:

- artt. 147, 151, 211, R.D. 16 marzo 1942, n. 267.

2519. Norme applicabili.

Alle società cooperative, per quanto non previsto dal presente titolo, si applicano in quanto compatibili le disposizioni sulla società per azioni. L'atto costitutivo può prevedere che trovino applicazione, in quanto compatibili, le norme sulla società a responsabilità limitata nelle cooperative con un numero di soci cooperatori inferiore a venti ovvero con un attivo dello stato patrimoniale non superiore ad un milione di euro[1].

[1] Articolo (già 2516) così sostituito dall'art. 8, D.Lgs. 17 gennaio 2003, n. 6, a decorrere dal 1° gennaio 2004. L'originario art. 2519 corrisponde all'attuale art. 2523. L'art. 2516 disponeva: *Alle società cooperative si applicano in ogni caso le disposizioni riguardanti i conferimenti e le prestazioni accessorie, le assemblee, gli amministratori, i sindaci, i libri sociali, il bilancio e la liquidazione delle società per azioni, in quanto compatibili con le disposizioni seguenti e con quelle delle leggi speciali.*

Il testo originario disponeva: *L'atto costitutivo deve essere depositato entro trenta giorni per l'iscrizione nel registro delle imprese, a cura del notaio che lo ha ricevuto o degli amministratori, a norma dell'articolo 2330.*

Gli effetti dell'iscrizione e della nullità dell'atto costitutivo sono regolati rispettivamente dagli articoli 2331 e 2332.

● Norme connesse:

- art. 56, comma 3, D.Lgs. 7 settembre 2005, n. 209; art. 150-bis, D.Lgs. 1 settembre 1993, n. 385.

■ artt. 219, 221, Codice del commercio del 1882.

2520. Leggi speciali.

Le cooperative regolate dalle leggi speciali sono soggette alle disposizioni del presente titolo, in quanto compatibili [disp. att. 223-*terdecies*].

La legge può prevedere la costituzione di cooperative destinate a procurare beni o servizi a soggetti appartenenti a particolari categorie anche di non soci[1].

[1] Articolo (già 2517) così sostituito dall'art. 8, D.Lgs. 17 gennaio 2003, n. 6, a decorrere dal 1° gennaio 2004. L'originario art. 2520 corrisponde all'attuale art. 2524. L'art. 2517 disponeva: *Le società cooperative che esercitano il credito, le casse rurali ed artigiane, le società cooperative per la costruzione e l'acquisto di case popolari ed economiche e le altre società cooperative regolate dalle leggi speciali sono soggette alle disposizioni del presente titolo, in quanto compatibili con le disposizioni delle leggi speciali.*

Il testo originario disponeva: *La variazione del numero e delle persone dei soci non importa modificazione dell'atto costitutivo.*

Il capitale della società, anche se questa è a responsabilità limitata, non è determinato in un ammontare prestabilito.

Ogni trimestre deve essere depositato per l'iscrizione presso l'ufficio del registro delle imprese, a cura degli amministratori, un elenco delle variazioni delle persone dei soci a responsabilità illimitata o di quelli che hanno assunto responsabilità per una somma multipla dell'ammontare della propria quota.

Seguiva la Sezione III *Delle quote e delle azioni*, composta dagli articoli da 2521 a 2531, corrispondente all'attuale Sezione III *Delle quote e delle azioni*, composta dagli artt. da 2525 a 2537.

● Norme connesse:

- artt. 28 ss., D.Lgs. 1 settembre 1993, n. 385.

Sezione II
Della costituzione[1]

[1] L'originaria Sezione II *Costituzione*, comprendente gli articoli da 2518 a 2520, è stata così sostituita, a decorrere dal 1° gennaio 2004, con l'attuale Sezione II *Della costituzione*, comprendente gli articoli da 2521 a 2524, dall'art. 1, D.Lgs. 17 gennaio 2003, n. 6.

2521. Atto costitutivo.

La società deve costituirsi per atto pubblico.

L'atto costitutivo stabilisce le regole per lo svolgimento dell'attività mutualistica e può prevedere che la società svolga la propria attività anche con terzi.

L'atto costitutivo deve indicare:

1) il cognome e il nome o la denominazione, il luogo e la data di nascita o di costituzione, il domicilio o la sede, la cittadinanza dei soci;

2) la denominazione, e il comune ove è posta la sede della società e le eventuali sedi secondarie;

3) la indicazione specifica dell'oggetto sociale con riferimento ai requisiti e agli interessi dei soci;

4) la quota di capitale sottoscritta da ciascun socio, i versamenti eseguiti e, se il capitale è ripartito in azioni, il loro valore nominale;

5) il valore attribuito ai crediti e ai beni conferiti in natura;

6) i requisiti e le condizioni per l'ammissione dei soci e il modo e il tempo in cui devono essere eseguiti i conferimenti;

7) le condizioni per l'eventuale recesso o per la esclusione dei soci;

8) le regole per la ripartizione degli utili e i criteri per la ripartizione dei ristorni;

9) le forme di convocazione dell'assemblea, in quanto si deroga alle disposizioni di legge;

10) il sistema di amministrazione adottato, il numero degli amministratori e i loro poteri, indicando quali tra essi hanno la rappresentanza della società;

11) il numero dei componenti del collegio sindacale;

12) la nomina dei primi amministratori e sindaci;

13) l'importo globale, almeno approssimativo, delle spese per la costituzione poste a carico delle società.

Lo statuto contenente le norme relative al funzionamento della società, anche se forma oggetto di atto separato, si considera parte integrante dell'atto costitutivo.

I rapporti tra la società e i soci possono essere disciplinati da regolamenti che determinano i criteri e le regole inerenti allo svolgimento dell'attività mutualistica tra la società e i soci. I regolamenti, quando non costituiscono parte integrante dell'atto costitutivo, sono predisposti dagli amministratori e approvati dall'assemblea con le maggioranze previste per le assemblee straordinarie[1].

[1] Articolo (già 2518) così sostituito dall'art. 8, D.Lgs. 17 gennaio 2003, n. 6, a decorrere dal 1° gennaio 2004. L'originario art. 2521 corrisponde all'attuale art. 2525. L'art. 2518 disponeva: *La società deve costituirsi per atto pubblico.*

L'atto costitutivo deve indicare:

1) Il cognome e il nome, il nome del padre, il domicilio e la cittadinanza dei soci;

2) la denominazione, la sede della società e le eventuali sedi secondarie;

3) l'oggetto sociale;

4) se la società è a responsabilità illimitata o limitata e, in questo caso, se il capitale sociale è ripartito in azioni e l'eventuale responsabilità sussidiaria dei soci;

5) la quota di capitale sottoscritto da ciascun socio, i versamenti eseguiti e, se il capitale è ripartito in azioni, il valore nominale di queste;

6) il valore dei crediti e dei beni conferiti in natura;

7) le condizioni per l'ammissione dei soci e il modo e il tempo in cui devono essere eseguiti i conferimenti;

8) le condizioni per l'eventuale recesso e per l'esclusione dei soci;

9) le norme secondo le quali devono essere ripartiti gli utili, la percentuale massima degli utili ripartibili e la destinazione che deve essere data agli utili residui;

CODICE CIVILE

10) le forme di convocazione dell'assemblea, in quanto si deroghi alle disposizioni di legge;

11) il numero degli amministratori e i loro poteri, indicando quali tra essi hanno la rappresentanza sociale;

12) il numero dei componenti il collegio sindacale;

13) la durata della società;

14) l'importo globale, almeno approssimativo, delle spese per la costituzione poste a carico della società.

Lo statuto contenente le norme relative al funzionamento della società, anche se forma oggetto di atto separato, si considera parte integrante dell'atto costitutivo e deve essere a questo allegato.

Il testo originario disponeva: *Nelle società cooperative nessun socio può avere una quota superiore a cinquantamila euro, nè tante azioni il cui valore nominale superi tale somma.*

Il valore nominale di ciascuna quota o azione non può essere inferiore a venticinque euro. Il valore nominale di ciascuna azione non può essere superiore a cinquecento euro.

Alle azioni si applicano le disposizioni degli articoli 2346, 2347, 2348, 2349 e 2354. Tuttavia nelle azioni non è indicato l'ammontare del capitale, né quello dei versamenti parziali sulle azioni non completamente liberate.

● Norme connesse:
- art. 7, D.P.R. 7 dicembre 1995, n. 581.
■ art. 220, Codice del commercio del 1882.

2522. Numero dei soci.

Per costituire una società cooperativa è necessario che i soci siano almeno nove.

Può essere costituita una società cooperativa da almeno tre soci quando i medesimi sono persone fisiche e la società adotta le norme della società a responsabilità limitata; nel caso di attività agricola possono essere soci anche le società semplici[1].

Se successivamente alla costituzione il numero dei soci diviene inferiore a quello stabilito nei precedenti commi, esso deve essere integrato nel termine massimo di un anno, trascorso il quale la società si scioglie e deve essere posta in liquidazione.

La legge determina il numero minimo di soci necessario per la costituzione di particolari categorie di cooperative[2][3].

[1] Comma così modificato dall'art. 26, D.Lgs. 28 dicembre 2004, n. 310. Il testo previgente disponeva: *Può essere costituita una società cooperativa da almeno tre soci quando i medesimi sono persone fisiche e la società adotta le norme della società a responsabilità limitata.*

[2] Articolo aggiunto dall'art. 8, D.Lgs. 17 gennaio 2003, n. 6, a decorrere dal 1° gennaio 2004. Il testo previgente disponeva: *L'atto costitutivo può autorizzare gli amministratori ad acquistare o a rimborsare quote o azioni della società, purché l'acquisto o il rimborso sia fatto nei limiti degli utili distribuibili e delle riserve disponibili risultanti dall'ultimo bilancio regolarmente approvato.*

[3] A norma dell'art. 111-*septies*, R.D. 30 marzo 1942, n. 318, le piccole società cooperative costituite ai sensi della L. 266/1997 devono trasformarsi in società cooperative disciplinate dal presente articolo nel termine previsto dall'art. 223-*duodecies* del medesimo R.D. 318/1942.

● Norme connesse:
- art. 150-bis, D.Lgs. 1 settembre 1993, n. 385.

2523. Deposito dell'atto costitutivo e iscrizione della società.

Il notaio che ha ricevuto l'atto costitutivo deve depositarlo entro venti giorni presso l'ufficio del registro delle imprese nella cui circoscrizione è stabilita la sede sociale, a norma dell'articolo 2330.

Gli effetti dell'iscrizione e della nullità sono regolati rispettivamente dagli articoli 2331 e 2332[1].

[1] Articolo (già 2519) così sostituito dall'art. 8, D.Lgs. 17 gennaio 2003, n. 6, a decorrere dal 1° gennaio 2004. L'originario art. 2523 corrisponde all'attuale art. 2530. L'art. 2519 disponeva: *L'atto costitutivo deve essere depositato entro trenta giorni per l'iscrizione nel registro delle imprese, a cura del notaio che lo ha ricevuto o degli amministratori, a norma dell'articolo 2330.*

Gli effetti dell'iscrizione e della nullità dell'atto costitutivo sono regolati rispettivamente dagli articoli 2331 e 2332.

Il testo originario disponeva: *Le quote e le azioni non possono essere cedute con effetto verso la società, se la cessione non è autorizzata dagli amministratori.*

L'atto costitutivo può vietare la cessione delle quote o delle azioni con effetto verso la società, salvo in questo caso il diritto del socio di recedere dalla società.

● Norme connesse:
- art. 7, D.P.R. 7 dicembre 1995, n. 581.

2524. Variabilità del capitale.

Il capitale sociale non è determinato in un ammontare prestabilito.

Nelle società cooperative l'ammissione di nuovi soci, nelle forme previste dall'articolo 2528 non importa modificazione dell'atto costitutivo.

La società può deliberare aumenti di capitale con modificazione dell'atto costitutivo nelle forme previste dagli articoli 2438 e seguenti.

L'esclusione o la limitazione del diritto di opzione può essere autorizzata dall'assemblea su proposta motivata degli amministratori[1].

[1] Articolo (già 2520) così sostituito dall'art. 8, D.Lgs. 17 gennaio 2003, n. 6, a decorrere dal 1° gennaio 2004. L'originario art. 2524 corrisponde all'attuale art. 2531. L'art. 2520 disponeva: *La variazione del numero e delle persone dei soci non importa modificazione dell'atto costitutivo.*

Il capitale della società, anche se questa è a responsabilità limitata, non è determinato in un ammontare prestabilito.

Ogni trimestre deve essere depositato per l'iscrizione presso l'ufficio del registro delle imprese, a cura degli amministratori, un elenco delle variazioni delle persone dei soci a responsabilità illimitata o di quelli che hanno assunto responsabilità per una somma multipla dell'ammontare della propria quota.

Il testo originario disponeva: *Il socio che non esegue in tutto o in parte il pagamento delle quote o delle azioni sottoscritte può, previa intimazione da parte degli amministratori, essere escluso a norma dell'articolo 2527.*

● Norme connesse:
- art. 30, D.Lgs. 1 settembre 1993, n. 385.
■ art. 222, Codice del commercio del 1882.

Sezione III
Delle quote e delle azioni[1]

[1] L'originaria Sezione III *Delle quote e delle azioni*, comprendente gli articoli da 2521 a 2531, è stata così sostituita, a decorrere dal 1° gennaio 2004, con l'attuale Sezione III *Delle quote e delle azioni*, comprendente gli articoli da 2525 a 2537, dall'art. 1, D.Lgs. 17 gennaio 2003, n. 6.

2525. Quote e azioni.

Il valore nominale di ciascuna azione o quota non può essere inferiore a venticinque euro nè per le azioni superiore a cinquecento euro[1].

Ove la legge non preveda diversamente, nelle società cooperative nessun socio può avere una quota superiore a centomila euro, né tante azioni il cui valore nominale superi tale somma.

L'atto costitutivo, nelle società cooperative con più di cinquecento soci, può elevare il limite previsto nel precedente comma sino al due per cento del capitale sociale. Le azioni eccedenti tale limite possono essere riscattate o alienate nell'interesse del socio dagli amministratori e, comunque, i relativi diritti patrimoniali sono destinati a riserva indivisibile a norma dell'articolo 2545-*ter*.

I limiti di cui ai commi precedenti non si applicano nel caso di conferimenti di beni in natura o di crediti, nei casi previsti dagli articoli 2545-*quinquies* e 2545-*sexies*, e con riferimento ai soci diversi dalle persone fisiche ed ai sottoscrittori degli strumenti finanziari dotati di diritti di amministrazione.

Alle azioni si applicano, in quanto compatibili, le disposizioni degli articoli 2346, 2347, 2348, 2349, 2354 e 2355. Tuttavia nelle azioni non è indicato l'ammontare del capitale nè quello dei versamenti parziali sulle azioni non completamente liberate[2].

[1] Comma così modificato dall'art. 27, D.Lgs. 28 dicembre 2004, n. 310. Il testo previgente disponeva: *Il valore nominale di ciascuna azione o quota non può essere inferiore a venticinque euro né superiore a cinquecento euro.*

[2] Articolo (già 2521) così sostituito dall'art. 8, D.Lgs. 17 gennaio 2003, n. 6, a decorrere dal 1° gennaio 2004. L'art. 2521 disponeva: *Nelle società cooperative nessun socio può avere una quota superiore a cinquantamila euro, nè tante azioni il cui valore nominale superi tale somma.*

Il valore nominale di ciascuna quota o azione non può essere inferiore a venticinque euro. Il valore nominale di ciascuna azione non può essere superiore a cinquecento euro.

Alle azioni si applicano le disposizioni degli articoli 2346, 2347, 2348, 2349 e 2354. Tuttavia nelle azioni non è indicato l'ammontare del capitale, né quello dei versamenti parziali sulle azioni non completamente liberate.

Il testo originario disponeva: *L'ammissione di un nuovo socio è fatta con deliberazione degli amministratori su domanda dell'interessato.*

La deliberazione di ammissione deve essere annotata a cura degli amministratori nel libro dei soci.

Il nuovo socio deve versare, oltre l'importo della quota o dell'azione, una somma da determinarsi dagli amministratori per ciascun esercizio sociale, tenuto conto delle riserve patrimoniali risultanti dall'ultimo bilancio approvato.

● Norme connesse:
- art. 150-bis, D.Lgs. 1 settembre 1993, n. 385.
■ artt. 222, 224, Codice del commercio del 1882.

2526. Soci finanziatori e altri sottoscrittori di titoli di debito.

L'atto costitutivo può prevedere l'emissione di strumenti finanziari, secondo la disciplina prevista per le società per azioni.

L'atto costitutivo stabilisce i diritti patrimoniali o anche amministrativi attribuiti ai possessori degli strumenti finanziari e le eventuali condizioni cui è sottoposto il loro trasferimento. I privilegi previsti nella ripartizione degli utili e nel rimborso del capitale non si estendono alle riserve indivisibili a norma dell'articolo 2545-*ter*. Ai possessori di strumenti finanziari non può, in ogni caso, essere attribuito più di un terzo dei voti spettanti all'insieme dei soci presenti ovvero rappresentati in ciascuna assemblea generale[1].

Il recesso dei possessori di strumenti finanziari forniti del diritto di voto è disciplinato dagli articoli 2437 e seguenti.

La cooperativa cui si applicano le norme sulla società a responsabilità limitata può offrire in sottoscrizione strumenti privi di diritti di amministrazione solo a investitori qualificati[2].

[1] Comma così modificato dall'art. 5, D.Lgs. 6 febbraio 2004, n. 37. Il testo previgente disponeva: *L'atto costitutivo stabilisce i diritti di amministrazione o patrimoniali attribuiti ai possessori degli strumenti finanziari e le eventuali condizioni cui è sottoposto il loro trasferimento. I privilegi previsti nella ripartizione degli utili e nel rimborso del capitale non si estendono alle riserve indivisibili a norma dell'articolo 2545-ter. Ai possessori di strumenti finanziari non può, in ogni caso, essere attribuito più di un terzo dei voti spettanti all'insieme dei soci presenti ovvero rappresentati in ciascuna assemblea generale.*

[2] Articolo aggiunto dall'art. 8, D.Lgs. 17 gennaio 2003, n. 6, a decorrere dal 1° gennaio 2004. Il testo previgente disponeva: *La dichiarazione di recesso, nei casi in cui questo è ammesso dalla legge o dall'atto costitutivo, deve essere comunicata con raccomandata alla società e deve essere annotata nel libro dei soci a cura degli amministratori.*

Essa ha effetto, con la chiusura dell'esercizio in corso, se comunicata tre mesi prima e, in caso contrario, con la chiusura dell'esercizio successivo.

[3] Per un'interpretazione autentica del presente comma, v. art. 11, comma 3-bis, D.L. 23 dicembre 2013, n. 145, convertito in L. 21 febbraio 2014, n. 9, in base al quale: *nelle cooperative cui si applicano le norme sulle società a responsabilità limitata, il limite all'emissione di strumenti finanziari si riferisce esclusivamente ai titoli di debito.*

● Norme connesse:
- art. 150-bis, D.Lgs. 1 settembre 1993, n. 385; art. 100-bis, D.Lgs. 24 febbraio 1998, n. 58; art. 56, comma 3, D.Lgs. 7 settembre 2005, n. 209.

2527. Requisiti dei soci.

L'atto costitutivo stabilisce i requisiti per l'ammissione dei nuovi soci e la relativa procedura, secondo criteri non discriminatori coerenti con lo scopo mutualistico e l'attività economica svolta.

Non possono in ogni caso divenire soci quanti esercitano in proprio imprese in concorrenza con quella della cooperativa[1].

L'atto costitutivo può prevedere, determinandone i diritti e gli obblighi, l'ammissione del nuovo socio cooperatore in una categoria speciale in ragione dell'interesse alla sua formazione ovvero del suo inserimento nell'impresa. I soci ammessi alla categoria speciale non possono in ogni caso superare un terzo del numero totale dei soci cooperatori. Al termine di un periodo comunque non superiore a cinque anni il nuovo socio è ammesso a godere i diritti che spettano agli altri soci cooperatori[2].

[1] Comma così sostituito dall'art. 28, D.Lgs. 28 dicembre 2004, n. 310. Il testo previgente disponeva: *Non possono in ogni caso divenire soci quanti esercitano in proprio imprese identiche o affini con quella della cooperativa.*

[2] Articolo aggiunto dall'art. 8, D.Lgs. 17 gennaio 2003, n. 6, a decorrere dal 1° gennaio 2004. Il testo previgente disponeva: *L'esclusione del socio, qualunque sia il tipo della società, oltre che nel caso indicato nell'articolo 2524, può aver luogo negli altri casi previsti dagli articoli 2286 e 2288, primo comma, e in quelli stabiliti dall'atto costitutivo.*

Quando l'esclusione non ha luogo di diritto, essa deve essere deliberata dall'assemblea dei soci o, se l'atto costitutivo lo consente, dagli amministratori, e deve essere comunicata al socio.

Contro la deliberazione di esclusione il socio può, nel termine di trenta giorni dalla comunicazione, proporre opposizione davanti al tribunale. Questo può sospendere l'esecuzione della deliberazione.

L'esclusione ha effetto dall'annotazione nel libro dei soci, da farsi a cura degli amministratori.

● Norme connesse:
- art. 150-bis, D.Lgs. 1 settembre 1993, n. 385.

2528. Procedura di ammissione e carattere aperto della società.

L'ammissione di un nuovo socio è fatta con deliberazione degli amministratori su domanda dell'interessato. La deliberazione di ammissione deve essere comunicata all'interessato e annotata a cura degli amministratori nel libro dei soci.

Il nuovo socio deve versare, oltre l'importo della quota o delle azioni, il soprapprezzo eventualmente determinato dall'assemblea in sede di approvazione del bilancio su proposta dagli amministratori.

Il consiglio di amministrazione deve entro sessanta giorni motivare la deliberazione di rigetto della domanda di ammissione e comunicarla agli interessati.

Qualora la domanda di ammissione non sia accolta dagli amministratori, chi l'ha proposta può entro sessanta giorni dalla comunicazione del diniego chiedere che sull'istanza si pronunci l'assemblea, la quale delibera sulle domande non accolte, se non appositamente convocata, in occasione della sua prossima successiva convocazione.

Gli amministratori nella relazione al bilancio illustrano le ragioni delle determinazioni assunte con riguardo all'ammissione dei nuovi soci[1].

[1] Articolo (già 2525) così sostituito dall'art. 8, D.Lgs. 17 gennaio 2003, n. 6, a decorrere dal 1° gennaio 2004. L'originario art. 2528 corrisponde all'attuale art. 2534. L'art. 2525 disponeva: *L'ammissione di un nuovo socio è fatta con deliberazione degli amministratori su domanda dell'interessato.*

La deliberazione di ammissione deve essere annotata a cura degli amministratori nel libro dei soci.

Il nuovo socio deve versare, oltre l'importo della quota o dell'azione, una somma da determinarsi dagli amministratori per ciascun esercizio sociale, tenuto conto delle riserve patrimoniali risultanti dall'ultimo bilancio approvato.

Il testo originario disponeva: *In caso di morte del socio, salvo che l'atto costitutivo disponga la continuazione della società con gli eredi, questi hanno diritto alla liquidazione della quota o al rimborso delle azioni, secondo le disposizioni dell'articolo seguente.*

● Norme connesse:
- art. 150-bis, D.Lgs. 1 settembre 1993, n. 385.

■ art. 226, Codice del commercio del 1882.

2529. Acquisto delle proprie quote o azioni.

L'atto costitutivo può autorizzare gli amministratori ad acquistare o rimborsare quote o azioni della società, purché sussistano le condizioni previste dal secondo comma dell'articolo 2545-*quinquies* e l'acquisto o il rimborso è fatto nei limiti degli utili distribuibili e delle riserve disponibili risultanti dall'ultimo bilancio regolarmente approvato[1].

[1] Articolo (già 2522) così sostituito dall'art. 8, D.Lgs. 17 gennaio 2003, n. 6, a decorrere dal 1° gennaio 2004. L'originario art. 2529 corrisponde all'attuale art. 2535. L'art. 2522 disponeva: *L'atto costitutivo può autorizzare gli amministratori ad acquistare o a rimborsare quote o azioni della società, purché l'acquisto o il rimborso sia fatto nei limiti degli utili distribuibili e delle riserve disponibili risultanti dall'ultimo bilancio regolarmente approvato.*

Il testo originario disponeva: *Nel caso di recesso, esclusione o morte del socio, la liquidazione della quota o il rimborso delle azioni ha luogo sulla base del bilancio dell'esercizio in cui il rapporto sociale si scioglie limitatamente al socio. Il pagamento deve essere fatto entro sei mesi dall'approvazione del bilancio stesso.*

■ art. 222, Codice del commercio del 1882.

2530. Trasferibilità della quota o delle azioni.

La quota o le azioni dei soci cooperatori non possono essere cedute con effetto verso la società, se la cessione non è autorizzata dagli amministratori.

Il socio che intende trasferire la propria quota o le proprie azioni deve darne comunicazione agli amministratori con lettera raccomandata.

Il provvedimento che concede o nega l'autorizzazione deve essere comunicato al socio entro sessanta giorni dal ricevimento della richiesta.

Decorso tale termine, il socio è libero di trasferire la propria partecipazione e la società deve iscrivere nel libro dei soci l'acquirente che abbia i requisiti previsti per divenire socio.

Il provvedimento che nega al socio l'autorizzazione deve essere motivato. Contro il diniego il socio entro sessanta giorni dal ricevimento della comunicazione può proporre opposizione al tribunale.

Qualora l'atto costitutivo vieti la cessione della quota o delle azioni il socio può recedere dalla società, con preavviso di novanta giorni. Il diritto di recesso, in caso di divieto statutario di trasferimento della partecipazione, non può essere esercitato prima che siano decorsi due anni dall'ingresso del socio nella società[1].

[1] Articolo (già 2523) così sostituito dall'art. 8, D.Lgs. 17 gennaio 2003, n. 6, a decorrere dal 1° gennaio 2004. L'originario art. 2530 corrisponde all'attuale art. 2536. L'art. 2523 disponeva: *Le quote e le azioni non possono essere cedute con effetto verso la società, se la cessione non è autorizzata dagli amministratori.*

L'atto costitutivo può vietare la cessione delle quote o delle azioni con effetto verso la società, salvo in questo caso il diritto del socio di recedere dalla società.

Il testo originario disponeva: *Il socio che cessa di far parte della società risponde verso questa per il pagamento dei conferimenti non versati per due anni dal giorno in cui il recesso, l'esclusione o la cessione della quota o dell'azione si è verificato. Per lo stesso periodo il socio uscente è responsabile verso i terzi, nei limiti della responsabilità sussidiaria stabiliti dall'atto costitutivo, per le obbligazioni assunte dalla società sino al giorno in cui la cessazione della qualità di socio si è verificata.*

Nello stesso modo e per lo stesso termine sono responsabili verso la società e verso i terzi gli eredi del socio defunto.

■ art. 224, Codice del commercio del 1882.

2531. Mancato pagamento delle quote o delle azioni.

Il socio che non esegue in tutto o in parte il pagamento delle quote o delle azioni sottoscritte può, previa intimazione da parte degli amministratori, essere escluso a norma dell'articolo 2533[1].

[1] Articolo (già 2524) così sostituito dall'art. 8, D.Lgs. 17 gennaio 2003, n. 6, a decorrere dal 1° gennaio 2004. L'originario art. 2531 corrisponde all'attuale art. 2537. L'art. 2524 disponeva: *Il socio che non esegue in tutto o in parte il pagamento delle quote o delle azioni sottoscritte può, previa intimazione da parte degli amministratori, essere escluso a norma dell'articolo 2527.*

Il testo originario disponeva: *Il creditore particolare del socio, finché dura la società, non può agire esecutivamente sulla quota e sulle azioni del socio debitore.*

In caso di proroga della società il creditore particolare del socio può fare opposizione a norma dell'articolo 2307.

Seguiva la Sezione IV *Degli organi sociali*, composta dagli articoli da 2532 a 2534, corrispondente all'attuale Sezione IV *Degli organi sociali*, composta dagli articoli da 2538 a 2545-*septies*.

● Norme connesse:
- art. 150, R.D. 16 marzo 1942, n. 267.

2532. Recesso del socio.

Il socio cooperatore può recedere dalla società nei casi previsti dalla legge e dall'atto costitutivo. Il recesso non può essere parziale.

La dichiarazione di recesso deve essere comunicata con raccomandata alla società. Gli amministratori devono esaminarla entro sessanta giorni dalla ricezione. Se non sussistono i presupposti del recesso, gli amministratori devono darne immediata comunicazione al socio, che entro sessanta giorni dal ricevimento della comunicazione, può proporre opposizione innanzi il tribunale.

Il recesso ha effetto per quanto riguarda il rapporto sociale dalla comunicazione del provvedimento di accoglimento della domanda. Ove la legge o l'atto costitutivo non preveda diversamente, per i rapporti mutualistici tra socio e società il recesso ha effetto con la chiusura dell'esercizio in corso, se comunicato tre mesi prima, e, in caso contrario, con la chiusura dell'esercizio successivo[1].

[1] Articolo (già 2526) così sostituito dall'art. 8, D.Lgs. 17 gennaio 2003, n. 6, a decorrere dal 1° gennaio 2004. L'originario art. 2532 corrisponde all'attuale art. 2538. L'art. 2526 disponeva: *La dichiarazione di recesso, nei casi in cui questo è ammesso dalla legge o dall'atto costitutivo, deve essere comunicata con raccomandata alla società e deve essere annotata nel libro dei soci a cura degli amministratori.*

Essa ha effetto, con la chiusura dell'esercizio in corso, se comunicata tre mesi prima e, in caso contrario, con la chiusura dell'esercizio successivo.

Il testo originario disponeva: *Nelle assemblee hanno diritto di voto coloro che risultano iscritti da almeno tre mesi nel libro dei soci.*

Ogni socio ha un voto, qualunque sia il valore della quota o il numero delle azioni.

Tuttavia nelle società cooperative con partecipazione di persone giuridiche l'atto costitutivo può attribuire a queste più voti, ma non oltre cinque, in relazione all'ammontare della quota o delle azioni, oppure al numero dei loro membri.

Le maggioranze richieste per la regolarità della costituzione delle assemblee e per la validità delle deliberazioni sono calcolate secondo il numero dei voti spettanti ai soci. L'atto costitutivo può determinare le maggioranze necessarie in deroga agli articoli 2368 e 2369.

CODICE CIVILE

Il voto può essere dato per corrispondenza, se ciò è ammesso dall'atto costitutivo. In tal caso l'avviso di convocazione dell'assemblea deve contenere per esteso la deliberazione proposta.

Le stesse disposizioni si applicano alle società cooperative costituite da appartenenti a categorie diverse, in numero non inferiore a trecento, anche se non ricorrono le condizioni indicate nel primo comma.

■ artt. 226, 227, Codice del commercio del 1882.

2533. Esclusione del socio.

L'esclusione del socio, oltre che nel caso indicato all'articolo 2531, può aver luogo:

1) nei casi previsti dall'atto costitutivo;

2) per gravi inadempienze delle obbligazioni che derivano dalla legge, dal contratto sociale, dal regolamento o dal rapporto mutualistico;

3) per mancanza o perdita dei requisiti previsti per la partecipazione alla società;

4) nei casi previsti dall'articolo 2286;

5) nei casi previsti dell'articolo 2288, primo comma.

L'esclusione deve essere deliberata dagli amministratori o, se l'atto costitutivo lo prevede, dall'assemblea.

Contro la deliberazione di esclusione il socio può proporre opposizione al tribunale, nel termine di sessanta giorni dalla comunicazione.

Qualora l'atto costitutivo non preveda diversamente, lo scioglimento del rapporto sociale determina anche la risoluzione dei rapporti mutualistici pendenti[1].

[1] Articolo (già 2527) così sostituito dall'art. 8, D.Lgs. 17 gennaio 2003, n. 6, a decorrere dal 1° gennaio 2004. L'originario art. 2533 corrisponde all'attuale art. 2540. L'art. 2527 disponeva: *L'esclusione del socio, qualunque sia il tipo della società, oltre che nel caso indicato nell'articolo 2524, può aver luogo negli altri casi previsti dagli articoli 2286 e 2288, primo comma, e in quelli stabiliti dall'atto costitutivo.*

Quando l'esclusione non ha luogo di diritto, essa deve essere deliberata dall'assemblea dei soci o, se l'atto costitutivo lo consente, dagli amministratori, e deve essere comunicata al socio.

Contro la deliberazione di esclusione il socio può, nel termine di trenta giorni dalla comunicazione, proporre opposizione davanti al tribunale. Questo può sospendere l'esecuzione della deliberazione.

L'esclusione ha effetto dall'annotazione nel libro dei soci, da farsi a cura degli amministratori.

Il testo originario disponeva: *Se la società cooperativa ha non meno di cinquecento soci e svolge la propria attività in più comuni, l'atto costitutivo può stabilire che l'assemblea sia costituita da delegati eletti da assemblee parziali, convocate nelle località nelle quali risiedono non meno di cinquanta soci.*

Le assemblee separate devono deliberare sulle materie che formano oggetto dell'assemblea generale, ed in tempo utile perché i delegati da esse eletti possano partecipare a questa assemblea.

I delegati devono essere soci.

Nell'atto costitutivo devono altresì essere stabilite le modalità per la convocazione delle assemblee separate, per la nomina dei delegati all'assemblea generale, nonché per la validità delle deliberazioni delle assemblee separate e di quella generale.

■ artt. 226, 227, Codice del commercio del 1882.

2534. Morte del socio.

In caso di morte del socio, gli eredi hanno diritto alla liquidazione della quota o al rimborso delle azioni secondo le disposizioni dell'articolo seguente.

L'atto costitutivo può prevedere che gli eredi provvisti dei requisiti per l'ammissione alla società subentrino nella partecipazione del socio deceduto.

Nell'ipotesi prevista dal secondo comma, in caso di pluralità di eredi, questi debbono nominare un rappresentante comune, salvo che la quota sia divisibile e la società consenta la divisione[1].

[1] Articolo (già 2528) così sostituito dall'art. 8, D.Lgs. 17 gennaio 2003, n. 6, a decorrere dal 1° gennaio 2004. L'originario art. 2534 corrisponde all'attuale art. 2539. L'art. 2528 disponeva: *In caso di morte del socio, salvo che l'atto costitutivo disponga la continuazione della società con gli eredi, questi hanno diritto alla liquidazione della quota o al rimborso delle azioni, secondo le disposizioni dell'articolo seguente.*

Il testo originario disponeva: *Il socio non può farsi rappresentare nelle assemblee se non da un altro socio e nei casi previsti dall'atto costitutivo. Ciascun socio non può rappresentare più di cinque soci.*

2535. Liquidazione della quota o rimborso delle azioni del socio uscente.

La liquidazione della quota o il rimborso delle azioni ha luogo sulla base del bilancio dell'esercizio in cui si sono verificati il recesso, l'esclusione o la morte del socio.

La liquidazione della partecipazione sociale, eventualmente ridotta in proporzione alle perdite imputabili al capitale, avviene sulla base dei criteri stabiliti nell'atto costitutivo. Salvo diversa disposizione, la liquidazione comprende anche il rimborso del soprapprezzo, ove versato, qualora sussista nel patrimonio della società e non sia stato destinato ad aumento gratuito del capitale ai sensi dell'articolo 2545-*quinquies*, terzo comma.

Il pagamento deve essere fatto entro centottanta giorni dall'approvazione del bilancio. L'atto costitutivo può prevedere che, per la frazione della quota o le azioni assegnate al socio ai sensi degli articoli 2545-*quinquies* e 2545-*sexies*, la liquidazione o il rimborso, unitamente agli interessi legali, possa essere corrisposto in più rate entro un termine massimo di cinque anni[1].

[1] Articolo (già 2529) così sostituito dall'art. 8, D.Lgs. 17 gennaio 2003, n. 6, a decorrere dal 1° gennaio 2004. L'originario art. 2535 corrisponde all'attuale art. 2542. L'art. 2529 disponeva: *Nel caso di recesso, esclusione o morte del socio,*

la liquidazione della quota o il rimborso delle azioni ha luogo sulla base del bilancio dell'esercizio in cui il rapporto sociale si scioglie limitatamente al socio. Il pagamento deve essere fatto entro sei mesi dall'approvazione del bilancio stesso.

Il testo originario disponeva: *Gli amministratori devono essere soci o mandatari di persone giuridiche socie. Essi devono prestare cauzione nella misura e nei modi stabiliti dall'atto costitutivo, salvo che da questo ne siano esonerati.*

L'atto costitutivo può prevedere che uno o più amministratori o sindaci siano scelti tra gli appartenenti alle diverse categorie dei soci, in proporzione dell'interesse che ciascuna categoria ha nell'attività sociale. Non si applicano le disposizioni del secondo e del terzo comma dell'articolo 2397.

La nomina di uno o più amministratori o sindaci può essere attribuita dall'atto costitutivo allo Stato o ad enti pubblici.

In ogni caso la nomina della maggioranza degli amministratori e dei sindaci è riservata all'assemblea dei soci.

2536. Responsabilità del socio uscente e dei suoi eredi.

Il socio che cessa di far parte della società risponde verso questa per il pagamento dei conferimenti non versati, per un anno dal giorno in cui il recesso, la esclusione o la cessione della quota si è verificata.

Se entro un anno dallo scioglimento del rapporto associativo si manifesta l'insolvenza della società, il socio uscente è obbligato verso questa nei limiti di quanto ricevuto per la liquidazione della quota o per il rimborso delle azioni.

Nello stesso modo e per lo stesso termine sono responsabili verso la società gli eredi del socio defunto[1].

[1] Articolo (già 2530) così sostituito dall'art. 8, D.Lgs. 17 gennaio 2003, n. 6, a decorrere dal 1° gennaio 2004. L'art. 2530 disponeva: *Il socio che cessa di far parte della società risponde verso questa per il pagamento dei conferimenti non versati per due anni dal giorno in cui il recesso, l'esclusione o la cessione della quota o dell'azione si è verificato. Per lo stesso periodo il socio uscente è responsabile verso i terzi, nei limiti della responsabilità sussidiaria stabiliti dall'atto costitutivo, per le obbligazioni assunte dalla società sino al giorno in cui la cessazione della qualità di socio si è verificata.*

Nello stesso modo e per lo stesso termine sono responsabili verso la società e verso i terzi gli eredi del socio defunto.

Il testo originario disponeva: *Qualunque sia l'ammontare del fondo di riserva legale, deve essere a questa destinata almeno la quinta parte degli utili netti annuali.*

Una quota degli utili netti annuali deve essere corrisposta ai fondi mutualistici per la promozione e lo sviluppo della cooperazione, nella misura e con le modalità previste dalla legge.

La quota di utili che non è assegnata ai sensi dei commi precedenti e che non è utilizzata per la rivalutazione delle quote o delle azioni, o assegnata ad altre riserve o fondi, o distribuita ai soci, deve essere destinata a fini mutualistici.

Seguiva la Sezione V *Delle modificazioni dell'atto costitutivo*, composta dagli articoli 2537 e 2538, corrispondente all'attuale Sezione V *Delle modificazioni dell'atto costitutivo*, composta dagli articoli da 2545-*octies* a 2545-*terdecies*.

2537. Creditore particolare del socio.

Il creditore particolare del socio cooperatore, finché dura la società, non può agire esecutivamente sulla quota e sulle azioni del medesimo[1].

[1] Articolo (già 2531) così sostituito dall'art. 8, D.Lgs. 17 gennaio 2003, n. 6, a decorrere dal 1° gennaio 2004. L'art. 2531 disponeva: *Il creditore particolare del socio, finché dura la società, non può agire esecutivamente sulla quota e sulle azioni del socio debitore.*

In caso di proroga della società il creditore particolare del socio può fare opposizione a norma dell'articolo 2307.

Il testo originario disponeva: *Alle deliberazioni che importano modificazioni dell'atto costitutivo si applicano le disposizioni dell'articolo 2436.*

Alle deliberazioni che riducono la responsabilità dei soci verso i terzi si applicano le disposizioni dell'articolo 2499.

Sezione IV
Degli organi sociali[1]

[1] L'originaria Sezione IV *Degli organi sociali*, comprendente gli articoli da 2532 a 2536, è stata così sostituita, a decorrere dal 1° gennaio 2004, con l'attuale Sezione IV *Degli organi sociali*, comprendente gli articoli da 2538 a 2545-*septies*, dall'art. 8, D.Lgs. 17 gennaio 2003, n. 6.

2538. Assemblea.

Nelle assemblee hanno diritto di voto coloro che risultano iscritti da almeno novanta giorni nel libro dei soci.

Ciascun socio cooperatore ha un voto, qualunque sia il valore della quota o il numero delle azioni possedute. L'atto costitutivo determina i limiti al diritto di voto degli strumenti finanziari offerti in sottoscrizione ai soci cooperatori.

Ai soci cooperatori persone giuridiche l'atto costitutivo può attribuire più voti, ma non oltre cinque, in relazione all'ammontare della quota oppure al numero dei loro membri.

Nelle cooperative in cui i soci realizzano lo scopo mutualistico attraverso l'integrazione delle rispettive imprese o di talune fasi di esse, l'atto costitutivo può prevedere che il diritto di voto sia attribuito in ragione della partecipazione allo scambio mutualistico. Lo statuto stabilisce un limite per il voto plurimo per tali categorie di soci, in modo che nessuno di essi possa esprimere più del decimo dei voti in ciascuna assemblea generale. In ogni caso, ad essi non può essere attribuito più di un terzo dei voti spettanti all'insieme dei soci presenti o rappresentati in ciascuna assemblea generale.

Le maggioranze richieste per la costituzione delle assemblee e per la validità delle deliberazioni sono determinate dall'atto costitutivo e sono calcolate secondo il numero dei voti spettanti ai soci.

L'atto costitutivo può prevedere che il voto venga espresso per corrispondenza, ovvero mediante altri mezzi di telecomunicazione. In tal caso l'avviso di convocazione deve contenere per esteso la deliberazione proposta. Se sono poste in votazione proposte diverse da quelle indicate nell'avviso di convocazione, i voti espressi per corrispondenza non si computano ai fini della regolare costituzione dell'assemblea[1].

[1] Articolo (già 2532) così sostituito dall'art. 8, D.Lgs. 17 gennaio 2003, n. 6, a decorrere dal 1° gennaio 2004. L'art. 2532 disponeva: *Nelle assemblee hanno diritto di voto coloro che risultano iscritti da almeno tre mesi nel libro dei soci.*

Ogni socio ha un voto, qualunque sia il valore della quota o il numero delle azioni.

Tuttavia nelle società cooperative con partecipazione di persone giuridiche l'atto costitutivo può attribuire a queste più voti, ma non oltre cinque, in relazione all'ammontare della quota o delle azioni, oppure al numero dei loro membri.

Le maggioranze richieste per la regolarità della costituzione delle assemblee e per la validità delle deliberazioni sono calcolate secondo il numero dei voti spettanti ai soci. L'atto costitutivo può determinare le maggioranze necessarie in deroga agli articoli 2368 e 2369.

Il voto può essere dato per corrispondenza, se ciò è ammesso dall'atto costitutivo. In tal caso l'avviso di convocazione dell'assemblea deve contenere per esteso la deliberazione proposta.

Il testo originario disponeva: *La fusione e la scissione di società cooperative sono regolate dalle disposizioni degli articoli dal 2501 al 2504-decies.*

Seguiva la Sezione VI *Dello scioglimento e della liquidazione*, composta dagli articoli da 2539 a 2541, implicitamente soppressa dal D.Lgs. 17 gennaio 2003, n. 6.

● Norme connesse:

- art. 200, R.D. 16 marzo 1942, n. 267; art. 150-bis, D.Lgs. 1 settembre 1993, n. 385.

■ art. 225, Codice del commercio del 1882.

2539. Rappresentanza nell'assemblea.

Nelle cooperative disciplinate dalle norme sulla società per azioni ciascun socio può rappresentare sino ad un massimo di dieci soci.

Il socio imprenditore individuale può farsi rappresentare nell'assemblea anche dal coniuge, dai parenti entro il terzo grado e dagli affini entro il secondo che collaborano all'impresa[1].

[1] Articolo (già 2534) così sostituito dall'art. 8, D.Lgs. 17 gennaio 2003, n. 6, a decorrere dal 1° gennaio 2004. L'art. 2534 disponeva: *Il socio non può farsi rappresentare nelle assemblee se non da un altro socio e nei casi previsti dall'atto costitutivo. Ciascun socio non può rappresentare più di cinque soci.*

Il testo originario disponeva: *La società cooperativa si scioglie per le cause indicate nell'articolo 2448, escluso il numero 4, nonché per la perdita del capitale sociale.*

■ art. 225, Codice del commercio del 1882.

2540. Assemblee separate.

L'atto costitutivo delle società cooperative può prevedere lo svolgimento di assemblee separate, anche rispetto a specifiche materie ovvero in presenza di particolari categorie di soci.

Lo svolgimento di assemblee separate deve essere previsto quando la società cooperativa ha più di tremila soci e svolge la propria attività in più province ovvero se ha più di cinquecento soci e si realizzano più gestioni mutualistiche.

L'atto costitutivo stabilisce il luogo, i criteri e le modalità di convocazione e di partecipazione all'assemblea generale dei soci delegati e assicura in ogni caso la proporzionale rappresentanza delle minoranze espresse dalle assemblee separate.

I delegati debbono essere soci. Alla assemblea generale possono assistere anche i soci che hanno preso parte alle assemblee separate.

Le deliberazioni della assemblea generale possono essere impugnate ai sensi dell'articolo 2377 anche dai soci assenti e dissenzienti nelle assemblee separate quando, senza i voti espressi dai delegati delle assemblee separate irregolarmente tenute, verrebbe meno la maggioranza richiesta per la validità della deliberazione.

Le deliberazioni delle assemblee separate non possono essere autonomamente impugnate.

Le disposizioni del presente articolo non si applicano alle società cooperative con azioni ammesse alla quotazione in mercati regolamentati[1].

[1] Articolo (già 2533) così sostituito dall'art. 8, D.Lgs. 17 gennaio 2003, n. 6, a decorrere dal 1° gennaio 2004. L'art. 2533 disponeva: *Se la società cooperativa ha non meno di cinquecento soci e svolge la propria attività in più comuni, l'atto costitutivo può stabilire che l'assemblea sia costituita da delegati eletti da assemblee parziali, convocate nelle località nelle quali risiedono non meno di cinquanta soci.*

Le assemblee separate devono deliberare sulle materie che formano oggetto dell'assemblea generale, ed in tempo utile perché i delegati da esse eletti possano partecipare a questa assemblea.

I delegati devono essere soci.

Nell'atto costitutivo devono altresì essere stabilite le modalità per la convocazione delle assemblee separate, per la nomina dei delegati all'assemblea generale, nonché per la validità delle deliberazioni delle assemblee separate e di quella generale.

Le stesse disposizioni si applicano alle società cooperative costituite da appartenenti a categorie diverse, in numero non inferiore a trecento, anche se non ricorrono le condizioni indicate nel primo comma.

Il testo originario disponeva: *Qualora le attività della società, anche se questa è in liquidazione, risultino insufficienti per il pagamento dei debiti, l'autorità governativa alla quale spetta il controllo sulla società può disporre la liquidazione coatta amministrativa.*

Sono tuttavia soggette al fallimento le società cooperative che hanno per oggetto un'attività commerciale, salve le disposizioni delle leggi speciali.

● Norme connesse:

- art. 150-bis, D.Lgs. 1 settembre 1993, n. 385.

2541. Assemblee speciali dei possessori degli strumenti finanziari.

Se sono stati emessi strumenti finanziari privi di diritto di voto, l'assemblea speciale di ciascuna categoria delibera:

1) sull'approvazione delle deliberazioni dell'assemblea della società cooperativa che pregiudicano i diritti della categoria;

2) sull'esercizio dei diritti ad essa eventualmente attribuiti ai sensi dell'articolo 2526;

3) sulla nomina e sulla revoca dei rappresentanti comuni di ciascuna categoria e sull'azione di responsabilità nei loro confronti;

4) sulla costituzione di un fondo per le spese, necessario alla tutela dei comuni interessi dei possessori degli strumenti finanziari e sul rendiconto relativo;

5) sulle controversie con la società cooperativa e sulle relative transazioni e rinunce;

6) sugli altri oggetti di interesse comune a ciascuna categoria di strumenti finanziari.

La assemblea speciale è convocata dagli amministratori della società cooperativa o dal rappresentante comune, quando lo ritengano necessario o quando almeno un terzo dei possessori degli strumenti finanziari ne faccia richiesta.

Il rappresentante comune deve provvedere all'esecuzione delle deliberazioni dell'assemblea speciale e deve tutelare gli interessi comuni dei possessori degli strumenti finanziari nei rapporti con la società cooperativa.

Il rappresentante comune ha diritto di esaminare i libri di cui all'articolo 2421, numeri *1)* e *3)* e di ottenere estratti; ha altresì il diritto di assistere all'assemblea della società cooperativa e di impugnarne le deliberazioni[1].

[1] Articolo così sostituito dall'art. 8, D.Lgs. 17 gennaio 2003, n. 6, a decorrere dal 1° gennaio 2004. Il testo previgente disponeva: *Nelle cooperative con responsabilità sussidiaria illimitata o limitata dei soci, questi, sia in caso di liquidazione coatta amministrativa sia in caso di fallimento, rispondono per il pagamento dei debiti sociali in proporzione della parte di ciascuno nelle perdite, secondo un piano di riparto da formarsi dai commissari liquidatori o dal curatore. Nella stessa proporzione si ripartiscono le somme dovute dai soci insolventi.*

Dopo la chiusura della liquidazione coatta amministrativa o del fallimento, a meno che non sia intervenuto un concordato, resta salva l'azione dei creditori insoddisfatti nei confronti dei singoli soci nei limiti della loro responsabilità sussidiaria.

Seguiva la Sezione VII *Dei controlli dell'autorità governativa*, composta dagli articoli da 2542 e 2545, corrispondente all'attuale Sezione VI *Dei controlli*, composta dagli articoli da 2545-*quaterdecies* a 2545-*octiesdecies*.

● Norme connesse:

- art. 56, comma 3, D.Lgs. 7 settembre 2005, n. 209.

2542. Consiglio di amministrazione.

La nomina degli amministratori spetta all'assemblea fatta eccezione per i primi amministratori che sono nominati nell'atto costitutivo e salvo quanto disposto nell'ultimo comma del presente articolo.

L'amministrazione della società è affidata ad un organo collegiale formato da almeno tre soggetti. Alle cooperative di cui all'articolo 2519, secondo comma, si applica la disposizione prevista dall'articolo 2383, secondo comma[1].

La maggioranza degli amministratori è scelta tra i soci cooperatori ovvero tra le persone indicate dai soci cooperatori persone giuridiche.

[...][2].

L'atto costitutivo può prevedere che uno o più amministratori siano scelti tra gli appartenenti alle diverse categorie dei soci, in proporzione dell'interesse che ciascuna categoria ha nell'attività sociale. In ogni caso, ai possessori di strumenti finanziari non può essere attribuito il diritto di eleggere più di un terzo degli amministratori.

La nomina di uno o più amministratori può essere attribuita dall'atto costitutivo allo Stato o ad enti pubblici. In ogni caso, la nomina della maggioranza degli amministratori è riservata all'assemblea[3].

[1] Comma aggiunto dall'art. 1, comma 936, L. 27 dicembre 2017, n. 205.

[2] Comma abrogato dall'art. 29, D.Lgs. 28 dicembre 2004, n. 310. Il testo previgente disponeva: *Nelle società cooperative cui si applica la disciplina delle società per azioni, l'atto costitutivo stabilisce i limiti al cumulo delle cariche e alla rieleggibilità degli amministratori nel limite massimo di tre mandati consecutivi.*

[3] Articolo (già 2535) aggiunto dall'art. 8, D.Lgs. 17 gennaio 2003, n. 6, a decorrere dal 1° gennaio 2004. L'art. 2535 disponeva: *Gli amministratori devono essere soci o mandatari di persone giuridiche socie. Essi devono prestare cauzione nella misura e nei modi stabiliti dall'atto costitutivo, salvo che da questo ne siano esonerati.*

L'atto costitutivo può prevedere che uno o più amministratori o sindaci siano scelti tra gli appartenenti alle diverse categorie dei soci, in proporzione dell'interesse che ciascuna categoria ha nell'attività sociale. Non si applicano le disposizioni del secondo e del terzo comma dell'articolo 2397.

La nomina di uno o più amministratori o sindaci può essere attribuita dall'atto costitutivo allo Stato o ad enti pubblici.

In ogni caso la nomina della maggioranza degli amministratori e dei sindaci è riservata all'assemblea dei soci.

Il testo originario disponeva: *Le società cooperative sono sottoposte alle autorizzazioni, alla vigilanza e agli altri controlli sulla gestione stabiliti dalle leggi speciali.*

● Norme connesse:

- art. 150-bis, D.Lgs. 1 settembre 1993, n. 385.

■ art. 221, Codice del commercio del 1882.

2543. Organo di controllo.

La nomina del collegio sindacale è obbligatoria nei casi previsti dal secondo e terzo comma dell'articolo 2477, nonché quando la società emette strumenti finanziari non partecipativi.

L'atto costitutivo può attribuire il diritto di voto nell'elezione dell'organo di controllo proporzionalmente alle quote o alle azioni possedute ovvero in ragione della partecipazione allo scambio mutualistico.

I possessori degli strumenti finanziari dotati di diritti di amministrazione possono eleggere, se lo statuto lo prevede, nel complesso sino ad un terzo dei componenti dell'organo di controllo[1].

[1] Articolo così sostituito dall'art. 8, D.Lgs. 17 gennaio 2003, n. 6, a decorrere dal 1° gennaio 2004. L'originario art. 2543 corrisponde all'attuale art. 2544-*sexiedecies*. Il testo previgente disponeva: *In caso di irregolare funzionamento delle società cooperative, l'autorità governativa può revocare gli amministratori e i sindaci, e affidare la gestione della società a un commissario governativo, determinandone i poteri e la durata. Ove l'importanza della società cooperativa lo richieda, l'autorità governativa può nominare un vice commissario che collabora con il commissario e lo sostituisce in caso di impedimento.*

Al commissario governativo possono essere conferiti per determinati atti anche i poteri dell'assemblea, ma le relative deliberazioni non sono valide senza l'approvazione dell'autorità governativa.

● Norme connesse:

- art. 150-bis, D.Lgs. 1 settembre 1993, n. 385; art. 56, comma 3, D.Lgs. 7 settembre 2005, n. 209.

2544. Sistemi di amministrazione.

Indipendentemente dal sistema di amministrazione adottato non possono essere delegati dagli amministratori, oltre le materie previste dall'articolo 2381, i poteri in materia di ammissione, di recesso e di esclusione dei soci e le decisioni che incidono sui rapporti mutualistici con i soci.

Se la cooperativa ha adottato il sistema di amministrazione di cui all'articolo 2409-*octies*, i possessori di strumenti finanziari non possono eleggere più di un terzo dei componenti del consiglio di sorveglianza e più di un terzo dei componenti del consiglio di gestione. I componenti del consiglio di sorveglianza eletti dai soci cooperatori devono essere scelti tra i soci cooperatori ovvero tra le persone indicate dai soci cooperatori persone giuridiche.

Se la cooperativa ha adottato il sistema di amministrazione di cui all'articolo 2409-*sexiesdecies*, agli amministratori eletti dai possessori di strumenti finanziari, in misura comunque non superiore ad un terzo, non possono essere attribuite deleghe operative né gli stessi possono fare parte del comitato esecutivo[1].

[1] Articolo così sostituito dall'art. 8, D.Lgs. 17 gennaio 2003, n. 6, a decorrere dal 1° gennaio 2004. L'originario art. 2544 corrisponde all'attuale art. 2545-*septiesdecies*. Il testo previgente disponeva: *Le società cooperative, che a giudizio dell'autorità governativa non sono in condizione di raggiungere gli scopi per cui sono state costituite, o che per due anni consecutivi non hanno depositato il bilancio annuale, o non hanno compiuto atti di gestione, possono essere sciolte con provvedimento dell'autorità governativa, da pubblicarsi nella Gazzetta Ufficiale della Repubblica e da iscriversi nel registro delle imprese. Le società cooperative edilizie di abitazione e i loro consorzi che non hanno depositato in tribunale nei termini prescritti i bilanci relativi agli ultimi due anni sono sciolti di diritto e perdono la personalità giuridica.*

Se vi è luogo a liquidazione, con lo stesso provvedimento sono nominati uno o più commissari liquidatori.

● Norme connesse:

- art. 150-bis, D.Lgs. 1 settembre 1993, n. 385; art. 56, comma 3, D.Lgs. 7 settembre 2005, n. 209.

2545. Relazione annuale sul carattere mutualistico della cooperativa.

Gli amministratori e i sindaci della società, in occasione della approvazione del bilancio di esercizio debbono, nelle relazioni previste dagli articoli 2428 e 2429 indicare specificamente i criteri seguiti nella gestione sociale per il conseguimento dello scopo mutualistico[1].

[1] Articolo così sostituito dall'art. 8, D.Lgs. 17 gennaio 2003, n. 6, a decorrere dal 1° gennaio 2004. L'originario art. 2545 corrisponde all'attuale art. 2545-*octiesdecies*. Il testo previgente disponeva: *In caso d'irregolarità o di eccessivo ritardo nello svolgimento della liquidazione ordinaria di una società cooperativa, l'autorità governativa può sostituire i liquidatori o, se questi sono stati nominati dall'autorità giudiziaria, può chiederne la sostituzione al tribunale.*

Seguiva il Capo II *Delle mutue assicuratrici*, comprendente gli articoli da 2546 a 2548, corrispondente all'attuale Capo II *Delle mutue assicuratrici*, comprendente i medesimi articoli da 2546 a 2548.

2545-*bis*. Diritti dei soci.

Nelle società cooperative cui si applica la disciplina della società per azioni, oltre a quanto stabilito dal primo comma dell'articolo 2422, i soci, quando almeno un decimo del numero complessivo lo richieda ovvero almeno un ventesimo quando la cooperativa ha più di tremila soci, hanno diritto di esaminare, attraverso un rappresentante, eventualmente assistito da un professionista di sua fiducia, il libro delle adunanze e delle deliberazioni del consiglio di amministrazione e il libro delle deliberazioni del comitato esecutivo, se esiste.

I diritti di cui al comma precedente non spettano ai soci in mora per la mancata esecuzione dei conferimenti o inadempienti rispetto alle obbligazioni contratte con la società[1].

[1] Articolo aggiunto dall'art. 8, D.Lgs. 17 gennaio 2003, n. 6, a decorrere dal 1° gennaio 2004.

● Norme connesse:

- art. 150-bis, D.Lgs. 1 settembre 1993, n. 385.

2545-*ter*. Riserve indivisibili.

Sono indivisibili le riserve che per disposizione di legge o dello statuto non possono essere ripartite tra i soci, neppure in caso di scioglimento della società.

Le riserve indivisibili possono essere utilizzate per la copertura di perdite solo dopo che sono esaurite le riserve che la società aveva destinato ad operazioni di aumento di capitale e quelle che possono essere ripartite tra i soci in caso di scioglimento della società[1].

[1] Articolo aggiunto dall'art. 8, D.Lgs. 17 gennaio 2003, n. 6, a decorrere dal 1° gennaio 2004.

2545-*quater*. Riserve legali, statutarie e volontarie.

Qualunque sia l'ammontare del fondo di riserva legale, deve essere a questo destinato almeno il trenta per cento degli utili netti annuali.

Una quota degli utili netti annuali deve essere corrisposta ai fondi mutualistici per la promozione e lo sviluppo della cooperazione, nella misura e con le modalità previste dalla legge.

L'assemblea determina, nel rispetto di quanto previsto dall'articolo 2545-*quinquies*, la destinazione degli utili non assegnati ai sensi del primo e secondo comma[1].

[1] Articolo aggiunto dall'art. 8, D.Lgs. 17 gennaio 2003, n. 6, a decorrere dal 1° gennaio 2004. L'art. 2536 disponeva: *Qualunque sia l'ammontare del fondo di riserva legale, deve essere a questa destinata almeno la quinta parte degli utili netti annuali.*

Una quota degli utili netti annuali deve essere corrisposta ai fondi mutualistici per la promozione e lo sviluppo della cooperazione, nella misura e con le modalità previste dalla legge.

La quota di utili che non è assegnata ai sensi dei commi precedenti e che non è utilizzata per la rivalutazione delle quote o delle azioni, o assegnata ad altre riserve o fondi, o distribuita ai soci, deve essere destinata a fini mutualistici.

● Norme connesse:
- art. 150-bis, D.Lgs. 1 settembre 1993, n. 385.
- art. 56, comma 3, D.Lgs. 7 settembre 2005, n. 209.

2545-*quinquies*. Diritto agli utili e alle riserve dei soci cooperatori.

L'atto costitutivo indica le modalità e la percentuale massima di ripartizione dei dividendi tra i soci cooperatori.

Possono essere distribuiti dividendi, acquistate proprie quote o azioni ovvero assegnate ai soci le riserve divisibili se il rapporto tra il patrimonio netto e il complessivo indebitamento della società è superiore ad un quarto. La condizione non si applica nei confronti dei possessori di strumenti finanziari[1].

L'atto costitutivo può autorizzare l'assemblea ad assegnare ai soci le riserve divisibili attraverso:

a) l'emissione degli strumenti finanziari di cui all'articolo 2526;

b) mediante aumento proporzionale delle quote sottoscritte e versate, o mediante l'emissione di nuove azioni, anche in deroga a quanto previsto dall'articolo 2525, nella misura massima complessiva del venti per cento del valore originario.

Le riserve divisibili, spettanti al socio in caso di scioglimento del rapporto, possono essere assegnate, se lo statuto non prevede diversamente, attraverso l'emissione di strumenti finanziari liberamente trasferibili e devono esserlo ove il rapporto tra il patrimonio netto e il complessivo indebitamento della società sia inferiore ad un quarto.

Le disposizioni dei commi secondo e terzo non si applicano alle cooperative con azioni quotate in mercati regolamentati[2][3].

[1] Comma così modificato dall'art. 30, D.Lgs. 28 dicembre 2004, n. 310. Il testo previgente disponeva: *Possono essere distribuiti dividendi, acquistate proprie quote o azioni ovvero assegnate ai soci le riserve divisibili se il rapporto tra il patrimonio netto e il complessivo indebitamento della società è superiore ad un quarto. Il divieto non si applica nei confronti dei possessori di strumenti finanziari.*

[2] Comma aggiunto dall'art. 30, D.Lgs. 28 dicembre 2004, n. 310.

[3] Articolo aggiunto dall'art. 8, D.Lgs. 17 gennaio 2003, n. 6, a decorrere dal 1° gennaio 2004.

● Norme connesse:
- art. 150-bis, D.Lgs. 1 settembre 1993, n. 385; art. 56, comma 3, D.Lgs. 7 settembre 2005, n. 209.

2545-*sexies*. Ristorni.

L'atto costitutivo determina i criteri di ripartizione dei ristorni ai soci proporzionalmente alla quantità e qualità degli scambi mutualistici.

Le cooperative devono riportare separatamente nel bilancio i dati relativi all'attività svolta con i soci, distinguendo eventualmente le diverse gestioni mutualistiche.

L'assemblea può deliberare la ripartizione dei ristorni a ciascun socio anche mediante aumento proporzionale delle rispettive quote o con l'emissione di nuove azioni, in deroga a quanto previsto dall'articolo 2525, ovvero mediante l'emissione di strumenti finanziari[1].

[1] Articolo aggiunto dall'art. 8, D.Lgs. 17 gennaio 2003, n. 6, a decorrere dal 1° gennaio 2004.

● Norme connesse:
- art. 150-bis, D.Lgs. 1 settembre 1993, n. 385.

2545-*septies*. Gruppo cooperativo paritetico.

Il contratto con cui più cooperative appartenenti anche a categorie diverse regolano, anche in forma consortile, la direzione e il coordinamento delle rispettive imprese deve indicare:

1) la durata;

2) la cooperativa o le cooperative cui è attribuita direzione del gruppo, indicandone i relativi poteri;

3) l'eventuale partecipazione di altri enti pubblici e privati;

4) i criteri e le condizioni di adesione e di recesso dal contratto;

5) i criteri di compensazione e l'equilibrio nella distribuzione dei vantaggi derivanti dall'attività comune.

La cooperativa può recedere dal contratto senza che ad essa possano essere imposti oneri di alcun tipo qualora, per effetto dell'adesione al gruppo, le condizioni dello scambio risultino pregiudizievoli per i propri soci.

Le cooperative aderenti ad un gruppo sono tenute a depositare in forma scritta l'accordo di partecipazione presso l'albo delle società cooperative[1].

[1] Articolo aggiunto dall'art. 8, D.Lgs. 17 gennaio 2003, n. 6, a decorrere dal 1° gennaio 2004.

● Norme connesse:

- L. 10 ottobre 1990, n. 287.
- D.M. 23 giugno 2004 istitutivo dell'albo delle società cooperative.

Sezione V
Delle modificazioni dell'atto costitutivo[1]

[1] L'originaria Sezione V *Delle modificazioni dell'atto costitutivo*, comprendente gli articoli 2537 e 2538, è stata così sostituita, a decorrere dal 1° gennaio 2004, con l'attuale Sezione V *Delle modificazioni dell'atto costitutivo*, comprendente gli articoli da 2545-*octies* a 2545-*terdecies*, dall'art. 1, D.Lgs. 17 gennaio 2003, n. 6.

2545-*octies*. Perdita della qualifica di cooperativa a mutualità prevalente.

La cooperativa perde la qualifica di cooperativa a mutualità prevalente quando, per due esercizi consecutivi, non rispetti la condizione di prevalenza, di cui all'articolo 2513, ovvero quando modifichi le previsioni statutarie di cui all'articolo 2514.

In questo caso, sentito il parere del revisore esterno, ove presente, gli amministratori devono redigere un apposito bilancio, da notificarsi entro sessanta giorni dalla approvazione al Ministero delle attività produttive, al fine di determinare il valore effettivo dell'attivo patrimoniale da imputare alle riserve indivisibili. Il bilancio deve essere verificato senza rilievi da una società di revisione[1].

Qualora la cooperativa abbia perso la qualifica di cooperativa a mutualità prevalente per il mancato rispetto della condizione di prevalenza di cui all'articolo 2513, l'obbligo di cui al secondo comma si applica soltanto nel caso in cui la cooperativa medesima modifichi le previsioni statutarie di cui all'articolo 2514 o abbia emesso strumenti finanziari[2].

In tutti i casi di perdita della citata qualifica, la cooperativa è tenuta a segnalare espressamente tale condizione attraverso gli strumenti di comunicazione informatica previsti dall'articolo 223-*sexiesdecies* delle disposizioni per l'attuazione del presente codice[2].

Lo stesso obbligo sussiste per la cooperativa nel caso in cui le risultanze contabili relative al primo anno successivo alla perdita della detta qualifica evidenzino il rientro nei parametri della mutualità prevalente[2].

In seguito alle predette segnalazioni, l'amministrazione presso la quale è tenuto l'albo delle società cooperative provvede alla variazione della sezione di iscrizione all'albo medesimo senza alcun ulteriore onere istruttorio[2].

L'omessa o ritardata comunicazione della perdita della qualifica di cooperativa a mutualità prevalente è segnalata all'amministrazione finanziaria e comporta l'applicazione della sanzione amministrativa della sospensione semestrale di ogni attività dell'ente, intesa come divieto di assumere nuove eventuali obbligazioni contrattuali[2 3 4].

[1] Comma così modificato dall'art. 31, D.Lgs. 28 dicembre 2004, n. 310.

[2] Comma aggiunto dall'art. 10, L. 23 luglio 2009, n. 99.

[3] Articolo aggiunto dall'art. 8, D.Lgs. 17 gennaio 2003, n. 6, a decorrere dal 1° gennaio 2004.

[4] A norma dell'art. 111-octies, R.D. 30 marzo 1942, n. 318, le società di revisione di cui al presente comma sono quelle di cui al D.Lgs. 27 gennaio 1992, n. 88, Attuazione della direttiva (CEE) n. 253/84, relativa all'abilitazione delle persone incaricate del controllo di legge dei documenti contabili.

● Norme connesse:

- art. 150-bis, D.Lgs. 1 settembre 1993, n. 385; art. 56, comma 3, D.Lgs. 7 settembre 2005, n. 209.

2545-*novies*. Modificazioni dell'atto costitutivo.

Alle deliberazioni che importano modificazioni dell'atto costitutivo si applica l'articolo 2436.

La fusione e la scissione di società cooperative sono disciplinate dal titolo V, capo X, sezione II e III[1].

[1] Articolo (già 2537) così sostituito dall'art. 8, D.Lgs. 17 gennaio 2003, n. 6, a decorrere dal 1° gennaio 2004. L'art. 2537 disponeva: *Alle deliberazioni che importano modificazioni dell'atto costitutivo si applicano le disposizioni dell'articolo 2436.*

Alle deliberazioni che riducono la responsabilità dei soci verso i terzi si applicano le disposizioni dell'articolo 2499.

● Norme connesse:

- artt. 7, 13, 14, commi 5, 6, D.P.R. 7 dicembre 1995, n. 581.

2545-*decies*. Trasformazione.

Le società cooperative diverse da quelle a mutualità prevalente possono deliberare, con il voto favorevole di almeno la metà dei soci della cooperativa, la trasformazione in una società del tipo previsto dal titolo V, capi II, III, IV, V, VI e VII, o in consorzio.

Quando i soci sono meno di cinquanta, la deliberazione deve essere approvata con il voto favorevole dei due terzi di essi. Quando i soci sono più di diecimila, l'atto costitutivo può prevedere che la trasformazione sia deliberata con il voto favorevole dei due terzi dei votanti se all'assemblea sono presenti, personalmente o per delega, almeno il venti per cento dei soci.

All'esito della trasformazione gli strumenti finanziari con diritto di voto sono convertiti in partecipazioni ordinarie, conservando gli eventuali privilegi[1].

[1] Articolo aggiunto dall'art. 8, D.Lgs. 17 gennaio 2003, n. 6, a decorrere dal 1° gennaio 2004.

● Norme connesse:
- art. 150-bis, D.Lgs. 1 settembre 1993, n. 385.

2545-*undecies*. Devoluzione del patrimonio e bilancio di trasformazione.

La deliberazione di trasformazione devolve il valore effettivo del patrimonio, dedotti il capitale versato e rivalutato e i dividendi non ancora distribuiti, eventualmente aumentato fino a concorrenza dell'ammontare minimo del capitale della nuova società, esistenti alla data di trasformazione, ai fondi mutualistici per la promozione e lo sviluppo della cooperazione.

Alla proposta di deliberazione di trasformazione gli amministratori allegano una relazione giurata di un esperto designato dal tribunale nel cui circondario ha sede la società cooperativa, attestante il valore effettivo del patrimonio dell'impresa[1].

L'assemblea non può procedere alla deliberazione di cui ai precedenti commi qualora la cooperativa non sia stata sottoposta a revisione da parte dell'autorità di vigilanza nell'anno precedente o, comunque, gli amministratori non ne abbiano fatto richiesta da almeno novanta giorni[2 3].

[1] Relativamente alle istanze di cui al presente comma trovano applicazione le norme di cui alla Sezione I (Del procedimento in confronto di una parte sola) del Capo II (Del procedimento) del Titolo IV (Del procedimento in camera di consiglio), D.Lgs. 17 gennaio 2003, n. 5 (Definizione dei procedimenti in materia di diritto societario e di intermediazione finanziaria, nonché in materia bancaria e creditizia, in attuazione dell'articolo 12 della legge 3 ottobre 2001, n. 366) (art. 33, D.Lgs. 5/2003, cit.), poi abrogato dall'art. 54, L. 18 giugno 2009, n. 69 (le disposizioni ivi contenute continuano ad applicarsi alle controversie pendenti alla data di entrata in vigore della L. 69/2009 cit.).

[2] Comma aggiunto dall'art. 32, D.Lgs. 28 dicembre 2004, n. 310.

[3] Articolo aggiunto dall'art. 8, D.Lgs. 17 gennaio 2003, n. 6, a decorrere dal 1° gennaio 2004.

● Norme connesse:
- art. 150-bis, D.Lgs. 1 settembre 1993, n. 385; art. 56, comma 3, D.Lgs. 7 settembre 2005, n. 209.

2545-*duodecies*. Scioglimento.

La società cooperativa si scioglie per le cause indicate ai numeri *1)*, *2)*, *3)*, *5)*, *6)* e *7)* dell'articolo 2484, nonché per la perdita del capitale sociale[1].

[1] Articolo (già 2539) così sostituito dall'art. 8, D.Lgs. 17 gennaio 2003, n. 6, a decorrere dal 1° gennaio 2004.

● Norme connesse:
- art. 182-sexies, R.D. 16 marzo 1942, n. 267.
- artt. 20, comma 4, 64 e 89 del Codice della crisi di impresa e dell'insolvenza, attuativo della Legge delega 19 ottobre 2017, n. 155 (D.Lgs. 12 gennaio 2019, n. 14), che prevedono un differimento degli obblighi previsti dagli artt. 2446, commi 2 e 3, 2447, 2482-bis, commi 4, 5 e 6 e 2482-ter del codice civile, e la non operatività della causa di scioglimento della società per riduzione o perdita del capitale sociale di cui agli articoli 2484, comma 1, n. 4), e 2545-duodecies del codice civile, rispettivamente, durante il procedimento di composizione assistita della crisi, di cui all'art. 19 del decreto, fino alla sua conclusione; dalla data del deposito della domanda per l'omologazione degli accordi di ristrutturazione, disciplinati dagli artt. 57, 60 e 61 ovvero della richiesta di misure cautelari e protettive, ai sensi dell'art. 54, relative ad una proposta di accordo di ristrutturazione e sino all'omologazione; dalla data del deposito della domanda di concordato preventivo e sino all'omologazione.

■ art. 222, Codice del commercio del 1882.

2545-*terdecies*. Insolvenza.

In caso di insolvenza della società, l'autorità governativa alla quale spetta il controllo sulla società dispone la liquidazione coatta amministrativa. Le cooperative che svolgono attività commerciale sono soggette anche al fallimento.

La dichiarazione di fallimento preclude la liquidazione coatta amministrativa e il provvedimento di liquidazione coatta amministrativa preclude la dichiarazione di fallimento[1 2].

[1] Articolo (già 2540) così sostituito dall'art. 8, D.Lgs. 17 gennaio 2003, n. 6, a decorrere dal 1° gennaio 2004. L'art. 2540 disponeva: *Qualora le attività della società, anche se questa è in liquidazione, risultino insufficienti per il pagamento dei debiti, l'autorità governativa alla quale spetta il controllo sulla società può disporre la liquidazione coatta amministrativa.*

Sono tuttavia soggette al fallimento le società cooperative che hanno per oggetto un'attività commerciale, salve le disposizioni delle leggi speciali.

[2] L'incarico di commissario liquidatore delle società cooperative in liquidazione coatta amministrativa di cui al presente articolo è monocratico (art. 12, comma 75, D.L. 6 luglio 2012, n. 95, convertito in L. 7 agosto 2012, n. 135).

● Norme connesse:
- art. 150-bis, D.Lgs. 1 settembre 1993, n. 385; art. 56, comma 3, D.Lgs. 7 settembre 2005, n. 209; artt. 2, 194 ss., R.D. 16 marzo 1942, n. 267.

Sezione VI
Dei controlli[1]

[1] Sezione (già Sezione VII *Dei controlli dell'autorità governativa*) così sostituita dall'art. 8, D.Lgs. 17 gennaio 2003, n. 6, a decorrere dal 1° gennaio 2004.

2545-*quaterdecies*. Controllo sulle società cooperative.

Le società cooperative sono sottoposte alle autorizzazioni, alla vigilanza e agli altri controlli sulla gestione previsti dalle leggi speciali[1].

[1] Articolo (già 2542) così sostituito dall'art. 8, D.Lgs. 17 gennaio 2003, n. 6, a decorrere dal 1° gennaio 2004. L'art. 2542 disponeva: *Le società cooperative sono sottoposte alle autorizzazioni, alla vigilanza e agli altri controlli sulla gestione stabiliti dalle leggi speciali.*

2545-*quinquiesdecies*. Controllo giudiziario.

I fatti previsti dall'articolo 2409 possono essere denunciati al tribunale dai soci che siano titolari del decimo del capitale sociale ovvero da un decimo del numero complessivo dei soci, e, nelle società cooperative che hanno più di tremila soci, da un ventesimo dei soci.

Il ricorso deve essere notificato a cura dei ricorrenti anche all'autorità di vigilanza.

Il tribunale, sentiti in camera di consiglio gli amministratori, i sindaci e l'autorità di vigilanza, dichiara improcedibile il ricorso se per i medesimi fatti sia stato già nominato un ispettore o un commissario dall'autorità di vigilanza.

L'autorità di vigilanza dispone la sospensione del procedimento dalla medesima iniziato se il tribunale per i medesimi fatti ha nominato un ispettore o un amministratore giudiziario[1 2].

[1] Relativamente alle disposizioni di cui al presente articolo trovano applicazione le norme di cui alla Sezione II (Del procedimento in confronto di più parti) del Capo II (Del procedimento) del Titolo IV (Del procedimento in camera di consiglio), D.Lgs. 17 gennaio 2003, n. 5 (Definizione dei procedimenti in materia di diritto societario e di intermediazione finanziaria, nonché in materia bancaria e creditizia, in attuazione dell'articolo 12 della legge 3 ottobre 2001, n. 366) (art. 33, D.Lgs. 5/2003, cit.), poi abrogato dall'art. 54, L. 18 giugno 2009, n. 69 (le disposizioni ivi contenute continuano ad applicarsi alle controversie pendenti alla data di entrata in vigore della L. 69/2009 cit.).

[2] Articolo aggiunto dall'art. 8, D.Lgs. 17 gennaio 2003, n. 6, a decorrere dal 1° gennaio 2004.

● Norme connesse:

- art. 150-bis, D.Lgs. 1 settembre 1993, n. 385; art. 56, comma 3, D.Lgs. 7 settembre 2005, n. 209.

2545-*sexiesdecies*. Gestione commissariale.

In caso di gravi irregolarità di funzionamento o fondati indizi di crisi delle società cooperative, l'autorità di vigilanza può revocare gli amministratori e i sindaci, e affidare la gestione della società ad un commissario, determinando i poteri e la durata. Ove l'importanza della società cooperativa lo richieda, l'autorità di vigilanza può nominare un vice commissario che collabora con il commissario e lo sostituisce in caso di impedimento[1].

Al commissario possono essere conferiti per determinati atti anche i poteri dell'assemblea, ma le relative deliberazioni non sono valide senza l'approvazione dell'autorità di vigilanza[2].

Se l'autorità di vigilanza accerta irregolarità nelle procedure di ammissione dei nuovi soci, può diffidare la società cooperativa e, qualora non si adegui, assumere i provvedimenti di cui al quarto comma[3].

Laddove vengano accertate una o più irregolarità suscettibili di specifico adempimento, l'autorità di vigilanza, previa diffida, può nominare un commissario, anche nella persona del legale rappresentante o di un componente dell'organo di controllo societario, che si sostituisce agli organi amministrativi dell'ente, limitatamente al compimento degli specifici adempimenti indicati[4 5 6 7].

[1] Comma così modificato prima dall'art. 33, D.Lgs. 28 dicembre 2004, n. 310, poi dall'art. 1, comma 936, L. 27 dicembre 2017, n. 205.

Il testo previgente la modifica del 2004 disponeva: *In caso di irregolare funzionamento delle società cooperative, l'autorità governativa può revocare gli amministratori e i sindaci, e affidare la gestione della società ad un commissario, determinando i poteri e la durata. Ove l'importanza della società cooperativa lo richieda, l'autorità di vigilanza può nominare un vice commissario che collabora con il commissario e lo sostituisce in caso di impedimento.*

Il testo previgente la modifica del 2017 disponeva: *In caso di irregolare funzionamento delle società cooperative, l'autorità di vigilanza può revocare gli amministratori e i sindaci, e affidare la gestione della società ad un commissario, determinando i poteri e la durata. Ove l'importanza della società cooperativa lo richieda, l'autorità di vigilanza può nominare un vice commissario che collabora con il commissario e lo sostituisce in caso di impedimento.*

[2] Comma così modificato dall'art. 33, D.Lgs. 28 dicembre 2004, n. 310. Il testo previgente disponeva: *Al commissario possono essere conferiti per determinati atti anche i poteri dell'assemblea, ma le relative deliberazioni non sono valide senza l'approvazione dell'autorità governativa.*

[3] Comma così modificato dall'art. 1, comma 936, L. 27 dicembre 2017, n. 205. Il testo previgente disponeva: *Se l'autorità di vigilanza accerta irregolarità nelle procedure di ammissione dei nuovi soci, può diffidare la società cooperativa e, qualora non si adegui, assumere i provvedimenti di cui ai commi precedenti.*

[4] Comma aggiunto dall'art. 1, comma 936, L. 27 dicembre 2017, n. 205.

[5] Articolo (già 2543) così sostituito dall'art. 8, D.Lgs. 17 gennaio 2003, n. 6, a decorrere dal 1° gennaio 2004. L'art. 2543 disponeva: *In caso di irregolare funzionamento delle società cooperative, l'autorità governativa può revocare gli*

amministratori e i sindaci, e affidare la gestione della società a un commissario governativo, determinandone i poteri e la durata. Ove l'importanza della società cooperativa lo richieda, l'autorità governativa può nominare un vice commissario che collabora con il commissario e lo sostituisce in caso di impedimento.

Al commissario governativo possono essere conferiti per determinati atti anche i poteri dell'assemblea, ma le relative deliberazioni non sono valide senza l'approvazione dell'autorità governativa.

[6] A norma dell'art. 106, R.D. 30 marzo 1942, n. 318, le norme degli artt. 92, 93 e 94 del medesimo R.D. 318/1942 si applicano anche al commissario governativo, intendendosi al posto del tribunale l'autorità governativa che ha nominato il commissario.

[7] L'incarico di commissario per la gestione delle società cooperative di cui al presente articolo è monocratico (art. 12, comma 75, D.L. 6 luglio 2012, n. 95, convertito in L. 7 agosto 2012, n. 135).

● Norme connesse:

- art. 150-bis, D.Lgs. 1 settembre 1993, n. 385; art. 56, comma 3, D.Lgs. 7 settembre 2005, n. 209.

2545-*septiesdecies*. Scioglimento per atto dell'autorità.

L'autorità di vigilanza, con provvedimento da pubblicarsi nella *Gazzetta Ufficiale* e da iscriversi nel registro delle imprese, può sciogliere le società cooperative e gli enti mutualistici che non perseguono lo scopo mutualistico o non sono in condizione di raggiungere gli scopi per cui sono stati costituiti o che per due anni consecutivi non hanno depositato il bilancio di esercizio o non hanno compiuto atti di gestione.

Se vi è luogo a liquidazione, con lo stesso provvedimento sono nominati uno o più commissari liquidatori[1 2 3].

[1] Articolo (già 2544) così sostituito dall'art. 8, D.Lgs. 17 gennaio 2003, n. 6, a decorrere dal 1° gennaio 2004. L'art. 2544 disponeva: *Le società cooperative, che a giudizio dell'autorità governativa non sono in condizione di raggiungere gli scopi per cui sono state costituite, o che per due anni consecutivi non hanno depositato il bilancio annuale, o non hanno compiuto atti di gestione, possono essere sciolte con provvedimento dell'autorità governativa, da pubblicarsi nella Gazzetta Ufficiale della Repubblica e da iscriversi nel registro delle imprese. Le società cooperative edilizie di abitazione e i loro consorzi che non hanno depositato in tribunale nei termini prescritti i bilanci relativi agli ultimi due anni sono sciolti di diritto e perdono la personalità giuridica.*

Se vi è luogo a liquidazione, con lo stesso provvedimento sono nominati uno o più commissari liquidatori.

[2] Per lo scioglimento degli enti cooperativi che alla data del 31 dicembre 2004 non abbiano depositato i bilanci da oltre 5 anni, v. l'art. 223-septiesdecies, R.D. 30 marzo 1942, n. 318.

[3] L'incarico di commissario liquidatore delle società cooperative sciolte per atto dell'autorità di cui al presente articolo è monocratico (art. 12, comma 75, D.L. 6 luglio 2012, n. 95, convertito in L. 7 agosto 2012, n. 135).

● Norme connesse:

- art. 150-bis, D.Lgs. 1 settembre 1993, n. 385; art. 56, comma 3, D.Lgs. 7 settembre 2005, n. 209.

- per la rideterminazione dell'importo minimo di bilancio per la nomina del commissario liquidatore negli scioglimenti per atto d'autorità di società cooperative, v. D.M. 17 gennaio 2007.

2545-*octiesdecies*. Sostituzione dei liquidatori.

In caso di irregolarità o di eccessivo ritardo nello svolgimento della liquidazione ordinaria di una società cooperativa, l'autorità di vigilanza può sostituire i liquidatori o, se questi sono stati nominati dall'autorità giudiziaria, può chiederne la sostituzione al tribunale[1].

Fatti salvi i casi di liquidazione per i quali è intervenuta la nomina di un liquidatore da parte dell'autorità giudiziaria, l'autorità di vigilanza dispone la pubblicazione nella *Gazzetta Ufficiale*, per la conseguente cancellazione dal registro delle imprese, dell'elenco delle società cooperative e degli enti mutualistici in liquidazione ordinaria che non hanno depositato i bilanci di esercizio relativi agli ultimi cinque anni.

Entro il termine perentorio di trenta giorni dalla pubblicazione i creditori e gli altri interessati possono presentare all'autorità di vigilanza formale e motivata domanda intesa a consentire la prosecuzione della liquidazione. Trascorso il suddetto termine, a seguito di comunicazione da parte dell'autorità di vigilanza, il conservatore del registro delle imprese territorialmente competente provvede alla cancellazione della società cooperativa o dell'ente mutualistico dal registro medesimo[1 2].

[1] Comma così modificato dall'art. 34, D.Lgs. 28 dicembre 2004, n. 310. Il comma 1 nel testo previgente disponeva: *In caso di irregolarità o di eccessivo ritardo nello svolgimento della liquidazione ordinaria di una società cooperativa, l'autorità governativa può sostituire i liquidatori o, se questi sono stati nominati dall'autorità giudiziaria, può chiederne la sostituzione al tribunale.*

Il comma 3 nel testo previgente disponeva: *Entro il termine perentorio di trenta giorni dalla pubblicazione i creditori e gli altri interessati possono presentare all'autorità governativa formale e motivata domanda intesa a consentire la prosecuzione della liquidazione. Trascorso il suddetto termine, a seguito di comunicazione da parte dell'autorità di vigilanza, il conservatore del registro delle imprese territorialmente competente provvede alla cancellazione della società cooperativa o dell'ente mutualistico dal registro medesimo.*

[2] Articolo (già 2545) così sostituito dall'art. 8, D.Lgs. 17 gennaio 2003, n. 6, a decorrere dal 1° gennaio 2004. L'art. 2545 disponeva: *In caso d'irregolarità o di eccessivo ritardo nello svolgimento della liquidazione ordinaria di una società cooperativa, l'autorità governativa può sostituire i liquidatori o, se questi sono stati nominati dall'autorità giudiziaria, può chiederne la sostituzione al tribunale.*

● Norme connesse:
- art. 150-bis, D.Lgs. 1 settembre 1993, n. 385; art. 56, comma 3, D.Lgs. 7 settembre 2005, n. 209.

CAPO II
DELLE MUTUE ASSICURATRICI[1]

[1] Capo così sostituito dall'art. 8, D.Lgs. 17 gennaio 2003, n. 6, a decorrere dal 1° gennaio 2004.
● Norme connesse:
- artt. 1, 4, L. 18 dicembre 1984, n. 975; art. 25, L. 31 maggio 1995, n. 218.

2546. Nozione.

Nella società di mutua assicurazione le obbligazioni sono garantite dal patrimonio sociale.

I soci sono tenuti al pagamento dei contributi fissi o variabili, entro il limite massimo determinato dall'atto costitutivo.

Nelle mutue assicuratrici non si può acquistare la qualità di socio, se non assicurandosi presso la società, e si perde la qualità di socio con l'estinguersi dell'assicurazione, salvo quanto disposto dall'articolo 2548[1].

[1] Articolo così sostituito dall'art. 8, D.Lgs. 17 gennaio 2003, n. 6, a decorrere dal 1° gennaio 2004. Il testo previgente disponeva: *Nella società di mutua assicurazione le obbligazioni sociali sono garantite dal patrimonio sociale.*

I soci sono tenuti al pagamento di contributi fissi o variabili, entro il limite massimo determinato dall'atto costitutivo.

Nelle mutue assicuratrici non si può acquistare la qualità di socio, se non assicurandosi presso la società, e si perde la qualità di socio con l'estinguersi dell'assicurazione, salvo quanto disposto dall'articolo 2548.

● Norme connesse:
- artt. 14, 52, D.Lgs. 7 settembre 2005, n. 209.
■ artt. 239-245, Codice del commercio del 1882.

2547. Norme applicabili.

Le società di mutua assicurazione sono soggette alle autorizzazioni, alla vigilanza e agli altri controlli stabiliti dalle leggi speciali sull'esercizio dell'assicurazione, e sono regolate dalle norme stabilite per le società cooperative, in quanto compatibili con la loro natura[1].

[1] Articolo così sostituito dall'art. 8, D.Lgs. 17 gennaio 2003, n. 6, a decorrere dal 1° gennaio 2004. Il testo previgente disponeva: *Le società di mutua assicurazione sono soggette alle autorizzazioni, alla vigilanza e agli altri controlli stabiliti dalle leggi speciali sull'esercizio dell'assicurazione, e sono regolate dalle norme stabilite per le società cooperative a responsabilità limitata, in quanto compatibili con la loro natura.*

● Norme connesse:
- art. 209, D.Lgs. 7 settembre 2005, n. 209.

2548. Conferimenti per la costituzione di fondi di garanzia.

L'atto costitutivo può prevedere la costituzione di fondi di garanzia per il pagamento delle indennità, mediante speciali conferimenti da parte di assicurati o di terzi, attribuendo anche a questi ultimi la qualità di socio.

L'atto costitutivo può attribuire a ciascuno dei soci sovventori più voti, ma non oltre cinque, in relazione all'ammontare del conferimento.

I voti attribuiti ai soci sovventori, come tali, devono in ogni caso essere inferiori al numero dei voti spettanti ai soci assicurati.

I soci sovventori possono essere nominati amministratori. La maggioranza degli amministratori deve essere costituita da soci assicurati[1].

[1] Articolo così sostituito dall'art. 8, D.Lgs. 17 gennaio 2003, n. 6, a decorrere dal 1° gennaio 2004. Il testo previgente disponeva: *L'atto costitutivo può prevedere la costituzione di fondi di garanzia per il pagamento delle indennità, mediante speciali conferimenti da parte di assicurati o di terzi, attribuendo anche a questi ultimi la qualità di socio.*

L'atto costitutivo può attribuire a ciascuno dei soci sovventori più voti, ma non oltre cinque, in relazione all'ammontare del conferimento.

I voti attribuiti ai soci sovventori, come tali, devono in ogni caso essere inferiori al numero dei voti spettanti ai soci assicurati.

I soci sovventori possono essere nominati amministratori. La maggioranza degli amministratori deve essere costituita da soci assicurati.

TITOLO VII
DELL'ASSOCIAZIONE IN PARTECIPAZIONE

2549. Nozione.

Con il contratto di associazione in partecipazione l'associante attribuisce all'associato una partecipazione agli utili della sua impresa o di uno o più affari verso il corrispettivo di un determinato apporto.

Nel caso in cui l'associato sia una persona fisica l'apporto di cui al primo comma non può consistere, nemmeno in parte, in una prestazione di lavoro[1].

[...][2 3].

[1] Comma aggiunto dall'art. 1, comma 28, L. 28 giugno 2012, n. 92 e poi così sostituito dall'art. 53, D.Lgs. 15 giugno 2015, n. 81. Il testo previgente disponeva: Qualora l'apporto dell'associato consista anche in una prestazione di lavoro, il numero degli associati impegnati in una medesima attività non può essere superiore a tre, indipendentemente dal numero degli associanti, con l'unica eccezione nel caso in cui gli associati siano legati all'associante da rapporto coniugale, di parentela entro il terzo grado o di affinità entro il secondo. In caso di violazione del divieto di cui al presente comma, il rapporto con tutti gli associati il cui apporto consiste anche in una prestazione di lavoro si considera di lavoro subordinato a tempo indeterminato.

[2] Comma aggiunto dall'art. 1, comma 28, L. 28 giugno 2012, n. 92, nel testo modificato dall'art. 7, D.L. 28 giugno 2013, n. 76, convertito in L. 9 agosto 2013, n. 99 e infine abrogato dall'art. 53, D.Lgs. 15 giugno 2015, n. 81. Il testo previgente disponeva: Le disposizioni di cui al secondo comma

non si applicano, limitatamente alle imprese a scopo mutualistico, agli associati individuati mediante elezione dall'organo assembleare di cui all'articolo 2540, il cui contratto sia certificato dagli organismi di cui all'articolo 76 del decreto legislativo 10 settembre 2003, n. 276, e successive modificazioni, nonchè in relazione al rapporto fra produttori e artisti, interpreti, esecutori, volto alla realizzazione di registrazioni sonore, audiovisive o di sequenze di immagini in movimento.

[3] I contratti di associazione in partecipazione in atto alla data di entrata in vigore del presente decreto, nei quali l'apporto dell'associato persona fisica consiste, in tutto o in parte, in una prestazione di lavoro, sono fatti salvi fino alla loro cessazione (art. 53, D.Lgs. 15 giugno 2015, n. 81).

● Norme connesse:
- art. 77, R.D. 16 marzo 1942, n. 267.

■ art. 233, Codice del commercio del 1882.

2550. Pluralità di associazioni.

Salvo patto contrario, l'associante non può attribuire partecipazioni per la stessa impresa o per lo stesso affare ad altre persone senza il consenso dei precedenti associati.

2551. Diritti ed obbligazioni dei terzi.

I terzi acquistano diritti e assumono obbligazioni soltanto verso l'associante [2554].

■ art. 235, Codice del commercio del 1882.

2552. Diritti dell'associante e dell'associato.

La gestione dell'impresa o dell'affare spetta all'associante [2554].

Il contratto può determinare quale controllo possa esercitare l'associato sull'impresa o sullo svolgimento dell'affare per cui l'associazione è stata contratta.

In ogni caso l'associato ha diritto al rendiconto dell'affare compiuto, o a quello annuale della gestione se questa si protrae per più di un anno [2261, 2320, comma 3, 2476, comma 2].

■ art. 236, Codice del commercio del 1882.

2553. Divisione degli utili e delle perdite.

Salvo patto contrario, l'associato partecipa alle perdite nella stessa misura in cui partecipa agli utili, ma le perdite che colpiscono l'associato non possono superare il valore del suo apporto [L. fall. 77].

■ art. 236, Codice del commercio del 1882.

2554. Partecipazione agli utili e alle perdite.

Le disposizioni degli articoli 2551 e 2552 si applicano anche al contratto di cointeressenza agli utili di un'impresa senza partecipazione alle perdite e al contratto con il quale un contraente attribuisce la partecipazione agli utili ed alle perdite della sua impresa, senza il corrispettivo di un determinato apporto.

Per le partecipazioni agli utili attribuite ai prestatori di lavoro resta salva la disposizione dell'articolo 2102.

TITOLO VIII
DELL'AZIENDA

● Norme connesse:
- L. 10 ottobre 1990, n. 287.

CAPO I
DISPOSIZIONI GENERALI

2555. Nozione.

L'azienda è il complesso dei beni organizzati dall'imprenditore [2082, 2135, 2195] per l'esercizio dell'impresa [177 lett. d), 178, 365; c.p.c. 670; c.p. 508].

2556. Imprese soggette a registrazione.

Per le imprese soggette a registrazione [2195, 2200] i contratti che hanno per oggetto il trasferimento della proprietà [2565, comma 2, 2573, comma 2] o il godimento dell'azienda devono essere provati per iscritto [2725], salva l'osservanza delle forme stabilite dalla legge per il trasferimento dei singoli beni che compongono l'azienda [1350] o per la particolare natura del contratto [162, 782].

I contratti di cui al primo comma, in forma pubblica [2699] o per scrittura privata autenticata [2702, 2703], devono essere depositati per l'iscrizione nel registro delle imprese, nel termine di trenta giorni, a cura del notaio rogante o autenticante [disp. att. 100][1].

[1] Comma così sostituito dall'art. 6, L. 12 agosto 1993, n. 310. Il testo previgente disponeva: *Per le imprese soggette a registrazione i contratti che hanno per oggetto il trasferimento della proprietà o il godimento dell'azienda devono essere provati per iscritto, salvo l'osservanza delle forme stabilite dalla legge per il trasferimento dei singoli beni che compongono l'azienda o per la particolare natura del contratto.*

● Norme connesse:
- artt. 68, comma 3, 72, comma 5, D.Lgs. 10 febbraio 2005, n. 30; artt. 104-bis, comma 3, 105, comma 2, R.D. 16 marzo 1942, n. 267, Area V, *Mercato, concorrenza e consumatore;* art. 7, D.P.R. 7 dicembre 1995, n. 581; art. 58, D.Lgs. 1 settembre 1993, n. 385.

2557. Divieto di concorrenza.

Chi aliena l'azienda deve astenersi, per il periodo di cinque anni dal trasferimento, dall'iniziare una nuova impresa che per l'oggetto, l'ubicazione o altre circostanze sia idonea a sviare la clientela dell'azienda ceduta [2125, 2229 ss., 2596].

Il patto di astenersi dalla concorrenza in limiti più ampi di quelli previsti dal comma precedente è valido, purché non impedisca ogni attività professionale dell'alienante. Esso non può eccedere la durata di cinque anni dal trasferimento [2596].

Se nel patto è indicata una durata maggiore o la durata non è stabilita, il divieto di concorrenza vale per il periodo di cinque anni dal trasferimento [1339, 2125].

Nel caso di usufrutto [978, 2561] o di affitto [2562] dell'azienda [2561, 2563] il divieto di concorrenza disposto dal primo comma vale nei confronti del proprietario o del locatore per la durata dell'usufrutto o dell'affitto.

Le disposizioni di questo articolo si applicano alle aziende agricole solo per le attività ad esse connesse, quando rispetto a queste sia possibile uno sviamento di clientela [2135].

2558. Successione nei contratti.

Se non è pattuito diversamente, l'acquirente dell'azienda subentra nei contratti stipulati per l'esercizio dell'azienda stessa che non abbiano carattere personale [1406, 2112, 2610][1].

Il terzo contraente può tuttavia recedere dal contratto [1373] entro tre mesi dalla notizia del trasferimento, se sussiste una giusta causa, salvo in questo caso la responsabilità dell'alienante [1722 n. 4, 2610].

Le stesse disposizioni si applicano anche nei confronti dell'usufruttuario e dell'affittuario [2561, 2562] per la durata dell'usufrutto e dell'affitto.

[1] Per la cessione del contratto di locazione di immobile facente parte dell'azienda, v. art. 36, L. 27 luglio 1978, n. 392 che dispone: *Il conduttore può sublocare l'immobile o cedere il contratto di locazione anche senza il consenso del locatore, purché venga insieme ceduta o locata l'azienda, dandone comunicazione al locatore mediante lettera raccomandata con avviso di ricevimento. Il locatore può opporsi, per gravi motivi, entro trenta giorni dal ricevimento della comunicazione. Nel caso di cessione, il locatore, se non ha liberato il cedente, può agire contro il medesimo qualora il cessionario non adempia le obbligazioni assunte.*

Le indennità previste dall'art. 34 sono liquidate a favore di colui che risulta conduttore al momento della cessazione effettiva della locazione.

● Norme connesse:

- art. 132, L. 22 aprile 1941, n. 633; art. 36, comma 1, L. 27 luglio 1978, n. 392.

2559. Crediti relativi all'azienda ceduta.

La cessione dei crediti relativi all'azienda ceduta, anche in mancanza di notifica al debitore o di sua accettazione, ha effetto, nei confronti dei terzi, dal momento dell'iscrizione del trasferimento nel registro delle imprese [2556; disp. att. 100]. Tuttavia il debitore ceduto è liberato se paga in buona fede all'alienante [1264, 1265].

Le stesse disposizioni si applicano anche nel caso di usufrutto dell'azienda [2561], se esso si estende ai crediti relativi alla medesima.

● Norme connesse:

- art. 105, comma 6, R.D. 16 marzo 1942, n. 267.

2560. Debiti relativi all'azienda ceduta.

L'alienante non è liberato dai debiti, inerenti all'esercizio dell'azienda ceduta anteriori al trasferimento, se non risulta che i creditori vi hanno consentito.

Nel trasferimento di un'azienda commerciale [2556] risponde dei debiti suddetti anche l'acquirente dell'azienda [1546, 2112, 2160], se essi risultano dai libri contabili obbligatori [1546, 2112, comma 2, 2214, 2709].

● Norme connesse:

- comma 1: art. 3, comma 1, D.L. 9 dicembre 1986, n. 835, convertito in L. 6 febbraio 1987, n. 19, che dispone: *1. In caso di cessioni di aziende o di rami di aziende effettuate in attuazione di programmi di imprese in amministrazione straordinaria autorizzati ai sensi dell'articolo 2 del decreto-legge 30 gennaio 1979, n. 26, convertito, con modificazioni, dalla legge 3 aprile 1979, n. 95, e successive modificazioni, non si applicano le disposizioni dell'articolo 2560, secondo comma, del codice civile e dell'articolo 2112, primo comma, del codice civile limitatamente al personale non contestualmente trasferito anche qualora il prezzo di cessione sia stato determinato ai sensi dell'articolo 2 del decreto-legge 9 aprile 1984, n. 62, convertito, con modificazioni, dalla legge 8 giugno 1984, n. 212, con l'obbligo per il cessionario alla continuazione dell'esercizio dell'attività produttiva per almeno due anni dalla cessione e al mantenimento dei livelli occupazionali entro il limite stabilito nell'autorizzazione dell'autorità vigilante.*

- artt. 104-bis, comma 6, 105, commi 4, 5, 8, R.D. 16 marzo 1942, n. 267.

- artt. 118, ult. comma, 212, ult. comma e 214, commi 4 e 7, del Codice della crisi di impresa e dell'insolvenza, attuativo della Legge delega 19 ottobre 2017, n. 155 (D.Lgs. 12 gennaio 2019, n. 14), in quanto derogatori della norma in oggetto.

2561. Usufrutto dell'azienda.

L'usufruttuario dell'azienda deve esercitarla sotto la ditta che la contraddistingue [2563].

Egli deve gestire l'azienda senza modificarne la destinazione e in modo da conservare l'efficienza dell'organizzazione e degli impianti [997] e le normali dotazioni di scorte [998].

Se non adempie a tale obbligo o cessa arbitrariamente dalla gestione dell'azienda, si applica l'articolo 1015.

La differenza tra le consistenze d'inventario all'inizio e al termine dell'usufrutto [978 ss.] è regolata in danaro, sulla base dei valori correnti al termine dell'usufrutto [2112].

2562. Affitto dell'azienda.

Le disposizioni dell'articolo precedente si applicano anche nel caso di affitto [1615] dell'azienda.

● Norme connesse:

- artt. 79, 104-bis, R.D. 16 marzo 1942, n. 267.

- art. 184 del Codice della crisi di impresa e dell'insolvenza, attuativo della Legge delega 19 ottobre 2017, n. 155 (D.Lgs. 12 gennaio 2019, n. 14), relativo agli effetti della procedura di liquidazione giudiziale sul pendente contratto di affitto di azienda.

CAPO II

DELLA DITTA E DELL'INSEGNA

2563. Ditta.

L'imprenditore [2082] ha diritto all'uso esclusivo [2569, 2577, 2584, 2592] della ditta da lui prescelta.

La ditta, comunque sia formata, deve contenere almeno il cognome o la sigla dell'imprenditore, salvo quanto è disposto all'articolo 2565 [2566; disp. att. 221].

2564. Modificazione della ditta.

Quando la ditta è uguale o simile a quella usata da altro imprenditore e può creare confusione [2598 n. 1] per l'oggetto dell'impresa e per il luogo in cui questa è esercitata, deve essere integrata o modificata con indicazioni idonee a differenziarla [2567 comma 2, 2568].

Per le imprese commerciali [2195] l'obbligo dell'integrazione o modificazione spetta a chi ha iscritto la propria ditta nel registro delle imprese in epoca posteriore [2188; disp. att. 100].

2565. Trasferimento della ditta.

La ditta non può essere trasferita separatamente dall'azienda [2573].

Nel trasferimento dell'azienda per atto tra vivi [2556] la ditta non passa all'acquirente senza il consenso dell'alienante.

Nella successione nell'azienda per causa di morte la ditta si trasmette al successore, salvo diversa disposizione testamentaria [2292].

2566. Registrazione della ditta.

Per le imprese commerciali [2195], l'ufficio del registro delle imprese [2188] deve rifiutare l'iscrizione della ditta [2189, 2192], se questa non è conforme a quanto è prescritto dal secondo comma dell'articolo 2563 o, trattandosi di ditta derivata [2564], se non è depositata copia dell'atto in base al quale ha avuto luogo la successione nell'azienda.

2567. Società.

La ragione sociale e la denominazione delle società sono regolate dai titoli V e VI di questo libro.

Tuttavia si applicano anche ad esse le disposizioni dell'articolo 2564.

2568. Insegna.

Le disposizioni del primo comma dell'articolo 2564 si applicano all'insegna.

CAPO III

DEL MARCHIO

● Norme connesse:

- D.Lgs. 10 febbraio 2005, n. 30 (Codice della proprietà industriale).

2569. Diritto di esclusività.

Chi ha registrato nelle forme stabilite dalla legge un nuovo marchio idoneo a distinguere prodotti o servizi ha diritto di valersene in modo esclusivo per i prodotti o servizi per i quali è stato registrato[1].

In mancanza di registrazione, il marchio è tutelato a norma dell'articolo 2571.

[1] Comma così sostituito dall'art. 81, D.Lgs. 4 dicembre 1992, n. 480, a sua volta abrogato dall'art. 246, comma 1, lett. z), D.Lgs. 10 febbraio 2005, n. 30. Il comma 1 nel testo previgente disponeva: *Chi ha registrato nelle forme stabilite dalla legge un nuovo marchio, costituito da un emblema o da una denominazione e destinato a distinguere merci od altri prodotti della propria impresa, ha diritto di valersene in modo esclusivo per le cose per le quali è stato registrato.*

● Norme connesse:

- artt. 20, 21, D.Lgs. 10 febbraio 2005, n. 30.

♦ Norme collegate

Direttiva (UE) 2015/2436 del Parlamento europeo e del Consiglio del 16 dicembre 2015 sul ravvicinamento delle legislazioni degli Stati membri in materia di marchi d'impresa

2570. Marchi collettivi.

I soggetti che svolgono la funzione di garantire l'origine, la natura o la qualità di determinati prodotti o servizi possono ottenere la registrazione di marchi collettivi per concederne l'uso, secondo le norme dei rispettivi regolamenti, a produttori o commercianti[1].

[1] Articolo così sostituito dall'art. 82, D.Lgs. 4 dicembre 1992, n. 480, a sua volta abrogato dall'art. 246, comma 1, lett. z), D.Lgs. 10 febbraio 2005, n. 30. Il testo previgente disponeva: *Gli enti e le associazioni legalmente riconosciuti possono ottenere la registrazione di marchi collettivi per le imprese dipendenti o associate, secondo le norme dei rispettivi statuti e delle leggi speciali.*

● Norme connesse:

- art. 11, D.Lgs. 10 febbraio 2005, n. 30.

2571. Preuso.

Chi ha fatto uso di un marchio non registrato ha la facoltà di continuare ad usarne, nonostante la registrazione da altri ottenuta, nei limiti in cui anteriormente se ne è valso [2569].

● Norme connesse:

- art. 28, D.Lgs. 10 febbraio 2005, n. 30.

2572. Divieto di soppressione del marchio.

Il rivenditore può apporre il proprio marchio ai prodotti che mette in vendita, ma non può sopprimere il marchio del produttore.

2573. Trasferimento del marchio.

Il marchio può essere trasferito o concesso in licenza per la totalità o per una parte dei prodotti o servizi per i quali è stato registrato, purché in ogni caso dal trasferimento o dalla licenza non derivi inganno in quei caratteri dei prodotti o servizi che sono essenziali nell'apprezzamento del pubblico[1].

Quando il marchio è costituito da un segno figurativo, da una denominazione di fantasia o da una ditta derivata [2564], si presume che il diritto all'uso esclusivo di esso sia trasferito insieme con l'azienda.

[1] Comma così sostituito dall'art. 83, D.Lgs. 4 dicembre 1992, n. 480, a sua volta abrogato dall'art. 246, comma 1, lett. z), D.Lgs. 10 febbraio 2005, n. 30. Il comma 1 nel testo previgente disponeva: *Il diritto esclusivo all'uso del marchio registrato può essere trasferito soltanto con l'azienda o con un ramo particolare di questa.*

● Norme connesse:
- art. 23, D.Lgs. 10 febbraio 2005, n. 30.

2574. Leggi speciali.

Le condizioni per la registrazione dei marchi e degli atti di trasferimento dei medesimi, nonché gli effetti della registrazione sono stabiliti dalle leggi speciali.

● Norme connesse:
- D.Lgs. 10 febbraio 2005, n. 30.

TITOLO IX
DEI DIRITTI SULLE OPERE DELL'INGEGNO E SULLE INVENZIONI INDUSTRIALI

● Norme connesse:
- per la protezione del diritto di autore e di altri diritti connessi al suo esercizio, L. 22 aprile 1941, n. 633; D.Lgs. 10 febbraio 2005, n. 30 (Codice della proprietà industriale).

CAPO I
DEL DIRITTO DI AUTORE SULLE OPERE DELL'INGEGNO LETTERARIE E ARTISTICHE

● Norme connesse:
- L. 28 aprile 1976, n. 424 (Ratifica ed esecuzione di accordi internazionali in materia di proprietà intellettuale, adottati a Stoccolma il 14 luglio 1967); L. 16 maggio 1977, n. 306 (Ratifica ed esecuzione della convenzione universale per il diritto d'autore, con protocolli, adottata a Parigi il 24 luglio 1971).
- per la protezione del diritto di autore e di altri diritti connessi al suo esercizio, L. 22 aprile 1941, n. 633.

2575. Oggetto del diritto.

Formano oggetto del diritto di autore le opere dell'ingegno di carattere creativo che appartengono alle scienze, alla letteratura, alla musica, alle arti figurative, all'architettura, al teatro e alla cinematografia, qualunque ne sia il modo o la forma di espressione.

● Norme connesse:
- per le opere protette dal diritto d'autore, artt. 1 e 2, L. 22 aprile 1941, n. 633, che dispongono: Art. 1. *Sono protette ai sensi di questa legge le opere dell'ingegno di carattere creativo che appartengono alla letteratura, alla musica, alle arti figurative, all'architettura, al teatro ed alla cinematografia, qualunque ne sia il modo o la forma di espressione.*

Sono altresì protetti i programmi per elaboratore come opere letterarie ai sensi della Convenzione di Berna sulla protezione delle opere letterarie ed artistiche ratificata e resa esecutiva con legge 20 giugno 1978, n. 399, nonché le banche di dati che per la scelta o la disposizione del materiale costituiscono una creazione intellettuale dell'autore.

Art. 2: *In particolare sono comprese nella protezione:*

1) le opere letterarie, drammatiche, scientifiche, didattiche, religiose, tanto se in forma scritta quanto se orale;

2) le opere e le composizioni musicali, con o senza parole, le opere drammatico- musicali e le variazioni musicali costituenti di per sé opera originale;

3) le opere coreografiche e pantomimiche, delle quali sia fissata la traccia per iscritto o altrimenti;

4) le opere della scultura, della pittura, dell'arte del disegno, della incisione e delle arti figurative similari, compresa la scenografia;

5) i disegni e le opere dell'architettura;

6) le opere dell'arte cinematografica, muta o sonora, sempreché non si tratti di semplice documentazione protetta ai sensi delle norme del capo quinto del titolo secondo;

7) le opere fotografiche e quelle espresse con procedimento analogo a quello della fotografia sempre che non si tratti di semplice fotografia protetta ai sensi delle norme del capo V del titolo II.

8) i programmi per elaboratore, in qualsiasi forma espressi purché originali quale risultato di creazione intellettuale dell'autore. Restano esclusi dalla tutela accordata dalla presente legge le idee e i principi che stanno alla base di qualsiasi elemento di un programma, compresi quelli alla base delle sue interfacce. Il termine programma comprende anche il materiale preparatorio per la progettazione del programma stesso.

9) Le banche di dati di cui al secondo comma dell'articolo 1, intese come raccolte di opere, dati o altri elementi indipendenti sistematicamente o metodicamente disposti ed individualmente accessibili mediante mezzi elettronici o in altro modo. La tutela delle banche di dati non si estende al loro contenuto e lascia impregiudicati diritti esistenti su tale contenuto.

10) Le opere del disegno industriale che presentino di per sé carattere creativo e valore artistico.

- per la protezione delle opere da parte della SIAE, artt. da 20 a 96, D.P.R. 20 ottobre 1962, n. 1842.
- per l'esclusione degli atti statali, 5, L. 22 aprile 1941, n. 633.

2576. Acquisto del diritto.

Il titolo originario dell'acquisto del diritto di autore è costituito dalla creazione dell'opera, quale particolare espressione del lavoro intellettuale.

● Norme connesse:
- per l'omissione di deposito dell'opera presso il registro pubblico generale delle opere protette, artt. 6, 7 e 106, L. 22 aprile 1941, n. 633.

2577. Contenuto del diritto.

L'autore ha il diritto esclusivo [2581] di pubblicare l'opera e di utilizzarla economicamente in ogni forma e modo, nei limiti e per gli effetti fissati dalla legge.

L'autore, anche dopo la cessione dei diritti previsti dal comma precedente, può rivendicare la paternità dell'opera e può opporsi a qualsiasi deformazione, mutilazione o altra modificazione dell'opera stessa, che possa essere di pregiudizio al suo onore o alla sua reputazione.

● Norme connesse:
- artt. 12-13, 20-32bis L. 22 aprile 1941, n. 633.

2578. Progetti di lavori.

All'autore di progetti di lavori di ingegneria o di altri lavori analoghi che costituiscono soluzioni originali di problemi tecnici, compete, oltre il diritto esclusivo di riproduzione dei piani e disegni dei progetti medesimi, il diritto di ottenere un equo compenso [2579] da coloro che eseguono il progetto tecnico a scopo di lucro senza il suo consenso.

● Norme connesse:
- per i diritti relativi ai progetti di lavori dell'ingegneria, art. 99, L. 22 aprile 1941, n. 633, che dispone: *All'autore di progetti di lavori di ingegneria, o di altri lavori analoghi, che costituiscano soluzioni originali di problemi tecnici, compete, oltre al diritto esclusivo di riproduzione dei piani e disegni dei progetti medesimi, il diritto ad un equo compenso a carico di coloro che realizzano il progetto tecnico a scopo di lucro senza il suo consenso.*

Per esercitare il diritto al compenso l'autore deve inserire sopra il piano o disegno una dichiarazione di riserva ed eseguire il deposito del piano o disegno presso la presidenza del Consiglio dei ministri, secondo le norme stabilite dal regolamento.

Il diritto a compenso previsto in questo articolo dura venti anni dal giorno del deposito prescritto nel secondo comma.

2579. Interpreti ed esecutori.

Agli artisti attori o interpreti di opere o composizioni drammatiche o letterarie, e agli artisti esecutori di opere o composizioni musicali, anche se le opere o composizioni sovraindicate sono in dominio pubblico, compete, nei limiti, per gli effetti e con le modalità fissati dalle leggi speciali, indipendentemente dall'eventuale retribuzione loro spettante per la recitazione, rappresentazione od esecuzione, il diritto ad un equo compenso [2578] nei confronti di chiunque diffonda o trasmetta per radio, telefono o altro apparecchio equivalente, ovvero incida, registri o comunque riproduca su dischi fonografici, pellicola cinematografica od altro apparecchio equivalente la suddetta recitazione, rappresentazione od esecuzione.

Gli artisti attori od interpreti e gli artisti esecutori hanno diritto di opporsi alla diffusione, trasmissione o riproduzione della loro recitazione, rappresentazione od esecuzione che possa essere di pregiudizio al loro onore o alla loro reputazione [2577, 2582].

● Norme connesse:
- per il diritto degli attori, degli interpreti e degli esecutori, artt. da 80 a 85, L. 22 aprile 1941, n. 633.

2580. Soggetti del diritto.

Il diritto di autore spetta all'autore ed ai suoi aventi causa nei limiti e per gli effetti fissati dalle leggi speciali.

[...][1].

[1] Comma abrogato dall'art. 12, L. 8 marzo 1975, n. 39. Il testo previgente disponeva: *L'autore che ha compiuto diciotto anni ha capacità di compiere tutti gli atti giuridici relativi alle opere da lui create e di esercitare le azioni che ne derivano.*

2581. Trasferimento dei diritti di utilizzazione.

I diritti di utilizzazione sono trasferibili [2582 comma 2, 2589, 2577 comma 2].

Il trasferimento per atto tra vivi deve essere provato per iscritto.

● Norme connesse:
- per la trasmissione dei diritti di utilizzazione, artt. 107 ss., L. 22 aprile 1941, n. 633.

2582. Ritiro dell'opera dal commercio.

L'autore, qualora concorrano gravi ragioni morali, ha diritto di ritirare l'opera dal commercio [2579], salvo l'obbligo d'indennizzare coloro che hanno acquistato i diritti di riprodurre, diffondere, eseguire, rappresentare o mettere in commercio l'opera medesima.

Questo diritto è personale e intrasmissibile.

● Norme connesse:
- art. 142, L. 22 aprile 1941, n. 633.

2583. Leggi speciali.

L'esercizio dei diritti contemplati in questo capo e la loro durata sono regolati dalle leggi speciali.

● Norme connesse:
- per la protezione del diritto d'autore e di altri diritti connessi al suo esercizio, L. 22 aprile 1941, n. 633.

CAPO II

DEL DIRITTO DI BREVETTO PER INVENZIONI INDUSTRIALI

● Norme connesse:
- per le disposizioni legislative in materia di brevetti per invenzioni industriali, D.Lgs. 10 febbraio 2005, n. 30 (Codice della proprietà industriale).

2584. Diritto di esclusività.

Chi ha ottenuto un brevetto per un'invenzione industriale ha il diritto esclusivo [2563, 2569, 2577, 2592] di attuare l'invenzione e di disporne entro i limiti e alle condizioni stabilite dalla legge [2589].

Il diritto si estende anche al commercio del prodotto a cui l'invenzione si riferisce.

● Norme connesse:
- comma 1: per il contenuto del diritto di brevetto per invenzione industriale, artt. 45 ss., D.Lgs. 10 febbraio 2005, n. 30.

2585. Oggetto del brevetto.

Possono costituire oggetto di brevetto le nuove invenzioni atte ad avere un'applicazione industriale, quali un metodo o un processo di lavorazione industriale, una macchina, uno strumento, un utensile o un dispositivo meccanico, un prodotto o un risultato industriale e l'applicazione tecnica di un principio scientifico, purché essa dia immediati risultati industriali.

In quest'ultimo caso il brevetto è limitato ai soli risultati indicati dall'inventore.

● Norme connesse:
- per l'oggetto del brevetto per invenzione industriale, art. 45, D.Lgs. 10 febbraio 2005, n. 30.

2586. Brevetto per nuovi metodi o processi di fabbricazione.

Il brevetto concernente un nuovo metodo o processo di fabbricazione industriale ne attribuisce al titolare l'uso esclusivo.

[...][1].

[1] Comma abrogato dall'art. 13, comma 1, D.Lgs. 19 marzo 1996, n. 198, a sua volta abrogato dall'art. 246, comma 1, lett. ff), D.Lgs. 10 febbraio 2005, n. 30. Il testo previgente disponeva: *Se il metodo o il processo è diretto ad ottenere un prodotto nuovo, il brevetto si estende anche al prodotto ottenuto, purché questo possa formare oggetto di brevetto.*

● Norme connesse:
- art. 67, D.Lgs. 10 febbraio 2005, n. 30.

2587. Brevetto dipendente da brevetto altrui.

Il brevetto per invenzione industriale, la cui attuazione implica quella di invenzioni protette da precedenti brevetti per invenzioni industriali ancora in vigore, non pregiudica i diritti dei titolari di questi ultimi, e non può essere attuato né utilizzato senza il consenso di essi.

Sono salve le disposizioni delle leggi speciali.

2588. Soggetti del diritto.

Il diritto di brevetto spetta all'autore dell'invenzione e ai suoi aventi causa [2594].

2589. Trasferibilità.

I diritti nascenti dalle invenzioni industriali, tranne il diritto di esserne riconosciuto autore, sono trasferibili.

● Norme connesse:
- art. 138, D.Lgs. 10 febbraio 2005, n. 30.

2590. Invenzione del prestatore di lavoro.

Il prestatore di lavoro ha diritto di essere riconosciuto autore dell'invenzione fatta nello svolgimento del rapporto di lavoro.

I diritti e gli obblighi delle parti relativi all'invenzione sono regolati dalle leggi speciali.

● Norme connesse:
- artt. 64, 65, D.Lgs. 10 febbraio 2005, n. 30.

2591. Rinvio alle leggi speciali.

Le condizioni e le modalità per la concessione del brevetto, l'esercizio dei diritti che ne derivano e la loro durata sono regolati dalle leggi speciali.

● Norme connesse:
- D.Lgs. 10 febbraio 2005, n. 30; art. 633, L. 22 aprile 1941, n. 633.

CAPO III

DEL DIRITTO DI BREVETTO PER MODELLI DI UTILITÀ E DI REGISTRAZIONE PER DISEGNI E MODELLI[1]

[1] Rubrica così sostituita dall'art. 21, D.Lgs. 2 febbraio 2001, n. 95. V., anche, D.Lgs. 2 febbraio 2002, n. 26 e artt. 82 ss., D.Lgs. 10 febbraio 2005, n. 30, Codice della proprietà industriale.

● Norme connesse:
- D.Lgs. 10 febbraio 2005, n. 30.

2592. Modelli di utilità.

Chi, in conformità della legge, ha ottenuto un brevetto per un'invenzione atta a conferire a macchine o parti di esse, strumenti, utensili od oggetti, particolare efficacia o comodità di applicazione o d'impiego, ha il diritto esclusivo [2563, 2569, 2577, 2584] di attuare l'invenzione, di disporne e di fare commercio dei prodotti a cui si riferisce.

Il brevetto per le macchine nel loro complesso non comprende la protezione delle singole parti.

2593. Modelli e disegni.

Chi ha ottenuto una registrazione per un nuovo disegno o modello che abbia carattere individuale, ha il diritto esclusivo di utilizzarlo e di vietare a terzi di utilizzarlo senza il suo consenso, in conformità alle leggi speciali[1].

[1] Articolo così sostituito dall'art. 21, D.Lgs. 2 febbraio 2001, n. 95.

2594. Norme applicabili.

Ai diritti di brevetto e di registrazioni contemplati in questo capo, si applicano gli articoli 2588, 2589 e 2590. Le condizioni e le modalità per la concessione del brevetto e della registrazione, l'esercizio dei diritti che ne derivano e la loro durata sono regolati dalle leggi speciali[1].

[1] Articolo così sostituito dall'art. 21, D.Lgs. 2 febbraio 2001, n. 95.

TITOLO X
DELLA DISCIPLINA DELLA CONCORRENZA E DEI CONSORZI

CAPO I
DELLA DISCIPLINA DELLA CONCORRENZA

Sezione I
Disposizioni generali

● Norme connesse:

- L. 10 ottobre 1990, n. 287; artt. 19, 27, D.Lgs. 6 settembre 2005, n. 206.

2595. Limiti legali della concorrenza.

La concorrenza deve svolgersi in modo da non ledere gli interessi dell'economia nazionale e nei limiti stabiliti dalla legge [e dalle norme corporative][1] [2301; Cost. 41].

[1] Le parole in parentesi devono intendersi abrogate a seguito dell'entrata in vigore del R.D.L. 9 agosto 1943, n. 721 e del D.Lgs.Lgt. 23 novembre 1944, n. 369.

● Norme connesse:

- per le regole di concorrenza applicabili alle imprese, art. 101, del Trattato sul funzionamento dell'Unione europea, in vigore dal 1° dicembre 2009, che dispone: 1. *Sono incompatibili con il mercato interno e vietati tutti gli accordi tra imprese, tutte le decisioni di associazioni di imprese e tutte le pratiche concordate che possano pregiudicare il commercio tra Stati membri e che abbiano per oggetto o per effetto di impedire, restringere o falsare il gioco della concorrenza all'interno del mercato interno ed in particolare quelli consistenti nel:*

a) fissare direttamente o indirettamente i prezzi d'acquisto o di vendita ovvero altre condizioni di transazione;

b) limitare o controllare la produzione, gli sbocchi, lo sviluppo tecnico o gli investimenti;

c) ripartire i mercati o le fonti di approvvigionamento;

d) applicare, nei rapporti commerciali con gli altri contraenti, condizioni dissimili per prestazioni equivalenti, così da determinare per questi ultimi uno svantaggio nella concorrenza;

e) subordinare la conclusione di contratti all'accettazione da parte degli altri contraenti di prestazioni supplementari, che, per loro natura o secondo gli usi commerciali, non abbiano alcun nesso con l'oggetto dei contratti stessi.

2. Gli accordi o decisioni, vietati in virtù del presente articolo, sono nulli di pieno diritto.

3. Tuttavia, le disposizioni del paragrafo 1 possono essere dichiarate inapplicabili:

- a qualsiasi accordo o categoria di accordi fra imprese,

- a qualsiasi decisione o categoria di decisioni di associazioni di imprese, e

- a qualsiasi pratica concordata o categoria di pratiche concordate,

che contribuiscano a migliorare la produzione o la distribuzione dei prodotti o a promuovere il progresso tecnico o economico, pur riservando agli utilizzatori una congrua parte dell'utile che ne deriva, ed evitando di

a) imporre alle imprese interessate restrizioni che non siano indispensabili per raggiungere tali obiettivi;

b) dare a tali imprese la possibilità di eliminare la concorrenza per una parte sostanziale dei prodotti di cui trattasi.

- artt. 65 e 66 del trattato CECA, ratificato e reso esecutivo con la L. 25 giugno 1952, n. 766, Ratifica ed esecuzione dei seguenti Accordi internazionali firmati a Parigi il 18 aprile 1951: a) Trattato che istituisce la Comunità europea del carbone e dell'acciaio e relativi annessi; b) Protocollo sui privilegi e le immunità della Comunità; c) Protocollo sullo Statuto della Corte di giustizia; d) Protocollo sulle relazioni con il Consiglio d'Europa; e) Convenzione relativa alle disposizioni transitorie.

- per le intese e le concentrazioni di imprese non ricadenti nell'ambito di applicazione degli artt. 65 e 66 trattato istitutivo CECA e 85, 86 trattato istitutivo CEE, artt. 1 ss., L. 10 ottobre 1990, n. 287.

2596. Limiti contrattuali della concorrenza.

Il patto che limita la concorrenza [1341 comma 2] deve essere provato per iscritto [2725]. Esso è valido se circoscritto ad una determinata zona o ad una determinata attività, e non può eccedere la durata di cinque anni [1379].

Se la durata del patto non è determinata o è stabilita per un periodo superiore a cinque anni, il patto è valido per la durata di un quinquennio [1419 comma 2; disp. att. 222].

2597. Obbligo di contrattare nel caso di monopolio.

Chi esercita un'impresa [2082] in condizione di monopolio legale ha l'obbligo di contrattare [2932] con chiunque richieda le prestazioni che formano oggetto dell'impresa, osservando la parità di trattamento [1679, 1680].

● Norme connesse:

per il divieto di sfruttamento abusivo di una posizione dominante nel mercato comune, art. 102 del trattato sul funzionamento dell'Unione europea, in vigore dal 1° dicembre 2009, che dispone: *È incompatibile con il mercato comune e vietato, nella misura, in cui possa essere pregiudizievole al commercio tra Stati membri, lo sfruttamento abusivo da parte di una o più imprese di una posizione dominante sul mercato comune o su una parte sostanziale di questo.*

Tali pratiche abusive possono consistere in particolare:

a) nell'imporre direttamente od indirettamente prezzi d'acquisto, di vendita od altre condizioni di transazione non eque,

b) nel limitare la produzione, gli sbocchi o lo sviluppo tecnico, a danno dei consumatori,

c) nell'applicare nei rapporti commerciali con gli altri contraenti condizioni dissimili per prestazioni equivalenti, determinando così per questi ultimi uno svantaggio per la concorrenza,

d) nel subordinare la conclusione di contratti alla accettazione da parte degli altri contraenti di prestazioni supplementari, che, per loro natura o secondo gli usi commerciali, non abbiano alcun nesso con l'oggetto dei contratti stessi.

Sezione II
Della concorrenza sleale

2598. Atti di concorrenza sleale.

Ferme le disposizioni che concernono la tutela dei segni distintivi [2563, 2569] e dei diritti di brevetto [2584, 2592, 2593], compie atti di concorrenza sleale chiunque:

1) usa nomi o segni distintivi idonei a produrre confusione [2564] con i nomi o i segni distintivi legittimamente usati da altri, o imita servilmente i prodotti di un concorrente, o compie con qualsiasi altro mezzo atti idonei a creare confusione con i prodotti e con l'attività di un concorrente;

2) diffonde notizie e apprezzamenti sui prodotti e sull'attività di un concorrente, idonei a determinarne il discredito, o si appropria di pregi dei prodotti o dell'impresa di un concorrente;

3) si vale direttamente o indirettamente di ogni altro mezzo non conforme ai principi della correttezza professionale e idoneo a danneggiare l'altrui azienda [1175].

● Norme connesse:

- per l'illecita concorrenza con minaccia o violenza, art. 513-*bis*, c.p., che dispone: *Chiunque nell'esercizio di un'attività commerciale, industriale o comunque produttiva, compie atti di concorrenza con violenza o minaccia è punito con la reclusione da due a sei anni.*

La pena è aumentata se gli atti di concorrenza riguardano un'attività finanziata in tutto o in parte ed in qualsiasi modo dallo Stato o da altri enti pubblici.

- art. 10-bis della Convenzione d'Unione di Parigi firmata il 20 marzo 1883.

- per le norme sulla pubblicità ingannevole, artt. 18-32, D.Lgs. 6 settembre 2005, n. 206.

- artt. 101, 102, L. 22 aprile 1941, n. 633.

- D.Lgs. 19 gennaio 2017, n. 3, in tema azioni per il risarcimento del danno ai sensi del diritto nazionale per violazioni delle disposizioni del diritto della concorrenza.

♦ Norme collegate

Direttiva (UE) 2016/943 del Parlamento europeo e del Consiglio dell'8 giugno 2016 sulla protezione del know-how riservato e delle informazioni commerciali riservate (segreti commerciali) contro l'acquisizione, l'utilizzo e la divulgazione illeciti.

2599. Sanzioni.

La sentenza che accerta atti di concorrenza sleale ne inibisce la continuazione e dà gli opportuni provvedimenti affinché ne vengano eliminati gli effetti.

2600. Risarcimento del danno.

Se gli atti di concorrenza sleale sono compiuti con dolo o con colpa, l'autore è tenuto al risarcimento dei danni [2043].

In tale ipotesi può essere ordinata la pubblicazione della sentenza.

Accertati gli atti di concorrenza, la colpa si presume [2728].

2601. Azione delle associazioni professionali.

Quando gli atti di concorrenza sleale pregiudicano gli interessi di una categoria professionale, l'azione per la repressione della concorrenza sleale può essere promossa anche [dalle associazioni professionali e][1] dagli enti che rappresentano la categoria.

[1] Le parole in parentesi devono intendersi soppresse con D.Lgs.Lgt. 23 novembre 1944, n. 369.

● Norme connesse:

- per la facoltà accordata alle camere di commercio di promuovere la repressione della concorrenza sleale, art. 2, comma 5, L. 29 dicembre 1993, n. 580.

- artt. 136-141, D.Lgs. 6 settembre 2005, n. 206.

CAPO II
DEI CONSORZI PER IL COORDINAMENTO DELLA PRODUZIONE E DEGLI SCAMBI

● Norme connesse:

- per l'inapplicabilità delle norme di questo capo alle società consortili per azioni costituite per agevolare il risanamento delle imprese, art. 1, comma 5, L. 5 dicembre 1978, n. 787, che dispone: *Ciascun istituto o azienda di credito non può partecipare in una società consortile in misura superiore rispettivamente al cinquanta e al venti per cento del capitale di essa. Alle società consortili possono partecipare fino ad un massimo del quaranta per cento del capitale e associarsi in partecipazione enti e società diversi dagli istituti e dalle aziende di credito.*

- per il consorzio tra società cooperative, art. 5, L. 17 febbraio 1971, n. 127, che dispone: *L'art. 27 del decreto legislativo del Capo provvisorio dello Stato 14 dicembre 1947, n. 1577, ratificato con la legge 2 aprile 1951, n. 302, è sostituito dai seguenti articoli:*

Art. 27. (Consorzi di società cooperative). Le società cooperative legalmente costituite, comprese quelle tra pescatori lavoratori, che, mediante la costituzione di una struttura organizzativa comune, si propongono, per facilitare i loro scopi mutualistici, l'esercizio in comune di attività economiche, possono costituirsi in consorzio come società cooperative, ai sensi degli articoli 2511 e seguenti del codice civile.

Per procedere a tale costituzione è necessario:

a) un numero di società cooperative legalmente costituite non inferiore a cinque;

b) la sottoscrizione di un capitale di almeno 1.000.000 di lire di cui sia versata almeno la metà.

Le quote di partecipazione delle consorziate possono essere rappresentate da azioni il cui valore nominale non può essere inferiore a lire 50.000, nè superiore a lire 1.000.000 ciascuna.

I consorzi fra cooperative di pescatori possono essere costituiti da un numero di società cooperative non inferiore a tre. Il limite di capitale indicato nel secondo comma è ridotto a lire 500.000, di cui sia versata almeno la metà.

Art. 27-bis. (Consorzi di cooperative ammissibili ai pubblici appalti). I consorzi di cooperative ammissibili ai pubblici appalti continueranno ad essere disciplinati dalla legge 25 giugno 1909, n. 422, dal titolo V del regolamento approvato con regio decreto 12 febbraio 1911, n. 278, e dal precedente articolo 15.

Ad essi si applicheranno, tuttavia, le disposizioni dei commi secondo e terzo del precedente art. 27.

Le cooperative interessate sono tenute, altresì, ai fini del decreto di riconoscimento del consorzio, ad esibire:

a) copia dell'ultimo bilancio o di una situazione patrimoniale aggiornata debitamente firmata dal presidente e dai sindaci;

b) un elenco dei più notevoli lavori eseguiti dopo la costituzione con l'indicazione del loro importo, firmato dal presidente.

Art. 27-ter. (Consorzi tra società cooperative per il coordinamento della produzione e degli scambi). I contratti tra più società cooperative legalmente costituite esercenti una medesima attività economica o attività economiche connesse, i quali hanno per oggetto la disciplina delle attività stesse, mediante una organizzazione comune, sono regolati, salvo quanto disposto dai successivi commi secondo e terzo del presente articolo e dell'art. 27-quater, dalle norme di cui al capo II del titolo X, libro V del codice civile, in quanto applicabili.

Se il contratto prevede l'istituzione di un ufficio destinato a svolgere attività con i terzi, un estratto del contratto deve, a cura degli amministratori, essere depositato presso il registro prefettizio delle cooperative della provincia nella quale ha sede l'ufficio, unitamente al documento comprovante l'adempimento delle formalità di cui al comma primo dell'art. 2612 del codice civile. Gli stessi adempimenti debbono essere eseguiti per l'eventuale modificazione del contratto.

Alle persone che agiscono in nome del consorzio non si applica la seconda parte del primo comma dell'art. 2615 del codice civile se non eccedono i limiti dei poteri loro conferiti nel contratto di consorzio depositato.

Ai contratti di consorzio contemplati nel presente articolo e agli eventuali atti successivi di proroga, di modifica, di nuove adesioni, di recesso e di scioglimento e a tutti i relativi adempimenti, si applicano le agevolazioni in materia di imposta di bollo e di registro disposte dalle leggi vigenti per gli atti costitutivi e modificativi e gli atti analoghi e relativi adempimenti delle società cooperative; ciò se ed in quanto le società cooperative contraenti siano in possesso dei requisiti di cui al precedente art. 26.

Art. 27-quater. (Controllo sull'attività dei consorzi cooperativi). I consorzi costituiti ai sensi dell'art. 27 e, se con ufficio destinato a svolgere attività con i terzi, quelli costituiti ai sensi dell'art. 27-ter, secondo comma, sono soggetti alla vigilanza del Ministero del lavoro e della previdenza sociale che l'esercita nei modi e nei limiti stabiliti dagli articoli da 2542 a 2545 del codice civile, e dalle disposizioni del presente decreto.

Per le associazioni di produttori agricoli e relative unioni, v. L. 20 ottobre 1978, n. 674; per il gruppo europeo di interesse economico (GEIE), v. il D.Lgs. 23 luglio 1991, n. 240.

- artt. 1, 4, L. 18 dicembre 1984, n. 975; art. 25, L. 31 maggio 1995, n. 218.

Sezione I
Disposizioni generali

2602. Nozione e norme applicabili.

Con il contratto di consorzio più imprenditori istituiscono un'organizzazione comune per la disciplina o per lo svolgimento di determinate fasi delle rispettive imprese.

Il contratto di cui al precedente comma è regolato dalle norme seguenti, salve le diverse disposizioni delle leggi speciali[1].

[1] Articolo così sostituito dall'art. 2, L. 10 maggio 1976, n. 377. Il testo previgente disponeva: *I contratti tra più imprenditori, esercenti una medesima attività economica o attività economiche connesse, i quali hanno per oggetto la disciplina delle attività stesse mediante un'organizzazione comune, sono regolati dalle norme seguenti, salve le diverse disposizioni delle leggi speciali.*

● Norme connesse:

- art. 27-*ter*, D.Lgs.C.p.S. 14 dicembre 1947, n. 1577, riportato in nota sub Capo II precedente; L. 20 ottobre 1978, n. 674 (Norme sull'associazionismo dei produttori agricoli); L. 5 ottobre 1991, n. 317 (Interventi per l'innovazione e lo sviluppo delle piccole imprese).

2603. Forma e contenuto del contratto.

Il contratto deve essere fatto per iscritto sotto pena di nullità [1350 n. 13, 1414].

Esso deve indicare:

1) l'oggetto [2606] e la durata [2604] del consorzio;

2) la sede dell'ufficio eventualmente costituito;

3) gli obblighi assunti e i contributi dovuti dai consorziati;

4) le attribuzioni e i poteri degli organi consortili anche in ordine alla rappresentanza in giudizio;

5) le condizioni di ammissione di nuovi consorziati;

6) i casi di recesso e di esclusione;

7) le sanzioni per l'inadempimento degli obblighi dei consorziati.

Se il consorzio ha per oggetto il contingentamento della produzione o degli scambi, il contratto deve inoltre stabilire le quote dei singoli consorziati o i criteri per la determinazione di esse.

Se l'atto costitutivo deferisce la risoluzione di questioni relative alla determinazione delle quote ad una o più persone, le decisioni di queste possono essere impugnate innanzi all'autorità giudiziaria, se sono manifestamente inique, od erronee [1349, 2264], entro trenta giorni dalla notizia [2964].

2604. Durata del consorzio.

In mancanza di determinazione della durata del contratto, questo è valido per dieci anni[1].

[1] Articolo così sostituito dall'art. 2, L. 10 maggio 1976, n. 377. Il testo previgente disponeva: *Il contratto non può avere una durata superiore a dieci anni, ma può essere prorogato, prima della scadenza del termine, con il consenso di tutti i consorziati.*

Se la durata non è determinata o è stabilita per un periodo superiore a dieci anni, il contratto è valido per la durata del decennio.

2605. Controllo sull'attività dei singoli consorziati.

I consorziati devono consentire i controlli e le ispezioni da parte degli organi previsti dal contratto, al fine di accertare l'esatto adempimento delle obbligazioni assunte.

2606. Deliberazioni consortili.
Se il contratto non dispone diversamente, le deliberazioni relative all'attuazione dell'oggetto del consorzio sono prese col voto favorevole della maggioranza dei consorziati.

Le deliberazioni che non sono prese in conformità alle disposizioni di questo articolo o a quelle del contratto possono essere impugnate davanti all'autorità giudiziaria entro trenta giorni. Per i consorziati assenti il termine decorre dalla comunicazione o, se si tratta di deliberazione soggetta ad iscrizione, dalla data di questa.

2607. Modificazioni del contratto.
Il contratto, se non è diversamente convenuto, non può essere modificato senza il consenso di tutti i consorziati.

Le modificazioni devono essere fatte per iscritto sotto pena di nullità [1350 n. 13, 1418 ss.].

2608. Organi preposti al consorzio.
La responsabilità verso i consorziati di coloro che sono preposti al consorzio è regolata dalle norme sul mandato [1703 ss.].

2609. Recesso ed esclusione.
Nei casi di recesso [1373] e di esclusione previsti dal contratto [2603 n. 6], la quota di partecipazione del consorziato receduto o escluso si accresce proporzionalmente a quelle degli altri [674, 773 comma 2, 1874].

Il mandato [1703] conferito dai consorziati per l'attuazione degli scopi del consorzio, ancorché dato con unico atto, cessa nei confronti del consorziato receduto o escluso [1726].

2610. Trasferimento dell'azienda.
Salvo patto contrario, in caso di trasferimento a qualunque titolo dell'azienda [2555] l'acquirente subentra nel contratto di consorzio [2558].

Tuttavia, se sussiste una giusta causa, in caso di trasferimento dell'azienda per atto fra vivi, gli altri consorziati possono deliberare, entro un mese dalla notizia dell'avvenuto trasferimento, l'esclusione dell'acquirente dal consorzio [2609 comma 1].

2611. Cause di scioglimento.
Il contratto di consorzio si scioglie:

1) per il decorso del tempo stabilito per la sua durata [2603, n. 1, 2604];

2) per il conseguimento dell'oggetto o per l'impossibilità di conseguirlo [2272, n. 2, 2248, n. 2];

3) per volontà unanime dei consorziati [2607];

4) per deliberazione dei consorziati, presa a norma dell'articolo 2606, se sussiste una giusta causa;

5) per provvedimento dell'autorità governativa, nei casi ammessi dalla legge [2619];

6) per le altre cause previste nel contratto.

Sezione II
Dei consorzi con attività esterna

2612. Iscrizione nel registro delle imprese.
Se il contratto prevede l'istituzione di un ufficio destinato a svolgere un'attività con i terzi, un estratto del contratto deve, a cura degli amministratori, entro trenta giorni dalla stipulazione, essere depositato per l'iscrizione presso l'ufficio del registro delle imprese [2188; disp. att. 108] del luogo dove l'ufficio ha sede.

L'estratto deve indicare:

1) la denominazione e l'oggetto del consorzio e la sede dell'ufficio;

2) il cognome e il nome dei consorziati;

3) la durata del consorzio;

4) le persone a cui vengono attribuite la presidenza, la direzione e la rappresentanza del consorzio ed i rispettivi poteri;

5) il modo di formazione del fondo consortile e le norme relative alla liquidazione.

Del pari devono essere iscritte nel registro delle imprese le modificazioni del contratto concernenti gli elementi sopra indicati [2607].

● Norme connesse:
- art. 7, D.P.R. 7 dicembre 1995, n. 581.

2613. Rappresentanza in giudizio.
I consorzi possono essere convenuti in giudizio in persona di coloro ai quali il contratto attribuisce la presidenza o la direzione, anche se la rappresentanza è attribuita ad altre persone [41, 2612 n. 4].

2614. Fondo consortile.
I contributi dei consorziati e i beni acquistati con questi contributi costituiscono il fondo consortile. Per la durata del consorzio i consorziati non possono chiedere la divisione del fondo, e i creditori particolari dei consorziati non possono far valere i loro diritti sul fondo medesimo [2270, 2305].

● Norme connesse:
- art. 3, comma 4-ter, D.L. 10 febbraio 2009, n. 5, convertito in L. 9 aprile 2009, n. 33.

2615. Responsabilità verso i terzi.
Per le obbligazioni assunte in nome del consorzio dalle persone che ne hanno la rappresentanza [2612 n. 4], i terzi possono far valere i loro diritti esclusivamente sul fondo consortile [38][1].

Per le obbligazioni assunte dagli organi del consorzio per conto dei singoli consorziati rispondono questi ultimi solidalmente [1292] col fondo consortile. In caso di insolvenza nei rapporti tra i consorziati il debito dell'insolvente si ripartisce tra tutti in proporzione delle quote [1299].

[1] Comma così modificato dall'art. 3, L. 10 maggio 1976, n. 377.

● Norme connesse:
- art. 3, comma 4-ter, D.L. 10 febbraio 2009, n. 5, convertito in L. 9 aprile 2009, n. 33.

2615-*bis*. Situazione patrimoniale.

Entro due mesi dalla chiusura dell'esercizio annuale le persone che hanno la direzione del consorzio [2612 comma 2 n. 4] redigono la situazione patrimoniale osservando le norme relative al bilancio di esercizio delle società per azioni e la depositano presso l'ufficio del registro delle imprese [2188].

Alle persone che hanno la direzione del consorzio sono applicati gli articoli 2621 n. 1, e 2626.

Negli atti e nella corrispondenza del consorzio devono essere indicati la sede di questo, l'ufficio del registro delle imprese presso il quale esso è iscritto e il numero di iscrizione [2250][1].

[1] Articolo aggiunto dell'art. 4, L. 10 maggio 1976, n. 377.

● Norme connesse:
- art. 3, comma 4-ter, D.L. 10 febbraio 2009, n. 5, convertito in L. 9 aprile 2009, n. 33.

Sezione II-*bis*
Società consortili[1]

[1] Sezione aggiunta dall'art. 4, L. 10 maggio 1976, n. 377.

2615-*ter*. Società consortili.

Le società previste nei capi III e seguenti del titolo V [2291 ss.] possono assumere come oggetto sociale gli scopi indicati nell'articolo 2602.

In tal caso l'atto costitutivo può stabilire l'obbligo dei soci di versare contributi in denaro[1].

[1] Articolo aggiunto dall'art. 4, L. 10 maggio 1976, n. 377

● Norme connesse:
- art. 7, D.P.R. 7 dicembre 1995, n. 581.

Sezione III
Dei consorzi obbligatori

2616. Costituzione.

Con provvedimento dell'autorità governativa, [sentite le corporazioni interessate,][1] può essere disposta, anche per zone determinate, la costituzione di consorzi obbligatori tra esercenti lo stesso ramo o rami similari di attività economica, qualora la costituzione stessa risponda alle esigenze dell'organizzazione della produzione.

Nello stesso modo, ricorrendo le condizioni di cui al comma precedente, possono essere trasformati in obbligatori i consorzi costituiti volontariamente.

[1] Le corporazioni sono state abrogate con R.D. 9 agosto 1943, n. 721.

2617. Consorzi per l'ammasso dei prodotti agricoli.

Quando la legge prescrive l'ammasso di determinati prodotti agricoli, la gestione collettiva di questi è fatta per conto degli imprenditori interessati a mezzo di consorzi obbligatori, secondo le disposizioni delle leggi speciali.

Sezione IV
Dei controlli dell'autorità governativa

2618. Approvazione del contratto consortile.

[I contratti previsti nel presente capo, se sono tali da influire sul mercato generale dei beni in essi contemplati, sono soggetti ad approvazione da parte dell'autorità governativa sentite le corporazioni interessate][1 2].

[1] Le corporazioni sono state abrogate con R.D. 9 agosto 1943, n. 721.

[2] V., ora, le norme *antitrust* contenute nella L. 10 ottobre 1990, n. 287.

2619. Controllo sull'attività del consorzio.

[L'attività dei consorzi è sottoposta alla vigilanza dell'autorità governativa.

Quando l'attività del consorzio risulta non conforme agli scopi per cui è stato costituito, l'autorità governativa può sciogliere gli organi del consorzio e affidare la gestione a un commissario governativo ovvero, nei casi più gravi, può disporre lo scioglimento del consorzio stesso][1].

[1] V., ora, le norme *antitrust* contenute nella L. 10 ottobre 1990, n. 287 e L. 28 ottobre 1999, n. 410, nel testo modificato dalla L. 12 dicembre 2002, n. 273.

2620. Estensione delle norme di controllo alle società.

[Le disposizioni di questa sezione si applicano anche alle società che si costituiscono per raggiungere gli scopi indicati nell'articolo 2602.

L'autorità governativa può sempre disporre lo scioglimento della società, quando la costituzione di questa non abbia avuto l'approvazione prevista nell'articolo 2618][1].

[1] V., ora, le norme *antitrust* contenute nella L. 10 ottobre 1990, n. 287.

TITOLO XI
DISPOSIZIONI PENALI IN MATERIA DI SOCIETÀ, DI CONSORZI E DI ALTRI ENTI PRIVATI[1 2]

[1] Titolo così sostituito dall'art. 1, D.Lgs. 11 aprile 2002, n. 61, in attuazione delle disposizioni contenute nell'art. 11, L. 3 ottobre 2001, n. 366 recante delega al Governo per la riforma del diritto societario. I reati, consumati o tentati, previsti dal presente titolo sono attribuiti al tribunale in composizione collegiale ai sensi dell'art. 33-bis, c.p.p. Inoltre l'art. 5 del D.Lgs. n. 61 del 2002 cit. dispone che per i reati perseguibili a querela ai sensi dello stesso decreto, commessi prima della sua entrata in vigore, il termine per la proposizione della querela decorre da tale data (16 aprile 2002).

[2] Rubrica così sostituita dall'art. 2, D.Lgs. 15 marzo 2017, n. 38. Il testo previgente disponeva: *Titolo XI - Disposizioni penali in materia di società e di consorzi.*

● Norme connesse:
- art. 135, D.Lgs. 1 settembre 1993, n. 385.

CAPO I
DELLE FALSITÀ[1]

[1] Capo così sostituito dall'art. 1, D.Lgs. 11 aprile 2002, n. 61.

2621. False comunicazioni sociali.

Fuori dai casi previsti dall'art. 2622, gli amministratori, i direttori generali, i dirigenti preposti alla redazione dei documenti contabili societari, i sindaci e i liquidatori, i quali, al fine di conseguire per sè o per altri un ingiusto profitto, nei bilanci, nelle relazioni o nelle altre comunicazioni sociali dirette ai soci o al pubblico, previste dalla legge, consapevolmente espongono fatti materiali rilevanti non rispondenti al vero ovvero omettono fatti materiali rilevanti la cui comunicazione è imposta dalla legge sulla situazione economica, patrimoniale o finanziaria della società o del gruppo al quale la stessa appartiene, in modo concretamente idoneo ad indurre altri in errore, sono puniti con la pena della reclusione da uno a cinque anni.

La stessa pena si applica anche se le falsità o le omissioni riguardano beni posseduti o amministrati dalla società per conto di terzi[1 2].

[1] Articolo, da ultimo, così sostituito dall'art. 30, L. 28 dicembre 2005, n. 262 e dall'art. 9, L. 27 maggio 2015, n. 69.

[2] Il testo previgente la modifica del 2015 disponeva: *Salvo quanto previsto dall'articolo 2622, gli amministratori, i direttori generali, i dirigenti preposti alla redazione dei documenti contabili societari, i sindaci e i liquidatori, i quali, con l'intenzione di ingannare i soci o il pubblico e al fine di conseguire per sé o per altri un ingiusto profitto, nei bilanci, nelle relazioni o nelle altre comunicazioni sociali previste dalla legge, dirette ai soci o al pubblico, espongono fatti materiali non rispondenti al vero ancorché oggetto di valutazioni ovvero omettono informazioni la cui comunicazione è imposta dalla legge sulla situazione economica, patrimoniale o finanziaria della società o del gruppo al quale essa appartiene, in modo idoneo ad indurre in errore i destinatari sulla predetta situazione, sono puniti con l'arresto fino a due anni.*

La punibilità è estesa anche al caso in cui le informazioni riguardino beni posseduti o amministrati dalla società per conto di terzi.

La punibilità è esclusa se le falsità o le omissioni non alterano in modo sensibile la rappresentazione della situazione economica, patrimoniale o finanziaria della società o del gruppo al quale essa appartiene. La punibilità è comunque esclusa se le falsità o le omissioni determinano una variazione del risultato economico di esercizio, al lordo delle imposte, non superiore al 5 per cento o una variazione del patrimonio netto non superiore all'1 per cento.

In ogni caso il fatto non è punibile se conseguenza di valutazioni estimative che, singolarmente considerate, differiscono in misura non superiore al 10 per cento da quella corretta.

Nei casi previsti dai commi terzo e quarto, ai soggetti di cui al primo comma sono irrogate la sanzione amministrativa da dieci a cento quote e l'interdizione dagli uffici direttivi delle persone giuridiche e delle imprese da sei mesi a tre anni, dall'esercizio dell'ufficio di amministratore, sindaco, liquidatore, direttore generale e dirigente preposto alla redazione dei documenti contabili societari, nonché da ogni altro ufficio con potere di rappresentanza della persona giuridica o dell'impresa.

Il testo previgente le modifiche apportate dalla L. 28 dicembre 2005, n. 262, disponeva: *Salvo quanto previsto dall'articolo 2622, gli amministratori, i direttori generali, i sindaci e i liquidatori, i quali, con l'intenzione di ingannare i soci o il pubblico e al fine di conseguire per sé o per altri un ingiusto profitto, nei bilanci, nelle relazioni o nelle altre comunicazioni sociali previste dalla legge, dirette ai soci o al pubblico, espongono fatti materiali non rispondenti al vero ancorché oggetto di valutazioni ovvero omettono informazioni la cui comunicazione è imposta dalla legge sulla situazione economica, patrimoniale, o finanziaria della società o del gruppo al quale essa appartiene, in modo idoneo ad indurre in errore i destinatari sulla predetta situazione, sono puniti con l'arresto fino ad un anno e sei mesi.*

La punibilità è estesa anche al caso in cui le informazioni riguardino beni posseduti od amministrati dalla società per conto di terzi.

La punibilità è esclusa se le falsità o le omissioni non alterano in modo sensibile la rappresentazione della situazione economica, patrimoniale o finanziaria della società o del gruppo al quale essa appartiene. La punibilità è comunque esclusa se le falsità o le omissioni determinano una variazione del risultato economico di esercizio, al lordo delle imposte, non superiore al 5% o una variazione del patrimonio netto non superiore all'1 per cento.

In ogni caso il fatto non è punibile se conseguenza di valutazioni estimative che, singolarmente considerate, differiscono in misura non superiore al 10 per cento da quella corretta.

Il testo precedente le modifiche apportate dal D.Lgs. 11 aprile 2002, n. 61, invece, disponeva: *Salvo che il fatto costituisca reato più grave, sono puniti con la reclusione da uno a cinque anni e con la multa da lire due milioni a venti milioni:*

1) i promotori, i soci fondatori, gli amministratori, i direttori generali, i sindaci e i liquidatori i quali nelle relazioni, nei bilanci o in altre comunicazioni sociali, fraudolentemente espongono fatti non rispondenti al vero sulla costituzione o sulle condizioni economiche della società o nascondono in tutto o in parte fatti concernenti le condizioni medesime;

2) gli amministratori e i direttori generali che, in mancanza di bilancio approvato o in difformità da esso o in base ad un bilancio falso, sotto qualunque forma, riscuotono o pagano utili fittizi o che non possono essere distribuiti;

3) gli amministratori e i direttori generali che distribuiscono acconti sui dividendi: a) in violazione dell'articolo 2433-bis, primo comma; b) ovvero in misura superiore all'importo degli utili conseguiti dalla chiusura dell'esercizio precedente, diminuito delle quote che devono essere destinate a riserva per obbligo legale o statutario e delle perdite degli esercizi precedenti e aumentato delle riserve disponibili; c) ovvero in mancanza di approvazione del bilancio dell'esercizio precedente o del prospetto contabile previsto nell'articolo 2433-bis, quinto comma, oppure in difformità da essi, ovvero sulla base di un bilancio o di un prospetto contabile falsi.

Il testo previgente le modifiche apportate dal D.P.R. 10 febbraio 1986, n. 30, infine, disponeva: *Salvo che il fatto costituisca reato più grave, sono puniti con la reclusione da uno a cinque anni e con la multa da lire 2.000.000 a 20.000.000:*

1) i promotori, i soci fondatori, gli amministratori, i direttori generali, i sindaci e i liquidatori, i quali nelle relazioni, nei bilanci o in altre comunicazioni sociali fraudolentemente espongono fatti non rispondenti al vero sulla costituzione o sulle condizioni economiche della società o nascondono in tutto o in parte fatti concernenti le condizioni medesime;

2) gli amministratori e i direttori generali che, in mancanza di bilancio approvato o in difformità da esso o in base ad un bilancio falso, sotto qualunque forma, riscuotono o pagano utili fittizi o che non possono essere distribuiti.

● Norme connesse:

- per la disciplina dei reati perseguibili a querela, art. 5, D.Lgs. 11 aprile 2002, n. 61 che dispone: *Per i reati perseguibili a querela ai sensi del presente decreto legislativo, commessi prima della data di entrata in vigore dello stesso, il termine per la proposizione della querela decorre dalla data predetta.*
- art. 154-bis, D.Lgs. 24 febbraio 1998, n. 58.

■ artt. 246, 247, Codice del commercio del 1882.

2621-*bis*. Fatti di lieve entità.

Salvo che costituiscano più grave reato, si applica la pena da sei mesi a tre anni di reclusione se i fatti di cui all'articolo 2621 sono di lieve entità, tenuto conto della natura e delle dimensioni della società e delle modalità o degli effetti della condotta.

Salvo che costituiscano più grave reato, si applica la stessa pena di cui al comma precedente quando i fatti di cui all'articolo 2621 riguardano società che non superano i limiti indicati dal secondo comma dell'articolo 1 del regio decreto 16 marzo 1942, n. 267. In tale caso, il delitto è procedibile a querela della società, dei soci, dei creditori o degli altri destinatari della comunicazione sociale[1].

[1] Articolo aggiunto dall'art. 10, L. 27 maggio 2015, n. 69.

2621-*ter*. Non punibilità per particolare tenuità.

Ai fini della non punibilità per particolare tenuità del fatto, di cui all'articolo 131-*bis* del codice penale, il giudice valuta, in modo prevalente, l'entità dell'eventuale danno cagionato alla società, ai soci o ai creditori conseguente ai fatti di cui agli articoli 2621 e 2621-*bis*[1].

[1] Articolo aggiunto dall'art. 10, L. 27 maggio 2015, n. 69.

2622. False comunicazioni sociali delle società quotate.

Gli amministratori, i direttori generali, i dirigenti preposti alla redazione dei documenti contabili societari, i sindaci e i liquidatori di società emittenti strumenti finanziari ammessi alla negoziazione in un mercato regolamentato italiano o di altro Paese dell'Unione europea, i quali, al fine di conseguire per sè o per altri un ingiusto profitto, nei bilanci, nelle relazioni o nelle altre comunicazioni sociali dirette ai soci o al pubblico consapevolmente espongono fatti materiali non rispondenti al vero ovvero omettono fatti materiali rilevanti la cui comunicazione è imposta dalla legge sulla situazione economica, patrimoniale o finanziaria della società o del gruppo al quale la stessa appartiene, in modo concretamente idoneo ad indurre altri in errore, sono puniti con la pena della reclusione da tre a otto anni.

Alle società indicate nel comma precedente sono equiparate:

1) le società emittenti strumenti finanziari per i quali è stata presentata una richiesta di ammissione alla negoziazione in un mercato regolamentato italiano o di altro Paese dell'Unione europea;

2) le società emittenti strumenti finanziari ammessi alla negoziazione in un sistema multilaterale di negoziazione italiano;

3) le società che controllano società emittenti strumenti finanziari ammessi alla negoziazione in un mercato regolamentato italiano o di altro Paese dell'Unione europea;

4) le società che fanno appello al pubblico risparmio o che comunque lo gestiscono.

Le disposizioni di cui ai commi precedenti si applicano anche se le falsità o le omissioni riguardano beni posseduti o amministrati dalla società per conto di terzi[1][2].

[1] Articolo, da ultimo, così sostituito dall'art. 30, L. 28 dicembre 2005, n. 262 e dall'art. 11, L. 27 maggio 2015, n. 69.

[2] Il testo previgente la modifica del 2015 disponeva: *False comunicazioni sociali in danno della società, dei soci o dei creditori. Gli amministratori, i direttori generali, i dirigenti preposti alla redazione dei documenti contabili societari, i sindaci e i liquidatori, i quali, con l'intenzione di ingannare i soci o il pubblico e al fine di conseguire per sè o per altri un ingiusto*

profitto, nei bilanci, nelle relazioni o nelle altre comunicazioni sociali previste dalla legge, dirette ai soci o al pubblico, esponendo fatti materiali non rispondenti al vero ancorchè oggetto di valutazioni, ovvero omettendo informazioni la cui comunicazione è imposta dalla legge sulla situazione economica, patrimoniale o finanziaria della società o del gruppo al quale essa appartiene, in modo idoneo ad indurre in errore i destinatari sulla predetta situazione, cagionano un danno patrimoniale alla società, ai soci o ai creditori, sono puniti, a querela della persona offesa, con la reclusione da sei mesi a tre anni.

Si procede a querela anche se il fatto integra altro delitto, ancorchè aggravato, a danno del patrimonio di soggetti diversi dai soci e dai creditori, salvo che sia commesso in danno dello Stato, di altri enti pubblici o delle Comunità europee.

Nel caso di società soggette alle disposizioni della parte IV, titolo III, capo II, del testo unico di cui al decreto legislativo 24 febbraio 1998, n. 58, e successive modificazioni, la pena per i fatti previsti al primo comma è da uno a quattro anni e il delitto è procedibile d'ufficio.

La pena è da due a sei anni se, nelle ipotesi di cui al terzo comma, il fatto cagiona un grave nocumento ai risparmiatori.

Il nocumento si considera grave quando abbia riguardato un numero di risparmiatori superiore allo 0,1 per mille della popolazione risultante dall'ultimo censimento ISTAT ovvero se sia consistito nella distruzione o riduzione del valore di titoli di entità complessiva superiore allo 0,1 per mille del prodotto interno lordo.

La punibilità per i fatti previsti dal primo e terzo comma è estesa anche al caso in cui le informazioni riguardino beni posseduti o amministrati dalla società per conto di terzi.

La punibilità per i fatti previsti dal primo e terzo comma è esclusa se le falsità o le omissioni non alterano in modo sensibile la rappresentazione della situazione economica, patrimoniale o finanziaria della società o del gruppo al quale essa appartiene. La punibilità è comunque esclusa se le falsità o le omissioni determinano una variazione del risultato economico di esercizio, al lordo delle imposte, non superiore al 5 per cento o una variazione del patrimonio netto non superiore all'1 per cento.

In ogni caso il fatto non è punibile se conseguenza di valutazioni estimative che, singolarmente considerate, differiscono in misura non superiore al 10 per cento da quella corretta.

Nei casi previsti dai commi settimo e ottavo, ai soggetti di cui al primo comma sono irrogate la sanzione amministrativa da dieci a cento quote e l'interdizione dagli uffici direttivi delle persone giuridiche e delle imprese da sei mesi a tre anni, dall'esercizio dell'ufficio di amministratore, sindaco, liquidatore, direttore generale e dirigente preposto alla redazione dei documenti contabili societari, nonchè da ogni altro ufficio con potere di rappresentanza della persona giuridica o dell'impresa.

Il testo previgente le modifiche apportate dalla L. 28 dicembre 2005, n. 262, disponeva: *Gli amministratori, i direttori generali, i sindaci e i liquidatori, i quali, con l'intenzione di ingannare i soci o il pubblico e al fine di conseguire per sé o per altri un ingiusto profitto, nei bilanci, nelle relazioni o nelle altre comunicazioni sociali previste dalla legge, dirette ai soci o al pubblico, esponendo fatti materiali non rispondenti al vero ancorché oggetto di valutazioni, ovvero omettendo informazioni la cui comunicazione è imposta dalla legge sulla situazione economica, patrimoniale o finanziaria della società o del gruppo al quale essa appartiene, in modo idoneo ad indurre in errore i destinatari sulla predetta situazione, cagionano un danno patrimoniale ai soci o ai creditori sono puniti, a querela della persona offesa, con la reclusione da sei mesi a tre anni.*

Si procede a querela anche se il fatto integra altro delitto, ancorché aggravato a danno del patrimonio di soggetti diversi dai soci e dai creditori, salvo che sia commesso in danno dello Stato, di altri enti pubblici o delle Comunità europee.

Nel caso di società soggette alle disposizioni della parte IV, titolo III, capo II, del decreto legislativo 24 febbraio 1998, n. 58, la pena per i fatti previsti al primo comma è da uno a quattro anni e il delitto è procedibile d'ufficio.

La punibilità per i fatti previsti dal primo e terzo comma è estesa anche al caso in cui le informazioni riguardino beni posseduti o amministrati dalla società per conto di terzi.

La punibilità per i fatti previsti dal primo e terzo comma è esclusa se le falsità o le omissioni non alterano in modo sensibile la rappresentazione della situazione economica, patrimoniale o finanziaria della società o del gruppo al quale essa appartiene. La punibilità è comunque esclusa se le falsità o le omissioni determinano una variazione del risultato economico di esercizio, al lordo delle imposte, non superiore al 5 per cento o una variazione del patrimonio netto non superiore all'1 per cento.

In ogni caso il fatto non è punibile se conseguenza di valutazioni estimative che, singolarmente considerate, differiscono in misura non superiore al 10 per cento da quella corretta.

Il testo previgente le modifiche apportate dal D.Lgs. 11 aprile 2002, n. 61, invece, disponeva: *Gli amministratori, i direttori generali, i sindaci e i loro dipendenti, i liquidatori, che, senza giustificato motivo, si servono a profitto proprio od altrui di notizie avute a causa del loro ufficio, o ne dànno comunicazione, sono puniti, se dal fatto può derivare pregiudizio alla società, con la reclusione fino ad un anno e con la multa da lire duecentomila a due milioni.*

Il delitto è punibile su querela della società.

Il testo precedente le modifiche apportate dal D.Lgs. 27 gennaio 1992, n. 88, infine, disponeva: *Gli amministratori, i direttori generali, i sindaci e i liquidatori, che, senza giustificato motivo, si servono a profitto proprio od altrui di notizie avute a causa del loro ufficio, o ne danno comunicazione, sono puniti, se dal fatto può derivare pregiudizio alla società, con la reclusione fino ad un anno e con la multa da lire 200.000 a 2.000.000. Il delitto è punibile su querela della società.*

● Norme connesse:

- per la disciplina dei reati perseguibili a querela, art. 5, D.Lgs. 11 aprile 2002, n. 61 che dispone: *Per i reati perseguibili a querela ai sensi del presente decreto legislativo, commessi prima della data di entrata in vigore dello stesso, il termine per la proposizione della querela decorre dalla data predetta.*

- art. 154-bis, D.Lgs. 24 febbraio 1998, n. 58.

2623. Falso in prospetto.

[...][1].

[1] Articolo abrogato dall'art. 34, L. 28 dicembre 2005, n. 262. V., ora, l'art. 173-*bis*. D.Lgs. 24 febbraio 1998, n. 58.

Il testo precedente le modifiche apportate dalla L. 28 dicembre 2005, n. 262, disponeva: *Chiunque, allo scopo di conseguire per sé o per altri un ingiusto profitto, nei prospetti ri-*

chiesti ai fini della sollecitazione all'investimento o dell'ammissione alla quotazione nei mercati regolamentati, ovvero nei documenti da pubblicare in occasione delle offerte pubbliche di acquisto o di scambio, con la consapevolezza della falsità e l'intenzione di ingannare i destinatari del prospetto, espone false informazioni od occulta dati o notizie in modo idoneo ad indurre in errore i suddetti destinatari è punito, se la condotta non ha loro cagionato un danno patrimoniale, con l'arresto fino ad un anno.

Se la condotta di cui al primo comma ha cagionato un danno patrimoniale ai destinatari del prospetto, la pena è dalla reclusione da uno a tre anni.

Il testo precedente le modifiche apportate dal D.Lgs. 11 aprile 2002, n. 61, invece, disponeva: *Sono puniti con la reclusione da sei mesi a tre anni e con la multa da lire quattrocentomila a lire due milioni gli amministratori che:*

1) eseguono una riduzione di capitale o la fusione con altra società o una scissione in violazione degli articoli 2306, 2445 e 2503;

2) restituiscono ai soci palesemente o sotto forme simulate i conferimenti o li liberano dall'obbligo di eseguirli, fuori del caso di riduzione del capitale sociale;

3) impediscono il controllo della gestione sociale da parte del collegio sindacale o, nei casi previsti dalla legge, da parte dei soci.

Il testo precedente le modifiche apportate dal D.Lgs. 16 gennaio 1991, n. 22, infine, disponeva: *Sono puniti con la reclusione da sei mesi a tre anni e con la multa da lire 400.000 a 2.000.000 gli amministratori che:*

1) eseguono una riduzione di capitale o la fusione con altra società in violazione degli articoli 2306, 2445 e 2503;

2) restituiscono ai soci palesemente o sotto forme simulate i conferimenti o li liberano dall'obbligo di eseguirli, fuori del caso di riduzione del capitale sociale;

3) impediscono il controllo della gestione sociale da parte del collegio sindacale, o, nei casi previsti dalla legge, da parte dei soci.

● Norme connesse:

- per la disciplina dei reati perseguibili a querela, art. 5, D.Lgs. 11 aprile 2002, n. 61 che dispone: *Per i reati perseguibili a querela ai sensi del presente decreto legislativo, commessi prima della data di entrata in vigore dello stesso, il termine per la proposizione della querela decorre dalla data predetta.*

2624. Falsità nelle relazioni o nelle comunicazioni delle società di revisione.

[...][1].

[1] Articolo così sostituito dall'art. 1, D.Lgs. 11 aprile 2002, n. 61, poi abrogato dall'art. 37, D.Lgs. 27 gennaio 2010, n. 39. Il testo previgente la riforma del 2002 disponeva: *Gli amministratori, i direttori generali, i sindaci e i liquidatori che contraggono prestiti sotto qualsiasi forma, sia direttamente sia per interposta persona, con la società che amministrano o con una società che questa controlla o da cui è controllata, o che si fanno prestare da una di tali società garanzie per debiti propri, sono puniti con la reclusione da uno a tre anni e con la multa da lire quattrocentomila a quattro milioni.*

Per gli amministratori, i direttori generali, i sindaci e i liquidatori delle società che hanno per oggetto l'esercizio del credito si applicano le disposizioni delle leggi speciali.

Il testo previgente la riforma del 2010 disponeva: Art. 2624. Falsità nelle relazioni o nelle comunicazioni delle società di revisione. *I responsabili della revisione i quali, al fine di conseguire per sé o per altri un ingiusto profitto, nelle relazioni o in altre comunicazioni, con la consapevolezza della falsità e l'intenzione di ingannare i destinatari delle comunicazioni, attestano il falso od occultano informazioni concernenti la situazione economica, patrimoniale o finanziaria della società, ente o soggetto sottoposto a revisione, in modo idoneo ad indurre in errore i destinatari delle comunicazioni sulla predetta situazione, sono puniti, se la condotta non ha loro cagionato un danno patrimoniale, con l'arresto fino a un anno.*

Se la condotta di cui al primo comma ha cagionato un danno patrimoniale ai destinatari delle comunicazioni, la pena è della reclusione da uno a quattro anni.

● Norme connesse:

- per la disciplina dei reati perseguibili a querela, art. 5, D.Lgs. 11 aprile 2002, n. 61 che dispone: *Per i reati perseguibili a querela ai sensi del presente decreto legislativo, commessi prima della data di entrata in vigore dello stesso, il termine per la proposizione della querela decorre dalla data predetta.*

2625. Impedito controllo.

Gli amministratori che, occultando documenti o con altri idonei artifici, impediscono o comunque ostacolano lo svolgimento delle attività di controllo legalmente attribuite ai soci o ad altri organi sociali, sono puniti con la sanzione amministrativa pecuniaria fino a 10.329 euro[1].

Se la condotta ha cagionato un danno ai soci, si applica la reclusione fino ad un anno e si procede a querela della persona offesa.

La pena è raddoppiata se si tratta di società con titoli quotati in mercati regolamentati italiani o di altri Stati dell'Unione europea o diffusi tra il pubblico in misura rilevante ai sensi dell'articolo 116 del testo unico di cui al decreto legislativo 24 febbraio 1998, n. 58[2][3].

[1] Comma così modificato dall'art. 37, D.Lgs. 27 gennaio 2010, n. 39. Il testo previgente disponeva: *Gli amministratori che, occultando documenti o con altri idonei artifici, impediscono o comunque ostacolano lo svolgimento delle attività di controllo o di revisione legalmente attribuite ai soci, ad altri organi sociali o alle società di revisione, sono puniti con la sanzione amministrativa pecuniaria fino a 10.329 euro.*

[2] Comma aggiunto dall'art. 39, L. 28 dicembre 2005, n. 262.

[3] Articolo così sostituito dall'art. 1, D.Lgs. 11 aprile 2002, n. 61. Il testo precedente le modifiche apportate dalla L. 28 dicembre 2005, n. 262, disponeva:

Gli amministratori che, occultando documenti o con altri idonei artifici, impediscono o comunque ostacolano lo svolgimento delle attività di controllo o di revisione legalmente attribuite ai soci, ad altri organi sociali o alle società di revisione, sono puniti con la sanzione amministrativa pecuniaria fino a 10.329 euro.

Se la condotta ha cagionato un danno ai soci, si applica la reclusione fino ad un anno e si procede a querela della persona offesa.

Il testo precedente le modifiche apportate dal D.Lgs. 11 aprile 2002, n. 61, invece, disponeva: *I liquidatori di società che procedono alla ripartizione dell'attivo sociale fra i soci prima che siano pagati i creditori o siano accantonate le somme necessarie per pagarli, sono puniti con la reclusione da uno a tre anni e con la multa da lire duecentomila a due milioni.*

● Norme connesse:

- per la disciplina dei reati perseguibili a querela, art. 5, D.Lgs. 11 aprile 2002, n. 61 che dispone: *Per i reati perseguibili a querela ai sensi del presente decreto legislativo, commessi prima della data di entrata in vigore dello stesso, il termine per la proposizione della querela decorre dalla data predetta.*

CAPO II
DEGLI ILLECITI COMMESSI DAGLI AMMINISTRATORI[1]

[1] Capo così sostituito dall'art. 1, D.Lgs. 11 aprile 2002, n. 61.

2626. Indebita restituzione dei conferimenti.

Gli amministratori che, fuori dei casi di legittima riduzione del capitale sociale, restituiscono, anche simulatamente, i conferimenti ai soci o li liberano dall'obbligo di eseguirli, sono puniti con la reclusione fino ad un anno[1].

[1] Articolo così sostituito dall'art. 1, D.Lgs. 11 aprile 2002, n. 61.

Il testo precedente le modifiche apportate dal D.Lgs. 11 aprile 2002, n. 61 disponeva: *Agli amministratori, ai sindaci, ai liquidatori e ai preposti all'esercizio di sede secondaria nel territorio dello Stato di società costituite all'estero che omettono di fare, nel termine stabilito, all'ufficio del registro delle imprese una denunzia, una comunicazione o un deposito, a cui sono dalla legge obbligati, o li eseguono o li fanno eseguire in modo incompiuto, nei casi in cui detta pubblicazione è prescritta dal codice, si applica la sanzione amministrativa del pagamento di una somma da lire centomila a lire due milioni.*

La stessa sanzione si applica al notaio nei casi in cui l'obbligo della denunzia, della comunicazione, del deposito o della pubblicazione è posto dalla legge anche a di lui carico.

Il testo precedente le modifiche apportate dalla L. 24 novembre 2000, n. 340, invece, disponeva: *Agli amministratori, ai sindaci, ai liquidatori e ai preposti all'esercizio di sede secondaria nel territorio dello Stato di società costituite all'estero che omettono di fare, nel termine stabilito, all'ufficio del registro delle imprese una denunzia, una comunicazione o un deposito, a cui sono dalla legge obbligati, o li eseguono o li fanno eseguire in modo incompiuto, ovvero omettono di richiedere una pubblicazione nel Bollettino ufficiale delle società per azioni e a responsabilità limitata, nei casi in cui detta pubblicazione è prescritta dal codice, si applica la sanzione amministrativa del pagamento di una somma da lire centomila a lire due milioni.*

La stessa sanzione si applica al notaio nei casi in cui l'obbligo della denunzia, della comunicazione, del deposito o della pubblicazione è posto dalla legge anche a di lui carico.

Il testo precedente le modifiche apportate dal D.Lgs. 29 dicembre 1992, n. 516, disponeva: *Gli amministratori, i sindaci e i liquidatori che omettono di fare, nel termine stabilito, all'ufficio del registro delle imprese una denunzia, una comunicazione o un deposito, a cui sono dalla legge obbligati, o li eseguono o li fanno eseguire in modo incompiuto, ovvero omettono di richiedere una pubblicazione nel Bollettino ufficiale delle società per azioni e a responsabilità limitata, nei casi in cui detta pubblicazione è prescritta dal codice, sono puniti con l'ammenda da L. 60.000 a L. 1.200.000.*

La stessa pena si applica al notaio nei casi in cui l'obbligo della denunzia, della comunicazione o del deposito è posto dalla legge anche a di lui carico.

Il testo precedente le modifiche apportate dal D.P.R. 29 dicembre 1969, n. 1127, infine, disponeva: *Gli amministratori, i sindaci e i liquidatori che omettono di fare, nel termine stabilito, all'ufficio del registro delle imprese una denunzia, una comunicazione o un deposito, a cui sono dalla legge obbligati, o li eseguono o li fanno eseguire in modo incompiuto, sono puniti con l'ammenda da lire 20.0000 a lire 400.000.*

La stessa pena si applica al notaio nei casi in cui l'obbligo della denunzia, della comunicazione o del deposito è posto dalla legge anche a di lui carico.

● Norme connesse:

- per la disciplina dei reati perseguibili a querela, art. 5, D.Lgs. 11 aprile 2002, n. 61 che dispone: *Per i reati perseguibili a querela ai sensi del presente decreto legislativo, commessi prima della data di entrata in vigore dello stesso, il termine per la proposizione della querela decorre dalla data predetta.*

2627. Illegale ripartizione degli utili e delle riserve.

Salvo che il fatto non costituisca più grave reato, gli amministratori che ripartiscono utili o acconti su utili non effettivamente conseguiti o destinati per legge a riserva, ovvero che ripartiscono riserve, anche non costituite con utili, che non possono per legge essere distribuite, sono puniti con l'arresto fino ad un anno.

La restituzione degli utili o la ricostituzione delle riserve prima del termine previsto per l'approvazione del bilancio estingue il reato[1].

[1] Articolo così sostituito dall'art. 1, D.Lgs. 11 aprile 2002, n. 61. Il testo precedente le modifiche apportate dal D.Lgs. 11 aprile 2002, n. 61, disponeva: *Agli amministratori, ai direttori generali, ai liquidatori e ai preposti all'esercizio di sede secondaria nel territorio dello Stato di società costituite all'estero che contravvengono alle disposizioni degli articoli 2250 e 2506, quarto comma, si applica la sanzione amministrativa del pagamento di una somma da lire centomila a lire un milione.*

Il testo precedente le modifiche apportate dal D.Lgs. 29 dicembre 1992, n. 516, invece, disponeva: *Gli amministratori, i direttori generali e i liquidatori che contravvengono alle disposizioni dell'art. 2250 sono puniti con l'ammenda da lire 100.000 a lire 1.000.000.*

● Norme connesse:

- art. 223, R.D. 16 marzo 1942, n. 267.

■ art. 247, Codice del commercio del 1882.

2628. Illecite operazioni sulle azioni o quote sociali o della società controllante.

Gli amministratori che, fuori dei casi consentiti dalla legge, acquistano o sottoscrivono azioni o quote sociali, cagionando una lesione all'integrità del capitale sociale o delle riserve non distribuibili per legge, sono puniti con la reclusione fino ad un anno.

La stessa pena si applica agli amministratori che, fuori dei casi consentiti dalla legge, acquistano o sottoscrivono azioni o quote emesse dalla società controllante, cagionando una lesione del capitale sociale o delle riserve non distribuibili per legge.

Se il capitale sociale o le riserve sono ricostituiti prima del termine previsto per l'approvazione del bilancio relativo all'esercizio in relazione al quale è stata posta in essere la condotta, il reato è estinto[1].

[1] Articolo così sostituito dall'art. 1, D.Lgs. 11 aprile 2002, n. 61. Il testo previgente disponeva: *Gli amministratori, i direttori generali, i sindaci e i liquidatori che diffondono notizie false o adoperano altri mezzi fraudolenti atti a cagionare nel pubblico mercato o nelle borse di commercio un aumento o una diminuzione del valore delle azioni della società o di altri titoli ad essa appartenenti, sono puniti con la reclusione da uno a cinque anni e con la multa non inferiore a lire seicentomila.*

● Norme connesse:
- art. 138, D.Lgs. 1 settembre 1993, n. 385.
■ art. 247, Codice del commercio del 1882.

2629. Operazioni in pregiudizio dei creditori.

Gli amministratori che, in violazione delle disposizioni di legge a tutela dei creditori, effettuano riduzioni del capitale sociale o fusioni con altra società o scissioni, cagionando danno ai creditori, sono puniti, a querela della persona offesa, con la reclusione da sei mesi a tre anni.

Il risarcimento del danno ai creditori prima del giudizio estingue il reato[1 2].

[1] Articolo così sostituito dall'art. 1, D.Lgs. 11 aprile 2002, n. 61. Il testo precedente le modifiche apportate dal D.Lgs. 11 aprile 2002, n. 61, disponeva: *Sono puniti con la reclusione da uno a cinque anni e con la multa da lire quattrocentomila a quattro milioni:*

1) i promotori ed i soci fondatori che nell'atto costitutivo esagerano fraudolentemente il valore dei beni in natura o dei crediti conferiti;

2) gli amministratori, i promotori, i fondatori e i soci che nel caso di acquisto di beni o di crediti da parte della società previsto nell'articolo 2343-bis esagerano fraudolentemente il valore dei beni o dei crediti trasferiti;

3) gli amministratori e i soci conferenti che nel caso di aumento di capitale esagerano fraudolentemente il valore dei beni in natura o dei crediti conferiti;

4) gli amministratori che nel caso di trasformazione della società esagerano fraudolentemente il valore del patrimonio della società che si trasforma.

Il testo precedente le modifiche apportate dal D.P.R. 10 febbraio 1986, n. 30, invece, disponeva: *I promotori ed i soci fondatori, che nell'atto costitutivo esagerano fraudolentemente il valore dei conferimenti in natura, sono puniti con la reclusione da uno a cinque anni e con la multa da lire 400.000 a 4.000.000.*

La stessa pena si applica anche nel caso di aumento di capitale agli amministratori e ai soci conferenti, che esagerano fraudolentemente la valutazione dei conferimenti in natura e, nel caso di trasformazione di società, agli amministratori, che esagerano fraudolentemente la valutazione del patrimonio della società che si trasforma.

● Norme connesse:
- per la disciplina dei reati perseguibili a querela, art. 5, D.Lgs. 11 aprile 2002, n. 61 che dispone: *Per i reati perseguibili a querela ai sensi del presente decreto legislativo, commessi prima della data di entrata in vigore dello stesso, il termine per la proposizione della querela decorre dalla data predetta.*
- art. 138, D.Lgs. 1 settembre 1993, n. 385.
■ art. 247, Codice del commercio del 1882.

CAPO III

DEGLI ILLECITI COMMESSI MEDIANTE OMISSIONE[1]

[1] Capo così sostituito dall'art. 1, D.Lgs. 11 aprile 2002, n. 61.

2629-*bis*. Omessa comunicazione del conflitto d'interessi.

L'amministratore o il componente del consiglio di gestione di una società con titoli quotati in mercati regolamentati italiani o di altro Stato dell'Unione europea o diffusi tra il pubblico in misura rilevante ai sensi dell'articolo 116 del testo unico di cui al decreto legislativo 24 febbraio 1998, n. 58, e successive modificazioni, ovvero di un soggetto sottoposto a vigilanza ai sensi del testo unico di cui al decreto legislativo 1° settembre 1993, n. 385, del citato testo unico di cui al decreto legislativo n. 58 del 1998, del decreto legislativo 7 settembre 2005, n. 209, o del decreto legislativo 21 aprile 1993, n. 124, che viola gli obblighi previsti dall'articolo 2391, primo comma, è punito con la reclusione da uno a tre anni, se dalla violazione siano derivati danni alla società o a terzi[1].

[1] Articolo aggiunto dall'art. 31, L. 28 dicembre 2005, n. 262 e così modificato dall'art. 6, D.Lgs. 29 dicembre 2006, n. 303. Il testo previgente disponeva: *L'amministratore o il componente del consiglio di gestione di una società con titoli quotati in mercati regolamentati italiani o di altro Stato dell'Unione europea o diffusi tra il pubblico in misura rilevante ai sensi dell'articolo 116 del testo unico di cui al decreto legislativo 24 febbraio 1998, n. 58, e successive modificazioni, ovvero di un soggetto sottoposto a vigilanza ai sensi del testo unico di cui al decreto legislativo 1° settembre 1993, n. 385, del citato testo unico di cui al decreto legislativo n. 58 del 1998, della legge 12 agosto 1982, n. 576, o del decreto legislativo 21 aprile 1993, n. 124, che viola gli obblighi previsti dall'articolo 2391, primo comma, è punito con la reclusione da uno a tre anni, se dalla violazione siano derivati danni alla società o a terzi.*

2630. Omessa esecuzione di denunce, comunicazioni e depositi.

Chiunque, essendovi tenuto per legge a causa delle funzioni rivestite in una società o in un consorzio, omette di eseguire, nei termini prescritti, denunce, comunicazioni o depositi presso il registro delle imprese, ovvero omette di fornire negli atti, nella corrispondenza e nella rete telematica le informazioni prescritte dall'articolo 2250, primo, secondo, terzo e quarto comma, è punito con la sanzione amministrativa pecuniaria da 103 euro a 1.032 euro. Se la denuncia, la comunicazione o il deposito avvengono nei trenta giorni successivi alla scadenza dei termini prescritti, la sanzione amministrativa pecuniaria è ridotta ad un terzo.

Se si tratta di omesso deposito dei bilanci, la sanzione amministrativa pecuniaria è aumentata di un terzo[1].

[1] Articolo, da ultimo, così sostituito dall'art. 9, L. 11 novembre 2011, n. 180. Il testo previgente le modifiche apportate dalla L. 180/2011, disponeva: 2630. Omessa esecuzione di denunce, comunicazioni o depositi. *Chiunque, essendovi tenuto per legge a causa delle funzioni rivestite in una società o in un consorzio, omette di eseguire, nei termini prescritti, denunce, comunicazioni o depositi presso il registro delle imprese, ovvero omette di fornire negli atti, nella corrispondenza e nella rete telematica le informazioni prescritte dall'articolo 2250, primo, secondo, terzo e quarto comma, è punito con la sanzione amministrativa pecuniaria da 206 euro a 2.065 euro.*

Se si tratta di omesso deposito dei bilanci, la sanzione amministrativa pecuniaria è aumentata di un terzo.

Il testo precedente le modifiche apportate dal D.Lgs. 11 aprile 2002, n. 61 e dalla L. 7 luglio 2009, n. 88, disponeva: *Sono puniti con la reclusione da sei mesi a tre anni e con la multa da lire quattrocentomila a due milioni gli amministratori che:*

1) emettono azioni o attribuiscono quote per somma minore del loro valore nominale, ovvero emettono nuove azioni o attribuiscono nuove quote prima che quelle sottoscritte precedentemente siano interamente liberate;

2) violano le disposizioni degli articoli 2357, primo comma, 2358, 2359-bis, primo comma, 2360, o quelle degli articoli 2483 e 2522;

3) influiscono sulla formazione della maggioranza dell'assemblea, valendosi di azioni o di quote non collocate o facendo esercitare sotto altro nome il diritto di voto spettante alle proprie azioni o quote, ovvero usando altri mezzi illeciti.

4) omettono di offrire in borsa nei termini e con le modalità stabilite dal terzo comma dell'articolo 2441 i diritti di opzione non esercitati, se le relative azioni vengano sottoscritte.

Sono puniti con la reclusione fino ad un anno e con la multa da lire duecentomila a due milioni gli amministratori, che:

1) percepiscono compensi o partecipazioni in violazione dell'articolo 2389;

2) omettono di convocare, nei termini prescritti dalla legge, l'assemblea dei soci nei casi previsti dagli articoli 2367 e 2446;

3) assumono per conto della società partecipazioni in altre imprese, che, per la misura e per l'oggetto, importano una sostanziale modificazione dell'oggetto sociale determinato dall'atto costitutivo;

4) violano le disposizioni degli articoli 2357, secondo, terzo e quarto comma, 2357-bis, secondo comma; 2357-ter, 2359-bis, secondo, terzo, quarto e quinto comma; 2359-ter, primo e secondo comma, e 2359-quater, secondo e terzo comma.

Il testo precedente le modifiche apportate dal D.Lgs. 24 febbraio 1998, n. 58, invece, disponeva: *Sono puniti con la reclusione da sei mesi a tre anni e con la multa da lire quattrocentomila a due milioni gli amministratori che:*

1) emettono azioni o attribuiscono quote per somma minore del loro valore nominale, ovvero emettono nuove azioni o attribuiscono nuove quote prima che quelle sottoscritte precedentemente siano interamente liberate;

2) violano le disposizioni degli articoli 2357, primo comma, 2358, 2359-bis, primo comma, 2360, o quelle degli articoli 2483 e 2522;

3) influiscono sulla formazione della maggioranza dell'assemblea, valendosi di azioni o di quote non collocate o facendo esercitare sotto altro nome il diritto di voto spettante alle proprie azioni o quote, ovvero usando altri mezzi illeciti.

Sono puniti con la reclusione fino ad un anno e con la multa da lire duecentomila a due milioni gli amministratori, che:

1) percepiscono compensi o partecipazioni in violazione dell'articolo 2389;

2) omettono di convocare, nei termini prescritti dalla legge, l'assemblea dei soci nei casi previsti dagli articoli 2367 e 2446;

3) assumono per conto della società partecipazioni in altre imprese, che, per la misura e per l'oggetto, importano una sostanziale modificazione dell'oggetto sociale determinato dall'atto costitutivo;

4) violano le disposizioni degli articoli 2357, secondo, terzo e quarto comma, 2357-bis, secondo comma; 2357-ter, 2359-bis, secondo, terzo, quarto e quinto comma; 2359-ter, primo e secondo comma, e 2359-quater, secondo e terzo comma.

Il testo precedente le modifiche apportate dal D.Lgs. 2 maggio 1994, n. 315, poi, disponeva: *Sono puniti con la reclusione da sei mesi a tre anni e con la multa da lire 400.000 a 2.000.000 gli amministratori, che:*

1) emettono azioni o attribuiscono quote per somma minore del loro valore nominale, ovvero emettono nuove azioni o attribuiscono nuove quote prima che quelle sottoscritte precedentemente siano interamente liberate;

2) violano le disposizioni degli articoli 2357, primo comma, 2358, 2359-bis, primo comma, 2360, o quelle degli articoli 2483 e 2522;

3) influiscono sulla formazione della maggioranza dell'assemblea, valendosi di azioni o di quote non collocate o facendo esercitare sotto altro nome il diritto di voto spettante alle proprie azioni o quote, ovvero usando altri mezzi illeciti.

Sono puniti con la reclusione fino ad un anno e con la multa da lire 200.000 a 2.000.000 gli amministratori, che:

1) percepiscono compensi o partecipazioni in violazione dell'art. 2389;

2) omettono di convocare, nei termini prescritti dalla legge, l'assemblea dei soci nei casi previsti dagli articoli 2367 e 2446;

3) assumono per conto della società partecipazioni in altre imprese, che, per la misura e per l'oggetto, importano una sostanziale modificazione dell'oggetto sociale determinato dall'atto costitutivo;

4) violano le disposizioni degli articoli 2357, secondo, terzo e quarto comma; 2357-bis, secondo comma; 2357-ter, 2359-bis, secondo e terzo comma.

Il testo precedente le modifiche apportate dal D.P.R. 10 febbraio 1986, n. 30, infine, disponeva: *Sono puniti con la reclusione da sei mesi a tre anni e con la multa da lire 400.000 a 2.000.000 gli amministratori, che:*

1) emettono azioni o attribuiscono quote per somma minore del loro valore nominale, ovvero emettono nuove azioni o attribuiscono nuove quote prima che quelle sottoscritte precedentemente siano interamente liberate;

2) violano le disposizioni degli articoli 2357 e 2358 o quelle degli articoli 2483 e 2522, o le disposizioni degli articoli 2359 e 2360;

3) influiscono sulla formazione della maggioranza dell'assemblea, valendosi di azioni o di quote non collocate o facendo esercitare sotto altro nome il diritto di voto spettante alle proprie azioni o quote, ovvero usando altri mezzi illeciti.

Sono puniti con la reclusione fino ad un anno e con la multa da lire 200.000 a 2.000.000 gli amministratori, che:

1) percepiscono compensi o partecipazioni in violazione dell'art. 2389;

2) omettono di convocare, nei termini prescritti dalla legge, l'assemblea dei soci nei casi previsti dagli articoli 2367 e 2446;

3) assumono per conto della società partecipazioni in altre imprese, che, per la misura e per l'oggetto, importano una sostanziale modificazione dell'oggetto sociale determinato dall'atto costitutivo.

● Norme connesse:

- per la disciplina dei reati perseguibili a querela, art. 5, D.Lgs. 11 aprile 2002, n. 61 che dispone: *Per i reati perseguibili a querela ai sensi del presente decreto legislativo, commessi prima della data di entrata in vigore dello stesso, il termine per la proposizione della querela decorre dalla data predetta.*

■ artt. 248, 249, Codice del commercio del 1882.

2631. Omessa convocazione dell'assemblea.

Gli amministratori e i sindaci che omettono di convocare l'assemblea dei soci nei casi previsti dalla legge o dallo statuto, nei termini ivi previsti, sono puniti con la sanzione amministrativa pecuniaria da 1.032 a 6.197 euro. Ove la legge o lo statuto non prevedano espressamente un termine, entro il quale effettuare la convocazione, questa si considera omessa allorché siano trascorsi trenta giorni dal momento in cui amministratori e sindaci sono venuti a conoscenza del presupposto che obbliga alla convocazione dell'assemblea dei soci.

La sanzione amministrativa pecuniaria è aumentata di un terzo in caso di convocazione a seguito di perdite o per effetto di espressa legittima richiesta da parte dei soci[1].

[1] Articolo così sostituito dall'art. 1, D.Lgs. 11 aprile 2002, n. 61. Il testo precedente le modifiche apportate dal D.Lgs. 11 aprile 2002, n. 61, disponeva: *L'amministratore, che avendo in una determinata operazione per conto proprio o di terzi un interesse in conflitto con quello della società, non si astiene dal partecipare alla deliberazione del consiglio o del comitato esecutivo relativa all'operazione stessa, è punito con la multa da lire 400.000 a 4.000.000.*

Se dalla deliberazione o dall'operazione è derivato un pregiudizio alla società, si applica, oltre la multa, la reclusione fino a tre anni.

Il testo precedente le modifiche apportate dalla L. 17 maggio 1991, n. 157, invece, disponeva: *L'amministratore, che, avendo in una determinata operazione per conto proprio o di terzi un interesse in conflitto con quello della società, non si astiene dal partecipare alla deliberazione del consiglio relativa all'operazione stessa, è punito con la multa da lire 400.000 a 4.000.000.*

Se dalla deliberazione è derivato un pregiudizio alla società, si applica, oltre la multa, la reclusione fino a tre anni.

● Norme connesse:

- per la disciplina dei reati perseguibili a querela, art. 5, D.Lgs. 11 aprile 2002, n. 61 che dispone: *Per i reati perseguibili a querela ai sensi del presente decreto legislativo, commessi prima della data di entrata in vigore dello stesso, il termine per la proposizione della querela decorre dalla data predetta.*

CAPO IV

DEGLI ALTRI ILLECITI, DELLE CIRCOSTANZE ATTENUANTI E DELLE MISURE DI SICUREZZA PATRIMONIALI[1]

[1] Capo così sostituito dall'art. 1, D.Lgs. 11 aprile 2002, n. 61.

2632. Formazione fittizia del capitale.

Gli amministratori e i soci conferenti che, anche in parte, formano od aumentano fittiziamente il capitale sociale mediante attribuzioni di azioni o quote in misura complessivamente superiore all'ammontare del capitale sociale, sottoscrizione reciproca di azioni o quote, sopravvalutazione rilevante dei conferimenti di beni in natura o di crediti ovvero del patrimonio della società nel caso di trasformazione, sono puniti con la reclusione fino ad un anno[1].

[1] Articolo prima sostituito dall'art. 1, D.Lgs. 11 aprile 2002, n. 61 poi, a decorrere dal 1° gennaio 2004, dall'art. 111-*quinquies*, R.D. 30 marzo 1942, n. 318, aggiunto dall'art. 9, D.Lgs. 17 gennaio 2003, n. 6. La versione precedente la modifica era la seguente: *Gli amministratori e i soci conferenti che, anche in parte, formano od aumentano fittiziamente il capitale della società mediante attribuzione di azioni o quote sociali per somma inferiore al loro valore nominale, sottoscrizione reciproca di azioni o quote, sopravvalutazione rilevante dei conferimenti di beni in natura o di crediti ovvero del patrimonio della società nel caso di trasformazione, sono puniti con la reclusione fino ad un anno.*

2633. Indebita ripartizione dei beni sociali da parte dei liquidatori.

I liquidatori che, ripartendo i beni sociali tra i soci prima del pagamento dei creditori sociali o dell'accantonamento delle somme necessario a soddisfarli, cagionano danno ai creditori, sono puniti, a querela della persona offesa, con la reclusione da sei mesi a tre anni.

Il risarcimento del danno ai creditori prima del giudizio estingue il reato[1].

[1] Articolo così sostituito dall'art. 1, D.Lgs. 11 aprile 2002, n. 61. Il testo precedente le modifiche apportate dal D.Lgs. 11 aprile 2002, n. 61, disponeva: *Gli amministratori delle società per azioni e in accomandita per azioni, che emettono azioni o certificati provvisori senza l'osservanza dell'articolo 2354, oppure emettono obbligazioni in violazione dell'articolo 2413, sono puniti con l'ammenda da lire centomila a un milione.*

Gli amministratori che emettono obbligazioni convertibili senza le indicazioni prescritte nell'ultimo comma dell'articolo 2420-bis sono puniti con l'ammenda da lire 2 milioni a lire 10 milioni.

Il testo precedente le modifiche apportate dal D.Lgs. 24 febbraio 1998, n. 58, invece, disponeva: *Gli amministratori delle società per azioni e in accomandita per azioni, che emettono azioni o certificati provvisori senza l'osservanza dell'articolo 2354, oppure emettono obbligazioni in violazione dell'articolo 2413, sono puniti con l'ammenda da lire centomila a un milione.*

● Norme connesse:

- per la disciplina dei reati perseguibili a querela, art. 5, D.Lgs. 11 aprile 2002, n. 61 che dispone: *Per i reati perseguibili a querela ai sensi del presente decreto legislativo, commessi prima della data di entrata in vigore dello stesso, il termine per la proposizione della querela decorre dalla data predetta.*

■ art. 247, Codice del commercio del 1882.

2634. Infedeltà patrimoniale.

Gli amministratori, i direttori generali e i liquidatori, che, avendo un interesse in conflitto con quello della società, al fine di procurare a sé o ad altri un ingiusto profitto o altro vantaggio, compiono o concorrono a deliberare atti di disposizione dei beni sociali, cagionando intenzionalmente alla società un danno patrimoniale, sono puniti con la reclusione da sei mesi a tre anni.

La stessa pena si applica se il fatto è commesso in relazione a beni posseduti o amministrati dalla società per conto di terzi, cagionando a questi ultimi un danno patrimoniale.

In ogni caso non è ingiusto il profitto della società collegata o del gruppo, se compensato da vantaggi, conseguiti o fondatamente prevedibili, derivanti dal collegamento o dall'appartenenza al gruppo.

Per i delitti previsti dal primo e secondo comma si procede a querela della persona offesa[1].

[1] Articolo così sostituito dall'art. 1, D.Lgs. 11 aprile 2002, n. 61. Il testo previgente disponeva: *Il rappresentante comune degli obbligazionisti, che omette di richiedere l'iscrizione della sua nomina nel registro delle imprese nei termini previsti dall'articolo 2417, è punito con l'ammenda da lire centomila a un milione.*

● Norme connesse:

- per la disciplina dei reati perseguibili a querela, art. 5, D.Lgs. 11 aprile 2002, n. 61 che dispone: *Per i reati perseguibili a querela ai sensi del presente decreto legislativo, commessi prima della data di entrata in vigore dello stesso, il termine per la proposizione della querela decorre dalla data predetta.*

2635. Corruzione tra privati.

Salvo che il fatto costituisca più grave reato, gli amministratori, i direttori generali, i dirigenti preposti alla redazione dei documenti contabili societari, i sindaci e i liquidatori, di società o enti privati che, anche per interposta persona, sollecitano o ricevono, per sé o per altri, denaro o altra utilità non dovuti, o ne accettano la promessa, per compiere o per omettere un atto in violazione degli obblighi inerenti al loro ufficio o degli obblighi di fedeltà, sono puniti con la reclusione da uno a tre anni. Si applica la stessa pena se il fatto è commesso da chi nell'ambito organizzativo della società o dell'ente privato esercita funzioni direttive diverse da quelle proprie dei soggetti di cui al precedente periodo[1].

Si applica la pena della reclusione fino a un anno e sei mesi se il fatto è commesso da chi è sottoposto alla direzione o alla vigilanza di uno dei soggetti indicati al primo comma.

Chi, anche per interposta persona, offre, promette o dà denaro o altra utilità non dovuti alle persone indicate nel primo e nel secondo comma, è punito con le pene ivi previste[2].

Le pene stabilite nei commi precedenti sono raddoppiate se si tratta di società con titoli quotati in mercati regolamentati italiani o di altri Stati dell'Unione europea o diffusi tra il pubblico in misura rilevante ai sensi dell'articolo 116 del testo unico delle disposizioni in materia di intermediazione finanziaria, di cui al decreto legislativo 24 febbraio 1998, n. 58, e successive modificazioni.

[...][3].

Fermo quanto previsto dall'articolo 2641, la misura della confisca per valore equivalente non può essere inferiore al valore delle utilità date, promesse o offerte[4 5].

[1] Comma così sostituito dall'art. 3, D.Lgs. 15 marzo 2017, n. 38. Il testo previgente disponeva: *Salvo che il fatto costituisca più grave reato, gli amministratori, i direttori generali, i dirigenti preposti alla redazione dei documenti contabili societari, i sindaci e i liquidatori, che, a seguito della dazione o della promessa di denaro o altra utilità, per sé o per altri, compiono od omettono atti, in violazione degli obblighi inerenti al loro ufficio o degli obblighi di fedeltà, cagionando nocumento alla società, sono puniti con la reclusione da uno a tre anni.*

[2] Comma così sostituito dall'art. 3, D.Lgs. 15 marzo 2017, n. 38. Il testo previgente disponeva: *Chi dà o promette denaro o altra utilità alle persone indicate nel primo e nel secondo comma è punito con le pene ivi previste.*

[3] Comma abrogato dall'art. 1, comma 5, lett. a), L. 9 gennaio 2019, n. 3. Il testo previgente disponeva: ***Si procede a querela della persona offesa, salvo che dal fatto derivi una distorsione della concorrenza nella acquisizione di beni o servizi.***

[4] Comma aggiunto dall'art. 3, D.Lgs. 29 ottobre 2016, n. 202 e poi così modificato dall'art. 3, D.Lgs. 15 marzo 2017, n. 38. Il testo previgente disponeva: *Fermo quanto previsto dall'articolo 2641, la misura della confisca per valore equivalente non può essere inferiore al valore delle utilità date o promesse.*

[5] Articolo, da ultimo, così sostituito dall'art. 1, comma 76, L. 6 novembre 2012, n. 190. Il testo previgente le modifiche del 2012 disponeva: *2635. Infedeltà a seguito di dazione o promessa di utilità. Gli amministratori, i direttori generali, i dirigenti preposti alla redazione dei documenti contabili societari, i sindaci, e i liquidatori, i quali, a seguito della dazione o della promessa di utilità, compiono od omettono atti, in violazione degli obblighi inerenti al loro ufficio, cagionando nocumento alla società, sono puniti con la reclusione sino a tre anni.*

La stessa pena si applica a chi dà o promette l'utilità.

La pena è raddoppiata se si tratta di società con titoli quotati in mercati regolamentati italiani o di altri Stati dell'Unione europea o diffusi tra il pubblico in misura rilevante ai sensi dell'articolo 116 del testo unico di cui al decreto legislativo 24 febbraio 1998, n. 58.

Si procede a querela della persona offesa.

● Norme connesse:

- per la disciplina dei reati perseguibili a querela, art. 5, D.Lgs. 11 aprile 2002, n. 61 che dispone: *Per i reati perseguibili a querela ai sensi del presente decreto legislativo, commessi prima della data di entrata in vigore dello stesso, il termine per la proposizione della querela decorre dalla data predetta.*

2635-*bis*. Istigazione alla corruzione tra privati.

Chiunque offre o promette denaro o altra utilità non dovuti agli amministratori, ai direttori generali, ai dirigenti preposti alla redazione dei documenti contabili societari, ai sindaci e ai liquidatori, di società o enti privati, nonchè a chi svolge in essi un'attività lavorativa con l'esercizio di funzioni direttive, affinchè compia od ometta un atto in violazione degli obblighi inerenti al proprio ufficio o degli obblighi di fedeltà, soggiace, qualora l'offerta o la promessa non sia accettata, alla pena stabilita nel primo comma dell'articolo 2635, ridotta di un terzo.

La pena di cui al primo comma si applica agli amministratori, ai direttori generali, ai dirigenti preposti alla redazione dei documenti contabili societari, ai sindaci e ai liquidatori, di società o enti privati, nonchè a chi svolge in essi attività lavorativa con l'esercizio di funzioni direttive, che sollecitano per sè o per altri, anche per interposta persona, una promessa o dazione di denaro o di altra utilità, per compiere o per omettere un atto in violazione degli obblighi inerenti al loro ufficio o degli obblighi di fedeltà, qualora la sollecitazione non sia accettata.

[...][1 2].

[1] Comma abrogato dall'art. 1, comma 5, lett. b), L. 9 gennaio 2019, n. 3. Il testo previgente disponeva: ***Si procede a querela della persona offesa.***

[2] Articolo aggiunto dall'art. 4, D.Lgs. 15 marzo 2017, n. 38.

2635-*ter*. Pene accessorie.

La condanna per il reato di cui all'articolo 2635, primo comma, importa in ogni caso l'interdizione temporanea dagli uffici direttivi delle persone giuridiche e delle imprese di cui all'articolo 32-*bis* del codice penale nei confronti di chi sia già stato condannato per il medesimo reato o per quello di cui all'articolo 2635-*bis*, secondo comma[1].

[1] Articolo aggiunto dall'art. 5, D.Lgs. 15 marzo 2017, n. 38.

2636. Illecita influenza sull'assemblea.

Chiunque, con atti simulati o fraudolenti, determina la maggioranza in assemblea, allo scopo di procurare a sé o ad altri un ingiusto profitto, è punito con la reclusione da sei mesi a tre anni[1].

[1] Articolo così sostituito dall'art. 1, D.Lgs. 11 aprile 2002, n. 61. Il testo previgente disponeva: *Agli amministratori giudiziari previsti dagli articoli 2091 e 2409, nonché ai commissari governativi previsti dagli articoli 2543 e 2619 si applicano le pene stabilite dagli articoli 2621, 2622, 2623, 2624, 2626, 2627, 2628 e 2630, se commettono alcuno dei fatti in essi previsti.*

Nel caso di mancata convocazione dell'assemblea a norma del quinto comma dell'articolo 2409, all'amministratore giudiziario si applica la pena prevista dal secondo comma dell'articolo 2630.

● Norme connesse:

- per la disciplina dei reati perseguibili a querela, art. 5, D.Lgs. 11 aprile 2002, n. 61 che dispone: *Per i reati perseguibili a querela ai sensi del presente decreto legislativo, commessi prima della data di entrata in vigore dello stesso, il termine per la proposizione della querela decorre dalla data predetta.*

2637. Aggiotaggio.

Chiunque diffonde notizie false, ovvero pone in essere operazioni simulate o altri artifici concretamente idonei a provocare una sensibile alterazione del prezzo di strumenti finanziari non quotati o per i quali non è stata presentata una richiesta di ammissione alle negoziazioni in un mercato regolamentato, ovvero ad incidere in modo significativo sull'affidamento che il pubblico ripone nella stabilità patrimoniale di banche o di gruppi bancari, è punito con la pena della reclusione da uno a cinque anni[1].

[1] Articolo così sostituito dall'art. 1, D.Lgs. 11 aprile 2002, n. 61 e poi così modificato dall'art. 9, L. 18 aprile 2005, n. 62. Il testo precedente le modifiche apportate dalla L. 18 aprile 2005, n. 62, disponeva: *Chiunque diffonde notizie false, ovvero pone in essere operazioni simulate o altri artifici concretamente idonei a provocare una sensibile alterazione del prezzo di strumenti finanziari, quotati o non quotati, ovvero ad incidere in modo significativo sull'affidamento che il pubblico*

ripone nella stabilità patrimoniale di banche o di gruppi bancari, è punito con la pena della reclusione da uno a cinque anni.

Il testo precedente le modifiche apportate dal D.Lgs. 11 aprile 2002, n. 61 disponeva: *Art. 2637 - Interesse privato dell'amministratore giudiziario e del commissario governativo.*

Salvo che al fatto siano applicabili gli articoli 315, 317, 318, 319 e 323 del codice penale, l'amministratore giudiziario o il commissario governativo che, direttamente o per interposta persona o con atti simulati, prende interesse privato in qualsiasi atto della gestione a lui affidata, è punito con la reclusione da due a sei anni e con la multa non inferiore a lire quattrocentomila.

La condanna importa l'interdizione dai pubblici uffici.

● Norme connesse:

- per la disciplina dei reati perseguibili a querela, art. 5, D.Lgs. 11 aprile 2002, n. 61 che dispone: *Per i reati perseguibili a querela ai sensi del presente decreto legislativo, commessi prima della data di entrata in vigore dello stesso, il termine per la proposizione della querela decorre dalla data predetta.*

- artt. 60-64, D.Lgs. 1 settembre 1993, n. 385; artt. 1, commi 2, 3, 61 ss., 185, 187-ter, D.Lgs. 24 febbraio 1998, n. 58.

2638. Ostacolo all'esercizio delle funzioni delle autorità pubbliche di vigilanza.

Gli amministratori, i direttori generali, i dirigenti preposti alla redazione dei documenti contabili societari, i sindaci e i liquidatori di società o enti e gli altri soggetti sottoposti per legge alle autorità pubbliche di vigilanza, o tenuti ad obblighi nei loro confronti, i quali nelle comunicazioni alle predette autorità previste in base alla legge, al fine di ostacolare l'esercizio delle funzioni di vigilanza, espongono fatti materiali non rispondenti al vero, ancorché oggetto di valutazioni, sulla situazione economica, patrimoniale o finanziaria dei sottoposti alla vigilanza ovvero, allo stesso fine, occultano con altri mezzi fraudolenti, in tutto o in parte fatti che avrebbero dovuto comunicare, concernenti la situazione medesima, sono puniti con la reclusione da uno a quattro anni. La punibilità è estesa anche al caso in cui le informazioni riguardino beni posseduti o amministrati dalla società per conto di terzi[1].

Sono puniti con la stessa pena gli amministratori, i direttori generali, i dirigenti preposti alla redazione dei documenti contabili societari, i sindaci e i liquidatori di società, o enti e gli altri soggetti sottoposti per legge alle autorità pubbliche di vigilanza o tenuti ad obblighi nei loro confronti, i quali, in qualsiasi forma, anche omettendo le comunicazioni dovute alle predette autorità, consapevolmente ne ostacolano le funzioni[1].

La pena è raddoppiata se si tratta di società con titoli quotati in mercati regolamentati italiani o di altri Stati dell'Unione europea o diffusi tra il pubblico in misura rilevante ai sensi dell'articolo 116 del testo unico di cui al decreto legislativo 24 febbraio 1998, n. 58[2].

Agli effetti della legge penale, le autorità e le funzioni di risoluzione di cui al decreto di recepimento della direttiva 2014/59/UE sono equiparate alle autorità e alle funzioni di vigilanza[3 4].

[1] Comma così modificato dall'art. 15, L. 28 dicembre 2005, n. 262. I commi 1 e 2 nel testo precedente le modifiche apportate dalla L. 28 dicembre 2005, n. 262, disponevano: *Gli amministratori, i direttori generali, i sindaci e i liquidatori di società o enti e gli altri soggetti sottoposti per legge alle autorità pubbliche di vigilanza, o tenuti ad obblighi nei loro confronti, i quali nelle comunicazioni alle predette autorità previste in base alla legge, al fine di ostacolare l'esercizio delle funzioni di vigilanza, espongono fatti materiali non rispondenti al vero, ancorché oggetto di valutazioni, sulla situazione economica, patrimoniale o finanziaria dei sottoposti alla vigilanza ovvero, allo stesso fine, occultano con altri mezzi fraudolenti, in tutto o in parte fatti che avrebbero dovuto comunicare, concernenti la situazione medesima, sono puniti con la reclusione da uno a quattro anni. La punibilità è estesa anche al caso in cui le informazioni riguardino beni posseduti o amministrati dalla società per conto di terzi.*

Sono puniti con la stessa pena gli amministratori, i direttori generali, i sindaci e i liquidatori di società, o enti e gli altri soggetti sottoposti per legge alle autorità pubbliche di vigilanza o tenuti ad obblighi nei loro confronti, i quali, in qualsiasi forma, anche omettendo le comunicazioni dovute alle predette autorità, consapevolmente ne ostacolano le funzioni.

I commi 1 e 2, invece, nel testo precedente le modifiche apportate dal D.Lgs. 11 aprile 2002, n. 61 disponevano: *L'amministratore giudiziario o il commissario governativo che riceve o pattuisce una retribuzione, in danaro o in altra forma, in aggiunta di quella legalmente attribuitagli, è punito con la reclusione da sei mesi a tre anni e con la multa da lire quattrocentomila a due milioni.*

Nei casi più gravi può inoltre essere disposta l'interdizione dagli uffici direttivi delle persone giuridiche e delle imprese.

I commi 1 e 2, nel testo precedente le modifiche apportate dalla L. 24 novembre 1981, n. 689, infine, disponevano: *L'amministratore giudiziario o il commissario governativo che riceve o pattuisce una retribuzione, in denaro o in altra forma, in aggiunta di quella legalmente attribuitagli, è punito con la reclusione da sei mesi a tre anni e con la multa da lire duemila a diecimila.*

Nei casi più gravi può inoltre essere disposta l'incapacità temporanea ad esercitare uffici direttivi presso qualsiasi impresa per la durata non inferiore a tre e non superiore a dieci anni.

[2] Comma aggiunto dall'art. 39, L. 28 dicembre 2005, n. 262.

[3] Comma aggiunto dall'art. 101, D.Lgs. 16 novembre 2015, n. 180.

[4] Articolo così sostituito dall'art. 1, D.Lgs. 11 aprile 2002, n. 61. Il testo precedente le modifiche apportate dalla L. 28 dicembre 2005, n. 262, disponeva: *Gli amministratori, i direttori generali, i sindaci e i liquidatori di società o enti e gli altri soggetti sottoposti per legge alle autorità pubbliche di vigilanza, o tenuti ad obblighi nei loro confronti, i quali nelle comunicazioni alle predette autorità previste in base alla legge, al fine di ostacolare l'esercizio delle funzioni di vigilanza, espongono fatti materiali non rispondenti al vero, ancorché oggetto*

di valutazioni, sulla situazione economica, patrimoniale o finanziaria dei sottoposti alla vigilanza ovvero, allo stesso fine, occultano con altri mezzi fraudolenti, in tutto o in parte fatti che avrebbero dovuto comunicare, concernenti la situazione medesima, sono puniti con la reclusione da uno a quattro anni. La punibilità è estesa anche al caso in cui le informazioni riguardino beni posseduti o amministrati dalla società per conto di terzi.

Sono puniti con la stessa pena gli amministratori, i direttori generali, i sindaci e i liquidatori di società, o enti e gli altri soggetti sottoposti per legge alle autorità pubbliche di vigilanza o tenuti ad obblighi nei loro confronti, i quali, in qualsiasi forma, anche omettendo le comunicazioni dovute alle predette autorità, consapevolmente ne ostacolano le funzioni.

Il testo precedente le modifiche apportate dal D.Lgs. 11 aprile 2002, n. 61, invece, disponeva: *L'amministratore giudiziario o il commissario governativo che riceve o pattuisce una retribuzione, in danaro o in altra forma, in aggiunta di quella legalmente attribuitagli, è punito con la reclusione da sei mesi a tre anni e con la multa da lire quattrocentomila a due milioni.*

Nei casi più gravi può inoltre essere disposta l'interdizione dagli uffici direttivi delle persone giuridiche e delle imprese.

Il testo precedente le modifiche apportate dalla L. 24 novembre 1981, n. 689, infine, disponeva: *L'amministratore giudiziario o il commissario governativo che riceve o pattuisce una retribuzione, in denaro o in altra forma, in aggiunta di quella legalmente attribuitagli, è punito con la reclusione da sei mesi a tre anni e con la multa da lire duemila a diecimila.*

Nei casi più gravi può inoltre essere disposta l'incapacità temporanea ad esercitare uffici direttivi presso qualsiasi impresa per la durata non inferiore a tre e non superiore a dieci anni.

● Norme connesse:

- per la disciplina dei reati perseguibili a querela, art. 5, D.Lgs. 11 aprile 2002, n. 61 che dispone: *Per i reati perseguibili a querela ai sensi del presente decreto legislativo, commessi prima della data di entrata in vigore dello stesso, il termine per la proposizione della querela decorre dalla data predetta.*
- art. 306, D.Lgs. 7 settembre 2005, n. 209; artt. 154-bis, 170-bis, 187-quinquiesdecies, D.Lgs. 24 febbraio 1998, n. 58.

2639. Estensione delle qualifiche soggettive.

Per i reati previsti dal presente titolo al soggetto formalmente investito della qualifica o titolare della funzione prevista dalla legge civile è equiparato sia chi è tenuto a svolgere la stessa funzione, diversamente qualificata, sia chi esercita in modo continuativo e significativo i poteri tipici inerenti alla qualifica o alla funzione.

Fuori dei casi di applicazione delle norme riguardanti i delitti dei pubblici ufficiali contro la pubblica amministrazione, le disposizioni sanzionatorie relative agli amministratori si applicano anche a coloro che sono legalmente incaricati dall'autorità giudiziaria o dall'autorità pubblica di vigilanza di amministrare la società o i beni dalla stessa posseduti o gestiti per conto di terzi[1].

[1] Articolo così sostituito dall'art. 1, D.Lgs. 11 aprile 2002, n. 61. Il testo previgente disponeva: *L'amministratore giudiziario o il commissario governativo che non ottempera all'ordine dell'autorità di consegnare o depositare somme o altra cosa, da lui detenute a causa del suo ufficio, è punito con la reclusione da sei mesi a tre anni e con la multa fino a lire tre milioni.*

Se il fatto avviene per colpa, si applica la reclusione fino a sei mesi o la multa fino a lire seicentomila.

● Norme connesse:

- per la disciplina dei reati perseguibili a querela, art. 5, D.Lgs. 11 aprile 2002, n. 61 che dispone: *Per i reati perseguibili a querela ai sensi del presente decreto legislativo, commessi prima della data di entrata in vigore dello stesso, il termine per la proposizione della querela decorre dalla data predetta.*

2640. Circostanza attenuante.

Se i fatti previsti come reato agli articoli precedenti hanno cagionato un'offesa di particolare tenuità la pena è diminuita[1].

[1] Articolo così sostituito dall'art. 1, D.Lgs. 11 aprile 2002, n. 61. Il testo previgente disponeva: *Quando dai fatti previsti negli articoli 2621, 2622, 2623, 2628 e 2630, primo comma, deriva all'impresa un danno di gravità rilevante, la pena è aumentata fino alla metà.*

● Norme connesse:

- per la disciplina dei reati perseguibili a querela, art. 5, D.Lgs. 11 aprile 2002, n. 61 che dispone: *Per i reati perseguibili a querela ai sensi del presente decreto legislativo, commessi prima della data di entrata in vigore dello stesso, il termine per la proposizione della querela decorre dalla data predetta.*

2641. Confisca.

In caso di condanna o di applicazione della pena su richiesta delle parti per uno dei reati previsti dal presente titolo è ordinata la confisca del prodotto o del profitto del reato e dei beni utilizzati per commetterlo.

Quando non è possibile l'individuazione o l'apprensione dei beni indicati nel comma primo, la confisca ha ad oggetto una somma di denaro o beni di valore equivalente.

Per quanto non stabilito nei commi precedenti si applicano le disposizioni dell'articolo 240 del codice penale[1].

[1] Articolo così sostituito dall'art. 1, D.Lgs. 11 aprile 2002, n. 61. Il testo precedente le modifiche apportate dalla L. 24 novembre 1981, n. 689 disponeva: *La condanna alla pena della reclusione pronunziata a carico di amministratori, direttori generali, sindaci e liquidatori per delitti commessi nell'esercizio o a causa del loro ufficio, importa l'incapacità ad esercitare uffici direttivi presso qualsiasi impresa per un periodo di dieci anni, salve le altre pene accessorie previste dal capo III, titolo II, libro I del codice penale.*

Gli uffici direttivi a cui si riferisce l'incapacità preveduta nel comma precedente e nel secondo comma dell'art. 2638 sono quelli di amministratore, sindaco, liquidatore e direttore generale.

CODICE CIVILE

● Norme connesse:

- per la disciplina dei reati perseguibili a querela, art. 5, D.Lgs. 11 aprile 2002, n. 61 che dispone: *Per i reati perseguibili a querela ai sensi del presente decreto legislativo, commessi prima della data di entrata in vigore dello stesso, il termine per la proposizione della querela decorre dalla data predetta.*

2642. Comunicazione della sentenza di condanna.

Ogni sentenza penale pronunziata a carico di amministratori, direttori generali, sindaci, liquidatori e commissari di qualsiasi impresa per delitti commessi nell'esercizio od a causa del loro ufficio è comunicata, a cura del cancelliere dell'autorità giudiziaria che ha emesso la sentenza, per gli eventuali provvedimenti, all'organo che esercita la funzione disciplinare sugli iscritti nell'albo professionale al quale essi appartengono[1].

[1] Nella sostituzione del Titolo XI da parte dell'art. 1, comma 1, D.Lgs. 11 aprile 2002, n. 61, il presente articolo non è stato ricompreso.

LIBRO VI
DELLA TUTELA DEI DIRITTI

Titolo I
Della trascrizione

Capo I
Della trascrizione degli atti relativi ai beni immobili

2643. Atti soggetti a trascrizione.
Si devono rendere [2645 ss., 2651 ss.] pubblici [1403] col mezzo della trascrizione [2644, 2657, 2658, 2663, 2679 n. 1]:

1) i contratti che trasferiscono la proprietà di beni immobili [767, 769, 812 ss., 1197, 1350, 1470, 1472, 1543, 2247, 2556, 2648, 2651, 2914];

2) i contratti che costituiscono, trasferiscono o modificano il diritto di usufrutto [978 ss.] su beni immobili, il diritto di superficie [952 ss.], i diritti del concedente e dell'enfiteuta [957 ss., 1350 nn. 2 e 3, 2648, 2651];

2-bis) i contratti che trasferiscono, costituiscono o modificano i diritti edificatori comunque denominati, previsti da normative statali o regionali, ovvero da strumenti di pianificazione territoriale[1];

3) i contratti [1350, n. 3] che costituiscono la comunione [1100 ss.] dei diritti menzionati nei numeri precedenti;

4) i contratti che costituiscono o modificano servitù prediali [1027 ss., 1058], il diritto di uso [1021] sopra beni immobili, il diritto di abitazione [1022, 1350, n. 4, 2648, 2651];

5) gli atti tra vivi di rinunzia [679] ai diritti menzionati nei numeri precedenti [507, 1350, n. 5];

6) i provvedimenti con i quali nell'esecuzione forzata [2910 ss.] si trasferiscono la proprietà di beni immobili o di altri diritti reali immobiliari [965, 980, 1021, 1027, 2919; c.p.c. 555, 574, 586, 590; disp. att. c.p.c. 164], eccettuato il caso di vendita seguita nel processo di liberazione degli immobili dalle ipoteche a favore del terzo acquirente [2889, 2896];

7) gli atti e le sentenze di affrancazione del fondo enfiteutico [971, 1350, n. 6];

8) i contratti di locazione [1571 ss.] di beni immobili che hanno durata superiore a nove anni [320, 1350, n. 8, 1572, 1599, 1628, 2923];

9) gli atti e le sentenze [2651] da cui risulta liberazione o cessione di pigioni o di fitti non ancora scaduti, per un termine maggiore di tre anni [1605, 2918, 2924];

10) i contratti di società [2247, 2291, 2313] e di associazione [14, 2549] con i quali si conferisce il godimento di beni immobili o di altri diritti reali immobiliari, quando la durata della società o dell'associazione eccede i nove anni o è indeterminata [1350, n. 9; disp. att. 231];

11) gli atti di costituzione dei consorzi [2602] che hanno l'effetto indicato dal numero precedente [2602, 2603; disp. att. 231];

12) i contratti di anticresi [1350, n. 7, 1960; disp. att. 231];

12-bis) gli accordi di mediazione che accertano l'usucapione con la sottoscrizione del processo verbale autenticata da un pubblico ufficiale a ciò autorizzato[2];

13) le transazioni [1965] che hanno per oggetto controversie sui diritti menzionati nei numeri precedenti [1350, n. 12];

14) le sentenze [1032, 2932] che operano la costituzione, il trasferimento o la modificazione di uno dei diritti menzionati nei numeri precedenti [2645 ss., 2655].

[1] Numero aggiunto dall'art. 5, D.L. 13 maggio 2011, n. 70, convertito in L. 12 luglio 2011, n. 106.

[2] Numero aggiunto dall'art. 84-bis, D.L. 21 giugno 2013, n. 69, convertito in L. 9 agosto 2013, n. 98.

● Norme connesse:

- comma 1, alinea: R.D. 28 marzo 1929, n. 499 (Disposizioni relative ai libri fondiari dei territori delle nuove province).

- comma 1, n. 7: art. 4, L. 22 luglio 1966, n. 607 (Norme in materia di enfiteusi e prestazioni fondiarie perpetue).

- comma 1, n. 8: 1) per i contratti agrari ultranovennali, v. l'art. 41, L. 3 maggio 1982, n. 203, che dispone: *I contratti agrari ultranovennali, compresi quelli in corso, anche se verbali o non trascritti, sono validi ed hanno effetto anche riguardo ai terzi.*

2) per il contratto di godimento in funzione della successiva alienazione di immobili, art. 23, D.L. 12 settembre 2014, n. 133, convertito in L. 11 novembre 2014, n. 164.

- art. 5 (Trascrizione del certificato di successione), D.Lgs. 31 ottobre 1990, n. 347 (Approvazione del testo unico delle disposizioni concernenti le imposte ipotecaria e catastale), che dispone: *1. Nel caso di successione ereditaria comprendente beni immobili o diritti reali immobiliari, a chiunque devoluti e qualunque ne sia il valore, l'ufficio del registro redige il certificato di successione, in conformità alle risultanze della dichiarazione della successione o dell'accertamento d'ufficio, e ne richiede la trascrizione, compilando in duplice esemplare la nota a spese dei soggetti obbligati al pagamento dell'imposta di successione.*

2. La trascrizione del certificato è richiesta ai soli effetti stabiliti dal presente testo unico e non costituisce trascrizione degli acquisti a causa di morte degli immobili e dei diritti reali immobiliari compresi nella successione.

; artt. 45, 88, comma 2, R.D. 16 marzo 1942, n. 267.

■ Codice civile del 1865: *Art. 1932. Devono essere resi pubblici col mezzo della trascrizione:*

1° Gli atti tra vivi, sia a titolo gratuito sia a titolo oneroso, che trasferiscono proprietà d'immobili, o di altri beni o diritti capaci di ipoteca, ad eccezione delle rendite sopra lo Stato;

2° Gli atti tra vivi che costituiscono o modificano servitù prediali, diritto di uso o di abitazione, o trasferiscono l'esercizio del diritto di usufrutto;

3° Gli atti tra vivi di rinunzia ai diritti enunciati nei due numeri precedenti;

4° Le sentenze di vendita all'incanto di proprietà d'immobili o di altri beni diritti capaci di ipoteca, eccettuato il caso di vendita seguita nel giudizio di purgazione a favore del terzo possessore che ha istituito il giudizio, ed eccettuate le aggiudicazioni seguite agli incanti fra condividenti;

5° I contratti di locazione d'immobili eccedenti i nove anni;

6° I contratti di società che hanno per oggetto il godimento di beni immobili, quando la durata della società eccede i nove anni o è indeterminata;

7° Gli atti e le sentenze da cui risulta liberazione o cessione di pigioni o di fitti non ancora scaduti, per un termine maggiore di tre anni;

8° Le sentenze che dichiarano l'esistenza di una convenzione verbale della natura di quelle enunciate nei numeri precedenti.

2644. Effetti della trascrizione.

Gli atti enunciati nell'articolo precedente non hanno effetto [509] riguardo ai terzi che a qualunque titolo hanno acquistato diritti sugli immobili in base a un atto trascritto [507, 2659] o iscritto [2839] anteriormente alla trascrizione degli atti medesimi [2652, 2653, 2684, 2914 n. 1].

Seguita la trascrizione, non può avere effetto contro colui che ha trascritto [2666] alcuna trascrizione o iscrizione di diritti acquistati verso il suo autore, quantunque l'acquisto risalga a data anteriore [914 ss., 1380, 2649, 2650, 2655, 2812; disp. att. 224, 225; L. fall. 44].

● Norme connesse:

- artt. 44, 45, R.D. 16 marzo 1942, n. 267.

■ Codice civile del 1865: *Art. 1942. Le sentenze e gli atti enunciati nell'articolo 1932, sino a che non siano trascritti, non hanno alcun effetto riguardo ai terzi che a qualunque titolo hanno acquistato e legalmente conservato diritti sull'immobile.*

Parimente, sinché non sia seguita la trascrizione, non può avere effetto a pregiudizio dell'ipoteca concessa all'alienante dall'articolo 1969, alcuna trascrizione od iscrizione di diritti acquistati verso il nuovo proprietario.

Seguita la trascrizione, non può avere effetto contro l'acquirente alcuna trascrizione od iscrizione di diritti acquistati verso il precedente proprietario, quantunque l'acquisto risalga a tempo anteriore al titolo trascritto.

2645. Altri atti soggetti a trascrizione.

Deve del pari rendersi pubblico, agli effetti previsti dall'articolo precedente, ogni altro atto o provvedimento [1032; c.p.c. 748, 773, 788] che produce in relazione a beni immobili [812] o a diritti immobiliari [854] taluno degli effetti dei contratti menzionati nell'articolo 2643, salvo che dalla legge risulti che la trascrizione non è richiesta o è richiesta a effetti diversi [2652, 2655, 2672, 2685; c.p.c. 555].

2645-*bis*. Trascrizione di contratti preliminari.

1. I contratti preliminari aventi ad oggetto la conclusione di taluno dei contratti di cui ai numeri *1), 2), 3)* e *4)* dell'articolo 2643, anche se sottoposti a condizione o relativi a edifici da costruire o in corso di costruzione, devono essere trascritti se risultano da atto pubblico o da scrittura privata con sottoscrizione autentica o accertata giudizialmente.

2. La trascrizione del contratto definitivo o di altro atto che costituisca comunque esecuzione dei contratti preliminari di cui al comma 1, ovvero della sentenza che accoglie la domanda diretta ad ottenere l'esecuzione in forma specifica dei contratti preliminari predetti, prevale sulle trascrizioni ed iscrizioni eseguite contro il promittente alienante dopo la trascrizione del contratto preliminare.

3. Gli effetti della trascrizione del contratto preliminare cessano e si considerano come mai prodotti se entro un anno dalla data convenuta tra le parti per la conclusione del contratto definitivo, e in ogni caso entro tre anni dalla trascrizione predetta, non sia eseguita la trascrizione del contratto definitivo o di altro atto che costituisca comunque esecuzione del contratto preliminare o della domanda giudiziale di cui all'articolo 2652, primo comma, numero *2)*[1].

4. I contratti preliminari aventi ad oggetto porzioni di edifici da costruire o in corso di costruzione devono indicare, per essere trascritti, la superficie utile della porzione di edificio e la quota del diritto spettante al promissario acquirente relativa all'intero costruendo edificio espressa in millesimi.

5. Nel caso previsto nel comma 4 la trascrizione è eseguita con riferimento al bene immobile per la quota determinata secondo le modalità di cui al comma stesso. Non appena l'edificio viene ad esistenza gli effetti della trascrizione si producono rispetto alle porzioni materiali corrispondenti alle quote di proprietà predeterminate nonché alle relative parti comuni. L'eventuale differenza di superficie o di quota contenuta nei limiti di un ventesimo rispetto a quelle indicate nel contratto preliminare non produce effetti.

6. Ai fini delle disposizioni di cui al comma 5, si intende esistente l'edificio nel quale sia stato eseguito il rustico, comprensivo delle mura perimetrali delle singole unità, e sia stata completata la copertura[2].

[1] Per i contratti di godimento in funzione della successiva alienazione di immobili, il termine triennale previsto dal presente comma è elevato a tutta la durata del contratto e comunque ad un periodo non superiore a dieci anni (art. 23, comma 3, D.L. 12 settembre 2014, n. 133, convertito in L. 11 novembre 2014, n. 164).

[2] Articolo aggiunto dall'art. 3, D.L. 31 dicembre 1996, n. 669, convertito in L. 28 febbraio 1997, n. 30.

● Norme connesse:

- artt. 67, comma 3, lett. c), 72, commi 3, 7, 8, 72-bis, R.D. 16 marzo 1942, n. 267; art. 1, commi da 61 a 63, L. 27 dicembre 2013, n. 147, riportati in nota sub art. 2645-ter c.c. e art. 23, D.L. 12 settembre 2014, n. 133, convertito in L. 11 novembre 2014, n. 164.

- art. 2775-bis c.c. e art. 2825-bis c.c., rispettivamente inerenti al privilegio speciale immobiliare e all'ipoteca sul bene immobile oggetto di preliminare.

- artt. 166 e 173 comma 3, lett. c) del Codice della crisi di impresa e dell'insolvenza, attuativo della Legge delega 19 ottobre 2017, n. 155 (D.Lgs. 12 gennaio 2019, n. 14), rispettivamente inerenti alla non revocabilità dei preliminari trascritti nell'ambito della procedura di liquidazione giudiziale e al potere di scioglimento del curatore.

2645-*ter*. Trascrizione di atti di destinazione per la realizzazione di interessi meritevoli di tutela riferibili a persone con disabilità, a pubbliche amministrazioni, o ad altri enti o persone fisiche.

Gli atti in forma pubblica con cui beni immobili o beni mobili iscritti in pubblici registri sono destinati [4, 167, 2447-bis], per un periodo non superiore a novanta anni o per la durata della vita della persona fisica beneficiaria, alla realizzazione di interessi meritevoli di tutela riferibili a persone con disabilità, a pubbliche amministrazioni, o ad altri enti o persone fisiche ai sensi dell'articolo 1322, secondo comma, possono essere trascritti al fine di rendere opponibile ai terzi il vincolo di destinazione; per la realizzazione di tali interessi può agire, oltre al conferente, qualsiasi interessato anche durante la vita del conferente stesso. I beni conferiti e i loro frutti possono essere impiegati solo per la realizzazione del fine di destinazione e possono costituire oggetto di esecuzione, salvo quanto previsto dall'articolo 2915, primo comma, solo per debiti contratti per tale scopo[1].

[1] Articolo aggiunto dall'art. 39-*novies*, D.L. 30 dicembre 2005, n. 273, convertito in L. 23 febbraio 2006, n. 51.

● Norme connesse:

- artt. 14, 167, 2447-bis c.c.; art. 8, L. 16 ottobre 1989, n. 364 (Ratifica ed esecuzione della Convenzione sulla legge applicabile ai trusts e sul loro riconoscimento), art. 36, comma 5, D.Lgs. 24 febbraio 1998, n. 58 (Testo unico delle disposizioni in materia di intermediazione finanziaria); art. 64, R.D. 16 marzo 1942, n. 267.

- art. 1, commi da 61 a 63, L. 27 dicembre 2013, n. 147 (legge finanziaria 2014), che dispongono: *61. I soggetti erogatori dei contributi di cui al comma 60 disciplinano le modalità e i tempi di restituzione.*

62. All'articolo 11, comma 12-quinquies, del decreto-legge 28 giugno 2013, n. 76, convertito, con modificazioni, dalla legge 9 agosto 2013, n. 99, le parole: «La garanzia dello Stato di cui al comma 12-ter cessa al momento della ristrutturazione di cui al presente comma» sono soppresse.

63. Il notaio o altro pubblico ufficiale è tenuto a versare su apposito conto corrente dedicato: a) tutte le somme dovute a titolo di tributi per i quali il medesimo sia sostituto o responsabile d'imposta, e comunque le spese anticipate di cui all'articolo 15, primo comma, numero 3), del decreto del Presidente della Repubblica 26 ottobre 1972, n. 633, e successive modificazioni, in relazione agli atti a repertorio dallo stesso ricevuti o autenticati e soggetti a pubblicità immobiliare o commerciale; b) ogni altra somma affidatagli e soggetta ad obbligo di annotazione nel registro delle somme e dei valori di cui alla legge 22 gennaio 1934, n. 64; c) l'intero prezzo o corrispettivo, ovvero il saldo degli stessi, se determinato in denaro, oltre alle somme destinate ad estinzione di gravami o spese non pagate o di altri oneri dovuti in occasione del ricevimento o dell'autenticazione di atti di trasferimento della proprietà o di trasferimento, costituzione o estinzione di altro diritto reale su immobili o aziende, se in tal senso richiesto da almeno una delle parti e conformemente all'incarico espressamente conferito; nei casi previsti dalla presente lettera, il notaio deve ricusare il suo ministero se le parti non depositano, antecedentemente o contestualmente alla sottoscrizione dell'atto, l'importo dei tributi, degli onorari e delle altre spese dell'atto, salvo che si tratti di persone ammesse al beneficio del gratuito patrocinio.

- art. 6, L. 22 giugno 2016, n. 112, riportato in nota sub art. 2447-bis c.c.

- art. 2929 bis c.c., in tema di espropriazione anticipata.

- art. 8, D.Lgs. 3 luglio 2017, n. 117 (Codice del Terzo settore), che dispone: *Art. 8. Destinazione del patrimonio ed assenza di scopo di lucro. 1. Il patrimonio degli enti del Terzo settore, comprensivo di eventuali ricavi, rendite, proventi, entrate comunque denominate è utilizzato per lo svolgimento dell'attività statutaria ai fini dell'esclusivo perseguimento di finalità civiche, solidaristiche e di utilità sociale.*

2. Ai fini di cui al comma 1, è vietata la distribuzione, anche indiretta, di utili ed avanzi di gestione, fondi e riserve comunque denominate a fondatori, associati, lavoratori e collaboratori, amministratori ed altri componenti degli organi sociali, anche nel caso di recesso o di ogni altra ipotesi di scioglimento individuale del rapporto associativo.

3. Ai sensi e per gli effetti del comma 2, si considerano in ogni caso distribuzione indiretta di utili:

a) la corresponsione ad amministratori, sindaci e a chiunque rivesta cariche sociali di compensi individuali non proporzionati all'attività svolta, alle responsabilità assunte e alle specifiche competenze o comunque superiori a quelli previsti in enti che operano nei medesimi o analoghi settori e condizioni;

b) la corresponsione a lavoratori subordinati o autonomi di retribuzioni o compensi superiori del quaranta per cento rispetto a quelli previsti, per le medesime qualifiche, dai contratti collettivi di cui all'articolo 51 del decreto legislativo 15 giugno 2015, n. 81, salvo comprovate esigenze attinenti alla necessità di acquisire specifiche competenze ai fini dello svolgimento delle attività di interesse generale di cui all'articolo 5, comma 1, lettere b), g) o h);

c) l'acquisto di beni o servizi per corrispettivi che, senza valide ragioni economiche, siano superiori al loro valore normale;

CODICE CIVILE

d) le cessioni di beni e le prestazioni di servizi, a condizioni più favorevoli di quelle di mercato, a soci, associati o partecipanti, ai fondatori, ai componenti gli organi amministrativi e di controllo, a coloro che a qualsiasi titolo operino per l'organizzazione o ne facciano parte, ai soggetti che effettuano erogazioni liberali a favore dell'organizzazione, ai loro parenti entro il terzo grado ed ai loro affini entro il secondo grado, nonchè alle società da questi direttamente o indirettamente controllate o collegate, esclusivamente in ragione della loro qualità, salvo che tali cessioni o prestazioni non costituiscano l'oggetto dell'attività di interesse generale di cui all'articolo 5;

e) la corresponsione a soggetti diversi dalle banche e dagli intermediari finanziari autorizzati, di interessi passivi, in dipendenza di prestiti di ogni specie, superiori di quattro punti al tasso annuo di riferimento. Il predetto limite può essere aggiornato con decreto del Ministro del lavoro e delle politiche sociali, di concerto con il Ministro dell'economia e delle finanze.

2645-*quater*. Trascrizione di atti costitutivi di vincolo.

Si devono trascrivere, se hanno per oggetto beni immobili, gli atti di diritto privato, i contratti e gli altri atti di diritto privato, anche unilaterali, nonchè le convenzioni e i contratti con i quali vengono costituiti a favore dello Stato, della regione, degli altri enti pubblici territoriali ovvero di enti svolgenti un servizio di interesse pubblico, vincoli di uso pubblico o comunque ogni altro vincolo a qualsiasi fine richiesto dalle normative statali e regionali, dagli strumenti urbanistici comunali nonchè dai conseguenti strumenti di pianificazione territoriale e dalle convenzioni urbanistiche a essi relative[1].

[1] Articolo aggiunto dall'art. 6, D.L. 2 marzo 2012, n. 16, convertito in L. 26 aprile 2012, n. 44.

2646. Trascrizione delle divisioni.

Si devono trascrivere le divisioni [1111] che hanno per oggetto beni immobili [713], come pure i provvedimenti di aggiudicazione degli immobili divisi mediante incanto [757; c.p.c. 590, 788], i provvedimenti di attribuzione delle quote tra condividenti e i verbali di estrazione a sorte delle quote [720, 729; c.p.c. 789, 791].

Si devono pure trascrivere la domanda di divisione giudiziale [c.p.c. 784] e l'atto di opposizione indicato dall'articolo 1113, per gli effetti ivi enunciati [2650, 2652 n. 6, 2685; disp. att. 224].

2647. Costituzione del fondo patrimoniale e separazione di beni.

Devono essere trascritti, se hanno per oggetto beni immobili, la costituzione del fondo patrimoniale, le convenzioni matrimoniali [162] che escludono i beni medesimi dalla comunione tra i coniugi [215], gli atti e i provvedimenti di scioglimento della comunione [191 ss.], gli atti di acquisto di beni personali a norma delle lettere *c)*, *d)*, *e)*, ed *f)* dell'articolo 179, a carico, rispettivamente, dei coniugi titolari del fondo patrimoniale [167] e del coniuge titolare del bene escluso o che cessa di far parte della comunione.

Le trascrizioni previste dal precedente comma devono essere eseguite anche relativamente ai beni immobili che successivamente entrano a far parte del patrimonio familiare [rectius: fondo patrimoniale] o risultano esclusi dalla comunione tra i coniugi.

La trascrizione del vincolo derivante dal fondo patrimoniale costituito per testamento deve essere eseguita d'ufficio dal conservatore contemporaneamente alla trascrizione dell'acquisto a causa di morte [2645 ss.][1].

[1] Articolo così sostituito dall'art. 206, L. 19 maggio 1975, n. 151. Il testo previgente disponeva: *Devono essere trascritte, se hanno per oggetto beni immobili, la costituzione del vincolo dotale, la costituzione della comunione tra coniugi e quella del patrimonio familiare, a carico rispettivamente della dotata o dei coniugi o del coniuge titolare del patrimonio familiare.*

Se è stata stipulata la clausola dell'impiego del danaro dotale in acquisto di beni immobili, ai sensi dell'art. 183, o se con gli utili della comunione si compiono acquisti, le trascrizioni del vincolo dotale o della comunione devono eseguirsi a misura che i nuovi beni sono acquistati. La stessa norma si applica nei casi di reimpiego in beni immobili previsto dall'art. 170 e di permuta dei beni dotali.

La trascrizione del vincolo derivante dal patrimonio familiare costituito per testamento deve essere eseguita d'ufficio dal conservatore contemporaneamente alla trascrizione dell'acquisto a causa di morte.

Il vincolo dotale e quello derivante dalla comunione, nonché la costituzione del patrimonio familiare non possono essere opposti ai terzi finché non siano trascritti, fermo, per quanto riguarda il patrimonio familiare, il disposto del terzo comma dell'art. 169.

● Norme connesse:

- art. 1, commi da 61 a 63, L. 27 dicembre 2013, n. 147, riportati in nota sub art. 2645-ter c.c..

2648. Accettazione di eredità e acquisto di legato.

Si devono trascrivere l'accettazione dell'eredità [470, 475, 484, 2660] che importi acquisto dei diritti enunciati nei numeri 1, 2 e 4 dell'articolo 2643 o liberazione dai medesimi e l'acquisto del legato [649] che abbia lo stesso oggetto [507, 509].

La trascrizione dell'accettazione dell'eredità si opera in base alla dichiarazione del chiamato all'eredità, contenuta in un atto pubblico [475, 2699] ovvero in una scrittura privata con sottoscrizione autenticata [2703] o accertata giudizialmente [c.p.c. 220].

Se il chiamato ha compiuto uno degli atti che importano accettazione tacita dell'eredità [476], si può richiedere la trascrizione sulla base di quell'atto, qualora esso risulti da sentenza, da atto pubblico o da scrittura privata con sottoscrizione autenticata o accertata giudizialmente [2650, 2652 n. 6, 2657, 2685; disp. att. 225, 228].

La trascrizione dell'acquisto del legato si opera sulla base di un estratto autentico del testamento [649, 2658 comma 1].

■ Codice civile del 1865: *Art. 1933. Si devono pure trascrivere per gli effetti speciali stabiliti dalla legge:*

1° Il precetto nei giudizi di esecuzione sopra beni immobili;

2° La dichiarazione di accettazione dell'eredità col benefizio d'inventario in conformità del capoverso dell'art. 955;

3° Le domande di rivocazione, di rescissione e di risoluzione indicate negli articoli 1080, 1088, 1235, 1308, 1511, 1553 e 1787.

La trascrizione delle dette domande sarà annotata in margine della trascrizione dell'atto di alienazione.

2649. Cessione dei beni ai creditori.

Deve essere trascritta, qualora comprenda beni immobili, la cessione che il debitore fa dei suoi beni ai creditori, perché questi procedano alla liquidazione dei medesimi e alla ripartizione del ricavato [1977 ss., 2687; disp. att. 225, 231].

Non hanno effetto, rispetto ai creditori, le trascrizioni o iscrizioni di diritti acquistati verso il debitore, se eseguite dopo che la cessione è stata trascritta [507, 509, 2644, 2650, 2687, 2913; disp. att. 231].

2650. Continuità delle trascrizioni.

Nei casi in cui, per le disposizioni precedenti, un atto di acquisto è soggetto a trascrizione, le successive trascrizioni o iscrizioni a carico dell'acquirente non producono effetto, se non è stato trascritto l'atto anteriore di acquisto [2655, 2688].

Quando l'atto anteriore di acquisto è stato trascritto, le successive trascrizioni o iscrizioni producono effetto secondo il loro ordine rispettivo, salvo il disposto dell'articolo 2644.

L'ipoteca legale a favore dell'alienante [2817] e quella a favore del condividente iscritte contemporaneamente alla trascrizione del titolo di acquisto o della divisione, prevalgono sulle trascrizioni o iscrizioni eseguite anteriormente contro l'acquirente o il condividente tenuto al conguaglio [disp. att. 225, 229].

2651. Trascrizione di sentenze.

Si devono trascrivere le sentenze da cui risulta estinto per prescrizione [2934] o acquistato per usucapione [1158 ss.] ovvero in altro modo non soggetto a trascrizione uno dei diritti indicati dai numeri 1, 2 e 4 dell'articolo 2643 [941, 946, 954, 970, 1014, 1073, 2654, 2655].

● Norme connesse:

- per il decreto di accoglimento dell'istanza di riconoscimento della proprietà nell'usucapione speciale per la piccola proprietà rurale, art. 3, comma 7, L. 10 maggio 1976, n. 346 che dispone: *Il decreto di accoglimento non opposto e la sentenza definitiva passata in cosa giudicata, ove contenga riconoscimento di proprietà, costituiscono titolo per la trascrizione ai sensi dell'art. 2651 del Codice civile.*

2652. Domande riguardanti atti soggetti a trascrizione. Effetti delle relative trascrizioni rispetto ai terzi.

Si devono trascrivere [2668], qualora si riferiscano ai diritti menzionati nell'articolo 2643 [2690], le domande giudiziali indicate dai numeri seguenti, agli effetti per ciascuna di esse previsti [2654; disp. att. 225; c.p.c. 164]:

1) le domande di risoluzione dei contratti [1453, 1458 comma 2, 1877] e quelle indicate dal secondo comma dell'articolo 648 e dall'ultimo comma dell'articolo 793, le domande di rescissione [763, 1447, 1452], le domande di revocazione delle donazioni [800], nonché quelle indicate dall'articolo 524.

Le sentenze che accolgono tali domande non pregiudicano i diritti acquistati dai terzi in base a un atto trascritto o iscritto anteriormente alla trascrizione della domanda [2644, 2652, 2655];

2) le domande dirette a ottenere l'esecuzione in forma specifica dell'obbligo a contrarre [2932].

La trascrizione della sentenza che accoglie la domanda prevale sulle trascrizioni e iscrizioni eseguite contro il convenuto dopo la trascrizione della domanda;

3) le domande dirette a ottenere l'accertamento giudiziale [215 ss.] della sottoscrizione di scritture private in cui si contiene un atto soggetto a trascrizione o a iscrizione [2702; c.p.c. 214].

La trascrizione o l'iscrizione dell'atto contenuto nella scrittura produce effetto dalla data in cui è stata trascritta la domanda;

4) le domande dirette all'accertamento della simulazione [1414 ss.] di atti soggetti a trascrizione.

La sentenza che accoglie la domanda non pregiudica i diritti acquistati dai terzi di buona fede in base a un atto trascritto o iscritto anteriormente alla trascrizione della domanda;

5) le domande di revoca degli atti soggetti a trascrizione [2643], che siano stati compiuti in pregiudizio dei creditori [2901; L. fall. 64].

La sentenza che accoglie la domanda non pregiudica i diritti acquistati a titolo oneroso dai terzi di buona fede in base a un atto trascritto o iscritto anteriormente alla trascrizione della domanda;

6) le domande dirette a far dichiarare la nullità [1422] o a far pronunziare l'annullamento [1425, 1445] di atti soggetti a trascrizione e le domande dirette a impugnare la validità della trascrizione [2665, 2675].

Se la domanda è trascritta dopo cinque anni dalla data della trascrizione dell'atto impugnato, la

CODICE CIVILE

sentenza che l'accoglie non pregiudica i diritti acquistati a qualunque titolo dai terzi di buona fede in base a un atto trascritto o iscritto anteriormente alla trascrizione della domanda. Se però la domanda è diretta a far pronunziare l'annullamento per una causa diversa dall'incapacità legale [2, 414, 415, 1427], la sentenza che l'accoglie non pregiudica i diritti acquistati dai terzi di buona fede in base a un atto trascritto o iscritto anteriormente alla trascrizione della domanda, anche se questa è stata trascritta prima che siano decorsi cinque anni dalla data della trascrizione dell'atto impugnato, purché in questo caso i terzi abbiano acquistato a titolo oneroso [1445; disp. att. 227];

7) le domande con le quali si contesta il fondamento di un acquisto a causa di morte [470, 590 ss., 624, 649].

Salvo quanto è disposto dal secondo e dal terzo comma dell'articolo 534, se la trascrizione della domanda è eseguita dopo cinque anni dalla data della trascrizione dell'acquisto, la sentenza che accoglie la domanda non pregiudica i terzi di buona fede che, in base a un atto trascritto o iscritto anteriormente alla trascrizione della domanda, hanno a qualunque titolo acquistato diritti da chi appare erede o legatario [disp. att. 227];

8) le domande di riduzione delle donazioni [555, 561] e delle disposizioni testamentarie per lesione di legittima [553, 554].

Se la trascrizione è eseguita dopo dieci anni dall'apertura della successione [456], la sentenza che accoglie la domanda non pregiudica i terzi che hanno acquistato a titolo oneroso diritti in base a un atto trascritto o iscritto anteriormente alla trascrizione della domanda [disp. att. 227];

9) le domande di revocazione e quelle di opposizione di terzo contro le sentenze soggette a trascrizione per le cause previste dai numeri 1, 2, 3 e 6 dell'articolo 395 del codice di procedura civile e dal secondo comma dell'articolo 404 dello stesso codice.

Se la domanda è trascritta dopo cinque anni dalla trascrizione della sentenza impugnata, la sentenza che l'accoglie non pregiudica i diritti acquistati dai terzi di buona fede in base a un atto trascritto o iscritto anteriormente alla trascrizione della domanda [2655, 2690 n. 6; disp. att. 226, 227, 231].

Alla domanda giudiziale è equiparato l'atto notificato con il quale la parte, in presenza di compromesso [2691] o di clausola compromissoria [2691], dichiara all'altra la propria intenzione di promuovere il procedimento arbitrale, propone la domanda e procede, per quanto le spetta, alla nomina degli arbitri[1].

[2] Comma aggiunto dall'art. 26, L. 5 gennaio 1994, n. 25.

● Norme connesse:
- artt. 64-71, R.D. 16 marzo 1942, n. 267.

■ Codice civile del 1865: *Art. 1933. Si devono pure trascrivere per gli effetti speciali stabiliti dalla legge:*

1° Il precetto nei giudizi di esecuzione sopra beni immobili;

2° La dichiarazione di accettazione dell'eredità col beneficio d'inventario in conformità del capoverso dell'art. 955;

3° Le domande di rivocazione, di rescissione e di risoluzione indicate negli articoli 1080, 1088, 1235, 1308, 1511, 1553 e 1787.

La trascrizione delle dette domande sarà annotata in margine della trascrizione dell'atto di alienazione.

2653. Altre domande e atti soggetti a trascrizione a diversi effetti.

Devono parimenti essere trascritti [2654, 2668, 2961; disp. att. 225 ss.]:

1) le domande dirette a rivendicare la proprietà [948, 949] o altri diritti reali di godimento su beni immobili [1079] e le domande dirette all'accertamento dei diritti stessi [c.p.c. 163].

La sentenza pronunziata contro il convenuto indicato nella trascrizione della domanda ha effetto anche contro coloro che hanno acquistato diritti dal medesimo in base a un atto trascritto dopo la trascrizione della domanda [2644];

2) la domanda di devoluzione del fondo enfiteutico [972].

La pronunzia di devoluzione ha effetto anche nei confronti di coloro che hanno acquistato diritti dall'enfiteuta in base a un atto trascritto posteriormente alla trascrizione della domanda [974, 2655];

3) le domande e le dichiarazioni di riscatto nella vendita di beni immobili [1503].

Se la trascrizione di tali domande o dichiarazioni è eseguita dopo sessanta giorni dalla scadenza del termine per l'esercizio del riscatto [1501], restano salvi i diritti acquistati dai terzi dopo la scadenza del termine medesimo in base a un atto trascritto o iscritto anteriormente alla trascrizione della domanda o della dichiarazione [disp. att. 227];

4) le domande di separazione degli immobili dotali [166-*bis*][3] e quelle di scioglimento della comunione tra coniugi avente per oggetto beni immobili [191, 193, 194, 2647].

La sentenza che pronunzia la separazione o lo scioglimento non ha effetto a danno dei terzi che, anteriormente alla trascrizione della domanda, hanno validamente acquistato dal marito diritti relativi a beni dotali[1] o a beni della comunione;

5) gli atti e le domande che interrompono il corso dell'usucapione di beni immobili [1165, 2943 ss.].

L'interruzione non ha effetto riguardo ai terzi che hanno acquistato diritti dal possessore in base a un atto trascritto o iscritto, se non dalla data della trascrizione dell'atto o della domanda [disp. att. 226, 227, 231].

Alla domanda giudiziale è equiparato l'atto notificato con il quale la parte, in presenza di compromesso [2691] o di clausola compromissoria [2691], dichiara all'altra la propria intenzione di promuovere il procedimento arbitrale, propone la domanda e procede, per quanto le spetta, alla nomina degli arbitri[2].

[1] L'istituto della dote è da intendersi abrogato dal combinato disposto degli artt. 47 e 227, L. 19 maggio 1975, n. 151.

[2] Comma aggiunto dall'art. 26, L. 5 gennaio 1994, n. 25.

● Norme connesse:

- comma 1, n. 1: art. 3, comma 8, L. 10 maggio 1976, n. 346, che dispone: *Sono salvi i diritti che i terzi di buona fede abbiano acquistato da colui che ha ottenuto il decreto o la sentenza di cui al comma precedente, purché l'acquisto abbia avuto luogo in base ad un atto trascritto o iscritto anteriormente alla trascrizione della domanda giudiziale con cui si faccia valere sull'immobile un diritto di proprietà od altro diritto reale.*

- comma 1, n. 3: art. 8, L. 26 maggio 1965, n. 590.

- art. 1, commi 19, L. 20 maggio 2016, n. 76.

■ Codice civile del 1865: *Art. 1933. Si devono pure trascrivere per gli effetti speciali stabiliti dalla legge:*

1° Il precetto nei giudizi di esecuzione sopra beni immobili;

2° La dichiarazione di accettazione dell'eredità col beneficio d'inventario in conformità del capoverso dell'art. 955;

3° Le domande di rivocazione, di rescissione e di risoluzione indicate negli articoli 1080, 1088, 1235, 1308, 1511, 1553 e 1787.

La trascrizione delle dette domande sarà annotata in margine della trascrizione dell'atto di alienazione.

2654. Annotazione di domande o atti soggetti a trascrizione.

La trascrizione degli atti e delle domande indicati dai due articoli precedenti dev'essere anche annotata [2655, 2668, 2692] in margine alla trascrizione o iscrizione, quando si riferisce a un atto trascritto o iscritto [2656].

● Norme connesse:

- art. 7, D.Lgs. 31 ottobre 1990, n. 347 (Imposte ipotecaria e catastale), che dispone: *Art. 7. Termine per le annotazioni. 1. Le annotazioni previste dagli articoli 2654, 2655 e 2896 del codice civile devono essere richieste, a cura delle parti o dei loro procuratori o dei notai o altri pubblici ufficiali che hanno ricevuto o autenticato l'atto, entro il termine di trenta giorni dalla data dell'atto o della pubblicazione della sentenza o della pronunzia del decreto.*

■ Codice civile del 1865: *Art. 1933. Si devono pure trascrivere per gli effetti speciali stabiliti dalla legge:*

1° Il precetto nei giudizi di esecuzione sopra beni immobili;

2° La dichiarazione di accettazione dell'eredità col beneficio d'inventario in conformità del capoverso dell'art. 955;

3° Le domande di rivocazione, di rescissione e di risoluzione indicate negli articoli 1080, 1088, 1235, 1308, 1511, 1553 e 1787.

La trascrizione delle dette domande sarà annotata in margine della trascrizione dell'atto di alienazione.

2655. Annotazione di atti e di sentenze.

Qualora un atto trascritto o iscritto sia dichiarato nullo [1418] o sia annullato [1425], risoluto [1453], rescisso [1447] o revocato [2901] o sia soggetto a condizione risolutiva [1360], la dichiarazione di nullità e rispettivamente, l'annullamento, la risoluzione, la rescissione, la revocazione, l'avveramento della condizione devono annotarsi in margine alla trascrizione o all'iscrizione dell'atto [2643, 2656, 2679 n. 4, 2692, 2896].

Si deve del pari annotare, in margine alla trascrizione della relativa domanda, la sentenza di devoluzione del fondo enfiteutico [972, 2653].

Se tali annotazioni non sono eseguite, non producono effetto le successive trascrizioni o iscrizioni a carico di colui che ha ottenuto la dichiarazione di nullità o l'annullamento, la risoluzione, la rescissione, la revoca o la devoluzione o a favore del quale si è avverata la condizione. Eseguita l'annotazione, le trascrizioni o iscrizioni già compiute hanno il loro effetto secondo l'ordine rispettivo [2644, 2650, 2692; disp. att. 225].

L'annotazione si opera in base alla sentenza o alla convenzione da cui risulta uno dei fatti sopra indicati; se si tratta di condizione, può eseguirsi in virtù della dichiarazione unilaterale del contraente in danno del quale la condizione stessa si è verificata [2692].

● Norme connesse:

- art. 88, R.D. 16 marzo 1942, n. 267.

■ Codice civile del 1865: *Art. 1934. Ogni sentenza colla quale si è pronunziato l'annullamento, la risoluzione, la rescissione o la rivocazione di un atto trascritto, deve essere annotata in margine della trascrizione dell'atto al quale si riferisce.*

L'annotazione sarà fatta per cura del procuratore della parte che ha ottenuta la sentenza, e in mancanza di procuratore per cura della parte stessa, entro un mese dacché la sentenza è passata in giudicato, sotto pena di una multa di lire 100 estendibile a lire 200.

2656. Forme per l'annotazione.

L'annotazione si esegue secondo le norme stabilite dagli articoli seguenti per la trascrizione, in quanto applicabili [2654, 2692].

2657. Titolo per la trascrizione.

La trascrizione non si può eseguire se non in forza di sentenza [2908; c.p.c. 132, 586, 825], di atto pubblico [2699] o di scrittura privata con sottoscrizione autenticata [2703] o accertata giudizialmente [2659; c.p.c. 214, 215].

Le sentenze e gli atti eseguiti in paese estero devono essere legalizzati [2674; c.p.c. 796].

● Norme connesse:

- comma 1: art. 29, L. 27 febbraio 1985, n. 52, nel testo, da ultimo, modificato dall'art. 8, D.L. 24 aprile 2017, n. 50,

CODICE CIVILE

convertito in L. 21 giugno 2017, n. 96, che dispone: *1. Negli atti con cui si concede l'ipoteca o di cui si chiede la trascrizione, l'immobile deve essere designato anche con l'indicazione di almeno tre dei suoi confini.*

1-bis. Gli atti pubblici e le scritture private autenticate tra vivi aventi ad oggetto il trasferimento, la costituzione o lo scioglimento di comunione di diritti reali su fabbricati già esistenti, ad esclusione dei diritti reali di garanzia, devono contenere, per le unità immobiliari urbane, a pena di nullità, oltre all'identificazione catastale, il riferimento alle planimetrie depositate in catasto e la dichiarazione, resa in atti dagli intestatari, della conformità allo stato di fatto dei dati catastali e delle planimetrie, sulla base delle disposizioni vigenti in materia catastale. La predetta dichiarazione può essere sostituita da un'attestazione di conformità rilasciata da un tecnico abilitato alla presentazione degli atti di aggiornamento catastale. Prima della stipula dei predetti atti il notaio individua gli intestatari catastali e verifica la loro conformità con le risultanze dei registri immobiliari.

1-ter. Se la mancanza del riferimento alle planimetrie depositate in catasto o della dichiarazione, resa dagli intestatari, della conformità allo stato di fatto dei dati catastali e delle planimetrie, ovvero dell'attestazione di conformità rilasciata da un tecnico abilitato non siano dipese dall'inesistenza delle planimetrie o dalla loro difformità dallo stato di fatto, l'atto può essere confermato anche da una sola delle parti mediante atto successivo, redatto nella stessa forma del precedente, che contenga gli elementi omessi. L'atto di conferma costituisce atto direttamente conseguente a quello cui si riferisce, ai sensi dell'articolo 10, comma 3, del decreto legislativo 14 marzo 2011, n. 23.

- comma 2: L. 24 aprile 1990, n. 106 (Ratifica ed esecuzione della convenzione relativa alla soppressione della legalizzazione di atti negli Stati membri delle Comunità europee, firmata a Bruxelles il 25 maggio 1987).

- art. 30 (atti di notorietà), L. 7 agosto 1990, n. 241, che dispone: *1. In tutti i casi in cui le leggi e i regolamenti prevedono atti di notorietà o attestazioni asseverate da testimoni altrimenti denominate, il numero dei testimoni è ridotto a due.*

2. È fatto divieto alle pubbliche amministrazioni e alle imprese esercenti servizi di pubblica necessità e di pubblica utilità di esigere atti di notorietà in luogo della dichiarazione sostitutiva dell'atto di notorietà prevista dall'articolo 4 della legge 4 gennaio 1968, n. 15, quando si tratti di provare qualità personali, stati o fatti che siano a diretta conoscenza dell'interessato.

artt. 64 ss., L. 31 maggio 1995, n. 218; D.P.R. 28 dicembre 2000, n. 445 (Testo unico delle disposizioni legislative e regolamentari in materia di documentazione amministrativa).

■ Codice civile del 1865: *Art. 1935. La trascrizione non può farsi se non in forza di sentenza, di atto pubblico, o di scrittura privata.*

Gli atti però risultanti da scrittura privata non possono essere trascritti, se le sottoscrizioni dei contraenti non sono state autenticate da notaio od accertate giudizialmente.

Le sentenze e gli atti seguiti in paese estero devono essere debitamente legalizzati.

2658. Atti da presentare al conservatore.

La parte che domanda la trascrizione del titolo [2659] deve presentarne al conservatore dei registri immobiliari copia autenticata, se si tratta di atti pubblici [2699] o di sentenze [2655], e se si tratta di scritture private [2702], deve presentare l'originale [2648], salvo che questo si trovi depositato in un pubblico archivio o negli atti di un notaio. In questo caso basta la presentazione di una copia autenticata dall'archivista o dal notaio, dalla quale risulti che la scrittura ha i requisiti indicati dall'articolo precedente.

Per la trascrizione di una domanda giudiziale occorre presentare copia autentica del documento che la contiene, munito della relazione di notifica [c.p.c. 148] alla controparte.

■ Codice civile del 1865: *Art. 1936. La parte che domanda la trascrizione del titolo deve presentarne al conservatore delle ipoteche copia autentica, se si tratta di atti pubblici o di sentenza, e se si tratta di scritture private deve presentarne l'originale stesso, eccetto che questo si trovi depositato in un pubblico archivio o negli atti di un notaio; nel qual caso basta la presentazione di una copia autenticata dall'archivista o dal notaio, da cui risulti che la scrittura ha i requisiti indicati dall'articolo precedente.*

2659. Nota di trascrizione.

Chi domanda la trascrizione [2643] di un atto fra vivi deve presentare al conservatore dei registri immobiliari, insieme con la copia del titolo, una nota in doppio originale [2665], nella quale devono essere indicati [2669]:

1) il cognome ed il nome, il luogo e la data di nascita e il numero di codice fiscale delle parti, nonché il regime patrimoniale delle stesse, se coniugate [159], secondo quanto risulta da loro dichiarazione resa nel titolo o da certificato dell'ufficiale di stato civile [162 comma 4]; la denominazione o la ragione sociale, la sede e il numero di codice fiscale delle persone giuridiche, delle società previste dai capi II, III e IV del titolo V del libro quinto e delle associazioni non riconosciute [36], con l'indicazione, per queste ultime e per le società semplici, anche delle generalità delle persone che le rappresentano secondo l'atto costitutivo. Per i condominii devono essere indicati l'eventuale denominazione, l'ubicazione e il codice fiscale[1];

2) il titolo di cui si chiede la trascrizione e la data del medesimo [2658];

3) il cognome e il nome del pubblico ufficiale che ha ricevuto l'atto o autenticato le firme, o la autorità giudiziaria che ha pronunziato la sentenza [2657];

4) la natura e la situazione dei beni a cui si riferisce il titolo, con le indicazioni richieste dall'articolo 2826, nonché, nel caso previsto dall'articolo 2645-*bis*, comma 4, la superficie e la quota espressa in millesimi di cui a quest'ultima disposizione[2].

Se l'acquisto, la rinunzia o la modificazione del diritto sono sottoposti a termine [1184] o a condizione [1153], se ne deve fare menzione nella nota di trascrizione. Tale menzione non è necessaria se, al momento in cui l'atto si trascrive, la condizione sospensiva si è verificata o la condizione risolutiva è mancata ovvero il termine iniziale è scaduto [2660 n. 6, 2668][3].

[1] Numero così modificato dall'art. 17, L. 11 dicembre 2012, n. 220, a decorrere dal 18 giugno 2013. Il testo previgente disponeva: *1) il cognome ed il nome, il luogo e la data di nascita e il numero di codice fiscale delle parti, nonché il regime patrimoniale delle stesse, se coniugate, secondo quanto risulta da loro dichiarazione resa nel titolo o da certificato dell'ufficiale di stato civile; la denominazione o la ragione sociale, la sede e il numero di codice fiscale delle persone giuridiche, delle società previste dai capi II, III e IV del titolo V del libro quinto e delle associazioni non riconosciute, con l'indicazione, per queste ultime e per le società semplici, anche delle generalità delle persone che le rappresentano secondo l'atto costitutivo.*

[2] Numero così sostituito dall'art. 3, comma 2, D.L. 31 dicembre 1996, n. 669, convertito in L. 28 febbraio 1997, n. 30. Il testo previgente disponeva: *4) la natura e la situazione dei beni a cui si riferisce il titolo, con le indicazioni richieste dall'articolo 2826.*

[3] Articolo così sostituito dall'art. 1, L. 27 febbraio 1985, n. 52. Il testo previgente disponeva: *Chi domanda la trascrizione di un atto tra vivi deve presentare al conservatore dei registri immobiliari, insieme con la copia del titolo, una nota in doppio originale, nella quale devono essere indicati:*

1) il cognome e il nome, il nome del padre e il domicilio o la residenza delle parti;

2) il titolo di cui si chiede la trascrizione e la data del medesimo;

3) il cognome e il nome dell'ufficiale pubblico che ha ricevuto l'atto o autenticato le firme, o l'autorità giudiziaria che ha pronunziato la sentenza;

4) la natura e la situazione dei beni a cui si riferisce il titolo, con le indicazioni richieste dall'art. 2826.

Se l'acquisto, la rinunzia o la modificazione del diritto sono sottoposti a termine o a condizione, se ne deve fare menzione nella nota di trascrizione. Tale menzione non è necessaria se, al momento in cui l'atto si trascrive, la condizione sospensiva si è verificata o la condizione risolutiva è mancata ovvero il termine iniziale è scaduto.

● Norme connesse:

- art. 1, commi 19, L. 20 maggio 2016, n. 76.

■ Codice civile del 1865: *Art. 1937. Il richiedente deve presentare al conservatore delle ipoteche insieme colla copia del titolo due note contenenti le seguenti indicazioni:*

1° Il nome e cognome, il nome del padre e il domicilio e la residenza delle parti;

2° La natura e la data del titolo di cui si domanda la trascrizione;

3° Il nome dell'uffiziale pubblico che ha ricevuto l'atto od autenticate le firme, o l'indicazione dell'autorità giudiziaria che ha pronunziata la sentenza;

4° La natura e situazione dei beni a cui si riferisce il titolo, con le indicazioni volute dall'articolo 1979.

Per la trascrizione della dichiarazione accennata nel numero 2 dell'articolo 1933, basta che le note contengano le indicazioni espresse nella dichiarazione medesima.

2660. Trascrizione degli acquisti a causa di morte.

Chi domanda la trascrizione di un acquisto a causa di morte, deve presentare, oltre l'atto indicato dall'articolo 2648, il certificato di morte dell'autore della successione e una copia o un estratto autentico del testamento [587], se l'acquisto segue in base ad esso.

Deve anche presentare una nota in doppio originale con le seguenti indicazioni [2665]:

1) il cognome e il nome, il luogo e la data di nascita dell'erede [457] o legatario [649] e del defunto[1];

2) la data di morte;

3) se la successione è devoluta per legge [565], il vincolo che univa all'autore il chiamato e la quota a questo spettante;

4) se la successione è devoluta per testamento [587], la forma e la data del medesimo, il nome del pubblico ufficiale che l'ha ricevuto o che l'ha in deposito;

5) la natura e la situazione dei beni con le indicazioni richieste dall'articolo 2826;

6) la condizione o il termine, qualora siano apposti alla disposizione testamentaria, salvo il caso contemplato dal secondo comma del precedente articolo, nonché la sostituzione fidecommissaria, qualora sia stata disposta a norma dell'articolo 692 [2662; disp. att. 228].

[1] Numero così sostituito dall'art. 2, L. 27 febbraio 1985, n. 52. Il testo previgente disponeva: *1) il cognome e il nome, il nome del padre, il domicilio o la residenza dell'erede o legatario e del defunto.*

● Norme connesse:

- per i modelli su cui devono essere redatte le note di trascrizione, art. 17, L. 27 febbraio 1985, n. 52 che dispone: *Le note di trascrizione o iscrizione di cui agli articoli 2659, 2660 e 2839 del codice civile debbono essere redatte su modelli a stampa conformi a quelli approvati con decreto interministeriale da emanarsi di concerto tra il Ministro delle finanze e il Ministro di grazia e giustizia.*

Apposita nota, in doppio esemplare, deve essere parimenti presentata, con le modalità di cui al precedente comma, per ogni formalità di annotazione.

Ciascuna nota non può riguardare più di un negozio giuridico o convenzione oggetto dell'atto di cui si chiede la trascrizione, l'iscrizione o l'annotazione.

Eventuali condizioni o patti di natura reale menzionati nella nota e la descrizione sommaria dei fabbricati in corso di costruzione devono essere riportati nello spazio predisposto nel modello di nota di cui al primo comma.

È ammesso l'uso di intercalari, conformi a quelli approvati dall'Amministrazione finanziaria, quando esigenze della formalità lo richiedano.

L'ufficiale rogante o il richiedente la formalità deve sottoscrivere per esteso le note.

L'avviso di vendita esattoriale costituisce il titolo per la trascrizione del pignoramento.

Ad eccezione delle rettifiche eventualmente occorrenti per errori materiali dell'ufficio e per le trascrizioni, iscrizioni e rinnovazioni

CODICE CIVILE

da eseguirsi d'ufficio a norma di legge, non è consentito alle conservatorie di redigere le note di trascrizione, di iscrizione, di rinnovazione e di annotazione, nonché le domande di certificati ipotecari.

■ Codice civile del 1865: *Art. 1937. Il richiedente deve presentare al conservatore delle ipoteche insieme colla copia del titolo due note contenenti le seguenti indicazioni:*

1° Il nome e cognome, il nome del padre e il domicilio e la residenza delle parti;

2° La natura e la data del titolo di cui si domanda la trascrizione;

3° Il nome dell'uffiziale pubblico che ha ricevuto l'atto od autenticate le firme, o l'indicazione dell'autorità giudiziaria che ha pronunziata la sentenza;

4° La natura e situazione dei beni a cui si riferisce il titolo, con le indicazioni volute dall'articolo 1979.

Per la trascrizione della dichiarazione accennata nel numero 2 dell'articolo 1933, basta che le note contengano le indicazioni espresse nella dichiarazione medesima.

2661. Ulteriori trascrizioni in base allo stesso titolo.

Quando si domanda la trascrizione di un acquisto a causa di morte [2660] e per la stessa successione è stato già trascritto altro acquisto in base allo stesso titolo, basta presentare l'atto di accettazione se si tratta di acquisto a titolo di erede [470, 475, 2648]. Deve essere anche indicata la trascrizione anteriormente eseguita, se si tratta dello stesso ufficio, e se si tratta di ufficio diverso, deve essere presentato il certificato della trascrizione medesima.

Se chi ha trascritto anteriormente ha presentato un estratto del testamento [587], alla domanda di nuova trascrizione deve essere allegato, qualora occorra, un altro estratto o la copia dell'intero testamento.

2662. Trascrizione di acquisti a causa di morte in luogo di altri chiamati.

Qualora l'acquisto a causa di morte si colleghi alla rinunzia [519] o alla morte di uno dei chiamati [467, 479], chi domanda la trascrizione deve presentare il documento comprovante la morte o la rinunzia, facendone menzione nella nota [2660].

Se invece l'acquisto dipende da altra ragione che impedisce ad alcuno dei chiamati di succedere [70, 462, 463], non è necessario esibire un documento che giustifichi la ragione stessa, ma il richiedente risponde dei danni [2043], quando le sue dichiarazioni non corrispondono a verità.

Qualora alcuna delle cause di impedimento sopra indicate si sia constatata dopo la trascrizione dell'acquisto a causa di morte, essa si annota [2655] in margine alla trascrizione stessa, purché risulti da regolare documento.

2663. Ufficio in cui deve farsi la trascrizione.

La trascrizione deve essere fatta presso ciascun ufficio dei registri immobiliari nella cui circoscrizione sono situati i beni [484].

● Norme connesse:
- D.Lgs. 31 ottobre 1990, n. 347 (T.U. imposte ipotecarie e catastali).

■ Codice civile del 1865: *Art. 1938. La trascrizione deve essere fatta a ciascun uffizio delle ipoteche del luogo in cui sono situati i beni salvo ciò che è stabilito dal capoverso dell'art. 955.*

2664. Conservazione dei titoli. Trascrizione e restituzione della nota.

Il conservatore dei registri immobiliari deve custodire negli archivi, in appositi volumi, i titoli che gli sono consegnati e deve inserire, con numerazione progressiva annuale, nella raccolta delle note costituenti il registro particolare delle trascrizioni uno degli originali della nota, indicandovi il giorno della consegna del titolo e il numero d'ordine assegnato nel registro generale.

Il conservatore deve restituire al richiedente uno degli originali della nota, nel quale deve certificare l'eseguita trascrizione con le indicazioni sopra accennate[1].

[1] Comma così sostituito dall'art. 3, L. 27 febbraio 1985, n. 52. Il testo previgente disponeva: *Il conservatore dei registri immobiliari deve custodire negli archivi, in appositi volumi, i titoli che gli sono consegnati e deve trascrivere nel registro particolare delle trascrizioni il contenuto della nota, indicando il giorno della consegna del titolo, il numero d'ordine assegnatogli nel registro progressivo e il numero del volume in cui ha collocato il titolo stesso.*

● Norme connesse:
- art. 19, L. 27 febbraio 1985, n. 52, che dispone: *Il conservatore, oltre ai registri di cui agli articoli 2678 e 2679 del codice civile, deve tenere gli archivi, i registri e gli elenchi che saranno stabiliti con il decreto interministeriale previsto dal secondo comma dell'articolo 16.*

Le annotazioni previste dalla legge sono eseguite in calce alle note originali di cui all'articolo 2664 del codice civile mediante indicazione della natura, della data e del numero particolare della formalità di annotazione.

■ Codice civile del 1865: *Art. 1939. Il conservatore delle ipoteche custodirà negli archivi, in appositi volumi, i titoli che gli vengono consegnati, e trascriverà nel registro particolare delle trascrizioni il contenuto della nota, indicando il giorno della consegna del titolo, il numero d'ordine assegnatogli nel registro progressivo e il numero del volume in cui ha collocato il titolo stesso.*

Il conservatore restituirà al richiedente una delle note, nelle quali certificherà l'eseguita trascrizione colle indicazioni sopra accennate.

2665. Omissioni o inesattezze nelle note.

L'omissione o l'inesattezza di alcuna delle indicazioni richieste nelle note menzionate negli articoli 2659 e 2660 non nuoce alla validità della trascrizione, eccetto che induca incertezza sulle persone, sul bene o sul rapporto giuridico a cui si riferisce l'atto o, rispettivamente, la sentenza o la domanda [2652, 2841].

■ Codice civile del 1865: *Art. 1940. L'omissione o l'inesattezza di alcuna delle indicazioni volute nelle note menzionate nell'articolo 1937 non nuoce alla validità della trascrizione, eccettoché induca assoluta incertezza sul trasferimento del diritto e sull'immobile che ne è l'oggetto.*

2666. Limiti soggettivi dell'efficacia della trascrizione.

La trascrizione, da chiunque si faccia, giova a tutti coloro che vi hanno interesse [2644; c.p.c. 100].

■ Codice civile del 1865: *Art. 1941. La trascrizione del titolo, da chiunque si faccia, profitta a tutti coloro che vi hanno interessato.*

2667. Atti compiuti per persona incapace.

I rappresentanti di persone incapaci e coloro che hanno prestato assistenza alle medesime [320, 321, 357, 394, 409, 424] devono curare che si esegua la trascrizione degli atti [2643], delle sentenze [2651] o delle domande giudiziali che sono soggetti a trascrizione [2652] e rispetto ai quali essi hanno esercitato il loro ufficio.

La mancanza della trascrizione può anche essere opposta ai minori [2], agli interdetti [414] e a qualsiasi altro incapace [415], salvo ai medesimi il regresso contro i tutori, gli amministratori o i curatori che avevano l'obbligo della trascrizione.

La mancanza della trascrizione non può essere opposta dalle persone che avevano l'obbligo di eseguirla per i propri rappresentanti o amministrati, né dai loro eredi.

■ Codice civile del 1865: *Art. 1944. Coloro che hanno stipulato una convenzione, ottenuta una sentenza o proposta una domanda soggetta a trascrizione nell'interesse di persona incapace da loro rappresentata, o che le hanno prestata assistenza nella convenzione o nel giudizio, devono curare che segua la trascrizione dell'atto o della sentenza.*

La mancanza della trascrizione può anche essere opposta ai minori, agli interdetti e a qualsivoglia altro incapace, salvo ai medesimi il regresso contro i tutori, amministratori e curatori aventi l'obbligo della trascrizione.

La mancanza della trascrizione però non può mai essere opposta dalle persone che avevano l'obbligo di farla e dai loro eredi.

2668. Cancellazione della trascrizione.

La cancellazione della trascrizione delle domande enunciate dagli articoli 2652 e 2653 e delle relative annotazioni [2654] si esegue quando è debitamente consentita dalle parti interessate ovvero è ordinata giudizialmente con sentenza passata in giudicato [c.p.c. 324, 586, 683].

Deve essere giudizialmente ordinata, qualora la domanda sia rigettata o il processo sia estinto per rinunzia o per inattività delle parti [c.p.c. 306, 307, 562, 683].

Si deve cancellare l'indicazione della condizione [1353] o del termine [1184] negli atti trascritti, quando l'avveramento o la mancanza della condizione ovvero la scadenza del termine risulta da sentenza o da dichiarazione, anche unilaterale, della parte, in danno della quale la condizione sospensiva si è verificata o la condizione risolutiva è mancata ovvero il termine iniziale è scaduto [2659].

Si deve cancellare la trascrizione dei contratti preliminari quando la cancellazione è debitamente consentita dalle parti interessate ovvero è ordinata giudizialmente con sentenza passata in giudicato[1].

[1] Comma aggiunto dall'art. 3, comma 1-*bis*, D.L. 31 dicembre 1996, n. 669, convertito in L. 28 febbraio 1997, n. 30.

● Norme connesse:

- art. 23, D.L. 12 settembre 2014, n. 133, convertito in L. 11 novembre 2014, n. 164.

■ Codice civile del 1865: *Art. 1945. La cancellazione della trascrizione delle domande enunciate nel numero 3 dell'articolo 1933, e delle relative annotazioni in margine alla trascrizione dell'atto di alienazione, avrà luogo quando sia debitamente acconsentita dalle parti, interessate, ovvero ordinata giudizialmente con sentenza passata in giudicato.*

Sarà poi giudizialmente ordinata, se l'attore recede dalla domanda, se questa è rigettata o se è perenta l'istanza.

2668-*bis*. Durata dell'efficacia della trascrizione della domanda giudiziale.

La trascrizione della domanda giudiziale conserva il suo effetto per venti anni dalla sua data. L'effetto cessa se la trascrizione non è rinnovata prima che scada detto termine.

Per ottenere la rinnovazione si presenta al conservatore una nota in doppio originale conforme a quella della precedente trascrizione, in cui si dichiara che si intende rinnovare la trascrizione originaria.

In luogo del titolo si può presentare la nota precedente.

Il conservatore deve osservare le disposizioni dell'articolo 2664.

Se al tempo della rinnovazione gli immobili a cui si riferisce il titolo risultano dai registri delle trascrizioni passati agli eredi o aventi causa di colui contro il quale venne eseguita la formalità, la rinnovazione deve essere fatta anche nei confronti degli eredi o aventi causa e la nota deve contenere le indicazioni stabilite dall'articolo 2659, se queste risultano dai registri medesimi[1].

[1] Articolo aggiunto dall'art. 62, L. 18 giugno 2009, n. 69.

2668-*ter*. Durata dell'efficacia della trascrizione del pignoramento immobiliare e del sequestro conservativo sugli immobili.

Le disposizioni di cui all'articolo 2668-*bis* si applicano anche nel caso di trascrizione del pignoramento immobiliare e del sequestro conservativo sugli immobili[1].

[1] Articolo aggiunto dall'art. 62, L. 18 giugno 2009, n. 69.

2669. Trascrizione anteriore al pagamento dell'imposta di registro.

La trascrizione può essere domandata, quantunque non sia stata ancora pagata l'imposta di registro a cui è soggetto il titolo, se si tratta di atto pubblico [2699 ss.] ricevuto nello Stato o di sentenza pronunziata da un'autorità giudiziaria dello Stato [c.p.c. 131].

[...][1].

[1] Comma abrogato dall'art. 30, L. 27 febbraio 1985, n. 52. Il testo previgente disponeva: *In tal caso però il richiedente deve presentare al conservatore, oltre la nota indicata dall'art. 2659, una copia della medesima, la quale, a cura del conservatore, deve essere vidimata e trasmessa immediatamente all'ufficiale incaricato di riscuotere l'imposta suddetta.*

● Norme connesse:

- per la regolarizzazione degli atti ai fini dell'imposta di registro, v. art. 65, D.P.R. 26 aprile 1986, n. 131 che dispone: *1. I pubblici ufficiali non possono menzionare negli atti non soggetti a registrazione in termine fisso da loro formati, né allegare agli stessi, né ricevere in deposito, né assumere a base dei loro provvedimenti, atti soggetti a registrazione in termine fisso non registrati.*

2. Gli impiegati dell'amministrazione statale, degli enti pubblici territoriali e dei rispettivi Organi di controllo non possono ricevere in deposito né assumere a base dei loro provvedimenti atti soggetti a registrazione in termine fisso non registrati. Il divieto non si applica nei casi di cui alla lettera e) del comma secondo dell'art. 66.

3. Gli impiegati di cui al comma secondo, possono ricevere in deposito atti soggetti a registrazione in caso d'uso, e assumere gli atti depositati a base dei loro provvedimenti, ma sono tenuti a trasmettere gli atti stessi in originale o in copia autenticata all'ufficio del registro ai fini della registrazione d'ufficio.

4. Gli impiegati delle camere di commercio, industria, artigianato e agricoltura e gli impiegati addetti alla tenuta di albi previsti dalle vigenti leggi non possono procedere all'iscrizione di società nell'anagrafe delle ditte o negli albi se non venga prodotto l'atto scritto e registrato da cui risulti la costituzione della società.

5. Rimane fermo il disposto degli artt. 2669 e 2836 del codice civile per gli atti da trascrivere o iscrivere nei registri immobiliari.

6. I divieti di cui ai commi primo e secondo non si applicano per gli atti allegati alle citazioni, ai ricorsi e agli scritti defensionali, o comunque prodotti o esibiti davanti a giudici e arbitri, né per quelli indicati nei provvedimenti giurisdizionali o nei lodi arbitrali. Quando tuttavia il provvedimento o il lodo arbitrale è emesso in base a tali atti, questi devono essere inviati in originale o in copia autenticata al competente ufficio del registro, insieme con il provvedimento, a cura del cancelliere o del segretario, e insieme con il lodo a cura del cancelliere della pretura presso la quale è stato depositato ai fini della dichiarazione di esecutività; in questo caso gli atti in base ai quali è stato emesso il lodo devono essere depositati in cancelleria dalla parte interessata, insieme con questo.

7. Gli atti in base ai quali sono stati emessi provvedimenti giurisdizionali non soggetti a registrazione, di cui alla tabella, devono essere inviati all'Ufficio del registro, a cura del cancelliere o del segretario, entro trenta giorni dalla data di pubblicazione degli stessi.

■ Codice civile del 1865: *Art. 1946. La trascrizione può essere domandata, quantunque non siasi ancora pagata la tassa di registro a cui è soggetto il titolo, ove si tratti di atto pubblico ricevuto nel regno o di sentenza pronunziata da un'autorità giudiziaria del regno.*

In tal caso però il richiedente deve presentare una terza copia della nota al conservatore, la quale sarà da lui vidimata e trasmessa immediatamente all'uffiziale incaricato della riscossione della tassa suddetta.

2670. Spese della trascrizione.

Le spese della trascrizione devono essere anticipate da chi la domanda, salvo il diritto al rimborso verso l'interessato [1475].

Se più sono gli interessati, ciascuno di essi deve rimborsare la persona che ha eseguito la trascrizione della parte di spesa corrispondente alla quota per cui è interessato [1314].

■ Codice civile del 1865: *Art. 1947. Le spese della trascrizione, se non vi è patto contrario, sono a carico dell'acquirente; debbono però anticiparsi da chi domanda la trascrizione.*

Se più sono gli acquirenti o interessati alla trascrizione, ciascuno di essi deve rimborsare quello che l'ha fatta, della parte di spesa corrispondente alla quota per cui è interessato.

2671. Obbligo dei pubblici ufficiali.

Il notaio o altro pubblico ufficiale che ha ricevuto o autenticato l'atto soggetto a trascrizione ha l'obbligo di curare che questa venga eseguita nel più breve tempo possibile, ed è tenuto al risarcimento dei danni in caso di ritardo, salva l'applicazione delle pene pecuniarie previste dalle leggi speciali, se lascia trascorrere trenta giorni dalla data dell'atto ricevuto o autenticato[1].

Rimangono ferme le disposizioni delle leggi speciali che stabiliscono a carico di altre persone l'obbligo di richiedere la trascrizione di determinati atti e le relative sanzioni [c.p.c. 555][2].

[1] Per i termini per la trascrizione, v. art. 6, commi 1 e 2, D.Lgs. 31 ottobre 1990, n. 347, nel testo modificato dall'art. 27, D.Lgs. 24 settembre 2015, n. 158 che, rispettivamente, dispongono: *1. I notai e gli altri pubblici ufficiali, che hanno ricevuto o autenticato l'atto soggetto a trascrizione, o presso i quali è stato depositato l'atto ricevuto o autenticato all'estero, hanno l'obbligo di richiedere la formalità relativa nel termine di trenta giorni dalla data dell'atto o del deposito.*

2. I cancellieri, per gli atti e provvedimenti soggetti a trascrizione da essi ricevuti o ai quali essi hanno comunque partecipato, devono richiedere la formalità entro il termine di centoventi giorni dalla data dell'atto o del provvedimento ovvero della sua pubblicazione, se questa è prescritta.

Per i contratti agrari ultranovennali, v. art. 41, L. 3 maggio 1982, n. 203 che dispone: *I contratti agrari ultranovennali, compresi quelli in corso, anche se verbali o non trascritti, sono validi ed hanno effetto anche riguardo ai terzi.*

[2] Per l'adeguamento dei termini in materia di pubblicità di atti formati all'estero, v. l'art. 1, L. 13 marzo 1980, n. 73 che

dispone: *1. Per gli atti ricevuti od autenticati all'estero, i termini di cui all'art. 2671 del codice civile decorrono dalla data del deposito effettuato a norma dell'art. 106, n. 4, della legge 16 febbraio 1913, n. 89.*

2. Per gli atti ricevuti o autenticati all'estero per i quali sia prevista al pubblicità nel registro delle imprese, i termini decorrono dalla data stabilita nel comma 1, ma il deposito per l'iscrizione deve avvenire entro il quarantacinquesimo giorno successivo al compimento dell'atto.

● Norme connesse:

- art. 88, R.D. 16 marzo 1942, n. 267.

2672. Leggi speciali.

Sono salve le disposizioni delle leggi speciali che richiedono la trascrizione di atti non contemplati dal presente capo e le altre disposizioni che non sono incompatibili con quelle contenute nel capo medesimo [484, 507, 509, 854; c.p.c. 555, 679; L. fall. 88; disp. att. c.p.c. 156 comma 2].

● Norme connesse:

- per la trascrizione e pubblicità dei provvedimenti ablatori, artt. 2, 23 e 43, D.P.R. 8 giugno 2001, n. 327 (T.U. espropriazioni).

- per la trascrizione del decreto di concessione mineraria, art. 18, R.D. 29 luglio 1927, n. 1443.

- art. 88, R.D. 16 marzo 1942, n. 267.

CAPO II

DELLA PUBBLICITÀ DEI REGISTRI IMMOBILIARI E DELLA RESPONSABILITÀ DEI CONSERVATORI

2673. Obblighi del conservatore.

Il conservatore dei registri immobiliari deve rilasciare a chiunque ne fa richiesta copia delle trascrizioni, delle iscrizioni e delle annotazioni, o il certificato che non ve ne è alcuna [c.p.c. 743].

Deve altresì permettere l'ispezione dei suoi registri [2678, 2679] nei modi e nelle ore fissati dalla legge[1].

Il conservatore deve anche rilasciare copia [2714] dei documenti che sono depositati presso di lui in originale o i cui originali sono depositati negli atti di un notaio o in un pubblico archivio fuori della circoscrizione del tribunale nella quale ha sede il suo ufficio[3].

[1] Comma così sostituito dall'art. 4, L. 27 febbraio 1985, n. 52. Il testo previgente disponeva: *Deve altresì permettere l'ispezione dei suoi registri nelle ore fissate dai regolamenti; ma non è consentito di prendere copia delle trascrizioni, iscrizioni o annotazioni.*

● Norme connesse:

- comma 1: 1) per le norme sul riordinamento delle circoscrizioni territoriali delle conservatorie dei registri immobiliari, L. 25 luglio 1971, n. 545; D.M. 29 aprile 1972.

2) per la disciplina della responsabilità dei conservatori dei registri immobiliari, L. 21 gennaio 1983, n. 22.

3) per le modalità per il rilascio di copie di trascrizioni, iscrizioni, annotazioni e delle certificazioni negative, art. 3, L. 23 ottobre 1969, n. 789 che dispone: *Le copie delle trascrizioni, iscrizioni e annotazioni, previste dal primo comma dell'art. 2673 del codice civile, sono eseguite con l'impiego di macchine fotostatiche.*

Le certificazioni negative previste dall'art. 2673 del codice civile devono essere eseguite a mano.

- per le norme di servizio ipotecario, gli artt. 18, 19, 21, commi 3 e 4, 23 e 25, L. 27 febbraio 1985, n. 52 (Modifiche al libro sesto del codice civile e norme di servizio ipotecario, in riferimento alla introduzione di un sistema di elaborazione automatica nelle conservatorie dei registri immobiliari).

- artt. 20 ss. L. 27 febbraio 1985, n. 52, cit..

■ Codice civile del 1865: *Art. 2066. I conservatori delle ipoteche devono a chiunque ne faccia richiesta, dare copia delle trascrizioni, delle iscrizioni e delle annotazioni o il certificato che non ve ne è alcuna.*

Devono altresì permettere l'ispezione dei loro registri nelle ore fissate dai regolamenti; ma non è lecito ad alcuno di prendere copia delle trascrizioni, iscrizioni od annotazioni.

I conservatori devono parimente dare copia dei documenti che sono depositati presso di loro in originale, o i cui originali sono depositati negli atti di un notaio o in un pubblico archivio fuori della giurisdizione del tribunale, da cui essi dipendono.

2674. Divieto di rifiutare gli atti del proprio ufficio.

Il conservatore può ricusare di ricevere le note e i titoli [2658, 2659], se non sono in carattere intelligibile e non può riceverli quando il titolo non ha i requisiti stabiliti dagli articoli 2657, 2660, primo comma, 2821, 2835 e 2837 o non è presentato con le modalità previste dal l'articolo 2658 e quando la nota non contiene le indicazioni prescritte dagli articoli 2659, 2660 e 2839, numeri 1, 3, 4, e 7[1].

In ogni altro caso il conservatore non può ricusare o ritardare di ricevere la consegna dei titoli presentati e di eseguire le trascrizioni, iscrizioni o annotazioni richieste, nonché di spedire le copie o i certificati. Le parti possono far stendere immediatamente verbale del rifiuto o del ritardo da un notaio o da un ufficiale giudiziario assistito da due testimoni [disp. att. 113-*bis*][2].

[1] Comma così sostituito dall'art. 5, L. 27 febbraio 1985, n. 52. Il testo precedente le modifiche apportate dalla L. 27 febbraio 1985, n. 52, disponeva: *Il conservatore può ricusare di ricevere le note e i titoli, se non sono in carattere intelligibile; e non può riceverli quando il titolo non ha i requisiti stabiliti dagli articoli 2657, 2660, primo comma, 2821, 2835 e 2837.*

Il testo precedente le modifiche apportate dalla L. 21 gennaio 1983, n. 22, invece, disponeva: *Il conservatore può ricusare di ricevere le note e i titoli, se non sono in carattere intelligibile; e non può riceverli quando il titolo non ha i requisiti stabiliti dagli articoli 2657, 2660, primo comma, 2821, 2835 e 2837.*

[2] Comma così sostituito dall'art. 1, L. 21 gennaio 1983, n. 22. Il testo precedente le modifiche apportate dalla L. 27 febbraio 1985, n. 52, disponeva: *In ogni altro caso il conservatore non può ricusare o ritardare di ricevere la consegna dei titoli presentati e di eseguire le trascrizioni, iscrizioni o annotazioni richieste, nonché di spedire le copie o i certificati. Le parti*

possono far stendere immediatamente verbale del rifiuto o del ritardo da un notaio o da un ufficiale giudiziario assistito da due testimoni.

Il testo precedente le modifiche apportate dalla L. 21 gennaio 1983, n. 22, invece, disponeva: *In ogni altro caso il conservatore non può ricusare o ritardare di ricevere la consegna dei titoli presentati e di eseguire le trascrizioni, iscrizioni o annotazioni richieste, nonché di spedire le copie o i certificati. Per il rifiuto o il ritardo è tenuto al risarcimento dei danni arrecati alle parti. A tale effetto queste possono far stendere immediatamente verbale da un notaio o da un ufficiale giudiziario assistito da due testimoni.*

● Norme connesse:

- comma 1: art. 18, L. 27 febbraio 1985, n. 52 (Modifiche al libro sesto del codice civile e norme di servizio ipotecario, in riferimento alla introduzione di un sistema di elaborazione automatica nelle conservatorie dei registri immobiliari).

- per la possibilità della parte di avvalersi del procedimento stabilito dall'art. 745 c.p.c. in caso di rifiuto o di ritardo del conservatore, art. 30, L. 25 giugno 1943, n. 540, abrogato, a decorrere dal 16 dicembre 2009, dall'art. 2, comma 1, D.L. 22 dicembre 2008, n. 200, convertito in L. 18 febbraio 2009, n. 9, che disponeva: *Il conservatore, ove la parte lo richieda, è obbligato a rilasciare dichiarazione, in carta libera, del giorno in cui essa ha prodotto la domanda di certificati o di copie o ha presentato i titoli, gli atti o le note che egli ricusa di ricevere.*

La parte, salva sempre l'azione derivante dall'articolo 2674 del Codice civile può nel caso di rifiuto o di ritardo del conservatore nel ricevere i titoli presentati all'Ufficio o nell'eseguire le iscrizioni, rinnovazioni, trascrizioni ed annotamenti, o nello spedire i certificati, valersi del procedimento stabilito dall'art. 745 del Codice di procedura civile, per rifiuto o ritardo dei pubblici depositari a spedire le copie degli atti pubblici.

Il pubblico ministero comunica al Ministero di grazia e giustizia ed a quello per le finanze la decisione emanata.

■ Codice civile del 1865: *Art. 2069. I conservatori non possono in verun caso, e neppure sotto pretesto di irregolarità nelle note, ricusare o tardare di ricevere la consegna dei titoli presentati e di fare le trascrizioni, iscrizioni od annotazioni richieste, nè di spedire le copie o i certificati, sotto pena del risarcimento dei danni arrecati alle parti. A tale effetto possono le parti far stendere immediatamente gli opportuni verbali da un notaio o da un usciere assistiti da due testimoni.*

Essi possono però ricusare di ricevere le note ed i titoli se non sono in carattere intelligibile, e non possono riceverli quando non hanno i requisiti voluti dagli articoli 1935, 1978, 1989 e 1990.

2674-*bis*. Trascrizione e iscrizione con riserva e impugnazione.

Al di fuori dei casi di cui al precedente articolo, qualora emergano gravi e fondati dubbi sulla trascrivibilità di un atto [2643] o sulla iscrivibilità di una ipoteca [2837 ss.], il conservatore, su istanza della parte richiedente, esegue la formalità con riserva.

La parte a favore della quale è stata eseguita la formalità con riserva deve proporre reclamo all'autorità giudiziaria [disp. att. 133][1].

[1] Articolo aggiunto dall'art. 7, L. 27 febbraio 1985, n. 52.

2675. Responsabilità del conservatore.

[...][1].

[1] Articolo abrogato dall'art. 2, L. 21 gennaio 1983, n. 22. Il testo previgente disponeva: *Il conservatore è responsabile dei danni derivati:*

1) dall'omissione, nei suoi registri, delle trascrizioni, delle iscrizioni e delle relative annotazioni, come pure dagli errori incorsi in tali operazioni;

2) dall'omissione, nei suoi certificati, delle trascrizioni, iscrizioni o annotazioni, come pure dagli errori incorsi nei medesimi, salvo che l'omissione o l'errore provenga da indicazioni insufficienti a lui non imputabili;

3) dalle cancellazioni indebitamente operate.

● Norme connesse:

- per la nuova disciplina della responsabilità del conservatore, L. 21 gennaio 1983, n. 22.

■ Codice civile del 1865: *Art. 2067. I conservatori sono responsabili per i danni risultanti:*

1° Dall'ommissione nei loro registri delle trascrizioni, delle iscrizioni e delle relative annotazioni, come pure dagli errori incorsi in tali operazioni;

2° Dall'ommissione nei loro certificati di una o più trascrizioni, iscrizioni od annotazioni, come pure dagli errori incorsi nei medesimi, salvoché l'ommissione o l'errore provenga da indicazioni insufficienti, che non possano venir loro imputate;

3° Dalle cancellazioni indebitamente operate.

2676. Diversità tra registri, copie e certificati.

Nel caso di diversità tra i risultati dei registri e quelli delle copie o dei certificati rilasciati dal conservatore dei registri immobiliari, prevale ciò che risulta dai registri[1].

[1] Articolo così sostituito dall'art. 3, L. 21 gennaio 1983, n. 52. Il testo previgente disponeva: *Nel caso di diversità tra i risultati dei registri e quelli delle copie o dei certificati rilasciati dal conservatore dei registri immobiliari, prevale ciò che risulta dai registri, ferma la responsabilità del conservatore per ogni danno proveniente dalle inesattezze delle copie o dei certificati.*

■ Codice civile del 1865: *Art. 2068. Nel caso di qualunque diversità fra i risultati dei registri e quelli delle copie o dei certificati rilasciati dal conservatore delle ipoteche, si starà ai risultati dei registri, ferma la risponsabilità del conservatore per ogni danno che fosse derivato dalle inesattezze delle dette copie o dei detti certificati.*

2677. Orario per le domande di trascrizione e iscrizione.

Il conservatore non può ricevere alcuna domanda di trascrizione o di iscrizione fuorché nelle ore, determinate dalla legge, nelle quali l'ufficio è aperto al pubblico[1].

[1] Articolo così sostituito dall'art. 9, L. 27 febbraio 1985, n. 52. Il testo previgente disponeva: *Il conservatore non può ricevere alcuna domanda di trascrizione o di iscrizione fuorché nelle ore determinate dal regolamento nelle quali l'ufficio è aperto al pubblico.*

● Norme connesse:

- per l'orario di apertura al pubblico delle conservatorie, art. 24, L. 27 febbraio 1985, n. 52, nel testo, da ultimo, così sostituito dall'art. 7-quater, D.L. 22 ottobre 2016, n. 193, convertito in L. 1° dicembre 2016, n. 225, a decorrere dal 1° febbraio 2017, che dispone: *1. Nelle conservatorie l'orario di apertura al pubblico di cui all'articolo 2677 del codice civile è fissato dalle ore 8,30 alle ore 13 dei giorni feriali, con esclusione del sabato. Le ispezioni nei registri immobiliari e il rilascio di copie di formalità e di certificazioni possono essere effettuati, oltre che nell'orario di apertura al pubblico di cui al periodo precedente, anche negli orari pubblicati nel sito internet dell'Agenzia delle entrate.*

2. Fino alla soppressione dei servizi di cassa degli uffici, nell'ultimo giorno lavorativo del mese l'orario per i servizi al pubblico è limitato fino alle ore 11.

■ Codice civile del 1865: *Art. 2070. I conservatori non possono ricevere alcuna domanda di trascrizione o di iscrizione fuorché nelle ore determinate dal regolamento, nelle quali l'uffizio è aperto al pubblico.*

2678. Registro generale.

Il conservatore è obbligato a tenere un registro generale d'ordine in cui giornalmente deve annotare, secondo l'ordine di presentazione, ogni titolo [2658] che gli è rimesso perché sia trascritto [2643 ss.], iscritto o [2847] annotato [2654 comma 3, 2843].

Questo registro deve indicare il numero d'ordine, il giorno della richiesta ed il relativo numero di presentazione, la persona dell'esibitore e le persone per cui la richiesta è fatta, i titoli presentati con la nota [2659 ss.], l'oggetto della richiesta, e cioè se questa è fatta per trascrizione, per iscrizione o per annotazione, e le persone riguardo alle quali la trascrizione, l'iscrizione o l'annotazione si deve eseguire.

Appena avvenuta l'accettazione del titolo e della nota, il conservatore ne deve dare ricevuta in carta libera all'esibitore, senza spesa; la ricevuta contiene l'indicazione del numero di presentazione [2853][1].

[1] Articolo così sostituito dall'art. 10, L. 27 febbraio 1985, n. 52. Il testo previgente disponeva: *Il conservatore è obbligato a tenere un registro generale d'ordine, in cui giornalmente deve annotare, all'atto della consegna, ogni titolo che gli è rimesso perché sia trascritto, iscritto o annotato.*

Questo registro, diviso in altrettante caselle, deve indicare il numero d'ordine, il giorno della richiesta, la persona dell'esibitore e le persone per cui la richiesta è fatta, i titoli presentati con la nota, l'oggetto della richiesta, e cioè se questa è fatta per trascrizione, per iscrizione o per annotazione, e le persone riguardo alle quali la trascrizione, l'iscrizione o l'annotazione si deve eseguire.

Appena avvenuta la consegna del titolo o della nota, il conservatore ne deve dare ricevuta in carta libera all'esibitore, senza spesa; la ricevuta contiene l'indicazione del numero d'ordine.

■ Codice civile del 1865: *Art. 2071. I conservatori sono obbligati a tenere un registro generale ossia d'ordine, in cui giornalmente annoteranno al momento della consegna ogni titolo che viene loro rimesso per la trascrizione, iscrizione od annotazione.*

Questo registro diviso in altrettante caselle esprimerà il numero d'ordine, il giorno della richiesta, la persona dell'esibitore e quella per cui la richiesta vien fatta, i titoli presentati colle note, l'oggetto, vale a dire se per trascrizione, iscrizione o annotazione, e le persone rimpetto alle quali devono farsi.

Appena seguita la consegna di un titolo o atto o di una nota, il conservatore ne darà ricevuta in carta libera all'esibitore, senza spesa: la ricevuta conterrà l'indicazione del numero d'ordine.

2679. Altri registri da tenersi dal conservatore.

Oltre al registro generale, il conservatore deve tenere, nei modi previsti dall'articolo 2664, i registri particolari:

1) per le trascrizioni [2643 ss.];

2) per le iscrizioni [2847 ss.];

3) per le annotazioni [2654, 2655, 2831, 2843].

Deve inoltre tenere gli altri registri che sono ordinati dalla legge[1].

[1] Articolo così sostituito dall'art. 11, L. 27 febbraio 1985, n. 52. Il testo previgente disponeva: *Oltre al registro generale, il conservatore deve tenere registri particolari:*

1) per le trascrizioni;

2) per le iscrizioni soggette a rinnovazione;

3) per le iscrizioni non soggette a rinnovazione;

4) per le annotazioni.

Deve inoltre tenere gli altri registri che sono ordinati dai regolamenti.

● Norme connesse:

- per la disciplina dei registri particolari, artt. 1 e 2, L. 23 ottobre 1969, n. 789 che dispongono: *Art. 1: I registri particolari, previsti dall'art. 2679 del codice civile, attualmente in uso presso le conservatorie dei registri immobiliari e uffici del registro e di conservazione dei registri immobiliari, sono sostituiti da nuovi registri a fogli sciolti, il cui modello è approvato con decreto del Ministro per le finanze, sui quali saranno riprodotte le note relative alle formalità di iscrizione, di rinnovazione, di trascrizione, di cancellazione ed altri annotamenti, con l'impiego di macchine di fotoriproduzione.*

Art. 2: I fogli indicati nell'articolo precedente, muniti ciascuno del bollo di lire 200, sono progressivamente numerati da 1 a 100 e vidimati ognuno dal presidente o da un giudice del tribunale nella cui circoscrizione ha sede l'ufficio ipotecario.

I fogli suddetti devono essere tenuti secondo le prescrizioni del secondo, terzo e quarto comma dell'art. 2680 del codice civile e, giornalmente, alla chiusura dell'ufficio al pubblico, devono essere riuniti in fascicolo, mediante sistema di rilegatura provvisoria sigillata.

I fascicoli provvisori sono riuniti in registri di cento fogli cadauno e definitivamente rilegati.

- per i doveri del conservatore connessi alla meccanizzazione delle conservatorie dei registri immobiliari, art. 3, D.M. 30 luglio 1985.

- per l'automazione delle procedure di aggiornamento degli archivi catastali e delle conservatorie dei registri immobiliari, D.M. 19 aprile 1994, n. 701.

CODICE CIVILE

■ Codice civile del 1865: *Art. 2072. Oltre al registro generale, devono tenersi dal conservatore registri particolari:*
1° Per le trascrizioni;
2° Per le iscrizioni soggette a rinnovazione;
3° Per le iscrizioni non soggette a rinnovazione;
4° Per le annotazioni.
Gli altri registri che sono ordinati dai regolamenti.

2680. Tenuta del registro generale d'ordine.

Il registro generale deve essere vidimato in ogni foglio dal presidente o da un giudice del tribunale nella cui circoscrizione è stabilito l'ufficio, indicando nel relativo processo verbale il numero dei fogli e il giorno in cui sono stati vidimati.

Questo registro deve essere scritto di seguito, senza spazi in bianco o interlinee e senza aggiunte. Le cancellature di parole devono essere approvate dal conservatore in fine di ciascun foglio con la sua firma e con l'indicazione del numero delle parole cancellate.

Il registro, alla fine di ciascun giorno, deve essere chiuso con l'indicazione del numero dei titoli annotati e firmato dal conservatore.

In esso si deve rigorosamente osservare la serie delle date, dei fogli e dei numeri d'ordine.

[2] Articolo così sostituito dall'art. 12, L. 27 febbraio 1985, n. 52. Il testo previgente disponeva: *Il registro generale e i registri delle trascrizioni, delle iscrizioni e delle annotazioni devono essere vidimati in ogni foglio dal presidente o da un giudice del tribunale nella cui circoscrizione è stabilito l'ufficio, indicando nel relativo processo verbale il numero dei fogli e il giorno in cui sono stati vidimati.*

Questi registri devono essere scritti di seguito, senza spazi in bianco o interlinee e senza aggiunte. Le cancellature di parole devono essere approvate dal conservatore in fine di ciascun foglio con la sua firma e con l'indicazione del numero delle parole cancellate.

I registri alla fine di ciascun giorno devono essere chiusi e firmati dal conservatore.

In essi si deve rigorosamente osservare la serie delle date, dei fogli e dei numeri d'ordine.

● Norme connesse:

- comma 1: art. 61 del codice dell'amministrazione digitale, di cui al D.Lgs. 7 marzo 2005, n. 82, come modificato dall'art. 47, D.Lgs. 26 agosto 2016, n. 179, che dispone: *1. I pubblici registri immobiliari possono essere formati e conservati su supporti informatici in conformità alle disposizioni del presente codice, secondo le Linee guida, nel rispetto delle normativa speciale e dei principi stabiliti dal codice civile. In tal caso i predetti registri possono essere conservati anche in luogo diverso dall'Ufficio territoriale competente.*

- per le modalità di tenuta dei registri particolari, art. 28, L. 27 febbraio 1985, n. 52 che dispone: *Nelle conservatorie e negli uffici misti del registro e conservatorie dei registri immobiliari nei quali, alla data di entrata in vigore della presente legge, non è stata effettuata la riproduzione delle note relative alle formalità di trascrizione, di iscrizione, di rinnovazione e di annotazione previste dall'art. 1 della legge 23 ottobre 1969, n. 789, i registri particolari sono costituiti dalle raccolte delle note tenute nei modi di cui all'art. 2664 del codice civile.*

- art. 2, L. 23 ottobre 1969, n. 789 che dispone: *I fogli indicati nell'articolo precedente, muniti ciascuno del bollo di lire 200, sono progressivamente numerati da 1 a 100 e vidimati ognuno dal presidente o da un giudice del tribunale nella cui circoscrizione ha sede l'ufficio ipotecario.*

I fogli suddetti devono essere tenuti secondo le prescrizioni del secondo, terzo e quarto comma dell'art. 2680 del codice civile e, giornalmente, alla chiusura dell'ufficio al pubblico, devono essere riuniti in fascicolo, mediante sistema di rilegatura provvisoria sigillata.

I fascicoli provvisori sono riuniti in registri di cento fogli cadauno e definitivamente rilegati.

■ Codice civile del 1865: *Art. 2073. Il registro generale e i registri delle trascrizioni, delle iscrizioni e delle annotazioni saranno vidimati in ogni foglio dal presidente o da un giudice del tribunale civile nella cui giurisdizione è stabilito L'uffizio, indicando nel relativo processo verbale il numero dei fogli ed il giorno in cui sono stati vidimati.*

Questi registri saranno scritti di seguito senza lasciare spazi in bianco, nè interlinee e senza aggiunte: le cancellature di parole devono essere approvate dal conservatore in fine di ciascun foglio colla sua firma e coll'indicazione del numero delle parole cancellate.

Tali registri saranno al fine di ciascun giorno chiusi e firmati dal conservatore.

In essi si deve rigorosamente osservare la serie delle date, dei fogli e dei numeri d'ordine.

2681. Divieto di rimozione dei registri.

I registri sopra indicati non possono essere rimossi dall'ufficio del conservatore, fuorché per ordine di una corte d'appello, qualora ne sia riconosciuta la necessità, e mediante le cautele determinate dalla stessa corte.

■ Codice civile del 1865: *Art. 2074. I registri sopra accennati non possono mai esser levati dall'uffizio del conservatore, fuorché per ordine di una corte d'appello, quando ne fosse riconosciuta la necessità, e mediante le cautele che verranno determinate dalla stessa corte.*

2682. Sanzioni contro il conservatore.

[...][1].

[1] Articolo abrogato dall'art. 2, L. 21 gennaio 1983, n. 22. Il testo previgente disponeva: *Il conservatore nell'esercizio delle sue incombenze è tenuto a conformarsi a tutte le disposizioni di questo titoli, nonché alle altre disposizioni delle leggi che lo riguardano e, in caso di inosservanza, è soggetto a una pena pecuniaria fino a lire diecimila.*

● Norme connesse:

- per la nuova disciplina della responsabilità del conservatore, L. 21 gennaio 1983, n. 22.

■ Codice civile del 1865: *Art. 2075. I conservatori sono tenuti di conformarsi nell'esercizio delle loro incombenze a tutte le disposizioni di questo titolo, ed alle altre disposizioni delle leggi che li riguardano, sotto pena di una multa estendibile a lire due mila.*

CAPO III

DELLA TRASCRIZIONE DEGLI ATTI RELATIVI AD ALCUNI BENI MOBILI

Sezione I

Della trascrizione relativamente alle navi, agli aeromobili e agli autoveicoli

2683. Beni per i quali è disposta la pubblicità.

Devono essere resi pubblici col mezzo della trascrizione [2643, 2657 ss.], osservate le altre forme di pubblicità stabilite dalla legge [c.nav. 233, 250, 843, 865], gli atti menzionati negli articoli seguenti, quando hanno per oggetto:

1) le navi e i galleggianti iscritti nei registri indicati dal codice della navigazione [c.nav. 146 ss.];

2) gli aeromobili iscritti nei registri indicati dallo stesso codice [c.nav. 753];

3) gli autoveicoli iscritti nel pubblico registro automobilistico [1706, 2914, n. 1].

● Norme connesse:

- per la disciplina dei contratti di compravendita degli autoveicoli ed istituzione del pubblico registro automobilistico, rispettivamente il R.D.L. 15 marzo 1927, n. 436; il R.D. 29 luglio 1927, n. 1814.

- per le formalità per il trasferimento di proprietà degli autoveicoli, motoveicoli e rimorchi e per il trasferimento di residenza dell'intestatario, art. 94, D.Lgs. 30 aprile 1992, n. 285, nel testo, da ultimo, modificato dall'art. 49, D.L. 16 luglio 2020, n. 76, convertito in L. 11 settembre 2020, n. 120, che dispone: *1. In caso di trasferimento della proprietà degli autoveicoli, dei motoveicoli e dei rimorchi o nel caso di costituzione dell'usufrutto o di stipulazione di locazione con facoltà di acquisto, l'ufficio competente del Dipartimento per i trasporti, la navigazione, gli affari generali e del personale, su richiesta avanzata dall'acquirente entro sessanta giorni dalla data in cui la sottoscrizione dell'atto è stata autenticata o giudizialmente accertata, provvede al rilascio di una nuova carta di circolazione nella quale sono annotati gli intervenuti mutamenti della proprietà e dello stato giuridico del veicolo. Il competente ufficio del P.R.A. provvede alla relativa trascrizione ovvero, in caso di accertate irregolarità, procede alla ricusazione della formalità entro tre giorni dal ricevimento delle informazioni e delle documentazioni trasmesse, in via telematica, dall'ufficio del Dipartimento per i trasporti, la navigazione, gli affari generali e del personale.*

2. In caso di trasferimento della residenza dell'intestatario della carta di circolazione, o di sede se si tratta di persona giuridica, l'ufficio competente del Dipartimento per i trasporti, la navigazione, gli affari generali e del personale procede all'aggiornamento dell'archivio nazionale dei veicoli di cui agli articoli 225 e 226.

3. Chi non osserva le disposizioni stabilite nel presente articolo è soggetto alla sanzione amministrativa del pagamento di una somma da euro 728 a euro 3.636.

4. Chiunque circoli con un veicolo per il quale non è stato richiesto, nel termine stabilito dal comma 1, l'aggiornamento dei dati presenti nell'archivio nazionale dei veicoli o il rinnovo della carta di circolazione è soggetto a una sanzione amministrativa del pagamento di una somma da euro 364 a euro 1.887.

4-bis. Fatto salvo quanto previsto dall'articolo 93, comma 2, gli atti, ancorchè diversi da quelli di cui al comma 1 del presente articolo, da cui derivi una variazione dell'intestatario della carta di circolazione ovvero che comportino la disponibilità del veicolo, per un periodo superiore a trenta giorni, in favore di un soggetto diverso dall'intestatario stesso, nei casi previsti dal regolamento sono dichiarati dall'avente causa, entro trenta giorni, al Dipartimento per i trasporti, la navigazione ed i sistemi informativi e statistici al fine dell'annotazione sulla carta di circolazione, nonchè della registrazione nell'archivio di cui agli articoli 225, comma 1, lettera b), e 226, comma 5. In caso di omissione si applica la sanzione prevista dal comma 3.

5. La carta di circolazione è ritirata immediatamente da chi accerta le violazioni previste nei commi 4 e 4-bis ed è inviata all'ufficio competente del Dipartimento per i trasporti terrestri, che provvede al rinnovo dopo l'adempimento delle prescrizioni omesse.

6. Per gli atti di trasferimento di proprietà degli autoveicoli, motoveicoli e rimorchi posti in essere fino alla data di entrata in vigore della presente legge è possibile entro novanta giorni procedere, senza l'applicazione di sanzioni alle necessarie regolarizzazioni.

7. Ai fini dell'esonero dall'obbligo di pagamento delle tasse di circolazione e relative soprattasse e accessori derivanti dalla titolarità di beni mobili iscritti ai pubblici registri automobilistici, nella ipotesi di sopravvenuta cessazione dei relativi diritti, è sufficiente dimostrare ai competenti uffici idonea documentazione attestante la inesistenza del presupposto giuridico per l'applicazione della tassa.

8. In tutti i casi in cui è dimostrata l'assenza di titolarità del bene e di conseguente obbligo fiscale, gli uffici di cui al comma 1 procedono all'annullamento delle procedure di riscossione coattive delle tasse, soprattasse e accessori.

2684. Atti soggetti a trascrizione.

Sono soggetti alla trascrizione per gli effetti stabiliti dall'articolo 2644:

1) i contratti che trasferiscono la proprietà o costituiscono la comunione [1100, 2643, 2685, 2686, 2689, 2690; c.nav. 250, 865];

2) i contratti che costituiscono o modificano diritti di usufrutto [978] o di uso [1021] o che trasferiscono il diritto di usufrutto [2686, 2689];

3) gli atti tra vivi di rinunzia ai diritti indicati dai numeri precedenti [2643, n. 5];

4) le transazioni [1965] che hanno per oggetto controversie sui diritti indicati dai numeri precedenti [2643, n. 13];

5) i provvedimenti con i quali nel giudizio di espropriazione si trasferiscono la proprietà o gli altri diritti menzionati nei numeri precedenti [2643, n. 6; c.p.c. 586; c.nav. 643, 664, 665, 1055, 1068];

6) le sentenze che operano la costituzione, la modificazione o il trasferimento di uno dei diritti indicati dai numeri precedenti [2643, n. 14, 2686].

● Norme connesse:

- per la pubblicità attuata nel pubblico registro automobilistico, art. 6, R.D.L. 15 marzo 1927, n. 436 che dispone: *I trasferimenti di proprietà e i vincoli di privilegio costituiti sull'autoveicolo, se non siano stati registrati nel pubblico registro*

CODICE CIVILE

automobilistico a tenore del presente decreto, non hanno efficacia di fronte ai terzi, i quali abbiano acquistato la proprietà o altri diritti sull'autoveicolo e li abbiano fatti debitamente iscrivere nel pubblico registro medesimo, quando la iscrizione sia richiesta dalla legge.

Se il titolo del credito privilegiato è all'ordine, la girata di esso produce anche il trasferimento del privilegio.

L'iscrizione del titolo o l'annotazione della girata sul pubblico registro automobilistico fanno piena fede di fronte ai terzi per stabilire la data della costituzione o del trasferimento del privilegio.

2685. Altri atti soggetti a trascrizione.

Si devono trascrivere le divisioni [713, 1111] e gli altri atti menzionati nell'articolo 2646, la costituzione del fondo patrimoniale [167] e gli altri atti menzionati nell'articolo 2647, l'accettazione dell'eredità [470, 475, 484] e l'acquisto del legato [649] che importano acquisto dei diritti indicati dai numeri 1 e 2 dell'articolo 2684 o liberazione dai medesimi.

La trascrizione ha gli effetti stabiliti per i beni immobili [2644][1].

[1] Articolo così sostituito dall'art. 207, L. 19 maggio 1975, n. 151. Il testo previgente disponeva: *Si devono trascrivere le divisioni e gli altri atti menzionati nell'art. 2646, la costituzione del vincolo dotale, della comunione tra coniugi, l'accettazione dell'eredità e l'acquisto del legato che importano acquisto dei diritti indicati dai numeri 1 e 2 dell'art. 2684 o liberazione dai medesimi.*

La trascrizione ha gli effetti stabiliti per i beni immobili.

2686. Sentenze.

Devono essere trascritte, agli effetti dell'articolo 2644, le sentenze da cui risulta acquistato, modificato o estinto uno dei diritti indicati dai numeri 1 e 2 dell'articolo 2684 in forza di un titolo non trascritto [2651].

2687. Cessione dei beni ai creditori.

Deve essere trascritta, per gli effetti indicati dall'articolo 2649, la cessione che il debitore fa dei suoi beni ai creditori, perché questi procedano alla liquidazione dei medesimi e alla ripartizione del ricavato [1977 ss.; disp. att. 231].

2688. Continuità delle trascrizioni.

Nei casi in cui, per le disposizioni precedenti, un atto di acquisto è soggetto a trascrizione, le successive trascrizioni o iscrizioni non producono effetto se non è stato trascritto l'atto anteriore di acquisto [2650].

Quando l'atto anteriore di acquisto è stato trascritto, le successive trascrizioni o iscrizioni producono il loro effetto secondo l'ordine rispettivo, salvo il disposto dell'articolo 2644.

2689. Usucapione.

Devono essere trascritte le sentenze [2651] da cui risulta acquistato per usucapione [1162 ss.] uno dei diritti indicati dai numeri 1 e 2 dell'articolo 2684 [1162].

2690. Domande relative ad atti soggetti a trascrizione.

Devono essere trascritte, qualora si riferiscano ai diritti menzionati dall'articolo 2684 [2692]:

1) le domande indicate dai numeri 1, 2, 3, 4 e 5 dell'articolo 2652 per gli effetti ivi disposti;

2) le domande dirette all'accertamento di uno dei contratti indicati dai numeri 1 e 2 dell'articolo 2684 [2686].

La trascrizione della sentenza che accoglie la domanda prevale sulle trascrizioni e iscrizioni eseguite contro il convenuto dopo la trascrizione della domanda [2652 n. 2];

3) le domande dirette a far dichiarare la nullità [1418] o a far pronunziare l'annullamento [1425, 1441] di atti soggetti a trascrizione e le domande dirette a impugnare la validità della trascrizione [2684, 2685].

La sentenza che accoglie la domanda non pregiudica i diritti acquistati a qualunque titolo dai terzi di buona fede [1147] in base a un atto trascritto o iscritto anteriormente alla trascrizione della domanda medesima, se questa è stata resa pubblica dopo tre anni dalla data della trascrizione dell'atto che si impugna. Se però la domanda è diretta a far pronunziare l'annullamento per una causa diversa dall'incapacità legale, la sentenza che l'accoglie non pregiudica i diritti acquistati dai terzi di buona fede in base a un atto trascritto o iscritto anteriormente alla trascrizione della domanda, anche se questa è stata trascritta prima che siano decorsi tre anni dalla data della trascrizione dell'atto impugnato, purché in questo caso i terzi abbiano acquistato a titolo oneroso [1445, 2652 n. 6; disp. att. 227];

4) le domande con le quali si contesta il fondamento di un acquisto a causa di morte [590, 591, 624].

Salvo quanto è disposto dal secondo e dal terzo comma dell'articolo 534, se la domanda è trascritta dopo tre anni dalla data della trascrizione dell'atto impugnato, la sentenza che l'accoglie non pregiudica i terzi di buona fede che, in base a un atto trascritto o iscritto anteriormente alla trascrizione della domanda, hanno a qualunque titolo acquistato diritti da chi appare erede o legatario [2652 n. 7; disp. att. 227];

5) le domande di riduzione delle donazioni [769 ss.] e delle disposizioni testamentarie per lesione di legittima [554, 555, 561].

Se la trascrizione è eseguita dopo tre anni dall'apertura della successione, la sentenza che accoglie la domanda non pregiudica i terzi che hanno acquistato a titolo oneroso diritti in base a un atto trascritto o iscritto anteriormente alla trascrizione della domanda [2652 n. 8; disp. att. 227];

6) le domande di revocazione [c.p.c. 395] e quelle di opposizione [c.p.c. 404] di terzo contro le sentenze soggette a trascrizione per le cause previste dai numeri 1, 2, 3 e 6 dell'articolo 395 del codice di procedura civile e dal secondo comma dell'articolo 404 dello stesso codice.

Se la domanda è trascritta dopo tre anni dalla trascrizione della sentenza impugnata, la sentenza che l'accoglie non pregiudica i diritti acquistati dai terzi di buona fede in base a un atto trascritto o iscritto anteriormente alla trascrizione della domanda [2652 n. 9, disp. att. 227].

Alla domanda giudiziale è equiparato l'atto notificato con il quale la parte, in presenza di compromesso [2691] o di clausola compromissoria [2691], dichiara all'altra la propria intenzione di promuovere il procedimento arbitrale [2691], propone la domanda e procede, per quanto le spetta, alla nomina degli arbitri[1].

[1] Comma aggiunto dall'art. 26, L. 5 gennaio 1994, n. 25.

2691. Altre domande e atti soggetti a trascrizione.

Devono del pari trascriversi, quando si riferiscono ai beni menzionati nell'articolo 2683, le domande e gli atti indicati dai numeri 1, 3, 4 e 5 dell'articolo 2653, per gli effetti ivi disposti [2692].

Alla domanda giudiziale è equiparato l'atto notificato con il quale la parte, in presenza di compromesso o di clausola compromissoria, dichiara all'altra la propria intenzione di promuovere il procedimento arbitrale, propone la domanda e procede, per quanto le spetta, alla nomina degli arbitri[1].

[1] Comma aggiunto dall'art. 26, L. 5 gennaio 1994, n. 25.

2692. Annotazione della trascrizione delle domande e degli atti.

La trascrizione delle domande e degli atti indicati dai due articoli precedenti dev'essere anche annotata secondo le modalità stabilite dall'articolo 2654.

Si osservano inoltre le disposizioni del primo, terzo e quarto comma dell'articolo 2655 e quelle dell'articolo 2656.

2693. Trascrizione del pignoramento e del sequestro.

Deve essere trascritto, dopo la notificazione, il provvedimento che ordina il sequestro conservativo [c.p.c. 671] per gli effetti disposti dall'articolo 2906. Si deve trascrivere del pari l'atto di pignoramento [c.p.c. 518] per gli effetti disposti dagli articoli 2913, 2914, 2915 e 2916.

2694. Richiamo di altre leggi.

Sono salve le disposizioni del codice della navigazione [c.nav. 238 ss., 250, 271, 279 ss., 543, 624, 650, 652, 853 ss., 865, 875, 1009, 1045, 1061, 1063] e delle leggi speciali che richiedono la trascrizione di atti non contemplati dal presente capo e le altre disposizioni non incompatibili con quelle contenute nel capo medesimo.

● Norme connesse:
- art. 88, R.D. 16 marzo 1942, n. 267.

2695. Forme e modalità della trascrizione.

Le forme e le modalità delle trascrizioni previste in questo capo sono regolate dal codice della navigazione, per quanto riguarda le navi e gli aeromobili [c.nav. 250 ss., 865 ss.], e dalla legge speciale per quanto riguarda gli autoveicoli.

In mancanza, si osservano le norme concernenti la trascrizione degli atti relativi ai beni immobili, in quanto sono applicabili [2656].

● Norme connesse:
- per la disciplina dei contratti di compravendita degli autoveicoli ed istituzione del pubblico registro automobilistico, R.D.L. 15 marzo 1927, n. 436; R.D. 29 luglio 1927, n. 1814.
- per le formalità per il trasferimento di proprietà degli autoveicoli, motoveicoli e rimorchi e per il trasferimento di residenza dell'intestatario, art. 94, D.Lgs. 30 aprile 1992, n. 285, riportato in nota sub art. 2683 c.c.

Sezione II
Della trascrizione relativamente ad altri beni mobili

2696. Rinvio.

Per gli altri beni mobili per cui è disposta la trascrizione di determinati atti si osservano le disposizioni delle leggi che li riguardano.

● Norme connesse:
- D.Lgs. 10 febbraio 2005, n. 30; L. 22 aprile 1941, n. 633.

TITOLO II
DELLE PROVE

CAPO I
DISPOSIZIONI GENERALI

2697. Onere della prova.

Chi vuol far valere un diritto in giudizio [c.p.c. 99, 100] deve provare i fatti che ne costituiscono il fondamento [c.p.c. 115].

Chi eccepisce l'inefficacia di tali fatti ovvero eccepisce che il diritto si è modificato o estinto deve provare i fatti su cui l'eccezione si fonda.

● Norme connesse:
- art. 33, comma 2, lett. t), D.Lgs. 6 settembre 2005, n. 206.

■ Codice civile del 1865: *Art. 1312. Chi domanda l'esecuzione di un'obbligazione, deve provarla, e chi pretende esserne stato liberato, deve dal suo canto provare il pagamento o il fatto che ha prodotto l'estinzione della sua obbligazione.*

♦ Codice civile francese

Articolo 1315. *Colui che reclama l'adempimento di una obbligazione deve provarla. Reciprocamente colui che si pretende liberato deve provare il pagamento o il fatto che ha prodotto l'adempimento della sua obbligazione.*

2698. Patti relativi all'onere della prova.

Sono nulli i patti con i quali è invertito ovvero è modificato l'onere della prova, quando si tratta di diritti di cui le parti non possono disporre o quando l'inversione o la modificazione ha per effetto di rendere a una delle parti eccessivamente difficile l'esercizio del diritto.

CAPO II
DELLA PROVA DOCUMENTALE

● Norme connesse:

- artt. 47-60, L. 16 febbraio 1913, n. 89; L. 20 dicembre 1966, n. 1253 (Ratifica ed esecuzione della Convenzione riguardante l'abolizione della legalizzazione di atti pubblici stranieri, adottata a l'Aja il 5 ottobre 1961); L. 3 febbraio 1975, n. 18 (Provvedimenti a favore dei ciechi); art. 66 (*Divieto di rilascio di documenti relativi ad atti non registrati*), D.P.R. 26 aprile 1986, n. 131 (Imposta di registro); D.P.R. 28 dicembre 2000, n. 445 (Testo unico delle disposizioni legislative e regolamentari in materia di documentazione amministrativa).

Sezione I
Dell'atto pubblico

2699. Atto pubblico.

L'atto pubblico è il documento redatto, con le richieste formalità, da un notaio o da altro pubblico ufficiale autorizzato ad attribuirgli fede nel luogo dove l'atto è formato [2714].

● Norme connesse:

- per l'autenticazione e legalizzazione di firme, D.P.R. 28 dicembre 2000, n. 445 (Testo unico delle disposizioni legislative e regolamentari in materia di documentazione amministrativa).

- per l'ordinamento del notariato e degli archivi notarili, L. 16 febbraio 1913, n. 89.

- per l'abolizione della legalizzazione degli atti pubblici stranieri, la convenzione dell'Aja del 5 ottobre 1961, ratificata e resa esecutiva dalla L. 20 dicembre 1966, n. 1253.

- per l'individuazione dell'ufficio del registro competente ad effettuare la registrazione dell'atto pubblico, art. 9, comma 2, D.P.R. 26 aprile 1986, n. 131 (Imposta di registro).

- per i soggetti obbligati a chiedere la registrazione degli atti pubblici formati all'estero, art. 10, lett. *a)*, D.P.R. 26 aprile 1986, n. 131 (Imposta di registro).

- per le modalità della richiesta di registrazione degli atti pubblici, art. 11, comma 2, D.P.R. 26 aprile 1986, n. 131 (Imposta di registro).

- per la registrazione d'ufficio degli atti pubblici, art. 15, comma 1, lett. *a)*, D.P.R. 26 aprile 1986, n. 131 (Imposta di registro).

- per le modalità di esecuzione della registrazione dell'atto pubblico, art. 16, D.P.R. 26 aprile 1986, n. 131 (Imposta di registro).

- per la dimostrazione con atto pubblico, della perdita da parte del de cuius della titolarità di beni e diritti, ai fini della determinazione dell'attivo ereditario, art. 12, comma 1, lett. *a)*, D.Lgs. 31 ottobre 1990, n. 346 (Testo unico imposta successioni e donazioni), che dispone: *1. Non concorrono a formare l'attivo ereditario: a) i beni e i diritti iscritti a nome del defunto nei pubblici registri, quando è provato, mediante provvedimento giurisdizionale, atto pubblico, scrittura privata autenticata o altra scrittura avente data certa, che egli ne aveva perduto la titolarità, salvo il disposto dell'art. 10.*

■ Codice civile del 1865: *Art. 1315. L'atto pubblico è quello che è stato ricevuto colle richieste formalità da un notaio o da altro pubblico uffiziale autorizzato, nel luogo ove l'atto è seguito, ad attribuirgli la pubblica fede.*

♦ Codice civile francese

Articolo 1317. *L'atto autentico è quello che è stato ricevuto da pubblico ufficiale con il diritto di rogare nel luogo in cui l'atto è stato redatto e con le solennità richieste. Può essere stilato con supporto elettronico se è stabilito e conservato nelle condizioni fissate con decreto in Consiglio di Stato.*

2700. Efficacia dell'atto pubblico.

L'atto pubblico fa piena prova, fino a querela di falso [c.p.c. 221], della provenienza del documento dal pubblico ufficiale che lo ha formato [2699], nonché delle dichiarazioni delle parti e degli altri fatti che il pubblico ufficiale attesta avvenuti in sua presenza o da lui compiuti [c.nav. 178, 775].

■ Codice civile del 1865: *Art. 1317. L'atto pubblico fa piena fede della convenzione e dei fatti seguiti alla presenza del notaio o d'altro pubblico uffiziale che lo ha ricevuto.*

Ciò non ostante nel caso di querela di falso in via penale, l'esecuzione dell'atto impugnato per falso viene sospesa col mandato di cattura; sino a che non sia rilasciato il mandato di cattura, o nel caso di querela di falso in via civile, l'autorità giudiziaria può a norma delle circostanze sospendere temporaneamente l'esecuzione dell'atto.

Art. 1318. Tanto l'atto pubblico quanto la scrittura privata fanno prova tra le parti anche di quelle cose, le quali non sono state espresse che in modo enunciativo, purché l'enunciativa abbia un diretto rapporto colla disposizione.

Le enunciative estranee alla disposizione non possono servire che per un principio di prova.

Art. 1319. Le contro-dichiarazioni fatte per privata scrittura non possono avere effetto che fra le parti contraenti ed i loro successori a titolo universale.

Le enunciative estranee alla disposizione non possono servire che per un principio di prova.

2701. Conversione dell'atto pubblico.

Il documento formato da ufficiale pubblico incompetente o incapace ovvero senza l'osservanza delle formalità prescritte [2699], se è stato sottoscritto dalle parti, ha la stessa efficacia probatoria della scrittura privata [2702].

■ Codice civile del 1865: *Art. 1316. L'atto che per incompetenza od incapacità dell'uffiziale o per difetto di forma non ha forza di atto pubblico, vale come scrittura privata, quando sia stato sottoscritto dalle parti.*

Sezione II
Della scrittura privata

2702. Efficacia della scrittura privata.
La scrittura privata [1967, 2701, 2715, 2821, 2835] fa piena prova, fino a querela di falso [c.p.c. 221], della provenienza delle dichiarazioni da chi l'ha sottoscritta, se colui contro il quale la scrittura è prodotta ne riconosce la sottoscrizione, ovvero se questa è legalmente considerata come riconosciuta [2652 n. 3; c.p.c. 214, 215].

■ Codice civile del 1865: *Art. 1320. La scrittura privata riconosciuta da quello contro cui si produce, o legalmente considerata come riconosciuta, ha la stessa fede dell'atto pubblico fra quelli che l'hanno sottoscritta, e fra i loro eredi ed aventi causa.*

♦ Codice civile francese
Articolo 1322. *La scrittura privata riconosciuta da colui a cui si oppone, o legalmente considerata riconosciuta ha, tra quelli che hanno sottoscritto e tra i loro eredi ed aventi causa lo stesso valore dell'atto autentico.*

2703. Sottoscrizione autenticata.
Si ha per riconosciuta la sottoscrizione autenticata dal notaio e da altro pubblico ufficiale a ciò autorizzato.

L'autenticazione consiste nell'attestazione da parte del pubblico ufficiale che la sottoscrizione è stata apposta in sua presenza. Il pubblico ufficiale deve previamente accertare l'identità della persona che sottoscrive.

● Norme connesse:
- art. 1, comma 51, L. 20 maggio 2016, n. 76.

■ Codice civile del 1865. *Art. 1323. Si hanno per riconosciute le sottoscrizioni autenticate da un notaio.*
Il notaio non autenticherà le sottoscrizioni, che non siano apposte alla presenza sua e di due testimoni, premessi) l'accertamento dell'identità delle persone dei contraenti.

2704. Data della scrittura privata nei confronti dei terzi.
La data della scrittura privata della quale non è autenticata la sottoscrizione [2703] non è certa [197, 743, 819, 1202 comma 2, 1265, 1380, 1505, 1524, 1599, 1707, 2764 comma 2, 2787 comma 3, 2800, 2812 comma 4, 2914 nn. 3-4, 2915; c.p.c. 622] e computabile riguardo ai terzi, se non dal giorno in cui la scrittura è stata registrata o dal giorno della morte o della sopravvenuta impossibilità fisica di colui o di uno di coloro che l'hanno sottoscritta o dal giorno in cui il contenuto della scrittura è riprodotto in atti pubblici [c.c. 2699] o, infine, dal giorno in cui si verifica un altro fatto che stabilisca in modo egualmente certo l'anteriorità della formazione del documento.

La data della scrittura privata che contiene dichiarazioni unilaterali non destinate a persona determinata [1992] può essere accertata con qualsiasi mezzo di prova.

Per l'accertamento della data nelle quietanze il giudice, tenuto conto delle circostanze, può ammettere qualsiasi mezzo di prova [1195, 1199].

■ Codice civile del 1865: *Art. 1327. La data delle scritture private non è certa e computabile riguardo ai terzi che dal giorno in cui esse sono state trascritte o depositate nell'uffizio di registro, dal giorno in cui è morto o posto nella fisica impossibilità di scrivere colui o uno di coloro che le hanno sottoscritte, o dal giorno in cui la sostanza delle medesime scritture è comprovata da atti stesi da uffiziali pubblici, come sarebbero i processi verbali di apposizione di sigilli o d'inventario o quando la data risulta da altre prove equipollenti.*

2705. Telegramma.
Il telegramma ha l'efficacia probatoria della scrittura privata, se l'originale consegnato all'ufficio di partenza è sottoscritto dal mittente, ovvero se è stato consegnato o fatto consegnare dal mittente medesimo, anche senza sottoscriverlo [c.p.c. 634 comma 1].

La sottoscrizione può essere autenticata da notaio [2703].

Se l'identità della persona che ha sottoscritto l'originale del telegramma è stata accertata nei modi stabiliti dai regolamenti, è ammessa la prova contraria.

Il mittente può fare indicare nel telegramma se l'originale è stato firmato con o senza autenticazione.

■ Codice del commercio del 1882: *Art. 45. Il telegramma fa prova come scrittura privata, quando l'originale contenga la sottoscrizione della persona in esso indicata come mittente, o quando sia provato che l'originale fu consegnato fatto consegnare all'ufficio telegrafico dalla persona suddetta, ancorché questa non l'abbia sottoscritto.*
Se la sottoscrizione dell'originale è autenticata da notaro, si applicano i principii generali. Se la identità della persona che ha sottoscritto o consegnato l'originale fu accertata con altri modi stabiliti nei regolamenti telegrafici, è ammessa la prova contraria.
La data dei telegrammi stabilisce, sino a prova contraria, il giorno e l'ora in cui sono stati effettivamente spediti o ricevuti negli uffici telegrafici.

2706. Conformità tra originale e riproduzione del telegramma.
La riproduzione del telegramma consegnata al destinatario si presume, fino a prova contraria, conforme all'originale [2727].

Il mittente, se ha fatto collazionare il telegramma secondo le disposizioni dei regolamenti, si presume esente da colpa per le divergenze verificatesi tra originale e riproduzione.

● Norme connesse:
- per l'esclusione o limitazione di responsabilità dell'amministrazione postale, art. 6, D.P.R. 29 marzo 1973, n. 156.

■ Codice del commercio del 1882: *Art. 46. In caso di errori, di alterazioni o di ritardi nella trasmissione dei telegrammi, si applicano i principii generali intorno alla colpa; ma il*

CODICE CIVILE

mittente di un telegramma, se abbia curato di farlo collazionare o raccomandare secondo le disposizioni dei regolamenti telegrafici, si presume esente da colpa.

2707. Carte e registri domestici.

Le carte e i registri domestici fanno prova contro chi li ha scritti [2162]:

1) quando enunciano espressamente un pagamento ricevuto [1199];

2) quando contengono la menzione espressa che l'annotazione è stata fatta per supplire alla mancanza di titolo in favore di chi è indicato come creditore.

■ Codice civile del 1865: *Art. 1330. I registri e le carte domestiche non fanno fede a favore di colui che le ha scritte, ma la fanno contro di esso:*

1° Quando enunciano formalmente la ricevuta di un pagamento;

2° Quando contengono una espressa menzione che l'annotazione è stata scritta per supplire alla mancanza di titolo a favore del creditore.

2708. Annotazione in calce, in margine o a tergo di un documento.

L'annotazione fatta dal creditore in calce, in margine o a tergo di un documento rimasto in suo possesso fa prova, benché non sottoscritta da lui, se tende ad accertare la liberazione del debitore [1199].

Lo stesso valore ha l'annotazione fatta dal creditore in calce, in margine o a tergo di una quietanza o di un esemplare del documento del debito posseduto dal debitore.

■ Codice civile del 1865: *Art. 1331. Qualunque annotazione posta dal creditore in calce, in margine o nel dorso di un suo titolo di credito, la quale tenda a dimostrare la liberazione del debitore, fa fede, quantunque non porti né la data né la sottoscrizione del creditore, ed il titolo sia sempre rimasto presso di lui.*

Lo stesso ha luogo per le annotazioni poste dal creditore nel dorso, in margine o in calce del duplicato di un titolo proprio del debitore o di una precedente quitanza, purché tale documento si trovi presso il debitore.

Sezione III

Delle scritture contabili delle imprese soggette a registrazione

2709. Efficacia probatoria contro l'imprenditore.

I libri e le altre scritture contabili [2214 ss.] delle imprese soggette a registrazione [2195] fanno prova contro l'imprenditore [2082, c.p.c. 634]. Tuttavia chi vuol trarne vantaggio non può scinderne il contenuto [c.nav. 178].

■ Codice civile del 1865: *Art. 1328. I libri dei commercianti non fanno fede delle somministrazioni che vi sono registrate, contro le persone non commercianti, ma possono autorizzare il giudice a deferire d'uffizio il giuramento all'una o all'altra parte.*

■ Codice del commercio del 1882: *Art. 50. Tutti i libri dei commercianti, in qualunque modo tenuti, fanno prova contro di essi; ma quegli che vuole trarne vantaggio non può scinderne il contenuto.*

2710. Efficacia probatoria tra imprenditori.

I libri bollati e vidimati[1] nelle forme di legge [2215, 2219], quando sono regolarmente tenuti, possono fare prova tra imprenditori [2082] per i rapporti inerenti all'esercizio dell'impresa [c.p.c. 643 comma 2].

[1] La formalità della vidimazione è stata soppressa ex art. 7-*bis*, D.L. 10 giugno 1994, n. 357, convertito in L. 8 agosto 1994, n. 489, recante disposizioni tributarie urgenti per accelerare la ripresa dell'economia e dell'occupazione, nonché per ridurre gli adempimenti a carico del contribuente.

■ Codice del commercio del 1882: *Art. 48. I libri di commercio tenuti regolarmente possono far prova in giudizio tra commercianti in materia di commercio.*

Le annotazioni scritte sui libri di un commerciante dal commesso che tiene la scrittura od è incaricato della contabilità hanno effetto come se fossero scritte dal principale.

2711. Comunicazione ed esibizione.

La comunicazione integrale dei libri, delle scritture contabili [2214 ss.] e della corrispondenza [2220 comma 2] può essere ordinata dal giudice solo nelle controversie relative allo scioglimento della società [2272, 2308, 2323], alla comunione dei beni [1100 ss.] e alla successione per causa di morte [456 ss.].

Negli altri casi il giudice può ordinare, anche d'ufficio, che si esibiscano i libri per estrarne le registrazioni concernenti la controversia in corso. Può ordinare altresì l'esibizione di singole scritture contabili, lettere, telegrammi o fatture concernenti la controversia stessa [c.p.c. 212 comma 2].

Sezione IV

Delle riproduzioni meccaniche

2712. Riproduzioni meccaniche.

Le riproduzioni fotografiche, informatiche o cinematografiche, le registrazioni fonografiche e in genere, ogni altra rappresentazione meccanica di fatti e di cose formano piena prova dei fatti e delle cose rappresentate, se colui contro il quale sono prodotte non ne disconosce la conformità ai fatti o alle cose medesime[1].

[1] Articolo così modificato dall'art. 23-quater, D.Lgs. 7 marzo 2005, n. 82, aggiunto dall'art. 16, D.Lgs. 30 dicembre 2010, n. 235. Il testo previgente disponeva: *Le riproduzioni fotografiche o cinematografiche, le registrazioni fonografiche e, in genere, ogni altra rappresentazione meccanica di fatti e di cose formano piena prova dei fatti e delle cose rappresentate, se colui contro il quale sono prodotte non ne disconosce la conformità ai fatti o alle cose medesime.*

Sezione V
Delle taglie o tacche di contrassegno

2713. Taglie o tacche di contrassegno.
Le taglie o tacche di contrassegno corrispondenti al contrassegno di riscontro formano piena prova tra coloro che usano provare in tal modo le somministrazioni che fanno o ricevono al minuto.

■ Codice civile del 1865: *Art. 1332. Le tacche o taglie di un contrassegno corrispondenti a quelle del contrassegno di riscontro fanno fede fra le persone, le quali usano di comprovare con tal mezzo le somministrazioni che fanno e ricevono al minuto.*

Sezione VI
Delle copie degli atti

2714. Copie di atti pubblici.
Le copie di atti pubblici [2699] spedite nelle forme prescritte da depositari pubblici autorizzati fanno fede come l'originale [2716; c.p.c. 212].

La stessa fede fanno le copie di copie di atti pubblici originali, spedite da depositari pubblici di esse, a ciò autorizzati [c.p.c. 743].

■ Codice civile del 1865: *Art. 1333. Le copie degli atti pubblici, quando sono estratte dall'atto originale e sono autenticate dal notaio o da altro pubblico uffiziale che li ha ricevuti o che è legittimamente autorizzato ad autenticarle, fanno fede come lo stesso originale.*

Fanno ugualmente fede le copie delle scritture private, il cui originale si trova depositato in pubblico archivio, quando siano spedite dall'archivista in conformità dei regolamenti.

Art. 1334. Fanno la stessa fede le copie degli atti pubblici estratte in conformità dei regolamenti dall'archivista sulla copia autentica depositata nell'archivio dal notaio o da altro pubblico uffiziale, a cui sia dalla legge imposto tale obbligo.

2715. Copie di scritture private originali depositate.
Le copie delle scritture private depositate presso pubblici uffici e spedite da pubblici depositari autorizzati [c.p.c. 743] hanno la stessa efficacia della scrittura originale da cui sono estratte [2716 comma 2; c.p.c. 212 comma 1].

■ Codice civile del 1865: *Art. 1333. Le copie degli atti pubblici, quando sono estratte dall'atto originale e sono autenticate dal notaio o da altro pubblico uffiziale che li ha ricevuti o che è legittimamente autorizzato ad autenticarle, fanno fede come lo stesso originale.*

Fanno ugualmente fede le copie delle scritture private, il cui originale si trova depositato in pubblico archivio, quando siano spedite dall'archivista in conformità dei regolamenti.

2716. Mancanza dell'atto originale o di copia depositata.
In mancanza dell'originale dell'atto pubblico [2699] o di una copia di esso presso un pubblico depositario, le copie spedite in conformità dell'articolo 2714 fanno piena prova; ma se tali copie, o anche la copia esistente presso un pubblico depositario quando manca l'originale, presentano cancellature, abrasioni, intercalazioni o altri difetti esteriori, è rimesso al giudice di apprezzarne l'efficacia probatoria [c.p.c. 116].

In mancanza dell'originale scrittura privata [2702], le copie di essa spedite in conformità dell'articolo 2715 fanno egualmente prova; ma se presentano cancellature, abrasioni, intercalazioni o altri difetti esteriori, è rimesso parimenti al giudice di apprezzarne l'efficacia probatoria. Resta in ogni caso salva la questione circa l'autenticità dell'originale mancante.

■ Codice civile del 1865: *Art. 1336. In mancanza dell'originale e di una copia depositata in pubblico archivio, le copie autentiche estratte in conformità degli artt. 1333 e 1334 fanno tuttavia piena fede, purché non siano abrase né diano luogo in alcun modo a sospetti.*

2717. Valore probatorio di altre copie.
Le copie rilasciate da pubblici ufficiali fuori dei casi contemplati dagli articoli precedenti hanno l'efficacia di un principio di prova per iscritto [2724 n. 1].

2718. Valore probatorio di copie parziali.
Le copie parziali o le riproduzioni per estratto, rilasciate nella forma prescritta da pubblici ufficiali che ne sono depositari e sono debitamente autorizzati [c.p.c. 743], fanno piena prova solo per quella parte dell'originale che riproducono letteralmente [c.p.c. 212].

2719. Copie fotografiche di scritture.
Le copie fotografiche di scritture hanno la stessa efficacia delle autentiche, se la loro conformità con l'originale è attestata da pubblico ufficiale competente ovvero non è espressamente disconosciuta [2712; c.p.c. 212 comma 1, 215].

Sezione VII
Degli atti di ricognizione o di rinnovazione

2720. Efficacia probatoria.
L'atto di ricognizione o di rinnovazione fa piena prova delle dichiarazioni contenute nel documento originale, se non si dimostra, producendo quest'ultimo, che vi è stato errore nella ricognizione o nella rinnovazione [969, 1309, 1870, 1988, 2944].

■ Codice civile del 1865: *Art. 1340. L'atto di ricognizione o rinnovazione fa fede contro il debitore, i suoi eredi ed aventi causa, se questi coll'esibizione del documento primitivo non dimostrano che vi è stato errore o eccesso nella ricognizione.*

Tra più atti di ricognizione prevale il posteriore di data.

CAPO III
DELLA PROVA TESTIMONIALE

2721. Ammissibilità: limiti di valore.

La prova per testimoni dei contratti non è ammessa quando il valore dell'oggetto eccede i 2,58 euro [disp. att. 233; c.p.c. 244].

Tuttavia l'autorità giudiziaria può consentire la prova oltre il limite anzidetto, tenuto conto della qualità delle parti, della natura del contratto e di ogni altra circostanza.

■ Codice civile del 1865: *Art. 1341 Non è ammessa la prova per mezzo di testimoni di una convenzione sopra un oggetto, il cui valore eccede le lire cinquecento, ancorché si tratti di depositi volontari. Non è neppure ammessa tale prova contro od in aggiunta al contenuto in atti scritti, né sopra ciò che si allegasse essere stato detto avanti, contemporaneamente o posteriormente ai medesimi, ancorché si trattasse di somma o valore minore di lire cinquecento.*

Resta però in vigore quanto è stabilito nelle leggi relative al commercio.

Art. 1342. La regola precedente si applica al caso in cui l'azione, oltre la domanda del capitale, contiene quella degli interessi, se questi riuniti al capitale ecc., dono la somma di lire cinquecento.

Art. 1343. Quegli che ha fatta una domali da per una somma eccedente le lire cinquecento, non può essere ammesso alla prova testimoniale, ancorché restringesse la sua prima domanda.

Art. 1344. Non può essere ammessa la prova testimoniale sopra la domanda di somma anche minore di lire cinquecento, quando sia dichiarato che tale soni ma è residuo o parte di un credito maggiore, il quale non è provato per iscritto.

Art. 1345. Se nel medesimo giudizio una parte fa più domande, delle quali non ha documento in iscritto, o che congiunte insieme eccedono la somma di lire cinquecento, la prova per testimoni non può essere ammessa, ancorché la parte allegasse che tali crediti provengono da diverse cause, e che furono formati in diversi tempi, purché simili ragioni non derivassero da diverse persone per titolo di successione, donazione od altrimenti.

Art. 1346. Tutte le domande, da qualunque causa procedano, che non sono interamente giustificate per iscritto, devono essere proposte nello stesso giudizio.

Le domande proposte in giudizi successivi non possono provarsi per testimoni.

Art. 1347. Le regole sopra stabilite soggiacciono ad eccezione, quando vi è un principio di prova per iscritto.

Questo principio di prova risulta da qualunque scritto che provenga da colui contro il quale si propone la domanda, o da quello che egli rappresenta, e che renda verosimile il fatto allegato.

2722. Patti aggiunti o contrari al contenuto di un documento.

La prova per testimoni non è ammessa se ha per oggetto patti aggiunti o contrari al contenuto di un documento, per i quali si alleghi che la stipulazione è stata anteriore o contemporanea.

■ Codice civile del 1865: *Art. 1341 Non è ammessa la prova per mezzo di testimoni di una convenzione sopra un oggetto, il cui valore eccede le lire cinquecento, ancorché si tratti di depositi volontari. Non è neppure ammessa tale prova contro od in aggiunta al contenuto in atti scritti, né sopra ciò che si allegasse essere stato detto avanti, contemporaneamente o posteriormente ai medesimi, ancorché si trattasse di somma o valore minore di lire cinquecento.*

Resta però in vigore quanto è stabilito nelle leggi relative al commercio.

2723. Patti posteriori alla formazione del documento.

Qualora si alleghi che, dopo la formazione di un documento, è stato stipulato un patto aggiunto o contrario al contenuto di esso, l'autorità giudiziaria può consentire la prova per testimoni soltanto se, avuto riguardo alla qualità delle parti, alla natura del contratto e a ogni altra circostanza, appare verosimile che siano state fatte aggiunte o modificazioni verbali.

■ Codice civile del 1865: *Art. 1341 Non è ammessa la prova per mezzo di testimoni di una convenzione sopra un oggetto, il cui valore eccede le lire cinquecento, ancorché si tratti di depositi volontari. Non è neppure ammessa tale prova contro od in aggiunta al contenuto in atti scritti, né sopra ciò che si allegasse essere stato detto avanti, contemporaneamente o posteriormente ai medesimi, ancorché si trattasse di somma o valore minore di lire cinquecento.*

Resta però in vigore quanto è stabilito nelle leggi relative al commercio.

2724. Eccezioni al divieto della prova testimoniale.

La prova per testimoni [c.p.c. 244 ss.] è ammessa in ogni caso:

1) quando vi è un principio di prova per iscritto [241, 242, 2717]: questo è costituito da qualsiasi scritto, proveniente dalla persona contro la quale è diretta la domanda o dal suo rappresentante, che faccia apparire verosimile il fatto allegato;

2) quando il contraente è stato nell'impossibilità morale o materiale di procurarsi una prova scritta;

3) quando il contraente ha senza sua colpa perduto il documento che gli forniva la prova.

■ Codice civile del 1865: *Art. 1347. Le regole sopra stabilite soggiacciono ad eccezione, quando vi è un principio di prova per iscritto.*

Questo principio di prova risulta da qualunque scritto che provenga da colui contro il quale si propone la domanda, o da quello che egli rappresenta, e che renda verosimile il fatto allegato.

Art. 1348. Le dette regole soggiacciono anche ad eccezione, ogniqualvolta non è stato possibile al creditore di procurarsi una prova scritta dell'obbligazione contratta verso di lui, ovvero il creditore ha perduto il documento che gli serviva di tratta per iscritto in conseguenza di un caso fortuito impreveduto e derivante da forza maggiore.

Il primo caso si verifica:

1° Nelle obbligazioni che nascono dai quasi-contratti, dai delitti o quasi-delitti;

2° Nei depositi necessari tutti in caso d'incendio, rovina, tumulto naufragio, ed in quelli fatti dai viaggiatori negli alber-

ghi dove alloggiano, od ai vetturini che li conducono, e tutto ciò secondo la qualità delle persone e le circostanze del fatto;

3° Nelle obbligazioni contratte in casi d'accidenti impreveduti che non permettessero di fare atti per iscritto.

2725. Atti per i quali è richiesta la prova per iscritto o la forma scritta.

Quando, secondo la legge [918, 1659, 1888, 1908 comma 2, 1919 comma 2, 1928, 1967, 2096, 2556 comma 1, 2581 comma 2, 2596; c.p.c. 29 comma 1] o la volontà delle parti, un contratto deve essere provato per iscritto, la prova per testimoni è ammessa soltanto nel caso indicato dal n. 3 dell'articolo precedente.

La stessa regola si applica nei casi in cui la forma scritta è richiesta sotto pena di nullità.

2726. Prova del pagamento e della remissione.

Le norme stabilite per la prova testimoniale dei contratti si applicano anche al pagamento [1188 ss.] e alla remissione del debito [1236].

CAPO IV

DELLE PRESUNZIONI

2727. Nozione.

Le presunzioni sono le conseguenze che la legge o il giudice trae da un fatto noto per risalire a un fatto ignorato.

■ Codice civile del 1865: *Art. 1349. Le presunzioni sono le conseguenze che la legge o il giudice deduce da un fatto noto per risalire ad un fatto ignoto.*

♦ Codice civile francese

Articolo 1349 *Le presunzioni sono conseguenze che la legge od il giudice traggono da un fatto conosciuto per un fatto sconosciuto*

2728. Prova contro le presunzioni legali.

Le presunzioni legali dispensano da qualunque prova coloro a favore dei quali esse sono stabilite.

Contro le presunzioni sul fondamento delle quali la legge dichiara nulli certi atti o non ammette l'azione in giudizio non può essere data prova contraria, salvo che questa sia consentita dalla legge stessa.

■ Codice civile del 1865: *Art. 1352. La presunzione legale dispensa da qualunque prova quello a cui favore essa ha luogo.*

♦ Codice civile francese

Articolo 1352. *La presunzione legale dispensa da ogni prova colui al cui vantaggio essa è posta. Nessuna prova è ammessa contro la presunzione di legge, quando sul fondamento di questa presunzione, essa annulla certi atti o disconosce l'azione legale, a meno che essa non abbia riservato la prova contraria e salvo quello che sarà detto nel giuramento e nella confessione giudiziale.*

2729. Presunzioni semplici.

Le presunzioni non stabilite dalla legge sono lasciate alla prudenza del giudice [c.p.c. 116], il quale non deve ammettere che presunzioni gravi, precise e concordanti.

Le presunzioni non si possono ammettere nei casi in cui la legge esclude la prova per testimoni [2721, 2722].

■ Codice civile del 1865: *Art. 1354. Le presunzioni che non sono stabilite dalla legge, sono lasciate alla prudenza del giudice, il quale non deve ammettere che presunzioni gravi, precise e concordanti, e solamente nè casi in cui la legge ammette la prova testimoniale.*

♦ Codice civile francese

Articolo 1353. *Le presunzioni che non sono stabilite dalla legge, sono lasciate ai lumi ed alla prudenza del giudice che deve ammettere solo le presunzioni gravi, precise e concordanti, e nel caso solamente in cui la legge ammette le prove testimoniali, a meno che l'atto non sia attaccato per frode o dolo.*

CAPO V

DELLA CONFESSIONE

2730. Nozione.

La confessione è la dichiarazione che una parte fa della verità di fatti ad essa sfavorevoli e favorevoli all'altra parte.

La confessione è giudiziale o stragiudiziale [2733, 2735; c.p.c. 228].

■ Codice civile del 1865: *Art. 1355. La confessione è giudiziale e stragiudiziale.*

2731. Capacità richiesta per la confessione.

La confessione non è efficace se non proviene da persona capace di disporre del diritto [2733], a cui i fatti confessati si riferiscono. Qualora sia resa da un rappresentante, è efficace solo se fatta entro i limiti e nei modi in cui questi vincola il rappresentato.

■ Codice civile del 1865: *Art. 1361. Per produrre i suoi effetti la confessione deve essere fatta da persone capaci di obbligarsi.*

La confessione di tutori ed amministratori non pregiudica agli amministra tori, se non quando sia fatta nè casi modi per cui essi possono obbligare gli amministrati medesimi.

2732. Revoca della confessione.

La confessione non può essere revocata se non si prova che è stata determinata da errore di fatto [1427 ss.] o da violenza [1434, 1435].

■ Codice civile del 1865: *Art. 1360. La confessione giudiziale o stragiudiziale non può essere divisa in danno di chi l'ha fatta.*

Non può rivocarsi, quando non si provi ch'essa fu la conseguenza di un errore di fatto.

Non può ritrattarsi sotto pretesto di un errore di diritto.

2733. Confessione giudiziale.

È giudiziale la confessione resa in giudizio [c.p.c. 228].

CODICE CIVILE

Essa forma piena prova contro colui che l'ha fatta, purché non verta su fatti relativi a diritti non disponibili.

In caso di litisconsorzio necessario, la confessione resa da alcuni soltanto dei litisconsorti è liberamente apprezzata dal giudice [1309, 2728 comma 3; c.p.c. 116].

■ Codice civile del 1865: *Art. 1356. La confessione giudiziale è la dichiarazione che la parte o il suo procuratore speciale fa dinanzi un giudice, ancorché incompetente.*

Essa forma piena prova contro colui che l'ha fatta.

2734. Dichiarazioni aggiunte alla confessione.

Quando alla dichiarazione indicata dall'articolo 2730 si accompagna quella di altri fatti o circostanze tendenti a infirmare l'efficacia del fatto confessato ovvero a modificarne o a estinguerne gli effetti, le dichiarazioni fanno piena prova nella loro integrità se l'altra parte non contesta la verità dei fatti o delle circostanze aggiunte. In caso di contestazione, è rimesso al giudice di apprezzare, secondo le circostanze, l'efficacia probatoria delle dichiarazioni.

2735. Confessione stragiudiziale.

La confessione stragiudiziale fatta alla parte o a chi la rappresenta ha la stessa efficacia probatoria di quella giudiziale [2733]. Se è fatta a un terzo o se è contenuta in un testamento [587], è liberamente apprezzata dal giudice [c.p.c. 116].

La confessione stragiudiziale non può provarsi per testimoni, se verte su un oggetto per il quale la prova testimoniale non è ammessa dalla legge [2721 ss.].

■ Codice civile del 1865: *Art. 1357. La confessione stragiudiziale è quella che si fa fuori di giudizio.*

Art. 1358. Se la confessione stragiudiziale è fatta alla parte o a chi la rappresenta, forma una piena prova.

Se è fatta ad un terzo, non può somministrare che un semplice indizio.

Art. 1359. La confessione stragiudiziale non può provarsi per testimoni, qualora si tratti di domanda per cui la legge non ammette la prova testimoniale.

CAPO VI
DEL GIURAMENTO

2736. Specie.

Il giuramento è di due specie:

1) è decisorio quello che una parte deferisce all'altra per farne dipendere la decisione totale o parziale della causa [2960; c.p.c. 233];

2) è suppletorio quello che è deferito d'ufficio dal giudice a una delle parti al fine di decidere la causa quando la domanda o le eccezioni non sono pienamente provate, ma non sono del tutto sfornite di prova [c.p.c. 240], ovvero quello che è deferito al fine di stabilire il valore della cosa domandata, se non si può accertarlo altrimenti [c.p.c. 241].

■ Codice civile del 1865: *Art. 1363. Il giuramento è di due specie*

1° Quello che una parte deferisci all'altra per farne dipendere la decisioni della controversia, e chiamasi decisorio

2° Quello che dal giudice viene deferito d'uffizio all'una o all'altra parte.

2737. Capacità delle parti.

Per deferire [c.p.c. 233] o riferire [c.p.c. 234] il giuramento si richiedono le condizioni indicate dall'articolo 2731.

2738. Efficacia.

Se è stato prestato il giuramento deferito o riferito [c.p.c. 233, 234], l'altra parte non è ammessa a provare il contrario, né può chiedere la revocazione della sentenza qualora il giuramento sia stato dichiarato falso [c.p.c. 395].

Può tuttavia domandare il risarcimento dei danni nel caso di condanna penale per falso giuramento. Se la condanna penale non può essere pronunziata perché il reato è estinto, il giudice civile può conoscere del reato al solo fine del risarcimento [c.p. 198][1].

In caso di litisconsorzio necessario [c.p.c. 102], il giuramento prestato da alcuni soltanto dei litisconsorti è liberamente apprezzato dal giudice.

[1] La Corte costituzionale, con sentenza 4 aprile 1996, n. 105, ha dichiarato l'illegittimità costituzionale del presente comma, nella parte in cui non prevede che il giudice civile possa conoscere del reato di falso giuramento al solo fine del risarcimento anche nel caso in cui la sentenza irrevocabile di assoluzione pronunziata nel giudizio penale non abbia efficacia di giudicato nei confronti del danneggiato.

■ Codice civile del 1865: *Art. 1370. Se fu prestato il giuramento deferito o riferito, non si ammette l'altra parte a provarne la falsità.*

2739. Oggetto.

Il giuramento non può essere deferito o riferito per la decisione di cause relative a diritti di cui le parti non possono disporre [1966], né sopra un fatto illecito [2043] o sopra un contratto per la validità del quale sia richiesta la forma scritta [1350], né per negare un fatto che da un atto pubblico risulti avvenuto alla presenza del pubblico ufficiale che ha formato l'atto stesso [2700].

Il giuramento non può essere deferito che sopra un fatto proprio della parte a cui si deferisce o sulla conoscenza che essa ha di un fatto altrui [2960] e non può essere riferito qualora il fatto che ne è l'oggetto non sia comune a entrambe le parti.

■ Codice civile del 1865: *Art. 1364. Il giuramento decisorio può essere deferito in qualunque specie di controversia civile.*

Non si può deferire sopra un fatto delittuoso, né sopra una convenzione per la cui validità la legge esiga un atto scritto, né per impugnare uii fatto che un atto pubblico ai testi seguito nell'atto steso avanti l'uffiziale pubblico che l'ha ricevuto.

Art. 1365. Non può essere deferito che sopra un fatto specifico proprio di colui al quale si deferisce, ovvero sulla semplice notizia d'un fatto.

Art. 1369. Il giuramento non può riferirsi quando il fatto che ne è l'oggetto, non è comune ad ambedue le parti ma soltanto proprio di quella a cui fu deferito.

TITOLO III
DELLA RESPONSABILITÀ PATRIMONIALE, DELLE CAUSE DI PRELAZIONE E DELLA CONSERVAZIONE DELLA GARANZIA PATRIMONIALE

CAPO I
DISPOSIZIONI GENERALI

2740. Responsabilità patrimoniale.

Il debitore risponde dell'adempimento delle obbligazioni [1218] con tutti i suoi beni presenti e futuri [2901, 2910, 2929-*bis*; L. fall. 42, comma 2, 46].

Le limitazioni della responsabilità non sono ammesse se non nei casi stabiliti dalla legge [170, 187, 188, 326, 490, 695, 2313, 2447-*bis*, 2645-*ter*; c.p.c. 514, 545; L. fall. 46].

● Norme connesse:

- artt. 42, 46, R.D. 16 marzo 1942, n. 267; L. 16 ottobre 1989, n. 364.

- art. 114-terdecies, D.Lgs. 1 settembre 1993, n. 385; art. 22, D.Lgs. 24 febbraio 1998, n. 58.

■ Codice civile del 1865: *Art. 1948. Chiunque sia obbligato personalmente, è tenuto ad adempiere le contratte obbligazioni con tutti i suoi beni mobili ed immobili, presenti e futuri.*

♦ Codice civile francese

Articolo 2284. *Chiunque si obbliga personalmente è tenuto ad adempiere la sua obbligazione con tutti i suoi beni mobiliari ed immobiliari, presenti e futuri.*

2741. Concorso dei creditori e cause di prelazione.

I creditori hanno eguale diritto di essere soddisfatti sui beni del debitore [c.p.c. 498 ss.], salve le cause legittime di prelazione [514; c.p.c. 528]

Sono cause legittime di prelazione [L. fall. 62] i privilegi [2745 ss.], il pegno [2784 ss.] e le ipoteche [2808 ss.].

● Norme connesse:

- art. 52, R.D. 16 marzo 1942, n. 267.

■ Codice civile del 1865: *Art. 1949. I beni del debitore sono la garantia comune dei suoi creditori, e questi vi hanno tutti un eguale diritto quando fra essi non vi sono cause legittime di prelazione.*

Art. 1950. Le cause legittime di prelazione sono i privilegi e le ipoteche.

♦ Codice civile francese

Articolo 2323. *Le cause legittime di prelazione sono i privilegi e le ipoteche.*

2742. Surrogazione dell'indennità alla cosa.

Se le cose soggette a privilegio [2745 ss.], pegno [2784 ss.] o ipoteca [2808 ss.] sono perite [2743] o deteriorate, le somme dovute dagli assicuratori per indennità della perdita o del deterioramento [c.nav. 553, 1026] sono vincolate al pagamento dei crediti privilegiati, pignoratizi o ipotecari, secondo il loro grado, eccetto che le medesime vengano impiegate a riparare la perdita o il deterioramento. L'autorità giudiziaria può, su istanza degli interessati, disporre le opportune cautele per assicurare l'impiego delle somme nel ripristino o nella riparazione della cosa.

Gli assicuratori sono liberati qualora paghino dopo trenta giorni dalla perdita o dal deterioramento, senza che sia stata fatta opposizione. Quando però si tratta di immobili su cui gravano iscrizioni, gli assicuratori non sono liberati se non dopo che è decorso senza opposizione il termine di trenta giorni dalla notificazione ai creditori iscritti [2844] del fatto che ha dato luogo alla perdita o al deterioramento.

Sono del pari vincolate al pagamento dei crediti suddetti le somme dovute per causa di servitù coattive [1032] o di comunione forzosa [874, 875] o di espropriazione per pubblico interesse [834], osservate, per quest'ultima, le disposizioni della legge speciale.

● Norme connesse:

- art. 34 (*Soggetti aventi titolo all'indennità)*, D.P.R. 8 giugno 2001, n. 327 (T.U. espropriazioni), che dispone: *1. L'indennità di esproprio spetta al proprietario del bene da espropriare ovvero all'enfiteuta, se ne sia anche possessore.*

2. Dopo la trascrizione del decreto di esproprio o dell'atto di cessione, tutti i diritti relativi al bene espropriato possono essere fatti valere esclusivamente sull'indennità.

3. L'espropriante non è tenuto ad intervenire nelle controversie tra il proprietario e l'enfiteuta e non sopporta aumenti di spesa a causa del riparto tra di loro dell'indennità.

4. Salvo quanto previsto dall'articolo 42, il titolare di un diritto reale o personale sul bene non ha diritto ad una indennità aggiuntiva, può far valere il suo diritto sull'indennità di esproprio e può proporre l'opposizione alla stima, ovvero intervenire nel giudizio promosso dal proprietario.

■ Codice civile del 1865: *Art. 1951. Se le cose soggette a privilegio od ipoteca sono perite o deteriorate, le somme dovute dagli assicuratori per indennità della perdita e del deterioramento sono vincolate al pagamento dei crediti privilegiati od ipotecari secondo il loro grado, eccetto che le medesime vengano impiegate a riparare la perdita o il deterioramento.*

Gli assicuratori sono però liberati, qualora paghino dopo trenta giorni dalla perdita o dal deterioramento, senza che siasi fatta opposizione.

Sono altresì vincolate al pagamento dei detti crediti le somme dovute per causa di spropriazione forzata per pubblica utilità o di servitù imposta dalla legge.

2743. Diminuzione della garanzia.

Qualora la cosa data in pegno o sottoposta a ipoteca perisca o si deteriori, anche per caso fortuito, in modo da essere insufficiente alla sicurezza del creditore, questi può chiedere che gli sia prestata idonea

CODICE CIVILE

garanzia su altri beni e in mancanza, può chiedere l'immediato pagamento del suo credito [1186].

2744. Divieto del patto commissorio.

È nullo il patto col quale si conviene che, in mancanza del pagamento del credito nel termine fissato, la proprietà della cosa ipotecata o data in pegno passi al creditore. Il patto è nullo anche se posteriore alla costituzione dell'ipoteca o del pegno [1851, 1963, 2798][1].

[1] Il patto marciano è oggi espressamente consentito e disciplinato dall'articolo 48-bis e dall'art. 120-quinquiesdecies D.Lgs. 1 settembre 1993, n. 385, comma terzo; si veda anche l'art. 1 della L. 2 aprile 2015, n. 44 che modifica l'articolo 11-quaterdecies del D.L. 30 settembre 2005, n. 203, convertito, con modificazioni, dalla L. 2 dicembre 2005, n. 248, in materia di disciplina del prestito vitalizio ipotecario. V., anche, artt. 4 e 6, comma 2, D.Lgs. 21 maggio 2004, n. 170. V., anche, art. 1, commi 136-140, L. 4 agosto 2017, n. 124.

Capo II
Dei privilegi

● Norme connesse:

- per le modificazioni alla disciplina dei privilegi, art. 15, L. 29 luglio 1975, n. 426, che dispone: *Le disposizioni dei precedenti articoli si osservano anche per i crediti sorti anteriormente all'entrata in vigore della presente legge. Esse si applicano altresì se il privilegio è stato fatto valere anteriormente qualora la procedura sia ancora in corso al momento dell'entrata in vigore della legge stessa.*

I titolari di crediti privilegiati, intervenuti nell'esecuzione o ammessi al passivo fallimentare in data anteriore all'entrata in vigore della presente legge, possono contestare i crediti che, per effetto delle nuove norme di cui ai precedenti articoli, sono stati anteposti ai loro crediti nel grado del privilegio, proponendo opposizione a norma dell'art. 512 del codice di procedura civile, fino alla distribuzione della somma ricavata dalla vendita, oppure l'impugnazione prevista dall'art. 100 del regio decreto 16 marzo 1942, n. 267, fino a che il giudice competente non abbia reso esecutivo il riparto finale, secondo le norme contenute nello stesso decreto.

Ai crediti relativi a tributi soppressi in attuazione della legge 9 ottobre 1971, n. 825, continuano ad applicarsi in materia di privilegi le disposizioni di legge vigenti anteriormente all'entrata in vigore della presente legge.

Sezione I
Disposizioni generali

2745. Fondamento del privilegio.

Il privilegio [2741] è accordato dalla legge in considerazione della causa del credito [disp. att. 234; c.nav. 551]. La costituzione del privilegio può tuttavia dalla legge essere subordinata alla convenzione delle parti; può anche essere subordinata a particolari forme di pubblicità [2762, 2810].

■ Codice civile del 1865: *Art. 1952. Il privilegio è un diritto di prelazione che la legge accorda in riguardo alla causa del credito.*

2746. Distinzione dei privilegi.

Il privilegio è generale o speciale. Il primo si esercita su tutti i beni mobili del debitore [2751], il secondo su determinati beni mobili [2755] o immobili [2770].

■ Codice civile del 1865: *Art. 1955. I privilegi sopra i mobili sono generali o speciali.*

I primi comprendono tutti i beni mobili del debitore; i secondi colpiscono determinati mobili.

♦ Codice civile francese

Articolo 2330. *I privilegi sono o generali o particolari su certi beni mobili.*

2747. Efficacia del privilegio.

Il privilegio generale non può esercitarsi in pregiudizio dei diritti spettanti ai terzi sui mobili che ne formano oggetto [1153], salvo quanto è disposto dagli articoli 2913, 2914, 2915 e 2916.

Se la legge non dispone diversamente [2756 comma 2, 2757 comma 3, 2760 comma 2 2761, 2764, 2765], il privilegio speciale sui mobili [2755], sempre che sussista la particolare situazione alla quale è subordinato [2769], può esercitarsi in pregiudizio dei diritti acquistati dai terzi posteriormente al sorgere di esso.

2748. Efficacia del privilegio speciale rispetto al pegno e alle ipoteche.

Se la legge non dispone altrimenti, il privilegio speciale sui beni mobili non può esercitarsi in pregiudizio del creditore pignoratizio [2777, 2781; disp. att. 234].

I creditori che hanno privilegio sui beni immobili sono preferiti ai creditori ipotecari se la legge non dispone diversamente [2770, 2774; disp. att. 234].

■ Codice civile del 1865: *Art. 1953. Il credito privilegiato è preferito a tutti gli altri crediti anche ipotecari.*

Fra più crediti privilegiati la prelazione viene dalla legge determinata secondo la qualità del privilegio.

2749. Estensione del privilegio.

Il privilegio accordato al credito si estende alle spese ordinarie per l'intervento nel processo di esecuzione [c.p.c. 498]. Si estende anche agli interessi dovuti per l'anno in corso alla data del pignoramento [c.p.c. 491] e per quelli dell'anno precedente.

Gli interessi successivamente maturati hanno privilegio nei limiti della misura legale [1284] fino alla data della vendita [2788, 2855].

● Norme connesse:

- art. 76, comma 5, del Codice della crisi di impresa e dell'insolvenza, attuativo della Legge delega 19 ottobre 2017, n. 155 (D.Lgs. 12 gennaio 2019, n. 14), in tema di effetti sui privilegi, pegni e ipoteca della presentazione della domanda di concordato minore.

2750. Privilegi marittimi, aeronautici e privilegi stabiliti da leggi speciali.

I privilegi sulla nave, sul nolo e sulle cose caricate e i privilegi sull'aeromobile, sul nolo e sulle cose caricate sono regolati dal codice della navigazione [c.nav. 548-561, 1022].

Ai privilegi previsti da leggi speciali si applicano le norme di questo capo, se non è diversamente disposto.

● Norme connesse:

- comma 1: per la disciplina dei privilegi marittimi ed aeronautici, v. artt. da 548 a 564 e da 1022 a 1026, c.nav.

- comma 2: per il privilegio degli istituti di credito che concedono finanziamenti a medio e lungo termine alle imprese, art. 46, D.Lgs. 1° settembre 1993, n. 385, nel testo modificato dall'art. 12, D.L. 23 dicembre 2013, n. 145, convertito in L. 21 febbraio 2014, n. 9, che dispone: *1. La concessione di finanziamenti a medio e lungo termine da parte di banche alle imprese può essere garantita da privilegio speciale su beni mobili, comunque destinati all'esercizio dell'impresa, non iscritti nei pubblici registri. Il privilegio può avere a oggetto:*

a) impianti e opere esistenti e futuri, concessioni e beni strumentali;

b) materie prime, prodotti in corso di lavorazione, scorte, prodotti finiti, frutti, bestiame e merci;

c) beni comunque acquistati con il finanziamento concesso;

d) crediti, anche futuri, derivanti dalla vendita dei beni indicati nelle lettere precedenti.

1-bis. Il privilegio previsto dal presente articolo può essere costituito anche per garantire obbligazioni e titoli similari emessi da società ai sensi degli articoli 2410 e seguenti o 2483 del codice civile, la cui sottoscrizione e circolazione è riservata a investitori qualificati ai sensi dell'articolo 100 del decreto legislativo 24 febbraio 1998, n. 58.

2. Il privilegio, a pena di nullità, deve risultare da atto scritto. Nell'atto devono essere esattamente descritti i beni e i crediti sui quali il privilegio viene costituito, la banca creditrice o, nel caso di obbligazioni o titoli di cui al comma 1-bis, il sottoscrittore o i sottoscrittori di tali obbligazioni o un loro rappresentante, il debitore e il soggetto che ha concesso il privilegio, l'ammontare e le condizioni del finanziamento o, nel caso di obbligazioni o titoli di cui al comma 1-bis, gli elementi di cui ai numeri 1), 3), 4) e 6) dell'articolo 2414 del codice civile o di cui all'articolo 2483, comma 3, del codice civile nonché la somma di denaro per la quale il privilegio viene assunto.

3. L'opponibilità a terzi del privilegio sui beni è subordinata alla trascrizione, nel registro indicato nell'articolo 1524, secondo comma, del codice civile, dell'atto dal quale il privilegio risulta. La trascrizione deve effettuarsi presso i competenti uffici del luogo ove ha sede l'impresa finanziata e presso quelli del luogo ove ha sede o risiede il soggetto che ha concesso il privilegio.

4. Il privilegio previsto dal presente articolo si colloca nel grado indicato nell'art. 2777, ultimo comma, del codice civile e non pregiudica gli altri titoli di prelazione di pari grado con data certa anteriore a quella della trascrizione.

5. Fermo restando quanto disposto dall'art. 1153 del codice civile, il privilegio può essere esercitato anche nei confronti dei terzi che abbiano acquistato diritti sui beni che sono oggetto dello stesso dopo la trascrizione prevista dal comma 3. Nell'ipotesi in cui non sia possibile far valere il privilegio nei confronti del terzo acquirente, il privilegio si trasferisce sul corrispettivo.

6. Gli onorari notarili sono ridotti alla metà.

- art. 47, D.Lgs. 1 settembre 1993, n. 385.

Sezione II

Dei privilegi sui mobili

§ 1

Dei privilegi generali sui mobili

2751. Crediti per spese funebri, d'infermità, alimenti.

Hanno privilegio generale [2746] sui mobili, nell'ordine che segue, i crediti riguardanti [2776, 2778 n. 17, 2782]:

1) le spese funebri necessarie secondo gli usi [disp. prel. 8];

2) le spese d'infermità fatte negli ultimi sei mesi della vita del debitore;

3) le somministrazioni di vitto, vesti e alloggio [2778, n. 17], nei limiti della stretta necessità, fatte al debitore per lui e per la sua famiglia negli ultimi sei mesi;

4) i crediti di alimenti per gli ultimi tre mesi a favore delle persone alle quali gli alimenti sono dovuti per legge [433; c.p.c. 545][1].

[1] Articolo così sostituito dall'art. 1, L. 29 luglio 1975, n. 426.

■ Codice civile del 1865: *Art. 1956. Hanno privilegio sulla generalità dei mobili nell'ordine seguenti i crediti riguardanti:*

1° Le spese di giustizia fatte per atti conservativi o di esecuzione sui mobili nell'interesse comune dei creditori;

2° Le spese funebri necessarie secondo gli usi;

3° Le spese d'infermità fatte negli ultimi sei mesi della vita del debitore;

4° Le somministrazioni di alimenti fatte al debitore per lui e per la sua famiglia negli ultimi sei mesi, ed i salari delle persone di servizio per egual tempo.

♦ Codice civile francese

Articolo 2331. *I crediti privilegiati sulla generalità dei beni mobili sono quelli qui sotto indicati e si esercitano nel seguente ordine. 1 le spese di giustizia; 2° le spese funebri; 3° le spese qualsiasi dell'ultima malattia, quale che ne sia stata la fine, in concorrenza tra coloro a cui sono dovuti; 4° senza pregiudizio dell'eventuale applicazione delle disposizioni degli articoli L 143.10, L143.11, L 742.6 e L 751.15 del codice di lavoro; le remunerazioni dei generi di servizio per l'anno terminato e l'anno in corso; lo stipendio differito risultante dal contratto di lavoro istituito dall'articolo 63 del decreto del 29 luglio 1939 relativo alla famiglia ed alla natalità francese per l'anno terminato e l'anno in corso; il credito del coniuge superstite istituito dall'articolo 14 della legge n. 89-1008 del 31 dicembre 1989 relativa allo sviluppo delle imprese commerciali ed artigianali ed al miglioramento dell'ambiente economico, giuridico e sociale ed il credito del coniuge superstite istituito dall'articolo L 321.21.1 del codice rurale; le remunerazioni per i sei ultimi mesi dei salariati, apprendisti e l'indennità dovuta dal datore di lavoro ai giovani in stage, come previsto all'articolo L 980.11.1 del codice di lavoro; l'indennità prevista all'articolo L 122.3.4. del codice del lavoro e ['indennità prevista all'articolo L 124.4.4. dello stesso codice; !'indennità dovuta in ragione del licenziamento prevista all'articolo L 122.8*

CODICE CIVILE

del codice di lavoro e l'indennità compensatrice prevista all'articolo L 122.32.6 dello stesso codice; le indennità dovute per i licenziamenti pagati; le indennità dei licenziamenti dovute in applicazione dei contratti collettivi di lavoro, degli accordi collettivi di accertamento dei regolamenti di lavoro, degli usi e delle disposizioni degli articoli L 122.9, L 122.32.6, L 761.5 eL 761.7 del codice di lavoro per la totalità della porzione inferiore o uguale al plafond visto all'articolo L 143.10 del codice di lavoro e per un quarto della porzione superiore a detto plafond; le indennità dovute, all'occorrenza, ai salariati in applicazione degli articoli L 122.3.8, secondo comma, L 122.14.4, L 122.14.5, secondo comma, L 122.32.7 e L 122.32.9 del codice di lavoro; 5° le forniture delle sussistenze fatte al debitore e alla sua famiglia durante ['ultimo anno e durante lo stesso termine, i prodotti consegnati da un produttore agricolo nel quadro di un accordo interprofessionale a lungo termine omologato così come le somme dovute da ogni contraente di una impresa agricola in applicazione del contratto tipo omologato; 6° il credito della vittima di un incidente o dei suoi aventi causa relativo alle spese mediche, farmaceutiche, e funebri cosi come le indennità poste in seguito alla incapacità temporanea di lavoro, è garantito dal privilegio dell'articolo 2331 del codice civile e vi sarà iscritto sotto il 6°; 7° i sussidi dovute agli operai e lavoratori dalla cassa depositi e prestiti e dagli altri istituti autorizzati per gli assegni familiari o dai datori di lavoro dispensati dall'affiliazione con tali istituti in virtù dell'articolo 74 del libro I del codice del lavoro; 8° i crediti della cassa depositi e prestiti e degli altri istituti autorizzati al servizio degli assegni familiari nei confronti dei loro aderenti per le quote che si sono impegnati a versare in vista del pagamento degli assegni familiari e del conguaglio degli oneri che risultano dal versamento di dette prestazioni.

2751-*bis*. Crediti per retribuzioni e provvigioni, crediti dei coltivatori diretti, delle società od enti cooperativi e delle imprese artigiane.

Hanno privilegio generale [2746] sui mobili i crediti riguardanti [2776, 2777]:

1) le retribuzioni dovute, sotto qualsiasi forma, ai prestatori di lavoro subordinato [2094] e tutte le indennità dovute per effetto della cessazione del rapporto di lavoro, nonché il credito del lavoratore per i danni conseguenti alla mancata corresponsione, da parte del datore di lavoro, dei contributi previdenziali ed assicurativi obbligatori ed il credito per il risarcimento del danno subito per effetto di un licenziamento inefficace, nullo o annullabile [2099 ss., 2116, 2118, 2120][1];

2) le retribuzioni dei professionisti, compresi il contributo integrativo da versare alla rispettiva cassa di previdenza ed assistenza e il credito di rivalsa per l'imposta sul valore aggiunto, e di ogni altro prestatore d'opera intellettuale dovute per gli ultimi due anni di prestazione [2233][2];

3) le provvigioni derivanti dal rapporto di agenzia [1742] dovute per l'ultimo anno di prestazione e le indennità dovute per la cessazione del rapporto medesimo [1748];

4) i crediti del coltivatore diretto, sia proprietario che affittuario [1647], mezzadro [2141], colono [2164], soccidario [2170] o comunque compartecipante, per i corrispettivi della vendita dei prodotti nonché i crediti del mezzadro o del colono indicati dall'articolo 2765;

5) i crediti dell'impresa artigiana, definita ai sensi delle disposizioni legislative vigenti, nonchè delle società ed enti cooperativi di produzione e lavoro per i corrispettivi dei servizi prestati e della vendita dei manufatti[3];

5-bis) i crediti delle società cooperative agricole e dei loro consorzi per i corrispettivi della vendita dei prodotti[4].

5-ter) i crediti delle imprese fornitrici di lavoro temporaneo di cui alla legge 24 giugno 1997, n. 196, per gli oneri retributivi e previdenziali addebitati alle imprese utilizzatrici[5][6].

[1] La Corte costituzionale, con sentenza 28 novembre 1983, n. 326, ha dichiarato l'illegittimità costituzionale del presente numero, nella parte in cui non munisce del privilegio generale istituito dall'art. 2, L. 426 del 1975 il credito del lavoratore subordinato per danni conseguenti ad infortunio sul lavoro, del quale sia responsabile il datore di lavoro se nei limiti in cui il creditore non sia soddisfatto dalla percezione delle indennità previdenziali e assistenziali obbligatorie dovute al lavoratore subordinato in dipendenza dello stesso infortunio. La stessa Corte, con sentenza 29 maggio 2002, n. 220, ha dichiarato l'illegittimità costituzionale del presente numero, nella parte in cui non munisce del privilegio generale sui mobili il credito del lavoratore subordinato per danni conseguenti a malattia professionale, della quale sia responsabile il datore di lavoro. Con sentenza 6 aprile 2004, n. 113, la stessa Corte ha dichiarato l'illegittimità costituzionale del presente numero, nella parte in cui non munisce del privilegio generale sui mobili il credito del lavoratore subordinato per danni da demansionamento subiti a causa dell'illegittimo comportamento del datore di lavoro.

[2] Numero così modificato dall'art. 1, comma 474, L. 27 dicembre 2017, n. 205. Il testo previgente disponeva: *2) le retribuzioni dei professionisti e di ogni altro prestatore d'opera intellettuale dovute per gli ultimi due anni di prestazione.*

La Corte costituzionale, con sentenza 29 gennaio 1998, n. 1, ha dichiarato l'illegittimità costituzionale del presente numero, limitatamente alla parola «intellettuale».

[3] Numero così sostituito dall'art. 36, D.L. 9 febbraio 2012, n. 5, convertito in L. 4 aprile 2012, n. 35. Il testo previgente disponeva: *5) i crediti dell'impresa artigiana e delle società od enti cooperativi di produzione e di lavoro, per i corrispettivi dei servizi prestati e della vendita dei manufatti.* V., anche, artt. 2 e 3, L. 8 agosto 1985, n. 443.

[4] Numero aggiunto dall'art. 18, L. 31 gennaio 1992, n. 59.

[5] Numero aggiunto dall'art. 117, L. 23 dicembre 2000, n. 388. Le disposizioni di cui al presente numero si intendono riferite alla disciplina della somministrazione prevista dal D.Lgs. 10 settembre 2003, n. 276, recante attuazione delle deleghe in materia di occupazione e mercato del lavoro (art. 86, D.Lgs. 276/2003 cit.).

[6] Articolo aggiunto dall'art. 2, L. 29 luglio 1975, n. 426.

● Norme connesse:

- comma 1, n. 1: 1) per l'indennità per licenziamento ingiustificato, art. 8, L. 15 luglio 1966, n. 604, che dispone: *Quan-*

do risulti accertato che non ricorrono gli estremi del licenziamento per giusta causa o giustificato motivo, il datore di lavoro è tenuto a riassumere il prestatore di lavoro entro il termine di tre giorni o, in mancanza, a risarcire il danno versandogli un'indennità di importo compreso tra un minimo di 2,5 ed un massimo di 6 mensilità dell'ultima retribuzione globale di fatto, avuto riguardo al numero dei dipendenti occupati, alle dimensioni dell'impresa, all'anzianità di servizio del prestatore di lavoro, al comportamento e alle condizioni delle parti. La misura massima della predetta indennità può essere maggiorata fino a 10 mensilità per il prestatore di lavoro con anzianità superiore ai dieci anni e fino a 14 mensilità per il prestatore di lavoro con anzianità superiore ai venti anni, se dipendenti da datore di lavoro che occupa più di quindici prestatori di lavoro.

2) per il risarcimento del danno per licenziamento ingiustificato, art. 18, L. 20 maggio 1970, n. 300, nel testo modificato dall'art. 1, L. 28 giugno 2012, n. 92 che dispone: *Art. 18. Tutela del lavoratore in caso di licenziamento illegittimo. Il giudice, con la sentenza con la quale dichiara la nullità del licenziamento perchè discriminatorio ai sensi dell'articolo 3 della legge 11 maggio 1990, n. 108, ovvero intimato in concomitanza col matrimonio ai sensi dell'articolo 35 del codice delle pari opportunità tra uomo e donna, di cui al decreto legislativo 11 aprile 2006, n. 198, o in violazione dei divieti di licenziamento di cui all'articolo 54, commi 1, 6, 7 e 9, del testo unico delle disposizioni legislative in materia di tutela e sostegno della maternità e della paternità, di cui al decreto legislativo 26 marzo 2001, n. 151, e successive modificazioni, ovvero perchè riconducibile ad altri casi di nullità previsti dalla legge o determinato da un motivo illecito determinante ai sensi dell'articolo 1345 del codice civile, ordina al datore di lavoro, imprenditore o non imprenditore, la reintegrazione del lavoratore nel posto di lavoro, indipendentemente dal motivo formalmente addotto e quale che sia il numero dei dipendenti occupati dal datore di lavoro. La presente disposizione si applica anche ai dirigenti. A seguito dell'ordine di reintegrazione, il rapporto di lavoro si intende risolto quando il lavoratore non abbia ripreso servizio entro trenta giorni dall'invito del datore di lavoro, salvo il caso in cui abbia richiesto l'indennità di cui al terzo comma del presente articolo. Il regime di cui al presente articolo si applica anche al licenziamento dichiarato inefficace perchè intimato in forma orale.*

Il giudice, con la sentenza di cui al primo comma, condanna altresì il datore di lavoro al risarcimento del danno subito dal lavoratore per il licenziamento di cui sia stata accertata la nullità, stabilendo a tal fine un'indennità commisurata all'ultima retribuzione globale di fatto maturata dal giorno del licenziamento sino a quello dell'effettiva reintegrazione, dedotto quanto percepito, nel periodo di estromissione, per lo svolgimento di altre attività lavorative. In ogni caso la misura del risarcimento non potrà essere inferiore a cinque mensilità della retribuzione globale di fatto. Il datore di lavoro è condannato inoltre, per il medesimo periodo, al versamento dei contributi previdenziali e assistenziali.

Fermo restando il diritto al risarcimento del danno come previsto al secondo comma, al lavoratore è data la facoltà di chiedere al datore di lavoro, in sostituzione della reintegrazione nel posto di lavoro, un'indennità pari a quindici mensilità dell'ultima retribuzione globale di fatto, la cui richiesta determina la risoluzione del rapporto di lavoro, e che non è assoggettata a contribuzione previdenziale. La richiesta dell'indennità deve essere effettuata entro trenta giorni dalla comunicazione del deposito della sentenza, o dall'invito del datore di lavoro a riprendere servizio, se anteriore alla predetta comunicazione.

Il giudice, nelle ipotesi in cui accerta che non ricorrono gli estremi del giustificato motivo soggettivo o della giusta causa addotti dal datore di lavoro, per insussistenza del fatto contestato ovvero perchè il fatto rientra tra le condotte punibili con una sanzione conservativa sulla base delle previsioni dei contratti collettivi ovvero dei codici disciplinari applicabili, annulla il licenziamento e condanna il datore di lavoro alla reintegrazione nel posto di lavoro di cui al primo comma e al pagamento di un'indennità risarcitoria commisurata all'ultima retribuzione globale di fatto dal giorno del licenziamento sino a quello dell'effettiva reintegrazione, dedotto quanto il lavoratore ha percepito, nel periodo di estromissione, per lo svolgimento di altre attività lavorative, nonchè quanto avrebbe potuto percepire dedicandosi con diligenza alla ricerca di una nuova occupazione. In ogni caso la misura dell'indennità risarcitoria non può essere superiore a dodici mensilità della retribuzione globale di fatto. Il datore di lavoro è condannato, altresì, al versamento dei contributi previdenziali e assistenziali dal giorno del licenziamento fino a quello della effettiva reintegrazione, maggiorati degli interessi nella misura legale senza applicazione di sanzioni per omessa o ritardata contribuzione, per un importo pari al differenziale contributivo esistente tra la contribuzione che sarebbe stata maturata nel rapporto di lavoro risolto dall'illegittimo licenziamento e quella accreditata al lavoratore in conseguenza dello svolgimento di altre attività lavorative. In quest'ultimo caso, qualora i contributi afferiscano ad altra gestione previdenziale, essi sono imputati d'ufficio alla gestione corrispondente all'attività lavorativa svolta dal dipendente licenziato, con addebito dei relativi costi al datore di lavoro. A seguito dell'ordine di reintegrazione, il rapporto di lavoro si intende risolto quando il lavoratore non abbia ripreso servizio entro trenta giorni dall'invito del datore di lavoro, salvo il caso in cui abbia richiesto l'indennità sostitutiva della reintegrazione nel posto di lavoro ai sensi del terzo comma.

Il giudice, nelle altre ipotesi in cui accerta che non ricorrono gli estremi del giustificato motivo soggettivo o della giusta causa addotti dal datore di lavoro, dichiara risolto il rapporto di lavoro con effetto dalla data del licenziamento e condanna il datore di lavoro al pagamento di un'indennità risarcitoria onnicomprensiva determinata tra un minimo di dodici e un massimo di ventiquattro mensilità dell'ultima retribuzione globale di fatto, in relazione all'anzianità del lavoratore e tenuto conto del numero dei dipendenti occupati, delle dimensioni dell'attività economica, del comportamento e delle condizioni delle parti, con onere di specifica motivazione a tale riguardo.

Nell'ipotesi in cui il licenziamento sia dichiarato inefficace per violazione del requisito di motivazione di cui all'articolo 2, comma 2, della legge 15 luglio 1966, n. 604, e successive modificazioni, della procedura di cui all'articolo 7 della presente legge, o della procedura di cui all'articolo 7 della legge 15 luglio 1966, n. 604, e successive modificazioni, si applica il regime di cui al quinto comma, ma con attribuzione al lavoratore di un'indennità risarcitoria onnicomprensiva determinata, in relazione alla gravità della violazione formale o procedurale commessa dal datore di lavoro, tra un minimo di sei e un massimo di dodici mensilità dell'ultima retribuzione globale di fatto, con onere di specifica motivazione a tale riguardo, a meno che il giudice, sulla base della domanda del lavoratore, accerti che vi è anche un difetto di giustificazione del licen-

ziamento, nel qual caso applica, in luogo di quelle previste dal presente comma, le tutele di cui ai commi quarto, quinto o settimo.

Il giudice applica la medesima disciplina di cui al quarto comma del presente articolo nell'ipotesi in cui accerti il difetto di giustificazione del licenziamento intimato, anche ai sensi degli articoli 4, comma 4, e 10, comma 3, della legge 12 marzo 1999, n. 68, per motivo oggettivo consistente nell'inidoneità fisica o psichica del lavoratore, ovvero che il licenziamento è stato intimato in violazione dell'articolo 2110, secondo comma, del codice civile. Può altresì applicare la predetta disciplina nell'ipotesi in cui accerti la manifesta insussistenza del fatto posto a base del licenziamento per giustificato motivo oggettivo; nelle altre ipotesi in cui accerta che non ricorrono gli estremi del predetto giustificato motivo, il giudice applica la disciplina di cui al quinto comma. In tale ultimo caso il giudice, ai fini della determinazione dell'indennità tra il minimo e il massimo previsti, tiene conto, oltre ai criteri di cui al quinto comma, delle iniziative assunte dal lavoratore per la ricerca di una nuova occupazione e del comportamento delle parti nell'ambito della procedura di cui all'articolo 7 della legge 15 luglio 1966, n. 604, e successive modificazioni. Qualora, nel corso del giudizio, sulla base della domanda formulata dal lavoratore, il licenziamento risulti determinato da ragioni discriminatorie o disciplinari, trovano applicazione le relative tutele previste dal presente articolo.

Le disposizioni dei commi dal quarto al settimo si applicano al datore di lavoro, imprenditore o non imprenditore, che in ciascuna sede, stabilimento, filiale, ufficio o reparto autonomo nel quale ha avuto luogo il licenziamento occupa alle sue dipendenze più di quindici lavoratori o più di cinque se si tratta di imprenditore agricolo, nonchè al datore di lavoro, imprenditore o non imprenditore, che nell'ambito dello stesso comune occupa più di quindici dipendenti e all'impresa agricola che nel medesimo ambito territoriale occupa più di cinque dipendenti, anche se ciascuna unità produttiva, singolarmente considerata, non raggiunge tali limiti, e in ogni caso al datore di lavoro, imprenditore e non imprenditore, che occupa più di sessanta dipendenti.

Ai fini del computo del numero dei dipendenti di cui all'ottavo comma si tiene conto dei lavoratori assunti con contratto a tempo indeterminato parziale per la quota di orario effettivamente svolto, tenendo conto, a tale proposito, che il computo delle unità lavorative fa riferimento all'orario previsto dalla contrattazione collettiva del settore. Non si computano il coniuge e i parenti del datore di lavoro entro il secondo grado in linea diretta e in linea collaterale. Il computo dei limiti occupazionali di cui all'ottavo comma non incide su norme o istituti che prevedono agevolazioni finanziarie o creditizie.

Nell'ipotesi di revoca del licenziamento, purchè effettuata entro il termine di quindici giorni dalla comunicazione al datore di lavoro dell'impugnazione del medesimo, il rapporto di lavoro si intende ripristinato senza soluzione di continuità, con diritto del lavoratore alla retribuzione maturata nel periodo precedente alla revoca, e non trovano applicazione i regimi sanzionatori previsti dal presente articolo.

Nell'ipotesi di licenziamento dei lavoratori di cui all'articolo 22, su istanza congiunta del lavoratore e del sindacato cui questi aderisce o conferisca mandato, il giudice, in ogni stato e grado del giudizio di merito, può disporre con ordinanza, quando ritenga irrilevanti o insufficienti gli elementi di prova forniti dal datore di lavoro, la reintegrazione del lavoratore nel posto di lavoro.

L'ordinanza di cui al comma precedente può essere impugnata con reclamo immediato al giudice medesimo che l'ha pronunciata. Si applicano le disposizioni dell'articolo 178, terzo, quarto, quinto e sesto comma del codice di procedura civile.

L'ordinanza può essere revocata con la sentenza che decide la causa.

Nell'ipotesi di licenziamento dei lavoratori di cui all'articolo 22, il datore di lavoro che non ottempera alla sentenza di cui al primo comma ovvero all'ordinanza di cui all'undicesimo comma, non impugnata o confermata dal giudice che l'ha pronunciata, è tenuto anche, per ogni giorno di ritardo, al pagamento a favore del Fondo adeguamento pensioni di una somma pari all'importo della retribuzione dovuta al lavoratore.

3) art. 2, L. 29 maggio 1982, n. 297 (Disciplina del trattamento di fine rapporto e norme in materia pensionistica).

4) art. 5, L. 3 aprile 2001, n. 142, che dispone: *1. Il riferimento alle retribuzioni ed ai trattamenti dovuti ai prestatori di lavoro, previsti dall'articolo 2751-bis, numero 1), del codice civile, si intende applicabile anche ai soci lavoratori di cooperative di lavoro nei limiti del trattamento economico di cui all'articolo 3, commi 1 e 2, lettera a). La presente norma costituisce interpretazione autentica delle disposizioni medesime.*

2. Il rapporto di lavoro si estingue con il recesso o l'esclusione del socio deliberati nel rispetto delle previsioni statutarie e in conformità con gli articoli 2526 e 2527 del codice civile. Le controversie tra socio e cooperativa relative alla prestazione mutualistica sono di competenza del tribunale ordinario.

- comma 1, n. 5: artt. 2 (imprenditore artigiano) e 3 (impresa artigiana), L. 8 agosto 1985, n. 443 (Legge-quadro per l'artigianato).

- comma 1, n. 5-bis, L. 18 gennaio 1994, n. 44 (Disposizioni in materia di cooperative agricole).

2752. Crediti per tributi diretti dello Stato, per imposta sul valore aggiunto e per tributi degli enti locali.

Hanno privilegio generale [2746] sui mobili del debitore i crediti dello Stato per le imposte e le sanzioni dovute secondo le norme in materia di imposta sul reddito delle persone fisiche, imposta sul reddito delle persone giuridiche, imposta sul reddito delle società, imposta regionale sulle attività produttive ed imposta locale sui redditi[1].

[...][2].

Hanno altresì privilegio generale sui mobili del debitore i crediti dello Stato per le imposte, le pene pecuniarie e le sopratasse dovute secondo le norme relative all'imposta sul valore aggiunto [2776, 2778 n. 19].

Hanno lo stesso privilegio, subordinatamente a quello dello Stato, i crediti per le imposte, tasse e tributi dei comuni e delle province previsti dalla legge per la finanza locale e dalle norme relative all'imposta comunale sulla pubblicità e ai diritti sulle pubbliche affissioni [2778 n. 20][3 4].

1 Comma così sostituito dall'art. 33, D.Lgs. 26 febbraio 1999, n. 46 e poi così modificato prima dall'art. 39, D.L. 1 ottobre 2007, n. 159, convertito in L. 29 novembre 2007, n.

222, poi dall'art. 23, D.L. 6 luglio 2011, n. 98, convertito in L. 15 luglio 2011, n. 111. La Corte costituzionale, con sentenza 4 luglio 2013, n. 170, ha dichiarato l'illegittimità costituzionale dell'ultimo periodo del citato comma 37 che disponeva: "La disposizione così modificata si osserva anche per i crediti sorti anteriormente all'entrata in vigore del presente decreto" (citato D.L. 98/2011). Il testo precedente le modifiche apportate dal D.L. 98/2011 disponeva: *Hanno privilegio generale sui mobili del debitore i crediti dello Stato per l'imposta sul reddito delle persone fisiche, per l'imposta sul reddito delle persone giuridiche, per l'imposta regionale sulle attività produttive e per l'imposta locale sui redditi, diversi da quelli indicati nel primo comma dell'art. 2771, iscritti nei ruoli resi esecutivi nell'anno in cui il concessionario del servizio di riscossione procede o interviene nell'esecuzione e nell'anno precedente.*

Il testo precedente le modifiche apportate dal D.Lgs. 26 febbraio 1999, n. 46, disponeva: *Hanno privilegio generale sui mobili del debitore i crediti dello Stato per l'imposta sul reddito delle persone fisiche, sul reddito delle persone giuridiche e per l'imposta locale sui redditi, limitatamente all'imposta o alla quota d'imposta non imputabile ai redditi immobiliari e a quelli di natura fondiaria non determinabili catastalmente, iscritti nei ruoli principali, suppletivi, speciali o straordinari posti in riscossione nell'anno in cui si procede all'esecuzione e nell'anno precedente.*

Il testo precedente le modifiche apportate dalla L. 29 luglio 1975, n. 426, invece, disponeva: *Hanno privilegio generale sui mobili del debitore i crediti dello Stato per ogni tributo diretto, eccettuato quello fondiario, iscritti nel ruolo principale dell'anno in cui l'esattore procede o interviene nell'esecuzione e nel ruolo dell'anno precedente.*

[2] Comma abrogato dall'art. 33, D.Lgs. 26 febbraio 1999, n. 46 e poi così modificato dall'art. 39, D.L. 1 ottobre 2007, n. 159, convertito in L. 29 novembre 2007, n. 222. Il testo precedente le modifiche apportate dal D.Lgs. 26 febbraio 1999, n. 46, disponeva: *Se si tratta di ruoli suppletivi, e si procede per imposte relative a periodi d'imposta anteriori agli ultimi due, il privilegio non può esercitarsi per un importo superiore a quello degli ultimi due anni, qualunque sia il periodo cui le imposte si riferiscono.*

Il testo precedente le modifiche apportate dalla L. 29 luglio 1975, n. 426, invece, disponeva: *Qualora si tratti di ruoli suppletivi, il privilegio non può esercitarsi per un importo superiore a quello dell'ultimo biennio.*

[3] Articolo così sostituito dall'art. 3, L. 29 luglio 1975, n. 426.

[4] Ai fini del presente comma il riferimento alla "legge per la finanza locale" si intende effettuato a tutte le disposizioni che disciplinano i singoli tributi comunali e provinciali (art. 13, D.L. 6 dicembre 2011, n. 201, convertito in L. 22 dicembre 2011, n. 214).

● Norme connesse:

- per la revisione ed armonizzazione dell'imposta comunale sulla pubblicità e del diritto sulle pubbliche affissioni, della tassa per l'occupazione di spazi ed aree pubbliche dei comuni e delle province nonché della tassa per lo smaltimento dei rifiuti solidi urbani, D.Lgs. 15 novembre 1993, n. 507.

■ Codice civile del 1865: *Art. 1957. Hanno pure privilegio sulla generalità dei mobili del debitore i crediti dello Stato per ogni tributo diretto dell'anno in corso e dell'antecedente, comprese le sovr'imposte comunali e provinciali.*

Tale privilegio non si estende al tributo fondiario.

2753. Crediti per contributi di assicurazione obbligatoria per l'invalidità, la vecchiaia e i superstiti.

Hanno privilegio generale [2746] sui mobili del datore di lavoro i crediti derivanti dal mancato versamento dei contributi ad istituti, enti o fondi speciali, compresi quelli sostitutivi o integrativi, che gestiscono forme di assicurazione obbligatoria per l'invalidità, la vecchiaia ed i superstiti [2114 ss., 2778 n. 1][1].

[1] Articolo così sostituito dall'art. 4, L. 29 luglio 1975, n. 426. Il testo previgente disponeva: *Hanno privilegio generale sui mobili del datore di lavoro i crediti derivanti dal mancato versamento dei contributi assicurativi dovuti in conformità delle leggi sulla previdenza sociale.*

2754. Crediti per contributi relativi ad altre forme di assicurazione.

Hanno pure privilegio generale [2746] sui mobili del datore di lavoro i crediti per i contributi dovuti ad istituti ed enti per forme di tutela previdenziale e assistenziale diverse da quelle indicate dal precedente articolo, nonché gli accessori, limitatamente al cinquanta per cento del loro ammontare, relativi a tali crediti ed a quelli indicati dal precedente articolo [2778 n. 8][1].

[1] Articolo così sostituito dall'art. 4, L. 29 luglio 1975, n. 426. Il testo previgente disponeva: *Hanno pure privilegio generale sui mobili del datore di lavoro i crediti per i premi e i contributi di assicurazione con i relativi interessi, nonché per le somme supplementari a titolo di penale, riferentisi all'anno in corso al tempo dell'esecuzione e ai due precedenti, in conformità della legge sull'assicurazione obbligatoria contro gli infortuni sul lavoro e le malattie professionali.*

§ 2
Dei privilegi sopra determinati mobili

2755. Spese per atti conservativi o di espropriazione.

I crediti per spese di giustizia fatte per atti conservativi [c.p.c. 671] o per l'espropriazione di beni mobili [c.p.c. 513] nell'interesse comune dei creditori hanno privilegio sui beni stessi [2777, 2905, 2910].

● Norme connesse:

- per la disciplina dei privilegi iscritti sugli autoveicoli, art. 5, R.D.L. 15 marzo 1927, n. 436 che dispone: *I privilegi stabiliti nel primo, secondo e terzo comma dell'art. 2, debitamente iscritti, sono preferiti ad ogni altro privilegio generale e speciale, fatta eccezione di quelli previsti nell'art. 1956, numeri 1, 2, 3 e 4 del Codice civile, riguardanti rispettivamente:*

1) le spese di giustizia fatte per atti conservativi o di esecuzione sui mobili nell'interesse comune dei creditori;

2) le spese funebri necessarie secondo gli usi;

3) le spese di infermità fatte negli ultimi sei mesi della vita del debitore;

4) le somministrazioni di alimenti fatte al debitore per lui e per la sua famiglia negli ultimi sei mesi ed i salari delle persone di servizio per ugual tempo.

È fatta eccezione altresì per il privilegio riguardante i crediti dello Stato per i diritti di dogana e di registro e per ogni altro dazio o tributo indiretto sopra gli autoveicoli che ne furono l'oggetto, ai sensi dell'art. 1958, n. 1, del Codice civile.

Nel concorso fra i privilegi di cui ai commi primo, secondo e terzo dell'art. 2 il grado è determinato dalla data di iscrizione sul pubblico registro automobilistico di cui all'art. 11 del presente decreto.

■ Codice civile del 1865: *Art. 1956. Hanno privilegio sulla generalità dei mobili nell'ordine seguenti i crediti riguardanti:*

1° Le spese di giustizia fatte per atti conservativi o di esecuzione sui mobili nell'interesse comune dei creditori;

2° Le spese funebri necessarie secondo gli usi;

3° Le spese d'infermità fatte negli ultimi sei mesi della vita del debitore;

4° Le somministrazioni di alimenti fatte al debitore per lui e per la sua famiglia negli ultimi sei mesi, ed i salari delle persone di servizio per egual tempo.

♦ Codice civile francese

Articolo 2332. *I crediti privilegiati su certi beni mobili sono: I le locazioni e gli affitti degli immobili, sui frutti del raccolto dell'anno, e sul prezzo di tutto quello che adorna la casa locata o in affitto e di tutto quello che serve alla gestione del fondo; per tutto quello che è scaduto e per tutto quello che deve ancora scadere, se le locazioni sono autentiche o se, fatte sotto scrittura privata, hanno una data certa; e in tutti questi due casi gli altri creditori hanno il diritto di locare nuovamente la casa o il fondo rustico per la restante locazione e far loro giovare delle locazioni o degli affitti con l'onere tuttavia di pagare al proprietario tutto quello che gli sarà ancora dovuto; in mancanza di locazioni autentiche o quando, fatte con scrittura privata, non hanno una data certa, per un anno a partire dallo scadere dell'anno corrente. Lo stesso privilegio ha luogo per le riparazioni locatizie e per tutto quello che concerne l'esecuzione della locazione. Ha luogo ugualmente per ogni credito che risulta a vantaggio del proprietario o del locatore, dell'occupazione dei luoghi a qualunque titolo sia. Tuttavia le somme dovute per i raccolti, per i prodotti antibatterici ed insetticidi, per i prodotti destinati alla distruzione dei parassiti vegetali e animali, nocivi all'agricoltura o per le spese del raccolto dell'anno saranno pagate sul prezzo del raccolto e quelle dovute per gli utensili sul prezzo di questi utensili, con preferenza del proprietario nell'uno e nell'altro caso. Il proprietario può pignorare i mobili che guarniscono la sua casa o il suo fondo quando sono stati spostati senza il suo consenso e conserva su di essi il privilegio, purché abbia fatto la rivendica nel termine di quaranta giorni se si tratta del fondo; e se si tratta di mobili che adornano la casa in un termine di quindici giorni; 2 0 il credito sul pegno di cui il creditore è pignorato; 3° le spese fatte per la conservazione della cosa; 4° il prezzo dei beni mobiliari non pagati se sono ancora nel possesso del debitore sia che li abbia acquistati a termine o meno; se la vendita è stata fatta senza termine può anche rivendicare questi beni finché sono nel possesso dell'acquirente e impedirne la rivendita purché sia fatta la rivendica in otto giorni dalla consegna e che questi beni si trovino nello stesso stato in cui questa consegna è stata fatta; il privilegio del venditore si esercita tuttavia solo dopo quella del proprietario della casa o del fondo a meno che non sia provato che il proprietario sapeva che i mobili gli altri oggetti che guarniscono la casa o il suo fondo non appartenevano al locatario; non si innovano le leggi e gli usi del commercio sull'azione di rivendica; 5° le forniture dell'albergatore sui beni del viaggiatore che sono stati trasportati nel suo albergo: 6° abrogato. 7 i crediti che risultano da un abuso o da una prevaricazione commessi dai funzionari pubblici nell'esercizio delle loro funzioni sui fondi e sugli interessi; 8° i crediti nati da un incidente a vantaggio di terzi lesi da questo incidente o dai loro aventi diritto sull'indennità di cui l'assicuratore della responsabilità civile si riconosce o è stato giudizialmente riconosciuto debitore in ragione del contratto di assicurazione; nessun pagamento fatto all'assicurato libera finché i creditori privilegiati non saranno disinteressati; 9 i crediti nati dal contratto di lavoro dell'ausiliario salariato di un lavoratore a domicilio che risponde alla definizione dell'articolo 33 del libro 1° del codice del lavoro sulle somme dovute a questo lavoratore dal datore di lavoro.*

2756. Crediti per prestazioni e spese di conservazione e miglioramento.

I crediti per le prestazioni e le spese relative alla conservazione o al miglioramento di beni mobili [1152] hanno privilegio sui beni stessi, purché questi si trovino ancora presso chi ha fatto le prestazioni o le spese [2778 n. 4].

Il privilegio ha effetto anche in pregiudizio dei terzi che hanno diritti sulla cosa [1153, 2747], qualora chi ha fatto le prestazioni o le spese sia stato in buona fede [1147].

Il creditore può ritenere la cosa soggetta al privilegio finché non è soddisfatto del suo credito e può anche venderla secondo le norme stabilite per la vendita del pegno [2797; c.p.c. 502; L. fall. 53].

● Norme connesse:

- art. 53, R.D. 16 marzo 1942, n. 267.

- art. 152, comma 1, del Codice della crisi di impresa e dell'insolvenza, attuativo della Legge delega 19 ottobre 2017, n. 155 (D.Lgs. 12 gennaio 2019, n. 14), il quale ammette il soddisfacimento dei crediti garantiti da pegno o assistiti da privilegio, al di fuori della liquidazione giudiziale anche durante la procedura, dopo che siano stati ammessi al passivo con prelazione.

■ Codice civile del 1865: *Art. 1958. Hanno privilegio speciale:*

1° I crediti dello Stato per i diritti di dogana e di registro, e per ogni altro dazio o tributo indiretto sopra i mobili che ne furono l'oggetto:

2° I crediti dei canoni sopra i frutti del fondo enfiteutico raccolti nell'anno, e sopra le derrate che si trovano nelle abitazioni e fabbriche annesse al fondo e provegnenti dal medesimo.

Questo privilegio ha luogo pel credito dell'anno in corso e dell'antecedente;

3° I crediti delle pigioni e dei fitti degli immobili, sopra i frutti raccolti nell'anno, sopra le derrate che si trovano nelle abitazioni e fabbriche annesse ai fondi rustici e provegnenti dai fondi medesimi, e sopra tutto ciò che serve a coltivare il fondo affittato, od a fornire il fondo medesimo o la casa appigionata.

Questo privilegio ha luogo pel credito dell'anno in corso, dell'antecedente e delle scadenze successive portate dai con-

tratti di locazione, se questa ha data certa, e solo pel credito dell'annata in corso e della susseguente, se non è certa la data della locazione. In ambedue i casi gli altri creditori hanno il diritto di sottentrare nelle ragioni del conduttore, di sublocare durante il tempo pel quale il locatore esercita il suo privilegio, quantunque ciò fosse vietato nel contratto di locazione, e di esigere le pigioni e i fitti, pagando al locatore tutto ciò che gli fosse dovuto con privilegio, e cautelandolo inoltre pel credito non ancora scaduto.

Lo stesso privilegio ha luogo a favore del locatore pei danni recati agli edifizi e fondi locati, per le riparazioni che sono a carico del conduttore, la restituzione delle scorte e tutto ciò che concerne l'esecuzione del contratto.

Il privilegio sopra attribuito al locatore sui mobili di cui è fornita la casa od il fondo locato, comprende non solo quelli di proprietà dell'inquilino od affittuario e del subinquilino o subaffittuario, ma anche quelli che fossero di proprietà altrui, finché si trovano nella casa nel fondo locato, salvo che si tratti di cose derubate o smarrite, ovvero sia provato che il locatore, al tempo dell'introduzione, sapeva che le cose introdotte spettavano ad altri.

Il privilegio sopra i frutti ha luogo anche quando essi appartengono al subaffittuario

Il privilegio sopra le cose che servono a fornire l'immobile locato od alla sua coltivazione, se esse appartengono al subaffittuario, ha luogo per ciò che questi deve, senza tener conto delle anticipazioni.

Il locatore può sequestrare i mobili su cui cade il privilegio, qualora dalla casa o dal fondo locato siano stati trasportati altrove senza il suo assenso, e conserva sopra essi il privilegio, purché ne abbia promossa l'azione nel termine di quaranta giorni dal trasporto, se si tratta dei mobili di cui era fornito il fondo rustico, o nel termine di giorni quindici, se si tratta dei mobili di cui era fornita la casa, salvi però i diritti acquistati dai terzi dopo il trasporto.

4° I crediti dipendenti dal contratto di masseria, mezzadria o colonia parziaria tanto in favore dei locatori quanto dei coloni, sulla parte rispettiva dei frutti, e sui mobili di cui sono forniti il fondo o la casa concessi a masseria,

5° Le somme dovute per le sementi ed i lavori di coltivazione e raccolta dell'annata, sui frutti della raccolta;

6° Il credito della persona a cui favore fu costituito il pegno, sopra i mobili di cui il creditore è in possesso;

7° Le spese fatte per la conservazione o pel miglioramento di mobili, sopra gli stessi mobili conservati o migliorati, sempre che si trovino ancora presso coloro che fecero le dette spese;

8° Le somministrazioni e le mercedi dell'albergatore, sopra gli effetti del viandante che sono stati portati e sono tuttora nel suo albergo;

9° Le spese di trasporto, di dogana e di dazio, sopra gli effetti trasportati che rimangono ancora presso colui che li trasportò, o che sono stati da lui consegnati, sempreché in quest'ultimo caso gli effetti si trovino ancora presso il consegnatario, e l'azione venga promossa entro tre giorni dalla consegna;

10° I crediti di indennità per abusi prevaricazioni commesse dagli uffiziali pubblici nell'esercizio delle loro funzioni, sui valori dati per malleveria e sugli interessi che ne fossero dovuti;

11° Le somme dovute dai contabili dello Stato, dei comuni o di altri corpi morali per fatti dipendenti dalle loro funzioni, sui valori dati per malleveria e relativi interessi.

2757. Crediti per somministrazioni e lavori occorrenti per la produzione agricola.

I crediti per le somministrazioni di sementi, di materie fertilizzanti e antiparassitarie e di acqua per irrigazione, come pure i crediti per lavori di coltivazione e di raccolta dell'annata agricola hanno privilegio sui frutti [820], alla cui produzione abbiano concorso [2778 nn. 5-6].

Il privilegio si può esercitare finché i frutti si trovano nel fondo o nelle sue dipendenze.

Si applica la disposizione del secondo comma dell'articolo 2756 [2742 comma 1].

■ Codice civile del 1865: *Art. 1958. Hanno privilegio speciale:*

1° I crediti dello Stato per i diritti di dogana e di registro, e per ogni altro dazio o tributo indiretto sopra i mobili che ne furono l'oggetto:

2° I crediti dei canoni sopra i frutti del fondo enfiteutico raccolti nell'anno, e sopra le derrate che si trovano nelle abitazioni e fabbriche annesse al fondo e provegnenti dal medesimo.

Questo privilegio ha luogo pel credito dell'anno in corso e dell'antecedente;

3° I crediti delle pigioni e dei fitti degli immobili, sopra i frutti raccolti nell'anno, sopra le derrate che si trovano nelle abitazioni e fabbriche annesse ai fondi rustici e provegnenti dai fondi medesimi, e sopra tutto ciò che serve a coltivare il fondo affittato, od a fornire il fondo medesimo o la casa appigionata.

Questo privilegio ha luogo pel credito dell'anno in corso, dell'antecedente e delle scadenze successive portate dai contratti di locazione, se questa ha data certa, e solo pel credito dell'annata in corso e della susseguente, se non è certa la data della locazione. In ambedue i casi gli altri creditori hanno il diritto di sottentrare nelle ragioni del conduttore, di sublocare durante il tempo pel quale il locatore esercita il suo privilegio, quantunque ciò fosse vietato nel contratto di locazione, e di esigere le pigioni e i fitti, pagando al locatore tutto ciò che gli fosse dovuto con privilegio, e cautelandolo inoltre pel credito non ancora scaduto.

Lo stesso privilegio ha luogo a favore del locatore pei danni recati agli edifizi e fondi locati, per le riparazioni che sono a carico del conduttore, la restituzione delle scorte e tutto ciò che concerne l'esecuzione del contratto.

Il privilegio sopra attribuito al locatore sui mobili di cui è fornita la casa od il fondo locato, comprende non solo quelli di proprietà dell'inquilino od affittuario e del subinquilino o subaffittuario, ma anche quelli che fossero di proprietà altrui, finché si trovano nella casa nel fondo locato, salvo che si tratti di cose derubate o smarrite, ovvero sia provato che il locatore, al tempo dell'introduzione, sapeva che le cose introdotte spettavano ad altri.

Il privilegio sopra i frutti ha luogo anche quando essi appartengono al subaffittuario

Il privilegio sopra le cose che servono a fornire l'immobile locato od alla sua coltivazione, se esse appartengono al subaffittuario, ha luogo per ciò che questi deve, senza tener conto delle anticipazioni.

Il locatore può sequestrare i mobili su cui cade il privilegio, qualora dalla casa o dal fondo locato siano stati trasportati altrove senza il suo assenso, e conserva sopra essi il privile-

gio, purché ne abbia promossa l'azione nel termine di quaranta giorni dal trasporto, se si tratta dei mobili di cui era fornito il fondo rustico, o nel termine di giorni quindici, se si tratta dei mobili di cui era fornita la casa, salvi però i diritti acquistati dai terzi dopo il trasporto.

4° I crediti dipendenti dal contratto di masseria, mezzadria o colonia parziaria tanto in favore dei locatori quanto dei coloni, sulla parte rispettiva dei frutti, e sui mobili di cui sono forniti il fondo e la casa concessi a masseria;

5° Le somme dovute per le sementi ed i lavori di coltivazione e raccolta dell'annata, sui frutti della raccolta;

6° Il credito della persona a cui favore fu costituito il pegno, sopra i mobili di cui il creditore è in possesso;

7° Le spese fatte per la conservazione o pel miglioramento di mobili, sopra gli stessi mobili conservati o migliorati, sempre che si trovino ancora presso coloro che fecero le dette spese;

8° Le somministrazioni e le mercedi dell'albergatore, sopra gli effetti del viandante che sono stati portati e sono tuttora nel suo albergo;

9° Le spese di trasporto, di dogana e di dazio, sopra gli effetti trasportati che rimangono ancora presso colui che li trasportò, o che sono stati da lui consegnati, sempreché in quest'ultimo caso gli effetti si trovino ancora presso il consegnatario, e l'azione venga promossa entro tre giorni dalla consegna;

10° I crediti di indennità per abusi prevaricazioni commesse dagli uffiziali pubblici nell'esercizio delle loro funzioni, sui valori dati per malleveria e sugli interessi che ne fossero dovuti;

11° Le somme dovute dai contabili dello Stato, dei comuni o di altri corpi morali per fatti dipendenti dalle loro funzioni, sui valori dati per malleveria e relativi interessi.

2758. Crediti per tributi indiretti.

I crediti dello Stato per i tributi indiretti hanno privilegio sui mobili ai quali i tributi si riferiscono e sugli altri beni indicati dalle leggi relative, con l'effetto da esse stabilito [2772, 2778 n. 7].

Eguale privilegio hanno i crediti di rivalsa verso il cessionario ed il committente previsti dalle norme relative all'imposta sul valore aggiunto, sui beni che hanno formato oggetto della cessione o ai quali si riferisce il servizio.

Il privilegio, per quanto riguarda l'imposta di successione, non ha effetto in pregiudizio dei creditori che hanno esercitato il diritto di separazione dei beni del defunto da quelli dell'erede [512 ss.][1].

[1] Articolo così sostituito dall'art. 5, L. 29 luglio 1975, n. 426. Il testo previgente disponeva: *I crediti dello Stato per i tributi indiretti hanno privilegio sui mobili ai quali i tributi si riferiscono e sugli altri beni indicati dalle leggi relative, con l'effetto da esse stabilito.*

Il privilegio, per quanto riguarda l'imposta di successione, non ha effetto in pregiudizio dei creditori che hanno esercitato il diritto di separazione dei beni del defunto da quelli dell'erede.

Lo stesso privilegio, subordinatamente a quello dello Stato, hanno i crediti dei comuni per l'imposta di consumo, in conformità della legge speciale.

● Norme connesse:

- per i soggetti passivi dell'obbligazione tributaria in materia doganale, art. 38, D.P.R. 23 gennaio 1973, n. 43 che dispone: *Al pagamento dell'imposta doganale sono obbligati il proprietario della merce, a norma dell'art. 56, e, solidalmente, tutti coloro per conto dei quali la merce è stata importata od esportata.*

Per il soddisfacimento dell'imposta, lo Stato, oltre ai privilegi stabiliti dalla legge, ha il diritto di ritenzione sulle merci che sono oggetto dell'imposta stessa.

Il diritto di ritenzione può essere esercitato anche per il soddisfacimento di ogni altro credito dello Stato inerente alle merci oggetto di operazioni doganali.

- per la riscossione in pendenza di giudizio, riscossione coattiva e privilegio in materia di imposta di registro, art. 56, D.P.R. 26 aprile 1986, n. 131 che dispone: *Il ricorso del contribuente non sospende la riscossione, a meno che si tratti: a) di imposta complementare per il maggior valore accertato. In tal caso la maggior imposta deve essere pagata per un terzo entro il termine di cui all'articolo 55, per due terzi dell'imposta liquidata sul valore risultante dalla decisione della commissione tributaria di primo grado e per il resto dopo la decisione della commissione di secondo grado, in ogni caso al netto delle somme già riscosse; la direzione regionale delle entrate, se ricorrono gravi motivi, può sospendere la riscossione fino alla decisione della commissione tributaria di primo grado. Se l'imposta riscuotibile in base alla decisione della commissione tributaria è inferiore a quella già riscossa, il contribuente ha diritto al rimborso della differenza entro sessanta giorni dalla notifica della decisione, che deve essere eseguita anche su richiesta del contribuente; b) di imposte suppletive, che sono riscosse per intero dopo la decisione della Commissione tributaria centrale o della Corte d'appello o dell'ultima decisione non impugnata.*

Il pagamento delle imposte, di cui al primo comma, richieste in relazione alle decisioni delle commissioni tributarie 6, deve essere effettuato, con gli interessi di mora, entro sessanta giorni dalla notifica dell'avviso di liquidazione.

[...].

- per la riscossione coattiva delle imposte, delle soprattasse e delle pene pecuniarie e degli interessi di mora si applicano le disposizioni degli artt. 2, da 5 a 29 e 31 del R.D. 14 aprile 1910, n. 639. *Lo Stato ha privilegio secondo le norme stabilite dal Codice civile. Il privilegio si estingue con il decorso di cinque anni dalla data di registrazione.*

- per il privilegio in materia di imposta ipotecaria, art. 8, D.Lgs. 31 ottobre 1990, n. 347 (T.U. imposte ipotecarie e catastali) che dispone: *1. Il credito dello Stato per l'imposta ipotecaria dovuta sulle iscrizioni, rinnovazioni e relative annotazioni ha privilegio, oltre che sull'immobile cui la formalità si riferisce a norma del codice civile, anche sul credito garantito con preferenza rispetto ad ogni ragione su di esso spettante a terzi.*

- per la disciplina dei privilegi iscritti sugli autoveicoli, art. 5, R.D.L. 15 marzo 1927, n. 436 che dispone: *I privilegi stabiliti nel primo, secondo e terzo comma dell'art. 2, debitamente iscritti, sono preferiti ad ogni altro privilegio generale e speciale, fatta eccezione di quelli previsti nell'art. 1956, numeri 1, 2, 3 e 4 del Codice civile, riguardanti rispettivamente:*

1) le spese di giustizia fatte per atti conservativi o di esecuzione sui mobili nell'interesse comune dei creditori;

2) le spese funebri necessarie secondo gli usi;

3) le spese di infermità fatte negli ultimi sei mesi della vita del debitore;

4) le somministrazioni di alimenti fatte al debitore per lui e per la sua famiglia negli ultimi sei mesi ed i salari delle persone di servizio per ugual tempo.

È fatta eccezione altresì per il privilegio riguardante i crediti dello Stato per i diritti di dogana e di registro e per ogni altro dazio o tributo indiretto sopra gli autoveicoli che ne furono l'oggetto, ai sensi dell'art. 1958, n. 1, del Codice civile.

Nel concorso fra i privilegi di cui ai commi primo, secondo e terzo dell'art. 2 il grado è determinato dalla data di iscrizione sul pubblico registro automobilistico di cui all'art. 11 del presente decreto.

- per il privilegio al credito di rivalsa spettante al soggetto passivo dell'imposta sul valore aggiunto, art. 18, ultimo comma, D.P.R. 26 ottobre 1972, n. 633 (IVA) che dispone: *Il credito di rivalsa ha privilegio speciale sui beni immobili oggetto della cessione o ai quali si riferisce il servizio ai sensi degli artt. 2758 e 2772 del Codice civile e, se relativo alla cessione di beni mobili, ha privilegio sulla generalità dei mobili del debitore con lo stesso grado del privilegio generale stabilito nell'art. 2752 del Codice civile, cui tuttavia è posposto.*

- per la riscossione coattiva e prescrizione in materia di imposta sulle successioni, art. 41, D.Lgs. 31 ottobre 1990, n. 346 che dispone: *1. Per la riscossione coattiva dell'imposta e delle sanzioni amministrative si applicano le disposizioni del titolo III del decreto del Presidente della Repubblica 28 gennaio 1988, n. 43. Lo Stato ha privilegio secondo le norme stabilite dal codice civile. Il privilegio si estingue con il decorso di cinque anni dalla data di apertura della successione o, in caso di dilazione del pagamento, dal giorno di scadenza dell'ultima rata ovvero dal giorno in cui si è verificata la decadenza prevista dall'art. 27.*

2. Il credito dell'amministrazione finanziaria per l'imposta definitivamente accertata si prescrive in dieci anni.

2759. Crediti per le imposte sul reddito.

I crediti dello Stato per l'imposta sul reddito delle persone fisiche, sul reddito delle persone giuridiche e per l'imposta locale sui redditi, dovuta per i due anni anteriori a quello in cui si procede, hanno privilegio, limitatamente all'imposta o alla quota d'imposta imputabile al reddito d'impresa, sopra i mobili che servono all'esercizio di imprese commerciali e sopra le merci che si trovano nel locale adibito all'esercizio stesso o nell'abitazione dell'imprenditore [2778 n. 7].

Il privilegio si applica sui beni indicati nel comma precedente ancorché appartenenti a persona diversa dall'imprenditore, salvo che si tratti di beni rubati o smarriti, di merci affidate all'imprenditore per la lavorazione o di merci non ancora nazionalizzate munite di regolare bolletta doganale.

Qualora l'accertamento del reddito iscritto a ruolo sia stato determinato sinteticamente ai fini dell'imposta sul reddito delle persone fisiche, la ripartizione proporzionale dell'imposta, prevista dal primo comma, viene effettuata sulla base dei redditi iscritti o iscrivibili ai fini dell'imposta locale sui redditi[1].

[1] Articolo così sostituito dall'art. 6, L. 29 luglio 1975, n. 426. Il testo previgente disponeva: *I crediti dello Stato per l'imposta di ricchezza mobile, dovuta per l'anno in corso e per il precedente, in dipendenza dell'esercizio di commercio, industria, arte o professione, hanno privilegio sopra i mobili che servono a tale esercizio e sopra le merci che si trovano nel locale adibito all'esercizio stesso o nell'abitazione del contribuente, in conformità della legge speciale.*

Hanno lo stesso privilegio, subordinatamente a quello dello Stato, i crediti dei comuni e delle provincie per l'imposta sulle industrie, i commerci, le arti e le professioni e relativa addizionale.

● Norme connesse:

- per i privilegi previsti in sede di riscossione coattiva delle imposte sui redditi, art. 56, comma 2, D.P.R. 29 settembre 1973, n. 602 che dispone: *2. Nello stesso termine, salvo quanto previsto dal comma 3, la somma ricavata dalla vendita è consegnata al cancelliere per essere depositata nella forma dei depositi giudiziari.*

2760. Crediti dell'albergatore.

I crediti dell'albergatore per mercedi e somministrazioni verso le persone albergate hanno privilegio sulle cose da queste portate nell'albergo e nelle dipendenze e che continuano a trovarvisi [1783 n. 12].

Il privilegio ha effetto anche in pregiudizio dei terzi [2747] che hanno diritti sulle cose stesse, a meno che l'albergatore fosse a conoscenza di tali diritti al tempo in cui le cose sono state portate nell'albergo.

■ Codice civile del 1865: *Art. 1958. Hanno privilegio speciale:*

1° I crediti dello Stato per i diritti di dogana e di registro, e per ogni altro dazio o tributo indiretto sopra i mobili che ne furono l'oggetto:

2° I crediti dei canoni sopra i frutti del fondo enfiteutico raccolti nell'anno, e sopra le derrate che si trovano nelle abitazioni e fabbriche annesse al fondo e provegnenti dal medesimo.

Questo privilegio ha luogo pel credito dell'anno in corso e dell'antecedente;

3° I crediti delle pigioni e dei fitti degli immobili, sopra i frutti raccolti nell'anno, sopra le derrate che si trovano nelle abitazioni e fabbriche annesse ai fondi rustici e provegnenti dai fondi medesimi, e sopra tutto ciò che serve a coltivare il fondo affittato, od a fornire il fondo medesimo o la casa appigionata.

Questo privilegio ha luogo pel credito dell'anno in corso, dell'antecedente e delle scadenze successive portate dai contratti di locazione, se questa ha data certa, e solo pel credito dell'annata in corso e della susseguente, se non è certa la data della locazione. In ambedue i casi gli altri creditori hanno il diritto di sottentrare nelle ragioni del conduttore, di sublocare durante il tempo pel quale il locatore esercita il suo privilegio, quantunque ciò fosse vietato nel contratto di locazione, e di esigere le pigioni e i fitti, pagando al locatore tutto ciò che gli fosse dovuto con privilegio, e cautelandolo inoltre pel credito non ancora scaduto.

Lo stesso privilegio ha luogo a favore del locatore pei danni recati agli edifizi e fondi locati, per le riparazioni che sono a carico del conduttore, la restituzione delle scorte e tutto ciò che concerne l'esecuzione del contratto.

Il privilegio sopra attribuito al locatore sui mobili di cui è fornita la casa od il fondo locato, comprende non solo quelli di proprietà dell'inquilino od affittuario e del subinquilino o subaffittuario, ma anche quelli che fossero di proprietà altrui, finché si trovano nella casa nel fondo locato, salvo che si tratti di cose derubate o smarrite, ovvero sia provato che il locatore, al tempo dell'introduzione, sapeva che le cose introdotte spettavano ad altri.

Il privilegio sopra i frutti ha luogo anche quando essi appartengono al subaffittuario

Il privilegio sopra le cose che servono a fornire l'immobile locato od alla sua coltivazione, se esse appartengono al subaffittuario, ha luogo per ciò che questi deve, senza tener conto delle anticipazioni.

Il locatore può sequestrare i mobili su cui cade il privilegio, qualora dalla casa o dal fondo locato siano stati trasportati altrove senza il suo assenso, e conserva sopra essi il privilegio, purché ne abbia promossa l'azione nel termine di quaranta giorni dal trasporto, se si tratta dei mobili di cui era fornito il fondo rustico, o nel termine di giorni quindici, se si tratta dei mobili di cui era fornita la casa, salvi però i diritti acquistati dai terzi dopo il trasporto.

4° I crediti dipendenti dal contratto di masseria, mezzadria o colonia parziaria tanto in favore dei locatori quanto dei coloni, sulla parte rispettiva dei frutti, e sui mobili di cui sono forniti il fondo e la casa concessi a masseria;

5° Le somme dovute per le sementi ed i lavori di coltivazione e raccolta dell'annata, sui frutti della raccolta;

6° Il credito della persona a cui favore fu costituito il pegno, sopra i mobili di cui il creditore è in possesso;

7° Le spese fatte per la conservazione o pel miglioramento di mobili, sopra gli stessi mobili conservati o migliorati, sempre che si trovino ancora presso coloro che fecero le dette spese;

8° Le somministrazioni e le mercedi dell'albergatore, sopra gli effetti del viandante che sono stati portati e sono tuttora nel suo albergo;

9° Le spese di trasporto, di dogana e di dazio, sopra gli effetti trasportati che rimangono ancora presso colui che li trasportò, o che sono stati da lui consegnati, sempreché in quest'ultimo caso gli effetti si trovino ancora presso il consegnatario, e l'azione venga promossa entro tre giorni dalla consegna;

10° I crediti di indennità per abusi prevaricazioni commesse dagli uffiziali pubblici nell'esercizio delle loro funzioni, sui valori dati per malleveria e sugli interessi che ne fossero dovuti;

11° Le somme dovute dai contabili dello Stato, dei comuni o di altri corpi morali per fatti dipendenti dalle loro funzioni, sui valori dati per malleveria e relativi interessi.

2761. Crediti del vettore, del mandatario, del depositario e del sequestratario.

I crediti dipendenti dal contratto di trasporto [1678] e quelli per le spese d'imposta anticipate dal vettore hanno privilegio sulle cose trasportate finché queste rimangono presso di lui [1702].

I crediti derivanti dall'esecuzione del mandato hanno privilegio sulle cose del mandante che il mandatario detiene per l'esecuzione del mandato [1721].

I crediti derivanti dal deposito [1766 ss.] o dal sequestro convenzionale [1798] a favore del depositario e del sequestratario hanno parimenti privilegio sulle cose che questi detengono per effetto del deposito o del sequestro [2778 n. 13].

Si applicano a questi privilegi le disposizioni del secondo e del terzo comma dell'articolo 2756 [2747, 2797; c.p.c. 502; L. fall. 53].

● Norme connesse:

- art. 53, R.D. 16 marzo 1942, n. 267.
- art. 152, comma 1, del Codice della crisi di impresa e dell'insolvenza, attuativo della Legge delega 19 ottobre 2017, n. 155 (D.Lgs. 12 gennaio 2019, n. 14), il quale ammette il soddisfacimento dei crediti garantiti da pegno o assistiti da privilegio, al di fuori della liquidazione giudiziale anche durante la procedura, dopo che siano stati ammessi al passivo con prelazione.

■ Codice civile del 1865: *Art. 1958. Hanno privilegio speciale:*

1° I crediti dello Stato per i diritti di dogana e di registro, e per ogni altro dazio o tributo indiretto sopra i mobili che ne furono l'oggetto:

2° I crediti dei canoni sopra i frutti del fondo enfiteutico raccolti nell'anno, e sopra le derrate che si trovano nelle abitazioni e fabbriche annesse al fondo e provegnenti dal medesimo.

Questo privilegio ha luogo pel credito dell'anno in corso e dell'antecedente;

3° I crediti delle pigioni e dei fitti degli immobili, sopra i frutti raccolti nell'anno, sopra le derrate che si trovano nelle abitazioni e fabbriche annesse ai fondi rustici e provegnenti dai fondi medesimi, e sopra tutto ciò che serve a coltivare il fondo affittato, od a fornire il fondo medesimo o la casa appigionata.

Questo privilegio ha luogo pel credito dell'anno in corso, dell'antecedente e delle scadenze successive portate dai contratti di locazione, se questa ha data certa, e solo pel credito dell'annata in corso e della susseguente, se non è certa la data della locazione. In ambedue i casi gli altri creditori hanno il diritto di sottentrare nelle ragioni del conduttore, di sublocare durante il tempo pel quale il locatore esercita il suo privilegio, quantunque ciò fosse vietato nel contratto di locazione, e di esigere le pigioni e i fitti, pagando al locatore tutto ciò che gli fosse dovuto con privilegio, e cautelandolo inoltre pel credito non ancora scaduto.

Lo stesso privilegio ha luogo a favore del locatore pei danni recati agli edifizi e fondi locati, per le riparazioni che sono a carico del conduttore, la restituzione delle scorte e tutto ciò che concerne l'esecuzione del contratto.

Il privilegio sopra attribuito al locatore sui mobili di cui è fornita la casa od il fondo locato, comprende non solo quelli di proprietà dell'inquilino od affittuario e del subinquilino o subaffittuario, ma anche quelli che fossero di proprietà altrui, finché si trovano nella casa nel fondo locato, salvo che si tratti di cose derubate o smarrite, ovvero sia provato che il locatore, al tempo dell'introduzione, sapeva che le cose introdotte spettavano ad altri.

Il privilegio sopra i frutti ha luogo anche quando essi appartengono al subaffittuario

Il privilegio sopra le cose che servono a fornire l'immobile locato od alla sua coltivazione, se esse appartengono al subaffittuario, ha luogo per ciò che questi deve, senza tener conto delle anticipazioni.

Il locatore può sequestrare i mobili su cui cade il privilegio, qualora dalla casa o dal fondo locato siano stati traspor-

tati altrove senza il suo assenso, e conserva sopra essi il privilegio, purché ne abbia promossa l'azione nel termine di quaranta giorni dal trasporto, se si tratta dei mobili di cui era fornito il fondo rustico, o nel termine di giorni quindici, se si tratta dei mobili di cui era fornita la casa, salvi però i diritti acquistati dai terzi dopo il trasporto.

4° I crediti dipendenti dal contratto di masseria, mezzadria o colonia parziaria tanto in favore dei locatori quanto dei coloni, sulla parte rispettiva dei frutti, e sui mobili di cui sono forniti il fondo e la casa concessi a masseria;

5° Le somme dovute per le sementi ed i lavori di coltivazione e raccolta dell'annata, sui frutti della raccolta;

6° Il credito della persona a cui favore fu costituito il pegno, sopra i mobili di cui il creditore è in possesso;

7° Le spese fatte per la conservazione o pel miglioramento di mobili, sopra gli stessi mobili conservati o migliorati, sempre che si trovino ancora presso coloro che fecero le dette spese;

8° Le somministrazioni e le mercedi dell'albergatore, sopra gli effetti del viandante che sono stati portati e sono tuttora nel suo albergo;

9° Le spese di trasporto, di dogana e di dazio, sopra gli effetti trasportati che rimangono ancora presso colui che li trasportò, o che sono stati da lui consegnati, sempreché in quest'ultimo caso gli effetti si trovino ancora presso il consegnatario, e l'azione venga promossa entro tre giorni dalla consegna;

10° I crediti di indennità per abusi prevaricazioni commesse dagli uffiziali pubblici nell'esercizio delle loro funzioni, sui valori dati per malleveria e sugli interessi che ne fossero dovuti;

11° Le somme dovute dai contabili dello Stato, dei comuni o di altri corpi morali per fatti dipendenti dalle loro funzioni, sui valori dati per malleveria e relativi interessi.

2762. Privilegio del venditore di macchine.

Chi ha venduto macchine per un prezzo superiore a 15,49 euro ha privilegio per il prezzo non pagato sulle macchine vendute e consegnate, anche se sono incorporate o congiunte all'immobile di proprietà del compratore o di un terzo.

Il privilegio è subordinato alla trascrizione dei documenti, dai quali la vendita e il credito risultano, nel registro indicato dal secondo comma dell'articolo 1524. La trascrizione è eseguita presso il tribunale nella giurisdizione del quale è collocata la macchina.

Il privilegio dura per un triennio dalla data della vendita e ha effetto fino a quando la macchina si trova in possesso del compratore nel luogo dove è stata eseguita la trascrizione, salvo il caso di sottrazione fraudolenta.

Il privilegio stabilito in questo articolo spetta anche alle banche autorizzate all'esercizio di prestiti con garanzie sul macchinario, le quali abbiano anticipato al compratore il prezzo per l'acquisto. Il privilegio sussiste a condizione che il documento rilasciato a prova della sovvenzione indichi lo scopo, l'ammontare e la scadenza del credito, contenga l'esatta designazione della macchina soggetta al privilegio e sia trascritto a norma del secondo comma di questo articolo.

Se il privilegio della banca concorre con quello del venditore, è preferito il creditore che ha trascritto per primo [2778 n. 14].

● Norme connesse:

- per il privilegio in materia di acquisto di macchine utensili, artt. 6 e 10, L. 28 novembre 1965, n. 1329. Art. 6. *Il privilegio previsto dall'art. 2762 del Codice civile ha, per le macchine contrassegnate, una durata non superiore ai sei anni e non è soggetto alle condizioni previste dal terzo comma dell'articolo stesso.*

Il privilegio stesso spetta anche, osservate le formalità indicate dal quarto comma dell'art. 2762 del Codice civile, a chi, nell'interesse del compratore, abbia corrisposto la totalità o parte del prezzo per l'acquisto delle macchine di cui all'art. 1.

Art. 10. *Possono essere emesse, in favore del venditore o del sovventore delle macchine contrassegnate, cambiali garantite dal privilegio previsto dagli artt. 2762 del Codice civile e 6 della presente legge sulle macchine contrassegnate di cui all'art. 1.*

Le cambiali così garantite devono portare la trascrizione del contrassegno, del prezzo della macchina, degli estremi del contratto di vendita o di locazione, o dell'atto costitutivo di privilegio.

Le cambiali di cui al presente articolo devono, a richiesta di parte, essere trascritte sul registro di cui al precedente art. 3 a cura del cancelliere, che annota sulle stesse l'avvenuta trascrizione.

Le cambiali possono essere emesse con scadenza fino a cinque anni.

2763. Crediti per canoni enfiteutici.

I crediti del concedente [960] per il canone dovuto dall'enfiteuta per l'anno in corso e per il precedente [972 n. 2] hanno privilegio sui frutti dell'anno e su quelli raccolti anteriormente, purché si trovino nel fondo o nelle sue dipendenze [2778 n. 15].

■ Codice civile del 1865: *Art. 1958. Hanno privilegio speciale:*

1° I crediti dello Stato per i diritti di dogana e di registro, e per ogni altro dazio o tributo indiretto sopra i mobili che ne furono l'oggetto:

2° I crediti dei canoni sopra i frutti del fondo enfiteutico raccolti nell'anno, e sopra le derrate che si trovano nelle abitazioni e fabbriche annesse al fondo e provegnenti dal medesimo.

Questo privilegio ha luogo pel credito dell'anno in corso e dell'antecedente;

3° I crediti delle pigioni e dei fitti degli immobili, sopra i frutti raccolti nell'anno, sopra le derrate che si trovano nelle abitazioni e fabbriche annesse ai fondi rustici e provegnenti dai fondi medesimi, e sopra tutto ciò che serve a coltivare il fondo affittato, od a fornire il fondo medesimo o la casa appigionata.

Questo privilegio ha luogo pel credito dell'anno in corso, dell'antecedente e delle scadenze successive portate dai contratti di locazione, se questa ha data certa, e solo pel credito

CODICE CIVILE

dell'annata in corso e della susseguente, se non è certa la data della locazione. In ambedue i casi gli altri creditori hanno il diritto di sottentrare nelle ragioni del conduttore, di sublocare durante il tempo pel quale il locatore esercita il suo privilegio, quantunque ciò fosse vietato nel contratto di locazione, e di esigere le pigioni e i fitti, pagando al locatore tutto ciò che gli fosse dovuto con privilegio, e cautelandolo inoltre pel credito non ancora scaduto.

Lo stesso privilegio ha luogo a favore del locatore pei danni recati agli edifizi e fondi locati, per le riparazioni che sono a carico del conduttore, la restituzione delle scorte e tutto ciò che concerne l'esecuzione del contratto.

Il privilegio sopra attribuito al locatore sui mobili di cui è fornita la casa od il fondo locato, comprende non solo quelli di proprietà dell'inquilino od affittuario e del subinquilino o subaffittuario, ma anche quelli che fossero di proprietà altrui, finché si trovano nella casa nel fondo locato, salvo che si tratti di cose derubate o smarrite, ovvero sia provato che il locatore, al tempo dell'introduzione, sapeva che le cose introdotte spettavano ad altri.

Il privilegio sopra i frutti ha luogo anche quando essi appartengono al subaffittuario

Il privilegio sopra le cose che servono a fornire l'immobile locato od alla sua coltivazione, se esse appartengono al subaffittuario, ha luogo per ciò che questi deve, senza tener conto delle anticipazioni.

Il locatore può sequestrare i mobili su cui cade il privilegio, qualora dalla casa o dal fondo locato siano stati trasportati altrove senza il suo assenso, e conserva sopra essi il privilegio, purché ne abbia promossa l'azione nel termine di quaranta giorni dal trasporto, se si tratta dei mobili di cui era fornito il fondo rustico, o nel termine di giorni quindici, se si tratta dei mobili di cui era fornita la casa, salvi però i diritti acquistati dai terzi dopo il trasporto.

4° I crediti dipendenti dal contratto di masseria, mezzadria o colonia parziaria tanto in favore dei locatori quanto dei coloni, sulla parte rispettiva dei frutti, e sui mobili di cui sono forniti il fondo e la casa concessi a masseria;

5° Le somme dovute per le sementi ed i lavori di coltivazione e raccolta dell'annata, sui frutti della raccolta;

6° Il credito della persona a cui favore fu costituito il pegno, sopra i mobili di cui il creditore è in possesso;

7° Le spese fatte per la conservazione o pel miglioramento di mobili, sopra gli stessi mobili conservati o migliorati, sempre che si trovino ancora presso coloro che fecero le dette spese;

8° Le somministrazioni e le mercedi dell'albergatore, sopra gli effetti del viandante che sono stati portati e sono tuttora nel suo albergo;

9° Le spese di trasporto, di dogana e di dazio, sopra gli effetti trasportati che rimangono ancora presso colui che li trasportò, o che sono stati da lui consegnati, sempreché in quest'ultimo caso gli effetti si trovino ancora presso il consegnatario, e l'azione venga promossa entro tre giorni dalla consegna;

10° I crediti di indennità per abusi prevaricazioni commesse dagli uffiziali pubblici nell'esercizio delle loro funzioni, sui valori dati per malleveria e sugli interessi che ne fossero dovuti;

11° Le somme dovute dai contabili dello Stato, dei comuni o di altri corpi morali per fatti dipendenti dalle loro funzioni, sui valori dati per malleveria e relativi interessi.

2764. Crediti del locatore di immobili.

Il credito delle pigioni e dei fitti [1571 ss., 1615 ss.] degli immobili ha privilegio sui frutti [820, 2778 n. 16] dell'anno e su quelli raccolti anteriormente, nonché sopra tutto ciò che serve a fornire l'immobile o a coltivare il fondo locato.

Il privilegio sussiste per il credito dell'anno in corso, dell'antecedente e dei successivi, se la locazione ha data certa [2704], e in caso diverso, per quello dell'anno in corso e del susseguente.

Lo stesso privilegio ha il credito dipendente da mancate riparazioni le quali siano a carico del conduttore [1576, 1609, 1621], il credito per i danni arrecati all'immobile locato, per la mancata restituzione delle scorte [1640] e ogni altro credito dipendente da inadempimento del contratto.

Il privilegio sui frutti sussiste finché si trovano nel fondo o nelle sue dipendenze. Esso si può far valere anche nei confronti del subconduttore [1595].

Il privilegio sulle cose che servono a fornire l'immobile locato o alla coltivazione del fondo sussiste pure se le cose appartengono al subconduttore, nei limiti in cui il locatore ha azione contro il medesimo.

Il privilegio sulle cose che servono a fornire l'immobile locato ha luogo altresì nei confronti dei terzi, finché le cose si trovano nell'immobile, salvo che si provi che il locatore conoscesse il diritto del terzo al tempo in cui sono state introdotte [2728 ss.; c.p.c. 671 ss.].

Qualora le cose che servono a fornire la casa o il fondo locato ovvero a coltivare il medesimo vengano asportate dall'immobile senza il consenso del locatore, questi conserva su di esse il privilegio, purché ne domandi il sequestro, nei modi stabiliti dal codice di procedura civile per il sequestro conservativo, entro il termine di trenta giorni dall'asportazione, se si tratta di mobili che servono a fornire o a coltivare il fondo rustico, e di quindici giorni, se si tratta di mobili che servono a fornire la casa. Restano salvi in ogni caso i diritti acquistati dopo l'asportazione dai terzi che ignoravano l'esistenza del privilegio.

● Norme connesse:

- art. 80, comma 4, R.D. 16 marzo 1942, n. 267.

■ Codice civile del 1865: *Art. 1958. Hanno privilegio speciale:*

1° I crediti dello Stato per i diritti di dogana e di registro, e per ogni altro dazio o tributo indiretto sopra i mobili che ne furono l'oggetto:

2° I crediti dei canoni sopra i frutti del fondo enfiteutico raccolti nell'anno, e sopra le derrate che si trovano nelle abitazioni e fabbriche annesse al fondo e provegnenti dal medesimo.

Questo privilegio ha luogo pel credito dell'anno in corso e dell'antecedente;

3° I crediti delle pigioni e dei fitti degli immobili, sopra i frutti raccolti nell'anno, sopra le derrate che si trovano nelle abitazioni e fabbriche annesse ai fondi rustici e provegnenti dai fondi medesimi, e sopra tutto ciò che serve a coltivare il fondo affittato, od a fornire il fondo medesimo o la casa appigionata.

Questo privilegio ha luogo pel credito dell'anno in corso, dell'antecedente e delle scadenze successive portate dai contratti di locazione, se questa ha data certa, e solo pel credito dell'annata in corso e della susseguente, se non è certa la data della locazione. In ambedue i casi gli altri creditori hanno il diritto di sottentrare nelle ragioni del conduttore, di sublocare durante il tempo pel quale il locatore esercita il suo privilegio, quantunque ciò fosse vietato nel contratto di locazione, e di esigere le pigioni e i fitti, pagando al locatore tutto ciò che gli fosse dovuto con privilegio, e cautelandolo inoltre pel credito non ancora scaduto.

Lo stesso privilegio ha luogo a favore del locatore pei danni recati agli edifizi e fondi locati, per le riparazioni che sono a carico del conduttore, la restituzione delle scorte e tutto ciò che concerne l'esecuzione del contratto.

Il privilegio sopra attribuito al locatore sui mobili di cui è fornita la casa od il fondo locato, comprende non solo quelli di proprietà dell'inquilino od affittuario e del subinquilino o subaffittuario, ma anche quelli che fossero di proprietà altrui, finché si trovano nella casa nel fondo locato, salvo che si tratti di cose derubate o smarrite, ovvero sia provato che il locatore, al tempo dell'introduzione, sapeva che le cose introdotte spettavano ad altri.

Il privilegio sopra i frutti ha luogo anche quando essi appartengono al subaffittuario

Il privilegio sopra le cose che servono a fornire l'immobile locato od alla sua coltivazione, se esse appartengono al subaffittuario, ha luogo per ciò che questi deve, senza tener conto delle anticipazioni.

Il locatore può sequestrare i mobili su cui cade il privilegio, qualora dalla casa o dal fondo locato siano stati trasportati altrove senza il suo assenso, e conserva sopra essi il privilegio, purché ne abbia promossa l'azione nel termine di quaranta giorni dal trasporto, se si tratta dei mobili di cui era fornito il fondo rustico, o nel termine di giorni quindici, se si tratta dei mobili di cui era fornita la casa, salvi però i diritti acquistati dai terzi dopo il trasporto.

4° I crediti dipendenti dal contratto di masseria, mezzadria o colonia parziaria tanto in favore dei locatori quanto dei coloni, sulla parte rispettiva dei frutti, e sui mobili di cui sono forniti il fondo e la casa concessi a masseria;

5° Le somme dovute per le sementi ed i lavori di coltivazione e raccolta dell'annata, sui frutti della raccolta;

6° Il credito della persona a cui favore fu costituito il pegno, sopra i mobili di cui il creditore è in possesso;

7° Le spese fatte per la conservazione o pel miglioramento di mobili, sopra gli stessi mobili conservati o migliorati, sempre che si trovino ancora presso coloro che fecero le dette spese;

8° Le somministrazioni e le mercedi dell'albergatore, sopra gli effetti del viandante che sono stati portati e sono tuttora nel suo albergo;

9° Le spese di trasporto, di dogana e di dazio, sopra gli effetti trasportati che rimangono ancora presso colui che li trasportò, o che sono stati da lui consegnati, sempreché in quest'ultimo caso gli effetti si trovino ancora presso il consegnatario, e l'azione venga promossa entro tre giorni dalla consegna;

10° I crediti di indennità per abusi prevaricazioni commesse dagli uffiziali pubblici nell'esercizio delle loro funzioni, sui valori dati per malleveria e sugli interessi che ne fossero dovuti;

11° Le somme dovute dai contabili dello Stato, dei comuni o di altri corpi morali per fatti dipendenti dalle loro funzioni, sui valori dati per malleveria e relativi interessi.

2765. Crediti derivanti dai contratti di mezzadrìa e di colonìa.

Colui che concede un fondo a mezzadrìa [2141] o a colonìa [2164] e il mezzadro o il colono hanno, per i crediti derivanti dal contratto, privilegio sulla rispettiva parte dei frutti [820] e sulle cose che servono a coltivare o a fornire il fondo dato a mezzadrìa o a colonìa [2151, 2751-*bis* n. 4, 2778 n. 16].

Il privilegio sui frutti sussiste finché questi si trovano nel fondo o nelle sue dipendenze.

Si applicano le disposizioni degli ultimi tre commi dell'articolo 2764 [1519, 2747].

■ Codice civile del 1865: *Art. 1958. Hanno privilegio speciale:*

1° I crediti dello Stato per i diritti di dogana e di registro, e per ogni altro dazio o tributo indiretto sopra i mobili che ne furono l'oggetto:

2° I crediti dei canoni sopra i frutti del fondo enfiteutico raccolti nell'anno, e sopra le derrate che si trovano nelle abitazioni e fabbriche annesse al fondo e provegnenti dal medesimo.

Questo privilegio ha luogo pel credito dell'anno in corso e dell'antecedente;

3° I crediti delle pigioni e dei fitti degli immobili, sopra i frutti raccolti nell'anno, sopra le derrate che si trovano nelle abitazioni e fabbriche annesse ai fondi rustici e provegnenti dai fondi medesimi, e sopra tutto ciò che serve a coltivare il fondo affittato, od a fornire il fondo medesimo o la casa appigionata.

Questo privilegio ha luogo pel credito dell'anno in corso, dell'antecedente e delle scadenze successive portate dai contratti di locazione, se questa ha data certa, e solo pel credito dell'annata in corso e della susseguente, se non è certa la data della locazione. In ambedue i casi gli altri creditori hanno il diritto di sottentrare nelle ragioni del conduttore, di sublocare durante il tempo pel quale il locatore esercita il suo privilegio, quantunque ciò fosse vietato nel contratto di locazione, e di esigere le pigioni e i fitti, pagando al locatore tutto ciò che gli fosse dovuto con privilegio, e cautelandolo inoltre pel credito non ancora scaduto.

Lo stesso privilegio ha luogo a favore del locatore pei danni recati agli edifizi e fondi locati, per le riparazioni che sono a carico del conduttore, la restituzione delle scorte e tutto ciò che concerne l'esecuzione del contratto.

Il privilegio sopra attribuito al locatore sui mobili di cui è fornita la casa od il fondo locato, comprende non solo quelli di proprietà dell'inquilino od affittuario e del subinquilino o subaffittuario, ma anche quelli che fossero di proprietà altrui, finché si trovano nella casa nel fondo locato, salvo che si tratti di cose derubate o smarrite, ovvero sia provato che il locatore, al tempo dell'introduzione, sapeva che le cose introdotte spettavano ad altri.

Il privilegio sopra i frutti ha luogo anche quando essi appartengono al subaffittuario

Il privilegio sopra le cose che servono a fornire l'immobile locato od alla sua coltivazione, se esse appartengono al subaffittuario, ha luogo per ciò che questi deve, senza tener conto delle anticipazioni.

Il locatore può sequestrare i mobili su cui cade il privilegio, qualora dalla casa o dal fondo locato siano stati trasportati altrove senza il suo assenso, e conserva sopra essi il privilegio, purché ne abbia promossa l'azione nel termine di quaranta giorni dal trasporto, se si tratta dei mobili di cui era fornito il fondo rustico, o nel termine di giorni quindici, se si tratta dei mobili di cui era fornita la casa, salvi però i diritti acquistati dai terzi dopo il trasporto.

4° I crediti dipendenti dal contratto di masseria, mezzadria o colonia parziaria tanto in favore dei locatori quanto dei coloni, sulla parte rispettiva dei frutti, e sui mobili di cui sono forniti il fondo e la casa concessi a masseria;

5° Le somme dovute per le sementi ed i lavori di coltivazione e raccolta dell'annata, sui frutti della raccolta;

6° Il credito della persona a cui favore fu costituito il pegno, sopra i mobili di cui il creditore è in possesso;

7° Le spese fatte per la conservazione o pel miglioramento di mobili, sopra gli stessi mobili conservati o migliorati, sempre che si trovino ancora presso coloro che fecero le dette spese;

8° Le somministrazioni e le mercedi dell'albergatore, sopra gli effetti del viandante che sono stati portati e sono tuttora nel suo albergo;

9° Le spese di trasporto, di dogana e di dazio, sopra gli effetti trasportati che rimangono ancora presso colui che li trasportò, o che sono stati da lui consegnati, sempreché in quest'ultimo caso gli effetti si trovino ancora presso il consegnatario, e l'azione venga promossa entro tre giorni dalla consegna;

10° I crediti di indennità per abusi prevaricazioni commesse dagli uffiziali pubblici nell'esercizio delle loro funzioni, sui valori dati per malleveria e sugli interessi che ne fossero dovuti;

11° Le somme dovute dai contabili dello Stato, dei comuni o di altri corpi morali per fatti dipendenti dalle loro funzioni, sui valori dati per malleveria e relativi interessi.

2766. Crediti degli istituti di credito agrario.

[...][1].

[1] Articolo abrogato dall'art. 161, D.Lgs. 1 settembre 1993, n. 385. Il testo previgente disponeva: *Gli istituti che esercitano il credito agrario hanno privilegio sui frutti del fondo per i mutui concessi per la conduzione dell'azienda agraria e per l'utilizzazione, manipolazione e trasformazione dei prodotti.*

Per i mutui concessi per acquisto di bestiame, di macchine e di attrezzi agricoli essi hanno eguale privilegio sulle cose acquistate con il danaro preso a mutuo.

A garanzia dei crediti indicati dai commi precedenti, nonché dei mutui per opere di miglioramento del fondo può essere inoltre costituito un privilegio sui frutti del fondo e sopra tutto ciò che serve a coltivare o a fornire il fondo stesso, limitatamente alla parte di valore che eccede l'ammontare dei crediti assistiti dal privilegio indicato dai due commi anzidetti.

I privilegi previsti da questo articolo sono regolati dalle leggi speciali.

2767. Crediti per risarcimento di danni contro l'assicurato.

Nel caso di assicurazione della responsabilità civile [1917], il credito del danneggiato per il risarcimento ha privilegio sull'indennità dovuta dall'assicuratore [2778 n. 11; disp. att. 235][1].

[1] Per l'assicurazione obbligatoria della responsabilità civile derivante dalla circolazione dei veicoli a motore e dei natanti, v. artt. 122 ss. D.Lgs. 7 settembre 2005, n. 209, Codice delle assicurazioni private.

2768. Crediti dipendenti da reato.

Per i crediti dipendenti da reato [2778 n. 10, 2947] hanno privilegio sulle cose sequestrate lo Stato e le altre persone indicate dal codice penale [c.p. 188 ss.], secondo le disposizioni del codice stesso e del codice di procedura penale [c.p.p. 535, 692, 695].

2769. Sequestro della cosa soggetta a privilegio.

Il creditore che ha privilegio su una cosa mobile, se ha fondati motivi di temere la rimozione della cosa dalla particolare situazione alla quale è subordinata la sussistenza del privilegio, può domandarne il sequestro conservativo [2905, disp. att. 234; c.p.c. 671].

Sezione III
Dei privilegi sopra gli immobili

2770. Crediti per atti conservativi o di espropriazione.

I crediti per le spese di giustizia fatte per atti conservativi [c.p.c. 671] o per l'espropriazione di beni immobili [c.p.c. 555] nell'interesse comune dei creditori sono privilegiati sul prezzo degli immobili stessi [2755, 2905].

Del pari ha privilegio il credito dell'acquirente di un immobile per le spese fatte per la dichiarazione di liberazione dell'immobile dalle ipoteche [2777, 2889, 2890; c.p.c. 795].

■ Codice civile del 1865: *Art. 1961. Il credito per le spese del giudizio di spropriazione degli immobili e di quello di graduazione, fatte nell'interesse comune dei creditori, è privilegiato sopra gli immobili spropriati, ed è preferito a qualunque altro credito.*

♦ Codice civile francese

Articolo 2375. *I crediti privilegiati sulla generalità degli immobili sono: 10 le spese giudiziarie; 2 0 senza pregiudizio dell'eventuale applicazione delle disposizioni degli articoli L 143.10, L 143.11, L 742.6 e L 751.15 del codice del lavoro: le remunerazioni dei generi di servizio per l'anno scaduto e l'anno in corso; il salario differito che risulta dal contratto di lavoro istituito dall'articolo 63 del decreto del 29 luglio 1939 relativo alla famiglia ed alla natalità francese per l'anno in corso e l'anno scaduto; il credito del coniuge superstite istituito dall'articolo 14 della legge n. 89-1008 del 31 dicembre 1989 re-*

lativa allo sviluppo delle imprese commerciali ed artigianali ed al miglioramento dei loro ambienti economico, giuridico e sociale ed il credito del coniuge superstite istituito con l'articolo L 321.21.1 del codice rurale: le remunerazioni per i sei ultimi mesi dei salariati, apprendisti e l'indennità dovuta dal datore di lavoro ai giovani in stage come previsto dall'articolo L 980-11-1 del codice di lavoro; l'indennità prevista all'articolo L 122.3.4 del codice di lavoro e l'indennità prevista all'articolo L 124.4.4. dello stesso codice e l'indennità dovuta in ragione dell'inosservanza della disdetta prevista all'articolo L 122.8 del codice del lavoro e l'indennità compensatrice prevista all'articolo L 122.32.6 dello stesso codice; le indennità dovute per le disdette pagate; le indennità di licenziamento dovute in applicazione dei contratti collettivi di lavoro, degli accordi collettivi dell'istituto, dei regolamenti di lavoro, degli usi e delle disposizioni degli articoli L 122.9, L 122.32.6, L 761.5 e L 761.7 del codice di lavoro per la totalità della porzione inferiore o uguale al plafond visto all'articolo L 143.10 del codice del lavoro e per un quarto della porzione superiore a detto plafond. Le indennità dovute, all'occorrenza, ai salariati in applicazione degli articoli L 122.3.8, secondo comma, L 122.14.4, L 122.14.5, secondo comma, L 122.32. 7 e L 122.32.9 del codice del lavoro.

2771. Crediti per le imposte sui redditi immobiliari.

[I crediti dello Stato per l'imposta sul reddito delle persone fisiche, per l'imposta sul reddito delle persone giuridiche e per l'imposta locale sui redditi, limitatamente all'imposta o alla quota proporzionale di imposta imputabile ai redditi immobiliari, compresi quelli di natura fondiaria non determinabili catastalmente, sono privilegiati sopra gli immobili tutti del contribuente situati nel territorio del comune in cui il tributo si riscuote e sopra i frutti, i fitti e le pigioni degli stessi immobili, senza pregiudizio dei mezzi speciali di esecuzione autorizzati dalla legge [2780 n. 1, 2778 n. 2].

Il privilegio previsto nel primo comma è limitato alle imposte iscritte nei ruoli resi esecutivi nell'anno in cui il concessionario del servizio di riscossione procede o interviene nell'esecuzione e nell'anno precedente[1].

Qualora l'accertamento del reddito iscritto a ruolo sia stato determinato sinteticamente ai fini dell'imposta sul reddito delle persone fisiche, la ripartizione proporzionale dell'imposta, prevista dal primo comma, viene effettuata sulla base dei redditi iscritti o iscrivibili ai fini dell'imposta locale sui redditi[2]][3].

[1] Comma così sostituito dall'art. 34, D.Lgs. 26 febbraio 1999, n. 46. Il testo previgente disponeva: *Il privilegio previsto nel comma precedente è limitato alle imposte iscritte nei ruoli principali, suppletivi, speciali o straordinari posti in riscossione nell'anno in cui si procede all'esecuzione e nell'anno precedente. Se si tratta di ruoli suppletivi e si procede per imposte relative a periodi d'imposta anteriore agli ultimi due, il privilegio non può esercitarsi per un importo superiore a quello degli ultimi due anni, qualunque sia il periodo cui le imposte si riferiscono.*

Il testo precedente le modifiche apportate dalla L. 29 luglio 1975, n. 426, invece, disponeva: *Eguale privilegio, per lo stesso periodo di tempo, hanno i crediti dello Stato per ogni altro tributo diretto sopra gli immobili ai quali il tributo si riferisce, in conformità delle leggi speciali.*

[2] Articolo così sostituito dall'art. 7, L. 29 luglio 1975, n. 426. Il testo precedente le modifiche apportate dal D.Lgs. 26 febbraio 1999, n. 46, disponeva: *I crediti dello Stato per l'imposta sul reddito delle persone fisiche, per l'imposta sul reddito delle persone giuridiche e per l'imposta locale sui redditi, limitatamente all'imposta o alla quota proporzionale di imposta imputabile ai redditi immobiliari compresi quelli di natura fondiaria non determinabili catastalmente, sono privilegiati sopra gli immobili tutti del contribuente situati nel territorio del comune in cui il tributo si riscuote e sopra i frutti, i fitti e le pigioni degli stessi immobili, senza pregiudizio dei mezzi speciali di esecuzione autorizzati dalla legge.*

Il privilegio previsto nel comma precedente è limitato alle imposte iscritte nei ruoli principali, suppletivi, speciali o straordinari posti in riscossione nell'anno in cui si procede all'esecuzione e nell'anno precedente. Se si tratta di ruoli suppletivi e si procede per imposte relative a periodi d'imposta anteriore agli ultimi due, il privilegio non può esercitarsi per un importo superiore a quello degli ultimi due anni, qualunque sia il periodo cui le imposte si riferiscono.

Qualora l'accertamento del reddito iscritto a ruolo sia stato determinato sinteticamente ai fini dell'imposta sul reddito delle persone fisiche, la ripartizione proporzionale dell'imposta, prevista dal primo comma, viene effettuata sulla base dei redditi iscritti o iscrivibili ai fini dell'imposta locale sui redditi.

Il testo precedente le modifiche apportate dalla L. 29 luglio 1975, n. 426, invece, disponeva: *I crediti dello Stato per il tributo fondiario iscritto nel ruolo dell'anno in cui si procede all'esecuzione e dell'anno precedente, nonché i crediti per le sovrimposte comunali o provinciali per lo stesso periodo di tempo sono privilegiati sopra gli immobili tutti del contribuente situati nel territorio del comune in cui il tributo si riscuote, e sopra i frutti, i fitti e le pigioni degli stessi immobili, senza pregiudizio dei mezzi speciali di esecuzione autorizzati dalla legge.*

Eguale privilegio, per lo stesso periodo di tempo, hanno i crediti dello Stato per ogni altro tributo diretto sopra gli immobili ai quali il tributo si riferisce, in conformità delle leggi speciali.

Se si tratta di ruoli suppletivi, il privilegio non può esercitarsi per un importo superiore a quello dell'ultimo biennio.

[3] Articolo abrogato dall'art. 23, D.L. 6 luglio 2011, n. 98, convertito in L. 15 luglio 2011, n. 111.

● Norme connesse:

- comma 1: art. 15, L. 29 luglio 1975, n. 426, riportato in nota sub Capo II – Dei privilegi.

- per i privilegi previsti in sede di riscossione coattiva delle imposte sui redditi, art. 56, D.P.R. 29 settembre 1973, n. 602 che dispone: *1. Gli atti del procedimento di espropriazione, compresa la prova degli adempimenti prescritti dall'articolo 498 del codice di procedura civile, sono depositati, a cura del concessionario, nella cancelleria del giudice dell'esecuzione nel termine di dieci giorni dalla vendita.*

2. Nello stesso termine, salvo quanto previsto dal comma 3, la somma ricavata dalla vendita è consegnata al cancelliere per essere depositata nella forma dei depositi giudiziari.

3. Se nell'esecuzione non sono intervenuti altri creditori aventi diritto ad essere soddisfatti con preferenza o in via con-

corrente rispetto al concessionario, ovvero se la somma ricavata è sufficiente a soddisfarli integralmente, il giudice dell'esecuzione autorizza il concessionario a trattenere l'ammontare del suo credito, depositando in cancelleria l'eventuale eccedenza, ovvero, se non sono intervenuti altri creditori, restituendola al debitore.

2772. Crediti per tributi indiretti.

Hanno pure privilegio i crediti dello Stato per ogni tributo indiretto, nonché quelli derivanti dall'applicazione dell'imposta comunale sull'incremento di valore degli immobili, sopra gli immobili ai quali il tributo si riferisce [2780 nn. 4 e 5].

I crediti dello Stato, derivanti dall'applicazione dell'imposta sul valore aggiunto, hanno privilegio, in caso di responsabilità solidale del cessionario, sugli immobili che hanno formato oggetto della cessione o ai quali si riferisce il servizio prestato.

Eguale privilegio hanno i crediti di rivalsa, verso il cessionario ed il committente, previsti dalle norme relative all'imposta sul valore aggiunto, sugli immobili che hanno formato oggetto della cessione o ai quali si riferisce il servizio.

Il privilegio non si può esercitare in pregiudizio dei diritti che i terzi hanno anteriormente acquistato sugli immobili [2758].

Per le imposte suppletive il privilegio non si può neppure esercitare in pregiudizio dei diritti acquistati successivamente dai terzi.

Lo stesso privilegio, per quanto riguarda l'imposta di successione, non ha effetto a danno dei creditori del defunto che hanno iscritto la loro ipoteca nei tre mesi dalla morte di lui, né ha effetto a danno dei creditori che hanno esercitato il diritto di separazione dei beni del defunto da quelli dell'erede[1].

[1] Articolo così sostituito dall'art. 8, L. 29 luglio 1975, n. 426. Il testo previgente disponeva: *Hanno pure privilegio i crediti dello Stato per ogni tributo indiretto sopra gli immobili ai quali il tributo si riferisce. Il privilegio non si può esercitare in pregiudizio dei diritti che i terzi hanno anteriormente acquistati sugli immobili. Se si tratta d'imposta di registro suppletiva, il privilegio non si può neppure esercitare il pregiudizio dei diritti acquistati dai terzi dopo la registrazione dell'atto.*

Lo stesso privilegio, per quanto riguarda l'imposta di successione, non ha effetto a danno dei creditori del defunto che hanno iscritto la loro ipoteca nei tre mesi dalla morte di lui, nè ha effetto a danno dei creditori che hanno esercitato il diritto di separazione dei beni del defunto da quelli dell'erede.

● Norme connesse:

- per il privilegio attribuito ai crediti dello Stato per l'imposta di registro, art. 56, comma 4, D.P.R. 26 aprile 1986, n. 131 che dispone: *Per la riscossione coattiva delle imposte, delle soprattasse e delle pene pecuniarie e degli interessi di mora si applicano le disposizioni degli artt. 2, da 5 a 29 e 31 del R.D. 14 aprile 1910, n. 639. Lo Stato ha privilegio secondo le norme stabilite dal Codice civile. Il privilegio si estingue con il decorso di cinque anni dalla data di registrazione.*

■ Codice civile del 1865: *Art. 1962. Sono parimente privilegiati i crediti dello Stato pel tributo fondiario dell'anno in corso e dell'antecedente, comprese le sovr'imposte comunali e provinciali, sopra gli immobili tutti del contribuente situati nel territorio del comune in cui il tributo si riscuote, e sopra i frutti, i fitti e le pigioni degli stessi immobili, senza pregiudizio dei mezzi speciali di esecuzione autorizzati dalla legge.*

Hanno pure privilegio i crediti dello Stato pei diritti, di registro e per ogni altro tributo indiretto sopra gli immobili che ne furono l'oggetto. Tale privilegio non può pregiudicare ai diritti reali di ogni genere acquistati sul fondo dai terzi prima del trasferimento soggetto alla tassa, e non può neppure farsi valere contro i terzi possessori dell'immobiliare per supplemento di tassa.

Lo stesso privilegio inoltre, per quanto riguarda le tasse di successione, non ha effetto a danno dei creditori ipotecari del defunto che hanno iscritto la loro ipoteca nei tre mesi dalla morte di lui, e nemmeno a danno dei creditori che hanno esercitato il diritto di separazione del patrimonio del defunto da quello dell'erede.

2773. Crediti dei comuni e delle province per tributi.

[...][1].

[1] Articolo abrogato dall'art. 9, L. 29 luglio 1975, n. 426. Il testo previgente disponeva: *I crediti dei comuni e delle province per i tributi previsti dalla legge per la finanza locale hanno privilegio sopra gli immobili ai quali i tributi stessi si riferiscono.*

Il privilegio non è opponibile ai terzi che hanno acquistato anteriormente diritti sugli immobili.

2774. Crediti per concessione di acque.

I crediti dello Stato per i canoni dovuti dai concessionari di acque pubbliche o di acque derivate da canali demaniali [822] ovvero per i lavori eseguiti d'ufficio sono privilegiati sugli impianti, in conformità delle leggi speciali [2780 n. 3].

Tale privilegio, per quanto riguarda i canoni, non è opponibile ai terzi che hanno acquistato diritti sugli immobili anteriormente all'atto di concessione o, trattandosi di crediti per lavori, anteriormente al sorgere dei crediti stessi.

● Norme connesse:

- comma 1: per il privilegio dei crediti per concessione di acque, art. 39, R.D. 11 dicembre 1933, n. 1775 che dispone: *I crediti dello Stato per canoni demaniali, per lavori eseguiti d'ufficio e per qualunque altro ricupero, sono privilegiati su tutti gli impianti relativi alla concessione, compresi quelli che, al termine della concessione, non passano gratuitamente allo Stato.*

Tale privilegio prende grado subito dopo quello sancito dall'art. 1962 del codice civile.

La riscossione di tali crediti è fatta in base al testo unico di leggi 14 aprile 1910, n. 639, per la riscossione delle entrate patrimoniali dello Stato.

2775. Contributi per opere di bonifica e di miglioramento.

I crediti per i contributi indicati dall'articolo 864 sono privilegiati [2780 n. 2] sugli immobili che traggono beneficio dalle opere di bonifica o di miglioramento.

La costituzione del privilegio per le opere di miglioramento è subordinata all'osservanza delle leggi speciali.

● Norme connesse:

- per il privilegio per i crediti derivanti dall'esecuzione di opere di bonifica, l'art. 21, R.D. 13 febbraio 1933, n. 215 che dispone: *I contributi dei proprietari nella spesa di esecuzione, manutenzione ed esercizio delle opere pubbliche di bonifica costituiscono oneri reali sui fondi dei contribuenti e sono esigibili con le norme ed i privilegi stabiliti per l'imposta fondiaria, prendendo grado immediatamente dopo tale imposta e le relative sovrimposte provinciali e comunali.*

Alla riscossione dei contributi si provvede con le norme che regolano l'esazione delle imposte dirette.

2775-*bis*. Credito per mancata esecuzione di contratti preliminari.

Nel caso di mancata esecuzione del contratto preliminare trascritto ai sensi dell'articolo 2645-*bis*, i crediti del promissario acquirente che ne conseguono hanno privilegio speciale sul bene immobile oggetto del contratto preliminare, sempre che gli effetti della trascrizione non siano cessati al momento della risoluzione del contratto risultante da atto avente data certa, ovvero al momento della domanda giudiziale di risoluzione del contratto o di condanna al pagamento, ovvero al momento della trascrizione del pignoramento o al momento dell'intervento nell'esecuzione promossa da terzi.

Il privilegio non è opponibile ai creditori garantiti da ipoteca relativa a mutui erogati al promissario acquirente per l'acquisto del bene immobile nonché ai creditori garantiti da ipoteca ai sensi dell'articolo 2825-*bis*[1].

[1] Articolo aggiunto dall'art. 3, D.L. 31 dicembre 1996, n. 669, convertito in L. 28 febbraio 1997, n. 30.

● Norme connesse:

- art. 1, commi da 61 a 63, L. 27 dicembre 2013, n. 147, riportati in nota sub art. 2645-ter c.c.; art. 23, D.L. 12 settembre 2014, n. 133, convertito 11 novembre 2014, n. 164.

2776. Collocazione sussidiaria sugli immobili.

I crediti relativi al trattamento di fine rapporto nonché all'indennità di cui all'art. 2118 sono collocati sussidiariamente, in caso di infruttuosa esecuzione sui mobili, sul prezzo degli immobili, con preferenza rispetto ai crediti chirografari.

I crediti indicati dagli articoli 2751 e 2751-*bis*, ad eccezione di quelli indicati al precedente comma, ed i crediti per contributi dovuti a istituti, enti o fondi speciali, compresi quelli sostitutivi o integrativi, che gestiscono forme di assicurazione obbligatoria per l'invalidità, la vecchiaia ed i superstiti, di cui all'articolo 2753, sono collocati sussidiariamente, in caso di infruttuosa esecuzione sui mobili, sul prezzo degli immobili, con preferenza rispetto ai crediti chirografari, ma dopo i crediti indicati al primo comma.

I crediti dello Stato indicati dal primo e dal terzo comma dell'articolo 2752 sono collocati sussidiariamente, in caso di infruttuosa esecuzione sui mobili, sul prezzo degli immobili, con preferenza rispetto ai crediti chirografari, ma dopo i crediti indicati al comma precedente[1 2].

[1] Comma così modificato dall'art. 23, D.L. 6 luglio 2011, n. 98, convertito in L. 15 luglio 2011, n. 111. *Il testo previgente disponeva: I crediti dello Stato indicati dal terzo comma dell'articolo 2752 sono collocati sussidiariamente, in caso di infruttuosa esecuzione sui mobili, sul prezzo degli immobili, con preferenza rispetto ai crediti chirografari, ma dopo i crediti indicati al comma precedente.* La disposizione così modificata si osserva anche per i crediti sorti anteriormente all'entrata in vigore del citato D.L. 98/2011.

[2] Articolo così sostituito dall'art. 1, L. 29 maggio 1982, n. 297. Il testo precedente le modifiche apportate dalla L. 29 maggio 1982, n. 297, disponeva: *I crediti indicati dagli articoli 2751 e 2751-*bis *ed i crediti per contributi dovuti a istituti, enti o fondi speciali, compresi quelli sostitutivi o integrativi, che gestiscono forme di assicurazione obbligatoria per l'invalidità, la vecchiaia ed i superstiti, di cui all'art. 2753, sono collocati sussidiariamente, in caso di infruttuosa esecuzione sui mobili, sul prezzo degli immobili, con preferenza rispetto ai crediti chirografari.*

I crediti dello Stato indicati dal terzo comma dell'art. 2752 sono collocati sussidiariamente, in caso di infruttuosa esecuzione sui mobili, sul prezzo degli immobili, con preferenza rispetto ai crediti chirografari, ma dopo i crediti indicati al comma precedente.

Il testo precedente le modifiche apportate dalla L. 29 luglio 1975, n. 426, invece, disponeva: *I crediti indicati dall'art. 2751, nel caso di infruttuosa esecuzione sui mobili, sono collocati sussidiariamente sul prezzo degli immobili, con preferenza rispetto ai crediti chirografari.*

■ Codice civile del 1865: *Art. 1963. I crediti indicati nell'articolo 1956 saranno collocati sussidiariamente sul prezzo degli immobili del debitore con preferenza ai crediti chirografari.*

Sezione IV
Dell'ordine dei privilegi

2777. Preferenza delle spese di giustizia e di altri crediti.

I crediti per spese di giustizia enunciati dagli articoli 2755 e 2770 sono preferiti ad ogni altro credito anche pignoratizio o ipotecario [2748, 2778, 2780].

Immediatamente dopo le spese di giustizia sono collocati i crediti aventi privilegio generale mobiliare di cui all'articolo 2751-*bis* nell'ordine seguente:

a) i crediti di cui all'articolo 2751-*bis*, numero 1;

b) i crediti di cui all'articolo 2751-*bis*, numeri 2 e 3;

c) i crediti di cui all'articolo 2751-*bis*, numeri 4 e 5.

I privilegi che le leggi speciali dichiarano preferiti ad ogni altro credito sono sempre posposti al privilegio per le spese di giustizia ed ai privilegi indicati nell'articolo 2751-*bis* [2782; disp. att. 234, 236; L. fall. 111][1].

[1] Articolo così sostituito dall'art. 11, L. 29 luglio 1975, n. 426. Il testo previgente disponeva: *I crediti per spese di giustizia enunciati dagli articoli 2755 e 2770 sono preferiti a ogni altro credito, anche pignoratizio o ipotecario. I privilegio che le leggi speciali dichiarano genericamente preferiti a ogni altro credito sono sempre posposti al privilegio per le spese di giustizia.*

● Norme connesse:

- art. 111, R.D. 16 marzo 1942, n. 267; art. 46, D.Lgs. 1 settembre 1993, n. 385.

■ Codice civile del 1865: *Art. 1959. Il privilegio per le spese di giustizia indicato nel numero 1 dell'articolo 1956 è preferito a tutt'i privilegi speciali accennati nell'articolo 1958.*

Gli altri privilegi generali indicati nel detto articolo 1956 sono parimenti preferiti al privilegio generale indicato nell'articolo 1957, ed insieme con quest'ultimo sono preferiti ai privilegi speciali indicati nei numeri 2, 3 e 4 dell'articolo 1958, ma sono posposti ai rimanenti privilegi in esso articolo indicati.

2778. Ordine degli altri privilegi sui mobili. Salvo quanto è disposto dall'articolo 2777, nel concorso di crediti aventi privilegio generale o speciale sulla medesima cosa, la prelazione [2780] si esercita nell'ordine che segue [2751, 2755, 2779, 2781-2783; disp. att. 236]:

1) i crediti per contributi ad istituti, enti o fondi speciali - compresi quelli sostitutivi o integrativi - che gestiscono forme di assicurazione obbligatoria per l'invalidità, la vecchiaia ed i superstiti, indicati dall'articolo 2753;

2) i crediti per le imposte sui redditi immobiliari, indicati dall'articolo 2771, quando il privilegio si esercita separatamente sopra i frutti, i fitti e le pigioni degli immobili;

3) [i crediti degli istituti esercenti il credito agrario, indicati dai due primi commi dell'articolo 2766][1];

4) i crediti per prestazioni e spese di conservazione e miglioramento di beni mobili, indicati dall'articolo 2756 [1841 comma 4];

5) i crediti per le mercedi dovute ai lavoratori impiegati nelle opere di coltivazione e di raccolta, indicate dall'articolo 2757;

6) i crediti per sementi e materie fertilizzanti e antiparassitarie e per somministrazione di acqua per irrigazione, nonché i crediti per i lavori di coltivazione e di raccolta indicati nell'articolo 2757. Qualora tali crediti vengano in concorso tra loro, sono preferiti quelli di raccolta, seguono quelli di coltivazione e infine, gli altri crediti indicati dallo stesso articolo;

7) i crediti per i tributi indiretti, indicati dall'articolo 2758, salvo che la legge speciale accordi un diverso grado di preferenza, e i crediti per le imposte sul reddito, indicati dall'articolo 2759;

8) i crediti per contributi dovuti a istituti ed enti per forme di tutela previdenziale e assistenziale indicati dall'articolo 2754, nonché gli accessori, limitatamente al cinquanta per cento del loro ammontare, relativi a tali crediti ed a quelli indicati dal precedente, n. *1)* del presente articolo;

9) [i crediti degli istituti esercenti il credito agrario, indicati dal terzo comma dell'articolo 2766][1];

10) i crediti dipendenti da reato, indicati dall'articolo 2768, sulle cose sequestrate, nei casi [c.p. 185] e secondo l'ordine [c.p. 188, 189, 191] stabiliti dal codice penale e dal codice di procedura penale [c.p.p. 320, 691];

11) i crediti per risarcimento, indicati dall'articolo 2767 [2779];

12) i crediti dell'albergatore, indicati dall'articolo 2760;

13) i crediti del vettore [1668, 1686], del mandatario [1709], del depositario [1766] e del sequestratario [1802], indicati dall'articolo 2761;

14) i crediti del venditore di macchine o della banca per le anticipazioni del prezzo, indicati dall'articolo 2762;

15) i crediti per canoni enfiteutici [960], indicati dall'articolo 2763;

16) i crediti del locatore [1571 ss.] e i crediti del concedente dipendenti dai contratti di mezzadrìa [2141] e colonìa [2164], indicati rispettivamente dagli articoli 2764 e 2765;

17) i crediti per spese funebri, d'infermità, per somministrazione ed alimenti [433], nell'ordine indicato dall'articolo 2751;

18) i crediti dello Stato per tributi diretti, indicati dal primo comma dell'articolo 2752;

19) i crediti dello Stato indicati dal terzo comma dell'articolo 2752;

20) i crediti degli enti locali per tributi, indicati dal quarto comma dell'articolo 2752[2].

[1] Numero abrogato dall'art. 161, D.Lgs. 1 settembre 1993, n. 385. Il testo precedente le modifiche apportate dal D.Lgs. 1° settembre 1993, n. 385, disponeva: *9) i crediti degli istituti esercenti il credito agrario, indicati dal terzo comma dell'art. 2766.*

Nel testo precedente le modifiche apportate dalla L. 29 luglio 1975, n. 426, invece, disponeva: *9) i crediti dell'albergatore, indicati dall'art. 2760.*

[2] Articolo così sostituito dall'art. 12, L. 29 luglio 1975, n. 426. Il testo precedente le modifiche apportate dal D.Lgs. 1° settembre 1993, n. 385, disponeva: *Salvo quanto è disposto dall'art. 2777, nel concorso di crediti aventi privilegio generale o speciale sulla medesima cosa, la prelazione si esercita nell'ordine che segue:*

1) i crediti per contributi ad istituti, enti o fondi speciali - compresi quelli sostitutivi o integrativi - che gestiscono forme di assicurazione obbligatoria per l'invalidità, la vecchiaia e i superstiti, indicati dall'art. 2753;

2) i crediti per le imposte sui redditi immobiliari, indicati dall'art. 2771, quando il privilegio si esercita separatamente sopra i frutti, i fitti e le pigioni degli immobili;

3) i crediti degli istituti esercenti il credito agrario, indicati dai due primi commi dell'art. 2766;

4) i crediti per prestazioni e spese di conservazione e miglioramento di beni mobili, indicati dall'art. 2756;

5) i crediti per le mercedi dovute ai lavoratori impiegati nelle opere di coltivazione e di raccolta, indicate dall'art. 2757;

6) i crediti per sementi e materie fertilizzanti e antiparassitarie e per somministrazione di acqua per irrigazione, nonché i crediti per i lavori di coltivazione e di raccolta indicati dall'art. 2757. Qualora tali crediti vengano in concorso tra loro, sono preferiti quelli di raccolta, seguono quelli di coltivazione e, infine, gli altri crediti indicati dallo stesso articolo;

7) i crediti per i tributi indiretti, indicati dall'art. 2758, salvo che la legge speciale accordi un diverso grado di preferenza, e i crediti per le imposte sul reddito, indicati dall'art. 2759;

8) i crediti per contributi dovuti a istituti ed enti per forme di tutela previdenziale e assistenziale indicati dall'art. 2754, nonché gli accessori, limitatamente al cinquanta per cento del loro ammontare, relativi a tali crediti ed a quelli indicati dal precedente n. 1) del presente articolo;

9) i crediti degli istituti esercenti il credito agrario, indicati dal terzo comma dell'art. 2766;

10) i crediti dipendenti da reato, indicati dall'art. 2768, sulle cose sequestrate, nei casi e secondo l'ordine stabiliti dal codice penale e dal codice di procedura penale;

11) i crediti per risarcimento, indicati dall'art. 2767;

12) i crediti dell'albergatore, indicati dall'art. 2760;

13) i crediti del vettore, del mandatario, del depositario e del sequestratario, indicati dall'art. 2761;

14) i crediti del venditore di macchine o della banca per le anticipazioni del prezzo, indicati dall'art. 2762;

15) i crediti per canoni enfiteutici, indicati dall'art. 2763;

16) i crediti del locatore e i crediti del concedente dipendenti dai contratti di mezzadria e colonia, indicati rispettivamente dagli articoli 2764 e 2765;

17) i crediti per spese funebri, d'infermità, per somministrazioni ed alimenti, nell'ordine indicato dall'art. 2751;

18) i crediti dello Stato per tributi diretti, indicati dal primo comma dell'art. 2752;

19) i crediti dello Stato indicati dal terzo comma dell'art. 2752;

20) i crediti degli enti locali per tributi, indicati dal quarto comma dell'art. 2752.

Il testo precedente le modifiche apportate dalla L. 29 luglio 1975, n. 426, invece, disponeva: *Salvo quanto è disposto dall'articolo precedente, nel concorso di crediti aventi privilegio generale o speciale sulla medesima cosa, la prelazione si esercita nell'ordine che segue:*

1) i crediti per il tributo fondiario, indicati dall'art. 2771, quando il privilegio si esercita separatamente sopra i frutti, i fitti e le pigioni degli immobili;

2) i crediti degli istituti esercenti il credito agrario, indicati dai due primi commi dell'art. 2766;

3) i crediti per prestazioni e spese di conservazione e miglioramento di beni mobili, indicati dall'articolo 2756;

4) i crediti per sementi e materie fertilizzanti e antiparassitarie e per somministrazione di acqua per irrigazione, nonché i crediti per i lavori di coltivazione e di raccolta, indicati dall'art. 2757. Qualora tali crediti vengano in concorso tra loro, sono preferiti quelli di raccolta; seguono quelli di coltivazione e, infine, gli altri crediti indicati dallo stesso articolo;

5) i crediti per tributi indiretti, indicati dall'articolo 2758, salvo che la legge speciale accordi un diverso grado di preferenza, e i crediti per l'imposta di ricchezza mobile, indicati dall'art. 2759;

6) i crediti degli istituti esercenti il credito agrario, indicati dal terzo comma dell'art. 2766;

7) i crediti dipendenti da reato, indicati dall'articolo 2768, sulle cose sequestrate, nei casi e secondo l'ordine stabilito dal codice penale e dal codice di procedura penale;

8) i crediti per risarcimento, indicati dall'articolo 2767;

9) i crediti dell'albergatore, indicati dall'art. 2760;

10) i crediti del vettore, del mandatario, del depositario e del sequestratario, indicati dall'art. 2761;

11) i crediti del venditore di macchine, o della banca per le anticipazioni del prezzo, indicati dall'art. 2762;

12) i crediti per canoni enfiteutici, indicati dall'art. 2763;

13) i crediti del locatore e i crediti dipendenti dai contratti di mezzadria e colonia, indicati rispettivamente dagli articoli 2764 e 2765. Concorrendo le due categorie di crediti, è preferito quello del locatore;

14) i crediti per spese funebri, d'infermità, per somministrazioni, retribuzioni, provvigioni, indennità e alimenti, nell'ordine indicato dall'art. 2751;

15) i crediti dello Stato per tributi diretti, indicati dal primo comma dell'art. 2752;

16) i crediti degli enti locali per tributi, indicati dal terzo comma dell'art. 2752; i contributi di assicurazione e gli altri crediti accessori, indicati dagli articoli 2753 e 2754.

● Norme connesse:

- art. 44, D.Lgs. 1 settembre 1993, n. 385.

■ Codice civile del 1865: *Art. 1960. Se concorrono crediti aventi speciale privilegio sopra lo stesso o gli stessi mobili, la prelazione si esercita nell'ordine seguente*

Il credito dello Stato è preferito ad ogni altro credito sopra i mobili che furono oggetto dei tributi indicati nel numero 1 dell'articolo 1958;

Sopra i frutti dei fondi concessi in enfiteusi, affittati o dati a colonia, sono preferiti ai crediti del locatore o del colono i crediti:

1° Per la raccolta,

2° Per la coltivazione,

3° Per le sementi,

4° Pei canoni indicati nel numero 2 dell'art. 1958;

Sopra i mobili di cui è fornita la casa o il fondo, è preferito ai crediti del locatore e del colono il credito indicato nel numero 7 dell'articolo 1958;

Ai crediti indicati nel numero 9 dell'articolo 1958 sono preferiti i crediti indicati nel numero 8 dello stesso articolo.

2779. Concorso dei privilegi con ipoteche sugli autoveicoli.

Se i privilegi indicati dall'articolo precedente concorrono con le ipoteche sugli autoveicoli, menzionate nell'articolo 2810, queste sono posposte ai privilegi menzionati nei primi dieci numeri dell'articolo 2778 e sono preferite a tutti gli altri [234][1].

[1] Articolo così sostituito dall'art. 13, L. 29 luglio 1975, n. 426. Il testo previgente disponeva: *Se i privilegi indicati dal-*

CODICE CIVILE

l'articolo precedente concorrono con le ipoteche sugli autoveicoli, menzionate nell'art. 2810, queste sono posposte ai privilegi menzionati nei primi sette numeri dell'art. 2778 e sono preferite a tutti gli altri.

2780. Ordine dei privilegi sugli immobili.

Quando sul prezzo dello stesso immobile concorrono più crediti privilegiati, la prelazione ha luogo secondo l'ordine seguente [2777, 2782, 2783]:

1) i crediti per le imposte sui redditi immobiliari, indicati dall'articolo 2771;

2) i crediti per i contributi, indicati dall'articolo 2775;

3) i crediti dello Stato per le concessioni di acque, indicati dall'articolo 2774;

4) i crediti per i tributi indiretti, indicati dall'articolo 2772;

5) i crediti per l'imposta comunale sull'incremento di valore degli immobili [2772];

5-bis) i crediti del promissario acquirente per mancata esecuzione dei contratti preliminari, indicati all'articolo 2775-*bis*[1] [2].

[1] Numero aggiunto dall'art. 3, D.L. 31 dicembre 1996, n. 669, convertito in L. 28 febbraio 1997, n. 30.

[2] Articolo così sostituito dall'art. 14, L. 29 luglio 1975, n. 426. Il testo precedente le modifiche apportate dal D.L. 31 dicembre 1996, n. 669, disponeva: *Quando sul prezzo dello stesso immobile concorrono più crediti privilegiati, la prelazione ha luogo secondo l'ordine seguente:*

1) i crediti per le imposte sui redditi immobiliari, indicati dall'articolo 2771;

2) i crediti per i contributi, indicati dall'articolo 2775;

3) i crediti dello Stato per le concessioni di acque, indicati dall'articolo 2774;

4) i crediti per i tributi indiretti, indicati dall'articolo 2772;

5) i crediti per l'imposta comunale sull'incremento di valore degli immobili.

Il testo precedente le modifiche apportate dalla L. 29 luglio 1975, n. 426, invece, disponeva: *Quando sul prezzo dello stesso immobile concorrono più crediti privilegiati, la prelazione ha luogo secondo l'ordine seguente:*

1) i crediti per i tributi diretti, indicati dall'articolo 2771;

2) i crediti per i contributi, indicati dall'art. 2775;

3) i crediti dello Stato per le concessioni di acque, indicati dall'art. 2774;

4) i crediti dello Stato per i tributi indiretti, indicati dall'art. 2772;

5) i crediti dei comuni e delle provincie per i tributi, indicati dall'art. 2773.

2781. Concorso di privilegi speciali con crediti pignoratizi.

Qualora con crediti assistiti da privilegio speciale concorra un credito garantito con pegno [2784] e uno dei privilegi debba essere preferito rispetto al pegno, tale privilegio prevale su quegli altri che devono essere posposti al pegno, anche se anteriori di grado [2748 comma 1; disp. att. 234].

2782. Concorso di crediti egualmente privilegiati.

I crediti egualmente privilegiati concorrono tra loro in proporzione del rispettivo importo.

La stessa disposizione si osserva quando concorrono tra loro più crediti privilegiati ai quali le leggi speciali attribuiscono genericamente una prelazione [2780] su ogni altro credito [2777, 2780].

■ Codice civile del 1865: *Art. 1954. I crediti egualmente privilegiati concorrono fra loro in proporzione del loro importare.*

2783. Preferenza non determinata dalla legge.

Quando dalla legge non risulta il grado di preferenza di un determinato privilegio speciale, esso prende grado dopo ogni altro privilegio speciale regolato nel codice [2778; disp. att. 234, 236].

2783-*bis*. Crediti derivanti dall'applicazione dei prelievi di cui agli articoli 49 e 50 del trattato che istituisce la Comunità europea del carbone e dell'acciaio.

I crediti derivanti dall'applicazione dei prelievi di cui agli articoli 49 e 50 del Trattato che istituisce la Comunità europea del carbone e dell'acciaio, nonché dalle relative maggiorazioni di mora, sono equiparati, ai fini dell'applicazione delle disposizioni del presente capo, ai crediti dello Stato per l'imposta sul valore aggiunto[1].

[1] Articolo aggiunto dall'art. 40 comma 1, L. 29 dicembre 1990, n. 428.

2783-*ter*. Crediti dello Stato attinenti alle risorse proprie tradizionali di pertinenza del bilancio generale dell'Unione europea.

I crediti dello Stato attinenti alle risorse proprie tradizionali di cui all'articolo 2, paragrafo 1, lettera a), della decisione n. 2007/436/CE/Euratom del Consiglio, del 7 giugno 2007, di pertinenza del bilancio generale dell'Unione europea sono equiparati, ai fini dell'applicazione delle disposizioni del presente capo, ai crediti dello Stato per l'imposta sul valore aggiunto[1].

[1] Articolo aggiunto dall'art. 9, D.L. 2 marzo 2012, n. 16, convertito in L. 26 aprile 2012, n. 44.

CAPO III
DEL PEGNO

Sezione I
Disposizioni generali

● Norme connesse:
- art. 124, comma 3, R.D. 16 marzo 1942, n. 267.

2784. Nozione.

Il pegno è costituito a garanzia dell'obbligazione dal debitore o da un terzo per il debitore [disp. att. 237].

Possono essere dati in pegno i beni mobili [812], le universalità di mobili [816], i crediti e altri diritti aventi per oggetto beni mobili [813].

■ Codice civile del 1865: *Art. 1878. Il pegno è un contratto, col quale il debitore dà al creditore una cosa mobile per sicurezza del credito, da restituirsi in natura dopo l'estinzione del medesimo.*

Art. 1883. Il pegno può essere dato da un terzo pel debitore.

♦ Codice civile francese

Articolo 2333. *Il pegno è una contratto con cui il costituente accorda ad un creditore il diritto di farsi pagare con preferenza sugli altri creditori su un bene mobile o su un insieme di beni mobili presenti e futuri. I crediti garantiti possono essere presenti o futuri, in quest'ultimo caso devono essere determinabili.*

2785. Rinvio a leggi speciali.

Le disposizioni del presente Capo non derogano alle leggi speciali concernenti casi e forme particolari di costituzione di pegno, né a quelle concernenti gli istituti autorizzati a fare prestiti sopra pegni [1794, 1844, 1846, 1851, 2014, 2026].

● Norme connesse:

- per la costituzione di pegno sui prosciutti a denominazione d'origine tutelata, L. 24 luglio 1985, n. 401, Norme sulla costituzione di pegno sui prosciutti a denominazione di origine tutelata.
- art. 1, D.L. 3 maggio 2016, n. 59, convertito in L. 30 giugno 2016, n. 119.

Sezione II
Del pegno dei beni mobili

2786. Costituzione.

Il pegno si costituisce con la consegna al creditore della cosa o del documento [2801] che conferisce l'esclusiva disponibilità della cosa [1794, 1997, 2014, 2026, 2787, 2789, 2790, L. fall. 162 comma 2].

La cosa o il documento possono essere anche consegnati a un terzo designato dalle parti o possono essere posti in custodia di entrambe, in modo che il costituente sia nell'impossibilità di disporne senza la cooperazione del creditore [1263 comma 2].

● Norme connesse:

- art. 1, L. 24 luglio 1985, n. 401 che così recita: *Il pegno sui prosciutti a denominazione di origine tutelata può essere costituito dagli operatori qualificati come produttori dalle leggi sulla tutela della denominazione d'origine o dai relativi regolamenti di esecuzione, oltre che con le modalità previste dall'articolo 2786 del codice civile, con l'apposizione sulla coscia a cura del creditore pignoratizio, in qualunque fase della lavorazione, di uno speciale contrassegno indelebile e con la contestuale annotazione su appositi registri vidimati annualmente.*

Il contrassegno e le relative modalità di applicazione, i registri e la loro tenuta debbono essere conformi ai modelli ed alle previsioni approvati con decreto del Ministro dell'industria, del commercio e dell'artigianato su proposta dei consorzi incaricati della vigilanza sull'applicazione delle leggi sulla denominazione d'origine.

- art. 67, comma 1, n. 3-4, R.D. 16 marzo 1942, n. 267; art. 46, D.Lgs. 1 settembre 1993, n. 385; art. 83-octies, commi 1, 2, D.Lgs. 24 febbraio 1998, n. 58.
- art. 1, D.L. 3 maggio 2016, n. 59, convertito in L. 30 giugno 2016, n. 119, in tema di pegno non possessorio quale deroga alla tradizionale modalità di costituzione del pegno.

♦ Codice civile francese

Articolo 2336. *Il pegno è perfetto dall'accertamento di uno scritto contenente la designazione del debito garantito, la quantità dei beni dati in pegno così come il loro genere o la loro natura.*

2787. Prelazione del creditore pignoratizio.

Il creditore ha diritto di farsi pagare con prelazione sulla cosa ricevuta in pegno [2744, 2748, 2781, 2788].

La prelazione non si può far valere se la cosa data in pegno non è rimasta in possesso del creditore o presso il terzo designato dalle parti [2786].

Quando il credito garantito eccede la somma di 2,58 euro, la prelazione non ha luogo se il pegno non risulta da scrittura con data certa [2704], la quale contenga sufficiente indicazione del credito e della cosa [2800, 2806].

Se però il pegno risulta da polizza o da altra scrittura di enti che, debitamente autorizzati, compiono professionalmente operazioni di credito su pegno, la data della scrittura può essere accertata con ogni mezzo di prova [L. fall. 67].

● Norme connesse:

- art. 167, R.D. 16 marzo 1942, n. 267.

■ Codice civile del 1865: *Art. 1879. Il pegno conferisce al creditore il diritto di farsi pagare con privilegio sulla cosa pignorata.*

Art. 1880. Questo privilegio non ha luogo, se non quando vi è un atto pubblico o una scrittura privata che contenga la dichiarazione della somma dovuta, e della specie e natura delle cose date in pegno, o che abbia annessa una descrizione della loro qualità e misura e del loro peso.

Tuttavia la riduzione dell'atto in iscrittura non è richiesta, se non quando si tratta di un oggetto eccedente il valore di cinquecento lire.

Art. 1882. In ogni caso il privilegio non sussiste sul pegno se non in quanto lo stesso pegno è stato consegnato, ed è rimasto in potere del creditore o di un terzo eletto dalle parti.

■ Codice del commercio del 1882: *Art. 454. Il contratto di pegno, rispetto ai terzi, dev'essere provato per iscritto, se la somma per la quale è costituito eccede le lire cinquecento, ancorché sia dato da un commerciante, ovvero sia dato da persona non commerciante per un atto di commercio.*

Art. 456. Il pegno conferisce al creditore il diritto di farsi pagare con privilegio sulla cosa data in pegno.

Questo privilegio non sussiste, se non in quanto la cosa data in pegno sia stata consegnata, e sia rimasta in potere del credito reo di un terzo eletto dalle parti.

Si reputa che il creditore abbia il possesso delle cose date in pegno, se queste si trovano a sua disposizione nei suoi magazzini o in quelli del suo commissionario, sulle sue navi, in dogana o in altro luogo di pubblico deposito, o se prima del loro arrivo è in possesso della polizza di carico "sola"

CODICE CIVILE

o "prima", o della lettera di vettura girata colla clausola "valuta in garantia" od altra equivalente.

2788. Prelazione per il credito degli interessi.

La prelazione ha luogo anche per gli interessi dell'anno in corso alla data del pignoramento [c.p.c. 492, 513, 518] o, in mancanza di questo [c.p.c. 502], alla data della notificazione del precetto [c.p.c. 479]. La prelazione ha luogo inoltre per gli interessi successivamente maturati, nei limiti della misura legale [1284], fino alla data della vendita [2796; L. fall. 54].

● Norme connesse:

- art. 54, R.D. 16 marzo 1942, n. 267.
- art. 76, comma 5, del Codice della crisi di impresa e dell'insolvenza, attuativo della Legge delega 19 ottobre 2017, n. 155 (D.Lgs. 12 gennaio 2019, n. 14), in tema di effetti sui privilegi, pegni e ipoteca della presentazione della domanda di concordato minore.

2789. Rivendicazione della cosa da parte del creditore pignoratizio.

Il creditore che ha perduto il possesso [2787] della cosa ricevuta in pegno, oltre le azioni a difesa del possesso [1168 ss.], può anche esercitare l'azione di rivendicazione [948], se questa spetta al costituente [2900].

2790. Conservazione della cosa e spese relative.

Il creditore è tenuto a custodire la cosa ricevuta in pegno [1770] e risponde, secondo le regole generali [1768], della perdita e del deterioramento di essa [1218 ss., 1760 n. 1, 1768, 1780].

Colui che ha costituito il pegno è tenuto al rimborso delle spese occorse per la conservazione della cosa [1848, 2756, 2792].

■ Codice civile del 1865: *Art. 1885. Il creditore è responsabile secondo le regole stabilite nel titolo delle obbligazioni e dei contratti in genere, della perdita o del deterioramento del pegno avvenuto per sua negligenza.*

Il debitore deve dal canto suo rimborsare il creditore delle spese occorse per la conservazione del pegno.

■ Codice del commercio del 1882: *Art. 457. Il creditore deve fare gli atti necessarii per la conservazione della cosa ricevuta in pegno, ed esigere tutte le somme che vengono in scadenza rispetto alla cosa stessa.*

Le spese occorse sono prelevate in suo favore, e quando sia soddisfatto del suo credito egli deve render conto di quanto sopravanza sulle fatte esazioni.

2791. Pegno di cosa fruttifera.

Se è data in pegno una cosa fruttifera, il creditore, salvo patto contrario, ha la facoltà di fare suoi i frutti [821], imputandoli prima alle spese e agli interessi e poi al capitale [2802].

2792. Divieto di uso e disposizione della cosa.

Il creditore non può, senza il consenso del costituente, usare della cosa [1770, 2803], salvo che l'uso sia necessario per la conservazione di essa [2790]. Egli non può darla in pegno [2784] o concederne ad altri il godimento [1263].

In ogni caso, deve imputare l'utile ricavato prima alle spese e agli interessi e poi al capitale [2791, 2802].

■ Codice civile del 1865: *Art. 1884. Il creditore non può disporre del pegno pel non effettuato pagamento: ha però il diritto di far ordinare giudizialmente, che il pegno rimanga presso di lui in pagamento e fino alla concorrenza del debito secondo la stima da farsi per mezzo di periti, oppure che sia venduto all'incanto.*

È nullo qualunque patto, il quale autorizza il creditore, ad appropriarsi il pegno o a disporne senza le formalità sopra stabilite.

2793. Sequestro della cosa.

Se il creditore abusa della cosa data in pegno, il costituente può domandarne il sequestro [2905; c.p.c. 670].

■ Codice civile del 1865: *Art. 1887. Se il creditore abusa del pegno, il debitore può domandare che il medesimo sia posto sotto sequestro.*

2794. Restituzione della cosa.

Colui che ha costituito il pegno [2786] non può esigerne la restituzione, se non sono stati interamente pagati il capitale e gli interessi [2788, 2799] e non sono state rimborsate le spese relative al debito e al pegno [1849, 1962 comma 1; c.p.c. 544].

Se il pegno è stato costituito dal debitore e questi ha verso lo stesso creditore un altro debito sorto dopo la costituzione del pegno e scaduto prima che sia pagato il debito anteriore, il creditore ha soltanto il diritto di ritenzione a garanzia del nuovo credito.

■ Codice civile del 1865: *Art. 1888. Il debitore non può pretendere la restituzione del pegno, se non dopo di avere interamente pagato il capitale, gli interessi e le spese del debito, per la sicurezza del quale è stato dato il pegno.*

Se il medesimo debitore avesse con tratto un altro debito collo stesso creditore posteriormente alla tradizione del pegno, e tale debito fosse divenuto esigi bile innanzi che si facesse luogo al paga mento del primo debito, il creditore noli può essere costretto a rilasciare il pegno prima che venga interamente soddisfatto per ambidue i crediti ancorché non siasi stipulato di vincolare il pegno al pagamento del secondo debito.

♦ Codice civile francese

Articolo 2344. *Quando il pegno è costituito con spossessamento, il costituente può reclamare la restituzione del bene garantito senza pregiudizio del risarcimento dei danni, se il creditore od il terzo convenuto non soddisfano la loro obbligazione di conservazione del pegno. Quando il pegno è costituito senza spossessamento, il creditore può far valere la scadenza del termine del debito garantito o sollecitare un complemento del pegno se il costituente non soddisfa la sua obbligazione di conservazione del pegno.*

2795. Vendita anticipata.

Se la cosa data in pegno si deteriora in modo da far temere che essa divenga insufficiente alla sicurezza del creditore, questi, previo avviso a colui che ha costituito il pegno, può chiedere al giudice l'autorizzazione a vendere la cosa [c.p.c. 502].

Con il provvedimento che autorizza la vendita il giudice dispone anche circa il deposito del prezzo a garanzia del credito. Il costituente può evitare la vendita e farsi restituire il pegno, offrendo altra garanzia reale che il giudice riconosca idonea.

Il costituente può del pari, in caso di deterioramento o di diminuzione di valore della cosa data in pegno, domandare al giudice l'autorizzazione a venderla oppure chiedere la restituzione del pegno, offrendo altra garanzia reale che il giudice riconosca idonea [2743].

Il costituente può chiedere al giudice l'autorizzazione a vendere la cosa, qualora si presenti un'occasione favorevole. Con il provvedimento di autorizzazione il giudice dispone le condizioni della vendita e il deposito del prezzo [c.p.c. 530].

2796. Vendita della cosa.

Il creditore per il conseguimento di quanto gli è dovuto può far vendere la cosa ricevuta in pegno secondo le forme stabilite dall'articolo seguente [2744, 2797, 2911; c.p.c. 502].

■ Codice del commercio del 1882: *Art. 458. In mancanza di pagamento alla scadenza, ed ove non esistano patti speciali per un modo diverso di vendita, il creditore può procedere alla vendita delle cose avute in pegno, nei modi stabiliti nell'articolo 363.*

2797. Forme della vendita.

Prima di procedere alla vendita il creditore, a mezzo di ufficiale giudiziario, deve intimare al debitore di pagare il debito e gli accessori, avvertendolo che, in mancanza, si procederà alla vendita. L'intimazione deve essere notificata anche al terzo che abbia costituito il pegno [c.p.c. 602].

Se entro cinque giorni dall'intimazione non è proposta opposizione, o se questa è rigettata, il creditore può far vendere la cosa al pubblico incanto [c.p.c. 534], o, se la cosa ha un prezzo di mercato [1474], anche a prezzo corrente [1515], a mezzo di persona autorizzata a tali atti [disp. att. 83]. Se il debitore non ha residenza o domicilio eletto nel luogo di residenza del creditore, il termine per la opposizione è determinato a norma dell'articolo 163-*bis* del codice di procedura civile[1].

Il giudice, sull'opposizione del costituente, può limitare la vendita a quella tra più cose date in pegno, il cui valore basti a pagare il debito [1850].

Per la vendita della cosa data in pegno le parti possono convenire forme diverse [1850, 2744; L. fall. 53].

[1] Prima delle modifiche apportate con L. 14 luglio 1950, n. 501 il richiamo era all'art. 166.

● Norme connesse:
- art. 53, R.D. 16 marzo 1942, n. 267.

■ Codice civile del 1865: *Art. 1884. Il creditore non può disporre del pegno pel non effettuato pagamento: ha però il diritto di far ordinare giudizialmente, che il pegno rimanga presso di lui in pagamento e fino alla concorrenza del debito secondo la stima da farsi per mezzo di periti, oppure che sia venduto all'incanto.*

È nullo qualunque patto, il quale autorizza il creditore, ad appropriarsi il pegno o a disporne senza le formalità sopra stabilite.

2798. Assegnazione della cosa in pagamento.

Il creditore può sempre domandare al giudice che la cosa gli venga assegnata in pagamento [c.p.c. 505, 530] fino alla concorrenza del debito, secondo la stima da farsi con perizia o secondo il prezzo corrente, se la cosa ha un prezzo di mercato [1474, 2744, 2925].

■ Codice civile del 1865: *Art. 1884. Il creditore non può disporre del pegno pel non effettuato pagamento: ha però il diritto di far ordinare giudizialmente, che il pegno rimanga presso di lui in pagamento e fino alla concorrenza del debito secondo la stima da farsi per mezzo di periti, oppure che sia venduto all'incanto.*

È nullo qualunque patto, il quale autorizza il creditore, ad appropriarsi il pegno o a disporne senza le formalità sopra stabilite.

2799. Indivisibilità del pegno.

Il pegno è indivisibile [1849, 2809] e garantisce il credito finché questo non è integralmente soddisfatto, anche se il debito o la cosa data in pegno è divisibile.

■ Codice civile del 1865: *Art. 1889. Il pegno è indivisibile. non ostante la divisibilità di ciò che è dovuto tra gli eredi del debitore, o fra quelli del creditore.*

L'erede del debitore che ha pagato la sua parte del debito, non può domandare la restituzione della sua parte del pegno sino a che non sia interamente soddisfatto il debito.

Vicendevolmente l'erede del credito re che ha esatto la sua parte del credito, non può restituire il pegno in pregiudizio dè suoi coeredi non ancora soddisfatti.

♦ Codice civile francese

Articolo 2349. *Il pegno è indivisibile nonostante la divisibilità del debito tra gli eredi del debitore o del creditore. L'erede del debitore che ha pagato la sua porzione di debito non può domandare la restituzione della sua porzione nel pegno finché il debito non è interamente pagato. Reciprocamente l'erede del creditore che ha ricevuto la sua porzione del credito, non può rimettere il pegno in pregiudizio dei suoi coeredi che non sono pagati.*

Sezione III

Del pegno di crediti e di altri diritti

2800. Condizioni della prelazione.

Nel pegno di crediti la prelazione non ha luogo, se non quando il pegno risulta da atto scritto e la costituzione di esso è stata notificata al debitore del credito dato in pegno ovvero è stata da questo accettata [1264, 1265] con scrittura avente data certa [2704].

■ Codice civile del 1865: *Art. 1881. Il privilegio non ha luogo sopra i crediti, se non quando il pegno risulta da atto pubblico o da scrittura privata e ne è fatta notificazione al debitore del credito dato in pegno.*

2801. Consegna del documento.

Se il credito costituito in pegno risulta da un documento, il costituente è tenuto a consegnarlo al creditore.

2802. Riscossione d'interessi e di prestazioni periodiche.

Il creditore pignoratizio è tenuto a riscuotere gli interessi del credito o le altre prestazioni periodiche, imputandone l'ammontare in primo luogo alle spese e agli interessi e poi al capitale [1998, 2791]. Egli è tenuto a compiere gli atti conservativi del credito ricevuto in pegno.

■ Codice civile del 1865: *Art. 1886. Se è dato in pegno un credito il quale produce interessi il creditore deve imputare tali interessi a quelli che possono essergli dovuti.*

Se il debito per la cui sicurezza si è dato in pegno un credito, non produce per sé stesso interessi, l'imputazione si fa al capitale del debito.

2803. Riscossione del credito dato in pegno.

Il creditore pignoratizio è tenuto a riscuotere, alla scadenza, il credito ricevuto in pegno e se questo ha per oggetto danaro o altre cose fungibili, deve, a richiesta del debitore, effettuarne il deposito nel luogo stabilito d'accordo o altrimenti determinato dall'autorità giudiziaria. Se il credito garantito è scaduto, il creditore può ritenere del danaro ricevuto quanto basta per il soddisfacimento delle sue ragioni e restituire il residuo al costituente o, se si tratta di cose diverse dal danaro, può farle vendere o chiederne l'assegnazione secondo le norme degli articoli 2797 e 2798.

2804. Assegnazione o vendita del credito dato in pegno.

Il creditore pignoratizio non soddisfatto può in ogni caso chiedere che gli sia assegnato in pagamento [2798] il credito ricevuto in pegno, fino a concorrenza del suo credito [2798, 2928].

Se il credito non è ancora scaduto, egli può anche farlo vendere nelle forme stabilite dall'articolo 2797.

2805. Eccezioni opponibili dal debitore del credito dato in pegno.

Il debitore del credito dato in pegno può opporre al creditore pignoratizio le eccezioni che gli spetterebbero contro il proprio creditore [1250, 1254].

Se il debitore medesimo ha accettato senza riserve la costituzione del pegno, non può opporre al creditore pignoratizio la compensazione verificatasi anteriormente [1248].

2806. Pegno di diritti diversi dai crediti.

Il pegno di diritti diversi dai crediti si costituisce nella forma rispettivamente richiesta per il trasferimento dei diritti stessi, fermo il disposto del terzo comma dell'articolo 2787.

Sono salve le disposizioni delle leggi speciali[1].

[1] Per i brevetti per invenzioni industriali, v. D.Lgs. 10 febbraio 2005, n. 30, Codice della proprietà industriale.

● Norme connesse:

- artt. 104, 111, L. 22 aprile 1941, n. 633; artt. 138, comma 1, lett. b), 140, D.Lgs. 10 febbraio 2005, n. 30.

2807. Norme applicabili al pegno di crediti.

Per tutto ciò che non è regolato nella presente Sezione si osservano, in quanto applicabili, le norme della Sezione precedente [2786-2799].

CAPO IV
DELLE IPOTECHE

Sezione I
Disposizioni generali

2808. Costituzione ed effetti dell'ipoteca.

L'ipoteca attribuisce al creditore il diritto di espropriare [c.p.c. 602], anche in confronto del terzo acquirente [518, 2858, 2910 comma 2], i beni vincolati a garanzia del suo credito e di essere soddisfatto con preferenza sul prezzo ricavato dall'espropriazione [518, 2748, 2770, 2777, 2812, 2825, 2847, 2911, 2916; L. fall. 51].

L'ipoteca può avere per oggetto beni del debitore [2828, 2829] o di un terzo [2868] e si costituisce mediante iscrizione nei registri immobiliari [1376, 2827].

L'ipoteca è legale [2817], giudiziale [2818] o volontaria [2821].

● Norme connesse:

- artt. 51, 67, 124, comma 3, R.D. 16 marzo 1942, n. 267.

■ Codice civile del 1865: *Art. 1964. L'ipoteca è un diritto reale costituito sopra beni del debitore o di un terzo a vantaggio di un creditore, per assicurare sopra i medesimi il soddisfacimento di un'obbligazione.*

Essa è indivisibile, e sussiste per intero sopra tutti i beni vincolati, sopra ciascuno di essi e sopra ogni loro parte.

Essa è inerente ai beni, e li segue presso qualunque possessore.

Art. 1968. L'ipoteca è legale, giudiziale o convenzionale.

♦ Codice civile francese

Articolo 2393. *L'ipoteca è un diritto reale sugli immobili attribuiti per l'adempimento di una obbligazione. È per sua natura indivisibile e sussiste per intero su tutti gli immobili destinati, su ciascuno e su ogni porzione di questi immobili. Li segue in qualunque mano passano.*

Articolo 2394. *L'ipoteca ha luogo solo nei casi e secondo le forme autorizzare dalla legge.* Articolo 2395. *È legale o giudiziale o convenzionale.*

2809. Specialità e indivisibilità dell'ipoteca.

L'ipoteca deve essere iscritta su beni [2810] specialmente indicati [2826, 2827], e per una somma determinata in danaro [2826, 2838, 2839, 2855].

Essa è indivisibile [2799] e sussiste per intero sopra tutti i beni vincolati, sopra ciascuno di essi e sopra ogni loro parte [853, 2811].

■ Codice civile del 1865: *Art. 1964. L'ipoteca è un diritto reale costituito sopra beni del debitore o di un terzo a vantaggio di un creditore, per assicurare sopra i medesimi il soddisfacimento di un'obbligazione.*

Essa è indivisibile, e sussiste per intero sopra tutti i beni vincolati, sopra ciascuno di essi e sopra ogni loro parte.

Essa è inerente ai beni, e li segue presso qualunque possessore.

Art. 1965. L'ipoteca non ha effetto se non è resa pubblica, e non può sussistere che sopra beni specialmente indicati e per somma determinata in danaro.

2810. Oggetto dell'ipoteca.

Sono capaci d'ipoteca:

1) i beni immobili [812] che sono in commercio con le loro pertinenze [817];

2) l'usufrutto dei beni stessi [326, 978, 980, 2814];

3) il diritto di superficie [952];

4) il diritto dell'enfiteuta e quello del concedente sul fondo enfiteutico [975 ss.].

Sono anche capaci d'ipoteca le rendite dello Stato nel modo determinato dalle leggi relative al debito pubblico, e inoltre le navi [c.nav. 565], gli aeromobili [c.nav. 1027 ss.] e gli autoveicoli [815], secondo le leggi che li riguardano [2779].

Sono considerati ipoteche i privilegi iscritti sugli autoveicoli a norma della legge speciale.

● Norme connesse:

- per la costituzione di ipoteca su opere costruite dal concessionario su beni demaniali, art. 41, c.nav. che dispone: *Il concessionario può, previa autorizzazione dell'autorità concedente, costituire ipoteca sulle opere da lui costruite sui beni demaniali.*

- per la disciplina dell'ipoteca iscritta su navi ed aeromobili, artt. da 565 a 577 o da 1027 a 1037, c.nav.

- per la disciplina dei privilegi iscritti sugli autoveicoli, artt. 2, 5, 11, 16, R.D. 29 luglio 1927, n. 1814 (Disposizioni di attuazione e transitorie del R.D.L. 15 marzo 1927, n. 436, concernente la disciplina dei contratti di compravendita degli autoveicoli e l'istituzione del Pubblico Registro Automobilistico presso le sedi dell'Automobile club d'Italia); art. 2, R.D.L. 15 marzo 1927, n. 436 che dispone: *A favore del venditore di autoveicoli, quando vengano adempiute le formalità di cui alle disposizioni che seguono, spetta un privilegio legale per il prezzo o per quella parte di prezzo che sia stato pattuito e che non sia stato corrisposto all'atto della vendita e per i relativi accessori, specificati nel contratto.*

Lo stesso privilegio spetta, osservate le medesime formalità, a chi abbia, nell'interesse del compratore, corrisposto la totalità o parte del prezzo dell'autoveicolo.

All'infuori dei casi di privilegio legale sull'autoveicolo ai sensi del primo e secondo comma del presente articolo, l'autoveicolo può formare oggetto di privilegio convenzionale, concesso dal debitore a garanzia di qualsiasi altro creditore.

Il titolo che dà luogo al privilegio di cui ai commi precedenti deve risultare da atto scritto, debitamente registrato a tenore della legge di registro.

Il privilegio ha durata non superiore a cinque anni e può, col consenso delle parti, essere rinnovato prima della scadenza, per un ulteriore periodo non superiore ad un quinquennio, con effetto dall'originaria data di iscrizione.

Il privilegio, debitamente iscritto secondo le norme del presente decreto, segue l'autoveicolo presso ciascun proprietario e possessore successivo, fino alla estinzione del credito che garantisce.

L'iscrizione del privilegio non può essere chiesta trascorso un anno dalla data dell'atto che vi dà luogo.

■ Codice civile del 1865: *Art. 1967. Sono capaci d'ipoteca:*

1° I beni immobili, che sono in commercio, coi loro accessori riputati come immobili.

2° L'usufrutto degli stessi beni coi loro accessori, ad eccezione dell'usufrutto legale degli ascendenti;

3° I diritti del concedente e dell'enfiteuta sui beni enfiteutici;

4° Le rendite sopra lo Stato nel modo determinato dalle leggi relative al debito pubblico.

2811. Miglioramenti e accessioni.

L'ipoteca si estende ai miglioramenti [960, 975, 985], nonché alle costruzioni e alle altre accessioni [934-938, 941-947] dell'immobile ipotecato, salve le eccezioni stabilite dalla legge [2816, 2864, 2873].

● Norme connesse:

- artt. 44, 46, D.Lgs. 1 settembre 1993, n. 385.

■ Codice civile del 1865: *Art. 1966. L'ipoteca si estende a tutti i miglioramenti ed anche alle costruzioni ed altre accessioni dell'immobile ipotecato.*

2812. Diritti costituiti sulla cosa ipotecata.

Le servitù [1027] di cui sia stata trascritta [2643 n. 4] la costituzione dopo l'iscrizione dell'ipoteca [2827] non sono opponibili al creditore ipotecario, [2644] il quale può far subastare la cosa come libera. La stessa disposizione si applica per i diritti di usufrutto [987], di uso [1021] e di abitazione [1022].

Tali diritti si estinguono con l'espropriazione del fondo [586; c.p.c. 555 ss.] e i titolari sono ammessi a far valere le loro ragioni sul ricavato, con preferenza rispetto alle ipoteche iscritte posteriormente alla trascrizione dei diritti medesimi.

Per coloro che hanno acquistato il diritto di superficie [952] o il diritto d'enfiteusi [957] sui beni soggetti all'ipoteca e hanno trascritto l'acquisto posteriormente all'iscrizione dell'ipoteca, si osservano le disposizioni relative ai terzi acquirenti [2858].

Le cessioni e le liberazioni di pigioni e di fitti non scaduti [1605], che non siano trascritte o siano inferiori al triennio, sono opponibili ai creditori ipotecari solo se hanno data certa [2704] anteriore al pignoramento [c.p.c. 555] e per un termine non superiore a un anno dal giorno del pignoramento [1605, 2919, 2924].

Le cessioni e le liberazioni trascritte non sono opponibili ai creditori ipotecari anteriori alla trascrizione, se non per il termine stabilito dal comma precedente [disp. att. 238].

2813. Pericolo di danno alle cose ipotecate.

Qualora il debitore o un terzo compia atti da cui possa derivare il perimento o il deterioramento dei beni ipotecati [1186, 2743], il creditore può domandare all'autorità giudiziaria che ordini la cessazione di tali atti o disponga le cautele necessarie per evitare il pregiudizio della sua garanzia [2795].

2814. Ipoteca sull'usufrutto e sulla nuda proprietà.

Le ipoteche costituite sull'usufrutto [2810 n. 2] si estinguono col cessare di questo [979, 1014]. Tuttavia, se la cessazione si verifica per rinunzia o per abuso da parte dell'usufruttuario [1015] ovvero per acquisto della nuda proprietà da parte del medesimo [1114 n. 2], l'ipoteca perdura fino a che non si verifichi l'evento che avrebbe altrimenti prodotto l'estinzione dell'usufrutto.

Se la nuda proprietà è gravata da ipoteca, questa, avvenendo l'estinzione dell'usufrutto [979, 1114], si estende alla piena proprietà [1815]. Ma nei casi in cui, secondo la disposizione del comma precedente, perdura l'ipoteca costituita sull'usufrutto, l'estensione non pregiudica il credito garantito con l'ipoteca stessa.

2815. Ipoteca sul diritto del concedente e sul diritto dell'enfiteuta.

Nel caso di affrancazione [971], le ipoteche gravanti sul diritto del concedente [2810 n. 4] si risolvono sul prezzo dovuto per l'affrancazione [2742]; le ipoteche gravanti sul diritto dell'enfiteuta si estendono alla piena proprietà [2814].

Nel caso di devoluzione [972] o di cessazione dell'enfiteusi per decorso del termine [958], le ipoteche gravanti sul diritto dell'enfiteuta si risolvono sul prezzo dovuto per i miglioramenti [975], senza deduzione di quanto è dovuto al concedente per i canoni non soddisfatti [2763]. Il prezzo dei miglioramenti, se da atto scritto non risulta concordato con i creditori ipotecari, deve determinarsi giudizialmente, anche in contraddittorio dei medesimi. Le ipoteche gravanti sul diritto del concedente si estendono alla piena proprietà.

Quando l'enfiteusi si estingue per prescrizione [970], si estinguono le ipoteche che gravano sul diritto dell'enfiteuta [2814, 2816].

Se per causa diversa da quelle sopra indicate vengono a riunirsi in una medesima persona il diritto del concedente e il diritto dell'enfiteuta, le ipoteche gravanti sull'uno e sull'altro continuano a gravarli separatamente; ma se l'ipoteca grava soltanto sull'uno o sull'altro diritto, essa si estende alla piena proprietà.

2816. Ipoteca sul diritto di superficie.

Le ipoteche che hanno per oggetto il diritto di superficie [952] si estinguono nel caso di devoluzione della superficie al proprietario del suolo per decorso del termine [954]. Se però il superficiario ha diritto a un corrispettivo, le ipoteche iscritte contro di lui si risolvono sul corrispettivo medesimo. Le ipoteche iscritte contro il proprietario del suolo non si estendono alla superficie.

Se per altre cause si riuniscono nella medesima persona, il diritto del proprietario del suolo e quello del superficiario, le ipoteche sull'uno e sull'altro diritto continuano a gravare separatamente i diritti stessi [2811].

Sezione II
Dell'ipoteca legale

2817. Persone a cui compete.

Hanno ipoteca legale:

1) l'alienante sopra gli immobili alienati per l'adempimento degli obblighi che derivano dall'atto di alienazione [1498, 2650, 2834, 2867];

2) i coeredi, i soci e altri condividenti per il pagamento dei conguagli [723, 728, 2283] sopra gli immobili assegnati ai condividenti ai quali incombe tale obbligo [2650, 2825, 2834];

3) [lo Stato sopra i beni dell'imputato e della persona civilmente responsabile, secondo le disposizioni del codice penale e del codice di procedura penale][1 2 3].

[1] Numero da ritenersi abrogato ex art. 218, D.Lgs. 28 luglio 1989, n. 271, in base al quale sono abrogate le disposizioni del codice penale che prevedono l'ipoteca legale che viene così sostituita con il *sequestro conservativo*.

[2] Articolo così sostituito dall'art. 208, L. 19 maggio 1975, n. 151. Il testo previgente disponeva: *Hanno ipoteca legale:*

1) l'alienante sopra gli immobili alienati per l'adempimento degli obblighi che derivano dall'atto di alienazione;

2) i coeredi, i soci e altri condividenti per il pagamento dei conguagli sopra gli immobili assegnati ai condividenti ai quali incombe tale obbligo;

3) la moglie sui beni del marito per la dote, nonostante qualunque patto contrario.

Questa ipoteca, se non è stata limitata a beni determinati nell'atto di costituzione di dote, è iscritta su tutti i beni che il marito ha al tempo in cui la dota è costituita o aumentata;

4) lo Stato sopra i beni dell'imputato e della persona civilmente responsabile, secondo le disposizioni del codice penale e del codice di procedura penale.

[3] Per l'abrogazione delle disposizioni del codice penale che prevedono l'ipoteca legale, v. art. 218, D.Lgs. 28 luglio 1989, n. 271 che dispone: *1. Sono abrogate le disposizioni del codice penale che prevedono l'ipoteca legale.*

2. L'ipoteca legale per illeciti penali prevista da altre disposizioni di legge è sostituita con il sequestro conservativo secondo le norme del codice. L'ipoteca legale per illeciti penali prevista da altre disposizioni di legge è sostituita con il sequestro conservativo secondo le norme del codice.

■ Codice civile del 1865: *Art. 1969. Hanno ipoteca legale:*

1° Il venditore od altro alienante, sopra gli immobili alienati, per l'adempimento degli obblighi derivanti dall'atto di alienazione;

2° I coeredi, i soci ed altri condividenti, sopra gli immobili caduti nell'eredità, società e comunione, per il pagamento dei rifacimenti e conguagli.

3° Il minore e l'interdetto, sui beni del tutore a norma degli articoli 292 e 293.

4° La moglie, sui beni del marito per la dote e per i lucri dotali.

Quest'ipoteca, se non è stata limitata a beni determinati nel contratto di matrimonio, ha luogo su tutti quelli che il marito possiede al momento in cui la dote è costituita, ancorché il pagamento di essa non avesse luogo che posteriormente.

Riguardo alle somme dotali provenienti da successione o donazione, l'ipoteca non ha luogo che dal giorno dell'apertura della successione, o da quello in cui la donazione ha avuto il suo effetto, sui beni posseduti dal marito in detto giorno;

5° Lo stato sopra i beni dei condannati per la riscossione delle spese di giustizia in materia criminale, correzionale, e di polizia, compresi in essi i diritti dovuti ai funzionari ed agli uffiziali giudiziari.

Quest'ipoteca può essere iscritta prima della condanna in seguito al mandato di cattura, e giova anche alle parti civili pel risarcimento dei danni aggiudicati nella sentenza di condanna.

Alle spese di giustizia ed al risarcimento dei danni sono preferite quelle della difesa.

Sezione III
Dell'ipoteca giudiziale

2818. Provvedimenti da cui deriva.

Ogni sentenza che porta condanna al pagamento di una somma o all'adempimento di altra obbligazione ovvero al risarcimento dei danni da liquidarsi successivamente è titolo per iscrivere ipoteca sui beni del debitore [2828, 2830, 2874; c.p.c. 156 comma 5, 655].

Lo stesso ha luogo per gli altri provvedimenti giudiziali ai quali la legge attribuisce tale effetto [2836; c.p.c. 655].

● Norme connesse:
- comma 1: per l'attribuzione, alla sentenza di divorzio, di titolo per l'iscrizione dell'ipoteca giudiziale, art. 8, L. 1 dicembre 1970, n. 898.
- art. 67, comma 1, n. 4, R.D. 16 marzo 1942, n. 267.

■ Codice civile del 1865: *Art. 1970. Ogni sentenza portante condanna al pagamento di una somma, alla consegna di cose mobili, o all'adempimento di un'altra obbligazione la quale possa risolversi nel risarcimento dei danni, produce ipoteca sui beni del debitore a favore di chi l'ha ottenuta.*

♦ Codice civile francese

Articolo 2412. *L'ipoteca giudiziale risulta dalle sentenze sia contradditorie sia, in mancanza, dalla sentenze definitive o provvisorie in favore di colui che le ha ottenute. Essa risulta ugualmente dalle decisioni arbitrali munite dell'ordinanza giudiziaria di esecuzione così come dalle decisioni giudiziarie rese in paesi stranieri e dichiarate esecutive da un tribunale francese. Sotto riserva del diritto per il debitore dar valere, sia in corso sia in ogni altro momento le disposizioni degli articoli 2444 e seguenti, il creditore che beneficia dell'ipoteca giudiziale può iscrivere il suo diritto su tutti gli immobili appartenenti attualmente al suo debitore salvo conformarsi alle disposizioni dell'articolo 2426. Può, sotto le stesse riserve, prendere le iscrizioni complementari sugli immobili entrate in seguito nel patrimonio del suo debitore.*

2819. Sentenze arbitrali.

Si può iscrivere ipoteca in base al lodo degli arbitri, quando è stato reso esecutivo [c.p.c. 825].

■ Codice civile del 1865: *Art. 1972. Le sentenze degli arbitri non producono ipoteca, se non dal giorno in cui sono rese esecutive con provvedimento dell'autorità giudiziaria competente.*

2820. Sentenze straniere.

Si può parimenti iscrivere ipoteca in base alle sentenze pronunziate dalle autorità giudiziarie straniere, dopo che ne è stata dichiarata l'efficacia dall'autorità giudiziaria italiana, salvo che le convenzioni internazionali dispongano diversamente [c.p.c. 796, 797].

● Norme connesse:
- art. 64, L. 31 maggio 1995, n. 218.

■ Codice civile del 1865: *Art. 1973. Le sentenze pronunziate dalle autorità giudiziarie straniere non producono ipoteca sui beni situati nel regno, se non quando ne sia stata ordinata l'esecuzione della autorità giudiziaria del regno, salve le disposizioni contrarie delle convenzioni internazionali.*

Sezione IV
Dell'ipoteca volontaria

2821. Concessione d'ipoteca.

L'ipoteca può essere concessa anche mediante dichiarazione unilaterale [1334]. La concessione deve farsi per atto pubblico [2699] o per scrittura privata [2703], sotto pena di nullità [2882; c.nav. 41, 565].

Non può essere concessa per testamento [587].

● Norme connesse:
- artt. 51, 67, comma 1, n. 4, R.D. 16 marzo 1942, n. 267.

■ Codice civile del 1865: *Art. 1978. L'ipoteca convenzionale deve costituirsi per atto pubblico o per scrittura privata.*

2822. Ipoteca su beni altrui.

Se l'ipoteca è concessa da chi non è proprietario della cosa, l'iscrizione può essere validamente presa

CODICE CIVILE

solo quando la cosa è acquistata dal concedente [1478, 2823].

Se l'ipoteca è concessa da persona che agisce come rappresentante senza averne la qualità, la iscrizione può essere validamente presa solo quando il proprietario ha ratificato la concessione [1398, 1399].

■ Codice civile del 1865: *Art. 1974. Coloro soltanto che hanno la capacità di alienare un immobile, possono sottoporlo ad ipoteca.*

Art. 1975. I beni delle persone incapaci di alienare, e quelli degli assenti non possono essere ipotecati, fuorché per le cause e nelle forme stabilite dalla legge.

2823. Ipoteca su beni futuri.

L'ipoteca su cosa futura può essere validamente iscritta solo quando la cosa è venuta a esistenza [458, 1348, 2822].

● Norme connesse:

- artt. 38 ss., D.Lgs. 1 settembre 1993, n. 385.

■ Codice civile del 1865: *Art. 1977. L'ipoteca convenzionale non può costituirsi sui beni futuri.*

2824. Ipoteca iscritta in base a titolo annullabile.

L'iscrizione di ipoteca eseguita in virtù di un titolo annullabile rimane convalidata con la convalida del titolo [1444].

■ Codice civile del 1865: *Art. 1976. Coloro che hanno sull'immobile un diritto sospeso da una condizione, o risolvibile in casi determinati, o dipendente da titolo annullabile, non possono costituire che un'ipoteca soggetta alle medesime eventualità, ad eccezione dei casi in cui la legge espressamente dispone che la risoluzione o la rescissione non è operativa a danno dei terzi.*

2825. Ipoteca su beni indivisi.

L'ipoteca costituita sulla propria quota da uno dei partecipanti alla comunione produce effetto rispetto a quei beni o a quella porzione di beni che a lui verranno assegnati nella divisione [757, 1103].

Se nella divisione [1111] sono assegnati a un partecipante beni diversi da quello da lui ipotecato, l'ipoteca si trasferisce su questi altri beni, col grado derivante dall'originaria iscrizione e nei limiti del valore del bene in precedenza ipotecato, quale risulta dalla divisione, purché l'ipoteca sia nuovamente iscritta con l'indicazione di detto valore entro novanta giorni dalla trascrizione [2646] della divisione medesima.

Il trasferimento, però, non pregiudica le ipoteche iscritte contro tutti i partecipanti, né l'ipoteca legale spettante ai condividenti per i conguagli [2817 n. 2].

I creditori ipotecari e i cessionari di un partecipante, al quale siano stati assegnati beni diversi da quelli ipotecati o ceduti, possono far valere le loro ragioni anche sulle somme a lui dovute per conguagli o, qualora sia stata attribuita una somma di danaro in luogo di beni in natura, possono far valere le loro ragioni su tale somma, con prelazione determinata dalla data di iscrizione o di trascrizione dei titoli rispettivi, nel limite però del valore dei beni precedentemente ipotecati o ceduti [728, 1113].

I debitori delle somme sono tuttavia liberati quando le abbiano pagate al condividente dopo trenta giorni da che la divisione è stata notificata ai creditori ipotecari o ai cessionari senza che da costoro sia stata fatta opposizione [disp. att. 239].

2825-*bis*. Ipoteca sul bene oggetto di contratto preliminare.

L'ipoteca iscritta su edificio o complesso condominiale, anche da costruire o in corso di costruzione, a garanzia di finanziamento dell'intervento edilizio ai sensi degli articoli 38 e seguenti del decreto legislativo 1° settembre 1993, n. 385, prevale sulla trascrizione anteriore dei contratti preliminari di cui all'articolo 2645-*bis*, limitatamente alla quota di debito derivante dal suddetto finanziamento che il promissario acquirente si sia accollata con il contratto preliminare o con altro atto successivo eventualmente adeguata ai sensi dell'articolo 39, comma 3, del citato decreto legislativo n. 385 del 1993. Se l'accollo risulta da atto successivo, questo è annotato in margine alla trascrizione del contratto preliminare[1].

[1] Articolo aggiunto dall'art. 3, D.L. 31 dicembre 1996, n. 669, convertito in L. 28 febbraio 1997, n. 30.

● Norme connesse:

- art. 23, D.L. 12 settembre 2014, n. 133, convertito in L. 11 novembre 2014, n. 164.

2826. Indicazioni dell'immobile ipotecato.

Nell'atto di concessione dell'ipoteca [2659, 2839] l'immobile deve essere specificatamente designato [2089] con l'indicazione della sua natura, del comune in cui si trova, nonché dei dati di identificazione catastale; per i fabbricati in corso di costruzione devono essere indicati i dati di identificazione catastale del terreno su cui insistono [2841][1].

[1] Articolo così sostituito dall'art. 13, L. 27 febbraio 1985, n. 52. Il testo previgente disponeva: *Nell'atto di concessione dell'ipoteca l'immobile deve essere specificatamente designato con l'indicazione della sua natura, del comune in cui si trova, del numero del catasto o delle mappe censuarie, dove esistono, e di tre almeno dei suoi confini.*

■ Codice civile del 1865: *Art. 1979. Nell'atto costitutivo dell'ipoteca l'immobile da sottoporvisi deve essere specificatamente designato colla indicazione della sua natura, del comune in cui si trova, del numero del catasto o delle mappe censuarie dove esistono, e di tre almeno dei suoi confini.*

Sezione V

Dell'iscrizione e rinnovazione delle ipoteche

§ 1

Dell'iscrizione

2827. Luogo dell'iscrizione.

L'ipoteca si iscrive [2808] nell'ufficio dei registri immobiliari del luogo in cui si trova l'immobile [2673, 2839].

■ Codice civile del 1865: *Art. 1981. L'ipoteca si rende pubblica mediante iscrizione nell'uffizio della ipoteche del luogo in cui si trovano i beni gravati.*

2828. Immobili su cui può iscriversi l'ipoteca giudiziale.

L'ipoteca giudiziale [2818] si può iscrivere su qualunque degli immobili [812] appartenenti al debitore e su quelli che gli pervengono successivamente alla condanna, a misura che egli li acquista [2822, 2823, 2874].

■ Codice civile del 1865: *Art. 1986. L'ipoteca giudiziale si può iscrivere su qualunque degli immobili appartenenti al debitore, ma quanto a quelli che sono da lui acquistati dopo la condanna, la iscrizione non può prendersi se non a misura che essi pervengono al debitore.*

2829. Iscrizione sui beni del defunto.

L'iscrizione d'ipoteca sui beni di un defunto può eseguirsi con la semplice indicazione della sua persona, osservate per il resto le regole ordinarie. Se però risulta trascritto l'acquisto dei beni da parte degli eredi, l'iscrizione deve eseguirsi contro costoro [2648, 2660, 2851].

■ Codice civile del 1865: *Art. 1996. Le iscrizioni sopra i beni di un defunto possono essere fatte colla semplice indicazione della sua persona e nel modo voluto per le altre iscrizioni, senz'obbligo di far menzione degli eredi.*

Ove però al tempo dell'iscrizione gli immobili ipotecati appariscano da tre mesi nei registri censuari passati agli eredi o ad altri aventi causa del debitore, l'iscrizione deve anche essere presa contro questi ultimi, colle indicazioni stabilite dal numero 1 dell'articolo 1987, in quanto risultano dagli stessi libri censuari.

2830. Ipoteca giudiziale sui beni dell'eredità beneficiata e dell'eredità giacente.

Se l'eredità è accettata con beneficio d'inventario [484 ss.] o se si tratta di eredità giacente [528 ss.], non possono essere iscritte ipoteche giudiziali [2818] sui beni ereditari, neppure in base a sentenze pronunziate anteriormente alla morte del debitore.

■ Codice civile del 1865: *Art. 1971. Le sentenze di condanna non producono l'ipoteca giudiziale sui beni di un'eredità giacente od accettata con benefizio d'inventario.*

2831. Ipoteca a garanzia di obbligazioni all'ordine o al portatore.

Le obbligazioni risultanti dai titoli all'ordine [2008 ss.] o al portatore [2003 ss.] possono essere garantite con ipoteca.

Per i titoli all'ordine l'ipoteca è iscritta a favore dell'attuale possessore e si trasmette ai successivi possessori [2011]; questi non sono tenuti a effettuare l'annotazione prevista dall'articolo 2843 [2839 n. 1, 2845, 2887].

Per i titoli al portatore l'ipoteca a favore degli obbligazionisti [2410 ss.] è iscritta con l'indicazione dell'emittente, della data dell'atto di emissione, della serie, del numero e del valore delle obbligazioni emesse. In margine all'iscrizione deve essere annotato il nome del rappresentante degli obbligazionisti, appena questo sia nominato [2417]. Per l'annotazione [2843] deve presentarsi copia della deliberazione o del provvedimento giudiziale di nomina [2839 n. 1, 559].

● Norme connesse:
- artt. 15, comma 2, 24, R.D. 14 dicembre 1933, n. 1669.

2832. - 2833.

[...][1].

[1] Articoli abrogati dall'art. 209, L. 19 maggio 1975, n. 151.

L'art. 2832 disponeva: *L'ipoteca legale spettante alla moglie deve essere iscritta nel termine di venti giorni a cura del marito e del notaio che ha ricevuto l'atto di costituzione della dote.*

Se l'ipoteca non è stata ristretta a determinati beni, il notaio deve far dichiarare dal marito la situazione dei beni a lui appartenenti, con le indicazioni stabilite dall'art. 2826.

L'iscrizione dell'ipoteca legale può essere richiesta, oltre che dalla moglie, anche da chi ha costituito la dote.

L'art. 2833 disponeva: *Le persone obbligate a richiedere l'iscrizione dell'ipoteca legale secondo l'articolo precedente, se non adempiono tale obbligo nel termine stabilito, rispondono dei danni e incorrono in una pena pecuniaria estensibile fino a lire tremila.*

■ Codice civile del 1865: *Art. 1982. L'ipoteca legale spettante alla moglie deve per cura del marito e del notaio che ha ricevuto l'atto di costituzione della dote, essere iscritta nel termine di venti giorni dalla data dell'atto.*

Quando l'ipoteca non sia stata ristretta a determinati beni, il notaio dove far dichiarare dal marito la situazione dei beni da lui posseduti colle indicazioni espressamente nell'articolo 1979.

L'iscrizione dell'ipoteca legale spettante alla moglie può in ogni caso essere richiesta da chi ha costituito la dote, ed anche dalla moglie senza bisogno di autorizzazione.

Art. 1984. Le persone obbligate a prendere l'iscrizione delle ipoteche legali secondo i due articoli precedenti, se non adempiono a tale obbligo nel termine stabilito, sono tenute al risarcimento dei danni, ed incorrono in una multa estendibile a lire mille. Inoltre il tutore e protutore possono essere rimossi dalla tutela o protutela.

Il procuratore del re veglierà all'esecuzione delle accennate disposizioni, promuovendo, ove ne sia il caso, l'applicazione delle pene stabilite, e può anche all'uopo richiedere l'iscrizione delle menzionate ipoteche.

2834. Iscrizione dell'ipoteca legale dell'alienante e del condividente.

Il conservatore dei registri immobiliari, nel trascrivere un atto di alienazione o di divisione, deve

CODICE CIVILE

iscrivere d'ufficio l'ipoteca legale che spetta all'alienante o al condividente a norma dei numeri 1 e 2 dell'articolo 2817, a meno che gli sia presentato un atto pubblico [2699] o una scrittura privata con sottoscrizione autenticata [2703] o accertata giudizialmente [c.p.c. 216], da cui risulti che gli obblighi sono stati adempiuti o che vi è stata rinunzia all'ipoteca da parte dell'alienante o del condividente [disp. att. 229][1].

[1] Articolo così sostituito dall'art. 4, L. 21 gennaio 1983, n. 22. Il testo previgente disponeva: *Il conservatore dei registri immobiliari, nel trascrivere un atto di alienazione o di divisione, deve iscrivere d'ufficio, sotto pena dei danni, l'ipoteca legale che spetta all'alienante o al condividente a norma dei numeri 1 e 2 dell'art. 2817, a meno che gli sia presentato un atto pubblico o una scrittura privata con sottoscrizione autenticata o accertata giudizialmente, da cui risulti che gli obblighi sono stati adempiuti o che vi è stata rinunzia all'ipoteca da parte dell'alienante o del condividente.*

■ Codice civile del 1865: *Art. 1985. Il conservatore delle ipoteche, nel trascrivere un atto di alienazione deve iscrivere d'uffizio e sotto pena dei danni l'ipoteca legale spettante all'alienante in forza del numero 1 dell'articolo 1969.*

Tale iscrizione non avrà luogo se viene presentato un atto pubblico, od una scrittura privata autenticata da notaio od accertata giudizialmente, da cui risulti che gli obblighi furono adempiuti.

2835. Iscrizione in base a scrittura privata.

Se il titolo per l'iscrizione risulta da scrittura privata [2702], la sottoscrizione di chi ha concesso l'ipoteca deve essere autenticata o accertata giudizialmente [2703, 2843, 2882; c.p.c. 215, 216].

Il richiedente deve presentare la scrittura originale o, se questa è depositata in pubblico archivio o negli atti d'un notaio, una copia autenticata, con la certificazione che ricorrono i requisiti innanzi indicati.

L'originale o la copia rimane in deposito nell'ufficio dei registri immobiliari [2664, 2674].

■ Codice civile del 1865: *Art. 1989. Quando l'ipoteca deriva da atto privato, non se ne può ottenere l'iscrizione, se la sottoscrizione di chi l'ha acconsentita, non è autenticata da notaio od accertata giudizialmente.*

Il richiedente deve presentare l'origine della privata scrittura coi documenti accessori, ove occorre; se l'originale si trova depositato in un pubblico archivio o negli atti di un notaio, basta la presentazione di una copia autenticata dell'archivista o dal notaio, da cui risulti che la scrittura ha i requisiti avanti indicati.

Venendo presentato l'originale della scrittura privata, deve il medesimo coi relativi documenti, se ve ne sono, rimanere depositato nell'uffizio delle ipoteche.

2836. Iscrizione in base ad atto pubblico o a sentenza.

Se il titolo per l'iscrizione risulta da un atto pubblico [2699] ricevuto nello Stato o da una sentenza o da altro provvedimento giudiziale ad essa parificato [2818; c.p.c. 655], si deve presentare copia del titolo. [...][1].

[1] Comma abrogato dall'art. 30, L. 27 febbraio 1985, n. 52. Il testo previgente disponeva: *Se non è stata ancora pagata l'imposta di registro, si osservano le disposizioni dell'art. 2669.*

■ Codice civile del 1865: *Art. 1991. Se l'ipoteca deriva da un atto pubblico ricevuto nel regno o da una sentenza, pronunziata da un'autorità giudiziaria del regno, l'iscrizione può essere domandata quantunque non sia ancora pagata la tassa di registro a cui sia soggetto il titolo.*

In tale caso non è necessaria l'esibizione del titolo, ma le note che si presentano per l'iscrizione devono essere certificate dal notaio che ha ricevuto l'atto o dal cancelliere dell'autorità giudiziaria che ha pronunziata la sentenza, e si osservano le disposizioni del capoverso dell'articolo 1946.

2837. Atti formati all'estero.

Gli atti formati in paese estero che si presentano per l'iscrizione devono essere legalizzati [2674, 2843, 2882; c.p.c. 804].

● Norme connesse:

- Convenzione dell'Aja del 5 ottobre 1961, ratificata e resa esecutiva con L. 20 dicembre 1966, n. 1253; D.P.R. 28 dicembre 2000, n. 445 (Testo unico delle disposizioni legislative e regolamentari in materia di documentazione amministrativa); artt. 64-68, L. 31 maggio 1995, n. 218.

■ Codice civile del 1865: *Art. 1990. Gli atti seguiti in paese estero che si presentano per l'iscrizione, devono essere debitamente legalizzati.*

2838. Somma per cui l'iscrizione è eseguita.

Se la somma di danaro non è altrimenti determinata negli atti in base ai quali è eseguita l'iscrizione o in atto successivo [2809], essa è determinata dal creditore nella nota per l'iscrizione [2839 n. 4, 2855].

Qualora tra la somma enunciata nell'atto e quella enunciata nella nota vi sia divergenza, l'iscrizione ha efficacia per la somma minore.

■ Codice civile del 1865: *Art. 1992. L'iscrizione dell'ipoteca non può farsi che per una somma di denaro a tale effetto determinata nell'atto costitutivo o dichiarativo del credito, o in un atto posteriore.*

La determinazione della somma, se non è fatta nel titolo costitutivo o dichiarativo del credito né con atto posteriore, può farsi dal creditore medesimo nella nota per l'iscrizione.

2839. Formalità per l'iscrizione dell'ipoteca.

Per eseguire l'iscrizione deve presentarsi il titolo costitutivo [518, 2835, 2836, 2837] insieme con una nota sottoscritta dal richiedente in doppio originale.

La nota deve indicare:

1) il cognome, il nome, il luogo e la data di nascita e il numero di codice fiscale del creditore, del debitore e dell'eventuale terzo datore di ipoteca; la denominazione o la ragione sociale, la sede e il numero di codice fiscale delle persone giuridiche, delle società previste dai capi II, III, e IV del titolo V del libro quinto e delle associazioni non riconosciute, con l'indicazione, per queste ultime e per le società semplici, anche delle generalità delle persone che le rappresentano secondo l'atto costitutivo.

Per le obbligazioni all'ordine o al portatore [2003, 2008] si devono osservare le norme dell'articolo 2831. Per le obbligazioni all'ordine si deve inoltre esibire il titolo al conservatore, il quale vi annota l'eseguita iscrizione dell'ipoteca. Per le obbligazioni al portatore si deve presentare copia dell'atto di emissione e del piano di ammortamento;

2) il domicilio eletto dal creditore nella circoscrizione del tribunale in cui ha sede l'ufficio dei registri immobiliari;

3) il titolo, la sua data e il nome del pubblico ufficiale che lo ha ricevuto o autenticato;

4) l'importo della somma per la quale l'iscrizione è presa [2838];

5) gli interessi e le annualità che il credito produce [2855];

6) il tempo della esigibilità;

7) la natura e la situazione dei beni gravati, con le indicazioni prescritte dall'articolo 2826 [2841; c.nav. 569][1].

[1] Articolo così sostituito dall'art. 14, L. 27 febbraio 1985, n. 52. Il testo previgente disponeva: *Per eseguire l'iscrizione deve presentarsi il titolo costitutivo insieme con una nota sottoscritta dal richiedente in doppio originale. Uno degli originali può essere steso in calce al titolo.*

La nota deve indicare:

1) il cognome e il nome, il nome del padre, nonché il domicilio o la residenza e la professione del creditore e del debitore.

Per le obbligazioni all'ordine o al portatore si devono osservare le norme dell'art. 2831. Per le obbligazioni all'ordine si deve inoltre esibire il titolo al conservatore, il quale vi annota l'eseguita iscrizione dell'ipoteca. Per le obbligazioni al portatore si deve presentare copia dell'atto di emissione e del piano di ammortamento;

2) il domicilio eletto dal creditore nella circoscrizione del tribunale in cui ha sede l'ufficio dei registri immobiliari;

3) il titolo, la sua data e il nome del pubblico ufficiale che lo ha ricevuto o autenticato;

4) l'importo della somma per la quale l'iscrizione è presa;

5) gli interessi e le annualità che il credito produce;

6) il tempo della esigibilità;

7) la natura e la situazione dei beni gravati, con le indicazioni prescritte dall'art. 2826.

● Norme connesse:

- per i modelli su cui devono essere redatte le note di trascrizione, art. 17, L. 27 febbraio 1985, n. 52 che dispone: *Le note di trascrizione o iscrizione di cui agli articoli 2659, 2660 e 2839 del codice civile debbono essere redatte su modelli a stampa conformi a quelli approvati con decreto interministeriale da emanarsi di concerto tra il Ministro delle finanze e il Ministro di grazia e giustizia.*

Apposita nota, in doppio esemplare, deve essere parimenti presentata, con le modalità di cui al precedente comma, per ogni formalità di annotazione.

Ciascuna nota non può riguardare più di un negozio giuridico o convenzione oggetto dell'atto di cui si chiede la trascrizione, l'iscrizione o l'annotazione.

Eventuali condizioni o patti di natura reale menzionati nella nota e la descrizione sommaria dei fabbricati in corso di costruzione devono essere riportati nello spazio predisposto nel modello di nota di cui al primo comma.

È ammesso l'uso di intercalari, conformi a quelli approvati dall'Amministrazione finanziaria, quando esigenze della formalità lo richiedano.

L'ufficiale rogante o il richiedente la formalità deve sottoscrivere per esteso le note.

L'avviso di vendita esattoriale costituisce il titolo per la trascrizione del pignoramento.

Ad eccezione delle rettifiche eventualmente occorrenti per errori materiali dell'ufficio e per le trascrizioni, iscrizioni e rinnovazioni da eseguirsi d'ufficio a norma di legge, non è consentito alle conservatorie di redigere le note di trascrizione, di iscrizione, di rinnovazione e di annotazione, nonché le domande di certificati ipotecari.

- art. 39, commi 1, 3, D.Lgs. 1 settembre 1993, n. 385.

■ Codice civile del 1865: *Art. 1987. Per operare l'iscrizione si presentano al detto uffizio il titolo costitutivo dell'ipoteca e due note, una delle quali può essere stesa in calce allo stesso titolo.*

Queste note devono contenere:

1° Il nome, il cognome, il domicilio, o la residenza del creditore e del debitore e la loro professione, se ne hanno, come pure il nome del padre loro;

2° Il domicilio che sarà eletto per parte del creditore nella giurisdizione del tribunale da cui dipende l'uffizio delle ipoteche;

3° La data e la natura del titolo ed il nome del pubblico ufficiale che lo ha ricevuto o autenticato;

4° L'importare della somma dovuta;

5° Gli interessi o le annualità che il credito produce;

6° Il tempo dell'esigibilità;

7° La natura e la situazione dè beni gravati colle indicazioni volute dell'articolo 1979.

2840. Certificato dell'iscrizione.

Eseguita l'iscrizione, il conservatore restituisce al richiedente uno degli originali della nota, certificando, in calce al medesimo, la data e il numero d'ordine dell'iscrizione [2678, 2850].

I titoli consegnati al conservatore sono custoditi secondo quanto è disposto dall'articolo 2664.

■ Codice civile del 1865: *Art. 1988. Eseguita l'iscrizione, il conservatore restituisce al richiedente i documenti ed una delle due note, la quale deve contenere in calce il certificato da lui sottoscritto dell'effettuata iscrizione, con la data e il numero d'ordine della medesima.*

2841. Omissioni e inesattezze nei titoli o nelle note.

L'omissione o l'inesattezza di alcune delle indicazioni nel titolo, in base al quale è presa l'iscrizione, o nella nota [2839] non nuoce alla validità dell'iscrizione, salvo che induca incertezza sulla persona del creditore o del debitore o sull'ammontare del credito ovvero sulla persona del proprietario del bene gravato, quando l'indicazione ne è necessaria, o sull'identità dei singoli beni gravati [2665].

Nel caso di altre omissioni o inesattezze, si può ordinare la rettificazione a istanza e a spese della parte interessata [2886].

■ Codice civile del 1865: *Art. 1998. L'ommissione o l'inesattezza d'alcuna delle volute indicazioni nel titolo costitutivo dell'ipoteca o nelle due note, non producono la nullità dell'iscrizione, fuorché nel caso in cui inducano assoluta incertezza sulla persona del creditore o del debitore, o su quella del possessore del fondo gravato quando ne è necessaria l'indicazione, o sulla identità dei singoli beni gravati, o sull'importare del credito.*

In caso d'altre ommissioni od inesattezze, se ne può ordinare la rettificazione ad istanza e a spese della parte interessata.

2842. Variazione del domicilio eletto.

È in facoltà del creditore, del suo mandatario [1703] o del suo erede o avente causa di variare il domicilio [43] eletto nell'iscrizione [2839], sostituendone un altro nella stessa circoscrizione.

Il cambiamento deve essere annotato dal conservatore in margine o in calce all'iscrizione [2843].

La dichiarazione circa il cambiamento del domicilio deve risultare da atto ricevuto o autenticato da notaio e deve rimanere depositata nell'ufficio del conservatore.

■ Codice civile del 1865: *Art. 1995. È in facoltà del creditore, del suo mandatario e del suo erede od avente causa di variare il domicilio eletto nell'iscrizione, sostituendovene un altro nella stessa giurisdizione.*

Il cangiamento sarà annotato dal conservatore in margine o in calce dell'iscrizione.

La dichiarazione del creditore circa il cambiamento del domicilio deve risultare da atto ricevuto o autenticato da notaio, e rimanere in deposito nell'uffizio del conservatore.

2843. Annotazione di cessione, di surrogazione e di altri atti dispositivi del credito.

La trasmissione o il vincolo dell'ipoteca per cessione [1260], surrogazione [1201], pegno [2784], postergazione di grado o costituzione in dote [166-*bis*][1] del credito ipotecario, nonché per sequestro [2905; c.p.c. 670], pignoramento [2913] o assegnazione [2925] del credito medesimo si deve annotare in margine all'iscrizione dell'ipoteca.

La trasmissione o il vincolo dell'ipoteca non ha effetto finché l'annotazione non sia stata eseguita. Dopo l'annotazione l'iscrizione non si può cancellare senza il consenso dei titolari dei diritti indicati nell'annotazione medesima e le intimazioni o notificazioni che occorrono in dipendenza dell'iscrizione devono essere loro fatte nel domicilio eletto [2679, 2879].

Per l'annotazione deve essere consegnata al conservatore copia del titolo e qualora questo sia una scrittura privata o un atto formato in paese estero, si applicano le disposizioni degli articoli 2835 e 2837.

[1] La costituzione di beni in dote è stata vietata dalla L. 19 maggio 1975, n. 151 che ha introdotto l'art. 166-*bis*.

● Norme connesse:

- artt. 64, 67, 68, L. 31 maggio 1995, n. 218; art. 45, R.D. 16 marzo 1942, n. 267; artt. 39, commi 2, 6, 58, 120-quater, D.Lgs. 1 settembre 1993, n. 385; D.Lgs. 31 ottobre 1990, n. 347 (T.U. imposte ipotecarie e catastali).

■ Codice civile del 1865: *Art. 1994. Il cessionario, la persona surrogata o il creditore che ha in pegno il credito iscritto, può far annotare in margine o in calce dell'iscrizione presa dal suo autore la cessione, surrogazione od il pegno, consegnando al conservatore l'atto relativo.*

Ove questo sia una scrittura privata od un atto seguito in paese estero, si osservano le disposizioni degli articoli 1989 e 1990.

Dopo questa annotazione l'iscrizione non può essere cancellata senza il consenso del cessionario, surrogato o creditore pignoratizio e le intimazioni o notificazioni che occorresse di fare in dipendenza dell'iscrizione, saranno fatte al domicilio eletto dallo stesso cessionario, surrogato o creditore pignoratizio per quanto riguarda l'interesse dei medesimi.

2844. Azioni e notificazioni.

Le azioni a cui le iscrizioni possono dar luogo contro i creditori sono promosse davanti all'autorità giudiziaria competente [c.p.c. 21], per mezzo di citazione da farsi alla persona in mani proprie [c.p.c. 138, 163] o all'ultimo domicilio da essi eletto [2839 n. 2, 2842, 2845].

La stessa disposizione si applica per ogni altra notificazione relativa alle dette iscrizioni [2890; c.p.c. 489, 569].

Se non è stata fatta elezione di domicilio o se è morta la persona ovvero è cessato l'ufficio presso cui si era eletto il domicilio, le citazioni e le notificazioni possono essere fatte all'ufficio presso il quale l'iscrizione è stata presa.

Se si tratta di giudizio promosso dal debitore contro il suo creditore per la riduzione dell'ipoteca [2872] o per la cancellazione totale o parziale dell'iscrizione [2884], il creditore deve essere citato nei modi ordinari stabiliti dal codice di procedura civile [c.p.c. 163].

■ Codice civile del 1865: *Art. 1999. Le azioni, alle quali le iscrizioni possono dar luogo contro i creditori, sono promosse avanti l'autorità giudiziaria competente per mezzo di citazione da farsi ad essi in persona propria o all'ultimo loro domicilio eletto.*

Lo stesso ha luogo per ogni altra notificazione relativa alle dette iscrizioni.

Se non si fosse fatta l'elezione di domicilio, o fosse morta la persona o cessato l'uffizio presso cui il domicilio erasi elet-

to, le citazioni e notificazioni suddette possono farsi all'uffizio delle ipoteche presso cui l'iscrizione fu presa.

Ma trattandosi di giudizio promosso dal debitore contro il suo creditore per la riduzione dell'ipoteca o per la cancellazione totale o parziale della iscrizione, il creditore deve essere citato nei modi ordinari stabiliti dal codice di procedura civile.

♦ Codice civile francese

Articolo 2439. *Le azioni a cui le iscrizioni possono dar luogo contro i creditori saranno intentate davanti al tribunale competente, dalle notifiche fatte alla loro persona, o all'ultimo dei domicili da loro eletti sulle note di iscrizione, e ciò, nonostante il decesso sia dei creditori sia di quelli presso cui essi avranno eletto il domicilio.*

♦ Codice civile tedesco

§ 132 Sostituzione dell'atto di ricezione con la notificazione. *(1) Una dichiarazione di volontà si considera ricevuta anche quando viene notificata per mezzo di un ufficiale giudiziario. La notificazione è regolata dalle disposizioni del codice di procedura civile. (2) Se il dichiarante ignora senza colpa la persona alla quale la dichiarazione deve essere fatta o se la dimora di questa persona è sconosciuta, la notificazione può essere fatta in base alle disposizioni del codice di procedura civile vigenti per la notificazione per pubblici proclami. La competenza a presta l'autorizzazione nel primo caso spetta all'Amtsgerticht nella cui circoscrizione ha avuto l'ultimo domicilio la persona alla quale deve farsi la notificazione o, in mancanza di un domicilio nazionale, l'ultima dimora.*

2845. Notificazioni relative a iscrizioni per obbligazioni all'ordine e al portatore.

Se l'iscrizione è presa per obbligazioni risultanti da titoli all'ordine [2008], le citazioni e notificazioni previste dall'articolo precedente devono farsi nei confronti di chi ha preso l'iscrizione a norma degli articoli 2831 e 2839, salvo che dai registri risulti l'annotazione a favore di un possessore successivo.

Se si tratta di obbligazioni al portatore [2003], le citazioni e le notificazioni devono essere fatte al rappresentante degli obbligazionisti il cui nome è annotato in margine all'iscrizione [2831]. Le citazioni e le notificazioni devono essere iscritte nel registro delle imprese [2188] e pubblicate per estratto in un giornale quotidiano designato dall'autorità giudiziaria [disp. att. 100].

Se manca per qualsiasi causa il rappresentante o il nome di lui non è stato annotato in margine all'iscrizione dell'ipoteca, le citazioni e le notificazioni sono fatte nei confronti di un curatore da nominarsi dall'autorità giudiziaria [c.p.c. 78]. Il decreto di nomina del curatore deve essere pubblicato con le modalità prescritte nel comma precedente.

2846. Spese d'iscrizione.

Le spese d'iscrizione dell'ipoteca sono a carico del debitore, se non vi è patto contrario, ma devono essere anticipate dal richiedente [2855].

● Norme connesse:

- D.Lgs. 31 ottobre 1990, n. 347 (T.U. imposte ipotecarie e catastali).

■ Codice civile del 1865: *Art. 2000. Le spese dell'iscrizione e della rinnovazione sono a carico del debitore, se non vi è stipulazione in contrario.*

§ 2
Della rinnovazione

2847. Durata dell'efficacia dell'iscrizione.

L'iscrizione conserva il suo effetto [2808] per venti anni dalla sua data. L'effetto cessa se l'iscrizione non è rinnovata prima che scada detto termine [2850; disp. att. 240].

● Norme connesse:

- artt. 40-bis, comma 1, 161, comma 7-quinquies, D.Lgs. 1 settembre 1993, n. 385.

■ Codice civile del 1865: *Art. 2001. L'iscrizione conserva l'ipoteca per trent'anni dalla sua data.*

L'effetto dell'iscrizione cessa, se non è rinnovata prima della scadenza del detto termine.

♦ Codice civile francese

Articolo 2434. *L'iscrizione conserva il privilegio o l'ipoteca fino alla data che fissa il creditore conformandosi alle disposizioni che seguono. Se il principale dell'obbligazione garantita deve essere adempiuto in una o più date determinate, la data estrema di effetto dell'iscrizione presa prima dello scadere o dell'ultima scadenza prevista è, al più, posteriore di un anno a questa scadenza, senza tuttavia che la durata dell'iscrizione possa eccedere cinquanta anni. Se la scadenza o l'ultima scadenza è indeterminata, specialmente nel caso previsto all'articolo L. 314.1 del codice del consumo, o se l'ipoteca è assortita con una clausola di ricarica prevista all'articolo 2422, la durata dell'iscrizione è al più di cinquanta anni dal giorno della formalità. Se la scadenza o l'ultima scadenza è anteriore o concomitante all'iscrizione, la durata dell'iscrizione è al più di dieci anni dal giorno della formalità. Quando la garanzia garantisce più crediti e questi sono tali che più dei tre commi precedenti sono applicabili, il creditore può richiedere sia, per ciascuna di esse, delle iscrizioni distinte, sia una iscrizione unica per l'insieme fino alla data più lontana. Lo stesso avviene quando il primo di questi tre commi che è il solo applicabile, i differenti crediti non comportano le stesse scadenze o le ultime scadenze.*

Articolo 2435. *L'iscrizione cessa di produrre effetti se non è rinnovata al più tardi alla data vista al primo comma dell'articolo 2434. Ogni rinnovo è richiesto fino ad una data determinata. Questa data è fissata come è detto all'articolo 2434 distinguendo secondo che la scadenza o l'ultima scadenza, anche se risulta da una proroga del termine, è o meno determinata e posteriore o meno al giorno del rinnovo. Il rinnovo è obbligatorio nel caso in cui l'iscrizione ha prodotto il suo effetto legale, specialmente nel caso di annullamento del pegno fino al pagamento o alla consegna del prezzo.*

2848. Nuova iscrizione dell'ipoteca.

Nonostante il decorso del termine indicato dall'articolo precedente, il creditore può procedere a nuova iscrizione; in tal caso l'ipoteca prende grado dalla data della nuova iscrizione [2852].

La nuova iscrizione non può essere presa contro i terzi acquirenti dell'immobile ipotecato che hanno trascritto il loro titolo [2644].

2849. Durata dell'ipoteca legale della moglie.
[...][1].

[1] Articolo abrogato dall'art. 209, L. 19 maggio 1975, n. 151. Il testo previgente disponeva: *L'iscrizione dell'ipoteca legale della moglie conserva il suo effetto, senza che sia rinnovata, durante il matrimonio e per un anno successivo allo scioglimento del medesimo.*

■ Codice civile del 1865: *Art. 2004. L'iscrizione dell'ipoteca legale della moglie conserva il suo effetto senza la rinnovazione durante il matrimonio, e per un anno successivo allo scioglimento del medesimo.*

2850. Formalità per la rinnovazione.
Per ottenere la rinnovazione si presenta al conservatore una nota in doppio originale conforme a quella della precedente iscrizione [2839], in cui si dichiari che s'intende rinnovare l'iscrizione originaria.

In luogo del titolo si può presentare la nota precedente.

Il conservatore deve osservare le disposizioni dell'articolo 2840.

■ Codice civile del 1865: *Art. 2005. Per ottenere la rinnovazione si presentano al conservatore due note conformi a quelle della precedente iscrizione, contenenti la dichiarazione che s'intende rinnovare la originaria iscrizione.*

Tiene luogo di titolo la nota dell'iscrizione da rinnovarsi.

Saranno osservate dal conservatore le disposizioni contenute nell'articolo 1988.

2851. Rinnovazione rispetto a beni trasferiti agli eredi o aventi causa.
Se al tempo della rinnovazione gli immobili ipotecati risultano dai registri delle trascrizioni passati agli eredi del debitore o ai suoi aventi causa, la rinnovazione deve essere fatta anche nei confronti degli eredi o aventi causa e la nota deve contenere le indicazioni stabilite dall'articolo 2839, se queste risultano dai registri medesimi.

■ Codice civile del 1865: *Art. 2006. Se al tempo della rinnovazione gli immobili ipotecati appariscono da tre mesi nei registri censuari passati agli eredi o ad altri aventi causa dal debitore, la rinnovazione deve anche essere diretta contro questi ultimi, colle indicazioni stabilite dal numero 1 dell'articolo 1987, in quanto risultano dagli stessi libri censuari.*

Sezione VI
Dell'ordine delle ipoteche

2852. Grado dell'ipoteca.
L'ipoteca prende grado [2853] dal momento della sua iscrizione [2848], anche se è iscritta per un credito condizionale [1357]. La stessa norma si applica per i crediti che possano eventualmente nascere in dipendenza di un rapporto già esistente.

■ Codice civile del 1865: *Art. 2007. L'ipoteca produce effetto e prende grado dal momento della sua iscrizione, ancorché si tratti di un contratto di prestito in cui lo sborso del denaro si effettui posteriormente.*

♦ Codice civile francese

Articolo 2425. *Tra i creditori, l'ipoteca sia legale sia giudiziale sia convenzionale non ha preferenza che dal giorno dell'iscrizione presa dal creditore per la conservazione delle ipoteche nella forma e nel modo prescritto dalla legge. Quando più iscrizioni sono richieste lo stesso giorno relativamente allo stesso immobile, quella che è richiesta in virtù del titolo portante la data più vecchia è considerata di un grado anteriore quale che sia l'ordine che risulta dal registro previsto all'articolo 2453. Tuttavia, le iscrizioni di separazione di patrimonio previste dall'articolo 2383 nel caso visto al secondo comma dell'articolo 2386, così come quelle delle ipoteche legali previste all'articolo 2400, 1, 2 0 e 3°, sono considerate di un rango anteriore a quello di ogni iscrizione d'ipoteca giudiziale o convenzionale presa lo stesso giorno. Se più iscrizioni sono prese lo stesso giorno relativamente allo stesso immobile, sia in virtù di titoli previsti al secondo comma ma portanti la stessa data, sia a vantaggio dei richiedenti titolari del privilegio e delle ipoteche viste al terzo comma, le iscrizioni vengono in concorrenza quale che sia l'ordine del registro sopra visto. L'iscrizione di una ipoteca giudiziale conservativa è considerata di un grado anteriore a quello conferito alla convenzione di ricarica quando la pubblicità di questa convenzione è posteriore alla iscrizione della ipoteca giudiziale e conservativa. L'ordine di preferenza tra i creditori privilegiati o ipotecari e i portatori di pegno, nella misura in cui questi ultimi sono garantiti con pegno su dei beni considerati immobili è determinato dalla data in cui quei titoli rispettivi sono stati pubblicati, restando soggetta la pubblicità di pegno alle leggi speciali che li regolano.*

2853. Richieste contemporanee di iscrizione.
Il numero d'ordine delle iscrizioni determina il loro grado. Nondimeno, se più persone presentano contemporaneamente la nota per ottenere iscrizione contro la stessa persona o sugli stessi immobili, le iscrizioni sono eseguite sotto lo stesso numero, e di ciò si fa menzione nella ricevuta spedita dal conservatore a ciascuno dei richiedenti [2650, 2678, 2840, 2854].

■ Codice civile del 1865: *Art. 2008. Il numero d'ordine delle iscrizioni determina il grado. Nullameno se più persone presentano contemporaneamente la nota per ottenere iscrizione contro la stessa persona o sugli stessi immobili, le medesime sono iscritte sotto lo stesso numero, facendone menzione nella ricevuta spedita dal conservatore a ciascuno dei richiedenti.*

2854. Ipoteche iscritte nello stesso grado.
I crediti con iscrizione ipotecaria dello stesso grado [2853] sugli stessi beni concorrono tra loro in proporzione dell'importo relativo.

■ Codice civile del 1865: *Art. 2009. Le ipoteche iscritte allo stesso numero e sugli stessi immobili concorrono tra loro senza distinzione di grado.*

2855. Estensione degli effetti dell'iscrizione.

L'iscrizione del credito fa collocare nello stesso grado [2852] le spese dell'atto di costituzione d'ipoteca, quelle dell'iscrizione [2846] e rinnovazione [2847] e quelle ordinarie occorrenti per l'intervento nel processo di esecuzione [c.p.c. 499, 563]. Per il credito di maggiori spese giudiziali le parti possono estendere l'ipoteca con patto espresso, purché sia presa la corrispondente iscrizione.

Qualunque sia la specie d'ipoteca, l'iscrizione di un capitale che produce interessi [1282] fa collocare nello stesso grado gli interessi dovuti, purché ne sia enunciata la misura nell'iscrizione [2839 n. 5]. La collocazione degli interessi è limitata alle due annate anteriori e a quella in corso al giorno del pignoramento [c.p.c. 492, 555], ancorché sia stata pattuita l'estensione a un maggior numero di annualità; le iscrizioni particolari prese per altri arretrati hanno effetto dalla loro data [L. fall. 54].

L'iscrizione del capitale fa pure collocare nello stesso grado gli interessi maturati dopo il compimento dell'annata in corso alla data del pignoramento, però soltanto nella misura legale [1284] e fino alla data della vendita [c.p.c. 574, 581; disp. att. 234; L. fall. 54].

● Norme connesse:
- art. 54, R.D. 16 marzo 1942, n. 267.
- art. 76, comma 5, del Codice della crisi di impresa e dell'insolvenza, attuativo della Legge delega 19 ottobre 2017, n. 155 (D.Lgs. 12 gennaio 2019, n. 14), in tema di effetti sui privilegi, pegni e ipoteca della presentazione della domanda di concordato minore.

■ Codice civile del 1865: *Art. 2010. L'iscrizione del credito serve per far collocare allo stesso grado le spese dell'atto, quelle dell'iscrizione e rinnovazione, e quelle ordinarie che possono occorrere per la collocazione nel giudizio di graduazione.*

L'iscrizione di un capitale che produce interessi, se la misura di questi vi è enunciata, serve inoltre per far collocare allo stesso grado gli interessi dovuti per le due annate anteriori e quella in corso al giorno della trascrizione del precetto fatta a norma dell'articolo 2085, oltre agli interessi successivi, senza pregiudizio delle iscrizioni particolari prese per maggiori arretrati dovuti, le quali hanno effetto dal giorno della loro data.

Le parti possono anche, con patto espresso, estendere l'ipoteca del credito e gli effetti della medesima a spese giudiziali maggiori delle sopra accennate, purché ne sia presa la corrispondente iscrizione.

2856. Surrogazione del creditore perdente.

Il creditore che ha ipoteca sopra uno o più immobili, qualora si trovi perdente perché sul loro prezzo si è in tutto o in parte soddisfatto un creditore anteriore [2899], la cui ipoteca si estendeva ad altri beni dello stesso debitore, può surrogarsi [1203 n. 5] nell'ipoteca iscritta a favore del creditore soddisfatto, al fine di esercitare l'azione ipotecaria su questi altri beni con preferenza rispetto ai creditori posteriori alla propria iscrizione. Lo stesso diritto spetta ai creditori perdenti in seguito alla detta surrogazione.

Questa disposizione si applica anche ai creditori perdenti per causa di privilegi immobiliari [2770; c.nav. 550].

■ Codice civile del 1865: *Art. 2011. Il creditore avente ipoteca sopra uno o più immobili, qualora si trovi perdente per essersi sul prezzo dei medesimi soddisfatto un creditore anteriore, la cui ipoteca si estendeva ad altri beni, s'intende surrogato nell'ipoteca che apparteneva al creditore soddisfatto, e può far eseguire la relativa annotazione, come è stabilito nell'articolo 1994, all'effetto di esercitare l'azione ipotecaria sopra gli stessi beni e di essere preferito ai creditori posteriori alla propria iscrizione. Lo stesso diritto spetta ai creditori perdenti in seguito alla detta surrogazione.*

Questa disposizione si applica anche ai creditori perdenti per causa del privilegio stabilito dall'articolo 1962.

2857. Limiti della surrogazione.

La surrogazione non si può esercitare sui beni dati in ipoteca da un terzo [2868], né sui beni alienati dal debitore [2858], quando l'alienazione è stata trascritta anteriormente all'iscrizione del creditore perdente [2644].

Trattandosi di beni acquistati dal debitore posteriormente a detta iscrizione, se il creditore soddisfatto aveva esteso a essi la sua ipoteca giudiziale [2828], il creditore perdente può esercitare la surrogazione anche su tali beni.

Per far valere il diritto alla surrogazione deve essere eseguita annotazione in margine all'ipoteca del creditore soddisfatto [2843]; per l'annotazione deve presentarsi al conservatore copia dello stato di graduazione [c.p.c. 596] dal quale risulta l'incapienza.

Sezione VII
Degli effetti dell'ipoteca rispetto al terzo acquirente

2858. Facoltà del terzo acquirente.

Il terzo acquirente dei beni ipotecati, che ha trascritto [2643 ss.] il suo titolo di acquisto e non è personalmente obbligato, se non preferisce pagare i creditori iscritti [2827 ss., 2852 ss.], può rilasciare [2861 ss.] i beni stessi ovvero liberarli dalle ipoteche, osservando le norme contenute nella sezione XII di questo capo [2889 ss.]. In mancanza, l'espropriazione segue contro di lui secondo le forme prescritte dal codice di procedura civile [disp. att. 242; c.p.c. 602 ss.].

■ Codice civile del 1865: *Art. 2013. Il terzo possessore dell'immobile ipotecato, che non adempie alle formalità stabilite nella sezione X di questo capo per rendere libera la sua proprietà, è tenuto a rilasciare l'immobile senza alcuna riserva, qualora non preferisca di pagare i crediti iscritti ed i loro accessori a norma dell'articolo 2010.*

CODICE CIVILE

2859. Eccezioni opponibili dal terzo acquirente.

Se la domanda diretta a ottenere la condanna del debitore è posteriore alla trascrizione del titolo del terzo acquirente, questi, ove non abbia preso parte al giudizio, può opporre al creditore procedente tutte le eccezioni non opposte dal debitore e quelle altresì che spetterebbero a questo dopo la condanna [2870].

Le eccezioni suddette però non sospendono il corso dei termini stabiliti per la liberazione del bene dalle ipoteche [2889; disp. att. 242 ss.; c.p.c. 792].

■ Codice civile del 1865: *Art. 2015. Il terzo possessore, che ha fatto trascrivere il suo contratto d'acquisto e che non fu parte del giudizio in cui venne pronunziato la condanna del debitore, se questa è posteriore alla trascrizione, è ammesso ad opporre le eccezioni che non fossero state opposte dal debitore, purché non siano meramente personali al medesimo.*

Può anche, in tutti i casi, opporre le eccezioni che spetterebbero ancora al debitore dopo la condanna.

Le eccezioni suddette non sospendono però il corso dè termini stabiliti per la purgazione.

2860. Capacità per il rilascio.

Può procedere al rilascio [2861 ss.] soltanto chi ha la capacità di alienare [2, 320, 375, 394, 424, 428, 1425].

■ Codice civile del 1865: *Art. 2016. Il rilascio dell'immobile soggetto ad ipoteca può eseguirsi da qualunque terzo possessore, il quale non sia obbligato personalmente per il debito, ed abbia la capacità di alienare o sia debitamente autorizzato a farlo.*

Questo rilascio non pregiudica alle ipoteche costituite dal terzo possessore e debitamente iscritte.

2861. Termine ed esecuzione del rilascio.

Il rilascio dei beni ipotecati si esegue con dichiarazione alla cancelleria del tribunale competente per l'espropriazione [c.p.c. 16, 21, 26]. La dichiarazione deve essere fatta non oltre i dieci giorni dalla data del pignoramento [c.p.c. 555, 604].

Il certificato della cancelleria attestante la dichiarazione deve, a cura del terzo, essere annotato in margine alla trascrizione dell'atto di pignoramento [2843] e deve essere notificato, entro cinque giorni dalla sua data, al creditore procedente [2844].

Sull'istanza di questo o di qualunque altro interessato, il tribunale provvede alla nomina di un amministratore, in confronto del quale prosegue il processo di espropriazione [c.p.c. 555, 602].

Il terzo rimane responsabile della custodia dell'immobile fino alla consegna all'amministratore [c.p.c. 559, 560].

■ Codice civile del 1865: *Art. 2019. Il rilascio dell'immobile si eseguisce con dichiarazione fatta alla cancelleria del tribunale competente per la subastazione, la quale ne spedisce certificato.*

Sull'istanza di qualunque degli interessati il tribunale nominerà un amministratore dell'immobile rilasciato, e contro di esso si faranno o proseguiranno gli atti di vendita secondo le forme stabilite per le espropriazioni.

Il terzo possessore è custode dell'immobile rilasciato, finché questo non sia consegnato all'amministratore.

2862. Ipoteche e altri diritti reali a carico e a favore del terzo.

Il rilascio non pregiudica le ipoteche, le servitù e gli altri diritti reali resi pubblici contro il terzo prima dell'annotazione del rilascio [2861].

Le ipoteche, le servitù e gli altri diritti reali che già spettavano al terzo prima dell'acquisto riprendono efficacia dopo il rilascio o dopo la vendita all'incanto eseguita contro di lui [c.p.c. 576 ss.].

Del pari riprendono efficacia le servitù che al momento dell'iscrizione dell'ipoteca esistevano a favore del fondo ipotecato e a carico di altro fondo del terzo. Esse sono comprese nell'espropriazione del fondo ipotecato [1072].

■ Codice civile del 1865: *Art. 2016. Il rilascio dell'immobile soggetto ad ipoteca può eseguirsi da qualunque terzo possessore, il quale non sia obbligato personalmente per il debito, ed abbia la capacità di alienare o sia debitamente autorizzato a farlo.*

Questo rilascio non pregiudica alle ipoteche costituite dal terzo possessore e debitamente iscritte.

Art. 2017. Le servitù, le ipoteche e gli altri diritti reali, che spettavano al terzo possessore sopra l'immobile, rivivono dopo il rilascio da lui fatto o dopo la vendita all'incanto contro di lui seguita, come gli spettavano prima del suo acquisto.

2863. Ricupero dell'immobile rilasciato e abbandono dell'esecuzione.

Finché non sia avvenuta la vendita, il terzo può ricuperare l'immobile rilasciato, pagando i crediti iscritti e i loro accessori, oltre le spese [2855].

Qualora la vendita sia avvenuta e dopo pagati i creditori iscritti, vi sia un residuo del prezzo, questo spetta al terzo acquirente [c.p.c. 510].

Il rilascio non ha effetto se il processo di esecuzione si estingue per rinunzia o per inattività delle parti [c.p.c. 629, 630].

■ Codice civile del 1865: *Art. 2018. Finché non sia seguita la vendita all'incanto, il terzo possessore può recuperare l'immobile da lui rilasciato, pagando i crediti a norma dell'articolo 2013 oltre le spese.*

2864. Danni causati dal terzo e miglioramenti.

Il terzo è tenuto a risarcire i danni che da sua colpa grave sono derivati all'immobile in pregiudizio dei creditori iscritti [2043, 2813, 2827].

Egli non può ritenere l'immobile per causa di miglioramenti [1152]; ma ha il diritto di far separare dal prezzo di vendita la parte corrispondente ai miglioramenti eseguiti dopo la trascrizione del suo titolo, fino a concorrenza del valore dei medesimi al tempo della vendita.

Se il prezzo non copre il valore dell'immobile nello stato in cui era prima dei miglioramenti e insieme quello dei miglioramenti, esso deve dividersi in due parti proporzionali ai detti valori.

■ Codice civile del 1865: *Art. 2020. Il terzo possessore è tenuto a risarcire i danni cagionati all'immobile per sua grave colpa in pregiudizio dei creditori iscritti, e non può contro essi invocare alcun diritto di ritenzione per causa di miglioramenti.*

Egli ha però diritto di far separare dal prezzo la parte corrispondente ai miglioramenti da esso fatti dopo la trascrizione del suo titolo, sino a concorrenza della minor somma che risulterà tra lo speso ed il migliorato al tempo del rilascio o della vendita all'incanto.

2865. Frutti dovuti dal terzo.

I frutti [820] dell'immobile ipotecato sono dovuti dal terzo a decorrere dal giorno in cui è stato eseguito il pignoramento [1148, 2912; c.p.c. 555, 604].

Nel caso di liberazione dell'immobile dalle ipoteche [2889; c.p.c. 792] i frutti sono del pari dovuti dal giorno del pignoramento o, in mancanza di pignoramento, dal giorno della notificazione eseguita in conformità dell'articolo 2890.

■ Codice civile del 1865: *Art. 2021. I frutti dell'immobile ipotecato non sono dovuti dal terzo possessore, che dal giorno in cui fu a lui intimato il precetto trascritto di fare il pagamento o il rilascio; e se la proposta istanza fosse stata abbandonata per lo spazio di un anno, sono dovuti soltanto dal giorno in cui sarà trascritta la rinnovata intimazione.*

Nel caso di purgazione per parte del terzo possessore i frutti sono pure dovuti dal giorno della trascrizione del precetto, o in mancanza dal giorno della notificazione fatta in conformità degli articoli 2043 e 2044.

2866. Diritti del terzo nei confronti del debitore e di altri terzi acquirenti.

Il terzo che ha pagato i creditori iscritti [2858] ovvero ha rilasciato l'immobile [2861] o sofferto l'espropriazione [c.p.c. 602] ha ragione d'indennità verso il suo autore [1482], anche se si tratta di acquisto a titolo gratuito [797, 1483].

Ha pure diritto di subingresso nelle ipoteche costituite a favore del creditore soddisfatto sugli altri beni del debitore; se questi sono stati acquistati da terzi, non ha azione che contro coloro i quali hanno trascritto il loro acquisto in data posteriore alla trascrizione del suo titolo [2644]. Per esercitare il subingresso deve far eseguire la relativa annotazione in conformità dell'articolo 2843.

Il subingresso non pregiudica l'esercizio del diritto di surrogazione stabilito dall'articolo 2856 a favore dei creditori che hanno un'iscrizione anteriore alla trascrizione del titolo del terzo acquirente [disp. att. 242].

■ Codice civile del 1865: *Art. 2022. Il terzo possessore che ha pagato il crediti iscritti, rilasciato l'immobile o sofferta la sproporzione, ha ragione d'indennità verso il suo autore,*

Ha pure azione in via di subingresso contro i terzi possessori di altri fondi sottoposti ad ipoteca per gli stessi crediti, ma contro quelli solamente che sono a lui posteriori di data nella trascrizione del loro atto di acquisto, e può far eseguire la relativa annotazione in conformità dell'articolo 1994.

2867. Terzo debitore di somma in dipendenza dell'acquisto.

Se il terzo acquirente, che ha trascritto il suo titolo, è debitore, in dipendenza dell'acquisto [1498], di una somma attualmente esigibile, la quale basti a soddisfare tutti i creditori iscritti contro il precedente proprietario, ciascuno di questi può obbligarlo al pagamento.

Se il debito del terzo non è attualmente esigibile, o è minore o diverso da ciò che è dovuto ai detti creditori, questi, purché di comune accordo, possono egualmente richiedere che venga loro pagato, fino alla rispettiva concorrenza, ciò che il terzo deve nei modi e termini della sua obbligazione.

Nell'uno e nell'altro caso l'acquirente non può evitare di pagare, offrendo il rilascio dell'immobile [2861], ma, eseguito il pagamento, l'immobile è liberato da ogni ipoteca, non esclusa quella che spetta all'alienante [2817 n. 1], e il terzo ha diritto di ottenere che si cancellino le relative iscrizioni [2882].

■ Codice civile del 1865: *Art. 2023. Se il terzo possessore è debitore in dipendenza del suo acquisto di una somma attualmente esigibile, la quale basti al soddisfacimento di tutti i creditori iscritti contro i precedenti proprietari, ciascun di essi può obbligarlo al pagamento, purché il titolo di acquisto sia stato trascritto.*

Se il debito del terzo possessore non fosse attualmente esigibile, o fosse minore o diverso da ciò che è dovuto ai detti creditori, questi possono egualmente, purché di comune accordo, richiedere che venga loro pagato sino alla rispettiva concorrenza ciò che egli deve nei modi e termini della sua obbligazione.

Nell'uno e nell'altro caso non si può evitare il pagamento coll'offrire il rilascio dell'immobile, ma eseguito il pagamento, l'immobile s'intende liberato da ogni ipoteca, non esclusa quella spettante al venditore, e il terzo possessore ha diritto di ottenere la cancellazione delle relative iscrizioni.

Sezione VIII
Degli effetti dell'ipoteca rispetto al terzo datore

2868. Beneficio di escussione.

Chi ha costituito un'ipoteca a garanzia del debito altrui [2808 comma 2, 2871] non può invocare il beneficio della preventiva escussione del debitore, se il beneficio non è stato convenuto [1944 comma 2, 2910 comma 2; c.p.c. 602].

● Norme connesse:
- art. 64, R.D. 16 marzo 1942, n. 267.

CODICE CIVILE

2869. Estinzione dell'ipoteca per fatto del creditore.

L'ipoteca costituita dal terzo si estingue se, per fatto del creditore, non può avere effetto la surrogazione [1203 n. 3] del terzo nei diritti, nel pegno, nelle ipoteche e nei privilegi del creditore [1955].

2870. Eccezioni opponibili dal terzo datore.

Il terzo datore che non ha preso parte al giudizio diretto alla condanna del debitore può opporre al creditore le eccezioni indicate dall'articolo 2859 [1247].

2871. Diritti del terzo datore che ha pagato i creditori iscritti o ha sofferto l'espropriazione.

Il terzo datore che ha pagato i creditori iscritti o ha sofferto l'espropriazione ha regresso contro il debitore [1950]. Se vi sono più debitori obbligati in solido [1292 ss.], il terzo che ha costituito l'ipoteca a garanzia di tutti ha regresso contro ciascuno per l'intero [1951].

Il terzo datore ha regresso contro i fideiussori [1936 ss.] del debitore. Ha inoltre regresso contro gli altri terzi datori per la loro rispettiva porzione [1299, 1954, 2868] e può esercitare, anche nei confronti dei terzi acquirenti, il subingresso previsto dal secondo comma dell'articolo 2866.

Sezione IX
Della riduzione delle ipoteche

● Norme connesse:
- art. 39, comma 5, D.Lgs. 1 settembre 1993, n. 385.

2872. Modalità della riduzione.

La riduzione delle ipoteche si opera riducendo la somma [2876] per la quale è stata presa l'iscrizione [2838] o restringendo l'iscrizione a una parte soltanto dei beni.

Questa restrizione può aver luogo anche se l'ipoteca ha per oggetto un solo bene, qualora questo abbia parti distinte o tali che si possano comodamente distinguere [disp. att. 243].

■ Codice civile del 1865: *Art. 2024. La riduzione delle ipoteche si opera col restringerla ad una parte soltanto dei beni indicati nell'iscrizione, o col ridurre a quantità minore la somma per cui l'iscrizione fu presa.*

2873. Esclusione della riduzione.

Non è ammessa domanda di riduzione riguardo alla quantità dei beni né riguardo alla somma, se la quantità dei beni o la somma è stata determinata per convenzione o per sentenza [2799].

Tuttavia, se sono stati eseguiti pagamenti parziali così da estinguere almeno il quinto del debito originario, si può chiedere una riduzione proporzionale per quanto riguarda la somma.

Nel caso d'ipoteca iscritta su un edificio, il costituente che dopo l'iscrizione ha eseguito sopraelevazioni può chiedere che l'ipoteca sia ridotta, per modo che le sopraelevazioni ne restino esenti in tutto o in parte, osservato il limite stabilito dall'articolo 2876 per il valore della cautela [disp. att. 243].

■ Codice civile del 1865: *Art. 2025. Non è ammessa la domanda di riduzione delle ipoteche nè riguardo alla quantità dei beni nè riguardo alla somma, se l'una o l'altra sia stata determinata per convenzione o per sentenza.*

2874. Riduzione dell'ipoteca legale e dell'ipoteca giudiziale.

Le ipoteche legali, eccettuate quelle indicate dai numeri 1 e 2 dell'articolo 2817, e le ipoteche giudiziali [2818] devono ridursi su domanda degli interessati, se i beni compresi nell'iscrizione hanno un valore che eccede la cautela da somministrarsi o se la somma determinata dal creditore nell'iscrizione [2838] eccede di un quinto quella che l'autorità giudiziaria dichiara dovuta.

■ Codice civile del 1865: *Art. 2026. Le ipoteche legali, eccettuate quelle indicate nei numeri 1e 2 dell'articolo 1969, e le ipoteche giudiziali devono ridursi sopra domanda degli interessati, se i beni compresi nell'iscrizione hanno un valore eccedente la cautela da somministrarsi, o se la somma determinata dal creditore nella iscrizione eccede di un quinto quella che è dal giudice dichiarata dovuta.*

♦ Codice civile francese

Articolo 2444. *Quando le iscrizioni prese in virtù degli articoli 2401 e 2412 sono eccessive, il debitore può domandare la loro riduzione conformandosi alle regole di competenza stabilite nell'articolo 2442. Sono considerate eccessive le iscrizioni che gravano più immobili quando il valore di uno solo o di qualcuno di loro eccede una somma uguale al doppio dell'ammontare dei crediti in capitale e degli accessori legali aumentata di un terzo di questo ammontare.*

Articolo 2445. *Possono anche essere ridotte come eccessive le iscrizioni prese dopo la stima fatta dal creditore dei crediti condizionali, eventuali o indeterminati il cui ammontare non è stato regolato dalla convenzione. L'eccesso, in questo caso, è valutato dai giudici secondo le circostanze, le probabilità e le presunzioni di fatto in modo da conciliare i diritti del creditore con l'interesse del credito da conservare al debitore, senza pregiudizio delle nuove iscrizioni da prendere con ipoteca dal giorno della loro data quando l'evento avrà portato i crediti indeterminati ad una somma maggiore.*

2875. Eccesso nel valore dei beni.

Si reputa che il valore dei beni ecceda la cautela da somministrarsi, se tanto alla data dell'iscrizione dell'ipoteca, quanto posteriormente, superi di un terzo l'importo dei crediti iscritti, accresciuto degli accessori a norma dell'articolo 2855.

■ Codice civile del 1865: *Art. 2027. Il valore dei beni è riputato eccedente, quando supera di un terzo l'importare dei crediti iscritti, accresciuti degli accessori a norma dell'articolo 2010.*

2876. Limiti della riduzione.

La riduzione si opera rispettando l'eccedenza del quinto per ciò che riguarda la somma del credito e l'eccedenza del terzo per ciò che riguarda il valore della cautela [2785 comma 2, 2873 comma 3].

2877. Spese della riduzione.

Le spese necessarie per eseguire la riduzione, anche se consentita dal creditore, sono sempre a carico del richiedente, a meno che la riduzione abbia luogo per eccesso nella determinazione del credito fatta dal creditore, nel qual caso sono a carico di quest'ultimo.

Se la riduzione è stata ordinata con sentenza, le spese del giudizio sono a carico del soccombente, salvo che siano compensate tra le parti [c.p.c. 92].

■ Codice civile del 1865: *Art. 2028. Le spese necessarie per la riduzione sono sempre a carico del richiedente.*

Se però la riduzione ha luogo per eccesso nella determinazione del credito fatta dal creditore, le spese sono a suo carico.

Quelle del giudizio sopra contestazioni che venissero fatte, sono a carico del soccombente ovvero compensate secondo le circostanze.

Sezione X
Dell'estinzione delle ipoteche

2878. Cause di estinzione.

L'ipoteca si estingue:

1) con la cancellazione dell'iscrizione [2882 ss.];

2) con la mancata rinnovazione dell'iscrizione entro il termine indicato dall'articolo 2847;

3) con l'estinguersi dell'obbligazione [1176 ss., 1230, 2934];

4) col perimento del bene ipotecato, salvo quanto è stabilito dall'articolo 2742;

5) con la rinunzia del creditore [2879];

6) con lo spirare del termine a cui l'ipoteca è stata limitata o col verificarsi della condizione risolutiva [1353];

7) con la pronunzia del provvedimento che trasferisce all'acquirente il diritto espropriato e ordina la cancellazione delle ipoteche [c.p.c. 586].

● Norme connesse:

- art. 52, D.Lgs. 6 settembre 2011, n. 159, nel testo, da ultimo, modificato dall'art. 38, D.L. 4 ottobre 2018, n. 113, convertito in L. 1° dicembre 2018, n. 132, a decorrere dal 4 dicembre 2018, che dispone: *Diritti dei terzi. 1. La confisca non pregiudica i diritti di credito dei terzi che risultano da atti aventi data certa anteriore al sequestro, nonchè i diritti reali di garanzia costituiti in epoca anteriore al sequestro, ove ricorrano le seguenti condizioni: a) che il proposto non disponga di altri beni sui quali esercitare la garanzia patrimoniale idonea al soddisfacimento del credito, salvo che per i crediti assistiti da cause legittime di prelazione su beni sequestrati; b) che il credito non sia strumentale all'attività illecita o a quella che ne costituisce il frutto o il reimpiego, sempre che il creditore dimostri la buona fede e l'inconsapevole affidamento; c) nel caso di promessa di pagamento o di ricognizione di debito, che sia provato il rapporto fondamentale; d) nel caso di titoli di credito, che il portatore provi il rapporto fondamentale e quello che ne legittima il possesso.*

2. I crediti di cui al comma 1 devono essere accertati secondo le disposizioni contenute negli articoli 57, 58 e 59 e concorrono al riparto sul valore dei beni o dei compendi aziendali ai quali si riferiscono in base alle risultanze della contabilità separata di cui all'articolo 37, comma 5.

2-bis. Gli interessi convenzionali, moratori e a qualunque altro titolo dovuti sui crediti di cui al comma 1 sono riconosciuti, nel loro complesso, nella misura massima comunque non superiore al tasso calcolato e pubblicato dalla Banca d'Italia sulla base di un paniere composto dai buoni del tesoro poliennali quotati sul mercato obbligazionario telematico (RENDISTATO).

3. Nella valutazione della buona fede, il tribunale tiene conto delle condizioni delle parti, dei rapporti personali e patrimoniali tra le stesse e del tipo di attività svolta dal creditore, anche con riferimento al ramo di attività, alla sussistenza di particolari obblighi di diligenza nella fase precontrattuale nonchè, in caso di enti, alle dimensioni degli stessi.

3-bis. Il decreto con cui sia stata rigettata definitivamente la domanda di ammissione del credito, presentata ai sensi dell'articolo 58, comma 2, in ragione del mancato riconoscimento della buona fede nella concessione del credito, proposta da soggetto sottoposto alla vigilanza della Banca d'Italia, è comunicato a quest'ultima ai sensi dell'articolo 9 del decreto legislativo 21 novembre 2007, n. 231, e successive modificazioni.

4. La confisca definitiva di un bene determina lo scioglimento dei contratti aventi ad oggetto un diritto personale di godimento o un diritto reale di garanzia, nonchè l'estinzione dei diritti reali di godimento sui beni stessi.

5. Ai titolari dei diritti di cui al comma 4, spetta in prededuzione un equo indennizzo commisurato alla durata residua del contratto o alla durata del diritto reale. Se il diritto reale si estingue con la morte del titolare, la durata residua del diritto è calcolata alla stregua della durata media della vita determinata sulla base di parametri statistici. Le modalità di calcolo dell'indennizzo sono stabilite con decreto da emanarsi dal Ministro dell'economia e delle finanze e del Ministro della giustizia entro centoottanta giorni dall'entrata in vigore del presente decreto.

6. Se sono confiscati beni di cui viene dichiarata l'intestazione o il trasferimento fittizio, i creditori del proposto sono preferiti ai creditori chirografari in buona fede dell'intestatario fittizio, se il loro credito è anteriore all'atto di intestazione fittizia.

7. [...].

8. [...].

9. Per i beni appartenenti al demanio culturale, ai sensi degli articoli 53 e seguenti del decreto legislativo 22 gennaio 2004, n. 42, la vendita non può essere disposta senza previa autorizzazione del Ministero per i beni e le attività culturali.

- artt. 127, 177, R.D. 16 marzo 1942, n. 267; artt. 40-bis, 161, commi 7-bis, 7-quinquies, D.Lgs. 1 settembre 1993, n. 385.

■ Codice civile del 1865: *Art. 2029. Le ipoteche si estinguono:*

1° Coll'estinguersi dell'obbligazione;

2° Colla distruzione dell'immobile gravato, salvi i diritti risultanti dall'articolo 1951;

3° Colla rinunzia del creditore;

4° Col pagamento dell'intero prezzo nei modi stabiliti dalla legge nei giudizi di graduazione;

5° Collo spirare del termine a cui furono limitate;

6° Col verificarsi delle condizioni risolutiva che vi fu apposta.

♦ Codice civile francese

Articolo 2488. *I privilegi e le ipoteche si estinguono: 1 per estinzione dell'obbligazione principale sotto riserva del caso previsto all'articolo 2422; 2° per rinuncia del creditore all'ipoteca sotto la stessa riserva; 3" per l'adempimento delle formalità e delle condizioni prescritte ai terzi detentori per liberare i beni da essi acquistati; 4 0 per la prescrizione. La prescrizione è acquisita dal debitore sui beni che sono nelle sue mani nel tempo fissato per la prescrizione delle azioni che danno ipoteca o privilegio. Quanto ai beni che sono nelle mani di un terzo detentore essa è acquisita nel tempo regolato per la prescrizione della proprietà a suo vantaggio; nel caso in cui la prescrizione suppone un titolo non inizia a decorrere che dal giorno in cui questo titolo è pubblicato nell'ufficio delle ipoteche della situazione degli immobili. Le iscrizioni prese dal creditore non interrompono il corso della prescrizione stabilita dalla legge in favore del debitore o del terzo detentore. 5° per l'annullamento permesso al terzo comma dell'articolo 2423 e nella misura prevista da questo testo.*

2879. Rinunzia all'ipoteca.

La rinunzia del creditore all'ipoteca [2878 n. 5, 2881, 2899] deve essere espressa e deve risultare da atto scritto, sotto pena di nullità.

La rinunzia non ha effetto di fronte ai terzi che anteriormente alla cancellazione dell'ipoteca abbiano acquistato il diritto all'ipoteca medesima ed eseguito la relativa annotazione a termini dell'articolo 2843.

● Norme connesse:

- artt. 127, commi 2, 3, R.D. 16 marzo 1942, n. 267.

2880. Prescrizione rispetto a beni acquistati da terzi.

Riguardo ai beni acquistati da terzi, l'ipoteca si estingue per prescrizione [2934], indipendentemente dal credito [2878 n. 3], col decorso di venti anni dalla data della trascrizione del titolo di acquisto, salve le cause di sospensione e d'interruzione [2941, 2943].

■ Codice civile del 1865: *Art. 2030. Le ipoteche si estinguono parimente colla prescrizione, la quale riguardo ai beni posseduti dal debitore si compie con la prescrizione del credito, e riguardo ai beni posseduti dai terzi si compie anche col decorso di trent'anni, secondo le regole stabilite nel titolo Della prescrizione.*

2881. Nuova iscrizione dell'ipoteca.

Salvo diversa disposizione di legge [1197 comma 3, 1276, 2926 comma 2, 2927 comma 2], se la causa estintiva dell'obbligazione è dichiarata nulla [1418] o altrimenti non sussiste ovvero è dichiarata nulla la rinunzia fatta dal creditore all'ipoteca [2879, 2899], e l'iscrizione non è stata conservata, si può procedere a nuova iscrizione e questa prende grado dalla sua data.

■ Codice civile del 1865: *Art. 2031. Le ipoteche rinascono col credito, se il pagamento vien dichiarato nullo.*

Art. 2032. L'ipoteca ogni qual volta rinasce prende solamente grado dalla nuova iscrizione, se in precedente non è stata conservata.

Sezione XI
Della cancellazione dell'iscrizione

2882. Formalità per la cancellazione.

La cancellazione consentita dalle parti interessate deve essere eseguita dal conservatore in seguito a presentazione dell'atto contenente il consenso del creditore.

Per quest'atto devono essere osservate le forme prescritte dagli articoli 2821, 2835 e 2837.

● Norme connesse:

- art. 136, R.D. 16 marzo 1942, n. 267; artt. 64, 67, 68, L. 31 maggio 1995, n. 218.

■ Codice civile del 1865: *Art. 2033. La cancellazione consentita dalle parti interessate sarà eseguita dal conservatore in seguito alla presentazione dell'atto portante il consenso del creditore.*

Per quest'atto devono osservarsi le disposizioni degli articoli 1978, 1939 e 1990.

♦ Codice civile francese

Articolo 2440. *Le iscrizioni sono cancellate con il consenso delle parti interessate e che hanno la capacità a questo effetto o in virtù di una sentenza passata in giudicato. La cancellazione si impone al creditore che non ha proceduto alla pubblicazione sotto forma di notifica a margine prevista al quarto comma dell'articolo 2422.*

2883. Capacità per consentire la cancellazione.

Chi non ha la capacità richiesta per liberare il debitore non può consentire la cancellazione dell'iscrizione, se non è assistito dalle persone il cui intervento è necessario per la liberazione [320, 374, 375, 394, 424].

Il rappresentante legale dell'incapace e ogni altro amministratore, anche se autorizzati a esigere il credito e a liberare il debitore, non possono consentire la cancellazione dell'iscrizione, ove il credito non sia soddisfatto.

■ Codice civile del 1865: *Art. 2034. Quegli che non ha la capacità per liberare il debitore, non può consentire alla cancellazione, se non coll'assistenza delle persone il cui intervento è necessario per la liberazione.*

Art. 2035. Il padre, il tutore ed ogni altro amministratore, ancorché autorizzati ad esigere e liberare il debitore, non possono consentire alla cancellazione dell'iscrizione relativa al credito, se questo non viene soddisfatto.

2884. Cancellazione ordinata con sentenza.

La cancellazione deve essere eseguita dal conservatore, quando è ordinata con sentenza passata in giudicato [2909; c.p.c. 324] o con altro provvedimento definitivo emesso dalle autorità competenti [2878 n. 7; c.p.c. 586, 794].

■ Codice civile del 1865: *Art. 2036. La cancellazione sarà anche seguita dal conservatore, quando viene ordinata giudizialmente con sentenza o provvedimento passati in giudicato.*

Essa verrà ordinata quando l'ipoteca non sussiste o l'iscrizione è nulla.

2885. Cancellazione sotto condizione.

Se è stato convenuto od ordinato che la cancellazione non debba aver luogo che sotto la condizione di nuova ipoteca, di nuovo impiego o sotto altra condizione, la cancellazione non può essere eseguita se non si fa constare al conservatore che la condizione è stata adempiuta.

■ Codice civile del 1865: *Art. 2037. Se fu convenuto od ordinato che la cancellazione non debba aver luogo che sotto condizione di nuova ipoteca, di nuovo impiego od altra, la cancellazione non sarà eseguita, se non si fa constare al conservatore che le condizioni si sono adempite.*

2886. Formalità per la cancellazione.

Chi richiede la cancellazione totale o parziale deve presentare al conservatore l'atto su cui la richiesta è fondata [2882, 2884].

La cancellazione di un'iscrizione o la rettifica [2841] deve essere eseguita in margine all'iscrizione medesima, con l'indicazione del titolo dal quale è stata consentita od ordinata e della data in cui si esegue, e deve portare la sottoscrizione del conservatore [2882, 2884].

■ Codice civile del 1865: *Art. 2038. Nel caso di cancellazione totale o parziale, quegli che le richiede, deve rimettere all'uffizio del conservatore l'atto che vi fa luogo.*

La cancellazione di un'iscrizione o la rettificazione di essa si eseguirà in margine dell'iscrizione medesima, coll'indicazione del titolo con cui è stata consentita od ordinata, e della data in cui si eseguisce, e porterà la sottoscrizione del conservatore.

♦ Codice civile francese

Articolo 2441. *Nell'uno e nell'altro caso, quelli che hanno richiesto la cancellazione depositano all'ufficio del conservatore la copia autentica dell'atto che riporta il consenso o la copia autentica della sentenza. Nessun documento probatorio è richiesto a sostegno della copia autentica dell'atto per quello che concerne le enunciazioni che stabiliscono lo stato, la capacità e la qualità delle parti, quando queste formulazioni sono certificate esatte nell'atto dal notaio o dall'autorità amministrativa. Quando la cancellazione poggia sull'iscrizione di una ipoteca convenzionale, essa può essere richiesta con il deposito all'ufficio del conservatore di una copia autentica dell'atto notarile certificante che il creditore ha, su domanda del debitore, dato il suo accordo a questa cancellazione; il controllo del conservatore si limita alla regolarità formale dell'atto ad esclusione della sua validità nel contenuto.*

2887. Cancellazione delle ipoteche a garanzia dei titoli all'ordine.

La cancellazione della ipoteca costituita a garanzia dell'obbligazione risultante da un titolo all'ordine [2008 ss., 2831] è consentita dal creditore risultante nei registri immobiliari e l'atto di consenso deve essere presentato al conservatore insieme con il titolo, il quale è restituito dopo che il conservatore vi ha eseguito l'annotazione della cancellazione[1].

La cancellazione dell'ipoteca importa la perdita del diritto di regresso [2869] contro i giranti anteriori alla cancellazione medesima.

[1] Comma così sostituito dall'art. 15, L. 27 febbraio 1985, n. 52. Il testo previgente disponeva: *L'atto con il quale è consentita la cancellazione dell'ipoteca costituita a garanzia dell'obbligazione risultante da un titolo all'ordine deve essere presentato al conservatore insieme con il titolo, il quale è restituito dopo che il conservatore vi ha eseguito l'annotazione della cancellazione.*

2888. Rifiuto di cancellazione.

Qualora il conservatore rifiuti di procedere alla cancellazione di un'iscrizione, il richiedente può proporre reclamo all'autorità giudiziaria [disp. att. 113; c.p.c. 737].

■ Codice civile del 1865: *Art. 2039. Ricusando il conservatore di procedere alla cancellazione di un'iscrizione, la parte richiedente può richiamarsene al tribunale civile, il quale provvederà in camera di consiglio, sentito il pubblico ministero e sentito pure d'uffizio il conservatore nelle sue osservazioni scritte.*

Contro il provvedimento del tribunale è ammesso il richiamo in appello ed in cassazione, in conformità delle leggi generali, osservate le anzidette forme di procedimento.

Il tribunale può ordinare che siano chiamate le persone che si presumono interessate; in questo caso, o quando la domanda di cancellazione è proposta direttamente in contraddittorio degli interessati, si osservano le norme del procedimento sommario, sentito il pubblico ministero.

Sezione XII
Del modo di liberare i beni dalle ipoteche

2889. Facoltà di liberare i beni dalle ipoteche.

Il terzo acquirente dei beni ipotecati, che ha trascritto il suo titolo [2643 n. 6] e non è personalmente obbligato a pagare i creditori ipotecari, ha facoltà di liberare i beni da ogni ipoteca iscritta anteriormente alla trascrizione del suo titolo di acquisto [2858; disp. att. 244; c.p.c. 792].

Tale facoltà spetta all'acquirente anche dopo il pignoramento, purché nel termine di trenta giorni proceda in conformità dell'articolo che segue [2892; c.p.c. 555].

■ Codice civile del 1865: *Art. 2040. Ogni acquirente, che non sia personalmente obbligato a pagare i creditori ipotecari, ha la facoltà di liberare gli immobili da ogni ipoteca iscritta anteriormente alla trascrizione del suo titolo di acquisto.*

Art. 2041. Tale facoltà gli spetta anche dopo la notificazione del precetto coll'intimazione menzionata nell'articolo 2014, purché nei venti giorni successivi faccia trascrivere il

CODICE CIVILE

suo titolo che non fosse stato trascritto, e nel termine di giorni quaranta dopo la notificazione del precetto proceda in conformità degli articoli 2043 e 2014.

2890. Notificazione.

L'acquirente deve far notificare, per mezzo di ufficiale giudiziario, ai creditori iscritti [2827 ss.], nel domicilio da essi eletto [2844] e al precedente proprietario un atto nel quale siano indicati:

1) il titolo, la data del medesimo e la data della sua trascrizione;

2) la qualità e la situazione dei beni col numero del catasto o altra loro designazione, quale risulta dallo stesso titolo;

3) il prezzo stipulato o il valore da lui stesso dichiarato, se si tratta di beni pervenutigli a titolo lucrativo o di cui non sia stato determinato il prezzo [2893].

In ogni caso, il prezzo o il valore dichiarato non può essere inferiore a quello stabilito come base degli incanti dal codice di procedura civile in caso di espropriazione [c.p.c. 568].

Nell'atto della notificazione il terzo acquirente deve eleggere domicilio nel comune dove ha sede il tribunale competente per l'espropriazione [c.p.c. 26] e deve offrire di pagare il prezzo o il valore dichiarato.

Un estratto sommario della notificazione è inserito nel giornale degli annunzi giudiziari [c.p.c. 792].

■ Codice civile del 1865: *Art. 2043. L'acquirente farà notificare per mezzo d'usciere ai creditori iscritti, nel domicilio da essi eletto, ed al precedente proprietario:*

1° La data e natura del suo titolo;

2° La qualità e situazione dei beni col numero del catasto o altra loro designazione, come risultano dallo stesso titolo;

3° Il prezzo stipulato o il valore che dichiarerà, se si tratta di fondi avuti a titolo lucrativo o il cui prezzo non fu determinato;

4° La data della trascrizione;

5° La data e il numero d'ordine dell'iscrizione menzionata nell'articolo precedente;

6° Uno stato in tre colonne di tutte le iscrizioni sopra i detti beni, prese contro i precedenti proprietari anteriormente alla trascrizione.

Nella prima colonna sarà indicata la data delle iscrizioni; nella seconda il nome e cognome dei creditori; nella terza l'importare dei creditori iscritti.

Art. 2044. Nell'atto della notificazione il terzo possessore deve eleggere domicilio nel comune ove siede il tribunale competente per la substazione, e offrire di pagare il prezzo od il valore dichiarato.

Un estratto sommario di questa notificazione sarà inserito nel giornale degli annunzi giudiziari.

2891. Diritto dei creditori di far vendere i beni.

Entro il termine di quaranta giorni [2892] dalla notificazione indicata dall'articolo precedente, qualunque dei creditori iscritti o dei relativi fideiussori [1936] ha diritto di richiedere l'espropriazione dei beni [c.p.c. 795] con ricorso al presidente del tribunale competente a norma del codice di procedura civile [c.p.c. 16, 26, 795], purché adempia le condizioni che seguono:

1) che la richiesta sia notificata al terzo acquirente nel domicilio da lui eletto a norma dell'articolo precedente e al proprietario anteriore;

2) che contenga la dichiarazione del richiedente di aumentare di un decimo il prezzo stipulato o il valore dichiarato;

3) che contenga l'offerta di una cauzione per una somma eguale al quinto del prezzo aumentato come sopra;

4) che l'originale e le copie della richiesta siano sottoscritti dal richiedente o da un suo procuratore munito di mandato speciale.

L'omissione di alcuna di queste condizioni produce nullità della richiesta [2893].

■ Codice civile del 1865: *Art. 2045. Entro il termine di giorni quaranta dalla detta notificazione ed inserzione qualunque dei creditori iscritti o dei relativi fideiussori ha diritto di far vendere i beni all'incanto, purché adempia alle seguenti condizioni:*

1° Che la richiesta sia per mezzo di usciere notificata al nuovo proprietario nel domicilio da lui eletto come sopra ed al proprietario precedente;

2° Che contenga l'obbligazione del richiedente di aumentare o far aumentare di un decimo il prezzo stipulato o dichiarato;

3° Che l'originale e le copie di tale richiesta sieno sottoscritti dal richiedente, o dal suo procuratore munito di mandato speciale;

4° Che il richiedente offra cauzione per una somma eguale al quinto dell'intero prezzo aumentato come sopra;

5° Che la notificazione contenga citazione del nuovo e del precedente proprietario a comparire dinanzi al tribunale, perché venga pronunziato sull'ammissibilità della cauzione e sulla richiesta dell'incanto.

L'omissione di alcuna di queste condizioni produce nullità della richiesta.

2892. Divieto di proroga dei termini.

I termini fissati dal secondo comma dell'articolo 2889 e dal primo comma dell'articolo 2891 non possono essere prorogati.

■ Codice civile del 1865: *Art. 2047. I termini fissati nei precedenti articoli non possono mai essere prorogati.*

2893. Mancata richiesta dell'incanto.

Se l'incanto non è domandato nel tempo e nel modo prescritti dall'articolo 2891, il valore del bene rimane definitivamente stabilito nel prezzo che l'acquirente ha posto a disposizione dei creditori a norma dell'articolo 2890, n. 3.

La liberazione del bene dalle ipoteche avviene dopo che è stato depositato il prezzo e si è provveduto nei modi indicati dal codice di procedura civile [c.p.c. 792].

■ Codice civile del 1865: *Art. 2046. Se l'incanto non è domandato nel tempo e nel modo voluti dal precedente articolo il valore dell'immobile rimane definitivamente stabilito nel prezzo stipulato nel contratto o dichiarato dal nuovo proprietario.*

Lo stesso immobile resta liberato dalle ipoteche relative ai crediti che non possono venire soddisfatti col detto prezzo.

Riguardo alle altre ipoteche l'immobile ne è liberato a misura del pagamento dei creditori utilmente collocati o mediante deposito nei modi indicati dal codice di procedura civile.

2894. Effetti del mancato deposito del prezzo.
Se il terzo acquirente non deposita il prezzo entro il termine stabilito dall'articolo 792 del codice di procedura civile, la richiesta di liberazione del bene dalle ipoteche rimane senza effetto, salva la responsabilità del richiedente per i danni verso i creditori iscritti.

2895. Desistenza del creditore.
La desistenza del creditore che ha richiesto l'incanto non può impedire l'espropriazione, a meno che vi consentano espressamente gli altri creditori iscritti [2891; c.p.c. 500, 629].

■ Codice civile del 1865: *Art. 2051. La desistenza del creditore che ha richiesto l'incanto, non può impedire la subastanzione, quantunque egli pagasse l'importare dell'offerto aumento, eccetto che alla desistenza espressamente annuissero tutti gli altri creditori iscritti.*

2896. Aggiudicazione al terzo acquirente.
Se l'aggiudicazione segue a favore del terzo acquirente, il decreto di trasferimento [c.p.c. 586] deve essere annotato in margine alla trascrizione dell'atto di acquisto [2643 n. 6].

2897. Regresso dell'acquirente divenuto compratore all'incanto.
Il terzo acquirente al quale è stato aggiudicato l'immobile ha regresso contro il venditore per il rimborso di ciò che eccede il prezzo stipulato nel contratto di vendita [2866].

■ Codice civile del 1865: *Art. 2052. L'acquirente che è divenuto compratore all'incanto, ha regresso contro il venditore pel rimborso di ciò che eccede il prezzo stipulato nel suo contratto, e per gli interessi di tale eccedenza dal giorno di ciascun pagamento.*

2898. Beni non ipotecati per il credito per il quale si procede.
Nel caso in cui il titolo d'acquisto del terzo acquirente comprende mobili e immobili [812], o comprende più immobili, gli uni ipotecati e gli altri liberi, ovvero non tutti gravati dalle stesse iscrizioni, situati nella giurisdizione dello stesso tribunale o in diverse giurisdizioni di tribunali, alienati per un unico prezzo ovvero per prezzi distinti, il prezzo di ciascun immobile assoggettato a particolari e separate iscrizioni deve dichiararsi nella notificazione, ragguagliato al prezzo totale espresso dal titolo [2890].

Il creditore che richiede l'espropriazione [2891] non può in nessun caso essere costretto a estendere la sua domanda ai mobili, o ad altri immobili, fuori di quelli che sono ipotecati per il suo credito, salvo il regresso del terzo acquirente contro il suo autore per il risarcimento del danno che venga a soffrire a causa della separazione dei beni compresi nell'acquisto e delle relative coltivazioni.

■ Codice civile del 1865: *Art. 2053. Nel caso in cui il titolo del nuovo proprietario comprendesse mobili ed immobili, ovvero più immobili, gli uni ipotecati e gli altri liberi, o non tutti gravati delle stesse iscrizioni, situati nella stessa o in diverse giurisdizioni di tribunali civili, alienati per un solo e medesima prezzo o per prezzi distinti e separati, aggregati o non aggregati nella stessa tenuta, il prezzo di ciascun immobile assoggettato a particolari e separate iscrizioni sarà dichiarato nella notificazione dal nuovo proprietario, ragguagliato sul prezzo totale espresso nel titolo.*

Il creditore maggior offerente non può in verun caso essere costretto ad estendere la sua offerta nè ai mobili, nè ad altri immobili, fuori di quelli che sono ipotecati pel suo credito, salvo il regresso del nuovo proprietario contro il suo autore pel risarcimento del danno che venisse a soffrire per la separazione degli oggetti compresi nell'acquisto e delle relative coltivazioni.

Sezione XIII
Della rinunzia e dell'astensione del creditore nell'espropriazione forzata

2899. Divieto di rinunzia a un'ipoteca a danno di altro creditore.
Il creditore, che ha ipoteca su vari immobili, dopo che gli è stata fatta la notificazione indicata dall'articolo 2890, se si tratta del processo di liberazione dalle ipoteche, o dopo la notificazione del provvedimento che dispone la vendita, in caso di espropriazione [2891; c.p.c. 569], non può rinunziare alla sua ipoteca [2879] sopra uno di quegli immobili né astenersi dall'intervenire nel giudizio di espropriazione [c.p.c. 563], qualora sia con ciò favorito un creditore a danno di un altro creditore anteriormente iscritto; se egli rinunzia o si astiene, è responsabile dei danni, a meno che vi siano giusti motivi [2852 ss.].

La stessa disposizione si applica nel caso in cui la rinunzia o l'astensione favorisca un terzo acquirente a danno di un creditore con ipoteca anteriore o di un altro terzo acquirente che abbia un titolo anteriormente trascritto.

CAPO V
DEI MEZZI DI CONSERVAZIONE DELLA GARANZIA PATRIMONIALE

Sezione I
Dell'azione surrogatoria

2900. Condizioni, modalità ed effetti.

Il creditore, per assicurare che siano soddisfatte o conservate le sue ragioni, può esercitare i diritti e le azioni che spettano verso i terzi al proprio debitore e che questi trascura di esercitare, purché i diritti e le azioni abbiano contenuto patrimoniale e non si tratti di diritti o di azioni che, per loro natura o per disposizione di legge, non possono essere esercitati se non dal loro titolare [974, 1015 comma 3, 1113, 1201, 1259, 1780 comma 2, 1796 comma 2, 2036 comma 3, 2789, 2856, 2866, 2871 comma 2, 2939; c.p.c. 511].

Il creditore, qualora agisca giudizialmente, deve citare anche il debitore al quale intende surrogarsi [c.p.c. 102].

■ Codice civile del 1865: *Art. 1234. I creditori, per il conseguimento di quanto è loro dovuto possono esercitare tutti i diritti e tutte le azioni del debitore, eccettuati quei diritti che sono esclusivamente inerenti alla persona del debitore.*

Sezione II
Dell'azione revocatoria

● Norme connesse:
- art. 66, comma 1, R.D. 16 marzo 1942, n. 267.

2901. Condizioni.

Il creditore, anche se il credito è soggetto a condizione o a termine, può domandare [2652 n. 5] che siano dichiarati inefficaci nei suoi confronti gli atti di disposizione del patrimonio con i quali il debitore rechi pregiudizio alle sue ragioni [524, 1113], quando concorrono le seguenti condizioni:

1) che il debitore conoscesse il pregiudizio che l'atto arrecava alle ragioni del creditore o, trattandosi di atto anteriore al sorgere del credito, l'atto fosse dolosamente preordinato al fine di pregiudicarne il soddisfacimento;

2) che, inoltre, trattandosi di atto a titolo oneroso, il terzo fosse consapevole del pregiudizio e nel caso di atto anteriore al sorgere del credito, fosse partecipe della dolosa preordinazione.

Agli effetti della presente norma, le prestazioni di garanzia, anche per debiti altrui, sono considerate atti a titolo oneroso, quando sono contestuali al credito garantito.

Non è soggetto a revoca l'adempimento di un debito scaduto [1183, 1186; L. fall. 67].

L'inefficacia dell'atto non pregiudica i diritti acquistati a titolo oneroso dai terzi di buona fede, salvi gli effetti della trascrizione della domanda di revocazione [2652 n. 5, 2690; L. fall. 64 ss.].

● Norme connesse:
- per la revocatoria fallimentare dei pagamenti di debiti liquidi ed esigibili, art. 67, R.D. 16 marzo 1942, n. 267, nel testo modificato dall'art. 33, D.L. 22 giugno 2012, n. 83, convertito in L. 7 agosto 2012, n. 134 (tali ultime disposizioni si applicano ai procedimenti di concordato preventivo e per l'omologazione di accordi di ristrutturazione dei debiti introdotti dal trentesimo giorno successivo a quello di entrata in vigore della legge di conversione del citato D.L. 83/2012, nonchè ai piani di cui alla lettera d) elaborati successivamente al predetto termine), che dispone: *Sono revocati, salvo che l'altra parte provi che non conosceva lo stato d'insolvenza del debitore:*

1) gli atti a titolo oneroso compiuti nell'anno anteriore alla dichiarazione di fallimento, in cui le prestazioni eseguite o le obbligazioni assunte dal fallito sorpassano di oltre un quarto ciò che a lui è stato dato o promesso;

2) gli atti estintivi di debiti pecuniari scaduti ed esigibili non effettuati con danaro o con altri mezzi normali di pagamento, se compiuti nell'anno anteriore alla dichiarazione di fallimento;

3) i pegni, le anticresi e le ipoteche volontarie costituiti nell'anno anteriore alla dichiarazione di fallimento per debiti preesistenti non scaduti;

4) i pegni, le anticresi e le ipoteche giudiziali o volontarie costituiti entro sei mesi anteriori alla dichiarazione di fallimento per debiti scaduti.

Sono altresì revocati, se il curatore prova che l'altra parte conosceva lo stato d'insolvenza del debitore, i pagamenti di debiti liquidi ed esigibili, gli atti a titolo oneroso e quelli costitutivi di un diritto di prelazione per debiti, anche di terzi, contestualmente creati, se compiuti entro sei mesi anteriori alla dichiarazione di fallimento.

Non sono soggetti all'azione revocatoria:

a) i pagamenti di beni e servizi effettuati nell'esercizio dell'attività d'impresa nei termini d'uso;

b) le rimesse effettuate su un conto corrente bancario, purché non abbiano ridotto in maniera consistente e durevole l'esposizione debitoria del fallito nei confronti della banca;

c) le vendite ed i preliminari di vendita trascritti ai sensi dell'articolo 2645-bis del codice civile, i cui effetti non siano cessati ai sensi del comma terzo della suddetta disposizione, conclusi a giusto prezzo ed aventi ad oggetto immobili ad uso abitativo, destinati a costituire l'abitazione principale dell'acquirente o di suoi parenti e affini entro il terzo grado, ovvero immobili ad uso non abitativo destinati a costituire la sede principale dell'attività di impresa dell'acquirente, purchè alla data di dichiarazione di fallimento tale attività sia effettivamente esercitata ovvero siano stati compiuti investimenti per darvi inizio;

d) gli atti, i pagamenti e le garanzie concesse su beni del debitore purchè posti in essere in esecuzione di un piano che appaia idoneo a consentire il risanamento della esposizione debitoria dell'impresa e ad assicurare il riequilibrio della sua situazione finanziaria; un professionista indipendente designato dal debitore, iscritto nel registro dei revisori legali ed in possesso dei requisiti previsti dall'articolo 28, lettere a) e b) deve attestare la veridicità dei dati aziendali e la fattibilità del piano; il professionista è indipendente quando non è legato all'impresa e a coloro che hanno interesse all'operazione di risanamento da rapporti di natura personale o professionale tali da compromettere l'indipendenza di giudizio; in ogni caso, il professionista deve essere in possesso dei requisiti previsti dall'articolo 2399 del codice civile e non deve, neanche per il tramite di soggetti con i quali è unito in associazione professionale, avere prestato negli ultimi cinque anni attività di lavoro subordinato o autonomo in favore del debitore ovvero par-

tecipato agli organi di amministrazione o di controllo; il piano può essere pubblicato nel registro delle imprese su richiesta del debitore;

e) gli atti, i pagamenti e le garanzie posti in essere in esecuzione del concordato preventivo, [dell'amministrazione controllata,] nonché dell'accordo omologato ai sensi dell'articolo 182-bis, nonché gli atti, i pagamenti e le garanzie legalmente posti in essere dopo il deposito del ricorso di cui all'articolo 161;

f) i pagamenti dei corrispettivi per prestazioni di lavoro effettuate da dipendenti ed altri collaboratori, anche non subordinati, del fallito;

g) i pagamenti di debiti liquidi ed esigibili eseguiti alla scadenza per ottenere la prestazione di servizi strumentali all'accesso alle procedure concorsuali [di amministrazione controllata e] di concordato preventivo.

Le disposizioni di questo articolo non si applicano all'istituto di emissione, alle operazioni di credito su pegno e di credito fondiario; sono salve le disposizioni delle leggi speciali.

Per i beni acquistati dal coniuge del fallito e revocazione a danno del terzo, v. art. 70, comma 2, R.D. 16 marzo 1942, n. 267 che dispone: *Colui che, per effetto della revoca prevista dalle disposizioni precedenti, ha restituito quanto aveva ricevuto è ammesso al passivo fallimentare per il suo eventuale credito.*

- per gli atti di disposizione di beni immobili a titolo gratuito, v. art. 2929-bis c.c. In tema di scissione societaria, v. art. 2506-quater c.c.
- artt. 66, 67, comma 1, n. 2, 69-bis, 70, R.D. 16 marzo 1942, n. 267.
- art. 165 del Codice della crisi di impresa e dell'insolvenza, attuativo della Legge delega 19 ottobre 2017, n. 155 (D.Lgs. 12 gennaio 2019, n. 14), relativo all'esercizio dell'azione di revocatoria ordinaria da parte del curatore nell'ambito della procedura di liquidazione giudiziale.

■ Codice civile del 1865: *Art. 1235. Possono pure i creditori impugnare in proprio nome gli atti che il debitore abbia fatti in frode delle loro ragioni.*

Trattandosi di atti a titolo oneroso, la frode deve risultare dal canto di ambidue i contraenti. Per gli atti a titolo gratuito, basta che la frode sia intervenuta per parte del debitore.

In ogni caso però la rivocazione dell'atto non produce effetto a danno dei terzi non partecipi della frode, i quali hanno acquistato diritti sugli immobili anteriormente alla trascrizione della domanda di rivocazione.

2902. Effetti.

Il creditore, ottenuta la dichiarazione di inefficacia, può promuovere nei confronti dei terzi acquirenti le azioni esecutive [2910] o conservative [2905] sui beni che formano oggetto dell'atto impugnato.

Il terzo contraente, che abbia verso il debitore ragioni di credito dipendenti dall'esercizio dell'azione revocatoria, non può concorrere sul ricavato dei beni che sono stati oggetto dell'atto dichiarato inefficace, se non dopo che il creditore è stato soddisfatto.

● Norme connesse:
- art. 70, R.D. 16 marzo 1942, n. 267.

2903. Prescrizione dell'azione.

L'azione revocatoria si prescrive in cinque anni dalla data dell'atto [2934, 2935].

2904. Rinvio.

Sono salve le disposizioni sull'azione revocatoria in materia fallimentare [L. fall. 64-70] e in materia penale [c.p. 192 ss.].

● Norme connesse:
- artt. 64-70, R.D. 16 marzo 1942, n. 267.

Sezione III
Del sequestro conservativo

2905. Sequestro nei confronti del debitore o del terzo.

Il creditore può chiedere il sequestro conservativo [2693] dei beni del debitore, secondo le regole stabilite dal codice di procedura civile [c.p.c. 671].

Il sequestro può essere chiesto anche nei confronti del terzo acquirente dei beni del debitore, qualora sia stata proposta l'azione per far dichiarare l'inefficacia dell'alienazione [2901].

● Norme connesse:
- art. 8, L. 1 dicembre 1970, n. 898.

2906. Effetti.

Non hanno effetto in pregiudizio del creditore sequestrante le alienazioni e gli altri atti che hanno per oggetto la cosa sequestrata, in conformità delle regole stabilite per il pignoramento [2843, 2913].

Non ha parimenti effetto in pregiudizio del creditore opponente il pagamento eseguito dal debitore, qualora l'opposizione sia stata proposta nei casi e con le forme stabilite dalla legge [2693, 2742 comma 2; disp. att. 245].

TITOLO IV
DELLA TUTELA GIURISDIZIONALE DEI DIRITTI

CAPO I
DISPOSIZIONI GENERALI

2907. Attività giurisdizionale.

Alla tutela giurisdizionale dei diritti provvede l'autorità giudiziaria su domanda di parte [c.p.c. 99, 112] e quando la legge lo dispone, anche su istanza del pubblico ministero [67, 85 comma 2, 102 comma 5, 117, 119, 125, 308, 336, 417, 418, 2098; c.p.c. 69] o d'ufficio.

La tutela giurisdizionale dei diritti, nell'interesse delle categorie professionali, è attuata su domanda delle associazioni legalmente riconosciute, nei casi determinati dalla legge e con le forme da questa stabilite [c.p.c. 409 ss.].

● Norme connesse:
- per la legittimazione delle associazioni sindacali a ricorrere avverso la condotta antisindacale del datore di lavoro, art. 28, L. 20 maggio 1970, n. 300.

CODICE CIVILE

- per la legittimazione delle associazioni sindacali a ricorrere avverso comportamenti discriminatori del datore di lavoro, v. art. 37, D.Lgs. 11 aprile 2006, n. 198.
- art. 6, R.D. 16 marzo 1942, n. 267.

2908. Effetti costitutivi delle sentenze.
Nei casi previsti dalla legge [2932], l'autorità giudiziaria può costituire, modificare o estinguere rapporti giuridici, con effetto tra le parti, i loro eredi o aventi causa.

2909. Cosa giudicata.
L'accertamento contenuto nella sentenza passata in giudicato [c.p.c. 324] fa stato a ogni effetto tra le parti, i loro eredi o aventi causa [1306].

CAPO II
DELL'ESECUZIONE FORZATA

Sezione I
Dell'espropriazione

§ 1
Disposizioni generali

2910. Oggetto dell'espropriazione.
Il creditore, per conseguire quanto gli è dovuto, può far espropriare i beni del debitore [170, 186, 326, 2740], secondo le regole stabilite dal codice di procedura civile [c.p.c. 474 ss.].

Possono essere espropriati anche i beni di un terzo quando sono vincolati a garanzia del credito [2858, 2868] o quando sono oggetto di un atto che è stato revocato perché compiuto in pregiudizio del creditore [2901, 2905; c.p.c. 602].

■ Codice civile del 1865: *Art. 2076. Il creditore per conseguire il pagamento di ciò che gli è dovuto, può far subastare l'immobile che si trova in proprietà del suo debitore, e quando sia ipotecato a garantia del suo credito, può anche farlo subastare dopo che è passato in proprietà altrui.*

2911. Beni gravati da pegno o ipoteca.
Il creditore che ha pegno su beni del debitore non può pignorare [c.p.c. 502] altri beni del debitore medesimo, se non sottopone a esecuzione anche i beni gravati dal pegno. Non può parimenti, quando ha ipoteca, pignorare altri immobili, se non sottopone a pignoramento anche gli immobili gravati dall'ipoteca [c.p.c. 558].

La stessa disposizione si applica se il creditore ha privilegio speciale [2755] su determinati beni [2770].

§ 2
Degli effetti del pignoramento

2912. Estensione del pignoramento.
Il pignoramento [c.p.c. 491, 513] comprende gli accessori, le pertinenze [817, 818] e i frutti della cosa pignorata [820, 2865; c.p.c. 555].

2913. Inefficacia delle alienazioni del bene pignorato.
Non hanno effetto [2747] in pregiudizio del creditore pignorante e dei creditori che intervengono nell'esecuzione [c.p.c. 498] gli atti di alienazione dei beni sottoposti a pignoramento [L. fall. 44], salvi gli effetti del possesso di buona fede [1153] per i mobili non iscritti in pubblici registri [815, 2693; disp. att. 245].

● Norme connesse:
- art. 44, R.D. 16 marzo 1942, n. 267.

2914. Alienazioni anteriori al pignoramento.
Non hanno effetto in pregiudizio del creditore pignorante e dei creditori che intervengono nell'esecuzione [c.p.c. 498], sebbene anteriori al pignoramento [L. fall. 45]:

1) le alienazioni di beni immobili [812] o di beni mobili iscritti in pubblici registri [815], che siano state trascritte successivamente al pignoramento [1707, 2644, 2684, 2693];

2) le cessioni di crediti [1260] che siano state notificate al debitore ceduto o accettate dal medesimo successivamente al pignoramento;

3) le alienazioni di universalità di mobili [816] che non abbiano data certa [2704];

4) le alienazioni di beni mobili di cui non sia stato trasmesso il possesso anteriormente al pignoramento, salvo che risultino da atto avente data certa [2704].

● Norme connesse:
- art. 45, R.D. 16 marzo 1942, n. 267; art. 52, L. 21 febbraio 1991, n. 52.

2915. Atti che limitano la disponibilità dei beni pignorati.
Non hanno effetto in pregiudizio del creditore pignorante e dei creditori che intervengono [c.p.c. 498] nell'esecuzione gli atti che importano vincoli di indisponibilità, se non sono stati trascritti [167, 210, 1980] prima del pignoramento, quando hanno per oggetto beni immobili [812] o beni mobili iscritti in pubblici registri [815, 2683, 2687], e negli altri casi, se non hanno data certa anteriore al pignoramento [2704].

Non hanno del pari effetto in pregiudizio del creditore pignorante e dei creditori che intervengono nell'esecuzione gli atti e le domande per la cui efficacia rispetto ai terzi acquirenti la legge richiede la trascrizione [2652, 2653], se sono trascritti successivamente al pignoramento.

2916. Ipoteche e privilegi.
Nella distribuzione della somma ricavata dall'esecuzione [c.p.c. 509] non si tiene conto:

1) delle ipoteche [2808], anche se giudiziali [2818], iscritte dopo il pignoramento;

2) dei privilegi per la cui efficacia è necessaria l'iscrizione, [2762] se questa ha luogo dopo il pignoramento;

3) dei privilegi per crediti sorti dopo il pignoramento.

2917. Estinzione del credito pignorato.

Se oggetto del pignoramento è un credito, l'estinzione di esso per cause verificatesi in epoca successiva al pignoramento non ha effetto in pregiudizio del creditore pignorante e dei creditori che intervengono nell'esecuzione [1830; c.p.c. 498 ss.].

2918. Cessioni e liberazioni di pigioni e di fitti.

Le cessioni e le liberazioni di pigioni e di fitti non ancora scaduti per un periodo eccedente i tre anni non hanno effetto in pregiudizio del creditore pignorante e dei creditori che intervengono nell'esecuzione [c.p.c. 498 ss.], se non sono trascritte anteriormente al pignoramento. Le cessioni e le liberazioni per un tempo inferiore ai tre anni e le cessioni e le liberazioni superiori ai tre anni non trascritte non hanno effetto, se non hanno data certa [2704] anteriore al pignoramento e in ogni caso, non oltre il termine di un anno dalla data del pignoramento.

§ 3

Effetti della vendita forzata e dell'assegnazione

2919. Effetto traslativo della vendita forzata.

La vendita forzata [c.p.c. 503 ss.] trasferisce all'acquirente i diritti che sulla cosa spettavano a colui che ha subìto l'espropriazione, salvi gli effetti del possesso di buona fede [1153]. Non sono però opponibili all'acquirente i diritti acquistati da terzi sulla cosa, se i diritti stessi non hanno effetto in pregiudizio del creditore pignorante [2913 ss.] e dei creditori intervenuti nell'esecuzione [c.p.c. 498 ss.].

2920. Diritti di terzi sulla cosa mobile venduta.

Se oggetto della vendita è una cosa mobile [812], coloro che avevano la proprietà o altri diritti reali su di essa, ma non hanno fatto valere le loro ragioni sulla somma ricavata dall'esecuzione [c.p.c. 541 ss.], non possono farle valere nei confronti dell'acquirente di buona fede, né possono ripetere dai creditori la somma distribuita. Resta ferma la responsabilità del creditore procedente di mala fede per i danni e per le spese.

● Norme connesse:

- artt. 79, 103, R.D. 16 marzo 1942, n. 267.

2921. Evizione.

L'acquirente della cosa espropriata, se ne subisce l'evizione [1483], può ripetere il prezzo non ancora distribuito, dedotte le spese, e se la distribuzione è già avvenuta [c.p.c. 510], può ripeterne da ciascun creditore la parte che ha riscossa e dal debitore l'eventuale residuo, salva la responsabilità del creditore procedente per i danni e per le spese.

Se l'evizione è soltanto parziale [1484], l'acquirente ha diritto di ripetere una parte proporzionale del prezzo. La ripetizione ha luogo anche se l'aggiudicatario, per evitare l'evizione, ha pagato una somma di danaro.

In ogni caso l'acquirente non può ripetere il prezzo nei confronti dei creditori privilegiati o ipotecari ai quali la causa di evizione non era opponibile.

2922. Vizi della cosa. Lesione.

Nella vendita forzata non ha luogo la garanzia per i vizi della cosa [1490].

Essa non può essere impugnata per causa di lesione [1448].

2923. Locazioni.

Le locazioni [1571 ss.] consentite da chi ha subìto l'espropriazione sono opponibili all'acquirente se hanno data certa anteriore al pignoramento [1599], salvo che, trattandosi di beni mobili, l'acquirente ne abbia conseguito il possesso in buona fede.

Le locazioni immobiliari eccedenti i nove anni che non sono state trascritte anteriormente al pignoramento [2643 n. 8] non sono opponibili all'acquirente, se non nei limiti di un novennio dall'inizio della locazione.

In ogni caso l'acquirente non è tenuto a rispettare la locazione qualora il prezzo convenuto sia inferiore di un terzo al giusto prezzo o a quello risultante da precedenti locazioni.

Se la locazione non ha data certa [2704], ma la detenzione del conduttore è anteriore al pignoramento della cosa locata, l'acquirente non è tenuto a rispettare la locazione che per la durata corrispondente a quella stabilita per le locazioni a tempo indeterminato [1600].

Se nel contratto di locazione è convenuto che esso possa risolversi in caso di alienazione, l'acquirente può intimare licenza al conduttore secondo le disposizioni dell'articolo 1603[1].

[1] Clausola nulla ex art. 7, L. 27 luglio 1978, n. 392.

2924. Cessioni e liberazioni di pigioni e di fitti.

Le cessioni e le liberazioni di pigioni e di fitti non ancora scaduti non sono opponibili all'acquirente, salvo che si tratti di cessioni o di liberazioni eccedenti il triennio e trascritte anteriormente al pignora-

CODICE CIVILE

mento [2643 n. 9] o si tratti di anticipazioni fatte in conformità degli usi locali [2812, 2918].

2925. Norme applicabili all'assegnazione forzata.

Le norme concernenti la vendita forzata [2919] si applicano anche all'assegnazione forzata [c.p.c. 505], salvo quanto è disposto negli articoli seguenti.

2926. Diritti dei terzi sulla cosa assegnata.

Se l'assegnazione ha per oggetto beni mobili, i terzi che ne avevano la proprietà possono, entro il termine di sessanta giorni dall'assegnazione, rivolgersi contro l'assegnatario che ha ricevuto in buona fede il possesso, al solo scopo di ripetere la somma corrispondente al suo credito soddisfatto con l'assegnazione. La stessa facoltà spetta ai terzi che avevano sulla cosa altri diritti reali, nei limiti del valore del loro diritto.

L'assegnatario conserva le sue ragioni nei confronti del debitore, ma si estinguono le garanzie prestate da terzi.

2927. Evizione della cosa assegnata.

L'assegnatario, se subisce l'evizione [1483] della cosa, ha diritto di ripetere quanto ha pagato agli altri creditori, salva la responsabilità del creditore procedente per i danni e per le spese.

L'assegnatario conserva le sue ragioni nei confronti del debitore espropriato, ma non le garanzie prestate da terzi.

2928. Assegnazione di crediti.

Se oggetto dell'assegnazione è un credito, il diritto dell'assegnatario verso il debitore che ha subito l'espropriazione non si estingue che con la riscossione del credito assegnato.

2929. Nullità del processo esecutivo.

La nullità degli atti esecutivi [c.p.c. 617] che hanno preceduto la vendita o l'assegnazione non ha effetto riguardo all'acquirente o all'assegnatario, salvo il caso di collusione con il creditore procedente. Gli altri creditori non sono in nessun caso tenuti a restituire quanto hanno ricevuto per effetto dell'esecuzione.

- Norme connesse:
- art. 21, R.D. 16 marzo 1942, n. 267.

Sezione I-*bis*

Dell'espropriazione di beni oggetto di vincoli di indisponibilità o di alienazioni a titolo gratuito[1]

[1] Sezione aggiunta dall'art. 12, D.L. 27 giugno 2015, n. 83, convertito in L. 6 agosto 2015, n. 132. Tali nuove disposizioni si applicano esclusivamente alle procedure esecutive iniziate successivamente alla data di entrata in vigore del citato D.L. 83/2015.

2929-*bis*. Espropriazione di beni oggetto di vincoli di indisponibilità o di alienazioni a titolo gratuito.

Il creditore che sia pregiudicato da un atto del debitore, di costituzione di vincolo di indisponibilità o di alienazione, che ha per oggetto beni immobili o mobili iscritti in pubblici registri, compiuto a titolo gratuito successivamente al sorgere del credito, può procedere, munito di titolo esecutivo, a esecuzione forzata, ancorchè non abbia preventivamente ottenuto sentenza dichiarativa di inefficacia, se trascrive il pignoramento nel termine di un anno dalla data in cui l'atto è stato trascritto. La disposizione di cui al presente comma si applica anche al creditore anteriore che, entro un anno dalla trascrizione dell'atto pregiudizievole, interviene nell'esecuzione da altri promossa.

Quando il bene, per effetto o in conseguenza dell'atto, è stato trasferito a un terzo, il creditore promuove l'azione esecutiva nelle forme dell'espropriazione contro il terzo proprietario ed è preferito ai creditori personali di costui nella distribuzione del ricavato. Se con l'atto è stato riservato o costituito alcuno dei diritti di cui al primo comma dell'art. 2812, il creditore pignora la cosa come libera nei confronti del proprietario. Tali diritti si estinguono con la vendita del bene e i terzi titolari sono ammessi a far valere le loro ragioni sul ricavato, con preferenza rispetto ai creditori cui i diritti sono opponibili[1].

Il debitore, il terzo assoggettato a espropriazione e ogni altro interessato alla conservazione del vincolo possono proporre le opposizioni all'esecuzione di cui al titolo V del libro terzo del codice di procedura civile quando contestano la sussistenza dei presupposti di cui al primo comma o che l'atto abbia arrecato pregiudizio alle ragioni del creditore o che il debitore abbia avuto conoscenza del pregiudizio arrecato[2].

L'azione esecutiva di cui al presente articolo non può esercitarsi in pregiudizio dei diritti acquistati a titolo oneroso dall'avente causa del contraente immediato, salvi gli effetti della trascrizione del pignoramento[3 4].

[1] Comma così sostituito dall'art. 4, D.L. 3 maggio 2016, n. 59, convertito in L. 30 giugno 2016, n. 119. Il testo previgente disponeva: *Quando il pregiudizio deriva da un atto di alienazione, il creditore promuove l'azione esecutiva nelle forme dell'espropriazione contro il terzo proprietario.*

[2] Comma così sostituito dall'art. 4, D.L. 3 maggio 2016, n. 59, convertito in L. 30 giugno 2016, n. 119. Il testo previgente disponeva: *Il debitore, il terzo assoggettato a espropriazione e ogni altro interessato alla conservazione del vincolo possono proporre le opposizioni all'esecuzione di cui al titolo V del libro III del codice di procedura civile quando contestano la sussistenza dei presupposti di cui al primo comma, nonchè la conoscenza da parte del debitore del pregiudizio che l'atto arrecava alle ragioni del creditore.*

[3] Comma aggiunto dall'art. 4, D.L. 3 maggio 2016, n. 59, convertito in L. 30 giugno 2016, n. 119.

[4] Articolo aggiunto dall'art. 12, D.L. 27 giugno 2015, n. 83, convertito in L. 6 agosto 2015, n. 132. *Tali nuove disposizioni si applicano esclusivamente alle procedure esecutive iniziate successivamente alla data di entrata in vigore del citato D.L. 83/2015.*

● Norme connesse:

- art. 64, R.D. 16 marzo 1942, n. 267; L. 16 ottobre 1989, n. 364.
- art. 2901 c.c. sulle condizioni dell'azione revocatoria.

Sezione II

Dell'esecuzione forzata in forma specifica

2930. Esecuzione forzata per consegna o rilascio.

Se non è adempiuto l'obbligo di consegnare una cosa determinata, mobile o immobile, l'avente diritto può ottenere la consegna o il rilascio forzati a norma delle disposizioni del codice di procedura civile [c.p.c. 605 ss.].

2931. Esecuzione forzata degli obblighi di fare.

Se non è adempiuto un obbligo di fare, l'avente diritto può ottenere che esso sia eseguito a spese dell'obbligato nelle forme stabilite dal codice di procedura civile [c.p.c. 612 ss.].

2932. Esecuzione specifica dell'obbligo di concludere un contratto.

Se colui che è obbligato a concludere un contratto non adempie l'obbligazione, l'altra parte, qualora sia possibile e non sia escluso dal titolo, può ottenere una sentenza che produca gli effetti del contratto non concluso [250, 651, 849, 1032, 1351, 1679, 1706 comma 2, 2597, 2643 n. 14, 2645-*bis*, 2652 n. 2, 2690, 2908].

Se si tratta di contratti che hanno per oggetto il trasferimento della proprietà di una cosa determinata o la costituzione o il trasferimento di un altro diritto [1032], la domanda non può essere accolta, se la parte che l'ha proposta non esegue la sua prestazione [1208 ss.] o non ne fa offerta nei modi di legge, a meno che la prestazione non sia ancora esigibile [disp. att. 246].

● Norme connesse:

- comma 1: art. 23, D.L. 12 settembre 2014, n. 133, convertito in L. 11 novembre 2014, n. 164.
- per la legge generale sui libri fondiari, art. 33 lett. *e)*, R.D. 28 marzo 1929, n. 499 che dispone: *In particolare le intavolazioni possono eseguirsi in forza: [...];*

e) delle sentenze e dei provvedimenti previsti dall'art. 1032 del c.c. delle sentenze pronunziate a norma dell'art. 2932 dello stesso codice, quando hanno per oggetto il trasferimento della proprietà di beni immobili o la costituzione o il trasferimento di un altro diritto reale.

[...].

- art. 173 del Codice della crisi di impresa e dell'insolvenza, attuativo della Legge delega 19 ottobre 2017, n. 155 (D.Lgs. 12 gennaio 2019, n. 14) relativo agli effetti della procedura di liquidazione giudiziale sul pendente contratto preliminare.
- v. artt. 180-184, 769, 1401, 1406, 1411, 1479, 1822, 2247, c.c.

2933. Esecuzione forzata degli obblighi di non fare.

Se non è adempiuto un obbligo di non fare, l'avente diritto può ottenere che sia distrutto, a spese dell'obbligato, ciò che è stato fatto in violazione dell'obbligo [c.p.c. 612 ss.].

Non può essere ordinata la distruzione della cosa e l'avente diritto può conseguire solo il risarcimento dei danni, se la distruzione della cosa è di pregiudizio all'economia nazionale.

TITOLO V

DELLA PRESCRIZIONE E DELLA DECADENZA

CAPO I

DELLA PRESCRIZIONE

Sezione I

Disposizioni generali

2934. Estinzione dei diritti.

Ogni diritto si estingue per prescrizione [disp. att. 252], quando il titolare non lo esercita per il tempo [2962, 2963] determinato dalla legge [1242 comma 2].

Non sono soggetti alla prescrizione i diritti indisponibili e gli altri diritti indicati dalla legge [248, 249, 263, 270, 553, 948, 1111, 1422, 1865].

■ Codice civile del 1865: *Art. 2105. La prescrizione è un mezzo con cui, col decorso del tempo e sotto condizioni determinate, taluno acquista un diritto od è liberato da un'obbligazione.*

2935. Decorrenza della prescrizione.

La prescrizione comincia a decorrere dal giorno in cui il diritto può essere fatto valere [387, 428, 480, 495, 502, 526, 591, 606, 619, 624, 761, 763, 775, 1073, 1442, 1449, 1495, 1541, 1667, 1669, 1797, 2880, 2903, 2957; L. camb. 94; c.nav. 383, 395, 418, 438, 487, 547, 979, 995].

● Norme connesse:

- art. 2, comma 61, D.L. 29 dicembre 2010, n. 225, convertito in L. 26 febbraio 2011, n. 10, che dispone: *In ordine alle operazioni bancarie regolate in conto corrente il presente articolo si interpreta nel senso che la prescrizione relativa ai diritti nascenti dall'annotazione in conto inizia a decorrere dal giorno dell'annotazione stessa. In ogni caso non si fa luogo alla restituzione degli importi già versati alla data di entrata in vigore della legge di conversione del D.L. 225/2010* (27 febbraio 2011). La Corte costituzionale, con sentenza 5 aprile

2012, n. 78, ha poi dichiarato l'illegittimità costituzionale del citato comma 61.

- art. 94, R.D. 14 dicembre 1933, n. 1669; art. 75, R.D. 21 dicembre 1933, n. 1736.

2936. Inderogabilità delle norme sulla prescrizione.

È nullo ogni patto diretto a modificare la disciplina legale della prescrizione [1418].

2937. Rinunzia alla prescrizione.

Non può rinunziare alla prescrizione chi non può disporre validamente del diritto.

Si può rinunziare alla prescrizione solo quando questa è compiuta.

La rinunzia può risultare da un fatto incompatibile con la volontà di valersi della prescrizione.

■ Codice civile del 1865: *Art. 2107. Non si può rinunziare alla prescrizione, se non quando essa è compiuta.*

Art. 2108. Chi non può alienare, non può rinunziare alla prescrizione

Art. 2111. La rinunzia alla prescrizione è espressa o tacita: la rinunzia tacita risulta da un fatto, il quale sia incompatibile colla volontà di valersi della prescrizione.

2938. Non rilevabilità d'ufficio.

Il giudice non può rilevare d'ufficio la prescrizione non opposta [c.p.c. 112].

■ Codice civile del 1865: *Art. 2109. Il giudice non può supplire d'uffizio alla prescrizione non opposta.*

2939. Opponibilità della prescrizione da parte dei terzi.

La prescrizione può essere opposta dai creditori e da chiunque vi ha interesse, qualora la parte non la faccia valere [2900]. Può essere opposta anche se la parte vi ha rinunziato [2937].

■ Codice civile del 1865: *Art. 2112. I creditori, o qualunque altra persona interessata a far valere la prescrizione, possono opporla, non ostante che il debitore o proprietario vi rinunzi.*

2940. Pagamento del debito prescritto.

Non è ammessa la ripetizione di ciò che è stato spontaneamente pagato in adempimento di un debito prescritto [2034 comma 2].

Sezione II
Della sospensione della prescrizione

2941. Sospensione per rapporti tra le parti.

La prescrizione rimane sospesa:

1) tra i coniugi;

2) tra chi esercita la responsabilità genitoriale di cui all'articolo 316 o i poteri a essa inerenti [261] e le persone che vi sono sottoposte [301, 409][1];

3) tra il tutore e il minore o l'interdetto soggetti alla tutela [357, 424], finché non sia stato reso e approvato il conto finale [386], salvo quanto è disposto dall'articolo 387 per le azioni relative alla tutela;

4) tra il curatore e il minore emancipato [391 ss.] o l'inabilitato [424];

5) tra l'erede e l'eredità accettata con beneficio d'inventario [484];

6) tra le persone i cui beni sono sottoposti per legge o per provvedimento del giudice all'amministrazione altrui e quelle da cui l'amministrazione è esercitata, finché non sia stato reso e approvato definitivamente il conto;

7) tra le persone giuridiche e i loro amministratori, finché sono in carica, per le azioni di responsabilità contro di essi[2];

8) tra il debitore che ha dolosamente occultato l'esistenza del debito e il creditore, finché il dolo non sia stato scoperto [disp. att. 247].

[1] Numero così modificato prima dall'art. 210, L. 19 maggio 1975, n. 151, poi dall'art. 92, D.Lgs. 28 dicembre 2013, n. 154, a decorrere dal 7 febbraio 2014.

Il testo previgente la modifica del 1975 disponeva: *2) tra chi esercita la patria potestà o i poteri a essa inerenti e le persone che vi sono sottoposte.*

Il testo previgente la modifica del 2013 disponeva: *2) tra chi esercita la potestà di cui all'articolo 316 o i poteri a essa inerenti e le persone che vi sono sottoposte.*

[2] La Corte costituzionale, con sentenza 24 luglio 1998, n. 322, ha dichiarato l'illegittimità costituzionale del presente numero, nella parte in cui non prevede che la prescrizione rimane sospesa tra la società in accomandita semplice ed i suoi amministratori, finché sono in carica, per le azioni di responsabilità contro di essi. La Corte costituzionale, con sentenza 11 dicembre 2015, n. 262, ha dichiarato l'illegittimità costituzionale del presente numero, nella parte in cui non prevede che la prescrizione sia sospesa tra la società in nome collettivo e i suoi amministratori, finché sono in carica, per le azioni di responsabilità contro di essi.

● Norme connesse:

- art. 1, comma 18, L. 20 maggio 2016, n. 76; art. 168, R.D. 16 marzo 1942, n. 267.

■ Codice civile del 1865: *Art. 2119. Niuna prescrizione corre:*

Fra coniugi;

Fra la persona a cui spetta la patria podestà e quella che vi è sottoposta;

Fra il minore o l'interdetto e il suo tutore, fino a che non sia cessata la tutela, e ne sia reso definitivamente ed approvato il conto;

Fra il minore emancipato, il maggiore inabilitato e il curatore;

Fra l'erede e l'eredità accettata col benefizio dell'inventario;

Fra le persone che per legge sono sottoposte all'amministrazione altrui e quelle a cui l'amministrazione è commessa.

♦ Codice civile francese

Articolo 2252. *La prescrizione non decorre contro i minori non emancipati ed i maggiorenni sotto tutela, salvo quello che è detto all'articolo 2278 e ad eccezione degli altri casi determinati dalla legge.*

Articolo 2253. *La prescrizione non decorre tra i coniugi.*

Articolo 2258. *La prescrizione non decorre contro l'erede, che accetta in concorrenza dell'attivo netto, nei confronti dei creditori che egli ha contro la successione. Corre contro una successione vacante benché non provvista di curatore.*

2942. Sospensione per la condizione del titolare.

La prescrizione rimane sospesa:

1) contro i minori non emancipati [316] e gli interdetti per infermità di mente [414], per il tempo in cui non hanno rappresentante legale e per sei mesi successivi alla nomina del medesimo o alla cessazione dell'incapacità;

2) in tempo di guerra, contro i militari in servizio e gli appartenenti alle forze armate dello Stato e contro coloro che si trovano per ragioni di servizio al seguito delle forze stesse, per il tempo indicato dalle disposizioni delle leggi di guerra.

● Norme connesse:

- per la sospensione della prescrizione per i militari in servizio alle armi, nella disciplina della legge di guerra, art. 130, R.D. 8 luglio 1938, n. 1415 che dispone: *È sospeso il corso dei termini di prescrizione e dei termini perentori, legali o convenzionali, i quali importino decadenza da qualsiasi diritto, azione o eccezione, e che vengano a scadere durante l'applicazione di questa legge contro gli appartenenti alle forze armate dello Stato, i quali siano in servizio alle armi, e contro le persone che si trovano, per ragioni di servizio, al seguito delle forze suindicate.*

I termini sospesi riprendono il loro corso alla scadenza del novantesimo giorno dopo che i militari o le altre persone suindicate abbiano cessato di trovarsi nelle condizioni rispettivamente prevedute dal comma precedente, e, in ogni caso, alla scadenza del novantesimo giorno dopo che sia venuta a cessare l'applicazione di questa legge.

■ Codice civile del 1865: *Art. 2120. Le prescrizioni non corrono:*

Contro i minori non emancipati e gli interdetti per infermità di mente, nè contro i militari in servizio attivo in tempo di guerra, ancorché non assenti dal regno

Riguardo ai diritti condizionali sino a che la condizione non siasi verificata;

Riguardo alle azioni in garantia sino a che non abbia avuto luogo la evizione;

Riguardo al fondo dotale proprio della moglie, ed al fondo specialmente ipotecato per la dote e per l'esecuzione delle convenzioni matrimoniali, durante il matrimonio;

Riguardo ad ogni altra azione, il cui esercizio è sospeso da un termine, fino a che il termine non sia scaduto.

Sezione III

Dell'interruzione della prescrizione

2943. Interruzione da parte del titolare.

La prescrizione è interrotta [1310] dalla notificazione dell'atto con il quale si inizia un giudizio, sia questo di cognizione [c.p.c. 163, 638] ovvero conservativo [c.p.c. 670] o esecutivo [c.p.c. 480].

È pure interrotta dalla domanda proposta nel corso di un giudizio.

L'interruzione si verifica anche se il giudice adito è incompetente.

La prescrizione è inoltre interrotta da ogni altro atto che valga a costituire in mora il debitore [1219] e dall'atto notificato con il quale una parte, in presenza di compromesso [2691] o clausola compromissoria [2691], dichiara la propria intenzione di promuovere il procedimento arbitrale [2691], propone la domanda e procede, per quanto le spetta, alla nomina degli arbitri[1].

[1] Comma così sostituito dall'art. 25, L. 5 gennaio 1994, n. 25. Il testo previgente disponeva: *La prescrizione è inoltre interrotta da ogni altro atto che valga a costituire in mora il debitore.*

● Norme connesse:

- art. 94, R.D. 16 marzo 1942, n. 267.

■ Codice civile del 1865: *Art. 2123. La prescrizione può essere interrotta naturalmente o civilmente.*

Art. 2125. È interrotta civilmente in forza di una domanda giudiziale, sebbene fatta davanti a giudice incompetente, di un precetto o di un atto di sequestro intimato alla persona a cui si vuole impedire il corso della prescrizione, o di qualunque altro atto che la costituisca in mora d'adempiere l'obbligazione.

La chiamata o la presentazione volontaria per la conciliazione interrompe la prescrizione, sempreché la domanda giudiziale sia fatta nel corso di due mesi dalla non comparsa davanti il conciliatore o dalla non seguita conciliazione.

Art. 2128. Si ha come non interrotta la prescrizione:

Se la citazione o intimazione è nulla per incompetenza dell'uffiziale che l'ha eseguita, o per effetto di forma;

Se l'attore recede dalla domanda;

Se la domanda è perenta;

Se la domanda è rigettata.

♦ Codice civile francese

Articolo 2244. *Un citazione in giudizio, anche per direttissima, una diffida o un sequestro, notificati a colui a cui si vuole impedire di prescrivere, interrompono la prescrizione così come i termini per agire.*

Articolo 2245. *La citazione a comparire dinanzi al giudice conciliatore davanti all'ufficio di pace interrompe la prescrizione, dal giorno della sua data, quando ad essa è seguita da una assegnazione in giudizio data nei termini di diritto.*

Articolo 2246. *La citazione in giudizio, data che davanti ad un giudice incompetente, interrompe la prescrizione.*

2944. Interruzione per effetto di riconoscimento.

La prescrizione è interrotta dal riconoscimento del diritto da parte di colui contro il quale il diritto stesso può essere fatto valere [1988].

■ Codice civile del 1865: *Art. 2129. La prescrizione è pure interrotta civilmente, quando il debitore o il possessore riconosce il diritto di quello contro cui era cominciata.*

2945. Effetti e durata dell'interruzione.

Per effetto dell'interruzione s'inizia un nuovo periodo di prescrizione.

Se l'interruzione è avvenuta mediante uno degli atti indicati dai primi due commi dell'articolo 2943, la prescrizione non corre fino al momento in cui passa in giudicato la sentenza che definisce il giudizio [1310; c.p.c. 324].

Se il processo si estingue [c.p.c. 306], rimane fermo l'effetto interruttivo e il nuovo periodo di prescrizione comincia dalla data dell'atto interruttivo.

Nel caso di arbitrato [2691] la prescrizione non corre dal momento della notificazione dell'atto contenente la domanda di arbitrato sino al momento in cui il lodo che definisce il giudizio non è più impugnabile o passa in giudicato la sentenza resa sull'impugnazione[1].

[1] Comma aggiunto dall'art. 25, L. 5 gennaio 1994, n. 25.

Sezione IV
Del termine della prescrizione

§ 1
Della prescrizione ordinaria

2946. Prescrizione ordinaria.

Salvi i casi in cui la legge dispone diversamente [248, 263, 387, 428, 482, 495, 502, 524, 526, 533, 591, 606, 619, 624, 646, 761, 954, 1014, 1073, 1442, 1449, 1495, 1497, 1512, 1522, 1541, 1667, 1669, 1797, 2226, 2880, 2903, 2947, 2948 ss., 2954], i diritti si estinguono per prescrizione con il decorso di dieci anni.

● Norme connesse:

- per la prescrizione del diritto a riscuotere l'imposta di successione, art. 41, D.Lgs. 31 ottobre 1990, n. 346 che dispone: *1. Per la riscossione coattiva dell'imposta e delle sanzioni amministrative si applicano le disposizioni del titolo III del decreto del Presidente della Repubblica 28 gennaio 1988, n. 43. Lo Stato ha privilegio secondo le norme stabilite dal codice civile. Il privilegio si estingue con il decorso di cinque anni dalla data di apertura della successione o, in caso di dilazione del pagamento, dal giorno di scadenza dell'ultima rata ovvero dal giorno in cui si è verificata la decadenza prevista dall'art. 27.*

2. Il credito dell'amministrazione finanziaria per l'imposta definitivamente accertata si prescrive in dieci anni.

- per la prescrizione del diritto a riscuotere l'imposta di registro liquidata, art. 78, D.P.R. 26 aprile 1986, n. 131, che dispone: *Il credito dell'amministrazione finanziaria per l'imposta definitivamente accertata si prescrive in dieci anni.*

- per la prescrizione del diritto a riscuotere i contributi di previdenza e assistenza sociale obbligatoria, art. 3, commi 9 e 10 della L. 8 agosto 1995, n. 335.

- art. 125, D.Lgs. 6 settembre 2005, n. 206.

■ Codice civile del 1865: *Art. 2135. Tutte le azioni tanto reali quanto personali si prescrivono col decorso di trent'anni, senza che possa in contrario opporsi il difetto di titolo o di buona fede.*

§ 2
Delle prescrizioni brevi

2947. Prescrizioni del diritto al risarcimento del danno.

Il diritto al risarcimento del danno derivante da fatto illecito si prescrive in cinque anni dal giorno in cui il fatto si è verificato [2043].

Per il risarcimento del danno prodotto dalla circolazione dei veicoli di ogni specie il diritto si prescrive in due anni.

In ogni caso, se il fatto è considerato dalla legge come reato [2768] e per il reato è stabilita una prescrizione più lunga, questa si applica anche all'azione civile. Tuttavia, se il reato è estinto per causa diversa dalla prescrizione o è intervenuta sentenza irrevocabile nel giudizio penale, il diritto al risarcimento del danno si prescrive nei termini indicati dai primi due commi, con decorrenza dalla data di estinzione del reato [c.p.c. 150 ss.] o dalla data in cui la sentenza è divenuta irrevocabile [c.p.p. 648, 650].

● Norme connesse:

- art. 125, D.Lgs. 6 settembre 2005, n. 206 che dispone: *1. Il diritto al risarcimento si prescrive in tre anni dal giorno in cui il danneggiato ha avuto o avrebbe dovuto avere conoscenza del danno, del difetto e dell'identità del responsabile.*

2. Nel caso di aggravamento del danno, la prescrizione non comincia a decorrere prima del giorno in cui il danneggiato ha avuto o avrebbe dovuto avere conoscenza di un danno di gravità sufficiente a giustificare l'esercizio di un'azione giudiziaria.

- art. 4, comma 43, L. 12 novembre 2011, n. 183, secondo cui: *La prescrizione del diritto al risarcimento del danno derivante da mancato recepimento nell'ordinamento dello Stato di direttive o altri provvedimenti obbligatori comunitari soggiace, in ogni caso, alla disciplina di cui all'articolo 2947 del codice civile e decorre dalla data in cui il fatto, dal quale sarebbero derivati i diritti se la direttiva fosse stata tempestivamente recepita, si è effettivamente verificato.*

♦ Codice civile francese

Contra Articolo 2270.1. *Le azioni di responsabilità civile extracontrattuale si prescrivono in dieci anni a partire dalla manifestazione del danno o del suo aggravamento. Quando il danno è causato da torture ed atti di barbarie, da violenze o aggressioni sessuali commesse contro un minore, l'azione di responsabilità civile è prescritta in venti anni.*

2948. Prescrizione di cinque anni.

Si prescrivono in cinque anni:

1) le annualità delle rendite perpetue [1861] o vitalizie [1872];

1-bis) il capitale nominale dei titoli di Stato emessi al portatore[1];

2) le annualità delle pensioni alimentari [433, 445];

3) le pigioni delle case, i fitti dei beni rustici e ogni altro corrispettivo di locazioni [1587, n. 2, 1607, 1639];

4) gli interessi [1282] e in generale, tutto ciò che deve pagarsi periodicamente ad anno o in termini più brevi [960][2 3];

5) le indennità spettanti per la cessazione del rapporto di lavoro [2118, 2120, 2121].

[1] Numero aggiunto dall'art. 2, L. 12 agosto 1993, n. 313 e così modificato dall'art. 54, comma 2, L. 27 dicembre 1997, n. 449. Il testo previgente, disponeva: *1-bis) il capitale nominale dei titoli del debito pubblico emessi al portatore.* Per la nuova disciplina in materia di debito pubblico, v. artt. 21, 23 e 79, D.P.R. 30 dicembre 2003, n. 398, Testo unico delle disposizioni legislative e regolamentari in materia di debito pubblico (Testo A).

[2] La Corte costituzionale, con sentenza 10 giugno 1966, n. 63, ha dichiarato l'illegittimità costituzionale del presente numero, nella parte in cui consente che la prescrizione del diritto alla retribuzione decorra durante il rapporto di lavoro. Con sentenze 20 novembre 1969, n. 143 e 12 dicembre 1972, n. 174, la Corte costituzionale ha precisato che detto principio non trova applicazione in situazioni di stabilità del posto di lavoro e cioè nei rapporti di pubblico impiego ed in quelli garantiti dall'art. 1, L. 15 luglio 1966, n. 604 e dall'art. 18, L. 20 maggio 1970, n. 300.

[3] A seguito della sentenza della Corte costituzionale 25 marzo 1981, n. 50, la prescrizione quinquennale è applicabile anche alle rate di stipendio, pensione ed altri assegni dovuti dallo Stato.

■ Codice civile del 1865: *Art. 2144. Si prescrivono col decorso di cinque anni: Le annualità delle rendite perpetue e vitalizie; Quelle delle pensioni alimentarie; Le pigioni delle case e i fitti dei beni rustici;*

Gl'interessi delle somme dovute e generalmente tutto ciò che è pagabile ad anno o a termine periodici più brevi.

2949. Prescrizione in materia di società.

Si prescrivono in cinque anni i diritti che derivano dai rapporti sociali, se la società è iscritta nel registro delle imprese.

Nello stesso termine si prescrive l'azione di responsabilità che spetta ai creditori sociali verso gli amministratori nei casi stabiliti dalla legge.

2950. Prescrizione del diritto del mediatore.

Si prescrive in un anno il diritto del mediatore al pagamento della provvigione [1755].

2951. Prescrizione in materia di spedizione e di trasporto.

Si prescrivono in un anno i diritti derivanti dal contratto di spedizione e dal contratto di trasporto.

La prescrizione si compie con il decorso di diciotto mesi se il trasporto ha inizio o termine fuori d'Europa.

Il termine decorre dall'arrivo a destinazione della persona o, in caso di sinistro, dal giorno di questo, ovvero dal giorno in cui è avvenuta o sarebbe dovuta avvenire la riconsegna della cosa al luogo di destinazione.

Si prescrivono parimenti in un anno dalla richiesta del trasporto i diritti verso gli esercenti pubblici servizi di linea indicati dall'articolo 1679.

● Norme connesse:

- comma 1: art. 2, D.L. 29 marzo 1993, n. 82, convertito in L. 27 maggio 1993, n. 162.

2952. Prescrizione in materia di assicurazione.

Il diritto al pagamento delle rate di premio si prescrive in un anno dalle singole scadenze [1882, 1901].

Gli altri diritti derivanti dal contratto di assicurazione e dal contratto di riassicurazione si prescrivono in due anni dal giorno in cui si è verificato il fatto su cui il diritto si fonda, ad esclusione del contratto di assicurazione sulla vita i cui diritti si prescrivono in dieci anni[1].

Nell'assicurazione della responsabilità civile, il termine decorre dal giorno in cui il terzo ha richiesto il risarcimento all'assicurato o ha promosso contro di questo l'azione [1917].

La comunicazione all'assicuratore della richiesta del terzo danneggiato o dell'azione da questo proposta sospende il corso della prescrizione finché il credito del danneggiato non sia divenuto liquido ed esigibile oppure il diritto del terzo danneggiato non sia prescritto.

La disposizione del comma precedente si applica all'azione del riassicurato verso il riassicuratore per il pagamento dell'indennità.

[1] Comma così sostituito prima dall'art. 3, D.L. 28 agosto 2008, n. 134, convertito in L. 27 ottobre 2008, n. 166, poi dall'art. 22, D.L. 18 ottobre 2012, n. 179, convertito in L. 17 dicembre 2012, n. 221. Il testo previgente la modifica del 2008 disponeva: *Gli altri diritti derivanti dal contratto di assicurazione si prescrivono in un anno e quelli derivanti dal contratto di riassicurazione in due anni dal giorno in cui si è verificato il fatto su cui il diritto si fonda.* Il testo previgente la modifica del 2012 disponeva: *Gli altri diritti derivanti dal contratto di assicurazione e dal contratto di riassicurazione si prescrivono in due anni dal giorno in cui si è verificato il fatto su cui il diritto si fonda.*

● Norme connesse:

- artt. 122 ss., 144, 290, D.Lgs. 7 settembre 2005, n. 209.

2953. Effetti del giudicato sulle prescrizioni brevi.

I diritti per i quali la legge stabilisce una prescrizione più breve di dieci anni, quando riguardo ad essi è intervenuta sentenza di condanna passata in giudicato, si prescrivono con il decorso di dieci anni [c.p.c. 324].

§ 3

Delle prescrizioni presuntive

2954. Prescrizione di sei mesi.

Si prescrive in sei mesi il diritto degli albergatori e degli osti per l'alloggio e il vitto che somministrano, e si prescrive nello stesso termine il diritto di tutti coloro che danno alloggio con o senza pensione.

■ Codice civile del 1865: *Art. 2138. Si prescrivono col decorso di sei mesi le azioni degli osti e dei locandieri per l'alloggio e le vivande che somministrano.*

2955. Prescrizione di un anno.

Si prescrive in un anno il diritto:

1) degli insegnanti, per la retribuzione delle lezioni che impartiscono a mesi o a giorni o a ore;

2) dei prestatori di lavoro, per le retribuzioni corrisposte a periodi non superiori al mese [2099][1];

3) di coloro che tengono convitto o casa di educazione e d'istruzione, per il prezzo della pensione e dell'istruzione;

4) degli ufficiali giudiziari, per il compenso degli atti compiuti nella loro qualità;

5) dei commercianti, per il prezzo delle merci vendute a chi non ne fa commercio;

6) dei farmacisti, per il prezzo dei medicinali.

[1] La Corte costituzionale, con sentenza 10 giugno 1966, n. 63, ha dichiarato l'illegittimità costituzionale del presente numero, nella parte in cui consente che la prescrizione del diritto alla retribuzione decorra durante il rapporto di lavoro. Con sentenze 20 novembre 1969, n. 143 e 12 dicembre 1972, n. 174, la Corte costituzionale ha precisato che detto principio non trova applicazione in situazioni di stabilità del posto di lavoro e cioè nei rapporti di pubblico impiego ed in quelli garantiti dall'art. 1, L. 15 luglio 1966, n. 604 e dall'art. 18, L. 20 maggio 1970, n. 300.

■ Codice civile del 1865: *Art. 2139. Si prescrivono col decorso di un anno le azioni:*

Dei professori, maestri e ripetitori di scienze, lettere ed arti, per le lezioni che danno a giorni o a mesi;

Degli uscieri, per la mercede degli atti che notificano e delle commissioni che eseguiscono;

Dè commercianti, per il prezzo delle merci vendute a persone che non ne fanno commercio;

Di coloro che tengono convitto o case di educazione e d'istruzione d'ogni specie, per il prezzo della pensione ed istruzione dei loro convittori, allievi ed apprendenti;

Dei domestici, degli operai e giornalieri, per il pagamento dei salari, delle somministrazioni e loro giornate di lavoro.

2956. Prescrizione di tre anni.

Si prescrive in tre anni il diritto:

1) dei prestatori di lavoro, per le retribuzioni corrisposte a periodi superiori al mese [2099][1];

2) dei professionisti, per il compenso dell'opera prestata e per il rimborso delle spese correlative [2233];

3) dei notai, per gli atti del loro ministero;

4) degli insegnanti, per la retribuzione delle lezioni impartite a tempo più lungo di un mese.

[1] La Corte costituzionale, con sentenza 10 giugno 1966, n. 63, ha dichiarato l'illegittimità costituzionale del presente numero, nella parte in cui consente che la prescrizione del diritto alla retribuzione decorra durante il rapporto di lavoro. Con sentenze 20 novembre 1969, n. 143 e 12 dicembre 1972, n. 174, la Corte costituzionale ha precisato che detto principio non trova applicazione in situazioni di stabilità del posto di lavoro e cioè nei rapporti di pubblico impiego ed in quelli garantiti dall'art. 1, L. 15 luglio 1966, n. 604 e dall'art. 18, L. 20 maggio 1970, n. 300.

■ Codice civile del 1865: *Art. 2140. Si prescrivono col decorso di tre anni le azioni:*

Dei professori, maestri e ripetitori di scienze, lettere ed altri stipendiati a tempo più lungo di un mese;

Dei medici, chirurghi e speziali, per le loro visite, operazioni e medicinali;

Degli avvocati, procuratori alle liti ed altri patrocinatori, per il pagamento delle loro spese e dei loro onorari. I tre anni si computano dalla decisione della lite o dalla conciliazione delle parti, o dalla rivocazione del mandato: riguardo agli affari non terminati, essi possono domandare di essere soddisfatti delle spese e degli onorari di cui fossero creditori da tempo maggiore di cinque anni;

Dè notai pel pagamento delle spese e degli onorari. I tre anni si computano dalla data dei loro atti.

Degli ingegneri, degli architetti, dei misuratori e ragionieri pel pagamento dei loro onorari. I tre anni si computano dal compimento dei lavori.

2957. Decorrenza delle prescrizioni presuntive.

Il termine della prescrizione decorre dalla scadenza della retribuzione periodica o dal compimento della prestazione.

Per le competenze dovute agli avvocati, ai procuratori e ai patrocinatori legali il termine decorre dalla decisione della lite, dalla conciliazione delle parti o dalla revoca del mandato; per gli affari non terminati, la prescrizione decorre dall'ultima prestazione [c.p.c. 85, 324][1].

[1] Il termine "procuratore legale" contenuto nel presente articolo va sostituito con il termine "avvocato" ex art. 3, L. 24 febbraio 1997, n. 27, di soppressione del relativo albo.

2958. Corso della prescrizione.

La prescrizione decorre anche se vi è stata continuazione di somministrazioni o di prestazioni.

■ Codice civile del 1865: *Art. 2141. La prescrizione ha luogo nei casi sopra enunciati, quantunque siavi stata continuazione di somministrazioni, di servigi e di lavori.*

Non è interrotta, se non quando vi è stato un riconoscimento del debito per iscritto o una domanda giudiziale non perenta.

2959. Ammissioni di colui che oppone la prescrizione.

L'eccezione è rigettata, se chi oppone la prescrizione nei casi indicati dagli articoli 2954, 2955 e 2956 ha comunque ammesso in giudizio che l'obbligazione non è stata estinta.

2960. Delazione di giuramento.

Nei casi indicati dagli articoli 2954, 2955 e 2956, colui al quale la prescrizione è stata opposta può deferire all'altra parte il giuramento per accertare se si è verificata l'estinzione del debito [2736; c.p.c. 233].

Il giuramento può essere deferito al coniuge superstite e agli eredi o ai loro rappresentanti legali per dichiarare se hanno notizia dell'estinzione del debito.

■ Codice civile del 1865: *Art. 2142. Nondimeno quelli cui fossero opposte tali prescrizioni, possono deferire il giuramento a coloro che le oppongono, per accertare se realmente ha avuto luogo la estinzione del debito. Il giuramento può essere deferito alla vedova, se questa vi ha interesse, ed agli eredi, ovvero ai tutori di questi ultimi se sono minori, per accertare se abbiano notizia che il debito non sia estinto.*

2961. Restituzione di documenti.

I cancellieri, gli arbitri, gli avvocati, i procuratori e i patrocinatori legali sono esonerati dal rendere conto degli incartamenti relativi alle liti dopo tre anni da che queste sono state decise o sono altrimenti terminate.

Tale esonero si verifica, per gli ufficiali giudiziari, dopo due anni dal compimento degli atti ad essi affidati.

Anche alle persone designate in questo articolo può essere deferito il giuramento perché dichiarino se ritengono o sanno dove si trovano gli atti o le carte [2960].

Si applica in questo caso il disposto dell'articolo 2959.

■ Codice civile del 1865: *Art. 2143. I cancellieri, gli avvocati, i procuratori alle liti e gli altri patrocinatori sono liberati dal render conto delle carte relative alle liti cinque anni dopo che le medesime furono decise od altrimenti terminate.*

Gli uscieri dopo due anni dalla con segna degli atti sono parimenti liberati dal renderne conto.

Ma anche alle persone designate in questo articolo può deferirsi il giuramento all'oggetto di far loro dichiarare, se ritengano o sappiano dove si trovano gli atti e le carte.

§ 4

Del computo dei termini

2962. Compimento della prescrizione.

In tutti i casi contemplati dal presente codice e dalle altre leggi, la prescrizione si verifica quando è compiuto l'ultimo giorno del termine.

■ Codice civile del 1865: *Art. 2134. La prescrizione si compie allo scadere dell'ultimo giorno del termine.*

♦ Codice civile francese

Articolo 2261. *La prescrizione è acquisita quando l'ultimo giorno del termine è adempiuto.*

2963. Computo dei termini di prescrizione.

I termini di prescrizione contemplati dal presente codice e dalle altre leggi si computano secondo il calendario comune [c.p.c. 155 comma 2].

Non si computa il giorno nel corso del quale cade il momento iniziale del termine e la prescrizione si verifica con lo spirare dell'ultimo istante del giorno finale.

Se il termine scade in giorno festivo, è prorogato di diritto al giorno seguente non festivo.

La prescrizione a mesi si verifica nel mese di scadenza e nel giorno di questo corrispondente al giorno del mese iniziale.

Se nel mese di scadenza manca tale giorno, il termine si compie con l'ultimo giorno dello stesso mese.

● Norme connesse:

- per le disposizioni in materia di ricorrenze festive, L. 27 maggio 1949, n. 260 (Disposizioni in materia di ricorrenze festive), L. 4 marzo 1958, n. 132 (Ricorrenza festiva del 4 ottobre in onore dei Patroni speciali d'Italia San Francesco d'Assisi e Santa Caterina da Siena), L. 5 marzo 1977, n. 54 (Disposizioni in materia di giorni festivi).
- art. 79, R.D. 21 dicembre 1933, n. 1736.

■ Codice civile del 1865: *Art. 2133. La prescrizione si computa a giorni interi e non ad ore.*

Nelle prescrizioni che si compiono a mesi, si computa sempre il mese di trenta giorni.

CAPO II

DELLA DECADENZA

2964. Inapplicabilità di regole della prescrizione.

Quando un diritto deve esercitarsi entro un dato termine [2962, 2963] sotto pena di decadenza, non si applicano le norme relative all'interruzione [2943] della prescrizione. Del pari non si applicano le norme che si riferiscono alla sospensione [2941], salvo che sia disposto altrimenti [117, 123, 244, 489, 1171, 1287, 1402, 1503, 2264].

● Norme connesse:

- art. 84, R.D. 21 dicembre 1933, n. 1736; art. 168, R.D. 16 marzo 1942, n. 267.

2965. Decadenze stabilite contrattualmente.

È nullo il patto con cui si stabiliscono termini di decadenza che rendono eccessivamente difficile a una delle parti l'esercizio del diritto [1418].

2966. Cause che impediscono la decadenza.

La decadenza non è impedita se non dal compimento dell'atto previsto dalla legge o dal contratto. Tuttavia, se si tratta di un termine stabilito dal contratto o da una norma di legge relativa a diritti disponibili, la decadenza può essere anche impedita dal riconoscimento [1988, 2720] del diritto proveniente dalla persona contro la quale si deve far valere il diritto soggetto a decadenza.

● Norme connesse:

- art. 94, R.D. 16 marzo 1942, n. 267.

2967. Effetto dell'impedimento della decadenza.

Nei casi in cui la decadenza è impedita [2966], il diritto rimane soggetto alle disposizioni che regolano la prescrizione [2934].

2968. Diritti indisponibili.

Le parti non possono modificare la disciplina legale della decadenza [2936] né possono rinunziare alla decadenza medesima [2937], se questa è stabilita dalla legge in materia sottratta alla disponibilità delle parti.

2969. Rilievo d'ufficio.

La decadenza non può essere rilevata d'ufficio dal giudice [2938], salvo che, trattandosi di materia sottratta alla disponibilità delle parti, il giudice debba rilevare le cause d'improponibilità dell'azione [c.p.c. 112].

DISPOSIZIONI DI ATTUAZIONE E TRANSITORIE

2 R.D. 30 marzo 1942, n. 318 (suppl. ord. G.U. 17 aprile 1942, n. 91). Disposizioni per l'attuazione del codice civile e disposizioni transitorie.

CAPO I
DISPOSIZIONI DI ATTUAZIONE

Sezione I
Disposizioni relative al Libro I

1. - 2. [...][1].

[1] Articoli abrogati dall'art. 11, D.P.R. 10 febbraio 2000, n. 361.

● Norme connesse:
- artt. 1 ss., D.P.R. 10 febbraio 2000, n. 361.

3. Il notaio che interviene per la stipulazione di atti tra vivi ovvero per la pubblicazione di testamenti, con i quali si dispongono fondazioni o si fanno donazioni o lasciti in favore di enti da istituire, è obbligato a farne denunzia al prefetto entro trenta giorni.

La denunzia deve contenere gli estremi essenziali dell'atto, il testo letterale concernente la liberalità, l'indicazione degli eredi e della loro residenza.

Il prefetto è autorizzato a promuovere, nei modi e nei casi stabiliti dalla legge, gli atti conservativi che reputa necessari per l'esecuzione della disposizione sia nei confronti degli eredi, sia nei confronti dei terzi.

Può anche chiedere al tribunale, in caso di urgenza o di necessità, la nomina di un amministratore provvisorio dei beni. Il tribunale provvede con decreto in camera di consiglio.

4. [...][1].

[1] Articolo abrogato dall'art. 11, D.P.R. 10 febbraio 2000, n. 361.

● Norme connesse:
- art. 2, D.P.R. 10 febbraio 2000, n. 361.

5. La domanda per ottenere l'autorizzazione prevista nell'art. 17 del Codice deve essere presentata al prefetto della provincia in cui la persona giuridica ha la sua sede e accompagnata dai documenti necessari per dimostrare l'entità, le condizioni, l'opportunità dell'acquisto, nonché la destinazione dei beni.

Il prefetto raccoglie le opportune informazioni, sente, quando trattasi di atti di ultima volontà, coloro ai quali per successione sarebbero devoluti i beni lasciati alla persona giuridica, e ove non sia delegato a concedere la chiesta autorizzazione, trasmette la domanda al ministero competente secondo l'attività che la persona giuridica svolge. In tal caso l'autorizzazione è data con decreto del Presidente della Repubblica.

Durante il procedimento i rappresentanti della persona giuridica possono compiere gli atti che tendono a conservarne i diritti.

6. L'acquisto di beni immobili in seguito a subastazione effettuata a carico di un debitore della persona giuridica non è soggetto alla necessità dell'autorizzazione. Tuttavia entro trenta giorni dall'acquisto i rappresentanti della persona giuridica devono darne comunicazione al prefetto.

7. Il notaio che interviene per la stipulazione di atti tra vivi ovvero per la pubblicazione di testamenti, nei quali si dispongono donazioni o lasciti in favore di una persona giuridica, deve darne notizia entro trenta giorni al rappresentante della persona giuridica e al prefetto della provincia in cui questa ha la sua sede.

8. La convocazione dell'assemblea delle associazioni deve farsi nelle forme stabilite dallo statuto e se questo non dispone, mediante avviso personale che deve contenere l'ordine del giorno degli argomenti da trattare.

Se non è vietato dall'atto costitutivo o dallo statuto, gli associati possono farsi rappresentare nell'assemblea da altri associati mediante delega scritta anche in calce all'avviso di convocazione.

9. Nell'ipotesi prevista dal quarto comma dell'art. 23 del Codice il provvedimento di sospensione deve essere comunicato agli amministratori, i quali possono entro quindici giorni proporre reclamo.

In tal caso l'autorità governativa, se non ritiene di revocare il provvedimento, ne dà comunicazione al pubblico ministero, il quale promuove l'azione di annullamento della deliberazione.

10. [...][1].

[1] Articolo abrogato dall'art. 11, D.P.R. 10 febbraio 2000, n. 361.

● Norme connesse:
- art. 6, D.P.R. 10 febbraio 2000, n. 361.

11. Quando la persona giuridica è dichiarata estinta o quando l'associazione è sciolta, il presidente del tribunale, su istanza degli amministratori, dei soci, dei creditori, del pubblico ministero o anche di ufficio, nomina uno o più commissari liquidatori, salvo che l'atto costitutivo o lo statuto non preveda una diversa forma di nomina e a questa si proceda entro un mese dal provvedimento. La preventiva designazione dei liquidatori nell'atto costitutivo o nello statuto non ha effetto.

Quando lo scioglimento dell'associazione è deliberato dall'assemblea, la nomina può essere fatta dall'assemblea medesima con la maggioranza prevista dall'art. 21 del Codice.

Possono essere nominati liquidatori anche gli amministratori uscenti.

In ogni caso la nomina fatta dall'assemblea o nelle forme previste nell'atto costitutivo o nello statuto deve essere comunicata immediatamente al presidente del tribunale.

12. I liquidatori esercitano la loro funzione sotto la diretta sorveglianza del presidente del tribunale e si considerano ad ogni effetto di legge pubblici ufficiali. Essi possono essere revocati e sostituiti in ogni tempo anche d'ufficio dallo stesso presidente con provvedimento non soggetto a reclamo.

I liquidatori deliberano a maggioranza.

13. I liquidatori, entro quindici giorni dalla comunicazione avutane, devono procedere all'annotazione della loro nomina nel registro dove la persona giuridica è iscritta, e richiedere agli amministratori la consegna dei beni e delle scritture della persona giuridica. All'atto della consegna è redatto inventario di cui è trasmessa copia al presidente del tribunale.

Se gli amministratori si rifiutano di procedere alla consegna, il presidente del tribunale autorizza il rilascio coattivo con decreto non soggetto a reclamo. In questo caso l'inventario è redatto dall'ufficiale giudiziario procedente.

14. Entro trenta giorni dalla formazione dell'inventario i liquidatori, dopo avere determinato la consistenza dell'attivo e del passivo dell'ente, se riconoscono che il patrimonio non è sufficiente al pagamento integrale della passività, devono iniziare la liquidazione generale dei beni nell'interesse di tutti i creditori, dandone avviso mediante annotazione nel registro delle persone giuridiche.

Il medesimo avviso deve essere dato nel caso in cui i liquidatori non ritengono di dover procedere alla liquidazione generale, essendovi eccedenza dell'attivo sul passivo.

In quest'ultimo caso i creditori dell'ente possono fare opposizione entro trenta giorni dall'annotazione chiedendo la liquidazione generale del patrimonio.

Le opposizioni si propongono davanti al presidente del tribunale. Contro il provvedimento di questo è ammesso reclamo davanti al presidente della Corte nel termine di quindici giorni. Il provvedimento definitivo è annotato nel registro a cura dei liquidatori.

15. Quando non sono intervenute opposizioni ai sensi dell'articolo precedente o queste sono state rigettate con provvedimento definitivo, i liquidatori provvedono a riscuotere i crediti dell'ente, a convertire in danaro, nei limiti in cui è necessario, i beni e a pagare i creditori a misura che si presentano.

I liquidatori possono provvedere al pagamento anche dei creditori il cui credito non è attualmente esigibile, e devono provvedere alle cautele necessarie per assicurare il pagamento dei creditori condizionali.

Soddisfatti i creditori, i liquidatori formano l'inventario dei beni residuati e rendono conto della gestione al presidente del tribunale.

Copia dell'inventario e del rendiconto approvato dal presidente del tribunale deve essere trasmessa all'autorità governativa.

I liquidatori distribuiscono i beni residuati a norma dell'articolo 31 del Codice, provocando, quando è necessario, le disposizioni dell'autorità governativa.

16. Quando è disposta la liquidazione generale del patrimonio dell'ente si osservano, in quanto applicabili, le disposizioni degli articoli 201, 207, 208, 209, 210, 212 e 213 del, R.D. 16 marzo 1942, n. 267, salve le disposizioni seguenti.

17. I termini, che secondo le disposizioni richiamate nell'articolo precedente decorrono dalla data del provvedimento di liquidazione o di nomina dei liquidatori o dalla sua pubblicazione nella *Gazzetta Ufficiale*, decorrono dalla data in cui è stato annotato nel registro il provvedimento che dispone la liquidazione generale della persona giuridica ai sensi del precedente art. 14.

18. La pubblicità del provvedimento che ordina la liquidazione e del bilancio finale di liquidazione si attua mediante annotazione nel registro delle persone giuridiche a cura dei liquidatori. Nei casi in cui le norme richiamate nell'art. 16 richiedono il deposito di atti nella cancelleria del tribunale, il deposito si deve effettuare presso la cancelleria in cui è tenuto il registro delle persone giuridiche.

19. Le attribuzioni, che secondo le norme sulla liquidazione coatta amministrativa sono demandate all'autorità che ha nominato il liquidatore, spettano al presidente del tribunale.

20. Chiusa la liquidazione, il presidente del tribunale ordina la cancellazione dell'ente dal registro delle persone giuridiche.

[...][1].

[1] Comma abrogato dall'art. 11, D.P.R. 10 febbraio 2000, n. 361.

21. La competenza per i provvedimenti relativi alla liquidazione spetta al tribunale del capoluogo della provincia in cui è registrata la persona giuridica.

22. - 30. [...][1].

[1] Articoli abrogati dall'art. 11, D.P.R. 10 febbraio 2000, n. 361.

- Norme connesse:
- artt. 1 ss., D.P.R. 10 febbraio 2000, n. 361.

31. Il trasferimento della residenza si prova con la doppia dichiarazione fatta al comune che si abbandona e a quello dove s'intende fissare la dimora abituale. Nella dichiarazione fatta al comune che si abbandona deve risultare il luogo in cui è fissata la nuova residenza.

32. Il pubblico ministero deve essere sempre sentito nei procedimenti di volontaria giurisdizione riguardanti il fondo patrimoniale[1].

[1] Articolo così sostituito dall'art. 213, L. 19 maggio 1975, n. 151.

33. Nel caso previsto dall'articolo 183 del Codice, il tribunale, in camera di consiglio, provvede con decreto, su istanza dell'altro coniuge, e sentito il pubblico ministero[1].

[1] Articolo così sostituito dall'art. 214, L. 19 maggio 1975, n. 151.

34. [...][1].

[1] Articolo prima sostituito dall'art. 215, L. 19 maggio 1975, n. 151, poi abrogato dall'art. 106, D.Lgs. 28 dicembre 2013, n. 154, a decorrere dal 7 febbraio 2014. Il testo previgente disponeva: *Sulla domanda del figlio naturale per ottenere il mantenimento, l'istruzione e l'educazione di cui all'art. 279, primo comma, del Codice provvede il tribunale per i minorenni.*

34-*bis*. Il notaio rogante deve, nel termine di trenta giorni dalla data del matrimonio o dalla data dell'atto pubblico di modifica delle convenzioni, ovvero di quella dell'omologazione nel caso previsto dal secondo comma dell'articolo 163 del Codice, richiedere l'annotazione a margine dell'atto di matrimonio della convenzione matrimoniale dell'atto di modifica della stessa.

Nello stesso termine deve richiedere l'annotazione di cui all'ultimo comma dell'art. 163 del Codice[1].

[1] Articolo aggiunto dall'art. 216, L. 19 maggio 1975, n. 151.

35. Sulla domanda di adozione e di revoca della adozione di minore di età provvede il tribunale per i minorenni[1].

[1] Articolo così sostituito prima dall'art. 217, L. 19 maggio 1975, n. 151, poi dall'art. 96, D.Lgs. 28 dicembre 2013, n. 154, a decorrere dal 7 febbraio 2014. Il testo previgente disponeva: *Il riconoscimento di cui al secondo comma dell'art. 251 del Codice è autorizzato dal tribunale per i minorenni se il figlio da riconoscere è minore.*
Sulla domanda di legittimazione, di adozione e di revoca dell'adozione di minore di età provvede il tribunale per i minorenni.

36. La rinunzia alla cittadinanza di cui all'art. 143-*ter* del Codice deve essere fatta dinanzi all'ufficiale di stato civile del luogo dove la rinunziante risiede, ed è trascritta nei registri di cittadinanza.

Qualora la rinunziante risieda all'estero, la rinunzia deve essere fatta dinanzi all'agente diplomatico o consolare del luogo di residenza. L'agente la trascrive in apposito registro e ne rimette immediatamente copia al Ministero dell'interno che ne cura, a mezzo dell'autorità competente, la trascrizione nei registri di cittadinanza[1].

[1] Articolo così sostituito dall'art. 218, L. 19 maggio 1975, n. 151.

37. L'iscrizione nel registro previsto nell'art. 314 del Codice si esegue senza spese.

L'iscrizione della sentenza che revoca l'adozione deve essere altresì annotata in margine all'iscrizione del decreto di adozione[1].

[1] Articolo così sostituito dall'art. 220, L. 19 maggio 1975, n. 151.

37-*bis*. I figli maggiorenni portatori di handicap grave previsti dall'articolo 337-*septies*, secondo

CODICE CIVILE

comma, del codice civile, sono coloro i quali siano portatori di handicap ai sensi dell'articolo 3, comma 3, della legge 5 febbraio 1992, n. 104[1].

[1] Articolo aggiunto dall'art. 96, D.Lgs. 28 dicembre 2013, n. 154, a decorrere dal 7 febbraio 2014.

38. Sono di competenza del tribunale per i minorenni i provvedimenti contemplati dagli articoli 84, 90, 330, 332, 333, 334, 335 e 371, ultimo comma, del codice civile. Per i procedimenti di cui all'articolo 333 resta esclusa la competenza del tribunale per i minorenni nell'ipotesi in cui sia in corso, tra le stesse parti, giudizio di separazione o divorzio o giudizio ai sensi dell'articolo 316 del codice civile; in tale ipotesi per tutta la durata del processo la competenza, anche per i provvedimenti contemplati dalle disposizioni richiamate nel primo periodo, spetta al giudice ordinario. Sono, altresì, di competenza del tribunale per i minorenni i provvedimenti contemplati dagli articoli 251 e 317-*bis* del codice civile[1].

Sono emessi dal tribunale ordinario i provvedimenti relativi ai minori per i quali non è espressamente stabilita la competenza di una diversa autorità giudiziaria. Nei procedimenti in materia di affidamento e di mantenimento dei minori si applicano, in quanto compatibili, gli articoli 737 e seguenti del codice di procedura civile.

Fermo restando quanto previsto per le azioni di stato, il tribunale competente provvede in ogni caso in camera di consiglio, sentito il pubblico ministero, e i provvedimenti emessi sono immediatamente esecutivi, salvo che il giudice disponga diversamente. Quando il provvedimento è emesso dal tribunale per i minorenni, il reclamo si propone davanti alla sezione di corte di appello per i minorenni[2].

[1] Comma così modificato dall'art. 96, D.Lgs. 28 dicembre 2013, n. 154, a decorrere dal 7 febbraio 2014. Il testo previgente disponeva: *Sono di competenza del tribunale per i minorenni i provvedimenti contemplati dagli articoli 84, 90, 330, 332, 333, 334, 335 e 371, ultimo comma, del codice civile. Per i procedimenti di cui all'articolo 333 resta esclusa la competenza del tribunale per i minorenni nell'ipotesi in cui sia in corso, tra le stesse parti, giudizio di separazione o divorzio o giudizio ai sensi dell'articolo 316 del codice civile; in tale ipotesi per tutta la durata del processo la competenza, anche per i provvedimenti contemplati dalle disposizioni richiamate nel primo periodo, spetta al giudice ordinario.*

[2] Articolo, da ultimo, così sostituito dall'art. 3, L. 10 dicembre 2012, n. 219.

38-*bis*. Quando la salvaguardia del minore è assicurata con idonei mezzi tecnici, quali l'uso di un vetro specchio unitamente ad impianto citofonico, i difensori delle parti, il curatore speciale del minore, se già nominato, ed il pubblico ministero possono seguire l'ascolto del minore, in luogo diverso da quello in cui egli si trova, senza chiedere l'autorizzazione del giudice prevista dall'articolo 336-*bis*, secondo comma, del codice civile[1].

[1] Articolo aggiunto dall'art. 96, D.Lgs. 28 dicembre 2013, n. 154, a decorrere dal 7 febbraio 2014.

39. [...][1].

[1] Articolo abrogato dall'art. 11, L. 9 gennaio 2004, n. 6, a decorrere dal 19 marzo 2004. Il testo previgente disponeva: *L'omologazione prevista negli articoli 406 e 412 del codice è di competenza del tribunale per i minorenni.*

40. La domanda per l'interdizione del minore emancipato e quella per l'interdizione o l'inabilitazione del minore nell'ultimo anno della minore età devono essere proposte davanti al tribunale per i minorenni.

41. I provvedimenti previsti dall'art. 145 del codice sono di competenza del tribunale del circondario del luogo in cui è stabilita la residenza familiare o, se questa manchi, del tribunale del luogo del domicilio di uno dei coniugi. Il tribunale provvede in composizione monocratica[1].

[1] Articolo così sostituito dall'art. 151, D.Lgs. 19 febbraio 1998, n. 51.

42. I provvedimenti indicati nell'art. 423 del Codice e le sentenze di revoca previste nell'art. 429 del Codice stesso devono essere trasmessi in copia in carta libera, entro dieci giorni dalla pubblicazione, al giudice tutelare a cura del cancelliere dell'autorità giudiziaria che li ha pronunziati.

43. I provvedimenti del giudice tutelare sono emessi con decreto.

Nei casi urgenti la richiesta di un provvedimento può essere fatta al giudice anche verbalmente.

44. Il giudice tutelare può convocare in qualunque momento il tutore, il protutore, il curatore e l'amministratore di sostegno allo scopo di chiedere informazioni, chiarimenti e notizie sulla gestione della tutela, della curatela o dell'amministrazione di sostegno, e di dare istruzioni inerenti agli interessi morali e patrimoniali del minore o del beneficiario[1].

[1] Articolo così sostituito dall'art. 12, L. 9 gennaio 2004, n. 6, a decorrere dal 19 marzo 2004. Il testo previgente disponeva: *Il giudice tutelare può convocare in qualunque momento il tutore, il protutore e il curatore allo scopo di chiedere informazioni, chiarimenti e notizie sulla gestione della tutela o della curatela, e di dare istruzioni inerenti agli interessi morali e patrimoniali del minore.*

45. La competenza a decidere dei reclami avverso i decreti del giudice tutelare spetta al tribunale ordinario quando si tratta dei provvedimenti indicati negli articoli 320, 321, 372, 373, 374, 376, secondo comma, 386, 394 e 395 del Codice.

La competenza spetta al tribunale per i minorenni in tutti gli altri casi.

Nell'ipotesi prevista nell'art. 386, ultimo comma, del Codice l'autorità giudiziaria competente provvede in sede contenziosa.

46. Tutti gli atti della procedura della tutela, compresi l'inventario, i conti annuali e il conto finale, sono esenti da tasse di bollo e di registro.

Sono del pari esenti da tasse di bollo e di registro gli atti previsti nel titolo XI del libro I del Codice.

● Norme connesse:
- art. 42, D.P.R. 29 settembre 1973, n. 601 (Disciplina delle agevolazioni tributarie), in base al quale sono soppresse le disposizioni concernenti esenzioni e agevolazioni non contemplate dal medesimo decreto.

46-*bis*. Gli atti e i provvedimenti relativi ai procedimenti previsti dal titolo XII del libro primo del codice non sono soggetti all'obbligo di registrazione e sono esenti dal contributo unificato previsto dall'articolo 9 del testo unico delle disposizioni legislative e regolamentari in materia di spese di giustizia, di cui al decreto del Presidente della Repubblica 30 maggio 2002, n. 115[1].

[1] Articolo aggiunto dall'art. 13, L. 9 gennaio 2004, n. 6, a decorrere dal 19 marzo 2004.

47. Presso l'ufficio del giudice tutelare sono tenuti un registro delle tutele dei minori e degli interdetti, un registro delle curatele dei minori emancipati e degli inabilitati ed un registro delle amministrazioni di sostegno[1].

[1] Articolo così sostituito dall'art. 14, L. 9 gennaio 2004, n. 6, a decorrere dal 19 marzo 2004. Il testo previgente disponeva: *Presso l'ufficio del giudice tutelare sono tenuti un registro delle tutele dei minori e degli interdetti e un altro delle curatele dei minori emancipati e degli inabilitati.*

48. Nel registro delle tutele, in un capitolo speciale per ciascuna di esse, si devono annotare a cura del cancelliere:

il giorno in cui si è aperta la tutela;

la data e gli estremi essenziali della sentenza che ha pronunziato l'interdizione se trattasi di interdetti;

il nome, il cognome, la condizione e il domicilio del tutore e del protutore, la data della loro nomina e della prestazione del giuramento da parte del tutore;

le risultanze dell'inventario e del conto annuale;

l'esonero e la rimozione del tutore o del protutore e in generale tutti i provvedimenti che portano modificazioni allo stato personale e patrimoniale della persona sottoposta a tutela;

la chiusura della tutela e la menzione del provvedimento che ne ha provocato la chiusura;

le risultanze del rendiconto definitivo.

49. Nel registro delle curatele, in un capitolo speciale per ciascuna di esse, si devono annotare a cura del cancelliere:

la data e gli estremi essenziali del provvedimento che concede l'emancipazione o della sentenza che pronunzia l'inabilitazione;

il nome, il cognome, la condizione, l'età e il domicilio della persona emancipata o inabilitata;

il nome, il cognome, la condizione e il domicilio del curatore nominato all'emancipato o all'inabilitato;

la data del provvedimento che revoca l'emancipazione o della sentenza che revoca l'inabilitazione.

49-*bis*. Nel registro delle amministrazioni di sostegno, in un capitolo speciale per ciascuna di esse, si devono annotare a cura del cancelliere:

1) la data e gli estremi essenziali del provvedimento che dispone l'amministrazione di sostegno, e di ogni altro provvedimento assunto dal giudice nel corso della stessa, compresi quelli emanati in via d'urgenza ai sensi dell'articolo 405 del codice;

2) le complete generalità della persona beneficiaria;

3) le complete generalità dell'amministratore di sostegno o del legale rappresentante del soggetto che svolge la relativa funzione, quando non si tratta di persona fisica;

4) la data e gli estremi essenziali del provvedimento che dispone la revoca o la chiusura dell'amministrazione di sostegno[1].

[1] Articolo aggiunto dall'art. 15, L. 9 gennaio 2004, n. 6, a decorrere dal 19 marzo 2004.

50. Il cancelliere è responsabile della tenuta dei registri, che sono da lui numerati e vidimati prima di essere posti in uso[1].

[1] Articolo così sostituito dall'art. 152, D.Lgs. 19 febbraio 1998, n. 51.

51. Nel registro delle tutele devono essere annotati, in capitoli speciali per ciascun minore, i provvedimenti emanati dal tribunale per i minorenni ai sensi degli articoli 252, 262, 279, 316, 317-*bis*, 330, 332, 333, 334 e 335 del Codice.

A tal fine la cancelleria del tribunale che ha emesso il provvedimento deve trasmetterne copia in carta

CODICE CIVILE

libera entro dieci giorni all'ufficio del giudice tutelare del luogo in cui il minore ha il domicilio per la prescritta annotazione[1].

[1] Articolo così sostituito dall'art. 223, L. 19 maggio 1975, n. 151.

Sezione II
Disposizioni relative al Libro II

51-*bis*. I provvedimenti previsti negli articoli 485, primo comma, 508, primo comma, 509, primo comma, 517, secondo comma, 528, primo comma, 529, 530, primo comma, 620, secondo e sesto comma, 621, primo comma, 730, primo comma, e 736, secondo comma, del codice sono adottati dal tribunale in composizione monocratica[1].

[1] Articolo aggiunto dall'art. 153, D.Lgs. 19 febbraio 1998, n. 51.

A decorrere dal 31 ottobre 2025 le parole: «620, secondo e sesto comma, 621, primo comma,», nonchè le parole: «e 736, secondo comma,» saranno soppresse ex art. 27, D.Lgs. 13 luglio 2017, n. 116.

52. Presso la cancelleria di ogni tribunale è tenuto, a cura del cancelliere, il registro delle successioni[1].

In questo registro sono inseriti gli estremi degli atti e delle dichiarazioni indicati dalla legge. L'inserzione è fatta d'ufficio dal cancelliere, se si tratta di dichiarazioni da lui ricevute o di provvedimenti del tribunale; su istanza della parte e dietro produzione di copia autentica dell'atto, negli altri casi[2].

Il registro è diviso in tre parti. Nella prima sono registrati le dichiarazioni di accettazione dell'eredità con beneficio d'inventario e tutti gli atti e le indicazioni relativi al beneficio d'inventario e all'amministrazione e liquidazione delle eredità beneficiate, comprese le nomine del curatore previste dagli articoli 508 e 509 del Codice e la menzione della pubblicazione dell'invito ai creditori per la presentazione delle dichiarazioni di credito. Nella seconda sono registrate le dichiarazioni di rinunzia all'eredità. Nella terza sono registrati i provvedimenti di nomina dei curatori delle eredità giacenti, nonché gli atti relativi alla curatela e le dichiarazioni di accettazione o di rinunzia degli esecutori testamentari.

Il registro deve essere alla fine munito di una rubrica alfabetica contenente l'indicazione del nome delle persone la cui successione si è aperta e il riferimento alla pagina nella quale sono contenute le diverse indicazioni.

[1] Comma così sostituito dall'art. 154, D.Lgs. 19 febbraio 1998, n. 51.

[2] Comma così modificato dall'art. 154, D.Lgs. 19 febbraio 1998, n. 51.

53. Il registro, prima di essere posto in uso, deve essere numerato e vidimato in ciascun foglio dal cancelliere. Nell'ultima pagina il cancelliere indica il numero dei fogli di cui esso è composto[1].

Il registro può essere esaminato da chiunque ne faccia domanda e la cancelleria deve rilasciare gli estratti e i certificati che sono richiesti.

[1] Comma così modificato dall'art. 155, D.Lgs. 19 febbraio 1998, n. 51.

54. I creditori e i legatari non separatisti, se hanno proposto domanda giudiziale allo scopo di far valere sugli immobili separati il diritto loro attribuito dal secondo comma dell'art. 514 del Codice, possono far annotare tale domanda in margine all'iscrizione in separazione.

Eseguita l'annotazione della domanda di concorso, il vincolo della separazione non può cessare se non col consenso di coloro che hanno eseguito l'annotazione, salvo che la loro pretesa sia stata giudizialmente esclusa.

55. Le copie dei verbali e dei testamenti, che sono trasmesse alla cancelleria del tribunale secondo l'art. 622 del Codice, devono, a cura del cancelliere, essere raccolte in appositi volumi e annotate in una rubrica alfabetica generale. Le copie possono essere esaminate da chiunque ne faccia richiesta[1].

[1] Comma così modificato dall'art. 156, D.Lgs. 19 febbraio 1998, n. 51.

Sezione III
Disposizioni relative al Libro III

56. Il provvedimento dell'autorità amministrativa con il quale si dispone che si proceda all'espropriazione a norma dell'art. 838 del Codice è dato con decreto motivato del ministro competente. Il decreto deve contenere la designazione precisa del bene soggetto a espropriazione e deve essere notificato all'interessato, il quale può impugnarlo con ricorso al consiglio di Stato.

Si osservano nell'espropriazione, in quanto applicabili, le norme della legge generale sull'espropriazione per pubblica utilità.

57. Le azioni previste dagli articoli 848 e 849 del Codice sono di competenza del tribunale, qualunque sia il valore della causa[1].

Nel caso regolato dall'art. 849 il giudice fissa con ordinanza l'udienza per la comparizione del rappresentante dell'associazione professionale[2], il quale può delegare altra persona. Si osservano nel resto, in quanto applicabili, le disposizioni dettate dal Codice di procedura civile per i consulenti tecnici.

[1] A decorrere dal 31 ottobre 2025 il presente comma verrà sostituito dal seguente: «Le azioni previste dall'articolo 849 del codice sono di competenza del tribunale, in quanto non siano di competenza del giudice di pace a norma dell'articolo 7, quarto comma, del codice di procedura civile.», ex art. 27, D.Lgs. 13 luglio 2017, n. 116.

[2] Associazione da ritenersi abrogata ex D.Lgs.Lgt. 23 novembre 1944, n. 369.

57-*bis*. L'autorizzazione prevista nell'articolo 915, primo comma, del codice è data dal tribunale in composizione monocratica[1].

[1] Articolo aggiunto dall'art. 157, D.Lgs. 19 febbraio 1998, n. 51.

A decorrere dal 31 ottobre 2025 le parole: «tribunale in composizione monocratica» verranno sostituite dalle seguenti: «giudice di pace», ex art. 27, D.Lgs. 13 luglio 2017, n. 116.

58. Le modalità e gli effetti dell'affrancazione del fondo enfiteutico sono regolati dalle disposizioni della L. 11 giugno 1925, n. 998, e del, R.D. 7 febbraio 1926, n. 426.

Il prezzo di affrancazione può essere corrisposto anche in titoli del debito pubblico consolidato di qualsiasi specie, osservate, per la determinazione del loro valore, le disposizioni dell'art. 9 della legge anzidetta.

Le disposizioni del primo comma del presente articolo si applicano anche alla riduzione in misura fissa dei canoni enfiteutici, dei censi e di altre prestazioni perpetue consistenti in una quota di prodotti naturali.

59. La domanda per la nomina dell'amministratore o per la designazione dell'istituto di credito nei casi previsti dall'art. 1003 del Codice, se non è proposta in corso di giudizio, si propone con ricorso al presidente del tribunale: nel caso di nomina dell'amministratore, al presidente del tribunale del luogo in cui si trovano gli immobili o si trova la parte più rilevante di essi.

Il presidente del tribunale provvede con decreto, sentita l'altra parte.

Contro tale provvedimento si può proporre reclamo al presidente della corte d'appello nel termine di dieci giorni dalla notificazione.

60. Gli uffici tecnici che devono essere sentiti a norma del terzo comma dell'art. 1092 del Codice sono l'ufficio locale del genio civile e il locale ispettorato dell'agricoltura.

60-*bis*. Le domande previste dall'articolo 1105, quarto comma, del codice si propongono con ricorso al giudice di pace[1].

[1] Articolo aggiunto dall'art. 27, D.Lgs. 13 luglio 2017, n. 116, a decorrere dal 31 ottobre 2025.

60-*ter*. Sull'impugnazione del regolamento e delle deliberazioni, di cui agli articoli 1107 e 1109 del codice, è competente il giudice di pace[1].

[1] Articolo aggiunto dall'art. 27, D.Lgs. 13 luglio 2017, n. 116, a decorrere dal 31 ottobre 2025.

61. Qualora un edificio o un gruppo di edifici appartenenti per piani o porzioni di piano a proprietari diversi si possa dividere in parti che abbiano le caratteristiche di edifici autonomi, il condominio può essere sciolto e i comproprietari di ciascuna parte possono costituirsi in condominio separato.

Lo scioglimento è deliberato dall'assemblea con la maggioranza prescritta dal secondo comma dell'art. 1136 del Codice, o è disposto dall'autorità giudiziaria su domanda di almeno un terzo dei comproprietari di quella parte dell'edificio della quale si chiede la separazione.

62. La disposizione del primo comma dell'articolo precedente si applica anche se restano in comune con gli originari partecipanti alcune delle cose indicate dall'art. 1117 del Codice.

Qualora la divisione non possa attuarsi senza modificare lo stato delle cose e occorrano opere per la sistemazione diversa dei locali o delle dipendenze tra i condomini, lo scioglimento del condominio deve essere deliberato dall'assemblea con la maggioranza prescritta dal quinto comma dell'art. 1136 del Codice stesso.

63. Per la riscossione dei contributi in base allo stato di ripartizione approvato dall'assemblea, l'amministratore, senza bisogno di autorizzazione di questa, può ottenere un decreto di ingiunzione immediatamente esecutivo, nonostante opposizione, ed è tenuto a comunicare ai creditori non ancora soddisfatti che lo interpellino i dati dei condomini morosi.

I creditori non possono agire nei confronti degli obbligati in regola con i pagamenti, se non dopo l'escussione degli altri condomini.

In caso di mora nel pagamento dei contributi che si sia protratta per un semestre, l'amministratore può sospendere il condomino moroso dalla fruizione dei servizi comuni suscettibili di godimento separato.

Chi subentra nei diritti di un condomino è obbligato solidalmente con questo al pagamento dei contributi relativi all'anno in corso e a quello precedente.

Chi cede diritti su unità immobiliari resta obbligato solidalmente con l'avente causa per i contributi maturati fino al momento in cui è trasmessa all'amministratore copia autentica del titolo che determina il trasferimento del diritto[1].

[1] Articolo così sostituito dall'art. 18, L. 11 dicembre 2012, n. 220, a decorrere dal 18 giugno 2013.

CODICE CIVILE

64. Sulla revoca dell'amministratore, nei casi indicati dall'undicesimo comma dell'articolo 1129 e dal quarto comma dell'articolo 1131 del codice, il tribunale provvede in camera di consiglio, con decreto motivato, sentito l'amministratore in contraddittorio con il ricorrente[1].

Contro il provvedimento del tribunale può essere proposto reclamo alla corte d'appello nel termine di dieci giorni dalla notificazione o dalla comunicazione[2 3].

[1] A decorrere dal 31 ottobre 2025 le parole: «il tribunale» sono sostituite dalle seguenti: «il giudice di pace», ex art. 27, D.Lgs. 13 luglio 2017, n. 116.

[2] A decorrere dal 31 ottobre 2025 il presente comma verrà sostituito dal seguente: «Contro il provvedimento del giudice di pace può essere proposto reclamo in tribunale entro dieci giorni dalla notificazione o dalla comunicazione», ex art. 27, D.Lgs. 13 luglio 2017, n. 116.

[3] Articolo così sostituito dall'art. 19, L. 11 dicembre 2012, n. 220, a decorrere dal 18 giugno 2013.

65. Quando per qualsiasi causa manca il legale rappresentante dei condomini, chi intende iniziare o proseguire una lite contro i partecipanti a un condominio può richiedere la nomina di un curatore speciale ai sensi dell'art. 80 del Codice di procedura civile.

Il curatore speciale deve senza indugio convocare l'assemblea dei condomini per avere istruzioni sulla condotta della lite.

66. L'assemblea, oltre che annualmente in via ordinaria per le deliberazioni indicate dall'art. 1135 del Codice, può essere convocata in via straordinaria dall'amministratore quando questi lo ritiene necessario o quando ne è fatta richiesta da almeno due condomini che rappresentino un sesto del valore dell'edificio. Decorsi inutilmente dieci giorni dalla richiesta, i detti condomini possono provvedere direttamente alla convocazione.

In mancanza dell'amministratore, l'assemblea tanto ordinaria quanto straordinaria può essere convocata a iniziativa di ciascun condomino.

L'avviso di convocazione, contenente specifica indicazione dell'ordine del giorno, deve essere comunicato almeno cinque giorni prima della data fissata per l'adunanza in prima convocazione, a mezzo di posta raccomandata, posta elettronica certificata, fax o tramite consegna a mano, e deve contenere l'indicazione del luogo e dell'ora della riunione. In caso di omessa, tardiva o incompleta convocazione degli aventi diritto, la deliberazione assembleare è annullabile ai sensi dell'articolo 1137 del codice su istanza dei dissenzienti o assenti perchè non ritualmente convocati[1].

L'assemblea in seconda convocazione non può tenersi nel medesimo giorno solare della prima[1].

L'amministratore ha facoltà di fissare più riunioni consecutive in modo da assicurare lo svolgimento dell'assemblea in termini brevi, convocando gli aventi diritto con un unico avviso nel quale sono indicate le ulteriori date ed ore di eventuale prosecuzione dell'assemblea validamente costituitasi[1].

[1] Gli attuali commi dal terzo al quinto così sostituiscono l'originario comma terzo per effetto dell'art. 20, L. 11 dicembre 2012, n. 220, a decorrere dal 18 giugno 2013.

67. L'assemblea, oltre che annualmente in via ordinaria per le deliberazioni indicate dall'art. 1135 del Codice, può essere convocata in via straordinaria dall'amministratore quando questi lo ritiene necessario o quando ne è fatta richiesta da almeno due condomini che rappresentino un sesto del valore dell'edificio. Decorsi inutilmente dieci giorni dalla richiesta, i detti condomini possono provvedere direttamente alla convocazione.

In mancanza dell'amministratore, l'assemblea tanto ordinaria quanto straordinaria può essere convocata a iniziativa di ciascun condomino.

L'avviso di convocazione, contenente specifica indicazione dell'ordine del giorno, deve essere comunicato almeno cinque giorni prima della data fissata per l'adunanza in prima convocazione, a mezzo di posta raccomandata, posta elettronica certificata, fax o tramite consegna a mano, e deve contenere l'indicazione del luogo e dell'ora della riunione o, se prevista in modalità di videoconferenza, della piattaforma elettronica sulla quale si terrà la riunione e dell'ora della stessa. In caso di omessa, tardiva o incompleta convocazione degli aventi diritto, la deliberazione assembleare è annullabile ai sensi dell'articolo 1137 del codice su istanza dei dissenzienti o assenti perchè non ritualmente convocati[1 2].

L'assemblea in seconda convocazione non può tenersi nel medesimo giorno solare della prima[1].

L'amministratore ha facoltà di fissare più riunioni consecutive in modo da assicurare lo svolgimento dell'assemblea in termini brevi, convocando gli aventi diritto con un unico avviso nel quale sono indicate le ulteriori date ed ore di eventuale prosecuzione dell'assemblea validamente costituitasi[1].

Anche ove non espressamente previsto dal regolamento condominiale, previo consenso della maggioranza dei condomini, la partecipazione all'assemblea può avvenire in modalità di videoconferenza. In tal caso, il verbale, redatto dal segretario e sottoscritto dal presidente, è trasmesso all'amministratore e a tutti i condomini con le medesime formalità previste per la convocazione[3].

[1] Gli attuali commi dal terzo al quinto così sostituiscono l'originario comma terzo per effetto dell'art. 20, L. 11 dicembre 2012, n. 220, a decorrere dal 18 giugno 2013.

[2] Comma così modificato dall'art. 63, D.L. 14 agosto 2020, n. 104, convertito in L. 13 ottobre 2020, n. 126 a decorrere dal 14 ottobre 2020.

[3] Comma aggiunto dall'art. 63, D.L. 14 agosto 2020, n. 104, convertito in L. 13 ottobre 2020, n. 126 a decorrere dal 14 ottobre 2020 e poi così modificato dall'art. 5-bis, D.L. 7 ottobre 2020, n. 125, convertito in L. 27 novembre 2020, n. 159, a decorrere dal 4 dicembre 2020

68. Ove non precisato dal titolo ai sensi dell'articolo 1118, per gli effetti indicati dagli articoli 1123, 1124, 1126 e 1136 del codice, il valore proporzionale di ciascuna unità immobiliare è espresso in millesimi in apposita tabella allegata al regolamento di condominio.

Nell'accertamento dei valori di cui al primo comma non si tiene conto del canone locatizio, dei miglioramenti e dello stato di manutenzione di ciascuna unità immobiliare[1].

[1] Articolo così sostituito dall'art. 22, L. 11 dicembre 2012, n. 220, a decorrere dal 18 giugno 2013.

69. I valori proporzionali delle singole unità immobiliari espressi nella tabella millesimale di cui all'articolo 68 possono essere rettificati o modificati all'unanimità. Tali valori possono essere rettificati o modificati, anche nell'interesse di un solo condomino, con la maggioranza prevista dall'articolo 1136, secondo comma, del codice, nei seguenti casi:

1) quando risulta che sono conseguenza di un errore;

2) quando, per le mutate condizioni di una parte dell'edificio, in conseguenza di sopraelevazione, di incremento di superfici o di incremento o diminuzione delle unità immobiliari, è alterato per più di un quinto il valore proporzionale dell'unità immobiliare anche di un solo condomino. In tal caso il relativo costo è sostenuto da chi ha dato luogo alla variazione.

Ai soli fini della revisione dei valori proporzionali espressi nella tabella millesimale allegata al regolamento di condominio ai sensi dell'articolo 68, può essere convenuto in giudizio unicamente il condominio in persona dell'amministratore. Questi è tenuto a darne senza indugio notizia all'assemblea dei condomini. L'amministratore che non adempie a quest'obbligo può essere revocato ed è tenuto al risarcimento degli eventuali danni.

Le norme di cui al presente articolo si applicano per la rettifica o la revisione delle tabelle per la ripartizione delle spese redatte in applicazione dei criteri legali o convenzionali[1].

[1] Articolo così sostituito dall'art. 23, L. 11 dicembre 2012, n. 220, a decorrere dal 18 giugno 2013.

70. Per le infrazioni al regolamento di condominio può essere stabilito, a titolo di sanzione, il pagamento di una somma fino ad euro 200 e, in caso di recidiva, fino ad euro 800. La somma è devoluta al fondo di cui l'amministratore dispone per le spese ordinarie. L'irrogazione della sanzione è deliberata dall'assemblea con le maggioranze di cui al secondo comma dell'articolo 1136 del Codice[1].

[1] Articolo così sostituito dall'art. 24, L. 11 dicembre 2012, n. 220, a decorrere dal 18 giugno 2013, poi modificato dall'art. 1, D.L. 23 dicembre 2013, n. 145, convertito in L. 21 febbraio 2014, n. 9, che dopo le parole: «spese ordinarie» ha aggiunto le seguenti: «L'irrogazione della sanzione è deliberata dall'assemblea con le maggioranze di cui al secondo comma dell'articolo 1136 del Codice».

71. Il registro indicato dal quarto comma dell'art. 1129 e dal terzo comma dell'art. 1138 del Codice è tenuto presso l'associazione professionale dei proprietari di fabbricati[1].

[1] Associazione da ritenersi abrogata ex D.Lgs.Lgt. 23 novembre 1944, n. 369.

71-*bis*. Possono svolgere l'incarico di amministratore di condominio coloro:

a) che hanno il godimento dei diritti civili;

b) che non sono stati condannati per delitti contro la pubblica amministrazione, l'amministrazione della giustizia, la fede pubblica, il patrimonio o per ogni altro delitto non colposo per il quale la legge commina la pena della reclusione non inferiore, nel minimo, a due anni e, nel massimo, a cinque anni;

c) che non sono stati sottoposti a misure di prevenzione divenute definitive, salvo che non sia intervenuta la riabilitazione;

d) che non sono interdetti o inabilitati;

e) il cui nome non risulta annotato nell'elenco dei protesti cambiari;

f) che hanno conseguito il diploma di scuola secondaria di secondo grado;

g) che hanno frequentato un corso di formazione iniziale e svolgono attività di formazione periodica in materia di amministrazione condominiale.

I requisiti di cui alle lettere *f)* e *g)* del primo comma non sono necessari qualora l'amministratore sia nominato tra i condomini dello stabile.

Possono svolgere l'incarico di amministratore di condominio anche società di cui al titolo V del libro V del codice. In tal caso, i requisiti devono essere posseduti dai soci illimitatamente responsabili, dagli amministratori e dai dipendenti incaricati di svolgere le funzioni di amministrazione dei condominii a favore dei quali la società presta i servizi.

La perdita dei requisiti di cui alle lettere *a)*, *b)*, *c)*, *d)* ed *e)* del primo comma comporta la cessazione dall'incarico. In tale evenienza ciascun condomino può convocare senza formalità l'assemblea per la nomina del nuovo amministratore.

CODICE CIVILE

A quanti hanno svolto attività di amministrazione di condominio per almeno un anno, nell'arco dei tre anni precedenti alla data di entrata in vigore della presente disposizione, è consentito lo svolgimento dell'attività di amministratore anche in mancanza dei requisiti di cui alle lettere *f)* e *g)* del primo comma. Resta salvo l'obbligo di formazione periodica[1].

[1] Articolo aggiunto dall'art. 25, L. 11 dicembre 2012, n. 220, a decorrere dal 18 giugno 2013.

71-*ter*. Su richiesta dell'assemblea, che delibera con la maggioranza di cui al secondo comma dell'articolo 1136 del codice, l'amministratore è tenuto ad attivare un sito internet del condominio che consenta agli aventi diritto di consultare ed estrarre copia in formato digitale dei documenti previsti dalla delibera assembleare. Le spese per l'attivazione e la gestione del sito internet sono poste a carico dei condomini[1].

[1] Articolo aggiunto dall'art. 25, L. 11 dicembre 2012, n. 220, a decorrere dal 18 giugno 2013.

71-*quater*. Per controversie in materia di condominio, ai sensi dell'articolo 5, comma 1, del decreto legislativo 4 marzo 2010, n. 28, si intendono quelle derivanti dalla violazione o dall'errata applicazione delle disposizioni del libro III, titolo VII, capo II, del codice e degli articoli da 61 a 72 delle presenti disposizioni per l'attuazione del codice.

La domanda di mediazione deve essere presentata, a pena di inammissibilità, presso un organismo di mediazione ubicato nella circoscrizione del tribunale nella quale il condominio è situato.

Al procedimento è legittimato a partecipare l'amministratore, previa delibera assembleare da assumere con la maggioranza di cui all'articolo 1136, secondo comma, del codice.

Se i termini di comparizione davanti al mediatore non consentono di assumere la delibera di cui al terzo comma, il mediatore dispone, su istanza del condominio, idonea proroga della prima comparizione.

La proposta di mediazione deve essere approvata dall'assemblea con la maggioranza di cui all'articolo 1136, secondo comma, del codice. Se non si raggiunge la predetta maggioranza, la proposta si deve intendere non accettata.

Il mediatore fissa il termine per la proposta di conciliazione di cui all'articolo 11 del decreto legislativo 4 marzo 2010, n. 28, tenendo conto della necessità per l'amministratore di munirsi della delibera assembleare[1].

[1] Articolo aggiunto dall'art. 25, L. 11 dicembre 2012, n. 220, a decorrere dal 18 giugno 2013.

72. I regolamenti di condominio non possono derogare alle disposizioni dei precedenti articoli 63, 66, 67 e 69.

Sezione IV
Disposizioni relative al Libro IV

73. Gli atti di offerta reale e quelli di deposito previsti dagli articoli 1209, primo comma, 1212, 1214 del Codice, sono eseguiti da un notaio o da un ufficiale giudiziario.

Le offerte per intimazione, previste dagli articoli 1209, secondo comma, e 1216, primo comma, sono eseguite con atto di ufficiale giudiziario.

73-*bis*. [I provvedimenti previsti negli articoli 1211, 1514, primo comma, 1515, terzo comma, e 1841 del codice sono adottati dal tribunale in composizione monocratica][1].

[1] A decorrere dal 31 ottobre 2025 il presente articolo verrà soppresso, ex art. 27, D.Lgs. 13 luglio 2017, n. 116.

74. Il processo verbale dell'offerta reale deve essere redatto in conformità delle disposizioni dell'art. 126 del Codice di procedura civile e deve in particolare contenere la specificazione dell'oggetto dell'offerta e le dichiarazioni del creditore.

Quando l'offerta è accettata, il pubblico ufficiale esegue il pagamento e riceve le dichiarazioni del creditore per quietanza e per liberazione delle garanzie.

Se il creditore non è presente all'offerta, il processo verbale deve essergli notificato nelle forme prescritte per la citazione.

L'intimazione prescritta dall'art. 1212, n. 1, del Codice, può essere fatta con lo stesso atto di notificazione del verbale dell'offerta. In ogni caso tra l'intimazione e il deposito deve trascorrere un termine non minore di giorni tre.

75. L'atto di intimazione, nei casi previsti dagli articoli 1209, secondo comma, e 1216, primo comma, del Codice, deve contenere l'indicazione del giorno, dell'ora e del luogo in cui il debitore intende procedere alla consegna delle cose mobili o al rilascio dell'immobile a favore del creditore, con rispetto di un intervallo non minore di giorni tre.

La mancata comparizione del creditore o il suo rifiuto di accettare l'offerta sono accertati con verbale redatto da un notaio o da un ufficiale giudiziario nel luogo, nel giorno e nell'ora indicati nell'atto di intimazione, con tutte le altre indicazioni prescritte dal primo comma dell'articolo precedente, e da tale giorno decorrono gli effetti della mora.

76. I depositi che hanno per oggetto titoli di credito o somme di danaro debbono essere eseguiti presso la cassa dei depositi e prestiti secondo le norme della legge speciale, oppure presso un istituto di credito.

77. Il deposito di cose mobili diverse dal danaro e di titoli di credito, nei casi previsti dagli articoli 1210, primo comma, e 1214 del Codice e in ogni altro caso in cui esso sia prescritto dalla legge o dal giudice ovvero sia voluto dalle parti, si esegue presso stabilimenti di pubblico deposito a norma delle leggi speciali.

Qualora non esistano stabilimenti di pubblico deposito nel luogo in cui deve essere eseguita la prestazione, o se ricorrono particolari ragioni, il pretore del luogo predetto, su ricorso della parte interessata, può autorizzare con decreto il deposito presso altro locale idoneo[1].

[1] A decorrere dal 31 ottobre 2025 la parola: «pretore» verrà sostituita dalle seguenti: «giudice di pace», ex art. 27, D.Lgs. 13 luglio 2017, n. 116.

78. Il pubblico ufficiale, che a norma dell'art. 1210 del Codice procede al deposito di danaro, di titoli di credito o di altre cose mobili, deve redigere processo verbale della relativa operazione in conformità del successivo art. 1212, n. 3, e dell'art 126 del Codice di procedura civile, e consegnarne copia al depositario, nonché al creditore comparso, se la richiede.

Se il creditore non è stato presente, deve essergli notificata copia del processo verbale nelle forme prescritte per gli atti di citazione.

79. Il sequestratario dell'immobile, nel caso previsto dal secondo comma dell'art. 1216 del Codice, è nominato, se non vi è giudizio pendente, dal presidente del tribunale del luogo in cui si trova l'immobile[1].

Il presidente del tribunale provvede con decreto, sentito il creditore. Contro tale decreto è ammesso reclamo al presidente della corte d'appello, entro dieci giorni dalla notificazione[2].

La consegna dell'immobile al sequestratario deve risultare da processo verbale redatto da un notaio o da un ufficiale giudiziario. Copia del processo verbale deve essere notificata al creditore che non sia stato presente.

[1] A decorrere dal 31 ottobre 2025 le parole: «dal presidente del tribunale» verranno sostituite dalle seguenti: «dal giudice di pace», ex art. 27, D.Lgs. 13 luglio 2017, n. 116.

[1] A decorrere dal 31 ottobre 2025 il presente comma verrà sostituito dal seguente: «Il giudice di pace provvede con decreto, sentito il creditore. Contro tale decreto è ammesso reclamo a norma dell'articolo 739 del codice di procedura civile», ex art. 27, D.Lgs. 13 luglio 2017, n. 116.

80. L'atto d'intimazione previsto dall'art. 1217 del Codice, se non è determinato il tempo in cui la prestazione deve essere eseguita, e in ogni caso se la prestazione medesima deve effettuarsi in località diversa dal domicilio del creditore, deve contenere l'indicazione del giorno, dell'ora e del luogo in cui il debitore intende eseguire la prestazione, col rispetto di un intervallo di almeno tre giorni, a meno che la natura del rapporto non imponga un intervallo minore.

Il mancato ricevimento della prestazione da parte del creditore nel giorno stabilito può essere accertato nelle forme di uso e da tale giorno decorrono gli effetti della mora.

81. Nei casi previsti dagli articoli 1286, terzo comma, e 1287, terzo comma, del Codice, l'istanza per la fissazione del termine entro il quale deve essere fatta la scelta e quella per la scelta della prestazione da parte del giudice si propongono, se non vi è giudizio pendente, davanti l'autorità giudiziaria del luogo in cui la prestazione deve eseguirsi, osservate le disposizioni previste rispettivamente dagli articoli 749 e 750 del Codice di procedura civile.

82. L'istanza per la nomina del terzo nei casi previsti dal secondo comma dell'art. 1473 del Codice, qualora non vi sia giudizio in corso, si propone con ricorso al presidente del tribunale del luogo in cui deve eseguirsi la consegna della cosa a norma dell'art. 1510 del Codice.

Il ricorso deve essere notificato alle altre parti interessate e al terzo. Il presidente del tribunale provvede con decreto: contro di questo è ammesso reclamo al primo presidente della corte di appello entro dieci giorni dalla notificazione.

La nomina deve cadere normalmente su persona esperta iscritta in albi o elenchi o ruoli istituiti a norma di legge.

83. Sono autorizzati alle operazioni di vendita con o senza incanto a norma dell'art. 1515 del Codice, o alle operazioni di compra a norma del successivo articolo 1516:

1) gli agenti di cambio, per i valori pubblici e per i titoli di credito specificati nelle leggi sulle borse;

2) i mediatori in merci iscritti presso i consigli provinciali delle [corporazioni, per le merci e le derrate][1].

La vendita all'incanto deve essere annunziata con le forme di una pubblicità commerciale adeguata alla natura ed al valore delle cose poste in vendita.

Il verbale d'incanto è depositato nella cancelleria del tribunale del luogo in cui si è proceduto alla vendita[2].

Le operazioni di vendita senza incanto e quelle di compra devono essere documentate mediante certificato, fattura o fissato bollato[3], in doppio esemplare, uno dei quali è consegnato alla parte richiedente e

CODICE CIVILE

l'altro, vistato da questa, è conservato dalla persona che ha eseguito l'incarico.

Il compenso dovuto alla persona predetta, se non esiste una tariffa approvata, è stabilito con decreto del pretore del luogo in cui l'incarico è stato eseguito.

[1] Si legga Camere di Commercio, industria, artigianato ed agricoltura.

[2] Comma da ritenersi così modificato a seguito dell'entrata in vigore del D.Lgs. 19 febbraio 1998, n. 51, di soppressione dell'ufficio del pretore.

[3] Il fissato bollato è stato soppresso dall'art. 1, D.Lgs. 21 novembre 1997, n. 435.

84. Il contratto di vendita con riserva di proprietà di macchine per prezzo superiore a euro 15,49, deve essere iscritto, agli effetti previsti dal secondo comma dell'art. 1524 del Codice, nel registro istituito presso la cancelleria del tribunale nella cui giurisdizione la macchina viene collocata.

Le sottoscrizioni delle parti devono essere autenticate, se il contratto non risulta da atto pubblico.

Sezione V

Disposizioni relative al Libro V

85. - 91. [...][1].

[1] Articoli abrogati dal D.Lgs.Lgt. 23 novembre 1944, n. 369.

92. Il decreto, previsto dall'articolo 2409 del codice, che nomina l'amministratore giudiziario nelle società di cui ai capi V, VI e VII del titolo V del libro V del codice priva l'imprenditore, dalla sua data, dell'amministrazione della società nei limiti dei poteri conferiti all'amministratore giudiziario[1].

Salvo che il decreto disponga diversamente, l'amministratore giudiziario non può compiere atti eccedenti l'ordinaria amministrazione, senza l'autorizzazione del tribunale.

Entro i limiti dei poteri conferitigli, l'amministratore sta in giudizio nelle controversie, anche pendenti, relative alla gestione della società.

All'amministratore giudiziario possono essere attribuiti per determinati atti i poteri dell'assemblea. Le relative deliberazioni non sono efficaci senza l'approvazione del tribunale.

Il compenso dell'amministratore giudiziario è determinato dal tribunale[2].

[1] Comma così modificato dall'art. 379, D.Lgs. 12 gennaio 2019, n. 14, a decorrere dal trentesimo giorno successivo alla pubblicazione in G.U. del decreto (avvenuta il 14 febbraio 2014). Il testo previgente disponeva: *Il decreto, previsto dall'articolo 2409 del codice, che nomina l'amministratore giudiziario nelle società di cui ai capi V e VI del titolo V del libro V del codice priva l'imprenditore, dalla sua data, dell'amministrazione della società nei limiti dei poteri conferiti all'amministratore giudiziario.*

[2] Articolo così sostituito dall'art. 9, D.Lgs. 17 gennaio 2003, n. 6, a decorrere dal 1° gennaio 2004. Il testo previgente disponeva: *La sentenza che nomina l'amministratore incaricato di assumere la gestione dell'impresa priva l'imprenditore, dalla sua data, dell'amministrazione dell'impresa nei limiti dei poteri conferiti all'amministratore giudiziario.*

Salvo che la sentenza disponga diversamente, l'amministratore giudiziario non può compiere atti eccedenti la ordinaria amministrazione senza l'autorizzazione del presidente della magistratura del lavoro.

Entro i limiti dei poteri conferitigli l'amministratore sta in giudizio nelle controversie, anche in corso, relative alla gestione dell'impresa.

Se, trattandosi di società, sono conferiti all'amministratore per determinati atti anche i poteri dell'assemblea, le relative deliberazioni non sono efficaci senza l'approvazione del presidente della magistratura del lavoro.

Il compenso dell'amministratore è determinato dal presidente della magistratura del lavoro all'atto della nomina o successivamente.

93. L'amministratore giudiziario è, per quanto attiene all'esercizio delle sue funzioni, pubblico ufficiale.

94. L'amministratore giudiziario deve adempiere ai doveri del proprio ufficio con la diligenza richiesta dalla natura del proprio ufficio e può essere revocato dal tribunale su richiesta dei soggetti legittimati a chiederne la nomina[1].

L'amministratore che cessa dal suo ufficio deposita nella cancelleria del tribunale del luogo, ove è la sede principale dell'impresa, il conto della gestione. L'avvenuto deposito è comunicato immediatamente alla società[1].

Il presidente del tribunale con decreto fissa l'udienza, in termine non inferiore a quindici giorni dal deposito, nella quale le parti possono presentare le loro osservazioni, e nomina un giudice per la procedura. Non sono ammesse contestazioni relative ai criteri tecnici della gestione nei limiti dei poteri conferiti all'amministratore.

Si applicano le disposizioni degli articoli 263, secondo comma, e seguenti del Codice di procedura civile.

[1] Comma così sostituito dall'art. 9, D.Lgs. 17 gennaio 2003, n. 6, a decorrere dal 1° gennaio 2004. Il testo dei commi primo e secondo era il seguente: *L'amministratore giudiziario deve adempiere con diligenza ai doveri del proprio ufficio e può essere revocato dalla magistratura del lavoro con decreto in ogni tempo, su richiesta del pubblico ministero o di chiunque vi abbia interesse.*

L'amministratore che cessa dal suo ufficio deposita nella cancelleria del tribunale del luogo, ove è la sede principale dell'impresa, il conto della gestione. L'avvenuto deposito è comunicato immediatamente all'imprenditore.

95. Quando le leggi [o le norme corporative][1] non dispongono, l'appartenenza alla categoria d'impiegato o di operaio è determinata dal R.D.L. 13 novembre 1924, n. 1825, convertito in L. 18 marzo 1926, n. 562.

[1] Le parole in parentesi sono state abrogate a seguito dell'entrata in vigore del D.Lgs.Lgt. 23 novembre 1944, n. 369.

96. L'imprenditore deve far conoscere al prestatore di lavoro, al momento dell'assunzione, la categoria e la qualifica che gli sono assegnate in relazione alle mansioni per cui è stato assunto.

Le qualifiche dei prestatori di lavoro, nell'ambito di ciascuna delle categorie indicate nell'articolo 2095 del Codice, possono essere stabilite e raggruppate per gradi secondo la loro importanza nell'ordinamento dell'impresa. Il prestatore di lavoro assume il grado gerarchico corrispondente alla qualifica e alle mansioni.

I contratti collettivi di lavoro possono stabilire che, nel caso di divergenza tra l'imprenditore e il prestatore di lavoro circa l'assegnazione della qualifica, l'accertamento dei fatti rilevanti per la determinazione della qualifica venga fatto da un collegio costituito da un funzionario [dell'ispettorato corporativo][1], che presiede, e da un delegato di ciascuna delle associazioni professionali[2] che rappresentano le categorie interessate.

Sui fatti rilevanti per la determinazione della qualifica che hanno formato oggetto dell'accertamento compiuto con tali forme, non sono ammesse nuove indagini o prove, salvo che l'accertamento sia viziato da errore manifesto.

[1] Si legga direzione regionale del lavoro.

[2] Associazione da ritenersi abrogata ex D.Lgs.Lgt. 23 novembre 1944, n. 369.

97. [...][1].

[1] Articolo abrogato ex D.Lgs.Lgt. 23 novembre 1944, n. 369.

98. Nei rapporti d'impiego inerenti all'esercizio dell'impresa, in mancanza [di norme corporative o][1] di usi più favorevoli per quanto concerne il trattamento cui ha diritto l'impiegato nei casi d'infortunio, di malattia, di gravidanza o di puerperio, la durata del periodo feriale, del periodo di preavviso, la misura dell'indennità sostitutiva di questo e l'ammontare dell'indennità di anzianità in caso di cessazione del rapporto, si applicano le corrispondenti norme del, R.D.L. 13 novembre 1924, n. 1825, convertito in L. 18 marzo 1926, n. 562.

Le richiamate norme si applicano altresì ai rapporti di impiego dei dipendenti di enti pubblici anche se non inquadrati sindacalmente, in quanto il rapporto non sia diversamente disciplinato da leggi o regolamenti speciali, nonché ai rapporti d'impiego non inerenti all'esercizio di un'impresa, in quanto non esistano convenzioni od usi più favorevoli al prestatore di lavoro.

[1] Le parole in parentesi sono state abrogate a seguito dell'entrata in vigore del D.Lgs.Lgt. 23 novembre 1944, n. 369.

99. Le disposizioni relative all'istituzione del registro delle imprese previsto dall'art. 2188 del Codice saranno emanate con decreto del Presidente della Repubblica. Tale decreto stabilirà altresì la data di attuazione del registro delle imprese, nonché le condizioni per l'iscrizione delle imprese individuali e sociali esistenti in tale momento[1].

[1] Vedi D.P.R. 7 dicembre 1995, n. 581.

● Norme connesse:

- art. 8, L. 29 dicembre 1993, n. 580; D.P.R. 7 dicembre 1995, n. 581.

100. - 101. [...][1].

[1] Articoli abrogati, a decorrere dal 1° gennaio 2004, dall'art. 111-*sexies* successivo, aggiunto dall'art. 9, D.Lgs. 17 gennaio 2003, n. 6.

L'art. 100 come sostituito dall'art. 8, L. 12 aprile 1973, n. 256, disponeva: *Fino all'attuazione del registro delle imprese gli atti di autorizzazione alla continuazione dell'esercizio di una impresa commerciale nell'interesse di un minore o di un interdetto, gli atti di autorizzazione all'esercizio di una impresa commerciale da parte di un minore emancipato o di un inabilitato, i provvedimenti di revoca delle autorizzazioni stesse, le procure institorie, le nomine di procuratori nonché gli atti e i fatti relativi alle società, per i quali il codice stabilisce la iscrizione nel registro delle imprese, sono soggetti alla iscrizione nei registri di cancelleria presso il tribunale secondo le modalità stabilite dalle leggi anteriori.*

Tuttavia il contenuto degli atti da iscrivere, i termini per l'iscrizione e gli effetti della medesima sono determinati dal codice.

Fino all'attuazione del registro delle imprese non sono soggetti a registrazione gli imprenditori individuali e gli enti pubblici che esercitano un'attività commerciale, salvo quanto disposto dal primo comma del presente articolo.

Non si applicano inoltre le disposizioni contenute nel secondo comma dell'articolo 2556 e nell'articolo 2559 del codice.

L'art. 101 disponeva: *Fino all'attuazione del registro delle imprese i depositi di atti o documenti, che secondo il codice devono eseguirsi presso l'ufficio del registro delle imprese, si eseguono presso la cancelleria del tribunale. — Le attribuzioni del giudice del registro spettano al presidente del tribunale o a un giudice da lui delegato.*

101-*bis*. Copia integrale o parziale di ogni atto per il quale è prescritta l'iscrizione o il deposito nel registro delle imprese deve essere rilasciata a chi ne

CODICE CIVILE

faccia richiesta, anche per corrispondenza, senza che il costo di tale copia possa eccedere il costo amministrativo[1].

[1] Articolo aggiunto dall'art. 20, D.P.R. 29 dicembre 1969, n. 1127.

101-*ter*. Ai fini della pubblicità prescritta dagli articoli 2506 e 2507[1] del Codice civile la società richiedente deve allegare agli atti e documenti ivi previsti la traduzione giurata in lingua italiana e deve indicare gli estremi della pubblicità attuata nello Stato ove è situata la sede principale. Dell'avvenuto deposito dei documenti deve essere fatta menzione nel Bollettino ufficiale delle società per azioni e a responsabilità limitata[2 3].

[1] Ora artt. 2508 e 2509 a seguito della modifica operata dal D.Lgs. 17 gennaio 2003, n. 6, in materia di riforma del diritto societario.

[2] Articolo aggiunto dall'art. 5 del, D.Lgs. 29 dicembre 1992, n. 516.

[3] V. L. 24 novembre 2000, n. 340, che ha abolito il Bollettino ufficiale delle società per azioni e a responsabilità limitata.

101-*quater*. Le società soggette alla legislazione di un altro Stato appartenente alla Comunità economica europea, le quali stabiliscono nel territorio dello Stato più sedi secondarie con rappresentanza stabile, possono attuare la pubblicità dell'atto costitutivo, dello statuto e dei bilanci nell'ufficio del registro delle imprese di una soltanto delle sedi secondarie, depositando negli altri l'attestazione dell'eseguita pubblicità[1].

[1] Articolo aggiunto dall'art. 5 del, D.Lgs. 29 dicembre 1992, n. 516.

102. Le norme per la formazione del ruolo, per la nomina e per la disciplina dei revisori ufficiali dei conti e quelle per la vigilanza e per la disciplina dei sindaci delle società saranno emanate con decreto del Presidente della Repubblica.

Fino all'entrata in vigore di tale decreto continueranno ad applicarsi le disposizioni anteriori.

103. I provvedimenti del tribunale previsti dall'articolo 2409 del codice sono disposti con decreto, il quale deve essere comunicato a cura del cancelliere, entro cinque giorni, all'ufficio del registro delle imprese per l'iscrizione[1].

[...][2].

[1] Comma così sostituito dall'art. 9, D.Lgs. 17 gennaio 2003, n. 6, a decorrere dal 1° gennaio 2004. Il testo previgente disponeva: *I provvedimenti del tribunale previsti dall'articolo 2409 del codice sono disposti con decreto, il quale dove essere comunicato a cura del cancelliere, entro cinque giorni, all'ufficio del registro delle imprese per l'iscrizione e, fino a che questo non sia istituito, alla cancelleria del tribunale per l'iscrizione nel registro delle società.*

[2] Comma abrogato dall'art. 9, D.Lgs. 17 gennaio 2003, n. 6, a decorrere dal 1° gennaio 2004. Il testo previgente disponeva: *L'amministratore giudiziario, nominato dal tribunale a norma dell'articolo 2409 del codice, è scelto possibilmente fra gli iscritti nel ruolo degli amministratori giudiziari. A lui si applicano gli articoli 92, 93 e 94 di queste disposizioni, intendendosi sostituiti nei poteri della magistratura del lavoro e del presidente della magistratura del lavoro rispettivamente quelli del tribunale e del presidente del tribunale.*

104. Il tribunale, prima di procedere alla nomina del rappresentante degli obbligazionisti prevista dall'articolo 2417 del codice, deve sentire gli amministratori o il consiglio di gestione della società[1].

[1] Articolo così sostituito dall'art. 9, D.Lgs. 17 gennaio 2003, n. 6, a decorrere dal 1° gennaio 2004. Il testo previgente disponeva: *Il presidente del tribunale, prima di procedere alla nomina del rappresentante degli obbligazionisti prevista dall'articolo 2417 del codice, deve sentire gli amministratori della società. Le funzioni di rappresentante degli obbligazionisti possono essere attribuite alle società fiduciarie.*

105. La liquidazione coatta amministrativa delle società cooperative è regolata dalle norme generali sulla liquidazione coatta amministrativa delle società, salvo che le leggi speciali dispongano diversamente.

106. Le norme degli articoli 92, 93 e 94 di queste disposizioni si applicano anche al commissario governativo incaricato della gestione della società cooperativa a norma dell'articolo 2545-*sexiesdecies* del codice, intendendosi sostituiti nei poteri del tribunale, per quanto riguarda le disposizioni dei precedenti articoli 92 e 94, primo comma, l'autorità governativa che ha nominato il commissario[1].

[1] Articolo così sostituito dall'art. 9, D.Lgs. 17 gennaio 2003, n. 6, a decorrere dal 1° gennaio 2004. Il testo previgente disponeva: *Le norme degli articoli 92, 93 e 94 di queste disposizioni si applicano anche al commissario governativo incaricato della gestione della società cooperativa a norma dell'articolo 2543, intendendosi sostituita nei poteri della magistratura del lavoro e del presidente della magistratura del lavoro, per quanto riguarda le disposizioni dei precedenti articoli 92 e 94, primo comma, l'autorità governativa che ha nominato il commissario.*

107. Alle mutue assicuratrici regolate da leggi speciali le disposizioni del capo II del titolo VI del libro V del Codice si applicano in quanto compatibili con le leggi medesime.

108. [...][1].

[1] Articolo abrogato, a decorrere dal 1° gennaio 2004, dall'art. 111-*sexies* successivo, aggiunto dall'art. 9, D.Lgs. 17

gennaio 2003, n. 6. Il testo previgente disponeva: *Fino all'attuazione del registro delle imprese l'iscrizione dei contratti di consorzio prevista dall'articolo 2612 del codice deve essere eseguita nel registro delle società presso la cancelleria del tribunale nella cui circoscrizione ha sede l'ufficio, e pubblicata nel foglio degli annunzi legali.*

Per le modalità dell'iscrizione si osservano le norme stabilite per le società, in quanto applicabili.

Al commissario governativo, nominato dall'autorità governativa in sostituzione degli organi del consorzio a norma dell'articolo 2619 del codice, si applica l'articolo 106 di queste disposizioni.

109. [...][1].

[1] Articolo abrogato, a decorrere dal 1° gennaio 2004, dall'art. 111-*sexies* successivo, aggiunto dall'art. 9, D.Lgs. 17 gennaio 2003, n. 6. Il testo previgente disponeva: *Per le società per azioni soggette al regio decreto-legge 25 ottobre 1941, n. 1148, e per la durata di tale decreto non si applicano le disposizioni del libro V del codice relative alle azioni al portatore.*

110. La competenza dell'autorità governativa nell'esercizio dei poteri ad essa demandati dal libro V del Codice è determinata dalle leggi speciali.

111. Le norme per l'attuazione delle disposizioni contenute nelle sezioni III e IV del capo II del titolo X del libro V del Codice saranno emanate con decreto [reale].

Fino all'entrata in vigore di tale decreto la disciplina dei consorzi obbligatori e i controlli dell'autorità governativa sui consorzi volontari continuano ad essere regolati dalle leggi anteriori.

111-*bis*. La misura rilevante di cui all'articolo 2325-*bis* del codice è quella stabilita a norma dell'articolo 116 del decreto legislativo 24 febbraio 1998, n. 58. Nel caso previsto dall'articolo 2409-*bis*, secondo comma, del codice, si applicano alla società di revisione le disposizioni degli articoli 155, comma 2, 162, commi 1 e 2, 163, commi 1 e 4 del decreto legislativo n. 58 del 1998[1].

Ai fini di cui all'articolo 2343-*ter*, per valori mobiliari e strumenti del mercato monetario si intendono quelli di cui all'articolo 1, commi 1-*bis* e 1-*ter*, del testo unico delle disposizioni in materia di intermediazione finanziaria, di cui al decreto legislativo 24 febbraio 1998, n. 58[2 3].

[1] Comma così modificato dall'art. 3, D.Lg. 11 ottobre 2012, n. 184.

[2] Comma aggiunto dall'art. 2, D.Lg. 4 agosto 2008, n. 142.

[3] Articolo aggiunto dall'art. 9, D.Lg. 17 gennaio 2003, n. 6, a decorrere dal 1° gennaio 2004.

111-*ter*. Chi richiede l'iscrizione presso il registro delle imprese dell'atto costitutivo di una società deve indicarne nella domanda l'indirizzo, comprensivo della via e del numero civico, ove è posta la sua sede. In caso di successiva modificazione di tale indirizzo gli amministratori ne depositano apposita dichiarazione presso il registro delle imprese[1].

[1] Articolo aggiunto dall'art. 9, D.Lgs. 17 gennaio 2003, n. 6, a decorrere dal 1° gennaio 2004.

111-*quater*. La società di revisione di cui all'articolo 2447-*ter* del codice è scelta tra quelle iscritte nell'albo speciale delle società di revisione tenuto dalla Commissione nazionale per le società e la borsa a norma delle leggi speciali[1].

[1] Articolo aggiunto dall'art. 9, D.Lgs. 17 gennaio 2003, n. 6, a decorrere dal 1° gennaio 2004 e così modificato dall'art. 5, D.Lgs. 6 febbraio 2004, n. 37.

111-*quinquies*. [...][1].

[1] Articolo aggiunto dall'art. 9, D.Lgs. 17 gennaio 2003, n. 6, a decorrere dal 1° gennaio 2004. Sostituisce l'art. 2632 c.c.

111-*sexies*. [...][1].

[1] Articolo aggiunto dall'art. 9, D.Lgs. 17 gennaio 2003, n. 6, a decorrere dal 1° gennaio 2004. Abroga gli artt. 100, 101, 108 e 109 del presente decreto.

111-*septies*. Le cooperative sociali che rispettino le norme di cui alla legge 8 novembre 1991, n. 381, sono considerate, indipendentemente dai requisiti di cui all'articolo 2513 del codice, cooperative a mutualità prevalente. Le cooperative agricole che esercitano le attività di cui all'articolo 2135 del codice sono considerate cooperative a mutualità prevalente se soddisfano le condizioni di cui al terzo comma dell'articolo 2513 del codice. Le piccole società cooperative costituite ai sensi della legge 7 agosto 1997, n. 266, nel termine previsto all'articolo 223-*duodecies* del codice devono trasformarsi nella società cooperativa disciplinata dall'articolo 2522 del codice[1].

[1] Articolo aggiunto dall'art. 9, D.Lgs. 17 gennaio 2003, n. 6, a decorrere dal 1° gennaio 2004.

111-*octies*. Sono investitori istituzionali destinati alle società cooperative quelli costituiti ai sensi della legge 25 febbraio 1985, n. 49, i fondi mutualistici e i fondi pensione costituiti da società cooperative[1].

[1] Articolo aggiunto dall'art. 9, D.Lgs. 17 gennaio 2003, n. 6, a decorrere dal 1° gennaio 2004.

111-*novies*. Le società di revisione di cui al secondo comma dell'articolo 2545-octies del codice sono quelle di cui al decreto legislativo 27 gennaio 1992, n. 88[1].

CODICE CIVILE

1 Articolo aggiunto dall'art. 9, D.Lgs. 17 gennaio 2003, n. 6, a decorrere dal 1° gennaio 2004.

111-*decies*. Ferma restando la natura indivisibile delle riserve accantonate, non rilevano ai fini dell'obbligo di devoluzione previsto dall'articolo 17 della legge 23 dicembre 2000, n. 388, la modificazione delle clausole previste dall'articolo 26 del decreto legislativo Capo provvisorio dello Stato 14 dicembre 1947, n. 1577, ovvero la decadenza dai benefici fiscali per effetto della perdita del requisito della prevalenza come disciplinato dagli articoli 2512 e 2513 del codice.

Gli amministratori devono, tuttavia, redigere un bilancio ai sensi dell'articolo 2545-*octies* del codice[1].

1 Articolo aggiunto dall'art. 9, D.Lgs. 17 gennaio 2003, n. 6, a decorrere dal 1° gennaio 2004.

111-*undecies*. Il Ministro delle attività produttive, di concerto con il Ministro dell'economia e delle finanze, stabilisce, con proprio decreto, regimi derogatori al requisito della prevalenza, così come definite dall'articolo 2513 del codice, in relazione alla struttura dell'impresa e del mercato in cui le cooperative operano, a specifiche disposizioni normative cui le cooperative devono uniformarsi e alla circostanza che la realizzazione del bene destinato allo scambio mutualistico richieda il decorso di un periodo di tempo superiore all'anno di esercizio[1].

1 Articolo aggiunto dall'art. 9, D.Lgs. 17 gennaio 2003, n. 6, a decorrere dal 1° gennaio 2004.

111-*duodecies*. Qualora tutti i loro soci illimitatamente responsabili, di cui all'articolo 2361, comma secondo, del codice, siano società per azioni, in accomandita per azioni o società a responsabilità limitata, le società in nome collettivo o in accomandita semplice devono redigere il bilancio secondo le norme previste per le società per azioni; esse devono inoltre redigere e pubblicare il bilancio consolidato come disciplinato dall'articolo 26 del decreto legislativo 9 aprile 1991, n. 127, ed in presenza dei presupposti ivi previsti[1].

1 Articolo aggiunto dall'art. 9, D.Lgs. 17 gennaio 2003, n. 6, a decorrere dal 1° gennaio 2004.

111-*terdecies*. La deliberazione prevista dal secondo comma dell'articolo 2446 del codice è verbalizzata ed iscritta nel registro delle imprese a norma dell'articolo 2436 del codice[1].

1 Articolo aggiunto dall'art. 5, D.Lgs. 6 febbraio 2004, n. 37.

111-*quaterdecies*. La durata del primo incarico di controllo contabile può coincidere con quello di revisione affidato alla stessa società[1].

1 Articolo aggiunto dall'art. 35, D.Lgs. 28 dicembre 2004, n. 310.

Sezione VI
Disposizioni relative al Libro VI

112. [...][1].

1 Articolo abrogato dall'art. 2, L. 21 febbraio 1983, n. 22.

113. Il reclamo menzionato nell'art. 2888 del Codice si propone al tribunale, il quale provvede con decreto motivato in camera di consiglio, sentiti il conservatore e il pubblico ministero.

Contro il provvedimento che non accoglie la domanda il richiedente può proporre reclamo alla corte d'appello.

Il tribunale o la corte può ordinare che la domanda di cancellazione sia proposta nelle forme ordinarie in contraddittorio delle persone che ritiene abbiano interesse contrario alla cancellazione medesima.

113-*bis*. Il conservatore, nel caso in cui non riceva i titoli e le note ai sensi dell'articolo 2674 del Codice, indica sulle note i motivi del rifiuto e restituisce uno degli originali alla parte richiedente. La parte può avvalersi del procedimento stabilito nell'articolo 745 del Codice di procedura civile.

Dello stesso procedimento la parte può avvalersi per il ritardo nel rilascio di certificati o di copie.

Il pubblico ministero comunica al Ministero di grazia e giustizia e al Ministero delle finanze la decisione adottata[1].

1 Articolo aggiunto dall'art. 6, L. 27 febbraio 1985, n. 52.

113-*ter*. Il reclamo previsto nell'articolo 2674-*bis* del Codice si propone con ricorso, entro il termine perentorio di trenta giorni dalla esecuzione della formalità, davanti al tribunale nella cui circoscrizione è stabilita la conservatoria; entro lo stesso termine il ricorso deve essere notificato al conservatore, a pena di improcedibilità.

Il tribunale provvede in camera di consiglio, con decreto motivato, immediatamente esecutivo, sentiti il pubblico ministero, il conservatore e le parti interessate.

Contro il provvedimento del tribunale è consentito reclamo alla corte d'appello, con ricorso notificato, a pena di improcedibilità, anche al conservatore.

A margine della formalità eseguita con riserva il conservatore annota la proposizione del reclamo, il decreto immediatamente esecutivo del tribunale e il decreto definitivo.

Quando il reclamo non è proposto o è rigettato definitivamente, la formalità perde ogni effetto[1].

[1] Articolo aggiunto dall'art. 8, L. 27 febbraio 1985, n. 52.

CAPO II
DISPOSIZIONI TRANSITORIE[1]

[1] Gli articoli ricompresi in questo capo sono stati riportati sic et simpliciter, sebbene siano intervenute molteplici modifiche riguardo ai corrispondenti articoli del codice civile.

Sezione I
Disposizioni relative al Libro I

114. La pronunzia di immissione nel possesso definitivo dei beni dell'assente, emessa a termini degli articoli 36 e 38 del Codice del 1865, equivale a tutti gli effetti alla dichiarazione di morte presunta prevista nell'articolo 58 del nuovo Codice.

Fino al trenta giugno 1942 non può essere dichiarata la morte presunta nell'ipotesi prevista nell'art. 58 del nuovo Codice, se non quando concorrono le condizioni indicate negli articoli 36 e 38 del Codice del 1865 per la pronunzia di immissione definitiva nei beni dell'assente.

115. Il termine di tre mesi, previsto nel secondo comma dell'art. 14 della L. 27 maggio 1929, n. 847, è ridotto a un mese.

Il capo primo della legge suddetta è abrogato.

116. L'impugnazione prevista nell'art. 123, primo comma, del Codice non può essere proposta dal coniuge impotente per i matrimoni anteriori al 1° luglio 1939.

I matrimoni che sono stati celebrati anteriormente al 1° luglio 1939 davanti ad un ufficiale dello stato civile incompetente o senza la presenza dei testimoni non si possono più impugnare.

117. Se il matrimonio è stato annullato prima del 1° luglio 1939 ed è stata riconosciuta la mala fede di entrambi i coniugi, i figli nati o concepiti durante il matrimonio possono acquistare lo stato di figli nati fuori del matrimonio riconosciuti ai sensi dell'art. 128, ultimo comma, del Codice con effetto dal giorno della domanda giudiziale proposta in contraddittorio dei genitori o dei loro eredi[1].

[1] Articolo così modificato dall'art. 96, D.Lgs. 28 dicembre 2013, n. 154, a decorrere dal 7 febbraio 2014. Il testo previgente disponeva: *Se il matrimonio è stato annullato prima del 1° luglio 1939 ed è stata riconosciuta la mala fede di entrambi i coniugi, i figli nati o concepiti durante il matrimonio possono acquistare lo stato di figli naturali riconosciuti ai sensi dell'art. 128, ultimo comma, del Codice con effetto dal giorno della domanda giudiziale proposta in contraddittorio dei genitori o dei loro eredi.*

118. Gli atti di costituzione di dote aventi per oggetto beni futuri, stipulati prima del 1° luglio 1939, conservano la loro efficacia anche rispetto ai beni che pervengono alla moglie dopo tale data.

119. I lucri dotali in favore del coniuge sopravvivente, stipulati prima del 1° luglio 1939, conservano la loro efficacia.

Conservano parimenti la loro efficacia le ipoteche iscritte a garanzia dei lucri medesimi.

120. L'azione di disconoscimento di paternità è soggetta ai termini e alle cause di decadenza previsti nel nuovo Codice, anche quando si tratta di impugnare la legittimità dei figli nati prima dell'entrata in vigore dello stesso Codice, sempre che l'azione non sia già estinta a norma delle disposizioni del Codice del 1865.

121. Le azioni di reclamo di stato di figlio legittimo, spettanti agli eredi che non siano discendenti del figlio a norma dell'articolo 178 del Codice del 1865, possono essere continuate quando la domanda è stata proposta prima del 1° luglio 1939[1].

[1] Articolo così modificato dall'art. 96, D.Lgs. 28 dicembre 2013, n. 154, a decorrere dal 7 febbraio 2014. Il testo previgente disponeva: *Le azioni di reclamo di stato di figlio legittimo, spettanti agli eredi che non siano discendenti del figlio a norma dell'articolo 178 del Codice del 1865, possono essere continuate quando la domanda è stata proposta prima del 1° luglio 1939.*

122. Le disposizioni del Codice relative al riconoscimento dei figli nati fuori del matrimonio si applicano anche ai figli nati o concepiti prima del 1° luglio 1939[1].

Il riconoscimento di figli nati fuori del matrimonio, compiuto prima di tale data fuori dei casi in cui era ammesso secondo le leggi anteriori, non può essere annullato, se al momento in cui fu fatto concorrevano le condizioni per cui sarebbe ammissibile secondo le disposizioni del Codice[2].

Tale riconoscimento vale anche agli effetti delle successioni aperte prima del 1° luglio 1939, purché i diritti successori del figlio non siano stati esclusi con sentenza passata in giudicato o non sia intervenuta transazione tra le parti interessate o non siano trascorsi tre anni dall'apertura della successione senza che il figlio abbia fatto valere alcuna ragione ereditaria sui beni della successione.

[1] Comma così modificato dall'art. 96, D.Lgs. 28 dicembre 2013, n. 154, a decorrere dal 7 febbraio 2014. Il testo previgente disponeva: *Le disposizioni del Codice relative al ricono-*

CODICE CIVILE

scimento dei figli naturali si applicano anche ai figli nati o concepiti prima del 1° luglio 1939.

[2] Comma così modificato dall'art. 96, D.Lgs. 28 dicembre 2013, n. 154, a decorrere dal 7 febbraio 2014. Il testo previgente disponeva: *Il riconoscimento di figli naturali, compiuto prima di tale data fuori dei casi in cui era ammesso secondo le leggi anteriori, non può essere annullato, se al momento in cui fu fatto concorrevano le condizioni per cui sarebbe ammissibile secondo le disposizioni del Codice.*

123. L'azione per la dichiarazione giudiziale di paternità può essere proposta dai figli nati prima del 1° luglio 1939 solo nel caso in cui ricorrono le condizioni previste dall'art. 189 del Codice del 1865. L'azione può essere proposta, sempre che ricorrano tali condizioni, anche dai figli nati fuori del matrimonio per i quali è ammessa dall'articolo 278 del nuovo Codice[1 2].

I figli nati fuori del matrimonio che si trovano nelle condizioni previste nei numeri 1 e 4 dell'art. 269 del Codice, ma che non possono ottenere la dichiarazione giudiziale di paternità perché nati prima del 1° luglio 1939, possono agire soltanto per ottenere gli alimenti[2 3].

Nei casi in cui l'azione per la dichiarazione giudiziale di paternità è ammessa secondo le norme del Codice del 1865, essa è soggetta al termine stabilito dall'art. 271 del nuovo Codice.

Le disposizioni del Codice relative alle forme dei giudizi per la dichiarazione giudiziale di paternità o di maternità [naturale][4] si applicano anche ai figli nati o concepiti prima del 1° luglio 1939.

I giudizi relativi alla dichiarazione di paternità o di maternità proposti prima del 1° luglio 1939 non possono essere proseguiti se non è intervenuto il decreto contemplato dall'articolo 274 del Codice stesso, salvo il caso che si sia già ottenuta una sentenza anche se interlocutoria[5].

[1] Comma così modificato dall'art. 96, D.Lgs. 28 dicembre 2013, n. 154, a decorrere dal 7 febbraio 2014. Il testo previgente disponeva: *L'azione per la dichiarazione giudiziale di paternità può essere proposta dai figli nati prima del 1° luglio 1939 solo nel caso in cui ricorrono le condizioni previste dall'art. 189 del Codice del 1865. L'azione può essere proposta, sempre che ricorrano tali condizioni, anche dai figli adulterini per i quali è ammessa dall'articolo 278 del nuovo Codice.*

[2] La Corte costituzionale, con sentenza 16 febbraio 1963, n. 7, ha dichiarato l'illegittimità costituzionale del presente comma.

[3] Comma così modificato dall'art. 96, D.Lgs. 28 dicembre 2013, n. 154, a decorrere dal 7 febbraio 2014. Il testo previgente disponeva: *I figli naturali che si trovano nelle condizioni previste nei numeri 1 e 4 dell'art. 269 del Codice, ma che non possono ottenere la dichiarazione giudiziale di paternità perché nati prima del 1° luglio 1939, possono agire soltanto per ottenere gli alimenti.*

[4] Il termine "naturale" in parentesi quadra deve intendersi soppresso ex art. 96, D.Lgs. 28 dicembre 2013, n. 154, a decorrere dal 7 febbraio 2014.

[5] Comma così modificato dall'art. 96, D.Lgs. 28 dicembre 2013, n. 154, a decorrere dal 7 febbraio 2014. Il testo previgente disponeva: *I giudizi relativi alla dichiarazione di paternità o di maternità naturale proposti prima del 1° luglio 1939 non possono essere proseguiti se non è intervenuto il decreto contemplato dall'articolo 274 del Codice stesso, salvo il caso che si sia già ottenuta una sentenza anche se interlocutoria.*

124. [...][1].

[1] Articolo abrogato dall'art. 106, D.Lgs. 28 dicembre 2013, n. 154, a decorrere dal 7 febbraio 2014. Il testo previgente disponeva: *La disposizione dell'art. 286 del Codice è applicabile anche per la legittimazione dei figli naturali, i cui genitori sono morti prima del 1° luglio 1939.*

125. [...][1].

[1] Articolo abrogato dall'art. 106, D.Lgs. 28 dicembre 2013, n. 154, a decorrere dal 7 febbraio 2014. Il testo previgente disponeva: *La disposizione dell'art. 287 del Codice è applicabile anche ai casi in cui era ammessa, secondo le leggi anteriori, la celebrazione del matrimonio per procura.*

126. La disposizione del secondo comma dell'art. 293 del nuovo Codice è applicabile anche alle adozioni costituite prima del 1° luglio 1939, a meno che siano state già impugnate ai sensi dell'articolo 205 del Codice del 1865.

127. Le disposizioni del Codice sulla revoca dell'adozione si applicano anche alle adozioni costituite prima del 1° luglio 1939.

127-*bis*. I divieti contenuti nei numeri 6, 7, 8 e 9 dell'articolo 87 del codice civile sono applicabili all'affiliazione[1].

[1] Articolo aggiunto dall'art. 96, D.Lgs. 28 dicembre 2013, n. 154, a decorrere dal 7 febbraio 2014.

128. [Se l'ipotesi prevista dall'art. 342 del Codice si è verificata prima del 1° luglio 1939, il tribunale, su istanza del figlio medesimo o dei parenti o del pubblico ministero, può privare il genitore della patria potestà sui figli, quando risulta che egli impartisce ad essi una educazione non corrispondente ai fini nazionali, e può provvedere in conformità dell'art. 342 del Codice][1].

[1] Articolo abrogato a seguito dell'abrogazione dell'art. 342 c.c. avvenuta ad opera dell'art. 1, R.D.L. 20 gennaio 1944, n. 25 e dell'art. 3, D.Lgs.Lgt. 14 settembre 1944, n. 287.

129. Le norme del Codice in materia di tutela e di curatela si applicano anche alle tutele e alle curatele che si sono aperte prima del 1° luglio 1939.

Tuttavia i tutori, i protutori e i curatori già nominati conservano l'ufficio, salve le disposizioni degli articoli 383, 384 e 393 del Codice, e sempre che non ricorrano cause d'incapacità previste dal Codice stesso.

130. La disposizione dell'art. 428 del Codice è applicabile anche se gli atti in essa contemplati sono stati compiuti prima del 1° luglio 1939.

131. Le ipoteche legali sui beni del tutore iscritte a norma degli articoli 292, 293 e 1969, n. 3, del Codice del 1865 possono essere cancellate quando il tutore ne fa istanza al giudice tutelare, il quale, se ordina la cancellazione, provvede secondo l'art. 381 del nuovo Codice.

Sezione II
Disposizioni relative al Libro II

132. L'erede col beneficio d'inventario può promuovere la procedura di liquidazione ai sensi dell'art. 503 del Codice anche se l'accettazione è stata fatta prima del 21 aprile 1940.

133. La rinunzia all'eredità o al legato, fatta dopo il 21 aprile 1940, produce tutti gli effetti previsti dal Codice, ancorché si tratti di successione apertasi anteriormente a quella data.

134. La disposizione dell'art. 528 del Codice è applicabile anche per le successioni apertesi prima del 21 aprile 1940, se il chiamato non ha ancora accettato e non è nel possesso di beni ereditari.

L'obbligo del curatore di procedere alla liquidazione dell'eredità giacente incombe anche sui curatori già nominati, se, in caso di opposizione dei creditori o legatari, il pretore ritiene opportuno disporre la liquidazione.

135. Le norme sulla riduzione delle donazioni sono applicabili anche alle donazioni fatte anteriormente al 21 aprile 1940, purché la successione si sia aperta dopo. Tali donazioni sono soggette a riduzione, avuto riguardo alla misura dei diritti riservati ai legittimari stabilita dal Codice.

La medesima disposizione si applica per le regole stabilite dal Codice sulla collazione, sull'imputazione e sulla riunione fittizia.

Tuttavia per le donazioni di beni mobili fatte anteriormente al 21 aprile 1940, si tiene conto del valore risultante dalla stima annessa all'atto di donazione.

136. Le disposizioni degli articoli 580 e 594 del Codice si applicano anche alle successioni apertesi prima del 21 aprile 1940, se i diritti dei figli naturali non riconoscibili o non riconosciuti non sono stati definiti con sentenza passata in giudicato o mediante convenzione.

Possono inoltre valersi delle disposizioni degli articoli 580 e 594 i figli naturali che si trovano nelle condizioni previste dai numeri 1 e 4 dell'art. 269 del Codice, ma che non possono ottenere la dichiarazione giudiziale di paternità perché nati anteriormente al 1° luglio 1939[1].

I figli naturali indicati dal comma precedente hanno facoltà di chiedere l'assegno vitalizio anche per le successioni già aperte, ma non oltre cinque anni prima del 21 aprile 1940; l'assegno in questo caso deve essere calcolato con riguardo allo stato e al valore che i beni ereditari avevano a tale data.

[1] La Corte costituzionale, con sentenza 16 febbraio 1963, n. 7, ha dichiarato l'illegittimità costituzionale del presente comma.

137. Non possono essere promosse né proseguite azioni per la dichiarazione di nullità, per vizio di forma, per incapacità a ricevere o per altre cause, di disposizioni testamentarie e di donazioni che sono valide secondo il Codice. La nullità ammessa anche da questo non può essere pronunziata se non nei limiti da esso previsti.

138. Le condizioni di vedovanza ammesse dall'ultimo comma dell'art. 850 del Codice del 1865, relative alle successioni apertesi prima del 21 aprile 1940, conservano la loro efficacia.

139. I diritti derivanti da una disposizione testamentaria sotto condizione sospensiva si trasmettono agli eredi dell'onorato, se questi muore dopo il 21 aprile 1940 senza che la condizione si sia verificata.

140. Ancorché la divisione sia stata già effettuata, si applica la norma dell'art. 759 del Codice, se l'evizione ha luogo dopo il 21 aprile 1940.

141. Le norme sulla revocazione per ingratitudine sono applicabili alle donazioni anteriori, se la causa di revocazione si è verificata dopo il 21 aprile 1940. Tuttavia la norma del secondo comma dell'art. 802 del Codice è applicabile anche se la causa di revocazione è anteriore.

Sezione III
Disposizioni relative al Libro III

142. - 149. [...][1].

[1] Articoli abrogati dall'art. 18, L. 22 luglio 1966, n. 607.

150. Per l'acquisto dei frutti al termine dell'usufrutto, se questo ha avuto inizio anteriormente al 28 ottobre 1941, si osserva il disposto dell'art. 480 del Codice del 1865.

CODICE CIVILE

151. Le disposizioni dell'art. 999 del Codice si applicano anche alle locazioni concluse dall'usufruttuario anteriormente al 28 ottobre 1941.

152. Il diritto di ritenzione ammesso dagli articoli 1006 e 1011 del Codice spetta all'usufruttuario anche per le somme a lui dovute in dipendenza di anticipazioni effettuate prima del 28 ottobre 1941.

153. La disposizione dell'articolo 1023 del Codice si applica anche ai diritti di uso e di abitazione costituiti prima del 28 ottobre 1941.

154. Se l'interclusione del fondo si è verificata per effetto di vendita anteriore al 28 ottobre 1941, il compratore non è tenuto a dare il passaggio senza indennità.

155. Le disposizioni concernenti la revisione dei regolamenti di condominio e la trascrizione di essi si applicano anche ai regolamenti formati prima del 28 ottobre 1941.

Cessano di avere effetto le disposizioni dei regolamenti di condominio che siano contrarie alle norme richiamate nell'ultimo comma dell'art. 1138 del Codice e nell'art. 72 di queste disposizioni.

155-*bis*. L'assemblea, ai fini dell'adeguamento degli impianti non centralizzati di cui all'articolo 1122-*bis*, primo comma, del codice, già esistenti alla data di entrata in vigore del predetto articolo, adotta le necessarie prescrizioni con le maggioranze di cui all'articolo 1136, commi primo, secondo e terzo, del codice[1].

[1] Articolo aggiunto dall'art. 26, L. 11 dicembre 2012, n. 220, a decorrere dal 18 giugno 2013.

156. I condomini costituiti in forma di società cooperativa possono conservare tale forma di amministrazione.

Ai rapporti di condominio negli edifici di cooperative edilizie le quali godono del contributo dello Stato nel pagamento degli interessi sui mutui si applicano le disposizioni delle leggi speciali.

157. Per i diritti spettanti al possessore, all'usufruttuario o all'enfiteuta a causa di riparazioni, di miglioramenti o di addizioni eseguite anteriormente al 28 ottobre 1941 si applicano le norme del Codice del 1865, salvo quanto è stabilito dall'art. 152 di queste disposizioni.

158. Il termine per l'usucapione delle servitù discontinue apparenti comincia a decorrere dal 28 ottobre 1941.

La disposizione dell'art. 1075 del Codice si applica se la prescrizione del modo della servitù non si è compiuta prima del 28 ottobre 1941.

Sezione IV
Disposizioni relative al Libro IV

159. Il luogo in cui devono essere adempiute le obbligazioni che scadono dopo l'entrata in vigore del Codice si determina in conformità dell'art. 1182 del Codice stesso, anche se si tratta di obbligazioni sorte anteriormente.

160. Le disposizioni del Codice relative alla mora del creditore, all'inadempimento e alla mora del debitore si applicano anche se si tratta di obbligazione sorta prima dell'entrata in vigore del Codice stesso, se l'offerta di pagamento sia stata compiuta ovvero l'inadempimento o la mora si sia verificato posteriormente.

161. I crediti di somme di danaro che siano divenuti esigibili prima dell'entrata in vigore del nuovo Codice producono, da questa data, interessi di pieno diritto, anche se tale effetto non si verificava secondo le disposizioni del Codice del 1865.

Gli interessi legali che si maturano dopo la data predetta devono essere computati al saggio stabilito dall'art. 1284 del nuovo Codice.

162. La disposizione dell'articolo 1283 del Codice si applica anche se si tratta di obbligazioni sorte anteriormente all'entrata in vigore del Codice stesso, quando gl'interessi sono dovuti per almeno sei mesi.

163. Il giudice può ridurre la penale manifestamente eccessiva anche se il contratto sia stato concluso anteriormente all'entrata in vigore del Codice e anche se il pagamento della penale sia stato giudizialmente domandato e il giudizio sia pendente alla data suddetta.

164. Le disposizioni del secondo e terzo comma dell'art. 1385 del Codice si applicano anche se il contratto sia stato concluso anteriormente al giorno dell'entrata in vigore del Codice stesso, e anche se a tale data sia stato già iniziato il giudizio e questo sia tuttora pendente.

165. Gli effetti dell'annullamento o della risoluzione dei contratti rispetto ai terzi sono regolati dalle disposizioni del Codice civile del 1865 se la domanda sia stata proposta anteriormente all'entrata in vigore del nuovo Codice.

166. Per le vendite immobiliari stipulate anteriormente all'entrata in vigore del Codice, la rescissione a causa di lesione è regolata dalle disposizioni del Codice del 1865.

167. Le disposizioni dell'art. 1462 del Codice si applicano anche se la clausola ivi prevista sia inserita in un contratto stipulato prima del giorno dell'entrata in vigore del Codice stesso, quando l'eccezione del debitore sia opposta dopo o, se proposta prima, il relativo giudizio sia ancora pendente alla data predetta.

168. Le disposizioni relative agli effetti dell'eccessiva onerosità sopravvenuta si applicano anche per i contratti conclusi prima dell'entrata in vigore del Codice se le circostanze e gli avvenimenti da cui deriva la eccessiva onerosità si siano verificati dopo.

169. Le disposizioni che regolano le conseguenze del sopravvenuto mutamento nelle condizioni patrimoniali del debitore si applicano anche quando si tratti di contratti anteriori all'entrata in vigore del Codice, se il mutamento si avveri posteriormente.

170. Le disposizioni del secondo comma dell'art. 1473 del Codice si applicano anche ai contratti di vendita conclusi anteriormente all'entrata in vigore del Codice stesso, se il rifiuto o l'impedimento del terzo ad accettare l'incarico si verificano dopo.

171. Le disposizioni degli articoli 1478, 1479 e 1480 del Codice si applicano anche ai contratti di vendita conclusi anteriormente al giorno dell'entrata in vigore di esso, se a tale data non ne era stato domandato in giudizio l'annullamento.

172. Le disposizioni che impongono la denuncia dei vizi o della mancanza di qualità della cosa venduta e stabiliscono i termini per farla, si applicano anche se il contratto sia stato concluso anteriormente all'entrata in vigore del Codice, purché la consegna o il ricevimento della cosa abbiano avuto luogo posteriormente.

173. Le disposizioni relative al riscatto convenzionale nel contratto di vendita, tranne quella del primo comma dell'articolo 1501, si applicano anche ai contratti conclusi anteriormente all'entrata in vigore del Codice quando il diritto di riscatto venga esercitato posteriormente.

174. Le disposizioni dell'art. 1512 del Codice si applicano ai contratti di vendita anteriori all'entrata in vigore di esso se il difetto di funzionamento sia scoperto posteriormente.

175. Qualora secondo le leggi anteriori i contratti di vendita di cose mobili con riserva di proprietà fossero opponibili ai creditori o ai terzi aventi causa dal compratore indipendentemente dai requisiti prescritti dall'art. 1524 del Codice, le formalità relative, trattandosi di contratti conclusi anteriormente al giorno dell'entrata in vigore di esso, devono essere adempiute entro tre mesi dalla data medesima. In mancanza, la riserva di proprietà non può essere opposta ai creditori del compratore che abbiano pignorato la cosa e ai terzi aventi causa dal medesimo che abbiano acquistato diritti sulla cosa stessa posteriormente alla data anzidetta.

176. Le disposizioni degli articoli 1525 e 1526 del Codice si applicano ai contratti conclusi anteriormente al giorno dell'entrata in vigore di esso e anche se la risoluzione per inadempimento sia stata giudizialmente domandata e il giudizio sia tuttora pendente alla data suddetta.

177. Le disposizioni degli articoli 1531, secondo comma, e 1550, secondo comma, del Codice, relative all'esercizio del diritto di voto, si applicano anche ai contratti di vendita a termine o di riporto di titoli di credito, che siano in corso di esecuzione all'entrata in vigore del Codice stesso.

178. La prescrizione stabilita dall'articolo 1541 del Codice si applica anche se si tratta di contratto di vendita anteriore alla data dell'entrata in vigore del Codice stesso qualora la consegna dell'immobile sia stata eseguita posteriormente e al momento della consegna non sia già decorso il termine stabilito dall'art. 1478 del Codice del 1865.

179. I patti di preferenza previsti dall'art. 1566 del Codice che alla data dell'entrata in vigore di questo devono ancora durare oltre cinque anni, sono validi nei limiti di un quinquennio computabile da tale data.

Le modalità per l'esercizio del diritto di preferenza stabilite dal secondo comma dell'art. 1566 predetto, si osservano se l'esercizio medesimo ha luogo dopo l'entrata in vigore del Codice, anche se il patto sia stato stipulato anteriormente.

180. I rapporti di locazione in corso al giorno dell'entrata in vigore del nuovo Codice sono regolati dal Codice del 1865.

Tuttavia si applicano, con effetto da tale data, le disposizioni del nuovo Codice dichiarate inderogabili, o che siano comunque di ordine pubblico, e tutte le altre che regolano fatti o situazioni non previste specificamente dalla legge anteriore.

181. Le disposizioni degli articoli 1665, 1666, 1667 e 1668 del Codice si applicano anche per i contratti anteriori, se l'opera o singole partite di essa siano compiute o comunque alla loro consegna si addivenga dopo l'entrata in vigore del Codice stesso.

182. Le disposizioni dell'articolo 1694 e della seconda parte dell'art. 1698 del Codice si osservano anche se il contratto sia anteriore all'entrata in vigore del Codice stesso.

183. Le disposizioni degli articoli 1706 e 1707 del Codice si applicano anche se il mandato sia stato conferito anteriormente all'entrata in vigore del Codice stesso.

184. Le cause di estinzione del mandato sono regolate dal Codice se si verificano dopo l'entrata in vigore di questo, anche se si tratta di mandato conferito anteriormente.

185. La disposizione del secondo comma dell'art. 1815 del Codice si applica anche se il contratto di mutuo sia anteriore all'entrata in vigore del Codice stesso.

186. Il creditore di una rendita o di ogni altra prestazione annua costituita anteriormente all'entrata in vigore del nuovo Codice, può pretendere dal debitore il rilascio di un nuovo documento secondo la disposizione dell'articolo 1870 del Codice stesso, ma il termine di nove anni decorre dall'entrata in vigore di questo se non scada prima il termine di ventotto anni stabilito dall'articolo 2136 del Codice del 1865.

187. Le disposizioni degli articoli 1888, secondo e terzo comma, 1889, 1902, 1903, secondo comma, 1930 e 1931 del Codice si applicano anche ai contratti in corso.

Si applicano parimenti ai contratti suddetti le disposizioni degli artt. 1897, 1898 e 1926, quando le modificazioni del rischio da esse previste si verificano dopo l'entrata in vigore del Codice, la disposizione del secondo comma dell'art. 1899, se la proroga tacita non è già avvenuta anteriormente alla entrata in vigore medesima, le disposizioni dell'art. 1901 relativamente ai premi che scadono dopo l'entrata in vigore medesima, le disposizioni degli articoli 1914, secondo comma, e 1915, secondo comma, per i sinistri verificatisi dopo l'entrata in vigore medesima.

188. Le disposizioni dell'articolo 1921 del Codice si applicano alle dichiarazioni di revoca posteriori all'entrata in vigore di esso, anche se il contratto di assicurazione sia stato concluso anteriormente.

Qualora i fatti che producono la decadenza del beneficiario o che autorizzano la revoca del beneficio si siano verificati dopo l'entrata in vigore predetta, si applicano le disposizioni dell'articolo 1922 del Codice, anche se il contratto di assicurazione sia anteriore.

189. Le disposizioni del primo comma dell'art. 1943 del Codice si osservano quando la presentazione del fideiussore avviene posteriormente all'entrata in vigore del Codice stesso, anche se l'obbligazione di dare un fideiussore sia sorta anteriormente.

La disposizione del precedente comma non si applica se l'obbligazione di dare un fideiussore deriva da un contratto.

190. La disposizione dell'articolo 1957 del Codice si applica anche alle fideiussioni anteriori all'entrata in vigore del Codice stesso se l'obbligazione principale scade dopo.

Se l'obbligazione è già scaduta, il termine di sei mesi stabilito dal primo comma dell'art. 1957 decorre dall'entrata in vigore suddetta.

191. La disposizione del secondo comma dell'art. 1962 del Codice si applica anche ai contratti di anticresi anteriori, ma il termine di dieci anni decorre dall'entrata in vigore del Codice stesso.

192. Il debitore può valersi della facoltà accordatagli dall'articolo 1964 del Codice, anche se il contratto di anticresi sia anteriore all'entrata in vigore del Codice stesso.

193. Le disposizioni degli articoli 1979, 1980, 1982, 1983, 1984 e 1985 del Codice si applicano anche ai contratti di cessione dei beni ai creditori, conclusi anteriormente all'entrata in vigore di esso.

194. Le disposizioni degli articoli 2045, 2057 e 2058 del Codice si applicano anche se i fatti da cui deriva la responsabilità del loro autore sono avvenuti anteriormente all'entrata in vigore del Codice stesso.

Sezione V
Disposizioni relative al Libro V

195. Le disposizioni contenute nelle sezioni III e IV del capo I del titolo II del libro V del Codice e quelle contenute nelle sezioni II, III, IV e V del capo II dello stesso titolo si applicano anche ai rapporti in corso al momento dell'entrata in vigore del Codice, salvo quanto è stabilito negli articoli seguenti.

196. [Nei contratti di lavoro a tempo determinato in corso al giorno dell'entrata in vigore del Codice, che devono ancora durare per un periodo superiore a quello indicato dall'ultimo comma dell'art. 2097 del Codice stesso, il prestatore di lavoro può recedere dal contratto, decorso il quinquennio o il decennio dal giorno suddetto][1].

[1] Articolo abrogato a seguito dell'abrogazione dell'art. 2097 avvenuta ad opera dell'art. 9, L. 18 aprile 1962, n. 230.

197. Le rinunzie e le transazioni successive alla cessazione del rapporto di lavoro previste dall'art. 2113 del Codice, che hanno avuto luogo nei tre mesi anteriori all'entrata in vigore del Codice, sono impugnabili a norma dell'articolo medesimo, e il termine per l'impugnazione decorre dalla data predetta.

198. I patti di non concorrenza previsti dall'art. 2125 del Codice, che al giorno dell'entrata in vigore del Codice devono ancora durare per un periodo superiore a quello stabilito nell'articolo stesso, sono efficaci per il periodo previsto nella detta disposizione a decorrere dalla data predetta.

199. L'inabilitato, che al giorno dell'entrata in vigore del Codice esercita un'impresa commerciale, non può continuarla se non con l'autorizzazione prevista dall'articolo 425 del Codice stesso. Questa autorizzazione produce effetto fino dal detto giorno qualora sia pubblicata, secondo le nuove disposizioni, entro tre mesi successivi.

200. Le disposizioni del Codice, relative alla tenuta delle scritture contabili e alla redazione del bilancio per gli imprenditori che esercitano una attività commerciale e per le società soggette a registrazione, entreranno in vigore il 1° gennaio 1943.

Fino a tale data le scritture contabili si considerano regolarmente tenute a tutti gli effetti previsti dal Codice in quanto siano regolarmente tenute secondo le leggi anteriori.

Fino all'attuazione delle disposizioni relative al registro delle imprese, la numerazione, la bollatura e la vidimazione dei libri contabili prescritte dal Codice saranno eseguite dal cancelliere del tribunale, o da un notaio secondo le leggi anteriori, e le relative richieste dovranno essere annotate nel registro dei libri di commercio istituito presso la cancelleria del tribunale a norma delle leggi anteriori[1].

[1] Comma così modificato a seguito dell'entrata in vigore del D.Lgs. 19 febbraio 1998, n. 51.

201. Ai contratti d'opera stipulati prima dell'entrata in vigore del Codice non si applica la decadenza prevista nel secondo comma dell'art. 2226 del Codice, salvo che la consegna dell'opera avvenga posteriormente all'entrata in vigore del Codice stesso.

202. Le disposizioni contenute nel capo II del titolo III del libro V del Codice si applicano anche ai rapporti di prestazione d'opera intellettuale in corso al giorno dell'entrata in vigore del Codice stesso, salva l'osservanza delle leggi speciali.

203. Le disposizioni contenute nel capo II del titolo IV del libro V del Codice si applicano anche ai rapporti di lavoro domestico in corso al giorno dell'entrata in vigore del Codice stesso.

204. Le società civili a tempo determinato, esistenti al giorno dell'entrata in vigore del Codice, continuano ad essere soggette alle leggi anteriori per la durata del contratto, purché questa risulti da atto scritto di data anteriore al 27 febbraio 1942.

Le società civili a tempo indeterminato e quelle, il cui termine di durata non risulta da atto scritto di data anteriore al 27 febbraio 1942, sono soggette alle norme del Codice sulle società semplici a partire dal 1° luglio 1945. Tuttavia anche dopo tale data le obbligazioni sociali sorte antecedentemente alla data suddetta sono regolate dalle disposizioni delle leggi anteriori.

Alle società civili costituite in forma di società per azioni, esistenti al giorno dell'entrata in vigore del Codice, si applicano le disposizioni relative a questo tipo di società[1].

[1] Per la proroga dei termini vedi art. 1, L. 18 ottobre 1950, n. 920.

205. Le società commerciali e le società cooperative, esistenti al giorno dell'entrata in vigore del Codice, ma non legalmente costituite secondo le leggi anteriori, devono adempiere, entro il 31 dicembre 1942, le formalità stabilite dal Codice secondo le norme dettate dall'art. 100 di queste disposizioni.

206. Le società commerciali e le società cooperative, legalmente costituite al giorno dell'entrata in vigore del Codice, devono provvedere ad uniformare l'atto costitutivo e lo statuto alle nuove disposizioni entro il 30 giugno 1945. Fino a questa data le disposizioni dell'atto costitutivo e dello statuto, in vigore al momento dell'attuazione del Codice, conservano la loro efficacia, anche se non sono a questo conformi, salve le norme degli articoli seguenti[1].

[1] Per la proroga dei termini vedi art. 1, L. 18 ottobre 1950, n. 920.

207. Non è necessario il consenso del socio receduto o degli eredi del socio defunto, richiesto dal secondo comma dell'art. 2292 del Codice, se il socio è receduto o defunto almeno un anno prima dell'entrata in vigore del Codice stesso, ed il suo nome è stato conservato nella ragione sociale senza opposizione del socio receduto o degli eredi del socio defunto.

208. L'incapace, che sia socio di una società in nome collettivo o socio accomandatario di una società in accomandita, deve ottenere le autorizzazioni previste dagli articoli 320, 371, 397, 424 e 425 del

CODICE CIVILE

Codice entro tre mesi dall'entrata in vigore di questo.

Se entro tale termine non sono state ottenute le autorizzazioni prescritte, l'incapace può essere escluso a norma dell'art. 2286 del Codice.

209. Hanno immediata applicazione con l'entrata in vigore del Codice, anche per le società esistenti a tale data, nonostante ogni contraria disposizione dell'atto costitutivo o dello statuto, gli articoli 2357 a 2362, 2367, 2373, 2377 a 2379, 2389, 2391 a 2396, 2398 a 2409, 2422 e 2446, nonché le disposizioni del titolo XI del libro V del Codice.

Le società, che anteriormente al giorno dell'entrata in vigore del Codice hanno investito in tutto o in parte il proprio capitale in difformità delle disposizioni degli articoli 2359 e 2360, devono uniformarsi alle disposizioni stesse entro il 30 giugno 1945[1].

[1] Per la proroga dei termini vedi art. 1, L. 18 ottobre 1950, n. 920.

210. L'emissione di obbligazioni da parte di società per azioni, esistenti al giorno dell'entrata in vigore del Codice, è regolata dalle nuove disposizioni.

Gli articoli 2415, 2416, 2417, 2418, 2419 e 2420 del Codice si applicano anche alle obbligazioni emesse anteriormente alla suddetta data.

211. Le modificazioni dell'atto costitutivo e dello statuto delle società commerciali e delle società cooperative, esistenti al giorno dell'entrata in vigore del Codice, nonché la trasformazione e la fusione delle società stesse sono regolate dalle nuove disposizioni.

211-*bis*. Il secondo periodo dell'articolo 2441, settimo comma, del codice non si applica alle azioni detenute, alla data del 7 marzo 1992, dai soggetti indicati nel medesimo comma, con obbligo di offrirle agli azionisti[1].

[1] Articolo aggiunto dall'art. 210, D.Lgs. 24 febbraio 1998, n. 58 a decorrere dal 1 luglio 1998.

212. Le deliberazioni di modifica dello statuto di società iscritte nel registro delle imprese alla data del 31 agosto 2014 con cui è prevista la creazione di azioni a voto plurimo ai sensi dell'articolo 2351 del codice sono prese, anche in prima convocazione, con il voto favorevole di almeno i due terzi del capitale rappresentato in assemblea[1].

[1] Articolo così sostituito dall'art. 20, D.L. 24 giugno 2014, n. 91, convertito in L. 11 agosto 2014, n. 116. Il testo previgente disponeva: *Le azioni a voto plurimo, esistenti al 27 febbraio 1942, nonché quelle emesse a norma dell'ultimo comma, potranno essere conservate per tutta la durata della società emittente prevista dall'atto costitutivo o dalle modificazioni di questo anteriori alla data suindicata.*

Dalla data predetta sono vietate anche per le società esistenti le emissioni di azioni a voto plurimo. Sono nulle altresì le deliberazioni con le quali si attribuisce alle azioni a voto plurimo esistenti un maggior numero di voti.

Le disposizioni del comma precedente non si applicano alle azioni a voto plurimo, emesse in occasione di aumenti di capitale deliberati prima dell'entrata in vigore del Codice e dirette a mantenere inalterato il rapporto tra le varie categorie di azioni.

213. Salvo contraria disposizione dell'atto costitutivo o dello statuto, la durata dell'ufficio degli amministratori delle società esistenti al giorno dell'entrata in vigore del Codice resta regolata dalla legge anteriore sino al 30 giugno 1945. Gli amministratori in carica a questa data decadono dall'ufficio alla prima scadenza, per decorrenza del termine, di uno o più amministratori, successiva alla data stessa, salva la disposizione del secondo comma dell'art. 2385 del Codice[1].

[1] Per la proroga dei termini vedi art. 1, L. 18 ottobre 1950, n. 920.

214. Le disposizioni dell'articolo 2387 del Codice non si applicano agli amministratori in carica al giorno dell'entrata in vigore del Codice stesso per la durata della loro nomina.

215. Le società per azioni, che al giorno dell'entrata in vigore del Codice hanno un capitale non inferiore a cinquecentomila lire, possono conservare la forma della società per azioni per il tempo stabilito per la loro durata antecedentemente al 27 febbraio 1942.

Le società per azioni, che al giorno dell'entrata in vigore del Codice, hanno un capitale inferiore a cinquecentomila lire, e che entro il 30 giugno 1945 non abbiano provveduto a conformarsi a uno dei tipi sociali previsti dal Codice, sono sciolte, e gli amministratori devono entro un mese convocare l'assemblea per le deliberazioni relative alla liquidazione secondo le norme stabilite dal Codice stesso[1].

[1] Per la proroga dei termini vedi art. 1, L. 18 ottobre 1950, n. 920.

216. Le società a garanzia limitata, esistenti al giorno dell'entrata in vigore del Codice nella Venezia Giulia e Tridentina, a norma del, R.D. 4 novembre 1928, n. 2325, se non hanno provveduto a conformarsi al Codice entro il 30 giugno 1945, sono soggette, a decorrere dal 1° luglio 1945 alle nuove disposizioni sulla società a responsabilità limitata[1].

[1] Per la proroga dei termini vedi art. 1, L. 18 ottobre 1950, n. 920.

217. Le società cooperative in nome collettivo e quelle per azioni, esistenti al giorno dell'entrata in vigore del Codice, sono soggette alle disposizioni dettate dal Codice stesso rispettivamente per le società cooperative a responsabilità illimitata e per le società cooperative a responsabilità limitata, salvo quanto disposto dagli articoli 206 e seguenti di queste disposizioni.

Le società cooperative in accomandita, esistenti al giorno dell'entrata in vigore del Codice, che entro il 30 giugno 1945 non abbiano provveduto a conformarsi al medesimo, devono essere poste in liquidazione.

Le disposizioni di questo articolo si applicano anche ai consorzi conservati in vigore nella Venezia Giulia e Tridentina a norma del primo comma dell'art. 41 del, R.D. 4 novembre 1928, n. 2325[1].

[1] Per la proroga dei termini vedi art. 1, L. 18 ottobre 1950, n. 920.

218. Le società in liquidazione alla data del 1° gennaio 2004, sono liquidate secondo le leggi anteriori[1].

Le società in liquidazione dal 1° gennaio 2004, sono liquidate secondo le nuove disposizioni[1 2 3].

[1] Comma così modificato dall'art. 5, D.Lgs. 6 febbraio 2004, n. 37.

[2] Articolo così sostituito dall'art. 9, D.Lgs. 17 gennaio 2003, n. 6, a decorrere dal 1° gennaio 2004.

[3] Il testo previgente disponeva: *Le società commerciali e cooperative, poste in liquidazione con atto pubblicato nel foglio degli annunzi legali prima dell'entrata in vigore del Codice, sono liquidate secondo le leggi anteriori.*

Le società commerciali e cooperative, poste in liquidazione con atto pubblicato nel foglio degli annunzi legali dopo l'entrata in vigore del Codice, sono liquidate secondo le nuove disposizioni.

219. I rapporti di associazione in partecipazione costituiti anteriormente all'entrata in vigore del Codice sono regolati dalle leggi anteriori.

220. La disposizione del secondo comma dell'art. 2560 del Codice non si applica ai trasferimenti di azienda anteriori all'entrata in vigore del Codice.

221. L'imprenditore deve, entro il 30 giugno 1945, uniformare alla disposizione dell'art. 2563 del Codice la ditta costituita anteriormente all'entrata in vigore del Codice stesso[1].

[1] Per la proroga dei termini vedi art. 1, L. 18 ottobre 1950, n. 920.

222. La disposizione dell'articolo 2596 del Codice non si applica ai patti limitativi della concorrenza conclusi anteriormente al 27 febbraio 1942.

Tuttavia i patti limitativi della concorrenza, conclusi prima del 27 febbraio 1942 per tempo indeterminato, o che alla data di entrata in vigore del Codice devono ancora durare per oltre cinque anni, hanno efficacia entro i limiti di un quinquennio da quest'ultima data.

223. I contratti di consorzio previsti dal capo II del titolo X del libro V del Codice, stipulati anteriormente all'entrata in vigore del Codice stesso, sono soggetti alle nuove disposizioni a partire dal 1° luglio 1945.

Entro il 30 giugno 1945 tali contratti devono essere uniformati alle disposizioni stesse: le relative deliberazioni sono prese con il voto favorevole della maggioranza dei consorziati e possono essere impugnate davanti l'autorità giudiziaria dai consorziati assenti o dissenzienti entro trenta giorni dalla data della deliberazione. In mancanza il consorzio è sciolto[1].

[1] Per la proroga dei termini vedi art. 1, L. 18 ottobre 1950, n. 920.

223-*bis*. Le società di cui ai capi V, VI e VII del titolo V del libro V, del codice civile, iscritte nel registro delle imprese alla data del 1° gennaio 2004, devono uniformare l'atto costitutivo e lo statuto alle nuove disposizioni inderogabili entro il 30 settembre 2004.

Le decisioni di trasformazione della società a responsabilità limitata in società per azioni possono essere prese entro il 30 settembre 2004, anche in deroga a clausole statutarie, con il voto favorevole di una maggioranza che rappresenti più della metà del capitale sociale[1].

Le deliberazioni dell'assemblea straordinaria di mero adattamento dell'atto costitutivo e dello statuto a nuove disposizioni inderogabili possono essere assunte, entro il termine di cui al primo comma, a maggioranza semplice, qualunque sia la parte di capitale rappresentata in assemblea. Con la medesima maggioranza ed entro il medesimo termine possono essere assunte le deliberazioni dell'assemblea straordinaria aventi ad oggetto l'introduzione nello statuto di clausole che escludono l'applicazione di nuove disposizioni di legge, derogabili con specifica clausola statutaria; fino alla avvenuta adozione della modifica statutaria e comunque non oltre il 30 settembre 2004, per tali società resta in vigore la relativa disciplina statutaria e di legge vigente alla data del 31 dicembre 2003[2].

Le modifiche statutarie necessarie per l'attribuzione all'organo amministrativo, al consiglio di sorveglianza o al consiglio di gestione della competenza all'adeguamento dello statuto alle disposizioni di cui all'articolo 2365, secondo comma, del codice sono

CODICE CIVILE

deliberate dall'assemblea straordinaria con le modalità e le maggioranze indicate nei commi precedenti.

Fino alla data indicata al primo comma, le previgenti disposizioni dell'atto costitutivo e dello statuto conservano la loro efficacia anche se non sono conformi alle disposizioni inderogabili del presente decreto.

Dalla data del 1° gennaio 2004 non possono essere iscritte nel registro delle imprese le società di cui ai capi V, VI e VII del titolo V del libro V del codice civile, anche se costituite anteriormente a detta data, che siano regolate da atto costitutivo e statuto non conformi al decreto medesimo. Si applica in tale caso l'articolo 2331, quarto comma, del codice.

Le società costituite anteriormente al 1° gennaio 2004 possono, in sede di costituzione o di modificazione dello statuto, adottare clausole statutarie conformi ai decreti legislativi attuativi della legge 3 ottobre 2001, n. 366. Tali clausole avranno efficacia a decorrere dal momento, successivo alla data del 1° gennaio 2004, in cui saranno iscritte nel registro delle imprese con contestuale deposito dello statuto nella sua nuova versione[3].

[1] Comma aggiunto dall'art. 5, D.Lgs. 6 febbraio 2004, n. 37.

[2] Comma così sostituito dall'art. 5, D.Lgs. 6 febbraio 2004, n. 37. Il testo previgente disponeva: *Le deliberazioni necessarie all'adeguamento dell'atto costitutivo e dello statuto alle nuove disposizioni, anche non inderogabili, possono essere assunte dall'assemblea straordinaria a maggioranza semplice, qualunque sia la parte di capitale rappresentata dai soci partecipanti.*

[3] Articolo aggiunto dall'art. 9, D.Lgs. 17 gennaio 2003, n. 6, a decorrere dal 1° gennaio 2004.

223-*ter*. Le società per azioni costituite prima del 1° gennaio 2004 con un capitale sociale inferiore a centoventimila euro possono conservare la forma della società per azioni per il tempo, stabilito antecedentemente alla data del 1° gennaio 2004, per la loro durata[1].

[1] Articolo aggiunto dall'art. 9, D.Lgs. 17 gennaio 2003, n. 6, a decorrere dal 1° gennaio 2004.

223-*quater*. Nel caso in cui la legge prevede che le autorizzazioni di cui agli articoli 2329, numero *3)*, e 2436, secondo comma, del codice civile siano rilasciate successivamente alla stipulazione dell'atto costitutivo o, rispettivamente, alla deliberazione, i termini previsti dalle suddette disposizioni decorrono dal giorno in cui l'originale o la copia autentica del provvedimento di autorizzazione è stato consegnato al notaio.

L'autorità competente al rilascio delle autorizzazioni di cui al primo comma è altresì legittimata, qualora l'iscrizione nel registro delle imprese sia avvenuta nonostante la loro mancanza o invalidità, a proporre istanza per la cancellazione della società medesima dal registro. Il tribunale provvede, sentita la società, in camera di consiglio e nel caso di accoglimento dell'istanza si applica l'articolo 2332 del codice[1 2].

[1] Relativamente alle disposizioni di cui al presente comma trovano applicazione le norme di cui alla Sezione II (Del procedimento in confronto di più parti) del Capo I (Disposizioni generali) del Titolo IV (Del procedimento in camera di consiglio), D.Lgs. 17 gennaio 2003, n. 5 (Definizione dei procedimenti in materia di diritto societario e di intermediazione finanziaria, nonché in materia bancaria e creditizia, in attuazione dell'articolo 12 della legge 3 ottobre 2001, n. 366) (art. 33, D.Lgs. 5/2003, cit.).

[2] Articolo aggiunto dall'art. 9, D.Lgs. 17 gennaio 2003, n. 6, a decorrere dal 1° gennaio 2004.

223-*quinquies*. Tutti i termini previsti in disposizioni speciali con riferimento all'omologazione dell'atto costitutivo o di deliberazioni assembleari decorrono dalla data di iscrizione di tali atti nel registro delle imprese[1].

[1] Articolo aggiunto dall'art. 9, D.Lgs. 17 gennaio 2003, n. 6, a decorrere dal 1° gennaio 2004.

223-*sexies*. Le disposizioni degli articoli 2377, 2378, 2379, 2379-*bis*, 2379-*ter* e 2434-*bis* del codice civile si applicano anche alle deliberazioni anteriori alla data del 1° gennaio 2004, salvo che l'azione sia stata già proposta. Tuttavia se i termini scadono entro il 31 marzo 2004, le azioni per l'annullamento o la dichiarazione di nullità delle deliberazioni possono essere esercitate entro il 31 marzo 2004[1].

[1] Articolo aggiunto dall'art. 9, D.Lgs. 17 gennaio 2003, n. 6, a decorrere dal 1° gennaio 2004.

223-*septies*. Se non diversamente disposto, le norme del codice civile che fanno riferimento agli amministratori e ai sindaci trovano applicazione, in quanto compatibili, anche ai componenti del consiglio di gestione e del consiglio di sorveglianza, per le società che abbiano adottato il sistema dualistico, e ai componenti del consiglio di amministrazione e ai componenti del comitato per il controllo sulla gestione, per le società che abbiano adottato il sistema monistico.

Ogni riferimento al collegio sindacale o ai sindaci presente nelle leggi speciali è da intendersi effettuato anche al consiglio di sorveglianza e al comitato per il controllo sulla gestione o ai loro componenti, ove compatibile con le specificità di tali organi[1].

[1] Articolo aggiunto dall'art. 9, D.Lgs. 17 gennaio 2003, n. 6, a decorrere dal 1° gennaio 2004.

223-*octies*. La trasformazione prevista dall'articolo 2500-*octies* del codice civile è consentita alle associazioni e fondazioni costituite prima del 1° gennaio 2004 soltanto quando non comporta distrazione, dalle originarie finalità, di fondi o valori creati con contributi di terzi o in virtù di particolari regimi fiscali di agevolazione. Nell'ipotesi di fondi creati in virtù di particolari regimi fiscali di agevolazione, la trasformazione è consentita nel caso in cui siano previamente versate le relative imposte.

La trasformazione di cui al primo comma non è consentita alle fondazioni bancarie[1].

[1] Articolo aggiunto dall'art. 9, D.Lgs. 17 gennaio 2003, n. 6, a decorrere dal 1° gennaio 2004.

223-*novies*. I procedimenti previsti dall'articolo 2409 del codice, pendenti alla data del 1° gennaio 2004, proseguono secondo le norme anteriormente vigenti.

Il tribunale ha il potere di dichiarare cessata la materia del contendere, qualora le modifiche introdotte comportino la sanatoria delle irregolarità denunciate[1].

[1] Articolo aggiunto dall'art. 9, D.Lgs. 17 gennaio 2003, n. 6, a decorrere dal 1° gennaio 2004.

223-*decies*. Gli articoli da 2415 a 2420 del codice civile si applicano anche alle obbligazioni emesse anteriormente al 1° gennaio 2004[1].

[1] Articolo aggiunto dall'art. 9, D.Lgs. 17 gennaio 2003, n. 6, a decorrere dal 1° gennaio 2004.

223-*undecies*. I bilanci relativi ad esercizi chiusi prima del 1° gennaio 2004 sono redatti secondo le leggi anteriormente vigenti.

I bilanci relativi ad esercizi chiusi tra il 1° gennaio 2004 e il 30 settembre 2004 possono essere redatti secondo le leggi anteriormente vigenti o secondo le nuove disposizioni.

I bilanci relativi ad esercizi chiusi dopo la data del 30 settembre 2004 sono redatti secondo le nuove disposizioni[1].

[1] Articolo aggiunto dall'art. 9, D.Lgs. 17 gennaio 2003, n. 6, a decorrere dal 1° gennaio 2004.

223-*duodecies*. Le società di cui al capo I del titolo VI del libro V del codice civile, iscritte nel registro delle imprese alla data del 1° gennaio 2004, devono uniformare l'atto costitutivo e lo statuto alle nuove disposizioni inderogabili entro il 31 marzo 2005[1].

Le deliberazioni necessarie per l'adeguamento dell'atto costitutivo e dello statuto alle nuove disposizioni inderogabili possono essere adottate, in terza convocazione, a maggioranza semplice dei presenti.

L'articolo 2365, secondo comma, del codice civile, nella parte relativa all'adeguamento dello statuto a disposizioni normative, trova applicazione anche per l'adeguamento alle norme introdotte con i decreti legislativi attuativi della legge n. 366 del 2001. Le modifiche statutarie necessarie per l'attribuzione all'organo amministrativo, al consiglio di sorveglianza o al consiglio di gestione della competenza all'adeguamento dello statuto alle disposizioni di cui al presente decreto sono deliberate dall'assemblea straordinaria con le modalità e le maggioranze indicate nei commi precedenti.

Fino alla data indicata al primo comma le previgenti disposizioni dell'atto costitutivo e dello statuto conservano la loro efficacia anche se non sono conformi alle disposizioni inderogabili del presente decreto.

Dalla data del 1° gennaio 2004 non possono essere iscritte nel registro delle imprese le società di cui al capo I del titolo VI del libro V del codice, anche se costituite anteriormente a detta data, che siano regolate da atto costitutivo e statuto non conformi al decreto medesimo. Si applica in tale caso l'articolo 2331, quarto comma, del codice civile.

Le disposizioni fiscali di carattere agevolativo previste dalle leggi speciali si applicano soltanto alle cooperative a mutualità prevalente.

Conservano le agevolazioni fiscali le società cooperative e i loro consorzi che, con le modalità e le maggioranze previste per le deliberazioni assembleari dall'articolo 2538 del codice, adeguano i propri statuti alle disposizioni che disciplinano le società cooperative a mutualità prevalente entro il 31 marzo 2005[2 3].

[1] Comma così modificato dall'art. 36, D.Lgs. 28 dicembre 2004, n. 310.

[2] Comma così modificato dall'art. 19-*ter*, D.L. 9 novembre 2004, n. 266, convertito in L. 27 dicembre 2004, n. 306.

[3] Articolo aggiunto dall'art. 9, D.Lgs. 17 gennaio 2003, n. 6, a decorrere dal 1° gennaio 2004.

223-*terdecies*. Alle banche popolari e alle banche di credito cooperativo si applica l'articolo 223-duodecies; il termine per l'adeguamento degli statuti alle nuove disposizioni inderogabili del codice civile è fissato al 30 giugno 2005. Entro lo stesso termine le banche cooperative provvedono all'iscrizione presso l'Albo delle società cooperative.

Ai consorzi agrari continuano ad applicarsi le norme vigenti alla data di entrata in vigore della legge n. 366 del 2001[1].

[1] Articolo aggiunto dall'art. 9, D.Lgs. 17 gennaio 2003, n. 6, a decorrere dal 1° gennaio 2004 e così sostituito dall'art. 37, D.Lgs. 28 dicembre 2004, n. 310. Il testo previgente disponeva: *Le banche di credito cooperativo che rispettino le norme delle leggi speciali sono considerate cooperative a mutualità prevalente.*

CODICE CIVILE

Alle banche popolari, alle banche di credito cooperativo ed ai consorzi agrari continuano ad applicarsi le norme vigenti alla data di entrata in vigore della legge n. 366 del 2001.

223-*quaterdecies*. Nelle cooperative che hanno adottato e osservano le clausole previste dall'articolo 14 del decreto del Presidente della Repubblica 29 settembre 1973, n. 601, alla data del 1° gennaio 2004, la deliberazione di trasformazione deve devolvere il patrimonio in essere alla data di trasformazione, dedotti il capitale versato e rivalutato ed i dividendi non ancora distribuiti, eventualmente aumentato sino a concorrenza dell'ammontare minimo del capitale della nuova società, ai fondi mutualistici per la promozione e lo sviluppo della cooperazione[1].

[1] Articolo aggiunto dall'art. 9, D.Lgs. 17 gennaio 2003, n. 6, a decorrere dal 1° gennaio 2004.

223-*quinquiesdecies*. Le cooperative che non hanno adottato le clausole previste dall'articolo 14 del decreto del Presidente della Repubblica 29 settembre 1973, n. 601, alla data del 1° gennaio 2004, possono deliberare la trasformazione in società lucrative con le maggioranze previste dall'articolo 2545-*decies* del codice senza che trovi applicazione la devoluzione del patrimonio ai fondi mutualistici.

In deroga all'articolo 2545-*quater* del codice civile, le cooperative di cui al primo comma, qualora non accedano ai benefici fiscali, devono destinare al fondo di riserva legale il venti per cento degli utili netti annuali[1].

L'obbligo di cui all'articolo 2545-*undecies* del codice si applica, salva la rinunzia ai benefici fiscali da parte della cooperativa, limitatamente alle riserve indivisibili accantonate ai sensi dell'articolo 2545-*ter*, primo comma, del codice dal 1° gennaio 2004[2][3].

[1] Comma aggiunto dall'art. 5, D.Lgs. 6 febbraio 2004, n. 37.

[2] Comma così modificato dall'art. 5, D.Lgs. 6 febbraio 2004, n. 37.

[3] Articolo aggiunto dall'art. 9, D.Lgs. 17 gennaio 2003, n. 6, a decorrere dal 1° gennaio 2004.

223-*sexiesdecies*. Entro il 30 giugno 2004, il Ministro delle attività produttive predispone un Albo delle società cooperative tenuto a cura del Ministero delle attività produttive, ove si iscrivono le cooperative a mutualità prevalente, e a tal fine consente di comunicare annualmente attraverso strumenti di comunicazione informatica le notizie di bilancio, anche ai fini della dimostrazione del possesso del requisito di cui all'articolo 2513 del codice, all'amministrazione presso la quale è tenuto l'albo. L'omessa comunicazione comporta l'applicazione della sanzione amministrativa della sospensione semestrale di ogni attività dell'ente, intesa come divieto di assumere nuove eventuali obbligazioni contrattuali. In una diversa sezione del medesimo Albo sono tenute ad iscriversi anche le cooperative diverse da quelle a mutualità prevalente[1].

Il Ministro delle attività produttive, di concerto con il Ministro dell'economia e delle finanze, adegua ogni tre anni, con proprio decreto le previsioni di cui agli articoli 2519 e 2525 del codice tenuto conto delle variazioni dell'indice nazionale generale annuo dei prezzi al consumo delle famiglie di operai e impiegati, calcolate dall'Istat[2].

[1] Comma così modificato dall'art. 10, L. 23 luglio 2009, n. 99.

[2] Articolo aggiunto dall'art. 9, D.Lgs. 17 gennaio 2003, n. 6, a decorrere dal 1° gennaio 2004.

● Norme connesse:
- D.M. 23 giugno 2004 di istituzione dell'Albo.

223-*septiesdecies*. Fermo restando quanto previsto degli articoli 2545-*septiesdecies* e 2545-*octiesdecies* del codice, gli enti cooperativi che non hanno depositato i bilanci di esercizio da oltre cinque anni, qualora non risulti l'esistenza di valori patrimoniali immobiliari, sono sciolti senza nomina del liquidatore con provvedimento dell'autorità di vigilanza da iscriversi nel registro delle imprese. Entro il termine perentorio di trenta giorni dalla pubblicazione nella *Gazzetta Ufficiale* i creditori o gli altri interessati possono presentare formale e motivata domanda all'autorità governativa, intesa ad ottenere la nomina del commissario liquidatore; in mancanza, a seguito di comunicazione dell'autorità di vigilanza, il conservatore del registro delle imprese territorialmente competente provvede alla cancellazione della società cooperativa o dell'ente mutualistico dal registro medesimo.

Ai fini dello scioglimento e della cancellazione ai sensi del primo comma, l'ente di cui all'articolo 7 della legge 29 dicembre 1993, n. 580, trasmette all'autorità di vigilanza, alla chiusura di ogni semestre solare, l'elenco degli enti cooperativi, anche in liquidazione ordinaria, che non hanno depositato i bilanci di esercizio da oltre cinque anni. L'autorità di vigilanza verifica l'assenza di valori patrimoniali immobiliari mediante apposita indagine massiva nei pubblici registri, in attuazione delle convenzioni che devono essere all'uopo stipulate con le competenti autorità detentrici dei registri predetti[1][2].

[1] Comma aggiunto dall'art. 40, D.L. 16 luglio 2020, n. 76, convertito in L. 11 settembre 2020, n. 120, a decorrere dal 15 settembre 2020.

[2] Articolo aggiunto dall'art. 9, D.Lgs. 17 gennaio 2003, n. 6, a decorrere dal 1° gennaio 2004 e poi così modificato dall'art. 10, L. 23 luglio 2009, n. 99.

223-*octiesdecies*. I bilanci relativi ad esercizi chiusi prima del 1° gennaio 2004 sono redatti secondo le leggi anteriormente vigenti.

I bilanci relativi ad esercizi chiusi tra la data del 1° gennaio 2004 e quella del 31 dicembre 2004 possono essere redatti secondo le leggi anteriormente vigenti o secondo le nuove disposizioni.

I bilanci relativi ad esercizi chiusi dopo la data del 31 dicembre 2004 sono redatti secondo le nuove disposizioni[1].

[1] Articolo aggiunto dall'art. 9, D.Lgs. 17 gennaio 2003, n. 6, a decorrere dal 1° gennaio 2004.

223-*noviesdecies*. Le società cooperative poste in liquidazione prima del 1° gennaio 2004 sono liquidate secondo le leggi anteriori.

Le società cooperative poste in liquidazione dopo il 1° gennaio 2004 sono liquidate secondo le nuove disposizioni[1].

[1] Articolo aggiunto dall'art. 9, D.Lgs. 17 gennaio 2003, n. 6, a decorrere dal 1° gennaio 2004.

223-*vicies*. I procedimenti riguardanti società cooperative previsti dall'articolo 2409 del codice, pendenti al 1° gennaio 2004, proseguono secondo le norme anteriormente vigenti[1].

[1] Articolo aggiunto dall'art. 9, D.Lgs. 17 gennaio 2003, n. 6, a decorrere dal 1° gennaio 2004.

223-*vicies semel*. Il limite di cinque anni previsto dall'articolo 2341-*bis* si applica ai patti parasociali stipulati prima del 1° gennaio 2004 e decorre dalla medesima data[1].

[1] Articolo aggiunto dall'art. 9, D.Lgs. 17 gennaio 2003, n. 6, a decorrere dal 1° gennaio 2004.

223-*vicies bis*. Qualora la fattispecie di cui al primo comma dell'articolo 2362 del codice sia precedente al 1° gennaio 2004, il termine ivi previsto decorre dalla sua data di entrata in vigore[1].

[1] Articolo aggiunto dall'art. 9, D.Lgs. 17 gennaio 2003, n. 6, a decorrere dal 1° gennaio 2004.

223-*vicies ter*. Non si applica la lettera e) del primo comma dell'articolo 2437 del codice alla eliminazione delle cause di recesso, previste nel secondo comma del medesimo articolo, purché deliberata entro il 30 giugno 2004[1].

[1] Articolo aggiunto dall'art. 9, D.Lgs. 17 gennaio 2003, n. 6, a decorrere dal 1° gennaio 2004.

Sezione VI
Disposizioni relative al Libro VI

224. Salvo quanto è disposto dagli articoli seguenti, la trascrizione di un atto, eseguita in conformità delle leggi anteriori a effetti diversi da quelli stabiliti dal Codice, produce gli effetti previsti dal Codice stesso, a decorrere dal giorno dell'entrata in vigore di questo.

225. Le disposizioni del Codice che regolano gli effetti dell'omissione della trascrizione o dell'annotazione non si applicano agli atti anteriori all'entrata in vigore del Codice stesso, per i quali la trascrizione non era richiesta secondo le leggi precedenti o era richiesta a effetti diversi.

226. La trascrizione delle domande giudiziali prevista dagli articoli 2652 e 2653 del Codice, anche se eseguita prima dell'entrata in vigore di questo, non pregiudica in nessun caso i diritti acquistati dai terzi prima di tale entrata in vigore, se essi erano fatti salvi dalle leggi anteriori.

227. Le disposizioni del Codice, secondo le quali la trascrizione di una domanda giudiziale eseguita oltre un certo termine non pregiudica i diritti acquistati dai terzi, non si applicano ai diritti che sono stati acquistati anteriormente all'entrata in vigore del Codice stesso e che non erano fatti salvi dalle leggi anteriori, a meno che i diritti medesimi siano resi pubblici prima della trascrizione della domanda e il termine stabilito dal Codice per la loro salvezza sia decorso dal giorno dell'entrata in vigore di questo.

228. La trascrizione del testamento o del certificato di denunciata successione, eseguita a norma delle leggi anteriori, produce dal giorno dell'entrata in vigore del Codice gli stessi effetti che questo attribuisce alla trascrizione dell'accettazione dell'eredità.

229. Le disposizioni degli articoli 2650 e 2834 del Codice relative all'ipoteca legale a favore del condividente non si applicano alle divisioni stipulate prima dell'entrata in vigore del Codice stesso, ancorché trascritte successivamente.

230. Salvo quanto è disposto dai successivi articoli 231 e 232, le norme del, R.D. 28 marzo 1929, n. 499, e della legge sui libri fondiari nel testo allegato al decreto medesimo, fino a che non sarà provveduto al loro coordinamento con le disposizioni del Codice, continuano ad avere vigore nei territori delle nuove province, e in luogo delle disposizioni del Codice del 1865 si intendono richiamate le corrispondenti disposizioni del nuovo Codice.

231. Formano oggetto di annotazione, secondo le disposizioni della legge sui libri fondiari, anche:

CODICE CIVILE

1) gli atti menzionati dai numeri 10, 11 e 12 dell'art. 2643 del Codice agli effetti previsti dall'art. 19 della legge sui libri fondiari;

2) gli atti di costituzione del patrimonio familiare agli effetti previsti dalle disposizioni del Codice;

3) la cessione dei beni ai creditori agli effetti previsti dalle disposizioni del Codice stesso;

4) le domande e gli atti indicati dagli articoli 2652 e 2653 del Codice agli effetti disposti dagli articoli medesimi, in quanto non siano incompatibili con gli effetti stabiliti dalla legge sui libri fondiari.

232. L'annotazione del vincolo dotale e della comunione dei beni tra coniugi prevista dall'art. 19 lett. *c)* della legge sui libri fondiari o l'omissione dell'annotazione medesima produce dal giorno dell'entrata in vigore del Codice gli effetti da questo stabiliti.

232-*bis*. A decorrere dal 25 novembre 1973, la responsabilità per danni del conservatore dei registri immobiliari è regolata dalle norme relative agli impiegati civili dello Stato, salvo che per i rapporti definiti con sentenza passata in giudicato, con transazione, o comunque esauriti[1].

[1] Articolo aggiunto dall'art. 5, L. 21 gennaio 1983, n. 22.

233. Le disposizioni del Codice relative alle prove si applicano anche nei giudizi pendenti, se non è stata pronunziata sentenza definitiva, ancorché di primo grado.

La prova testimoniale per gli atti eseguiti anteriormente all'entrata in vigore del Codice rimane tuttavia ammissibile anche nei casi in cui non è da questo consentita, se essa poteva essere ammessa a norma del Codice civile del 1865 o del Codice di commercio del 1882.

234. Le disposizioni del Codice relative ai diritti dei creditori privilegiati, all'ordine dei privilegi e all'efficacia di questi rispetto al pegno, alle ipoteche e agli altri diritti reali si osservano anche per i privilegi sorti anteriormente all'entrata in vigore del Codice stesso, se sono fatti valere posteriormente.

235. La disposizione dell'articolo 2767 del Codice si applica anche ai crediti per risarcimento sorti prima dell'entrata in vigore del Codice stesso, se l'indennità dovuta dall'assicuratore non è stata ancora corrisposta.

236. Quando un credito al quale le leggi speciali attribuiscono il privilegio del creditore pignoratizio viene in concorso con i crediti indicati dall'art. 2778 del Codice, esso è preferito a quelli di cui ai numeri 12 e seguenti dello stesso articolo e posposto agli altri.

237. Se il pegno è stato costituito anteriormente all'entrata in vigore del Codice, le condizioni per l'efficacia della prelazione sono determinate dalle leggi anteriori.

Si osservano invece le disposizioni del Codice per ciò che concerne i poteri e gli obblighi del creditore pignoratizio.

Continua tuttavia ad applicarsi la disposizione del secondo comma dell'art. 1888 del Codice del 1865, se il secondo credito è divenuto esigibile anteriormente all'entrata in vigore del nuovo Codice.

238. L'opponibilità ai creditori ipotecari dei diritti costituiti sulla cosa ipotecata e delle cessioni o liberazioni di pigioni o di fitti è regolata dalle disposizioni del Codice, quantunque si tratti di diritti sorti o di cessioni o liberazioni effettuate anteriormente all'entrata in vigore del Codice stesso, sempre che il pignoramento sia eseguito posteriormente.

239. Le disposizioni dell'articolo 2825 del Codice si applicano anche alle ipoteche costituite e alle cessioni effettuate anteriormente all'entrata in vigore del Codice stesso, se la divisione ha luogo posteriormente.

240. Le ipoteche iscritte prima dell'entrata in vigore del Codice conservano la loro efficacia per venti anni dall'entrata in vigore del Codice stesso, a meno che per la cessazione di tale efficacia, secondo le disposizioni del Codice del 1865, rimanga a decorrere un termine più breve.

241. La disposizione dell'ultimo comma dell'art. 2855 del Codice non si applica alle ipoteche iscritte prima dell'entrata in vigore del Codice stesso. L'estensione degli effetti dell'iscrizione continua a essere regolata dalle leggi anteriori.

242. Le disposizioni del Codice, secondo le quali l'esercizio di determinate facoltà del terzo acquirente dell'immobile ipotecato è subordinato alla trascrizione del titolo, non si applicano a coloro il cui acquisto è anteriore all'entrata in vigore del Codice stesso, se a norma del Codice del 1865 la trascrizione non era a quell'effetto richiesta.

243. Le disposizioni degli articoli 2872, secondo comma, e 2873, secondo e terzo comma, del Codice si applicano anche alle ipoteche iscritte anteriormente all'entrata in vigore del Codice stesso.

244. Se il processo di liberazione dei beni dalle ipoteche è in corso all'entrata in vigore del Codice, esso prosegue secondo le norme delle leggi anteriori, ma, per quanto concerne l'espropriazione, si osservano le disposizioni dell'art. 222 delle norme di attuazione e transitorie relative al Codice di procedura civile, approvate con R.D. 18 dicembre 1941, n. 1368.

245. Gli effetti del sequestro conservativo e del pignoramento eseguiti anteriormente all'entrata in vigore del nuovo Codice sono determinati dalle disposizioni del Codice del 1865.

246. Le disposizioni dell'articolo 2932 del Codice si applicano anche se l'obbligo di concludere il contratto è sorto anteriormente all'entrata in vigore del Codice stesso, purché l'inadempimento si verifichi posteriormente.

247. Cessano di avere effetto dalla data di entrata in vigore del Codice le cause di sospensione della prescrizione che non sono da questo ammesse.

248. Rimangono immutate le disposizioni vigenti circa il termine della prescrizione nei riguardi dei buoni del tesoro ordinari e pluriennali, dei titoli del debito pubblico, delle cartelle della sezione autonoma del credito comunale e provinciale, dei libretti postali di risparmio, dei buoni postali fruttiferi e di quelli della cassa depositi e prestiti.

Rimangono parimenti immutate le disposizioni delle leggi speciali che stabiliscono termini di prescrizione diversi da quello ordinario.

CAPO III

DISPOSIZIONI GENERALI E FINALI

249. [...][1].

[1] Articolo abrogato a seguito dell'entrata in vigore della Costituzione repubblicana.

250. [...][1].

[1] Articolo abrogato a seguito della soppressione delle leggi razziali.

251. Quando nel Codice o in queste disposizioni si fa riferimento a istituti di credito, in detta espressione s'intendono comprese, oltre l'istituto d'emissione, le imprese autorizzate e controllate, a norma delle leggi vigenti, dall'ispettorato per la difesa del risparmio e per l'esercizio del credito.

[...][1].

[1] Comma abrogato dall'art. 36, D.P.R. 10 febbraio 1986, n. 30.

252. Quando per l'esercizio di un diritto ovvero per la prescrizione o per l'usucapione il Codice stabilisce un termine più breve di quello stabilito dalle leggi anteriori, il nuovo termine si applica anche all'esercizio dei diritti sorti anteriormente e alle prescrizioni e usucapioni in corso, ma il nuovo termine decorre dal 1° luglio 1939 se esso è stabilito dal I libro del Codice, dal 21 aprile 1940 se è stabilito dal II libro, dal 28 ottobre 1941 se è stabilito dal III libro e dalla entrata in vigore del Codice stesso se è stabilito dagli altri libri, purché, a norma della legge precedente, non rimanga a decorrere un termine minore.

La stessa disposizione si applica in ogni altro caso in cui l'acquisto di un diritto è subordinato al decorso di un termine più breve di quello stabilito dalle leggi anteriori.

253. Le trascrizioni e le annotazioni di vincolo previste dal Codice e da queste disposizioni, quando si tratta di rendite del debito pubblico o di altri beni per i quali leggi speciali stabiliscano determinate forme di pubblicità, si eseguono con l'osservanza di dette leggi.

254. I modelli dei registri delle persone giuridiche, delle legittimazioni per decreto presidenziale, delle adozioni, delle tutele e curatele, delle successioni e di quello previsto dal secondo comma dell'art. 1524 del Codice sono determinati con decreto del Ministro di grazia e giustizia.

255. Per la tenuta del registro previsto dal secondo comma dell'art. 1524 del Codice e per le formalità della trascrizione, si osservano, in quanto applicabili, le disposizioni degli articoli 2658, primo comma, 2659, 2664, 2673, 2677 e 2680, primo, secondo e quarto comma del Codice stesso.

Le trascrizioni devono essere eseguite giornalmente, al momento della presentazione della nota e dell'atto da trascriversi.

Il numero d'ordine della trascrizione è quello progressivo del registro delle trascrizioni.

Il cancelliere deve formare un fascicolo per ogni trascrizione secondo le disposizioni stabilite per i fascicoli di cancelleria dall'articolo 36 del, R.D. 18 dicembre 1941, n. 1368.

256. Quando nelle leggi e nei regolamenti sono richiamate le disposizioni del Codice civile del 1865 e del Codice di commercio del 1882 s'intendono richiamate le disposizioni corrispondenti del nuovo Codice.

CODICE CIVILE E CODICE DEL COMMERCIO DEL REGNO D'ITALIA (ESTRATTO)

R.D. 25 giugno 1865, n. 2358. Codice civile del Regno d'Italia.

1634. Quando si commette ad alcuno di fare un lavoro, si può pattuire che egli somministri soltanto la sua opera o la sua industria, ovvero che somministri anche la materia.

1647. Colui che coltiva un fondo col patto di dividere i frutti col locatore, si chiama mezzaiuolo, mezzadro, massaro colono, e il contratto che ne risulta, si chiama mezzadria, masseria o colonia.

Sono comuni a tale contratto le regole stabilite in generale per le locazioni di cose, e in particolare per le locazioni di fondi rustici colle modificazioni seguenti.

1649. Il mezzaiuolo non può sublocare né cedere la masseria, se non gliene fu espressamente accordata la facoltà nel contratto.

In caso di contravvenzione il locatore ha diritto di riprendere il godimenti della cosa data a masseria, ed il mezzaiuolo è condannato al risarcimento dei danni derivanti dall'inadempimento del contratto.

1650. Il mezzaiuolo non può vendere fieno, paglia o concime, né fare carreggiature per altri senza il consenso del locatore.

1651. La colonia, in qualunque modo sia fatta, non cessa mai di diritto; ma il locatore deve dare o il colono pretendere licenza entro il tempo fissato dalla consuetudine.

1652. Può domandarsi anche fuori di tempo lo scioglimento della masseria. qualora vi sieno giusti motivi, come in caso che il locatore od il massaro manchino ai loro impegni, o che una malattia abituale renda inabile il massaro alla coltivazione, ed in altri simili casi.

L'apprezzamento di tali motivi è lasciato alla prudenza ed equità dell'autorità giudiziaria.

1653. Per la morte del colono la colonia si risolve col finire dell'anno agrario in corso; ma se la morte è avvenuta negli ultimi quattro mesi, compete ai figli e agli altri eredi del defunto, se con lui coabitavano, la facoltà di continuare nella colonia anche per l'anno seguente; cd in mancanza di eredi coabitanti, o se questi non possono o non vogliono usare di tale facoltà, essa compete alla vedova del colono.

Nel caso in cui gli eredi e la vedova nella coltivazione del fondo non seguissero le norme di un buon padre di famiglia, sia nel restante tempo dell'anno agrario in corso, sia nell'anno susseguente, può il locatore fare coltivare il fondo a proprie spese, prelevandone poscia l'importare sulla porzione dei frutti a cui essi avrebbero diritto.

1654. In tutto ciò che non è regolato dalle disposizioni precedenti o da convenzioni espresse, si osservano nel contratto di masseria le consuetudini locali.

In mancanza di consuetudini o di convenzioni espresse hanno luogo le regole seguenti.

1655. Il bestiame occorrente per coltivare e concimare il fondo, il capitale dell'invernata e gli strumenti necessari alla coltivazione del fondo stesso debbono fornirsi dal colono.

La quantità del bestiame debb'essere in proporzione dei mezzi che la possessione tenuta a masseria somministra per alimentarlo.

1656. Le sementi si forniscono in comune dal locatore e dal mezzaiuolo.

1657. Le spese che possono occorrere al colono per l'ordinaria coltivazione dei campi o per la raccolta dei frutti sono a suo carico.

1658. Le piantagioni ordinarie, come quelle che si fanno in surrogazione delle piante morte o fortuitamente atterrate o divenute infruttifere durante la masseria, debbono farsi dal mezzaiuolo, ed è a carico del locatore la somministrazione delle piante, delle fascine, dei vimini e dei pali che alle medesime occorresseio.

Se le piante si traggono dal semenzaio che trovasi nel fondo, non è dovuta al mezzaiuolo alcuna indennità.

1659. Lo spurgo dei fossi, tanto interni quanto adiacenti alle strade pubbliche, come pure i lavori che sogliono ordinarsi dai comuni per la conservazione delle strade, sono a carico del colono.

Egli ha pure l'obbligo di fare le carreggiature ordinarie sia per le riparazioni del fondo e della casa colonica, sia pel trasporto dei generi alla casa del locatore.

1660. Il colono non può raccogliere, né battere i grani, né fare la vendemmia senza avvertirne il locatore.

1662. Il libro del locatore, se contiene le partite di credito e di debito con indicazione di tempo e di causa, e se le partite medesime sono state di mano in mano annotate in altro libretto da conservarsi presso il colono, fa piena prova tanto a favore del locatore quanto contro di lui, ove il colono non abbia reclamato prima della scadenza di quattro mesi dalla data dell'ultima partita.

Fa la stessa prova il libretto che il colono conserva presso di sé, purché sia scritto dal locatore nella maniera sopraccennata.

Non presentandosi dal locatore o dal colono il proprio libretto perché andò smarrito o non se ne ebbe cura, si sta a quello che vien presentato.

1663. Il libretto tenuto dal locatore e dal colono nella forma indicata nell'articolo precedente fa prova eziandio dei patti, che possono essersi fra loro convenuti in aggiunta o a modificazione delle regole stabilite in questo capo.

1664. La colonia senza determinazione di tempo si reputa fatta per un solo anno. L'anno comincia e termina coll'undici di novembre.

Passato il mese di marzo senza che siasi data o presa licenza, si intende la colonia rinnovata per un altro anno.

1665. La locazione a soccida o soccio è un contratto, per cui una delle parti dà all'altra una quantità di bestiame, perché lo custodisca, lo nutrisca e ne abbia cura, a norma delle condizioni fra esse convenute.

1666. Vi sono più specie di soccida:

La soccida semplice ed ordinari;

La soccida a metà;

La soccida coll'affittuario o col mezzaiuolo;

La soccida impropriamente detta.

1667. Si può dare a soccida qualunque specie di bestiame che sia capace di accrescimento, o di utilità all'agricoltura e al commercio.

1668. Non essendovi patti particolari, tali contratti vengono regolati dai principii seguenti.

1670. La stima attribuita al bestiame nel contratto di locazione non ne trasferisce la proprietà al conduttore, e non ha altro effetto che di determinare la perdita o il guadagno che può risultarne, terminata la locazione.

1671. Il conduttore deve usare la diligenza di un buon padre di famiglia per la conservazione del bestiame datogli a soccida.

1672. Egli non è obbligato pei casi fortuiti, se non quando sia imputabile di colpa precedente, senza la quale non sarebbe avvenuto il danno.

1673. Nascendo controversia, il conduttore deve provare il caso fortuito, ed il locatore la colpa da lui imputata al conduttore.

1674. Il conduttore, che non si è obbligato a risarcire i danni dei casi fortuiti, è sempre tenuto a render conto delle pelli delle bestie e di quanto altro ne possa rimanere.

1675. Se il bestiame è perito od il suo valore primitivo è diminuito senza colpa del conduttore, la perdita è a carico del locatore.

1676. Il solo conduttore profitta del latte, del concime e del lavoro del bestiame dato a soccida.

La lana e l'accrescimento si dividono.

1677. Non si può stipulare:

Che il conduttore sopporti più della metà della perdita del bestiame, allorché avvenga per caso fortuito e senza sua colpa;

Che egli abbia nella perdita una parte più grande che nel guadagno;

Che il locatore prelevi in fine della locazione qualche cosa oltre il bestiame dato a soccida.

Ogni convenzione di tale natura è nulla.

1678. Il conduttore non può disporre di alcuna bestia della mandra, tanto appartenente al capitale della soccida, quanto all'accrescimento, senza il consenso del locatore, e nemmeno questi può disporne senza il consenso del conduttore.

1681. Se nel contratto non fu stabilito il tempo per cui deve durare la soccida, si ritiene che abbia a durano per tre anni.

1682. Il locatore può domandarne anche prima lo scioglimento se il conduttore non adempie à suoi obblighi.

1683. Al termine della locazione od al tempo dello scioglimento si procede a nuova stima del bestiame dato a soccida.

Il locatore può prelevare dalle mandre bestie d'ogni specie sino alla concorrenza della prima stima: il di più si divide.

Se non vi sono bestie sufficienti ad agguagliare la prima stima, il locatore prende quelle che rimangono senza che il conduttore debba concorrere nella perdita.

1684. La soccida a metà è una società, nella quale ciascuno dei contraenti conferisce la metà del bestiame che resta comune pel guadagno o per la perdita.

1686. Nel rimanente le regole della soccida semplice s'applicano alla soccida a metà.

1697. La società è un contratto col quale due o più persone convengono di mettere qualche cosa in comunione, al line di dividere il guadagno che ne potrà derivare.

1698. Qualunque società deve avere per oggetto una cosa lecita, ed essere contratta per l'interesse comune delle parti.

Ciascun socio deve conferirvi o danaro, od altri beni, o la propria industria.

1709. Ogni socio è debitore verso la società di tutto ciò che ha promesso di conferirvi.

Quando ciò che si deve conferire, consiste in un determinato corpo di cui la società abbia sofferta l'evizione, il socio che l'ha conferito, ne è garante verso la società, nel modo stesso che il venditore è obbligato per l'evizione a favore del compratore.

1717. Se il contratto di società non determina la parte di ciascun socio nei guadagni o nelle perdite, tale parte è in proporzione di quanto ciascuno ha conferito pel fondo sociale.

Riguardo a colui che non ha conferito che la propria industria, la sua parte nei guadagni o nelle perdite è regolata come la parte di colui che nella società ha conferito la somma o porzione minore.

1718. Se i soci hanno convenuto di rimettersi al giudizio di uno di essi o di un terzo per determinare le porzioni, la determinazione che sarà data, non può impugnarsi che nel caso in cui sia evidentemente contraria all'equità.

Non è ammesso alcun reclamo a questo riguardo, quando sono decorsi più di tre mesi dal giorno in cui il socio che si pretende leso, ha avuto notizia della determinazione, o quando dal suo canto ha cominciato ad eseguirla.

1719. È nulla la convenzione che attribuisce ad uno dei soci la totalità dei guadagni.

Parimente è nulla la convenzione, per cui i capitali o effetti posti in società da uno e da più soci si dichiarassero esenti da qualunque contributo nelle perdite.

1720. Il socio incaricato della amministrazione in forza di un patto speciale del contratto di società può fare, non ostante l'opposizione degli altri soci, tutti gli atti che dipendono dalla sua amministrazione, ciò segua senza frode.

Questa facoltà non può essere rivocata durante la società senza una causa legittima; ma se è stata accordata con un atto posteriore al contratto di società, è rivocabile come un semplice mandato.

1721. Se più soci sono incaricati di amministrare, senza che siano determinate le loro funzioni o sia stato espresso che l'uno non possa agire senza l'altro, ciascuno di essi può fare separatamente tutti gli atti di tale amministrazione.

1722. Se fu pattuito che uno degli amministratori non possa fare cosa alcuna senza l'altro, uno solo non può, senza una nuova convenzione, agire in assenza dell'altro, quantunque questi fosse nell'attuale impossibilità di concorrere agli atti dell'amministrazione, salvo che si trattase di un atto di urgenza, dall'omissione del quale potesse derivare un grave ed irreparabile danno alla società.

1723. In mancanza di patti speciali sul modo di amministrare si osservano le seguenti regole:

1° Si presume che i soci siensi data reciprocamente la facoltà di amministrare l'uno per l'altro. L'operato di ciascuno è valido anche per la parte dè consoci, ancorché non abbia riportato il loro consenso, salvo a questi ultimi o ad uno di essi il diritto di opporsi all'operazione, prima che sia conclusa;

2° Ciascun socio può servirsi delle cose appartenenti alla società, purché le impieghi secondo la loro destinazione fissata dall'uso, e non se ne serva contro l'interesse della società, o in modo che impedisca ai suoi soci di servirsene secondo il loro diritto;

3° Ciascun socio ha diritto di obbligare i consoci a contribuire con esso alle spese necessarie per la conservazione delle cose della società;

4° Uno dè soci non può fare innovazioni sopra gli immobili dipendenti dalla società, ancorché le reputi vantaggiose ad essa, se gli altri soci non vi acconsentano.

1726. Nelle società, escluse quelle di commercio, i soci non sono obbligati in solido pei debiti sociali, né uno dei soci può obbligare gli altri, se questi non gliene hanno data la facoltà.

1727. I soci sono obbligati verso il creditore con cui hanno contrattato, ciascuno per una somma e parte eguale, ancorché uno di essi abbia in società una porzione minore, se il contratto non ha specialmente ristretta l'obbligazione di questo in ragione della sua porzione.

1728. La stipulazione esprimente che l'obbligazione fu contratta per conto sociale, obbliga soltanto il socio che ha contrattato e non gli altri, eccetto che questi gliene abbiano data la facoltà, o che la cosa sia stata rivolta in vantaggio della società.

1729. La società, finisce:

1° Per lo spirare del tempo per cui fu contratta;

2° Per l'estinzione della cosa o pel compimento dell'affare;

3° Per la morte di alcuno dei soci;

4° Per l'interdizione, per la non solvenza o pel fallimento di alcuno dei soci;

5° Per la volontà espressa da uno o più soci di non voler continuare la società.

1732. Si può stipulare che in caso di morte di uno dei soci la società debba continuare col suo erede, ovvero che debba soltanto continuare fra i soci superstiti. Nel secondo caso l'erede del defunto non ha diritto che alla divisione della società, avuto riguardo allo stato in cui essa si trova al tempo della morte del socio, e non partecipa alle ulteriori ragioni se non in quanto sono una conseguenza necessaria delle operazioni fatte prima della morte del socio a cui succede.

1733. Lo scioglimento della società per volontà di una delle parti ha luogo soltanto in quelle società la cui durata è senza limite, e si effettua mediante una rinunzia notificata a tutti i soci, purché tale rinunzia sia fatta in buona fede e non fuori di tempo.

1734. La rinunzia non è di buona fede, quando il socio rinunzia per appropriarsi egli solo il guadagno che i soci si erano proposto di ottenere in comune.

Essa è fatta fuori di tempo, quando le cose non sono più nella loro integrità, e l'interesse della società esige che ne venga differito lo scioglimento.

1735. Lo scioglimento della società contratta a tempo determinato non può domandarsi da uno dè soci prima che sia spirato il termine stabilito, se non quando vi fossero giusti motivi, come nel caso che uno dei soci mancasse à suoi impegni, o che una malattia abituale lo rendesse inabile agli affari sociali, o in altri casi consimili.

L'apprezzamento di tali motivi è lasciato alla prudenza dell'autorità giudiziaria.

R.D. 31 ottobre 1882, n. 1062. Codice del commercio.

8. Sono commercianti coloro che esercitano atti di commercio per professione abituale, e le società commerciali.

21. Il commerciante deve tenere un libro giornale, che presenti giorno per giorno i suoi debiti e crediti, le operazioni del suo commercio, le sue negoziazioni, accettazioni o girate di effetti e generalmente tutto quanto riceve e paga per qualsivoglia titolo, civile o commerciale, oltre la dichiarazione, mese per mese, delle somme impiegate per le spese della sua casa, e ciò indipendentemente dagli altri libri che sono d'uso nel commercio, ma non indispensabili.

Deve anche conservare in fascicoli le lettere e i telegrammi che riceve e copiare sopra un libro le lettere e i telegrammi che spedisce.

22. Il commerciante deve fare ogni anno un inventario dei suoi beni mobili ed immobili e dei suoi debiti e crediti di qualunque natura e provenienza.

L'inventario si chiude col bilancio e col conto dei profitti e delle perdite e deve essere trascritto e firmato dal commerciante, di anno in anno, sopra un libro a ciò destinato.

23. Il giornale e il libro degli inventarii non possono essere posti in uso, se prima ciascun foglio non ne sia stato numerato e firmato da un giudice del tribunale di commercio o dal pretore del luogo di residenza del commerciante; nell'ultima pagina dei libri suddetti e del libro copialettere dev'essere dichiarato il numero dei fogli che li compongono, e a questa dichiarazione il giudice o il pretore deve apporre la data e la firma, il tutto senza spesa.

Il libro giornale dev'essere presentato unavolta all'anno al tribunale di commercio od al pretore e vidimato senza spesa immediatamente sotto l'ultima scrittura.

Nei comuni ove non risiede un pretore, la vidimazione del libro giornale può eseguirsi da un notaro, che deve farne constare l'adempimento nel suo repertorio.

25. I libri suddetti devono essere tenuti per ordine di data, di seguito, senza alcuno spazio in bianco, senza interlinee e senza trasporti in margine. Non vi si possono fare abrasioni, ed ove sia necessaria qualche cancellazione, questa deve eseguirsi in modo che le parole cancellate siano tuttavia leggibili.

26. I commercianti devono conservare per dieci anni dall'ultima registrazione i libri che sono obbligati a tenere, e le lettere e i telegrammi ricevuti.

76. Le società commerciali hanno per oggetto uno o più atti di commercio e si distinguono nelle specie seguenti:

1° La società in nome collettivo, nella quale le obbligazioni sociali sono garantite dalla responsabilità illimitata e solidaria di tutti socii;

2° La società in accomandita, nella quale le obbligazioni sociali sono garantite dalla responsabilità illimitata e solidaria di uno o più socii accomandatarii e dalla responsabilità di uno o più socii accomandanti limitata ad una somma determinata che può anche essere rappresentata da azioni;

3° La società anonima, nella quale le obbligazioni sociali sono garantite soltanto limitatamente ad un determinato capitale, e ciascun socio non è obbligato che per la sua quota o per la sua azione.

77. La società in nome collettivo, la società in accomandita semplice e la società in accomandita per azioni, esistono sotto una ragione sociale.

La società anonima non ha ragione sociale, ma è qualificata con una denominazione particolare o colla designazione dell'oggetto della sua impresa. Questa denominazione o designazione deve chiaramente distinguersi da quella di ogni altra società.

Le società anzidette costituiscono, rispetto ai terzi, enti collettivi distinti dalle persone dei socii.

80. Il socio che ha conferito nella società uno o più crediti non è liberato sino a che la società non abbia ottenuto il pagamento della somma per la quale ebbe luogo il conferimento.

Se il pagamento non si ottiene colla escussione del debitore, il socio risponde della somma dovuta coll'interesse legale dal giorno della scadenza dei crediti conferiti, salvo il risarcimento dei danni.

85. I creditori particolari del socio non possono finché dura la società far valere i loro diritti, che sulla parte degli utili spettanti al socio secondo il bilancio sociale, e sciolta la società sulla quota ad esso spettante nella liquidazione. Possono però sequestrare tale quota, e nelle società in accomandita per azioni ed anonime possono sequestrare ed anche vendere le quote o le azioni spettanti al loro debitore.

86. La partecipazione agli utili concessa agli impiegati o ad altri dipendenti della società, per rinumerazione totale o parziale dell'opera loro, non attribuisce per sé sola ad essi la qualità di socii.

87. Il contratto di società deve essere fatto per iscritto.

Le società in accomandita per azioni e le società anonime devono costituirsi per atto pubblico.

88. L'atto costitutivo delle società in nome collettivo e delle società in accomandita semplice, oltre la data deve indicare:

1° Il nome e il cognome, o la ditta, e il domicilio dei socii;

2° La ragione sociale e la sede della società;

3° I socii che hanno la firma sociale;

4° L'oggetto della società, la quota che ciascun socio conferisce in danaro, in crediti o in altri beni, il valore a questi attribuito ed il modo di valutazione;

5° La parte di ciascun socio negli utili e nelle perdite;

6° Il tempo in cui la società deve incominciare e quello in cui deve finire.

89. L'atto costitutivo o lo statuto delle società anonime e delle società in accomandita per azioni deve indicare:

1° La denominazione e la sede della società, dei suoi stabilimenti e delle sue rappresentanze;

2° La qualità e la specie degli affari che costituiscono l'oggetto della società;

3° L'ammontare del capitale sottoscritto e del capitale versato;

4° Le persone dei soci e il loro domicilio, o il numero ed il valore nominale delle azioni, esprimendo se queste siano nominative o al portatore, se le azioni nominative possano essere convertite in azioni al portatore e viceversa, e quale sia la scadenza e l'ammontare dei versamenti da farsi dai socii;

5° Il valore dei crediti o degli altri beni conferiti;

6° Le norme colle quali i bilanci devono essere formati e gli utili calcolati e ripartiti;

7° I vantaggi o diritti particolari conceduti ai promotori;

8° Il numero degli amministratori e i loro diritti e doveri, esprimendo quale tra essi abbia la firma sociale, e nelle società in accomandita per azioni il nome, il cognome e il domicilio degli accomandatarii;

9° Il numero dei sindaci;

10° Le facoltà dell'assemblea generale e le condizioni per la validità delle sue deliberazioni e per l'esercizio del diritto di voto, se vuolsi derogare per questa parte alle disposizioni degli articoli 156, 157 e 158;

11° Il tempo in cui la società deve incominciare e quello in cui deve finire.

Devono inoltre essere allegati nell'atto costitutivo i documenti contenenti le sottoscrizioni dei soci e le prove dell'eseguito deposito del primo versamento nel modo stabilito nell'articolo 133.

90. Un estratto dell'atto costitutivo delle società in nome collettivo e in accomandita semplice, contenente tutte le indicazioni richieste nell'articolo 88 e sottoscritto in forma autentica dai contraenti, o dal notaro se la stipulazione avvenne per atto pubblico, dev'essere depositato entro quindici giorni dalla data dell'atto costitutivo, nella cancelleria del tribunale di commercio nella cui giurisdizione è stabilita la sede della società, per essere trascritto nel registro delle società ed essere affisso nella sala del tribunale, nella sala del comune e nei locali della borsa più vicina.

91. L'atto costitutivo e lo statuto delle società in accomandita per azioni ed anonime devono essere, a cura e sotto la responsabilità del notaro che ha ricevuto l'atto e degli amministratori, depositati entro quindici giorni dalla data nella cancelleria del tribunale civile nella cui giurisdizione è stabilita la sede della società.

Il tribunale civile, verificato l'adempimento delle condizioni stabilite dalla legge per la legale costituzione della società, ordina, con provvedimento deliberato in camera di consiglio, e coll'intervento del pubblico ministero, la trascrizione e l'affissione dell'atto costitutivo e dello statuto nelle forme prescritte nell'articolo precedente.

Le norme per la esecuzione di queste disposizioni e di quelle contenute nello articolo precedente sono determinate con regolamento da pubblicarsi con regio decreto.

96. La mutazione, il recesso o l'esclusione dei socii, i cambiamenti della ragione sociale, della sede o dell'oggetto della società, o dei socii che hanno la firma sociale, la riduzione, l'aumento o la reintegrazione del capitale, lo scioglimento anteriore al termine stabilito nel contratto, la fusione con altre società e la prorogazione oltre il termine suddetto, devono risultare, per le società in nome collettivo ed in accomandita semplice, da espressa dichiarazione o deliberazione dei socii, e gli atti relativi devono essere depositati, trascritti, affissi e pubblicati per estratto secondo le disposizioni degli articoli precedenti.

Gli atti suddetti, ed in generale tutti i cambiamenti introdotti nelle disposizioni dell'atto costitutivo o dello statuto delle società in accomandita per azioni ed anonime, devono risultare da deliberazione, presa in conformità alle prescrizioni della legge e dell'atto costitutivo o dello statuto, e depositata nella cancelleria del tribunale civile per la verificazione dell'adempimento delle condizioni stabilite dalla legge, e per l'autorizzazione della trascrizione nel registro delle società, e devono essere trascritti, affissi e pubblicati secondo le disposizioni degli articoli 91, 94 e 95.

97. È in facoltà di ogni socio di adempiere a spese sociali le formalità prescritte per il deposito e la pubblicazione dell'atto costitutivo e dello statuto della società e degli atti indicati nell'articolo 96, o di far condannare gli amministratori della società ad eseguirle.

98. Sino a che non siano adempiute le formalità ordinate negli articoli 87, 90, 91, 93, 94 e 95, la società non è legalmente costituita. Sino alla legale costituzione della società, i socii, i promotori, gli amministratori e tutti coloro che operano in nome di essa contraggono responsabilità senza limitazione ed in solido per tutte le obbligazioni assunte.

100. I cambiamenti dell'atto costitutivo o dello statuto, qualunque sia la specie della società, non hanno effetto, sino a che non siano trascritti e pubblicati secondo le disposizioni dell'articolo 96.

101. La riduzione del capitale sociale non può avere esecuzione, se non siano trascorsi tre mesi dal giorno in cui la dichiarazione o la deliberazione della società fu pubblicata nel giornale degli annunzi giudiziarii, coll'espresso avvertimento che chiunque vi abbia interesse può fare opposizione entro il termine stesso.

L'opposizione sospende l'esecuzione della riduzione del capitale fino a che non sia ritirata o respinta con sentenza non più soggetta ad opposizione od appello.

102. I creditori particolari del socio in nome collettivo, o del socio responsabile senza limitazione nella società in accomandita, il diritto dei quali sia liquidato con sentenza non più soggetta ad opposizione od appello, possono fare opposizione contro la deliberazione dei socii di prorogare la società oltre il termine stabilito per la sua durata.

L'opposizione sospende, rispetto agli opponenti, l'effetto del prolungamento della società, se è fatta entro dieci giorni dalla pubblicazione della deliberazione di cui si tratta.

104. In ogni contratto scritto stipulato nell'interesse della società, e in ogni atto, lettera, pubblicazione od annunzio che ad essa si riferisca, devono essere chiaramente indicate la specie e la sede della società.

Il capitale delle società in accomandita per azioni ed anonime dev'essere negli atti suddetti indicato secondo la somma effettivamente versata e quale risulta esistente dall'ultimo bilancio approvato.

105. Nella società in nome collettivo i soli nomi dei socii, o le loro ditte, possono far parte della ragione sociale.

Il socio che ha la firma sociale non può trasmetterla o cederla, se non ne ha la facoltà dal contratto. Se contravviene a questo divieto, l'obbligazione contratta del sostituto rimane a rischio di questo e del suo mandante, e la società non è obbligata rispetto al sostituto che sino alla somma degli utili conseguiti dall'operazione.

106. I socii in nome collettivo sono obbligati in solido per le operazioni fatte in nome e per conto della società sotto la firma da essa adottata dalle persone autorizzate all'amministrazione. Tuttavia i creditori della società non possono pretendere il pagamento dai singoli socii prima di aver esercitata l'azione contro la società.

112. I socii in nome collettivo non possono prendere interesse, come socii illimitatamente responsabili, in altre società aventi lo stesso oggetto, né fare operazioni per conto proprio o per conto di terzi nello stesso commercio, senza il consenso di altri socii.

Il consenso si presume, se l'interesse o le operazioni preesistevano al contratto di società ed erano noti agli altri soci, e questi non pattuirono che dovessero cessare.

113. In caso di contravvenzione alle disposizioni dell'articolo precedente, la società, salva la disposizione dell'articolo 186, ha diritto di ritenere che il socio abbia agito per conto di essa o di conseguire il risarcimento del danno. Tale diritto si estingue dopo tre mesi dal giorno in cui la società venne a notizia del preso interesse o delle operazioni fatte.

114. La società in accomandita è amministrata da socii responsabili senza limitazione.

I soli nomi dei socii responsabili senza limitazione, o le loro ditte, possono far parte della ragione sociale.

Se nonostante questa disposizione il nome del socio accomandante è compreso nella ragione sociale, egli è responsabile solidariamente e senza limitazione di tutte le obbligazioni sociali.

117. Il socio accomandante è tenuto, sino al limite della sua quota, a rispondere delle perdite e dei debiti sociali.

Non può essere costretto a restituire le quote d'interesse e i dividendi sociali da lui percepiti in buona fede, e secondo bilanci regolarmente compilati dai quali risultino utili corrispondenti.

Accadendo una diminuzione del capitale sociale, questo deve essere reintegrato cogli utili succes-

CODICI REGNO ITALIA

sivi prima che si possa far luogo al pagamento di ulteriori dividendi.

118. L'accomandante non può fare verun atto di amministrazione che produca diritti ed obbligazioni alla società, nemmeno per procura generale o speciale per una serie o classe di affari. Ogni atto contrario a questo divieto lo rende responsabile senza limitazione e solidariamente verso i terzi per tutte le obbligazioni della società.

Se la procura è speciale per un determinato affare, egli assume personalmente e solidariamente colla società le obbligazioni derivanti da esso.

I pareri e i consigli, gli atti d'ispezione e di sorveglianza, la nomina o la revocazione degli amministratori nei casi preveduti dalla legge, e le abilitazioni date all'amministratore nei limiti del contratto sociale per gli atti eccedenti le sue facoltà, non obbligano il socio accomandante.

119. Nelle società in accomandita per azioni l'amministratore può essere rivocato per deliberazione dell'assemblea generale degli azionisti presa colla maggioranza richiesta nell'art. 158, riservata ai socii dissenzienti la facoltà concessa nel penultimo capoverso dell'articolo stesso.

L'amministratore rivocato resta responsabile verso i terzi per le obbligazioni contratte durante la sua amministrazione, salvo il regresso verso la società.

Se la revocazione è fatta senza giusti motivi, l'amministratore rivocato ha diritto al risarcimento del danno.

121. La società anonima è amministrata da uno o più mandatari temporanei, rivocabili, socii o non socii.

124. La nomina degli amministratori spetta all'assemblea generale; possono però la prima volta essere nominati nell'atto costitutivo, ma il mandato non può essere conferito per più di quattro anni.

Se non è stabilita la durata del mandato, questo s'intende conferito per due anni.

Se gli amministratori nominati contemporaneamente sono più di uno, la metà del loro numero decade per la prima volta dall'ufficio alla scadenza della metà del termine del mandato e dev'essere surrogata.

Se sono in numero dispari, la decadenza suddetta ha luogo per la metà dedotto uno dal numero totale, salva convenzione diversa.

La designazione degli amministratori per i quali ha luogo la decadenza è fatta mediante sorteggio.

Gli amministratori sono sempre rieleggibili, quando l'atto costitutivo o lo statuto della società non disponga altrimenti.

125. In caso di vacanza di un posto d'amministratore, gli altri amministratori uniti ai sindaci, se l'atto costitutivo lo statuto non contenga disposizione contraria, procedono a surrogare il mancante sino alla convocazione dell'assemblea generale, deliberando colla presenza dei due terzi ed a maggioranza assoluta di voti.

Se vi ha un solo amministratore, in caso di rinuncia, dev'essere convocata l'assemblea generale. In caso di morte o di impedimento fisico, la nomina provvisoria viene fatta dai sindaci, ma l'assemblea generale dev'essere convocata d'urgenza per la nomina definitiva.

126. I promotori sono responsabili solidariamente e senza limitazione delle obbligazioni che contraggono per costituire la società, salvo il regresso contro di essa, se vi è luogo.

Essi assumono a loro rischio le conseguenze degli atti e le spese necessarie per la costituzione della società, e se questa non viene per qualsivoglia causa costituita non possono rivalersi contro i sottoscrittori delle azioni.

127. Nella costituzione della società i promotori non possono riservare a loro profitto alcun premio, aggio o beneficio particolare rappresentato in qualsiasi forma da prelevamenti, da azioni o da obbligazioni di favore, né concedere commissione a favore di chi avesse garantito od assunto il collocamento delle azioni.

Ogni patto contrario è nullo.

Possono però i promotori riservarsi una partecipazione, non maggiore di un decimo, agli utili netti della società durante uno o più esercizii, purché questi non superino il terzo della durata della società e in ogni caso non si accedano i cinque anni di esercizio; ma non possono stipulare che il pagamento abbia luogo prima dell'approvazione del bilancio.

128. La società può essere costituita con uno o più atti pubblici, nei quali in concorso dei sottoscrittori dell'intiero capitale sociale, sia accertata l'esistenza delle condizioni prescritte dalla legge, e siano nominati gli amministratori e le persone incaricate di sostenere l'ufficio di sindaci sino alla prima assemblea generale.

129. La società può anche essere costituita per mezzo di pubblica sottoscrizione. In tale caso i promotori devono compilare un programma che indichi lo scopo, il capitale, le clausole principali dell'atto costitutivo o dello statuto, e la partecipazione che si riservano agli utili della società, o contenga il progetto di statuto. Il programma dev'essere sottoscritto dai promotori, o può stabilire un termine diverso da quello indicato nell'articolo 99, per la estinzione dell'obbligazione dei sottoscrittori. Il programma deve pure indicare la persona, che presiederà l'assemblea accennata nell'art. 134.

Il programma colle sottoscrizioni autentiche dei promotori dev'essere, prima della pubblicazione, depositato nella cancelleria del tribunale di commercio nella cui giurisdizione deve stabilirsi la sede della futura società.

130. Le sottoscrizioni delle azioni devono essere raccolte sotto uno o più esemplari del programma dei promotori del progetto di statuto della società. Esse devono indicare il nome e il cognome, o la ditta, o il domicilio di colui che sottoscrive, il numero in tutte lettere delle azioni sottoscritte, ed esprimere la dichiarazione che il sottoscrittore conosce ed accetta il programma o il progetto di statuto.

Le sottoscrizioni possono anche risultare da lettere dirette dai sottoscrittori ai promotori contenenti le indicazioni suddette, ed in ispecie la dichiarazione espressa che il sottoscrittore conosce ed accetta il programma o l'atto costitutivo della società per la quale sottoscrive.

Le sottoscrizioni devono essere autenticate da notaro, qualunque sia il modo con cui furono raccolte.

La riserva di partecipazione agli utili netti della società permessa nell'articolo 127 a favore dei promotori, quantunque accettata dai sottoscrittori, non ha effetto, se non è approvata dall'assemblea stabilita nell'articolo 134.

131. Per procedere alla costituzione della società è necessario che sia sottoscritto per intiero il capitale sociale, o siano versati in danaro da ciascun socio tre decimi di quella parte del capitale consistente in numerario che è rappresentata dalla sua quota o dalle azioni da lui sottoscritte, sempreché nel programma dei promotori non sia prescritto il versamento d'una somma maggiore.

Non si possono emettere nuove azioni sino a che le precedenti non siano intieramente pagate.

In nessun caso possono emettersi per somma minore del loro valore nominale.

Le società che hanno per oggetto esclusivo della loro impresa le assicurazioni possono costituirsi col versamento in danaro di un decimo del valore delle azioni sottoscritte da ciascun socio.

132. Raccolte le sottoscrizioni, i promotori con avviso da inserirsi nella Gazzetta ufficiale del Regno e nel giornale degli annunzi giudiziari del luogo dove intendono stabilire la sede della società devono assegnare un termine fisso per fare il versamento prescritto nell'articolo precedente a quei sottoscrittori che non lo avessero eseguito all'atto delle sottoscrizioni.

Scorso inutilmente questo termine è in facoltà dei promotori di sciogliere i sottoscrittori morosi dall'obbligazione assunta, o di costringerli al versamento.

Se i sottoscrittori vengono sciolti dall'obbligazione, non può procedersi alla costituzione della società prima che siano nuovamente collocate le azioni da essi sottoscritte.

133. Il versamento prescritto nell'articolo 131 dev'essere eseguito presso la cassa dei depositi e prestiti, o presso un istituto di emissione legalmente costituito.

Le somme depositate non possono essere restituite che agli amministratori nominati, i quali presentino il certificato del cancelliere comprovante il deposito, la trascrizione e la pubblicazione del contratto, ovvero ai sottoscrittori, se la trascrizione non abbia luogo. I promotori non possono ritirarne alcuna parte.

134. Raccolte le sottoscrizioni ed eseguito il versamento indicato nell'articolo 131, i promotori entro quindici giorni dalla scadenza del termine stabilito secondo le disposizioni dell'articolo 132, salvo che il programma e lo statuto disponga diversamente, devono convocare l'assemblea generale.

L'assemblea:

1° Riconosce ed approva il versamento delle quote sociali ed il valore delle cose mobili od immobili conferite, se è stato determinato; altrimenti nomina uno o più periti per accertarne il giusto prezzo;

2° Discute ed approva lo statuto della società, se non è stato accettato al tempo delle sottoscrizioni;

3° Delibera sulla riserva di partecipazione agli utili netti della società fatta a proprio favore dai promotori;

4° Nomina nelle società anonime gli amministratori, se non sono stati designati nell'atto a cui furono apposte le sottoscrizioni;

5° Nomina i sindaci.

136. Esaurito dall'assemblea generale quanto è prescritto negli articoli precedenti, si procede, seduta stante, alla stipulazione dell'atto costitutivo della società, col concorso degli intervenuti, i quali rappresentano a tal fine i socii non presenti.

Se non è possibile di compiere l'atto costitutivo nel giorno stesso, la seduta può essere continuata nei giorni successivi senza interruzione.

137. Ogni vendita o cessione di azioni fatta dai sottoscrittori prima della legale costituzione della società è nulla e di niun effetto; e l'alienante può essere costretto a restituire le somme che gli fossero per ciò pagate. La nullità ha luogo, ancorché la vendita sia fatta colla clausola "ora per quando la società sarà costituita" o altra equivalente.

Non è proibito di ammettere un terzo senza aggio o premio alla partecipazione dei diritti e delle obbligazioni che derivano dalla sottoscrizione fatta o da farsi.

139. Gli amministratori hanno obbligo di chiedere, e i promotori devono consegnare ad essi tutti i documenti e le corrispondenze attinenti alla costituzione della società. Essi devono notificare la loro nomina alla cancelleria del tribunale di commercio nella cui giurisdizione è stabilito la sede della società, entro tre giorni dacché hanno avuto notizia, con atto da essi sottoscritto alla presenza del cancelliere o altrimenti in forma autentica.

140. Oltre i libri prescritti ad ogni commerciante, gli amministratori delle società devono tenere:

1° Il libro dei socii, il quale deve indicare il nome e il cognome, e la ditta, e il domicilio dei socii e dei sottoscrittori di azioni e i versamenti fatti sulle quote o sulle azioni, tanto per il capitale primitivo, quanto per ogni successivo aumento, e deve contenere le dichiarazioni di cessione delle quote o delle azioni nominative secondo le disposizioni dell'articolo 169;

2° Il libro delle adunanze e delle deliberazioni delle assemblee generali, quando i relativi processi verbali non siano fatti per atto pubblico, e in questo caso le copie di essi;

3° Il libro delle adunanze e delle deliberazioni degli amministratori, quando le società abbiano più amministratori.

A questi libri si applicano le disposizioni degli articoli 23 e 25.

141. Quando vi sono più amministratori, è richiesta per la validità delle loro deliberazioni la presenza della metà almeno di essi, se l'atto costitutivo non richiede un numero maggiore.

142. Gli amministratori devono permettere ai soci la ispezione dei libri indicati numeri 1° e 2° dell'articolo 140.

Del contenuto nel libro delle azioni e dei versamenti devono, se ne sono richiesti, rilasciare ai soci certificati complessivi a loro spese.

146. Quando gli amministratori riconoscano che il capitale sociale è diminuito di un terzo, devono convocare i soci per interrogarli se intendano di reintegrare il capitale o di limitarlo alla somma rimanente o di sciogliere la società.

Allorché la diminuzione giunga ai due terzi del capitale, lo scioglimento ha luogo di diritto, se i socii convocati in assemblea non deliberino di reintegrarlo o di limitarlo alla somma rimanente.

Quando la società si trovi in istato di fallimento, gli amministratori devono chiederne la dichiarazione ai tribunale secondo le disposizioni del libro terzo.

147. Gli amministratori sono solidariamente responsabili verso i soci e verso i terzi:

1° Della verità dei versamenti fatti dai soci;

2° Della reale esistenza dei dividendi pagati;

3° Della esistenza dei libri voluti dalla legge e della loro regolare tenuta;

4° Dell'esatto adempimento delle deliberazioni delle assemblee generali;

5° E in generale dell'esatta osservanza dei doveri ad essi imposti dalla legge, dall'atto costitutivo e dallo statuto e che non siano proprii esclusivamente di un ufficio determinato e personale.

148. Se per patto sociale o per deliberazione dell'assemblea generale la parte esecutiva delle operazioni sociali sia attribuita ad un direttore estraneo al consiglio di amministrazione, il direttore è responsabile verso i socii e verso i terzi, al pari degli amministratori, per l'adempimento dei suoi doveri secondo le disposizioni dell'articolo precedente, nonostante qualunque patto contrario, e sebbene egli sia sottoposto all'autorità ed alli1 sorveglianza degli amministratori stessi.

149. La responsabilità per gli atti o le omissioni nelle società aventi più amministratori non si estende a quello tra essi, che essendo esente da colpa abbia fatto notare senza ritardo il suo dissenso nel registro delle deliberazioni, e ne abbia dato notizia immediata per iscritto ai sindaci.

150. L'amministratore, che in una determinata operazione ha, in proprio nome o come rappresentante di un altro, interesse contrario a quello della società, deve darne notizia agli altri amministratori ed ai sindaci, ed astenersi da ogni deliberazione riguardante l'operazione stessa.

In questo caso, e nei casi preveduti dall'articolo precedente, quando le deliberazioni non siano approvate dai sindaci, gli amministratori che vi hanno preso parte sono responsabili delle perdite che ne derivassero alla società.

151. Qualunque amministratore, sindaco o rappresentante di società, cessa di diritto dal suo ufficio o dev'essere surrogato, se è dichiarato fallito, interdetto o inabilitato, o se è condannato a pena criminale per qualunque reato od a pena correzionale per reato di corruzione, di falso, di furto o di truffa.

152. L'azione contro gli amministratori per fatti riguardanti la loro responsabilità compete all'assemblea generale, che la esercita per mezzo dei sindaci.

Ogni socio ha però diritto di denunciare ai sindaci i fatti che crede censurabili, ed essi devono tener conto delle ricevute denuncie nelle loro relazioni all'assemblea. I sindaci sono obbligati di presentare intorno ai fatti denunciati le loro osservazioni e proposte, allorché la denuncia è fatta da socii, che unitamente rappresentano almeno un decimo del capitale sociale.

La rappresentanza del decimo si giustifica col deposito dei titoli delle azioni presso un istituto di emissione legalmente costituito, o presso un notaio del luogo dove è stabilita la sede della società, o presso i sindaci. I titoli devono restare depositati sino all'esito della prossima assemblea generale e servono anche a legittimare l'intervento dei deponenti a tale assemblea.

Se i sindaci reputano fondato ed urgente il reclamo di socii rappresentanti il decimo del capitale sociale, devono convocare immediatamente un'assemblea generale; in caso diverso devono riferirne alla più vicina. L'assemblea deve sempre prendere una deliberazione intorno al reclamo.

153. Qualora siavi fondato sospetto di grave irregolarità nell'adempimento dei doveri degli amministratori e dei sindaci, i socii rappresentanti la ottava parte del capitale sociale possono denunciare i fatti al tribunale di commercio, giustificando la suddetta rappresentanza nel modo stabilito nell'articolo precedente.

Il tribunale, sentiti in camera di consiglio gli amministratori ed i sindaci, ove riconosca l'urgenza di provvedere prima della riunione dell'assemblea generale, può ordinare con decreto l'ispezione dei libri della società e nominare a tale uopo uno o più commissari a spese dei richiedenti, determinando la cauzione da darsi per le spese.

L'ispezione non ha luogo, finché i richiedenti non abbiano data tale cauzione.

La relazione dei commissarii dev'essere depositata presso la cancelleria nel termine stabilito dal tribunale.

Il tribunale esamina la relazione in camera di consiglio e pronuncia con decreto.

Se il sospetto non apparisca fondato, il tribunale può ordinare che la relazione sia pubblicata nel giornale degli annunzi giudiziarii per intiero o soltanto nelle sue conclusioni.

In caso contrario, il tribunale ordina i provvedimenti urgenti e l'immediata convocazione dell'assemblea generale.

Il decreto è provvisoriamente esecutivo non ostante opposizione od appello.

154. Le assemblee generali sono ordinarie e straordinarie.

L'assemblea ordinaria si riunisce almeno una volta all'anno, entro tre mesi dalla chiusura dell'esercizio sociale; essa deve, oltre la trattazione degli altri oggetti posti all'ordine del giorno:

1° Discutere, approvare o modificare il bilancio, udita la relazione dei sindaci;

2° Surrogare gli amministratori che escono di ufficio;

3° Nominare i sindaci;

4° Determinare la retribuzione degli amministratori e dei sindaci, se non è stabilita nell'atto costitutivo. Le adunanze straordinarie sono convocate qualunque volta occorra..

155. La convocazione delle assemblee generali deve farsi mediante avviso da inserirsi, non meno di quindici giorni innanzi a quello fissato per l'adunanza nella Gazzetta ufficiale del Regno e cogli altri mezzi di pubblicità prescritti nell'atto costitutivo o nello statuto.

L'avviso deve contenere la nota o l'ordine del giorno delle materie da sottoporsi alle deliberazioni dell'assemblea.

Qualunque deliberazione presa sopra un oggetto non indicato nell'ordine del giorno è nulla.

157. Per le assemblee generali successive alla legale costituzione della società, la convocazione è fatta dagli amministratori, ed è necessaria la presenza di tanti socii che rappresentino almeno la metà del capitale sociale. Ogni socio ha un voto ed ogni azionista ha un voto sino a cinque azioni da lui possedute. L'azionista che possiede più di cinque e sino a cento azioni ha un voto ogni cinque azioni, e per quelle che possiede oltre il numero di cento ha un voto ogni venticinque azioni. Le deliberazioni si prendono a maggioranza assoluta. Nell'atto costitutivo o nello statuto può essere derogato a queste disposizioni.

Se un'assemblea non è valida per mancanza di numero, l'assemblea di seconda convocazione può deliberare sugli oggetti indicati nell'ordine del giorno della prima, qualunque sia la parte di capitale rappresentata dai socii intervenuti.

Se il giorno per l'assemblea di seconda convocazione non è indicato nell'avviso pubblicato per la prima, il termine stabilito nell'articolo 155 può ridursi a giorni otto.

158. Qualora l'atto costitutivo o lo statuto non disponga altrimenti, è sempre necessaria la presenza di tanti socii che rappresentino i tre quarti del capitale sociale, ed il voto favorevole di tanti socii intervenuti che rappresentino almeno la metà del capitale medesimo, per deliberare:

1° Lo scioglimento anticipato della società;

2° La prorogazione della sua durata;
3° La fusione con altre società;
4° La riduzione del capitale sociale;
5° La reintegrazione o l'aumento del capitale stesso;
6° Il cambiamento dell'oggetto della società;
7° Ogni altra modificazione dell'atto costitutivo.

La maggioranza stessa è inoltre richiesta in tutti i casi specialmente designati dalla legge.

I socii dissenzienti dalle deliberazioni indicate nei numeri 3° 5° e 6° e dalla prorogazione della durata della società, se non è acconsentita nell'atto costitutivo, hanno diritto di recedere dalla società e di ottenere il rimborso delle loro quote od azioni in proporzione dell'attivo sociale secondo l'ultimo bilancio approvato.

Il recesso dev'essere dichiarato dagli intervenuti all'assemblea entro ventiquattro ore dalla chiusura di essa, e dagli altri socii entro un mese dalla pubblicazione della deliberazione nel giornale degli annunzi giudiziarii, sotto pena di decadenza.

159. Gli amministratori devono convocare straordinariamente la assemblea nel termine di un mese, quando ne sia fatta domanda da tanti socii che rappresentino almeno il quinto del capitale sociale e siano in questa indicati gli argomenti da trattarsi nell'assemblea.

160. I socii possono farsi rappresentare nelle assemblee generali da mandatarii, socii o non socii. L'esercizio di questo diritto può essere limitato nell'atto costitutivo o nello statuto.

Gli amministratori non possono essere mandatarii.

161. Gli amministratori non possono dar voto:
1° Nell'approvazione dei bilanci;
2° Nelle deliberazioni riguardanti la loro responsabilità.

162. Allorché un terzo del numero dei presenti all'assemblea generale, o tanti intervenuti che riuniscano la metà del capitale rappresentato nell'assemblea, non si credano abbastanza informati sugli oggetti posti in deliberazione, essi possono chiedere che l'adunanza sia rinviata a tre giorni e gli altri non possono opporsi.

Questo diritto non può esercitarsi che una sola volta per lo stesso oggetto.

La presente disposizione non ci applica all'adunanza indicata nell'art. 134.

163. Le deliberazioni prese dall'assemblea generale entro i limiti dell'atto costitutivo, dello statuto o della legge, sono obbligatorie per tutti i socii, ancorché non intervenuti o dissenzienti, salve le disposizioni dell'art. 158.

Alle deliberazioni manifestamente contrarie all'atto costitutivo, allo statuto od alla legge, può essere fatta opposizione da ogni socio, e il presidente del tribunale di commercio, sentiti gli amministratori ed i sindaci, può sospenderne l'esecuzione mediante provvedimento da notificarsi agli amministratori.

164. Le azioni devono essere di eguale valore, e conferiscono ai loro possessori eguali diritti, se non è stabilito diversamente nell'atto costitutivo, salvo però ad ogni azionista il diritto di voto nelle assemblee generali.

Le azioni possono essere nominative o al portatore.

165. I titoli delle azioni nominative e al portatore devono contenere:
1° Il nome della società;
2° La data dell'atto costitutivo e della sua pubblicazione, coll'indicazione del luogo ove è stata eseguita;
3° L'ammontare del capitale sociale ed il numero e la somma totale delle azioni;
4° La durata della società.

Essi sono sottoscritti da due amministratori o dall'amministratore unico.

166. Le azioni non pagate per intiero sono sempre nominative.

I sottoscrittori e i successive cessionarii sono responsabili dell'ammontare totale delle loro azioni, non ostante qualunque alienazione di esse.

168. Quando l'azionista non effettua il pagamento delle quote ancora dovute, la società salva l'azione contro i sotto-scrittori e i cessionarii per il pagamento, può far vendere le azioni al prezzo corrente, a rischio e, per conto dell'azionista, dopo quindici giorni dalla pubblicazione di una diffida nella Gazzetta ufficiale del Regno.

Qualora la vendita promossa non possa aver luogo per mancanza di compratori, la società può dichiarare i versamenti già fatti sopra di essa, ovvero esercitare contro il sottoscrittore e i cessionarii i diritti derivanti dalla loro responsabilità.

169. La proprietà delle azioni nominative si stabilisce mediante inscrizione sul libro indicato nel numero 1° dell'articolo 140.

La cessione di essa si opera con dichiarazione sul libro medesimo sottoscritto dal cedente e dal cessionario e dai loro mandatarii.

In caso di morte dell'azionista, se non vi è opposizione, per ottenere la dichiarazione del cambiamento di proprietà sul libro dei socii e sui titoli delle azioni è necessaria la presentazione dei titoli, della fede di morte, e di un atto di notorietà, dimostrante la qualità di erede, fatto dinanzi al pretore.

La proprietà delle azioni al portatore si trasferisce mediante la tradizione del titolo.

Le azioni al portatore possono essere cambiate in azioni nominative e queste in azioni al portatore, purché non vi faccia ostacolo la disposizione dell'art. 166.

171. Le società non possono emettere titoli di obbligazioni al portatore o nominativi per somma eccedente il capitale versato e tuttora esistente secondo l'ultimo bilancio approvato.

Possono però emettere obbligazioni anche per una somma maggiore, quando l'eccedenza sia garantita da titoli nominativi a debito dello Stato, delle provincie o dei comuni, aventi corrispondente scadenza e depositati nella cassa dei depositi e prestiti, per rimanervi sino all'estinzione delle obbligazioni emesse.

L'emissione dei biglietti di banca od altri titoli equivalenti è regolata da leggi speciali.

La disposizione della prima parte di questo articolo non si applica alle cambiali, ai libretti di depositi, ai buoni nominativi, od altri titoli di debito dipendenti da singoli affari.

172. L'emissione di obbligazioni, ancorché preveduta nell'atto costitutivo o nello statuto, non può aver luogo senza una deliberazione dell'assemblea generale presa colla maggioranza richiesta nella prima parte dell'art. 158.

Se l'emissione si fa col mezzo di pubblica sottoscrizione, la deliberazione stessa, insieme col progetto del manifesto indicato nell'articolo seguente, dev'essere depositata presso il tribunale civile per i provvedimenti indicati nell'articolo 91.

Nel caso preveduto nel primo capoverso dell'art. 171, dev'essere depositato, insieme alla deliberazione ed al progetto di manifesto, anche il documento comprovante l'eseguito deposito dei titoli ivi indicati.

La deliberazione dell'assemblea non può avere effetto, se non dopo trascritta nel registro della società.

173. Gli amministratori, per procedere alla emissione di obbligazioni mediante sottoscrizione, devono pubblicare un manifesto che enunci:

1° Il nome, l'oggetto e la sede della società;

2° Il capitale sociale;

3° La data dell'atto costitutivo e di quelli che recano cambiamenti all'atto stesso od allo statuto, e le date della loro pubblicazione;

4° La situazione della società secondo l'ultimo bilancio approvato;

5° L'ammontare complessivo delle obbligazioni che si vogliono emettere e di quelle già emesse, il modo di pagamento e di rimborso e il valore nominale di ciascuna, indicando l'interesse che producono, e se siano nominative o al portatore;

6° La data in cui fu pubblicata la deliberazione dell'assemblea generale che approvò l'emissione.

Nel caso preveduto nel primo capoverso dell'art. 171, si devono aggiungere le indicazioni necessarie a valutare la garanzia offerta dai titoli ivi accennati.

176. Gli amministratori devono presentare ai sindaci, almeno un mese avanti il giorno fissato per l'assemblea generale che deve discutere, il bilancio dell'esercizio precedente, coi documenti giustificativi indicando in esso distintamente:

1° Il capitale sociale realmente esistente;

2° La somma dei versamenti effettuati e di quelli in ritardo.

Il bilancio deve dimostrare con evidenza e verità gli utili realmente conseguiti e le perdite sofferte.

Il bilancio delle società nazionali ed estere assicuratrici sulla vita ed amministratrici di tontine deve inoltre contenere le prove dell'adempimento delle disposizioni dell'articolo 145.

178. I sindaci con relazione contenente i risultamenti dell'esame del bilancio e della tenuta amministrazione, devono presentare le loro osservazioni e proposte intorno all'approvazione del bilancio ed alle altre disposizioni occorrenti.

179. Il bilancio deve restare depositato in copia, insieme alla relazione dei sindaci, negli uffici della società durante i quindici giorni che precedono l'assemblea generale e finché sia approvato. L'uno o l'altra possono essere esaminati da chiunque provi la sua qualità di socio.

180. Gli amministratori devono, entro dieci giorni dall'approvazione del bilancio, depositarne copia nella cancelleria del tribunale di commercio insieme alla relazione dei sindaci ed al processo verbale dell'assemblea generale, affinché se ne faccia annotazione nel registro delle società e si provveda alla pubblicazione del bilancio secondo le disposizioni degli articoli 94 e 95.

181. Non possono essere pagati dividendi ai soci, se non per utili realmente conseguiti secondo il bilancio approvato.

Le società nei loro atti costitutivi, negli statuti o in altri documenti, non possono attribuire interessi a favore delle azioni.

Possono essere tuttavia espressamente attribuiti interessi, da prelevarsi dal capitale, in quelle società industriali, per le quali è necessario uno spazio di tempo onde costituire l'oggetto sociale, ma non oltre a tre anni ed in una misura che non ecceda il cinque per cento. In questo caso l'ammontare degli interessi da pagarsi dev'essere calcolato tra le spese di prima

CODICI REGNO ITALIA

istituzione e ripartito con esse a carico dei bilanci che avranno reali dividendi.

I soci non sono obbligati a restituire i dividendi loro pagati.

182. Sopra gli utili netti della società dev'essere annualmente prelevato non meno di un ventesimo per formare il fondo di riserva, sino a che questo non abbia raggiunto almeno il quinto del capitale sociale. Il fondo di riserva, se dopo compiuto venga diminuito per qualsiasi ragione, dev'essere reintegrato nel modo stesso.

183. In ogni assemblea ordinaria e in quella indicata nell'articolo 134 si devono nominare tre o cinque sindaci e due supplenti per la sorveglianza delle operazioni sociali e per la revisione del bilancio.

I sindaci possono essere socii o non socii e sono rieleggibili.

Non sono eleggibili o decadono dallo ufficio i parenti e gli affini degli amministratori sino al quarto grado di consaguineità od affinità.

In caso di morte, di rinuncia, di fallimento o di decadenza d'alcuno dei sindaci, subentrano i supplenti in ordine di età. Se ciò non basti a renderne completo il numero, i sindaci rimasti chiamano a sostituire i mancati altre persone che stanno in carica sino alla prossima assemblea generale.

184. I sindaci devono:

1° Stabilire, d'accordo con gli amministratori della società, la forma dei bilanci e delle situazioni delle azioni;

2° Esaminare almeno ogni trimestre i libri della società per conoscere le operazioni sociali e accertare la bontà del metodo di scrittura;

3° Fare frequenti ed improvvisi riscontri di cassa non mai più lontani di un trimestre l'uno dall'altro;

4° Riconoscere almeno una volta ogni mese, colla scorta dei libri sociali, l'esistenza dè titoli o dei valori di qualunque specie depositati in pegno, cauzione o custodia presso la società;

5° Verificare l'adempimento delle disposizioni dell'atto costitutivo e dello statuto, riguardanti le condizioni stabilite per l'intervento dei soci nell'assemblea;

6° Rivedere il bilancio e farne relazione, nel termine assegnato negli articoli 154 e 179;

7° Sorvegliare le operazioni della liquidazione;

8° Convocare, colle norme stabilite nell'articolo 155, l'assemblea straordinaria ed anche l'assemblea ordinaria in caso di omissione da parte degli amministratori;

9° Intervenire a tutte le assemblee generali;

10° E in generale sorvegliare che le disposizioni della legge, dell'atto costitutivo e dello statuto siano adempiute dagli amministratori.

I sindaci delle società non soggette alle disposizioni dell'articolo 177 hanno diritto di ottenere ogni mese dagli amministratori uno stato delle operazioni sociali.

I sindaci possono assistere alle adunanze degli amministratori, e far inserire negli ordini del giorno di queste adunanze e in quelli delle assemblee ordinarie e straordinarie le proposte che credono opportune.

185. L'estensione e gli effetti della responsabilità dei sindaci si determinano colle regole del mandato.

189. Le società commerciali si sciolgono:

1° Per il decorso del tempo stabilito alla loro durata;

2° Per la mancanza o per la cessazione dell'oggetto della società, o per l'impossibilità di conseguirlo;

3° Per il compimento della impresa;

4° Per il fallimento della società, ancorché seguito da concordato;

5° Per la perdita intiera del capitale, o per la perdita parziale indicata nell'articolo 146, quando i soci deliberino di non reintegrarlo e di non limitarlo alla somma rimanente;

6° Per deliberazione dei socii;

7° Per la fusione con altre società.

190. Decorso il termine stabilito per la sua durata o compiuto l'oggetto della sua impresa, la società è sciolta di diritto, né può essere tacitamente prorogata.

191. La società in nome collettivo si scioglie per la morte, per l'interdizione, per l'inabilitazione e per il fallimento di uno dei soci, se non vi è convenzione contraria.

La società in accomandita, se non è convenuto altrimenti, si scioglie per la morte, per l'interdizione od inabilitazione e per il fallimento dell'accomandatario o di uno degli accomandatarii.

Lo scioglimento non ha luogo nella società in accomandita per azioni, se all'amministratore morto, fallito, interdetto o inabilitato venga surrogato un altro, nei casi previsti nell'articolo 120.

192. Finita o sciolta la società, gli amministratori non possono intraprendere nuove operazioni; contravvenendo a questa proibizione, essi contraggono responsabilità personale e solidaria per gli affari intrapresi.

La proibizione ha effetto dal giorno in cui sia decorso il termine della durata della società o compiuto l'oggetto della sua impresa, o sia avvenuta la morte di uno dei soci che renda impossibile la esistenza della società, ovvero questa sia dichiarata in liquidazione dai soci o dal tribunale.

193. La fusione di più società deve essere deliberata da ciascuna di esse.

194. La pubblicazione ordinata nell'articolo 96 deve essere fatta da ciascuna delle società che hanno deliberata la fusione, e deve esprimere l'avvertimento prescritto nell'articolo 101. Se tra esse si trovi qualche società in accomandita per azioni od anonima, devono osservarsi le disposizioni degli articoli 91, 94 e 95.

Ciascuna società deve inoltre pubblicare colle forme stesse il suo bilancio; e quelle che per effetto della fusione cessano di esistere devono pubblicare anche la dichiarazione nel modo stabilito per la estinzione delle loro passività.

Se la società risultante dalla fusione stabilisce la sua sede in un luogo diverso da quello della sede delle società che si fondano la nuova società deve adempiere le disposizioni degli articoli 90 e seguenti.

195. La fusione non può avere effetto, che dopo trascorsi tre mesi dalla pubblicazione indicata nella prima parte dell'articolo precedente, salvoché consti del pagamento di tutti i debiti sociali, o del deposito della somma corrispondente nella cassa dei depositi e prestiti, o del consenso di tutti i creditori.

Il certificato comprovante l'eseguito deposito dev'essere pubblicato secondo le disposizioni dell'articolo precedente.

Durante il suddetto termine ogni creditore delle società che si fondano può fare opposizione.

L'opposizione sospende l'esecuzione della fusione, sino a che non sia rivocata o respinta con sentenza non più soggetta ad opposizione od appello.

196. Trascorso senza opposizione il termine indicato nell'articolo precedente, la fusione può essere eseguita e la società che rimane sussistente e che risulta dalla fusione assume i diritti e le obbligazioni delle società estinte.

197. Se l'atto costitutivo o lo statuto della società non ha determinato il modo della liquidazione e della divisione dell'asse sociale, si osservano le regole seguenti.

Se i soci non sono unanimi nella nomina dei liquidatori, essa deve essere fatta dall'autorità giudiziaria ad istanza degli amministratori o di chi vi ha interesse, salve le disposizioni dell'articolo 210.

Finché la nomina non sia stata fatta ed accettata, gli amministratori sono depositari dei beni sociali e devono provvedere agli affari urgenti.

Qualunque sia il disposto dell'atto costitutivo o dello statuto della società, l'atto di nomina o la sentenza che la contiene ed ogni successivo atto che importi cambiamento nelle persone dei liquidatori devono essere, a cura di essi, depositati e pubblicati secondo le disposizioni della sezione II di questo capo.

Se la liquidazione ha luogo per il decorso del termine stabilito alla durata del termine stabilito alla durata della società e per il compimento dell'oggetto di essa, deve pubblicarsi una dichiarazione di liquidazione fatta dagli amministratori dai liquidatori.

198. Pubblicato l'atto legale di liquidazione, nessuna azione in favore della società o contro di essa può essere esercitata, se non in nome dei liquidatori o contro di essi.

Tutti gli atti emananti da una società disciolta devono indicare che essa è "in liquidazione".

Alle società in liquidazione sono applicabili tutte le norme stabilite per le società esistenti dalla legge, dagli atti costitutivi o dagli statuti che non siano incompatibili colla liquidazione, e salve le disposizioni speciali.

I doveri degli amministratori incombono colla stessa responsabilità ai liquidatori.

200. I liquidatori, tosto che abbiano assunto il loro ufficio, devono, in unione agli amministratori della società, formare l'inventario ed il bilancio, sottoscritti dagli uni o dagli altri, e dai quali risulti esattamente lo stato attivo e passivo della società.

Essi devono ricevere e custodire i libri loro consegnati dagli amministratori, il patrimonio e le carte della società, e tenere esatto registro nella forma del libro giornale, di tutte le operazioni riguardanti la liquidazione, per ordine di data.

Devono informare i socii, se questi lo domandano, dello stato e del modo di esecuzione della liquidazione.

201. I liquidatori non possono intraprendere veruna nuova operazione di commercio. Contravvenendo a questo divieto, sono responsabili personalmente e solidariamente per le operazioni intraprese.

Non possono pagare ai socii veruna somma sulla quota che potrà loro spettare, finché non siano pagati i creditori della società; ma i socii possono richiedere, che le somme ritenute siano depositate secondo le disposizioni dell'articolo 133, e che siano fatte le ripartizioni, anche durante la liquidazione, qualora, oltre quanto occorre per il soddisfacimento di tutte le obbligazioni sociali scadute e da scadere, sia disponibile almeno un dieci per cento sulle azioni o sulle quote sociali.

203. Salve le maggiori o minori facoltà ricevute dai socii, i liquidatori possono:

stare in giudizio ed essere convenuti nell'interesse della liquidazione in ogni istanza civile o penale;

eseguire e compiere le operazioni di commercio attinenti alla liquidazione della società;

vendere agl'incanti gli immobili sociali;

vendere agl'incanti o ad offerte private ed anche in massa ogni proprietà mobiliare della società;

fare transazioni e compromessi;

liquidare ed esigere anche in caso di fallimento del debitore i creditori della società, e rilasciare quietanze;

assumere per conto della liquidazione obbligazioni cambiarie e contrarre mutui non ipotecarii, ed in generale eseguire gli atti necessari alla liquidazione degli affari sociali.

205. I liquidatori sono sottoposti alle regole del mandato.

206. I creditori della società hanno diritto di esercitare contro i liquidatori le azioni derivanti dai loro crediti scaduti sino alla concorrenza dei beni sociali indivisi che ancora esistessero, e contro i soci l'azione personale per le quote non pagate o per la responsabilità solidaria ed illimitata, secondo la specie della società.

208. Compiuta la liquidazione della società in nome collettivo o in accomandita semplice, i liquidatori devono farne il bilancio e proporre la divisione tra i socii.

Se la liquidazione e la divisione sono approvate, non vi è diritto a reclamo tra i socii, né contro i liquidatori. In caso di contestazione, il socio opponente deve dedurne le ragioni e promuovere il giudizio entro trenta giorni dalla notificazione legale del bilancio e del progetto di divisione.

Trascorso quel termine, il bilancio e la divisione s'intendono approvati ed i liquidatori restano liberati.

Promosso il giudizio, le questioni sulla liquidazione sono separate di diritto da quelle sulla divisione, alle quali i liquidatori possono rimanere estranei.

209. Approvato il conto o compiuta la divisione del patrimonio sociale residuo, i libri ed i documenti non necessari ai singoli condividenti devono essere depositati presso quello dei socii che viene designato a pluralità di voti, e questi deve conservarli per cinque anni.

210. La nomina dei liquidatori nelle società in accomandita per azioni ed anonime dev'essere fatta nell'assemblea generale che ordina la liquidazione, salve le disposizioni dell'atto costitutivo o dello statuto.

Per la nomina dei liquidatori e per la surrogazione in caso di morte, di fallimento, d'interdizione, d'inabilitazione, di rinuncia o di revocazione, è necessaria la presenza di tanti socii che rappresentino i tre quarti del capitale sociale, e il consenso di tanti di essi che rappresentino la metà del capitale medesimo. In caso diverso la nomina o la surrogazione è fatta dall'autorità giudiziaria ad istanza degl'interessati.

212. Il conto degli amministratori, per il tempo trascorso tra l'ultimo bilancio approvato dai socii e l'apertura della liquidazione,è reso ai liquidatori, ai quali spetta l'approvarlo o sostenere le contestazioni alle quali potesse dar luogo.

214. Se la liquidazione si protrae oltre l'anno, i liquidatori devono fare il bilancio annuale secondo le disposizioni della legge e dell'atto costitutivo.

215. Compiuta la liquidazione, i liquidatori formano il bilancio finale indicando la parte spettante a ciascuna quota od azione nella divisione dell'attivo sociale.

Il bilancio formato dai liquidatori ed accompagnato dalla relazione dei sindaci è depositato al tribunale di commercio e pubblicato nelle forme stabilite negli articoli 94 e 95.

Nei trenta giorni successivi alla pubblicazione nel giornale degli annunzii giudiziarii, i socii possono proporre i loro reclami con atti depositati nella cancelleria del tribunale di commercio, e del deposito è data notizia nel suddetto giornale.

Trascorsi giorni quindici dopo i trenta assegnati per proporre i reclami, questi devono essere riuniti e decisi in unico giudizio, nel quale tutti i socii hanno diritto d'intervenire e la sentenza pronunziata fa stato anche riguardo ai non intervenuti.

216. Decorso il detto termine senza che siano stati proposti reclami e regolarmente proseguito il giudizio, il bilancio s'intende approvato da tutti i socii, ed i liquidatori, salva la distribuzione dell'attivo sociale, sono liberati.

Indipendentemente dalla decorrenza del termine, la ricevuta dell'ultima ripartizione tiene luogo di approvazione del conto e della divisione.

217. Le somme spettanti ai socii non riscosse entro due mesi dalla pubblicazione accennata nell'articolo 215 devono essere depositate nella cassa dei depositi e prestiti, colla indicazione del nome del proprietario, o dei numeri delle azioni se queste sono al portatore. La cassa paga alla persona indicata o al possessore, ritirando il titolo.

218. Compiuta la liquidazione e la distribuzione o il deposito indicato nell'articolo precedente, i libri della società cessata devono essere depositati e conservati per cinque anni presso il tribunale di commercio. Chiunque vi abbia interesse può esaminarli, purché anticipi le spese occorrenti.

219. Le società cooperative sono soggette alle disposizioni che regolano quella specie di società di cui assumono i caratteri indicati nell'art. 76, salve le seguenti disposizioni speciali.

220. Le società cooperative devono essere costituite per atto pubblico.

L'atto costitutivo, oltre le indicazioni richieste negli articoli 88 e 89, secondo la specie diversa della società, deve esprimere:

1° Le condizioni dell'ammissione di nuovi socii e il modo e il tempo nel quale questi devono contribuire la loro quota sociale;

2° Le condizioni del recesso e dell'esclusione dei socii;

3° Le forme di convocazione delle assemblee generali e i pubblici fogli designati per la pubblicazione degli atti sociali.

221. Le società cooperative sono sempre soggette alle disposizioni riguardanti le società anonime, quanto alla pubblicazione dei loro atti costitutivi e dei posteriori cambiamenti, e quanto alle obbligazioni ed alla responsabilità degli amministratori. Le pubblicazioni si fanno senza spese.

Gli amministratori devono essere eletti tra i socii e possono essere nell'atto costitutivo esonerati dall'obbligo di dare cauzione.

Sono pure applicabili alle società cooperative le disposizioni riguardanti le assemblee generali, il bilancio, i sindaci e la liquidazione delle società per azioni, in quanto non sia diversamente provveduto negli articoli seguenti o nell'atto costitutivo.

La qualità di "cooperativa" dev'essere chiaramente indicata, oltre la specie della società, in tutti gli atti annoverati nell'articolo 104.

222. Le disposizioni della prima parte e del primo capoverso degli articoli 131 e 146 non si applicano alle società cooperative.

L'atto costitutivo di queste società può derogare alle disposizioni dell'articolo 144 ed a quelle del numero 3° dell'articolo 165.

224. Nessuno può avere in una società cooperativa una quota sociale maggiore di lire cinquemila, né tante azioni che eccedano tal somma al valore nominale. Il valore nominale dell'azione non può eccedere la somma di lire cento.

Le azioni sono sempre nominative, e non possono essere cedute, finché non siano intieramente pagate, e se la cessione non sia autorizzata dall'assemblea o dal consiglio d'amministrazione secondo le disposizioni dell'atto costitutivo.

225. I socii non possono farsi rappresentare nell'assemblea generale, se non nei casi d'impedimento legittimo preveduto nell'atto costitutivo o nello statuto.

Ogni socio ha un solo voto, qualunque sia il numero delle azioni che possiede.

Nessun mandatario può rappresentare nella stessa assemblea più di un socio, oltre le ragioni proprie, se è socio egli stesso.

226. L'ammissione di nuovi socii si effettua colla sottoscrizione da essi apposta nel libro dei socii, personalmente mediante mandatario speciale. Le sottoscrizioni devono essere autenticate da due socii che non siano amministratori.

Se l'atto costitutivo autorizza i socii a recedere dalla società, la dichiarazione di recesso dev'essere annotata dal socio che recede nel libro dei socii o notificata alla società per atto di usciere. Essa non è operativa, che per la fine dell'anno sociale in corso, purché sia fatta prima che incominci l'ultimo trimestre dell'anno stesso.

Se è fatta più tardi, il socio è vincolato anche per l'anno seguente.

L'esclusione dei socii non può aver luogo, che per motivi stabiliti nella legge o nell'atto costitutivo. Essa deve essere deliberata nell'assemblea generale o dal consiglio di amministrazione, secondo le disposizioni dell'atto suddetto.

227. Per gli affari conchiusi dalla società sino al giorno in cui il recesso o l'esclusione di un socio diviene efficace o in cui l'atto di cessione è registrato nel libro dei socii, il socio cessante rimane obbligato verso i terzi per due anni dal giorno stesso, entro i limiti della responsabilità stabilita nell'atto costitutivo.

230. Le società legalmente costituite in paese estero, le quali stabiliscono nel Regno. una sede secondaria od una rappresentanza, sono soggette alle disposizioni del presente codice riguardanti il deposito e la trascrizione, l'affissione e la pubblicazione dell'atto costitutivo, dello statuto, degli atti che recano cambiamenti all'uno od all'altro, e dei bilanci; devono pubblicare inoltre il nome delle persone che dirigono od amministrano tali sedi, od altrimenti rappresentano la società nello Stato.

Queste persone hanno verso i terzi la responsabilità stabilita per gli amministratori delle società nazionali.

Se le società estere sono di specie diversa da quelle indicate nell'articolo 76, si devono adempiere le formalità prescritte per il deposito e la pubblicazione dell'atto costitutivo e dello statuto delle società anonime, e i loro amministratori hanno verso i terzi la responsabilità stabilita per gli amministratori di queste.

Le società costituite in paese estero, le quali hanno nel Regno la loro sede e l'oggetto principale della loro impresa, sono considerate come società nazionali e sono soggette, anche per la forma e validità del loro atto costitutivo, benché stipulato in paese estero, a tutte le disposizioni del presente codice.

231. L'inadempimento delle formalità prescritte nell'articolo precedente produce, per le società sopra indicate, le conseguenze legali stabilite per le società nazionali, e rende in tutti i casi gli amministratori ed i rappresentanti di qualsivoglia specie responsabili personalmente o solidariamente di tutte le obbligazioni sociali, limitatamente agli atti dipendenti dall'esercizio delle loro funzioni.

233. L'associazione in partecipazione ha luogo, quando un commerciante od una società commerciale dia ad una o più persone o società una partecipazione negli utili e nelle perdite di una o più operazioni o anche dell'intiero suo commercio.

235. L'associazione in partecipazione non costituisce, rispetto ai terzi, un ente collettivo distinto dalle persone degli interessati. I terzi non hanno diritti e non assumono obbligazioni, che verso colui col quale hanno contrattato.

236. I partecipanti non hanno alcun diritto di proprietà sulle cose cadenti nell'associazione, ancorché da essi somministrate. Possono però stipulare che, nei rapporti tra associati, le cose da essi fornite siano restituite in natura e in difetto hanno diritto al risarcimento del danno. Tranne questo caso, il loro diritto è limitato ad avere il conto delle cose conferite nell'associazione e quello dei profitti e delle perdite.

239. L'associazione di mutua assicurazione ha per iscopo di dividere tra gli associati i danni cagionati dai rischi, che sono oggetto dell'associazione.

Essa costituisce, rispetto ai terzi, un ente collettivo distinto dalle persone degli associati.

240. L'associazione di mutua assicurazione dev'essere provata per iscritto.

Essa è regolata dalle convenzioni delle parti.

241. L'associazione è amministrata da associati che ne sono mandatarii temporanei e rivocabili.

242. Sono applicabili alle associazioni di mutua assicurazione le norme riguardanti la responsabilità degli amministratori, la pubblicazione dell'atto costitutivo dello statuto, degli atti che recano cambiamenti all'uno o all'altro, e dei bilanci delle società anonime, e le relative penalità.

Dai detti bilanci devono risultare l'adempimento delle disposizioni dell'articolo 145.

243. Gli associati non sono obbligati che alle contribuzioni determinate dal contratto; ed in nessun caso sono tenuti verso i terzi, se non ciascuno in proporzione del valore della cosa per cui fu ammesso nell'associazione.

244. Cessa di far parte dell'associazione quegli che ha perduto la cosa per cui si è associato, salvo il diritto alla competente indennità.

245. L'associazione non si scioglie per l'interdizione, né per la morte dell'associato.

Il fallimento dell'associato può far luogo alla sua esclusione.

246. Sono puniti colle pene stabilite nel codice penale per la truffa coloro, che, simulando o asserendo falsamente l'esistenza di sottoscrizioni o di versamenti ad una società per azioni, o annunciando al pubblico scientemente come addette alla società persone che non vi appartengono, ovvero commettendo altre simulazioni, hanno ottenuto o tentato di ottenere sottoscrizioni o versamenti.

247. Sono puniti con pena pecuniaria sino a cinquemila lire, salve le maggiori pene comminate nel codice penale:

1° I promotori, gli amministratori, i direttori, i sindaci e liquidatori delle società che nelle relazioni o nelle comunicazioni d'ogni specie fatte all'assemblea generale, nei bilanci o nelle situazioni delle azioni abbiano scientemente enunciato fatti falsi sulle condizioni della società, o abbiano scientemente in tutto o in parte nascosti fatti riguardanti le condizioni medesime;

2° Gli amministratori e i direttori che scientemente, in difetto di bilanci o contro i loro risultamenti, o in conformità a bilanci fraudolentemente formati, abbiano distribuito ai socii interessi non prelevati sugli utili reali;

3° Gli amministratori e i direttori che abbiano emesso azioni per somma minore del loro valore nominale, acquistato azioni della società contrariamente alle disposizioni dell'articolo 144, o accordato anticipazioni sopra azioni della società, o emesso obbligazioni in contravvenzione alla disposizione della prima parte dell'articolo 172;

4° Gli amministratori e i direttori che abbiano eseguita una riduzione di capitale una fusione di società, contravvenendo alle disposizioni degli articoli 101 e 195;

5° Gli amministratori e i direttori delle società d'assicurazioni sulla vita e delle società amministratrici di tontine che abbiano contravvenuto alle disposizioni dell'articolo 145;

6° I liquidatori che abbiano ripartito l'attivo sociale tra i socii, contravvenendo alle disposizioni dell'art. 201.

La stessa pena si applica ai sindaci che nei casi indicati nei numeri 2, 3, 4, 5 e 6 non abbiano adempiuto le loro obbligazioni.

248. Se il deposito dell'atto costitutivo e dello statuto delle società in accomandita per azioni od anonime, degli atti che vi recano cambiamenti, delle situazioni mensili e dei bilanci, nella cancelleria del tribunale civile o del tribunale di commercio, secondo i casi, non sia eseguito nei termini stabiliti o sia eseguito in modo incompiuto, ciascuna delle persone alle quali spetta di eseguirlo o di farlo eseguire è punita con pena pecuniaria, che può estendersi fino a cinquanta lire per ogni giorno di ritardo.

249. Gli amministratori delle società cooperative con socii a responsabilità illimitata che non depositano nella cancelleria alla scadenza di ciascun trimestre l'elenco prescritto nell'articolo 223, e il cancelliere che non denuncia la omissione al procuratore del Re nei dieci giorni successivi, sono puniti con la multa sino a lire trecento.

367. È institore colui che viene proposto all'esercizio del preponente nel luogo dove questi lo esercita o in luogo diverso.

369. Il mandato conferito all'institore può essere espresso o tacito.

Il mandato espresso dev'essere depositato nella cancelleria del tribunale di commercio nella cui giurisdizione l'institore deve esercitare il suo ufficio, per essere trascritto nel registro a ciò destinato ed affisso secondo le disposizioni dell'articolo 9.

Un estratto del mandato dev'essere, a cura del cancelliere, pubblicato nel giornale degli annunzi giudiziari del luogo di residenza del tribunale suddetto.

Sino a che non siano adempiute tutte le suddette formalità, si applicano le disposizioni dell'articolo seguente.

370. Rispetto ai terzi, il mandato conferito tacitamente all'institore si reputa generale, e comprende tutti gli atti appartenenti e necessarii all'esercizio del commercio per cui è dato.

Il preponente non può opporre ai terzi veruna limitazione del mandato tacito, se non prova che essi la conoscevano al tempo in cui fu contratta l'obbligazione.

371. L'institore deve sempre trattare a nome del preponente e nella sua sottoscrizione deve indicare, oltre il proprio nome e cognome, anche il nome e cognome, o la ditta, del preponente colla clausola "per procura" od altra equivalente.

In mancanza di tale dichiarazione, l'institore assume obbligazione personale, ma i terzi possono esercitare anche contro il preponente le azioni che derivano dagli atti dell'institore appartenenti e necessarii all'esercizio del commercio cui questo è preposto.

372. L'institore non può, senza espresso consenso del preponente, far operazioni né prendere interesse, per conto proprio od altrui, in altri commerci del genere di quello cui è preposto.

Se contravviene a questo divieto, l'institore è tenuto al risarcimento dei danni e il preponente ha inoltre diritto di ritenere per sé i profitti conseguiti cogli atti vietati.

373. L'institore è responsabile solidariamente col preponente dell'osservanza delle disposizioni contenute nei titoli III e IV di questo libro, rispetto al commercio cui è preposto.

374. La rivocazione del mandato espresso dev'essere pubblicata nelle stesse forme colle quali ne fu pubblicato il conferimento.

379. I commessi di negozio preposti avendere al minuto hanno facoltà di esigere, nel luogo di esercizio od al momento della consegna, il prezzo delle merci che vendono e di rilasciarne ricevuta in nome del principale.

Non possono esigere fuori del luogo di esercizio i crediti del principale, senza autorizzazione speciale.

CODICI REGNO ITALIA

PARTE TERZA
CODICE PENALE

LIBRO I
DEI REATI IN GENERALE

1 *R.D. 19 ottobre 1930, n. 1398 (suppl. ord. G.U. 26 ottobre 1930, n. 251).*
Approvazione del testo definitivo del codice penale.

TITOLO I
DELLA LEGGE PENALE

1. Reati e pene: disposizione espressa di legge. Nessuno può essere punito per un fatto che non sia espressamente preveduto come reato dalla legge, né con pene che non siano da essa stabilite [3-bis, Cost. 25, comma 2; disp. prel. c.c. 14; c.p. 1889, 1][1].

● Norme connesse:

- L. 24 novembre 1981, n. 689, art. 1; disp. prel. c.c. il cui art. 14 dispone: *Applicazione delle leggi penali ed eccezionali. Le leggi penali e quelle che fanno eccezione a regole generali o ad altre leggi non si applicano oltre i casi e i tempi in esse considerati*; art. 7 Convenzione europea per la salvaguardia dei diritti dell'uomo e delle libertà fondamentali (Roma 4 novembre 1950); art. 49 Carta dei diritti fondamentali dell'Unione Europea.

■ Codice penale del 1889: *Art. 1 - Nessuno può essere punito per un fatto che non sia espressamente preveduto come reato dalla legge, né con pene che non siano da essa stabilite.*

I reati si distinguono in delitti e contravvenzioni.

♦ Codice penale francese

Libro Primo (Disposizioni generali) Articolo 111-3. *Nessuno può essere punito per un crimine o un reato i cui elementi non sono definiti dalla legge, e per una contravvenzione i cui elementi non sono definiti nel regolamento.*

Nessuno può essere punito per una pena che non sia prevista dalla legge, se il reato è un crimine o un delitto, o dal regolamento, se il reato è una contravvenzione.

♦ Codice penale tedesco

§ 1 Nulla poena sine lege. *Un fatto può essere punito solo se la responsabilità penale era stata stabilita dalla legge prima che il fatto è stato commesso.*

2. Successione di leggi penali. Nessuno può essere punito per un fatto che, secondo la legge del tempo in cui fu commesso, non costituiva reato [Cost. 25, comma 2; c.p. 1889, 2 comma 1].

Nessuno può essere punito per un fatto che, secondo una legge posteriore, non costituisce reato; e se vi è stata condanna, ne cessano l'esecuzione e gli effetti penali [c.p.p. 673; c.p. 1889, 2 comma 2].

Se vi è stata condanna a pena detentiva e la legge posteriore prevede esclusivamente la pena pecuniaria, la pena detentiva inflitta si converte immediatamente nella corrispondente pena pecuniaria, ai sensi dell'articolo 135 [c.p. 1889, 2 comma 3][1].

Se la legge del tempo in cui fu commesso il reato e le posteriori sono diverse, si applica quella le cui disposizioni sono più favorevoli al reo, salvo che sia stata pronunciata sentenza irrevocabile [c.p.p. 648].

Se si tratta di leggi eccezionali o temporanee, non si applicano le disposizioni dei capoversi precedenti.

Le disposizioni di questo articolo si applicano altresì nei casi di decadenza e di mancata ratifica di un decreto-legge e nel caso di un decreto-legge convertito in legge con emendamenti[2].

[1] Comma aggiunto dall'art. 14, L. 24 febbraio 2006, n. 85.

[2] La Corte costituzionale, con sentenza 19 febbraio 1985, n. 51, ha dichiarato l'illegittimità costituzionale del presente comma, nella parte in cui rende applicabili alle ipotesi da esso previste le disposizioni contenute nel secondo e terzo comma.

● Norme connesse:

- comma 2: art. 7 Convenzione europea per la salvaguardia dei diritti dell'uomo e delle libertà fondamentali; art. 49 Carta dei diritti fondamentali dell'Unione Europea. In tema di responsabilità amministrativa da reato degli enti; art. 3, D.Lgs. 8 giugno 2001, n. 231.

- comma 6: art. 30, L. 11 marzo 1953, n. 87 (Norme sulla costituzione e sul funzionamento della Corte costituzionale), che dispone: *La sentenza che dichiara l'illegittimità costituzionale di una legge o di un atto avente forza di legge dello Stato o di una Regione, entro due giorni dal suo deposito in cancelleria, è trasmessa, di ufficio, al Ministro di grazia e giustizia od al Presidente della Giunta regionale affinché si proceda immediatamente e, comunque, non oltre il decimo giorno, alla pubblicazione del dispositivo della decisione nelle medesime forme stabilite per la pubblicazione dell'atto dichiarato costituzionalmente illegittimo.*

La sentenza, entro due giorni dalla data del deposito, viene, altresì, comunicata alle Camere e ai Consigli regionali interessati affinché, ove lo ritengano necessario, adottino i provvedimenti di loro competenza.

Le norme dichiarate incostituzionali non possono avere applicazione dal giorno successivo alla pubblicazione della decisione.

Quando in applicazione della norma dichiarata incostituzionale è stata pronunciata sentenza irrevocabile di condanna, ne cessano la esecuzione e tutti gli effetti penali.

- artt. 6, 7, Cedu.
- art. 49, Carta diritti Ue

■ Codice penale del 1889: *Art. 2 - Nessuno può essere punito per un fatto che, secondo la legge del tempo in cui fu commesso, non costituiva reato.*

Nessuno può essere punito per un fatto che, secondo una legge posteriore, non costituisca reato; e, se vi sia stata condanna, ne cessano l'esecuzione e gli effetti penali.

Se la legge del tempo in cui fu commesso il reato e le posteriori siano diverse, si applica quella le cui disposizioni sono più favorevoli all'imputato.

♦ Carta di Nizza

Articolo 49. Principi della legalità e della proporzionalità dei reati e delle pene. *1. Nessuno puòessere condannato per un'azione o un'omissione che, al momento in cui è stata commessa, non costituiva reato secondo il diritto interno o il diritto internazionale. Parimenti, non può essere inflitta una pena più grave di quella applicabile al momento in cui il reato è stato commesso. Se, successivamente alla commissione del reato, la legge prevede l'applicazione di una pena più lieve, occorre applicare quest'ultima.*

2. Il presente articolo non osta al giudizio e alla condanna di una persona colpevole di un'azione o di un'omissione che, al momento in cui è stata commessa, costituiva un crimine secondo i principi generali riconosciuti da tutte le nazioni.

3. Le pene inflitte non devono essere sproporzionate rispetto al reato.

♦ Codice penale francese

Capitolo II: L'applicazione della legge penale nel tempo. Articolo 112-*1. Sono punibili soltanto i fatti che costituiscono un reato alla data alla quale sono stati commessi. Possono solo essere pronunciate sanzioni legalmente applicabili alla stessa data. Tuttavia, le disposizioni nuove si applicano ai reati commessi prima della loro entrata in vigore e non hanno dato luogo ad una condanna passata in forza di cosa giudicata quando sono meno gravi delle vecchie disposizioni.*

Articolo 112-4. *L'applicazione immediata della nuova legge non ha effetto sulla validità degli atti compiuti conformemente alla legge passata.*

Tuttavia, la pena cessa di avere esecuzione quando è stata pronunciata per un fatto che, in forza di una legge posteriore al giudicato, non ha più il carattere di pena.

♦ Codice penale tedesco

§ 2 Giurisdizione ratione temporis; lex mitior. *1) La pena ed i suoi effetti sono determinati dalla legge che è in vigore al momento del fatto.*

(2) Se la pena è modificata durante la commissione del fatto, si applica la legge in vigore al momento del fatto.

(3) Se la legge in vigore al momento del fatto è modificata prima del giudizio, si applica la legge più favorevole.

(4) Una legge destinata ad essere in vigore solo per un tempo determinato deve continuare ad applicarsi a fatti commessi mentre era in vigore anche dopo che cessa di essere in vigore, salvo diverse disposizioni di legge.

(5) I commi (1) a (4) si applicano mutatis mutandis per la confisca, la privazione e la distruzione.

(6) Se non diversamente previsto dalla legge, le misure di riabilitazione e di inabilità sono determinate in base alla legge in vigore al momento della decisione.

3. Obbligatorietà della legge penale.

La legge penale italiana obbliga tutti coloro che, cittadini o stranieri, si trovano nel territorio dello Stato [4 comma 2], salve le eccezioni stabilite dal diritto pubblico interno [c.nav. 1080 comma 2] o dal diritto internazionale [c.p. 1889, 3].

La legge penale italiana obbliga altresì tutti coloro che, cittadini o stranieri si trovano all'estero, ma limitatamente ai casi stabiliti dalla legge medesima o dal diritto internazionale.

● Norme connesse:

- comma 1: art. 5, L. cost. 11 marzo 1953, n. 1, che dispone: *I giudici della Corte costituzionale non sono sindacabili, né possono essere perseguiti per le opinioni espresse e i voti dati nell'esercizio delle loro funzioni.*

- comma 2: tra le eccezioni previste dal diritto internazionale, ricordiamo quella relativa alla persona del Sommo Pontefice (artt. 8, 10, 11, 19, 21, 22, Trattato 11 febbraio 1929 fra la Santa Sede e l'Italia, reso esecutivo con L. 27 maggio 1929, n. 810); quella relativa ai rappresentanti delle Nazioni Unite (artt. IV, V, VII, Convenzione sui privilegi e le immunità delle Nazioni Unite, approvata a New York il 16 febbraio 1946 e resa esecutiva con L. 20 dicembre 1957, n. 1318); quella prevista per i membri delle istituzioni specializzate (artt. V e VI, Convenzione sui privilegi e le immunità delle istituzioni specializzate, approvata a New York il 21 novembre 1947 e resa esecutiva con L. 24 luglio 1951, n. 1740); quella relativa al Consiglio d'Europa (artt. 10, 14 e 18, Accordo generale sui privilegi e le immunità del Consiglio d'Europa, adottato a Parigi il 2 settembre 1949 e reso esecutivo con L. 27 ottobre 1951, n. 1578); quella per i militari o stranieri di stanza in Italia, appartenenti alle forze N.A.T.O. (Convenzione di Londra del 19 giugno 1951 e resa esecutiva con L. 30 novembre 1955, n. 1335); quella relativa agli agenti diplomatici e consolari, adottata a Vienna il 18 aprile 1961 e artt. 43, 45, 53-55, Convenzione sulle relazioni consolari, adottata a Vienna il 24 aprile 1963, entrambe rese esecutive con L. 9 agosto 1967, n. 804); quella per i membri del Parlamento Europeo (art. 9, Protocollo sui privilegi e sulle immunità delle Comunità Europee, firmato a Bruxelles l'8 aprile 1965 e reso esecutivo con L. 3 maggio 1966, n. 437).

■ Codice penale del 1889: *Art. 3 - Chiunque commette un reato nel territorio del regno è punito secondo la legge italiana.*

Il cittadino è giudicato nel regno, ancorché sia stato giudicato all'estero.

Lo straniero, che sia stato giudicato all'estero, è giudicato nel regno, se il Ministro della Giustizia ne faccia richiesta.

3-*bis*. Principio della riserva di codice.

Nuove disposizioni che prevedono reati possono essere introdotte nell'ordinamento solo se modificano il codice penale ovvero sono inserite in leggi che disciplinano in modo organico la materia[1].

[1] Articolo aggiunto dall'art. 1, D.Lgs. 1 marzo 2018, n. 21.

4. Cittadino italiano. Territorio dello Stato.

Agli effetti della legge penale, sono considerati cittadini [3] italiani, gli appartenenti per origine o per elezione ai luoghi soggetti alla sovranità [2] dello Stato e gli apolidi residenti nel territorio dello Stato [242 comma 3; c.p. 1889, 3].

Agli effetti della legge penale, è territorio dello Stato il territorio della Repubblica [3] e ogni altro luogo soggetto alla sovranità [3] dello Stato [c.nav. 2, 3]. Le navi [3] e gli aeromobili [3] italiani sono considerati come territorio dello Stato, ovunque si trovino, salvo che siano soggetti, secondo il diritto internazionale, a una legge territoriale straniera [c.nav. 4].

● Norme connesse:

- L. 5 febbraio 1992, n. 91 (Norme sulla cittadinanza).

■ Codice penale del 1889: *Art. 44 - Nessuno può invocare a propria scusa l'ignoranza della legge penale.*

5. Ignoranza della legge penale.

Nessuno può invocare a propria scusa l'ignoranza della legge penale [47 comma 3][1].

[1] La Corte costituzionale, con sentenza 24 marzo 1988, n. 364, ha dichiarato l'illegittimità costituzionale del presente articolo nella parte in cui non esclude dall'inescusabilità della ignoranza della legge penale l'ignoranza inevitabile.

● Norme connesse:

- artt. 2, 3, 25, 27, Cost.

♦ Codice penale francese

Articolo 122-3. *Non è penalmente responsabile colui che dimostra di aver creduto, per un errore di diritto che non era in grado di evitare, di agire legittimamente.*

♦ Codice penale tedesco

§ 17 Errore di legge. *Se al momento della commissione del reato l'autore del reato non ha la consapevolezza che egli agisce in violazione di legge, esso è considerato di aver agito senza colpa se l'errore era inevitabile. Se l'errore è stato evitabile, la sentenza può essere mitigata ai sensi dell'art 49.*

6. Reati commessi nel territorio dello Stato.

Chiunque commette un reato nel territorio dello Stato [4 comma 2] è punito secondo la legge italiana [11].

Il reato si considera commesso nel territorio dello Stato, quando l'azione o l'omissione, che lo costituisce, è ivi avvenuta in tutto o in parte, ovvero si è ivi verificato l'evento che è la conseguenza dell'azione od omissione.

♦ Codice penale francese

Capitolo III: l'applicazione della legge nello spazio. Sezione I: dei reati commessi o considerati commessi nel territorio della Repubblica. *La legge penale è applicabile ai reati commessi nel territorio della Repubblica. Il reato si considera commesso nel territorio della Repubblica quando uno dei suoi elementi costitutivi ha luogo su questo territorio.*

♦ Codice penale tedesco

§ 3 Reati commessi nel territorio della Repubblica Federale di Germania. *Il diritto penale tedesco si applica ai fatti commessi sul territorio tedesco.*

7. Reati commessi all'estero.

È punito secondo la legge italiana il cittadino o lo straniero [4] che commette in territorio estero taluno dei seguenti reati:

1) delitti contro la personalità dello Stato italiano [241-313; c.nav. 1088][1];

2) delitti di contraffazione del sigillo dello Stato e di uso di tale sigillo contraffatto [467];

3) delitti di falsità in monete aventi corso legale nel territorio dello Stato, o in valori di bollo o in carte di pubblico credito italiano [453-461, 464-466];

4) delitti commessi da pubblici ufficiali [357] a servizio dello Stato, abusando dei poteri o violando i doveri inerenti alle loro funzioni [314 ss.];

5) ogni altro reato per il quale speciali disposizioni di legge [501 comma 4, 537, 591 comma 2, 604, 642 comma 4; c.nav. 1080] o convenzioni internazionali stabiliscono l'applicabilità della legge penale italiana[4 5].

[1] Numero così modificato dall'art. 1, D.L. 18 ottobre 2001, n. 374, convertito in L. 15 dicembre 2001, n. 438.

● Norme connesse:

- L. 17 maggio 1991, n. 157; art. 48, L. 24 gennaio 1979, n. 18; art. 2, L. 24 luglio 1980, n. 488; art. 4, D.Lgs. 8 giugno 2001, n. 231; art. 145, D.P.R. 14 febbraio 1964, n. 237, Leva e reclutamento obbligatorio nell'Esercito, nella marina e nell'aeronautica, abrogata dall'art. 2268, D.Lgs. 15 marzo 2010, n. 66, Codice dell'ordinamento militare; art. 3, L. 10 maggio 1976, n. 342, Repressione dei delitti contro la sicurezza della navigazione aerea; art. 48, L. 24 gennaio 1979, n. 18, Disposizioni in tema di elezioni dei rappresentanti dell'Italia al Parlamento Europeo; art. 2, L. 25 marzo 1985, n. 107, Norme di attuazione della Convenzione per la prevenzione e la repressione dei reati contro le persone internazionalmente protette, compresi gli agenti diplomatici, adottata a New York il 14 dicembre 1973; art. 4, L. 26 novembre 1985, n. 718, Ratifica ed esecuzione della Convenzione internazionale contro la cattura degli ostaggi, aperta alla firma a New York il 18 dicembre 1979; art. 2, comma 6, L. 17 maggio 1991, n. 157, Norme relative all'uso di informazioni riservate nelle operazioni in valori mobiliari e alla Commissione nazionale per le società e la Borsa; art. 22, comma 1, Trattato 11 febbraio 1929, reso esecutivo con L. 27 maggio 1929, n. 810, fra la Santa Sede e l'Italia.

■ Codice penale del 1889: *Art. 4 - Il cittadino o lo straniero, che commette in territorio estero un delitto contro la sicurezza dello Stato, o di contraffazione del Sigillo dello Stato, o di falsità in monete aventi corso legale nel regno o in carte di pubblico credito italiane, per il quale la legge italiana stabilisca una pena restrittiva della libertà personale non inferiore nel massimo ai cinque anni, è punito secondo la legge medesima.*

È giudicato nel regno, ancorché sia stato giudicato all'estero, se il Ministro della Giustizia ne faccia richiesta.

Le precedenti disposizioni si applicano anche se trattisi di delitto per il quale sia stabilita una pena restrittiva della libertà personale di minore durata, sempre che il cittadino o lo straniero si trovi nel territorio del regno.

Art. 5 - Il cittadino, che, fuori dei casi indicati nell'articolo precedente, commette in territorio estero un delitto per il quale la legge italiana stabilisca una pena restrittiva della libertà personale non inferiore nel minimo a tre anni, è punito secondo la legge medesima, sempre che si trovi nel territorio del regno; ma la pena è diminuita di un sesto, e all'ergastolo è sostituita la reclusione da venticinque a trent'anni.

Se trattisi di delitto per il quale sia stabilita una pena restrittiva della libertà personale di minore durata, non si procede che a querela di parte o a richiesta del Governo estero.

Art. 6 - Lo straniero, che, fuori dei casi indicati nell'articolo 4, commette in territorio estero, a danno dello Stato o di un cittadino, un delitto per il quale la legge italiana stabilisca una pena restrittiva della libertà personale non inferiore nel minimo ad un anno, è punito secondo la legge medesima, sempre che si trovi nel territorio del regno; ma la pena è diminuita di un terzo, e all'ergastolo è sostituita la reclusione non inferiore ai venti anni.

Non si procede che a richiesta del Ministro della Giustizia o a querela di parte.

Se il delitto sia commesso a danno di altro straniero, il colpevole, a richiesta del Ministro della Giustizia, è punito secondo le disposizioni della prima parte del presente articolo, sempre che:

1° si tratti di delitto per il quale sia stabilita una pena restrittiva della libertà personale non inferiore nel minimo a tre anni;

2° non esista trattato di estradizione, o questa non sia stata accettata dal Governo del luogo in cui il colpevole ha commesso il delitto o da quello della sua patria.

Art. 7 - Non si procede al giudizio nei casi indicati negli articoli 5 e 6:

1° se trattisi di delitto per il quale, secondo la disposizione del primo capoverso dell'articolo 9, non sia ammessa l'estradizione;

2° se l'imputato, giudicato all'estero, sia stato definitivamente prosciolto dall'imputazione, ovvero, se condannato, abbia scontato la pena o la condanna sia estinta.

Nondimeno, se contro il cittadino, per un delitto commesso in territorio estero, diverso da quelli indicati nel numero 1° del presente articolo, sia stata pronunziata all'estero una condanna, che secondo la legge italiana importerebbe, come pena o come effetto penale, l'interdizione dai pubblici ufficii o altra incapacità, l'Autorità giudiziaria, sull'istanza del Pubblico Ministero, può dichiarare che la sentenza pronunziata all'estero produce nel regno l'interdizione o l'incapacità suddetta; salvo al condannato il diritto di chiedere che, prima di provvedere sull'istanza del Pubblico Ministero, si rinnovi il giudizio seguito all'estero.

Art. 8 - Quando, nei casi preveduti negli articoli precedenti, il giudizio seguito all'estero sia rinnovato nel regno, si computa la pena scontata all'estero, tenendo conto della specie di essa ed applicando, ove occorra, le disposizioni dell'articolo 40.

Art. 9 - Non è ammessa l'estradizione del cittadino.

L'estradizione dello straniero non è ammessa per i delitti politici, né per i reati che a questi siano connessi.

L'estradizione dello straniero non può essere offerta né consentita se non dal governo del Re, e previa deliberazione conforme dell'Autorità giudiziaria del luogo in cui lo straniero si trovi.

Nondimeno, su domanda od offerta di estradizione, può essere ordinato l'arresto provvisorio dello straniero.

♦ Codice penale francese

Sezione II: dei reati commessi fuori dal territorio della Repubblica. Articolo 113-6. *La legge penale francese è applicabile ad ogni reato commesso da un cittadino francese al di fuori del territorio della Repubblica. É altresì applicabile ai reati commessi dai francesi al di fuori del territorio della Repubblica, se il comportamento è punibile ai sensi della legge del paese in cui sono stati commessi. É applicabile altresì in caso di violazioni delle disposizioni del regolamento (CE) n 561/2006 del Parlamento europeo e del Consiglio del 15 marzo 2006, relativo all'armonizzazione di alcune disposizioni in materia sociale nel settore dei trasporti su strada, commesso in un un altro Stato membro dell'Unione europea e riconosciuta in Francia, fatte salve le disposizioni di cui all'articolo 692 del codice di procedura penale o la giustificazione di una sanzione amministrativa che è stato eseguita o non possono più essere messa in esecuzione.*

Fa applicazione il presente articolo anche quando l'autore del reato ha acquisito la cittadinanza francese posteriormente al fatto che gli è imputato.

Articolo 113-10. *La legge penale francese si applica ai reati qualificati in violazione degli interessi fondamentali della nazione e punibili ai sensi del titolo I del libro IV, falsificazione e contraffazione del sigillo dello Stato, le monete, banconote o carte di pubblico punibili ai sensi degli articoli 442-1, 442-2, 442-5, 442-15, 443-1 e 444-1 e tutti i crimini contro gli agenti diplomatici o locale o consolare francese commessi al di fuori del territorio della Repubblica.*

Articolo 113-13. *La legge penale francese si applica ai crimini e delitti qualificati atti di terrorismo e punibili ai sensi del titolo II del libro IV commessi all'estero da un cittadino francese o da una persona che risiede abitualmente sul territorio francese.*

♦ Codice penale tedesco

§ 5 I reati commessi all'estero contro gli interessi giuridici nazionali. *La legge penale tedesca si applica, a prescindere dalla legge applicabile del luogo in cui è stato commesso il fatto, per i seguenti fatti commessi all'estero:*

1. preparazione di una guerra di aggressione (sezione 80);

2. alto tradimento contro la Federazione (sezioni da 81 a 83);

3. mettere in pericolo lo Stato democratico sotto il dominio della legge

(A) nei casi di cui alla sezione 89 e la sezione 90 bis (1), e la sezione 90b, se l'autore del reato è tedesco e ha il suo sostentamento principale nel territorio della Repubblica federale di Germania; e

(B) nei casi di cui alla sezione 90 e la sezione 90 bis (2);

4. di tradimento e mettono in pericolo la sicurezza nazionale esterna (punti da 94 a 100);

5. di reati contro la difesa nazionale:

(A) nei casi di cui alla sezione 109 e le sezioni 109 a 109 G; e

(B) nei casi di cui alla sezione 109a, sezione 109d e la sezione 109 H, se il colpevole è tedesco e ha il suo sostentamento principale nel territorio della Repubblica federale di Germania

6. Chiunque induce il pericolo di persecuzione politica (sezione 234a, section241a) se il fatto è diretto contro un tedesco che ha il suo domicilio o la residenza abituale in Germania;

6a. nei casi di rapimento di minori ai sensi della sezione 235 (2) Nessuna 2, se il fatto è diretto contro una persona che ha il suo domicilio o la residenza abituale in Germania;

7. violazione di lavoro o di segreti commerciali di un negozio situato all'interno del territorio della Repubblica federale di Germania, o di una impresa, che ha sede lì, o di un'im-

presa con sede all'estero, e che dipende da un'impresa con la sua sede nel territorio della Repubblica federale di Germania e che forma un gruppo con questi ultimi;

8. reati contro l'autodeterminazione sessuale:

(A) nei casi di cui alla sezione 174 (1) e (3), se l'autore del reato e la vittima sono tedeschi al momento del reato e hanno il loro sostentamento principale in Germania; e

(B) nei casi nei Capitoli 176 a 176b e la sezione 182, se l'autore del reato è tedesco;

9. l'aborto (sezione 218), se l'autore del reato, al momento del reato è tedesco e ha il suo sostentamento principale nel territorio della Repubblica federale di Germania;

10. falsa testimonianza e dichiarazioni falsi (sezioni 153 a 156) dinanzi ad un tribunale o ad un'altra autorità tedesca nel territorio della Repubblica federale di Germania che ha l'autorità di prestare giuramento o affermazioni sotto giuramento;

11. reati contro l'ambiente ai sensi della sezione 324, sezione 326, sezione 330 e la sezione 330A commessi all'interno della zona economica esclusiva della Germania, nella misura in cui le convenzioni internazionali in materia di protezione del mare permettono la loro repressione dei reati penali;

11 bis. reati di cui alla sezione 328 (2) nn 3 e 4, (4) e (5), anche in collaborazione con la sezione 330, se il colpevole è il tedesco al momento del reato;

12. reati commessi da un pubblico ufficiale tedesco o una persona incaricata pubbliche funzioni e di servizio pubblico durante il loro soggiorno ufficiale o in connessione con i loro doveri d'ufficio;

13. atti commessi da uno straniero come un pubblico ufficiale o da una persona incaricata di funzioni speciali di servizio pubblico;

14. atti commessi contro pubblici ufficiali, persone incaricate di funzioni speciali di servizio pubblico, o soldati delle Forze Armate durante l'esercizio delle loro funzioni o in relazione con i loro compiti;

15. traffico di organi umani (sezione 18 della legge trapianto), se il colpevole è tedesco al momento del reato.

§ 6 I reati commessi all'estero contro interessi giuridici internazionali

La legge penale tedesca si applica inoltre, a prescindere dalla legge del luogo, ai seguenti reati commessi all'estero:

1. (abrogato);

2. reati di energia nucleare, esplosivi e delle radiazioni ai sensi della sezione 307 e la sezione 308 (1) a (4), la sezione 309 (2) e la sezione 310;

3. attacchi a traffico aereo e marittimo (sezione 316c);

4. tratta di esseri umani a scopo di sfruttamento sessuale, a fini di sfruttamento del lavoro e assistenza tratta di esseri umani (sezioni 232 a 233 bis);

5. spaccio di sostanze stupefacenti;

6. distribuzione di materiale pornografico nei casi in §§ 184 bis, 184 ter, comma 1 e 2 e § 184 quater comma 1 e 2, anche in combinato con § 184 quinquies paragrafo 1, comma 1;

7. Contraffazione di denaro e frode di titoli (§§ 146, 151 e 152), falsificazione di carte di pagamento con funzione di garanzia e forme eurocheque vuote (§ 152b par. Da 1 a 4) così come i relativi atti preparatori (§§ 149, 151, 152 e 152b par. 5);

8. Frode delle sovvenzioni (§ 264);

9. Reati, che devono essere perseguiti sulla base di un accordo internazionale vincolante per la Repubblica federale di Germania, anche se sono commessi all'estero.

8. Delitto politico commesso all'estero.

Il cittadino o lo straniero [4, 248 comma 2, 249 comma 2], che commette in territorio estero un delitto politico non compreso tra quelli indicati nel numero 1 dell'articolo precedente, è punito secondo la legge italiana [11 comma 2], a richiesta del Ministro della giustizia [128-129; c.p.p. 342; c.p. 1889, 4 comma 1][1].

Se si tratta di delitto punibile a querela [120] della persona offesa, occorre, oltre tale richiesta, anche la querela [120-126; c.p.p. 336-340].

Agli effetti della legge penale, è delitto politico ogni delitto, che offende un interesse politico dello Stato, ovvero un diritto politico del cittadino [241-294; Cost. 48 ss.]. È altresì considerato delitto politico il delitto comune determinato, in tutto o in parte, da motivi politici[2].

● Norme connesse:

- comma 1: art. 182, comma 1 del D.Lgs. 24 febbraio 1998, n. 58, Testo unico delle disposizioni in materia di intermediazione finanziaria, nel testo modificato dall'art. 4, D.Lgs. 10 agosto 2018, n. 107, che dispone: *I reati e gli illeciti previsti dal presente titolo sono puniti secondo la legge italiana anche se commessi all'estero, qualora attengano a strumenti finanziari ammessi o per i quali è stata presentata una richiesta di ammissione alla negoziazione in un mercato regolamentato italiano o in un sistema multilaterale di negoziazione italiano, o a strumenti finanziari negoziati su un sistema organizzato di negoziazione italiano.*

- comma 3: art. 4, D.Lgs. 8 giugno 2001, n. 231.

9. Delitto comune del cittadino all'estero.

Il cittadino [4], che, fuori dei casi indicati nei due articoli precedenti, commette in territorio [2] estero un delitto per il quale la legge italiana stabilisce [la pena di morte o][1] l'ergastolo [17 e ss.], o la reclusione [23] non inferiore nel minimo a tre anni, è punito secondo la legge medesima [11 comma 2], sempre che si trovi nel territorio dello Stato [4 comma 2].

Se si tratta di delitto per il quale è stabilita una pena restrittiva della libertà personale di minore durata, il colpevole è punito a richiesta del Ministro della giustizia [127-129; c.p.p. 342] ovvero a istanza [130; c.p.p. 341] o a querela della [120; c.p.p. 336-340; c.p. 1889, 5 comma 2] persona offesa [388].

Nei casi preveduti dalle disposizioni precedenti, qualora si tratti di delitto commesso a danno delle Comunità europee, di uno Stato estero o di uno straniero, il colpevole è punito a richiesta del Ministro della giustizia, sempre che l'estradizione [c.p.p. 697] di lui non sia stata conceduta, ovvero non sia stata accettata dal Governo dello Stato in cui egli ha commesso il delitto[2].

Nei casi preveduti dalle disposizioni precedenti, la richiesta del Ministro della giustizia o l'istanza o la querela della persona offesa non sono necessarie per i delitti previsti dagli articoli 320, 321 e 346-*bis*[3].

[1] La pena di morte è stata soppressa, con conseguente sostituzione con l'ergastolo, prima per i delitti previsti dal presente codice ex art. 1, D.Lgs.Lgt. 10 agosto 1944, n. 224, poi per i delitti previsti dalle leggi speciali (art. 1, D.Lgs. 22 gennaio 1948, n. 21). Infine, con L. 13 ottobre 1994, n. 589 è stata abolita la pena di morte anche per i reati previsti dal codice penale militare di guerra.

[2] Comma così modificato dall'art. 5, L. 29 settembre 2000, n. 300.

[3] Comma aggiunto dall'art. 1, comma 1, lett. a), L. 9 gennaio 2019, n. 3.

● Norme connesse:

- comma 1: art. 3, L. 20 febbraio 1958, n. 75; art. 48, L. 24 gennaio 1979, n. 18 in base al quale: *Il cittadino o lo straniero che commette in territorio estero taluno dei reati previsti dalla presente legge o dal testo unico delle leggi per la elezione della Camera dei deputati approvato con decreto del Presidente della Repubblica 30 marzo 1957, n. 361, e successive modificazioni, è punito secondo la legge italiana.*

Le norme di cui agli articoli 8 e 9, secondo comma, del codice penale, concernenti la richiesta del Ministro di grazia e giustizia, non si applicano al cittadino italiano.

10. Delitto comune dello straniero all'estero.

Lo straniero [4], che, fuori dei casi indicati negli articoli 7 e 8, commette in territorio [2] estero, a danno dello Stato o di un cittadino, un delitto per il quale la legge italiana stabilisce [la pena di morte o][1] l'ergastolo, o la reclusione non inferiore nel minimo a un anno, è punito secondo la legge medesima [11 comma 2], sempre che si trovi nel territorio dello Stato [4 comma 2], e vi sia richiesta del Ministro della giustizia [127-129; c.p.p. 342], ovvero istanza [130; c.p.p. 341] o querela [120; c.p.p. 336-340; c.p. 1889, 6 comma 2] della persona offesa [388].

Se il delitto è commesso a danno delle Comunità europee [9], di uno Stato estero o di uno straniero, il colpevole è punito secondo la legge italiana, a richiesta del Ministro della giustizia, sempre che[2]:

1) si trovi nel territorio dello Stato;

2) si tratti di delitto per il quale è stabilita la pena [di morte o] dell'ergastolo ovvero della reclusione non inferiore nel minimo a tre anni;

3) l'estradizione [13] di lui non sia stata conceduta, ovvero non sia stata accettata dal Governo dello Stato in cui egli ha commesso il delitto, o da quello dello Stato a cui egli appartiene.

La richiesta del Ministro della giustizia o l'istanza o la querela della persona offesa non sono necessarie per i delitti previsti dagli articoli 317, 318, 319, 319-*bis*, 319-*ter*, 319-*quater*, 320, 321, 322 e 322-*bis*[3].

[1] La pena di morte è stata soppressa, con conseguente sostituzione con l'ergastolo, prima per i delitti previsti dal presente codice ex art. 1, D.Lgs.Lgt. 10 agosto 1944, n. 224, poi per i delitti previsti dalle leggi speciali (art. 1, D.Lgs. 22 gennaio 1948, n. 21). Infine, con L. 13 ottobre 1994, n. 589, è stata abolita la pena di morte anche per i reati previsti dal codice penale militare di guerra.

[2] Alinea così modificato dall'art. 5, L. 29 settembre 2000, n. 300.

[3] Comma aggiunto dall'art. 1, comma 1, lett. b), L. 9 gennaio 2019, n. 3.

● Norme connesse:

- art. 4, D.Lgs. 8 giugno 2001, n. 231.

11. Rinnovamento del giudizio.

Nel caso indicato nell'articolo 6, il cittadino o lo straniero [4] è giudicato nello Stato, anche se sia stato giudicato all'estero [138, 201; c.p.p., 730; c.p. 1889, 3 commi 2 e 3].

Nei casi indicati negli articoli 7, 8, 9 e 10 il cittadino o lo straniero, che sia stato giudicato all'estero, è giudicato nuovamente nello Stato [138, 201], qualora il Ministro della giustizia ne faccia richiesta [9, 10].

12. Riconoscimento delle sentenze penali straniere.

Alla sentenza penale straniera pronunciata per un delitto può essere dato riconoscimento [c.p.p. 730]:

1) per stabilire la recidiva [99-101] o un altro effetto penale della condanna, ovvero per dichiarare l'abitualità [102-104] o la professionalità nel reato [105] o la tendenza a delinquere [108];

2) quando la condanna importerebbe, secondo la legge italiana, una pena accessoria [28-37];

3) quando, secondo la legge italiana, si dovrebbe sottoporre la persona condannata o prosciolta, che si trova nel territorio dello Stato, a misure di sicurezza personali [215];

4) quando la sentenza straniera porta condanna alle restituzioni o al risarcimento del danno [185], ovvero deve, comunque, esser fatta valere in giudizio nel territorio dello Stato, agli effetti delle restituzioni o del risarcimento del danno, o ad altri effetti civili [185-198; c.p.p. 741].

Per farsi luogo al riconoscimento, la sentenza deve essere stata pronunciata dall'autorità giudiziaria di uno Stato estero col quale esiste trattato di estradizione. Se questo non esiste, la sentenza estera può essere egualmente ammessa a riconoscimento nello Stato, qualora il Ministro della giustizia ne faccia richiesta [art. 128, 129; c.p.p. 342]. Tale richiesta non occorre se viene fatta istanza per il riconoscimento agli effetti indicati nel numero 4[2].

● Norme connesse:

- comma 1, n. 2: art. 85 comma 2, D.P.R. 9 ottobre 1990, n. 309.

- comma 2: artt. 2, 7 e 9, L. 3 luglio 1989, n. 257.

13. Estradizione.

L'estradizione è regolata dalla legge penale italiana [c.p.p. 697-722], dalle convenzioni e dagli usi internazionali [Cost. 10, 26; c.p.p. 696; c.p. 1889, 9].

L'estradizione non è ammessa, se il fatto che forma oggetto della domanda di estradizione, non è preveduto come reato dalla legge italiana e dalla legge straniera.

L'estradizione può essere conceduta od offerta, anche per reati non preveduti nelle convenzioni internazionali, purché queste non ne facciano espresso divieto.

Non è ammessa l'estradizione del cittadino, salvo che sia espressamente consentita nelle convenzioni internazionali [Cost. 26].

● Norme connesse:
- comma 1: artt. 10 e 26, Cost.; art. unico, L. cost. 21 giugno 1967, n. 1.

14. Computo e decorrenza dei termini.

Quando la legge penale fa dipendere un effetto giuridico dal decorso del tempo, per il computo di questo si osserva il calendario comune [c.p.p. 172 comma 2; c.p. 1889, 98].

Ogni qual volta la legge penale stabilisce un termine per il verificarsi di un effetto giuridico, il giorno della decorrenza non è computato nel termine [c.p.p. 172 comma 4].

15. Materia regolata da più leggi penali o da più disposizioni della medesima legge penale.

Quando più leggi penali o più disposizioni della medesima legge penale regolano la stessa materia, la legge o la disposizione di legge speciale deroga alla legge o alla disposizione di legge generale, salvo che sia altrimenti stabilito [68].

● Norme connesse:
- art. 9, L. 24 novembre 1981, n. 689.

16. Leggi penali speciali.

Le disposizioni di questo codice si applicano anche alle materie regolate da altre leggi penali, in quanto non sia da queste stabilito altrimenti.

● Norme connesse:
- art. 9, L. 24 novembre 1981, n. 689.

■ Codice penale del 1889: *Art. 10 - Le disposizioni del presente codice si applicano anche alle materie regolate da altre leggi penali, in quanto non sia da queste diversamente stabilito.*

TITOLO II
DELLE PENE

CAPO I
DELLE SPECIE DI PENE, IN GENERALE

17. Pene principali: specie.

Le pene principali stabilite per i delitti sono[2]:

1) [la morte][1];

2) l'ergastolo [22];

3) la reclusione [23];

4) la multa [24].

Le pene principali stabilite per le contravvenzioni sono:

1) l'arresto [25];

2) l'ammenda [26][2 3].

[1] La pena di morte è stata soppressa, con conseguente sostituzione con l'ergastolo, prima per i delitti previsti dal presente codice ex art. 1, D.Lgs.Lgt. 10 agosto 1944, n. 224, poi per i delitti previsti dalle leggi speciali (art. 1, D.Lgs. 22 gennaio 1948, n. 21). Infine, con L. 13 ottobre 1994, n. 589 è stata abolita la pena di morte anche per i reati previsti dal codice penale militare di guerra.

[2] La Corte costituzionale, con sentenza 28 aprile 1994, n. 168, ha dichiarato l'illegittimità costituzionale del presente articolo nella parte in cui non esclude l'applicazione della pena dell'ergastolo al minore imputabile.

[3] Per quanto concerne le sanzioni sostitutive delle pene detentive brevi, v. artt. 53-76, L. 24 novembre 1981, n. 689; art. 444 c.p.p.; art. 248 disp. trans. c.p.p. e artt. 30, comma 1 e 32, comma 2, D.P.R. 22 settembre 1988, n. 448.

18. Denominazione e classificazione delle pene principali.

Sotto la denominazione di pene detentive o restrittive della libertà personale la legge comprende: l'ergastolo [22], la reclusione [23] e l'arresto [25][1].

Sotto la denominazione di pene pecuniarie la legge comprende: la multa [24] e l'ammenda [26].

[1] Per quanto concerne le sanzioni sostitutive delle pene detentive brevi, v. artt. 53-76, L. 24 novembre 1981, n. 689; art. 444 c.p.p.; art. 248 disp. trans. c.p.p. e artt. 30, comma 1 e 32, comma 2, D.P.R. 22 settembre 1988, n. 448.

● Norme connesse:
- artt. 53 ss., L. 24 novembre 1981, n. 689.

19. Pene accessorie: specie.

Le pene accessorie per i delitti sono:

1) l'interdizione dai pubblici uffici;

2) l'interdizione da una professione o da un'arte;

3) l'interdizione legale;

4) l'interdizione dagli uffici direttivi delle persone giuridiche e delle imprese [32-*bis*];

5) l'incapacità di contrattare con la pubblica amministrazione [32-*ter*, 32-*quater*];

5-bis) l'estinzione del rapporto di impiego o di lavoro[1];

6) la decadenza o la sospensione dall'esercizio della responsabilità genitoriale [34][2 3].

Le pene accessorie per le contravvenzioni sono:

1) la sospensione dall'esercizio di una professione o di un'arte [35];

2) la sospensione dagli uffici direttivi delle persone giuridiche e delle imprese [35-*bis*][3].

CODICE PENALE

Pena accessoria comune ai delitti e alle contravvenzioni è la pubblicazione della sentenza penale di condanna [36; c.p.p. 543].

La legge penale determina gli altri casi in cui le pene accessorie stabilite per i delitti sono comuni alle contravvenzioni [671 comma 2][4].

[1] Numero aggiunto dall'art. 5, L. 27 marzo 2001, n. 97.

[2] Numero così modificato dall'art. 93, D.Lgs. 28 dicembre 2013, n. 154, a decorrere dal 7 febbraio 2014. Il testo previgente disponeva: *6) la decadenza o la sospensione dall'esercizio della potestà dei genitori.*

[3] Comma così modificato dall'art. 118, L. 24 novembre 1981, n. 689.

[4] Il testo dell'articolo previgente disponeva: *Le pene accessorie per i delitti sono: 1) l'interdizione dai pubblici uffici; 2) l'interdizione da una professione o da un'arte; 3) l'interdizione legale; 4) l'interdizione dagli uffici direttivi delle persone giuridiche e delle imprese; 5) l'incapacità di contrattare con la pubblica amministrazione; 6) la decadenza o la sospensione dall'esercizio della potestà dei genitori.*

Le pene accessorie per le contravvenzioni sono: 1) la sospensione dall'esercizio di una professione o di un'arte; 2) la sospensione dagli uffici direttivi delle persone giuridiche e delle imprese.

Pena accessoria comune ai delitti e alle contravvenzioni è la pubblicazione della sentenza penale di condanna.

La legge penale determina gli altri casi in cui pene accessorie stabilite per i delitti sono comuni alle contravvenzioni.

Il testo originario disponeva: Le pene accessorie per i delitti sono: 1) l'interdizione dai pubblici uffici; 2) l'interdizione da una professione o da un'arte; 3) l'interdizione legale; 4) la perdita della capacità di testare e la nullità del testamento fatto prima della condanna; 5) la perdita o la sospensione dall'esercizio della patria potestà o dell'autorità maritale.

Pena accessoria per le contravvenzioni è la sospensione dall'esercizio di una professione o di un'arte.

Pena accessoria comune ai delitti e alle contravvenzioni è la pubblicazione della sentenza penale di condanna.

La legge penale determina gli altri casi in cui pene accessorie stabilite per i delitti sono comuni alle contravvenzioni.

● Norme connesse:

- art. 27, comma 4, Cost.: *Non è ammessa la pena di morte.*

20. Pene principali e accessorie.

Le pene principali sono inflitte dal giudice con sentenza di condanna; quelle accessorie conseguono di diritto alla condanna, come effetti penali di essa [77, 139; c.p.p. 662, 676; disp. att. c.p.p. 183; c.p. 1889, 31].

CAPO II

DELLE PENE PRINCIPALI, IN PARTICOLARE

21. Pena di morte.

[...][1].

[1] La pena di morte è stata soppressa, con conseguente sostituzione con l'ergastolo, prima per i delitti previsti dal presente codice ex art. 1, D.Lgs.Lgt. 10 agosto 1944, n. 224, poi per i delitti previsti dalle leggi speciali (art. 1, D.Lgs. 22 gennaio 1948, n. 21). Infine, con L. 13 ottobre 1994, n. 589 è stata abolita la pena di morte anche per i reati previsti dal codice penale militare di guerra.

22. Ergastolo.

La pena dell'ergastolo è perpetua, ed è scontata in uno degli istituti[1] a ciò destinati, con l'obbligo del lavoro e con l'isolamento notturno [29, 32, 32-*bis*, 32-*ter*, 32-*quater*, 36; c.p. 1889, 12].

Il condannato all'ergastolo può essere ammesso al lavoro all'aperto[2 3 4].

[1] In origine «stabilimenti». V., a riguardo, artt. 59 e 61, L. 26 luglio 1975, n. 354.

[2] Comma così modificato dall'art. 1, L. 25 novembre 1962, n. 1634.

[3] La Corte costituzionale, con sentenza 28 aprile 1994, n. 168, ha dichiarato l'illegittimità costituzionale del presente articolo nella parte in cui non esclude l'applicazione della pena dell'ergastolo al minore imputabile.

[4] Il testo previgente dell'articolo disponeva: *La pena dell'ergastolo è perpetua, ed è scontata in uno degli stabilimenti a ciò destinati, con l'obbligo del lavoro e con l'isolamento notturno.*

Il condannato all'ergastolo, che ha scontato almeno tre anni della pena, può essere ammesso al lavoro all'aperto.

Il Ministro della giustizia può disporre che l'esecuzione della pena abbia luogo in una colonia o in un altro possedimento d'oltremare.

Il condannato, che sconta la pena in una colonia o in un altro possedimento d'oltremare, può essere ammesso al lavoro all'aperto, anche prima che sia trascorso il termine indicato nel primo capoverso.

● Norme connesse:

- art. 4-*bis*, L. 26 luglio 1975, n. 354; art. 2, D.L. 13 maggio 1991, n. 152, convertito in L. 12 luglio 1991, n. 203; art. 15; D.L. 8 giugno 1992, n. 306, convertito in L. 7 agosto 1992, n. 356.

■ Codice penale del 1889: *Art. 12 - La pena dell'ergastolo è perpetua. Si sconta in uno stabilimento speciale, dove il condannato rimane per i primi sette anni in segregazione cellulare continua con l'obbligo del lavoro. Negli anni successivi egli è ammesso al lavoro insieme con altri condannati, con l'obbligo del silenzio.*

23. Reclusione.

La pena della reclusione si estende da quindici giorni [136] a ventiquattro anni, ed è scontata in uno degli istituti[1] a ciò destinati con l'obbligo del lavoro e con l'isolamento notturno [64, 66, 78, 136, 141, 142; c.p. 1889, 13 comma 3, 14].

Il condannato alla reclusione, che ha scontato almeno un anno della pena, può essere ammesso al lavoro all'aperto.

[1] In origine «stabilimenti». V., a riguardo, artt. 59 e 61, L. 26 luglio 1975, n. 354.

● Norme connesse:

- comma 1: art. 61, L. 26 luglio 1975, n. 354.

- comma 2: art. 4-*bis*, L. 26 luglio 1975, n. 354; art. 2, D.L. 13 maggio 1991, n. 152, convertito in L. 12 luglio 1991, n. 203; art. 15; D.L. 8 giugno 1992, n. 306, convertito in L. 7 agosto 1992, n. 356.

■ Codice penale del 1889: *Art. 13 - La pena della reclusione si estende da tre giorni a ventiquattro anni. Si sconta negli stabilimenti a ciò destinati, con l'obbligo del lavoro e secondo le norme seguenti.*

Se non superi i sei mesi, si sconta con segregazione cellulare continua per tutta la sua durata; e può essere fatta scontare in un carcere giudiziario.

Se superi i sei mesi, si sconta con segregazione cellulare continua per un primo periodo uguale al sesto dell'intera durata della pena, e che non può essere inferiore ai sei mesi, né superiore ai tre anni; con segregazione notturna e silenzio durante il giorno, per il periodo successivo.

Art. 14 - Il condannato alla reclusione per un tempo non minore dei tre anni, il quale abbia scontato metà della pena e non meno di trenta mesi, ed abbia tenuto buona condotta, può essere ammesso a scontare il rimanente in uno stabilimento penitenziario, agricolo o industriale, o anche lavorando in opere pubbliche o private, sotto la potestà della pubblica Amministrazione.

Se il condannato non perseveri nella buona condotta, l'ammissione suddetta è revocata.

Art. 15 - La pena della detenzione si estende da tre giorni a ventiquattro anni. Si sconta negli stabilimenti a ciò destinati, con l'obbligo del lavoro e con segregazione notturna.

Il condannato può scegliere, tra le specie di lavoro ammesse nello stabilimento al quale è assegnato, quella che è più confacente alle sue attitudini e precedenti occupazioni; e può essergli anche permessa una specie diversa di lavoro.

Se la pena non superi i sei mesi, può essere fatta scontare in una sezione speciale del carcere giudiziario.

Art. 16 - Il condannato alla reclusione o alla detenzione per un tempo superiore ai tre anni, che abbia scontato tre quarti della pena e non meno di tre anni, se si tratti della reclusione, o la metà, se si tratti della detenzione, o abbia tenuto tale condotta da far presumere il suo ravvedimento, può, a sua istanza, ottenere la liberazione condizionale, sempre che il rimanente della pena non superi i tre anni.

La liberazione condizionale non è concessa: 1° al condannato per alcuno tra i delitti indicati negli articoli 248 e dal 406 al 410; 2° al condannato alla reclusione per trent'anni, nel caso preveduto nell'articolo 59, 3° al recidivo in alcuno tra i delitti indicati negli articoli dal 364 al 368 e 404; 4° al recidivo per la seconda volta in qualsiasi delitto, quando sia stato condannato a pena che superi i cinque anni.

Art. 17 - La liberazione condizionale è revocata, se il condannato commetta un reato che importi pena restrittiva della libertà personale, o non adempia le condizioni a lui imposte. In tal caso il tempo trascorso in liberazione condizionale non si computa nella durata della pena; e il condannato non può essere riammesso alla liberazione condizionale.

Scorso tutto il tempo della pena inflitta senza che la liberazione condizionale sia revocata, la pena rimane scontata; e il tempo trascorso in liberazione condizionale si computa nella durata della vigilanza speciale dell'Autorità di pubblica sicurezza che fosse aggiunta alla pena scontata.

Art. 18 - La pena del confino consiste nell'obbligo imposto al condannato di dimorare per un tempo non inferiore ad un mese e non superiore ai tre anni, in un Comune indicato nella sentenza, a distanza non minore di sessanta chilometri, tanto dal Comune in cui fu commesso il delitto, quanto da quelli in cui gli offesi e lo stesso condannato hanno la propria residenza.

Se il condannato trasgredisca all'obbligo suddetto, la pena del confino è convertita in quella della detenzione per il tempo che rimane al compimento di essa.

24. Multa.

La pena della multa consiste nel pagamento allo Stato di una somma non inferiore a euro 50, né superiore a euro 50.000 [66, 78, 133-*bis*, 501-*bis*, 648-*bis*, 648-*ter*][1].

Per i delitti determinati da motivi di lucro, se la legge stabilisce soltanto la pena della reclusione, il giudice può aggiungere la multa da euro 50 a euro 25.000[2][3].

[1] Comma così modificato dall'art. 3, L. 15 luglio 2009, n. 94. Il testo previgente disponeva: *La pena della multa consiste nel pagamento allo Stato di una somma non inferiore a 5, né superiore a 5.164 euro.*

[2] Comma così modificato dall'art. 3, L. 15 luglio 2009, n. 94. Il testo previgente disponeva: *Per i delitti determinati da motivi di lucro, se la legge stabilisce soltanto la pena della reclusione, il giudice può aggiungere la multa da 5 a 2.065 euro.*

[3] Articolo così sostituito dall'art. 101, L. 24 novembre 1981, n. 689.

● Norme connesse:

- art. 51, D.Lgs. 24 giugno 1998, n. 213 che dispone: *1. A decorrere dal 1° gennaio 1999 ogni sanzione pecuniaria penale o amministrativa espressa in lire nelle vigenti disposizioni normative si intende espressa anche in Euro secondo il tasso di conversione irrevocabilmente fissato ai sensi del Trattato.*

2. A decorrere dal 1° gennaio 2002 ogni sanzione penale o amministrativa espressa in lire nelle vigenti disposizioni normative è tradotta in Euro secondo il tasso di conversione irrevocabilmente fissato ai sensi del Trattato.

3. Se l'operazione di conversione prevista dal comma 2 produce un risultato espresso anche con decimali, la cifra è arrotondata eliminando i decimali.

■ Codice penale del 1889: *Art. 19 - La pena della multa consiste nel pagamento all'erario dello Stato di una somma non inferiore alle lire dieci, né superiore alle lire diecimila.*

Nel caso di non eseguito pagamento entro due mesi dal giorno dell'intimazione del precetto, e di insolvibilità del condannato, la multa si converte nella detenzione, col ragguaglio di un giorno per ogni dieci lire e frazione di dieci lire della somma non pagata.

Il condannato può sempre far cessare la pena sostituita, pagando la multa, dedotta la parte corrispondente alla detenzione sofferta, col ragguaglio stabilito nel precedente capoverso.

La detenzione sostituita alla multa non può mai oltrepassare la durata di un anno.

Alla detenzione può essere sostituita nell'esecuzione, ad istanza del condannato, la prestazione di un'opera determinata a servizio dello Stato, della Provincia o del Comune; e due giorni di lavoro sono ragguagliati ad un giorno di detenzione.

25. Arresto.

La pena dell'arresto [disp. att. 1] si estende da cinque giorni a tre anni, ed è scontata in uno degli istituti a ciò destinati o in sezioni speciali[1], con l'obbligo del lavoro e con l'isolamento notturno [64, 66, 78, 136, 141, 142; c.p. 1889, 21].

Il condannato all'arresto può essere addetto a lavori anche diversi da quelli organizzati nell'istituto[1], avuto riguardo alle sue attitudini e alle sue precedenti occupazioni.

[1] In origine «sezioni speciali degli stabilimenti di reclusione». V., a riguardo, art. 61, L. 26 luglio 1975, n. 354.

■ Codice penale del 1889: *Art. 21 - La pena dell'arresto si estende da un giorno a due anni. Si sconta negli stabilimenti a ciò destinati, con segregazione notturna e con l'obbligo del lavoro, rispetto al quale è applicabile il primo capoverso dell'articolo 15. Può farsi anche scontare in una sezione speciale del carcere giudiziario.*

Per le donne e per i minorenni, non recidivi, se la pena non superi un mese, il giudice può disporre che sia scontata nella loro abitazione. In caso di trasgressione, la intera pena si sconta nei modi ordinari.

Art. 22 - La legge determina i casi nei quali l'arresto può essere scontato in una casa di lavoro, o anche mediante prestazione d'opera in lavori di pubblica utilità.

Se il condannato non si presenti per scontare la pena, ovvero rifiuti di prestare l'opera propria, l'arresto è scontato nei modi ordinarii.

Art. 23 - Le donne scontano le pene dell'ergastolo, della reclusione, della detenzione e dell'arresto in stabilimenti speciali.

La legge determina i casi nei quali le pene restrittive della libertà personale si scontano in una casa di correzione o in una casa di custodia.

26. Ammenda.

La pena dell'ammenda consiste nel pagamento allo Stato di una somma non inferiore a euro 20 né superiore a euro 10.000[1].

[1] Articolo così sostituito dall'art. 101, L. 24 novembre 1981, n. 689 e poi così modificato dall'art. 3, L. 15 luglio 2009, n. 94. Il testo previgente disponeva: *La pena dell'ammenda consiste nel pagamento allo Stato di una somma non inferiore a 2 né superiore a 1.032 euro.*

● Norme connesse:

- art. 51, D.Lgs. 24 giugno 1998, n. 213 che dispone: *1. A decorrere dal 1° gennaio 1999 ogni sanzione pecuniaria penale o amministrativa espressa in lire nelle vigenti disposizioni normative si intende espressa anche in Euro secondo il tasso di conversione irrevocabilmente fissato ai sensi del Trattato.*

2. A decorrere dal 1° gennaio 2002 ogni sanzione penale o amministrativa espressa in lire nelle vigenti disposizioni normative è tradotta in Euro secondo il tasso di conversione irrevocabilmente fissato ai sensi del Trattato.

3. Se l'operazione di conversione prevista dal comma 2 produce un risultato espresso anche con decimali, la cifra è arrotondata eliminando i decimali.

■ Codice penale del 1889: *Art. 24 - La pena dell'ammenda consiste nel pagamento all'erario dello Stato di una somma non inferiore ad una lira, né superiore alle lire duemila.*

Si applicano le disposizioni contenute nei capoversi dell'articolo 19, sostituito l'arresto alla detenzione.

27. Pene pecuniarie fisse e proporzionali.

La legge determina i casi nei quali le pene pecuniarie sono fisse e quelli in cui sono proporzionali. Le pene pecuniarie proporzionali non hanno limite massimo.

● Norme connesse:

- art. 115, L. 24 novembre 1981, n. 689.

CAPO III
DELLE PENE ACCESSORIE, IN PARTICOLARE

28. Interdizione dai pubblici uffici.

L'interdizione dai pubblici uffici [19] è perpetua o temporanea [77, 79; disp. att. 13-17; c.p. 1889, 20].

L'interdizione perpetua dai pubblici uffici [19], salvo che dalla legge sia altrimenti disposto, priva il condannato:

1) del diritto di elettorato o di eleggibilità in qualsiasi comizio elettorale, e di ogni altro diritto politico [Cost. 48; c.p. 1889, 34];

2) di ogni pubblico ufficio, di ogni incarico non obbligatorio di pubblico servizio, e della qualità ad essi inerente di pubblico ufficiale [357] o d'incaricato di pubblico servizio [358];

3) dell'ufficio di tutore [c.c. 346, 424] o di curatore [c.c. 48, 90, 247 comma 3, 248 comma 3, 264 comma 2, 320 comma 6, 321, 356, 392, 424, 508, 528; c.p.c. 78; c.nav. 605], anche provvisorio, e di ogni altro ufficio attinente alla tutela o alla cura [541, 564, 569];

4) dei gradi e delle dignità accademiche, dei titoli, delle decorazioni o di altre pubbliche insegne onorifiche;

5) degli stipendi, delle pensioni e degli assegni che siano a carico dello Stato o di un altro ente pubblico[1];

6) di ogni diritto onorifico, inerente a qualunque degli uffici, servizi, gradi o titoli e delle qualità, dignità e decorazioni indicati nei numeri precedenti;

7) della capacità di assumere o di acquistare qualsiasi diritto, ufficio, servizio, qualità, grado, titolo, dignità, decorazione e insegna onorifica, indicati nei numeri precedenti.

L'interdizione temporanea [37] priva il condannato della capacità di acquistare o di esercitare o di godere, durante l'interdizione, i predetti diritti, uffici, servizi, qualità, gradi, titoli e onorificenze[2].

Essa non può avere una durata inferiore a un anno, né superiore a cinque [79].

La legge determina i casi nei quali l'interdizione dai pubblici uffici è limitata ad alcuni di questi [512, 541, 564, 569].

[1] La Corte costituzionale, con sentenza 13 gennaio 1966, n. 3, ha dichiarato l'illegittimità costituzionale del presente numero, limitatamente alla parte in cui i diritti in esso previsti traggono titolo da un rapporto di lavoro. La Corte costituzionale, con sentenza 19 luglio 1968, n. 113, ha dichiarato l'illegittimità costituzionale del presente numero per quanto attiene alle pensioni di guerra.

[2] La Corte costituzionale, con sentenza 13 gennaio 1966, n. 3, ha dichiarato l'illegittimità costituzionale del presente comma, limitatamente alla parte in cui i diritti in esso previsti traggono titolo da un rapporto di lavoro.

● Norme connesse:

- L. 20 giugno 1952, n. 645;

- art. 6, L. 20 febbraio 1958, n. 75. Per le applicazioni in materia tributaria, v. art. 36, L. 18 febbraio 1992, n. 149, Disciplina delle offerte pubbliche di vendita, sottoscrizione, acquisto e scambio di titoli.

art. 662 c.p.p. che recita: Esecuzione delle pene accessorie. *1. Per l'esecuzione delle pene accessorie, il pubblico ministero, fuori dei casi previsti dagli articoli 32 e 34 del codice penale, trasmette l'estratto della sentenza di condanna agli organi della polizia giudiziaria e di pubblica sicurezza e occorrendo, agli altri organi interessati, indicando le pene accessorie da eseguire. Nei casi previsti dagli articoli 32 e 34 del codice penale, il pubblico ministero trasmette l'estratto della sentenza al giudice civile competente.*

2. Quando alla sentenza di condanna consegue una delle pene accessorie previste dagli articoli 28, 30, 32-bis e 34 del codice penale, per la determinazione della relativa durata si computa la misura interdittiva di contenuto corrispondente eventualmente disposta a norma degli articoli 288, 289 e 290.

- art. 183 disp. att. c.p.p. che recita: Richiesta di applicazione di pena accessoria. *1. Quando dalla condanna consegue di diritto una pena accessoria predeterminata dalla legge nella specie e nella durata, il pubblico ministero ne richiede l'applicazione al giudice dell'esecuzione se non si è provveduto con la sentenza di condanna.*

■ Codice penale del 1889: *Art. 20 - L'interdizione dai pubblici ufficii è perpetua o temporanea. L'interdizione perpetua produce la privazione: 1° del diritto di elettore e di eligibile in qualsiasi comizio elettorale, e di ogni altro diritto politico; 2° della qualità di membro del Parlamento e di giurato, di ogni ufficio elettivo e di ogni impiego od ufficio pubblico, conferito dallo Stato, da una Provincia, da un Comune, o da un Istituto sottoposto per legge alla tutela dello Stato, della Provincia o del Comune; 3° dei gradi e delle dignità accademiche, dei titoli, delle decorazioni e altre pubbliche insegne onorifiche; 4° di ogni diritto lucrativo od onorifico inerente a qualunque degli impieghi, ufficii, gradi o titoli e delle qualità, dignità o decorazioni indicate nei numeri precedenti, e del beneficio ecclesiastico di cui il condannato sia investito; 5° dell'ufficio di tutore o di curatore e di ogni altro attinente alla tutela e alla cura, tranne quella dei discendenti nei casi determinati dalla legge civile; 6° della capacità di acquistare qualsiasi diritto, impiego, ufficio, qualità, grado, titolo e distinzioni indicate nei numeri precedenti.*

L'interdizione temporanea produce l'incapacità nel condannato di acquistare o esercitare, per un tempo non minore dei tre mesi e non maggiore dei cinque anni, i predetti diritti, impieghi, ufficii, qualità, gradi e onorificenze.

La legge determina i casi nei quali la interdizione dai pubblici ufficii è limitata ad alcuno di essi, e i casi nei quali si estende all'esercizio della professione o dell'arte del condannato.

29. Casi nei quali alla condanna consegue l'interdizione dai pubblici uffici.

La condanna all'ergastolo [22] e la condanna alla reclusione [23] per un tempo non inferiore a cinque anni importano l'interdizione perpetua del condannato dai pubblici uffici; e la condanna alla reclusione per un tempo non inferiore a tre anni importa l'interdizione dai pubblici uffici per la durata di anni cinque [31, 33, 98 comma 2, 139, 140, 314 comma 2, 315 comma 2, 317 comma 2].

La dichiarazione di abitualità [102-104] o di professionalità nel delitto [105], ovvero di tendenza a delinquere [108], importa l'interdizione perpetua dai pubblici uffici [33].

● Norme connesse:

- comma 1: art. 16, L. 20 febbraio 1958, n. 75; art. 2, L. 25 gennaio 1982, n. 17; art. 6, D.L. 10 luglio 1982, n. 429, convertito in L. 7 agosto 1982, n. 516; art. 21, D.Lgs. 18 dicembre 1997, n. 472; art. 74, D.Lgs. 6 settembre 2011, n. 159.

30. Interdizione da una professione o da un'arte.

L'interdizione da una professione o da un'arte [19] priva il condannato della capacità di esercitare, durante l'interdizione, una professione, arte, industria, o un commercio o mestiere, per cui è richiesto uno speciale permesso o una speciale abilitazione, autorizzazione o licenza dell'Autorità, e importa la decadenza dal permesso o dall'abilitazione, autorizzazione, o licenza anzidetti.

L'interdizione da una professione o da un'arte non può avere una durata inferiore a un mese, né superiore a cinque anni [139, 140; c.p.p. 662], salvi i casi espressamente stabiliti dalla legge [L. fall. 216, 217].

● Norme connesse:

- artt. 2, comma 5, e 5, comma 3, L. 17 maggio 1991, n. 157; art. 36, L. 18 febbraio 1992, n. 149.

31. Condanna per delitti commessi con abuso di un pubblico ufficio o di una professione o di un'arte. Interdizione.

Ogni condanna [98, 366, 373] per delitti commessi con l'abuso dei poteri, o con la violazione dei doveri inerenti a una pubblica funzione, o ad un pubblico servizio [358], o a taluno degli uffici indicati nel numero 3 dell'articolo 28, ovvero con l'abuso di una professione, arte, industria o di un commercio o

CODICE PENALE

mestiere, o con la violazione dei doveri a essi inerenti, importa l'interdizione temporanea dai pubblici uffici o dalla professione, arte [19], industria o dal commercio o mestiere [33 comma 2, 37, 79, 98 comma 2, 140 comma 2, 366 comma 4, 373 comma 2, 448 comma 2; c.p. 1889, 35 comma 1].

32. Interdizione legale.

Il condannato all'ergastolo è in stato di interdizione legale.

La condanna all'ergastolo importa anche la decadenza dalla responsabilità genitoriale[1].

Il condannato alla reclusione per un tempo non inferiore a cinque anni è, durante la pena, in stato d'interdizione legale; la condanna produce altresì, durante la pena, la sospensione dall'esercizio della responsabilità genitoriale, salvo che il giudice disponga altrimenti[2].

Alla interdizione legale si applicano, per ciò che concerne la disponibilità e l'amministrazione dei beni, nonché la rappresentanza negli atti ad esse relativi, le norme della legge civile sulla interdizione giudiziale [c.c. 424; c.p.p. 662].

[1] Comma così sostituito dall'art. 119, L. 24 novembre 1981, n. 689 e poi così modificato dall'art. 93, D.Lgs. 28 dicembre 2013, n. 154, a decorrere dal 7 febbraio 2014. Il testo previgente disponeva: *La condanna all'ergastolo importa anche la decadenza dalla potestà dei genitori.*

[2] Comma così sostituito dall'art. 119, L. 24 novembre 1981, n. 689 e poi così modificato dall'art. 93, D.Lgs. 28 dicembre 2013, n. 154, a decorrere dal 7 febbraio 2014. Il testo previgente disponeva: *Il condannato alla reclusione per un tempo non inferiore a cinque anni è, durante la pena, in stato d'interdizione legale; la condanna produce altresì, durante la pena, la sospensione dall'esercizio della potestà dei genitori, salvo che il giudice disponga altrimenti.*

32-*bis*. Interdizione temporanea dagli uffici direttivi delle persone giuridiche e delle imprese.

L'interdizione dagli uffici direttivi delle persone giuridiche e delle imprese [19] priva il condannato della capacità di esercitare, durante l'interdizione, l'ufficio di amministratore [c.c. 2380-2396, 2459, 2465, 2487, 2535], sindaco [c.c. 2397-2409, 2488], liquidatore, direttore generale e dirigente preposto alla redazione dei documenti contabili societari, nonché ogni altro ufficio con potere di rappresentanza della persona giuridica o dell'imprenditore[1].

Essa consegue ad ogni condanna alla reclusione non inferiore a sei mesi per delitti commessi con abuso dei poteri o violazione dei doveri inerenti all'ufficio [19, n. 4, 448][2].

[1] Comma così modificato dall'art. 15, L. 28 dicembre 2005, n. 262. Il testo previgente disponeva: *L'interdizione dagli uffici direttivi delle persone giuridiche e delle imprese priva il condannato della capacità di esercitare, durante l'interdizione, l'ufficio di amministratore, sindaco, liquidatore e direttore generale, nonché ogni altro ufficio con potere di rappresentanza della persona giuridica o dell'imprenditore.*

[2] Articolo aggiunto dall'art. 120, L. 24 novembre 1981, n. 689.

32-*ter*. Incapacità di contrattare con la pubblica amministrazione.

L'incapacità di contrattare con la pubblica amministrazione [19] importa il divieto di concludere contratti con la pubblica amministrazione, salvo che per ottenere le prestazioni di un pubblico servizio.

Essa non può avere durata inferiore ad un anno né superiore a cinque anni [19, n. 5][1 2].

[1] Comma così modificato dall'art. 1, L. 27 maggio 2015, n. 69. Il testo previgente disponeva: *Essa non può avere durata inferiore ad un anno né superiore a tre anni.*

[2] Articolo aggiunto dall'art. 120, L. 24 novembre 1981, n. 689.

● Norme connesse:

- L. 17 maggio 1991, n. 157 (v. ora, TUF di cui al D.Lgs. 24 febbraio 1998, n. 58).

32-*quater*. Casi nei quali alla condanna consegue la incapacità di contrattare con la pubblica amministrazione.

Ogni condanna per i delitti previsti dagli articoli 314, primo comma, 316-*bis*, 316-*ter*, 317, 318, 319, 319-*bis*, 319-*ter*, 319-*quater*, 320, 321, 322, 322-*bis*, 346-*bis*, 353, 355, 356, 416, 416-*bis*, 437, 452-*bis*, 452-*quater*, 452-*sexies*, 452-*septies*, 452-*quaterdecies*, 501, 501-*bis*, 640, secondo comma, numero 1, 640-*bis* e 644, commessi in danno o a vantaggio di un'attività imprenditoriale o comunque in relazione ad essa, importa l'incapacità di contrattare con la pubblica amministrazione[1].

[1] Articolo aggiunto dall'art. 120, L. 24 novembre 1981, n. 689, sostituito, prima, dall'art. 3, D.L. 17 settembre 1993, n. 369, convertito in L. 15 novembre 1993, n. 461 e modificato, da ultimo, dall'art. 1, L. 22 maggio 2015, n. 68, a decorrere dal 29 maggio 2015, che dopo la parola: «437,» ha inserito le seguenti: «452-bis, 452-quater, 452-sexies, 452-septies,» e dopo la parola: «644» ha inserito le seguenti: «, nonchè dall'articolo 260 del decreto legislativo 3 aprile 2006, n. 152, e successive modificazioni», poi dall'art. 1, comma 1, lett. c), L. 9 gennaio 2019, n. 3.

Il testo previgente la modifica del 2019 disponeva: *Ogni condanna per i delitti previsti dagli articoli 316-bis, 316-ter, 317, 318, 319, 319-bis, 319-quater, 320, 321, 322, 322-bis, 353, 355, 356, 416, 416-bis, 437, 452-bis, 452-quater, 452-sexies, 452-septies, 501, 501-bis, 640, numero 1) del secondo comma, 640-bis, 644, nonchè dall'articolo 260 del decreto legislativo 3 aprile 2006, n. 152, e successive modificazioni, commessi in danno o in vantaggio di un'attività imprenditoriale o comunque in relazione ad essa, importa l'incapacità di contrattare con la pubblica amministrazione.*

32-*quinquies*. Casi nei quali alla condanna consegue l'estinzione del rapporto di lavoro o di impiego.

Salvo quanto previsto dagli articoli 29 e 31, la condanna alla reclusione per un tempo non inferiore a due anni per i delitti di cui agli articoli 314, primo comma, 317, 318, 319, 319-*ter*, 319-*quater*, primo comma, e 320 importa altresì l'estinzione del rapporto di lavoro o di impiego nei confronti del dipendente di amministrazioni od enti pubblici ovvero di enti a prevalente partecipazione pubblica[1].

[1] Articolo aggiunto dall'art. 5, L. 27 marzo 2001, n. 97 e così modificato, prima dall'art. 1, comma 75, L. 6 novembre 2012, n. 190, che dopo le parole «319-ter,» aggiunge le seguenti: «,319-quater, primo comma,», poi dall'art. 1, L. 27 maggio 2015, n. 69, che alla parola «tre» sostituisce la parola «due».

33. Condanna per delitto colposo.

Le disposizioni dell'articolo 29 e del secondo capoverso dell'articolo 32 non si applicano nel caso di condanna per delitto colposo [43][1].

Le disposizioni dell'articolo 31 non si applicano nel caso di condanna per delitto colposo, se la pena inflitta è inferiore a tre anni di reclusione, o se è inflitta soltanto una pena pecuniaria.

[1] Comma così sostituito dall'art. 121, L. 24 novembre 1981, n. 689. Il testo previgente disponeva: *Le disposizioni dell'articolo 29 e del secondo capoverso dell'articolo precedente non si applicano nel caso di condanna per delitto colposo.*

Le disposizioni dell'articolo 31 non si applicano nel caso di condanna per delitto colposo, se la pena inflitta è inferiore a tre anni di reclusione, o se è inflitta soltanto una pena pecuniaria.

34. Decadenza dalla responsabilità genitoriale e sospensione dall'esercizio di essa[1].

La legge determina i casi nei quali la condanna importa la decadenza dalla responsabilità genitoriale[2 3].

La condanna per delitti commessi con abuso della responsabilità genitoriale importa la sospensione dall'esercizio di essa per un periodo di tempo pari al doppio della pena inflitta[4].

La decadenza dalla responsabilità genitoriale importa anche la privazione di ogni diritto che al genitore spetti sui beni del figlio in forza della responsabilità genitoriale di cui al titolo IX del libro I del codice civile[5].

La sospensione dall'esercizio della responsabilità genitoriale importa anche l'incapacità di esercitare, durante la sospensione, qualsiasi diritto che al genitore spetti sui beni del figlio in base alle norme del titolo IX del libro I del codice civile [19, n. 6][6].

Nelle ipotesi previste dai commi precedenti, quando sia concessa la sospensione condizionale della pena, gli atti del procedimento vengono trasmessi al tribunale dei minorenni, che assume i provvedimenti più opportuni nell'interesse dei minori[7].

[1] Rubrica così modificata dall'art. 93, D.Lgs. 28 dicembre 2013, n. 154, a decorrere dal 7 febbraio 2014. Il testo previgente disponeva: *Decadenza dalla potestà dei genitori e sospensione dall'esercizio di essa.*

[2] Per l'applicazione del presente comma, v. art. 71, L. 4 maggio 1983, n. 184, nel testo modificato dall'art. 100, D.Lgs. 28 dicembre 2013, n. 154, a decorrere dal 7 febbraio 2014, che dispone: *Chiunque, in violazione delle norme di legge in materia di adozione, affida a terzi con carattere definitivo un minore, ovvero lo avvia all'estero perché sia definitivamente affidato, è punito con la reclusione da uno a tre anni.*

Se il fatto è commesso dal tutore ovvero da altra persona cui il minore è affidato per ragioni di educazione, di istruzione, di vigilanza e di custodia, la pena è aumentata della metà.

Se il fatto è commesso dal genitore la condanna comporta la perdita della relativa responsabilità genitoriale e l'apertura della procedura di adottabilità; se è commesso del tutore consegue la rimozione dall'ufficio; se è commesso dalla persona cui il minore è affidato consegue la inidoneità ad ottenere affidamenti familiari o adottivi e l'incapacità all'ufficio tutelare.

Se il fatto è commesso da pubblici ufficiali, da incaricati di un pubblico servizio, da esercenti la professione sanitaria o forense, da appartenenti ad istituti di assistenza pubblici o privati nei casi di cui all'articolo 61, numeri 9 e 11, del codice penale, la pena è raddoppiata.

La pena stabilita nel primo comma del presente articolo si applica anche a coloro che, consegnando o promettendo denaro od altra utilità a terzi, accolgono minori in illecito affidamento con carattere di definitività. La condanna comporta la inidoneità ad ottenere affidamenti familiari o adottivi e l'incapacità all'ufficio tutelare.

Chiunque svolga opera di mediazione al fine di realizzare l'affidamento di cui al primo comma è punito con la reclusione fino ad un anno o con multa da euro 258 a euro 2.582.

[3] Comma così modificato dall'art. 93, D.Lgs. 28 dicembre 2013, n. 154, a decorrere dal 7 febbraio 2014. Il testo previgente disponeva: *La legge determina i casi nei quali la condanna importa la decadenza dalla potestà dei genitori.*

[4] Comma così modificato dall'art. 93, D.Lgs. 28 dicembre 2013, n. 154, a decorrere dal 7 febbraio 2014. Il testo previgente disponeva: *La condanna per delitti commessi con abuso della potestà dei genitori importa la sospensione dall'esercizio di essa per un periodo di tempo pari al doppio della pena inflitta.*

[5] Comma così modificato dall'art. 93, D.Lgs. 28 dicembre 2013, n. 154, a decorrere dal 7 febbraio 2014. Il testo previgente disponeva: *La decadenza dalla potestà dei genitori importa anche la privazione di ogni diritto che al genitore spetti sui beni del figlio in forza della potestà di cui al titolo IX del libro I del codice civile.*

[6] Comma aggiunto dall'art. 5, L. 7 febbraio 1990, n. 19 e poi così modificato dall'art. 93, D.Lgs. 28 dicembre 2013, n. 154, a decorrere dal 7 febbraio 2014. Il testo previgente disponeva: *La sospensione dall'esercizio della potestà dei genitori importa anche l'incapacità di esercitare, durante la sospensione, qualsiasi diritto che al genitore spetti sui beni del figlio in base alle norme del titolo IX del libro I del codice civile.*

CODICE PENALE

[7] Articolo così sostituito dall'art. 122, L. 24 novembre 1981, n. 689. Il testo previgente le modifiche apportate dalla L. 689/1981 era il seguente: *La legge determina i casi nei quali la condanna importa la decadenza dalla potestà dei genitori.*

La condanna per delitti commessi con abuso della potestà dei genitori importa la sospensione dall'esercizio di essa per un periodo di tempo pari al doppio della pena inflitta.

La decadenza dalla potestà dei genitori importa anche la privazione di ogni diritto che al genitore spetti sui beni del figlio in forza della potestà di cui al titolo IX del libro I del codice civile.

La sospensione dall'esercizio della potestà dei genitori importa anche l'incapacità di esercitare, durante la sospensione, qualsiasi diritto che al genitore spetti sui beni del figlio in base alle norme del titolo IX del libro I del codice civile.

Il testo originario era il seguente: *La legge determina i casi nei quali la condanna importa la perdita della patria potestà o dell'autorità maritale.*

La condanna per delitti commessi con abuso della patria potestà o dell'autorità maritale importa la sospensione dall'esercizio di esse per un periodo di tempo pari al doppio della pena inflitta.

La perdita della patria potestà o dell'autorità maritale importa anche la privazione di ogni diritto che al genitore o al marito spetti sui beni del figlio o della moglie, in forza della patria potestà o dell'autorità maritale.

La sospensione dall'esercizio della patria potestà o dell'autorità maritale importa anche l'incapacità di esercitare, durante la sospensione, qualsiasi diritto che al genitore o al marito spetti sui beni del figlio o della moglie, in forza della patria potestà o dell'autorità maritale.

35. Sospensione dall'esercizio di una professione o di un'arte.

La sospensione dall'esercizio di una professione o di un'arte [77] priva il condannato della capacità di esercitare, durante la sospensione, una professione, arte, industria o un commercio o mestiere, per i quali è richiesto uno speciale permesso o una speciale abilitazione, autorizzazione o licenza dell'Autorità [disp. att. 13-16; c.p. 1889, 25, 479, 481 comma 2].

La sospensione dall'esercizio di una professione o di un'arte non può avere una durata inferiore a tre mesi né superiore a tre anni [79, 139, 140][1].

Essa consegue a ogni condanna per contravvenzione, che sia commessa con abuso della professione, arte, industria, o del commercio o mestiere, ovvero con violazione dei doveri ad essi inerenti, quando la pena inflitta non è inferiore a un anno d'arresto.

[1] Comma così modificato dall'art. 1, L. 27 maggio 2015, n. 69. Il testo previgente disponeva: *La sospensione dall'esercizio di una professione o di un'arte non può avere una durata inferiore a quindici giorni né superiore a due anni.*

● Norme connesse:

- art. 64 c.p.p.; artt. 109, comma 4 e 110, comma 8, R.D. 18 giugno 1931, n. 773; art. 5, L. 20 novembre 1971, n. 1062; art. 70, commi 4 e 5, D.P.R. 9 ottobre 1990, n. 309.

■ Codice penale del 1889: *Art. 25 - La sospensione dall'esercizio di una professione o di un'arte si estende da tre giorni a due anni.*

35-*bis*. Sospensione dall'esercizio degli uffici direttivi delle persone giuridiche e delle imprese.

La sospensione dall'esercizio degli uffici direttivi delle persone giuridiche e delle imprese [19] priva il condannato della capacità di esercitare, durante la sospensione, l'ufficio di amministratore [c.c. 2380-2396, 2459, 2465, 2487, 2535], sindaco [c.c. 2397-2409, 2488], liquidatore [c.c. 2450], direttore generale e dirigente preposto alla redazione dei documenti contabili societari, nonché ogni altro ufficio con potere di rappresentanza della persona giuridica o dell'imprenditore [c.c. 2082 ss.][1].

Essa non può avere una durata inferiore a quindici giorni né superiore a due anni e consegue ad ogni condanna all'arresto per contravvenzioni commesse con abuso dei poteri o violazione dei doveri inerenti all'ufficio [139][2].

[1] Comma così modificato dall'art. 15, L. 28 dicembre 2005, n. 262. Il testo previgente disponeva: *La sospensione dall'esercizio degli uffici direttivi delle persone giuridiche e delle imprese priva il condannato della capacità di esercitare, durante la sospensione, l'ufficio di amministratore, sindaco, liquidatore e direttore generale, nonché ogni altro ufficio con potere di rappresentanza della persona giuridica o dell'imprenditore.*

[2] Articolo aggiunto dall'art. 123, L. 24 novembre 1981, n. 689.

36. Pubblicazione della sentenza penale di condanna.

La sentenza di condanna [alla pena di morte o][1] all'ergastolo è pubblicata [19] mediante affissione nel Comune ove è stata pronunciata, in quello ove il delitto fu commesso, e in quello ove il condannato aveva l'ultima residenza.

La sentenza di condanna è inoltre pubblicata nel sito internet del Ministero della giustizia. La durata della pubblicazione nel sito è stabilita dal giudice in misura non superiore a trenta giorni. In mancanza, la durata è di quindici giorni[2].

La pubblicazione è fatta per estratto, salvo che il giudice disponga la pubblicazione per intero; essa è eseguita d'ufficio e a spese del condannato.

La legge determina gli altri casi [186, 347 comma 3, 448, 475, 498 comma 3, 518, 722] nei quali la sentenza di condanna deve essere pubblicata. In tali casi la pubblicazione ha luogo nei modi stabiliti nei due capoversi precedenti [c.p.p. 536, 694][3].

[1] La pena di morte è stata soppressa, con conseguente sostituzione con l'ergastolo, prima per i delitti previsti dal presente codice ex art. 1, D.Lgs.Lgt. 10 agosto 1944, n. 224, poi per i delitti previsti dalle leggi speciali (art. 1, D.Lgs. 22 gennaio 1948, n. 21). Infine, con L. 13 ottobre 1994, n. 589 è stata abolita la pena di morte anche per i reati previsti dal codice penale militare di guerra.

[2] Comma così modificato prima dall'art. 67, L. 18 giugno 2009, n. 69, poi dall'art. 37, D.L. 6 luglio 2011, n. 98, converti-

to in L. 15 luglio 2011, n. 111. Il testo previgente la modifica del 2009 era il seguente: La sentenza di condanna è inoltre pubblicata, per una sola volta, in uno o più giornali designati dal giudice.

Il testo previgente la modifica del 2011 disponeva: *La sentenza di condanna è inoltre pubblicata, per una sola volta, in uno o più giornali designati dal giudice e nel sito internet del Ministero della giustizia. La durata della pubblicazione nel sito è stabilita dal giudice in misura non superiore a trenta giorni. In mancanza, la durata è di quindici giorni.*

[3] Comma così modificato prima dall'art. 2, comma 216, L. 23 dicembre 2009, n. 191, poi dall'art. 37, D.L. 6 luglio 2011, n. 98, convertito in L. 15 luglio 2011, n. 111. Il testo previgente la modifica del 2009 era il seguente: *La legge determina gli altri casi nei quali la sentenza di condanna deve essere pubblicata. In tali casi la pubblicazione ha luogo nei modi stabiliti nei due capoversi precedenti.*

Il testo previgente la modifica del 2011 era il seguente: *La legge determina gli altri casi nei quali la sentenza di condanna deve essere pubblicata. In tali casi la pubblicazione ha luogo nei modi stabiliti nei due capoversi precedenti, salva la pubblicazione nei giornali, che è fatta unicamente mediante indicazione degli estremi della sentenza e dell'indirizzo internet del sito del Ministero della giustizia.*

● Norme connesse:

- artt. 8, comma 7, 9, L. 8 febbraio 1948, n. 47; gli artt. 28, comma 5, e 38, comma 4, L. 20 maggio 1970, n. 300; l'art. 6, L. 20 novembre 1971, n. 1062; gli artt. 6 e 7, comma 2, D.L. 10 luglio 1982, n. 429, convertito in L. 7 agosto 1982, n. 516; l'art. 2, L. 20 luglio 1985, n. 400, gli artt. 5, comma 2, e 7, comma 3, L. 15 dicembre 1990, n. 386 e l'art. 2, comma 5, L. 17 maggio 1991, n. 157.

37. Pene accessorie temporanee: durata.

Quando la legge stabilisce che la condanna importa una pena accessoria temporanea [19], e la durata di questa non è espressamente determinata, la pena accessoria ha una durata eguale a quella della pena principale inflitta, o che dovrebbe scontarsi, nel caso di conversione, per insolvibilità del condannato [136]. Tuttavia, in nessun caso essa può oltrepassare il limite minimo e quello massimo stabiliti per ciascuna specie di pena accessoria [79, 139, 140].

■ Codice penale del 1889: *Art. 11 - **Le pene stabilite per** i delitti sono: 1° l'ergastolo; 2° la reclusione; 3° la detenzione; 4° il confino; 5° la multa; 6° l'interdizione dai pubblici ufficii.*

Le pene stabilite per le contravvenzioni sono: 1° l'arresto; 2° l'ammenda; 3° la sospensione dall'esercizio di una professione o di un'arte.

Sotto la denominazione di pene restrittive della libertà personale la legge comprende l'ergastolo, la reclusione, la detenzione, il confino e l'arresto.

38. Condizione giuridica del condannato alla pena di morte.

[...][1].

[1] La pena di morte è stata soppressa, con conseguente sostituzione con l'ergastolo, prima per i delitti previsti dal presente codice ex art. 1, D.Lgs.Lgt. 10 agosto 1944, n. 224, poi per i delitti previsti dalle leggi speciali (art. 1, D.Lgs. 22 gennaio 1948, n. 21). Infine, con L. 13 ottobre 1994, n. 589 è stata abolita la pena di morte anche per i reati previsti dal codice penale militare di guerra.

TITOLO III
DEL REATO

CAPO I
DEL REATO CONSUMATO E TENTATO

39. Reato: distinzione fra delitti e contravvenzioni.

I reati si distinguono in delitti e contravvenzioni [17], secondo la diversa specie delle pene per essi rispettivamente stabilite da questo codice.

40. Rapporto di causalità.

Nessuno può essere punito per un fatto preveduto dalla legge come reato, se l'evento dannoso o pericoloso, da cui dipende la esistenza del reato, non è conseguenza della sua azione od omissione.

Non impedire un evento, che si ha l'obbligo giuridico di impedire, equivale a cagionarlo.

♦ Codice penale tedesco

Titolo I: I fondamenti della responsabilità penale. § 13 Omissioni. *(1) Chiunque non riesce a scongiurare un risultato che è un elemento di una disposizione penale risponde solo ai sensi della presente legge, se è responsabile, ai sensi del diritto, di garantire che il risultato non si verifichi, e se l'omissione equivale alla realizzazione degli elementi costitutivi del reato attraverso un atto positivo.*

(2) La sentenza può essere mitigata ai sensi dell'art 49

41. Concorso di cause.

Il concorso di cause preesistenti o simultanee o sopravvenute, anche se indipendenti dall'azione od omissione del colpevole, non esclude il rapporto di causalità fra la azione od omissione e l'evento [40, 62, n. 5; c.p. 1889, 367].

Le cause sopravvenute escludono il rapporto di causalità quando sono state da sole sufficienti a determinare l'evento. In tal caso, se l'azione od omissione precedentemente commessa costituisce per sé un reato, si applica la pena per questo stabilita.

Le disposizioni precedenti si applicano anche quando la causa preesistente o simultanea o sopravvenuta consiste nel fatto illecito altrui.

42. Responsabilità per dolo o per colpa o per delitto preterintenzionale. Responsabilità obiettiva.

Nessuno può essere punito per un'azione od omissione [40] preveduta dalla legge come reato, se non l'ha commessa con coscienza e volontà [c.p. 1889, 45 comma 2].

Nessuno può essere punito per un fatto preveduto dalla legge come delitto [17], se non l'ha commesso con dolo, salvo i casi di delitto preterintenzionale [571 comma 1, 572 comma 2, 584] o colposo [259, 326 comma 2, 335, 350, 355 comma 3, 387, 391 comma 2, 449, 450, 451, 452, 500 comma 2, 527 comma 2, 589, 590] espressamente preveduti dalla legge [25, 27 Cost.; 43].

La legge determina i casi nei quali l'evento è posto altrimenti a carico dell'agente, come conseguenza della sua azione od omissione [45].

Nelle contravvenzioni ciascuno risponde della propria azione od omissione cosciente e volontaria, sia essa dolosa o colposa [43 comma 2].

■ Codice penale del 1889: *Art. 45 - Nessuno può essere punito per un delitto, se non abbia voluto il fatto che lo costituisce, tranne che la legge lo ponga altrimenti a suo carico, come conseguenza della sua azione od omissione.*

Nelle contravvenzioni ciascuno risponde della propria azione od omissione, ancorché non si dimostri ch'egli abbia voluto commettere un fatto contrario alla legge.

♦ Codice penale francese

Articolo 121-3. *Non vi è alcun crimine o reato senza l'intenzione di commetterlo.*

Tuttavia, quando la legge lo prevede, vi è reato in caso di messa in pericolo intenzionale della persona di un'altra. C'è reato, quando richiesto dalla legge, in caso di imprudente condotta, negligenza o violazione del dovere di diligenza o di precauzione previsto dalla legge o dal regolamento, qualora si accerti che l'autore non ha adottato le normali procedure indicate, del caso, secondo la natura dei suoi compiti o funzioni, secondo le competenze e i poteri ed i mezzi a disposizione.

Nel caso di cui al paragrafo precedente, le persone fisiche che non hanno causato direttamente il danno, ma hanno creato o contribuito a creare la situazione che ha permesso la realizzazione del danno o non hanno adottato le misure per evitarlo, sono penalmente responsabili se è accertato che essi hanno o violato chiaramente deliberatamente lo speciale dovere di diligenza o di sicurezza previsto dalla legge o dal regolamento o commesso un errore caratterizzato ed esposto altri al rischio di una particolare gravità che non potevano ignorare.

Non vi è alcuna forza violazione maggiore.

♦ Codice penale tedesco

§ 15 Intenzione e negligenza. *Salvo che la legge preveda espressamente la responsabilità penale sulla base di negligenza, solo la condotta intenzionale deve determinare la responsabilità penale.*

43. Elemento psicologico del reato.

Il delitto:

è doloso, o secondo l'intenzione, quando l'evento dannoso o pericoloso, che è il risultato dell'azione od omissione e da cui la legge fa dipendere l'esistenza del delitto, è dall'agente preveduto e voluto come conseguenza della propria azione od omissione;

è preterintenzionale, o oltre l'intenzione, quando dall'azione od omissione deriva un evento dannoso o pericoloso più grave di quello voluto dall'agente;

è colposo, o contro l'intenzione, quando l'evento, anche se preveduto, non è voluto dall'agente e si verifica a causa di negligenza o imprudenza o imperizia, ovvero per inosservanza di leggi, regolamenti, ordini o discipline [61, n. 3, 259, 326, 335, 350, 355, 387, 391, 449, 450, 451, 452, 500, 527, 589, 590].

La distinzione tra reato doloso e reato colposo, stabilita da questo articolo per i delitti, si applica altresì alle contravvenzioni, ogni qualvolta per queste la legge penale faccia dipendere da tale distinzione un qualsiasi effetto giuridico [584].

● Norme connesse:

- art. 7, L. 8 marzo 2017, n. 24: *Responsabilità civile della struttura e dell'esercente la professione sanitaria. 1. La struttura sanitaria o sociosanitaria pubblica o privata che, nell'adempimento della propria obbligazione, si avvalga dell'opera di esercenti la professione sanitaria, anche se scelti dal paziente e ancorchè non dipendenti della struttura stessa, risponde, ai sensi degli articoli 1218 e 1228 del codice civile, delle loro condotte dolose o colpose.*

2. La disposizione di cui al comma 1 si applica anche alle prestazioni sanitarie svolte in regime di libera professione intramuraria ovvero nell'ambito di attività di sperimentazione e di ricerca clinica ovvero in regime di convenzione con il Servizio sanitario nazionale nonchè attraverso la telemedicina.

3. L'esercente la professione sanitaria di cui ai commi 1 e 2 risponde del proprio operato ai sensi dell'articolo 2043 del codice civile, salvo che abbia agito nell'adempimento di obbligazione contrattuale assunta con il paziente. Il giudice, nella determinazione del risarcimento del danno, tiene conto della condotta dell'esercente la professione sanitaria ai sensi dell'articolo 5 della presente legge e dell'articolo 590-sexies del codice penale, introdotto dall'articolo 6 della presente legge.

4. Il danno conseguente all'attività della struttura sanitaria o sociosanitaria, pubblica o privata, e dell'esercente la professione sanitaria è risarcito sulla base delle tabelle di cui agli articoli 138 e 139 del codice delle assicurazioni private, di cui al decreto legislativo 7 settembre 2005, n. 209, integrate, ove necessario, con la procedura di cui al comma 1 del predetto articolo 138 e sulla base dei criteri di cui ai citati articoli, per tener conto delle fattispecie da esse non previste, afferenti alle attività di cui al presente articolo.

5. Le disposizioni del presente articolo costituiscono norme imperative ai sensi del codice civile.

44. Condizione obiettiva di punibilità.

Quando, per la punibilità del reato, la legge richiede il verificarsi di una condizione [158 comma 2], il colpevole risponde del reato, anche se l'evento, da cui dipende il verificarsi della condizione, non è da lui voluto.

● Norme connesse:

- artt. 3, 4 e 5, D.Lgs. 10 marzo 2000, n. 74 e artt. 2621 e 2622 c.c..

45. Caso fortuito o forza maggiore.

Non è punibile chi ha commesso il fatto per caso fortuito o per forza maggiore.

♦ Codice penale francese

Articolo 122-2. *Non è penalmente responsabile colui che ha agito sotto l'influenza di una forza o di una coercizione a cui non ha potuto resistere.*

46. Costringimento fisico.

Non è punibile chi ha commesso il fatto per esservi stato da altri costretto, mediante violenza fisica alla quale non poteva resistere o comunque sottrarsi [54 comma 3, 111, 611].

In tal caso, del fatto commesso dalla persona costretta risponde l'autore della violenza [54 comma 2, 86, 611].

47. Errore di fatto.

L'errore sul fatto che costituisce il reato esclude la punibilità dell'agente. Non di meno, se si tratta di errore determinato da colpa, la punibilità non è esclusa, quando il fatto è preveduto dalla legge come delitto colposo [43].

L'errore sul fatto che costituisce un determinato reato non esclude la punibilità per un reato diverso.

L'errore su una legge diversa dalla legge penale esclude la punibilità, quando ha cagionato un errore sul fatto che costituisce il reato [5, 48, 49, 59, 60, 82].

♦ Codice penale tedesco

§ 16 Errore di fatto. *(1) Chiunque, al momento della commissione del reato non è a conoscenza di un fatto che è un elemento costitutivo del reato sarà considerato senza intenzione. Qualsiasi responsabilità per negligenza rimane senza effetti.*

(2) Chiunque, al momento della commissione del reato presuppone erroneamente l'esistenza di fatti che integrano gli elementi di una disposizione più favorevole, può essere punito solo per la commissione intenzionale di reato ai sensi della disposizione più favorevole.

48. Errore determinato dall'altrui inganno.

Le disposizioni dell'articolo precedente si applicano anche se l'errore sul fatto che costituisce il reato è determinato dall'altrui inganno; ma, in tal caso, del fatto commesso dalla persona ingannata risponde chi l'ha determinata a commetterlo.

49. Reato supposto erroneamente e reato impossibile.

Non è punibile chi commette un fatto non costituente reato, nella supposizione erronea che esso costituisca reato.

La punibilità è altresì esclusa quando, per la inidoneità dell'azione o per la inesistenza dell'oggetto di essa, è impossibile l'evento dannoso o pericoloso [56; c.p. 1889, 259][1].

Nei casi preveduti dalle disposizioni precedenti, se concorrono nel fatto gli elementi costitutivi di un reato diverso, si applica la pena stabilita per il reato effettivamente commesso.

Nel caso indicato nel primo capoverso, il giudice può ordinare che l'imputato prosciolto sia sottoposto a misura di sicurezza [229].

● Norme connesse:

- comma 2: art. 1, comma 1, lett. m), L. 28 aprile 2014, n. 67.

50. Consenso dell'avente diritto.

Non è punibile chi lede o pone in pericolo un diritto, col consenso della persona che può validamente disporne [59, 579; c.c. 5].

● Norme connesse:

- art. 1, L. 26 giugno 1967, n. 458; artt. da 4 a 8,19 e 22, L. 22 maggio 1978, n. 194; art. 1, L. 19 settembre 2012, n. 167.

51. Esercizio di un diritto o adempimento di un dovere.

L'esercizio di un diritto o l'adempimento di un dovere imposto da una norma giuridica o da un ordine legittimo della pubblica autorità, esclude la punibilità [55, 59; c.p. 1889, 49, 60 comma 2; c.p.p. 55].

Se un fatto costituente reato è commesso per ordine dell'Autorità, del reato risponde sempre il pubblico ufficiale [357] che ha dato l'ordine.

Risponde del reato altresì chi ha eseguito l'ordine, salvo che, per errore di fatto [47], abbia ritenuto di obbedire ad un ordine legittimo.

Non è punibile chi esegue l'ordine illegittimo, quando la legge non gli consente alcun sindacato sulla legittimità dell'ordine.

● Norme connesse:

- art. 9, L. 16 marzo 2006, n. 146; art. 97, D.P.R. 9 ottobre 1990, n. 309.
- comma 1: art. 10, Cedu.

■ Codice penale del 1889: *Art. 49 - Non è punibile colui che ha commesso il fatto:*

1° per disposizione della legge, o per ordine, che era obbligato ad eseguire, dell'Autorità competente;

2° per esservi stato costretto dalla necessità di respingere da se o da altri una violenza attuale e ingiusta;

3° per esservi stato costretto dalla necessità di salvare sé o altri da un pericolo grave e imminente alla persona, al quale non aveva dato volontariamente causa e che non si poteva altrimenti evitare.

Nel caso preveduto nel numero lo, se il fatto commesso in esecuzione dell'ordine di un pubblico ufficiale costituisca reato, la pena stabilita per il medesimo è applicata al pubblico ufficiale che ha dato l'ordine.

♦ Codice penale francese

Articolo 122-4. *Non è penalmente responsabile chi compie un atto prescritto o autorizzato dalla legge o dai regolamenti.*

Non è penalmente responsabile chi compie un atto ordinato da un'autorità legittima a meno che tale atto è manifestamente illegittimo.

52. Difesa legittima.

Non è punibile chi ha commesso il fatto per esservi stato costretto dalla necessità di difendere un diritto proprio od altrui contro il pericolo attuale di un'offesa ingiusta, sempre che la difesa sia proporzionata all'offesa [55, 59; c.p.m.p., 42; c.c. 2044; c.p. 1889, 49, 376].

Nei casi previsti dall'articolo 614, primo e secondo comma, sussiste **sempre** il rapporto di proporzione di cui al primo comma del presente articolo se taluno legittimamente presente in uno dei luoghi ivi indicati usa un'arma legittimamente detenuta o altro mezzo idoneo al fine di difendere[1]:

a) la propria o la altrui incolumità;

b) i beni propri o altrui, quando non vi è desistenza e vi è pericolo d'aggressione[2].

Le disposizioni di cui al secondo e al quarto comma si applicano anche nel caso in cui il fatto sia avvenuto all'interno di ogni altro luogo ove venga esercitata un'attività commerciale, professionale o imprenditoriale[3].

Nei casi di cui al secondo e al terzo comma agisce sempre in stato di legittima difesa colui che compie un atto per respingere l'intrusione posta in essere, con violenza o minaccia di uso di armi o di altri mezzi di coazione fisica, da parte di una o più persone[4].

[1] Alinea così modificato dall'art. 1, L. 26 aprile 2019, n. 36. Il testo previgente disponeva: *Nei casi previsti dall'articolo 614, primo e secondo comma, sussiste il rapporto di proporzione di cui al primo comma del presente articolo se taluno legittimamente presente in uno dei luoghi ivi indicati usa un'arma legittimamente detenuta o altro mezzo idoneo al fine di difendere.*

[2] Comma aggiunto dall'art. 1, L. 13 febbraio 2006, n. 59.

[3] Comma aggiunto dall'art. 1, L. 13 febbraio 2006, n. 59 e poi così modificato dall'art. 1, L. 26 aprile 2019, n. 36. Il testo previgente disponeva: *La disposizione di cui al secondo comma si applica anche nel caso in cui il fatto sia avvenuto all'interno di ogni altro luogo ove venga esercitata un'attività commerciale, professionale o imprenditoriale.*

[4] Comma aggiunto dall'art. 1, L. 26 aprile 2019, n. 36.

■ Codice penale del 1889: *Art. 49 - Non è punibile colui che ha commesso il fatto: 1° per disposizione della legge, o per ordine, che era obbligato ad eseguire, dell'Autorità competente; 2° per esservi stato costretto dalla necessità di respingere da sé o da altri una violenza attuale e ingiusta; 3° per esservi stato costretto dalla necessità di salvare sé o altri da un pericolo grave e imminente alla persona, al quale non aveva dato volontariamente causa e che non si poteva altrimenti evitare.*

Nel caso preveduto nel numero lo, se il fatto commesso in esecuzione dell'ordine di un pubblico ufficiale costituisca reato, la pena stabilita per il medesimo è applicata al pubblico ufficiale che ha dato l'ordine.

♦ Codice penale francese

Articolo 122-5. *Non è penalmente responsabile chi, di fronte ad una violazione ingiustificata della stessa persona o di altri, pone in essere, nello stesso tempo, un atto ordinato dalla necessità di auto-difesa di se stesso o di altri, ad eccezione salvo laddove vi sia una sproporzione tra i mezzi di difesa utilizzati e la gravità della violazione.*

Non è penalmente responsabile la persona che, per interrompere l'esecuzione di un crimine o di un reato contro il patrimonio, compie un atto di difesa, diverso dall'omicidio volontario, se l'atto è strettamente necessario allo scopo perseguito a condizione che i mezzi impiegati siano proporzionati alla gravità del reato.

♦ Codice penale tedesco

§ 32 Legittima difesa. *Una persona che commette un atto di legittima difesa non agisce in violazione di legge.*

È legittima difesa qualsiasi azione difensiva che è necessaria per scongiurare un attacco illecito imminente verso se stessi o altri.

53. Uso legittimo delle armi.

Ferme le disposizioni contenute nei due articoli precedenti, non è punibile il pubblico ufficiale [357] che, al fine di adempiere un dovere del proprio ufficio, fa uso ovvero ordina di far uso delle armi [585 comma 2] o di un altro mezzo di coazione fisica, quando vi è costretto dalla necessità di respingere una violenza o di vincere una resistenza all'Autorità e comunque di impedire la consumazione dei delitti di strage, di naufragio, sommersione, disastro aviatorio, disastro ferroviario, omicidio volontario, rapina a mano armata e sequestro di persona[1].

La stessa disposizione si applica a qualsiasi persona che, legalmente richiesta dal pubblico ufficiale, gli presti assistenza.

La legge determina gli altri casi, nei quali è autorizzato l'uso delle armi o di un altro mezzo di coazione fisica [55; c.p.m.p. 41].

[1] Comma così modificato dall'art. 14, L. 22 maggio 1975, n. 152.

● Norme connesse:

- art. 158, R.D. 18 giugno 1931, n. 773; artt. 1 e 3, L. 4 marzo 1958, n. 100; art. 4, L. 26 luglio 1975, n. 354.

♦ Codice penale francese

Articolo 122-4-1. *Non è penalmente responsabile il funzionario della polizia nazionale, il militare della Gendarmeria Nazionale, il militare dispiegato nel paese nel quadro delle requisizioni previste all'articolo L. 1321-1 del codice della difesa o l'agente delle dogane che fa un uso assolutamente necessario e strettamente proporzionato della sua arma, con l'unico scopo di prevenire la ripetizione, in un tempo ravvicinato, di uno o più omicidi o tentati omicidi, quando l'agente ha motivi reali e oggettivi per ritenere che questo reiterazione è probabile in base alle informazioni disponibili nel momento in cui ha fatto uso della sua arma.*

54. Stato di necessità.

Non è punibile chi ha commesso il fatto per esservi stato costretto dalla necessità di salvare sé od altri dal pericolo attuale di un danno grave alla persona, pericolo da lui non volontariamente causato, né altrimenti evitabile, sempre che il fatto sia proporzionato al pericolo [c.c. 2045; c.p. 1889, 376].

Questa disposizione non si applica a chi ha un particolare dovere giuridico di esporsi al pericolo.

La disposizione della prima parte di questo articolo si applica anche se lo stato di necessità è determinato dall'altrui minaccia; ma, in tal caso, del fatto commesso dalla persona minacciata risponde chi l'ha costretta a commetterlo [55].

■ Codice penale del 1889: *Art. 49 - Non è punibile colui che ha commesso il fatto:*

1° per disposizione della legge, o per ordine, che era obbligato ad eseguire, dell'Autorità competente;

2° per esservi stato costretto dalla necessità di respingere da sé o da altri una violenza attuale e ingiusta;

3° per esservi stato costretto dalla necessità di salvare sé o altri da un pericolo grave e imminente alla persona, al quale non aveva dato volontariamente causa e che non si poteva altrimenti evitare.

Nel caso preveduto nel numero lo, se il fatto commesso in esecuzione dell'ordine di un pubblico ufficiale costituisca reato, la pena stabilita per il medesimo è applicata al pubblico ufficiale che ha dato l'ordine.

♦ Codice penale francese

Articolo 122-7. *Non è penalmente responsabile chi, di fronte ad un pericolo presente o imminente per se stesso, per gli altri o per i beni, compie un atto necessario per proteggere la persona o il bene, a meno che non vi sia sproporzione tra i mezzi impiegati e la gravità della minaccia.*

♦ Codice penale tedesco

§ 34 Necessità. *Una persona che, di fronte ad un pericolo imminente per la vita, per l'incolumità fisica, per la libertà, l'onore, la proprietà o un altro interesse legale che non può altrimenti essere evitato, commette un atto per scongiurare il pericolo da se stesso o da un altro, non agisce in violazione di legge, se, dopo la valutazione degli interessi confliggenti, in particolare gli interessi legali interessati e il grado di pericolo, l'interesse protetto sostanzialmente supera quello interferito. Tale disposizione si applica solo se e nella misura in cui l'atto è commesso con un mezzo adeguato per scongiurare il pericolo.*

55. Eccesso colposo.

Quando, nel commettere alcuno dei fatti preveduti dagli articoli 51, 52, 53 e 54, si eccedono colposamente i limiti stabiliti dalla legge o dall'ordine dell'Autorità ovvero imposti dalla necessità, si applicano le disposizioni concernenti i delitti colposi, se il fatto è preveduto dalla legge come delitto colposo [42 comma 2, 43; c.p. 1889, 50, 376].

Nei casi di cui ai commi secondo, terzo e quarto dell'articolo 52, la punibilità è esclusa se chi ha commesso il fatto per la salvaguardia della propria o altrui incolumità ha agito nelle condizioni di cui all'articolo 61, primo comma, n. *5)* ovvero in stato di grave turbamento, derivante dalla situazione di pericolo in atto[1].

[1] Comma aggiunto dall'art. 2, L. 26 aprile 2019, n. 36.

■ Codice penale del 1889: *Art. 50 - Colui che, commettendo un fatto nelle circostanze prevedute nell'articolo precedente, ha ecceduto i limiti imposti dalla legge, dall'Autorità o dalla necessità, è punito con la detenzione per un tempo non inferiore ai sei anni, ove la pena stabilita per il reato commesso sia l'ergastolo, e negli altri casi con la pena stabilita per il reato medesimo ridotta a misura non inferiore ad un sesto e non superiore alla metà, sostituita la detenzione alla reclusione e l'interdizione temporanea dai pubblici ufficii all'interdizione perpetua.*

♦ Codice penale tedesco

§ 33 Legittima difesa eccessiva. *Una persona che supera i limiti della legittima difesa per confusione, paura o terrore non potrà essere ritenuta penalmente responsabile.*

56. Delitto tentato.

Chi compie atti idonei, diretti in modo non equivoco a commettere un delitto, risponde di delitto tentato, se l'azione non si compie o l'evento non si verifica [48, 49; c.p. 1889, 61 comma 1, 62].

Il colpevole del delitto tentato è punito: con la reclusione non inferiore a dodici anni, se la pena stabilita è l'ergastolo; e negli altri casi, con la pena stabilita per il delitto, diminuita da un terzo a due terzi [c.p. 1889, 61 comma 1, 62][1 2].

Se il colpevole volontariamente desiste dall'azione, soggiace soltanto alla pena per gli atti compiuti, qualora questi costituiscano per sé un reato diverso [c.p. 1889, 61 comma 2].

Se volontariamente impedisce l'evento, soggiace alla pena stabilita per il delitto tentato, diminuita da un terzo alla metà [62 n. 6; c.p. 1889, 330][3].

[1] La pena di morte è stata soppressa, con conseguente sostituzione con l'ergastolo, prima per i delitti previsti dal presente codice ex art. 1, D.Lgs.Lgt. 10 agosto 1944, n. 224, poi per i delitti previsti dalle leggi speciali (art. 1, D.Lgs. 22 gennaio 1948, n. 21). Infine, con L. 13 ottobre 1994, n. 589 è stata abolita la pena di morte anche per i reati previsti dal codice penale militare di guerra.

● Norme connesse:

- comma 2: art. 74, L. 17 luglio 1942, n. 907: *Per il tentativo di contrabbando si applica la stessa pena stabilita per il reato consumato*, e art. 293, D.P.R. 23 gennaio 1973, n. 43. *Per il tentativo di contrabbando si applica la stessa pena stabilita per il reato consumato.*

- comma 4: art. 270-bis.1 c.p. aggiunto dall'art. 5, D.Lgs. 1 marzo 2018, n. 21; art. 5, L. 29 maggio 1982, n. 304: *Per i delitti commessi per finalità di terrorismo o di eversione dell'ordinamento costituzionale non è punibile colui che, avendo compiuto atti idonei diretti in modo non equivoco a commettere il delitto, volontariamente impedisce l'evento e fornisce comunque elementi di prova rilevanti per l'esatta ricostruzione del fatto e per la individuazione degli eventuali concorrenti.*

Se il colpevole di uno dei delitti previsti dagli articoli 241, 276, 280, 283, 284, 285, 286, 289 e 295 del codice penale coopera efficacemente ad impedire l'evento cui gli atti da lui commessi sono diretti soggiace soltanto alla pena per gli atti compiuti, qualora questi costituiscano per sé un reato diverso.

Quando il giudice fondatamente ritiene che ai sensi dei precedenti commi può essere dichiarata la non punibilità, non deve essere emesso l'ordine o il mandato di cattura nei confronti di chi si presenta spontaneamente all'autorità di polizia o all'autorità giudiziaria e può essere concessa la libertà provvisoria, anche in istruttoria. In entrambi i casi possono essere imposti gli obblighi o i divieti di cui al penultimo comma dell'art. 1.

CODICE PENALE

Non si applica l'art. 5 del decreto-legge 15 dicembre 1979, n. 625, convertito in legge, con modificazioni, dalla legge 6 febbraio 1980, n. 15.

■ Codice penale del 1889: *Art. 61 - Colui che, a fine di commettere un delitto, ne comincia con mezzi idonei l'esecuzione, ma per circostanze indipendenti dalla sua volontà non compie tutto ciò che è necessario alla consumazione di esso, è punito con la reclusione non inferiore ai dieci anni, ove la pena stabilita per il delitto sia l'ergastolo, e negli altri casi con la pena stabilita per il delitto diminuita dalla metà ai due terzi.*

Se volontariamente desista dagli atti d'esecuzione del delitto, soggiace soltanto alla pena stabilita per l'atto eseguito, ove questo costituisca di per sé un reato.

Art. 62 - Colui che, a fine di commettere un delitto, compie tutto ciò che è necessario alla consumazione di esso, se questa non avvenga per circostanze indipendenti dalla sua volontà, è punito con la reclusione non inferiore ai venti anni, ove la pena stabilita per il delitto sia l'ergastolo, e negli altri casi con la pena stabilita per il delitto diminuita da un sesto ad un terzo.

♦ Codice penale francese

Articolo 121-4. *É autore dell'illecito la persona che:*

- commette i fatti incriminati;

- tenta di commettere un crimine o, nei casi previsti dalla legge, un delitto.

Articolo 121-5. *Vi è tentativo quando, dopo che si è iniziata l'esecuzione di un reato, esso è stato interrotto o ha mancato il suo effetto in ragione di circostanze indipendenti dalla volontà del suo autore.*

♦ Codice penale tedesco

Titolo II Tentativo. § 22 Definizione. *Una persona tenta di commettere un reato se compie atti i quali immediatamente condurranno al completamento dell'offesa da lui prevista.*

§ 23 Responsabilità per tentativo. *1) Qualsiasi tentativo di commettere un crimine comporta responsabilità penale; questo vale per i tentativi di reati solo se espressamente previsto dalla legge.*

(2) Un tentativo può essere punito con maggiore indulgenza rispetto al reato consumato (sezione 49 (1)).

(3) Se l'autore del reato a causa della grossolana ignoranza non riesce a rendersi conto che il tentativo non poteva essere portato a compimento a causa della natura del suo oggetto o il mezzo attraverso il quale doveva essere commesso, il giudice può ordinare l'assoluzione, o mitigare la sentenza come meglio ritiene opportuno (sezione 49 (2)).

57. Reati commessi col mezzo della stampa periodica.

Salva la responsabilità dell'autore della pubblicazione e fuori dei casi di concorso, il direttore o il vicedirettore responsabile, il quale omette di esercitare sul contenuto del periodico da lui diretto il controllo necessario ad impedire che col mezzo della pubblicazione siano commessi reati [528, 565, 596-*bis*, 683, 684, 685], è punito, a titolo di colpa, se un reato è commesso, con la pena stabilita per tale reato, diminuita in misura non eccedente un terzo [36, 596-*bis*][1].

[1] Articolo così sostituito dall'art. 1, L. 4 marzo 1958, n. 127. Il testo previgente disponeva: *Per i reati commessi col mezzo della stampa si osservano le disposizioni seguenti:*

1) qualora si tratti di stampa periodica, chi riveste la qualità di direttore o redattore responsabile risponde, per ciò solo, del reato commesso, salva la responsabilità dell'autore della pubblicazione;

2) qualora si tratti di stampa non periodica, del reato commesso risponde l'autore della pubblicazione, ovvero, se questi è ignoto o non è imputabile, l'editore, ovvero, se anche questi è ignoto o non è imputabile, lo stampatore.

● Norme connesse:

- L. 8 febbraio 1948, n. 47 (Disposizioni sulla stampa).

57-*bis*. Reati commessi col mezzo della stampa non periodica.

Nel caso di stampa non periodica, le disposizioni di cui al precedente articolo si applicano all'editore, se l'autore della pubblicazione, è ignoto o non imputabile, ovvero allo stampatore, se l'editore non è indicato o non è imputabile[1].

[1] Articolo aggiunto dall'art. 1, L. 4 marzo 1958, n. 127.

58. Stampa clandestina.

Le disposizioni dell'articolo precedente si applicano anche se non sono state osservate le prescrizioni di legge sulla pubblicazione e diffusione della stampa periodica e non periodica.

[...][1].

[1] Comma abrogato dall'art. 2, L. 4 marzo 1958, n. 127.

58-*bis*. Procedibilità per i reati commessi col mezzo della stampa.

Se il reato commesso col mezzo della stampa è punibile a querela [120; c.p.p. 336], istanza [130; c.p.p. 341] o richiesta [8, 9, 10, 127, 313 comma 4; c.p.p. 342], anche per la punibilità dei reati preveduti dai tre articoli precedenti è necessaria querela, istanza o richiesta.

La querela, la istanza o la richiesta presentata contro il direttore o il vice-direttore responsabile, l'editore o lo stampatore, ha effetto anche nei confronti dell'autore della pubblicazione per il reato da questo commesso [123, 129].

Non si può procedere per i reati preveduti nei tre articoli precedenti se è necessaria una autorizzazione di procedimento per il reato commesso dall'autore della pubblicazione, fino a quando l'autorizzazione non è concessa. Questa disposizione non si applica se l'autorizzazione è stabilita per le qualità o condizioni personali dell'autore della pubblicazione[1].

[1] Articolo aggiunto dall'art. 3, L. 4 marzo 1958, n. 127.

CAPO II
DELLE CIRCOSTANZE DEL REATO

59. Circostanze non conosciute o erroneamente supposte.

Le circostanze che attenuano [62, 62-*bis*] o escludono [50-54, 85, 308, 309, 376, 384, 418 comma 3,

463, 649] la pena sono valutate a favore dell'agente anche se da lui non conosciute, o da lui per errore ritenute inesistenti [114, 118, 119][1].

Le circostanze che aggravano [61, 111, 112, 113] la pena sono valutate a carico dell'agente soltanto se da lui conosciute ovvero ignorate per colpa o ritenute inesistenti per errore determinato da colpa [118][1].

Se l'agente ritiene per errore che esistano circostanze aggravanti o attenuanti, queste non sono valutate contro o a favore di lui.

Se l'agente ritiene per errore che esistano circostanze di esclusione della pena, queste sono sempre valutate a favore di lui. Tuttavia, se si tratta di errore determinato da colpa, la punibilità non è esclusa, quando il fatto è preveduto dalla legge come delitto colposo [43].

[1] Gli attuali primo e secondo comma così sostituiscono l'originario primo comma per effetto dell'art. 1, L. 7 febbraio 1990, n. 19. Il testo previgente disponeva: *Salvo che la legge disponga altrimenti, le circostanze che aggravano ovvero attenuano o escludono la pena sono valutate, rispettivamente, a carico o a favore dell'agente, anche se da lui non conosciute, o da lui per errore ritenute inesistenti.*

60. Errore sulla persona dell'offeso.

Nel caso di errore sulla persona offesa da un reato [82], non sono poste a carico dell'agente le circostanze aggravanti, che riguardano le condizioni o qualità della persona offesa, o i rapporti tra offeso e colpevole [c.p. 1889, 52].

Sono invece valutate a suo favore le circostanze attenuanti, erroneamente supposte, che concernono le condizioni, le qualità o i rapporti predetti.

Le disposizioni di questo articolo non si applicano, se si tratta di circostanze che riguardano l'età [539, 609-*sexies*] o altre condizioni o qualità fisiche o psichiche, della persona offesa.

■ Codice penale del 1889: *Art. 53 - Non si procede contro colui che, nel momento in cui ha commesso il fatto, non aveva compiuto i nove anni.*

Nondimeno, ove il fatto sia preveduto dalla legge come un delitto che importi l'ergastolo o la reclusione, ovvero la detenzione non inferiore ad un anno, il presidente del tribunale civile, sulla richiesta del pubblico ministero, può ordinare, con provvedimento revocabile, che il minore sia rinchiuso in un istituto di educazione e di correzione, per un tempo che non oltrepassi la maggiore età; ovvero può ingiungere ai genitori, o a coloro che abbiano obbligo di provvedere all'educazione del minore, di vigilare sulla condotta di lui, sotto pena, in caso d'inosservanza ed ove il minore commetta un delitto qualsiasi, di un'ammenda sino a lire duemila.

61. Circostanze aggravanti comuni.

Aggravano il reato, quando non ne sono elementi costitutivi o circostanze aggravanti speciali [68, 578 comma 3, 579 comma 3, 592 comma 3], le circostanze seguenti:

1) l'avere agito per motivi abietti o futili [576 comma 1, n. 2, 577 comma 1, n. 4];

2) l'aver commesso il reato per eseguirne od occultarne un altro, ovvero per conseguire o assicurare a sé o ad altri il prodotto o il profitto o il prezzo ovvero la impunità di un altro reato [576 comma 1, n. 1; c.p.p. 4, 12 lett. *c)*];

3) l'avere, nei delitti colposi [43], agito nonostante la previsione dell'evento;

4) l'avere adoperato sevizie, o l'aver agito con crudeltà verso le persone [576 comma 1, n. 2, 577 comma 1, n. 4];

5) l'avere profittato di circostanze di tempo, di luogo o di persona, anche in riferimento all'età, tali da ostacolare la pubblica o privata difesa[1];

6) l'avere il colpevole commesso il reato durante il tempo, in cui si è sottratto volontariamente alla esecuzione di un mandato o di un ordine di arresto o di cattura o di carcerazione, spedito per un precedente reato [576 comma 1, n. 3, 576 comma 2; c.p.p. 296];

7) l'avere, nei delitti contro il patrimonio [624-648; c.nav. 1135-1149], o che comunque offendono il patrimonio, ovvero nei delitti determinati da motivi di lucro [481 comma 2, 553 comma 2], cagionato alla persona offesa dal reato un danno patrimoniale di rilevante gravità;

8) l'avere aggravato o tentato di aggravare le conseguenze del delitto commesso;

9) l'aver commesso il fatto con abuso dei poteri, o con violazione dei doveri inerenti a una pubblica funzione o a un pubblico servizio, ovvero alla qualità di ministro di un culto;

10) l'avere commesso il fatto contro un pub blico ufficiale [357] o una persona incaricata di un pubblico servizio [358], o rivestita della qualità di ministro del culto cattolico o di un culto ammesso nello Stato, ovvero contro un agente diplomatico o consolare di uno Stato estero, nell'atto o a causa dell'adempimento delle funzioni o del servizio;

11) l'avere commesso il fatto con abuso di autorità o di relazioni domestiche, ovvero con abuso di relazioni di ufficio, di prestazione d'opera, di coabitazione, o di ospitalità [646 comma 3, 649];

11-bis) l'avere il colpevole commesso il fatto mentre si trova illegalmente sul territorio nazionale[2 3];

11-ter) l'aver commesso un delitto contro la persona ai danni di un soggetto minore all'interno o nelle adiacenze di istituti di istruzione o di formazione[4];

11-quater) l'avere il colpevole commesso un delitto non colposo durante il periodo in cui era ammesso ad una misura alternativa alla detenzione in carcere[5];

11-quinquies) l'avere, nei delitti non colposi contro la vita e l'incolumità individuale **e contro la libertà personale**, commesso il fatto in presenza o in danno di un minore di anni diciotto ovvero in danno di persona in stato di gravidanza[6];

CODICE PENALE

11-sexies) l'avere, nei delitti non colposi, commesso il fatto in danno di persone ricoverate presso strutture sanitarie o presso strutture sociosanitarie residenziali o semiresidenziali, pubbliche o private, ovvero presso strutture socio-educative[7].

***11-septies)* l'avere commesso il fatto in occasione o a causa di manifestazioni sportive o durante i trasferimenti da o verso i luoghi in cui si svolgono dette manifestazioni**[8];

***11-octies)* l'avere agito, nei delitti commessi con violenza o minaccia, in danno degli esercenti le professioni sanitarie e socio-sanitarie nonchè di chiunque svolga attività ausiliarie di cura, assistenza sanitaria o soccorso, funzionali allo svolgimento di dette professioni, a causa o nell'esercizio di tali professioni o attività**[9].

[1] Numero così sostituito dall'art. 1, L. 15 luglio 2009, n. 94. Il testo previgente disponeva: *5) l'avere profittato di circostanze di tempo, di luogo o di persona tali da ostacolare la pubblica o privata difesa.*

[2] Numero aggiunto dall'art. 1, D.L. 23 maggio 2008, n. 92, convertito in L. 24 luglio 2008, n. 125. La disposizione di cui al presente numero si intende riferita ai cittadini di Paesi non appartenenti all'Unione europea e apolidi (art. 1, comma 1, L. 15 luglio 2009, n. 94, poi dichiarato illegittimo da Corte cost. 249/2010).

[3] La Corte costituzionale, con sentenza 8 luglio 2010, n. 249, ha dichiarato l'illegittimità costituzionale del presente numero.

[4] Numero aggiunto dall'art. 3, L. 15 luglio 2009, n. 94.

[5] Numero aggiunto dall'art. 3, L. 26 novembre 2010, n. 199.

[6] Numero aggiunto dall'art. 1, D.L. 14 agosto 2013, n. 93, convertito in L. 15 ottobre 2013, n. 119 e poi così modificato dall'art. 9, L. 19 luglio 2019, n. 69. Il testo previgente disponeva: *11-quinquies) l'avere, nei delitti non colposi contro la vita e l'incolumità individuale, contro la libertà personale nonchè nel delitto di cui all'articolo 572, commesso il fatto in presenza o in danno di un minore di anni diciotto ovvero in danno di persona in stato di gravidanza.*

[7] Numero aggiunto dall'art. 14, L. 11 gennaio 2018, n. 3.

[8] Numero aggiunto dall'art. 16, D.L. 14 giugno 2019, n. 53, convertito in L. 8 agosto 2019, n. 77, a decorrere dal 10 agosto 2019.

[9] Numero aggiunto dall'art. 4, L. 14 agosto 2020, n. 113. V. art. 583-quater, u.c. c.p.

● Norme connesse:

- comma 1, n. 2): art. 27, comma 2, L. 25 gennaio 1962, n. 20: *La Corte può altresì conoscere per connessione, se lo ritiene necessario, di reati che siano aggravati ai sensi dell'art. 61, n. 2), del codice penale con riferimento ad uno dei reati previsti dall'art. 90 della Costituzione. In tal caso, se per i suddetti reati sia già in corso procedimento penale innanzi all'autorità giudiziaria ordinaria o militare, la Corte richiede la trasmissione degli atti relativi, che deve essere disposta senza ritardo dell'autorità giudiziaria.*

- comma 1, n. 9): art. 71, comma 5, L. 4 maggio 1983, n. 184: *La pena stabilita nel primo comma del presente articolo si applica anche a coloro che, consegnando o promettendo denaro od altra utilità a terzi, accolgono minori in illecito affidamento con carattere di definitività. La condanna comporta la inidoneità ad ottenere affidamenti familiari o adottivi e l'incapacità all'ufficio tutelare.*

■ Codice penale del 1889: *Art. 77 - Colui che per eseguire o per occultare un reato, ovvero in occasione di esso, commette altri fatti costituenti essi pure reato, ove questi non siano considerati dalla legge come elementi costitutivi o circostanze aggravanti del reato medesimo soggiace alle pene da infliggersi per tutti i reati commessi, secondo le disposizioni contenute negli articoli precedenti.*

61-*bis*. Circostanza aggravante del reato transnazionale.

Per i reati puniti con la pena della reclusione non inferiore nel massimo a quattro anni nella commissione dei quali abbia dato il suo contributo un gruppo criminale organizzato impegnato in attività criminali in più di uno Stato la pena è aumentata da un terzo alla metà. Si applica altresì il secondo comma dell'articolo 416-*bis*.1[1].

[1] Articolo aggiunto dall'art. 5, D.Lgs. 1 marzo 2018, n. 21.

62. Circostanze attenuanti comuni.

Attenuano il reato, quando non ne sono elementi costitutivi o circostanze attenuanti speciali, le circostanze seguenti:

1) l'aver agito per motivi di particolare valore morale o sociale;

2) l'aver reagito in stato di ira, determinato da un fatto ingiusto altrui [599 comma 2; c.p. 1889, 51 comma 2];

3) l'avere agito per suggestione di una folla in tumulto, quando non si tratta di riunioni o assembramenti vietati dalla legge o dall'Autorità, e il colpevole non è delinquente o contravventore abituale [102-104] o professionale [105] o delinquente per tendenza [108];

4) l'avere, nei delitti contro il patrimonio [624-648-*ter*; c.nav. 1135-1149], o che comunque offendono il patrimonio, cagionato alla persona offesa dal reato un danno patrimoniale di speciale tenuità, ovvero, nei delitti determinati da motivi di lucro, l'avere agito per conseguire o l'avere comunque conseguito un lucro di speciale tenuità, quando anche l'evento dannoso o pericoloso sia di speciale tenuità [c.p.p. 278][1];

5) l'essere concorso a determinare l'evento, insieme con la azione o l'omissione del colpevole, il fatto doloso della persona offesa [41 comma 3];

6) l'avere, prima del giudizio, riparato interamente il danno, mediante il risarcimento di esso, e quando sia possibile, mediante le restituzioni; o l'essersi prima del giudizio e fuori del caso preveduto nell'ultimo capoverso dell'articolo 56, adoperato spontaneamente ed efficacemente per elidere o attenuare le conseguenze dannose o pericolose del reato [c.p. 1889, 432 comma 1].

[1] Numero così sostituito dall'art. 2, L. 7 febbraio 1990, n. 19.

■ Codice penale del 1889: *Art. 51 - Colui che ha commesso il fatto nell'impeto d'ira o d'intenso dolore, determinato da ingiusta provocazione, è punito con la reclusione non inferiore ai venti anni, se la pena stabilita per il reato commesso sia l'ergastolo, e negli altri casi con la pena stabilita per il reato commesso diminuita di un terzo.*

Se la provocazione sia grave, all'ergastolo è sostituita la detenzione da dieci a venti anni, e le altre pene sono diminuite dalla metà ai due terzi, sostituita alla reclusione la detenzione e all'interdizione perpetua dai pubblici ufficii l'interdizione temporanea.

62-*bis*. Circostanze attenuanti generiche.

Il giudice, indipendentemente dalle circostanze previste nell'articolo 62, può prendere in considerazione altre circostanze diverse, qualora le ritenga tali da giustificare una diminuzione della pena. Esse sono considerate in ogni caso, ai fini dell'applicazione di questo capo, come una sola circostanza, la quale può anche concorrere con una o più delle circostanze indicate nel predetto articolo 62.

Ai fini dell'applicazione del primo comma non si tiene conto dei criteri di cui all'articolo 133, primo comma, numero *3)*, e secondo comma, nei casi previsti dall'articolo 99, quarto comma, in relazione ai delitti previsti dall'articolo 407, comma 2, lettera *a)*, del codice di procedura penale, nel caso in cui siano puniti con la pena della reclusione non inferiore nel minimo a cinque anni[1].

In ogni caso, l'assenza di precedenti condanne per altri reati a carico del condannato non può essere, per ciò solo, posta a fondamento della concessione delle circostanze di cui al primo comma[2 3 4].

[1] La Corte costituzionale, con sentenza 10 giugno 2011, n. 183, ha dichiarato l'illegittimità costituzionale del presente comma, nella parte in cui stabilisce che, ai fini dell'applicazione del primo comma del presente articolo, non si possa tenere conto della condotta del reo susseguente al reato.

[2] Comma aggiunto dall'art. 1, D.L. 23 maggio 2008, n. 92, convertito in L. 24 luglio 2008, n. 125.

[3] Articolo aggiunto dall'art. 2, D.Lgs.Lgt. 14 settembre 1944, n. 288 e poi così sostituito dall'art. 1, L. 5 dicembre 2005, n. 251.

[4] Il testo precedente la riforma del 2005 era il seguente: Attenuanti generiche. *Il giudice, indipendentemente dalle circostanze prevedute nell'articolo 62, può prendere in considerazione altre circostanze diverse, qualora le ritenga tali da giustificare una diminuzione della pena. Esse sono considerate in ogni caso, ai fini dell'applicazione di questo capo, come una sola circostanza, la quale può anche concorrere con una o più delle circostanze indicate nel predetto articolo 62.*

63. Applicazione degli aumenti o delle diminuzioni di pena.

Quando la legge dispone che la pena sia aumentata o diminuita entro limiti determinati, l'aumento o la diminuzione si opera sulla quantità di essa, che il giudice applicherebbe al colpevole, qualora non concorresse la circostanza che la fa aumentare o diminuire.

Se concorrono più circostanze aggravanti [66, 68, 69], ovvero più circostanze attenuanti [67, 68, 69], l'aumento o la diminuzione di pena si opera sulla quantità di essa risultante dall'aumento o dalla diminuzione precedente.

Quando per una circostanza la legge stabilisce una pena di specie diversa da quella ordinaria del reato o si tratta di circostanza ad effetto speciale, l'aumento o la diminuzione per le altre circostanze non opera sulla pena ordinaria del reato, ma sulla pena stabilita per la circostanza anzidetta. Sono circostanze ad effetto speciale quelle che importano un aumento o una diminuzione della pena superiore ad un terzo[1].

Se concorrono più circostanze aggravanti tra quelle indicate nel secondo capoverso di questo articolo, si applica soltanto la pena stabilita per la circostanza più grave; ma il giudice può aumentarla [132 comma 2].

Se concorrono più circostanze attenuanti tra quelle indicate nel secondo capoverso di questo articolo, si applica soltanto la pena meno grave stabilita per le predette circostanze; ma il giudice può diminuirla [132 comma 2].

[1] Comma così sostituito dall'art. 5, L. 31 luglio 1984, n. 400. Il testo previgente disponeva: *Quando per una circostanza la legge stabilisce una pena di specie diversa, o ne determina la misura in modo indipendente dalla pena ordinaria del reato, l'aumento o la diminuzione per le altre circostanze non si opera sulla pena ordinaria del reato, ma sulla pena stabilita per la circostanza anzidetta.*

64. Aumento di pena nel caso di una sola circostanza aggravante.

Quando ricorre una circostanza aggravante, e l'aumento di pena non è determinato dalla legge, è aumentata fino a un terzo la pena che dovrebbe essere inflitta per il reato commesso [132 comma 2].

Nondimeno, la pena della reclusione da applicare per effetto dell'aumento non può superare gli anni trenta.

65. Diminuzione di pena nel caso di una sola circostanza attenuante.

Quando ricorre una circostanza attenuante, e non è dalla legge determinata la diminuzione di pena, si osservano le norme seguenti:

1) [...][1];

2) alla pena dell'ergastolo è sostituita la reclusione da venti a ventiquattro anni;

3) le altre pene sono diminuite in misura non eccedente un terzo [132 comma 2].

[1] La pena di morte è stata soppressa, con conseguente sostituzione con l'ergastolo, prima per i delitti previsti dal pre-

CODICE PENALE

sente codice ex art. 1, D.Lgs.Lgt. 10 agosto 1944, n. 224, poi per i delitti previsti dalle leggi speciali (art. 1, D.Lgs. 22 gennaio 1948, n. 21). Infine, con L. 13 ottobre 1994, n. 589 è stata abolita la pena di morte anche per i reati previsti dal codice penale militare di guerra.

■ Codice penale del 1889: *Art. 59 - Oltre le diminuzioni di pena espressamente stabilite dalla legge, se concorrano circostanze attenuanti in favore del colpevole, all'ergastolo è sostituita la reclusione per trent'anni, e le altre pene sono diminuite di un sesto.*

66. Limiti degli aumenti di pena nel caso di concorso di più circostanze aggravanti.

Se concorrono più circostanze aggravanti, la pena da applicare per effetto degli aumenti non può superare il triplo del massimo stabilito dalla legge per il reato, salvo che si tratti delle circostanze indicate nel secondo capoverso dell'articolo 63, né comunque eccedere:

1) gli anni trenta, se si tratta della reclusione;

2) gli anni cinque, se si tratta dell'arresto;

3) e rispettivamente, euro 10.329 o 2.065, se si tratta della multa o dell'ammenda; ovvero, rispettivamente, euro 30.987 o 6.197, se il giudice si avvale della facoltà di aumento indicata nel capoverso dell'articolo 133-*bis*[1].

[1] Articolo così sostituito dall'art. 101, L. 24 novembre 1981, n. 689. Il testo precedente le modifiche apportate dalla L. 689/1981 disponeva: *Se concorrono più circostanze aggravanti, la pena da applicare per effetto degli aumenti non può superare il triplo del massimo stabilito dalla legge per il reato, salvo che si tratti delle circostanze indicate nel secondo capoverso dell'art. 63, nè comunque eccedere:*

1) gli anni trenta, se si tratta della reclusione;

2) gli anni cinque, se si tratta dell'arresto;

3) e, rispettivamente, lire quattro milioni o ottocentomila, se si tratta della multa o dell'ammenda; ovvero, rispettivamente, lire dodici milioni o due milioni e quattrocentomila, se il giudice si vale della facoltà indicata nel secondo capoverso dell'art. 24 e nel capoverso dell'art. 26.

67. Limiti delle diminuzioni di pena nel caso di concorso di più circostanze attenuanti.

Se concorrono più circostanze attenuanti, la pena da applicare per effetto delle diminuzioni non può essere inferiore [289-*bis*, 630 comma 7]:

1) [...][1];

2) a dieci anni di reclusione, se per il delitto la legge stabilisce la pena dell'ergastolo.

Le altre pene sono diminuite. In tal caso, quando non si tratta delle circostanze indicate nel secondo capoverso dell'articolo 63, la pena non può essere applicata in misura inferiore ad un quarto [132].

[1] La pena di morte è stata soppressa, con conseguente sostituzione con l'ergastolo, prima per i delitti previsti dal presente codice ex art. 1, D.Lgs.Lgt. 10 agosto 1944, n. 224, poi per i delitti previsti dalle leggi speciali (art. 1, D.Lgs. 22 gennaio 1948, n. 21). Infine, con L. 13 ottobre 1994, n. 589 è stata abolita la pena di morte anche per i reati previsti dal codice penale militare di guerra.

68. Limiti al concorso di circostanze.

Salvo quanto è disposto nell'articolo 15, quando una circostanza aggravante, comprende in sé un'altra circostanza aggravante, ovvero una circostanza attenuante comprende in sé un'altra circostanza attenuante, è valutata a carico o a favore del colpevole soltanto la circostanza aggravante o la circostanza attenuante, la quale importa, rispettivamente, il maggiore aumento o la maggiore diminuzione di pena.

Se le circostanze aggravanti o attenuanti importano lo stesso aumento o la stessa diminuzione di pena si applica un solo aumento o una sola diminuzione di pena.

69. Concorso di circostanze aggravanti e attenuanti.

Quando concorrono insieme circostanze aggravanti e circostanze attenuanti [157], e le prime sono dal giudice ritenute prevalenti, non si tien conto delle diminuzioni di pena stabilite per le circostanze attenuanti, e si fa luogo soltanto agli aumenti di pena stabiliti per le circostanze aggravanti.

Se le circostanze attenuanti sono ritenute prevalenti sulle circostanze aggravanti, non si tien conto degli aumenti di pena stabiliti per queste ultime, e si fa luogo soltanto alle diminuzioni di pena stabilite per le circostanze attenuanti [280].

Se fra le circostanze aggravanti e quelle attenuanti il giudice ritiene che vi sia equivalenza si applica la pena che sarebbe inflitta se non concorresse alcuna di dette circostanze [280].

Le disposizioni del presente articolo si applicano anche alle circostanze inerenti alla persona del colpevole [70], esclusi i casi previsti dall'articolo 99, quarto comma, nonchè dagli articoli 111 e 112, primo comma, numero *4)*, per cui vi è divieto di prevalenza delle circostanze attenuanti sulle ritenute circostanze aggravanti, ed a qualsiasi altra circostanza per la quale la legge stabilisca una pena di specie diversa o determini la misura della pena in modo indipendente da quella ordinaria del reato[1 2].

[...][3 4].

[1] Comma, da ultimo, così sostituito dall'art. 3, L. 5 dicembre 2005, n. 251.

[2] La Corte costituzionale, con sentenza 28 aprile 1994, n. 168 ha dichiarato l'illegittimità costituzionale del presente comma, nella parte in cui prevede che nei confronti del minore imputabile sia applicabile la disposizione del primo comma di questo articolo in caso di concorso tra la circostanza attenuante di cui all'art. 98 del presente codice e una o più circostanze aggravanti che comportano la pena dell'ergastolo, nonché nella parte in cui prevede che nei confronti del minore stesso siano applicabili le disposizioni del primo e del terzo comma di

questo articolo, in caso di concorso tra la circostanza attenuante di cui all'art. 98 del presente codice e una o più circostanze aggravanti che accedono ad un reato per il quale è prevista la pena base dell'ergastolo. La Corte costituzionale, con sentenza 15 novembre 2012, n. 251, ha dichiarato l'illegittimità costituzionale del presente comma come sostituito dall'art. 3 della legge 5 dicembre 2005, n. 251 (Modifiche al codice penale e alla legge 26 luglio 1975, n. 354, in materia di attenuanti generiche, di recidiva, di giudizio di comparazione delle circostanze di reato per i recidivi, di usura e di prescrizione), nella parte in cui prevede il divieto di prevalenza della circostanza attenuante di cui all'art. 73, comma 5, del decreto del Presidente della Repubblica 9 ottobre 1990, n. 309 (Testo unico delle leggi in materia di disciplina degli stupefacenti e sostanze psicotrope, prevenzione, cura e riabilitazione dei relativi stati di tossicodipendenza) sulla recidiva di cui all'art. 99, quarto comma. La Corte costituzionale, con sentenza 18 aprile 2014, n. 105, ha dichiarato l'illegittimità costituzionale del presente comma, nella parte in cui prevede il divieto di prevalenza della circostanza attenuante di cui all'art. 648, secondo comma, cod. pen., sulla recidiva di cui all'art. 99, quarto comma, cod. pen. La Corte costituzionale, con sentenza 18 aprile 2014, n. 106, ha dichiarato l'illegittimità costituzionale del presente comma, nella parte in cui prevede il divieto di prevalenza della circostanza attenuante di cui all'art. 609-bis, terzo comma, cod. pen., sulla recidiva di cui all'art. 99, quarto comma, cod. pen. La Corte costituzionale, con sentenza 7 aprile 2016, n. 74, ha dichiarato l'illegittimità costituzionale del presente comma, nella parte in cui prevede il divieto di prevalenza della circostanza attenuante di cui all'art. 73, comma 7, del D.P.R. 9 ottobre 1990, n. 309 (T.U. stupefacenti) sulla recidiva reiterata prevista dall'art. 99, quarto comma, cod. pen. La Corte costituzionale, con sentenza 17 luglio 2017, n. 205, ha dichiarato l'illegittimità costituzionale del presente comma, nella parte in cui prevede il divieto di prevalenza della circostanza attenuante di cui all'art. 219, terzo comma, del regio decreto 16 marzo 1942, n. 267 (Disciplina del fallimento, del concordato preventivo, dell'amministrazione controllata e della liquidazione coatta amministrativa) sulla recidiva di cui all'art. 99, quarto comma, cod. pen. La Corte costituzionale, con sentenza 24 aprile 2020, n. 73, ha dichiarato l'illegittimità costituzionale del presente comma, nella parte in cui prevede il divieto di prevalenza della circostanza attenuante di cui all'art. 89 cod. pen. sulla circostanza aggravante della recidiva di cui all'art. 99, quarto comma, cod. pen. La Corte costituzionale, con sentenza 31 marzo 2021, n. 55, ha dichiarato l'illegittimità costituzionale del presente comma, nella parte in cui prevede il divieto di prevalenza della circostanza attenuante di cui all'art. 116, secondo comma, c.p., sulla recidiva di cui all'art. 99, quarto comma, c.p.

[3] Comma abrogato dall'art. 7, D.L. 11 aprile 1974, n. 99, convertito in L. L. 7 giugno 1974, n. 220. Il comma precedente le modifiche apportate dal D.L. 99/1974 disponeva: *In tal caso, gli aumenti e le diminuzioni di pena si operano a norma dell'articolo 63, valutata per ultima la recidiva.*

[4] Il testo precedente la riforma del 2005 era il seguente: *Quando concorrono insieme circostanze aggravanti e circostanze attenuanti, e le prime sono dal giudice ritenute prevalenti, non si tien conto delle diminuzioni di pena stabilite per le circostanze attenuanti, e si fa luogo soltanto agli aumenti di pena stabiliti per le circostanze aggravanti.*

Se le circostanze attenuanti sono ritenute prevalenti sulle circostanze aggravanti, non si tien conto degli aumenti di pena stabiliti per queste ultime, e si fa luogo soltanto alle diminuzioni di pena stabilite per le circostanze attenuanti.

Se fra le circostanze aggravanti e quelle attenuanti il giudice ritiene che vi sia equivalenza si applica la pena che sarebbe inflitta se non concorresse alcuna di dette circostanze.

Le disposizioni precedenti si applicano anche alle circostanze inerenti alla persona del colpevole ed a qualsiasi altra circostanza per la quale la legge stabilisca una pena di specie diversa o determini la misura della pena in modo indipendente da quella ordinaria del reato.

[...].

● Norme connesse:
- comma 3: art. 3, Cost.

■ Codice penale del 1889: *Art. 29 - Le pene non possono essere aumentate, né diminuite, né commutate, se non nei casi espressamente determinati dalla legge.*

Quando la legge disponga che la pena sia aumentata o diminuita di una determinata frazione, l'aumento o la diminuzione si opera su quella quantità di essa che il giudice applicherebbe al colpevole ove non concorresse la circostanza che la fa aumentare o diminuire.

Se concorrano più circostanze, l'aumento o la diminuzione si opera sulla quantità di pena risultante dall'aumento o dalla diminuzione precedente; e, concorrendo insieme circostanze di aumento e altre di diminuzione, si comincia dalle prime. In ogni caso sono valutate per ultime, e nell'ordine seguente, l'età, lo stato di mente, le attenuanti prevedute nell'articolo 59, e la recidiva.

Nell'aumento o nella diminuzione non si possono oltrepassare i limiti stabiliti per ciascuna specie di pena, salvo i casi espressamente determinati dalla legge.

Se debbasi diminuire la pena dell'arresto o dell'ammenda, il cui massimo stabilito dalla legge non superi, rispettivamente, i cinque giorni o le cinquanta lire, è ad essa sostituita la riprensione giudiziale.

69-*bis*. Casi di esclusione del giudizio di comparazione tra circostanze.

Per i delitti di cui all'articolo 407, comma 2, lettera *a)*, numeri da 1) a 6), del codice di procedura penale le circostanze attenuanti, diverse da quella prevista dall'articolo 98, concorrenti con le aggravanti di cui agli articoli 111 e 112, primo comma, numeri 3) e 4), e secondo comma, non possono essere ritenute equivalenti o prevalenti rispetto a queste se chi ha determinato altri a commettere il reato, o si è avvalso di altri nella commissione del delitto, ne è il genitore esercente la responsabilità genitoriale ovvero il fratello o la sorella e le diminuzioni di pena si operano sulla quantità di pena risultante dall'aumento conseguente alle predette aggravanti[1].

[1] Articolo aggiunto dall'art. 5, D.Lgs. 1 marzo 2018, n. 21.

70. Circostanze oggettive e soggettive.

Agli effetti della legge penale:

1) sono circostanze oggettive quelle che concernono la natura, la specie, i mezzi, l'oggetto, il tempo, il luogo e ogni altra modalità dell'azione, la gravità del danno o del pericolo, ovvero le condizioni o le qualità personali dell'offeso [118];

CODICE PENALE

2) sono circostanze soggettive quelle che concernono la intensità del dolo o il grado della colpa, o le condizioni e le qualità personali del colpevole, o i rapporti fra il colpevole e l'offeso, ovvero che sono inerenti alla persona del colpevole [118].

Le circostanze inerenti alla persona del colpevole [69 comma 4] riguardano la imputabilità [85-98] e la recidiva [99, 100].

CAPO III

DEL CONCORSO DI REATI

71. Condanna per più reati con unica sentenza o decreto.

Quando, con una sola sentenza o con un solo decreto, si deve pronunciare condanna per più reati contro la stessa persona, si applicano le disposizioni degli articoli seguenti [c.p. 1889, 67].

72. Concorso dei reati che importano l'ergastolo e di reati che importano pene detentive temporanee.

Al colpevole di più delitti, ciascuno dei quali importa la pena dell'ergastolo [22], si applica la detta pena con l'isolamento diurno da sei mesi a tre anni [c.p. 1889, 67, 84].

Nel caso di concorso di un delitto che importa la pena dell'ergastolo, con uno o più delitti che importano pene detentive temporanee per un tempo complessivo superiore a cinque anni, si applica la pena dell'ergastolo con l'isolamento diurno per un periodo di tempo da due a diciotto mesi [184].

L'ergastolano condannato all'isolamento diurno partecipa all'attività lavorativa[1].

[1] Articolo così modificato dall'art. 2, L. 25 novembre 1962, n. 1654. Il testo previgente disponeva: *Al colpevole di più delitti, ciascuno dei quali importa l'ergastolo, si applica la pena di morte.*

Nel caso di concorso di un delitto che importa la pena dell'ergastolo, con uno o più delitti che importano pene detentive temporanee, si applica la pena dell'ergastolo, con l'isolamento diurno per un periodo di tempo non inferiore a sei mesi e non superiore a quattro anni.

73. Concorso di reati che importano pene detentive temporanee o pene pecuniarie della stessa specie.

Se più reati importano pene temporanee detentive della stessa specie, si applica una pena unica, per un tempo eguale alla durata complessiva delle pene che si dovrebbero infliggere per i singoli reati [c.p. 1889, 68, 71].

Quando concorrono più delitti, per ciascuno dei quali deve infliggersi la pena della reclusione non inferiore a ventiquattro anni, si applica l'ergastolo[1].

Le pene pecuniarie della stessa specie si applicano tutte per intero [76, 78; c.p. 1889, 75].

[1] La Corte costituzionale, con sentenza 28 aprile 1994, n. 168, ha dichiarato l'illegittimità costituzionale del presente comma nella parte in cui, in caso di concorso di più delitti commessi da minore imputabile, per ciascuno dei quali deve infliggersi la pena della reclusione non inferiore a ventiquattro anni, prevede la pena dell'ergastolo.

74. Concorso di reati che importano pene detentive di specie diversa.

Se più reati importano pene temporanee detentive di specie diversa, queste si applicano tutte distintamente e per intero [76, 78; c.p. 1889, 69 comma 2, 70 comma 2, 72].

La pena dell'arresto è eseguita per ultima.

75. Concorso di reati che importano pene pecuniarie di specie diversa.

Se più reati importano pene pecuniarie di specie diversa, queste si applicano tutte distintamente e per intero [76].

Nel caso che la pena pecuniaria non sia stata pagata per intero, la somma pagata, agli effetti della conversione [136], viene detratta dall'ammontare della multa.

76. Pene concorrenti considerate come pena unica ovvero come pene distinte.

Salvo che la legge stabilisca altrimenti, le pene della stessa specie concorrenti a norma dell'articolo 73 si considerano come pena unica per ogni effetto giuridico [c.p. 1889, 68, 71, 73].

Le pene di specie diversa concorrenti a norma degli articoli 74 e 75 si considerano egualmente, per ogni effetto giuridico, come pena unica della specie più grave. Nondimeno si considerano come pene distinte, agli effetti della loro esecuzione [141], dell'applicazione delle misure di sicurezza [199-240] e in ogni altro caso stabilito dalla legge.

Se una pena pecuniaria concorre con un'altra pena di specie diversa, le pene si considerano distinte per qualsiasi effetto giuridico.

77. Determinazione delle pene accessorie.

Per determinare le pene accessorie [28 ss.] e ogni altro effetto penale della condanna, si ha riguardo ai singoli reati per i quali è pronunciata la condanna, e alle pene principali che, se non vi fosse concorso di reati, si dovrebbero infliggere per ciascuno di essi [c.p. 1889, 73, 74].

Se concorrono pene accessorie della stessa specie, queste si applicano tutte per intero [79].

78. Limiti degli aumenti delle pene principali.

Nel caso di concorso di reati preveduto dall'articolo 73, la pena da applicare a norma dello stesso articolo non può essere superiore al quintuplo della più grave fra le pene concorrenti, né comunque eccedere [c.p. 1889, 78, 71, 75]:

1) trenta anni, per la reclusione;

2) sei anni, per l'arresto;

3) euro 15.493 per la multa e 3.098 per l'ammenda; ovvero euro 64.557 per la multa e 12.911 per l'ammenda, se il giudice si vale della facoltà di aumento indicata nel capoverso dell'articolo 133-*bis*.

Nel caso di concorso di reati preveduto dall'articolo 74, la durata delle pene da applicare a norma dell'articolo stesso non può superare gli anni trenta. La parte di pena, eccedente tale limite, è detratta in ogni caso dall'arresto [c.p. 1889, 72][1].

[1] Articolo così sostituito dall'art. 101, L. 24 novembre 1981, n. 689.

79. Limiti degli aumenti delle pene accessorie.

La durata massima delle pene accessorie temporanee non può superare, nel complesso, i limiti seguenti:

1) dieci anni, se si tratta della interdizione dai pubblici uffici [28, 29, 31] o dell'interdizione da una professione o da un'arte [30, 31];

2) cinque anni, se si tratta della sospensione dall'esercizio di una professione o di un'arte [35].

● Norme connesse:

- art. 4, comma 2, L. 29 maggio 1982, n. 304, che dispone: *Per le pene accessorie si applica l'art. 79 del codice penale.*

80. Concorso di pene inflitte con sentenze o decreti diversi.

Le disposizioni degli articoli precedenti si applicano anche nel caso in cui, dopo una sentenza [c.p.p. 442, 448, 533, 605] o un decreto di condanna [c.p.p. 459, 460, 565 ss.], si deve giudicare la stessa persona per un altro reato commesso anteriormente o posteriormente alla condanna medesima, ovvero quando contro la stessa persona si debbono eseguire più sentenze o più decreti di condanna [c.p.p. 663, 671; c.p. 1889, 76 comma 2][1].

[1] Per alcune deroghe al presente articolo, v. l'art. 4, comma 1, L. 29 maggio 1982, n. 304 che dispone: *Quando contro la stessa persona sono state pronunciate più sentenze di condanna per reati diversi, per ciascuno dei quali siano state applicate le disposizioni degli articoli 2 e 3, non si applica l'art. 80 del codice penale e la pena da irrogare si determina aggiungendo alla pena più grave una pena pari alla quinta parte di ciascuna delle pene inflitte per gli altri reati fino ad un massimo complessivo di sedici anni nel caso in cui per tutti i reati è stata applicata una delle attenuanti previste dall'art. 3 e di ventidue anni negli altri casi.*

● Norme connesse:

- art. 7, L. 18 febbraio 1987, n. 34, che dispone: *Quando contro la stessa persona sono state pronunciate più sentenze di condanna per reati di terrorismo o di eversione dell'ordinamento costituzionale, a ciascuna delle quali è stata applicata una delle diminuzioni di pena di cui agli articoli 2 e 3 della presente legge, la pena complessiva da espiare non può eccedere anni ventidue e mesi sei per la reclusione e anni quattro per l'arresto. La pena così determinata deve essere considerata pena unica ai fini dell'eventuale provvedimento di cui agli articoli 80 del codice penale e 582 del codice di procedura penale.*

■ Codice penale del 1889: *Art 67 - Al colpevole di più delitti, che importino pene restrittive della libertà personale per un tempo maggiore dei cinque anni, una delle quali sia l'ergastolo, si aumenta da uno a tre anni il periodo della segregazione cellulare continua, e sino a cinque anni ove anche un'altra delle pene incorse sia l'ergastolo.*

Art 68 - Al colpevole di più delitti, che importino la stessa specie di pena temporanea restrittiva della libertà personale, si applica la pena per il delitto più grave, con un aumento pari alla metà della durata complessiva delle altre pene, purché non si oltrepassino i trent'anni per la reclusione e la detenzione, e i cinque anni per il confino.

81. Concorso formale. Reato continuato.

È punito con la pena che dovrebbe infliggersi per la violazione più grave aumentata sino al triplo chi con una sola azione od omissione viola diverse disposizioni di legge ovvero commette più violazioni della medesima disposizione di legge [589, 590; c.p.p. 297, 533, 671; disp. att. c.p.p. 137, 186; c.p. 1889, 77, 78].

Alla stessa pena soggiace chi con più azioni od omissioni, esecutive di un medesimo disegno criminoso, commette anche in tempi diversi più violazioni della stessa o di diverse disposizioni di legge [c.p.p. 278; c.p. 1889, 79].

Nei casi preveduti da quest'articolo, la pena non può essere superiore a quella che sarebbe applicabile a norma degli articoli precedenti.

Fermi restando i limiti indicati al terzo comma, se i reati in concorso formale o in continuazione con quello più grave sono commessi da soggetti ai quali sia stata applicata la recidiva prevista dall'articolo 99, quarto comma, l'aumento della quantità di pena non può essere comunque inferiore ad un terzo della pena stabilita per il reato più grave[1 2 3].

[1] Comma aggiunto dall'art. 5, L. 5 dicembre 2005, n. 251.

[2] Articolo così sostituito dall'art. 8, D.L. 11 aprile 1974, n. 99, convertito in L. 7 giugno 1974, n. 220.

[3] Il testo precedente la riforma del 2005 era il seguente: *È punito con la pena che dovrebbe infliggersi per la violazione più grave aumentata sino al triplo chi con una sola azione od omissione viola diverse disposizioni di legge ovvero commette più violazioni della medesima disposizione di legge.*

Alla stessa pena soggiace chi con più azioni od omissioni, esecutive di un medesimo disegno criminoso, commette anche in tempi diversi più violazioni della stessa o di diverse disposizioni di legge.

Nei casi preveduti da quest'articolo, la pena non può essere superiore a quella che sarebbe applicabile a norma degli articoli precedenti.

● Norme connesse:

- art. 8, L. 7 gennaio 1929, n. 4,; art. 53, comma 4, L. 24 novembre 1981, n. 689; art. 2, comma 3, L. 18 febbraio 1987, n. 34.

■ Codice penale del 1889: *Art. 78 - Colui che con un medesimo fatto viola diverse disposizioni di legge, è punito secondo la disposizione che stabilisce la pena più grave.*

Art. 79 - Più violazioni della stessa disposizione di legge, anche se commesse in tempi diversi, con atti esecutivi della medesima risoluzione, si considerano per un solo reato; ma la pena è aumentata da un sesto alla metà.

♦ Codice penale francese

Articolo 132-2. *C'è concorso di reati quando il reato è stato commesso da una persona prima che sia stata definitivamente condannata per un altro reato.*

Articolo 132-3. *Quando, nel corso dello stesso procedimento, l'imputato è riconosciuto colpevole di vari reati concorrenti, ciascuna delle pene in concorso può essere pronunciata. Tuttavia, quando più pene della stessa natura sono incorse, non può essere pronunciato che una sola pena di questa natura entro il limite del massimo legale più elevato.*

Ogni pena pronunciata è considerata comune ai reati in concorso nel limite del massimo legale applicabile a ciascuna di esse.

♦ Codice penale tedesco

§ 52 Unità di reato. *Se con una stessa condotta sono violate più disposizioni penali o più volte la medesima disposizione, si condanna ad una pena unica. Se sono violate più disposizioni penali, la pena è stabilita in base alla disposizione che prevede la pena più grave. Essa non può essere inferiore alla pena minima consentita dalle altre leggi applicabili. La pena pecuniaria può essere inflitta dal giudice unitamente alla pena detentiva in presenza dei presupposti fissati dalla legge.*

Se una delle leggi applicabili consente l'irrogazione della pena patrimoniale, il giudice può infliggerla in aggiunta all'ergastolo o ad una pena detentiva superiore a due anni. Si deve o si può inoltre condannare a pene accessorie se una delle disposizioni applicabili lo impone o lo consente.

82. Offesa di persona diversa da quella alla quale l'offesa era diretta.

Quando, per errore nell'uso dei mezzi di esecuzione del reato, o per un'altra causa, è cagionata offesa a persona diversa da quella alla quale l'offesa era diretta, il colpevole risponde come se avesse commesso il reato in danno della persona che voleva offendere, salve per quanto riguarda le circostanze aggravanti e attenuanti, le disposizioni dell'articolo 60 [c.p. 1889, 52].

Qualora, oltre alla persona diversa, sia offesa anche quella alla quale l'offesa era diretta, il colpevole soggiace alla pena stabilita per il reato più grave, aumentata fino alla metà [c.p.p. 297].

83. Evento diverso da quello voluto dall'agente.

Fuori dei casi preveduti dall'articolo precedente, se, per errore nell'uso dei mezzi di esecuzione del reato, o per un'altra causa, si cagiona un evento diverso da quello voluto, il colpevole risponde, a titolo di colpa, dell'evento non voluto, quando il fatto è preveduto dalla legge come delitto colposo [43].

Se il colpevole ha cagionato altresì l'evento voluto, si applicano le regole sul concorso dei reati [71-81, 586; c.p.p. 297].

84. Reato complesso.

Le disposizioni degli articoli precedenti non si applicano quando la legge considera come elementi costitutivi, o come circostanze aggravanti di un solo reato, fatti che costituirebbero, per se stessi, reato [131, 170 comma 2].

Qualora la legge, nella determinazione della pena per il reato complesso si riferisca alle pene stabilite per i singoli reati che lo costituiscono [301 comma 3], non possono essere superati i limiti massimi indicati negli articoli 78 e 79 [131, 170].

■ Codice penale del 1889: *Art. 77 - Colui che per eseguire o per occultare un reato, ovvero in occasione di esso, commette altri fatti costituenti essi pure reato, ove questi non siano considerati dalla legge come elementi costitutivi o circostanze aggravanti del reato medesimo soggiace alle pene da infliggersi per tutti i reati commessi, secondo le disposizioni contenute negli articoli precedenti.*

TITOLO IV
DEL REO E DELLA PERSONA OFFESA DAL REATO

CAPO I
DELLA IMPUTABILITÀ

85. Capacità d'intendere e di volere.

Nessuno può essere punito per un fatto preveduto dalla legge come reato, se, al momento in cui lo ha commesso, non era imputabile.

È imputabile chi ha la capacità d'intendere e di volere [c.c. 44, 428, 2046, 2047; c.p. 1889, 46].

■ Codice penale del 1889: *Art. 46 - Non è punibile colui che, nel momento in cui ha commesso il fatto, era in tale stato di infermità di mente da togliergli la coscienza o la libertà dei proprii atti.*

Il giudice, nondimeno, ove stimi pericolosa la liberazione dell'imputato prosciolto, ne ordina la consegna all'Autorità competente per i provvedimenti di legge.

86. Determinazione in altri dello stato d'incapacità allo scopo di far commettere un reato.

Se taluno mette altri nello stato d'incapacità d'intendere o di volere [46, 48, 54 comma 3, 613, 713], al fine di fargli commettere un reato, del reato commesso dalla persona resa incapace risponde chi ha cagionato lo stato di incapacità [111].

87. Stato preordinato d'incapacità di intendere o di volere.

La disposizione della prima parte dell'articolo 85 non si applica a chi si è messo in stato d'incapacità d'intendere o di volere al fine di commettere il reato, o di prepararsi una scusa [92].

88. Vizio totale di mente.

Non è imputabile chi, nel momento in cui ha commesso il fatto, era, per infermità, in tale stato di mente da escludere la capacità d'intendere o di volere [95, 108 comma 2, 206, 222; c.p.p. 70, 305, 507; c.p. 1889, 46].

■ Codice penale del 1889: *Art. 47 - Quando lo stato di mente indicato nell'articolo precedente era tale da scemare grandemente la imputabilità, senza escluderla, la pena stabilita per il reato commesso è diminuita secondo le norme seguenti:*

1° all'ergastolo è sostituita la reclusione per un tempo non inferiore ai sei anni;

2° all'interdizione perpetua dai pubblici ufficii è sostituita l'interdizione temporanea;

3° ove si tratti di pena temporanea che oltrepassi i dodici anni, essa si applica nella durata da tre a dieci anni; se oltrepassi i sei anni ma non i dodici, si applica nella durata da uno a cinque anni; e, negli altri casi, in una durata inferiore alla metà della pena che sarebbe applicata;

4° la pena pecuniaria è ridotta alla metà.

Se la pena sia restrittiva della libertà personale, il giudice può ordinare che sia scontata in una casa di custodia, sino a che l'Autorità competente non revochi il provvedimento, nel qual caso il rimanente della pena è scontato nei modi ordinari.

♦ Codice penale francese

Articolo 122-1. *Non è penalmente responsabile la persona a cui è stato diagnosticato, al momento dei fatti, un disturbo psicologico o neuropsicologico che ha rimosso il suo discernimento o il controllo delle sue azioni.*

La persona che soffriva, al momento dei fatti, di un disturbo psicologico o neuropsicologico che altera il suo discernimento o che ha impedito il controllo delle sue azioni non è punibile. Tuttavia, il giudice tiene conto di questa circostanza quando determina la pena e ne fissa il regime. Se è determinata una pena privativa della libertà, questa è ridotta di un terzo, in caso di reato punito con la reclusione o l'ergastolo, questa è ridotta a trent'anni. La Corte può tuttavia, con una decisione motivata, decidere di non applicare questa pena ridotta. Quando, su consiglio medico, la Corte ritiene che la natura del problema lo giustifica, si assicura che la pena pronunciata permette che la persona condannata sia soggetta a cure adatte alle sue condizioni.

♦ Codice penale tedesco

§ 20 Incapacità. *Qualsiasi persona che, al momento della commissione del reato non è in grado di apprezzare l'illegittimità delle proprie azioni o di agire in conformità con tale apprezzamento a causa di un disturbo patologico mentale, di un disturbo della coscienza profonda, di debolezza o di qualsiasi altra grave anomalia mentale, si considera agire senza colpa.*

89. Vizio parziale di mente.

Chi, nel momento in cui ha commesso il fatto, era, per infermità, in tale stato di mente da scemare grandemente, senza escluderla, la capacità d'intendere o di volere, risponde del reato commesso; ma la pena è diminuita [65, 69 comma 4, 70 comma 2, 95, 108 comma 2,148, 219; c.p.p. 220; c.p. 1889, 47].

90. Stati emotivi o passionali.

Gli stati emotivi o passionali non escludono né diminuiscono l'imputabilità [c.p.p. 220].

■ Codice penale del 1889: *Art. 51 - Colui che ha commesso il fatto nell'impeto d'ira o d'intenso dolore, determinato da ingiusta provocazione, è punito con la reclusione non inferiore ai venti anni, se la pena stabilita per il reato commesso sia l'ergastolo, e negli altri casi con la pena stabilita per il reato commesso diminuita di un terzo.*

Se la provocazione sia grave, all'ergastolo è sostituita la detenzione da dieci a venti anni, e le altre pene sono diminuite dalla metà ai due terzi, sostituita alla reclusione la detenzione e all'interdizione perpetua dai pubblici ufficii l'interdizione temporanea.

91. Ubriachezza derivata da caso fortuito o da forza maggiore.

Non è imputabile chi, nel momento in cui ha commesso il fatto, non aveva la capacità d'intendere o di volere, a cagione di piena ubriachezza derivata da caso fortuito o da forza maggiore [613, 690; c.p. 1889, 48].

Se l'ubriachezza non era piena, ma era tuttavia tale da scemare grandemente, senza escluderla, la capacità d'intendere o di volere, la pena è diminuita [65, 69 comma 4, 70 comma 2, 688].

■ Codice penale del 1889: *Art. 48 - Le disposizioni contenute nella prima parte degli articoli 46 e 47 si applicano anche a colui che, nel momento in cui ha commesso il fatto, si trovava nello stato preveduto in detti articoli a cagione di ubbriachezza accidentale.*

Ove si tratti di ubriachezza volontaria:

1° nel caso dell'articolo 46, all'ergastolo è sostituita la reclusione da uno a otto anni, e da tre a dodici, se l'ubbriachezza sia abituale; all'interdizione perpetua dai pubblici ufficii è sostituita l'interdizione temporanea; e le altre pene sono applicate in misura inferiore ad un sesto, e, se l'ubbriachezza sia abituale, in misura non inferiore ad un sesto e non superiore ad un terzo;

2° nel caso dell'articolo 47, all'ergastolo è sostituita la reclusione non minore dei dieci anni, e non minore dei diciotto, se l'ubbriachezza sia abituale; e le altre pene sono applicate con la diminuzione della metà, e, se l'ubbriachezza sia abituale, con la diminuzione di un terzo.

Se l'ubbriachezza sia abituale, la pena restrittiva della libertà personale può essere fatta scontare in uno stabilimento speciale.

Le diminuzioni di pena stabilite nel presente articolo non si applicano, se l'ubbriachezza sia stata procurata per facilitare l'esecuzione del reato o per preparare una scusa.

92. Ubriachezza volontaria o colposa ovvero preordinata.

L'ubriachezza non derivata da caso fortuito o da forza maggiore non esclude né diminuisce la imputabilità [688].

Se l'ubriachezza era preordinata al fine di commettere il reato, o di prepararsi una scusa, la pena è aumentata [64, 69 comma 4, 70 comma 2].

93. Fatto commesso sotto l'azione di sostanze stupefacenti.

Le disposizioni dei due articoli precedenti si applicano anche quando il fatto è stato commesso sotto l'azione di sostanze stupefacenti [206, 729; c.p. 1889, 48].

94. Ubriachezza abituale.

Quando il reato è commesso in stato di ubriachezza, e questa è abituale, la pena è aumentata [64, 69 comma 4, 70 comma 2, 206, 221, 234 comma 2, 688 comma 3].

Agli effetti della legge penale, è considerato ubriaco abituale chi è dedito all'uso di bevande alcooliche e in stato frequente di ubriachezza.

L'aggravamento di pena stabilito nella prima parte di questo articolo si applica anche quando il reato è commesso sotto l'azione di sostanze stupefacenti [93] da chi è dedito all'uso di tali sostanze.

95. Cronica intossicazione da alcool o da sostanze stupefacenti.

Per i fatti commessi in stato di cronica intossicazione prodotta da alcool ovvero da sostanze stupefacenti, si applicano le disposizioni contenute negli articoli 88 e 89 [206, 219, 221, 222].

96. Sordomutismo.

Non è imputabile il sordomuto[1] che, nel momento in cui ha commesso il fatto, non aveva, per causa della sua infermità, la capacità d'intendere o di volere [222].

Se la capacità d'intendere o di volere era grandemente scemata, ma non esclusa, la pena è diminuita.

[1] A norma dell'art. 1, comma 1, L. 20 febbraio 2006, n. 95, il termine «sordomuto» è sostituito con l'espressione «sordo».

■ Codice penale del 1889: *Art. 57 - Non si procede contro il sordomuto, che, nel momento in cui ha commesso il fatto, non aveva compiuto i quattordici anni; ma può esergli applicata la disposizione contenuta nel capoverso dell'articolo 53, con facoltà di ordinare che rimanga nell'istituto di educazione e di correzione sino all'età dei ventiquattro anni.*

Art. 58 - Il sordomuto che, nel momento in cui ha commesso il fatto, aveva compiuto i quattordici anni, ove non risulti che abbia agito con discernimento, non soggiace a pena. Nondimeno qualora il fatto sia preveduto dalla legge come un delitto che importi l'ergastolo o la reclusione, ovvero la detenzione non inferiore ad un anno, il giudice, se il sordomuto non abbia ancora compiuto i ventiquattro anni, può applicargli la disposizione contenuta nel capoverso dell'articolo 53, con facoltà di ordinare che rimanga nell'istituto di educazione e di correzione sino all'età dei ventiquattro anni. Se abbia compiuto gli anni ventiquattro, il giudice può ordinarne la consegna all'Autorità competente per i provvedimenti di legge.

Ove risulti che abbia agito con discernimento, se il sordomuto non aveva ancora compiuto i diciotto anni, si applicano le disposizioni contenute nei capoversi dell'articolo 51; se aveva compiuto i diciotto anni ma non ancora i ventuno, si applicano quelle dell'articolo 55; e, se aveva compiuto i ventuno, si applicano le disposizioni dell'articolo 56.

97. Minore degli anni quattordici.

Non è imputabile chi, nel momento in cui ha commesso il fatto, non aveva compiuto i quattordici anni [222, 224; disp. att. 28, 29].

■ Codice penale del 1889: *Art. 53 - Non si procede contro colui che, nel momento in cui ha commesso il fatto, non aveva compiuto i nove anni.*

Nondimeno, ove il fatto sia preveduto dalla legge come un delitto che importi l'ergastolo o la reclusione, ovvero la detenzione non inferiore ad un anno, il presidente del tribunale civile, sulla richiesta del pubblico ministero, può ordinare, con provvedimento revocabile, che il minore sia rinchiuso in un istituto di educazione e di correzione, per un tempo che non oltrepassi la maggiore età; ovvero può ingiungere ai genitori, o a coloro che abbiano obbligo di provvedere all'educazione del minore, di vigilare sulla condotta di lui, sotto pena, in caso d'inosservanza ed ove il minore commetta un delitto qualsiasi, di un'ammenda sino a lire duemila.

98. Minore degli anni diciotto.

È imputabile chi, nel momento in cui ha commesso il fatto aveva compiuto i quattordici anni, ma non ancora i diciotto, se aveva capacità d'intendere e di volere; ma la pena è diminuita [169, 224 comma 4, 223-227].

Quando la pena detentiva inflitta è inferiore a cinque anni, o si tratta di pena pecuniaria, alla condanna non conseguono pene accessorie [19]. Se si tratta di pena più grave, la condanna importa soltanto l'interdizione dai pubblici uffici [28] per una durata non superiore a cinque anni, e nei casi stabiliti dalla legge, la sospensione dall'esercizio della responsabilità genitoriale [34], [o dell'autorità maritale][1] [2].

[1] Comma così modificato dall'art. 93, D.Lgs. 28 dicembre 2013, n. 154, a decorrere dal 7 febbraio 2014. Il testo previgente disponeva: *Quando la pena detentiva inflitta è inferiore a cinque anni, o si tratta di pena pecuniaria, alla condanna non conseguono pene accessorie. Se si tratta di pena più grave, la condanna importa soltanto l'interdizione dai pubblici uffici per una durata non superiore a cinque anni, e nei casi stabiliti dalla legge, la sospensione dall'esercizio della potestà dei genitori, [o dell'autorità maritale].*

[2] Le parole in parentesi devono intendersi implicitamente abrogate dall'art. 144 c.c., nel testo sostituito dall'art. 26, L. 19 maggio 1975, n. 151.

● Norme connesse:

- comma 1: v. art. 416-bis.1 c.p. che assimila le disposizioni dell'abrogato art. 7, D.L. 13 maggio 1991, n. 152, convertito in L. 12 luglio 1991, n. 203, ad opera dell'art. 7, D.Lgs. 1 marzo 2018, n. 21.

■ Codice penale del 1889: *Art. 54 - Colui che, nel momento in cui ha commesso il fatto, aveva compiuto i nove anni, ma non ancora i quattordici, se non risulti che abbia agito con discernimento, non soggiace a pena. Nondimeno, ove il fatto sia preveduto dalla legge come un delitto che importi l'ergastolo o la reclusione, ovvero la detenzione non inferiore ad un anno, il giudice può dare l'uno o l'altro dei provvedimenti indicati nel capoverso dell'articolo precedente.*

Qualora risulti che abbia agito con discernimento, la pena stabilita per il reato commesso è diminuita secondo le norme seguenti: 1° all'ergastolo è sostituita la reclusione da sei a quindici anni; 2° le altre pene si applicano con le diminuzioni determinate nei numeri 3° e 4° dell'articolo 47.

Se la pena sia restrittiva della libertà personale, ancorché sostituita ad una pena pecuniaria, il colpevole, che al tempo della condanna non abbia ancora compiuto i diciotto anni, la sconta in una casa di correzione.

L'interdizione dai pubblici ufficii e la sottoposizione alla vigilanza speciale dell'Autorità di pubblica sicurezza non sono applicate.

Art. 55 - Colui che, nel momento in cui ha commesso il fatto, aveva compiuto i quattordici anni, ma non ancora i diciotto, è punito secondo le norme seguenti: 1° all'ergastolo è sostituita la reclusione da dodici a venti anni; 2° ove si tratti di pena temporanea che oltrepassi i dodici anni, essa si applica nella durata da sei a dodici anni; se oltrepassa i sei ma non i dodici, si applica nella durata da tre a sei anni; e negli altri casi la pena è ridotta alla metà; 3° la pena pecuniaria è diminuita di un terzo.

Se al tempo della condanna il colpevole non abbia ancora compiuto i diciotto anni, il giudice può ordinare che la pena restrittiva della libertà personale sia scontata in una casa di correzione; e l'interdizione dai pubblici ufficii e la sottoposizione alla vigilanza speciale dell'Autorità di pubblica sicurezza non sono applicate.

Art. 56 - Colui che, nel momento in cui ha commesso il fatto, aveva compiuto i diciotto anni, ma non ancora i ventuno, soggiace alla reclusione da venticinque a trent'anni, se la pena stabilita per il reato commesso sia l'ergastolo, e negli altri casi alla pena stabilita per il reato commesso diminuita di un sesto.

CAPO II

DELLA RECIDIVA, DELL'ABITUALITÀ E PROFESSIONALITÀ NEL REATO E DELLA TENDENZA A DELINQUERE

99. Recidiva.

Chi, dopo essere stato condannato per un delitto non colposo, ne commette un altro, può essere sottoposto ad un aumento di un terzo della pena da infliggere per il nuovo delitto non colposo.

La pena può essere aumentata fino alla metà:

1) se il nuovo delitto non colposo è della stessa indole;

2) se il nuovo delitto non colposo è stato commesso nei cinque anni dalla condanna precedente;

3) se il nuovo delitto non colposo è stato commesso durante o dopo l'esecuzione della pena, ovvero durante il tempo in cui il condannato si sottrae volontariamente all'esecuzione della pena.

Qualora concorrano più circostanze fra quelle indicate al secondo comma, l'aumento di pena è della metà.

Se il recidivo commette un altro delitto non colposo, l'aumento della pena, nel caso di cui al primo comma, è della metà e, nei casi previsti dal secondo comma, è di due terzi.

Se si tratta di uno dei delitti indicati all'articolo 407, comma 2, lettera *a)*, del codice di procedura penale, l'aumento della pena per la recidiva è obbligatorio e, nei casi indicati al secondo comma, non può essere inferiore ad un terzo della pena da infliggere per il nuovo delitto[1].

In nessun caso l'aumento di pena per effetto della recidiva può superare il cumulo delle pene risultante dalle condanne precedenti alla commissione del nuovo delitto non colposo[2 3].

[1] La Corte costituzionale, con sentenza 23 luglio 2015, n. 185, ha dichiarato l'illegittimità costituzionale del presente comma, limitatamente alle parole «è obbligatorio e,».

[2] Articolo, da ultimo, così sostituito dall'art. 4, L. 5 dicembre 2005, n. 251.

[3] Il testo precedente la riforma del 2005 era il seguente: *Chi, dopo essere stato condannato per un reato ne commette un altro, può essere sottoposto a un aumento fino ad un sesto della pena da infliggere per il nuovo reato.*

La pena può essere aumentata fino ad un terzo: 1) se il nuovo reato è della stessa indole; 2) se il nuovo reato è stato commesso nei cinque anni dalla condanna precedente; 3) se il nuovo reato è stato commesso durante o dopo l'esecuzione della pena, ovvero durante il tempo in cui il condannato si sottrae volontariamente all'esecuzione della pena.

Qualora concorrano più circostanze fra quelle indicate nei numeri precedenti, l'aumento di pena può essere fino alla metà.

Se il recidivo commette un altro reato, l'aumento della pena, nel caso preveduto dalla prima parte di questo articolo, può essere fino alla metà e nei casi preveduti dai numeri 1 e 2 del primo capoverso, può essere fino a due terzi; nel caso preveduto dal numero 3 dello stesso capoverso può essere da un terzo ai due terzi.

In nessun caso l'aumento di pena per effetto della recidiva può superare il cumulo delle pene risultante dalle condanne precedenti alla commissione del nuovo reato.

Il testo originario disponeva: *Chi, dopo essere stato condannato per un reato, ne commette un altro, soggiace a un aumento fino a un sesto della pena da infliggere per il nuovo reato.*

La pena è aumentata fino alla metà: 1) se il nuovo reato è della stessa indole; 2) se il nuovo reato è stato commesso nei cinque anni dalla condanna precedente; 3) se il nuovo reato è stato commesso durante o dopo l'esecuzione della pena, ovvero durante il tempo in cui il condannato si sottrae volontariamente all'esecuzione della pena.

Qualora concorrano più circostanze fra quelle indicate nei numeri precedenti, l'aumento di pena è da un terzo alla metà.

Se il recidivo commette un altro reato, l'aumento della pena, nel caso preveduto dalla prima parte di questo articolo, è da un terzo alla metà, e, nei casi preveduti dai capoversi precedenti, è dalla metà ai due terzi.

● Norme connesse:
- comma 4: artt. 3, 25, 27, Cost.
- comma 5: artt. 3, 27, Cost.

■ Codice penale del 1889: *Art. 80 - Colui che, dopo una sentenza di condanna, e non oltre i dieci anni dal giorno in cui la pena fu scontata o la condanna estinta, se la pena era superiore ai cinque anni di durata, o non oltre i cinque anni negli altri casi, commette un altro reato, non può essere punito col minimo della pena incorsa per il nuovo reato.*

CODICE PENALE

Se il nuovo reato sia della stessa indole di quello per il quale è stata pronunciata la precedente condanna, il colpevole soggiace ad un aggravamento della pena incorsa, secondo le norme seguenti: 1° se la pena incorsa per il nuovo reato sia la reclusione, la durata ordinaria della segregazione cellulare continua è aumentata in ragione di un sesto della pena stabilita per il reato commesso; e ove la reclusione debba scontarsi interamente in tale segregazione, o il prolungamento suddetto non possa farsi nei limiti della pena da infliggere, per applicare il prolungamento stesso si aumenta proporzionalmente la durata della pena; 2° se la pena incorsa per il nuovo reato sia diversa dalla reclusione, essa è aumentata da un sesto ad un terzo.

In nessun caso l'aumento stabilito nelle disposizioni precedenti può applicarsi in misura superiore alla più grave delle pene anteriormente inflitte; e ove si tratti di pene pecuniarie, per determinare tale misura si fa il ragguaglio secondo le norme stabilite nell'articolo 19.

Art. 81 - Colui che, dopo essere stato più volte condannato a pena restrittiva della libertà personale, superiore per ciascuna volta ai tre mesi, commette, nei termini indicati nell'articolo precedente, un altro reato della stessa indole e che importi anch'esso una pena restrittiva della libertà personale, soggiace ad un aumento della pena incorsa pari alla metà della durata della pena stessa, ove questa sia inferiore ai trenta mesi, e ad un terzo negli altri casi; purché non si superino i trent'anni per la reclusione e la detenzione.

Se la nuova pena incorsa sia la reclusione, si applica anche la segregazione cellulare continua nella misura stabilita nel precedente articolo.

Art. 83 - Per gli effetti delle disposizioni degli articoli precedenti non si tien conto: 1° delle condanne per contravvenzioni rispetto a quelle per delitti, e viceversa; 2° delle condanne per delitti commessi per imprudenza o negligenza o per imperizia nell'arte o professione o per inosservanza di regolamenti, ordini o discipline, rispetto alle condanne per altri delitti, e viceversa; 3° delle condanne pronunziate per reati esclusivamente militari; 4° delle condanne pronunziate da tribunali stranieri.

Art. 84 - Il condannato all'ergastolo il quale commette un altro delitto, soggiace ad un nuovo periodo di segregazione cellulare continua da sei mesi a cinque anni, se il delitto importi la reclusione o la detenzione per un tempo superiore ad un anno; e ad un nuovo periodo non inferiore a otto anni, che può estendersi a tutta la vita, se il delitto importi l'ergastolo.

♦ Codice penale francese

Articolo 132-8. *Quando una persona, già condannata con sentenza definitiva per un crimine o per un reato punibile con dieci anni di prigione per legge, commette un crimine, la pena massima di reclusione o di detenzione è l'ergastolo se il massimo fissato dalla legge per questo reato è di venti o trenta anni. La pena massima è aumentata a trenta anni di reclusione o detenzione se il reato è punibile con quindici anni.*

Articolo 132-9. *Quando una persona, già condannata con sentenza definitiva per un crimine o per un reato punibile con dieci anni di prigione per legge, commette, entro dieci anni dallo spirare o dalla prescrizione della pena precedente, un delitto punibile con la stessa pena, il massimo delle pene detentive e ammende è raddoppiato.*

Articolo 132-10. *Quando una persona, già condannata con sentenza definitiva per un reato commesso entro un periodo di cinque anni dallo spirare o dalla prescrizione della pena precedente, lo stesso reato o un reato che viene assimilato con riguardo alle regole di recidiva, le pene massime di reclusione e ammenda sono raddoppiate.*

100. Recidiva facoltativa.

[...][1].

[1] Articolo abrogato dall'art. 10, D.L. 11 aprile 1974, n. 99, convertito in L. 7 giugno 1974, n. 220.

101. Reati della stessa indole.

Agli effetti della legge penale, sono considerati reati della stessa indole non soltanto quelli che violano una stessa disposizione di legge, ma anche quelli che, pure essendo preveduti da disposizioni diverse di questo codice ovvero da leggi diverse, nondimeno, per la natura dei fatti che li costituiscono o dei motivi che li determinarono, presentano, nei casi concreti, caratteri fondamentali comuni [102, 104, 167 comma 1, 172 comma 7, 177 comma 1; c.p. 1889, 82].

■ Codice penale del 1889: *Art. 82 - Per gli effetti della legge penale, sono considerati reati della stessa indole non soltanto quelli che violano una stessa disposizione di legge, ma anche quelli preveduti in uno stesso capo del codice e quelli rispettivamente indicati sotto le lettere seguenti:*

a) delitti contro la sicurezza dello Stato;

b) delitti commessi da pubblici ufficiali, mediante violazione dei doveri inerenti all'ufficio o con abuso delle proprie funzioni;

c) delitti contro le libertà politiche o la libertà dei culti, abusi dei ministri del culto nell'esercizio delle proprie funzioni, delitti commessi contro pubblici ufficiali a causa delle loro funzioni ed ogni altro delitto contro l'Amministrazione pubblica commesso da privati, e delitti contro l'ordine pubblico;

d) simulazione di reato, calunnia, falsità in giudizio e prevaricazione;

e) delitti contro l'incolumità pubblica;

f) delitti contro il buon costume e l'ordine delle famiglie preveduti negli articoli dal 331 al 348;

g) omicidio e lesione personale;

h) furto, rapina, estorsione, ricatto, truffa ed altre frodi, appropriazioni in debite, ricettazione, bancarotta fraudolenta, delitti preveduti negli articoli dal 203 al 206, 224, dal 256 al 260, dal 293 al 299, dal 319 al 322, 326, e omicidio e lesione personale commessi a fine di lucro.

102. Abitualità presunta dalla legge.

È dichiarato delinquente abituale chi, dopo essere stato condannato alla reclusione in misura superiore complessivamente a cinque anni per tre delitti non colposi, della stessa indole [101], commessi entro dieci anni, e non contestualmente, riporta un'altra condanna per un delitto, non colposo, della stessa indole, e commesso entro i dieci anni successivi all'ultimo dei delitti precedenti [106, 107, 109; disp. att. 32; c.p.p. 533].

Nei dieci anni indicati nella disposizione precedente non si computa il tempo in cui il condannato ha scontato pene detentive o è stato sottoposto a misure di sicurezza detentive [215 comma 2][1].

[1] Al delinquente abituale non si applicano le norme di cui alla L. 26 novembre 2010, n. 199, nel testo modificato dal D.L. 22 dicembre 2011, n. 211, convertito in L. 17 febbraio 2012, n. 9, recante disposizioni relative all'esecuzione presso il domicilio delle pene non superiori a diciotto mesi (art. 1, comma 2, lett. b), L. 199/2010 cit.).

103. Abitualità ritenuta dal giudice.

Fuori del caso indicato nell'articolo precedente, la dichiarazione di abitualità nel delitto è pronunciata anche contro chi, dopo essere stato condannato per due delitti non colposi, riporta un'altra condanna per delitto non colposo, se il giudice, tenuto conto della specie e gravità dei reati, del tempo entro il quale sono stati commessi, della condotta e del genere di vita del colpevole e delle altre circostanze indicate nel capoverso dell'articolo 133, ritiene che il colpevole sia dedito al delitto [12, 106, 107, 109; disp. att. 32; c.p.p. 533 comma 2].

104. Abitualità nelle contravvenzioni.

Chi, dopo essere stato condannato alla pena dell'arresto per tre contravvenzioni della stessa indole, riporta condanna per un'altra contravvenzione, anche della stessa indole [101], è dichiarato contravventore abituale, se il giudice, tenuto conto della specie e gravità dei reati, del tempo entro il quale sono stati commessi, della condotta e del genere di vita del colpevole e delle altre circostanze indicate nel capoverso dell'articolo 133, ritiene che il colpevole sia dedito al reato [106, 107, 109, 162-*bis* comma 3; disp. att. 32; c.p.p. 533 comma 2].

105. Professionalità nel reato.

Chi, trovandosi nelle condizioni richieste per la dichiarazione di abitualità [102-104], riporta condanna per un altro reato, è dichiarato delinquente, o contravventore professionale, qualora, avuto riguardo alla natura dei reati, alla condotta e al genere di vita del colpevole e alle altre circostanze indicate nel capoverso dell'articolo 133, debba ritenersi che egli viva abitualmente, anche in parte soltanto, dei proventi del reato [106, 107, 109, 162-*bis* comma 3; disp. att. 32; c.p.p. 533 comma 2] [1].

[1] Al delinquente professionale non si applicano le norme di cui alla L. 26 novembre 2010, n. 199, nel testo modificato dal D.L. 22 dicembre 2011, n. 211, convertito in L. 17 febbraio 2012, n. 9, recante disposizioni relative all'esecuzione presso il domicilio delle pene non superiori a diciotto mesi (art. 1, comma 2, lett. b), L. 199/2010 cit.).

106. Effetti dell'estinzione del reato o della pena.

Agli effetti della recidiva [99] e della dichiarazione di abitualità [102-104] o di professionalità nel reato [105], si tiene conto altresì delle condanne per le quali è intervenuta una causa di estinzione del reato o della pena [151-181].

Tale disposizione non si applica quando la causa estingue anche gli effetti penali [178, 544, 556 comma 3, 563, 573 comma 3, 574 comma 3].

107. Condanna per vari reati con una sola sentenza.

Le disposizioni relative alla dichiarazione di abitualità o di professionalità nel reato si applicano anche se, per i vari reati, è pronunciata condanna con una sola sentenza [c.p.p., art. 533 comma 2].

108. Tendenza a delinquere.

È dichiarato delinquente per tendenza chi, sebbene non recidivo o delinquente abituale o professionale, commette un delitto non colposo, contro la vita o l'incolumità individuale, anche non preveduto dal capo primo del titolo dodicesimo del libro secondo di questo codice, il quale, per sé e unitamente alle circostanze indicate nel capoverso dell'articolo 133 riveli una speciale inclinazione al delitto, che trovi sua causa nell'indole particolarmente malvagia del colpevole [109; c.p.p. 533 comma 2].

La disposizione di questo articolo non si applica se la inclinazione al delitto è originata dall'infermità preveduta dagli articoli 88 e 89[1].

[1] Al delinquente per tendenza non si applicano le norme di cui alla L. 26 novembre 2010, n. 199, nel testo modificato dal D.L. 22 dicembre 2011, n. 211, convertito in L. 17 febbraio 2012, n. 9, recante disposizioni relative all'esecuzione presso il domicilio delle pene non superiori a diciotto mesi (art. 1, comma 2, lett. b), L. 199/2010 cit.).

109. Effetti della dichiarazione di abitualità, professionalità o tendenza a delinquere.

Oltre agli aumenti di pena stabiliti per la recidiva [99] e i particolari effetti indicati da altre disposizioni di legge [29 comma 2, 62, n. 3, 151 comma 5, 164 comma 1, 172 comma 7, 173, 174 comma 3, 179 comma 3], la dichiarazione di abitualità o di professionalità nel reato o di tendenza a delinquere importa l'applicazione di misure di sicurezza [216, 226, 230; c.p.p., art. 533].

La dichiarazione di abitualità o di professionalità nel reato può essere pronunciata in ogni tempo, anche dopo la esecuzione della pena [205]; ma se è pronunciata dopo la sentenza di condanna [c.p.p. 533], non si tiene conto della successiva condotta del colpevole e rimane ferma la pena inflitta.

La dichiarazione di tendenza a delinquere non può essere pronunciata che con la sentenza di condanna [c.p.p. 442 comma 2, 533, 605 comma 1, 678 comma 1].

La dichiarazione di abitualità e professionalità nel reato e quella di tendenza a delinquere si estinguono per effetto della riabilitazione [178-181; c.p.p. 683].

● Norme connesse:

- comma 1: art. 11, R.D. 18 giugno 1931, n. 773 che dispone: *Salve le condizioni particolari stabilite dalla legge nei singoli casi, le autorizzazioni di polizia debbono essere negate:*

1) a chi ha riportato una condanna a pena restrittiva della libertà personale superiore a tre anni per delitto non colposo e non ha ottenuto la riabilitazione;

2) a chi è sottoposto all'ammonizione o a misura di sicurezza personale o è stato dichiarato delinquente abituale, professionale o per tendenza.

Le autorizzazioni di polizia possono essere negate a chi ha riportato condanna per delitti contro la personalità dello stato o contro l'ordine pubblico, ovvero per delitti contro le persone commessi con violenza, o per furto, rapina, estorsione, sequestro di persona a scopo di rapina o di estorsione, o per violenza o resistenza all'autorità, e a chi non può provare la sua buona condotta.

Le autorizzazioni devono essere revocate quando nella persona autorizzata vengono a mancare, in tutto o in parte, le condizioni alle quali sono subordinate, e possono essere revocate quando sopraggiungono o vengono a risultare circostanze che avrebbero imposto o consentito il diniego della autorizzazione.

- comma 4: art. 69, comma 4, L. 26 luglio 1975, n. 354, che dispone: *4. Provvede al riesame della pericolosità ai sensi del primo e secondo comma dell'art. 208 del codice penale, nonchè all'applicazione, esecuzione, trasformazione o revoca, anche anticipata, delle misure di sicurezza. Provvede altresì, con decreto motivato, in occasione dei provvedimenti anzidetti, alla eventuale revoca della dichiarazione di delinquenza abituale, professionale o per tendenza di cui agli articoli 102, 103, 104, 105 e 108 del codice penale.*

CAPO III
DEL CONCORSO DI PERSONE NEL REATO

110. Pena per coloro che concorrono nel reato.

Quando più persone concorrono nel medesimo reato, ciascuna di esse soggiace alla pena per questo stabilita, salve le disposizioni degli articoli seguenti [114; c.p. 1889, 63, 64, 167, 253, 378 comma 2].

● Norme connesse:

- art. 7, Cedu.

■ Codice penale del 1889: *Art. 63 - Quando più persone concorrano nella esecuzione di un reato, ciascuno degli esecutori e dei cooperatori immediati soggiace alla pena stabilita per il reato commesso.*

Alla stessa pena soggiace colui che ha determinato altri a commettere il reato; ma all'ergastolo è sostituita la reclusione da venticinque a trent'anni, e le altre pene sono diminuite di un sesto, se l'esecutore del reato lo abbia commesso anche per motivi proprii.

Art. 64 - È punito con la reclusione per un tempo non minore dei dodici anni, ove la pena stabilita per il reato commesso sia l'ergastolo, e negli altri casi con la pena stabilita per il reato medesimo diminuita della metà, colui che è concorso nel reato:

1° con l'eccitare o rafforzare la risoluzione di commetterlo, o col promettere assistenza od aiuto da prestarsi dopo il reato;

2° col dare istruzioni o col somministrare mezzi per eseguirlo;

3° col facilitarne l'esecuzione, prestando assistenza od aiuto prima o durante il fatto.

La diminuzione di pena per il colpevole di alcuno dei fatti preveduti nel presente articolo non è applicata, se il reato senza il suo concorso non si sarebbe commesso.

♦ Codice penale francese

Articolo 121-6. *É punito come autore il complice del reato ai sensi dell'art. 121-7.*

Articolo 121-7. *É complice di un crimine o di un delitto la persona che consapevolmente, con aiuto o assistenza ne facilita la preparazione o la consumazione.*

É anche un complice la persona che per regalo, promesse, minacce, ordine o abuso di autorità o di potere provoca un reato o fornisce istruzioni per commetterlo.

♦ Codice penale tedesco

Titolo III. Partecipanti principali e secondari. §25 Principali. *1) Ogni persona che commette il reato esso stesso o attraverso un altro soggetto è considerato responsabile a titolo principale.*

(2) Se più di una persona commette il reato congiuntamente ad altri, ciascuno di essi risponde come l'autore principale (principi comuni).

§26 Favoreggiamento. *Qualsiasi persona che induce intenzionalmente un altro a commettere intenzionalmente un atto illecito (complice) è responsabile come se fosse l'autore principale.*

§27 Assistenza. *(1) Ogni persona che assiste un altro intenzionalmente nella commissione intenzionale di un atto illecito deve essere condannato come un aiutante.*

(2) La condanna per l'aiutante si basa sulla pena per l'autore principale. Può essere mitigata ai sensi dell'art 49.

111. Determinazione al reato di persona non imputabile o non punibile.

Chi ha determinato a commettere un reato una persona non imputabile [86, 88, 96, 97, 98], ovvero non punibile a cagione di una condizione o qualità personale [46, 48], risponde del reato da questa commesso, e la pena è aumentata. Se si tratta di delitti per i quali è previsto l'arresto in flagranza la pena è aumentata da un terzo alla metà[1].

Se chi ha determinato altri a commettere il reato ne è il genitore esercente la responsabilità genitoriale, la pena è aumentata fino alla metà o, se si tratta di delitti per i quali è previsto l'arresto in flagranza, da un terzo a due terzi[2].

[1] Comma così modificato dall'art. 11, D.L. 13 maggio 1991, n. 152, convertito in L. 12 luglio 1991, n. 203.

[2] Comma aggiunto dall'art. 7, D.L. 31 dicembre 1991, n. 419, convertito in L. 18 febbraio 1992, n. 172 e poi così modificato dall'art. 93, D.Lgs. 28 dicembre 2013, n. 154, a decorrere dal 7 febbraio 2014.

Il testo previgente la modifica del 2013 disponeva: *Se chi ha determinato altri a commettere il reato ne è il genitore esercente la potestà, la pena è aumentata fino alla metà o, se si tratta di delitti per i quali è previsto l'arresto in flagranza, da un terzo a due terzi.*

Il testo precedente le modifiche apportate dal D.L. 419/1991 disponeva: *Chi ha determinato a commettere un reato una persona non imputabile, ovvero non punibile a cagione di una condizione o qualità personale, risponde del reato da questa commesso; e la pena è aumentata. Se si tratta di delitti per i quali è previsto l'arresto in flagranza, la pena è aumentata da un terzo alla metà.*

Il testo originario disponeva: *Chi ha determinato a commettere un reato una persona non imputabile, ovvero non punibile a cagione di una condizione o qualità personale, risponde del reato da questa commesso; e la pena è aumentata.*

112. Circostanze aggravanti.

La pena da infliggere per il reato commesso è aumentata:

1) se il numero delle persone, che sono concorse nel reato, è di cinque o più, salvo che la legge disponga altrimenti [339, 385, 416, 625, n. 5, 628 comma 3, 629 comma 2, 633 comma 2];

2) per chi, anche fuori dei casi preveduti dai due numeri seguenti, ha promosso od organizzato la cooperazione nel reato, ovvero diretto l'attività delle persone che sono concorse nel reato medesimo;

3) per chi, nell'esercizio della sua autorità, direzione o vigilanza, ha determinato a commettere il reato persone ad esso soggette;

4) per chi, fuori del caso preveduto dall'art. 111, ha determinato a commettere il reato un minore degli anni 18 o una persona in stato di infermità o di deficienza psichica, ovvero si è comunque avvalso degli stessi o con gli stessi ha partecipato nella commissione di un delitto per il quale è previsto l'arresto in flagranza[1].

La pena è aumentata fino alla metà per chi si è avvalso di persona non imputabile o non punibile, a cagione di una condizione o qualità personale, o con la stessa ha partecipato nella commissione di un delitto per il quale è previsto l'arresto in flagranza[2].

Se chi ha determinato altri a commettere il reato o si è avvalso di altri o con questi ha partecipato nella commissione del delitto ne è il genitore esercente la responsabilità genitoriale, nel caso previsto dal numero *4)* del primo comma la pena è aumentata fino alla metà e in quello previsto dal secondo comma la pena è aumentata fino a due terzi[3].

Gli aggravamenti di pena stabiliti nei numeri 1, 2 e 3 di questo articolo si applicano anche se taluno dei partecipi al fatto non è imputabile o non è punibile.

[1] Numero così sostituito dall'art. 11, D.L. 13 maggio 1991, n. 152, convertito in L. 12 luglio 1991, n. 203 e poi così modificato dall'art. 3, L. 15 luglio 2009, n. 94. Il testo previgente disponeva: *4) per chi, fuori del caso preveduto dall'art. 111, ha determinato a commettere il reato un minore degli anni 18 o una persona in stato di infermità o di deficienza psichica, ovvero si è comunque avvalso degli stessi nella commissione di un delitto per il quale è previsto l'arresto in flagranza.*

[2] Comma aggiunto dall'art. 11, D.L. 13 maggio 1991, n. 152, convertito in L. 12 luglio 1991, n. 203 e poi così modificato dall'art. 3, L. 15 luglio 2009, n. 94. Il testo previgente disponeva: *La pena è aumentata fino alla metà per chi si è avvalso di persona non imputabile o non punibile, a cagione di una condizione o qualità personale, nella commissione di un delitto per il quale è previsto l'arresto in flagranza.*

[3] Comma aggiunto dall'art. 7, D.L. 31 dicembre 1991, n. 419, convertito in L. 18 febbraio 1992, n. 172 e poi così modificato prima dall'art. 3, L. 15 luglio 2009, n. 94, poi dall'art. 93, D.Lgs. 28 dicembre 2013, n. 154, a decorrere dal 7 febbraio 2014. Il testo previgente la modifica del 2009 disponeva: *Se chi ha determinato altri a commettere il reato o si è avvalso di altri nella commissione del delitto ne è il genitore esercente la potestà, nel caso previsto dal numero 4 del primo comma la pena è aumentata fino alla metà e in quello previsto dal secondo comma la pena è aumentata fino a due terzi.* Il testo previgente la modifica del 2013 disponeva: *Se chi ha determinato altri a commettere il reato o si è avvalso di altri o con questi ha partecipato nella commissione del delitto ne è il genitore esercente la potestà, nel caso previsto dal numero 4) del primo comma la pena è aumentata fino alla metà e in quello previsto dal secondo comma la pena è aumentata fino a due terzi.*

● Norme connesse:

- artt. 73, 80, comma 1, D.P.R. 9 ottobre 1990, n. 309.

113. Cooperazione nel delitto colposo.

Nel delitto colposo [43], quando l'evento è stato cagionato dalla cooperazione di più persone, ciascuna di queste soggiace alle pene stabilite per il delitto stesso.

La pena è aumentata per chi ha determinato altri a cooperare nel delitto, quando concorrono le condizioni stabilite nell'articolo 111 e nei numeri 3 e 4 dell'articolo 112.

114. Circostanze attenuanti.

Il giudice, qualora ritenga che l'opera prestata da taluna delle persone che sono concorse nel reato a norma degli articoli 110 e 113 abbia avuto minima importanza nella preparazione o nell'esecuzione del reato, può diminuire la pena.

Tale disposizione non si applica nei casi indicati nell'articolo 112.

La pena può altresì essere diminuita per chi è stato determinato a commettere il reato o a cooperare nel reato, quando concorrono le condizioni stabilite nei numeri 3 e 4 del primo comma e nel terzo comma dell'articolo 112[1].

[1] Comma così modificato dall'art. 7, D.L. 31 dicembre 1991, n. 419, convertito in L. 18 febbraio 1992, n. 172.

● Norme connesse:

- art. 4-*bis*, commi da 1 a 1-quinquies, L. 26 luglio 1975, n. 354, nel testo, da ultimo, modificato dalla L. 9 gennaio 2019, n. 3, che dispongono: *1. L'assegnazione al lavoro all'esterno, i permessi premio e le misure alternative alla detenzione previste dal capo VI, esclusa la liberazione anticipata, possono essere concessi ai detenuti e internati per i seguenti delitti solo nei casi in cui tali detenuti e internati collaborino con la giustizia a norma dell'articolo 58-ter della presente legge o a norma dell'articolo 323-bis, secondo comma, del codice penale: delitti commessi per finalità di terrorismo, anche internazionale, o di eversione dell'ordine democratico mediante il compimento di atti di violenza, delitti di cui agli articoli 314, primo comma, 317, 318, 319, 319-bis, 319-ter, 319-quater, primo comma, 320, 321, 322, 322-bis, 416-bis e 416-ter del codice penale, delitti commessi avvalendosi delle condizioni previste dallo stesso articolo ovvero al fine di agevolare l'attività delle associazioni in esso previste, delitti di cui agli articoli 600, 600-bis, primo comma, 600-ter, primo e secondo comma, 601, 602, 609-octies e 630 del codice penale, all'articolo 12, commi 1 e 3, del testo unico delle disposizioni concernenti la disciplina dell'immigrazione e norme sulla condizione dello straniero, di cui al decreto legislativo 25 luglio 1998, n. 286, e successive modificazioni, all'articolo 291-quater del testo unico delle disposizioni legislative in materia doganale, di cui al decreto del Presidente della Repubblica 23 gennaio 1973, n. 43, e all'articolo 74 del testo unico delle leggi in materia di disciplina degli stupefacenti e sostanze psicotrope, prevenzione, cura e riabilitazione dei relativi stati di tossicodipendenza, di cui al decreto del Presidente della Repubblica 9 ottobre 1990, n. 309. Sono fatte salve le disposizioni degli articoli 16-nonies e 17-bis del decreto- legge 15 gennaio 1991, n. 8, convertito, con modificazioni, dalla legge 15 marzo 1991, n. 82, e successive modificazioni.*

1-bis. I benefici di cui al comma 1 possono essere concessi ai detenuti o internati per uno dei delitti ivi previsti, purché siano stati acquisiti elementi tali da escludere l'attualità di collegamenti con la criminalità organizzata, terroristica o eversiva, altresì nei casi in cui la limitata partecipazione al fatto criminoso, accertata nella sentenza di condanna, ovvero l'integrale accertamento dei fatti e delle responsabilità, operato con sentenza irrevocabile, rendono comunque impossibile un'utile collaborazione con la giustizia, nonché nei casi in cui, anche se la collaborazione che viene offerta risulti oggettivamente irrilevante, nei confronti dei medesimi detenuti o internati sia stata applicata una delle circostanze attenuanti previste dall'articolo 62, numero 6), anche qualora il risarcimento del danno sia avvenuto dopo la sentenza di condanna, dall'articolo 114 ovvero dall'articolo 116, secondo comma, del codice penale.

1-ter. I benefici di cui al comma 1 possono essere concessi, purché non vi siano elementi tali da far ritenere la sussistenza di collegamenti con la criminalità organizzata, terroristica o eversiva, ai detenuti o internati per i delitti di cui agli articoli 575, 600-bis, secondo e terzo comma, 600-ter, terzo comma, 600-quinquies, 628, terzo comma, e 629, secondo comma, del codice penale, all'articolo 291-ter del citato testo unico di cui al decreto del Presidente della Repubblica 23 gennaio 1973, n. 43, all'articolo 73 del citato testo unico di cui al decreto del Presidente della Repubblica 9 ottobre 1990, n. 309, e successive modificazioni, limitatamente alle ipotesi aggravate ai sensi dell'articolo 80, comma 2, del medesimo testo unico, all'articolo 416, primo e terzo comma, del codice penale, realizzato allo scopo di commettere delitti previsti dagli articoli 473 e 474 del medesimo codice, e all'articolo 416 del codice penale, realizzato allo scopo di commettere delitti previsti dal libro II, titolo XII, capo III, sezione I, del medesimo codice, dagli articoli 609-bis, 609-quater e 609-octies del codice penale e dall'articolo 12, commi 3, 3-bis e 3-ter, del testo unico delle disposizioni concernenti la disciplina dell'immigrazione e norme sulla condizione dello straniero, di cui al decreto legislativo 25 luglio 1998, n. 286, e successive modificazioni.

1-quater. I benefici di cui al comma 1 possono essere concessi ai detenuti o internati per i delitti di cui agli articoli 600-bis, 600-ter, 600-quater, 600-quinquies, 609-bis, 609-ter, 609-quater, 609-quinquies, 609-octies e 609-undecies del codice penale solo sulla base dei risultati dell'osservazione scientifica della personalità condotta collegialmente per almeno un anno anche con la partecipazione degli esperti di cui al quarto comma dell'articolo 80 della presente legge. Le disposizioni di cui al periodo precedente si applicano in ordine al delitto previsto dall'articolo 609-bis del codice penale salvo che risulti applicata la circostanza attenuante dallo stesso contemplata.

1-quinquies. Salvo quanto previsto dal comma 1, ai fini della concessione dei benefici ai detenuti e internati per i delitti di cui agli articoli 600-bis, 600-ter, anche se relativo al materiale pornografico di cui all'articolo 600-quater.1, 600-quinquies, 609-quater, 609-quinquies e 609-undecies del codice penale, nonchè agli articoli 609-bis e 609-octies del medesimo codice, se commessi in danno di persona minorenne, il magistrato di sorveglianza o il tribunale di sorveglianza valuta la positiva partecipazione al programma di riabilitazione specifica di cui all'articolo 13-bis della presente legge.

La Corte costituzionale, con sentenza 22 ottobre 2014, n. 239, ha dichiarato l'illegittimità costituzionale del comma 1, nella parte in cui non esclude dal divieto di concessione dei benefici penitenziari, da esso stabilito, la misura della detenzione domiciliare speciale prevista dall'art. 47-quinquies della presente legge. La stessa Corte, con la medesima sentenza 22 ottobre 2014, n. 239, ha dichiarato l'illegittimità costituzionale del comma 1, nella parte in cui non esclude dal divieto di concessione dei benefici penitenziari, da esso stabilito, la misura della detenzione domiciliare prevista dall'art. 47-ter, comma 1, lettere a) e b), della presente legge, ferma restando la condizione dell'insussistenza di un concreto pericolo di commissione di ulteriori delitti. La Corte costituzionale, con sentenza 4 dicembre 2019, n. 253, ha dichiarato l'illegittimità costituzionale del comma 1, nella parte in cui non prevede che, ai detenuti per i delitti di cui all'art. 416-bis del codice penale e per quelli commessi avvalendosi delle condizioni previste dallo stesso articolo ovvero al fine di agevolare l'attività delle associazioni in esso previste, possano essere concessi permessi premio anche in assenza di collaborazione con la giustizia a norma dell'art. 58-ter del medesimo ordin. penit., allorché siano stati acquisiti elementi tali da escludere, sia l'attualità di collegamenti con la criminalità organizzata, sia il pericolo del ripristino di tali collegamenti. Con la medesima sentenza la Corte ha dichiarato conseguenzialmente l'illegittimità costituzionale del comma 1 nella parte in cui non prevede che ai detenuti per i delitti ivi contemplati, diversi da quelli di cui all'art. 416-bis cod. pen. e da quelli commessi avvalendosi delle condizioni previste dallo stesso articolo ovvero al fine di agevolare l'attività delle associazioni in esso previste, possano essere concessi permessi premio anche in assenza di collaborazione con la giustizia a norma dell'art. 58-ter del medesimo ordin. penit., allorché siano stati acquisiti elementi tali da escludere, sia l'attualità di collegamenti con la criminalità organizzata, terroristica o eversiva, sia il pericolo del ripristino di tali collegamenti. La Corte costituzionale, con sentenza 26 febbraio 2020, n. 32, ha dichiarato l'illegittimità costituzionale della citata lett. b) del comma 6 dell'art. 1, L. 3/2019, in quanto interpretata nel senso che le modificazioni introdotte al presente comma si applichino anche ai condannati che abbiano commesso il fatto anteriormente all'entrata in vigore della legge n. 3 del 2019, in riferimento alla disciplina delle misure alternative alla detenzione previste dal Titolo I, Capo VI, della legge n. 354 del 1975, della liberazione condizionale prevista dagli artt. 176 e 177 del codice penale e del divieto di sospensione dell'ordine di esecuzione previsto dall'art. 656, comma 9, lettera a), del codice di procedura penale. Con la medesima sentenza n. 32/2020, la Corte costituzionale ha dichiarato l'illegittimità costituzionale della citata lett. b), nella parte in cui non prevede che il beneficio del permesso premio possa essere concesso ai condannati che, prima dell'entrata in vigore della medesima legge, abbiano già raggiunto, in concreto, un grado di rieducazione adeguato alla concessione del beneficio stesso.

115. Accordo per commettere un reato. Istigazione.

Salvo che la legge disponga altrimenti [270, 271, 304, 305, 306], qualora due o più persone si accordino allo scopo di commettere un reato, e questo non sia commesso, nessuna di esse è punibile per il solo fatto dell'accordo.

Nondimeno, nel caso di accordo per commettere un delitto, il giudice può applicare una misura di sicurezza [229].

Le stesse disposizioni si applicano nel caso di istigazione a commettere un reato [266, 302, 303, 322, 327, 414, 415], se la istigazione è stata accolta, ma il reato non è stato commesso.

Qualora la istigazione non sia stata accolta, e si sia trattato d'istigazione a un delitto, l'istigatore può essere sottoposto a misure di sicurezza [229].

● Norme connesse:

- comma 1: 1) art. 1, D.Lgs.C.P.S. 7 novembre 1947, n. 1559 che dispone: *Chiunque con qualsiasi mezzo promuove ed organizza accordi od intese tra i contribuenti al fine di ritardare, sospendere o non effettuare il pagamento di imposte dirette o indirette, ordinarie e straordinarie in esazione, è punito con la reclusione da sei mesi a cinque anni, salvo che il fatto non costituisca reato punibile con pena maggiore.*

Alla stessa pena è soggetto chiunque pubblicamente o in riunioni da considerarsi pubbliche ai sensi dell'art. 18 del testo unico delle leggi di pubblica sicurezza, approvato con regio decreto 18 giugno 1931, n. 773, istiga i contribuenti a ritardare, sospendere o non effettuare il pagamento di imposte in esazione.

Qualora l'accordo o l'istigazione abbia conseguito il suo effetto, il minimo delle pene previste nei comma precedenti è portato ad un anno.

2) art. 7, L. 9 ottobre 1967, n. 962 che dispone: *Qualora più persone si accordino allo scopo di commettere uno dei delitti preveduti negli articoli da 1 a 5 e nel secondo comma dell'art. 6 della presente legge, e il delitto non è commesso, ciascuna di esse è punibile, per il solo fatto dell'accordo, con la reclusione da uno a sei anni.*

Qualora più persone si accordino allo scopo di commettere il delitto preveduto nel primo comma dell'art. 6 della presente legge, e il delitto non è commesso, ciascuna di esse è punibile, per il solo fatto dell'accordo, con la reclusione da tre mesi a un anno.

Per i promotori la pena è aumentata.

- comma 3: 1) art. 1, commi 2 e 3, D.Lgs.C.P.S. 7 novembre 1947, n. 1559, cit. e l'art. 8, L. 9 ottobre 1967, n. 962, che dispone: *Chiunque pubblicamente istiga a commettere alcuno dei delitti preveduti negli articoli da 1 a 5, è punito, per il solo fatto della istigazione, con la reclusione da tre a dodici anni.*

La stessa pena si applica a chiunque pubblicamente fa l'apologia di alcuno dei delitti preveduti nel comma precedente.

2) art. 82, D.P.R. 9 ottobre 1990, n. 309, nel testo modificato dall'art. 4-*vicies-ter*, D.L. 30 dicembre 2005, n. 272, convertito in L. 21 febbraio 2006, n. 49, che dispone: *1. Chiunque pubblicamente istiga all'uso illecito di sostanze stupefacenti o psicotrope, ovvero svolge, anche in privato, attività di proselitismo per tale uso delle predette sostanze, ovvero induce una persona all'uso medesimo, è punito con la reclusione da uno a sei anni e con la multa da euro 1.032 (lire due milioni) a euro 5.164 (lire dieci milioni).*

2. La pena è aumentata se il fatto è commesso nei confronti di persone di età minore ovvero all'interno o nelle adiacenze di scuole di ogni ordine e grado, di comunità giovanili o di caserme. La pena è altresì aumentata se il fatto è commesso all'interno di carceri, di ospedali o di servizi sociali e sanitari.

3. La pena è raddoppiata se i fatti sono commessi nei confronti di minore degli anni quattordici, di persona palesemente incapace o di persona affidata al colpevole per ragioni di cura, di educazione, di istruzione, di vigilanza o di custodia.

4. Se il fatto riguarda i medicinali di cui alla tabella II, sezione B, prevista dall'art. 14 le pene disposte dai commi 1, 2 e 3 sono diminuite da un terzo alla metà.

La Corte costituzionale, con sentenza 12 febbraio 2014, n. 32 ha poi dichiarato l'illegittimità costituzionale del citato art. 4-vicies-ter, D.L. 30 dicembre 2005, n. 272, convertito in L. 21 febbraio 2006, n. 49. Il testo previgente del comma 4 da quest'ultimo modificato disponeva: *4. Se il fatto riguarda le sostanze di cui alle tabelle II e IV previste dall'art. 14 le pene disposte dai commi 1, 2 e 3 sono diminuite da un terzo alla metà.*

■ Codice penale del 1889: *Art. 63 - Quando più persone concorrano nella esecuzione di un reato, ciascuno degli esecutori e dei cooperatori immediati soggiace alla pena stabilita per il reato commesso.*

Alla stessa pena soggiace colui che ha determinato altri a commettere il reato; ma all'ergastolo è sostituita la reclusione da venticinque a trent'anni, e le altre pene sono diminuite di un sesto, se l'esecutore del reato lo abbia commesso anche per motivi proprii.

Art. 64 - È punito con la reclusione per un tempo non minore dei dodici anni, ove la pena stabilita per il reato commesso sia l'ergastolo, e negli altri casi con la pena stabilita per il reato medesimo diminuita della metà, colui che è concorso nel reato: 1° con l'eccitare o rafforzare la risoluzione di commetterlo, o col promettere assistenza od aiuto da prestarsi dopo il reato; 2° col dare istruzioni o col somministrare mezzi per eseguirlo; 3° col facilitarne l'esecuzione, prestando assistenza od aiuto prima o durante il fatto.

La diminuzione di pena per il colpevole di alcuno dei fatti preveduti nel presente articolo non è applicata, se il reato senza il suo concorso non si sarebbe commesso.

116. Reato diverso da quello voluto da taluno dei concorrenti.

Qualora il reato commesso sia diverso da quello voluto da taluno dei concorrenti, anche questi ne risponde, se l'evento è conseguenza della sua azione od omissione.

CODICE PENALE

Se il reato commesso è più grave di quello voluto, la pena è diminuita riguardo a chi volle il reato meno grave.

117. Mutamento del titolo del reato per taluno dei concorrenti.

Se, per le condizioni o le qualità personali del colpevole, o per i rapporti fra il colpevole e l'offeso, muta il titolo del reato per taluno di coloro che vi sono concorsi, anche gli altri rispondono dello stesso reato. Nondimeno, se questo è più grave, il giudice può, rispetto a coloro per i quali non sussistono le condizioni, le qualità o i rapporti predetti, diminuire la pena [65; c.nav. 1081; c.p. 1889, 66].

■ Codice penale del 1889: *Art. 66 - Le circostanze materiali che aggravano la pena, ancorché facciano mutare il titolo del reato, stanno a carico anche di coloro che le conoscevano nel momento in cui sono concorsi nel reato.*

118. Valutazione delle circostanze aggravanti o attenuanti.

Le circostanze che aggravano o diminuiscono le pene concernenti i motivi a delinquere, l'intensità del dolo, il grado della colpa e le circostanze inerenti alla persona del colpevole sono valutate soltanto riguardo alla persona cui si riferiscono [c.p. 1889, 65, 66][1].

[1] Articolo così sostituito dall'art. 3, L. 7 febbraio 1990, n. 19. Il testo previgente disponeva: *Le circostanze oggettive, che aggravano o diminuiscono la pena, anche se non conosciute da tutti coloro che concorrono nel reato, sono valutate a carico o a favore di essi.*

Le circostanze soggettive, non inerenti alla persona del colpevole, che aggravano la pena per taluno di coloro che sono concorsi nel reato, stanno a carico anche degli altri, sebbene non conosciute, quando hanno servito ad agevolare l'esecuzione del reato.

Ogni altra circostanza, che aggrava o diminuisce la pena, è valutata soltanto riguardo alla persona a cui si riferisce.

■ Codice penale del 1889: *Art. 65 - Le circostanze e le qualità inerenti alla persona, permanenti o accidentali, per le quali si aggrava la pena di alcuno fra quelli che sono concorsi nel reato, ove abbiano servito ad agevolarne la esecuzione, stanno a carico anche di coloro che le conoscevano nel momento in cui vi sono concorsi: ma la pena può essere diminuita di un sesto, e all'ergastolo può essere sostituita la reclusione da venticinque a trent'anni.*

119. Valutazione delle circostanze di esclusione della pena.

Le circostanze soggettive [70, n. 2] le quali escludono la pena [46, 48, 88, 96, 97, 98, 649] per taluno di coloro che sono concorsi nel reato [46, 48, 88, 96, 97, 98, 649] hanno effetto soltanto riguardo alla persona a cui si riferiscono.

Le circostanze oggettive [70, n. 1] che escludono la pena [50-54] hanno effetto per tutti coloro che sono concorsi nel reato.

CAPO IV
DELLA PERSONA OFFESA DAL REATO

120. Diritto di querela.

Ogni persona offesa da un reato per cui non debba procedersi d'ufficio [disp. att. 11] o dietro richiesta [8-11, 127, 313 comma 4; c.p.p. 342] o istanza [9, 10; c.p.p. 341] ha diritto di querela [c.p.p. 336-340].

Per i minori degli anni quattordici e per gli interdetti a cagione d'infermità di mente [c.c. 414], il diritto di querela è esercitato dal genitore o dal tutore [121; c.c. 343, 424].

I minori che hanno compiuto gli anni quattordici e gli inabilitati [c.c. 415] possono esercitare il diritto di querela [125], e possono altresì, in loro vece, esercitarlo il genitore ovvero il tutore o il curatore [c.c. 392, 424], nonostante ogni contraria dichiarazione di volontà, espressa o tacita, del minore o dell'inabilitato [543, 597 comma 3].

121. Diritto di querela esercitato da un curatore speciale.

Se la persona offesa è minore degli anni quattordici o inferma di mente, e non v'è chi ne abbia la rappresentanza [c.c. 320, 357], ovvero chi l'esercita si trovi con la persona medesima in conflitto di interessi, il diritto di querela è esercitato da un curatore speciale [c.p.p. 338].

122. Querela di uno fra più offesi.

Il reato commesso in danno di più persone è punibile anche se la querela è proposta da una soltanto di esse.

123. Estensione della querela.

La querela si estende di diritto a tutti coloro che hanno commesso il reato [58-*bis* comma 2, 110].

124. Termine per proporre la querela. Rinuncia.

Salvo che la legge disponga altrimenti [c.p.p. 338], il diritto di querela non può essere esercitato, decorsi tre mesi dal giorno della notizia del fatto che costituisce il reato.

Il diritto di querela non può essere esercitato se vi è stata rinuncia espressa [c.p.p. 339] o tacita da parte di colui al quale ne spetta l'esercizio [542 comma 3].

Vi è rinuncia tacita, quando chi ha facoltà di proporre querela ha compiuto fatti incompatibili con la volontà di querelarsi [597 comma 2].

La rinuncia si estende di diritto a tutti coloro che hanno commesso il reato.

● Norme connesse:

- art. 99, L. 24 novembre 1981, n. 689 che dispone: *Per i reati perseguibili a querela ai sensi delle disposizioni prece-*

denti, commessi prima del giorno dell'entrata in vigore della presente legge, il termine per presentare la querela decorre dal giorno suddetto, se la persona offesa ha avuto in precedenza notizie del fatto costituente reato.

Se è pendente il procedimento, il giudice informa la persona offesa dal reato della facoltà di esercitare il diritto di querela e il termine decorre dal giorno in cui la persona offesa è stata informata.

125. Querela del minore o inabilitato nel caso di rinuncia del rappresentante.

La rinuncia alla facoltà di esercitare il diritto di querela, fatta dal genitore o dal tutore o dal curatore, non priva il minore, che ha compiuto gli anni quattordici, o l'inabilitato, del diritto di proporre querela [120 comma 3].

126. Estinzione del diritto di querela.

Il diritto di querela si estingue con la morte della persona offesa [543, 597 comma 3].

Se la querela è stata già proposta, la morte della persona offesa non estingue il reato.

127. Richiesta di procedimento per delitti contro il Presidente della Repubblica.

Salvo quanto è disposto nel titolo primo del libro secondo di questo codice, qualora un delitto punibile a querela della persona offesa sia commesso in danno del Presidente della Repubblica, alla querela è sostituita la richiesta del Ministro della giustizia [c.p.p. 342][1].

[1] Articolo così modificato dall'art. 3, dalla L. 11 novembre 1947, n. 1317. Il testo previgente disponeva: *Salvo quanto è disposto nel titolo primo del libro secondo di questo codice, qualora un delitto punibile a querela della persona offesa sia commesso in danno del Re, o del Reggente, o della Regina, o del Principe Ereditario, o di un'altra persona della Famiglia Reale, alla querela è sostituita la richiesta del Ministro della giustizia.*

128. Termine per la richiesta di procedimento.

Quando la punibilità di un reato dipende dalla richiesta dell'Autorità [8-11, 127, 313 comma 4], la richiesta [c.p.p. 342] non può essere più proposta, decorsi tre mesi dal giorno in cui l'Autorità ha avuto notizia del fatto che costituisce il reato.

Quando la punibilità di un reato commesso all'estero dipende dalla presenza del colpevole nel territorio dello Stato [4, 9, 10], la richiesta non può essere più proposta, decorsi tre anni dal giorno in cui il colpevole si trova nel territorio dello Stato.

● Norme connesse:

- comma 1: 1) art. 3, comma 1, n. 4, L. 10 maggio 1976, n. 342; nonché l'art. 2, L. 25 marzo 1985, n. 107 che dispone: *È punito secondo la legge italiana, a richiesta del Ministro di grazia e giustizia: a) il cittadino che commette all'estero uno dei reati indicati nell'art. 1; b) lo straniero che commette all'estero uno dei reati indicati nell'art. 1 in danno di persona che goda della speciale protezione prevista dall'art. 1 della Convenzione per la prevenzione e la repressione dei reati contro le persone internazionalmente protette, compresi gli agenti diplomatici, a causa delle funzioni che essa esercita per conto dello Stato italiano; c) lo straniero che commette all'estero uno dei reati indicati nell'art. 1, quando si trovi nel territorio dello Stato e non sia disposta l'estradizione.*

2) L. 28 dicembre 1989, n. 422. Ratifica ed esecuzione della convenzione per la repressione dei reati diretti contro la sicurezza della navigazione marittima, con protocollo per la repressione dei reati diretti contro la sicurezza delle installazioni fisse sulla piattaforma continentale, firmata a Roma il 10 marzo 1988, e disposizioni penali in materia di delitti contro la sicurezza della navigazione marittima e delle installazioni fisse sulla piattaforma continentale, art. 4, commi 1 e 2, 8, comma 1

129. Irrevocabilità ed estensione della richiesta.

La richiesta dell'Autorità è irrevocabile.

Le disposizioni degli articoli 122 e 123 si applicano anche alla richiesta.

130. Istanza della persona offesa.

Quando la punibilità del reato dipende dall'istanza della persona offesa [9, 10], l'istanza [c.p.p. 341] è regolata dalle disposizioni relative alla richiesta [128, 129]. Nondimeno, per quanto riguarda la capacità e la rappresentanza della persona offesa, si applicano le disposizioni relative alla querela [120].

131. Reato complesso. Procedibilità di ufficio.

Nei casi preveduti dall'articolo 84, per il reato complesso si procede sempre di ufficio, se per taluno dei reati, che ne sono elementi costitutivi o circostanze aggravanti, si deve procedere di ufficio [542; c.p.p. 50].

TITOLO V
DELLA NON PUNIBILITÀ PER PARTICOLARE TENUITÀ DEL FATTO. DELLA MODIFICAZIONE, APPLICAZIONE ED ESECUZIONE DELLA PENA[1]

[1] Rubrica così sostituita dall'art. 1, D.Lgs. 16 marzo 2015, n. 28. Il testo previgente disponeva: *Della modificazione, applicazione ed esecuzione della pena.*

CAPO I
DELLA NON PUNIBILITÀ PER PARTICOLARE TENUITÀ DEL FATTO. DELLA MODIFICAZIONE E APPLICAZIONE DELLA PENA[1]

[1] Rubrica così sostituita dall'art. 1, D.Lgs. 16 marzo 2015, n. 28. Il testo previgente disponeva: *Della modificazione e applicazione della pena.*

131-*bis*. Esclusione della punibilità per particolare tenuità del fatto.

Nei reati per i quali è prevista la pena detentiva non superiore nel massimo a cinque anni, ovvero la

CODICE PENALE

pena pecuniaria, sola o congiunta alla predetta pena, la punibilità è esclusa quando, per le modalità della condotta e per l'esiguità del danno o del pericolo, valutate ai sensi dell'articolo 133, primo comma, l'offesa è di particolare tenuità e il comportamento risulta non abituale.

L'offesa non può essere ritenuta di particolare tenuità, ai sensi del primo comma, quando l'autore ha agito per motivi abietti o futili, o con crudeltà, anche in danno di animali, o ha adoperato sevizie o, ancora, ha profittato delle condizioni di minorata difesa della vittima, anche in riferimento all'età della stessa ovvero quando la condotta ha cagionato o da essa sono derivate, quali conseguenze non volute, la morte o le lesioni gravissime di una persona. L'offesa non può altresì essere ritenuta di particolare tenuità quando si procede per delitti, puniti con una pena superiore nel massimo a due anni e sei mesi di reclusione, commessi in occasione o a causa di manifestazioni sportive, ovvero nei casi di cui agli articoli 336, 337 e 341-*bis*, quando il reato è commesso nei confronti **di un ufficiale o agente di pubblica sicurezza o di un ufficiale o agente di polizia giudiziaria nell'esercizio delle proprie funzioni, e nell'ipotesi di cui all'articolo 343**[1].

Il comportamento è abituale nel caso in cui l'autore sia stato dichiarato delinquente abituale, professionale o per tendenza ovvero abbia commesso più reati della stessa indole, anche se ciascun fatto, isolatamente considerato, sia di particolare tenuità, nonchè nel caso in cui si tratti di reati che abbiano ad oggetto condotte plurime, abituali e reiterate.

Ai fini della determinazione della pena detentiva prevista nel primo comma non si tiene conto delle circostanze, ad eccezione di quelle per le quali la legge stabilisce una pena di specie diversa da quella ordinaria del reato e di quelle ad effetto speciale. In quest'ultimo caso ai fini dell'applicazione del primo comma non si tiene conto del giudizio di bilanciamento delle circostanze di cui all'articolo 69.

La disposizione del primo comma si applica anche quando la legge prevede la particolare tenuità del danno o del pericolo come circostanza attenuante[2 3].

[1] Comma così modificato prima dall'art. 16, D.L. 14 giugno 2019, n. 53, convertito in L. 8 agosto 2019, n. 77, a decorrere dal 10 agosto 2019, poi dall'art. 7, D.L. 21 ottobre 2020, n. 130, convertito in L. 18 dicembre 2020, n. 173, a decorrere dal 20 dicembre 2020.

Il testo previgente la modifica del 2019 disponeva: *L'offesa non può essere ritenuta di particolare tenuità, ai sensi del primo comma, quando l'autore ha agito per motivi abietti o futili, o con crudeltà, anche in danno di animali, o ha adoperato sevizie o, ancora, ha profittato delle condizioni di minorata difesa della vittima, anche in riferimento all'età della stessa ovvero quando la condotta ha cagionato o da essa sono derivate, quali conseguenze non volute, la morte o le lesioni gravissime di una persona.*

Il testo previgente la modifica del 2020 disponeva: *L'offesa non può essere ritenuta di particolare tenuità, ai sensi del primo comma, quando l'autore ha agito per motivi abietti o futili, o con crudeltà, anche in danno di animali, o ha adoperato sevizie o, ancora, ha profittato delle condizioni di minorata difesa della vittima, anche in riferimento all'età della stessa ovvero quando la condotta ha cagionato o da essa sono derivate, quali conseguenze non volute, la morte o le lesioni gravissime di una persona. L'offesa non può altresì essere ritenuta di particolare tenuità quando si procede per delitti, puniti con una pena superiore nel massimo a due anni e sei mesi di reclusione, commessi in occasione o a causa di manifestazioni sportive, ovvero nei casi di cui agli articoli 336, 337 e 341-bis, quando il reato è commesso nei confronti di un pubblico ufficiale nell'esercizio delle proprie funzioni.*

[2] Articolo aggiunto dall'art. 1, D.Lgs. 16 marzo 2015, n. 28.

[3] La Corte costituzionale, con sentenza 21 luglio 2020, n. 156, ha dichiarato l'illegittimità costituzionale del presente articolo, nella parte in cui non consente l'applicazione della causa di non punibilità per particolare tenuità del fatto ai reati per i quali non è previsto un minimo edittale di pena detentiva.

● Norme connesse:

- artt. 3, 25, 27, Cost.

♦ Codice di procedura penale tedesco

§153 mancata prosecuzione per fatto di lieve entità. *(1) Se un reato è oggetto del procedimento, il pubblico ministero può non procedere per lievità del fatto, con l'approvazione del giudice competente, se la colpa del colpevole è considerata di natura lieve e non vi è alcun pubblico interesse per l'accusa. L'approvazione della corte non è richiesta nel caso di un reato che non è soggetto ad un aumento della pena minima e dove le conseguenze che ne derivano dal reato sono minimi.*

(2) Se l'azione penale è già stata esercitata, il giudice, in ogni stato e grado del procedimento, con il consenso del pubblico ministero e dell'imputato, può chiudere il procedimento in qualsiasi fase della stessa nelle condizioni di cui al comma (1). Il consenso dell'imputato non è necessario se l'udienza principale non può essere condotta per i motivi indicati nella sezione 205, o è condotta in sua assenza nei casi di cui al paragrafo 231 comma (2) e le sezioni 232 e 233. La decisione è data in sentenza. La sentenza non è impugnabile.

132. Potere discrezionale del giudice nell'applicazione della pena: limiti.

Nei limiti fissati dalla legge, il giudice applica la pena discrezionalmente; esso deve indicare i motivi che giustificano l'uso di tale potere discrezionale.

Nell'aumento o nella diminuzione della pena non si possono oltrepassare i limiti stabiliti per ciascuna specie di pena [23-26], salvi i casi espressamente determinati dalla legge [64 comma 2, 66, 73 comma 2, 78 comma 2, 133-*bis*, 133-*ter*, 136].

● Norme connesse:

- art. 58, L. 24 novembre 1981, n. 689 che dispone: *Il giudice, nei limiti fissati dalla legge e tenuto conto dei criteri indicati nell'articolo 133 del codice penale, può sostituire la pena detentiva e tra le pene sostitutive sceglie quella più idonea al reinserimento sociale del condannato.*

Non può tuttavia sostituire la pena detentiva quando presume che le prescrizioni non saranno adempiute dal condannato.

Deve in ogni caso specificamente indicare i motivi che giustificano la scelta del tipo di pena erogata.

133. Gravità del reato: valutazione agli effetti della pena.

Nell'esercizio del potere discrezionale indicato nell'articolo precedente [164, 169, 175, 203 comma 2; c.p.p. 735], il giudice deve tener conto della gravità del reato, desunta:

1) dalla natura, dalla specie, dai mezzi, dall'oggetto, dal tempo, dal luogo e da ogni altra modalità dell'azione;

2) dalla gravità del danno o del pericolo cagionato alla persona offesa dal reato;

3) dalla intensità del dolo o dal grado della colpa.

Il giudice deve tener conto, altresì, della capacità a delinquere del colpevole [103, 105, 108; c.p.p. 220], desunta:

1) dai motivi a delinquere e dal carattere del reo;

2) dai precedenti penali e giudiziari e in genere, dalla condotta e dalla vita del reo, antecedenti al reato;

3) dalla condotta contemporanea o susseguente al reato;

4) dalle condizioni di vita individuale, familiare e sociale del reo.

● Norme connesse:

- art. 58, L. 24 novembre 1981, n. 689 che dispone: *Il giudice, nei limiti fissati dalla legge e tenuto conto dei criteri indicati nell'articolo 133 del codice penale, può sostituire la pena detentiva e tra le pene sostitutive sceglie quella più idonea al reinserimento sociale del condannato.*

Non può tuttavia sostituire la pena detentiva quando presume che le prescrizioni non saranno adempiute dal condannato.

Deve in ogni caso specificamente indicare i motivi che giustificano la scelta del tipo di pena erogata.

- art. 3, comma 3, L. 3 luglio 1989, n. 257 che dispone: *Quando l'entità della pena non è stabilita nella sentenza straniera, la corte la determina sulla base dei criteri indicati negli articoli 133, 133-bis e 133-ter del codice penale.*

♦ Codice penale francese

Articolo 132-1. *Quando la legge o il regolamento punisce un reato, il regime delle pene che possono essere pronunciate obbedisce, salvo diversa disposizione di legge, le regole del presente capitolo.*

Ogni pena inflitta dal giudice deve essere individualizzata. Entro i limiti stabiliti dalla legge, il giudice determina la natura, il quantum ed il regime di pene in base alle circostanze del reato e la personalità del suo autore così come la sua situazione materiale, familiare e sociale, conformemente alle finalità ed alle funzioni della pena di cui all'articolo 130-1.

♦ Codice penale tedesco

§ 46 Principi di condanna. *1) La colpa del reo è la base per la condanna. Gli effetti che la condanna si può presumere avere sulla vita futura del reo nella società devono essere presi in considerazione.*

(2) Quando si condanna il giudice deve valutare le circostanze a favore e contro l'autore del reato. Considerazione particolare deve essere riservata a: le motivazioni e le finalità del reo; l'atteggiamento riflesso nel reato e il grado di forza di volontà coinvolto nella sua commissione; il grado della violazione dei doveri del reo; il modus operandi e le conseguenze causate dal reato alla misura in cui l'autore del reato è in colpa; la storia precedente del reo, la sua situazione personale e finanziaria; il suo comportamento dopo il reato, in particolare i suoi sforzi per riparare il danno causato così come gli sforzi del responsabile della violazione alla riconciliazione con la vittima.

(3) Le circostanze che sono già elementi statutari del reato non devono essere considerati.

133-*bis*. Condizioni economiche del reo; valutazione agli effetti della pena pecuniaria.

Nella determinazione dell'ammontare della multa o dell'ammenda il giudice deve tener conto, oltre che dei criteri indicati dall'articolo precedente, anche delle condizioni economiche del reo [c.p.p. 735].

Il giudice può aumentare la multa o l'ammenda stabilite dalla legge sino al triplo o diminuirle sino ad un terzo quando, per le condizioni economiche del reo, ritenga che la misura massima sia inefficace ovvero che la misura minima sia eccessivamente gravosa [66, 78][1].

[1] Articolo aggiunto dall'art. 100, L. 24 novembre 1981, n. 689.

● Norme connesse:

- art. 53, comma 1, L. 24 novembre 1981, n. 689 che dispone: *Il giudice, nel pronunciare la sentenza di condanna, quando ritiene di dovere determinare la durata della pena detentiva entro il limite di due anni, può sostituire tale pena con quella della semidetenzione; quando ritiene di doverla determinare entro il limite di un anno, può sostituirla anche con la libertà controllata; quando ritiene di doverla determinare entro il limite di sei mesi, può sostituirla altresì con la pena pecuniaria della specie corrispondente.*

- art. 3, comma 3, L. 3 luglio 1989, n. 257 che dispone: *Quando l'entità della pena non è stabilita nella sentenza straniera, la corte la determina sulla base dei criteri indicati negli articoli 133, 133-bis e 133-ter del codice penale*; e l'art. 38, comma 3, L. 20 maggio 1970, n. 300, che dispone: *Quando, per le condizioni economiche del reo, l'ammenda stabilita nel primo comma può presumersi inefficace anche se applicata nel massimo, il giudice ha facoltà di aumentarla fino al quintuplo.*

133-*ter*. Pagamento rateale della multa o dell'ammenda.

Il giudice, con la sentenza di condanna o con il decreto penale [c.p.p. 442, 460, 533, 605], può disporre, in relazione alle condizioni economiche del condannato, che la multa o l'ammenda venga pagata in rate mensili da tre a trenta [c.p.p. 660, 735 comma 2]. Ciascuna rata tuttavia non può essere inferiore a euro 15.

In ogni momento il condannato può estinguere la pena mediante un unico pagamento[1].

[1] Articolo aggiunto dall'art. 100, L. 24 novembre 1981, n. 689.

● Norme connesse:

- art. 53, comma 1, L. 24 novembre 1981, n. 689 che dispone: *Il giudice, nel pronunciare la sentenza di condanna, quando ritiene di dovere determinare la durata della pena detentiva entro il limite di due anni, può sostituire tale pena con quella della semidetenzione; quando ritiene di doverla determinare entro il limite di un anno, può sostituirla anche con la libertà controllata; quando ritiene di doverla determinare entro il limite di sei mesi, può sostituirla altresì con la pena pecuniaria della specie corrispondente.*

- art. 3, comma 3, L. 3 luglio 1989, n. 257 che dispone: *Quando l'entità della pena non è stabilita nella sentenza straniera, la corte la determina sulla base dei criteri indicati negli articoli 133, 133-bis e 133-ter del codice penale*; e l'art. 38, comma 3, L. 20 maggio 1970, n. 300, che dispone: *Quando, per le condizioni economiche del reo, l'ammenda stabilita nel primo comma può presumersi inefficace anche se applicata nel massimo, il giudice ha facoltà di aumentarla fino al quintuplo.*

134. Computo delle pene.

Le pene temporanee si applicano a giorni, a mesi e ad anni [c.p. 1889, 30 comma 1].

Nelle condanne a pene temporanee non si tien conto delle frazioni di giorno, e in quella a pene pecuniarie, delle frazioni di euro.

135. Ragguaglio fra pene pecuniarie e pene detentive.

Quando, per qualsiasi effetto giuridico, si deve eseguire un ragguaglio fra pene pecuniarie e pene detentive, il computo ha luogo calcolando euro 250, o frazione di euro 250, di pena pecuniaria per un giorno di pena detentiva [c.p. 1889, 40 comma 3][1 2].

[1] Articolo, da ultimo, così sostituito dall'art. 1, L. 5 ottobre 1993, n. 402 e poi così modificato dall'art. 3, L. 15 luglio 2009, n. 94. Il testo previgente disponeva: *Quando, per qualsiasi effetto giuridico, si deve eseguire un ragguaglio fra pene pecuniarie e pene detentive, il computo ha luogo calcolando 38 euro, o frazione di 38 euro, di pena pecuniaria per un giorno di pena detentiva.*

[2] Il testo precedente le modifiche apportate dal L. 5 ottobre 1993, n. 402 disponeva: *Quando, per qualsiasi effetto giuridico, si deve eseguire un ragguaglio fra pene pecuniarie e pene detentive, il computo ha luogo calcolando venticinquemila lire, o frazione di venticinquemila lire, di pena pecuniaria per un giorno di pena detentiva.*

Il testo precedente le modifiche apportate dalla L. 24 novembre 1981, n. 689, invece, disponeva: *Quando per qualsiasi effetto giuridico, si deve eseguire un ragguaglio fra pene pecuniarie e pene detentive il computo ha luogo calcolando cinquemila lire, o frazione di cinquemila lire, di pena pecuniaria, per un giorno di pena detentiva.*

Il testo precedente le modifiche apportate dalla L. 12 luglio 1961, n. 603 disponeva: *Quando, per qualsiasi effetto giuridico, si deve eseguire un ragguaglio fra pene pecuniarie e pene detentive, il computo ha luogo calcolando cento lire o frazione di cento lire, di pena pecuniaria per un giorno di pena detentiva.*

Il testo originario, infine, disponeva: *Quando per qualsiasi effetto giuridico, si deve eseguire un ragguaglio fra pene pecuniarie e pene detentive, il computo ha luogo calcolando cinquanta lire, o frazione di cinquanta lire, di pena pecuniaria, per un giorno di pena detentiva.*

● Norme connesse:

- artt. 53 e 102, L. 24 novembre 1981, n. 689.

136. Modalità di conversione di pene pecuniarie.

Le pene della multa e dell'ammenda, non eseguite per insolvibilità del condannato [c.p.p. 660; disp. att. c.p.p. 182], si convertono a norma di legge[1].

[1] Articolo così sostituito dall'art. 101, L. 24 novembre 1981, n. 689. Il testo previgente disponeva: *Le pene della multa e dell'ammenda, non eseguite per insolvibilità del condannato, si convertono, rispettivamente, nella reclusione per non oltre tre anni e nell'arresto per non oltre due anni. In tali casi il limite minimo delle dette pene detentive può essere inferiore a quello stabilito negli articoli 23 e 25.*

Il condannato può sempre far cessare la pena sostituita, pagando la multa o l'ammenda, dedotta la somma corrispondente alla durata della pena detentiva già sofferta.

137. Custodia cautelare.

La custodia [c.p.p. 284 comma 5, 286-*bis*, 297, 657] sofferta prima che la sentenza sia divenuta irrevocabile [c.p.p. 648, 650] si detrae dalla durata complessiva della pena temporanea detentiva o dall'ammontare della pena pecuniaria [135; c.p.p. 657 comma 1; c.p. 1889, 40 comma 1].

La custodia cautelare è considerata, agli effetti della detrazione, come reclusione od arresto[1].

[1] L'originaria dizione «carcerazione preventiva» è stata sostituita con «custodia cautelare» dall'art. 11, L. 28 luglio 1984, n. 298. Il testo previgente disponeva: *La carcerazione sofferta prima che la sentenza sia divenuta irrevocabile si detrae dalla durata complessiva della pena temporanea detentiva o dall'ammontare della pena pecuniaria.*

La carcerazione preventiva è considerata, agli effetti della detrazione, come reclusione od arresto

138. Pena e custodia cautelare per reati commessi all'estero.

Quando il giudizio seguito all'estero è rinnovato nello Stato [11], la pena scontata all'estero è sempre computata, tenendo conto della specie di essa; e se vi è stata all'estero custodia cautelare, si applicano le disposizioni dell'articolo precedente[1].

[1] L'originaria dizione «carcerazione preventiva» è stata sostituita con «custodia cautelare» dall'art. 11, L. 28 luglio 1984, n. 298. Il testo previgente disponeva: *Quando il giudizio seguito all'estero è rinnovato nello Stato, la pena scontata all'estero è sempre computata, tenendo conto della specie di essa; e, se vi è stata all'estero carcerazione preventiva, si applicano le disposizioni dell'articolo precedente.*

139. Computo delle pene accessorie.

Nel computo delle pene accessorie temporanee [19, 20, 28-37] non si tien conto del tempo in cui il condannato sconta la pena detentiva, o è sottoposto a misura di sicurezza detentiva [215 comma 2], né del tempo in cui egli si è sottratto volontariamente all'esecuzione della pena o della misura di sicurezza.

140. Applicazione provvisoria di pene accessorie.

[...][1].

[1] Articolo abrogato dall'art. 217, D.Lgs. 28 luglio 1989, n. 271. Il testo precedente le modifiche apportate dal D.Lgs. 271/1989, disponeva: *Il giudice, durante la istruzione, nei procedimenti per reati per i quali, in caso di condanna, può essere applicata una pena accessoria, può disporne in via provvisoria l'applicazione quando sussistano specificate, inderogabili esigenze istruttorie o sia necessario impedire che il reato venga portato a conseguenze ulteriori.*

L'interdizione dai pubblici uffici può essere applicata provvisoriamente solo nei procedimenti per reati commessi con abuso dei poteri o con violazione dei doveri inerenti a una pubblica funzione o ad un pubblico servizio o a taluno degli uffici indicati nel n. 3 del capoverso dell'art. 28.

La sospensione provvisoria non si applica agli uffici elettivi ricoperti per diretta investitura popolare.

La pena accessoria provvisoriamente applicata non può avere durata superiore alla metà della durata massima prevista dalla legge ed è computata nella durata della pena accessoria conseguente alla condanna.

Il testo originario disponeva: *Durante l'istruzione o il giudizio, il giudice può ordinare che l'imputato sia provvisoriamente sospeso dall'esercizio dei pubblici uffici, o di taluni fra essi, ovvero dall'esercizio di una professione o di un'arte, o della patria podestà o dell'autorità maritale, quando, avuto riguardo alla specie o alla gravità del reato, ritenga che possa essere inflitta una condanna che importa l'interdizione dai pubblici uffici, ovvero l'interdizione o la sospensione dall'esercizio di una professione o di un'arte, ovvero la perdita o la sospensione dall'esercizio della patria podestà o dell'autorità maritale.*

Il tempo della sospensione provvisoria è computato nella durata della pena accessoria.

CAPO II
DELLA ESECUZIONE DELLA PENA

141. - 144.

[...].[1].

[1] Articoli abrogati dall'art. 89, L. 26 luglio 1975, n. 354. Il testo previgente disponeva:

Art. 141. Esecuzione delle pene detentive. Stabilimenti speciali. *Le pene detentive per delitti si scontano in stabilimenti speciali, per ciascuna delle seguenti categorie di condannati:*

1) delinquenti abituali o professionali o per tendenza;

2) condannati a pena diminuita per infermità fisica, o per sordomutismo, o per cronica intossicazione prodotta da alcool o da sostanze stupefacenti; ubriachi abituali e persone dedite all'uso di sostanze stupefacenti.

I condannati indicati nel numero 2 sono sottoposti, qualora occorra, anche a un regime di cura.

Se concorrono in uno stesso condannato condizioni personali diverse, il giudice stabilisce in quale degli stabilimenti speciali debba scontarsi la pena. La decisione può essere modificata durante l'esecuzione della pena.

La pena dell'arresto si sconta, dalle suindicate categorie di condannati e dai contravventori abituali o professionali, in sezioni speciali degli stabilimenti destinati all'esecuzione della pena predetta.

Le donne scontano la pena detentiva in stabilimenti distinti da quelli destinati agli uomini.

Art. 142. Esecuzione delle pene detentive inflitte ai minori. *I minori scontano, fino al compimento degli anni diciotto, le pene detentive in stabilimenti separati da quelli destinati agli adulti, ovvero in sezioni separate di tali stabilimenti; ed è loro impartita, durante le ore non destinate al lavoro, un'istruzione diretta soprattutto alla rieducazione morale.*

Possono essere ammessi ai lavori all'aperto, anche prima del termine stabilito nel primo capoverso dell'articolo 23.

Essi sono assegnati a stabilimenti speciali, nei casi indicati nei numeri 1 e 2 dell'articolo precedente.

Quando hanno compiuto gli anni diciotto, e la pena da scontare è superiore a tre anni, essi sono trasferiti negli stabilimenti destinati agli adulti.

Art. 143. Ripartizione dei condannati negli stabilimenti penitenziari. *In ogni stabilimento penitenziario, ordinario o speciale, si tien conto, nella ripartizione dei condannati, della recidiva e dell'indole del reato.*

Art. 144. Vigilanza sull'esecuzione delle pene. *L'esecuzione delle pene detentive è vigilata dal giudice.*

Egli delibera circa l'ammissione al lavoro all'aperto e dà parere sull'ammissione alla liberazione condizionale.

145. Remunerazione ai condannati per il lavoro prestato.

Negli stabilimenti penitenziari, ai condannati è corrisposta una remunerazione per il lavoro prestato [213].

Sulla remunerazione, salvo che l'adempimento delle obbligazioni sia altrimenti eseguito, sono prelevate nel seguente ordine:

1) le somme dovute a titolo di risarcimento del danno [185];

2) le spese che lo Stato sostiene per il mantenimento del condannato [188; c.p.p. 692][1];

3) le somme dovute a titolo di rimborso delle spese del procedimento [c.p.p. 535, 592, 616, 691-695; disp. att. c.p.p. 181, 200].

[In ogni caso, deve essere riservata a favore del condannato una quota pari a un terzo della remunerazione, a titolo di peculio. Tale quota non è soggetta a pignoramento o a sequestro][1].

[1] Comma da ritenersi implicitamente abrogato dall'art. 24 comma 2, L. 26 luglio 1975, n. 354, che dispone: *In ogni caso deve essere riservata a favore dei condannati una quota pari a tre quinti. Tale quota non è soggetta a pignoramento o a sequestro, salvo che per obbligazioni derivanti da alimenti, o a prelievo per il risarcimento del danno arrecato alle cose mobili o immobili dell'amministrazione.*

CODICE PENALE

● Norme connesse:
- comma 2, n. 2): art. 2 comma 5, L. 26 luglio 1975, n. 354.

146. Rinvio obbligatorio dell'esecuzione della pena.

L'esecuzione di una pena, che non sia pecuniaria, è differita:

1) se deve aver luogo nei confronti di donna incinta;

2) se deve aver luogo nei confronti di madre di infante di età inferiore ad anni uno;

3) se deve aver luogo nei confronti di persona affetta da AIDS conclamata o da grave deficienza immunitaria accertate ai sensi dell'articolo 286-*bis*, comma 2, del codice di procedura penale, ovvero da altra malattia particolarmente grave per effetto della quale le sue condizioni di salute risultano incompatibili con lo stato di detenzione, quando la persona si trova in una fase della malattia così avanzata da non rispondere più, secondo le certificazioni del servizio sanitario penitenziario o esterno, ai trattamenti disponibili e alle terapie curative.

Nei casi previsti dai numeri *1)* e *2)* del primo comma il differimento non opera o, se concesso, è revocato se la gravidanza si interrompe, se la madre è dichiarata decaduta dalla responsabilità genitoriale sul figlio ai sensi dell'articolo 330 del codice civile, il figlio muore, viene abbandonato ovvero affidato ad altri, sempreché l'interruzione di gravidanza o il parto siano avvenuti da oltre due mesi[1 2].

[1] Comma così modificato dall'art. 93, D.Lgs. 28 dicembre 2013, n. 154, a decorrere dal 7 febbraio 2014. Il testo previgente disponeva: *Nei casi previsti dai numeri 1) e 2) del primo comma il differimento non opera o, se concesso, è revocato se la gravidanza si interrompe, se la madre è dichiarata decaduta dalla potestà sul figlio ai sensi dell'articolo 330 del codice civile, il figlio muore, viene abbandonato ovvero affidato ad altri, sempreché l'interruzione di gravidanza o il parto siano avvenuti da oltre due mesi.*

[2] Articolo così sostituito dall'art. 1, L. 8 marzo 2001, n. 40. Il testo precedente le modifiche apportate dalla L. 40/2001 disponeva: *L'esecuzione di una pena, che non sia pecuniaria, è differita: 1) se deve aver luogo contro donna incinta; 2) se deve aver luogo contro donna che ha partorito da meno di sei mesi; 3) se deve aver luogo nei confronti di persona affetta da AIDS conclamata o da grave deficienza immunitaria accertate ai sensi dell'articolo 286-bis, comma 2, del codice di procedura penale, ovvero da altra malattia particolarmente grave per effetto della quale le sue condizioni di salute risultano incompatibili con lo stato di detenzione, quando la persona si trova in una fase della malattia così avanzata da non rispondere più, secondo le certificazioni del servizio sanitario penitenziario o esterno, ai trattamenti disponibili e alle terapie curative.*

Nel caso preveduto dal numero 2 il provvedimento è revocato, qualora il figlio muoia o sia affidato a persona diversa dalla madre, e il parto sia avvenuto da oltre due mesi.

Il testo precedente le modifiche apportate dalla L. 12 luglio 1999, n. 231, invece, disponeva: *L'esecuzione di una pena, che non sia pecuniaria, è differita: 1) se deve aver luogo contro donna incinta; 2) se deve aver luogo contro donna che ha partorito da meno di sei mesi; 3) se deve aver luogo nei confronti di persona affetta da infezione da HIV nei casi di incompatibilità con lo stato di detenzione ai sensi dell'articolo 286-bis, comma 1, del codice di procedura penale*

Nel caso preveduto dal numero 2 il provvedimento è revocato, qualora il figlio muoia o sia affidato a persona diversa dalla madre, e il parto sia avvenuto da oltre due mesi.

Il testo precedente le modifiche apportate dal D.L. 14 maggio 1993, n. 139, poi, disponeva: *L'esecuzione di una pena, che non sia pecuniaria, è differita: 1) se deve aver luogo contro donna incinta; 2) se deve aver luogo contro donna che ha partorito da meno di sei mesi; 3) [...].*

Nel caso preveduto dal numero 2) il provvedimento è revocato, qualora il figlio muoia o sia affidato a persona diversa dalla madre, e il parto sia avvenuto da oltre due mesi.

Il testo originario, infine, disponeva: *L'esecuzione di una pena, che non sia pecuniaria, è differita: 1) se deve aver luogo contro donna incinta; 2) se deve aver luogo contro donna che ha partorito da meno di sei mesi; 3) se è presentata domanda di grazia, e si tratta di condanna alla pena di morte.*

Nel caso preveduto dal numero 2) il provvedimento è revocato, qualora il figlio muoia o sia affidato a persona diversa dalla madre, e il parto sia avvenuto da oltre due mesi.

● Norme connesse:
- D.P.R. 30 giugno 2000, n. 230, per il regolamento recante norme sull'ordinamento penitenziario e sulle misure privative e limitative della libertà.

147. Rinvio facoltativo dell'esecuzione della pena.

L'esecuzione di una pena può essere differita [c.p.p. 684]:

1) se è presentata domanda di grazia [174; c.p.p. 681], e l'esecuzione della pena non deve essere differita a norma dell'articolo precedente;

2) se una pena restrittiva della libertà personale deve essere eseguita contro chi si trova in condizioni di grave infermità fisica;

3) se una pena restrittiva della libertà personale deve essere eseguita nei confronti di madre di prole di età inferiore a tre anni[1].

Nel caso indicato nel numero 1, l'esecuzione della pena non può essere differita per un periodo superiore complessivamente a sei mesi, a decorrere dal giorno in cui la sentenza è divenuta irrevocabile [c.p.p. 648, 650], anche se la domanda di grazia è successivamente rinnovata.

Nel caso indicato nel numero *3)* del primo comma il provvedimento è revocato, qualora la madre sia dichiarata decaduta dalla responsabilità genitoriale sul figlio ai sensi dell'articolo 330 del codice civile, il figlio muoia, venga abbandonato ovvero affidato ad altri che alla madre [c.p.p. 684][2].

Il provvedimento di cui al primo comma non può essere adottato o, se adottato, è revocato se sussiste il concreto pericolo della commissione di delitti[3].

[1] Numero così sostituito dall'art. 1, L. 8 marzo 2001, n. 40.

[2] Comma così sostituito dall'art. 1, L. 8 marzo 2001, n. 40 è poi così modificato dall'art. 93, D.Lgs. 28 dicembre 2013, n. 154, a decorrere dal 7 febbraio 2014. Il testo previgente disponeva: *Nel caso indicato nel numero 3) del primo comma il provvedimento è revocato, qualora la madre sia dichiarata decaduta dalla potestà sul figlio ai sensi dell'articolo 330 del codice civile, il figlio muoia, venga abbandonato ovvero affidato ad altri che alla madre.*

[3] Comma aggiunto dall'art. 1, L. 8 marzo 2001, n. 40.

148. Infermità psichica sopravvenuta al condannato.

Se, prima dell'esecuzione di una pena restrittiva della libertà personale o durante l'esecuzione, sopravviene al condannato una infermità psichica, il giudice [c.p.p. 677], qualora ritenga che l'infermità sia tale da impedire l'esecuzione della pena, ordina che questa sia differita o sospesa o che il condannato sia ricoverato in un ospedale psichiatrico giudiziario, ovvero in una casa di cura e di custodia. Il giudice può disporre che il condannato, invece che in un ospedale psichiatrico giudiziario, sia ricoverato in un ospedale psichiatrico civile, se la pena inflitta gli sia inferiore a tre anni di reclusione o di arresto, e non si tratti di delinquente o contravventore abituale, o professionale [102-104], o di delinquente per tendenza [108].

[...][1].

Il provvedimento di ricovero è revocato, e il condannato è sottoposto all'esecuzione della pena, quando sono venute meno le ragioni che hanno determinato tale provvedimento[2].

[1] La pena di morte è stata soppressa, con conseguente sostituzione con l'ergastolo, prima per i delitti previsti dal presente codice ex art. 1, D.Lgs.Lgt. 10 agosto 1944, n. 224, poi per i delitti previsti dalle leggi speciali (art. 1, D.Lgs. 22 gennaio 1948, n. 21). Infine, con L. 13 ottobre 1994, n. 589 è stata abolita la pena di morte anche per i reati previsti dal codice penale militare di guerra.

[2] La Corte costituzionale, con sentenza 19 giugno 1975, n. 146, ha dichiarato l'illegittimità costituzionale del presente articolo nella parte in cui prevede che il giudice, nel disporre il ricovero in manicomio giudiziario del condannato caduto in stato di infermità psichica durante l'esecuzione di pena restrittiva della libertà personale, ordini che la pena medesima sia sospesa; nonché nella parte in cui prevede che il giudice ordini la sospensione della pena anche nel caso in cui il condannato sia ricoverato in una casa di cura e di custodia ovvero in un manicomio comune.

149. Consiglio di Patronato e Cassa delle ammende.

[...][1].

[1] Articolo abrogato dall'art. 89, L. 26 luglio 1975, n. 354. Il testo previgente disponeva: *Presso ciascun tribunale è costituito un Consiglio di patronato, al quale sono conferite le attribuzioni seguenti:*

1) prestare assistenza ai liberati dal carcere, agevolandoli, se occorre, nel trovare stabile lavoro;

2) prestare assistenza alle famiglie di coloro che sono detenuti, con ogni forma di soccorso e, eccezionalmente, anche con sussidi in denaro.

Alle spese necessarie per l'opera di assistenza dei Consigli di patronato provvede la Cassa delle ammende.

TITOLO VI
DELLA ESTINZIONE DEL REATO E DELLA PENA

CAPO I
DELLA ESTINZIONE DEL REATO

150. Morte del reo prima della condanna.

La morte del reo, avvenuta prima della condanna [c.p.p. 533, 442, 445, 459], estingue il reato [c.p.p. 69].

● Norme connesse:
- artt. 3, 27, Cost.

■ Codice penale del 1889: *Art. 85 - La morte dell'imputato estingue l'azione penale.*

La morte del condannato estingue la condanna anche alla pena pecuniaria non soddisfatta e tutti gli effetti penali della condanna medesima; ma non impedisce l'esecuzione delle confische.

151. Amnistia.

L'amnistia estingue il reato, e se vi è stata condanna [c.p.p., art. 442 comma 2, 448 comma 1, 460, 533, 605 comma 1, 648, 650], fa cessare l'esecuzione della condanna e le pene accessorie [19, 184; c.p.p. 672 ss.; c.p. 1889, 86][1].

Nel concorso di più reati, l'amnistia si applica ai singoli reati per i quali è conceduta.

La estinzione del reato per effetto dell'amnistia è limitata ai reati commessi a tutto il giorno precedente la data del decreto[2], salvo che questo stabilisca una data diversa.

L'amnistia può essere sottoposta a condizioni o ad obblighi [c.p.p. 672].

L'amnistia non si applica ai recidivi, nei casi preveduti dai capoversi dell'articolo 99, né ai delinquenti abituali [102-104], o professionali [105] o per tendenza [108], salvo che il decreto disponga diversamente.

[1] La Corte costituzionale, con sentenza 14 luglio 1971, n. 175, ha dichiarato l'illegittimità costituzionale del presente comma nella parte in cui esclude che l'imputato, rinunciando alle applicazioni dell'amnistia possa ottenere di essere giudicato nel merito, con conseguenti applicazioni delle sanzioni penali a suo carico ove egli risulti colpevole, ma anche col riconoscimento della sua completa innocenza, ove ciò emerga nella prosecuzione o definizione del giudizio.

[2] Leggasi "legge" a seguito della modifica dell'art. 79 Cost., operata dalla L. Cost. 6 marzo 1992, n. 1.

CODICE PENALE

● Norme connesse:

- art. 578 c.p.p. che dispone: *Quando nei confronti dell'imputato è stata pronunciata condanna, anche generica, alle restituzioni o al risarcimento dei danni cagionati dal reato, a favore della parte civile, il giudice di appello e la corte di cassazione, nel dichiarare il reato estinto per amnistia o per prescrizione, decidono sull'impugnazione ai soli effetti delle disposizioni e dei capi della sentenza che concernono gli interessi civili.*

- art. 1, D.P.R. 12 aprile 1990, n. 75 che dispone: 1. *È concessa amnistia:*

a) per ogni reato non finanziario per il quale è stabilita una pena detentiva non superiore nel massimo a quattro anni, ovvero una pena pecuniaria, sola o congiunta a detta pena;

b) per i reati previsti dall'articolo 57 del codice penale commessi dal direttore o dal vicedirettore responsabile, quando è noto l'autore della pubblicazione;

c) per i delitti previsti dai seguenti articoli del codice penale: 1) 336, comma primo (violenza o minaccia a un pubblico ufficiale) e 337 (resistenza a un pubblico ufficiale), sempre che non ricorra taluna delle ipotesi previste dall'articolo 339 del codice penale o il fatto non abbia cagionato lesioni personali gravi o gravissime ovvero la morte; 2) 588, comma secondo (rissa), sempre che dal fatto non siano derivate lesioni personali gravi o gravissime ovvero la morte; 3) 614, comma quarto (violazione di domicilio), limitatamente all'ipotesi in cui il fatto è stato commesso con violenza sulle cose; 4) 640, comma secondo (truffa), sempre che non ricorra la circostanza aggravante prevista dall'articolo 61, n. 7, del codice penale;

d) per i reati di cui all'articolo 7 in relazione agli articoli 1, 2 e 4 della legge 2 ottobre 1967, n. 895 (disposizioni per il controllo delle armi), come modificata dalla legge 14 ottobre 1974, n. 497, quando ricorre l'attenuante di cui all'articolo 5 della predetta legge;

e) per il reato di cui al comma terzo dell'articolo 23 della legge 18 aprile 1975, n. 110 (norme integrative della disciplina vigente per il controllo delle armi, delle munizioni e degli esplosivi), quando concerne armi la cui detenzione l'imputato o il condannato aveva denunciato all'autorità di pubblica sicurezza;

f) per il reato previsto dall'articolo 1 del decreto legislativo 22 gennaio 1948, n. 66, commesso a causa o in occasione di manifestazioni sindacali o in conseguenza di situazioni di gravi disagi dovuti a disfunzioni di pubblici servizi o problemi abitativi, anche se il suddetto reato è aggravato dal numero o dalla riunione delle persone e dalle circostanze di cui all'art. 61 del codice penale, fatta esclusione per quella prevista dal n. 1, nonché da quelli di cui all'art. 112, n. 2, del codice penale, sempre che non ricorrano altre aggravanti e il fatto non abbia cagionato ad altri lesioni personali o la morte;

g) per ogni reato commesso da minore degli anni diciotto, quando il giudice ritiene che possa essere concesso il perdono giudiziale ai sensi dell'art. 19 del R.D. 20 luglio 1934, n. 1404, convertito, con modificazioni, dalla L. 27 maggio 1935, n. 835, come sostituito da ultimo dall'art. 112 della L. 24 novembre 1981, n. 689, ma non si applicano le disposizioni dei commi terzo e quarto dell'art. 169 del codice penale;

h) per i reati relativi a violazioni delle norme concernenti il monopolio dei tabacchi e le imposte di fabbricazione sugli apparecchi di accensione, limitatamente alla vendita al pubblico e all'acquisto e alla detenzione di quantitativi di detti prodotti destinati alla vendita al pubblico direttamente da parte dell'agente;

i) per i reati di cui al secondo capoverso dell'art. 9 dell'allegato C al R.D.L. 16 gennaio 1936, n. 54, convertito, con modificazioni, dalla L. 4 giugno 1936, n. 1334, ed all'art. 20 del testo unico delle disposizioni di carattere legislativo concernenti l'imposta sul consumo del gas e dell'energia elettrica approvato con D.M. 8 luglio 1924, e successive modificazioni, limitatamente all'evasione dell'imposta erariale sull'energia elettrica.

2. A seguito dell'applicazione dell'amnistia ad uno dei delitti previsti dall'art. 8 della L. 15 dicembre 1972, n. 772, l'imputato o il condannato è esonerato dalla prestazione del servizio di leva.

3. Non si applica l'ultimo comma dell'articolo 151 del codice penale.

- art. 1, D.P.R. 22 dicembre 1990, n. 394, che dispone: *1. È concesso indulto nella misura non superiore a due anni per le pene detentive e non superiore a lire dieci milioni per le pene pecuniarie, sole o congiunte alle pene detentive.*

2. Non si applicano le esclusioni di cui all'ultimo comma dell'art. 151 del codice penale.

- art. 4, D.P.R. 16 dicembre 1986, n. 865 che dispone: *1. L'amnistia non si applica:*

a) ai delinquenti abituali o professionali, sempre che la dichiarazione di abitualità o professionalità non sia estinta o revocata, e a coloro i quali alla data di entrata in vigore del presente decreto si trovano sottoposti alle misure di prevenzione del divieto o dell'obbligo di soggiorno, disposte con provvedimento definitivo ai sensi delle leggi 27 dicembre 1956, n. 1423, e 31 maggio 1965, n. 575, come modificate dalla legge 13 settembre 1982, n. 646;

b) a coloro i quali nei dieci anni anteriori alla data di entrata in vigore del presente decreto hanno riportato una o più condanne a pena detentiva complessiva superiore a tre anni per delitti non colposi o, se si tratta di persone di età superiore a sessantacinque anni, a pena detentiva complessiva superiore a quattro anni per delitti non colposi.

2. Nella valutazione dei precedenti penali non si tiene conto:

a) delle condanne per le quali è intervenuta riabilitazione, anche successivamente alla data di entrata in vigore del presente decreto, sempre che le condizioni per la riabilitazione preesistano a detta data;

b) dei reati estinti alla data di entrata in vigore del presente decreto per il decorso dei termini della sospensione condizionale della pena a norma dell'art. 167 del codice penale;

c) dei reati estinguibili per effetto della presente o di precedenti amnistie.

3. Nell'applicazione dell'amnistia alle contravvenzioni non si tiene conto delle esclusioni previste dal comma 1.

■ Codice penale del 1889: *Art. 86 - L'amnistia estingue l'azione penale e fa cessare l'esecuzione della condanna e tutti gli effetti penali di essa.*

152. Remissione della querela.

Nei delitti punibili a querela [120] della persona offesa, la remissione estingue il reato.

La remissione è processuale [c.p.p. 340, 564] o extraprocessuale. La remissione extraprocessuale è espressa o tacita. Vi è remissione tacita, quando il querelante ha compiuto fatti incompatibili con la volontà di persistere nella querela.

La remissione può intervenire solo prima della condanna, salvi i casi per i quali la legge disponga altrimenti.

La remissione non può essere sottoposta a termini o a condizioni. Nell'atto di remissione può essere fatta rinuncia al diritto alle restituzioni e al risarcimento del danno [185; c.p.p. 339 comma 3, 340 comma 2].

■ Codice penale del 1889: *Art. 88 - Nei reati per i quali non si può procedere che a querela di parte, la remissione della parte lesa estingue l'azione penale; ma non fa cessare l'esecuzione della condanna se non nei casi stabiliti dalla legge.*

La remissione a favore di uno degli imputati giova anche agli altri.

La remissione non produce effetto per l'imputato che ricusi di accettarla.

153. Esercizio del diritto di remissione. Incapaci.

Per i minori degli anni quattordici e per gli interdetti a cagione di infermità di mente, il diritto di remissione è esercitato dal loro legale rappresentante [121; c.c. 316, 320, 357].

I minori, che hanno compiuto gli anni quattordici, e gli inabilitati [c.c. 415] possono esercitare il diritto di remissione, anche quando la querela è stata proposta dal rappresentante [120 comma 3], ma, in ogni caso, la remissione non ha effetto senza l'approvazione di questo.

Il rappresentante può rimettere la querela proposta da lui o dal rappresentato [120 comma 3], ma la remissione non ha effetto, se questi manifesta volontà contraria [125].

Le disposizioni dei capoversi precedenti si applicano anche nel caso in cui il minore raggiunge gli anni quattordici, dopo che è stata proposta la querela.

154. Più querelanti: remissione di uno solo.

Se la querela è stata proposta da più persone, il reato non si estingue se non interviene la remissione di tutti i querelanti.

Se tra più persone offese da un reato taluna soltanto ha proposto querela, la remissione, che questa ha fatto, non pregiudica il diritto di querela delle altre.

155. Accettazione della remissione.

La remissione non produce effetto, se il querelato l'ha espressamente [c.p.p. 340 commi 1 e 2] o tacitamente ricusata. Vi è ricusa tacita, quando il querelato ha compiuto fatti incompatibili con la volontà di accettare la remissione.

La remissione fatta a favore anche di uno soltanto fra coloro che hanno commesso il reato si estende a tutti, ma non produce effetto per chi l'abbia ricusata [c.p. 1889, 88].

Per quanto riguarda la capacità di accettare la remissione, si osservano le disposizioni dell'art. 153.

Se il querelato è un minore o un infermo di mente, e nessuno ne ha la rappresentanza, ovvero chi la esercita si trova con esso in conflitto di interessi, la facoltà di accettare la remissione è esercitata da un curatore speciale [c.p.p. 338, 340 comma 3].

156. Estinzione del diritto di remissione.

Il diritto di remissione si estingue con la morte della persona offesa dal reato[1].

[1] La Corte costituzionale, con sentenza 19 giugno 1975, n. 151, ha dichiarato l'illegittimità costituzionale del presente articolo nella parte in cui non attribuisce l'esercizio del diritto di remissione della querela agli eredi della persona offesa dal reato, allorché tutti vi consentano.

157. Prescrizione. Tempo necessario a prescrivere.

La prescrizione estingue il reato decorso il tempo corrispondente al massimo della pena edittale stabilita dalla legge e comunque un tempo non inferiore a sei anni se si tratta di delitto e a quattro anni se si tratta di contravvenzione, ancorchè puniti con la sola pena pecuniaria.

Per determinare il tempo necessario a prescrivere si ha riguardo alla pena stabilita dalla legge per il reato consumato o tentato, senza tener conto della diminuzione per le circostanze attenuanti e dell'aumento per le circostanze aggravanti, salvo che per le aggravanti per le quali la legge stabilisce una pena di specie diversa da quella ordinaria e per quelle ad effetto speciale, nel qual caso si tiene conto dell'aumento massimo di pena previsto per l'aggravante.

Non si applicano le disposizioni dell'articolo 69 e il tempo necessario a prescrivere è determinato a norma del secondo comma.

Quando per il reato la legge stabilisce congiuntamente o alternativamente la pena detentiva e la pena pecuniaria, per determinare il tempo necessario a prescrivere si ha riguardo soltanto alla pena detentiva.

Quando per il reato la legge stabilisce pene diverse da quella detentiva e da quella pecuniaria, si applica il termine di tre anni.

I termini di cui ai commi che precedono sono raddoppiati per i reati di cui agli articoli 375, terzo comma, 449, 589, secondo e terzo comma, e 589-*bis*, nonché per i reati di cui all'articolo 51, commi 3-*bis* e 3-*quater*, del codice di procedura penale. I termini di cui ai commi che precedono sono altresì raddoppiati per i delitti di cui al titolo VI-*bis* del libro secondo, per il reato di cui all'articolo 572 e per i reati di cui alla sezione I del capo III del titolo XII del libro II e di cui agli articoli 609-*bis*, 609-*quater*, 609-*quinquies* e 609-*octies*, salvo che risulti la sussistenza delle circostanze attenuanti contemplate dal terzo

CODICE PENALE

comma dell'articolo 609-*bis* ovvero dal quarto comma dell'articolo 609-*quater*[1] [2].

La prescrizione è sempre espressamente rinunciabile dall'imputato.

La prescrizione non estingue i reati per i quali la legge prevede la pena dell'ergastolo, anche come effetto dell'applicazione di circostanze aggravanti[3] [4] [5].

[1] Comma così modificato, prima dall'art. 4, L. 1 ottobre 2012, n. 172, poi dall'art. 1, L. 22 maggio 2015, n. 68, a decorrere dal 29 maggio 2015, ancora dall'art. 1, L. 23 marzo 2016, n. 41, a decorrere dal 25 marzo 2016, infine dall'art. 1, L. 11 luglio 2016, n. 133.

Il testo previgente la modifica del 2012 disponeva: *I termini di cui ai commi che precedono sono raddoppiati per i reati di cui agli articoli 449 e 589, secondo, terzo e quarto comma, nonché per i reati di cui all'articolo 51, commi 3-bis e 3-quater, del codice di procedura penale.*

Il testo previgente la modifica del 2015 disponeva: *I termini di cui ai commi che precedono sono raddoppiati per i reati di cui agli articoli 449 e 589, secondo, terzo e quarto comma, nonché per i reati di cui all'articolo 51, commi 3-bis e 3-quater, del codice di procedura penale. I termini di cui ai commi che precedono sono altresì raddoppiati per il reato di cui all'articolo 572 e per i reati di cui alla sezione I del capo III del titolo XII del libro II e di cui agli articoli 609-bis, 609-quater, 609-quinquies e 609-octies, salvo che risulti la sussistenza delle circostanze attenuanti contemplate dal terzo comma dell'articolo 609-bis ovvero dal quarto comma dell'articolo 609-quater.*

Il testo previgente la modifica del 2016 (ex L. 41/2016) disponeva: *I termini di cui ai commi che precedono sono raddoppiati per i reati di cui agli articoli 449 e 589, secondo, terzo e quarto comma, nonché per i reati di cui all'articolo 51, commi 3-bis e 3-quater, del codice di procedura penale. I termini di cui ai commi che precedono sono altresì raddoppiati per i delitti di cui al titolo VI-bis del libro secondo, per il reato di cui all'articolo 572 e per i reati di cui alla sezione I del capo III del titolo XII del libro II e di cui agli articoli 609-bis, 609-quater, 609-quinquies e 609-octies, salvo che risulti la sussistenza delle circostanze attenuanti contemplate dal terzo comma dell'articolo 609-bis ovvero dal quarto comma dell'articolo 609-quater.*

Il testo previgente la modifica del 2016 (ex L. 133/2016) disponeva: *I termini di cui ai commi che precedono sono raddoppiati per i reati di cui agli articoli 449, 589, secondo e terzo comma, e 589-bis, nonché per i reati di cui all'articolo 51, commi 3-bis e 3-quater, del codice di procedura penale. I termini di cui ai commi che precedono sono altresì raddoppiati per i delitti di cui al titolo VI-bis del libro secondo, per il reato di cui all'articolo 572 e per i reati di cui alla sezione I del capo III del titolo XII del libro II e di cui agli articoli 609-bis, 609-quater, 609-quinquies e 609-octies, salvo che risulti la sussistenza delle circostanze attenuanti contemplate dal terzo comma dell'articolo 609-bis ovvero dal quarto comma dell'articolo 609-quater.*

[2] La Corte costituzionale con sentenza 28 maggio 2014, n. 143, ha dichiarato l'illegittimità costituzionale del presente comma, nella parte in cui prevede che i termini di cui ai precedenti commi del medesimo articolo sono raddoppiati per il reato di incendio colposo (art. 449, in riferimento all'art. 423 del codice penale).

[3] Articolo così sostituito dall'art. 6, L. 5 dicembre 2005, n. 251. Le disposizioni di cui al presente articolo non si applicano ai procedimenti e ai processi in corso se i nuovi termini di prescrizione risultano più lunghi di quelli previgenti. Se, per effetto delle nuove disposizioni, i termini di prescrizione risultano più brevi, le stesse si applicano ai procedimenti e ai processi pendenti al momento di entrata in vigore della citata l. 251/2005, ad esclusione dei processi già pendenti in primo grado ove vi sia stata la dichiarazione di apertura del dibattimento, nonché dei processi già pendenti in grado di appello o avanti alla Corte di cassazione (art. 10, l. 251/2005 cit.). La Corte costituzionale, con sentenza 23 novembre 2006, n. 393 ha poi dichiarato l'illegittimità costituzionale dell'inciso «dei processi già pendenti in primo grado ove vi sia stata la dichiarazione di apertura del dibattimento, nonché» perché è irragionevole, e, dunque, in contrasto con l'art. 3 Cost., la scelta di individuare il momento della dichiarazione di apertura del dibattimento come discrimine temporale per l'applicazione delle nuove norme sui termini di prescrizione del reato nei processi in corso di svolgimento in primo grado alla data di entrata in vigore della legge n. 251 del 2005 (c.d. ex Cirielli).

[4] La Corte costituzionale, con sentenza 31 maggio 1990, n. 275, aveva dichiarato l'illegittimità costituzionale del presente articolo nella parte in cui non prevedeva che la prescrizione del reato potesse essere rinunziata dall'imputato.

[5] Il testo precedente la riforma del 2005 era il seguente: *La prescrizione estingue il reato:*

1) in venti anni, se si tratta di delitto per cui la legge stabilisce la pena della reclusione non inferiore a ventiquattro anni;

2) in quindici anni, se si tratta di delitto per cui la legge stabilisce la pena della reclusione non inferiore a dieci anni;

3) in dieci anni, se si tratta di delitto per cui la legge stabilisce la pena della reclusione non inferiore a cinque anni;

4) in cinque anni, se si tratta di delitto per cui la legge stabilisce la pena della reclusione inferiore a cinque anni, o la pena della multa;

5) in tre anni, se si tratta di contravvenzione per cui la legge stabilisce la pena dell'arresto;

6) in due anni, se si tratta di contravvenzione per cui la legge stabilisce la pena dell'ammenda.

Per determinare il tempo necessario a prescrivere si ha riguardo al massimo della pena stabilita dalla legge per il reato, consumato o tentato, tenuto conto dell'aumento massimo di pena stabilito per le circostanze aggravanti e della diminuzione minima stabilita per le circostanze attenuanti.

Nel caso di concorso di circostanze aggravanti e di circostanze attenuanti si applicano anche a tale effetto le disposizioni dell'articolo 69.

Quando per il reato la legge stabilisce congiuntamente o alternativamente la pena detentiva e quella pecuniaria, per determinare il tempo necessario a prescrivere si ha riguardo soltanto alla pena detentiva.

Il testo originario, invece, disponeva: *La prescrizione estingue il reato:*

1) in venti anni, se si tratta di delitto per cui la legge stabilisce la pena della reclusione non inferiore a ventiquattro anni;

2) in quindici anni, se si tratta di delitto per cui la legge stabilisce la pena della reclusione non inferiore a dieci anni;

3) in dieci anni, se si tratta di delitto per cui la legge stabilisce la pena della reclusione non inferiore a cinque anni;

4) in cinque anni, se si tratta di delitto per cui la legge stabilisce la pena della reclusione inferiore a cinque anni, o la pena della multa;

5) in tre anni, se si tratta di contravvenzione per cui la legge stabilisce la pena dell'arresto;

6) in diciotto mesi, se si tratta di contravvenzione per cui la legge stabilisce la pena dell'ammenda.

Per determinare il tempo necessario a prescrivere si ha riguardo al massimo della pena stabilita dalla legge per il reato, consumato o tentato, tenuto conto dell'aumento massimo di pena stabilito per le circostanze aggravanti e della diminuzione minima stabilita per le circostanze attenuanti.

Nel caso di concorso di circostanze aggravanti e di circostanze attenuanti si applicano anche a tale effetto le disposizioni dell'articolo 69.

Quando per il reato la legge stabilisce congiuntamente o alternativamente la pena detentiva e quella pecuniaria, per determinare il tempo necessario a prescrivere si ha riguardo soltanto alla pena detentiva.

● Norme connesse:
- artt. 3, 25, 27, Cost.

■ Codice penale del 1889: *Art. 91 - La prescrizione, salvo i casi nei quali la legge disponga altrimenti, estingue l'azione penale: 1° in venti anni, se all'imputato si sarebbe dovuto infliggere l'ergastolo; 2° in quindici anni, se all'imputato si sarebbe dovuto infliggere la reclusione per un tempo non inferiore ai venti anni; 3° in dieci anni, se all'imputato si sarebbe dovuto infliggere la reclusione per un tempo superiore ai cinque e inferiore ai venti anni, o la detenzione per un tempo superiore ai cinque anni, o l'interdizione perpetua dai pubblici ufficii; 4° in cinque anni, se all'imputato si sarebbe dovuto infliggere la reclusione o la detenzione per un tempo non superiore ai cinque anni, ovvero la pena del confino, o della interdizione temporanea dai pubblici ufficii, o della multa; 5° in due anni, se all'imputato si sarebbe dovuto infliggere la pena dell'arresto per un tempo superiore ad un mese, o dell'ammenda per una somma superiore alle lire trecento; 6° in sei mesi, se all'imputato si sarebbe dovuto infliggere la pena dell'arresto o dell'ammenda in misura inferiore a quella indicata nel numero precedente, ovvero la sospensione dall'esercizio di una professione o di un'arte.*

158. Decorrenza del termine della prescrizione.

Il termine della prescrizione decorre, per il reato consumato, dal giorno della consumazione; per il reato tentato, dal giorno in cui è cessata l'attività del colpevole; per il reato permanente o continuato, dal giorno in cui è cessata la permanenza o la continuazione[1] [2].

Quando la legge fa dipendere la punibilità del reato dal verificarsi di una condizione [44], il termine della prescrizione decorre dal giorno in cui la condizione si è verificata. Nondimeno, nei reati punibili a querela, istanza o richiesta, il termine della prescrizione decorre dal giorno del commesso reato.

Per i reati previsti dall'articolo 392, comma 1-*bis*, del codice di procedura penale, se commessi nei confronti di minore, il termine della prescrizione decorre dal compimento del diciottesimo anno di età della persona offesa, salvo che l'azione penale sia stata esercitata precedentemente. In quest'ultimo caso il termine di prescrizione decorre dall'acquisizione della notizia di reato[3] [4].

[1] Comma così modificato dall'art. 6, L. 5 dicembre 2005, n. 251. Le disposizioni di cui al presente comma non si applicano ai procedimenti e ai processi in corso se i nuovi termini di prescrizione risultano più lunghi di quelli previgenti. Se, per effetto delle nuove disposizioni, i termini di prescrizione risultano più brevi, le stesse si applicano ai procedimenti e ai processi pendenti al momento di entrata in vigore della citata L. 251/2005, ad esclusione dei processi già pendenti in primo grado ove vi sia stata la dichiarazione di apertura del dibattimento, nonché dei processi già pendenti in grado di appello o avanti alla Corte di cassazione (art. 10, L. 251/2005 cit.). La Corte costituzionale, con sentenza 23 novembre 2006, n. 393 ha poi dichiarato l'illegittimità costituzionale dell'inciso «dei processi già pendenti in primo grado ove vi sia stata la dichiarazione di apertura del dibattimento, nonché», perché è irragionevole, e, dunque, in contrasto con l'art. 3 Cost., la scelta di individuare il momento della dichiarazione di apertura del dibattimento come discrimine temporale per l'applicazione delle nuove norme sui termini di prescrizione del reato nei processi in corso di svolgimento in primo grado alla data di entrata in vigore della legge n. 251 del 2005 (c.d. ex Cirielli).

[2] Comma così sostituito dall'art. 1, comma 1, lett. d), L. 9 gennaio 2019, n. 3, a decorrere dal 1° gennaio 2020. Il testo previgente disponeva: *Il termine della prescrizione decorre, per il reato consumato, dal giorno della consumazione; per il reato tentato, dal giorno in cui è cessata l'attività del colpevole; per il reato permanente, dal giorno in cui è cessata la permanenza.*

[3] Comma aggiunto dall'art. 1, comma 10, L. 23 giugno 2017, n. 103. Tali nuove disposizioni si applicano ai fatti commessi dopo la data di entrata in vigore (3 agosto 2017) della citata L. 103/2017 (art. 1, comma 15).

[4] Il testo precedente la riforma del 2005 era il seguente: *Il termine della prescrizione decorre, per il reato consumato, dal giorno della consumazione; per il reato tentato, dal giorno in cui è cessata l'attività del colpevole; per il reato permanente o continuato, dal giorno in cui è cessata la permanenza o la continuazione.*

Quando la legge fa dipendere la punibilità del reato dal verificarsi di una condizione, il termine della prescrizione decorre dal giorno in cui la condizione si è verificata. Nondimeno, nei reati punibili a querela, istanza o richiesta, il termine della prescrizione decorre dal giorno del commesso reato.

■ Codice penale del 1889: *Art. 92 - La prescrizione decorre, per i reati consumati, dal giorno della loro consumazione; per i reati tentati o mancati, dal giorno in cui fu commesso l'ultimo atto di esecuzione; per i reati continuati o permanenti, dal giorno in cui ne cessò la continuazione o la permanenza.*

Se l'azione penale non possa essere promossa o proseguita che dopo una speciale autorizzazione, ovvero dopo che sia risoluta una questione deferita ad altro giudizio, la prescrizione rimane sospesa, e non riprende il suo corso che dal giorno in cui l'autorizzazione siasi data o la questione sia stata definita.

♦ Sentenza di rigetto Corte Cost. 324/2008 – *È inammissibile la questione di legittimità costituzionale dell'art. 6, comma 2, della legge 5 dicembre 2005, n. 251, censurato, con riferimento all'art. 3 Cost., nella parte in cui non prevede che il termine prescrizionale, nel caso di reato continuato, decorra dalla data di cessazione della continuazione. La pronuncia che viene sollecitata, mirando a introdurre nuovamente quale dies a quo per il decorso del termine di prescrizione,*

CODICE PENALE

in caso di reato continuato, il momento della cessazione della continuazione, esorbita dai poteri spettanti alla Corte, a ciò ostando il principio della riserva di legge di cui all'art. 25, secondo comma, Cost.

159. Sospensione del corso della prescrizione.

Il corso della prescrizione rimane sospeso in ogni caso in cui la sospensione del procedimento o del processo penale o dei termini di custodia cautelare è imposta da una particolare disposizione di legge, oltre che nei casi di:

1) autorizzazione a procedere, dalla data del provvedimento con cui il pubblico ministero presenta la richiesta sino al giorno in cui l'autorità competente la accoglie[1];

2) deferimento della questione ad altro giudizio, sino al giorno in cui viene decisa la questione[2];

3) sospensione del procedimento o del processo penale per ragioni di impedimento delle parti e dei difensori ovvero su richiesta dell'imputato o del suo difensore. In caso di sospensione del processo per impedimento delle parti o dei difensori, l'udienza non può essere differita oltre il sessantesimo giorno successivo alla prevedibile cessazione dell'impedimento, dovendosi avere riguardo in caso contrario al tempo dell'impedimento aumentato di sessanta giorni. Sono fatte salve le facoltà previste dall'articolo 71, commi 1 e 5, del codice di procedura penale;

3-bis) sospensione del procedimento penale ai sensi dell'articolo 420-*quater* del codice di procedura penale[3 4];

3-ter) rogatorie all'estero, dalla data del provvedimento che dispone una rogatoria sino al giorno in cui l'autorità richiedente riceve la documentazione richiesta, o comunque decorsi sei mesi dal provvedimento che dispone la rogatoria[5].

Il corso della prescrizione rimane altresì sospeso dalla pronunzia della sentenza di primo grado o del decreto di condanna fino alla data di esecutività della sentenza che definisce il giudizio o dell'irrevocabilità del decreto di condanna[6 7].

[...][6 8].

[...][6 9].

[...][10].

La prescrizione riprende il suo corso dal giorno in cui è cessata la causa della sospensione.

Nel caso di sospensione del procedimento ai sensi dell'articolo 420-*quater* del codice di procedura penale, la durata della sospensione della prescrizione del reato non può superare i termini previsti dal secondo comma dell'articolo 161 del presente codice[11 12 13 14].

[1] Numero così sostituito dall'art. 1, comma 11, L. 23 giugno 2017, n. 103. Tali nuove disposizioni si applicano ai fatti commessi dopo la data di entrata in vigore (3 agosto 2017) della citata L. 103/2017 (art. 1, comma 15). Il testo previgente disponeva: *1) autorizzazione a procedere.*

[2] Numero così sostituito dall'art. 1, comma 11, L. 23 giugno 2017, n. 103. Tali nuove disposizioni si applicano ai fatti commessi dopo la data di entrata in vigore (3 agosto 2017) della citata L. 103/2017 (art. 1, comma 15). Il testo previgente disponeva: *2) deferimento della questione ad altro giudizio.*

[3] Numero aggiunto dall'art. 12, L. 28 aprile 2014, n. 67.

[4] La Corte costituzionale, con sentenza 25 marzo 2015, n. 45, ha dichiarato l'illegittimità costituzionale del presente comma, nella parte in cui, ove lo stato mentale dell'imputato sia tale da impedirne la cosciente partecipazione al procedimento e questo venga sospeso, non esclude la sospensione della prescrizione quando è accertato che tale stato è irreversibile.

[5] Numero aggiunto dall'art. 1, comma 11, L. 23 giugno 2017, n. 103. Tali nuove disposizioni si applicano ai fatti commessi dopo la data di entrata in vigore (3 agosto 2017) della citata L. 103/2017 (art. 1, comma 15).

[6] Comma aggiunto dall'art. 1, comma 11, L. 23 giugno 2017, n. 103. Tali nuove disposizioni si applicano ai fatti commessi dopo la data di entrata in vigore (3 agosto 2017) della citata L. 103/2017 (art. 1, comma 15).

[7] Comma aggiunto dall'art. 1, comma 11, L. 23 giugno 2017, n. 103 (tali nuove disposizioni si applicano ai fatti commessi dopo la data di entrata in vigore, ossia 3 agosto 2017 della citata L. 103/2017: art. 1, comma 15) e poi così sostituito dall'art. 1, comma 1, lett. e), L. 9 gennaio 2019, n. 3, a decorrere dal 1° gennaio 2020. Il testo previgente disponeva: *Il corso della prescrizione rimane altresì sospeso nei seguenti casi:*

1) dal termine previsto dall'articolo 544 del codice di procedura penale per il deposito della motivazione della sentenza di condanna di primo grado, anche se emessa in sede di rinvio, sino alla pronuncia del dispositivo della sentenza che definisce il grado successivo di giudizio, per un tempo comunque non superiore a un anno e sei mesi;

2) dal termine previsto dall'articolo 544 del codice di procedura penale per il deposito della motivazione della sentenza di condanna di secondo grado, anche se emessa in sede di rinvio, sino alla pronuncia del dispositivo della sentenza definitiva, per un tempo comunque non superiore a un anno e sei mesi.

[8] Comma aggiunto dall'art. 1, comma 11, L. 23 giugno 2017, n. 103 (tali nuove disposizioni si applicano ai fatti commessi dopo la data di entrata in vigore, ossia 3 agosto 2017 della citata L. 103/2017: art. 1, comma 15), poi abrogato dall'art. 1, comma 1, lett. e), L. 9 gennaio 2019, n. 3, a decorrere dal 1° gennaio 2020. Il testo previgente disponeva: *I periodi di sospensione di cui al secondo comma sono computati ai fini della determinazione del tempo necessario a prescrivere dopo che la sentenza del grado successivo ha prosciolto l'imputato ovvero ha annullato la sentenza di condanna nella parte relativa all'accertamento della responsabilità o ne ha dichiarato la nullità ai sensi dell'articolo 604, commi 1, 4 e 5-bis, del codice di procedura penale.*

[9] Comma aggiunto dall'art. 1, comma 11, L. 23 giugno 2017, n. 103 (tali nuove disposizioni si applicano ai fatti commessi dopo la data di entrata in vigore, ossia 3 agosto 2017 della citata L. 103/2017: art. 1, comma 15), poi abrogato dall'art. 1, comma 1, lett. e), L. 9 gennaio 2019, n. 3, a decorrere dal 1° gennaio 2020. Il testo previgente disponeva: *Se duran-*

te i termini di sospensione di cui al secondo comma si verifica un'ulteriore causa di sospensione di cui al primo comma, i termini sono prolungati per il periodo corrispondente.

[10] Comma abrogato dall'art. 1, comma 11, L. 23 giugno 2017, n. 103. Tali nuove disposizioni si applicano ai fatti commessi dopo la data di entrata in vigore (3 agosto 2017) della citata L. 103/2017 (art. 1, comma 15). Il testo previgente disponeva: *Nel caso di autorizzazione a procedere, la sospensione del corso della prescrizione si verifica dal momento in cui il pubblico ministero presenta la richiesta e il corso della prescrizione riprende dal giorno in cui l'autorità competente accoglie la richiesta.*

[11] Comma aggiunto dall'art. 12, L. 28 aprile 2014, n. 67.

[12] Articolo così sostituito dall'art. 6, L. 5 dicembre 2005, n. 251. Le disposizioni di cui al presente articolo non si applicano ai procedimenti e ai processi in corso se i nuovi termini di prescrizione risultano più lunghi di quelli previgenti. Se, per effetto delle nuove disposizioni, i termini di prescrizione risultano più brevi, le stesse si applicano ai procedimenti e ai processi pendenti al momento di entrata in vigore della citata L. 251/2005, ad esclusione dei processi già pendenti in primo grado ove vi sia stata la dichiarazione di apertura del dibattimento, nonché dei processi già pendenti in grado di appello o avanti alla Corte di cassazione (art. 10, L. 251/2005 cit.). La Corte costituzionale, con sentenza 23 novembre 2006, n. 393 ha poi dichiarato l'illegittimità costituzionale dell'inciso «dei processi già pendenti in primo grado ove vi sia stata la dichiarazione di apertura del dibattimento, nonché», perché è irragionevole, e, dunque, in contrasto con l'art. 3 Cost., la scelta di individuare il momento della dichiarazione di apertura del dibattimento come discrimine temporale per l'applicazione delle nuove norme sui termini di prescrizione del reato nei processi in corso di svolgimento in primo grado alla data di entrata in vigore della legge n. 251 del 2005 (c.d. ex Cirielli).

[13] Le disposizioni modificate dalla citata L. 67/2014 si applicano ai procedimenti in corso alla data della sua entrata in vigore, a condizione che nei medesimi procedimenti non sia stato pronunciato il dispositivo della sentenza di primo grado. Le disposizioni vigenti prima della data di entrata in vigore della citata L. 67/2014 continuano ad applicarsi ai procedimenti in corso alla data di entrata in vigore della medesima legge quando l'imputato è stato dichiarato contumace e non è stato emesso il decreto di irreperibilità (art. 15-bis, L. 67/2014, aggiunto dall'art. 1, L. 11 agosto 2014, n. 118).

[14] Il testo precedente la riforma del 2005 era il seguente: *Il corso della prescrizione rimane sospeso nei casi di autorizzazione a procedere, o di questione deferita ad altro giudizio, e in ogni caso in cui la sospensione del procedimento penale o dei termini di custodia cautelare è imposta da una particolare disposizione di legge.*

La sospensione del corso della prescrizione, nei casi di autorizzazione a procedere di cui al primo comma, si verifica dal momento in cui il pubblico ministero effettua la relativa richiesta.

La prescrizione riprende il suo corso dal giorno in cui è cessata la causa della sospensione. In caso di autorizzazione a procedere, il corso della prescrizione riprende dal giorno in cui l'autorità competente accoglie la richiesta.

Il testo precedente le modifiche apportate dalla L. 8 agosto 1995, n. 332, disponeva: *Il corso della prescrizione rimane sospeso nei casi di autorizzazione a procedere, o di questione deferita ad altro giudizio, e in ogni caso in cui la sospensione del procedimento penale è imposta da una particolare disposizione di legge.*

La sospensione del corso della prescrizione, nei casi di autorizzazione a procedere di cui al primo comma, si verifica dal momento in cui il pubblico ministero effettua la relativa richiesta.

La prescrizione riprende il suo corso dal giorno in cui è cessata la causa della sospensione. In caso di autorizzazione a procedere, il corso della prescrizione riprende dal giorno in cui l'autorità competente accoglie la richiesta. Infine, il testo originario, disponeva: *Il corso della prescrizione rimane sospeso nei casi di autorizzazione a procedere, o di questione deferita ad altro giudizio, e in ogni caso in cui la sospensione del procedimento penale è imposta da una particolare disposizione di legge.*

La prescrizione riprende il suo corso dal giorno in cui è cessata la causa della sospensione.

● Norme connesse:
- artt. 3, 24, 27, 111, 117, Cost.
- art. 6, Cedu.

160. Interruzione del corso della prescrizione.

[...][1].

Interrompono la prescrizione l'ordinanza che applica le misure cautelari personali e quella di convalida del fermo o dell'arresto, l'interrogatorio reso davanti al pubblico ministero o alla polizia giudiziaria, su delega del pubblico ministero, o al giudice, l'invito a presentarsi al pubblico ministero per rendere l'interrogatorio, il provvedimento del giudice di fissazione dell'udienza in camera di consiglio per la decisione sulla richiesta di archiviazione, la richiesta di rinvio a giudizio, il decreto di fissazione della udienza preliminare, l'ordinanza che dispone il giudizio abbreviato, il decreto di fissazione della udienza per la decisione sulla richiesta di applicazione della pena, la presentazione o la citazione per il giudizio direttissimo, il decreto che dispone il giudizio immediato, il decreto che dispone il giudizio e il decreto di citazione a giudizio[2 3].

La prescrizione interrotta comincia nuovamente a decorrere dal giorno della interruzione. Se più sono gli atti interruttivi, la prescrizione decorre dall'ultimo di essi; ma in nessun caso i termini stabiliti nell'articolo 157 possono essere prolungati oltre i termini di cui all'articolo 161, secondo comma, fatta eccezione per i reati di cui all'articolo 51, commi 3-*bis* e 3-*quater*, del codice di procedura penale[4 5].

[1] Comma abrogato dall'art. 1, comma 1, lett. f), L. 9 gennaio 2019, n. 3, a decorrere dal 1° gennaio 2020. Il testo previgente disponeva: *Il corso della prescrizione è interrotto dalla sentenza di condanna o dal decreto di condanna.*

[2] Comma così modificato prima dall'art. 239, D.Lgs. 28 luglio 1989, n. 271, poi dall'art. 1, comma 12, L. 23 giugno 2017, n. 103. Tali nuove disposizioni si applicano ai fatti commessi dopo la data di entrata in vigore (3 agosto 2017) della citata L. 103/2017 (art. 1, comma 15). Il testo previgente le

CODICE PENALE

modifiche del 2017 disponeva: *Interrompono pure la prescrizione l'ordinanza che applica le misure cautelari personali e quella di convalida del fermo o dell'arresto, l'interrogatorio reso davanti al pubblico ministero o al giudice, l'invito a presentarsi al pubblico ministero per rendere l'interrogatorio, il provvedimento del giudice di fissazione dell'udienza in camera di consiglio per la decisione sulla richiesta di archiviazione, la richiesta di rinvio a giudizio, il decreto di fissazione della udienza preliminare, l'ordinanza che dispone il giudizio abbreviato, il decreto di fissazione della udienza per la decisione sulla richiesta di applicazione della pena, la presentazione o la citazione per il giudizio direttissimo, il decreto che dispone il giudizio immediato, il decreto che dispone il giudizio e il decreto di citazione a giudizio.*

[3] Comma così modificato dall'art. 1, comma 1, lett. f), L. 9 gennaio 2019, n. 3, a decorrere dal 1° gennaio 2020. Il testo previgente disponeva: *Interrompono pure la prescrizione l'ordinanza che applica le misure cautelari personali e quella di convalida del fermo o dell'arresto, l'interrogatorio reso davanti al pubblico ministero o alla polizia giudiziaria, su delega del pubblico ministero, o al giudice, l'invito a presentarsi al pubblico ministero per rendere l'interrogatorio, il provvedimento del giudice di fissazione dell'udienza in camera di consiglio per la decisione sulla richiesta di archiviazione, la richiesta di rinvio a giudizio, il decreto di fissazione della udienza preliminare, l'ordinanza che dispone il giudizio abbreviato, il decreto di fissazione della udienza per la decisione sulla richiesta di applicazione della pena, la presentazione o la citazione per il giudizio direttissimo, il decreto che dispone il giudizio immediato, il decreto che dispone il giudizio e il decreto di citazione a giudizio.*

[4] Comma così modificato dall'art. 6, L. 5 dicembre 2005, n. 251. Le disposizioni di cui al presente comma non si applicano ai procedimenti e ai processi in corso se i nuovi termini di prescrizione risultano più lunghi di quelli previgenti. Se, per effetto delle nuove disposizioni, i termini di prescrizione risultano più brevi, le stesse si applicano ai procedimenti e ai processi pendenti al momento di entrata in vigore della citata L. 251/2005, ad esclusione dei processi già pendenti in primo grado ove vi sia stata la dichiarazione di apertura del dibattimento, nonché dei processi già pendenti in grado di appello o avanti alla Corte di cassazione (art. 10, L. 251/2005 cit.). La Corte costituzionale, con sentenza 23 novembre 2006, n. 393 ha poi dichiarato l'illegittimità costituzionale dell'inciso «dei processi già pendenti in primo grado ove vi sia stata la dichiarazione di apertura del dibattimento, nonché», perché è irragionevole, e, dunque, in contrasto con l'art. 3 Cost., la scelta di individuare il momento della dichiarazione di apertura del dibattimento come discrimine temporale per l'applicazione delle nuove norme sui termini di prescrizione del reato nei processi in corso di svolgimento in primo grado alla data di entrata in vigore della legge n. 251 del 2005 (c.d. ex Cirielli).

[5] Il testo precedente la riforma del 2005 era il seguente: *Il corso della prescrizione è interrotto dalla sentenza di condanna o dal decreto di condanna.*

Interrompono pure la prescrizione l'ordinanza che applica le misure cautelari personali e quella di convalida del fermo o dell'arresto, l'interrogatorio reso davanti al pubblico ministero o al giudice, l'invito a presentarsi al pubblico ministero per rendere l'interrogatorio, il provvedimento del giudice di fissazione dell'udienza in camera di consiglio per la decisione sulla richiesta di archiviazione, la richiesta di rinvio a giudizio, il decreto di fissazione della udienza preliminare, l'ordinanza che dispone il giudizio abbreviato, il decreto di fissazione della udienza per la decisione sulla richiesta di applicazione della pena, la presentazione o la citazione per il giudizio direttissimo, il decreto che dispone il giudizio immediato, il decreto che dispone il giudizio e il decreto di citazione a giudizio.

La prescrizione interrotta comincia nuovamente a decorrere dal giorno della interruzione. Se più sono gli atti interruttivi, la prescrizione decorre dall'ultimo di essi; ma in nessun caso i termini stabiliti nell'articolo 157 possono essere prolungati oltre la metà.

● Norme connesse:

- art. 100, D.P.R. 16 maggio 1960, n. 570 che dispone: *Qualunque elettore può promuovere l'azione penale, costituendosi parte civile, per i reati contemplati negli articoli precedenti.*

L'azione penale, per tutti i reati contemplati nel presente testo unico, si prescrive in due anni dalla data del verbale ultimo delle elezioni. Il corso della prescrizione è interrotto da qualsiasi atto processuale, ma l'effetto interruttivo dell'atto non può prolungare la durata dell'azione penale per un tempo che superi, nel complesso, la metà del termine stabilito per la prescrizione.

■ Codice penale del 1889: *Art. 93 - Il corso della prescrizione dell'azione penale è interrotto dalla pronunzia della sentenza di condanna in contraddittorio o in contumacia.*

Interrompono pure la prescrizione il mandato di cattura, ancorché rimasto senza effetto per latitanza dell'imputato, e qualsiasi provvedimento del giudice diretto contro di esso, ed a lui legalmente notificato, per il fatto che gli è attribuito; ma l'effetto interruttivo del mandato o del provvedimento non può prolungare la durata dell'azione penale per un tempo che superi nel complesso la metà dei termini rispettivamente stabiliti nell'articolo 91.

Se la legge stabilisca un termine di prescrizione più breve di un anno, il corso della prescrizione è interrotto da qualsiasi atto di procedimento; ma, se nel termine di un anno dal giorno in cui cominciò la prescrizione, secondo l'articolo 92, non sia proferita la sentenza di condanna, l'azione penale è prescritta.

La prescrizione interrotta ricomincia a decorrere dal giorno dell'interruzione.

L'interruzione della prescrizione ha effetto per tutti coloro che sono concorsi nel reato, ancorché gli atti interruttivi non siano intervenuti che contro un solo.

Art. 94 - Quando un condannato sia sottoposto per qualsiasi rimedio giuridico a nuovo giudizio, la prescrizione si misura secondo la pena che dovrebbe infliggersi con la nuova sentenza, ove risulti inferiore a quella inflittagli con la precedente.

161. Effetti della sospensione e della interruzione.

L'interruzione della prescrizione ha effetto per tutti coloro che hanno commesso il reato. La sospensione della prescrizione ha effetto limitatamente agli imputati nei cui confronti si sta procedendo[1].

Salvo che si proceda per i reati di cui all'articolo 51, commi 3-*bis* e 3-*quater*, del codice di procedura penale, in nessun caso l'interruzione della prescrizione può comportare l'aumento di più di un quarto del tempo necessario a prescrivere, della metà per i reati di cui agli articoli 318, 319, 319-*ter*, 319-*quater*, 320, 321, 322-*bis*, limitatamente ai delitti richiamati dal presente comma, e 640-*bis*, nonchè nei casi di cui all'articolo 99, secondo comma, di due terzi nel caso di cui all'articolo 99, quarto comma, e del doppio nei casi di cui agli articoli 102, 103 e 105[2] [3] [4].

[1] Comma così sostituito dall'art. 1, comma 13, L. 23 giugno 2017, n. 103. Tali nuove disposizioni si applicano ai fatti commessi dopo la data di entrata in vigore (3 agosto 2017) della citata L. 103/2017 (art. 1, comma 15). Il testo previgente disponeva: *La sospensione e la interruzione della prescrizione hanno effetto per tutti coloro che hanno commesso il reato.*

[2] Comma così sostituito dall'art. 6, L. 5 dicembre 2005, n. 251. Le disposizioni di cui al presente comma non si applicano ai procedimenti e ai processi in corso se i nuovi termini di prescrizione risultano più lunghi di quelli previgenti. Se, per effetto delle nuove disposizioni, i termini di prescrizione risultano più brevi, le stesse si applicano ai procedimenti e ai processi pendenti al momento di entrata in vigore della citata L. 251/2005, ad esclusione dei processi già pendenti in primo grado ove vi sia stata la dichiarazione di apertura del dibattimento, nonché dei processi già pendenti in grado di appello o avanti alla Corte di cassazione (art. 10, L. 251/2005 cit.).

La Corte costituzionale, con sentenza 23 novembre 2006, n. 393 ha poi dichiarato l'illegittimità costituzionale dell'inciso «dei processi già pendenti in primo grado ove vi sia stata la dichiarazione di apertura del dibattimento, nonché», perché è irragionevole, e, dunque, in contrasto con l'art. 3 Cost., la scelta di individuare il momento della dichiarazione di apertura del dibattimento come discrimine temporale per l'applicazione delle nuove norme sui termini di prescrizione del reato nei processi in corso di svolgimento in primo grado alla data di entrata in vigore della legge n. 251 del 2005 (c.d. ex Cirielli).

[3] Comma così modificato dall'art. 1, comma 14, L. 23 giugno 2017, n. 103. Tali nuove disposizioni si applicano ai fatti commessi dopo la data di entrata in vigore (3 agosto 2017) della citata L. 103/2017 (art. 1, comma 15). Il testo previgente disponeva: *Salvo che si proceda per i reati di cui all'articolo 51, commi 3-bis e 3-quater, del codice di procedura penale, in nessun caso l'interruzione della prescrizione può comportare l'aumento di più di un quarto del tempo necessario a prescrivere, della metà nel casi di cui all'articolo 99, secondo comma, di due terzi nel caso di cui all'articolo 99, quarto comma, e del doppio nei casi di cui agli articoli 102, 103 e 105.*

[4] Il testo precedente la riforma del 2005 era il seguente: *La sospensione e la interruzione della prescrizione hanno effetto per tutti coloro che hanno commesso il reato.*

Quando per più reati connessi si procede congiuntamente, la sospensione o la interruzione della prescrizione per taluno di essi ha effetto anche per gli altri.

162. Oblazione nelle contravvenzioni.

Nelle contravvenzioni, per le quali la legge stabilisce la sola pena dell'ammenda, il contravventore è ammesso a pagare, prima dell'apertura del dibattimento [c.p.p. 492], ovvero prima del decreto di condanna [c.p.p. 459, 565], una somma corrispondente alla terza parte del massimo della pena stabilita dalla legge per la contravvenzione commessa, oltre le spese del procedimento.

Il pagamento estingue il reato[1].

[1] Articolo così modificato dall'art. 7, D.Lgs.Lgt. 5 ottobre 1945, n. 679. Il testo previgente disponeva: *Nelle contravvenzioni, per le quali la legge stabilisce la sola pena dell'ammenda non superiore a lire diecimila, il contravventore è ammesso a pagare, prima dell'apertura del dibattimento, ovvero prima del decreto di condanna, una somma corrispondente alla terza parte del massimo della pena stabilita dalla legge per la contravvenzione commessa, oltre le spese del procedimento.*

Il pagamento estingue il reato.

● Norme connesse:

- art. 141, D.Lgs. 28 luglio 1989, n. 271 che dispone: *1. Se la domanda di oblazione è proposta nel corso delle indagini preliminari, il pubblico ministero la trasmette, unitamente agli atti del procedimento, al giudice per le indagini preliminari.*

2. Il pubblico ministero, anche prima di presentare richiesta di decreto penale, può avvisare l'interessato, ove ne ricorrano i presupposti, che ha facoltà di chiedere di essere ammesso all'oblazione e che il pagamento dell'oblazione estingue il reato.

3. Quando per il reato per il quale si è proceduto è ammessa l'oblazione e non è stato dato l'avviso previsto dal comma 2, nel decreto penale deve essere fatta menzione della relativa facoltà dell'imputato.

4. Quando è proposta domanda di oblazione, il giudice, acquisito il parere del pubblico ministero, se respinge la domanda pronuncia ordinanza disponendo, se del caso, la restituzione degli atti al pubblico ministero; altrimenti ammette all'oblazione e fissa con ordinanza la somma da versare, dandone avviso all'interessato. Avvenuto il versamento della somma, il giudice, se la domanda è stata proposta nel corso delle indagini preliminari, trasmette gli atti al pubblico ministero per le sue determinazioni; in ogni altro caso dichiara con sentenza l'estinzione del reato. Non si applica la disposizione dell'articolo 75, comma 3, del codice.

4-bis In caso di modifica dell'originaria imputazione in altra per la quale sia ammissibile l'oblazione, l'imputato è rimesso in termini per chiedere la medesima. Il giudice, se accoglie la domanda, fissa un termine non superiore a dieci giorni, per il pagamento della somma dovuta. Se il pagamento avviene nel termine il giudice dichiara con sentenza l'estinzione del reato.

- artt. 16 e 39, L. 24 novembre 1981, n. 689.

- art. 464, c.p.p., nel testo modificato dall'art. 1, comma 48, L. 23 giugno 2017, n. 103, che dispone: *1. Se l'opponente ha chiesto il giudizio immediato, il giudice emette decreto a norma dell'articolo 456, commi 1, 3 e 5. Se l'opponente ha chiesto il giudizio abbreviato, il giudice fissa con decreto l'udienza dandone avviso almeno cinque giorni prima al pubblico ministero, all'imputato, al difensore e alla persona offesa; nel giudizio si osservano, in quanto applicabili, le disposizioni degli articoli 438, commi 3 e 5, 441, 441-bis, 442 e 443; si applicano altresì le disposizioni di cui all'articolo 438, comma 6-bis; nel caso di cui all'articolo 441-bis, comma 4, il giudice, revocata l'ordinanza con cui era stato disposto il giudizio abbreviato, fissa l'udienza per il giudizio conseguente all'opposizione. Se l'opponente ha chiesto l'applicazione della pena a norma dell'articolo 444, il giudice fissa con decreto un termine entro il quale il pubblico ministero deve esprimere il consenso, disponendo che la richiesta e il decreto siano notificati al pubblico ministero a cura dell'opponente. Ove il pubblico ministero non abbia espresso il consenso nel termine stabilito ovvero l'imputato non abbia formulato nell'atto di opposizione alcuna richiesta, il giudice emette decreto di giudizio immediato.*

2. Il giudice, se è presentata domanda di oblazione contestuale all'opposizione, decide sulla domanda stessa prima di emettere i provvedimenti a norma del comma 1.

3. Nel giudizio conseguente all'opposizione, l'imputato non può chiedere il giudizio abbreviato o l'applicazione della pena su richiesta, né presentare domanda di oblazione. In ogni caso, il giudice revoca il decreto penale di condanna.

4. Il giudice può applicare in ogni caso una pena anche diversa e più grave di quella fissata nel decreto di condanna e revocare i benefici già concessi.

5. Con la sentenza che proscioglie l'imputato perché il fatto non sussiste, non è previsto dalla legge come reato ovvero è commesso in presenza di una causa di giustificazione, il giudice revoca il decreto di condanna anche nei confronti degli imputati dello stesso reato che non hanno proposto opposizione.

- artt. 3, 24, Cost.

162-*bis*. Oblazione nelle contravvenzioni punite con pene alternative.

Nelle contravvenzioni per le quali la legge stabilisce la pena alternativa dell'arresto o dell'ammenda, il contravventore può essere ammesso a pagare, prima dell'apertura del dibattimento [c.p.p. 492 comma 1, 555, 557], ovvero prima del decreto di condanna [c.p.p. 460], una somma corrispondente alla metà del massimo della ammenda stabilita dalla legge per la contravvenzione commessa, oltre le spese del procedimento [c.p.p. 555, 557; c.p. 1889, 101].

Con la domanda di oblazione il contravventore deve depositare la somma corrispondente alla metà del massimo della ammenda.

L'oblazione non è ammessa quando ricorrono i casi previsti dal terzo capoverso dell'articolo 99, dall'articolo 104 o dall'articolo 105, né quando permangono conseguenze dannose o pericolose del reato eliminabili da parte del contravventore.

In ogni altro caso il giudice può respingere con ordinanza la domanda di oblazione, avuto riguardo alla gravità del fatto.

La domanda può essere riproposta sino all'inizio della discussione finale del dibattimento di primo grado [c.p.p. 523, 604 comma 7].

Il pagamento delle somme indicate nella prima parte del presente articolo estingue il reato.

[...][1 2].

[1] Comma aggiunto dall'art. 9, L. 16 dicembre 1999, n. 479 poi abrogato dall'art. 2-*quaterdecies*, D.L. 7 aprile 2000, n. 82, convertito in L. 5 giugno 2000, n. 144. Il testo precedente le modifiche apportate dal D.L. 82/2000 disponeva: *Nelle contravvenzioni per le quali la legge stabilisce la pena alternativa dell'arresto o dell'ammenda, il contravventore può essere ammesso a pagare, prima dell'apertura del dibattimento, ovvero prima del decreto di condanna, una somma corrispondente alla metà del massimo dell'ammenda stabilita dalla legge per la contravvenzione commessa, oltre le spese del procedimento.*

Con la domanda di oblazione il contravventore deve depositare la somma corrispondente alla metà del massimo dell'ammenda.

L'oblazione non è ammessa quando ricorrono i casi previsti dal terzo capoverso dell'articolo 99, dall'articolo 104 o dall'articolo 105, né quando permangono conseguenze dannose o pericolose del reato eliminabili da parte del contravventore.

In ogni altro caso il giudice può respingere con ordinanza la domanda di oblazione, avuto riguardo alla gravità del fatto.

La domanda può essere riproposta sino all'inizio della discussione finale del dibattimento di primo grado.

Il pagamento delle somme indicate nella prima parte del presente articolo estingue il reato.

In caso di modifica dell'originaria imputazione, qualora per questa non fosse possibile l'oblazione, l'imputato è rimesso in termini per chiedere la medesima, sempre che sia consentita.

Il testo originario disponeva: *Nelle contravvenzioni per le quali la legge stabilisce la pena alternativa dell'arresto o dell'ammenda, il contravventore può essere ammesso a pagare, prima dell'apertura del dibattimento, ovvero prima del decreto di condanna, una somma corrispondente alla metà del massimo dell'ammenda stabilita dalla legge per la contravvenzione commessa, oltre le spese del procedimento.*

Con la domanda di oblazione il contravventore deve depositare la somma corrispondente alla metà del massimo dell'ammenda.

L'oblazione non è ammessa quando ricorrono i casi previsti dal terzo capoverso dell'articolo 99, dall'articolo 104 o dall'articolo 105, né quando permangono conseguenze dannose o pericolose del reato eliminabili da parte del contravventore.

In ogni altro caso il giudice può respingere con ordinanza la domanda di oblazione, avuto riguardo alla gravità del fatto.

La domanda può essere riproposta sino all'inizio della discussione finale del dibattimento di primo grado.

Il pagamento delle somme indicate nella prima parte del presente articolo estingue il reato.

[2] Articolo aggiunto dall'art. 126, L. 24 novembre 1981, n. 689.

● Norme connesse:
- artt. 3, 24, Cost.

162-*ter*. Estinzione del reato per condotte riparatorie.

Nei casi di procedibilità a querela soggetta a remissione, il giudice dichiara estinto il reato, sentite le parti e la persona offesa, quando l'imputato ha riparato interamente, entro il termine massimo della dichiarazione di apertura del dibattimento di primo grado, il danno cagionato dal reato, mediante le restituzioni o il risarcimento, e ha eliminato, ove possibile, le conseguenze dannose o pericolose del reato. Il risarcimento del danno può essere riconosciuto anche in seguito ad offerta reale ai sensi degli articoli 1208 e seguenti del codice civile, formulata dall'imputato e non accettata dalla persona offesa, ove il giudice riconosca la congruità della somma offerta a tale titolo.

Quando dimostra di non aver potuto adempiere, per fatto a lui non addebitabile, entro il termine di cui al primo comma, l'imputato può chiedere al giudice la fissazione di un ulteriore termine, non superiore a sei mesi, per provvedere al pagamento, anche in forma rateale, di quanto dovuto a titolo di risarcimento; in tal caso il giudice, se accoglie la richiesta, ordina la sospensione del processo e fissa la successiva udienza alla scadenza del termine stabilito e comunque non oltre novanta giorni dalla predetta scadenza, imponendo specifiche prescrizioni. Durante la sospensione del processo, il corso della prescrizione resta sospeso. Si applica l'articolo 240, secondo comma.

Il giudice dichiara l'estinzione del reato, di cui al primo comma, all'esito positivo delle condotte riparatorie.

Le disposizioni del presente articolo non si applicano nei casi di cui all'articolo 612-*bis*[1] [2].

[1] Comma aggiunto dall'art. 1, L. 4 dicembre 2017, n. 172, a decorrere dal 6 dicembre 2017.

[2] Articolo aggiunto dall'art. 1, comma 1, L. 23 giugno 2017, n. 103 (tali nuove disposizioni decorrono dal 3 agosto 2017).

In base a quanto stabilito dai commi 2, 3 e 4 dell'art. 1, L. 103/2017 cit.: *2. Le disposizioni dell'articolo 162-ter del codice penale, introdotto dal comma 1, si applicano anche ai processi in corso alla data di entrata in vigore della presente legge e il giudice dichiara l'estinzione anche quando le condotte riparatorie siano state compiute oltre il termine della dichiarazione di apertura del dibattimento di primo grado.*

3. L'imputato, nella prima udienza, fatta eccezione per quella del giudizio di legittimità, successiva alla data di entrata in vigore della presente legge, può chiedere la fissazione di un termine, non superiore a sessanta giorni, per provvedere alle restituzioni, al pagamento di quanto dovuto a titolo di risarcimento e all'eliminazione, ove possibile, delle conseguenze dannose o pericolose del reato, a norma dell'articolo 162-ter del codice penale, introdotto dal comma 1. Nella stessa udienza l'imputato, qualora dimostri di non poter adempiere, per fatto a lui non addebitabile, nel termine di sessanta giorni, può chiedere al giudice la fissazione di un ulteriore termine, non superiore a sei mesi, per provvedere al pagamento, anche in forma rateale, di quanto dovuto a titolo di risarcimento.

4. Nei casi previsti dal comma 3, il giudice, se accoglie la richiesta, ordina la sospensione del processo e fissa la successiva udienza alla scadenza del termine stabilito ai sensi del citato comma 3. Durante la sospensione del processo, il corso della prescrizione resta sospeso. Si applica l'articolo 240, secondo comma, del codice penale.

163. Sospensione condizionale della pena.

Nel pronunciare sentenza di condanna [c.p.p. 442, 448, 533, 605] alla reclusione o all'arresto per un tempo non superiore a due anni, ovvero a pena pecuniaria che, sola o congiunta alla pena detentiva e ragguagliata a norma dell'articolo 135, sia equivalente ad una pena privativa della libertà personale per un tempo non superiore, nel complesso, a due anni, il giudice può ordinare che l'esecuzione della pena rimanga sospesa per il termine di cinque anni se la condanna è per delitto e di due anni se la condanna è per contravvenzione [c.p.p. 444, 445, 460, 533, 599, 671, 686]. In caso di sentenza di condanna a pena pecuniaria congiunta a pena detentiva non superiore a due anni, quando la pena nel complesso, ragguagliata a norma dell'articolo 135, sia superiore a due anni, il giudice può ordinare che l'esecuzione della pena detentiva rimanga sospesa[1].

Se il reato è stato commesso da un minore degli anni diciotto, la sospensione può essere ordinata quando si infligga una pena restrittiva della libertà personale non superiore a tre anni, ovvero una pena pecuniaria che, sola o congiunta alla pena detentiva e ragguagliata a norma dell'articolo 135, sia equivalente ad una pena privativa della libertà personale per un tempo non superiore, nel complesso, a tre anni. In caso di sentenza di condanna a pena pecuniaria congiunta a pena detentiva non superiore a tre anni, quando la pena nel complesso, ragguagliata a norma dell'articolo 135, sia superiore a tre anni, il giudice può ordinare che l'esecuzione della pena detentiva rimanga sospesa[1].

Se il reato è stato commesso da persona di età superiore agli anni diciotto ma inferiore agli anni ventuno o da chi ha compiuto gli anni settanta, la sospensione può essere ordinata quando si infligga una pena restrittiva della libertà personale non superiore a due anni e sei mesi ovvero una pena pecuniaria che, sola o congiunta alla pena detentiva e ragguagliata a norma dell'articolo 135, sia equivalente ad una pena privativa della libertà personale per un tempo non superiore, nel complesso, a due anni e sei mesi. In caso di sentenza di condanna a pena pecuniaria congiunta a pena detentiva non superiore a due anni e sei mesi, quando la pena nel complesso, ragguagliata a norma dell'articolo 135, sia superiore a due anni e sei mesi, il giudice può ordinare che l'esecuzione della pena detentiva rimanga sospesa[1].

Qualora la pena inflitta non sia superiore ad un anno e sia stato riparato interamente il danno, prima che sia stata pronunciata la sentenza di primo grado, mediante il risarcimento di esso e, quando sia possibile, mediante le restituzioni, nonchè qualora il colpevole, entro lo stesso termine e fuori del caso previsto nel quarto comma dell'articolo 56, si sia adoperato spontaneamente ed efficacemente per elidere o attenuare le conseguenze dannose o pericolose del reato da lui eliminabili, il giudice può ordinare che l'esecuzione della pena, determinata nel caso di pena pecuniaria ragguagliandola a norma dell'articolo 135, rimanga sospesa per il termine di un anno[2] [3].

[1] Comma così modificato dall'art. 1, L. 11 giugno 2004, n. 145. Il comma 1 nel testo precedente le modifiche apportate dalla L. 11 giugno 2004, n. 145, disponeva: *Nel pronunciare sentenza di condanna alla reclusione o all'arresto per un tem-*

CODICE PENALE

po non superiore a due anni, ovvero a pena pecuniaria che, sola o congiunta alla pena detentiva e ragguagliata a norma dell'articolo 135, sia equivalente ad una pena privativa della libertà personale per un tempo non superiore, nel complesso, a due anni, il giudice può ordinare che l'esecuzione della pena rimanga sospesa per il termine di cinque anni se la condanna è per delitto e di due anni se la condanna è per contravvenzione. Nel testo precedente le modifiche apportate dalla L. 24 novembre 1981, n. 689, disponeva: *Nel pronunciare sentenza di condanna alla reclusione o all'arresto per un tempo non superiore a due anni, ovvero a pena pecuniaria che, sola o congiunta alla pena detentiva e convertita alla norma di legge, priverebbe della libertà personale per un tempo non superiore, nel complesso, a due anni, il giudice può ordinare che l'esecuzione della pena rimanga sospesa per il termine di cinque anni se la condanna è per delitto, e di due anni se la condanna è per contravvenzione.* Nel testo originario, disponeva: *Nel pronunziare sentenza di condanna alla reclusione o all'arresto per un tempo non superiore ad un anno, ovvero a pena pecuniaria che, sola o congiunta alla pena detentiva e convertita a norma di legge, priverebbe della libertà personale per un tempo non superiore, nel complesso, ad un anno, il giudice può ordinare che l'esecuzione della pena rimanga sospesa per il termine di cinque anni se la condanna è per delitto, e di due anni se la condanna è per contravvenzione.*

Il comma 2, nel testo precedente le modifiche apportate dalla L. 11 giugno 2004, n. 145, disponeva: *Se il reato è stato commesso da un minore degli anni diciotto, la sospensione può essere ordinata quando si infligga una pena restrittiva della libertà personale non superiore a tre anni, ovvero una pena pecuniaria che, sola o congiunta alla pena detentiva e ragguagliata a norma dell'articolo 135, sia equivalente ad una pena privativa della libertà personale per un tempo non superiore, nel complesso, a tre anni.* Nel testo precedente le modifiche apportate dalla L. 24 novembre 1981, n. 689, disponeva: *Se il reato è stato commesso da un minore degli anni diciotto, la sospensione può essere ordinata quando si infligga una pena restrittiva della libertà personale non superiore a tre anni ovvero una pena pecuniaria che, sola o congiunta alla pena detentiva e convertita a norma di legge, priverebbe della libertà personale per un tempo non superiore, nel complesso, a tre anni.* Nel testo originario, disponeva: *Se il reato è stato commesso da un minore degli anni diciotto, o da chi ha compiuto gli anni settanta, la sospensione può essere ordinata quando si debba infliggere una pena restrittiva della libertà personale non superiore a due anni, ovvero una pena pecuniaria che, sola o congiunta alla pena detentiva e convertita a norma di legge, priverebbe della libertà personale per un tempo non superiore, nel complesso, a due anni.*

Il comma 3, nel testo precedente le modifiche apportate dalla L. 11 giugno 2004, n. 145, disponeva: *Se il reato è stato commesso da persona di età superiore agli anni diciotto ma inferiore agli anni ventuno o da chi ha compiuto gli anni settanta, la sospensione può essere ordinata quando si infligga una pena restrittiva della libertà personale non superiore a due anni e sei mesi ovvero una pena pecuniaria che, sola o congiunta alla pena detentiva e ragguagliata a norma dell'articolo 135, sia equivalente ad una pena privativa della libertà personale per un tempo non superiore, nel complesso, a due anni e sei mesi.* Nel testo precedente le modifiche apportate dalla L. 24 novembre 1981, n. 689, disponeva: *Se il reato è stato commesso da persona di età superiore agli anni diciotto ma inferiore agli anni ventuno o da chi ha compiuto gli anni settanta, la sospensione può essere ordinata quando si infligga una pena restrittiva della libertà personale non superiore a due anni e sei mesi ovvero una pena pecuniaria che, sola o congiunta alla pena detentiva e convertita a norma di legge, priverebbe della libertà personale per un tempo non superiore, nel complesso, a due anni e sei mesi.*

[2] Comma aggiunto dall'art. 1, L. 11 giugno 2004, n. 145.

[3] Articolo così sostituito dall'art. 104, L. 24 novembre 1981, n. 689.

164. Limiti entro i quali è ammessa la sospensione condizionale della pena.

La sospensione condizionale della pena è ammessa soltanto se, avuto riguardo alle circostanze indicate nell'articolo 133, il giudice presume che il colpevole si asterrà dal commettere ulteriori reati.

La sospensione condizionale della pena non può essere conceduta:

1) a chi ha riportato una precedente condanna a pena detentiva per delitto, anche se è intervenuta la riabilitazione [178], né al delinquente o contravventore abituale [102, 103] o professionale [105];

2) allorché alla pena inflitta deve essere aggiunta una misura di sicurezza personale [215], perché il reo è persona che la legge presume socialmente pericolosa [204 comma 2].

La sospensione condizionale della pena rende inapplicabili le misure di sicurezza, tranne che si tratti della confisca [240].

La sospensione condizionale della pena non può essere concessa più di una volta. Tuttavia il giudice, nell'infliggere una nuova condanna [c.p.p. 533 comma 2], può disporre la sospensione condizionale qualora la pena da infliggere, cumulata con quella irrogata con la precedente condanna anche per delitto, non superi i limiti stabiliti dall'articolo 163[1 2].

[1] La Corte costituzionale, con sentenza 28 aprile 1976, n. 95, ha dichiarato l'illegittimità costituzionale del presente comma, nella parte in cui non consente la concessione della sospensione condizionale della pena a chi ha già riportato una precedente condanna a pena detentiva per delitto non sospesa qualora la pena da infliggere cumulata con quella irrogata con la condanna precedente non superi i limiti stabiliti dall'art. 163.

[2] Articolo così sostituito dall'art. 12, D.L. 11 aprile 1974, n. 99, convertito in L. 7 giugno 1974, n. 220. Il testo precedente le modifiche apportate dal D.L. 99/1974, disponeva: *La sospensione condizionale della pena è ammessa soltanto se, avuto riguardo alle circostanze indicate nell'art. 133, il giudice presume che il colpevole si asterrà dal commettere ulteriori reati.*

La sospensione condizionale della pena non può essere concessa:

1) a chi ha riportato una precedente condanna a pena detentiva per delitto anche se e intervenuta riabilitazione, nè al delinquente o contravventore abituale o professionale e al delinquente per tendenza;

2) allorchè alla pena inflitta deve essere aggiunta una misura di sicurezza personale perchè il reo è persona che la legge presume socialmente pericolosa.

La sospensione condizionale della pena rende inapplicabili le misure di sicurezza, tranne che si tratti della confisca.

La sospensione condizionale della pena non può essere concessa più di una volta.

Tuttavia, nel caso che per una precedente condanna a pena pecuniaria sia stata già ordinata la sospensione della esecuzione, il giudice può nell'infliggere una nuova condanna a pena detentiva, disporre la sospensione condizionale della pena, subordinando la concessione del beneficio al pagamento della predetta pena pecuniaria nel termine stabilito dal giudice stesso, salvo che il condannato si trovi nella impossibilità di adempiervi.

Il testo originario disponeva: *La sospensione condizionale della pena è ammessa soltanto se, avuto riguardo alle circostanze indicate nell'articolo 133, il giudice presume che il colpevole si asterrà dal commettere ulteriori reati.*

La sospensione condizionale della pena non può essere conceduta:

1) a chi ha riportato una precedente condanna per delitto, anche se è intervenuta riabilitazione, nè al delinquente o contravventore abituale o professionale, e al delinquente per tendenza;

2) allorchè alla pena inflitta deve essere aggiunta una misura di sicurezza personale, perchè il reo è persona che la legge presume socialmente pericolosa.

La sospensione condizionale della pena rende inapplicabili le misure di sicurezza, tranne che si tratti della confisca.

La sospensione condizionale della pena non può essere concessa più di una volta.

165. Obblighi del condannato.

La sospensione condizionale della pena può essere subordinata all'adempimento dell'obbligo delle restituzioni, al pagamento della somma liquidata a titolo di risarcimento del danno o provvisoriamente assegnata sull'ammontare di esso e alla pubblicazione della sentenza a titolo di riparazione del danno [185, 186; c.p.p. 538, 539, 543]; può altresì essere subordinata, salvo che la legge disponga altrimenti, all'eliminazione delle conseguenze dannose o pericolose del reato, ovvero, se il condannato non si oppone, alla prestazione di attività non retribuita a favore della collettività per un tempo determinato comunque non superiore alla durata della pena sospesa, secondo le modalità indicate dal giudice nella sentenza di condanna [c.p.p. 442, 533, 605][1].

La sospensione condizionale della pena, quando è concessa a persona che ne ha già usufruito [c.p.p. 445], deve essere subordinata all'adempimento di uno degli obblighi previsti nel comma precedente[1].

La disposizione del secondo comma non si applica qualora la sospensione condizionale della pena sia stata concessa ai sensi del quarto comma dell'articolo 163[2].

Nei casi di condanna per i reati previsti dagli articoli 314, 317, 318, 319, 319-*ter*, 319-*quater*, 320, 321 e 322-*bis*, la sospensione condizionale della pena è comunque subordinata al pagamento della somma determinata a titolo di riparazione pecuniaria ai sensi dell'articolo 322-*quater*, fermo restando il diritto all'ulteriore eventuale risarcimento del danno[3].

Nei casi di condanna per i delitti di cui agli articoli 572, 609-*bis*, 609-*ter*, 609-*quater*, 609-*quinquies*, 609-*octies* e 612-*bis*, nonchè agli articoli 582 e 583-*quinquies* nelle ipotesi aggravate ai sensi degli articoli 576, primo comma, numeri 2, 5 e 5.1, e 577, primo comma, numero 1, e secondo comma, la sospensione condizionale della pena è comunque subordinata alla partecipazione a specifici percorsi di recupero presso enti o associazioni che si occupano di prevenzione, assistenza psicologica e recupero di soggetti condannati per i medesimi reati[4].

Il giudice nella sentenza stabilisce il termine entro il quale gli obblighi devono essere adempiuti.

Nel caso di condanna per il reato previsto dall'articolo 624-*bis*, la sospensione condizionale della pena è comunque subordinata al pagamento integrale dell'importo dovuto per il risarcimento del danno alla persona offesa[5][6].

[1] Comma così modificato dall'art. 2, L. 11 giugno 2004, n. 145. Il comma 1 nel testo precedente le modifiche apportate dalla L. 11 giugno 2004, n. 145 disponeva: *La sospensione condizionale della pena può essere subordinata all'adempimento dell'obbligo delle restituzioni, al pagamento della somma liquidata a titolo di risarcimento del danno o provvisoriamente assegnata sull'ammontare di esso e alla pubblicazione della sentenza a titolo di riparazione del danno; può altresì essere subordinata, salvo che la legge disponga altrimenti, all'eliminazione delle conseguenze dannose o pericolose del reato, secondo le modalità indicate dal giudice nella sentenza di condanna.* Nel testo originario, il comma 1 disponeva: *La sospensione condizionale della pena può essere subordinata all'adempimento dell'obbligo delle restituzioni, al pagamento della somma liquidata a titolo di risarcimento del danno o provvisoriamente assegnata sull'ammontare di esso, e alla pubblicazione della sentenza a titolo di riparazione del danno.*

Il comma 2, nel testo precedente le modifiche apportate dalla L. 11 giugno 2004, n. 145, disponeva: *La sospensione condizionale della pena, quando è concessa a persona che ne ha già usufruito, deve essere subordinata all'adempimento di uno degli obblighi previsti nel comma precedente, salvo che ciò sia impossibile. Il comma 2, nel testo originario disponeva: Il giudice nella sentenza, stabilisce il termine entro cui gli obblighi debbono essere adempiuti.*

[2] Comma aggiunto dall'art. 2, L. 11 giugno 2004, n. 145. Il comma 3, nel testo precedente le modifiche apportate dalla L. 11 giugno 2004, n. 145, disponeva: *Il giudice nella sentenza stabilisce il termine entro il quale gli obblighi devono essere adempiuti.*

[3] Comma aggiunto dall'art. 2, L. 27 maggio 2015, n. 69 e poi così modificato dall'art. 1, comma 1, lett. g), L. 9 gennaio 2019, n. 3. Il testo previgente disponeva: *Nei casi di condanna per i reati previsti dagli articoli 314, 317, 318, 319, 319-ter, 319-quater, 320 e 322-bis, la sospensione condizionale della*

CODICE PENALE

pena è comunque subordinata al pagamento di una somma equivalente al profitto del reato ovvero all'ammontare di quanto indebitamente percepito dal pubblico ufficiale o dall'incaricato di un pubblico servizio, a titolo di riparazione pecuniaria in favore dell'amministrazione lesa dalla condotta del pubblico ufficiale o dell'incaricato di un pubblico servizio, ovvero, nel caso di cui all'articolo 319-ter, in favore dell'amministrazione della giustizia, fermo restando il diritto all'ulteriore eventuale risarcimento del danno.

[4] Comma aggiunto dall'art. 6, L. 19 luglio 2019, n. 69.

[5] Comma aggiunto dall'art. 3, L. 26 aprile 2019, n. 36.

[6] Articolo così sostituito dall'art. 128, L. 24 novembre 1981, n. 689.

166. Effetti della sospensione.

La sospensione condizionale della pena si estende alla pene accessorie [19, 28 ss.]. Nondimeno, nel caso di condanna per i delitti previsti dagli articoli 314, primo comma, 317, 318, 319, 319-*bis*, 319-*ter*, 319-*quater*, primo comma, 320, 321, 322, 322-*bis* e 346-*bis*, il giudice può disporre che la sospensione non estenda i suoi effetti alle pene accessorie dell'interdizione dai pubblici uffici e dell'incapacità di contrattare con la pubblica amministrazione[1].

La condanna a pena condizionalmente sospesa non può costituire in alcun caso, di per sé sola, motivo per l'applicazione di misure di prevenzione, né d'impedimento all'accesso a posti di lavoro pubblici o privati tranne i casi specificamente previsti dalla legge, né per il diniego di concessioni, di licenze o di autorizzazioni necessarie per svolgere attività lavorativa[2].

[1] Comma così modificato dall'art. 1, comma 1, lett. h), L. 9 gennaio 2019, n. 3. Il testo previgente disponeva: *La sospensione condizionale della pena si estende alla pene accessorie.*

[2] Articolo così sostituito dall'art. 4, L. 7 febbraio 1990, n. 19. Il testo previgente disponeva: *La sospensione condizionale della pena non si estende alle pene accessorie e agli altri effetti penali della condanna, nè alle obbligazioni civili derivanti dal reato.*

● Norme connesse:

- art. 10, L. 7 febbraio 1990, n. 19 che dispone: *1. Alla data di entrata in vigore della presente legge cessa l'esecuzione delle pene accessorie conseguenti a condanne a pene condizionalmente sospese. Qualora la sospensione condizionale della pena venga successivamente revocata, le pene accessorie sono eseguite per la parte residua.*

2. I pubblici dipendenti che anteriormente alla data di entrata in vigore della presente legge siano stati destituiti di diritto sono, a domanda, riammessi in servizio.

3. La riammissione è concessa solo se all'esito del procedimento disciplinare, che deve essere proseguito o promosso entro novanta giorni dalla ricezione della domanda di riammissione da parte dell'amministrazione competente e che deve essere concluso entro i successivi novanta giorni, non venga inflitta la destituzione.

4. Il dipendente riammesso è reintegrato nel ruolo, con la qualifica, il livello e l'anzianità posseduti alla data di cessazione del servizio.

5. Per i loro dipendenti le regioni provvedono ad adeguare i rispettivi ordinamenti e principi fondamentali espressi nel presente articolo.

- art. 90, comma 3, D.P.R. 9 ottobre 1990, n. 309 che dispone: *La sospensione dell'esecuzione della pena rende inapplicabili le misure di sicurezza nonché le pene accessorie e gli altri effetti penali della condanna, tranne che si tratti della confisca. La sospensione non si estende alle obbligazioni civili derivanti dal reato.*

167. Estinzione del reato.

Se, nei termini stabiliti, il condannato non commette un delitto, ovvero una contravvenzione della stessa indole [101], e adempie gli obblighi impostigli, il reato è estinto [198].

In tal caso non ha luogo la esecuzione delle pene[1].

[1] Comma così sostituito dall'art. 6, L. 7 febbraio 1990, n. 19. Il testo previgente disponeva: *Se, nei termini stabiliti, il condannato non commette un delitto, ovvero una contravvenzione della stessa indole, e adempie gli obblighi impostigli, il reato è estinto.*

In tal caso non ha luogo l'esecuzione della pena e cessa l'esecuzione delle pene accessorie.

● Norme connesse:

- art. 93, D.P.R. 9 ottobre 1990, n. 309 che dispone: *1. Se il condannato nei cinque anni successivi non commette un delitto non colposo punibile con la reclusione, le pene ed ogni altro effetto penale si estinguono.*

2. La sospensione dell'esecuzione è revocata di diritto se il condannato, nel termine di cui al comma 1, commette un delitto non colposo per cui viene inflitta la pena della reclusione. Il tribunale di sorveglianza che ha disposto la sospensione è competente alle pronunce di cui al presente comma ed al comma 1.

2-bis. Il termine di cinque anni di cui al comma 1 decorre dalla data di presentazione dell'istanza in seguito al provvedimento di sospensione adottato dal pubblico ministero ai sensi dell'articolo 656 del codice di procedura penale o della domanda di cui all'articolo 91, comma 4. Tuttavia il tribunale, tenuto conto della durata delle limitazioni e prescrizioni alle quali l'interessato si è spontaneamente sottoposto e del suo comportamento, può determinare una diversa, più favorevole data di decorrenza dell'esecuzione.

168. Revoca della sospensione.

Salva la disposizione dell'ultimo comma dell'articolo 164, la sospensione condizionale della pena è revocata di diritto [c.p.p. 674], qualora, nei termini stabiliti, il condannato:

1) commetta un delitto ovvero una contravvenzione della stessa indole [101], per cui venga inflitta una pena detentiva, o non adempia agli obblighi impostigli [165];

2) riporti un'altra condanna per un delitto anteriormente commesso a pena che, cumulata a quella precedentemente sospesa, supera i limiti stabiliti dall'articolo 163.

Qualora il condannato riporti un'altra condanna per un delitto anteriormente commesso, a pena che, cumulata a quella precedentemente sospesa, non supera i limiti stabiliti dall'articolo 163, il giudice, tenuto conto dell'indole e della gravità del reato, può revocare l'ordine di sospensione condizionale della pena.

La sospensione condizionale della pena è altresì revocata quando è stata concessa in violazione dell'articolo 164, quarto comma, in presenza di cause ostative. La revoca è disposta anche se la sospensione è stata concessa ai sensi del comma 3 dell'articolo 444 del codice di procedura penale[1 2].

[1] Comma aggiunto dall'art. 1, L. 26 marzo 2001, n. 128.

[2] Articolo così sostituito dall'art. 13, D.L. 11 maggio 1974, n. 99, convertito in L. 7 giugno 1974, n. 220. Il testo precedente le modifiche apportate dalla L. 26 marzo 2001, n. 128, disponeva: *Salva la disposizione dell'ultimo comma dell'articolo 164, la sospensione condizionale della pena è revocata di diritto qualora, nei termini stabiliti, il condannato:*

1) commetta un delitto ovvero una contravvenzione della stessa indole, per cui venga inflitta una pena detentiva, o non adempia agli obblighi impostigli;

2) riporti un'altra condanna per un delitto anteriormente commesso a pena che, cumulata a quella precedentemente sospesa, supera i limiti stabiliti dall'articolo 163.

Qualora il condannato riporti un'altra condanna per un delitto anteriormente commesso, a pena che, cumulata a quella precedentemente sospesa, non supera i limiti stabiliti dall'articolo 163, il giudice, tenuto conto dell'indole e della gravità del reato, può revocare l'ordine di sospensione condizionale della pena.

Il testo originario disponeva: *La sospensione condizionale della pena è revocata di diritto qualora, nei termini stabiliti, il condannato:*

1) commetta un delitto, ovvero una contravvenzione della stessa indole, o non adempia gli obblighi impostigli;

2) riporti un'altra condanna per un delitto anteriormente commesso.

Qualora il condannato riporti un'altra condanna per una contravvenzione della stessa indole, anteriormente commessa, il giudice, tenuto conto dell'indole e della gravità di essa, può revocare l'ordine di sospensione condizionale della pena.

■ Codice penale del 1889: *Art. 101 - Quando la legge non disponga altrimenti, nelle contravvenzioni per le quali è stabilita la sola pena pecuniaria non oltre le lire trecento, l'imputato può far cessare il corso dell'azione penale pagando, prima dell'apertura del dibattitiiento, una somma corrispondente al massimo della pena stabilita per la contravvenzione commessa, oltre le spese del procedimento.*

168-*bis*. Sospensione del procedimento con messa alla prova dell'imputato.

Nei procedimenti per reati puniti con la sola pena edittale pecuniaria o con la pena edittale detentiva non superiore nel massimo a quattro anni, sola, congiunta o alternativa alla pena pecuniaria, nonchè per i delitti indicati dal comma 2 dell'articolo 550 del codice di procedura penale, l'imputato può chiedere la sospensione del processo con messa alla prova.

La messa alla prova comporta la prestazione di condotte volte all'eliminazione delle conseguenze dannose o pericolose derivanti dal reato, nonchè, ove possibile, il risarcimento del danno dallo stesso cagionato. Comporta altresì l'affidamento dell'imputato al servizio sociale, per lo svolgimento di un programma che può implicare, tra l'altro, attività di volontariato di rilievo sociale, ovvero l'osservanza di prescrizioni relative ai rapporti con il servizio sociale o con una struttura sanitaria, alla dimora, alla libertà di movimento, al divieto di frequentare determinati locali.

La concessione della messa alla prova è inoltre subordinata alla prestazione di lavoro di pubblica utilità. Il lavoro di pubblica utilità consiste in una prestazione non retribuita, affidata tenendo conto anche delle specifiche professionalità ed attitudini lavorative dell'imputato, di durata non inferiore a dieci giorni, anche non continuativi, in favore della collettività, da svolgere presso lo Stato, le regioni, le province, i comuni, le aziende sanitarie o presso enti o organizzazioni, anche internazionali, che operano in Italia, di assistenza sociale, sanitaria e di volontariato. La prestazione è svolta con modalità che non pregiudichino le esigenze di lavoro, di studio, di famiglia e di salute dell'imputato e la sua durata giornaliera non può superare le otto ore.

La sospensione del procedimento con messa alla prova dell'imputato non può essere concessa più di una volta.

La sospensione del procedimento con messa alla prova non si applica nei casi previsti dagli articoli 102, 103, 104, 105 e 108[1].

[1] Articolo aggiunto dall'art. 3, L. 28 aprile 2014, n. 67.

168-*ter*. Effetti della sospensione del procedimento con messa alla prova.

Durante il periodo di sospensione del procedimento con messa alla prova il corso della prescrizione del reato è sospeso. Non si applicano le disposizioni del primo comma dell'articolo 161.

L'esito positivo della prova estingue il reato per cui si procede. L'estinzione del reato non pregiudica l'applicazione delle sanzioni amministrative accessorie, ove previste dalla legge[1].

[1] Articolo aggiunto dall'art. 3, L. 28 aprile 2014, n. 67.

168-*quater*. Revoca della sospensione del procedimento con messa alla prova.

La sospensione del procedimento con messa alla prova è revocata:

1) in caso di grave o reiterata trasgressione al programma di trattamento o alle prescrizioni imposte, ovvero di rifiuto alla prestazione del lavoro di pubblica utilità;

2) in caso di commissione, durante il periodo di prova, di un nuovo delitto non colposo ovvero di un reato della stessa indole rispetto a quello per cui si procede[1].

[1] Articolo aggiunto dall'art. 3, L. 28 aprile 2014, n. 67.

169. Perdono giudiziale per i minori degli anni diciotto.

Se, per il reato commesso dal minore degli anni diciotto, la legge stabilisce una pena restrittiva della libertà personale non superiore nel massimo a due anni, ovvero una pena pecuniaria non superiore nel massimo a euro 1.549[1], anche se congiunta a detta pena, il giudice può astenersi dal pronunciare il rinvio a giudizio, quando, avuto riguardo alle circostanze indicate nell'articolo 133, presume che il colpevole si asterrà dal commettere ulteriori reati.

Qualora si proceda al giudizio, il giudice può, nella sentenza, per gli stessi motivi, astenersi dal pronunciare condanna.

Le disposizioni precedenti non si applicano nei casi preveduti dal numero 1 del primo capoverso dell'articolo 164.

Il perdono giudiziale non può essere conceduto più di una volta [disp. att. c.p.p. 237][2 3].

[1] Ex art. 112, L. 24 novembre 1981, n. 689.

[2] La Corte costituzionale, con sentenza 7 luglio 1976, n. 154, ha dichiarato l'illegittimità costituzionale del presente comma nella parte in cui esclude che possa concedersi un nuovo perdono giudiziale in caso di reato commesso anteriormente alla prima sentenza di perdono e di pena che, cumulata con quella precedente, non superi i limiti per l'applicazione del beneficio.

[3] La Corte costituzionale, con sentenza 5 luglio 1973, n. 108, ha dichiarato l'illegittimità costituzionale del presente articolo, nella parte in cui non consente che possa estendersi il perdono giudiziale ad altri reati che si legano col vincolo della continuazione a quelli per i quali è stato concesso il beneficio.

● Norme connesse:

- art. 19, R.D.L. 20 luglio 1934, n. 1404 che dispone: *Se per il reato commesso dal minore degli anni 18 il tribunale per i minorenni ritiene che si possa applicare una pena restrittiva della libertà personale non superiore a due anni, ovvero una pena pecuniaria non superiore a euro 1.549 (lire tre milioni), anche se congiunta a detta pena, può applicare il perdono giudiziale, sia quando provvede a norma dell'art. 14, sia nel giudizio.*

170. Estinzione di un reato che sia presupposto, elemento costitutivo o circostanza aggravante di un altro reato.

Quando un reato è il presupposto di un altro reato, la causa che lo estingue non si estende all'altro reato.

La causa estintiva di un reato, che è elemento costitutivo o circostanza aggravante di un reato complesso, non si estende al reato complesso [84].

L'estinzione di taluno fra più reati connessi non esclude, per gli altri, l'aggravamento di pena derivante dalla connessione [61 n. 2].

CAPO II
DELLA ESTINZIONE DELLA PENA

171. Morte del reo dopo la condanna.

La morte del reo, avvenuta dopo la condanna [c.p.p. 648, 650], estingue la pena.

172. Estinzione delle pene della reclusione e della multa per decorso del tempo.

La pena della reclusione si estingue col decorso di un tempo pari al doppio della pena inflitta e in ogni caso, non superiore a trenta e non inferiore a dieci anni [c.p. 1889, 952, 961 comma 3].

La pena della multa si estingue nel termine di dieci anni[1].

Quando, congiuntamente alla pena della reclusione, è inflitta la pena della multa, per l'estinzione dell'una e dell'altra pena si ha riguardo soltanto al decorso del tempo stabilito per la reclusione.

Il termine decorre dal giorno in cui la condanna è divenuta irrevocabile [c.p.p. 648, 650], ovvero dal giorno in cui il condannato si è sottratto volontariamente alla esecuzione già iniziata della pena [c.p.p. 296].

Se l'esecuzione della pena è subordinata alla scadenza di un termine o al verificarsi di una condizione, il tempo necessario per la estinzione della pena decorre dal giorno in cui il termine è scaduto o la condizione si è verificata.

Nel caso di concorso di reati [71] si ha riguardo, per l'estinzione della pena, a ciascuno di essi, anche se le pene sono state inflitte con la medesima sentenza.

L'estinzione delle pene non ha luogo, se si tratta di recidivi, nei casi preveduti dai capoversi dell'articolo 99, o di delinquenti abituali [102-104], professionali [105] o per tendenza [108]; ovvero se il condannato, durante il tempo necessario per l'estinzione della pena, riporta una condanna alla reclusione per un delitto della stessa indole.

[1] Per una deroga delle disposizioni di cui al presente comma, v. art. 111, comma 2, L. 24 novembre 1981, n. 689, che dispone: *In deroga a quanto disposto dall'art 172 del codice penale, la pena della multa inflitta anche congiuntamente a quella della reclusione, per reati commessi prima dell'entrata in vigore della presente legge, si estingue con decorso del termine di dieci anni dalla data di entrata in vigore della presente legge; tuttavia, se la sentenza di condanna è divenuta irrevocabile successivamente alla data di entrata in vigore della presente legge , la pena della multa si estingue col decorso di dieci anni dal passaggio in giudicato della sentenza.*

173. Estinzione delle pene dell'arresto e dell'ammenda per decorso del tempo.

Le pene dell'arresto e dell'ammenda si estinguono nel termine di cinque anni. Tale termine è raddoppiato se si tratta di recidivi, nei casi preveduti dai capoversi dell'articolo 99, ovvero di delinquenti abituali [102-104], professionali [105] o per tendenza [108].

Se, congiuntamente alla pena dell'arresto, è inflitta la pena dell'ammenda, per l'estinzione dell'una e dell'altra pena si ha riguardo soltanto al decorso del termine stabilito per l'arresto.

Per la decorrenza del termine si applicano le disposizioni del terzo, quarto e quinto capoverso dell'articolo precedente.

■ Codice penale del 1889: *Art. 95 - La condanna si prescrive: 1° in trent'anni, se fu inflitta la reclusione per trent'anni; 2° in venti anni, se fu inflitta la reclusione o la detenzione per un tempo maggiore dei cinque anni; 3° in dieci anni, se fu inflitta la reclusione o la detenzione per un tempo non maggiore dei cinque anni; ovvero la pena del confino, o della interdizione temporanea dai pubblici ufficii, o della multa; 4° in quattro anni, se fu inflitta la pena dell'arresto o della sospensione dall'esercizio di una professione o di un'arte per oltre un mese, o quella dell'ammenda oltre le lire trecento; 5° in diciotto mesi, se fu inflitta la pena dell'arresto, della sospensione dall'esercizio di una professione o di un'arte o dell'ammenda in misura inferiore a quella indicata nel numero precedente.*

La condanna a più specie di pene, si prescrive nel termine stabilito per la pena più grave.

La sottoposizione alla vigilanza speciale dell'Autorità di pubblica sicurezza non ha effetto dopo che la condanna sia prescritta.

Art. 96 - La prescrizione della condanna decorre dal giorno in cui la sentenza divenga irrevocabile, o da quello in cui sia interrotta in qualsiasi modo la esecuzione già cominciata della condanna.

Qualunque atto dell'Autorità competente per la esecuzione della sentenza, legalmente reso noto al condannato, interrompe la prescrizione; e nelle pene restrittive della libertà personale la interrompe altresì l'arresto del condannato, cui siasi proceduto per l'esecuzione della sentenza medesima.

La prescrizione della condanna è pure interrotta, se, durante il suo corso, il condannato commetta un altro reato della stessa indole.

174. Indulto e grazia.

L'indulto o la grazia condona, in tutto o in parte, la pena inflitta, o la commuta in un'altra specie di pena stabilita dalla legge [c.p.p. 672-681]. Non estingue le pene accessorie [19], salvo che il decreto disponga diversamente, e neppure gli altri effetti penali della condanna [210; c.p. 1889, 87].

Nel concorso di più reati, l'indulto si applica una sola volta, dopo cumulate le pene, secondo le norme concernenti il concorso dei reati [71-84].

Si osservano, per l'indulto le disposizioni contenute nei tre ultimi capoversi dell'articolo 151 [c.p.p. 672].

● Norme connesse:

- art 1, comma 1, L. 31 luglio 2006, n. 241 che dispone: *È concesso l'indulto per tutti i reati commessi fino a tutto il 2 maggio 2006 nella misura non superiore a tre anni per le pene detentive e non superiore a 10.000 euro per quelle pecuniarie sole o congiunte a quelle detentive. Non si applicano le esclusioni di cui all'ultimo comma dell'articolo 151 del codice penale.*

■ Codice penale del 1889: *Art. 87 - L'indulto o la grazia, che condona o commuta la pena, fa cessare l'interdizione legale del condannato e le incapacità stabilite nei capoversi dell'articolo 33, purché non siano congiunte per legge alla pena sostituita; ma non fa cessare l'interdizione dai pubblici ufficii, né la sospensione dall'esercizio di una professione o di un'arte, né la vigilanza speciale dell'autorità di pubblica sicurezza, salvo il caso di espressa disposizione nel decreto d'indulto o di grazia.*

175. Non menzione della condanna nel certificato del casellario giudiziale.

Se, con una prima condanna, è inflitta una pena detentiva non superiore a due anni, ovvero una pena pecuniaria non superiore a un milione, il giudice, avuto riguardo alle circostanze indicate nell'articolo 133, può ordinare in sentenza che non sia fatta menzione della condanna nel certificato del casellario giudiziale, spedito a richiesta di privati, non per ragione di diritto elettorale [c.p.p. 533, 671 comma 3, 688 comma 3, 689 comma 2][1].

La non menzione della condanna può essere altresì concessa quando è inflitta congiuntamente una pena detentiva non superiore a due anni ed una pena pecuniaria che, ragguagliata a norma dell'articolo 135 e cumulata alla pena detentiva, priverebbe complessivamente il condannato della libertà personale per un tempo non superiore a trenta mesi.

Se il condannato commette successivamente un delitto, l'ordine di non fare menzione della condanna precedente è revocato [c.p.p. 674].

[...][2 3 4].

[1] La Corte costituzionale, con sentenza 7 giugno 1984, n. 155, ha dichiarato l'illegittimità costituzionale del presente comma, nella parte in cui esclude che possano concedersi ulteriori non menzioni di condanne nel certificato del casellario giudiziale spedito a richiesta di privati, nel caso di condanne, per reati anteriormente commessi, a pene che, cumulate con quelle già irrogate, non superino i limiti di applicabilità del beneficio. La Corte costituzionale, con sentenza 17 marzo 1988, n. 304, ha dichiarato l'illegittimità costituzionale del presente comma, nella parte in cui prevede che la non menzione nel certificato del casellario giudiziale di condanna a sola pena pecuniaria possa essere ordinata dal giudice quando non sia superiore a un milione, anziché a somma pari a quella risultante dal ragguaglio della pena detentiva di anni due, a norma dell'art. 135 del presente codice.

[2] Comma abrogato dall'art. 7, L. 7 febbraio 1990, n. 19. Il testo originario disponeva: *Le disposizioni di questo articolo non si applicano quando alla condanna conseguono pene accessorie.*

[3] Articolo così sostituito dall'art. 104, L. 24 novembre 1981, n. 689. Il testo originario era il seguente: *Se con una prima condanna è inflitta una pena pecuniaria non superiore a lire*

CODICE PENALE

ventimila ovvero una pena detentiva non superiore a due anni, da sola o congiunta a pena pecuniaria non eccedente la misura suddetta, il giudice avuto riguardo alle circostanze indicate nell'art 133 può nella sentenza ordinare che non sia fatta menzione della condanna nel certificato del casellario giudiziale spedito a richiesta dei privati non per ragioni di diritto elettorale. Se il condannato commette successivamente un delitto l'ordine di non far menzione della condanna precedente è revocato. Le disposizioni di questo articolo non si applicano quando alla condanna conseguono pene accessorie.

Il presente articolo non si applica nel caso previsto dall'art. 6, comma 4, L. 30 aprile 1962, n. 283 che dispone: *In caso di condanna per frode tossica o comunque dannosa alla salute non si applicano le disposizioni degli articoli 163 e 175 del codice penale.* Altro caso di inapplicabilità della norma in oggetto è previsto dall'art. 60 comma 4, D.P.R. 20 marzo 1967, n. 223 che è stato dichiarato incostituzionale con sentenza della Corte costituzionale 23 luglio 1980, n. 121.

Le disposizioni legislative e regolamentari in materia di casellario giudiziale, di anagrafe delle sanzioni amministrative dipendenti da reato e dei relativi carichi pendenti sono contenute nel Testo Unico di cui al D.P.R. 14 novembre 2002 n. 313.

176. Liberazione condizionale.

Il condannato a pena detentiva che, durante il tempo di esecuzione della pena, abbia tenuto un comportamento tale da far ritenere sicuro il suo ravvedimento, può essere ammesso alla liberazione condizionale, se ha scontato almeno trenta mesi e comunque almeno metà della pena inflittagli, qualora il rimanente della pena non superi i cinque anni [c.p.p. 682].

Se si tratta di recidivo, nei casi preveduti dai capoversi dell'articolo 99, il condannato, per essere ammesso alla liberazione condizionale, deve avere scontato almeno quattro anni di pena e non meno di tre quarti della pena inflittagli.

Il condannato all'ergastolo può essere ammesso alla liberazione condizionale quando abbia scontato almeno ventisei anni di pena[1].

La concessione della liberazione condizionale è subordinata all'adempimento delle obbligazioni civili derivanti dal reato [185, 186], salvo che il condannato dimostri di trovarsi nell'impossibilità di adempierle[2].

[1] Comma così sostituito dall'art. 28, L. 10 ottobre 1986, n. 663.

[2] Articolo così sostituito dall'art. 2, L. 25 novembre 1962, n. 1634. Il testo originario disponeva: *Il condannato a pena detentiva per un tempo superiore a cinque anni, il quale abbia scontato metà della pena o almeno tre quarti se è recidivo, e abbia dato prove costanti di buona condotta, può essere ammesso alla liberazione condizionale, se il rimanente della pena non supera i cinque anni. La concessione della liberazione condizionale è subordinata all'adempimento delle obbligazioni civili derivanti dal reato, salvo che il condannato dimostri di trovarsi nell'impossibilità di adempierle. La liberazione condizionale non è consentita se il condannato, dopo scontata la pena, deve essere sottoposto a una misura di sicurezza detentiva.*

177. Revoca della liberazione condizionale o estinzione della pena.

Nei confronti del condannato ammesso alla liberazione condizionale resta sospesa l'esecuzione della misura di sicurezza detentiva cui il condannato stesso sia stato sottoposto con la sentenza di condanna o con un provvedimento successivo. La liberazione condizionale è revocata, se la persona liberata commette un delitto o una contravvenzione della stessa indole [101], ovvero trasgredisce agli obblighi inerenti alla libertà vigilata, disposta a termini dell'articolo 230, n. 2. In tal caso, il tempo trascorso in libertà condizionale non è computato nella durata della pena e il condannato non può essere riammesso alla liberazione condizionale[1].

Decorso tutto il tempo della pena inflitta, ovvero cinque anni dalla data del provvedimento di liberazione condizionale, se trattasi di condannato all'ergastolo, senza che sia intervenuta alcuna causa di revoca, la pena rimane estinta e sono revocate le misure di sicurezza personali [215], ordinate dal giudice con la sentenza di condanna o con provvedimento successivo[2].

[1] La Corte costituzionale, con sentenza 25 maggio 1989, n. 282, ha dichiarato l'illegittimità costituzionale del presente comma, nella parte in cui, nel caso di revoca della liberazione condizionale, non consente al tribunale di sorveglianza di determinare la pena detentiva ancora da espiare, tenendo conto del tempo trascorso in libertà condizionale nonché delle restrizioni di libertà subite dal condannato e del suo comportamento durante tale periodo. La Corte costituzionale, con sentenza 4 giugno 1997, n. 161, ha dichiarato l'illegittimità costituzionale del presente comma, ultimo periodo, nella parte in cui non prevede che il condannato alla pena dell'ergastolo, cui sia stata revocata la liberazione condizionale, possa essere nuovamente ammesso a fruire del beneficio ove ne sussistano i relativi presupposti. La Corte costituzionale, con sentenza 23 dicembre 1998, n. 418, ha dichiarato l'illegittimità costituzionale del presente comma, nella parte in cui prevede la revoca della liberazione condizionale nel caso di condanna per qualsiasi delitto o contravvenzione della stessa indole, anziché stabilire che la liberazione condizionale è revocata se la condotta del soggetto, in relazione alla condanna subita, appare incompatibile con il mantenimento del beneficio.

[2] Articolo così sostituito dall'art. 2, L. 25 novembre 1962, n. 1634. Il testo originario disponeva: *La liberazione condizionale è revocata se la persona liberata commette un delitto o una contravvenzione della stessa indole ovvero trasgredisce agli obblighi inerenti alla libertà vigilata, disposta a termini dell'art. 230 n. 2. In tal caso, il tempo trascorso in libertà condizionale non è computato nella durata della pena e il condannato non può essere riammesso alla liberazione condizionale. Decorso tutto il tempo della pena inflitta, senza che sia intervenuta alcuna causa di revoca della liberazione condizionale, la pena rimane estinta e sono revocate le misure di sicurezza personali ordinate dal giudice con la sentenza di condanna o con un provvedimento successivo.*

● Norme connesse:

- art. 9, L. 29 maggio 1982, n. 304 che dispone: *La liberazione condizionale prevista dall'articolo precedente è revoca-*

ta in ogni tempo se la persona liberata commette successivamente un delitto non colposo per il quale la legge prevede la pena della reclusione superiore nel massimo a quattro anni ovvero se risulti che la liberazione condizionale è stata ottenuta a mezzo di dichiarazioni di cui è stata giudizialmente accertata la falsità.

178. Riabilitazione.

La riabilitazione [c.p.p. 683] estingue le pene accessorie [19] ed ogni altro effetto penale della condanna [544, 556 comma 3, 563, 573 comma 3, 574 comma 3], salvo che la legge disponga altrimenti [164 comma 2, n. 1].

● Norme connesse:

- art. 241, R.D. 16 marzo 1942, n. 267 che dispone: *La riabilitazione civile del fallito estingue il reato di bancarotta semplice. Se vi è condanna, ne fa cessare l'esecuzione e gli effetti.*

- comma 1, art. 24, R.D.L. 20 luglio 1934, n. 1404, convertito in L. 27 maggio 1935, n. 835, che dispone: *Per i fatti commessi dai minori degli anni 18, sia che abbiano dato luogo a condanna sia a proscioglimento, è ammessa una riabilitazione speciale, che fa cessare le pene accessorie e tutti gli altri effetti preveduti da leggi e regolamenti penali, civili e amministrativi, salvo le limitazioni stabilite per le concessioni della sospensione condizionale della pena e del perdono giudiziale.*

- art 70, D.Lgs. 6 settembre 2011, n. 159 (Codice antimafia), che dispone: *Dopo tre anni dalla cessazione della misura di prevenzione personale, l'interessato può chiedere la riabilitazione. La riabilitazione è concessa, se il soggetto ha dato prova costante ed effettiva di buona condotta, dalla corte di appello nel cui distretto ha sede l'autorità giudiziaria che dispone l'applicazione della misura di prevenzione o dell'ultima misura di prevenzione.*

2. La riabilitazione comporta la cessazione di tutti gli effetti pregiudizievoli riconnessi allo stato di persona sottoposta a misure di prevenzione nonchè la cessazione dei divieti previsti dall'articolo 67.

3. Si osservano, in quanto compatibili, le disposizioni del codice di procedura penale riguardanti la riabilitazione.

4. Quando è stata applicata una misura di prevenzione personale nei confronti dei soggetti di cui all'articolo 4, comma 1, lettera a) e b), la riabilitazione può essere richiesta dopo cinque anni dalla cessazione della misura di prevenzione personale.

■ Codice penale del 1889: *Art. 100 - L'interdizione perpetua dai pubblici uffici e ogni altra incapacità perpetua derivante da una condanna cessano per effetto della riabilitazione, salvo che la legge non disponga altrimenti.*

Se l'interdizione o l'incapacità era congiunta ad altra pena, la riabilitazione non può essere domandata se non dal condannato il quale abbia tenuto tale condotta da far presumere il suo ravvedimento, e scorsi cinque anni dal giorno nel quale la pena sia stata scontata o la condanna sia rimasta estinta per indulto o per grazia, ovvero scorsi dieci anni dal giorno in cui la condanna sia rimasta prescritta.

Se interdizione o l'incapacità non era congiunta ad altra pena, la riabilitazione non può essere domandata che dopo cinque anni dal giorno in cui la sentenza di condanna sia divenuta irrevocabile.

Il termine stabilito per domandare la riabilitazione è doppio per i condannati recidivi.

La riabilitazione si concede nei modi stabiliti dalla legge, e produce il suo effetto secondo le norme in essa determinate.

179. Condizioni per la riabilitazione.

La riabilitazione è conceduta [c.p.p. 683 commi 1 e 2] quando siano decorsi almeno tre anni dal giorno in cui la pena principale sia stata eseguita o siasi in altro modo estinta, e il condannato abbia dato prove effettive e costanti di buona condotta [c.p. 1889, 100 comma 5][1].

Il termine è di almeno otto anni se si tratta di recidivi, nei casi preveduti dai capoversi dell'articolo 99[1].

Il termine è di dieci anni se si tratta di delinquenti abituali [102-104], professionali [105] o per tendenza [108] e decorre dal giorno in cui sia stato revocato l'ordine di assegnazione ad una colonia agricola o ad una casa di lavoro [216][1].

Qualora sia stata concessa la sospensione condizionale della pena ai sensi dell'articolo 163, primo, secondo e terzo comma, il termine di cui al primo comma decorre dallo stesso momento dal quale decorre il termine di sospensione della pena[2].

Qualora sia stata concessa la sospensione condizionale della pena ai sensi del quarto comma dell'articolo 163, la riabilitazione è concessa allo scadere del termine di un anno di cui al medesimo quarto comma, purché sussistano le altre condizioni previste dal presente articolo[2].

La riabilitazione non può essere conceduta quando il condannato:

1) sia stato sottoposto a misura di sicurezza [215], tranne che si tratti di espulsione dello straniero dallo Stato [235] ovvero di confisca [240], e il provvedimento non sia stato revocato;

2) non abbia adempiuto le obbligazioni civili derivanti dal reato [185, 186], salvo che dimostri di trovarsi nella impossibilità di adempierle.

La riabilitazione concessa a norma dei commi precedenti non produce effetti sulle pene accessorie perpetue. Decorso un termine non inferiore a sette anni dalla riabilitazione, la pena accessoria perpetua è dichiarata estinta, quando il condannato abbia dato prove effettive e costanti di buona condotta[3].

[1] Comma così modificato dall'art. 3, L. 11 giugno 2004, n. 145.

[2] Comma aggiunto dall'art. 3, L. 11 giugno 2004, n. 145.

[3] Comma aggiunto dall'art. 1, comma 1, lett. i), L. 9 gennaio 2019, n. 3.

180. Revoca della sentenza di riabilitazione.

La sentenza di riabilitazione è revocata di diritto se la persona riabilitata commette entro sette anni un

CODICE PENALE

delitto non colposo, per il quale sia inflitta la pena della reclusione per un tempo non inferiore a due anni, od un'altra pena più grave[1].

[1] Articolo così modificato dall'art. 4, L. 11 giugno 2004, n. 145.

181. Riabilitazione nel caso di condanna all'estero.
Le disposizioni relative alla riabilitazione si applicano anche nel caso di sentenze straniere di condanna, riconosciute a norma dell'articolo 12 [683].

CAPO III
DISPOSIZIONI COMUNI

182. Effetti delle cause di estinzione del reato o della pena.
Salvo che la legge disponga altrimenti [155 comma 2, 544, 556 comma 3, 573 comma 3, 574 comma 3], l'estinzione del reato o della pena ha effetto [198] soltanto per coloro ai quali la causa di estinzione si riferisce.

■ Codice penale del 1889: *Art. 102 - L'estinzione dell'azione penale non pregiudica l'azione civile per le restrizioni e il risarcimento dei danni, eccetto che l'estinzione avvenga per la remissione della parte lesa, e questa ne abbia fatto espressa riserva.*

Art. 103 - L'estinzione della condanna penale non pregiudica la condanna civile alle restituzioni, al risarcimento dei danni e alle spese del procedimento, eccetto che l'estinzione avvenga per amnistia, nel qual caso cessa l'azione dell'erario per la riscossione delle spese processuali.

183. Concorso di cause estintive.
Le cause di estinzione del reato [150-170] o della pena [171-181] operano nel momento in cui esse intervengono.

Nel concorso di una causa che estingue il reato con una causa che estingue la pena, prevale la causa che estingue il reato, anche se è intervenuta successivamente.

Quando intervengono in temi diversi più cause di estinzione del reato o della pena, la causa antecedente estingue il reato o la pena, e quelle successive fanno cessare gli effetti che non siano ancora estinti in conseguenza della causa antecedente.

Se più cause intervengono contemporaneamente, la causa più favorevole opera l'estinzione del reato o della pena; ma anche in tal caso, per gli effetti che non siano estinti in conseguenza della causa più favorevole, si applica il capoverso precedente.

184. Estinzione della pena [di morte,] dell'ergastolo o di pena temporanea nel caso di concorso di reati.
Quando, per effetto di amnistia, indulto o grazia [151, 174], la pena [di morte o][1] dell'ergastolo è estinta, la pena detentiva temporanea, inflitta per il reato concorrente, è eseguita per intero. Nondimeno, se il condannato ha già interamente subìto l'isolamento diurno, applicato alla norma del capoverso dell'art. 72, la pena per il reato concorrente è ridotta alla metà; ed è estinta, se il condannato è stato detenuto per oltre trenta anni.

Se, per effetto di alcuna delle dette cause estintive, non deve essere scontata la pena detentiva temporanea inflitta, per il reato concorrente, al condannato all'ergastolo, non si applica l'isolamento diurno, stabilito nel capoverso dell'articolo 72. Se la pena detentiva deve essere scontata solo in parte, il periodo dell'isolamento diurno, applicato a norma del predetto articolo, può essere ridotto fino a tre mesi.

[1] La pena di morte è stata soppressa, con conseguente sostituzione con l'ergastolo, prima per i delitti previsti dal presente codice ex art. 1, D.Lgs.Lgt. 10 agosto 1944, n. 224, poi per i delitti previsti dalle leggi speciali (art. 1, D.Lgs. 22 gennaio 1948, n. 21). Infine, con L. 13 ottobre 1994, n. 589 è stata abolita la pena di morte anche per i reati previsti dal codice penale militare di guerra.

TITOLO VII
DELLE SANZIONI CIVILI

185. Restituzioni e risarcimento del danno.
Ogni reato obbliga alle restituzioni, a norma delle leggi civili [c.c. 1168, 1169].

Ogni reato, che abbia cagionato un danno patrimoniale o non patrimoniale [c.c. 2059], obbliga al risarcimento il colpevole e le persone che, a norma delle leggi civili, debbono rispondere per il fatto di lui [c.c. 2043-2054; c.p. 1889, 37 e 38].

● Norme connesse:

- artt. 11 e 12, L. 8 febbraio 1948, n. 47, recante le norme sul sequestro dei giornali e delle altre pubblicazioni, che dispongono rispettivamente: 11. Responsabilità civile. *Per i reati commessi col mezzo della stampa sono civilmente responsabili in solido con gli autori del reato e fra di loro, il proprietario della pubblicazione e l'editore.* 12. Riparazione pecuniaria. *Nel caso di diffamazione commessa col mezzo della stampa, la persona offesa può chiedere, oltre il risarcimento dei danni ai sensi dell'art. 185 del Codice penale, una somma a titolo di riparazione. La somma è determinata in relazione alla gravità dell'offesa ed alla diffusione dello stampato.*

- art 21, L. 31 dicembre 1982, n. 979, contenente disposizioni per la difesa del mare, che dispone: *In relazione ai danni provocati per violazione delle disposizioni previste dal presente titolo, fermo restando il disposto dell'articolo 185 del codice penale, il comandante e il proprietario o l'armatore della nave sono tenuti in solido a rifondere allo Stato le spese sostenute per la pulizia delle acque e degli arenili, nonché a risarcire i danni arrecati alle risorse marine. Tale obbligo solidale sussiste anche nei casi in cui si sia dovuta effettuare la discarica in mare di sostanze vietate, per la sicurezza della propria o di altra nave, o l'immissione delle sostanze vietate nelle acque del mare sia stata causata da un'avaria o da una perdita inevitabile ed ogni ragionevole precauzione sia stata adottata dopo l'avaria o la scoperta della perdita per impedire o ridurre il versamento delle sostanze stesse in mare.*

■ Codice penale del 1889: *Art. 37 - La condanna penale non pregiudica il diritto dell'offeso o danneggiato alle restituzioni e al risarcimento dei danni.*

Art. 38 - Oltre alle restituzioni e al risarcimento dei danni, il giudice, per ogni delitto che offenda l'onore della persona o della famiglia, ancorché non abbia cagionato danno, può assegnare alla parte offesa, che ne faccia domanda, una somma determinata a titolo di riparazione.

Art. 39 - Il condannato è obbligato al rifacimento delle spese processuali.

I condannati per uno stesso reato sono obbligati in solido alle restituzioni, al risarcimento dei danni, alla riparazione pecuniaria e alle spese processuali.

I condannati in uno stesso giudizio per reati diversi sono obbligati in solido alle sole spese comuni ai reati per i quali riportano condanna.

186. Riparazione del danno mediante pubblicazione della sentenza di condanna.

Oltre quanto è prescritto nell'articolo precedente e in altre disposizioni di legge [165, 347 comma 3, 448, 475, 498 comma 3, 501-*bis* comma 4, 518, 722, 727], ogni reato obbliga il colpevole alla pubblicazione, a sue spese, della sentenza di condanna [36 comma 4], qualora la pubblicazione costituisca un mezzo per riparare il danno non patrimoniale cagionato dal reato [c.p.p. 543, 694].

● Norme connesse:

- art 9, L. 8 febbraio 1948, n. 47 che dispone: *Nel pronunciare condanna per reato commesso mediante pubblicazione in un periodico, il giudice ordina in ogni caso la pubblicazione della sentenza, integralmente o per estratto, nel periodico stesso. Il direttore responsabile è tenuto ad eseguire gratuitamente la pubblicazione a norma dell'art. 615 primo comma del codice di procedura penale.*

187. Indivisibilità e solidarietà nelle obbligazioni ex delicto.

L'obbligo alle restituzioni e alla pubblicazione della sentenza penale di condanna è indivisibile [c.c. 1316].

I condannati per uno stesso reato sono obbligati in solido al risarcimento del danno patrimoniale o non patrimoniale [c.c. 2055, 2059; c.p. 1889, 39 comma 2].

188. Spese per il mantenimento del condannato. Obbligo di rimborso.

Il condannato è obbligato a rimborsare all'erario dello Stato le spese per il suo mantenimento negli istituti per l'esecuzione delle pene [145 comma 2 n. 2; c.p.p. 692, 535], e risponde di tale obbligazione con tutti i suoi beni mobili e immobili, presenti e futuri, a norma delle leggi civili [c.c. 2740].

L'obbligazione non si estende alla persona civilmente responsabile, e non si trasmette agli eredi del condannato[1].

[1] La Corte costituzionale, con sentenza 6 aprile 1998, n. 98, ha dichiarato l'illegittimità costituzionale del presente comma, nella parte in cui non prevede la non trasmissibilità agli eredi dell'obbligo di rimborsare le spese del processo penale.

● Norme connesse:

- comma 1: 1) art. 2, L. 26 luglio 1975, n. 354 che dispone: *Le spese per l'esecuzione delle pene e delle misure di sicurezza detentive sono a carico dello Stato.*

Il rimborso delle spese di mantenimento da parte dei condannati si effettua ai termini degli articoli 145, 188, 189 e 191 del codice penale e 274 del codice di procedura penale.

Il rimborso delle spese di mantenimento da parte degli internati si effettua mediante prelievo di una quota della remunerazione a norma del penultimo capoverso dell'articolo 213 del codice penale, ovvero per effetto della disposizione sul rimborso delle spese di spedalità, richiamata nell'ultima parte dell'articolo 213 del codice penale.

Sono spese di mantenimento quelle concernenti gli alimenti ed il corredo.

Il rimborso delle spese di mantenimento ha luogo per una quota non superiore ai due terzi del costo reale. Il Ministro della giustizia, al principio di ogni esercizio finanziario, determina, sentito il Ministro dell'economia e delle finanze, la quota media di mantenimento dei detenuti in tutti gli stabilimenti della Repubblica.

2) art. 24, comma 1, L. 26 luglio 1975, n. 354 che dispone: *Sulla remunerazione spettante ai condannati sono prelevate le somme dovute a titolo di risarcimento del danno e di rimborso delle spese di procedimento. Sulla remunerazione spettante ai condannati ed agli internati sono altresì prelevate le somme dovute ai sensi del secondo e del terzo comma dell'articolo 2.*

3) art. 53, D.P.R. 29 aprile 1976, n. 431.

189. Sequestro[1].

Lo Stato ha ipoteca legale [c.c. 2808 comma 3, 2817] sui beni dell'imputato a garanzia del pagamento:

1) delle pene pecuniarie e di ogni altra somma dovuta all'erario dello Stato;

2) delle spese del procedimento;

3) delle spese relative al mantenimento del condannato negli istituti per l'esecuzione delle pene [188];

4) delle spese sostenute da un pubblico istituto sanitario, a titolo di cura e di alimenti per la persona offesa, durante l'infermità;

5) delle somme dovute a titolo di risarcimento del danno [185], comprese le spese processuali;

6) delle spese anticipate dal difensore e delle somme a lui dovute a titolo di onorario.

L'ipoteca legale non pregiudica il diritto degli interessati a iscrivere ipoteca giudiziale [c.c. 2818-2820], dopo la sentenza di condanna, anche se non divenuta irrevocabile [c.p.p. 648].

Se vi è fondata ragione di temere che manchino o si disperdano le garanzie delle obbligazioni per le quali è ammessa l'ipoteca legale, può essere ordinato il sequestro dei beni mobili dell'imputato [c.p.p. 317, 320].

Gli effetti dell'ipoteca o del sequestro cessano con la sentenza irrevocabile di proscioglimento [c.p.p. 648, 650].

Se l'imputato offre cauzione, può non farsi luogo alla iscrizione della ipoteca legale o al sequestro.

Per effetto del sequestro i crediti indicati in questo articolo si considerano privilegiati [c.c. 2745] rispetto ad ogni altro credito non privilegiato di data anteriore e ai crediti sorti posteriormente, salvi, in ogni caso, i privilegi stabiliti a garanzia del pagamento di tributi [c.c. 2752, 2758, 2759, 2771, 2772].

[1] In origine la rubrica era: Ipoteca legale; sequestro. L'art. 218, D.Lgs. 28 luglio 1989, n. 271, dispone: *Sono abrogate le disposizioni del codice penale che prevedono l'ipoteca legale. L'ipoteca legale per illeciti penali prevista da altre disposizioni di legge è sostituita con il sequestro conservativo secondo le norme del codice.*

● Norme connesse:

- art. 29, comma 3, L. 13 settembre 1982, n. 646 che dispone: *Salvo che sia stata offerta idonea cauzione, per i reati finanziari si deve in ogni caso procedere all'iscrizione dell'ipoteca legale o al sequestro previsti dall'art 189 del codice penale.*

190. Garanzie sui beni della persona civilmente responsabile.

Le garanzie stabilite nell'articolo precedente si estendono anche ai beni della persona civilmente responsabile [c.c. 2047-2049, 2054 comma 3], limitatamente ai crediti indicati nei numeri 2, 4 e 5 del predetto articolo, qualora, [per la ipoteca legale, sussistano le condizioni richieste per la iscrizione sui beni dell'imputato, e qualora,][1] per il sequestro, concorrano, riguardo alla persona civilmente responsabile, le circostanze indicate nel secondo capoverso dell'articolo precedente.

[1] L'art. 218, D.Lgs. 28 luglio 1989, n. 271, dispone: *Sono abrogate le disposizioni del codice penale che prevedono l'ipoteca legale. L'ipoteca legale per illeciti penali prevista da altre disposizioni di legge è sostituita con il sequestro conservativo secondo le norme del codice.*

191. Ordine dei crediti garantiti con sequestro[1].

Sul prezzo degli immobili ipotecati e dei mobili sequestrati a norma dei due articoli precedenti, e sulle somme versate a titolo di cauzione e non devolute alla Cassa delle ammende [149 comma 2], sono pagate nell'ordine seguente [c.p.p. 320]:

1) le spese sostenute da un pubblico istituto sanitario, a titolo di cura e di alimenti per la persona offesa, durante l'infermità;

2) le somme dovute a titolo di risarcimento di danni [185] e di spese processuali [c.p.p. 538, 539, 541] al danneggiato [c.p.p. 3202], purché il pagamento ne sia richiesto entro un anno dal giorno in cui la sentenza penale di condanna sia divenuta irrevocabile [c.p.p. 648, 650];

3) le spese anticipate dal difensore del condannato e la somma a lui dovuta a titolo di onorario [c.p.p. 320];

4) le spese del procedimento;

5) le spese per il mantenimento del condannato negli istituti per l'esecuzione delle pene [188]. Se la esecuzione della pena non ha ancora avuto luogo, in tutto o in parte, è depositata nella Cassa delle ammende una somma presumibilmente adeguata alle spese predette;

6) le pene pecuniarie e ogni altra somma dovuta all'erario dello Stato [c.p.p. 691].

[1] In origine la rubrica era: Ordine dei crediti garantiti con ipoteca o sequestro. L'art. 218, D.Lgs. 28 luglio 1989, n. 271, dispone: *Sono abrogate le disposizioni del codice penale che prevedono l'ipoteca legale. L'ipoteca legale per illeciti penali prevista da altre disposizioni di legge è sostituita con il sequestro conservativo secondo le norme del codice.*

192. Atti a titolo gratuito compiuti dal colpevole dopo il reato.

Gli atti a titolo gratuito, compiuti dal colpevole dopo il reato, non hanno efficacia rispetto ai crediti indicati nell'articolo 189 [c.c. 2901].

193. Atti a titolo oneroso compiuti dal colpevole dopo il reato.

Gli atti a titolo oneroso, eccedenti la semplice amministrazione ovvero la gestione dell'ordinario commercio, i quali siano compiuti dal colpevole dopo il reato, si presumono fatti in frode rispetto ai crediti indicati nell'articolo 189.

Nondimeno, per la revoca dell'atto, è necessaria la prova della mala fede dell'altro contraente [c.c. 2901].

194. Atti a titolo oneroso o gratuito compiuti dal colpevole prima del reato.

Gli atti a titolo gratuito, compiuti dal colpevole prima del reato, non sono efficaci rispetto ai crediti indicati nell'articolo 189, qualora si provi che furono da lui compiuti in frode [c.c. 2901].

La stessa disposizione si applica agli atti a titolo oneroso eccedenti la semplice amministrazione ovvero la gestione dell'ordinario commercio; nondimeno, per la revoca dell'atto a titolo oneroso, è necessaria la prova anche della mala fede dell'altro contraente [c.c. 2901].

Le disposizioni di questo articolo non si applicano per gli atti anteriori di un anno al commesso reato.

195. Diritti dei terzi.

Nei casi preveduti dai tre articoli precedenti, i diritti dei terzi sono regolati dalle leggi civili [c.c. 2901].

196. Obbligazione civile per le multe e le ammende inflitte a persona dipendente.

Nei reati commessi da chi è soggetto alla altrui autorità, direzione o vigilanza, la persona rivestita dell'autorità, o incaricata della direzione o vigilanza, è obbligata, in caso di insolvibilità del condannato, al pagamento di una somma pari all'ammontare della multa o dell'ammenda inflitta al colpevole, se si tratta di violazioni di disposizioni che essa era tenuta a far osservare e delle quali non debba rispondere penalmente [89, 100, 154, 208; c.p.p. 460, 463, 491, 503, 534, 575].

Qualora la persona preposta risulti insolvibile, si applicano al condannato le disposizioni dell'articolo 136 [c.p.p. 660; disp. att. c.p.p. 182][1].

[1] Articolo così sostituito dall'art. 116, L. 24 novembre 1981, n. 689. Il testo originario disponeva: *Nelle contravvenzioni commesse da chi è soggetto all'altrui autorità, direzione o vigilanza, la persona rivestita dell'autorità, o incaricata della direzione o vigilanza, è obbligata, in caso d'insolvibilità del condannato, al pagamento di una somma pari all'ammontare dell'ammenda inflitta al colpevole, se si tratta di contravvenzione a disposizioni che essa era tenuta a far osservare e della quale non debba rispondere penalmente. Qualora anche la persona preposta risulti insolvibile si applicano al condannato le disposizioni dell'art 136*

● Norme connesse:

- art. 9, L. 7 gennaio 1929, n. 4 che dispone: *Per le violazioni delle leggi finanziarie che costituiscono contravvenzione, commesse da chi è soggetto all'altrui autorità, direzione o vigilanza, la persona rivestita dell'autorità o incaricata della direzione o vigilanza è obbligata, in caso di insolvibilità del condannato, al pagamento di una somma, pari all'ammontare dell'ammenda inflitta al colpevole, purchè la violazione riguardi disposizioni che la detta persona era tenuta a far osservare. Le leggi concernenti i singoli tributi determinano quali siano le disposizioni, in esse stabilite, che la persone rivestita dell'autorità o incaricata della direzione o della vigilanza, è tenuta a far osservare. Qualora anche la persona preposta risulti insolvibile, si procede contro il condannato alla conversione della pena dell'ammenda in quella dell'arresto, secondo le norme del codice penale.*

197. Obbligazione civile delle persone giuridiche per il pagamento delle multe e delle ammende.

Gli enti forniti di personalità giuridica, eccettuati lo Stato, le regioni, le province ed i comuni, qualora sia pronunciata condanna per reato contro chi ne abbia la rappresentanza, o l'amministrazione, o sia con essi in rapporto di dipendenza, e si tratti di reato che costituisca violazione degli obblighi inerenti alla qualità rivestita dal colpevole, ovvero sia commesso nell'interesse della persona giuridica, sono obbligati al pagamento, in caso di insolvibilità del condannato, di una somma pari all'ammontare della multa o dell'ammenda inflitta.

Se tale obbligazione non può essere adempiuta, si applicano al condannato le disposizioni dell'articolo 136[1].

[1] Articolo così sostituito dall'art. 116, L. 24 novembre 1981, n. 689. Il testo originario disponeva: *Gli enti forniti di personalità giuridica eccettuati lo Stato, le province e i comuni, qualora sia pronunciata condanna per contravvenzione contro chi ne abbia la rappresentanza o l'amministrazione, o sia con essi in rapporto di dipendenza, e si tratti di contravvenzione che costituisca violazione degli obblighi inerenti alla qualità rivestita dal colpevole, sono obbligati al pagamento, in caso d'insolvibilità del condannato, di una somma pari all'ammontare dell'ammenda inflitta. Se tale obbligazione non può essere adempiuta si applicano al condannatole disposizioni dell'art 136.*

● Norme connesse:

- art. 10, L. 7 gennaio 1929, n. 4 in materia di norme generali per la repressione delle violazioni delle leggi finanziarie, che dispone: *Per le contravvenzioni relative ai tributi dovuti da enti forniti di personalità giuridica eccettuati lo Stato, le province, i comuni e gli altri enti pubblici, qualora sia pronunciata condanna contro chi ne abbia la rappresentanza o sia con essi in rapporto di dipendenza, gli enti predetti sono obbligati , in caso d'insolvibilità del condannato, al pagamento di una somma pari all'ammontare della ammenda inflitta.*

198. Effetti dell'estinzione del reato o della pena sulle obbligazioni civili.

L'estinzione del reato [150-170] o della pena [171-181] non importa l'estinzione delle obbligazioni civili derivanti dal reato, salvo che si tratti delle obbligazioni indicate nei due articoli precedenti [c.p. 1889, 102, 103].

● Norme connesse:

- art. 8, Cedu.

TITOLO VIII
DELLE MISURE AMMINISTRATIVE DI SICUREZZA

CAPO I
DELLE MISURE DI SICUREZZA PERSONALI

Sezione I
Disposizioni generali

199. Sottoposizione a misure di sicurezza: disposizione espressa di legge.

Nessuno può essere sottoposto a misure di sicurezza che non siano espressamente stabilite dalla legge e fuori dei casi dalla legge stessa preveduti.

200. Applicabilità delle misure di sicurezza rispetto al tempo, al territorio e alle persone.

CODICE PENALE

Le misure di sicurezza sono regolate dalla legge in vigore al tempo della loro applicazione.

Se la legge del tempo in cui deve eseguirsi la misura di sicurezza è diversa, si applica la legge in vigore al tempo della esecuzione [c.p.p. 658, 659 comma 2, 679].

Le misure di sicurezza si applicano anche agli stranieri, che si trovano nel territorio dello Stato [4 comma 2].

Tuttavia l'applicazione di misure di sicurezza allo straniero non impedisce l'espulsione di lui dal territorio dello Stato, a norma delle leggi di pubblica sicurezza.

● Norme connesse:

- art. 15, comma 1, D.Lgs. 25 luglio 1998, n. 286 che dispone: *Fuori dei casi previsti dal codice penale, il giudice può ordinare l'espulsione dello straniero che sia condannato per taluno dei delitti previsti dagli artt 380 e 381 del codice penale, sempre che risulti socialmente pericoloso.*

- art. 86, commi 1 e 2, D.P.R. 9 ottobre 1990, n. 309 che dispone: *Lo straniero condannato per uno dei reati previsti dagli artt 73, 74, 79 e 82 commi 2 e 3, a pena espiata deve essere espulso dallo Stato. Lo stesso provvedimento di espulsione dallo Stato può essere adottato nei confronti dello straniero condannato per uno degli altri delitti previsti dal presente testo unico.*

201. Misure di sicurezza per fatti commessi all'estero.

Quando, per un fatto commesso all'estero, si procede o si rinnova il giudizio nello Stato [7-10], è applicabile la legge italiana anche riguardo alle misure di sicurezza.

Nel caso indicato nell'articolo 12, numero 3, l'applicazione delle misure di sicurezza stabilite dalla legge italiana è sempre subordinata all'accertamento che la persona sia socialmente pericolosa [203, 204; c.p.p. 678, 730].

202. Applicabilità delle misure di sicurezza.

Le misure di sicurezza possono essere applicate soltanto alle persone socialmente pericolose, che abbiano commesso un fatto preveduto dalla legge come reato.

La legge penale determina i casi nei quali a persone socialmente pericolose possono essere applicate misure di sicurezza per un fatto non preveduto dalla legge come reato [49, 115].

203. Pericolosità sociale.

Agli effetti della legge penale, è socialmente pericolosa la persona, anche se non imputabile o non punibile, la quale ha commesso taluno dei fatti indicati nell'articolo precedente, quando è probabile che commetta nuovi fatti preveduti dalla legge come reati.

La qualità di persona socialmente pericolosa si desume dalle circostanze indicate nell'articolo 133.

204. Accertamento di pericolosità. Pericolosità sociale presunta.

[...][1].

[1] Articolo abrogato dall'art. 31, L. 10 ottobre 1986, n. 663. Il testo originario disponeva: *Le misure di sicurezza sono ordinate previo accertamento che colui il quale ha commesso il fatto è persona socialmente pericolosa. Nei casi espressamente determinati, la qualità di persona socialmente pericolosa è presunta dalla legge. Nondimeno, anche in tali casi, l'applicazione della misura di sicurezza è subordinata all'accertamento di tale qualità, se la condanna o il proscioglimento è pronunciato: 1) dopo dieci anni dal giorno in cui è stato commesso il fatto, qualora si tratti di infermi di mente, nei casi previsti dal primo capoverso dell'art. 219 e dell'art. 222; 2) dopo cinque anni dal giorno in cui è stato commesso il fatto, in ogni altro caso. È, altresì, subordinata all'accertamento della qualità di persona socialmente pericolosa la esecuzione, non ancora iniziata, delle misure di sicurezza aggiunte a pena non detentiva ovvero concernenti imputati prosciolti, se, dalla data della sentenza di condanna o di proscioglimento, sono decorsi dieci anni nel caso preveduto dal primo capoverso dell'art. 222, ovvero cinque anni in ogni altro caso.*

205. Provvedimento del giudice.

Le misure di sicurezza sono ordinate dal giudice nella stessa sentenza di condanna [c.p.p. 533] o di proscioglimento [c.p.p. 529-532].

Possono essere ordinate con provvedimento successivo [c.p.p. 658, 679]:

1) nel caso di condanna, durante l'esecuzione della pena o durante il tempo in cui il condannato si sottrae volontariamente all'esecuzione della pena;

2) nel caso di proscioglimento, qualora la qualità di persona socialmente pericolosa sia presunta [204], e non sia decorso un tempo corrispondente alla durata minima della relativa misura di sicurezza[1];

3) in ogni tempo, nei casi stabiliti dalla legge [109 comma 2, 204, 210].

[1] La Corte costituzionale, con sentenza 8 luglio 1982, n. 139, ha dichiarato l'illegittimità costituzionale del presente numero, nella parte in cui non subordina il provvedimento di ricovero in ospedale psichiatrico giudiziario dell'imputato prosciolto per infermità psichica al previo accertamento da parte del giudice della cognizione e della esecuzione della persistente pericolosità sociale derivante dalla infermità medesima al tempo dell'applicazione della misura.

206. Applicazione provvisoria delle misure di sicurezza.

Durante la istruzione o il giudizio [c.p.p. 286, 312, 313, 679], può disporsi che il minore di età, o l'infermo di mente, o l'ubriaco abituale, o la persona dedita all'uso di sostanze stupefacenti, o in stato di cronica intossicazione prodotta da alcool o da sostanze stupefacenti, siano provvisoriamente ricoverati in un riformatorio [223] o in un ospedale psichiatrico giudiziario [222], o in una casa di cura e di custodia [219][1].

Il giudice revoca l'ordine, quando ritenga che tali persone non siano più socialmente pericolose.

Il tempo dell'esecuzione provvisoria della misura di sicurezza è computato nella durata minima di essa [c.p.p. 312-313][2].

[1] La Corte costituzionale, con sentenza 24 luglio 1998, n. 324, ha dichiarato l'illegittimità costituzionale del presente comma, nella parte in cui prevede la possibilità di disporre il ricovero provvisorio anche di minori in un ospedale psichiatrico giudiziario.

[2] La Corte costituzionale, con sentenza 29 novembre 2004, n. 367, ha dichiarato l'illegittimità costituzionale del presente articolo, nella parte in cui non consente al giudice di disporre, in luogo del ricovero in ospedale psichiatrico giudiziario, una misura di sicurezza non detentiva, prevista dalla legge, idonea ad assicurare alla persona inferma di mente cure adeguate e a contenere la sua pericolosità sociale.

207. Revoca delle misure di sicurezza personali.

Le misure di sicurezza non possono essere revocate se le persone ad esse sottoposte non hanno cessato di essere socialmente pericolose [203].

La revoca non può essere ordinata se non è decorso un tempo corrispondente alla durata minima [c.p. 215] stabilita dalla legge per ciascuna misura di sicurezza[1].

[...][2].

[1] La Corte costituzionale, con sentenza 23 aprile 1974, n. 110, ha dichiarato l'illegittimità costituzionale del presente comma, in quanto non consente la revoca delle misure di sicurezza prima che sia decorso il tempo corrispondente alla durata minima stabilita dalla legge.

[2] Comma abrogato dall'art. 89, L. 26 luglio 1975, n. 354. Il testo previgente disponeva: *Anche prima che sia decorso il tempo corrispondente alla durata minima stabilita dalla legge, la misura di sicurezza può essere revocata con decreto del Ministro della Giustizia.*

208. Riesame della pericolosità.

Decorso il periodo minimo di durata, stabilito dalla legge per ciascuna misura di sicurezza, il giudice riprende in esame le condizioni della persona che vi è sottoposta, per stabilire se essa è ancora socialmente pericolosa [203; c.p.p. 679].

Qualora la persona risulti ancora pericolosa, il giudice fissa un nuovo termine per un esame ulteriore. Nondimeno, quando vi sia ragione di ritenere che il pericolo sia cessato, il giudice può, in ogni tempo, procedere a nuovi accertamenti [c.p.p. 679].

● Norme connesse:
- art. 69 comma 4, L. 26 luglio 1975, n. 354, in base al quale la competenza a provvedere al riesame della pericolosità, allo stato, è del magistrato di sorveglianza.

209. Persona giudicata per più fatti.

Quando una persona ha commesso, anche in tempi diversi, più fatti per i quali siano applicabili più misure di sicurezza della medesima specie, è ordinata una sola misura di sicurezza.

Se le misure di sicurezza sono di specie diversa, il giudice valuta complessivamente il pericolo che deriva dalla persona e in relazione ad esso, applica una o più delle misure di sicurezza stabilite dalla legge [219 comma 4].

Sono in ogni caso applicate le misure di sicurezza detentive [215], alle quali debba essere sottoposta la persona, a cagione del pericolo presunto dalla legge [204 comma 2].

Le disposizioni precedenti si applicano anche nel caso di misure di sicurezza in corso di esecuzione, o delle quali non siasi ancora iniziata l'esecuzione.

210. Effetti della estinzione del reato o della pena.

L'estinzione del reato [150-170] impedisce l'applicazione delle misure di sicurezza e ne fa cessare l'esecuzione.

L'estinzione della pena [171-181] impedisce l'applicazione delle misure di sicurezza, eccetto quelle per le quali la legge stabilisce che possono essere ordinate in ogni tempo [205 n. 3, 236 comma 2, 240 comma 2], ma non impedisce l'esecuzione delle misure di sicurezza che sono state già ordinate dal giudice come misure accessorie di una condanna alla pena della reclusione superiore a dieci anni. Nondimeno, alla colonia agricola e alla casa di lavoro [216] è sostituita la libertà vigilata [228].

Qualora per effetto di indulto o di grazia [174] non debba essere eseguita [la pena di morte ovvero][1] in tutto o in parte, la pena dell'ergastolo, il condannato è sottoposto a libertà vigilata per un tempo non inferiore a tre anni.

[1] La pena di morte è stata soppressa, con conseguente sostituzione con l'ergastolo, prima per i delitti previsti dal presente codice ex art. 1, D.Lgs.Lgt. 10 agosto 1944, n. 224, poi per i delitti previsti dalle leggi speciali (art. 1, D.Lgs. 22 gennaio 1948, n. 21). Infine, con L. 13 ottobre 1994, n. 589 è stata abolita la pena di morte anche per i reati previsti dal codice penale militare di guerra.

211. Esecuzione delle misure di sicurezza.

Le misure di sicurezza aggiunte a una pena detentiva sono eseguite dopo che la pena è stata scontata o è altrimenti estinta [202 comma 2].

Le misure di sicurezza, aggiunte a pena non detentiva, sono eseguite dopo che la sentenza di condanna è divenuta irrevocabile [c.p.p. 648, 650].

L'esecuzione delle misure di sicurezza temporanee non detentive [215 comma 3], aggiunte a misure di sicurezza detentive [215 comma 2], ha luogo dopo la esecuzione di queste ultime.

211-*bis*. Rinvio dell'esecuzione delle misure di sicurezza.

Alle misure di sicurezza previste dal presente capo si applicano gli articoli 146 e 147.

Se la misura di sicurezza deve essere eseguita nei confronti dell'autore di un delitto consumato o tentato commesso con violenza contro le persone ovvero con l'uso di armi e vi sia concreto pericolo che il soggetto commetta nuovamente uno dei delitti indicati il giudice può ordinare il ricovero in una casa di cura o in altro luogo di cura comunque adeguato alla situazione o alla patologia della persona[1] [2].

[1] Comma aggiunto dall'art. 2, L. 8 marzo 2001, n. 40.

[2] Articolo aggiunto dall'art. 7, L. 12 luglio 1999, n. 231.

212. Casi di sospensione o di trasformazione di misure di sicurezza.

L'esecuzione di una misura di sicurezza applicata a persona imputabile è sospesa se questa deve scontare una pena detentiva, e riprende il suo corso dopo l'esecuzione della pena.

Se la persona sottoposta a una misura di sicurezza detentiva [215 comma 2] è colpita da un'infermità psichica [148], il giudice ne ordina il ricovero in un [manicomio giudiziario][1] ospedale psichiatrico giudiziario [222], ovvero in una casa di cura e di custodia [219].

Quando sia cessata l'infermità, il giudice, accertato che la persona è socialmente pericolosa [203], ordina che essa sia assegnata ad una colonia agricola o ad una casa di lavoro [216], ovvero a un riformatorio giudiziario [223], se non crede di sottoporla a libertà vigilata [228].

Se l'infermità psichica colpisce persona sottoposta a misura di sicurezza non detentiva [215 comma 3] o a cauzione di buona condotta [237], e l'infermo viene ricoverato in un [manicomio comune][2] ospedale psichiatrico civile, cessa l'esecuzione di dette misure. Nondimeno, se si tratta di persona sottoposta a misura di sicurezza personale non detentiva [215 comma 3], il giudice, cessata l'infermità, procede a nuovo accertamento ed applica una misura di sicurezza personale non detentiva [215 comma 3] qualora la persona risulti pericolosa [203].

[1] Ai sensi dell'art. 62 commi 1 e 2, L. 26 luglio 1975, n. 354 e dell'art. 98, D.P.R. 29 aprile 1976, n. 431, ai manicomi giudiziari devono intendersi sostituiti gli Ospedali psichiatrici giudiziari. Per il definitivo superamento degli ospedali psichiatrici giudiziari, v. art. 3-ter, D.L. 22 dicembre 2011, n. 211, convertito in L. 17 febbraio 2012, n. 9.

[2] Ai sensi dell'art. 100, D.P.R. 29 aprile 1976, n. 431 e dell'art. 11 comma 1, L. 13 maggio 1978, n. 180, ai manicomi comuni devono intendersi sostituiti gli ospedali psichiatrici civili.

213. Istituti destinati all'esecuzione delle misure di sicurezza detentive. Regime educativo, curativo e di lavoro.

Le misure di sicurezza detentive [215 comma 2] sono eseguite negli istituti a ciò destinati[1].

Le donne sono assegnate a istituti[1] separati da quelli destinati agli uomini.

In ciascuno degli istituti[1] è adottato un particolare regime educativo o curativo e di lavoro, avuto riguardo alle tendenze e alle abitudini criminose della persona e in genere, al pericolo sociale che da essa deriva.

Il lavoro è remunerato. Dalla remunerazione è prelevata una quota per il rimborso delle spese di mantenimento [145 comma 2, n. 2, 188].

Per quanto concerne il mantenimento dei ricoverati [nei manicomi giudiziari][2] negli ospedali psichiatrici giudiziari [222] si osservano le disposizioni sul rimborso delle spese di spedalità.

[1] In origine «stabilimenti». V., a riguardo, artt. 59, n. 3 e 61, L. 26 luglio 1975, n. 354.

[2] Ai sensi dell'art. 62 commi 1 e 2, L. 26 luglio 1975, n. 354 e dell'art. 98, D.P.R. 29 aprile 1976, n. 431, ai manicomi giudiziari devono intendersi sostituiti gli Ospedali psichiatrici giudiziari. Per il definitivo superamento degli ospedali psichiatrici giudiziari, v. art. 3-ter, D.L. 22 dicembre 2011, n. 211, convertito in L. 17 febbraio 2012, n. 9.

214. Inosservanza delle misure di sicurezza detentive.

Nel caso in cui la persona sottoposta a misura di sicurezza detentiva [215] si sottrae volontariamente alla esecuzione di essa, ricomincia a decorrere il periodo minimo di durata della misura di sicurezza dal giorno in cui a questa è data nuovamente esecuzione.

Tale disposizione non si applica nel caso di persona ricoverata in un ospedale psichiatrico giudiziario [222][1], o in una casa di cura e di custodia [219].

[1] Ai sensi dell'art. 62 commi 1 e 2, L. 26 luglio 1975, n. 354 e dell'art. 98, D.P.R. 29 aprile 1976, n. 431, ai manicomi giudiziari devono intendersi sostituiti gli Ospedali psichiatrici giudiziari. Per il definitivo superamento degli ospedali psichiatrici giudiziari, v. art. 3-ter, D.L. 22 dicembre 2011, n. 211, convertito in L. 17 febbraio 2012, n. 9.

Sezione II

Disposizioni speciali

215. Specie.

Le misure di sicurezza personali si distinguono in detentive e non detentive.

Sono misure di sicurezza detentive:

1) l'assegnazione a una colonia agricola o ad una casa di lavoro [216-218];

2) il ricovero in una casa di cura e di custodia [219-221];

3) il ricovero in un ospedale psichiatrico giudiziario [222][1];

4) il ricovero in un riformatorio giudiziario [223-227].

Sono misure di sicurezza non detentive [212 comma 4]:

1) la libertà vigilata [228-232];

2) il divieto di soggiorno in uno o più Comuni, o in una o più Province [233];

3) il divieto di frequentare osterie e pubblici spacci di bevande alcooliche [234];

4) l'espulsione dello straniero dallo Stato [235].

Quando la legge stabilisce una misura di sicurezza senza indicarne la specie, il giudice dispone che si applichi la libertà vigilata, a meno che, trattandosi di un condannato per delitto, ritenga di disporre l'assegnazione di lui a una colonia agricola o ad una casa di lavoro.

[1] Ai sensi dell'art. 62 commi 1 e 2, L. 26 luglio 1975, n. 354 e dell'art. 98, D.P.R. 29 aprile 1976, n. 431, ai manicomi giudiziari devono intendersi sostituiti gli Ospedali psichiatrici giudiziari. Per il definitivo superamento degli ospedali psichiatrici giudiziari, v. art. 3-ter, D.L. 22 dicembre 2011, n. 211, convertito in L. 17 febbraio 2012, n. 9.

● Norme connesse:
- art. 71, D.Lgs. 6 settembre 2011, n. 159 (codice antimafia).

216. Assegnazione a una colonia agricola o ad una casa di lavoro.

Sono assegnati a una colonia agricola o ad una casa di lavoro:

1) coloro che sono stati dichiarati delinquenti abituali [102-104], professionali [105] o per tendenza [108];

2) coloro che, essendo stati dichiarati delinquenti abituali [102-104], professionali [105] o per tendenza [108], e non essendo più sottoposti a misura di sicurezza, commettono un nuovo delitto, non colposo, che sia nuova manifestazione della abitualità, della professionalità o della tendenza a delinquere;

3) le persone condannate o prosciolte, negli altri casi indicati espressamente nella legge [223 comma 2, 226, 231 comma 2].

217. Durata minima.

L'assegnazione a una colonia agricola o ad una casa di lavoro ha la durata minima di un anno. Per i delinquenti abituali [102-104], la durata minima è di due anni, per i delinquenti professionali [105] di tre anni, ed è di quattro anni per i delinquenti per tendenza [108].

218. Esecuzione.

Nelle colonie agricole e nelle case di lavoro i delinquenti abituali [102-104] o professionali [105] e quelli per tendenza [108] sono assegnati a sezioni speciali.

Il giudice stabilisce se la misura di sicurezza debba essere eseguita in una colonia agricola, ovvero in una casa di lavoro, tenuto conto delle condizioni e attitudini della persona a cui il provvedimento si riferisce. Il provvedimento può essere modificato nel corso della esecuzione.

219. Assegnazione a una casa di cura e di custodia.

Il condannato, per delitto non colposo [43], a una pena diminuita per cagione di infermità psichica [89], o di cronica intossicazione da alcool o da sostanze stupefacenti [95], ovvero per cagione di sordomutismo [96 comma 2], è ricoverato in una casa di cura e di custodia per un tempo non inferiore a un anno, quando la pena stabilita dalla legge non è inferiore nel minimo a cinque anni di reclusione[1].

Se per il delitto commesso è stabilita dalla legge [la pena di morte o][2] la pena dell'ergastolo, ovvero la reclusione non inferiore nel minimo a dieci anni, la misura di sicurezza è ordinata per un tempo non inferiore a tre anni [204 comma 2][3].

Se si tratta di un altro reato, per il quale la legge stabilisce la pena detentiva, e risulta che il condannato è persona socialmente pericolosa [203], il ricovero in una casa di cura e di custodia è ordinato per un tempo non inferiore a sei mesi; tuttavia il giudice può sostituire alla misura del ricovero quella della libertà vigilata [228-232]. Tale sostituzione non ha luogo, qualora si tratti di condannati a pena diminuita per intossicazione cronica da alcool o da sostanze stupefacenti [95][4].

Quando deve essere ordinato il ricovero in una casa di cura e di custodia [220], non si applica altra misura di sicurezza detentiva [c.p.p. 658 ss.].

[1] La Corte costituzionale, con sentenza 15 luglio 1983, n. 249, ha dichiarato l'illegittimità costituzionale del presente comma, nella parte in cui non subordina il provvedimento di ricovero in una casa di cura e di custodia dell'imputato condannato per delitto non colposo ad una pena diminuita per cagione di infermità psichica al previo accertamento da parte del giudice della persistente pericolosità sociale derivante dalla infermità medesima, al tempo della applicazione della misura di sicurezza.

[2] La pena di morte è stata soppressa, con conseguente sostituzione con l'ergastolo, prima per i delitti previsti dal presente codice ex art. 1, D.Lgs.Lgt. 10 agosto 1944, n. 224, poi per i delitti previsti dalle leggi speciali (art. 1, D.Lgs. 22 gennaio 1948, n. 21). Infine, con L. 13 ottobre 1994, n. 589 è stata abolita la pena di morte anche per i reati previsti dal codice penale militare di guerra.

[3] La Corte costituzionale, con sentenza 15 luglio 1983, n. 249, ha dichiarato, l'illegittimità costituzionale del presente comma, nella parte in cui non subordina il provvedimento di ricovero in una casa di cura e di custodia dell'imputato con-

dannato ad una pena diminuita per cagione di infermità psichica per un delitto per il quale è stabilita dalla legge la pena dell'ergastolo o della reclusione non inferiore nel minimo a dieci anni, al previo accertamento da parte del giudice della persistente pericolosità sociale derivante dalla infermità medesima al tempo della applicazione della misura di sicurezza.

[4] La Corte costituzionale, con sentenza 13 dicembre 1988, n. 1102, ha dichiarato l'illegittimità costituzionale del presente comma, nella parte in cui, per i casi ivi previsti, subordina il provvedimento di ricovero in una casa di cura e di custodia al previo accertamento della pericolosità sociale derivante dalla seminfermità di mente, soltanto nel momento in cui la misura di sicurezza viene disposta e non anche nel momento della sua esecuzione.

220. Esecuzione dell'ordine di ricovero.

L'ordine di ricovero del condannato nella casa di cura e di custodia è eseguito dopo che la pena restrittiva della libertà personale sia stata scontata o sia altrimenti estinta.

Il giudice, nondimeno, tenuto conto delle particolari condizioni d'infermità psichica del condannato, può disporre che il ricovero venga eseguito prima che sia iniziata o abbia termine la esecuzione della pena restrittiva della libertà personale.

Il provvedimento è revocato quando siano venute meno le ragioni che lo determinarono, ma non prima che sia decorso il termine minimo stabilito nell'articolo precedente.

Il condannato, dimesso dalla casa di cura e di custodia, è sottoposto all'esecuzione della pena.

221. Ubriachi abituali.

Quando non debba essere ordinata altra misura di sicurezza detentiva [215 comma 2], i condannati alla reclusione per delitti commessi in stato di ubriachezza, qualora questa sia abituale [94] o per delitti commessi sotto l'azione di sostanze stupefacenti [95], all'uso delle quali siano dediti, sono ricoverati in una casa di cura e di custodia.

Tuttavia, se si tratta di delitti per i quali sia stata inflitta la reclusione per un tempo inferiore a tre anni, al ricovero di una casa di cura e di custodia può essere sostituita la libertà vigilata [228-232].

Il ricovero ha luogo in sezioni speciali, e ha la durata minima di sei mesi.

222. Ricovero in un ospedale psichiatrico giudiziario.

Nel caso di proscioglimento per infermità psichica [88], ovvero per intossicazione cronica da alcool o da sostanze stupefacenti [95], ovvero per sordomutismo [96 comma 2], è sempre ordinato il ricovero dell'imputato in un ospedale psichiatrico giudiziario[1], per un tempo non inferiore a due anni; salvo che si tratti di contravvenzioni o di delitti colposi [43] o di altri delitti per i quali la legge stabilisce la pena pecuniaria o la reclusione per un tempo non superiore nel massimo a due anni, nei quali casi la sentenza di proscioglimento è comunicata all'Autorità di pubblica sicurezza[2 3].

La durata minima del ricovero nell'ospedale psichiatrico giudiziario[1] è di dieci anni, se per il fatto commesso la legge stabilisce [la pena di morte o][4] l'ergastolo, ovvero di cinque se per il fatto commesso la legge stabilisce la pena della reclusione per un tempo non inferiore nel minimo a dieci anni [204][3].

Nel caso in cui la persona ricoverata in un ospedale psichiatrico giudiziario debba scontare una pena restrittiva della libertà personale, l'esecuzione di questa è differita fino a che perduri il ricovero nell'ospedale psichiatrico.

Le disposizioni di questo articolo si applicano anche ai minori degli anni quattordici o maggiori dei quattordici e minori dei diciotto, prosciolti per ragione di età, quando abbiano commesso un fatto preveduto dalla legge come reato, trovandosi in alcuna delle condizioni indicate nella prima parte dell'articolo stesso[5 6].

[1] Ai sensi dell'art. 62 commi 1 e 2, L. 26 luglio 1975, n. 354 e dell'art. 98, D.P.R. 29 aprile 1976, n. 431, ai manicomi giudiziari devono intendersi sostituiti gli Ospedali psichiatrici giudiziari. Per il definitivo superamento degli ospedali psichiatrici giudiziari, v. art. 3-ter, D.L. 22 dicembre 2011, n. 211, convertito in L. 17 febbraio 2012, n. 9.

[2] La Corte costituzionale, con sentenza 8 luglio 1982, n. 139, ha dichiarato l'illegittimità costituzionale del presente comma, nella parte in cui non subordina il provvedimento di ricovero in ospedale psichiatrico giudiziario dell'imputato prosciolto per infermità psichica al previo accertamento da parte del giudice della cognizione e della esecuzione della persistente pericolosità sociale derivante dalla infermità medesima al tempo dell'applicazione della misura.

[3] La Corte costituzionale, con sentenza 24 luglio 1998, n. 324, ha dichiarato l'illegittimità costituzionale del presente comma, nella parte in cui prevede l'applicazione anche ai minori della misura di sicurezza del ricovero in un ospedale psichiatrico giudiziario.

[4] La pena di morte è stata soppressa, con conseguente sostituzione con l'ergastolo, prima per i delitti previsti dal presente codice ex art. 1, D.Lgs.Lgt. 10 agosto 1944, n. 224, poi per i delitti previsti dalle leggi speciali (art. 1, D.Lgs. 22 gennaio 1948, n. 21). Infine, con L. 13 ottobre 1994, n. 589 è stata abolita la pena di morte anche per i reati previsti dal codice penale militare di guerra.

[5] La Corte costituzionale, con sentenza 24 luglio 1998, n. 324, ha dichiarato l'illegittimità costituzionale del presente comma.

[6] La Corte costituzionale, con sentenza 18 luglio 2003, n. 253, ha dichiarato l'illegittimità costituzionale del presente articolo, nella parte in cui non consente al giudice, nei casi ivi previsti, di adottare, in luogo del ricovero in ospedale psichiatrico giudiziario, una diversa misura di sicurezza, prevista dalla legge, idonea ad assicurare adeguate cure dell'infermo di mente e a far fronte alla sua pericolosità sociale.

223. Ricovero dei minori in un riformatorio giudiziario.

Il ricovero in un riformatorio giudiziario è misura di sicurezza speciale per i minori, e non può aver durata inferiore a un anno.

Qualora tale misura di sicurezza debba essere, in tutto o in parte, applicata o eseguita dopo che il minore abbia compiuto gli anni diciotto, ad essa è sostituita la libertà vigilata [228], salvo che il giudice ritenga di ordinare l'assegnazione a una colonia agricola o ad una casa di lavoro [216][1].

[1] Comma così modificato a seguito della entrata in vigore della L. 8 marzo 1975, n. 39 di modifica dell'art. 2 c.c. riguardante il compimento della maggiore età.

● Norme connesse:

- art. 36, comma 2, D.P.R. 22 settembre 1988, n. 448 che dispone: *La misura di sicurezza del riformatorio giudiziario è applicata soltanto in relazione ai delitti previsti dall'articolo 23 comma 1 (delitti non colposi per i quali la legge stabilisce la pena dell'ergastolo o della reclusione non inferiore nel massimo a nove anni. Anche fuori dei casi predetti, la custodia cautelare può essere applicata quando si procede per uno dei delitti, consumati o tentati, previsti dall'articolo 380 comma 2 lettere e), f), g), h) del codice di procedura penale nonché, in ogni caso, per il delitto di violenza carnale) ed è eseguita nelle forme dell'articolo 22 (eventuali specifiche prescrizioni inerenti alle attività di studio o di lavoro ovvero ad altre attività utili per la sua educazione).*

224. Minore non imputabile.

Qualora il fatto commesso da un minore degli anni quattordici sia preveduto dalla legge come delitto, ed egli sia pericoloso [203], il giudice, tenuto specialmente conto della gravità del fatto e delle condizioni morali della famiglia in cui il minore è vissuto, ordina che questi sia ricoverato nel riformatorio giudiziario o posto in libertà vigilata [228-232].

Se, per il delitto, la legge stabilisce [la pena di morte o][1] l'ergastolo, o la reclusione non inferiore nel minimo a tre anni, e non si tratta di delitto colposo, è sempre ordinato il ricovero del minore [43] nel riformatorio per un tempo non inferiore a tre anni[2].

Le disposizioni precedenti si applicano anche al minore che, nel momento in cui ha commesso il fatto preveduto dalla legge come delitto, aveva compiuto gli anni quattordici, ma non ancora i diciotto, se egli sia riconosciuto non imputabile, a norma dell'articolo 98 [227].

[1] La pena di morte è stata soppressa, con conseguente sostituzione con l'ergastolo, prima per i delitti previsti dal presente codice ex art. 1, D.Lgs.Lgt. 10 agosto 1944, n. 224, poi per i delitti previsti dalle leggi speciali (art. 1, D.Lgs. 22 gennaio 1948, n. 21). Infine, con L. 13 ottobre 1994, n. 589 è stata abolita la pena di morte anche per i reati previsti dal codice penale militare di guerra.

[2] La Corte costituzionale, con sentenza 20 gennaio 1971, n. 1, ha dichiarato l'illegittimità costituzionale del presente comma, nella parte in cui rende obbligatorio ed automatico, per i minori degli anni 14, il ricovero per almeno tre anni, in un riformatorio giudiziario.

● Norme connesse:

- art. 36, comma 2, D.P.R. 22 settembre 1988, n. 448 che dispone: *La misura di sicurezza del riformatorio giudiziario è applicata soltanto in relazione ai delitti previsti dall'articolo 23 comma 1 (delitti non colposi per i quali la legge stabilisce la pena dell'ergastolo o della reclusione non inferiore nel massimo a nove anni. Anche fuori dei casi predetti, la custodia cautelare può essere applicata quando si procede per uno dei delitti, consumati o tentati, previsti dall'articolo 380 comma 2 lettere e), f), g), h) del codice di procedura penale nonché, in ogni caso, per il delitto di violenza carnale) ed è eseguita nelle forme dell'articolo 22 (eventuali specifiche prescrizioni inerenti alle attività di studio o di lavoro ovvero ad altre attività utili per la sua educazione).*

225. Minore imputabile.

Quando il minore che ha compiuto gli anni quattordici, ma non ancora i diciotto, sia riconosciuto imputabile [98], il giudice può ordinare che, dopo la esecuzione della pena, egli sia ricoverato in un riformatorio giudiziario o posto in libertà vigilata [228-232], tenuto conto delle circostanze indicate nella prima parte dell'articolo precedente.

È sempre applicata una delle predette misure di sicurezza al minore che sia condannato per delitto durante la esecuzione di una misura di sicurezza, a lui precedentemente applicata per difetto d'imputabilità [227].

● Norme connesse:

- art. 36, comma 2, D.P.R. 22 settembre 1988, n. 448 che dispone: *La misura di sicurezza del riformatorio giudiziario è applicata soltanto in relazione ai delitti previsti dall'articolo 23 comma 1 (delitti non colposi per i quali la legge stabilisce la pena dell'ergastolo o della reclusione non inferiore nel massimo a nove anni. Anche fuori dei casi predetti, la custodia cautelare può essere applicata quando si procede per uno dei delitti, consumati o tentati, previsti dall'articolo 380 comma 2 lettere e), f), g), h) del codice di procedura penale nonché, in ogni caso, per il delitto di violenza carnale) ed è eseguita nelle forme dell'articolo 22 (eventuali specifiche prescrizioni inerenti alle attività di studio o di lavoro ovvero ad altre attività utili per la sua educazione).*

226. Minore delinquente abituale, professionale o per tendenza.

Il ricovero in un riformatorio giudiziario è sempre ordinato per il minore degli anni diciotto, che sia delinquente abituale [102-104] o professionale [105], ovvero delinquente per tendenza [108]; e non può avere durata inferiore a tre anni [227]. Quando egli ha compiuto gli anni diciotto, il giudice ne ordina l'assegnazione a una colonia agricola o ad una casa di lavoro [216][1].

La legge determina gli altri casi nei quali deve essere ordinato il ricovero del minore in un riformatorio giudiziario [212 comma 3].

[1] Comma così modificato a seguito della entrata in vigore della L. 8 marzo 1975, n. 39 di modifica dell'art. 2 c.c. riguardante il compimento della maggiore età.

● Norme connesse:

- art. 36, comma 2, D.P.R. 22 settembre 1988, n. 448 che dispone: *La misura di sicurezza del riformatorio giudiziario è applicata soltanto in relazione ai delitti previsti dall'articolo 23 comma 1 (delitti non colposi per i quali la legge stabilisce la pena dell'ergastolo o della reclusione non inferiore nel massimo a nove anni. Anche fuori dei casi predetti, la custodia cautelare può essere applicata quando si procede per uno dei delitti, consumati o tentati, previsti dall'articolo 380 comma 2 lettere e), f), g), h) del codice di procedura penale nonché, in ogni caso, per il delitto di violenza carnale) ed è eseguita nelle forme dell'articolo 22 (eventuali specifiche prescrizioni inerenti alle attività di studio o di lavoro ovvero ad altre attività utili per la sua educazione).*

227. Riformatori speciali.

Quando la legge stabilisce che il ricovero in un riformatorio giudiziario sia ordinato senza che occorra accertare che il minore è socialmente pericoloso [224 comma 3, 225 comma 2, 226, 232 comma 3], questi è assegnato ad un istituto speciale o ad una sezione speciale degli istituti ordinari.

Può altresì essere assegnato ad un istituto speciale o ad una sezione speciale degli istituti ordinari il minore che, durante il ricovero nell'istituto ordinario, si sia rilevato particolarmente pericoloso.

● Norme connesse:

- art. 36, comma 2, D.P.R. 22 settembre 1988, n. 448 che dispone: *La misura di sicurezza del riformatorio giudiziario è applicata soltanto in relazione ai delitti previsti dall'articolo 23 comma 1 (delitti non colposi per i quali la legge stabilisce la pena dell'ergastolo o della reclusione non inferiore nel massimo a nove anni. Anche fuori dei casi predetti, la custodia cautelare può essere applicata quando si procede per uno dei delitti, consumati o tentati, previsti dall'articolo 380 comma 2 lettere e), f), g), h) del codice di procedura penale nonché, in ogni caso, per il delitto di violenza carnale) ed è eseguita nelle forme dell'articolo 22 (eventuali specifiche prescrizioni inerenti alle attività di studio o di lavoro ovvero ad altre attività utili per la sua educazione).*

228. Libertà vigilata.

La sorveglianza della persona in stato di libertà vigilata [c.p.p. 658] è affidata all'Autorità di pubblica sicurezza.

Alla persona in stato di libertà vigilata sono imposte dal giudice prescrizioni idonee ad evitare le occasioni di nuovi reati [231].

Tali prescrizioni possono essere dal giudice successivamente modificate o limitate.

La sorveglianza deve essere esercitata in modo da agevolare, mediante il lavoro, il riadattamento della persona alla vita sociale.

La libertà vigilata non può avere durata inferiore a un anno.

Per la vigilanza sui minori si osservano le disposizioni precedenti, in quanto non provvedano leggi speciali.

● Norme connesse:

- comma 1: art. 55, L. 26 luglio 1975, n. 354; art. 95, D.P.R. 29 aprile 1976, n. 431.

229. Casi nei quali può essere ordinata la libertà vigilata.

Oltre quanto è prescritto da speciali disposizioni di legge [212 comma 3, 215 comma 3, 219 comma 3, 221 comma 2, 224, 225, 230 comma 2, 233 comma 3, 234 comma 3, 669 comma 3, 692, 701, 713], la libertà vigilata può essere ordinata:

1) nel caso di condanna alla reclusione per un tempo superiore a un anno;

2) nei casi in cui questo codice autorizza una misura di sicurezza per un fatto non preveduto dalla legge come reato [49, 115].

● Norme connesse:

- art. 300, D.P.R. 23 gennaio 1973, n. 43, che dispone: *Quando per il delitto di contrabbando sia applicata la pena della reclusione superiore ad un anno, è sempre ordinata la sottoposizione del condannato alla libertà vigilata.*

Ad assicurare l'esecuzione di tale misura concorre la guardia di finanza.

230. Casi nei quali deve essere ordinata la libertà vigilata.

La libertà vigilata è sempre ordinata:

1) se è inflitta la pena della reclusione per non meno di dieci anni: e non può, in tal caso, avere durata inferiore a tre anni;

2) quando il condannato è ammesso alla liberazione condizionale [176];

3) se il contravventore abituale [103-104] o professionale [105], non essendo più sottoposto a misure di sicurezza, commette un nuovo reato, il quale sia nuova manifestazione di abitualità o professionalità;

4) negli altri casi determinati dalla legge [210 comma 2, 223 comma 2, 225 comma 2, 238, 417].

Nel caso in cui sia stata disposta l'assegnazione a una colonia agricola o ad una casa di lavoro [216], il giudice, al termine dell'assegnazione, può ordinare che la persona da dimettere sia posta in liberà vigilata, ovvero può obbligarla a cauzione di buona condotta [237].

● Norme connesse:

- comma 1: art. 300, D.P.R. 23 gennaio 1973, n. 43, che dispone: *Quando per il delitto di contrabbando sia applicata la pena della reclusione superiore ad un anno, è sempre ordinata la sottoposizione del condannato alla libertà vigilata.*

Ad assicurare l'esecuzione di tale misura concorre la guardia di finanza.

231. Trasgressione degli obblighi imposti.

Fuori del caso preveduto dalla prima parte dell'articolo 177, quando la persona in stato di libertà vigilata trasgredisce agli obblighi imposti, il giudice può aggiungere alla libertà vigilata la cauzione di buona condotta [237; c.p.p. 658, 659].

Avuto riguardo alla particolare gravità della trasgressione o al ripetersi della medesima, ovvero qualora il trasgressore non presti la cauzione, il giudice può sostituire alla libertà vigilata l'assegnazione a una colonia agricola o ad una casa di lavoro [216], ovvero, se si tratta di un minore, il ricovero in un riformatorio giudiziario [223-227].

● Norme connesse:

- art. 36, D.P.R. 22 settembre 1988, n. 448 che dispone: *La misura di sicurezza del riformatorio giudiziario è applicata soltanto in relazione ai delitti previsti dall'articolo 23 comma 1 (delitti non colposi per i quali la legge stabilisce la pena dell'ergastolo o della reclusione non inferiore nel massimo a nove anni. Anche fuori dei casi predetti, la custodia cautelare può essere applicata quando si procede per uno dei delitti, consumati o tentati, previsti dall'articolo 380 comma 2 lettere e), f), g), h) del codice di procedura penale nonché, in ogni caso, per il delitto di violenza carnale) ed è eseguita nelle forme dell'articolo 22 (eventuali specifiche prescrizioni inerenti alle attività di studio o di lavoro ovvero ad altre attività utili per la sua educazione).*

232. Minori o infermi di mente in stato di libertà vigilata.

La persona di età minore o in stato di infermità psichica non può essere posta in libertà vigilata, se non quando sia possibile affidarla ai genitori, o a coloro che abbiano obbligo di provvedere alla sua educazione o assistenza, ovvero a istituti di assistenza sociale.

Qualora tale affidamento non sia possibile o non sia ritenuto opportuno, è ordinato, o mantenuto, secondo i casi, il ricovero nel riformatorio [223], o nella casa di cura e di custodia [219].

Se, durante la libertà vigilata, il minore non dà prova di ravvedimento o la persona in stato d'infermità psichica si rivela di nuovo pericolosa, alla libertà vigilata è sostituito, rispettivamente, il ricovero in un riformatorio o il ricovero in una casa di cura e di custodia.

● Norme connesse:

- art. 36, comma 2, D.P.R. 22 settembre 1988, n. 448 che dispone: *La misura di sicurezza del riformatorio giudiziario è applicata soltanto in relazione ai delitti previsti dall'articolo 23 comma 1 (delitti non colposi per i quali la legge stabilisce la pena dell'ergastolo o della reclusione non inferiore nel massimo a nove anni. Anche fuori dei casi predetti, la custodia cautelare può essere applicata quando si procede per uno dei delitti, consumati o tentati, previsti dall'articolo 380 comma 2 lettere e), f), g), h) del codice di procedura penale nonché, in ogni caso, per il delitto di violenza carnale) ed è eseguita nelle forme dell'articolo 22 (eventuali specifiche prescrizioni inerenti alle attività di studio o di lavoro ovvero ad altre attività utili per la sua educazione).*

233. Divieto di soggiorno in uno o più Comuni o in una o più Province.

Al colpevole di un delitto contro la personalità dello Stato [241-313] o contro l'ordine pubblico [414-421], ovvero di un delitto commesso per motivi politici [8 comma 3] o occasionato da particolari condizioni sociali o morali esistenti in un determinato luogo, può essere imposto il divieto di soggiornare in uno o più Comuni o in una o più Province, designati dal giudice [c.p.p. 283].

Il divieto di soggiorno ha una durata non inferiore a un anno.

Nel caso di trasgressione, ricomincia a decorrere il termine minimo, e può essere ordinata inoltre la libertà vigilata [Cost. 15; c.p.p. 679; disp. att. c.p.p. 191].

234. Divieto di frequentare osterie e pubblici spacci di bevande alcooliche.

Il divieto di frequentare osterie e pubblici spacci di bevande alcooliche ha la durata minima di un anno.

Il divieto è sempre aggiunto alla pena, quando si tratta di condannati per ubriachezza abituale [688 comma 3] o per reati commessi in stato di ubriachezza, sempre che questa sia abituale [94].

Nel caso di trasgressione, può essere ordinata inoltre la libertà vigilata [228-232] o la prestazione di una cauzione di buona condotta [237].

235. Espulsione od allontanamento dello straniero dallo Stato.

Il giudice ordina l'espulsione dello straniero ovvero l'allontanamento dal territorio dello Stato del cittadino appartenente ad uno Stato membro dell'Unione europea, oltre che nei casi espressamente preveduti dalla legge, quando lo straniero o il cittadino appartenente ad uno Stato membro dell'Unione europea sia condannato alla reclusione per un tempo superiore ai due anni.

[...][1].

Il trasgressore dell'ordine di espulsione od allontanamento pronunciato dal giudice è punito con la reclusione da uno a quattro anni. In tal caso è obbligatorio l'arresto dell'autore del fatto, anche fuori dei casi di flagranza, e si procede con rito direttissimo[2].

[1] Comma abrogato dall'art. 1, L. 15 luglio 2009, n. 94. Il testo previgente disponeva: *Ferme restando le disposizioni in materia di esecuzione delle misure di sicurezza personali, l'espulsione e l'allontanamento dal territorio dello Stato sono eseguiti dal questore secondo le modalità di cui, rispettivamente, all'articolo 13, comma 4, del testo unico di cui al decreto legislativo 25 luglio 1998, n. 286, e all'articolo 20, comma 11, del decreto legislativo 6 febbraio 2007, n. 30.*

CODICE PENALE

[2] Articolo così sostituito dall'art. 1, D.L. 23 maggio 2008, n. 92, convertito in L. 24 luglio 2008, n. 125. Il testo previgente disponeva: Espulsione dello straniero dallo Stato. *L'espulsione dello straniero dal territorio dello Stato è ordinata dal giudice, oltre che nei casi espressamente preveduti dalla legge, quando lo straniero sia condannato alla reclusione per un tempo non inferiore a dieci anni.*

Allo straniero che trasgredisce all'ordine di espulsione, pronunciato dal giudice, si applicano le sanzioni stabilite dalle leggi di sicurezza pubblica per il caso di contravvenzione all'ordine di espulsione emanato dall'Autorità amministrativa.

● Norme connesse:
- artt. 10 ss., D.Lgs. 25 luglio 1998, n. 286.

CAPO II
DELLE MISURE DI SICUREZZA PATRIMONIALI

236. Specie: regole generali.

Sono misure di sicurezza patrimoniali, oltre quelle stabilite da particolari disposizioni di legge:

1) la cauzione di buona condotta [237-239];

2) la confisca [240].

Si applicano anche alle misure di sicurezza patrimoniali le disposizioni degli articoli 199, 200, prima parte, 201, prima parte, 205, prima parte e numero 3 del capoverso, e salvo che si tratti di confisca, le disposizioni del primo e secondo capoverso dell'articolo 200 e quelle dell'articolo 210.

Alla cauzione di buona condotta si applicano altresì le disposizioni degli articoli 202, 203, 204, prima parte, e 207.

237. Cauzione di buona condotta.

La cauzione di buona condotta è data mediante deposito, presso la Cassa delle ammende, di una somma non inferiore a euro 103, né superiore a euro 2.065 [c.p.p. 319].

In luogo del deposito, è ammessa la prestazione di una garanzia [mediante ipoteca o anche][1] mediante fideiussione solidale.

La durata della misura di sicurezza non può essere inferiore a un anno, né superiore a cinque, e decorre dal giorno in cui la cauzione fu prestata[2].

[1] L'art. 218, D.Lgs. 28 luglio 1989, n. 271, ha abrogato le disposizioni del codice penale che prevedono l'ipoteca legale.

[2] Articolo così sostituito dall'art. 104, L. 24 novembre 1981, n. 689.

238. Inadempimento dell'obbligo di prestare cauzione.

Qualora il deposito della somma non sia eseguito o la garanzia non sia prestata, il giudice sostituisce alla cauzione la libertà vigilata [228-232].

239. Adempimento o trasgressione dell'obbligo di buona condotta.

Se, durante l'esecuzione della misura di sicurezza, chi vi è sottoposto non commette alcun delitto, ovvero alcuna contravvenzione per la quale la legge stabilisce la pena dell'arresto, è ordinata la restituzione della somma depositata [o la cancellazione della ipoteca][1]; e la fideiussione si estingue. In caso diverso, la somma depositata, o per la quale fu data garanzia, è devoluta alla Cassa delle ammende.

[1] L'art. 218, D.Lgs. 28 luglio 1989, n. 271, ha abrogato le disposizioni del codice penale che prevedono l'ipoteca legale.

240. Confisca.

Nel caso di condanna, il giudice può ordinare la confisca delle cose che servirono o furono destinate a commettere il reato, e delle cose che ne sono il prodotto o il profitto [446; c.p.p. 676, 733 comma 2, 316 ss., 321 ss.; disp. att. c.p.p. 86].

È sempre ordinata la confisca [322-*ter*, 416-*bis* comma 7, 446, 600-*septies*, 722]:

1) delle cose che costituiscono il prezzo del reato;

1-bis) dei beni e degli strumenti informatici o telematici che risultino essere stati in tutto o in parte utilizzati per la commissione dei reati di cui agli articoli 615-*ter*, 615-*quater*, 615-*quinquies*, 617-*bis*, 617-*ter*, 617-*quater*, 617-*quinquies*, 617-*sexies*, 635-*bis*, 635-*ter*, 635-*quater*, 635-*quinquies*, 640-*ter* e 640-*quinquies*, nonchè dei beni che ne costituiscono il profitto o il prodotto ovvero di somme di denaro, beni o altre utilità di cui il colpevole ha la disponibilità per un valore corrispondente a tale profitto o prodotto, se non è possibile eseguire la confisca del profitto o del prodotto diretti[1].

2) delle cose, la fabbricazione, l'uso, il porto, la detenzione e l'alienazione delle quali costituisce reato, anche se non è stata pronunciata condanna.

Le disposizioni della prima parte e dei numeri 1 e 1-*bis* del capoverso precedente non si applicano se la cosa o il bene o lo strumento informatico o telematico appartiene a persona estranea al reato. La disposizione del numero 1-*bis* del capoverso precedente si applica anche nel caso di applicazione della pena su richiesta delle parti a norma dell'articolo 444 del codice di procedura penale[2].

La disposizione del numero 2 non si applica se la cosa appartiene a persona estranea al reato e la fabbricazione, l'uso, il porto, la detenzione o l'alienazione possono essere consentiti mediante autorizzazione amministrativa [c.p.p. 676].

[1] Numero aggiunto dall'art. 1, L. 15 febbraio 2012, n. 12 e poi così modificato dall'art. 2, D.Lgs. 29 ottobre 2016, n. 202. Il testo previgente disponeva: *1-bis) dei beni e degli strumenti informatici o telematici che risultino essere stati in tutto o in parte utilizzati per la commissione dei reati di cui agli articoli 615-ter, 615-quater, 615-quinquies, 617-bis, 617-ter, 617-quater, 617-quinquies, 617-sexies, 635-bis, 635-ter, 635-quater, 635-quinquies, 640-ter e 640-quinquies.*

Si ricorda che il citato D.Lgs. 202/2016 "*attua nell'ordinamento interno le disposizioni della direttiva 2014/42/UE del Parlamento europeo e del Consiglio del 3 aprile 2014 relativa al congelamento e alla confisca dei beni strumentali e dei proventi da reato nell'Unione europea*" (art. 1).

[2] Comma così sostituito dall'art. 1, L. 15 febbraio 2012, n. 12. Il testo previgente disponeva: *Le disposizioni della prima parte e del numero 1 del capoverso precedente non si applicano se la cosa appartiene a persona estranea al reato.*

● Norme connesse:

- commi 1 e 2 dell'art. 301, D.P.R. 23 gennaio 1973, n. 43 che dispongono: *Nei casi di contrabbando, è sempre ordinata la confisca delle cose che servirono o furono destinate a commettere il reato e delle cose che ne sono l'oggetto ovvero il prodotto o il profitto. Sono in ogni caso soggetti a confisca i mezzi di trasporto a chiunque appartenenti che risultino adatti allo stivaggio fraudolento di mezzi ovvero contengano accorgimenti idonei a maggiorarne le capacità di carico o l'autonomia in difformità delle caratteristiche costruttive omologate o che siano impiegati in violazione alle norme concernenti la circolazione o la navigazione e la sicurezza in mare.*

- art. 6, comma 1, L. 22 maggio 1975, n. 152 che dispone: *Il disposto del primo capoverso dell'art. 240 del codice penale si applica a tutti i reati concernenti le armi, ogni altro oggetto atto ad offendere nonché le munizioni e gli esplosivi.*

- artt. 4, comma 8, e 23, comma 5, L. 18 aprile 1975, n. 110 che dispongono, rispettivamente: *Con la condanna deve essere disposta la confisca delle armi e degli altri oggetti atti ad offendere. Con la sentenza di condanna è ordinata la revoca delle autorizzazioni di polizia in materia di armi e la confisca delle stesse armi.*

- art. 3, comma 3, L. 8 agosto 1977, n. 533 che dispone: *Quando il procedimento è definito con sentenza di condanna è sempre ordinata la confisca dell'immobile di cui al primo comma (l'immobile, sede di enti, associazioni o gruppi, quando in tale sede siano rinvenuti armi da sparo, esplosivi o ordigni esplosivi o incendiari, ovvero quando l'immobile sia pertinente al reato), se appartenente al condannato (per la commissione di reati di associazione sovversiva.*

- art. 3, comma 1, L. 20 giugno 1952, n. 645 che dispone: *Qualora con sentenza risulti accertata la riorganizzazione del disciolto partito fascista, il ministro dell'interno, sentito il Consiglio dei Ministri, ordina lo scioglimento e la confisca dei beni dell'associazione, del movimento o del gruppo.*

- art. 21, comma 1, L. 24 novembre 1981, n. 689 che dispone: *Quando è accertata la violazione del primo comma dell'art. 32 della L. 24 dicembre 1969, n. 990, è sempre disposta la confisca del veicolo a motore o del natante che appartiene alla persona a cui è ingiunto il pagamento, se entro il termine fissato con l'ordinanza-ingiunzione non viene pagato, oltre alla sanzione pecuniaria applicata, anche il premio di assicurazione per almeno sei mesi.*

- art. 85, comma 3, D.P.R. 9 ottobre 1990, n. 309 che dispone: *Il provvedimento che applica le sanzioni amministrative nonché quello che definisce o sospende il procedimento ai sensi del presente testo unico, dispone comunque la confisca delle sostanze.*

- art. 240-bis c.p., che recepisce le disposizioni di cui all'art. 12-sexies, D.L. 8 giugno 1992. n. 306, convertito in L. 7 agosto 1992, n. 356 soppresso dall'art. 7, D.Lgs. 1 marzo 2018, n. 21 (ad eccezione del comma 4-ter).

- art. 12, comma 4, D.Lgs. 25 luglio 1998, n. 286, nel testo modificato dall'art. 1, L. 15 luglio 2009, n. 94, che dispone: *Nei casi previsti dai commi 1 e 3 è obbligatorio l'arresto in flagranza.*

- art. 44, comma 2, D.P.R. 6 giugno 2001, n. 380 che dispone: *La sentenza definitiva del giudice penale che accerta che vi è stata lottizzazione abusiva, dispone la confisca dei terreni, abusivamente lottizzati e delle opere abusivamente costruite. Per effetto della confisca i terreni sono acquisiti di diritto e gratuitamente al patrimonio del comune nel cui territorio è avvenuta la lottizzazione. La sentenza definitiva è titolo per la immediata trascrizione nei registri immobiliari.*

- art. 259, comma 2, D.Lgs. 3 aprile 2006, n. 152 che dispone: *Alla sentenza di condanna, o a quella emessa ai sensi dell'articolo 444 del codice di procedura penale, per i reati relativi al traffico illecito di cui al comma 1 o al trasporto illecito di cui agli articoli 256 e 258, comma 4, consegue obbligatoriamente la confisca del mezzo di trasporto.*

- artt. 24 e 25, D.Lgs 6 settembre 2011, n. 159, nel testo, da ultimo, modificato dall'art. 5, L. 17 ottobre 2017, n. 161, che dispongono, rispettivamente: *24. Confisca. 1. Il tribunale dispone la confisca dei beni sequestrati di cui la persona nei cui confronti è instaurato il procedimento non possa giustificare la legittima provenienza e di cui, anche per interposta persona fisica o giuridica, risulti essere titolare o avere la disponibilità a qualsiasi titolo in valore sproporzionato al proprio reddito, dichiarato ai fini delle imposte sul reddito, o alla propria attività economica, nonchè dei beni che risultino essere frutto di attività illecite o ne costituiscano il reimpiego. In ogni caso il proposto non può giustificare la legittima provenienza dei beni adducendo che il denaro utilizzato per acquistarli sia provento o reimpiego dell'evasione fiscale. Se il tribunale non dispone la confisca, può applicare anche d'ufficio le misure di cui agli articoli 34 e 34-bis ove ricorrano i presupposti ivi previsti.*

1-bis. Il tribunale, quando dispone la confisca di partecipazioni sociali totalitarie, ordina la confisca anche dei relativi beni costituiti in azienda ai sensi degli articoli 2555 e seguenti del codice civile. Nel decreto di confisca avente ad oggetto partecipazioni sociali il tribunale indica in modo specifico i conti correnti e i beni costituiti in azienda ai sensi degli articoli 2555 e seguenti del codice civile ai quali si estende la confisca.

2. Il provvedimento di sequestro perde efficacia se il tribunale non deposita il decreto che pronuncia la confisca entro un anno e sei mesi dalla data di immissione in possesso dei beni da parte dell'amministratore giudiziario. Nel caso di indagini complesse o compendi patrimoniali rilevanti, il termine di cui al primo periodo può essere prorogato con decreto motivato del tribunale per sei mesi. Ai fini del computo dei termini suddetti, si tiene conto delle cause di sospensione dei termini di durata della custodia cautelare, previste dal codice di procedura penale, in quanto compatibili; il termine resta sospeso per un tempo non superiore a novanta giorni ove sia necessario procedere all'espletamento di accertamenti peritali sui beni dei quali la persona nei cui confronti è iniziato il procedimento risulta poter disporre, direttamente o indirettamente. Il termine resta altresì sospeso per il tempo necessario per la decisione definitiva sull'istanza di ricusazione presentata dal difensore e per il tempo decorrente dalla morte del proposto, intervenuta durante il procedimento, fino all'identificazione e alla citazione dei soggetti previsti dall'articolo 18, comma 2, nonchè durante la pendenza dei termini previsti dai commi 10-sexies, 10-septies e 10-octies dell'articolo 7.

2-bis. Con il provvedimento di revoca o di annullamento definitivi del decreto di confisca è ordinata la cancellazione di tutte le trascrizioni e le annotazioni.

3. Il sequestro e la confisca possono essere adottati, su richiesta dei soggetti di cui all'articolo 17, commi 1 e 2, quando ne ricorrano le condizioni, anche dopo l'applicazione di una misura di prevenzione personale. Sulla richiesta provvede lo stesso tribunale che ha disposto la misura di prevenzione personale, con le forme previste per il relativo procedimento e rispettando le disposizioni del presente titolo.

25. Sequestro o confisca per equivalente. 1. Dopo la presentazione della proposta, se non è possibile procedere al sequestro dei beni di cui all'articolo 20, comma 1, perchè il proposto non ne ha la disponibilità, diretta o indiretta, anche ove trasferiti legittimamente in qualunque epoca a terzi in buona fede, il sequestro e la confisca hanno ad oggetto altri beni di valore equivalente e di legittima provenienza dei quali il proposto ha la disponibilità, anche per interposta persona.

2. Nei casi di cui all'articolo 18, commi 2 e 3, si procede con le modalità di cui al comma 1 del presente articolo nei riguardi dei soggetti nei cui confronti prosegue o inizia il procedimento con riferimento a beni di legittima provenienza loro pervenuti dal proposto.

■ Codice penale del 1889: *Art. 36 - Nel caso di condanna, il giudice può ordinare la confisca delle cose che servirono o furono destinate a commette il delitto, e delle cose che ne sono il prodotto, purché non appartengano a persone estranee al delitto.*

Ove si tratti di cose, la fabbricazione, l'uso, il porto, la detenzione o la vendita delle quali costituisca reato, la loro confisca è sempre ordinata, quand'anche non vi sia condanna, e ancorché esse non appartengano all'imputato.

♦ Codice penale francese

Articolo 131-21. *La pena complementare della confisca è stabilita nei casi previsti dalla legge o dal regolamento. É prevista ugualmente di diritto per i crimini e per i delitti puniti con la reclusione di una durata superiore ad un anno ad eccezione dei reati a mezzo stampa.*

La confisca ha ad oggetto tutti i beni mobili o immobili di qualsiasi natura, divisibili o indivisibili, che sono serviti a commettere il reato o che erano destinati a commetterlo, e di cui il condannato è proprietario o, fatti salvi i diritti del proprietario in buona fede, di cui ha la libera disponibilità. La confisca ricade ugualmente su tutti i beni che sono l'oggetto od il prodotto diretto od indiretto del reato, ad eccezione dei beni che sono suscettibili di restituzione alla vittima. Se il prodotto del reato è stato mescolato con fondi di origine lecita per l'acquisizione di uno o più beni, la confisca può non ricadere su questi beni nella misura del valore stimato di questo prodotto.

La confisca può inoltre ricadere su ogni bene mobile o immobile definito dalla legge o dal regolamento che reprime il reato.

Se c'è un crimine o un reato punibile con almeno cinque anni di reclusione e che ha procurato un profitto diretto o indiretto, la confisca si concentra sui beni mobili o immobili, qualche che sia la loro natura, divisibili o indivisibili, appartenenti al condannato o, fatti salvi i diritti del proprietario in buona fede, di cui ha la libera disponibilità, quando né il condannato né il proprietario, non hanno potuto giustificare la sua origine.

Quando la legge che sanziona il crimine o il reato lo prevede, la confisca può anche ricadere su tutti o parte dei beni appartenenti al condannato o, fatti salvi i diritti del proprietario in buona fede, di cui ha la libera disponibilità, a prescindere dalla loro natura, mobili o immobili, divisibili o indivisibili.

La confisca è obbligatoria per gli oggetti classificati come pericolosi o nocivi dalla legge o dal regolamento, o la cui detenzione è illegale, a prescindere che tali beni siano o meno di proprietà del condannato. La pena complementare della confisca si applica alle stesse condizioni a tutti i diritti immateriali di qualsiasi natura, divisibili o indivisibili.

La confisca può essere di valore. La confisca di valore può essere eseguita su tutti i beni di qualsiasi natura, appartenenti al condannato o, fatti salvi i diritti del proprietario in buona fede, di cui egli ha la libera disponibilità. Per il recupero della somma rappresentativa del valore della cosa confiscata, si applicano le disposizioni in materia giudiziaria.

La cosa confiscata è, salvo disposizioni speciali che prevedono la sua distruzione o la sua attribuzione, devoluta allo Stato, ma rimane gravata, in concorrenza del suo valore, dei diritti reali legalmente stabiliti in favore di terzi.

Quando la cosa confiscata è un veicolo che non è stato sequestrato o messo in sequestro nel corso della procedura, l'autore del reato deve, dietro l'ingiunzione che gli è fatta Ministero pubblico, rimettere questo veicolo al servizio o all'organismo incaricato della sua distruzione o della sua alienazione.

♦ Codice penale tedesco

§ 73 Condizioni di confisca (1). *Se un atto illecito è stato commesso e l'autore principale o un partecipante secondario hanno acquisito i proventi da esso o non hanno ottenuto nulla per commetterlo, il giudice può ordinare la confisca di ciò che è stato ottenuto. Questo non si applica nella misura in cui il fatto ha dato origine ad un credito della vittima la cui soddisfazione priverebbe l'autore principale o il partecipante del valore di ciò che è stato ottenuto.*

(2) L'ordine di confisca si estende ai benefici derivanti da ciò che è stato ottenuto. La confisca può anche estendersi ad oggetti che l'autore principale od il partecipante hanno acquisito a titolo di vendita dell'oggetto acquistato, o come una sostituzione per la sua distruzione, come danneggiamento o perdita di esso o come base di un diritto surrogato.

(3) Se l'autore principale od il partecipante secondario hanno agito per un altro e questa persona non acquisito nulla, il provvedimento di confisca (1) e (2) di cui sopra deve essere effettuato contro quest'ultimo.

(4) La confisca di un oggetto deve essere ordinato anche se è di proprietà od oggetto di un diritto da parte di terzi, che ha fornito il suo supporto al fatto o con conoscenza delle circostanze del fatto.

§73a Confisca di valore monetario. *Nella misura in cui la confisca di un particolare oggetto è impossibile a causa della natura di ciò che è stato ottenuto o per qualche altro motivo, o perché la confisca di un oggetto sostitutivo ai sensi della sezione 73 (2) 2 ° non è stata possibile, il giudice ordina la confisca di una somma di denaro corrispondente al valore di ciò che è stato ottenuto. Il giudice deve anche procedere anche alla confisca di valore in aggiunta alla confisca dell'oggetto nella misura in cui il suo valore scende al di sotto del valore di ciò che è stato originariamente ottenuto.*

§73 b Valutazione del valore. *Lo scopo di ciò che è stato ottenuto ed il suo valore così come l'importo del credito della vittima la cui soddisfazione priverebbe l'autore principale od il partecipante secondario, può essere stimato.*

240-*bis*. Confisca in casi particolari.

Nei casi di condanna o di applicazione della pena su richiesta a norma dell'articolo 444 del codice di procedura penale, per taluno dei delitti previsti dall'articolo 51, comma 3-*bis*, del codice di procedura penale, dagli articoli 314, 316, 316-*bis*, 316-*ter*, 317, 318, 319, 319-*ter*, 319-*quater*, 320, 322, 322-*bis*, 325, 416, realizzato allo scopo di commettere delitti previsti dagli articoli 453, 454, 455, 460, 461, 517-*ter* e 517-*quater*, nonchè dagli articoli 452-*quater*, 452-*octies*, primo comma, 493-*ter*, 512-*bis*, 600-*bis*, primo comma, 600-*ter*, primo e secondo comma, 600-*quater*.1, relativamente alla condotta di produzione o commercio di materiale pornografico, 600-*quinquies*, 603-*bis*, 629, 644, 648, esclusa la fattispecie di cui al secondo comma, 648-*bis*, 648-*ter* e 648-*ter*.1, dall'articolo 2635 del codice civile, o per taluno dei delitti commessi per finalità di terrorismo, anche internazionale, o di eversione dell'ordine costituzionale, è sempre disposta la confisca del denaro, dei beni o delle altre utilità di cui il cndannato non può giustificare la provenienza e di cui, anche per interposta persona fisica o giuridica, risulta essere titolare o avere la disponibilità a qualsiasi titolo in valore sproporzionato al proprio reddito, dichiarato ai fini delle imposte sul reddito, o alla propria attività economica. In ogni caso il condannato non può giustificare la legittima provenienza dei beni sul presupposto che il denaro utilizzato per acquistarli sia provento o reimpiego dell'evasione fiscale, salvo che l'obbligazione tributaria sia stata estinta mediante adempimento nelle forme di legge. La confisca ai sensi delle disposizioni che precedono è ordinata in caso di condanna o di applicazione della pena su richiesta per i reati di cui agli articoli 617-*quinquies*, 617-*sexies*, 635-*bis*, 635-*ter*, 635-*quater*, 635-*quinquies* quando le condotte ivi descritte riguardano tre o più sistemi.

Nei casi previsti dal primo comma, quando non è possibile procedere alla confisca del denaro, dei beni e delle altre utilità di cui allo stesso comma, il giudice ordina la confisca di altre somme di denaro, di beni e altre utilità di legittima provenienza per un valore equivalente, delle quali il reo ha la disponibilità, anche per interposta persona[1].

[1] Articolo aggiunto dall'art. 5, D.Lgs. 1 marzo 2018, n. 21.

CODICE PENALE

LIBRO II
DEI DELITTI IN PARTICOLARE

TITOLO I
DEI DELITTI CONTRO LA PERSONALITÀ DELLO STATO

CAPO I
DEI DELITTI CONTRO LA PERSONALITÀ INTERNAZIONALE DELLO STATO

241. Attentati contro la integrità, l'indipendenza e l'unità dello Stato.

Salvo che il fatto costituisca più grave reato, chiunque compie atti violenti diretti e idonei a sottoporre il territorio dello Stato o una parte di esso alla sovranità di uno Stato straniero, ovvero a menomare l'indipendenza o l'unità dello Stato, è punito con la reclusione non inferiore a dodici anni.

La pena è aggravata se il fatto è commesso con violazione dei doveri inerenti l'esercizio di funzioni pubbliche[1] [2].

[1] Articolo così sostituito dall'art. 1, L. 24 febbraio 2006, n. 85.

[2] Il testo precedente la riforma del 2006 era il seguente: *Chiunque commette un fatto diretto a sottoporre il territorio dello Stato o una parte di esso alla sovranità di uno Stato straniero, ovvero a menomare l'indipendenza dello Stato, è punito con l'ergastolo.*

Alla stessa pena soggiace chiunque commette un fatto diretto a disciogliere l'unità dello Stato, o a distaccare dalla madre Patria [una colonia o] un altro territorio soggetto, anche temporaneamente, alla sua sovranità.

242. Cittadino che porta le armi contro lo Stato italiano.

Il cittadino [4] che porta le armi contro lo Stato, o presta servizio nelle forze armate di uno Stato in guerra contro lo Stato italiano, è punito con l'ergastolo. Se esercita un comando superiore o una funzione direttiva è punito con l'ergastolo[1].

Non è punibile chi, trovandosi, durante le ostilità, nel territorio dello Stato nemico, ha commesso il fatto per esservi stato costretto da un obbligo impostogli dalle leggi dello Stato medesimo.

Agli effetti delle disposizioni di questo titolo è considerato cittadino anche [4] chi ha perduto per qualunque causa la cittadinanza italiana.

Agli effetti della legge penale, sono considerati Stati in guerra contro lo Stato italiano anche gli aggregati politici che, sebbene dallo Stato italiano non riconosciuti come Stati, abbiano tuttavia il trattamento di belligeranti.

[1] La pena di morte è stata soppressa, con conseguente sostituzione con l'ergastolo, prima per i delitti previsti dal presente codice ex art. 1, D.Lgs.Lgt. 10 agosto 1944, n. 224, poi per i delitti previsti dalle leggi speciali (art. 1, D.Lgs. 22 gennaio 1948, n. 21). Infine, con L. 13 ottobre 1994, n. 589 è stata abolita la pena di morte anche per i reati previsti dal codice penale militare di guerra.

243. Intelligenze con lo straniero a scopo di guerra contro lo Stato italiano.

Chiunque tiene intelligenze con lo straniero affinché uno Stato estero muova guerra o compia atti di ostilità contro lo Stato italiano, ovvero commette altri fatti diretti allo stesso scopo, è punito con la reclusione non inferiore a dieci anni.

Se la guerra segue o se le ostilità si verificano, si applica l'ergastolo[1].

[1] La pena di morte è stata soppressa, con conseguente sostituzione con l'ergastolo, prima per i delitti previsti dal presente codice ex art. 1, D.Lgs.Lgt. 10 agosto 1944, n. 224, poi per i delitti previsti dalle leggi speciali (art. 1, D.Lgs. 22 gennaio 1948, n. 21). Infine, con L. 13 ottobre 1994, n. 589 è stata abolita la pena di morte anche per i reati previsti dal codice penale militare di guerra.

244. Atti ostili verso uno Stato estero, che espongono lo Stato italiano al pericolo di guerra.

Chiunque, senza l'approvazione del Governo, fa arruolamenti o compie altri atti ostili contro uno Stato estero, in modo da esporre lo Stato italiano al pericolo di una guerra, è punito con la reclusione da sei a diciotto anni; se la guerra avviene, è punito con l'ergastolo [15, 22, 364].

Qualora gli atti ostili siano tali da turbare soltanto le relazioni con un Governo estero, ovvero da esporre lo Stato italiano o i suoi cittadini [4, 242], ovunque residenti, al pericolo di rappresaglie o di ritorsioni, la pena è della reclusione da tre a dodici anni. Se segue la rottura delle relazioni diplomatiche, o se avvengono le rappresaglie o le ritorsioni, la pena è della reclusione da cinque a quindici anni [7, n. 1, 29, 32, 302, 311, 312][1].

[1] Articolo così modificato dall'art. 7, comma 1, L. 12 maggio 1995, n. 210.

245. Intelligenze con lo straniero per impegnare lo Stato italiano alla neutralità o alla guerra.

Chiunque tiene intelligenze con lo straniero per impegnare o per compiere atti diretti a impegnare lo Stato italiano alla dichiarazione o al mantenimento della neutralità, ovvero alla dichiarazione di guerra, è punito con la reclusione da cinque a quindici anni [313].

La pena è aumentata [64] se le intelligenze hanno per oggetto una propaganda col mezzo della stampa[1].

● Norme connesse:
- art. 1, L. 8 febbraio 1948, n. 47.

246. Corruzione del cittadino da parte dello straniero.

Il cittadino [4, 242 comma 3], che, anche indirettamente, riceve o si fa promettere dallo straniero, per sé o per altri, denaro o qualsiasi utilità, o soltanto ne accetta la promessa, al fine di compiere atti contrari agli interessi nazionali, è punito, se il fatto non costituisce un più grave reato, con la reclusione da tre a dieci anni e con la multa da euro 516 a 2.065[1].

Alla stessa pena soggiace lo straniero che dà o promette il denaro o l'utilità.

La pena è aumentata [64]:

1) se il fatto è commesso in tempo di guerra [310];

2) se il denaro o l'utilità sono dati o promessi per una propaganda col mezzo della stampa.

[1] Importi elevati dall'art. 113, comma 1, L. 24 novembre 1981, n. 689.

● Norme connesse:
- art. 1, L. 8 febbraio 1948, n. 47.

247. Favoreggiamento bellico.

Chiunque, in tempo di guerra [310], tiene intelligenze con lo straniero per favorire le operazioni militari del nemico a danno dello Stato italiano [268], o per nuocere altrimenti alle operazioni militari dello Stato italiano, ovvero commette altri fatti diretti agli stessi scopi, è punito con la reclusione non inferiore a dieci anni; e se raggiunge l'intento, con l'ergastolo [313 comma 2][1].

[1] La pena di morte è stata soppressa, con conseguente sostituzione con l'ergastolo, prima per i delitti previsti dal presente codice ex art. 1, D.Lgs.Lgt. 10 agosto 1944, n. 224, poi per i delitti previsti dalle leggi speciali (art. 1, D.Lgs. 22 gennaio 1948, n. 21). Infine, con L. 13 ottobre 1994, n. 589 è stata abolita la pena di morte anche per i reati previsti dal codice penale militare di guerra.

248. Somministrazione al nemico di provvigioni.

Chiunque, in tempo di guerra [310], somministra, anche indirettamente, allo Stato nemico provvigioni, ovvero altre cose, le quali possano essere usate a danno dello Stato italiano [268], è punito con la reclusione non inferiore a cinque anni [313 comma 2].

Tale disposizione non si applica allo straniero che commette il fatto all'estero [7, 8].

249. Partecipazione a prestiti a favore del nemico.

Chiunque, in tempo di guerra [310], partecipa a prestiti o a versamenti a favore dello Stato nemico, o agevola le operazioni ad essi relative, è punito con la reclusione non inferiore a cinque anni [313 comma 2].

Tale disposizione non si applica allo straniero che commette il fatto all'estero [7, 8].

250. Commercio col nemico.

Il cittadino [4, 242 comma 3], o lo straniero dimorante nel territorio dello Stato [4 comma 2], il quale, in tempo di guerra [310] e fuori dei casi indicati nell'articolo 248, commercia, anche indirettamente, con sudditi dello Stato nemico, ovunque dimoranti, ovvero con altre persone dimoranti nel territorio dello Stato nemico, è punito con la reclusione da due a dieci anni e con la multa pari al quintuplo del valore della merce e in ogni caso, non inferiore a euro 1.032[1].

[1] Importi elevati dall'art. 113, comma 1, L. 24 novembre 1981, n. 689.

251. Inadempimento di contratti di forniture in tempo di guerra.

Chiunque, in tempo di guerra [310], non adempie in tutto o in parte gli obblighi che gli derivano da un contratto di fornitura di cose o di opere concluso con lo Stato [268] o con un altro ente pubblico o con un'impresa esercente servizi pubblici o di pubblica necessità, per i bisogni delle forze armate dello Stato o della popolazione, è punito con la reclusione da tre a dieci anni e con la multa pari al triplo del valore della cosa o dell'opera che egli avrebbe dovuto fornire e in ogni caso, non inferiore a euro 1.032[1].

Se l'inadempimento, totale o parziale, del contratto è dovuto a colpa [43], le pene sono ridotte alla metà.

Le stesse disposizioni si applicano ai subfornitori, ai mediatori e ai rappresentanti dei fornitori, allorché essi, violando i loro obblighi contrattuali, hanno cagionato l'inadempimento del contratto di fornitura [313 comma 2; c.p.m.g. 162].

[1] Importi elevati dall'art. 113, comma 1, L. 24 novembre 1981, n. 689.

252. Frode in forniture in tempo di guerra.
Chiunque, in tempo di guerra [310], commette frode nell'esecuzione dei contratti di fornitura o nell'adempimento degli altri obblighi contrattuali indicati nell'articolo precedente, è punito con la reclusione non inferiore a dieci anni e con la multa pari al quintuplo del valore della cosa o dell'opera che avrebbe dovuto fornire, e in ogni caso, non inferiore a euro 2.065 [268, 313 comma 2; c.p.m.g. 163][1].

[1] Importi elevati dall'art. 113, comma 1, L. 24 novembre 1981, n. 689. La pena edittale minima è determinata direttamente dalla legge e, quindi, per essa non vige l'esclusione dall'aggiornamento prevista dall'art. 115, L. n. 689/1981.

253. Distruzione o sabotaggio di opere militari.
Chiunque distrugge, o rende inservibili, in tutto o in parte, anche temporaneamente, navi, aeromobili, convogli, strade, stabilimenti, depositi o altre opere militari o adibite al servizio delle forze armate dello Stato [268] è punito con la reclusione non inferiore a otto anni.

Si applica la pena dell'ergastolo[1]:

1) se il fatto è commesso nell'interesse di uno Stato in guerra contro lo Stato italiano [242 comma 4];

2) se il fatto ha compromesso la preparazione o la efficienza bellica dello Stato, ovvero le operazioni militari.

[1] La pena di morte è stata soppressa, con conseguente sostituzione con l'ergastolo, prima per i delitti previsti dal presente codice ex art. 1, D.Lgs.Lgt. 10 agosto 1944, n. 224, poi per i delitti previsti dalle leggi speciali (art. 1, D.Lgs. 22 gennaio 1948, n. 21). Infine, con L. 13 ottobre 1994, n. 589 è stata abolita la pena di morte anche per i reati previsti dal codice penale militare di guerra.

254. Agevolazione colposa.
Quando l'esecuzione del delitto preveduto dall'articolo precedente è stata resa possibile, o soltanto agevolata, per colpa di chi era in possesso o aveva la custodia o la vigilanza delle cose ivi indicate, questi è punito con la reclusione da uno a cinque anni [268].

255. Soppressione, falsificazione o sottrazione di atti o documenti concernenti la sicurezza dello Stato.
Chiunque, in tutto o in parte, sopprime, distrugge o falsifica, ovvero carpisce, sottrae o distrae, anche temporaneamente, atti o documenti concernenti la sicurezza dello Stato od altro interesse politico, interno o internazionale, dello Stato, è punito con la reclusione non inferiore a otto anni [268].

Si applica la pena dell'ergastolo[1] se il fatto ha compromesso la preparazione o la efficienza bellica dello Stato, ovvero le operazioni militari [259].

[1] La pena di morte è stata soppressa, con conseguente sostituzione con l'ergastolo, prima per i delitti previsti dal presente codice ex art. 1, D.Lgs.Lgt. 10 agosto 1944, n. 224, poi per i delitti previsti dalle leggi speciali (art. 1, D.Lgs. 22 gennaio 1948, n. 21). Infine, con L. 13 ottobre 1994, n. 589 è stata abolita la pena di morte anche per i reati previsti dal codice penale militare di guerra.

256. Procacciamento di notizie concernenti la sicurezza dello Stato.
Chiunque si procura notizie che, nell'interesse della sicurezza dello Stato [268] o, comunque, nell'interesse politico, interno o internazionale, dello Stato, debbono rimanere segrete è punito con la reclusione da tre a dieci anni [c.p. 1889, 108].

Agli effetti delle disposizioni di questo titolo, fra le notizie che debbono rimanere segrete nell'interesse politico dello Stato sono comprese quelle contenute in atti del Governo, da esso non pubblicati per ragioni d'ordine politico, interno o internazionale.

Se si tratta di notizie di cui l'autorità competente ha vietato la divulgazione, la pena è della reclusione da due a otto anni.

Si applica la pena dell'ergastolo[1] se il fatto ha compromesso la preparazione o la efficienza bellica dello Stato, ovvero le operazioni militari [259-262].

[1] La pena di morte è stata soppressa, con conseguente sostituzione con l'ergastolo, prima per i delitti previsti dal presente codice ex art. 1, D.Lgs.Lgt. 10 agosto 1944, n. 224, poi per i delitti previsti dalle leggi speciali (art. 1, D.Lgs. 22 gennaio 1948, n. 21). Infine, con L. 13 ottobre 1994, n. 589 è stata abolita la pena di morte anche per i reati previsti dal codice penale militare di guerra

● Norme connesse:
- L. 3 agosto 2007, n. 124.

257. Spionaggio politico o militare.
Chiunque si procura, a scopo di spionaggio politico o militare, notizie che, nell'interesse della sicurezza dello Stato [268] o, comunque, nell'interesse politico, interno o internazionale, dello Stato, debbono rimanere segrete è punito con la reclusione non inferiore a quindici anni.

Si applica la pena dell'ergastolo[1]:

1) se il fatto è commesso nell'interesse di uno Stato in guerra con lo Stato italiano [242 comma 4];

2) se il fatto ha compromesso la preparazione o la efficienza bellica dello Stato, ovvero le operazioni militari [259-261].

[1] La pena di morte è stata soppressa, con conseguente sostituzione con l'ergastolo, prima per i delitti previsti dal presente codice ex art. 1, D.Lgs.Lgt. 10 agosto 1944, n. 224, poi per i delitti previsti dalle leggi speciali (art. 1, D.Lgs. 22 gennaio 1948, n. 21). Infine, con L. 13 ottobre 1994, n. 589 è stata abolita la pena di morte anche per i reati previsti dal codice penale militare di guerra.

258. Spionaggio di notizie di cui è stata vietata la divulgazione.

Chiunque si procura, a scopo di spionaggio politico o militare, notizie di cui l'Autorità competente ha vietato la divulgazione è punito con la reclusione non inferiore a dieci anni.

Si applica l'ergastolo se il fatto è commesso nell'interesse di uno Stato in guerra con lo Stato italiano [242 comma 4, 268].

Si applica la pena dell'ergastolo[1] se il fatto ha compromesso la preparazione o la efficienza bellica dello Stato, ovvero le operazioni militari [259, 260].

[1] La pena di morte è stata soppressa, con conseguente sostituzione con l'ergastolo, prima per i delitti previsti dal presente codice ex art. 1, D.Lgs.Lgt. 10 agosto 1944, n. 224, poi per i delitti previsti dalle leggi speciali (art. 1, D.Lgs. 22 gennaio 1948, n. 21). Infine, con L. 13 ottobre 1994, n. 589 è stata abolita la pena di morte anche per i reati previsti dal codice penale militare di guerra.

259. Agevolazione colposa.

Quando l'esecuzione di alcuno dei delitti preveduti dagli articoli 255, 256, 257 e 258 è stata resa possibile, o soltanto agevolata, per colpa [43] di chi era in possesso dell'atto o documento o a cognizione della notizia, questi è punito con la reclusione da uno a cinque anni.

Si applica la reclusione da tre a quindici anni se sono state compromesse la preparazione o la efficienza bellica dello Stato [268], ovvero le operazioni militari.

Le stesse pene si applicano quando l'esecuzione dei delitti suddetti è stata resa possibile o soltanto agevolata per colpa [43] di chi aveva la custodia o la vigilanza dei luoghi o delle zone di terra, di acqua o di aria, nelle quali è vietato l'accesso nell'interesse militare dello Stato [682].

260. Introduzione clandestina in luoghi militari e possesso ingiustificato di mezzi di spionaggio.

È punito con la reclusione da uno a cinque anni chiunque [c.p. 1889, 110]:

1) si introduce clandestinamente o con inganno in luoghi o zone di terra, di acqua o di aria, in cui è vietato l'accesso nell'interesse militare dello Stato [682];

2) è colto, in tali luoghi o zone, o in loro prossimità, in possesso ingiustificato di mezzi idonei a commettere alcuno dei delitti preveduti dagli articoli 256, 257 e 258;

3) è colto in possesso ingiustificato di documenti o di qualsiasi altra cosa atta a fornire le notizie indicate nell'articolo 256.

Se alcuno dei fatti preveduti dai numeri precedenti è commesso in tempo di guerra [310], la pena è della reclusione da tre a dieci anni [1102 c.nav.].

Le disposizioni del presente articolo si applicano, altresì, agli immobili adibiti a sedi di ufficio o di reparto o a deposito di materiali dell'Amministrazione della pubblica sicurezza, l'accesso ai quali sia vietato per ragioni di sicurezza pubblica[1].

[1] Comma aggiunto dall'art. 7, D.L. 14 agosto 2013, n. 93, convertito in L. 15 ottobre 2013, n. 119.

261. Rivelazione di segreti di Stato.

Chiunque rivela taluna delle notizie di carattere segreto indicate nell'articolo 256 è punito con la reclusione non inferiore a cinque anni [c.p. 1889, 261].

Se il fatto è commesso in tempo di guerra [310], ovvero ha compromesso la preparazione o la efficienza bellica dello Stato [268] o le operazioni militari, la pena della reclusione non può essere inferiore a dieci anni.

Se il colpevole ha agito a scopo di spionaggio politico o militare, si applica, nel caso preveduto dalla prima parte di questo articolo, la pena dell'ergastolo; e nei casi preveduti dal primo capoverso, la pena dell'ergastolo[1].

Le pene stabilite nelle disposizioni precedenti si applicano anche a chi ottiene la notizia.

Se il fatto è commesso per colpa [43], la pena è della reclusione da sei mesi a due anni, nel caso preveduto dalla prima parte di questo articolo, e da tre a quindici anni qualora concorra una delle circostanze indicate nel primo capoverso.

[1] La pena di morte è stata soppressa, con conseguente sostituzione con l'ergastolo, prima per i delitti previsti dal presente codice ex art. 1, D.Lgs.Lgt. 10 agosto 1944, n. 224, poi per i delitti previsti dalle leggi speciali (art. 1, D.Lgs. 22 gennaio 1948, n. 21). Infine, con L. 13 ottobre 1994, n. 589 è stata abolita la pena di morte anche per i reati previsti dal codice penale militare di guerra.

262. Rivelazione di notizia di cui sia stata vietata la divulgazione.

Chiunque rivela notizie, delle quali l'Autorità competente ha vietato la divulgazione, è punito con la reclusione non inferiore a tre anni.

Se il fatto è commesso in tempo di guerra [310], ovvero ha compromesso la preparazione o la efficienza bellica dello Stato [268] o le operazioni militari, la pena è della reclusione non inferiore a dieci anni.

Se il colpevole ha agito a scopo di spionaggio politico o militare, si applica, nel caso preveduto dalla prima parte di questo articolo, la reclusione non inferiore a quindici anni; e nei casi preveduti dal primo capoverso, la pena dell'ergastolo[1].

Le pene stabilite nelle disposizioni precedenti si applicano anche a chi ottiene la notizia.

Se il fatto è commesso per colpa [43], la pena è della reclusione da sei mesi a due anni, nel caso preveduto dalla prima parte di questo articolo, e da tre a quindici anni qualora concorra una delle circostanze indicate nel primo capoverso.

[1] La pena di morte è stata soppressa, con conseguente sostituzione con l'ergastolo, prima per i delitti previsti dal presente codice ex art. 1, D.Lgs.Lgt. 10 agosto 1944, n. 224, poi per i delitti previsti dalle leggi speciali (art. 1, D.Lgs. 22 gennaio 1948, n. 21). Infine, con L. 13 ottobre 1994, n. 589 è stata abolita la pena di morte anche per i reati previsti dal codice penale militare di guerra.

263. Utilizzazione dei segreti di Stato.

Il pubblico ufficiale [357] o l'incaricato di un pubblico servizio [358], che impiega a proprio o altrui profitto, invenzioni o scoperte scientifiche o nuove applicazioni industriali che egli conosca per ragione del suo ufficio o servizio, e che debbano rimanere segrete nell'interesse della sicurezza dello Stato [256 comma 2, 268][1], è punito con la reclusione non inferiore a cinque anni e con la multa non inferiore a euro 1.032[1].

Se il fatto è commesso nell'interesse di uno Stato in guerra con lo Stato italiano [242 comma 4], o se ha compromesso la preparazione o la efficienza bellica dello Stato, ovvero le operazioni militari, il colpevole è punito con l'ergastolo[2].

[1] Importi elevati dall'art. 113, comma 1, L. 24 novembre 1981, n. 689.

[2] La pena di morte è stata soppressa, con conseguente sostituzione con l'ergastolo, prima per i delitti previsti dal presente codice ex art. 1, D.Lgs.Lgt. 10 agosto 1944, n. 224, poi per i delitti previsti dalle leggi speciali (art. 1, D.Lgs. 22 gennaio 1948, n. 21). Infine, con L. 13 ottobre 1994, n. 589 è stata abolita la pena di morte anche per i reati previsti dal codice penale militare di guerra.

264. Infedeltà in affari di Stato.

Chiunque, incaricato dal Governo italiano di trattare all'estero affari di Stato [268], si rende infedele al mandato è punito, se dal fatto possa derivare nocumento all'interesse nazionale, con la reclusione non inferiore a cinque anni [c.p. 1889, 111].

265. Disfattismo politico.

Chiunque, in tempo di guerra [310], diffonde o comunica voci o notizie false, esagerate o tendenziose, che possano destare pubblico allarme o deprimere lo spirito pubblico o altrimenti menomare la resistenza della nazione di fronte al nemico, o svolge comunque un'attività tale da recare nocumento agli interessi nazionali [269, 501, 656; c.p.m.g. 77], è punito con la reclusione non inferiore a cinque anni.

La pena è non inferiore a quindici anni:

1) se il fatto è commesso con propaganda o comunicazioni dirette a militari;

2) se il colpevole ha agito in seguito a intelligenze con lo straniero.

La pena è dell'ergastolo se il colpevole ha agito in seguito a intelligenze col nemico [268, 313].

266. Istigazione di militari a disobbedire alle leggi.

Chiunque istiga i militari a disobbedire alle leggi o a violare il giuramento dato o i doveri della disciplina militare o altri doveri inerenti al proprio stato, ovvero fa a militari l'apologia di fatti contrari alle leggi, al giuramento, alla disciplina o ad altri doveri militari, è punito, per ciò, solo se il fatto non costituisce un più grave delitto, con la reclusione da uno a tre anni[1].

La pena è della reclusione da due a cinque anni se il fatto è commesso pubblicamente [266 comma 4].

Le pene sono aumentate se il fatto è commesso in tempo di guerra [310].

Agli effetti della legge penale, il reato si considera avvenuto pubblicamente quando il fatto è commesso:

1) col mezzo della stampa, o con altro mezzo di propaganda;

2) in luogo pubblico o aperto al pubblico e in presenza di più persone;

3) in una riunione che, per il luogo in cui è tenuta, o per il numero degli intervenuti, o per lo scopo od oggetto di essa, abbia carattere di riunione non privata [268, 654].

[1] La Corte costituzionale, con sentenza 21 marzo 1989, n. 139, ha dichiarato l'illegittimità costituzionale del presente articolo, nella parte in cui non prevede che per l'istigazione di militari a commettere un reato militare la pena sia sempre applicata in misura inferiore alla metà della pena stabilita per il reato al quale si riferisce l'istigazione.

● Norme connesse:

- comma 4, n. 1): art. 1, L. 8 febbraio 1948, n. 47.

267. Disfattismo economico.

Chiunque, in tempo di guerra [310], adopera mezzi diretti a deprimere il corso dei cambi, o ad influire sul mercato dei titoli o dei valori, pubblici o privati [501], in modo da esporre a pericolo la resistenza della nazione di fronte al nemico, è punito con la reclusione non inferiore a cinque anni e con la multa non inferiore a euro 3.098[1].

Se il colpevole ha agito in seguito a intelligenze con lo straniero, la reclusione non può essere inferiore a dieci anni.

La reclusione è non inferiore a quindici anni se il colpevole ha agito in seguito a intelligenze col nemico.

CODICE PENALE

[1] Importi elevati dall'art. 113, comma 1, L. 24 novembre 1981, n. 689.

268. Parificazione degli Stati alleati.

Le pene stabilite negli articoli 247 e seguenti si applicano anche quando il delitto è commesso a danno di uno Stato estero alleato o associato, a fine di guerra, con lo Stato italiano [c.p. 1889, 112].

269. Attività antinazionale del cittadino all'estero.

[...][1 2].

[1] Articolo abrogato dall'art. 12, L. 24 febbraio 2006, n. 85.

[2] Il testo precedente la riforma del 2006 era il seguente: *Il cittadino che, fuori dal territorio dello Stato, diffonde o comunica voci o notizie false, esagerate o tendenziose sulle condizioni interne dello Stato, per modo da menomare il credito o il prestigio dello Stato all'estero, o svolge comunque un'attività tale da recare nocumento agli interessi nazionali, è punito con la reclusione non inferiore a cinque anni.*

270. Associazioni sovversive.

Chiunque nel territorio dello Stato promuove, costituisce, organizza o dirige associazioni dirette e idonee a sovvertire violentemente gli ordinamenti economici o sociali costituiti nello Stato ovvero a sopprimere violentemente l'ordinamento politico e giuridico dello Stato, è punito con la reclusione da cinque a dieci anni.

Chiunque partecipa alle associazioni di cui al primo comma è punito con la reclusione da uno a tre anni.

Le pene sono aumentate per coloro che ricostituiscono, anche sotto falso nome o forma simulata, le associazioni di cui al primo comma, delle quali sia stato ordinato lo scioglimento[1 2 3].

[1] Articolo così sostituito dall'art. 2, L. 24 febbraio 2006, n. 85.

[2] Il testo precedente la riforma del 2006 era il seguente: *Chiunque nel territorio dello Stato promuove, costituisce, organizza o dirige associazioni dirette a stabilire violentemente la dittatura di una classe sociale sulle altre, ovvero a sopprimere violentemente una classe sociale o, comunque, a sovvertire violentemente gli ordinamenti economici o sociali costituiti nello Stato, è punito con la reclusione da cinque a dodici anni.*

Alla stessa pena soggiace chiunque nel territorio dello Stato promuove, costituisce, organizza o dirige associazioni aventi per fine la soppressione violenta di ogni ordinamento politico e giuridico della società.

Chiunque partecipa a tali associazioni è punito con la reclusione da uno a tre anni.

Le pene sono aumentate per coloro che ricostituiscono, anche sotto falso nome o forma simulata, le associazioni predette, delle quali sia stato ordinato lo scioglimento.

[3] L'indulto concesso con L. 31 luglio 2006, n. 241 non si applica per i delitti previsti dal presente comma, ai sensi di quanto disposto dall'art. 1 della stessa legge.

● Norme connesse:

- per i casi di non punibilità di coloro che hanno commesso, per finalità di terrorismo o di eversione dell'ordinamento costituzionale, uno o più fra i reati previsti in questo articolo, v. l'art. 1, L. 29 maggio 1982, n. 304, sull'ordinamento costituzionale (terroristi pentiti), il cui comma terzo, lettera a), esclude la non punibilità per le ipotesi di importazione, esportazione, rapina e furto di armi, munizioni od esplosivi. La decadenza da questi benefici in caso di false o reticenti dichiarazioni è regolata dall'art. 10 della stessa legge il cui art. 12 limita l'applicazione del provvedimento solo ai reati che siano stati commessi o la cui permanenza sia iniziata entro il 31 gennaio 1982, purché i comportamenti cui è condizionata la loro applicazione vengano tenuti entro centoventi giorni dall'entrata in vigore della legge (3 giugno 1982), termine differito di ulteriori centoventi giorni, con l'art. 1, del D.L. 1 ottobre 1982, n. 695, convertito in L. 29 novembre 1982, n. 882.

- art. 210, R.D. 18 giugno 1931, n. 773, di approvazione del testo unico delle leggi di pubblica sicurezza; la L. 3 dicembre 1947, n. 1546 e la L. 20 giugno 1952, n. 645, sulla repressione del fascismo, nonché gli artt. 18 e 20, L. 22 maggio 1975, n. 152, e l'art. 3, L. 8 agosto 1977, n. 533, in materia di ordine pubblico. Sul divieto di costituire associazioni a carattere militare v., anche, il D.Lgs. 14 febbraio 1948, n. 43 e la L. 25 gennaio 1982, n. 17, in materia di associazioni segrete e scioglimento della Loggia P2.

270-*bis*. Associazioni con finalità di terrorismo anche internazionale o di eversione dell'ordine democratico.

Chiunque promuove, costituisce, organizza, dirige o finanzia associazioni che si propongono il compimento di atti di violenza con finalità di terrorismo o di eversione dell'ordine democratico è punito con la reclusione da sette a quindici anni.

Chiunque partecipa a tali associazioni è punito con la reclusione da cinque a dieci anni.

Ai fini della legge penale, la finalità di terrorismo ricorre anche quando gli atti di violenza sono rivolti contro uno Stato estero, un'istituzione e un organismo internazionale.

Nei confronti del condannato è sempre obbligatoria la confisca delle cose che servirono o furono destinate a commettere il reato e delle cose che ne sono il prezzo, il prodotto, il profitto o che costituiscono l'impiego[1 2 3].

[1] Articolo aggiunto dall'art. 3, D.L. 15 dicembre 1979, n. 625, convertito in L. 6 febbraio 1980, n. 15 e così sostituito dall'art. 1, D.L. 18 ottobre 2001, n. 374, convertito in L. 15 dicembre 2001, n. 438.

[2] Il testo in vigore dopo le modifiche introdotte dall'art. 1 del citato D.L. n. 374 del 2001 (ma prima della sua conversione in legge) era il seguente: Associazioni con finalità di terrorismo e di eversione dell'ordine democratico. *Chiunque promuove, costituisce, organizza, finanzia anche indirettamente o dirige associazioni che si propongono il compimento di atti di violenza con fini di eversione dell'ordine democratico è punito con la reclusione da sette a quindici anni.*

Chiunque partecipa a tali associazioni è punito con la reclusione da cinque a dieci anni.

Il testo in vigore prima delle modifiche disposte dal suddetto D.L. n. 374 del 2001 era il seguente: Associazioni con finalità di terrorismo e di eversione dell'ordine democratico. *Chiunque promuove, costituisce, organizza o dirige associazioni che si propongono il compimento di atti di violenza con fini di eversione dell'ordine democratico è punito con la reclusione da sette a quindici anni.*

Chiunque partecipa a tali associazioni è punito con la reclusione da quattro a otto anni.

[3] La condanna per il delitto previsto dal presente articolo comporta la pena accessoria della perdita della potestà genitoriale quando è coinvolto un minore (art. 1, comma 3-bis, D.L. 18 febbraio 2015, n. 7, convertito in L. 17 aprile 2015, n. 43).

270-*bis*.1. Circostanze aggravanti e attenuanti.

Per i reati commessi per finalità di terrorismo o di eversione dell'ordine democratico, punibili con pena diversa dall'ergastolo, la pena è aumentata della metà, salvo che la circostanza sia elemento costitutivo del reato.

Quando concorrono altre circostanze aggravanti, si applica per primo l'aumento di pena previsto per la circostanza aggravante di cui al primo comma. Le circostanze attenuanti, diverse da quelle previste dagli articoli 98 e 114, concorrenti con l'aggravante di cui al primo comma, non possono essere ritenute equivalenti o prevalenti rispetto a questa e alle circostanze aggravanti per le quali la legge stabilisce una pena di specie diversa o ne determina la misura in modo indipendente da quella ordinaria del reato, e le diminuzioni di pena si operano sulla quantità di pena risultante dall'aumento conseguente alle predette aggravanti.

Per i delitti commessi per finalità di terrorismo o di eversione dell'ordine democratico, salvo quanto disposto nell'articolo 289-*bis*, nei confronti del concorrente che, dissociandosi dagli altri, si adopera per evitare che l'attività delittuosa sia portata a conseguenze ulteriori, ovvero aiuta concretamente l'autorità di polizia e l'autorità giudiziaria nella raccolta di prove decisive per l'individuazione o la cattura dei concorrenti, la pena dell'ergastolo è sostituita da quella della reclusione da dodici a venti anni e le altre pene sono diminuite da un terzo alla metà.

Quando ricorre la circostanza di cui al terzo comma non si applica l'aggravante di cui al primo comma.

Fuori del caso previsto dal quarto comma dell'articolo 56, non è punibile il colpevole di un delitto commesso per finalità di terrorismo o di eversione dell'ordine democratico che volontariamente impedisce l'evento e fornisce elementi di prova determinanti per la esatta ricostruzione del fatto e per la individuazione degli eventuali concorrenti[1].

[1] Articolo aggiunto dall'art. 5, D.Lgs. 1 marzo 2018, n. 21.

270-*ter*. Assistenza agli associati.

Chiunque, fuori dei casi di concorso nel reato o di favoreggiamento, dà rifugio o fornisce ospitalità, mezzi di trasporto, strumenti di comunicazione a taluna delle persone che partecipano alle associazioni indicate negli articoli 270 e 270-*bis* è punito con la reclusione fino a quattro anni.

La pena è aumentata se l'assistenza è prestata continuativamente.

Non è punibile chi commette il fatto in favore di un prossimo congiunto[1,2,3].

[1] Articolo aggiunto dall'art. 1, D.L. 18 ottobre 2001, n. 374, convertito in L. 15 dicembre 2001, n. 438.

[2] Il testo introdotto dal suddetto D.L. n. 374 del 2001 prima della sua conversione in legge, era il seguente: Associazioni con finalità di terrorismo internazionale. *1. Chiunque promuove, costituisce, organizza, dirige, finanzia anche indirettamente associazioni che si propongono il compimento all'estero, o comunque ai danni di uno Stato estero, di un'istituzione o di un organismo internazionale, di atti di violenza su persone o cose, con finalità di terrorismo, è punito con la reclusione da sette a quindici anni.*

2. Chiunque partecipa alle associazioni indicate nel comma 1 è punito con la reclusione da cinque a dieci anni.

Nei procedimenti per i delitti previsti dal presente articolo si applicano le disposizioni di cui all'art. 13, D.L. 13 maggio 1991, n. 152, ai sensi di quanto disposto dall'art. 3 del citato D.L. n. 374/2001.

[3] La condanna per il delitto previsto dal presente articolo comporta la pena accessoria della perdita della potestà genitoriale quando è coinvolto un minore (art. 1, comma 3-bis, D.L. 18 febbraio 2015, n. 7, convertito in L. 17 aprile 2015, n. 43).

270-*quater*. Arruolamento con finalità di terrorismo anche internazionale.

Chiunque, al di fuori dei casi di cui all'articolo 270-*bis*, arruola una o più persone per il compimento di atti di violenza ovvero di sabotaggio di servizi pubblici essenziali, con finalità di terrorismo, anche se rivolti contro uno Stato estero, un'istituzione o un organismo internazionale, è punito con la reclusione da sette a quindici anni.

Fuori dei casi di cui all'articolo 270-*bis*, e salvo il caso di addestramento, la persona arruolata è punita con la pena della reclusione da cinque a otto anni[1,2,3,4].

[1] Comma aggiunto dall'art. 1, D.L. 18 febbraio 2015, n. 7, convertito in L. 17 aprile 2015, n. 43.

[2] Articolo aggiunto dall'art. 15, D.L. 27 luglio 2005, n. 144, convertito in L. 31 luglio 2005, n. 155.

[3] Il testo in vigore prima della conversione in legge del citato decreto, era il seguente: *Chiunque, al di fuori dei casi di cui all'articolo 270-bis, arruola una o più persone per il compimento di atti di violenza con finalità di terrorismo, anche se rivolti contro uno Stato estero, un'istituzione o un organismo internazionale, è punito con la reclusione da sette a quindici anni.*

Precedentemente il presente articolo era stato aggiunto dall'art. 1, D.L. 18 ottobre 2001, n. 374. Peraltro la L. 15 dicembre 2001, n. 438, nel convertire in legge il suddetto decreto aveva modificato il citato articolo 1 il quale, nella nuova formulazione, non prevedeva più l'introduzione del presente articolo le cui disposizioni sono confluite nell'art. 270-*ter* c.p.

L'indulto concesso con L. 31 luglio 2006, n. 241 non si applica per i delitti previsti dal presente comma, ai sensi di quanto disposto dall'art. 1 della stessa legge.

[4] La condanna per il delitto previsto dal presente articolo comporta la pena accessoria della perdita della potestà genitoriale quando è coinvolto un minore (art. 1, comma 3-bis, D.L. 18 febbraio 2015, n. 7, convertito in L. 17 aprile 2015, n. 43).

270-*quater.1.* Organizzazione di trasferimenti per finalità di terrorismo.

Fuori dai casi di cui agli articoli 270-*bis* e 270-*quater*, chiunque organizza, finanzia o propaganda viaggi in territorio estero finalizzati al compimento delle condotte con finalità di terrorismo di cui all'articolo 270-*sexies*, è punito con la reclusione da cinque a otto anni[2].

[1] Articolo aggiunto dall'art. 1, D.L. 18 febbraio 2015, n. 7, convertito in L. 17 aprile 2015, n. 43.

[2] La condanna per il delitto previsto dal presente articolo comporta la pena accessoria della perdita della potestà genitoriale quando è coinvolto un minore (art. 1, comma 3-bis, D.L. 18 febbraio 2015, n. 7, convertito in L. 17 aprile 2015, n. 43).

270-*quinquies.* Addestramento ad attività con finalità di terrorismo anche internazionale.

Chiunque, al di fuori dei casi di cui all'articolo 270-*bis*, addestra o comunque fornisce istruzioni sulla preparazione o sull'uso di materiali esplosivi, di armi da fuoco o di altre armi, di sostanze chimiche o batteriologiche nocive o pericolose, nonché di ogni altra tecnica o metodo per il compimento di atti di violenza ovvero di sabotaggio di servizi pubblici essenziali, con finalità di terrorismo, anche se rivolti contro uno Stato estero, un'istituzione o un organismo internazionale, è punito con la reclusione da cinque a dieci anni. La stessa pena si applica nei confronti della persona addestrata, nonchè della persona che avendo acquisito, anche autonomamente, le istruzioni per il compimento degli atti di cui al primo periodo, pone in essere comportamenti univocamente finalizzati alla commissione delle condotte di cui all'articolo 270-*sexies*[1].

Le pene previste dal presente articolo sono aumentate se il fatto di chi addestra o istruisce è commesso attraverso strumenti informatici o telematici[2 3 4 5].

[1] Comma così modificato dall'art. 1, D.L. 18 febbraio 2015, n. 7, convertito in L. 17 aprile 2015, n. 43. Il testo previgente disponeva: *Chiunque, al di fuori dei casi di cui all'articolo 270-bis, addestra o comunque fornisce istruzioni sulla preparazione o sull'uso di materiali esplosivi, di armi da fuoco o di altre armi, di sostanze chimiche o batteriologiche nocive o pericolose, nonché di ogni altra tecnica o metodo per il compimento di atti di violenza ovvero di sabotaggio di servizi pubblici essenziali, con finalità di terrorismo, anche se rivolti contro uno Stato estero, un'istituzione o un organismo internazionale, è punito con la reclusione da cinque a dieci anni. La stessa pena si applica nei confronti della persona addestrata.*

[2] Comma aggiunto dall'art. 1, D.L. 18 febbraio 2015, n. 7, convertito in L. 17 aprile 2015, n. 43.

[3] Articolo aggiunto dall'art. 15, D.L. 27 luglio 2005, n. 144, convertito in L. 31 luglio 2005, n. 155.

[4] Il testo in vigore prima della conversione in legge del citato decreto era il seguente: *Chiunque, al di fuori dei casi di cui all'articolo 270-bis, addestra o comunque fornisce istruzioni sulla preparazione o sull'uso di materiali esplosivi, di armi da fuoco o di altre armi, di sostanze chimiche o batteriologiche nocive o pericolose, nonché di ogni altra tecnica o metodo per il compimento di atti di violenza con finalità di terrorismo, anche se rivolti contro uno Stato estero, un'istituzione o un organismo internazionale, è punito con la reclusione da cinque a dieci anni. La stessa pena si applica nei confronti della persona addestrata.*

L'indulto concesso con L. 31 luglio 2006, n. 241 non si applica per i delitti previsti dal presente comma, ai sensi di quanto disposto dall'art. 1 della stessa legge.

[5] La condanna per il delitto previsto dal presente articolo comporta la pena accessoria della perdita della potestà genitoriale quando è coinvolto un minore (art. 1, comma 3-bis, D.L. 18 febbraio 2015, n. 7, convertito in L. 17 aprile 2015, n. 43).

270-*quinquies.1.* Finanziamento di condotte con finalità di terrorismo.

Chiunque, al di fuori dei casi di cui agli articoli 270-*bis* e 270-*quater.1*, raccoglie, eroga o mette a disposizione beni o denaro, in qualunque modo realizzati, destinati a essere in tutto o in parte utilizzati per il compimento delle condotte con finalità di terrorismo di cui all'articolo 270-*sexies* è punito con la reclusione da sette a quindici anni, indipendentemente dall'effettivo utilizzo dei fondi per la commissione delle citate condotte.

Chiunque deposita o custodisce i beni o il denaro indicati al primo comma è punito con la reclusione da cinque a dieci anni[1].

[1] Articolo aggiunto dall'art. 4, L. 28 luglio 2016, n. 153.

270-*quinquies.2.* Sottrazione di beni o denaro sottoposti a sequestro.

Chiunque sottrae, distrugge, disperde, sopprime o deteriora beni o denaro, sottoposti a sequestro per prevenire il finanziamento delle condotte con finalità di terrorismo di cui all'articolo 270-sexies, è punito con la reclusione da due a sei anni e con la multa da euro 3.000 a euro 15.000[1].

[1] Articolo aggiunto dall'art. 4, L. 28 luglio 2016, n. 153.

270-*sexies.* Condotte con finalità di terrorismo.

Sono considerate con finalità di terrorismo le condotte che, per la loro natura o contesto, possono arrecare grave danno ad un Paese o ad un'organizzazione internazionale e sono compiute allo scopo di intimidire la popolazione o costringere i poteri pubblici o un'organizzazione internazionale a compiere o astenersi dal compiere un qualsiasi atto o destabilizzare o distruggere le strutture politiche fondamentali, costituzionali, economiche e sociali di un Paese o di un'organizzazione internazionale, nonché le altre condotte definite terroristiche o commesse con finalità di terrorismo da convenzioni o altre norme di diritto internazionale vincolanti per l'Italia[1].

[1] Articolo aggiunto dall'art. 15, D.L. 27 luglio 2005, n. 144, convertito in L. 31 luglio 2005, n. 155.

270-*septies*. Confisca.

Nel caso di condanna o di applicazione della pena ai sensi dell'articolo 444 del codice di procedura penale per taluno dei delitti commessi con finalità di terrorismo di cui all'articolo 270-*sexies* è sempre disposta la confisca delle cose che servirono o furono destinate a commettere il reato e delle cose che ne costituiscono il prezzo, il prodotto o il profitto, salvo che appartengano a persona estranea al reato, ovvero, quando essa non è possibile, la confisca di beni, di cui il reo ha la disponibilità, per un valore corrispondente a tale prezzo, prodotto o profitto[1].

[1] Articolo aggiunto dall'art. 4, L. 28 luglio 2016, n. 153.

271. Associazioni antinazionali.

Chiunque, fuori dei casi preveduti dall'articolo precedente[1], nel territorio dello Stato [4 comma 2] promuove, costituisce, organizza o dirige associazioni che si propongano di svolgere o che svolgano un'attività diretta a distruggere o deprimere il sentimento nazionale è punito con la reclusione da uno a tre anni.

Chiunque partecipa a tali associazioni è punito con la reclusione da sei mesi a due anni.

Si applica l'ultimo capoverso dell'articolo precedente[2 3].

[1] Il richiamo deve intendersi riferito tanto all'art. 270-*bis* quanto all'art. 270.

[2] Il richiamo deve intendersi riferito all'ultimo capoverso dell'art. 270.

[3] La Corte costituzionale, con sentenza 12 luglio 2001, n. 243, ha dichiarato l'illegittimità costituzionale del presente articolo.

272. Propaganda ed apologia sovversiva o antinazionale.

[...][1 2].

[1] Articolo abrogato dall'art. 12, L. 24 febbraio 2006, n. 85.

[2] Il testo precedente la riforma del 2006 era il seguente: *Chiunque nel territorio dello Stato fa propaganda per l'instaurazione violenta della dittatura di una classe sociale sulle altre, o per la soppressione violenta di una classe sociale o, comunque, per il sovvertimento violento degli ordinamenti economici o sociali costituiti nello Stato, ovvero fa propaganda per la distruzione di ogni ordinamento politico e giuridico della società, è punito con la reclusione da uno a cinque anni.*

Se la propaganda è fatta per distruggere o deprimere il sentimento nazionale, la pena è della reclusione da sei mesi a due anni.

Alle stesse pene soggiace chi fa apologia dei fatti preveduti dalle disposizioni precedenti.

273. Illecita costituzione di associazioni aventi carattere internazionale.

Chiunque senza autorizzazione del Governo promuove, costituisce, organizza o dirige nel territorio dello Stato [4] associazioni, enti o istituti di carattere internazionale, o sezioni di essi, è punito con la reclusione fino a sei mesi o con la multa da euro 516 a 2.065[1].

Se l'autorizzazione è stata ottenuta per effetto di dichiarazioni false o reticenti, la pena è della reclusione da uno a cinque anni e della multa non inferiore a euro 1.032 [7, n. 1, 302, 311, 312][1 2].

[1] Importi elevati dall'art. 113, L. 24 novembre 1981, n. 689.

[2] La Corte costituzionale, con sentenza 3 luglio 1985, n. 193, ha dichiarato l'illegittimità costituzionale del presente articolo.

274. Illecita partecipazione ad associazioni aventi carattere internazionale.

Chiunque partecipa nel territorio dello Stato [4] ad associazioni, enti o istituti o sezioni di essi, di carattere internazionale, per i quali non sia stata conceduta l'autorizzazione del Governo, è punito con la multa da euro 103 a 1.032[1].

La stessa pena si applica al cittadino [242], residente nel territorio dello Stato, che senza l'autorizzazione del Governo partecipa ad associazioni, enti o istituti di carattere internazionale, che abbiano sede all'estero [7, n. 1, 302, 311, 312][2].

[1] Importi elevati dall'art. 113, L. 24 novembre 1981, n. 689.

[2] La Corte costituzionale, con sentenza 3 luglio 1985, n. 193, ha dichiarato l'illegittimità costituzionale del presente articolo.

275. Accettazione di onorificenze o utilità da uno Stato nemico.

[...][1].

[1] Articolo abrogato dall'art. 18, L. 25 giugno 1999, n. 205.

CAPO II
DEI DELITTI CONTRO LA PERSONALITÀ INTERNA DELLO STATO

276. Attentato contro il Presidente della Repubblica.

Chiunque attenta alla vita, alla incolumità o alla libertà personale del Presidente della Repubblica è punito con l'ergastolo [290-*bis*, 301][1].

[1] Articolo così sostituito dall'art. 2, L. 11 novembre 1947, n. 1317.

● Norme connesse:

- art. 5 comma 2, L. 29 maggio 1982, n. 304 che dispone: *Se il colpevole di uno dei delitti previsti dagli articoli 241, 276, 280, 283, 284, 285, 286, 289 e 295 del codice penale coopera efficacemente ad impedire l'evento cui gli atti da lui commessi sono diretti soggiace soltanto alla pena per gli atti compiuti qualora questi costituiscano per sé un reato diverso.*

La decadenza da questi benefici in caso di false o reticenti dichiarazioni è regolato dall'art. 10 della stessa legge, il cui art. 12 limita l'applicazione del provvedimento solo ai reati che siano stati commessi o la cui permanenza sia iniziata entro il 31 gennaio 1982, purché i comportamenti cui è condizionata la loro applicazione vengano tenuti entro centoventi giorni dall'entrata in vigore della legge (3 giugno 1982), termine differito di ulteriori centoventi giorni, con l'art. 1, D.L. 1 ottobre 1982, n. 695, convertito nella L. 29 novembre 1982, n. 882. Sulla tutela della persona del Sommo Pontefice v. l'art. 8 del Trattato fra la Santa Sede e l'Italia reso esecutivo con L. 27 maggio 1929, n. 810 e la L. 25 marzo 1985, n. 121. V., anche, la L. 25 gennaio 1982, n. 17, in materia di associazioni segrete e scioglimento della Loggia P2.

277. Offesa alla libertà del Presidente della Repubblica.

Chiunque, fuori dei casi preveduti dall'articolo precedente, attenta alla libertà del Presidente della Repubblica, è punito con la reclusione da cinque a quindici anni [290-*bis*, 301, 313; c.p. 1889, 277 comma 2][1].

[1] Articolo così sostituito dall'art. 2, L. 11 novembre 1947, n. 1317. L'art. 4 di detta legge stabilisce che ai fini dell'applicazione di questo articolo, alla carica di presidente della Repubblica è equiparata quella di capo provvisorio dello Stato. Sulla tutela della persona del Sommo Pontefice v. l'art. 8 del Trattato fra la Santa Sede e l'Italia reso esecutivo con L. 27 maggio 1929, n. 810 e la L. 25 marzo 1985, n. 121. V., anche, la L. 25 gennaio 1982, n. 17, in materia di associazioni segrete e scioglimento della Loggia P2.

278. Offesa all'onore o al prestigio del Presidente della Repubblica.

Chiunque offende l'onore o il prestigio del Presidente della Repubblica è punito con la reclusione da uno a cinque anni[1].

[1] Articolo così sostituito dall'art. 2, L. 11 novembre 1947, n. 1317. L'art. 4 di detta legge stabilisce che ai fini dell'applicazione di questo articolo, alla carica di presidente della Repubblica è equiparata quella di capo provvisorio dello Stato. Sulla tutela della persona del Sommo Pontefice v. l'art. 8 del Trattato fra la Santa Sede e l'Italia reso esecutivo con L. 27 maggio 1929, n. 810 e la L. 25 marzo 1985, n. 121. V., anche, la L. 25 gennaio 1982, n. 17, in materia di associazioni segrete e scioglimento della Loggia P2.

279. Lesa prerogativa della irresponsabilità del Presidente della Repubblica.

[...][1 2].

[1] Articolo abrogato dall'art. 12, L. 24 febbraio 2006, n. 85.

[2] Il testo precedente la riforma del 2006 era il seguente: *Chiunque, pubblicamente, fa risalire al Presidente della Repubblica il biasimo o la responsabilità degli atti del Governo è punito con la reclusione fino ad un anno e con la multa da euro 103 a 1.032.*

280. Attentato per finalità terroristiche o di eversione.

Chiunque, per finalità di terrorismo o di eversione dell'ordine democratico, attenta alla vita od alla incolumità di una persona, è punito, nel primo caso, con la reclusione non inferiore ad anni venti e nel secondo caso, con la reclusione non inferiore ad anni sei.

Se dall'attentato alla incolumità di una persona deriva una lesione gravissima, si applica la pena della reclusione non inferiore ad anni diciotto; se ne deriva una lesione grave, si applica la pena della reclusione non inferiore ad anni dodici.

Se i fatti previsti nei commi precedenti sono rivolti contro persone che esercitano funzioni giudiziarie o penitenziarie ovvero di sicurezza pubblica nell'esercizio o a causa delle loro funzioni, le pene sono aumentate di un terzo.

Se dai fatti di cui ai commi precedenti deriva la morte della persona si applicano, nel caso di attentato alla vita, l'ergastolo e nel caso di attentato alla incolumità, la reclusione di anni trenta.

Le circostanze attenuanti, diverse da quelle previste dagli articoli 98 e 114, concorrenti con le aggravanti di cui al secondo e al quarto comma, non possono essere ritenute equivalenti o prevalenti rispetto a queste e le diminuzioni di pena si operano sulla quantità di pena risultante dall'aumento conseguente alle predette aggravanti[1 2].

[1] Articolo abrogato dall'art. 3, D.Lgs.Lgt. 14 settembre 1944, n. 288, poi riaggiunto dal D.L. 15 dicembre 1979, n. 625, convertito in L. 6 febbraio 1980, n. 15.

[2] Comma così sostituito dall'art. 4, L. 14 febbraio 2003, n. 34. Il testo previgente disponeva: *Le circostanze attenuanti concorrenti con le circostanze aggravanti previste nel secondo e quarto comma non possono essere ritenute equivalenti o prevalenti rispetto a queste.*

● Norme connesse:

- art. 5 comma 2, L. 29 maggio 1982, n. 304 che dispone: *Se il colpevole di uno dei delitti previsti dagli articoli 241, 276, 280, 283, 284, 285, 286, 289 e 295 del codice penale coopera efficacemente ad impedire l'evento cui gli atti da lui commessi sono diretti soggiace soltanto alla pena per gli atti compiuti qualora questi costituiscano per sé un reato diverso.*

La decadenza da questi benefici in caso di false o reticenti dichiarazioni è regolato dall'art. 10 della stessa legge, il cui art. 12 limita la applicazione del provvedimento solo ai reati che siano stati commessi o la cui permanenza sia iniziata entro il 31 gennaio 1982, purché i comportamenti cui è condizionata la loro applicazione vengano tenuti entro centoventi giorni dall'entrata in vigore della legge (3 giugno 1982), termine differito di ulteriori centoventi giorni, con l'art. 1 del D.L. 1 ottobre 1982, n. 695, convertito nella L. 29 novembre 1982, n. 882.

280-*bis*. Atto di terrorismo con ordigni micidiali o esplosivi.

Salvo che il fatto costituisca più grave reato, chiunque per finalità di terrorismo compie qualsiasi atto diretto a danneggiare cose mobili o immobili altrui, mediante l'uso di dispositivi esplosivi o comunque micidiali, è punito con la reclusione da due a cinque anni.

Ai fini del presente articolo, per dispositivi esplosivi o comunque micidiali si intendono le armi e le materie ad esse assimilate indicate nell'articolo 585 e idonee a causare importanti danni materiali.

Se il fatto è diretto contro la sede della Presidenza della Repubblica, delle Assemblee legislative, della Corte costituzionale, di organi del Governo o comunque di organi previsti dalla Costituzione o da leggi costituzionali, la pena è aumentata fino alla metà.

Se dal fatto deriva pericolo per l'incolumità pubblica ovvero un grave danno per l'economia nazionale, si applica la reclusione da cinque a dieci anni.

Le circostanze attenuanti, diverse da quelle previste dagli articoli 98 e 114, concorrenti con le aggravanti di cui al terzo e al quarto comma, non possono essere ritenute equivalenti o prevalenti rispetto a queste e le diminuzioni di pena si operano sulla quantità di pena risultante dall'aumento conseguente alle predette aggravanti[1].

[1] Articolo aggiunto dall'art. 3, L. 14 febbraio 2003, n. 34.

280-*ter*. Atti di terrorismo nucleare.

È punito con la reclusione non inferiore ad anni quindici chiunque, con le finalità di terrorismo di cui all'articolo 270-*sexies*:

1) procura a sè o ad altri materia radioattiva;

2) crea un ordigno nucleare o ne viene altrimenti in possesso.

È punito con la reclusione non inferiore ad anni venti chiunque, con le finalità di terrorismo di cui all'articolo 270-*sexies*:

1) utilizza materia radioattiva o un ordigno nucleare;

2) utilizza o danneggia un impianto nucleare in modo tale da rilasciare o con il concreto pericolo che rilasci materia radioattiva.

Le pene di cui al primo e al secondo comma si applicano altresì quando la condotta ivi descritta abbia ad oggetto materiali o aggressivi chimici o batteriologici[1].

[1] Articolo aggiunto dall'art. 4, L. 28 luglio 2016, n. 153. V. art. 3, L. 153/2016 cit.

281. - 282.

[...][1].

[1] Articoli abrogati dall'art. 31, D.Lgs.Lgt. 14 settembre 1944, n. 288.

283. Attentato contro la Costituzione dello Stato.

Chiunque, con atti violenti, commette un fatto diretto e idoneo a mutare la Costituzione dello Stato o la forma di Governo, è punito con la reclusione non inferiore a cinque anni [Cost. 90; c.p. 1889, 118][1 2].

[1] Articolo così sostituito dall'art. 3, L. 24 febbraio 2006, n. 85.

[2] Il testo precedente la riforma del 2006 era il seguente: *Chiunque commette un fatto diretto a mutare la Costituzione dello Stato, o la forma del Governo con mezzi non consentiti dall'ordinamento costituzionale dello Stato, è punito con la reclusione non inferiore a dodici anni.*

284. Insurrezione armata contro i poteri dello Stato.

Chiunque promuove un'insurrezione armata contro i poteri dello Stato è punito con l'ergastolo e se l'insurrezione avviene, con l'ergastolo [c.p. 1889, 120 comma 3][1].

Coloro che partecipano alla insurrezione sono puniti con la reclusione da tre a quindici anni; coloro che la dirigono, con l'ergastolo[1].

La insurrezione si considera armata anche se le armi sono soltanto tenute in un luogo di deposito.

[1] La pena di morte è stata soppressa, con conseguente sostituzione con l'ergastolo, prima per i delitti previsti dal presente codice ex art. 1, D.Lgs.Lgt. 10 agosto 1944, n. 224, poi per i delitti previsti dalle leggi speciali (art. 1, D.Lgs. 22 gennaio 1948, n. 21). Infine, con L. 13 ottobre 1994, n. 589 è stata abolita la pena di morte anche per i reati previsti dal codice penale militare di guerra.

● Norme connesse:

- art. 73, L. 1 aprile 1981, n. 121; art. 5 comma 2, L. 29 maggio 1982, n. 304.

285. Devastazione, saccheggio e strage.

Chiunque, allo scopo di attentare alla sicurezza dello Stato, commette un fatto diretto a portare la devastazione [419], il saccheggio [419] o la strage [422] nel territorio dello Stato [4 comma 2] o in una parte di esso è punito con l'ergastolo[1].

[1] La pena di morte è stata soppressa, con conseguente sostituzione con l'ergastolo, prima per i delitti previsti dal presente codice ex art. 1, D.Lgs.Lgt. 10 agosto 1944, n. 224, poi per i delitti previsti dalle leggi speciali (art. 1, D.Lgs. 22 gennaio 1948, n. 21). Infine, con L. 13 ottobre 1994, n. 589 è stata abolita la pena di morte anche per i reati previsti dal codice penale militare di guerra.

● Norme connesse:
- artt. 21 e 29, L. 18 aprile 1975, n. 110; art. 5 comma 2, L. 29 maggio 1982, n. 304, D.L. 27 settembre 1999, n. 330, convertito in L. 23 novembre 1999, n. 438 e art. 9, D.L. 24 novembre 2000, n. 341, convertito in L. 19 gennaio 2001, n. 4 e l'art. 13 D.L. 25 ottobre 2002, n. 236, convertito in L. 27 dicembre 2002, n. 284.

286. Guerra civile.
Chiunque commette un fatto diretto a suscitare la guerra civile nel territorio dello Stato [4 comma 2] è punito con l'ergastolo. Se la guerra civile avviene, il colpevole è punito con l'ergastolo [c.p.p. 275 commi 3, 5, 299 comma 2][1].

[1] La pena di morte è stata soppressa, con conseguente sostituzione con l'ergastolo, prima per i delitti previsti dal presente codice ex art. 1, D.Lgs.Lgt. 10 agosto 1944, n. 224, poi per i delitti previsti dalle leggi speciali (art. 1, D.Lgs. 22 gennaio 1948, n. 21). Infine, con L. 13 ottobre 1994, n. 589 è stata abolita la pena di morte anche per i reati previsti dal codice penale militare di guerra.
● Norme connesse:
- art. 5 comma 2, L. 29 maggio 1982, n. 304.

287. Usurpazione di potere politico o di comando militare.
Chiunque usurpa un potere politico, ovvero persiste nell'esercitarlo indebitamente, è punito con la reclusione da sei a quindici anni [347; c.p. 1889, 121].

Alla stessa pena soggiace chiunque indebitamente assume un alto comando militare.

Se il fatto è commesso in tempo di guerra [310], il colpevole è punito con l'ergastolo [313] ed è punito con l'ergastolo se il fatto ha compromesso l'esito delle operazioni militari[1].

[1] La pena di morte è stata soppressa, con conseguente sostituzione con l'ergastolo, prima per i delitti previsti dal presente codice ex art. 1, D.Lgs.Lgt. 10 agosto 1944, n. 224, poi per i delitti previsti dalle leggi speciali (art. 1, D.Lgs. 22 gennaio 1948, n. 21). Infine, con L. 13 ottobre 1994, n. 589 è stata abolita la pena di morte anche per i reati previsti dal codice penale militare di guerra.

288. Arruolamenti o armamenti non autorizzati a servizio di uno Stato estero.
Chiunque nel territorio dello Stato [4] e senza approvazione del Governo arruola o arma cittadini, perché militino al servizio o a favore dello straniero, è punito con la reclusione da quattro a quindici anni [7, n. 1, 29, 32; c.p.p. 275; c.p. 1889, 119, 452][1].

La pena è aumentata [64] se fra gli arruolati sono militari in servizio, o persone tuttora soggette agli obblighi del servizio militare [302, 311, 312].

[1] Comma così modificato dall'art. 7, comma 2, L. 12 maggio 1995, n. 210.

289. Attentato contro organi costituzionali e contro le assemblee regionali.
È punito con la reclusione da uno a cinque anni, qualora non si tratti di un più grave delitto, chiunque commette atti violenti diretti ad impedire, in tutto o in parte, anche temporaneamente:

1) al Presidente della Repubblica o al Governo l'esercizio delle attribuzioni o delle prerogative conferite dalla legge;

2) alle assemblee legislative o ad una di queste, o alla Corte costituzionale o alle assemblee regionali l'esercizio delle loro funzioni[1 2].

[1] Articolo così sostituito dall'art. 4, L. 24 febbraio 2006, n. 85.

[2] Il testo precedente la riforma del 2006 era il seguente: *È punito con la reclusione non inferiore a dieci anni, qualora non si tratti di un più grave delitto, chiunque commette un fatto diretto a impedire, in tutto o in parte, anche temporaneamente:*

1) al Presidente della Repubblica o al Governo l'esercizio delle attribuzioni o prerogative conferite dalla legge;

2) alle Assemblee legislative o ad una di queste, o alla Corte costituzionale o alle Assemblee regionali l'esercizio delle loro funzioni.

La pena è della reclusione da uno a cinque anni se il fatto è diretto soltanto a turbare l'esercizio delle attribuzioni, prerogative o funzioni suddette.

● Norme connesse:
- art. 17, L. 3 agosto 2007, n. 124.

289-*bis*. Sequestro di persona a scopo di terrorismo o di eversione.
Chiunque, per finalità di terrorismo o di eversione dell'ordine democratico[1], sequestra una persona è punito con la reclusione da venticinque a trenta anni.

Se dal sequestro deriva comunque la morte, quale conseguenza non voluta dal reo, della persona sequestrata, il colpevole è punito con la reclusione di anni trenta [586].

Se il colpevole cagiona la morte del sequestrato si applica la pena dell'ergastolo.

Il concorrente che, dissociandosi dagli altri, si adopera in modo che il soggetto passivo riacquisti la libertà è punito con la reclusione da due a otto anni; se il soggetto passivo muore, in conseguenza del sequestro, dopo la liberazione, la pena è della reclusione da otto a diciotto anni.

Quando ricorre una circostanza attenuante [62, 62-*bis*], alla pena prevista dal secondo comma è sostituita la reclusione da venti a ventiquattro anni; alla pena prevista dal terzo comma è sostituita la reclusione da ventiquattro a trenta anni. Se concorrono più circostanze attenuanti [67], la pena da applicare per effetto delle diminuzioni non può essere inferiore a dieci anni, nell'ipotesi prevista dal secondo comma, ed a quindici anni, nell'ipotesi prevista dal terzo comma[2].

[1] All'espressione «eversione dell'ordine democratico» corrisponde, per ogni effetto giuridico, l'espressione «eversione dell'ordinamento costituzionale» a norma dell'art. 11, L. 29 maggio 1982, n. 304.

[2] Articolo aggiunto dall'art. 2 comma 1, D.L. 21 marzo 1978, n. 59, convertito in L. 18 maggio 1978, n. 191.

● Norme connesse:

- art. 270-bis.1 c.p.; artt. 1 e 2, L. 18 febbraio 1987, n. 34; art. 6, D.L. 15 gennaio 1991, n. 8, convertito in L. 15 marzo 1991, n. 82, che dispone: *1. Nei casi di cui al comma quarto dell'articolo 289-bis e ai commi quarto e quinto dell'articolo 630 del codice penale, se il contributo fornito dal concorrente del reato dissociatosi dagli altri è di eccezionale rilevanza, anche con riguardo alla durata del sequestro e alla incolumità della persona sequestrata, le pene ivi previste possono essere ulteriormente diminuite in misura non eccedente un terzo.*

289-*ter*. Sequestro di persona a scopo di coazione.

Chiunque, fuori dei casi indicati negli articoli 289-*bis* e 630, sequestra una persona o la tiene in suo potere minacciando di ucciderla, di ferirla o di continuare a tenerla sequestrata al fine di costringere un terzo, sia questi uno Stato, una organizzazione internazionale tra più governi, una persona fisica o giuridica o una collettività di persone fisiche, a compiere un qualsiasi atto o ad astenersene, subordinando la liberazione della persona sequestrata a tale azione od omissione, è punito con la reclusione da venticinque a trenta anni.

Si applicano i commi secondo, terzo, quarto e quinto dell'articolo 289-*bis*.

Se il fatto è di lieve entità si applicano le pene previste dall'articolo 605 aumentate dalla metà a due terzi[1].

[1] Articolo aggiunto dall'art. 2, D.Lgs. 1 marzo 2018, n. 21

290. Vilipendio della Repubblica, delle istituzioni costituzionali e delle Forze Armate.

Chiunque pubblicamente [266 comma 4] vilipende la Repubblica, le Assemblee legislative o una di queste, ovvero il Governo o la Corte costituzionale o l'ordine giudiziario, è punito con la multa da euro 1.000 a euro 5.000 [c.p. 1889, 123 comma 2, 126][1].

La stessa pena si applica a chi pubblicamente vilipende le Forze Armate dello Stato o quelle della liberazione [292-*bis*, 313 comma 3][2].

[1] Comma così modificato dall'art. 11, L. 24 febbraio 2006, n. 85. Il testo precedente la riforma del 2006 era il seguente: «*Chiunque pubblicamente vilipende la Repubblica, le Assemblee legislative o una di queste, ovvero il Governo o la Corte costituzionale o l'ordine giudiziario, è punito con la reclusione da sei mesi a tre anni.*

Alle violazioni depenalizzate si applicano, in quanto compatibili, gli artt. 101 e 102, D.Lgs. 30 dicembre 1999, n. 507.

[2] Articolo, da ultimo, così modificato dall'art. 1, L. 30 luglio 1957, n. 655.

290-*bis*. Parificazione al Presidente della Repubblica di chi ne fa le veci.

Agli effetti degli articoli 276, 277, 278, 279, 289 è parificato al Presidente della Repubblica chi ne fa le veci[1].

[1] Articolo aggiunto dall'art. 2, L. 11 gennaio 1947, n. 1317.

291. Vilipendio alla nazione italiana.

Chiunque pubblicamente [266 comma 4] vilipende la nazione italiana è punito con la multa da euro 1.000 a euro 5.000 [293; c.nav. 1089][1 2].

[1] Articolo così modificato dall'art. 11, L. 24 febbraio 2006, n. 85. Alle violazioni depenalizzate si applicano, in quanto compatibili, gli artt. 101 e 102, D.Lgs. 30 dicembre 1999, n. 507.

[2] Il testo precedente la riforma del 2006 era il seguente: *Chiunque pubblicamente vilipende la nazione italiana è punito con la reclusione da uno a tre anni.*

292. Vilipendio o danneggiamento alla bandiera o ad altro emblema dello Stato.

Chiunque vilipende con espressioni ingiuriose la bandiera nazionale o un altro emblema dello Stato è punito con la multa da euro 1.000 a euro 5.000. La pena è aumentata da euro 5.000 a euro 10.000 nel caso in cui il medesimo fatto sia commesso in occasione di una pubblica ricorrenza o di una cerimonia ufficiale [c.p. 1889, 115].

Chiunque pubblicamente e intenzionalmente distrugge, disperde, deteriora, rende inservibile o imbratta la bandiera nazionale o un altro emblema dello Stato è punito con la reclusione fino a due anni.

Agli effetti della legge penale per bandiera nazionale si intende la bandiera ufficiale dello Stato e ogni altra bandiera portante i colori nazionali[1 2].

[1] Articolo così sostituito dall'art. 5, L. 24 febbraio 2006, n. 85. Alle violazioni depenalizzate si applicano, in quanto compatibili, gli artt. 101 e 102, D.Lgs. 30 dicembre 1999, n. 507.

[2] Il testo precedente la riforma del 2006 era il seguente: *Chiunque vilipende la bandiera nazionale o un altro emblema dello Stato è punito con la reclusione da uno a tre anni.*

Agli effetti della legge penale, per bandiera nazionale s'intende la bandiera ufficiale dello Stato e ogni altra bandiera portante i colori nazionali.

Le disposizioni di questo articolo si applicano anche a chi vilipende i colori nazionali raffigurati su cosa diversa da una bandiera.

292-*bis*. Circostanza aggravante.

[...][1 2].

[1] Articolo aggiunto dall'art. 9, L. 23 marzo 1966, n. 167 e poi abrogato dall'art. 12, L. 24 febbraio 2006, n. 85.

[2] Il testo precedente la riforma del 2006 era il seguente: *La pena prevista nei casi indicati dagli articoli 278 (offesa all'onore o al prestigio del Presidente della Repubblica), 290,*

comma secondo (vilipendio delle Forze armate), e 292 (vilipendio della bandiera o di altro emblema dello Stato), è aumentata, se il fatto è commesso dal militare in congedo.

Si considera militare in congedo chi, non essendo in servizio alle armi, non ha cessato di appartenere alle Forze armate dello Stato, ai sensi degli articoli 8 e 9 del codice penale militare di pace.

293. Circostanza aggravante.

[...][1 2].

[1] Articolo abrogato dall'art. 12, L. 24 febbraio 2006, n. 85.

[2] Il testo precedente la riforma del 2006 era il seguente: *Nei casi indicati dai due articoli precedenti, la pena è aumentata se il fatto è commesso dal cittadino in territorio estero.*

CAPO III

DEI DELITTI CONTRO I DIRITTI POLITICI DEL CITTADINO

294. Attentati contro i diritti politici del cittadino.

Chiunque con violenza, minaccia o inganno impedisce in tutto o in parte l'esercizio di un diritto politico, ovvero determina taluno a esercitarlo in senso difforme dalla sua volontà, è punito con la reclusione da uno a cinque anni [Cost. 48, 49].

● Norme connesse:
- art. 17, L. 3 agosto 2007, n. 124.

CAPO IV

DEI DELITTI CONTRO GLI STATI ESTERI, I LORO CAPI E I LORO RAPPRESENTANTI

295. Attentato contro i Capi di Stati esteri.

Chiunque nel territorio dello Stato [4 comma 2] attenta alla vita, alla incolumità o alla libertà personale del Capo di uno Stato estero è punito, nel caso di attentato alla vita, con la reclusione non inferiore a venti anni e negli altri casi, con la reclusione non inferiore a quindici anni. Se dal fatto è derivata la morte del Capo dello Stato estero, il colpevole è punito con l'ergastolo[1], nel caso di attentato alla vita; negli altri casi è punito con l'ergastolo [298, 300, 301-309; c.p. 1889, 128].

[1] La pena di morte è stata soppressa, con conseguente sostituzione con l'ergastolo, prima per i delitti previsti dal presente codice ex art. 1, D.Lgs.Lgt. 10 agosto 1944, n. 224, poi per i delitti previsti dalle leggi speciali (art. 1, D.Lgs. 22 gennaio 1948, n. 21). Infine, con L. 13 ottobre 1994, n. 589 è stata abolita la pena di morte anche per i reati previsti dal codice penale militare di guerra.

● Norme connesse:
- art. 5 comma 2, L. 29 maggio 1982, n. 304 che dispone: *Se il colpevole di uno dei delitti previsti dagli articoli 241, 276, 280, 283, 284, 285, 286, 289 e 295 del codice penale coopera efficacemente ad impedire l'evento cui gli atti da lui commessi sono diretti soggiace soltanto alla pena per gli atti compiuti qualora questi costituiscano per sé un reato diverso.*

La decadenza da questi benefici in caso di false o reticenti dichiarazioni è regolato dall'art. 10 della stessa legge, il cui art. 12 limita l'applicazione del provvedimento solo ai reati che siano stati commessi o la cui permanenza sia iniziata entro il 31 gennaio 1982, purché i comportamenti cui è condizionata la loro applicazione vengano tenuti entro centoventi giorni dall'entrata in vigore della legge (3 giugno 1982), termine differito di ulteriori centoventi giorni, con l'art. 1, D.L. 1 ottobre 1982, n. 695, convertito nella L. 29 novembre 1982, n. 882.

296. Offesa alla libertà dei Capi di Stati Esteri.

Chiunque nel territorio dello Stato [4 comma 2], fuori dei casi preveduti dall'articolo precedente, attenta alla libertà del Capo di uno Stato estero è punito con la reclusione da tre a dieci anni [298, 300, 301, 313 comma 4].

297. - 298.

[...][1].

[1] Articoli abrogati dall'art. 18, L. 25 giugno 1999, n. 205.

299. Offesa alla bandiera o ad altro emblema di uno Stato estero.

Chiunque nel territorio dello Stato vilipende, con espressioni ingiuriose, in luogo pubblico o aperto o esposto al pubblico, la bandiera ufficiale o un altro emblema di uno Stato estero, usati in conformità del diritto interno dello Stato italiano, è punito con l'ammenda da euro 100 a euro 1.000 [300, 313 comma 4; c.p. 1889, 129][1 2].

[1] Articolo così sostituito dall'art. 6, L. 24 febbraio 2006, n. 85. Alle violazioni depenalizzate si applicano, in quanto compatibili, gli artt. 101 e 102, D.Lgs. 30 dicembre 1999, n. 507.

[2] Il testo precedente la riforma del 2006 era il seguente: *Chiunque nel territorio dello Stato vilipende, in luogo pubblico o aperto o esposto al pubblico, la bandiera ufficiale o un altro emblema di uno Stato estero, usati in conformità del diritto interno dello Stato italiano, è punito con la reclusione da sei mesi a tre anni.*

300. Condizione di reciprocità.

Le disposizioni degli articoli 295, 296, 297 e 299 si applicano solo in quanto la legge straniera garantisca, reciprocamente, al Capo dello Stato italiano o alla bandiera italiana parità di tutela penale.

I Capi di missione diplomatica sono equiparati ai Capi di Stati esteri, a norma dell'articolo 298, soltanto se lo Stato straniero concede parità di tutela penale ai Capi di missione diplomatica italiana[1].

Se la parità della tutela penale non esiste, si applicano le disposizioni dei titoli dodicesimo e tredicesimo [575-624], ma la pena è aumentata [64].

[1] La disposizione è inattuale, a seguito dell'abrogazione dell'art. 298, ad opera dell'art. 181, L. 25 giugno 1999, n. 205.

CAPO V
DISPOSIZIONI GENERALI E COMUNI AI CAPI PRECEDENTI

301. Concorso di reati.

Quando l'offesa alla vita, alla incolumità, alla libertà o all'onore, indicata negli articoli 276, 277, 278, [280, 281, 282,][1] 295, 296, 297 e 298, è considerata dalla legge come reato anche in base a disposizioni diverse da quelle contenute nei capi precedenti, si applicano le disposizioni che stabiliscono la pena più grave [290-*bis*; c.p. 1889, 136].

Nondimeno, nei casi in cui debbono essere applicate disposizioni diverse da quelle contenute nei capi precedenti, le pene sono aumentate da un terzo alla metà.

Quando l'offesa alla vita, alla incolumità, alla libertà o all'onore è considerata dalla legge come elemento costitutivo o circostanza aggravante di un altro reato [84], questo cessa dal costituire un reato complesso, e il colpevole soggiace a pene distinte, secondo le norme sul concorso dei reati [71], applicandosi, per le dette offese, le disposizioni contenute nei capi precedenti.

[1] Articoli abrogati dall'art. 3, D.Lgs.Lgt. 14 novembre 1944, n. 288.

302. Istigazione a commettere alcuno dei delitti preveduti dai capi primo e secondo.

Chiunque istiga [303, 414] taluno a commettere uno dei delitti, non colposi, preveduti dai capi primo e secondo di questo titolo, per i quali la legge stabilisce l'ergastolo[1] o la reclusione, è punito, se l'istigazione non è accolta, ovvero se l'istigazione è accolta ma il delitto non è commesso, con la reclusione da uno a otto anni [304-306]. La pena è aumentata se il fatto è commesso attraverso strumenti informatici o telematici[2].

Tuttavia, la pena da applicare è sempre inferiore alla metà della pena stabilita per il delitto al quale si riferisce la istigazione.

[1] La pena di morte è stata soppressa, con conseguente sostituzione con l'ergastolo, prima per i delitti previsti dal presente codice ex art. 1, D.Lgs.Lgt. 10 agosto 1944, n. 224, poi per i delitti previsti dalle leggi speciali (art. 1, D.Lgs. 22 gennaio 1948, n. 21). Infine, con L. 13 ottobre 1994, n. 589 è stata abolita la pena di morte anche per i reati previsti dal codice penale militare di guerra.

[2] Comma così modificato dall'art. 2, D.L. 18 febbraio 2015, n. 7, convertito in L. 17 aprile 2015, n. 43. Il testo previgente disponeva: *Chiunque istiga taluno a commettere uno dei delitti, non colposi, preveduti dai capi primo e secondo di questo titolo, per i quali la legge stabilisce l'ergastolo o la reclusione, è punito, se l'istigazione non è accolta, ovvero se l'istigazione è accolta ma il delitto non è commesso, con la reclusione da uno a otto anni.*

303. Pubblica istigazione e apologia.

[...][1].

[1] Articolo abrogato dall'art. 18, L. 25 giugno 1999, n. 205.

304. Cospirazione politica mediante accordo.

Quando più persone si accordano al fine di commettere uno dei delitti indicati nell'articolo 302, coloro che partecipano all'accordo sono puniti, se il delitto non è commesso, con la reclusione da uno a sei anni.

Per i promotori la pena è aumentata.

Tuttavia la pena da applicare è sempre inferiore alla metà della pena stabilita per il delitto al quale si riferisce l'accordo [308].

● Norme connesse:

- art. 1, L. 29 maggio 1982, n. 304, il cui comma terzo lettera a), esclude la non punibilità per le ipotesi di importazione, esportazione, rapina e furto di armi, munizioni, od esplosivi. La decadenza da questi benefici in caso di false o reticenti dichiarazioni è regolata dall'art. 10 della stessa legge, il cui art. 12 limita la applicazione del provvedimento solo ai reati che siano stati commessi o la cui permanenza sia iniziata entro il 31 gennaio 1982 purché i comportamenti cui è condizionata la loro applicazione vengano tenuti entro centoventi giorni dall'entrata in vigore della legge (3 giugno 1982), termine differito di ulteriori centoventi giorni, con l'art. 1 del D.L. 1 ottobre 1982, n. 695, convertito in L. 29 novembre 1982, n. 882.

305. Cospirazione politica mediante associazione.

Quando tre o più persone si associano al fine di commettere uno dei delitti indicati nell'articolo 302, coloro che promuovono, costituiscono od organizzano l'associazione sono puniti, per ciò solo, con la reclusione da cinque a dodici anni [307, 308; c.p. 1889, 251].

Per il solo fatto di partecipare all'associazione, la pena è della reclusione da due a otto anni [306 comma 2, 416 comma 2, 416-*bis* comma 1].

I capi dell'associazione soggiacciono alla stessa pena stabilita per i promotori [306 comma 3, 416 comma 3, 416-*bis* comma 2].

Le pene sono aumentate se l'associazione tende a commettere due o più dei delitti sopra indicati [308].

● Norme connesse:

- art. 1, L. 29 maggio 1982, n. 304, il cui comma terzo lettera a), esclude la non punibilità per le ipotesi di importazione, esportazione, rapina e furto di armi, munizioni, od esplosivi. La decadenza da questi benefici in caso di false o reticenti dichiarazioni è regolata dall'art. 10 della stessa legge, il cui art. 12 limita la applicazione del provvedimento solo ai reati che siano stati commessi o la cui permanenza sia iniziata entro il 31 gennaio 1982 purché i comportamenti cui è condizionata la loro applicazione vengano tenuti entro centoventi giorni dall'entrata in vigore della legge (3 giugno 1982), termine differito di ulteriori centoventi giorni, con l'art. 1 del D.L. 1 ottobre 1982, n. 695, convertito in L. 29 novembre 1982, n. 882.

306. Banda armata: formazione e partecipazione.

Quando, per commettere uno dei delitti indicati nell'articolo 302, si forma una banda armata, coloro che la promuovono o costituiscono od organizzano, soggiacciono, per ciò solo, alla pena della reclusione da cinque a quindici anni [307, 309].

Per il solo fatto di partecipare alla banda armata, la pena è della reclusione da tre a nove anni [305 comma 2, 416 comma 2, 416-*bis* comma 1; c.p. 1889, 131].

I capi o i sovventori della banda armata soggiacciono alla stessa pena stabilita per i promotori [305 comma 3, 416 comma 3, 416-*bis* comma 2][1].

[1] L'indulto concesso con L. 31 luglio 2006, n. 241 non si applica per i delitti previsti dal presente comma, ai sensi di quanto disposto dall'art. 1 della stessa legge

● Norme connesse:

- artt. 21 e 29, L. 18 aprile 1975, n. 110; art. 1, L. 29 maggio 1982, n. 304, il cui comma terzo lettera a), esclude la non punibilità per le ipotesi di importazione, esportazione, rapina e furto di armi, munizioni, od esplosivi. La decadenza da questi benefici in caso di false o reticenti dichiarazioni è regolata dall'art. 10 della stessa legge, il cui art. 12 limita la applicazione del provvedimento solo ai reati che siano stati commessi o la cui permanenza sia iniziata entro il 31 gennaio 1982 purché i comportamenti cui è condizionata la loro applicazione vengano tenuti entro centoventi giorni dall'entrata in vigore della legge (3 giugno 1982), termine differito di ulteriori centoventi giorni, con l'art. 1 del D.L. 1 ottobre 1982, n. 695, convertito in L. 29 novembre 1982, n. 882.

307. Assistenza ai partecipi di cospirazione o di banda armata.

Chiunque, fuori dei casi di concorso nel reato o di favoreggiamento [378], dà rifugio o fornisce vitto, ospitalità, mezzi di trasporto, strumenti di comunicazione a taluna delle persone che partecipano all'associazione o alla banda indicate nei due articoli precedenti è punito con la reclusione fino a due anni [308, 309; c.p. 1889, 132][1].

La pena è aumentata [64] se l'assistenza è prestata continuatamente[1].

Non è punibile chi commette il fatto in favore di un prossimo congiunto.

Agli effetti della legge penale, s'intendono per prossimi congiunti gli ascendenti, i discendenti, il coniuge, la parte di un'unione civile tra persone dello stesso sesso, i fratelli, le sorelle, gli affini [c.c. 78; c.p.p. 36 comma 2] nello stesso grado, gli zii e i nipoti [540]: nondimeno, nella denominazione di prossimi congiunti, non si comprendono gli affini, allorché sia morto il coniuge e non vi sia prole[2].

[1] Comma così modificato dall'art. 1, D.L. 18 ottobre 2001, n. 374, convertito in L. 15 dicembre 2001, n. 438. Il testo del comma 1 previgente disponeva: *Chiunque, fuori dei casi di concorso nel reato o di favoreggiamento, dà rifugio o fornisce il vitto a taluna delle persone che partecipano all'associazione o alla banda indicate nei due articoli precedenti, è punito con la reclusione fino a due anni.*

Il testo del comma 2 previgente disponeva: *La pena è aumentata se il rifugio o il vitto sono prestati continuatamente.*

[2] Comma così modificato dall'art. 1, D.Lgs. 19 gennaio 2017, n. 6. Il testo previgente disponeva: *Agli effetti della legge penale, s'intendono per prossimi congiunti gli ascendenti, i discendenti, il coniuge, i fratelli, le sorelle, gli affini nello stesso grado, gli zii e i nipoti: nondimeno, nella denominazione di prossimi congiunti, non si comprendono gli affini, allorché sia morto il coniuge e non vi sia prole.*

308. Cospirazione: casi di non punibilità.

Nei casi preveduti dagli articoli 304, 305 e 307 non sono punibili coloro i quali, prima che sia commesso il delitto per cui l'accordo è intervenuto o l'associazione è costituita, e anteriormente all'arresto, ovvero al procedimento:

1) disciolgono o, comunque, determinano lo scioglimento dell'associazione;

2) non essendo promotori o capi, recedono dall'accordo o dall'associazione.

Non sono parimenti punibili coloro i quali impediscono comunque che sia compiuta l'esecuzione del delitto per cui l'accordo è intervenuto o l'associazione è stata costituita.

● Norme connesse:

- art. 1, L. 29 maggio 1982, n. 304, il cui comma terzo lettera a), esclude la non punibilità per le ipotesi di importazione, esportazione, rapina e furto di armi, munizioni, od esplosivi. La decadenza da questi benefici in caso di false o reticenti dichiarazioni è regolata dall'art. 10 della stessa legge, il cui art. 12 limita la applicazione del provvedimento solo ai reati che siano stati commessi o la cui permanenza sia iniziata entro il 31 gennaio 1982 purché i comportamenti cui è condizionata la loro applicazione vengano tenuti entro centoventi giorni dall'entrata in vigore della legge (3 giugno 1982), termine differito di ulteriori centoventi giorni, con l'art. 1 del D.L. 1 ottobre 1982, n. 695, convertito in L. 29 novembre 1982, n. 882.

309. Banda armata: casi di non punibilità.

Nei casi preveduti dagli articoli 306 e 307, non sono punibili coloro i quali, prima che sia commesso il delitto per cui la banda armata venne formata, e prima dell'ingiunzione dell'Autorità o della forza pubblica, o immediatamente dopo tale ingiunzione [c.p. 1889, 133]:

1) disciolgono o, comunque, determinano lo scioglimento della banda;

2) non essendo promotori o capi della banda, si ritirano dalla banda stessa, ovvero si arrendono senza opporre resistenza e consegnando o abbandonando le armi.

Non sono parimenti punibili coloro i quali impediscono comunque che sia compiuta l'esecuzione del delitto per cui la banda è stata formata.

● Norme connesse:

- art. 1, L. 29 maggio 1982, n. 304, il cui comma terzo lettera a), esclude la non punibilità per le ipotesi di importazione, esportazione, rapina e furto di armi, munizioni, od esplosivi. La decadenza da questi benefici in caso di false o reticenti dichiarazioni è regolata dall'art. 10 della stessa legge, il cui art. 12 limita la applicazione del provvedimento solo ai reati che siano stati commessi o la cui permanenza sia iniziata entro il 31 gennaio 1982 purché i comportamenti cui è condizionata la loro applicazione vengano tenuti entro centoventi giorni dall'entrata in vigore della legge (3 giugno 1982), termine differito di ulteriori centoventi giorni, con l'art. 1 del D.L. 1 ottobre 1982, n. 695, convertito in L. 29 novembre 1982, n. 882.

310. Tempo di guerra.

Agli effetti della legge penale, nella denominazione di tempo di guerra [c.p.m.g. 3] è compreso anche il periodo di imminente pericolo di guerra, quando questa sia seguita.

311. Circostanza diminuente: lieve entità del fatto.

Le pene comminate per i delitti preveduti da questo titolo sono diminuite quando per la natura, la specie, i mezzi, le modalità o circostanze dell'azione, ovvero per la particolare tenuità del danno o del pericolo, il fatto risulti di lieve entità.

312. Espulsione od allontanamento dello straniero dallo Stato.

Il giudice ordina l'espulsione dello straniero ovvero l'allontanamento dal territorio dello Stato del cittadino appartenente ad uno Stato membro dell'Unione europea, oltre che nei casi espressamente preveduti dalla legge, quando lo straniero o il cittadino appartenente ad uno Stato membro dell'Unione europea sia condannato ad una pena restrittiva della libertà personale per taluno dei delitti preveduti da questo titolo[1].

Il trasgressore dell'ordine di espulsione od allontanamento pronunciato dal giudice è punito con la reclusione da uno a quattro anni. In tal caso è obbligatorio l'arresto dell'autore del fatto, anche fuori dei casi di flagranza, e si procede con rito direttissimo[2 3].

[1] Comma così modificato dall'art. 1, L. 15 luglio 2009, n. 94. Il testo previgente disponeva: *Il giudice ordina l'espulsione dello straniero ovvero l'allontanamento dal territorio dello Stato del cittadino appartenente ad uno Stato membro dell'Unione europea, oltre che nei casi espressamente preveduti dalla legge, quando lo straniero o il cittadino appartenente ad uno Stato membro dell'Unione europea sia condannato ad una pena restrittiva della libertà personale per taluno dei delitti preveduti da questo titolo. Ferme restando le disposizioni in materia di esecuzione delle misure di sicurezza personali, l'espulsione e l'allontanamento dal territorio dello Stato sono eseguiti dal questore secondo le modalità di cui, rispettivamente, all'articolo 13, comma 4, del testo unico di cui al decreto legislativo 25 luglio 1998, n. 286, e all'articolo 20, comma 11, del decreto legislativo 6 febbraio 2007, n. 30.*

[2] Articolo così sostituito dall'art. 1, D.L. 23 maggio 2008, n. 92, convertito in L. 24 luglio 2008, n. 125.

[3] Il testo previgente la riforma del 2008 disponeva: Espulsione dello straniero. *Lo straniero, condannato a una pena restrittiva della libertà personale per taluno dei delitti preveduti da questo titolo, è espulso dallo Stato.*

313. Autorizzazione a procedere o richiesta di procedimento.

Per i delitti preveduti dagli articoli 244, 245, 265, 267, 269, [273, 274][1], 277, 278, 279, 287 e 288 non si può procedere senza l'autorizzazione del Ministro per la giustizia [c.p.p. 343, 344; c.p. 1889, 124].

Parimenti, non si può procedere senza tale autorizzazione per i delitti preveduti dagli articoli 247, 248, 249, 250, 251 e 252, quando sono commessi a danno di uno Stato estero alleato o associato, a fine di guerra, allo Stato italiano.

Per il delitto preveduto dall'articolo 290, quando è commesso contro l'Assemblea Costituente ovvero contro le Assemblee legislative o una di queste, non si può procedere senza l'autorizzazione dell'Assemblea, contro la quale il vilipendio è diretto. Negli altri casi non si può procedere senza l'autorizzazione del Ministro per la giustizia[2].

I delitti preveduti dagli articoli 296, 297, 298 in relazione agli articoli 296 e 297, e dall'articolo 299 sono punibili a richiesta del Ministro per la giustizia[3].

[1] Articoli dichiarati costituzionalmente illegittimi con sentenza della Corte costituzionale 28 giugno 1985, n. 193.

[2] La Corte costituzionale, con sentenza 17 febbraio 1969, n. 15, ha dichiarato l'illegittimità costituzionale del presente comma nei limiti in cui attribuisce il potere di dare l'autorizzazione a procedere per il delitto di vilipendio della Corte costituzionale al Ministro di grazia e giustizia anziché alla Corte stessa.

[3] Articolo così sostituito dall'art. 2, L. 11 novembre 1947, n. 1317.

TITOLO II
DEI DELITTI CONTRO LA PUBBLICA AMMINISTRAZIONE

CAPO I
DEI DELITTI DEI PUBBLICI UFFICIALI CONTRO LA PUBBLICA AMMINISTRAZIONE

● Norme connesse:

- L. 27 marzo 2001, n. 97, sugli effetti del giudicato penale nei confronti dei dipendenti delle amministrazioni pubbliche.

314. Peculato.

Il pubblico ufficiale [357] o l'incaricato di un pubblico servizio [358], che, avendo per ragione del suo ufficio o servizio il possesso o comunque la disponibilità di denaro o di altra cosa mobile altrui, se ne appropria, è punito con la reclusione da quattro anni a dieci anni e sei mesi [317-*bis*, 323-*bis*; c.p. 1889, 168 comma 1][1].

Si applica la pena della reclusione da sei mesi a tre anni quando il colpevole ha agito al solo scopo di fare uso momentaneo della cosa, e questa, dopo l'uso momentaneo, è stata immediatamente restituita[2].

[1] Comma così modificato, prima dall'art. 1, comma 75, L. 6 novembre 2012, n. 190, poi dall'art. 1, L. 27 maggio 2015, n. 69.

Il testo previgente disponeva: *Il pubblico ufficiale o l'incaricato di un pubblico servizio, che, avendo per ragione del suo ufficio o servizio il possesso o comunque la disponibilità di denaro o di altra cosa mobile altrui, se ne appropria, è punito con la reclusione da tre a dieci anni.*

Il testo previgente la modifica del 2015 disponeva: *Il pubblico ufficiale o l'incaricato di un pubblico servizio, che, avendo per ragione del suo ufficio o servizio il possesso o comunque la disponibilità di denaro o di altra cosa mobile altrui, se ne appropria, è punito con la reclusione da quattro a dieci anni.*

[2] Articolo così sostituito dall'art. 1, L. 26 aprile 1990, n. 86, recante modifiche in tema di delitti dei pubblici ufficiali contro la pubblica amministrazione. Il testo originario disponeva: *314. Peculato. 1. Il pubblico ufficiale o l'incaricato di un pubblico servizio, che, avendo per ragione del suo ufficio o servizio il possesso di denaro o di altra cosa mobile, appartenente alla pubblica Amministrazione, se l'appropria, ovvero lo distrae a profitto proprio o di altri, è punito con la reclusione da tre a dieci anni e con la multa non inferiore a lire duecentomila. 2. La condanna importa l'interdizione perpetua dai pubblici uffici. Nondimeno, se per circostanze attenuanti viene inflitta la reclusione per un tempo inferiore a tre anni, la condanna importa l'interdizione temporanea.*

■ Codice penale del 1889: *Art. 168 - Il pubblico ufficiale, che sottrae o distrae danaro o altra cosa mobile di cui egli abbia, per ragione del suo ufficio, l'amministrazione, l'esazione o la custodia è punito con l'interdizione perpetua dai pubblici ufficii, con la reclusione da tre a dieci anni e con la multa non inferiore alle lire trecento.*

Se il danno sia lieve, o sia interamente risarcito prima dell'invio al giudizio, la interdizione è temporanea e la reclusione è da uno a cinque anni.

315. Malversazione a danno di privati.

[...][1].

[1] Articolo abrogato dall'art. 20, L. 26 aprile 1990, n. 86, recante modifiche in tema di delitti dei pubblici ufficiali contro la pubblica amministrazione. Il testo previgente disponeva: *315. Malversazione a danno di privati. Il pubblico ufficiale o l'incaricato di un pubblico servizio, che si appropria o, comunque, distrae, a profitto proprio o di un terzo, denaro o qualsiasi cosa mobile non appartenente alla pubblica Amministrazione, di cui egli ha il possesso per ragione del suo ufficio o servizio, è punito con la reclusione da tre a otto anni e con la multa non inferiore a lire duecentomila. Si applicano le disposizioni del capoverso dell'articolo precedente.*

316. Peculato mediante profitto dell'errore altrui.

Il pubblico ufficiale [357] o l'incaricato di un pubblico servizio [358], il quale, nell'esercizio delle funzioni o del servizio, giovandosi dell'errore altrui, riceve o ritiene indebitamente, per sé o per un terzo, denaro od altra utilità, è punito con la reclusione da sei mesi a tre anni [323-*bis*; c.p.p. 381, commi 2, lett. a), e 4; c.p. 1889, 170 comma 2].

La pena è della reclusione da sei mesi a quattro anni quando il fatto offende gli interessi finanziari dell'Unione europea e il danno o il profitto sono superiori a euro 100.000[1 2].

[1] Comma aggiunto dall'art. 1, D.Lgs. 14 luglio 2020, n. 75.

[2] Articolo così sostituito dall'art. 2, L. 26 aprile 1990, n. 86, recante modifiche in tema di delitti dei pubblici ufficiali contro la pubblica amministrazione. Il testo originario disponeva: *316. Peculato mediante profitto dell'errore altrui. Il pubblico ufficiale o l'incaricato di un pubblico servizio, il quale, nell'esercizio delle funzioni o del servizio, giovandosi dell'errore altrui, riceve o ritiene indebitamente, per sè o per un terzo, denaro od altra utilità, è punito con la reclusione da sei mesi a tre anni e con la multa da lire centomila a due milioni.*

316-*bis*. Malversazione a danno dello Stato.

Chiunque, estraneo alla pubblica amministrazione, avendo ottenuto dallo Stato o da altro ente pubblico o dalle Comunità Europee contributi, sovvenzioni o finanziamenti destinati a favorire iniziative dirette alla realizzazione di opere od allo svolgimento di attività di pubblico interesse, non li destina alle predette finalità, è punito con la reclusione da sei mesi a quattro anni [32-*quater*, 323-*bis*, 316-*ter*; 640-*bis*][1].

[1] Articolo aggiunto dall'art. 3, L. 26 aprile 1990, n. 86, recante modifiche in tema di delitti dei pubblici ufficiali contro la pubblica amministrazione, poi così modificato dall'art. 1, L. 7 febbraio 1992, n. 181.

316-*ter*. Indebita percezione di erogazioni a danno dello Stato.

Salvo che il fatto costituisca il reato previsto dall'articolo 640-*bis*, chiunque mediante l'utilizzo o la presentazione di dichiarazioni o di documenti falsi o attestanti cose non vere, ovvero mediante l'omissione di informazioni dovute, consegue indebitamente, per sé o per altri, contributi, finanziamenti, mutui agevolati o altre erogazioni dello stesso tipo, comunque denominate, concessi o erogati dallo Stato, da altri enti pubblici o dalle Comunità europee è punito con la reclusione da sei mesi a tre anni. La pena è della reclusione da uno a quattro anni se il fatto è commesso da un pubblico ufficiale o da un incaricato di un pubblico servizio con abuso della sua qualità o dei suoi poteri. **La pena è della reclusione da sei mesi a quattro anni se il fatto offende gli interessi finanziari dell'Unione europea e il danno o il profitto sono superiori a euro 100.000**[1].

Quando la somma indebitamente percepita è pari o inferiore a euro 3.999,96 si applica soltanto la sanzione amministrativa del pagamento di una somma di denaro da 5.164 a 25.822 euro. Tale sanzione non può comunque superare il triplo del beneficio conseguito[2].

[1] Comma così modificato prima dall'art. 1, comma 1, lett. l), L. 9 gennaio 2019, n. 3, poi dall'art. 1, D.Lgs. 14 luglio 2020, n. 75.

Il testo previgente la modifica del 2019 disponeva: *Salvo che il fatto costituisca il reato previsto dall'articolo 640-bis, chiunque mediante l'utilizzo o la presentazione di dichiarazioni o di documenti falsi o attestanti cose non vere, ovvero mediante l'omissione di informazioni dovute, consegue indebitamente, per sé o per altri, contributi, finanziamenti, mutui agevolati o altre erogazioni dello stesso tipo, comunque denominate, concessi o erogati dallo Stato, da altri enti pubblici o dalle Comunità europee è punito con la reclusione da sei mesi a tre anni.*

Il testo previgente la modifica del 2020 disponeva: *Salvo che il fatto costituisca il reato previsto dall'articolo 640-bis, chiunque mediante l'utilizzo o la presentazione di dichiarazioni o di documenti falsi o attestanti cose non vere, ovvero mediante l'omissione di informazioni dovute, consegue indebitamente, per sé o per altri, contributi, finanziamenti, mutui agevolati o altre erogazioni dello stesso tipo, comunque denominate, concessi o erogati dallo Stato, da altri enti pubblici o dalle Comunità europee è punito con la reclusione da sei mesi a tre anni. La pena è della reclusione da uno a quattro anni se il fatto è commesso da un pubblico ufficiale o da un incaricato di un pubblico servizio con abuso della sua qualità o dei suoi poteri.*

[2] Articolo aggiunto dall'art. 4, L. 29 settembre 2000, n. 300.

● Norme connesse:

- art. 2, L. 23 dicembre 1986, n. 898 di conversione del D.L. 27 ottobre 1986, n. 701, nel testo modificato dall'art. 10, L. 7 luglio 2009, n. 88 e, da ultimo, dall'art. 29, L. 4 giugno 2010, n. 96, che recita: *Art. 2. 1. Ove il fatto non configuri il più grave reato previsto dall'articolo 640-bis del codice penale, chiunque, mediante l'esposizione di dati o notizie falsi, consegue indebitamente, per sé o per altri, aiuti, premi, indennità, restituzioni, contributi o altre erogazioni a carico totale o parziale del Fondo europeo agricolo di garanzia e del Fondo europeo agricolo per lo sviluppo rurale è punito con la reclusione da sei mesi a tre anni. Quando la somma indebitamente percepita è pari o inferiore a 5.000 euro si applica soltanto la sanzione amministrativa di cui agli articoli seguenti.*

2. Agli effetti della disposizione del precedente comma 1 e di quella del comma 1 dell'articolo 3, alle erogazioni a carico del Fondo europeo agricolo di garanzia e del Fondo europeo agricolo per lo sviluppo rurale sono assimilate le quote nazionali previste dalla normativa comunitaria a complemento delle somme a carico di detti Fondi, nonché le erogazioni poste a totale carico della finanza nazionale sulla base della normativa comunitaria.

3. Con la sentenza il giudice determina altresì l'importo indebitamente percepito e condanna il colpevole alla restituzione di esso all'amministrazione che ha disposto la erogazione di cui al comma 1.

317. Concussione.

Il pubblico ufficiale [357] o l'incaricato di un pubblico servizio [358] che, abusando della sua qualità o dei suoi poteri, costringe taluno a dare o a promettere indebitamente, a lui o a un terzo, denaro o altra utilità, è punito con la reclusione da sei a dodici anni [32-*quater*, 317-*bis*; 323-*bis*; c.p. 1889, 169 comma 1 170 comma 1][1].

[1] Articolo così sostituito prima dall'art. 4, L. 26 aprile 1990, n. 86, poi dall'art. 1, comma 75, L. 6 novembre 2012, n. 190, infine dall'art. 3, L. 27 maggio 2015, n. 69.

Il testo previgente la modifica del 2015 disponeva: *Il pubblico ufficiale che, abusando della sua qualità o dei suoi poteri, costringe taluno a dare o a promettere indebitamente, a lui o a un terzo, denaro o altra utilità è punito con la reclusione da sei a dodici anni.*

Il testo previgente la modifica del 2012 disponeva: *317. Concussione. Il pubblico ufficiale o l'incaricato di un pubblico servizio, che, abusando della sua qualità o dei suoi poteri, costringe o induce taluno a dare o a promettere indebitamente, a lui o ad un terzo, denaro od altra utilità, è punito con la reclusione da quattro a dodici anni.*

Il testo originario disponeva: *317. Concussione. 1. Il pubblico ufficiale, che, abusando della sua qualità o delle sue funzioni, costringe o induce taluno a dare o a promettere indebitamente, a lui o ad un terzo, denaro od altra utilità, è punito con la reclusione da quattro a dodici anni e con la multa non inferiore a lire seicentomila. 2. Si applicano le disposizioni del capoverso dell'articolo 314.*

■ Codice penale del 1889: *Art. 169 - Il pubblico ufficiale, che, abusando del suo ufficio, costringe alcuno a dare o promettere indebitamente a sé o ad un terzo, danaro o altra utilità, è punito con la interdizione perpetua dai pubblici ufficii con la reclusione da tre a dieci anni e con la multa non inferiore alle lire trecento.*

Se la somma o l'utilità indebitamente data o promessa sia di lieve valore, la interdizione è temporanea e la reclusione è da uno a cinque anni.

♦ Codice penale francese

Articolo 423-10. *Il fatto di una persona in possesso di autorità pubblica o incaricata di un servizio pubblico, di ricevere, esigere od ordinare di ricevere a titolo di diritti o di contributi, di imposte o di tasse pubbliche, una somma che sa che non può essere dovuta o di eccedere ciò che è dovuto, è punibile con cinque anni di reclusione e una multa di • 500.000, che importo può essere aumentato al doppio dei proventi del reato.*

É punito con le stesse pene il fatto, dalle stesse persone, di accordare sotto qualsiasi forma e per qualunque motivo una esenzione o una franchigia di diritti, contributi, imposte o tasse pubbliche in violazione dei testi di legge o di regolamento. Il tentativo dei delitti previsti al presente articolo è soggetto alle stesse pene.

317-*bis*. Pene accessorie.

La condanna per i reati di cui agli articoli 314, 317, 318, 319, 319-*bis*, 319-*ter*, 319-*quater*, primo comma, 320, 321, 322, 322-*bis* e 346-*bis* importa l'interdizione perpetua dai pubblici uffici [20, 28, 31] e l'incapacità in perpetuo di contrattare con la pubblica amministrazione, salvo che per ottenere le prestazioni di un pubblico servizio. Nondimeno, se viene inflitta la reclusione per un tempo non superiore a due anni o se ricorre la circostanza attenuante previ-

CODICE PENALE

sta dall'articolo 323-*bis*, primo comma, la condanna importa l'interdizione e il divieto temporanei, per una durata non inferiore a cinque anni nè superiore a sette anni.

Quando ricorre la circostanza attenuante prevista dall'articolo 323-*bis*, secondo comma, la condanna per i delitti ivi previsti importa le sanzioni accessorie di cui al primo comma del presente articolo per una durata non inferiore a un anno nè superiore a cinque anni[1].

[1] Articolo aggiunto dall'art. 5, L. 26 aprile 1990, n. 86, poi modificato dall'art. 1, comma 75, L. 6 novembre 2012, n. 190, infine sostituito dall'art. 1, comma 1, lett. m), L. 9 gennaio 2019, n. 3.

Il testo previgente la modifica del 2012 disponeva: *La condanna per i reati di cui agli artt. 314 e 317 importa l'interdizione perpetua dai pubblici uffici. Nondimeno, se per circostanze attenuanti viene inflitta la reclusione per un tempo inferiore a tre anni, la condanna importa l'interdizione temporanea.*

Il testo previgente la modifica del 2019 disponeva: *La condanna per i reati di cui agli artt. 314, 317, 319 e 319-*ter *importa l'interdizione perpetua dai pubblici uffici. Nondimeno, se per circostanze attenuanti viene inflitta la reclusione per un tempo inferiore a tre anni, la condanna importa l'interdizione temporanea.*

318. Corruzione per l'esercizio della funzione.

Il pubblico ufficiale [357] che, per l'esercizio delle sue funzioni o dei suoi poteri, indebitamente riceve, per sè o per un terzo, denaro o altra utilità o ne accetta la promessa è punito con la reclusione da tre a otto anni [319-*ter*, 320, 321, 322 commi 1 e 3, 323-*bis*; c.p. 1889, 171][1 2 3].

[1] Comma così modificato dall'art. 1, comma 1, lett. n), L. 9 gennaio 2019, n. 3. Il testo previgente disponeva: *Il pubblico ufficiale che, per l'esercizio delle sue funzioni o dei suoi poteri, indebitamente riceve, per sè o per un terzo, denaro o altra utilità o ne accetta la promessa è punito con la reclusione da uno a sei anni.*

[2] Articolo così sostituito prima dall'art. 6, L. 26 aprile 1990, n. 86, poi dall'art. 1, comma 75, L. 6 novembre 2012, n. 190 e infine modificato dall'art. 1, L. 27 maggio 2015, n. 69.

Il testo previgente la modifica del 2015 disponeva: *Il pubblico ufficiale che, per l'esercizio delle sue funzioni o dei suoi poteri, indebitamente riceve, per sè o per un terzo, denaro o altra utilità o ne accetta la promessa è punito con la reclusione da uno a cinque anni.*

Il testo previgente la modifica del 2012 disponeva: *318. Corruzione per un atto d'ufficio. Il pubblico ufficiale, che, per compiere un atto del suo ufficio, riceve, per sé o per un terzo, in denaro o altra utilità, una retribuzione che non gli è dovuta, o ne accetta la promessa, è punito con la reclusione da sei mesi a tre anni.*

Se il pubblico ufficiale riceve la retribuzione per un atto d'ufficio da lui già compiuto, la pena è della reclusione fino a un anno.

Il testo originario disponeva: *318. Corruzione per un atto d'ufficio. 1. Il pubblico ufficiale, che, per compiere un atto del suo ufficio, riceve, per sè o per un terzo, in denaro o altra utilità, una retribuzione che non gli è dovuta, o ne accetta la promessa, è punito con la reclusione fino a tre anni e con la multa da lire centomila a due milioni. 2. Se il pubblico ufficiale riceve la retribuzione per un atto d'ufficio da lui già compiuto, la pena è della reclusione fino a un anno e della multa fino a lire seicentomila.*

[3] L'art. 4, L. 12 giugno 2003, n. 134, ha abrogato l'art. 60, L. 24 novembre 1981, n. 689, che prevedeva l'inapplicabilità delle pene sostitutive al reato previsto dal presente articolo.

■ Codice penale del 1889: *Art. 171 - Il pubblico ufficiale che, per un atto del suo ufficio, riceve, per sé o per altri, in danaro o in altra utilità, una retribuzione che non gli è dovuta o ne accetta la promessa, è punito con la reclusione sino ad un anno, con la interdizione temporanea dai pubblici ufficii e con la multa da lire cinquanta a tremila.*

Art. 172 - Il pubblico ufficiale, che, per ritardare od omettere un atto del suo ufficio, o per fare un atto contro i doveri dell'ufficio medesimo, riceve o si fa promettere danaro o altra utilità, per sé o per altri, è punito con la reclusione da sei mesi a cinque anni, con la interdizione temporanea dai pubblici ufficii e con la multa da lire cento a cinquemila.

La reclusione è da tre a dieci anni, se il fatto abbia per effetto: 1° il conferimento di pubblici impieghi, stipendii, pensioni od onorificenze, o la stipulazione di contratti nei quali sia interessata l'Amministrazione cui appartiene il pubblico ufficiale; 2° il favore o il danno di una parte o di un imputato in causa civile o penale.

Se il fatto abbia per effetto una sentenza di condanna a pena restrittiva della libertà personale superiore ad un anno, la reclusione è da cinque a quindici anni e la multa può estendersi al massimo.

Art. 173 - Chiunque induce un pubblico ufficiale a commettere alcuno dei delitti preveduti nei precedenti articoli è punito, nel caso dell'articolo 171, con la multa da lire cinquanta a tremila, e, nel caso dell'articolo 172, con le pene ivi stabilite.

Se il pubblico ufficiale non abbia commesso il delitto, chi ha tentato d'indurvelo soggiace alle pene stabilite nel presente articolo ridotte della metà.

Art. 174 - Nei casi preveduti negli articoli precedenti, ciò che siasi dato si confisca.

♦ Codice penale francese

Articolo 432-11. *È punito con dieci anni di reclusione ed una multa di 1 milione di euro, l'importo può essere aumentato fino al doppio dei proventi del reato, il fatto di una persona in possesso di autorità pubblica, incaricata di servizio pubblico o investita di un mandato elettorale pubblico, di sollecitare od accettare, senza diritto, in qualsiasi momento, direttamente o indirettamente, offerte, promesse, donazioni, regali o altri vantaggi per sé o per altri:*

1. Sia per commettere o di aver commesso, per astenersi o per essersi astenuto di compiere un atto del suo ufficio, della sua funzione o del suo mandato o di facilitare la sua funzione, od il suo mandato;

2 Sia per abusare o aver abusato della sua influenza reale o presunta in vista di far ottenere da una autorità o da una amministrazione pubblica, degli impieghi, dei mercati o qualsiasi altra decisione favorevole.

♦ Codice penale tedesco

§ 331 Prendere tangenti. *(1) Il pubblico ufficiale o la persona incaricata di funzioni di servizio pubblico che richiede, si lascia promettere o accetta un vantaggio per sé o per una terza persona per l'esecuzione di un atto d'ufficio, è punito con la reclusione non superiore a tre anni o una multa.*

(2) Un giudice od arbitro che richiede, si lascia promettere o accetta un vantaggio per sé o per una terza persona in cambio del fatto che ha eseguito o eseguirà in futuro un atto giudiziario, è punito con la reclusione non superiore a cinque anni od una multa. Il tentativo è punibile.

(3) Il reato non è punibile ai sensi del comma (1) di cui sopra, se l'autore del reato si lascia promettere o accetta un vantaggio che non ha richiesto e l'autorità pubblica competente, nell'ambito delle sue competenze, sia in precedenza autorizza l'accettazione o l'autore del reato fa rapporto immediatamente ad essa e ne autorizza l'accettazione.

§ 334 Dare tangenti come incentivo al destinatario che sta violando i suoi doveri di ufficio. *1) Chiunque offre, promette o concede un beneficio per un pubblico ufficiale, una persona incaricata di funzioni di servizio pubblico speciali od un soldato delle Forze Armate per quella persona o per una terza persona in cambio del fatto che si è compiuto o sarà in futuro posto in essere un atto ufficiale e quindi sarà violato o si violeranno i suoi doveri d'ufficio, è punito con la reclusione da tre mesi a cinque anni. Nei casi meno gravi la pena è della reclusione non superiore a due anni o una multa.*

(2) Chiunque offre, promette o concede un beneficio per un giudice o per un arbitro per quella persona o per una terza persona, in cambio del fatto che egli

1. ha eseguito un atto giudiziario e, quindi, violato i suoi doveri giudiziari; o

2. andrà in futuro ad eseguire un atto giudiziario e saranno in tal modo violate le sue funzioni giurisdizionali, sarà responsabile nei casi con n 1 di cui sopra per la reclusione da tre mesi a cinque anni, nei casi n 2 di cui sopra per la reclusione da sei mesi a cinque anni. Il tentativo è punibile.

(3) Se il colpevole offre, promette o concede il beneficio in cambio di un atto futuro, allora sottosezioni (1) e (2) di cui sopra si applicano anche se solo tenta di indurre l'altro a

1. violare i suoi doveri da parte l'atto; o

2. nella misura in cui l'atto è a sua discrezione, permette di lasciarsi influenzare dal beneficio nell'esercizio della sua discrezionalità.

319. Corruzione per un atto contrario ai doveri d'ufficio.

Il pubblico ufficiale, che, per omettere [328] o ritardare o per aver omesso o ritardato un atto del suo ufficio, ovvero per compiere o per aver compiuto un atto contrario ai doveri di ufficio, riceve, per sé o per un terzo, denaro od altra utilità, o ne accetta la promessa, è punito con la reclusione da sei a dieci anni [32-*quater*, 319-*bis*, 319-*ter*, 320, 321, 322 commi 2 lett. b) e 4, 323-*bis*; c.p. 1889, 172 comma 1][1 2].

[1] Articolo così sostituito dall'art. 7, L. 26 aprile 1990, n. 86, poi così modificato, prima dall'art. 1, comma 75, L. 6 novembre 2012, n. 190, poi dall'art. 1, L. 27 maggio 2015, n. 69.

Il testo previgente la modifica del 2015 disponeva: *Il pubblico ufficiale, che, per omettere o ritardare o per aver omesso o ritardato un atto del suo ufficio, ovvero per compiere o per aver compiuto un atto contrario ai doveri di ufficio, riceve, per sé o per un terzo, denaro od altra utilità, o ne accetta la promessa, è punito con la reclusione da quattro a otto anni.*

Il testo previgente la modifica del 2012 disponeva: *319. Corruzione per un atto contrario ai doveri d'ufficio. Il pubblico ufficiale, che, per omettere o ritardare o per aver omesso o ritardato un atto del suo ufficio, ovvero per compiere o per aver compiuto un atto contrario ai doveri di ufficio, riceve, per sé o per un terzo, denaro od altra utilità, o ne accetta la promessa, è punito con la reclusione da due a cinque anni.*

Il testo previgente la modifica del 1990 disponeva: *319. Corruzione per un atto contrario ai doveri d'ufficio. 1. Il pubblico ufficiale che per omettere o ritardare un atto del suo ufficio, o per fare un atto contrario ai doveri di ufficio, riceve, per sé o per un terzo, denaro od altra utilità, ovvero ne accetta la promessa, è punito con la reclusione da due a cinque anni e con la multa da lire tremila a ventimila. 2. La pena è aumentata, se dal fatto deriva: 1° il conferimento di pubblici impieghi, stipendi, pensioni, onorificenze, o la stipulazione di contratti nei quali sia interessata l'amministrazione di cui fa parte il pubblico ufficiale; 2° il favore o il danno di una parte in un processo civile, penale o amministrativo. 3. Si applica la pena della reclusione da sei a venti anni e della multa non inferiore a lire venticinquemila, se dal fatto deriva una sentenza di condanna all'ergastolo o alla reclusione. Si applica la pena dell'ergastolo se dal fatto deriva una condanna alla pena di morte. 4. Qualora il pubblico ufficiale riceva il denaro o l'utilità per aver agito contro i doveri del suo ufficio o per aver omesso o ritardato un atto d'ufficio, la pena è della reclusione da uno a tre anni e della multa da lire mille a diecimila.*

[2] L'art. 4, L. 12 giugno 2003, n. 134, ha abrogato l'art. 60, L. 24 novembre 1981, n. 689, che prevedeva l'inapplicabilità delle pene sostitutive al reato previsto dal presente articolo.

319-*bis*. Circostanze aggravanti.

La pena è aumentata se il fatto di cui all'art. 319 ha per oggetto il conferimento di pubblici impieghi o stipendi o pensioni o la stipulazione di contratti nei quali sia interessata l'amministrazione alla quale il pubblico ufficiale [321, 357] appartiene nonché il pagamento o il rimborso di tributi [c.p. 1889, 172 comma 2, n. 1][1].

[1] Articolo aggiunto dall'art. 8, L. 26 aprile 1990, n. 86 e poi così modificato dall'art. 29, D.L. 31 maggio 2010, n. 78, convertito in L. 30 luglio 2010, n. 122. La versione previgente era la seguente: «*319-bis. Circostanze aggravanti.* La pena è aumentata se il fatto di cui all'art. 319 ha per oggetto il conferimento di pubblici impieghi o stipendi o pensioni o la stipulazione di contratti nei quali sia interessata l'amministrazione alla quale il pubblico ufficiale appartiene.».

319-*ter*. Corruzione in atti giudiziari.

Se i fatti indicati negli artt. 318 e 319 sono commessi per favorire o danneggiare una parte in un processo civile, penale o amministrativo, si applica la pena della reclusione da sei a dodici anni [c.p. 1889, 172 comma 2 n. 2][1].

Se dal fatto deriva l'ingiusta condanna [c.p.p. 442 comma 2, 533, 605 comma 1] di taluno alla reclusione non superiore a cinque anni, la pena è della reclusione da sei a quattordici anni; se deriva l'ingiusta condanna alla reclusione superiore a cinque anni o all'ergastolo, la pena è della reclusione da otto a venti anni [c.p. 1889, 172 comma 3][2 3].

[1] Comma così modificato, prima dall'art. 1, comma 75, L. 6 novembre 2012, n. 190, poi dall'art. 1, L. 27 maggio 2015, n. 69.

Il testo previgente la modifica del 2015 disponeva: *Se i fatti indicati negli artt. 318 e 319 sono commessi per favorire o danneggiare una parte in un processo civile, penale o amministrativo, si applica la pena della reclusione da quattro a dieci anni.*

Il testo previgente la modifica del 2012 disponeva: *Se i fatti indicati negli artt. 318 e 319 sono commessi per favorire o danneggiare una parte in un processo civile, penale o amministrativo, si applica la pena della reclusione da tre a otto anni.*

[2] Comma così modificato, prima dall'art. 1, comma 75, L. 6 novembre 2012, n. 190, poi dall'art. 1, L. 27 maggio 2015, n. 69.

Il testo previgente la modifica del 2015 disponeva: *Se dal fatto deriva l'ingiusta condanna di taluno alla reclusione non superiore a cinque anni, la pena è della reclusione da cinque a dodici anni; se deriva l'ingiusta condanna alla reclusione superiore a cinque anni o all'ergastolo, la pena è della reclusione da sei a venti anni.*

Il testo previgente la modifica del 2012 disponeva: *Se dal fatto deriva l'ingiusta condanna di taluno alla reclusione non superiore a cinque anni, la pena è della reclusione da quattro a dodici anni; se deriva l'ingiusta condanna alla reclusione superiore a cinque anni o all'ergastolo, la pena è della reclusione da sei a venti anni.*

[3] Articolo aggiunto dall'art. 9, L. 26 aprile 1990, n. 86, recante modifiche in tema di delitti dei pubblici ufficiali contro la pubblica amministrazione.

319-*quater*. Induzione indebita a dare o promettere utilità.

Salvo che il fatto costituisca più grave reato, il pubblico ufficiale o l'incaricato di pubblico servizio che, abusando della sua qualità o dei suoi poteri, induce taluno a dare o a promettere indebitamente, a lui o a un terzo, denaro o altra utilità è punito con la reclusione da sei anni a dieci anni e sei mesi[1].

Nei casi previsti dal primo comma, chi dà o promette denaro o altra utilità è punito con la reclusione fino a tre anni **ovvero con la reclusione fino a quattro anni quando il fatto offende gli interessi finanziari dell'Unione europea e il danno o il profitto sono superiori a euro 100.000**[2 3].

[1] Comma così modificato dall'art. 1, L. 27 maggio 2015, n. 69. Il testo previgente disponeva: Salvo che il fatto costituisca più grave reato, il pubblico ufficiale o l'incaricato di pubblico servizio che, abusando della sua qualità o dei suoi poteri, induce taluno a dare o a promettere indebitamente, a lui o a un terzo, denaro o altra utilità è punito con la reclusione da tre a otto anni.

[2] Comma così modificato dall'art. 1, D.Lgs. 14 luglio 2020, n. 75. Il testo previgente disponeva: Nei casi previsti dal primo comma, chi dà o promette denaro o altra utilità è punito con la reclusione fino a tre anni.

[3] Articolo aggiunto dall'art. 1, comma 75, L. 6 novembre 2012, n. 190.

■ Codice penale del 1889: *Art. 170 - Il pubblico ufficiale, abusando del suo ufficio, induce alcuno a dare o promettere indebitamente, a sé o ad un terzo, danaro o altra utilità, è punito con la reclusione da uno a cinque anni, con la interdizione temporanea dai pubblici ufficii e con la multa da lire cento a cinquemila.*

La reclusione è da sei mesi a tre anni, se il pubblico ufficiale riceva ciò che non è dovuto, giovandosi soltanto dell'errore altrui.

Se la somma o l'utilità indebitamente data o promessa sia di lieve valore, la reclusione è, nel primo caso, da sei mesi a due anni, e, nel secondo caso, da un mese ad un anno.

320. Corruzione di persona incaricata di un pubblico servizio.

Le disposizioni degli articoli 318 e 319 si applicano anche all'incaricato di un pubblico servizio [358][1].

In ogni caso, le pene sono ridotte in misura non superiore ad un terzo [32-*quater*, 321, 323-*bis*][2 3].

[1] Comma così sostituito dall'art. 1, comma 75, L. 6 novembre 2012, n. 190. Il testo previgente disponeva: *Le disposizioni dell'art. 319 si applicano anche all'incaricato di un pubblico servizio; quelle di cui all'art. 318 si applicano anche alla persona incaricata di un pubblico servizio, qualora rivesta la qualità di pubblico impiegato.*

[2] Articolo così sostituito dall'art. 10, L. 26 aprile 1990, n. 86. Il testo originario disponeva: *320. Corruzione di persona incaricata di un pubblico servizio. Le disposizioni dell'art. 318 si applicano anche se il fatto è commesso da persona incaricata di un pubblico servizio, qualora rivesta la qualità di pubblico impiegato. Le disposizioni della prima e dell'ultima parte dell'articolo precedente si applicano a qualsiasi persona incaricata di un pubblico servizio. In ogni caso, le pene sono ridotte in misura non superiore ad un terzo.*

[3] L'art. 4, L. 12 giugno 2003, n. 134, ha abrogato l'art. 60, L. 24 novembre 1981, n. 689, che prevedeva l'inapplicabilità delle pene sostitutive al reato previsto dal presente articolo.

321. Pene per il corruttore.

Le pene stabilite nel primo comma dell'articolo 318, nell'art. 319, nell'art. 319-*bis*, nell'articolo 319-*ter* e nell'art. 320 in relazione alle suddette ipotesi degli artt. 318 e 319, si applicano anche a chi dà o promette al pubblico ufficiale [357] o all'incaricato di un pubblico servizio [358] il denaro o altra utilità [c.p. 1889, 173 comma 1][1 2].

[1] Articolo così sostituito dall'art. 11, L. 26 aprile 1990, n. 86 e così modificato dall'art. 2, L. 7 febbraio 1992, n. 181. Il testo originario disponeva: *321. Pene per il corruttore. Le pene stabilite negli artt. 318, prima parte, 319 e 320 si applicano anche a chi dà o promette al pubblico ufficiale o all'incaricato di un pubblico servizio il denaro o altra utilità.*

[2] L'art. 4, L. 12 giugno 2003, n. 134, ha abrogato l'art. 60, L. 24 novembre 1981, n. 689, che prevedeva l'inapplicabilità delle pene sostitutive al reato previsto dal presente articolo.

322. Istigazione alla corruzione.

Chiunque offre o promette denaro od altra utilità non dovuti ad un pubblico ufficiale [357] o ad un incaricato di un pubblico servizio [358], per l'esercizio delle sue funzioni o dei suoi poteri, soggiace, qualora l'offerta o la promessa non sia accettata, alla pena stabilita nel primo comma dell'art. 318, ridotta di un terzo [323-*bis*; c.p. 1889, 173 comma 2][1].

Se l'offerta o la promessa è fatta per indurre un pubblico ufficiale o un incaricato di un pubblico servizio a omettere o a ritardare un atto del suo ufficio, ovvero a fare un atto contrario ai suoi doveri, il colpevole soggiace, qualora l'offerta o la promessa non sia accettata, alla pena stabilita nell'art. 319, ridotta di un terzo [323-*bis*].

La pena di cui al primo comma si applica al pubblico ufficiale o all'incaricato di un pubblico servizio che sollecita una promessa o dazione di denaro o altra utilità per l'esercizio delle sue funzioni o dei suoi poteri[2].

La pena di cui al secondo comma si applica al pubblico ufficiale o all'incaricato di un pubblico servizio che sollecita una promessa o dazione di denaro ad altra utilità da parte di un privato per le finalità indicate dall'art. 319 [323-*bis*][3 4].

[1] Comma così modificato dall'art. 1, comma 75, L. 6 novembre 2012, n. 190. Il testo previgente disponeva: *Chiunque offre o promette denaro od altra utilità non dovuti ad un pubblico ufficiale o ad un incaricato di un pubblico servizio che riveste la qualità di pubblico impiegato, per indurlo a compiere un atto del suo ufficio, soggiace, qualora l'offerta o la promessa non sia accettata, alla pena stabilita nel primo comma dell'art. 318, ridotta di un terzo.*

[2] Comma così sostituito dall'art. 1, comma 75, L. 6 novembre 2012, n. 190. Il testo previgente disponeva: *La pena di cui al primo comma si applica al pubblico ufficiale o all'incaricato di un pubblico servizio che riveste la qualità di pubblico impiegato che sollecita una promessa o dazione di denaro od altra utilità da parte di un privato per le finalità indicato dall'art. 318.*

[3] Articolo così sostituito dall'art. 12, L. 26 aprile 1990, n. 86 e così modificato dall'art. 2, L. 7 febbraio 1992, n. 181. Il testo originario disponeva: *322. Istigazione alla corruzione. 1. Chiunque offre o promette denaro od altra utilità, come retribuzione non dovuta, a un pubblico ufficiale o ad un incaricato di un pubblico servizio che rivesta la qualità di pubblico impiegato, per indurlo a compiere un atto dell'ufficio o servizio, soggiace, qualora la offerta o la promessa non sia accettata, alla pena stabilita dalla prima parte dell'art. 318, ridotta di un terzo. 2 Se l'offerta o la promessa è fatta per indurre un pubblico ufficiale o un incaricato di un pubblico servizio a omettere o ritardare un atto dell'ufficio o servizio, ovvero a fare un atto contrario ai propri doveri, il colpevole soggiace, qualora l'offerta o la promessa non sia accettata, alla pena stabilita nella prima parte dell'articolo 319, ridotta di un terzo.*

[4] L'art. 4, L. 12 giugno 2003, n. 134, ha abrogato l'art. 60, L. 24 novembre 1981, n. 689, che prevedeva l'inapplicabilità delle pene sostitutive al reato previsto dal presente articolo.

322-*bis*. Peculato, concussione, induzione indebita a dare o promettere utilità, corruzione e istigazione alla corruzione di membri delle Corti internazionali o degli organi delle Comunità europee o di assemblee parlamentari internazionali o di organizzazioni internazionali e di funzionari delle Comunità europee e di Stati esteri[1].

Le disposizioni degli articoli 314, 316, da 317 a 320 e 322, terzo e quarto comma, sia applicano anche:

1) ai membri della Commissione delle Comunità europee, del Parlamento europeo, della Corte di Giustizia e della Corte dei conti delle Comunità europee;

2) ai funzionari e agli agenti assunti per contratto a norma dello statuto dei funzionari delle Comunità europee o del regime applicabile agli agenti delle Comunità europee;

3) alle persone comandate dagli Stati membri o da qualsiasi ente pubblico o privato presso le Comunità europee, che esercitino funzioni corrispondenti a quelle dei funzionari o agenti delle Comunità europee;

4) ai membri e agli addetti a enti costituiti sulla base dei Trattati che istituiscono le Comunità europee;

5) a coloro che, nell'ambito di altri Stati membri dell'Unione europea, svolgono funzioni o attività corrispondenti a quelle dei pubblici ufficiali e degli incaricati di un pubblico servizio;

5-bis) ai giudici, al procuratore, ai procuratori aggiunti, ai funzionari e agli agenti della Corte penale internazionale, alle persone comandate dagli Stati parte del Trattato istitutivo della Corte penale internazionale le quali esercitino funzioni corrispondenti a quelle dei funzionari o agenti della Corte stessa, ai membri ed agli addetti a enti costituiti sulla base del Trattato istitutivo della Corte penale internazionale[2];

5-ter) alle persone che esercitano funzioni o attività corrispondenti a quelle dei pubblici ufficiali e degli incaricati di un pubblico servizio nell'ambito di organizzazioni pubbliche internazionali[3];

5-quater) ai membri delle assemblee parlamentari internazionali o di un'organizzazione internazionale o sovranazionale e ai giudici e funzionari delle corti internazionali[3];

***5-quinquies)* alle persone che esercitano funzioni o attività corrispondenti a quelle dei pubblici ufficiali e degli incaricati di un pubblico servizio nell'ambito di Stati non appartenenti all'Unione europea, quando il fatto offende gli interessi finanziari dell'Unione**[4].

Le disposizioni degli articoli 319-*quater*, secondo comma, 321 e 322, primo e secondo comma, si applicano anche se il denaro o altra utilità è dato, offerto o promesso[5]:

1) alle persone indicate nel primo comma del presente articolo;

2) a persone che esercitano funzioni o attività corrispondenti a quelle dei pubblici ufficiali e degli

CODICE PENALE

incaricati di un pubblico servizio nell'ambito di altri Stati esteri o organizzazioni pubbliche internazionali[6].

Le persone indicate nel primo comma sono assimilate ai pubblici ufficiali, qualora esercitino funzioni corrispondenti, e agli incaricati di un pubblico servizio negli altri casi[7].

[1] Rubrica prima modificata dall'art. 1, comma 75, L. 6 novembre 2012, n. 190 e poi dall'art. 10, L. 20 dicembre 2012, n. 237, infine sostituita dall'art. 1, comma 1, lett. o), L. 9 gennaio 2019, n. 3.

Il testo previgente la modifica ex L. 190/2012 disponeva: *Peculato, concussione, corruzione e istigazione alla corruzione di membri degli organi delle Comunità europee e di funzionari delle Comunità europee e di Stati esteri.*

Il testo previgente la modifica ex L. 237/2012 disponeva: *Peculato, concussione, induzione indebita a dare o promettere utilità, corruzione e istigazione alla corruzione di membri degli organi delle Comunità europee e di funzionari delle Comunità europee e di Stati esteri.*

Il testo previgente la modifica del 2019 disponeva: *Peculato, concussione, induzione indebita a dare o promettere utilità, corruzione e istigazione alla corruzione di membri della Corte penale internazionale o degli organi delle Comunità europee e di funzionari delle Comunità europee e di Stati esteri.*

[2] Numero aggiunto dall'art. 10, L. 20 dicembre 2012, n. 237.

[3] Numero aggiunto dall'art. 1, comma 1, lett. o), L. 9 gennaio 2019, n. 3.

[4] Numero aggiunto dall'art. 1, D.Lgs. 14 luglio 2020, n. 75.

[5] Alinea così modificato dall'art. 1, comma 75, L. 6 novembre 2012, n. 190. Il testo previgente disponeva: *Le disposizioni degli articoli 321 e 322, primo e secondo comma, si applicano anche se il denaro o altra utilità è dato, offerto o promesso.*

[6] Numero così modificato prima dall'art. 3, L. 3 agosto 2009, n. 116, poi dall'art. 1, comma 1, lett. o), L. 9 gennaio 2019, n. 3. Il testo previgente disponeva: *2) a persone che esercitano funzioni o attività corrispondenti a quelle dei pubblici ufficiali e degli incaricati di un pubblico servizio nell'ambito di altri Stati esteri o organizzazioni pubbliche internazionali, qualora il fatto sia commesso per procurare a sé o ad altri un indebito vantaggio in operazioni economiche internazionali ovvero al fine di ottenere o di mantenere un'attività economica o finanziaria.*

[7] Articolo aggiunto dall'art. 3, L. 29 settembre 2000, n. 300.

322-*ter*. Confisca.

Nel caso di condanna, o di applicazione della pena su richiesta delle parti a norma dell'articolo 444 del codice di procedura penale, per uno dei delitti previsti dagli articoli da 314 a 320, anche se commessi dai soggetti indicati nell'articolo 322-*bis*, primo comma, è sempre ordinata la confisca dei beni che ne costituiscono il profitto o il prezzo, salvo che appartengano a persona estranea al reato, ovvero, quando essa non è possibile, la confisca di beni, di cui il reo ha la disponibilità, per un valore corrispondente a tale prezzo o profitto [240, 335-*bis*, 474-*bis*, 600-*septies*, 640-*quater*, 644 comma 6, 648-*quater*][1].

Nel caso di condanna, o di applicazione della pena a norma dell'articolo 444 del codice di procedura penale, per il delitto previsto dall'articolo 321, anche se commesso ai sensi dell'articolo 322-*bis*, secondo comma, è sempre ordinata la confisca dei beni che ne costituiscono il profitto salvo che appartengano a persona estranea al reato, ovvero, quando essa non è possibile, la confisca di beni, di cui il reo ha la disponibilità, per un valore corrispondente a quello di detto profitto e, comunque, non inferiore a quello del denaro o delle altre utilità date o promesse al pubblico ufficiale o all'incaricato di pubblico servizio o agli altri soggetti indicati nell'articolo 322-*bis*, secondo comma [c.p. 335-*bis*, 640-*quater*, 644 comma 6].

Nei casi di cui ai commi primo e secondo, il giudice, con la sentenza di condanna, determina le somme di denaro o individua i beni assoggettati a confisca in quanto costituenti il profitto o il prezzo del reato ovvero in quanto di valore corrispondente al profitto o al prezzo del reato[2].

[1] Comma così modificato dall'art. 1, comma 75, L. 6 novembre 2012, n. 190. Il testo previgente disponeva: *Nel caso di condanna, o di applicazione della pena su richiesta delle parti a norma dell'articolo 444 del codice di procedura penale, per uno dei delitti previsti dagli articoli da 314 a 320, anche se commessi dai soggetti indicati nell'articolo 322-bis, primo comma, è sempre ordinata la confisca dei beni che ne costituiscono il profitto o il prezzo, salvo che appartengano a persona estranea al reato, ovvero, quando essa non è possibile, la confisca di beni, di cui il reo ha la disponibilità, per un valore corrispondente a tale prezzo.*

[2] Articolo aggiunto dall'art. 3, L. 29 settembre 2000, n. 300. Le disposizioni di cui al presente articolo non si applicano ai reati previsti dal primo comma del citato articolo 3, nonché a quelli del secondo comma del medesimo articolo 3, commessi anteriormente alla data di entrata in vigore della citata L. 300/2000 (26 ottobre 2000).

● Norme connesse:

- art. 19, comma 2, del D.Lgs. 8 giugno 2001, n. 231; art. 11, L. 11 marzo 2006, n. 146; art. 1, comma, 143, L. 24 dicembre 2007, n. 244, che ha esteso l'applicabilità della confisca di cui all'art. 322-ter c.p. ai reati tributari previsti dagli artt. 2, 3, 4, 5, 8, 10-bis, 10-ter, 10-quater ed 11 del D.Lgs. n. 74/2000; l'art. 2641 c.c., riformato dal D.Lgs. 11 aprile 2002, n. 61, in materia di reati societari.

- art. 6, comma 4, L. 27 marzo 2001, n. 97, secondo cui gli immobili confiscati ex artt. 322-ter e 335-bis c.p. sono acquisiti di diritto gratuitamente al patrimonio disponibile del Comune nel cui territorio di trovano. La sentenza che dispone la confisca costituisce titolo per la trascrizione nei registri immobiliari.

322-*ter*. 1. Custodia giudiziale dei beni sequestrati.

I beni sequestrati nell'ambito dei procedimenti penali relativi ai delitti indicati all'articolo 322-*ter*, diversi dal denaro e dalle disponibilità finanziarie, possono essere affidati dall'autorità giudiziaria in custodia giudiziale agli organi della polizia giudiziaria che ne facciano richiesta per le proprie esigenze operative[1].

[1] Articolo aggiunto dall'art. 1, comma 1, lett. p), L. 9 gennaio 2019, n. 3.

322-*quater*. Riparazione pecuniaria.

Con la sentenza di condanna per i reati previsti dagli articoli 314, 317, 318, 319, 319-*ter*, 319-*quater*, 320, **321** e 322-*bis*, è sempre ordinato il pagamento **di una somma equivalente al prezzo o al profitto del reato a titolo di riparazione pecuniaria in favore dell'amministrazione lesa dalla condotta del pubblico ufficiale o dell'incaricato di un pubblico servizio**, restando impregiudicato il diritto al risarcimento del danno[1].

[1] Articolo aggiunto dall'art. 4, L. 27 maggio 2015, n. 69 e poi così modificato dall'art. 1, comma 1, lett. q), L. 9 gennaio 2019, n. 3. Il testo previgente disponeva: *Con la sentenza di condanna per i reati previsti dagli articoli 314, 317, 318, 319, 319-ter, 319-quater, 320 e 322-bis, è sempre ordinato il pagamento di una somma pari all'ammontare di quanto indebitamente ricevuto dal pubblico ufficiale o dall'incaricato di un pubblico servizio a titolo di riparazione pecuniaria in favore dell'amministrazione cui il pubblico ufficiale o l'incaricato di un pubblico servizio appartiene, ovvero, nel caso di cui all'articolo 319-ter, in favore dell'amministrazione della giustizia, restando impregiudicato il diritto al risarcimento del danno.*

323. Abuso d'ufficio.

Salvo che il fatto costituisca un più grave reato, il pubblico ufficiale o l'incaricato di pubblico servizio che, nello svolgimento delle funzioni o del servizio, in violazione **di specifiche regole di condotta espressamente previste dalla legge o da atti aventi forza di legge e dalle quali non residuino margini di discrezionalità** ovvero omettendo di astenersi in presenza di un interesse proprio o di un prossimo congiunto o negli altri casi prescritti, intenzionalmente procura a sé o ad altri un ingiusto vantaggio patrimoniale ovvero arreca ad altri un danno ingiusto è punito con la reclusione da uno a quattro anni [c.p. 1889, 153, 175 comma 1, 176][1].

La pena è aumentata nei casi in cui il vantaggio o il danno hanno un carattere di rilevante gravità [323-*bis*][2 3].

[1] Comma così modificato prima dall'art. 1, comma 75, L. 6 novembre 2012, n. 190, poi dall'art. 23, D.L. 16 luglio 2020, n. 76, convertito in L. 11 settembre 2020, n. 120, a decorrere dal 15 settembre 2020.

Il testo previgente la modifica del 2012 disponeva: *Salvo che il fatto costituisca un più grave reato, il pubblico ufficiale o l'incaricato di pubblico servizio che, nello svolgimento delle funzioni o del servizio, in violazione delle norme di legge o di regolamento, ovvero omettendo di astenersi in presenza di un interesse proprio o di un prossimo congiunto o negli altri casi prescritti, intenzionalmente procura a sé o ad altri un ingiusto vantaggio patrimoniale ovvero arreca ad altri un danno ingiusto è punito con la reclusione da sei mesi a tre anni.*

Il testo previgente la modifica del 2020 disponeva: *Salvo che il fatto costituisca un più grave reato, il pubblico ufficiale o l'incaricato di pubblico servizio che, nello svolgimento delle funzioni o del servizio, in violazione delle norme di legge o di regolamento, ovvero omettendo di astenersi in presenza di un interesse proprio o di un prossimo congiunto o negli altri casi prescritti, intenzionalmente procura a sé o ad altri un ingiusto vantaggio patrimoniale ovvero arreca ad altri un danno ingiusto è punito con la reclusione da uno a quattro anni.*

[2] Articolo così sostituito dall'art. 1, L. 16 luglio 1997, n. 234.

[3] Il testo previgente, introdotto dall'art. 13, L. 26 aprile 1990, n. 86, disponeva: *323. Abuso d'ufficio. 1. Il pubblico ufficiale o l'incaricato di un pubblico servizio, che, al fine di procurare a sé o ad altri un ingiusto vantaggio non patrimoniale o per arrecare ad altri un danno ingiusto, abusa del suo ufficio, è punito, se il fatto non costituisce più grave reato, con la reclusione fino a due anni. 2. Se il fatto è commesso per procurare a sé o ad altri un ingiusto vantaggio patrimoniale, la pena è della reclusione da due a cinque anni.* Il testo originario disponeva: *323. Abuso d'ufficio in casi non preveduti specificamente dalla legge. 1. Il pubblico ufficiale che, abusando dei poteri inerenti alle sue funzioni, commette, per recare ad altri un danno o per procurargli un vantaggio, qualsiasi fatto non preveduto come reato da una particolare disposizione di legge, è punito con la reclusione fino a due anni o con la multa da lire cinquecento a diecimila.*

● Norme connesse:
- art. 16, D.P.R. 16 aprile 2013, n. 62.
- artt. 25, 97, Cost.

■ Codice penale del 1889: *Art. 175 - Il pubblico ufficiale che, abusando del suo ufficio, ordina o commette contro gli altrui diritti qualsiasi atto arbitrario non preveduto come reato da una speciale disposizione di legge, è punito con la detenzione da quindici giorni ad un anno; e, qualora agisca per un fine privato, la pena è aumentata di un sesto, sostituita alla detenzione la reclusione.*

Alla stessa pena soggiace il pubblico ufficiale, che, nell'esercizio delle sue funzioni, eccita alcuno a trasgredire alle leggi od ai provvedimenti dell'Autorità.

323-*bis*. Circostanze attenuanti[1].

Se i fatti previsti dagli artt. 314, 316, 316-*bis*, 316-*ter*, 317, 318, 319, 319-*quater*, 320, 322, 322-*bis* e 323 sono di particolare tenuità [62 n. 4], le pene sono diminuite [c.p. 1889, 168 comma 2, 170 comma 3][2].

Per i delitti previsti dagli articoli 318, 319, 319-*ter*, 319-*quater*, 320, 321, 322 e 322 *bis*, per chi si sia efficacemente adoperato per evitare che l'attività delittuosa sia portata a conseguenze ulteriori, per assicurare le prove dei reati e per l'individuazione degli altri responsabili ovvero per il sequestro delle somme o altre utilità trasferite, la pena è diminuita da un terzo a due terzi[3 4].

[1] Rubrica così sostituita dall'art. 1, L. 27 maggio 2015, n. 69. Il testo previgente disponeva: Circostanza attenuante.

[2] Comma, da ultimo, così modificato dall'art. 1, comma 75, L. 6 novembre 2012, n. 190 che dopo la parola: «319,» aggiunge le seguenti: «319-quater,».

[2] Comma aggiunto dall'art. 1, L. 27 maggio 2015, n. 69.
[4] Articolo aggiunto dall'art. 14, L. 26 aprile 1990, n. 86.

323-*ter*. Causa di non punibilità.

Non è punibile chi ha commesso taluno dei fatti previsti dagli articoli 318, 319, 319-*ter*, 319-*quater*, 320, 321, 322-*bis*, limitatamente ai delitti di corruzione e di induzione indebita ivi indicati, 353, 353-*bis* e 354 se, prima di avere notizia che nei suoi confronti sono svolte indagini in relazione a tali fatti e, comunque, entro quattro mesi dalla commissione del fatto, lo denuncia volontariamente e fornisce indicazioni utili e concrete per assicurare la prova del reato e per individuare gli altri responsabili.

La non punibilità del denunciante è subordinata alla messa a disposizione dell'utilità dallo stesso percepita o, in caso di impossibilità, di una somma di denaro di valore equivalente, ovvero all'indicazione di elementi utili e concreti per individuarne il beneficiario effettivo, entro il medesimo termine di cui al primo comma.

La causa di non punibilità non si applica quando la denuncia di cui al primo comma è preordinata rispetto alla commissione del reato denunciato. La causa di non punibilità non si applica in favore dell'agente sotto copertura che ha agito in violazione delle disposizioni dell'articolo 9 della legge 16 marzo 2006, n. 146[1].

[1] Articolo aggiunto dall'art. 1, comma 1, lett. r), L. 9 gennaio 2019, n. 3.

324. Interesse privato in atti di ufficio.

[...][1].

[1] Articolo abrogato dall'art. 20, L. 26 aprile 1990, n. 86. Il testo previgente disponeva: *324. Interesse privato in atti di ufficio. Il pubblico ufficiale, che, direttamente o per interposta persona, o con atti simulati, prende un interesse privato in qualsiasi atto della pubblica amministrazione presso la quale esercita il proprio ufficio, è punito con la reclusione da sei mesi a cinque anni e con la multa da lire duecentomila a quattro milioni.*

325. Utilizzazione d'invenzioni o scoperte conosciute per ragione di ufficio.

Il pubblico ufficiale [357], o l'incaricato di un pubblico servizio [358], che impiega, a proprio o altrui profitto, invenzioni o scoperte scientifiche, o nuove applicazioni industriali, che egli conosca per ragione dell'ufficio o servizio, e che debbano rimanere segrete [256, 261, 622; c.p.p. 118 comma 3, 201], è punito con la reclusione da uno a cinque anni e con la multa non inferiore a 516 euro [263][1].

[1] Importi elevati dall'art. 113, comma 1, L. 24 novembre 1981, n. 689.

326. Rivelazione ed utilizzazione di segreti di ufficio.

Il pubblico ufficiale [357] o la persona incaricata di un pubblico servizio [358], che, violando i doveri inerenti alle funzioni o al servizio, o comunque abusando della sua qualità, rivela notizie di ufficio, le quali debbano rimanere segrete [256, 261, 622; c.p.p. 118 comma 3, 201], o ne agevola in qualsiasi modo la conoscenza, è punito con la reclusione da sei mesi a tre anni [c.p. 1889, 177].

Se l'agevolazione è soltanto colposa, si applica la reclusione fino a un anno.

Il pubblico ufficiale o la persona incaricata di un pubblico servizio, che, per procurare a sé o ad altri un indebito profitto patrimoniale, si avvale illegittimamente di notizie di ufficio, le quali debbano rimanere segrete, è punito con la reclusione da due a cinque anni. Se il fatto è commesso al fine di procurare a sé o ad altri un ingiusto profitto non patrimoniale o di cagionare ad altri un danno ingiusto, si applica la pena della reclusione fino a due anni[1].

[1] Articolo così sostituito dall'art. 15, L. 26 aprile 1990, n. 86. Il testo originario disponeva: *326. Rivelazione di segreti di ufficio. 1. Il pubblico ufficiale, o la persona incaricata di un pubblico servizio, che, violando i doveri inerenti alle funzioni o al servizio, o comunque abusando della sua qualità, rivela notizie di ufficio, le quali debbano rimanere segrete, o ne agevola in qualsiasi modo la conoscenza, è punito con la reclusione da sei mesi a tre anni. 2. Se l'agevolazione è soltanto colposa, si applica la reclusione fino a un anno.*

● Norme connesse:

- segreto d'ufficio: art. 15 del D.P.R. 10 gennaio 1957, n. 3, T.U. delle disposizioni concernenti lo statuto degli impiegati civili dello Stato, modificato dall'art. 28, L. 7 agosto 1990, n. 241, che dispone: *1. L'impiegato deve mantenere il segreto d'ufficio. Non può trasmettere a chi non ne abbia diritto informazioni riguardanti provvedimenti od operazioni amministrative, in corso o conclusione, ovvero notizie di cui sia venuto a conoscenza a causa delle sue funzioni, al di fuori delle ipotesi e delle modalità previste dalle norme sul diritto di accesso. Nell'ambito delle proprie attribuzioni, l'impiegato preposto ad un ufficio rilascia copie ed estratti di atti e documenti di ufficio nei casi non vietati dall'ordinamento.*

- rivelazione di segreti d'ufficio: art. 21, L. 22 maggio 1978, n. 194, sulla interruzione volontaria della gravidanza; art. 9, D.L. 31 luglio 1987, n. 320, convertito in L. 3 ottobre 1987, n. 401, recante interventi in materia di riforma del processo penale; art. 6, L. 17 maggio 1988, n. 172, recante istituzione di una commissione parlamentare d'inchiesta sul terrorismo in Italia; art. 3, L. 25 febbraio 1992, n. 210, recante indennizzo a favore dei soggetti danneggiati da complicanze di tipo irreversibile a causa di vaccinazioni obbligatorie, trasfusioni e somministrazione di emoderivati; art. 5, L. 30 maggio 1994, n. 430; art. 36, L. 3 agosto 2007, n. 124.

327. Eccitamento al dispregio e vilipendio delle istituzioni, delle leggi o degli atti dell'Autorità.

[...][1].

[1] Articolo abrogato dall'art. 18, L. 25 giugno 1999, n. 205. Il testo originario disponeva: *327. Eccitamento al dispregio e vilipendio delle istituzioni, delle leggi o degli atti dell'Autorità. Il pubblico ufficiale, che, nell'esercizio delle sue funzioni, ecci-*

ta al dispregio delle istituzioni o all'inosservanza delle leggi, delle disposizioni dell'Autorità o dei doveri inerenti a un pubblico ufficio o servizio, ovvero fa l'apologia di fatti contrari alle leggi, alle disposizioni dell'Autorità o ai doveri predetti, è punito, quando il fatto non sia preveduto come reato da una particolare disposizione di legge, con la reclusione fino a un anno o con la multa fino a lire quattrocentomila.

La disposizione precedente si applica anche al pubblico impiegato incaricato di un pubblico servizio, e al ministro di un culto.

328. Rifiuto di atti d'ufficio. Omissione.

Il pubblico ufficiale [357] o l'incaricato di un pubblico servizio [358], che indebitamente rifiuta un atto del suo ufficio [366, 388 comma 5] che, per ragioni di giustizia o di sicurezza pubblica, o di ordine pubblico o di igiene e sanità, deve essere compiuto senza ritardo, è punito con la reclusione da sei mesi a due anni [31; c.p. 1889, 178].

Fuori dei casi previsti dal primo comma, il pubblico ufficiale o l'incaricato di un pubblico servizio, che entro trenta giorni dalla richiesta di chi vi abbia interesse non compie l'atto del suo ufficio e non risponde per esporre le ragioni del ritardo, è punito con la reclusione fino ad un anno o con la multa fino a euro 1.032. Tale richiesta deve essere redatta in forma scritta ed il termine di trenta giorni decorre dalla ricezione della richiesta stessa [c.p. 1889, 178][1].

[1] Articolo così sostituito dall'art. 16, L. 26 aprile 1990, n. 86. Il testo originario disponeva: *328. Omissione o rifiuto di atti d'ufficio. 1. Il pubblico ufficiale o l'incaricato di un pubblico servizio che indebitamente rifiuta, omette o ritarda un atto dell'ufficio o del servizio, è punito con la reclusione fino a un anno o con la multa fino a lire diecimila. 2. Se il pubblico ufficiale è un giudice o un funzionario del pubblico ministero, vi è omissione, rifiuto o ritardo, quando concorrono le condizioni richieste dalla legge per esercitare contro di essi l'azione civile.*

● Norme connesse:

- art. 2, L. 7 agosto 1990, n. 241. Si invita il lettore alla consultazione della norma riportata nel Codice amministrativo, collana Codici sistematici, Dike editore.

329. Rifiuto o ritardo di obbedienza commesso da un militare o da un agente della forza pubblica.

Il militare [c.p.m.p. 2] o l'agente della forza pubblica, il quale rifiuta o ritarda indebitamente di eseguire una richiesta fattagli dall'Autorità competente nelle forme stabilite dalla legge, è punito con la reclusione fino a due anni [c.p. 1889, 179][1].

[1] A tale reato sono applicabili le sanzioni sostitutive previste dagli artt. 53 ss., L. 24 novembre 1981, n. 689.

330. Abbandono collettivo di pubblici uffici, impieghi, servizi o lavori.

[...][1].

[1] Articolo abrogato dall'art. 11, L. 12 giugno 1990, n. 146, recante norme sull'esercizio del diritto di sciopero nei servizi pubblici esenziali. Il testo originario disponeva: *330. Abbandono collettivo di pubblici uffici, impieghi, servizi o lavori. I pubblici ufficiali, gli incaricati di un pubblico servizio aventi la qualità di impiegati, i privati che esercitano servizi pubblici o di pubblica necessità, non organizzati in imprese, e i dipendenti da imprese di servizi pubblici o di pubblica necessità, i quali, in numero di tre o più, abbandonano collettivamente l'ufficio, l'impiego, il servizio o il lavoro, ovvero li prestano in modo da turbarne la continuità o la regolarità, sono puniti con la reclusione fino a due anni.*

I capi, promotori od organizzatori sono puniti con la reclusione da due a cinque anni.

Le pene sono aumentate, se il fatto:

1) è commesso per fine politico;

2) ha determinato dimostrazioni, tumulti o sommosse popolari.

331. Interruzione d'un servizio pubblico o di pubblica necessità.

Chi, esercitando imprese di servizi pubblici o di pubblica necessità, interrompe il servizio, ovvero sospende il lavoro nei suoi stabilimenti, uffici o aziende, in modo da turbare la regolarità del servizio, è punito con la reclusione da sei mesi a un anno e con la multa non inferiore a 516 euro [332, 635 n. 2][1].

I capi, promotori od organizzatori sono puniti con la reclusione da tre a sette anni e con la multa non inferiore a 3.098 euro[1].

Si applica la disposizione dell'ultimo capoverso dell'articolo precedente[2].

[1] Importi elevati dall'art. 113, L. 24 novembre 1981, n. 689.

[2] L'art. 330 c.p. è stato abrogato dall'art. 11, L. 12 giugno 1990, n. 146, recante norme sull'esercizio del diritto di sciopero nei servizi pubblici esenziali.

332. Omissione di doveri di ufficio in occasione di abbandono di un pubblico ufficio o di interruzione di un pubblico servizio.

[...][1].

[1] Articolo abrogato dall'art. 18, L. 25 giugno 1999, n. 205. Il testo originario disponeva: *332. Omissione di doveri di ufficio in occasione di abbandono di un pubblico ufficio o di interruzione di un pubblico servizio. Il pubblico ufficiale o il dirigente un servizio pubblico o di pubblica necessità che, in occasione di alcuno dei delitti preveduti dai due articoli precedenti, ai quali non abbia preso parte, rifiuta od omette di adoperarsi per la ripresa del servizio a cui è addetto o preposto, ovvero di compiere ciò che è necessario per la regolare continuazione del servizio, è punito con la multa fino a lire un milione.*

333. Abbandono individuale di un pubblico ufficio, servizio o lavoro.

[...][1].

[1] Articolo abrogato dall'art. 11, L. 12 giugno 1990, n. 146, recante norme sull'esercizio del diritto di sciopero nei servizi pubblici esenziali. Il testo originario disponeva: *333. Abban-*

CODICE PENALE

dono individuale di un pubblico ufficio, servizio o lavoro. Il pubblico ufficiale, l'impiegato incaricato di un pubblico servizio, il privato che esercita un servizio pubblico o di pubblica necessità non organizzato in impresa, o il dipendente da imprese di servizi pubblici o di pubblica necessità, il quale abbandona l'ufficio, il servizio o il lavoro, al fine di turbarne la continuità o la regolarità, è punito con la reclusione fino a sei mesi o con la multa fino a lire un milione.

La stessa pena si applica anche a chi, con il fine sopra indicato, senza abbandonare l'ufficio, o il lavoro, li presta in modo da turbarne la continuità o la regolarità.

La pena è aumentata se dal fatto deriva pubblico o privato nocumento.

334. Sottrazione o danneggiamento di cose sottoposte a sequestro disposto nel corso di un procedimento penale o dall'autorità amministrativa.

Chiunque sottrae, sopprime, distrugge, disperde o deteriora una cosa sottoposta a sequestro disposto nel corso di un procedimento penale [189; c.p.p. 253-265, 316-323, 354, 357] o dall'autorità amministrativa e affidata alla sua custodia, al solo scopo di favorire il proprietario di essa, è punito con la reclusione da sei mesi a tre anni e con la multa da euro 51 a 516 [388 comma 4].

Si applicano la reclusione da tre mesi a due anni e la multa da euro 30 a euro 309, se la sottrazione, la soppressione, la distruzione, la dispersione o il deterioramento sono commessi dal proprietario della cosa, affidata alla sua custodia [388 comma 3; c.p. 1889, 203 comma 2].

La pena è della reclusione da un mese ad un anno e della multa fino a euro 309, se il fatto è commesso dal proprietario della cosa medesima non affidata alla sua custodia[1 2].

[1] Articolo così sostituito dall'art. 86, L. 24 novembre 1981, n. 689.

[2] A tale reato sono applicabili le sanzioni sostitutive previste dagli artt. 53 ss., L. 24 novembre 1981, n. 689.

335. Violazione colposa di doveri inerenti alla custodia di cose sottoposte a sequestro disposto nel corso di un procedimento penale o dall'autorità amministrativa.

Chiunque, avendo in custodia una cosa sottoposta a sequestro disposto nel corso di un procedimento penale [189; c.p.p. 235-265, 316-323, 354, 357] o dall'autorità amministrativa, per colpa ne cagiona la distruzione o la dispersione, ovvero ne agevola la sottrazione o la soppressione, è punito con la reclusione fino a sei mesi o con la multa fino a euro 309 [c.p. 1889, 203 comma 3][1 2].

[1] Articolo così sostituito dall'art. 86, L. 24 novembre 1981, n. 689.

[2] A tale reato sono applicabili le sanzioni sostitutive previste dagli artt. 53 ss., L. 24 novembre 1981, n. 689.

335-*bis*. Disposizioni patrimoniali.

Salvo quanto previsto dall'articolo 322-*ter*, nel caso di condanna per delitti previsti dal presente capo è comunque ordinata la confisca anche nelle ipotesi previste dall'articolo 240, primo comma[1].

[1] Articolo aggiunto dall'art. 6, L. 27 marzo 2001, n. 97.

● Norme connesse:

- art. 6, comma 4, L. 27 marzo 2001, n. 97, secondo cui gli immobili confiscati ex artt. 322-ter e 335-bis c.p. sono acquisiti di diritto gratuitamente al patrimonio disponibile del Comune nel cui territorio di trovano. La sentenza che dispone la confisca costituisce titolo per la trascrizione nei registri immobiliari.

CAPO II

DEI DELITTI DEI PRIVATI CONTRO LA PUBBLICA AMMINISTRAZIONE

336. Violenza o minaccia a un pubblico ufficiale.

Chiunque usa violenza o minaccia a un pubblico ufficiale [357] o ad un incaricato di un pubblico servizio [358], per costringerlo a fare un atto contrario ai propri doveri [c.p. 319, 322, 326], o ad omettere un atto dell'ufficio [328] o del servizio, è punito con la reclusione da sei mesi a cinque anni [339; c.p. 1889, 187 comma 1, 425].

La pena è della reclusione fino a tre anni, se il fatto è commesso per costringere alcuna delle persone anzidette a compiere un atto del proprio ufficio o servizio, o per influire, comunque, su di essa [339][1].

[1] Per l'aumento della pena, qualora il fatto sia commesso da persona sottoposta a misura di prevenzione, v. art. 71, D.Lgs. 6 settembre 2011, n. 159 (codice antimafia), nel testo, da ultimo, modificato dall'art. 23, L. 17 ottobre 2017, n. 161, che dispone: *1. Le pene stabilite per i delitti previsti dagli articoli 270-bis, 270-ter, 270-quater, 270-quater.1, 270-quinquies, 314, 316, 316-bis, 316-ter, 317, 318, 319, 319-ter, 319-quater, 320, 321, 322, 322-bis, 336, 338, 353, 377, terzo comma, 378, 379, 416, 416-bis, 416-ter, 418, 424, 435, 513-bis, 575, 600, 601, 602, 605, 610, 611, 612, 628, 629, 630, 632, 633, 634, 635, 636, 637, 638, 640-bis, 648-bis, 648-ter, del codice penale, nonchè per i delitti commessi con le finalità di terrorismo di cui all'articolo 270-sexies del codice penale, sono aumentate da un terzo alla metà e quelle stabilite per le contravvenzioni di cui agli articoli 695, primo comma, 696, 697, 698, 699 del codice penale sono aumentate nella misura di cui al secondo comma dell'articolo 99 del codice penale se il fatto è commesso da persona sottoposta con provvedimento definitivo ad una misura di prevenzione personale durante il periodo previsto di applicazione e sino a tre anni dal momento in cui ne è cessata l'esecuzione.*

2. In ogni caso si procede d'ufficio e quando i delitti di cui al comma 1, per i quali è consentito l'arresto in flagranza, sono commessi da persone sottoposte alla misura di prevenzione, la polizia giudiziaria può procedere all'arresto anche fuori dei casi di flagranza.

3. Alla pena è aggiunta una misura di sicurezza detentiva.

● Norme connesse:

- art. 4, D.Lgs.Lgt. 14 settembre 1944, n. 288 (abrogato dall'art. 1, comma 10, L. 15 luglio 2009, n. 94, a decorrere dall'8 agosto 2009): *Non si applicano le disposizioni degli articoli 336, 337, 338, 339, 341, 342, 343 del codice penale quando il pubblico ufficiale o l'incaricato di un pubblico servizio ovvero il pubblico impiegato abbia dato causa al fatto preveduto negli stessi articoli, eccedendo con atti arbitrari i limiti delle sue attribuzioni.*

337. Resistenza a un pubblico ufficiale.

Chiunque usa violenza o minaccia per opporsi a un pubblico ufficiale o ad un incaricato di un pubblico servizio, mentre compie un atto di ufficio o di servizio, o a coloro che, richiesti, gli prestano assistenza, è punito con la reclusione da sei mesi a cinque anni [339; c.p. 1889, 190 commi 1 e 3, 425][1].

[1] Per l'aumento della pena, qualora il fatto sia commesso da persona sottoposta a misura di prevenzione, v. art. 71, D.Lgs. 6 settembre 2011, n. 159.

● Norme connesse:

- art. 4, D.Lgs.Lgt. 14 settembre 1944, n. 288 (abrogato dall'art. 1, comma 10, L. 15 luglio 2009, n. 94, a decorrere dall'8 agosto 2009): *Non si applicano le disposizioni degli articoli 336, 337, 338, 339, 341, 342, 343 del codice penale quando il pubblico ufficiale o l'incaricato di un pubblico servizio ovvero il pubblico impiegato abbia dato causa al fatto preveduto negli stessi articoli, eccedendo con atti arbitrari i limiti delle sue attribuzioni.*

■ Codice penale del 1889: *Art. 190 - Chiunque usa violenza o minaccia per opporsi ad un pubblico ufficiale mentre adempie i doveri del proprio ufficio, o a coloro che, richiesti, gli prestano assistenza, è punito con la reclusione da un mese a due anni.*

La reclusione è: 1° da tre a trenta mesi, se il fatto sia commesso con armi; 2° da uno a sette anni, se il fatto sia commesso in riunione di oltre cinque persone con armi, ovvero in riunione di oltre dieci persone anche senza armi e previo concerto.

Se il fatto sia diretto a sottrarre all'arresto sé stesso od un prossimo congiunto, la pena è della reclusione o della detenzione sino a venti mesi, o del confino per un tempo non minore di tre mesi, nel caso della prima parte; e della reclusione, rispettivamente, da due mesi a due anni nel caso del numero 1°, e da sei mesi a cinque anni nel caso del numero 2° del precedente capoverso.

337-*bis*. Occultamento, custodia o alterazione di mezzi di trasporto.

Chiunque occulti o custodisca mezzi di trasporto di qualsiasi tipo che, rispetto alle caratteristiche omologate, presentano alterazioni o modifiche o predisposizioni tecniche tali da costituire pericolo per l'incolumità fisica degli operatori di polizia, è punito con la reclusione da due a cinque anni e con la multa da euro 2.582 a euro 10.329.

La stessa pena di cui al primo comma si applica a chiunque altera mezzi di trasporto operando modifiche o predisposizioni tecniche tali da costituire pericolo per l'incolumità fisica degli operatori di polizia.

Se il colpevole è titolare di concessione o autorizzazione o licenza o di altro titolo abilitante l'attività, alla condanna consegue la revoca del titolo che legittima la medesima attività[1].

[1] Articolo aggiunto dall'art. 4, L. 19 marzo 2001, n. 92.

338. Violenza o minaccia ad un Corpo politico, amministrativo o giudiziario o ai suoi singoli componenti[1].

Chiunque usa violenza o minaccia ad un Corpo politico, amministrativo o giudiziario, ai singoli componenti o ad una rappresentanza di esso, o ad una qualsiasi pubblica Autorità costituita in collegio o ai suoi singoli componenti, per impedirne, in tutto o in parte, anche temporaneamente, o per turbarne comunque l'attività, è punito con la reclusione da uno a sette anni [339; c.p. 1889, 188][2].

Alla stessa pena soggiace chi commette il fatto per ottenere, ostacolare o impedire il rilascio o l'adozione di un qualsiasi provvedimento, anche legislativo, ovvero a causa dell'avvenuto rilascio o adozione dello stesso[3].

Alla stessa pena soggiace chi commette il fatto per influire sulle deliberazioni collegiali di imprese che esercitano servizi pubblici o di pubblica necessità, qualora tali deliberazioni abbiano per oggetto l'organizzazione o l'esecuzione dei servizi [339][4].

[1] Rubrica così modificata dall'art. 1, L. 3 luglio 2017, n. 105. Il testo previgente disponeva: *Violenza o minaccia ad un Corpo politico, amministrativo o giudiziario.*

[2] Comma così modificato dall'art. 1, L. 3 luglio 2017, n. 105. Il testo previgente disponeva: *Chiunque usa violenza o minaccia ad un Corpo politico, amministrativo o giudiziario o ad una rappresentanza di esso, o ad una qualsiasi pubblica Autorità costituita in collegio, per impedirne, in tutto o in parte, anche temporaneamente, o per turbarne comunque l'attività, è punito con la reclusione da uno a sette anni.*

[3] Comma aggiunto dall'art. 1, L. 3 luglio 2017, n. 105.

[4] Al reato previsto in tale comma sono applicabili le sanzioni sostitutive previste dagli artt. 53 ss., L. 24 novembre 1981, n. 689.

Per l'aumento della pena, qualora il fatto sia commesso da persona sottoposta a misura di prevenzione, v. art. 71, D.Lgs. 6 settembre 2011, n. 159.

● Norme connesse:

- art. 4, D.Lgs.Lgt. 14 settembre 1944, n. 288 (abrogato dall'art. 1, comma 10, L. 15 luglio 2009, n. 94, a decorrere dall'8 agosto 2009): *Non si applicano le disposizioni degli articoli 336, 337, 338, 339, 341, 342, 343 del codice penale quando il pubblico ufficiale o l'incaricato di un pubblico servizio ovvero il pubblico impiegato abbia dato causa al fatto preveduto negli stessi articoli, eccedendo con atti arbitrari i limiti delle sue attribuzioni.*

339. Circostanze aggravanti.

Le pene stabilite nei tre articoli precedenti sono aumentate [64] se la violenza o la minaccia è commessa **nel corso di manifestazioni in luogo pubbli-**

co o aperto al pubblico ovvero con armi [585], o da persona travisata, o da più persone riunite [112 comma 1], o con scritto anonimo, o in modo simbolico, o valendosi della forza intimidatrice derivante da segrete associazioni, esistenti o supposte [c.p. 1889, 187 comma 2, n. 1, 190 comma 2, n. 1][1].

Se la violenza o la minaccia è commessa da più di cinque persone riunite, mediante uso di armi anche soltanto da parte di una di esse, ovvero da più di dieci persone, pur senza uso di armi, la pena è, nei casi preveduti dalla prima parte dell'articolo 336 e dagli articoli 337 e 338, della reclusione da cinque a quindici anni, e, nel caso preveduto dal capoverso dell'articolo 336, della reclusione da due a otto anni [c.p. 1889, 187 comma 2, n. 2, 190 comma 2, n. 2][2].

Le disposizioni di cui al secondo comma si applicano anche, salvo che il fatto costituisca più grave reato, nel caso in cui la violenza o la minaccia sia commessa mediante il lancio o l'utilizzo di corpi contundenti o altri oggetti atti ad offendere, compresi gli artifici pirotecnici, in modo da creare pericolo alle persone[3 4].

[1] Comma così modificato dall'art. 7, D.L. 14 giugno 2019, n. 53, convertito in L. 8 agosto 2019, n. 77, a decorrere dal 10 agosto 2019. Il testo previgente disponeva: *Le pene stabilite nei tre articoli precedenti sono aumentate se la violenza o la minaccia è commessa con armi, o da persona travisata, o da più persone riunite, o con scritto anonimo, o in modo simbolico, o valendosi della forza intimidatrice derivante da segrete associazioni, esistenti o supposte.*

[2] Comma così modificato dall'art. 7, D.L. 8 febbraio 2007, n. 8, convertito in L. 4 aprile 2007, n. 41.

[3] Comma aggiunto dall'art. 7, D.L. 8 febbraio 2007, n. 8, convertito in L. 4 aprile 2007, n. 41.

[4] Al reato previsto in tale comma sono applicabili le sanzioni sostitutive previste dagli artt. 53 ss., L. 24 novembre 1981, n. 689.

Per l'aumento della pena, qualora il fatto sia commesso da persona sottoposta a misura di prevenzione, v. art. 71, D.Lgs. 6 settembre 2011, n. 159.

● Norme connesse:

- art. 4, D.Lgs.Lgt. 14 settembre 1944, n. 288 (abrogato dall'art. 1, comma 10, L. 15 luglio 2009, n. 94, a decorrere dall'8 agosto 2009): *Non si applicano le disposizioni degli articoli 336, 337, 338, 339, 341, 342, 343 del codice penale quando il pubblico ufficiale o l'incaricato di un pubblico servizio ovvero il pubblico impiegato abbia dato causa al fatto preveduto negli stessi articoli, eccedendo con atti arbitrari i limiti delle sue attribuzioni.*

339-*bis*. Circostanza aggravante. Atti intimidatori di natura ritorsiva ai danni di un componente di un Corpo politico, amministrativo o giudiziario.

Salvo che il fatto costituisca più grave reato, le pene stabilite per i delitti previsti dagli articoli 582, 610, 612 e 635 sono aumentate da un terzo alla metà se la condotta ha natura ritorsiva ed è commessa ai danni di un componente di un Corpo politico, amministrativo o giudiziario a causa del compimento di un atto nell'adempimento del mandato, delle funzioni o del servizio[1].

[1] Articolo aggiunto dall'art. 3, L. 3 luglio 2017, n. 105.

340. Interruzione di un ufficio o servizio pubblico o di un servizio di pubblica necessità.

Chiunque, fuori dei casi preveduti da particolari disposizioni di legge [331, 332, 337, 338, 431, 432, 433], cagiona una interruzione o turba la regolarità di un ufficio o servizio pubblico o di un servizio di pubblica necessità [359], è punito con la reclusione fino a un anno[1].

Quando la condotta di cui al primo comma è posta in essere nel corso di manifestazioni in luogo pubblico o aperto al pubblico, si applica la reclusione fino a due anni[2].

I capi, promotori od organizzatori sono puniti con la reclusione da uno a cinque anni.

[1] Al reato previsto da tale comma sono applicabili le sanzioni sostitutive previste dagli artt. 53 ss., L. 24 novembre 1981, n. 689.

[2] Comma aggiunto dall'art. 7, D.L. 14 giugno 2019, n. 53, convertito in L. 8 agosto 2019, n. 77, a decorrere dal 10 agosto 2019.

● Norme connesse:

- artt. 1 e 1-bis del D.Lgs. 22 gennaio 1948, n. 66, nel testo novellato dall'art. 23, D.L. 4 ottobre 2018, n. 113, convertito in L. 1° dicembre 2018, n. 132, recante norme per assicurare la libera circolazione sulle strade ferrate ed ordinarie e la libera navigazione: *art. 1. Chiunque, al fine di impedire od ostacolare la libera circolazione, depone o abbandona congegni o altri oggetti di qualsiasi specie in una strada ordinaria o ferrata o comunque ostruisce o ingombra una strada ordinaria o ferrata, ad eccezione dei casi previsti dall'articolo 1-bis,, è punito con la reclusione da uno a sei anni.*

La stessa pena si applica nei confronti di chi, al fine di ostacolare la libera navigazione, depone o abbandona congegni o altri oggetti di qualsiasi specie in una zona portuale o nelle acque di fiumi, canali o laghi, o comunque le ostruisce o le ingombra.

La pena è raddoppiata se il fatto è commesso da più persone, anche non riunite, ovvero se è commesso usando violenza o minaccia alle persone o violenza sulle cose.

Art. 1-bis. Chiunque impedisce la libera circolazione su strada ordinaria, ostruendo la stessa con il proprio corpo, è punito con la sanzione amministrativa del pagamento di un somma da euro mille a euro quattromila. La medesima sanzione si applica ai promotori ed agli organizzatori.

341. Oltraggio a un pubblico ufficiale.

[...][1].

[1] Articolo abrogato dall'art. 18, L. 25 giugno 1999, n. 205. Il testo originario disponeva: *341. Oltraggio a un pubblico ufficiale. Chiunque offende l'onore o il prestigio di un pubblico ufficiale, in presenza di lui e a causa o nell'esercizio delle sue funzioni, è punito con la reclusione da sei mesi a due anni.*

La stessa pena si applica a chi commette il fatto mediante comunicazione telegrafica o telefonica, o con scritto o disegno, diretti al pubblico ufficiale, e a causa delle sue funzioni.

La pena è della reclusione da uno a tre anni, se l'offesa consiste nell'attribuzione di un fatto determinato.

Le pene sono aumentate quando il fatto è commesso con violenza o minaccia, ovvero quando l'offesa è recata in presenza di una o più persone.

341-*bis*. Oltraggio a pubblico ufficiale.

Chiunque, in luogo pubblico o aperto al pubblico e in presenza di più persone, offende l'onore ed il prestigio di un pubblico ufficiale mentre compie un atto d'ufficio ed a causa o nell'esercizio delle sue funzioni è punito con la reclusione **da sei mesi a tre anni**[1].

La pena è aumentata se l'offesa consiste nell'attribuzione di un fatto determinato. Se la verità del fatto è provata o se per esso l'ufficiale a cui il fatto è attribuito è condannato dopo l'attribuzione del fatto medesimo, l'autore dell'offesa non è punibile.

Ove l'imputato, prima del giudizio, abbia riparato interamente il danno, mediante risarcimento di esso sia nei confronti della persona offesa sia nei confronti dell'ente di appartenenza della medesima, il reato è estinto[2].

[1] Comma così modificato dall'art. 7, D.L. 14 giugno 2019, n. 53, convertito in L. 8 agosto 2019, n. 77, a decorrere dal 10 agosto 2019. Il testo previgente disponeva: *Chiunque, in luogo pubblico o aperto al pubblico e in presenza di più persone, offende l'onore ed il prestigio di un pubblico ufficiale mentre compie un atto d'ufficio ed a causa o nell'esercizio delle sue funzioni è punito con la reclusione fino a tre anni.*

[2] Articolo aggiunto dall'art. 1, L. 15 luglio 2009, n. 94, a decorrere dall'8 agosto 2009.

● Norme connesse:

- artt. 3, 27, Cost.

342. Oltraggio a un Corpo politico, amministrativo o giudiziario.

Chiunque offende l'onore o il prestigio di un Corpo politico, amministrativo o giudiziario, o di una rappresentanza di esso, o di una pubblica Autorità costituita in collegio, al cospetto del Corpo, della rappresentanza o del collegio, è punito con la multa da euro 1.000 a euro 5.000 [c.p. 1889, 197 comma 1][1].

La stessa pena si applica a chi commette il fatto mediante comunicazione telegrafica, o con scritto o disegno, diretti al Corpo, alla rappresentanza o al collegio, a causa delle sue funzioni.

La pena è della multa da euro 2.000 a euro 6.000 se l'offesa consiste nell'attribuzione di un fatto determinato [594][2].

Si applica la disposizione dell'ultimo capoverso dell'articolo precedente [c.p. 1889, 197 comma 2].

[1] Comma, da ultimo, così modificato dall'art. 11, L. 24 febbraio 2006, n. 85. Il testo previgente era il seguente: *Chiunque offende l'onore o il prestigio di un Corpo politico, amministrativo o giudiziario, o di una rappresentanza di esso, o di una pubblica Autorità costituita in collegio, al cospetto del Corpo, della rappresentanza o del collegio, è punito con la reclusione fino a tre anni.*

[2] Comma così modificato dall'art. 11, L. 24 febbraio 2006, n. 85. Il testo previgente era il seguente: *La pena è della reclusione da uno a quattro anni se l'offesa consiste nell'attribuzione di un fatto determinato.*

● Norme connesse:

- art. 4, D.Lgs.Lgt. 14 settembre 1944, n. 288 (abrogato dall'art. 1, comma 10, L. 15 luglio 2009, n. 94, a decorrere dall'8 agosto 2009): *Non si applicano le disposizioni degli articoli 336, 337, 338, 339, 341, 342, 343 del codice penale quando il pubblico ufficiale o l'incaricato di un pubblico servizio ovvero il pubblico impiegato abbia dato causa al fatto preveduto negli stessi articoli, eccedendo con atti arbitrari i limiti delle sue attribuzioni.*

343. Oltraggio a un magistrato in udienza.

Chiunque offende l'onore o il prestigio di un magistrato in udienza è punito con la reclusione **da sei mesi a tre anni** [c.p. 1889, 197 comma 1][1].

La pena è della reclusione da due a cinque anni, se l'offesa consiste nell'attribuzione di un fatto determinato [594 comma 3].

Le pene sono aumentate [64] se il fatto è commesso con violenza o minaccia.

[1] Comma prima modificato dall'art. 18, L. 25 giugno 1999, n. 205, poi dall'art. 7, D.L. 14 giugno 2019, n. 53, convertito in L. 8 agosto 2019, n. 77, a decorrere dal 10 agosto 2019.

Il testo previgente la modifica del 2009 disponeva: *Chiunque offende l'onore o il prestigio di un magistrato in udienza è punito con la reclusione da uno a quattro anni.*

Il testo previgente la modifica del 2019 disponeva: *Chiunque offende l'onore o il prestigio di un magistrato in udienza è punito con la reclusione fino a tre anni.*

● Norme connesse:

- art. 4, D.Lgs.Lgt. 14 settembre 1944, n. 288 (abrogato dall'art. 1, comma 10, L. 15 luglio 2009, n. 94, a decorrere dall'8 agosto 2009): *Non si applicano le disposizioni degli articoli 336, 337, 338, 339, 341, 342, 343 del codice penale quando il pubblico ufficiale o l'incaricato di un pubblico servizio ovvero il pubblico impiegato abbia dato causa al fatto preveduto negli stessi articoli, eccedendo con atti arbitrari i limiti delle sue attribuzioni.*

343-*bis*. Corte penale internazionale.

Le disposizioni degli articoli 336, 337, 338, 339, 340, 342 e 343 si applicano anche quando il reato è commesso nei confronti:

a) della Corte penale internazionale;

b) dei giudici, del procuratore, dei procuratori aggiunti, dei funzionari e degli agenti della Corte stessa;

c) delle persone comandate dagli Stati parte del Trattato istitutivo della Corte penale internazionale, le quali esercitino funzioni corrispondenti a quelle dei funzionari o agenti della Corte stessa;

d) dei membri e degli addetti a enti costituiti sulla base del Trattato istitutivo della Corte penale internazionale[1].

[1] Articolo aggiunto dall'art. 10, L. 20 dicembre 2012, n. 237.

344. Oltraggio a un pubblico impiegato.

[...][1].

[1] Articolo abrogato dall'art. 18, L. 25 giugno 1999, n. 205. Il testo originario disponeva: *344. Oltraggio a un pubblico impiegato.Le disposizioni dell'articolo 341 si applicano anche nel caso in cui l'offesa è recata a un pubblico impiegato che presti un pubblico servizio ma le pene sono ridotte di un terzo.*

345. Offesa all'Autorità mediante danneggiamento di affissioni.

Chiunque, per disprezzo verso l'Autorità, rimuove, lacera, o, altrimenti, rende illeggibili o comunque inservibili scritti o disegni affissi o esposti al pubblico per ordine dell'Autorità stessa, è punito con la sanzione amministrativa pecuniaria da euro 103 a 619 [664][1].

[1] Articolo così modificato dall'art. 38, D.Lgs. 30 dicembre 1999, n. 507. Il testo previgente disponeva: *Chiunque, per disprezzo verso l'Autorità, rimuove, lacera, o, altrimenti, rende illeggibili o comunque inservibili scritti o disegni affissi o esposti al pubblico per ordine dell'Autorità stessa, è punito con la multa fino a lire un milione.*

346. Millantato credito.

[...][1].

[1] Articolo abrogato dall'art. 1, comma 1, lett. s), L. 9 gennaio 2019, n. 3. Il testo previgente disponeva: *Chiunque, millantando credito presso un pubblico ufficiale, o presso un pubblico impiegato che presti un pubblico servizio, riceve o fa dare o fa promettere, a sé o ad altri, denaro o altra utilità, come prezzo della propria mediazione verso il pubblico ufficiale o impiegato, è punito con la reclusione da uno a cinque anni e con la multa da euro 309 a 2.065.*

La pena è della reclusione da due a sei anni e della multa da euro 516 a 3.098, se il colpevole riceve o fa dare o promettere, a sé o ad altri, denaro o altra utilità, col pretesto di dover comprare il favore di un pubblico ufficiale o impiegato, o di doverlo remunerare.

346-*bis*. Traffico di influenze illecite.

Chiunque, fuori dei casi di concorso nei reati di cui agli articoli 318, 319, 319-*ter* e nei reati di corruzione di cui all'articolo 322-*bis*, sfruttando o vantando relazioni esistenti o asserite con un pubblico ufficiale o un incaricato di un pubblico servizio o uno degli altri soggetti di cui all'articolo 322-*bis*, indebitamente fa dare o promettere, a sè o ad altri, denaro o altra utilità, come prezzo della propria mediazione illecita verso un pubblico ufficiale o un incaricato di un pubblico servizio o uno degli altri soggetti di cui all'articolo 322-*bis*, ovvero per remunerarlo in relazione all'esercizio delle sue funzioni o dei suoi poteri, è punito con la pena della reclusione da un anno a quattro anni e sei mesi[1].

La stessa pena si applica a chi indebitamente dà o promette denaro o altra utilità[2].

La pena è aumentata se il soggetto che indebitamente fa dare o promettere, a sè o ad altri, denaro o altra utilità riveste la qualifica di pubblico ufficiale o di incaricato di un pubblico servizio[3].

Le pene sono altresì aumentate se i fatti sono commessi in relazione all'esercizio di attività giudiziarie o per remunerare il pubblico ufficiale o l'incaricato di un pubblico servizio o uno degli altri soggetti di cui all'articolo 322-*bis* in relazione al compimento di un atto contrario ai doveri d'ufficio o all'omissione o al ritardo di un atto del suo ufficio[4].

Se i fatti sono di particolare tenuità, la pena è diminuita[5].

[1] Comma così sostituito dall'art. 1, comma 1, lett. t), L. 9 gennaio 2019, n. 3. Il testo previgente disponeva: *Chiunque, fuori dei casi di concorso nei reati di cui agli articoli 319 e 319-ter, sfruttando relazioni esistenti con un pubblico ufficiale o con un incaricato di un pubblico servizio, indebitamente fa dare o promettere, a sè o ad altri, denaro o altro vantaggio patrimoniale, come prezzo della propria mediazione illecita verso il pubblico ufficiale o l'incaricato di un pubblico servizio ovvero per remunerarlo, in relazione al compimento di un atto contrario ai doveri di ufficio o all'omissione o al ritardo di un atto del suo ufficio, è punito con la reclusione da uno a tre anni.*

[2] Comma così modificato dall'art. 1, comma 1, lett. t), L. 9 gennaio 2019, n. 3. Il testo previgente disponeva: *La stessa pena si applica a chi indebitamente dà o promette denaro o altro vantaggio patrimoniale.*

[3] Comma così modificato dall'art. 1, comma 1, lett. t), L. 9 gennaio 2019, n. 3. Il testo previgente disponeva: *La pena è aumentata se il soggetto che indebitamente fa dare o promettere, a sè o ad altri, denaro o altro vantaggio patrimoniale riveste la qualifica di pubblico ufficiale o di incaricato di un pubblico servizio.*

[4] Comma così modificato dall'art. 1, comma 1, lett. t), L. 9 gennaio 2019, n. 3. Il testo previgente disponeva: *Le pene sono altresì aumentate se i fatti sono commessi in relazione all'esercizio di attività giudiziarie.*

[5] Articolo aggiunto dall'art. 1, comma 75, L. 6 novembre 2012, n. 190.

347. Usurpazione di funzioni pubbliche.

Chiunque usurpa una funzione pubblica o le attribuzioni inerenti a un pubblico impiego è punito con la reclusione fino a due anni [287; c.p. 1889, 185 comma 1][1].

Alla stessa pena soggiace il pubblico ufficiale o impiegato il quale, avendo ricevuto partecipazione del provvedimento che fa cessare o sospendere le sue funzioni o le sue attribuzioni, continua ad esercitarle [287, 498; c.p.p. 289; c.p. 1889, 185 comma 2][1].

La condanna importa la pubblicazione della sentenza [36; c.p. 1889, 173 comma 1].

[1] Sono applicabili le sanzioni sostitutive previste dagli artt. 53 ss. L. 24 novembre 1981, n. 689.

348. Esercizio abusivo di una professione.

Chiunque abusivamente esercita una professione per la quale è richiesta una speciale abilitazione dello Stato è punito con la reclusione da sei mesi a tre anni e con la multa da euro 10.000 a euro 50.000.

La condanna comporta la pubblicazione della sentenza e la confisca delle cose che servirono o furono destinate a commettere il reato e, nel caso in cui il soggetto che ha commesso il reato eserciti regolarmente una professione o attività, la trasmissione della sentenza medesima al competente Ordine, albo o registro ai fini dell'applicazione dell'interdizione da uno a tre anni dalla professione o attività regolarmente esercitata.

Si applica la pena della reclusione da uno a cinque anni e della multa da euro 15.000 a euro 75.000 nei confronti del professionista che ha determinato altri a commettere il reato di cui al primo comma ovvero ha diretto l'attività delle persone che sono concorse nel reato medesimo[1].

[1] Articolo così sostituito dall'art. 12, L. 11 gennaio 2018, n. 3. Il testo previgente disponeva: *Abusivo esercizio di una professione. Chiunque abusivamente esercita una professione, per la quale è richiesta una speciale abilitazione dello Stato, è punito con la reclusione fino a sei mesi o con la multa da euro 103 a 516.*

349. Violazione di sigilli.

Chiunque viola i sigilli, per disposizione della legge o per ordine dell'Autorità apposti al fine di assicurare la conservazione o la identità di una cosa [c.p.p. 260, 261; c.c. 705; c.p.c. 752-768; L. fall. 84, 87], è punito con la reclusione da sei mesi a tre anni e con la multa da euro 103 a 1.032 [c.p. 1889, 201 comma 1][1].

Se il colpevole è colui che ha in custodia la cosa, la pena è della reclusione da tre a cinque anni e della multa da euro 309 a 3.098 [350; c.p. 1889, 201 comma 2][1].

[1] Importi elevati dall'art. 113, L. 24 novembre 1981, n. 689. Al reato previsto dal primo comma sono applicabili le sanzioni sostitutive previste dagli artt. 53 ss., L. 24 novembre 1981, n. 689.

350. Agevolazione colposa.

Se la violazione dei sigilli [349] è resa possibile, o comunque agevolata, per colpa [43] di chi ha in custodia la cosa, questi è punito con la sanzione amministrativa pecuniaria da euro 154 a 929 [c.p. 1889, 201 comma 3][1].

[1] Articolo così modificato dall'art. 39, D.Lgs. 30 dicembre 1999, n. 507. Il testo previgente disponeva: *Se la violazione dei sigilli è resa possibile, o comunque agevolata, per colpa di chi ha in custodia la cosa, questi è punito con la multa da lire centomila a due milioni.*

351. Violazione della pubblica custodia di cose.

Chiunque sottrae, sopprime, distrugge, disperde o deteriora corpi di reato [c.p.p. 235, 253 comma 1 e 2, 354], atti, documenti, ovvero un'altra cosa mobile particolarmente custodita in un pubblico ufficio, o presso un pubblico ufficiale [357] o un impiegato che presti un pubblico servizio [358], è punito, qualora il fatto non costituisca un più grave delitto, con la reclusione da uno a cinque anni [c.p. 1889, 202].

352. Vendita di stampati dei quali è stato ordinato il sequestro.

Chiunque vende, distribuisce o affigge, in luogo pubblico o aperto al pubblico, scritti o disegni, dei quali l'Autorità ha ordinato il sequestro, è punito con la sanzione amministrativa pecuniaria da euro 103 a 619 [c.p. 1889, 443 comma 1][1].

[1] Articolo così modificato dall'art. 40, D.Lgs. 30 dicembre 1999, n. 507. Il testo previgente disponeva: *Chiunque vende, distribuisce o affigge, in luogo pubblico o aperto al pubblico, scritti o disegni, dei quali l'Autorità ha ordinato il sequestro, è punito con la multa da lire centomila a due milioni.*

353. Turbata libertà degli incanti.

Chiunque, con violenza o minaccia, o con doni, promesse, collusioni o altri mezzi fraudolenti, impedisce o turba la gara nei pubblici incanti [c.p.c. 534, 576 ss.; c.p.p. 264] o nelle licitazioni private per conto di pubbliche Amministrazioni, ovvero ne allontana gli offerenti, è punito con la reclusione da sei mesi a cinque anni e con la multa da euro 103 a 1.032 [c.p. 1889, 299 comma 1][1 2].

Se il colpevole è persona preposta dalla legge o dall'Autorità agli incanti o alle licitazioni suddette, la reclusione è da uno a cinque anni e la multa da euro 516 a 2.065 [c.p. 1889, 299 comma 2][1].

Le pene stabilite in questo articolo si applicano anche nel caso di licitazioni private per conto di privati, dirette da un pubblico ufficiale o da persona legalmente autorizzata; ma sono ridotte alla metà[3 4].

[1] Importi elevati dall'art. 113, L. 24 novembre 1981, n. 689.

[2] Comma così modificato dall'art. 9, L. 13 agosto 2010, n. 136, che ha sostituito le parole "fino a due anni", con le parole "da sei mesi a cinque anni".

[3] Ai reati previsti ai commi 1 e 3 sono applicabili le sanzioni sostitutive disposte agli artt. 53 ss., L. 24 novembre 1981, n. 689.

[4] Per l'aumento della pena, qualora il fatto sia commesso da persona sottoposta a misura di prevenzione, v. art. 71, D.Lgs. 6 settembre 2011, n. 159.

353-*bis*. Turbata libertà del procedimento di scelta del contraente.

Salvo che il fatto costituisca più grave reato, chiunque con violenza o minaccia, o con doni, promesse, collusioni o altri mezzi fraudolenti, turba il procedimento amministrativo diretto a stabilire il contenuto del bando o di altro atto equipollente al fine di condizionare le modalità di scelta del contraente da parte della pubblica amministrazione è punito con la reclusione da sei mesi a cinque anni e con la multa da euro 103 a euro 1.032[1].

[1] Articolo aggiunto dall'art. 10, L. 13 agosto 2010, n. 136.

354. Astensione dagli incanti.

Chiunque, per danaro, dato o promesso a lui o ad altri, o per altra utilità a lui o ad altri data o promessa, si astiene dal concorrere agli incanti o alle licitazioni indicati nell'articolo precedente, è punito con la reclusione sino a sei mesi o con la multa fino a 516 euro [c.p. 1889, 299 comma 2][1].

[1] Importi elevati dall'art. 113, L. 24 novembre 1981, n. 689. A tale reato sono applicabili le sanzioni sostitutive previste dagli artt. 53 ss., L. 24 novembre 1981, n. 689.

355. Inadempimento di contratti di pubbliche forniture.

Chiunque, non adempiendo gli obblighi che gli derivano da un contratto di fornitura concluso con lo Stato, o con un altro ente pubblico, ovvero con un'impresa esercente servizi pubblici o di pubblica necessità, fa mancare, in tutto o in parte, cose od opere, che siano necessarie a uno stabilimento pubblico o ad un pubblico servizio, è punito con la reclusione da sei mesi a tre anni e con la multa non inferiore a euro 103 [251; c.p. 1889, 205][1].

La pena è aumentata [64] se la fornitura concerne:

1) sostanze alimentari o medicinali, ovvero cose od opere destinate alle comunicazioni per terra, per acqua o per aria, o alle comunicazioni telegrafiche o telefoniche;

2) cose od opere destinate all'armamento o all'equipaggiamento delle forze armate dello Stato;

3) cose od opere destinate ad ovviare a un comune pericolo o ad un pubblico infortunio.

Se il fatto è commesso per colpa [43], si applica la reclusione fino a un anno, ovvero la multa da euro 51 a 2.065[1].

Le stesse disposizioni si applicano ai subfornitori, ai mediatori e ai rappresentanti dei fornitori, quando essi, violando i loro obblighi contrattuali, hanno fatto mancare la fornitura [32-*quater*, 356].

[1] Importi elevati dall'art. 113, L. 24 novembre 1981, n. 689.

● Norme connesse:

- art. 4, L. 12 giugno 2003, n. 134, ha abrogato l'art. 60, L. 24 novembre 1981, n. 689, che prevedeva l'inapplicabilità delle pene sostitutive al reato previsto dal presente articolo.

356. Frode nelle pubbliche forniture.

Chiunque commette frode nella esecuzione dei contratti di fornitura o nell'adempimento degli altri obblighi contrattuali indicati nell'articolo precedente, è punito con la reclusione da uno a cinque anni e con la multa non inferiore a euro 1.032 [32-*quater*; c.p. 1889, 206 comma 2][1].

La pena è aumentata nei casi preveduti dal primo capoverso dell'articolo precedente [252].

[1] Importi elevati dall'art. 113, L. 24 novembre 1981, n. 689.

CAPO III

DISPOSIZIONI COMUNI AI CAPI PRECEDENTI

357. Nozione del pubblico ufficiale.

Agli effetti della legge penale, sono pubblici ufficiali coloro i quali esercitano una pubblica funzione legislativa, giudiziaria o amministrativa.

Agli stessi effetti è pubblica la funzione amministrativa disciplinata da norme di diritto pubblico e da atti autoritativi, e caratterizzata dalla formazione e dalla manifestazione della volontà della pubblica amministrazione o dal suo svolgersi per mezzo di poteri autoritativi o certificativi[1 2].

[1] Articolo così sostituito dall'art. 17, L. 26 aprile 1990, n. 86 e poi così modificato dall'art. 4, L. 7 febbraio 1992, n. 181.

[2] Il testo originario disponeva: *Agli effetti della legge penale, sono pubblici ufficiali: 1) gli impiegati dello Stato o di altro ente pubblico che esercitano, permanentemente o temporaneamente, una pubblica funzione, legislativa, amministrativa o giudiziaria; 2) ogni altra persona che esercita, permanentemente o temporaneamente, gratuitamente o con retribuzione, volontariamente o per obbligo, una pubblica funzione, legislativa, amministrativa o giudiziaria.*

358. Nozione della persona incaricata di un pubblico servizio.

Agli effetti della legge penale, sono incaricati di un pubblico servizio coloro i quali, a qualunque titolo, prestano un pubblico servizio.

Per pubblico servizio deve intendersi un'attività disciplinata nelle stesse forme della pubblica funzione, ma caratterizzata dalla mancanza dei poteri tipici di questa ultima, e con esclusione dello svolgimento di semplici mansioni di ordine e della prestazione di opera meramente materiale [360][1].

[1] Articolo così sostituito dall'art. 18, L. 26 aprile 1990, n. 86. Il testo originario disponeva: *Agli effetti della legge pena-*

le, sono persone incaricate di un pubblico servizio: 1) gli impiegati dello Stato, o di altro ente pubblico, i quali prestano, permanentemente o temporaneamente, un pubblico servizio; 2) ogni altra persona che presta, permanentemente o temporaneamente, gratuitamente o con retribuzione, volontariamente o per obbligo, un pubblico servizio.

359. Persone esercenti un servizio di pubblica necessità.

Agli effetti della legge penale, sono persone che esercitano un servizio di pubblica necessità:

1) i privati che esercitano professioni forensi o sanitarie, o altre professioni il cui esercizio sia per legge vietato senza una speciale abilitazione dello Stato, quando dell'opera di essi il pubblico sia per legge obbligato a valersi;

2) i privati che, non esercitando una pubblica funzione, né prestando un pubblico servizio, adempiono un servizio dichiarato di pubblica necessità mediante un atto della pubblica Amministrazione.

360. Cessazione della qualità di pubblico ufficiale.

Quando la legge considera la qualità di pubblico ufficiale [357], o di incaricato di un pubblico servizio [358], o di esercente un servizio di pubblica necessità [359], come elemento costitutivo o come circostanza aggravante di un reato, la cessazione di tale qualità, nel momento in cui il reato è commesso, non esclude la esistenza di questo né la circostanza aggravante, se il fatto si riferisce all'ufficio o al servizio esercitato [c.p. 1889, 208].

TITOLO III
DEI DELITTI CONTRO L'AMMINISTRAZIONE DELLA GIUSTIZIA

CAPO I
DEI DELITTI CONTRO L'ATTIVITÀ GIUDIZIARIA

361. Omessa denuncia di reato da parte del pubblico ufficiale.

Il pubblico ufficiale [357], il quale omette o ritarda di denunciare all'Autorità giudiziaria, o ad un'altra Autorità che a quella abbia obbligo di riferirne, un reato di cui ha avuto notizia nell'esercizio o a causa delle sue funzioni, è punito con la multa da euro 30 a 516[1].

La pena è della reclusione fino ad un anno, se il colpevole è un ufficiale o un agente di polizia giudiziaria [c.p.p. 57], che ha avuto comunque notizia di un reato del quale doveva fare rapporto [c.p.p. 330-332, 347][2].

Le disposizioni precedenti non si applicano se si tratta di delitto punibile a querela della persona offesa [120].

[1] Importi elevati dall'art. 113, L. 24 novembre 1981, n. 689.

[2] Sono applicabili le sanzioni sostitutive previste dagli artt. 53 ss., L. 24 novembre 1981, n. 689.

362. Omessa denuncia da parte di un incaricato di pubblico servizio.

L'incaricato di un pubblico servizio [358], che omette o ritarda di denunciare all'Autorità indicata nell'articolo precedente un reato del quale abbia avuto notizia nell'esercizio o a causa del servizio [c.p.p. 330-332, 347], è punito con la multa fino a euro 103[1].

Tale disposizione non si applica se si tratta di un reato punibile a querela della persona offesa [120] né si applica ai responsabili delle comunità terapeutiche socio-riabilitative per fatti commessi da persone tossico-dipendenti affidate per l'esecuzione del programma definito da un servizio pubblico[2].

[1] Importi elevati dall'art. 113, L. 24 novembre 1981, n. 689.

[2] Comma così modificato dall'art. 104, L. 22 febbraio 1975, n. 685, nel testo sostituito dall'art. 32, L. 26 giugno 1990, n. 162.

363. Omessa denuncia aggravata.

Nei casi preveduti dai due articoli precedenti, se la omessa o ritardata denuncia riguarda un delitto contro la personalità dello Stato [241-310], la pena è della reclusione da sei mesi a tre anni[1]; ed è da uno a cinque anni, se il colpevole è un ufficiale o un agente di polizia giudiziaria [384; c.p.p. 57, 347].

[1] Sono applicabili le sanzioni sostitutive previste dagli artt. 53 ss. L. 24 novembre 1981, n. 689.

364. Omessa denuncia di reato da parte del cittadino.

Il cittadino, che, avendo avuto notizia di un delitto contro la personalità dello Stato [241-310], per il quale la legge stabilisce [la pena di morte o][1] l'ergastolo, non ne fa immediatamente denuncia all'Autorità indicata nell'articolo 361, è punito con la reclusione fino a un anno[2] o con la multa da euro 103 a 1.032[3].

[1] La pena di morte è stata soppressa, con conseguente sostituzione con l'ergastolo, prima per i delitti previsti dal presente codice ex art. 1, D.Lgs.Lgt. 10 agosto 1944, n. 224, poi per i delitti previsti dalle leggi speciali (art. 1, D.Lgs. 22 gennaio 1948, n. 21). Infine, con L. 13 ottobre 1994, n. 589 è stata abolita la pena di morte anche per i reati previsti dal codice penale militare di guerra.

[2] Sono applicabili le sanzioni sostitutive previste dagli artt. 53 ss. L. 24 novembre 1981, n. 689.

[3] Importi elevati dall'art. 113 comma 1, L. 24 novembre 1981, n. 689.

365. Omissione di referto.

Chiunque, avendo nell'esercizio di una professione sanitaria prestato la propria assistenza od opera in casi che possono presentare i caratteri di un delitto pel quale si debba procedere d'ufficio, omette o ritarda di riferirne all'Autorità indicata nell'articolo 361, è punito con la multa fino a euro 516 [384; c.p.p. 334; c.p. 1889, 439][1].

Questa disposizione non si applica quando il referto esporrebbe la persona assistita a procedimento penale [384].

[1] Importi elevati dall'art. 113 comma 1, L. 24 novembre 1981, n. 689.

366. Rifiuto di uffici legalmente dovuti.

Chiunque, nominato dall'Autorità giudiziaria perito [c.p.c. 61; c.p.p. 220, 221, 224], interprete [c.p.c. 122-123; c.p.p. 143], ovvero custode di cose sottoposte a sequestro dal giudice penale [c.p.p. 259], ottiene con mezzi fraudolenti l'esenzione dall'obbligo di comparire o di prestare il suo ufficio, è punito con la reclusione fino a sei mesi[1] o con la multa da euro 30 a 516 [c.p. 1889, 210][2].

Le stesse pene si applicano a chi, chiamato dinanzi all'Autorità giudiziaria per adempiere ad alcuna delle predette funzioni, rifiuta di dare le proprie generalità, ovvero di prestare il giuramento richiesto[3], ovvero di assumere o di adempiere le funzioni medesime.

Le disposizioni precedenti si applicano alla persona chiamata a deporre come testimonio dinanzi all'Autorità giudiziaria [c.p.c. 244-245; c.p.p. 194-198] e ad ogni altra persona chiamata ad esercitare una funzione giudiziaria [c.p.p. 133, 502].

Se il colpevole è un perito o un interprete, la condanna importa l'interdizione [30] dalla professione o dall'arte.

[1] Sono applicabili le sanzioni sostitutive previste dagli artt. 53 ss. L. 24 novembre 1981, n. 689.

[2] Importi elevati dall'art. 113 comma 1, L. 24 novembre 1981, n. 689.

[3] Il nuovo codice di procedura penale ha abolito l'istituto del giuramento sostituendo, per i testimoni e i periti, una dichiarazione (artt. 497 e 226) che assolve alla stessa funzione.

367. Simulazione di reato.

Chiunque, con denuncia [c.p.p. 333], querela [c.p.p. 336], richiesta [c.p.p. 342] o istanza [c.p.p. 341], anche se anonima o sotto falso nome, diretta all'Autorità giudiziaria o ad un'altra Autorità che a quella abbia obbligo di riferirne, afferma falsamente essere avvenuto un reato, ovvero simula le tracce di un reato, in modo che si possa iniziare un procedimento penale per accertarlo, è punito con la reclusione da uno a tre anni [370; c.p. 1889, 211].

368. Calunnia.

Chiunque, con denuncia [c.p.p. 333], querela [c.p.p. 336], richiesta [c.p.p. 342] o istanza [c.p.p. 341], anche se anonima o sotto falso nome, diretta all'Autorità giudiziaria o ad un'altra Autorità che a quella abbia obbligo di riferirne o alla Corte penale internazionale, incolpa di un reato taluno che egli sa innocente, ovvero simula a carico di lui le tracce di un reato, è punito con la reclusione da due a sei anni [c.p. 1889, 212][1].

La pena è aumentata [64] se s'incolpa taluno di un reato pel quale la legge stabilisce la pena della reclusione superiore nel massimo a dieci anni, o un'altra pena più grave.

La reclusione è da quattro a dodici anni, se dal fatto deriva una condanna alla reclusione superiore a cinque anni; è da sei a venti anni, se dal fatto deriva una condanna all'ergastolo; [e si applica la pena dell'ergastolo, se dal fatto deriva una condanna alla pena di morte][2 3].

[1] Comma così modificato dall'art. 10, L. 20 dicembre 2012, n. 237. Il testo previgente disponeva: *Chiunque, con denuncia, querela, richiesta [c.p.p. 342] o istanza, anche se anonima o sotto falso nome, diretta all'Autorità giudiziaria o ad un'altra Autorità che a quella abbia obbligo di riferirne, incolpa di un reato taluno che egli sa innocente, ovvero simula a carico di lui le tracce di un reato, è punito con la reclusione da due a sei anni.*

[2] La pena di morte è stata soppressa, con conseguente sostituzione con l'ergastolo, prima per i delitti previsti dal presente codice ex art. 1, D.Lgs.Lgt. 10 agosto 1944, n. 224, poi per i delitti previsti dalle leggi speciali (art. 1, D.Lgs. 22 gennaio 1948, n. 21). Infine, con L. 13 ottobre 1994, n. 589 è stata abolita la pena di morte anche per i reati previsti dal codice penale militare di guerra.

[3] In base a quanto stabilito dall'art. 22, L. 11 gennaio 2018, n. 6, le pene previste per il reato di calunnia di cui al presente articolo sono aumentate da un terzo alla metà quando il colpevole ha commesso il fatto allo scopo di usufruire o di continuare ad usufruire delle speciali misure di protezione previste dalla citata L. 6/2018. L'aumento è dalla metà ai due terzi se uno dei benefici è stato conseguito.

● Norme connesse:
- art. 416-bis.1 c.p.

■ Codice penale del 1889: *Art. 313 - Chiunque danneggia una strada ferrata, o le macchine, i veicoli, gli strumenti o altri oggetti o apparecchi che servono all'esercizio di essa, è punito con la reclusione da un mese a cinque anni.*

Alla stessa pena soggiace chi lancia corpi contundenti o proiettili contro convogli in corso.

369. Autocalunnia.

Chiunque, mediante dichiarazione ad alcuna delle Autorità indicate nell'articolo precedente, anche se fatta con scritto anonimo o sotto falso nome, ovvero mediante confessione innanzi all'Autorità giudiziaria, incolpa se stesso di un reato che egli sa non avvenuto, o di un reato commesso da altri, è punito con la reclusione da uno a tre anni [370, 384].

370. Simulazione o calunnia per un fatto costituente contravvenzione.

Le pene stabilite negli articoli precedenti sono diminuite [65] se la simulazione o la calunnia concerne un fatto preveduto dalla legge come contravvenzione [39].

371. Falso giuramento della parte.

Chiunque, come parte in giudizio civile, giura [c.c. 2736; c.p.c. 233-243] il falso è punito con la reclusione da sei mesi a tre anni.

Nel caso di giuramento deferito d'ufficio [c.c. 2736 n. 2; c.p.c. 240], il colpevole non è punibile, se ritratta il falso prima che sulla domanda giudiziale sia pronunciata sentenza definitiva, anche se non irrevocabile.

La condanna importa l'interdizione dai pubblici uffici [28][1].

[1] V. sentenza Corte costituzionale del 20 novembre 1995, n. 490

● Norme connesse:

- art. 4, L. 12 giugno 2003, n. 134, ha abrogato l'art. 60, L. 24 novembre 1981, n. 689, che prevedeva l'inapplicabilità delle pene sostitutive al reato previsto dal presente articolo.

371-*bis*. False informazioni al pubblico ministero o al procuratore della Corte penale internazionale[1].

Chiunque, nel corso di un procedimento penale, richiesto dal pubblico ministero o dal procuratore della Corte penale internazionale di fornire informazioni ai fini delle indagini, rende dichiarazioni false ovvero tace, in tutto o in parte, ciò che sa intorno ai fatti sui quali viene sentito, è punito con la reclusione fino a quattro anni[2].

Ferma l'immediata procedibilità nel caso di rifiuto di informazioni, il procedimento penale, negli altri casi, resta sospeso fino a quando nel procedimento nel corso del quale sono state assunte le informazioni sia stata pronunciata sentenza di primo grado ovvero il procedimento sia stato anteriormente definito con archiviazione o con sentenza di non luogo a procedere[3].

Le disposizioni di cui ai commi primo e secondo si applicano, nell'ipotesi prevista dall'articolo 391-*bis*, comma 10, del codice di procedura penale, anche quando le informazioni ai fini delle indagini sono richieste dal difensore[4 5].

[1] Rubrica così modificata dall'art. 10, L. 20 dicembre 2012, n. 237. Il testo previgente disponeva: *False informazioni al pubblico ministero.*

[2] Comma, da ultimo, così modificato dall'art. 10, L. 20 dicembre 2012, n. 237. Il testo previgente disponeva: *Chiunque, nel corso di un procedimento penale, richiesto dal pubblico ministero di fornire informazioni ai fini delle indagini, rende dichiarazioni false ovvero tace, in tutto o in parte, ciò che sa intorno ai fatti sui quali viene sentito, è punito con la reclusione fino a quattro anni.*

[3] Comma aggiunto dall'art. 25, L. 8 agosto 1995, n. 332.

[4] Comma aggiunto dall'art. 19, L. 7 dicembre 2000, n. 397.

[5] Articolo aggiunto dall'art. 11, D.L. 8 giugno 1992, n. 306, convertito in L. 7 agosto 1992, n. 356.

371-*ter*. False dichiarazioni al difensore.

Nelle ipotesi previste dall'articolo 391-*bis*, commi 1 e 2, del codice di procedura penale, chiunque, non essendosi avvalso della facoltà di cui alla lettera *d)* del comma 3 del medesimo articolo, rende dichiarazioni false è punito con la reclusione fino a quattro anni.

Il procedimento penale resta sospeso fino a quando nel procedimento nel corso del quale sono state assunte le dichiarazioni sia stata pronunciata sentenza di primo grado ovvero il procedimento sia stato anteriormente definito con archiviazione o con sentenza di non luogo a procedere[1].

[1] Articolo aggiunto dall'art. 20, L. 7 dicembre 2000, n. 397.

372. Falsa testimonianza.

Chiunque, deponendo come testimone innanzi all'Autorità giudiziaria [c.p.c. 244-245; c.p.p. 194-198, 468, 497-499] o alla Corte penale internazionale, afferma il falso o nega il vero, ovvero tace, in tutto o in parte, ciò che sa intorno ai fatti sui quali è interrogato, è punito con la reclusione da due a sei anni [c.p. 1889, 214][1].

[1] Comma, da ultimo, così modificato dall'art. 10, L. 20 dicembre 2012, n. 237. Il testo previgente disponeva: *Chiunque, deponendo come testimone innanzi all'Autorità giudiziaria, afferma il falso o nega il vero, ovvero tace, in tutto o in parte, ciò che sa intorno ai fatti sui quali è interrogato, è punito con la reclusione da due a sei anni.*

● Norme connesse:

- art. 4, L. 12 giugno 2003, n. 134, ha abrogato l'art. 60, L. 24 novembre 1981, n. 689, che prevedeva l'inapplicabilità delle pene sostitutive al reato previsto dal presente articolo.

■ Codice penale del 1889: *Art. 210. Chiunque, chiamato dall'Autorità giudiziaria quale testimone, perito o interprete, ottiene, allegando un falso pretesto, di esimersi dal comparire, ovvero, essendosi presentato, rifiuta di fare la testimonianza o di prestare l'ufficio di perito o d'interprete, è punito con la detenzione sino a sei mesi o con la multa da lire cento a mille.*

Questa disposizione si applica anche ai giurati, qualora ottengano l'esenzione allegando un falso pretesto.

Se si tratti di un perito, la condanna ha per effetto la sospensione dall'esercizio della professione o dell'arte per un tempo pari a quello della detenzione.

Art. 214. Chiunque, deponendo come testimone innanzi all'Autorità giudiziaria, afferma il falso, o nega il vero, o tace, in tutto o in parte, ciò che sa intorno ai fatti sui quali è interrogato, è punito con la reclusione da uno a trenta mesi e con l'interdizione temporanea dai pubblici uffici.

La reclusione è da uno a cinque anni, se il fatto sia commesso a danno di un imputato, o nel dibattimento in un processo per delitto; ed è da tre a dieci anni, se concorrano ambedue queste circostanze.

Se il fatto abbia per effetto una sentenza di condanna a pena superiore alla reclusione, la reclusione è da dieci a venti anni.

Se la testimonianza sia fatta senza giuramento, la pena è diminuita da un sesto ad un terzo.

373. Falsa perizia o interpretazione.

Il perito o l'interprete, che, nominato dall'Autorità giudiziaria [c.p.c. 61, 122-123; c.p.p. 220, 221, 224, 143], dà parere o interpretazioni mendaci, o afferma fatti non conformi al vero, soggiace alle pene stabilite nell'articolo precedente [375-377, 384 commi 1, 2, c.p.p. 198, 476; c.p. 1889, 217].

La condanna importa, oltre l'interdizione dai pubblici uffici [28], l'interdizione dalla professione o dall'arte [30].

● Norme connesse:
- art. 4, L. 12 giugno 2003, n. 134, ha abrogato l'art. 60, L. 24 novembre 1981, n. 689, che prevedeva l'inapplicabilità delle pene sostitutive al reato previsto dal presente articolo.

374. Frode processuale.

Chiunque, nel corso di un procedimento civile o amministrativo, al fine di trarre in inganno il giudice in un atto d'ispezione o di esperimento giudiziale, ovvero il perito nella esecuzione di una perizia, immuta artificiosamente lo stato dei luoghi o delle cose o delle persone, è punito, qualora il fatto non sia preveduto come reato da una particolare disposizione di legge, con la reclusione da uno a cinque anni [375, 384][1].

La stessa disposizione si applica se il fatto è commesso nel corso di un procedimento penale, anche davanti alla Corte penale internazionale, o anteriormente ad esso; ma in tal caso la punibilità è esclusa, se si tratta di reato per cui non si può procedere che in seguito a querela [120], richiesta [8, 9 comma 2,3, 10, 11 comma 2, 12 comma 2, 127, 131 comma 4] o istanza [9, 10], e questa non è stata presentata [375, 384][2].

[1] Comma così modificato dall'art. 1, L. 11 luglio 2016, n. 133. Il testo previgente disponeva: *Chiunque, nel corso di un procedimento civile o amministrativo, al fine di trarre in inganno il giudice in un atto d'ispezione o di esperimento giudiziale, ovvero il perito nella esecuzione di una perizia, immuta artificiosamente lo stato dei luoghi o delle cose o delle persone, è punito, qualora il fatto non sia preveduto come reato da una particolare disposizione di legge, con la reclusione da sei mesi a tre anni.*

[2] Sono applicabili le sanzioni sostitutive previste dagli artt. 53 ss., L. 24 novembre 1981, n. 689.

[3] Comma così modificato dall'art. 10, L. 20 dicembre 2012, n. 237. Il testo previgente disponeva: *La stessa disposizione si applica se il fatto è commesso nel corso di un procedimento penale, o anteriormente ad esso; ma in tal caso la punibilità è esclusa, se si tratta di reato per cui non si può procedere che in seguito a querela, richiesta o istanza, e questa non è stata presentata.*

374-*bis*. False dichiarazioni o attestazioni in atti destinati all'autorità giudiziaria o alla Corte penale internazionale[1].

Salvo che il fatto costituisca più grave reato, è punito con la reclusione da uno a cinque anni chiunque dichiara o attesta falsamente in certificati o atti destinati a essere prodotti all'autorità giudiziaria o alla Corte penale internazionale condizioni, qualità personali, trattamenti terapeutici, rapporti di lavoro in essere o da instaurare, relativi all'imputato, al condannato o alla persona sottoposta a procedimento di prevenzione[2].

Si applica la pena della reclusione da due a sei anni se il fatto è commesso da un pubblico ufficiale, da un incaricato di un pubblico servizio o da un esercente la professione sanitaria[3].

[1] Rubrica così modificata dall'art. 10, L. 20 dicembre 2012, n. 237. Il testo previgente disponeva: *False dichiarazioni o attestazioni in atti destinati all'autorità giudiziaria.*

[2] Comma così modificato dall'art. 10, L. 20 dicembre 2012, n. 237. Il testo previgente disponeva: *Salvo che il fatto costituisca più grave reato, è punito con la reclusione da uno a cinque anni chiunque dichiara o attesta falsamente in certificati o atti destinati a essere prodotti all'autorità giudiziaria condizioni, qualità personali, trattamenti terapeutici, rapporti di lavoro in essere o da instaurare, relativi all'imputato, al condannato o alla persona sottoposta a procedimento di prevenzione.*

[3] Articolo aggiunto dall'art. 11, D.L. 8 giugno 1992, n. 306, convertito in L. 7 agosto 1992, n. 356.

375. Frode in processo penale e depistaggio.

Salvo che il fatto costituisca più grave reato, è punito con la reclusione da tre a otto anni il pubblico ufficiale o l'incaricato di pubblico servizio che, al fine di impedire, ostacolare o sviare un'indagine o un processo penale:

a) immuta artificiosamente il corpo del reato ovvero lo stato dei luoghi, delle cose o delle persone connessi al reato;

b) richiesto dall'autorità giudiziaria o dalla polizia giudiziaria di fornire informazioni in un procedimento penale, afferma il falso o nega il vero, ovvero tace, in tutto o in parte, ciò che sa intorno ai fatti sui quali viene sentito.

Se il fatto è commesso mediante distruzione, soppressione, occultamento, danneggiamento, in tutto o in parte, ovvero formazione o artificiosa alterazione, in tutto o in parte, di un documento o di un oggetto da impiegare come elemento di prova o comunque utile alla scoperta del reato o al suo accertamento, la pena è aumentata da un terzo alla metà.

Se il fatto è commesso in relazione a procedimenti concernenti i delitti di cui agli articoli 270, 270-*bis*, 276, 280, 280-*bis*, 283, 284, 285, 289-*bis*, 304, 305, 306, 416-*bis*, 416-*ter* e 422 o i reati previsti dall'articolo 2 della legge 25 gennaio 1982, n. 17, ovvero i reati concernenti il traffico illegale di armi o di materiale nucleare, chimico o biologico e comunque tutti i reati di cui all'articolo 51, comma 3-*bis*, del codice di procedura penale, si applica la pena della reclusione da sei a dodici anni.

La pena è diminuita dalla metà a due terzi nei confronti di colui che si adopera per ripristinare lo stato originario dei luoghi, delle cose, delle persone o delle prove, nonchè per evitare che l'attività delittuosa venga portata a conseguenze ulteriori, ovvero aiuta concretamente l'autorità di polizia o l'autorità giudiziaria nella ricostruzione del fatto oggetto di inquinamento processuale e depistaggio e nell'individuazione degli autori.

Le circostanze attenuanti diverse da quelle previste dagli articoli 98 e 114 e dal quarto comma, concorrenti con le aggravanti di cui al secondo e al terzo comma, non possono essere ritenute equivalenti o prevalenti rispetto a queste ultime e le diminuzioni di pena si operano sulla quantità di pena risultante dall'aumento conseguente alle predette aggravanti.

La condanna alla reclusione superiore a tre anni comporta l'interdizione perpetua dai pubblici uffici.

La pena di cui ai commi precedenti si applica anche quando il pubblico ufficiale o l'incaricato di pubblico servizio siano cessati dal loro ufficio o servizio.

La punibilità è esclusa se si tratta di reato per cui non si può procedere che in seguito a querela, richiesta o istanza, e questa non è stata presentata.

Le disposizioni del presente articolo si applicano anche alle indagini e ai processi della Corte penale internazionale in ordine ai crimini definiti dallo Statuto della Corte medesima[1].

[1] Articolo così sostituito dall'art. 11, D.L. 8 giugno 1992, n. 306, convertito in L. 7 agosto 1992, n. 356, poi modificato dall'art. 22, L. 7 dicembre 2000, n. 397, infine di nuovo sostituito dall'art. 1, L. 11 luglio 2016, n. 133.

Il testo previgente disponeva: *Circostanze aggravanti. Nei casi previsti dagli articoli 371-bis, 371-ter, 372, 373 e 374, la pena è della reclusione da tre a otto anni se dal fatto deriva una condanna alla reclusione non superiore a cinque anni; è della reclusione da quattro a dodici anni, se dal fatto deriva una condanna superiore a cinque anni; ed è della reclusione da sei a venti anni se dal fatto deriva una condanna all'ergastolo.*

376. Ritrattazione.

Nei casi previsti dagli articoli 371-*bis*, 371-*ter*, 372 e 373, nonché dall'articolo 375, primo comma, lettera *b)*, e dall'articolo 378, il colpevole non è punibile se, nel procedimento penale in cui ha prestato il suo ufficio o reso le sue dichiarazioni, ritratta il falso e manifesta il vero non oltre la chiusura del dibattimento [c.p. 1889, 213, 216, 220][1][2].

Qualora la falsità sia intervenuta in una causa civile, il colpevole non è punibile se ritratta il falso e manifesta il vero prima che sulla domanda giudiziale sia pronunciata sentenza definitiva [c.p.c. 279 comma 2], anche se non irrevocabile.

[1] Comma così sostituito dall'art. 11, D.L. 8 giugno 1992, n. 306, convertito in L. 7 agosto 1992, n. 356 e, da ultimo, così modificato prima dall'art. 1, L. 15 luglio 2009, n. 94, poi dall'art. 3, L. 11 luglio 2016, n. 133.

Il testo previgente la modifica del 2009 disponeva: *Nei casi previsti dagli articoli 371-bis, 371-ter, 372 e 373, il colpevole non è punibile se, nel procedimento penale in cui ha prestato il suo ufficio o reso le sue dichiarazioni, ritratta il falso e manifesta il vero non oltre la chiusura del dibattimento.*

Il testo previgente la modifica del 2016 disponeva: *Nei casi previsti dagli articoli 371-bis, 371-ter, 372 e 373, nonché dall'articolo 378, il colpevole non è punibile se, nel procedimento penale in cui ha prestato il suo ufficio o reso le sue dichiarazioni, ritratta il falso e manifesta il vero non oltre la chiusura del dibattimento.*

[2] La Corte costituzionale, con sentenza 30 marzo 1999, n. 101, ha dichiarato l'illegittimità costituzionale del presente comma, nella parte in cui non prevede la ritrattazione come causa di non punibilità per chi, richiesto dalla polizia giudiziaria, delegata dal pubblico ministero a norma dell'articolo 370 del codice di procedura penale, di fornire informazioni ai fini delle indagini, abbia reso dichiarazioni false ovvero in tutto o in parte reticenti.

377. Intralcio alla giustizia[1].

Chiunque offre o promette denaro o altra utilità alla persona chiamata a rendere dichiarazioni davanti all'autorità giudiziaria [c.p.c. 244-245; c.p.p. 194-207, 362, 497-500] o alla Corte penale internazionale ovvero alla persona richiesta di rilasciare dichiarazioni dal difensore nel corso dell'attività investigativa, o alla persona chiamata a svolgere attività di perito, consulente tecnico [c.p.c. 61-64; c.p.p. 225, 233; disp. att. c.p.p. 223] o interprete, per indurlo a commettere i reati previsti dagli articoli 371-*bis*, 371-*ter*, 372 e 373, soggiace, qualora l'offerta o la promessa non sia accettata, alle pene stabilite negli articoli medesimi ridotte dalla metà ai due terzi [c.p. 1889, 218][2].

La stessa disposizione si applica qualora l'offerta o la promessa sia accettata, ma la falsità non sia commessa.

Chiunque usa violenza o minaccia ai fini indicati al primo comma, soggiace, qualora il fine non sia conseguito, alle pene stabilite in ordine ai reati di cui al medesimo primo comma, diminuite in misura non eccedente un terzo[3].

Le pene previste ai commi primo e terzo sono aumentate se concorrono le condizioni di cui all'articolo 339[3].

La condanna importa l'interdizione dai pubblici uffici [28].

[1] Rubrica così sostituita dall'art. 14, L. 16 marzo 2006, n. 146.

[2] Comma così sostituito dall'art. 11, D.L. 8 giugno 1992, n. 306, convertito in L. 7 agosto 1992, n. 356 e poi così modificato, prima dall'art. 22, L. 7 dicembre 2000, n. 397, poi dall'art. 10, L. 20 dicembre 2012, n. 237. Il testo previgente la modifica del 2000 disponeva: *Chiunque offre o promette denaro o altra utilità alla persona chiamata a rendere dichiarazione davanti all'autorità giudiziaria ovvero a svolgere attività di perito, consulente tecnico o interprete, per indurla a commettere i reati previsti dagli articoli 371-bis, 372 e 373, soggiace, qualora l'offerta o la promessa non sia accettata, alle pene stabilite negli articoli medesimi, ridotte dalla metà ai due terzi.* Il testo previgente la modifica del 2012 disponeva: *Chiunque offre o promette denaro o altra utilità alla persona chiamata a rendere dichiarazioni davanti all'autorità giudiziaria ovvero alla persona richiesta di rilasciare dichiarazioni dal difensore nel corso dell'attività investigativa, o alla persona chiamata a svolgere attività di perito, consulente tecnico o interprete, per indurlo a commettere i reati previsti dagli articoli 371-bis, 371-ter, 372 e 373, soggiace, qualora l'offerta o la promessa non sia accettata, alle pene stabilite negli articoli medesimi ridotte dalla metà ai due terzi.*

[3] Comma aggiunto dall'art. 14, L. 16 marzo 2006, n. 146. Per l'aumento della pena, qualora il fatto sia commesso da persona sottoposta a misura di prevenzione, v. art. 71, D.Lgs. 6 settembre 2011, n. 159.

377-*bis*. Induzione a non rendere dichiarazioni o a rendere dichiarazioni mendaci all'autorità giudiziaria.

Salvo che il fatto costituisca più grave reato, chiunque, con violenza o minaccia, o con offerta o promessa di denaro o di altra utilità, induce a non rendere dichiarazioni o a rendere dichiarazioni mendaci la persona chiamata a rendere davanti alla autorità giudiziaria dichiarazioni utilizzabili in un procedimento penale, quando questa ha la facoltà di non rispondere, è punito con la reclusione da due a sei anni[1].

[1] Articolo aggiunto dall'art. 20, L. 1 marzo 2001, n. 63. L'art. 26 della citata L. 63/2001 ha così disposto: *1. Nei processi penali in corso alla data di entrata in vigore della presente legge si applicano le disposizioni degli articoli precedenti salvo quanto stabilito nei commi da 2 a 5.*

2. Se il procedimento è ancora nella fase delle indagini preliminari, il pubblico ministero provvede a rinnovare l'esame dei soggetti indicati negli articoli 64 e 197-bis del codice di procedura penale, come rispettivamente modificato e introdotto dalla presente legge, secondo le forme ivi previste.

3. Le dichiarazioni rese nel corso delle indagini preliminari o dell'udienza preliminare, se già acquisite al fascicolo per il dibattimento, sono valutate a norma dei commi 3, 4, 5 e 6 del previgente articolo 500 del codice di procedura penale.

4. Quando le dichiarazioni di cui al comma 3 sono state rese da chi, per libera scelta, si è sempre volontariamente sottratto all'esame dell'imputato o del difensore, si applica la disposizione del comma 2 dell'articolo 1 del decreto-legge 7 gennaio 2000, n. 2, convertito, con modificazioni, dalla legge 25 febbraio 2000, n. 35, soltanto se esse siano state acquisite al fascicolo per il dibattimento anteriormente alla data del 25 febbraio 2000. Se sono state acquisite successivamente, si applica il comma 1-bis dell'articolo 526 del codice di procedura penale, come introdotto dall'articolo 19 della presente legge.

5. Alle dichiarazioni acquisite al fascicolo per il dibattimento, e già valutate ai fini delle decisioni, si applicano nel giudizio dinanzi alla Corte di Cassazione le disposizioni vigenti in materia di valutazione della prova al momento delle decisioni stesse.

378. Favoreggiamento personale.

Chiunque, dopo che fu commesso un delitto per il quale la legge stabilisce [la pena di morte o][1] l'ergastolo o la reclusione, e fuori dei casi di concorso nel medesimo [110], aiuta taluno a eludere le investigazioni dell'Autorità, comprese quelle svolte da organi della Corte penale internazionale, o a sottrarsi alle ricerche effettuate dai medesimi soggetti, è punito con la reclusione fino a quattro anni [c.p. 1889, 225][2].

Quando il delitto commesso è quello previsto dall'articolo 416-*bis*, si applica, in ogni caso, la pena della reclusione non inferiore a due anni[3].

Se si tratta di delitti per i quali la legge stabilisce una pena diversa [307], ovvero di contravvenzioni, la pena è della multa fino a euro 516[4].

Le disposizioni di questo articolo si applicano anche quando la persona aiutata non è imputabile [88, 97, 98] o risulta che non ha commesso il delitto[5].

[1] La pena di morte è stata soppressa, con conseguente sostituzione con l'ergastolo, prima per i delitti previsti dal presente codice ex art. 1, D.Lgs.Lgt. 10 agosto 1944, n. 224, poi per i delitti previsti dalle leggi speciali (art. 1, D.Lgs. 22 gennaio 1948, n. 21). Infine, con L. 13 ottobre 1994, n. 589 è stata abolita la pena di morte anche per i reati previsti dal codice penale militare di guerra.

[2] Comma così modificato dall'art. 10, L. 20 dicembre 2012, n. 237. Il testo previgente disponeva: *Chiunque, dopo che fu commesso un delitto per il quale la legge stabilisce [la pena di morte o] l'ergastolo o la reclusione, e fuori dei casi di concorso nel medesimo, aiuta taluno a eludere le investigazioni dell'Autorità, o a sottrarsi alle ricerche di questa, è punito con la reclusione fino a quattro anni.*

[3] Comma aggiunto dall'art. 2, L. 13 settembre 1982, n. 646.

[4] Importi elevati dell'art. 113 comma 1, L. 24 novembre 1981, n. 689.

[6] Per l'aumento della pena, qualora il fatto sia commesso da persona sottoposta a misura di prevenzione, v. art. 71, D.Lgs. 6 settembre 2011, n. 159.

■ Codice penale del 1889: *Art. 225. Chiunque, dopo che fu commesso un delitto per il quale è stabilita una pena non inferiore alla detenzione, senza concerto anteriore al delitto stesso, e senza contribuire a portarlo a conseguenze ulteriori, aiuta taluno ad assicurarne il profitto, a eludere le investigazioni dell'Autorità, ovvero a sottrarsi alle ricerche della medesima o alla esecuzione della condanna, e chiunque sopprime o in qualsiasi modo disperde o altera le tracce o gli indizii di un delitto che importi la pena suddetta, è punito con la reclusione o con la detenzione sino a cinque anni, ma non superiore in durata alla metà della pena stabilita per il delitto medesimo.*

Qualora si tratti di altri reati, la pena è della multa sino a lire mille.

Va esente da pena chi commetta il fatto in favore di un prossimo congiunto.

379. Favoreggiamento reale.

Chiunque fuori dei casi di concorso nel reato e dei casi previsti dagli articoli 648, 648-*bis*, 648-*ter*, aiuta taluno ad assicurare il prodotto o il profitto o il prezzo di un reato, è punito con la reclusione fino a cinque anni se si tratta di delitto, e con la multa da euro 51 a 1.032 se si tratta di contravvenzione [29, 32, 39; c.p. 1889, 225, 411][1 2].

Si applicano le disposizioni del primo e dell'ultimo capoverso dell'articolo precedente[3 4].

[1] Comma così modificato dall'art. 25, L. 19 marzo 1990, n. 55.

[2] Importi elevati dall'art. 113, L. 24 novembre 1981, n. 689.

[3] Comma così sostituito dall'art. 3, L. 13 settembre 1982, n. 646.

[4] Per l'aumento della pena, qualora il fatto sia commesso da persona sottoposta a misura di prevenzione, v. art. 71, D.Lgs. 6 settembre 2011, n. 159 (codice antimafia), nel testo, da ultimo, modificato dall'art. 23, L. 17 ottobre 2017, n. 161, che dispone: *1. Le pene stabilite per i delitti previsti dagli articoli 270-bis, 270-ter, 270-quater, 270-quater.1, 270-quinquies, 314, 316, 316-bis, 316-ter, 317, 318, 319, 319-ter, 319-quater, 320, 321, 322, 322-bis, 336, 338, 353, 377, terzo comma, 378, 379, 416, 416-bis, 416-ter, 418, 424, 435, 513-bis, 575, 600, 601, 602, 605, 610, 611, 612, 628, 629, 630, 632, 633, 634, 635, 636, 637, 638, 640-bis, 648-bis, 648-ter, del codice penale, nonchè per i delitti commessi con le finalità di terrorismo di cui all'articolo 270-sexies del codice penale, sono aumentate da un terzo alla metà e quelle stabilite per le contravvenzioni di cui agli articoli 695, primo comma, 696, 697, 698, 699 del codice penale sono aumentate nella misura di cui al secondo comma dell'articolo 99 del codice penale se il fatto è commesso da persona sottoposta con provvedimento definitivo ad una misura di prevenzione personale durante il periodo previsto di applicazione e sino a tre anni dal momento in cui ne è cessata l'esecuzione.*

2. In ogni caso si procede d'ufficio e quando i delitti di cui al comma 1, per i quali è consentito l'arresto in flagranza, sono commessi da persone sottoposte alla misura di prevenzione, la polizia giudiziaria può procedere all'arresto anche fuori dei casi di flagranza.

3. Alla pena è aggiunta una misura di sicurezza detentiva.

● Norme connesse:

- art. 2, comma 1, L. 18 febbraio 1987, n. 34, sulla dissociazione dal terrorismo; art. 1, comma 4, D.L. 15 gennaio 1991, n. 8, convertito in L. 15 marzo 1991, n. 82, in materia di sequestri di persona a scopo di estorsione e protezione di coloro che collaborano con la giustizia: *Le disposizioni dell'articolo 379 del codice penale si applicano nei confronti di chi, al di fuori delle ipotesi previste ai commi 1 e 2 dell'articolo 7 e di concorso nel delitto di sequestro di persona a scopo di estorsione, si adopera, con qualsiasi mezzo, al fine di far conseguire agli autori del delitto medesimo il prezzo della liberazione della vittima.* Il successivo comma 4-bis dispone che: *Non è punibile chi ha posto in essere la condotta indicata nel comma 4 in favore del prossimo congiunto.*

- per i casi di non punibilità di coloro che hanno commesso, per finalità di terrorismo o di eversione dell'ordinamento costituzionale, uno o più reati previsti in questo articolo, se forniscono completa informazione sul favoreggiamento commesso, v. l'art. 1, L. 29 maggio 1982, n. 304, sull'ordinamento costituzionale il cui comma terzo, lett. a), esclude la non punibilità per le ipotesi di importazione, esportazione, rapina e furto di armi, munizioni od esplosivi. La decadenza da questi benefici in caso di false o reticenti dichiarazioni è regolato dall'art. 10 della stessa legge, il cui art. 12 limita l'applicazione del provvedimento solo ai reati che siano stati commessi o la cui permanenza sia iniziata entro il 31 gennaio 1982, purché i comportamenti cui è condizionata la loro applicazione vengano tenuti entro centoventi giorni dall'entrata in vigore della legge (3 giugno 1982), termine differito di ulteriori centoventi giorni, con l'art. 1, del D.L. 1 ottobre 1982, n. 695, convertito in L. 29 novembre 1982, n. 882.

379-*bis*. Rivelazione di segreti inerenti a un procedimento penale.

Salvo che il fatto costituisca più grave reato, chiunque rivela indebitamente notizie segrete concernenti un procedimento penale, da lui apprese per avere partecipato o assistito ad un atto del procedimento stesso, è punito con la reclusione fino a un anno. La stessa pena si applica alla persona che, dopo avere rilasciato dichiarazioni nel corso delle indagini preliminari, non osserva il divieto imposto dal pubblico ministero ai sensi dell'articolo 391-*quinquies* del codice di procedura penale[1].

[1] Articolo aggiunto dall'art. 21, L. 7 dicembre 2000, n. 397.

380. Patrocinio o consulenza infedele.

Il patrocinatore [c.p.c. 82; c.p.p. 96, 100, 102] o il consulente tecnico [c.p.c. 201; c.p.p. 225], che, rendendosi infedele ai suoi doveri professionali, arreca nocumento agli interessi della parte da lui difesa, assistita o rappresentata dinanzi all'Autorità giudiziaria o alla Corte penale internazionale, è punito con la reclusione da uno a tre anni e con la multa non inferiore a euro 516 [c.p. 1889, 222, 223][1 2].

La pena è aumentata [64]:

1) se il colpevole ha commesso il fatto, colludendo con la parte avversaria;

2) se il fatto è stato commesso a danno di un imputato.

Si applicano la reclusione da tre a dieci anni e la multa non inferiore a euro 1.032[2], se il fatto è commesso a danno di persona imputata di un delitto per il quale la legge commina [la pena di morte o][3] l'ergastolo ovvero la reclusione superiore a cinque anni [383].

[1] Comma così modificato dall'art. 10, L. 20 dicembre 2012, n. 237. Il testo previgente disponeva: *Il patrocinatore o il consulente tecnico, che, rendendosi infedele ai suoi doveri professionali, arreca nocumento agli interessi della parte da lui difesa, assistita o rappresentata dinanzi all'Autorità giudiziaria, è punito con la reclusione da uno a tre anni e con la multa non inferiore a euro 516.*

[2] Importi elevati dall'art. 113 comma 1, L. 24 novembre 1981, n. 689.

[3] La pena di morte è stata soppressa, con conseguente sostituzione con l'ergastolo, prima per i delitti previsti dal presente codice ex art. 1, D.Lgs.Lgt. 10 agosto 1944, n. 224, poi per i delitti previsti dalle leggi speciali (art. 1, D.Lgs. 22 gennaio 1948, n. 21). Infine, con L. 13 ottobre 1994, n. 589 è stata abolita la pena di morte anche per i reati previsti dal codice penale militare di guerra.

381. Altre infedeltà del patrocinatore o del consulente tecnico.

Il patrocinatore [c.p.c. 82; c.p.p. 96, 100, 102] o il consulente tecnico [c.p.c. 201; c.p.p. 225], che, in un procedimento dinanzi all'Autorità giudiziaria, presta contemporaneamente, anche per interposta persona, il suo patrocinio o la sua consulenza a favore di parti contrarie, è punito, qualora il fatto non costituisca un più grave reato, con la reclusione da sei mesi a tre anni e con la multa non inferiore a euro 103 [383; c.p. 1889, 222, 223][1].

La pena è della reclusione fino a un anno e della multa da euro 51 a 516[1], se il patrocinatore o il consulente, dopo aver difeso, assistito o rappresentato una parte, assume, senza il consenso di questa, nello stesso procedimento, il patrocinio o la consulenza della parte avversaria.

[1] Importi elevati dall'art. 113 comma 1, L. 24 novembre 1981, n. 689. Sono applicabili le sanzioni sostitutive previste dagli artt. 53 ss., L. 689/1981 cit.

382. Millantato credito del patrocinatore.

Il patrocinatore [c.p.c. 82; c.p.p. 96, 100, 102], che, millantando credito presso il giudice o il pubblico ministero che deve concludere, ovvero presso il testimone [c.p.c. 244, 245; c.p.p. 194-198, 467, 497, 499], il perito [c.p.c. 61; c.p.p. 220, 221, 224] o l'interprete [c.p.c. 122, 123; c.p.p. 143], riceve o fa dare o promettere dal suo cliente, a sé o ad un terzo, denaro o altra utilità, col pretesto di doversi procurare il favore del giudice o del pubblico ministero, o del testimone, perito o interprete, ovvero di doverli remunerare, è punito con la reclusione da due a otto anni e con la multa non inferiore a euro 1.032[1].

[1] Importi elevati dall'art. 113 comma 1, L. 24 novembre 1981, n. 689.

● Norme connesse:

- art. 42, R.D.L. 27 novembre 1933, n. 1578, sulla professione di avvocato e procuratore: *Importano di diritto la radiazione dagli albi degli avvocati e dei procuratori: a) l'interdizione perpetua dai pubblici uffici o dall'esercizio della professione di avvocato o di procuratore: b) la condanna per uno dei reati preveduti negli articoli 372, 373, 374, 377, 380 e 381 del codice penale. Importano di diritto la cancellazione dagli albi: a) l'interdizione temporanea dai pubblici uffici o dall'esercizio della professione di avvocato o di procuratore; b) il ricovero in manicomio giudiziario nei casi indicati nell'articolo 222, comma secondo, del codice penale; c) l'assegnazione ad una colonia agricola od a una casa di lavoro.*

I provvedimenti preveduti nel presente articolo sono adottati dal Consiglio dell'ordine, sentito il professionista.

383. Interdizione dai pubblici uffici.

La condanna per delitti preveduti dagli articoli 380, 381, prima parte, e 382 importa l'interdizione dai pubblici uffici [28].

383-*bis*. Circostanze aggravanti per il caso di condanna.

Nei casi previsti dagli articoli 371-*bis*, 371-*ter*, 372, 373, 374 e 375, la pena è della reclusione da quattro a dieci anni se dal fatto deriva una condanna alla reclusione non superiore a cinque anni; è della reclusione da sei a quattordici anni se dal fatto deriva una condanna superiore a cinque anni; è della reclusione da otto a venti anni se dal fatto deriva una condanna all'ergastolo[1].

[1] Articolo aggiunto dall'art. 1, L. 11 luglio 2016, n. 133.

384. Casi di non punibilità.

Nei casi previsti dagli articoli 361, 362, 363, 364, 365, 366, 369, 371-*bis*, 371-*ter*, 372, 373, 374 e 378, non è punibile chi ha commesso il fatto per esservi stato costretto dalla necessità di salvare sé medesimo o un prossimo congiunto da un grave e inevitabile nocumento nella libertà o nell'onore [c.p. 1889, 211 comma 2, 225 comma 3][1].

Nei casi previsti dagli articoli 371-*bis*, 371-*ter*, 372 e 373, la punibilità è esclusa se il fatto è commesso da chi per legge non avrebbe dovuto essere richiesto di fornire informazioni ai fini delle indagini o assunto come testimonio, perito, consulente tecnico o interprete ovvero non avrebbe potuto essere obbligato a deporre o comunque a rispondere o avrebbe dovuto essere avvertito della facoltà di astenersi dal rendere informazioni, testimonianza, perizia, consulenza o interpretazione[2 3 4].

[1] Comma così modificato dall'art. 22, L. 7 dicembre 2000, n. 397. Il testo previgente disponeva: *Nei casi previsti dagli articoli 361, 362, 363, 364, 365, 366, 369, 371-bis, 372, 373, 374 e 378, non è punibile chi ha commesso il fatto per esservi stato costretto dalla necessità di salvare sé medesimo o un prossimo congiunto da un grave e inevitabile nocumento nella libertà o nell'onore.*

[2] Comma, da ultimo, così modificato dall'art. 21, L. 1 marzo 2001, n. 63.

[3] La Corte costituzionale, con sentenza 27 dicembre 1996, n. 416, ha dichiarato l'illegittimità costituzionale del presente comma, nella parte in cui non prevede l'esclusione della punibilità per false o reticenti informazioni assunte dalla polizia giudiziaria, fornite da chi avrebbe dovuto essere avvertito della facoltà di astenersi dal renderle, a norma dell'articolo 199 c.p.p. La Corte costituzionale, con sentenza 20 marzo 2009, n. 75, ha dichiarato l'illegittimità costituzionale del presente comma nella parte in cui non prevede l'esclusione della punibilità per false o reticenti informazioni assunte dalla polizia giudiziaria, fornite da chi non avrebbe potuto essere obbligato a renderle o comunque a rispondere in quanto persona indagata per reato probatoriamente collegato - a norma dell'art. 371, comma 2, lettera b), codice di procedura penale - a quello, commesso da altri, cui le dichiarazioni stesse si riferiscono.

[4] Articolo così sostituito dall'art. 11, D.L. 8 giugno 1992, n. 306, convertito in L. 7 agosto 1992, n. 356. Il testo previgente disponeva: *Nei casi previsti dagli articoli 371-bis, 371-ter, 372 e 373, la punibilità è esclusa se il fatto è commesso da chi per legge non avrebbe dovuto essere richiesto di fornire informazioni ai fini delle indagini o assunto come testimonio, perito, consulente tecnico o interprete ovvero avrebbe dovuto essere avvertito della facoltà di astenersi dal rendere informazioni, testimonianza, perizia, consulenza o interpretazione». Il testo in vigore prima della modifica disposta dalla legge n. 397 del 2000 era il seguente: «Nei casi previsti dagli articoli 371-bis, 372 e 373, la punibilità è esclusa se il fatto è commesso da chi per legge non avrebbe dovuto essere richiesto di fornire informazioni ai fini delle indagini o assunto come testimonio, perito, consulente tecnico o interprete ovvero avrebbe dovuto essere avvertito della facoltà di astenersi dal rendere informazioni, testimonianza, perizia, consulenza o interpretazione.*

● Norme connesse:

- art. 26, L. 1 marzo 2001, n. 63 che dispone: *1. Nei processi penali in corso alla data di entrata in vigore della presente legge si applicano le disposizioni degli articoli precedenti salvo quanto stabilito nei commi da 2 a 5.*

2. Se il procedimento è ancora nella fase delle indagini preliminari, il pubblico ministero provvede a rinnovare l'esame dei soggetti indicati negli articoli 64 e 197-bis del codice di procedura penale, come rispettivamente modificato e introdotto dalla presente legge, secondo le forme ivi previste.

3. Le dichiarazioni rese nel corso delle indagini preliminari o dell'udienza preliminare, se già acquisite al fascicolo per il dibattimento, sono valutate a norma dei commi 3, 4, 5 e 6 del previgente articolo 500 del codice di procedura penale.

4. Quando le dichiarazioni di cui al comma 3 sono state rese da chi, per libera scelta, si è sempre volontariamente sottratto all'esame dell'imputato o del difensore, si applica la disposizione del comma 2 dell'articolo 1 del decreto-legge 7 gennaio 2000, n. 2, convertito, con modificazioni, dalla legge 25 febbraio 2000, n. 35, soltanto se esse siano state acquisite al fascicolo per il dibattimento anteriormente alla data del 25 febbraio 2000. Se sono state acquisite successivamente, si applica il comma 1-bis dell'articolo 526 del codice di procedura penale, come introdotto dall'articolo 19 della presente legge.

5. Alle dichiarazioni acquisite al fascicolo per il dibattimento, e già valutate ai fini delle decisioni, si applicano nel giudizio dinanzi alla Corte di Cassazione le disposizioni vigenti in materia di valutazione della prova al momento delle decisioni stesse.

384-*bis*. Punibilità dei fatti commessi in collegamento audiovisivo nel corso di una rogatoria dall'estero.

I delitti di cui agli articoli 366, 367, 368, 369, 371-*bis*, 372 e 373, commessi in occasione di un collegamento audiovisivo nel corso di una rogatoria all'estero, si considerano commessi nel territorio dello Stato e sono puniti secondo la legge italiana[1].

[1] Articolo aggiunto dall'art. 17, L. 5 ottobre 2001, n. 367.

384-*ter*. Circostanze speciali.

Se i fatti di cui agli articoli 371-*bis*, 371-*ter*, 372, 374 e 378 sono commessi al fine di impedire, ostacolare o sviare un'indagine o un processo penale in relazione ai delitti di cui agli articoli 270, 270-*bis*, 276, 280, 280-*bis*, 283, 284, 285, 289-*bis*, 304, 305, 306, 416-*bis*, 416-*ter* e 422 o ai reati previsti dall'articolo 2 della legge 25 gennaio 1982, n. 17, ovvero ai reati concernenti il traffico illegale di armi o di materiale nucleare, chimico o biologico e comunque in relazione ai reati di cui all'articolo 51, comma 3-*bis*, del codice di procedura penale, la pena è aumentata dalla metà a due terzi e non opera la sospensione del procedimento di cui agli articoli 371-*bis* e 371-*ter*.

La pena è diminuita dalla metà a due terzi nei confronti di colui che si adopera per ripristinare lo stato originario dei luoghi, delle cose, delle persone o delle prove, nonché per evitare che l'attività delittuosa venga portata a conseguenze ulteriori, ovvero aiuta concretamente l'autorità di polizia o l'autorità giudiziaria nella ricostruzione del fatto oggetto di inquinamento processuale e depistaggio e nell'individuazione degli autori[1].

[1] Articolo aggiunto dall'art. 2, L. 11 luglio 2016, n. 133.

CAPO II
DEI DELITTI CONTRO L'AUTORITÀ DELLE DECISIONI GIUDIZIARIE

385. Evasione.

Chiunque, essendo legalmente arrestato o detenuto per un reato, evade è punito con la reclusione da uno a tre anni [c.p. 1889, 226, 227][1].

La pena è della reclusione da due a cinque anni se il colpevole commette il fatto usando violenza o minaccia verso le persone, ovvero mediante effrazione; ed è da tre a sei anni se la violenza o minaccia è commessa con armi [585 comma 2] o da più persone riunite[2].

Le disposizioni precedenti si applicano anche all'imputato che essendo in stato di arresto nella propria abitazione o in altro luogo designato nel provvedimento se ne allontani, nonché al condannato ammesso a lavorare fuori dello stabilimento penale[3].

Quando l'evaso si costituisce in carcere prima della condanna, la pena è diminuita [65; c.p. 1889, 232][4].

[1] Comma così modificato dall'art. 2, L. 26 novembre 2010, n. 199. Il testo previgente disponeva: *Chiunque, essendo legalmente arrestato o detenuto per un reato, evade è punito con la reclusione da sei mesi ad un anno.*

[2] Comma così modificato dall'art. 2, L. 26 novembre 2010, n. 199. Il testo previgente disponeva: *La pena è della reclusione da uno a tre anni se il colpevole commette il fatto usando violenza o minaccia verso le persone, ovvero mediante effrazione; ed è da tre a cinque anni se la violenza o minaccia è commessa con armi o da più persone riunite.*

[3] Comma così sostituito dall'art. 29, L. 12 agosto 1982, n. 532.

[4] L'art. 4, L. 12 giugno 2003, n. 134, ha abrogato l'art. 60, L. 24 novembre 1981, n. 689, che prevedeva l'inapplicabilità delle pene sostitutive al reato previsto dal presente articolo.

[5] Articolo così sostituito dall'art. 15, L. 12 gennaio 1977, n. 1.

386. Procurata evasione.

Chiunque procura o agevola l'evasione di una persona legalmente arrestata o detenuta per un reato, è punito con la reclusione da sei mesi a cinque anni [c.p. 1889, 228, 229].

Si applica la reclusione da tre a dieci anni se il fatto è commesso a favore di un condannato [alla pena di morte o][1] all'ergastolo.

La pena è aumentata [64] se il colpevole, per commettere il fatto, adopera alcuno dei mezzi indicati nel primo capoverso dell'articolo precedente.

La pena è diminuita [65]:

1) se il colpevole è un prossimo congiunto [307 comma 4];

2) se il colpevole, nel termine di tre mesi dall'evasione, procura la cattura della persona evasa o la presentazione di lei all'Autorità [391, 392].

La condanna importa in ogni caso l'interdizione dai pubblici uffici [28].

[1] La pena di morte è stata soppressa, con conseguente sostituzione con l'ergastolo, prima per i delitti previsti dal presente codice ex art. 1, D.Lgs.Lgt. 10 agosto 1944, n. 224, poi per i delitti previsti dalle leggi speciali (art. 1, D.Lgs. 22 gennaio 1948, n. 21). Infine, con L. 13 ottobre 1994, n. 589 è stata abolita la pena di morte anche per i reati previsti dal codice penale militare di guerra.

387. Colpa del custode.

Chiunque, preposto per ragione del suo ufficio alla custodia, anche temporanea, di una persona arrestata o detenuta per un reato, ne cagiona, per colpa [43], l'evasione, è punito con la reclusione fino a tre anni[1] o con la multa da euro 103 a 1.032 [c.p. 1889, 231][2].

Il colpevole non è punibile se nel termine di tre mesi dall'evasione procura la cattura della persona evasa o la presentazione di lei all'Autorità [391].

[1] Sono applicabili le sanzioni sostitutive previste dagli artt. 53 ss., L. 24 novembre 1981, n. 689.

[2] Importi elevati dall'art. 113 comma 1, L. 24 novembre 1981, n. 689.

387-*bis*. Violazione dei provvedimenti di allontanamento dalla casa familiare e del divieto di avvicinamento ai luoghi frequentati dalla persona offesa.

Chiunque, essendovi legalmente sottoposto, violi gli obblighi o i divieti derivanti dal provvedimento che applica le misure cautelari di cui agli articoli 282-bis e 282-ter del codice di procedura penale o dall'ordine di cui all'articolo 384-bis del medesimo codice è punito con la reclusione da sei mesi a tre anni[1].

[1] Articolo aggiunto dall'art. 4, L. 19 luglio 2019, n. 69.

388. Mancata esecuzione dolosa di un provvedimento del giudice.

Chiunque, per sottrarsi all'adempimento degli obblighi nascenti da un provvedimento dell'autorità giudiziaria, o dei quali è in corso l'accertamento dinanzi all'autorità giudiziaria stessa, compie, sui propri o sugli altrui beni, atti simulati o fraudolenti, o commette allo stesso scopo altri fatti fraudolenti, è punito, qualora non ottemperi alla ingiunzione di eseguire il provvedimento, con la reclusione fino a tre anni o con la multa da euro 103 a euro 1.032.

La stessa pena si applica a chi elude l'ordine di protezione previsto dall'articolo 342-*ter* del codice civile, ovvero un provvedimento di eguale contenuto assunto nel procedimento di separazione personale dei coniugi o nel procedimento di scioglimento o di cessazione degli effetti civili del matrimonio ovvero ancora l'esecuzione di un provvedimento del giudice civile, ovvero amministrativo o contabile, che concerna l'affidamento di minori o di altre persone incapaci, ovvero prescriva misure cautelari a difesa della proprietà, del possesso o del credito[1].

La stessa pena si applica a chi elude l'esecuzione di un provvedimento del giudice che prescriva misure inibitorie o correttive a tutela dei diritti di proprietà industriale[2].

È altresì punito con la pena prevista al primo comma chiunque, essendo obbligato alla riservatezza per espresso provvedimento adottato dal giudice nei procedimenti che riguardino diritti di proprietà industriale, viola il relativo ordine[2].

Chiunque sottrae, sopprime, distrugge, disperde o deteriora una cosa di sua proprietà sottoposta a pignoramento ovvero a sequestro giudiziario o conservativo è punito con la reclusione fino a un anno e con la multa fino a euro 309.

Si applicano la reclusione da due mesi a due anni e la multa da euro 30 a euro 309 se il fatto è commesso dal proprietario su una cosa affidata alla sua custodia, e la reclusione da quattro mesi a tre anni e la multa da euro 51 a euro 516 se il fatto è commesso dal custode al solo scopo di favorire il proprietario della cosa.

Il custode di una cosa sottoposta a pignoramento ovvero a sequestro giudiziario o conservativo che indebitamente rifiuta, omette o ritarda un atto dell'ufficio è punito con la reclusione fino ad un anno o con la multa fino a euro 516.

La pena di cui al settimo comma si applica al debitore o all'amministratore, direttore generale o liquidatore della società debitrice che, invitato dall'ufficiale giudiziario a indicare le cose o i crediti pignorabili, omette di rispondere nel termine di quindici giorni o effettua una falsa dichiarazione[3].

Il colpevole è punito a querela della persona offesa[4].

[1] Comma così modificato dall'art. 2, D.Lgs. 1 marzo 2018, n. 21. Il testo previgente disponeva: *La stessa pena si applica a chi elude l'esecuzione di un provvedimento del giudice civile, ovvero amministrativo o contabile, che concerna l'affidamento di minori o di altre persone incapaci, ovvero prescriva misure cautelari a difesa della proprietà, del possesso o del credito.*

[2] Comma aggiunto dall'art. 9, D.Lgs. 11 maggio 2018, n. 63.

[3] Comma così modificato dall'art. 9, D.Lgs. 11 maggio 2018, n. 63. Il testo previgente disponeva: *La pena di cui al quinto comma si applica al debitore o all'amministratore, direttore generale o liquidatore della società debitrice che, invitato dall'ufficiale giudiziario a indicare le cose o i crediti pignorabili, omette di rispondere nel termine di quindici giorni o effettua una falsa dichiarazione.*

[4] Articolo così sostituito dall'art. 3, L. 15 luglio 2009, n. 94. Il testo previgente disponeva: *Chiunque, per sottrarsi all'adempimento degli obblighi civili nascenti da una sentenza di condanna, o dei quali è in corso l'accertamento dinanzi l'Autorità giudiziaria, compie, sui propri o sugli altrui beni, atti simulati o fraudolenti, o commette allo stesso scopo altri fatti fraudolenti, è punito, qualora non ottemperi alla ingiunzione di eseguire la sentenza, con la reclusione fino a tre anni o con la multa da euro 103 a 1.032.*

La stessa pena si applica a chi elude l'esecuzione di un provvedimento del giudice civile, che concerna l'affidamento di minori o di altre persone incapaci, ovvero prescriva misure cautelari a difesa della proprietà, del possesso o del credito.

Chiunque sottrae, sopprime, distrugge, disperde o deteriora una cosa di sua proprietà sottoposta a pignoramento ovvero a sequestro giudiziario o conservativo è punito con la reclusione fino a un anno e con la multa fino a euro 309.

Si applicano la reclusione da due mesi a due anni e la multa da euro 30 a euro 309 se il fatto è commesso dal proprietario su una cosa affidata alla sua custodia e la reclusione da quattro mesi a tre anni e la multa da euro 51 a 516 se il fatto è commesso dal custode al solo scopo di favorire il proprietario della cosa.

Il custode di una cosa sottoposta a pignoramento ovvero a sequestro giudiziario o conservativo che indebitamente rifiuta, omette o ritarda un atto dell'ufficio è punito con la reclusione fino ad un anno o con la multa fino a euro 516.

La pena di cui al quinto comma si applica al debitore o all'amministratore, direttore generale o liquidatore della società debitrice che, invitato dall'ufficiale giudiziario a indicare le cose o i crediti pignorabili, omette di rispondere nel termine di quindici giorni o effettua una falsa dichiarazione.

Il colpevole è punito a querela della persona offesa.

388-*bis*. Violazione colposa dei doveri inerenti alla custodia di cose sottoposte a pignoramento ovvero a sequestro giudiziario o conservativo.

Chiunque, avendo in custodia una cosa sottoposta a pignoramento ovvero a sequestro giudiziario o conservativo [c.c. 2793, 2905, 2906; c.p.c. 670-687; c.p.p. 253-265, 316-323; c.nav. 682-686], per colpa ne cagiona la distruzione o la dispersione, ovvero ne agevola la soppressione o la sottrazione, è punito, a querela della persona offesa, con la reclusione fino a sei mesi o con la multa fino a euro 309[1].

[1] Articolo aggiunto dall'art. 88, L. 24 novembre 1981, n. 689. Sono applicabili le sanzioni sostitutive previste dagli artt. 53 ss., L. 24 novembre 1981, n. 689.

388-*ter*. Mancata esecuzione dolosa di sanzioni pecuniarie.

Chiunque, per sottrarsi all'esecuzione di una multa o di una ammenda o di una sanzione amministrativa pecuniaria compie, sui propri o sugli altrui beni, atti simulati o fraudolenti, o commette allo stesso scopo altri fatti fraudolenti, è punito, qualora non ottemperi nei termini all'ingiunzione di pagamento contenuta nel precetto, con la reclusione da sei mesi a tre anni[1].

[1] Articolo aggiunto dall'art. 109, L. 24 novembre 1981, n. 689. Sono applicabili le sanzioni sostitutive previste dagli artt. 53 ss., L. 24 novembre 1981, n. 689.

389. Inosservanza di pene accessorie.

Chiunque, avendo riportato una condanna, da cui consegue una pena accessoria, trasgredisce agli obblighi o ai divieti inerenti a tale pena, è punito con la reclusione da due a sei mesi [c.p. 1889, 234].

[La stessa pena si applica a chi trasgredisce agli obblighi o ai divieti inerenti ad una pena accessoria provvisoriamente applicata][1] [2].

[1] Comma da ritenersi implicitamente abrogato a seguito della soppressione dell'art. 140 c.p.

[2] Articolo così sostituito dall'art. 129, L. 24 novembre 1981, n. 689. Sono applicabili le sanzioni sostitutive previste dagli artt. 53 ss., L. 689/1981 cit.

CODICE PENALE

390. Procurata inosservanza di pena.

Chiunque, fuori dei casi di concorso nel reato [110], aiuta taluno a sottrarsi all'esecuzione della pena è punito con la reclusione da tre mesi a cinque anni se si tratta di condannato per delitto, e con la multa da euro 51 a 1.032[1] se si tratta di condannato per contravvenzione.

Si applicano le disposizioni del terzo capoverso dell'articolo 386.

[1] Importi elevati dall'art. 113, L. 24 novembre 1981, n. 689.

391. Procurata inosservanza di misure di sicurezza detentive.

Chiunque procura o agevola l'evasione di una persona sottoposta a misura di sicurezza detentiva [214, 215], ovvero nasconde l'evaso o comunque lo favorisce nel sottrarsi alle ricerche dell'Autorità, è punito con la reclusione fino a due anni. Si applicano le disposizioni del terzo capoverso dell'articolo 386[1].

Se l'evasione avviene per colpa [43] di chi, per ragione del suo ufficio, ha la custodia, anche temporanea, della persona sottoposta a misura di sicurezza, il colpevole è punito con la multa fino a euro 1.032[2]. Si applica la disposizione del capoverso dell'articolo 387.

[1] L'art. 4, L. 12 giugno 2003, n. 134, ha abrogato l'art. 60, L. 24 novembre 1981, n. 689, che prevedeva l'inapplicabilità delle pene sostitutive al reato previsto dal presente comma.

[2] Importi elevati dall'art. 113 comma 1, L. 24 novembre 1981, n. 689.

391-*bis*. Agevolazione delle comunicazioni dei detenuti sottoposti alle restrizioni di cui all'articolo 41-bis della legge 26 luglio 1975, n. 354. Comunicazioni in elusione delle prescrizioni[1].

Chiunque consente a un detenuto, sottoposto alle restrizioni di cui all'articolo 41-*bis* della legge 26 luglio 1975, n. 354, di comunicare con altri in elusione delle prescrizioni all'uopo imposte è punito con la reclusione **da due a sei anni**[2].

Se il fatto è commesso da un pubblico ufficiale, da un incaricato di pubblico servizio ovvero da un soggetto che esercita la professione forense si applica la pena della reclusione **da tre a sette anni**[3].

La pena prevista dal primo comma si applica anche al detenuto sottoposto alle restrizioni di cui all'articolo 41-bis della legge 26 luglio 1975, n. 354, il quale comunica con altri in elusione delle prescrizioni all'uopo imposte[4] [5].

[1] Rubrica così sostituita dall'art. 8, D.L. 21 ottobre 2020, n. 130, convertito in L. 18 dicembre 2020, n. 173, a decorrere dal 20 dicembre 2020. Il testo previgente disponeva: *Agevolazione ai detenuti e internati sottoposti a particolari restrizioni delle regole di trattamento e degli istituti previsti dall'ordinamento penitenziario.*

[2] Comma così modificato dall'art. 8, D.L. 21 ottobre 2020, n. 130, convertito in L. 18 dicembre 2020, n. 173, a decorrere dal 20 dicembre 2020. Il testo previgente disponeva: *Chiunque consente a un detenuto, sottoposto alle restrizioni di cui all'articolo 41-bis della legge 26 luglio 1975, n. 354, di comunicare con altri in elusione delle prescrizioni all'uopo imposte è punito con la reclusione da uno a quattro anni.*

[3] Comma così modificato dall'art. 8, D.L. 21 ottobre 2020, n. 130, convertito in L. 18 dicembre 2020, n. 173, a decorrere dal 20 dicembre 2020. Il testo previgente disponeva: *Se il fatto è commesso da un pubblico ufficiale, da un incaricato di pubblico servizio ovvero da un soggetto che esercita la professione forense si applica la pena della reclusione da due a cinque anni.*

[4] Comma aggiunto dall'art. 8, D.L. 21 ottobre 2020, n. 130, convertito in L. 18 dicembre 2020, n. 173, a decorrere dal 20 dicembre 2020.

[5] Articolo aggiunto dall'art. 2, L. 15 luglio 2009, n. 94.

391-*ter*. Accesso indebito a dispositivi idonei alla comunicazione da parte di soggetti detenuti.

Fuori dei casi previsti dall'articolo 391-bis, chiunque indebitamente procura a un detenuto un apparecchio telefonico o altro dispositivo idoneo ad effettuare comunicazioni o comunque consente a costui l'uso indebito dei predetti strumenti o introduce in un istituto penitenziario uno dei predetti strumenti al fine di renderlo disponibile a una persona detenuta è punito con la pena della reclusione da uno a quattro anni.

Si applica la pena della reclusione da due a cinque anni se il fatto è commesso da un pubblico ufficiale, da un incaricato di pubblico servizio ovvero da un soggetto che esercita la professione forense.

Salvo che il fatto costituisca più grave reato, la pena prevista dal primo comma si applica anche al detenuto che indebitamente riceve o utilizza un apparecchio telefonico o altro dispositivo idoneo ad effettuare comunicazioni[1].

[1] Articolo aggiunto dall'art. 9, D.L. 21 ottobre 2020, n. 130, convertito in L. 18 dicembre 2020, n. 173, a decorrere dal 20 dicembre 2020.

CAPO III

DELLA TUTELA ARBITRARIA DELLE PRIVATE RAGIONI

392. Esercizio arbitrario delle proprie ragioni con violenza sulle cose.

Chiunque, al fine di esercitare un preteso diritto, potendo ricorrere al giudice, si fa arbitrariamente ragione da sé medesimo, mediante violenza sulle cose, è punito, a querela della persona offesa [120; c.p.p. 336, 340], con la multa fino a euro 516 [c.p. 1889, 235 comma 1][1].

Agli effetti della legge penale, si ha violenza sulle cose allorché la cosa viene danneggiata o trasformata, o ne è mutata la destinazione.

Si ha altresì, violenza sulle cose allorché un programma informatico viene alterato, modificato o cancellato in tutto o in parte ovvero viene impedito o turbato il funzionamento di un sistema informatico o telematico[2].

[1] Importi elevati dall'art. 113, L. 24 novembre 1981, n. 689.

[2] Comma aggiunto dall'art. 1, L. 23 dicembre 1993, n. 547.

■ Codice penale del 1889: *Art. 235 - Chiunque, al solo fine di esercitare un preteso diritto, nei casi in cui potrebbe ricorrere all'Autorità, si fa ragione da sé medesimo, usando violenza sulle cose, è punito con la multa sino a lire cinquecento.*

Se il colpevole faccia uso di minaccia o di violenza contro le persone, ancorché non usi violenza sulle cose, è punito con la detenzione sino ad un anno o col confino sino a due anni, e con la multa sino a lire mille.

Se la violenza sia commessa con armi, o sia accompagnata da lesione personale, purché non produca un effetto più grave di quello preveduto nell'ultimo capoverso dell'articolo 372, la detenzione non può essere inferiore ad un mese, né il confino a tre mesi, né la multa a lire trecento.

Se il fatto non sia accompagnato da altro delitto per cui si debba procedere d'ufficio, non si procede che a querela di parte.

393. Esercizio arbitrario delle proprie ragioni con violenza alle persone.

Chiunque, al fine indicato nell'articolo precedente, e potendo ricorrere al giudice, si fa arbitrariamente ragione da sé medesimo usando violenza o minaccia alle persone, è punito, a querela dell'offeso [120; c.p.p. 336-340], con la reclusione fino a un anno [c.p. 1889, 235 comma 2][1].

Se il fatto è commesso anche con violenza sulle cose [392 comma 2], alla pena della reclusione è aggiunta la multa fino a euro 206[2].

La pena è aumentata se la violenza o la minaccia alle persone è commessa con armi [585 comma 2].

[1] Sono applicabili le sanzioni sostitutive previste dall'art. 53 ss., L. 24 novembre 1981, n. 689.

[2] Importi elevati dall'art. 113, L. 24 novembre 1981, n. 689.

393-*bis*. Causa di non punibilità.

Non si applicano le disposizioni degli articoli 336, 337, 338, 339, 339-*bis*, 341-*bis*, 342 e 343 quando il pubblico ufficiale o l'incaricato di un pubblico servizio ovvero il pubblico impiegato abbia dato causa al fatto preveduto negli stessi articoli, eccedendo con atti arbitrari i limiti delle sue attribuzioni[1 2].

[1] Comma così modificato dall'art. 4, L. 3 luglio 2017, n. 105, che dopo le parole: «338, 339,» ha aggiunto la seguente: «339-bis,».

[2] Articolo aggiunto dall'art. 1, L. 15 luglio 2009, n. 94.

394. - 401.

[...][1].

[1] Articoli abrogati dall'art. 18, L. 25 giugno 1999, n. 205.

TITOLO IV
DEI DELITTI CONTRO IL SENTIMENTO RELIGIOSO E CONTRO LA PIETÀ DEI DEFUNTI

CAPO I
DEI DELITTI CONTRO LE CONFESSIONI RELIGIOSE[1 2]

[1] Rubrica così sostituita dall'art. 10, L. 24 febbraio 2006, n. 85. Il testo precedente la riforma era il seguente: «Dei delitti contro la religione dello Stato e i culti ammessi».

[2] Non è più in vigore il principio, originariamente richiamato dai Patti Lateranensi, della religione cattolica come sola religione dello Stato italiano (Protocollo Addizionale all'accordo del 18 febbraio 1984 tra lo Stato italiano e la Santa Sede).

402. Vilipendio della religione dello Stato.

Chiunque pubblicamente [266 comma 4] vilipende la religione dello Stato è punito con la reclusione fino a un anno[1 2].

[1] Non è più in vigore il principio, originariamente richiamato dai Patti Lateranensi, della religione cattolica come sola religione dello Stato italiano (Protocollo Addizionale all'accordo del 18 febbraio 1984 tra lo Stato italiano e la Santa Sede).

[2] La Corte costituzionale, con sentenza 20 novembre 2000, n. 508, ha dichiarato l'illegittimità costituzionale del presente articolo.

● Norme connesse:
- artt. 3, 8, Cost.

403. Offese a una confessione religiosa mediante vilipendio di persone.

Chiunque pubblicamente offende una confessione religiosa, mediante vilipendio di chi la professa, è punito con la multa da euro 1.000 a euro 5.000.

Si applica la multa da euro 2.000 a euro 6.000 a chi offende una confessione religiosa, mediante vilipendio di un ministro del culto [c.p. 1889, 142 comma 1][1 2].

[1] Articolo così sostituito dall'art. 7, L. 24 febbraio 2006, n. 85. Alle violazioni depenalizzate si applicano, in quanto compatibili, gli artt. 101 e 102, D.Lgs. 30 dicembre 1999, n. 507.

[2] Il testo precedente la riforma del 2006 era il seguente: «*403. Offese alla religione dello Stato mediante vilipendio di persone. Chiunque pubblicamente offende la religione dello Stato, mediante vilipendio di chi la professa, è punito con la reclusione fino a due anni.*

Si applica la reclusione da uno a tre anni a chi offende la religione dello Stato, mediante vilipendio di un ministro del culto cattolico.».

404. Offese a una confessione religiosa mediante vilipendio o danneggiamento di cose.

Chiunque, in luogo destinato al culto, o in luogo pubblico o aperto al pubblico, offendendo una confessione religiosa, vilipende con espressioni ingiuriose cose che formino oggetto di culto, o siano consacrate al culto, o siano destinate necessariamente all'esercizio del culto, ovvero commette il fatto in occasione di funzioni religiose, compiute in luogo privato da un ministro del culto, è punito con la multa da euro 1.000 a euro 5.000 [c.p. 1889, 143, 404].

Chiunque pubblicamente e intenzionalmente distrugge, disperde, deteriora, rende inservibili o imbratta cose che formino oggetto di culto o siano consacrate al culto o siano destinate necessariamente all'esercizio del culto è punito con la reclusione fino a due anni[1 2].

[1] Articolo così sostituito dall'art. 8, L. 24 febbraio 2006, n. 85. Alle violazioni depenalizzate si applicano, in quanto compatibili, gli artt. 101 e 102, D.Lgs. 30 dicembre 1999, n. 507.

[2] Il testo precedente la riforma del 2006 era il seguente: «*404. Offese alla religione dello Stato mediante vilipendio di cose. Chiunque, in un luogo destinato al culto, o in un luogo pubblico o aperto al pubblico, offende la religione dello Stato, mediante vilipendio di cose che formino oggetto di culto, o siano consacrate al culto, o siano destinate necessariamente all'esercizio del culto, è punito con la reclusione da uno a tre anni.*

La stessa pena si applica a chi commette il fatto in occasione di funzioni religiose, compiute in luogo privato da un ministro del culto cattolico.».

405. Turbamento di funzioni religiose del culto di una confessione religiosa[1].

Chiunque impedisce o turba l'esercizio di funzioni, cerimonie o pratiche religiose del culto di una confessione religiosa, le quali si compiano con l'assistenza di un ministro del culto medesimo o in un luogo destinato al culto, o in un luogo pubblico o aperto al pubblico, è punito con la reclusione fino a due anni [c.p. 1889, 140][2].

Se concorrono fatti di violenza alle persone o di minaccia, si applica la reclusione da uno a tre anni[3 4].

[1] Rubrica così modificata dall'art. 9, L. 24 febbraio 2006, n. 85.

[2] Comma così modificato dall'art. 9, L. 24 febbraio 2006, n. 85.

[3] La Corte costituzionale, con sentenza 9 luglio 2002, n. 327, ha dichiarato l'illegittimità costituzionale del presente articolo, nella parte in cui per i fatti di turbamento di funzioni religiose del culto cattolico, prevede pene più gravi, anziché le pene diminuite stabilite dall'art. 406 successivo per gli stessi fatti commessi contro gli altri culti.

[4] Il testo precedente la riforma del 2006 era il seguente: *405. Turbamento di funzioni religiose del culto cattolico. Chiunque impedisce o turba l'esercizio di funzioni, cerimonie o pratiche religiose del culto cattolico, le quali si compiano con l'assistenza di un ministro del culto medesimo o in un luogo destinato al culto, o in un luogo pubblico o aperto al pubblico, è punito con la reclusione fino a due anni.*

Se concorrono fatti di violenza alle persone o di minaccia, si applica la reclusione da uno a tre anni.

● Norme connesse:
- artt. 3, 8, Cost.

406. Delitti contro i culti ammessi nello Stato.

[...][1 2].

[1] Articolo abrogato dall'art. 10, L. 24 febbraio 2006, n. 85.

[2] Il testo previgente era il seguente: *406. Delitti contro i culti ammessi nello Stato. Chiunque commette uno dei fatti preveduti dagli articoli 403, 404 e 405 contro un culto ammesso nello Stato, è punito ai termini dei predetti articoli, ma la pena è diminuita.*

● Norme connesse:
- artt. 3, 8, Cost.

CAPO II
DEI DELITTI CONTRO LA PIETÀ DEI DEFUNTI

407. Violazione di sepolcro.

Chiunque viola una tomba, un sepolcro o un'urna è punito con la reclusione da uno a cinque anni [410][1].

[1] Per la disciplina delle esumazioni e delle estumulazioni, si vedano gli artt. 82-89, D.P.R. 10 settembre 1990, n. 285, recante regolamento di polizia mortuaria.

408. Vilipendio delle tombe.

Chiunque, in cimiteri o in altri luoghi di sepoltura, commette vilipendio di tombe, sepolcri o urne [407], o di cose destinate al culto dei defunti, ovvero a difesa o ad ornamento dei cimiteri [425 n. 1], è punito con la reclusione da sei mesi a tre anni[1].

[1] Sono applicabili le sanzioni sostitutive previste dagli artt. 53 ss., L. 24 novembre 1981, n. 689.

409. Turbamento di un funerale o servizio funebre.

Chiunque, fuori dei casi preveduti dell'articolo 405, impedisce o turba un funerale o un servizio funebre è punito con la reclusione fino a un anno[1].

[1] Sono applicabili le sanzioni sostitutive previste dagli artt. 53 ss., L. 24 novembre 1981, n. 689.

410. Vilipendio di cadavere.

Chiunque commette atti di vilipendio sopra un cadavere o sulle sue ceneri è punito con la reclusione da uno a tre anni.

Se il colpevole deturpa o mutila il cadavere, o commette, comunque, su questo atti di brutalità o di oscenità [529], è punito con la reclusione da tre a sei anni.

● Norme connesse:
- comma 1: per la cremazione del cadavere si vedano gli artt. 78-81, D.P.R. 10 settembre 1990, n. 285, recante regolamento di polizia mortuaria.

411. Distruzione, soppressione o sottrazione di cadavere.

Chiunque distrugge, sopprime o sottrae un cadavere, o una parte di esso, ovvero ne sottrae o disperde le ceneri, è punito con la reclusione da due a sette anni.

La pena è aumentata se il fatto è commesso in cimiteri o in altri luoghi di sepoltura, di deposito o di custodia.

Non costituisce reato la dispersione delle ceneri di cadavere autorizzata dall'ufficiale dello stato civile sulla base di espressa volontà del defunto[1].

La dispersione delle ceneri non autorizzata dall'ufficiale dello stato civile, o effettuata con modalità diverse rispetto a quanto indicato dal defunto, è punita con la reclusione da due mesi a un anno e con la multa da euro 2.582 a euro 12.911[1].

[1] Comma aggiunto dall'art. 2, L. 30 marzo 2001, n. 130.

● Norme connesse:

- si veda L. 1 aprile 1999, n. 91, recante disposizioni in materia di prelievi e di trapianti di organi e di tessuti.

412. Occultamento di cadavere.

Chiunque occulta un cadavere, o una parte di esso, ovvero ne nasconde le ceneri, è punito con la reclusione fino a tre anni[1].

[1] Sono applicabili le sanzioni previste dagli artt. 53 ss., L. 24 novembre 1981, n. 689.

413. Uso illegittimo di cadavere.

Chiunque disseziona o altrimenti adopera un cadavere, o una parte di esso, a scopi scientifici o didattici, in casi non consentiti dalla legge, è punito con la reclusione fino a sei mesi[1] o con la multa fino a euro 516[2].

La pena è aumentata [64] se il fatto è commesso su un cadavere, o su una parte di esso, che il colpevole sappia essere stato da altri mutilato, occultato o sottratto[1].

[1] Sono applicabili le sanzioni sostitutive previste dagli artt. 53 ss., L. 24 novembre 1981, n. 689.

[2] Importi elevati dall'art. 113 comma 1, L. 24 novembre 1981, n. 689.

● Norme connesse:

- per la consegna dei cadaveri alle sale di anatomia delle università, si vedano gli artt. 40-43 del D.P.R. 10 settembre 1990, n. 285, recante regolamento di polizia mortuaria.

TITOLO V
DEI DELITTI CONTRO L'ORDINE PUBBLICO

414. Istigazione a delinquere.

Chiunque pubblicamente [266 comma 4] istiga a commettere uno o più reati è punito, per il solo fatto dell'istigazione [115 comma 4, 302, 303, 322, 415, 580; c.p. 1889, 246, 247, 248]:

1) con la reclusione da uno a cinque anni, se trattasi di istigazione a commettere delitti;

2) con la reclusione fino a un anno[1], ovvero con la multa fino a euro 206[2], se trattasi di istigazione a commettere contravvenzioni.

Se si tratta di istigazione a commettere uno o più delitti e una o più contravvenzioni, si applica la pena stabilita nel numero 1.

Alla pena stabilita nel numero *1)* soggiace anche chi pubblicamente [266 comma 4] fa l'apologia di uno o più delitti [272 comma 2, 303 comma 2, 327]. La pena prevista dal presente comma nonchè dal primo e dal secondo comma è aumentata se il fatto è commesso attraverso strumenti informatici o telematici[3].

Fuori dei casi di cui all'articolo 302, se l'istigazione o l'apologia di cui ai commi precedenti riguarda delitti di terrorismo o crimini contro l'umanità la pena è aumentata della metà. La pena è aumentata fino a due terzi se il fatto è commesso attraverso strumenti informatici o telematici[4 5].

[1] Sono applicabili le sanzioni sostitutive previste dagli artt. 53 ss., L. 24 novembre 1981, n. 689.

[2] Importi elevati dall'art. 113 comma 1, L. 24 novembre 1981, n. 689.

[3] Comma così modificato dall'art. 2, D.L. 18 febbraio 2015, n. 7, convertito in L. 17 aprile 2015, n. 43. Il testo previgente disponeva: *Alla pena stabilita nel numero 1) soggiace anche chi pubblicamente fa l'apologia di uno o più delitti.*

[4] Comma aggiunto dall'art. 15, D.L. 27 luglio 2005, n. 144, convertito in L. 31 luglio 2005, n. 155 e così modificato dall'art. 2, D.L. 18 febbraio 2015, n. 7, convertito in L. 17 aprile 2015, n. 43. Il testo previgente disponeva: *Fuori dei casi di cui all'articolo 302, se l'istigazione o l'apologia di cui ai commi precedenti riguarda delitti di terrorismo o crimini contro l'umanità la pena è aumentata della metà.*

[5] La Corte costituzionale, con sentenza 23 aprile 1970, n. 65, ha dichiarato che l'apologia punibile ai sensi del presente articolo è quella che, per le sue modalità, integra un comportamento concretamente idoneo a provocare la commissione di delitti, trascendendo la pura e semplice manifestazione del pensiero.

● Norme connesse:

- per la pubblica istigazione e l'apologia del genocidio v. art. 8, L. 9 ottobre 1967, n. 962: *1. Chiunque pubblicamente istiga a commettere alcuno dei delitti preveduti negli articoli da 1 a 5, è punito, per il solo fatto della istigazione, con la reclusione da tre a dodici anni. 2. La stessa pena si applica a chiunque pubblicamente fa l'apologia di alcuno dei delitti preveduti nel comma precedente.*

- per la pubblica istigazione e l'apologia del fascismo v. art. 4, L. 20 giugno 1952, n. 645: *1. Chiunque fa propaganda per la costituzione di una associazione, di un movimento o di un gruppo avente le caratteristiche e perseguente le finalità indicate nell'articolo 1 è punto con la reclusione da sei mesi a due anni e con la multa da lire 400.000 a lire 1.000.000. 2. Alla stessa pena di cui al primo comma soggiace chi pubblicamente esalta esponenti, princìpi, fatti o metodi del fascismo, oppure le sue finalità antidemocratiche. Se il fatto riguarda*

CODICE PENALE

idee o metodi razzisti, la pena è della reclusione da uno a tre anni e della multa da uno a due milioni. 3. La pena è della reclusione da due a cinque anni e della multa da 1.000.000 a 4.000.000 di lire se alcuno dei fatti previsti nei commi precedenti è commesso con il mezzo della stampa. 4. La condanna comporta la privazione dei diritti previsti nell'articolo 28, comma secondo, numeri 1 e 2, del c.p., per un periodo di cinque anni.

- per alcuni casi di non punibilità v. art. 1, L. 29 maggio 1982, n. 304 (Misure per la difesa dell'ordinamento costituzionale), che dispone: *Non sono punibili coloro che, dopo aver commesso, per finalità di terrorismo o di eversione dell'ordinamento costituzionale, uno o più fra i reati previsti dagli articoli 270, 270- bis , 304, 305 e 306 del codice penale e, salvo quanto previsto dal terzo comma del presente articolo e dal secondo comma dell'articolo 5, non avendo concorso alla commissione di alcun reato connesso all'accordo, all'associazione o alla banda, prima della sentenza definitiva di condanna concernente i medesimi reati: a) disciolgono o, comunque, determinano lo scioglimento dell'associazione o della banda; b) recedono dall'accordo, si ritirano dall'associazione o dalla banda, ovvero si consegnano senza opporre resistenza o abbandonando le armi e forniscono in tutti i casi ogni informazione sulla struttura e sull'organizzazione della associazione o della banda.*

Non sono parimenti punibili coloro i quali impediscono comunque che sia compiuta l'esecuzione dei reati per cui l'associazione o la banda è stata formata.

Non sono altresì punibili: a) sussistendo le condizioni di cui al primo comma, coloro che hanno commesso i reati connessi concernenti armi, munizioni od esplosivi, fatta eccezione per le ipotesi di importazione, esportazione, rapina e furto, i reati di cui ai capi II, III e IV del titolo VII del libro II del codice penale, i reati di cui agli articoli 303 e 414 del codice penale, nonché il reato di cui all'articolo 648 del codice penale avente per oggetto armi, munizioni, esplosivi, documenti; b) coloro che hanno commesso uno dei reati previsti dagli articoli 307, 378 e 379 del codice penale nei confronti di persona imputata di uno dei delitti indicati nel primo comma, se forniscono completa informazione sul favoreggiamento commesso.

La non punibilità è dichiarata con sentenza del giudice del dibattimento, previo accertamento della non equivocità ed attualità della condotta di cui al primo e al secondo comma.

Nei confronti di chi, avendo commesso uno dei reati previsti nel primo e nel terzo comma, prima che a suo carico sia stato emesso ordine o mandato di cattura o sia stato comunque iniziato procedimento penale, si presenti spontaneamente all'autorità di polizia o all'autorità giudiziaria e tenga uno dei comportamenti previsti dal primo e dal secondo comma, l'ordine o il mandato di cattura non deve essere emesso, ma possono essere imposti obblighi o divieti previsti dalla legge e ritenuti necessari per assicurare il controllo della condotta, la disponibilità alle richieste dell'autorità giudiziaria e la presenza al dibattimento. Se è violato anche uno solo degli obblighi o dei divieti, il pubblico ministero o il giudice emette l'ordine o il mandato di cattura.

Non si applicano gli articoli 308 e 309 del codice penale.

414-*bis*. Istigazione a pratiche di pedofilia e di pedopornografia.

Salvo che il fatto costituisca più grave reato, chiunque, con qualsiasi mezzo e con qualsiasi forma di espressione, pubblicamente istiga a commettere, in danno di minorenni, uno o più delitti previsti dagli articoli 600-*bis*, 600-*ter* e 600-*quater*, anche se relativi al materiale pornografico di cui all'articolo 600-*quater.1*, 600-*quinquies*, 609-*bis*, 609-*quater* e 609-*quinquies* è punito con la reclusione da un anno e sei mesi a cinque anni.

Alla stessa pena soggiace anche chi pubblicamente fa l'apologia di uno o più delitti previsti dal primo comma.

Non possono essere invocate, a propria scusa, ragioni o finalità di carattere artistico, letterario, storico o di costume[1].

[1] Articolo aggiunto dall'art. 4, L. 1 ottobre 2012, n. 172.

415. Istigazione a disobbedire alle leggi.

Chiunque pubblicamente [266 comma 4] istiga alla disobbedienza delle leggi [266 comma 2] di ordine pubblico, ovvero all'odio fra le classi sociali, è punito con la reclusione da sei mesi a cinque anni[1].

[1] La Corte costituzionale, con sentenza 23 aprile 1974, n. 108, ha dichiarato l'illegittimità costituzionale del presente articolo nella parte in cui non specifica che l'istigazione all'odio fra le classi sociali deve essere attuata in modo pericoloso per la pubblica tranquillità.

● Norme connesse:

- per la particolare ipotesi di istigazione di contribuenti a ritardare, sospendere o non effettuare il pagamento di imposte in esazione v. art. 1, D.Lgs.C.p.S. 7 novembre 1947, n. 1559, in tema di reati in materia fiscale, che dispone: *1. Chiunque con qualsiasi mezzo promuove ed organizza accordi o intese tra i contribuenti al fine di ritardare, sospendere o non effettuare il pagamento di imposte dirette o indirette, ordinarie e straordinarie in esazione, è punito con la reclusione da sei mesi a cinque anni, salvo che il fatto non costituisca reato punibile con pena maggiore. 2. Alla stessa pena è soggetto chiunque pubblicamente o in riunioni da considerarsi pubbliche ai sensi dell'art. 18 del testo unico delle leggi di pubblica sicurezza, approvato con regio decreto 18 giugno 1931, n. 773, istiga i contribuenti a ritardare, sospendere o non effettuare il pagamento di imposte in esazione. 3. Quando l'accordo o l'istigazione abbia conseguito il suo effetto, il minimo delle pene previste nei comma precedenti è portato ad un anno.*

416. Associazione per delinquere.

Quando tre o più persone si associano allo scopo di commettere più delitti [305, 306], coloro che promuovono o costituiscono od organizzano l'associazione sono puniti, per ciò solo, con la reclusione da tre a sette anni [416-*bis*; c.p.p. 380 comma 2 lett. m)].

Per il solo fatto di partecipare all'associazione, la pena è della reclusione da uno a cinque anni.

I capi soggiacciono alla stessa pena stabilita per i promotori.

Se gli associati scorrono in armi le campagne o le pubbliche vie, si applica la reclusione da cinque a quindici anni.

La pena è aumentata se il numero degli associati è di dieci o più [32-*quater*].

Se l'associazione è diretta a commettere taluno dei delitti di cui agli articoli 600, 601, 601-*bis* e 602, nonché all'articolo 12, comma 3-*bis*, del testo unico delle disposizioni concernenti la disciplina dell'immigrazione e norme sulla condizione dello straniero, di cui al decreto legislativo 25 luglio 1998, n. 286, nonchè agli articoli 22, commi 3 e 4, e 22-*bis*, comma 1, della legge 1° aprile 1999, n. 91 [rectius: art. 601-bis c.p.], si applica la reclusione da cinque a quindici anni nei casi previsti dal primo comma e da quattro a nove anni nei casi previsti dal secondo comma[1].

Se l'associazione è diretta a commettere taluno dei delitti previsti dagli articoli 600-*bis*, 600-*ter*, 600-*quater*, 600-*quater.1*, 600-*quinquies*, 609-*bis*, quando il fatto è commesso in danno di un minore di anni diciotto, 609-*quater*, 609-*quinquies*, 609-*octies*, quando il fatto è commesso in danno di un minore di anni diciotto, e 609-*undecies*, si applica la reclusione da quattro a otto anni nei casi previsti dal primo comma e la reclusione da due a sei anni nei casi previsti dal secondo comma[2 3].

[1] Comma aggiunto dall'art. 4, L. 11 agosto 2003, n. 228 e così modificato prima dall'art. 1, L. 15 luglio 2009, n. 94, poi dall'art. 2, L. 11 dicembre 2016, n. 236.

Il testo previgente la modifica del 2009 disponeva: *Se l'associazione è diretta a commettere taluno dei delitti di cui agli articoli 600, 601 e 602, si applica la reclusione da cinque a quindici anni nei casi previsti dal primo comma e da quattro a nove anni nei casi previsti dal secondo comma.*

Il testo previgente la modifica del 2016 disponeva: *Se l'associazione è diretta a commettere taluno dei delitti di cui agli articoli 600, 601 e 602, nonché all'articolo 12, comma 3-bis, del testo unico delle disposizioni concernenti la disciplina dell'immigrazione e norme sulla condizione dello straniero, di cui al decreto legislativo 25 luglio 1998, n. 286, si applica la reclusione da cinque a quindici anni nei casi previsti dal primo comma e da quattro a nove anni nei casi previsti dal secondo comma.*

[2] Comma aggiunto dall'art. 4, L. 1 ottobre 2012, n. 172.

[3] Per l'aumento della pena, qualora il fatto sia commesso da persona sottoposta a misura di prevenzione, v. art. 71, D.Lgs. 6 settembre 2011, n. 159.

● Norme connesse:

- art. 74, D.P.R. 9 ottobre 1990, n. 309, in materia di associazione finalizzata al traffico di sostanze stupefacenti o psicotrope, nel testo, da ultimo, modificato dall'art. 4, D.Lgs. 29 ottobre 2016, n. 202: *1. Quando tre o più persone si associano allo scopo di commettere più delitti tra quelli previsti dall'articolo 70, commi 4, 6 e 10, escluse le operazioni relative alle sostanze di cui alla categoria III dell'allegato I al regolamento (CE) n. 273/2004 e dell'allegato al regolamento (CE) n. 111/2005, ovvero dall'articolo 73, chi promuove, costituisce, dirige, organizza o finanzia l'associazione è punito per ciò solo con la reclusione non inferiore a venti anni.*

2. Chi partecipa all'associazione è punito con la reclusione non inferiore a dieci anni.

3. La pena è aumentata se il numero degli associati è di dieci o più o se tra i partecipanti vi sono persone dedite all'uso di sostanze stupefacenti o psicotrope.

4. Se l'associazione è armata la pena, nei casi indicati dai commi 1 e 3, non può essere inferiore a ventiquattro anni di reclusione e, nel caso previsto dal comma 2, a dodici anni di reclusione. L'associazione si considera armata quando i partecipanti hanno la disponibilità di armi o materie esplodenti, anche se occultate o tenute in luogo di deposito.

5. La pena è aumentata se ricorre la circostanza di cui alla lettera e) del comma 1 dell'articolo 80.

6. Se l'associazione è costituita per commettere i fatti descritti dal comma 5 dell'articolo 73, si applicano il primo e il secondo comma dell'articolo 416 del codice penale.

7. Le pene previste dai commi da 1 a 6 sono diminuite dalla metà a due terzi per chi si sia efficacemente adoperato per assicurare le prove del reato o per sottrarre all'associazione risorse decisive per la commissione dei delitti.

7-bis. Nei confronti del condannato è ordinata la confisca delle cose che servirono o furono destinate a commettere il reato e dei beni che ne sono il profitto o il prodotto, salvo che appartengano a persona estranea al reato, ovvero quando essa non è possibile, la confisca di beni di cui il reo ha la disponibilità per un valore corrispondente a tale profitto o prodotto

8. Quando in leggi e decreti è richiamato il reato previsto dall'articolo 75 della legge 22 dicembre 1975, n. 685, abrogato dall'articolo 38, comma 1, della legge 26 giugno 1990, n. 162, il richiamo si intende riferito al presente articolo.

■ Codice penale del 1889: *Art. 248. Quando cinque o più persone si associano per commettere delitti contro l'amministrazione della giustizia, o la fede pubblica, o l'incolumità pubblica, o il buon costume e l'ordine delle famiglie, o contro la persona o la proprietà, ciascuna di esse è punita, per il solo fatto dell'associazione, con la reclusione da uno a cinque anni.*

Se gli associati scorrano le campagne o le pubbliche vie, e se due o più di essi portino armi o le tengano in luogo di deposito, la pena è della reclusione da tre a dieci anni.

Se vi siano promotori o capi dell'associazione, la pena per essi è della reclusione da tre a otto anni, nel caso indicato nella prima parte del presente articolo, e da cinque a dodici anni, nel caso indicato nel precedente capoverso.

Alle pene stabilite nel presente articolo è sempre aggiunta la sottoposizione alla vigilanza speciale dell'Autorità di pubblica sicurezza.

416-*bis*. Associazioni di tipo mafioso anche straniere[1].

Chiunque fa parte di un'associazione di tipo mafioso formata da tre o più persone, è punito con la reclusione da dieci a quindici anni [305 comma 2, 306 comma 2, 416 comma 2, 416-*ter*; c.p.p. 275 commi 3, 5, 299 comma 2, 372 comma 1-*bis*][2].

Coloro che promuovono, dirigono o organizzano l'associazione sono puniti, per ciò solo, con la reclusione da dodici a diciotto anni[3].

L'associazione è di tipo mafioso quando coloro che ne fanno parte si avvalgono della forza di intimidazione del vincolo associativo e della condizione di assoggettamento e di omertà che ne deriva per commettere delitti, per acquisire in modo diretto o indiretto la gestione o comunque il controllo di attività economiche, di concessioni, di autorizzazioni, appalti e servizi pubblici o per realizzare profitti o vantaggi ingiusti per sé o per altri, ovvero al fine di impedire od ostacolare il libero esercizio del voto o di procurare voti a sé o ad altri in occasione di consultazioni elettorali[4].

Se l'associazione è armata si applica la pena della reclusione da dodici a venti anni nei casi previsti dal primo comma e da quindici a ventisei anni nei casi previsti dal secondo comma[5].

L'associazione si considera armata quando i partecipanti hanno la disponibilità, per il conseguimento della finalità dell'associazione, di armi o materie esplodenti, anche se occultate o tenute in luogo di deposito.

Se le attività economiche di cui gli associati intendono assumere o mantenere il controllo sono finanziate in tutto o in parte con il prezzo, il prodotto, o il profitto di delitti, le pene stabilite nei commi precedenti sono aumentate da un terzo alla metà.

Nei confronti del condannato è sempre obbligatoria la confisca delle cose che servirono o furono destinate a commettere il reato e delle cose che ne sono il prezzo, il prodotto, il profitto o che ne costituiscono l'impiego[6].

Le disposizioni del presente articolo si applicano anche alla camorra, alla 'ndrangheta e alle altre associazioni, comunque localmente denominate, anche straniere, che valendosi della forza intimidatrice del vincolo associativo perseguono scopi corrispondenti a quelli delle associazioni di tipo mafioso[7 8 9 10].

1 Rubrica così sostituita dall'art. 1, D.L. 23 maggio 2008, n. 92, convertito in L. 24 luglio 2008, n. 125, a decorrere dal 26 luglio 2008. Il testo previgente era il seguente: *Associazioni di tipo mafioso.*

2 Comma, da ultimo, così modificato, prima dall'art. 1, D.L. 23 maggio 2008, n. 92, convertito in L. 24 luglio 2008, n. 125, a decorrere dal 26 luglio 2008, poi dall'art. 5, L. 27 maggio 2015, n. 69.

Il testo previgente la modifica del 2015 disponeva: *Chiunque fa parte di un'associazione di tipo mafioso formata da tre o più persone, è punito con la reclusione da sette a dodici anni.*

Il testo previgente la modifica del 2008 era il seguente: *Chiunque fa parte di un'associazione di tipo mafioso formata da tre o più persone, è punito con la reclusione da cinque a dieci anni.*

3 Comma, da ultimo, così modificato, prima dall'art. 1, D.L. 23 maggio 2008, n. 92, convertito in L. 24 luglio 2008, n. 125, a decorrere dal 26 luglio 2008, poi dall'art. 5, L. 27 maggio 2015, n. 69.

Il testo previgente la modifica del 2015 disponeva: *Coloro che promuovono, dirigono o organizzano l'associazione sono puniti, per ciò solo, con la reclusione da nove a quattordici anni.*

Il testo previgente la modifica del 2008 era il seguente: *Coloro che promuovono, dirigono o organizzano l'associazione sono puniti, per ciò solo, con la reclusione da sette a dodici anni.*

4 Comma così modificato dall'art. 11-*bis*, D.L. 8 giugno 1992, n. 306, convertito in L. 7 agosto 1992, n. 356.

5 Comma, da ultimo, così modificato, prima dall'art. 1, D.L. 23 maggio 2008, n. 92, convertito in L. 24 luglio 2008, n. 125, a decorrere dal 26 luglio 2008, poi dall'art. 5, L. 27 maggio 2015, n. 69.

Il testo previgente la modifica del 2015 disponeva: *Se l'associazione è armata si applica la pena della reclusione da nove a quindici anni nei casi previsti dal primo comma e da dodici a ventiquattro anni nei casi previsti dal secondo comma.*

Il testo previgente la modifica del 2008 era il seguente: *Se l'associazione è armata si applica la pena della reclusione da sette a quindici anni nei casi previsti dal primo comma e da dieci a ventiquattro anni nei casi previsti dal secondo comma.*

6 Comma così modificato dall'art. 36, L. 19 marzo 1990, n. 55.

7 Comma, prima modificato dall'art. 1, D.L. 23 maggio 2008, n. 92, convertito in L. 24 luglio 2008, n. 125, poi dall'art. 6, D.L. 4 febbraio 2010, n. 4, convertito in L. 31 marzo 2010, n. 50. Il testo previgente alla modifica del 2010 era il seguente: *Le disposizioni del presente articolo si applicano anche alla camorra e alle altre associazioni, comunque localmente denominate, anche straniere, che valendosi della forza intimidatrice del vincolo associativo perseguono scopi corrispondenti a quelli delle associazioni di tipo mafioso.* Il testo previgente alla modifica del 2008 era il seguente: *Le disposizioni del presente articolo si applicano anche alla camorra e alle altre associazioni, comunque localmente denominate, che valendosi della forza intimidatrice del vincolo associativo perseguono scopi corrispondenti a quelli delle associazioni di tipo mafioso.* Il D.L. 4/2010 è stato poi abrogato dall'art. 120, D.Lgs. 6 settembre 2011, n. 159.

8 Articolo aggiunto dall'art. 1, L. 13 settembre 1982, n. 646.

9 Il testo precedente la riforma del 2005 era il seguente: *Chiunque fa parte di un'associazione di tipo mafioso formata da tre o più persone, è punito con la reclusione da tre a sei anni.*

Coloro che promuovono, dirigono o organizzano l'associazione sono puniti, per ciò solo, con la reclusione da quattro a nove anni.

L'associazione è di tipo mafioso quando coloro che ne fanno parte si avvalgono della forza di intimidazione del vincolo associativo e della condizione di assoggettamento e di omertà che ne deriva per commettere delitti, per acquisire in modo diretto o indiretto la gestione o comunque il controllo di attività economiche, di concessioni, di autorizzazioni, appalti e servizi pubblici o per realizzare profitti o vantaggi ingiusti per sé o per altri, ovvero al fine di impedire od ostacolare il libero esercizio del voto o di procurare voti a sé o ad altri in occasione di consultazioni elettorali.

Se l'associazione è armata si applica la pena della reclusione da quattro a dieci anni nei casi previsti dal primo comma e da cinque a quindici anni nei casi previsti dal secondo comma.

L'associazione si considera armata quando i partecipanti hanno la disponibilità, per il conseguimento della finalità del-

l'associazione, di armi o materie esplodenti, anche se occultate o tenute in luogo di deposito.

Se le attività economiche di cui gli associati intendono assumere o mantenere il controllo sono finanziate in tutto o in parte con il prezzo, il prodotto, o il profitto di delitti, le pene stabilite nei commi precedenti sono aumentate da un terzo alla metà.

Nei confronti del condannato è sempre obbligatoria la confisca delle cose che servirono o furono destinate a commettere il reato e delle cose che ne sono il prezzo, il prodotto, il profitto o che ne costituiscono l'impiego.

Le disposizioni del presente articolo si applicano anche alla camorra e alle altre associazioni, comunque localmente denominate, che valendosi della forza intimidatrice del vincolo associativo perseguono scopi corrispondenti a quelli delle associazioni di tipo mafioso.

[10] Per l'aumento della pena, qualora il fatto sia commesso da persona sottoposta a misura di prevenzione, v. art. 71, D.Lgs. 6 settembre 2011, n. 159.

● Norme connesse:

- art. 2, D.L. 12 febbraio 2010, n. 10, convertito in L. 6 aprile 2010, n. 52, che dispone: *In deroga a quanto previsto nell'articolo 1, comma 2, nei procedimenti in corso alla data di entrata in vigore del presente decreto, relativi ai delitti di cui all'articolo 416-bis del codice penale, comunque aggravati, è competente il tribunale, anche nell'ipotesi in cui sia stata già esercitata l'azione penale, salvo che, prima della suddetta data, sia stato dichiarato aperto il dibattimento davanti alla corte d'assise.*

- art. 7, Cedu.

416-*bis*.1. Circostanze aggravanti e attenuanti per reati connessi ad attività mafiose.

Per i delitti punibili con pena diversa dall'ergastolo commessi avvalendosi delle condizioni previste dall'articolo 416-*bis* ovvero al fine di agevolare l'attività delle associazioni previste dallo stesso articolo, la pena è aumentata da un terzo alla metà.

Le circostanze attenuanti, diverse da quelle previste dagli articoli 98 e 114 concorrenti con l'aggravante di cui al primo comma non possono essere ritenute equivalenti o prevalenti rispetto a questa e le diminuzioni di pena si operano sulla quantità di pena risultante dall'aumento conseguente alla predetta aggravante.

Per i delitti di cui all'articolo 416-*bis* e per quelli commessi avvalendosi delle condizioni previste dal predetto articolo ovvero al fine di agevolare l'attività delle associazioni di tipo mafioso, nei confronti dell'imputato che, dissociandosi dagli altri, si adopera per evitare che l'attività delittuosa sia portata a conseguenze ulteriori anche aiutando concretamente l'autorità di polizia o l'autorità giudiziaria nella raccolta di elementi decisivi per la ricostruzione dei fatti e per l'individuazione o la cattura degli autori dei reati, la pena dell'ergastolo è sostituita da quella della reclusione da dodici a venti anni e le altre pene sono diminuite da un terzo alla metà.

Nei casi previsti dal terzo comma non si applicano le disposizioni di cui al primo e secondo comma[1].

[1] Articolo aggiunto dall'art. 5, D.Lgs. 1 marzo 2018, n. 21.

416-*ter*. Scambio elettorale politico-mafioso.

Chiunque accetta, direttamente o a mezzo di intermediari, la promessa di procurare voti da parte di soggetti appartenenti alle associazioni di cui all'articolo 416-*bis* o mediante le modalità di cui al terzo comma dell'articolo 416-*bis* in cambio dell'erogazione o della promessa di erogazione di denaro o di qualunque altra utilità o in cambio della disponibilità a soddisfare gli interessi o le esigenze dell'associazione mafiosa è punito con la pena stabilita nel primo comma dell'articolo 416-*bis*.

La stessa pena si applica a chi promette, direttamente o a mezzo di intermediari, di procurare voti nei casi di cui al primo comma.

Se colui che ha accettato la promessa di voti, a seguito dell'accordo di cui al primo comma, è risultato eletto nella relativa consultazione elettorale, si applica la pena prevista dal primo comma dell'articolo 416-*bis* aumentata della metà.

In caso di condanna per i reati di cui al presente articolo, consegue sempre l'interdizione perpetua dai pubblici uffici[1].

[1] Articolo aggiunto dall'art. 11-bis, D.L. 8 giugno 1992, n. 306, convertito in L. 7 agosto 1992, n. 356, poi sostituito dall'art. 1, L. 17 aprile 2014, n. 62, successivamente modificato dall'art. 1, comma 5, L. 23 giugno 2017, n. 103 (tali nuove disposizioni decorrevano dal 3 agosto 2017), infine così sostituito dall'art. 1, L. 21 maggio 2019, n. 43.

Il testo previgente la modifica del 2014 disponeva: *La pena stabilita dal primo comma dell'articolo 416 bis si applica anche a chi ottiene la promessa di voti prevista dal terzo comma del medesimo articolo 416-bis in cambio della erogazione di denaro.*

Il testo previgente la modifica del 2017 disponeva: *Chiunque accetta la promessa di procurare voti mediante le modalità di cui al terzo comma dell'articolo 416-bis in cambio dell'erogazione o della promessa di erogazione di denaro o di altra utilità è punito con la reclusione da quattro a dieci anni.*

La stessa pena si applica a chi promette di procurare voti con le modalità di cui al primo comma.

Il testo previgente la modifica del 2019 disponeva: *Chiunque accetta la promessa di procurare voti mediante le modalità di cui al terzo comma dell'articolo 416-bis in cambio dell'erogazione o della promessa di erogazione di denaro o di altra utilità è punito con la reclusione da sei a dodici anni.*

La stessa pena si applica a chi promette di procurare voti con le modalità di cui al primo comma.

● Norme connesse:

- artt. da 96 a 98 del D.P.R. 30 marzo 1957, n. 361 (Testo unico delle leggi recanti norme per la elezione della Camera dei deputati): *Art. 96. Chiunque, per ottenere a proprio od altrui vantaggio la firma per una dichiarazione di presentazione di candidatura, o il voto elettorale o l'astensione, offre, promette o somministra denaro, valori, o qualsiasi altra utilità, o promette, concede o fa conseguire impieghi pubblici o privati ad uno o più elettori o, per accordo con essi, ad altre persone, è punito con la reclusione da uno a quattro anni e con la multa da euro 309 a euro 2.065, anche quando l'utilità premessa o conseguita sia stata dissimulata sotto il titolo di indennità pecuniaria data all'elettore per spese di viaggio o di soggiorno, o di pagamento di cibi o bevande o remunerazioni sotto il pretesto di spese o servizi elettorali.*

La stessa pena si applica all'elettore che, per apporre la firma ad una dichiarazione di presentazione di candidatura, o per dare o negare il voto elettorale o per astenersi dal firmare una dichiarazione di presentazione di candidatura o dal votare, ha accettato offerte o promesse o ha ricevuto denaro o altra utilità.

Art. 97. Chiunque usa violenza o minaccia ad un elettore o ad un suo congiunto, per costringere l'elettore a firmare una dichiarazione di presentazione di candidatura od a votare in favore di una determinata lista o di un determinato candidato, o ad astenersi dal firmare una dichiarazione di presentazione di candidatura, o dall'esercitare il diritto elettorale o, con notizie da lui conosciute false, con raggiri od artifizi, ovvero con qualunque mezzo illecito atto a diminuire la libertà degli elettori, esercita pressione per costringerli a firmare una dichiarazione di presentazione di candidatura od a votare in favore di determinate liste o di determinati candidati, o ad astenersi dal firmare una dichiarazione di presentazione di candidatura o dall'esercitare il diritto elettorale, è punito con la pena della reclusione da un anno a cinque anni e con la multa da euro 309 a euro 2.065.

Art. 98. Il pubblico ufficiale, l'incaricato di un pubblico servizio, l'esercente di un servizio di pubblica necessità, il ministro di qualsiasi culto, chiunque investito di un pubblico potere o funzione civile o militare, abusando delle proprie attribuzioni e nell'esercizio di esse, si adopera a costringere gli elettori a firmare una dichiarazione di presentazione di candidati od a vincolare i suffragi degli elettori a favore od in pregiudizio di determinate liste o di determinati candidati o ad indurli all'astensione, è punito con la reclusione da sei mesi a tre anni e con la multa da euro 309 a euro 2.065.

- art. 90 D.P.R. 16 maggio 1960, n. 570, Testo unico delle leggi per la composizione e la elezione degli organi della amministrazioni comunali.

417. Misura di sicurezza.

Nel caso di condanna per i delitti preveduti dai due articoli precedenti[1], è sempre ordinata una misura di sicurezza [215 comma 4; c.p. 1889, 248 comma 4][2].

[1] Si tratta degli artt. 416 e 416-*bis*.

[2] Articolo così modificato dall'art. 5, L. 23 dicembre 1982, n. 936.

418. Assistenza agli associati.

Chiunque, fuori dei casi di concorso nel reato o di favoreggiamento, dà rifugio o fornisce vitto, ospitalità, mezzi di trasporto, strumenti di comunicazione a taluna delle persone che partecipano all'associazione è punito con la reclusione da due a quattro anni[1 2].

La pena è aumentata se l'assistenza è prestata continuatamente[1].

Non è punibile chi commette il fatto in favore di un prossimo congiunto[3].

[1] Comma, da ultimo, così modificato dall'art. 1, L. 5 dicembre 2005, n. 251.

[2] Sono applicabili le sanzioni sostitutive previste dagli artt. 53 ss., L. 24 novembre 1981, n. 689.

[3] Il testo precedente la riforma del 2005 era il seguente: *Chiunque, fuori dei casi di concorso nel reato o di favoreggiamento, dà rifugio o fornisce vitto, ospitalità, mezzi di trasporto, strumenti di comunicazione a taluna delle persone che partecipano all'associazione è punito con la reclusione fino a due anni.*

La pena è aumentata se l'assistenza è prestata continuatamente.

Non è punibile chi commette il fatto in favore di un prossimo congiunto.

419. Devastazione e saccheggio.

Chiunque, fuori dei casi preveduti dall'articolo 285, commette fatti di devastazione o di saccheggio è punito con la reclusione da otto a quindici anni [421; c.p.p. 380 comma 2 lett. b].

La pena è aumentata se il fatto è commesso **nel corso di manifestazioni in luogo pubblico o aperto al pubblico ovvero** su armi [585 comma 2], munizioni o viveri esistenti in luogo di vendita o di deposito[1].

[1] Comma così modificato dall'art. 7, D.L. 14 giugno 2019, n. 53, convertito in L. 8 agosto 2019, n. 77, a decorrere dal 10 agosto 2019. Il testo previgente disponeva: *La pena è aumentata se il fatto è commesso su armi, munizioni o viveri esistenti in luogo di vendita o di deposito.*

420. Attentato a impianti di pubblica utilità.

Chiunque commette un fatto diretto a danneggiare o distruggere impianti di pubblica utilità, è punito, salvo che il fatto costituisca più grave reato, con la reclusione da uno a quattro anni.

[...][1].

[...][1 2].

[1] Comma abrogato dall'art. 6, L. 18 marzo 2008, n. 48.

[2] Articolo così sostituito dall'art. 2, L. 23 dicembre 1993, n. 547. Il testo previgente disponeva: *Chiunque commette un fatto diretto a danneggiare o distruggere impianti di pubblica utilità o di ricerca o di elaborazione di dati, è punito, salvo che il fatto costituisca più grave reato, con la reclusione da uno a quattro anni. Se dal fatto deriva la distruzione o il danneggiamento dell'impianto o l'interruzione del suo funzionamento, la pena è della reclusione da tre a otto anni.*

421. Pubblica intimidazione.

Chiunque minaccia di commettere delitti contro la pubblica incolumità [422-437], ovvero fatti di devastazione o di saccheggio [419], in modo da incutere pubblico timore, è punito con la reclusione fino a un anno[1].

[1] Sono applicabili le sanzioni sostitutive previste dagli artt. 53 ss., L. 24 novembre 1981, n. 689.

TITOLO VI
DEI DELITTI CONTRO L'INCOLUMITÀ PUBBLICA

CAPO I
DEI DELITTI DI COMUNE PERICOLO MEDIANTE VIOLENZA

422. Strage.

Chiunque, fuori dei casi preveduti dall'articolo 285, al fine di uccidere, compie atti tali da porre in pericolo la pubblica incolumità è punito, se dal fatto deriva la morte di più persone, con l'ergastolo[1].

Se è cagionata la morte di una sola persona, si applica l'ergastolo. In ogni altro caso si applica la reclusione non inferiore a quindici anni.

[1] La pena di morte è stata soppressa, con conseguente sostituzione con l'ergastolo, prima per i delitti previsti dal presente codice ex art. 1, D.Lgs.Lgt. 10 agosto 1944, n. 224, poi per i delitti previsti dalle leggi speciali (art. 1, D.Lgs. 22 gennaio 1948, n. 21). Infine, con L. 13 ottobre 1994, n. 589 è stata abolita la pena di morte anche per i reati previsti dal codice penale militare di guerra.

● Norme connesse:

- D.L. 27 settembre 1999, n. 330, convertito in L. 23 novembre 1999, n. 438, il cui art. 1 dispone: *1. Nei procedimenti penali in corso alla data di entrata in vigore del presente decreto, aventi ad oggetto i reati di cui agli articoli 285 e 422 del codice penale, commessi anteriormente alla data di entrata in vigore del codice di procedura penale, approvato con decreto del Presidente della Repubblica 22 settembre 1988, n. 447, il termine di durata massima delle indagini preliminari è di quattro anni ove ricorra l'ipotesi di cui alla lettera b) del comma 2 dell'articolo 407 del codice di procedura penale*; art. 9, D.L. 24 novembre 2000, n. 341, convertito in L. 19 gennaio 2001, n. 4, che dispone: *1. Nei procedimenti penali in corso alla data di entrata in vigore del presente decreto-legge, aventi ad oggetto i reati di cui agli articoli 285 e 422 del codice penale, commessi anteriormente alla data di entrata in vigore del codice di procedura penale, approvato con decreto del Presidente della Repubblica 22 settembre 1988, n. 447, il termine di durata massima delle indagini preliminari è di sei anni ove ricorra l'ipotesi di cui alla lettera b) del comma 2 dell'articolo 407 del codice di procedura penale.*

423. Incendio.

Chiunque cagiona un incendio è punito con la reclusione da tre a sette anni [c.p. 1889, 300].

La disposizione precedente si applica anche nel caso di incendio della cosa propria, se dal fatto deriva pericolo per la incolumità pubblica [425, 449; c.p. 1889, 308, 309].

● Norme connesse:

- art. 59, R.D. 18 giugno 1931, n. 773 (TULPS): *È vietato di dar fuoco nei campi e nei boschi alle stoppie fuori del tempo e senza le condizioni stabilite dai regolamenti locali e a una distanza minore di quella in essi determinata.*

In mancanza di regolamenti è vietato di dare fuoco nei campi o nei boschi alle stoppie prima del 15 agosto e ad una distanza minore di cento metri dalle case, dagli edifici, dai boschi, dalle piantagioni, dalle siepi, dai mucchi di biada, di paglia, di fieno, di foraggio e da qualsiasi altro deposito di materia infiammabile o combustibile.

Anche quando è stato acceso il fuoco nel tempo e nei modi ed alla distanza suindicati, devono essere adottate le cautele necessarie a difesa delle proprietà altrui, e chi ha acceso il fuoco deve assistere di persona e col numero occorrente di persone fino a quando il fuoco sia spento.

423-*bis*. Incendio boschivo.

Chiunque cagiona un incendio su boschi, selve o foreste ovvero su vivai forestali destinati al rimboschimento, propri o altrui, è punito con la reclusione da quattro a dieci anni.

Se l'incendio di cui al primo comma è cagionato per colpa, la pena è della reclusione da uno a cinque anni.

Le pene previste dal primo e dal secondo comma sono aumentate se dall'incendio deriva pericolo per edifici o danno su aree protette.

Le pene previste dal primo e dal secondo comma sono aumentate della metà, se dall'incendio deriva un danno grave, esteso e persistente all'ambiente[1].

[1] Articolo aggiunto dall'art. 1, D.L. 4 agosto 2000, n. 220, convertito in L. 6 ottobre 2000, n. 275. Aggiunta confermata dall'art. 11, L. 21 novembre 2000, n. 353.

424. Danneggiamento seguito da incendio.

Chiunque, al di fuori delle ipotesi previste nell'articolo 423-*bis*, al solo scopo di danneggiare la cosa altrui, appicca il fuoco a una cosa propria o altrui è punito, se dal fatto sorge il pericolo di un incendio, con la reclusione da sei mesi a due anni [c.p. 1889, 308][1].

Se segue l'incendio, si applicano le disposizioni dell'articolo 423, ma la pena è ridotta da un terzo alla metà [425, 449][1].

Se al fuoco appiccato a boschi, selve e foreste, ovvero vivai forestali destinati al rimboschimento, segue incendio, si applicano le pene previste dall'articolo 423-*bis*[2][3].

[1] Comma così modificato dall'art. 1, D.L. 4 agosto 2000, n. 220, convertito in L. 6 ottobre 2000, n. 275. Modifica confermata dall'art. 11, L. 21 novembre 2000, n. 353. Sono applicabili le sanzioni sostitutive previste dagli artt. 53 ss., L. 24 novembre 1981, n. 689.

[2] Comma aggiunto dall'art. 11, L. 21 novembre 2000, n. 353.

[3] Per l'aumento della pena, qualora il fatto sia commesso da persona sottoposta a misura di prevenzione, v. art. 71, D.Lgs. 6 settembre 2011, n. 159.

CODICE PENALE

425. Circostanze aggravanti.

Nei casi preveduti dagli articoli 423 e 424, la pena è aumentata [64] se il fatto è commesso [c.p. 1889, 300][1]:

1) su edifici pubblici o destinati a uso pubblico, su monumenti, cimiteri e loro dipendenze [c.p. 1889, 305];

2) su edifici abitati o destinati a uso di abitazione, su impianti industriali o cantieri, o su miniere, cave, sorgenti, o su acquedotti o altri manufatti destinati a raccogliere e condurre le acque;

3) su navi [c.nav. 136] o altri edifici natanti, o su aeromobili [c.nav. 743, 1122];

4) su scali ferroviari o marittimi o aeroscali, magazzini generali o altri depositi di merci o derrate, o su ammassi o depositi di materie esplodenti, infiammabili o combustibili;

5) [...][2].

[1] Alinea così modificato dall'art. 1, D.L. 4 agosto 2000, n. 220, convertito in L. 6 ottobre 2000, n. 275. Modifica confermata dall'art. 11, L. 21 novembre 2000, n. 353.

[2] Numero abrogato dall'art. 1, D.L. 4 agosto 2000, n. 220, convertito in L. 6 ottobre 2000, n. 275. Abrogazione confermata dall'art. 11, L. 21 novembre 2000, n. 353.

● Norme connesse:

- art. 29, L. 18 aprile 1975, n. 110, in tema di armi ed esplosivi: *Chiunque distrae dalla prevista destinazione, sottrae o comunque detiene esplosivi di ogni genere al fine di sovvertire l'ordinamento dello Stato ovvero di mettere in pericolo la vita delle persone o la sicurezza della collettività mediante la commissione di attentati o comunque di uno dei reati previsti dal capo I, titolo VI del libro II del codice penale o dagli articoli 284, 285, 286 e 306 dello stesso codice, è punito con la reclusione da cinque a quindici anni.*

426. Inondazione, frana o valanga.

Chiunque cagiona un'inondazione o una frana, ovvero la caduta di una valanga, è punito con la reclusione da cinque a dodici anni [427 comma 2, 449, 450; c.p. 1889, 302].

● Norme connesse:

- art. 3, Cost.

427. Danneggiamento seguito da inondazione, frana o valanga.

Chiunque rompe, deteriora o rende in tutto o in parte inservibili chiuse, sbarramenti, argini, dighe o altre opere destinate alla difesa contro acque, valanghe o frane, ovvero alla raccolta o alla condotta delle acque, al solo scopo di danneggiamento, è punito, se dal fatto deriva il pericolo di una inondazione o di una frana, ovvero della caduta di una valanga, con la reclusione da uno a cinque anni [450; c.p. 1889, 303].

Se il disastro si verifica, la pena è della reclusione da tre a dieci anni [449].

428. Naufragio, sommersione o disastro aviatorio.

Chiunque cagiona il naufragio o la sommersione di una nave [c.nav. 136] o di un altro edificio natante, ovvero la caduta di un aeromobile [c.nav. 743], di altrui proprietà, è punito con la reclusione da cinque a dodici anni [c.p. 1889, 304].

La pena è della reclusione da cinque a quindici anni se il fatto è commesso distruggendo, rimuovendo o facendo mancare le lanterne o altri segnali, ovvero adoperando falsi segnali o altri mezzi fraudolenti [c.nav. 1122].

Le disposizioni di questo articolo si applicano anche a chi cagiona il naufragio o la sommersione di una nave o di un altro edificio natante, ovvero la caduta di un aeromobile, di sua proprietà, se dal fatto deriva pericolo per la incolumità pubblica [432, 449, 450; c.p. 1889, 309].

● Norme connesse:

- L. 10 maggio 1976, n. 342 (Repressione di delitti contro la sicurezza della navigazione aerea).

- art. 3, L. 28 dicembre 1989, n. 422 (Ratifica ed esecuzione della convenzione per la repressione dei reati diretti contro la sicurezza della navigazione marittima, con protocollo per la repressione dei reati diretti contro la sicurezza delle installazioni fisse sulla piattaforma continentale, firmata a Roma il 10 marzo 1988, e disposizioni penali in materia di delitti contro la sicurezza della navigazione marittima e delle installazioni fisse sulla piattaforma continentale) che dispone: *1. Chiunque, con violenza o minaccia, si impossessa di una nave o di una installazione fissa ovvero esercita il controllo su di essa è punito con la reclusione da otto a ventiquattro anni.*

2. Alla stessa pena soggiace, se il fatto è tale da porre in pericolo la sicurezza della navigazione di una nave ovvero la sicurezza di una installazione fissa, chiunque: a) distrugge o danneggia la nave o il suo carico ovvero l'installazione; b) distrugge o danneggia gravemente attrezzature o servizi di navigazione marittima, o ne altera gravemente il funzionamento; c) comunica intenzionalmente false informazioni attinenti alla navigazione; d) commette atti di violenza contro una persona che si trovi a bordo della nave o della installazione.

3. Chiunque minaccia di commettere uno dei fatti previsti nelle lettere a), b) e d) del comma 2 è punito con la reclusione da uno a tre anni.

4. Chiunque, nel commettere uno dei fatti previsti dai commi 1 e 2, cagiona la morte di una persona è punito con l'ergastolo.

5. Chiunque, nel commettere uno dei fatti previsti dai commi 1 e 2, cagiona ad alcuno lesioni personali è punito ai sensi degli articoli 582 e 583 del codice penale ma le pene sono aumentate.

6. Quando per le modalità dell'azione e per la tenuità del danno o del pericolo il fatto è di lieve entità, le pene indicate nei commi 1 e 2 sono ridotte da un terzo a due terzi.

7. Le disposizioni del presente articolo non si applicano quando il fatto è previsto come più grave reato da altra disposizione di legge.

- art. 3, Cost.

429. Danneggiamento seguito da naufragio.

Chiunque, al solo scopo di danneggiare una nave, un edificio natante o un aeromobile, ovvero un apparecchio prescritto per la sicurezza della navigazione, lo deteriora, ovvero lo rende in tutto o in parte inservibile, è punito, se dal fatto deriva pericolo di naufragio, di sommersione o di disastro aviatorio, con la reclusione da uno a cinque anni [432, 450].

Se dal fatto deriva il naufragio, la sommersione o il disastro, la pena è della reclusione da tre a dieci anni [449].

430. Disastro ferroviario.

Chiunque cagiona un disastro ferroviario è punito con la reclusione da cinque a quindici anni [432, 449, 450].

● Norme connesse:

- per un particolare obbligo di non abbandonare il servizio, v. D.P.R. 4 luglio 1980, n. 575, che prevede altresì una riduzione della pena per il personale che presti assistenza con particolare diligenza: *Il personale addetto all'esercizio delle ferrovie dello Stato, sia terrestre che marittimo, e di altre ferrovie o tramvie pubbliche ha l'obbligo di non abbandonare il servizio nel caso di sinistro o incidenti o ogni altra evenienza che possa configurare ipotesi di reato nel quale sia coinvolto nello svolgimento e a causa delle mansioni inerenti alla circolazione ferrotramviaria ed alle attività ad essa specificamente e direttamente connesse. In tal caso il personale suindicato non è soggetto ad arresto per flagranza di reato.*

Nell'ipotesi di abbandono del servizio, il personale predetto è punito con l'arresto fino a due mesi, oppure con l'ammenda fino al limite massimo di L. 1.000.000.

Per il personale che, non avendo abbandonato il servizio, presti assistenza con particolare diligenza in caso di incidente, le pene da infliggere possono essere ridotte di un terzo.

Sono abrogati l'art. 6 della L. 25 giugno 1909, n. 3723, l'art. 171 del testo unico approvato con R.D. 9 maggio 1912, n. 1447, ed ogni altra norma in contrasto con la presente disposizione.

431. Pericolo di disastro ferroviario causato da danneggiamento.

Chiunque, al solo scopo di danneggiare una strada ferrata ovvero macchine, veicoli, strumenti, apparecchi o altri oggetti che servono all'esercizio di essa, li distrugge in tutto o in parte, li deteriora o li rende altrimenti in tutto o in parte inservibili, è punito, se dal fatto deriva il pericolo di un disastro ferroviario, con la reclusione da due a sei anni [432, 450; c.p. 1889, 312].

Se dal fatto deriva il disastro, la pena è della reclusione da tre a dieci anni [449].

Per strade ferrate la legge penale intende, oltre le strade ferrate ordinarie, ogni altra strada con rotaie metalliche, sulla quale circolino veicoli mossi dal vapore, dall'elettricità o da un altro mezzo di trazione meccanica.

432. Attentati alla sicurezza dei trasporti.

Chiunque, fuori dei casi preveduti dagli articoli precedenti, pone in pericolo la sicurezza dei pubblici trasporti per terra, per acqua o per aria, è punito con la reclusione da uno a cinque anni [c.p. 1889, 313].

Si applica la reclusione da tre mesi a due anni a chi lancia corpi contundenti o proiettili contro veicoli in movimento, destinati a pubblici trasporti per terra, per acqua o per aria[1].

Se dal fatto deriva un disastro, la pena è della reclusione da tre a dieci anni [449, 450].

[1] Sono applicabili le sanzioni sostitutive previste dagli artt. 53 ss., L. 24 novembre 1981, n. 689.

● Norme connesse:

- art. 1, D.Lgs. 22 gennaio 1948, n. 66, nel testo modificato dall'art. 23, D.L. 4 ottobre 2018, n. 113, convertito in L. 1° dicembre 2018, n. 132: *Chiunque, al fine di impedire od ostacolare la libera circolazione, depone o abbandona congegni o altri oggetti di qualsiasi specie in una strada ordinaria o ferrata o comunque ostruisce o ingombra una strada ordinaria o ferrata, ad eccezione dei casi previsti dall'articolo 1-bis, è punito con la reclusione da uno a sei anni.*

La stessa pena si applica nei confronti di chi, al fine di ostacolare la libera navigazione, depone o abbandona congegni o altri oggetti di qualsiasi specie in una zona portuale o nelle acque di fiumi, canali o laghi, o comunque le ostruisce o le ingombra (2).

La pena è raddoppiata se il fatto è commesso da più persone, anche non riunite, ovvero se è commesso usando violenza o minaccia alle persone o violenza sulle cose.

- art. 27, D.P.R. 11 luglio 1980, n. 753: *È vietato gettare dai veicoli qualsiasi oggetto.*

I trasgressori sono soggetti alla sanzione amministrativa da euro 5 a euro 15.

Ove il fatto avvenga con il veicolo in movimento i trasgressori sono puniti con l'ammenda da euro 25 a 258 o con l'arresto fino a due mesi.

433. Attentati alla sicurezza degli impianti di energia elettrica e del gas, ovvero delle pubbliche comunicazioni.

Chiunque attenta alla sicurezza delle officine, delle opere, degli apparecchi o di altri mezzi destinati alla produzione o alla trasmissione di energia elettrica o di gas, per la illuminazione o per le industrie, è punito, qualora dal fatto derivi pericolo alla pubblica incolumità, con la reclusione da uno a cinque anni.

La stessa pena si applica a chi attenta alla sicurezza delle pubbliche comunicazioni telegrafiche o telefoniche, qualora dal fatto derivi pericolo per la pubblica incolumità.

Se dal fatto deriva un disastro, la pena è della reclusione da tre a dieci anni [449].

433-*bis*. Attentato alla sicurezza delle installazioni nucleari.

Chiunque attenta alla sicurezza delle installazioni nucleari ovvero degli impianti, dei luoghi o dei

CODICE PENALE

mezzi adibiti alla produzione, alla conservazione o al trasporto di materie nucleari è punito, qualora dal fatto derivi pericolo per la pubblica incolumità, con la reclusione da quattro a otto anni.

Se dal fatto deriva un disastro, la pena è della reclusione da cinque a venti anni[1].

[1] Articolo aggiunto dall'art. 8, L. 28 aprile 2015, n. 58.

434. Crollo di costruzioni o altri disastri dolosi.

Chiunque, fuori dei casi preveduti dagli articoli precedenti, commette un fatto diretto a cagionare il crollo di una costruzione o di una parte di essa ovvero un altro disastro è punito, se dal fatto deriva pericolo per la pubblica incolumità, con la reclusione da uno a cinque anni.

La pena è della reclusione da tre a dodici anni se il crollo o il disastro avviene [449, 676, 677].

● Norme connesse:
- artt. 24, 25, 27, Cost.

435. Fabbricazione o detenzione di materie esplodenti.

Chiunque, al fine di attentare alla pubblica incolumità, fabbrica, acquista o detiene dinamite o altre materie esplodenti, asfissianti, accecanti, tossiche o infiammabili, ovvero sostanze che servano alla composizione o alla fabbricazione di esse, è punito con la reclusione da uno a cinque anni [678, 679, 703][1].

[1] Per l'aumento della pena, qualora il fatto sia commesso da persona sottoposta a misura di prevenzione, v. art. 71, D.Lgs. 6 settembre 2011, n. 159.

● Norme connesse:
- art. 57, R.D. 18 giugno 1931, n. 773, di approvazione del testo unico delle leggi di pubblica sicurezza, nel testo modificato dall'art. 3, D.Lgs. 26 ottobre 2010, n. 204: *Senza licenza della autorità locale di pubblica sicurezza non possono spararsi armi da fuoco né lanciarsi razzi, accendersi fuochi di artificio, innalzarsi aerostati con fiamme, o in genere farsi esplosioni o accensioni pericolose in un luogo abitato o nelle sue adiacenze o lungo una via pubblica o in direzione di essa.*

È vietato sparare mortaletti e simili apparecchi.

La licenza è altresì richiesta per l'apertura o la gestione di campi di tiro o poligoni privati.

Il sindaco deve essere, comunque, sentito per gli aspetti di competenza dell'ente locale, quando non è lo stesso a rilasciare la licenza.

Nel regolamento sono definite le modalità di attuazione del presente comma e la relativa disciplina transitoria.

436. Sottrazione, occultamento o guasto di apparecchi a pubblica difesa da infortuni.

Chiunque, in occasione di un incendio, di una inondazione, di una sommersione, di un naufragio, o di un altro disastro o pubblico infortunio, sottrae, occulta o rende inservibili materiali, apparecchi o altri mezzi destinati all'estinzione dell'incendio o all'opera di difesa, di salvataggio o di soccorso, ovvero in qualsiasi modo impedisce, od ostacola, che l'incendio sia estinto, o che sia prestata opera di difesa o di assistenza, è punito con la reclusione da due a sette anni [451; c.p. 1889, 307, 404].

437. Rimozione od omissione dolosa di cautele contro infortuni sul lavoro.

Chiunque omette di collocare impianti, apparecchi o segnali destinati a prevenire disastri o infortuni sul lavoro, ovvero li rimuove o li danneggia, è punito con la reclusione da sei mesi a cinque anni.

Se dal fatto deriva un disastro o un infortunio, la pena è della reclusione da tre a dieci anni [451, 32-*quater*].

CAPO II

DEI DELITTI DI COMUNE PERICOLO MEDIANTE FRODE

438. Epidemia.

Chiunque cagiona un'epidemia mediante la diffusione di germi patogeni punito con l'ergastolo [448, 452].

Se dal fatto deriva la morte di più persone, si applica la pena dell'ergastolo [448, 452][1].

[1] La pena di morte è stata soppressa, con conseguente sostituzione con l'ergastolo, prima per i delitti previsti dal presente codice ex art. 1, D.Lgs.Lgt. 10 agosto 1944, n. 224, poi per i delitti previsti dalle leggi speciali (art. 1, D.Lgs. 22 gennaio 1948, n. 21). Infine, con L. 13 ottobre 1994, n. 589 è stata abolita la pena di morte anche per i reati previsti dal codice penale militare di guerra.

439. Avvelenamento di acque o di sostanze alimentari.

Chiunque avvelena acque o sostanze destinate alla alimentazione, prima che siano attinte o distribuite per il consumo, è punito con la reclusione non inferiore a quindici anni.

Se dal fatto deriva la morte di alcuno, si applica l'ergastolo; e nel caso di morte di più persone, si applica la pena dell'ergastolo [448, 452][1].

[1] La pena di morte è stata soppressa, con conseguente sostituzione con l'ergastolo, prima per i delitti previsti dal presente codice ex art. 1, D.Lgs.Lgt. 10 agosto 1944, n. 224, poi per i delitti previsti dalle leggi speciali (art. 1, D.Lgs. 22 gennaio 1948, n. 21). Infine, con L. 13 ottobre 1994, n. 589 è stata abolita la pena di morte anche per i reati previsti dal codice penale militare di guerra.

440. Adulterazione o contraffazione di sostanze alimentari.

Chiunque corrompe o adultera acque o sostanze destinate all'alimentazione, prima che siano attinte o distribuite per il consumo, rendendole pericolose alla salute pubblica, è punito con la reclusione da tre a dieci anni.

La stessa pena si applica a chi contraffà, in modo pericoloso alla salute pubblica, sostanze alimentari destinate al commercio.

La pena è aumentata [64] se sono adulterate o contraffatte sostanze medicinali [442, 443, 448, 452 comma 2].

441. Adulterazione o contraffazione di altre cose in danno della pubblica salute.

Chiunque adultera o contraffà, in modo pericoloso alla salute pubblica, cose destinate al commercio, diverse da quelle indicate nell'articolo precedente, è punito con la reclusione da uno a cinque anni o con la multa non inferiore a euro 309 [442, 446, 448, 452 comma 2; c.p. 1889, 319, 320, 324][1].

[1] Importi elevati dall'art. 113 comma 1, L. 24 novembre 1981, n. 689.

442. Commercio di sostanze alimentari contraffatte o adulterate.

Chiunque, senza essere concorso nei reati preveduti dai tre articoli precedenti, detiene per il commercio, pone in commercio, ovvero distribuisce per il consumo acque, sostanze o cose che sono state da altri avvelenate, corrotte, adulterate o contraffatte, in modo pericoloso alla salute pubblica, soggiace alle pene rispettivamente stabilite nei detti articoli [448, 452 comma 2, 516].

● Norme connesse:

- art. 19, L. 30 aprile 1962, n. 283, che dispone: *Le sanzioni previste dalla presente legge non si applicano al commerciante che vende, pone in vendita o comunque distribuisce per il consumo prodotti in confezioni originali, qualora la non corrispondenza alle prescrizioni della legge stessa riguardi i requisiti intrinseci o la composizione dei prodotti o le condizioni interne dei recipienti e sempre che il commerciante non sia a conoscenza della violazione o la confezione originale non presenti segni di alterazione.*

443. Commercio o somministrazione di medicinali guasti.

Chiunque detiene per il commercio, pone in commercio o somministra medicinali guasti o imperfetti è punito con la reclusione da sei mesi a tre anni e con la multa non inferiore a euro 103[1 2].

[1] Importi elevati dall'art. 113 comma 1, L. 24 novembre 1981, n. 689.

[2] L'art. 4, L. 12 giugno 2003, n. 134, ha abrogato l'art. 60, L. 24 novembre 1981, n. 689, che prevedeva l'inapplicabilità delle pene sostitutive al reato previsto dal presente articolo.

● Norme connesse:

- art. 123, R.D. 27 luglio 1934, n. 1265, di approvazione del testo unico delle leggi sanitarie, nel testo modificato dall'art. 12, L. 11 gennaio 2018, n. 3 che dispone: *Il titolare della farmacia deve curare: a) che la farmacia sia provvista delle sostanze medicinali prescritte come obbligatorie nella farmacopea ufficiale; b) che in essa si conservino e siano ostensibili al pubblico un esemplare di detta farmacopea e uno della tariffa ufficiale dei medicinali; c) che sia conservata copia di tutte le ricette e, qualora si tratti di veleni somministrati dietro ordinazione di medico-chirurgo o veterinario, siano conservate le ricette originali, prendendo nota del nome delle persone alle quali furono consegnate e dandone copia all'acquirente che la domandi.*

Il contravventore è punito con la sanzione amministrativa da euro 10 a 206.

La detenzione di medicinali scaduti, guasti o imperfetti nella farmacia è punita con la sanzione amministrativa pecuniaria da euro 1.500 a euro 3.000, se risulta che, per la modesta quantità di farmaci, le modalità di conservazione e l'ammontare complessivo delle riserve, si può concretamente escludere la loro destinazione al commercio.

Nei casi preveduti nel presente articolo, il prefetto, indipendentemente dal procedimento penale, può ordinare la sospensione dall'esercizio della farmacia da cinque giorni ad un mese e, in caso di recidiva, può pronunciare la decadenza dell'autorizzazione ai termini dell'art. 113, lettera e).

444. Commercio di sostanze alimentari nocive.

Chiunque detiene per il commercio, pone in commercio ovvero distribuisce per il consumo sostanze destinate all'alimentazione, non contraffatte né adulterate, ma pericolose alla salute pubblica, è punito con la reclusione da sei mesi a tre anni e con la multa non inferiore a euro 51[1].

La pena è diminuita se la qualità nociva delle sostanze è nota alla persona che le acquista o le riceve[2].

[1] Importi elevati dall'art. 113 comma 1, L. 24 novembre 1981, n. 689.

[2] L'art. 4, L. 12 giugno 2003, n. 134, ha abrogato l'art. 60, L. 24 novembre 1981, n. 689, che prevedeva l'inapplicabilità delle pene sostitutive al reato previsto dal presente articolo.

445. Somministrazione di medicinali in modo pericoloso per la salute pubblica.

Chiunque, esercitando, anche abusivamente, il commercio di sostanze medicinali, le somministra in specie, qualità o quantità non corrispondente alle ordinazioni mediche, o diversa da quella dichiarata o pattuita, è punito con la reclusione da sei mesi a due anni e con la multa da euro 103 a 1.032[1 2].

[1] Importi elevati dall'art. 113 comma 1, L. 24 novembre 1981, n. 689.

[2] L'art. 4, L. 12 giugno 2003, n. 134, ha abrogato l'art. 60, L. 24 novembre 1981, n. 689, che prevedeva l'inapplicabilità delle pene sostitutive al reato previsto dal presente articolo.

446. Confisca obbligatoria.

In caso di condanna per taluno dei delitti preveduti negli articoli 439, 440, 441 e 442, se dal fatto è derivata la morte o la lesione grave o gravissima di una persona, la confisca delle cose indicate nel primo comma dell'art. 240 è obbligatoria[1].

[1] Articolo abrogato dall'art. 108 comma 1, L. 22 dicembre 1975, n. 685 e reintrodotto dall'art. 1, D.L. 18 giugno 1986, n. 282, convertito in L. 7 agosto 1986, n. 462.

447. Agevolazione dolosa dell'uso di sostanze stupefacenti.
[...][1].

[1] Articolo abrogato dall'art. 136, D.P.R. 9 ottobre 1990, n. 309.

448. Pene accessorie.
La condanna per taluno dei delitti preveduti da questo capo importa la pubblicazione della sentenza [36].

La condanna per taluno dei delitti preveduti dagli articoli 439, 440, 441 e 442 importa l'interdizione da cinque a dieci anni dalla professione, arte, industria, commercio o mestiere nonché l'interdizione dagli uffici direttivi delle persone giuridiche e delle imprese per lo stesso periodo. La condanna comporta altresì la pubblicazione della sentenza su almeno due quotidiani a diffusione nazionale[1].

[1] Comma aggiunto dell'art. 1, D.L. 18 giugno 1986, n. 282, convertito in L. 7 agosto 1986, n. 462.

CAPO III
DEI DELITTI COLPOSI DI COMUNE PERICOLO

449. Delitti colposi di danno.
Chiunque, al di fuori delle ipotesi previste nel secondo comma dell'articolo 423-*bis*, cagiona per colpa [43] un incendio, o un altro disastro preveduto dal capo primo di questo titolo, è punito con la reclusione da uno a cinque anni[1].

La pena è raddoppiata se si tratta di disastro ferroviario o di naufragio o di sommersione di una nave adibita a trasporto di persone o di caduta di un aeromobile adibito a trasporto di persone [428, 430; c.nav. 1125 comma 3].

[1] Comma così modificato dall'art. 1, D.L. 4 agosto 2000, n. 220, convertito in L. 6 ottobre 2000, n. 275. Modifica confermata dall'art. 11, L. 21 novembre 2000, n. 353.

450. Delitti colposi di pericolo.
Chiunque, con la propria azione od omissione colposa [43], fa sorgere o persistere il pericolo di un disastro ferroviario, di un'inondazione, di un naufragio, o della sommersione di una nave o di un altro edificio natante, è punito con la reclusione fino a due anni [427, 429, 431][1].

La reclusione non è inferiore a un anno se il colpevole ha trasgredito ad una particolare ingiunzione dell'Autorità diretta alla rimozione del pericolo.

[1] Sono applicabili le sanzioni sostitutive previste dagli artt. 53 ss., L. 24 novembre 1981, n. 689.

451. Omissione colposa di cautele o difese contro disastri o infortuni sul lavoro.
Chiunque, per colpa [43], omette di collocare, ovvero rimuove o rende inservibili apparecchi o altri mezzi destinati alla estinzione di un incendio, o al salvataggio o al soccorso contro disastri o infortuni sul lavoro, è punito con la reclusione fino a un anno[1] o con la multa da euro 103 a 516[2].

[1] Sono applicabili le sanzioni sostitutive previste dagli artt. 53 ss., L. 24 novembre 1981, n. 689.

[2] Importi elevati dall'art. 113 comma 1, L. 24 novembre 1981, n. 689.

452. Delitti colposi contro la salute pubblica.
Chiunque commette, per colpa [43], alcuno dei fatti preveduti dagli articoli 438 e 439 è punito:

1) [...][1];

2) con la reclusione da uno a cinque anni, nei casi per i quali esse stabiliscono l'ergastolo;

3) con la reclusione da sei mesi a tre anni, nel caso in cui l'articolo 439 stabilisce la pena della reclusione.

Quando sia commesso per colpa [43] alcuno dei fatti preveduti dagli articoli 440, 441, 442, 443, 444 e 445 si applicano le pene ivi rispettivamente stabilite ridotte da un terzo a un sesto[2].

[1] La pena di morte è stata soppressa, con conseguente sostituzione con l'ergastolo, prima per i delitti previsti dal presente codice ex art. 1, D.Lgs.Lgt. 10 agosto 1944, n. 224, poi per i delitti previsti dalle leggi speciali (art. 1, D.Lgs. 22 gennaio 1948, n. 21). Infine, con L. 13 ottobre 1994, n. 589 è stata abolita la pena di morte anche per i reati previsti dal codice penale militare di guerra.

[2] L'art. 4, L. 12 giugno 2003, n. 134, ha abrogato l'art. 60, L. 24 novembre 1981, n. 689, che prevedeva l'inapplicabilità delle pene sostitutive al reato previsto dal presente articolo.

TITOLO VI-BIS
DEI DELITTI CONTRO L'AMBIENTE[1]

[1] Titolo aggiunto dall'art. 1, L. 22 maggio 2015, n. 68, a decorrere dal 29 maggio 2015.

452-*bis*. Inquinamento ambientale.
È punito con la reclusione da due a sei anni e con la multa da euro 10.000 a euro 100.000 chiunque abusivamente cagiona una compromissione o un deterioramento significativi e misurabili:

1) delle acque o dell'aria, o di porzioni estese o significative del suolo o del sottosuolo;

2) di un ecosistema, della biodiversità, anche agraria, della flora o della fauna.

Quando l'inquinamento è prodotto in un'area naturale protetta o sottoposta a vincolo paesaggistico, ambientale, storico, artistico, architettonico o archeologico, ovvero in danno di specie animali o vegetali protette, la pena è aumentata[1].

[1] Articolo aggiunto dall'art. 1, L. 22 maggio 2015, n. 68, a decorrere dal 29 maggio 2015.

452-*ter*. Morte o lesioni come conseguenza del delitto di inquinamento ambientale.

Se da uno dei fatti di cui all'articolo 452-*bis* deriva, quale conseguenza non voluta dal reo, una lesione personale, ad eccezione delle ipotesi in cui la malattia ha una durata non superiore ai venti giorni, si applica la pena della reclusione da due anni e sei mesi a sette anni; se ne deriva una lesione grave, la pena della reclusione da tre a otto anni; se ne deriva una lesione gravissima, la pena della reclusione da quattro a nove anni; se ne deriva la morte, la pena della reclusione da cinque a dieci anni.

Nel caso di morte di più persone, di lesioni di più persone, ovvero di morte di una o più persone e lesioni di una o più persone, si applica la pena che dovrebbe infliggersi per l'ipotesi più grave, aumentata fino al triplo, ma la pena della reclusione non può superare gli anni venti[1].

[1] Articolo aggiunto dall'art. 1, L. 22 maggio 2015, n. 68, a decorrere dal 29 maggio 2015.

452-*quater*. Disastro ambientale.

Fuori dai casi previsti dall'articolo 434, chiunque abusivamente cagiona un disastro ambientale è punito con la reclusione da cinque a quindici anni. Costituiscono disastro ambientale alternativamente:

1) l'alterazione irreversibile dell'equilibrio di un ecosistema;

2) l'alterazione dell'equilibrio di un ecosistema la cui eliminazione risulti particolarmente onerosa e conseguibile solo con provvedimenti eccezionali;

3) l'offesa alla pubblica incolumità in ragione della rilevanza del fatto per l'estensione della compromissione o dei suoi effetti lesivi ovvero per il numero delle persone offese o esposte a pericolo.

Quando il disastro è prodotto in un'area naturale protetta o sottoposta a vincolo paesaggistico, ambientale, storico, artistico, architettonico o archeologico, ovvero in danno di specie animali o vegetali protette, la pena è aumentata[1].

[1] Articolo aggiunto dall'art. 1, L. 22 maggio 2015, n. 68, a decorrere dal 29 maggio 2015.

452-*quinquies*. Delitti colposi contro l'ambiente.

Se taluno dei fatti di cui agli articoli 452-*bis* e 452-*quater* è commesso per colpa, le pene previste dai medesimi articoli sono diminuite da un terzo a due terzi.

Se dalla commissione dei fatti di cui al comma precedente deriva il pericolo di inquinamento ambientale o di disastro ambientale le pene sono ulteriormente diminuite di un terzo[1].

[1] Articolo aggiunto dall'art. 1, L. 22 maggio 2015, n. 68, a decorrere dal 29 maggio 2015.

452-*sexies*. Traffico e abbandono di materiale ad alta radioattività.

Salvo che il fatto costituisca più grave reato, è punito con la reclusione da due a sei anni e con la multa da euro 10.000 a euro 50.000 chiunque abusivamente cede, acquista, riceve, trasporta, importa, esporta, procura ad altri, detiene, trasferisce, abbandona o si disfa illegittimamente di materiale ad alta radioattività.

La pena di cui al primo comma è aumentata se dal fatto deriva il pericolo di compromissione o deterioramento:

1) delle acque o dell'aria, o di porzioni estese o significative del suolo o del sottosuolo;

2) di un ecosistema, della biodiversità, anche agraria, della flora o della fauna.

Se dal fatto deriva pericolo per la vita o per l'incolumità delle persone, la pena è aumentata fino alla metà[1].

[1] Articolo aggiunto dall'art. 1, L. 22 maggio 2015, n. 68, a decorrere dal 29 maggio 2015.

452-*septies*. Impedimento del controllo.

Salvo che il fatto costituisca più grave reato, chiunque, negando l'accesso, predisponendo ostacoli o mutando artificiosamente lo stato dei luoghi, impedisce, intralcia o elude l'attività di vigilanza e controllo ambientali e di sicurezza e igiene del lavoro, ovvero ne compromette gli esiti, è punito con la reclusione da sei mesi a tre anni[1].

[1] Articolo aggiunto dall'art. 1, L. 22 maggio 2015, n. 68, a decorrere dal 29 maggio 2015.

452-*octies*. Circostanze aggravanti.

Quando l'associazione di cui all'articolo 416 è diretta, in via esclusiva o concorrente, allo scopo di commettere taluno dei delitti previsti dal presente titolo, le pene previste dal medesimo articolo 416 sono aumentate.

Quando l'associazione di cui all'articolo 416-*bis* è finalizzata a commettere taluno dei delitti previsti dal presente titolo ovvero all'acquisizione della gestione o comunque del controllo di attività economiche, di concessioni, di autorizzazioni, di appalti o di servizi pubblici in materia ambientale, le pene previste dal medesimo articolo 416-*bis* sono aumentate.

Le pene di cui ai commi primo e secondo sono aumentate da un terzo alla metà se dell'associazione fanno parte pubblici ufficiali o incaricati di un pubblico servizio che esercitano funzioni o svolgono servizi in materia ambientale[1].

[1] Articolo aggiunto dall'art. 1, L. 22 maggio 2015, n. 68, a decorrere dal 29 maggio 2015.

452-*novies*. Aggravante ambientale.

Quando un fatto già previsto come reato è commesso allo scopo di eseguire uno o più tra i delitti previsti dal presente titolo, dal decreto legislativo 3 aprile 2006, n. 152, o da altra disposizione di legge posta a tutela dell'ambiente, ovvero se dalla commissione del fatto deriva la violazione di una o più norme previste dal citato decreto legislativo n. 152 del 2006 o da altra legge che tutela l'ambiente, la pena nel primo caso è aumentata da un terzo alla metà e nel secondo caso è aumentata di un terzo. In ogni caso il reato è procedibile d'ufficio[1].

[1] Articolo aggiunto dall'art. 1, L. 22 maggio 2015, n. 68, a decorrere dal 29 maggio 2015.

452-*decies*. Ravvedimento operoso.

Le pene previste per i delitti di cui al presente titolo, per il delitto di associazione per delinquere di cui all'articolo 416 aggravato ai sensi dell'articolo 452-*octies*, nonchè per il delitto di cui all'articolo 260 del decreto legislativo 3 aprile 2006, n. 152 [rectius: art. 452-quaterdecies c.p.], e successive modificazioni, sono diminuite dalla metà a due terzi nei confronti di colui che si adopera per evitare che l'attività delittuosa venga portata a conseguenze ulteriori, ovvero, prima della dichiarazione di apertura del dibattimento di primo grado, provvede concretamente alla messa in sicurezza, alla bonifica e, ove possibile, al ripristino dello stato dei luoghi, e diminuite da un terzo alla metà nei confronti di colui che aiuta concretamente l'autorità di polizia o l'autorità giudiziaria nella ricostruzione del fatto, nell'individuazione degli autori o nella sottrazione di risorse rilevanti per la commissione dei delitti.

Ove il giudice, su richiesta dell'imputato, prima della dichiarazione di apertura del dibattimento di primo grado disponga la sospensione del procedimento per un tempo congruo, comunque non superiore a due anni e prorogabile per un periodo massimo di un ulteriore anno, al fine di consentire le attività di cui al comma precedente in corso di esecuzione, il corso della prescrizione è sospeso[1].

[1] Articolo aggiunto dall'art. 1, L. 22 maggio 2015, n. 68, a decorrere dal 29 maggio 2015.

452-*undecies*. Confisca.

Nel caso di condanna o di applicazione della pena su richiesta delle parti, a norma dell'articolo 444 del codice di procedura penale, per i delitti previsti dagli articoli 452-*bis*, 452-*quater*, 452-*sexies*, 452-*septies* e 452-*octies* del presente codice, è sempre ordinata la confisca delle cose che costituiscono il prodotto o il profitto del reato o che servirono a commettere il reato, salvo che appartengano a persone estranee al reato.

Quando, a seguito di condanna per uno dei delitti previsti dal presente titolo, sia stata disposta la confisca di beni ed essa non sia possibile, il giudice individua beni di valore equivalente di cui il condannato abbia anche indirettamente o per interposta persona la disponibilità e ne ordina la confisca.

I beni confiscati ai sensi dei commi precedenti o i loro eventuali proventi sono messi nella disponibilità della pubblica amministrazione competente e vincolati all'uso per la bonifica dei luoghi.

L'istituto della confisca non trova applicazione nell'ipotesi in cui l'imputato abbia efficacemente provveduto alla messa in sicurezza e, ove necessario, alle attività di bonifica e di ripristino dello stato dei luoghi[1].

[1] Articolo aggiunto dall'art. 1, L. 22 maggio 2015, n. 68, a decorrere dal 29 maggio 2015.

452-*duodecies*. Ripristino dello stato dei luoghi.

Quando pronuncia sentenza di condanna ovvero di applicazione della pena su richiesta delle parti a norma dell'articolo 444 del codice di procedura penale per taluno dei delitti previsti dal presente titolo, il giudice ordina il recupero e, ove tecnicamente possibile, il ripristino dello stato dei luoghi, ponendone l'esecuzione a carico del condannato e dei soggetti di cui all'articolo 197 del presente codice.

Al ripristino dello stato dei luoghi di cui al comma precedente si applicano le disposizioni di cui al titolo II della parte sesta del decreto legislativo 3 aprile 2006, n. 152, in materia di ripristino ambientale[1].

[1] Articolo aggiunto dall'art. 1, L. 22 maggio 2015, n. 68, a decorrere dal 29 maggio 2015.

452-*terdecies*. Omessa bonifica.

Salvo che il fatto costituisca più grave reato, chiunque, essendovi obbligato per legge, per ordine del giudice ovvero di un'autorità pubblica, non provvede alla bonifica, al ripristino o al recupero dello stato dei luoghi è punito con la pena della reclusione da uno a quattro anni e con la multa da euro 20.000 a euro 80.000[1].

[1] Articolo aggiunto dall'art. 1, L. 22 maggio 2015, n. 68, a decorrere dal 29 maggio 2015.

452-*quaterdecies*. Attività organizzate per il traffico illecito di rifiuti.

Chiunque, al fine di conseguire un ingiusto profitto, con più operazioni e attraverso l'allestimento di mezzi e attività continuative organizzate, cede, riceve, trasporta, esporta, importa, o comunque gestisce abusivamente ingenti quantitativi di rifiuti è punito con la reclusione da uno a sei anni.

Se si tratta di rifiuti ad alta radioattività si applica la pena della reclusione da tre a otto anni.

Alla condanna conseguono le pene accessorie di cui agli articoli 28, 30, 32-*bis* e 32-*ter*, con la limitazione di cui all'articolo 33.

Il giudice, con la sentenza di condanna o con quella emessa ai sensi dell'articolo 444 del codice di procedura penale, ordina il ripristino dello stato dell'ambiente e può subordinare la concessione della sospensione condizionale della pena all'eliminazione del danno o del pericolo per l'ambiente.

È sempre ordinata la confisca delle cose che servirono a commettere il reato o che costituiscono il prodotto o il profitto del reato, salvo che appartengano a persone estranee al reato. Quando essa non sia possibile, il giudice individua beni di valore equivalente di cui il condannato abbia anche indirettamente o per interposta persona la disponibilità e ne ordina la confisca[1].

[1] Articolo aggiunto dall'art. 3, D.Lgs. 1 marzo 2018, n. 21.

TITOLO VII
DEI DELITTI CONTRO LA FEDE PUBBLICA

CAPO I
DELLA FALSITÀ IN MONETE, IN CARTE DI PUBBLICO CREDITO E IN VALORI DI BOLLO

453. Falsificazione di monete, spendita e introduzione nello Stato, previo concerto, di monete falsificate.

È punito con la reclusione da tre a dodici anni e con la multa da euro 516 a 3.098 [7 n. 3, 454, 456, 458, 459, 463; c.p. 1889, 256][1]:

1) chiunque contraffà monete nazionali [458] o straniere, aventi corso legale nello Stato o fuori;

2) chiunque altera in qualsiasi modo monete genuine, col dare ad esse l'apparenza di un valore superiore;

3) chiunque, non essendo concorso [110] nella contraffazione o nell'alterazione, ma di concerto con chi l'ha eseguita ovvero con un intermediario, introduce nel territorio dello Stato [4 comma 2] o detiene o spende o mette altrimenti in circolazione monete contraffatte o alterate;

4) chiunque, al fine di metterle in circolazione, acquista o comunque riceve da chi le ha falsificate, ovvero da un intermediario, monete contraffatte o alterate.

La stessa pena si applica a chi, legalmente autorizzato alla produzione, fabbrica indebitamente, abusando degli strumenti o dei materiali nella sua disponibilità, quantitativi di monete in eccesso rispetto alle prescrizioni[2].

La pena è ridotta di un terzo quando le condotte di cui al primo e secondo comma hanno ad oggetto monete non aventi ancora corso legale e il termine iniziale dello stesso è determinato[2].

[1] Importi elevati dall'art. 113 comma 1, L. 24 novembre 1981, n. 689.

[2] Comma aggiunto dall'art. 1, D.Lgs. 21 giugno 2016, n. 125.

● Norme connesse:

- comma 1: 1) l'art. 142 del T.U. 28 aprile 1910, n. 204, delle leggi sugli istituti di emissione e sulla circolazione dei biglietti di banca che dispone: *1. È proibita la fabbricazione, l'emissione e la circolazione, per qualsiasi scopo, di qualunque genere di biglietti o stampati imitanti o simulanti, in tutto o in parte, nel recto o nel verso, i biglietti di banca, sotto comminatoria di una sanzione amministrativa da lire 10.000 a lire 100.000 a carico di coloro che li fabbricassero o li ponessero in vendita.*

2. Gli stampati e le lastre relative saranno sempre confiscati, a chiunque appartengano, e dovranno essere distrutti.

3. I commi precedenti non si applicano nei casi consentiti dalle disposizioni comunitarie o dalla BCE con riferimento alle banconote in euro.

2) Convenzione internazionale per la repressione del falso nummario 29 aprile 1929, ratificata con R.D. 30 giugno 1953, n. 1518, e L. 26 ottobre 1964, n. 1141, recante ratifica della Convenzione monetaria tra la Repubblica italiana e lo Stato della Città del Vaticano del 31 luglio 1962.

454. Alterazione di monete.

Chiunque altera monete della qualità indicata nell'articolo precedente, scemandone in qualsiasi modo il valore, ovvero, rispetto alle monete in tal modo alterate, commette alcuno dei fatti indicati nei numeri 3 e 4 del detto articolo, è punito con la reclusione da uno a cinque anni e con la multa da euro 103 a 516 [458, 463; disp. att. c.p.p. 74, 88; c.p. 1889, 256, 257][1].

[1] Importi elevati dall'art. 113 comma 1, L. 24 novembre 1981, n. 689.

455. Spendita e introduzione nello Stato, senza concerto, di monete falsificate.

Chiunque, fuori dei casi preveduti dai due articoli precedenti, introduce nel territorio dello Stato [4 comma 2], acquista o detiene monete contraffatte o alterate, al fine di metterle in circolazione, ovvero le spende o le mette altrimenti in circolazione, soggiace alle pene stabilite nei detti articoli, ridotte da un terzo alla metà [455, 456, 458, 459, 463, 694].

456. Circostanze aggravanti.

Le pene stabilite negli articoli 453 e 455 sono aumentate [64] se dai fatti ivi preveduti deriva una diminuzione nel prezzo della valuta o dei titoli di Stato, o ne è compromesso il credito nei mercati interni o esteri.

CODICE PENALE

457. Spendita di monete falsificate ricevute in buona fede.

Chiunque spende, o mette altrimenti in circolazione monete contraffatte o alterate, da lui ricevute in buona fede, è punito con la reclusione fino a sei mesi[1] o con la multa fino a euro 1.032 [458, 459, 463, 694; 74, disp. att. c.p.p. 88; c.p. 1889, 258 comma 2][2].

[1] Sono applicabili le sanzioni sostitutive previste dagli artt. 53 ss., L. 24 novembre 1981, n. 689.

[2] Importi elevati dall'art. 113 comma 1, L. 24 novembre 1981, n. 689.

458. Parificazione delle carte di pubblico credito alle monete.

Agli effetti della legge penale, sono parificate alle monete le carte di pubblico credito [7 n. 3, 453-457].

Per carte di pubblico credito s'intendono, oltre quelle che hanno corso legale come moneta, le carte e cedole al portatore emesse dai Governi, e tutte le altre aventi corso legale emesse da istituti a ciò autorizzati [c.p. 1889, 263].

● Norme connesse:
Sulla falsificazione di carte di credito e di pagamento v. art. 493-ter c.p., aggiunto dall'art. 4, D.Lgs. 1 marzo 2018, n. 21.

459. Falsificazione dei valori di bollo, introduzione nello Stato, acquisto, detenzione o messa in circolazione di valori di bollo falsificati.

Le disposizioni degli articoli 453, 455 e 457 si applicano anche alla contraffazione o alterazione di valori di bollo e alla introduzione nel territorio dello Stato [4 comma 2], o all'acquisto, detenzione e messa in circolazione di valori di bollo contraffatti; ma le pene sono ridotte di un terzo[1].

Agli effetti della legge penale, s'intendono per valori di bollo la carta bollata, le marche da bollo, i francobolli e gli altri valori equiparati a questi da leggi speciali [c.p. 1889, 268, 269].

[1] Sono applicabili le sanzioni sostitutive previste dagli artt. 53 ss., L. 24 novembre 1981, n. 689, qualora la pena inflitta, rientri, con le riduzioni di cui al presente articolo - rispetto alle pene previste dagli artt. 455 e 457 - nel limite dei sei mesi (o meno) fissato dall'art. 53, L. 24 novembre 1981, n. 689.

460. Contraffazione di carta filigranata in uso per la fabbricazione di carte di pubblico credito o di valori di bollo.

Chiunque contraffà la carta filigranata che si adopera per la fabbricazione delle carte di pubblico credito [458 comma 2] o dei valori di bollo [459 comma 2], ovvero acquista, detiene o aliena tale carta contraffatta, è punito, se il fatto non costituisce un più grave reato, con la reclusione da due a sei anni e con la multa da euro 309 a 1.032 [c.p. 1889, 269][1].

[1] Importi elevati dall'art. 113 comma 1, L. 24 novembre 1981, n. 689.

461. Fabbricazione o detenzione di filigrane o di strumenti destinati alla falsificazione di monete, di valori di bollo o di carta filigranata.

Chiunque fabbrica, acquista, detiene o aliena filigrane, programmi e dati informatici o strumenti destinati alla contraffazione o alterazione di monete [458], di valori di bollo [459 comma 2] o di carta filigranata è punito, se il fatto non costituisce un più grave reato, con la reclusione da uno a cinque anni e con la multa da euro 103 a 516[1 2].

La stessa pena si applica se le condotte previste dal primo comma hanno ad oggetto ologrammi o altri componenti della moneta destinati ad assicurarne la protezione contro la contraffazione o l'alterazione[3].

[1] Comma così modificato prima dall'art. 5, D.L. 25 settembre 2001, n. 350, convertito in L. 23 novembre 2001, n. 409, poi dall'art. 1, D.Lgs. 21 giugno 2016, n. 125.

Il testo previgente la modifica del 2001 disponeva: *Chiunque fabbrica, acquista, detiene o aliena filigrane, o strumenti destinati esclusivamente alla contraffazione o alterazione di monete, di valori di bollo o di carta filigranata è punito, se il fatto non costituisce un più grave reato, con la reclusione da uno a cinque anni e con la multa da euro 103 a 516.*

Il testo previgente la modifica del 2016 disponeva: *Chiunque fabbrica, acquista, detiene o aliena filigrane, programmi informatici o strumenti destinati esclusivamente alla contraffazione o alterazione di monete, di valori di bollo o di carta filigranata è punito, se il fatto non costituisce un più grave reato, con la reclusione da uno a cinque anni e con la multa da euro 103 a 516.*

[2] Importi elevati dall'art. 113 comma 1, L. 24 novembre 1981, n. 689.

[3] Comma aggiunto dall'art. 5, D.L. 25 settembre 2001, n. 350, convertito in L. 23 novembre 2001, n. 409.

462. Falsificazione di biglietti di pubbliche imprese di trasporto.

Chiunque contraffà o altera biglietti di strade ferrate [431 comma 3] o di altre pubbliche imprese di trasporto, ovvero, non essendo concorso nella contraffazione o nell'alterazione, acquista o detiene al fine di metterli in circolazione, o mette in circolazione tali biglietti contraffatti o alterati, è punito con la reclusione fino a un anno[1] e con la multa da euro 10 a 206 [c.p. 1889, 272][2].

[1] Sono applicabili le sanzioni sostitutive previste dagli artt. 53 ss., L. 24 novembre 1981, n. 689.

[2] Importi elevati dall'art. 113 comma 1, L. 24 novembre 1981, n. 689.

463. Casi di non punibilità.

Non è punibile chi, avendo commesso alcuno dei fatti preveduti dagli articoli precedenti, riesce, prima che l'autorità ne abbia notizia, a impedire la contraffazione, l'alterazione, la fabbricazione o la circolazione delle cose indicate negli articoli stessi [56 comma 4; c.p. 1889, 262].

464. Uso di valori di bollo contraffatti o alterati.

Chiunque, non essendo concorso [110] nella contraffazione o nell'alterazione, fa uso di valori di bollo [459 comma 2] contraffatti o alterati, è punito con la reclusione fino a tre anni[1] e con la multa fino a euro 516 [c.p. 1889, 270][2].

Se i valori sono stati ricevuti in buona fede, si applica la pena stabilita nell'articolo 457, ridotta di un terzo[1].

[1] Sono applicabili le sanzioni previste dagli artt. 53 ss., L. 24 novembre 1981, n. 689.

[2] Importi elevati dall'art. 113 comma 1, L. 24 novembre 1981, n. 689.

465. Uso di biglietti falsificati di pubbliche imprese di trasporto.

Chiunque, non essendo concorso [110] nella contraffazione o nell'alterazione, fa uso di biglietti di strade ferrate [431 comma 3] o di altre pubbliche imprese di trasporto, contraffatti o alterati, è punito con la sanzione amministrativa pecuniaria da euro 103 a 619 [c.p. 1889, 273][1].

Se i biglietti sono stati ricevuti in buona fede, si applica la sanzione amministrativa pecuniaria da euro 51 a 309[2].

[1] Comma così modificato dall'art. 41, D.Lgs. 30 dicembre 1999, n. 507. Il testo previgente disponeva: *Chiunque, non essendo concorso nella contraffazione o nell'alterazione, fa uso di biglietti di strade ferrate o di altre pubbliche imprese di trasporto, contraffatti o alterati, è punito con la reclusione fino a sei mesi e multa da lire ventimila a quattrocentomila.*

[2] Comma così modificato dall'art. 41, D.Lgs. 30 dicembre 1999, n. 507. Il testo previgente disponeva: *Se i biglietti sono stati ricevuti in buona fede, si applica la multa fino a lire sessantamila.*

466. Alterazione di segni nei valori di bollo o nei biglietti usati e uso degli oggetti così alterati.

Chiunque cancella o fa in qualsiasi modo scomparire, da valori di bollo [459 comma 2] o da biglietti di strade ferrate [431 comma 3] o di altre pubbliche imprese di trasporto, i segni appostivi per indicare l'uso già fattone, è punito, qualora ne faccia uso o lasci che altri ne faccia uso, con la sanzione amministrativa pecuniaria da euro 103 a 619 [c.p. 1889, 273][1].

Alla stessa sanzione soggiace chi, senza essere concorso [110] nell'alterazione, fa uso dei valori di bollo o dei biglietti alterati. Se le cose sono state ricevute in buona fede, si applica la sanzione amministrativa pecuniaria da euro 51 a 309[2].

[1] Comma così modificato dall'art. 42, D.Lgs. 30 dicembre 1999, n. 507. Il testo previgente disponeva: *Chiunque cancella o fa in qualsiasi modo scomparire, da valori di bollo o da biglietti di strade ferrate o di altre pubbliche imprese di trasporto, i segni appostivi per indicare l'uso già fattone, è punito, qualora ne faccia uso o lasci che altri ne faccia uso, con la multa da lire ventimila a quattrocentomila.* Per l'individuazione dell'autorità competente all'applicazione di detta sanzione v. art. 19-bis, comma 2 lett. a) e c) disp. att. c.p.

[2] Comma così sostituito dall'art. 42, D.Lgs. 30 dicembre 1999, n. 507. Per l'individuazione dell'autorità competente all'applicazione della sanzione v. art. 19-bis disp. att. c.p.

466-*bis*. Confisca.

Nel caso di condanna o di applicazione di pena su richiesta delle parti, a norma dell'articolo 444 del codice di procedura penale, per uno dei delitti di cui agli articoli 453, 454, 455, 460 e 461 è sempre ordinata la confisca delle cose che servirono o furono destinate a commettere il reato e delle cose che ne sono il prodotto, il prezzo o il profitto, salvo che appartengano a persona estranea al reato, ovvero quando essa non è possibile dei beni di cui il condannato ha comunque la disponibilità, per un valore corrispondente al profitto, al prodotto o al prezzo del reato. Si applica il terzo comma dell'articolo 322-*ter*[1].

[1] Articolo aggiunto dall'art. 2, D.Lgs. 29 ottobre 2016, n. 202. Si ricorda che il citato D.Lgs. 202/2016 "*attua nell'ordinamento interno le disposizioni della direttiva 2014/42/UE del Parlamento europeo e del Consiglio del 3 aprile 2014 relativa al congelamento e alla confisca dei beni strumentali e dei proventi da reato nell'Unione europea*" (art. 1).

CAPO II

DELLA FALSITÀ IN SIGILLI O STRUMENTI O SEGNI DI AUTENTICAZIONE, CERTIFICAZIONE O RICONOSCIMENTO

467. Contraffazione del sigillo dello Stato e uso del sigillo contraffatto.

Chiunque contraffà il sigillo dello Stato, destinato a essere apposto sugli atti del Governo, ovvero, non essendo concorso [110] nella contraffazione, fa uso di tale sigillo da altri contraffatto, è punito con la reclusione da tre a sei anni e con la multa da euro 103 a 2.065 [469, 470; c.p. 1889, 264][1].

[1] Importi elevati dall'art. 113 comma 1, L. 24 novembre 1981, n. 689.

468. Contraffazione di altri pubblici sigilli o strumenti destinati a pubblica autenticazione o certificazione e uso di tali sigilli e strumenti contraffatti.

Chiunque contraffà il sigillo di un ente pubblico o di un pubblico ufficio, ovvero, non essendo con-

CODICE PENALE

corso [110] nella contraffazione, fa uso di tale sigillo contraffatto, è punito con la reclusione da uno a cinque anni e con la multa da euro 103 a 1.032 [c.p. 1889, 265][1].

La stessa pena si applica a chi contraffà altri strumenti destinati a pubblica autenticazione o certificazione, ovvero, senza essere concorso nella contraffazione, fa uso di tali strumenti [469, 470; c.p. 1889, 266].

[1] Importi elevati dall'art. 113 comma 1, L. 24 novembre 1981, n. 689.

469. Contraffazione delle impronte di una pubblica autenticazione o certificazione.

Chiunque, con mezzi diversi dagli strumenti indicati negli articoli precedenti, contraffà le impronte di una pubblica autenticazione o certificazione, ovvero, non essendo concorso [110] nella contraffazione, fa uso della cosa che reca l'impronta contraffatta, soggiace alle pene rispettivamente stabilite nei detti articoli, ridotte di un terzo [c.p. 1889, 267; c.nav. 1131-*bis*].

470. Vendita o acquisto di cose con impronte contraffatte di una pubblica autenticazione o certificazione.

Chiunque, fuori dei casi di concorso [110] nei reati preveduti dagli articoli precedenti, pone in vendita o acquista cose sulle quali siano le impronte contraffatte di una pubblica autenticazione o certificazione, soggiace alle pene rispettivamente stabilite per i detti reati [c.p. 1889, 266 comma 2].

471. Uso abusivo di sigilli e strumenti veri.

Chiunque, essendosi procurati i veri sigilli o i veri strumenti destinati a pubblica autenticazione o certificazione, ne fa uso a danno altrui, o a profitto di sé o di altri, è punito con la reclusione fino a tre anni[1] e con la multa fino a euro 309 [c.p. 1889, 272][2].

[1] Sono applicabili le sanzioni sostitutive previste dagli artt. 53 ss., L. 24 novembre 1981, n. 689.

[2] Importi elevati dall'art. 113 comma 1, L. 24 novembre 1981, n. 689.

472. Uso o detenzione di misure o pesi con falsa impronta.

Chiunque fa uso, a danno altrui, di misure o di pesi con l'impronta legale contraffatta o alterata, o comunque alterati, è punito con la reclusione fino a sei mesi[1] o con la multa fino a euro 516 [c.p. 1889, 294, comma 1][2].

La stessa pena si applica a chi nell'esercizio di un'attività commerciale, ovvero in uno spaccio aperto al pubblico, detiene misure o pesi con l'impronta legale contraffatta o alterata, ovvero comunque alterati.

Agli effetti della legge penale, nella denominazione di misure o di pesi è compreso qualsiasi strumento per misurare o pesare [692; c.p. 1889, 294, comma 2].

[1] Sono applicabili le sanzioni sostitutive previste dagli artt. 53 ss., L. 24 novembre 1981, n. 689.

[2] Importi elevati dall'art. 113 comma 1, L. 24 novembre 1981, n. 689.

473. Contraffazione, alterazione o uso di segni distintivi di opere dell'ingegno o di prodotti industriali.

Chiunque, potendo conoscere dell'esistenza del titolo di proprietà industriale, contraffà o altera marchi o segni distintivi, nazionali o esteri, di prodotti industriali [c.c. 2569-2574], ovvero chiunque, senza essere concorso [110] nella contraffazione o alterazione, fa uso di tali marchi o segni contraffatti o alterati, è punito con la reclusione da sei mesi a tre anni e con la multa da euro 2.500 a euro 25.000 [c.p. 1889, 296, comma 1].

Soggiace alla pena della reclusione da uno a quattro anni e della multa da euro 3.500 a euro 35.000 chiunque contraffà o altera brevetti, disegni o modelli industriali, nazionali o esteri [c.c. 2584-2594], ovvero, senza essere concorso [110] nella contraffazione o alterazione, fa uso di tali brevetti, disegni o modelli contraffatti o alterati.

I delitti previsti dai commi primo e secondo sono punibili a condizione che siano state osservate le norme delle leggi interne, dei regolamenti comunitari e delle convenzioni internazionali sulla tutela della proprietà intellettuale o industriale [474, 475, 514, 517][1].

[1] Articolo così sostituito dall'art. 15, L. 23 luglio 2009, n. 99. Il testo previgente disponeva: *Chiunque contraffà o altera i marchi o segni distintivi, nazionali o esteri, delle opere dell'ingegno o dei prodotti industriali, ovvero, senza essere concorso nella contraffazione o alterazione, fa uso di tali marchi o segni contraffatti o alterati, è punito con la reclusione fino a tre anni e con la multa fino a euro 2.065.*

Alla stessa pena soggiace chi contraffà o altera brevetti, disegni o modelli industriali, nazionali o esteri, ovvero, senza essere concorso nella contraffazione o alterazione, fa uso di tali brevetti, disegni o modelli contraffatti o alterati.

Le disposizioni precedenti si applicano sempre che siano state osservate le norme delle leggi interne o delle convenzioni internazionali sulla tutela della proprietà intellettuale o industriale.

● Norme connesse:

- art. 127, D.Lgs. 10 febbraio 2005, n. 30 (Codice della proprietà industriale);

- art. 16, L. 23 luglio 2009, n. 99 (Disposizioni per lo sviluppo e l'internazionalizzazione delle imprese, nonché in materia di energia); art. 4, commi 49, 49-bis e 49-ter, L. 24 dicembre 2003, n. 350 (Disposizioni per la formazione del bilancio annuale e pluriennale dello Stato).

474. Introduzione nello Stato e commercio di prodotti con segni falsi.

Fuori dei casi di concorso [110] nei reati previsti dall'articolo 473, chiunque introduce nel territorio dello Stato [4 comma 2], al fine di trarne profitto, prodotti industriali con marchi o altri segni distintivi, nazionali o esteri, contraffatti o alterati è punito con la reclusione da uno a quattro anni e con la multa da euro 3.500 a euro 35.000.

Fuori dei casi di concorso nella contraffazione, alterazione, introduzione nel territorio dello Stato, chiunque detiene per la vendita, pone in vendita o mette altrimenti in circolazione, al fine di trarne profitto, i prodotti di cui al primo comma è punito con la reclusione fino a due anni e con la multa fino a euro 20.000.

I delitti previsti dai commi primo e secondo sono punibili a condizione che siano state osservate le norme delle leggi interne, dei regolamenti comunitari e delle convenzioni internazionali sulla tutela della proprietà intellettuale o industriale [475, 514, 517][1].

[1] Articolo così sostituito dall'art. 15, L. 23 luglio 2009, n. 99. Il testo previgente disponeva: *Chiunque, fuori dei casi di concorso nei delitti preveduti dall'articolo precedente, introduce nel territorio dello Stato per farne commercio, detiene per vendere, o pone in vendita, o mette altrimenti in circolazione opere dell'ingegno o prodotti industriali, con marchi o segni distintivi, nazionali o esteri, contraffatti o alterati, è punito con la reclusione fino a due anni e con la multa fino a euro 2.065.*

Si applica la disposizione dell'ultimo capoverso dell'articolo precedente.

● Norme connesse:

- art. 16, L. 23 luglio 2009, n. 99 (Disposizioni per lo sviluppo e l'internazionalizzazione delle imprese, nonché in materia di energia); art. 4, commi 49, 49-bis e 49-ter, L. 24 dicembre 2003, n. 350 (Disposizioni per la formazione del bilancio annuale e pluriennale dello Stato).

474-*bis*. Confisca.

Nei casi di cui agli articoli 473 e 474 è sempre ordinata, salvi i diritti della persona offesa alle restituzioni e al risarcimento del danno, la confisca delle cose che servirono o furono destinate a commettere il reato e delle cose che ne sono l'oggetto, il prodotto, il prezzo o il profitto, a chiunque appartenenti.

Quando non è possibile eseguire il provvedimento di cui al primo comma, il giudice ordina la confisca di beni di cui il reo ha la disponibilità per un valore corrispondente al profitto. Si applica il terzo comma dell'articolo 322-*ter*.

Si applicano le disposizioni dell'articolo 240, commi terzo e quarto, se si tratta di cose che servirono o furono destinate a commettere il reato, ovvero che ne sono l'oggetto, il prodotto, il prezzo o il profitto, appartenenti a persona estranea al reato medesimo, qualora questa dimostri di non averne potuto prevedere l'illecito impiego, anche occasionale, o l'illecita provenienza e di non essere incorsa in un difetto di vigilanza.

Le disposizioni del presente articolo si osservano anche nel caso di applicazione della pena su richiesta delle parti a norma del titolo II del libro sesto del codice di procedura penale[1].

[1] Articolo aggiunto dall'art. 15, L. 23 luglio 2009, n. 99.

474-*ter*. Circostanza aggravante.

Se, fuori dai casi di cui all'articolo 416, i delitti puniti dagli articoli 473 e 474, primo comma, sono commessi in modo sistematico ovvero attraverso l'allestimento di mezzi e attività organizzate, la pena è della reclusione da due a sei anni e della multa da euro 5.000 a euro 50.000.

Si applica la pena della reclusione fino a tre anni e della multa fino a euro 30.000 se si tratta dei delitti puniti dall'articolo 474, secondo comma[1].

[1] Articolo aggiunto dall'art. 15, L. 23 luglio 2009, n. 99.

474-*quater*. Circostanza attenuante.

Le pene previste dagli articoli 473 e 474 sono diminuite dalla metà a due terzi nei confronti del colpevole che si adopera per aiutare concretamente l'autorità di polizia o l'autorità giudiziaria nell'azione di contrasto dei delitti di cui ai predetti articoli 473 e 474, nonché nella raccolta di elementi decisivi per la ricostruzione dei fatti e per l'individuazione o la cattura dei concorrenti negli stessi, ovvero per la individuazione degli strumenti occorrenti per la commissione dei delitti medesimi o dei profitti da essi derivanti[1].

[1] Articolo aggiunto dall'art. 15, L. 23 luglio 2009, n. 99.

475. Pena accessoria.

La condanna per alcuno dei delitti preveduti dai due articoli precedenti importa la pubblicazione della sentenza [36].

CAPO III

DELLA FALSITÀ IN ATTI

476. Falsità materiale commessa dal pubblico ufficiale in atti pubblici.

Il pubblico ufficiale [357], che, nell'esercizio delle sue funzioni, forma, in tutto o in parte, un atto falso o altera un atto vero, è punito con la reclusione da uno a sei anni [491].

Se la falsità concerne un atto o parte di un atto, che faccia fede fino a querela di falso [c.c. 2699, 2700], la reclusione è da tre a dieci anni [482, 490, 492, 493; c.p. 1889, 275 comma 2].

● Norme connesse:
- art. 1, comma 6, lettera b), n. 11, L. 31 luglio 1997, n. 249, che dispone: *6. Le competenze dell'Autorità sono così individuate: [...] b) la commissione per i servizi e i prodotti: [...] 11) cura le rilevazioni degli indici di ascolto e di diffusione dei diversi mezzi di comunicazione; vigila sulla correttezza delle indagini sugli indici di ascolto e di diffusione dei diversi mezzi di comunicazione rilevati da altri soggetti, effettuando verifiche sulla congruità delle metodologie utilizzate e riscontri sulla veridicità dei dati pubblicati, nonché sui monitoraggi delle trasmissioni televisive e sull'operato delle imprese che svolgono le indagini; la manipolazione dei dati tramite metodologie consapevolmente errate ovvero tramite la consapevole utilizzazione di dati falsi è punita ai sensi dell'articolo 476, primo comma, del codice penale; laddove la rilevazione degli indici di ascolto non risponda a criteri universalistici del campionamento rispetto alla popolazione o ai mezzi interessati, l'Autorità può provvedere ad effettuare le rilevazioni necessarie.*

477. Falsità materiale commessa dal pubblico ufficiale in certificati o autorizzazioni amministrative.

Il pubblico ufficiale [357], che, nell'esercizio delle sue funzioni, contraffà o altera certificati o autorizzazioni amministrative, ovvero, mediante contraffazione o alterazione, fa apparire adempiute le condizioni richieste per la loro validità, è punito con la reclusione da sei mesi a tre anni [482, 490, 493; c.p. 1889, 285 comma 2][1].

[1] Sono applicabili le sanzioni sostitutive previste dagli artt. 53 ss., L. 24 novembre 1981, n. 689.

478. Falsità materiale commessa dal pubblico ufficiale in copie autentiche di atti pubblici o privati e in attestati del contenuto di atti.

Il pubblico ufficiale [357], che, nell'esercizio delle sue funzioni, supponendo esistente un atto pubblico o privato [492], ne simula una copia e la rilascia in forma legale, ovvero rilascia una copia di un atto pubblico o privato diversa dall'originale, è punito con la reclusione da uno a quattro anni [c.p. 1889, 277, comma 1].

Se la falsità concerne un atto o parte di un atto, che faccia fede fino a querela di falso [c.c. 2699, 2700], la reclusione è da tre a otto anni [c.p. 1889, 277 comma 1].

Se la falsità è commessa dal pubblico ufficiale in un attestato sul contenuto di atti, pubblici o privati, la pena è della reclusione da uno a tre anni [482, 492, 493; c.p. 1889, 277 comma 2].

479. Falsità ideologica commessa dal pubblico ufficiale in atti pubblici.

Il pubblico ufficiale [357], che ricevendo o formando un atto nell'esercizio delle sue funzioni, attesta falsamente che un fatto è stato da lui compiuto o è avvenuto alla sua presenza, o attesta come da lui ricevute dichiarazioni a lui non rese, ovvero omette o altera dichiarazioni da lui ricevute, o comunque attesta falsamente fatti dei quali l'atto è destinato a provare la verità, soggiace alle pene stabilite nell'art. 476 [487, 493; c.nav. 1127].

● Norme connesse:
- art. 90, comma 1, D.Lgs. 30 marzo 1990, n. 76 (T.U. delle leggi per gli interventi nei territori della Campania, Basilicata, Puglia e Calabria colpiti dagli eventi sismici del novembre 1980, del febbraio 1981 e del marzo 1982) che dispone: *Le pene per i reati previsti dagli articoli 479, 480, 481 e 483 del codice penale, commessi per conseguire benefici disposti a favore delle popolazioni colpite dagli eventi sismici di cui all'articolo 1, sono aumentate fino alla metà. Non si applica la disposizione dell'ultimo comma dell'articolo 69 del codice penale.*

480. Falsità ideologica commessa dal pubblico ufficiale in certificati o in autorizzazioni amministrative.

Il pubblico ufficiale [357], che, nell'esercizio delle sue funzioni, attesta falsamente, in certificati o autorizzazioni amministrative, fatti dei quali l'atto è destinato a provare la verità, è punito con la reclusione da tre mesi a due anni [487, 493][1].

[1] Sono applicabili le sanzioni sostitutive previste dagli artt. 53 ss., L. 24 novembre 1981, n. 689.

● Norme connesse:
- art. 90, comma 1, D.Lgs. 30 marzo 1990, n. 76 (T.U. delle leggi per gli interventi nei territori della Campania, Basilicata, Puglia e Calabria colpiti dagli eventi sismici del novembre 1980, del febbraio 1981 e del marzo 1982) che dispone: *Le pene per i reati previsti dagli articoli 479, 480, 481 e 483 del codice penale, commessi per conseguire benefici disposti a favore delle popolazioni colpite dagli eventi sismici di cui all'articolo 1, sono aumentate fino alla metà. Non si applica la disposizione dell'ultimo comma dell'articolo 69 del codice penale.*

481. Falsità ideologica in certificati commessa da persone esercenti un servizio di pubblica necessità.

Chiunque, nell'esercizio di una professione sanitaria o forense, o di un altro servizio di pubblica necessità [359], attesta falsamente, in un certificato, fatti dei quali l'atto è destinato a provare la verità, è punito con la reclusione fino a un anno[1] o con la multa da euro 51 a 516 [374-*bis*; c.p. 1889, 289 comma 1][2].

Tali pene si applicano congiuntamente se il fatto è commesso a scopo di lucro.

[1] Sono applicabili le sanzioni sostitutive previste dagli artt. 53 ss., L. 24 novembre 1981, n. 689.

[2] Importi elevati dall'art. 113 comma 1, L. 24 novembre 1981, n. 689.

482. Falsità materiale commessa dal privato.

Se alcuno dei fatti preveduti dagli articoli 476, 477 e 478 è commesso da un privato, ovvero da un pubblico ufficiale [357] fuori dell'esercizio delle sue funzioni, si applicano rispettivamente le pene stabilite nei detti articoli, ridotte di un terzo [490-491; c.p. 1889, 278][1].

[1] Sono applicabili le sanzioni sostitutive previste dagli artt. 53 ss., L. 24 novembre 1981, n. 689 solo ove occorra riferirsi alle pene previste dall'art. 477.

483. Falsità ideologica commessa dal privato in atto pubblico.

Chiunque attesta falsamente al pubblico ufficiale [357], in un atto pubblico, fatti dei quali l'atto è destinato a provare la verità, è punito con la reclusione fino a due anni [c.p. 1889, 279].

Se si tratta di false attestazioni in atti dello stato civile [c.c. 449], la reclusione non può essere inferiore a tre mesi[1].

[1] Sono applicabili le sanzioni sostitutive previste dagli artt. 53 ss., L. 24 novembre 1981, n. 689.

● Norme connesse:

- comma 1: 1) art. 21, comma 1, L. 7 agosto 1990, n. 241, rubricato "Disposizioni sanzionatorie", nel testo modificato dall'art. 6, L. 7 agosto 2015, n. 124, dispone che: *Con la segnalazione o con la domanda di cui agli articoli 19 e 20 l'interessato deve dichiarare la sussistenza dei presupposti e dei requisiti di legge richiesti. In caso di dichiarazioni mendaci o di false attestazioni non è ammessa la conformazione dell'attività e dei suoi effetti a legge o la sanatoria prevista dagli articoli medesimi ed il dichiarante è punito con la sanzione prevista dall'articolo 483 del codice penale, salvo che il fatto costituisca più grave reato.*

2) art. 19, L. 8 febbraio 1948, n. 47, rubricato "False dichiarazioni nella registrazione di periodici", prevede che: *Chi nelle dichiarazioni prescritte dagli artt. 5 e 6 espone dati non conformi al vero è punito a norma del primo comma dell'art. 483 del codice penale.*

3) art. 95, D.P.R. 30 maggio 2002, n. 115, T.U. delle disposizioni legislative e regolamentari in materia di spese di giustizia, prevede che: *La falsità o le omissioni nella dichiarazione sostitutiva di certificazione, nelle dichiarazioni, nelle indicazioni e nelle comunicazioni previste dall'articolo 79, comma 1, lettere b), c) e d), sono punite con la reclusione da uno a cinque anni e con la multa da euro 309,87 a euro 1.549,37. La pena è aumentata se dal fatto consegue l'ottenimento o il mantenimento dell'ammissione al patrocinio; la condanna importa la revoca, con efficacia retroattiva, e il recupero a carico del responsabile delle somme corrisposte dallo Stato.*

4) art. 90 del D.Lgs. 30 marzo 1990, n. 76 (T.U. delle leggi per gli interventi nei territori della Campania, Basilicata, Puglia e Calabria colpiti dagli eventi sismici del novembre 1980, del febbraio 1981 e del marzo 1982) che dispone: *Le pene per i reati previsti dagli articoli 479, 480, 481 e 483 del codice penale, commessi per conseguire benefici disposti a favore delle popolazioni colpite dagli eventi sismici di cui all'articolo 1, sono aumentate fino alla metà. Non si applica la disposizione dell'ultimo comma dell'articolo 69 del codice penale.*

5) art. 76 del D.P.R. 28 dicembre 2000, n. 445, T.U. delle disposizioni legislative e regolamentari in materia di documentazione amministrativa.

484. Falsità in registri e notificazioni.

Chiunque, essendo per legge[1] obbligato a fare registrazioni soggette all'ispezione dell'Autorità di pubblica sicurezza, o a fare notificazioni all'Autorità stessa circa le proprie operazioni industriali, commerciali o professionali, scrive o lascia scrivere false indicazioni è punito con la reclusione fino a sei mesi[1] o con la multa fino a euro 309[2].

[1] Sono applicabili le sanzioni sostitutive previste dagli artt. 53 ss., L. 24 novembre 1981, n. 689.

[2] Importi elevati dall'art. 113 comma 1, L. 24 novembre 1981, n. 689.

485. Falsità in scrittura privata.

[...][1 2].

[1] Articolo abrogato dall'art. 1, D.Lgs. 15 gennaio 2016, n. 7. Il testo previgente disponeva: *Chiunque, al fine di procurare a sé o ad altri un vantaggio o di recare ad altri un danno, forma, in tutto o in parte, una scrittura privata falsa, o altera una scrittura privata vera, è punito, qualora ne faccia uso o lasci che altri ne faccia uso, con la reclusione da sei mesi a tre anni.*

Si considerano alterazioni anche le aggiunte falsamente apposte a una scrittura vera, dopo che questa fu definitivamente formata.

[2] V., ora, art. 4, comma 4, lett. a), D.Lgs. 7/2016 cit. che per la medesima fattispecie prevede la sanzione pecuniaria civile da euro duecento a euro dodicimila. Si considerano alterazioni anche le aggiunte falsamente apposte a una scrittura vera, dopo che questa fu definitivamente formata. V., anche, art. 4, comma 4, lett. d), D.Lgs. 7/2016.

Tali nuove disposizioni si applicano anche nel caso in cui le falsità ivi previste riguardino un documento informatico privato avente efficacia probatoria (comma 5). Nella denominazione di «scritture private» sono compresi gli atti originali e le copie autentiche di essi, quando a norma di legge tengano luogo degli originali mancanti (comma 6).

486. Falsità in foglio firmato in bianco. Atto privato.

[...][1 2].

[1] Articolo abrogato dall'art. 1, D.Lgs. 15 gennaio 2016, n. 7. Il testo previgente disponeva: *Chiunque, al fine di procurare a sé o ad altri un vantaggio o di recare ad altri un danno, abusando di un foglio firmato in bianco, del quale abbia il possesso per un titolo che importi l'obbligo o la facoltà di riempirlo, vi scrive o fa scrivere un atto privato produttivo di effetti giuridici, diverso da quello a cui era obbligato o autorizzato, è punito, se del foglio faccia uso o lasci che altri ne faccia uso, con la reclusione da sei mesi a tre anni.*

Si considera firmato in bianco il foglio in cui il sottoscrittore abbia lasciato bianco un qualsiasi spazio destinato a essere riempito.

[2] V., ora, art. 4, comma 4, lett. b), D.Lgs. 7/2016 cit. che per le medesime fattispecie prevede la sanzione pecuniaria

civile da euro duecento a euro dodicimila. V., anche, art. 4, comma 4, lett. c), D.Lgs. 7/2016.

Tali nuove disposizioni si applicano anche nel caso in cui le falsità ivi previste riguardino un documento informatico privato avente efficacia probatoria (comma 5). Nella denominazione di «scritture private» sono compresi gli atti originali e le copie autentiche di essi, quando a norma di legge tengano luogo degli originali mancanti (comma 6). Si considera firmato in bianco il foglio in cui il sottoscrittore abbia lasciato bianco un qualsiasi spazio destinato a essere riempito (comma 7).

487. Falsità in foglio firmato in bianco. Atto pubblico.

Il pubblico ufficiale [357], che, abusando di un foglio firmato in bianco [488, 489], del quale abbia il possesso per ragione del suo ufficio e per un titolo che importa l'obbligo o la facoltà di riempirlo, vi scrive o vi fa scrivere un atto pubblico [c.c. 2699] diverso da quello a cui era obbligato o autorizzato, soggiace alle pene rispettivamente stabilite negli articoli 479 e 480 [488, 491, 493][1].

[1] Sono applicabili le sanzioni sostitutive soltanto nel caso di richiamo delle pene dall'art. 480 c.p.

488. Altre falsità in foglio firmato in bianco. Applicabilità delle disposizioni sulle falsità materiali.

Ai casi di falsità su un foglio firmato in bianco diversi da quelli preveduti dall'articolo 487 si applicano le disposizioni sulle falsità materiali in atti pubblici [491, 492, 493-*bis*][1].

[1] Articolo così sostituito dall'art. 2, D.Lgs. 15 gennaio 2016, n. 7. Il testo previgente disponeva: *Ai casi di falsità su un foglio firmato in bianco diversi da quelli preveduti dai due articoli precedenti, si applicano le disposizioni sulle falsità materiali in atti pubblici o in scritture private.*

489. Uso di atto falso.

Chiunque, senza essere concorso [110] nella falsità, fa uso di un atto falso soggiace alle pene stabilite negli articoli precedenti, ridotte di un terzo [c.nav. 1128; c.p. 493-*bis*].

[...][1 2].

[1] Comma abrogato dall'art. 2, D.Lgs. 15 gennaio 2016, n. 7. Il testo previgente disponeva: *Qualora si tratti di scritture private, chi commette il fatto è punibile soltanto se ha agito al fine di procurare a sé o ad altri un vantaggio o di recare ad altri un danno.*

[2] V., ora, art. 4, comma 4, lett. d), D.Lgs. 7/2016 cit. che per la medesima fattispecie prevede la sanzione pecuniaria civile da euro duecento a euro dodicimila.

Tali nuove disposizioni si applicano anche nel caso in cui le falsità ivi previste riguardino un documento informatico privato avente efficacia probatoria (comma 5). Nella denominazione di «scritture private» sono compresi gli atti originali e le copie autentiche di essi, quando a norma di legge tengano luogo degli originali mancanti (comma 6).

490. Soppressione, distruzione e occultamento di atti veri.

Chiunque, in tutto o in parte, distrugge, sopprime od occulta un atto pubblico vero o, al fine di recare a sè o ad altri un vantaggio o di recare ad altri un danno, distrugge, sopprime od occulta un testamento olografo, una cambiale o un altro titolo di credito trasmissibile per girata o al portatore veri, soggiace rispettivamente alle pene stabilite negli articoli 476, 477 e 482, secondo le distinzioni in essi contenute[1].

[...][2 3].

[1] Comma così sostituito dall'art. 2, D.Lgs. 15 gennaio 2016, n. 7. Il testo previgente disponeva: *Chiunque, in tutto o in parte, distrugge, sopprime od occulta un atto pubblico o una scrittura privata veri soggiace rispettivamente alle pene stabilite negli articoli 476, 477, 482 e 485, secondo le distinzioni in essi contenute.*

[2] Comma abrogato dall'art. 2, D.Lgs. 15 gennaio 2016, n. 7. Il testo previgente disponeva: *Si applica la disposizione del capoverso dell'articolo precedente.*

[3] V. art. 4, comma 4, lett. e), D.Lgs. 7/2016 cit. che per la medesima fattispecie prevede la sanzione pecuniaria civile da euro duecento a euro dodicimila.

Tali nuove disposizioni si applicano anche nel caso in cui le falsità ivi previste riguardino un documento informatico privato avente efficacia probatoria (comma 5). Nella denominazione di «scritture private» sono compresi gli atti originali e le copie autentiche di essi, quando a norma di legge tengano luogo degli originali mancanti (comma 6).

491. Falsità in testamento olografo, cambiale o titoli di credito.

Se alcuna delle falsità prevedute dagli articoli precedenti riguarda un testamento olografo [c.c. 602], ovvero una cambiale o un altro titolo di credito trasmissibile per girata o al portatore [c.c. 2003, 2008-2015, 2023] e il fatto è commesso al fine di recare a sè o ad altri un vantaggio o di recare ad altri un danno, si applicano le pene rispettivamente stabilite nella prima parte dell'articolo 476 e nell'articolo 482 [1126 c.nav.; c.p. 1889, 284].

Nel caso di contraffazione o alterazione degli atti di cui al primo comma, chi ne fa uso, senza essere concorso [110] nella falsità, soggiace alla pena stabilita nell'articolo 489 per l'uso di atto pubblico falso [492; c.p. 1889, 281][1].

[1] Articolo così sostituito dall'art. 2, D.Lgs. 15 gennaio 2016, n. 7. Il testo previgente disponeva: Documenti equiparati agli atti pubblici agli effetti della pena. *Se alcuna delle falsità prevedute dagli articoli precedenti riguarda un testamento olografo, ovvero una cambiale o un altro titolo di credito trasmissibile per girata o al portatore, in luogo della pena stabilita per la falsità in scrittura privata nell'articolo 485, si applicano le pene rispettivamente stabilite nella prima parte dell'articolo 476 e nell'articolo 482.*

Nel caso di contraffazione o alterazione di alcuno degli atti suddetti, chi ne fa uso, senza essere concorso nella falsità, soggiace alla pena stabilita nell'articolo 489 per l'uso di atto pubblico falso.

491-*bis*. Documenti informatici.

Se alcuna delle falsità previste dal presente capo riguarda un documento informatico pubblico avente efficacia probatoria, si applicano le disposizioni del capo stesso concernenti gli atti pubblici[1].

[1] Articolo aggiunto dall'art. 3, L. 23 dicembre 1993, n. 547, modificato dall'art. 3, L. 18 marzo 2008, n. 48 e poi sostituito dall'art. 2, D.Lgs. 15 gennaio 2016, n. 7. Il testo previgente disponeva: *Se alcuna delle falsità previste dal presente capo riguarda un documento informatico pubblico o privato avente efficacia probatoria, si applicano le disposizioni del capo stesso concernenti rispettivamente gli atti pubblici e le scritture private.*

492. Copie autentiche che tengono luogo degli originali mancanti.

Agli effetti delle disposizioni precedenti, nella denominazione di atti pubblici e di scritture private sono compresi gli atti originali e le copie autentiche di essi, quando a norma di legge tengano luogo degli originali mancanti [c.c. 2714-2719].

493. Falsità commesse da pubblici impiegati incaricati di un servizio pubblico.

Le disposizioni degli articoli precedenti sulle falsità commesse da pubblici ufficiali si applicano altresì agli impiegati dello Stato, o di un altro ente pubblico, incaricati di un pubblico servizio [358], relativamente agli atti che essi redigono nell'esercizio delle loro attribuzioni.

493-*bis*. Casi di perseguibilità a querela.

I delitti previsti dagli articoli 490 e 491, quando concernono una cambiale o un titolo di credito trasmissibile per girata o al portatore, sono punibili a querela della persona offesa.

Si procede d'ufficio, se i fatti previsti dagli articoli di cui al precedente comma riguardano un testamento olografo[1].

[1] Articolo aggiunto dall'art. 89, L. 24 novembre 1981, n. 689 e poi così sostituito dall'art. 2, D.Lgs. 15 gennaio 2016, n. 7. Il testo previgente disponeva: *I delitti previsti dagli articoli 485 e 486 e quelli previsti dagli articoli 488, 489 e 490, quando concernono una scrittura privata, sono punibili a querela della persona offesa.*

Si procede d'ufficio, se i fatti previsti dagli articoli di cui al precedente comma riguardano un testamento olografo.

493-*ter*. Indebito utilizzo e falsificazione di carte di credito e di pagamento.

Chiunque al fine di trarne profitto per sè o per altri, indebitamente utilizza, non essendone titolare, carte di credito o di pagamento, ovvero qualsiasi altro documento analogo che abiliti al prelievo di denaro contante o all'acquisto di beni o alla prestazione di servizi, è punito con la reclusione da uno a cinque anni e con la multa da 310 euro a 1.550 euro. Alla stessa pena soggiace chi, al fine di trarne profitto per sè o per altri, falsifica o altera carte di credito o di pagamento o qualsiasi altro documento analogo che abiliti al prelievo di denaro contante o all'acquisto di beni o alla prestazione di servizi, ovvero possiede, cede o acquisisce tali carte o documenti di provenienza illecita o comunque falsificati o alterati, nonchè ordini di pagamento prodotti con essi.

In caso di condanna o di applicazione della pena su richiesta delle parti a norma dell'articolo 444 del codice di procedura penale per il delitto di cui al primo comma è ordinata la confisca delle cose che servirono o furono destinate a commettere il reato, nonchè del profitto o del prodotto, salvo che appartengano a persona estranea al reato, ovvero quando essa non è possibile, la confisca di beni, somme di denaro e altre utilità di cui il reo ha la disponibilità per un valore corrispondente a tale profitto o prodotto.

Gli strumenti sequestrati ai fini della confisca di cui al secondo comma, nel corso delle operazioni di polizia giudiziaria, sono affidati dall'autorità giudiziaria agli organi di polizia che ne facciano richiesta[1].

[1] Articolo aggiunto dall'art. 4, D.Lgs. 1 marzo 2018, n. 21.

CAPO IV
DELLA FALSITÀ PERSONALE

494. Sostituzione di persona.

Chiunque, al fine di procurare a sé o ad altri un vantaggio o di recare ad altri un danno, induce taluno in errore, sostituendo illegittimamente la propria all'altrui persona, o attribuendo a sé o ad altri un falso nome, o un falso stato, ovvero una qualità a cui la legge attribuisce effetti giuridici, è punito, se il fatto non costituisce un altro delitto contro la fede pubblica, con la reclusione fino ad un anno [496; c.nav.1133][1].

[1] Sono applicabili le sanzioni sostitutive previste dagli artt. 53 ss., L. 24 novembre 1981, n. 689.

495. Falsa attestazione o dichiarazione a un pubblico ufficiale sulla identità o su qualità personali proprie o di altri.

Chiunque dichiara o attesta falsamente al pubblico ufficiale [357] l'identità, lo stato o altre qualità della propria o dell'altrui persona è punito con la reclusione da uno a sei anni.

La reclusione non è inferiore a due anni:

1) se si tratta di dichiarazioni in atti dello stato civile [483 comma 2, 567 comma 2; c.c. 449];

2) se la falsa dichiarazione sulla propria identità, sul proprio stato o sulle proprie qualità personali è resa all'autorità giudiziaria [c.p.p. 66; disp. att. c.p.p. 21] da un imputato o da una persona sottoposta ad indagini, ovvero se, per effetto della falsa dichiara-

CODICE PENALE

zione, nel casellario giudiziale [c.p.p. 603] una decisione penale viene iscritta sotto falso nome[1 2].

[1] Articolo così sostituito dall'art. 1, D.L. 23 maggio 2008, n. 92, convertito in L. 24 luglio 2008, n. 125.

[2] Il testo previgente la riforma del 2008 così disponeva: *Chiunque dichiara o attesta falsamente al pubblico ufficiale, in un atto pubblico, l'identità o lo stato o altre qualità della propria o dell'altrui persona è punito con la reclusione fino a tre anni.*

Alla stessa pena soggiace chi commette il fatto in una dichiarazione destinata a essere riprodotta in un atto pubblico.

La reclusione non è inferiore ad un anno:

1) se si tratta di dichiarazioni in atti dello stato civile;

2) se la falsa dichiarazione sulla propria identità, sul proprio stato o sulle proprie qualità personali è resa da un imputato all'Autorità giudiziaria o da una persona sottoposta ad indagini alla stessa autorità o alla polizia giudiziaria delegata alle indagini, ovvero se, per effetto della falsa dichiarazione, nel casellario giudiziale una decisione penale viene iscritta sotto un falso nome.

La pena è diminuita se chi ha dichiarato il falso intendeva ottenere, per sé o per altri, il rilascio di certificati o di autorizzazioni amministrative sotto falso nome, o con altre indicazioni mendaci.

495-*bis*. Falsa dichiarazione o attestazione al certificatore di firma elettronica sull'identità o su qualità personali proprie o di altri.

Chiunque dichiara o attesta falsamente al soggetto che presta servizi di certificazione delle firme elettroniche l'identità o lo stato o altre qualità della propria o dell'altrui persona è punito con la reclusione fino ad un anno[1].

[1] Articolo aggiunto dall'art. 3, L. 18 marzo 2008, n. 48.

495-*ter*. Fraudolente alterazioni per impedire l'identificazione o l'accertamento di qualità personali.

Chiunque, al fine di impedire la propria o altrui identificazione, altera parti del proprio o dell'altrui corpo utili per consentire l'accertamento di identità o di altre qualità personali, è punito con la reclusione da uno a sei anni.

Il fatto è aggravato se commesso nell'esercizio di una professione sanitaria[1].

[1] Articolo aggiunto dall'art. 1, D.L. 23 maggio 2008, n. 92, convertito in L. 24 luglio 2008, n. 125.

496. False dichiarazioni sulla identità o su qualità personali proprie o di altri.

Chiunque, fuori dei casi indicati negli articoli precedenti, interrogato sulla identità, sullo stato o su altre qualità della propria o dell'altrui persona, fa mendaci dichiarazioni a un pubblico ufficiale [357] o a persona incaricata di un pubblico servizio [358], nell'esercizio delle funzioni o del servizio, è punito con la reclusione da uno a cinque anni[1 2].

[1] Articolo così sostituito dall'art. 1, D.L. 23 maggio 2008, n. 92, convertito in L. 24 luglio 2008, n. 125.

[2] Il testo previgente la riforma del 2008 disponeva: *Chiunque, fuori dei casi indicati negli articoli precedenti, interrogato sulla identità, sullo stato o su altre qualità della propria o dell'altrui persona, fa mendaci dichiarazioni a un pubblico ufficiale, o a persona incaricata di un pubblico servizio, nell'esercizio delle funzioni o del servizio, è punito con la reclusione fino a un anno o con la multa fino a euro 516.*

497. Frode nel farsi rilasciare certificati del casellario giudiziale e uso indebito di tali certificati.

Chiunque si procura con frode un certificato del casellario giudiziale [c.p.p. 685-689] o un altro certificato penale [c.p.p. 335 comma 3] relativo ad altra persona, ovvero ne fa uso per uno scopo diverso da quello per cui esso è domandato, è punito con la reclusione fino a sei mesi[1] o con la multa fino a euro 516[2].

[1] Sono applicabili le sanzioni sostitutive previste dagli artt. 53 ss., L. 24 novembre 1981, n. 689.

[2] Importi elevati dall'art. 113 comma 1, L. 24 novembre 1981, n. 689.

497-*bis*. Possesso e fabbricazione di documenti di identificazione falsi.

Chiunque è trovato in possesso di un documento falso valido per l'espatrio è punito con la reclusione da due a cinque anni[1].

La pena di cui al primo comma è aumentata da un terzo alla metà per chi fabbrica o comunque forma il documento falso, ovvero lo detiene fuori dei casi di uso personale[2].

[1] Comma così modificato dall'art. 2, D.L. 18 febbraio 2015, n. 7, convertito in L. 17 aprile 2015, n. 43. Il testo previgente disponeva: *Chiunque è trovato in possesso di un documento falso valido per l'espatrio è punito con la reclusione da uno a quattro anni.*

[2] Articolo aggiunto dall'art. 10, D.L. 27 luglio 2005, n. 144, convertito in L. 31 luglio 2005, n. 155.

497-*ter*. Possesso di segni distintivi contraffatti.

Le pene di cui all'articolo 497-*bis*, si applicano anche, rispettivamente:

1) a chiunque illecitamente detiene segni distintivi, contrassegni o documenti di identificazione in uso ai Corpi di polizia, ovvero oggetti o documenti che ne simulano la funzione;

2) a chiunque illecitamente fabbrica o comunque forma gli oggetti e i documenti indicati nel numero precedente, ovvero illecitamente ne fa uso[1].

[1] Articolo aggiunto dall'art. 10-*bis*, D.L. 27 luglio 2005, n. 144, convertito in L. 31 luglio 2005, n. 155, aggiunto dall'art. 1-*ter*, D.L. 30 dicembre 2005, n. 272, convertito in L. 21 febbraio 2006, n. 49.

498. Usurpazione di titoli o di onori.

Chiunque, fuori dei casi previsti dall'articolo 497-*ter*, abusivamente porta in pubblico la divisa o i segni distintivi di un ufficio o impiego pubblico, o di un Corpo politico, amministrativo o giudiziario, ovvero di una professione per la quale è richiesta una speciale abilitazione dello Stato [348], ovvero indossa abusivamente in pubblico l'abito ecclesiastico, è punito con la sanzione amministrativa pecuniaria da euro 154 a 929[1].

Alla stessa sanzione soggiace chi si arroga dignità o gradi accademici, titoli, decorazioni o altre pubbliche insegne onorifiche, ovvero qualità inerenti ad alcuno degli uffici, impieghi o professioni, indicati nella disposizione precedente[2].

Per le violazioni di cui al presente articolo si applica la sanzione amministrativa accessoria della pubblicazione del provvedimento che accerta la violazione con le modalità stabilite dall'articolo 36 e non è ammesso il pagamento in misura ridotta previsto dall'articolo 16 della legge 24 novembre 1981, n. 689[3].

[1] Comma, da ultimo, così modificato dall'art. 1-*ter*, D.L. 30 dicembre 2005, n. 272, convertito in L. 21 febbraio 2006, n. 49.

[2] Comma così modificato dall'art. 43, D.Lgs. 30 dicembre 1999, n. 507. Il testo previgente disponeva: *Alla stessa pena soggiace chi si arroga dignità o gradi accademici, titoli, decorazioni o altre pubbliche insegne onorifiche, ovvero qualità inerenti ad alcuno degli uffici, impieghi o professioni, indicati nella disposizione precedente.*

[3] Comma così sostituito dall'art. 43, D.Lgs. 30 dicembre 1999, n. 507.

● Norme connesse:

- L. 19 aprile 1925, n. 475 recante norme per la repressione della falsa attribuzione di lavori altrui da parte di aspiranti al conferimento di lauree, diplomi, uffici, titoli o dignità pubbliche.

TITOLO VIII
DEI DELITTI CONTRO L'ECONOMIA PUBBLICA, L'INDUSTRIA E IL COMMERCIO

CAPO I
DEI DELITTI CONTRO L'ECONOMIA PUBBLICA

499. Distruzione di materie prime o di prodotti agricoli o industriali ovvero di mezzi di produzione.

Chiunque, distruggendo materie prime o prodotti agricoli o industriali, ovvero mezzi di produzione, cagiona un grave nocumento alla produzione nazionale o far venir meno in misura notevole merci di comune o largo consumo [635], è punito con la reclusione da tre a dodici anni e con la multa non inferiore a euro 2.065[1].

[1] Importi elevati dall'art. 113 comma 1, L. 24 novembre 1981, n. 689.

500. Diffusione di una malattia delle piante o degli animali.

Chiunque cagiona la diffusione di una malattia alle piante o agli animali, pericolosa all'economia rurale o forestale, ovvero al patrimonio zootecnico della nazione, è punito con la reclusione da uno a cinque anni [635 comma 2 n. 5].

Se la diffusione avviene per colpa, la pena è della multa da euro 103 a 2.065[1].

[1] Importi elevati dall'art. 113, comma 1, L. 24 novembre 1981, n. 689.

501. Rialzo e ribasso fraudolento di prezzi sul pubblico mercato o nelle borse di commercio.

Chiunque, al fine di turbare il mercato interno dei valori o delle merci, pubblica o altrimenti divulga notizie false, esagerate o tendenziose [265, 269, 656] o adopera altri artifici atti a cagionare un aumento o una diminuzione del prezzo delle merci, ovvero dei valori ammessi nelle liste di borsa o negoziabili nel pubblico mercato, è punito con la reclusione fino a tre anni e con la multa da euro 516 a euro 25.822 [501-*bis*; c.c. 2637; c.p. 1889, 293].

Se l'aumento o la diminuzione del prezzo delle merci o dei valori si verifica, le pene sono aumentate [64].

Le pene sono raddoppiate:

1) se il fatto è commesso dal cittadino [4] per favorire interessi stranieri [267, 279];

2) se dal fatto deriva un deprezzamento della valuta nazionale o dei titoli dello Stato, ovvero il rincaro di merci di comune o largo consumo.

Le pene stabilite nelle disposizioni precedenti si applicano anche se il fatto è commesso all'estero, in danno della valuta nazionale o di titoli pubblici italiani.

La condanna importa l'interdizione dai pubblici uffici [28, 32-*quater*, 518][1]

[1] Articolo così sostituito dall'art. 2 D.L. 15 ottobre 1976, n. 704, convertito in L. 27 novembre 1976, n. 787. Nel testo sostituito, l'articolo differiva dalla formulazione attuale solo per la determinazione della multa («non inferiore a lire centoventimila»).

● Norme connesse:

- artt. 185 e 187-ter del D.Lgs. 24 febbraio 1998, n. 58, in tema di manipolazione del mercato; art. 2637 c.c. nel testo sostituito dall'art. 1, D.Lgs. 11 aprile 2002, n. 61 e modificato dalla L. 18 aprile 2005, n. 62 (legge comunitaria 2004).

CODICE PENALE

501-*bis*. Manovre speculative su merci.

Fuori dei casi previsti dall'articolo precedente, chiunque, nell'esercizio di qualsiasi attività produttiva o commerciale, compie manovre speculative ovvero occulta, accaparra od incetta materie prime, generi alimentari di largo consumo o prodotti di prima necessità, in modo atto a determinarne la rarefazione o il rincaro sul mercato interno, è punito con la reclusione da sei mesi a tre anni e con la multa da 516 a 25.822 euro [c.p. 1889, 326][1].

Alla stessa pena soggiace chiunque, in presenza di fenomeni di rarefazione o rincaro sul mercato interno delle merci indicate nella prima parte del presente articolo e nell'esercizio delle medesime attività, ne sottrae all'utilizzazione o al consumo rilevanti quantità.

L'autorità giudiziaria competente e in caso di flagranza [c.p.p. 237], anche gli ufficiali e agenti di polizia giudiziaria, procedono al sequestro [c.p.p. 253] delle merci, osservando le norme sull'istruzione formale [c.p.p. 253-261][2]. L'autorità giudiziaria competente dispone la vendita coattiva immediata delle merci stesse nelle forme di cui all'articolo 625 del codice di procedura penale [ora 264 c.p.p.].

La condanna importa l'interdizione dall'esercizio di attività commerciali o industriali per le quali sia richiesto uno speciale permesso o una speciale abilitazione, autorizzazione o licenza da parte dell'autorità [35] e la pubblicazione della sentenza [32-*quater*, 36][3].

[1] Le pene ivi previste non sono soggette all'aggiornamento disposto dall'art. 113, L. 24 novembre 1981, n. 689 in quanto tale articolo è stato aggiunto dall'art. 1, D.L. 15 ottobre 1976, n. 704, convertito in L. 27 novembre 1976, n. 787.

[2] L'istruzione quale autonoma fase processuale non è prevista dal nuovo testo del c.p.p.

[3] L'art. 4, L. 12 giugno 2003, n. 134, ha abrogato l'art. 60, L. 24 novembre 1981, n. 689, che prevedeva l'inapplicabilità delle pene sostitutive al reato previsto dal presente articolo.

502. Serrata e sciopero per fini contrattuali.

Il datore di lavoro, che, col solo scopo d'imporre ai suoi dipendenti modificazioni ai patti stabiliti, o di opporsi a modificazioni di tali patti, ovvero di ottenere o impedire una diversa applicazione dei patti o usi esistenti, sospende in tutto o in parte il lavoro nei suoi stabilimenti, aziende o uffici, è punito con la multa non inferiore a euro 1.032[1].

I lavoratori addetti a stabilimenti, aziende o uffici, che, in numero di tre o più abbandonano collettivamente il lavoro, ovvero lo prestano in modo da turbarne la continuità o la regolarità, col solo scopo di imporre ai datori di lavoro patti diversi da quelli stabiliti, ovvero di opporsi a modificazioni di tali patti o, comunque, di ottenere o impedire una diversa applicazione dei patti o usi esistenti, sono puniti con la multa fino a euro 103 [Cost. 40; c.p. 635, n. 2][1 2].

[1] La Corte costituzionale, con sentenza 4 maggio 1960, n. 29, ha dichiarato l'illegittimità costituzionale del presente comma.

[2] Importi elevati dall'art. 113, L. 24 novembre 1981, n. 689.

503. Serrata e sciopero per fini non contrattuali.

Il datore di lavoro o i lavoratori, che per fine politico commettono, rispettivamente, alcuno dei fatti preveduti dall'articolo precedente, sono puniti con la reclusione fino a un anno[1] e con la multa non inferiore a euro 1.032[2], se si tratta di un datore di lavoro, ovvero con la reclusione fino a sei mesi[1] e con la multa fino a euro 103[2], se si tratta di lavoratori[3].

[1] Sono applicabili le sanzioni sostitutive previste dagli artt. 53 ss. L. 24 novembre 1981, n. 689.

[2] Importi elevati dall'art. 113, L. 24 novembre 1981, n. 689.

[3] La Corte costituzionale, con sentenza 27 dicembre 1974, n. 290, ha dichiarato l'illegittimità costituzionale del presente articolo nella parte in cui punisce anche lo sciopero politico che non sia diretto a sovvertire l'ordinamento costituzionale ovvero ad impedire o ostacolare il libero esercizio dei poteri legittimi nei quali si esprime la sovranità popolare.

504. Coazione alla pubblica autorità mediante serrata o sciopero.

Quando alcuno dei fatti preveduti dall'art. 502 è commesso con lo scopo di costringere l'Autorità a dare o ad omettere un provvedimento, ovvero con lo scopo di influire sulle deliberazioni di essa, si applica la pena della reclusione fino a due anni [505, 510-512][1 2 3].

[1] Sono applicabili le sanzioni sostitutive previste dagli artt. 53 ss., L. 24 novembre 1981, n. 689.

[2] La Corte costituzionale, con sentenza 28 dicembre 1962, n. 123, ha stabilito che sono inapplicabili le sanzioni previste dal presente articolo qualora lo sciopero sia promosso per fini economici.

[3] La Corte costituzionale, con sentenza 2 giugno 1983, n. 165, ha dichiarato l'illegittimità del presente articolo nella parte in cui punisce lo sciopero il quale ha lo scopo di costringere l'autorità a dare o ad omettere un provvedimento o lo scopo di influire sulle deliberazioni di essa, a meno che non sia diretto a sovvertire l'ordinamento costituzionale ovvero di impedire od ostacolare il libero esercizio dei poteri legittimi nei quali si esprime la sovranità popolare.

505. Serrata o sciopero a scopo di solidarietà o di protesta.

Il datore di lavoro o i lavoratori, che, fuori dei casi indicati nei due articoli precedenti, commettono uno dei fatti preveduti dall'articolo 502 soltanto per solidarietà con altri datori di lavoro o con altri lavoratori ovvero soltanto per protesta, soggiacciono alle pene ivi stabilite [510-512][1 2].

[1] Sono applicabili le sanzioni sostitutive previste dagli artt. 53 ss. L. 24 novembre 1981, n. 689.

[2] La Corte costituzionale, con sentenza 28 dicembre 1962, n. 123, ha stabilito che sono inapplicabili le sanzioni previste dal presente articolo a carico dei lavoratori che scioperino per solidarietà con altri lavoratori scioperanti ove l'affinità delle esigenze che motivano l'agitazione degli uni e degli altri sia tale da fare fondatamente ritenere che senza la associazione di tutti in uno sforzo comune esse rischino di rimanere insoddisfatte.

506. Serrata di esercenti di piccole industrie o commerci.

Gli esercenti di aziende industriali o commerciali, i quali, non avendo lavoratori alla loro dipendenza, in numero di tre o più sospendono collettivamente il lavoro per uno degli scopi indicati nei tre articoli precedenti, soggiacciono alle pene ivi rispettivamente stabilite per i datori di lavoro, ridotte alla metà [510-512][1 2].

[1] Sono applicabili le sanzioni sostitutive previste dagli artt. 53 ss. L. 24 novembre 1981, n. 689.

[2] La Corte costituzionale, con sentenza 17 luglio 1975, n. 222, ha dichiarato l'illegittimità costituzionale del presente articolo, in relazione all'art. 505, nella parte in cui punisce la sospensione del lavoro effettuata per protesta dagli esercenti di piccole aziende industriali o commerciali che non hanno lavoratori alla loro dipendenza.

507. Boicottaggio.

Chiunque, per uno degli scopi indicati negli articoli 502, 503, 504 e 505, mediante propaganda o valendosi della forza e autorità di partiti, leghe o associazioni, induce una o più persone a non stipulare patti di lavoro o a non somministrare materie o strumenti necessari al lavoro, ovvero a non acquistare gli altrui prodotti agricoli o industriali, è punito con la reclusione fino a tre anni[1].

Se concorrono fatti di violenza o di minaccia, si applica la reclusione da due a sei anni [510-512][2].

[1] Sono applicabili le sanzioni sostitutive previste dagli artt. 53 ss. L. 24 novembre 1981, n. 689.

[2] La Corte costituzionale, con sentenza 17 aprile 1969, n. 84, ha dichiarato l'illegittimità costituzionale del presente articolo per la parte relativa alla fattispecie della propaganda, limitatamente all'ipotesi che la propaganda non raggiunga un grado di intensità e di efficacia tali da superare i limiti democratici della libera manifestazione del pensiero.

508. Arbitraria invasione e occupazione di aziende agricole o industriali. Sabotaggio.

Chiunque, col solo scopo d'impedire o turbare il normale svolgimento del lavoro, invade od occupa l'altrui azienda agricola o industriale [614, 633, 634], ovvero dispone di altrui macchine, scorte, apparecchi o strumenti destinati alla produzione agricola o industriale, è punito con la reclusione fino a tre anni e con la multa non inferiore a euro 103[1 2].

Soggiace alla reclusione da sei mesi a quattro anni e alla multa non inferiore a euro 516[2], qualora il fatto non costituisca un più grave reato, chi danneggia gli edifici adibiti ad azienda agricola o industriale, ovvero un'altra delle cose indicate nella disposizione precedente [510-512, 635].

[1] Sono applicabili le sanzioni sostitutive previste dagli artt. 53 ss. L. 24 novembre 1981, n. 689.

[2] Importi elevati dall'art. 113 comma 1, L. 24 novembre 1981, n. 689.

509. Inosservanza delle norme disciplinanti i rapporti di lavoro[1].

Il datore di lavoro o il lavoratore, il quale non adempie gli obblighi che gli derivano da un contratto collettivo [c.c. 2067-2077] [o dalle norme emanate dagli organi corporativi][2], è punito con la sanzione amministrativa da euro 103 a euro 516[3].

[...][4].

[1] Rubrica così sostituita dall'art. 1, D.Lgs. 19 dicembre 1994, n. 758.

[2] L'ordinamento corporativo è stato soppresso con D.Lgs.Lgt. 23 novembre 1944, n. 369.

[3] Comma così modificato dall'art. 1, D.Lgs. 19 dicembre 1994, n. 758.

[4] Comma abrogato dall'art. 1, D.Lgs. 19 dicembre 1994, n. 758. La versione previgente disponeva: *Il datore di lavoro o il lavoratore, il quale rifiuta o, comunque, omette di eseguire una decisione del magistrato del lavoro, pronunziata su una controversia relativa alla disciplina dei rapporti collettivi di lavoro, è punito qualora il fatto non costituisca un più grave reato, con la reclusione fino a un anno o con la multa fino a lire due milioni.*

510. Circostanze aggravanti.

Quando i fatti preveduti dagli articoli 502 e seguenti sono commessi in tempo di guerra [310], ovvero hanno determinato dimostrazioni, tumulti o sommosse popolari, le pene stabilite negli articoli stessi sono aumentate [64].

511. Pena per i capi, promotori e organizzatori.

Le pene stabilite per i delitti preveduti dagli articoli 502 e seguenti sono raddoppiate per i capi, promotori ed organizzatori [112 n. 2]; e se sia stabilita dalla legge la sola pena pecuniaria, è aggiunta la reclusione da sei mesi a due anni.

512. Pena accessoria.

La condanna per alcuno dei delitti preveduti dagli articoli 502 e seguenti importa l'interdizione da ogni ufficio sindacale per la durata di anni cinque.

512-*bis*. Trasferimento fraudolento di valori.

Salvo che il fatto costituisca più grave reato, chiunque attribuisce fittiziamente ad altri la titolarità o disponibilità di denaro, beni o altre utilità al fine di eludere le disposizioni di legge in materia di misure di prevenzione patrimoniali o di contrabbando, ovvero di agevolare la commissione di uno dei delitti di cui agli articoli 648, 648-*bis* e 648-*ter*, è punito con la reclusione da due a sei anni[1].

[1] Articolo aggiunto dall'art. 4, D.Lgs. 1 marzo 2018, n. 21.

CAPO II
DEI DELITTI CONTRO L'INDUSTRIA E IL COMMERCIO

513. Turbata libertà dell'industria o del commercio.
Chiunque adopera violenza sulle cose [392 comma 2] ovvero mezzi fraudolenti per impedire o turbare l'esercizio di un'industria o di un commercio è punito, a querela della persona offesa [120], se il fatto non costituisce un più grave reato, con la reclusione fino a due anni[1] e con la multa da euro 103 a 1.032 [635; c.p. 1889, 165][2].

[1] Sono applicabili le sanzioni sostitutive previste dagli artt. 53 ss. L. 24 novembre 1981, n. 689.
[2] Importi elevati dall'art. 113 comma 1, L. 24 novembre 1981, n. 689.

513-*bis*. Illecita concorrenza con minaccia o violenza.
Chiunque nell'esercizio di un'attività commerciale, industriale o comunque produttiva, compie atti di concorrenza con violenza o minaccia è punito con la reclusione da due a sei anni.

La pena è aumentata se gli atti di concorrenza riguardano un'attività finanziata in tutto o in parte ed in qualsiasi modo dallo Stato o da altri enti pubblici[1] [2].

[1] Articolo aggiunto dall'art. 8, L. 13 settembre 1982, n. 646.
[2] Per l'aumento della pena, qualora il fatto sia commesso da persona sottoposta a misura di prevenzione, v. art. 71, D.Lgs. 6 settembre 2011, n. 159.

514. Frodi contro le industrie nazionali.
Chiunque, ponendo in vendita o mettendo altrimenti in circolazione, sui mercati nazionali o esteri, prodotti industriali, con nomi, marchi o segni distintivi [c.c. 2563-2574] contraffatti o alterati [473, 474], cagiona un nocumento all'industria nazionale, è punito con la reclusione da uno a cinque anni e con la multa non inferiore a euro 516[1].

Se per i marchi o segni distintivi sono state osservate le norme delle leggi interne o delle convenzioni internazionali sulla tutela della proprietà industriale, la pena è aumentata [64] e non si applicano le disposizioni degli articoli 473 e 474 [518].

[1] Importi elevati dall'art. 113 comma 1, L. 24 novembre 1981, n. 689.

515. Frode nell'esercizio del commercio.
Chiunque, nell'esercizio di una attività commerciale, ovvero in uno spaccio aperto al pubblico, consegna all'acquirente una cosa mobile per un'altra, ovvero una cosa mobile, per origine, provenienza, qualità o quantità, diversa da quella dichiarata o pattuita, è punito, qualora il fatto non costituisca un più grave delitto [440-445, 455-459], con la reclusione fino a due anni[1] o con la multa fino a euro 2.065 [518; c.p. 1889, 295, comma 1][2].

Se si tratta di oggetti preziosi, la pena è della reclusione fino a tre anni[1] o della multa non inferiore a euro 103 [518; c.p. 1889, 295, comma 2][2].

[1] Sono applicabili le sanzioni sostitutive previste dagli artt. 53 ss. L. 24 novembre 1981, n. 689.
[2] Importi elevati dall'art. 113 comma 1, L. 24 novembre 1981, n. 689.

● Norme connesse:
- art. 4, D.L. 17 gennaio 1977, n. 3, convertito in L. 18 marzo 1977, n. 63: *Il reato di frode nell'esercizio del commercio, previsto dall'articolo 515 del codice penale, è punito, quando consista nella vendita di carne scongelata per fresca, o nella vendita di carne ripetutamente ricongelata, qualora il fatto non costituisca più grave delitto, con la reclusione fino a tre anni o con la multa da euro 516 a euro 25.822.*

Durante il procedimento penale può essere disposta la sospensione della autorizzazione amministrativa alla vendita. In tutti i casi in cui è disposta tale sospensione, il provvedimento è comunicato dal sindaco all'autorità giudiziaria; questa, ove nel corso dell'istruttoria accerti che sono venuti a mancare i motivi della sospensione, ne dà notizia al sindaco il quale dispone la revoca della sospensione stessa sempreché essa non sia stata disposta per altra causa.

La condanna al massimo della pena, o la recidiva, comportano la revoca dell'autorizzazione.

516. Vendita di sostanze alimentari non genuine come genuine.
Chiunque pone in vendita o mette altrimenti in commercio come genuine sostanze alimentari non genuine è punito con la reclusione fino a sei mesi[1] o con la multa fino a euro 1.032 [440, 442, 444, 518; c.p. 1889, 322][2].

[1] Sono applicabili le sanzioni sostitutive previste dagli artt. 53 ss. L. 24 novembre 1981, n. 689.
[2] Importi elevati dall'art. 113 comma 1, L. 24 novembre 1981, n. 689.

● Norme connesse:
- art. 5 della legge 30 aprile 1962, n. 283, recante la disciplina igienica della produzione e della vendita delle sostanze alimentari e delle bevande, che dispone: *È vietato impiegare nella preparazione di alimenti o bevande, vendere, detenere per vendere o somministrare come mercede ai propri dipendenti, o comunque distribuire per il consumo sostanze alimen-*

tari: a) private anche in parte dei propri elementi nutritivi o mescolate a sostanze di qualità inferiore o comunque trattate in modo da variarne la composizione naturale, salvo quanto disposto da leggi e regolamenti speciali; b) in cattivo stato di conservazione; c) con cariche microbiche superiori ai limiti che saranno stabiliti dal regolamento di esecuzione o da ordinanze ministeriali; d) insudiciate, invase da parassiti, in stato di alterazione o comunque nocive, ovvero sottoposte a lavorazioni o trattamenti diretti a mascherare un preesistente stato di alterazione; e) [...]; f) [...]; g) con aggiunta di additivi chimici di qualsiasi natura non autorizzati con decreto del Ministro per la sanità o, nel caso che siano stati autorizzati, senza l'osservanza delle norme prescritte per il loro impiego. I decreti di autorizzazione sono soggetti a revisioni annuali; h) che contengano residui di prodotti, usati in agricoltura per la protezione delle piante e a difesa delle sostanze alimentari immagazzinate, tossici per l'uomo. Il Ministro per la sanità, con propria ordinanza, stabilisce per ciascun prodotto, autorizzato all'impiego per tali scopi, i limiti di tolleranza e l'intervallo per tali scopi, i limiti di tolleranza e l'intervallo minimo che deve intercorrere tra l'ultimo trattamento e la raccolta e, per le sostanze alimentari immagazzinate tra l'ultimo trattamento e l'immissione al consumo.

517. Vendita di prodotti industriali con segni mendaci.

Chiunque pone in vendita o mette altrimenti in circolazione opere dell'ingegno o prodotti industriali, con nomi, marchi o segni distintivi nazionali o esteri [c.c. 2563-2574], atti a indurre in inganno il compratore sull'origine, provenienza o qualità dell'opera o del prodotto, è punito, se il fatto non è preveduto come reato da altra disposizione di legge, con la reclusione fino a due anni e con la multa fino a ventimila euro[1].

[1] Articolo, da ultimo, così modificato dall'art. 15, L. 23 luglio 2009, n. 99. Il testo previgente disponeva: *Chiunque pone in vendita o mette altrimenti in circolazione opere dell'ingegno o prodotti industriali, con nomi, marchi o segni distintivi nazionali o esteri, atti a indurre in inganno il compratore sull'origine, provenienza o qualità dell'opera o del prodotto, è punito, se il fatto non è preveduto come reato da altra disposizione di legge, con la reclusione fino a un anno o con la multa fino a ventimila euro.*

● Norme connesse:

- art. 4, commi 49, 49-bis e 49-ter, L. 24 dicembre 2003, n. 350 (Disposizioni per la formazione del bilancio annuale e pluriennale dello Stato).

517-*bis*. Circostanza aggravante.

Le pene stabilite dagli articoli 515, 516 e 517 sono aumentate se i fatti da essi previsti hanno ad oggetto alimenti o bevande la cui denominazione di origine o geografica o le cui specificità sono protette dalle norme vigenti.

Negli stessi casi, il giudice, nel pronunciare condanna, può disporre, se il fatto è di particolare gravità o in caso di recidiva specifica, la chiusura dello stabilimento o dell'esercizio in cui il fatto è stato commesso da un minimo di cinque giorni ad un massimo di tre mesi, ovvero la revoca della licenza, dell'autorizzazione o dell'analogo provvedimento amministrativo che consente lo svolgimento dell'attività commerciale nello stabilimento o nell'esercizio stesso[1].

[1] Articolo aggiunto dall'art. 5, D.Lgs. 30 dicembre 1999, n. 507.

517-*ter*. Fabbricazione e commercio di beni realizzati usurpando titoli di proprietà industriale.

Salva l'applicazione degli articoli 473 e 474 chiunque, potendo conoscere dell'esistenza del titolo di proprietà industriale, fabbrica o adopera industrialmente oggetti o altri beni realizzati usurpando un titolo di proprietà industriale o in violazione dello stesso è punito, a querela della persona offesa, con la reclusione fino a due anni e con la multa fino a euro 20.000.

Alla stessa pena soggiace chi, al fine di trarne profitto, introduce nel territorio dello Stato, detiene per la vendita, pone in vendita con offerta diretta ai consumatori o mette comunque in circolazione i beni di cui al primo comma.

Si applicano le disposizioni di cui agli articoli 474-*bis*, 474-*ter*, secondo comma, e 517-*bis*, secondo comma.

I delitti previsti dai commi primo e secondo sono punibili sempre che siano state osservate le norme delle leggi interne, dei regolamenti comunitari e delle convenzioni internazionali sulla tutela della proprietà intellettuale o industriale[1].

[1] Articolo aggiunto dall'art. 15, L. 23 luglio 2009, n. 99.

● Norme connesse:

- art. 16, L. 23 luglio 2009, n. 99 (Disposizioni per lo sviluppo e l'internazionalizzazione delle imprese, nonché in materia di energia).

517-*quater*. Contraffazione di indicazioni geografiche o denominazioni di origine dei prodotti agroalimentari.

Chiunque contraffà o comunque altera indicazioni geografiche o denominazioni di origine di prodotti agroalimentari è punito con la reclusione fino a due anni e con la multa fino a euro 20.000.

Alla stessa pena soggiace chi, al fine di trarne profitto, introduce nel territorio dello Stato, detiene per la vendita, pone in vendita con offerta diretta ai consumatori o mette comunque in circolazione i medesimi prodotti con le indicazioni o denominazioni contraffatte.

Si applicano le disposizioni di cui agli articoli 474-*bis*, 474-*ter*, secondo comma, e 517-*bis*, secondo comma.

I delitti previsti dai commi primo e secondo sono punibili a condizione che siano state osservate le norme delle leggi interne, dei regolamenti comunitari e delle convenzioni internazionali in materia di tutela delle indicazioni geografiche e delle denominazioni di origine dei prodotti agroalimentari[1].

[1] Articolo aggiunto dall'art. 15, L. 23 luglio 2009, n. 99.
● Norme connesse:
- art. 16, L. 23 luglio 2009, n. 99 (Disposizioni per lo sviluppo e l'internazionalizzazione delle imprese, nonché in materia di energia).
- art. 13, L. 14 gennaio 2013, n. 9: *La condanna per il delitto di cui all'articolo 517-quater del codice penale, quando la contraffazione di indicazioni geografiche o denominazioni di origine dei prodotti agroalimentari riguarda oli di oliva vergini, importa la pubblicazione della sentenza a spese del condannato su almeno due quotidiani a diffusione nazionale, ai sensi dell'articolo 36 del codice penale.*

517-*quinquies*. Circostanza attenuante.
Le pene previste dagli articoli 517-*ter* e 517-*quater* sono diminuite dalla metà a due terzi nei confronti del colpevole che si adopera per aiutare concretamente l'autorità di polizia o l'autorità giudiziaria nell'azione di contrasto dei delitti di cui ai predetti articoli 517-*ter* e 517-*quater*, nonché nella raccolta di elementi decisivi per la ricostruzione dei fatti e per l'individuazione o la cattura dei concorrenti negli stessi, ovvero per la individuazione degli strumenti occorrenti per la commissione dei delitti medesimi o dei profitti da essi derivanti[1].

[1] Articolo aggiunto dall'art. 15, L. 23 luglio 2009, n. 99.

CAPO III
DISPOSIZIONE COMUNE AI CAPI PRECEDENTI

518. Pubblicazione della sentenza.
La condanna per alcuno dei delitti preveduti dagli articoli 501, 514, 515, 516 e 517 importa la pubblicazione della sentenza [36].

TITOLO IX
DEI DELITTI CONTRO LA MORALITÀ PUBBLICA E IL BUON COSTUME

CAPO I
DEI DELITTI CONTRO LA LIBERTÀ SESSUALE[1]

[1] Capo abrogato dall'art. 1, L. 15 febbraio 1996, n. 66, recante norme contro la violenza sessuale, la quale ha ricompreso tra i delitti contro la libertà personale i delitti di violenza sessuale (artt. 609-bis-609-decies).

519. Della violenza carnale.
[...][1].

[1] Articolo abrogato dall'art. 1, L. 15 febbraio 1996, n. 66. Il testo previgente disponeva: *Chiunque, con violenza o minaccia, costringe taluno a congiunzione carnale è punito con la reclusione da tre a dieci anni.*

Alla stessa pena soggiace chi si congiunge carnalmente con persona la quale al momento del fatto:
1) non ha compiuto gli anni quattordici;
2) non ha compiuto gli anni sedici, quando il colpevole ne è l'ascendente o il tutore, ovvero è un'altra persona a cui il minore è affidato per ragione di cura, di educazione, di istruzione, di vigilanza o di custodia;
3) è malata di mente, ovvero non è in grado di resistergli a cagione delle proprie condizioni di inferiorità psichica o fisica, anche se questa è indipendente dal fatto del colpevole;
4) è stata tratta in inganno, per essersi il colpevole sostituito ad altra persona.

520. Congiunzione carnale commessa con abuso della qualità di pubblico ufficiale.
[...][1].

[1] Articolo abrogato dall'art. 1, L. 15 febbraio 1996, n. 66. Il testo previgente disponeva: *Il pubblico ufficiale, che, fuori dei casi preveduti dall'articolo precedente, si congiunge carnalmente con una persona arrestata o detenuta, di cui ha la custodia per ragione del suo ufficio, ovvero con persona che è a lui affidata in esecuzione di un provvedimento dell'autorità competente, è punito con la reclusione da uno a cinque anni. La stessa pena si applica se il fatto è commesso da un altro pubblico ufficiale, rivestito, per ragione del suo ufficio, di qualsiasi autorità sopra taluna delle persone suddette.*

521. Atti di libidine violenti.
[...][1].

[1] Articolo abrogato dall'art. 1, L. 15 febbraio 1996, n. 66. Il testo previgente disponeva: *Chiunque, usando dei mezzi o valendosi delle condizioni indicate nei due articoli precedenti, commette su taluno atti di libidine diversi dalla congiunzione carnale soggiace alle pene stabilite nei detti articoli, ridotte di un terzo. Alle stesse pene soggiace chi, usando dei mezzi o valendosi delle condizioni indicate nei due articoli precedenti, costringe o induce taluno a commettere gli atti di libidine su se stesso, sulla persona del colpevole o su altri.*

522. Ratto a fine di matrimonio.
[...][1].

[1] Articolo abrogato dall'art. 1, L. 15 febbraio 1996, n. 66. Il testo previgente disponeva: *Chiunque, con violenza, minaccia o inganno, sottrae, o ritiene, per fine di matrimonio, una donna non coniugata, è punito con la reclusione da uno a tre anni. Se il fatto è commesso in danno di una persona dell'uno o dell'altro sesso, non coniugata, maggiore degli anni quattordici e minore degli anni diciotto, la pena è della reclusione da due a cinque anni.*

523. Ratto a fine di libidine.
[...][1].

[1] Articolo abrogato dall'art. 1, L. 15 febbraio 1996, n. 66. Il testo previgente disponeva: *Chiunque, con violenza, minaccia o inganno, sottrae o ritiene, per fine di libidine, un minore, ovvero una donna maggiore di età, è punito con la reclusione da tre a cinque anni. La pena è aumentata se il fatto è com-*

messo a danno di persona che non ha ancora compiuto gli anni diciotto, ovvero di una donna coniugata.

524. Ratto di persona minore degli anni quattordici o inferma, a fine di libidine o di matrimonio.

[...][1].

[1] Articolo abrogato dall'art. 1, L. 15 febbraio 1996, n. 66. Il testo previgente disponeva: *Le pene stabilite nei capoversi dei due articoli precedenti si applicano anche a chi commette il fatto ivi preveduto, senza violenza, minaccia o inganno, in danno di persona minore degli anni quattordici o malata di mente, o che non sia, comunque, in grado di resistergli, a cagione delle proprie condizioni di inferiorità psichica o fisica, anche se questa è indipendente dal fatto del colpevole.*

525. Circostanze attenuanti.

[...][1].

[1] Articolo abrogato dall'art. 1, L. 15 febbraio 1996, n. 66. Il testo previgente disponeva: *Le pene stabilite nei tre articoli precedenti sono diminuite se il colpevole, prima della condanna, senza aver commesso alcun atto di libidine in danno della persona rapita, la restituisce spontaneamente in libertà, riconducendola alla casa donde la tolse o a quella della famiglia di lei, collocandola in un altro luogo sicuro, a disposizione della famiglia stessa.*

526. Seduzione con promessa di matrimonio commessa da persona coniugata.

[...][1].

[1] Articolo abrogato dall'art. 1, L. 15 febbraio 1996, n. 66. Il testo previgente disponeva: *Chiunque, con promessa di matrimonio, seduce una donna minore di età, inducendola in errore sul proprio stato di persona coniugata, è punito con la reclusione da tre mesi a due anni. Vi è seduzione quando vi è stata congiunzione carnale.*

CAPO II

DELLE OFFESE AL PUDORE E ALL'ONORE SESSUALE

527. Atti osceni.

Chiunque, in luogo pubblico o aperto o esposto al pubblico, compie atti osceni [529] è soggetto alla sanzione amministrativa pecuniaria da euro 5.000 a euro 30.000 [726; c.p. 1889, 338][1].

Si applica la pena della reclusione da quattro mesi a quattro anni e sei mesi se il fatto è commesso all'interno o nelle immediate vicinanze di luoghi abitualmente frequentati da minori e se da ciò deriva il pericolo che essi vi assistano[2].

Se il fatto avviene per colpa [43], si applica la sanzione amministrativa pecuniaria da euro 51 a 309[3].

[1] Comma così modificato dall'art. 2, D.Lgs. 15 gennaio 2016, n. 8. Il testo previgente disponeva: *Chiunque, in luogo pubblico o aperto o esposto al pubblico, compie atti osceni è punito con la reclusione da tre mesi a tre anni.*

[2] Comma aggiunto dall'art. 3, L. 15 luglio 2009, n. 94 e poi così modificato dall'art. 2, D.Lgs. 15 gennaio 2016, n. 8. Il testo previgente disponeva: *La pena è aumentata da un terzo alla metà se il fatto è commesso all'interno o nelle immediate vicinanze di luoghi abitualmente frequentati da minori e se da ciò deriva il pericolo che essi vi assistano.*

[3] Comma così modificato dall'art. 44, D.Lgs. 30 dicembre 1999, n. 507.

● Norme connesse:

- art. 36, L. 5 febbraio 1992, n. 104 (legge quadro sull'handicap), nel testo modificato dall'art. 3, L. 15 luglio 2009, n. 94, dispone: *1. Quando i reati di cui all'articolo 527 del codice penale, i delitti non colposi di cui ai titoli XII e XIII del libro II del codice penale, nonché i reati di cui alla legge 20 febbraio 1958, n. 75, sono commessi in danno di persona portatrice di minorazione fisica, psichica o sensoriale, la pena è aumentata da un terzo alla metà.*

2. Per i procedimenti penali per i reati di cui al comma 1 è ammessa la costituzione di parte civile del difensore civico, nonché dell'associazione alla quale risulti iscritta la persona handicappata o un suo familiare.

528. Pubblicazioni e spettacoli osceni.

Chiunque, allo scopo di farne commercio o distribuzione ovvero di esporli pubblicamente, fabbrica, introduce nel territorio dello Stato [4], acquista, detiene, esporta, ovvero mette in circolazione scritti, disegni, immagini od altri oggetti osceni [529] di qualsiasi specie, è soggetto alla sanzione amministrativa pecuniaria da euro 10.000 a euro 50.000 [c.p. 1889, 339][1].

Alla stessa sanzione soggiace chi fa commercio, anche se clandestino, degli oggetti indicati nella disposizione precedente, ovvero li distribuisce o espone pubblicamente [266 comma 4][2].

Si applicano la reclusione da tre mesi a tre anni e la multa non inferiore a euro 103 a chi[3]:

1) adopera qualsiasi mezzo di pubblicità atto a favorire la circolazione o il commercio degli oggetti indicati nella prima parte di questo articolo;

2) dà pubblici spettacoli teatrali o cinematografici, ovvero audizioni o recitazioni pubbliche, che abbiano carattere di oscenità.

Nel caso preveduto dal numero *2)*, la pena è aumentata [64] se il fatto è commesso nonostante il divieto dell'Autorità.

[1] Comma così modificato dall'art. 2, D.Lgs. 15 gennaio 2016, n. 8. Il testo previgente disponeva: *Chiunque, allo scopo di farne commercio o distribuzione ovvero di esporli pubblicamente, fabbrica, introduce nel territorio dello Stato, acquista, detiene, esporta, ovvero mette in circolazione scritti, disegni, immagini od altri oggetti osceni di qualsiasi specie, è punito con la reclusione da tre mesi a tre anni e con la multa non inferiore a euro 103.*

[2] Comma così modificato dall'art. 2, D.Lgs. 15 gennaio 2016, n. 8. Il testo previgente disponeva: *Alla stessa pena soggiace chi fa commercio, anche se clandestino, degli oggetti indicati nella disposizione precedente, ovvero li distribuisce o espone pubblicamente.*

CODICE PENALE

[3] Alinea così modificato dall'art. 2, D.Lgs. 15 gennaio 2016, n. 8. Il testo previgente disponeva: Tale pena si applica inoltre a chi.

● Norme connesse:

- art. 30, comma 1, L. 6 agosto 1990, n. 223, recante la disciplina del sistema radiotelevisivo pubblico e privato: *Nel caso di trasmissioni radiofoniche o televisive che abbiano carattere di oscenità il concessionario privato o la concessionaria pubblica ovvero la persona da loro delegata al controllo della trasmissione è punito con le pene previste dal primo comma dell'articolo 528 del codice penale.*

- art. unico L. 17 luglio 1975, n. 355: *Non sono punibili per i reati previsti dagli artt. 528 e 725 del c.p. e dagli artt. 14 e 15 della l. 8 febbraio 1948, n .47, i titolari e gli addetti a rivendita di giornali e di riviste per il solo fatto di detenere, rivendere, o esporre, nell'esercizio normale della loro attività, pubblicazioni ricevute dagli editori e distributori autorizzati ai sensi delle vigenti disposizioni. La stessa disposizione si applica ai titolari ed agli addetti a negozi di vendita di libri e pubblicazioni non periodiche, salvo il caso che essi operino di concerto con gli editori ovvero con i distributori al fine specifico di diffondere stampa oscena. Le disposizioni di esonero di responsabilità di cui ai commi precedenti non si applicano quando siano esposte, in modo da renderle immediatamente visibili al pubblico, parti palesemente oscene delle pubblicazioni o quando dette pubblicazioni siano vendute ai minori di anni sedici. In tale caso la pena è della reclusione sino ad un anno. Nei casi in cui il reato previsto dall'art. 528 del c.p. sia commesso da un editore di libri o stampa periodica si applica la pena della reclusione da uno a tre anni e della multa non inferiore a lire ottocentomila.*

529. Atti e oggetti osceni: nozione.

Agli effetti della legge penale, si considerano osceni gli atti e gli oggetti che, secondo il comune sentimento, offendono il pudore [725, 726].

Non si considera oscena l'opera d'arte o l'opera di scienza, salvo che, per motivo diverso da quello di studio, sia offerta in vendita, venduta o comunque procurata a persona minore degli anni diciotto.

530. Corruzione di minorenni.

[...][1].

[1] Articolo abrogato dall'art. 1, L. 15 febbraio 1996, n. 66. Il testo previgente disponeva: *Chiunque, fuori dei casi preveduti dagli articoli 519, 520 e 521, commette atti di libidine su persona o in presenza di persona minore degli anni sedici è punito con la reclusione da sei mesi a tre anni. Alla stessa pena soggiace chi induce persona minore degli anni sedici a commettere atti di libidine su se stesso, sulla persona del colpevole, o su altri. La punibilità è esclusa se il minore è persona già moralmente corrotta.*

531. - 536.

[...][1].

[1] Articoli abrogati dall'art. 3, L. 20 febbraio 1958, n. 75.

537. Tratta di donne e di minori commessa all'estero.

I delitti preveduti dai due articoli precedenti sono punibili anche se commessi da un cittadino in territorio estero.

● Norme connesse:

- per l'individuazione di tali due delitti, v. l'art. 3, primo comma, nn. 6 e 7, e terzo comma, L. 20 febbraio 1958, n. 75, sull'abolizione della regolamentazione della prostituzione.

538. Misura di sicurezza.

Alla condanna per il delitto preveduto dall'articolo 531 può essere aggiunta una misura di sicurezza detentiva [215 comma 2]. La misura di sicurezza detentiva è sempre aggiunta nei casi preveduti dagli articoli 532, 533, 534, 535 e 536[1].

● Norme connesse:

- per l'individuazione dei delitti previsti dagli artt. 531, 432, 533, 534, 535 e 536 c.p., ora abrogati, v. l'art. 3 L. 20 febbraio 1958, n. 75, sull'abolizione della regolamentazione della prostituzione.

CAPO III

DISPOSIZIONI COMUNI AI CAPI PRECEDENTI

539. Età della persona offesa.

[...][1].

[1] Articolo abrogato dall'art. 1, L. 15 febbraio 1996, n. 66. La versione previgente disponeva: *Quando i delitti preveduti in questo titolo sono commessi in danno di un minore degli anni quattordici, il colpevole non può invocare a propria scusa l'ignoranza dell'età dell'offeso.*

540. Rapporto di parentela.

Agli effetti della legge penale, quando il rapporto di parentela è considerato come elemento costitutivo o come circostanza aggravante o attenuante o come causa di non punibilità, la filiazione fuori del matrimonio è equiparata alla filiazione nel matrimonio[1].

Il rapporto di filiazione fuori del matrimonio è stabilito osservando i limiti di prova indicati dalla legge civile [c.c. 269, 278], anche se per effetti diversi dall'accertamento dello stato delle persone [c.p.p. 193][2].

[1] Comma così modificato dall'art. 93, D.Lgs. 28 dicembre 2013, n. 154, a decorrere dal 7 febbraio 2014. Il testo previgente disponeva: *Agli effetti della legge penale, quando il rapporto di parentela è considerato come elemento costitutivo o come circostanza aggravante o attenuante o come causa di non punibilità, la filiazione illegittima è equiparata alla filiazione legittima.*

[2] Comma così modificato dall'art. 93, D.Lgs. 28 dicembre 2013, n. 154, a decorrere dal 7 febbraio 2014. Il testo previgente disponeva: *Il rapporto di filiazione illegittima è stabilito osservando i limiti di prova indicati dalla legge civile, anche se per effetti diversi dall'accertamento dello stato delle persone.*

541. Pene accessorie ed altri effetti penali.

[...][1].

[1] Articolo abrogato dall'art. 1, L. 15 febbraio 1996, n. 66. La versione previgente disponeva: *La condanna per alcuno dei delitti preveduti in questo titolo importa la perdita della*

potestà dei genitori o dell'autorità maritale o dell'interdizione perpetua da qualsiasi ufficio attinente alla tutela e alla cura, quando la qualità di genitore, di marito, di tutore o di curatore è elemento costitutivo o circostanza aggravante.

La condanna per alcuno dei delitti preveduti dagli articoli 519, 521, 530, 531, 532, 533, 534, 535, 536 e 537 importa la perdita del diritto agli alimenti e dei diritti successori verso la persona offesa.

542. Querela dell'offeso.

[...][1].

[1] Articolo abrogato dall'art. 1, L. 15 febbraio 1996, n. 66. La versione previgente disponeva: *I delitti preveduti dal capo primo e dall'articolo 530 sono punibili a querela della persona offesa.*

La querela proposta è irrevocabile.

Si procede tuttavia d'ufficio:

1) se il fatto è commesso dal genitore o dal tutore, ovvero da un pubblico ufficiale o da un incaricato di un pubblico servizio;

2) se il fatto è connesso con un altro delitto per il quale si deve procedere d'ufficio.

543. Diritto di querela.

[...][1].

[1] Articolo abrogato dall'art. 1, L. 15 febbraio 1996, n. 66. La versione previgente disponeva: *Quando la persona offesa muore prima che la querela sia proposta da lei o da coloro che ne hanno la rappresentanza a norma degli articoli 120 e 121, il diritto di querela spetta ai genitori e al coniuge.*

Tale disposizione non si applica se la persona offesa ha rinunciato espressamente o tacitamente, al diritto di querelarsi.

544. Causa speciale di estinzione del reato.

[...][1].

[1] Articolo abrogato dall'art. 1, L. 5 agosto 1981, n. 442. La versione previgente disponeva: *Per i delitti preveduti dal capo primo e dall'art. 530, il matrimonio, che l'autore del reato contragga con la persona offesa, estingue il reato, anche riguardo a coloro che sono concorsi nel reato medesimo; e, se vi è stata condanna, ne cessano l'esecuzione e gli effetti penali.*

TITOLO IX-*BIS*
DEI DELITTI CONTRO IL SENTIMENTO PER GLI ANIMALI[1]

[1] Titolo aggiunto dall'art. 1, L. 20 luglio 2004, n. 189. L'art. 2 della stessa legge, nel testo modificato dal D.Lgs. 15 marzo 2010, n. 47 e dalla L. 4 giugno 2010, n. 96 dispone: *Art. 2. Divieto di utilizzo a fini commerciali di pelli e pellicce e disposizioni sanzionatone sul commercio dei prodotti derivati dalla foca. 1. È vietato utilizzare cani (Canis lupus familiaris) e gatti (felis silvestris) per la produzione o il confezionamento di pelli, pellicce, capi di abbigliamento e articoli di pelletteria costituiti od ottenuti, in tutto o in parte, dalle pelli o dalle pellicce dei medesimi, nonché commercializzare o introdurre le stesse nel territorio nazionale.*

2. La violazione delle disposizioni di cui al comma 1 è punita con l'arresto da tre mesi ad un anno o con l'ammenda da 5.000 a 100.000 euro.

2-bis. Chiunque produce, commercializza, esporta o introduce nel territorio nazionale qualunque prodotto derivato dalla foca, in violazione dell'articolo 3 del regolamento (CE) n. 1007/2009 del Parlamento europeo e del Consiglio, del 16 settembre 2009, è punito con l'arresto da tre mesi a un anno o con l'ammenda da 5.000 a 100.000 euro.

3. Alla condanna, o all'applicazione della pena su richiesta delle parti a norma dell'articolo 444 del codice di procedura penale, o all'applicazione della pena su richiesta delle parti a norma dell'articolo 444 del codice di procedura penale consegue in ogni caso la confisca e la distruzione del materiale di cui al comma 1.

3-bis. In caso di condanna o di applicazione della pena su richiesta delle parti a norma dell'articolo 444 del codice di procedura penale per i reati previsti dai commi 1 e 2-bis, il giudice con la sentenza o con il decreto penale di condanna applica la sanzione amministrativa accessoria della sospensione della licenza per un periodo da tre mesi ad un anno, e, in caso di reiterazione della violazione, la sanzione amministrativa accessoria del ritiro della stessa.

3-ter. Al fine dell'esecuzione delle sanzioni amministrative accessorie, la sentenza o il decreto penale di condanna divenuti irrevocabili sono trasmessi senza ritardo, a cura del cancelliere, all'autorità amministrativa competente per l'adozione dei conseguenti provvedimenti.

544-*bis*. Uccisione di animali.

Chiunque, per crudeltà o senza necessità, cagiona la morte di un animale è punito con la reclusione da quattro mesi a due anni[1].

[1] Articolo aggiunto dall'art. 1, L. 20 luglio 2004, n. 189 e poi così modificato dall'art. 3, L. 4 novembre 2010, n. 201, Il testo previgente disponeva: *Chiunque, per crudeltà o senza necessità, cagiona la morte di un animale è punito con la reclusione da tre mesi a diciotto mesi.*

544-*ter*. Maltrattamento di animali.

Chiunque, per crudeltà o senza necessità, cagiona una lesione ad un animale ovvero lo sottopone a sevizie o a comportamenti o a fatiche o a lavori insopportabili per le sue caratteristiche etologiche è punito con la reclusione da tre a diciotto mesi o con la multa da 5.000 a 30.000 euro[1].

La stessa pena si applica a chiunque somministra agli animali sostanze stupefacenti o vietate ovvero li sottopone a trattamenti che procurano un danno alla salute degli stessi.

La pena è aumentata della metà se dai fatti di cui al primo comma deriva la morte dell'animale[2].

[1] Comma così modificato dall'art. 3, L. 4 novembre 2010, n. 201, Il testo previgente disponeva: *Chiunque, per crudeltà o senza necessità, cagiona una lesione ad un animale ovvero lo sottopone a sevizie o a comportamenti o a fatiche o a lavori insopportabili per le sue caratteristiche etologiche è punito con la reclusione da tre mesi a un anno o con la multa da 3.000 a 15.000 euro.*

[2] Articolo aggiunto dall'art. 1, L. 20 luglio 2004, n. 189.

544-*quater*. Spettacoli o manifestazioni vietati.

Salvo che il fatto costituisca più grave reato, chiunque organizza o promuove spettacoli o manifestazioni che comportino sevizie o strazio per gli animali è punito con la reclusione da quattro mesi a due anni e con la multa da 3.000 a 15.000 euro.

La pena è aumentata da un terzo alla metà se i fatti di cui al primo comma sono commessi in relazione all'esercizio di scommesse clandestine o al fine di trarne profitto per sé od altri ovvero se ne deriva la morte dell'animale[1].

[1] Articolo aggiunto dall'art. 1, L. 20 luglio 2004, n. 189.

544-*quinquies*. Divieto di combattimento tra animali.

Chiunque promuove, organizza o dirige combattimenti o competizioni non autorizzate tra animali che possono metterne in pericolo l'integrità fisica è punito con la reclusione da uno a tre anni e con la multa da 50.000 a 160.000 euro.

La pena è aumentata da un terzo alla metà:

1) se le predette attività sono compiute in concorso con minorenni o da persone armate;

2) se le predette attività sono promosse utilizzando videoriproduzioni o materiale di qualsiasi tipo contenente scene o immagini dei combattimenti o delle competizioni;

3) se il colpevole cura la ripresa o la registrazione in qualsiasi forma dei combattimenti o delle competizioni.

Chiunque, fuori dei casi di concorso nel reato, allevando o addestrando animali li destina sotto qualsiasi forma e anche per il tramite di terzi alla loro partecipazione ai combattimenti di cui al primo comma è punito con la reclusione da tre mesi a due anni e con la multa da 5.000 a 30.000 euro. La stessa pena si applica anche ai proprietari o ai detentori degli animali impiegati nei combattimenti e nelle competizioni di cui al primo comma, se consenzienti.

Chiunque, anche se non presente sul luogo del reato, fuori dei casi di concorso nel medesimo, organizza o effettua scommesse sui combattimenti e sulle competizioni di cui al primo comma è punito con la reclusione da tre mesi a due anni e con la multa da 5.000 a 30.000 euro[1].

[1] Articolo aggiunto dall'art. 1, L. 20 luglio 2004, n. 189.

544-*sexies*. Confisca e pene accessorie.

Nel caso di condanna, o di applicazione della pena su richiesta delle parti a norma dell'articolo 444 del codice di procedura penale, per i delitti previsti dagli articoli 544-*ter*, 544-*quater* e 544-*quinquies*, è sempre ordinata la confisca dell'animale, salvo che appartenga a persona estranea al reato.

È altresì disposta la sospensione da tre mesi a tre anni dell'attività di trasporto, di commercio o di allevamento degli animali se la sentenza di condanna o di applicazione della pena su richiesta è pronunciata nei confronti di chi svolge le predette attività. In caso di recidiva è disposta l'interdizione dall'esercizio delle attività medesime[1].

[1] Articolo aggiunto dall'art. 1, L. 20 luglio 2004, n. 189.

TITOLO X
DEI DELITTI CONTRO LA INTEGRITÀ E LA SANITÀ DELLA STIRPE[1]

[1] Titolo abrogato dall'art. 22, L. 22 maggio 1978, n. 194.

545. - 555.

[...][1].

[1] Articoli abrogati dall'art. 22, L. 22 maggio 1978, n. 194.

TITOLO XI
DEI DELITTI CONTRO LA FAMIGLIA

CAPO I
DEI DELITTI CONTRO IL MATRIMONIO

556. Bigamia.

Chiunque, essendo legato da matrimonio avente effetti civili [c.c. 82, 83, 106-116], ne contrae un altro, pur avente effetti civili, è punito con la reclusione da uno a cinque anni. Alla stessa pena soggiace chi, non essendo coniugato, contrae matrimonio con persona legata da matrimonio avente effetti civili [c.p. 1889, 359].

La pena è aumentata se il colpevole ha indotto in errore la persona, con la quale ha contratto matrimonio, sulla libertà dello stato [c.c. 86] proprio o di lei.

Se il matrimonio, contratto precedentemente dal bigamo, è dichiarato nullo, ovvero è annullato il secondo matrimonio per causa diversa dalla bigamia [c.c. 117, 119, 120, 122, 123], il reato è estinto, anche rispetto a coloro che sono concorsi nel reato, e se vi è stata condanna, ne cessano l'esecuzione e gli effetti penali [557; c.p.p. 689 comma 6].

557. Prescrizione del reato.

Il termine della prescrizione [158] per il delitto preveduto dall'articolo precedente decorre dal giorno in cui è sciolto uno dei due matrimoni [c.c. 149; L. 1° dicembre 1970, n. 898] o è dichiarato nullo il secondo per bigamia [c.c. 86, 117].

558. Induzione al matrimonio mediante inganno.

Chiunque, nel contrarre matrimonio avente effetti civili [c.c. 82, 83, 106-116], con mezzi fraudolenti occulta all'altro coniuge l'esistenza di un impedimento che non sia quello derivante da un precedente matrimonio [c.c. 84-89] è punito, se il matrimonio è annullato a causa dell'impedimento occultato [c.c. 117, 119, 120, 122, 123], con la reclusione fino a un anno[1] ovvero con la multa da euro 206 a 1.032[2].

[1] Sono applicabili le sanzioni sostitutive previste dagli artt. 53 ss., L. 24 novembre 1981, n. 689.

[2] Pena aggiornata a norma dell'art. 113, L. 24 novembre 1981, n. 689.

558-*bis*. Costrizione o induzione al matrimonio.

Chiunque, con violenza o minaccia, costringe una persona a contrarre matrimonio o unione civile è punito con la reclusione da uno a cinque anni.

La stessa pena si applica a chiunque, approfittando delle condizioni di vulnerabilità o di inferiorità psichica o di necessità di una persona, con abuso delle relazioni familiari, domestiche, lavorative o dell'autorità derivante dall'affidamento della persona per ragioni di cura, istruzione o educazione, vigilanza o custodia, la induce a contrarre matrimonio o unione civile.

La pena è aumentata se i fatti sono commessi in danno di un minore di anni diciotto.

La pena è da due a sette anni di reclusione se i fatti sono commessi in danno di un minore di anni quattordici.

Le disposizioni del presente articolo si applicano anche quando il fatto è commesso all'estero da cittadino italiano o da straniero residente in Italia ovvero in danno di cittadino italiano o di straniero residente in Italia[1].

[1] Articolo aggiunto dall'art. 7, L. 19 luglio 2019, n. 69.

559. Adulterio.

La moglie adultera [c.c. 151] è punita con la reclusione fino a un anno[1].

Con la stessa pena è punito il correo dell'adultera[1].

La pena è della reclusione fino a due anni nel caso di relazione adulterina[2].

Il delitto è punibile a querela del marito [120; c.p.p. 336][2].

[1] La Corte costituzionale, con sentenza 19 dicembre 1968, n. 126, ha dichiarato l'illegittimità costituzionale del presente comma.

[2] La Corte costituzionale, con sentenza 3 dicembre 1969, n. 147, ha dichiarato l'illegittimità costituzionale del presente comma.

560. Concubinato.

Il marito, che tiene una concubina nella casa coniugale, o notoriamente altrove, è punito con la reclusione fino a due anni.

La concubina è punita con la stessa pena.

Il delitto è punibile a querela della moglie [120; c.p.p. 336][1].

[1] La Corte costituzionale, con sentenza 3 dicembre 1969, n. 147, ha dichiarato l'illegittimità costituzionale del presente comma.

561. Casi di non punibilità. Circostanza attenuante.

Nel caso preveduto dall'articolo 559, non è punibile la moglie quando il marito l'abbia indotta o eccitata alla prostituzione ovvero abbia comunque tratto vantaggio dalla prostituzione di lei.

Nei casi preveduti dai due articoli precedenti non è punibile il coniuge legalmente separato [c.p.c. 706] per colpa dell'altro coniuge, ovvero da questo ingiustamente abbandonato.

Se il fatto è commesso dal coniuge legalmente separato per colpa propria o per colpa propria e dell'altro coniuge [c.c. 150] o per mutuo consenso [c.c. 158], la pena è diminuita [63, 65][1].

[1] La Corte costituzionale, con sentenza 3 dicembre 1969, n. 147, ha dichiarato l'illegittimità costituzionale del presente articolo.

562. Pena accessoria e sanzione civile.

La condanna per alcuno dei delitti preveduti dagli articoli 556 e 560 importa la perdita dell'autorità maritale [34; c.c. 144][1 2].

Con la sentenza di condanna per adulterio o per concubinato il giudice può, sull'istanza del coniuge offeso, ordinare i provvedimenti temporanei di indole civile, che ritenga urgenti nell'interesse del coniuge offeso e della prole [c.c. 155][3].

Tali provvedimenti sono immediatamente eseguibili, ma cessano di aver effetto se, entro tre mesi dalla sentenza di condanna, divenuta irrevocabile [c.p.p. 648], non è presentata dinanzi al giudice civile domanda di separazione personale [c.c. 150; c.p.c. 706][3].

[1] La Corte costituzionale, con sentenza 3 dicembre 1969, n. 147, ha dichiarato l'illegittimità costituzionale del presente comma, nella parte relativa alla perdita dell'autorità maritale per effetto della condanna per il delitto di concubinato.

[2] L'istituto della potestà maritale, previsto dall'art. 144 c.c., è stato soppresso a seguito della sostituzione del citato articolo 144 intervenuta con l'art. 26, L. 19 maggio 1975, n. 151.

[3] La Corte costituzionale, con sentenza 3 dicembre 1969, n. 147, ha dichiarato l'illegittimità costituzionale del presente comma.

563. Estinzione del reato.

Nei casi preveduti dagli articoli 559 e 560 la remissione della querela [152; c.p.p. 340], anche se intervenuta dopo la condanna, estingue il reato.

Estinguono altresì il reato:

1) la morte del coniuge offeso;

2) l'annullamento del matrimonio del colpevole di adulterio o di concubinato [c.c. 117].

L'estinzione del reato ha effetto anche riguardo al correo [559] e alla concubina [560] e ad ogni persona che sia concorsa nel reato; e, se vi è stata condanna, ne cessano l'esecuzione e gli effetti penali[1].

[1] La Corte costituzionale, con sentenza 3 dicembre 1969, n. 147, ha dichiarato l'illegittimità costituzionale del presente articolo.

CAPO II
DEI DELITTI CONTRO LA MORALE FAMILIARE

564. Incesto.

Chiunque, in modo che ne derivi pubblico scandalo, commette incesto con un discendente o un ascendente [c.c. 75], o con un affine in linea retta [c.c. 78], ovvero con una sorella o un fratello, è punito con la reclusione da uno a cinque anni.

La pena è della reclusione da due a otto anni nel caso di relazione incestuosa.

Nei casi preveduti dalle disposizioni precedenti, se l'incesto è commesso da persona maggiore di età [c.c. 2], con persona minore degli anni diciotto, la pena è aumentata [64] per la persona maggiorenne.

La condanna pronunciata contro il genitore importa la perdita della responsabilità genitoriale [34] [o della tutela legale][1 2].

[1] Comma così modificato dall'art. 93, D.Lgs. 28 dicembre 2013, n. 154, a decorrere dal 7 febbraio 2014. Il testo previgente disponeva: *La condanna pronunciata contro il genitore importa la perdita della potestà dei genitori.*

[2] La tutela legale era prevista dall'art. 348 c.c., ultimo comma, abrogato dall'art. 1, R.D.L. 20 gennaio 1944, n. 25.

565. Attentati alla morale familiare commessi col mezzo della stampa periodica.

Chiunque nella cronaca dei giornali o di altri scritti periodici, nei disegni che ad essa si riferiscono, ovvero nelle inserzioni fatte a scopo di pubblicità sugli stessi giornali o scritti, espone o mette in rilievo circostanze tali da offendere la morale familiare, è punito con la multa da euro 103 a 516[1].

[1] Importi elevati dall'art. 113 comma 1, L. 24 novembre 1981, n. 689.

CAPO III
DEI DELITTI CONTRO LO STATO DI FAMIGLIA

566. Supposizione o soppressione di stato.

Chiunque fa figurare nei registri dello stato civile [c.c. 449] una nascita inesistente è punito con la reclusione da tre a dieci anni.

Alla stessa pena soggiace chi, mediante l'occultamento di un neonato, ne sopprime lo stato civile [569].

567. Alterazione di stato.

Chiunque, mediante la sostituzione di un neonato, ne altera lo stato civile è punito con la reclusione da tre a dieci anni [c.p. 1889, 361].

Si applica la reclusione da cinque a quindici anni a chiunque, nella formazione di un atto di nascita, altera lo stato civile di un neonato, mediante false certificazioni, false attestazioni o altre falsità [569][1].

[1] La Corte costituzionale, con sentenza 10 novembre 2016, n. 236, ha dichiarato l'illegittimità costituzionale del presente comma, nella parte in cui prevede la pena edittale della reclusione da un minimo di cinque a un massimo di quindici anni, anziché la pena edittale della reclusione da un minimo di tre a un massimo di dieci anni.

● Norme connesse:
- comma 2: artt. 3, 27, Cost.

568. Occultamento di stato di un figlio[1].

Chiunque depone o presenta un fanciullo, già iscritto nei registri dello stato civile [c.c. 449] come figlio nato nel matrimonio o riconosciuto, in un ospizio di trovatelli o in un altro luogo di beneficenza, occultandone lo stato, è punito con la reclusione da uno a cinque anni [569, 592][2].

[1] Rubrica così modificata dall'art. 93, D.Lgs. 28 dicembre 2013, n. 154, a decorrere dal 7 febbraio 2014. Il testo previgente disponeva: *Occultamento di stato di un fanciullo legittimo o naturale riconosciuto.*

[2] Comma così modificato dall'art. 93, D.Lgs. 28 dicembre 2013, n. 154, a decorrere dal 7 febbraio 2014. Il testo previgente disponeva: *Chiunque depone o presenta un fanciullo, già iscritto nei registri dello stato civile come figlio legittimo o naturale riconosciuto, in un ospizio di trovatelli o in un altro luogo di beneficenza, occultandone lo stato, è punito con la reclusione da uno a cinque anni.*

569. Pena accessoria.

La condanna pronunciata contro il genitore per alcuno dei delitti preveduti da questo capo importa la perdita della responsabilità genitoriale [o della tutela legale][1 2 3].

[1] Articolo così modificato dall'art. 93, D.Lgs. 28 dicembre 2013, n. 154, a decorrere dal 7 febbraio 2014. Il testo previgente disponeva: *La condanna pronunciata contro il genitore per alcuno dei delitti preveduti da questo capo importa la perdita della potestà dei genitori [o della tutela legale].*

[2] La tutela legale era prevista dall'art. 348 c.c., ultimo comma, abrogato dall'art. 1, R.D.L. 20 gennaio 1944, n. 25.

[3] La Corte costituzionale, con sentenza 23 febbraio 2012, n. 31, ha dichiarato l'illegittimità costituzionale del presente articolo nella parte in cui stabilisce che, in caso di condanna pronunciata contro il genitore per il delitto di alterazione di stato, previsto dall'articolo 567, secondo comma, del codice penale, consegua di diritto la perdita della potestà genitoriale, così precludendo al giudice ogni possibilità di valutazione dell'interesse del minore nel caso concreto. La Corte costituzionale, con sentenza 23 gennaio 2013, n. 7, ha dichiarato l'illegittimità costituzionale del presente articolo, nella parte in

cui stabilisce che, in caso di condanna pronunciata contro il genitore per il delitto di soppressione di stato, previsto dall'articolo 566, secondo comma, del codice penale, consegua di diritto la perdita della potestà genitoriale, così precludendo al giudice ogni possibilità di valutazione dell'interesse del minore nel caso concreto.

CAPO IV
DEI DELITTI CONTRO L'ASSISTENZA FAMILIARE

570. Violazione degli obblighi di assistenza familiare.

Chiunque, abbandonando il domicilio domestico [c.c. 452, 1432, 146], o comunque serbando una condotta contraria all'ordine o alla morale delle famiglie, si sottrae agli obblighi di assistenza inerenti alla responsabilità genitoriale [c.c. 147, 316], [alla tutela legale] o alla qualità di coniuge [c.c. 143, 146], è punito con la reclusione fino a un anno[1] o con la multa da euro 103 a 1032[2 3 4].

Le dette pene si applicano congiuntamente a chi:

1) malversa o dilapida i beni del figlio minore [c.c. 2][5] o del coniuge;

2) fa mancare i mezzi di sussistenza ai discendenti [540; c.c. 75] di età minore [c.c. 2], ovvero inabili al lavoro, agli ascendenti [c.c. 540; 75] o al coniuge, il quale non sia legalmente separato per sua colpa[6].

Il delitto è punibile a querela della persona offesa salvo nei casi previsti dal numero 1 e quando il reato è commesso nei confronti dei minori, dal numero 2 del precedente comma[7].

Le disposizioni di questo articolo non si applicano se il fatto è preveduto come più grave reato da un'altra disposizione di legge.

[1] Sono applicabili le sanzioni sostitutive previste dagli artt. 53 ss., L. 24 novembre 1981, n. 689.

[2] Importi elevati dall'art. 113 comma 1, L. 24 novembre 1981, n. 689.

[3] Comma così modificato prima dall'art. 146, L. 24 novembre 1981, n. 689, poi dall'art. 93, D.Lgs. 28 dicembre 2013, n. 154, a decorrere dal 7 febbraio 2014. Il testo previgente disponeva: *Chiunque, abbandonando il domicilio domestico, o comunque serbando una condotta contraria all'ordine o alla morale delle famiglie, si sottrae agli obblighi di assistenza inerenti alla potestà dei genitori, [alla tutela legale] o alla qualità di coniuge, è punito con la reclusione fino a un anno o con la multa da euro 103 a 1032.*

[4] La tutela legale era prevista dall'art. 348 c.c., ultimo comma, abrogato dall'art. 1, R.D.L. 20 gennaio 1944, n. 25.

[5] A seguito dell'entrata in vigore della L. 19 maggio 1975, n. 151, la figura del pupillo originariamente prevista dal presente comma deve considerarsi abrogata.

[6] A seguito dell'entrata in vigore della L. 19 maggio 1975, n. 151, non è più prevista la separazione «per colpa» ma è configurata l'eventualità di una separazione giudiziale «addebitabile» ad uno dei due coniugi.

[7] Comma aggiunto dall'art. 90, L. 24 novembre 1981, n. 689.

● Norme connesse:
- comma 3: art. 99, L. 24 novembre 1981, n. 689.

570-*bis*. Violazione degli obblighi di assistenza familiare in caso di separazione o di scioglimento del matrimonio.

Le pene previste dall'articolo 570 si applicano al coniuge che si sottrae all'obbligo di corresponsione di ogni tipologia di assegno dovuto in caso di scioglimento, di cessazione degli effetti civili o di nullità del matrimonio ovvero viola gli obblighi di natura economica in materia di separazione dei coniugi e di affidamento condiviso dei figli[1].

[1] Articolo aggiunto dall'art. 2, D.Lgs. 1 marzo 2018, n. 21.

● Norme connesse:
- art. 3, Cost.

571. Abuso dei mezzi di correzione o di disciplina.

Chiunque abusa dei mezzi di correzione o di disciplina in danno di una persona sottoposta alla sua autorità, o a lui affidata per ragione di educazione, istruzione, cura, vigilanza o custodia, ovvero per l'esercizio di una professione o di un'arte, è punito, se dal fatto deriva il pericolo di una malattia nel corpo o nella mente, con la reclusione fino a sei mesi[1].

Se dal fatto deriva una lesione personale, si applicano le pene stabilite negli articoli 582 e 583, ridotte a un terzo; se ne deriva la morte, si applica la reclusione da tre a otto anni [572, c.p. 1889, 390].

[1] Sono applicabili le sanzioni sostitutive previste dagli artt 53 ss., L. 24 novembre 1981, n. 689.

572. Maltrattamenti contro familiari e conviventi.

Chiunque, fuori dei casi indicati nell'articolo precedente, maltratta una persona della famiglia o comunque convivente, o una persona sottoposta alla sua autorità o a lui affidata per ragioni di educazione, istruzione, cura, vigilanza o custodia, o per l'esercizio di una professione o di un'arte, è punito con la reclusione **da tre a sette anni**[1].

La pena è aumentata fino alla metà se il fatto è commesso in presenza o in danno di persona minore, di donna in stato di gravidanza o di persona con disabilità come definita ai sensi dell'articolo 3 della legge 5 febbraio 1992, n. 104, ovvero se il fatto è commesso con armi[2].

[...][3].

Se dal fatto deriva una lesione personale grave, si applica la reclusione da quattro a nove anni; se ne deriva una lesione gravissima, la reclusione da sette a quindici anni; se ne deriva la morte, la reclusione da dodici a ventiquattro anni[4].

CODICE PENALE

Il minore di anni diciotto che assiste ai maltrattamenti di cui al presente articolo si considera persona offesa dal reato[2].

[1] Comma così modificato dall'art. 9, L. 19 luglio 2019, n. 69. Il testo previgente disponeva: *Chiunque, fuori dei casi indicati nell'articolo precedente, maltratta una persona della famiglia o comunque convivente, o una persona sottoposta alla sua autorità o a lui affidata per ragioni di educazione, istruzione, cura, vigilanza o custodia, o per l'esercizio di una professione o di un'arte, è punito con la reclusione da due a sei anni.*

[2] Comma aggiunto dall'art. 9, L. 19 luglio 2019, n. 69.

[3] Comma abrogato dall'art. 1, D.L. 14 agosto 2013, n. 93, convertito in L. 15 ottobre 2013, n. 119. Il testo previgente disponeva: *La pena è aumentata se il fatto è commesso in danno di persona minore degli anni quattordici.*

[4] Articolo così sostituito dall'art. 4, L. 1 ottobre 2012, n. 172. Il testo previgente disponeva: *Art. 572. Maltrattamenti in famiglia o verso fanciulli. Chiunque, fuori dei casi indicati nell'articolo precedente, maltratta una persona della famiglia, o un minore degli anni quattordici, o una persona sottoposta alla sua autorità, o a lui affidata per ragione di educazione, istruzione, cura, vigilanza o custodia, o per l'esercizio di una professione o di un'arte, è punito con la reclusione da uno a cinque anni.*

Se dal fatto deriva una lesione personale grave, si applica la reclusione da quattro a otto anni; se ne deriva una lesione gravissima, la reclusione da sette a quindici anni; se ne deriva la morte, la reclusione da dodici a venti anni.

● Norme connesse:

- artt. 2, 3, 14, Cedu.

573. Sottrazione consensuale di minorenni.

Chiunque sottrae un minore [c.c. 2], che abbia compiuto gli anni quattordici, col consenso di esso, al genitore esercente la responsabilità genitoriale o al tutore [346], ovvero lo ritiene contro la volontà del medesimo genitore o tutore, è punito, a querela di questo [120][1], con la reclusione fino a due anni[2 3].

La pena è diminuita [65], se il fatto è commesso per fine di matrimonio; è aumentata [64], se è commesso per fine di libidine.

Si applicano le disposizioni degli articoli 525[4] e 544[5].

[1] La Corte costituzionale, con sentenza 22 febbraio 1964, n. 9, ha dichiarato l'illegittimità costituzionale del presente articolo in quanto limita il diritto di querela al genitore esercente la patria potestà. Dopo sono subentrate le innovazioni apportate dalla L. 19 maggio 1975, n. 151 che ha assegnato ad entrambi i genitori la potestà sui figli minori.

[2] Si applicano le sanzioni sostitutive previste dagli artt. 53 ss., L. 24 novembre 1981, n. 689.

[3] Comma così modificato dall'art. 93, D.Lgs. 28 dicembre 2013, n. 154, a decorrere dal 7 febbraio 2014. Il testo previgente disponeva: *Chiunque sottrae un minore, che abbia compiuto gli anni quattordici, col consenso di esso, al genitore esercente la potestà dei genitori o al tutore, ovvero lo ritiene contro la volontà del medesimo genitore o tutore, è punito, a querela di questo, con la reclusione fino a due anni.*

[4] L'art. 525 è stato abrogato dall'art. 1, L. 15 febbraio 1996, n. 66.

[5] L'art. 544 è stato abrogato dall'art. 1, L. 5 agosto 1981, n. 442.

574. Sottrazione di persone incapaci.

Chiunque sottrae un minore degli anni quattordici, o un infermo di mente, al genitore esercente la responsabilità genitoriale, al tutore [c.c. 346], o al curatore [c.c. 424], o a chi ne abbia la vigilanza o la custodia, ovvero lo ritiene contro la volontà dei medesimi, è punito, a querela del genitore esercente la responsabilità genitoriale [c.c. 316-320], del tutore o del curatore [120], con la reclusione da uno a tre anni[1 2 3].

Alla stessa pena soggiace, a querela delle stesse persone, chi sottrae o ritiene un minore che abbia compiuto gli anni quattordici, senza il consenso di esso, per fine diverso da quello di libidine o di matrimonio.

Si applicano le disposizioni degli articoli 525[4] e 544[5] [c.p.p. 689].

[1] La Corte costituzionale, con sentenza 22 febbraio 1964, n. 9, ha dichiarato l'illegittimità costituzionale del presente articolo in quanto limita il diritto di querela al genitore esercente la patria potestà. Dopo sono subentrate le innovazioni apportate dalla L. 19 maggio 1975, n. 151 che ha assegnato ad entrambi i genitori la potestà sui figli minori.

[2] Si applicano le sanzioni sostitutive previste dagli artt. 53 ss., L. 24 novembre 1981, n. 689.

[3] Comma così modificato dall'art. 93, D.Lgs. 28 dicembre 2013, n. 154, a decorrere dal 7 febbraio 2014. Il testo previgente disponeva: *Chiunque sottrae un minore degli anni quattordici, o un infermo di mente, al genitore esercente la potestà dei genitori, al tutore, o al curatore, o a chi ne abbia la vigilanza o la custodia, ovvero lo ritiene contro la volontà dei medesimi, è punito, a querela del genitore esercente la potestà dei genitori, del tutore o del curatore, con la reclusione da uno a tre anni.*

[4] L'art. 525 è stato abrogato dall'art. 1, L. 15 febbraio 1996, n. 66.

[5] L'art. 544 è stato abrogato dall'art. 1, L. 5 agosto 1981, n. 442.

● Norme connesse:

- art. 5, L. 9 ottobre 1967, n. 962, sulla repressione del genocidio (Atti diretti a commettere genocidio mediante sottrazione di minori): *Chiunque, al fine indicato nell'articolo precedente, sottrae minori degli anni quattordici appartenenti ad un gruppo nazionale, etnico, razziale o religioso, per trasferirli ad un gruppo diverso, è punito con la reclusione da dodici a ventuno anni.*

574-*bis*. Sottrazione e trattenimento di minore all'estero.

Salvo che il fatto costituisca più grave reato, chiunque sottrae un minore al genitore esercente la responsabilità genitoriale o al tutore, conducendolo o trattenendolo all'estero contro la volontà del medesimo genitore o tutore, impedendo in tutto o in parte allo stesso l'esercizio della responsabilità genitoriale, è punito con la reclusione da uno a quattro anni[1].

Se il fatto di cui al primo comma è commesso nei confronti di un minore che abbia compiuto gli anni quattordici e con il suo consenso, si applica la pena della reclusione da sei mesi a tre anni.

Se i fatti di cui al primo e secondo comma sono commessi da un genitore in danno del figlio minore, la condanna comporta la sospensione dall'esercizio della responsabilità genitoriale[2 3 4].

[1] Comma così modificato dall'art. 93, D.Lgs. 28 dicembre 2013, n. 154, a decorrere dal 7 febbraio 2014. Il testo previgente disponeva: *Salvo che il fatto costituisca più grave reato, chiunque sottrae un minore al genitore esercente la potestà dei genitori o al tutore, conducendolo o trattenendolo all'estero contro la volontà del medesimo genitore o tutore, impedendo in tutto o in parte allo stesso l'esercizio della potestà genitoriale, è punito con la reclusione da uno a quattro anni.*

[2] Comma così modificato dall'art. 93, D.Lgs. 28 dicembre 2013, n. 154, a decorrere dal 7 febbraio 2014. Il testo previgente disponeva: *Se i fatti di cui al primo e secondo comma sono commessi da un genitore in danno del figlio minore, la condanna comporta la sospensione dall'esercizio della potestà dei genitori.*

[3] La Corte costituzionale, con sentenza 29 maggio 2020, n. 102, ha dichiarato l'illegittimità costituzionale del presente comma nella parte in cui prevede che la condanna pronunciata contro il genitore per il delitto di sottrazione e mantenimento di minore all'estero ai danni del figlio minore comporta la sospensione dell'esercizio della responsabilità genitoriale, anziché la possibilità per il giudice di disporre la sospensione dall'esercizio della responsabilità genitoriale.

[4] Articolo aggiunto dall'art. 3, L. 15 luglio 2009, n. 94.

574-*ter*. Costituzione di un'unione civile agli effetti della legge penale.

Agli effetti della legge penale il termine matrimonio si intende riferito anche alla costituzione di un'unione civile tra persone dello stesso sesso.

Quando la legge penale considera la qualità di coniuge come elemento costitutivo o come circostanza aggravante di un reato essa si intende riferita anche alla parte di un'unione civile tra persone dello stesso sesso[1].

[1] Articolo aggiunto dall'art. 1, D.Lgs. 19 gennaio 2017, n. 6.

TITOLO XII
DEI DELITTI CONTRO LA PERSONA

CAPO I
DEI DELITTI CONTRO LA VITA E L'INCOLUMITÀ INDIVIDUALE

575. Omicidio.

Chiunque cagiona la morte di un uomo è punito con la reclusione non inferiore ad anni ventuno [276, 280 comma 4, 295, 301, 396 comma 2 n. 2, 397, 422 comma 2, 576-579; c.p.p. 275 comma 3, 5, 299 comma 2; disp. att. c.p.p. 116; c.nav. 1150; c.p. 1889, 364][1].

[1] Per l'aumento della pena, qualora il fatto sia commesso da persona sottoposta a misura di prevenzione, v. art. 71, D.Lgs. 6 settembre 2011, n. 159.

■ Codice penale del 1889: *Art. 364 - Chiunque, a fine di uccidere, cagiona la morte di alcuno, è punito con la reclusione da diciotto a ventun anno.*

Art. 365 - La pena della reclusione è da ventidue a ventiquattro anni, se il delitto preveduto nell'articolo precedente sia commesso: 1° sopra la persona del coniuge, del fratello o della sorella, ovvero del padre o della madre adottivi, o del figlio adottivo, o degli affini in linea retta; 2° sopra la persona di un membro del Parlamento o di un pubblico ufficiale, a causa delle loro funzioni; 3° col mezzo di sostanze venefiche.

Art. 366 - Si applica la pena dell'ergastolo, se il delitto preveduto nell'articolo 364 sia commesso: 1° sopra la persona dell'ascendente o discendente legittimo o del genitore o figlio naturale, quando la filiazione naturale sia stata legalmente riconosciuta o dichiarata; 2° con premeditazione; 3° per solo impulso di brutale malvagità, ovvero con gravi sevizie; 4° col mezzo d'incendio, inondazione, sommersione o altro dei delitti preveduti nel titolo VII di questo libro; 5° per preparare, facilitare o consumare un altro reato, benché questo non sia avvenuto; 6° immediatamente dopo aver commesso un altro reato, per assicurarne il profitto o per non essersi potuto conseguire l'intento propostosi, ovvero per occultare il reato o sopprimerne le tracce o le prove, o altrimenti per procurare l'impunità a sé o ad altri.

Art. 367 - Quando nei casi preveduti negli articoli precedenti la morte non sarebbe avvenuta senza il concorso di condizioni preesistenti ignote al colpevole, o di cause sopravvenute e indipendenti dal suo fatto, la pena è, nel caso dell'articolo 364, della reclusione da quindici a venti anni; nei casi dell'articolo 365, della reclusione da diciotto a ventidue anni; e, nei casi dell'articolo 366, della reclusione superiore ai ventidue anni.

576. Circostanze aggravanti. Ergastolo[1].

Si applica la pena dell'ergastolo se il fatto preveduto dall'articolo precedente è commesso [c.p. 1889, 366][2]:

1) col concorso di taluna delle circostanze indicate nel numero 2 dell'articolo 61;

2) contro l'ascendente o il discendente [540; c.c. 75], quando concorre taluna delle circostanze indicate nei numeri 1 e 4 dell'articolo 61 o quando è adoperato un mezzo venefico o un altro mezzo insidioso ovvero quando vi è premeditazione;

3) dal latitante, per sottrarsi all'arresto, alla cattura o alla carcerazione ovvero per procurarsi i mezzi di sussistenza durante la latitanza;

4) dall'associato per delinquere [416], per sottrarsi all'arresto, alla cattura o alla carcerazione;

5) in occasione della commissione di taluno dei delitti previsti dagli articoli 572, **583-*quinquies***, 600-*bis*, 600-*ter*, 609-*bis*, 609-*quater* e 609-*octies*[3];

5.1) dall'autore del delitto previsto dall'articolo 612-*bis* nei confronti della stessa persona offesa[4];

CODICE PENALE

5-bis) contro un ufficiale o agente di polizia giudiziaria, ovvero un ufficiale o agente di pubblica sicurezza, nell'atto o a causa dell'adempimento delle funzioni o del servizio[5].

È latitante, agli effetti della legge penale, chi si trova nelle condizioni indicate nel numero 6 dell'articolo 61.

[1] Rubrica così modificata dall'art. 4, L. 1 ottobre 2012, n. 172. Il testo previgente disponeva: *Circostanze aggravanti. Pena di morte.*

La pena di morte è stata soppressa, con conseguente sostituzione con l'ergastolo, prima per i delitti previsti dal presente codice ex art. 1, D.Lgs.Lgt. 10 agosto 1944, n. 224, poi per i delitti previsti dalle leggi speciali (art. 1, D.Lgs. 22 gennaio 1948, n. 21). Infine, con, L. 13 ottobre 1994, n. 589 è stata abolita la pena di morte anche per i reati previsti dal codice penale militare di guerra.

[2] Alinea così modificato dall'art. 4, L. 1 ottobre 2012, n. 172. Il testo previgente disponeva: *Si applica la pena di morte se il fatto preveduto dall'articolo precedente è commesso.*

La pena di morte è stata soppressa, con conseguente sostituzione con l'ergastolo, prima per i delitti previsti dal presente codice ex art. 1, D.Lgs.Lgt. 10 agosto 1944, n. 224, poi per i delitti previsti dalle leggi speciali (art. 1, D.Lgs. 22 gennaio 1948, n. 21). Infine, con, L. 13 ottobre 1994, n. 589 è stata abolita la pena di morte anche per i reati previsti dal codice penale militare di guerra.

[3] Numero prima sostituito dall'art. 1, D.L. 23 febbraio 2009, n. 11, convertito in L. 23 aprile 2009, n. 38, e dall'art. 4, L. 1 ottobre 2012, n. 172, poi così modificato dall'art. 12, L. 19 luglio 2019, n. 69.

Il testo previgente la modifica del 2009 era il seguente: *5) nell'atto di commettere taluno dei delitti preveduti dagli articoli 519, 520 e 521.*

Il testo previgente la modifica del 2012 era il seguente: *5) in occasione della commissione di taluno dei delitti previsti dagli articoli 609-bis, 609-quater e 609-octies.*

Il testo previgente la modifica del 2019 disponeva: *5) in occasione della commissione di taluno dei delitti previsti dagli articoli 572, 600-bis, 600-ter, 609-bis, 609-quater e 609-octies.*

[4] Numero aggiunto dall'art. 1, D.L. 23 febbraio 2009, n. 11, convertito in L. 23 aprile 2009, n. 38.

[5] Numero aggiunto dall'art. 1, D.L. 23 maggio 2008, n. 92, convertito in L. 24 luglio 2008, n. 125.

577. Altre circostanze aggravanti. Ergastolo.

Si applica la pena dell'ergastolo se il fatto preveduto dall'articolo 575 è commesso [c.p. 1889, 366]:

1) contro l'ascendente o il discendente [540; c.c. 75] **anche per effetto di adozione di minorenne** o contro il coniuge, anche legalmente separato, contro l'altra parte dell'unione civile **o contro la persona stabilmente convivente con il colpevole o ad esso legata da relazione affettiva**[1];

2) col mezzo di sostanze venefiche [c.p. 1889, 577], ovvero con un altro mezzo insidioso;

3) con premeditazione;

4) col concorso di talune delle circostanze indicate nei numeri 1 e 4 dell'articolo 61.

La pena è della reclusione da ventiquattro a trenta anni, se il fatto è commesso contro il coniuge divorziato, l'altra parte dell'unione civile, ove cessata, **la persona legata al colpevole da stabile convivenza o relazione affettiva, ove cessate,** il fratello o la sorella [540], **l'adottante o l'adottato nei casi regolati dal titolo VIII del libro primo del codice civile,** il padre o la madre adottivi, o il figlio adottivo [c.c. 291], o contro un affine [c.c. 78] in linea retta [582 comma 2; c.p. 1889, 365][2].

Le circostanze attenuanti, diverse da quelle previste dagli articoli 62, numero 1, 89, 98 e 114, concorrenti con le circostanze aggravanti di cui al primo comma, numero 1, e al secondo comma, non possono essere ritenute prevalenti rispetto a queste[3].

[1] Numero così modificato prima dall'art. 2, L. 11 gennaio 2018, n. 4, poi dall'art. 11, L. 19 luglio 2019, n. 69.

Il testo previgente la modifica del 2018 disponeva: *1) contro l'ascendente o il discendente.*

Il testo previgente la modifica del 2019 disponeva: *1) contro l'ascendente o il discendente o contro il coniuge, anche legalmente separato, contro l'altra parte dell'unione civile o contro la persona legata al colpevole da relazione affettiva e con esso stabilmente convivente.*

[2] Comma così modificato prima dall'art. 2, L. 11 gennaio 2018, n. 4, poi dall'art. 11, L. 19 luglio 2019, n. 69.

Il testo previgente la modifica del 2018 disponeva: La pena è della reclusione da ventiquattro a trenta anni, se il fatto è commesso contro il coniuge, il fratello o la sorella, il padre o la madre adottivi, o il figlio adottivo, o contro un affine in linea retta.

Il testo previgente la modifica del 2019 disponeva: La pena è della reclusione da ventiquattro a trenta anni, se il fatto è commesso contro il coniuge divorziato, l'altra parte dell'unione civile, ove cessata, il fratello o la sorella, il padre o la madre adottivi, o il figlio adottivo, o contro un affine in linea retta.

[3] Comma aggiunto dall'art. 11, L. 19 luglio 2019, n. 69.

578. Infanticidio in condizioni di abbandono materiale e morale.

La madre che cagiona la morte del proprio neonato immediatamente dopo il parto, o del feto durante il parto, quando il fatto è determinato da condizioni di abbandono materiale e morale connesse al parto, è punita con la reclusione da quattro a dodici anni [c.p. 1889, 369].

A coloro che concorrono nel fatto di cui al primo comma si applica la reclusione non inferiore ad anni ventuno. Tuttavia, se essi hanno agito al solo scopo di favorire la madre, la pena può essere diminuita da un terzo a due terzi.

Non si applicano le aggravanti stabilite dall'articolo 61 del codice penale[1].

[1] Articolo così sostituito dall'art. 2, L. 5 agosto 1981, n. 442.

579. Omicidio del consenziente.
Chiunque cagiona la morte di un uomo, col consenso di lui [50], è punito con la reclusione da sei a quindici anni.

Non si applicano le aggravanti indicate nell'articolo 61.

Si applicano le disposizioni relative all'omicidio [575-577] se il fatto è commesso:

1) contro una persona minore degli anni diciotto;

2) contro una persona inferma di mente, o che si trova in condizioni di deficienza psichica, per un'altra infermità o per l'abuso di sostanze alcooliche o stupefacenti;

3) contro una persona il cui consenso sia stato dal colpevole estorto con violenza, minaccia o suggestione, ovvero carpito con inganno [613 comma 2].

580. Istigazione o aiuto al suicidio.
Chiunque determina altri al suicidio o rafforza l'altrui proposito di suicidio, ovvero ne agevola in qualsiasi modo l'esecuzione, è punito, se il suicidio avviene, con la reclusione da cinque a dodici anni. Se il suicidio non avviene, è punito con la reclusione da uno a cinque anni, sempre che dal tentativo di suicidio derivi una lesione personale grave o gravissima [583; c.p. 1889, 370].

Le pene sono aumentate [64] se la persona istigata o eccitata o aiutata si trova in una delle condizioni indicate nei numeri 1 e 2 dell'articolo precedente. Nondimeno, se la persona suddetta è minore degli anni quattordici o comunque è priva della capacità d'intendere o di volere [85], si applicano le disposizioni relative all'omicidio [575-577][1].

[1] La Corte costituzionale, con sentenza 22 novembre 2019, n. 242, ha dichiarato l'illegittimità costituzionale del presente articolo, nella parte in cui non esclude la punibilità di chi, con le modalità previste dagli artt. 1 e 2 della legge 22 dicembre 2017, n. 219 (Norme in materia di consenso informato e di disposizioni anticipate di trattamento) – ovvero, quanto ai fatti anteriori alla pubblicazione della presente sentenza nella Gazzetta Ufficiale della Repubblica, con modalità equivalenti nei sensi di cui in motivazione –, agevola l'esecuzione del proposito di suicidio, autonomamente e liberamente formatosi, di una persona tenuta in vita da trattamenti di sostegno vitale e affetta da una patologia irreversibile, fonte di sofferenze fisiche o psicologiche che ella reputa intollerabili, ma pienamente capace di prendere decisioni libere e consapevoli, sempre che tali condizioni e le modalità di esecuzione siano state verificate da una struttura pubblica del servizio sanitario nazionale, previo parere del comitato etico territorialmente competente.

● Norme connesse:
- artt. 2, 3, 13, 25, 27, 32, 117, Cost.
- artt. 2, 8, Cedu.

581. Percosse.
Chiunque percuote taluno, se dal fatto non deriva una malattia nel corpo o nella mente, è punito, a querela della persona offesa [120], **salvo che ricorra la circostanza aggravante prevista dall'articolo 61, numero *11-octies*),** con la reclusione fino a sei mesi[1] o con la multa fino a euro 309 [c.nav. 1151][2 3].

Tale disposizione non si applica quando la legge considera la violenza come elemento costitutivo o come circostanza aggravante di un altro reato [294, 336, 337, 338, 341, 342, 343, 353, 385, 386, 393, 405, 507, 584, 610, 611, 614 comma 4, 628, 629, 634, 635][4].

[1] Sono applicabili le sanzioni sostitutive previste dagli artt. 53 ss., L. 24 novembre 1981, n. 689.

[2] Importi elevati dall'art. 113 comma 1, L. 24 novembre 1981, n. 689.

[3] Comma così modificato dall'art. 4, L. 14 agosto 2020, n. 113 che dopo le parole "*a querela della persona offesa,*" ha aggiunto le parole "*salvo che ricorra la circostanza aggravante prevista dall'articolo 61, numero 11-octies),*".

[4] Ai sensi dell'art. 15, L. 24 novembre 1999, n. 468, al giudice di pace è devoluta la competenza per il delitto previsto dal presente articolo. Analogamente, ai sensi dell'art. 4, D.Lgs. 28 agosto 2000, n. 274, nel testo modificato dall'art. 2, D.L. 14 agosto 2013, n. 93, convertito in L. 15 ottobre 2013, n. 119, il giudice di pace è competente per il delitto consumato o tentato previsto dal presente articolo, a decorrere dal 4 aprile 2001. Tuttavia la competenza per tali reati è del tribunale se ricorre una o più delle circostanze previste dagli articoli 1 del D.L. 15 dicembre 1979, n. 625, convertito in L. 6 febbraio 1980, n. 15 [ora art. 270-bis.1 c.p.], 7 del D.L. 13 maggio 1991, n. 152, convertito in L. 12 luglio 1991, n. 203 [ora art. 416-bis.1 c.p.], e 3 del D.L. 26 aprile 1993, n. 122, convertito in L. 25 giugno 1993, n. 205 [ora art. 604-ter c.p.]. V. però Corte cost. 14 dicembre 2018, n. 236.

582. Lesione personale.
Chiunque cagiona ad alcuno una lesione personale, dalla quale deriva una malattia nel corpo o nella mente, è punito con la reclusione da sei mesi a tre anni [585, 586, c.nav. 1151; c.p. 1889, 372][1].

Se la malattia ha una durata non superiore ai venti giorni e non concorre alcuna delle circostanze aggravanti prevedute dagli articoli **61, numero *11-octies*),** 583 e 585, ad eccezione di quelle indicate nel numero 1 e nell'ultima parte dell'articolo 577, il delitto è punibile a querela della persona offesa[2 3].

[1] Comma così modificato dall'art. 1, L. 23 marzo 2016, n. 41, a decorrere dal 25 marzo 2016. Il testo previgente disponeva: *Chiunque cagiona ad alcuno una lesione personale, dalla quale deriva una malattia nel corpo o nella mente, è punito con la reclusione da tre mesi a tre anni.*

Sono applicabili le sanzioni sostitutive previste dagli artt. 53 ss., L. 24 novembre 1981, n. 689.

[2] Comma così sostituito dall'art. 91, L. 24 novembre 1981, n. 689 e poi così modificato dall'art. 4, L. 14 agosto 2020, n. 113 che dopo le parole «*previste negli articoli*» ha aggiunto le seguenti: «*61, numero 11-octies),*».

CODICE PENALE

[3] Ai sensi dell'art. 15, L. 24 novembre 1999, n. 468, al giudice di pace è devoluta la competenza per il delitto previsto dal presente comma. Più precisamente, ai sensi dell'art. 4, D.Lgs. 28 agosto 2000, n. 274, nel testo modificato dall'art. 2, D.L. 14 agosto 2013, n. 93, convertito in L. 15 ottobre 2013, n. 119, il giudice di pace è competente per il delitto consumato o tentato previsto dal presente articolo, limitatamente alle fattispecie di cui al secondo comma perseguibili a querela di parte, ad esclusione dei fatti commessi contro uno dei soggetti elencati dall'articolo 577, secondo comma, ovvero contro il convivente. Vedi però, Corte cost. 14 dicembre 2018, n. 236. Tuttavia la competenza per tali reati è del tribunale se ricorre una o più delle circostanze previste dagli articoli 1 del D.L. 15 dicembre 1979, n. 625, convertito in L. 6 febbraio 1980, n. 15 [ora art. 270-bis.1 c.p.], 7 del D.L. 13 maggio 1991, n. 152, convertito in L. 12 luglio 1991, n. 203 [ora art. 416-bis.1 c.p.], e 3 del D.L. 26 aprile 1993, n. 122, convertito in L. 25 giugno 1993, n. 205 [ora art. 604-ter c.p.]. V. però Corte cost. 14 dicembre 2018, n. 236.

■ Codice penale del 1889: *Art. 372 - Chiunque, senza il fine di uccidere, cagiona ad alcuno un danno nel corpo o nella salute o una perturbazione di mente è punito con la reclusione da un mese ad un anno.*

La pena è:

1° della reclusione da uno a cinque anni, se il fatto produca l'indebolimento permanente di un senso o di un organo, od una permanente difficoltà della favella, od uno sfregio permanente del viso, ovvero se produca pericolo di vita, od una malattia di mente o di corpo durata venti o più giorni, o, per ugual tempo, l'incapacità di attendere alle ordinarie occupazioni, ovvero, se commesso contro donna incinta, ne acceleri il parto;

2° della reclusione da cinque a dieci anni, se il fatto produca una malattia di mente o di corpo certamente o probabilmente insanabile, o la perdita di un senso, di una mano, di un piede, della favella, o della capacità di generare, o dell'uso di un organo, od una permanente deformazione del viso, ovvero, se commesso contro donna incinta, le produca l'aborto.

Fuori dei casi preveduti nel precedente capoverso e nell'articolo successivo, se il fatto non produca malattia o incapacità di attendere alle ordinarie occupazioni, o se l'una o l'altra non duri più di dieci giorni, non si procede che a querela di parte, e la pena è della reclusione sino a tre mesi o della multa da lire cinquanta a mille.

583. Circostanze aggravanti.

La lesione personale è grave, e si applica la reclusione da tre a sette anni:

1) se dal fatto deriva una malattia che metta in pericolo la vita della persona offesa, ovvero una malattia o un'incapacità di attendere alle ordinarie occupazioni per un tempo superiore ai quaranta giorni;

2) se il fatto produce l'indebolimento permanente di un senso o di un organo;

3) [...][1].

La lesione personale è gravissima, e si applica la reclusione da sei a dodici anni, se dal fatto deriva:

1) una malattia certamente o probabilmente insanabile;

2) la perdita di un senso;

3) la perdita di un arto, o una mutilazione che renda l'arto inservibile, ovvero la perdita dell'uso di un organo o della capacità di procreare, ovvero una permanente e grave difficoltà della favella;

4) [...][2];

5) [...][1].

[1] Numero abrogato dall'art. 22, L. 22 maggio 1978, n. 194.

[2] Numero abrogato dall'art. 12, L. 19 luglio 2019, n. 69. Il testo previgente disponeva: ***4) la deformazione, ovvero lo sfregio permanente del viso.***

583-*bis*. Pratiche di mutilazione degli organi genitali femminili.

Chiunque, in assenza di esigenze terapeutiche, cagiona una mutilazione degli organi genitali femminili è punito con la reclusione da quattro a dodici anni. Ai fini del presente articolo, si intendono come pratiche di mutilazione degli organi genitali femminili la clitoridectomia, l'escissione e l'infibulazione e qualsiasi altra pratica che cagioni effetti dello stesso tipo.

Chiunque, in assenza di esigenze terapeutiche, provoca, al fine di menomare le funzioni sessuali, lesioni agli organi genitali femminili diverse da quelle indicate al primo comma, da cui derivi una malattia nel corpo o nella mente, è punito con la reclusione da tre a sette anni. La pena è diminuita fino a due terzi se la lesione è di lieve entità.

La pena è aumentata di un terzo quando le pratiche di cui al primo e al secondo comma sono commesse a danno di un minore ovvero se il fatto è commesso per fini di lucro.

La condanna ovvero l'applicazione della pena su richiesta delle parti a norma dell'articolo 444 del codice di procedura penale per il reato di cui al presente articolo comporta, qualora il fatto sia commesso dal genitore o dal tutore, rispettivamente:

1) la decadenza dall'esercizio della responsabilità genitoriale[1];

2) l'interdizione perpetua da qualsiasi ufficio attinente alla tutela, alla curatela e all'amministrazione di sostegno[2].

Le disposizioni del presente articolo si applicano altresì quando il fatto è commesso all'estero da cittadino italiano o da straniero residente in Italia, ovvero in danno di cittadino italiano o di straniero residente in Italia. In tal caso, il colpevole è punito a richiesta del Ministro della giustizia[3].

[1] Numero così modificato dall'art. 93, D.Lgs. 28 dicembre 2013, n. 154, a decorrere dal 7 febbraio 2014. Il testo previgente disponeva: *1) la decadenza dall'esercizio della potestà del genitore.*

[2] Comma aggiunto dall'art. 4, L. 1 ottobre 2012, n. 172.

[3] Articolo aggiunto dall'art. 6, L. 9 gennaio 2006, n. 7. V., anche, D.M. 17 dicembre 2007.

583-*ter*. Pena accessoria.

La condanna contro l'esercente una professione sanitaria per taluno dei delitti previsti dall'articolo 583-*bis* importa la pena accessoria dell'interdizione dalla professione da tre a dieci anni. Della sentenza di condanna è data comunicazione all'Ordine dei medici chirurghi e degli odontoiatri[1].

[1] Articolo aggiunto dall'art. 6, L. 9 gennaio 2006, n. 7.

583-*quater*. Lesioni personali gravi o gravissime a un pubblico ufficiale in servizio di ordine pubblico in occasione di manifestazioni sportive, nonchè a personale esercente una professione sanitaria o socio-sanitaria e a chiunque svolga attività ausiliarie ad essa funzionali[1].

Nell'ipotesi di lesioni personali cagionate a un pubblico ufficiale in servizio di ordine pubblico in occasione di manifestazioni sportive, le lesioni gravi sono punite con la reclusione da 4 a 10 anni; le lesioni gravissime, con la reclusione da otto a sedici anni.

Le stesse pene si applicano in caso di lesioni personali gravi o gravissime cagionate a personale esercente una professione sanitaria o socio-sanitaria nell'esercizio o a causa delle funzioni o del servizio, nonchè a chiunque svolga attività ausiliarie di cura, assistenza sanitaria o soccorso, funzionali allo svolgimento di dette professioni, nell'esercizio o a causa di tali attività[2 3].

[1] Rubrica così modificata dall'art. 4, L. 14 agosto 2020, n. 113. Il testo previgente disponeva: *Lesioni personali gravi o gravissime a un pubblico ufficiale in servizio di ordine pubblico in occasione di manifestazioni sportive.*

[2] Comma aggiunto dall'art. 4, L. 14 agosto 2020, n. 113.

[3] Articolo aggiunto dall'art. 7, D.L. 8 febbraio 2007, n. 8, convertito in L. 4 aprile 2007, n. 41.

● Norme connesse:

- art. 9, L. 14 agosto 2020, n. 113 (Disposizioni in materia di sicurezza per gli esercenti le professioni sanitarie e socio-sanitarie nell'esercizio delle loro funzioni).

583-*quinquies*. Deformazione dell'aspetto della persona mediante lesioni permanenti al viso.

Chiunque cagiona ad alcuno lesione personale dalla quale derivano la deformazione o lo sfregio permanente del viso è punito con la reclusione da otto a quattordici anni.

La condanna ovvero l'applicazione della pena su richiesta delle parti a norma dell'articolo 444 del codice di procedura penale per il reato di cui al presente articolo comporta l'interdizione perpetua da qualsiasi ufficio attinente alla tutela, alla curatela e all'amministrazione di sostegno[1].

[1] Articolo aggiunto dall'art. 12, L. 19 luglio 2019, n. 69.

584. Omicidio preterintenzionale.

Chiunque, con atti diretti a commettere uno dei delitti preveduti dagli articoli 581 e 582, cagiona la morte di un uomo, è punito con la reclusione da dieci a diciotto anni [43, 581 comma 2, 585, 586; c.nav. 1151].

■ Codice penale del 1889: *Art. 368 - Chiunque, con atti diretti a commettere una lesione personale, cagiona la morte di alcuno è punito con la reclusione da dodici a diciotto anni, nel caso dell'articolo 364; da quindici a venti anni, nei casi dell'articolo 365; e non minore di venti anni, nei casi dell'articolo 366.*

Se la morte non sarebbe avvenuta senza il concorso di condizioni preesistenti ignote al colpevole, o di cause sopravvenute e indipendenti dal suo fatto, la pena è della reclusione da otto a quattordici anni, nel caso dell'articolo 364; da undici a sedici anni nei casi dell'articolo 365; e da quindici a venti anni nei casi dell'articolo 366.

585. Circostanze aggravanti.

Nei casi previsti dagli articoli 582, 583, 583-*bis*, ***583-quinquies*** e 584, la pena è aumentata da un terzo alla metà, se concorre alcuna delle circostanze aggravanti previste dall'articolo 576, ed è aumentata fino a un terzo, se concorre alcuna delle circostanze aggravanti previste dall'articolo 577, ovvero se il fatto è commesso con armi o con sostanze corrosive, ovvero da persona travisata o da più persone riunite [c.p. 1889, 155, 373, 377][1].

Agli effetti della legge penale per armi s'intendono:

1) quelle da sparo e tutte le altre la cui destinazione naturale è l'offesa alla persona [704];

2) tutti gli strumenti atti ad offendere, dei quali è dalla legge vietato il porto in modo assoluto, ovvero senza giustificato motivo.

Sono assimilate alle armi le materie esplodenti e i gas asfissianti o accecanti.

[1] Comma così sostituito dall'art. 3, L. 15 luglio 2009, n. 94 e poi così modificato dall'art. 12, L. 19 luglio 2019, n. 69.

Il testo previgente la modifica del 2009 disponeva: *Nei casi preveduti dagli articoli 582, 583 e 584, la pena è aumentata da un terzo alla metà, se concorre alcuna delle circostanze aggravanti prevedute dall'articolo 576; ed è aumentata fino a un terzo, se concorre alcuna delle circostanze aggravanti prevedute dall'articolo 577, ovvero se il fatto è commesso con armi o con sostanze corrosive.*

Il testo previgente la modifica del 2019 disponeva: *Nei casi previsti dagli articoli 582, 583, 583-bis e 584, la pena è aumentata da un terzo alla metà, se concorre alcuna delle circostanze aggravanti previste dall'articolo 576, ed è aumentata fino a un terzo, se concorre alcuna delle circostanze aggravanti previste dall'articolo 577, ovvero se il fatto è commesso con armi o con sostanze corrosive, ovvero da persona travisata o da più persone riunite.*

● Norme connesse:

- artt. 1 e 2, L. 18 aprile 1975, n. 110.

CODICE PENALE

586. Morte o lesioni come conseguenza di altro delitto.

Quando da un fatto preveduto come delitto doloso [43] deriva, quale conseguenza non voluta dal colpevole, la morte o la lesione di una persona, si applicano le disposizioni dell'articolo 83, ma le pene stabilite negli articoli 589 e 590 sono aumentate [571 comma 2, 572 comma 2, 584, 630 comma 2, c.p.p. 5].

● Norme connesse:

- per una particolare ipotesi di riduzione della pena, v. art. 81 D.P.R. 9 ottobre 1990, n. 309 che dispone: *Quando l'uso di sostanze stupefacenti o psicotrope abbia cagionato la morte o lesioni personali dell'assuntore e taluno, per aver determinato o comunque agevolato l'uso di sostanze, debba risponderne ai sensi degli articoli 586, 589 o 590 del codice penale, le pene stabilite da tali articoli, nonché quelle stabilite per i reati previsti dal presente testo unico, eventualmente commessi nella predetta attività di determinazione o agevolazione, sono ridotte dalla metà a due terzi se il colpevole ha prestato assistenza alla persona offesa ed ha tempestivamente informato l'autorità sanitaria o di polizia.*

586-*bis*. Utilizzo o somministrazione di farmaci o di altre sostanze al fine di alterare le prestazioni agonistiche degli atleti.

Salvo che il fatto costituisca più grave reato, è punito con la reclusione da tre mesi a tre anni e con la multa da euro 2.582 a euro 51.645 chiunque procura ad altri, somministra, assume o favorisce comunque l'utilizzo di farmaci o di sostanze biologicamente o farmacologicamente attive, ricompresi nelle classi previste dalla legge, che non siano giustificati da condizioni patologiche e siano idonei a modificare le condizioni psicofisiche o biologiche dell'organismo, al fine di alterare le prestazioni agonistiche degli atleti, ovvero siano diretti a modificare i risultati dei controlli sull'uso di tali farmaci o sostanze.

La pena di cui al primo comma si applica, salvo che il fatto costituisca più grave reato, a chi adotta o si sottopone alle pratiche mediche ricomprese nelle classi previste dalla legge non giustificate da condizioni patologiche ed idonee a modificare le condizioni psicofisiche o biologiche dell'organismo, al fine di alterare le prestazioni agonistiche degli atleti ovvero dirette a modificare i risultati dei controlli sul ricorso a tali pratiche.

La pena di cui al primo e secondo comma è aumentata:

a) se dal fatto deriva un danno per la salute;

b) se il fatto è commesso nei confronti di un minorenne;

c) se il fatto è commesso da un componente o da un dipendente del Comitato olimpico nazionale italiano ovvero di una federazione sportiva nazionale, di una società, di un'associazione o di un ente riconosciuti dal Comitato olimpico nazionale italiano.

Se il fatto è commesso da chi esercita una professione sanitaria, alla condanna consegue l'interdizione temporanea dall'esercizio della professione.

Nel caso previsto dal terzo comma, lettera *c)*, alla condanna consegue l'interdizione permanente dagli uffici direttivi del Comitato olimpico nazionale italiano, delle federazioni sportive nazionali, società, associazioni ed enti di promozione riconosciuti dal Comitato olimpico nazionale italiano.

Con la sentenza di condanna è sempre ordinata la confisca dei farmaci, delle sostanze farmaceutiche e delle altre cose servite o destinate a commettere il reato.

Chiunque commercia i farmaci e le sostanze farmacologicamente o biologicamente attive ricompresi nelle classi indicate dalla legge, che siano idonei a modificare le condizioni psicofisiche o biologiche dell'organismo, al fine di alterare le prestazioni agonistiche degli atleti ovvero idonei a modificare i risultati dei controlli sull'uso di tali farmaci o sostanze, attraverso canali diversi dalle farmacie aperte al pubblico, dalle farmacie ospedaliere, dai dispensari aperti al pubblico e dalle altre strutture che detengono farmaci direttamente destinati alla utilizzazione sul paziente, è punito con la reclusione da due a sei anni e con la multa da euro 5.164 a euro 77.468[1].

[1] Articolo aggiunto dall'art. 2, D.Lgs. 1 marzo 2018, n. 21.

587. Omicidio e lesione personale a causa di onore.

[...][1].

[1] Articolo abrogato dall'art. 1, L. 5 agosto 1981, n. 442.

588. Rissa.

Chiunque partecipa a una rissa è punito con la multa fino a euro **2.000**[1].

Se nella rissa taluno rimane ucciso, o riporta lesione personale [582], la pena, per il solo fatto della partecipazione alla rissa, è della reclusione **da sei mesi a sei anni**. La stessa pena si applica se la uccisione o la lesione personale, avviene immediatamente dopo la rissa e in conseguenza di essa[2].

[1] Comma così modificato dall'art. 10, D.L. 21 ottobre 2020, n. 130, convertito in L. 18 dicembre 2020, n. 173, a decorrere dal 20 dicembre 2020. Il testo previgente disponeva: *Chiunque partecipa a una rissa è punito con la multa fino a euro 309.*

[2] Comma così modificato dall'art. 10, D.L. 21 ottobre 2020, n. 130, convertito in L. 18 dicembre 2020, n. 173, a decorrere dal 20 dicembre 2020. Il testo previgente disponeva: *Se nella rissa taluno rimane ucciso, o riporta lesione personale, la pena, per il solo fatto della partecipazione alla rissa, è della reclusione da tre mesi a cinque anni. La stessa pena si applica se la uccisione o la lesione personale, avviene immediatamente dopo la rissa e in conseguenza di essa.*

589. Omicidio colposo.

Chiunque cagiona per colpa [43] la morte di una persona è punito con la reclusione da sei mesi a cinque anni.

Se il fatto è commesso con violazione delle norme per la prevenzione degli infortuni sul lavoro la pena è della reclusione da due a sette anni [c.p. 1889, 371][1].

Se il fatto è commesso nell'esercizio abusivo di una professione per la quale è richiesta una speciale abilitazione dello Stato o di un'arte sanitaria, la pena è della reclusione da tre a dieci anni[2].

[...][3].

Nel caso di morte di più persone, ovvero di morte di una o più persone [582] e di lesioni di una o più persone, si applica la pena che dovrebbe infliggersi per la più grave delle violazioni commesse aumentata fino al triplo, ma la pena non può superare gli anni quindici[4 5 6 7].

[1] Comma così sostituito dall'art. 2, L. 21 febbraio 2006, n. 102 e poi così modificato, prima dall'art. 1, D.L. 23 maggio 2008, n. 92, convertito in L. 24 luglio 2008, n. 125, poi dall'art. 1, L. 23 marzo 2016, n. 41, a decorrere dal 25 marzo 2016. Il testo previgente disponeva: *Se il fatto è commesso con violazione delle norme sulla disciplina della circolazione stradale o di quelle per la prevenzione degli infortuni sul lavoro la pena è della reclusione da due a sette anni.*

[2] Comma aggiunto dall'art. 12, L. 11 gennaio 2018, n. 3.

[3] Comma aggiunto dall'art. 1, D.L. 23 maggio 2008, n. 92, convertito in L. 24 luglio 2008, n. 125 e poi abrogato dall'art. 1, L. 23 marzo 2016, n. 41, a decorrere dal 25 marzo 2016. Il testo previgente disponeva: *Si applica la pena della reclusione da tre a dieci anni se il fatto è commesso con violazione delle norme sulla disciplina della circolazione stradale da: 1) soggetto in stato di ebbrezza alcolica ai sensi dell'articolo 186, comma 2, lettera c), del decreto legislativo 30 aprile 1992, n. 285, e successive modificazioni; 2) soggetto sotto l'effetto di sostanze stupefacenti o psicotrope.*

[4] Comma così modificato dall'art. 1, D.L. 23 maggio 2008, n. 92, convertito in L. 24 luglio 2008, n. 125.

[5] Articolo così sostituito dall'art. 1, L. 11 maggio 1966, n. 296.

[6] Il testo dell'articolo previgente la riforma del 2008 disponeva. *Chiunque cagiona per colpa la morte di una persona è punito con la reclusione da sei mesi a cinque anni.*

Se il fatto è commesso con violazione delle norme sulla disciplina della circolazione stradale o di quelle per la prevenzione degli infortuni sul lavoro la pena è della reclusione da due a cinque anni.

Nel caso di morte di più persone, ovvero di morte di una o più persone e di lesioni di una o più persone, si applica la pena che dovrebbe infliggersi per la più grave delle violazioni commesse aumentata fino al triplo, ma la pena non può superare gli anni dodici.

[7] Per i fatti di cui al presente articolo verificatisi a causa della somministrazione di un vaccino per la prevenzione delle infezioni da SARS-CoV -2, effettuata nel corso della campagna vaccinale straordinaria in attuazione del piano di cui all'articolo 1, comma 457, della legge 30 dicembre 2020, n. 178, la punibilità è esclusa quando l'uso del vaccino è conforme alle indicazioni contenute nel provvedimento di autorizzazione all'immissione in commercio emesso dalle competenti autorità e alle circolari pubblicate sul sito istituzionale del Ministero della salute relative alle attività di vaccinazione (art. 3, D.L. 1 aprile 2021, n. 44).

■ Codice penale del 1889: *Art. 371 - Chiunque, per imprudenza, negligenza, ovvero per imperizia nella propria arte o professione, o per inosservanza di regolamenti, ordini o discipline, cagiona la morte di alcuno è punito con la detenzione da tre mesi a cinque anni e con la multa da lire cento a tremila.*

Se dal fatto derivi la morte di più persone o anche la morte di una sola e la lesione di una o più, la quale abbia prodotti gli effetti indicati nel primo capoverso dell'articolo 372, la pena è della detenzione da uno a otto anni e della multa non inferiore a lire duemila.

♦ Codice penale francese

Articolo 221-6. *Il fatto di causare, nelle condizioni e secondo le distinzioni previste all'articolo 121-3, per errore, incuria, disattenzione, negligenza o violazione del dovere di diligenza o di sicurezza imposti dalla legge o dal regolamento, la morte di altri costituisce omicidio colposo punito con tre anni di carcere e 45.000 euro di multa.*

In caso di violazione deliberata di un obbligo di cura o di precauzione imposti per legge o per regolamento, le pene sono aumentate a cinque anni di reclusione e 75.000 euro di multa.

Articolo 221-6-1. *Quando l'errore, l'incuria, la disattenzione, la negligenza o la violazione degli obblighi legislativi o regolamentari di prudenza o di sicurezza previsti dall'articolo 221-6 è commesso dal conducente di un veicolo a motore, l'omicidio colposo è punito con cinque anni di reclusione e 75.000 euro di multa.*

La pena è aumentata a sette anni di carcere e 100.000 • bene se:

1. Il conducente ha commesso una violazione manifestamente deliberata di un obbligo di sicurezza o di precauzione richiesto dalla legge o dai regolamenti diversi da quelli menzionati qui di seguito;

2. Il conducente era in evidente stato di ebbrezza o era sotto l'influenza di alcool caratterizzata da una concentrazione di alcol nel sangue o nell'aria espirata pari o superiore ai tassi fissati dalle leggi o dal codice della strada, o ha rifiutato di sottoporsi agli accertamenti previsti da questo codice e destinati a stabilire l'esistenza di un tasso alcolemico;

3. Risulta da un analisi del sangue o della saliva che il conducente aveva fatto uso di sostanze o piante classificate come droghe o ha rifiutato di sottoporsi ai controlli previsti dal Codice della Strada destinate a stabilire se il conducente aveva fatto uso di stupefacenti;

4. Il conducente non era in possesso della patente di guida richiesta per legge o da regolamento o la sua patente era stata annullata, invalidata, sospesa o trattenuta;

5. Il conducente ha superato la velocità massima autorizzata uguale o superiore a 50 km / h;

6. Il conducente, sapendo di aver causato o provocato un incidente, non si è fermato e così ha cercato di sottrarsi responsabilità civile o penale in cui poteva incorrere.

Le sanzioni sono aumentate a dieci anni di reclusione e 150.000 euro di multa quando l'omicidio involontario si è consumato alla presenza di due o più delle circostanze di cui ai punti 1 e seguenti del presente articolo.

♦ Codice penale tedesco

§ 222 Omicidio colposo. *Chiunque cagiona per colpa la morte di un uomo è punito con la pena detentiva fino a cinque anni o con la pena pecuniaria.*

589-*bis*. Omicidio stradale.

Chiunque cagioni per colpa la morte di una persona con violazione delle norme sulla disciplina della circolazione stradale è punito con la reclusione da due a sette anni.

CODICE PENALE

Chiunque, ponendosi alla guida di un veicolo a motore in stato di ebbrezza alcolica o di alterazione psico-fisica conseguente all'assunzione di sostanze stupefacenti o psicotrope ai sensi rispettivamente degli articoli 186, comma 2, lettera *c)*, e 187 del decreto legislativo 30 aprile 1992, n. 285, cagioni per colpa la morte di una persona, è punito con la reclusione da otto a dodici anni.

La stessa pena si applica al conducente di un veicolo a motore di cui all'articolo 186-*bis*, comma 1, lettere *b)*, *c)* e *d)*, del decreto legislativo 30 aprile 1992, n. 285, il quale, in stato di ebbrezza alcolica ai sensi dell'articolo 186, comma 2, lettera *b)*, del medesimo decreto legislativo n. 285 del 1992, cagioni per colpa la morte di una persona.

Salvo quanto previsto dal terzo comma, chiunque, ponendosi alla guida di un veicolo a motore in stato di ebbrezza alcolica ai sensi dell'articolo 186, comma 2, lettera *b)*, del decreto legislativo 30 aprile 1992, n. 285, cagioni per colpa la morte di una persona, è punito con la reclusione da cinque a dieci anni.

La pena di cui al comma precedente si applica altresì:

1) al conducente di un veicolo a motore che, procedendo in un centro urbano ad una velocità pari o superiore al doppio di quella consentita e comunque non inferiore a 70 km/h, ovvero su strade extraurbane ad una velocità superiore di almeno 50 km/h rispetto a quella massima consentita, cagioni per colpa la morte di una persona;

2) al conducente di un veicolo a motore che, attraversando un'intersezione con il semaforo disposto al rosso ovvero circolando contromano, cagioni per colpa la morte di una persona;

3) al conducente di un veicolo a motore che, a seguito di manovra di inversione del senso di marcia in prossimità o in corrispondenza di intersezioni, curve o dossi o a seguito di sorpasso di un altro mezzo in corrispondenza di un attraversamento pedonale o di linea continua, cagioni per colpa la morte di una persona.

Nelle ipotesi di cui ai commi precedenti la pena è aumentata se il fatto è commesso da persona non munita di patente di guida o con patente sospesa o revocata, ovvero nel caso in cui il veicolo a motore sia di proprietà dell'autore del fatto e tale veicolo sia sprovvisto di assicurazione obbligatoria.

Nelle ipotesi di cui ai commi precedenti, qualora l'evento non sia esclusiva conseguenza dell'azione o dell'omissione del colpevole, la pena è diminuita fino alla metà.

Nelle ipotesi di cui ai commi precedenti, qualora il conducente cagioni la morte di più persone, ovvero la morte di una o più persone e lesioni a una o più persone, si applica la pena che dovrebbe infliggersi per la più grave delle violazioni commesse aumentata fino al triplo, ma la pena non può superare gli anni diciotto[1].

[1] Articolo aggiunto dall'art. 1, L. 23 marzo 2016, n. 41, a decorrere dal 25 marzo 2016.

● Norme connesse:
- artt. 3, 25, 27, Cost.

589-*ter*. Fuga del conducente in caso di omicidio stradale.

Nel caso di cui all'articolo 589-*bis*, se il conducente si dà alla fuga, la pena è aumentata da un terzo a due terzi e comunque non può essere inferiore a cinque anni[1].

[1] Articolo aggiunto dall'art. 1, L. 23 marzo 2016, n. 41, a decorrere dal 25 marzo 2016.

590. Lesioni personali colpose.

Chiunque cagiona ad altri per colpa [43] una lesione personale [582] è punito con la reclusione fino a tre mesi o con la multa fino a euro 309 [c.p. 1889, 375][1].

Se la lesione è grave [583], la pena è della reclusione da uno a sei mesi o della multa da euro 123 a 619[1]; se è gravissima [583 comma 2], della reclusione da tre mesi a due anni o della multa da euro 309 a 1.239[1,2].

Se i fatti di cui al secondo comma sono commessi con violazione delle norme per la prevenzione degli infortuni sul lavoro la pena per le lesioni gravi è della reclusione da tre mesi a un anno o della multa da euro 500 a euro 2.000 e la pena per le lesioni gravissime è della reclusione da uno a tre anni[3].

Se i fatti di cui al secondo comma sono commessi nell'esercizio abusivo di una professione per la quale è richiesta una speciale abilitazione dello Stato o di un'arte sanitaria, la pena per lesioni gravi è della reclusione da sei mesi a due anni e la pena per lesioni gravissime è della reclusione da un anno e sei mesi a quattro anni[4].

Nel caso di lesioni di più persone si applica la pena che dovrebbe infliggersi per la più grave delle violazioni commesse, aumentata fino al triplo; ma la pena della reclusione non può superare gli anni cinque.

Il delitto è punibile a querela della persona offesa, salvo nei casi previsti nel primo e secondo capoverso, limitatamente ai fatti commessi con violazione delle norme per la prevenzione degli infortuni sul lavoro o relative all'igiene del lavoro o che abbiano determinato una malattia professionale[5,6,7,8].

[1] Importi elevati dall'art. 113 comma 3, L. 24 novembre 1981, n. 689 (moltiplicate per tre), in quanto l'art. 590 è stato sostituito con L. 11 maggio 1966, n. 296.

[2] L'art. 4, L. 12 giugno 2003, n. 134, ha abrogato l'art. 60, L. 24 novembre 1981, n. 689, che prevedeva l'inapplicabilità delle pene sostitutive al reato previsto dal presente comma, limitatamente ai fatti commessi con violazione delle norme per la prevenzione degli infortuni sul lavoro o relative all'igiene del lavoro, che abbiano determinato le conseguenze previste dal primo comma, n. 2), o dal secondo comma dell'articolo 583 del presente codice.

[3] Comma così sostituito dall'art. 2, L. 21 febbraio 2006, n. 102 e poi così modificato, prima dall'art. 1, D.L. 23 maggio 2008, n. 92, convertito in L. 24 luglio 2008, n. 125, poi dall'art. 1, L. 23 marzo 2016, n. 41, a decorrere dal 25 marzo 2016.

Il testo previgente la riforma del 2008 disponeva: *Se i fatti di cui al secondo comma sono commessi con violazione delle norme sulla disciplina della circolazione stradale o di quelle per la prevenzione degli infortuni sul lavoro la pena per le lesioni gravi è della reclusione da tre mesi a un anno o della multa da euro 500 a euro 2.000 e la pena per le lesioni gravissime è della reclusione da uno a tre anni.*

Il testo previgente la modifica del 2016 disponeva: *Se i fatti di cui al secondo comma sono commessi con violazione delle norme sulla disciplina della circolazione stradale o di quelle per la prevenzione degli infortuni sul lavoro la pena per le lesioni gravi è della reclusione da tre mesi a un anno o della multa da euro 500 a euro 2.000 e la pena per le lesioni gravissime è della reclusione da uno a tre anni. Nei casi di violazione delle norme sulla circolazione stradale, se il fatto è commesso da soggetto in stato di ebbrezza alcolica ai sensi dell'articolo 186, comma 2, lettera c), del decreto legislativo 30 aprile 1992, n. 285, e successive modificazioni, ovvero da soggetto sotto l'effetto di sostanze stupefacenti o psicotrope, la pena per le lesioni gravi è della reclusione da sei mesi a due anni e la pena per le lesioni gravissime è della reclusione da un anno e sei mesi a quattro anni.*

[4] Comma aggiunto dall'art. 12, L. 11 gennaio 2018, n. 3.

[5] Comma così sostituito dall'art. 92, L. 24 novembre 1981, n. 689.

[6] Articolo così sostituito dall'art. 2, L. 11 maggio 1966, n. 296.

[7] Ai sensi dell'art. 15, L. 24 novembre 1999, n. 468 e dell'art. 4, D.Lgs. 28 agosto 2000, n. 274, nel testo, da ultimo, modificato dall'art. 1, L. 23 marzo 2016, n. 41, al giudice di pace è devoluta la competenza per il delitto, consumato o tentato, previsto dal presente articolo, limitatamente alle fattispecie perseguibili a querela di parte e ad esclusione delle fattispecie connesse alla colpa professionale e dei fatti commessi con violazione delle norme per la prevenzione degli infortuni sul lavoro o relative all'igiene del lavoro o che abbiano determinato una malattia professionale quando, nei casi anzidetti, derivi una malattia di durata superiore a venti giorni. Tuttavia la competenza per tali reati è del tribunale se ricorre una o più delle circostanze previste dagli articoli 1 del D.L. 15 dicembre 1979, n. 625, convertito in L. 6 febbraio 1980, n. 15 [ora art. 270-bis.1 c.p.], 7 del D.L. 13 maggio 1991, n. 152, convertito in L. 12 luglio 1991, n. 203 [ora art. 416-bis.1 c.p.], e 3 del D.L. 26 aprile 1993, n. 122, convertito in L. 25 giugno 1993, n. 205 [ora art. 604-ter c.p.]. V. però Corte cost. 14 dicembre 2018, n. 236.

[8] Per i fatti di cui al presente articolo verificatisi a causa della somministrazione di un vaccino per la prevenzione delle infezioni da SARS-CoV -2, effettuata nel corso della campagna vaccinale straordinaria in attuazione del piano di cui all'articolo 1, comma 457, della legge 30 dicembre 2020, n. 178, la punibilità è esclusa quando l'uso del vaccino è conforme alle indicazioni contenute nel provvedimento di autorizzazione all'immissione in commercio emesso dalle competenti autorità e alle circolari pubblicate sul sito istituzionale del Ministero della salute relative alle attività di vaccinazione (art. 3, D.L. 1 aprile 2021, n. 44).

■ Codice penale del 1889: *Art. 375 - Chiunque, per imprudenza o negligenza, ovvero per imperizia nella propria arte o professione, o per inosservanza di regolamenti, ordini o discipline, cagiona ad alcuno un danno nel corpo o nella salute od una perturbazione di mente è punito: 1° con la detenzione sino a tre mesi o con la multa sino a lire mille, e non si procede che a querela di parte, nei casi della prima parte e dell'ultimo capoverso dell'articolo 372; 2° con la detenzione da uno a venti mesi o con la multa da lire trecento a seimila, negli altri casi.*

Se rimangano offese più persone, nei casi del numero lo, la detenzione può estendersi sino a sei mesi, e la multa sino a lire duemila; e, nei casi del numero 2°) la pena è della detenzione da tre mesi a tre anni o della multa superiore alle lire mille.

590-*bis*. Lesioni personali stradali gravi o gravissime.

Chiunque cagioni per colpa ad altri una lesione personale con violazione delle norme sulla disciplina della circolazione stradale è punito con la reclusione da tre mesi a un anno per le lesioni gravi e da uno a tre anni per le lesioni gravissime.

Chiunque, ponendosi alla guida di un veicolo a motore in stato di ebbrezza alcolica o di alterazione psico-fisica conseguente all'assunzione di sostanze stupefacenti o psicotrope ai sensi rispettivamente degli articoli 186, comma 2, lettera *c)*, e 187 del decreto legislativo 30 aprile 1992, n. 285, cagioni per colpa a taluno una lesione personale, è punito con la reclusione da tre a cinque anni per le lesioni gravi e da quattro a sette anni per le lesioni gravissime.

Le pene di cui al comma precedente si applicano altresì al conducente di un veicolo a motore di cui all'articolo 186-*bis*, comma 1, lettere *b)*, *c)* e *d)*, del decreto legislativo 30 aprile 1992, n. 285, il quale, in stato di ebbrezza alcolica ai sensi dell'articolo 186, comma 2, lettera *b)*, del medesimo decreto legislativo n. 285 del 1992, cagioni per colpa a taluno lesioni personali gravi o gravissime.

Salvo quanto previsto dal terzo comma, chiunque, ponendosi alla guida di un veicolo a motore in stato di ebbrezza alcolica ai sensi dell'articolo 186, comma 2, lettera *b)*, del decreto legislativo 30 aprile 1992, n. 285, cagioni per colpa a taluno lesioni personali, è punito con la reclusione da un anno e sei mesi a tre anni per le lesioni gravi e da due a quattro anni per le lesioni gravissime.

Le pene di cui al comma precedente si applicano altresì:

1) al conducente di un veicolo a motore che, procedendo in un centro urbano ad una velocità pari o superiore al doppio di quella consentita e comunque non inferiore a 70 km/h, ovvero su strade extraurbane ad una velocità superiore di almeno 50 km/h rispetto a quella massima consentita, cagioni per colpa a taluno lesioni personali gravi o gravissime;

2) al conducente di un veicolo a motore che, attraversando un'intersezione con il semaforo disposto al rosso ovvero circolando contromano, cagioni per colpa a taluno lesioni personali gravi o gravissime;

3) al conducente di un veicolo a motore che, a seguito di manovra di inversione del senso di marcia in prossimità o in corrispondenza di intersezioni, cur-

CODICE PENALE

ve o dossi o a seguito di sorpasso di un altro mezzo in corrispondenza di un attraversamento pedonale o di linea continua, cagioni per colpa a taluno lesioni personali gravi o gravissime.

Nelle ipotesi di cui ai commi precedenti la pena è aumentata se il fatto è commesso da persona non munita di patente di guida o con patente sospesa o revocata, ovvero nel caso in cui il veicolo a motore sia di proprietà dell'autore del fatto e tale veicolo sia sprovvisto di assicurazione obbligatoria.

Nelle ipotesi di cui ai commi precedenti, qualora l'evento non sia esclusiva conseguenza dell'azione o dell'omissione del colpevole, la pena è diminuita fino alla metà.

Nelle ipotesi di cui ai commi precedenti, qualora il conducente cagioni lesioni a più persone, si applica la pena che dovrebbe infliggersi per la più grave delle violazioni commesse aumentata fino al triplo, ma la pena non può superare gli anni sette[1].

[1] Articolo aggiunto dall'art. 1, D.L. 23 maggio 2008, n. 92, convertito in L. 24 luglio 2008, n. 125 e poi così sostituito dall'art. 1, L. 23 marzo 2016, n. 41, a decorrere dal 25 marzo 2016. Il testo previgente disponeva: *Computo delle circostanze. Quando ricorre la circostanza di cui all'art. 589, terzo comma, ovvero quella di cui all'articolo 590, terzo comma, ultimo periodo, le concorrenti circostanze attenuanti, diverse da quelle previste dagli articoli 98 e 114, non possono essere ritenute equivalenti o prevalenti rispetto a queste e le diminuzioni si operano sulla quantità di pena determinata ai sensi delle predette circostanze aggravanti.*

● Norme connesse:
- artt. 3, 25, 27, Cost.

590-*ter*. Fuga del conducente in caso di lesioni personali stradali.

Nel caso di cui all'articolo 590-*bis*, se il conducente si dà alla fuga, la pena è aumentata da un terzo a due terzi e comunque non può essere inferiore a tre anni[1].

[1] Articolo aggiunto dall'art. 1, L. 23 marzo 2016, n. 41, a decorrere dal 25 marzo 2016.

590-*quater*. Computo delle circostanze.

Quando ricorrono le circostanze aggravanti di cui agli articoli 589-*bis*, secondo, terzo, quarto, quinto e sesto comma, 589-*ter*, 590-*bis*, secondo, terzo, quarto, quinto e sesto comma, e 590-*ter*, le concorrenti circostanze attenuanti, diverse da quelle previste dagli articoli 98 e 114, non possono essere ritenute equivalenti o prevalenti rispetto a queste e le diminuzioni si operano sulla quantità di pena determinata ai sensi delle predette circostanze aggravanti[1].

[1] Articolo aggiunto dall'art. 1, L. 23 marzo 2016, n. 41, a decorrere dal 25 marzo 2016.

590-*quinquies*. Definizione di strade urbane e extraurbane.

Ai fini degli articoli 589-*bis* e 590-*bis* si intendono per strade extraurbane le strade di cui alle lettere A, B e C del comma 2 dell'articolo 2 del decreto legislativo 30 aprile 1992, n. 285, e per strade di un centro urbano le strade di cui alle lettere D, E, F e F-*bis* del medesimo comma 2[1].

[1] Articolo aggiunto dall'art. 1, L. 23 marzo 2016, n. 41, a decorrere dal 25 marzo 2016.

590-*sexies*. Responsabilità colposa per morte o lesioni personali in ambito sanitario.

Se i fatti di cui agli articoli 589 e 590 sono commessi nell'esercizio della professione sanitaria, si applicano le pene ivi previste salvo quanto disposto dal secondo comma.

Qualora l'evento si sia verificato a causa di imperizia, la punibilità è esclusa quando sono rispettate le raccomandazioni previste dalle linee guida come definite e pubblicate ai sensi di legge ovvero, in mancanza di queste, le buone pratiche clinico-assistenziali, sempre che le raccomandazioni previste dalle predette linee guida risultino adeguate alle specificità del caso concreto[1].

[1] Articolo aggiunto dall'art. 6, L. 8 marzo 2017, n. 24.

591. Abbandono di persone minori o incapaci.

Chiunque abbandona una persona minore degli anni quattordici, ovvero una persona incapace, per malattia di mente o di corpo, per vecchiaia, o per altra causa, di provvedere a se stessa, e della quale abbia la custodia o debba avere cura, è punito con la reclusione da sei mesi a cinque anni.

Alla stessa pena soggiace chi abbandona all'estero un cittadino italiano [4] minore degli anni diciotto, a lui affidato nel territorio dello Stato [4 comma 2] per ragioni di lavoro.

La pena è della reclusione da uno a sei anni se dal fatto deriva una lesione personale [582], ed è da tre a otto anni se ne deriva la morte [c.p. 1889, 386 comma 2].

Le pene sono aumentate se il fatto è commesso dal genitore [540], dal figlio, dal tutore [c.c. 346] o dal coniuge, ovvero dall'adottante o dall'adottato [c.c. 291; c.p. 1889, 387].

592. Abbandono di un neonato per causa di onore.

[...][1].

[1] Articolo abrogato dall'art. 1, L. 5 agosto 1981, n. 442.

593. Omissione di soccorso.

Chiunque, trovando abbandonato o smarrito un fanciullo minore degli anni dieci, o un'altra persona incapace di provvedere a se stessa, per malattia di mente o di corpo, per vecchiaia o per altra causa, omette di darne immediato avviso all'Autorità è punito con la reclusione fino a un anno o con la multa fino a 2.500 euro[1].

Alla stessa pena soggiace chi, trovando un corpo umano che sia o sembri inanimato, ovvero una persona ferita o altrimenti in pericolo, omette di prestare l'assistenza occorrente o di darne immediato avviso all'Autorità.

Se da siffatta condotta del colpevole deriva una lesione personale [582], la pena è aumentata [64]; se ne deriva la morte, la pena è raddoppiata.

[1] Comma così modificato dall'art. 1, L. 9 aprile 2003, n. 72. Il testo previgente disponeva: *Il testo del presente comma, in vigore prima della suddetta modifica, era il seguente: «Chiunque, trovando abbandonato o smarrito un fanciullo minore degli anni dieci, o un'altra persona incapace di provvedere a se stessa, per malattia di mente o di corpo, per vecchiaia o per altra causa, omette di darne immediato avviso all'autorità è punito con la reclusione fino a tre mesi o con la multa fino a euro 309.*

● Norme connesse:

- art. 14, L. 24 dicembre 2003, n. 363 sull'omissione di soccorso nella pratica degli sport della neve: *1. Fuori dai casi previsti dal secondo comma dell'articolo 593 del codice penale, chiunque nella pratica dello sci o di altro sport della neve, trovando una persona in difficoltà non presta l'assistenza occorrente, ovvero non comunica immediatamente al gestore, presso qualunque stazione di chiamata, l'avvenuto incidente, è soggetto alla sanzione amministrativa del pagamento di una somma da 250 euro a 1.000 euro.*

CAPO I-*BIS*
DEI DELITTI CONTRO LA MATERNITÀ[1]

[1] Capo aggiunto dall'art. 2, D.Lgs. 1 marzo 2018, n. 21.

593-*bis*. Interruzione colposa di gravidanza.

Chiunque cagiona a una donna per colpa l'interruzione della gravidanza è punito con la reclusione da tre mesi a due anni.

Chiunque cagiona a una donna per colpa un parto prematuro è punito con la pena prevista dal primo comma, diminuita fino alla metà.

Nei casi previsti dal primo e dal secondo comma, se il fatto è commesso con la violazione delle norme poste a tutela del lavoro la pena è aumentata[1].

[1] Articolo aggiunto dall'art. 2, D.Lgs. 1 marzo 2018, n. 21.

593-*ter*. Interruzione di gravidanza non consensuale.

Chiunque cagiona l'interruzione della gravidanza senza il consenso della donna è punito con la reclusione da quattro a otto anni. Si considera come non prestato il consenso estorto con violenza o minaccia ovvero carpito con l'inganno.

La stessa pena si applica a chiunque provochi l'interruzione della gravidanza con azioni dirette a provocare lesioni alla donna.

Detta pena è diminuita fino alla metà se da tali lesioni deriva l'acceleramento del parto.

Se dai fatti previsti dal primo e dal secondo comma deriva la morte della donna si applica la reclusione da otto a sedici anni; se ne deriva una lesione personale gravissima si applica la reclusione da sei a dodici anni; se la lesione personale è grave quest'ultima pena è diminuita.

Le pene stabilite dai commi precedenti sono aumentate se la donna è minore degli anni diciotto[1].

[1] Articolo aggiunto dall'art. 2, D.Lgs. 1 marzo 2018, n. 21.

CAPO II
DEI DELITTI CONTRO L'ONORE

594. Ingiuria.

[...][1 2].

[1] Articolo abrogato dall'art. 1, D.Lgs. 15 gennaio 2016, n. 7. Il testo previgente disponeva: *Chiunque offende l'onore o il decoro di una persona presente è punito con la reclusione fino a sei mesi o con la multa fino a euro 516.*

Alla stessa pena soggiace chi commette il fatto mediante comunicazione telegrafica o telefonica, o con scritti o disegni, diretti alla persona offesa.

La pena è della reclusione fino a un anno o della multa fino a euro 1.032, se l'offesa consiste nell'attribuzione di un fatto determinato.

Le pene sono aumentate qualora l'offesa sia commessa in presenza di più persone.

[2] V., ora, art. 4, comma 1, lett. a), D.Lgs. 7/2016 cit. che per la medesima fattispecie prevede la sanzione pecuniaria civile da euro cento a euro ottomila. Se le offese sono reciproche, il giudice può non applicare la sanzione pecuniaria civile ad uno o ad entrambi gli offensori (comma 2). Non è sanzionabile chi ha commesso il fatto nello stato d'ira determinato da un fatto ingiusto altrui, e subito dopo di esso (comma 3). Le disposizioni di cui ai citati commi 2 e 3, si applicano anche ai casi di cui al comma 4, lett. f) (soggiace alla sanzione pecuniaria civile da euro duecento a euro dodicimila chi commette il fatto di cui al comma 1, lettera a), nel caso in cui l'offesa consista nell'attribuzione di un fatto determinato o sia commessa in presenza di più persone) (comma 8).

595. Diffamazione.

Chiunque, fuori dei casi indicati nell'articolo precedente, comunicando con più persone, offende l'altrui reputazione, è punito con la reclusione fino a un anno[1] o con la multa fino a euro 1.032 [c.p. 1889, 395][2 3].

Se l'offesa consiste nell'attribuzione di un fatto determinato, la pena è della reclusione fino a due anni[1], ovvero della multa fino a euro 2.065 [c.p. 1889, 393][2 3].

Se l'offesa è recata col mezzo della stampa [57-58-*bis*] o con qualsiasi altro mezzo di pubblicità,

CODICE PENALE

ovvero in atto pubblico [c.c. 2699], la pena è della reclusione da sei mesi a tre anni o della multa non inferiore a euro 516 [c.p. 1889, 393 comma 2][2].

Se l'offesa è recata a un Corpo politico, amministrativo o giudiziario, o ad una sua rappresentanza, o ad una Autorità costituita in collegio [342], le pene sono aumentate.

[1] Sono applicabili le sanzioni sostitutive previste dagli artt. 53 ss., L. 24 novembre 1981, n. 689.

[2] Importi elevati dall'art. 113 comma 1, L. 24 novembre 1981, n. 689.

[3] Ai sensi dell'art. 15, L. 24 novembre 1999, n. 468 e dell'art. 4, D.Lgs. 28 agosto 2000, n. 274, nel testo modificato dall'art. 2, D.L. 14 agosto 2013, n. 93, convertito in L. 15 ottobre 2013, n. 119, al giudice di pace è devoluta la competenza per il delitto, consumato o tentato, previsto dal presente comma, a decorrere dal 4 aprile 2001. Tuttavia la competenza per tali reati è del tribunale se ricorre una o più delle circostanze previste dagli articoli 1 del D.L. 15 dicembre 1979, n. 625, convertito in L. 6 febbraio 1980, n. 15 [ora art. 270-bis.1 c.p.], 7 del D.L. 13 maggio 1991, n. 152, convertito in L. 12 luglio 1991, n. 203 [ora art. 416-bis.1 c.p.], e 3 del D.L. 26 aprile 1993, n. 122, convertito in L. 25 giugno 1993, n. 205 [ora art. 604-ter c.p.].

● Norme connesse:

- art. 10, Cedu in combinato disposto con art. 57 c.p.

■ Codice penale del 1889: Art. *395 - Chiunque, comunicando con più persone riunite o anche separate, offende in qualsiasi modo l'onore, la riputazione o il decoro di una persona, è punito con la detenzione sino a quindici giorni o con la multa sino a lire trecento.*

Se il fatto sia commesso alla presenza dell'offeso, ancorché solo, o con scritto a lui diretto, ovvero se sia commesso pubblicamente, la pena è della detenzione sino ad un mese o della multa sino a lire cinquecento; e, se con la presenza dell'offeso concorra la pubblicità, la pena è della detenzione sino a due mesi o della multa sino a lire mille.

Se il fatto sia commesso con alcuno dei mezzi indicati nel capoverso dell'articolo 393, la pena è della detenzione da uno a sei mesi o della multa da lire trecento a tremila.

♦ Codice penale francese

Articolo R621-1. *La diffamazione non pubblica verso una persona è punita con l'ammenda prevista per le contravvenzioni della prima classe.*

La verità dei fatti diffamatori può essere stabilità conformemente alle disposizioni legislative relative alla libertà di stampa.

♦ Codice penale tedesco

§ 186 Diffamazione. *Chiunque afferma o diffonde un fatto correlato ad un'altra persona che lo può diffamare o può negativamente influenzare l'opinione pubblica su di lui, a meno che questo fatto può essere provato per vero, è punito con la reclusione non superiore ad un anno o ad una multa e, se il reato è stato commesso pubblicamente o attraverso la diffusione di materiale scritto (sezione 11 (3)), ad una pena detentiva non superiore a due anni o ad una multa.*

§ 187 Diffamazione intenzionale. *Chiunque intenzionalmente e consapevolmente afferma o divulga un fatto falso relativo ad un'altra persona, che lo può diffamare o può negativamente influenzare l'opinione pubblica su di lui o mettere in pericolo il suo credito sarà punito con la reclusione non superiore a due anni o ad una multa, e, se l'atto è stato commesso pubblicamente, in una riunione o tramite la diffusione di materiale scritto (sezione 11 (3)) alla reclusione non superiore a cinque anni o ad una multa.*

596. Esclusione della prova liberatoria.

Il colpevole del delitto previsto dall'articolo precedente non è ammesso a provare, a sua discolpa, la verità o la notorietà del fatto attribuito alla persona offesa [c.p. 1889, 394][1].

Tuttavia, quando l'offesa consiste nell'attribuzione di un fatto determinato, la persona offesa e l'offensore possono, d'accordo [597 comma 2], prima che sia pronunciata sentenza irrevocabile [c.p.p. 648-650], deferire ad un giurì d'onore il giudizio sulla verità del fatto medesimo [c.p.p. 336-338; disp. att. c.p.p. 177-180].

Quando l'offesa consiste nell'attribuzione di un fatto determinato, la prova della verità del fatto medesimo è però sempre ammessa nel procedimento penale:

1) se la persona offesa è un pubblico ufficiale [357] ed il fatto ad esso attribuito si riferisce all'esercizio delle sue funzioni;

2) se per il fatto attribuito alla persona offesa è tuttora aperto o si inizia contro di essa un procedimento penale;

3) se il querelante domanda formalmente che il giudizio si estenda ad accertare la verità o la falsità del fatto ad esso attribuito[1].

Se la verità del fatto è provata o se per esso la persona, a cui il fatto è attribuito, è [per esso] condannata dopo l'attribuzione del fatto medesimo, l'autore dell'imputazione non è punibile, salvo che i modi usati non rendano per se stessi applicabile la disposizione dell'articolo 595, primo comma[2].

[1] Comma così modificato dall'art. 2, D.Lgs. 15 gennaio 2016, n. 7. Il testo previgente disponeva: *Il colpevole dei delitti preveduti dai due articoli precedenti non è ammesso a provare, a sua discolpa, la verità o la notorietà del fatto attribuito alla persona offesa.*

[2] Comma aggiunto dall'art. 5, D.Lgs.Lgt. 14 settembre 1944, n. 288 e poi così modificato dall'art. 2, D.Lgs. 15 gennaio 2016, n. 7. Il testo previgente disponeva: *Se la verità del fatto è provata o se per esso la persona, a cui il fatto è attribuito, è [per esso] condannata dopo l'attribuzione del fatto medesimo, l'autore dell'imputazione non è punibile, salvo che i modi usati non rendano per se stessi applicabili le disposizioni dell'articolo 594, comma 1, ovvero dell'articolo 595, comma 1.*

596-*bis*. Diffamazione col mezzo della stampa.

Se il delitto di diffamazione è commesso col mezzo della stampa, le disposizioni dell'articolo precedente si applicano anche al direttore o vicedirettore responsabile, all'editore e allo stampatore, per i reati preveduti negli articoli 57, 57-*bis* e 58[1].

[1] Articolo aggiunto dall'art. 4, L. 4 marzo 1958, n. 127.

597. Querela della persona offesa ed estinzione del reato.

Il delitto previsto dall'articolo 595 è punibile a querela della persona offesa[1].

Se la persona offesa e l'offensore hanno esercitato la facoltà indicata nel capoverso dell'articolo precedente[2], la querela si considera tacitamente rinunciata o rimessa.

Se la persona offesa muore prima che sia decorso il termine per proporre la querela, o se si tratta di offesa alla memoria di un defunto, possono proporre querela i prossimi congiunti [307 comma 4], l'adottante e l'adottato [c.c. 291 ss.]. In tali casi, e altresì in quello in cui la persona offesa muoia dopo avere proposto la querela, la facoltà indicata nel capoverso dell'articolo precedente spetta ai prossimi congiunti, all'adottante e all'adottato.

[1] Comma così modificato dall'art. 2, D.Lgs. 15 gennaio 2016, n. 7. Il testo previgente disponeva: *I delitti preveduti dagli articoli 594 e 595 sono punibili a querela della persona offesa.*

[2] Il riferimento è al primo capoverso dell'art. 596.

598. Offese in scritti e discorsi pronunciati dinanzi alle Autorità giudiziarie o amministrative.

Non sono punibili le offese contenute negli scritti presentati o nei discorsi pronunciati dalle parti o dai loro patrocinatori nei procedimenti dinanzi all'Autorità giudiziaria, ovvero dinanzi a un'Autorità amministrativa, quando le offese concernono l'oggetto della causa o del ricorso amministrativo [c.p. 1889, 398, 399].

Il giudice, pronunciando nella causa, può, oltre ai provvedimenti disciplinari, ordinare la soppressione o la cancellazione, in tutto o in parte, delle scritture offensive, e assegnare alla persona offesa una somma a titolo di risarcimento del danno non patrimoniale [185]. Qualora si tratti di scritture per le quali la soppressione o cancellazione non possa eseguirsi, è fatta sulle medesime annotazioni della sentenza [c.p.c. 89].

● Norme connesse:

- art. 2, R.D.Lgs. 31 maggio 1946, n. 561, sul sequestro dei giornali e di altre pubblicazioni: *1. In deroga a quanto è stabilito nell'articolo precedente, si può far luogo al sequestro dei giornali o delle altre pubblicazioni o stampati, che, ai sensi della legge penale, sono da ritenere osceni o offensivi della pubblica decenza ovvero che divulgano mezzi rivolti a impedire la procreazione o a procurare l'aborto o illustrano l'impiego di esso o dànno indicazioni sul modo di procurarseli o contengono inserzioni o corrispondenze relative ai mezzi predetti. 2. Qualora siasi proceduto al sequestro preveduto nel comma precedente, contro il colpevole si deve procedere per giudizio direttissimo, anche se non ricorrono le condizioni prevedute nell'articolo 502 del Codice di procedura penale, e la competenza in ogni caso del tribunale.*

599. Provocazione[1].

[...][2].

Non è punibile chi ha commesso alcuno dei fatti preveduti dall'articolo 595 nello stato d'ira determinato da un fatto ingiusto altrui, e subito dopo di esso[3].

[...][4].

[1] Rubrica così sostituita dall'art. 2, D.Lgs. 15 gennaio 2016, n. 7. Il testo previgente disponeva: *Ritorsione e provocazione.*

[2] Comma abrogato dall'art. 2, D.Lgs. 15 gennaio 2016, n. 7. Il testo previgente disponeva: *Nei casi preveduti dall'articolo 594, se le offese sono reciproche, il giudice può dichiarare non punibili uno o entrambi gli offensori.*

[3] Comma così modificato dall'art. 2, D.Lgs. 15 gennaio 2016, n. 7. Il testo previgente disponeva: *Non è punibile chi ha commesso alcuno dei fatti preveduti dagli articoli 594 e 595 nello stato d'ira determinato da un fatto ingiusto altrui, e subito dopo di esso.*

[4] Comma abrogato dall'art. 2, D.Lgs. 15 gennaio 2016, n. 7. Il testo previgente disponeva: *La disposizione della prima parte di questo articolo si applica anche all'offensore che non abbia proposto querela per le offese ricevute.*

CAPO III
DEI DELITTI CONTRO LA LIBERTÀ INDIVIDUALE

Sezione I
Dei delitti contro la personalità individuale

600. Riduzione o mantenimento in schiavitù o in servitù.

Chiunque esercita su una persona poteri corrispondenti a quelli del diritto di proprietà ovvero chiunque riduce o mantiene una persona in uno stato di soggezione continuativa, costringendola a prestazioni lavorative o sessuali ovvero all'accattonaggio o comunque al compimento di attività illecite che ne comportino lo sfruttamento ovvero a sottoporsi al prelievo di organi, è punito con la reclusione da otto a venti anni [604; c.p.p. 380 comma 2 lett. d); c.p. 1889, 145][1].

La riduzione o il mantenimento nello stato di soggezione ha luogo quando la condotta è attuata mediante violenza, minaccia, inganno, abuso di autorità o approfittamento di una situazione di vulnerabilità, di inferiorità fisica o psichica o di una situazione di necessità, o mediante la promessa o la dazione di somme di denaro o di altri vantaggi a chi ha autorità sulla persona[2].

[...][3 4 5].

[1] Comma così modificato dall'art. 2, D.Lgs. 4 marzo 2014, n. 24. Il testo previgente disponeva: *Chiunque esercita su una persona poteri corrispondenti a quelli del diritto di proprietà*

CODICE PENALE

ovvero chiunque riduce o mantiene una persona in uno stato di soggezione continuativa, costringendola a prestazioni lavorative o sessuali ovvero all'accattonaggio o comunque a prestazioni che ne comportino lo sfruttamento, è punito con la reclusione da otto a venti anni.

[2] Comma così modificato dall'art. 2, D.Lgs. 4 marzo 2014, n. 24. Il testo previgente disponeva: *La riduzione o il mantenimento nello stato di soggezione ha luogo quando la condotta è attuata mediante violenza, minaccia, inganno, abuso di autorità o approfittamento di una situazione di inferiorità fisica o psichica o di una situazione di necessità, o mediante la promessa o la dazione di somme di denaro o di altri vantaggi a chi ha autorità sulla persona.*

[3] Comma abrogato dall'art. 3, L. 2 luglio 2010, n. 108. Il testo previgente disponeva: *La pena è aumentata da un terzo alla metà se i fatti di cui al primo comma sono commessi in danno di minore degli anni diciotto o sono diretti allo sfruttamento della prostituzione o al fine di sottoporre la persona offesa al prelievo di organi.*

[4] Articolo così sostituito dall'art. 1, L. 11 agosto 2003, n. 228. V. art. 1, D.P.R. 19 settembre 2005, n. 237. Il testo previgente disponeva: *600. Riduzione in schiavitù. Chiunque riduce una persona in schiavitù o in una condizione analoga alla schiavitù, è punito con la reclusione da cinque a quindici anni.* V. Decisione Quadro del Consiglio UE 2002/629/GAI, del 19 luglio 2002.

[5] Per l'aumento della pena, qualora il fatto sia commesso da persona sottoposta a misura di prevenzione, v. art. 71, D.Lgs. 6 settembre 2011, n. 159.

■ Codice penale del 1889: *Art. 145 - Chiunque riduce una persona in ischiavitù o in altra condizione analoga è punito con la reclusione da dodici a venti anni.*

600-*bis*. Prostituzione minorile.

È punito con la reclusione da sei a dodici anni e con la multa da euro 15.000 a euro 150.000 chiunque:

1) recluta o induce alla prostituzione una persona di età inferiore agli anni diciotto;

2) favorisce, sfrutta, gestisce, organizza o controlla la prostituzione di una persona di età inferiore agli anni diciotto, ovvero altrimenti ne trae profitto.

Salvo che il fatto costituisca più grave reato, chiunque compie atti sessuali con un minore di età compresa tra i quattordici e i diciotto anni, in cambio di un corrispettivo in denaro o altra utilità, anche solo promessi, è punito con la reclusione da uno a sei anni e con la multa da euro 1.500 a euro 6.000[1].

[1] Articolo aggiunto dall'art. 1, L. 3 agosto 1998, n. 269, poi modificato dall'art. 1, L. 6 febbraio 2006, n 38 e infine sostituito dall'art. 4, L. 1 ottobre 2012, n. 172. Il testo previgente la modifica del 2006 disponeva: *Chiunque induce alla prostituzione una persona di età inferiore agli anni diciotto ovvero ne favorisce o sfrutta la prostituzione è punito con la reclusione da sei a dodici anni e con la multa da lire trenta milioni a lire trecento milioni.*

Salvo che il fatto costituisca più grave reato, chiunque compie atti sessuali con un minore di età compresa fra i quattordici ed i sedici anni, in cambio di denaro o di altra utilità economica, è punito con la reclusione da sei mesi a tre anni o con la multa non inferiore a lire dieci milioni. La pena è ridotta di un terzo se colui che commette il fatto è persona minore degli anni diciotto. Il testo previgente la sostituzione del 2012 disponeva: *Art. 600-bis. Prostituzione minorile. Chiunque induce alla prostituzione una persona di età inferiore agli anni diciotto ovvero ne favorisce o sfrutta la prostituzione è punito con la reclusione da sei a dodici anni e con la multa da euro 15.493 a euro 154.937.*

Salvo che il fatto costituisca più grave reato, chiunque compie atti sessuali con un minore di età compresa tra i quattordici e i diciotto anni, in cambio di denaro o di altra utilità economica, è punito con la reclusione da sei mesi a tre anni e con la multa non inferiore a euro 5.164.

Nel caso in cui il fatto di cui al secondo comma sia commesso nei confronti di persona che non abbia compiuto gli anni sedici, si applica la pena della reclusione da due a cinque anni.

Se l'autore del fatto di cui al secondo comma è persona minore di anni diciotto si applica la pena della reclusione o della multa, ridotta da un terzo a due terzi.

600-*ter*. Pornografia minorile.

È punito con la reclusione da sei a dodici anni e con la multa da euro 24.000 a euro 240.000 chiunque:

1) utilizzando minori di anni diciotto, realizza esibizioni o spettacoli pornografici ovvero produce materiale pornografico;

2) recluta o induce minori di anni diciotto a partecipare a esibizioni o spettacoli pornografici ovvero dai suddetti spettacoli trae altrimenti profitto[1].

Alla stessa pena soggiace chi fa commercio del materiale pornografico di cui al primo comma.

Chiunque, al di fuori delle ipotesi di cui al primo e al secondo comma, con qualsiasi mezzo, anche per via telematica, distribuisce, divulga, diffonde o pubblicizza il materiale pornografico di cui al primo comma, ovvero distribuisce o divulga notizie o informazioni finalizzate all'adescamento o allo sfruttamento sessuale di minori degli anni diciotto, è punito con la reclusione da uno a cinque anni e con la multa da euro 2.582 a euro 51.645[2].

Chiunque, al di fuori delle ipotesi di cui ai commi primo, secondo e terzo, offre o cede ad altri, anche a titolo gratuito, il materiale pornografico di cui al primo comma, è punito con la reclusione fino a tre anni e con la multa da euro 1.549 a euro 5.164[1].

Nei casi previsti dal terzo e dal quarto comma la pena è aumentata in misura non eccedente i due terzi ove il materiale sia di ingente quantità[3].

Salvo che il fatto costituisca più grave reato, chiunque assiste a esibizioni o spettacoli pornografici in cui siano coinvolti minori di anni diciotto è punito con la reclusione fino a tre anni e con la multa da euro 1.500 a euro 6.000[4].

Ai fini di cui al presente articolo per pornografia minorile si intende ogni rappresentazione, con qualunque mezzo, di un minore degli anni diciotto coinvolto in attività sessuali esplicite, reali o simulate, o qualunque rappresentazione degli organi sessuali di un minore di anni diciotto per scopi sessuali[4 5].

[1] Comma così sostituito, prima dall'art. 2, L. 6 febbraio 2006, n. 38, a decorrere dal 2 marzo 2006, poi dall'art. 4, L. 1 ottobre 2012, n. 172. Il testo previgente la modifica del 2006 disponeva: *Chiunque sfrutta minori degli anni diciotto al fine di realizzare esibizioni pornografiche o di produrre materiale pornografico è punito con la reclusione da sei a dodici anni e con la multa da lire cinquanta milioni a lire cinquecento milioni.* Il testo previgente la modifica del 2012 disponeva: *Chiunque, utilizzando minori degli anni diciotto, realizza esibizioni pornografiche o produce materiale pornografico ovvero induce minori di anni diciotto a partecipare ad esibizioni pornografiche è punito con la reclusione da sei a dodici anni e con la multa da euro 25.822 a euro 258.228.*

[2] Comma così modificato dall'art. 2, L. 6 febbraio 2006, n. 38. Il testo previgente disponeva: *Chiunque, al di fuori delle ipotesi di cui al primo e al secondo comma, con qualsiasi mezzo, anche per via telematica, distribuisce, divulga o pubblicizza il materiale pornografico di cui al primo comma, ovvero distribuisce o divulga notizie o informazioni finalizzate all'adescamento o allo sfruttamento sessuale di minori degli anni diciotto, è punito con la reclusione da uno a cinque anni e con la multa da lire cinque milioni a lire cento milioni.*

[3] Comma aggiunto dall'art. 2, L. 6 febbraio 2006, n. 38.

[4] Comma aggiunto dall'art. 4, L. 1 ottobre 2012, n. 172.

[5] Articolo aggiunto dall'art. 3, L. 3 agosto 1998, n. 269.

600-*quater*. Detenzione di materiale pornografico.

Chiunque, al di fuori delle ipotesi previste nell'articolo 600-*ter*, consapevolmente si procura o detiene materiale pornografico realizzato utilizzando minori degli anni diciotto, è punito con la reclusione fino a tre anni e con la multa non inferiore a euro 1.549.

La pena è aumentata in misura non eccedente i due terzi ove il materiale detenuto sia di ingente quantità[1].

[1] Articolo aggiunto dall'art. 4, L. 3 agosto 1998, n. 269 e così sostituito dall'art. 3, L. 6 febbraio 2006, n. 38.

600-*quater*.1. Pornografia virtuale.

Le disposizioni di cui agli articoli 600-*ter* e 600-*quater* si applicano anche quando il materiale pornografico rappresenta immagini virtuali realizzate utilizzando immagini di minori degli anni diciotto o parti di esse, ma la pena è diminuita di un terzo.

Per immagini virtuali si intendono immagini realizzate con tecniche di elaborazione grafica non associate in tutto o in parte a situazioni reali, la cui qualità di rappresentazione fa apparire come vere situazioni non reali[1].

[1] Articolo aggiunto dall'art. 4, L. 6 febbraio 2006, n. 38.

600-*quinquies*. Iniziative turistiche volte allo sfruttamento della prostituzione minorile.

Chiunque organizza o propaganda viaggi finalizzati alla fruizione di attività di prostituzione a danno di minori o comunque comprendenti tale attività è punito con la reclusione da sei a dodici anni e con la multa da euro 15.493 a euro 154.937[1].

[1] Articolo aggiunto dall'art. 5, L. 3 agosto 1998, n. 269.

600-*sexies*. Circostanze aggravanti ed attenuanti.

[...][1].

[1] Articolo aggiunto dall'art. 6, L. 3 agosto 1998, n. 269, poi modificato dall'art. 15, L. 11 agosto 2003, n. 228 e dall'art. 3, L. 15 luglio 2009, n. 94 e, infine, abrogato dall'art. 4, L. 1 ottobre 2012, n. 172. Il testo previgente disponeva: *Art. 600-sexies. Circostanze aggravanti ed attenuanti. Nei casi previsti dagli articoli 600-bis, primo comma, 600-ter, primo comma, e 600-quinquies, nonché dagli articoli 600, 601 e 602, la pena è aumentata da un terzo alla metà se il fatto è commesso in danno di minore degli anni quattordici.*

Nei casi previsti dagli articolo 600-bis, primo comma e 600-ter, nonché dagli articoli 600, 601 e 602, se il fatto è commesso in danno di minore, la pena è aumentata dalla metà ai due terzi se il fatto è commesso da un ascendente, dal genitore adottivo, o dal coniuge o convivente, dal coniuge o da affini entro il secondo grado, da parenti fino al quarto grado collaterale, dal tutore o da persona a cui il minore è stato affidato per ragioni di cura, educazione, istruzione, vigilanza, custodia, lavoro, ovvero da pubblici ufficiali o incaricati di pubblico servizio nell'esercizio delle loro funzioni ovvero se è commesso in danno di minore in stato di infermità o minorazione psichica, naturale o provocata.

Nei casi previsti dagli articoli 600-bis, primo comma e 600-ter la pena è aumentata se il fatto è commesso con violenza o minaccia.

Nei casi previsti dagli articoli 600-bis e 600-ter, nonché dagli articoli 600, 601 e 602, la pena è ridotta da un terzo alla metà per chi si adopera concretamente in modo che il minore degli anni diciotto riacquisti la propria autonomia e libertà.

Nei casi previsti dagli articoli 600, 600-bis, 600-ter, 600-quater, 600-quinquies, 600-sexies [rectius: presente articolo], 600-septies, 600-octies, 601, 602 e 416, sesto comma, le pene sono diminuite fino alla metà nei confronti dell'imputato che si adopera per evitare che l'attività delittuosa sia portata a conseguenze ulteriori aiutando concretamente l'autorità di polizia o l'autorità giudiziaria nella raccolta di elementi di prova decisivi per la ricostruzione dei fatti e per l'individuazione e la cattura di uno o più autori dei reati ovvero per la sottrazione di risorse rilevanti alla consumazione dei delitti.

Le circostanze attenuanti, diverse da quella prevista dall'articolo 98, concorrenti con le aggravanti di cui al primo e secondo comma, non possono essere ritenute equivalenti o prevalenti rispetto a queste e le diminuzioni di pena si operano sulla quantità della stessa risultante dall'aumento conseguente alle predette aggravanti.

600-*septies*. Confisca.

Nel caso di condanna, o di applicazione della pena su richiesta delle parti a norma dell'articolo 444 del

CODICE PENALE

codice di procedura penale, per i delitti previsti dalla presente sezione, nonchè dagli articoli 609-*bis*, quando il fatto è commesso in danno di un minore di anni diciotto o il reato è aggravato dalle circostanze di cui all'articolo 609-*ter*, primo comma, numeri *1)*, *5)* e *5-bis)*, 609-*quater*, 609-*quinquies*, 609-*octies*, quando il fatto è commesso in danno di un minore di anni diciotto o il reato è aggravato dalle circostanze di cui all'articolo 609-*ter*, primo comma, numeri *1)*, *5)* e *5-bis)*, e 609-*undecies*, è sempre ordinata, salvi i diritti della persona offesa alle restituzioni e al risarcimento dei danni, la confisca dei beni che costituiscono il prodotto, il profitto o il prezzo del reato. Ove essa non sia possibile, il giudice dispone la confisca di beni di valore equivalente a quelli che costituiscono il prodotto, il profitto o il prezzo del reato e di cui il condannato abbia, anche indirettamente o per interposta persona, la disponibilità. Si applica il terzo comma dell'articolo 322-*ter*[1].

[1] Articolo aggiunto dall'art. 7, L. 3 agosto 1998, n. 269, poi sostituito dall'art. 15, L. 11 agosto 2003, n. 228, poi modificato dall'art. 5, L. 6 febbraio 2006, n. 38 e, infine, sostituito dall'art. 4, L. 1 ottobre 2012, n. 172. Il testo previgente disponeva: *600-septies. Confisca e pene accessorie. Nel caso di condanna, o di applicazione della pena su richiesta delle parti, a norma dell'articolo 444 del codice di procedura penale, per i delitti previsti dalla presente sezione è sempre ordinata, salvi i diritti della persona offesa dal reato alle restituzioni ed al risarcimento dei danni, la confisca di cui all'articolo 240 e, quando non è possibile la confisca di beni che costituiscono il profitto o il prezzo del reato, la confisca di beni di cui il reo ha la disponibilità per un valore corrispondente a tale profitto. In ogni caso è disposta la chiusura degli esercizi la cui attività risulta finalizzata ai delitti previsti dalla presente sezione, nonché la revoca della licenza d'esercizio o della concessione o dell'autorizzazione per le emittenti radiotelevisive.*

La condanna o l'applicazione della pena su richiesta delle parti a norma dell'articolo 444 del codice di procedura penale per uno dei delitti di cui al primo comma comporta in ogni caso l'interdizione perpetua da qualunque incarico nelle scuole di ogni ordine e grado, nonché da ogni ufficio o servizio in istituzioni o strutture pubbliche o private frequentate prevalentemente da minori.

600-*septies.1*. Circostanza attenuante.

La pena per i delitti di cui alla presente sezione è diminuita da un terzo fino alla metà nei confronti del concorrente che si adopera per evitare che l'attività delittuosa sia portata a conseguenze ulteriori, ovvero aiuta concretamente l'autorità di polizia o l'autorità giudiziaria nella raccolta di prove decisive per l'individuazione o la cattura dei concorrenti[1].

[1] Articolo aggiunto dall'art. 4, L. 1 ottobre 2012, n. 172.

600-*septies.2*. Pene accessorie.

Alla condanna o all'applicazione della pena su richiesta delle parti a norma dell'articolo 444 del codice di procedura penale per i delitti previsti dalla presente sezione e per il delitto di cui all'articolo 414-*bis* del presente codice conseguono:

1) la perdita della responsabilità genitoriale, quando la qualità di genitore è prevista quale circostanza aggravante del reato[1];

2) l'interdizione perpetua da qualsiasi ufficio attinente alla tutela, alla curatela o all'amministrazione di sostegno;

3) la perdita del diritto agli alimenti e l'esclusione dalla successione della persona offesa;

4) l'interdizione temporanea dai pubblici uffici; l'interdizione dai pubblici uffici per la durata di anni cinque in seguito alla condanna alla reclusione da tre a cinque anni, ferma restando, comunque, l'applicazione dell'articolo 29, primo comma, quanto all'interdizione perpetua.

La condanna o l'applicazione della pena su richiesta delle parti a norma dell'articolo 444 del codice di procedura penale per uno dei delitti previsti dalla presente sezione e per il delitto di cui all'articolo 414-*bis* del presente codice, quando commessi in danno di minori, comporta in ogni caso l'interdizione perpetua da qualunque incarico nelle scuole di ogni ordine e grado, nonchè da ogni ufficio o servizio in istituzioni o strutture pubbliche o private frequentate abitualmente da minori.

In ogni caso è disposta la chiusura degli esercizi la cui attività risulta finalizzata ai delitti previsti dalla presente sezione, nonchè la revoca della licenza di esercizio o della concessione o dell'autorizzazione per le emittenti radiotelevisive[2].

[1] Numero così modificato dall'art. 93, D.Lgs. 28 dicembre 2013, n. 154, a decorrere dal 7 febbraio 2014. Il testo previgente disponeva: *1) la perdita della potestà genitoriale, quando la qualità di genitore è prevista quale circostanza aggravante del reato.*

[2] Articolo aggiunto dall'art. 4, L. 1 ottobre 2012, n. 172.

600-*octies*. Impiego di minori nell'accattonaggio. Organizzazione dell'accattonaggio[1].

Salvo che il fatto costituisca più grave reato, chiunque si avvale per mendicare di una persona minore degli anni quattordici o, comunque, non imputabile, ovvero permette che tale persona, ove sottoposta alla sua autorità o affidata alla sua custodia o vigilanza, mendichi, o che altri se ne avvalga per mendicare, è punito con la reclusione fino a tre anni.

Chiunque organizzi l'altrui accattonaggio, se ne avvalga o comunque lo favorisca a fini di profitto è punito con la reclusione da uno a tre anni[2] [3].

[1] Rubrica così sostituita dall'art. 21-quinquies, D.L. 4 ottobre 2018, n. 113, convertito in L. 1° dicembre 2018, n. 132, a decorrere dal 4 dicembre 2018. Il testo previgente disponeva: *Impiego di minori nell'accattonaggio.*

[2] Comma aggiunto dall'art. 21-quinquies, D.L. 4 ottobre 2018, n. 113, convertito in L. 1° dicembre 2018, n. 132, a decorrere dal 4 dicembre 2018.

[3] Articolo aggiunto dall'art. 3, L. 15 luglio 2009, n. 94.

601. Tratta di persone.

È punito con la reclusione da otto a venti anni chiunque recluta, introduce nel territorio dello Stato, trasferisce anche al di fuori di esso, trasporta, cede l'autorità sulla persona, ospita una o più persone che si trovano nelle condizioni di cui all'articolo 600, ovvero, realizza le stesse condotte su una o più persone, mediante inganno, violenza, minaccia, abuso di autorità o approfittamento di una situazione di vulnerabilità, di inferiorità fisica, psichica o di necessità, o mediante promessa o dazione di denaro o di altri vantaggi alla persona che su di essa ha autorità, al fine di indurle o costringerle a prestazioni lavorative, sessuali ovvero all'accattonaggio o comunque al compimento di attività illecite che ne comportano lo sfruttamento o a sottoporsi al prelievo di organi.

Alla stessa pena soggiace chiunque, anche al di fuori delle modalità di cui al primo comma, realizza le condotte ivi previste nei confronti di persona minore di età.

La pena per il comandante o l'ufficiale della nave nazionale o straniera, che commette alcuno dei fatti previsti dal primo o dal secondo comma o vi concorre, è aumentata fino a un terzo[1].

Il componente dell'equipaggio di nave nazionale o straniera destinata, prima della partenza o in corso di navigazione, alla tratta è punito, ancorchè non sia stato compiuto alcun fatto previsto dal primo o dal secondo comma o di commercio di schiavi, con la reclusione da tre a dieci anni[1 2 3 4 5 6].

[1] Comma aggiunto dall'art. 2, D.Lgs. 1 marzo 2018, n. 21.

[2] Articolo, da ultimo, così sostituito dall'art. 2, D.Lgs. 4 marzo 2014, n. 24. Il testo previgente disponeva: *Chiunque commette tratta di persona che si trova nelle condizioni di cui all'articolo 600 ovvero, al fine di commettere i delitti di cui al primo comma del medesimo articolo, la induce mediante inganno o la costringe mediante violenza, minaccia, abuso di autorità o approfittamento di una situazione di inferiorità fisica o psichica o di una situazione di necessità, o mediante promessa o dazione di somme di denaro o di altri vantaggi alla persona che su di essa ha autorità, a fare ingresso o a soggiornare o a uscire dal territorio dello Stato o a trasferirsi al suo interno, è punito con la reclusione da otto a venti anni.*

[3] Il testo previgente prevedeva anche un comma secondo abrogato dall'art. 3, L. 2 luglio 2010, n. 108, che disponeva: *La pena è aumentata da un terzo alla metà se i delitti di cui al presente articolo sono commessi in danno di minore degli anni diciotto o sono diretti allo sfruttamento della prostituzione o al fine di sottoporre la persona offesa al prelievo di organi.*

[4] Articolo così sostituito dall'art. 2, L. 11 agosto 2003, n. 228. V. art. 1, D.P.R. 19 settembre 2005, n. 237.

[5] Il testo previgente la sostituzione disposta dalla L. n. 228 del 2003 era il seguente: «601. Tratta e commercio di schiavi. *Chiunque commette tratta o comunque fa commercio di schiavi o di persone in condizione analoga alla schiavitù è punito con la reclusione da cinque a venti anni.*

Chiunque commette tratta o comunque fa commercio di minori degli anni diciotto al fine di indurli alla prostituzione è punito con la reclusione da sei a venti anni.

Il testo previgente la modifica disposta dalla L. n. 269 del 1998 era il seguente: «601. Tratta e commercio di schiavi. *Chiunque commette tratta o comunque fa commercio di schiavi o di persone in condizione analoga alla schiavitù è punito con la reclusione da cinque a venti anni.*

[6] Per l'aumento della pena, qualora il fatto sia commesso da persona sottoposta a misura di prevenzione, v. art. 71, D.Lgs. 6 settembre 2011, n. 159.

601-*bis*. Traffico di organi prelevati da persona vivente.

Chiunque, illecitamente, commercia, vende, acquista ovvero, in qualsiasi modo e a qualsiasi titolo, procura o tratta organi o parti di organi prelevati da persona vivente è punito con la reclusione da tre a dodici anni e con la multa da euro 50.000 ad euro 300.000[1].

Chiunque svolge opera di mediazione nella donazione di organi da vivente al fine di trarne un vantaggio economico è punito con la reclusione da tre a otto anni e con la multa da euro 50.000 a euro 300.000[2].

Se i fatti previsti dai precedenti commi sono commessi da persona che esercita una professione sanitaria, alla condanna consegue l'interdizione perpetua dall'esercizio della professione[2].

Salvo che il fatto costituisca più grave reato, è punito con la reclusione da tre a sette anni e con la multa da euro 50.000 ad euro 300.000 chiunque organizza o propaganda viaggi ovvero pubblicizza o diffonde, con qualsiasi mezzo, anche per via informatica o telematica, annunci finalizzati al traffico di organi o parti di organi di cui al primo comma[3].

[1] Comma così modificato dall'art. 2, D.Lgs. 1 marzo 2018, n. 21. Il testo previgente disponeva: *Chiunque, illecitamente, commercia, vende, acquista ovvero, in qualsiasi modo e a qualsiasi titolo, procura o tratta organi o parti di organi prelevati da persona vivente è punito con la reclusione da tre a dodici anni e con la multa da euro 50.000 ad euro 300.000. Se il fatto è commesso da persona che esercita una professione sanitaria, alla condanna consegue l'interdizione perpetua dall'esercizio della professione.*

[2] Comma aggiunto dall'art. 2, D.Lgs. 1 marzo 2018, n. 21.

[3] Articolo aggiunto dall'art. 1, L. 11 dicembre 2010, n. 236.

602. Acquisto e alienazione di schiavi.

Chiunque, fuori dei casi indicati nell'articolo 601, acquista o aliena o cede una persona che si trova in una delle condizioni di cui all'articolo 600 è punito con la reclusione da otto a venti anni.

[...][1 2 3].

[1] Comma abrogato dall'art. 3, L. 2 luglio 2010, n. 108. Il testo previgente disponeva: *La pena è aumentata da un terzo alla metà se la persona offesa è minore degli anni diciotto*

CODICE PENALE

ovvero se i fatti di cui al primo comma sono diretti allo sfruttamento della prostituzione o al fine di sottoporre la persona offesa al prelievo di organi.

[2] Articolo così sostituito dall'art. 3, L. 11 agosto 2003, n. 228. Il testo previgente era il seguente: «602. Alienazione e acquisto di schiavi. *Chiunque, fuori dei casi indicati nell'articolo precedente, aliena o cede una persona che si trova in stato di schiavitù o in una condizione analoga alla schiavitù o se ne impossessa o ne fa acquisto o la mantiene nello stato di schiavitù, o nella condizione predetta, è punito con la reclusione da tre a dodici anni.*

[3] Per l'aumento della pena, qualora il fatto sia commesso da persona sottoposta a misura di prevenzione, v. art. 71, D.Lgs. 6 settembre 2011, n. 159.

602-*bis*. Pene accessorie.

[...][1].

[1] Articolo aggiunto dall'art. 3, L. 15 luglio 2009, n. 94, poi abrogato dall'art. 4, L. 1 ottobre 2012, n. 172. Il testo previgente disponeva: *602-bis. Pene accessorie. La condanna per i reati di cui agli articoli 583-bis, 600, 601, 602, 609-bis, 609-quater, 609-quinquies e 609-octies comporta, qualora i fatti previsti dai citati articoli siano commessi dal genitore o dal tutore, rispettivamente:*

1) la decadenza dall'esercizio della potestà del genitore;

2) l'interdizione perpetua da qualsiasi ufficio attinente all'amministrazione di sostegno, alla tutela e alla cura.

602-*ter*. Circostanze aggravanti.

La pena per i reati previsti dagli articoli 600, 601 primo e secondo comma e 602 è aumentata da un terzo alla metà[1]:

a) se la persona offesa è minore degli anni diciotto;

b) se i fatti sono diretti allo sfrutta-mento della prostituzione o al fine di sottoporre la persona offesa al prelievo di organi;

c) se dal fatto deriva un grave pericolo per la vita o l'integrità fisica o psichica della persona offesa.

Se i fatti previsti dal titolo VII, capo III, del presente libro sono commessi al fine di realizzare od agevolare i delitti di cui agli articoli 600, 601 e 602, le pene ivi previste sono aumentate da un terzo alla metà.

Nei casi previsti dagli articoli 600-*bis*, primo comma, e 600-*ter*, la pena è aumentata da un terzo alla metà se il fatto è commesso con violenza o minaccia[2].

Nei casi previsti dagli articoli 600-*bis*, primo e secondo comma, 600-*ter*, primo comma, e 600-*quinquies*, la pena è aumentata da un terzo alla metà se il fatto è commesso approfittando della situazione di necessità del minore[2].

Nei casi previsti dagli articoli 600-*bis*, primo e secondo comma, 600-*ter* e 600-*quinquies*, nonchè dagli articoli 600, 601 e 602, la pena è aumentata dalla metà ai due terzi se il fatto è commesso in danno di un minore degli anni sedici[2].

Nei casi previsti dagli articoli 600-*bis*, primo comma, e 600-*ter*, nonchè, se il fatto è commesso in danno di un minore degli anni diciotto, dagli articoli 600, 601 e 602, la pena è aumentata dalla metà ai due terzi se il fatto è commesso da un ascendente, dal genitore adottivo, o dal loro coniuge o convivente, dal coniuge o da affini entro il secondo grado, da parenti fino al quarto grado collaterale, dal tutore o da persona a cui il minore è stato affidato per ragioni di cura, educazione, istruzione, vigilanza, custodia, lavoro, ovvero da pubblici ufficiali o incaricati di pubblico servizio nell'esercizio delle loro funzioni ovvero ancora se è commesso in danno di un minore in stato di infermità o minorazione psichica, naturale o provocata[2].

Nei casi previsti dagli articoli 600-*bis*, primo comma, e 600-*ter*, nonchè dagli articoli 600, 601 e 602, la pena è aumentata dalla metà ai due terzi se il fatto è commesso mediante somministrazione di sostanze alcoliche, narcotiche, stupefacenti o comunque pregiudizievoli per la salute fisica o psichica del minore, ovvero se è commesso nei confronti di tre o più persone[2].

Nei casi previsti dagli articoli 600-*bis*, 600-*ter*, 600-*quater*, 600-*quater.1* e 600-*quinquies*, la pena è aumentata:

a) se il reato è commesso da più persone riunite;

b) se il reato è commesso da persona che fa parte di un'associazione per delinquere e al fine di agevolarne l'attività;

c) se il reato è commesso con violenze gravi o se dal fatto deriva al minore, a causa della reiterazione delle condotte, un pregiudizio grave[3].

Le pene previste per i reati di cui al comma precedente sono aumentate in misura non eccedente i due terzi nei casi in cui gli stessi siano compiuti con l'utilizzo di mezzi atti ad impedire l'identificazione dei dati di accesso alle reti telematiche[3].

Le circostanze attenuanti, diverse da quelle previste dagli articoli 98 e 114, concorrenti con le circostanze aggravanti di cui alla presente sezione, non possono essere ritenute equivalenti o prevalenti rispetto a queste e le diminuzioni di pena si operano sulla quantità della stessa risultante dall'aumento conseguente alle predette aggravanti[2 4].

[1] Alinea così modificato dall'art. 2, D.Lgs. 1 marzo 2018, n. 21. Il testo previgente disponeva: *La pena per i reati previsti dagli articoli 600, 601 e 602 è aumentata da un terzo alla metà.*

[2] Comma aggiunto dall'art. 4, L. 1 ottobre 2012, n. 172.

[3] Comma aggiunto dall'art. 1, D.Lgs. 4 marzo 2014, n. 39.

[4] Articolo aggiunto dall'art. 3, L. 2 luglio 2010, n. 108.

602-*quater*. Ignoranza dell'età della persona offesa.

Quando i delitti previsti dalla presente sezione sono commessi in danno di un minore degli anni diciotto, il colpevole non può invocare a propria scusa l'ignoranza dell'età della persona offesa, salvo che si tratti di ignoranza inevitabile[1].

[1] Articolo aggiunto dall'art. 4, L. 1 ottobre 2012, n. 172.

603. Plagio.

Chiunque sottopone una persona al proprio potere, in modo da ridurla in totale stato di soggezione, è punito con la reclusione da cinque a quindici anni [29, 32, 604][1].

[1] La Corte costituzionale con sentenza 8 giugno 1981, n. 96, ha dichiarato l'illegittimità costituzionale del presente articolo.

603-*bis*. Intermediazione illecita e sfruttamento del lavoro.

Salvo che il fatto costituisca più grave reato, è punito con la reclusione da uno a sei anni e con la multa da 500 a 1.000 euro per ciascun lavoratore reclutato, chiunque:

1) recluta manodopera allo scopo di destinarla al lavoro presso terzi in condizioni di sfruttamento, approfittando dello stato di bisogno dei lavoratori;

2) utilizza, assume o impiega manodopera, anche mediante l'attività di intermediazione di cui al numero *1)*, sottoponendo i lavoratori a condizioni di sfruttamento ed approfittando del loro stato di bisogno.

Se i fatti sono commessi mediante violenza o minaccia, si applica la pena della reclusione da cinque a otto anni e la multa da 1.000 a 2.000 euro per ciascun lavoratore reclutato.

Ai fini del presente articolo, costituisce indice di sfruttamento la sussistenza di una o più delle seguenti condizioni:

1) la reiterata corresponsione di retribuzioni in modo palesemente difforme dai contratti collettivi nazionali o territoriali stipulati dalle organizzazioni sindacali più rappresentative a livello nazionale, o comunque sproporzionato rispetto alla quantità e qualità del lavoro prestato;

2) la reiterata violazione della normativa relativa all'orario di lavoro, ai periodi di riposo, al riposo settimanale, all'aspettativa obbligatoria, alle ferie;

3) la sussistenza di violazioni delle norme in materia di sicurezza e igiene nei luoghi di lavoro;

4) la sottoposizione del lavoratore a condizioni di lavoro, a metodi di sorveglianza o a situazioni alloggiative degradanti.

Costituiscono aggravante specifica e comportano l'aumento della pena da un terzo alla metà:

1) il fatto che il numero di lavoratori reclutati sia superiore a tre;

2) il fatto che uno o più dei soggetti reclutati siano minori in età non lavorativa;

3) l'aver commesso il fatto esponendo i lavoratori sfruttati a situazioni di grave pericolo, avuto riguardo alle caratteristiche delle prestazioni da svolgere e delle condizioni di lavoro[1].

[1] Articolo aggiunto dall'art. 12, D.L. 13 agosto 2011, n. 138, convertito in L. 14 settembre 2011, n. 148 e poi così sostituito dall'art. 1, L. 29 ottobre 2016, n. 199, a decorrere dal 4 novembre 2016. Il testo previgente disponeva: *Salvo che il fatto costituisca più grave reato, chiunque svolga un'attività organizzata di intermediazione, reclutando manodopera o organizzandone l'attività lavorativa caratterizzata da sfruttamento, mediante violenza, minaccia, o intimidazione, approfittando dello stato di bisogno o di necessità dei lavoratori, è punito con la reclusione da cinque a otto anni e con la multa da 1.000 a 2.000 euro per ciascun lavoratore reclutato.*

Ai fini del primo comma, costituisce indice di sfruttamento la sussistenza di una o più delle seguenti circostanze:

1) la sistematica retribuzione dei lavoratori in modo palesemente difforme dai contratti collettivi nazionali o comunque sproporzionato rispetto alla quantità e qualità del lavoro prestato;

2) la sistematica violazione della normativa relativa all'orario di lavoro, al riposo settimanale, all'aspettativa obbligatoria, alle ferie;

3) la sussistenza di violazioni della normativa in materia di sicurezza e igiene nei luoghi di lavoro, tale da esporre il lavoratore a pericolo per la salute, la sicurezza o l'incolumità personale;

4) la sottoposizione del lavoratore a condizioni di lavoro, metodi di sorveglianza, o a situazioni alloggiative particolarmente degradanti.

Costituiscono aggravante specifica e comportano l'aumento della pena da un terzo alla metà:

1) il fatto che il numero di lavoratori reclutati sia superiore a tre;

2) il fatto cho uno o più dei soggetti reclutati siano minori in età non lavorativa;

3) l'aver commesso il fatto esponendo i lavoratori intermediati a situazioni di grave pericolo, avuto riguardo alle caratteristiche delle prestazioni da svolgere e delle condizioni di lavoro.

603-*bis*.1. Circostanza attenuante.

Per i delitti previsti dall'articolo 603-*bis*, la pena è diminuita da un terzo a due terzi nei confronti di chi, nel rendere dichiarazioni su quanto a sua conoscenza, si adopera per evitare che l'attività delittuosa sia portata a conseguenze ulteriori ovvero aiuta concretamente l'autorità di polizia o l'autorità giudiziaria nella raccolta di prove decisive per l'individuazione o la cattura dei concorrenti o per il sequestro delle somme o altre utilità trasferite.

Nel caso di dichiarazioni false o reticenti si applicano le disposizioni dell'articolo 16-*septies* del decreto-legge 15 gennaio 1991, n. 8, convertito, con modificazioni, dalla legge 15 marzo 1991, n. 82.

Non si applicano le disposizioni dell'articolo 600-*septies*.1[1].

[1] Articolo aggiunto dall'art. 2, L. 29 ottobre 2016, n. 199, a decorrere dal 4 novembre 2016.

603-*bis*.2. Confisca obbligatoria.

In caso di condanna o di applicazione della pena su richiesta delle parti ai sensi dell'articolo 444 del codice di procedura penale per i delitti previsti dall'articolo 603-*bis*, è sempre obbligatoria, salvi i diritti della persona offesa alle restituzioni e al risarcimento del danno, la confisca delle cose che servirono o furono destinate a commettere il reato e delle cose che ne sono il prezzo, il prodotto o il profitto, salvo che appartengano a persona estranea al reato. Ove essa non sia possibile è disposta la confisca di beni di cui il reo ha la disponibilità, anche indirettamente o per interposta persona, per un valore corrispondente al prodotto, prezzo o profitto del reato[1].

[1] Articolo aggiunto dall'art. 2, L. 29 ottobre 2016, n. 199, a decorrere dal 4 novembre 2016.

603-*ter*. Pene accessorie.

La condanna per i delitti di cui agli articoli 600, limitatamente ai casi in cui lo sfruttamento ha ad oggetto prestazioni lavorative, e 603-bis, importa l'interdizione dagli uffici direttivi delle persone giuridiche o delle imprese, nonchè il divieto di concludere contratti di appalto, di cottimo fiduciario, di fornitura di opere, beni o servizi riguardanti la pubblica amministrazione, e relativi subcontratti.

La condanna per i delitti di cui al primo comma importa altresì l'esclusione per un periodo di due anni da agevolazioni, finanziamenti, contributi o sussidi da parte dello Stato o di altri enti pubblici, nonchè dell'Unione europea, relativi al settore di attività in cui ha avuto luogo lo sfruttamento.

L'esclusione di cui al secondo comma è aumentata a cinque anni quando il fatto è commesso da soggetto al quale sia stata applicata la recidiva ai sensi dell'articolo 99, secondo comma, numeri *1)* e *3)*[1].

[1] Articolo aggiunto dall'art. 12, D.L. 13 agosto 2011, n. 138, convertito in L. 14 settembre 2011, n. 148.

604. Fatto commesso all'estero.

Le disposizioni di questa sezione, nonché quelle previste dagli articoli 609-*bis*, 609-*ter*, 609-*quater*, 609-*quinquies*, 609-*octies* e 609-*undecies*, si applicano altresì quando il fatto è commesso all'estero da cittadino italiano, ovvero in danno di cittadino italiano, ovvero dallo straniero in concorso con cittadino italiano. In quest'ultima ipotesi lo straniero è punibile quando si tratta di delitto per il quale è prevista la pena della reclusione non inferiore nel massimo a cinque anni e quando vi è stata richiesta del Ministero di grazia e giustizia[1].

[1] Articolo così sostituito dall'art. 10, L. 3 agosto 1998, n. 269, poi così modificato, prima dall'art. 6, L. 9 gennaio 2006, n. 7, poi dall'art. 4, L. 1 ottobre 2012, n. 172. Il testo previgente la modifica disposta dalla L. n. 7 del 2006 era il seguente: *Le disposizioni di questa sezione, nonché quelle previste dagli articoli 609-bis, 609-ter, 609-quater e 609-quinquies, si applicano altresì quando il fatto è commesso all'estero da cittadino italiano, ovvero in danno di cittadino italiano, ovvero da cittadino straniero in concorso con cittadino italiano. In quest'ultima ipotesi il cittadino straniero è punibile quando si tratta di delitto per il quale è prevista la pena della reclusione non inferiore nel massimo a cinque anni e quando vi è stata richiesta del Ministro di grazia e giustizia.*

Il testo previgente la sostituzione disposta dalla L. n. 269 del 1998 era il seguente: *Le disposizioni di questa sezione si applicano altresì, quando il fatto è commesso all'estero in danno di cittadino italiano.*

Il testo previgente la modifica del 2012 disponeva: *Le disposizioni di questa sezione, nonché quelle previste dagli articoli 609-bis, 609-ter, 609-quater e 609-quinquies, si applicano altresì quando il fatto è commesso all'estero da cittadino italiano, ovvero dallo straniero in concorso con cittadino italiano. In quest'ultima ipotesi lo straniero è punibile quando si tratta di delitto per il quale è prevista la pena della reclusione non inferiore nel massimo a cinque anni e quando vi è stata richiesta del Ministero di grazia e giustizia.*

Sezione I-*bis*
Dei delitti contro l'eguaglianza[1]

[1] Sezione aggiunta dall'art. 2, D.Lgs. 1 marzo 2018, n. 21.

604-*bis*. Propaganda e istigazione a delinquere per motivi di discriminazione razziale etnica e religiosa.

Salvo che il fatto costituisca più grave reato, è punito:

a) con la reclusione fino ad un anno e sei mesi o con la multa fino a 6.000 euro chi propaganda idee fondate sulla superiorità o sull'odio razziale o etnico, ovvero istiga a commettere o commette atti di discriminazione per motivi razziali, etnici, nazionali o religiosi;

b) con la reclusione da sei mesi a quattro anni chi, in qualsiasi modo, istiga a commettere o commette violenza o atti di provocazione alla violenza per motivi razziali, etnici, nazionali o religiosi.

È vietata ogni organizzazione, associazione, movimento o gruppo avente tra i propri scopi l'incitamento alla discriminazione o alla violenza per motivi razziali, etnici, nazionali o religiosi. Chi partecipa a tali organizzazioni, associazioni, movimenti o gruppi, o presta assistenza alla loro attività, è punito, per il solo fatto della partecipazione o dell'assistenza, con la reclusione da sei mesi a quattro anni. Coloro che promuovono o dirigono tali organizzazioni, associazioni, movimenti o gruppi sono puniti, per ciò solo, con la reclusione da uno a sei anni.

Si applica la pena della reclusione da due a sei anni se la propaganda ovvero l'istigazione e l'incitamento, commessi in modo che derivi concreto pericolo di diffusione, si fondano in tutto o in parte sulla negazione, sulla minimizzazione in modo grave o sull'apologia della Shoah o dei crimini di genocidio, dei crimini contro l'umanità e dei crimini di guerra, come definiti dagli articoli 6, 7 e 8 dello statuto della Corte penale internazionale[1].

[1] Articolo aggiunto dall'art. 2, D.Lgs. 1 marzo 2018, n. 21.

604-*ter*. Circostanza aggravante.

Per i reati punibili con pena diversa da quella dell'ergastolo commessi per finalità di discriminazione o di odio etnico, nazionale, razziale o religioso, ovvero al fine di agevolare l'attività di organizzazioni, associazioni, movimenti o gruppi che hanno tra i loro scopi le medesime finalità la pena è aumentata fino alla metà.

Le circostanze attenuanti, diverse da quella prevista dall'articolo 98, concorrenti con l'aggravante di cui al primo comma, non possono essere ritenute equivalenti o prevalenti rispetto a questa e le diminuzioni di pena si operano sulla quantità di pena risultante dall'aumento conseguente alla predetta aggravante[1].

[1] Articolo aggiunto dall'art. 2, D.Lgs. 1 marzo 2018, n. 21.

Sezione II
Dei delitti contro la libertà personale

605. Sequestro di persona.

Chiunque priva taluno della libertà personale è punito con la reclusione da sei mesi a otto anni [289-*bis*, 630; c.p. 1889, 146, 340, 341].

La pena è della reclusione da uno a dieci anni, se il fatto è commesso:

1) in danno di un ascendente, di un discendente [540; c.c. 75] o del coniuge;

2) da un pubblico ufficiale [357], con abuso dei poteri inerenti alle sue funzioni [323, 606].

Se il fatto di cui al primo comma è commesso in danno di un minore, si applica la pena della reclusione da tre a dodici anni. Se il fatto è commesso in presenza di taluna delle circostanze di cui al secondo comma, ovvero in danno di minore di anni quattordici o se il minore sequestrato è condotto o trattenuto all'estero, si applica la pena della reclusione da tre a quindici anni[1].

Se il colpevole cagiona la morte del minore sequestrato si applica la pena dell'ergastolo[1].

Le pene previste dal terzo comma sono altresì diminuite fino alla metà nei confronti dell'imputato che si adopera concretamente:

1) affinché il minore riacquisti la propria libertà;

2) per evitare che l'attività delittuosa sia portata a conseguenze ulteriori, aiutando concretamente l'autorità di polizia o l'autorità giudiziaria nella raccolta di elementi di prova decisivi per la ricostruzione dei fatti e per l'individuazione o la cattura di uno o più autori di reati;

3) per evitare la commissione di ulteriori fatti di sequestro di minore[1 2].

[1] Comma aggiunto dall'art. 3, L. 15 luglio 2009, n. 94.

[2] Per l'aumento della pena, qualora il fatto sia commesso da persona sottoposta a misura di prevenzione, v. art. 71, D.Lgs. 6 settembre 2011, n. 159.

● Norme connesse:

- L. 26 novembre 1985, n. 718, di ratifica ed esecuzione della convenzione internazionale contro la cattura degli ostaggi, aperta alla firma a New York il 18 dicembre 1979.

- aumenti di pena per questo reato sono previsti dall'art. 1, L. 25 marzo 1985, n. 107, sulla repressione dei reati contro le persone internazionalmente protette.

- artt. 11 e 43, R.D. 18 giugno 1931, n. 773, di approvazione del testo unico delle leggi di sicurezza pubblica; art. 9, primo comma, L. 18 aprile 1975, n. 110, in materia di armi, munizioni ed esplosivi.

■ Codice penale del 1889: *Art. 146 - Chiunque illegittimamente priva alcuno della libertà personale è punito con la reclusione da un mese a cinque anni e con la multa sino a lire mille.*

Se il colpevole, per commettere il fatto o durante il medesimo, usi minacce, sevizie o inganno, ovvero commetta il fatto stesso per fine di vendetta o di lucro, o per fine o pretesto religioso, ovvero consegni la persona per un servizio militare all'estero, la pena è della reclusione da tre a otto anni e della multa da lire cinquecento a tremila.

Se il fatto sia commesso contro un ascendente o contro il conjuge, contro un membro del Parlamento o contro un pubblico ufficiale a causa delle sue funzioni n. 101, ovvero se dal fatto derivi grave danno alla persona, alla salute o agli averi dell'offeso, la pena è della reclusione da cinque a quindici anni e della multa da lire mille a cinquemila.

La pena è diminuita da un sesto alla metà, se il colpevole rilasci spontaneamente in libertà la persona prima di ogni atto di procedimento, senza aver conseguito il fine propostosi e senza averle cagionato alcun danno.

Art. 147 - Il pubblico ufficiale, che, con abuso delle sue funzioni n. 21, ovvero senza le condizioni o le formalità prescritte dalla legge, priva alcuno della libertà personale è punito con la detenzione da tre mesi a sette anni; e, se nel fatto concorra alcuna delle circostanze indicate nei due primi capoversi dell'articolo precedente, la detenzione è da sei a quindici anni.

La pena è diminuita da un sesto alla metà nel caso preveduto nell'ultimo capoverso dell'articolo precedente.

606. Arresto illegale.

Il pubblico ufficiale [357] che procede ad un arresto [c.p.p. 380-384], abusando dei poteri inerenti alle sue funzioni [323], è punito con la reclusione fino a tre anni [c.p. 1889, 147][1].

[1] Sono applicabili le sanzioni sostitutive previste dagli artt. 53 ss., L. 24 novembre 1981, n. 689.

CODICE PENALE

607. Indebita limitazione di libertà personale.

Il pubblico ufficiale [357], che, essendo preposto o addetto ad un istituto di custodia preventiva o ad un istituto per l'esecuzione[1] di una pena [17] o di una misura di sicurezza [215 comma 2], vi riceve taluno senza un ordine dell'Autorità competente [disp. att. c.p.p. 94], o non obbedisce all'ordine di liberazione dato da questa Autorità, ovvero indebitamente protrae l'esecuzione della pena o della misura di sicurezza, è punito con la reclusione fino a tre anni [c.p. 1889, 150, 151][2].

[1] Prima dell'entrata in vigore degli artt. 59 e 62, L. 26 luglio 1975, n. 354 era «preposto o addetto ad un carcere giudiziario o ad uno stabilimento destinato all'esecuzione».

[2] Sono applicabili le sanzioni sostitutive previste dagli artt. 53 ss., L. 24 novembre 1981, n. 689.

608. Abuso di autorità contro arrestati o detenuti.

Il pubblico ufficiale [357], che sottopone a misure di rigore non consentite dalla legge una persona arrestata o detenuta di cui egli abbia la custodia, anche temporanea, o che sia a lui affidata in esecuzione di un provvedimento dell'Autorità competente, è punito con la reclusione fino a trenta mesi[1].

La stessa pena si applica se il fatto è commesso da un altro pubblico ufficiale [357], rivestito, per ragioni del suo ufficio, di una qualsiasi autorità sulla persona custodita[1].

[1] Sono applicabili le sanzioni sostitutive previste dagli artt. 53 ss., L. 24 novembre 1981, n. 689.

609. Perquisizione e ispezione personali arbitrarie.

Il pubblico ufficiale [357], che, abusando dei poteri inerenti alle sue funzioni [323], esegue una perquisizione [c.p.p. 352] o un'ispezione personale [c.p.p. 348], è punito con la reclusione fino ad un anno [c.p. 1889, 149][1].

[1] Sono applicabili le sanzioni sostitutive previste dagli artt. 53 ss., L. 24 novembre 1981, n. 689.

609-*bis*. Violenza sessuale.

Chiunque, con violenza o minaccia o mediante abuso di autorità, costringe taluno a compiere o subire atti sessuali è punito con la reclusione **da sei a dodici anni**[1].

Alla stessa pena soggiace chi induce taluno a compiere o subire atti sessuali:

1) abusando delle condizioni di inferiorità fisica o psichica della persona offesa al momento del fatto;

2) traendo in inganno la persona offesa per essersi il colpevole sostituito ad altra persona.

Nei casi di minore gravità la pena è diminuita in misura non eccedente i due terzi [734-*bis*; c.p.p. 392, 398][2 3].

[1] Comma così modificato dall'art. 13, L. 19 luglio 2019, n. 69. Il testo previgente disponeva: *Chiunque, con violenza o minaccia o mediante abuso di autorità, costringe taluno a compiere o subire atti sessuali è punito con la reclusione da cinque a dieci anni.*

[2] Articolo aggiunto dall'art. 3, L. 15 febbraio 1996, n. 66. L'art. 16 della stessa legge, come modificato dall'art. 15, L. 3 agosto 1998, n. 269, ha così disposto: *1. L'imputato per i delitti di cui agli articoli 600-bis, secondo comma, 609-bis, 609-ter, 609-quater e 609-octies del codice penale è sottoposto, con le forme della perizia, ad accertamenti per l'individuazione di patologie sessualmente trasmissibili, qualora le modalità del fatto possano prospettare un rischio di trasmissione delle patologie medesime.*

Il delitto previsto in questo articolo, consumato o tentato, è attribuito al tribunale in composizione collegiale, ai sensi dell'art. 33-bis del codice di procedura penale, a decorrere dalla sua entrata in vigore.

L'indulto concesso con L. 31 luglio 2006, n. 241 non si applica per i delitti previsti dal presente articolo, ai sensi di quanto disposto dall'art. 1 della stessa legge.

[3] V. Libro II, Titolo IX, Capo I (abrogato).

■ Codice penale del 1889: *Art. 331 - Chiunque, con violenza o minaccia, costringe una persona dell'uno o dell'altro sesso a congiunzione carnale è punito con la reclusione da tre a dieci anni.*

Alla stessa pena soggiace chi si congiunge carnalmente con persona dell'uno o dell'altro sesso, la quale al momento del fatto: 1° non abbia compiuto gli anni dodici; 2° non abbia compiuto gli anni quindici, se il colpevole ne sia l'ascendente, il tutore o l'istitutore; 3° essendo arrestata, o condannata, sia affidata al colpevole per ragione di trasporto o di custodia; 4° non sia in grado di resistere, per malattia di mente o di corpo o per altra causa indipendente dal fatto del colpevole ovvero per effetto di mezzi fraudolenti da esso adoperati.

Art. 332 - Quando alcuno dei fatti preveduti nella prima parte e nei numeri 1° e 4° del capoverso dell'articolo precedente sia commesso con abuso di autorità, di fiducia o di relazioni domestiche, il colpevole è punito, nel caso preveduto nella prima parte, con la reclusione da sei a dodici anni; e, negli altri casi, con la reclusione da otto a quindici anni.

Art. 333 - Chiunque, usando dei mezzi o profittando delle condizioni o delle circostanze indicate nell'articolo 331, commette su persona dell'uno o dell'altro sesso atti di libidine, che non siano diretti al delitto preveduto in detto articolo, è punito con la reclusione da uno a sette anni.

Se il fatto sia commesso con abuso di autorità o di fiducia o di relazioni domestiche, la reclusione, in caso di violenza o minaccia, è da due a dieci anni; e, nei casi preveduti nei numeri 1° e 4° del capoverso dell'articolo 331, è da quattro a dodici anni.

609-*ter*. Circostanze aggravanti.

La pena stabilita dall'articolo 609-*bis* è aumentata di un terzo se i fatti ivi previsti sono commessi[1]:

1) **nei confronti di persona della quale il colpevole sia l'ascendente, il genitore, anche adottivo, o il tutore** [c.p. 1889, 331 comma 2][2];

2) con l'uso di armi o di sostanze alcoliche, narcotiche o stupefacenti o di altri strumenti o sostanze gravemente lesivi della salute della persona offesa [c.p. 1889, 331 comma 2];

3) da persona travisata o che simuli la qualità di pubblico ufficiale o di incaricato di pubblico servizio [c.p. 1889, 331 comma 2];

4) su persona comunque sottoposta a limitazioni della libertà personale [c.p. 1889, 331 comma 2];

5) **nei confronti di persona che non ha compiuto gli anni diciotto**[3];

5-bis) all'interno o nelle immediate vicinanze di istituto d'istruzione o di formazione frequentato dalla persona offesa[4];

5-ter) nei confronti di donna in stato di gravidanza[5];

5-quater) nei confronti di persona della quale il colpevole sia il coniuge, anche separato o divorziato, ovvero colui che alla stessa persona è o è stato legato da relazione affettiva, anche senza convivenza[5];

5-quinquies) se il reato è commesso da persona che fa parte di un'associazione per delinquere e al fine di agevolarne l'attività[6];

5-sexies) se il reato è commesso con violenze gravi o se dal fatto deriva al minore, a causa della reiterazione delle condotte, un pregiudizio grave[6].

La pena stabilita dall'articolo 609-*bis* è aumentata della metà se i fatti ivi previsti sono commessi nei confronti di persona che non ha compiuto gli anni quattordici. La pena è raddoppiata se i fatti di cui all'articolo 609-*bis* sono commessi nei confronti di persona che non ha compiuto gli anni dieci [734-*bis*; c.p.p. 392, 398][7 8 9].

[1] Alinea così modificato dall'art. 13, L. 19 luglio 2019, n. 69. Il testo previgente disponeva: *La pena è della reclusione da sei a dodici anni se i fatti di cui all'articolo 609-bis sono commessi.*

[2] Numero così sostituito dall'art. 13, L. 19 luglio 2019, n. 69. Il testo previgente disponeva: *1) nei confronti di persona che non ha compiuto gli anni quattordici.*

[3] Numero così sostituito prima dall'art. 1, D.L. 14 agosto 2013, n. 93, convertito in L. 15 ottobre 2013, n. 119, poi dall'art. 13, L. 19 luglio 2019, n. 69.

Il testo previgente la modifica del 2013 disponeva: *5) nei confronti di persona che non ha compiuto gli anni sedici della quale il colpevole sia l'ascendente, il genitore anche adottivo, il tutore.*

Il testo previgente la modifica del 2019 disponeva: *5) nei confronti di persona che non ha compiuto gli anni diciotto della quale il colpevole sia l'ascendente, il genitore, anche adottivo, il tutore.*

[4] Numero aggiunto dall'art. 3, L. 15 luglio 2009, n. 94.

[5] Numero aggiunto dall'art. 1, D.L. 14 agosto 2013, n. 93, convertito in L. 15 ottobre 2013, n. 119.

[6] Numero aggiunto dall'art. 1, D.Lgs. 4 marzo 2014, n. 39.

[7] Comma così sostituito dall'art. 13, L. 19 luglio 2019, n. 69. Il testo previgente disponeva: *La pena è della reclusione da sette a quattordici anni se il fatto è commesso nei confronti di persona che non ha compiuto gli anni dieci.*

[8] Articolo aggiunto dall'art. 4, L. 15 febbraio 1996, n. 66. L'art. 16 della stessa legge, come modificato dall'art. 15, L. 3 agosto 1998, n. 269, ha così disposto: *1. L'imputato per i delitti di cui agli articoli 600-bis, secondo comma, 609-bis, 609-ter, 609-quater e 609-octies del codice penale è sottoposto, con le forme della perizia, ad accertamenti per l'individuazione di patologie sessualmente trasmissibili, qualora le modalità del fatto possano prospettare un rischio di trasmissione delle patologie medesime.*

[9] V. Libro II, Titolo IX, Capo I (abrogato).

609-*quater*. Atti sessuali con minorenne.

Soggiace alla pena stabilita dall'articolo 609-*bis* chiunque, al di fuori delle ipotesi previste in detto articolo, compie atti sessuali con persona che, al momento del fatto [c.p. 1889, 333, 335]:

1) non ha compiuto gli anni quattordici [609-*sexies*; c.p. 1889, 331 comma 2];

2) non ha compiuto gli anni sedici, quando il colpevole sia l'ascendente, il genitore, anche adottivo, o il di lui convivente, il tutore, ovvero altra persona cui, per ragioni di cura, di educazione, di istruzione, di vigilanza o di custodia, il minore è affidato o che abbia, con quest'ultimo, una relazione di convivenza [c.p. 1889, 331 comma 2][1].

Fuori dei casi previsti dall'articolo 609-*bis*, l'ascendente, il genitore, anche adottivo, o il di lui convivente, il tutore, ovvero altra persona cui, per ragioni di cura, di educazione, di istruzione, di vigilanza o di custodia, il minore è affidato, o che abbia con quest'ultimo una relazione di convivenza, che, con l'abuso dei poteri connessi alla sua posizione, compie atti sessuali con persona minore che ha compiuto gli anni sedici, è punito con la reclusione da tre a sei anni[2].

La pena è aumentata se il compimento degli atti sessuali con il minore che non abbia compiuto gli anni quattordici avviene in cambio di denaro o di qualsiasi altra utilità, anche solo promessi[3].

Non è punibile il minorenne che, al di fuori delle ipotesi previste nell'articolo 609-*bis*, compie atti sessuali con un minorenne che abbia compiuto gli anni tredici, se la differenza di età tra i soggetti non è superiore a **quattro anni**[4].

Nei casi di minore gravità la pena è diminuita in misura non eccedente i due terzi[5].

Si applica la pena di cui all'articolo 609-*ter*, secondo comma, se la persona offesa non ha compiuto gli anni dieci [734-*bis*; c.p.p. 392, 398][6 7].

[1] Numero così sostituito dall'art. 6, L. 6 febbraio 2006, n. 38. Il testo previgente disponeva: *2) non ha compiuto gli anni sedici, quando il colpevole sia l'ascendente, il genitore anche adottivo, il tutore, ovvero altra persona cui, per ragioni di cura, di educazione, di istruzione, di vigilanza o di custodia, il minore è affidato o che abbia, con quest'ultimo, una relazione di convivenza.*

CODICE PENALE

[2] Comma aggiunto dall'art. 6, L. 6 febbraio 2006, n. 38 e poi così sostituito dall'art. 4, L. 1 ottobre 2012, n. 172. Il testo previgente disponeva: *Al di fuori delle ipotesi previste dall'articolo 609-bis, l'ascendente, il genitore, anche adottivo, o il di lui convivente, o il tutore che, con l'abuso dei poteri connessi alla sua posizione, compie atti sessuali con persona minore che ha compiuto gli anni sedici, è punito con la reclusione da tre a sei anni.*

[3] Comma aggiunto dall'art. 13, L. 19 luglio 2019, n. 69.

[4] Comma così modificato dall'art. 13, L. 19 luglio 2019, n. 69. Il testo previgente disponeva: *Non è punibile il minorenne che, al di fuori delle ipotesi previste nell'articolo 609-bis, compie atti sessuali con un minorenne che abbia compiuto gli anni tredici, se la differenza di età tra i soggetti non è superiore a tre anni.*

[5] Comma così modificato dall'art. 4, L. 1 ottobre 2012, n. 172. Il testo previgente disponeva: *Nei casi di minore gravità la pena è diminuita fino a due terzi.*

[6] Articolo aggiunto dall'art. 5, L. 15 febbraio 1996, n. 66.

[7] V. Libro II, Titolo IX, Capo I (abrogato).

609-*quinquies*. Corruzione di minorenne.

Chiunque compie atti sessuali in presenza di persona minore di anni quattordici, al fine di farla assistere, è punito con la reclusione da uno a cinque anni.

Salvo che il fatto costituisca più grave reato, alla stessa pena di cui al primo comma soggiace chiunque fa assistere una persona minore di anni quattordici al compimento di atti sessuali, ovvero mostra alla medesima materiale pornografico, al fine di indurla a compiere o a subire atti sessuali.

La pena è aumentata:

a) se il reato è commesso da più persone riunite;

b) se il reato è commesso da persona che fa parte di un'associazione per delinquere e al fine di agevolarne l'attività;

c) se il reato è commesso con violenze gravi o se dal fatto deriva al minore, a causa della reiterazione delle condotte, un pregiudizio grave[1].

La pena è aumentata fino alla metà quando il colpevole sia l'ascendente, il genitore, anche adottivo, o il di lui convivente, il tutore, ovvero altra persona cui, per ragioni di cura, di educazione, di istruzione, di vigilanza o di custodia, il minore è affidato, o che abbia con quest'ultimo una relazione di stabile convivenza[2 3].

[1] Comma aggiunto dall'art. 1, D.Lgs. 4 marzo 2014, n. 39.

[2] Articolo aggiunto dall'art. 6, L. 15 febbraio 1996, n. 66 e poi così sostituito dall'art. 4, L. 1 ottobre 2012, n. 172. Il testo previgente disponeva: *609-quinquies. Corruzione di minorenne. Chiunque compie atti sessuali in presenza di persona minore di anni quattordici, al fine di farla assistere, è punito con la reclusione da sei mesi a tre anni.*

L'art. 16 della L. 15 febbraio 1996, n. 66, come modificato dall'art. 15, L. 3 agosto 1998, n. 269, ha così disposto: *1. L'imputato per i delitti di cui agli articoli 600-bis, secondo comma, 609-bis, 609-ter, 609-quater e 609-octies del codice penale è sottoposto, con le forme della perizia, ad accertamenti per l'individuazione di patologie sessualmente trasmissibili, qualora le modalità del fatto possano prospettare un rischio di trasmissione delle patologie medesime.*

[3] V. Libro II, Titolo IX, Capo I (abrogato).

609-*sexies*. Ignoranza dell'età della persona offesa.

Quando i delitti previsti negli articoli 609-*bis*, 609-*ter*, 609-*quater*, 609-*octies* e 609-*undecies* sono commessi in danno di un minore degli anni diciotto, e quando è commesso il delitto di cui all'articolo 609-*quinquies*, il colpevole non può invocare a propria scusa l'ignoranza dell'età della persona offesa, salvo che si tratti di ignoranza inevitabile[1 2].

[1] Articolo aggiunto dall'art. 7, L. 15 febbraio 1996, n. 66 e poi così sostituito dall'art. 4, L. 1 ottobre 2012, n. 172. Il testo previgente disponeva: *609-sexies. Ignoranza dell'età della persona offesa. Quando i delitti previsti negli articoli 609-bis, 609-ter, 609-quater e 609-octies sono commessi in danno di persona minore di anni quattordici, nonché nel caso del delitto di cui all'articolo 609-quinquies, il colpevole non può invocare, a propria scusa, l'ignoranza dell'età della persona offesa.*

L'indulto concesso con L. 31 luglio 2006, n. 241 non si applica per i delitti previsti dal presente articolo, ai sensi di quanto disposto dall'art. 1 della stessa legge.

[2] V. Libro II, Titolo IX, Capo I (abrogato).

609-*septies*. Querela di parte.

I delitti previsti dagli **articoli 609-*bis* e 609-*ter*** sono punibili a querela della persona offesa [120 ss.; c.p.p. 336 ss.; c.p. 1889, 344][1].

Salvo quanto previsto dall'articolo 597, terzo comma, il termine per la proposizione della querela è di **dodici** mesi [c.p. 1889, 336 comma 1][2].

La querela proposta è irrevocabile [c.p. 1889, 336 comma 2].

Si procede tuttavia d'ufficio [c.p. 1889, 336 comma 3]:

1) se il fatto di cui all'articolo 609-*bis* è commesso nei confronti di persona che al momento del fatto non ha compiuto gli anni diciotto[3];

2) se il fatto è commesso dall'ascendente, dal genitore, anche adottivo, o dal di lui convivente, dal tutore ovvero da altra persona cui il minore è affidato per ragioni di cura, di educazione, di istruzione, di vigilanza o di custodia o che abbia con esso una relazione di convivenza[4];

3) se il fatto è commesso da un pubblico ufficiale o da un incaricato di pubblico servizio nell'esercizio delle proprie funzioni;

4) se il fatto è connesso con un altro delitto per il quale si deve procedere d'ufficio;

5) [...][5 6 7].

[1] Comma così modificato dall'art. 13, L. 19 luglio 2019, n. 69. Il testo previgente disponeva: *I delitti previsti dagli articoli*

609-bis, 609-ter e 609-quater sono punibili a querela della persona offesa.

[2] Comma così modificato dall'art. 13, L. 19 luglio 2019, n. 69. Il testo previgente disponeva: *Salvo quanto previsto dall'articolo 597, terzo comma, il termine per la proposizione della querela è di sei mesi.*

[3] Numero così modificato dall'art. 7, L. 6 febbraio 2006, n. 38.

[4] Numero così sostituito dall'art. 7, L. 6 febbraio 2006, n. 38. Il testo previgente disponeva: *2) se il fatto è commesso dal genitore, anche adottivo, o dal di lui convivente, dal tutore, ovvero da altra persona cui il minore è affidato per ragioni di cura, di educazione, di istruzione, di vigilanza o di custodia.*

[5] Numero abrogato dall'art. 13, L. 19 luglio 2019, n. 69. Il testo previgente disponeva: ***5) se il fatto è commesso nell'ipotesi di cui all'articolo 609-quater, ultimo comma.***

[6] Articolo aggiunto dall'art. 8, L. 15 febbraio 1996, n. 66.

[7] V. Libro II, Titolo IX, Capo I (abrogato).

609-*octies*. Violenza sessuale di gruppo.

La violenza sessuale di gruppo consiste nella partecipazione, da parte di più persone riunite, ad atti di violenza sessuale di cui all'articolo 609-*bis* [c.p. 1889, 334].

Chiunque commette atti di violenza sessuale di gruppo è punito con la reclusione **da otto a quattordici anni**[1].

Si applicano le circostanze aggravanti previste dall'articolo 609-*ter*[2].

La pena è diminuita per il partecipante la cui opera abbia avuto minima importanza nella preparazione o nella esecuzione del reato. La pena è altresì diminuita per chi sia stato determinato a commettere il reato quando concorrono le condizioni stabilite dai numeri *3)* e *4)* del primo comma e dal terzo comma dell'articolo 112 [734-*bis*; c.p.p. 392, 398][3 4].

[1] Comma così modificato dall'art. 13, L. 19 luglio 2019, n. 69. Il testo previgente disponeva: *Chiunque commette atti di violenza sessuale di gruppo è punito con la reclusione da sei a dodici anni.*

[2] Comma così modificato dall'art. 13, L. 19 luglio 2019, n. 69. Il testo previgente disponeva: *La pena è aumentata se concorre taluna delle circostanze aggravanti previste dall'articolo 609-ter.*

[3] Articolo aggiunto dall'art. 9, L. 15 febbraio 1996, n. 66. L'art. 16 della stessa legge, come modificato dall'art. 15, L. 3 agosto 1998, n. 269, ha così disposto: *1. L'imputato per i delitti di cui agli articoli 600-bis, secondo comma, 609-bis, 609-ter, 609-quater e 609-octies del codice penale è sottoposto, con le forme della perizia, ad accertamenti per l'individuazione di patologie sessualmente trasmissibili, qualora le modalità del fatto possano prospettare un rischio di trasmissione delle patologie medesime.*

[4] V. Libro II, Titolo IX, Capo I (abrogato).

■ Codice penale del 1889: *Art. 334 - Quando alcuno dei fatti preveduti negli articoli precedenti sia commesso col simultaneo concorso di due o più persone, le pene in essi stabilite sono aumentate di un terzo.*

609-*nonies*. Pene accessorie ed altri effetti penali.

La condanna o l'applicazione della pena su richiesta delle parti ai sensi dell'articolo 444 del codice di procedura penale per alcuno dei delitti previsti dagli articoli 609-*bis*, 609-*ter*, 609-*quater*, 609-*quinquies*, 609-*octies* e 609-*undecies* comporta:

1) la perdita della responsabilità genitoriale, quando la qualità di genitore è elemento costitutivo o circostanza aggravante del reato[1];

2) l'interdizione perpetua da qualsiasi ufficio attinente alla tutela, alla curatela e all'amministrazione di sostegno;

3) la perdita del diritto agli alimenti e l'esclusione dalla successione della persona offesa;

4) l'interdizione temporanea dai pubblici uffici; l'interdizione dai pubblici uffici per la durata di anni cinque in seguito alla condanna alla reclusione da tre a cinque anni, ferma restando, comunque, l'applicazione dell'articolo 29, primo comma, quanto all'interdizione perpetua;

5) la sospensione dall'esercizio di una professione o di un'arte[2].

La condanna o l'applicazione della pena su richiesta delle parti a norma dell'articolo 444 del codice di procedura penale, per alcuno dei delitti previsti dagli articoli 609-*bis*, 609-*ter*, 609-*octies* e 609-*undecies*, se commessi nei confronti di persona che non ha compiuto gli anni diciotto, 609-*quater* e 609-*quinquies*, comporta in ogni caso l'interdizione perpetua da qualunque incarico nelle scuole di ogni ordine e grado nonché da ogni ufficio o servizio in istituzioni o in altre strutture pubbliche o private frequentate prevalentemente da minori[3].

La condanna per i delitti previsti dall'articolo 600-*bis*, secondo comma, dall'articolo 609-*bis*, nelle ipotesi aggravate di cui all'articolo 609-*ter*, dagli articoli 609-*quater*, 609-*quinquies* e 609-*octies*, nelle ipotesi aggravate di cui al terzo comma del medesimo articolo, comporta, dopo l'esecuzione della pena e per una durata minima di un anno, l'applicazione delle seguenti misure di sicurezza personali:

1) l'eventuale imposizione di restrizione dei movimenti e della libera circolazione, nonchè il divieto di avvicinarsi a luoghi frequentati abitualmente da minori;

2) il divieto di svolgere lavori che prevedano un contatto abituale con minori;

3) l'obbligo di tenere informati gli organi di polizia sulla propria residenza e sugli eventuali spostamenti[4].

Chiunque viola le disposizioni previste dal terzo comma è soggetto alla pena della reclusione fino a tre anni[4 5 6].

CODICE PENALE

[1] Numero così modificato dall'art. 93, D.Lgs. 28 dicembre 2013, n. 154, a decorrere dal 7 febbraio 2014. Il testo previgente disponeva: *1) la perdita della potestà del genitore, quando la qualità di genitore è elemento costitutivo o circostanza aggravante del reato.*

[2] Comma così sostituito dall'art. 4, L. 1 ottobre 2012, n. 172. Il testo previgente disponeva: *La condanna o l'applicazione della pena su richiesta delle parti ai sensi dell'articolo 444 del codice di procedura penale per alcuno dei delitti previsti dagli articoli 609-bis, 609-ter, 609-quater, 609-quinquies e 609-octies comporta:*

1) la perdita della potestà del genitore, quando la qualità di genitore è elemento costitutivo o circostanza aggravante del reato;

2) l'interdizione perpetua da qualsiasi ufficio attinente alla tutela ed alla curatela;

3) la perdita del diritto agli alimenti e l'esclusione dalla successione della persona offesa.

[3] Comma aggiunto dall'art. 8, L. 6 febbraio 2006, n. 38 e poi così modificato dall'art. 4, L. 1 ottobre 2012, n. 172. Il testo previgente disponeva: *La condanna o l'applicazione della pena su richiesta delle parti a norma dell'articolo 444 del codice di procedura penale, per alcuno dei delitti previsti dagli articoli 609-bis, 609-ter e 609-octies, se commessi nei confronti di persona che non ha compiuto gli anni diciotto, 609-quater e 609-quinquies, comporta in ogni caso l'interdizione perpetua da qualunque incarico nelle scuole di ogni ordine e grado nonché da ogni ufficio o servizio in istituzioni o in altre strutture pubbliche o private frequentate prevalentemente da minori.*

[4] Comma aggiunto dall'art. 4, L. 1 ottobre 2012, n. 172.

[5] Articolo aggiunto dall'art. 10, L. 15 febbraio 1996, n. 66. Il testo originario era il seguente: *La condanna per alcuno dei delitti previsti dagli articoli 609-bis, 609-ter, 609-quater, 609-quinquies e 609-octies comporta:*

1) la perdita della potestà del genitore, quando la qualità di genitore è elemento costitutivo del reato;

2) l'interdizione perpetua da qualsiasi ufficio attinente alla tutela ed alla curatela;

3) la perdita del diritto agli alimenti e l'esclusione dalla successione della persona offesa.

[6] V. Libro II, Titolo IX, Capo I (abrogato).

609-*decies*. Comunicazione dal tribunale per i minorenni.

Quando si procede per taluno dei delitti previsti dagli articoli 600, 600-*bis*, 600-*ter*, 600-*quinquies*, 601, 602, 609-*bis*, 609-*ter*, 609-*quinquies*, 609-*octies* e 609-*undecies* commessi in danno di minorenni, ovvero per il delitto previsto dall'articolo 609-*quater* o per i delitti previsti dagli articoli 572 e 612-*bis*, se commessi in danno di un minorenne o da uno dei genitori di un minorenne in danno dell'altro genitore, il procuratore della Repubblica ne dà notizia al tribunale per i minorenni[1].

Qualora riguardi taluno dei delitti previsti dagli articoli 572, 609-*ter* e 612-*bis*, commessi in danno di un minorenne o da uno dei genitori di un minorenne in danno dell'altro genitore, la comunicazione di cui al primo comma si considera effettuata anche ai fini dell'adozione dei provvedimenti di cui agli articoli 155 e seguenti, nonchè 330 e 333 del codice civile[2].

Nei casi previsti dal primo comma, l'assistenza affettiva e psicologica della persona offesa minorenne è assicurata, in ogni stato e grado del procedimento, dalla presenza dei genitori o di altre persone idonee indicate dal minorenne, nonchè di gruppi, fondazioni, associazioni od organizzazioni non governative di comprovata esperienza nel settore dell'assistenza e del supporto alle vittime dei reati di cui al primo comma e iscritti in apposito elenco dei soggetti legittimati a tale scopo, con il consenso del minorenne, e ammessi dall'autorità giudiziaria che procede[3].

In ogni caso al minorenne è assicurata l'assistenza dei servizi minorili dell'Amministrazione della giustizia e dei servizi istituiti dagli enti locali.

Dei servizi indicati nel terzo comma si avvale altresì l'autorità giudiziaria in ogni stato e grado del procedimento[4 5].

[1] Comma prima modificato dall'art. 3, L. 15 luglio 2009, n. 94, poi così sostituito dall'art. 4, L. 1 ottobre 2012, n. 172 e, infine, modificato dall'art. 1, D.L. 14 agosto 2013, n. 93, convertito in L. 15 ottobre 2013, n. 119. Il testo previgente le modifiche del 2009 disponeva: *Quando si procede per alcuno dei delitti previsti dagli articoli 600, 600-bis, 600-ter, 600-quinquies, 601, 602, 609-bis, 609-ter, 609-quinquies e 609-octies commessi in danno di minorenni, ovvero per il delitto previsto dall'articolo 609-quater, il procuratore della Repubblica ne dà notizia al tribunale per i minorenni.* Il testo previgente le modifiche del 2012 disponeva: *Quando si procede per alcuno dei delitti previsti dagli articoli 600, 600-bis, 600-ter, 600-quinquies, 600-octies, 601, 602, 609-bis, 609-ter, 609-quinquies e 609-octies commessi in danno di minorenni, ovvero per il delitto previsto dall'articolo 609-quater, il procuratore della Repubblica ne dà notizia al tribunale per i minorenni.* Il test previgente la modifica del 2013 disponeva: *Quando si procede per taluno dei delitti previsti dagli articoli 600, 600-bis, 600-ter, 600-quinquies, 601, 602, 609-bis, 609-ter, 609-quinquies, 609-octies e 609-undecies commessi in danno di minorenni, ovvero per il delitto previsto dall'articolo 609-quater, il procuratore della Repubblica ne dà notizia al tribunale per i minorenni.*

[2] Comma aggiunto dall'art. 1, D.L. 14 agosto 2013, n. 93, convertito in L. 15 ottobre 2013, n. 119.

[3] Comma così sostituito dall'art. 4, L. 1 ottobre 2012, n. 172. Il testo previgente disponeva: *Nei casi previsti dal primo comma l'assistenza affettiva e psicologica della persona offesa minorenne è assicurata, in ogni stato e grado di procedimento, dalla presenza dei genitori o di altre persone idonee indicate dal minorenne e ammesse dall'autorità giudiziaria che procede.*

[4] Articolo aggiunto dall'art. 11, L. 15 febbraio 1996, n. 66. Il testo previgente la modifica disposta dalla L. n. 228 del 2003 era il seguente: *Quando si procede per alcuno dei delitti previsti dagli articoli 600-bis, 600-ter, 600-quinquies, 609-bis, 609-ter, 609-quinquies e 609-octies commessi in danno di minorenni, ovvero per il delitto previsto dall'articolo 609-quater, il*

procuratore della Repubblica ne dà notizia al tribunale per i minorenni. Il testo previgente la modifica disposta dalla L. 269 del 1998 era il seguente: «*Quando si procede per alcuno dei delitti previsti dagli articoli 609-bis, 609-ter, 609-quinquies e 609-octies commessi in danno di minorenni, ovvero per il delitto previsto dall'articolo 609-quater, il procuratore della Repubblica ne dà notizia al tribunale per i minorenni.*

[5] V. Libro II, Titolo IX, Capo I (abrogato).

609-*undecies*. Adescamento di minorenni.

Chiunque, allo scopo di commettere i reati di cui agli articoli 600, 600-*bis*, 600-*ter* e 600-*quater*, anche se relativi al materiale pornografico di cui all'articolo 600-*quater.1*, 600-*quinquies*, 609-*bis*, 609-*quater*, 609-*quinquies* e 609-*octies*, adesca un minore di anni sedici, è punito, se il fatto non costituisce più grave reato, con la reclusione da uno a tre anni. Per adescamento si intende qualsiasi atto volto a carpire la fiducia del minore attraverso artifici, lusinghe o minacce posti in essere anche mediante l'utilizzo della rete internet o di altre reti o mezzi di comunicazione[1].

[1] Articolo aggiunto dall'art. 4, L. 1 ottobre 2012, n. 172.

609-*duodecies*. Circostanze aggravanti.

Le pene per i reati di cui agli articoli 609-*bis*, 609-*quater*, 609-*quinquies*, 609-*octies* e 609-*undecies*, sono aumentate in misura non eccedente la metà nei casi in cui gli stessi siano compiuti con l'utilizzo di mezzi atti ad impedire l'identificazione dei dati di accesso alle reti telematiche[1].

[1] Articolo aggiunto dall'art. 1, D.Lgs. 4 marzo 2014, n. 39.

Sezione III

Dei delitti contro la libertà morale

610. Violenza privata.

Chiunque, con violenza [581] o minaccia, costringe altri a fare, tollerare od omettere qualche cosa è punito con la reclusione fino a quattro anni [c.p. 1889, 166].

La pena è aumentata [64] se concorrono le condizioni prevedute dall'articolo 339[1].

[1] Per l'aumento della pena, qualora il fatto sia commesso da persona sottoposta a misura di prevenzione, v. art. 71, D.Lgs. 6 settembre 2011, n. 159. Aumenti di pena sono previsti, anche, dall'art. 1, L. 25 marzo 1985, n. 107, sulla repressione dei reati contro le persone internazionalmente protette.

611. Violenza o minaccia per costringere a commettere un reato.

Chiunque usa violenza [581] o minaccia per costringere o determinare altri a commettere un fatto costituente reato è punito con la reclusione fino a cinque anni.

La pena è aumentata [64] se concorrono le condizioni prevedute dall'articolo 339[1].

[1] Per l'aumento della pena, qualora il fatto sia commesso da persona sottoposta a misura di prevenzione, v. art. 71, D.Lgs. 6 settembre 2011, n. 159.

612. Minaccia.

Chiunque minaccia ad altri un ingiusto danno è punito, a querela della persona offesa [120], con la multa fino a euro 1.032 [c.p. 1889, 156][1 2].

Se la minaccia è grave, o è fatta in uno dei modi indicati nell'articolo 339, la pena è della reclusione fino a un anno[3].

Si procede d'ufficio se la minaccia è fatta in uno dei modi indicati nell'articolo 339[4 5 6].

[1] Comma così modificato dall'art. 1, D.L. 14 agosto 2013, n. 93, convertito in L. 15 ottobre 2013, n. 119. Il testo previgente disponeva: *Chiunque minaccia ad altri un ingiusto danno è punito, a querela della persona offesa, con la multa fino a euro 51.*

[2] Ai sensi dell'art. 15, L. 24 novembre 1999, n. 468 e dell'art. 4, D.Lgs. 28 agosto 2000, n. 274, nel testo, da ultimo, modificato dall'art. 1, L. 23 marzo 2016, n. 41, al giudice di pace è devoluta la competenza per il delitto, consumato o tentato, previsto dal presente comma, a decorrere dal 4 aprile 2001. Tuttavia la competenza per tali reati è del tribunale se ricorre una o più delle circostanze previste dagli articoli 1 del D.L. 15 dicembre 1979, n. 625, convertito in L. 6 febbraio 1980, n. 15 [ora art. 270-bis.1 c.p.], 7 del D.L. 13 maggio 1991, n. 152, convertito in L. 12 luglio 1991, n. 203 [ora art. 416-bis.1 c.p.], e 3 del D.L. 26 aprile 1993, n. 122, convertito in L. 25 giugno 1993, n. 205 [ora art. 604-ter c.p.]. V. però Corte cost. 14 dicembre 2018, n. 236.

[3] Comma così modificato dall'art. 1, D.Lgs. 10 aprile 2018, n. 36. Il testo previgente disponeva: *Se la minaccia è grave, o è fatta in uno dei modi indicati nell'articolo 339, la pena è della reclusione fino a un anno e si procede d'ufficio.*

[4] Comma aggiunto dall'art. 1, D.Lgs. 10 aprile 2018, n. 36.

[5] Sono applicabili le sanzioni sostitutive previste dagli artt. 53 ss., L. 24 novembre 1981, n. 689.

[6] Per l'aumento della pena, qualora il fatto sia commesso da persona sottoposta a misura di prevenzione, v. art. 71, D.Lgs. 6 settembre 2011, n. 159.

612-*bis*. Atti persecutori.

Salvo che il fatto costituisca più grave reato, è punito con la reclusione **da un anno a sei anni e sei mesi** chiunque, con condotte reiterate, minaccia o molesta taluno in modo da cagionare un perdurante e grave stato di ansia o di paura ovvero da ingenerare un fondato timore per l'incolumità propria o di un prossimo congiunto o di persona al medesimo legata da relazione affettiva ovvero da costringere lo stesso ad alterare le proprie abitudini di vita[1].

La pena è aumentata se il fatto è commesso dal coniuge, anche separato o divorziato, o da persona che è o è stata legata da relazione affettiva alla perso-

CODICE PENALE

na offesa ovvero se il fatto è commesso attraverso strumenti informatici o telematici[2].

La pena è aumentata fino alla metà se il fatto è commesso a danno di un minore, di una donna in stato di gravidanza o di una persona con disabilità di cui all'articolo 3 della legge 5 febbraio 1992, n. 104, ovvero con armi o da persona travisata.

Il delitto è punito a querela della persona offesa. Il termine per la proposizione della querela è di sei mesi. La remissione della querela può essere soltanto processuale. La querela è comunque irrevocabile se il fatto è stato commesso mediante minacce reiterate nei modi di cui all'articolo 612, secondo comma. Si procede tuttavia d'ufficio se il fatto è commesso nei confronti di un minore o di una persona con disabilità di cui all'articolo 3 della legge 5 febbraio 1992, n. 104, nonchè quando il fatto è connesso con altro delitto per il quale si deve procedere d'ufficio[3 4].

[1] Comma così modificato prima dall'art. 1-bis. D.L. 1 luglio 2013, n. 78, convertito in L. 9 agosto 2013, n. 94 (che ha sostituito le parole "a quattro anni" con le parole "a cinque anni"), poi dall'art. 9, L. 19 luglio 2019, n. 69 (che ha sostituito le parole "da sei mesi a cinque anni" con le parole "da un anno a sei anni e sei mesi").

[2] Comma così sostituito dall'art. 1, D.L. 14 agosto 2013, n. 93, convertito in L. 15 ottobre 2013, n. 119. Il testo previgente disponeva: La pena è aumentata se il fatto è commesso dal coniuge legalmente separato o divorziato o da persona che sia stata legata da relazione affettiva alla persona offesa.

[3] Comma così modificato dall'art. 1, D.L. 14 agosto 2013, n. 93, convertito in L. 15 ottobre 2013, n. 119. Il testo previgente disponeva: Il delitto è punito a querela della persona offesa. Il termine per la proposizione della querela è di sei mesi. Si procede tuttavia d'ufficio se il fatto è commesso nei confronti di un minore o di una persona con disabilità di cui all'articolo 3 della legge 5 febbraio 1992, n. 104, nonchè quando il fatto è connesso con altro delitto per il quale si deve procedere d'ufficio.

[4] Articolo aggiunto dall'art. 7, D.L. 23 febbraio 2009, n. 11, convertito in L. 23 aprile 2009, n. 38.

● Norme connesse:
- art. 25, Cost.
- artt. 2, 3, 14, Cedu.

♦ Sentenza di rigetto Corte Cost. 172/2014. *Non è fondata la questione di legittimità costituzionale dell'art. 612- bis codice penale che disciplina il reato di atti persecutori, impugnato, in riferimento all'art. 25, secondo comma, Cost., per violazione del principio di determinatezza. Il reato di cui all'art. 612- bis cod. pen. non attenua, in alcun modo la determinatezza della incriminazione rispetto alle fattispecie di molestie o di minacce, tenuto conto che il diritto vivente qualifica il reato in questione come reato abituale di evento. Inoltre il ricorso ad una enunciazione sintetica della norma e non analitica non determina una violazione del principio di indeterminatezza purché attraverso una interpretazione teleologica della norma si giunga ad un significato chiaro dell'enunciato.*

♦ Codice penale francese

Articolo 222-33-2. *Il fatto di molestare gli altri con parole o comportamenti ripetuti aventi come scopo o come effetto, un degrado delle condizioni di lavoro che possono incidere sui propri diritti e sulla propria dignità, di alterare la salute fisica o mentale o mettere in pericolo il futuro professionale, è punibile con due anni di reclusione ed una multa • 30.000.*

Articolo 222-33-2-1. *Il fatto di molestare il proprio coniuge, il proprio compagno unito con un patto civile di solidarietà od il proprio convivente con parole o comportamenti ripetuti che hanno come scopo o come effetto un peggioramento delle condizioni di vita con conseguente compromissione della salute fisica o psichica è punibile con tre anni di reclusione e 45.000 • di multa quando questi fatti hanno provocato una invalidità totale di lavoro inferiore o uguale a otto giorni o non hanno portato alcuna disabilità e cinque anni di reclusione e 75 000 • di multa dove hanno causato una totale incapacità di lavorare per più di otto giorni.*

Le stesse pene si applicano quando il reato è commesso da un ex coniuge o ex partner della vittima, o un ex partner legato ad esso da un patto civile di solidarietà.

♦ Codice penale tedesco

§238 Stalking. *(1) Chiunque illecitamente compie atti persecutori nei confronti di una persona*

1. cercando la sua vicinanza,

2. cercando di stabilire un contatto con lui mediante mezzi di comunicazione o altri mezzi di comunicazione o tramite terzi,

3. abusando dei suoi dati personali al fine di ordinare prodotti o servizi per lui o tramite terze persone cerca di entrare in contatto con lui,

4. causando a lui o ad una persona vicina a lui la perdita della vita o di un arto, danni alla salute o la privazione della libertà, o una seria minaccia;

5. commette atti simili e viola in tal modo seriamente il suo stile di vita sarà punito con la reclusione non superiore a tre anni o una multa.

(2) La pena è di tre mesi a cinque anni se il colpevole pone la vittima, un parente o un'altra persona vicina alla vittima in pericolo di morte o di lesioni gravi.

(3) Se il colpevole cagiona la morte della vittima, di un parente o di un'altra persona vicina alla vittima la pena è della reclusione da uno a dieci anni.

(4) I casi di cui al comma (1) di cui sopra possono essere perseguiti solo su querela a meno che l'autorità giudiziaria considera propio motu che il processo è necessario perché di interesse pubblico speciale.

612-*ter*. Diffusione illecita di immagini o video sessualmente espliciti.

Salvo che il fatto costituisca più grave reato, chiunque, dopo averli realizzati o sottratti, invia, consegna, cede, pubblica o diffonde immagini o video a contenuto sessualmente esplicito, destinati a rimanere privati, senza il consenso delle persone rappresentate, è punito con la reclusione da uno a sei anni e con la multa da euro 5.000 a euro 15.000.

La stessa pena si applica a chi, avendo ricevuto o comunque acquisito le immagini o i video di cui al primo comma, li invia, consegna, cede, pubblica o diffonde senza il consenso delle persone rappresentate al fine di recare loro nocumento.

La pena è aumentata se i fatti sono commessi dal coniuge, anche separato o divorziato, o da persona che è o è stata legata da relazione affettiva alla persona offesa ovvero se i fatti sono commessi attraverso strumenti informatici o telematici.

La pena è aumentata da un terzo alla metà se i fatti sono commessi in danno di persona in condizione di inferiorità fisica o psichica o in danno di una donna in stato di gravidanza.

Il delitto è punito a querela della persona offesa. Il termine per la proposizione della querela è di sei mesi. La remissione della querela può essere soltanto processuale. Si procede tuttavia d'ufficio nei casi di cui al quarto comma, nonchè quando il fatto è connesso con altro delitto per il quale si deve procedere d'ufficio[1].

[1] Articolo aggiunto dall'art. 10, L. 19 luglio 2019, n. 69.

613. **Stato di incapacità procurato mediante violenza.**

Chiunque, mediante suggestione ipnotica o in veglia, o mediante somministrazione di sostanze alcooliche o stupefacenti, o con qualsiasi altro mezzo, pone una persona, senza il consenso di lei, in stato d'incapacità d'intendere o di volere [85, 86], è punito con la reclusione fino a un anno [690, 691, 728][1].

Il consenso dato dalle persone indicate nell'ultimo capoverso dell'articolo 579 non esclude la punibilità [86, 111, 628 comma 3, 690, 691, 728].

La pena è della reclusione fino a cinque anni:

1) se il colpevole ha agito col fine di far commettere un reato;

2) se la persona resa incapace commette, in tale stato, un fatto preveduto dalla legge come delitto [111].

[1] Sono applicabili le sanzioni sostitutive previste dagli artt. 53 ss., L. 24 novembre 1981, n. 689.

613-*bis*. **Tortura.**

Chiunque, con violenze o minacce gravi, ovvero agendo con crudeltà, cagiona acute sofferenze fisiche o un verificabile trauma psichico a una persona privata della libertà personale o affidata alla sua custodia, potestà, vigilanza, controllo, cura o assistenza, ovvero che si trovi in condizioni di minorata difesa, è punito con la pena della reclusione da quattro a dieci anni se il fatto è commesso mediante più condotte ovvero se comporta un trattamento inumano e degradante per la dignità della persona.

Se i fatti di cui al primo comma sono commessi da un pubblico ufficiale o da un incaricato di un pubblico servizio, con abuso dei poteri o in violazione dei doveri inerenti alla funzione o al servizio, la pena è della reclusione da cinque a dodici anni.

Il comma precedente non si applica nel caso di sofferenze risultanti unicamente dall'esecuzione di legittime misure privative o limitative di diritti.

Se dai fatti di cui al primo comma deriva una lesione personale le pene di cui ai commi precedenti sono aumentate; se ne deriva una lesione personale grave sono aumentate di un terzo e se ne deriva una lesione personale gravissima sono aumentate della metà.

Se dai fatti di cui al primo comma deriva la morte quale conseguenza non voluta, la pena è della reclusione di anni trenta. Se il colpevole cagiona volontariamente la morte, la pena è dell'ergastolo[1].

[1] Articolo aggiunto dall'art. 1, L. 14 luglio 2017, n. 110, a decorrere dal 18 luglio 2017.

● Norme connesse:

- art. 3, Cedu.

613-*ter*. **Istigazione del pubblico ufficiale a commettere tortura.**

Il pubblico ufficiale o l'incaricato di un pubblico servizio il quale, nell'esercizio delle funzioni o del servizio, istiga in modo concretamente idoneo altro pubblico ufficiale o altro incaricato di un pubblico servizio a commettere il delitto di tortura, se l'istigazione non è accolta ovvero se l'istigazione è accolta ma il delitto non è commesso, è punito con la reclusione da sei mesi a tre anni[1].

[1] Articolo aggiunto dall'art. 1, L. 14 luglio 2017, n. 110, a decorrere dal 18 luglio 2017.

Sezione IV
Dei delitti contro la inviolabilità del domicilio

614. **Violazione di domicilio.**

Chiunque s'introduce nell'abitazione altrui, o in un altro luogo di privata dimora, o nelle appartenenze di essi, contro la volontà espressa o tacita di chi ha il diritto di escluderlo, ovvero vi s'introduce clandestinamente o con l'inganno, è punito con la reclusione **da uno a quattro anni** [615; c.p. 1889, 157][1 2].

Alla stessa pena soggiace chi si trattiene nei detti luoghi contro l'espressa volontà di chi ha il diritto di escluderlo, ovvero vi si trattiene clandestinamente o con inganno[2].

Il delitto è punibile a querela della persona offesa [120].

La pena è **da due a sei anni**, e si procede d'ufficio, se il fatto è commesso con violenza sulle cose [392 comma 2], o alle persone, ovvero se il colpevole è palesemente armato[3].

[1] Comma così modificato prima dall'art. 3, L. 15 luglio 2009, n. 94, poi dall'art. 4, L. 26 aprile 2019, n. 36.

Il testo previgente la modifica del 2009 disponeva: *Chiunque s'introduce nell'abitazione altrui, o in un altro luogo di privata dimora, o nelle appartenenze di essi, contro la volontà espressa o tacita di chi ha il diritto di escluderlo, ovvero vi s'introduce clandestinamente o con l'inganno, è punito con la reclusione fino a tre anni.*

Il testo previgente la modifica del 2019 disponeva: *Chiunque s'introduce nell'abitazione altrui, o in un altro luogo di privata dimora, o nelle appartenenze di essi, contro la volontà espressa o tacita di chi ha il diritto di escluderlo, ovvero vi s'introduce clandestinamente o con l'inganno, è punito con la reclusione da sei mesi a tre anni.*

[2] Sono applicabili le sanzioni sostitutive previste dagli artt. 53 ss., L 24 novembre 1981, n. 689.

[3] Comma così modificato dall'art. 4, L. 26 aprile 2019, n. 36. Il testo previgente disponeva: *La pena è da uno a cinque anni, e si procede d'ufficio, se il fatto è commesso con violenza sulle cose, o alle persone, ovvero se il colpevole è palesemente armato.*

■ Codice penale del 1889: *Art. 157 - Chiunque arbitrariamente s'introduce o si trattiene nell'abitazione altrui o nelle appartenenze di essa contro il divieto di chi abbia il diritto di escluderlo, ovvero vi s'introduce o vi si trattiene clandestinamente o con inganno, è punito con la reclusione da uno a trenta mesi.*

Se il delitto sia commesso di notte, o con violenza contro la persona, o con armi, o da più persone riunite, la reclusione è da uno a cinque anni. Non si procede che a querela di parte.

615. Violazione di domicilio commessa da un pubblico ufficiale.

Il pubblico ufficiale [357], che, abusando dei poteri inerenti alle sue funzioni [323], s'introduce o si trattiene nei luoghi indicati nell'articolo precedente, è punito con la reclusione da uno a cinque anni [c.p. 1889, 158].

Se l'abuso consiste nell'introdursi nei detti luoghi senza l'osservanza delle formalità prescritte dalla legge [c.p.p. 352, 247, 250, 251], la pena è della reclusione fino a un anno[1].

Nel caso previsto dal secondo comma il delitto è punibile a querela della persona offesa[2].

[1] Sono applicabili le sanzioni sostitutive previste dagli artt. 53 ss., L. 24 novembre 1981, n. 689.

[2] Comma aggiunto dall'art. 2, D.Lgs. 10 aprile 2018, n. 36.

615-*bis*. Interferenze illecite nella vita privata.

Chiunque, mediante l'uso di strumenti di ripresa visiva o sonora, si procura indebitamente notizie o immagini attinenti alla vita privata svolgentesi nei luoghi indicati nell'articolo 614, è punito con la reclusione da sei mesi a quattro anni.

Alla stessa pena soggiace, salvo che il fatto costituisca più grave reato, chi rivela o diffonde, mediante qualsiasi mezzo di informazione al pubblico, le notizie o le immagini ottenute nei modi indicati nella prima parte di questo articolo.

I delitti sono punibili a querela della persona offesa [120]; tuttavia si procede d'ufficio e la pena è della reclusione da uno a cinque anni se il fatto è commesso da un pubblico ufficiale [357] o da un incaricato di un pubblico servizio [358], con abuso dei poteri o con violazione dei doveri inerenti alla funzione o servizio, o da chi esercita anche abusivamente la professione di investigatore privato[1].

[1] Articolo aggiunto dall'art. 1, L. 8 aprile 1974, n. 98.

● Norme connesse:

- art. 9, L. 8 aprile 1974, n. 98 sulla tutela della riservatezza e della libertà e segretezza delle comunicazioni: *Il Ministro delle comunicazioni, di concerto con il Ministro per l'interno, e con quello per l'industria, il commercio e l'artigianato, provvede con propri decreti alla elencazione degli apparecchi o strumenti e delle parti di apparecchi o strumenti, idonei in modo non equivoco ad operare le riprese di immagini o le intercettazioni di comunicazioni o conversazioni di cui agli articoli 615-bis e 617 del codice penale.*

Per gli apparecchi e strumenti di dotazione delle forze armate e delle forze di polizia provvedono i Ministri competenti.

Chiunque, senza licenza del Ministro delle comunicazioni, da concedersi sentito il parere del Ministro per l'interno, fabbrica, importa, acquista, vende, trasporta, noleggia od in qualsiasi altro modo mette in circolazione gli apparecchi o strumenti indicati nei precedenti commi, o parti di essi, è punito, salvo che il fatto costituisca più grave reato, con la reclusione da uno a quattro anni e con la multa da euro 1.032 a euro 5.164.

615-*ter*. Accesso abusivo ad un sistema informatico o telematico.

Chiunque abusivamente si introduce in un sistema informatico o telematico protetto da misure di sicurezza ovvero vi si mantiene contro la volontà espressa o tacita di chi ha il diritto di escluderlo, è punito con la reclusione fino a tre anni.

La pena è della reclusione da uno a cinque anni:

1) se il fatto è commesso da un pubblico ufficiale o da un incaricato di un pubblico servizio, con abuso dei poteri, o con violazione dei doveri inerenti alla funzione o al servizio, o da chi esercita anche abusivamente la professione di investigatore privato, o con abuso della qualità di operatore del sistema;

2) se il colpevole per commettere il fatto usa violenza sulle cose o alle persone, ovvero se è palesemente armato;

3) se dal fatto deriva la distruzione o il danneggiamento del sistema o l'interruzione totale o parziale del suo funzionamento, ovvero la distruzione o il danneggiamento dei dati, delle informazioni o dei programmi in esso contenuti.

Qualora i fatti di cui ai commi primo e secondo riguardino sistemi informatici o telematici di interesse militare o relativi all'ordine pubblico o alla sicurezza pubblica o alla sanità o alla protezione civile o comunque di interesse pubblico, la pena è, rispettivamente, della reclusione da uno a cinque anni e da tre a otto anni.

Nel caso previsto dal primo comma il delitto è punibile a querela della persona offesa; negli altri casi si procede d'ufficio[1 2].

[1] Articolo aggiunto dall'art. 4, L. 23 dicembre 1993, n. 547.

[2] V. art. 240, comma 2, n. 1-bis), e comma 3, rispettivamente aggiunto e sostituito dall'art. 1, L. 15 febbraio 2012, n. 12.

615-*quater*. Detenzione e diffusione abusiva di codici di accesso a sistemi informatici o telematici.

Chiunque, al fine di procurare a sé o ad altri un profitto o di arrecare ad altri un danno, abusivamente si procura, riproduce, diffonde, comunica o consegna codici, parole chiave o altri mezzi idonei all'accesso ad un sistema informatico o telematico, protetto da misure di sicurezza, o comunque fornisce indicazioni o istruzioni idonee al predetto scopo, è punito con la reclusione sino a un anno e con la multa sino a euro 5.164.

La pena è della reclusione da uno a due anni e della multa da euro 5.164 a 10.329 se ricorre taluna delle circostanze di cui ai numeri *1)* e *2)* del quarto comma dell'articolo 617-*quater*[1 2].

[1] Articolo aggiunto dall'art. 4, L. 23 dicembre 1993, n. 547.

[2] V. art. 240, comma 2, n. 1-bis), e comma 3, rispettivamente aggiunto e sostituito dall'art. 1, L. 15 febbraio 2012, n. 12.

615-*quinquies*. Diffusione di apparecchiature, dispositivi o programmi informatici diretti a danneggiare o interrompere un sistema informatico o telematico.

Chiunque, allo scopo di danneggiare illecitamente un sistema informatico o telematico, le informazioni, i dati o i programmi in esso contenuti o ad esso pertinenti ovvero di favorire l'interruzione, totale o parziale, o l'alterazione del suo funzionamento, si procura, produce, riproduce, importa, diffonde, comunica, consegna o, comunque, mette a disposizione di altri apparecchiature, dispositivi o programmi informatici, è punito con la reclusione fino a due anni e con la multa sino a euro 10.329[1 2].

[1] Articolo aggiunto dall'art. 4, L. 23 dicembre 1993, n. 547 e poi così sostituito dall'art. 4, L. 18 marzo 2008, n. 48.

[2] V. art. 240, comma 2, n. 1-bis), e comma 3, rispettivamente aggiunto e sostituito dall'art. 1, L. 15 febbraio 2012, n. 12.

Sezione V
Dei delitti contro la inviolabilità dei segreti

616. Violazione, sottrazione e soppressione di corrispondenza.

Chiunque prende cognizione del contenuto di una corrispondenza chiusa, a lui non diretta, ovvero sottrae o distrae, al fine di prenderne o di farne da altri prender cognizione, una corrispondenza chiusa o aperta, a lui non diretta, ovvero, in tutto o in parte, la distrugge o sopprime, è punito, se il fatto non è preveduto come rato da altra disposizione di legge, con la reclusione fino ad un anno[1] o con la multa da euro 30 a 516 [619; c.p. 1889, 159, 160][2].

Se il colpevole, senza giusta causa, rivela, in tutto o in parte, il contenuto della corrispondenza, è punito, se dal fatto deriva nocumento ed il fatto medesimo non costituisce un più grave reato, con la reclusione fino a tre anni [618][1].

Il delitto è punibile a querela della persona offesa [120].

Agli effetti delle disposizioni di questa sezione, per «corrispondenza» s'intende quella epistolare, telegrafica o telefonica, informatica o telematica ovvero effettuata con ogni altra forma di comunicazione a distanza[3].

[1] Sono applicabili le sanzioni sostitutive previste dagli artt. 53 ss., L. 24 novembre 1981, n. 689.

[2] Pena aggiornata a norma dell'art. 113 comma 1, L. 24 novembre 1981, n. 689.

[3] Comma così modificato dall'art. 5, L. 23 dicembre 1993, n. 547. Il testo previgente disponeva: *Agli effetti delle disposizioni di questa sezione per corrispondenza s'intende quella epistolare, telegrafica o telefonica.*

● Norme connesse:

- artt. 10 e 11 D.P.R. 29 marzo 1973, n. 156, in materia postale, di bancoposta e di telecomunicazioni che dispongono: Art. 10. *La libertà e la segretezza della corrispondenza e di ogni altra forma di comunicazione sono inviolabili. La loro limitazione può avvenire soltanto per atto motivato dell'autorità giudiziaria.*

I funzionari e gli agenti dell'Ente poste italiane ne sono responsabili e vigilano nell'ambito della propria competenza perché siano rigorosamente osservate.

È vietato alle persone addette ai servizi postali, di bancoposta, gestiti dallo Stato o in concessione, di dare a terzi informazioni scritte o verbali sull'esistenza o sul contenuto di corrispondenze, di comunicazioni o di messaggi nonché sulle operazioni richieste od eseguite, tranne che nei casi previsti dalla legge.

Nessuno può prendere visione od ottenere copia della corrispondenza in genere, ad eccezione del mittente, del destinatario, dei loro eredi e dei loro rappresentanti legali, nonché delle altre persone indicate dalla legge.

Art. 11. *Non sono ammessi le corrispondenze postali, telegrafiche, radiotelegrafiche e messaggi che possano costituire pericolo alla sicurezza dello Stato o recare danno alle persone ed alle cose o che costituiscano esse stesse reato punibile d'ufficio.*

Non sono altresì ammesse, salvo quanto disposto nei due ultimi commi del presente articolo, le corrispondenze di cui al precedente comma, che siano contrarie al buon costume o contengano frasi, parole, disegni ingiuriosi, scurrili o denigratori a chiunque riferiti.

L'ufficio postale, ove nel testo delle corrispondenze aperte, che in base alle vigenti disposizioni siano soggette a verifica, o sull'involucro delle corrispondenze chiuse riscontri gli elementi di cui al primo comma deve inviare immediatamente la corrispondenza stessa al tribunale ordinario chiedendogli di pronunciarsi sull'inoltrabilità della corrispondenza medesima.

Il tribunale ordinario, senza pregiudizio dell'eventuale azione penale, decide entro 24 ore con decreto motivato se la corrispondenza debba avere corso, sentendo il mittente ove egli sia identificabile e sempre che le circostanze lo consiglino.

Il decreto del tribunale ordinario deve essere notificato nello stesso giorno dell'emanazione all'ufficio postale che ha inoltrato l'oggetto e al mittente che sia stato identificato.

Avverso il decreto del tribunale ordinario il mittente può proporre ricorso al tribunale, che decide con sentenza in camera di consiglio, sentito il pubblico ministero e previe deduzioni scritte della direzione provinciale delle poste e delle telecomunicazioni competente per territorio o di un funzionario da essa delegato.

Nel caso che nel testo dei telegrammi si riscontrino gli elementi di cui al secondo comma, l'ufficio postale invita il mittente a sottoscrivere l'invio di cui trattasi previo accertamento dell'identità personale del mittente stesso. In caso di rifiuto ad ottemperare a detto invito si applicano le disposizioni di cui ai commi terzo, quarto, quinto e sesto del presente articolo.

617. Cognizione, interruzione o impedimento illeciti di comunicazioni o conversazioni telegrafiche o telefoniche.

Chiunque, fraudolentemente, prende cognizione di una comunicazione o di una conversazione, telefoniche o telegrafiche, tra altre persone o comunque a lui non dirette, ovvero le interrompe o le impedisce è punito con la reclusione da sei mesi a quattro anni [c.p.p. 266-271].

Salvo che il fatto costituisca più grave reato, la stessa pena si applica a chiunque rivela, mediante qualsiasi mezzo di informazione al pubblico, in tutto o in parte, il contenuto delle comunicazioni o delle conversazioni indicate nella prima parte di questo articolo.

I delitti sono punibili a querela della persona offesa [120]; tuttavia si procede d'ufficio e la pena è della reclusione da uno a cinque anni se il fatto è commesso in danno di un pubblico ufficiale [357] o di un incaricato di un pubblico servizio [358] nell'esercizio o a causa delle funzioni o del servizio, ovvero da un pubblico ufficiale o da un incaricato di un pubblico servizio con abuso dei poteri o con violazione dei doveri inerenti alla funzione o servizio, o da chi esercita anche abusivamente la professione di investigatore privato[1].

[1] Articolo così sostituito dall'art. 2, L. 8 aprile 1974, n. 98.

● Norme connesse:
- art. 10, Cedu.

617-*bis*. Installazione di apparecchiature atte ad intercettare od impedire comunicazioni o conversazioni telegrafiche o telefoniche.

Chiunque, fuori dei casi consentiti dalla legge [c.p.p. 266-271], installa apparati, strumenti, parti di apparati o di strumenti al fine di intercettare od impedire comunicazioni o conversazioni telegrafiche o telefoniche tra altre persone è punito con la reclusione da uno a quattro anni.

La pena è della reclusione da uno a cinque anni se il fatto è commesso in danno di un pubblico ufficiale [357] nell'esercizio o a causa delle sue funzioni ovvero da un pubblico ufficiale o da un incaricato di un pubblico servizio [358] con abuso dei poteri o con violazione dei doveri inerenti alla funzione o servizio o da chi esercita anche abusivamente la professione di investigatore privato[1 2].

[1] Articolo aggiunto dall'art. 3, L. 8 aprile 1974, n. 98.

[2] V. art. 240, comma 2, n. 1-bis), e comma 3, rispettivamente aggiunto e sostituito dall'art. 1, L. 15 febbraio 2012, n. 12.

● Norme connesse:
- art. 10, Cedu.

617-*ter*. Falsificazione, alterazione o soppressione del contenuto di comunicazioni o conversazioni telegrafiche o telefoniche.

Chiunque, al fine di procurare a sé o ad altri un vantaggio o di recare ad altri un danno, forma falsamente, in tutto o in parte, il testo di una comunicazione o di una conversazione telegrafica o telefonica ovvero altera o sopprime, in tutto o in parte, il contenuto di una comunicazione o di una conversazione telegrafica o telefonica vera, anche solo occasionalmente intercettata, è punito, qualora ne faccia uso o lasci che altri ne faccia uso, con la reclusione da uno a quattro anni.

La pena è della reclusione da uno a cinque anni se il fatto è commesso in danno di un pubblico ufficiale [357] nell'esercizio o a causa delle sue funzioni ovvero da un pubblico ufficiale o da un incaricato di un pubblico servizio [358] con abuso dei poteri o con violazione dei doveri inerenti alla funzione o servizio o da chi esercita anche abusivamente la professione di investigatore privato.

Nel caso previsto dal primo comma il delitto è punibile a querela della persona offesa[1 2 3].

[1] Comma aggiunto dall'art. 3, D.Lgs. 10 aprile 2018, n. 36.

[2] Articolo aggiunto dall'art. 3, L. 8 aprile 1974, n. 98.

[3] V. art. 240, comma 2, n. 1-bis), e comma 3, rispettivamente aggiunto e sostituito dall'art. 1, L. 15 febbraio 2012, n. 12.

617-*quater*. Intercettazione, impedimento o interruzione illecita di comunicazioni informatiche o telematiche.

Chiunque fraudolentemente intercetta comunicazioni relative a un sistema informatico o telematico o intercorrenti tra più sistemi, ovvero le impedisce o le interrompe, è punito con la reclusione da sei mesi a quattro anni.

Salvo che il fatto costituisca più grave reato; la stessa pena si applica a chiunque rivela, mediante qualsiasi mezzo di informazione al pubblico, in tutto o in parte, il contenuto delle comunicazioni di cui al primo comma.

I delitti di cui ai commi primo e secondo sono punibili a querela della persona offesa.

Tuttavia si procede d'ufficio e la pena è della reclusione da uno a cinque anni se il fatto è commesso:

1) in danno di un sistema informatico o telematico utilizzato dallo Stato o da altro ente pubblico o da impresa esercente servizi pubblici o di pubblica necessità;

2) da un pubblico ufficiale o da un incaricato di un pubblico servizio con abuso dei poteri o con violazione dei doveri inerenti alla funzione o al servizio, ovvero con abuso della qualità di operatore del sistema;

3) da chi esercita anche abusivamente la professione di investigatore privato[1 2].

[1] Articolo aggiunto dall'art. 6, L. 23 dicembre 1993, n. 547.

[2] V. art. 240, comma 2, n. 1-bis), e comma 3, rispettivamente aggiunto e sostituito dall'art. 1, L. 15 febbraio 2012, n. 12.

617-*quinquies*. Installazione di apparecchiature atte ad intercettare, impedire o interrompere comunicazioni informatiche o telematiche.

Chiunque, fuori dei casi consentiti dalla legge, installa apparecchiature atte a intercettare, impedire o interrompere comunicazioni relative a un sistema informatico o telematico ovvero intercorrenti tra più sistemi, è punito con la reclusione da uno a quattro anni.

La pena è della reclusione da uno a cinque anni nei casi previsti dal quarto comma dell'articolo 617-*quater*[1 2].

[1] Articolo aggiunto dall'art. 6, L. 23 dicembre 1993, n. 547.

[2] V. art. 240, comma 2, n. 1-bis), e comma 3, rispettivamente aggiunto e sostituito dall'art. 1, L. 15 febbraio 2012, n. 12.

617-*sexies*. Falsificazione, alterazione o soppressione del contenuto di comunicazioni informatiche o telematiche.

Chiunque, al fine di procurare a sé o ad altri un vantaggio o di arrecare ad altri un danno, forma falsamente ovvero altera o sopprime, in tutto o in parte, il contenuto, anche occasionalmente intercettato, di taluna delle comunicazioni relative a un sistema informatico o telematico o intercorrenti tra più sistemi, è punito, qualora ne faccia uso o lasci che altri ne facciano uso, con la reclusione da uno a quattro anni.

La pena è della reclusione da uno a cinque anni nei casi previsti dal quarto comma dell'articolo 617-*quater*.

Nel caso previsto dal primo comma il delitto è punibile a querela della persona offesa[1 2 3].

[1] Comma aggiunto dall'art. 4, D.Lgs. 10 aprile 2018, n. 36.

[2] Articolo aggiunto dall'art. 6, L. 23 dicembre 1993, n. 547.

[3] V. art. 240, comma 2, n. 1-bis), e comma 3, rispettivamente aggiunto e sostituito dall'art. 1, L. 15 febbraio 2012, n. 12.

617-*septies*. Diffusione di riprese e registrazioni fraudolente.

Chiunque, al fine di recare danno all'altrui reputazione o immagine, diffonde con qualsiasi mezzo riprese audio o video, compiute fraudolentemente, di incontri privati o registrazioni, pur esse fraudolente, di conversazioni, anche telefoniche o telematiche, svolte in sua presenza o con la sua partecipazione, è punito con la reclusione fino a quattro anni.

La punibilità è esclusa se la diffusione delle riprese o delle registrazioni deriva in via diretta ed immediata dalla loro utilizzazione in un procedimento amministrativo o giudiziario o per l'esercizio del diritto di difesa o del diritto di cronaca.

Il delitto è punibile a querela della persona offesa[1].

[1] Articolo aggiunto dall'art. 1, D.Lgs. 29 dicembre 2017, n. 216.

618. Rivelazione del contenuto di corrispondenza.

Chiunque, fuori dai casi preveduti dall'articolo 616, essendo venuto abusivamente a cognizione del contenuto di una corrispondenza a lui non diretta, che doveva rimanere segreta, senza giusta causa lo rivela, in tutto o in parte, è punito, se dal fatto deriva nocumento, con la reclusione fino a sei mesi[1] o con la multa da euro 103 a 516[2].

Il delitto è punibile a querela della persona offesa [120].

[1] Sono applicabili le sanzioni sostitutive previste dagli artt. 53 ss., L. 24 novembre 1981, n. 689.

[2] Importi elevati dall'art. 113 comma 1, L. 24 novembre 1981, n. 689.

619. Violazione, sottrazione e soppressione di corrispondenza commesse da persona addetta al servizio delle poste, dei telegrafi o dei telefoni.

L'addetto al servizio delle poste, dei telegrafi o dei telefoni, il quale, abusando di tale qualità, commette alcuno dei fatti preveduti dalla prima parte dell'articolo 616, è punito con la reclusione da sei mesi a tre anni[1].

Se il colpevole, senza giusta causa, rivela[1], in tutto o in parte, il contenuto della corrispondenza [616 comma 4], è punito, qualora il fatto non costituisca un più grave reato, con la reclusione da sei mesi a cinque anni e con la multa da euro 30 a 516[2].

Nel caso previsto dal primo comma il delitto è punibile a querela della persona offesa[3].

[1] Sono applicabili le sanzioni sostitutive previste dagli artt. 53 ss., L. 24 novembre 1981, n. 689.

[2] Importi elevati dall'art. 113 comma 1, L. 24 novembre 1981, n. 689.

[3] Comma aggiunto dall'art. 5, D.Lgs. 10 aprile 2018, n. 36.

620. Rivelazione del contenuto di corrispondenza, commessa da persona addetta al servizio delle poste, dei telegrafi o dei telefoni.

L'addetto al servizio delle poste, dei telegrafi o dei telefoni, che, avendo notizia, in questa sua qualità, del contenuto di una corrispondenza [616 comma 4] aperta, o di una comunicazione telegrafica, o di una conversazione telefonica, lo rivela senza giusta causa ad altri che non sia il destinatario, ovvero a una persona diversa da quelle tra le quali la comunicazione o la conversazione è interceduta, è punito con la reclusione da sei mesi a tre anni[1].

Il delitto è punibile a querela della persona offesa[2].

[1] Sono applicabili le sanzioni sostitutive previste dagli artt. 53 ss., L. 24 novembre 1981, n. 689.

[2] Comma aggiunto dall'art. 6, D.Lgs. 10 aprile 2018, n. 36.

621. Rivelazione del contenuto di documenti segreti.

Chiunque, essendo venuto abusivamente a cognizione del contenuto, che debba rimanere segreto, di altrui atti o documenti, pubblici o privati, non costituenti corrispondenza [616 comma 4], lo rivela, senza giusta causa, ovvero l'impiega a proprio o altrui profitto, è punito, se dal fatto deriva nocumento, con la reclusione fino a tre anni[1] o con la multa da euro 103 a 1.032[2].

Agli effetti della disposizione di cui al primo comma è considerato documento anche qualunque supporto informatico contenente dati, informazioni o programmi[3].

Il delitto è punibile a querela della persona offesa [120].

[1] Sono applicabili le sanzioni sostitutive previste dagli artt. 53 ss., L. 24 novembre 1981, n. 689.

[2] Importi elevati dall'art. 113 comma 1, L. 24 novembre 1981, n. 689.

[3] Comma aggiunto dall'art. 7. L. 23 dicembre 1993, n. 547.

622. Rivelazione di segreto professionale.

Chiunque, avendo notizia, per ragione del proprio stato o ufficio, o della propria professione o arte, di un segreto, lo rivela, senza giusta causa, ovvero lo impiega a proprio o altrui profitto, è punito, se dal fatto può derivare nocumento, con la reclusione fino a un anno[1] o con la multa da euro 30 a 516 [326; c.p. 1889, 163][1 2].

La pena è aggravata se il fatto è commesso da amministratori, direttori generali, dirigenti preposti alla redazione dei documenti contabili societari, sindaci o liquidatori o se è commesso da chi svolge la revisione contabile della società[3].

Il delitto è punibile a querela della persona offesa [120].

[1] Sono applicabili le sanzioni sostitutive previste dagli artt. 53 ss., L. 24 novembre 1981, n. 689.

[2] Importi elevati dall'art. 113 comma 1, L. 24 novembre 1981, n. 689.

[3] Comma aggiunto dall'art. 2, D.Lgs. 11 aprile 2002, n. 61 e così modificato dall'art. 15, L. 28 dicembre 2005, n. 262.

● Norme connesse:

- art. 21, L. 22 maggio 1978, n. 194, sulla tutela sociale della maternità e sull'interruzione volontaria della gravidanza, dispone: *Chiunque fuori dei casi previsti dall'art. 326 c.p., essendone venuto a conoscenza per ragioni di professione o di ufficio rivela l'identità - o comunque divulga notizie idonee a rivelarla - di chi ha fatto ricorso alle procedure o agli interventi previsti dalla presente legge, è punito a norma dell'art. 622 c.p.*

623. Rivelazione di segreti scientifici o commerciali.

Chiunque, venuto a cognizione per ragioni del suo stato o ufficio, o della sua professione o arte, di segreti commerciali o di notizie destinate a rimanere segrete, sopra scoperte o invenzioni scientifiche, li rivela o li impiega a proprio o altrui profitto, è punito con la reclusione fino a due anni [263, 325].

La stessa pena si applica a chiunque, avendo acquisito in modo abusivo segreti commerciali, li rivela o li impiega a proprio o altrui profitto.

Se il fatto relativo ai segreti commerciali è commesso tramite qualsiasi strumento informatico la pena è aumentata.

Il colpevole è punito a querela della persona offesa [120][1 2].

[1] Articolo così sostituito dall'art. 9, D.Lgs. 11 maggio 2018, n. 63. Il testo previgente disponeva: *Rivelazione di segreti scientifici o industriali. Chiunque, venuto a cognizione per ragione del suo stato o ufficio, o della sua professione o arte, di notizie destinate a rimanere segrete, sopra scoperte o invenzioni scientifiche, o applicazioni industriali, le rivela o le impiega a proprio o altrui profitto, è punito con la reclusione fino a due anni.*

Il delitto è punibile a querela della persona offesa.

[2] Ai fini del presente articolo, nel testo riformulato dal D.Lgs. 63/2018 cit., le notizie destinate a rimanere segrete sopra applicazioni industriali, di cui alla formulazione previgente, costituiscono segreti commerciali.

623-*bis*. Altre comunicazioni e conversazioni.

Le disposizioni contenute nella presente sezione, relative alle comunicazioni e conversazioni telegrafiche, telefoniche, informatiche o telematiche, si applicano a qualunque altra trasmissione a distanza di suoni, immagini od altri dati[1].

[1] Articolo aggiunto dall'art. 4, L. 8 aprile 1974, n. 98 e così sostituito dall'art. 8, L. 23 dicembre 1993, n. 547.

● Norme connesse:

- art. 78, D.Lgs. 6 settembre 2011, n. 159 (codice antimafia), dispone: *1. Il procuratore della Repubblica del luogo dove le operazioni debbono essere eseguite, può autorizzare gli ufficiali di polizia giudiziaria ad intercettare comunicazioni o conversazioni telefoniche o telegrafiche o quelle indicate nell'articolo 623-bis del codice penale, quando lo ritenga necessario al fine di controllare che i soggetti nei cui confronti sia stata applicata una delle misure di prevenzione di cui al libro I, titolo I, capo II non continuino a porre in essere attività o comportamenti analoghi a quelli che hanno dato luogo all'applicazione della misura di prevenzione.*

2. Si osservano, in quanto compatibili, le modalità previste dall'articolo 268 del codice di procedura penale.

3. Gli elementi acquisiti attraverso le intercettazioni possono essere utilizzati esclusivamente per la prosecuzione delle indagini e sono privi di ogni valore ai fini processuali.

4. Le registrazioni debbono essere trasmesse al procuratore della Repubblica che ha autorizzato le operazioni, il quale dispone la distruzione delle registrazioni stesse e di ogni loro trascrizione, sia pure parziale.

Il testo previgente la modifica disposta dalla L. n. 547 del 1993, disponeva: Comunicazioni e conversazioni non telegrafiche o telefoniche. *Le disposizioni contenute nella presente sezione, relative alle comunicazioni e conversazioni telegrafiche o telefoniche, si applicano a qualunque altra trasmissione di suoni, immagini od altri dati effettuata con collegamento su filo o ad onde guidate.*

- art. 10, Cedu.

CAPO III-*BIS*

DISPOSIZIONI COMUNI SULLA PROCEDIBILITÀ[1]

[1] Capo aggiunto dall'art. 7, D.Lgs. 10 aprile 2018, n. 36.

623-*ter*. Casi di procedibilità d'ufficio.

Per i fatti perseguibili a querela preveduti dagli articoli 612, se la minaccia è grave, 615, secondo comma, 617-*ter*, primo comma, 617-*sexies*, primo comma, 619, primo comma, e 620 si procede d'ufficio qualora ricorrano circostanze aggravanti ad effetto speciale[1].

[1] Articolo aggiunto dall'art. 7, D.Lgs. 10 aprile 2018, n. 36.

TITOLO XIII

DEI DELITTI CONTRO IL PATRIMONIO

CAPO I

DEI DELITTI CONTRO IL PATRIMONIO MEDIANTE VIOLENZA ALLE COSE O ALLE PERSONE

624. Furto.

Chiunque s'impossessa della cosa mobile altrui, sottraendola a chi la detiene, al fine di trarne profitto per sé o per altri, è punito con la reclusione da sei mesi a tre anni e con la multa da euro 154 a 516 [625, 626, 649; c.p. 1889, 402][1].

Agli effetti della legge penale, si considera cosa mobile anche l'energia elettrica e ogni altra energia che abbia un valore economico [c.c. 814; c.nav. 1148].

Il delitto è punibile a querela della persona offesa, salvo che ricorra una o più delle circostanze di cui agli articoli 61, numero 7), e 625[2].

[1] Comma così modificato dall'art. 2, L. 26 marzo 2001, n. 128.

[2] Comma aggiunto dall'art. 12, L. 25 giugno 1999, n. 205. V. anche l'art. 19 di tale ultima legge (Disposizioni transitorie in materia di perseguibilità a querela): *1. Per i reati perseguibili a querela, ai sensi delle disposizioni della presente legge o dei decreti legislativi da esse previsti, commessi prima della data di entrata in vigore della presente legge o dei citati decreti legislativi, il termine per presentare la querela decorre dalla data predetta, se la persona ha avuto in precedenza notizia del fatto costituente reato.*

2. Se è pendente il relativo procedimento, il giudice informa la persona offesa dal reato della facoltà di esercitare il diritto di querela e il termine decorre dal giorno in cui la persona offesa è stata informata.

● Norme connesse:

- art. 4, L. 8 agosto 1977, n. 533 (per il furto di armi, munizioni od esplosivi), in materia di ordine pubblico, come sostituito dall'art. 10, L. 26 marzo 2001, n. 128: *1. Se il fatto previsto dall'articolo 624 del codice penale è commesso su armi, munizioni od esplosivi nelle armerie ovvero in depositi o in altri locali adibiti alla custodia di armi, si procede d'ufficio e si applica la pena della reclusione da tre a dieci anni e della multa da lire quattrocentomila a lire tre milioni.*

2. Se concorre, inoltre, taluna delle circostanze previste dall'articolo 61 o dall'articolo 625, numeri 2), 3), 4), 5) e 7), del codice penale, la pena è della reclusione da cinque a dodici anni e della multa da lire due milioni a lire sei milioni.

3. La pena di cui al comma 2 si applica ai delitti di cui all'articolo 624-bis del codice penale aggravati ai sensi del comma 1.

4. La pena prevista al comma 3 è diminuita fino a due terzi quando il fatto è di lieve entità.

- artt. 30 e 31 della L. 11 febbraio 1992, n. 157 (per il furto di selvaggina), nel testo modificato dall'art. 26, L. 6 agosto 2013, n. 97. Art. 30. *1. Per le violazioni delle disposizioni, della presente legge e delle leggi regionali si applicano le seguenti sanzioni:*

a) l'arresto da tre mesi ad un anno o l'ammenda da euro 929 a euro 2.582 per chi esercita la caccia in periodo di divieto generale, intercorrente tra la data di chiusura e la data di apertura fissata dall'articolo 18;

b) l'arresto da due a otto mesi o l'ammenda da euro 774 a euro 2.065 per chi abbatte, cattura o detiene mammiferi o uccelli compresi nell'elenco di cui all'articolo 2;

c) l'arresto da tre mesi ad un anno e l'ammenda da euro 1.032 a euro 6.197 per chi abbatte, cattura o detiene esemplari di orso, stambecco, camoscio d'Abruzzo, muflone sardo;

d) l'arresto fino a sei mesi e l'ammenda da euro 464 a euro 1.549 per chi esercita la caccia nei parchi nazionali, nei parchi naturali regionali, nelle riserve naturali, nelle oasi di

CODICE PENALE

protezione, nelle zone di ripopolamento e cattura, nei parchi e giardini urbani, nei terreni adibiti ad attività sportive;

e) l'arresto fino ad un anno o l'ammenda da euro 774 a euro 2.065 per chi esercita l'uccellagione;

f) l'arresto fino a tre mesi o l'ammenda fino a euro 516 per chi esercita la caccia nei giorni di silenzio venatorio;

g) l'ammenda fino a euro 3.098 per chi abbatte, cattura o detiene esemplari appartenenti alla tipica fauna stanziale alpina, non contemplati nella lettera b), della quale sia vietato l'abbattimento;

h) l'ammenda fino a euro 1.549 per chi abbatte, cattura o detiene specie di mammiferi o uccelli nei cui confronti la caccia non è consentita o fringillidi in numero superiore a cinque o per chi esercita la caccia con mezzi vietati. La stessa pena si applica a chi esercita la caccia con l'ausilio di richiami vietati di cui all'articolo 21, comma 1, lettera r). Nel caso di tale infrazione si applica altresì la misura della confisca dei richiami;

i) l'arresto fino a tre mesi o l'ammenda fino a euro 2.065 per chi esercita la caccia sparando da autoveicoli, da natanti o da aeromobili;

l) l'arresto da due a sei mesi o l'ammenda da euro 516 a euro 2.065 per chi pone in commercio o detiene a tal fine fauna selvatica in violazione della presente legge. Se il fatto riguarda la fauna di cui alle lettere b), c) e g), le pene sono raddoppiate.

2. Per la violazione delle disposizioni della presente legge in materia di imbalsamazione e tassidermia si applicano le medesime sanzioni che sono comminate per l'abbattimento degli animali le cui spoglie sono oggetto del trattamento descritto. Le regioni possono prevedere i casi e le modalità di sospensione e revoca dell'autorizzazione all'esercizio dell'attività di tassidermia e imbalsamazione.

3. Nei casi di cui al comma 1 non si applicano gli articoli 624, 625 e 626 del codice penale. Salvo quanto espressamente previsto dalla presente legge, continuano ad applicarsi le disposizioni di legge e di regolamento in materia di armi.

4. Ai sensi dell'articolo 23 del testo unico delle leggi costituzionali concernenti lo statuto speciale per il Trentino-Alto Adige, approvato con decreto del Presidente della Repubblica 31 agosto 1972, n. 670, le sanzioni penali stabilite dal presente articolo si applicano alle corrispondenti fattispecie come disciplinate dalle leggi provinciali.

Art. 31. *1. Per le violazioni delle disposizioni della presente legge e delle leggi regionali, salvo che il fatto sia previsto dalla legge come reato, si applicano le seguenti sanzioni amministrative:*

a) sanzione amministrativa da euro 206 a euro 1.239 per chi esercita la caccia in una forma diversa da quella prescelta ai sensi dell'articolo 12, comma 5;

b) sanzione amministrativa da euro 103 a euro 619 per chi esercita la caccia senza avere stipulato la polizza di assicurazione; se la violazione è nuovamente commessa, la sanzione è da euro 206 a euro 1.239;

c) sanzione amministrativa da euro 154 a euro 929 per chi esercita la caccia senza aver effettuato il versamento delle tasse di concessione governativa o regionale; se la violazione è nuovamente commessa, la sanzione è da euro 258 a euro 1.549;

d) sanzione amministrativa da euro 154 a euro 929 per chi esercita senza autorizzazione la caccia all'interno delle aziende faunistico-venatorie, nei centri pubblici o privati di riproduzione e negli ambiti e comprensori destinati alla caccia programmata; se la violazione è nuovamente commessa, la sanzione è da euro 258 a euro 1.549; in caso di ulteriore violazione la sanzione è da euro 361 a euro 2.169. Le sanzioni previste dalla presente lettera sono ridotte di un terzo se il fatto è commesso mediante sconfinamento in un comprensorio o in un ambito territoriale di caccia viciniore a quello autorizzato;

e) sanzione amministrativa da euro 103 a euro 619 per chi esercita la caccia in zone di divieto non diversamente sanzionate; se la violazione è nuovamente commessa, la sanzione è da euro 258 a euro 1.549;

f) sanzione amministrativa da euro 103 a euro 619 per chi esercita la caccia in fondo chiuso, ovvero nel caso di violazione delle disposizioni emanate dalle regioni o dalle province autonome di Trento e di Bolzano per la protezione delle coltivazioni agricole; se la violazione è nuovamente commessa, la sanzione è da euro 258 a euro 1.549;

g) sanzione amministrativa da euro 103 a euro 619 per chi esercita la caccia in violazione degli orari consentiti o abbatte, cattura o detiene fringillidi in numero non superiore a cinque; se la violazione è nuovamente commessa, la sanzione è da euro 206 a euro 1.239;

h) sanzione amministrativa da euro 154 a euro 929 per chi si avvale di richiami non autorizzati, ovvero in violazione delle disposizioni emanate dalle regioni ai sensi dell'articolo 5, comma 1; se la violazione è nuovamente commessa, la sanzione è da euro 258 a euro 1.549;

i) sanzione amministrativa da euro 77 a euro 464 per chi non esegue le prescritte annotazioni sul tesserino regionale;

l) sanzione amministrativa da euro 77 a euro 464 per ciascun capo, per chi importa fauna selvatica senza l'autorizzazione di cui all'articolo 20, comma 2; alla violazione consegue la revoca di eventuali autorizzazioni rilasciate ai sensi dell'articolo 20 per altre introduzioni;

m) sanzione amministrativa da euro 25 a euro 154 per chi, pur essendone munito, non esibisce, se legittimamente richiesto, la licenza, la polizza di assicurazione o il tesserino regionale; la sanzione è applicata nel minimo se l'interessato esibisce il documento entro cinque giorni;

m-bis) sanzione amministrativa pecuniaria da euro 150 a euro 900 per chi non esegue sul tesserino regionale le annotazioni prescritte dal provvedimento di deroga di cui all'articolo 19-bis.

2. Le leggi regionali prevedono sanzioni per gli abusi e l'uso improprio della tabellazione dei terreni.

3. Le regioni prevedono la sospensione dell'apposito tesserino di cui all'articolo 12, comma 12, per particolari infrazioni o violazioni delle norme regionali sull'esercizio venatorio.

4. Resta salva l'applicazione delle norme di legge e di regolamento per la disciplina delle armi e in materia fiscale e doganale.

5. Nei casi previsti dal presente articolo non si applicano gli articoli 624, 625 e 626 del codice penale.

6. Per quanto non altrimenti previsto dalla presente legge, si applicano le disposizioni della legge 24 novembre 1981, n. 689, e successive modificazioni.

■ Codice penale del 1889: *Art. 402 - Chiunque s'impossessa della cosa mobile altrui per trarne profitto, togliendola dal luogo dove si trova, senza il consenso di colui al quale essa appartiene, è punito con la reclusione sino a tre anni.*

Il delitto si commette anche sopra le cose di una eredità non ancora accettata, e dal comproprietario, socio o coerede sopra le cose comuni, o dell'eredità indivisa, da lui non detenute. La quantità del tolto si misura detraendo la parte spettante al colpevole.

624-*bis*. Furto in abitazione e furto con strappo.

Chiunque si impossessa della cosa mobile altrui, sottraendola a chi la detiene, al fine di trarne profitto per sé o per altri, mediante introduzione in un edificio o in altro luogo destinato in tutto o in parte a privata dimora o nelle pertinenze di essa, è punito con la reclusione **da quattro a sette anni** e con la multa da euro 927 a euro 1.500[1].

Alla stessa pena di cui al primo comma soggiace chi si impossessa della cosa mobile altrui, sottraendola a chi la detiene, al fine di trarne profitto per sé o per altri, strappandola di mano o di dosso alla persona.

La pena è della reclusione **da cinque a dieci anni e della multa da euro 1.000 a euro 2.500** se il reato è aggravato da una o più delle circostanze previste nel primo comma dell'articolo 625 ovvero se ricorre una o più delle circostanze indicate all'articolo 61[2].

Le circostanze attenuanti, diverse da quelle previste dagli articoli 98 e 625-*bis*, concorrenti con una o più delle circostanze aggravanti di cui all'articolo 625, non possono essere ritenute equivalenti o prevalenti rispetto a queste e le diminuzioni di pena si operano sulla quantità della stessa risultante dall'aumento conseguente alle predette circostanze aggravanti[3] [4].

[1] Comma così modificato prima dall'art. 1, comma 6, L. 23 giugno 2017, n. 103 (tali nuove disposizioni decorrono dal 3 agosto 2017), poi dall'art. 5, L. 26 aprile 2019, n. 36.

Il testo previgente la modifica del 2017 disponeva: *Chiunque si impossessa della cosa mobile altrui, sottraendola a chi la detiene, al fine di trarne profitto per sé o per altri, mediante introduzione in un edificio o in altro luogo destinato in tutto o in parte a privata dimora o nelle pertinenze di essa, è punito con la reclusione da uno a sei anni e con la multa da euro 309 a 1.032.*

Il testo previgente la modifica del 2019 disponeva: *Chiunque si impossessa della cosa mobile altrui, sottraendola a chi la detiene, al fine di trarne profitto per sé o per altri, mediante introduzione in un edificio o in altro luogo destinato in tutto o in parte a privata dimora o nelle pertinenze di essa, è punito con la reclusione da tre a sei anni e con la multa da euro 927 a euro 1.500.*

[2] Comma così modificato prima dall'art. 1, comma 6, L. 23 giugno 2017, n. 103 (tali nuove disposizioni decorrono dal 3 agosto 2017), poi dall'art. 5, L. 26 aprile 2019, n. 36.

Il testo previgente la modifica del 2017 disponeva: *La pena è della reclusione da tre a dieci anni e della multa da euro 206 a 1.549 se il reato è aggravato da una o più delle circostanze previste nel primo comma dell'articolo 625 ovvero se ricorre una o più delle circostanze indicate all'articolo 61.*

Il testo previgente la modifica del 2019 disponeva: *La pena è della reclusione da quattro a dieci anni e della multa da euro 927 a euro 2.000 se il reato è aggravato da una o più delle circostanze previste nel primo comma dell'articolo 625 ovvero se ricorre una o più delle circostanze indicate all'articolo 61.*

[3] Comma aggiunto dall'art. 1, comma 6, L. 23 giugno 2017, n. 103 (tali nuove disposizioni decorrono dal 3 agosto 2017).

[4] Articolo aggiunto dall'art. 2, L. 26 marzo 2001, n. 128.

625. Circostanze aggravanti.

1. La pena per il fatto previsto dall'articolo 624 è della reclusione da due a sei anni e della multa da euro 927 a euro 1.500 [649; c.p. 1889, 403][1]:

1) [...][2];

2) se il colpevole usa violenza sulle cose [392 comma 2] o si vale di un qualsiasi mezzo fraudolento;

3) se il colpevole porta indosso armi [585 comma 2] o narcotici, senza farne uso;

4) se il fatto è commesso con destrezza [628][3];

5) se il fatto è commesso da tre o più persone [112 n. 1], ovvero anche da una sola, che sia travisata o simuli la qualità di pubblico ufficiale [357] o d'incaricato di un pubblico servizio [358];

6) se il fatto è commesso sul bagaglio dei viaggiatori in ogni specie di veicoli, nelle stazioni, negli scali o banchine, negli alberghi o in altri esercizi ove si somministrano cibi o bevande [c.nav. 1148];

7) se il fatto è commesso su cose esistenti in uffici o stabilimenti pubblici, o sottoposte a sequestro [189-190; c.c. 1798, 2905, 2793; c.p.c. 670-673; c.p.p. 354, 253, 317, 320; c.nav. 682] o a pignoramento [c.p.c. 491], o esposte per necessità o per consuetudine o per destinazione alla pubblica fede, o destinate a pubblico servizio o a pubblica utilità, difesa o reverenza [635 n. 3];

7-bis) se il fatto è commesso su componenti metalliche o altro materiale sottratto ad infrastrutture destinate all'erogazione di energia, di servizi di trasporto, di telecomunicazioni o di altri servizi pubblici e gestite da soggetti pubblici o da privati in regime di concessione pubblica[4];

8) se il fatto è commesso su tre o più capi di bestiame raccolti in gregge o in mandria, ovvero su animali bovini o equini, anche non raccolti in mandria;

8-bis) se il fatto è commesso all'interno di mezzi di pubblico trasporto[5];

8-ter) se il fatto è commesso nei confronti di persona che si trovi nell'atto di fruire ovvero che abbia appena fruito dei servizi di istituti di credito, uffici postali o sportelli automatici adibiti al prelievo di denaro[5].

Se concorrono due o più delle circostanze prevedute dai numeri precedenti, ovvero se una di tali circostanze concorre con altra fra quelle indicate nell'articolo 61, la pena è della reclusione da tre a dieci anni e della multa da euro 206 a 1.549.

[1] Alinea così modificato prima dall'art. 2, L. 26 marzo 2001, n. 128, poi dall'art. 1, comma 7, L. 23 giugno 2017, n. 103 (tali nuove disposizioni decorrono dal 3 agosto 2017). Il testo pre-

CODICE PENALE

vigente la modifica del 2017 disponeva: *La pena per il fatto previsto dall'articolo 624 è della reclusione da uno a sei anni e della multa da euro 103 a 1.032.*

[2] Numero abrogato dall'art. 2, L. 26 marzo 2001, n. 128.

[3] Numero così modificato dall'art. 2, L. 26 marzo 2001, n. 128.

[4] Numero aggiunto dall'art. 8, D.L. 14 agosto 2013, n. 93, convertito in L. 15 ottobre 2013, n. 119.

[5] Numero aggiunto dall'art. 3, L. 15 luglio 2009, n. 94.

625-*bis*. Circostanze attenuanti.

Nei casi previsti dagli articoli 624, 624-*bis* e 625 la pena è diminuita da un terzo alla metà qualora il colpevole, prima del giudizio, abbia consentito l'individuazione dei correi o di coloro che hanno acquistato, ricevuto od occultato la cosa sottratta o si sono comunque intromessi per farla acquistare, ricevere od occultare[1].

[1] Articolo aggiunto dall'art. 2, L. 26 marzo 2001, n. 128.

626. Furti punibili a querela dell'offeso.

Si applica la reclusione fino a un anno[1] ovvero la multa fino a euro 206, e il delitto è punibile a querela della persona offesa [120][2]:

1) se il colpevole ha agito al solo scopo di fare uso momentaneo della cosa sottratta, e questa, dopo l'uso momentaneo, è stata immediatamente restituita[3];

2) se il fatto è commesso su cose di tenue valore, per provvedere a un grave ed urgente bisogno;

3) se il fatto consiste nello spigolare, rastrellare o raspollare nei fondi altrui, non ancora spogliati interamente del raccolto [c.p. 1889, 405].

Tali disposizioni non si applicano se concorre taluna delle circostanze indicate nei numeri 1, 2, 3 e 4 dell'articolo precedente [649][4].

[1] Sono applicabili le sanzioni sostitutive previste dagli artt. 53 ss., L. 24 novembre 1981, n. 689.

[2] Importi elevati dall'art. 113 comma 1, L. 24 novembre 1981, n. 689.

[3] La Corte costituzionale, con sentenza 13 dicembre 1988, n. 1085, ha dichiarato l'illegittimità costituzionale del presente numero nella parte in cui non estende la disciplina ivi prevista alla mancata restituzione, dovuta a caso fortuito o forza maggiore, della cosa sottratta.

[4] Ai sensi dell'art. 15, L. 24 novembre 1999, n. 468 e dell'art. 4, D.Lgs. 28 agosto 2000, n. 274, nel testo modificato dall'art. 2, D.L. 14 agosto 2013, n. 93, convertito in L. 15 ottobre 2013, n. 119, al giudice di pace è devoluta la competenza per il delitto, consumato o tentato, previsto dal presente articolo, a decorrere dal 4 aprile 2001. Tuttavia la competenza per tali reati è del tribunale se ricorre una o più delle circostanze previste dagli articoli 1 del D.L. 15 dicembre 1979, n. 625, convertito in L. 6 febbraio 1980, n. 15 [ora art. 270-bis.1 c.p.], 7 del D.L. 13 maggio 1991, n. 152, convertito in L. 12 luglio 1991, n. 203 [ora art. 416-bis.1 c.p.], e 3 del D.L. 26 aprile 1993, n. 122, convertito in L. 25 giugno 1993, n. 205 [ora art. 604-ter c.p.]. V. però Corte cost. 14 dicembre 2018, n. 236.

627. Sottrazione di cose comuni.

[...][1 2].

[1] Articolo abrogato dall'art. 1, D.Lgs. 15 gennaio 2016, n. 7. Il testo previgente disponeva: Il comproprietario, socio o coerede che, per procurare a sé o ad altri un profitto, si impossessa della cosa comune, sottraendola a chi la detiene, è punito, a querela della persona offesa, con la reclusione fino a due anni o con la multa da euro 20 a 206.

Non è punibile chi commette il fatto su cose fungibili, se il valore di esse non eccede la quota a lui spettante.

[2] V., ora, art. 4, comma 1, lett. b), D.Lgs. 7/2016 cit. che per la medesima fattispecie prevede la sanzione pecuniaria civile da euro cento a euro ottomila.

628. Rapina.

Chiunque, per procurare a sé o ad altri un ingiusto profitto, mediante violenza alla persona [581 comma 2] o minaccia, s'impossessa della cosa mobile altrui, sottraendola a chi la detiene, è punito con la reclusione da **cinque** a dieci anni e con la multa da euro 927 a euro 2.500 [c.p.p. 380 comma 2 lett. f); c.p. 1889, 406][1].

Alla stessa pena soggiace chi adopera violenza o minaccia immediatamente dopo la sottrazione, per assicurare a sé o ad altri il possesso della cosa sottratta, o per procurare a sé o ad altri l'impunità.

La pena è della reclusione da **sei** a venti anni e della multa **da euro 2.000 a euro 4.000**[2]:

1) se la violenza o minaccia è commessa con armi [585 comma 2], o da persona travisata, o da più persone riunite [112 n. 1][3];

2) se la violenza consiste nel porre taluno in stato d'incapacità di volere o di agire [605, 613; c.nav. 1137][3];

3) se la violenza o minaccia è posta in essere da persona che fa parte dell'associazione di cui all'articolo 416-*bis*[4];

3-bis) se il fatto è commesso nei luoghi di cui all'articolo 624-*bis* o in luoghi tali da ostacolare la pubblica o privata difesa[5 6];

3-ter) se il fatto è commesso all'interno di mezzi di pubblico trasporto[5];

3-quater) se il fatto è commesso nei confronti di persona che si trovi nell'atto di fruire ovvero che abbia appena fruito dei servizi di istituti di credito, uffici postali o sportelli automatici adibiti al prelievo di denaro[5];

3-quinquies) se il fatto è commesso nei confronti di persona ultrasessantacinquenne[7].

Se concorrono due o più delle circostanze di cui al terzo comma del presente articolo, ovvero se una di tali circostanze concorre con altra fra quelle indicate nell'articolo 61, la pena è della reclusione da **sette** a venti anni e della multa **da euro 2.500 a euro 4.000**[8].

Le circostanze attenuanti, diverse da quella prevista dall'articolo 98, concorrenti con le aggravanti di cui al terzo comma, numeri *3)*, *3-bis)*, *3-ter)* e *3-*

quater), non possono essere ritenute equivalenti o prevalenti rispetto a queste e le diminuzioni di pena si operano sulla quantità della stessa risultante dall'aumento conseguente alle predette aggravanti[9][10].

[1] Comma così modificato prima dall'art. 1, comma 8, L. 23 giugno 2017, n. 103 (tali nuove disposizioni decorrono dal 3 agosto 2017), poi dall'art. 6, L. 26 aprile 2019, n. 36.

Il testo previgente la modifica del 2017 disponeva: *Chiunque, per procurare a sé o ad altri un ingiusto profitto, mediante violenza alla persona o minaccia, s'impossessa della cosa mobile altrui, sottraendola a chi la detiene, è punito con la reclusione da tre a dieci anni e con la multa da euro 516 a 2.065.*

Il testo previgente la modifica del 2019 disponeva: *Chiunque, per procurare a sé o ad altri un ingiusto profitto, mediante violenza alla persona [581 comma 2] o minaccia, s'impossessa della cosa mobile altrui, sottraendola a chi la detiene, è punito con la reclusione da quattro a dieci anni e con la multa da euro 927 a euro 2.500.*

[2] Alinea così modificato prima dall'art. 1, comma 8, L. 23 giugno 2017, n. 103 (tali nuove disposizioni decorrono dal 3 agosto 2017), poi dall'art. 6, L. 26 aprile 2019, n. 36.

Il testo previgente la modifica del 2017 disponeva: *La pena è della reclusione da quattro anni e sei mesi a venti anni e della multa da euro 1.032 a euro 3.098.*

Il testo previgente la modifica del 2019 disponeva: *La pena è della reclusione da cinque a venti anni e della multa da euro 1.290 a euro 3.098.*

[3] Vedi, anche, art. 4, L. 8 agosto 1977, n. 533.

[4] Numero aggiunto dall'art. 9, L. 13 settembre 1982, n. 646.

[5] Numero aggiunto dall'art. 3, L. 15 luglio 2009, n. 94.

[6] Numero così modificato dall'art. 7, D.L. 14 agosto 2013, n. 93, convertito in L. 15 ottobre 2013, n. 119. Il testo previgente disponeva: *3 bis) se il fatto è commesso nei luoghi di cui all'articolo 624-bis.*

[7] Numero aggiunto dall'art. 7, D.L. 14 agosto 2013, n. 93, convertito in L. 15 ottobre 2013, n. 119.

[8] Comma aggiunto dall'art. 1, comma 8, L. 23 giugno 2017, n. 103 (tali nuove disposizioni decorrono dal 3 agosto 2017) e poi così modificato dall'art. 6, L. 26 aprile 2019, n. 36. Il testo previgente disponeva: *Se concorrono due o più delle circostanze di cui al terzo comma del presente articolo, ovvero se una di tali circostanze concorre con altra fra quelle indicate nell'articolo 61, la pena è della reclusione da sei a venti anni e della multa da euro 1.538 a euro 3.098.*

[9] Comma aggiunto dall'art. 3, L. 15 luglio 2009, n. 94.

[10] Per l'aumento della pena, qualora il fatto sia commesso da persona sottoposta a misura di prevenzione, v. art. 71, D.Lgs. 6 settembre 2011, n. 159.

● Norme connesse:

- comma 3, n. 1) e 2): art. 4, L. 8 agosto 1977, n. 533.

■ Codice penale del 1889: *Art. 406 - Chiunque, con violenza o con minaccia di gravi danni imminenti alla persona o agli averi, costringe il detentore o altra persona presente sul luogo del delitto a consegnare una cosa mobile o a soffrire che egli se ne impossessi, è punito con la reclusione da tre a dieci anni.*

Alla stessa pena soggiace chiunque, nell'atto di impossessarsi della cosa mobile altrui o immediatamente dopo, usa contro la persona derubata o accorsa sul luogo del delitto la violenza o la minaccia suaccennata per commettere il fatto o per trasportare la cosa sottratta o per procurare l'impunità di se stesso o di altra persona che sia concorsa nel delitto.

Se la violenza sia diretta unicamente a strappare la cosa di mano o di dosso alla persona, il colpevole è punito con la reclusione da uno a cinque anni.

629. Estorsione.

Chiunque, mediante violenza [581 comma 2] o minaccia, costringendo taluno a fare o ad omettere qualche cosa, procura a sé o ad altri un ingiusto profitto con altrui danno, è punito con la reclusione da cinque a dieci anni e con la multa da euro 1.000 a euro 4.000 [317, 401, 640 comma 2 n. 2; c.p.p. 380 comma 2 lett. f); c.p. 1889, c.p. 1889, 407, 409][1][2].

La pena è della reclusione da sette a venti anni e della multa da euro 5.000 a euro 15.000[2], se concorre taluna delle circostanze indicate nell'ultimo capoverso dell'articolo precedente [c.nav. 1137][2][3][4].

[1] Comma così modificato dall'art. 4, L. 27 gennaio 2012, n. 3. Il testo previgente disponeva: *Chiunque, mediante violenza o minaccia, costringendo taluno a fare o ad omettere qualche cosa, procura a sé o ad altri un ingiusto profitto con altrui danno, è punito con la reclusione da cinque a dieci anni e con la multa da euro 516 a 2.065.*

[2] Pene originariamente elevate dall'art. 8, D.L. 31 dicembre 1991, n. 419, convertito in L. 18 febbraio 1992, n. 172.

[3] Comma così modificato prima dall'art. 4, L. 27 gennaio 2012, n. 3, poi dall'art. 1, comma 9, L. 23 giugno 2017, n. 103 (tali nuove disposizioni decorrono dal 3 agosto 2017).

Il testo previgente la modifica del 2012 disponeva: La pena è della reclusione da sei a venti anni e della multa da euro 1.032 a euro 3.098, se concorre taluna delle circostanze indicate nell'ultimo capoverso dell'articolo precedente.

Il testo previgente la modifica del 2017 disponeva: La pena è della reclusione da sei a venti anni e della multa da euro 5.000 a euro 15.000, se concorre taluna delle circostanze indicate nell'ultimo capoverso dell'articolo precedente.

[4] Per l'aumento della pena, qualora il fatto sia commesso da persona sottoposta a misura di prevenzione, v. art. 71, D.Lgs. 6 settembre 2011, n. 159. Aumenti di pena per questo reato sono previsti dall'art. 1, L. 25 marzo 1985, n. 107, sulla repressione dei reati contro le persone internazionalmente protette.

● Norme connesse:

- per la confisca di denaro, beni o altre utilità di non giustificata provenienza, nel caso di condanna o applicazione della pena su richiesta, v. art. 240-bis c.p., che recepisce le disposizioni di cui all'art. 12-sexies, D.L. 8 giugno 1992. n. 306, convertito in L. 7 agosto 1992, n. 356 soppresso dall'art. 7, D.Lgs. 1 marzo 2018, n. 21 (ad eccezione del comma 4-ter).

- per quanto riguarda il trasferimento fraudolento di valori o di altre utilità al fine di eludere le disposizioni di legge in materia di misure di prevenzione patrimoniale; o per quanto riguarda il possesso ingiustificato di valori oltre i limiti del proprio reddito, v. l'art. 12-quinquies (Trasferimento fraudolento di valori), D.L. 8 giugno 1992, n. 306, convertito in L. 7 agosto 1992, n. 356, nel testo modificato dall'art. 7, D.Lgs. 1 marzo 2018, n. 21: *[1. Salvo che il fatto costituisca più grave reato, chiunque attribuisce fittiziamente ad altri la titolarità o dispo-*

nibilità di denaro, beni o altre utilità al fine di eludere le disposizioni di legge in materia di prevenzione patrimoniali o di contrabbando, ovvero di agevolare la commissione di uno dei delitti di cui agli articoli 648, 648-bis e 648-ter del codice penale, è punito con la reclusione da due a sei anni] (abrogato).

2. Fuori dei casi previsti dal comma 1 e dagli articoli 648, 648-bis e 648-ter del codice penale, coloro nei cui confronti pende procedimento penale per uno dei delitti previsti dai predetti articoli o dei delitti in materia di contrabbando, o per delitti commessi avvalendosi delle condizioni previste dall'articolo 416-bis del codice penale ovvero al fine di agevolare l'attività delle associazioni previste dallo stesso articolo, nonché per i delitti di cui agli articoli 416-bis, 629, 630, 644 e 644-bis del codice penale e agli articoli 73 e 74 del testo unico delle leggi in materia di disciplina degli stupefacenti e sostanze psicotrope, prevenzione, cura e riabilitazione dei relativi stati di tossicodipendenza, approvato con D.P.R. 9 ottobre 1990, n. 309, ovvero nei cui confronti è in corso di applicazione o comunque si procede per l'applicazione di una misura di prevenzione personale i quali, anche per interposta persona fisica o giuridica, risultano essere titolari o avere la disponibilità a qualsiasi titolo di denaro, beni o altre utilità di valore sproporzionato al proprio reddito, dichiarato ai fini delle imposte sul reddito, o alla propria attività economica, e dei quali non possano giustificare la legittima provenienza, sono puniti con la reclusione da due a cinque anni e il denaro, beni o altre utilità sono confiscati.

- L. 23 febbraio 1999, n. 44, Disposizioni concernenti il Fondo di solidarietà per le vittime delle richieste estorsive e dell'usura. L'art. 1 dispone: *Ai soggetti danneggiati da attività estorsive è elargita una somma di denaro a titolo di contributo al ristoro del danno patrimoniale subito, nei limiti e alle condizioni stabiliti dalla presente legge.*

630. Sequestro di persona a scopo di estorsione.

Chiunque sequestra [605] una persona allo scopo di conseguire, per sé o per altri, un ingiusto profitto come prezzo della liberazione, è punito con la reclusione da venticinque a trenta anni [c.p.p. 347 comma 3, 407 comma 2 lett. a) n. 2; disp. att. c.p.p. 112; c.p. 1889, 410, 411].

Se dal sequestro deriva comunque la morte, quale conseguenza non voluta dal reo, della persona sequestrata, il colpevole è punito con la reclusione di anni trenta [586; c.p. 1889, 146 comma 3].

Se il colpevole cagiona la morte del sequestrato si applica la pena dell'ergastolo.

Al concorrente [110] che, dissociandosi dagli altri, si adopera in modo che il soggetto passivo riacquisti la libertà, senza che tale risultato sia conseguenza del prezzo della liberazione, si applicano le pene previste dall'articolo 605. Se tuttavia il soggetto passivo muore, in conseguenza del sequestro, dopo la liberazione, la pena è della reclusione da sei a quindici anni.

Nei confronti del concorrente che, dissociandosi dagli altri, si adopera, al di fuori del caso previsto dal comma precedente, per evitare che l'attività delittuosa sia portata a conseguenze ulteriori ovvero aiuta concretamente l'autorità di polizia o l'autorità giudiziaria nella raccolta di prove decisive per l'individuazione o la cattura dei concorrenti, la pena dell'ergastolo è sostituita da quella della reclusione da dodici a vent'anni e le altre pene sono diminuite da un terzo a due terzi.

Quando ricorre una circostanza attenuante, alla pena prevista dal secondo comma è sostituita la reclusione da venti a ventiquattro anni; alla pena prevista dal terzo comma è sostituita la reclusione da ventiquattro a trenta anni. Se concorrono più circostanze attenuanti, la pena da applicare per effetto delle diminuzioni non può essere inferiore a dieci anni, nell'ipotesi prevista dal secondo comma, ed a quindici anni, nell'ipotesi prevista dal terzo comma.

I limiti di pena preveduti nel comma precedente possono essere superati allorché ricorrono le circostanze attenuanti di cui al quinto comma del presente articolo[1 2 3].

[1] Articolo così sostituito dall'art. unico, L. 30 dicembre 1980, n. 894.

[2] Per l'aumento della pena, qualora il fatto sia commesso da persona sottoposta a misura di prevenzione, v. art. 71, D.Lgs. 6 settembre 2011, n. 159.

[3] La Corte costituzionale, con sentenza 23 marzo 2012, n. 68, ha dichiarato l'illegittimità costituzionale del presente articolo, nella parte in cui non prevede che la pena da esso comminata è diminuita quando per la natura, la specie, i mezzi, le modalità o circostanze dell'azione, ovvero per la particolare tenuità del danno o del pericolo, il fatto risulti di lieve entità.

● Norme connesse:

- L. 26 novembre 1985, n. 718, di ratifica ed esecuzione della convenzione internazionale contro la cattura degli ostaggi, aperta alla firma a New York il 18 dicembre 1979.

- art. 1, comma 1 e l'art. 7, D.L. 15 gennaio 1991, n. 8, convertito in L. 15 marzo 1991, n. 82, in materia di sequestri di persona a scopo di estorsione e per la protezione di coloro che collaborano con la giustizia. Tale ultima normativa, agli artt. 2 e 3, ha introdotto due nuove fattispecie di reato: Art. 2 (Nullità dei contratti di assicurazione). *1. Chiunque, cittadino italiano, stipula anche all'estero contratti di assicurazione aventi ad oggetto la copertura del rischio, nel territorio dello Stato, rappresentato dal pagamento del prezzo del riscatto in caso di sequestro di persona a scopo di estorsione, proprio o di altre persone, è punito con la reclusione da uno a tre anni.*

2. I contratti di assicurazione aventi ad oggetto, sotto qualsiasi forma, il rischio del sequestro di persona a scopo di estorsione sono nulli.

Art. 3 (Omessa denuncia). *1. Chiunque, essendo a conoscenza di atti o fatti concernenti il delitto, anche tentato, di sequestro di persona a scopo di estorsione o di circostanze relative alla richiesta o al pagamento del prezzo della liberazione della persona sequestrata, ovvero di altre circostanze utili per l'individuazione o la cattura dei colpevoli o per la liberazione del sequestrato, omette o ritarda di riferirne all'autorità di cui all'articolo 361 del codice penale è punito con la reclusione fino a tre anni.*

2. Non è punibile chi ha posto in essere le condotte indicate al comma 1 in favore del prossimo congiunto.

- artt. 3, 27, Cost.

631. Usurpazione.

Chiunque, per appropriarsi, in tutto o in parte, dell'altrui cosa immobile, ne rimuove o altera i termini è punito, a querela della persona offesa, con la reclusione fino a tre anni[1] e con la multa fino a euro 206 [649; c.p. 1889, 422][2 3].

[1] Articolo così sostituito dall'art. 94, L. 24 novembre 1981, n. 689.

[2] Sono applicabili le sanzioni sostitutive previste dagli artt. 53 ss., L. 24 novembre 1981, n. 689.

[3] Ai sensi dell'art. 15, L. 24 novembre 1999, n. 468 e dell'art. 4, D.Lgs. 28 agosto 2000, n. 274, nel testo modificato dall'art. 2, D.L. 14 agosto 2013, n. 93, convertito in L. 15 ottobre 2013, n. 119, al giudice di pace è devoluta la competenza per il delitto, consumato o tentato, previsto dal presente articolo, salvo ricorra l'ipotesi di cui all'articolo 639-*bis*, a decorrere dal 4 aprile 2001. Tuttavia la competenza per tali reati è del tribunale se ricorre una o più delle circostanze previste dagli articoli 1 del D.L. 15 dicembre 1979, n. 625, convertito in L. 6 febbraio 1980, n. 15 [ora art. 270-bis.1 c.p.], 7 del D.L. 13 maggio 1991, n. 152, convertito in L. 12 luglio 1991, n. 203 [ora art. 416-bis.1 c.p.], e 3 del D.L. 26 aprile 1993, n. 122, convertito in L. 25 giugno 1993, n. 205 [ora art. 604-ter c.p.]. V. però Corte cost. 14 dicembre 2018, n. 236.

632. Deviazione di acque e modificazione dello stato dei luoghi.

Chiunque, per procurare a sé o ad altri un ingiusto profitto, devia acque, ovvero immuta nell'altrui proprietà lo stato dei luoghi, è punito, a querela della persona offesa, con la reclusione fino a tre anni[1] e con la multa fino a euro 206 [649; c.p. 1889, 422 comma 2][2 3 4].

[1] Articolo così sostituito dall'art. 94, L. 24 novembre 1981, n. 689.

[2] Sono applicabili le sanzioni sostitutive previste dagli artt. 53 ss., L. 24 novembre 1981, n. 689.

[3] Ai sensi dell'art. 15, L. 24 novembre 1999, n. 468 e dell'art. 4, D.Lgs. 28 agosto 2000, n. 274, nel testo modificato dall'art. 2, D.L. 14 agosto 2013, n. 93, convertito in L. 15 ottobre 2013, n. 119, al giudice di pace è devoluta la competenza per il delitto, consumato o tentato, previsto dal presente articolo, salvo ricorra l'ipotesi di cui all'articolo 639-*bis*, a decorrere dal 4 aprile 2001. Tuttavia la competenza per tali reati è del tribunale se ricorre una o più delle circostanze previste dagli articoli 1 del D.L. 15 dicembre 1979, n. 625, convertito in L. 6 febbraio 1980, n. 15 [ora art. 270-bis.1 c.p.], 7 del D.L. 13 maggio 1991, n. 152, convertito in L. 12 luglio 1991, n. 203 [ora art. 416-bis.1 c.p.], e 3 del D.L. 26 aprile 1993, n. 122, convertito in L. 25 giugno 1993, n. 205 [ora art. 604-ter c.p.]. V. però Corte cost. 14 dicembre 2018, n. 236.

[4] Per l'aumento della pena, qualora il fatto sia commesso da persona sottoposta a misura di prevenzione, v. art. 71, D.Lgs. 6 settembre 2011, n. 159.

633. Invasione di terreni o edifici.

Chiunque invade [637] arbitrariamente terreni o edifici altrui, pubblici o privati, al fine di occuparli o di trarne altrimenti profitto, è punito, a querela della persona offesa [120], con la reclusione da uno a tre anni e con la multa da euro 103 a euro 1032.

Si applica la pena della reclusione da due a quattro anni e della multa da euro 206 a euro 2064 e si procede d'ufficio se il fatto è commesso da più di cinque persone o se il fatto è commesso da persona palesemente armata.

Se il fatto è commesso da due o più persone, la pena per i promotori o gli organizzatori è aumentata[1 2 3 4].

[1] Articolo così sostituito dall'art. 30, D.L. 4 ottobre 2018, n. 113, convertito in L. 1° dicembre 2018, n. 132, a decorrere dal 4 dicembre 2018. Il testo previgente disponeva: *Chiunque invade arbitrariamente terreni o edifici altrui, pubblici o privati, al fine di occuparli o di trarne altrimenti profitto, è punito, a querela della persona offesa, con la reclusione fino a due anni o con la multa da euro 103 a 1.032.*

Le pene si applicano congiuntamente, e si procede d'ufficio, se il fatto è commesso da più di cinque persone, di cui una almeno palesemente armata, ovvero da più di dieci persone, anche senza armi.

[2] Sono applicabili le sanzioni sostitutive previste dagli artt. 53 ss., L. 24 novembre 1981, n. 689.

[3] Ai sensi dell'art. 15, L. 24 novembre 1999, n. 468 e dell'art. 4, D.Lgs. 28 agosto 2000, n. 274, nel testo, da ultimo, modificato dall'art. 1, L. 23 marzo 2016, n. 41, al giudice di pace è devoluta la competenza per il delitto, consumato o tentato, previsto dal presente comma, salvo ricorra l'ipotesi di cui all'articolo 639-*bis*, a decorrere dal 4 aprile 2001. Tuttavia la competenza per tali reati è del tribunale se ricorre una o più delle circostanze previste dagli articoli 1 del D.L. 15 dicembre 1979, n. 625, convertito in L. 6 febbraio 1980, n. 15 [ora art. 270-bis.1 c.p.], 7 del D.L. 13 maggio 1991, n. 152, convertito in L. 12 luglio 1991, n. 203 [ora art. 416-bis.1 c.p.], e 3 del D.L. 26 aprile 1993, n. 122, convertito in L. 25 giugno 1993, n. 205 [ora art. 604-ter c.p.]. V. però Corte cost. 14 dicembre 2018, n. 236.

[4] Per l'aumento della pena, qualora il fatto sia commesso da persona sottoposta a misura di prevenzione, v. art. 71, D.Lgs. 6 settembre 2011, n. 159.

634. Turbativa violenta del possesso di cose immobili.

Chiunque, fuori dei casi indicati nell'articolo precedente, turba, con violenza alla persona [581 comma 2] o con minaccia, l'altrui pacifico possesso di cose immobili, è punito con la reclusione fino a due anni[1] e con la multa da euro 103 a 309 [c.p. 1889, 423 comma 2][2].

Il fatto si considera compiuto con violenza o minaccia quando è commesso da più di dieci persone [112 n. 1][3].

[1] Sono applicabili le sanzioni sostitutive previste dagli artt. 53 ss., L. 24 novembre 1981, n. 689.

[2] Importi elevati dall'art. 113 comma 1, L. 24 novembre 1981, n. 689.

[3] Per l'aumento della pena, qualora il fatto sia commesso da persona sottoposta a misura di prevenzione, v. art. 71, D.Lgs. 6 settembre 2011, n. 159.

635. Danneggiamento.

Chiunque distrugge, disperde, deteriora o rende, in tutto o in parte, inservibili cose mobili [624 comma 2] o immobili altrui con violenza alla persona o con minaccia ovvero in occasione del delitto previsto dall'articolo 331, è punito con la reclusione da sei mesi a tre anni [638, 639, 649; c.p. 1889, 301, 424][1].

Alla stessa pena soggiace chiunque distrugge, disperde, deteriora o rende, in tutto o in parte, inservibili le seguenti cose altrui:

1) edifici pubblici o destinati a uso pubblico o all'esercizio di un culto o cose di interesse storico o artistico ovunque siano ubicate o immobili compresi nel perimetro dei centri storici, ovvero immobili i cui lavori di costruzione, di ristrutturazione, di recupero o di risanamento sono in corso o risultano ultimati o altre delle cose indicate nel numero *7)* dell'articolo 625;

2) opere destinate all'irrigazione;

3) piantate di viti, di alberi o arbusti fruttiferi, o boschi, selve o foreste, ovvero vivai forestali destinati al rimboschimento [508 comma 2, 638, 639; c. nav. 1141, 1142; c.p. 1889, 424 comma 2];

4) attrezzature e impianti sportivi al fine di impedire o interrompere lo svolgimento di manifestazioni sportive.

Chiunque distrugge, disperde, deteriora o rende, in tutto o in parte, inservibili cose mobili o immobili altrui in occasione di manifestazioni che si svolgono in luogo pubblico o aperto al pubblico è punito con la reclusione da uno a cinque anni[2].

Per i reati, **di cui ai commi precedenti**, la sospensione condizionale della pena è subordinata all'eliminazione delle conseguenze dannose o pericolose del reato, ovvero, se il condannato non si oppone, alla prestazione di attività non retribuita a favore della collettività per un tempo determinato, comunque non superiore alla durata della pena sospesa, secondo le modalità indicate dal giudice nella sentenza di condanna[3 4 5 6].

[1] Comma così modificato dall'art. 7, D.L. 14 giugno 2019, n. 53, convertito in L. 8 agosto 2019, n. 77, a decorrere dal 10 agosto 2019. Il testo previgente disponeva: *Chiunque distrugge, disperde, deteriora o rende, in tutto o in parte, inservibili cose mobili o immobili altrui con violenza alla persona o con minaccia ovvero in occasione* ***di manifestazioni che si svolgono in luogo pubblico o aperto al pubblico o*** *del delitto previsto dall'articolo 331, è punito con la reclusione da sei mesi a tre anni.*

[2] Comma aggiunto dall'art. 7, D.L. 14 giugno 2019, n. 53, convertito in L. 8 agosto 2019, n. 77, a decorrere dal 10 agosto 2019.

[3] Comma così modificato dall'art. 7, D.L. 14 giugno 2019, n. 53, convertito in L. 8 agosto 2019, n. 77, a decorrere dal 10 agosto 2019. Il testo previgente disponeva: *Per i reati di cui al primo e al secondo comma, la sospensione condizionale della pena è subordinata all'eliminazione delle conseguenze dannose o pericolose del reato, ovvero, se il condannato non si oppone, alla prestazione di attività non retribuita a favore della collettività per un tempo determinato, comunque non superiore alla durata della pena sospesa, secondo le modalità indicate dal giudice nella sentenza di condanna.*

[4] Articolo così sostituito dall'art. 2, D.Lgs. 15 gennaio 2016, n. 7. Il testo previgente disponeva: *Chiunque distrugge, disperde, deteriora o rende, in tutto o in parte, inservibili cose mobili o immobili altrui è punito, a querela della persona offesa, con la reclusione fino a un anno o con la multa fino a euro 309.*

La pena è della reclusione da sei mesi a tre anni, e si procede d'ufficio, se il fatto è commesso:

1) con violenza alla persona o con minaccia;

2) da datori di lavoro in occasione di serrate, o da lavoratori in occasione di sciopero, ovvero in occasione di alcuno dei delitti preveduti dagli articoli 330, 331 e 333;

3) su edifici pubblici o destinati a uso pubblico o all'esercizio di un culto o su cose di interesse storico o artistico ovunque siano ubicate o su immobili compresi nel perimetro dei centri storici ovvero su immobili i cui lavori di costruzione, di ristrutturazione, di recupero o di risanamento sono in corso o risultano ultimati, o su altre delle cose indicate nel numero 7 dell'articolo 625;

4) sopra opere destinate all'irrigazione;

5) sopra piantate di viti, di alberi o arbusti fruttiferi, o su boschi, selve o foreste, ovvero su vivai forestali destinati al rimboschimento;

5-bis) sopra attrezzature e impianti sportivi al fine di impedire o interrompere lo svolgimento di manifestazioni sportive.

Per i reati di cui al secondo comma, la sospensione condizionale della pena è subordinata all'eliminazione delle conseguenze dannose o pericolose del reato, ovvero, se il condannato non si oppone, alla prestazione di attività non retribuita a favore della collettività per un tempo determinato, comunque non superiore alla durata della pena sospesa, secondo le modalità indicate dal giudice nella sentenza di condanna.

[5] V. art. 4, comma 1, lett. c), D.Lgs. 7/2016 cit. che per la medesima fattispecie - al di fuori di quella ivi disciplinata - prevede la sanzione pecuniaria civile da euro cento a euro ottomila.

[6] Per l'aumento della pena, qualora il fatto sia commesso da persona sottoposta a misura di prevenzione, v. art. 71, D.Lgs. 6 settembre 2011, n. 159.

● Norme connesse:

- per il danneggiamento di servizi di comunicazione elettronica v. art. 97 (Danneggiamenti e turbative), D.Lgs. 1 agosto 2003, n. 259 (Codice delle comunicazioni elettroniche): *1. Chiunque esplichi attività che rechi, in qualsiasi modo, danno ai servizi di comunicazione elettronica od alle opere ed agli oggetti ad essi inerenti è punito ai sensi dell'articolo 635, secondo comma, n. 3, del codice penale.*

2. Fermo restando quanto disposto dal comma 1, è vietato arrecare disturbi o causare interferenze ai servizi di comunicazione elettronica ed alle opere ad essi inerenti. Nei confronti dei trasgressori provvedono direttamente, in via amministrativa, gli ispettorati territoriali del Ministero. La violazione del divieto comporta l'applicazione della sanzione amministrativa pecuniaria da 500,00 a 5.000,00 euro.

- per il danneggiamento di oggetti o congegni destinati al servizio postale v. artt. 23 e 25, D.P.R. 23 marzo 1973, n. 156 (Approvazione del testo unico delle disposizioni legislative in materia postale, di bancoposta e di telecomunicazioni): Art. 23 (Danneggiamento): *Chiunque esplichi attività che rechi, in qualsiasi modo, danno ai servizi postali od alle opere ed agli oggetti ad essi inerenti è punito ai sensi dell'art. 635, n. 3, del codice penale.*

Art. 25 (Tutela degli ambienti di lavoro e di produzione del pubblico servizio): *Chiunque distrugga, disperda, deteriori o renda, in tutto o in parte, inservibili oggetti e congegni destinati al servizio postale è punito ai sensi dell'art. 635, n. 3 del codice penale.*

Chiunque, fuori del caso previsto dal comma precedente, deturpi o imbratti oggetti e congegni destinati al servizio postale, è punito ai sensi dell'art. 639 del codice penale, ma si procede d'ufficio.

- per la distruzione di aerei ed il danneggiamento delle installazioni a terra relative alla navigazione aerea, v. artt. 1 e 2, L. 10 maggio 1976, n. 342 (Repressione dei delitti contro la sicurezza aerea). Art. 1. *Chiunque con violenza o minaccia commette un fatto diretto all'impossessamento di un aereo e chiunque con violenza, minaccia o frode commette un fatto diretto al dirottamento o alla distruzione di un aereo è punito con la reclusione da 7 a 21 anni.*

La pena è aumentata se l'autore consegue l'intento.

La pena non può essere inferiore a 12 anni di reclusione se dal fatto derivano lesioni personali ai passeggeri ovvero ai membri dell'equipaggio.

Si applica la pena della reclusione da 24 a 30 anni se dal fatto deriva la morte di una o più persone.

Art. 2. *Chiunque al fine di dirottare o distruggere un aereo danneggia le installazioni a terra relative alla navigazione aerea o ne altera le modalità di uso è punito con le pene indicate nell'articolo precedente.*

■ Codice penale del 1889: *Art. 424 - Chiunque distrugge, disperde, guasta o in qualsiasi modo deteriora cose mobili o immobili altrui è punito, a querela di parte, con la reclusione o con la detenzione sino a sei mesi e con la multa sino a lire cinquecento.*

La pena è della reclusione da un mese a tre anni e della multa sino a lire tremila, e si procede d'ufficio se il fatto sia commesso: 1° per vendetta contro un pubblico ufficiale a causa delle sue funzioni; 2° con violenza verso le persone, o con alcuno dei mezzi indicati nei numeri 4° e 5° dell'articolo 404; 3° sopra edifizii pubblici o destinati a uso pubblico, a pubblica utilità o all'esercizio di un culto, ovvero sopra edifizii od opere della specie indicata nell'articolo 305 o su monumenti pubblici, cimiteri o loro dipendenze; 4° sopra argini, difese o altre opere destinate a pubblico riparo da infortunii, ovvero sopra apparecchi o segnali destinati a pubblico servizio; 5° sopra canali, chiaviche o altre opere destinate all'irrigazione; 6° sopra piantate di viti, alberi o arbusti fruttiferi.

635-*bis*. Danneggiamento di informazioni, dati e programmi informatici.

Salvo che il fatto costituisca più grave reato, chiunque distrugge, deteriora, cancella, altera o sopprime informazioni, dati o programmi informatici altrui è punito, a querela della persona offesa, con la reclusione da sei mesi a tre anni.

Se il fatto è commesso con violenza alla persona o con minaccia ovvero con abuso della qualità di operatore del sistema, la pena è della reclusione da uno a quattro anni[1 2 3].

[1] Comma così sostituito dall'art. 2, D.Lgs. 15 gennaio 2016, n. 7. Il testo previgente disponeva: *Se ricorre la circostanza di cui al numero 1) del secondo comma dell'articolo 635 ovvero se il fatto è commesso con abuso della qualità di operatore del sistema, la pena è della reclusione da uno a quattro anni e si procede d'ufficio.*

[2] Articolo aggiunto dall'art. 9, L. 23 dicembre 1993, n. 547 e poi così sostituito dall'art. 5, L. 18 marzo 2008, n. 48.

[3] V. art. 240, comma 2, n. 1-bis), e comma 3, rispettivamente aggiunto e sostituito dall'art. 1, L. 15 febbraio 2012, n. 12.

[4] V. art. 4, comma 1, lett. c), D.Lgs. 15 gennaio 2016, n. 7.

635-*ter*. Danneggiamento di informazioni, dati e programmi informatici utilizzati dallo Stato o da altro ente pubblico o comunque di pubblica utilità.

Salvo che il fatto costituisca più grave reato, chiunque commette un fatto diretto a distruggere, deteriorare, cancellare, alterare o sopprimere informazioni, dati o programmi informatici utilizzati dallo Stato o da altro ente pubblico o ad essi pertinenti, o comunque di pubblica utilità, è punito con la reclusione da uno a quattro anni.

Se dal fatto deriva la distruzione, il deterioramento, la cancellazione, l'alterazione o la soppressione delle informazioni, dei dati o dei programmi informatici, la pena è della reclusione da tre a otto anni.

Se il fatto è commesso con violenza alla persona o con minaccia ovvero con abuso della qualità di operatore del sistema, la pena è aumentata[1 2 3 4].

[1] Comma così sostituito dall'art. 2, D.Lgs. 15 gennaio 2016, n. 7. Il testo previgente disponeva: *Se ricorre la circostanza di cui al numero 1) del secondo comma dell'articolo 635 ovvero se il fatto è commesso con abuso della qualità di operatore del sistema, la pena è aumentata.*

[2] Articolo aggiunto dall'art. 5, L. 18 marzo 2008, n. 48.

[3] V. art. 240, comma 2, n. 1-bis), e comma 3, rispettivamente aggiunto e sostituito dall'art. 1, L. 15 febbraio 2012, n. 12.

[4] V. art. 4, comma 1, lett. c), D.Lgs. 15 gennaio 2016, n. 7.

635-*quater*. Danneggiamento di sistemi informatici o telematici.

Salvo che il fatto costituisca più grave reato, chiunque, mediante le condotte di cui all'articolo 635-*bis*, ovvero attraverso l'introduzione o la trasmissione di dati, informazioni o programmi, distrugge, danneggia, rende, in tutto o in parte, inservibili sistemi informatici o telematici altrui o ne ostacola grave-

CODICE PENALE

mente il funzionamento è punito con la reclusione da uno a cinque anni.

Se il fatto è commesso con violenza alla persona o con minaccia ovvero con abuso della qualità di operatore del sistema, la pena è aumentata[1 2 3 4].

[1] Comma così sostituito dall'art. 2, D.Lgs. 15 gennaio 2016, n. 7. Il testo previgente disponeva: *Se ricorre la circostanza di cui al numero 1) del secondo comma dell'articolo 635 ovvero se il fatto è commesso con abuso della qualità di operatore del sistema, la pena è aumentata.*

[2] Articolo aggiunto dall'art. 5, L. 18 marzo 2008, n. 48.

[3] V. art. 240, comma 2, n. 1-bis), e comma 3, rispettivamente aggiunto e sostituito dall'art. 1, L. 15 febbraio 2012, n. 12.

[4] V. art. 4, comma 1, lett. c), D.Lgs. 15 gennaio 2016, n. 7.

635-*quinquies*. Danneggiamento di sistemi informatici o telematici di pubblica utilità.

Se il fatto di cui all'articolo 635-*quater* è diretto a distruggere, danneggiare, rendere, in tutto o in parte, inservibili sistemi informatici o telematici di pubblica utilità o ad ostacolarne gravemente il funzionamento, la pena è della reclusione da uno a quattro anni.

Se dal fatto deriva la distruzione o il danneggiamento del sistema informatico o telematico di pubblica utilità ovvero se questo è reso, in tutto o in parte, inservibile, la pena è della reclusione da tre a otto anni.

Se il fatto è commesso con violenza alla persona o con minaccia ovvero con abuso della qualità di operatore del sistema, la pena è aumentata[1 2 3 4].

[1] Comma così sostituito dall'art. 2, D.Lgs. 15 gennaio 2016, n. 7. Il testo previgente disponeva: *Se ricorre la circostanza di cui al numero 1) del secondo comma dell'articolo 635 ovvero se il fatto è commesso con abuso della qualità di operatore del sistema, la pena è aumentata.*

[2] Articolo aggiunto dall'art. 5, l. 18-3-2008, n. 48.

[3] V. art. 240, comma 2, n. 1-bis), e comma 3, rispettivamente aggiunto e sostituito dall'art. 1, L. 15 febbraio 2012, n. 12.

[4] V. art. 4, comma 1, lett. c), D.Lgs. 15 gennaio 2016, n. 7.

636. Introduzione o abbandono di animali nel fondo altrui e pascolo abusivo.

Chiunque introduce o abbandona animali in gregge o in mandria nel fondo altrui è punito con la multa da euro 10 a 103 [c.p. 1889, 4262][1].

Se l'introduzione o l'abbandono di animali, anche non raccolti in gregge o in mandria, avviene per farli pascolare nel fondo altrui, la pena è della reclusione fino a un anno[2] o della multa da euro 20 a 206[1].

Qualora il pascolo avvenga, ovvero dalla introduzione o dall'abbandono degli animali il fondo sia stato danneggiato, il colpevole è punito con la reclusione fino a due anni e con la multa da euro 51 a 516[1 2].

Il delitto è punibile a querela della persona offesa[3 4 5].

[1] Importi elevati dall'art. 113 comma 1, L. 24 novembre 1981, n. 689.

[2] Sono applicabili le sanzioni sostitutive previste dagli artt. 53 ss., L. 24 novembre 1981, n. 689.

[3] Comma aggiunto dall'art. 96, L. 24 novembre 1981, n. 689.

[4] Ai sensi dell'art. 15, L. 24 novembre 1999, n. 468 e dell'art. 4, D.Lgs. 28 agosto 2000, n. 274, nel testo modificato dall'art. 2, D.L. 14 agosto 2013, n. 93, convertito in L. 15 ottobre 2013, n. 119, al giudice di pace è devoluta la competenza per il delitto, consumato o tentato, previsto dal presente articolo, salvo ricorra l'ipotesi di cui all'articolo 639-*bis*, a decorrere dal 4 aprile 2001. Tuttavia la competenza per tali reati è del tribunale se ricorre una o più delle circostanze previste dagli articoli 1 del D.L. 15 dicembre 1979, n. 625, convertito in L. 6 febbraio 1980, n. 15 [ora art. 270-bis.1 c.p.], 7 del D.L. 13 maggio 1991, n. 152, convertito in L. 12 luglio 1991, n. 203 [ora art. 416-bis.1 c.p.], e 3 del D.L. 26 aprile 1993, n. 122, convertito in L. 25 giugno 1993, n. 205 [ora art. 604-ter c.p.]. V. però Corte cost. 14 dicembre 2018, n. 236.

[5] Per l'aumento della pena, qualora il fatto sia commesso da persona sottoposta a misura di prevenzione, v. art. 71, D.Lgs. 6 settembre 2011, n. 159.

637. Ingresso abusivo nel fondo altrui.

Chiunque senza necessità entra [633] nel fondo altrui recinto da fosso, da siepe viva o da un altro stabile riparo è punito, a querela della persona offesa [120], con la multa fino a euro 103 [649; c.p. 1889, 427][1 2 3].

[1] Importi elevati dall'art. 113 comma 1, L. 24 novembre 1981, n. 689.

[2] Ai sensi dell'art. 15, L. 24 novembre 1999, n. 468 e dell'art. 4, D.Lgs. 28 agosto 2000, n. 274, nel testo modificato dall'art. 2, D.L. 14 agosto 2013, n. 93, convertito in L. 15 ottobre 2013, n. 119, al giudice di pace è devoluta la competenza per il delitto, consumato o tentato, previsto dal presente articolo, a decorrere dal 4 aprile 2001. Tuttavia la competenza per tali reati è del tribunale se ricorre una o più delle circostanze previste dagli articoli 1 del D.L. 15 dicembre 1979, n. 625, convertito in L. 6 febbraio 1980, n. 15 [ora art. 270-bis.1 c.p.], 7 del D.L. 13 maggio 1991, n. 152, convertito in L. 12 luglio 1991, n. 203 [ora art. 416-bis.1 c.p.], e 3 del D.L. 26 aprile 1993, n. 122, convertito in L. 25 giugno 1993, n. 205 [ora art. 604-ter c.p.]. V. però Corte cost. 14 dicembre 2018, n. 236.

[3] Per l'aumento della pena, qualora il fatto sia commesso da persona sottoposta a misura di prevenzione, v. art. 71, D.Lgs. 6 settembre 2011, n. 159.

638. Uccisione o danneggiamento di animali altrui.

Chiunque senza necessità uccide o rende inservibili o comunque deteriora animali che appartengono ad altri è punito, salvo che il fatto costituisca più grave reato, a querela della persona offesa [120], con la reclusione fino a un anno[1] o con la multa fino a euro 309[2 3 4].

La pena è della reclusione da sei mesi a quattro anni, e si procede d'ufficio, se il fatto è commesso su tre o più capi di bestiame raccolti in gregge o in mandria, ovvero su animali bovini o equini, anche non raccolti in mandria.

Non è punibile chi commette il fatto sopra volatili sorpresi nei fondi da lui posseduti e nel momento in cui gli recano danno [649; c.p. 1889, 429 comma 4][5].

[1] Sono applicabili le sanzioni sostitutive previste dagli artt. 53 ss., L. 24 novembre 1981, n. 689.

[2] Comma così modificato dall'art. 1, L. 20 luglio 2004, n. 189.

[3] Importi elevati dall'art. 113 comma 1, L. 24 novembre 1981, n. 689.

[4] Ai sensi dell'art. 15, L. 24 novembre 1999, n. 468 e dell'art. 4, D.Lgs. 28 agosto 2000, n. 274, nel testo modificato dall'art. 2, D.L. 14 agosto 2013, n. 93, convertito in L. 15 ottobre 2013, n. 119, al giudice di pace è devoluta la competenza per il delitto, consumato o tentato, previsto dal presente comma, a decorrere dal 4 aprile 2001. Tuttavia la competenza per tali reati è del tribunale se ricorre una o più delle circostanze previste dagli articoli 1 del D.L. 15 dicembre 1979, n. 625, convertito in L. 6 febbraio 1980, n. 15 [ora art. 270-bis.1 c.p.], 7 del D.L. 13 maggio 1991, n. 152, convertito in L. 12 luglio 1991, n. 203 [ora art. 416-bis.1 c.p.], e 3 del D.L. 26 aprile 1993, n. 122, convertito in L. 25 giugno 1993, n. 205 [ora art. 604-ter c.p.]. V. però Corte cost. 14 dicembre 2018, n. 236.

[5] Per l'aumento della pena, qualora il fatto sia commesso da persona sottoposta a misura di prevenzione, v. art. 71, D.Lgs. 6 settembre 2011, n. 159.

639. Deturpamento e imbrattamento di cose altrui.

Chiunque, fuori dei casi preveduti dall'articolo 635, deturpa o imbratta cose mobili altrui è punito, a querela della persona offesa [120], con la multa fino a euro 103 [649, 664; c.p. 1889, 430][1 2 3].

Se il fatto è commesso su beni immobili o su mezzi di trasporto pubblici o privati, si applica la pena della reclusione da uno a sei mesi o della multa da 300 a 1.000 euro. Se il fatto è commesso su cose di interesse storico o artistico, si applica la pena della reclusione da tre mesi a un anno e della multa da 1.000 a 3.000 euro[4].

Nei casi di recidiva per le ipotesi di cui al secondo comma si applica la pena della reclusione da tre mesi a due anni e della multa fino a 10.000 euro[5].

Nei casi previsti dal secondo comma si procede d'ufficio[5].

Con la sentenza di condanna per i reati di cui al secondo e terzo comma il giudice, ai fini di cui all'art. 165, primo comma, può disporre l'obbligo di ripristino e di ripulitura dei luoghi ovvero, qualora ciò non sia possibile, l'obbligo di sostenerne le spese o di rimborsare quelle a tal fine sostenute, ovvero, se il condannato non si oppone, la prestazione di attività non retribuita a favore della collettività per un tempo determinato comunque non superiore alla durata della pena sospesa, secondo le modalità indicate nella sentenza di condanna[6].

[1] Comma così modificato dall'art. 3, L. 15 luglio 2009, n. 94. Il testo previgente disponeva: *Chiunque, fuori dei casi preveduti dall'articolo 635, deturpa o imbratta cose mobili o immobili altrui è punito, a querela della persona offesa, con la multa fino a euro 103.*

[2] Importi elevati dall'art. 113 comma 1, L. 24 novembre 1981, n. 689.

[3] Ai sensi dell'art. 15, L. 24 novembre 1999, n. 468 e dell'art. 4, D.Lgs. 28 agosto 2000, n. 274, nel testo modificato dall'art. 2, D.L. 14 agosto 2013, n. 93, convertito in L. 15 ottobre 2013, n. 119, al giudice di pace è devoluta la competenza per il delitto, consumato o tentato, previsto dal presente comma, a decorrere dal 4 aprile 2001. Tuttavia la competenza per tali reati è del tribunale se ricorre una o più delle circostanze previste dagli articoli 1 del D.L. 15 dicembre 1979, n. 625, convertito in L. 6 febbraio 1980, n. 15 [ora art. 270-bis.1 c.p.], 7 del D.L. 13 maggio 1991, n. 152, convertito in L. 12 luglio 1991, n. 203 [ora art. 416-bis.1 c.p.], e 3 del D.L. 26 aprile 1993, n. 122, convertito in L. 25 giugno 1993, n. 205 [ora art. 604-ter c.p.]. V. però Corte cost. 14 dicembre 2018, n. 236.

[4] Comma aggiunto dall'art. 13, L. 8 ottobre 1997, n. 352 e così sostituito dall'art. 3, L. 15 luglio 2009, n. 94. Il testo previgente disponeva: *Se il fatto è commesso su cose di interesse storico o artistico ovunque siano ubicate o su immobili compresi nel perimetro dei centri storici, si applica la pena della reclusione fino a un anno o della multa fino a euro 1.032 e si procede d'ufficio.*

[5] Comma aggiunto dall'art. 3, L. 15 luglio 2009, n. 94.

[6] Comma aggiunto dall'art. 16, D.L. 20 febbraio 2017, n. 14, convertito in L. 18 aprile 2017, n. 48.

● Norme connesse:
- comma 2: art. 3, Cost.

639-*bis*. Casi di esclusione della perseguibilità a querela.

Nei casi previsti dagli articoli 631, 632, 633 e 636 si procede d'ufficio se si tratta di acque, terreni, fondi o edifici pubblici o destinati ad uso pubblico [649][1].

[1] Articolo aggiunto dall'art. 97, L. 24 novembre 1981, n. 689.

CAPO II

DEI DELITTI CONTRO IL PATRIMONIO MEDIANTE FRODE

640. Truffa.

Chiunque, con artifizi o raggiri, inducendo taluno in errore, procura a sé o ad altri un ingiusto profitto con altrui danno, è punito con la reclusione da sei mesi a tre anni[1] e con la multa da euro 51 a 1.032 [c.p. 1889, 413][2].

La pena è della reclusione da uno a cinque anni e della multa da euro 309 a 1.549[2]:

1) se il fatto è commesso a danno dello Stato o di un altro ente pubblico **o dell'Unione europea** o col pretesto di far esonerare taluno dal servizio militare [c.p.m.p. 1622, 32-*quater*; c.p. 1889, 413 comma 2][3];

2) se il fatto è commesso ingenerando nella persona offesa il timore di un pericolo immaginario o l'erroneo convincimento di dovere eseguire un ordine dell'Autorità [649, 661];

2-bis) se il fatto è commesso in presenza della circostanza di cui all'articolo 61, numero *5)*[4].

Il delitto è punibile a querela della persona offesa [120; c.p.p. 336], salvo che ricorra taluna delle circostanze previste dal capoverso precedente o la circostanza aggravante prevista dall'articolo 61, primo comma, numero 7[5].

[1] Sono applicabili le sanzioni sostitutive previste dagli artt. 53 ss., L. 24 novembre 1981, n. 689.

[2] Importi elevati dall'art. 113 comma 1, L. 24 novembre 1981, n. 689.

[3] Numero così modificato dall'art. 1, D.Lgs. 14 luglio 2020, n. 75. Il testo previgente disponeva: *1) se il fatto è commesso a danno dello Stato o di un altro ente pubblico o col pretesto di far esonerare taluno dal servizio militare.*

[4] Numero aggiunto dall'art. 3, L. 15 luglio 2009, n. 94.

[5] Comma aggiunto dall'art. 98, L. 24 novembre 1981, n. 689 e poi così modificato dall'art. 8, D.Lgs. 10 aprile 2018, n. 36. Il testo previgente disponeva: *Il delitto è punibile a querela della persona offesa, salvo che ricorra taluna delle circostanze previste dal capoverso precedente o un'altra circostanza aggravante.*

■ Codice penale del 1889: *Art. 413 - Chiunque, con artifizii o raggiri atti a ingannare o a sorprendere l'altrui buona fede, inducendo alcuno in errore, procura a sé o ad altri un ingiusto profitto con altrui danno, è punito con la reclusione sino a tre anni e con la multa oltre le lire cento.*

La reclusione è da uno a cinque anni, se il delitto sia commesso: 1° da avvocati, procuratori o amministratori, nell'esercizio delle loro funzioni; 2° a danno di un'amministrazione pubblica o di un istituto di pubblica beneficenza; 3° col pretesto di far esonerare alcuno dal servizio militare.

♦ Codice penale francese

Articolo 313-1. *La truffa è il fatto, sia con l'uso di un falso nome o di una falsa qualità sia con l'abuso di una qualità vera, o mediante l'impiego di mezzi fraudolenti, di ingannare una persona fisica o giuridica e quindi di determinarla, a suo pregiudizio od a pregiudizio di un terzo, a trasferire fondi, titoli o un bene qualsiasi, per fornire un servizio o per consentire un atto che crea una obbligazione o che lo libera.*

La truffa è punita con cinque anni di reclusione e 375.000 euro di multa.

♦ Codice penale tedesco

§ 263 Truffa. *(1) Chiunque, con l'intento di ottenere per sé o per una terza persona un illecito materiale danno alla proprietà di un altro causando o ponendo in errore, fingendo fatti falsi o distorcendo ed eliminando fatti veri deve essere punito con la reclusione non superiore a cinque anni o una multa.*

(2) Il tentativo è punibile.

(3) In casi particolarmente gravi la pena è della reclusione da sei mesi a dieci anni. Un caso particolarmente grave si verifica in genere se l'autore del reato

1. Agisce su base commerciale o come membro di una banda il cui scopo è la continua commissione di falsificazione o di frode;

2. provoca una grave perdita finanziaria o agisce con l'intento di mettere un gran numero di persone in pericolo di perdite finanziarie per la continua commissione di reati di frode;

3. ponga un'altra persona in difficoltà finanziarie;

4. abusi dei suoi poteri o della sua posizione di pubblico ufficiale; o

5. finge che è accaduto un evento assicurato dopo che lui od un altro soggetto hanno a questo scopo dato fuoco ad un oggetto di valore significativo o lo hanno distrutto, in tutto o in parte, dando fuoco ad esso o causando l'affondamento o lo spiaggiamento di una nave.

(4) Sezione 243 (2), sezione 247 e la sezione 248 bis si applica mutatis mutandis.

(5) Chiunque, su base commerciale commette frode come un membro di una banda, il cui scopo è la continua commissione di reati nelle sezioni 263-264 o sezioni 267-269 sarà punito con la reclusione da uno a dieci anni, nei casi meno gravi per la reclusione da sei mesi a cinque anni.

(6) Il tribunale può fare un ordine di supervisione (sezione 68 (1)).

(7) la sezione 43a e 73d applicherà se l'autore dell'illecito si comporta come un membro di una banda il cui scopo è la commissione continuata di offese sezioni da 263 a 264 o sezioni da 267 a 269. La sezione 73d si applicherà anche se l'autore del reato agisce su una base commerciale.

640-*bis*. Truffa aggravata per il conseguimento di erogazioni pubbliche.

La pena è della reclusione da due a sette anni e si procede d'ufficio se il fatto di cui all'articolo 640 riguarda contributi, finanziamenti, mutui agevolati ovvero altre erogazioni dello stesso tipo, comunque denominate, concessi o erogati da parte dello Stato, di altri enti pubblici o delle Comunità europee [32-*quater*, 316-*bis*, 316-*ter*][1 2].

[1] Articolo aggiunto dall'art. 22, L. 19 marzo 1990, n. 55 e poi così modificato dall'art. 30, L. 17 ottobre 2017, n. 161. Il testo previgente disponeva: *La pena è della reclusione da uno a sei anni e si procede d'ufficio se il fatto di cui all'articolo 640 riguarda contributi, finanziamenti, mutui agevolati ovvero altre erogazioni dello stesso tipo, comunque denominate, concessi o erogati da parte dello Stato, di altri enti pubblici o delle Comunità europee.*

[2] Per l'aumento della pena, qualora il fatto sia commesso da persona sottoposta a misura di prevenzione, v. art. 71, D.Lgs. 6 settembre 2011, n. 159.

640-*ter*. Frode informatica.

Chiunque, alterando in qualsiasi modo il funzionamento di un sistema informatico o telematico o intervenendo senza diritto con qualsiasi modalità su dati, informazioni o programmi contenuti in un sistema informatico o telematico o ad esso pertinenti, procura a sé o ad altri un ingiusto profitto con altrui danno, è punito con la reclusione da sei mesi a tre anni e con la multa da euro 51 a 1.032.

La pena è della reclusione da uno a cinque anni e della multa da euro 309 a 1.549 se ricorre una delle circostanze previste dal numero *1)* del secondo comma dell'articolo 640, ovvero se il fatto è commesso con abuso della qualità di operatore del sistema.

La pena è della reclusione da due a sei anni e della multa da euro 600 a euro 3.000 se il fatto è commesso con furto o indebito utilizzo dell'identità digitale in danno di uno o più soggetti[1].

Il delitto è punibile a querela della persona offesa, salvo che ricorra taluna delle circostanze di cui al secondo e terzo comma o taluna delle circostanze previste dall'articolo 61, primo comma, numero 5, limitatamente all'aver approfittato di circostanze di persona, anche in riferimento all'età, e numero 7[2 3 4].

[1] Comma aggiunto dall'art. 9, D.L. 14 agosto 2013, n. 93, convertito in L. 15 ottobre 2013, n. 119.

[2] Comma così modificato prima dall'art. 9, D.L. 14 agosto 2013, n. 93, convertito in L. 15 ottobre 2013, n. 119, poi dall'art. 9, D.Lgs. 10 aprile 2018, n. 36.

Il testo previgente la modifica del 2013 disponeva: *Il delitto è punibile a querela della persona offesa, salvo che ricorra taluna delle circostanze di cui al secondo comma o un'altra circostanza aggravante.*

Il testo previgente la modifica del 2018 disponeva: *Il delitto è punibile a querela della persona offesa, salvo che ricorra taluna delle circostanze di cui al secondo e terzo comma o un'altra circostanza aggravante.*

[3] Articolo aggiunto dall'art. 10, L. 23 dicembre 1993, n. 547.

[4] V. art. 240, comma 2, n. 1-bis), e comma 3, rispettivamente aggiunto e sostituito dall'art. 1, L. 15 febbraio 2012, n. 12.

640-*quater*. Applicabilità dell'articolo 322-*ter*.

Nei casi di cui agli articoli 640, secondo comma, numero 1, 640-*bis* e 640-*ter*, secondo comma, con esclusione dell'ipotesi in cui il fatto è commesso con abuso della qualità di operatore di sistema, si osservano, in quanto applicabili, le disposizioni contenute nell'articolo 322-*ter* [335-*bis*, 644 comma 6][1].

[1] Articolo aggiunto dall'art. 3, L. 29 settembre 2000, n. 300. Ai sensi dell'art. 15 del suddetto provvedimento le disposizioni di questo articolo non si applicano ai reati ivi previsti commessi anteriormente all'entrata in vigore L. 29 settembre 2000, n. 300.

● Norme connesse:

- art. 19, comma 2, del D.Lgs. 8 giugno 2001, n. 231, recante la disciplina della responsabilità amministrativa delle persone giuridiche, delle società e delle associazioni anche prive di personalità giuridica.

640-*quinquies*. Frode informatica del soggetto che presta servizi di certificazione di firma elettronica.

Il soggetto che presta servizi di certificazione di firma elettronica, il quale, al fine di procurare a sé o ad altri ingiusto profitto ovvero di arrecare ad altri danno, viola gli obblighi previsti dalla legge per il rilascio di un certificato qualificato, è punito con la reclusione fino a tre anni e con la multa da 51 a 1.032 euro[1 2].

[1] Articolo aggiunto dall'art. 5, L. 18 marzo 2008, n. 48.

[2] V. art. 240, comma 2, n. 1-bis), e comma 3, rispettivamente aggiunto e sostituito dall'art. 1, L. 15 febbraio 2012, n. 12.

641. Insolvenza fraudolenta.

Chiunque, dissimulando il proprio stato d'insolvenza [c.c. 2221, 2540], contrae un'obbligazione col proposito di non adempierla è punito, a querela della persona offesa [120; c.p.p. 336], qualora l'obbligazione non sia adempiuta, con la reclusione fino a due anni[1] o con la multa fino a euro 516[2].

L'adempimento dell'obbligazione avvenuto prima della condanna estingue il reato [649].

[1] Sono applicabili le sanzioni sostitutive previste dagli artt. 53 ss., L. 24 novembre 1981, n. 689.

[2] Importi elevati dall'art. 113 comma 1, L. 24 novembre 1981, n. 689.

642. Fraudolento danneggiamento dei beni assicurati e mutilazione fraudolenta della propria persona.

Chiunque, al fine di conseguire per sé o per altri l'indennizzo di una assicurazione o comunque un vantaggio derivante da un contratto di assicurazione, distrugge, disperde, deteriora od occulta cose di sua proprietà, falsifica o altera una polizza o la documentazione richiesta per la stipulazione di un contratto di assicurazione è punito con la reclusione da uno a cinque anni[1].

Alla stessa pena soggiace chi al fine predetto cagiona a se stesso una lesione personale o aggrava le conseguenze della lesione personale prodotta da un infortunio o denuncia un sinistro non accaduto ovvero distrugge, falsifica, altera o precostituisce elementi di prova o documentazione relativi al sinistro. Se il colpevole consegue l'intento la pena è aumentata. Si procede a querela di parte.

Le disposizioni di cui al presente articolo si applicano anche se il fatto è commesso all'estero, in danno di un assicuratore italiano, che eserciti la sua attività nel territorio dello Stato. Il delitto è punibile a querela della persona offesa[2].

[1] Comma così modificato dall'art. 33, D.L. 24 gennaio 2012, n. 1, convertito in L. 24 marzo 2012, n. 27. Il testo previgente disponeva: *Chiunque, al fine di conseguire per sé o per altri l'indennizzo di una assicurazione o comunque un vantaggio derivante da un contratto di assicurazione, distrugge, disperde, deteriora od occulta cose di sua proprietà, falsifica o altera una polizza o la documentazione richiesta per la stipulazione di un contratto di assicurazione è punito con la reclusione da sei mesi a quattro anni.*

CODICE PENALE

[2] Articolo così sostituito dall'art. 24, L. 12 dicembre 2002, n. 273. Il testo previgente disponeva: *642. Fraudolenta distruzione della cosa propria e mutilazione fraudolenta della propria persona. Chiunque, al fine di conseguire per sè o per altri il prezzo di un'assicurazione contro infortuni, distrugge, disperde, deteriora od occulta cose di sua proprietà è punito con la reclusione da sei mesi a tre anni e con la multa fino a 1.032 euro. Alla stessa pena soggiace chi, al fine predetto, cagiona a sè stesso una lesione personale, o aggrava le conseguenze della, o aggrava le conseguenze della lesione personale prodotta dall'infortunio. Se il colpevole consegue l'intento, la pena è aumentata. Le disposizioni di questo articolo si applicano anche se il fatto è commesso all'estero, in danno di un assicuratore italiano, che eserciti la sua industria nel territorio dello Stato; ma il delitto è punibile a querela della persona offesa.*

643. Circonvenzione di persone incapaci.

Chiunque, per procurare a sé o ad altri un profitto, abusando dei bisogni, delle passioni o della inesperienza di una persona minore [c.c. 2], ovvero abusando dello stato d'infermità o deficienza psichica di una persona, anche se non interdetta o inabilitata, la induce a compiere un atto, che importi qualsiasi effetto giuridico per lei o per altri dannoso, è punito con la reclusione da due a sei anni e con la multa da euro 206 a 2.065 [649; c.p. 1889, 415][1].

[1] Importi elevati dall'art. 113 comma 1, L. 24 novembre 1981, n. 689.

644. Usura.

Chiunque, fuori dei casi previsti dall'articolo 643, si fa dare o promettere, sotto qualsiasi forma, per sé o per altri, in corrispettivo di una prestazione di denaro o di altra utilità, interessi o altri vantaggi usurari, è punito con la reclusione da due a dieci anni e con la multa da euro 5.000 a euro 30.000 [c.c. 1447, 1448 comma 1, 1815; 32-*quater*, 644-*ter*, 649][1].

Alla stessa pena soggiace chi, fuori del caso di concorso [110] nel delitto previsto dal primo comma, procura a taluno una somma di denaro od altra utilità facendo dare o promettere, a sé o ad altri, per la mediazione, un compenso usurario [32-*quater*, 644-*ter*, 649].

La legge stabilisce il limite oltre il quale gli interessi sono sempre usurari. Sono altresì usurari gli interessi, anche se inferiori a tale limite, e gli altri vantaggi o compensi che, avuto riguardo alle concrete modalità del fatto e al tasso medio praticato per operazioni similari, risultano comunque sproporzionati rispetto alla prestazione di denaro o di altra utilità, ovvero all'opera di mediazione, quando chi li ha dati o promessi si trova in condizioni di difficoltà economica o finanziaria.

Per la determinazione del tasso di interesse usurario si tiene conto delle commissioni, remunerazioni a qualsiasi titolo e delle spese, escluse quelle per imposte e tasse, collegate alla erogazione del credito.

Le pene per i fatti di cui al primo e secondo comma sono aumentate da un terzo alla metà:

1) se il colpevole ha agito nell'esercizio di una attività professionale, bancaria o di intermediazione finanziaria mobiliare;

2) se il colpevole ha richiesto in garanzia partecipazioni o quote societarie o aziendali o proprietà immobiliari;

3) se il reato è commesso in danno di chi si trova in stato di bisogno;

4) se il reato è commesso in danno di chi svolge attività imprenditoriale, professionale o artigianale;

5) se il reato è commesso da persona sottoposta con provvedimento definitivo alla misura di prevenzione della sorveglianza speciale durante il periodo previsto di applicazione e fino a tre anni dal momento in cui è cessata l'esecuzione.

Nel caso di condanna, o di applicazione di pena ai sensi dell'articolo 444 del codice di procedura penale, per uno dei delitti di cui al presente articolo, è sempre ordinata la confisca dei beni che costituiscono prezzo o profitto del reato ovvero di somme di denaro, beni ed utilità di cui il reo ha la disponibilità anche per interposta persona per un importo pari al valore degli interessi o degli altri vantaggi o compensi usurari, salvi i diritti della persona offesa dal reato alle restituzioni e al risarcimento dei danni[2 3 4].

[1] Comma così modificato dall'art. 2, L. 5 dicembre 2005, n. 251. Il testo previgente disponeva: *Chiunque, fuori dei casi previsti dall'articolo 643, si fa dare o promettere, sotto qualsiasi forma, per sé o per altri, in corrispettivo di una prestazione di denaro o di altra utilità, interessi o altri vantaggi usurari, è punito con la reclusione da uno a sei anni e con la multa da euro 3.098 a euro 15.493.*

[2] L'art. 4, L. 12 giugno 2003, n. 134, ha abrogato l'art. 60, L. 24 novembre 1981, n. 689, che prevedeva l'inapplicabilità delle pene sostitutive al reato previsto dal presente articolo.

[3] Articolo così sostituito dall'art. 1, L. 7 marzo 1996, n. 108.

[4] Il testo precedente la riforma del 2005 era il seguente: *Chiunque, fuori dei casi previsti dall'articolo 643, si fa dare o promettere, sotto qualsiasi forma, per sé o per altri, in corrispettivo di una prestazione di denaro o di altra utilità, interessi o altri vantaggi usurari, è punito con la reclusione da uno a sei anni e con la multa da euro 3.098 a euro 15.493.*

Alla stessa pena soggiace chi, fuori del caso di concorso nel delitto previsto dal primo comma, procura a taluno una somma di denaro od altra utilità facendo dare o promettere, a sé o ad altri, per la mediazione, un compenso usurario.

La legge stabilisce il limite oltre il quale gli interessi sono sempre usurari. Sono altresì usurari gli interessi, anche se inferiori a tale limite, e gli altri vantaggi o compensi che, avuto riguardo alle concrete modalità del fatto e al tasso medio praticato per operazioni similari, risultano comunque sproporzionati rispetto alla prestazione di denaro o di altra utilità, ovvero all'opera di mediazione, quando chi li ha dati o promessi si trova in condizioni di difficoltà economica o finanziaria.

Per la determinazione del tasso di interesse usurario si tiene conto delle commissioni, remunerazioni a qualsiasi titolo e delle spese, escluse quelle per imposte e tasse, collegate alla erogazione del credito.

Le pene per i fatti di cui al primo e secondo comma sono aumentate da un terzo alla metà:

1) se il colpevole ha agito nell'esercizio di una attività professionale, bancaria o di intermediazione finanziaria mobiliare;

2) se il colpevole ha richiesto in garanzia partecipazioni o quote societarie o aziendali o proprietà immobiliari;

3) se il reato è commesso in danno di chi si trova in stato di bisogno;

4) se il reato è commesso in danno di chi svolge attività imprenditoriale, professionale o artigianale;

5) se il reato è commesso da persona sottoposta con provvedimento definitivo alla misura di prevenzione della sorveglianza speciale durante il periodo previsto di applicazione e fino a tre anni dal momento in cui è cessata l'esecuzione.

Nel caso di condanna, o di applicazione di pena ai sensi dell'articolo 444 del codice di procedura penale, per uno dei delitti di cui al presente articolo, è sempre ordinata la confisca dei beni che costituiscono prezzo o profitto del reato ovvero di somme di denaro, beni ed utilità di cui il reo ha la disponibilità anche per interposta persona per un importo pari al valore degli interessi o degli altri vantaggi o compensi usurari, salvi i diritti della persona offesa dal reato alle restituzioni e al risarcimento dei danni.

La pena era stata così fissata dall'art. 11-quinquies comma 1 lett. a) D.L. 8 giugno 1992, n. 306, convertito in L. 7 agosto 1992, n. 356. La pena originaria era della reclusione fino a due anni e della multa da lire mille a ventimila. Il secondo comma era stato aggiunto dall'art. 11-quinquies comma 1 lett. b) del medesimo D.L. 8 giugno 1992, n. 306.

● Norme connesse:

- artt. 2 e 3 L. 7 marzo 1996, n. 108, nel testo modificato dall'art. 8, D.L. 13 maggio 2011, n. 70, convertito in L. 12 luglio 2011, n. 106, per i quali: *Art. 2. 1. Il Ministro del tesoro, sentiti la Banca d'Italia e l'Ufficio italiano dei cambi, rileva trimestralmente il tasso effettivo globale medio, comprensivo di commissioni, di remunerazioni a qualsiasi titolo e spese, escluse quelle per imposte e tasse, riferito ad anno, degli interessi praticati dalle banche e dagli intermediari finanziari iscritti negli elenchi tenuti dall'Ufficio italiano dei cambi e dalla Banca d'Italia ai sensi degli articoli 106 e 107 del decreto legislativo 1° settembre 1993, n. 385, nel corso del trimestre precedente per operazioni della stessa natura. I valori medi derivanti da tale rilevazione, corretti in ragione delle eventuali variazioni del tasso ufficiale di sconto successive al trimestre di riferimento, sono pubblicati senza ritardo nella Gazzetta Ufficiale.*

2. La classificazione delle operazioni per categorie omogenee, tenuto conto della natura, dell'oggetto, dell'importo, della durata, dei rischi e delle garanzie è effettuata annualmente con decreto del Ministro del tesoro, sentiti la Banca d'Italia e l'Ufficio italiano dei cambi e pubblicata senza ritardo nella Gazzetta Ufficiale.

3. Le banche e gli intermediari finanziari di cui al comma 1 ed ogni altro ente autorizzato alla erogazione del credito sono tenuti ad affiggere nella rispettiva sede, e in ciascuna delle proprie dipendenze aperte al pubblico, in modo facilmente visibile, apposito avviso contenente la classificazione delle operazioni e la rilevazione dei tassi previsti nei commi 1 e 2.

4. Il limite previsto dal terzo comma dell'articolo 644 del codice penale, oltre il quale gli interessi sono sempre usurari, è stabilito nel tasso medio risultante dall'ultima rilevazione pubblicata nella Gazzetta Ufficiale ai sensi del comma 1 relativamente alla categoria di operazioni in cui il credito è compreso, aumentato di un quarto, cui si aggiunge un margine di ulteriori quattro punti percentuali. La differenza tra il limite e il tasso medio non può essere superiore a otto punti percentuali.

Art. 3. 1. La prima classificazione di cui al comma 2 dell'articolo 2 verrà pubblicata entro il termine di centottanta giorni dalla data di entrata in vigore della presente legge. Entro i successivi centottanta giorni sarà pubblicata la prima rilevazione trimestrale di cui al comma 1 del medesimo articolo 2. Fino alla pubblicazione di cui al comma 1 dell'articolo 2 è punito a norma dell'articolo 644, primo comma, del codice penale chiunque, fuori dei casi previsti dall'articolo 643 del codice penale, si fa dare o promettere, sotto qualsiasi forma, per sé o per altri, da soggetto in condizioni di difficoltà economica o finanziaria, in corrispettivo di una prestazione di denaro o di altra utilità, interessi o altri vantaggi che, avuto riguardo alle concrete modalità del fatto e ai tassi praticati per operazioni similari dal sistema bancario e finanziario, risultano sproporzionati rispetto alla prestazione di denaro o di altra utilità. Alla stessa pena soggiace chi, fuori del caso di concorso nel delitto previsto dall'articolo 644, primo comma, del codice penale, procura a soggetto che si trova in condizioni di difficoltà economica o finanziaria una somma di denaro o altra utilità facendo dare o promettere, a sé o ad altri, per la mediazione, un compenso che, avuto riguardo alle concrete modalità del fatto, risulta sproporzionato rispetto all'opera di mediazione.

- art. 1, comma 1, del D.L. 29 dicembre 2000, n. 394, convertito in L. 28 febbraio 2001, n. 24: *A fini dell'applicazione dell'art. 644 del codice penale e dell'art. 1815, secondo comma, del codice civile, si intendono usurari gli interessi che superano il limite stabilito dalla legge nel momento in cui essi sono promessi o comunque convenuti, a qualunque titolo, indipendentemente dal momento del loro pagamento.*

- artt. 3, 25, Cost.

644-*bis*. Usura impropria.

[ ][1]

[1] Articolo aggiunto dall'art. 11-*quinquies*, D.L. 8 giugno 1992, n. 306, convertito in L. 7 agosto 1992, n. 356 e poi abrogato dall'art. 1, L. 7 marzo 1996, n. 108. Il testo previgente disponeva: *Chiunque, fuori dei casi previsti dall'articolo 644, approfittando delle condizioni di difficoltà economica o finanziaria di persona che svolge una attività imprenditoriale o professionale, si fa dare o promettere, sotto qualsiasi forma, per sè o per altri, in corrispettivo di una prestazione di denaro o di altra cosa mobile, interessi o altri vantaggi usurari, è punito con la reclusione da sei mesi a quattro anni e con la multa da lire quattro milioni a lire venti milioni.*

Alla stessa pena soggiace chi, fuori dei casi di concorso nel delitto previsto dal comma precedente, procura ad una persona che svolge una attività imprenditoriale o professionale e che versa in condizioni di difficoltà economica o finanziaria una somma di denaro o un'altra cosa mobile, facendo dare o promettere, a sè o ad altri, per la mediazione, un compenso usurario.

Si applica la disposizione del terzo comma dell'articolo 644.

644-*ter*. Prescrizione del reato di usura.

La prescrizione del reato di usura [157, 158] decorre dal giorno dell'ultima riscossione sia degli interessi che del capitale[1].

[1] Articolo aggiunto dall'art. 11, L. 7 marzo 1996, n. 108.

645. Frode in emigrazione.

Chiunque, con mendaci asserzioni o con false notizie, eccitando taluno ad emigrare, o avviandolo a paese diverso da quello nel quale voleva recarsi, si fa consegnare o promettere, per sé o per altri, denaro o altra utilità, come compenso per farlo emigrare, è punito con la reclusione da uno a cinque anni e con la multa da euro 309 a 1.032 [649; c.p. 1889, 416][1].

La pena è aumentata [64] se il fatto è commesso a danno di due o più persone [649].

[1] Importi elevati dall'art. 113 comma 1, L. 24 novembre 1981, n. 689.

646. Appropriazione indebita.

Chiunque, per procurare a sé o ad altri un ingiusto profitto, si appropria il denaro o la cosa mobile [624 comma 2] altrui di cui abbia, a qualsiasi titolo, il possesso, è punito, a querela della persona offesa [120], **con la reclusione da due a cinque anni e con la multa da euro 1.000 a euro 3.000** [649; c.nav. 1144-1146; c.p. 1889, 417][1].

Se il fatto è commesso su cose possedute a titolo di deposito necessario [c.c. 1783-1797], la pena è aumentata.

[...][2].

[1] Comma così modificato dall'art. 1, comma 1, lett. u), L. 9 gennaio 2019, n. 3. Il testo previgente disponeva: *Chiunque, per procurare a sé o ad altri un ingiusto profitto, si appropria il denaro o la cosa mobile altrui di cui abbia, a qualsiasi titolo, il possesso, è punito, a querela della persona offesa, con la reclusione fino a tre anni e con la multa fino a euro 1.032.*

[2] Comma abrogato dall'art. 10, D.Lgs. 10 aprile 2018, n. 36. Il testo previgente disponeva: *Si procede d'ufficio, se ricorre la circostanza indicata nel capoverso precedente o taluna delle circostanze indicate nel numero 11 dell'articolo 61.*

● Norme connesse:

- artt. 3, 24, Cost.

647. Appropriazione di cose smarrite, del tesoro o di cose avute per errore o caso fortuito.

[...][1 2].

[1] Articolo abrogato dall'art. 1, D.Lgs. 15 gennaio 2016, n. 7. Il testo previgente disponeva: *È punito, a querela della persona offesa, con la reclusione fino a un anno o con la multa da euro 30 a 309:*

1) chiunque, avendo trovato denaro o cose da altri smarrite, se li appropria, senza osservare le prescrizioni della legge civile sull'acquisto della proprietà di cose trovate;

2) chiunque, avendo trovato un tesoro, si appropria, in tutto o in parte, la quota dovuta al proprietario del fondo;

3) chiunque si appropria cose, delle quali sia venuto in possesso per errore altrui o per caso fortuito.

Nei casi preveduti dai numeri 1 e 3, se il colpevole conosceva il proprietario della cosa che si è appropriata, la pena è della reclusione fino a due anni e della multa fino a euro 309.

[2] V., ora, art. 4, comma 1, lett. d), e), f), D.Lgs. 7/2016 cit. che per la medesima fattispecie prevede la sanzione pecuniaria civile da euro cento a euro ottomila.

648. Ricettazione.

Fuori dei casi di concorso nel reato [110], chi, al fine di procurare a sé o ad altri un profitto, acquista, riceve od occulta denaro o cose provenienti da un qualsiasi delitto, o comunque si intromette nel farle acquistare, ricevere od occultare, è punito con la reclusione da due ad otto anni e con la multa da euro 516 a euro 10.329[1] [709, 712; c.p. 1889, 421]. La pena è aumentata quando il fatto riguarda denaro o cose provenienti da delitti di rapina aggravata ai sensi dell'articolo 628, terzo comma, di estorsione aggravata ai sensi dell'articolo 629, secondo comma, ovvero di furto aggravato ai sensi dell'articolo 625, primo comma, n. *7-bis)*[2].

La pena è della reclusione sino a sei anni e della multa sino a euro 516[1], se il fatto è di particolare tenuità [62 n. 4, 133].

Le disposizioni di questo articolo si applicano anche quando l'autore del delitto, da cui il denaro o le cose provengono, non è imputabile [85] o non è punibile [379, 649, 712] ovvero quando manchi una condizione di procedibilità riferita a tale delitto[3 4].

[1] Importi elevati dall'art. 113 comma 4, L. 24 novembre 1981, n. 689.

[2] Comma così modificato dall'art. 8, D.L. 14 agosto 2013, n. 93, convertito in L. 15 ottobre 2013, n. 119. Il testo previgente disponeva: *Fuori dei casi di concorso nel reato, chi, al fine di procurare a sé o ad altri un profitto, acquista, riceve od occulta denaro o cose provenienti da un qualsiasi delitto, o comunque si intromette nel farle acquistare, ricevere od occultare, è punito con la reclusione da due ad otto anni e con la multa da euro 516 a euro 10.329.*

[3] Comma così modificato dall'art. 3, L. 9 agosto 1993, n. 328.

[4] Articolo così sostituito dall'art. 15, L. 22 maggio 1975, n. 152. Il testo originario disponeva: *648. Ricettazione. 1. Fuori dei casi di concorso nel reato, chi, al fine di procurare a sè o ad altri un profitto, acquista, riceve od occulta denaro o cose provenienti da un qualsiasi delitto, o comunque si intromette nel farli acquistare, ricevere od occultare, è punito con la reclusione fino a sei anni e con la multa fino a lire ottocentomila. 2. Le disposizioni di questo articolo si applicano anche quando l'autore del delitto, da cui il denaro o le cose provengono, non è imputabile o non è punibile.*

● Norme connesse:

- art. 26, L. 19 marzo 1990, n. 55, che dispone: *1. Quando i fatti previsti dagli articoli 648, 648-bis e 648-ter del codice penale sono commessi nell'esercizio di attività bancaria, professionale o di cambio-valuta ovvero di altra attività soggetta ad autorizzazione, licenza, iscrizione in appositi albi o registri o ad altro titolo abilitante, si applicano le misure disciplinari ovvero i provvedimenti di sospensione o di revoca del titolo abilitante previsti dai rispettivi ordinamenti.*

1-bis. Le disposizioni del comma 1 si applicano anche quando l'attività illecita integri i delitti previsti dall'articolo 270-bis del codice penale in relazione alle condotte di finanziamento del terrorismo, anche internazionale.

■ Codice penale del 1889: *Art. 421 - Chiunque, fuori del caso preveduto nell'art. 225, acquista, riceve o nasconde danaro o cose provenienti da un delitto, o si intromette in qualsiasi modo nel farle acquistare, ricevere o nascondere, senza essere concorso nel delitto medesimo, è punito con la reclusione sino a due anni e con la multa sino a lire mille.*

Se il danaro o le cose provengono da un delitto che importi pena restrittiva della libertà personale per un tempo maggiore dei cinque anni, il colpevole è punito con la reclusione da uno a quattro anni e con la multa da lire cento a tremila.

In ambedue i casi preveduti nelle precedenti disposizioni, la reclusione non può superare la metà della pena stabilita per il delitto da cui le cose provengano; ed ove si tratti di pena pecuniaria, per determinare tale misura si fa il ragguaglio secondo le norme stabilite nell'articolo 19.

Se il colpevole sia ricettatore abituale, la reclusione è da tre a sette anni, nel caso preveduto nella prima parte del presente articolo, e da cinque a dieci anni, nel caso preveduto nel primo capoverso: e si aggiunge sempre la multa da lire trecento a tremila.

♦ Codice penale francese

Articolo 321-1. *La ricettazione è il fatto di dissimulare, il tenere o trasmettere una cosa, o agire come un intermediario al fine di trasmetterla, sapendo che questa cosa proviene da un crimine o reato.*

Costituisce ugualmente ricettazione il fatto, in conoscenza di causa, di beneficiare con ogni mezzo del prodotto di un crimine o di un delitto.

La ricettazione è punibile con cinque anni di reclusione e 375 000 euro di multa.

648-*bis*. Riciclaggio.

Fuori dei casi di concorso nel reato, chiunque sostituisce o trasferisce denaro, beni o altre utilità provenienti da delitto non colposo, ovvero compie in relazione ad essi altre operazioni, in modo da ostacolare l'identificazione della loro provenienza delittuosa, è punito con la reclusione da quattro a dodici anni e con la multa da euro 5.000 a euro 25.000 [379, 648-*ter*, 649][1].

La pena è aumentata quando il fatto è commesso nell'esercizio di un'attività professionale.

La pena è diminuita se il denaro, i beni o le altre utilità provengono da delitto per il quale è stabilita la pena della reclusione inferiore nel massimo a cinque anni.

Si applica l'ultimo comma dell'articolo 648[2 3].

[1] Comma così modificato dall'art. 3, L. 15 dicembre 2014, n. 186, a decorrere dall'1 gennaio 2015. Il testo previgente disponeva: *Fuori dei casi di concorso nel reato, chiunque sostituisce o trasferisce denaro, beni o altre utilità provenienti da delitto non colposo, ovvero compie in relazione ad essi altre operazioni, in modo da ostacolare l'identificazione della loro provenienza delittuosa, è punito con la reclusione da quattro a dodici anni e con la multa da euro 1.032 a euro 15.493.*

[2] Articolo così sostituito dall'art. 4, L. 9 agosto 1993, n. 328. Il testo originario disponeva: 648-*bis* (Sostituzione di denaro o valori provenienti da rapina aggravata, estorsione aggravata o sequestro di persona a scopo di estorsione). *Fuori dei casi di concorso nel reato, chiunque compie fatti o atti diretti a sostituire denaro o valori provenienti dai delitti di rapina aggravata, di estorsione aggravata o di sequestro di persona a scopo di estorsione, con altro danaro o altri valori, al fine di procurare a sè o ad altri un profitto o di aiutare gli autori dei delitti suddetti ad assicurarsi il profitto del reato, è punito con la reclusione da quattro a dieci anni e con la multa da lire un milione a venti milioni.*

Si applica l'ultimo comma dell'articolo precedente.

Il testo previgente la sostituzione di cui alla L. 328/1993 disponeva: *Fuori dei casi di concorso nel reato, chiunque sostituisce denaro, beni o altre utilità provenienti dai delitti di rapina aggravata, di estorsione, aggravata, di sequestro di persona a scopo di estorsione, o dai delitti concernenti la produzione o il traffico di sostanze stupefacenti o psicotrope, con altro denaro, altri beni o altre utilità, ovvero ostacola l'identificazione della loro provenienza dai delitti suddetti, è punito con la reclusione da quattro a dodici anni e con la multa da lire due milioni a lire trenta milioni.*

La pena è aumentata quando il fatto è commesso nell'esercizio di un'attività professionale.

Si applica l'ultimo comma dell'articolo 648.

[3] Per l'aumento della pena, qualora il fatto sia commesso da persona sottoposta a misura di prevenzione, v. art. 71, D.Lgs. 6 settembre 2011, n. 159.

● Norme connesse:

- art. 26, L. 19 marzo 1990, n. 55, riportato in nota all'articolo precedente; D.Lgs. 21 novembre 2007, n. 231, recante attuazione della direttiva 2005/60/CE concernente la prevenzione dell'utilizzo del sistema finanziario a scopo di riciclaggio dei proventi di attività criminose e di finanziamento del terrorismo nonchè della direttiva 2006/70/CE che ne reca misure di esecuzione; artt. 240-bis e 512-bis c.p. aggiunti dal D.Lgs. 1 marzo 2018, n. 21.

♦ Codice penale francese

Articolo 324-1. *Il riciclaggio è il fatto di agevolare, con qualsiasi mezzo, la falsa giustificazione della provenienza dei beni o dei redditi dell'autore di un reato a cui ha fornito un profitto diretto o indiretto.*

Il riciclaggio di denaro comprende anche il fatto di fornire supporto ad un operazione di investimento, occultare o convertire il prodotto diretto o indiretto di un crimine o di un reato. Il riciclaggio di denaro è punibile con cinque anni di reclusione e una multa 375.000 euro.

♦ Codice penale tedesco

§ 261 Riciclaggio di denaro; nascondere benefici finanziari ottenuti illegalmente. *(1) Chiunque nasconde un oggetto che proviene da un fatto illecito indicato nel comma 2 di seguito, chiunque nasconde la sua origine od ostacola o mette in pericolo l'indagine della sua origine, la possibilità di essere trovati, di essere confiscati, la sua privazione o il suo essere ufficialmente messo in sicurezza, è punito con la reclusione*

CODICE PENALE

da tre mesi a cinque anni. Atti illegali ai sensi del 1 ° comma sono

1. reati;

2. delitti sotto

(A) La sezione 332 (1), anche in combinazione con il comma (3), e la sezione 334;

(B) Sezione 29 (1) 1 ° comma n 1 la legge sugli stupefacenti e la sezione 19 (1) N. 1 di atto in materia di stupefacenti;

3. delitti di cui alla sezione 373 e sotto la sezione 374 (2) del Codice Fiscale, e anche in collaborazione con la sezione 12 (1) delle organizzazioni comuni di mercato e pagamenti diretti;

4. delitti

(A) ai sensi della sezione 152a, sezione 181, sezione 232 (1) e (2), sezione 233 (1) e (2), sezione 233 bis, sezione 242, sezione 246, sezione 253, sezione 259, sezioni 263-264, sezione 266, sezione 267, sezione 269, sezione 271, sezione 284, sezione 326 (1), (2) e (4), la sezione 328 (1), (2) e (4) e la sezione 348;

(B) ai sensi dell'articolo 96 della legge sul soggiorno e la sezione 84 della Procedura legge sull'asilo e la sezione 370 del Codice Fiscale, sezione 38 (1) a (3) e (5), della legge sulla negoziazione di titoli, così come le sezioni 143, 143 bis e 144 della legge sulla protezione dei marchi, disegni e altri simboli, da 106 a 108 ter della legge sul diritto d'autore e diritti connessi, 25 della legge modelli di utilità, 51 e 65 della legge design, 142 della legge sui brevetti, 10 della legge sulla protezione semiconduttori e 39 dei ritrovati vegetali.

che sono stati commessi su base commerciale o da un membro di una banda il cui scopo è la continua commissione di tali reati;

5. delitti di cui alla sezione 89a e sotto la sezione 129 e la sezione 129 (3) e (5), ognuno dei quali anche in collaborazione con la sezione 129 B (1), così come reati commessi da un membro di un'organizzazione criminale o terroristica (sezione 129 e la sezione 129, ognuno dei quali anche in combinazione con la sezione 129 B (1)).

Il 1 ° comma si applica nei casi di evasione fiscale commessi su base commerciale o come un gruppo ai sensi della sezione 370 del Codice Fiscale, fatte salve le spese in virtù della tassa di evasione, nei casi dei rimborsi fiscali illecitamente acquisiti e delle indennità, e nei casi sotto il comma 2 ° n 3 del 1 ° comma si applica anche con oggetto in relazione al quale sono stati elusi gli oneri fiscali.

(2) Chiunque

1. procura un oggetto di cui al comma (1) di cui sopra, per sé o una terza persona;

2. mantiene un oggetto di cui al comma (1) di cui sopra nella sua custodia o lo utilizza per se stesso o per una terza persona se sapeva l'origine dell'oggetto al momento di ottenere il possesso di esso, incorrerà nella stessa pena.

(3) Il tentativo è punibile.

(4) In casi particolarmente gravi la pena è della reclusione da sei mesi a dieci anni. Un caso particolarmente grave si verifica in genere se l'autore del reato agisce su base commerciale o come membro di una banda il cui scopo è la continua commissione di riciclaggio di denaro.(5) Chiunque, nei casi in sottosezioni (1) o (2) di cui sopra è, per negligenza grave, ignaro del fatto che l'oggetto è di provenienza da un atto illecito, comma (1), deve essere punito con la reclusione di non più di due anni o con una multa.

(6) L'atto non è punibile ai sensi del comma (2) di cui sopra, se una terza persona ha precedentemente acquisito l'oggetto senza avere commesso un reato.

(7) Gli oggetti a cui il reato riferisce, possono essere oggetto di un ordine di privazione. Si applica la sezione 74a. La sezione 73 D si applica se l'autore del reato agisce su base commerciale o come membro di una banda il cui scopo è la continua commissione di riciclaggio di denaro.

(8) Gli oggetti che sono ricavati da un reato di cui al comma (1) di cui sopra commessi all'estero sono equivalenti agli oggetti indicati nelle sottosezioni (1), (2) e (5) di cui sopra se il reato è punibile anche nel luogo della sua commissione.

(9) Chiunque

Riporti volontariamente il reato all'autorità pubblica competente o volontariamente provoca tale relazione deve essere fatto, a meno che l'atto era già stato scoperto in tutto o in parte, al momento e l'autore del reato lo sapeva o poteva ragionevolmente saperlo e 2. nei casi di applicazione sottosezioni (1) o (2) di cui sopra, alle condizioni citate in comma 1 sopra provoca l'oggetto a cui l'illecito dipende ufficialmente fissato non sarà responsabile nelle sottosezioni (1) a (5) di cui sopra.

Chi è responsabile per la sua partecipazione alla atto antecedente non sarà responsabile nelle sottosezioni (1) e (5) di cui sopra.

648-*ter*. Impiego di denaro, beni o utilità di provenienza illecita.

Chiunque, fuori dei casi di concorso nel reato [110] e dei casi previsti dagli articoli 648 e 648-*bis*, impiega in attività economiche o finanziarie denaro, beni o altre utilità provenienti da delitto, è punito con la reclusione da quattro a dodici anni e con la multa da euro 5.000 a euro 25.000[1].

La pena è aumentata quando il fatto è commesso nell'esercizio di un'attività professionale.

La pena è diminuita nell'ipotesi di cui al secondo comma dell'art. 648.

Si applica l'ultimo comma dell'articolo 648[2 3 4].

[1] Comma così modificato dall'art. 3, L. 15 dicembre 2014, n. 186, a decorrere dall'1 gennaio 2015. Il testo previgente disponeva: *Chiunque, fuori dei casi di concorso nel reato e dei casi previsti dagli articoli 648 e 648-bis, impiega in attività economiche o finanziarie denaro, beni o altre utilità provenienti da delitto, è punito con la reclusione da quattro a dodici anni e con la multa da euro 1.032 a euro 15.493.*

[2] Articolo aggiunto dall'art. 24, L. 19 marzo 1990, n. 55 e così sostituito dall'art. 5, L. 9 agosto 1993, n. 328. Il testo originario disponeva: *Chiunque, fuori dei casi di concorso nel reato e dei casi previsti dagli articoli 648 e 648-bis, impiega in attività economiche o finanziarie denaro, beni o altre utilità provenienti dai delitti di rapina aggravata, di estorsione aggravata, di sequestro di persona a scopo di estorsione o dai delitti concernenti la produzione o il traffico di sostanze stupefacenti o psicotrope, è punito con la reclusione da quattro a dodici anni e con la multa da lire due milioni a lire trenta milioni.*

La pena è aumentata quando il fatto è commesso nell'esercizio di un'attività professionale.

Si applica l'ultimo comma dell'articolo 648.

[3] Per l'aumento della pena, qualora il fatto sia commesso da persona sottoposta a misura di prevenzione, v. art. 71, D.Lgs. 6 settembre 2011, n. 159.

● Norme connesse:

- art. 26, L. 19 marzo 1990, n. 55, riportato in nota all'articolo 648.

648-*ter. 1*. Autoriciclaggio.

Si applica la pena della reclusione da due a otto anni e della multa da euro 5.000 a euro 25.000 a chiunque, avendo commesso o concorso a commettere un delitto non colposo, impiega, sostituisce, trasferisce, in attività economiche, finanziarie, imprenditoriali o speculative, il denaro, i beni o le altre utilità provenienti dalla commissione di tale delitto, in modo da ostacolare concretamente l'identificazione della loro provenienza delittuosa.

Si applica la pena della reclusione da uno a quattro anni e della multa da euro 2.500 a euro 12.500 se il denaro, i beni o le altre utilità provengono dalla commissione di un delitto non colposo punito con la reclusione inferiore nel massimo a cinque anni.

Si applicano comunque le pene previste dal primo comma se il denaro, i beni o le altre utilità provengono da un delitto commesso con le condizioni o le finalità di cui all'articolo 7 del decreto-legge 13 maggio 1991, n. 152, convertito, con modificazioni, dalla legge 12 luglio 1991, n. 203, e successive modificazioni [rectius: art. 416-bis.1 c.p.].

Fuori dei casi di cui ai commi precedenti, non sono punibili le condotte per cui il denaro, i beni o le altre utilità vengono destinate alla mera utilizzazione o al godimento personale.

La pena è aumentata quando i fatti sono commessi nell'esercizio di un'attività bancaria o finanziaria o di altra attività professionale.

La pena è diminuita fino alla metà per chi si sia efficacemente adoperato per evitare che le condotte siano portate a conseguenze ulteriori o per assicurare le prove del reato e l'individuazione dei beni, del denaro e delle altre utilità provenienti dal delitto.

Si applica l'ultimo comma dell'articolo 648[1].

[1] Articolo aggiunto dall'art. 3, L. 15 dicembre 2014, n. 186, a decorrere dall'1 gennaio 2015.

648-*quater*. Confisca.

Nel caso di condanna o di applicazione della pena su richiesta delle parti, a norma dell'articolo 444 del codice di procedura penale, per uno dei delitti previsti dagli articolo 648-*bis*, 648-*ter* e 648-*ter.1*, è sempre ordinata la confisca dei beni che ne costituiscono il prodotto o il profitto, salvo che appartengano a persone estranee al reato [335-*bis*][1].

Nel caso in cui non sia possibile procedere alla confisca di cui al primo comma, il giudice ordina la confisca delle somme di denaro, dei beni o delle altre utilità delle quali il reo ha la disponibilità, anche per interposta persona, per un valore equivalente al prodotto, profitto o prezzo del reato [322-*ter*, 640-*quater*, 644 comma 6].

In relazione ai reati di cui agli articoli 648-*bis*, 648-*ter* e 648-*ter.1*, il pubblico ministero può compiere, nel termine e ai fini di cui all'articolo 430 del codice di procedura penale, ogni attività di indagine che si renda necessaria circa i beni, il denaro o le altre utilità da sottoporre a confisca a norma dei commi precedenti[2 3].

[1] Comma così modificato dall'art. 3, L. 15 dicembre 2014, n. 186, a decorrere dall'1 gennaio 2015. Il testo previgente disponeva: *Nel caso di condanna o di applicazione della pena su richiesta delle parti, a norma dell'articolo 444 del codice di procedura penale, per uno dei delitti previsti dagli articolo 648-bis e 648-ter, è sempre ordinata la confisca dei beni che ne costituiscono il prodotto o il profitto, salvo che appartengano a persone estranee al reato.*

[2] Comma così modificato dall'art. 3, L. 15 dicembre 2014, n. 186, a decorrere dall'1 gennaio 2015. Il testo previgente disponeva: *In relazione ai reati di cui agli articoli 648-bis e 648-ter, il pubblico ministero può compiere, nel termine e ai fini di cui all'articolo 430 del codice di procedura penale, ogni attività di indagine che si renda necessaria circa i beni, il denaro o le altre utilità da sottoporre a confisca a norma dei commi precedenti.*

[3] Articolo aggiunto dall'art. 63 (oggi 72 ex art. 5, D.Lgs. 25 maggio 2017, n. 90), D.Lgs. 21 novembre 2007, n. 231, a decorrere dal 29 dicembre 2007.

CAPO III

DISPOSIZIONI COMUNI AI CAPI PRECEDENTI

649. Non punibilità e querela della persona offesa, per fatti commessi a danno di congiunti.

Non è punibile chi ha commesso alcuno dei fatti preveduti da questo titolo in danno [c.p. 1889, 433 comma 1]:

1) del coniuge non legalmente separato [c.c. 150; c.p. 1889, 433 comma 2 n. 1, 2 e 3];

1-bis) della parte dell'unione civile tra persone dello stesso sesso[1];

2) di un ascendente o discendente [540, c.c. 75] o di un affine in linea retta [c.c. 78], ovvero dell'adottante o dell'adottato [c.c. 291];

3) di un fratello o di una sorella che con lui convivano.

I fatti preveduti da questo titolo sono punibili a querela della persona offesa [120; c.p.p. 336], se commessi a danno del coniuge legalmente separato o della parte dell'unione civile tra persone dello stesso sesso, nel caso in cui sia stata manifestata la volontà di scioglimento dinanzi all'ufficiale dello stato civile e non sia intervenuto lo scioglimento della stessa, ovvero del fratello o della sorella che non convivano coll'autore del fatto, ovvero dello zio o del nipote o

CODICE PENALE

dell'affine in secondo grado [c.c. 78] con lui conviventi [c.p. 1889, 433 comma 2][2].

Le disposizioni di questo articolo non si applicano ai delitti preveduti dagli articoli 628, 629 e 630 e ad ogni altro delitto contro il patrimonio che sia commesso con violenza alle persone.

[1] Numero aggiunto dall'art. 1, D.Lgs. 19 gennaio 2017, n. 6.

[2] Comma così modificato dall'art. 1, D.Lgs. 19 gennaio 2017, n. 6. Il testo previgente disponeva: *I fatti preveduti da questo titolo sono punibili a querela della persona offesa, se commessi a danno del coniuge legalmente separato, ovvero del fratello o della sorella che non convivano coll'autore del fatto, ovvero dello zio o del nipote o dell'affine in secondo grado con lui conviventi.*

● Norme connesse:
- comma 3: artt. 3, 25, Cost.

♦ Sentenza di rigetto Corte Cost. 352/2000. *Non è fondata, in riferimento agli artt. 3 e 24 Costituzione, la questione di legittimità costituzionale dell'art. 649 del codice penale, nella parte in cui non prevede la non punibilità dei reati previsti dal titolo XIII del libro II dello stesso codice commessi in danno del convivente more uxorio. Non è irragionevole che il legislatore adotti soluzioni differenti per la famiglia fondata sul matrimonio, così come nell'art. 29 della Costituzione, e per la convivenza 'more uxorio': vengono in evidenza, con riferimento alla prima, a differenza rispetto alla seconda, non soltanto esigenze di tutela delle relazioni affettive individuali, ma anche la tutela della protezione del coniuge basata sulla stabilità dei rapporti, di fronte alla quale soltanto si giustifica l'affievolimento della tutela del singolo componente.*

CAPO III-*BIS*

DISPOSIZIONI COMUNI SULLA PROCEDIBILITÀ[1]

[1] Capo aggiunto dall'art. 11, D.Lgs. 10 aprile 2018, n. 36.

649-*bis*. Casi di procedibilità d'ufficio.

Per i fatti perseguibili a querela preveduti dagli articoli 640, terzo comma, 640-ter, quarto comma, e per i fatti di cui all'articolo 646, secondo comma, o aggravati dalle circostanze di cui all'articolo 61, primo comma, numero 11, si procede d'ufficio qualora ricorrano circostanze aggravanti ad effetto speciale **ovvero se la persona offesa è incapace per età o per infermità o se il danno arrecato alla persona offesa è di rilevante gravità**[1].

[1] Articolo aggiunto dall'art. 11, D.Lgs. 10 aprile 2018, n. 36 e poi così modificato dall'art. 1, comma 1, lett. v), L. 9 gennaio 2019, n. 3. Il testo previgente disponeva: *Per i fatti perseguibili a querela preveduti dagli articoli 640, terzo comma, 640-ter, quarto comma, e per i fatti di cui all'articolo 646, secondo comma, o aggravati dalle circostanze di cui all'articolo 61, primo comma, numero 11, si procede d'ufficio qualora ricorrano circostanze aggravanti ad effetto speciale.*

LIBRO III
DELLE CONTRAVVENZIONI IN PARTICOLARE

TITOLO I
DELLE CONTRAVVENZIONI DI POLIZIA

CAPO I
DELLE CONTRAVVENZIONI CONCERNENTI LA POLIZIA DI SICUREZZA

Sezione I
Delle contravvenzioni concernenti l'ordine pubblico e la tranquillità pubblica

§ 1
Delle contravvenzioni concernenti l'inosservanza dei provvedimenti di polizia e le manifestazioni sediziose e pericolose

650. Inosservanza dei provvedimenti dell'Autorità.

Chiunque non osserva un provvedimento legalmente dato dall'Autorità per ragioni di giustizia o di sicurezza pubblica, o d'ordine pubblico o d'igiene, è punito, se il fatto non costituisce un più grave reato [337, 338, 389, 509], con l'arresto fino a tre mesi o con l'ammenda fino a euro 206 [c.p. 1889, 434][1].

[1] Importi elevati dall'art. 113 comma 1, L. 24 novembre 1981, n. 689.

● Norme connesse:

- artt. 2, 15 e 17, R.D. 18 giugno 1931, n. 773, di approvazione del testo unico delle leggi di pubblica sicurezza; art. 76, D.P.R. 9 ottobre 1990, n. 309, in materia di stupefacenti; artt. 9-17, D.L. 15 gennaio 1991, n. 8, convertito in L. 15 marzo 1991, n. 82 in materia di sequestri di persona a scopo di estorsione e protezione di coloro che collaborano con la giustizia; art. 10, comma 3, L. 8 febbraio 1948, n. 47 (Disposizioni sulla stampa); art. 28, comma 3 L. 20 maggio 1970, n. 300 (Statuto dei lavoratori); art. 11, D.L. 21 marzo 1978, n. 59, convertito in L. 18 maggio 1978, n. 191 (Prevenzione e repressione dei reati gravi); art. 180, comma 8, D.Lgs. 30 aprile 1992, n. 285 (Nuovo codice della strada).

651. Rifiuto d'indicazioni sulla propria identità personale.

Chiunque, richiesto da un pubblico ufficiale [357] nell'esercizio delle sue funzioni, rifiuta di dare indicazioni sulla propria identità personale, sul proprio stato, o su altre qualità personali, è punito con l'arresto fino a un mese o con l'ammenda fino a euro 206 [366 comma 2, 495, 496; c.p.p. 66, 349 commi 1, 4; disp. att. c.p.p. 21; c.p. 1889, 436][1][2].

[1] Importi elevati dall'art. 113 comma 1, L. 24 novembre 1981, n. 689.

[2] Oblabile ex art. 162-*bis*.

● Norme connesse:

- art. 11 D.L. 21 marzo 1978, n. 59, convertito in L. 18 maggio 1978, n. 191; art. 349, comma 3, c.p.p.

- art. 157, R.D. 18 giugno 1931, n. 773, di approvazione del testo unico delle leggi di pubblica sicurezza: *Chi, fuori del proprio comune, desta sospetti con la sua condotta e, alla richiesta degli ufficiali o agenti di pubblica sicurezza, non può o non vuol dare contezza di sé mediante l'esibizione della carta d'identità o con altro mezzo degno di fede, è condotto dinanzi l'autorità locale di pubblica sicurezza. Questa, qualora trovi fondati i sospetti, può farlo rimpatriare con foglio di via obbligatorio o anche, secondo le circostanze, per traduzione.*

Questa disposizione si applica anche alle persone pericolose per l'ordine e la sicurezza pubblica o per la pubblica moralità.

L'autorità di pubblica sicurezza può vietare a chi è rimpatriato con foglio di via obbligatorio o per traduzione di ritornare nel comune dal quale è allontanato, senza preventiva autorizzazione dell'autorità stessa.

I contravventori sono puniti con l'arresto da uno a sei mesi. Scontata la pena, sono tradotti al luogo di rimpatrio.

652. Rifiuto di prestare la propria opera in occasione di un tumulto.

Chiunque, in occasione di un tumulto o di un pubblico infortunio o di un comune pericolo [422-436], ovvero nella flagranza di un reato [c.p.p. 237], rifiuta, senza giusto motivo, di prestare il proprio aiuto, o la propria opera, ovvero di dare le informazioni o le indicazioni che gli siano richieste da un pubblico ufficiale [357] o da una persona incaricata di un pubblico servizio [358], nell'esercizio delle funzioni o del servizio, è soggetto alla sanzione amministrativa pecuniaria da euro 5.000 a euro 15.000[1].

Se il colpevole dà informazioni o indicazioni mendaci, è soggetto alla sanzione amministrativa pecuniaria da euro 6.000 a euro 18.000 [c.p. 1889, 435][2].

[1] Comma così modificato dall'art. 2, D.Lgs. 15 gennaio 2016, n. 8. Il testo previgente disponeva: *Chiunque, in occa-*

sione di un tumulto o di un pubblico infortunio o di un comune pericolo, ovvero nella flagranza di un reato, rifiuta, senza giusto motivo, di prestare il proprio aiuto, o la propria opera, ovvero di dare le informazioni o le indicazioni che gli siano richieste da un pubblico ufficiale o da una persona incaricata di un pubblico servizio, nell'esercizio delle funzioni o del servizio, è punito con l'arresto fino a tre mesi o con l'ammenda fino a euro 309.

[2] Comma così modificato dall'art. 2, D.Lgs. 15 gennaio 2016, n. 8. Il testo previgente disponeva: *Se il colpevole dà informazioni o indicazioni mendaci, è punito con l'arresto da uno a sei mesi ovvero con l'ammenda da euro 30 a 619.*

● Norme connesse:

- R.D.L. 9 dicembre 1926, n. 2389, in materia di calamità pubbliche.

653. Formazione di corpi armati non diretti a commettere reati.

Chiunque, senza autorizzazione, forma un corpo armato non diretto a commettere reati è punito con l'arresto fino a un anno [306, 416 comma 4; c.p. 1889, 254].

● Norme connesse:

- art. 29, R.D. 18 giugno 1931, n. 773, di approvazione del testo unico delle leggi di pubblica sicurezza: *Salvo quanto è stabilito dalle leggi militari, non possono aver luogo, senza licenza del Prefetto, passeggiate in forma militare con armi.*

Il contravventore è punito con l'arresto fino a sei mesi.

I capi o i promotori sono puniti con l'arresto fino ad un anno.

654. Grida e manifestazioni sediziose.

Chiunque, in una riunione che non sia da considerare privata a norma del numero 3 dell'articolo 266, ovvero in un luogo pubblico, aperto o esposto al pubblico, compie manifestazioni o emette grida sediziose è punito, se il fatto non costituisce reato [266 comma 2, 284, 303, 414, 415], con la sanzione amministrativa pecuniaria da euro 103 a 619[1 2].

[1] Articolo così modificato dall'art. 45, D.Lgs. 30 dicembre 1999, n. 507. Il testo previgente disponeva: *Chiunque, in una riunione che non sia da considerare privata a norma del n. 3 dell'articolo 266 ovvero in luogo pubblico, aperto o esposto al pubblico, compie manifestazioni o emette grida sediziose è punito, se il fatto non costituisce un più grave reato, con l'arresto fino a un anno.*

[2] V. Corte cost. 27 febbraio 1973, n. 15, che ha dichiarato non fondate, nei sensi di cui in motivazione, con riferimento agli artt. 17, 21 e 25 comma 2 Cost., la questione di legittimità degli artt. 654 e 655. In proposito, la motivazione precisa, fra l'altro, che «l'oggettiva sediziosità di una condotta va di volta in volta accertata, in relazione a circostanze di tempo, di modo e di luogo, tenendo soprattutto conto del suo specifico contenuto. Il termine sedizione, che il legislatore non ha inteso definire, ha pur sempre un suo tradizionale e generale significato. Atteggiamento sedizioso penalmente rilevante è soltanto quello che implica ribellione, ostilità, eccitazione al sovvertimento delle pubbliche istituzioni e che risulti in concreto idoneo a produrre un evento pericoloso per l'ordine pubblico.

L'attuale sanzione amministrativa è stata sostituita alla pena dell'arresto fino a un anno dall'art. 45 D.Lgs. 30 dicembre 1999, n. 507. Per l'individuazione dell'autorità competente all'applicazione di detta sanzione v. art. 19-*bis*, disp. att.

● Norme connesse:

- artt. 18, 20-27, R.D. 18 giugno 1931, n. 773, di approvazione del testo unico delle leggi di pubblica sicurezza, e l'art. 17, L. 22 maggio 1975, n. 152, sull'ordinamento pubblico; l'art. 76, L. 1 aprile 1981, n. 121, sull'Amministrazione della pubblica sicurezza (Manifestazioni collettive con mezzi od armi della polizia): *1. Gli appartenenti all'Amministrazione della pubblica sicurezza che compiono manifestazioni collettive pubbliche mediante l'uso di mezzi della polizia sono puniti con la reclusione sino a sei mesi o con la multa da lire cinquantamila a lire un milione.*

2. La pena è aumentata fino a nove mesi e la multa fino ad un milione e mezzo di lire per coloro che hanno promosso, organizzato o diretto la manifestazione.

3. Gli appartenenti all'Amministrazione della pubblica sicurezza che partecipano alla manifestazione con il possesso di armi sono puniti con la reclusione da sei mesi a due anni.

655. Radunata sediziosa.

Chiunque fa parte di una radunata sediziosa di dieci o più persone è punito, per il solo fatto della partecipazione, con l'arresto fino a un anno.

Se chi fa parte della radunata è armato, la pena è dell'arresto non inferiore a sei mesi.

Non è punibile chi, prima dell'ingiunzione dell'Autorità, o per obbedire ad essa, si ritira dalla radunata.

656. Pubblicazione o diffusione di notizie false, esagerate o tendenziose, atte a turbare l'ordine pubblico.

Chiunque pubblica o diffonde notizie false, esagerate o tendenziose, per le quali possa essere turbato l'ordine pubblico, è punito, se il fatto non costituisce un più grave reato [265, 269, 501, 658], con l'arresto fino a tre mesi o con l'ammenda fino a euro 309[1].

[1] Importi elevati dall'art. 113 comma 1, L. 24 novembre 1981, n. 689.

[2] Oblabile ex art. 162-*bis*.

657. Grida o notizie atte a turbare la tranquillità pubblica o privata.

[...][1].

[1] Articolo abrogato dall'art. 18, L. 25 giugno 1999, n. 205.

658. Procurato allarme presso l'Autorità.

Chiunque, annunziando disastri, infortuni o pericoli inesistenti, suscita allarme presso l'Autorità, o presso enti o persone che esercitano un pubblico servizio [358], è punito con l'arresto fino a sei mesi o con l'ammenda da euro 10 a 516 [340, 656, 657][1 2].

[1] Importi elevati dall'art. 113 comma 1, L. 24 novembre 1981, n. 689.

[2] Oblabile ex art. 162-*bis*.

659. Disturbo delle occupazioni o del riposo delle persone.

Chiunque, mediante schiamazzi o rumori, ovvero abusando di strumenti sonori o di segnalazioni acustiche, ovvero suscitando o non impedendo strepiti di animali, disturba le occupazioni o il riposo delle persone, ovvero gli spettacoli, i ritrovi o i trattenimenti pubblici, è punito con l'arresto fino a tre mesi o con l'ammenda fino a euro 309 [657, 660, 703][1 2].

Si applica l'ammenda da euro 103 a 516[1] a chi esercita una professione o un mestiere rumoroso contro le disposizioni della legge o le prescrizioni dell'Autorità.

[1] Importi elevati dall'art. 113 comma 1, L. 24 novembre 1981, n. 689.

[2] Oblabile ex art. 162-*bis*.

660. Molestia o disturbo alle persone.

Chiunque, in un luogo pubblico o aperto al pubblico, ovvero col mezzo del telefono, per petulanza o per altro biasimevole motivo, reca a taluno molestia o disturbo è punito con l'arresto fino a sei mesi o con l'ammenda fino a euro 516 [659, 688; c.p. 1889, 458][1 2].

[1] Importi elevati dall'art. 113 comma 1, L. 24 novembre 1981, n. 689.

[2] Oblabile ex art. 162-*bis*.

661. Abuso della credulità popolare.

Chiunque, pubblicamente [266 comma 4], cerca con qualsiasi impostura, anche gratuitamente, di abusare della credulità popolare è soggetto, se dal fatto può derivare un turbamento dell'ordine pubblico, alla sanzione amministrativa pecuniaria da euro 5.000 a euro 15.000 [640; c.p. 1889, 459][1].

[1] Comma così modificato dall'art. 2, D.Lgs. 15 gennaio 2016, n. 8. Il testo previgente disponeva: *Chiunque, pubblicamente, cerca con qualsiasi impostura, anche gratuitamente, di abusare della credulità popolare è punito, se dal fatto può derivare un turbamento dell'ordine pubblico, con l'arresto fino a tre mesi o con l'ammenda fino a euro 1.032.*

● Norme connesse:

- sul divieto del mestiere di ciarlatano v. art. 121, comma 3, R.D. 18 giugno 1931, n. 773 (TULPS): *È vietato il mestiere di ciarlatano.*

- la nozione di mestiere di ciarlatano è così definita dall'art. 231, R.D. 6 maggio 1940, n. 635 (Regolamento di esecuzione del TULPS): *Sotto la denominazione di "mestiere di ciarlatano", ai fini dell'applicazione dell'art. 121, ultimo comma, della legge, si comprende ogni attività diretta a speculare sull'altrui credulità, o a sfruttare od alimentare l'altrui pregiudizio, come gli indovini, gli interpreti di sogni, i cartomanti, coloro che esercitano giochi di sortilegio, incantesimi, esorcismi, o millantano o affettano in pubblico grande valentìa nella propria arte o professione, o magnificano ricette o specifici, cui attribuiscono virtù straordinarie o miracolose.*

§ 2
Delle contravvenzioni concernenti
la vigilanza sui mezzi di pubblicità

662. Esercizio abusivo dell'arte tipografica.

[...][1].

[1] Articolo abrogato dall'art. 13, D.Lgs. 13 luglio 1994, n. 480.

663. Vendita, distribuzione o affissione abusiva di scritti o disegni.

Chiunque, in un luogo pubblico o aperto al pubblico, vende o distribuisce o mette comunque in circolazione scritti o disegni, senza avere ottenuto l'autorizzazione richiesta dalla legge, è punito con la sanzione amministrativa pecuniaria da euro 51 a 309 [c.p. 1889, 443][1].

Alla stessa sanzione soggiace chiunque, senza licenza dell'Autorità o senza osservarne le prescrizioni, in un luogo pubblico, aperto o esposto al pubblico, affigge scritti o disegni, o fa uso di mezzi luminosi o acustici per comunicazioni al pubblico, o comunque colloca iscrizioni o disegni [352; c.p. 1889, 445][1].

Le disposizioni dei commi 1 e 2 non si applicano all'affissione di scritti o disegni fuori dai luoghi destinati dall'autorità competente [c.p. 1889, 445][2 3].

[1] Comma così modificato dall'art. 46, D.Lgs. 30 dicembre 1999, n. 507. Il testo previgente disponeva: *Chiunque, in un luogo pubblico o aperto al pubblico vende o distribuisce o mette comunque in circolazione scritti o disegni, senza avere ottenuto l'autorizzazione richiesta dalla legge, è punito con l'arresto fino a un mese e con l'ammenda fino a lire cinquantamila.*

[2] Comma aggiunto dall'art. 8, D.Lgs. 13 luglio 1994, n. 480.

663-*bis*. Divulgazione di stampa clandestina.

Salvo che il fatto costituisca reato, chiunque in qualsiasi modo divulga stampe o stampati pubblicati senza l'osservanza delle prescrizioni di legge sulla pubblicazione e diffusione della stampa periodica e non periodica, è punito con la sanzione amministrativa pecuniaria da euro 103 a 619.

Per le violazioni di cui al presente articolo non è ammesso il pagamento in misura ridotta previsto dall'articolo 16 della legge 24 novembre 1981, n. 689[1].

[1] Articolo aggiunto dall'art. 5, L. 4 marzo 1958, n. 127 e poi così sostituito dall'art. 47, D.Lgs. 30 dicembre 1999, n. 507. Il testo previgente disponeva: *Salvo che il fatto non costituisca reato più grave, chiunque in qualsiasi modo divulga stampe o stampati pubblicati senza l'osservanza delle prescrizioni di legge sulla pubblicazione e diffusione della stampa periodica e non periodica, è punito con l'ammenda fino a lire duecentocinquantamila o con l'arresto fino ad un anno.*

664. Distruzione o deterioramento di affissioni.

Chiunque stacca, lacera o rende comunque inservibili o illeggibili scritti o disegni, fatti affiggere dalle Autorità civile o da quelle ecclesiastiche, è punito con la sanzione amministrativa pecuniaria da euro 77 a 464[1].

Se si tratta di scritti o di disegni fatti affiggere da privati, nei luoghi e nei modi consentiti dalla legge o dall'Autorità, si applica la sanzione amministrativa pecuniaria da euro 51 a 309[1].

[1] Comma così modificato dall'art. 48, D.Lgs. 30 dicembre 1999, n. 507. Il testo previgente disponeva: *Chiunque stacca, lacera o rende comunque inservibili o illeggibili scritti o disegni fatti affiggere dalle autorità civili o da quelle ecclesiastiche, è punito con l'ammenda fino a lire seicentomila.*

Se si tratta di scritti o disegni fatti affiggere da privati nei luoghi e nei modi consentiti dalla legge o dall'autorità, la pena è dell'ammenda fino a lire duecentomila.

● Norme connesse:

- art. 20, L. 8 febbraio 1948, n. 47, sulla stampa (Asportazione, distruzione o deterioramento di stampati): *Chiunque asporta, distrugge o deteriora stampati per i quali siano state osservate le prescrizioni di legge, allo scopo di impedirne la vendita, distribuzione o diffusione, è punito, se il fatto non costituisce reato più grave, con la reclusione da sei mesi a tre anni.*

Con la stessa pena è punito chiunque con violenza o minaccia impedisce la stampa, pubblicazione o diffusione dei periodici, per i quali siano state osservate le prescrizioni di legge.

La pena è aumentata se il fatto è commesso da più persone riunite o in luogo pubblico, ovvero presso tipografie, edicole, agenzie o altri locali destinati a pubblica vendita.

Per i reati suddetti si procede per direttissima.

- art. 8, L. 4 aprile 1956, n. 212, in tema di propaganda elettorale: *Chiunque sottrae o distrugge stampati, giornali murali od altri, o manifesti di propaganda elettorale previsti dall'art. 1, destinati all'affissione o alla diffusione o ne impedisce l'affissione o la diffusione ovvero stacca, lacera o rende comunque illeggibili quelli già affissi negli spazi riservati alla propaganda elettorale a norma della presente legge, o, non avendone titolo, affigge stampati, giornali murali od altri o manifesti negli spazi suddetti è punito con la reclusione fino ad un anno e con la multa da euro 51 a euro 516. Tale disposizione si applica anche per i manifesti delle pubbliche autorità concernenti le operazioni elettorali.*

Se il reato è commesso da pubblico ufficiale, la pena è della reclusione fino a due anni.

Chiunque affigge stampati, giornali murali od altri, o manifesti di propaganda elettorale previsti dall'art. 1 fuori degli appositi spazi è punito con l'arresto fino a 6 mesi e con l'ammenda da euro 51 a euro 516. Alla stessa pena soggiace chiunque contravviene alle norme dell'ultimo comma dell'art. 1.

È responsabile esclusivamente colui che materialmente è colto in flagranza nell'atto di affissione. Non sussiste responsabilità solidale.

§ 3

Delle contravvenzioni concernenti la vigilanza su talune industrie e sugli spettacoli pubblici

665. Agenzie di affari ed esercizi pubblici non autorizzati o vietati.

[...][1].

[1] Articolo abrogato dall'art. 13, D.Lgs. 13 luglio 1994, n. 480.

666. Spettacoli o trattenimenti pubblici senza licenza.

Chiunque, senza la licenza dell'Autorità, in un luogo pubblico o aperto o esposto al pubblico, dà spettacoli o trattenimenti di qualsiasi natura, o apre circoli o sale da ballo o di audizione, è punito con la sanzione amministrativa pecuniaria da euro 258 a 1.549 [c.p. 1889, 448][1].

Se la licenza è stata negata, revocata o sospesa si applica la sanzione amministrativa pecuniaria da euro 413 a 2.478[1].

È sempre disposta la cessazione dell'attività svolta in difetto di licenza. Se l'attività è svolta in locale per il quale è stata rilasciata autorizzazione o altro titolo abilitativo all'esercizio di diversa attività, nel caso di reiterazione delle violazioni di cui al primo comma e nell'ipotesi prevista dal secondo comma è disposta altresì la chiusura del locale per un periodo non superiore a sette giorni[2].

Per le violazioni previste dal presente articolo non è ammesso il pagamento in misura ridotta a norma dell'articolo 16 della legge 24 novembre 1981, n. 689[2].

[1] Comma così modificato dall'art. 49, D.Lgs. 30 dicembre 1999, n. 507.

[2] Comma aggiunto dall'art. 49, D.Lgs. 30 dicembre 1999, n. 507.

667. Esecuzione abusiva di azioni destinate a essere riprodotte col cinematografo.

[...][1].

[1] Articolo abrogato dall'art. 13, D.Lgs. 13 luglio 1994, n. 480.

668. Rappresentazioni teatrali o cinematografiche abusive.

Chiunque recita in pubblico drammi o altre opere, ovvero dà in pubblico produzioni teatrali di qualunque genere, senza averli prima comunicati all'Autorità, è soggetto alla sanzione amministrativa pecuniaria da euro 5.000 a euro 15.000[1].

Alla stessa sanzione soggiace chi fa rappresentare in pubblico opere cinematografiche, non sottoposte prima alla revisione dell'Autorità o non sottoposte a classificazione o senza rispettare la classificazione verificata dalla Commissione per la classificazione delle opere cinematografiche[2].

Se il fatto è commesso contro il divieto dell'Autorità, si applica la sanzione amministrativa pecuniaria da euro 10.000 a euro 30.000[3].

Il fatto si considera commesso in pubblico se ricorre taluna delle circostanze indicate nei numeri 2 e 3 dell'articolo 266[4].

[1] Comma così modificato dall'art. 2, D.Lgs. 15 gennaio 2016, n. 8. Il testo previgente disponeva: Chiunque recita in pubblico drammi o altre opere, ovvero dà in pubblico produzioni teatrali di qualunque genere, senza averli prima comunicati all'Autorità, è punito con l'arresto fino a sei mesi o con l'ammenda fino a euro 309.

[2] Comma così modificato prima dall'art. 2, D.Lgs. 15 gennaio 2016, n. 8, poi dall'art. 13, D.Lgs. 7 dicembre 2017, n. 203, a decorrere dalla data di adozione del regolamento di funzionamento della Commissione per la classificazione delle opere cinematografiche.

Il testo previgente la modifica del 2016 disponeva: *Alla stessa pena soggiace chi fa rappresentare in pubblico pellicole cinematografiche, non sottoposte prima alla revisione dell'Autorità.*

Il testo previgente la modifica del 2017 disponeva: *Alla stessa sanzione soggiace chi fa rappresentare in pubblico pellicole cinematografiche, non sottoposte prima alla revisione dell'Autorità.*

[3] Comma così modificato dall'art. 2, D.Lgs. 15 gennaio 2016, n. 8. Il testo previgente disponeva: *Se il fatto è commesso contro il divieto dell'Autorità, la pena pecuniaria e la pena detentiva sono applicate congiuntamente.*

[4] In caso di reiterazione delle violazioni, l'autorità amministrativa competente, con l'ordinanza ingiunzione, applica la sanzione amministrativa accessoria della sospensione della concessione, della licenza, dell'autorizzazione o di altro provvedimento amministrativo che consente l'esercizio dell'attività da un minimo di dieci giorni a un massimo di tre mesi. Allo stesso modo provvede il giudice con la sentenza di condanna qualora sia competente, ai sensi dell'articolo 24 della legge 24 novembre 1981, n. 689, a decidere sulle violazioni. Per gli illeciti amministrativi in caso di reiterazione specifica, non è ammesso il pagamento in misura ridotta ai sensi dell'articolo 16 della legge 24 novembre 1981, n. 689 (art. 4, D.Lgs. 15 gennaio 2016, n. 8).

§ 4
Delle contravvenzioni concernenti la vigilanza sui mestieri girovaghi e la prevenzione dell'accattonaggio

669. Esercizio abusivo di mestieri girovaghi.

Chiunque esercita un mestiere girovago senza la licenza dell'Autorità o senza osservare le altre prescrizioni stabilite dalla legge, è punito con la sanzione amministrativa da euro 10 a euro 258[1].

Alla stessa pena soggiace il genitore o il tutore [c.c. 346] che impiega in mestieri girovaghi un minore degli anni diciotto, senza che questi abbia ottenuto la licenza o abbia osservato le altre prescrizioni di legge.

La pena è dell'arresto da uno a quattro mesi o dell'ammenda da euro 2 a 41 e può essere ordinata la libertà vigilata:

1) se il fatto è commesso contro il divieto della legge o dell'Autorità;

2) se la persona che esercita abusivamente il mestiere girovago ha riportato una precedente condanna a pena detentiva per delitto non colposo[2].

[1] Importi elevati dall'art. 113 comma 1, L. 24 novembre 1981, n. 689.

[2] L'ipotesi aggravata deve ritenersi abrogata, in quanto la L. 24 novembre 1981, n. 689, sebbene abbia depenalizzato il presente articolo, non ha dettato disposizioni riguardo appunto all'ipotesi aggravata.

669-*bis*. Esercizio molesto dell'accattonaggio.

Salvo che il fatto costituisca più grave reato, chiunque esercita l'accattonaggio con modalità vessatorie o simulando deformità o malattie o attraverso il ricorso a mezzi fraudolenti per destare l'altrui pietà è punito con la pena dell'arresto da tre a sei mesi e con l'ammenda da euro 3.000 a euro 6.000. È sempre disposto il sequestro delle cose che sono servite o sono state destinate a commettere l'illecito o che ne costituiscono il provento[1].

[1] Articolo aggiunto dall'art. 21-quater, D.L. 4 ottobre 2018, n. 113, convertito in L. 1° dicembre 2018, n. 132, a decorrere dal 4 dicembre 2018.

670. Mendicità.

[...][1].

[1] Articolo abrogato dall'art. 18, L. 25 giugno 1999, n. 205.

671. Impiego di minori nell'accattonaggio.

[...][1].

[1] Articolo abrogato dall'art. 3, L. 15 luglio 2009, n. 94. Il testo previgente disponeva: *Chiunque si vale, per mendicare, di una persona minore degli anni quattordici o, comunque, non imputabile, la quale sia sottoposta alla sua autorità o affidata alla sua custodia o vigilanza, ovvero permette che tale persona mendichi, o che altri se ne valga per mendicare, è punito con l'arresto da tre mesi a un anno.*

Qualora il fatto sia commesso dal genitore o dal tutore, la condanna importa la sospensione dall'esercizio della potestà dei genitori o dall'ufficio di tutore.

● Norme connesse:

- art. 154, R.D. 18 giugno 1931, n. 773, di approvazione del testo unico delle leggi di pubblica sicurezza: *È vietato mendicare in luogo pubblico o aperto al pubblico.*

Le persone riconosciute dall'autorità locale di pubblica sicurezza inabili a qualsiasi proficuo lavoro e che non abbiano mezzi di sussistenza né parenti tenuti per legge agli alimenti e in condizione di poterli prestare sono proposte dal Prefetto, quando non sia possibile provvedere con la pubblica beneficenza, al Ministro dell'interno per il ricovero in un istituto di assistenza o beneficenza del luogo o di altro comune.

Il Ministro può autorizzare il Prefetto a disporre il ricovero dell'inabile in un istituto di assistenza o beneficenza.

Per il rimborso delle spese di ricovero si applicano le norme stabilite per il domicilio di soccorso.

Quando il comune e le istituzioni pubbliche di assistenza o beneficenza del domicilio di soccorso non sono in condizio-

CODICE PENALE

ne di provvedere in tutto o in parte, le spese sono in tutto o in parte a carico dello Stato.

- artt. 4 e 26, L. 17 ottobre 1967, n. 977, sulla tutela del lavoro dei fanciulli (Tutela del lavoro dei bambini e degli adolescenti). Art. 4. 1. *È vietato adibire al lavoro i bambini, salvo quanto disposto dal comma 2.*

2. La direzione provinciale del lavoro può autorizzare, previo assenso scritto dei titolari della potestà genitoriale, l'impiego dei minori in attività lavorative di carattere culturale, artistico, sportivo o pubblicitario e nel settore dello spettacolo, purché si tratti di attività che non pregiudicano la sicurezza, l'integrità psicofisica e lo sviluppo del minore, la frequenza scolastica o la partecipazione a programmi di orientamento o di formazione professionale.

3. Al rilascio dell'autorizzazione si applicano le disposizioni del decreto del Presidente della Repubblica 20 aprile 1994, n. 365.

Art. 26. *1. L'inosservanza delle disposizioni contenute negli articoli 4, comma 1; 6, comma 1; 8, comma 7, è punita con l'arresto fino a sei mesi.*

2. L'inosservanza delle disposizioni contenute negli articoli 3; 6, comma 2; 7, comma 2; 8, commi 1, 2, 4, 5; 15, comma 1; 17, comma 1; 18; 21; 22 è punita con l'arresto non superiore a sei mesi o con l'ammenda fino a euro 5.164.

3. L'inosservanza delle disposizioni contenute negli articoli 8, comma 6; 17, comma 2; 19; 20, primo e secondo comma è punita con la sanzione amministrativa pecuniaria da euro 516 a euro 2.582.

4. Chiunque adibisce al lavoro i minori nei casi previsti dall'articolo 4, comma 2, senza l'autorizzazione della direzione provinciale del lavoro, è punito con la sanzione amministrativa fino a euro 2.582.

5. Chiunque adibisce al lavoro gli adolescenti nei casi previsti dall'articolo 6, comma 3, senza l'autorizzazione della direzione provinciale del lavoro, è punito con la sanzione amministrativa fino a euro 2.582.

6. Le sanzioni previste per l'inosservanza delle disposizioni di cui agli articoli 3; 4, comma 1; 6, comma 1, si applicano in misura non inferiore alla metà del massimo a chi, rivestito di autorità o incaricato della vigilanza sopra un minore, ne consente l'avvio al lavoro in violazione delle disposizioni contenute nei medesimi articoli.

7. L'autorità competente a ricevere il rapporto con le violazioni amministrative previste dal presente articolo e ad emettere l'ordinanza-ingiunzione è la direzione provinciale del lavoro.

8. Alle contravvenzioni di cui al comma 2 si applicano le disposizioni del capo II del decreto legislativo 19 dicembre 1994, n. 758.

Sezione II
Delle contravvenzioni concernenti l'incolumità pubblica

§ 1
Delle contravvenzioni concernenti l'incolumità delle persone nei luoghi di pubblico transito o nelle abitazioni

672. Omessa custodia e mal governo di animali.

Chiunque lascia liberi, o non custodisce con le debite cautele, animali pericolosi da lui posseduti, o ne affida la custodia a persona inesperta, è punito con la sanzione amministrativa da euro 25 a euro 258 [c.p. 1889, 480][1].

Alla stessa sanzione soggiace:

1) chi, in luoghi aperti, abbandona a se stessi animali da tiro, da soma o da corsa, o li lascia comunque senza custodia, anche se non siano disciolti, o li attacca o conduce in modo da esporre a pericolo l'incolumità pubblica, ovvero li affida a persona inesperta [c.p. 1889, 481, 482];

2) chi aizza o spaventa animali, in modo da mettere in pericolo l'incolumità delle persone [c.c. 2052; c.p. 1889, 481][2].

[1] Importi elevati dall'art. 113 comma 1, L. 24 novembre 1981, n. 689.

[2] Articolo depenalizzato dall'art. 33, L. 24 novembre 1981, n. 689.

● Norme connesse:

- art. 115 (Requisiti per la guida dei veicoli e la conduzione di animali) D.Lgs. 30 aprile 1992, n. 285 (Nuovo codice della strada), nel testo da ultimo modificato dall'art. 11, L. 29 luglio 2015, n. 115: *1. Fatte salve le disposizioni specifiche in materia di carta di qualificazione del conducente, chi guida veicoli o conduce animali deve essere idoneo per requisiti fisici e psichici e aver compiuto:*

a) anni quattordici per guidare:

1) veicoli a trazione animale o condurre animali da tiro, da soma o da sella, ovvero armenti, greggi o altri raggruppamenti di animali;

2) sul territorio nazionale, veicoli cui abilita la patente di guida della categoria AM, purchè non trasportino altre persone oltre al conducente;

b) anni sedici per guidare:

1) veicoli cui abilita la patente di guida della categoria AM;

2) veicoli cui abilita la patente di guida della categoria A1;

3) veicoli cui abilita la patente di guida della categoria B1;

c) anni diciotto per guidare:

1) [...];

2) veicoli cui abilita la patente di guida della categoria A2;

3) veicoli cui abilita la patente di guida delle categorie B e BE;

4) veicoli cui abilita la patente di guida delle categorie C1 e C1E;

d) anni venti per guidare:

1) veicoli cui abilita la patente di guida della categoria A, a condizione che il conducente sia titolare della patente di guida della categoria A2 da almeno due anni;

e) anni ventuno per guidare:

1) tricicli cui abilita la patente di guida della categoria A;

2) veicoli cui abilita la patente di guida delle categorie C e CE;

3) veicoli cui abilita la patente di guida delle categorie D1 e D1E;

4) veicoli per i quali è richiesto un certificato di abilitazione professionale di tipo KA o KB nonchè i veicoli che circolano in servizio di emergenza, di cui all'articolo 177;

f) anni ventiquattro per guidare:

1) veicoli cui abilita la patente di guida della categoria A;

2) veicoli cui abilita la patente di guida delle categorie D e DE.

1-bis. Ai minori che hanno compiuto diciassette anni e che sono titolari di patente di guida di categoria A1 o B1, è consentita, a fini di esercitazione, la guida di autoveicoli di massa complessiva a pieno carico non superiore a 3,5 t, con esclusione del traino di qualunque tipo di rimorchio, e comunque nel rispetto dei limiti di potenza specifica riferita alla tara di cui all'articolo 117, comma 2-bis, purchè accompagnati da un conducente titolare di patente di guida di categoria B o superiore da almeno dieci anni, previo rilascio di un'apposita autorizzazione da parte del competente ufficio del Dipartimento per i trasporti, la navigazione ed i sistemi informativi e statistici, su istanza presentata al medesimo ufficio dal genitore o dal legale rappresentante del minore.

1-ter. Il minore autorizzato ai sensi del comma 1-bis può procedere alla guida accompagnato da uno dei soggetti indicati al medesimo comma solo dopo aver effettuato almeno dieci ore di corso pratico di guida, delle quali almeno quattro in autostrada o su strade extraurbane e due in condizione di visione notturna, presso un'autoscuola con istruttore abilitato e autorizzato.

1-quater. Nelle ipotesi di guida di cui al comma 1-bis, sul veicolo non può prendere posto, oltre al conducente, un'altra persona che non sia l'accompagnatore. Il veicolo adibito a tale guida deve essere munito di un apposito contrassegno recante le lettere alfabetiche "GA". Chiunque viola le disposizioni del presente comma è punito con la sanzione amministrativa pecuniaria di cui al comma 9 dell'articolo 122.

1-quinquies. Nelle ipotesi di guida di cui al comma 1-bis si applicano le disposizioni di cui al comma 2 dell'articolo 117 e, in caso di violazioni, la sanzione amministrativa pecuniaria di cui al comma 5 del medesimo articolo. L'accompagnatore è responsabile del pagamento delle sanzioni amministrative pecuniarie in solido con il genitore o con chi esercita l'autorità parentale o con il tutore del conducente minorenne autorizzato ai sensi del citato comma 1-bis.

1-sexies. Nelle ipotesi di guida di cui al comma 1-bis, se il minore autorizzato commette violazioni per le quali, ai sensi delle disposizioni del presente codice, sono previste le sanzioni amministrative accessorie di cui agli articoli 218 e 219, è sempre disposta la revoca dell'autorizzazione alla guida accompagnata. Per la revoca dell'autorizzazione si applicano le disposizioni dell'articolo 219, in quanto compatibili. Nell'ipotesi di cui al presente comma il minore non può conseguire di nuovo l'autorizzazione di cui al comma 1-bis.

1-septies. Nelle ipotesi di guida di cui al comma 1-bis, se il minore non ha a fianco l'accompagnatore indicato nell'autorizzazione, si applicano le sanzioni amministrative previste dall'articolo 122, comma 8, primo e secondo periodo. Si applicano altresì le disposizioni del comma 1-sexies del presente articolo.

2. Chi guida veicoli a motore non può aver superato:

a) anni sessantacinque per guidare autotreni ed autoarticolati la cui massa complessiva a pieno carico sia superiore a 20 t. Tale limite può essere elevato, anno per anno, fino a sessantotto anni qualora il conducente consegua uno specifico attestato sui requisiti fisici e psichici a seguito di visita medica specialistica annuale, con oneri a carico del richiedente, secondo le modalità stabilite nel regolamento;

b) anni sessanta per guidare autobus, autocarri, autotreni, autoarticolati, autosnodati, adibiti al trasporto di persone. Tale limite può essere elevato, anno per anno, fino a sessantotto anni qualora il conducente consegua uno specifico attestato sui requisiti fisici e psichici a seguito di visita medica specialistica annuale, con oneri a carico del richiedente, secondo le modalità stabilite nel regolamento.

2-bis. [...].

3. Fatto salvo quanto previsto dall'articolo 126, comma 12, chiunque guida veicoli o conduce animali e non si trovi nelle condizioni richieste dal presente articolo è soggetto, salvo quanto disposto nei successivi commi, alla sanzione amministrativa del pagamento di una somma da euro 87 a euro 344. Qualora trattasi di veicoli di cui al comma 1, lettera e), numero 4), ovvero di veicoli per la cui guida è richiesta la carta di qualificazione del conducente, è soggetto alla sanzione amministrativa del pagamento di una somma da 155 euro a 625 euro.

4. Il minore degli anni diciotto, munito di patente di categoria A, che guida motoveicoli di cilindrata superiore a 125 cc o che trasporta altre persone su motoveicoli di cilindrata non superiore a 125 cc è soggetto alla sanzione amministrativa del pagamento di una somma da euro 42 a euro 173. La stessa sanzione si applica al conducente di ciclomotore che trasporti un passeggero senza aver compiuto gli anni diciotto.

5. Chiunque, avendo la materiale disponibilità di veicoli o di animali, ne affida o ne consente la condotta a persone che non si trovino nelle condizioni richieste dal presente articolo è soggetto alla sanzione amministrativa del pagamento di una somma da euro 42 a euro 173 se si tratta di veicolo o alla sanzione amministrativa del pagamento di una somma da euro 26 a euro 102 se si tratta di animali.

6. Le violazioni alle disposizioni che precedono, quando commesse con veicoli a motore, importano la sanzione accessoria del fermo amministrativo del veicolo per giorni trenta, secondo le norme di cui al capo I, sezione II, del titolo VI.

673. Omesso collocamento o rimozione di segnali o ripari.

Chiunque omette di collocare i segnali o i ripari prescritti dalla legge o dall'Autorità per impedire pericoli alle persone in un luogo di pubblico transito, ovvero rimuove i segnali o i ripari suddetti, o spegne i fanali collocati come segnali, è punito con l'arresto fino a tre mesi o con l'ammenda fino a euro 516 [c.p. 1889, 474, 473 comma 2][1 2].

Alla stessa pena soggiace chi rimuove apparecchi o segnali diversi da quelli indicati nella disposizione precedente e destinati a un servizio pubblico o di pubblica necessità, ovvero spegne i fanali della pubblica illuminazione [428 comma 2, 437; c.nav. 1112].

[1] Importi elevati dall'art. 113 comma 1, L. 24 novembre 1981, n. 689.

[2] Oblabile ex art. 162-*bis*.

● Norme connesse:

- artt. 152, 153 e 162, D.Lgs. 30 aprile 1992, n. 285, nuovo codice della strada.

CODICE PENALE

674. Getto pericoloso di cose.

Chiunque getta o versa, in un luogo di pubblico transito o in un luogo privato ma di comune o di altrui uso, cose atte a offendere o imbrattare o molestare persone, ovvero, nei casi non consentiti dalla legge, provoca emissioni di gas, di vapori o di fumo, atti a cagionare tali effetti, è punito con l'arresto fino a un mese o con l'ammenda fino a euro 206[1] [2].

[1] Importi elevati dall'art. 113 comma 1, L. 24 novembre 1981, n. 689.
[2] Oblabile ex art. 162-*bis*.

675. Collocamento pericoloso di cose.

Chiunque, senza le debite cautele, pone o sospende cose che, cadendo in un luogo di pubblico transito, o in un luogo privato ma di comune o di altrui uso, possano offendere o imbrattare o molestare persone, è punito con la sanzione amministrativa pecuniaria da euro 103 a 619[1].

[1] Articolo così modificato dall'art. 50, D.Lgs. 30 dicembre 1999, n. 507.

676. Rovina di edifici o di altre costruzioni.

Chiunque ha avuto parte nel progetto o nei lavori concernenti un edificio o un'altra costruzione, che poi, per sua colpa [43], rovini, è punito con la sanzione amministrativa pecuniaria da euro 154 a 929 [677; c.c. 1669, 2953][1].

Se dal fatto è derivato pericolo alle persone, la pena è dell'arresto fino a sei mesi ovvero dell'ammenda non inferiore a euro 309[2] [3].

[1] Comma così modificato dall'art. 51, D.Lgs. 30 dicembre 1999, n. 507.
[2] Importi elevati dall'art. 113 comma 1, L. 24 novembre 1981, n. 689.
[3] Oblabile ex art. 162-*bis*.

677. Omissione di lavori in edifici o costruzioni che minacciano rovina.

Il proprietario di un edificio o di una costruzione che minacci rovina ovvero chi è per lui obbligato alla conservazione o alla vigilanza dell'edificio o della costruzione, il quale omette di provvedere ai lavori necessari per rimuovere il pericolo, è punito con la sanzione amministrativa pecuniaria da euro 154 a 929 [c.c. 2053; c.p. 1889, 472 comma 2][1].

La stessa sanzione si applica a chi, avendone l'obbligo, omette di rimuovere il pericolo cagionato dall'avvenuta rovina di un edificio o di una costruzione[1].

Se dai fatti preveduti dalle disposizioni precedenti deriva pericolo per le persone, la pena è dell'arresto fino a sei mesi o dell'ammenda non inferiore a euro 309[2] [3].

[1] Comma così modificato dall'art. 52, D.Lgs. 30 dicembre 1999, n. 507.
[2] Importi elevati dall'art. 113 comma 1, L. 24 novembre 1981, n. 689.
[3] Oblabile ex art. 162-*bis*.

§ 2
Delle contravvenzioni concernenti la prevenzione di infortuni nelle industrie o nella custodia di materie esplodenti

678. Fabbricazione o commercio abusivi di materie esplodenti.

Chiunque, senza la licenza dell'Autorità o senza le prescritte cautele, fabbrica o introduce nello Stato [4 comma 2], ovvero tiene in deposito o vende o trasporta materie esplodenti o sostanze destinate alla composizione o alla fabbricazione di esse, è punito con l'arresto da tre a diciotto mesi e con l'ammenda fino a euro 247 [680; c.p. 1889, 462, 469][1].

[1] Importi elevati dall'art. 113 comma 1, L. 24 novembre 1981, n. 689.

● Norme connesse:

- art. 1, comma 3, L. 29 maggio 1982, n. 304 (Misure per la difesa dell'ordinamento costituzionale). *Non sono altresì punibili:*

a) sussistendo le condizioni di cui al primo comma, coloro che hanno commesso i reati connessi concernenti armi, munizioni od esplosivi, fatta eccezione per le ipotesi di importazione, esportazione, rapina e furto, i reati di cui ai capi II, III e IV del titolo VII del libro II del codice penale, i reati di cui agli articoli 303 e 414 del codice penale, nonché il reato di cui all'articolo 648 del codice penale avente per oggetto armi, munizioni, esplosivi, documenti;

b) coloro che hanno commesso uno dei reati previsti dagli articoli 307, 378 e 379 del codice penale nei confronti di persona imputata di uno dei delitti indicati nel primo comma, se forniscono completa informazione sul favoreggiamento commesso.

678-*bis*. Detenzione abusiva di precursori di esplosivi.

Chiunque, senza averne titolo, introduce nel territorio dello Stato, detiene, usa o mette a disposizione di privati le sostanze o le miscele che le contengono indicate come precursori di esplosivi nell'allegato I del regolamento (CE) n. 98/2013 del Parlamento europeo e del Consiglio, del 15 gennaio 2013, è punito con l'arresto fino a diciotto mesi e con l'ammenda fino a euro 1.000[1].

[1] Articolo aggiunto dall'art. 3, D.L. 18 febbraio 2015, n. 7, convertito in L. 17 aprile 2015, n. 43.

679. Omessa denuncia di materie esplodenti.

Chiunque omette di denunciare all'Autorità che egli detiene materie esplodenti di qualsiasi specie, ovvero materie infiammabili, pericolose per la loro qualità o quantità, è punito con l'arresto da tre a dodici mesi o con l'ammenda fino a euro 371 [c.p. 1889, 468][1].

Soggiace all'ammenda fino a euro 247[1] chiunque, avendo notizia che in un luogo da lui abitato si trovano materie esplodenti, omette di farne denuncia all'Autorità.

Nel caso di trasgressione all'ordine, legalmente dato dall'Autorità, di consegnare, nei termini prescritti, le materie esplodenti, la pena è dell'arresto da tre mesi a tre anni o dell'ammenda da euro 37 a 619 [680][1].

[1] Importi elevati dall'art. 113 comma 1, L. 24 novembre 1981, n. 689.

● Norme connesse:

- artt. 38-40, R.D. 18 giugno 1931, n. 773 (Approvazione del testo unico delle leggi di pubblica sicurezza). In particolare l'art. 38, nel testo da ultimo modificato dall'art. 3, D.Lgs. 10 agosto 2018, n. 104, dispone: *Chiunque detiene armi, parti di esse, di cui all'articolo 1-bis, comma 1, lettera b), del decreto legislativo 30 dicembre 1992, n. 527, munizioni finite o materie esplodenti di qualsiasi genere, deve farne denuncia entro le 72 ore successive alla acquisizione della loro materiale disponibilità, all'ufficio locale di pubblica sicurezza o, quando questo manchi, al locale comando dell'Arma dei carabinieri, ovvero anche per via telematica ai medesimi uffici o alla questura competente per territorio attraverso trasmissione al relativo indirizzo di posta elettronica certificata. La denuncia è altresì necessaria per i soli caricatori in grado di contenere un numero superiore a 10 colpi per le armi lunghe e un numero superiore a 20 colpi per le armi corte, fermo restando quanto previsto dall'articolo 2, secondo comma, della legge 18 aprile 1975, n. 110, e successive modificazioni.*

Sono esenti dall'obbligo della denuncia:

a) i corpi armati, le società di tiro a segno e le altre istituzioni autorizzate, per gli oggetti detenuti nei luoghi espressamente destinati allo scopo;

b) i possessori di raccolte autorizzate di armi artistiche, rare o antiche;

c) le persone che per la loro qualità permanente hanno diritto ad andare armate, limitatamente però al numero od alla specie delle armi loro consentite.

L'autorità di pubblica sicurezza ha facoltà di eseguire, quando lo ritenga necessario, verifiche di controllo anche nei casi contemplati dal capoverso precedente, e di prescrivere quelle misure cautelari che ritenga indispensabili per la tutela dell'ordine pubblico.

Chiunque detiene armi comuni da sparo senza essere in possesso di alcuna licenza di porto d'armi, ad eccezione di coloro che sono autorizzati dalla legge a portare armi senza licenza e dei collezionisti di armi antiche, è tenuto a presentare ogni cinque anni la certificazione medica prevista dall'articolo 35, comma 7, secondo le modalità disciplinate con il decreto di cui all'articolo 6, comma 2, del decreto legislativo 26 ottobre 2010, n. 204.

Qualora il detentore risulti titolare di licenza di porto d'armi, l'obbligo di presentazione del certificato decorre dalla scadenza della stessa, se non rinnovata.

Nel caso di mancata presentazione del certificato medico, il prefetto può vietare la detenzione delle armi denunciate, ai sensi dell'articolo 39.

La denuncia di detenzione di cui al primo comma deve essere ripresentata ogni qual volta il possessore trasferisca l'arma in un luogo diverso da quello indicato nella precedente denuncia. Il detentore delle armi deve assicurare che il luogo di custodia offra adeguate garanzie di sicurezza.

Per un'eccezione, v. l'art. 57, comma 1, del relativo regolamento di esecuzione di cui al R.D. 6 maggio 1940, n. 635: *L'obbligo della denuncia delle armi, delle munizioni o delle materie esplodenti, di cui all'art. 38 della legge, non incombe alle persone autorizzate alla fabbricazione, all'introduzione o al commercio delle armi o delle materie esplodenti.*

- art. 26 L. 18 aprile 1975, n. 110 (Norme integrative della disciplina vigente per il controllo delle armi, delle munizioni e degli esplosivi): *È soggetto all'obbligo della denuncia, stabilito dall'art. 38 del testo unico delle leggi di pubblica sicurezza 18 giugno 1931, n. 773, chi, in possesso di armi regolarmente denunziate, detiene munizioni per armi comuni da sparo eccedenti la dotazione di 1000 cartucce a pallini per fucili da caccia.*

- per la detenzione illegale di esplosivi v. artt. 2 e 5, L. 2 ottobre 1967, n. 895, nel testo modificato dall'art. 4, D.Lgs. 26 ottobre 2010, n. 204. Art. 2. *Chiunque illegalmente detiene a qualsiasi titolo le armi o parti di esse, le munizioni, gli esplosivi, gli aggressivi chimici e i congegni indicati nell'articolo precedente è punito con la reclusione da uno a otto anni e con la multa da 3.000 euro a 20.000 euro.*

Art. 5. *Le pene stabilite negli articoli precedenti possono essere diminuite in misura non eccedente i due terzi quando per la quantità o per la qualità delle armi e delle loro parti, delle munizioni, esplosivi o aggressivi chimici, il fatto debba ritenersi di lieve entità. In ogni caso, la reclusione non può essere inferiore a sei mesi.*

679-*bis*. Omissioni in materia di precursori di esplosivi.

Chiunque omette di denunciare all'Autorità il furto o la sparizione delle materie indicate come precursori di esplosivi negli Allegati I e II del Regolamento (CE) n. 98/2013 del Parlamento europeo e del Consiglio, del 15 gennaio 2013, e di miscele o sostanze che le contengono, è punito con l'arresto fino a dodici mesi o con l'ammenda fino a euro 371[1].

[1] Articolo aggiunto dall'art. 3, D.L. 18 febbraio 2015, n. 7, convertito in L. 17 aprile 2015, n. 43.

680. Circostanze aggravanti.

Le pene per le contravvenzioni prevedute dai due articoli precedenti sono aumentate [64] se il fatto è commesso da alcuna delle persone alle quali la legge vieta di concedere la licenza, ovvero se questa è stata negata o revocata [700].

● Norme connesse:

- art. 11, R.D. 18 giugno 1931, n. 773 (TULPS): *Salve le condizioni particolari stabilite dalla legge nei singoli casi, le autorizzazioni di polizia debbono essere negate:*

1) a chi ha riportato una condanna a pena restrittiva della libertà personale superiore a tre anni per delitto non colposo e non ha ottenuto la riabilitazione;

2) a chi è sottoposto all'ammonizione o a misura di sicurezza personale o è stato dichiarato delinquente abituale, professionale o per tendenza.

Le autorizzazioni di polizia possono essere negate a chi ha riportato condanna per delitti contro la personalità dello Stato o contro l'ordine pubblico, ovvero per delitti contro le persone commessi con violenza, o per furto, rapina, estorsione, sequestro di persona a scopo di rapina o di estorsione, o per violenza o resistenza all'autorità, e a chi non può provare la sua buona condotta.

Le autorizzazioni devono essere revocate quando nella persona autorizzata vengono a mancare, in tutto o in parte, le condizioni alle quali sono subordinate, e possono essere revocate quando sopraggiungono o vengono a risultare circostanze che avrebbero imposto o consentito il diniego della autorizzazione.

- art. 52 R.D. 18 giugno 1931, n. 773 (TULPS): *Le licenze per l'impianto di opifici nei quali si fabbricano, si lavorano o si custodiscono materie esplodenti di qualsiasi specie, nonché quelle per il trasporto, per la importazione o per la vendita delle materie stesse non possono essere concedute senza le necessarie garanzie per la vita delle persone e per le proprietà, e sono vincolate all'assicurazione della vita degli operai e dei guardiani.*

Oltre quanto è stabilito dall'art. 11, debbono essere negate le predette licenze alle persone che nel quinquennio precedente abbiano riportato condanna per delitto contro l'ordine pubblico, o la incolumità pubblica, ovvero per furto, rapina, estorsione, sequestro di persona a scopo di rapina o di estorsione o per omicidio, anche se colposo.

Le licenze stesse non possono essere concedute a coloro che non dimostrino la propria capacità tecnica.

- art. 72, D.Lgs. 6 settembre 2011, n. 159 (codice antimafia) e l'art. 34, L. 18 aprile 1975, n. 110, sul controllo di armi, munizioni ed esplosivi, nonché l'art. 3, L. 8 agosto 1977, n. 533, in materia d'ordine pubblico.

681. Apertura abusiva di luoghi di pubblico spettacolo o trattenimento.

Chiunque apre o tiene aperti luoghi di pubblico spettacolo, trattenimento o ritrovo, senza avere osservato le prescrizioni dell'Autorità a tutela della incolumità pubblica, è punito con l'arresto fino a sei mesi e con l'ammenda non inferiore a euro 103 [666; c.p. 1889, 447][1].

[1] Importi elevati dall'art. 113 comma 1, L. 24 novembre 1981, n. 689.

● Norme connesse:

- artt. 68 e 80, R.D. 18 giugno 1931, n. 773, di approvazione del testo unico delle leggi di pubblica sicurezza; gli artt. 116 e ss. e 141 e ss. del relativo regolamento per l'esecuzione approvato con R.D. 6 maggio 1940, n. 635; ed il n. 5) del primo comma dell'art. 19, D.P.R. 24 luglio 1977, n. 616, sull'ordinamento regionale, che dispone: *Sono attribuite ai comuni le seguenti funzioni di cui al testo unico delle leggi di pubblica sicurezza, approvato con regio decreto 18 giugno 1931, n. 773, e successive modificazioni: [...] 5) la concessione della licenza per rappresentazioni teatrali o cinematografiche, accademie, feste da ballo, corse di cavalli, altri simili spettacoli o trattenimenti, per aperture di esercizio di circoli, scuole di ballo e sale pubbliche di audizione, di cui all'art. 68.*

Sezione III
Delle contravvenzioni concernenti la prevenzione di talune specie di reati

§ 1
Delle contravvenzioni concernenti la tutela preventiva dei segreti

682. Ingresso arbitrario in luoghi, ove l'accesso è vietato nell'interesse militare dello Stato.

Chiunque si introduce in luoghi, nei quali l'accesso è vietato nell'interesse militare dello Stato, è punito, se il fatto non costituisce un più grave reato [260], con l'arresto da tre mesi a un anno, ovvero con l'ammenda da euro 51 a 309[1 2].

Le disposizioni del primo comma si applicano, altresì, agli immobili adibiti a sedi di ufficio, di reparto o a deposito di materiali dell'Amministrazione della pubblica sicurezza, il cui accesso è vietato per ragioni di sicurezza pubblica[3].

[1] Importi elevati dall'art. 113 comma 1, L. 24 novembre 1981, n. 689.

[2] Oblabile ex art. 162-*bis*.

[3] Comma aggiunto dall'art. 7, D.L. 14 agosto 2013, n. 93, convertito in L. 15 ottobre 2013, n. 119.

683. Pubblicazione delle discussioni o delle deliberazioni segrete di una delle Camere.

Chiunque, senza autorizzazione, pubblica col mezzo della stampa, o con un altro dei mezzi indicati nell'art. 662, anche per riassunto, il contenuto delle discussioni o delle deliberazioni segrete del Senato o della Camera dei deputati, è punito, qualora il fatto non costituisca un più grave reato, con l'arresto fino a trenta giorni o con l'ammenda da euro 51 a 258[1 2].

[1] Articolo così sostituito dall'art. 44, L. 24 novembre 1981, n. 689. Il testo previgente disponeva: Art. 683 (Pubblicazioni delle discussioni o delle deliberazioni segrete del Gran Consiglio del Fascismo o di una delle Camere). *Chiunque, senza autorizzazione, pubblica col mezzo della stampa, o con un altro dei mezzi indicati nell'art. 662, anche per riassunto, il contenuto delle discussioni o delle deliberazioni segrete del Gran Consiglio del Fascismo o del Senato o della Camera dei deputati, è punito, qualora il fatto non costituisca un più grave reato, con l'ammenda da lire quarantamila a duecentomila.*

[2] Oblabile ex art. 162-*bis*.

● Norme connesse:

- art. 90 Cost. e art. 11 L. 5 giugno 1989, n. 219 in tema di reati ministeriali: *1. Salvo che il comitato disponga altrimenti, sono pubbliche le sedute del comitato stesso destinate alla votazione sulla proposta di archiviazione ovvero su quella di presentazione della relazione per il Parlamento; nelle stesse l'inquisito ha diritto di esporre, personalmente o a mezzo del difensore, le proprie difese. Della data di tali sedute è dato avviso, a cura del presidente del comitato, almeno dieci giorni prima all'interessato e al suo difensore, che fino a cinque giorni prima della seduta hanno facoltà di prendere visione, presso la segreteria del comitato, delle cose e degli atti relativi alle indagini effettuate e di estrarne copia.*

2. Salvo che il comitato disponga altrimenti, è vietata la pubblicazione col mezzo della stampa o con altri mezzi di divulgazione, fatta da chiunque in qualsiasi modo, totale o par-

ziale, anche per riassunto o a guisa d'informazione, di ogni atto e documento relativo alle indagini compiute dal comitato stesso fino alla seduta in cui viene deliberata l'archiviazione o la presentazione della relazione di cui all'articolo 12 della legge costituzionale 11 marzo 1953, n. 1, come modificato dall'articolo 3 della legge costituzionale 16 gennaio 1989, n. 1. Fino a tale momento, sono obbligati al segreto per tutto ciò che concerne gli atti di indagine e i loro risultati i componenti del comitato e ogni altra persona che abbia compiuto gli atti predetti ovvero concorso o assistito al loro compimento eccettuate le parti private e i testimoni.

3. Per la violazione del divieto di pubblicazione previsto dal comma 2 si applicano, qualora il fatto non costituisca più grave reato, le pene previste dall'articolo 683 del codice penale.

684. Pubblicazione arbitraria di atti di un procedimento penale.

Chiunque pubblica, in tutto o in parte, anche per riassunto o a guisa d'informazione, atti o documenti di un procedimento penale, di cui sia vietata per legge la pubblicazione [c.p.p. 114, 329; disp. att. c.p.p. 179 comma 3], è punito l'arresto fino a trenta giorni o con l'ammenda da euro 51 a 258[1 2].

[1] Articolo così sostituito dall'art. 45, L. 24 novembre 1981, n. 689. Il testo previgente disponeva: *Chiunque pubblica, in tutto o in parte, anche per riassunto o a guisa d'informazione, atti o documenti di un procedimento penale, di cui sia vietata per legge la pubblicazione, è punito con l'ammenda non inferiore a lire ventimila.*

[2] Oblabile ex art. 162-*bis*.

● Norme connesse:
- art. 10, Cedu.

685. Indebita pubblicazione di notizie concernenti un procedimento penale.

Chiunque pubblica i nomi dei giudici, con l'indicazione dei voti individuali che ad essi si attribuiscono nelle deliberazioni prese in un procedimento penale [c.p.p. 125 commi 4 e 5, 527; disp. att. c.p.p. 179 comma 3], è punito con l'arresto fino a quindici giorni o con l'ammenda da euro 25 a 103[1 2].

[1] Articolo così sostituito dall'art. 46, L. 24 novembre 1981, n. 689. Il testo previgente disponeva: *Chiunque pubblica i nomi dei giudici, con l'indicazione dei voti individuali che ad essi si attribuiscono nelle deliberazioni prese in un procedimento penale, è punito con l'ammenda non inferiore a lire dodicimila.*

[2] Oblabile ex art. 162-*bis*.

§ 2

Delle contravvenzioni concernenti la prevenzione dell'alcoolismo e dei delitti commessi in stato di ubriachezza

686. Fabbricazione o commercio abusivi di liquori o droghe, o di sostanze destinate alla loro composizione.

Chiunque, contro il divieto della legge, ovvero senza osservare le prescrizioni della legge o dell'autorità, fabbrica o introduce nello Stato, droghe, liquori o altre bevande alcooliche ovvero detiene per vendere o vende droghe, è punito con la sanzione amministrativa pecuniaria da euro 413 a euro 2.478[1].

Alla stessa sanzione soggiace chi, senza osservare le prescrizioni della legge o dell'Autorità, fabbrica o introduce nello Stato sostanze destinate alla composizione di liquori o droghe[2].

È sempre disposta la cessazione dell'attività illecitamente esercitata. Se l'attività è svolta in uno stabilimento o in un esercizio per il quale è stata rilasciata autorizzazione o altro titolo abilitativo all'esercizio di diversa attività, nel caso di reiterazione delle violazioni è disposta altresì la chiusura dello stabilimento o dell'esercizio per un periodo non superiore a sette giorni[3].

Per le violazioni previste dal presente articolo non è ammesso il pagamento in misura ridotta a norma dell'articolo 16 della legge 24 novembre 1981, n. 689[3].

[1] Comma così sostituito dall'art. 9, D.Lgs. 13 luglio 1994, n. 480 e poi così modificato dall'art. 53, D.Lgs. 30 dicembre 1999, n. 507.

[2] Comma così modificato dall'art. 53, D.Lgs. 30 dicembre 1999, n. 507.

[3] Comma aggiunto dall'art. 53, D.Lgs. 30 dicembre 1999, n. 507.

687. Consumo di bevande alcooliche in tempo di vendita non consentita.

Chiunque acquista o consuma, in un esercizio pubblico, bevande alcooliche fuori del tempo in cui ne è permessa la vendita, è punito con la sanzione amministrativa fino a euro 51[1 2].

[1] Importi elevati dall'art. 113 comma 1, L. 24 novembre 1981, n. 689.

[2] Articolo depenalizzato dall'art. 33, L. 24 novembre 1981, n. 689.

688. Ubriachezza.

Chiunque, in un luogo pubblico o aperto al pubblico, è colto in stato di manifesta ubriachezza [689-691] è punito con la sanzione amministrativa pecuniaria da euro 51 a euro 309 [234; c.p. 1889, 488 comma 2][1].

La pena è dell'arresto da tre a sei mesi se il fatto è commesso da chi ha già riportato una condanna per delitto non colposo contro la vita o la incolumità individuale [575-583][2].

La pena è aumentata se la ubriachezza è abituale [94 comma 2, 221, 234 comma 2].

[1] Comma così modificato dall'art. 54, D.Lgs. 30 dicembre 1999, n. 507.

[2] La Corte costituzionale, con sentenza 17 luglio 2002, n. 354, ha dichiarato l'illegittimità costituzionale del presente comma.

● Norme connesse:

- art. 186, D.Lgs. 30 aprile 1992, n. 285, nuovo codice della strada, nel testo modificato dalla L. 15 luglio 2009, n. 94 (Guida sotto l'influenza dell'alcool), nel testo da ultimo modificato dalla L. 29 luglio 2010, n. 120: *1. È vietato guidare in stato di ebbrezza in conseguenza dell'uso di bevande alcoliche.*

2. Chiunque guida in stato di ebbrezza è punito, ove il fatto non costituisca più grave reato:

a) con la sanzione amministrativa del pagamento di una somma da euro 531 a euro 2.127, qualora sia stato accertato un valore corrispondente ad un tasso alcolemico superiore a 0,5 e non superiore a 0,8 grammi per litro (g/l). All'accertamento della violazione consegue la sanzione amministrativa accessoria della sospensione della patente di guida da tre a sei mesi;

b) con l'ammenda da euro 800 a euro 3.200 e l'arresto fino a sei mesi, qualora sia stato accertato un valore corrispondente ad un tasso alcolemico superiore a 0,8 e non superiore a 1,5 grammi per litro (g/l). All'accertamento del reato consegue in ogni caso la sanzione amministrativa accessoria della sospensione della patente di guida da sei mesi ad un anno;

c) con l'ammenda da euro 1.500 a euro 6.000 e l'arresto da sei mesi ad un anno, qualora sia stato accertato un valore corrispondente ad un tasso alcolemico superiore a 1,5 grammi per litro (g/l). All'accertamento del reato consegue in ogni caso la sanzione amministrativa accessoria della sospensione della patente di guida da uno a due anni. Se il veicolo appartiene a persona estranea al reato, la durata della sospensione della patente di guida è raddoppiata. La patente di guida è sempre revocata, ai sensi del capo II, sezione II, del titolo VI, in caso di recidiva nel biennio. Con la sentenza di condanna ovvero di applicazione della pena su richiesta delle parti, anche se è stata applicata la sospensione condizionale della pena, è sempre disposta la confisca del veicolo con il quale è stato commesso il reato, salvo che il veicolo stesso appartenga a persona estranea al reato. Ai fini del sequestro si applicano le disposizioni di cui all'articolo 224-ter.

2-bis. Se il conducente in stato di ebbrezza provoca un incidente stradale, le sanzioni di cui al comma 2 del presente articolo e al comma 3 dell'articolo 186-bis sono raddoppiate ed è disposto il fermo amministrativo del veicolo per centottanta giorni, salvo che il veicolo appartenga a persona estranea all'illecito. Qualora per il conducente che provochi un incidente stradale sia stato accertato un valore corrispondente ad un tasso alcolemico superiore a 1,5 grammi per litro (g/1), fatto salvo quanto previsto dal quinto e sesto periodo della lettera c) del comma 2 del presente articolo, la patente di guida è sempre revocata ai sensi del capo II, sezione II, del titolo VI. È fatta salva in ogni caso l'applicazione dell'articolo 222.

2-ter. Competente a giudicare dei reati di cui al presente articolo è il tribunale in composizione monocratica.

2-quater. Le disposizioni relative alle sanzioni accessorie di cui ai commi 2 e 2-bis si applicano anche in caso di applicazione della pena su richiesta delle parti.

2-quinquies. Salvo che non sia disposto il sequestro ai sensi del comma 2, il veicolo, qualora non possa essere guidato da altra persona idonea, può essere fatto trasportare fino al luogo indicato dall'interessato o fino alla più vicina autorimessa e lasciato in consegna al proprietario o al gestore di essa con le normali garanzie per la custodia. Le spese per il recupero ed il trasporto sono interamente a carico del trasgressore.

2-sexies. L'ammenda prevista dal comma 2 è aumentata da un terzo alla metà quando il reato è commesso dopo le ore 22 e prima delle ore 7.

2-septies. Le circostanze attenuanti concorrenti con l'aggravante di cui al comma 2-sexies non possono essere ritenute equivalenti o prevalenti rispetto a questa. Le diminuzioni di pena si operano sulla quantità della stessa risultante dall'aumento conseguente alla predetta aggravante.

2-octies. Una quota pari al venti per cento dell'ammenda irrogata con la sentenza di condanna che ha ritenuto sussistente l'aggravante di cui al comma 2-sexies è destinata ad alimentare il Fondo contro l'incidentalità notturna di cui all'articolo 6-bis del decreto- legge 3 agosto 2007, n. 117, convertito, con modificazioni, dalla legge 2 ottobre 2007, n. 160, e successive modificazioni.

3. Al fine di acquisire elementi utili per motivare l'obbligo di sottoposizione agli accertamenti di cui al comma 4, gli organi di Polizia stradale di cui all'articolo 12, commi l e 2, secondo le direttive fornite dal Ministero dell'interno, nel rispetto della riservatezza personale e senza pregiudizio per l'integrità fisica, possono sottoporre i conducenti ad accertamenti qualitativi non invasivi o a prove, anche attraverso apparecchi portatili.

4. Quando gli accertamenti qualitativi di cui al comma 3 hanno dato esito positivo, in ogni caso d'incidente ovvero quando si abbia altrimenti motivo di ritenere che il conducente del veicolo si trovi in stato di alterazione psicofisica derivante dall'influenza dell'alcool, gli organi di Polizia stradale di cui all'articolo 12, commi 1 e 2, anche accompagnandolo presso il più vicino ufficio o comando, hanno la facoltà di effettuare l'accertamento con strumenti e procedure determinati dal regolamento.

5. Per i conducenti coinvolti in incidenti stradali e sottoposti alle cure mediche, l'accertamento del tasso alcoolemico viene effettuato, su richiesta degli organi di Polizia stradale di cui all'articolo 12, commi 1 e 2, da parte delle strutture sanitarie di base o di quelle accreditate o comunque a tali fini equiparate. Le strutture sanitarie rilasciano agli organi di Polizia stradale la relativa certificazione, estesa alla prognosi delle lesioni accertate, assicurando il rispetto della riservatezza dei dati in base alle vigenti disposizioni di legge. Copia della certificazione di cui al periodo precedente deve essere tempestivamente trasmessa, a cura dell'organo di polizia che ha proceduto agli accertamenti, al prefetto del luogo della commessa violazione per gli eventuali provvedimenti di competenza.

6. Qualora dall'accertamento di cui ai commi 4 o 5 risulti un valore corrispondente ad un tasso alcoolemico superiore a 0,5 grammi per litro (g/l), l'interessato è considerato in stato di ebbrezza ai fini dell'applicazione delle sanzioni di cui al comma 2.

7. Salvo che il fatto costituisca più grave reato, in caso di rifiuto dell'accertamento di cui ai commi 3, 4 o 5, il conducente è punito con le pene di cui al comma 2, lettera c). La condanna per il reato di cui al periodo che precede comporta la sanzione amministrativa accessoria della sospensione della patente di guida per un periodo da sei mesi a due anni e della confisca del veicolo con le stesse modalità e procedure previste dal comma 2, lettera c), salvo che il veicolo appartenga a persona estranea alla violazione. Con l'ordinanza con la quale è disposta la sospensione della patente, il prefetto ordina che il conducente si sottoponga a visita medica secondo le disposizioni del comma 8. Se il fatto è commesso da soggetto già condannato nei due anni precedenti per il medesimo reato, è sempre disposta la sanzione amministrativa accessoria della revoca della patente di guida ai sensi del capo I, sezione II, del titolo VI.

8. Con l'ordinanza con la quale viene disposta la sospensione della patente ai sensi dei commi 2 e 2-bis, il prefetto ordina che il conducente si sottoponga a visita medica ai sensi dell'articolo 119, comma 4, che deve avvenire nel termine di sessanta giorni. Qualora il conducente non vi si sottoponga entro il termine fissato, il prefetto può disporre, in via cautelare, la sospensione della patente di guida fino all'esito della visita medica.

9. Qualora dall'accertamento di cui ai commi 4 e 5 risulti un valore corrispondente ad un tasso alcolemico superiore a 1,5 grammi per litro, ferma restando l'applicazione delle sanzioni di cui ai commi 2 e 2-bis, il prefetto, in via cautelare, dispone la sospensione della patente fino all'esito della visita medica di cui al comma 8.

9-bis. Al di fuori dei casi previsti dal comma 2-bis del presente articolo, la pena detentiva e pecuniaria può essere sostituita, anche con il decreto penale di condanna, se non vi è opposizione da parte dell'imputato, con quella del lavoro di pubblica utilità di cui all'articolo 54 del decreto legislativo 28 agosto 2000, n. 274, secondo le modalità ivi previste e consistente nella prestazione di un'attività non retribuita a favore della collettività da svolgere, in via prioritaria, nel campo della sicurezza e dell'educazione stradale presso lo Stato, le regioni, le province, i comuni o presso enti o organizzazioni di assistenza sociale e di volontariato, o presso i centri specializzati di lotta alle dipendenze. Con il decreto penale o con la sentenza il giudice incarica l'ufficio locale di esecuzione penale ovvero gli organi di cui all'articolo 59 del decreto legislativo n. 274 del 2000 di verificare l'effettivo svolgimento del lavoro di pubblica utilità. In deroga a quanto previsto dall'articolo 54 del decreto legislativo n. 274 del 2000, il lavoro di pubblica utilità ha una durata corrispondente a quella della sanzione detentiva irrogata e della conversione della pena pecuniaria ragguagliando 250 euro ad un giorno di lavoro di pubblica utilità. In caso di svolgimento positivo del lavoro di pubblica utilità, il giudice fissa una nuova udienza e dichiara estinto il reato, dispone la riduzione alla metà della sanzione della sospensione della patente e revoca la confisca del veicolo sequestrato. La decisione è ricorribile in cassazione. Il ricorso non sospende l'esecuzione a meno che il giudice che ha emesso la decisione disponga diversamente. In caso di violazione degli obblighi connessi allo svolgimento del lavoro di pubblica utilità, il giudice che procede o il giudice dell'esecuzione, a richiesta del pubblico ministero o di ufficio, con le formalità di cui all'articolo 666 del codice di procedura penale, tenuto conto dei motivi, della entità e delle circostanze della violazione, dispone la revoca della pena sostitutiva con ripristino di quella sostituita e della sanzione amministrativa della sospensione della patente e della confisca. Il lavoro di pubblica utilità può sostituire la pena per non più di una volta.

- comma 2: artt. 3, 27, Cost.

Per i nuovi limiti sanzionatori v. art. 1, D.Lgs. 15 gennaio 2016, n. 8.

689. Somministrazione di bevande alcooliche a minori o a infermi di mente.

L'esercente un'osteria o un altro pubblico spaccio di cibi o di bevande, il quale somministra, in un luogo pubblico o aperto al pubblico, bevande alcooliche a un minore degli anni sedici, o a persona che appaia affetta da malattia di mente, o che si trovi in manifeste condizioni di deficienza psichica a causa di un'altra infermità, è punito con l'arresto fino a un anno.

La stessa pena di cui al primo comma si applica a chi pone in essere una delle condotte di cui al medesimo comma, attraverso distributori automatici che non consentano la rilevazione dei dati anagrafici dell'utilizzatore mediante sistemi di lettura ottica dei documenti. La pena di cui al periodo precedente non si applica qualora sia presente sul posto personale incaricato di effettuare il controllo dei dati anagrafici[1].

Se il fatto di cui al primo comma è commesso più di una volta si applica anche la sanzione amministrativa pecuniaria da 1.000 euro a 25.000 euro con la sospensione dell'attività per tre mesi[1].

Se dal fatto deriva l'ubriachezza, la pena è aumentata.

La condanna importa la sospensione dall'esercizio [35][2].

[1] Comma aggiunto dall'art. 7, D.L. 13 settembre 2012, n. 158, convertito in L. 8 novembre 2012, n. 189.

[2] Ai sensi dell'art. 15, L. 24 novembre 1999, n. 468 e dell'art. 4, D.Lgs. 28 agosto 2000, n. 274, al giudice di pace è devoluta la competenza per la contravvenzione prevista dal presente articolo, a decorrere dal 4 aprile 2001. Tuttavia la competenza per tali reati è del tribunale se ricorre una o più delle circostanze previste dagli articoli 1 del D.L. 15 dicembre 1979, n. 625, convertito in L. 6 febbraio 1980, n. 15 [ora art. 270-bis.1 c.p.], 7 del D.L. 13 maggio 1991, n. 152, convertito in L. 12 luglio 1991, n. 203 [ora art. 416-bis.1 c.p.], e 3 del D.L. 26 aprile 1993, n. 122, convertito in L. 25 giugno 1993, n. 205 [ora art. 604-ter c.p.]. V. però Corte cost. 14 dicembre 2018, n. 236.

690. Determinazione in altri dello stato di ubriachezza.

Chiunque, in un luogo pubblico o aperto al pubblico cagiona l'ubriachezza altrui [689 comma 2], somministrando bevande alcooliche, è punito con l'arresto fino a sei mesi o con l'ammenda da euro 30 a 309[1 2 3].

[1] Importi elevati dall'art. 113 comma 1, L. 24 novembre 1981, n. 689.

[2] Ai sensi dell'art. 15, L. 24 novembre 1999, n. 468 e dell'art. 4, D.Lgs. 28 agosto 2000, n. 274, al giudice di pace è devoluta la competenza per la contravvenzione prevista dal presente articolo, a decorrere dal 4 aprile 2001. Tuttavia la competenza per tali reati è del tribunale se ricorre una o più delle circostanze previste dagli articoli 1 del D.L. 15 dicembre 1979, n. 625, convertito in L. 6 febbraio 1980, n. 15 [ora art. 270-bis.1 c.p.], 7 del D.L. 13 maggio 1991, n. 152, convertito in L. 12 luglio 1991, n. 203 [ora art. 416-bis.1 c.p.], e 3 del D.L. 26 aprile 1993, n. 122, convertito in L. 25 giugno 1993, n. 205

[ora art. 604-ter c.p.]. V. però Corte cost. 14 dicembre 2018, n. 236.

[3] Oblabile ex art. 162-*bis*.

691. Somministrazione di bevande alcooliche a persona in stato di manifesta ubriachezza.

Chiunque somministra bevande alcooliche a una persona in stato di manifesta ubriachezza, è punito con l'arresto da tre mesi a un anno.

Qualora il colpevole sia esercente un'osteria o un altro pubblico spaccio di cibo o bevande, la condanna importa la sospensione dall'esercizio [35][1].

[1] Ai sensi dell'art. 15, L. 24 novembre 1999, n. 468 e dell'art. 4, D.Lgs. 28 agosto 2000, n. 274, al giudice di pace è devoluta la competenza per la contravvenzione prevista dal presente articolo, a decorrere dal 4 aprile 2001. Tuttavia la competenza per tali reati è del tribunale se ricorre una o più delle circostanze previste dagli articoli 1 del D.L. 15 dicembre 1979, n. 625, convertito in L. 6 febbraio 1980, n. 15 [ora art. 270-bis.1 c.p.], 7 del D.L. 13 maggio 1991, n. 152, convertito in L. 12 luglio 1991, n. 203 [ora art. 416-bis.1 c.p.], e 3 del D.L. 26 aprile 1993, n. 122, convertito in L. 25 giugno 1993, n. 205 [ora art. 604-ter c.p.]. V. però Corte cost. 14 dicembre 2018, n. 236.

§ 3

Delle contravvenzioni concernenti la prevenzione di delitti contro la fede pubblica

692. Detenzione di misure e pesi illegali.

Chiunque, nell'esercizio di un'attività commerciale, o in uno spaccio aperto al pubblico, detiene misure o pesi [472 comma 2] diversi da quelli stabiliti dalla legge, ovvero usa misure o pesi senza osservare le prescrizioni di legge, è punito con la sanzione amministrativa pecuniaria da euro 103 a 619[1].

[...][2].

[1] Comma così modificato dall'art. 55, D.Lgs. 30 dicembre 1999, n. 507.

[2] Comma abrogato dall'art. 18, L. 25 giugno 1999, n. 205.

693. Rifiuto di monete aventi corso legale.

Chiunque rifiuta di ricevere, per il loro valore, monete aventi corso legale nello Stato, è punito con la sanzione amministrativa fino a euro 30 [c.p. 1889, 441][1 2].

[1] Importi elevati dall'art. 113 comma 1, L. 24 novembre 1981, n. 689.

[2] Articolo depenalizzato dall'art. 33, L. 24 novembre 1981, n. 689.

694. Omessa consegna di monete riconosciute contraffatte.

Chiunque, avendo ricevuto come genuine, per un valore complessivo non inferiore a euro 0,01, monete contraffatte o alterate, non le consegna all'Autorità entro tre giorni da quello in cui ne ha conosciuto la falsità o l'alterazione [453, 454], indicandone la provenienza se la conosce, è punito con la sanzione amministrativa fino a euro 206 [c.p. 1889, 440][1 2].

[1] Importi elevati dall'art. 113 comma 1, L. 24 novembre 1981, n. 689.

[2] Articolo depenalizzato dall'art. 33, L. 24 novembre 1981, n. 689.

§ 4

Delle contravvenzioni concernenti la prevenzione di delitti contro la vita e l'incolumità individuale

695. Fabbricazione o commercio non autorizzato di armi.

Chiunque, senza la licenza dell'Autorità, fabbrica o introduce nello Stato [4 comma 2], o esporta, o pone comunque in vendita armi [704], ovvero ne fa raccolta per ragioni di commercio o d'industria, è punito con l'arresto da tre mesi a tre anni e con l'ammenda fino a euro 1.239 [700, 701; c.p. 1889, 460, 461, 463][1 2].

Non si applica la pena dell'arresto, qualora si tratti di collezioni di armi artistiche, rare o antiche.

[1] Importi elevati dall'art. 113 comma 1, L. 24 novembre 1981, n. 689.

[2] Per l'aumento della pena, qualora il fatto sia commesso da persona sottoposta a misura di prevenzione, v. art. 71, D.Lgs. 6 settembre 2011, n. 159.

696. Vendita ambulante di armi.

Chiunque esercita la vendita ambulante di armi [704] è punito con l'arresto da tre mesi a tre anni e con l'ammenda fino a euro 1.239[1 2].

[1] Importi elevati dall'art. 113 comma 1, L. 24 novembre 1981, n. 689.

[2] Per l'aumento della pena, qualora il fatto sia commesso da persona sottoposta a misura di prevenzione, v. art. 71, D.Lgs. 6 settembre 2011, n. 159.

697. Detenzione abusiva di armi.

Chiunque detiene armi [704] o caricatori soggetti a denuncia ai sensi dell'articolo 38 del testo unico di cui al regio decreto 18 giugno 1931, n. 773, e successive modificazioni, o munizioni senza averne fatto denuncia all'Autorità, quando la denuncia è richiesta, è punito con l'arresto da tre a dodici mesi o con l'ammenda fino a euro 371 [c.p. 1889, 468][1 2].

Chiunque, avendo notizia che in un luogo da lui abitato si trovano armi o munizioni, omette di farne denuncia alle autorità, è punito con l'arresto fino a due mesi o con l'ammenda fino a euro 258[3 4].

[1] Comma così modificato dall'art. 3, D.L. 18 febbraio 2015, n. 7, convertito in L. 17 aprile 2015, n. 43. Il testo previgente disponeva: *Chiunque detiene armi o munizioni senza averne*

fatto denuncia all'Autorità, quando la denuncia è richiesta, è punito con l'arresto da tre a dodici mesi o con l'ammenda fino a euro 371.

[2] Importi elevati dall'art. 113 comma 1, L. 24 novembre 1981, n. 689.

[3] Comma così sostituito dall'art. 47, L. 24 novembre 1981, n. 689.

[4] Per l'aumento della pena, qualora il fatto sia commesso da persona sottoposta a misura di prevenzione, v. art. 71, D.Lgs. 6 settembre 2011, n. 159.

698. Omessa consegna di armi.

Chiunque trasgredisce all'ordine, legalmente dato dall'Autorità, di consegnare nei termini prescritti le armi [704] o le munizioni da lui detenute, è punito con l'arresto da tre a nove mesi o con l'ammenda non inferiore a euro 123 [700, 701][1 2].

[1] Importi elevati dall'art. 113 comma 1, L. 24 novembre 1981, n. 689.

[2] Per l'aumento della pena, qualora il fatto sia commesso da persona sottoposta a misura di prevenzione, v. art. 71, D.Lgs. 6 settembre 2011, n. 159.

699. Porto abusivo di armi.

Chiunque, senza la licenza dell'Autorità, quando la licenza è richiesta, porta un'arma [704] fuori della propria abitazione o delle appartenenze di essa, è punito con l'arresto da tre a diciotto mesi [c.p. 1889, 464].

Soggiace all'arresto da diciotto mesi a tre anni chi, fuori della propria abitazione o delle appartenenze di essa, porta un'arma [704] per cui non è ammessa licenza.

Se alcuno dei fatti preveduti dalle disposizioni precedenti, è commesso in luogo ove sia concorso o adunanza di persone, o di notte in un luogo abitato, le pene sono aumentate [64, 70, 701; c.p. 1889, 465][1].

[1] Per l'aumento della pena, qualora il fatto sia commesso da persona sottoposta a misura di prevenzione, v. art. 71, D.Lgs. 6 settembre 2011, n. 159.

● Norme connesse:

- per le armi da guerra o tipo guerra o munizioni da guerra v. art. 4, L. 2 ottobre 1967, n. 895 (Disposizioni per il controllo delle armi), nel testo modificato dall'art. 3, L. 15 luglio 2009, n. 94 e, da ultimo, dall'art. 4, D.Lgs. 26 ottobre 2010, n. 204: *Chiunque illegalmente porta in luogo pubblico o aperto al pubblico le armi o parti di esse, le munizioni, gli esplosivi, gli aggressivi chimici e i congegni indicati nell'articolo 1, è punito con la reclusione da due a dieci anni e con la multa da 4.000 euro a 40.000 euro.*

Salvo che il porto d'arma costituisca elemento costitutivo o circostanza aggravante specifica per il reato commesso, la pena prevista dal primo comma è aumentata da un terzo alla metà:

a) quando il fatto è commesso da persone travisate o da più persone riunite;

b) quando il fatto è commesso nei luoghi di cui all'articolo 61, numero 11-ter), del codice penale;

c) quando il fatto è commesso nelle immediate vicinanze di istituti di credito, uffici postali o sportelli automatici adibiti al prelievo di denaro, parchi e giardini pubblici o aperti al pubblico, stazioni ferroviarie, anche metropolitane, e luoghi destinati alla sosta o alla fermata di mezzi di pubblico trasporto.

- per il porto di armi ed oggetti atti ad offendere v. art. 4, L. 18 aprile 1975, n. 110, che si applica al porto delle stesse armi senza licenza fuori dell'abitazione o delle appartenenze di essa, ma non in luogo pubblico o aperto al pubblico.

- per le armi ad uso sportivo è consentito solo il trasporto con apposita licenza annuale giusta il disposto dell'art. 3, L. 25 marzo 1986, n. 85 (Norme in materia di armi per uso sportivo).

- per il porto di armi comuni ed improprie in pubbliche riunioni v. art. 4, commi 4 e 5, L. 18 aprile 1975, n. 110.

- per il porto illegittimo di armi comuni a bordo di aeromobili v. art. 6, L. 23 dicembre 1974, n. 694.

700. Circostanze aggravanti.

Nei casi preveduti dagli articoli precedenti, la pena è aumentata [64] qualora concorra taluna delle circostanze indicate nell'articolo 680.

701. Misura di sicurezza.

Il condannato per alcuna delle contravvenzioni prevedute dagli articoli precedenti può essere sottoposto alla libertà vigilata [228; c.p. 1889, 468].

702. Omessa custodia di armi.

[...][1].

[1] Articolo abrogato dall'art. 9, D.L. 13 maggio 1991, n. 152, convertito in L. 12 luglio 1991, n. 203.

703. Accensioni ed esplosioni pericolose.

Chiunque, senza la licenza dell'Autorità, in un luogo abitato o nelle sue adiacenze, o lungo una pubblica via o in direzione di essa spara armi da fuoco [704], accende fuochi d'artificio, o lancia razzi, o innalza aerostati con fiamme, o, in genere, fa accensioni o esplosioni pericolose, è punito con l'ammenda fino a euro 103 [435; c.nav. 1169; c.p. 1889, 467][1].

Se il fatto è commesso in un luogo ove sia adunanza o concorso di persone, la pena è dell'arresto fino a un mese [699 comma 3; c.p. 1889, 467].

[1] Importi elevati dall'art. 113 comma 1, L. 24 novembre 1981, n. 689.

● Norme connesse:

- art. 57, R.D. 18 giugno 1931, n. 773, di approvazione del testo unico delle leggi di pubblica sicurezza, nel testo modificato dall'art. 3, D.Lgs. 26 ottobre 2010, n. 204: *Senza licenza della autorità locale di pubblica sicurezza non possono spararsi armi da fuoco né lanciarsi razzi, accendersi fuochi di artificio, innalzarsi aerostati con fiamme, o in genere farsi esplosioni o accensioni pericolose in un luogo abitato o nelle sue adiacenze o lungo una via pubblica o in direzione di essa.*

È vietato sparare mortaletti e simili apparecchi.

La licenza è altresì richiesta per l'apertura o la gestione di campi di tiro o poligoni privati.

Il sindaco deve essere, comunque, sentito per gli aspetti di competenza dell'ente locale, quando non è lo stesso a rilasciare la licenza.

Nel regolamento sono definite le modalità di attuazione del presente comma e la relativa disciplina transitoria.

704. Armi.

Agli effetti delle disposizioni precedenti, per armi si intendono:

1) quelle indicate nel numero 1 del capoverso dell'articolo 585;

2) le bombe, qualsiasi macchina o involucro contenente materie esplodenti, e i gas asfissianti o accecanti.

§ 5

Delle contravvenzioni concernenti la prevenzione di delitti contro il patrimonio

705. Commercio non autorizzato di cose preziose.

Chiunque, senza la licenza dell'Autorità o senza osservare le prescrizioni della legge, fabbrica o pone in commercio cose preziose, o compie su esse operazioni di mediazione o esercita altre simili industrie, arti o attività, è punito con la sanzione amministrativa pecuniaria da euro 258 a 1.549[1].

Si applicano le disposizioni di cui al terzo e quarto comma dell'articolo 686[2].

[1] Comma così modificato dall'art. 56, D.Lgs. 30 dicembre 1999, n. 507.

[2] Comma aggiunto dall'art. 56, D.Lgs. 30 dicembre 1999, n. 507.

● Norme connesse:

- artt. 127-128, R.D. 18 giugno 1931, n. 773: Art. 127. *I fabbricanti, i commercianti, i mediatori di oggetti preziosi, hanno l'obbligo di munirsi di licenza del Questore.*

Chi domanda la licenza deve provare d'essere iscritto, per l'industria o il commercio di oggetti preziosi, nei ruoli della imposta di ricchezza mobile ed in quelli delle tasse di esercizio e rivendita ovvero deve dimostrare il motivo della mancata iscrizione in tali ruoli.

La licenza dura fino al 31 dicembre dell'anno in cui è stata rilasciata.

Essa è valida per tutti gli esercizi di vendita di oggetti preziosi appartenenti alla medesima persona o alla medesima ditta, anche se si trovino in località diverse.

L'obbligo della licenza spetta, oltreché ai commercianti, fabbricanti ed esercenti stranieri, che intendono fare commercio, nel territorio dello Stato, degli oggetti preziosi da essi importati, anche ai loro agenti, rappresentanti, commessi viaggiatori e piazzisti. Questi debbono provare la loro qualità mediante certificato rilasciato dall'autorità politica del luogo ove ha sede la ditta, vistato dall'autorità consolare italiana.

Art. 128. *I fabbricanti, i commercianti, gli esercenti e le altre persone indicate negli artt. 126 e 127 non possono compiere operazioni su cose antiche o usate se non con le persone provviste della carta di identità di altro documento munito di fotografia, proveniente dall'amministrazione dello Stato.*

Essi devono tenere un registro delle operazioni di cui al primo comma che compiono giornalmente, in cui sono annotate le generalità di coloro con i quali le operazioni stesse sono compiute e le altre indicazioni prescritte dal regolamento.

Tale registro deve essere esibito agli ufficiali ed agenti di pubblica sicurezza, ad ogni loro richiesta.

Le persone che compiono operazioni di cui al primo comma con gli esercenti sopraindicati, sono tenute a dimostrare la propria identità nei modi prescritti.

L'esercente, che ha comprato cose preziose, non può alterarle o alienarle se non dieci giorni dopo l'acquisto, tranne che si tratti di oggetti comprati presso i fondachieri o i fabbricanti ovvero all'asta pubblica.

706. Commercio clandestino di cose antiche.

[...][1].

[1] Articolo abrogato dall'art. 13, D.Lgs. 13 luglio 1994, n. 480.

707. Possesso ingiustificato di chiavi alterate o di grimaldelli.

Chiunque, essendo stato condannato per delitti determinati da motivi di lucro, o per contravvenzioni concernenti la prevenzione dei delitti contro il patrimonio [705-713], o per mendicità, o essendo ammonito o sottoposto a una misura di sicurezza personale o a cauzione di buona condotta, è colto in possesso di chiavi alterate o contraffatte, ovvero di chiavi genuine o di strumenti atti ad aprire o a sforzare serrature, dei quali non giustifichi l'attuale destinazione, è punito con l'arresto da sei mesi a due anni [713; c.p. 1889, 4922][1].

[1] La Corte costituzionale, con sentenza 2 febbraio 1971, n. 14, ha dichiarato l'illegittimità costituzionale del presente articolo, limitatamente alla parte in cui fa richiamo alle condizioni personali di condannato per mendicità, di ammonito, di sottoposto a misura di sicurezza personale o a cauzione di buona condotta.

708. Possesso ingiustificato di valori.

Chiunque, trovandosi nelle condizioni personali indicate nell'articolo precedente, è colto in possesso di denaro o di oggetti di valore, o di altre cose non confacenti al suo stato, e dei quali non giustifichi la provenienza, è punito con l'arresto da tre mesi ad un anno [713][1].

[1] La Corte costituzionale, con sentenza 19 luglio 1968, n. 110, ha dichiarato l'illegittimità costituzionale del presente articolo, limitatamente alla parte in cui fa richiamo alle condizioni personali di condannato per mendicità, di ammonito, di sottoposto a misura di sicurezza personale o a cauzione di buona condotta. La Corte costituzionale, con sentenza 2 novembre 1996, n. 370, ha dichiarato l'illegittimità costituzionale del presente articolo.

709. Omessa denuncia di cose provenienti da delitto.

Chiunque, avendo ricevuto denaro o acquistato o comunque avuto cose provenienti da delitto, senza conoscerne la provenienza, omette, dopo averla conosciuta, di darne immediato avviso all'Autorità è punito con l'arresto fino a sei mesi o con l'ammenda fino a euro 516 [c.p. 1889, 494][1].

[1] Importi elevati dall'art. 113 comma 1, L. 24 novembre 1981, n. 689.

710. - 711.
[...][1].

[1] Articoli abrogati dall'art. 18, L. 25 giugno 1999, n. 205.

712. Acquisto di cose di sospetta provenienza.
Chiunque, senza averne prima accertata la legittima provenienza, acquista o riceve a qualsiasi titolo cose, che, per la loro qualità o per la condizione di chi le offre o per la entità del prezzo, si abbia motivo di sospettare che provengano da reato, è punito con l'arresto fino a sei mesi o con l'ammenda non inferiore a euro 10 [648; c.p.m.p. 166; c.p. 1889, 493 comma 2][1 2].
Alla stessa pena soggiace chi si adopera per fare acquistare o ricevere a qualsiasi titolo alcuna delle cose suindicate, senza averne prima accertata la legittima provenienza [713].

[1] Importi elevati dall'art. 113 comma 1, L. 24 novembre 1981, n. 689.
[2] Oblabile ex art. 162-*bis*.
● Norme connesse:
artt. 3, 27, Cost.

713. Misura di sicurezza.
Il condannato per alcuna delle contravvenzioni prevedute dagli articoli precedenti può essere sotto posto alla libertà vigilata.

§ 6
Delle contravvenzioni concernenti la custodia di minori o di persone detenute[1]

[1] Intitolazione così modificata dall'art. 10, comma 1, L. 13 maggio 1978, n. 180.

714. - 715.
[...][1].

[1] Articoli abrogati dall'art. 11, L. 13 maggio 1978, n. 180.

716. Omesso avviso all'Autorità dell'evasione o fuga di minori[1].
Il pubblico ufficiale [357] o [l'addetto a uno stabilimento][2] destinato all'esecuzione di pene o di misure di sicurezza, ovvero [ad uno stabilimento di cura o][2] ad un riformatorio pubblico, che omette di dare immediato avviso all'Autorità dell'evasione o della fuga di persona ivi detenuta o ricoverata, è punito con l'ammenda da euro 10 a euro 206[3].
La stessa disposizione si applica a chi per legge o per provvedimento dell'Autorità è stata affidata a una persona a scopo di custodia di vigilanza.

[1] Rubrica così modificata dall'art. 10, comma 7, L. 13 maggio 1978, n. 180.
[2] V., ora, artt. 59, 61 e 62, L. 26 luglio 1975, n. 354.
[3] Importi elevati dall'art. 113 comma 1, L. 24 novembre 1981, n. 689.

717. Omessa denuncia di malattie di mente o di gravi infermità psichiche pericolose.
[...][1].

[1] Articolo abrogato dall'art. 11, L. 13 maggio 1978, n. 180.

CAPO II
DELLE CONTRAVVENZIONI CONCERNENTI LA POLIZIA AMMINISTRATIVA SOCIALE

Sezione I
Delle contravvenzioni concernenti la polizia dei costumi

718. Esercizio di giuochi d'azzardo.
Chiunque, in un luogo pubblico o aperto al pubblico, o in circoli privati di qualunque specie, tiene un giuoco d'azzardo [721] o lo agevola è punito con l'arresto da tre mesi ad un anno e con l'ammenda non inferiore a euro 206 [719, 722; c.p. 1889, 484][1].
Se il colpevole è un contravventore abituale [104] o professionale [105], alla libertà vigilata [228] può essere aggiunta la cauzione di buona condotta [237, 719].

[1] Importi elevati dall'art. 113, comma 1, L. 24 novembre 1981, n. 689.
● Norme connesse:
- art. 5, comma 3, D.L. 30 dicembre 1997, n. 457, convertito in L. 27 febbraio 1998, n. 30: *Le disposizioni di cui agli articoli da 718 a 722, nonché quelle di cui all'art. 110 TULPS, non si applicano ai fatti commessi a bordo delle navi passeggeri iscritte nel Registro internazionale, durante il periodo di navigazione al di là del mare territoriale.*
- art. 25, L. 11 dicembre 1984, n. 848: *Le disposizioni di cui agli articoli da 718 a 722 del codice penale e all'articolo 110 del testo unico delle leggi di pubblica sicurezza approvato con regio decreto 18 giugno 1931, n. 773, non si applicano ai fatti commessi a bordo delle navi adibite a crociera durante il periodo di navigazione oltre lo Stretto di Gibilterra ed il Canale di Suez.*

719. Circostanze aggravanti.
La pena per il reato preveduto dall'articolo precedente è raddoppiata:
1) se il colpevole ha istituito o tenuto una casa da giuoco [721; c.p. 1889, 484 comma 2];

CODICE PENALE

2) se il fatto è commesso in un pubblico esercizio [c.p. 1889, 484 comma 2];

3) se sono impegnate nel giuoco poste rilevanti;

4) se fra coloro che partecipano al giuoco sono persone minori degli anni diciotto [723 comma 2].

720. Partecipazione a giuochi d'azzardo.

Chiunque, in un luogo pubblico o aperto al pubblico, o in circoli privati di qualunque specie, senza esser concorso nella contravvenzione preveduta dall'articolo 718, è colto mentre prende parte al giuoco di azzardo [721], è punito con l'arresto fino a sei mesi o con l'ammenda fino a euro 516 [c.p. 1889, 485][1 2].

La pena è aumentata [64]:

1) nel caso di sorpresa in una casa da giuoco [721] o in un pubblico esercizio;

2) per coloro che hanno impegnato nel giuoco poste rilevanti [722].

[1] Importi elevati dall'art. 113 comma 1, L. 24 novembre 1981, n. 689.

[2] Oblabile ex art. 162-*bis*.

721. Elementi essenziali del giuoco d'azzardo. Case da giuoco.

Agli effetti delle disposizioni precedenti:

sono giuochi d'azzardo quelli nei quali ricorre il fine di lucro e la vincita o la perdita è interamente o quasi interamente aleatoria [c.p. 1889, 487 comma 1];

sono case da giuoco i luoghi di convegno destinati al giuoco d'azzardo, anche se privati, e anche se lo scopo del giuoco è sotto qualsiasi forma dissimulato [c.p. 1889, 487 comma 2].

722. Pena accessoria e misura di sicurezza.

La condanna per alcuna delle contravvenzioni prevedute dagli articoli precedenti importa la pubblicazione della sentenza [36]. È sempre ordinata la confisca [240] del denaro esposto nel giuoco e degli arnesi od oggetti ad esso destinati [c.p. 1889, 486].

723. Esercizio abusivo di un giuoco non d'azzardo.

Chiunque, essendo autorizzato a tenere sale da giuoco [721] o da bigliardo, tollera che vi si facciano giuochi non d'azzardo [721], ma tuttavia vietati dall'Autorità, è punito con l'ammenda da euro 5 a 103[1 2].

Nei casi preveduti dai numeri 3 e 4 dell'articolo 719, si applica l'arresto fino a tre mesi o l'ammenda da euro 51 a 516[1].

Per chi sia colto mentre prende parte al giuoco, la pena è dell'ammenda fino a euro 51[1].

[1] Importi elevati dall'art. 113 comma 1, L. 24 novembre 1981, n. 689.

[2] Oblabile ex art. 162-*bis*.

724. Bestemmia e manifestazioni oltraggiose verso i defunti.

Chiunque pubblicamente [266 comma 4] bestemmia, con invettive o parole oltraggiose, contro la Divinità o i Simboli o le Persone venerati nella religione dello Stato è punito con la sanzione amministrativa pecuniaria da euro 51 a 309[1 2].

La stessa sanzione si applica a chi compie qualsiasi pubblica manifestazione oltraggiosa verso i defunti[1].

[1] Comma così modificato dall'art. 57, D.Lgs. 30 dicembre 1999, n. 507.

[2] La Corte costituzionale, con sentenza 18 ottobre 1995, n. 440, ha dichiarato l'illegittimità costituzionale del presente comma, limitatamente alle parole «o i Simboli o le Persone venerati nella religione dello Stato».

725. Commercio di scritti, disegni o altri oggetti contrari alla pubblica decenza.

Chiunque espone alla pubblica vista o, in un luogo pubblico o aperto al pubblico, offre in vendita o distribuisce scritti, disegni o qualsiasi altro oggetto figurato, che offende la pubblica decenza, è punito con la sanzione amministrativa pecuniaria da euro 103 a 619[1].

[1] Comma così modificato dall'art. 58, D.Lgs. 30 dicembre 1999, n. 507.

● Norme connesse:

- in materia di responsabilità per la pubblicazione e la messa in onda di materiale contrario alla pubblica decenza v. l'art. unico, L. 17 luglio 1975, n. 355: *Non sono punibili per i reati previsti dagli articoli 528 e 725 del codice penale e dagli articoli 14 e 15 della legge 8 febbraio 1948, n. 47 , i titolari e gli addetti a rivendita di giornali e di riviste per il solo fatto di detenere, rivendere, o esporre, nell'esercizio normale della loro attività, pubblicazioni ricevute dagli editori e distributori autorizzati ai sensi delle vigenti disposizioni.*

La stessa disposizione si applica ai titolari ed agli addetti a negozi di vendita di libri e pubblicazioni non periodiche, salvo il caso che essi operino di concerto con gli editori ovvero con i distributori al fine specifico di diffondere stampa oscena.

Le disposizioni di esonero di responsabilità di cui ai commi precedenti non si applicano quando siano esposte, in modo da renderle immediatamente visibili al pubblico, parti palesemente oscene delle pubblicazioni o quando dette pubblicazioni siano vendute ai minori di anni sedici. In tale caso la pena è della reclusione sino ad un anno.

Nei casi in cui il reato previsto dall'articolo 528 del codice penale sia commesso da un editore di libri o stampa periodica si applica la pena della reclusione da uno a tre anni e della multa non inferiore a lire 800.000.

- art. 12, R.D. 18 giugno 1931, n. 773 (di approvazione del testo unico delle leggi di pubblica sicurezza), nel testo modificato dall'art. 13, D.L. 9 febbraio 2012, n. 5, convertito in L. 4 aprile 2012, n. 35, che ha abrogato il primo comma: [*Le persone che hanno l'obbligo di provvedere all'istruzione elementare dei fanciulli ai termini delle leggi vigenti, non possono ottenere autorizzazioni di polizia se non dimostrano di avere ottemperato all'obbligo predetto*].

Per le persone che sono nate posteriormente al 1885, quando la legge non disponga altrimenti, il rilascio delle autorizzazioni di polizia è sottoposto alla condizione che il richiedente stenda domanda e apponga di suo pugno, in calce alla domanda, la propria firma e le indicazioni del proprio stato e domicilio. Di ciò il pubblico ufficiale farà attestazione.

726. Atti contrari alla pubblica decenza. Turpiloquio.

Chiunque, in un luogo pubblico o aperto o esposto al pubblico, compie atti contrari alla pubblica decenza è soggetto alla sanzione amministrativa pecuniaria da euro 5.000 a euro 10.000[1].

[1] Articolo così sostituito dall'art. 2, D.Lgs. 15 gennaio 2016, n. 8. Il testo previgente disponeva: *Chiunque, in un luogo pubblico o aperto o esposto al pubblico, compie atti contrari alla pubblica decenza è punito con l'arresto fino a un mese o con l'ammenda da euro 10 a 206. [...].*

727. Abbandono di animali.

Chiunque abbandona animali domestici o che abbiano acquisito abitudini della cattività è punito con l'arresto fino ad un anno o con l'ammenda da 1.000 a 10.000 euro [c.p. 1889, 491 comma 2].

Alla stessa pena soggiace chiunque detiene animali in condizioni incompatibili con la loro natura, e produttive di gravi sofferenze[1].

[1] Articolo, da ultimo, così sostituito dall'art. 1, L. 20 luglio 2004, n. 189. Il testo previgente disponeva: *727. Maltrattamento di animali. Chiunque incrudelisce verso animali o senza necessità li sottopone a strazio o sevizie o a comportamenti e fatiche insopportabili per le loro caratteristiche, ovvero li adopera in giuochi, spettacoli o lavori insostenibili per la loro natura, valutata secondo le loro caratteristiche anche etologiche, o li detiene in condizioni incompatibili con la loro natura o abbandona animali domestici o che abbiano acquisito abitudini della cattività è punito con l'ammenda da euro 1.032 a euro 5.164.*

La pena è aumentata se il fatto è commesso con mezzi particolarmente dolorosi, quale modalità del traffico, del commercio, del trasporto, dell'allevamento, della mattazione o di uno spettacolo di animali, o se causa la morte dell'animale: in questi casi la condanna comporta la pubblicazione della sentenza e la confisca degli animali oggetto del maltrattamento, salvo che appartengano a persone estranee al reato.

Nel caso di recidiva la condanna comporta l'interdizione dall'esercizio dell'attività di commercio, di trasporto, di allevamento, di mattazione o di spettacolo.

Chiunque organizza o partecipa a spettacoli o manifestazioni che comportino strazio o sevizie per gli animali è punito con l'ammenda da euro 1.032 a euro 5.164. La condanna comporta la sospensione per almeno tre mesi della licenza inerente l'attività commerciale o di servizio e, in caso di morte degli animali o di recidiva, l'interdizione dall'esercizio dell'attività svolta.

Qualora i fatti di cui ai commi precedenti siano commessi in relazione all'esercizio di scommesse clandestine la pena è aumentata della metà e la condanna comporta la sospensione della licenza di attività commerciale, di trasporto o di allevamento per almeno dodici mesi.

Il testo previgente la sostituzione disposta dalla L. 22 novembre 1993, n. 473 era il seguente: «727. Maltrattamenti di animali. *Chiunque incrudelisce verso animali o senza necessità li sottopone a eccesive fatiche o a torture, ovvero li adopera in lavori ai quali non siano adatti per malattia o per età, è punito con l'ammenda da lire 500.000 a 3.000.000.*

Alla stessa pena soggiace chi, anche per solo fine scientifico o didattico, in un luogo pubblico o aperto o esposto al pubblico, sottopone animali vivi a esperimenti tali da destare ribrezzo.

La pena è aumentata, se gli animali sono adoperati in giuochi o spettacoli pubblici, i quali importino strazio o sevizie.

Nel caso preveduto dalla prima parte di questo articolo, se il colpevole è un conducente di animali, la condanna importa la sospensione dall'esercizio del mestiere, quando si tratta di un contravventore abituale o professionale.

● Norme connesse:

- art. unico D.M. 23 marzo 2007: *1. Le attività di prevenzione dei reati di cui alla legge 20 luglio 2004, n. 189 sono demandate in via prioritaria al Corpo forestale dello Stato e, nell'ambito territoriale dell'ente di appartenenza ed in quello funzionale dei rispettivi ordinamenti ed attribuzioni, ai Corpi di polizia municipale e provinciale, ferme restando comunque le funzioni di polizia giudiziaria che la legge rimette a ciascuna Forza di polizia.*

2. I prefetti, nell'ambito delle funzioni di coordinamento ed indirizzo unitario dei piani di controllo del territorio, promuovono le necessarie intese con i presidenti delle province e con i sindaci interessati, al fine di assicurare il coordinato sviluppo delle attività degli organi di cui al comma 1.

3. Essi, inoltre, anche previa consultazione dei Comitati provinciali per l'ordine e la sicurezza pubblica, individuano le modalità del concorso dell'Arma dei carabinieri e della Polizia di Stato nelle medesime attività di prevenzione, in relazione alle specifiche attribuzioni e competenze ed al patrimonio di professionalità presente nelle due Forze di polizia, nonchè le modalità del concorso del Corpo della Guardia di finanza con riguardo alle specifiche competenze ad esso demandate in materia di polizia economica e finanziaria a tutela del bilancio pubblico.

4. Dall'attuazione del presente decreto non derivano oneri aggiuntivi a carico del bilancio dello Stato e degli enti locali. Le autorità e gli organi citati nel presente decreto sono incaricati dell'osservanza di quanto in esso previsto.

727-*bis*. Uccisione, distruzione, cattura, prelievo, detenzione di esemplari di specie animali o vegetali selvatiche protette.

Salvo che il fatto costituisca più grave reato, chiunque, fuori dai casi consentiti, uccide, cattura o detiene esemplari appartenenti ad una specie animale selvatica protetta è punito con l'arresto da uno a sei mesi o con l'ammenda fino a 4.000 euro, salvo i casi in cui l'azione riguardi una quantità trascurabile di tali esemplari e abbia un impatto trascurabile sullo stato di conservazione della specie.

Chiunque, fuori dai casi consentiti, distrugge, preleva o detiene esemplari appartenenti ad una specie vegetale selvatica protetta è punito con l'ammenda fino a 4.000 euro, salvo i casi in cui l'azione ri-

CODICE PENALE

guardi una quantità trascurabile di tali esemplari e abbia un impatto trascurabile sullo stato di conservazione della specie[1].

[1] Articolo aggiunto dall'art. 1, D.Lgs. 7 luglio 2011, n. 121. Per specie animali o vegetali selvatiche protette si intendono quelle indicate nell'allegato IV della direttiva 92/43/CE e nell'allegato I della direttiva 2009/147/CE (art. 1, comma 2, D.Lgs. 121/2011 cit.).

Sezione II
Delle contravvenzioni concernenti la polizia sanitaria

728. Trattamento idoneo a sopprimere la coscienza o la volontà altrui.

Chiunque pone taluno, col suo consenso, in stato di narcosi o d'ipnotismo, o esegue su lui un trattamento che ne sopprima la coscienza o la volontà, è punito, se dal fatto deriva pericolo per l'incolumità della persona, con l'arresto da uno a sei mesi o con l'ammenda da euro 30 a 516[1].

Tale disposizione non si applica se il fatto è commesso, a scopo scientifico o di cura, da chi esercita una professione sanitaria.

[1] Importi elevati dall'art. 113 comma 1, L. 24 novembre 1981, n. 689.

729. Abuso di sostanze stupefacenti.

[...][1].

[1] Articolo abrogato dall'art. 136, D.P.R. 9 ottobre 1990, n. 309.

730. Somministrazione a minori di sostanze velenose o nocive.

Chiunque, essendo autorizzato alla vendita o al commercio di medicinali, consegna a persona minore degli anni sedici sostanze velenose o stupefacenti, anche su prescrizione medica, è punito con l'ammenda fino a euro 516[1].

Soggiace all'ammenda fino a euro 103[1] chi vende o somministra tabacco a persona minore degli anni quattordici.

[1] Importi elevati dall'art. 113 comma 1, L. 24 novembre 1981, n. 689.

TITOLO II
DELLE CONTRAVVENZIONI CONCERNENTI L'ATTIVITÀ SOCIALE DELLA PUBBLICA AMMINISTRAZIONE

731. Inosservanza dell'obbligo dell'istruzione elementare dei minori.

Chiunque, rivestito di autorità o incaricato della vigilanza sopra un minore [c.c. 2], omette, senza giusto motivo, d'impartirgli o di fargli impartire l'istruzione [elementare] è punito con l'ammenda fino a euro 30[1 2].

[1] Importi elevati dall'art. 113 comma 1, L. 24 novembre 1981, n. 689.

[2] Ai sensi dell'art. 15, L. 24 novembre 1999, n. 468 e dell'art. 4, D.Lgs. 28 agosto 2000, n. 274, al giudice di pace è devoluta la competenza per la contravvenzione prevista dal presente articolo, a decorrere dal 4 aprile 2001. Tuttavia la competenza per tali reati è del tribunale se ricorre una o più delle circostanze previste dagli articoli 1 del D.L. 15 dicembre 1979, n. 625, convertito in L. 6 febbraio 1980, n. 15, 7 del D.L. 13 maggio 1991, n. 152, convertito in L. 12 luglio 1991, n. 203, e 3 del D.L. 26 aprile 1993, n. 122, convertito in L. 25 giugno 1993, n. 205.

732. Omesso avviamento dei minori al lavoro.

[...][1].

[1] Articolo abrogato dall'art. 18, L. 25 giugno 1999, n. 205.

733. Danneggiamento al patrimonio archeologico, storico o artistico nazionale.

Chiunque distrugge, deteriora o comunque danneggia un monumento o un'altra cosa propria di cui gli sia noto il rilevante pregio, è punito, se dal fatto deriva un nocumento al patrimonio archeologico, storico, o artistico nazionale, con l'arresto fino a un anno o con l'ammenda non inferiore a euro 2.065[1 2].

Può essere ordinata la confisca della cosa deteriorata o comunque danneggiata [240].

[1] Importi elevati dall'art. 113 comma 1, L. 24 novembre 1981, n. 689. V., anche, D.Lgs. 22 gennaio 2004, n. 42 (Codice dei beni culturali e del paesaggio).

[2] Oblabile ex art. 162-*bis*.

733-*bis*. Distruzione o deterioramento di habitat all'interno di un sito protetto.

Chiunque, fuori dai casi consentiti, distrugge un habitat all'interno di un sito protetto o comunque lo deteriora compromettendone lo stato di conservazione, è punito con l'arresto fino a diciotto mesi e con l'ammenda non inferiore a 3. 000 euro[1].

[1] Articolo aggiunto dall'art. 1, D.Lgs. 7 luglio 2011, n. 121. Per "habitat all'interno di un sito protetto" si intende qualsiasi habitat di specie per le quali una zona sia classificata come zona a tutela speciale a norma dell'articolo 4, paragrafi 1 o 2, della direttiva 2009/147/CE, o qualsiasi habitat naturale o un habitat di specie per cui un sito sia designato come zona speciale di conservazione a norma dell'art. 4, paragrafo 4, della direttiva 92/43/CE (art. 1, comma 3, D.Lgs. 121/2011 cit.).

734. Distruzione o deturpamento di bellezze naturali.

Chiunque, mediante costruzioni, demolizioni, o in qualsiasi altro modo, distrugge o altera le bellezze naturali dei luoghi soggetti alla speciale protezione dell'Autorità, è punito con l'ammenda da euro 1.032 a 6.197[1].

[1] Importi elevati dall'art. 113 comma 1, L. 24 novembre 1981, n. 689. V., anche, D.Lgs. 22 gennaio 2004, n. 42 (Codice dei beni culturali e del paesaggio).

TITOLO II-*BIS* DELLE CONTRAVVENZIONI CONCERNENTI LA TUTELA DELLA RISERVATEZZA[1]

[1] Titolo aggiunto dall'art. 12, L. 15 febbraio 1996, n. 66.

734-*bis*. Divulgazione delle generalità o dell'immagine di persona offesa da atti di violenza sessuale.

Chiunque, nei casi di delitti previsti dagli articoli 600-*bis*, 600-*ter* e 600-*quater*, anche se relativi al materiale pornografico di cui all'articolo 600-*quater.1*, 600-*quinquies*, 609-*bis*, 609-*ter*, 609-*quater*, 609-*quinquies* e 609-*octies*, divulghi, anche attraverso mezzi di comunicazione di massa, le generalità o l'immagine della persona offesa senza il suo consenso, è punito con l'arresto da tre a sei mesi[1].

[1] Articolo aggiunto dall'art. 12, L. 15 febbraio 1996, n. 66 e, da ultimo, così modificato dall'art. 9, L. 6 febbraio 2006, n. 38. Il testo previgente la modifica disposta dalla L. n. 38 del 2006 disponeva: *Chiunque, nei casi di delitti previsti dagli articoli 600-bis, 600-ter, 600-quater, 600-quinquies, 609-bis, 609-ter, 609-quater, 609-quinquies e 609-octies, divulghi, anche attraverso mezzi di comunicazione di massa, le generalità o l'immagine della persona offesa senza il suo consenso, è punito con l'arresto da tre a sei mesi.*».

Il testo in vigore prima della modifica disposta dalla suddetta legge n. 269 del 1998 così disponeva: *«Divulgazione delle generalità o dell'immagine di persona offesa da atti di violenza sessuale.*

Chiunque, nei casi di delitti previsti dagli articoli 609-bis, 609-ter, 609-quater, 609-quinquies e 609-octies, divulghi, anche attraverso mezzi di comunicazione di massa, le generalità o l'immagine della persona offesa senza il suo consenso, è punito con l'arresto da tre a sei mesi.

CODICE PENALE

DISPOSIZIONI DI COORDINAMENTO E TRANSITORIE

2 *R.D. 28 maggio 1931, n. 601 (G.U. 1 giugno 1931, n. 125). Disposizioni di coordinamento e transitorie per il Codice penale.*

TITOLO I
DISPOSIZIONI DI COORDINAMENTO

1. Quando le leggi, i decreti e le convenzioni internazionali fanno menzione di pene criminali, correzionali o di polizia, devono considerarsi, per ogni effetto giuridico, come corrispondenti:

1) alle pene criminali la pena di morte[1], l'ergastolo e la reclusione per un tempo non inferiore nel minimo a tre anni;

2) alle pene correzionali le pene non indicate nei numeri 1 e 3;

3) alle pene di polizia le pene dell'arresto per un tempo non superiore nel massimo a tre mesi e dell'ammenda in misura non superiore nel massimo a euro 103,29[2].

Quando sia stata pronunciata condanna, si considerano pene criminali la morte[1], l'ergastolo e la reclusione per un tempo maggiore dei cinque anni.

[1] La pena di morte è stata soppressa, con conseguente sostituzione con l'ergastolo, prima per i delitti previsti dal presente codice ex art. 1, D.Lgs.Lgt. 10 agosto 1944, n. 224, poi per i delitti previsti dalle leggi speciali (art. 1, D.Lgs. 22 gennaio 1948, n. 21). Infine, con, L. 13 ottobre 1994, n. 589 è stata abolita la pena di morte anche per i reati previsti dal codice penale militare di guerra.

[2] Importi elevati dell'art. 113 comma 1, L. 24 novembre 1981, n. 689.

[3] Vedi la nota in calce all'art. 17 c.p.

2. Quando le leggi, i decreti e le convenzioni internazionali fanno menzione di crimini per distinguerli dai delitti, s'intendono per crimini i delitti che importano le pene indicate nel numero 1 dell'articolo precedente.

3. Quando nelle leggi, nei decreti e nelle convenzioni internazionali si fa menzione di pene restrittive della libertà personale o individuale e di una determinata durata di tali pene, si intendono richiamate quelle che il codice penale comprende sotto la denominazione di pene detentive o pene restrittive della libertà personale, per la stessa durata.

4. Per determinare se i reati preveduti dalle leggi, dai decreti e dalle convenzioni internazionali anteriori all'attuazione del codice penale sono delitti ovvero contravvenzioni, si osservano le disposizioni degli articoli seguenti.

5. I reati si considerano delitti o contravvenzioni secondo la diversa specie delle pene per essi rispettivamente stabilite, sempre che la pena sia fra quelle indicate nell'articolo 17 del codice penale.

Tuttavia sono considerati contravvenzioni i reati preveduti dalle leggi anteriori al 19 ottobre 1930 per i quali dalla legge è stabilita la pena della multa non superiore a euro 206[1] sola ovvero congiuntamente o alternativamente con l'ammenda o con una pena pecuniaria senza indicazione delle specie, anche se determinate in misura fissa o proporzionale.

Non si tiene conto degli aumenti della pena della multa derivanti dal concorso di circostanze aggravanti.

Quando per il reato sono stabilite, congiuntamente o alternativamente, la pena detentiva e quella pecuniaria, anche se stabilita in misura fissa o proporzionale, per determinare se si tratta di un delitto ovvero di una contravvenzione si ha riguardo soltanto alla pena detentiva.

[1] Importi elevati dell'art. 113 comma 1, L. 24 novembre 1981, n. 689.

6. Quando la legge stabilisce una specie di pena diversa da quelle indicate nell'articolo 17 del codice penale, per determinare se si tratta di delitto ovvero di contravvenzione si ha riguardo alla pena corrispondente, a' termini di questo decreto.

Si applicano i due ultimi capoversi dell'articolo 5.

7. I reati per i quali la legge stabilisce soltanto la pena pecuniaria, senza indicazione della specie, si considerano contravvenzioni se la pena non supera i 206 euro [1] e si considerano delitti se la pena supera i 206 euro.

Non si tiene conto degli aumenti di pena derivanti dal concorso di circostanze aggravanti.

I reati per i quali la legge stabilisce soltanto una pena pecuniaria proporzionale, senza indicazione della specie, si considerano contravvenzioni.

[1] Importi elevati dell'art. 113 comma 1, L. 24 novembre 1981, n. 689.

8. Quando la legge stabilisce la pena della multa o dell'ammenda, senza determinarne l'ammontare, si applica rispettivamente la multa da euro 5 a 206 o l'ammenda da euro 2 a 30[1].

Quando la legge stabilisce la pena pecuniaria, senza determinarne l'ammontare, si applica l'ammenda da euro 2 a 30[1].

[1] Importi elevati dell'art. 113 comma 1, L. 24 novembre 1981, n. 689.

9. Quando per il concorso di una o più circostanze la legge stabilisce una pena di specie diversa da quella ordinaria stabilita per il reato, per determinare se si tratta di delitto ovvero di contravvenzione non si ha riguardo alla pena ordinaria, ma a quella di specie diversa.

10. Nulla è innovato a quanto è stabilito nell'articolo 61 della legge 7 gennaio 1929, n. 4, contenente norme generali per la repressione delle violazioni delle leggi finanziarie.

11. I reati che secondo le disposizioni precedenti si considerano contravvenzioni sono sempre perseguibili d'ufficio, anche se è stabilita la punibilità a querela della persona offesa.

12. Quando è stabilita o richiamata una determinata specie di pena, di cui non è indicata la durata, corrisponde:

1) ai lavori forzati a tempo, la reclusione da tre a venti anni;

2) alla casa di forza, la reclusione da tre a venti anni;

3) alla relegazione, la reclusione da tre a quindici anni;

4) alla reclusione, la reclusione da tre a dieci anni;

5) alla detenzione, la reclusione da due a sette anni;

6) al carcere, la reclusione fino a tre anni;

7) agli arresti, l'arresto da cinque giorni ad un mese.

Quando invece, è indicata la durata della pena, la reclusione e l'arresto sono sostituiti alle pene corrispondenti per una eguale durata; ma in nessun caso può essere oltrepassato il massimo della pena stabilito dal codice penale.

Ai lavori forzati a vita è sostituito l'ergastolo.

Nulla è innovato circa ogni altra pena, diversa da quelle prevedute dal codice penale, che sia stabilita o richiamata da leggi, decreti o convenzioni internazionali.

[...][1].

[1] Comma abrogato dall'art. 1329 c.nav.

13. Quando nelle leggi, nei decreti e nelle convenzioni internazionali si fa menzione di pene restrittive della capacità giuridica, si intendono richiamate la interdizione perpetua o temporanea dai pubblici uffici, la interdizione da una professione o da un'arte e la sospensione dall'esercizio di una professione o di un'arte secondo il codice penale.

14. Quando nelle leggi, nei decreti e nelle convenzioni internazionali si fa menzione della interdizione dai pubblici uffici senza che sia indicato se perpetua o temporanea, ovvero della sospensione dall'esercizio di una professione o di un'arte:

alla interdizione dai pubblici uffici corrisponde la interdizione perpetua dai pubblici uffici;

alla sospensione dall'esercizio di una professione o di un'arte corrisponde la interdizione da una professione o da un'arte ovvero la sospensione dall'esercizio di una professione o di un'arte, secondo che si tratti di delitto ovvero di contravvenzione.

15. Quando non è stabilita la durata delle pene temporanee indicate nell'articolo precedente, la interdizione temporanea dai pubblici uffici si applica da tre mesi a cinque anni e la interdizione da una professione o da un'arte e la sospensione dall'esercizio di una professione o di un'arte da quindici giorni a due anni.

16. Quando la interdizione dai pubblici uffici o la sospensione da una professione o da un'arte sono prevedute delle leggi, dai decreti e dalle convenzioni internazionali come effetti penali, senza che se ne sia stabilita la durata, esse hanno una durata eguale a quella della pena detentiva inflitta o che dovrebbe scontarsi nel caso di conversione per insolvibilità del condannato.

Tuttavia, in nessun caso possono essere oltrepassati il limite massimo e quello minimo stabilito negli articoli 20 e 25 del codice penale abrogato.

17. Salvo quanto è disposto dagli articoli precedenti, ogni altra incapacità giuridica preveduta come pena o come effetto penale dalle leggi, dai decreti e dalle convenzioni internazionali continua ad essere applicata anche se diversa dalle pene accessorie regolate nel codice penale.

Nondimeno alla sospensione dall'esercizio dei pubblici uffici deve considerarsi corrispondente l'interdizione temporanea dai pubblici uffici.

18. Quando dalle leggi, dai decreti e dalle convenzioni internazionali è stabilito che la pena debba essere aumentata o diminuita per gradi, ad un grado corrisponde l'aumento o la diminuzione della pena da un terzo alla metà. Se più sono i gradi, lo stesso aumento o la stessa diminuzione si opera per ciascun grado sulla quantità di pena aumentata o diminuita per il grado precedente.

18-*bis*. Nei casi di cui all'articolo 165 del codice penale il giudice dispone che il condannato svolga attività non retribuita a favore della collettività osservando, in quanto compatibili, le disposizioni degli articoli 44, 54, commi 2, 3, 4 e 6, e 59 del decreto legislativo 28 agosto 2000, n. 274[1].

[1] Articolo aggiunto dall'art. 5, L. 11 giugno 2004, n. 145.

19. Quando nelle leggi, nei decreti e nelle convenzioni internazionali sono richiamati i titoli o le disposizioni di leggi penali abrogate per effetto del codice penale, s'intendono richiamate le disposizioni corrispondenti del codice penale stesso.

19-*bis*. L'autorità competente a ricevere il rapporto e ad applicare le sanzioni per le violazioni amministrative previste dagli articoli 350, 352, 498, 527, 654, 663-*bis*, 672, 688, 692, 705, 724 e 725 del codice penale è il prefetto.

Le autorità di seguito elencate sono competenti ad applicare le sanzioni amministrative previste dagli articoli indicati in relazione a ciascuna di esse:

a) Ministero dei trasporti e della navigazione: articolo 465 e, limitatamente ai fatti concernenti biglietti di strade ferrate o di altre pubbliche imprese di trasporto, articolo 466 del codice penale;

b) Ministero del lavoro e della previdenza sociale: articolo 509 del codice penale;

c) Ministero delle finanze: articolo 686, nonché, limitatamente ai fatti concernenti valori di bollo, articolo 466 del codice penale;

d) Ministero del tesoro, del bilancio e della programmazione economica: articoli 693 e 694 del codice penale;

e) sindaco: articoli 345, 663, 664, 666, 669, 675, 676, 677 e 687 del codice penale[1].

[1] Articolo aggiunto dall'art. 59, D.Lgs. 30 dicembre 1999, n. 507.

19-*ter*. *Leggi speciali in materia di animali.* Le disposizioni del titolo IX-*bis* del libro II del codice penale non si applicano ai casi previsti dalle leggi speciali in materia di caccia, di pesca, di allevamento, di trasporto, di macellazione degli animali, di sperimentazione scientifica sugli stessi, di attività circense, di giardini zoologici, nonché dalle altre leggi speciali in materia di animali. Le disposizioni del titolo IX-*bis* del libro II del codice penale non si applicano altresì alle manifestazioni storiche e culturali autorizzate dalla regione competente[1].

[1] Articolo aggiunto dall'art. 3, L. 20 luglio 2004, n. 189.

19-*quater*. *Affidamento degli animali sequestrati o confiscati.* Gli animali oggetto di provvedimenti di sequestro o di confisca sono affidati ad associazioni o enti che ne facciano richiesta individuati con decreto del Ministro della salute, adottato di concerto con il Ministro dell'interno[1].

[1] Articolo aggiunto dall'art. 3, L. 20 luglio 2004, n. 189.

TITOLO II
DISPOSIZIONI TRANSITORIE

20. Le pene dell'ergastolo e della reclusione derivanti dalla commutazione preveduta dall'art. 36 del Regio decreto 1° dicembre 1889, n. 6509 (serie 3ª), si scontano nei modi stabiliti dal codice penale.

21. Nella esecuzione delle condanne a pene principali non prevedute dal codice penale si osservano le disposizioni seguenti:

1) il condannato alla detenzione sconta la pena in uno degli stabilimenti in cui si sconta la pena della reclusione, con l'obbligo del lavoro, con l'isolamento notturno e con il regime al quale sono sottoposti i condannati alla reclusione. Egli può tuttavia scegliere, tra le specie di lavoro ammesse nello stabilimento al quale è assegnato, quella che è più confacente alle sue attitudini e alle sue precedenti occupazioni. Può essergli altresì permessa una specie diversa di lavoro, anche all'aperto. [Il condannato alla detenzione non può essere inviato in colonia o in altro possedimento d'oltremare][1];

2) il condannato al confino, alla interdizione dai pubblici uffici e alla sospensione dall'esercizio di una professione o di un'arte continua a scontare la pena nei modi stabiliti dal codice penale abrogato.

Se il condannato al confino trasgredisce agli obblighi impostigli, la pena del confino è convertita in quella della reclusione, da scontarsi con le modalità stabilite per la detenzione nel numero 1 di questo articolo per il tempo che rimane ancora da scontare. Per la inosservanza degli obblighi derivanti dalla condanna alla interdizione dai pubblici uffici o dalla condanna alla sospensione dall'esercizio di una professione o di un'arte, si applica l'articolo 389 del codice penale.

[1] Le parole in parentesi sono state soppresse a seguito dell'entrata in vigore della Costituzione repubblicana.

CODICE PENALE

22. Le pene detentive che debbono ancora essere scontate, in tutto o in parte, per i reati commessi anteriormente all'attuazione del codice penale e per le quali è stata ordinata l'esecuzione in stabilimenti speciali, o in case di custodia o in case di correzione a' termini del codice penale abrogato, si scontano, rispettivamente, negli stabilimenti e nei modi indicati dal codice penale e dal regolamento penitenziario.

23. Il condannato all'ergastolo o alla reclusione, anche dopo il 1° luglio 1931, a norma delle leggi anteriori al codice penale, sconta la pena nei modi stabiliti dal codice.

Tuttavia il condannato alla pena dell'ergastolo per delitto per cui il codice commina la pena di morte[1] sconta la pena nei modi stabiliti dal codice abrogato.

Nei casi di aumento della durata della segregazione cellulare continua[2] per effetto del concorso di reati o di pene, ovvero per effetto della recidiva, il condannato sconta la pena dell'ergastolo con segregazione cellulare continua per un tempo corrispondente all'aumento predetto.

[1] La pena di morte è stata soppressa, con conseguente sostituzione con l'ergastolo, prima per i delitti previsti dal presente codice ex art. 1, D.Lgs.Lgt. 10 agosto 1944, n. 224, poi per i delitti previsti dalle leggi speciali (art. 1, D.Lgs. 22 gennaio 1948, n. 21). Infine, con, L. 13 ottobre 1994, n. 589 è stata abolita la pena di morte anche per i reati previsti dal codice penale militare di guerra.

[2] Vedi, ora, R.D. 19 giugno 1931, n. 787.

24. Quando, per fatti commessi anteriormente all'attuazione del codice penale, si deve pronunciare condanna ad una pena non preveduta dal codice stesso, il giudice applica quella che vi corrisponde, secondo le disposizioni dell'articolo 12.

Nondimeno:

1) quando in luogo della detenzione è applicata la reclusione, questa è scontata a norma del numero 1 dell'articolo 21.

Per ogni altro effetto giuridico si applicano le disposizioni più favorevoli;

2) continueranno ad applicarsi le pene del confino, della interdizione dai pubblici ufficiali e della sospensione dall'esercizio di una professione o di un'arte. Si osserva, in tal caso, quanto è disposto dal numero 2 dell'articolo 21;

3) per la vigilanza speciale si osserva il disposto dell'articolo 54.

25. La riprensione giudiziale è regolata, per i fatti commessi prima dell'attuazione del codice penale, dalle disposizioni del codice penale abrogato.

26. Le disposizioni del codice penale concernenti le pene accessorie sono applicabili anche rispetto alle condanne divenute irrevocabili prima dell'attuazione del codice stesso, quando le predette disposizioni siano più favorevoli al condannato.

27. Le disposizioni stabilite dal capo secondo del titolo terzo del libro primo del codice penale non si applicano ai reati commessi prima dell'attuazione del predetto codice.

28. La disposizione dell'articolo 97 del codice penale si applica anche ai fatti commessi anteriormente all'attuazione di esso.

29. Le condanne pronunciate per reati commessi anteriormente all'attuazione del codice penale da persona minore degli anni quattordici sono dichiarate estinte a' termini degli articoli 2 e 97 del codice stesso. Nondimeno, se il colpevole non ha ancora compiuto gli anni diciotto e non ha ancora scontata, in tutto o in parte, la pena, può farsi luogo all'applicazione di misure di sicurezza secondo le disposizioni dell'articolo 52 di questo decreto.

30. Le disposizioni dell'articolo 96 e della prima parte dell'articolo 98 del codice penale sono applicabili soltanto al sordomuto o al minore che non sono stati ancora condannati al momento dell'attuazione del codice stesso.

31. Gli effetti giuridici della recidiva verificatasi prima dell'attuazione del codice penale sono regolati dalle disposizioni del codice penale abrogato.

Per determinare la recidiva ed ogni altro effetto penale della condanna, diverso dalle pene accessorie, in relazione ai fatti commessi dopo l'attuazione del codice penale, si tiene conto anche delle condanne per reati anteriormente commessi, salvo che prima dell'attuazione del codice siano decorsi i termini stabiliti nell'articolo 80 del codice penale abrogato.

32. La dichiarazione di abitualità o di professionalità nel reato non può essere pronunciata in base a reati commessi anteriormente all'attuazione del codice penale. Tuttavia si tiene conto anche dei reati anteriori, quando il condannato commette un altro reato dopo l'attuazione del codice stesso.

Per determinare, agli effetti dell'articolo 106 del codice penale, se una causa di estinzione del reato o della pena abbia estinto anche gli effetti penali, si ha riguardo alla legge più favorevole al reo.

33. La tendenza a delinquere può essere dichiarata anche per delitti commessi anteriormente al codice penale, quando la sentenza di condanna è pronunciata dopo l'attuazione di esso.

34. Quando la punibilità di un reato commesso in territorio estero prima dell'attuazione del codice penale dipende, secondo il codice stesso, dalla presenza del colpevole nel territorio dello Stato ed egli vi si trova a tale data, il termine di tre anni entro il quale la richiesta o l'istanza possono essere proposte decorre dal giorno dell'attuazione del codice.

35. Quando per la punibilità di un reato commesso in territorio estero il codice penale richiede l'istanza della persona offesa, la querela presentata prima dell'attuazione del codice tiene luogo dell'istanza.

La richiesta presentata da un Governo estero anteriormente all'attuazione del codice penale ha l'efficacia della richiesta del Ministro della giustizia.

36. Per i reati commessi anteriormente all'attuazione del codice penale non si può procedere d'ufficio:

1) se, per la legge del tempo del commesso reato, la punibilità era condizionata alla querela della persona offesa ovvero alla richiesta;

2) se la punibilità del reato non era condizionata, secondo la legge anteriore, a querela, richiesta od istanza, e lo è, invece, secondo il codice penale.

Salvo che sia intervenuta una causa di decadenza, il termine di tre mesi stabilito negli articoli 124, 128 e 130 del codice penale per presentare la querela, l'istanza o la richiesta decorre dal giorno dell'attuazione del codice stesso, quando la persona offesa o l'Autorità ha avuto notizia del fatto che costituisce il reato prima di tale giorno; altrimenti decorre dal giorno della notizia del fatto.

37. Per i reati punibili a querela della persona offesa ovvero su richiesta od istanza, commessi anteriormente all'attuazione del codice penale, la querela, la richiesta e l'istanza sono regolate dal codice stesso, senza pregiudizio degli atti prima compiuti.

38. Nella conversione in pene detentive delle pene pecuniarie inflitte per reati commessi anteriormente all'attuazione del codice penale, si applica l'articolo 135 del codice stesso, osservate anche per ogni altro effetto giuridico le disposizioni della legge più favorevoli al reo.

39. L'articolo 148 del codice penale si applica anche a coloro che siano stati condannati con sentenza divenuta irrevocabile prima dell'attuazione del codice medesimo.

Qualora il condannato si trovi già ricoverato in un manicomio giudiziario[1], l'esecuzione della pena si considera sospesa a decorrere dal giorno dell'attuazione suddetta.

[1] Si legga ospedale psichiatrico giudiziario.

40. La esclusione dal beneficio dell'amnistia o dell'indulto stabilita per i recidivi dall'ultimo capoverso dell'articolo 151 e dall'ultimo capoverso dell'articolo 174 del codice penale si applica anche se il reato, al quale il decreto di amnistia o di indulto si riferisce, è stato commesso prima dell'attuazione del codice.

41. Quando le disposizioni del codice penale concernenti la estinzione del reato per prescrizione e la estinzione delle pene per decorso del tempo e quelle stabilite dalle leggi anteriori per la prescrizione dell'azione penale e della condanna penale sono diverse, si applicano le disposizioni più favorevoli al reo.

Gli atti interruttivi compiuti in base alla legge anteriore conservano la loro efficacia anche se il codice penale non attribuisca ad essi efficacia interruttiva.

Tuttavia, se si tratta di prescrizione più breve di un anno, il corso di essa è interrotto da qualsiasi atto del procedimento anche se compiuto dopo l'attuazione del codice penale. In ogni caso il reato è prescritto se nel termine di un anno dal giorno del commesso reato non è pronunciata la sentenza di condanna quantunque non irrevocabile.

42. In qualsiasi stato e grado del procedimento, escluso il giudizio per cassazione, può, per i reati commessi anteriormente all'attuazione del codice penale, essere conceduto il perdono giudiziale, a' termini dell'articolo 169 del codice.

43. Per i fatti commessi anteriormente all'attuazione del codice penale non si applica, per il risarcimento del danno non patrimoniale, l'articolo 185 del codice, ma continuano ad osservarsi le disposizioni dell'articolo 7 del codice di procedura penale del 1913, concernenti la riparazione pecuniaria.

44. Le disposizioni degli articoli 145 e 188 del codice penale si applicano anche a coloro che sono stati condannati con sentenza irrevocabile anteriormente all'attuazione del codice, con decorrenza dal giorno dell'attuazione.

45. Le disposizioni degli articoli 189, 190 e 191 del codice penale si applicano anche ai procedimenti penali non ancora definiti al momento dell'attuazione del codice o che siano iniziati, dopo tale attuazione, per reati commessi prima, senza pregiudizio delle garanzie costituite in base alle leggi anteriori.

46. Le disposizioni degli articoli 192, 193, 194 e 195 del codice penale si applicano soltanto rispetto ai reati commessi dopo l'attuazione del codice.

Le disposizioni dell'articolo 194 non si applicano per gli atti compiuti anteriormente al 19 ottobre 1930.

47. Per i delitti di diffamazione commessi prima dell'attuazione del codice penale, la prova della verità continua ad essere ammessa nei casi preveduti dall'articolo 394 del codice penale abrogato; tuttavia, nel caso preveduto dal numero 3 dell'articolo 394, chi ha presentato querela e non ha ancora conceduta la facoltà di prova al momento dell'attuazione del codice penale, può esercitare tale facoltà, a pena di decadenza, entro un mese dall'attuazione di esso.

In tutti i casi è ammessa la facoltà di deferire ad un giurì d'onore il giudizio sulla verità del fatto, a' termini del capoverso dell'articolo 596 del codice penale.

48. Per ogni caso di successione di leggi penali non espressamente regolato nei precedenti articoli, si osservano le disposizioni della legge più favorevole al reo.

49. Le misure di sicurezza stabilite dal codice penale non sono applicabili alle persone prosciolte prima dell'attuazione del codice penale stesso.

50. Le persone prosciolte di cui sia stato ordinato il ricovero in un manicomio a' termini delle leggi anteriori al codice penale, sono trasferite in un manicomio giudiziario[1]. Tale trasferimento non ha luogo quando si tratta di prosciolti da contravvenzioni o da delitti colposi o da altri delitti per i quali la legge stabilisce la pena pecuniaria o una pena detentiva per un tempo non superiore nel massimo a due anni.

In ogni caso competente a revocare il provvedimento di ricovero è il giudice di sorveglianza[2].

Qualora la revoca sia negata perché il prosciolto risulta ancora socialmente pericoloso, si osserva il capoverso dell'articolo 208 del codice penale.

[1] Si legga ospedale psichiatrico giudiziario

[2] Vedi art. 69 comma 8, L. 26 luglio 1975, n. 354.

51. I provvedimenti già emessi a' termini del capoverso dell'articolo 53, o della prima parte dell'art. 54, o dell'articolo 57, o della prima parte dell'articolo 58 del codice penale abrogato rimangono fermi.

Per la revoca di essi è competente il giudice di sorveglianza.

Nel caso di trasgressione agli obblighi indicati nel capoverso dell'articolo 53 del predetto codice, i genitori o coloro che hanno l'obbligo di provvedere alla educazione della persona loro affidata, possono, dal giudice di sorveglianza, essere condannati al pagamento, a favore della Cassa delle ammende, di una somma da euro 5 a 12[1].

[1] Importi elevati dall'art. 113 comma 5, L. 24 novembre 1981, n. 689.

52. Quando un minore degli anni quattordici è prosciolto per un fatto commesso prima dell'attuazione del codice penale e preveduto dalla legge del tempo come delitto, il giudice, accertata in ogni caso la pericolosità sociale, applica una misura di sicurezza per la durata di un anno.

Allo scadere dell'anno si procede al riesame della pericolosità, osservandosi, anche per gli esami ulteriori, quanto è disposto nell'articolo 208 del codice penale.

Le disposizioni precedenti si applicano anche quando si tratta di un minore riconosciuto non imputabile a' termini dell'articolo 98 del codice penale.

53. Le misure di sicurezza prevedute dal codice penale non sono applicabili ai condannati che al momento dell'attuazione del codice hanno scontato interamente la pena.

Il condannato, che non ha ancora espiata, in tutto o in parte, la pena detentiva inflittagli per un delitto, qualora risulti persona socialmente pericolosa, è sottoposto, al termine della pena, a libertà vigilata. Il provvedimento è emesso dal giudice di sorveglianza, d'ufficio o a richiesta del pubblico ministero.

54. La vigilanza speciale dell'Autorità di pubblica sicurezza che è stata applicata o che deriva da una condanna riportata prima dell'attuazione del codice penale è eseguita, per intero o per la parte che rimane da scontare al momento di tale attuazione, nei modi stabiliti dal codice per la libertà vigilata.

Quando la esecuzione della vigilanza speciale non è stata ancora iniziata, si osservano, in quanto applicabili, gli articoli 648 e seguenti del codice di procedura penale; se la esecuzione è stata già iniziata, l'Autorità di pubblica sicurezza deve fornire al giudice di sorveglianza tutte le informazioni occorrenti perché egli possa stabilire le prescrizioni alle quali il vigilato deve essere sottoposto.

Solamente il giudice di sorveglianza può in ogni caso modificare o limitare le prescrizioni imposte con la sentenza o successivamente. Fino a quando il giudice di sorveglianza non abbia stabilite le prescrizioni conservano efficacia quelle precedentemente imposte.

Per le trasgressioni agli obblighi imposti si osserva l'articolo 231 del codice penale, anche se per tali trasgressioni vi sia procedimento in corso.

Le condanne irrevocabili per le trasgressioni anzidette sono dichiarate estinte a' termini degli articoli 2 e 231 del codice.

55. Le disposizioni del codice penale concernenti le misure di sicurezza si applicano anche alle persone socialmente pericolose condannate dopo l'attuazione del codice per reati precedentemente commessi.

Se trattasi di procedimenti in corso dinanzi la corte di cassazione, le misure di sicurezza sono applicate dal giudice di rinvio o dal giudice di sorveglianza, dopo che la corte ha pronunciato sul ricorso.

56. Quando, per fatti commessi prima dell'attuazione del codice penale, è applicata, come più favorevole, la legge anteriore, e la sottoposizione alla misura di sicurezza è dal codice condizionata alla qualità o alla quantità della pena, si tiene conto della pena inflitta o della pena stabilita dalla legge anteriore, avuto riguardo a ciò che queste norme dispongono rispetto alle pene che non hanno riscontro nell'articolo 17 del codice penale.

57. Con decreto del Ministro della giustizia verranno gradualmente indicati [gli stabilimenti] in cui saranno applicate le disposizioni degli articoli 145 e 213, penultimo capoverso, del codice penale[1].

[1] Vedi, ora, artt. 2 e 24 comma 1, L. 26 luglio 1975, n. 354; art. 53, D.P.R. 29 aprile 1976, n. 431.

CODICE PENALE

PARTE QUARTA
DIRITTO AMMINISTRATIVO

TITOLO I
COSTITUZIONE DELLA REPUBBLICA ITALIANA
(ESTRATTO)

1 - Costituzione della Repubblica Italiana (G.U. 27 dicembre 1947, n. 298, ediz. straord.), approvata dall'Assemblea Costituente il 22 dicembre 1947, promulgata dal Capo provvisorio dello Stato il 27 dicembre 1947 ed entrata in vigore l'1 gennaio 1948 (estratto).

24. Tutti possono agire in giudizio per la tutela dei propri diritti [113; 99 c.p.c.][1] e interessi legittimi[2].

La difesa è diritto inviolabile in ogni stato e grado del procedimento [86-87 c.p.c.; 96 ss. c.p.p.][3].

Sono assicurati ai non abbienti, con appositi istituti, i mezzi per agire e difendersi davanti ad ogni giurisdizione[4].

La legge determina le condizioni e i modi per la riparazione degli errori giudiziari [314-315, 571-574, 643-647 c.p.p.][5].

[1] Per la tutela dei diritti soggettivi nei confronti della p.a. v. L. 20 marzo 1865, n. 2248, all. E (per l'unificazione amministrativa del Regno d'Italia). L'art. 2, in particolare dispone che "sono devolute alla giurisdizione ordinaria tutte le cause per contravvenzioni e tutte le materie nelle quali si faccia questione d'un diritto civile o politico, comunque vi possa essere interessata la pubblica amministrazione, e ancorché siano emanati provvedimenti del potere esecutivo o dell'autorità amministrativa"

[2] Per la tutela giurisdizionale degli interessi legittimi v. L. 6 dicembre 1971, n. 1034 ((Istituzione dei tribunali amministrativi regionali) e R.D. 26 giugno 1924, n. 1054 (T.U. delle leggi sul Consiglio di Stato), in particolare l'art. 3 della legge 1934/1971 prevede, al primo comma, che "sono devoluti alla competenza dei tribunali amministrativi regionali i ricorsi per incompetenza, eccesso di potere o violazione di legge contro atti e provvedimenti emessi dagli organi centrali dello Stato e degli enti pubblici a carattere ultraregionale".

[3] V. art. 6, comma 2, Convenzione Europea dei diritti dell'uomo (Diritto ad un processo equo) nonché art. 47 (Diritto un ricorso effettivo e ad un giudice imparziale) e 48 Carta dei diritti Fondamentali UE approvata a Nizza il 7 dicembre 2000 ("Ogni imputato è considerato innocente fino a quando la sua colpevolezza non sia stata legalmente provata").

[4] V. artt. 74-115, 118-136, 141, 158, 166, 201, 279 e 294 D.P.R. 30 maggio 2002, n. 115 (T.U. spese di giustizia); D.Lgs. 27 maggio 2005, n. 16 (Patrocinio a spese dello Stato nelle controversie transfrontaliere).

[5] V. L. 24 marzo 2001, n. 89 (Equa riparazione per la violazione del termine ragionevole del processo). V. anche L. 13 aprile 1988, n. 117 (Responsabilità dei magistrati).

95. Il Presidente del Consiglio dei ministri dirige la politica generale del Governo e ne è responsabile. Mantiene l'unità di indirizzo politico ed amministrativo, promuovendo e coordinando l'attività dei ministri[1].

I ministri sono responsabili collegialmente degli atti del Consiglio dei ministri, e individualmente degli atti dei loro dicasteri.

La legge provvede all'ordinamento della Presidenza del Consiglio e determina il numero, le attribuzioni e l'organizzazione dei ministeri[2].

[1] Vedi art. 5, L. 23 agosto 1988, n. 400 (Disciplina dell'attività di Governo e ordinamento della Presidenza del Consiglio dei Ministri).

[2] Vedi D.Lgs. 30 luglio 1999, n. 300 (Riforma dell'organizzazione del Governo, a norma dell'art. 11 della legge n. 59/1997).

103. Il Consiglio di Stato e gli altri organi di giustizia amministrativa hanno giurisdizione per la tutela nei confronti della pubblica amministrazione degli interessi legittimi e, in particolari materie indicate dalla legge, anche dei diritti soggettivi[1].

La Corte dei conti ha giurisdizione nelle materie di contabilità pubblica e nelle altre specificate dalla legge[2].

I tribunali militari in tempo di guerra hanno la giurisdizione stabilita dalla legge. In tempo di pace hanno giurisdizione soltanto per i reati militari commessi da appartenenti alle Forze armate[3].

[1] Per la tutela giurisdizionale degli interessi legittimi innanzi al giudice amministrativo v. L. 6 dicembre 1971, n. 1034 (Istituzione dei tribunali amministrativi regionali) e R.D. 26 giugno 1924, n. 1054 (T.U. leggi sul Consiglio di Stato). V. anche la L. 21 luglio 2000. n. 205 (Disposizioni in materia di giustizia amministrativa) e L. 2 luglio 2010, n. 104, Codice del processo amministrativo.

Per la tutela dei diritti soggettivi innanzi al Giudice amministrativo v. artt. 33-35, D.Lgs. 31 marzo 1998, n. 80 (soppressi dal Codice del processo amministrativo).

Per l'ordinamento della giurisdizione amministrativa cfr. L. 27 aprile 1982, n. 186.

[2] Cfr. R.D. 12 luglio 1934, n. 1214 (T.U. Leggi sull'ordinamento della Corte dei conti), con relativo regolamento di procedura ex R.D. 1038/1933. V. poi le riforme in materia di controllo e giurisdizione di cui alle leggi nn. 19 e 20 della legge 14 gennaio 1994, n. 20.

[3] Con L. 30 dicembre 1988, n, 561 è stato istituito il Consiglio della magistratura militare.

113. Contro gli atti della pubblica amministrazione è sempre ammessa la tutela giurisdizionale [24] dei diritti e degli interessi legittimi dinanzi agli organi di giurisdizione ordinaria [102][1] o amministrativa [103][2].

Tale tutela giurisdizionale non può essere esclusa o limitata a particolari mezzi di impugnazione o per determinate categorie di atti.

La legge determina quali organi di giurisdizione possono annullare gli atti della pubblica amministrazione nei casi e con gli effetti previsti dalla legge stessa.

[1] Per la tutela dei diritti soggettivi nei confronti della p.a. v. L. 20 marzo 1865, n. 2248, all. E (Per l'unificazione amministrativa del Regno d'Italia). L'art. 2, in particolare dispone che "*sono devolute alla giurisdizione ordinaria tutte le cause per contravvenzioni e tutte le materie nelle quali si faccia questione d'un diritto civile o politico, comunque vi possa essere interessata la pubblica amministrazione, e ancorché siano emanati provvedimenti del potere esecutivo o dell'autorità amministrativa*". V. anche art. 63, D.Lgs. 30 marzo 2001, n. 165 (T.U. in materia di pubblico impiego).

[2] Per la tutela giurisdizionale degli interessi legittimi innanzi al giudice amministrativo v. L. 6 dicembre 1971, n. 1034 ((Istituzione dei tribunali amministrativi regionali) e R.D. 26 giugno 1924, n. 1054 (T.U. delle leggi sul Consiglio di Stato). V. anche la L. 21 luglio 2000. n. 205 (Disposizioni in materia di giustizia amministrativa) e L. 2 luglio 2010, n. 104, Codice del processo amministrativo.

Per la tutela dei diritti soggettivi innanzi al Giudice amministrativo v. artt. 33-35, D.Lgs. 31 marzo 1998, n. 80 (soppressi dal Codice del processo amministrativo).

117. La potestà legislativa è esercitata dallo Stato e dalle Regioni nel rispetto della Costituzione, nonché dei vincoli derivanti dall'ordinamento comunitario e dagli obblighi internazionali[1].

Lo Stato ha legislazione esclusiva nelle seguenti materie:

a) politica estera e rapporti internazionali dello Stato; rapporti dello Stato con l'Unione europea; diritto di asilo e condizione giuridica dei cittadini di Stati non appartenenti all'Unione europea;

b) immigrazione;

c) rapporti tra la Repubblica e le confessioni religiose;

d) difesa e Forze armate; sicurezza dello Stato; armi, munizioni ed esplosivi;

e) moneta, tutela del risparmio e mercati finanziari; tutela della concorrenza; sistema valutario; sistema tributario e contabile dello Stato; armonizzazione dei bilanci pubblici; perequazione delle risorse finanziarie[2];

f) organi dello Stato e relative leggi elettorali; referendum statali; elezione del Parlamento europeo;

g) ordinamento e organizzazione amministrativa dello Stato e degli enti pubblici nazionali;

h) ordine pubblico e sicurezza, ad esclusione della polizia amministrativa locale;

i) cittadinanza, stato civile e anagrafi;

l) giurisdizione e norme processuali; ordinamento civile e penale; giustizia amministrativa;

m) determinazione dei livelli essenziali delle prestazioni concernenti i diritti civili e sociali che devono essere garantiti su tutto il territorio nazionale;

n) norme generali sull'istruzione;

o) previdenza sociale;

p) legislazione elettorale, organi di governo e funzioni fondamentali di Comuni, Province e Città metropolitane[3];

q) dogane, protezione dei confini nazionali e profilassi internazionale;

r) pesi, misure e determinazione del tempo; coordinamento informativo statistico e informatico dei dati dell'amministrazione statale, regionale e locale; opere dell'ingegno;

s) tutela dell'ambiente, dell'ecosistema e dei beni culturali.

Sono materie di legislazione concorrente quelle relative a: rapporti internazionali e con l'Unione europea delle Regioni; commercio con l'estero; tutela e sicurezza del lavoro; istruzione, salva l'autonomia delle istituzioni scolastiche e con esclusione della istruzione e della formazione professionale; professioni; ricerca scientifica e tecnologica e sostegno all'innovazione per i settori produttivi; tutela della salute; alimentazione; ordinamento sportivo; protezione civile; governo del territorio; porti e aeroporti civili; grandi reti di trasporto e di navigazione; ordinamento della comunicazione; produzione, trasporto e distribuzione nazionale dell'energia; previdenza complementare e integrativa; coordinamento della finanza pubblica e del sistema tributario; valorizzazione dei beni culturali e ambientali e promozione e organizzazione di attività culturali; casse di risparmio, casse rurali, aziende di credito a carattere regionale; enti di credito fondiario e agrario a carattere regionale. Nelle materie di legislazione concorrente spetta alle Regioni la potestà legislativa, salvo che per la determinazione dei principi fondamentali, riservata alla legislazione dello Stato[1 4].

Spetta alle Regioni la potestà legislativa in riferimento ad ogni materia non espressamente riservata alla legislazione dello Stato.

Le Regioni e le Province autonome di Trento e di Bolzano, nelle materie di loro competenza, partecipano alle decisioni dirette alla formazione degli atti normativi comunitari e provvedono all'attuazione e all'esecuzione degli accordi internazionali e degli atti dell'Unione europea, nel rispetto delle norme di procedura stabilite da legge dello Stato, che disciplina le modalità di esercizio del potere sostitutivo in caso di inadempienza[5 6].

La potestà regolamentare spetta allo Stato nelle materie di legislazione esclusiva, salva delega alle Regioni. La potestà regolamentare spetta alle Regioni in ogni altra materia. I Comuni, le Province e le Città metropolitane hanno potestà regolamentare in ordine alla disciplina dell'organizzazione e dello svolgimento delle funzioni loro attribuite.

Le leggi regionali rimuovono ogni ostacolo che impedisce la piena parità degli uomini e delle donne nella vita sociale, culturale ed economica e promuovono la parità di accesso tra donne e uomini alle cariche elettive.

La legge regionale ratifica le intese della Regione con altre Regioni per il migliore esercizio delle proprie funzioni, anche con individuazione di organi comuni.

Nelle materie di sua competenza la Regione può concludere accordi con Stati e intese con enti territoriali interni ad altro Stato, nei casi e con le forme disciplinati da leggi dello Stato[6 7].

[1] V. art. 1, L. 5 giugno 2003, n. 131, sub art. 114 (Disposizioni per l'adeguamento dell'ordinamento della Repubblica alla legge costituzionale 18 ottobre 2001, n. 3). Si riportano i primi tre commi: "*1. Costituiscono vincoli alla potestà legislativa dello Stato e delle Regioni, ai sensi dell'articolo 117, primo comma, della Costituzione, quelli derivanti dalle norme di diritto internazionale generalmente riconosciute, di cui all'articolo 10 della Costituzione, da accordi di reciproca limitazione della sovranità, di cui all'articolo 11 della Costituzione, dall'ordinamento comunitario e dai trattati internazionali. 2. Le disposizioni normative statali vigenti alla data di entrata in vigore della presente legge nelle materie appartenenti alla legislazione regionale continuano ad applicarsi, in ciascuna Regione, fino alla data di entrata in vigore delle disposizioni regionali in materia, fermo quanto previsto al comma 3, fatti salvi gli effetti di eventuali pronunce della Corte costituzionale. Le disposizioni normative regionali vigenti alla data di entrata in vigore della presente legge nelle materie appartenenti alla legislazione esclusiva statale continuano ad applicarsi fino alla data di entrata in vigore delle disposizioni statali in materia, fatti salvi gli effetti di eventuali pronunce della Corte costituzionale. 3. Nelle materie appartenenti alla legislazione concorrente, le Regioni esercitano la potestà legislativa nell'ambito dei principi fondamentali espressamente determinati dallo Stato o, in difetto, quali desumibili dalle leggi statali vigenti*".

[2] Lettera così modificata dall'art. 3, L. cost. 20 aprile 2012, n. 1 a decorrere dall'esercizio finanziario relativo all'anno 2014. Il testo previgente disponeva: *e) moneta, tutela del risparmio e mercati finanziari; tutela della concorrenza; sistema valutario; sistema tributario e contabile dello Stato; perequazione delle risorse finanziarie.*

[3] V. art. 2, L. n. 131/2003, cit.: "Il Governo è delegato ad adottare, entro il 31 dicembre 2005, su proposta del Ministro dell'interno, di concerto con i Ministri per gli affari regionali, per le riforme istituzionali e la devoluzione e dell'economia e delle finanze, uno o più decreti legislativi diretti alla individuazione delle funzioni fondamentali, ai sensi dell'articolo 117, secondo comma, lettera p), della Costituzione, essenziali per il funzionamento di Comuni, Province e Città metropolitane nonché per il soddisfacimento di bisogni primari delle comunità di riferimento" (comma 1).

[4] Comma così modificato dall'art. 3, L. cost. 20 aprile 2012, n. 1 a decorrere dall'esercizio finanziario relativo all'anno 2014. Il testo previgente disponeva: *Sono materie di legislazione concorrente quelle relative a: rapporti internazionali e con l'Unione europea delle Regioni; commercio con l'estero; tutela e sicurezza del lavoro; istruzione, salva l'autonomia delle istituzioni scolastiche e con esclusione della istruzione e della formazione professionale; professioni; ricerca scientifica e tecnologica e sostegno all'innovazione per i settori produttivi; tutela della salute; alimentazione; ordinamento sportivo; protezione civile; governo del territorio; porti e aeroporti civili; grandi reti di trasporto e di navigazione; ordinamento della comunicazione; produzione, trasporto e distribuzione nazionale dell'energia; previdenza complementare e integrativa; armonizzazione dei bilanci pubblici e coordinamento della finanza pubblica e del sistema tributario; valorizzazione dei beni culturali e ambientali e promozione e organizzazione di attività culturali; casse di risparmio, casse rurali, aziende di credito a carattere regionale; enti di credito fondiario e agrario a carattere regionale. Nelle materie di legislazione concorrente spetta alle Regioni la potestà legislativa, salvo che per la determinazione dei principi fondamentali, riservata alla legislazione dello Stato.*

[5] V. art. 5, L. n. 131/2003, cit.: "*Le Regioni e le Province autonome di Trento e di Bolzano concorrono direttamente, nelle materie di loro competenza legislativa, alla formazione degli atti comunitari, partecipando, nell'ambito delle delegazioni del Governo, alle attività del Consiglio e dei gruppi di lavoro e dei comitati del Consiglio e della Commissione europea, secondo modalità da concordare in sede di Conferenza Stato-Regioni che tengano conto della particolarità delle autonomie speciali e, comunque, garantendo l'unitarietà della rappresentazione della posizione italiana da parte del Capo delegazione designato dal Governo. Nelle delegazioni del Governo deve essere prevista la partecipazione di almeno un rappresentante delle Regioni a statuto speciale e delle Province autonome di Trento e di Bolzano. Nelle materie che spettano alle Regioni ai sensi dell'articolo 117, quarto comma, della Costituzione, il Capo delegazione, che può essere anche un Presidente di Giunta regionale o di Provincia autonoma, è designato dal Governo sulla base di criteri e procedure determinati con un accordo generale di cooperazione tra Governo, Regioni a statuto ordinario e a statuto speciale stipulato in sede di Conferenza Stato-Regioni. In attesa o in mancanza di tale accordo, il Capo delegazione è designato dal Governo. Dall'attuazione del presente articolo non possono derivare nuovi o maggiori oneri per la finanza pubblica*" (comma 1). "*Nelle materie di competenza legislativa delle Regioni e delle Province autonome di Trento e di Bolzano, il Governo può proporre ricorso dinanzi alla Corte di giustizia delle Comunità europee avver-*

so gli atti normativi comunitari ritenuti illegittimi anche su richiesta di una delle Regioni o delle Province autonome. Il Governo è tenuto a proporre tale ricorso qualora esso sia richiesto dalla Conferenza Stato-Regioni a maggioranza assoluta delle Regioni e delle Province autonome" (comma 2).

[6] V. art. 6, L. n. 131/2003, cit.: "*Le Regioni e le Province autonome di Trento e di Bolzano, nelle materie di propria competenza legislativa, provvedono direttamente all'attuazione e all'esecuzione degli accordi internazionali ratificati, dandone preventiva comunicazione al Ministero degli affari esteri ed alla Presidenza del Consiglio dei ministri - Dipartimento per gli affari regionali, i quali, nei successivi trenta giorni dal relativo ricevimento, possono formulare criteri e osservazioni. In caso di inadempienza, ferma restando la responsabilità delle Regioni verso lo Stato, si applicano le disposizioni di cui all'articolo 8, commi 1, 4 e 5, in quanto compatibili*" (comma 1).

[7] Articolo così sostituito dall'art. 3, L. cost. 18 ottobre 2001, n. 3. Il testo originario era così formulato: "*117. La Regione emana per le seguenti materie norme legislative nei limiti dei princìpi fondamentali stabiliti dalle leggi dello Stato, sempreché le norme stesse non siano in contrasto con l'interesse nazionale e con quello di altre Regioni: ordinamento degli uffici e degli enti amministrativi dipendenti dalla Regione; circoscrizioni comunali; polizia locale urbana e rurale; fiere e mercati; beneficenza pubblica ed assistenza sanitaria ed ospedaliera; istruzione artigiana e professionale e assistenza scolastica; musei e biblioteche di enti locali; urbanistica; turismo ed industria alberghiera; tramvie e linee automobilistiche di interesse regionale; viabilità, acquedotti e lavori pubblici di interesse regionale; navigazione e porti lacuali; acque minerali e termali; cave e torbiere; caccia; pesca nelle acque interne; agricoltura e foreste; artigianato. Altre materie indicate da leggi costituzionali. Le leggi della Repubblica possono demandare alla Regione il potere di emanare norme per la loro attuazione*".

118. Le funzioni amministrative sono attribuite ai Comuni salvo che, per assicurarne l'esercizio unitario, siano conferite a Province, Città metropolitane, Regioni e Stato, sulla base dei principi di sussidiarietà, differenziazione ed adeguatezza.

I Comuni, le Province e le Città metropolitane sono titolari di funzioni amministrative proprie e di quelle conferite con legge statale o regionale, secondo le rispettive competenze.

La legge statale disciplina forme di coordinamento fra Stato e Regioni nelle materie di cui alle lettere *b)* e *h)* del secondo comma dell'articolo 117, e disciplina inoltre forme di intesa e coordinamento nella materia della tutela dei beni culturali.

Stato, Regioni, Città metropolitane, Province e Comuni favoriscono l'autonoma iniziativa dei cittadini, singoli e associati, per lo svolgimento di attività di interesse generale, sulla base del principio di sussidiarietà[1 2 3].

[1] Per l'attuazione della norma v. art. 7, L. 5 giugno 2003, n. 131 (Disposizioni per l'adeguamento dell'ordinamento della Repubblica alla legge costituzionale 18 ottobre 2001, n. 3), nel testo, da ultimo, modificato dall'art. 10-bis, D.L. 24 giugno 2016, n. 113, convertito in L. 7 agosto 2016, n. 160, secondo cui: "1. *Lo Stato e le Regioni, secondo le rispettive competenze, provvedono a conferire le funzioni amministrative da loro esercitate alla data di entrata in vigore della presente legge, sulla base dei princìpi di sussidiarietà, differenziazione e adeguatezza, attribuendo a Province, Città metropolitane, Regioni e Stato soltanto quelle di cui occorra assicurare l'unitarietà di esercizio, per motivi di buon andamento, efficienza o efficacia dell'azione amministrativa ovvero per motivi funzionali o economici o per esigenze di programmazione o di omogeneità territoriale, nel rispetto, anche ai fini dell'assegnazione di ulteriori funzioni, delle attribuzioni degli enti di autonomia funzionale, anche nei settori della promozione dello sviluppo economico e della gestione dei servizi. Stato, Regioni, Città metropolitane, Province, Comuni e Comunità montane favoriscono l'autonoma iniziativa dei cittadini, singoli o associati, per lo svolgimento di attività di interesse generale, sulla base del principio di sussidiarietà. In ogni caso, quando sono impiegate risorse pubbliche, si applica l'articolo 12 della legge 7 agosto 1990, n. 241. Tutte le altre funzioni amministrative non diversamente attribuite spettano ai Comuni, che le esercitano in forma singola o associata, anche mediante le Comunità montane e le unioni dei Comuni.*

2. Per le finalità di cui al comma 1, e comunque ai fini del trasferimento delle occorrenti risorse, sulla base degli accordi con le Regioni e le autonomie locali, da concludere in sede di Conferenza unificata, diretti in particolare all'individuazione dei beni e delle risorse finanziarie, umane, strumentali e organizzative necessarie per l'esercizio delle funzioni e dei compiti da conferire, il Governo, su proposta del Ministro per gli affari regionali, di concerto con il Ministro dell'economia e delle finanze, sentiti i Ministri interessati, presenta al Parlamento uno o più disegni di legge collegati, ai sensi dell'articolo 3, comma 4, della legge 5 agosto 1978, n. 468, e successive modificazioni, alla manovra finanziaria annuale, per il recepimento dei suddetti accordi. Ciascuno dei predetti disegni di legge deve essere corredato da idonea relazione tecnica e non deve recare oneri aggiuntivi a carico della finanza pubblica. Le disposizioni di cui al presente comma si applicano fino alla data di entrata in vigore delle norme relative al nuovo sistema finanziario in attuazione dell'articolo 119 della Costituzione.

3. Sulla base dei medesimi accordi e nelle more dell'approvazione dei disegni di legge di cui al comma 2, lo Stato può avviare i trasferimenti dei suddetti beni e risorse secondo princìpi di invarianza di spesa e con le modalità previste al numero 4) del punto II dell'Accordo del 20 giugno 2002, recante intesa interistituzionale tra Stato, regioni ed enti locali, pubblicato nella Gazzetta Ufficiale n. 159 del 9 luglio 2002. A tale fine si provvede mediante uno o più decreti del Presidente del Consiglio dei ministri, tenendo conto delle previsioni di spesa risultanti dal bilancio dello Stato e del patto di stabilità. Si applicano, in quanto compatibili, gli articoli 3, 7, commi 8, 9, 10 e 11, e 8 del decreto legislativo 31 marzo 1998, n. 112. Gli schemi di decreto, ciascuno dei quali deve essere corredato di idonea relazione tecnica, sono trasmessi alle Camere per l'acquisizione del parere da parte delle Commissioni parlamentari competenti per materia e per le conseguenze di carattere finanziario, da rendere entro trenta giorni dall'assegnazione.

4. Le Commissioni possono chiedere ai Presidenti delle Camere una proroga di venti giorni per l'espressione del pa-

rere, qualora ciò si renda necessario per la complessità della materia o per il numero degli schemi di decreto trasmessi nello stesso periodo all'esame delle Commissioni. Qualora sia concessa, ai sensi del presente comma, la proroga del termine per l'espressione del parere, i termini per l'adozione dei decreti sono prorogati di venti giorni. Decorso il termine di cui al comma 3, ovvero quello prorogato ai sensi del presente comma, senza che le Commissioni abbiano espresso i pareri di rispettiva competenza, i decreti possono comunque essere adottati. I decreti sono adottati con il concerto del Ministro dell'economia e delle finanze e devono conformarsi ai pareri delle Commissioni parlamentari competenti per le conseguenze di carattere finanziario nelle parti in cui essi formulano identiche condizioni.

5. Nell'adozione dei decreti, si tiene conto delle indicazioni contenute nel Documento di programmazione economico-finanziaria, come approvato dalle risoluzioni parlamentari. Dalla data di entrata in vigore dei suddetti decreti o da quella diversa indicata negli stessi, le Regioni o gli enti locali possono provvedere all'esercizio delle funzioni relative ai beni e alle risorse trasferite. Tali decreti si applicano fino alla data di entrata in vigore delle leggi di cui al comma 2.

6. Fino alla data di entrata in vigore dei provvedimenti previsti dal presente articolo, le funzioni amministrative continuano ad essere esercitate secondo le attribuzioni stabilite dalle disposizioni vigenti, fatti salvi gli effetti di eventuali pronunce della Corte costituzionale.

7. La Corte dei conti, ai fini del coordinamento della finanza pubblica, verifica il rispetto degli equilibri di bilancio da parte di Comuni, Province, Città metropolitane e Regioni, in relazione al patto di stabilità interno ed ai vincoli derivanti dall'appartenenza dell'Italia all'Unione europea, salvo quanto disposto dal terzo periodo del presente comma. Nelle relazioni al Parlamento di cui all'articolo 3, comma 6, della legge 14 gennaio 1994, n. 20, e successive modificazioni, e all'articolo 13 del decreto-legge 22 dicembre 1981, n. 786, convertito, con modificazioni, dalla legge 26 febbraio 1982, n. 51, e successive modificazioni, la Corte dei conti riferisce anche sulla base dei dati e delle informazioni raccolti dalle sezioni regionali di controllo. Le sezioni regionali di controllo della Corte dei conti verificano, nel rispetto della natura collaborativa del controllo sulla gestione, il perseguimento degli obiettivi posti dalle leggi statali o regionali di principio e di programma, secondo la rispettiva competenza, nonché la sana gestione finanziaria degli enti locali ed il funzionamento dei controlli interni e riferiscono sugli esiti delle verifiche esclusivamente ai consigli degli enti controllati. Resta ferma la potestà delle Regioni a statuto speciale, nell'esercizio della loro competenza, di adottare particolari discipline nel rispetto delle suddette finalità. Per la determinazione dei parametri di gestione relativa al controllo interno, la Corte dei conti si avvale anche degli studi condotti in materia dal Ministero dell'interno.

8. Le Regioni possono richiedere ulteriori forme di collaborazione alle sezioni regionali di controllo della Corte dei conti ai fini della regolare gestione finanziaria e dell'efficienza ed efficacia dell'azione amministrativa, nonché pareri in materia di contabilità pubblica. Analoghe richieste possono essere formulate, di norma tramite il Consiglio delle autonomie locali, se istituito, anche da Comuni, Province e Città metropolitane. Richieste di parere nella medesima materia possono essere rivolte direttamente alla Sezione delle autonomie della Corte dei conti: per le Regioni, dalla Conferenza delle Regioni e delle Province autonome e dalla Conferenza dei Presidenti delle Assemblee legislative delle Regioni e delle Province autonome; per i Comuni, le Province e le Città metropolitane, dalle rispettive componenti rappresentative nell'ambito della Conferenza unificata.

8-bis. Le sezioni regionali di controllo della Corte dei conti possono essere integrate, senza nuovi o maggiori oneri per la finanza pubblica, da due componenti designati, salva diversa previsione dello statuto della Regione, rispettivamente dal Consiglio regionale e dal Consiglio delle autonomie locali oppure, ove tale organo non sia stato istituito, dal Presidente del Consiglio regionale su indicazione delle associazioni rappresentative dei Comuni e delle Province a livello regionale. I predetti componenti sono scelti tra persone che, per gli studi compiuti e le esperienze professionali acquisite, sono particolarmente esperte nelle materie aziendalistiche, economiche, finanziarie, giuridiche e contabili; i medesimi durano in carica cinque anni e non sono riconfermabili. Lo status dei predetti componenti è equiparato a tutti gli effetti, per la durata dell'incarico, a quello dei consiglieri della Corte dei conti, con oneri finanziari a carico della Regione. La nomina è effettuata con decreto del Presidente della Repubblica, con le modalità previste dal secondo comma dell'articolo unico del decreto del Presidente della Repubblica 8 luglio 1977, n. 385.

9. [...]".

[2] V. per il decentramento amministrativo D.Lgs. 31 marzo 1998, n. 112 (Conferimento di funzioni e compiti amministrativi dello Stato alle regioni ed agli enti locali, in attuazione del capo I della legge 15 marzo 1997 n. 59).

[3] Articolo così sostituito dall'art. 4, L. cost. 18 ottobre 2001, n. 3. Per l'attuazione delle norme contenute nel presente articolo v. art. 7, L. 5 giugno 2003, n. 131. Il testo precedentemente in vigore era il seguente: "118. Spettano alla Regione le funzioni amministrative per le materie elencate nel precedente articolo, salvo quelle di interesse esclusivamente locale, che possono essere attribuite dalle leggi della Repubblica alle Province, ai Comuni o ad altri enti locali. Lo Stato può con legge delegare alla Regione l'esercizio di altre funzioni amministrative. La Regione esercita normalmente le sue funzioni amministrative delegandole alle Province, ai Comuni o ad altri enti locali, o valendosi dei loro uffici".

120. La Regione non può istituire dazi di importazione o esportazione o transito tra le Regioni [16], né adottare provvedimenti che ostacolino in qualsiasi modo la libera circolazione delle persone e delle cose tra le Regioni, né limitare l'esercizio del diritto al lavoro in qualunque parte del territorio nazionale[1].

Il Governo può sostituirsi a organi delle Regioni, delle Città metropolitane, delle Province e dei Comuni nel caso di mancato rispetto di norme e trattati internazionali o della normativa comunitaria oppure di pericolo grave per l'incolumità e la sicurezza pubblica, ovvero quando lo richiedono la tutela dell'unità giuridica o dell'unità economica e in particolare la tutela dei livelli essenziali delle prestazioni concernenti i diritti civili e sociali, prescindendo dai confini territoriali dei governi locali. La legge definisce le procedure atte a garantire che i poteri sostitutivi siano esercitati nel rispetto del principio di sussidiarietà e del principio di leale collaborazione[2] [3].

[1] Cfr. artt. 23 e 29 Trattato CE.

[2] Per l'attuazione delle norme contenute nel presente articolo v. l'art. 8, L. 5 giugno 2003, n. 131 (Disposizioni per l'adeguamento dell'ordinamento della Repubblica alla legge costituzionale 18 ottobre 2001, n. 3): "*1. Il Consiglio dei ministri, su proposta del Ministro competente per materia, anche su iniziativa delle Regioni o degli enti locali, assegna all'ente interessato un congruo termine per adottare i provvedimenti dovuti o necessari; decorso inutilmente tale termine, il Consiglio dei ministri, sentito l'organo interessato, su proposta del Ministro competente o del Presidente del Consiglio dei ministri, adotta i provvedimenti necessari, anche normativi, ovvero nomina un apposito commissario. Alla riunione del Consiglio dei ministri partecipa il Presidente della Giunta regionale della Regione interessata al provvedimento.*

2. Qualora l'esercizio del potere sostitutivo si renda necessario al fine di porre rimedio alla violazione della normativa comunitaria, gli atti ed i provvedimenti di cui al comma 1 sono adottati su proposta del Presidente del Consiglio dei ministri o del Ministro per le politiche comunitarie e del Ministro competente per materia. L'articolo 11 della legge 9 marzo 1989, n. 86, è abrogato.

3. Fatte salve le competenze delle Regioni a statuto speciale, qualora l'esercizio dei poteri sostitutivi riguardi Comuni, Province o Città metropolitane, la nomina del commissario deve tenere conto dei principi di sussidiarietà e di leale collaborazione. Il commissario provvede, sentito il Consiglio delle autonomie locali qualora tale organo sia stato istituito.

4. Nei casi di assoluta urgenza, qualora l'intervento sostitutivo non sia procrastinabile senza mettere in pericolo le finalità tutelate dall'articolo 120 della Costituzione, il Consiglio dei ministri, su proposta del Ministro competente, anche su iniziativa delle Regioni o degli enti locali, adotta i provvedimenti necessari, che sono immediatamente comunicati alla Conferenza Stato-Regioni o alla Conferenza Stato-Città e autonomie locali, allargata ai rappresentanti delle Comunità montane, che possono chiederne il riesame.

5. I provvedimenti sostitutivi devono essere proporzionati alle finalità perseguite.

6. Il Governo può promuovere la stipula di intese in sede di Conferenza Stato-Regioni o di Conferenza unificata, dirette a favorire l'armonizzazione delle rispettive legislazioni o il raggiungimento di posizioni unitarie o il conseguimento di obiettivi comuni; in tale caso è esclusa l'applicazione dei commi 3 e 4 dell'articolo 3 del decreto legislativo 28 agosto 1997, n. 281. Nelle materie di cui all'articolo 117, terzo e quarto comma, della Costituzione non possono essere adottati gli atti di indirizzo e di coordinamento di cui all'articolo 8 della legge 15 marzo 1997, n. 59, e all'articolo 4 del decreto legislativo 31 marzo 1998, n. 112".

V., anche, art. 1, comma 280, L. 23 dicembre 2005, n. 266 e art. 1, comma 1214, L. 27 dicembre 2006, n. 296.

[3] Articolo così sostituito dall'art. 6, L. cost. 18 ottobre 2001, n. 3. Il testo precedentemente in vigore era il seguente: "*La Regione non può istituire dazi d'importazione o esportazione o transito fra le Regioni. Non può adottare provvedimenti che ostacolino in qualsiasi modo la libera circolazione delle persone e delle cose fra le Regioni. Non può limitare il diritto dei cittadini di esercitare in qualunque parte del territorio nazionale la loro professione, impiego o lavoro*".

TITOLO II
PROCEDIMENTO AMMINISTRATIVO E ACCESSO AGLI ATTI AMMINISTRATIVI
(L. 7 AGOSTO 1990, N. 241)

2 - L. 7 agosto 1990, n. 241 (G.U. 18 agosto 1990, n. 192). Nuove norme in materia di procedimento amministrativo e di diritto di accesso ai documenti amministrativi.

CAPO I
PRINCÌPI

1. *Princìpi generali dell'attività amministrativa*[1]. 1. L'attività amministrativa persegue i fini determinati dalla legge ed è retta da criteri di economicità, di efficacia, di imparzialità, di pubblicità e di trasparenza secondo le modalità previste dalla presente legge e dalle altre disposizioni che disciplinano singoli procedimenti, nonché dai principi dell'ordinamento comunitario[2].

1-*bis*. La pubblica amministrazione, nell'adozione di atti di natura non autoritativa, agisce secondo le norme di diritto privato salvo che la legge disponga diversamente[3].

1-*ter*. I soggetti privati preposti all'esercizio di attività amministrative assicurano il rispetto dei criteri e dei princìpi di cui al comma 1, con un livello di garanzia non inferiore a quello cui sono tenute le pubbliche amministrazioni in forza delle disposizioni di cui alla presente legge[4].

2. La pubblica amministrazione non può aggravare il procedimento se non per straordinarie e motivate esigenze imposte dallo svolgimento dell'istruttoria.

2-*bis*. I rapporti tra il cittadino e la pubblica amministrazione sono improntati ai principi della collaborazione e della buona fede[5] [6].

[1] Rubrica aggiunta dall'art. 21, L. 11 febbraio 2005, n. 15.

[2] Comma, da ultimo, così modificato dall'art. 7, L. 18 giugno 2009, n. 69. Il testo previgente disponeva: *1. L'attività amministrativa persegue i fini determinati dalla legge ed è retta da criteri di economicità, di efficacia, di pubblicità e di trasparenza secondo le modalità previste dalla presente legge e dalle altre disposizioni che disciplinano singoli procedimenti, nonché dai principi dell'ordinamento comunitario.*

[3] Comma aggiunto dall'art. 1, L. 11 febbraio 2005, n. 15.

Si riporta il comma 8 dell'art. 30, D.Lgs. 18 aprile 2016, n. 50 (Codice dei contratti pubblici): *8. Per quanto non espressamente previsto nel presente codice e negli atti attuativi, alle procedure di affidamento e alle altre attività amministrative in materia di contratti pubblici si applicano le disposizioni di cui alla legge 7 agosto 1990, n. 241, alla stipula del contratto e alla fase di esecuzione si applicano le disposizioni del codice civile.*

Si riporta l'art. 2, comma 2, D.Lgs. 30 marzo 2001, n. 165 (T.U. pubblico impiego): *1. Le amministrazioni pubbliche definiscono, secondo principi generali fissati da disposizioni di legge e, sulla base dei medesimi, mediante atti organizzativi secondo i rispettivi ordinamenti, le linee fondamentali di organizzazione degli uffici; individuano gli uffici di maggiore rilevanza e i modi di conferimento della titolarità dei medesimi; determinano le dotazioni organiche complessive. Esse ispirano la loro organizzazione ai seguenti criteri:*

a) funzionalità rispetto ai compiti e ai programmi di attività, nel perseguimento degli obiettivi di efficienza, efficacia ed economicità. A tal fine, periodicamente e comunque all'atto della definizione dei programmi operativi e dell'assegnazione delle risorse, si procede a specifica verifica e ad eventuale revisione;

b) ampia flessibilità, garantendo adeguati margini alle determinazioni operative e gestionali da assumersi ai sensi dell'articolo 5, comma 2;

c) collegamento delle attività degli uffici, adeguandosi al dovere di comunicazione interna ed esterna, ed interconnessione mediante sistemi informatici e statistici pubblici;

d) garanzia dell'imparzialità e della trasparenza dell'azione amministrativa, anche attraverso l'istituzione di apposite strutture per l'informazione ai cittadini e attribuzione ad un unico ufficio, per ciascun procedimento, della responsabilità complessiva dello stesso;

e) armonizzazione degli orari di servizio e di apertura degli uffici con le esigenze dell'utenza e con gli orari delle amministrazioni pubbliche dei Paesi dell'Unione europea.

Si riporta l'art. 2, comma 2, D.Lgs. 30 marzo 2001, n. 165 (T.U. pubblico impiego), nel testo modificato dall'art. 1, D.Lgs. 25 maggio 2017, n. 75: *2. I rapporti di lavoro dei dipendenti delle amministrazioni pubbliche sono disciplinati dalle disposizioni del capo I, titolo II, del libro V del codice civile e dalle leggi sui rapporti di lavoro subordinato nell'impresa, fatte salve le diverse disposizioni contenute nel presente decreto, che costituiscono disposizioni a carattere imperativo. Eventuali disposizioni di legge, regolamento o statuto, che introducano o che abbiano introdotto discipline dei rapporti di lavoro la cui applicabilità sia limitata ai dipendenti delle amministrazioni pubbliche, o a categorie di essi, possono essere derogate nelle materie affidate alla contrattazione collettiva ai sensi dell'articolo 40, comma 1, e nel rispetto dei principi stabiliti dal presente decreto, da successivi contratti o accordi collettivi nazionali e, per la parte derogata, non sono ulteriormente applicabili.*

Si riporta l'art. 5, comma 2, D.Lgs. 30 marzo 2001, n. 165 (T.U. pubblico impiego), nel testo modificato dall'art. 2, D.Lgs. 25 maggio 2017, n. 75: *2. Nell'ambito delle leggi e degli atti organizzativi di cui all'articolo 2, comma 1, le determinazioni per l'organizzazione degli uffici e le misure inerenti alla gestione dei rapporti di lavoro, nel rispetto del principio di pari opportunità, e in particolare la direzione e l'organizzazione del lavoro nell'ambito degli uffici sono assunte in via esclusiva dagli organi preposti alla gestione con la capacità e i poteri del privato datore di lavoro, fatte salve la sola informazione ai sindacati ovvero le ulteriori forme di partecipazione, ove previsti nei contratti di cui all'articolo 9.*

Si riporta l'art. 1, comma 3, D.Lgs. 19 agosto 2016, n. 175 (T.U. in materia di società partecipate): *3. Per tutto quanto non derogato dalle disposizioni del presente decreto, si applicano alle società a partecipazione pubblica le norme sulle società contenute nel codice civile e le norme generali di diritto privato.*

[4] Comma aggiunto dall'art. 1, L. 11 febbraio 2005, n. 15 e poi così modificato, prima, dall'art. 7, L. 18 giugno 2009, n. 69, poi dall'art. 1, comma 37, L. 6 novembre 2012, n. 190. Il testo previgente la modifica del 2012 disponeva: 1-*ter*. *I soggetti privati preposti all'esercizio di attività amministrative assicurano il rispetto dei criteri e dei princìpi di cui al comma 1.*

[5] Comma aggiunto dall'art. 12, D.L. 16 luglio 2020, n. 76, convertito in L. 11 settembre 2020, n. 120, a decorrere dal 15 settembre 2020.

[6] Il testo originario dell'articolo disponeva: *1. L'attività amministrativa persegue i fini determinati dalla legge ed è retta da criteri di economicità, di efficacia e di pubblicità secondo le modalità previste dalla presente legge e dalle altre disposizioni che disciplinano singoli procedimenti.*

2. La pubblica amministrazione non può aggravare il procedimento se non per straordinarie e motivate esigenze imposte dallo svolgimento dell'istruttoria.

2. *Conclusione del procedimento.* 1. Ove il procedimento consegua obbligatoriamente ad un'istanza, ovvero debba essere iniziato d'ufficio, le pubbliche amministrazioni hanno il dovere di concluderlo mediante l'adozione di un provvedimento espresso. Se ravvisano la manifesta irricevibilità, inammissibilità, improcedibilità o infondatezza della domanda, le pubbliche amministrazioni concludono il procedimento con un provvedimento espresso redatto in forma semplificata, la cui motivazione può consistere in un sintetico riferimento al punto di fatto o di diritto ritenuto risolutivo[1].

2. Nei casi in cui disposizioni di legge ovvero i provvedimenti di cui ai commi 3, 4 e 5 non prevedono un termine diverso, i procedimenti amministrativi di competenza delle amministrazioni statali e degli enti pubblici nazionali devono concludersi entro il termine di trenta giorni.

3. Con uno o più decreti del Presidente del Consiglio dei ministri, adottati ai sensi dell'articolo 17, comma 3, della legge 23 agosto 1988, n. 400, su proposta dei Ministri competenti e di concerto con i Ministri per la pubblica amministrazione e l'innovazione e per la semplificazione normativa, sono individuati i termini non superiori a novanta giorni entro i quali devono concludersi i procedimenti di competenza delle amministrazioni statali. Gli enti pubblici nazionali stabiliscono, secondo i propri ordinamenti, i termini non superiori a novanta giorni entro i quali devono concludersi i procedimenti di propria competenza.

4. Nei casi in cui, tenendo conto della sostenibilità dei tempi sotto il profilo dell'organizzazione amministrativa, della natura degli interessi pubblici tutelati e della particolare complessità del procedimento, sono indispensabili termini superiori a novanta giorni per la conclusione dei procedimenti di competenza delle amministrazioni statali e degli enti pubblici nazionali, i decreti di cui al comma 3 sono adottati su proposta anche dei Ministri per la pubblica amministrazione e l'innovazione e per la semplificazione normativa e previa deliberazione del Consiglio dei ministri. I termini ivi previsti non possono comunque superare i centottanta giorni, con la sola esclusione dei procedimenti di acquisto della cittadinanza italiana e di quelli riguardanti l'immigrazione.

4-*bis*. Le pubbliche amministrazioni misurano e pubblicano nel proprio sito internet istituzionale, nella sezione "Amministrazione trasparente", i tempi effettivi di conclusione dei procedimenti amministrativi di maggiore impatto per i cittadini e per le imprese,comparandoli con i termini previsti dalla normativa vigente. Con decreto del Presidente del Consiglio dei ministri, su proposta del Ministro per la pubblica amministrazione, previa intesa in Conferenza unificata di cui all'articolo 8 del decreto legislativo 28 agosto 1997, n. 281, sono definiti modalità e criteri di misurazione dei tempi effettivi di conclusione dei procedimenti, nonchè le ulteriori modalità di pubblicazione di cui al primo periodo[2].

5. Fatto salvo quanto previsto da specifiche disposizioni normative, le autorità di garanzia e di vigilanza disciplinano, in conformità ai propri ordinamenti, i termini di conclusione dei procedimenti di rispettiva competenza.

6. I termini per la conclusione del procedimento decorrono dall'inizio del procedimento d'ufficio o dal ricevimento della domanda, se il procedimento è ad iniziativa di parte.

7. Fatto salvo quanto previsto dall'articolo 17, i termini di cui ai commi 2, 3, 4 e 5 del presente articolo possono essere sospesi, per una sola volta e per un periodo non superiore a trenta giorni, per l'acquisizione di informazioni o di certificazioni relative a fatti,

stati o qualità non attestati in documenti già in possesso dell'amministrazione stessa o non direttamente acquisibili presso altre pubbliche amministrazioni. Si applicano le disposizioni dell'articolo 14, comma 2.

8. La tutela in materia di silenzio dell'amministrazione è disciplinata dal codice del processo amministrativo, di cui al decreto legislativo 2 luglio 2010, n. 104. Le sentenze passate in giudicato che accolgono il ricorso proposto avverso il silenzio inadempimento dell'amministrazione sono trasmesse, in via telematica, alla Corte dei conti[3].

8-*bis*. Le determinazioni relative ai provvedimenti, alle autorizzazioni, ai pareri,ai nulla osta e agli atti di assenso comunque denominati,adottate dopo la scadenza dei termini di cui agli articoli 14-bis, comma 2, lettera c), 17-bis, commi 1e 3, 20, comma 1, ovvero successivamente all'ultima riunione di cui all'articolo 14-ter, comma 7, nonchè i provvedimenti di divieto di prosecuzione dell'attività e di rimozione degli eventuali effetti, di cui all'articolo 19, commi 3 e 6-bis, primo periodo, adottati dopo la scadenza dei termini ivi previsti, sono inefficaci, fermo restando quanto previsto dall'articolo 21-nonies,ove ne ricorrano i presupposti e le condizioni[2].

9. La mancata o tardiva emanazione del provvedimento costituisce elemento di valutazione della performance individuale, nonchè di responsabilità disciplinare e amministrativo-contabile del dirigente e del funzionario inadempiente[4].

9-*bis*. L'organo di governo individua, nell'ambito delle figure apicali dell'amministrazione, il soggetto cui attribuire il potere sostitutivo in caso di inerzia. Nell'ipotesi di omessa individuazione il potere sostitutivo si considera attribuito al dirigente generale o, in mancanza, al dirigente preposto all'ufficio o in mancanza al funzionario di più elevato livello presente nell'amministrazione. Per ciascun procedimento, sul sito internet istituzionale dell'amministrazione è pubblicata, in formato tabellare e con collegamento ben visibile nella home page, l'indicazione del soggetto a cui è attribuito il potere sostituivo e a cui l'interessato può rivolgersi ai sensi e per gli effetti del comma 9-*ter*. Tale soggetto, in caso di ritardo, comunica senza indugio il nominativo del responsabile, ai fini della valutazione dell'avvio del procedimento disciplinare, secondo le disposizioni del proprio ordinamento e dei contratti collettivi nazionali di lavoro, e, in caso di mancata ottemperanza alle disposizioni del presente comma, assume la sua medesima responsabilità oltre a quella propria[5].

9-*ter*. Decorso inutilmente il termine per la conclusione del procedimento o quello superiore di cui al comma 7, il privato può rivolgersi al responsabile di cui al comma 9-*bis* perchè, entro un termine pari alla metà di quello originariamente previsto, concluda il procedimento attraverso le strutture competenti o con la nomina di un commissario[6].

9-*quater*. Il responsabile individuato ai sensi del comma 9-*bis*, entro il 30 gennaio di ogni anno, comunica all'organo di governo, i procedimenti, suddivisi per tipologia e strutture amministrative competenti, nei quali non è stato rispettato il termine di conclusione previsto dalla legge o dai regolamenti. Le Amministrazioni provvedono all'attuazione del presente comma, con le risorse umane, strumentali e finanziarie disponibili a legislazione vigente, senza nuovi o maggiori oneri a carico della finanza pubblica[6].

9-*quinquies*. Nei provvedimenti rilasciati in ritardo su istanza di parte sono espressamente indicati il termine previsto dalla legge o dai regolamenti e quello effettivamente impiegato[6 7 8 9].

[1] Comma così modificato dall'art. 1, comma 38, L. 6 novembre 2012, n. 190. Il testo previgente disponeva: 1. *Ove il procedimento consegua obbligatoriamente ad un'istanza, ovvero debba essere iniziato d'ufficio, le pubbliche amministrazioni hanno il dovere di concluderlo mediante l'adozione di un provvedimento espresso.*

[2] Comma aggiunto dall'art. 12, D.L. 16 luglio 2020, n. 76, convertito in L. 11 settembre 2020, n. 120, a decorrere dal 15 settembre 2020.

[3] Comma così sostituito prima dall'art. 3, all. 4, D.Lgs. 2 luglio 2010, n. 104, poi dall'art. 1, D.L. 9 febbraio 2012, n. 5, convertito in L. 4 aprile 2012, n. 35. Il testo previgente la modifica del 2010 era il seguente: *Salvi i casi di silenzio assenso, decorsi i termini per la conclusione del procedimento, il ricorso avverso il silenzio dell'amministrazione, ai sensi dell'articolo 21-bis della legge 6 dicembre 1971, n. 1034, può essere proposto anche senza necessità di diffida all'amministrazione inadempiente, fintanto che perdura l'inadempimento e comunque non oltre un anno dalla scadenza dei termini di cui ai commi 2 o 3 del presente articolo. Il giudice amministrativo può conoscere della fondatezza dell'istanza. È fatta salva la riproponibilità dell'istanza di avvio del procedimento ove ne ricorrano i presupposti.* Il testo previgente la modifica del 2012 era il seguente: *8. La tutela in materia di silenzio dell'amministrazione è disciplinata dal codice del processo amministrativo.*

Si riporta l'art. 31, commi da 1 a 3, D.Lgs. 2 luglio 2010, n. 104, nel testo modificato dall'art. 1, D.Lgs. 15 novembre 2011, n. 195: «*Art. 31. Azione avverso il silenzio e declaratoria di nullità. 1. Decorsi i termini per la conclusione del procedimento amministrativo e negli altri casi previsti dalla legge, chi vi ha interesse può chiedere l'accertamento dell'obbligo dell'amministrazione di provvedere.*

2. L'azione può essere proposta fintanto che perdura l'inadempimento e, comunque, non oltre un anno dalla scadenza del termine di conclusione del procedimento. È fatta salva la riproponibilità dell'istanza di avvio del procedimento ove ne ricorrano i presupposti.

3. Il giudice può pronunciare sulla fondatezza della pretesa dedotta in giudizio solo quando si tratta di attività vincolata o quando risulta che non residuano ulteriori margini di esercizio della discrezionalità e non sono necessari adempi-

menti istruttori che debbano essere compiuti dall'amministrazione. [...].».

Si riporta l'art. 117, D.Lgs. 2 luglio 2010, n. 104, nel testo modificato dall'art. 1, D.Lgs. 15 novembre 2011, n. 195: *Art. 117. Ricorsi avverso il silenzio. 1. Il ricorso avverso il silenzio è proposto, anche senza previa diffida, con atto notificato all'amministrazione e ad almeno un controinteressato nel termine di cui all'articolo 31, comma 2.*

2. Il ricorso è deciso con sentenza in forma semplificata e in caso di totale o parziale accoglimento il giudice ordina all'amministrazione di provvedere entro un termine non superiore, di norma, a trenta giorni.

3. Il giudice nomina, ove occorra, un commissario ad acta con la sentenza con cui definisce il giudizio o successivamente su istanza della parte interessata.

4. Il giudice conosce di tutte le questioni relative all'esatta adozione del provvedimento richiesto, ivi comprese quelle inerenti agli atti del commissario.

5. Se nel corso del giudizio sopravviene il provvedimento espresso, o un atto connesso con l'oggetto della controversia, questo può essere impugnato anche con motivi aggiunti, nei termini e con il rito previsto per il nuovo provvedimento, e l'intero giudizio prosegue con tale rito.

6. Se l'azione di risarcimento del danno ai sensi dell'articolo 30, comma 4, è proposta congiuntamente a quella di cui al presente articolo, il giudice può definire con il rito camerale l'azione avverso il silenzio e trattare con il rito ordinario la domanda risarcitoria.

6-bis. Le disposizioni di cui ai commi 2, 3, 4 e 6, si applicano anche ai giudizi di impugnazione.

[4] Comma così sostituito dall'art. 1, D.L. 9 febbraio 2012, n. 5, convertito in L. 4 aprile 2012, n. 35. Il testo previgente disponeva: *9. La mancata emanazione del provvedimento nei termini costituisce elemento di valutazione della responsabilità dirigenziale.*

[5] Comma aggiunto dall'art. 1, D.L. 9 febbraio 2012, n. 5, convertito in L. 4 aprile 2012, n. 35 e poi così modificato dall'art. 13, D.L. 22 giugno 2012, n. 83, convertito in L. 7 agosto 2012, n. 134. Il testo previgente disponeva: *9-bis. L'organo di governo individua, nell'ambito delle figure apicali dell'amministrazione, il soggetto cui attribuire il potere sostitutivo in caso di inerzia. Nell'ipotesi di omessa individuazione il potere sostitutivo si considera attribuito al dirigente generale o, in mancanza, al dirigente preposto all'ufficio o in mancanza al funzionario di più elevato livello presente nell'amministrazione.*

[6] Comma aggiunto dall'art. 1, D.L. 9 febbraio 2012, n. 5, convertito in L. 4 aprile 2012, n. 35.

[7] Articolo, da ultimo, così sostituito dall'art. 7, L. 18 giugno 2009, n. 69.

[7] Si riporta l'art. 4, L. 7 agosto 2015, n. 124 (Deleghe al Governo in materia di riorganizzazione delle amministrazioni pubbliche). *Art. 4. Norme per la semplificazione e l'accelerazione dei procedimenti amministrativi. 1. Con regolamento da emanare, ai sensi dell'articolo 17, comma 2, della legge 23 agosto 1988, n. 400, e successive modificazioni, previa intesa in sede di Conferenza unificata di cui all'articolo 8 del decreto legislativo 28 agosto 1997, n. 281, entro centottanta giorni dalla data di entrata in vigore della presente legge, sono dettate norme di semplificazione e accelerazione dei procedimenti amministrativi, sulla base delle seguenti norme generali regolatrici della materia:*

a) individuazione dei tipi di procedimento amministrativo, relativi a rilevanti insediamenti produttivi, a opere di interesse generale o all'avvio di attività imprenditoriali, ai quali possono essere applicate le misure di cui alle lettere c) e seguenti;

b) individuazione in concreto da parte del Presidente del Consiglio dei ministri, previa deliberazione del Consiglio dei ministri, nell'ambito dei tipi di procedimento indicati alla lettera a), dei singoli interventi con positivi effetti sull'economia o sull'occupazione per i quali adottare le misure di cui alle lettere c) e seguenti;

c) previsione, per ciascun procedimento, dei relativi termini, ridotti in misura non superiore al 50 per cento rispetto a quelli applicabili ai sensi dell'articolo 2 della legge 7 agosto 1990, n. 241, e successive modificazioni;

d) per i procedimenti di cui alla lettera b), attribuzione, previa delibera del Consiglio dei ministri, di poteri sostitutivi al Presidente del Consiglio dei ministri o a un suo delegato;

e) previsione, per i procedimenti in cui siano coinvolte amministrazioni delle regioni e degli enti locali, di idonee forme di raccordo per la definizione dei poteri sostitutivi di cui alla lettera d);

f) definizione dei criteri di individuazione di personale in servizio presso le amministrazioni pubbliche, in possesso di specifiche competenze tecniche e amministrative, di cui possono avvalersi i titolari dei poteri sostitutivi di cui alla lettera d) senza riconoscimento di trattamenti retributivi ulteriori rispetto a quelli in godimento e senza nuovi o maggiori oneri per la finanza pubblica.

[8] Termini perentori sono previsti dalle seguenti norme:

- artt. 61, comma 1 e 159, D.Lgs. 22 gennaio 2004, n. 42 (Codice dei beni culturali e del paesaggio);

- artt. 9, comma 2, 13 comma 3 e 24 comma 2, D.P.R. 8 giugno 2001, n. 327 (T.U. espropriazione);

- artt. 13 e 16, comma 4, L. 10 ottobre 1990, n. 287 (Norme per la tutela della concorrenza e del mercato).

[9] Il testo originario dell'articolo disponeva: *1. Ove il procedimento consegua obbligatoriamente ad una istanza, ovvero debba essere iniziato d'ufficio, la pubblica amministrazione ha il dovere di concluderlo mediante l'adozione di un provvedimento espresso.*

2. Le pubbliche amministrazioni determinano per ciascun tipo di procedimento, in quanto non sia già direttamente disposto per legge o per regolamento, il termine entro cui esso deve concludersi. Tale termine decorre dall'inizio di ufficio del procedimento o dal ricevimento della domanda se il procedimento è ad iniziativa di parte.

3. Qualora le pubbliche amministrazioni non provvedano ai sensi del comma 2, il termine è di trenta giorni.

4. Le determinazioni adottate ai sensi del comma 2 sono rese pubbliche secondo quanto previsto dai singoli ordinamenti.

Il testo sostituito dall'art. 3, D.L. 14 maggio 2005, n. 35, convertito in L. 14 maggio 2005, n. 80 disponeva: *1. Ove il procedimento consegua obbligatoriamente ad una istanza, ovvero debba essere iniziato d'ufficio, la pubblica amministrazione ha il dovere di concluderlo mediante l'adozione di un provvedimento espresso.*

2. Con uno o più regolamenti adottati ai sensi dell'articolo 17, comma 1, della legge 23 agosto 1988, n. 400, su proposta del Ministro competente, di concerto con il Ministro per la funzione pubblica, sono stabiliti i termini entro i quali i procedimenti di competenza delle amministrazioni statali devono concludersi, ove non siano direttamente previsti per legge. Gli enti pubblici nazionali stabiliscono, secondo i propri ordina-

menti, i termini entro i quali devono concludersi i procedimenti di propria competenza. I termini sono modulati tenendo conto della loro sostenibilità, sotto il profilo dell'organizzazione amministrativa, e della natura degli interessi pubblici tutelati e decorrono dall'inizio di ufficio del procedimento o dal ricevimento della domanda, se il procedimento è ad iniziativa di parte.

3. Qualora non si provveda ai sensi del comma 2, il termine è di novanta giorni.

4. Nei casi in cui leggi o regolamenti prevedono per l'adozione di un provvedimento l'acquisizione di valutazioni tecniche di organi o enti appositi, i termini di cui ai commi 2 e 3 sono sospesi fino all'acquisizione delle valutazioni tecniche per un periodo massimo comunque non superiore a novanta giorni. I termini di cui ai commi 2 e 3 possono essere altresì sospesi, per una sola volta, per l'acquisizione di informazioni o certificazioni relative a fatti, stati o qualità non attestati in documenti già in possesso dell'amministrazione stessa o non direttamente acquisibili presso altre pubbliche amministrazioni. Si applicano le disposizioni dell'articolo 14, comma 2.

5. Salvi i casi di silenzio assenso, decorsi i termini di cui ai commi 2 o 3, il ricorso avverso il silenzio dell'amministrazione, ai sensi dell'articolo 21-bis della legge 6 dicembre 1971, n. 1034, può essere proposto anche senza necessità di diffida all'amministrazione inadempiente, fintanto che perdura l'inadempimento e comunque non oltre un anno dalla scadenza dei termini di cui ai predetti commi 2 o 3. Il giudice amministrativo può conoscere della fondatezza dell'istanza. È fatta salva la riproponibilità dell'istanza di avvio del procedimento ove ne ricorrano i presupposti.

2-bis. *Conseguenze per il ritardo dell'amministrazione nella conclusione del procedimento.* 1. Le pubbliche amministrazioni e i soggetti di cui all'articolo 1, comma 1-*ter*, sono tenuti al risarcimento del danno ingiusto cagionato in conseguenza dell'inosservanza dolosa o colposa del termine di conclusione del procedimento.

1-*bis*. Fatto salvo quanto previsto dal comma 1 e ad esclusione delle ipotesi di silenzio qualificato e dei concorsi pubblici, in caso di inosservanza del termine di conclusione del procedimento ad istanza di parte, per il quale sussiste l'obbligo di pronunziarsi, l'istante ha diritto di ottenere un indennizzo per il mero ritardo alle condizioni e con le modalità stabilite dalla legge o, sulla base della legge, da un regolamento emanato ai sensi dell'articolo 17, comma 2, della legge 23 agosto 1988, n. 400. In tal caso le somme corrisposte o da corrispondere a titolo di indennizzo sono detratte dal risarcimento[1].

2. [...][2 3 4 5].

[1] Comma aggiunto dall'art. 28, D.L. 21 giugno 2013, n. 69, convertito in L. 9 agosto 2013, n. 98. Tali nuove disposizioni si applicano, in via sperimentale e dalla data di entrata in vigore della legge di conversione del citato D.L. 69/2013, ai procedimenti amministrativi relativi all'avvio e all'esercizio dell'attività di impresa iniziati successivamente alla medesima data di entrata in vigore.

[2] Comma abrogato dall'art. 4, all. 4, D.Lgs. 2 luglio 2010, n. 104. Il testo previgente disponeva: *Le controversie relative all'applicazione del presente articolo sono attribuite alla giurisdizione esclusiva del giudice amministrativo. Il diritto al risarcimento del danno si prescrive in cinque anni.*

[3] Si riporta l'art. 30, comma 4 e l'art. 133, comma 1, lett. a) n. 1), D.Lgs. 2 luglio 2010, n. 104: «Art. 30. Azione di condanna. [...]. *4. Per il risarcimento dell'eventuale danno che il ricorrente comprovi di aver subito in conseguenza dell'inosservanza dolosa o colposa del termine di conclusione del procedimento, il termine di cui al comma 3 non decorre fintanto che perdura l'inadempimento. Il termine di cui al comma 3 inizia comunque a decorrere dopo un anno dalla scadenza del termine per provvedere. [...].*

Art. 133. Materie di giurisdizione esclusiva. *1. Sono devolute alla giurisdizione esclusiva del giudice amministrativo, salvo ulteriori previsioni di legge:*

a) le controversie in materia di:

1) risarcimento del danno ingiusto cagionato in conseguenza dell'inosservanza dolosa o colposa del termine di conclusione del procedimento amministrativo; [...].».

[4] Si riporta l'art. 16, L.R. Toscana 23 luglio 2009, n. 40: Art. 16. Indennizzo per il ritardo nella conclusione dei procedimenti. *1. I soggetti di cui all'articolo 3, comma 1, lettere a), b) e c), in caso di inosservanza dei termini per la conclusione dei procedimenti di rispettiva competenza, corrispondono all'interessato che ne faccia richiesta ai sensi dell'articolo 17, una somma di denaro a titolo di indennizzo per il mero ritardo, stabilita in misura fissa di 100,00 euro per ogni dieci giorni di ritardo, fino a un massimo di 1.000,00 euro. Resta impregiudicato il diritto al risarcimento del danno.*

2. La disposizione di cui al comma 1 non si applica ai casi di silenzio- assenso normativamente previsti.

3. I soggetti di cui all'articolo 3, comma 1, lettera c), stabiliscono le procedure e i termini per la corresponsione dell'indennizzo relativo ai procedimenti di loro competenza.

4. I soggetti di cui all'articolo 3, comma 1, lettere e) e f) possono prevedere procedure e termini per la corresponsione dell'indennizzo relativo ai procedimenti di loro competenza.

[5] Articolo aggiunto dall'art. 7, L. 18 giugno 2009, n. 69.

3. *Motivazione del provvedimento*[1]. 1. Ogni provvedimento amministrativo, compresi quelli concernenti l'organizzazione amministrativa, lo svolgimento dei pubblici concorsi ed il personale, deve essere motivato, salvo che nelle ipotesi previste dal comma 2. La motivazione deve indicare i presupposti di fatto e le ragioni giuridiche che hanno determinato la decisione dell'amministrazione, in relazione alle risultanze dell'istruttoria.

2. La motivazione non è richiesta per gli atti normativi e per quelli a contenuto generale.

3. Se le ragioni della decisione risultano da altro atto dell'amministrazione richiamato dalla decisione stessa, insieme alla comunicazione di quest'ultima deve essere indicato e reso disponibile, a norma della presente legge, anche l'atto cui essa si richiama.

4. In ogni atto notificato al destinatario devono essere indicati il termine e l'autorità cui è possibile ricorrere.

[1] Rubrica aggiunta dall'art. 21, L. 11 febbraio 2005, n. 15.

3-*bis*. *Uso della telematica.* 1. Per conseguire maggiore efficienza nella loro attività, le amministrazioni pubbliche agiscono mediante strumenti informatici e telematici, nei rapporti interni, tra le diverse amministrazioni e tra queste e i privati[1].

[1] Articolo aggiunto dall'art. 3, L. 11 febbraio 2005, n. 15 e poi così modificato dall'art. 12, D.L. 16 luglio 2020, n. 76, convertito in L. 11 settembre 2020, n. 120, a decorrere dal 15 settembre 2020. Il testo previgente disponeva: *1. Per conseguire maggiore efficienza nella loro attività, le amministrazioni pubbliche incentivano l'uso della telematica, nei rapporti interni, tra le diverse amministrazioni e tra queste e i privati.*

CAPO II
RESPONSABILE DEL PROCEDIMENTO

4. *Unità organizzativa responsabile del procedimento*[1]. 1. Ove non sia già direttamente stabilito per legge o per regolamento, le pubbliche amministrazioni sono tenute a determinare per ciascun tipo di procedimento relativo ad atti di loro competenza l'unità organizzativa responsabile della istruttoria e di ogni altro adempimento procedimentale, nonché dell'adozione del provvedimento finale.

2. Le disposizioni adottate ai sensi del comma 1 sono rese pubbliche secondo quanto previsto dai singoli ordinamenti.

[1] Rubrica aggiunta dall'art. 21, L. 11 febbraio 2005, n. 15.

5. *Responsabile del procedimento*[1]. 1. Il dirigente di ciascuna unità organizzativa provvede ad assegnare a sé o ad altro dipendente addetto all'unità la responsabilità della istruttoria e di ogni altro adempimento inerente il singolo procedimento nonché, eventualmente, dell'adozione del provvedimento finale.

2. Fino a quando non sia effettuata l'assegnazione di cui al comma 1, è considerato responsabile del singolo procedimento il funzionario preposto alla unità organizzativa determinata a norma del comma 1 dell'articolo 4.

3. L'unità organizzativa competente, il domicilio digitale e il nominativo del responsabile del procedimento sono comunicati ai soggetti di cui all'articolo 7 e, a richiesta, a chiunque vi abbia interesse[2].

[1] Rubrica aggiunta dall'art. 21, L. 11 febbraio 2005, n. 15.
[2] Comma così modificato dall'art. 12, D.L. 16 luglio 2020, n. 76, convertito in L. 11 settembre 2020, n. 120, a decorrere dal 15 settembre 2020. Il testo previgente disponeva: *3. L'unità organizzativa competente e il nominativo del responsabile del procedimento sono comunicati ai soggetti di cui all'articolo 7 e, a richiesta, a chiunque vi abbia interesse.*

6. *Compiti del responsabile del procedimento*[1]. 1. Il responsabile del procedimento:

a) valuta, ai fini istruttori, le condizioni di ammissibilità, i requisiti di legittimazione ed i presupposti che siano rilevanti per l'emanazione di provvedimento;

b) accerta di ufficio i fatti, disponendo il compimento degli atti all'uopo necessari, e adotta ogni misura per l'adeguato e sollecito svolgimento dell'istruttoria. In particolare, può chiedere il rilascio di dichiarazioni e la rettifica di dichiarazioni o istanze erronee o incomplete e può esperire accertamenti tecnici ed ispezioni ed ordinare esibizioni documentali;

c) propone l'indizione o, avendone la competenza, indìce le conferenze di servizi di cui all'articolo 14;

d) cura le comunicazioni, le pubblicazioni e le modificazioni previste dalle leggi e dai regolamenti;

e) adotta, ove ne abbia la competenza, il provvedimento finale, ovvero trasmette gli atti all'organo competente per l'adozione. L'organo competente per l'adozione del provvedimento finale, ove diverso dal responsabile del procedimento, non può discostarsi dalle risultanze dell'istruttoria condotta dal responsabile del procedimento se non indicandone la motivazione nel provvedimento finale[2][3].

[1] Rubrica aggiunta dall'art. 21, L. 11 febbraio 2005, n. 15.
[2] Lettera così modificata dall'art. 4, L. 11 febbraio 2005, n. 15.
[3] Il testo originario della lettera disponeva: *e) adotta, ove ne abbia la competenza, il provvedimento finale, ovvero trasmette gli atti all'organo competente per l'adozione.*

6-*bis*. *Conflitto di interessi.* 1. Il responsabile del procedimento e i titolari degli uffici competenti ad adottare i pareri, le valutazioni tecniche, gli atti endoprocedimentali e il provvedimento finale devono astenersi in caso di conflitto di interessi, segnalando ogni situazione di conflitto, anche potenziale[1].

[1] Articolo aggiunto dall'art. 1, comma 41, L. 6 novembre 2012, n. 190.

CAPO III
PARTECIPAZIONE AL PROCEDIMENTO AMMINISTRATIVO

7. *Comunicazione di avvio del procedimento*[1]. 1. Ove non sussistano ragioni di impedimento derivanti da particolari esigenze di celerità del procedimento, l'avvio del procedimento stesso è comunicato, con le modalità previste dall'articolo 8, ai soggetti nei confronti dei quali il provvedimento finale è destinato a produrre effetti diretti ed a quelli che per legge debbono intervenirvi. Ove parimenti non sussistano le ragioni di impedimento predette, qualora da un provvedimento possa derivare un pregiudizio a soggetti individuati o facilmente individuabili, diversi dai suoi diretti destinatari, l'amministrazione è tenuta a fornire loro, con le stesse modalità, notizia dell'inizio del procedimento.

2. Nelle ipotesi di cui al comma 1 resta salva la facoltà dell'amministrazione di adottare, anche prima della effettuazione delle comunicazioni di cui al medesimo comma 1, provvedimenti cautelari[1].

[1] Rubrica aggiunta dall'art. 21, L. 11 febbraio 2005, n. 15.

[2] Si riporta l'art. 6, Cedu che dispone: *Diritto ad un processo equo. 1. Ogni persona ha diritto ad un'equa e pubblica udienza entro un termine ragionevole, davanti ad un tribunale indipendente e imparziale e costituito per legge, che decide sia in ordine alla controversia sui suoi diritti e obblighi di natura civile, sia sul fondamento di ogni accusa in materia penale derivata contro di lei. La sentenza deve essere resa pubblicamente, ma l'accesso alla sala d'udienza può essere vietato alla stampa e al pubblico durante tutto o una parte del processo nell'interesse della morale, dell'ordine pubblico o della sicurezza nazionale in una società democratica, quando lo esigono gli interessi dei minori o la tutela della vita privata delle parti in causa, nella misura ritenuta strettamente necessaria dal tribunale quando, in speciali circostanze, la pubblicità potrebbe pregiudicare gli interessi della giustizia.*

2. Ogni persona accusata di un reato si presume innocente sino a quando la sua colpevolezza non sia stata legalmente accertata.

3. Ogni accusato ha diritto soprattutto a:

a) essere informato, nel più breve tempo possibile, in una lingua a lui comprensibile e in modo dettagliato, della natura e dei motivi dell'accusa elevata a suo carico;

b) disporre del tempo e dei mezzi necessari per preparare la sua difesa;

c) difendersi personalmente o con l'assistenza di un difensore di propria scelta e, se non ha i mezzi per pagare un difensore, poter essere assistito gratuitamente da un avvocato d'ufficio, quando lo esigono gli interessi della giustizia;

d) interrogare o far interrogare i testimoni a carico ed ottenere la citazione e l'interrogatorio dei testimoni a discarico a pari condizioni dei testimoni a carico;

e) farsi assistere gratuitamente da un interprete se non comprende o non parla la lingua usata nell'udienza.

8. *Modalità e contenuti della comunicazione di avvio del procedimento*[1]. 1. L'amministrazione provvede a dare notizia dell'avvio del procedimento mediante comunicazione personale.

2. Nella comunicazione debbono essere indicati:

a) l'amministrazione competente;

b) l'oggetto del procedimento promosso;

c) l'ufficio, il domicilio digitale dell'ammini strazione e la persona responsabile del procedimento[2];

c-bis) la data entro la quale, secondo i termini previsti dall'articolo 2, commi 2 o 3, deve concludersi il procedimento e i rimedi esperibili in caso di inerzia dell'amministrazione[3];

c-ter) nei procedimenti ad iniziativa di parte, la data di presentazione della relativa istanza[3];

d) le modalità con le quali, attraverso il punto di accesso telematico di cui all'articolo 64-bis del decreto legislativo 7 marzo 2005, n. 82 o con altre modalità telematiche, è possibile prendere visione degli atti, accedere al fascicolo informatico di cui all'articolo 41 dello stesso decreto legislativo n. 82 del 2005 ed esercitare in via telematica i diritti previsti dalla presente legge[4].

d-bis) l'ufficio dove è possibile prendere visione degli atti che non sono disponibili o accessibili con le modalità di cui alla lettera *d)*[5].

3. Qualora per il numero dei destinatari la comunicazione personale non sia possibile o risulti particolarmente gravosa, l'amministrazione provvede a rendere noti gli elementi di cui al comma 2 mediante forme di pubblicità idonee di volta in volta stabilite dall'amministrazione medesima.

4. L'omissione di taluna delle comunicazioni prescritte può esser fatta valere solo dal soggetto nel cui interesse la comunicazione è prevista.

[1] Rubrica aggiunta dall'art. 21, L. 11 febbraio 2005, n. 15.

[2] Lettera così modificata dall'art. 12, D.L. 16 luglio 2020, n. 76, convertito in L. 11 settembre 2020, n. 120, a decorrere dal 15 settembre 2020. Il testo previgente disponeva: *c) l'ufficio e la persona responsabile del procedimento.*

[3] Lettera aggiunta dall'art. 5, L. 11 febbraio 2005, n. 15.

[4] Lettera così sostituita dall'art. 12, D.L. 16 luglio 2020, n. 76, convertito in L. 11 settembre 2020, n. 120, a decorrere dal 15 settembre 2020. Il testo previgente disponeva: *d) l'ufficio in cui si può prendere visione degli atti.*

[5] Lettera aggiunta dall'art. 12, D.L. 16 luglio 2020, n. 76, convertito in L. 11 settembre 2020, n. 120, a decorrere dal 15 settembre 2020.

9. *Intervento nel procedimento*[1]. 1. Qualunque soggetto, portatore di interessi pubblici o privati, nonché i portatori di interessi diffusi costituiti in associazioni o comitati, cui possa derivare un pregiudizio dal provvedimento, hanno facoltà di intervenire nel procedimento.

[1] Rubrica aggiunta dall'art. 21, L. 11 febbraio 2005, n. 15.

10. *Diritti dei partecipanti al procedimento*[1]. 1. I soggetti di cui all'articolo 7 e quelli intervenuti ai sensi dell'articolo 9 hanno diritto:

a) di prendere visione degli atti del procedimento, salvo quanto previsto dall'articolo 24;

b) di presentare memorie scritte e documenti, che l'amministrazione ha l'obbligo di valutare ove siano pertinenti all'oggetto del procedimento.

[1] Rubrica aggiunta dall'art. 21, L. 11 febbraio 2005, n. 15.

10-*bis*. *Comunicazione dei motivi ostativi all'accoglimento dell'istanza*. 1. Nei procedimenti ad istanza di parte il responsabile del procedimento o l'autorità competente, prima della formale adozione di un provvedimento negativo, comunica tempestivamente agli istanti i motivi che ostano all'accoglimento della domanda. Entro il termine di dieci giorni dal ricevimento della comunicazione, gli istanti hanno il diritto di presentare per iscritto le loro osservazioni, eventualmente corredate da documenti. La comunicazione di cui al primo periodo sospende i termini di conclusione dei procedimenti, che ricominciano a decorrere dieci giorni dopo la presentazione delle osservazioni o, in mancanza delle stesse, dalla scadenza del termine di cui al secondo periodo. Qualora gli istanti abbiano presentato osservazioni, del loro eventuale mancato accoglimento il responsabile del procedimento o l'autorità competente sono tenuti a dare ragione nella motivazione del provvedimento finale di diniego indicando, se ve ne sono, i soli motivi ostativi ulteriori che sono conseguenza delle osservazioni. In caso di annullamento in giudizio del provvedimento così adottato, nell'esercitare nuovamente il suo potere l'amministrazione non può addurre per la prima volta motivi ostativi già emergenti dall'istruttoria del provvedimento annullato. Le disposizioni di cui al presente articolo non si applicano alle procedure concorsuali e ai procedimenti in materia previdenziale e assistenziale sorti a seguito di istanza di parte e gestiti dagli enti previdenziali. Non possono essere addotti tra i motivi che ostano all'accoglimento della domanda inadempienze o ritardi attribuibili all'amministrazione[1 2 3].

[1] Comma così modificato dall'art. 12, D.L. 16 luglio 2020, n. 76, convertito in L. 11 settembre 2020, n. 120, a decorrere dal 15 settembre 2020. Il testo previgente disponeva: *1. Nei procedimenti ad istanza di parte il responsabile del procedimento o l'autorità competente, prima della formale adozione di un provvedimento negativo, comunica tempestivamente agli istanti i motivi che ostano all'accoglimento della domanda. Entro il termine di dieci giorni dal ricevimento della comunicazione, gli istanti hanno il diritto di presentare per iscritto le loro osservazioni, eventualmente corredate da documenti. La comunicazione di cui al primo periodo interrompe i termini per concludere il procedimento che iniziano nuovamente a decorrere dalla data di presentazione delle osservazioni o, in mancanza, dalla scadenza del termine di cui al secondo periodo. Dell'eventuale mancato accoglimento di tali osservazioni è data ragione nella motivazione del provvedimento finale. Le disposizioni di cui al presente articolo non si applicano alle procedure concorsuali e ai procedimenti in materia previdenziale e assistenziale sorti a seguito di istanza di parte e gestiti dagli enti previdenziali. Non possono essere addotti tra i motivi che ostano all'accoglimento della domanda inadempienze o ritardi attribuibili all'amministrazione.*

[2] Articolo aggiunto dall'art. 6, L. 11 febbraio 2005, n. 15 e così modificato dall'art. 9, L. 11 novembre 2011, n. 180. Il testo previgente disponeva: *Nei procedimenti ad istanza di parte il responsabile del procedimento o l'autorità competente, prima della formale adozione di un provvedimento negativo, comunica tempestivamente agli istanti i motivi che ostano all'accoglimento della domanda. Entro il termine di dieci giorni dal ricevimento della comunicazione, gli istanti hanno il diritto di presentare per iscritto le loro osservazioni, eventualmente corredate da documenti. La comunicazione di cui al primo periodo interrompe i termini per concludere il procedimento che iniziano nuovamente a decorrere dalla data di presentazione delle osservazioni o, in mancanza, dalla scadenza del termine di cui al secondo periodo. Dell'eventuale mancato accoglimento di tali osservazioni è data ragione nella motivazione del provvedimento finale. Le disposizioni di cui al presente articolo non si applicano alle procedure concorsuali e ai procedimenti in materia previdenziale e assistenziale sorti a seguito di istanza di parte e gestiti dagli enti previdenziali.*

[3] V. art. 31, comma 3 e 34, comma 1, D.Lgs. 2 luglio 2010, n. 104 (c.p.a.).

11. *Accordi integrativi o sostitutivi del provvedimento*[1]. 1. In accoglimento di osservazioni e proposte presentate a norma dell'articolo 10, l'amministrazione procedente può concludere, senza pregiudizio dei diritti dei terzi, e in ogni caso nel perseguimento del pubblico interesse, accordi con gli interessati al fine di determinare il contenuto discrezionale del provvedimento finale ovvero in sostituzione di questo[2].

1-*bis*. Al fine di favorire la conclusione degli accordi di cui al comma 1, il responsabile del procedimento può predisporre un calendario di incontri cui invita, separatamente o contestualmente, il destinatario del provvedimento ed eventuali controinteressati[3].

2. Gli accordi di cui al presente articolo debbono essere stipulati, a pena di nullità, per atto scritto, salvo che la legge disponga altrimenti. Ad essi si applicano, ove non diversamente previsto, i princìpi del codice civile in materia di obbligazioni e contratti in quanto compatibili. Gli accordi di cui al presente articolo devono essere motivati ai sensi dell'articolo 3[4].

3. Gli accordi sostitutivi di provvedimenti sono soggetti ai medesimi controlli previsti per questi ultimi.

4. Per sopravvenuti motivi di pubblico interesse l'amministrazione recede unilateralmente dall'accordo, salvo l'obbligo di provvedere alla liquidazione di un indennizzo in relazione agli eventuali pregiudizi verificatisi in danno del privato.

4-*bis*. A garanzia dell'imparzialità e del buon andamento dell'azione amministrativa, in tutti i casi in cui una pubblica amministrazione conclude accordi nelle ipotesi previste al comma 1, la stipulazione dell'accordo è preceduta da una determinazione dell'organo che sarebbe competente per l'adozione del provvedimento[5].

5. [...][6 7 8].

[1] Rubrica aggiunta dall'art. 21, L. 11 febbraio 2005, n. 15.

[2] Comma così modificato dall'art. 7, L. 11 febbraio 2005, n. 15.

[3] Comma aggiunto dall'art. 3-*quinquies*, D.L. 12 maggio 1995, n. 163, convertito in L. 11 luglio 1995, n. 273.

[4] Comma così modificato dall'art. 1, comma 47, L. 6 novembre 2012, n. 190. Il testo previgente disponeva: *2. Gli ac-*

cordi di cui al presente articolo debbono essere stipulati, a pena di nullità, per atto scritto, salvo che la legge disponga altrimenti. Ad essi si applicano, ove non diversamente previsto, i princìpi del codice civile in materia di obbligazioni e contratti in quanto compatibili.

[5] Comma aggiunto dall'art. 7, L. 11 febbraio 2005, n. 15.

[6] Comma abrogato dall'art. 4, all. 4, D.Lgs. 2 luglio 2010, n. 104. Il testo previgente disponeva: *Le controversie in materia di formazione, conclusione ed esecuzione degli accordi di cui al presente articolo sono riservate alla giurisdizione esclusiva del giudice amministrativo.*

[7] Si riporta l'art. 30, comma 4 e l'art. 133, comma 1, lett. a) n. 2), D.Lgs. 2 luglio 2010, n. 104: «Art. 30. Azione di condanna. [...]. *4. Per il risarcimento dell'eventuale danno che il ricorrente comprovi di aver subito in conseguenza dell'inosservanza dolosa o colposa del termine di conclusione del procedimento, il termine di cui al comma 3 non decorre fintanto che perdura l'inadempimento. Il termine di cui al comma 3 inizia comunque a decorrere dopo un anno dalla scadenza del termine per provvedere. [...].*».

«Art. 133. Materie di giurisdizione esclusiva. *1. Sono devolute alla giurisdizione esclusiva del giudice amministrativo, salvo ulteriori previsioni di legge:*

a) le controversie in materia di: [...];

2) formazione, conclusione ed esecuzione degli accordi integrativi o sostitutivi di provvedimento amministrativo e degli accordi fra pubbliche amministrazioni; [...].»

[8] Il testo originario dell'articolo disponeva: *1. In accoglimento di osservazioni e proposte presentate a norma dell'art. 10, l'amministrazione procedente può concludere, senza pregiudizio dei diritti dei terzi, e in ogni caso nel perseguimento del pubblico interesse, accordi con gli interessati al fine di determinare il contenuto discrezionale del provvedimento finale ovvero, nei casi previsti dalla legge, in sostituzione di questo.*

2. Gli accordi di cui al presente articolo debbono essere stipulati, a pena di nullità, per atto scritto, salvo che la legge disponga altrimenti. Ad essi si applicano, ove non diversamente previsto, i princìpi del codice civile in materia di obbligazioni e contratti in quanto compatibili.

3. Gli accordi sostitutivi di provvedimenti sono soggetti ai medesimi controlli previsti per questi ultimi.

4. Per sopravvenuti motivi di pubblico interesse l'amministrazione recede unilateralmente dall'accordo, salvo l'obbligo di provvedere alla liquidazione di un indennizzo in relazione agli eventuali pregiudizi verificatisi in danno del privato.

5. Le controversie in materia di formazione, conclusione ed esecuzione degli accordi di cui al presente articolo sono riservate alla giurisdizione esclusiva del giudice amministrativo.

Si riporta l'art. 1372 c.c. che dispone: *Efficacia del contratto. Il contratto ha forza di legge tra le parti. Non può essere sciolto che per mutuo consenso o per cause ammesse dalla legge.*

Il contratto non produce effetto rispetto ai terzi che nei casi previsti dalla legge.

12. *Provvedimenti attributivi di vantaggi economici*[1]. 1. La concessione di sovvenzioni, contributi, sussidi ed ausili finanziari e l'attribuzione di vantaggi economici di qualunque genere a persone ed enti pubblici e privati sono subordinate alla predeterminazione da parte delle amministrazioni procedenti, nelle forme previste dai rispettivi ordinamenti, dei criteri e delle modalità cui le amministrazioni stesse devono attenersi[2].

2. L'effettiva osservanza dei criteri e delle modalità di cui al comma 1 deve risultare dai singoli provvedimenti relativi agli interventi di cui al medesimo comma 1.

[1] Rubrica aggiunta dall'art. 21, L. 11 febbraio 2005, n. 15.

[2] Comma così modificato dall'art. 52, D.Lgs. 14 marzo 2013, n. 33. Il testo previgente disponeva: *1. La concessione di sovvenzioni, contributi, sussidi ed ausili finanziari e l'attribuzione di vantaggi economici di qualunque genere a persone ed enti pubblici e privati sono subordinate alla predeterminazione ed alla pubblicazione da parte delle amministrazioni procedenti, nelle forme previste dai rispettivi ordinamenti, dei criteri e delle modalità cui le amministrazioni stesse devono attenersi.*

13. *Ambito di applicazione delle norme sulla partecipazione*[1]. 1. Le disposizioni contenute nel presente capo non si applicano nei confronti dell'attività della pubblica amministrazione diretta alla emanazione di atti normativi, amministrativi generali, di pianificazione e di programmazione, per i quali restano ferme le particolari norme che ne regolano la formazione.

2. Dette disposizioni non si applicano altresì ai procedimenti tributari per i quali restano parimenti ferme le particolari norme che li regolano, nonché ai procedimenti previsti dal decreto-legge 15 gennaio 1991, n. 8, convertito, con modificazioni, dalla legge 15 marzo 1991, n. 82, e successive modificazioni, e dal decreto legislativo 29 marzo 1993, n. 119, e successive modificazioni[2][3].

[1] Rubrica aggiunta dall'art. 21, L. 11 febbraio 2005, n. 15.

[2] Comma così modificato dall'art. 22, L. 13 febbraio 2001, n. 45.

[3] Il testo originario dell'articolo disponeva: *1. Le disposizioni contenute nel presente capo non si applicano nei confronti dell'attività della pubblica amministrazione diretta alla emanazione di atti normativi, amministrativi generali, di pianificazione e di programmazione, per i quali restano ferme le particolari norme che ne regolano la formazione.*

2. Dette disposizioni non si applicano altresì ai procedimenti tributari per i quali restano parimenti ferme le particolari norme che li regolano.

CAPO IV

SEMPLIFICAZIONE DELL'AZIONE AMMINISTRATIVA

14. *Conferenza di servizi.* 1. La conferenza di servizi istruttoria può essere indetta dall'amministrazione procedente, anche su richiesta di altra amministrazione coinvolta nel procedimento o del privato interessato, quando lo ritenga opportuno per effettuare un esame contestuale degli interessi pubblici coinvolti in un procedimento amministrativo, ovvero in più procedimenti amministrativi connessi, riguardanti medesime attività o risultati. Tale conferenza si svolge con le modalità previste dall'articolo 14-bis o con modalità diverse, definite dall'amministrazione procedente.

2. La conferenza di servizi decisoria è sempre indetta dall'amministrazione procedente quando la conclusione positiva del procedimento è subordinata all'acquisizione di più pareri, intese, concerti, nulla osta o altri atti di assenso, comunque denominati, resi da diverse amministrazioni, inclusi i gestori di beni o servizi pubblici. Quando l'attività del privato sia subordinata a più atti di assenso, comunque denominati, da adottare a conclusione di distinti procedimenti, di competenza di diverse amministrazioni pubbliche, la conferenza di servizi è convocata, anche su richiesta dell'interessato, da una delle amministrazioni procedenti.

3. Per progetti di particolare complessità e di insediamenti produttivi di beni e servizi l'amministrazione procedente, su motivata richiesta dell'interessato, corredata da uno studio di fattibilità, può indire una conferenza preliminare finalizzata a indicare al richiedente, prima della presentazione di una istanza o di un progetto definitivo, le condizioni per ottenere, alla loro presentazione, i necessari pareri, intese, concerti, nulla osta, autorizzazioni, concessioni o altri atti di assenso, comunque denominati. L'amministrazione procedente, se ritiene di accogliere la richiesta motivata di indizione della conferenza, la indice entro cinque giorni lavorativi dalla ricezione della richiesta stessa. La conferenza preliminare si svolge secondo le disposizioni dell'articolo 14-bis, con abbreviazione dei termini fino alla metà. Le amministrazioni coinvolte esprimono le proprie determinazioni sulla base della documentazione prodotta dall'interessato. Scaduto il termine entro il quale le amministrazioni devono rendere le proprie determinazioni, l'amministrazione procedente le trasmette, entro cinque giorni, al richiedente. Ove si sia svolta la conferenza preliminare, l'amministrazione procedente, ricevuta l'istanza o il progetto definitivo, indice la conferenza simultanea nei termini e con le modalità di cui agli articoli 14-bis, comma 7, e 14-ter e, in sede di conferenza simultanea, le determinazioni espresse in sede di conferenza preliminare possono essere motivatamente modificate o integrate solo in presenza di significativi elementi emersi nel successivo procedimento anche a seguito delle osservazioni degli interessati sul progetto definitivo. Nelle procedure di realizzazione di opere pubbliche o di interesse pubblico, la conferenza di servizi si esprime sul progetto di fattibilità tecnica ed economica, al fine di indicare le condizioni per ottenere, sul progetto definitivo, le intese, i pareri, le concessioni, le autorizzazioni, le licenze, i nullaosta e gli assensi, comunque denominati, richiesti dalla normativa vigente.

4. Qualora un progetto sia sottoposto a valutazione di impatto ambientale di competenza regionale, tutte le autorizzazioni, intese, concessioni, licenze, pareri, concerti, nulla osta e assensi comunque denominati, necessari alla realizzazione e all'esercizio del medesimo progetto, vengono acquisiti nell'ambito di apposita conferenza di servizi, convocata in modalità sincrona ai sensi dell'articolo 14-*ter*, secondo quanto previsto dall'articolo 27-*bis* del decreto legislativo 3 aprile 2006, n. 152[1].

5. L'indizione della conferenza è comunicata ai soggetti di cui all'articolo 7, i quali possono intervenire nel procedimento ai sensi dell'articolo 9[2 3 4].

[1] Comma così sostituito dall'art. 24, D.Lgs. 16 giugno 2017, n. 104. Tali nuove disposizioni si applicano ai procedimenti di verifica di assoggettabilità a VIA e ai procedimenti di VIA avviati dal 16 maggio 2017. I procedimenti di verifica di assoggettabilità a VIA pendenti alla data del 16 maggio 2017, nonché i procedimenti di VIA per i progetti per i quali alla medesima data risulti avviata la fase di consultazione di cui all'articolo 21, D.Lgs. 3 aprile 2006, n. 152, ovvero sia stata presentata l'istanza di cui all'articolo 23 del medesimo decreto legislativo, restano disciplinati dalla normativa previgente.

Il testo previgente disponeva: *4. Qualora un progetto sia sottoposto a valutazione di impatto ambientale, tutte le autorizzazioni, intese, concessioni, licenze, pareri, concerti, nulla osta e assensi comunque denominati, necessari alla realizzazione del medesimo progetto, vengono acquisiti nell'ambito della conferenza di servizi di cui all'articolo 25, comma 3, del decreto legislativo 3 aprile 2006, n. 152, convocata in modalità sincrona ai sensi dell'articolo 14-ter. La conferenza è indetta non oltre dieci giorni dall'esito della verifica documentale di cui all'articolo 23, comma 4, del decreto legislativo n. 152 del 2006 e si conclude entro il termine di conclusione del procedimento di cui all'articolo 26, comma 1, del medesimo decreto legislativo. Resta ferma la specifica disciplina per i procedimenti relativi a progetti sottoposti a valutazione di impatto ambientale di competenza statale.*

[2] Articolo così sostituito dall'art. 9, L. 24 novembre 2000, n. 340 e poi dall'art. 1, D.Lgs. 30 giugno 2016, n. 127.

Il testo previgente la modifica del 2016 disponeva: *1. Qualora sia opportuno effettuare un esame contestuale di vari interessi pubblici coinvolti in un procedimento amministrativo, l'amministrazione procedente può indire una conferenza di servizi.*

2. La conferenza di servizi è sempre indetta quando l'amministrazione procedente deve acquisire intese, concerti, nulla osta o assensi comunque denominati di altre amministrazioni pubbliche e non li ottenga, entro trenta giorni dalla ricezione, da parte dell'amministrazione competente, della relativa richiesta. La conferenza può essere altresì indetta quando nello stesso termine è intervenuto il dissenso di una o più amministrazioni interpellate ovvero nei casi in cui è consentito all'amministrazione procedente di provvedere direttamente in assenza delle determinazioni delle amministrazioni competenti.

3. La conferenza di servizi può essere convocata anche per l'esame contestuale di interessi coinvolti in più procedi-

menti amministrativi connessi, riguardanti medesimi attività o risultati. In tal caso, la conferenza è indetta dall'amministrazione o, previa informale intesa, da una delle amministrazioni che curano l'interesse pubblico prevalente. Per i lavori pubblici si continua ad applicare l'articolo 7 della legge 11 febbraio 1994, n. 109, e successive modificazioni.

4. Quando l'attività del privato sia subordinata ad atti di consenso, comunque denominati, di competenza di più amministrazioni pubbliche, la conferenza di servizi è convocata, anche su richiesta dell'interessato, dall'amministrazione competente per l'adozione del provvedimento finale.

5. In caso di affidamento di concessione di lavori pubblici la conferenza di servizi è convocata dal concedente ovvero, con il consenso di quest'ultimo, dal concessionario entro quindici giorni fatto salvo quanto previsto dalle leggi regionali in materia di valutazione di impatto ambientale (VIA). Quando la conferenza è convocata ad istanza del concessionario spetta in ogni caso al concedente il diritto di voto.

5-bis. Previo accordo tra le amministrazioni coinvolte, la conferenza di servizi è convocata e svolta avvalendosi degli strumenti informatici disponibili, secondo i tempi e le modalità stabiliti dalle medesime amministrazioni.

Ricordiamo che tale ultima versione teneva conto delle modifiche apportate dalla L. 11 febbraio 2005, n. 15 e dal D.L. 31 maggio 2010, n. 78, convertito in L. 30 luglio 2010, n. 122.

[3] Il testo originario dell'articolo disponeva: *1. Qualora sia opportuno effettuare un esame contestuale di vari interessi pubblici coinvolti in un procedimento amministrativo, l'amministrazione procedente indìce di regola una conferenza di servizi.*

2. La conferenza stessa può essere indetta anche quando l'amministrazione procedente debba acquisire intese, concerti, nulla osta o assensi comunque denominati di altre amministrazioni pubbliche. In tal caso le determinazioni concordate nella conferenza tra tutte le amministrazioni intervenute tengono luogo degli atti predetti.

3. Si considera acquisito l'assenso dell'amministrazione la quale, regolarmente convocata, non abbia partecipato alla conferenza o vi abbia partecipato tramite rappresentanti privi della competenza ad esprimerne definitivamente la volontà, salvo che essa non comunichi all'amministrazione procedente il proprio motivato dissenso entro venti giorni dalla conferenza stessa ovvero dalla data di ricevimento della comunicazione delle determinazioni adottate, qualora queste ultime abbiano contenuto sostanzialmente diverso da quelle originariamente previste.

4. Le disposizioni di cui al comma 3 non si applicano alle amministrazioni preposte alla tutela ambientale, paesaggistico-territoriale e della salute dei cittadini.

[4] Si veda l'art. 2, L. 7 agosto 2015, n. 124 (*Deleghe al Governo in materia di riorganizzazione delle amministrazioni pubbliche*).

14-*bis*. *Conferenza semplificata*. 1. La conferenza decisoria di cui all'articolo 14, comma 2, si svolge in forma semplificata e in modalità asincrona, salvo i casi di cui ai commi 6 e 7. Le comunicazioni avvengono secondo le modalità previste dall'articolo 47 del decreto legislativo 7 marzo 2005, n. 82.

2. La conferenza è indetta dall'amministrazione procedente entro cinque giorni lavorativi dall'inizio del procedimento d'ufficio o dal ricevimento della domanda, se il procedimento è ad iniziativa di parte. A tal fine l'amministrazione procedente comunica alle altre amministrazioni interessate:

a) l'oggetto della determinazione da assumere, l'istanza e la relativa documentazione ovvero le credenziali per l'accesso telematico alle informazioni e ai documenti utili ai fini dello svolgimento dell'istruttoria;

b) il termine perentorio, non superiore a quindici giorni, entro il quale le amministrazioni coinvolte possono richiedere, ai sensi dell'articolo 2, comma 7, integrazioni documentali o chiarimenti relativi a fatti, stati o qualità non attestati in documenti già in possesso dell'amministrazione stessa o non direttamente acquisibili presso altre pubbliche amministrazioni;

c) il termine perentorio, comunque non superiore a quarantacinque giorni, entro il quale le amministrazioni coinvolte devono rendere le proprie determinazioni relative alla decisione oggetto della conferenza, fermo restando l'obbligo di rispettare il termine finale di conclusione del procedimento. Se tra le suddette amministrazioni vi sono amministrazioni preposte alla tutela ambientale, paesaggistico-territoriale, dei beni culturali, o alla tutela della salute dei cittadini, ove disposizioni di legge o i provvedimenti di cui all'articolo 2 non prevedano un termine diverso, il suddetto termine è fissato in novanta giorni;

d) la data della eventuale riunione in modalità sincrona di cui all'articolo 14-*ter*, da tenersi entro dieci giorni dalla scadenza del termine di cui alla lettera *c)*, fermo restando l'obbligo di rispettare il termine finale di conclusione del procedimento.

3. Entro il termine di cui al comma 2, lettera c), le amministrazioni coinvolte rendono le proprie determinazioni, relative alla decisione oggetto della conferenza. Tali determinazioni, congruamente motivate, sono formulate in termini di assenso o dissenso e indicano, ove possibile, le modifiche eventualmente necessarie ai fini dell'assenso. Le prescrizioni o condizioni eventualmente indicate ai fini dell'assenso o del superamento del dissenso sono espresse in modo chiaro e analitico e specificano se sono relative a un vincolo derivante da una disposizione normativa o da un atto amministrativo generale ovvero discrezionalmente apposte per la migliore tutela dell'interesse pubblico.

4. Fatti salvi i casi in cui disposizioni del diritto dell'Unione europea richiedono l'adozione di provvedimenti espressi, la mancata comunicazione della determinazione entro il termine di cui al comma 2, lettera *c)*, ovvero la comunicazione di una determinazione priva dei requisiti previsti dal comma 3, equivalgono ad assenso senza condizioni. Restano ferme le responsabilità dell'amministrazione, nonchè quel-

le dei singoli dipendenti nei confronti dell'amministrazione, per l'assenso reso, ancorchè implicito.

5. Scaduto il termine di cui al comma 2, lettera *c)*, l'amministrazione procedente adotta, entro cinque giorni lavorativi, la determinazione motivata di conclusione positiva della conferenza, con gli effetti di cui all'articolo 14-*quater*, qualora abbia acquisito esclusivamente atti di assenso non condizionato, anche implicito, ovvero qualora ritenga, sentiti i privati e le altre amministrazioni interessate, che le condizioni e prescrizioni eventualmente indicate dalle amministrazioni ai fini dell'assenso o del superamento del dissenso possano essere accolte senza necessità di apportare modifiche sostanziali alla decisione oggetto della conferenza. Qualora abbia acquisito uno o più atti di dissenso che non ritenga superabili, l'amministrazione procedente adotta, entro il medesimo termine, la determinazione di conclusione negativa della conferenza che produce l'effetto del rigetto della domanda. Nei procedimenti a istanza di parte la suddetta determinazione produce gli effetti della comunicazione di cui all'articolo 10-*bis*. L'amministrazione procedente trasmette alle altre amministrazioni coinvolte le eventuali osservazioni presentate nel termine di cui al suddetto articolo e procede ai sensi del comma 2. Dell'eventuale mancato accoglimento di tali osservazioni è data ragione nell'ulteriore determinazione di conclusione della conferenza.

6. Fuori dei casi di cui al comma 5, l'amministrazione procedente, ai fini dell'esame contestuale degli interessi coinvolti, svolge, nella data fissata ai sensi del comma 2, lettera d), la riunione della conferenza in modalità sincrona, ai sensi dell'articolo 14-*ter*.

7. Ove necessario, in relazione alla particolare complessità della determinazione da assumere, l'amministrazione procedente può comunque procedere direttamente in forma simultanea e in modalità sincrona, ai sensi dell'articolo 14-*ter*. In tal caso indice la conferenza comunicando alle altre amministrazioni le informazioni di cui alle lettere *a)* e *b)* del comma 2 e convocando la riunione entro i successivi quarantacinque giorni. L'amministrazione procedente può altresì procedere in forma simultanea e in modalità sincrona su richiesta motivata delle altre amministrazioni o del privato interessato avanzata entro il termine perentorio di cui al comma 2, lettera *b)*. In tal caso la riunione è convocata nei successivi quarantacinque giorni[1 2 3].

[1] Articolo aggiunto dall'art. 17, comma 5, L. 15 maggio 1997, n. 127 e così sostituito dall'art. 10, L. 24 novembre 2000, n. 340 e dall'art. 1, D.Lgs. 30 giugno 2016, n. 127.

Il testo previgente la modifica del 2016 disponeva: *Conferenza di servizi preliminare. 1. La conferenza di servizi può essere convocata per progetti di particolare complessità e di insediamenti produttivi di beni e servizi, su motivata richiesta dell'interessato, documentata, in assenza di un progetto preliminare, da uno studio di fattibilità, prima della presentazione di una istanza o di un progetto definitivi, al fine di verificare quali siano le condizioni per ottenere, alla loro presentazione, i necessari atti di consenso. In tale caso la conferenza si pronuncia entro trenta giorni dalla data della richiesta e i relativi costi sono a carico del richiedente.*

1-bis. In relazione alle procedure di cui all'articolo 153 del decreto legislativo 12 aprile 2006, n. 163, la conferenza dei servizi è sempre indetta. La conferenza si esprime sulla base dello studio di fattibilità per le procedure che prevedono che lo stesso sia posto a base di gara ovvero sulla base del progetto preliminare per le procedure che prevedono che lo stesso sia posto a base di gara. Le indicazioni fornite in sede di conferenza possono essere motivatamente modificate o integrate solo in presenza di significativi elementi emersi nelle fasi successive del procedimento.

2. Nelle procedure di realizzazione di opere pubbliche e di interesse pubblico, la conferenza di servizi si esprime sul progetto preliminare al fine di indicare quali siano le condizioni per ottenere, sul progetto definitivo, le intese, i pareri, le concessioni, le autorizzazioni, le licenze, i nullaosta e gli assensi, comunque denominati, richiesti dalla normativa vigente. In tale sede, le amministrazioni preposte alla tutela ambientale, paesaggistico-territoriale, del patrimonio storico-artistico o alla tutela della salute e della pubblica incolumità, si pronunciano, per quanto riguarda l'interesse da ciascuna tutelato, sulle soluzioni progettuali prescelte. Qualora non emergano, sulla base della documentazione disponibile, elementi comunque preclusivi della realizzazione del progetto, le suddette amministrazioni indicano, entro quarantacinque giorni, le condizioni e gli elementi necessari per ottenere, in sede di presentazione del progetto definitivo, gli atti di consenso.

3. Nel caso in cui sia richiesta VIA, la conferenza di servizi si esprime entro trenta giorni dalla conclusione della fase preliminare di definizione dei contenuti dello studio d'impatto ambientale, secondo quanto previsto in materia di VIA. Ove tale conclusione non intervenga entro novanta giorni dalla richiesta di cui al comma 1, la conferenza di servizi si esprime comunque entro i successivi trenta giorni. Nell'ambito di tale conferenza, l'autorità competente alla VIA si esprime sulle condizioni per la elaborazione del progetto e dello studio di impatto ambientale. In tale fase, che costituisce parte integrante della procedura di VIA, la suddetta autorità esamina le principali alternative, compresa l'alternativa zero, e, sulla base della documentazione disponibile, verifica l'esistenza di eventuali elementi di incompatibilità, anche con riferimento alla localizzazione prevista dal progetto e, qualora tali elementi non sussistano, indica nell'ambito della conferenza di servizi le condizioni per ottenere, in sede di presentazione del progetto definitivo, i necessari atti di consenso.

3-bis. Il dissenso espresso in sede di conferenza preliminare da una amministrazione preposta alla tutela ambientale, paesaggistico-territoriale, del patrimonio storico-artistico, della salute o della pubblica incolumità, con riferimento alle opere interregionali, è sottoposto alla disciplina di cui all'articolo 14-quater, comma 3.

4. Nei casi di cui ai commi 1, 2 e 3, la conferenza di servizi si esprime allo stato degli atti a sua disposizione e le indicazioni fornite in tale sede possono essere motivatamente modificate o integrate solo in presenza di significativi elementi emersi nelle fasi successive del procedimento, anche a seguito delle osservazioni dei privati sul progetto definitivo.

5. Nel caso di cui al comma 2, il responsabile unico del procedimento trasmette alle amministrazioni interessate il progetto definitivo, redatto sulla base delle condizioni indicate dalle stesse amministrazioni in sede di conferenza di servizi sul progetto preliminare, e convoca la conferenza tra il trentesimo e il sessantesimo giorno successivi alla trasmissione. In caso di affidamento mediante appalto concorso o concessione di lavori pubblici, l'amministrazione aggiudicatrice convoca la conferenza di servizi sulla base del solo progetto preliminare, secondo quanto previsto dalla legge 11 febbraio 1994, n. 109, e successive modificazioni.

Ricordiamo che tale ultima versione teneva conto delle modifiche apportate dalla L. 11 febbraio 2005, n. 15 e dal D.L. 22 giugno 2012, n. 83, convertito in L. 7 agosto 2012, n. 134.

[2] Il testo previgente la modifica di cui alla L. 340/2000 disponeva: *1. Il ricorso alla conferenza di servizi è obbligatorio nei casi in cui l'attività di programmazione, progettazione, localizzazione, decisione o realizzazione di opere pubbliche o programmi operativi di importo iniziale complessivo superiore a lire 30 miliardi richieda l'intervento di più amministrazioni o enti, anche attraverso intese, concerti, nulla osta o assensi comunque denominati, ovvero qualora si tratti di opere di interesse statale o che interessino più regioni. La conferenza può essere indetta anche dalla amministrazione preposta al coordinamento in base alla disciplina vigente e può essere richiesta da qualsiasi altra amministrazione coinvolta in tale attività.*

2. Nelle conferenze di servizi di cui al comma 1, la decisione si considera adottata se, acquisita anche in sede diversa ed anteriore alla conferenza di servizi una intesa tra lo Stato e la regione o le regioni territorialmente interessate, si esprimano a favore della determinazione i rappresentanti di comuni o comunità montane i cui abitanti, secondo i dati dell'ultimo censimento ufficiale, costituiscono la maggioranza di quelli delle collettività locali complessivamente interessate dalla decisione stessa e comunque i rappresentanti della maggioranza dei comuni o delle comunità montane interessate. Analoga regola vale per i rappresentanti delle province.

[3] Si veda l'art. 2, L. 7 agosto 2015, n. 124 (*Deleghe al Governo in materia di riorganizzazione delle amministrazioni pubbliche*).

14-*ter*. *Conferenza simultanea.* 1. La prima riunione della conferenza di servizi in forma simultanea e in modalità sincrona si svolge nella data previamente comunicata ai sensi dell'articolo 14-*bis*, comma 2, lettera *d)*, ovvero nella data fissata ai sensi dell'articolo 14-*bis*, comma 7, con la partecipazione contestuale, ove possibile anche in via telematica, dei rappresentanti delle amministrazioni competenti.

2. I lavori della conferenza si concludono non oltre quarantacinque giorni decorrenti dalla data della riunione di cui al comma 1. Nei casi di cui all'articolo 14-*bis*, comma 7, qualora siano coinvolte amministrazioni preposte alla tutela ambientale, paesaggistico-territoriale, dei beni culturali e della salute dei cittadini, il termine è fissato in novanta giorni. Resta fermo l'obbligo di rispettare il termine finale di conclusione del procedimento.

3. Ciascun ente o amministrazione convocato alla riunione è rappresentato da un unico soggetto abilitato ad esprimere definitivamente e in modo univoco e vincolante la posizione dell'amministrazione stessa su tutte le decisioni di competenza della conferenza, anche indicando le modifiche progettuali eventualmente necessarie ai fini dell'assenso.

4. Ove alla conferenza partecipino anche amministrazioni non statali, le amministrazioni statali sono rappresentate da un unico soggetto abilitato ad esprimere definitivamente in modo univoco e vincolante la posizione di tutte le predette amministrazioni, nominato, anche preventivamente per determinate materie o determinati periodi di tempo, dal Presidente del Consiglio dei ministri, ovvero, ove si tratti soltanto di amministrazioni periferiche, dal Prefetto. Ferma restando l'attribuzione del potere di rappresentanza al suddetto soggetto, le singole amministrazioni statali possono comunque intervenire ai lavori della conferenza in funzione di supporto. Le amministrazioni di cui all'articolo 14-*quinquies*, comma 1, prima della conclusione dei lavori della conferenza, possono esprimere al suddetto rappresentante il proprio dissenso ai fini di cui allo stesso comma.

5. Ciascuna regione e ciascun ente locale definisce autonomamente le modalità di designazione del rappresentante unico di tutte le amministrazioni riconducibili alla stessa regione o allo stesso ente locale nonchè l'eventuale partecipazione delle suddette amministrazioni ai lavori della conferenza.

6. Alle riunioni della conferenza possono essere invitati gli interessati, inclusi i soggetti proponenti il progetto eventualmente dedotto in conferenza.

7. All'esito dell'ultima riunione, e comunque non oltre il termine di cui al comma 2, l'amministrazione procedente adotta la determinazione motivata di conclusione della conferenza, con gli effetti di cui all'articolo 14-*quater*, sulla base delle posizioni prevalenti espresse dalle amministrazioni partecipanti alla conferenza tramite i rispettivi rappresentanti. Si considera acquisito l'assenso senza condizioni delle amministrazioni il cui rappresentante non abbia partecipato alle riunioni ovvero, pur partecipandovi, non abbia espresso ai sensi del comma 3 la propria posizione, ovvero abbia espresso un dissenso non motivato o riferito a questioni che non costituiscono oggetto della conferenza[1 2 3].

[1] Articolo aggiunto dall'art. 17, comma 6, L. 15 maggio 1997, n. 127 e così sostituito dall'art. 11, L. 24 novembre 2000, n. 340 e dall'art. 1, D.Lgs. 30 giugno 2016, n. 127.

Il testo previgente la modifica del 2016 disponeva: *Lavori della conferenza di servizi. 01. La prima riunione della conferenza di servizi è convocata entro quindici giorni ovvero, in caso di particolare complessità dell'istruttoria, entro trenta giorni dalla data di indizione.*

1. La conferenza di servizi assume le determinazioni relative all'organizzazione dei propri lavori a maggioranza dei presenti e può svolgersi per via telematica.

2. La convocazione della prima riunione della conferenza di servizi deve pervenire alle amministrazioni interessate, anche per via telematica o informatica, almeno cinque giorni prima della relativa data. Entro i successivi cinque giorni, le amministrazioni convocate possono richiedere, qualora impossibilitate a partecipare, l'effettuazione della riunione in una diversa data; in tale caso, l'amministrazione procedente concorda una nuova data, comunque entro i dieci giorni successivi alla prima. La nuova data della riunione può essere fissata entro i quindici giorni successivi nel caso la richiesta provenga da un'autorità preposta alla tutela del patrimonio culturale. I responsabili degli sportelli unici per le attività produttive e per l'edilizia, ove costituiti, o i Comuni, o altre autorità competenti concordano con i Soprintendenti territorialmente competenti il calendario, almeno trimestrale, delle riunioni delle conferenze di servizi che coinvolgano atti di assenso o consultivi comunque denominati di competenza del Ministero per i beni e le attività culturali.

2-bis. Alla conferenza di servizi di cui agli articoli 14 e 14-bis sono convocati i soggetti proponenti il progetto dedotto in conferenza, alla quale gli stessi partecipano senza diritto di voto.

2-ter. Alla conferenza possono partecipare, senza diritto di voto, i concessionari e i gestori di pubblici servizi, nel caso in cui il procedimento amministrativo o il progetto dedotto in conferenza implichi loro adempimenti ovvero abbia effetto diretto o indiretto sulla loro attività. Agli stessi è inviata, anche per via telematica e con congruo anticipo, comunicazione della convocazione della conferenza di servizi. Alla conferenza possono partecipare inoltre, senza diritto di voto, le amministrazioni preposte alla gestione delle eventuali misure pubbliche di agevolazione.

3. Nella prima riunione della conferenza di servizi, o comunque in quella immediatamente successiva alla trasmissione dell'istanza o del progetto definitivo ai sensi dell'articolo 14-bis, le amministrazioni che vi partecipano determinano il termine per l'adozione della decisione conclusiva. I lavori della conferenza non possono superare i novanta giorni, salvo quanto previsto dal comma 4. Decorsi inutilmente tali termini, l'amministrazione procedente provvede ai sensi dei commi 6-bis e 9 del presente articolo.

3-bis. In caso di opera o attività sottoposta anche ad autorizzazione paesaggistica, il soprintendente si esprime, in via definitiva, in sede di conferenza di servizi, ove convocata, in ordine a tutti i provvedimenti di sua competenza ai sensi del decreto legislativo 22 gennaio 2004, n. 42.

4. Fermo restando quanto disposto dal comma 4-bis, nei casi in cui sia richiesta la VIA, la conferenza di servizi si esprime dopo aver acquisito la valutazione medesima ed il termine di cui al comma 3 resta sospeso, per un massimo di novanta giorni, fino all'acquisizione della pronuncia sulla compatibilità ambientale. Se la VIA non interviene nel termine previsto per l'adozione del relativo provvedimento, l'amministrazione competente si esprime in sede di conferenza di servizi, la quale si conclude nei trenta giorni successivi al termine predetto. Tuttavia, a richiesta della maggioranza dei soggetti partecipanti alla conferenza di servizi, il termine di trenta giorni di cui al precedente periodo è prorogato di altri trenta giorni nel caso che si appalesi la necessità di approfondimenti istruttori. Per assicurare il rispetto dei tempi, l'amministrazione competente al rilascio dei provvedimenti in materia ambientale può far eseguire anche da altri organi dell'amministrazione pubblica o enti pubblici dotati di qualificazione e capacità tecnica equipollenti, ovvero da istituti universitari tutte le attività tecnico-istruttorie non ancora eseguite. In tal caso gli oneri economici diretti o indiretti sono posti a esclusivo carico del soggetto committente il progetto, secondo le tabelle approvate con decreto del Ministro dell'ambiente e della tutela del territorio e del mare, di concerto con il Ministro dell'economia e delle finanze.

4-bis. Nei casi in cui l'intervento oggetto della conferenza di servizi è stato sottoposto positivamente a valutazione ambientale strategica (VAS), i relativi risultati e prescrizioni, ivi compresi gli adempimenti di cui ai commi 4 e 5 dell'articolo 10 del decreto legislativo 3 aprile 2006, n. 152, devono essere utilizzati, senza modificazioni, ai fini della VIA, qualora effettuata nella medesima sede, statale o regionale, ai sensi dell'articolo 7 del decreto legislativo 3 aprile 2006, n. 152.

5. Nei procedimenti relativamente ai quali sia già intervenuta la decisione concernente la VIA le disposizioni di cui al comma 3 dell'articolo 14-quater, nonché quelle di cui agli articoli 16, comma 3, e 17, comma 2, si applicano alle sole amministrazioni preposte alla tutela della salute, del patrimonio storico-artistico e della pubblica incolumità.

6. Ogni amministrazione convocata partecipa alla conferenza di servizi attraverso un unico rappresentante legittimato, dall'organo competente, ad esprimere in modo vincolante la volontà dell'amministrazione su tutte le decisioni di competenza della stessa.

6-bis. All'esito dei lavori della conferenza, e in ogni caso scaduto il termine di cui ai commi 3 e 4, l'amministrazione procedente, in caso di VIA statale, può adire direttamente il consiglio dei ministri ai sensi dell'articolo 26, comma 2, del decreto legislativo 30 aprile 2006, n. 152; in tutti gli altri casi, valutate le specifiche risultanze della conferenza e tenendo conto delle posizioni prevalenti espresse in quella sede, adotta la determinazione motivata di conclusione del procedimento che sostituisce a tutti gli effetti, ogni autorizzazione, concessione, nulla osta o atto di assenso comunque denominato di competenza delle amministrazioni partecipanti, o comunque invitate a partecipare ma risultate assenti, alla predetta conferenza. La mancata partecipazione alla conferenza di servizi ovvero la ritardata o mancata adozione della determinazione motivata di conclusione del procedimento sono valutate ai fini della responsabilità dirigenziale o disciplinare e amministrativa, nonchè ai fini dell'attribuzione della retribuzione di risultato. Resta salvo il diritto del privato di dimostrare il danno derivante dalla mancata osservanza del termine di conclusione del procedimento ai sensi degli articoli 2 e 2-bis.

7. Si considera acquisito l'assenso dell'amministrazione, ivi comprese quelle preposte alla tutela della salute e della pubblica incolumità, alla tutela paesaggistico-territoriale e alla tutela ambientale, esclusi i provvedimenti in materia di VIA, VAS e AIA, il cui rappresentante, all'esito dei lavori della conferenza, non abbia espresso definitivamente la volontà dell'amministrazione rappresentata.

8. In sede di conferenza di servizi possono essere richiesti, per una sola volta, ai proponenti dell'istanza o ai progettisti chiarimenti o ulteriore documentazione. Se questi ultimi non sono forniti in detta sede, entro i successivi trenta giorni, si procede all'esame del provvedimento.

8-bis. I termini di validità di tutti i pareri, autorizzazioni, concessioni, nulla osta o atti di assenso comunque denominati acquisiti nell'ambito della Conferenza di Servizi, decorrono a far data dall'adozione del provvedimento finale.

9. [...].

10. Il provvedimento finale concernente opere sottoposte a VIA è pubblicato, a cura del proponente, unitamente all'estratto della predetta VIA, nella Gazzetta Ufficiale o nel Bollettino regionale in caso di VIA regionale e in un quotidiano a diffusione nazionale. Dalla data della pubblicazione nella Gazzetta Ufficiale decorrono i termini per eventuali impugnazioni in sede giurisdizionale da parte dei soggetti interessati.

Ricordiamo che tale ultima versione teneva conto delle modifiche apportate dalla L. 11 febbraio 2005, n. 15, dalla L. 18 giugno 2009, n. 69, dal D.L. 31 maggio 2010, n. 78, convertito in L. 30 luglio 2010, n. 122 e dal D.L. 12 settembre 2014, n. 133, convertito in L. 11 novembre 2014, n. 164.

[2] Il testo previgente le modifiche di cui alla L. 340/2000 disponeva: *1. La conferenza di servizi di cui all'art. 3 del decreto del Presidente della Repubblica 18 aprile 1994, n. 383, può essere convocata prima o nel corso dell'accertamento di conformità di cui all'art. 2 del predetto decreto. Quando l'accertamento abbia dato esito positivo, la conferenza approva i progetti entro trenta giorni dalla convocazione.*

2. La conferenza di cui al comma 1 è indetta, per le opere di interesse statale, dal Provveditore alle opere pubbliche competente per territorio. Allo stesso organo compete l'accertamento di cui all'art. 2 del decreto del Presidente della Repubblica 18 aprile 1994, n. 383, salvo il caso di opere che interessano il territorio di più regioni per il quale l'intesa viene accertata dai competenti organi del Ministero dei lavori pubblici.

Il testo previgente le modifiche di cui alla L. 69/2009 disponeva: *01. La prima riunione della conferenza di servizi è convocata entro quindici giorni ovvero, in caso di particolare complessità dell'istruttoria, entro trenta giorni dalla data di indizione.*

1. La conferenza di servizi assume le determinazioni relative all'organizzazione dei propri lavori a maggioranza dei presenti.

2. La convocazione della prima riunione della conferenza di servizi deve pervenire alle amministrazioni interessate, anche per via telematica o informatica, almeno cinque giorni prima della relativa data. Entro i successivi cinque giorni, le amministrazioni convocate possono richiedere, qualora impossibilitate a partecipare, l'effettuazione della riunione in una diversa data; in tale caso, l'amministrazione procedente concorda una nuova data, comunque entro i dieci giorni successivi alla prima.

3. Nella prima riunione della conferenza di servizi, o comunque in quella immediatamente successiva alla trasmissione dell'istanza o del progetto definitivo ai sensi dell'articolo 14-bis, le amministrazioni che vi partecipano determinano il termine per l'adozione della decisione conclusiva. I lavori della conferenza non possono superare i novanta giorni, salvo quanto previsto dal comma 4. Decorsi inutilmente tali termini, l'amministrazione procedente provvede ai sensi dei commi 6-bis e 9 del presente articolo.

4. Nei casi in cui sia richiesta la VIA, la conferenza di servizi si esprime dopo aver acquisito la valutazione medesima ed il termine di cui al comma 3 resta sospeso, per un massimo di novanta giorni, fino all'acquisizione della pronuncia sulla compatibilità ambientale. Se la VIA non interviene nel termine previsto per l'adozione del relativo provvedimento, l'amministrazione competente si esprime in sede di conferenza di servizi, la quale si conclude nei trenta giorni successivi al termine predetto. Tuttavia, a richiesta della maggioranza dei soggetti partecipanti alla conferenza di servizi, il termine di trenta giorni di cui al precedente periodo è prorogato di altri trenta giorni nel caso che si appalesi la necessità di approfondimenti istruttori.

5. Nei procedimenti relativamente ai quali sia già intervenuta la decisione concernente la VIA le disposizioni di cui al comma 3 dell'articolo 14-quater, nonché quelle di cui agli articoli 16, comma 3, e 17, comma 2, si applicano alle sole amministrazioni preposte alla tutela della salute, del patrimonio storico-artistico e della pubblica incolumità.

6. Ogni amministrazione convocata partecipa alla conferenza di servizi attraverso un unico rappresentante legittimato, dall'organo competente, ad esprimere in modo vincolante la volontà dell'amministrazione su tutte le decisioni di competenza della stessa.

6-bis. All'esito dei lavori della conferenza, e in ogni caso scaduto il termine di cui al comma 3, l'amministrazione procedente adotta la determinazione motivata di conclusione del procedimento, valutate le specifiche risultanze della conferenza e tenendo conto delle posizioni prevalenti espresse in quella sede.

7. Si considera acquisito l'assenso dell'amministrazione il cui rappresentante non abbia espresso definitivamente la volontà dell'amministrazione rappresentata.

8. In sede di conferenza di servizi possono essere richiesti, per una sola volta, ai proponenti dell'istanza o ai progettisti chiarimenti o ulteriore documentazione. Se questi ultimi non sono forniti in detta sede, entro i successivi trenta giorni, si procede all'esame del provvedimento.

9. Il provvedimento finale conforme alla determinazione conclusiva di cui al comma 6-bis sostituisce, a tutti gli effetti, ogni autorizzazione, concessione, nulla osta o atto di assenso comunque denominato di competenza delle amministrazioni partecipanti, o comunque invitate a partecipare ma risultate assenti, alla predetta conferenza.

10. Il provvedimento finale concernente opere sottoposte a VIA è pubblicato, a cura del proponente, unitamente all'estratto della predetta VIA, nella Gazzetta Ufficiale o nel Bollettino regionale in caso di VIA regionale e in un quotidiano a diffusione nazionale. Dalla data della pubblicazione nella Gazzetta Ufficiale decorrono i termini per eventuali impugnazioni in sede giurisdizionale da parte dei soggetti interessati.

[3] Si veda l'art. 2, L. 7 agosto 2015, n. 124 (*Deleghe al Governo in materia di riorganizzazione delle amministrazioni pubbliche*).

14-quater. *Decisione della conferenza di servizi.* 1. La determinazione motivata di conclusione della conferenza, adottata dall'amministrazione procedente all'esito della stessa, sostituisce a ogni effetto tutti gli atti di assenso, comunque denominati, di competenza delle amministrazioni e dei gestori di beni o servizi pubblici interessati.

2. Le amministrazioni i cui atti sono sostituiti dalla determinazione motivata di conclusione della conferenza possono sollecitare con congrua motivazione l'amministrazione procedente ad assumere, previa indizione di una nuova conferenza, determinazioni in via di autotutela ai sensi dell'articolo 21-*nonies*. Possono altresì sollecitarla, purchè abbiano

partecipato, anche per il tramite del rappresentante di cui ai commi 4 e 5 dell'articolo 14-*ter*, alla conferenza di servizi o si siano espresse nei termini, ad assumere determinazioni in via di autotutela ai sensi dell'articolo 21-*quinquies*.

3. In caso di approvazione unanime, la determinazione di cui al comma 1 è immediatamente efficace. In caso di approvazione sulla base delle posizioni prevalenti, l'efficacia della determinazione è sospesa ove siano stati espressi dissensi qualificati ai sensi dell'articolo 14-*quinquies* e per il periodo utile all'esperimento dei rimedi ivi previsti.

4. I termini di efficacia di tutti i pareri, autorizzazioni, concessioni, nulla osta o atti di assenso comunque denominati acquisiti nell'ambito della conferenza di servizi decorrono dalla data della comunicazione della determinazione motivata di conclusione della conferenza[1] [2].

[1] Articolo aggiunto dall'art. 17, comma 7, L. 15 maggio 1997, n. 127 e così sostituito dall'art. 12, L. 24 novembre 2000, n. 340 e dall'art. 1, D.Lgs. 30 giugno 2016, n. 127.

Il testo previgente la modifica del 2016 disponeva: *Effetti del dissenso espresso nella conferenza di servizi. 1. Il dissenso di uno o più rappresentanti delle amministrazioni ivi comprese quelle preposte alla tutela ambientale, fermo restando quanto previsto dall'articolo 26 del decreto legislativo 3 aprile 2006, n. 152, paesaggistico-territoriale, del patrimonio storico-artistico o alla tutela della salute e della pubblica incolumità, regolarmente convocate alla conferenza di servizi, a pena di inammissibilità, deve essere manifestato nella conferenza di servizi, deve essere congruamente motivato, non può riferirsi a questioni connesse che non costituiscono oggetto della conferenza medesima e deve recare le specifiche indicazioni delle modifiche progettuali necessarie ai fini dell'assenso.*

2. [...].

3. Al di fuori dei casi di cui all'articolo 117, ottavo comma, della Costituzione, e delle infrastrutture ed insediamenti produttivi strategici e di preminente interesse nazionale, di cui alla parte seconda, titolo terzo, capo quarto del decreto legislativo 12 aprile 2006, n. 163, e successive modificazioni, nonchè dei casi di localizzazione delle opere di interesse statale, ove venga espresso motivato dissenso da parte di un'amministrazione preposta alla tutela ambientale, paesaggistico-territoriale, del patrimonio storico-artistico o alla tutela della salute e della pubblica incolumità, la questione, in attuazione e nel rispetto del principio di leale collaborazione e dell'articolo 120 della Costituzione, è rimessa dall'amministrazione procedente alla deliberazione del Consiglio dei Ministri, che ha natura di atto di alta amministrazione. Il Consiglio dei ministri si pronuncia entro sessanta giorni, previa intesa con la Regione o le Regioni e le Province autonome interessate, in caso di dissenso tra un'amministrazione statale e una regionale o tra più amministrazioni regionali, ovvero previa intesa con la Regione e gli enti locali interessati, in caso di dissenso tra un'amministrazione statale o regionale e un ente locale o tra più enti locali. Se l'intesa non è raggiunta entro trenta giorni, la deliberazione del Consiglio dei ministri può essere comunque adottata, motivando un'eventuale decisione in contrasto con il motivato dissenso. Se il motivato dissenso è espresso da una regione o da una provincia autonoma in una delle materie di propria competenza, ai fini del raggiungimento dell'intesa, entro trenta giorni dalla data di rimessione della questione alla delibera del Consiglio dei Ministri, viene indetta una riunione dalla Presidenza del Consiglio dei Ministri con la partecipazione della regione o della provincia autonoma, degli enti locali e delle amministrazioni interessate, attraverso un unico rappresentante legittimato, dall'organo competente, ad esprimere in modo vincolante la volontà dell'amministrazione sulle decisioni di competenza. In tale riunione i partecipanti debbono formulare le specifiche indicazioni necessarie alla individuazione di una soluzione condivisa, anche volta a modificare il progetto originario. Se l'intesa non è raggiunta nel termine di ulteriori trenta giorni, è indetta una seconda riunione dalla Presidenza del Consiglio dei Ministri con le medesime modalità della prima, per concordare interventi di mediazione, valutando anche le soluzioni progettuali alternative a quella originaria. Ove non sia comunque raggiunta l'intesa, in un ulteriore termine di trenta giorni, le trattative, con le medesime modalità delle precedenti fasi, sono finalizzate a risolvere e comunque a individuare i punti di dissenso. Se all'esito delle predette trattative l'intesa non è raggiunta, la deliberazione del Consiglio dei Ministri può essere comunque adottata con la partecipazione dei Presidenti delle regioni o delle province autonome interessate.

3-bis. Restano ferme le attribuzioni e le prerogative riconosciute alle regioni a statuto speciale e alle province autonome di Trento e di Bolzano dagli statuti speciali di autonomia e dalle relative norme di attuazione.

4. [...].

5. Nell'ipotesi in cui l'opera sia sottoposta a VIA e in caso di provvedimento negativo trova applicazione l'articolo 5, comma 2, lettera c-bis), della legge 23 agosto 1988, n. 400, introdotta dall'articolo 12, comma 2, del decreto legislativo 30 luglio 1999, n. 303.

Ricordiamo che tale ultima versione teneva conto delle modifiche apportate dalla L. 11 febbraio 2005, n. 15, dal D.L. 31 maggio 2010, n. 78, convertito in L. 30 luglio 2010, n. 122, dal D.L. 18 ottobre 2012, n. 179, convertito in L. 17 dicembre 2012, n. 221, dal D.L. 12 settembre 2014, n. 133, convertito in L. 11 novembre 2014, n. 164.

Il testo del comma 1 previgente alla modifica del 2010 disponeva: *1. Il dissenso di uno o più rappresentanti delle amministrazioni, regolarmente convocate alla conferenza di servizi, a pena di inammissibilità, deve essere manifestato nella conferenza di servizi, deve essere congruamente motivato, non può riferirsi a questioni connesse che non costituiscono oggetto della conferenza medesima e deve recare le specifiche indicazioni delle modifiche progettuali necessarie ai fini dell'assenso.*

Il testo del comma 2 previgente l'abrogazione del 2005 disponeva: *2. Se una o più amministrazioni hanno espresso nell'àmbito della conferenza il proprio dissenso sulla proposta dell'amministrazione procedente, quest'ultima, entro i termini perentori indicati dall'articolo 14-ter, comma 3, assume comunque la determinazione di conclusione del procedimento sulla base della maggioranza delle posizioni espresse in sede di conferenza di servizi. La determinazione è immediatamente esecutiva.*

Il comma 3 sostituiva gli originari commi da 3 a 3-quater per effetto dell'art. 49, comma 3, lett. b), D.L. 31 maggio 2010, n. 78, convertito in L. 30 luglio 2010, n. 122. La Corte costituzionale, con sentenza 11 luglio 2012, n. 179, aveva poi dichiarato l'illegittimità costituzionale della citata lettera b), nella parte in cui prevede che, in caso di dissenso espresso in sede di conferenza di servizi da una Regione o da una Provincia autonoma, in una delle materie di propria competenza, ove non sia stata raggiunta, entro il breve termine di trenta giorni, l'intesa, «il Consiglio dei ministri delibera in esercizio del proprio potere sostitutivo con la partecipazione dei Presidenti delle Regioni o delle Province autonome interessate».

Il testo del comma 3 previgente la modifica del 2014 disponeva: *3. Al di fuori dei casi di cui all'articolo 117, ottavo comma, della Costituzione, e delle infrastrutture ed insediamenti produttivi strategici e di preminente interesse nazionale, di cui alla parte seconda, titolo terzo, capo quarto del decreto legislativo 12 aprile 2006, n. 163, e successive modificazioni, nonchè dei casi di localizzazione delle opere di interesse statale, ove venga espresso motivato dissenso da parte di un'amministrazione preposta alla tutela ambientale, paesaggistico-territoriale, del patrimonio storico-artistico o alla tutela della salute e della pubblica incolumità, la questione, in attuazione e nel rispetto del principio di leale collaborazione e dell'articolo 120 della Costituzione, è rimessa dall'amministrazione procedente alla deliberazione del Consiglio dei Ministri, che si pronuncia entro sessanta giorni, previa intesa con la Regione o le Regioni e le Province autonome interessate, in caso di dissenso tra un'amministrazione statale e una regionale o tra più amministrazioni regionali, ovvero previa intesa con la Regione e gli enti locali interessati, in caso di dissenso tra un'amministrazione statale o regionale e un ente locale o tra più enti locali. Se l'intesa non è raggiunta entro trenta giorni, la deliberazione del Consiglio dei ministri può essere comunque adottata. Se il motivato dissenso è espresso da una regione o da una provincia autonoma in una delle materie di propria competenza, ai fini del raggiungimento dell'intesa, entro trenta giorni dalla data di rimessione della questione alla delibera del Consiglio dei Ministri, viene indetta una riunione dalla Presidenza del Consiglio dei Ministri con la partecipazione della regione o della provincia autonoma, degli enti locali e delle amministrazioni interessate, attraverso un unico rappresentante legittimato, dall'organo competente, ad esprimere in modo vincolante la volontà dell'amministrazione sulle decisioni di competenza. In tale riunione i partecipanti debbono formulare le specifiche indicazioni necessarie alla individuazione di una soluzione condivisa, anche volta a modificare il progetto originario. Se l'intesa non è raggiunta nel termine di ulteriori trenta giorni, è indetta una seconda riunione dalla Presidenza del Consiglio dei Ministri con le medesime modalità della prima, per concordare interventi di mediazione, valutando anche le soluzioni progettuali alternative a quella originaria. Ove non sia comunque raggiunta l'intesa, in un ulteriore termine di trenta giorni, le trattative, con le medesime modalità delle precedenti fasi, sono finalizzate a risolvere e comunque a individuare i punti di dissenso. Se all'esito delle predette trattative l'intesa non è raggiunta, la deliberazione del Consiglio dei Ministri può essere comunque adottata con la partecipazione dei Presidenti delle regioni o delle province autonome interessate.*

Il testo del comma 3 previgente la modifica del 2012 disponeva: *3. Al di fuori dei casi di cui all'articolo 117, ottavo comma, della Costituzione, e delle infrastrutture ed insediamenti produttivi strategici e di preminente interesse nazionale, di cui alla parte seconda, titolo terzo, capo quarto del decreto legislativo 12 aprile 2006, n. 163, e successive modificazioni, nonchè dei casi di localizzazione delle opere di interesse statale, ove venga espresso motivato dissenso da parte di un'amministrazione preposta alla tutela ambientale, paesaggistico-territoriale, del patrimonio storico-artistico o alla tutela della salute e della pubblica incolumità, la questione, in attuazione e nel rispetto del principio di leale collaborazione e dell'articolo 120 della Costituzione, è rimessa dall'amministrazione procedente alla deliberazione del Consiglio dei Ministri, che si pronuncia entro sessanta giorni, previa intesa con la Regione o le Regioni e le Province autonome interessate, in caso di dissenso tra un'amministrazione statale e una regionale o tra più amministrazioni regionali, ovvero previa intesa con la Regione e gli enti locali interessati, in caso di dissenso tra un'amministrazione statale o regionale e un ente locale o tra più enti locali. Se l'intesa non è raggiunta entro trenta giorni, la deliberazione del Consiglio dei ministri può essere comunque adottata. Se il motivato dissenso è espresso da una Regione o da una Provincia autonoma in una delle materie di propria competenza, il Consiglio dei Ministri delibera in esercizio del proprio potere sostitutivo con la partecipazione dei Presidenti delle Regioni o delle Province autonome interessate.*

Il testo del comma 3 previgente la modifica del 2011 disponeva: *3. Al di fuori dei casi di cui all'articolo 117, ottavo comma, della Costituzione, e delle infrastrutture ed insediamenti produttivi strategici e di preminente interesse nazionale, di cui alla parte seconda, titolo terzo, capo quarto del decreto legislativo 12 aprile 2006, n. 163, e successive modificazioni, nonchè dei casi di localizzazione delle opere di interesse statale, ove venga espresso motivato dissenso da parte di un'amministrazione preposta alla tutela ambientale, paesaggistico-territoriale, del patrimonio storico-artistico o alla tutela della salute e della pubblica incolumità, la questione, in attuazione e nel rispetto del principio di leale collaborazione e dell'articolo 120 della Costituzione, è rimessa dall'amministrazione procedente alla deliberazione del Consiglio dei Ministri, che si pronuncia entro sessanta giorni, previa intesa con la Regione o le Regioni e le Province autonome interessate, in caso di dissenso tra un'amministrazione statale e una regionale o tra più amministrazioni regionali, ovvero previa intesa con la Regione e gli enti locali interessati, in caso di dissenso tra un'amministrazione statale o regionale e un ente locale o tra più enti locali. Se l'intesa non è raggiunta nei successivi trenta giorni, la deliberazione del Consiglio dei ministri può essere comunque adottata. Se il motivato dissenso è espresso da una Regione o da una Provincia autonoma in una delle materie di propria competenza, il Consiglio dei Ministri delibera in esercizio del proprio potere sostitutivo con la partecipazione dei Presidenti delle Regioni o delle Province autonome interessate.*

Il testo del comma 3 previgente la modifica del 2010 disponeva: *3. Se il motivato dissenso è espresso da un'amministrazione preposta alla tutela ambientale, paesaggistico-territoriale, del patrimonio storico-artistico o alla tutela della salute e della pubblica incolumità, la decisione è rimessa dall'amministrazione procedente, entro dieci giorni:*

a) al Consiglio dei ministri, in caso di dissenso tra amministrazioni statali;

b) alla Conferenza permanente per i rapporti tra lo Stato, le regioni e le province autonome di Trento e di Bolzano, di seguito denominata «Conferenza Stato-regioni», in caso di dissenso tra un'amministrazione statale e una regionale o tra più amministrazioni regionali;

c) alla Conferenza unificata, di cui all'articolo 8 del decreto legislativo 28 agosto 1997, n. 281, in caso di dissenso tra un'amministrazione statale o regionale e un ente locale o tra più enti locali. Verificata la completezza della documentazione inviata ai fini istruttori, la decisione è assunta entro trenta giorni, salvo che il Presidente del Consiglio dei ministri, della Conferenza Stato-regioni o della Conferenza unificata, valutata la complessità dell'istruttoria, decida di prorogare tale termine per un ulteriore periodo non superiore a sessanta giorni.

3-bis. Se il motivato dissenso è espresso da una regione o da una provincia autonoma in una delle materie di propria competenza, la determinazione sostitutiva è rimessa dall'amministrazione procedente, entro dieci giorni:

a) alla Conferenza Stato-regioni, se il dissenso verte tra un'amministrazione statale e una regionale o tra amministrazioni regionali;

b) alla Conferenza unificata, in caso di dissenso tra una regione o provincia autonoma e un ente locale. Verificata la completezza della documentazione inviata ai fini istruttori, la decisione è assunta entro trenta giorni, salvo che il Presidente della Conferenza Stato-regioni o della Conferenza unificata, valutata la complessità dell'istruttoria, decida di prorogare tale termine per un ulteriore periodo non superiore a sessanta giorni.

3-ter. Se entro i termini di cui ai commi 3 e 3-bis la Conferenza Stato-regioni o la Conferenza unificata non provvede, la decisione, su iniziativa del Ministro per gli affari regionali, è rimessa al Consiglio dei ministri, che assume la determinazione sostitutiva nei successivi trenta giorni, ovvero, quando verta in materia non attribuita alla competenza statale ai sensi dell'articolo 117, secondo comma, e dell'articolo 118 della Costituzione, alla competente Giunta regionale ovvero alle competenti Giunte delle province autonome di Trento e di Bolzano, che assumono la determinazione sostitutiva nei successivi trenta giorni; qualora la Giunta regionale non provveda entro il termine predetto, la decisione è rimessa al Consiglio dei ministri, che delibera con la partecipazione dei Presidenti delle regioni interessate.

3-quater. In caso di dissenso tra amministrazioni regionali, i commi 3 e 3-bis non si applicano nelle ipotesi in cui le regioni interessate abbiano ratificato, con propria legge, intese per la composizione del dissenso ai sensi dell'articolo 117, ottavo comma, della Costituzione, anche attraverso l'individuazione di organi comuni competenti in via generale ad assumere la determinazione sostitutiva in caso di dissenso.

3-quinquies. Restano ferme le attribuzioni e le prerogative riconosciute alle regioni a statuto speciale e alle province autonome di Trento e di Bolzano dagli statuti speciali di autonomia e dalle relative norme di attuazione.

Il comma 3-quinquies era stato introdotto, assieme agli originari commi da 3-bis a 3-quater, dell'art. 11, L. 11 febbraio 2005, n. 15 in sostituzione dell'originario comma 3. Si tenga presente che la L. 30 luglio 2010, n. 122, non lo ha abrogato né rinumerato.

Il testo del comma 4 previgente l'abrogazione del 2005 disponeva: *4. Quando il dissenso è espresso da una regione, le determinazioni di competenza del Consiglio dei ministri previste al comma 3 sono adottate con l'intervento del presidente della giunta regionale interessata, al quale è inviata a tal fine la comunicazione di invito a partecipare alla riunione, per essere ascoltato, senza diritto di voto.*

Il testo dell'articolo previgente le modifiche di cui alla L. 340/2000 disponeva: *1. Nei procedimenti relativi ad opere per le quali sia intervenuta la valutazione di impatto ambientale di cui all'art. 6 della legge 8 luglio 1986, n. 349, le disposizioni di cui agli articoli 14, comma 4, 16, comma 3, e 17, comma 2, si applicano alle sole amministrazioni preposte alla tutela della salute dei cittadini, fermo restando quanto disposto dall'art. 3, comma 5, del decreto del Presidente della Repubblica 18 aprile 1994, n. 383. Su proposta del Ministro competente, del Ministro dell'ambiente o del Ministro per i beni culturali e ambientali, la valutazione di impatto ambientale può essere estesa, con decreto del Presidente del Consiglio dei Ministri, previa delibera del Consiglio dei Ministri, anche ad opere non appartenenti alle categorie individuate ai sensi dell'art. 6 della legge 8 luglio 1986, n. 349.*

2. Per l'opera sottoposta a valutazione di impatto ambientale, il provvedimento finale, adottato a conclusione del relativo procedimento, è pubblicato, a cura del proponente, unitamente all'estratto della predetta valutazione di impatto ambientale, nella Gazzetta Ufficiale e su un quotidiano a diffusione nazionale. Dalla data della pubblicazione nella Gazzetta Ufficiale decorrono i termini per eventuali impugnazioni in sede giurisdizionale da parte dei soggetti interessati.

[7] Si veda l'art. 2, L. 7 agosto 2015, n. 124 (*Deleghe al Governo in materia di riorganizzazione delle amministrazioni pubbliche*).

14-*quinquies*. *Rimedi per le amministrazioni dissenzienti.* 1. Avverso la determinazione motivata di conclusione della conferenza, entro 10 giorni dalla sua comunicazione, le amministrazioni preposte alla tutela ambientale, paesaggistico-territoriale, dei beni culturali o alla tutela della salute e della pubblica incolumità dei cittadini possono proporre opposizione al Presidente del Consiglio dei ministri a condizione che abbiano espresso in modo inequivoco il proprio motivato dissenso prima della conclusione dei lavori della conferenza. Per le amministrazioni statali l'opposizione è proposta dal Ministro competente.

2. Possono altresì proporre opposizione le amministrazioni delle regioni o delle province autonome di Trento e di Bolzano, il cui rappresentante, intervenendo in una materia spettante alla rispettiva competenza, abbia manifestato un dissenso motivato in seno alla conferenza.

3. La proposizione dell'opposizione sospende l'efficacia della determinazione motivata di conclusione della conferenza.

4. La Presidenza del Consiglio dei ministri indice, per una data non posteriore al quindicesimo giorno successivo alla ricezione dell'opposizione, una riunione con la partecipazione delle amministrazioni che hanno espresso il dissenso e delle altre amministrazioni che hanno partecipato alla conferenza. In tale riunione i partecipanti formulano proposte, in attuazione del principio di leale collaborazione, per l'individuazione di una soluzione condivisa, che sostituisca la determinazione motivata di conclusione della conferenza con i medesimi effetti.

5. Qualora alla conferenza di servizi abbiano partecipato amministrazioni delle regioni o delle province autonome di Trento e di Bolzano, e l'intesa non venga raggiunta nella riunione di cui al comma 4, può essere indetta, entro i successivi quindici giorni, una seconda riunione, che si svolge con le medesime modalità e allo stesso fine.

6. Qualora all'esito delle riunioni di cui ai commi 4 e 5 sia raggiunta un'intesa tra le amministrazioni partecipanti, l'amministrazione procedente adotta una nuova determinazione motivata di conclusione della conferenza. Qualora all'esito delle suddette riunioni, e comunque non oltre quindici giorni dallo svolgimento della riunione, l'intesa non sia raggiunta, la questione è rimessa al Consiglio dei ministri. La questione è posta, di norma, all'ordine del giorno della prima riunione del Consiglio dei ministri successiva alla scadenza del termine per raggiungere l'intesa. Alla riunione del Consiglio dei ministri possono partecipare i Presidenti delle regioni o delle province autonome interessate. Qualora il Consiglio dei ministri non accolga l'opposizione, la determinazione motivata di conclusione della conferenza acquisisce definitivamente efficacia. Il Consiglio dei ministri può accogliere parzialmente l'opposizione, modificando di conseguenza il contenuto della determinazione di conclusione della conferenza, anche in considerazione degli esiti delle riunioni di cui ai commi 4 e 5.

7. Restano ferme le attribuzioni e le prerogative riconosciute alle regioni a statuto speciale e alle province autonome di Trento e Bolzano dagli statuti speciali di autonomia e dalle relative norme di attuazione[1 2].

[1] Articolo aggiunto dall'art. 11, L. 11 febbraio 2005, n. 15 e poi così sostituito dall'art. 1, D.Lgs. 30 giugno 2016, n. 127. Il testo previgente disponeva: *Conferenza di servizi in materia di finanza di progetto. 1. Nelle ipotesi di conferenza di servizi finalizzata all'approvazione del progetto definitivo in relazione alla quale trovino applicazione le procedure di cui agli articoli 37-bis e seguenti della legge 11 febbraio 1994, n. 109, sono convocati alla conferenza, senza diritto di voto, anche i soggetti aggiudicatari di concessione individuati all'esito della procedura di cui all'articolo 37-quater della legge n. 109 del 1994, ovvero le società di progetto di cui all'articolo 37-quinquies della medesima legge.*

[2] Si veda l'art. 2, L. 7 agosto 2015, n. 124 (*Deleghe al Governo in materia di riorganizzazione delle amministrazioni pubbliche*).

15. *Accordi fra pubbliche amministrazioni*[1]. 1. Anche al di fuori delle ipotesi previste dall'articolo 14, le amministrazioni pubbliche possono sempre concludere tra loro accordi per disciplinare lo svolgimento in collaborazione di attività di interesse comune.

2. Per detti accordi si osservano, in quanto applicabili, le disposizioni previste dall'articolo 11, commi 2 e 3[2].

2-*bis*. A fare data dal 30 giugno 2014 gli accordi di cui al comma 1 sono sottoscritti con firma digitale, ai sensi dell'articolo 24 del decreto legislativo 7 marzo 2005, n. 82, con firma elettronica avanzata, ai sensi dell'articolo 1, comma 1, lettera *q-bis)*, del decreto legislativo 7 marzo 2005, n. 82, ovvero con altra firma elettronica qualificata, pena la nullità degli stessi. Dall'attuazione della presente disposizione non devono derivare nuovi o maggiori oneri a carico del bilancio dello Stato. All'attuazione della medesima si provvede nell'ambito delle risorse umane, strumentali e finanziarie previste dalla legislazione vigente[3 4].

[1] Rubrica aggiunta dall'art. 21, L. 11 febbraio 2005, n. 15.

[2] Comma così modificato dall'art. 3, all. 4, D.Lgs. 2 luglio 2010, n. 104. Il testo previgente disponeva: *Per detti accordi si osservano, in quanto applicabili, le disposizioni previste dall'articolo 11, commi 2, 3 e 5.*

[3] Comma aggiunto dall'art. 6, D.L. 18 ottobre 2012, n. 179, convertito in L. 17 dicembre 2012, n. 221 e poi così modificato dall'art. 6, D.L. 23 dicembre 2013, n. 145, convertito in L. 21 febbraio 2014, n. 9. Il testo previgente disponeva: *2-bis. A fare data dal 1° gennaio 2013 gli accordi di cui al comma 1 sono sottoscritti con firma digitale, ai sensi dell'articolo 24 del decreto legislativo 7 marzo 2005, n. 82, con firma elettronica avanzata, ai sensi dell'articolo 1, comma 1, lettera q-bis), del decreto legislativo 7 marzo 2005, n. 82, ovvero con altra firma elettronica qualificata, pena la nullità degli stessi. Dall'attuazione della presente disposizione non devono derivare nuovi o maggiori oneri a carico del bilancio dello Stato. All'attuazione della medesima si provvede nell'ambito delle risorse umane, strumentali e finanziarie previste dalla legislazione vigente.*

[4] V. art. 34, D.Lgs. 18 agosto 2000, n. 267 (T.U. enti locali).

16. *Attività consultiva*[1]. 1. Gli organi consultivi delle pubbliche amministrazioni di cui all'articolo 1, comma 2, del decreto legislativo 3 febbraio 1993, n. 29, sono tenuti a rendere i pareri a essi obbligatoriamente richiesti entro venti giorni dal ricevimento della richiesta. Qualora siano richiesti dei pareri facoltativi, sono tenuti a dare immediata comunicazione alle amministrazioni richiedenti del termine entro il quale il parere sarà reso, che comunque non può superare i venti giorni dal ricevimento della richiesta[2].

2. In caso di decorrenza del termine senza che sia stato comunicato il parere o senza che l'organo adito abbia rappresentato esigenze istruttorie, l'amministrazione richiedente procede indipendentemente dall'espressione del parere. Salvo il caso di omessa richiesta del parere, il responsabile del procedimento non può essere chiamato a rispondere degli eventuali danni derivanti dalla mancata espressione dei pareri di cui al presente comma[3].

3. Le disposizioni di cui ai commi 1 e 2 non si applicano in caso di pareri che debbano essere rilasciati da amministrazioni preposte alla tutela ambientale, paesaggistica, territoriale e della salute dei cittadini[4].

4. Nel caso in cui l'organo adito abbia rappresentato esigenze istruttorie, i termini di cui al comma 1 possono essere interrotti per una sola volta e il parere deve essere reso definitivamente entro quindici giorni dalla ricezione degli elementi istruttori da parte delle amministrazioni interessate[2].

5. I pareri di cui al comma 1 sono trasmessi con mezzi telematici[4].

6. Gli organi consultivi dello Stato predispongono procedure di particolare urgenza per l'adozione dei pareri loro richiesti.

6-*bis*. Resta fermo quanto previsto dall'articolo 127 del codice dei contratti pubblici relativi a lavori, servizi e forniture, di cui al decreto legislativo 12 aprile 2006, n. 163, e successive modificazioni[5 6 7].

[1] Rubrica aggiunta dall'art. 21, L. 11 febbraio 2005, n. 15.

[2] Comma così sostituito dall'art. 17, comma 24, L. 15 maggio 1997, n. 127 e poi così modificato dall'art. 8, L. 18 giugno 2009, n. 69.

[3] Comma così sostituito dall'art. 8, L. 18 giugno 2009, n. 69 e poi così modificato dall'art. 12, D.L. 16 luglio 2020, n. 76, convertito in L. 11 settembre 2020, n. 120, a decorrere dal 15 settembre 2020. Il testo previgente disponeva: *2. In caso di decorrenza del termine senza che sia stato comunicato il parere obbligatorio o senza che l'organo adito abbia rappresentato esigenze istruttorie, è in facoltà dell'amministrazione richiedente di procedere indipendentemente dall'espressione del parere. In caso di decorrenza del termine senza che sia stato comunicato il parere facoltativo o senza che l'organo adito abbia rappresentato esigenze istruttorie, l'amministrazione richiedente procede indipendentemente dall'espressione del parere. Salvo il caso di omessa richiesta del parere, il responsabile del procedimento non può essere chiamato a rispondere degli eventuali danni derivanti dalla mancata espressione dei pareri di cui al presente comma.*

[4] Comma così sostituito dall'art. 17, comma 24, L. 15 maggio 1997, n. 127.

[5] Comma aggiunto dall'art. 8, L. 18 giugno 2009, n. 69.

[6] Tutti i riferimenti al D.Lgs. 29/1993, si intendono effettuati alle corrispondenti disposizioni di cui al D.Lgs. 30 marzo 2001, n. 165 di abrogazione.

[7] Il testo dell'articolo originario disponeva: *1. Ove debba essere obbligatoriamente sentito un organo consultivo, questo deve emettere il proprio parere entro il termine prefissato da disposizioni di legge o di regolamento o, in mancanza, non oltre novanta giorni dal ricevimento della richiesta.*

2. In caso di decorrenza del termine senza che sia stato comunicato il parere o senza che l'organo adito abbia rappresentato esigenze istruttorie, è in facoltà dell'amministrazione richiedente di procedere indipendentemente dall'acquisizione del parere.

3. Le disposizioni di cui ai commi 1 e 2 non si applicano in caso di pareri che debbano essere rilasciati da amministrazioni preposte alla tutela ambientale, paesaggistico-territoriale e della salute dei cittadini.

4. Nel caso in cui l'organo adito abbia rappresentato esigenze istruttorie ovvero l'impossibilità, dovuta alla natura dell'affare, di rispettare il termine generale di cui al comma 1, quest'ultimo ricomincia a decorrere, per una sola volta, dal momento della ricezione, da parte dell'organo stesso, delle notizie o dei documenti richiesti, ovvero dalla sua prima scadenza.

5. Qualora il parere sia favorevole, senza osservazioni, il dispositivo è comunicato telegraficamente o con mezzi telematici.

6. Gli organi consultivi dello Stato predispongono procedure di particolare urgenza per l'adozione dei pareri loro richiesti.

Il testo dell'articolo previgente le modifiche di cui alla L. 69/2009 disponeva: *1. Gli organi consultivi delle pubbliche amministrazioni di cui all'articolo 1, comma 2, del decreto legislativo 3 febbraio 1993, n. 29, sono tenuti a rendere i pareri a essi obbligatoriamente richiesti entro quarantacinque giorni dal ricevimento della richiesta. Qualora siano richiesti di pareri facoltativi, sono tenuti a dare immediata comunicazione alle amministrazioni richiedenti del termine entro il quale il parere sarà reso.*

2. In caso di decorrenza del termine senza che sia stato comunicato il parere o senza che l'organo adito abbia rappresentato esigenze istruttorie, è in facoltà dell'amministrazione richiedente di procedere indipendentemente dall'acquisizione del parere.

3. Le disposizioni di cui ai commi 1 e 2 non si applicano in caso di pareri che debbano essere rilasciati da amministrazioni preposte alla tutela ambientale, paesaggistica, territoriale e della salute dei cittadini.

4. Nel caso in cui l'organo adito abbia rappresentato esigenze istruttorie il termine di cui al comma 1 può essere interrotto per una sola volta e il parere deve essere reso definitivamente entro quindici giorni dalla ricezione degli elementi istruttori da parte delle amministrazioni interessate.

5. Qualora il parere sia favorevole, senza osservazioni, il dispositivo è comunicato telegraficamente o con mezzi telematici.

6. Gli organi consultivi dello Stato predispongono procedure di particolare urgenza per l'adozione dei pareri loro richiesti.

17. *Valutazioni tecniche*[1]. 1. Ove per disposizione espressa di legge o di regolamento sia previsto che per l'adozione di un provvedimento debbano essere preventivamente acquisite le valutazioni tecniche di organi od enti appositi e tali organi ed enti non provvedano o non rappresentino esigenze istruttorie di competenza dell'amministrazione procedente nei termini prefissati dalla disposizione stessa o, in mancanza, entro novanta giorni dal ricevimento della richiesta, il responsabile del procedimento deve chiedere le suddette valutazioni tecniche ad altri organi dell'amministrazione pubblica o ad enti pubblici che siano dotati di qualificazione e capacità tecnica equipollenti, ovvero ad istituti universitari.

2. La disposizione di cui al comma 1 non si applica in caso di valutazioni che debbano essere prodotte da amministrazioni preposte alla tutela ambientale, paesaggistico-territoriale e della salute dei cittadini.

3. Nel caso in cui l'ente od argano adito abbia rappresentato esigenze istruttorie all'amministrazio-

ne procedente, si applica quanto previsto dal comma 4 dell'articolo 16.

[1] Rubrica aggiunta dall'art. 21, L. 11 febbraio 2005, n. 15.

17-*bis*. *Effetti del silenzio e dell'inerzia nei rapporti tra amministrazioni pubbliche e tra amministrazioni pubbliche e gestori di beni o servizi pubblici*[1]. 1. Nei casi in cui è prevista l'acquisizione di assensi, concerti o nulla osta comunque denominati di amministrazioni pubbliche e di gestori di beni o servizi pubblici, per l'adozione di provvedimenti normativi e amministrativi di competenza di altre amministrazioni pubbliche, le amministrazioni o i gestori competenti comunicano il proprio assenso, concerto o nulla osta entro trenta giorni dal ricevimento dello schema di provvedimento, corredato della relativa documentazione, da parte dell'amministrazione procedente. Esclusi i casi di cui al comma 3, quando per l'adozione di provvedimenti normativi e amministrativi è prevista la proposta di una o più amministrazioni pubbliche diverse da quella competente ad adottare l'atto, la proposta stessa è trasmessa entro trenta giorni dal ricevimento della richiesta da parte di quest'ultima amministrazione. Il termine è interrotto qualora l'amministrazione o il gestore che deve rendere il proprio assenso, concerto o nulla osta rappresenti esigenze istruttorie o richieste di modifica, motivate e formulate in modo puntuale nel termine stesso. In tal caso, l'assenso, il concerto o il nulla osta è reso nei successivi trenta giorni dalla ricezione degli elementi istruttori o dello schema di provvedimento; lo stesso termine si applica qualora dette esigenze istruttorie siano rappresentate dall'amministrazione proponente nei casi di cui al secondo periodo. Non sono ammesse ulteriori interruzioni di termini[2].

2. Decorsi i termini di cui al comma 1 senza che sia stato comunicato l'assenso, il concerto o il nulla osta, lo stesso si intende acquisito. Esclusi i casi di cui al comma 3, qualora la proposta non sia trasmessa nei termini di cui al comma 1, secondo periodo, l'amministrazione competente può comunque procedere. In tal caso, lo schema di provvedimento, corredato della relativa documentazione, è trasmesso all'amministrazione che avrebbe dovuto formulare la proposta per acquisirne l'assenso ai sensi del presente articolo. In caso di mancato accordo tra le amministrazioni statali coinvolte nei procedimenti di cui al comma 1, il Presidente del Consiglio dei ministri, previa deliberazione del Consiglio dei ministri, decide sulle modifiche da apportare allo schema di provvedimento[3].

3. Le disposizioni dei commi 1 e 2 si applicano anche ai casi in cui è prevista l'acquisizione di assensi, concerti o nulla osta comunque denominati di amministrazioni preposte alla tutela ambientale, paesaggistico-territoriale, dei beni culturali e della salute dei cittadini, per l'adozione di provvedimenti normativi e amministrativi di competenza di amministrazioni pubbliche. In tali casi, ove disposizioni di legge o i provvedimenti di cui all'articolo 2 non prevedano un termine diverso, il termine entro il quale le amministrazioni competenti comunicano il proprio assenso, concerto o nulla osta è di novanta giorni dal ricevimento della richiesta da parte dell'amministrazione procedente. Decorsi i suddetti termini senza che sia stato comunicato l'assenso, il concerto o il nulla osta, lo stesso si intende acquisito.

4. Le disposizioni del presente articolo non si applicano nei casi in cui disposizioni del diritto dell'Unione europea richiedano l'adozione di provvedimenti espressi[4].

[1] Rubrica così modificata dall'art. 12, D.L. 16 luglio 2020, n. 76, convertito in L. 11 settembre 2020, n. 120, a decorrere dal 15 settembre 2020. Il testo previgente disponeva: *Silenzio assenso tra amministrazioni pubbliche e tra amministrazioni pubbliche e gestori di beni o servizi pubblici.*

[2] Comma così modificato dall'art. 12, D.L. 16 luglio 2020, n. 76, convertito in L. 11 settembre 2020, n. 120, a decorrere dal 15 settembre 2020. Il testo previgente disponeva: *1. Nei casi in cui è prevista l'acquisizione di assensi, concerti o nulla osta comunque denominati di amministrazioni pubbliche e di gestori di beni o servizi pubblici, per l'adozione di provvedimenti normativi e amministrativi di competenza di altre amministrazioni pubbliche, le amministrazioni o i gestori competenti comunicano il proprio assenso, concerto o nulla osta entro trenta giorni dal ricevimento dello schema di provvedimento, corredato della relativa documentazione, da parte dell'amministrazione procedente. Il termine è interrotto qualora l'amministrazione o il gestore che deve rendere il proprio assenso, concerto o nulla osta rappresenti esigenze istruttorie o richieste di modifica, motivate e formulate in modo puntuale nel termine stesso. In tal caso, l'assenso, il concerto o il nulla osta è reso nei successivi trenta giorni dalla ricezione degli elementi istruttori o dello schema di provvedimento; non sono ammesse ulteriori interruzioni di termini.*

[3] Comma così modificato dall'art. 12, D.L. 16 luglio 2020, n. 76, convertito in L. 11 settembre 2020, n. 120, a decorrere dal 15 settembre 2020. Il testo previgente disponeva: *2. Decorsi i termini di cui al comma 1 senza che sia stato comunicato l'assenso, il concerto o il nulla osta, lo stesso si intende acquisito. In caso di mancato accordo tra le amministrazioni statali coinvolte nei procedimenti di cui al comma 1, il Presidente del Consiglio dei ministri, previa deliberazione del Consiglio dei ministri, decide sulle modifiche da apportare allo schema di provvedimento.*

[4] Articolo aggiunto dall'art. 3, L. 7 agosto 2015, n. 124.

18. *Autocertificazione*[1]. 1. Le amministrazioni adottano le misure organizzative idonee a garantire l'applicazione delle disposizioni in materia di autocertificazione e di presentazione di atti e documenti da parte di cittadini a pubbliche amministrazioni di cui al decreto del Presidente della Repubblica 28 dicembre 2000, n. 445[2].

2. I documenti attestanti atti, fatti, qualità e stati soggettivi, necessari per l'istruttoria del procedimento, sono acquisiti d'ufficio quando sono in possesso dell'amministrazione procedente, ovvero sono detenuti, istituzionalmente, da altre pubbliche amministrazioni. L'amministrazione procedente può richiedere agli interessati i soli elementi necessari per la ricerca dei documenti[3].

3. Parimenti sono accertati d'ufficio dal responsabile del procedimento i fatti, gli stati e le qualità che la stessa amministrazione procedente o altra pubblica amministrazione è tenuta a certificare.

3-*bis*. Nei procedimenti avviati su istanza di parte, che hanno ad oggetto l'erogazione di benefici economici comunque denominati, indennità, prestazioni previdenziali e assistenziali, erogazioni, contributi, sovvenzioni, finanziamenti, prestiti, agevolazioni, da parte di pubbliche amministrazioni ovvero il rilascio di autorizzazioni e nulla osta comunque denominati, le dichiarazioni di cui agli articoli 46 e 47 del decreto del Presidente della Repubblica 28 dicembre 2000, n. 445, ovvero l'acquisizione di dati e documenti di cui ai commi 2 e 3, sostituiscono ogni tipo di documentazione comprovante tutti i requisiti soggettivi ed oggettivi richiesti dalla normativa di riferimento, fatto comunque salvo il rispetto delle disposizioni del codice delle leggi antimafia e delle misure di prevenzione, di cui al decreto legislativo 6 settembre 2011, n. 159[4 5].

[1] Rubrica aggiunta dall'art. 21, L. 11 febbraio 2005, n. 15.

[2] Comma così modificato prima dall'art. 1, D.P.R. 2 agosto 2007, n. 157, poi dall'art. 12, D.L. 16 luglio 2020, n. 76, convertito in L. 11 settembre 2020, n. 120, a decorrere dal 15 settembre 2020. Il testo previgente disponeva: *1. Entro sei mesi dalla data di entrata in vigore della presente legge le amministrazioni interessate adottano le misure organizzative idonee a garantire l'applicazione delle disposizioni in materia di autocertificazione e di presentazione di atti e documenti da parte di cittadini a pubbliche amministrazioni di cui alla legge 4 gennaio 1968, n. 15, e successive modificazioni e integrazioni.*

[3] Comma così sostituito dall'art. 3, D.L. 14 maggio 2005, n. 35, convertito in L. 14 maggio 2005, n. 80.

[4] Comma aggiunto dall'art. 12, D.L. 16 luglio 2020, n. 76, convertito in L. 11 settembre 2020, n. 120, a decorrere dal 15 settembre 2020.

[5] Il testo dell'articolo originale disponeva: *1. Entro sei mesi dalla data di entrata in vigore della presente legge le amministrazioni interessate adottano le misure organizzative idonee a garantire l'applicazione delle disposizioni in materia di autocertificazione e di presentazione di atti e documenti da parte di cittadini a pubbliche amministrazioni di cui alla legge 4 gennaio 1968, n. 15 e successive modificazioni e integrazioni. Delle misure adottate le amministrazioni danno comunicazione alla Commissione di cui all'art. 27.*

2. Qualora l'interessato dichiari che fatti, stati e qualità sono attestati in documenti già in possesso della stessa amministrazione procedente o di altra pubblica amministrazione, il responsabile del procedimento provvede d'ufficio all'acquisizione dei documenti stessi o di copia di essi.

3. Parimenti sono accertati d'ufficio dal responsabile del procedimento i fatti, gli stati e le qualità che la stessa amministrazione procedente o altra pubblica amministrazione è tenuta a certificare.

18-*bis*. *Presentazione di istanze, segnalazioni o comunicazioni.* 1. Dell'avvenuta presentazione di istanze, segnalazioni o comunicazioni è rilasciata immediatamente, anche in via telematica, una ricevuta, che attesta l'avvenuta presentazione dell'istanza, della segnalazione e della comunicazione e indica i termini entro i quali l'amministrazione è tenuta, ove previsto, a rispondere, ovvero entro i quali il silenzio dell'amministrazione equivale ad accoglimento dell'istanza. Se la ricevuta contiene le informazioni di cui all'articolo 8, essa costituisce comunicazione di avvio del procedimento ai sensi dell'articolo 7. La data di protocollazione dell'istanza, segnalazione o comunicazione non può comunque essere diversa da quella di effettiva presentazione. Le istanze, segnalazioni o comunicazioni producono effetti anche in caso di mancato rilascio della ricevuta, ferma restando la responsabilità del soggetto competente.

2. Nel caso di istanza, segnalazione o comunicazione presentate ad un ufficio diverso da quello competente, i termini di cui agli articoli 19, comma 3, e 20, comma 1, decorrono dal ricevimento dell'istanza, segnalazione o della comunicazione da parte dell'ufficio competente[1].

[1] Articolo aggiunto dall'art. 3, D.Lgs. 30 giugno 2016, n. 126.

19. *Segnalazione certificata di inizio attività - Scia.* 1. Ogni atto di autorizzazione, licenza, concessione non costitutiva, permesso o nulla osta comunque denominato, comprese le domande per le iscrizioni in albi o ruoli richieste per l'esercizio di attività imprenditoriale, commerciale o artigianale il cui rilascio dipenda esclusivamente dall'accertamento di requisiti e presupposti richiesti dalla legge o da atti amministrativi a contenuto generale, e non sia previsto alcun limite o contingente complessivo o specifici strumenti di programmazione settoriale per il rilascio degli stessi, è sostituito da una segnalazione dell'interessato, con la sola esclusione dei casi in cui sussistano vincoli ambientali, paesaggistici o culturali e degli atti rilasciati dalle amministrazioni preposte alla difesa nazionale, alla pubblica sicurezza, all'immigrazione, all'asilo, alla cittadinanza, all'amministrazione della giustizia, all'amministrazione delle finanze, ivi compresi gli atti concernenti le reti di acquisizione del gettito, anche derivante dal gioco, nonchè di quelli previsti dalla normativa per le costruzioni in zone sismiche e di quelli imposti dalla normativa comunitaria. La segnalazione è corredata dalle dichiarazioni sostitutive di certificazioni e dell'atto di notorietà per quanto riguarda tutti gli stati, le qualità personali e i fatti previsti negli articoli 46 e 47 del testo unico di cui al decreto del Presidente della Repubblica 28 dicembre 2000, n. 445, nonchè, ove espressamente previsto dalla normativa vigente, dalle attestazioni e asseverazioni di tecnici abilitati, ovvero dalle dichiarazioni di conformità da parte dell'Agenzia delle imprese di cui all'articolo 38, comma 4, del decreto-legge 25 giugno 2008, n. 112, convertito, con modificazioni, dalla legge 6 agosto 2008, n. 133, relative alla sussistenza dei requisiti e dei presupposti di cui al primo periodo; tali attestazioni e asseverazioni sono corredate dagli elaborati tecnici necessari per consentire le verifiche di competenza dell'amministrazione. Nei casi in cui la normativa vigente prevede l'acquisizione di atti o pareri di organi o enti appositi, ovvero l'esecuzione di verifiche preventive, essi sono comunque sostituiti dalle autocertificazioni, attestazioni e asseverazioni o certificazioni di cui al presente comma, salve le verifiche successive degli organi e delle amministrazioni competenti. La segnalazione, corredata delle dichiarazioni, attestazioni e asseverazioni nonchè dei relativi elaborati tecnici, può essere presentata mediante posta raccomandata con avviso di ricevimento, ad eccezione dei procedimenti per cui è previsto l'utilizzo esclusivo della modalità telematica; in tal caso la segnalazione si considera presentata al momento della ricezione da parte dell'amministrazione[1].

2. L'attività oggetto della segnalazione può essere iniziata, anche nei casi di cui all'articolo 19-*bis*, comma 2, dalla data della presentazione della segnalazione all'amministrazione competente[2].

3. L'amministrazione competente, in caso di accertata carenza dei requisiti e dei presupposti di cui al comma 1, nel termine di sessanta giorni dal ricevimento della segnalazione di cui al medesimo comma, adotta motivati provvedimenti di divieto di prosecuzione dell'attività e di rimozione degli eventuali effetti dannosi di essa. Qualora sia possibile conformare l'attività intrapresa e i suoi effetti alla normativa vigente, l'amministrazione competente, con atto motivato, invita il privato a provvedere prescrivendo le misure necessarie con la fissazione di un termine non inferiore a trenta giorni per l'adozione di queste ultime. In difetto di adozione delle misure da parte del privato, decorso il suddetto termine, l'attività si intende vietata. Con lo stesso atto motivato, in presenza di attestazioni non veritiere o di pericolo per la tutela dell'interesse pubblico in materia di ambiente, paesaggio, beni culturali, salute, sicurezza pubblica o difesa nazionale, l'amministrazione dispone la sospensione dell'attività intrapresa. L'atto motivato interrompe il termine di cui al primo periodo, che ricomincia a decorrere dalla data in cui il privato comunica l'adozione delle suddette misure. In assenza di ulteriori provvedimenti, decorso lo stesso termine, cessano gli effetti della sospensione eventualmente adottata[3].

4. Decorso il termine per l'adozione dei provvedimenti di cui al comma 3, primo periodo, ovvero di cui al comma 6-*bis*, l'amministrazione competente adotta comunque i provvedimenti previsti dal medesimo comma 3 in presenza delle condizioni previste dall'articolo 21-*nonies*[4].

4-*bis*. Il presente articolo non si applica alle attività economiche a prevalente carattere finanziario, ivi comprese quelle regolate dal testo unico delle leggi in materia bancaria e creditizia di cui al decreto legislativo 1° settembre 1993, n. 385, e dal testo unico in materia di intermediazione finanziaria di cui al decreto legislativo 24 febbraio 1998, n. 58[5].

5. [Il presente articolo non si applica alle attività economiche a prevalente carattere finanziario, ivi comprese quelle regolate dal testo unico delle leggi in materia bancaria e creditizia di cui al decreto legislativo 1° settembre 1993, n. 385, e dal testo unico in materia di intermediazione finanziaria di cui al decreto legislativo 24 febbraio 1998, n. 58. Ogni controversia relativa all'applicazione del presente articolo è devoluta alla giurisdizione esclusiva del giudice amministrativo. Il relativo ricorso giurisdizionale, esperibile da qualunque interessato nei termini di legge, può riguardare anche gli atti di assenso formati in virtù delle norme sul silenzio assenso previste dall'articolo 20][6].

6. Ove il fatto non costituisca più grave reato, chiunque, nelle dichiarazioni o attestazioni o asseverazioni che corredano la segnalazione di inizio attività, dichiara o attesta falsamente l'esistenza dei requisiti o dei presupposti di cui al comma 1 è punito con la reclusione da uno a tre anni.

6-*bis*. Nei casi di Scia in materia edilizia, il termine di sessanta giorni di cui al primo periodo del comma 3 è ridotto a trenta giorni. Fatta salva l'applicazione delle disposizioni di cui al comma 4 e al comma 6, restano altresì ferme le disposizioni relative alla vigilanza sull'attività urbanistico-edilizia, alle responsabilità e alle sanzioni previste dal decreto del Presidente della Repubblica 6 giugno 2001, n. 380, e dalle leggi regionali[7].

6-*ter*. La segnalazione certificata di inizio attività, la denuncia e la dichiarazione di inizio attività non costituiscono provvedimenti taciti direttamente impugnabili. Gli interessati possono sollecitare l'esercizio delle verifiche spettanti all'amministrazione e, in caso di inerzia, esperire esclusivamente l'azione di cui all'articolo 31, commi 1, 2 e 3 del decreto legislativo 2 luglio 2010, n. 104[8] [9] [10] [11] [12] [13].

[1] Comma modificato prima dall'art. 5, D.L. 13 maggio 2011, n. 70, convertito in L. 12 luglio 2011, n. 106, poi dall'art. 2, D.L.

9 febbraio 2012, n. 5, convertito in L. 4 aprile 2012, n. 35, che dopo le parole: «decreto del Presidente della Repubblica 28 dicembre 2000, n. 445, nonchè» ha aggiunto le seguenti: «, ove espressamente previsto dalla normativa vigente,», infine dall'art. 13, D.L. 22 giugno 2012, n. 83, convertito in L. 7 agosto 2012, n. 134. Il testo previgente disponeva: *1. Ogni atto di autorizzazione, licenza, concessione non costitutiva, permesso o nulla osta comunque denominato, comprese le domande per le iscrizioni in albi o ruoli richieste per l'esercizio di attività imprenditoriale, commerciale o artigianale il cui rilascio dipenda esclusivamente dall'accertamento di requisiti e presupposti richiesti dalla legge o da atti amministrativi a contenuto generale, e non sia previsto alcun limite o contingente complessivo o specifici strumenti di programmazione settoriale per il rilascio degli stessi, è sostituito da una segnalazione dell'interessato, con la sola esclusione dei casi in cui sussistano vincoli ambientali, paesaggistici o culturali e degli atti rilasciati dalle amministrazioni preposte alla difesa nazionale, alla pubblica sicurezza, all'immigrazione, all'asilo, alla cittadinanza, all'amministrazione della giustizia, all'amministrazione delle finanze, ivi compresi gli atti concernenti le reti di acquisizione del gettito, anche derivante dal gioco, nonchè di quelli previsti dalla normativa per le costruzioni in zone sismiche e di quelli imposti dalla normativa comunitaria. La segnalazione è corredata dalle dichiarazioni sostitutive di certificazioni e dell'atto di notorietà per quanto riguarda tutti gli stati, le qualità personali e i fatti previsti negli articoli 46 e 47 del testo unico di cui al decreto del Presidente della Repubblica 28 dicembre 2000, n. 445, nonchè, ove espressamente previsto dalla normativa vigente, dalle attestazioni e asseverazioni di tecnici abilitati, ovvero dalle dichiarazioni di conformità da parte dell'Agenzia delle imprese di cui all'articolo 38, comma 4, del decreto-legge 25 giugno 2008, n. 112, convertito, con modificazioni, dalla legge 6 agosto 2008, n. 133, relative alla sussistenza dei requisiti e dei presupposti di cui al primo periodo; tali attestazioni e asseverazioni sono corredate dagli elaborati tecnici necessari per consentire le verifiche di competenza dell'amministrazione. Nei casi in cui la legge prevede l'acquisizione di pareri di organi o enti appositi, ovvero l'esecuzione di verifiche preventive, essi sono comunque sostituiti dalle autocertificazioni, attestazioni e asseverazioni o certificazioni di cui al presente comma, salve le verifiche successive degli organi e delle amministrazioni competenti. La segnalazione, corredata delle dichiarazioni, attestazioni e asseverazioni nonchè dei relativi elaborati tecnici, può essere presentata mediante posta raccomandata con avviso di ricevimento, ad eccezione dei procedimenti per cui è previsto l'utilizzo esclusivo della modalità telematica; in tal caso la segnalazione si considera presentata al momento della ricezione da parte dell'amministrazione.*

[2] Comma così modificato dall'art. 3, D.Lgs. 30 giugno 2016, n. 126. Il testo previgente disponeva: *2. L'attività oggetto della segnalazione può essere iniziata dalla data della presentazione della segnalazione all'amministrazione competente.*

[3] Comma così modificato dall'art. 25, D.L. 12 settembre 2014, n. 133, convertito in L. 11 novembre 2014, n. 164, sostituito dall'art. 6, L. 7 agosto 2015, n. 124, infine modificato dall'art. 3, D.Lgs. 30 giugno 2016, n. 126.

Il testo previgente la modifica del 2014 disponeva: *3. L'amministrazione competente, in caso di accertata carenza dei requisiti e dei presupposti di cui al comma 1, nel termine di sessanta giorni dal ricevimento della segnalazione di cui al medesimo comma, adotta motivati provvedimenti di divieto di prosecuzione dell'attività e di rimozione degli eventuali effetti dannosi di essa, salvo che, ove ciò sia possibile, l'interessato provveda a conformare alla normativa vigente detta attività ed i suoi effetti entro un termine fissato dall'amministrazione, in ogni caso non inferiore a trenta giorni. È fatto comunque salvo il potere dell'amministrazione competente di assumere determinazioni in via di autotutela, ai sensi degli articoli 21-quinquies e 21-nonies. In caso di dichiarazioni sostitutive di certificazione e dell'atto di notorietà false o mendaci, l'amministrazione, ferma restando l'applicazione delle sanzioni penali di cui al comma 6, nonchè di quelle di cui al capo VI del testo unico di cui al decreto del Presidente della Repubblica 28 dicembre 2000, n. 445, può sempre e in ogni tempo adottare i provvedimenti di cui al primo periodo.*

Il testo previgente la modifica del 2015 disponeva: *3. L'amministrazione competente, in caso di accertata carenza dei requisiti e dei presupposti di cui al comma 1, nel termine di sessanta giorni dal ricevimento della segnalazione di cui al medesimo comma, adotta motivati provvedimenti di divieto di prosecuzione dell'attività e di rimozione degli eventuali effetti dannosi di essa, salvo che, ove ciò sia possibile, l'interessato provveda a conformare alla normativa vigente detta attività ed i suoi effetti entro un termine fissato dall'amministrazione, in ogni caso non inferiore a trenta giorni. È fatto comunque salvo il potere dell'amministrazione competente di assumere determinazioni in via di autotutela, ai sensi degli articoli 21-quinquies e 21-nonies, nei casi di cui al comma 4 del presente articolo. In caso di dichiarazioni sostitutive di certificazione e dell'atto di notorietà false o mendaci, l'amministrazione, ferma restando l'applicazione delle sanzioni penali di cui al comma 6, nonchè di quelle di cui al capo VI del testo unico di cui al decreto del Presidente della Repubblica 28 dicembre 2000, n. 445, può sempre e in ogni tempo adottare i provvedimenti di cui al primo periodo.*

Il testo previgente la modifica del 2016 disponeva: *3. L'amministrazione competente, in caso di accertata carenza dei requisiti e dei presupposti di cui al comma 1, nel termine di sessanta giorni dal ricevimento della segnalazione di cui al medesimo comma, adotta motivati provvedimenti di divieto di prosecuzione dell'attività e di rimozione degli eventuali effetti dannosi di essa. Qualora sia possibile conformare l'attività intrapresa e i suoi effetti alla normativa vigente, l'amministrazione competente, con atto motivato, invita il privato a provvedere, disponendo la sospensione dell'attività intrapresa e prescrivendo le misure necessarie con la fissazione di un termine non inferiore a trenta giorni per l'adozione di queste ultime. In difetto di adozione delle misure stesse, decorso il suddetto termine, l'attività si intende vietata.*

[4] Comma così modificato prima dall'art. 6, D.L. 13 agosto 2011, n. 138, convertito in L. 14 settembre 2011, n. 148, poi dall'art. 19-bis, D.L. 24 giugno 2014, n. 91, convertito in L. 11 agosto 2014, n. 116, infine sostituito dall'art. 6, L. 7 agosto 2015, n. 124.

Il testo previgente la modifica del 2011 disponeva: *4. Decorso il termine per l'adozione dei provvedimenti di cui al primo periodo del comma 3, all'amministrazione è consentito intervenire solo in presenza del pericolo di un danno per il patrimonio artistico e culturale, per l'ambiente, per la salute, per la sicurezza pubblica o la difesa nazionale e previo motivato accertamento dell'impossibilità di tutelare comunque tali interessi mediante conformazione dell'attività dei privati alla normativa vigente.*

Il testo previgente la modifica del 2014 disponeva: *4. Decorso il termine per l'adozione dei provvedimenti di cui al primo periodo del comma 3 ovvero di cui al comma 6-bis, all'amministrazione è consentito intervenire solo in presenza del pericolo di un danno per il patrimonio artistico e culturale, per l'ambiente, per la salute, per la sicurezza pubblica o la difesa nazionale e previo motivato accertamento dell'impossibilità di tutelare comunque tali interessi mediante conformazione dell'attività dei privati alla normativa vigente.*

Il testo previgente la modifica del 2015 disponeva: *4. Decorso il termine per l'adozione dei provvedimenti di cui al primo periodo del comma 3 ovvero di cui al comma 6-bis, ovvero nel caso di segnalazione corredata della dichiarazione di conformità di cui all'articolo 2, comma 3, del regolamento di cui al decreto del Presidente della Repubblica 9 luglio 2010, n. 159 all'amministrazione è consentito intervenire solo in presenza del pericolo di un danno per il patrimonio artistico e culturale, per l'ambiente, per la salute, per la sicurezza pubblica o la difesa nazionale e previo motivato accertamento dell'impossibilità di tutelare comunque tali interessi mediante conformazione dell'attività dei privati alla normativa vigente.*

[5] Comma aggiunto dall'art. 2, D.L. 5 agosto 2010, n. 125, convertito in L. 1 ottobre 2010, n. 163.

[6] Il primo e l'ultimo periodo del presente comma sono da ritenersi abrogati a seguito delle modifiche apportate al presente articolo e all'articolo 20 successivo ex art. 2, D.L. 5 agosto 2010, n. 125, convertito in L. 1 ottobre 2010, n. 163.

[7] Comma aggiunto dall'art. 5, D.L. 13 maggio 2011, n. 70, convertito in L. 12 luglio 2011, n. 106 e poi così modificato dall'art. 6, D.L. 13 agosto 2011, n. 138, convertito in L. 14 settembre 2011, n. 148. Il testo previgente disponeva: *6-bis. Nei casi di Scia in materia edilizia, il termine di sessanta giorni di cui al primo periodo del comma 3 è ridotto a trenta giorni. Fatta salva l'applicazione delle disposizioni di cui al comma 6, restano altresì ferme le disposizioni relative alla vigilanza sull'attività urbanistico-edilizia, alle responsabilità e alle sanzioni previste dal decreto del Presidente della Repubblica 6 giugno 2001, n. 380, e dalle leggi regionali.*

[8] Comma aggiunto dall'art. 6, D.L. 13 agosto 2011, n. 138, convertito in L. 14 settembre 2011, n. 148.

[9] Articolo, da ultimo, così sostituito dall'art. 49, D.L. 31 maggio 2010, n. 78, convertito in L. 30 luglio 2010, n. 122. Si tenga presente che le espressioni «segnalazione certificata di inizio attività» e «Scia» sostituiscono, rispettivamente, quelle di «dichiarazione di inizio attività» e «Dia», ovunque ricorrano, anche come parte di una espressione più ampia, e la disciplina di cui al comma 4-bis sostituisce direttamente, dalla data di entrata in vigore della legge 122/2010, quella della dichiarazione di inizio attività recata da ogni normativa statale e regionale.

[10] Le disposizioni di cui al presente articolo si interpretano nel senso che le stesse si applicano alle denunce di inizio attività in materia edilizia disciplinate dal decreto del Presidente della Repubblica 6 giugno 2001, n. 380, con esclusione dei casi in cui le denunce stesse, in base alla normativa statale o regionale, siano alternative o sostitutive del permesso di costruire. Le disposizioni di cui al presente articolo si interpretano altresì nel senso che non sostituiscono la disciplina prevista dalle leggi regionali che, in attuazione dell'articolo 22, comma 4, del decreto del Presidente della Repubblica 6 giugno 2001, n. 380, abbiano ampliato l'ambito applicativo delle disposizioni di cui all'articolo 22, comma 3, del medesimo decreto e nel senso che, nei casi in cui sussistano vincoli ambientali, paesaggistici o culturali, la Scia non sostituisce gli atti di autorizzazione o nulla osta, comunque denominati, delle amministrazioni preposte alla tutela dell'ambiente e del patrimonio culturale (art. 5, comma 2, D.L. 13 maggio 2011, n. 70, convertito in L. 12 luglio 2011, n. 106).

[11] Si riporta l'art. 133, comma 1, lett. a) n. 3), D.Lgs. 2 luglio 2010, n. 104, nel testo sostituito dall'art. 1, D.Lgs. 15 novembre 2011, n. 195: «Art. 133. Materie di giurisdizione esclusiva. *1. Sono devolute alla giurisdizione esclusiva del giudice amministrativo, salvo ulteriori previsioni di legge:*

a) le controversie in materia di: [...];

3) silenzio di cui all'articolo 31, commi 1, 2 e 3, e provvedimenti espressi adottati in sede di verifica di segnalazione certificata, denuncia e dichiarazione di inizio attività, di cui all'articolo 19, comma 6-ter, della legge 7 agosto 1990, n. 241;».

[12] In materia di Scia ricordiamo i seguenti provvedimenti emanati in attuazione della L. 7 agosto 2015, n. 124 (Deleghe al Governo in materia di riorganizzazione delle amministrazioni pubbliche):

- D.Lgs. 30 giugno 2016, n. 126 (*Attuazione della delega in materia di segnalazione certificata di inizio attività (SCIA), a norma dell'articolo 5 della legge 7 agosto 2015, n. 124*);
- D.Lgs. 25 novembre 2016, n. 222 (*Individuazione di procedimenti oggetto di autorizzazione, segnalazione certificata di inizio di attività (SCIA), silenzio assenso e comunicazione e di definizione dei regimi amministrativi applicabili a determinate attività e procedimenti, ai sensi dell'articolo 5 della legge 7 agosto 2015, n. 124*);
- D.P.R. 13 febbraio 2017, n. 31 (*Regolamento recante individuazione degli interventi esclusi dall'autorizzazione paesaggistica o sottoposti a procedura autorizzatoria semplificata*).

[13] Il testo dell'articolo originale disponeva: *19. 1. Con regolamento adottato ai sensi del comma 2 dell'art. 17 della legge 23 agosto 1988, n. 400, da emanarsi entro novanta giorni dalla data di entrata in vigore della presente legge e previo parere delle competenti Commissioni parlamentari, sono determinati i casi in cui la domanda di rilascio di una autorizzazione, licenza, abilitazione, nulla osta, permesso od altro atto di consenso comunque denominato, cui sia subordinato lo svolgimento di un'attività privata, si considera accolta qualora non venga comunicato all'interessato il provvedimento di diniego entro il termine fissato per categorie di atti, in relazione alla complessità del rispettivo procedimento, dal medesimo predetto regolamento. In tali casi, sussistendone le ragioni di pubblico interesse, l'amministrazione competente può annullare l'atto di assenso illegittimamente formato, salvo che, ove ciò sia possibile, l'interessato provveda a sanare i vizi entro il termine prefissatogli dall'amministrazione stessa.*

2. Ai fini dell'adozione del regolamento di cui al comma 1, il parere delle Commissioni parlamentari e del Consiglio di Stato deve essere reso entro sessanta giorni dalla richiesta. Decorso tale termine, il Governo procede comunque all'adozione dell'atto.

3. Restano ferme le disposizioni attualmente vigenti che stabiliscono regole analoghe o equipollenti a quelle previste dal presente articolo.

Il testo dell'articolo previgente le modifiche di cui alla L. 69/2009 disponeva: *19. Dichiarazione di inizio attività. 1. Ogni atto di autorizzazione, licenza, concessione non costitutiva, permesso o nulla osta comunque denominato, comprese le domande per le iscrizioni in albi o ruoli richieste per l'esercizio di attività imprenditoriale, commerciale o artigianale il cui rilascio dipenda esclusivamente dall'accertamento dei requisiti e presupposti di legge o di atti amministrativi a contenuto generale e non sia previsto alcun limite o contingente complessivo o specifici strumenti di programmazione settoriale per il rilascio degli atti stessi, con la sola esclusione degli atti rilasciati dalle amministrazioni preposte alla difesa nazionale, alla pubblica sicurezza, all'immigrazione, all'amministrazione della giustizia, alla amministrazione delle finanze, ivi compresi gli atti concernenti le reti di acquisizione del gettito, anche derivante dal gioco, alla tutela della salute e della pubblica incolumità, del patrimonio culturale e paesaggistico e dell'ambiente, nonché degli atti imposti dalla normativa comunitaria, è sostituito da una dichiarazione dell'interessato corredata, anche per mezzo di autocertificazioni, delle certificazioni e delle attestazioni normativamente richieste. L'amministrazione competente può richiedere informazioni o certificazioni relative a fatti, stati o qualità soltanto qualora non siano attestati in documenti già in possesso dell'amministrazione stessa o non siano direttamente acquisibili presso altre pubbliche amministrazioni.*

2. L'attività oggetto della dichiarazione può essere iniziata decorsi trenta giorni dalla data di presentazione della dichiarazione all'amministrazione competente. Contestualmente all'inizio dell'attività, l'interessato ne dà comunicazione all'amministrazione competente.

3. L'amministrazione competente, in caso di accertata carenza delle condizioni, modalità e fatti legittimanti, nel termine di trenta giorni dal ricevimento della comunicazione di cui al comma 2, adotta motivati provvedimenti di divieto di prosecuzione dell'attività e di rimozione dei suoi effetti, salvo che, ove ciò sia possibile, l'interessato provveda a conformare alla normativa vigente detta attività ed i suoi effetti entro un termine fissato dall'amministrazione, in ogni caso non inferiore a trenta giorni. È fatto comunque salvo il potere dell'amministrazione competente di assumere determinazioni in via di autotutela, ai sensi degli articoli 21-quinquies e 21-nonies. Nei casi in cui la legge prevede l'acquisizione di pareri di organi o enti appositi, il termine per l'adozione dei provvedimenti di divieto di prosecuzione dell'attività e di rimozione dei suoi effetti sono sospesi, fino all'acquisizione dei pareri, fino a un massimo di trenta giorni, scaduti i quali l'amministrazione può adottare i propri provvedimenti indipendentemente dall'acquisizione del parere. Della sospensione è data comunicazione all'interessato.

4. Restano ferme le disposizioni di legge vigenti che prevedono termini diversi da quelli di cui ai commi 2 e 3 per l'inizio dell'attività e per l'adozione da parte dell'amministrazione competente di provvedimenti di divieto di prosecuzione dell'attività e di rimozione dei suoi effetti.

5. Ogni controversia relativa all'applicazione dei commi 1, 2 e 3 è devoluta alla giurisdizione esclusiva del giudice amministrativo.

Il testo dell'articolo previgente le modifiche di cui al D.L. 31 maggio 2010, n. 78, convertito in L. 30 luglio 2010, n. 122, ma successive al D.Lgs. 26 marzo 2010 n. 59, disponeva: *19. Dichiarazione di inizio attività. 1. Ogni atto di autorizzazione, licenza, concessione non costitutiva, permesso o nulla osta comunque denominato, comprese le domande per le iscrizioni in albi o ruoli richieste per l'esercizio di attività imprenditoriale, commerciale o artigianale il cui rilascio dipenda esclusivamente dall'accertamento dei requisiti e presupposti di legge o di atti amministrativi a contenuto generale e non sia previsto alcun limite o contingente complessivo o specifici strumenti di programmazione settoriale per il rilascio degli atti stessi, con la sola esclusione degli atti rilasciati dalle amministrazioni preposte alla difesa nazionale, alla pubblica sicurezza, all'immigrazione, all'asilo, alla cittadinanza, all'amministrazione della giustizia, alla amministrazione delle finanze, ivi compresi gli atti concernenti le reti di acquisizione del gettito, anche derivante dal gioco, alla tutela della salute e della pubblica incolumità, del patrimonio culturale e paesaggistico e dell'ambiente, nonché degli atti imposti dalla normativa comunitaria, è sostituito da una dichiarazione dell'interessato corredata, anche per mezzo di autocertificazioni, delle certificazioni e delle attestazioni normativamente richieste. L'amministrazione competente può richiedere informazioni o certificazioni relative a fatti, stati o qualità soltanto qualora non siano attestati in documenti già in possesso dell'amministrazione stessa o non siano direttamente acquisibili presso altre pubbliche amministrazioni.*

2. L'attività oggetto della dichiarazione può essere iniziata decorsi trenta giorni dalla data di presentazione della dichiarazione all'amministrazione competente; contestualmente all'inizio dell'attività, l'interessato ne dà comunicazione all'amministrazione competente. Nel caso in cui la dichiarazione di inizio attività abbia ad oggetto l'esercizio di attività di cui al decreto legislativo di attuazione della direttiva 2006/123/CE, l'attività, ove non diversamente previsto, può essere iniziata dalla data della presentazione della dichiarazione all'amministrazione competente.

3. L'amministrazione competente, in caso di accertata carenza delle condizioni, modalità e fatti legittimanti, nel termine di trenta giorni dal ricevimento della comunicazione di cui al comma 2, o, nei casi di cui all'ultimo periodo del medesimo comma 2, nel termine di trenta giorni dalla data della presentazione della dichiarazione, adotta motivati provvedimenti di divieto di prosecuzione dell'attività e di rimozione dei suoi effetti, salvo che, ove ciò sia possibile, l'interessato provveda a conformare alla normativa vigente detta attività ed i suoi effetti entro un termine fissato dall'amministrazione, in ogni caso non inferiore a trenta giorni. È fatto comunque salvo il potere dell'amministrazione competente di assumere determinazioni in via di autotutela, ai sensi degli articoli 21-quinquies e 21-nonies. Nei casi in cui la legge prevede l'acquisizione di pareri di organi o enti appositi, il termine per l'adozione dei provvedimenti di divieto di prosecuzione dell'attività e di rimozione dei suoi effetti sono sospesi, fino all'acquisizione dei pareri, fino a un massimo di trenta giorni, scaduti i quali l'amministrazione può adottare i propri provvedimenti indipendentemente dall'acquisizione del parere. Della sospensione è data comunicazione all'interessato.

4. Restano ferme le disposizioni di legge vigenti che prevedono termini diversi da quelli di cui ai commi 2 e 3 per l'inizio dell'attività e per l'adozione da parte dell'amministrazione competente di provvedimenti di divieto di prosecuzione dell'attività e di rimozione dei suoi effetti.

5. Ogni controversia relativa all'applicazione dei commi 1, 2 e 3 è devoluta alla giurisdizione esclusiva del giudice amministrativo. Il relativo ricorso giurisdizionale, esperibile da qualunque interessato nei termini di legge, può riguardare anche gli atti di assenso formati in virtù delle norme sul silenzio assenso previste dall'articolo 20.

19-*bis*. *Concentrazione dei regimi amministrativi.* 1. Sul sito istituzionale di ciascuna amministrazione è indicato lo sportello unico, di regola telematico, al quale presentare la SCIA, anche in caso di procedimenti connessi di competenza di altre amministrazioni ovvero di diverse articolazioni interne dell'amministrazione ricevente. Possono essere istituite più sedi di tale sportello, al solo scopo di garantire la pluralità dei punti di accesso sul territorio.

2. Se per lo svolgimento di un'attività soggetta a SCIA sono necessarie altre SCIA, comunicazioni, attestazioni, asseverazioni e notifiche, l'interessato presenta un'unica SCIA allo sportello di cui al comma 1. L'amministrazione che riceve la SCIA la trasmette immediatamente alle altre amministrazioni interessate al fine di consentire, per quanto di loro competenza, il controllo sulla sussistenza dei requisiti e dei presupposti per lo svolgimento dell'attività e la presentazione, almeno cinque giorni prima della scadenza dei termini di cui all'articolo 19, commi 3 e 6-*bis*, di eventuali proposte motivate per l'adozione dei provvedimenti ivi previsti.

3. Nel caso in cui l'attività oggetto di SCIA è condizionata all'acquisizione di atti di assenso comunque denominati o pareri di altri uffici e amministrazioni, ovvero all'esecuzione di verifiche preventive, l'interessato presenta allo sportello di cui al comma 1 la relativa istanza, a seguito della quale è rilasciata ricevuta ai sensi dell'articolo 18-*bis*. In tali casi, il termine per la convocazione della conferenza di cui all'articolo 14 decorre dalla data di presentazione dell'istanza e l'inizio dell'attività resta subordinato al rilascio degli atti medesimi, di cui lo sportello dà comunicazione all'interessato[1].

[1] Articolo aggiunto dall'art. 3, D.Lgs. 30 giugno 2016, n. 126.

20. *Silenzio assenso.* 1. Fatta salva l'applicazione dell'articolo 19, nei procedimenti ad istanza di parte per il rilascio di provvedimenti amministrativi il silenzio dell'amministrazione competente equivale a provvedimento di accoglimento della domanda, senza necessità di ulteriori istanze o diffide, se la medesima amministrazione non comunica all'interessato, nel termine di cui all'articolo 2, commi 2 o 3, il provvedimento di diniego, ovvero non procede ai sensi del comma 2. Tali termini decorrono dalla data di ricevimento della domanda del privato[1].

2. L'amministrazione competente può indire, entro trenta giorni dalla presentazione dell'istanza di cui al comma 1, una conferenza di servizi ai sensi del capo IV, anche tenendo conto delle situazioni giuridiche soggettive dei controinteressati.

3. Nei casi in cui il silenzio dell'amministrazione equivale ad accoglimento della domanda, l'amministrazione competente può assumere determinazioni in via di autotutela, ai sensi degli articoli 21-*quinquies* e 21-*nonies*.

4. Le disposizioni del presente articolo non si applicano agli atti e procedimenti riguardanti il patrimonio culturale e paesaggistico, l'ambiente, la tutela dal rischio idrogeologico, la difesa nazionale, la pubblica sicurezza, l'immigrazione, l'asilo e la cittadinanza, la salute e la pubblica incolumità, ai casi in cui la normativa comunitaria impone l'adozione di provvedimenti amministrativi formali, ai casi in cui la legge qualifica il silenzio dell'amministrazione come rigetto dell'istanza, nonché agli atti e procedimenti individuati con uno o più decreti del Presidente del Consiglio dei Ministri, su proposta del Ministro per la funzione pubblica, di concerto con i Ministri competenti[2].

5. Si applicano gli articoli 2, comma 7, e 10-*bis*[3].

5-*bis*. Ogni controversia relativa all'applicazione del presente articolo è devoluta alla giurisdizione esclusiva del giudice amministrativo[4 5 6 7 8].

[1] Comma così modificato dall'art. 3, D.Lgs. 30 giugno 2016, n. 126. Il testo previgente disponeva: *1. Fatta salva l'applicazione dell'articolo 19, nei procedimenti ad istanza di parte per il rilascio di provvedimenti amministrativi il silenzio dell'amministrazione competente equivale a provvedimento di accoglimento della domanda, senza necessità di ulteriori istanze o diffide, se la medesima amministrazione non comunica all'interessato, nel termine di cui all'articolo 2, commi 2 o 3, il provvedimento di diniego, ovvero non procede ai sensi del comma 2.*

[2] Comma, da ultimo, così modificato dall'art. 54, L. 28 dicembre 2015, n. 221. Il testo previgente disponeva: *4. Le disposizioni del presente articolo non si applicano agli atti e procedimenti riguardanti il patrimonio culturale e paesaggistico, l'ambiente, la difesa nazionale, la pubblica sicurezza, l'immigrazione, l'asilo e la cittadinanza, la salute e la pubblica incolumità, ai casi in cui la normativa comunitaria impone l'adozione di provvedimenti amministrativi formali, ai casi in cui la legge qualifica il silenzio dell'amministrazione come rigetto dell'istanza, nonché agli atti e procedimenti individuati con uno o più decreti del Presidente del Consiglio dei Ministri, su proposta del Ministro per la funzione pubblica, di concerto con i Ministri competenti.*

[3] Comma così sostituito dall'art. 7, L. 18 giugno 2009, n. 69.

[4] Comma aggiunto dall'art. 2, D.L. 5 agosto 2010, n. 125, convertito in L. 1 ottobre 2010, n. 163.

[5] Articolo così sostituito dall'art. 3, D.L. 14 maggio 2005, n. 35, convertito in L. 14 maggio 2005, n. 80.

[6] Si riporta l'art. 133, comma 1, lett. a-bis), D.Lgs. 2 luglio 2010, n. 104, aggiunta dall'art. 1, D.Lgs. 15 novembre 2011, n. 195: «Art. 133. Materie di giurisdizione esclusiva. *1. Sono devolute alla giurisdizione esclusiva del giudice amministrativo, salvo ulteriori previsioni di legge:*

a-bis) le controversie relative all'applicazione dell'articolo 20 della legge 7 agosto 1990, n. 241;

[...].

[7] Si invita il lettore alla consultazione delle seguenti norme:

- art. 13, commi 1 e 4, L. 6 dicembre 1991, n. 394 (*Legge quadro sulle aree protette*);
- artt. 3, 4, 5, L. 7 agosto 2015, n. 124 (*Deleghe al Governo in materia di riorganizzazione delle amministrazioni pubbliche*);
- D.Lgs. 30 giugno 2016, n. 126 (*Attuazione della delega in materia di segnalazione certificata di inizio attività (SCIA), a norma dell'articolo 5 della legge 7 agosto 2015, n. 124*);
- D.Lgs. 25 novembre 2016, n. 222 (*Individuazione di procedimenti oggetto di autorizzazione, segnalazione certificata di inizio di attività (SCIA), silenzio assenso e comunicazione e di definizione dei regimi amministrativi applicabili a determinate attività e procedimenti, ai sensi dell'articolo 5 della legge 7 agosto 2015, n. 124*).
- D.P.R. 13 febbraio 2017, n. 31 (*Regolamento recante individuazione degli interventi esclusi dall'autorizzazione paesaggistica o sottoposti a procedura autorizzatoria semplificata*).

[8] La versione originaria dell'articolo era la seguente: *1. Con regolamento adottato ai sensi del comma 2 dell'art. 17 della legge 23 agosto 1988, n. 400, da emanarsi entro novanta giorni dalla data di entrata in vigore della presente legge e previo parere delle competenti Commissioni parlamentari, sono determinati i casi in cui la domanda di rilascio di una autorizzazione, licenza, abilitazione, nulla osta, permesso od altro atto di consenso comunque denominato, cui sia subordinato lo svolgimento di un'attività privata, si considera accolta qualora non venga comunicato all'interessato il provvedimento di diniego entro il termine fissato per categorie di atti, in relazione alla complessità del rispettivo procedimento, dal medesimo predetto regolamento. In tali casi, sussistendone le ragioni di pubblico interesse, l'amministrazione competente può annullare l'atto di assenso illegittimamente formato, salvo che, ove ciò sia possibile, l'interessato provveda a sanare i vizi entro il termine prefissatogli dall'amministrazione stessa.*

2. Ai fini dell'adozione del regolamento di cui al comma 1, il parere delle Commissioni parlamentari e del Consiglio di Stato deve essere reso entro sessanta giorni dalla richiesta. Decorso tale termine, il Governo procede comunque all'adozione dell'atto.

3. Restano ferme le disposizioni attualmente vigenti che stabiliscono regole analoghe o equipollenti a quelle previste dal presente articolo.

Il testo dell'articolo previgente le modifiche di cui alla L. 69/2009 disponeva: *1. Fatta salva l'applicazione dell'articolo 19, nei procedimenti ad istanza di parte per il rilascio di provvedimenti amministrativi il silenzio dell'amministrazione competente equivale a provvedimento di accoglimento della domanda, senza necessità di ulteriori istanze o diffide, se la medesima amministrazione non comunica all'interessato, nel termine di cui all'articolo 2, commi 2 o 3, il provvedimento di diniego, ovvero non procede ai sensi del comma 2.*

2. L'amministrazione competente può indire, entro trenta giorni dalla presentazione dell'istanza di cui al comma 1, una conferenza di servizi ai sensi del capo IV, anche tenendo conto delle situazioni giuridiche soggettive dei controinteressati.

3. Nei casi in cui il silenzio dell'amministrazione equivale ad accoglimento della domanda, l'amministrazione competente può assumere determinazioni in via di autotutela, ai sensi degli articoli 21-quinquies e 21-nonies.

4. Le disposizioni del presente articolo non si applicano agli atti e procedimenti riguardanti il patrimonio culturale e paesaggistico, l'ambiente, la difesa nazionale, la pubblica sicurezza e l'immigrazione, la salute e la pubblica incolumità, ai casi in cui la normativa comunitaria impone l'adozione di provvedimenti amministrativi formali, ai casi in cui la legge qualifica il silenzio dell'amministrazione come rigetto dell'istanza, nonché agli atti e procedimenti individuati con uno o più decreti del Presidente del Consiglio dei Ministri, su proposta del Ministro per la funzione pubblica, di concerto con i Ministri competenti.

5. Si applicano gli articoli 2, comma 4, e 10-bis.

21. *Disposizioni sanzionatorie*[1]. 1. Con la segnalazione o con la domanda di cui agli articoli 19 e 20 l'interessato deve dichiarare la sussistenza dei presupposti e dei requisiti di legge richiesti. In caso di dichiarazioni mendaci o di false attestazioni non è ammessa la conformazione dell'attività e dei suoi effetti a legge o la sanatoria prevista dagli articoli medesimi ed il dichiarante è punito con la sanzione prevista dall'articolo 483 del codice penale, salvo che il fatto costituisca più grave reato[2].

2. [...][3].

2-*bis*. Restano ferme le attribuzioni di vigilanza, prevenzione e controllo su attività soggette ad atti di assenso da parte di pubbliche amministrazioni previste da leggi vigenti, anche se è stato dato inizio all'attività ai sensi degli articoli 19 e 20[4].

2-*ter*. La decorrenza del termine previsto dall'articolo 19, comma 3, e la formazione del silenzio assenso ai sensi dell'articolo 20 non escludono la responsabilità del dipendente che non abbia agito tempestivamente nel caso in cui la segnalazione certificata o l'istanza del privato non fosse conforme alle norme vigenti[5].

[1] Rubrica aggiunta dall'art. 21, L. 11 febbraio 2005, n. 15.

[2] Comma così modificato dall'art. 6, L. 7 agosto 2015, n. 124. Il testo previgente disponeva: *1. Con la denuncia o con la domanda di cui agli articoli 19 e 20 l'interessato deve dichiarare la sussistenza dei presupposti e dei requisiti di legge richiesti. In caso di dichiarazioni mendaci o di false attestazioni non è ammessa la conformazione dell'attività e dei suoi effetti a legge o la sanatoria prevista dagli articoli medesimi ed il dichiarante è punito con la sanzione prevista dall'articolo 483 del codice penale, salvo che il fatto costituisca più grave reato.*

[3] Comma abrogato dall'art. 6, L. 7 agosto 2015, n. 124. Il testo previgente disponeva: *2. Le sanzioni attualmente previste in caso di svolgimento dell'attività in carenza dell'atto di assenso dell'amministrazione o in difformità di esso si applicano anche nei riguardi di coloro i quali diano inizio all'attività ai sensi degli articoli 19 e 20 in mancanza dei requisiti richiesti o, comunque, in contrasto con la normativa vigente.*

[4] Comma aggiunto dall'art. 3, D.L. 14 maggio 2005, n. 35, convertito in L. 14 maggio 2005, n. 80.

[5] Comma aggiunto dall'art. 3, D.Lgs. 30 giugno 2016, n. 126.

CAPO IV-*BIS*

EFFICACIA ED INVALIDITÀ DEL PROVVEDIMENTO AMMINISTRATIVO. REVOCA E RECESSO[1]

[1] Capo aggiunto dall'art. 14, L. 11 febbraio 2005, n. 15.

21-*bis*. *Efficacia del provvedimento limitativo della sfera giuridica dei privati.* 1. Il provvedimento limitativo della sfera giuridica dei privati acquista efficacia nei confronti di ciascun destinatario con la comunicazione allo stesso effettuata anche nelle forme stabilite per la notifica agli irreperibili nei casi previsti dal codice di procedura civile. Qualora per il numero dei destinatari la comunicazione personale non sia possibile o risulti particolarmente gravosa, l'amministrazione provvede mediante forme di pubblicità idonee di volta in volta stabilite dall'amministrazione medesima. Il provvedimento limitativo della sfera giuridica dei privati non avente carattere sanzionatorio può contenere una motivata clausola di immediata efficacia. I provvedimenti limitativi della sfera giuridica dei privati aventi carattere cautelare ed urgente sono immediatamente efficaci[1 2].

[1] Articolo aggiunto dall'art. 14, L. 11 febbraio 2005, n. 15.

[2] Si riporta l'art. 23, comma 1, lett. f) e g), D.P.R. 8 giugno 2001, n. 327 (T.U. espropriazione): Art. 23. Contenuto ed effetti del decreto di esproprio. *1. Il decreto di esproprio: a) - e) [...];*

f) dispone il passaggio del diritto di proprietà, o del diritto oggetto dell'espropriazione, sotto la condizione sospensiva che il medesimo decreto sia successivamente notificato ed eseguito;

g) è notificato al proprietario nelle forme degli atti processuali civili, con un avviso contenente l'indicazione del luogo, del giorno e dell'ora in cui è prevista l'esecuzione del decreto di espropriazione, almeno sette giorni prima di essa;

[...].

21-*ter*. *Esecutorietà.* 1. Nei casi e con le modalità stabiliti dalla legge, le pubbliche amministrazioni possono imporre coattivamente l'adempimento degli obblighi nei loro confronti. Il provvedimento costitutivo di obblighi indica il termine e le modalità dell'esecuzione da parte del soggetto obbligato. Qualora l'interessato non ottemperi, le pubbliche amministrazioni, previa diffida, possono provvedere all'esecuzione coattiva nelle ipotesi e secondo le modalità previste dalla legge.

2. Ai fini dell'esecuzione delle obbligazioni aventi ad oggetto somme di denaro si applicano le disposizioni per l'esecuzione coattiva dei crediti dello Stato[1 2].

[1] Articolo aggiunto dall'art. 14, L. 11 febbraio 2005, n. 15.

[2] Si riporta l'art. 1335 c.c. che dispone: *Presunzione di conoscenza. La proposta, l'accettazione, la loro revoca e ogni altra dichiarazione diretta a una determinata persona si reputano conosciute nel momento in cui giungono all'indirizzo del destinatario, se questi non prova di essere stato, senza sua colpa, nell'impossibilità di averne notizia.*

21-*quater*. *Efficacia ed esecutività del provvedimento.* 1. I provvedimenti amministrativi efficaci sono eseguiti immediatamente, salvo che sia diversamente stabilito dalla legge o dal provvedimento medesimo.

2. L'efficacia ovvero l'esecuzione del provvedimento amministrativo può essere sospesa, per gravi ragioni e per il tempo strettamente necessario, dallo stesso organo che lo ha emanato ovvero da altro organo previsto dalla legge. Il termine della sospensione è esplicitamente indicato nell'atto che la dispone e può essere prorogato o differito per una sola volta, nonché ridotto per sopravvenute esigenze. La sospensione non può comunque essere disposta o perdurare oltre i termini per l'esercizio del potere di annullamento di cui all'articolo 21-*nonies*[1 2].

[1] Comma così modificato dall'art. 6, L. 7 agosto 2015, n. 124. Il testo previgente disponeva: *2. L'efficacia ovvero l'esecuzione del provvedimento amministrativo può essere sospesa, per gravi ragioni e per il tempo strettamente necessario, dallo stesso organo che lo ha emanato ovvero da altro organo previsto dalla legge. Il termine della sospensione è esplicitamente indicato nell'atto che la dispone e può essere prorogato o differito per una sola volta, nonché ridotto per sopravvenute esigenze.*

[2] Articolo aggiunto dall'art. 14, L. 11 febbraio 2005, n. 15.

21-*quinquies*. *Revoca del provvedimento.* 1. Per sopravvenuti motivi di pubblico interesse ovvero nel caso di mutamento della situazione di fatto non prevedibile al momento dell'adozione del provvedimento o, salvo che per i provvedimenti di autorizzazione o di attribuzione di vantaggi economici, di nuova valutazione dell'interesse pubblico originario, il provvedimento amministrativo ad efficacia durevole può essere revocato da parte dell'organo che lo ha emanato ovvero da altro organo previsto dalla legge. La revoca determina la inidoneità del provvedimento revocato a produrre ulteriori effetti. Se la revoca comporta pregiudizi in danno dei soggetti direttamente interessati, l'amministrazione ha l'obbligo di provvedere al loro indennizzo[1 2].

1-*bis*. Ove la revoca di un atto amministrativo ad efficacia durevole o istantanea incida su rapporti negoziali, l'indennizzo liquidato dall'amministrazione agli interessati è parametrato al solo danno emergente e tiene conto sia dell'eventuale conoscenza o conoscibilità da parte dei contraenti della contrarietà dell'atto amministrativo oggetto di revoca all'interesse pubblico, sia dell'eventuale concorso dei contraenti o di altri soggetti all'erronea valutazione della compatibilità di tale atto con l'interesse pubblico[3 4 5].

[1] Comma così modificato prima dall'art. 4, all. 4, D.Lgs. 2 luglio 2010, n. 104, poi dall'art. 25, D.L. 12 settembre 2014, n. 133, convertito in L. 11 novembre 2014, n. 164.

Il testo previgente la modifica del 2010 disponeva: *1. Per sopravvenuti motivi di pubblico interesse ovvero nel caso di mutamento della situazione di fatto o di nuova valutazione dell'interesse pubblico originario, il provvedimento amministrativo ad efficacia durevole può essere revocato da parte dell'organo che lo ha emanato ovvero da altro organo previsto dalla legge. La revoca determina la inidoneità del provvedimento revocato a produrre ulteriori effetti. Se la revoca comporta pregiudizi in danno dei soggetti direttamente interessati, l'amministrazione ha l'obbligo di provvedere al loro indennizzo. Le controversie in materia di determinazione e corresponsione dell'indennizzo sono attribuite alla giurisdizione esclusiva del giudice amministrativo.*

Il testo previgente la modifica del 2014 disponeva: *1. Per sopravvenuti motivi di pubblico interesse ovvero nel caso di mutamento della situazione di fatto o di nuova valutazione dell'interesse pubblico originario, il provvedimento amministrativo ad efficacia durevole può essere revocato da parte dell'organo che lo ha emanato ovvero da altro organo previsto dalla legge. La revoca determina la inidoneità del provvedimento revocato a produrre ulteriori effetti. Se la revoca comporta pregiudizi in danno dei soggetti direttamente interessati, l'amministrazione ha l'obbligo di provvedere al loro indennizzo.*

[2] Si riporta l'art. 133, comma 1, lett. a) n. 4), D.Lgs. 2 luglio 2010, n. 104: «Art. 133. Materie di giurisdizione esclusiva. *1. Sono devolute alla giurisdizione esclusiva del giudice amministrativo, salvo ulteriori previsioni di legge: [...];*

4) determinazione e corresponsione dell'indennizzo dovuto in caso di revoca del provvedimento amministrativo; [...].».

[3] Comma aggiunto dall'art. 13, D.L. 31 gennaio 2007, n. 7, convertito in L. 2 aprile 2007, n. 40. L'art. 12, D.L. 25 giugno 2008, n. 112, convertito in L. 6 agosto 2008, n. 133 ha aggiunto un comma 1-ter con i medesimi contenuti. La Tabella A allegata al D.L. 9 febbraio 2012, n. 5, convertito in L. 4 aprile 2012, n. 35, ha poi corretto l'errore.

[4] V. artt. 1227, 1439, comma 2 e 1440, comma 1, c.c.

[5] Articolo aggiunto dall'art. 14, L. 11 febbraio 2005, n. 15.

21-*sexies*. *Recesso dai contratti.* 1. Il recesso unilaterale dai contratti della pubblica amministrazione è ammesso nei casi previsti dalla legge o dal contratto[1 2].

[1] V. art. 109, D.Lgs. 18 aprile 2016, n. 50 (Codice dei contratti pubblici), nel testo modificato dal D.Lgs. 19 aprile 2017, n. 56, che dispone: *Art. 109. Recesso. 1. Fermo restando quanto previsto dagli articoli 88, comma 4-ter e 92, comma 4, del decreto legislativo 6 settembre 2011, n. 159, la stazione appaltante può recedere dal contratto in qualunque momento previo il pagamento dei lavori eseguiti o delle prestazioni relative ai servizi e alle forniture eseguiti nonchè del valore dei materiali utili esistenti in cantiere nel caso di lavoro o in magazzino nel caso di servizi o forniture, oltre al decimo dell'importo delle opere, dei servizi o delle forniture non eseguite.*

2. Il decimo dell'importo delle opere non eseguite è calcolato sulla differenza tra l'importo dei quattro quinti del prezzo posto a base di gara, depurato del ribasso d'asta e l'ammontare netto dei lavori, servizi o forniture eseguiti.

3. L'esercizio del diritto di recesso è preceduto da una formale comunicazione all'appaltatore da darsi con un preavviso non inferiore a venti giorni, decorsi i quali la stazione appaltante prende in consegna i lavori, servizi o forniture ed effettua il collaudo definitivo e verifica la regolarità dei servizi e delle forniture.

4. I materiali, il cui valore è riconosciuto dalla stazione appaltante a norma del comma 1, sono soltanto quelli già accettati dal direttore dei lavori o dal direttore dell'esecuzione del contratto, se nominato, o dal RUP in sua assenza, prima della comunicazione del preavviso di cui al comma 32.

5. La stazione appaltante può trattenere le opere provvisionali e gli impianti che non siano in tutto o in parte asportabili ove li ritenga ancora utilizzabili. In tal caso essa corrisponde all'appaltatore, per il valore delle opere e degli impianti non ammortizzato nel corso dei lavori eseguiti, un compenso da determinare nella minor somma fra il costo di costruzione e il valore delle opere e degli impianti al momento dello scioglimento del contratto.

6. L'appaltatore deve rimuovere dai magazzini e dai cantieri i materiali non accettati dal direttore dei lavori e deve mettere i magazzini e i cantieri a disposizione della stazione appaltante nel termine stabilito; in caso contrario lo sgombero è effettuato d'ufficio e a sue spese.

V. anche, art. 1, comma 136, L. 311/2004 (Norme in materia di autotutela), art. 94, D.Lgs. 159/2011 (Codice antimafia) e art. 109, D.Lgs. 50/2016 (Codice dei contratti pubblici).

Si riporta l'art. 1373 c.c. che dispone: *Recesso unilaterale. Se a una delle parti è attribuita la facoltà di recedere dal contratto, tale facoltà può essere esercitata finché il contratto non abbia avuto un principio di esecuzione.*

Nei contratti a esecuzione continuata o periodica, tale facoltà può essere esercitata anche successivamente, ma il recesso non ha effetto per le prestazioni già eseguite o in corso di esecuzione.

Qualora sia stata stipulata la prestazione di un corrispettivo per il recesso, questo ha effetto quando la prestazione è eseguita.

È salvo in ogni caso il patto contrario.

[2] Articolo aggiunto dall'art. 14, L. 11 febbraio 2005, n. 15.

21-*septies*. *Nullità del provvedimento.* 1. È nullo il provvedimento amministrativo che manca degli elementi essenziali, che è viziato da difetto assoluto di attribuzione, che è stato adottato in violazione o elusione del giudicato, nonché negli altri casi espressamente previsti dalla legge.

2. [...][1 2 3 4].

[1] Comma abrogato dall'art. 4, all. 4, D.Lgs. 2 luglio 2010, n. 104. Il testo previgente disponeva: *Le questioni inerenti alla nullità dei provvedimenti amministrativi in violazione o elusione del giudicato sono attribuite alla giurisdizione esclusiva del giudice amministrativo.*

[2] Si riporta l'art. 31, comma 4 e l'art. 133, comma 1, lett. a) n. 5), D.Lgs. 2 luglio 2010, n. 104: «Art. 31. Azione avverso il silenzio e declaratoria di nullità. *[...]. 4. La domanda volta all'accertamento delle nullità previste dalla legge si propone entro il termine di decadenza di centottanta giorni. La nullità dell'atto può sempre essere opposta dalla parte resistente o essere rilevata d'ufficio dal giudice. Le disposizioni del presente comma non si applicano alle nullità di cui all'articolo 114, comma 4, lettera b), per le quali restano ferme le disposizioni del Titolo I del Libro IV.*

Art. 133. Materie di giurisdizione esclusiva. *1. Sono devolute alla giurisdizione esclusiva del giudice amministrativo, salvo ulteriori previsioni di legge:*

a) le controversie in materia di: [...];

5) nullità del provvedimento amministrativo adottato in violazione o elusione del giudicato; [...].».

[3] V. art. 1418 c.c. (Cause di nullità del contratto) in base al quale: *Il contratto è nullo quando è contrario a norme imperative, salvo che la legge disponga diversamente.*

Producono nullità del contratto la mancanza di uno dei requisiti indicati dall'articolo 1325, l'illiceità della causa, l'illiceità dei motivi nel caso indicato dall'articolo 1345 e la mancanza nell'oggetto dei requisiti stabiliti dall'articolo 1346.

Il contratto è altresì nullo negli altri casi stabiliti dalla legge.

V., anche, art. 83, comma 8, D.Lgs. 18 aprile 2016, n. 50 (Codice dei contratti pubblici), nel testo modificato dall'art. 52, D.Lgs. 19 aprile 2017, n. 56che dispone: *8. Le stazioni appaltanti indicano le condizioni di partecipazione richieste, che possono essere espresse come livelli minimi di capacità, congiuntamente agli idonei mezzi di prova, nel bando di gara o nell'invito a confermare interesse ed effettuano la verifica formale e sostanziale delle capacità realizzative, delle competenze tecniche e professionali, ivi comprese le risorse umane, organiche all'impresa, nonchè delle attività effettivamente eseguite. Per i soggetti di cui all'articolo 45, comma 2, lettere d), e), f) e g), nel bando sono indicate le eventuali misure in cui gli stessi requisiti devono essere posseduti dai singoli concorrenti partecipanti. La mandataria in ogni caso deve possedere i requisiti ed eseguire le prestazioni in misura maggioritaria. I bandi e le lettere di invito non possono contenere ulteriori prescrizioni a pena di esclusione rispetto a quelle previste dal presente codice e da altre disposizioni di legge vigenti. Dette prescrizioni sono comunque nulle.*

[4] Articolo aggiunto dall'art. 14, L. 11 febbraio 2005, n. 15.

21-*octies*. *Annullabilità del provvedimento.* 1. È annullabile il provvedimento amministrativo adottato in violazione di legge o viziato da eccesso di potere o da incompetenza[1].

2. Non è annullabile il provvedimento adottato in violazione di norme sul procedimento o sulla forma degli atti qualora, per la natura vincolata del provvedimento, sia palese che il suo contenuto dispositivo non avrebbe potuto essere diverso da quello in concreto adottato. Il provvedimento amministrativo non è comunque annullabile per mancata comunicazione dell'avvio del procedimento qualora l'amministrazione dimostri in giudizio che il contenuto del provvedimento non avrebbe potuto essere diverso da quello in concreto adottato. La disposizione di cui al secondo periodo non si applica al provvedimento adottato in violazione dell'articolo 10-*bis*[2 3 4].

[1] V. art. 138, D.Lgs. 18 agosto 2000, n. 267 T.U. enti locali).

[2] Comma così modificato dall'art. 12, D.L. 16 luglio 2020, n. 76, convertito in L. 11 settembre 2020, n. 120, a decorrere dal 15 settembre 2020. Il testo previgente disponeva: *2. Non è annullabile il provvedimento adottato in violazione di norme sul procedimento o sulla forma degli atti qualora, per la natura vincolata del provvedimento, sia palese che il suo contenuto dispositivo non avrebbe potuto essere diverso da quello in concreto adottato. Il provvedimento amministrativo non è comunque annullabile per mancata comunicazione dell'avvio del procedimento qualora l'amministrazione dimostri in giudizio che il contenuto del provvedimento non avrebbe potuto essere diverso da quello in concreto adottato.*

[3] Articolo aggiunto dall'art. 14, L. 11 febbraio 2005, n. 15.

[4] Si riporta l'art. 34, comma 3, D.Lgs. 2 luglio 2010, n. 104: «Art. 34. Sentenze di merito. *[...].*

3. Quando, nel corso del giudizio, l'annullamento del provvedimento impugnato non risulta più utile per il ricorrente, il giudice accerta l'illegittimità dell'atto se sussiste l'interesse ai fini risarcitori.».

21-*nonies*. *Annullamento d'ufficio.* 1. Il provvedimento amministrativo illegittimo ai sensi dell'articolo 21-*octies*, esclusi i casi di cui al medesimo articolo 21-*octies*, comma 2, può essere annullato d'ufficio, sussistendone le ragioni di interesse pubblico, entro un termine ragionevole, comunque non superiore a diciotto mesi dal momento dell'adozione dei provvedimenti di autorizzazione o di attribuzione di vantaggi economici, inclusi i casi in cui il provvedimento si sia formato ai sensi dell'articolo 20, e tenendo conto degli interessi dei destinatari e dei controinteressati, dall'organo che lo ha emanato, ovvero da altro organo previsto dalla legge. Rimangono ferme le responsabilità connesse all'adozione e al mancato annullamento del provvedimento illegittimo[1].

2. È fatta salva la possibilità di convalida del provvedimento annullabile, sussistendone le ragioni di interesse pubblico ed entro un termine ragionevole.

2-*bis*. I provvedimenti amministrativi conseguiti sulla base di false rappresentazioni dei fatti o di dichiarazioni sostitutive di certificazione e dell'atto di notorietà false o mendaci per effetto di condotte costituenti reato, accertate con sentenza passata in giudicato, possono essere annullati dall'amministrazione anche dopo la scadenza del termine di diciotto mesi di cui al comma 1, fatta salva l'applicazione delle sanzioni penali nonchè delle sanzioni previste dal capo VI del testo unico di cui al decreto del Presidente della Repubblica 28 dicembre 2000, n. 445[2 3 4].

[1] Comma così modificato prima dall'art. 25, D.L. 12 settembre 2014, n. 133, convertito in L. 11 novembre 2014, n. 164, poi dall'art. 6, L. 7 agosto 2015, n. 124.

Il testo previgente la modifica del 2014 disponeva: *1. Il provvedimento amministrativo illegittimo ai sensi dell'articolo 21-octies può essere annullato d'ufficio, sussistendone le ragioni di interesse pubblico, entro un termine ragionevole e tenendo conto degli interessi dei destinatari e dei controinteressati, dall'organo che lo ha emanato, ovvero da altro organo previsto dalla legge.*

Il testo previgente la modifica del 2015 disponeva: *1. Il provvedimento amministrativo illegittimo ai sensi dell'articolo 21-octies, esclusi i casi di cui al medesimo articolo 21-octies, comma 2, può essere annullato d'ufficio, sussistendone le ragioni di interesse pubblico, entro un termine ragionevole e tenendo conto degli interessi dei destinatari e dei controinteressati, dall'organo che lo ha emanato, ovvero da altro organo previsto dalla legge. Rimangono ferme le responsabilità connesse all'adozione e al mancato annullamento del provvedimento illegittimo.*

[2] Comma aggiunto dall'art. 6, L. 7 agosto 2015, n. 124.

[3] Articolo aggiunto dall'art. 14, L. 11 febbraio 2005, n. 15.

[4] V. art. 108, D.Lgs. 50/2016 (codice dei contratti pubblici).

21-decies. *Riemissione di provvedimenti annullati dal giudice per vizi inerenti ad atti endoprocedimentali.* 1. In caso di annullamento di un provvedimento finale in virtù di una sentenza passata in giudicato, derivante da vizi inerenti ad uno o più atti emessi nel corso del procedimento di autorizzazione o di valutazione di impatto ambientale, il proponente può richiedere all'amministrazione procedente e, in caso di progetto sottoposto a valutazione di impatto ambientale, all'autorità competente ai sensi del decreto legislativo 3 aprile 2006, n. 152, l'attivazione di un procedimento semplificato, ai fini della riadozione degli atti annullati. Qualora non si rendano necessarie modifiche al progetto e fermi restando tutti gli atti e i provvedimenti delle amministrazioni interessate resi nel suddetto procedimento, l'amministrazione o l'ente che abbia adottato l'atto ritenuto viziato si esprime provvedendo alle integrazioni necessarie per superare i rilievi indicati dalla sentenza. A tal fine, entro quindici giorni dalla ricezione dell'istanza del proponente, l'amministrazione procedente trasmette l'istanza all'amministrazione o all'ente che ha emanato l'atto da riemettere, che vi provvede entro trenta giorni. Ricevuto l'atto ai sensi del presente comma, o decorso il termine per l'adozione dell'atto stesso, l'amministrazione riemette, entro i successivi trenta giorni, il provvedimento di autorizzazione o di valutazione di impatto ambientale, in attuazione, ove necessario, degli articoli 14-quater e 14-quinquies della presente legge e dell'articolo 25, commi 2 e 2-bis, del decreto legislativo 3 aprile 2006, n. 152[1].

[1] Articolo aggiunto dall'art. 12, D.L. 16 luglio 2020, n. 76, convertito in L. 11 settembre 2020, n. 120, a decorrere dal 15 settembre 2020.

CAPO V
ACCESSO AI DOCUMENTI AMMINISTRATIVI

22. *Definizioni e princìpi in materia di accesso.* 1. Ai fini del presente capo si intende:

a) per "diritto di accesso", il diritto degli interessati di prendere visione e di estrarre copia di documenti amministrativi;

b) per "interessati", tutti i soggetti privati, compresi quelli portatori di interessi pubblici o diffusi, che abbiano un interesse diretto, concreto e attuale, corrispondente ad una situazione giuridicamente tutelata e collegata al documento al quale è chiesto l'accesso;

c) per "controinteressati", tutti i soggetti, individuati o facilmente individuabili in base alla natura del documento richiesto, che dall'esercizio dell'accesso vedrebbero compromesso il loro diritto alla riservatezza;

d) per "documento amministrativo", ogni rappresentazione grafica, fotocinematografica, elettromagnetica o di qualunque altra specie del contenuto di atti, anche interni o non relativi ad uno specifico procedimento, detenuti da una pubblica amministrazione e concernenti attività di pubblico interesse, indipendentemente dalla natura pubblicistica o privatistica della loro disciplina sostanziale;

e) per "pubblica amministrazione", tutti i soggetti di diritto pubblico e i soggetti di diritto privato limitatamente alla loro attività di pubblico interesse disciplinata dal diritto nazionale o comunitario.

2. L'accesso ai documenti amministrativi, attese le sue rilevanti finalità di pubblico interesse, costituisce principio generale dell'attività amministrativa al fine di favorire la partecipazione e di assicurarne l'imparzialità e la trasparenza[1].

3. Tutti i documenti amministrativi sono accessibili, ad eccezione di quelli indicati all'articolo 24, commi 1, 2, 3, 5 e 6.

4. Non sono accessibili le informazioni in possesso di una pubblica amministrazione che non abbiano forma di documento amministrativo, salvo quanto previsto dal decreto legislativo 30 giugno 2003, n. 196, in materia di accesso a dati personali da parte della persona cui i dati si riferiscono.

5. L'acquisizione di documenti amministrativi da parte di soggetti pubblici, ove non rientrante nella previsione dell'articolo 43, comma 2, del testo unico delle disposizioni legislative e regolamentari in materia di documentazione amministrativa, di cui al decreto del Presidente della Repubblica 28 dicembre 2000, n. 445, si informa al principio di leale cooperazione istituzionale.

6. Il diritto di accesso è esercitabile fino a quando la pubblica amministrazione ha l'obbligo di detenere i documenti amministrativi ai quali si chiede di accedere[2 3 4 5 6].

[1] Comma così sostituito dall'art. 10, L. 18 giugno 2009, n. 69. La versione previgente disponeva: *2. L'accesso ai documenti amministrativi, attese le sue rilevanti finalità di pubblico interesse, costituisce principio generale dell'attività amministrativa al fine di favorire la partecipazione e di assicurarne l'imparzialità e la trasparenza, ed attiene ai livelli essenziali delle prestazioni concernenti i diritti civili e sociali che devono essere garantiti su tutto il territorio nazionale ai sensi dell'articolo 117, secondo comma, lettera m), della Costituzione. Resta ferma la potestà delle regioni e degli enti locali, nell'ambito delle rispettive competenze, di garantire livelli ulteriori di tutela.*

[2] Articolo così sostituito dall'art. 15, L. 11 febbraio 2005, n. 15, a decorrere dalla data di entrata in vigore di un regola-

mento inteso a integrare o modificare il regolamento di cui al decreto del Presidente della Repubblica 27 giugno 1992, n. 352.

[3] Si veda l'art. 1, D.Lgs. 19 agosto 2005, n. 195.

[4] Si veda D.Lgs. 25 maggio 2016, n. 97 (*Revisione e semplificazione delle disposizioni in materia di prevenzione della corruzione, pubblicità e trasparenza, correttivo della legge 6 novembre 2012, n. 190 e del decreto legislativo 14 marzo 2013, n. 33, ai sensi dell'articolo 7 della legge 7 agosto 2015, n. 124, in materia di riorganizzazione delle amministrazioni pubbliche*).

[5] Il testo dell'articolo originale disponeva: *1. Al fine di assicurare la trasparenza dell'attività amministrativa e di favorirne lo svolgimento imparziale è riconosciuto a chiunque vi abbia interesse per la tutela di situazioni giuridicamente rilevanti il diritto di accesso ai documenti amministrativi, secondo le modalità stabilite dalla presente legge.*

2. È considerato documento amministrativo ogni rappresentazione grafica, fotocinematografica, elettromagnetica o di qualunque altra specie del contenuto di atti, anche interni, formati dalle pubbliche amministrazioni o, comunque, utilizzati ai fini dell'attività amministrativa.

3. Entro sei mesi dalla data di entrata in vigore della presente legge le amministrazioni interessate adottano le misure organizzative idonee a garantire l'applicazione della disposizione di cui al comma 1, dandone comunicazione alla Commissione di cui all'art. 27.

[6] Si riporta l'art. 117, comma 2, Cost. che dispone: *Lo Stato ha legislazione esclusiva nelle seguenti materie:*

a) politica estera e rapporti internazionali dello Stato; rapporti dello Stato con l'Unione europea; diritto di asilo e condizione giuridica dei cittadini di Stati non appartenenti all'Unione europea;

b) immigrazione;

c) rapporti tra la Repubblica e le confessioni religiose;

d) difesa e Forze armate; sicurezza dello Stato; armi, munizioni ed esplosivi;

e) moneta, tutela del risparmio e mercati finanziari; tutela della concorrenza; sistema valutario; sistema tributario e contabile dello Stato; armonizzazione dei bilanci pubblici; perequazione delle risorse finanziarie;

f) organi dello Stato e relative leggi elettorali; referendum statali; elezione del Parlamento europeo;

g) ordinamento e organizzazione amministrativa dello Stato e degli enti pubblici nazionali;

h) ordine pubblico e sicurezza, ad esclusione della polizia amministrativa locale;

i) cittadinanza, stato civile e anagrafi;

l) giurisdizione e norme processuali; ordinamento civile e penale; giustizia amministrativa;

m) determinazione dei livelli essenziali delle prestazioni concernenti i diritti civili e sociali che devono essere garantiti su tutto il territorio nazionale;

n) norme generali sull'istruzione;

o) previdenza sociale;

p) legislazione elettorale, organi di governo e funzioni fondamentali di Comuni, Province e Città metropolitane;

q) dogane, protezione dei confini nazionali e profilassi internazionale;

r) pesi, misure e determinazione del tempo; coordinamento informativo statistico e informatico dei dati dell'amministrazione statale, regionale e locale; opere dell'ingegno;

s) tutela dell'ambiente, dell'ecosistema e dei beni culturali.

Si riporta l'art. 11 Trattato UE che dispone: *1. Le istituzioni danno ai cittadini e alle associazioni rappresentative, attraverso gli opportuni canali, la possibilità di far conoscere e di scambiare pubblicamente le loro opinioni in tutti i settori di azione dell'Unione.*

2. Le istituzioni mantengono un dialogo aperto, trasparente e regolare con le associazioni rappresentative e la società civile.

3. Al fine di assicurare la coerenza e la trasparenza delle azioni dell'Unione, la Commissione europea procede ad ampie consultazioni delle parti interessate.

4. Cittadini dell'Unione, in numero di almeno un milione, che abbiano la cittadinanza di un numero significativo di Stati membri, possono prendere l'iniziativa d'invitare la Commissione europea, nell'ambito delle sue attribuzioni, a presentare una proposta appropriata su materie in merito alle quali tali cittadini ritengono necessario un atto giuridico dell'Unione ai fini dell'attuazione dei trattati.

Le procedure e le condizioni necessarie per la presentazione di una iniziativa dei cittadini sono stabilite conformemente all'articolo 24, primo comma del trattato sul funzionamento dell'Unione europea.

Si riporta l'art. 15, Trattato sul funzionamento dell'Unione europea che dispone: *1. Al fine di promuovere il buon governo e garantire la partecipazione della società civile, le istituzioni, gli organi e gli organismi dell'Unione operano nel modo più trasparente possibile.*

2. Il Parlamento europeo si riunisce in seduta pubblica, così come il Consiglio allorché delibera e vota in relazione ad un progetto di atto legislativo.

3. Qualsiasi cittadino dell'Unione e qualsiasi persona fisica o giuridica che risieda o abbia la sede sociale in uno Stato membro ha il diritto di accedere ai documenti delle istituzioni, organi e organismi dell'Unione, a prescindere dal loro supporto, secondo i principi e alle condizioni da definire a norma del presente paragrafo. I principi generali e le limitazioni a tutela di interessi pubblici o privati applicabili al diritto di accesso ai documenti sono stabiliti mediante regolamenti dal Parlamento europeo e dal Consiglio, che deliberano secondo la procedura legislativa ordinaria. Ciascuna istituzione, organo od organismo garantisce la trasparenza dei suoi lavori e definisce nel proprio regolamento interno disposizioni specifiche riguardanti l'accesso ai propri documenti, in conformità dei regolamenti di cui al secondo comma. La Corte di giustizia dell'Unione europea, la Banca centrale europea e la Banca europea per gli investimenti sono soggette al presente paragrafo soltanto allorché esercitano funzioni amministrative. Il Parlamento europeo e il Consiglio assicurano la pubblicità dei documenti relativi alle procedure legislative nel rispetto delle condizioni previste dai regolamenti di cui al secondo comma.

Si riporta l'art. 10 Cedu che dispone: *Libertà di espressione. 1. Ogni persona ha diritto alla libertà d'espressione. Tale diritto include la libertà d'opinione e la libertà di ricevere o di comunicare informazioni o idee senza ingerenza alcuna da parte delle autorità pubbliche e senza riguardo alla nazionalità. Il presente articolo non impedisce che gli Stati sottopongano a un regime di autorizzazione le imprese di radiodiffusione, di cinema o di televisione.*

2. L'esercizio di queste libertà, comportando doveri e responsabilità, può essere subordinato a determinate formalità, condizioni, restrizioni o sanzioni previste dalla legge e costituenti misure necessarie in una società democratica, per la sicurezza nazionale, l'integrità territoriale o l'ordine pubblico, la prevenzione dei disordini e dei reati, la protezione della salute e della morale, la protezione della reputazione o dei diritti altrui, o per impedire la divulgazione di informazioni riservate o per garantire l'autorità e l'imparzialità del potere giudiziario.

23. *Ambito di applicazione del diritto di accesso*[1]. 1. Il diritto di accesso di cui all'articolo 22 si esercita nei confronti delle pubbliche amministrazioni, delle aziende autonome e speciali, degli enti pubblici e dei gestori di pubblici servizi. Il diritto di accesso nei confronti delle Autorità di garanzia e di vigilanza si esercita nell'ambito dei rispettivi ordinamenti, secondo quanto previsto dall'articolo 24[2 3].

[1] Rubrica aggiunta dall'art. 21, L. 11 febbraio 2005, n. 15.

[2] Articolo così sostituito dall'art. 4, L. 3 agosto 1999, n. 265.

[3] Il testo dell'articolo originale disponeva: *1. Il diritto di accesso di cui all'art. 22 si esercita nei confronti delle amministrazioni dello Stato, ivi compresi le aziende autonome, gli enti pubblici ed i concessionari di pubblici servizi.*

24. *Esclusione dal diritto di accesso*. 1. Il diritto di accesso è escluso:

a) per i documenti coperti da segreto di Stato ai sensi della legge 24 ottobre 1977, n. 801, e successive modificazioni, e nei casi di segreto o di divieto di divulgazione espressamente previsti dalla legge, dal regolamento governativo di cui al comma 6 e dalle pubbliche amministrazioni ai sensi del comma 2 del presente articolo;

b) nei procedimenti tributari, per i quali restano ferme le particolari norme che li regolano;

c) nei confronti dell'attività della pubblica amministrazione diretta all'emanazione di atti normativi, amministrativi generali, di pianificazione e di programmazione, per i quali restano ferme le particolari norme che ne regolano la formazione;

d) nei procedimenti selettivi, nei confronti dei documenti amministrativi contenenti informazioni di carattere psico-attitudinale relativi a terzi.

2. Le singole pubbliche amministrazioni individuano le categorie di documenti da esse formati o comunque rientranti nella loro disponibilità sottratti all'accesso ai sensi del comma 1.

3. Non sono ammissibili istanze di accesso preordinate ad un controllo generalizzato dell'operato delle pubbliche amministrazioni.

4. L'accesso ai documenti amministrativi non può essere negato ove sia sufficiente fare ricorso al potere di differimento.

5. I documenti contenenti informazioni connesse agli interessi di cui al comma 1 sono considerati segreti solo nell'ambito e nei limiti di tale connessione. A tale fine le pubbliche amministrazioni fissano, per ogni categoria di documenti, anche l'eventuale periodo di tempo per il quale essi sono sottratti all'accesso.

6. Con regolamento, adottato ai sensi dell'articolo 17, comma 2, della legge 23 agosto 1988, n. 400, il Governo può prevedere casi di sottrazione all'accesso di documenti amministrativi:

a) quando, al di fuori delle ipotesi disciplinate dall'articolo 12 della legge 24 ottobre 1977, n. 801, dalla loro divulgazione possa derivare una lesione, specifica e individuata, alla sicurezza e alla difesa nazionale, all'esercizio della sovranità nazionale e alla continuità e alla correttezza delle relazioni internazionali, con particolare riferimento alle ipotesi previste dai trattati e dalle relative leggi di attuazione;

b) quando l'accesso possa arrecare pregiudizio ai processi di formazione, di determinazione e di attuazione della politica monetaria e valutaria;

c) quando i documenti riguardino le strutture, i mezzi, le dotazioni, il personale e le azioni strettamente strumentali alla tutela dell'ordine pubblico, alla prevenzione e alla repressione della criminalità con particolare riferimento alle tecniche investigative, alla identità delle fonti di informazione e alla sicurezza dei beni e delle persone coinvolte, all'attività di polizia giudiziaria e di conduzione delle indagini;

d) quando i documenti riguardino la vita privata o la riservatezza di persone fisiche, persone giuridiche, gruppi, imprese e associazioni, con particolare riferimento agli interessi epistolare, sanitario, professionale, finanziario, industriale e commerciale di cui siano in concreto titolari, ancorché i relativi dati siano forniti all'amministrazione dagli stessi soggetti cui si riferiscono;

e) quando i documenti riguardino l'attività in corso di contrattazione collettiva nazionale di lavoro e gli atti interni connessi all'espletamento del relativo mandato.

7. Deve comunque essere garantito ai richiedenti l'accesso ai documenti amministrativi la cui conoscenza sia necessaria per curare o per difendere i propri interessi giuridici. Nel caso di documenti contenenti dati sensibili e giudiziari, l'accesso è consentito nei limiti in cui sia strettamente indispensabile e nei termini previsti dall'articolo 60 del decreto legislativo 30 giugno 2003, n. 196, in caso di dati idonei a rivelare lo stato di salute e la vita sessuale[1 2].

[1] Articolo così sostituito dall'art. 16, L. 11 febbraio 2005, n. 15, a decorrere dalla data di entrata in vigore di un regolamento inteso a integrare o modificare il regolamento di cui al decreto del Presidente della Repubblica 27 giugno 1992, n. 352.

[2] Il testo dell'articolo originale disponeva: *1. Il diritto di accesso è escluso per i documenti coperti da segreto di Stato ai sensi dell'art. 12 della legge 24 ottobre 1977, n. 801, non-*

chè nei casi di segreto o di divieto di divulgazione altrimenti previsti dall'ordinamento.

2. Il Governo è autorizzato ad emanare, ai sensi del comma 2 dell'art. 17 della legge 23 agosto 1988, n. 400, entro sei mesi dalla data di entrata in vigore della presente legge, uno o più decreti intesi a disciplinare le modalità di esercizio del diritto di accesso e gli altri casi di esclusione del diritto di accesso in relazione alla esigenza di salvaguardare:

a) la sicurezza, la difesa nazionale e le relazioni internazionali;

b) la politica monetaria e valutaria;

c) l'ordine pubblico e la prevenzione e repressione della criminalità;

d) la riservatezza di terzi, persone, gruppi ed imprese, garantendo peraltro agli interessati la visione degli atti relativi ai procedimenti amministrativi, la cui conoscenza sia necessaria per curare o per difendere i loro interessi giuridici.

3. Con i decreti di cui al comma 2 sono altresì stabilite norme particolari per assicurare che l'accesso ai dati raccolti mediante strumenti informatici avvenga nel rispetto delle esigenze di cui al medesimo comma 2.

4. Le singole amministrazioni hanno l'obbligo di individuare, con uno o più regolamenti da emanarsi entro i sei mesi successivi, le categorie di documenti da esse formati o comunque rientranti nella loro disponibilità sottratti all'accesso per le esigenze di cui al comma 2.

5. Restano ferme le disposizioni previste dall'art. 9 della legge 1° aprile 1981, n. 121, come modificato dall'art. 26 della legge 10 ottobre 1986, n. 668, e dalle relative norme di attuazione, nonchè ogni altra disposizione attualmente vigente che limiti l'accesso ai documenti amministrativi.

6. I soggetti indicati nell'art. 23 hanno facoltà di differire l'accesso ai documenti richiesti sino a quando la conoscenza di essi possa impedire o gravemente ostacolare lo svolgimento dell'azione amministrativa. Non è comunque ammesso l'accesso agli atti preparatori nel corso della formazione dei provvedimenti di cui all'art. 13, salvo diverse disposizioni di legge.

25. *Modalità di esercizio del diritto di accesso e ricorsi*[1]. 1. Il diritto di accesso si esercita mediante esame ed estrazione di copia dei documenti amministrativi, nei modi e con i limiti indicati dalla presente legge. L'esame dei documenti è gratuito. Il rilascio di copia è subordinato soltanto al rimborso del costo di riproduzione, salve le disposizioni vigenti in materia di bollo, nonché i diritti di ricerca e di visura.

2. La richiesta di accesso ai documenti deve essere motivata. Essa deve essere rivolta all'amministrazione che ha formato il documento o che lo detiene stabilmente.

3. Il rifiuto, il differimento e la limitazione dell'accesso sono ammessi nei casi e nei limiti stabiliti dall'articolo 24 e debbono essere motivati.

4. Decorsi inutilmente trenta giorni dalla richiesta, questa si intende respinta. In caso di diniego dell'accesso, espresso o tacito, o di differimento dello stesso ai sensi dell'articolo 24, comma 4, il richiedente può presentare ricorso al tribunale amministrativo regionale ai sensi del comma 5, ovvero chiedere, nello stesso termine e nei confronti degli atti delle amministrazioni comunali, provinciali e regionali, al difensore civico competente per ambito territoriale, ove costituito, che sia riesaminata la suddetta determinazione. Qualora tale organo non sia stato istituito, la competenza è attribuita al difensore civico competente per l'ambito territoriale immediatamente superiore. Nei confronti degli atti delle amministrazioni centrali e periferiche dello Stato tale richiesta è inoltrata presso la Commissione per l'accesso di cui all'articolo 27 nonché presso l'amministrazione resistente. Il difensore civico o la Commissione per l'accesso si pronunciano entro trenta giorni dalla presentazione dell'istanza. Scaduto infruttuosamente tale termine, il ricorso si intende respinto. Se il difensore civico o la Commissione per l'accesso ritengono illegittimo il diniego o il differimento, ne informano il richiedente e lo comunicano all'autorità disponente. Se questa non emana il provvedimento confermativo motivato entro trenta giorni dal ricevimento della comunicazione del difensore civico o della Commissione, l'accesso è consentito. Qualora il richiedente l'accesso si sia rivolto al difensore civico o alla Commissione, il termine di cui al comma 5 decorre dalla data di ricevimento, da parte del richiedente, dell'esito della sua istanza al difensore civico o alla Commissione stessa. Se l'accesso è negato o differito per motivi inerenti ai dati personali che si riferiscono a soggetti terzi, la Commissione provvede, sentito il Garante per la protezione dei dati personali, il quale si pronuncia entro il termine di dieci giorni dalla richiesta, decorso inutilmente il quale il parere si intende reso. Qualora un procedimento di cui alla sezione III del capo I del titolo I della parte III del decreto legislativo 30 giugno 2003, n. 196, o di cui agli articoli 154, 157, 158, 159 e 160 del medesimo decreto legislativo n. 196 del 2003, relativo al trattamento pubblico di dati personali da parte di una pubblica amministrazione, interessi l'accesso ai documenti amministrativi, il Garante per la protezione dei dati personali chiede il parere, obbligatorio e non vincolante, della Commissione per l'accesso ai documenti amministrativi. La richiesta di parere sospende il termine per la pronuncia del Garante sino all'acquisizione del parere, e comunque per non oltre quindici giorni. Decorso inutilmente detto termine, il Garante adotta la propria decisione[2].

5. Le controversie relative all'accesso ai documenti amministrativi sono disciplinate dal codice del processo amministrativo[3][4].

5-*bis*. [...][5].

6. [...][6][7].

[1] Rubrica aggiunta dall'art. 21, L. 11 febbraio 2005, n. 15.

[2] Comma, da ultimo, così sostituito dall'art. 17, L. 11 febbraio 2005, n. 15, a decorrere dalla data di entrata in vigore di un regolamento inteso a integrare o modificare il regolamento di cui al decreto del Presidente della Repubblica 27 giugno

1992, n. 352 e poi così modificato dall'art. 8, L. 18 giugno 2009, n. 69.

[3] Comma così sostituito dall'art. 3, all. 4, D.Lgs. 2 luglio 2010, n. 104. Il testo previgente era il seguente: *Contro le determinazioni amministrative concernenti il diritto di accesso e nei casi previsti dal comma 4 è dato ricorso, nel termine di trenta giorni, al tribunale amministrativo regionale, il quale decide in camera di consiglio entro trenta giorni dalla scadenza del termine per il deposito del ricorso, uditi i difensori delle parti che ne abbiano fatto richiesta. In pendenza di un ricorso presentato ai sensi della legge 6 dicembre 1971, n. 1034, e successive modificazioni, il ricorso può essere proposto con istanza presentata al presidente e depositata presso la segreteria della sezione cui è assegnato il ricorso, previa notifica all'amministrazione o ai controinteressati, e viene deciso con ordinanza istruttoria adottata in camera di consiglio. La decisione del tribunale è appellabile, entro trenta giorni dalla notifica della stessa, al Consiglio di Stato, il quale decide con le medesime modalità e negli stessi termini. Le controversie relative all'accesso ai documenti amministrativi sono attribuite alla giurisdizione esclusiva del giudice amministrativo.*

[4] Si riportano gli artt. 116 e 133, comma 1, lett. a), n. 6), D.Lgs. 2 luglio 2010, n. 104, nel testo modificato dall'art. 1, D.Lgs. 15 novembre 2011, n. 195 e dall'art. 52, D.Lgs. 14 marzo 2013, n. 33: «Art. 116. Rito in materia di accesso ai documenti amministrativi. *1. Contro le determinazioni e contro il silenzio sulle istanze di accesso ai documenti amministrativi, nonchè per la tutela del diritto di accesso civico connessa all'inadempimento degli obblighi di trasparenza il ricorso è proposto entro trenta giorni dalla conoscenza della determinazione impugnata o dalla formazione del silenzio, mediante notificazione all'amministrazione e ad almeno un controinteressato. Si applica l'articolo 49. Il termine per la proposizione di ricorsi incidentali o motivi aggiunti è di trenta giorni.*

2. In pendenza di un giudizio cui la richiesta di accesso è connessa, il ricorso di cui al comma 1 può essere proposto con istanza depositata presso la segreteria della sezione cui è assegnato il ricorso principale, previa notificazione all'amministrazione e agli eventuali controinteressati. L'istanza è decisa con ordinanza separatamente dal giudizio principale, ovvero con la sentenza che definisce il giudizio.

3. L'amministrazione può essere rappresentata e difesa da un proprio dipendente a ciò autorizzato.

4. Il giudice decide con sentenza in forma semplificata; sussistendone i presupposti, ordina l'esibizione e, ove previsto, la pubblicazione dei documenti richiesti, entro un termine non superiore, di norma, a trenta giorni, dettando, ove occorra, le relative modalità.

5. Le disposizioni di cui al presente articolo si applicano anche ai giudizi di impugnazione.

Art. 133. Materie di giurisdizione esclusiva. 1. Sono devolute alla giurisdizione esclusiva del giudice amministrativo, salvo ulteriori previsioni di legge:

a) le controversie in materia di: [...];

6) diritto di accesso ai documenti amministrativi e violazione degli obblighi di trasparenza amministrativa;».

[5] Comma aggiunto dall'art. 17, L. 11 febbraio 2005, n. 15 e poi abrogato dall'art. 4, all. 4, D.Lgs. 2 luglio 2010, n. 104. Il testo previgente disponeva: *Nei giudizi in materia di accesso, le parti possono stare in giudizio personalmente senza l'assistenza del difensore. L'amministrazione può essere rappresentata e difesa da un proprio dipendente, purché in possesso della qualifica di dirigente, autorizzato dal rappresentante legale dell'ente.*

[6] Comma abrogato dall'art. 4, all. 4, D.Lgs. 2 luglio 2010, n. 104. Il testo previgente disponeva: *Il giudice amministrativo, sussistendone i presupposti, ordina l'esibizione dei documenti richiesti.*

[7] Il testo dell'articolo originale disponeva: *1. Il diritto di accesso si esercita mediante esame ed estrazione di copia dei documenti amministrativi, nei modi e con i limiti indicati dalla presente legge. L'esame dei documenti è gratuito. Il rilascio di copia è subordinato soltanto al rimborso del costo di riproduzione, salve le disposizioni vigenti in materia di bollo, nonchè i diritti di ricerca e di visura.*

2. La richiesta di accesso ai documenti deve essere motivata. Essa deve essere rivolta all'amministrazione che ha formato il documento o che lo detiene stabilmente.

3. Il rifiuto, il differimento e la limitazione dell'accesso sono ammessi nei casi e nei limiti stabiliti dall'art. 24 e debbono essere motivati.

4. Trascorsi inutilmente trenta giorni dalla richiesta, questa si intende rifiutata.

5. Contro le determinazioni amministrative concernenti il diritto di accesso e nei casi previsti dal comma 4 è dato ricorso, nel termine di trenta giorni, al tribunale amministrativo regionale, il quale decide in camera di consiglio entro trenta giorni dalla scadenza del termine per il deposito del ricorso, uditi i difensori delle parti che ne abbiano fatto richiesta. La decisione del tribunale è appellabile, entro trenta giorni dalla notifica della stessa, al Consiglio di Stato, il quale decide con le medesime modalità e negli stessi termini.

6. In caso di totale o parziale accoglimento del ricorso il giudice amministrativo, sussistendone i presupposti, ordina l'esibizione dei documenti richiesti.

26. *Obbligo di pubblicazione*[1]. 1. [...][2].

2. Sono altresì pubblicate, nelle forme predette, le relazioni annuali della Commissione di cui all'articolo 27 e, in generale, è data la massima pubblicità a tutte le disposizioni attuative della presente legge e a tutte le iniziative dirette a precisare ed a rendere effettivo il diritto di accesso.

3. Con la pubblicazione di cui al comma 1, ove essa sia integrale, la libertà di accesso ai documenti indicati nel predetto comma 1 s'intende realizzata.

[1] Rubrica aggiunta dall'art. 21, L. 11 febbraio 2005, n. 15.

[2] Comma abrogato dall'art. 53, D.Lgs. 14 marzo 2013, n. 33. Il testo previgente disponeva: *1. Fermo restando quanto previsto per le pubblicazioni nella Gazzetta Ufficiale della Repubblica italiana dalla legge 11 dicembre 1984, n. 839, e dalle relative norme di attuazione, sono pubblicati, secondo le modalità previste dai singoli ordinamenti, le direttive, i programmi, le istruzioni, le circolari e ogni atto che dispone in generale sulla organizzazione, sulle funzioni, sugli obiettivi, sui procedimenti di una pubblica amministrazione ovvero nel quale si determina l'interpretazione di norme giuridiche o si dettano disposizioni per l'applicazione di esse.*

27. *Commissione per l'accesso ai documenti amministrativi.* 1. È istituita presso la Presidenza del

Consiglio dei ministri la Commissione per l'accesso ai documenti amministrativi.

2. La Commissione è nominata con decreto del Presidente del Consiglio dei ministri, sentito il Consiglio dei ministri. Essa è presieduta dal sottosegretario di Stato alla Presidenza del Consiglio dei ministri ed è composta da dieci membri, dei quali due senatori e due deputati, designati dai Presidenti delle rispettive Camere, quattro scelti fra il personale di cui alla legge 2 aprile 1979, n. 97, anche in quiescenza, su designazione dei rispettivi organi di autogoverno, e uno scelto fra i professori di ruolo in materie giuridiche. È membro di diritto della Commissione il capo della struttura della Presidenza del Consiglio dei ministri che costituisce il supporto organizzativo per il funzionamento della Commissione. La Commissione può avvalersi di un numero di esperti non superiore a cinque unità, nominati ai sensi dell'articolo 29 della legge 23 agosto 1988, n. 400[1].

2-*bis*. La Commissione delibera a maggioranza dei presenti. L'assenza dei componenti per tre sedute consecutive ne determina la decadenza[2].

3. La Commissione è rinnovata ogni tre anni. Per i membri parlamentari si procede a nuova nomina in caso di scadenza o scioglimento anticipato delle Camere nel corso del triennio.

4. [...][3].

5. La Commissione adotta le determinazioni previste dall'articolo 25, comma 4; vigila affinché sia attuato il principio di piena conoscibilità dell'attività della pubblica amministrazione con il rispetto dei limiti fissati dalla presente legge; redige una relazione annuale sulla trasparenza dell'attività della pubblica amministrazione, che comunica alle Camere e al Presidente del Consiglio dei ministri; propone al Governo modifiche dei testi legislativi e regolamentari che siano utili a realizzare la più ampia garanzia del diritto di accesso di cui all'articolo 22.

6. Tutte le amministrazioni sono tenute a comunicare alla Commissione, nel termine assegnato dalla medesima, le informazioni ed i documenti da essa richiesti, ad eccezione di quelli coperti da segreto di Stato.

7. [...][4 5 6 7].

[1] Comma così modificato dall'art. 47-bis, D.L. 21 giugno 2013, n. 69, convertito in L. 9 agosto 2013, n. 98. Il testo previgente disponeva: *2. La Commissione è nominata con decreto del Presidente del Consiglio dei ministri, sentito il Consiglio dei ministri. Essa è presieduta dal sottosegretario di Stato alla Presidenza del Consiglio dei ministri ed è composta da dodici membri, dei quali due senatori e due deputati, designati dai Presidenti delle rispettive Camere, quattro scelti fra il personale di cui alla legge 2 aprile 1979, n. 97, su designazione dei rispettivi organi di autogoverno, due fra i professori di ruolo in materie giuridiche e uno fra i dirigenti dello Stato e degli altri enti pubblici. È membro di diritto della Commissione il capo della struttura della Presidenza del Consiglio dei ministri che costituisce il supporto organizzativo per il funzionamento della Commissione. La Commissione può avvalersi di un numero di esperti non superiore a cinque unità, nominati ai sensi dell'articolo 29 della legge 23 agosto 1988, n. 400.*

[2] Comma aggiunto dall'art. 47-bis, D.L. 21 giugno 2013, n. 69, convertito in L. 9 agosto 2013, n. 98.

[3] Comma abrogato dall'art. 2, D.P.R. 2 agosto 2007, n. 157. Il testo previgente disponeva: *Con decreto del Presidente del Consiglio dei ministri, di concerto con il Ministro dell'economia e delle finanze, a decorrere dall'anno 2004, sono determinati i compensi dei componenti e degli esperti di cui al comma 2, nei limiti degli ordinari stanziamenti di bilancio della Presidenza del Consiglio dei ministri.*

[4] Comma abrogato dall'art. 1, D.P.R. 2 agosto 2007, n. 157. Il testo previgente disponeva: *In caso di prolungato inadempimento all'obbligo di cui al comma 1 dell'articolo 18, le misure ivi previste sono adottate dalla Commissione di cui al presente articolo.*

[5] La Commissione di cui al presente articolo come modificato dall'art. 47-bis, D.L. 21 giugno 2013, n. 69, convertito in L. 9 agosto 2013, n. 98 è ricostituita entro sessanta giorni dalla data di entrata in vigore della citata L. 98/2013. Fino alla data di nuova costituzione, la Commissione continua a operare nella precedente composizione (art. 47-bis, D.L. 69/2013).

[6] Articolo così sostituito dall'art. 18, L. 11 febbraio 2005, n. 15.

[7] Il testo dell'articolo originale disponeva: 1. *È istituita presso la Presidenza del Consiglio dei Ministri la Commissione per l'accesso ai documenti amministrativi.*

2. La Commissione è nominata con decreto del Presidente della Repubblica, su proposta del Presidente del Consiglio dei Ministri, sentito il Consiglio dei Ministri. Essa è presieduta dal sottosegretario di Stato alla Presidenza del Consiglio dei Ministri ed è composta da sedici membri, dei quali due senatori e due deputati designati dai Presidenti delle rispettive Camere, quattro scelti fra il personale di cui alla legge 2 aprile 1979, n. 97, su designazione dei rispettivi organi di autogoverno, quattro fra i professori di ruolo in materie giuridico-amministrative e quattro fra i dirigenti dello Stato e degli altri enti pubblici.

3. La Commissione è rinnovata ogni tre anni. Per i membri parlamentari si procede a nuova nomina in caso di scadenza o scioglimento anticipato delle Camere nel corso del triennio.

4. Gli oneri per il funzionamento della Commissione sono a carico dello stato di previsione della Presidenza del Consiglio dei Ministri.

5. La Commissione vigila affinchè venga attuato il principio di piena conoscibilità dell'attività della pubblica amministrazione con il rispetto dei limiti fissati dalla presente legge; redige una relazione annuale sulla trasparenza dell'attività della pubblica amministrazione, che comunica alle Camere e al Presidente del Consiglio dei Ministri; propone al Governo modifiche dei testi legislativi e regolamentari che siano utili a realizzare la più ampia garanzia del diritto di accesso di cui all'art. 22.

6. Tutte le amministrazioni sono tenute a comunicare alla Commissione, nel termine assegnato dalla medesima, le informazioni ed i documenti da essa richiesti, ad eccezione di quelli coperti da segreto di Stato.

7. In caso di prolungato inadempimento all'obbligo di cui al comma 1 dell'art. 18, le misure ivi previste sono adottate dalla Commissione di cui al presente articolo.

28. *Modifica dell'articolo 15 del testo unico di cui al decreto del Presidente della Repubblica 10 gennaio 1957, n. 3, in materia di segreto di ufficio*[1]. 1. [...][2].

[1] Rubrica aggiunta dall'art. 21, L. 11 febbraio 2005, n. 15.
[2] Sostituisce l'art. 15, D.P.R. 10 gennaio 1957, n. 3.

CAPO VI
DISPOSIZIONI FINALI

29. *Ambito di applicazione della legge.* 1. Le disposizioni della presente legge si applicano alle amministrazioni statali e agli enti pubblici nazionali. Le disposizioni della presente legge si applicano, altresì, alle società con totale o prevalente capitale pubblico, limitatamente all'esercizio delle funzioni amministrative. Le disposizioni di cui agli articoli 2-*bis*, 11, 15 e 25, commi 5, 5-*bis* e 6, nonché quelle del capo IV-*bis* si applicano a tutte le amministrazioni pubbliche[1].

2. Le regioni e gli enti locali, nell'ambito delle rispettive competenze, regolano le materie disciplinate dalla presente legge nel rispetto del sistema costituzionale e delle garanzie del cittadino nei riguardi dell'azione amministrativa, così come definite dai princìpi stabiliti dalla presente legge.

2-*bis*. Attengono ai livelli essenziali delle prestazioni di cui all'articolo 117, secondo comma, lettera *m)*, della Costituzione le disposizioni della presente legge concernenti gli obblighi per la pubblica amministrazione di garantire la partecipazione dell'interessato al procedimento, di individuarne un responsabile, di concluderlo entro il termine prefissato, di misurare i tempi effettivi di conclusione dei procedimenti e di assicurare l'accesso alla documentazione amministrativa, nonché quelle relative alla durata massima dei procedimenti[2 3].

2-*ter*. Attengono altresì ai livelli essenziali delle prestazioni di cui all'articolo 117, secondo comma, lettera *m)*, della Costituzione le disposizioni della presente legge concernenti la presentazione di istanze, segnalazioni e comunicazioni, la dichiarazione di inizio attività e il silenzio assenso e la conferenza di servizi, salva la possibilità di individuare, con intese in sede di Conferenza unificata di cui all'articolo 8 del decreto legislativo 28 agosto 1997, n. 281, e successive modificazioni, casi ulteriori in cui tali disposizioni non si applicano[4].

2-*quater*. Le regioni e gli enti locali, nel disciplinare i procedimenti amministrativi di loro competenza, non possono stabilire garanzie inferiori a quelle assicurate ai privati dalle disposizioni attinenti ai livelli essenziali delle prestazioni di cui ai commi 2-*bis* e 2-*ter*, ma possono prevedere livelli ulteriori di tutela[2].

2-*quinquies*. Le regioni a statuto speciale e le province autonome di Trento e di Bolzano adeguano la propria legislazione alle disposizioni del presente articolo, secondo i rispettivi statuti e le relative norme di attuazione[2 5 6].

[1] Comma così sostituito dall'art. 10, L. 18 giugno 2009, n. 69.

V. D.Lgs. 19 agosto 2016, n. 175 (*Testo unico in materia di società a partecipazione pubblica*).

Si riporta l'art. 7, comma 2, D.Lgs. 2 luglio 2010, n. 104 (Codice del processo amministrativo): *2. Per pubbliche amministrazioni, ai fini del presente codice, si intendono anche i soggetti ad esse equiparati o comunque tenuti al rispetto dei principi del procedimento amministrativo.*

[2] Comma aggiunto dall'art. 10, L. 18 giugno 2009, n. 69.

[3] Comma così modificato dall'art. 12, D.L. 16 luglio 2020, n. 76, convertito in L. 11 settembre 2020, n. 120, a decorrere dal 15 settembre 2020. Il testo previgente disponeva: *2-bis. Attengono ai livelli essenziali delle prestazioni di cui all'articolo 117, secondo comma, lettera m), della Costituzione le disposizioni della presente legge concernenti gli obblighi per la pubblica amministrazione di garantire la partecipazione dell'interessato al procedimento, di individuarne un responsabile, di concluderlo entro il termine prefissato e di assicurare l'accesso alla documentazione amministrativa, nonché quelle relative alla durata massima dei procedimenti.*

[4] Comma aggiunto dall'art. 10, L. 18 giugno 2009, n. 69 e poi così modificato prima dall'art. 49, D.L. 31 maggio 2010, n. 78, convertito in L. 30 luglio 2010, n. 122, poi dall'art. 3, D.Lgs. 30 giugno 2016, n. 126. Il testo previgente disponeva: *2-ter. Attengono altresì ai livelli essenziali delle prestazioni di cui all'articolo 117, secondo comma, lettera m), della Costituzione le disposizioni della presente legge concernenti la dichiarazione di inizio attività e il silenzio assenso e la conferenza di servizi, salva la possibilità di individuare, con intese in sede di Conferenza unificata di cui all'articolo 8 del decreto legislativo 28 agosto 1997, n. 281, e successive modificazioni, casi ulteriori in cui tali disposizioni non si applicano.*

[5] Articolo così sostituito dall'art. 19, L. 11 febbraio 2005, n. 15.

[6] Il testo dell'articolo originale disponeva: *1. Le regioni a statuto ordinario regolano le materie disciplinate dalla presente legge nel rispetto dei princìpi desumibili dalle disposizioni in essa contenute, che costituiscono princìpi generali dell'ordinamento giuridico. Tali disposizioni operano direttamente nei riguardi delle regioni fino a quando esse non avranno legiferato in materia.*

2. Entro un anno dalla data di entrata in vigore della presente legge, le regioni a statuto speciale e le province autonome di Trento e di Bolzano provvedono ad adeguare i rispettivi ordinamenti alle norme fondamentali contenute nella legge medesima.

Il testo previgente le modifiche di cui alla L. 69/2009 disponeva: *1. Le disposizioni della presente legge si applicano ai procedimenti amministrativi che si svolgono nell'ambito delle amministrazioni statali e degli enti pubblici nazionali e, per quanto stabilito in tema di giustizia amministrativa, a tutte le amministrazioni pubbliche.*

2. Le regioni e gli enti locali, nell'ambito delle rispettive competenze, regolano le materie disciplinate dalla presente legge nel rispetto del sistema costituzionale e delle garanzie del cittadino nei riguardi dell'azione amministrativa, così come definite dai princìpi stabiliti dalla presente legge.

30. *Atti di notorietà*[1]. 1. In tutti i casi in cui le leggi e i regolamenti prevedono atti di notorietà o attestazioni asseverate da testimoni altrimenti denominate, il numero dei testimoni è ridotto a due.

2. È fatto divieto alle pubbliche amministrazioni e alle imprese esercenti servizi di pubblica necessità e di pubblica utilità di esigere atti di notorietà in luogo della dichiarazione sostitutiva dell'atto di notorietà prevista dall'articolo 4 della legge 4 gennaio 1968, n. 15, quando si tratti di provare qualità personali, stati o fatti che siano a diretta conoscenza dell'interessato.

[1] Rubrica aggiunta dall'art. 21, L. 11 febbraio 2005, n. 15.

31. [...][1 2].

[1] Articolo abrogato dall'art. 20, L. 11 febbraio 2005, n. 15.

[2] Il testo dell'articolo originale disponeva: *1. Le norme sul diritto di accesso ai documenti amministrativi di cui al capo V hanno effetto dalla data di entrata in vigore dei decreti di cui all'art. 24.*

TITOLO III
CONTRATTI PUBBLICI
(D.LGS. 18 APRILE 2016, N. 50)

3 - D.Lgs. 18 aprile 2016, n. 50 (suppl. ord. G.U. 19 aprile 2016, n. 91). Codice dei contratti pubblici[1] [2] [3] [4].

[1] Rubrica così sostituita dall'art. 1, D.Lgs. 19 aprile 2017, n. 56. Il testo previgente disponeva: *Attuazione delle direttive 2014/23/UE, 2014/24/UE e 2014/25/UE sull'aggiudicazione dei contratti di concessione, sugli appalti pubblici e sulle procedure d'appalto degli enti erogatori nei settori dell'acqua, dell'energia, dei trasporti e dei servizi postali, nonchè per il riordino della disciplina vigente in materia di contratti pubblici relativi a lavori, servizi e forniture.*

[2] Il presente decreto tiene conto dell'avviso di rettifica pubblicato in G.U. 15 luglio 2016, n. 164.

[3] **Si riportano i commi da 1 a 10 e 15 dell'art. 1 (Modifiche al codice dei contratti pubblici e sospensione sperimentale dell'efficacia di disposizioni in materia di appalti pubblici e in materia di economia circolare), D.L. 18 aprile 2019, n. 32, convertito in L. 14 giugno 2019, n. 55 (la cui entrata in vigore è stata fissata al 18 giugno 2019), nel testo modificato dagli artt. 6, 8 e 42, D.L. 16 luglio 2020, n. 76, convertito in L. 11 settembre 2020, n. 120 e dall'art. 13, D.L. 31 dicembre 2020, n. 183, convertito in L. 26 febbraio 2021, n. 21, che dispongono: *1. Al fine di rilanciare gli investimenti pubblici e di facilitare l'apertura dei cantieri per la realizzazione delle opere pubbliche, per le procedure per le quali i bandi o gli avvisi con cui si indice la procedura di scelta del contraente siano pubblicati successivamente alla data di entrata in vigore del presente decreto, nonchè, in caso di contratti senza pubblicazione di bandi o di avvisi, per le procedure in relazione alle quali, alla data di entrata in vigore del presente decreto, non siano ancora stati inviati gli inviti a presentare le offerte, nelle more della riforma complessiva del settore e comunque nel rispetto dei principi e delle norme sancite dall'Unione europea, in particolare delle direttive 2014/23/UE, 2014/24/UE e 2014/25/UE del Parlamento europeo e del Consiglio, del 26 febbraio 2014, fino al 31 dicembre 2021, non trovano applicazione, a titolo sperimentale, le seguenti norme del codice dei contratti pubblici, di cui al decreto legislativo 18 aprile 2016, n. 50:***

a) articolo 37, comma 4, per i comuni non capoluogo di provincia, quanto all'obbligo di avvalersi delle modalità ivi indicate;

b) articolo 59, comma 1, quarto periodo, nella parte in cui resta vietato il ricorso all'affidamento congiunto della progettazione e dell'esecuzione di lavori;

c) articolo 77, comma 3, quanto all'obbligo di scegliere i commissari tra gli esperti iscritti all'Albo istituito presso l'Autorità nazionale anticorruzione (ANAC) di cui all'articolo 78, fermo restando l'obbligo di individuare i commissari secondo regole di competenza e trasparenza, preventivamente individuate da ciascuna stazione appaltante.

2. Entro il 30 novembre 2021 il Governo presenta alle Camere una relazione sugli effetti della sospensione per gli anni 2019 e 2020, al fine di consentire al Parlamento di valutare l'opportunità del mantenimento o meno della sospensione stessa.

3. Fino al 31 dicembre 2021 si applica anche ai settori ordinari la norma prevista dall'articolo 133, comma 8, del decreto legislativo 18 aprile 2016, n. 50, per i settori speciali.

4. Per gli anni 2019, 2020 e 2021 i soggetti attuatori di opere per le quali deve essere realizzata la progettazione possono avviare le relative procedure di affidamento anche in caso di disponibilità di finanziamenti limitati alle sole attività di progettazione. Le opere la cui progettazione è stata realizzata ai sensi del periodo precedente sono considerate prioritariamente ai fini dell'assegnazione dei finanziamenti per la loro realizzazione.

5. I soggetti attuatori di opere sono autorizzati ad avviare le procedure di affidamento della progettazione o dell'esecuzione dei lavori nelle more dell'erogazione delle risorse assegnate agli stessi e finalizzate all'opera con provvedimento legislativo o amministrativo.

6. Per gli anni 2019, 2020 e 2021, i contratti di lavori di manutenzione ordinaria e straordinaria, ad esclusione degli interventi di manutenzione straordinaria che prevedono il rinnovo o la sostituzione di parti strutturali delle opere o di impianti, possono essere affidati, nel rispetto delle procedure di scelta del contraente previste dal decreto legislativo 18 aprile 2016, n. 50, sulla base del progetto definitivo costituito almeno da una relazione generale, dall'elenco dei prezzi unitari delle lavorazioni previste, dal computo metrico-estimativo, dal piano di sicurezza e di coordinamento con l'individuazione analitica dei costi della sicurezza da non assoggettare a ribasso. L'esecuzione dei predetti lavori può prescindere dall'avvenuta redazione e approvazione del progetto esecutivo.

7. In deroga all'articolo 215, comma 3, del decreto legislativo 18 aprile 2016, n. 50, fino al 31 dicembre 2021, il Consiglio superiore dei lavori pubblici esprime il parere obbligatorio di cui al comma 3 del medesimo articolo 215 esclusivamente sui progetti di fattibilità tecnica ed economica di lavori pubblici di competenza statale, o comunque finanziati per almeno il 50 per cento dallo Stato, di importo pari o superiore ai 100 milioni di euro. Per i lavori pubblici di importo inferiore a 100 milioni di euro e fino a 50 milioni di euro, le competenze del Consiglio superiore sono esercitate dai comitati tecnici amministrativi presso i Provveditorati interregionali per le opere pubbliche. Per i lavori pubblici di importo inferiore a 50 milioni di euro si prescinde dall'acquisizione del parere di cui all'articolo 215, comma 3, del citato decreto legislativo n. 50 del 2016.

8. Fino alla data di cui al comma 7 il termine di cui all'articolo 215, comma 5, del decreto legislativo 18 aprile 2016, n. 50, per l'espressione del parere del Consiglio superiore dei lavori pubblici, è ridotto a quarantacinque giorni dalla trasmissione del progetto.

9. Il Consiglio superiore dei lavori pubblici, in sede di espressione di parere, fornisce anche la valutazione di congruità del costo. Le amministrazioni, in sede di approvazione dei progetti definitivi o di assegnazione delle risorse, indipendentemente dal valore del progetto, possono richiedere al Consiglio la valutazione di congruità del costo, che è resa entro trenta giorni. Decorso il detto termine, le amministrazioni richiedenti possono comunque procedere.

10. Fino al 31 dicembre 2021, possono essere oggetto di riserva anche gli aspetti progettuali che sono stati oggetto di verifica ai sensi dell'articolo 25 del decreto legislativo 18 aprile 2016, n. 50, con conseguente estensione dell'ambito di applicazione dell'accordo bonario di cui all'articolo 205 del medesimo decreto legislativo.

11. - 14. [...]..

15. Per gli anni dal 2019 al 2022, per gli interventi di cui all'articolo 216, comma 1-bis, del decreto legislativo 18 aprile 2016, n. 50, le varianti da apportare al progetto definitivo approvato dal Comitato interministeriale per la programmazione economica (CIPE), sia in sede di redazione del progetto esecutivo sia in fase di realizzazione delle opere, sono approvate esclusivamente dal soggetto aggiudicatore, anche ai fini della localizzazione e, ove occorrente, previa convocazione da parte di quest'ultimo della Conferenza di servizi, qualora non superino del 50 per cento il valore del progetto approvato; in caso contrario sono approvate dal CIPE. In caso di approvazione da parte del soggetto aggiudicatore, il Ministero delle infrastrutture e dei trasporti rende una informativa al CIPE.

[4] Le disposizioni di cui al presente codice non si applicano agli appalti e alle concessioni di servizi concernenti lavori, servizi e forniture affidati dai Corpi dei vigili del fuoco volontari e loro Unioni delle province autonome di Trento e di Bolzano e dalla componente volontaria del Corpo valdostano dei vigili del fuoco, nell'ambito delle proprie attività istituzionali, fermo restando l'obbligo del rispetto dei princìpi di economicità, efficacia, imparzialità, parità di trattamento, trasparenza, proporzionalità, pubblicità, tutela dell'ambiente ed efficienza energetica (art. 1, comma 78, L. 27 dicembre 2019, n. 160).

PARTE I
AMBITO DI APPLICAZIONE, PRINCIPI, DISPOSIZIONI COMUNI ED ESCLUSIONI

TITOLO I
PRINCIPI GENERALI E DISPOSIZIONI COMUNI

1. *Oggetto e ambito di applicazione.* 1. Il presente codice disciplina i contratti di appalto e di concessione delle amministrazioni aggiudicatrici e degli enti aggiudicatori aventi ad oggetto l'acquisizione di servizi, forniture, lavori e opere, nonchè i concorsi pubblici di progettazione.

2. Le disposizioni del presente codice si applicano, altresì, all'aggiudicazione dei seguenti contratti:

a) appalti di lavori, di importo superiore ad 1 milione di euro, sovvenzionati direttamente in misura superiore al 50 per cento da amministrazioni aggiudicatrici, nel caso in cui tali appalti comportino una delle seguenti attività:

1) lavori di genio civile di cui all' allegato I;

2) lavori di edilizia relativi a ospedali, impianti sportivi, ricreativi e per il tempo libero, edifici scolastici e universitari e edifici destinati a funzioni pubbliche;

b) appalti di servizi di importo superiore alle soglie di cui all'articolo 35 sovvenzionati direttamente in misura superiore al 50 per cento da amministrazioni aggiudicatrici, allorchè tali appalti siano connessi a un appalto di lavori di cui alla lettera *a).*

c) lavori pubblici affidati dai concessionari di lavori pubblici che non sono amministrazioni aggiudicatrici;

d) lavori pubblici affidati dai concessionari di servizi, quando essi sono strettamente strumentali alla gestione del servizio e le opere pubbliche diventano di proprietà dell'amministrazione aggiudicatrice;

e) lavori pubblici da realizzarsi da parte di soggetti privati, titolari di permesso di costruire o di un altro titolo abilitativo, che assumono in via diretta l'esecuzione delle opere di urbanizzazione a scomputo totale o parziale del contributo previsto per il rilascio del permesso, ai sensi dell'articolo 16, comma 2, del decreto del Presidente della Repubblica 6 giugno 2001, n. 380, e dell'articolo 28, comma 5, della legge 17 agosto 1942, n. 1150, ovvero eseguono le relative opere in regime di convenzione. L'amministrazione che rilascia il permesso di costruire o altro titolo abilitativo, può prevedere che, in relazione alla realizzazione delle opere di urbanizzazione, l'avente diritto a richiedere il titolo presenti all'amministrazione stessa, in sede di richiesta del suddetto titolo, un progetto di fattibilità tecnica ed economica delle opere da eseguire, con l'indicazione del tempo massimo in cui devono essere completate, allegando lo schema del relativo contratto di appalto. L'amministrazione, sulla base del progetto di fattibilità tecnica ed economica, indice una gara con le modalità previste dall'articolo 60 o 61. Oggetto del contratto, previa acquisizione del progetto definitivo in sede di offerta, sono la progettazione esecutiva e l'esecuzione di lavori. L'offerta relativa al prezzo indica distintamente il corrispettivo richiesto per la progettazione esecutiva, per l'esecuzione dei lavori e per i costi della sicurezza.

3. Ai soggetti di cui al comma 2, lettere *a), b), d)* ed *e),* non si applicano gli articoli 21 relativamente alla programmazione dei lavori pubblici, 70 e 113. In relazione alla fase di esecuzione del contratto si applicano esclusivamente le norme che disciplinano il collaudo. Alle società con capitale pubblico anche non maggioritario, che non sono organismi di diritto pubblico, che hanno ad oggetto della loro attività la realizzazione di lavori o opere, ovvero la produzione

di beni o servizi non destinati ad essere collocati sul mercato in regime di libera concorrenza, si applica la disciplina prevista dai Testi unici sui servizi pubblici locali di interesse economico generale e in materia di società a partecipazione pubblica. Alle medesime società e agli enti aggiudicatori che affidino lavori, servizi, forniture, di cui all'articolo 3, comma 1, lettera *e)*, numero *1)*, qualora ai sensi dell'articolo 28 debbano trovare applicazione le disposizioni della parte II ad eccezione di quelle relative al titolo VI, capo I, non si applicano gli articoli 21 relativamente alla programmazione dei lavori pubblici, 70 e 113; in relazione alla fase di esecuzione del contratto si applicano solo le norme che disciplinano il collaudo.

4. Le amministrazioni aggiudicatrici che concedono le sovvenzioni di cui al comma 2, lettere *a)* e *b)*, assicurano il rispetto delle disposizioni del presente codice qualora non aggiudichino esse stesse gli appalti sovvenzionati o quando esse aggiudichino tali appalti in nome e per conto di altri enti.

5. Il provvedimento che concede il contributo di cui al comma 2, lettere *a)* e *b)*, deve porre come condizione il rispetto, da parte del soggetto beneficiario, delle disposizioni del presente codice. Fatto salvo quanto previsto dalle eventuali leggi che prevedono le sovvenzioni, il 50 per cento delle stesse può essere erogato solo dopo l'avvenuto affidamento dell'appalto, previa verifica, da parte del sovvenzionatore, che la procedura di affidamento si è svolta nel rispetto del presente codice. Il mancato rispetto del presente codice costituisce causa di decadenza dal contributo.

6. Il presente codice si applica ai contratti pubblici aggiudicati nei settori della difesa e della sicurezza, ad eccezione dei contratti:

a) che rientrano nell'ambito di applicazione del decreto legislativo 15 novembre 2011, n. 208;

b) ai quali il decreto legislativo 15 novembre 2011, n. 208, non si applica in virtù dell'articolo 6 del medesimo decreto.

7. Il Ministro degli affari esteri e della cooperazione internazionale adotta, previo accordo con l'ANAC, direttive generali per disciplinare le procedure di scelta del contraente e l'esecuzione del contratto da svolgersi all'estero, tenuto conto dei principi fondamentali del presente codice e delle procedure applicate dall'Unione europea e dalle organizzazioni internazionali di cui l'Italia è parte. Resta ferma l'applicazione del presente codice alle procedure di affidamento svolte in Italia. Fino all'adozione delle direttive generali di cui al presente comma, si applica l'articolo 216, comma 26[1].

8. I riferimenti a nomenclature nel contesto degli appalti pubblici e nel contesto dell'aggiudicazione di concessioni sono effettuati utilizzando il «Vocabolario comune per gli appalti pubblici» (CPV) di cui all'articolo 3, comma 1, lettera *tttt)*[2 3].

[1] V. D.M. 2 novembre 2017, n. 192.

[2] Comma così modificato dall'art. 2, D.Lgs. 19 aprile 2017, n. 56. Il testo previgente disponeva: *8. I riferimenti a nomenclature nel contesto degli appalti pubblici e nel contesto dell'aggiudicazione di concessioni sono effettuati utilizzando il «Vocabolario comune per gli appalti pubblici» (CPV) adottato dal regolamento (CE) n. 2195/2002 del Parlamento europeo e del Consiglio.*

[3] V. artt. 1 e 32, D.Lgs. 12 aprile 2006, n. 163 (vecchio Codice dei contratti pubblici). In particolare l'art. 1 dispone: *Oggetto. 1. Il presente codice disciplina i contratti delle stazioni appaltanti, degli enti aggiudicatori e dei soggetti aggiudicatori, aventi per oggetto l'acquisizione di servizi, prodotti, lavori e opere.*

1-bis. Il presente codice si applica ai contratti pubblici aggiudicati nei settori della difesa e della sicurezza, ad eccezione dei contratti cui si applica il decreto di attuazione della direttiva 2009/81/CE e dei contratti di cui all'articolo 6 dello stesso decreto legislativo di attuazione.

2. Nei casi in cui le norme vigenti consentono la costituzione di società miste per la realizzazione e/o gestione di un'opera pubblica o di un servizio, la scelta del socio privato avviene con procedure di evidenza pubblica.

2. *Competenze legislative di Stato, regioni e province autonome.* 1. Le disposizioni contenute nel presente codice sono adottate nell'esercizio della competenza legislativa esclusiva statale in materia di tutela della concorrenza, ordinamento civile, nonchè nelle altre materie cui è riconducibile lo specifico contratto.

2. Le Regioni a statuto ordinario esercitano le proprie funzioni nelle materie di competenza regionale ai sensi dell'articolo 117 della Costituzione[1].

3. Le Regioni a statuto speciale e le Province autonome di Trento e di Bolzano adeguano la propria legislazione secondo le disposizioni contenute negli statuti e nelle relative norme di attuazione[2].

[1] Comma così modificato dall'art. 3, D.Lgs. 19 aprile 2017, n. 56. Il testo previgente disponeva: *2. Le Regioni a statuto ordinario esercitano le proprie funzioni nelle materie di competenza ragionale ai sensi dell'articolo 117 della Costituzione.*

[2] V. art. 4, D.Lgs. 12 aprile 2006, n. 163 (vecchio Codice dei contratti pubblici), che dispone: *Competenze legislative di Stato, regioni e province autonome (artt. 1, 3, L. n. 109/1994). 1. Le regioni e le province autonome di Trento e di Bolzano esercitano la potestà normativa nelle materie oggetto del presente codice nel rispetto dei vincoli derivanti dall'ordinamento comunitario e delle disposizioni relative a materie di competenza esclusiva dello Stato.*

2. Relativamente alle materie oggetto di competenza concorrente, le regioni e le province autonome di Trento e di Bolzano esercitano la potestà normativa nel rispetto dei principi fondamentali contenuti nelle norme del presente codice, in particolare, in tema di programmazione di lavori pubblici, approvazione dei progetti ai fini urbanistici ed espropriativi, organizzazione amministrativa, compiti e requisiti del responsabile del procedimento, sicurezza del lavoro.

3. Le regioni, nel rispetto dell'articolo 117, comma secondo, della Costituzione, non possono prevedere una disciplina diversa da quella del presente codice in relazione: alla qualificazione e selezione dei concorrenti; alle procedure di affidamento, esclusi i profili di organizzazione amministrativa;

ai criteri di aggiudicazione; al subappalto; ai poteri di vigilanza sul mercato degli appalti affidati all'Autorità per la vigilanza sui contratti pubblici di lavori, servizi e forniture; alle attività di progettazione e ai piani di sicurezza; alla stipulazione e all'esecuzione dei contratti, ivi compresi direzione dell'esecuzione, direzione dei lavori, contabilità e collaudo, ad eccezione dei profili di organizzazione e contabilità amministrative; al contenzioso. Resta ferma la competenza esclusiva dello Stato a disciplinare i contratti relativi alla tutela dei beni culturali, i contratti nel settore della difesa, i contratti segretati o che esigono particolari misure di sicurezza relativi a lavori, servizi, forniture.

4. Nelle materie di competenza normativa regionale, concorrente o esclusiva, le disposizioni del presente codice si applicano alle regioni nelle quali non sia ancora in vigore la normativa di attuazione e perdono comunque efficacia a decorrere dalla data di entrata in vigore della normativa di attuazione adottata da ciascuna regione.

5. Le regioni a statuto speciale e le province autonome di Trento e Bolzano adeguano la propria legislazione secondo le disposizioni contenute negli statuti e nelle relative norme di attuazione.

3. *Definizioni.* 1. Ai fini del presente codice si intende per:

a) «amministrazioni aggiudicatrici», le amministrazioni dello Stato; gli enti pubblici territoriali; gli altri enti pubblici non economici; gli organismi di diritto pubblico; le associazioni, unioni, consorzi, comunque denominati, costituiti da detti soggetti;

b) «autorità governative centrali», le amministrazioni aggiudicatrici che figurano nell'allegato III e i soggetti giuridici loro succeduti;

c) «amministrazioni aggiudicatrici sub-centrali», tutte le amministrazioni aggiudicatrici che non sono autorità governative centrali;

d) «organismi di diritto pubblico», qualsiasi organismo, anche in forma societaria, il cui elenco non tassativo è contenuto nell'allegato IV:

1) istituito per soddisfare specificatamente esigenze di interesse generale, aventi carattere non industriale o commerciale;

2) dotato di personalità giuridica;

3) la cui attività sia finanziata in modo maggioritario dallo Stato, dagli enti pubblici territoriali o da altri organismi di diritto pubblico oppure la cui gestione sia soggetta al controllo di questi ultimi oppure il cui organo d'amministrazione, di direzione o di vigilanza sia costituito da membri dei quali più della metà è designata dallo Stato, dagli enti pubblici territoriali o da altri organismi di diritto pubblico.

e) «enti aggiudicatori», ai fini della disciplina di cui alla:

1) parte II del presente codice, gli enti che:

1.1. sono amministrazioni aggiudicatrici o imprese pubbliche che svolgono una delle attività di cui agli articoli da 115 a 121;

1.2. pur non essendo amministrazioni aggiudicatrici nè imprese pubbliche, esercitano una o più attività tra quelle di cui agli articoli da 115 a 121 e operano in virtù di diritti speciali o esclusivi concessi loro dall'autorità competente;

2) parte III del presente codice, gli enti che svolgono una delle attività di cui all'allegato II ed aggiudicano una concessione per lo svolgimento di una di tali attività, quali:

2.1 le amministrazioni dello Stato, gli enti pubblici territoriali, gli organismi di diritto pubblico o le associazioni, unioni, consorzi, comunque denominati, costituiti da uno o più di tali soggetti;

2.2 le imprese pubbliche di cui alla lettera *t)* del presente comma;

2.3 gli enti diversi da quelli indicati nei punti 2.1 e 2.2, ma operanti sulla base di diritti speciali o esclusivi ai fini dell'esercizio di una o più delle attività di cui all'allegato II. Gli enti cui sono stati conferiti diritti speciali o esclusivi mediante una procedura in cui sia stata assicurata adeguata pubblicità e in cui il conferimento di tali diritti si basi su criteri obiettivi non costituiscono «enti aggiudicatori» ai sensi del presente punto 2.3;

f) «soggetti aggiudicatori», ai soli fini delle parti IV e V, le amministrazioni aggiudicatrici di cui alla lettera *a)*, gli enti aggiudicatori di cui alla lettera *e)* nonchè i diversi soggetti pubblici o privati assegnatari dei fondi, di cui alle citate parti IV e V;

g) «altri soggetti aggiudicatori», i soggetti privati tenuti all'osservanza delle disposizioni del presente codice;

h) «joint venture», l'associazione tra due o più enti, finalizzata all'attuazione di un progetto o di una serie di progetti o di determinate intese di natura commerciale o finanziaria;

i) «centrale di committenza», un'amministrazione aggiudicatrice o un ente aggiudicatore che forniscono attività di centralizzazione delle committenze e, se del caso, attività di committenza ausiliarie;

l) «attività di centralizzazione delle committenze», le attività svolte su base permanente riguardanti:

1) l'acquisizione di forniture o servizi destinati a stazioni appaltanti;

2) l'aggiudicazione di appalti o la conclusione di accordi quadro per lavori, forniture o servizi destinati a stazioni appaltanti;

m) «attività di committenza ausiliarie», le attività che consistono nella prestazione di supporto alle attività di committenza, in particolare nelle forme seguenti:

1) infrastrutture tecniche che consentano alle stazioni appaltanti di aggiudicare appalti pubblici o di concludere accordi quadro per lavori, forniture o servizi;

2) consulenza sullo svolgimento o sulla progettazione delle procedure di appalto;

3) preparazione delle procedure di appalto in nome e per conto della stazione appaltante interessata;

4) gestione delle procedure di appalto in nome e per conto della stazione appaltante interessata;

n) «soggetto aggregatore», le centrali di committenza iscritte nell'elenco istituito ai sensi dell'articolo 9, comma 1, del decreto-legge 24 aprile 2014, n. 66, convertito, con modificazioni, dalla legge 23 giugno 2014, n. 89;

o) «stazione appaltante», le amministrazioni aggiudicatrici di cui alla lettera *a)* gli enti aggiudicatori di cui alla lettera *e)*, i soggetti aggiudicatori di cui alla lettera *f)* e gli altri soggetti aggiudicatori di cui alla lettera *g)*;

p) «operatore economico», una persona fisica o giuridica, un ente pubblico, un raggruppamento di tali persone o enti, compresa qualsiasi associazione temporanea di imprese, un ente senza personalità giuridica, ivi compreso il gruppo europeo di interesse economico (GEIE) costituito ai sensi del decreto legislativo 23 luglio 1991, n. 240, che offre sul mercato la realizzazione di lavori o opere, la fornitura di prodotti o la prestazione di servizi;

q) «concessionario», un operatore economico cui è stata affidata o aggiudicata una concessione;

r) «promotore», un operatore economico che partecipa ad un partenariato pubblico privato;

s) «prestatore di servizi in materia di appalti», un organismo pubblico o privato che offre servizi di supporto sul mercato finalizzati a garantire lo svolgimento delle attività di committenza da parte dei soggetti di cui alle lettere *a)*, *b)*, *c)*, *d)* ed *e)*;

t) «imprese pubbliche», le imprese sulle quali le amministrazioni aggiudicatrici possono esercitare, direttamente o indirettamente, un'influenza dominante o perchè ne sono proprietarie, o perchè vi hanno una partecipazione finanziaria, o in virtù delle norme che disciplinano dette imprese. L'influenza dominante è presunta quando le amministrazioni aggiudicatrici, direttamente o indirettamente, riguardo all'impresa, alternativamente o cumulativamente:

1) detengono la maggioranza del capitale sottoscritto;

2) controllano la maggioranza dei voti cui danno diritto le azioni emesse dall'impresa;

3) possono designare più della metà dei membri del consiglio di amministrazione, di direzione o di vigilanza dell'impresa;

u) «raggruppamento temporaneo», un insieme di imprenditori, o fornitori, o prestatori di servizi, costituito, anche mediante scrittura privata, allo scopo di partecipare alla procedura di affidamento di uno specifico contratto pubblico, mediante presentazione di una unica offerta;

v) «consorzio», i consorzi previsti dall'ordinamento, con o senza personalità giuridica;

z) «impresa collegata», qualsiasi impresa i cui conti annuali siano consolidati con quelli dell'ente aggiudicatore a norma degli articoli 25 e seguenti del decreto legislativo 9 aprile 1991, n. 127, e successive modificazioni. Nel caso di enti cui non si applica il predetto decreto legislativo, per «impresa collegata» si intende, anche alternativamente, qualsiasi impresa:

1) su cui l'ente aggiudicatore possa esercitare, direttamente o indirettamente, un'influenza dominante; oppure che possa esercitare un'influenza dominante sull'ente aggiudicatore;

2) che, come l'ente aggiudicatore, sia soggetta all'influenza dominante di un'altra impresa in virtù di rapporti di proprietà, di partecipazione finanziaria ovvero di norme interne;

aa) «microimprese, piccole e medie imprese», le imprese come definite nella Raccomandazione n. 2003/361/CE della Commissione del 6 maggio 2003. In particolare, sono medie imprese le imprese che hanno meno di 250 occupati e un fatturato annuo non superiore a 50 milioni di euro, oppure un totale di bilancio annuo non superiore a 43 milioni di euro; sono piccole imprese le imprese che hanno meno di 50 occupati e un fatturato annuo oppure un totale di bilancio annuo non superiore a 10 milioni di euro; sono micro imprese le imprese che hanno meno di 10 occupati e un fatturato annuo oppure un totale di bilancio annuo non superiore a 2 milioni di euro;

bb) «candidato», un operatore economico che ha sollecitato un invito o è stato invitato a partecipare a una procedura ristretta, a una procedura competitiva con negoziazione, a una procedura negoziata senza previa pubblicazione di un bando di gara, a un dialogo competitivo o a un partenariato per l'innovazione o ad una procedura per l'aggiudicazione di una concessione;

cc) «offerente», l'operatore economico che ha presentato un'offerta;

dd) «contratti» o «contratti pubblici», i contratti di appalto o di concessione aventi per oggetto l'acquisizione di servizi o di forniture, ovvero l'esecuzione di opere o lavori, posti in essere dalle stazioni appaltanti;

ee) «contratti di rilevanza europea», i contratti pubblici il cui valore stimato al netto dell'imposta sul valore aggiunto è pari o superiore alle soglie di cui all'articolo 35 e che non rientrino tra i contratti esclusi;

ff) «contratti sotto soglia», i contratti pubblici il cui valore stimato al netto dell'imposta sul valore aggiunto è inferiore alle soglie di cui all'articolo 35;

gg) «settori ordinari»,i settori dei contratti pubblici, diversi da quelli relativi a gas, energia termica, elettricità, acqua, trasporti, servizi postali, sfruttamento di area geografica, come disciplinati dalla parte II del presente codice, in cui operano le amministrazioni aggiudicatrici;

hh) «settori speciali» i settori dei contratti pubblici relativi a gas, energia termica, elettricità, acqua, trasporti, servizi postali, sfruttamento di area geografica, come disciplinati dalla parte II del presente codice;

ii) «appalti pubblici», i contratti a titolo oneroso, stipulati per iscritto tra una o più stazioni appaltanti e uno o più operatori economici, aventi per oggetto l'esecuzione di lavori, la fornitura di prodotti e la prestazione di servizi;

ll) «appalti pubblici di lavori», i contratti stipulati per iscritto tra una o più stazioni appaltanti e uno o più operatori economici aventi per oggetto:

1) l'esecuzione di lavori relativi a una delle attività di cui all'allegato I;

2) l'esecuzione, oppure la progettazione esecutiva e l'esecuzione di un'opera;

3) la realizzazione, con qualsiasi mezzo, di un'opera corrispondente alle esigenze specificate dall'amministrazione aggiudicatrice o dall'ente aggiudicatore che esercita un'influenza determinante sul tipo o sulla progettazione dell'opera;

mm) «scritto o per iscritto», un insieme di parole o cifre che può essere letto, riprodotto e poi comunicato, comprese le informazioni trasmesse e archiviate con mezzi elettronici;

nn) «lavori» di cui all'allegato I, le attività di costruzione, demolizione, recupero, ristrutturazione urbanistica ed edilizia, sostituzione, restauro, manutenzione di opere;

oo) «lavori complessi», i lavori che superano la soglia di 15 milioni di euro e sono caratterizzati da particolare complessità in relazione alla tipologia delle opere, all'utilizzo di materiali e componenti innovativi, alla esecuzione in luoghi che presentano difficoltà logistiche o particolari problematiche geotecniche, idrauliche, geologiche e ambientali;

oo-bis) «lavori di categoria prevalente», la categoria di lavori, generale o specializzata, di importo più elevato fra le categorie costituenti l'intervento e indicate nei documenti di gara[1];

oo-ter) «lavori di categoria scorporabile», la categoria di lavori, individuata dalla stazione appaltante nei documenti di gara, tra quelli non appartenenti alla categoria prevalente e comunque di importo superiore al 10 per cento dell'importo complessivo dell'opera o lavoro, ovvero di importo superiore a 150.000 euro ovvero appartenenti alle categorie di cui all'articolo 89, comma 11[1];

oo-quater) «manutenzione ordinaria», fermo restando quanto previsto dal decreto del Presidente della Repubblica 6 giugno 2001, n. 380, e dal decreto legislativo 22 gennaio 2004, n. 42, le opere di riparazione, rinnovamento e sostituzione necessarie per eliminare il degrado dei manufatti e delle relative pertinenze, al fine di conservarne lo stato e la fruibilità di tutte le componenti, degli impianti e delle opere connesse, mantenendole in condizioni di valido funzionamento e di sicurezza, senza che da ciò derivi una modificazione della consistenza, salvaguardando il valore del bene e la sua funzionalità[1];

oo-quinquies) «manutenzione straordinaria», fermo restando quanto previsto dal decreto del Presidente della Repubblica 6 giugno 2001, n. 380, e dal decreto legislativo 22 gennaio 2004, n. 42, le opere e le modifiche necessarie per rinnovare e sostituire parti anche strutturali dei manufatti e delle relative pertinenze, per adeguarne le componenti, gli impianti e le opere connesse all'uso e alle prescrizioni vigenti e con la finalità di rimediare al rilevante degrado dovuto alla perdita di caratteristiche strutturali, tecnologiche e impiantistiche, anche al fine di migliorare le prestazioni, le caratteristiche strutturali, energetiche e di efficienza tipologica, nonchè per incrementare il valore del bene e la sua funzionalità[1];

pp) «opera», il risultato di un insieme di lavori, che di per sè esplichi una funzione economica o tecnica. Le opere comprendono sia quelle che sono il risultato di un insieme di lavori edilizi o di genio civile, sia quelle di difesa e di presidio ambientale, di presidio agronomico e forestale, paesaggistica e di ingegneria naturalistica;

qq) «lotto funzionale», uno specifico oggetto di appalto da aggiudicare anche con separata ed autonoma procedura, ovvero parti di un lavoro o servizio generale la cui progettazione e realizzazione sia tale da assicurarne funzionalità, fruibilità e fattibilità indipendentemente dalla realizzazione delle altre parti;

rr) «opere pubbliche incompiute», opere pubbliche incompiute di cui all'articolo 44-*bis* del decreto legge 6 dicembre 2011, n. 201, convertito, con modificazioni, dalla legge 22 dicembre 2011, n. 214, nonchè di cui al decreto del Ministero delle infrastrutture e dei trasporti 13 marzo 2013, n. 42, pubblicato nella Gazzetta Ufficiale 24 aprile 2013, n. 96;

ss) «appalti pubblici di servizi», i contratti tra una o più stazioni appaltanti e uno o più soggetti economici, aventi per oggetto la prestazione di servizi diversi da quelli di cui alla lettera *ll)*;

tt) «appalti pubblici di forniture», i contratti tra una o più stazioni appaltanti e uno o più soggetti economici aventi per oggetto l'acquisto, la locazione finanziaria, la locazione o l'acquisto a riscatto, con o senza opzione per l'acquisto, di prodotti. Un appalto di forniture può includere, a titolo accessorio, lavori di posa in opera e di installazione;

uu) «concessione di lavori», un contratto a titolo oneroso stipulato per iscritto in virtù del quale una o più stazioni appaltanti affidano l'esecuzione di lavori ovvero la progettazione esecutiva e l'esecuzione, ovvero la progettazione definitiva, la progettazione esecutiva e l'esecuzione di lavori ad uno o più operatori economici riconoscendo a titolo di corrispettivo unicamente il diritto di gestire le opere oggetto del contratto o tale diritto accompagnato da un prezzo, con assunzione in capo al concessionario del rischio operativo legato alla gestione delle opere[2];

vv) «concessione di servizi», un contratto a titolo oneroso stipulato per iscritto in virtù del quale una o più stazioni appaltanti affidano a uno o più operatori economici la fornitura e la gestione di servizi diversi dall'esecuzione di lavori di cui alla lettera *ll)* riconoscendo a titolo di corrispettivo unicamente il diritto di gestire i servizi oggetto del contratto o tale diritto accompagnato da un prezzo, con assunzione in capo al concessionario del rischio operativo legato alla gestione dei servizi;

zz) «rischio operativo», il rischio legato alla gestione dei lavori o dei servizi sul lato della domanda o sul lato dell'offerta o di entrambi, trasferito all'operatore economico. Si considera che l'operatore economico assuma il rischio operativo nel caso in cui, in condizioni operative normali, per tali intendendosi l'insussistenza di eventi non prevedibili, non sia garantito il recupero degli investimenti effettuati o dei costi sostenuti per la gestione dei lavori o dei servizi oggetto della concessione. La parte del rischio trasferita all'operatore economico deve comportare una reale esposizione alle fluttuazioni del mercato tale per cui ogni potenziale perdita stimata subita dall'operatore economico non sia puramente nominale o trascurabile[3];

aaa) «rischio di costruzione», il rischio legato al ritardo nei tempi di consegna, al non rispetto degli standard di progetto, all'aumento dei costi, a inconvenienti di tipo tecnico nell'opera e al mancato completamento dell'opera;

bbb) «rischio di disponibilità», il rischio legato alla capacità, da parte del concessionario, di erogare le prestazioni contrattuali pattuite, sia per volume che per standard di qualità previsti;

ccc) «rischio di domanda», il rischio legato ai diversi volumi di domanda del servizio che il concessionario deve soddisfare, ovvero il rischio legato alla mancanza di utenza e quindi di flussi di cassa;

ddd) «concorsi di progettazione», le procedure intese a fornire alle stazioni appaltanti, nel settore dell'architettura, dell'ingegneria, del restauro e della tutela dei beni culturali e archeologici, della pianificazione urbanistica e territoriale, paesaggistica, naturalistica, geologica, del verde urbano e del paesaggio forestale agronomico, nonchè nel settore della messa in sicurezza e della mitigazione degli impatti idrogeologici ed idraulici e dell'elaborazione di dati, un piano o un progetto, selezionato da una commissione giudicatrice in base a una gara, con o senza assegnazione di premi;

eee) «contratto di partenariato pubblico privato», il contratto a titolo oneroso stipulato per iscritto con il quale una o più stazioni appaltanti conferiscono a uno o più operatori economici per un periodo determinato in funzione della durata dell'ammortamento dell'investimento o delle modalità di finanziamento fissate, un complesso di attività consistenti nella realizzazione, trasformazione, manutenzione e gestione operativa di un'opera in cambio della sua disponibilità, o del suo sfruttamento economico, o della fornitura di un servizio connesso all'utilizzo dell'opera stessa, con assunzione di rischio secondo modalità individuate nel contratto, da parte dell'operatore. Fatti salvi gli obblighi di comunicazione previsti dall'articolo 44, comma 1-*bis*, del decreto-legge 31 dicembre 2007, n. 248, convertito, con modificazioni, dalla legge 28 febbraio 2008, n. 31, si applicano, per i soli profili di tutela della finanza pubblica, i contenuti delle decisioni Eurostat[4];

fff) «equilibrio economico e finanziario», la contemporanea presenza delle condizioni di convenienza economica e sostenibilità finanziaria. Per convenienza economica si intende la capacità del progetto di creare valore nell'arco dell'efficacia del contratto e di generare un livello di redditività adeguato per il capitale investito; per sostenibilità finanziaria si intende la capacità del progetto di generare flussi di cassa sufficienti a garantire il rimborso del finanziamento;

ggg) «locazione finanziaria di opere pubbliche o di pubblica utilità», il contratto avente ad oggetto la prestazione di servizi finanziari e l'esecuzione di lavori;

hhh) «contratto di disponibilità», il contratto mediante il quale sono affidate, a rischio e a spese dell'affidatario, la costruzione e la messa a disposizione a favore dell'amministrazione aggiudicatrice di un'opera di proprietà privata destinata all'esercizio di un pubblico servizio, a fronte di un corrispettivo. Si intende per messa a disposizione l'onere assunto a proprio rischio dall'affidatario di assicurare all'amministrazione aggiudicatrice la costante fruibilità dell'opera, nel rispetto dei parametri di funzionalità previsti dal contratto, garantendo allo scopo la perfetta manutenzione e la risoluzione di tutti gli eventuali vizi, anche sopravvenuti;

iii) «accordo quadro», l'accordo concluso tra una o più stazioni appaltanti e uno o più operatori economici, il cui scopo è quello di stabilire le clausole relative agli appalti da aggiudicare durante un dato periodo, in particolare per quanto riguarda i prezzi e, se del caso, le quantità previste;

lll) «diritto esclusivo», il diritto concesso da un'autorità competente mediante una disposizione legislativa o regolamentare o disposizione amministrativa pubblicata compatibile con i Trattati, avente l'effetto di riservare a un unico operatore economico l'esercizio di un'attività e di incidere sostanzialmente sulla capacità di altri operatori economici di esercitare tale attività;

mmm) «diritto speciale», il diritto concesso da un'autorità competente mediante una disposizione legislativa o regolamentare o disposizione amministrativa pubblicata compatibile con i trattati avente l'effetto di riservare a due o più operatori economici l'esercizio di un'attività e di incidere sostanzialmente sulla capacità di altri operatori economici di esercitare tale attività;

nnn) «profilo di committente», il sito informatico di una stazione appaltante, su cui sono pubblicati gli atti e le informazioni previsti dal presente codice, nonchè dall'allegato V;

ooo) «documento di gara», qualsiasi documento prodotto dalle stazioni appaltanti o al quale le stazioni appaltanti fanno riferimento per descrivere o determinare elementi dell'appalto o della procedura, compresi il bando di gara, l'avviso di preinformazione, nel caso in cui sia utilizzato come mezzo di indizione di gara, l'avviso periodico indicativo o gli avvisi sull'esistenza di un sistema di qualificazione, le specifiche tecniche, il documento descrittivo, le condizioni contrattuali proposte, i modelli per la presentazione di documenti da parte di candidati e offerenti, le informazioni sugli obblighi generalmente applicabili e gli eventuali documenti complementari;

ppp) «documento di concessione», qualsiasi documento prodotto dalle stazioni appaltanti o al quale la stazione appaltante fa riferimento per descrivere o determinare gli elementi della concessione o della procedura, compresi il bando di concessione, i requisiti tecnici e funzionali, le condizioni proposte per la concessione, i formati per la presentazione di documenti da parte di candidati e offerenti, le informazioni sugli obblighi generalmente applicabili e gli eventuali documenti complementari;

qqq) «clausole sociali», disposizioni che impongono a un datore di lavoro il rispetto di determinati standard di protezione sociale e del lavoro come condizione per svolgere attività economiche in appalto o in concessione o per accedere a benefici di legge e agevolazioni finanziarie;

rrr) «procedure di affidamento» e «affidamento», l'affidamento di lavori, servizi o forniture o incarichi di progettazione mediante appalto; l'affidamento di lavori o servizi mediante concessione; l'affidamento di concorsi di progettazione e di concorsi di idee;

sss) «procedure aperte», le procedure di affidamento in cui ogni operatore economico interessato può presentare un'offerta;

ttt) «procedure ristrette», le procedure di affidamento alle quali ogni operatore economico può chiedere di partecipare e in cui possono presentare un'offerta soltanto gli operatori economici invitati dalle stazioni appaltanti, con le modalità stabilite dal presente codice;

uuu) «procedure negoziate», le procedure di affidamento in cui le stazioni appaltanti consultano gli operatori economici da loro scelti e negoziano con uno o più di essi le condizioni dell'appalto;

vvv) «dialogo competitivo», una procedura di affidamento nella quale la stazione appaltante avvia un dialogo con i candidati ammessi a tale procedura, al fine di elaborare una o più soluzioni atte a soddisfare le sue necessità e sulla base della quale o delle quali i candidati selezionati sono invitati a presentare le offerte; qualsiasi operatore economico può chiedere di partecipare a tale procedura;

zzz) «sistema telematico», un sistema costituito da soluzioni informatiche e di telecomunicazione che consentono lo svolgimento delle procedure di cui al presente codice;

aaaa) «sistema dinamico di acquisizione», un processo di acquisizione interamente elettronico, per acquisti di uso corrente, le cui caratteristiche generalmente disponibili sul mercato soddisfano le esigenze di una stazione appaltante, aperto per tutta la sua durata a qualsivoglia operatore economico che soddisfi i criteri di selezione;

bbbb) «mercato elettronico», uno strumento di acquisto e di negoziazione che consente acquisti telematici per importi inferiori alla soglia di rilievo europeo basati su un sistema che attua procedure di scelta del contraente interamente gestite per via telematica;

cccc) «strumenti di acquisto», strumenti di acquisizione che non richiedono apertura del confronto competitivo. Rientrano tra gli strumenti di acquisto:

1) le convenzioni quadro di cui all'articolo 26 della legge 23 dicembre 1999, n. 488, stipulate, ai sensi della normativa vigente, da CONSIP S.p.A. e dai soggetti aggregatori;

2) gli accordi quadro stipulati da centrali di committenza quando gli appalti specifici vengono aggiudicati senza riapertura del confronto competitivo;

3) il mercato elettronico realizzato da centrale di committenza nel caso di acquisti effettuati a catalogo;

dddd) «strumenti di negoziazione», strumenti di acquisizione che richiedono apertura del confronto competitivo. Rientrano tra gli strumenti di negoziazione:

1) gli accordi quadro stipulati da centrali di committenza nel caso in cui gli appalti specifici vengono aggiudicati con riapertura del confronto competitivo;

2) il sistema dinamico di acquisizione realizzato da centrali di committenza;

3) il mercato elettronico realizzato da centrali di committenza nel caso di acquisti effettuati attraverso confronto concorrenziale;

4) i sistemi realizzati da centrali di committenza che comunque consentono lo svolgimento delle procedure ai sensi del presente codice;

eeee) «strumenti telematici di acquisto» e «strumenti telematici di negoziazione», strumenti di acquisto e di negoziazione gestiti mediante un sistema telematico;

ffff) «asta elettronica», un processo per fasi successive basato su un dispositivo elettronico di presentazione di nuovi prezzi modificati al ribasso o di nuovi valori riguardanti taluni elementi delle offerte, che interviene dopo una prima valutazione completa delle offerte permettendo che la loro classificazione possa essere effettuata sulla base di un trattamento automatico;

gggg) «amministrazione diretta», le acquisizioni effettuate dalle stazioni appaltanti con materiali e mezzi propri o appositamente acquistati o noleggiati e con personale proprio o eventualmente assunto per l'occasione, sotto la direzione del responsabile del procedimento;

hhhh) «ciclo di vita», tutte le fasi consecutive o interconnesse, compresi la ricerca e lo sviluppo da realizzare, la produzione, gli scambi e le relative condizioni, il trasporto, l'utilizzazione e la manutenzione, della vita del prodotto o del lavoro o della prestazione del servizio, dall'acquisizione della materia prima o dalla generazione delle risorse fino allo smaltimento, allo smantellamento e alla fine del servizio o all'utilizzazione;

iiii) «etichettatura», qualsiasi documento, certificato o attestato con cui si conferma che i lavori, i prodotti, i servizi, i processi o le procedure in questione soddisfano determinati requisiti;

llll) «requisiti per l'etichettatura», i requisiti che devono essere soddisfatti dai lavori, prodotti, servizi, processi o procedure allo scopo di ottenere la pertinente etichettatura;

mmmm) «fornitore di servizi di media», la persona fisica o giuridica che assume la responsabilità editoriale della scelta del contenuto audiovisivo del servizio di media audiovisivo e ne determina le modalità di organizzazione;

nnnn) «innovazione», l'attuazione di un prodotto, servizio o processo nuovo o che ha subito significativi miglioramenti tra cui quelli relativi ai processi di produzione, di edificazione o di costruzione o quelli che riguardano un nuovo metodo di commercializzazione o organizzativo nelle prassi commerciali, nell'organizzazione del posto di lavoro o nelle relazioni esterne;

oooo) «programma», una serie di immagini animate, sonore o non, che costituiscono un singolo elemento nell'ambito di un palinsesto o di un catalogo stabilito da un fornitore di servizi di media la cui forma e il cui contenuto sono comparabili alla forma e al contenuto della radiodiffusione televisiva. Sono compresi i programmi radiofonici e i materiali ad essi associati. Non si considerano programmi le trasmissioni meramente ripetitive o consistenti in immagini fisse;

pppp) «mezzo elettronico», un mezzo che utilizza apparecchiature elettroniche di elaborazione, compresa la compressione numerica, e di archiviazione dei dati e che utilizza la diffusione, la trasmissione e la ricezione via filo, via radio, attraverso mezzi ottici o altri mezzi elettromagnetici;

qqqq) «rete pubblica di comunicazioni», una rete di comunicazione elettronica utilizzata interamente o prevalentemente per fornire servizi di comunicazione elettronica accessibili al pubblico che supporta il trasferimento di informazioni tra i punti terminali di reti;

rrrr) «servizio di comunicazione elettronica», i servizi forniti, di norma a pagamento, consistenti esclusivamente o prevalentemente nella trasmissione di segnali su reti di comunicazioni elettroniche, compresi i servizi di telecomunicazioni e i servizi di trasmissione nelle reti utilizzate per la diffusione circolare radiotelevisiva, ad esclusione dei servizi che forniscono contenuti trasmessi utilizzando reti e servizi di comunicazione elettronica o che esercitano un controllo editoriale su tali contenuti; sono inoltre esclusi i servizi della società dell'informazione di cui all'articolo 2, comma 1, lettera *a)* del decreto legislativo 9 aprile 2003, n. 70, non consistenti interamente o prevalentemente nella trasmissione di segnali su reti di comunicazione elettronica;

ssss) «AAP», l'accordo sugli appalti pubblici stipulato nel quadro dei negoziati multilaterali dell'Uruguay Round;

tttt) «Vocabolario comune per gli appalti pubblici», CPV (Common Procurement Vocabulary), la nomenclatura di riferimento per gli appalti pubblici adottata dal regolamento (CE) n. 2195/2002, assicurando nel contempo la corrispondenza con le altre nomenclature esistenti;

uuuu) «codice», il presente decreto che disciplina i contratti pubblici di lavori, servizi, forniture;

vvvv) «servizi di architettura e ingegneria e altri servizi tecnici», i servizi riservati ad operatori economici esercenti una professione regolamentata ai sensi dell'articolo 3 della direttiva 2005/36/CE[5];

zzzz) «categorie di opere generali» le opere e i lavori caratterizzati da una pluralità di lavorazioni indispensabili per consegnare l'opera o il lavoro finito in ogni sua parte;

aaaaa) «categorie di opere specializzate», le opere e i lavori che, nell'ambito del processo realizzativo, necessitano di lavorazioni caratterizzate da una particolare specializzazione e professionalità[6];

bbbbb) «opere e lavori puntuali» quelli che interessano una limitata area di territorio;

ccccc) «opere e lavori a rete» quelli che, destinati al movimento di persone e beni materiali e immateriali, presentano prevalente sviluppo unidimensionale e interessano vaste estensioni di territorio;

ddddd) «appalto a corpo» qualora il corrispettivo contrattuale si riferisce alla prestazione complessiva come eseguita e come dedotta dal contratto;

eeeee) «appalto a misura» qualora il corrispettivo contrattuale viene determinato applicando alle unità di misura delle singole parti del lavoro eseguito i prezzi unitari dedotti in contratto;

fffff) «aggregazione», accordo fra due o più amministrazioni aggiudicatrici o enti aggiudicatori per la gestione comune di alcune o di tutte le attività di programmazione, di progettazione, di affidamento, di esecuzione e di controllo per l'acquisizione di beni, servizi o lavori;

ggggg) «lotto prestazionale», uno specifico oggetto di appalto da aggiudicare anche con separata ed autonoma procedura, definito su base qualitativa, in conformità alle varie categorie e specializzazioni presenti o in conformità alle diverse fasi successive del progetto[7];

ggggg-bis) «principio di unicità dell'invio», il principio secondo il quale ciascun dato è fornito una sola volta a un solo sistema informativo, non può essere richiesto da altri sistemi o banche dati, ma è reso disponibile dal sistema informativo ricevente. Tale principio si applica ai dati relativi a programmazione di lavori, opere, servizi e forniture, nonchè a tutte le procedure di affidamento e di realizzazione di contratti pubblici soggette al presente codice, e a quelle da esso escluse, in tutto o in parte, ogni qualvolta siano imposti dal presente codice obblighi di comunicazione a una banca dati[1];

ggggg-ter) «unità progettuale», il mantenimento, nei tre livelli di sviluppo della progettazione, delle originarie caratteristiche spaziali, estetiche, funzionali e tecnologiche del progetto[1];

ggggg-quater) «documento di fattibilità delle alternative progettuali», il documento in cui sono individuate ed analizzate le possibili soluzioni progettuali alternative ed in cui si dà conto della valutazione di ciascuna alternativa, sotto il profilo qualitativo, anche in termini ambientali, nonchè sotto il profilo tecnico ed economico[1];

ggggg-quinquies) «programma biennale degli acquisti di beni e servizi», il documento che le amministrazioni adottano al fine di individuare gli acquisti di forniture e servizi da disporre nel biennio, necessari al soddisfacimento dei fabbisogni rilevati e valutati dall'amministrazione preposta[1];

ggggg-sexies) «programma triennale dei lavori pubblici», il documento che le amministrazioni adottano al fine di individuare i lavori da avviare nel triennio, necessari al soddisfacimento dei fabbisogni rilevati e valutati dall'amministrazione preposta[1];

ggggg-septies) «elenco annuale dei lavori», l'elenco degli interventi ricompresi nel programma triennale dei lavori pubblici di riferimento, da avviare nel corso della prima annualità del programma stesso[1];

ggggg-octies) «elenco annuale delle acquisizioni di forniture e servizi», l'elenco delle acquisizioni di forniture e dei servizi ricompresi nel programma biennale di riferimento, da avviare nel corso della prima annualità del programma stesso[1];

ggggg-nonies) «quadro esigenziale», il documento che viene redatto ed approvato dall'amministrazione in fase antecedente alla programmazione dell'intervento e che individua, sulla base dei dati disponibili, in relazione alla tipologia dell'opera o dell'intervento da realizzare gli obiettivi generali da perseguire attraverso la realizzazione dell'intervento, i fabbisogni della collettività posti a base dell'intervento, le specifiche esigenze qualitative e quantitative che devono essere soddisfatte attraverso la realizzazione dell'intervento, anche in relazione alla specifica tipologia di utenza alla quale gli interventi stessi sono destinati[1];

ggggg-decies) «capitolato prestazionale», il documento che indica, in dettaglio, le caratteristiche tecniche e funzionali, anche per gli aspetti edilizi, infrastrutturali e ambientali, che deve assicurare l'opera costruita e che traduce il quadro esigenziale in termini di requisiti e prestazioni che l'opera deve soddisfare, stabilendone la soglia minima di qualità da assicurare nella progettazione e realizzazione[1];

ggggg-undecies) «cottimo», l'affidamento della sola lavorazione relativa alla categoria subappaltabile ad impresa subappaltatrice in possesso dell'attestazione dei requisiti di qualificazione necessari in relazione all'importo totale dei lavori affidati al cottimista e non all'importo del contratto, che può risultare inferiore per effetto dell'eventuale fornitura diretta, in tutto o in parte, di materiali, di apparecchiature e mezzi d'opera da parte dell'appaltatore[1 8].

[1] Lettera aggiunta dall'art. 4, D.Lgs. 19 aprile 2017, n. 56.

[2] Lettera così modificata dall'art. 4, D.Lgs. 19 aprile 2017, n. 56. Il testo previgente disponeva: *uu) «concessione di lavori», un contratto a titolo oneroso stipulato per iscritto in virtù del quale una o più stazioni appaltanti affidano l'esecuzione di lavori ad uno o più operatori economici riconoscendo a titolo di corrispettivo unicamente il diritto di gestire le opere oggetto del contratto o tale diritto accompagnato da un prezzo, con assunzione in capo al concessionario del rischio operativo legato alla gestione delle opere.*

[3] Lettera così modificata dall'art. 4, D.Lgs. 19 aprile 2017, n. 56. Il testo previgente disponeva: *zz) «rischio operativo», il rischio legato alla gestione dei lavori o dei servizi sul lato della domanda o sul lato dell'offerta o di entrambi, trasferito al concessionario. Si considera che il concessionario assuma il rischio operativo nel caso in cui, in condizioni operative normali, non sia garantito il recupero degli investimenti effettuati o dei costi sostenuti per la gestione dei lavori o dei servizi oggetto della concessione. La parte del rischio trasferita al concessionario deve comportare una reale esposizione alle fluttuazioni del mercato tale per cui ogni potenziale perdita stimata subita dal concessionario non sia puramente nominale o trascurabile.*

[4] Lettera così modificata dall'art. 4, D.Lgs. 19 aprile 2017, n. 56. Il testo previgente disponeva: *eee) «contratto di partenariato pubblico privato», il contratto a titolo oneroso stipulato per iscritto con il quale una o più stazioni appaltanti conferiscono a uno o più operatori economici per un periodo determinato in funzione della durata dell'ammortamento dell'investimento o delle modalità di finanziamento fissate, un complesso di attività consistenti nella realizzazione, trasformazione, manutenzione e gestione operativa di un'opera in cambio della sua disponibilità, o del suo sfruttamento economico, o della fornitura di un servizio connesso all'utilizzo dell'opera stessa, con assunzione di rischio secondo modalità individuate nel contratto, da parte dell'operatore. Fatti salvi gli obblighi di comunicazione previsti dall'articolo 44, comma 1-bis, del decreto-legge 31 dicembre 2007, n. 248, convertito, con modificazioni, dalla legge 28 febbraio 2008, n. 31, si applicano i contenuti delle decisioni Eurostat.*

V. Delib. Anac 28 marzo 2018, n. 318 (Linee Guida n. 9, di attuazione del decreto legislativo 18 aprile 2016, n. 50, recanti «Monitoraggio delle amministrazioni aggiudicatrici sull'attività dell'operatore economico nei contratti di partenariato pubblico privato»).

[5] V. Delib. Anac 14 settembre 2016 (G.U. 29 settembre 2016, n. 228). Linee guida n. 1 in merito agli indirizzi generali sull'affidamento dei servizi attinenti all'architettura e all'ingegneria. (Delibera n. 973).

[6] Lettera così sostituita dall'art. 4, D.Lgs. 19 aprile 2017, n. 56. Il testo previgente disponeva: *aaaaa) «categorie di opere specializzate» le lavorazioni che, nell'ambito del processo realizzativo dell'opera o lavoro necessitano di una particolare specializzazione e professionalità.*

[7] Lettera così modificata dall'art. 4, D.Lgs. 19 aprile 2017, n. 56, che ha sostituito alla fine il "punto" con il "punto e virgola".

[8] V. art. 3, D.Lgs. 12 aprile 2006, n. 163 (vecchio Codice dei contratti pubblici), che dispone: *Definizioni (art. 1, dir. 2004/18; artt. 1, 2.1., dir. 2004/17; artt. 2, 19, L. n. 109/1994; artt. 1, 2, 9, D.Lgs. n. 358/1992; artt. 2, 3, 6, D.Lgs. n. 157/1995; artt. 2, 7, 12, D.Lgs. n. 158/1995; art. 19, comma 4, D.Lgs. n. 402/1998; art. 24, L. n. 62/2004). 1 Ai fini del presente codice si applicano le definizioni che seguono.*

2. Il «codice» è il presente codice dei contratti pubblici di lavori, servizi, forniture.

3. I «contratti» o i «contratti pubblici» sono i contratti di appalto o di concessione aventi per oggetto l'acquisizione di servizi, o di forniture, ovvero l'esecuzione di opere o lavori, posti in essere dalle stazioni appaltanti, dagli enti aggiudicatori, dai soggetti aggiudicatori.

4. I «settori ordinari» dei contratti pubblici sono i settori diversi da quelli del gas, energia termica, elettricità, acqua, trasporti, servizi postali, sfruttamento di area geografica, come definiti dalla parte III del presente codice, in cui operano le stazioni appaltanti come definite dal presente articolo.

5. I «settori speciali» dei contratti pubblici sono i settori del gas, energia termica, elettricità, acqua, trasporti, servizi postali, sfruttamento di area geografica, come definiti dalla parte III del presente codice.

6. Gli «appalti pubblici» sono i contratti a titolo oneroso, stipulati per iscritto tra una stazione appaltante o un ente aggiudicatore e uno o più operatori economici, aventi per oggetto l'esecuzione di lavori, la fornitura di prodotti, la prestazione di servizi come definiti dal presente codice.

7. Gli «appalti pubblici di lavori» sono appalti pubblici aventi per oggetto l'esecuzione o, congiuntamente, la progettazione esecutiva e l'esecuzione, ovvero, previa acquisizione in sede di offerta del progetto definitivo, la progettazione esecutiva e l'esecuzione, relativamente a lavori o opere rientranti nell'allegato I, oppure, limitatamente alle ipotesi di cui alla parte II, titolo III, capo IV, l'esecuzione, con qualsiasi mezzo, di un'opera rispondente alle esigenze specificate dalla stazione appaltante o dall'ente aggiudicatore, sulla base del progetto preliminare o definitivo posto a base di gara.

8. I «lavori» di cui all'allegato I comprendono le attività di costruzione, demolizione, recupero, ristrutturazione, restauro, manutenzione, di opere. Per «opera» si intende il risultato di un insieme di lavori, che di per sè esplichi una funzione economica o tecnica. Le opere comprendono sia quelle che sono il risultato di un insieme di lavori edilizi o di genio civile, sia quelle di presidio e difesa ambientale e di ingegneria naturalistica.

9. Gli «appalti pubblici di forniture» sono appalti pubblici diversi da quelli di lavori o di servizi, aventi per oggetto l'acquisto, la locazione finanziaria, la locazione o l'acquisto a riscatto, con o senza opzione per l'acquisto, di prodotti.

10. Gli «appalti pubblici di servizi» sono appalti pubblici diversi dagli appalti pubblici di lavori o di forniture, aventi per oggetto la prestazione dei servizi di cui all'allegato II.

11. Le «concessioni di lavori pubblici» sono contratti a titolo oneroso, conclusi in forma scritta, aventi ad oggetto, in conformità al presente codice, l'esecuzione, ovvero la progettazione esecutiva e l'esecuzione, ovvero la progettazione definitiva, la progettazione esecutiva e l'esecuzione di lavori pubblici o di pubblica utilità, e di lavori ad essi strutturalmente e direttamente collegati, nonchè la loro gestione funzionale ed economica, che presentano le stesse caratteristiche di un appalto pubblico di lavori, ad eccezione del fatto che il corrispettivo dei lavori consiste unicamente nel diritto di gestire l'opera o in tale diritto accompagnato da un prezzo, in conformità al presente codice. La gestione funzionale ed economica può anche riguardare, eventualmente in via anticipata, opere o parti di opere direttamente connesse a quelle oggetto della concessione e da ricomprendere nella stessa.

12. La «concessione di servizi» è un contratto che presenta le stesse caratteristiche di un appalto pubblico di servizi, ad eccezione del fatto che il corrispettivo della fornitura di servizi consiste unicamente nel diritto di gestire i servizi o in tale diritto accompagnato da un prezzo, in conformità all'articolo 30.

13. L'«accordo quadro» è un accordo concluso tra una o più stazioni appaltanti e uno o più operatori economici e il cui scopo è quello di stabilire le clausole relative agli appalti da aggiudicare durante un dato periodo, in particolare per quanto riguarda i prezzi e, se del caso, le quantità previste.

14. Il «sistema dinamico di acquisizione» è un processo di acquisizione interamente elettronico, per acquisti di uso corrente, le cui caratteristiche generalmente disponibili sul mercato soddisfano le esigenze di una stazione appaltante, limitato nel tempo e aperto per tutta la sua durata a qualsivoglia operatore economico che soddisfi i criteri di selezione e che abbia presentato un'offerta indicativa conforme al capitolato d'oneri.

15. L'«asta elettronica» è un processo per fasi successive basato su un dispositivo elettronico di presentazione di nuovi prezzi, modificati al ribasso, o di nuovi valori riguardanti taluni elementi delle offerte, che interviene dopo una prima valutazione completa delle offerte permettendo che la loro classificazione possa essere effettuata sulla base di un trattamento automatico. Gli appalti di servizi e di lavori che hanno per oggetto prestazioni intellettuali, come la progettazione di lavori, non possono essere oggetto di aste elettroniche.

15-bis. La "locazione finanziaria di opere pubbliche o di pubblica utilità" è il contratto avente ad oggetto la prestazione di servizi finanziari e l'esecuzione di lavori.

15-bis.1. Il "contratto di disponibilità" è il contratto mediante il quale sono affidate, a rischio e a spesa dell'affidatario, la costruzione e la messa a disposizione a favore dell'amministrazione aggiudicatrice di un'opera di proprietà privata destinata all'esercizio di un pubblico servizio, a fronte di un corrispettivo. Si intende per messa a disposizione l'onere assunto a proprio rischio dall'affidatario di assicurare all'amministrazione aggiudicatrice la costante fruibilità dell'opera, nel rispetto dei parametri di funzionalità previsti dal contratto, garantendo allo scopo la perfetta manutenzione e la risoluzione di tutti gli eventuali vizi, anche sopravvenuti.

15-ter. Ai fini del presente codice, i "contratti di partenariato pubblico privato" sono contratti aventi per oggetto una o più prestazioni quali la progettazione, la costruzione, la gestione o la manutenzione di un'opera pubblica o di pubblica utilità, oppure la fornitura di un servizio, compreso in ogni caso il finanziamento totale o parziale a carico di privati, anche in forme diverse, di tali prestazioni, con allocazione dei rischi ai sensi delle prescrizioni e degli indirizzi comunitari vigenti. Rientrano, a titolo esemplificativo, tra i contratti di partenariato pubblico privato la concessione di lavori, la concessione di servizi, la locazione finanziaria, il contratto di disponibilità, l'affidamento di lavori mediante finanza di progetto, le società miste. Possono rientrare altresì tra le operazioni di partenariato pubblico privato l'affidamento a contraente generale ove il corrispettivo per la realizzazione dell'opera sia in tutto o in parte posticipato e collegato alla disponibilità dell'opera per il committente o per utenti terzi. Fatti salvi gli obblighi di comunicazione previsti dall'articolo 44, comma 1-bis del decreto-legge 31 dicembre 2007, n. 248, convertito, con modificazioni, dalla legge 28 febbraio 2008, n. 31, alle operazioni di partenariato pubblico privato si applicano i contenuti delle decisioni Eurostat.

16. I contratti «di rilevanza comunitaria» sono i contratti pubblici il cui valore stimato al netto dell'imposta sul valore aggiunto (i.v.a.) è pari o superiore alle soglie di cui agli articoli 28, 32, comma 1, lettera e), 91, 99, 196, 215, 235, e che non rientrino nel novero dei contratti esclusi.

17. I contratti «sotto soglia» sono i contratti pubblici il cui valore stimato al netto dell'imposta sul valore aggiunto (i.v.a.) è inferiore alle soglie di cui agli articoli 28, 32, comma 1, lettera e), 91, 99, 196, 215, 235, e che non rientrino nel novero dei contratti esclusi.

18. I «contratti esclusi» sono i contratti pubblici di cui alla parte I, titolo II, sottratti in tutto o in parte alla disciplina del presente codice, e quelli non contemplati dal presente codice.

19. I termini «imprenditore», «fornitore» e «prestatore di servizi» designano una persona fisica, o una persona giuridica, o un ente senza personalità giuridica, ivi compreso il gruppo europeo di interesse economico (GEIE) costituito ai sensi del decreto legislativo 23 luglio 1991, n. 240, che offra sul mercato, rispettivamente, la realizzazione di lavori o opere, la fornitura di prodotti, la prestazione di servizi.

20. Il termine «raggruppamento temporaneo» designa un insieme di imprenditori, o fornitori, o prestatori di servizi, costituito, anche mediante scrittura privata, allo scopo di partecipare alla procedura di affidamento di uno specifico contratto pubblico, mediante presentazione di una unica offerta.

21. Il termine «consorzio» si riferisce ai consorzi previsti dall'ordinamento, con o senza personalità giuridica.

22. Il termine «operatore economico» comprende l'imprenditore, il fornitore e il prestatore di servizi o un raggruppamento o consorzio di essi.

23. L'«offerente» è l'operatore economico che ha presentato un'offerta.

24. Il «candidato» è l'operatore economico che ha chiesto di partecipare a una procedura ristretta o negoziata o a un dialogo competitivo.

25. Le «amministrazioni aggiudicatrici» sono: le amministrazioni dello Stato; gli enti pubblici territoriali; gli altri enti pubblici non economici; gli organismi di diritto pubblico; le associazioni, unioni, consorzi, comunque denominati, costituiti da detti soggetti.

26. L'«organismo di diritto pubblico» è qualsiasi organismo, anche in forma societaria:

- istituito per soddisfare specificatamente esigenze di interesse generale, aventi carattere non industriale o commerciale;

- dotato di personalità giuridica;

- la cui attività sia finanziata in modo maggioritario dallo Stato, dagli enti pubblici territoriali o da altri organismi di diritto pubblico oppure la cui gestione sia soggetta al controllo di questi ultimi oppure il cui organo d'amministrazione, di direzione o di vigilanza sia costituito da membri dei quali più della metà è designata dallo Stato, dagli enti pubblici territoriali o da altri organismi di diritto pubblico.

27. Gli elenchi, non tassativi, degli organismi e delle categorie di organismi di diritto pubblico che soddisfano detti requisiti figurano nell'allegato III, al fine dell'applicazione delle disposizioni delle parti I, II, IV e V.

28. Le «imprese pubbliche» sono le imprese su cui le amministrazioni aggiudicatrici possono esercitare, direttamente o indirettamente, un'influenza dominante o perchè ne sono proprietarie, o perchè vi hanno una partecipazione finanziaria, o in virtù delle norme che disciplinano dette imprese. L'influenza dominante è presunta quando le amministrazioni aggiudicatrici, direttamente o indirettamente, riguardo all'impresa, alternativamente o cumulativamente:

a) detengono la maggioranza del capitale sottoscritto;

b) controllano la maggioranza dei voti cui danno diritto le azioni emesse dall'impresa;

c) hanno il diritto di nominare più della metà dei membri del consiglio di amministrazione, di direzione o di vigilanza dell'impresa.

29. Gli «enti aggiudicatori» al fine dell'applicazione delle disposizioni delle parti I, III, IV e V comprendono le amministrazioni aggiudicatrici, le imprese pubbliche, e i soggetti che, non essendo amministrazioni aggiudicatrici o imprese pubbliche, operano in virtù di diritti speciali o esclusivi concessi loro dall'autorità competente secondo le norme vigenti.

30. Gli elenchi, non limitativi, degli enti aggiudicatori ai fini dell'applicazione della parte III, figurano nell'allegato VI.

31. Gli «altri soggetti aggiudicatori», ai fini della parte II, sono i soggetti privati tenuti all'osservanza delle disposizioni del presente codice.

32. I «soggetti aggiudicatori», ai soli fini della parte II, titolo III, capo IV (lavori relativi a infrastrutture strategiche e insediamenti produttivi), comprendono le amministrazioni aggiudicatrici di cui al comma 25, gli enti aggiudicatori di cui al comma 29 nonchè i diversi soggetti pubblici o privati assegnatari dei fondi, di cui al citato capo IV.

33. L'espressione «stazione appaltante» (...) comprende le amministrazioni aggiudicatrici e gli altri soggetti di cui all'articolo 32.

34. La «centrale di committenza» è un'amministrazione aggiudicatrice che:

- acquista forniture o servizi destinati ad amministrazioni aggiudicatrici o altri enti aggiudicatori, o

- aggiudica appalti pubblici o conclude accordi quadro di lavori, forniture o servizi destinati ad amministrazioni aggiudicatrici o altri enti aggiudicatori.

35. Il «profilo di committente» è il sito informatico di una stazione appaltante, su cui sono pubblicati gli atti e le informazioni previsti dal presente codice, nonchè dall'allegato X, punto 2. Per i soggetti pubblici tenuti all'osservanza del decreto legislativo 7 marzo 2005, n. 82, il profilo di committente è istituito nel rispetto delle previsioni di tali atti legislativi e successive modificazioni, e delle relative norme di attuazione ed esecuzione.

36. Le «procedure di affidamento» e l'«affidamento» comprendono sia l'affidamento di lavori, servizi, o forniture, o incarichi di progettazione, mediante appalto, sia l'affidamento di lavori o servizi mediante concessione, sia l'affidamento di concorsi di progettazione e di concorsi di idee.

37. Le «procedure aperte» sono le procedure in cui ogni operatore economico interessato può presentare un'offerta.

38. Le «procedure ristrette» sono le procedure alle quali ogni operatore economico può chiedere di partecipare e in cui possono presentare un'offerta soltanto gli operatori economici invitati dalle stazioni appaltanti, con le modalità stabilite dal presente codice.

39. Il «dialogo competitivo» è una procedura nella quale la stazione appaltante, in caso di appalti particolarmente complessi, avvia un dialogo con i candidati ammessi a tale procedura, al fine di elaborare una o più soluzioni atte a soddisfare le sue necessità e sulla base della quale o delle quali i candidati selezionati saranno invitati a presentare le offerte; a tale procedura qualsiasi operatore economico può chiedere di partecipare.

40. Le «procedure negoziate» sono le procedure in cui le stazioni appaltanti consultano gli operatori economici da loro scelti e negoziano con uno o più di essi le condizioni dell'appalto. Il cottimo fiduciario costituisce procedura negoziata.

41. I «concorsi di progettazione» sono le procedure intese a fornire alla stazione appaltante, soprattutto nel settore della pianificazione territoriale, dell'urbanistica, dell'architettura, dell'ingegneria o dell'elaborazione di dati, un piano o un progetto, selezionato da una commissione giudicatrice in base ad una gara, con o senza assegnazione di premi.

42. I termini «scritto» o «per iscritto» designano un insieme di parole o cifre che può essere letto, riprodotto e poi comunicato. Tale insieme può includere informazioni formate, trasmesse e archiviate con mezzi elettronici.

43. Un «mezzo elettronico» è un mezzo che utilizza apparecchiature elettroniche di elaborazione (compresa la compressione numerica) o di archiviazione dei dati e che utilizza la diffusione, la trasmissione e la ricezione via filo, via radio, attraverso mezzi ottici o altri mezzi elettromagnetici.

44. L'«Autorità» è l'Autorità per la vigilanza sui contratti pubblici di lavori, servizi e forniture, di cui all'articolo 6.

45. L'«Osservatorio» è l'Osservatorio dei contratti pubblici relativi a lavori, servizi forniture di cui all'articolo 7.

46. L'«Accordo» è l'accordo sugli appalti pubblici stipulato nel quadro dei negoziati multilaterali dell'Uruguay Round.

47. Il «regolamento» è il regolamento di esecuzione e attuazione del presente codice, di cui all'articolo 5.

48. La «Commissione» è la Commissione della Comunità europea.

49. Il «Vocabolario comune per gli appalti», in appresso CPV («Common Procurement Vocabulary»), designa la nomenclatura di riferimento per gli appalti pubblici adottata dal regolamento (CE) n. 2195/2002, assicurando nel contempo la corrispondenza con le altre nomenclature esistenti.

50. Nel caso di interpretazioni divergenti riguardo al campo di applicazione del presente codice derivanti da eventuali discrepanze tra la nomenclatura CPV e la nomenclatura NACE di cui all'allegato I o tra la nomenclatura CPV e la nomenclatura CPC (versione provvisoria) di cui all'allegato II, avrà la prevalenza rispettivamente la nomenclatura NACE o la nomenclatura CPC.

51. Ai fini dell'articolo 22 e dell'articolo 100 valgono le seguenti definizioni:

a) «rete pubblica di telecomunicazioni» è l'infrastruttura pubblica di telecomunicazioni che consente la trasmissione di segnali tra punti terminali definiti della rete per mezzo di fili, onde hertziane, mezzi ottici o altri mezzi elettromagnetici;

b) «punto terminale della rete» è l'insieme dei collegamenti fisici e delle specifiche tecniche di accesso che fanno parte della rete pubblica di telecomunicazioni e sono necessari per avere accesso a tale rete pubblica e comunicare efficacemente per mezzo di essa;

c) «servizi pubblici di telecomunicazioni» sono i servizi di telecomunicazioni della cui offerta gli Stati membri hanno specificatamente affidato l'offerta, in particolare ad uno o più enti di telecomunicazioni;

d) «servizi di telecomunicazioni» sono i servizi che consistono, totalmente o parzialmente, nella trasmissione e nell'instradamento di segnali su una rete pubblica di telecomunicazioni mediante procedimenti di telecomunicazioni, ad eccezione della radiodiffusione e della televisione.

TITOLO II
CONTRATTI ESCLUSI IN TUTTO O IN PARTE DALL'AMBITO DI APPLICAZIONE

4. *Principi relativi all'affidamento di contratti pubblici esclusi.* 1. L'affidamento dei contratti pubblici aventi ad oggetto lavori, servizi e forniture, dei contratti attivi, esclusi, in tutto o in parte, dall'ambito di applicazione oggettiva del presente codice, avviene nel rispetto dei principi di economicità, efficacia, imparzialità, parità di trattamento, trasparenza, proporzionalità, pubblicità, tutela dell'ambiente ed efficienza energetica[1 2].

[1] Comma così modificato dall'art. 5, D.Lgs. 19 aprile 2017, n. 56. Il testo previgente disponeva: *1. L'affidamento dei contratti pubblici aventi ad oggetto lavori, servizi e forniture, esclusi, in tutto o in parte, dall'ambito di applicazione oggettiva del presente codice, avviene nel rispetto dei principi di economicità, efficacia, imparzialità, parità di trattamento, trasparenza, proporzionalità, pubblicità, tutela dell'ambiente ed efficienza energetica.*

[2] V. art. 27, D.Lgs. 12 aprile 2006, n. 163 (vecchio Codice dei contratti pubblici), che dispone: *Art. 27. Principi relativi ai contratti esclusi. 1. L'affidamento dei contratti pubblici aventi ad oggetto lavori, servizi forniture, esclusi, in tutto o in parte, dall'ambito di applicazione oggettiva del presente codice, avviene nel rispetto dei principi di economicità, efficacia, imparzialità, parità di trattamento, trasparenza, proporzionalità. L'affidamento deve essere preceduto da invito ad almeno cinque concorrenti, se compatibile con l'oggetto del contratto. L'affidamento dei contratti di finanziamento, comunque stipulati, dai concessionari di lavori pubblici che sono amministrazioni aggiudicatrici o enti aggiudicatori avviene nel rispetto dei principi di cui al presente comma e deve essere preceduto da invito ad almeno cinque concorrenti.*

2. Si applica altresì l'articolo 2, commi 2, 3 e 4.
3. Le amministrazioni aggiudicatrici stabiliscono se è ammesso o meno il subappalto, e, in caso affermativo, le relative condizioni di ammissibilità. Se le amministrazioni aggiudicatrici consentono il subappalto, si applica l'articolo 118.

5. *Principi comuni in materia di esclusione per concessioni, appalti pubblici e accordi tra enti e amministrazioni aggiudicatrici nell'ambito del settore pubblico.* 1. Una concessione o un appalto pubblico, nei settori ordinari o speciali, aggiudicati da un'amministrazione aggiudicatrice o da un ente aggiudicatore a una persona giuridica di diritto pubblico o di diritto privato, non rientra nell'ambito di applicazione del presente codice quando sono soddisfatte tutte le seguenti condizioni:

a) l'amministrazione aggiudicatrice o l'ente aggiudicatore esercita sulla persona giuridica di cui trattasi un controllo analogo a quello esercitato sui propri servizi;

b) oltre l'80 per cento delle attività della persona giuridica controllata è effettuata nello svolgimento dei compiti ad essa affidati dall'amministrazione aggiudicatrice controllante o da altre persone giuridiche controllate dall'amministrazione aggiudicatrice o da un ente aggiudicatore di cui trattasi;

c) nella persona giuridica controllata non vi è alcuna partecipazione diretta di capitali privati, ad eccezione di forme di partecipazione di capitali privati le quali non comportano controllo o potere di veto previste dalla legislazione nazionale, in conformità dei trattati, che non esercitano un'influenza determinante sulla persona giuridica controllata[1].

2. Un'amministrazione aggiudicatrice o un ente aggiudicatore esercita su una persona giuridica un controllo analogo a quello esercitato sui propri servizi ai sensi del comma 1, lettera *a)*, qualora essa eserciti un'influenza determinante sia sugli obiettivi strategici che sulle decisioni significative della persona giuridica controllata. Tale controllo può anche essere esercitato da una persona giuridica diversa, a sua volta controllata allo stesso modo dall'amministrazione aggiudicatrice o dall'ente aggiudicatore.

3. Il presente codice non si applica anche quando una persona giuridica controllata che è un'amministrazione aggiudicatrice o un ente aggiudicatore, aggiudica un appalto o una concessione alla propria amministrazione aggiudicatrice o all'ente aggiudicatore controllante o ad un altro soggetto giuridico controllato dalla stessa amministrazione aggiudicatrice o ente aggiudicatore, a condizione che nella persona giuridica alla quale viene aggiudicato l'appalto pubblico non vi sia alcuna partecipazione diretta di capitali privati, ad eccezione di forme di partecipazione di capitali privati che non comportano controllo o potere di veto prescritte dalla legislazione nazionale, in conformità dei trattati, che non esercitano un'influenza determinante sulla persona giuridica controllata.

4. Un'amministrazione aggiudicatrice o un ente aggiudicatore può aggiudicare un appalto pubblico o una concessione senza applicare il presente codice qualora ricorrano le condizioni di cui al comma 1, anche in caso di controllo congiunto.

5. Le amministrazioni aggiudicatrici o gli enti aggiudicatori esercitano su una persona giuridica un controllo congiunto quando sono soddisfatte tutte le seguenti condizioni:

a) gli organi decisionali della persona giuridica controllata sono composti da rappresentanti di tutte le amministrazioni aggiudicatrici o enti aggiudicatori partecipanti. Singoli rappresentanti possono rappresentare varie o tutte le amministrazioni aggiudicatrici o enti aggiudicatori partecipanti;

b) tali amministrazioni aggiudicatrici o enti aggiudicatori sono in grado di esercitare congiuntamente un'influenza determinante sugli obiettivi strategici e sulle decisioni significative di detta persona giuridica;

c) la persona giuridica controllata non persegue interessi contrari a quelli delle amministrazioni aggiudicatrici o degli enti aggiudicatori controllanti.

6. Un accordo concluso esclusivamente tra due o più amministrazioni aggiudicatrici non rientra nell'ambito di applicazione del presente codice, quando sono soddisfatte tutte le seguenti condizioni:

a) l'accordo stabilisce o realizza una cooperazione tra le amministrazioni aggiudicatrici o gli enti aggiudicatori partecipanti, finalizzata a garantire che i servizi pubblici che essi sono tenuti a svolgere siano prestati nell'ottica di conseguire gli obiettivi che essi hanno in comune;

b) l'attuazione di tale cooperazione è retta esclusivamente da considerazioni inerenti all'interesse pubblico;

c) le amministrazioni aggiudicatrici o gli enti aggiudicatori partecipanti svolgono sul mercato aperto meno del 20 per cento delle attività interessate dalla cooperazione.

7. Per determinare la percentuale delle attività di cui al comma 1, lettera *b)*, e al comma 6, lettera *c)*, si prende in considerazione il fatturato totale medio, o una idonea misura alternativa basata sull'attività, quale i costi sostenuti dalla persona giuridica o amministrazione aggiudicatrice o l'ente aggiudicatore nei settori dei servizi, delle forniture e dei lavori per i tre anni precedenti l'aggiudicazione dell'appalto o della concessione.

8. Se, a causa della data di costituzione o di inizio dell'attività della persona giuridica o amministrazione aggiudicatrice o ente aggiudicatore, ovvero a causa della riorganizzazione delle sue attività, il fatturato o la misura alternativa basata sull'attività, quali

i costi, non è disponibile per i tre anni precedenti o non è più pertinente, è sufficiente dimostrare, segnatamente in base a proiezioni dell'attività, che la misura dell'attività è credibile.

9. Nei casi in cui le norme vigenti consentono la costituzione di società miste per la realizzazione e gestione di un'opera pubblica o per l'organizzazione e la gestione di un servizio di interesse generale, la scelta del socio privato avviene con procedure di evidenza pubblica[2].

[1] Lettera così modificata dall'art. 6, D.Lgs. 19 aprile 2017, n. 56. Il testo previgente disponeva: *c) nella persona giuridica controllata non vi è alcuna partecipazione diretta di capitali privati, ad eccezione di forme di partecipazione di capitali privati previste dalla legislazione nazionale, in conformità dei trattati, che non esercitano un'influenza determinante sulla persona giuridica controllata.*

[2] V. art. 16, D.Lgs. 19 agosto 2016, n. 175 (*Testo unico in materia di società a partecipazione pubblica*), nel testo modificato dall'art. 10, D.Lgs. 16 giugno 2017, n. 100, che dispone: *Art. 16. Società in house. 1. Le società in house ricevono affidamenti diretti di contratti pubblici dalle amministrazioni che esercitano su di esse il controllo analogo o da ciascuna delle amministrazioni che esercitano su di esse il controllo analogo congiunto solo se non vi sia partecipazione di capitali privati, ad eccezione di quella prescritta da norme di legge e che avvenga in forme che non comportino controllo o potere di veto, nè l'esercizio di un'influenza determinante sulla società controllata.*

2. Ai fini della realizzazione dell'assetto organizzativo di cui al comma 1:

a) gli statuti delle società per azioni possono contenere clausole in deroga delle disposizioni dell'articolo 2380-bis e dell'articolo 2409-novies del codice civile;

b) gli statuti delle società a responsabilità limitata possono prevedere l'attribuzione all'ente o agli enti pubblici soci di particolari diritti, ai sensi dell'articolo 2468, terzo comma, del codice civile;

c) in ogni caso, i requisiti del controllo analogo possono essere acquisiti anche mediante la conclusione di appositi patti parasociali; tali patti possono avere durata superiore a cinque anni, in deroga all'articolo 2341-bis, primo comma, del codice civile.

3. Gli statuti delle società di cui al presente articolo devono prevedere che oltre l'ottanta per cento del loro fatturato sia effettuato nello svolgimento dei compiti a esse affidati dall'ente pubblico o dagli enti pubblici soci.

3-bis. La produzione ulteriore rispetto al limite di fatturato di cui al comma 3, che può essere rivolta anche a finalità diverse, è consentita solo a condizione che la stessa permetta di conseguire economie di scala o altri recuperi di efficienza sul complesso dell'attività principale della società.

4. Il mancato rispetto del limite quantitativo di cui al comma 3 costituisce grave irregolarità ai sensi dell'articolo 2409 del codice civile e dell'articolo 15 del presente decreto.

5. Nel caso di cui al comma 4, la società può sanare l'irregolarità se, entro tre mesi dalla data in cui la stessa si è manifestata, rinunci a una parte dei rapporti con soggetti terzi, sciogliendo i relativi rapporti contrattuali, ovvero rinunci agli affidamenti diretti da parte dell'ente o degli enti pubblici soci, sciogliendo i relativi rapporti. In quest'ultimo caso le attività precedentemente affidate alla società controllata devono essere riaffidate, dall'ente o dagli enti pubblici soci, mediante procedure competitive regolate dalla disciplina in materia di contratti pubblici, entro i sei mesi successivi allo scioglimento del rapporto contrattuale. Nelle more dello svolgimento delle procedure di gara i beni o servizi continueranno ad essere forniti dalla stessa società controllata.

6. Nel caso di rinuncia agli affidamenti diretti, di cui al comma 5, la società può continuare la propria attività se e in quanto sussistano i requisiti di cui all'articolo 4. A seguito della cessazione degli affidamenti diretti, perdono efficacia le clausole statutarie e i patti parasociali finalizzati a realizzare i requisiti del controllo analogo.

7. Le società di cui al presente articolo sono tenute all'acquisto di lavori, beni e servizi secondo la disciplina di cui al decreto legislativo n. 50 del 2016. Resta fermo quanto previsto dagli articoli 5 e 192 del medesimo decreto legislativo n. 50 del 2016.

6. *Appalti nei settori speciali e concessioni aggiudicati ad una joint- venture o ad un ente aggiudicatore facente parte di una joint venture.* 1. In deroga all'articolo 5, a condizione che la joint venture sia stata costituita per le attività oggetto dell'appalto o della concessione per un periodo di almeno tre anni e che l'atto costitutivo preveda che gli enti aggiudicatori che la compongono ne faranno parte almeno per un periodo di pari durata, il codice non si applica agli appalti nei settori speciali e alle concessioni aggiudicate da:

a) una joint venture, ovvero una associazione o consorzio o una impresa comune aventi personalità giuridica composti esclusivamente da più enti aggiudicatori, per svolgere un'attività ai sensi degli articoli da 115 a 121 e di cui all'allegato II con un'impresa collegata a uno di tali enti aggiudicatori;

b) un ente aggiudicatore alla joint venture di cui fa parte.

2. Gli enti aggiudicatori notificano alla Commissione europea, su richiesta, le seguenti informazioni relative alle imprese di cui all'articolo 3 comma 1, lettera *z)*, secondo periodo, e alle joint venture di cui al comma 1:

a) i nomi delle imprese o delle joint venture interessate;

b) la natura e il valore degli appalti e delle concessioni considerati;

c) gli elementi che la Commissione europea richiede per provare che le relazioni tra l'ente aggiudicatore e l'impresa o la joint venture cui gli appalti o le concessioni sono aggiudicati, soddisfano i requisiti di cui al presente articolo e all'articolo 7[1].

[1] V. art. 218, D.Lgs. 12 aprile 2006, n. 163 (vecchio Codice dei contratti pubblici), che dispone: *Appalti aggiudicati ad un'impresa comune avente personalità giuridica o ad un'impresa collegata (art. 23, dir. 2004/17; art. 18, D.Lgs. n. 158/1995). 1. Ai fini del presente articolo «impresa collegata» è qualsiasi impresa i cui conti annuali siano consolidati con quelli dell'ente aggiudicatore a norma degli articoli 25 e seguenti del decreto legislativo 9 aprile 1991, n. 127, o, nel caso di enti non soggetti a tale decreto, qualsiasi impresa su cui l'ente aggiudicatore possa esercitare, direttamente o indirettamente, un'influenza dominante ai sensi dell'articolo 3, comma 28*

del presente codice o che possa esercitare un'influenza dominante sull'ente aggiudicatore o che, come quest'ultimo, sia soggetta all'influenza dominante di un'altra impresa in virtù di rapporti di proprietà, di partecipazione finanziaria ovvero di norme interne.

2. Alle condizioni previste dal successivo comma 3, il presente codice non si applica agli appalti stipulati:

a) da un ente aggiudicatore con un'impresa collegata, o

b) da una associazione o consorzio o da una impresa comune aventi personalità giuridica, composti esclusivamente da più enti aggiudicatori, per svolgere un'attività ai sensi degli articoli da 208 a 213 del presente codice con un'impresa collegata a uno di tali enti aggiudicatori.

3. Il comma 2 si applica:

a) agli appalti di servizi purchè almeno l'80% del fatturato medio realizzato dall'impresa collegata negli ultimi tre anni nel campo dei servizi provenga dalla fornitura di tali servizi alle imprese cui è collegata;

b) agli appalti di forniture purchè almeno l'80% del fatturato medio realizzato dall'impresa collegata negli ultimi tre anni nel campo delle forniture provenga dalla messa a disposizione di tali forniture alle imprese cui è collegata;

c) agli appalti di lavori, purchè almeno l'80% del fatturato medio realizzato dall'impresa collegata negli ultimi tre anni nel campo dei lavori provenga dall'esecuzione di tali lavori alle imprese cui è collegata.

Se, a causa della data della costituzione o di inizio dell'attività dell'impresa collegata, il fatturato degli ultimi tre anni non è disponibile, basta che l'impresa dimostri, in base a proiezioni dell'attività, che probabilmente realizzerà il fatturato di cui alle lettere a), b) o c) del comma 3. Se più imprese collegate all'ente aggiudicatore forniscono gli stessi o simili servizi, forniture o lavori, le suddette percentuali sono calcolate tenendo conto del fatturato totale dovuto rispettivamente alla fornitura di servizi, forniture o lavori da parte di tali imprese collegate.

4. La presente parte non si applica, inoltre, agli appalti aggiudicati:

a) da un'associazione o consorzio o da un'impresa comune aventi personalità giuridica, composti esclusivamente da più enti aggiudicatori, per svolgere attività di cui agli articoli da 208 a 213, a uno di tali enti aggiudicatori, oppure

b) da un ente aggiudicatore ad una associazione o consorzio o ad un'impresa comune aventi personalità giuridica, di cui l'ente faccia parte, purchè l'associazione o consorzio o impresa comune siano stati costituiti per svolgere le attività di cui trattasi per un periodo di almeno tre anni e che il loro atto costitutivo preveda che gli enti aggiudicatori che la compongono ne faranno parte per almeno lo stesso periodo.

5. Gli enti aggiudicatori notificano alla Commissione, su sua richiesta, le seguenti informazioni relative all'applicazione delle disposizioni dei commi 2, 3 e 4:

a) i nomi delle imprese o delle associazioni, raggruppamenti, consorzi o imprese comuni interessati;

b) la natura e il valore degli appalti considerati;

c) gli elementi che la Commissione può giudicare necessari per provare che le relazioni tra l'ente aggiudicatore e l'impresa o l'associazione o il consorzio cui gli appalti sono aggiudicati rispondono agli obblighi stabiliti dal presente articolo.

7. *Appalti e concessioni aggiudicati ad un'impresa collegata.* 1. In deroga all'articolo 5 e ove siano rispettate le condizioni di cui al comma 2, il presente codice non si applica alle concessioni e agli appalti nei settori speciali aggiudicati da un ente aggiudicatore a un'impresa collegata o da una joint venture, composta esclusivamente da più enti aggiudicatori per svolgere attività descritte agli articoli da 115 a 121 e di cui all'allegato II a un'impresa collegata a uno di tali enti aggiudicatori.

2. Il comma 1 si applica agli appalti e alle concessioni di servizi e di lavori nonchè agli appalti di forniture, purchè almeno l'80 per cento del fatturato totale realizzato in media dall'impresa collegata negli ultimi tre anni, tenendo conto di tutti i servizi, lavori e forniture prestati da tale impresa, provenga dalle prestazioni rese all'ente aggiudicatore o alle altre imprese cui è collegata.

3. Se, a causa della data della costituzione o di inizio dell'attività dell'impresa collegata, il fatturato degli ultimi tre anni non è disponibile, l'impresa ha l'onere di dimostrare, in base a proiezioni dell'attività, che probabilmente realizzerà il fatturato di cui al comma 2.

4. Se più imprese collegate all'ente aggiudicatore con il quale formano un gruppo economico forniscono gli stessi o simili servizi, forniture o lavori, le percentuali sono calcolate tenendo conto del fatturato totale derivante dalla prestazione dei servizi o l'esecuzione dei lavori, per ciascuna di tali imprese collegate[1].

[1] V. art. 218, D.Lgs. 12 aprile 2006, n. 163 (vecchio Codice dei contratti pubblici), riportato in nota sub art. 6 precedente.

8. *Esclusione di attività direttamente esposte alla concorrenza.* 1. Gli appalti destinati a permettere lo svolgimento di un'attività di cui agli articoli da 115 a 121, i concorsi di progettazione organizzati per il perseguimento di tale attività, nonchè le concessioni aggiudicate da enti aggiudicatori, non sono soggetti al presente codice se l'attività è direttamente esposta alla concorrenza su mercati liberamente accessibili. L'attività può costituire parte di un settore più ampio o essere esercitata unicamente in determinate parti del territorio nazionale. La valutazione dell'esposizione alla concorrenza ai fini del presente codice viene effettuata dalla Commissione europea, tenendo conto del mercato delle attività in questione e del mercato geografico di riferimento, ai sensi dei commi 2 e 3. Essa lascia impregiudicata l'applicazione della normativa in materia di concorrenza.

2. Ai fini del comma 1, per determinare se un'attività è direttamente esposta alla concorrenza, si tiene conto di criteri conformi alle disposizioni del trattato sul funzionamento dell'Unione europea in materia di concorrenza, tra i quali possono figurare le caratteristiche dei prodotti o servizi interessati, l'esistenza di prodotti o servizi alternativi considerati sostituibili sul versante della domanda o dell'offerta, i prezzi e la presenza, effettiva o potenziale, di più fornitori dei prodotti o servizi in questione.

3. Il mercato geografico di riferimento, sulla cui base viene valutata l'esposizione alla concorrenza, è costituito dal territorio dove le imprese interessate intervengono nell'offerta e nella domanda di prodotti e di servizi, nel quale le condizioni di concorrenza sono sufficientemente omogenee e che può essere distinto dai territori vicini, in particolare per condizioni di concorrenza sensibilmente diverse da quelle che prevalgono in quei territori. Questa valutazione tiene conto in particolare della natura e delle caratteristiche dei prodotti o servizi in questione, dell'esistenza di ostacoli all'entrata o di preferenze dei consumatori, nonchè dell'esistenza, tra il territorio in oggetto e quelli vicini, di differenze notevoli sotto il profilo delle quote di mercato delle imprese o di differenze sostanziali a livello di prezzi.

4. Ai fini del comma 1, sono mercati liberamente accessibili quelli indicati nell'allegato VI per i quali sono stati adottati i provvedimenti attuativi. Se non è possibile presumere il libero accesso a un mercato in base al precedente periodo, si deve dimostrare che l'accesso al mercato in questione è libero di fatto e di diritto.

5. Quando sulla base delle condizioni di cui ai commi 2, 3 e 4 si ritiene che una determinata attività sia direttamente esposta alla concorrenza su mercati liberamente accessibili, il Presidente del Consiglio dei ministri, di concerto con il Ministro competente per settore, può richiedere alla Commissione europea di stabilire che le disposizioni del presente codice non si applichino all'aggiudicazione di appalti o all'organizzazione di concorsi di progettazione per il perseguimento dell'attività in questione, nonchè alle concessioni aggiudicate da enti aggiudicatori, informando la Commissione di tutte le circostanze pertinenti, in particolare delle disposizioni legislative, regolamentari o amministrative o degli accordi in relazione al rispetto delle condizioni di cui al comma 1, nonchè delle eventuali determinazioni assunte al riguardo dalle Autorità indipendenti competenti. La richiesta può riguardare attività che fanno parte di un settore più ampio o che sono esercitate unicamente in determinate parti del territorio nazionale, se del caso allegando la posizione adottata dalla competente Autorità indipendente.

6. Gli enti aggiudicatori possono chiedere alla Commissione europea di stabilire l'applicabilità del comma 1 ad una determinata attività. Salvo che la richiesta sia corredata da una posizione motivata e giustificata, adottata dalla Autorità indipendente competente, che illustri in modo approfondito le condizioni per l'eventuale applicabilità del citato comma 1, a seguito dell'informazione data dalla Commissione in ordine alla richiesta, l'Autorità di cui al comma 5 comunica alla Commissione le circostanze indicate nel predetto comma.

7. Gli appalti destinati a permettere lo svolgimento dell'attività di cui al comma 1 e i concorsi di progettazione organizzati per il perseguimento di tale attività e le concessioni aggiudicate da enti aggiudicatori non sono più soggetti al presente codice se la Commissione europea:

a) ha adottato un atto di esecuzione che stabilisce l'applicabilità del comma 1, in conformità al comma medesimo entro il termine previsto dall'allegato VII;

b) non ha adottato l'atto di esecuzione entro il termine previsto dall'allegato di cui alla lettera *a)* del presente comma.

8. La richiesta presentata a norma dei commi 5 e 6 può essere modificata, con il consenso della Commissione europea, in particolare per quanto riguarda le attività o l'area geografica interessate. In tal caso, per l'adozione dell'atto di esecuzione di cui al comma 7, si applica un nuovo termine, calcolato ai sensi del paragrafo 1 dell'allegato VII, salvo che la Commissione europea concordi un termine più breve con l'Autorità o l'ente aggiudicatore che ha presentato la richiesta.

9. Se un'attività è già oggetto di una procedura ai sensi dei commi 5, 6 e 8, le ulteriori richieste riguardanti la stessa attività, pervenute alla Commissione europea prima della scadenza del termine previsto per la prima domanda, non sono considerate come nuove procedure e sono esaminate nel quadro della prima richiesta[1].

[1] V. art. 219, D.Lgs. 12 aprile 2006, n. 163 (vecchio Codice dei contratti pubblici), che dispone: *Procedura per stabilire se una determinata attività è direttamente esposta alla concorrenza (art. 30, dir. n. 2004/17; art. 4, D.Lgs. n. 158/1995). 1. Gli appalti destinati a permettere la prestazione di un'attività di cui agli articoli da 208 a 213 non sono soggetti al presente codice se, nello Stato membro in cui è esercitata l'attività, l'attività è direttamente esposta alla concorrenza su mercati liberamente accessibili.*

2. Ai fini del comma 1, per determinare se un'attività è direttamente esposta alla concorrenza si ricorre a criteri conformi allo disposizioni del Trattato in materia di concorrenza come le caratteristiche dei beni o servizi interessati, l'esistenza di beni o servizi alternativi, i prezzi e la presenza, effettiva o potenziale, di più fornitori dei beni o servizi in questione.

3. Ai fini del comma 1, un mercato è considerato liberamente accessibile quando sono attuate e applicate le norme della legislazione comunitaria di cui all'allegato VII del presente codice.

4. Se non è possibile presumere il libero accesso a un mercato in base al primo comma, si deve dimostrare che l'accesso al mercato in questione è libero di fatto e di diritto.

5. Quando sulla base delle condizioni di cui ai commi 2 e 3, si ritiene che il comma 1 sia applicabile ad una data attività, il Ministro delle politiche comunitarie di concerto con il Ministro competente per settore ne dà notifica alla Commissione e le comunica tutti i fatti rilevanti e in particolare ogni legge, regolamento, disposizione amministrativa o accordo che riguardi la conformità con le condizioni di cui al comma 1, nonchè le eventuali determinazioni assunte al riguardo dalle Autorità indipendenti competenti nella attività di cui trattasi.

6. Gli appalti destinati a permettere la prestazione dell'attività di cui trattasi non sono più soggetti al presente codice se la Commissione:

- ha adottato una decisione che stabilisca l'applicabilità del comma 1 in conformità del comma 6 dell'articolo 30 della direttiva 2004/17/CE ed entro il termine previsto, oppure;

- non ha adottato una decisione sull'applicabilità entro tale termine.

7. Tuttavia se il libero accesso ad un mercato è presunto in base al comma 3, e qualora un'amministrazione nazionale indipendente competente nell'attività di cui trattasi abbia stabilito l'applicabilità del comma 1, gli appalti destinati a permettere la prestazione dell'attività di cui trattasi non sono più soggetti al presente codice se la Commissione non ha stabilito l'inapplicabilità del comma 1 con una decisione adottata in conformità del comma 6 dell'articolo 30 della direttiva 2004/17/CE e entro il termine previsto da detto comma.

8. Gli enti aggiudicatori possono chiedere alla Commissione di stabilire l'applicabilità del comma 1 ad una determinata attività. In tal caso la Commissione ne informa immediatamente lo Stato membro interessato.

9. Il Ministro delle politiche comunitarie informa la Commissione, tenendo conto dei commi 2 e 3, di tutti i fatti rilevanti e in particolare di ogni legge, regolamento o disposizione amministrativa o accordo che riguardi la conformità con le condizioni di cui al comma 1, ove necessario unitamente alla posizione assunta da una amministrazione nazionale indipendente competente nell'attività di cui trattasi.

10. Se, scaduto il termine di cui al comma 6 dell'articolo 30 della direttiva 31 marzo 2004 n. 17, la Commissione non ha adottato la decisione sull'applicabilità del comma 1 ad una determinata attività, il comma 1 è ritenuto applicabile.

11. Con decreto del Ministro delle politiche comunitarie, adottato a seguito di ogni decisione della Commissione, o del silenzio della Commissione dopo il decorso del termine di cui al comma 6, e pubblicato nella Gazzetta Ufficiale della Repubblica Italiana, sono indicate le attività che sono escluse dall'applicazione del codice in virtù delle deroghe di cui al presente articolo.

9. *Contratti di servizi aggiudicati in base ad un diritto esclusivo.* 1. Le disposizioni del presente codice relative ai settori ordinari e ai settori speciali non si applicano agli appalti pubblici di servizi aggiudicati da un'amministrazione aggiudicatrice, a un'altra amministrazione aggiudicatrice, a un ente che sia amministrazione aggiudicatrice o a un'associazione di amministrazioni aggiudicatrici in base a un diritto esclusivo di cui esse beneficiano in virtù di disposizioni legislative o regolamentari o di disposizioni amministrative pubblicate che siano compatibili con il Trattato sul funzionamento dell'Unione europea.

2. Il presente codice non si applica alle concessioni di servizi aggiudicate a un'amministrazione aggiudicatrice o a un ente aggiudicatore di cui all'articolo 3, comma 1, lettera *e)*, numero *1)*, punto 1.1 o a un'associazione dei medesimi in base a un diritto esclusivo. Il presente codice non si applica alle concessioni di servizi aggiudicate a un operatore economico sulla base di un diritto esclusivo che è stato concesso ai sensi del TFUE, di atti giuridici dell'Unione europea e della normativa nazionale recanti norme comuni in materia di accesso al mercato applicabili alle attività di cui all'allegato II.

3. In deroga al comma 2, secondo periodo, qualora la legislazione settoriale ivi richiamata non preveda specifici obblighi di trasparenza, si applicano le disposizioni dell'articolo 29. Qualora, ai sensi del comma 2, sia concesso un diritto esclusivo a un operatore economico per l'esercizio di una delle attività di cui all'allegato II, la cabina di regia di cui all'articolo 212 informa in merito la Commissione europea entro il mese successivo alla concessione di detto diritto esclusivo[1].

[1] V. art. 19, comma 2, D.Lgs. 12 aprile 2006, n. 163 (vecchio Codice dei contratti pubblici), che dispone: *2. Il presente codice non si applica agli appalti pubblici di servizi aggiudicati da un'amministrazione aggiudicatrice o da un ente aggiudicatore ad un'altra amministrazione aggiudicatrice o ad un'associazione o consorzio di amministrazioni aggiudicatrici, in base ad un diritto esclusivo di cui esse beneficiano in virtù di disposizioni legislative, regolamentari o amministrative pubblicate, purchè tali disposizioni siano compatibili con il trattato.*

10. *Contratti nel settore dell'acqua, dell'energia, dei trasporti e dei servizi postali.* 1. Le disposizioni del presente codice relative ai settori ordinari non si applicano agli appalti pubblici e ai concorsi di progettazione nei settori speciali che sono aggiudicati o organizzati dalle amministrazioni aggiudicatrici che esercitano una o più delle attività di cui agli articoli da 115 a 121 e sono aggiudicati per l'esercizio di tali attività, nè agli appalti pubblici esclusi dall'ambito di applicazione delle disposizioni relative ai settori speciali, in forza degli articoli 8, 13 e 15, nè agli appalti aggiudicati da un'amministrazione aggiudicatrice che fornisce servizi postali, ai sensi dell'articolo 120, comma 2, lettera *b)*, per il perseguimento delle seguenti attività:

a) servizi speciali connessi a strumenti elettronici ed effettuati interamente per via elettronica, compresa la trasmissione sicura per via elettronica di documenti codificati, servizi di gestione degli indirizzi e la trasmissione della posta elettronica registrata;

b) servizi finanziari identificati con i codici del CPV da 66100000-1 a 66720000-3 e rientranti nell'ambito di applicazione dell'articolo 17, comma 1, lettera *e)*, compresi in particolare i vaglia postali e i trasferimenti da conti correnti postali;

c) servizi di filatelia;

d) servizi logistici, ossia i servizi che associano la consegna fisica o il deposito di merci ad altre funzioni non connesse ai servizi postali[1].

[1] V. artt. 23, 25, 31, D.Lgs. 12 aprile 2006, n. 163 (vecchio Codice dei contratti pubblici), che, rispettivamente, dispongono: *Art. 23. Contratti relativi a servizi al pubblico di autotrasporto mediante autobus (art. 12, dir. 2004/18; art. 5.2, dir. 2004/17). 1. Il presente codice non si applica agli appalti delle stazioni appaltanti relativi alla prestazione di un servizio al*

pubblico di autotrasporto mediante autobus, già esclusi dal campo di applicazione della direttiva 93/38/CEE in virtù dell'articolo 2, paragrafo 4, della stessa.

Art. 25. Appalti aggiudicati per l'acquisto di acqua e per la fornitura di energia o di combustibili destinati alla produzione di energia (art. 12, dir. 2004/18; art. 26, dir. 2004/17; art. 8, comma 1, lettera f), D.Lgs. n. 158/1995). 1. Il presente codice non si applica:

a) agli appalti per l'acquisto di acqua, se aggiudicati da amministrazioni aggiudicatrici o enti aggiudicatori che esercitano le attività di cui all'articolo 209, comma 1 (acqua);

b) agli appalti per la fornitura di energia o di combustibili destinati alla produzione di energia, se aggiudicati da amministrazioni aggiudicatrici o enti aggiudicatori che esercitano un'attività di cui ai commi 1 e 3 dell'articolo 208 (gas, energia termica ed elettricità) e all'articolo 212 (prospezione ed estrazione di petrolio, gas, carbone e altri combustibili solidi).

Art. 31. Contratti nei settori del gas, energia termica, elettricità, acqua, trasporti, servizi postali, sfruttamento di area geografica (artt. 12 e 57, dir. 2004/18). 1. Fatto salvo quanto disposto dall'articolo 32 (Amministrazioni aggiudicatrici e altri soggetti aggiudicatori), le disposizioni contenute nella parte II non si applicano ai contratti di cui alla parte III (settori del gas, energia termica, elettricità, acqua, trasporti, servizi postali, sfruttamento di area geografica), che le stazioni appaltanti che esercitano una o più delle attività di cui agli articoli da 208 a 214 aggiudicano per tali attività.

11. *Appalti aggiudicati da particolari enti aggiudicatori per l'acquisto di acqua e per la fornitura di energia o di combustibili destinati alla produzione di energia.* 1. Le disposizioni del presente codice non si applicano:

a) agli appalti per l'acquisto di acqua, se aggiudicati da enti aggiudicatori che esercitano una o entrambe le attività relative all'acqua potabile di cui all'articolo 117, comma 1;

b) agli appalti aggiudicati da enti aggiudicatori che sono essi stessi attivi nel settore dell'energia in quanto esercitano un'attività di cui agli articoli 115, comma 1, 116 e 121 per la fornitura di:

1) energia;

2) combustibili destinati alla produzione di energia[1].

[1] V. artt. 25, 31, 32, D.Lgs. 12 aprile 2006, n. 163 (vecchio Codice dei contratti pubblici). Gli artt. 25 e 31 sono riportati in nota sub art. 10 precedente. L'art. 32 dispone: *Amministrazioni aggiudicatrici e altri soggetti aggiudicatori (artt. 1 e 8, dir. 2004/18; art. 2, L. n. 109/1994; art. 1, D.Lgs. n. 358/1992; artt. 2 e 3, comma 5, D.Lgs. n. 157/1995). 1. Salvo quanto dispongono il comma 2 e il comma 3, le norme del presente titolo, nonchè quelle della parte I, IV e V, si applicano in relazione ai seguenti contratti, di importo pari o superiore alle soglie di cui all'articolo 28:*

a) lavori, servizi, forniture, affidati dalle amministrazioni aggiudicatrici;

b) appalti di lavori pubblici affidati dai concessionari di lavori pubblici che non sono amministrazioni aggiudicatrici, nei limiti stabiliti dall'articolo 142;

c) lavori, servizi, forniture affidati dalle società con capitale pubblico, anche non maggioritario, che non sono organismi di diritto pubblico, che hanno ad oggetto della loro attività la realizzazione di lavori o opere, ovvero la produzione di beni o servizi, non destinati ad essere collocati sul mercato in regime di libera concorrenza, ivi comprese le società di cui agli articoli 113, 113-bis, 115 e 116 del decreto legislativo 18 agosto 2000, n. 267, testo unico delle leggi sull'ordinamento degli enti locali;

d) lavori, affidati da soggetti privati, di cui all'allegato I, nonchè lavori di edilizia relativi ad ospedali, impianti sportivi, ricreativi e per il tempo libero, edifici scolastici e universitari, edifici destinati a funzioni pubbliche amministrative, di importo superiore a un milione di euro, per la cui realizzazione sia previsto, da parte dei soggetti di cui alla lettera a), un contributo diretto e specifico, in conto interessi o in conto capitale che, attualizzato, superi il 50 per cento dell'importo dei lavori;

e) appalti di servizi, affidati da soggetti privati, relativamente ai servizi il cui valore stimato, al netto dell'i.v.a., sia pari o superiore a 211.000 euro, allorchè tali appalti sono connessi ad un appalto di lavori di cui alla lettera d) del presente comma, e per i quali sia previsto, da parte dei soggetti di cui alla lettera a), un contributo diretto e specifico, in conto interessi o in conto capitale che, attualizzato, superi il 50 per cento dell'importo dei servizi;

f) lavori pubblici affidati dai concessionari di servizi, quando essi sono strettamente strumentali alla gestione del servizio e le opere pubbliche diventano di proprietà dell'amministrazione aggiudicatrice;

g) lavori pubblici da realizzarsi da parte dei soggetti privati, titolari di permesso di costruire, che assumono in via diretta l'esecuzione delle opere di urbanizzazione a scomputo totale o parziale del contributo previsto per il rilascio del permesso, ai sensi dell'articolo 16, comma 2, del decreto del Presidente della Repubblica 6 giugno 2001, n. 380, e dell'articolo 28, comma 5, della legge 17 agosto 1942, n. 1150. L'amministrazione che rilascia il permesso di costruire può prevedere che, in relazione alla realizzazione delle opere di urbanizzazione, l'avente diritto a richiedere il permesso di costruire presenti all'amministrazione stessa, in sede di richiesta del permesso di costruire, un progetto preliminare delle opere da eseguire, con l'indicazione del tempo massimo in cui devono essere completate, allegando lo schema del relativo contratto di appalto. L'amministrazione, sulla base del progetto preliminare, indice una gara con le modalità previste dall'articolo 55. Oggetto del contratto, previa acquisizione del progetto definitivo in sede di offerta, sono la progettazione esecutiva e le esecuzioni di lavori. L'offerta relativa al prezzo indica distintamente il corrispettivo richiesto per la progettazione definitiva ed esecutiva, per l'esecuzione dei lavori e per gli oneri di sicurezza;

h) lavori, servizi forniture affidati dagli enti aggiudicatori di cui all'articolo 207, qualora, ai sensi dell'articolo 214, devono trovare applicazione le disposizioni della parte II anzichè quelle della parte III del presente codice.

2. Ai soggetti di cui al comma 1, lettere d), e), f), g) non si applicano gli articoli 63; 78, comma 2; 90, comma 6; 92; 128; in relazione alla fase di esecuzione del contratto si applicano solo le norme che disciplinano il collaudo. Ai soggetti di cui al comma 1, lettere c) ed h), non si applicano gli articoli 78, comma 2; 90, comma 6; 92; 128; in relazione alla fase di esecuzione del contratto si applicano solo le norme che disciplinano il collaudo.

3. Le società di cui al comma 1, lettera c) non sono tenute ad applicare le disposizioni del presente codice limitatamente alla realizzazione dell'opera pubblica o alla gestione del servizio per i quali sono state specificamente costituite, se ricorrono le seguenti condizioni:

1) la scelta del socio privato è avvenuta nel rispetto di procedure di evidenza pubblica;

2) il socio privato ha i requisiti di qualificazione previsti dal presente codice in relazione alla prestazione per cui la società è stata costituita;

3) la società provvede in via diretta alla realizzazione dell'opera o del servizio, in misura superiore al 70% del relativo importo.

4. Il provvedimento che concede il contributo di cui alle lettere d) ed e) del comma 1 deve porre come condizione il rispetto, da parte del soggetto beneficiario, delle norme del presente codice. Fatto salvo quanto previsto dalle eventuali leggi che prevedono le sovvenzioni, il cinquanta per cento delle stesse può essere erogato solo dopo l'avvenuto affidamento dell'appalto, previa verifica, da parte del sovvenzionatore, che la procedura di affidamento si è svolta nel rispetto del presente codice. Il mancato rispetto del presente codice costituisce causa di decadenza dal contributo.

12. *Esclusioni specifiche per le concessioni nel settore idrico.* 1. Le disposizioni del presente codice non si applicano alle concessioni aggiudicate per:

a) fornire o gestire reti fisse destinate alla fornitura di un servizio al pubblico in connessione con la produzione, il trasporto o la distribuzione di acqua potabile;

b) alimentare tali reti con acqua potabile.

2. Le disposizioni del presente codice non si applicano alle concessioni riguardanti uno o entrambi dei seguenti aspetti quando sono collegate a un'attività di cui al comma 1:

a) progetti di ingegneria idraulica, irrigazione, drenaggio, in cui il volume d'acqua destinato all'approvvigionamento d'acqua potabile rappresenti più del 20 per cento del volume totale d'acqua reso disponibile da tali progetti o impianti di irrigazione o drenaggio;

b) smaltimento o trattamento delle acque reflue[1].

[1] V. art. 209, D.Lgs. 12 aprile 2006, n. 163 (vecchio Codice dei contratti pubblici), che dispone: *Acqua (art. 4, dir. 2004/17; artt. 3 e 8, D.Lgs. n. 158/1995). 1. Per quanto riguarda l'acqua, le norme della presente parte si applicano alle seguenti attività:*

a) la messa a disposizione o la gestione di reti fisse destinate alla fornitura di un servizio al pubblico in connessione con la produzione, il trasporto o la distribuzione di acqua potabile;

b) l'alimentazione di tali reti con acqua potabile.

2. La norme della presente parte si applicano anche agli appalti o ai concorsi attribuiti od organizzati dagli enti che esercitano un'attività di cui al comma 1, e che, alternativamente:

a) riguardano progetti di ingegneria idraulica, irrigazione, drenaggio, in cui il volume d'acqua destinato all'approvvigionamento d'acqua potabile rappresenti più del 20% del volume totale d'acqua reso disponibile da tali progetti o impianti di irrigazione o di drenaggio;

b) riguardano lo smaltimento o il trattamento delle acque reflue.

3. L'alimentazione con acqua potabile di reti che forniscono un servizio al pubblico da parte di un ente aggiudicatore che non è un'amministrazione aggiudicatrice non è considerata un'attività di cui al comma 1 se ricorrono le seguenti condizioni:

a) la produzione di acqua potabile da parte dell'ente interessato avviene perchè il suo consumo è necessario all'esercizio di una attività non prevista dagli articoli da 208 a 213;

b) l'alimentazione della rete pubblica dipende solo dal consumo proprio dell'ente e non supera il 30% della produzione totale d'acqua potabile dell'ente, considerando la media dell'ultimo triennio, compreso l'anno in corso.

13. *Appalti nei settori speciali aggiudicati a scopo di rivendita o di locazione a terzi.* 1. Le disposizioni del presente codice non si applicano agli appalti aggiudicati nei settori speciali a scopo di rivendita o di locazione a terzi, quando l'ente aggiudicatore non gode di alcun diritto speciale o esclusivo per la vendita o la locazione dell'oggetto di tali appalti e quando altri enti possono liberamente venderlo o darlo in locazione alle stesse condizioni dell'ente aggiudicatore.

2. Gli enti aggiudicatori comunicano alla Commissione europea, su richiesta, tutte le categorie di prodotti o di attività che considerano escluse in virtù del comma 1, nei termini da essa indicati, evidenziando nella comunicazione quali informazioni hanno carattere commerciale sensibile.

3. Le disposizioni del presente codice relative ai settori speciali non si applicano comunque alle categorie di prodotti o attività oggetto degli appalti di cui al comma 1 considerati esclusi dalla Commissione europea con atto pubblicato nella Gazzetta Ufficiale dell'Unione europea[1].

[1] V. art. 24, D.Lgs. 12 aprile 2006, n. 163 (vecchio Codice dei contratti pubblici).

14. *Appalti e concorsi di progettazione aggiudicati o organizzati per fini diversi dal perseguimento di un'attività interessata o per l'esercizio di un'attività in un Paese terzo.* 1. Le disposizioni del presente codice non si applicano agli appalti e concessioni aggiudicati dagli enti aggiudicatori per scopi diversi dal perseguimento delle attività di cui agli articoli da 115 a 121, o per l'esercizio di tali attività in un Paese terzo, in circostanze che non comportino lo sfruttamento materiale di una rete o di un'area geografica all'interno dell'Unione europea, e ai concorsi di progettazione organizzati a tali fini[1].

2. Gli enti aggiudicatori comunicano alla Commissione europea, su richiesta, tutte le categorie di attività che considerano escluse in virtù del comma 1, nei termini da essa indicati, evidenziando nella comunicazione quali informazioni hanno carattere commerciale sensibile.

3. Le disposizioni del presente codice non si applicano comunque alle categorie di attività oggetto degli appalti di cui al comma 1 considerati esclusi dalla Commissione europea in elenchi pubblicati periodicamente nella Gazzetta Ufficiale dell'Unione europea[2].

[1] Comma così modificato dall'art. 7, D.Lgs. 19 aprile 2017, n. 56. Il testo previgente disponeva: *1. Le disposizioni del presente codice non si applicano agli appalti aggiudicati dagli*

enti aggiudicatori per scopi diversi dal perseguimento delle attività di cui agli articoli da 115 a 121, o per l'esercizio di tali attività in un Paese terzo, in circostanze che non comportino lo sfruttamento materiale di una rete o di un'area geografica all'interno dell'Unione europea, e ai concorsi di progettazione organizzati a tali fini.

[2] V. art. 217, D.Lgs. 12 aprile 2006, n. 163 (vecchio Codice dei contratti pubblici).

15. *Esclusioni nel settore delle comunicazioni elettroniche.* 1. Le disposizioni del presente codice non si applicano agli appalti pubblici e ai concorsi di progettazione nei settori ordinari e alle concessioni principalmente finalizzati a permettere alle amministrazioni aggiudicatrici la messa a disposizione o la gestione di reti pubbliche di telecomunicazioni o la prestazione al pubblico di uno o più servizi di comunicazioni elettroniche. Ai fini del presente articolo, si applicano le definizioni di «rete pubblica di comunicazioni» e «servizio di comunicazione elettronica» contenute nell'articolo 1 del decreto legislativo 1° agosto 2003, n. 259, e successive modificazioni[1].

[1] V. art. 22, D.Lgs. 12 aprile 2006, n. 163 (vecchio Codice dei contratti pubblici).

16. *Contratti e concorsi di progettazione aggiudicati o organizzati in base a norme internazionali.* 1. Le disposizioni del presente codice non si applicano agli appalti pubblici, ai concorsi di progettazione e alle concessioni che le stazioni appaltanti sono tenute ad aggiudicare o ad organizzare nel rispetto di procedure diverse da quelle previste dal presente codice e stabilite da:

a) uno strumento giuridico che crea obblighi internazionali, quali un accordo internazionale, concluso in conformità dei trattati dell'Unione europea, tra lo Stato e uno o più Paesi terzi o relative articolazioni e riguardanti lavori, forniture o servizi destinati alla realizzazione congiunta o alla gestione congiunta di un progetto da parte dei soggetti firmatari;

b) un'organizzazione internazionale.

2. Il presente codice non si applica agli appalti pubblici, ai concorsi di progettazione e alle concessioni che le stazioni appaltanti aggiudicano in base a norme previste da un'organizzazione internazionale o da un'istituzione finanziaria internazionale, quando gli appalti, i concorsi di progettazione o le concessioni sono interamente finanziati dalla stessa organizzazione o istituzione; nel caso di appalti pubblici, concorsi di progettazione o concessioni cofinanziati prevalentemente da un'organizzazione internazionale o da un'istituzione finanziaria internazionale, le parti si accordano sulle procedure di aggiudicazione applicabili.

3. Fermo restando quanto previsto all'articolo 161, i commi 1 e 2 non si applicano agli appalti, ai concorsi di progettazione e alle concessioni in materia di difesa e di sicurezza di cui al decreto legislativo 15 novembre 2011, n. 208.

4. La Cabina di regia di cui all'articolo 212, comunica alla Commissione europea gli strumenti giuridici indicati al comma 1, lettera *a)*[1].

[1] V. artt. 18, 100, D.Lgs. 12 aprile 2006, n. 163 (vecchio Codice dei contratti pubblici).

17. *Esclusioni specifiche per contratti di appalto e concessione di servizi.* 1. Le disposizioni del presente codice non si applicano agli appalti e alle concessioni di servizi:

a) aventi ad oggetto l'acquisto o la locazione, quali che siano le relative modalità finanziarie, di terreni, fabbricati esistenti o altri beni immobili o riguardanti diritti su tali beni;

b) aventi ad oggetto l'acquisto, lo sviluppo, la produzione o coproduzione di programmi destinati ai servizi di media audiovisivi o radiofonici che sono aggiudicati da fornitori di servizi di media audiovisivi o radiofonici, ovvero gli appalti, anche nei settori speciali, e le concessioni concernenti il tempo di trasmissione o la fornitura di programmi aggiudicati ai fornitori di servizi di media audiovisivi o radiofonici. Ai fini della presente disposizione il termine «materiale associato ai programmi» ha lo stesso significato di «programma»;

c) concernenti i servizi d'arbitrato e di conciliazione;

d) concernenti uno qualsiasi dei seguenti servizi legali:

1) rappresentanza legale di un cliente da parte di un avvocato ai sensi dell'articolo 1 della legge 9 febbraio 1982, n. 31, e successive modificazioni:

1.1) in un arbitrato o in una conciliazione tenuti in uno Stato membro dell'Unione europea, un Paese terzo o dinanzi a un'istanza arbitrale o conciliativa internazionale;

1.2) in procedimenti giudiziari dinanzi a organi giurisdizionali o autorità pubbliche di uno Stato membro dell'Unione europea o un Paese terzo o dinanzi a organi giurisdizionali o istituzioni internazionali;

2) consulenza legale fornita in preparazione di uno dei procedimenti di cui al punto 1), o qualora vi sia un indizio concreto e una probabilità elevata che la questione su cui verte la consulenza divenga oggetto del procedimento, sempre che la consulenza sia fornita da un avvocato ai sensi dell'articolo 1 della legge 9 febbraio 1982, n. 31, e successive modificazioni[1];

3) servizi di certificazione e autenticazione di documenti che devono essere prestati da notai;

4) servizi legali prestati da fiduciari o tutori designati o altri servizi legali i cui fornitori sono designati da un organo giurisdizionale dello Stato o sono designati per legge per svolgere specifici compiti sotto la vigilanza di detti organi giurisdizionali;

5) altri servizi legali che sono connessi, anche occasionalmente, all'esercizio dei pubblici poteri;

e) concernenti servizi finanziari relativi all'emissione, all'acquisto, alla vendita e al trasferimento di titoli o di altri strumenti finanziari ai sensi del decreto legislativo 24 febbraio 1998, n. 58, e successive modificazioni, servizi forniti da banche centrali e operazioni concluse con il Fondo europeo di stabilità finanziaria e il meccanismo europeo di stabilità;

f) concernenti i prestiti, a prescindere dal fatto che siano correlati all'emissione, alla vendita, all'acquisto o al trasferimento di titoli o di altri strumenti finanziari;

g) concernenti i contratti di lavoro;

h) concernenti servizi di difesa civile, di protezione civile e di prevenzione contro i pericoli forniti da organizzazioni e associazioni senza scopo di lucro identificati con i codici CPV 75250000-3, 75251000-0, 75251100-1, 75251110-4, 75251120-7, 75252000-7, 75222000-8; 98113100-9 e 85143000-3 ad eccezione dei servizi di trasporto dei pazienti in ambulanza;

i) concernenti i servizi di trasporto pubblico di passeggeri per ferrovia o metropolitana;

l) concernenti servizi connessi a campagne politiche, identificati con i codici CPV 79341400-0, 92111230-3 e 92111240-6, se aggiudicati da un partito politico nel contesto di una campagna elettorale per gli appalti relativi ai settori ordinari e alle concessioni[2].

[1] Numero così modificato dall'art. 8, D.Lgs. 19 aprile 2017, n. 56. Il testo previgente disponeva: *2) consulenza legale fornita in preparazione di uno dei procedimenti di cui al punto 1.1), o qualora vi sia un indizio concreto e una probabilità elevata che la questione su cui verte la consulenza divenga oggetto del procedimento, sempre che la consulenza sia fornita da un avvocato ai sensi dell'articolo 1 della legge 9 febbraio 1982, n. 31, e successive modificazioni.*

[2] V. artt. 19, 20, 21, D.Lgs. 12 aprile 2006, n. 163 (vecchio Codice dei contratti pubblici).

V. Delib. Anac 24 ottobre 2018, n. 907 (Linee guida n. 12 Affidamento dei servizi legali).

17-*bis*. *Altri appalti esclusi.* 1. Le disposizioni del presente codice non si applicano agli appalti aventi ad oggetto l'acquisto di prodotti agricoli e alimentari per un valore non superiore a 10.000 euro annui per ciascuna impresa, da imprese agricole singole o associate situati in comuni classificati totalmente montani di cui all'elenco dei comuni italiani predisposto dall'Istituto nazionale di statistica (ISTAT), ovvero ricompresi nella circolare del Ministero delle finanze n. 9 del 14 giugno 1993, pubblicata nel supplemento ordinario n. 53 alla Gazzetta ufficiale della Repubblica italiana n. 141 del 18 giugno 1993, nonchè nei comuni delle isole minori di cui all'allegato A annesso alla legge 28 dicembre 2001, n. 448[1].

[1] Articolo aggiunto dall'art. 9, D.Lgs. 19 aprile 2017, n. 56.

18. *Esclusioni specifiche per contratti di concessioni.* 1. Le disposizioni del presente codice non si applicano:

a) alle concessioni di servizi di trasporto aereo sulla base di una licenza di gestione a norma del regolamento (CE) n. 1008/2008 del Parlamento europeo e del Consiglio o alle concessioni di servizi di trasporto pubblico di passeggeri ai sensi del regolamento (CE) n. 1370/2007;

b) alle concessioni di servizi di lotterie identificati con il codice CPV 92351100-7 aggiudicate a un operatore economico sulla base di un diritto esclusivo. Ai fini della presente lettera il concetto di diritto esclusivo non include i diritti esclusivi di cui all'articolo 3, comma 1, lettera *e)*, n. 2.3. La concessione di tale diritto esclusivo è soggetta alla pubblicazione nella Gazzetta Ufficiale dell'Unione europea[1];

c) alle concessioni aggiudicate dagli enti aggiudicatori per l'esercizio delle loro attività in un Paese terzo, in circostanze che non comportino lo sfruttamento materiale di una rete o di un'area geografica all'interno dell'Unione europea[2].

[1] Lettera così modificata dall'art. 10, D.Lgs. 19 aprile 2017, n. 56. Il testo previgente disponeva: *b) alle concessioni di servizi di lotterie identificati con il codice CPV 92351100-7 aggiudicate a un operatore economico sulla base di un diritto esclusivo. Ai fini della presente lettera il concetto di diritto esclusivo non include i diritti esclusivi. La concessione di tale diritto esclusivo è soggetta alla pubblicazione nella Gazzetta Ufficiale dell'Unione europea.*

[2] V. artt. 30, 217, D.Lgs. 12 aprile 2006, n. 163 (vecchio Codice dei contratti pubblici). In particolare l'art. 30 dispone: *Concessione di servizi. 1. Salvo quanto disposto nel presente articolo, le disposizioni del codice non si applicano alle concessioni di servizi.*

2. Nella concessione di servizi la controprestazione a favore del concessionario consiste unicamente nel diritto di gestire funzionalmente e di sfruttare economicamente il servizio. Il soggetto concedente stabilisce in sede di gara anche un prezzo, qualora al concessionario venga imposto di praticare nei confronti degli utenti prezzi inferiori a quelli corrispondenti alla somma del costo del servizio e dell'ordinario utile di impresa, ovvero qualora sia necessario assicurare al concessionario il perseguimento dell'equilibrio economico-finanziario degli investimenti e della connessa gestione in relazione alla qualità del servizio da prestare.

3. La scelta del concessionario deve avvenire nel rispetto dei principi desumibili dal Trattato e dei principi generali relativi ai contratti pubblici e, in particolare, dei principi di trasparenza, adeguata pubblicità, non discriminazione, parità di trattamento, mutuo riconoscimento, proporzionalità, previa gara informale a cui sono invitati almeno cinque concorrenti, se sussistono in tale numero soggetti qualificati in relazione all'oggetto della concessione, e con predeterminazione dei criteri selettivi.

4. Sono fatte salve discipline specifiche che prevedono forme più ampie di tutela della concorrenza.

5. Restano ferme, purchè conformi ai principi dell'ordinamento comunitario le discipline specifiche che prevedono, in luogo delle concessione di servizi a terzi, l'affidamento di servizi a soggetti che sono a loro volta amministrazioni aggiudicatrici.

6. Se un'amministrazione aggiudicatrice concede ad un soggetto che non è un'amministrazione aggiudicatrice diritti speciali o esclusivi di esercitare un'attività di servizio pubblico, l'atto di concessione prevede che, per gli appalti di forniture conclusi con terzi nell'ambito di tale attività, detto soggetto rispetti il principio di non discriminazione in base alla nazionalità.

7. Si applicano le disposizioni della parte IV. Si applica, inoltre, in quanto compatibile l'articolo 143, comma 7.

19. *Contratti di sponsorizzazione*. 1. L'affidamento di contratti di sponsorizzazione di lavori, servizi o forniture per importi superiori a quarantamila euro, mediante dazione di danaro o accollo del debito, o altre modalità di assunzione del pagamento dei corrispettivi dovuti, è soggetto esclusivamente alla previa pubblicazione sul sito internet della stazione appaltante, per almeno trenta giorni, di apposito avviso, con il quale si rende nota la ricerca di sponsor per specifici interventi, ovvero si comunica l'avvenuto ricevimento di una proposta di sponsorizzazione, indicando sinteticamente il contenuto del contratto proposto. Trascorso il periodo di pubblicazione dell'avviso, il contratto può essere liberamente negoziato, purchè nel rispetto dei principi di imparzialità e di parità di trattamento fra gli operatori che abbiano manifestato interesse, fermo restando il rispetto dell'articolo 80.

2. Nel caso in cui lo sponsor intenda realizzare i lavori, prestare i servizi o le forniture direttamente a sua cura e spese, resta ferma la necessità di verificare il possesso dei requisiti degli esecutori, nel rispetto dei principi e dei limiti europei in materia e non trovano applicazione le disposizioni nazionali e regionali in materia di contratti pubblici di lavori, servizi e forniture, ad eccezione di quelle sulla qualificazione dei progettisti e degli esecutori. La stazione appaltante impartisce opportune prescrizioni in ordine alla progettazione, all'esecuzione delle opere o forniture e alla direzione dei lavori e collaudo degli stessi[1].

[1] V. art. 26, D.Lgs. 12 aprile 2006, n. 163 (vecchio Codice dei contratti pubblici).

20. *Opera pubblica realizzata a spese del privato*. 1. Il presente codice non si applica al caso in cui un'amministrazione pubblica stipuli una convenzione con la quale un soggetto pubblico o privato si impegni alla realizzazione, a sua totale cura e spesa e previo ottenimento di tutte le necessarie autorizzazioni, di un'opera pubblica o di un suo lotto funzionale o di parte dell'opera prevista nell'ambito di strumenti o programmi urbanistici, fermo restando il rispetto dell'articolo 80.

2. L'amministrazione, prima della stipula della convenzione, valuta che il progetto di fattibilità delle opere da eseguire con l'indicazione del tempo massimo in cui devono essere completate e lo schema dei relativi contratti di appalto presentati dalla controparte siano rispondenti alla realizzazione delle opere pubbliche di cui al comma 1.

3. La convenzione disciplina anche le conseguenze in caso di inadempimento comprese anche eventuali penali e poteri sostitutivi[1].

[1] V. art. 32, D.Lgs. 12 aprile 2006, n. 163 (vecchio Codice dei contratti pubblici).

Titolo III
Pianificazione programmazione e progettazione

21. *Programma degli acquisti e programmazione dei lavori pubblici*[1]. 1. Le amministrazioni aggiudicatrici adottano il programma biennale degli acquisti di beni e servizi e il programma triennale dei lavori pubblici, nonchè i relativi aggiornamenti annuali. I programmi sono approvati nel rispetto dei documenti programmatori e in coerenza con il bilancio e, per gli enti locali, secondo le norme che disciplinano la programmazione economico-finanziaria degli enti[2].

2. Le opere pubbliche incompiute sono inserite nella programmazione triennale di cui al comma 1, ai fini del loro completamento ovvero per l'individuazione di soluzioni alternative quali il riutilizzo, anche ridimensionato, la cessione a titolo di corrispettivo per la realizzazione di altra opera pubblica, la vendita o la demolizione.

3. Il programma triennale dei lavori pubblici e i relativi aggiornamenti annuali contengono i lavori il cui valore stimato sia pari o superiore a 100.000 euro e indicano, previa attribuzione del codice unico di progetto di cui all'articolo 11, della legge 16 gennaio 2003, n. 3, i lavori da avviare nella prima annualità, per i quali deve essere riportata l'indicazione dei mezzi finanziari stanziati sullo stato di previsione o sul proprio bilancio, ovvero disponibili in base a contributi o risorse dello Stato, delle regioni a statuto ordinario o di altri enti pubblici. Per i lavori di importo pari o superiore a 1.000.000 euro, ai fini dell'inserimento nell'elenco annuale, le amministrazioni aggiudicatrici approvano preventivamente il progetto di fattibilità tecnica ed economica. Ai fini dell'inserimento nel programma triennale, le amministrazioni aggiudicatrici approvano preventivamente, ove previsto, il documento di fattibilità delle alternative progettuali, di cui all'articolo 23, comma 5[3].

4. Nell'ambito del programma di cui al comma 3, le amministrazioni aggiudicatrici individuano anche i lavori complessi e gli interventi suscettibili di essere realizzati attraverso contratti di concessione o di partenariato pubblico privato.

5. Nell'elencazione delle fonti di finanziamento sono indicati anche i beni immobili disponibili che possono essere oggetto di cessione. Sono, altresì, indicati i beni immobili nella propria disponibilità concessi in diritto di godimento, a titolo di contributo, la cui utilizzazione sia strumentale e tecnicamente connessa all'opera da affidare in concessione.

6. Il programma biennale di forniture e servizi e i relativi aggiornamenti annuali contengono gli acquisti di beni e di servizi di importo unitario stimato pari o superiore a 40.000 euro. Nell'ambito del programma, le amministrazioni aggiudicatrici individuano i bisogni che possono essere soddisfatti con capitali privati. Le amministrazioni pubbliche comunicano, entro il mese di ottobre, l'elenco delle acquisizioni di forniture e servizi d'importo superiore a 1 milione di euro che prevedono di inserire nella programmazione biennale al Tavolo tecnico dei soggetti di cui all'articolo 9, comma 2, del decreto-legge 24 aprile 2014, n. 66, convertito, con modificazioni, dalla legge 23 giugno 2014, n. 89, che li utilizza ai fini dello svolgimento dei compiti e delle attività ad esso attribuiti. Per le acquisizioni di beni e servizi informatici e di connettività le amministrazioni aggiudicatrici tengono conto di quanto previsto dall'articolo 1, comma 513, della legge 28 dicembre 2015, n. 208.

7. Il programma biennale degli acquisti di beni e servizi e il programma triennale dei lavori pubblici, nonchè i relativi aggiornamenti annuali sono pubblicati sul profilo del committente, sul sito informatico del Ministero delle infrastrutture e dei trasporti e dell'Osservatorio di cui all'articolo 213, anche tramite i sistemi informatizzati delle regioni e delle provincie autonome di cui all'articolo 29, comma 4.

8. Con decreto del Ministro delle infrastrutture e dei trasporti, di concerto con il Ministro dell'economia e delle finanze, da adottare entro novanta giorni dalla data di entrata in vigore del presente decreto, previo parere del CIPE, d'intesa con la Conferenza unificata sono definiti[4]:

a) le modalità di aggiornamento dei programmi e dei relativi elenchi annuali;

b) i criteri per la definizione degli ordini di priorità, per l'eventuale suddivisione in lotti funzionali, nonchè per il riconoscimento delle condizioni che consentano di modificare la programmazione e di realizzare un intervento o procedere a un acquisto non previsto nell'elenco annuale;

c) i criteri e le modalità per favorire il completamento delle opere incompiute;

d) i criteri per l'inclusione dei lavori nel programma e il livello di progettazione minimo richiesto per tipologia e classe di importo;

e) gli schemi tipo e le informazioni minime che essi devono contenere, individuate anche in coerenza con gli standard degli obblighi informativi e di pubblicità relativi ai contratti[5];

f) le modalità di raccordo con la pianificazione dell'attività dei soggetti aggregatori e delle centrali di committenza ai quali le stazioni appaltanti delegano la procedura di affidamento.

8-*bis*. La disciplina del presente articolo non si applica alla pianificazione delle attività dei soggetti aggregatori e delle centrali di committenza[6].

9. Fino alla data di entrata in vigore del decreto di cui al comma 8, si applica l'articolo 216, comma 3[6].

[1] Rubrica così sostituita dall'art. 11, D.Lgs. 19 aprile 2017, n. 56. Il testo previgente disponeva: *Programma delle acquisizioni delle stazioni appaltanti.*

[2] Comma così modificato dall'art. 11, D.Lgs. 19 aprile 2017, n. 56. Il testo previgente disponeva: *1. Le amministrazioni aggiudicatrici adottano il programma biennale degli acquisti di beni e servizi e il programma triennale dei lavori pubblici, nonchè i relativi aggiornamenti annuali. I programmi sono approvati nel rispetto dei documenti programmatori e in coerenza con il bilancio.*

[3] Comma così modificato dall'art. 11, D.Lgs. 19 aprile 2017, n. 56. Il testo previgente disponeva: *3. Il programma triennale dei lavori pubblici e i relativi aggiornamenti annuali contengono i lavori il cui valore stimato sia pari o superiore a 100.000 euro e indicano, previa attribuzione del codice unico di progetto di cui all'articolo 11, della legge 16 gennaio 2003, n. 3, i lavori da avviare nella prima annualità, per i quali deve essere riportata l'indicazione dei mezzi finanziari stanziati sullo stato di previsione o sul proprio bilancio, ovvero disponibili in base a contributi o risorse dello Stato, delle regioni a statuto ordinario o di altri enti pubblici. Per i lavori di importo pari o superiore a 1.000.000 euro, ai fini dell'inserimento nell'elenco annuale, le amministrazioni aggiudicatrici approvano preventivamente il progetto di fattibilità tecnica ed economica.*

[4] Alinea così modificato dall'art. 11, D.Lgs. 19 aprile 2017, n. 56. Il testo previgente disponeva: *Con decreto del Ministro delle infrastrutture e dei trasporti, di concerto con il Ministro dell'economia e delle finanze, da adottare entro novanta giorni dalla data di entrata in vigore del presente decreto, previo parere del CIPE, sentita la Conferenza unificata sono definiti.*

[5] Lettera così modificata dall'art. 11, D.Lgs. 19 aprile 2017, n. 56. Il testo previgente disponeva: *e) gli schemi tipo e le informazioni minime che essi devono contenere, individuandole anche in coerenza con gli standard degli obblighi informativi e di pubblicità relativi ai contratti.*

[6] Comma aggiunto dall'art. 11, D.Lgs. 19 aprile 2017, n. 56.

[6] V. art. 121, D.Lgs. 12 aprile 2006, n. 163 (vecchio Codice dei contratti pubblici).

22. *Trasparenza nella partecipazione di portatori di interessi e dibattito pubblico.* 1. Le amministrazioni aggiudicatrici e gli enti aggiudicatori pubblicano, nel proprio profilo del committente, i progetti di fattibilità relativi alle grandi opere infrastrutturali e di architettura di rilevanza sociale, aventi impatto sull'ambiente, sulle città e sull'assetto del territorio, nonchè gli esiti della consultazione pubblica, comprensivi dei resoconti degli incontri e dei dibattiti con i portatori di interesse. I contributi e i resoconti sono pubblicati, con pari evidenza, unitamente ai documenti predisposti dall'amministrazione e relativi agli stessi lavori.

2. Con decreto del Presidente del Consiglio dei ministri, adottato entro un anno dalla data di entrata

in vigore del presente codice, su proposta del Ministro delle infrastrutture e dei trasporti, sentito il Ministro dell'ambiente e della tutela del territorio e del mare e il Ministro per i beni e le attività culturali, previo parere delle Commissioni parlamentari competenti, in relazione ai nuovi interventi avviati dopo la data di entrata in vigore del medesimo decreto, sono fissati i criteri per l'individuazione delle opere di cui al comma 1, distinte per tipologia e soglie dimensionali, per le quali è obbligatorio il ricorso alla procedura di dibattito pubblico, e sono altresì definiti le modalità di svolgimento e il termine di conclusione della medesima procedura. Con il medesimo decreto sono altresì stabilite le modalità di monitoraggio sull'applicazione dell'istituto del dibattito pubblico. A tal fine è istituita, senza oneri a carico della finanza pubblica, una commissione presso il Ministero delle infrastrutture e dei trasporti, con il compito di raccogliere e pubblicare informazioni sui dibattiti pubblici in corso di svolgimento o conclusi e di proporre raccomandazioni per lo svolgimento del dibattito pubblico sulla base dell'esperienza maturata. Per la partecipazione alle attività della commissione non sono dovuti compensi, gettoni, emolumenti, indennità o rimborsi di spese comunque denominati[1].

3. L'amministrazione aggiudicatrice o l'ente aggiudicatore proponente l'opera soggetta a dibattito pubblico indice e cura lo svolgimento della procedura esclusivamente sulla base delle modalità individuate dal decreto di cui al comma 2.

4. Gli esiti del dibattito pubblico e le osservazioni raccolte sono valutate in sede di predisposizione del progetto definitivo e sono discusse in sede di conferenza di servizi relativa all'opera sottoposta al dibattito pubblico.

[1] Comma così modificato dall'art. 12, D.Lgs. 19 aprile 2017, n. 56. Il testo previgente disponeva: *2. Con decreto del Presidente del Consiglio dei ministri, adottato entro un anno dalla data di entrata in vigore del presente codice, su proposta del Ministro delle infrastrutture e dei trasporti, sentito il Ministro dell'ambiente e della tutela del territorio e del mare e il Ministro per i beni e le attività culturali, previo parere delle Commissioni parlamentari competenti, in relazione ai nuovi interventi avviati dopo la data di entrata in vigore del presente codice, sono fissati i criteri per l'individuazione delle opere di cui al comma 1, distinte per tipologia e soglie dimensionali, per le quali è obbligatorio il ricorso alla procedura di dibattito pubblico, e sono altresì definiti le modalità di svolgimento e il termine di conclusione della medesima procedura.*

23. *Livelli della progettazione per gli appalti, per le concessioni di lavori nonchè per i servizi.* 1. La progettazione in materia di lavori pubblici si articola, secondo tre livelli di successivi approfondimenti tecnici, in progetto di fattibilità tecnica ed economica, progetto definitivo e progetto esecutivo ed è intesa ad assicurare:

a) il soddisfacimento dei fabbisogni della collettività;

b) la qualità architettonica e tecnico funzionale e di relazione nel contesto dell'opera;

c) la conformità alle norme ambientali, urbanistiche e di tutela dei beni culturali e paesaggistici, nonchè il rispetto di quanto previsto dalla normativa in materia di tutela della salute e della sicurezza;

d) un limitato consumo del suolo;

e) il rispetto dei vincoli idrogeologici, sismici e forestali nonchè degli altri vincoli esistenti;

f) il risparmio e l'efficientamento ed il recupero energetico nella realizzazione e nella successiva vita dell'opera, nonchè la valutazione del ciclo di vita e della manutenibilità delle opere[1];

g) la compatibilità con le preesistenze archeologiche;

h) la razionalizzazione delle attività di progettazione e delle connesse verifiche attraverso il progressivo uso di metodi e strumenti elettronici specifici quali quelli di modellazione per l'edilizia e le infrastrutture;

i) la compatibilità geologica, geomorfologica, idrogeologica dell'opera;

l) accessibilità e adattabilità secondo quanto previsto dalle disposizioni vigenti in materia di barriere architettoniche[2].

2. Per la progettazione di lavori di particolare rilevanza sotto il profilo architettonico, ambientale, paesaggistico, agronomico e forestale, storico-artistico, conservativo, nonchè tecnologico, le stazioni appaltanti ricorrono alle professionalità interne, purchè in possesso di idonea competenza nelle materie oggetto del progetto o utilizzano la procedura del concorso di progettazione o del concorso di idee di cui agli articoli 152, 153, 154, 155 e 156. Per le altre tipologie di lavori, si applica quanto previsto dall'articolo 24.

3. Con il regolamento di cui all'articolo 216, comma 27-*octies*, sono definiti i contenuti della progettazione nei tre livelli progettuali. Con il regolamento di cui al primo periodo è, altresì, determinato il contenuto minimo del quadro esigenziale che devono predisporre le stazioni appaltanti. Fino alla data di entrata in vigore di detto regolamento, si applica l'articolo 216, comma 4[3].

3-*bis*. Con ulteriore decreto del Ministro delle infrastrutture e dei trasporti, su proposta del Consiglio superiore dei lavori pubblici, sentita la Conferenza Unificata, è disciplinata una progettazione semplificata degli interventi di manutenzione ordinaria fino a un importo di 2.500.000 euro. Tale decreto individua le modalità e i criteri di semplificazione in relazione agli interventi previsti[4].

4. La stazione appaltante, in rapporto alla specifica tipologia e alla dimensione dell'intervento, indica le caratteristiche, i requisiti e gli elaborati progettuali necessari per la definizione di ogni fase della

progettazione. È consentita, altresì, l'omissione di uno o di entrambi i primi due livelli di progettazione, purchè il livello successivo contenga tutti gli elementi previsti per il livello omesso, salvaguardando la qualità della progettazione.

5. Il progetto di fattibilità tecnica ed economica individua, tra più soluzioni, quella che presenta il miglior rapporto tra costi e benefici per la collettività, in relazione alle specifiche esigenze da soddisfare e prestazioni da fornire. Per i lavori pubblici di importo pari o superiore alla soglia di cui all'articolo 35 anche ai fini della programmazione di cui all'articolo 21, comma 3, nonchè per l'espletamento delle procedure di dibattito pubblico di cui all'articolo 22 e per i concorsi di progettazione e di idee di cui all'articolo 152, il progetto di fattibilità è preceduto dal documento di fattibilità delle alternative progettuali di cui all'articolo 3, comma 1, lettera *ggggg-quater)*, nel rispetto dei contenuti di cui al regolamento previsto dal comma 3 del presente articolo. Resta ferma la facoltà della stazione appaltante di richiedere la redazione del documento di fattibilità delle alternative progettuali anche per lavori pubblici di importo inferiore alla soglia di cui all'articolo 35. Nel progetto di fattibilità tecnica ed economica, il progettista sviluppa, nel rispetto del quadro esigenziale, tutte le indagini e gli studi necessari per la definizione degli aspetti di cui al comma 1, nonchè gli elaborati grafici per l'individuazione delle caratteristiche dimensionali, volumetriche, tipologiche, funzionali e tecnologiche dei lavori da realizzare e le relative stime economiche, secondo le modalità previste nel regolamento di cui al comma 3, ivi compresa la scelta in merito alla possibile suddivisione in lotti funzionali. Il progetto di fattibilità tecnica ed economica deve consentire, ove necessario, l'avvio della procedura espropriativa[5].

5-*bis*. Per le opere proposte in variante urbanistica ai sensi dell'articolo 19 del decreto del Presidente della Repubblica 8 giugno 2001, n. 327, il progetto di fattibilità tecnica ed economica sostituisce il progetto preliminare di cui al comma 2 del citato articolo 19 ed è redatto ai sensi del comma 5[4].

6. Il progetto di fattibilità è redatto sulla base dell'avvenuto svolgimento di indagini geologiche, idrogeologiche, idrologiche, idrauliche, geotecniche, sismiche, storiche, paesaggistiche ed urbanistiche, di verifiche relative alla possibilità del riuso del patrimonio immobiliare esistente e della rigenerazione delle aree dismesse, di verifiche preventive dell'interesse archeologico, di studi di fattibilità ambientale e paesaggistica e evidenzia, con apposito adeguato elaborato cartografico, le aree impegnate, le relative eventuali fasce di rispetto e le occorrenti misure di salvaguardia; deve, altresì, ricomprendere le valutazioni ovvero le eventuali diagnosi energetiche dell'opera in progetto, con riferimento al contenimento dei consumi energetici e alle eventuali misure per la produzione e il recupero di energia anche con riferimento all'impatto sul piano economico-finanziario dell'opera; indica, inoltre, le caratteristiche prestazionali, le specifiche funzionali, la descrizione delle misure di compensazioni e di mitigazione dell'impatto ambientale, nonchè i limiti di spesa, calcolati secondo le modalità indicate dal decreto di cui al comma 3, dell'infrastruttura da realizzare ad un livello tale da consentire, già in sede di approvazione del progetto medesimo, salvo circostanze imprevedibili, l'individuazione della localizzazione o del tracciato dell'infrastruttura nonchè delle opere compensative o di mitigazione dell'impatto ambientale e sociale necessarie[6].

7. Il progetto definitivo individua compiutamente i lavori da realizzare, nel rispetto delle esigenze, dei criteri, dei vincoli, degli indirizzi e delle indicazioni stabiliti dalla stazione appaltante e, ove presente, dal progetto di fattibilità; il progetto definitivo contiene, altresì, tutti gli elementi necessari ai fini del rilascio delle prescritte autorizzazioni e approvazioni, nonchè la quantificazione definitiva del limite di spesa per la realizzazione e del relativo cronoprogramma, attraverso l'utilizzo, ove esistenti, dei prezzari predisposti dalle regioni e dalle province autonome territorialmente competenti, di concerto con le articolazioni territoriali del Ministero delle infrastrutture e dei trasporti, secondo quanto previsto al comma 16[7].

8. Il progetto esecutivo, redatto in conformità al progetto definitivo, determina in ogni dettaglio i lavori da realizzare, il relativo costo previsto, il cronoprogramma coerente con quello del progetto definitivo, e deve essere sviluppato ad un livello di definizione tale che ogni elemento sia identificato in forma, tipologia, qualità, dimensione e prezzo. Il progetto esecutivo deve essere, altresì, corredato da apposito piano di manutenzione dell'opera e delle sue parti in relazione al ciclo di vita.

9. In relazione alle caratteristiche e all'importanza dell'opera, il responsabile unico del procedimento, secondo quanto previsto dall'articolo 26, stabilisce criteri, contenuti e momenti di verifica tecnica dei vari livelli di progettazione.

10. L'accesso ad aree interessate ad indagini e ricerche necessarie all'attività di progettazione è soggetto all'autorizzazione di cui all'articolo 15 del decreto del Presidente della Repubblica 8 giugno 2001, n. 327. La medesima autorizzazione si estende alle ricerche archeologiche, alla bonifica di ordigni bellici e alla bonifica dei siti inquinati. Le ricerche archeologiche sono compiute sotto la vigilanza delle competenti soprintendenze.

11. Gli oneri inerenti alla progettazione, ivi compresi quelli relativi al dibattito pubblico, alla direzione dei lavori, alla vigilanza, ai collaudi, agli studi e

alle ricerche connessi, alla redazione dei piani di sicurezza e di coordinamento, quando previsti ai sensi del decreto legislativo 9 aprile 2008, n. 81, alle prestazioni professionali e specialistiche, necessari per la redazione di un progetto esecutivo completo in ogni dettaglio, possono essere fatti gravare sulle disponibilità finanziarie della stazione appaltante cui accede la progettazione medesima. Ai fini dell'individuazione dell'importo stimato, il conteggio deve ricomprendere tutti i servizi, ivi compresa la direzione dei lavori, in caso di affidamento allo stesso progettista esterno[8].

11-*bis*. Tra le spese tecniche da prevedere nel quadro economico di ciascun intervento sono comprese le spese di carattere strumentale sostenute dalle amministrazioni aggiudicatrici in relazione all'intervento[9].

11-*ter*. Le spese strumentali, incluse quelle per sopralluoghi, riguardanti le attività finalizzate alla stesura del piano generale degli interventi del sistema accentrato delle manutenzioni di cui all'articolo 12 del decreto-legge 6 luglio 2011, n. 98, convertito, con modificazioni, dalla legge 15 luglio 2011, n. 111, sono a carico delle risorse iscritte sui pertinenti capitoli dello stato di previsione del Ministero dell'economia e delle finanze trasferite all'Agenzia del demanio[9].

12. Le progettazioni definitiva ed esecutiva sono, preferibilmente, svolte dal medesimo soggetto, onde garantire omogeneità e coerenza al procedimento. In caso di motivate ragioni di affidamento disgiunto, il nuovo progettista deve accettare l'attività progettua le svolta in precedenza. In caso di affidamento esterno della progettazione, che ricomprenda, entrambi i livelli di progettazione, l'avvio della progettazione esecutiva è condizionato alla determinazione delle stazioni appaltanti sulla progettazione definitiva. In sede di verifica della coerenza tra le varie fasi della progettazione, si applica quanto previsto dall'articolo 26, comma 3.

13. Le stazioni appaltanti possono richiedere per le nuove opere nonchè per interventi di recupero, riqualificazione o varianti, prioritariamente per i lavori complessi, l'uso dei metodi e strumenti elettronici specifici di cui al comma 1, lettera *h)*. Tali strumenti utilizzano piattaforme interoperabili a mezzo di formati aperti non proprietari, al fine di non limitare la concorrenza tra i fornitori di tecnologie e il coinvolgimento di specifiche progettualità tra i progettisti. L'uso dei metodi e strumenti elettronici può essere richiesto soltanto dalle stazioni appaltanti dotate di personale adeguatamente formato. Con decreto del Ministero delle infrastrutture e dei trasporti, da adottare entro il 31 luglio 2016, anche avvalendosi di una Commissione appositamente istituita presso il medesimo Ministero, senza oneri aggiuntivi a carico della finanza pubblica sono definiti le modalità e i tempi di progressiva introduzione dell'obbligatorietà dei suddetti metodi presso le stazioni appaltanti, le amministrazioni concedenti e gli operatori economici, valutata in relazione alla tipologia delle opere da affidare e della strategia di digitalizzazione delle amministrazioni pubbliche e del settore delle costruzioni. L'utilizzo di tali metodologie costituisce parametro di valutazione dei requisiti premianti di cui all'articolo 38.

14. La progettazione di servizi e forniture è articolata, di regola, in un unico livello ed è predisposta dalle stazioni appaltanti, di regola, mediante propri dipendenti in servizio. In caso di concorso di progettazione relativa agli appalti, la stazione appaltante può prevedere che la progettazione sia suddivisa in uno o più livelli di approfondimento di cui la stessa stazione appaltante individua requisiti e caratteristiche.

15. Per quanto attiene agli appalti di servizi, il progetto deve contenere: la relazione tecnico - illustrativa del contesto in cui è inserito il servizio; le indicazioni e disposizioni per la stesura dei documenti inerenti alla sicurezza di cui all'articolo 26, comma 3, del decreto legislativo n. 81 del 2008; il calcolo degli importi per l'acquisizione dei servizi, con indicazione degli oneri della sicurezza non soggetti a ribasso; il prospetto economico degli oneri complessivi necessari per l'acquisizione dei servizi; il capitolato speciale descrittivo e prestazionale, comprendente le specifiche tecniche, l'indicazione dei requisiti minimi che le offerte devono comunque garantire e degli aspetti che possono essere oggetto di variante migliorativa e conseguentemente, i criteri premiali da applicare alla valutazione delle offerte in sede di gara, l'indicazione di altre circostanze che potrebbero determinare la modifica delle condizioni negoziali durante il periodo di validità, fermo restando il divieto di modifica sostanziale. Per i servizi di gestione dei patrimoni immobiliari, ivi inclusi quelli di gestione della manutenzione e della sostenibilità energetica, i progetti devono riferirsi anche a quanto previsto dalle pertinenti norme tecniche.

16. Per i contratti relativi a lavori, servizi e forniture, il costo del lavoro è determinato annualmente, in apposite tabelle, dal Ministero del lavoro e delle politiche sociali sulla base dei valori economici definiti dalla contrattazione collettiva nazionale tra le organizzazioni sindacali e le organizzazioni dei datori di lavoro comparativamente più rappresentativi, delle norme in materia previdenziale ed assistenziale, dei diversi settori merceologici e delle differenti aree territoriali. In mancanza di contratto collettivo applicabile, il costo del lavoro è determinato in relazione al contratto collettivo del settore merceologico più vicino a quello preso in considerazione. Per i contratti relativi a lavori il costo dei prodotti, delle at-

trezzature e delle lavorazioni è determinato sulla base dei prezzari regionali aggiornati annualmente. Tali prezzari cessano di avere validità il 31 dicembre di ogni anno e possono essere transitoriamente utilizzati fino al 30 giugno dell'anno successivo, per i progetti a base di gara la cui approvazione sia intervenuta entro tale data. In caso di inadempienza da parte delle Regioni, i prezzari sono aggiornati, entro i successivi trenta giorni, dalle competenti articolazioni territoriali del Ministero delle infrastrutture e dei trasporti sentite le Regioni interessate. Fino all'adozione delle tabelle di cui al presente comma, si applica l'articolo 216, comma 4. Nei contratti di lavori e servizi la stazione appaltante, al fine di determinare l'importo posto a base di gara, individua nei documenti posti a base di gara i costi della manodopera sulla base di quanto previsto nel presente comma. I costi della sicurezza sono scorporati dal costo dell'importo assoggettato al ribasso[10 11].

[1] Lettera così modificata dall'art. 13, D.Lgs. 19 aprile 2017, n. 56. Il testo previgente disponeva: *f) il risparmio e l'efficientamento energetico, nonchè la valutazione del ciclo di vita e della manutenibilità delle opere.*

[2] Comma così modificato dall'art. 13, D.Lgs. 19 aprile 2017, n. 56, che ha sostituito alla fine il segno ";" con il segno ".".

[3] Comma così modificato prima dall'art. 13, D.Lgs. 19 aprile 2017, n. 56, poi dall'art. 1, D.L. 18 aprile 2019, n. 32, convertito in L. 14 giugno 2019, n. 55, a decorrere dal 18 giugno 2019.

Il testo previgente la modifica del 2017 disponeva: *3. Con decreto del Ministro delle infrastrutture e trasporti, su proposta del Consiglio superiore dei lavori pubblici, di concerto con il Ministro dell'ambiente e della tutela del territorio e del mare e del Ministro dei beni e delle attività culturali e del turismo sono definiti i contenuti della progettazione nei tre livelli progettuali. Fino alla data di entrata in vigore di detto decreto, si applica l'articolo 216, comma 4.*

Il testo previgente la modifica del 2019 disponeva: *3. Con decreto del Ministro delle infrastrutture e trasporti, su proposta del Consiglio superiore dei lavori pubblici, di concerto con il Ministro dell'ambiente e della tutela del territorio e del mare e del Ministro dei beni e delle attività culturali e del turismo sono definiti i contenuti della progettazione nei tre livelli progettuali. Con il decreto di cui al primo periodo è, altresì, determinato il contenuto minimo del quadro esigenziale che devono predisporre le stazioni appaltanti. Fino alla data di entrata in vigore di detto decreto, si applica l'articolo 216, comma 4.*

[4] Comma aggiunto dall'art. 13, D.Lgs. 19 aprile 2017, n. 56.

[5] Comma prima modificato dall'art. 13, D.Lgs. 19 aprile 2017, n. 56, poi sostituito dall'art. 1, D.L. 18 aprile 2019, n. 32, convertito in L. 14 giugno 2019, n. 55, a decorrere dal 18 giugno 2019.

Il testo previgente la modifica del 2017 disponeva: *5. Il progetto di fattibilità tecnica ed economica individua, tra più soluzioni, quella che presenta il miglior rapporto tra costi e benefici per la collettività, in relazione alle specifiche esigenze da soddisfare e prestazioni da fornire. Il progetto di fattibilità comprende tutte le indagini e gli studi necessari per la definizione degli aspetti di cui al comma 1, nonchè schemi grafici per l'individuazione delle caratteristiche dimensionali, volumetriche, tipologiche, funzionali e tecnologiche dei lavori da realizzare e le relative stime economiche, ivi compresa la scelta in merito alla possibile suddivisione in lotti funzionali. Il progetto di fattibilità deve consentire, ove necessario, l'avvio della procedura espropriativa.*

Il testo previgente la modifica del 2019 disponeva: *5. Il progetto di fattibilità tecnica ed economica individua, tra più soluzioni, quella che presenta il miglior rapporto tra costi e benefici per la collettività, in relazione alle specifiche esigenze da soddisfare e prestazioni da fornire. Ai soli fini delle attività di programmazione triennale dei lavori pubblici e dell'espletamento delle procedure di dibattito pubblico di cui all'articolo 22 nonchè dei concorsi di progettazione e di idee di cui all'articolo 152, il progetto di fattibilità può essere articolato in due fasi successive di elaborazione. In tutti gli altri casi, il progetto di fattibilità è sempre redatto in un'unica fase di elaborazione. Nel caso di elaborazione in due fasi, nella prima fase il progettista, individua ed analizza le possibili soluzioni progettuali alternative, ove esistenti, sulla base dei principi di cui al comma 1, e redige il documento di fattibilità delle alternative progettuali secondo le modalità indicate dal decreto di cui al comma 3. Nella seconda fase di elaborazione, ovvero nell'unica fase, qualora non sia redatto in due fasi, il progettista incaricato sviluppa, nel rispetto dei contenuti del documento di indirizzo alla progettazione e secondo le modalità indicate dal decreto di cui al comma 3, tutte le indagini e gli studi necessari per la definizione degli aspetti di cui al comma 1, nonchè elaborati grafici per l'individuazione delle caratteristiche dimensionali, volumetriche, tipologiche, funzionali e tecnologiche dei lavori da realizzare e le relative stime economiche, ivi compresa la scelta in merito alla possibile suddivisione in lotti funzionali. Il progetto di fattibilità deve consentire, ove necessario, l'avvio della procedura espropriativa.*

[6] Comma così modificato prima dall'art. 13, D.Lgs. 19 aprile 2017, n. 56, poi dall'art. 1, D.L. 18 aprile 2019, n. 32, convertito in L. 14 giugno 2019, n. 55, a decorrere dal 18 giugno 2019.

Il testo previgente la modifica del 2017 disponeva: *6. Il progetto di fattibilità è redatto sulla base dell'avvenuto svolgimento di indagini geologiche e geognostiche, di verifiche preventive dell'interesse archeologico, di studi preliminari sull'impatto ambientale e evidenzia, con apposito adeguato elaborato cartografico, le aree impegnate, le relative eventuali fasce di rispetto e le occorrenti misure di salvaguardia; indica, inoltre, le caratteristiche prestazionali, le specifiche funzionali, le esigenze di compensazioni e di mitigazione dell'impatto ambientale, nonchè i limiti di spesa dell'infrastruttura da realizzare ad un livello tale da consentire, già in sede di approvazione del progetto medesimo, salvo circostanze imprevedibili, l'individuazione della localizzazione o del tracciato dell'infrastruttura nonchè delle opere compensative o di mitigazione dell'impatto ambientale e sociale necessarie.*

Il testo previgente la modifica del 2019 disponeva: *6. Il progetto di fattibilità è redatto sulla base dell'avvenuto svolgimento di indagini geologiche, idrogeologiche, idrologiche, idrauliche, geotecniche, sismiche, storiche, paesaggistiche ed urbanistiche, di verifiche preventive dell'interesse archeologico, di studi preliminari sull'impatto ambientale e evidenzia, con apposito adeguato elaborato cartografico, le aree impegnate, le relative eventuali fasce di rispetto e le occorrenti misure di salvaguardia; deve, altresì, ricomprendere le valutazioni ovvero le eventuali diagnosi energetiche dell'opera in progetto, con riferimento al contenimento dei consumi energetici e alle eventuali misure per la produzione e il recupero di energia anche con riferimento all'impatto sul piano economico-finanziario dell'opera; indica, inoltre, le caratteristiche prestazionali, le specifiche funzionali, le esigenze di compensazioni e di mitigazione dell'impatto ambientale, nonchè i limiti di spesa, calcolati secondo le modalità indicate dal decreto di cui al comma 3, dell'infrastruttura da realizzare ad un livello tale da consentire, già in sede di approvazione del progetto medesimo, salvo circostanze imprevedibili, l'individuazione della localizzazione o del tracciato dell'infrastruttura nonchè delle opere compensative o di mitigazione dell'impatto ambientale e sociale necessarie.*

[7] Comma così modificato dall'art. 13, D.Lgs. 19 aprile 2017, n. 56. Il testo previgente disponeva: *7. Il progetto definitivo individua compiutamente i lavori da realizzare, nel rispetto delle esigenze, dei criteri, dei vincoli, degli indirizzi e delle indicazioni stabiliti dalla stazione appaltante e, ove presente, dal progetto di fattibilità; il progetto definitivo contiene, altresì, tutti gli elementi necessari ai fini del rilascio delle prescritte autorizzazioni e approvazioni, nonchè la quantificazione definitiva del limite di spesa per la realizzazione e del relativo cronoprogramma, attraverso l'utilizzo, ove esistenti, dei prezzari predisposti dalle regioni e dalle province autonome territorialmente competenti, di concerto con le articolazioni territoriali del Ministero delle infrastrutture e dei trasporti.*

[8] Comma così modificato dall'art. 13, D.Lgs. 19 aprile 2017, n. 56. Il testo previgente disponeva: *11. Gli oneri inerenti alla progettazione, alla direzione dei lavori, alla vigilanza, ai collaudi, agli studi e alle ricerche connessi, alla redazione dei piani di sicurezza e di coordinamento, quando previsti ai sensi del decreto legislativo 9 aprile 2008, n. 81, alle prestazioni professionali e specialistiche, necessari per la redazione di un progetto esecutivo completo in ogni dettaglio, possono essere fatti gravare sulle disponibilità finanziarie della stazione appaltante cui accede la progettazione medesima.*

[9] Comma aggiunto dall'art. 1, D.L. 18 aprile 2019, n. 32, convertito in L. 14 giugno 2019, n. 55, a decorrere dal 18 giugno 2019.

[10] Comma così modificato dall'art. 13, D.Lgs. 19 aprile 2017, n. 56. Il testo previgente disponeva: *16. Per i contratti relativi a lavori, servizi e forniture, il costo del lavoro è determinato annualmente, in apposite tabelle, dal Ministero del lavoro e delle politiche sociali sulla base dei valori economici definiti dalla contrattazione collettiva nazionale tra le organizzazioni sindacali e le organizzazioni dei datori di lavoro comparativamente più rappresentativi, delle norme in materia previdenziale ed assistenziale, dei diversi settori merceologici e delle differenti aree territoriali. In mancanza di contratto collettivo applicabile, il costo del lavoro è determinato in relazione al contratto collettivo del settore merceologico più vicino a quello preso in considerazione. Fino all'adozione delle tabelle di cui al presente comma, si applica l'articolo 216, comma 4.*

[11] V. artt. 93, 94, D.Lgs. 12 aprile 2006, n. 163 (vecchio Codice dei contratti pubblici).

24. *Progettazione interna e esterna alle amministrazioni aggiudicatrici in materia di lavori pubblici.* 1. Le prestazioni relative alla progettazione di fattibilità tecnica ed economica, definitiva ed esecutiva di lavori, al collaudo, al coordinamento della sicurezza della progettazione nonchè alla direzione dei lavori e agli incarichi di supporto tecnico-amministrativo alle attività del responsabile del procedimento e del dirigente competente alla programmazione dei lavori pubblici sono espletate[1]:

a) dagli uffici tecnici delle stazioni appaltanti;

b) dagli uffici consortili di progettazione e di direzione dei lavori che i comuni, i rispettivi consorzi e unioni, le comunità montane, le aziende sanitarie locali, i consorzi, gli enti di industrializzazione e gli enti di bonifica possono costituire;

c) dagli organismi di altre pubbliche amministrazioni di cui le singole stazioni appaltanti possono avvalersi per legge;

d) dai soggetti di cui all'articolo 46.

2. Con il regolamento di cui all'articolo 216, comma 27-*octies*, sono definiti i requisiti che devono possedere i soggetti di cui all'articolo 46, comma 1. Fino alla data di entrata in vigore del regolamento di cui all'articolo 216, comma 27-*octies*, si applica la disposizione transitoria ivi prevista[2].

3. I progetti redatti dai soggetti di cui al comma 1, lettere *a)*, *b)* e *c)*, sono firmati da dipendenti delle amministrazioni abilitati all'esercizio della professione. I pubblici dipendenti che abbiano un rapporto di lavoro a tempo parziale non possono espletare, nell'ambito territoriale dell'ufficio di appartenenza, incarichi professionali per conto di pubbliche amministrazioni di cui all'articolo 1, comma 2, del decreto legislativo 30 marzo 2001, n. 165, e successive modificazioni, se non conseguenti ai rapporti d'impiego.

4. Sono a carico delle stazioni appaltanti le polizze assicurative per la copertura dei rischi di natura professionale a favore dei dipendenti incaricati della progettazione. Nel caso di affidamento della progettazione a soggetti esterni, le polizze sono a carico dei soggetti stessi.

5. Indipendentemente dalla natura giuridica del soggetto affidatario l'incarico è espletato da professionisti iscritti negli appositi albi previsti dai vigenti ordinamenti professionali, personalmente responsabili e nominativamente indicati già in sede di presentazione dell'offerta, con la specificazione delle rispettive qualificazioni professionali. È, inoltre, indicata, sempre nell'offerta, la persona fisica incaricata dell'integrazione tra le varie prestazioni specialistiche. Il regolamento di cui al comma 2 individua anche i criteri per garantire la presenza di giovani professionisti, in forma singola o associata, nei gruppi concorrenti ai bandi relativi a incarichi di progettazione, concorsi di progettazione e di idee, di cui le stazioni appaltanti tengono conto ai fini dell'aggiudicazione. All'atto dell'affidamento dell'incarico, i soggetti incaricati devono dimostrare di non trovarsi nelle condizioni di cui all'articolo 80 nonchè il possesso dei requisiti e delle capacità di cui all'articolo 83, comma 1[3].

6. Ove un servizio complesso sia costituito dalla somma di diversi servizi, di cui alcuni riservati ad iscritti ad albi di ordini e collegi, il bando di gara o l'invito richiede esplicitamente che sia indicato il responsabile di quella parte del servizio. Tale soggetto deve possedere i requisiti previsti nel caso in cui il servizio sia messo in gara separatamente.

7. Fermo restando quanto previsto dall'articolo 59, comma 1, quarto periodo, gli affidatari di incari-

chi di progettazione per progetti posti a base di gara non possono essere affidatari degli appalti, nonchè degli eventuali subappalti o cottimi, per i quali abbiano svolto la suddetta attività di progettazione. Ai medesimi appalti, subappalti e cottimi non può partecipare un soggetto controllato, controllante o collegato all'affidatario di incarichi di progettazione. Le situazioni di controllo e di collegamento si determinano con riferimento a quanto previsto dall'articolo 2359 del codice civile. I divieti di cui al presente comma sono estesi ai dipendenti dell'affidatario dell'incarico di progettazione, ai suoi collaboratori nello svolgimento dell'incarico e ai loro dipendenti, nonchè agli affidatari di attività di supporto alla progettazione e ai loro dipendenti. Tali divieti non si applicano laddove i soggetti ivi indicati dimostrino che l'esperienza acquisita nell'espletamento degli incarichi di progettazione non è tale da determinare un vantaggio che possa falsare la concorrenza con gli altri operatori[4].

8. Il Ministro della giustizia, di concerto con il Ministro delle infrastrutture e dei trasporti, approva, con proprio decreto, da emanare entro e non oltre sessanta giorni dalla data di entrata in vigore del presente codice, le tabelle dei corrispettivi commisurati al livello qualitativo delle prestazioni e delle attività di cui al presente articolo e all'articolo 31, comma 8. I predetti corrispettivi sono utilizzati dalle stazioni appaltanti quale criterio o base di riferimento ai fini dell'individuazione dell'importo da porre a base di gara dell'affidamento. Fino alla data di entrata in vigore del decreto di cui al presente comma, si applica l'articolo 216, comma 6[5].

8-*bis*. Le stazioni appaltanti non possono subordinare la corresponsione dei compensi relativi allo svolgimento della progettazione e delle attività tecnico-amministrative ad essa connesse all'ottenimento del finanziamento dell'opera progettata. Nella convenzione stipulata con il soggetto affidatario sono previste le condizioni e le modalità per il pagamento dei corrispettivi con riferimento a quanto previsto dagli articoli 9 e 10 della legge 2 marzo 1949, n. 143, e successive modificazioni[6].

8-*ter*. Nei contratti aventi ad oggetto servizi di ingegneria e architettura la stazione appaltante non può prevedere quale corrispettivo forme di sponsorizzazione o di rimborso, ad eccezione dei contratti relativi ai beni culturali, secondo quanto previsto dall'articolo 151[6 7].

[1] Alinea così modificato dall'art. 14, D.Lgs. 19 aprile 2017, n. 56. Il testo previgente disponeva: *1. Le prestazioni relative alla progettazione di fattibilità tecnica ed economica, definitiva ed esecutiva di lavori, nonchè alla direzione dei lavori e agli incarichi di supporto tecnico-amministrativo alle attività del responsabile del procedimento e del dirigente competente alla programmazione dei lavori pubblici sono espletate.*

[2] Comma così modificato dall'art. 1, D.L. 18 aprile 2019, n. 32, convertito in L. 14 giugno 2019, n. 55, a decorrere dal 18 giugno 2019. Il testo previgente disponeva: *2. Con decreto del Ministro delle infrastrutture e dei trasporti, da adottare entro novanta giorni dalla data di entrata in vigore del presente codice, sentita l'ANAC, sono definiti i requisiti che devono possedere i soggetti di cui all'articolo 46, comma 1. Fino alla data di entrata in vigore di detto decreto, si applica l'articolo 216, comma 5.*

V. D.M. 2 dicembre 2016, n. 263 (Regolamento recante definizione dei requisiti che devono possedere gli operatori economici per l'affidamento dei servizi di architettura e ingegneria e individuazione dei criteri per garantire la presenza di giovani professionisti, in forma singola o associata, nei gruppi concorrenti ai bandi relativi a incarichi di progettazione, concorsi di progettazione e di idee, ai sensi dell'articolo 24, commi 2 e 5 del decreto legislativo 18 aprile 2016, n. 50).

[3] Comma così modificato dall'art. 1, D.L. 18 aprile 2019, n. 32, convertito in L. 14 giugno 2019, n. 55, a decorrere dal 18 giugno 2019. Il testo previgente disponeva: *5. Indipendentemente dalla natura giuridica del soggetto affidatario l'incarico è espletato da professionisti iscritti negli appositi albi previsti dai vigenti ordinamenti professionali, personalmente responsabili e nominativamente indicati già in sede di presentazione dell'offerta, con la specificazione delle rispettive qualificazioni professionali. È, inoltre, indicata, sempre nell'offerta, la persona fisica incaricata dell'integrazione tra le varie prestazioni specialistiche. Il decreto di cui al comma 2 individua anche i criteri per garantire la presenza di giovani professionisti, in forma singola o associata, nei gruppi concorrenti ai bandi relativi a incarichi di progettazione, concorsi di progettazione e di idee, di cui le stazioni appaltanti tengono conto ai fini dell'aggiudicazione. All'atto dell'affidamento dell'incarico, i soggetti incaricati devono dimostrare di non trovarsi nelle condizioni di cui all'articolo 80 nonchè il possesso dei requisiti e delle capacità di cui all'articolo 83, comma 1.*

[4] Comma così modificato prima dall'art. 14, D.Lgs. 19 aprile 2017, n. 56, poi dall'art. 1, D.L. 18 aprile 2019, n. 32, convertito in L. 14 giugno 2019, n. 55, a decorrere dal 18 giugno 2019.

Il testo previgente la modifica del 2017 disponeva: *7. Gli affidatari di incarichi di progettazione non possono essere affidatari degli appalti o delle concessioni di lavori pubblici, nonchè degli eventuali subappalti o cottimi, per i quali abbiano svolto la suddetta attività di progettazione. Ai medesimi appalti, concessioni di lavori pubblici, subappalti e cottimi non può partecipare un soggetto controllato, controllante o collegato all'affidatario di incarichi di progettazione. Le situazioni di controllo e di collegamento si determinano con riferimento a quanto previsto dall'articolo 2359 del codice civile. I divieti di cui al presente comma sono estesi ai dipendenti dell'affidatario dell'incarico di progettazione, ai suoi collaboratori nello svolgimento dell'incarico e ai loro dipendenti, nonchè agli affidatari di attività di supporto alla progettazione e ai loro dipendenti. Tali divieti non si applicano laddove i soggetti ivi indicati dimostrino che l'esperienza acquisita nell'espletamento degli incarichi di progettazione non è tale da determinare un vantaggio che possa falsare la concorrenza con gli altri operatori.*

Il testo previgente la modifica del 2019 disponeva: *7. Fermo restando quanto previsto dall'articolo 59, comma 1, quarto periodo, gli affidatari di incarichi di progettazione per progetti posti a base di gara non possono essere affidatari degli appalti o delle concessioni di lavori pubblici, nonchè degli eventuali subappalti o cottimi, per i quali abbiano svolto la suddetta attività di progettazione. Ai medesimi appalti, concessioni di lavori pubblici, subappalti e cottimi non può partecipare un soggetto controllato, controllante o collegato all'affidatario di incarichi di progettazione. Le situazioni di controllo e di colle-*

gamento si determinano con riferimento a quanto previsto dall'articolo 2359 del codice civile. I divieti di cui al presente comma sono estesi ai dipendenti dell'affidatario dell'incarico di progettazione, ai suoi collaboratori nello svolgimento dell'incarico e ai loro dipendenti, nonchè agli affidatari di attività di supporto alla progettazione e ai loro dipendenti. Tali divieti non si applicano laddove i soggetti ivi indicati dimostrino che l'esperienza acquisita nell'espletamento degli incarichi di progettazione non è tale da determinare un vantaggio che possa falsare la concorrenza con gli altri operatori.

[5] Comma così modificato dall'art. 14, D.Lgs. 19 aprile 2017, n. 56. Il testo previgente disponeva: *8. Il Ministro della giustizia, di concerto con il Ministro delle infrastrutture e dei trasporti, approva, con proprio decreto, da emanare entro e non oltre sessanta giorni dalla data di entrata in vigore del presente codice, le tabelle dei corrispettivi commisurati al livello qualitativo delle prestazioni e delle attività di cui al presente articolo e all'articolo 31, comma 8. I predetti corrispettivi possono essere utilizzati dalle stazioni appaltanti, ove motivatamente ritenuti adeguati quale criterio o base di riferimento ai fini dell'individuazione dell'importo dell'affidamento. Fino alla data di entrata in vigore del decreto di cui al presente comma, si applica l'articolo 216, comma 6.*

V. D.M. 17 giugno 2016 (Approvazione delle tabelle dei corrispettivi commisurati al livello qualitativo delle prestazioni di progettazione adottato ai sensi dell'articolo 24, comma 8, del decreto legislativo n. 50 del 2016).

[6] Comma aggiunto dall'art. 14, D.Lgs. 19 aprile 2017, n. 56.

[7] V. art. 90, D.Lgs. 12 aprile 2006, n. 163 (vecchio Codice dei contratti pubblici).

25. *Verifica preventiva dell'interesse archeologico.* 1. Ai fini dell'applicazione dell'articolo 28, comma 4, del codice dei beni culturali e del paesaggio di cui al decreto legislativo 22 gennaio 2004, n. 42, per le opere sottoposte all'applicazione delle disposizioni del presente codice, le stazioni appaltanti trasmettono al soprintendente territorialmente competente, prima dell'approvazione, copia del progetto di fattibilità dell'intervento o di uno stralcio di esso sufficiente ai fini archeologici, ivi compresi gli esiti delle indagini geologiche e archeologiche preliminari, con particolare attenzione ai dati di archivio e bibliografici reperibili, all'esito delle ricognizioni volte all'osservazione dei terreni, alla lettura della geomorfologia del territorio, nonchè, per le opere a rete, alle fotointerpretazioni. Le stazioni appaltanti raccolgono ed elaborano tale documentazione mediante i dipartimenti archeologici delle università, ovvero mediante i soggetti in possesso di diploma di laurea e specializzazione in archeologia o di dottorato di ricerca in archeologia. La trasmissione della documentazione suindicata non è richiesta per gli interventi che non comportino nuova edificazione o scavi a quote diverse da quelle già impegnate dai manufatti esistenti.

2. Presso il Ministero dei beni e delle attività culturali e del turismo è istituito un apposito elenco, reso accessibile a tutti gli interessati, degli istituti archeologici universitari e dei soggetti in possesso della necessaria qualificazione. Con decreto del Ministro dei beni e delle attività culturali e del turismo, sentita una rappresentanza dei dipartimenti archeologici universitari, si provvede a disciplinare i criteri per la tenuta di detto elenco, comunque prevedendo modalità di partecipazione di tutti i soggetti interessati. Fino alla data di entrata in vigore di detto decreto, si applica l'articolo 216, comma 7.

3. Il soprintendente, qualora sulla base degli elementi trasmessi e delle ulteriori informazioni disponibili, ravvisi l'esistenza di un interesse archeologico nelle aree oggetto di progettazione, può richiedere motivatamente, entro il termine di trenta giorni dal ricevimento del progetto di fattibilità ovvero dello stralcio di cui al comma 1, la sottoposizione dell'intervento alla procedura prevista dai commi 8 e seguenti. Per i progetti di grandi opere infrastrutturali o a rete il termine della richiesta per la procedura di verifica preventiva dell'interesse archeologico è stabilito in sessanta giorni.

4. In caso di incompletezza della documentazione trasmessa o di esigenza di approfondimenti istruttori, il soprintendente, con modalità anche informatiche, richiede integrazioni documentali o convoca il responsabile unico del procedimento per acquisire le necessarie informazioni integrative. La richiesta di integrazioni e informazioni sospende il termine di cui al comma 3, fino alla presentazione delle stesse.

5. Avverso la richiesta di cui al comma 3 è esperibile il ricorso amministrativo di cui all'articolo 16 del codice dei beni culturali e del paesaggio.

6. Ove il soprintendente non richieda l'attivazione della procedura di cui ai commi 8 e seguenti nel termine di cui al comma 3, ovvero tale procedura si concluda con esito negativo, l'esecuzione di saggi archeologici è possibile solo in caso di successiva acquisizione di nuove informazioni o di emersione, nel corso dei lavori, di nuovi elementi archeologicamente rilevanti, che inducano a ritenere probabile la sussistenza in sito di reperti archeologici. In tale evenienza il Ministero dei beni e delle attività culturali e del turismo procede, contestualmente, alla richiesta di saggi preventivi, alla comunicazione di avvio del procedimento di verifica o di dichiarazione dell'interesse culturale ai sensi degli articoli 12 e 13 del codice dei beni culturali e del paesaggio.

7. I commi da 1 a 6 non si applicano alle aree archeologiche e ai parchi archeologici di cui all'articolo 101 del codice dei beni culturali e del paesaggio, per i quali restano fermi i poteri autorizzatori e cautelari ivi previsti, compresa la facoltà di prescrivere l'esecuzione, a spese del committente dell'opera pubblica, di saggi archeologici. Restano altresì fermi i poteri previsti dall'articolo 28, comma 2, del codice dei beni culturali e del paesaggio, nonchè i poteri autorizzatori e cautelari previsti per le zone di

interesse archeologico, di cui all'articolo 142, comma 1, lettera *m)*, del medesimo codice.

8. La procedura di verifica preventiva dell'interesse archeologico si articola in fasi costituenti livelli progressivi di approfondimento dell'indagine archeologica. L'esecuzione della fase successiva dell'indagine è subordinata all'emersione di elementi archeologicamente significativi all'esito della fase precedente. La procedura di verifica preventiva dell'interesse archeologico consiste nel compimento delle seguenti indagini e nella redazione dei documenti integrativi del progetto di fattibilità[1]:

a) esecuzione di carotaggi;

b) prospezioni geofisiche e geochimiche;

c) saggi archeologici e, ove necessario, esecuzione di sondaggi e di scavi, anche in estensione tali da assicurare una sufficiente campionatura dell'area interessata dai lavori.

9. La procedura si conclude in un termine predeterminato dal soprintendente in relazione all'estensione dell'area interessata, con la redazione della relazione archeologica definitiva, approvata dal soprintendente di settore territorialmente competente. La relazione contiene una descrizione analitica delle indagini eseguite, con i relativi esiti di seguito elencati, e detta le conseguenti prescrizioni:

a) contesti in cui lo scavo stratigrafico esaurisce direttamente l'esigenza di tutela;

b) contesti che non evidenziano reperti leggibili come complesso strutturale unitario, con scarso livello di conservazione per i quali sono possibili interventi di reinterro, smontaggio, rimontaggio e musealizzazione, in altra sede rispetto a quella di rinvenimento;

c) complessi la cui conservazione non può essere altrimenti assicurata che in forma contestualizzata mediante l'integrale mantenimento in sito.

10. Per l'esecuzione dei saggi e degli scavi archeologici nell'ambito della procedura di cui al presente articolo, il responsabile unico del procedimento può motivatamente ridurre, previo accordo con la soprintendenza archeologica territorialmente competente, i livelli di progettazione, nonchè i contenuti della progettazione, in particolare in relazione ai dati, agli elaborati e ai documenti progettuali già comunque acquisiti agli atti del procedimento.

11. Nelle ipotesi di cui al comma 9, lettera *a)*, la procedura di verifica preventiva dell'interesse archeologico si considera chiusa con esito negativo e accertata l'insussistenza dell'interesse archeologico nell'area interessata dai lavori. Nelle ipotesi di cui al comma 9, lettera *b)*, la soprintendenza determina le misure necessarie ad assicurare la conoscenza, la conservazione e la protezione dei rinvenimenti archeologicamente rilevanti, salve le misure di tutela eventualmente da adottare ai sensi del codice dei beni culturali e del paesaggio, relativamente a singoli rinvenimenti o al loro contesto. Nel caso di cui al comma 9, lettera *c)*, le prescrizioni sono incluse nei provvedimenti di assoggettamento a tutela dell'area interessata dai rinvenimenti e il Ministero dei beni e delle attività culturali e del turismo avvia il procedimento di dichiarazione di cui agli articoli 12 e 13 del predetto codice dei beni culturali e del paesaggio.

12. La procedura di verifica preventiva dell'interesse archeologico è condotta sotto la direzione della soprintendenza archeologica territorialmente competente. Gli oneri sono a carico della stazione appaltante.

13. Con decreto del Presidente del Consiglio dei Ministri, su proposta del Ministro dei beni e delle attività culturali e del turismo, di concerto con il Ministro delle infrastrutture e dei trasporti, entro il 31 dicembre 2017, sono adottate linee guida finalizzate ad assicurare speditezza, efficienza ed efficacia alla procedura di cui al presente articolo. Con il medesimo decreto sono individuati procedimenti semplificati, con termini certi, che garantiscano la tutela del patrimonio archeologico tenendo conto dell'interesse pubblico sotteso alla realizzazione dell'opera[2].

14. Per gli interventi soggetti alla procedura di cui al presente articolo, il soprintendente, entro trenta giorni dalla richiesta di cui al comma 3, stipula un apposito accordo con la stazione appaltante per disciplinare le forme di coordinamento e di collaborazione con il responsabile del procedimento e con gli uffici della stazione appaltante. Nell'accordo le amministrazioni possono graduare la complessità della procedura di cui al presente articolo, in ragione della tipologia e dell'entità dei lavori da eseguire, anche riducendole fasi e i contenuti del procedimento. L'accordo disciplina, altresì, le forme di documentazione e di divulgazione dei risultati dell'indagine, mediante l'informatizzazione dei dati raccolti, la produzione di edizioni scientifiche e didattiche, eventuali ricostruzioni virtuali volte alla comprensione funzionale dei complessi antichi, eventuali mostre ed esposizioni finalizzate alla diffusione e alla pubblicizzazione delle indagini svolte.

15. Le stazioni appaltanti, in caso di rilevanti insediamenti produttivi, opere di rilevante impatto per il territorio o di avvio di attività imprenditoriali suscettibili di produrre positivi effetti sull'economia o sull'occupazione, già inseriti nel programma triennale di cui all'articolo 21, possono ricorrere alla procedura di cui al regolamento adottato in attuazione dell'articolo 4 della legge 7 agosto 2015, n. 124, in caso di ritenuta eccessiva durata del procedimento di cui ai commi 8 e seguenti o quando non siano rispettati i termini fissati nell'accordo di cui al comma 14[3].

16. Le Regioni e le Province autonome di Trento e Bolzano disciplinano la procedura di verifica pre-

ventiva dell'interesse archeologico per le opere di loro competenza sulla base di quanto disposto dal presente articolo[4].

[1] Alinea così modificato dall'art. 15, D.Lgs. 19 aprile 2017, n. 56. Il testo previgente disponeva: *La procedura di verifica preventiva dell'interesse archeologico si articola in due fasi costituenti livelli progressivi di approfondimento dell'indagine archeologica. L'esecuzione della fase successiva dell'indagine è subordinata all'emersione di elementi archeologicamente significativi all'esito della fase precedente. La procedura di verifica preventiva dell'interesse archeologico consiste nel compimento delle seguenti indagini e nella redazione dei documenti integrativi del progetto di fattibilità.*

[2] Comma così sostituito dall'art. 15, D.Lgs. 19 aprile 2017, n. 56. Il testo previgente disponeva: *13. Con decreto del Presidente del Consiglio dei ministri, su proposta del Ministro dei beni e delle attività culturali e del turismo, di concerto con il Ministro per la semplificazione e la pubblica amministrazione e il Ministro delle infrastrutture e dei trasporti, da emanare entro novanta giorni dalla data di entrata in vigore del presente codice, sono individuati procedimenti semplificati, con termini certi che garantiscano la tutela del patrimonio archeologico tenendo conto dell'interesse pubblico sotteso alla realizzazione dell'opera.*

[3] Comma così sostituito dall'art. 15, D.Lgs. 19 aprile 2017, n. 56. Il testo previgente disponeva: *15. Le stazioni appaltanti possono ricorrere alla procedura di cui al regolamento di attuazione dell'articolo 4 della legge 7 agosto 2015, n. 124, in caso di ritenuta eccessiva durata del procedimento di cui ai commi 8 e seguenti.*

[4] V. artt. 95, 96, D.Lgs. 12 aprile 2006, n. 163 (vecchio Codice dei contratti pubblici).

26. *Verifica preventiva della progettazione.* 1. La stazione appaltante, nei contratti relativi ai lavori, verifica la rispondenza degli elaborati progettuali ai documenti di cui all'articolo 23, nonchè la loro conformità alla normativa vigente[1].

2. La verifica di cui al comma 1 ha luogo prima dell'inizio delle procedure di affidamento; nei casi in cui è consentito l'affidamento congiunto di progettazione ed esecuzione, la verifica della progettazione redatta dall'aggiudicatario ha luogo prima dell'inizio dei lavori[2].

3. Al fine di accertare l'unità progettuale, i soggetti di cui al comma 6, prima dell'approvazione e in contraddittorio con il progettista, verificano la conformità del progetto esecutivo o definitivo rispettivamente, al progetto definitivo o al progetto di fattibilità. Al contraddittorio partecipa anche il progettista autore del progetto posto a base della gara, che si esprime in ordine a tale conformità.

4. La verifica accerta in particolare:

a) la completezza della progettazione;

b) la coerenza e completezza del quadro economico in tutti i suoi aspetti;

c) l'appaltabilità della soluzione progettuale prescelta;

d) presupposti per la durabilità dell'opera nel tempo;

e) la minimizzazione dei rischi di introduzione di varianti e di contenzioso;

f) la possibilità di ultimazione dell'opera entro i termini previsti;

g) la sicurezza delle maestranze e degli utilizzatori;

h) l'adeguatezza dei prezzi unitari utilizzati;

i) la manutenibilità delle opere, ove richiesta.

5. Gli oneri derivanti dall'accertamento della rispondenza agli elaborati progettuali sono ricompresi nelle risorse stanziate per la realizzazione delle opere.

6. L'attività di verifica è effettuata dai seguenti soggetti:

a) per i lavori di importo pari o superiore a venti milioni di euro, da organismi di controllo accreditati ai sensi della norma europea UNI CEI EN ISO/IEC 17020;

b) per i lavori di importo inferiore a venti milioni di euro e fino alla soglia di cui all'articolo 35, dai soggetti di cui alla lettera *a)* e di cui all'articolo 46, comma 1, che dispongano di un sistema interno di controllo di qualità ovvero dalla stazione appaltante nel caso in cui disponga di un sistema interno di controllo di qualità[3];

c) per i lavori di importo inferiore alla soglia di cui all'articolo 35 e fino a un milione di euro, la verifica può essere effettuata dagli uffici tecnici delle stazioni appaltanti ove il progetto sia stato redatto da progettisti esterni o le stesse stazioni appaltanti dispongano di un sistema interno di controllo di qualità ove il progetto sia stato redatto da progettisti interni;

d) per i lavori di importo inferiore a un milione di euro, la verifica è effettuata dal responsabile unico del procedimento, anche avvalendosi della struttura di cui all'articolo 31, comma 9.

7. Lo svolgimento dell'attività di verifica è incompatibile con lo svolgimento, per il medesimo progetto, dell'attività di progettazione, del coordinamento della sicurezza della stessa, della direzione lavori e del collaudo.

8. La validazione del progetto posto a base di gara è l'atto formale che riporta gli esiti della verifica. La validazione è sottoscritta dal responsabile del procedimento e fa preciso riferimento al rapporto conclusivo del soggetto preposto alla verifica ed alle eventuali controdeduzioni del progettista. Il bando e la lettera di invito per l'affidamento dei lavori devono contenere gli estremi dell'avvenuta validazione del progetto posto a base di gara[4].

8-*bis*. Nei casi di contratti aventi ad oggetto la progettazione e l'esecuzione dei lavori, il progetto esecutivo ed eventualmente il progetto definitivo presentati dall'affidatario sono soggetti, prima dell'approvazione di ciascun livello di progettazione, all'attività di verifica[5 6].

[1] Comma così sostituito dall'art. 16, D.Lgs. 19 aprile 2017, n. 56. Il testo previgente disponeva: *1. La stazione appaltante, nei contratti relativi a lavori, verifica la conformità degli elaborati e la loro conformità alla normativa vigente.*

[2] Comma così modificato dall'art. 16, D.Lgs. 19 aprile 2017, n. 56. Il testo previgente disponeva: *2. La verifica di cui al comma 1 ha luogo prima dell'inizio delle procedure di affidamento.*

[3] Lettera così modificata dall'art. 1, D.L. 18 aprile 2019, n. 32, convertito in L. 14 giugno 2019, n. 55, a decorrere dal 18 giugno 2019. Il testo previgente disponeva: *b) per i lavori di importo inferiore a venti milioni di euro e fino alla soglia di cui all'articolo 35, dai soggetti di cui alla lettera a) e di cui all'articolo 46, comma 1, che dispongano di un sistema interno di controllo di qualità.*

[4] Comma così modificato dall'art. 16, D.Lgs. 19 aprile 2017, n. 56. Il testo previgente disponeva: *8. La validazione del progetto posto a base di gara è l'atto formale che riporta gli esiti della verifica. La validazione è sottoscritta dal responsabile del procedimento e fa preciso riferimento al rapporto conclusivo del soggetto preposto alla verifica ed alle eventuali controdeduzioni del progettista.*

[5] Comma aggiunto dall'art. 16, D.Lgs. 19 aprile 2017, n. 56.

[6] V. art. 112, D.Lgs. 12 aprile 2006, n. 163 (vecchio Codice dei contratti pubblici).

27. *Procedure di approvazione dei progetti relativi ai lavori.* 1. L'approvazione dei progetti da parte delle amministrazioni viene effettuata in conformità alla legge 7 agosto 1990, n. 241, e successive modificazioni, e alle disposizioni statali e regionali che regolano la materia. Si applicano le disposizioni in materia di conferenza di servizi dettate dagli articoli 14-*bis* e seguenti della citata legge n. 241 del 1990[1].

1-*bis*. Nei casi di appalti conseguenti al ritiro, alla revoca o all'annullamento di un precedente appalto, basati su progetti per i quali risultino scaduti i pareri, le autorizzazioni e le intese acquisiti, ma non siano intervenute variazioni nel progetto e in materia di regolamentazione ambientale, paesaggistica e antisismica nè in materia di disciplina urbanistica, restano confermati, per un periodo comunque non superiore a cinque anni, i citati predetti pareri, le autorizzazioni e le intese già resi dalle diverse amministrazioni. L'assenza delle variazioni di cui al primo periodo deve essere oggetto di specifica valutazione e attestazione da parte del RUP. Restano escluse le ipotesi in cui il ritiro, la revoca o l'annullamento del precedente appalto siano dipesi da vizi o circostanze comunque inerenti i pareri, le autorizzazioni o le intese di cui al primo periodo[2].

2. Le amministrazioni aggiudicatrici e gli enti aggiudicatori possono sottoporre al procedimento di approvazione dei progetti un livello progettuale di maggior dettaglio, al fine di ottenere anche le approvazioni proprie delle precedenti fasi progettuali eventualmente non effettuate. La dichiarazione di pubblica utilità di cui agli articoli 12 e seguenti del decreto del Presidente della Repubblica 8 giugno 2001 n. 327, e successive modificazioni, può essere disposta anche quando l'autorità espropriante approva a tal fine il progetto esecutivo dell'opera pubblica o di pubblica utilità.

3. In sede di conferenza dei servizi di cui all'articolo 14-*bis* della legge n. 241 del 1990 sul progetto di fattibilità, con esclusione dei lavori di manutenzione ordinaria, tutte le amministrazioni e i soggetti invitati, ivi compresi gli enti gestori di servizi pubblici a rete per i quali possono riscontrarsi interferenze con il progetto, sono obbligati a pronunciarsi sulla localizzazione e sul tracciato dell'opera, anche presentando proposte modificative, nonchè a comunicare l'eventuale necessità di opere mitigatrici e compensative dell'impatto. In tale fase, gli enti gestori di servizi pubblici a rete forniscono, contestualmente al proprio parere, il cronoprogramma di risoluzione delle interferenze. Salvo circostanze imprevedibili, le conclusioni adottate dalla conferenza in merito alla localizzazione o al tracciato, nonchè al progetto di risoluzione delle interferenze e alle opere mitigatrici e compensative, ferma restando la procedura per il dissenso di cui all'articolo 14-*bis*, comma 3-*bis* e all'articolo 14-*quater*, comma 3 della predetta legge n. 241 del 1990, non possono essere modificate in sede di approvazione dei successivi livelli progettuali, a meno del ritiro e della ripresentazione di un nuovo progetto di fattibilità[3].

4. In relazione al procedimento di approvazione del progetto di fattibilità di cui al comma 3, gli enti gestori delle interferenze già note o prevedibili hanno l'obbligo di verificare e segnalare al soggetto aggiudicatore la sussistenza di interferenze non rilevate con il sedime della infrastruttura o dell'insediamento produttivo e di elaborare, a spese del soggetto aggiudicatore, il progetto di risoluzione delle interferenze di propria competenza. Il soggetto aggiudicatore sottopone a verifica preventiva di congruità i costi di progettazione per la risoluzione delle interferenze indicate dall'ente gestore. La violazione di tali obblighi che sia stata causa di ritardato avvio o anomalo andamento dei lavori comporta per l'ente gestore responsabilità patrimoniale per i danni subiti dal soggetto aggiudicatore[4].

5. Il progetto definitivo è corredato dalla indicazione delle interferenze, anche non rilevate ai sensi del comma 4, individuate dal soggetto aggiudicatore e, in mancanza, indicate dagli enti gestori nel termine di sessanta giorni dal ricevimento del progetto, nonchè dal programma degli spostamenti e attraversamenti e di quant'altro necessario alla risoluzione delle interferenze[5].

6. Gli enti gestori di reti o opere destinate al pubblico servizio devono rispettare il programma di risoluzione delle interferenze di cui al comma 5 approvato unitamente al progetto definitivo, anche indipendentemente dalla stipula di eventuali convenzioni regolanti la risoluzione delle interferenze, sempre che il soggetto aggiudicatore si impegni a mettere a disposizione in via anticipata le risorse occor-

renti. Il mancato rispetto del suddetto programma di risoluzione delle interferenze, che sia stato causa di ritardato avvio o anomalo andamento dei lavori, comporta per l'ente gestore responsabilità patrimoniale per i danni subiti dal soggetto aggiudicatore[6].

7. Restano ferme le disposizioni vigenti che stabiliscono gli effetti dell'approvazione dei progetti ai fini urbanistici ed espropriativi, nonchè l'applicazione della vigente disciplina in materia di valutazione di impatto ambientale[7].

[1] Comma così modificato dall'art. 17, D.Lgs. 19 aprile 2017, n. 56. Il testo previgente disponeva: *1. L'approvazione dei progetti da parte delle amministrazioni viene effettuata in conformità alle norme dettate dalla legge 7 agosto 1990, n. 241, e successive modificazioni, e alle disposizioni statali e regionali che regolano la materia. Si applicano le disposizioni in materia di conferenza di servizi dettate dagli articoli 14-bis e seguenti della citata legge n. 241 del 1990.*

[2] Comma aggiunto dall'art. 17, D.Lgs. 19 aprile 2017, n. 56.

[3] Comma così modificato dall'art. 17, D.Lgs. 19 aprile 2017, n. 56. Il testo previgente disponeva: *3. In sede di conferenza dei servizi di cui all'articolo 14-bis della legge n. 241 del 1990 sul progetto di fattibilità, con esclusione dei lavori di manutenzione ordinaria, tutte le amministrazioni e i soggetti invitati, ivi compresi gli enti gestori di servizi pubblici a rete per i quali possono riscontrarsi interferenze con il progetto, sono obbligati a pronunciarsi sulla localizzazione e sul tracciato dell'opera, anche presentando proposte modificative, nonchè a comunicare l'eventuale necessità di opere mitigatrici e compensative dell'impatto. Salvo circostanze imprevedibili, le conclusioni adottate dalla conferenza in merito alla localizzazione o al tracciato e alle opere mitigatrici e compensative, ferma restando la procedura per il dissenso di cui all'articolo 14-bis, comma 3-bis e all'articolo 14-quater, comma 3 della predetta legge n. 241 del 1990, non possono essere modificate in sede di approvazione dei successivi livelli progettuali, a meno del ritiro e della ripresentazione di un nuovo progetto di fattibilità.*

[4] Comma così modificato dall'art. 17, D.Lgs. 19 aprile 2017, n. 56. Il testo previgente disponeva: *4. In relazione al procedimento di approvazione del progetto di fattibilità di cui al comma 3, gli enti gestori delle interferenze già note o prevedibili hanno l'obbligo di verificare e segnalare al soggetto aggiudicatore la sussistenza di interferenze non rilevate con il sedime della infrastruttura o dell'insediamento produttivo, di collaborare con il soggetto aggiudicatore per lo sviluppo del progetto delle opere pertinenti le interferenze rilevate e di dare corso, a spese del soggetto aggiudicatore, alle attività progettuali di propria competenza. La violazione dell'obbligo di collaborazione che sia stata causa di ritardato avvio o anomalo andamento dei lavori comporta per l'ente gestore responsabilità patrimoniale per i danni subiti dal soggetto aggiudicatore.*

[5] Comma così modificato dall'art. 17, D.Lgs. 19 aprile 2017, n. 56. Il testo previgente disponeva: *5. Il progetto definitivo è corredato dalla indicazione delle interferenze, rilevate dal soggetto aggiudicatore e, in mancanza, indicate dagli enti gestori nel termine di sessanta giorni dal ricevimento del progetto, nonchè dal programma degli spostamenti e attraversamenti e di quant'altro necessario alla risoluzione delle interferenze.*

[6] Comma così modificato dall'art. 17, D.Lgs. 19 aprile 2017, n. 56. Il testo previgente disponeva: *6. Gli enti gestori di reti o opere destinate al pubblico servizio devono rispettare il programma di risoluzione delle interferenze di cui al comma 5 approvato unitamente al progetto definitivo, anche indipendentemente dalla stipula di eventuali convenzioni regolanti la risoluzione delle interferenze, sempre che il soggetto aggiudicatore si impegni a mettere a disposizione in via anticipata le risorse occorrenti.*

[7] V. artt. 97, 98, D.Lgs. 12 aprile 2006, n. 163 (vecchio Codice dei contratti pubblici).

TITOLO IV
MODALITÀ DI AFFIDAMENTO - PRINCIPI COMUNI

28. *Contratti misti di appalto.* 1. I contratti, nei settori ordinari o nei settori speciali, o le concessioni, che hanno in ciascun rispettivo ambito, ad oggetto due o più tipi di prestazioni, sono aggiudicati secondo le disposizioni applicabili al tipo di appalto che caratterizza l'oggetto principale del contratto in questione. Nel caso di contratti misti, che consistono in parte in servizi ai sensi della parte II, titolo VI, capo II, e in parte in altri servizi, oppure in contratti misti comprendenti in parte servizi e in parte forniture, l'oggetto principale è determinato in base al valore stimato più elevato tra quelli dei rispettivi servizi o forniture. L'operatore economico che concorre alla procedura di affidamento di un contratto misto deve possedere i requisiti di qualificazione e capacità prescritti dal presente codice per ciascuna prestazione di lavori, servizi, forniture prevista dal contratto.

2. Ai contratti misti, nei settori ordinari e nei settori speciali, aventi per oggetto gli appalti contemplati nel presente codice e in altri regimi giuridici, si applicano i commi da 3 a 8.

3. Se le diverse parti di un determinato contratto sono oggettivamente separabili, si applicano i commi 5, 6 e 7. Se le diverse parti di un determinato contratto sono oggettivamente non separabili, si applica il comma 9.

4. Se una parte di un determinato contratto è disciplinata dall'articolo 346 del Trattato sul funzionamento dell'Unione europea o dal decreto legislativo 15 novembre 2011, n. 208, si applica l'articolo 160.

5. Nel caso di contratti aventi ad oggetto appalti disciplinati dal presente codice nonchè appalti che non rientrano nell'ambito di applicazione del medesimo codice, le amministrazioni aggiudicatrici o gli enti aggiudicatori possono scegliere di aggiudicare appalti distinti per le parti distinte o di aggiudicare un appalto unico. Se le amministrazioni aggiudicatrici o gli enti aggiudicatori scelgono di aggiudicare appalti distinti per le parti distinte, la decisione che determina quale regime giuridico si applica a ciascuno di tali appalti distinti è adottata in base alle caratteristiche della parte distinta di cui trattasi[1].

6. Se le amministrazioni aggiudicatrici o gli enti aggiudicatori scelgono di aggiudicare un appalto unico, il presente decreto si applica, salvo quanto previ-

sto all'articolo 160, all'appalto misto che ne deriva, a prescindere dal valore delle parti cui si applicherebbe un diverso regime giuridico e dal regime giuridico cui tali parti sarebbero state altrimenti soggette.

7. Nel caso di contratti misti che contengono elementi di appalti di forniture, lavori e servizi nei settori ordinari e di concessioni, il contratto misto è aggiudicato in conformità con le disposizioni del presente codice che disciplinano gli appalti nei settori ordinari, purchè il valore stimato della parte del contratto che costituisce un appalto disciplinato da tali disposizioni, calcolato secondo l'articolo 35, sia pari o superiore alla soglia pertinente di cui al medesimo articolo 35[2].

8. Nel caso di contratti aventi per oggetto sia appalti nei settori ordinari, sia appalti nei settori speciali, le norme applicabili sono determinate, fatti salvo i commi 5, 6 e 7, a norma dei commi da 1 a 12.

9. Se le diverse parti di un determinato contratto sono oggettivamente non separabili, il regime giuridico applicabile è determinato in base all'oggetto principale del contratto in questione.

10. Nei settori speciali, nel caso di contratti destinati a contemplare più attività, gli enti aggiudicatori possono scegliere di aggiudicare appalti distinti per ogni attività distinta o di aggiudicare un appalto unico. Se gli enti aggiudicatori scelgono di aggiudicare appalti distinti, la decisione che determina il regime giuridico applicabile a ciascuno di tali appalti distinti è adottata in base alle caratteristiche dell'attività distinta di cui trattasi. In deroga ai commi da 1 a 9, per gli appalti nei settori speciali, se gli enti aggiudicatori decidono di aggiudicare un appalto unico, si applicano i commi 11 e 12. Tuttavia, quando una delle attività interessate è disciplinata dall'articolo 346 del Trattato sul funzionamento dell'Unione europea o dal decreto legislativo 15 novembre 2011, n. 208, si applica l'articolo 160. La decisione di aggiudicare un unico appalto e di aggiudicare più appalti distinti non può essere adottata, tuttavia, allo scopo di escludere l'appalto o gli appalti dall'ambito di applicazione del presente codice.

11. A un appalto destinato all'esercizio di più attività si applicano le disposizioni relative alla principale attività cui è destinato[3].

12. Nel caso degli appalti per cui è oggettivamente impossibile stabilire a quale attività siano principalmente destinati, le disposizioni applicabili sono determinate come segue[4]:

a) l'appalto è aggiudicato secondo le disposizioni del presente codice che disciplinano gli appalti nei settori ordinari se una delle attività cui è destinato l'appalto è disciplinata dalle disposizioni relative all'aggiudicazione degli appalti nei settori ordinari e l'altra dalle disposizioni relative all'aggiudicazione degli appalti nei settori speciali;

b) l'appalto è aggiudicato secondo le disposizioni del presente codice che disciplinano gli appalti nei settori speciali se una delle attività cui è destinato l'appalto è disciplinata dalle disposizioni relative all'aggiudicazione degli appalti nei settori speciali e l'altra dalle disposizioni relative all'aggiudicazione delle concessioni;

c) l'appalto è aggiudicato secondo le disposizioni del presente codice che disciplinano gli appalti nei settori speciali se una delle attività cui è destinato l'appalto è disciplinata dalle disposizioni relative all'aggiudicazione degli appalti nei settori speciali e l'altra non è soggetta nè a tali disposizioni, nè a quelle relative all'aggiudicazione degli appalti nei settori ordinari o alle disposizioni relative all'aggiudicazione delle concessioni[5].

12-*bis*. Nel caso di contratti misti che contengono elementi di appalti di forniture, lavori e servizi nei settori speciali e di concessioni, il contratto misto è aggiudicato in conformità con le disposizioni del presente codice che disciplinano gli appalti nei settori speciali, purchè il valore stimato della parte del contratto che costituisce un appalto disciplinato da tali disposizioni, calcolato secondo l'articolo 35, sia pari o superiore alla soglia pertinente di cui all'articolo 35[6].

13. [...][7 8].

[1] Comma così modificato dall'art. 18, D.Lgs. 19 aprile 2017, n. 56. Il testo previgente disponeva: *5. Nel caso di contratti aventi ad oggetto appalti disciplinati dal presente codice nonchè appalti che non rientrano nell'ambito di applicazione del presente decreto, le amministrazioni aggiudicatrici o gli enti aggiudicatori possono scegliere di aggiudicare appalti distinti per le parti distinte o di aggiudicare un appalto unico. Se le amministrazioni aggiudicatrici o gli enti aggiudicatori scelgono di aggiudicare appalti distinti per le parti distinte, la decisione che determina quale regime giuridico si applica a ciascuno di tali appalti distinti è adottata in base alle caratteristiche della parte distinta di cui trattasi.*

[2] Comma così modificato dall'art. 18, D.Lgs. 19 aprile 2017, n. 56. Il testo previgente disponeva: *7. Nel caso di contratti misti che contengono elementi di appalti di forniture, lavori e servizi e di concessioni, il contratto misto è aggiudicato in conformità con le disposizioni del presente codice che disciplinano gli appalti nei settori ordinari, purchè il valore stimato della parte del contratto che costituisce un appalto disciplinato da tali disposizioni, calcolato secondo l'articolo 167, sia pari o superiore alla soglia pertinente di cui all'articolo 35.*

[3] Comma così modificato dall'art. 18, D.Lgs. 19 aprile 2017, n. 56. Il testo previgente disponeva: *11. A un appalto destinato all'esercizio di più attività nei settori speciali si applicano le disposizioni relative alla principale attività cui è destinato.*

[4] Alinea così modificato dall'art. 18, D.Lgs. 19 aprile 2017, n. 56. Il testo previgente disponeva: *12. Nel caso degli appalti nei settori speciali per cui è oggettivamente impossibile stabilire a quale attività siano principalmente destinati, le disposizioni applicabili sono determinate come segue.*

[5] Lettera così modificata dall'art. 18, D.Lgs. 19 aprile 2017, n. 56. Il testo previgente disponeva: *c) l'appalto è aggiudicato secondo il presente codice se una delle attività cui è destinato*

l'appalto è disciplinata dalle disposizioni relative all'aggiudicazione degli appalti nei settori speciali e l'altra non è soggetta nè a tali disposizioni, nè a quelle relative all'aggiudicazione degli appalti nei settori ordinari o alle disposizioni relative all'aggiudicazione delle concessioni.

[6] Comma aggiunto dall'art. 18, D.Lgs. 19 aprile 2017, n. 56.

[7] Comma abrogato dall'art. 18, D.Lgs. 19 aprile 2017, n. 56. Il testo previgente disponeva: *13. Le stazioni appaltanti ricorrono alle procedure di cui al presente articolo solo nei casi in cui l'elemento tecnologico ed innovativo delle opere oggetto dell'appalto sia nettamente prevalente rispetto all'importo complessivo dei lavori, prevedendo la messa a gara del progetto esecutivo.*

[8] V. artt. 14, 15, 214, D.Lgs. 12 aprile 2006, n. 163 (vecchio Codice dei contratti pubblici) che, rispettivamente, dispongono: *Art. 14. Contratti misti. 1. I contratti misti sono contratti pubblici aventi per oggetto: lavori e forniture; lavori e servizi; lavori, servizi e forniture; servizi e forniture.*

2. I contratti misti sono considerati appalti pubblici di lavori, o di servizi, o di forniture, o concessioni di lavori, secondo le disposizioni che seguono:

a) un contratto pubblico avente per oggetto la fornitura di prodotti e, a titolo accessorio, lavori di posa in opera e di installazione è considerato un «appalto pubblico di forniture»;

b) un contratto pubblico avente per oggetto prodotti e servizi di cui all'allegato II è considerato un «appalto pubblico di servizi» quando il valore dei servizi supera quello dei prodotti oggetto dell'appalto;

c) un contratto pubblico avente per oggetto dei servizi di cui all'allegato II e che preveda attività ai sensi dell'allegato I solo a titolo accessorio rispetto all'oggetto principale del contratto è considerato un «appalto pubblico di servizi»;

3. Ai fini dell'applicazione del comma 2, l'oggetto principale del contratto è costituito dai lavori se l'importo dei lavori assume rilievo superiore al cinquanta per cento, salvo che, secondo le caratteristiche specifiche dell'appalto, i lavori abbiano carattere meramente accessorio rispetto ai servizi o alle forniture, che costituiscano l'oggetto principale del contratto.

4. L'affidamento di un contratto misto secondo il presente articolo non deve avere come conseguenza di limitare o escludere l'applicazione delle pertinenti norme comunitarie relative all'aggiudicazione di lavori, servizi o forniture, anche se non costituiscono l'oggetto principale del contratto, ovvero di limitare o distorcere la concorrenza.

Art. 15. Qualificazione nei contratti misti (art. 8, comma 11-septies, L. n. 109/1994). 1. L'operatore economico che concorre alla procedura di affidamento di un contratto misto, deve possedere i requisiti di qualificazione e capacità prescritti dal presente codice per ciascuna prestazione di lavori, servizi, forniture prevista dal contratto.

Art. 214. Appalti che riguardano più settori (art. 9, dir. 2004/17). 1. Ad un appalto destinato all'esercizio di più attività si applicano le norme relative all'attività principale cui è destinato.

2. La scelta tra l'aggiudicazione di un unico appalto e l'aggiudicazione di più appalti distinti non può essere effettuata al fine di escludere un appalto dall'ambito di applicazione della presente parte III o, dove applicabile, dall'ambito di applicazione della parte II.

3. Se una delle attività cui è destinato un appalto è disciplinata dalla parte III e l'altra dalla parte II, e se è oggettivamente impossibile stabilire a quale attività l'appalto sia principalmente destinato, esso è aggiudicato secondo le disposizioni della parte II, ferma la facoltà, per gli enti aggiudicatori, di chiedere, in aggiunta all'attestazione SOA, ulteriori specifici requisiti di qualificazione relativamente alle attività disciplinate dalla parte III.

4. Se una delle attività cui è destinato l'appalto è disciplinata dalla parte III e un'altra attività non è disciplinata nè dalla parte III nè dalla parte II, e se è oggettivamente impossibile stabilire a quale attività l'appalto è principalmente destinato, esso è aggiudicato ai sensi della parte III.

29. *Principi in materia di trasparenza.* 1. Tutti gli atti delle amministrazioni aggiudicatrici e degli enti aggiudicatori relativi alla programmazione di lavori, opere, servizi e forniture, nonchè alle procedure per l'affidamento di appalti pubblici di servizi, forniture, lavori e opere, di concorsi pubblici di progettazione, di concorsi di idee e di concessioni, compresi quelli tra enti nell'ambito del settore pubblico di cui all'articolo 5, alla composizione della commissione giudicatrice e ai curricula dei suoi componenti ove non considerati riservati ai sensi dell'articolo 53 ovvero secretati ai sensi dell'articolo 162, devono essere pubblicati e aggiornati sul profilo del committente, nella sezione "Amministrazione trasparente", con l'applicazione delle disposizioni di cui al decreto legislativo 14 marzo 2013, n. 33. Nella stessa sezione sono pubblicati anche i resoconti della gestione finanziaria dei contratti al termine della loro esecuzione con le modalità previste dal decreto legislativo 14 marzo 2013, n. 33. Gli atti di cui al presente comma recano, prima dell'intestazione o in calce, la data di pubblicazione sul profilo del committente. Fatti salvi gli atti a cui si applica l'articolo 73, comma 5, i termini cui sono collegati gli effetti giuridici della pubblicazione decorrono dalla data di pubblicazione sul profilo del committente[1].

2. Gli atti di cui al comma 1, nel rispetto di quanto previsto dall'articolo 53, sono, altresì, pubblicati sul sito del Ministero delle infrastrutture e dei trasporti e sulla piattaforma digitale istituita presso l'ANAC, anche tramite i sistemi informatizzati regionali, di cui al comma 4, e le piattaforme regionali di e-procurement interconnesse tramite cooperazione applicativa.

3. Le regioni e le province autonome di Trento e di Bolzano collaborano con gli organi dello Stato alla tutela della trasparenza e della legalità nel settore dei contratti pubblici. In particolare, operano in ambito territoriale a supporto delle stazioni appaltanti nell'attuazione del presente codice ed nel monitoraggio delle fasi di programmazione, affidamento ed esecuzione dei contratti.

4. Per i contratti e gli investimenti pubblici di competenza regionale o di enti territoriali, le stazioni appaltanti provvedono all'assolvimento degli obblighi informativi e di pubblicità disposti dal presente codice, tramite i sistemi informatizzati regionali e le piattaforme telematiche di e-procurement ad essi interconnesse, garantendo l'interscambio delle informazioni e l'interoperabilità, con le banche dati dell'ANAC, del Ministero dell'economia e delle finanze e del Ministero delle infrastrutture e dei trasporti[2].

4-*bis*. Il Ministero dell'economia e delle finanze, il Ministero delle infrastrutture e dei trasporti, l'ANAC e la Conferenza delle Regioni e delle Province autonome per i sistemi di cui ai commi 2 e 4 condividono un protocollo generale per definire le regole di interoperabilità e le modalità di interscambio dei dati e degli atti tra le rispettive banche dati, nel rispetto del principio di unicità del luogo di pubblicazione e di unicità dell'invio delle informazioni. Per le opere pubbliche il protocollo si basa su quanto previsto dal decreto legislativo 29 dicembre 2011, n. 229. L'insieme dei dati e degli atti condivisi nell'ambito del protocollo costituiscono fonte informativa prioritaria in materia di pianificazione e monitoraggio di contratti e investimenti pubblici[3] [4].

[1] Comma così modificato prima dall'art. 19, D.Lgs. 19 aprile 2017, n. 56, poi dall'art. 1, D.L. 18 aprile 2019, n. 32, convertito in L. 14 giugno 2019, n. 55, a decorrere dal 18 giugno 2019.

Il testo previgente la modifica del 2017 disponeva: *1. Tutti gli atti delle amministrazioni aggiudicatrici e degli enti aggiudicatori relativi alla programmazione di lavori, opere, servizi e forniture, nonchè alle procedure per l'affidamento di appalti pubblici di servizi, forniture, lavori e opere, di concorsi pubblici di progettazione, di concorsi di idee e di concessioni, compresi quelli tra enti nell'ambito del settore pubblico di cui all'articolo 5, ove non considerati riservati ai sensi dell'articolo 53 ovvero secretati ai sensi dell'articolo 162, devono essere pubblicati e aggiornati sul profilo del committente, nella sezione "Amministrazione trasparente", con l'applicazione delle disposizioni di cui al decreto legislativo 14 marzo 2013, n. 33. Al fine di consentire l'eventuale proposizione del ricorso ai sensi dell'articolo 120 del codice del processo amministrativo, sono altresì pubblicati, nei successivi due giorni dalla data di adozione dei relativi atti, il provvedimento che determina le esclusioni dalla procedura di affidamento e le ammissioni all'esito delle valutazioni dei requisiti soggettivi, economico-finanziari e tecnico-professionali. È inoltre pubblicata la composizione della commissione giudicatrice e i curricula dei suoi componenti. Nella stessa sezione sono pubblicati anche i resoconti della gestione finanziaria dei contratti al termine della loro esecuzione.*

Il testo previgente la modifica del 2019 disponeva: *1. Tutti gli atti delle amministrazioni aggiudicatrici e degli enti aggiudicatori relativi alla programmazione di lavori, opere, servizi e forniture, nonchè alle procedure per l'affidamento di appalti pubblici di servizi, forniture, lavori e opere, di concorsi pubblici di progettazione, di concorsi di idee e di concessioni, compresi quelli tra enti nell'ambito del settore pubblico di cui all'articolo 5, alla composizione della commissione giudicatrice e ai curricula dei suoi componenti ove non considerati riservati ai sensi dell'articolo 53 ovvero secretati ai sensi dell'articolo 162, devono essere pubblicati e aggiornati sul profilo del committente, nella sezione "Amministrazione trasparente", con l'applicazione delle disposizioni di cui al decreto legislativo 14 marzo 2013, n. 33. Al fine di consentire l'eventuale proposizione del ricorso ai sensi dell'articolo 120, comma 2-bis, del codice del processo amministrativo, sono altresì pubblicati, nei successivi due giorni dalla data di adozione dei relativi atti, il provvedimento che determina le esclusioni dalla procedura di affidamento e le ammissioni all'esito della verifica della documentazione attestante l'assenza dei motivi di esclusione di cui all'articolo 80, nonchè la sussistenza dei requisiti economico-finanziari e tecnico-professionali. Entro il medesimo termine di due giorni è dato avviso ai candidati e ai concorrenti, con le modalità di cui all'articolo 5-bis del decreto legislativo 7 marzo 2005, n. 82, recante il Codice dell'amministrazione digitale o strumento analogo negli altri Stati membri, di detto provvedimento, indicando l'ufficio o il collegamento informatico ad accesso riservato dove sono disponibili i relativi atti. Il termine per l'impugnativa di cui al citato articolo 120, comma 2-bis, decorre dal momento in cui gli atti di cui al secondo periodo sono resi in concreto disponibili, corredati di motivazione. Nella stessa sezione sono pubblicati anche i resoconti della gestione finanziaria dei contratti al termine della loro esecuzione con le modalità previste dal decreto legislativo 14 marzo 2013, n. 33. Gli atti di cui al presente comma recano, prima dell'intestazione o in calce, la data di pubblicazione sul profilo del committente. Fatti salvi gli atti a cui si applica l'articolo 73, comma 5, i termini cui sono collegati gli effetti giuridici della pubblicazione decorrono dalla data di pubblicazione sul profilo del committente.*

[2] Comma così sostituito dall'art. 19, D.Lgs. 19 aprile 2017, n. 56. Il testo previgente disponeva: *4. Per i contratti e gli investimenti pubblici di competenza regionale o di enti territoriali, le stazioni appaltanti provvedono all'assolvimento degli obblighi informativi e di pubblicità disposti dal presente codice, tramite i sistemi informatizzati regionali, che devono comunque garantire l'interscambio delle informazioni e l'interoperabilità, tramite cooperazione applicativa, dei rispettivi sistemi e delle piattaforme telematiche con le banche dati dell'ANAC e del Ministero delle infrastrutture e dei trasporti.*

[3] Comma aggiunto dall'art. 19, D.Lgs. 19 aprile 2017, n. 56.

[4] V. art. 2, D.Lgs. 12 aprile 2006, n. 163 (vecchio Codice dei contratti pubblici), che dispone: *Art. 2. Principi. 1. L'affidamento e l'esecuzione di opere e lavori pubblici, servizi e forniture, ai sensi del presente codice, deve garantire la qualità delle prestazioni e svolgersi nel rispetto dei principi di economicità, efficacia, tempestività e correttezza; l'affidamento deve altresì rispettare i principi di libera concorrenza, parità di trattamento, non discriminazione, trasparenza, proporzionalità, nonchè quello di pubblicità con le modalità indicate nel presente codice.*

1-bis. Nel rispetto della disciplina comunitaria in materia di appalti pubblici, al fine di favorire l'accesso delle piccole e medie imprese, le stazioni appaltanti devono, ove possibile ed economicamente conveniente, suddividere gli appalti in lotti funzionali. Nella determina a contrarre le stazioni appaltanti indicano la motivazione circa la mancata suddivisione dell'appalto in lotti. I criteri di partecipazione alle gare devono essere tali da non escludere le piccole e medie imprese.

1-ter. La realizzazione delle grandi infrastrutture, ivi comprese quelle disciplinate dalla parte II, titolo III, capo IV, nonchè delle connesse opere integrative o compensative, deve garantire modalità di coinvolgimento delle piccole e medie imprese.

2. Il principio di economicità può essere subordinato, entro i limiti in cui sia espressamente consentito dalle norme vigenti e dal presente codice, ai criteri, previsti dal bando, ispirati a esigenze sociali, nonchè alla tutela della salute e dell'ambiente e alla promozione dello sviluppo sostenibile.

3. Per quanto non espressamente previsto nel presente codice, le procedure di affidamento e le altre attività amministrative in materia di contratti pubblici si espletano nel rispetto delle disposizioni sul procedimento amministrativo di cui alla legge 7 agosto 1990, n. 241, e successive modificazioni e integrazioni.

4. Per quanto non espressamente previsto nel presente codice, l'attività contrattuale dei soggetti di cui all'articolo 1 si svolge nel rispetto, altresì, delle disposizioni stabilite dal codice civile.

30. *Principi per l'aggiudicazione e l'esecuzione di appalti e concessioni.* 1. L'affidamento e l'esecuzione di appalti di opere, lavori, servizi, forniture e concessioni, ai sensi del presente codice garantisce la qualità delle prestazioni e si svolge nel rispetto dei principi di economicità, efficacia, tempestività e correttezza. Nell'affidamento degli appalti e delle concessioni, le stazioni appaltanti rispettano, altresì, i principi di libera concorrenza, non discriminazione, trasparenza, proporzionalità, nonchè di pubblicità con le modalità indicate nel presente codice. Il principio di economicità può essere subordinato, nei limiti in cui è espressamente consentito dalle norme vigenti e dal presente codice, ai criteri, previsti nel bando, ispirati a esigenze sociali, nonchè alla tutela della salute, dell'ambiente, del patrimonio culturale e alla promozione dello sviluppo sostenibile, anche dal punto di vista energetico.

2. Le stazioni appaltanti non possono limitare in alcun modo artificiosamente la concorrenza allo scopo di favorire o svantaggiare indebitamente taluni operatori economici o, nelle procedure di aggiudicazione delle concessioni, compresa la stima del valore, taluni lavori, forniture o servizi.

3. Nell'esecuzione di appalti pubblici e di concessioni, gli operatori economici rispettano gli obblighi in materia ambientale, sociale e del lavoro stabiliti dalla normativa europea e nazionale, dai contratti collettivi o dalle disposizioni internazionali elencate nell'allegato X.

4. Al personale impiegato nei lavori, servizi e forniture oggetto di appalti pubblici e concessioni è applicato il contratto collettivo nazionale e territoriale in vigore per il settore e per la zona nella quale si eseguono le prestazioni di lavoro stipulato dalle associazioni dei datori e dei prestatori di lavoro comparativamente più rappresentative sul piano nazionale e quelli il cui ambito di applicazione sia strettamente connesso con l'attività oggetto dell'appalto o della concessione svolta dall'impresa anche in maniera prevalente[1].

5. In caso di inadempienza contributiva risultante dal documento unico di regolarità contributiva relativo a personale dipendente dell'affidatario o del subappaltatore o dei soggetti titolari di subappalti e cottimi di cui all'articolo 105, impiegato nell'esecuzione del contratto, la stazione appaltante trattiene dal certificato di pagamento l'importo corrispondente all'inadempienza per il successivo versamento diretto agli enti previdenziali e assicurativi, compresa, nei lavori, la cassa edile[2].

5-*bis*. In ogni caso sull'importo netto progressivo delle prestazioni è operata una ritenuta dello 0,50 per cento; le ritenute possono essere svincolate soltanto in sede di liquidazione finale, dopo l'approvazione da parte della stazione appaltante del certificato di collaudo o di verifica di conformità, previo rilascio del documento unico di regolarità contributiva[3].

6. In caso di ritardo nel pagamento delle retribuzioni dovute al personale di cui al comma 5, il responsabile unico del procedimento invita per iscritto il soggetto inadempiente, ed in ogni caso l'affidatario, a provvedervi entro i successivi quindici giorni. Ove non sia stata contestata formalmente e motivatamente la fondatezza della richiesta entro il termine sopra assegnato, la stazione appaltante paga anche in corso d'opera direttamente ai lavoratori le retribuzioni arretrate, detraendo il relativo importo dalle somme dovute all'affidatario del contratto ovvero dalle somme dovute al subappaltatore inadempiente nel caso in cui sia previsto il pagamento diretto ai sensi dell'articolo 105.

7. I criteri di partecipazione alle gare devono essere tali da non escludere le microimprese, le piccole e le medie imprese.

8. Per quanto non espressamente previsto nel presente codice e negli atti attuativi, alle procedure di affidamento e alle altre attività amministrative in materia di contratti pubblici nonché di forme di coinvolgimento degli enti del Terzo settore previste dal titolo VII del decreto legislativo 3 luglio 2017, n. 117 si applicano le disposizioni di cui alla legge 7 agosto 1990, n. 241, alla stipula del contratto e alla fase di esecuzione si applicano le disposizioni del codice civile[4 5].

[1] Comma così modificato dall'art. 20, D.Lgs. 19 aprile 2017, n. 56. Il testo previgente disponeva: *4. Al personale impiegato nei lavori oggetto di appalti pubblici e concessioni è applicato il contratto collettivo nazionale e territoriale in vigore per il settore e per la zona nella quale si eseguono le prestazioni di lavoro stipulato dalle associazioni dei datori e dei prestatori di lavoro comparativamente più rappresentative sul piano nazionale e quelli il cui ambito di applicazione sia strettamente connesso con l'attività oggetto dell'appalto o della concessione svolta dall'impresa anche in maniera prevalente.*

[2] Comma così modificato dall'art. 20, D.Lgs. 19 aprile 2017, n. 56. Il testo previgente disponeva: *5. In caso di inadempienza contributiva risultante dal documento unico di regolarità contributiva relativo a personale dipendente dell'affidatario o del subappaltatore o dei soggetti titolari di subappalti e cottimi di cui all'articolo 105, impiegato nell'esecuzione del contratto, la stazione appaltante trattiene dal certificato di pagamento l'importo corrispondente all'inadempienza per il successivo versamento diretto agli enti previdenziali e assicurativi, compresa, nei lavori, la cassa edile. Sull'importo netto progressivo delle prestazioni è operata una ritenuta dello 0,50 per cento; le ritenute possono essere svincolate soltanto in sede di liquidazione finale, dopo l'approvazione da parte della stazione appaltante del certificato di collaudo o di verifica di conformità, previo rilascio del documento unico di regolarità contributiva.*

[3] Comma aggiunto dall'art. 20, D.Lgs. 19 aprile 2017, n. 56.

[4] Comma così modificato dall'art. 8, D.L. 16 luglio 2020, n. 76, convertito in L. 11 settembre 2020, n. 120, a decorrere

dal 15 settembre 2020. Il testo previgente disponeva: *8. Per quanto non espressamente previsto nel presente codice e negli atti attuativi, alle procedure di affidamento e alle altre attività amministrative in materia di contratti pubblici si applicano le disposizioni di cui alla legge 7 agosto 1990, n. 241, alla stipula del contratto e alla fase di esecuzione si applicano le disposizioni del codice civile.*

Tali nuove disposizioni si applicano alle procedure i cui bandi o avvisi, con i quali si indice una gara, sono pubblicati successivamente alla data di entrata in vigore del D.L. 76/2020 cit., nonchè, in caso di contratti senza pubblicazione di bandi o avvisi, alle procedure in cui, alla medesima data, non sono ancora stati inviati gli inviti a presentare le offerte o i preventivi.

[5] V. art. 2, D.Lgs. 12 aprile 2006, n. 163 (vecchio Codice dei contratti pubblici).

V., anche, artt. 1224, 1327, 1328, 1341 e 2932 c.c.; art. 1, comma 1, L. 241/1990 (legge sul procedimento amministrativo); art. 1, comma 3, D.Lgs. 175/2016 (T.U. società partecipate).

31. *Ruolo e funzioni del responsabile del procedimento negli appalti e nelle concessioni.* 1. Per ogni singola procedura per l'affidamento di un appalto o di una concessione le stazioni appaltanti individuano, nell'atto di adozione o di aggiornamento dei programmi di cui all'articolo 21, comma 1, ovvero nell'atto di avvio relativo ad ogni singolo intervento per le esigenze non incluse in programmazione, un responsabile unico del procedimento (RUP) per le fasi della programmazione, della progettazione, dell'affidamento, dell'esecuzione. Le stazioni appaltanti che ricorrono ai sistemi di acquisto e di negoziazione delle centrali di committenza nominano, per ciascuno dei detti acquisti, un responsabile del procedimento che assume specificamente, in ordine al singolo acquisto, il ruolo e le funzioni di cui al presente articolo. Fatto salvo quanto previsto al comma 10, il RUP è nominato con atto formale del soggetto responsabile dell'unità organizzativa, che deve essere di livello apicale, tra i dipendenti di ruolo addetti all'unità medesima, dotati del necessario livello di inquadramento giuridico in relazione alla struttura della pubblica amministrazione e di competenze professionali adeguate in relazione ai compiti per cui è nominato; la sostituzione del RUP individuato nella programmazione di cui all'articolo 21, comma 1, non comporta modifiche alla stessa. Laddove sia accertata la carenza nell'organico della suddetta unità organizzativa, il RUP è nominato tra gli altri dipendenti in servizio. L'ufficio di responsabile unico del procedimento è obbligatorio e non può essere rifiutato[1].

2. Il nominativo del RUP è indicato nel bando o avviso con cui si indice la gara per l'affidamento del contratto di lavori, servizi, forniture, ovvero, nelle procedure in cui non vi sia bando o avviso con cui si indice la gara, nell'invito a presentare un'offerta.

3. Il RUP, ai sensi della legge 7 agosto 1990, n. 241, svolge tutti i compiti relativi alle procedure di programmazione, progettazione, affidamento ed esecuzione previste dal presente codice, che non siano specificatamente attribuiti ad altri organi o soggetti.

4. Oltre ai compiti specificatamente previsti da altre disposizioni del codice, in particolare, il RUP:

a) formula proposte e fornisce dati e informazioni al fine della predisposizione del programma triennale dei lavori pubblici e dei relativi aggiornamenti annuali, nonchè al fine della predisposizione di ogni altro atto di programmazione di contratti pubblici di servizi e di forniture e della predisposizione dell'avviso di preinformazione;

b) cura, in ciascuna fase di attuazione degli interventi, il controllo sui livelli di prestazione, di qualità e di prezzo determinati in coerenza alla copertura finanziaria e ai tempi di realizzazione dei programmi;

c) cura il corretto e razionale svolgimento delle procedure;

d) segnala eventuali disfunzioni, impedimenti, ritardi nell'attuazione degli interventi;

e) accerta la libera disponibilità di aree e immobili necessari;

f) fornisce all'amministrazione aggiudicatrice i dati e le informazioni relativi alle principali fasi di svolgimento dell'attuazione dell'intervento, necessari per l'attività di coordinamento, indirizzo e controllo di sua competenza e sorveglia la efficiente gestione economica dell'intervento;

g) propone all'amministrazione aggiudicatrice la conclusione di un accordo di programma, ai sensi delle norme vigenti, quando si rende necessaria l'azione integrata e coordinata di diverse amministrazioni;

h) propone l'indizione o, ove competente, indice la conferenza di servizi ai sensi della legge 7 agosto 1990, n. 241, quando sia necessario o utile per l'acquisizione di intese, pareri, concessioni, autorizzazioni, permessi, licenze, nulla osta, assensi, comunque denominati;

i) verifica e vigila sul rispetto delle prescrizioni contrattuali nelle concessioni.

5. Con il regolamento di cui all'articolo 216, comma 27-*octies*, è definita una disciplina di maggiore dettaglio sui compiti specifici del RUP, sui presupposti e sulle modalità di nomina, nonchè sugli ulteriori requisiti di professionalità rispetto a quanto disposto dal presente codice, in relazione alla complessità dei lavori. Con il medesimo regolamento di cui all'articolo 216, comma 27-*octies*, sono determinati, altresì, l'importo massimo e la tipologia dei lavori, servizi e forniture per i quali il RUP può coincidere con il progettista, con il direttore dei lavori o con il direttore dell'esecuzione. Fino alla data di entrata in vigore del regolamento di cui all'articolo 216, comma 27-*octies*, si applica la disposizione transitoria ivi prevista[2].

6. Per i lavori e i servizi attinenti all'ingegneria e all'architettura il RUP deve essere un tecnico; ove non sia presente tale figura professionale, le competenze sono attribuite al responsabile del servizio al quale attiene il lavoro da realizzare.

7. Nel caso di appalti di particolare complessità in relazione all'opera da realizzare ovvero alla specificità della fornitura o del servizio, che richiedano necessariamente valutazioni e competenze altamente specialistiche, il responsabile unico del procedimento propone alla stazione appaltante di conferire appositi incarichi a supporto dell'intera procedura o di parte di essa, da individuare sin dai primi atti di gara.

8. Gli incarichi di progettazione, coordinamento della sicurezza in fase di progettazione, direzione dei lavori, direzione dell'esecuzione, coordinamento della sicurezza in fase di esecuzione, di collaudo, nonchè gli incarichi che la stazione appaltante ritenga indispensabili a supporto dell'attività del responsabile unico del procedimento, vengono conferiti secondo le procedure di cui al presente codice e, in caso di importo inferiore alla soglia di 40.000 euro, possono essere affidati in via diretta. L'affidatario non può avvalersi del subappalto, fatta eccezione per indagini geologiche, geotecniche e sismiche, sondaggi, rilievi, misurazioni e picchettazioni, predisposizione di elaborati specialistici e di dettaglio, con esclusione delle relazioni geologiche, nonchè per la sola redazione grafica degli elaborati progettuali. Resta, comunque, ferma la responsabilità esclusiva del progettista, ai sensi dell'articolo 36, comma 2, lettera *u)*[3].

9. La stazione appaltante, allo scopo di migliorare la qualità della progettazione e della programmazione complessiva, può, nell'ambito della propria autonomia organizzativa e nel rispetto dei limiti previsti dalla vigente normativa, istituire una struttura stabile a supporto dei RUP, anche alle dirette dipendenze del vertice della pubblica amministrazione di riferimento. Con la medesima finalità, nell'ambito della formazione obbligatoria, organizza attività formativa specifica per tutti i dipendenti che hanno i requisiti di inquadramento idonei al conferimento dell'incarico di RUP, anche in materia di metodi e strumenti elettronici specifici quali quelli di modellazione per l'edilizia e le infrastrutture.

10. Le stazioni appaltanti che non sono pubbliche amministrazioni o enti pubblici individuano, secondo i propri ordinamenti, uno o più soggetti cui affidare i compiti propri del responsabile del procedimento, limitatamente al rispetto delle norme del presente decreto alla cui osservanza sono tenute.

11. Nel caso in cui l'organico della stazione appaltante presenti carenze accertate o in esso non sia compreso nessun soggetto in possesso della specifica professionalità necessaria per lo svolgimento dei compiti propri del RUP, secondo quanto attestato dal dirigente competente, i compiti di supporto all'attività del RUP possono essere affidati, con le procedure previste dal presente codice, ai soggetti aventi le specifiche competenze di carattere tecnico, economico-finanziario, amministrativo, organizzativo e legale, dotati di adeguata polizza assicurativa a copertura dei rischi professionali come previsto dall'articolo 24, comma 4, assicurando comunque il rispetto dei principi di pubblicità e di trasparenza. Resta fermo il divieto di frazionamento artificioso delle prestazioni allo scopo di sottrarle alle disposizioni del presente codice. Agli affidatari dei servizi di supporto di cui al presente comma si applicano le disposizioni di incompatibilità di cui all'articolo 24, comma 7, comprensive di eventuali incarichi di progettazione.

12. Il soggetto responsabile dell'unità organizzativa competente in relazione all'intervento, individua preventivamente le modalità organizzative e gestionali attraverso le quali garantire il controllo effettivo da parte della stazione appaltante sull'esecuzione delle prestazioni, programmando accessi diretti del RUP o del direttore dei lavori o del direttore dell'esecuzione sul luogo dell'esecuzione stessa, nonchè verifiche, anche a sorpresa, sull'effettiva ottemperanza a tutte le misure mitigative e compensative, alle prescrizioni in materia ambientale, paesaggistica, storico-architettonica, archeologica e di tutela della salute umana impartite dagli enti e dagli organismi competenti. Il documento di programmazione, corredato dalla successiva relazione su quanto effettivamente effettuato, costituisce obiettivo strategico nell'ambito del piano della performance organizzativa dei soggetti interessati e conseguentemente se ne tiene conto in sede di valutazione dell'indennità di risultato. La valutazione di suddetta attività di controllo da parte dei competenti organismi di valutazione incide anche sulla corresponsione degli incentivi di cui all'articolo 113[4].

13. È vietata, negli appalti pubblici di lavori aggiudicati con la formula del contraente generale e nelle altre formule di partenariato pubblico-privato, l'attribuzione dei compiti di responsabile unico del procedimento, responsabile dei lavori, direttore dei lavori, di collaudatore allo stesso contraente generale o soggetto aggiudicatario dei contratti di partenariato pubblico-privato o soggetti ad essi collegati.

14. Le centrali di committenza e le aggregazioni di stazioni appaltanti designano un RUP per le attività di propria competenza con i compiti e le funzioni determinate dalla specificità e complessità dei processi di acquisizione gestiti direttamente[5].

[1] Comma così modificato dall'art. 21, D.Lgs. 19 aprile 2017, n. 56. Il testo previgente disponeva: *1. Per ogni singola procedura per l'affidamento di un appalto o di una concessio-*

ne le stazioni appaltanti nominano, nel primo atto relativo ad ogni singolo intervento, un responsabile unico del procedimento (RUP) per le fasi della programmazione, della progettazione, dell'affidamento, dell'esecuzione. Le stazioni appaltanti che ricorrono ai sistemi di acquisto e di negoziazione delle centrali di committenza nominano, per ciascuno dei detti acquisti, un responsabile del procedimento che assume specificamente, in ordine al singolo acquisto, il ruolo e le funzioni di cui al presente articolo. Fatto salvo quanto previsto al comma 10, il RUP è nominato con atto formale del soggetto responsabile dell'unità organizzativa, che deve essere di livello apicale, tra i dipendenti di ruolo addetti all'unità medesima, dotati del necessario livello di inquadramento giuridico in relazione alla struttura della pubblica amministrazione e di competenze professionali adeguate in relazione ai compiti per cui è nominato. Laddove sia accertata la carenza nell'organico della suddetta unità organizzativa, il RUP è nominato tra gli altri dipendenti in servizio. L'ufficio di responsabile unico del procedimento è obbligatorio e non può essere rifiutato.

[2] Comma così modificato prima dall'art. 21, D.Lgs. 19 aprile 2017, n. 56, poi dall'art. 1, D.L. 18 aprile 2019, n. 32, convertito in L. 14 giugno 2019, n. 55, a decorrere dal 18 giugno 2019.

Il testo previgente la modifica del 2017 disponeva: *5. L'ANAC con proprio atto, da adottare entro novanta giorni dall'entrata in vigore del presente codice, definisce una disciplina di maggiore dettaglio sui compiti specifici del RUP, nonchè sugli ulteriori requisiti di professionalità rispetto a quanto disposto dal presente codice, in relazione alla complessità dei lavori. Determina, altresì, l'importo massimo e la tipologia dei lavori, servizi e forniture per i quali il RUP può coincidere con il progettista o con il direttore dell'esecuzione del contratto. Fino all'adozione di detto atto si applica l'articolo 216, comma 8.*

Il testo previgente la modifica del 2019 disponeva: *5. L'ANAC con proprie linee guida, da adottare entro novanta giorni dall'entrata in vigore del presente codice, definisce una disciplina di maggiore dettaglio sui compiti specifici del RUP, sui presupposti e sulle modalità di nomina, nonchè sugli ulteriori requisiti di professionalità rispetto a quanto disposto dal presente codice, in relazione alla complessità dei lavori. Con le medesime linee guida sono determinati, altresì, l'importo massimo e la tipologia dei lavori, servizi e forniture per i quali il RUP può coincidere con il progettista, con il direttore dei lavori o con il direttore dell'esecuzione. Fino all'adozione di detto atto si applica l'articolo 216, comma 8.*

V. Delibera Anac n. 1096 del 26 ottobre 2016. Linee guida n. 3, di attuazione del D.Lgs. 18 aprile 2016, n. 50, recanti «*Nomina, ruolo e compiti del responsabile unico del procedimento per l'affidamento di appalti e concessioni*» (pubblicata nella Gazzetta Ufficiale Serie Generale n. 273 del 22 novembre 2016).

[3] Comma così modificato dall'art. 21, D.Lgs. 19 aprile 2017, n. 56. Il testo previgente disponeva: *8. Gli incarichi di progettazione, coordinamento della sicurezza in fase di progettazione, direzione dei lavori, coordinamento della sicurezza in fase di esecuzione, di collaudo, nonchè gli incarichi che la stazione appaltante ritenga indispensabili a supporto dell'attività del responsabile unico del procedimento, vengono conferiti secondo le procedure di cui al presente codice e, in caso di importo inferiore alla soglia di 40.000 euro, possono essere affidati in via diretta. L'affidatario non può avvalersi del subappalto, fatta eccezione per indagini geologiche, geotecniche e sismiche, sondaggi, rilievi, misurazioni e picchettazioni, predisposizione di elaborati specialistici e di dettaglio, con esclusione delle relazioni geologiche, nonchè per la sola redazione grafica degli elaborati progettuali. Resta, comunque, ferma la responsabilità esclusiva del progettista.*

[4] Comma così modificato dall'art. 21, D.Lgs. 19 aprile 2017, n. 56. Il testo previgente disponeva: *12. Il soggetto responsabile dell'unità organizzativa competente in relazione all'intervento, individua preventivamente le modalità organizzative e gestionali attraverso le quali garantire il controllo effettivo da parte della stazione appaltante sull'esecuzione delle prestazioni, programmando accessi diretti del RUP o del direttore dei lavori sul luogo dell'esecuzione stessa, nonchè verifiche, anche a sorpresa, sull'effettiva ottemperanza a tutte le misure mitigative e compensative, alle prescrizioni in materia ambientale, paesaggistica, storico-architettonica, archeologica e di tutela della salute umana impartite dagli enti e dagli organismi competenti. Il documento di programmazione, corredato dalla successiva relazione su quanto effettivamente effettuato, costituisce obiettivo strategico nell'ambito del piano della performance organizzativa dei soggetti interessati e conseguentemente se ne tiene conto in sede di valutazione dell'indennità di risultato. La valutazione di suddetta attività di controllo da parte dei competenti organismi di valutazione incide anche sulla corresponsione degli incentivi di cui all'articolo 113.*

[5] V. art. 10, D.Lgs. 12 aprile 2006, n. 163 (vecchio Codice dei contratti pubblici), che dispone: *Art. 10. Responsabile delle procedure di affidamento e di esecuzione dei contratti pubblici di lavori, servizi e forniture. 1. Per ogni singolo intervento da realizzarsi mediante un contratto pubblico, le amministrazioni aggiudicatrici nominano, ai sensi della legge 7 agosto 1990, n. 241, un responsabile del procedimento, unico per le fasi della progettazione, dell'affidamento, dell'esecuzione.*

2. Il responsabile del procedimento svolge tutti i compiti relativi alle procedure di affidamento previste dal presente codice, ivi compresi gli affidamenti in economia, e alla vigilanza sulla corretta esecuzione dei contratti, che non siano specificamente attribuiti ad altri organi o soggetti.

3. In particolare, il responsabile del procedimento, oltre ai compiti specificamente previsti da altre disposizioni del presente codice:

a) formula proposte e fornisce dati e informazioni al fine della predisposizione del programma triennale dei lavori pubblici e dei relativi aggiornamenti annuali, nonchè al fine della predisposizione di ogni altro atto di programmazione di contratti pubblici di servizi e di forniture, e della predisposizione dell'avviso di preinformazione;

b) cura, in ciascuna fase di attuazione degli interventi, il controllo sui livelli di prestazione, di qualità e di prezzo determinati in coerenza alla copertura finanziaria e ai tempi di realizzazione dei programmi;

c) cura il corretto e razionale svolgimento delle procedure;

d) segnala eventuali disfunzioni, impedimenti, ritardi nell'attuazione degli interventi;

e) accerta la libera disponibilità di aree e immobili necessari;

f) fornisce all'amministrazione aggiudicatrice i dati e le informazioni relativi alle principali fasi di svolgimento dell'attuazione dell'intervento, necessari per l'attività di coordinamento, indirizzo e controllo di sua competenza;

g) propone all'amministrazione aggiudicatrice la conclusione di un accordo di programma, ai sensi delle norme vigenti, quando si rende necessaria l'azione integrata e coordinata di diverse amministrazioni;

h) propone l'indizione, o, ove competente, indice la conferenza di servizi, ai sensi della legge 7 agosto 1990, n. 241, quando sia necessario o utile per l'acquisizione di intese, pareri, concessioni, autorizzazioni, permessi, licenze, nulla osta, assensi, comunque denominati.

4. Il regolamento individua gli eventuali altri compiti del responsabile del procedimento, coordinando con essi i com-

piti del direttore dell'esecuzione del contratto e del direttore dei lavori, nonchè dei coordinatori in materia di salute e di sicurezza durante la progettazione e durante l'esecuzione, previsti dal decreto legislativo 14 agosto 1996, n. 494 e dalle altre norme vigenti.

5. Il responsabile del procedimento deve possedere titolo di studio e competenza adeguati in relazione ai compiti per cui è nominato. Per i lavori e i servizi attinenti all'ingegneria e all'architettura deve essere un tecnico. Per le amministrazioni aggiudicatrici deve essere un dipendente di ruolo. In caso di accertata carenza di dipendenti di ruolo in possesso di professionalità adeguate, le amministrazioni aggiudicatrici nominano il responsabile del procedimento tra i propri dipendenti in servizio.

6. Il regolamento determina i requisiti di professionalità richiesti al responsabile del procedimento; per i lavori determina l'importo massimo e la tipologia, per i quali il responsabile del procedimento può coincidere con il progettista. Le ipotesi di coincidenza tra responsabile del procedimento e direttore dell'esecuzione del contratto sono stabilite dal regolamento, in conformità all'articolo 119.

7. Nel caso in cui l'organico delle amministrazioni aggiudicatrici presenti carenze accertate o in esso non sia compreso nessun soggetto in possesso della specifica professionalità necessaria per lo svolgimento dei compiti propri del responsabile del procedimento, secondo quanto attestato dal dirigente competente, i compiti di supporto all'attività del responsabile del procedimento possono essere affidati, con le procedure previste dal presente codice per l'affidamento di incarichi di servizi, ai soggetti aventi le specifiche competenze di carattere tecnico, economico finanziario, amministrativo, organizzativo, e legale, che abbiano stipulato adeguata polizza assicurativa a copertura dei rischi professionali.

8. Il nominativo del responsabile del procedimento è indicato nel bando o avviso con cui si indice la gara per l'affidamento del contratto di lavori, servizi, forniture, ovvero, nelle procedure in cui non vi sia bando o avviso con cui si indice la gara, nell'invito a presentare un'offerta.

9. Le stazioni appaltanti che non sono pubbliche amministrazioni e enti pubblici, in conformità ai principi della legge 7 agosto 1990, n. 241, individuano, secondo i propri ordinamenti, uno o più soggetti cui affidare i compiti propri del responsabile del procedimento, limitatamente al rispetto delle norme del presente codice alla cui osservanza sono tenuti.

32. *Fasi delle procedure di affidamento.* 1. Le procedure di affidamento dei contratti pubblici hanno luogo nel rispetto degli atti di programmazione delle stazioni appaltanti previsti dal presente codice o dalle norme vigenti.

2. Prima dell'avvio delle procedure di affidamento dei contratti pubblici, le stazioni appaltanti, in conformità ai propri ordinamenti, decretano o determinano di contrarre, individuando gli elementi essenziali del contratto e i criteri di selezione degli operatori economici e delle offerte. Nella procedura di cui all'articolo 36, comma 2, lettere *a)* e *b)*, la stazione appaltante può procedere ad affidamento diretto tramite determina a contrarre, o atto equivalente, che contenga, in modo semplificato, l'oggetto dell'affidamento, l'importo, il fornitore, le ragioni della scelta del fornitore, il possesso da parte sua dei requisiti di carattere generale, nonchè il possesso dei requisiti tecnico-professionali, ove richiesti[1].

3. La selezione dei partecipanti e delle offerte avviene mediante uno dei sistemi e secondo i criteri previsti dal presente codice.

4. Ciascun concorrente non può presentare più di un'offerta. L'offerta è vincolante per il periodo indicato nel bando o nell'invito e, in caso di mancata indicazione, per centottanta giorni dalla scadenza del termine per la sua presentazione. La stazione appaltante può chiedere agli offerenti il differimento di detto termine.

5. La stazione appaltante, previa verifica della proposta di aggiudicazione ai sensi dell'articolo 33, comma 1, provvede all'aggiudicazione[2].

6. L'aggiudicazione non equivale ad accettazione dell'offerta. L'offerta dell'aggiudicatario è irrevocabile fino al termine stabilito nel comma 8.

7. L'aggiudicazione diventa efficace dopo la verifica del possesso dei prescritti requisiti.

8. Divenuta efficace l'aggiudicazione, e fatto salvo l'esercizio dei poteri di autotutela nei casi consentiti dalle norme vigenti, la stipulazione del contratto di appalto o di concessione deve avere luogo entro i successivi sessanta giorni, salvo diverso termine previsto nel bando o nell'invito ad offrire, ovvero l'ipotesi di differimento espressamente concordata con l'aggiudicatario, purchè comunque giustificata dall'interesse alla sollecita esecuzione del contratto. La mancata stipulazione del contratto nel termine previsto deve essere motivata con specifico riferimento all'interesse della stazione appaltante e a quello nazionale alla sollecita esecuzione del contratto e viene valutata ai fini della responsabilità erariale e disciplinare del dirigente preposto. Non costituisce giustificazione adeguata per la mancata stipulazione del contratto nel termine previsto, salvo quanto previsto dai commi 9 e 11, la pendenza di un ricorso giurisdizionale, nel cui ambito non sia stata disposta o inibita la stipulazione del contratto. Le stazioni appaltanti hanno facoltà di stipulare contratti di assicurazione della propria responsabilità civile derivante dalla conclusione del contratto e dalla prosecuzione o sospensione della sua esecuzione. Se la stipulazione del contratto non avviene nel termine fissato, l'aggiudicatario può, mediante atto notificato alla stazione appaltante, sciogliersi da ogni vincolo o recedere dal contratto. All'aggiudicatario non spetta alcun indennizzo, salvo il rimborso delle spese contrattuali documentate. Nel caso di lavori, se è intervenuta la consegna dei lavori in via di urgenza e nel caso di servizi e forniture, se si è dato avvio all'esecuzione del contratto in via d'urgenza, l'aggiudicatario ha diritto al rimborso delle spese sostenute per l'esecuzione dei lavori ordinati dal direttore dei lavori, ivi comprese quelle per opere provvisionali. Nel caso di servizi e forniture, se si è dato avvio all'esecuzione del contratto in via d'urgenza, l'aggiudicatario ha

diritto al rimborso delle spese sostenute per le prestazioni espletate su ordine del direttore dell'esecuzione. L'esecuzione d'urgenza di cui al presente comma è ammessa esclusivamente nelle ipotesi di eventi oggettivamente imprevedibili, per ovviare a situazioni di pericolo per persone, animali o cose, ovvero per l'igiene e la salute pubblica, ovvero per il patrimonio storico, artistico, culturale ovvero nei casi in cui la mancata esecuzione immediata della prestazione dedotta nella gara determinerebbe un grave danno all'interesse pubblico che è destinata a soddisfare, ivi compresa la perdita di finanziamenti comunitari[3].

9. Il contratto non può comunque essere stipulato prima di trentacinque giorni dall'invio dell'ultima delle comunicazioni del provvedimento di aggiudicazione.

10. Il termine dilatorio di cui al comma 9 non si applica nei seguenti casi:

a) se, a seguito di pubblicazione di bando o avviso con cui si indice una gara o dell'inoltro degli inviti nel rispetto del presente codice, è stata presentata o è stata ammessa una sola offerta e non sono state tempestivamente proposte impugnazioni del bando o della lettera di invito o queste impugnazioni risultano già respinte con decisione definitiva;

b) nel caso di un appalto basato su un accordo quadro di cui all'articolo 54, nel caso di appalti specifici basati su un sistema dinamico di acquisizione di cui all'articolo 55, nel caso di acquisto effettuato attraverso il mercato elettronico nei limiti di cui all'articolo 3, lettera *bbbb)* e nel caso di affidamenti effettuati ai sensi dell'articolo 36, comma 2, lettere *a)* e *b)*[4].

11. Se è proposto ricorso avverso l'aggiudicazione con contestuale domanda cautelare, il contratto non può essere stipulato, dal momento della notificazione dell'istanza cautelare alla stazione appaltante e per i successivi venti giorni, a condizione che entro tale termine intervenga almeno il provvedimento cautelare di primo grado o la pubblicazione del dispositivo della sentenza di primo grado in caso di decisione del merito all'udienza cautelare ovvero fino alla pronuncia di detti provvedimenti se successiva. L'effetto sospensivo sulla stipula del contratto cessa quando, in sede di esame della domanda cautelare, il giudice si dichiara incompetente ai sensi dell'articolo 15, comma 4, del codice del processo amministrativo di cui all'Allegato 1 al decreto legislativo 2 luglio 2010, n. 104, o fissa con ordinanza la data di discussione del merito senza concedere misure cautelari o rinvia al giudizio di merito l'esame della domanda cautelare, con il consenso delle parti, da intendersi quale implicita rinuncia all'immediato esame della domanda cautelare.

12. Il contratto è sottoposto alla condizione sospensiva dell'esito positivo dell'eventuale approvazione e degli altri controlli previsti dalle norme proprie delle stazioni appaltanti.

13. L'esecuzione del contratto può avere inizio solo dopo che lo stesso è divenuto efficace, salvo che, in casi di urgenza, la stazione appaltante ne chieda l'esecuzione anticipata, nei modi e alle condizioni previste al comma 8.

14. Il contratto è stipulato, a pena di nullità, con atto pubblico notarile informatico, ovvero, in modalità elettronica secondo le norme vigenti per ciascuna stazione appaltante, in forma pubblica amministrativa a cura dell'Ufficiale rogante della stazione appaltante o mediante scrittura privata; in caso di procedura negoziata ovvero per gli affidamenti di importo non superiore a 40.000 euro mediante corrispondenza secondo l'uso del commercio consistente in un apposito scambio di lettere, anche tramite posta elettronica certificata o strumenti analoghi negli altri Stati membri.

14-*bis*. I capitolati e il computo estimativo metrico, richiamati nel bando o nell'invito, fanno parte integrante del contratto[5 6].

[1] Comma così modificato prima dall'art. 22, D.Lgs. 19 aprile 2017, n. 56, poi dall'art. 1, D.L. 18 aprile 2019, n. 32, convertito in L. 14 giugno 2019, n. 55, a decorrere dal 18 giugno 2019.

Il testo previgente la modifica del 2017 disponeva: *2. Prima dell'avvio delle procedure di affidamento dei contratti pubblici, le stazioni appaltanti, in conformità ai propri ordinamenti, decretano o determinano di contrarre, individuando gli elementi essenziali del contratto e i criteri di selezione degli operatori economici e delle offerte.*

Il testo previgente la modifica del 2019 disponeva: *2. Prima dell'avvio delle procedure di affidamento dei contratti pubblici, le stazioni appaltanti, in conformità ai propri ordinamenti, decretano o determinano di contrarre, individuando gli elementi essenziali del contratto e i criteri di selezione degli operatori economici e delle offerte. Nella procedura di cui all'articolo 36, comma 2, lettera a), la stazione appaltante può procedere ad affidamento diretto tramite determina a contrarre, o atto equivalente, che contenga, in modo semplificato, l'oggetto dell'affidamento, l'importo, il fornitore, le ragioni della scelta del fornitore, il possesso da parte sua dei requisiti di carattere generale, nonchè il possesso dei requisiti tecnico-professionali, ove richiesti.*

[2] V. art. 1326 c.c. che dispone: Conclusione del contratto. *Il contratto è concluso nel momento in cui chi ha fatto la proposta ha conoscenza dell'accettazione dell'altra parte.*

L'accettazione deve giungere al proponente nel termine da lui stabilito o in quello ordinariamente necessario secondo la natura dell'affare o secondo gli usi.

Il proponente può ritenere efficace l'accettazione tardiva, purché ne dia immediatamente avviso all'altra parte.

Qualora il proponente richieda per l'accettazione una forma determinata, l'accettazione non ha effetto se è data in forma diversa.

Un'accettazione non conforme alla proposta equivale a nuova proposta.

[3] Comma così modificato dall'art. 4, D.L. 16 luglio 2020, n. 76, convertito in L. 11 settembre 2020, n. 120, a decorrere dal 15 settembre 2020. Il testo previgente disponeva: *8. Divenuta efficace l'aggiudicazione, e fatto salvo l'esercizio dei po-*

teri di autotutela nei casi consentiti dalle norme vigenti, la stipulazione del contratto di appalto o di concessione ha luogo entro i successivi sessanta giorni, salvo diverso termine previsto nel bando o nell'invito ad offrire, ovvero l'ipotesi di differimento espressamente concordata con l'aggiudicatario. Se la stipulazione del contratto non avviene nel termine fissato, l'aggiudicatario può, mediante atto notificato alla stazione appaltante, sciogliersi da ogni vincolo o recedere dal contratto. All'aggiudicatario non spetta alcun indennizzo, salvo il rimborso delle spese contrattuali documentate. Nel caso di lavori, se è intervenuta la consegna dei lavori in via di urgenza e nel caso di servizi e forniture, se si è dato avvio all'esecuzione del contratto in via d'urgenza, l'aggiudicatario ha diritto al rimborso delle spese sostenute per l'esecuzione dei lavori ordinati dal direttore dei lavori, ivi comprese quelle per opere provvisionali. Nel caso di servizi e forniture, se si è dato avvio all'esecuzione del contratto in via d'urgenza, l'aggiudicatario ha diritto al rimborso delle spese sostenute per le prestazioni espletate su ordine del direttore dell'esecuzione. L'esecuzione d'urgenza di cui al presente comma è ammessa esclusivamente nelle ipotesi di eventi oggettivamente imprevedibili, per ovviare a situazioni di pericolo per persone, animali o cose, ovvero per l'igiene e la salute pubblica, ovvero per il patrimonio storico, artistico, culturale ovvero nei casi in cui la mancata esecuzione immediata della prestazione dedotta nella gara determinerebbe un grave danno all'interesse pubblico che è destinata a soddisfare, ivi compresa la perdita di finanziamenti comunitari.

[4] Lettera così modificata dall'art. 22, D.Lgs. 19 aprile 2017, n. 56. Il testo previgente disponeva: *b) nel caso di un appalto basato su un accordo quadro di cui all'articolo 54, nel caso di appalti specifici basati su un sistema dinamico di acquisizione di cui all'articolo 55, nel caso di acquisto effettuato attraverso il mercato elettronico e nel caso di affidamenti effettuati ai sensi dell'articolo 36, comma 2, lettere a) e b).*

[5] Comma aggiunto dall'art. 22, D.Lgs. 19 aprile 2017, n. 56.

[6] V. art. 11, D.Lgs. 12 aprile 2006, n. 163 (vecchio Codice dei contratti pubblici), che dispone: *Art. 11. Fasi delle procedure di affidamento (artt. 16, 17, 19, R.D. n. 2440/1923; Art. 109, D.P.R. n. 554/1999; articolo 44, comma 3, lettere b) ed e), legge n. 88/2009; articoli 2-bis e 2-ter, lettera b), direttiva 89/665/CEE e articoli 2-bis e 2 ter, lettera b), direttiva 92/13/CEE, come modificati dalla direttiva 2007/66/CE)1. 1. Le procedure di affidamento dei contratti pubblici hanno luogo nel rispetto degli atti di programmazione delle amministrazioni aggiudicatrici, se previsti dal presente codice o dalle norme vigenti.*

2. Prima dell'avvio delle procedure di affidamento dei contratti pubblici, le amministrazioni aggiudicatrici decretano o determinano di contrarre, in conformità ai propri ordinamenti, individuando gli elementi essenziali del contratto e i criteri di selezione degli operatori economici e delle offerte.

3. La selezione dei partecipanti avviene mediante uno dei sistemi previsti dal presente codice per l'individuazione dei soggetti offerenti.

4. Le procedure di affidamento selezionano la migliore offerta, mediante uno dei criteri previsti dal presente codice. Al termine della procedura è dichiarata l'aggiudicazione provvisoria a favore del miglior offerente.

5. La stazione appaltante, previa verifica dell'aggiudicazione provvisoria ai sensi dell'articolo 12, comma 1, provvede all'aggiudicazione definitiva.

6. Ciascun concorrente non può presentare più di un'offerta. L'offerta è vincolante per il periodo indicato nel bando o nell'invito e, in caso di mancata indicazione, per centottanta giorni dalla scadenza del termine per la sua presentazione. La stazione appaltante può chiedere agli offerenti il differimento di detto termine.

7. L'aggiudicazione definitiva non equivale ad accettazione dell'offerta. L'offerta dell'aggiudicatario è irrevocabile fino al termine stabilito nel comma 9.

8. L'aggiudicazione definitiva diventa efficace dopo la verifica del possesso dei prescritti requisiti.

9. Divenuta efficace l'aggiudicazione definitiva, e fatto salvo l'esercizio dei poteri di autotutela nei casi consentiti dalle norme vigenti, la stipulazione del contratto di appalto o di concessione ha luogo entro il termine di sessanta giorni, salvo diverso termine previsto nel bando o nell'invito ad offrire, ovvero l'ipotesi di differimento espressamente concordata con l'aggiudicatario. Se la stipulazione del contratto non avviene nel termine fissato, ovvero il controllo di cui all'articolo 12, comma 3, non avviene nel termine ivi previsto, l'aggiudicatario può, mediante atto notificato alla stazione appaltante, sciogliersi da ogni vincolo o recedere dal contratto. All'aggiudicatario non spetta alcun indennizzo, salvo il rimborso delle spese contrattuali documentate. Nel caso di lavori, se è intervenuta la consegna dei lavori in via di urgenza e nel caso di servizi e forniture, se si è dato avvio all'esecuzione del contratto in via d'urgenza, l'aggiudicatario ha diritto al rimborso delle spese sostenute per l'esecuzione dei lavori ordinati dal direttore dei lavori, ivi comprese quelle per opere provvisionali. Nel caso di servizi e forniture, se si è dato avvio all'esecuzione del contratto in via d'urgenza, l'aggiudicatario ha diritto al rimborso delle spese sostenute per le prestazioni espletate su ordine del direttore dell'esecuzione. L'esecuzione di urgenza di cui al presente comma non è consentita durante il termine dilatorio di cui al comma 10 e durante il periodo di sospensione obbligatoria del termine per la stipulazione del contratto previsto dal comma 10-ter, salvo che nelle procedure in cui la normativa vigente non prevede la pubblicazione del bando di gara, ovvero nei casi in cui la mancata esecuzione immediata della prestazione dedotta nella gara determinerebbe un grave danno all'interesse pubblico che è destinata a soddisfare, ivi compresa la perdita di finanziamenti comunitari.

10. Il contratto non può comunque essere stipulato prima di trentacinque giorni dall'invio dell'ultima delle comunicazioni del provvedimento di aggiudicazione definitiva ai sensi dell'articolo 79.

10-bis. Il termine dilatorio di cui al comma 10 non si applica nei seguenti casi:

a) se, a seguito di pubblicazione di bando o avviso con cui si indice una gara o inoltro degli inviti nel rispetto del presente codice, è stata presentata o è stata ammessa una sola offerta e non sono state tempestivamente proposte impugnazioni del bando o della lettera di invito o queste impugnazioni risultano già respinte con decisione definitiva;

b) nel caso di un appalto basato su un accordo quadro di cui all'articolo 59 e in caso di appalti specifici basati su un sistema dinamico di acquisizione di cui all'articolo 60 e nel caso di acquisto effettuato attraverso il mercato elettronico della pubblica amministrazione di cui all'articolo 328 del regolamento.

10-ter. Se è proposto ricorso avverso l'aggiudicazione definitiva con contestuale domanda cautelare, il contratto non può essere stipulato, dal momento della notificazione dell'istanza cautelare alla stazione appaltante e per i successivi venti giorni, a condizione che entro tale termine intervenga almeno il provvedimento cautelare di primo grado o la pubblicazione del dispositivo della sentenza di primo grado in caso di decisione del merito all'udienza cautelare ovvero fino alla pronuncia di detti provvedimenti se successiva. L'effetto sospensivo sulla stipula del contratto cessa quando, in sede di esame della domanda cautelare, il giudice si dichiara incompetente ai sensi dell'articolo 14, comma 3, del codice del processo amministrativo, o fissa con ordinanza la data di discussione del merito senza concedere misure cautelari o rinvia al giudizio di merito l'esame della domanda cautelare, con il consenso delle parti, da intendersi quale implicita rinuncia all'immediato esame della domanda cautelare.

11. Il contratto è sottoposto alla condizione sospensiva dell'esito positivo dell'eventuale approvazione e degli altri controlli previsti dalle norme proprie delle stazioni appaltanti o degli enti aggiudicatori.

12. L'esecuzione del contratto può avere inizio solo dopo che lo stesso è divenuto efficace, salvo che, in casi di urgenza, la stazione appaltante o l'ente aggiudicatore ne chieda l'esecuzione anticipata, nei modi e alle condizioni previste dal regolamento.

13. Il contratto è stipulato, a pena di nullità, con atto pubblico notarile informatico, ovvero, in modalità elettronica secondo le norme vigenti per ciascuna stazione appaltante, in forma pubblica amministrativa a cura dell'Ufficiale rogante dell'amministrazione aggiudicatrice o mediante scrittura privata.

33. *Controlli sugli atti delle procedure di affidamento.* 1. La proposta di aggiudicazione è soggetta ad approvazione dell'organo competente secondo l'ordinamento della stazione appaltante e nel rispetto dei termini dallo stesso previsti, decorrenti dal ricevimento della proposta di aggiudicazione da parte dell'organo competente. In mancanza, il termine è pari a trenta giorni. Il termine è interrotto dalla richiesta di chiarimenti o documenti e inizia nuovamente a decorrere da quando i chiarimenti o documenti pervengono all'organo richiedente. Decorsi tali termini, la proposta di aggiudicazione si intende approvata.

2. L'eventuale approvazione del contratto stipulato avviene nel rispetto dei termini e secondo procedure analoghe a quelle di cui al comma 1. L'approvazione del contratto è sottoposta ai controlli previsti dai rispettivi ordinamenti delle stazioni appaltanti[1].

[1] V. art. 12, D.Lgs. 12 aprile 2006, n. 163 (vecchio Codice dei contratti pubblici), che dispone: *Art. 12. Controlli sugli atti delle procedure di affidamento. 1. L'aggiudicazione provvisoria è soggetta ad approvazione dell'organo competente secondo l'ordinamento delle amministrazioni aggiudicatrici e degli enti aggiudicatori, ovvero degli altri soggetti aggiudicatori, nel rispetto dei termini previsti dai singoli ordinamenti, decorrenti dal ricevimento dell'aggiudicazione provvisoria da parte dell'organo competente. In mancanza, il termine è pari a trenta giorni. Il termine è interrotto dalla richiesta di chiarimenti o documenti, e inizia nuovamente a decorrere da quando i chiarimenti o documenti pervengono all'organo richiedente. Decorsi i termini previsti dai singoli ordinamenti o, in mancanza, quello di trenta giorni, l'aggiudicazione si intende approvata.*

2. Il contratto stipulato è soggetto all'eventuale approvazione dell'organo competente secondo l'ordinamento delle amministrazioni aggiudicatrici e degli enti aggiudicatori, ovvero degli altri soggetti aggiudicatori, nel rispetto dei termini previsti dai singoli ordinamenti, decorrenti dal ricevimento del contratto da parte dell'organo competente. In mancanza, il termine è pari a trenta giorni. Il termine è interrotto dalla richiesta di chiarimenti o documenti, e inizia nuovamente a decorrere da quando i chiarimenti o documenti pervengono all'organo richiedente. Decorsi i termini previsti dai singoli ordinamenti o, in mancanza, quello di trenta giorni, il contratto si intende approvato.

3. L'approvazione del contratto di cui al comma 2 è sottoposta agli eventuali controlli previsti dagli ordinamenti delle amministrazioni aggiudicatrici, degli enti aggiudicatori, o degli altri soggetti aggiudicatori, nel rispetto dei termini previsti dai singoli ordinamenti, decorrenti dal ricevimento del contratto approvato da parte dell'organo di controllo. In mancanza, il termine è pari a trenta giorni. Il termine può essere interrotto, per non più di due volte, dalla richiesta di chiarimenti o documenti, e inizia nuovamente a decorrere da quando i chiarimenti o documenti pervengono all'organo richiedente. L'organo di controllo si pronuncia entro trenta giorni dal ricevimento dei chiarimenti. Decorsi i termini previsti dai singoli ordinamenti o, in mancanza, quello di trenta giorni, il contratto diventa efficace.

4. Restano ferme le norme vigenti che contemplano controlli sui contratti pubblici al fine di prevenzione di illeciti penali.

34. *Criteri di sostenibilità energetica e ambientale.* 1. Le stazioni appaltanti contribuiscono al conseguimento degli obiettivi ambientali previsti dal Piano d'azione per la sostenibilità ambientale dei consumi nel settore della pubblica amministrazione attraverso l'inserimento, nella documentazione progettuale e di gara, almeno delle specifiche tecniche e delle clausole contrattuali contenute nei criteri ambientali minimi adottati con decreto del Ministro dell'ambiente e della tutela del territorio e del mare e conformemente, in riferimento all'acquisto di prodotti e servizi nei settori della ristorazione collettiva e fornitura di derrate alimentari, anche a quanto specificamente previsto all' articolo 144[1].

2. I criteri ambientali minimi definiti dal decreto di cui al comma 1, in particolare i criteri premianti, sono tenuti in considerazione anche ai fini della stesura dei documenti di gara per l'applicazione del criterio dell'offerta economicamente più vantaggiosa, ai sensi dell'articolo 95, comma 6. Nel caso di contratti relativi alle categorie di appalto riferite agli interventi di ristrutturazione, inclusi quelli comportanti demolizione e ricostruzione, i criteri ambientali minimi di cui al comma 1, sono tenuti in considerazione, per quanto possibile, in funzione della tipologia di intervento e della localizzazione delle opere da realizzare, sulla base di adeguati criteri definiti dal Ministero dell'ambiente e della tutela del territorio e del mare[2].

3. L'obbligo di cui ai commi 1 e 2 si applica per gli affidamenti di qualunque importo, relativamente alle categorie di forniture e di affidamenti di servizi e lavori oggetto dei criteri ambientali minimi adottati nell'ambito del citato Piano d'azione[3 4].

[1] Comma così modificato dall'art. 23, D.Lgs. 19 aprile 2017, n. 56. Il testo previgente disponeva: *1. Le stazioni appaltanti contribuiscono al conseguimento degli obiettivi ambientali previsti dal Piano d'azione per la sostenibilità ambientale dei consumi nel settore della pubblica amministrazione attraverso l'inserimento, nella documentazione progettuale e di gara, almeno delle specifiche tecniche e delle clausole con-*

trattuali contenute nei criteri ambientali minimi adottati con decreto del Ministro dell'ambiente e della tutela del territorio e del mare e conformemente, in riferimento all'acquisto di prodotti e servizi nei settori della ristorazione collettiva e fornitura di derrate alimentari, a quanto specificamente previsto all'articolo 144.

[2] Comma così sostituito dall'art. 23, D.Lgs. 19 aprile 2017, n. 56. Il testo previgente disponeva: *2. I criteri ambientali minimi definiti dal decreto di cui al comma 1 sono tenuti in considerazione anche ai fini della stesura dei documenti di gara per l'applicazione del criterio dell'offerta economicamente più vantaggiosa, ai sensi dell'articolo 95, comma 6. Nel caso dei contratti relativi ai servizi di ristorazione ospedaliera, assistenziale, scolastica e sociale di cui all'articolo 95, comma 3, lettera a), e dei contratti relativi ai servizi di ristorazione di cui all'articolo 144, il suddetto decreto può stabilire che l'obbligo di cui al comma 1 si applichi anche per una quota inferiore al 50 per cento del valore a base d'asta. Negli altri casi il medesimo obbligo si applica per gli affidamenti di qualunque importo, per almeno il 50 per cento del valore a base d'asta, relativamente alle categorie di forniture e affidamenti non connesse agli usi finali di energia e oggetto dei criteri ambientali minimi, mentre si applica per l'intero valore delle gare, relativamente alle categorie di appalto con le quali si può conseguire l'efficienza energetica negli usi finali quali: a) acquisto di lampade a scarica ad alta intensità, di alimentatori elettronici e di moduli a LED per illuminazione pubblica, acquisto di apparecchi di illuminazione per illuminazione pubblica e affidamento del servizio di progettazione di impianti di illuminazione pubblica; b) attrezzature elettriche ed elettroniche d'ufficio, quali personal computer, stampanti, apparecchi multifunzione e fotocopiatrici; c) servizi energetici per gli edifici, servizio di illuminazione e forza motrice, servizio di riscaldamento/raffrescamento di edifici; d) affidamento di servizi di progettazione e lavori per la nuova costruzione, ristrutturazione e manutenzione di edifici e per la gestione dei cantieri della pubblica amministrazione.*

[3] Comma così sostituito dall'art. 23, D.Lgs. 19 aprile 2017, n. 56. Il testo previgente disponeva: *3. Con decreto del Ministro dell'ambiente e della tutela del territorio e del mare può essere previsto, altresì, l'aumento progressivo della percentuale del 50 per cento del valore a base d'asta indicato al comma 2.*

[4] V. artt. 2, 64, 68-bis, D.Lgs. 12 aprile 2006, n. 163 (vecchio Codice dei contratti pubblici).

PARTE II
CONTRATTI DI APPALTO PER LAVORI SERVIZI E FORNITURE

TITOLO I
RILEVANZA COMUNITARIA E CONTRATTI SOTTO SOGLIA

35. *Soglie di rilevanza comunitaria e metodi di calcolo del valore stimato degli appalti.* 1. Ai fini dell'applicazione del presente codice, le soglie di rilevanza comunitaria sono[1]:

a) euro 5.225.000 per gli appalti pubblici di lavori e per le concessioni;

b) euro 135.000 per gli appalti pubblici di forniture, di servizi e per i concorsi pubblici di progettazione aggiudicati dalle amministrazioni aggiudicatrici che sono autorità governative centrali indicate nell'allegato III; se gli appalti pubblici di forniture sono aggiudicati da amministrazioni aggiudicatrici operanti nel settore della difesa, questa soglia si applica solo agli appalti concernenti i prodotti menzionati nell'allegato VIII;

c) euro 209.000 per gli appalti pubblici di forniture, di servizi e per i concorsi pubblici di progettazione aggiudicati da amministrazioni aggiudicatrici sub-centrali; tale soglia si applica anche agli appalti pubblici di forniture aggiudicati dalle autorità governative centrali che operano nel settore della difesa, allorchè tali appalti concernono prodotti non menzionati nell'allegato VIII;

d) euro 750.000 per gli appalti di servizi sociali e di altri servizi specifici elencati all'allegato IX.

2. Nei settori speciali, le soglie di rilevanza comunitaria sono[2]:

a) euro 5.225.000 per gli appalti di lavori;

b) euro 418.000 per gli appalti di forniture, di servizi e per i concorsi pubblici di progettazione;

c) euro 1.000.000 per i contratti di servizi, per i servizi sociali e altri servizi specifici elencati all'allegato IX.

3. Le soglie di cui al presente articolo sono periodicamente rideterminate con provvedimento della Commissione europea, che trova diretta applicazione alla data di entrata in vigore a seguito della pubblicazione nella Gazzetta ufficiale dell'Unione europea.

4. Il calcolo del valore stimato di un appalto pubblico di lavori, servizi e forniture è basato sull'importo totale pagabile, al netto dell'IVA, valutato dall'amministrazione aggiudicatrice o dall'ente aggiudicatore. Il calcolo tiene conto dell'importo massimo stimato, ivi compresa qualsiasi forma di eventuali opzioni o rinnovi del contratto esplicitamente stabiliti nei documenti di gara. Quando l'amministrazione aggiudicatrice o l'ente aggiudicatore prevedono premi o pagamenti per i candidati o gli offerenti, ne tengono conto nel calcolo del valore stimato dell'appalto.

5. Se un'amministrazione aggiudicatrice o un ente aggiudicatore sono composti da unità operative distinte, il calcolo del valore stimato di un appalto tiene conto del valore totale stimato per tutte le singole unità operative. Se un'unità operativa distinta è responsabile in modo indipendente del proprio appalto o di determinate categorie di esso, il valore dell'appalto può essere stimato con riferimento al valore attribuito dall'unità operativa distinta.

6. La scelta del metodo per il calcolo del valore stimato di un appalto o concessione non può essere fatta con l'intenzione di escluderlo dall'ambito di applicazione delle disposizioni del presente codice relative alle soglie europee. Un appalto non può essere frazionato allo scopo di evitare l'applicazione delle norme del presente codice tranne nel caso in cui ragioni oggettive lo giustifichino.

7. Il valore stimato dell'appalto è quantificato al momento dell'invio dell'avviso di indizione di gara o del bando di gara o, nei casi in cui non sia prevista un'indizione di gara, al momento in cui l'amministrazione aggiudicatrice o l'ente aggiudicatore avvia la procedura di affidamento del contratto.

8. Per gli appalti pubblici di lavori il calcolo del valore stimato tiene conto dell'importo dei lavori stessi nonchè del valore complessivo stimato di tutte le forniture e servizi messi a disposizione dell'aggiudicatario dall'amministrazione aggiudicatrice o dall'ente aggiudicatore, a condizione che siano necessari all'esecuzione dei lavori. Il valore delle forniture o dei servizi non necessari all'esecuzione di uno specifico appalto di lavori non può essere aggiunto al valore dell'appalto di lavori in modo da sottrarre l'acquisto di tali forniture o servizi dall'applicazione delle disposizioni del presente codice.

9. Per i contratti relativi a lavori e servizi:

a) quando un'opera prevista o una prestazione di servizi può dare luogo ad appalti aggiudicati per lotti distinti, è computato il valore complessivo stimato della totalità di tali lotti[3];

b) quando il valore cumulato dei lotti è pari o superiore alle soglie di cui ai commi 1 e 2, le disposizioni del presente codice si applicano all'aggiudicazione di ciascun lotto.

10. Per gli appalti di forniture:

a) quando un progetto volto ad ottenere forniture omogenee può dare luogo ad appalti aggiudicati per lotti distinti, nell'applicazione delle soglie di cui ai commi 1 e 2 è computato il valore complessivo stimato della totalità di tali lotti[4];

b) quando il valore cumulato dei lotti è pari o superiore alle soglie di cui ai commi 1 e 2, le disposizioni del presente codice si applicano all'aggiudicazione di ciascun lotto.

11. In deroga a quanto previsto dai commi 9 e 10, le amministrazioni aggiudicatrici o gli enti aggiudicatori possono aggiudicare l'appalto per singoli lotti senza applicare le disposizioni del presente codice, quando il valore stimato al netto dell'IVA del lotto sia inferiore a euro 80.000 per le forniture o i servizi oppure a euro 1.000.000 per i lavori, purchè il valore cumulato dei lotti aggiudicati non superi il 20 per cento del valore complessivo di tutti i lotti in cui sono stati frazionati l'opera prevista, il progetto di acquisizione delle forniture omogenee, o il progetto di prestazione servizi.

12. Se gli appalti pubblici di forniture o di servizi presentano caratteri di regolarità o sono destinati ad essere rinnovati entro un determinato periodo, è posto come base per il calcolo del valore stimato dell'appalto:

a) il valore reale complessivo dei contratti analoghi successivi conclusi nel corso dei dodici mesi precedenti o dell'esercizio precedente, rettificato, ove possibile, al fine di tenere conto dei cambiamenti in termini di quantità o di valore che potrebbero sopravvenire nei dodici mesi successivi al contratto iniziale;

b) il valore stimato complessivo dei contratti successivi aggiudicati nel corso dei dodici mesi successivi alla prima consegna o nel corso dell'esercizio, se questo è superiore ai dodici mesi.

13. Per gli appalti pubblici di forniture aventi per oggetto la locazione finanziaria, la locazione o l'acquisto a riscatto di prodotti, il valore da assumere come base per il calcolo del valore stimato dell'appalto è il seguente:

a) per gli appalti pubblici di durata determinata pari o inferiore a dodici mesi, il valore stimato complessivo per la durata dell'appalto o, se la durata supera i dodici mesi, il valore complessivo, ivi compreso il valore stimato dell'importo residuo;

b) per gli appalti pubblici di durata indeterminata o che non può essere definita, il valore mensile moltiplicato per quarantotto.

14. Per gli appalti pubblici di servizi, il valore da porre come base per il calcolo del valore stimato dell'appalto, a seconda del tipo di servizio, è il seguente:

a) per i servizi assicurativi: il premio da pagare e altre forme di remunerazione;

b) per i servizi bancari e altri servizi finanziari: gli onorari, le commissioni da pagare, gli interessi e altre forme di remunerazione;

c) per gli appalti riguardanti la progettazione: gli onorari, le commissioni da pagare e altre forme di remunerazione;

d) per gli appalti pubblici di servizi che non fissano un prezzo complessivo:

1) in caso di appalti di durata determinata pari o inferiore a quarantotto mesi, il valore complessivo stimato per l'intera loro durata;

2) in caso di appalti di durata indeterminata o superiore a quarantotto mesi, il valore mensile moltiplicato per quarantotto.

15. Il calcolo del valore stimato di un appalto misto di servizi e forniture si fonda sul valore totale dei servizi e delle forniture, prescindendo dalle rispettive quote. Tale calcolo comprende il valore delle operazioni di posa e di installazione.

16. Per gli accordi quadro e per i sistemi dinamici di acquisizione, il valore da prendere in considerazione è il valore massimo stimato al netto dell'IVA del complesso dei contratti previsti durante l'intera durata degli accordi quadro o del sistema dinamico di acquisizione.

17. Nel caso di partenariati per l'innovazione, il valore da prendere in considerazione è il valore massimo stimato, al netto dell'IVA, delle attività di ricerca e sviluppo che si svolgeranno per tutte le fasi del previsto partenariato, nonchè delle forniture, dei ser-

vizi o dei lavori da mettere a punto e fornire alla fine del partenariato.

18. Sul valore del contratto di appalto viene calcolato l'importo dell'anticipazione del prezzo pari al 20 per cento da corrispondere all'appaltatore entro quindici giorni dall'effettivo inizio della prestazione. L'erogazione dell'anticipazione, consentita anche nel caso di consegna in via d'urgenza, ai sensi dell'articolo 32, comma 8, del presente codice, è subordinata alla costituzione di garanzia fideiussoria bancaria o assicurativa di importo pari all'anticipazione maggiorato del tasso di interesse legale applicato al periodo necessario al recupero dell'anticipazione stessa secondo il cronoprogramma della prestazione. La predetta garanzia è rilasciata da imprese bancarie autorizzate ai sensi del decreto legislativo 1° settembre 1993, n. 385, o assicurative autorizzate alla copertura dei rischi ai quali si riferisce l'assicurazione e che rispondano ai requisiti di solvibilità previsti dalle leggi che ne disciplinano la rispettiva attività. La garanzia può essere, altresì, rilasciata dagli intermediari finanziari iscritti nell'albo degli intermediari finanziari di cui all'articolo 106 del decreto legislativo 1° settembre 1993, n. 385. L'importo della garanzia viene gradualmente ed automaticamente ridotto nel corso della prestazione, in rapporto al progressivo recupero dell'anticipazione da parte delle stazioni appaltanti. Il beneficiario decade dall'anticipazione, con obbligo di restituzione, se l'esecuzione della prestazione non procede, per ritardi a lui imputabili, secondo i tempi contrattuali. Sulle somme restituite sono dovuti gli interessi legali con decorrenza dalla data di erogazione della anticipazione[5 6 7 8].

[1] Alinea così sostituito dall'art. 24, D.Lgs. 19 aprile 2017, n. 56. Il testo previgente disponeva: *Le disposizioni del presente codice si applicano ai contratti pubblici il cui importo, al netto dell'imposta sul valore aggiunto, è pari o superiore alle soglie seguenti.*

[2] Alinea così sostituito dall'art. 24, D.Lgs. 19 aprile 2017, n. 56. Il testo previgente disponeva: *Il presente codice si applica anche ai contratti pubblici nei settori speciali il cui valore, al netto dell'imposta sul valore aggiunto, è pari o superiore alle soglie seguenti.*

[3] Lettera così modificata dall'art. 1, D.L. 18 aprile 2019, n. 32, convertito in L. 14 giugno 2019, n. 55, a decorrere dal 18 giugno 2019. Il testo previgente disponeva: *a) quando un'opera prevista o una prestazione di servizi può dare luogo ad appalti aggiudicati contemporaneamente per lotti distinti, è computato il valore complessivo stimato della totalità di tali lotti.*

[4] Lettera così modificata dall'art. 1, D.L. 18 aprile 2019, n. 32, convertito in L. 14 giugno 2019, n. 55, a decorrere dal 18 giugno 2019. Il testo previgente disponeva: *a) quando un progetto volto ad ottenere forniture omogenee può dare luogo ad appalti aggiudicati contemporaneamente per lotti distinti, nell'applicazione delle soglie di cui ai commi 1 e 2 è computato il valore complessivo stimato della totalità di tali lotti.*

[5] Comma così modificato prima dall'art. 24, D.Lgs. 19 aprile 2017, n. 56, poi dall'art. 1, D.L. 18 aprile 2019, n. 32, convertito in L. 14 giugno 2019, n. 55, a decorrere dal 18 giugno 2019, infine dall'art. 91, D.L. 17 marzo 2020, n. 18, convertito in L. 24 aprile 2020, n. 27, a decorrere dal 29 aprile 2020.

Il testo previgente la modifica del 2017 disponeva: *18. Sul valore stimato dell'appalto viene calcolato l'importo dell'anticipazione del prezzo pari al 20 per cento da corrispondere all'appaltatore entro quindici giorni dall'effettivo inizio dei lavori. L'erogazione dell'anticipazione è subordinata alla costituzione di garanzia fideiussoria bancaria o assicurativa di importo pari all'anticipazione maggiorato del tasso di interesse legale applicato al periodo necessario al recupero dell'anticipazione stessa secondo il cronoprogramma dei lavori. La predetta garanzia è rilasciata da imprese bancarie autorizzate ai sensi del decreto legislativo 1° settembre 1993, n. 385, o assicurative autorizzate alla copertura dei rischi ai quali si riferisce l'assicurazione e che rispondano ai requisiti di solvibilità previsti dalle leggi che ne disciplinano la rispettiva attività. La garanzia può essere, altresì, rilasciata dagli intermediari finanziari iscritti nell'albo degli intermediari finanziari di cui all'articolo 106 del decreto legislativo 1° settembre 1993, n. 385. L'importo della garanzia viene gradualmente ed automaticamente ridotto nel corso dei lavori, in rapporto al progressivo recupero dell'anticipazione da parte delle stazioni appaltanti. Il beneficiario decade dall'anticipazione, con obbligo di restituzione, se l'esecuzione dei lavori non procede, per ritardi a lui imputabili, secondo i tempi contrattuali. Sulle somme restituite sono dovuti gli interessi legali con decorrenza dalla data di erogazione della anticipazione.*

Il testo previgente la modifica del 2019 disponeva: *18. Sul valore del contratto di appalto viene calcolato l'importo dell'anticipazione del prezzo pari al 20 per cento da corrispondere all'appaltatore entro quindici giorni dall'effettivo inizio dei lavori. L'erogazione dell'anticipazione è subordinata alla costituzione di garanzia fideiussoria bancaria o assicurativa di importo pari all'anticipazione maggiorato del tasso di interesse legale applicato al periodo necessario al recupero dell'anticipazione stessa secondo il cronoprogramma dei lavori. La predetta garanzia è rilasciata da imprese bancarie autorizzate ai sensi del decreto legislativo 1° settembre 1993, n. 385, o assicurative autorizzate alla copertura dei rischi ai quali si riferisce l'assicurazione e che rispondano ai requisiti di solvibilità previsti dalle leggi che ne disciplinano la rispettiva attività. La garanzia può essere, altresì, rilasciata dagli intermediari finanziari iscritti nell'albo degli intermediari finanziari di cui all'articolo 106 del decreto legislativo 1° settembre 1993, n. 385. L'importo della garanzia viene gradualmente ed automaticamente ridotto nel corso dei lavori, in rapporto al progressivo recupero dell'anticipazione da parte delle stazioni appaltanti. Il beneficiario decade dall'anticipazione, con obbligo di restituzione, se l'esecuzione dei lavori non procede, per ritardi a lui imputabili, secondo i tempi contrattuali. Sulle somme restituite sono dovuti gli interessi legali con decorrenza dalla data di erogazione della anticipazione.*

Il testo previgente la modifica del 2020 disponeva: *18. Sul valore del contratto di appalto viene calcolato l'importo dell'anticipazione del prezzo pari al 20 per cento da corrispondere all'appaltatore entro quindici giorni dall'effettivo inizio della prestazione. L'erogazione dell'anticipazione è subordinata alla costituzione di garanzia fideiussoria bancaria o assicurativa di importo pari all'anticipazione maggiorato del tasso di interesse legale applicato al periodo necessario al recupero dell'anticipazione stessa secondo il cronoprogramma della prestazione. La predetta garanzia è rilasciata da imprese bancarie autorizzate ai sensi del decreto legislativo 1° settembre 1993, n. 385, o assicurative autorizzate alla copertura dei rischi ai quali si riferisce l'assicurazione e che rispondano ai requisiti di solvibilità previsti dalle leggi che ne disciplinano la rispettiva attività. La garanzia può essere, altresì, rilasciata dagli intermediari finanziari iscritti nell'albo degli intermediari finanziari di cui all'articolo 106 del decreto legislativo 1° settembre 1993, n. 385. L'importo della garanzia viene gradualmente ed automaticamente ridotto nel corso della prestazione, in rapporto al progressivo recupero dell'anticipazione da parte delle stazioni appaltanti. Il beneficiario decade dall'anticipazione, con obbligo di restituzione, se l'esecuzione della prestazione non procede, per ritardi a lui imputabili, secondo i tempi contrattuali. Sulle somme restituite sono dovuti gli interessi legali con decorrenza dalla data di erogazione della anticipazione.*

[6] Nella Gazzetta Ufficiale dell'Unione europea del 31 ottobre 2019 sono stati pubblicati i Regolamenti della Commissione europea (UE) 2019/1827, (UE) 2019/1828, (UE) 2019/1829 e (UE) 2019/1830, che modificano dal 1 gennaio 2020 le soglie di rilevanza comunitaria previste per l'aggiudicazione degli appalti e delle concessioni fissate, rispettivamente, dalle direttive 2014/23/UE, 2014/24/UE, 2014/25/UE e 2009/81/CE.

Per effetto dei sopra richiamati Regolamenti, dal 1° gennaio 2020 le soglie di rilevanza comunitaria di cui ai commi 1 e 2, del presente articolo sono le seguenti:

a) appalti nei settori ordinari e concessioni

1) euro 5.350.000 per gli appalti pubblici di lavori e per le concessioni;

2) euro 139.000 per gli appalti pubblici di forniture, di servizi e per i concorsi pubblici di progettazione aggiudicati dalle amministrazioni aggiudicatrici che sono autorità governative centrali indicate nell'allegato III; se gli appalti pubblici di forniture sono aggiudicati da amministrazioni aggiudicatrici operanti nel settore della difesa, questa soglia si applica solo agli appalti concernenti i prodotti menzionati nell'allegato VIII;

3) euro 214.000 per gli appalti pubblici di forniture, di servizi e per i concorsi pubblici di progettazione aggiudicati da amministrazioni aggiudicatrici sub-centrali; tale soglia si applica anche agli appalti pubblici di forniture aggiudicati dalle autorità governative centrali che operano nel settore della difesa, allorché tali appalti concernono prodotti non menzionati nell'allegato VIII;

4) euro 750.000 per gli appalti di servizi sociali e di altri servizi specifici elencati all'allegato IX.

b) appalti nei settori speciali

1) euro 5.350.000 per gli appalti di lavori;

2) euro 428.000 per gli appalti di forniture, di servizi e per i concorsi pubblici di progettazione;

3) euro 1.000.000 per i contratti di servizi, per i servizi sociali e altri servizi specifici elencati all'allegato IX.

[7] V. artt. 28, 29, 215, 248, D.Lgs. 12 aprile 2006, n. 163 (vecchio Codice dei contratti pubblici).

[8] Per l'incremento degli importi di cui ai commi 1 e 2, v. Reg. Ue 2364/2017, Reg. Ue 2365/2017, Reg. Ue 2366/2017 (importo di 5.225.000 = 5.548.000; importo di 135.000 è = 144.000; importo di 209.000 = 221.000; importo di 418.000 = 443.000).

36. *Contratti sotto soglia.* 1. L'affidamento e l'esecuzione di lavori, servizi e forniture di importo inferiore alle soglie di cui all'articolo 35 avvengono nel rispetto dei principi di cui agli articoli 30, comma 1, 34 e 42, nonchè del rispetto del principio di rotazione degli inviti e degli affidamenti e in modo da assicurare l'effettiva possibilità di partecipazione delle microimprese, piccole e medie imprese. Le stazioni appaltanti applicano le disposizioni di cui all'articolo 50[1].

2. Fermo restando quanto previsto dagli articoli 37 e 38 e salva la possibilità di ricorrere alle procedure ordinarie, le stazioni appaltanti procedono all'affidamento di lavori, servizi e forniture di importo inferiore alle soglie di cui all'articolo 35, secondo le seguenti modalità:

a) per affidamenti di importo inferiore a 40.000 euro, mediante affidamento diretto anche senza previa consultazione di due o più operatori economici o per i lavori in amministrazione diretta. La pubblicazione dell'avviso sui risultati della procedura di affidamento non è obbligatoria[2];

b) per affidamenti di importo pari o superiore a 40.000 euro e inferiore a 150.000 euro per i lavori, o alle soglie di cui all'articolo 35 per le forniture e i servizi, mediante affidamento diretto previa valutazione di tre preventivi, ove esistenti, per i lavori, e, per i servizi e le forniture, di almeno cinque operatori economici individuati sulla base di indagini di mercato o tramite elenchi di operatori economici, nel rispetto di un criterio di rotazione degli inviti. I lavori possono essere eseguiti anche in amministrazione diretta, fatto salvo l'acquisto e il noleggio di mezzi, per i quali si applica comunque la procedura di cui al periodo precedente. L'avviso sui risultati della procedura di affidamento contiene l'indicazione anche dei soggetti invitati[3];

c) per affidamenti di lavori di importo pari o superiore a 150.000 euro e inferiore a 350.000 euro, mediante la procedura negoziata di cui all'articolo 63 previa consultazione, ove esistenti, di almeno dieci operatori economici, nel rispetto di un criterio di rotazione degli inviti, individuati sulla base di indagini di mercato o tramite elenchi di operatori economici. L'avviso sui risultati della procedura di affidamento contiene l'indicazione anche dei soggetti invitati[4];

c-bis) per affidamenti di lavori di importo pari o superiore a 350.000 euro e inferiore a 1.000.000 di euro, mediante la procedura negoziata di cui all'articolo 63 previa consultazione, ove esistenti, di almeno quindici operatori economici, nel rispetto di un criterio di rotazione degli inviti, individuati sulla base di indagini di mercato o tramite elenchi di operatori economici. L'avviso sui risultati della procedura di affidamento contiene l'indicazione anche dei soggetti invitati[5];

d) per affidamenti di lavori di importo pari o superiore a 1.000.000 di euro e fino alle soglie di cui all'articolo 35 mediante ricorso alle procedure di cui all'articolo 60, fatto salvo quanto previsto dall'articolo 97, comma 8[6].

3. Per l'affidamento dei lavori pubblici di cui all'articolo 1, comma 2, lettera *e)*, del presente codice, relativi alle opere di urbanizzazione a scomputo per gli importi inferiori a quelli di cui all'articolo 35, si applicano le previsioni di cui al comma 2[7].

4. Nel caso di opere di urbanizzazione primaria di importo inferiore alla soglia di cui all'articolo 35, comma 1, lettera *a)*, calcolato secondo le disposizioni di cui all'articolo 35, comma 9, funzionali all'intervento di trasformazione urbanistica del territorio, si applica l'articolo 16, comma 2-*bis*, del decreto del Presidente della Repubblica 6 giugno 2001, n. 380[8].

5. [...][9].

6. Per lo svolgimento delle procedure di cui al presente articolo le stazioni appaltanti possono procedere attraverso un mercato elettronico che consenta acquisti telematici basati su un sistema che attua procedure di scelta del contraente interamente gestite per via elettronica. Il Ministero dell'economia e delle finanze, avvalendosi di CONSIP S.p.A., mette a disposizione delle stazioni appaltanti il mercato elettronico delle pubbliche amministrazioni[10].

6-*bis*. Ai fini dell'ammissione e della permanenza degli operatori economici nei mercati elettronici di cui al comma 6, il soggetto responsabile dell'ammissione verifica l'assenza dei motivi di esclusione di cui all'articolo 80 su un campione significativo di operatori economici. Dalla data di entrata in vigore del decreto di cui all'articolo 81, comma 2, tale verifica è effettuata attraverso la Banca dati nazionale degli operatori economici di cui all'articolo 81, anche mediante interoperabilità fra sistemi. I soggetti responsabili dell'ammissione possono consentire l'accesso ai propri sistemi agli operatori economici per la consultazione dei dati, certificati e informazioni disponibili mediante la Banca dati di cui all'articolo 81 per la predisposizione della domanda di ammissione e di permanenza nei mercati elettronici[11].

6-*ter*. Nelle procedure di affidamento effettuate nell'ambito dei mercati elettronici di cui al comma 6, la stazione appaltante verifica esclusivamente il possesso da parte dell'aggiudicatario dei requisiti economici e finanziari e tecnico-professionali, ferma restando la verifica del possesso dei requisiti generali effettuata dalla stazione appaltante qualora il soggetto aggiudicatario non rientri tra gli operatori economici verificati a campione ai sensi del comma 6-*bis*[12].

7. Con il regolamento di cui all'articolo 216, comma 27-*octies*, sono stabilite le modalità relative alle procedure di cui al presente articolo, alle indagini di mercato, nonchè per la formazione e gestione degli elenchi degli operatori economici. Nel predetto regolamento sono anche indicate specifiche modalità di rotazione degli inviti e degli affidamenti e di attuazione delle verifiche sull'affidatario scelto senza svolgimento di procedura negoziata. Fino alla data di entrata in vigore del regolamento di cui all'articolo 216, comma 27-*octies*, si applica la disposizione transitoria ivi prevista[13].

8. Le imprese pubbliche e i soggetti titolari di diritti speciali ed esclusivi per gli appalti di lavori, forniture e servizi di importo inferiore alla soglia comunitaria, rientranti nell'ambito definito dagli articoli da 115 a 121, applicano la disciplina stabilita nei rispettivi regolamenti, la quale, comunque, deve essere conforme ai principi dettati dal trattato UE a tutela della concorrenza.

9. In caso di ricorso alle procedure ordinarie, nel rispetto dei principi previsti dall'articolo 79, i termini minimi stabiliti negli articoli 60 e 61 possono essere ridotti fino alla metà. I bandi e gli avvisi sono pubblicati sul profilo del committente della stazione appaltante e sulla piattaforma digitale dei bandi di gara presso l'ANAC di cui all'articolo 73, comma 4, con gli effetti previsti dal comma 5, del citato articolo. Fino alla data di cui all'articolo 73, comma 4, per gli effetti giuridici connessi alla pubblicazione, gli avvisi e i bandi per i contratti relativi a lavori di importo pari o superiore a cinquecentomila euro e per i contratti relativi a forniture e servizi sono pubblicati anche sulla Gazzetta ufficiale della Repubblica italiana, serie speciale relativa ai contratti pubblici; per i medesimi effetti, gli avvisi e i bandi per i contratti relativi a lavori di importo inferiore a cinquecentomila euro sono pubblicati nell'albo pretorio del Comune ove si eseguono i lavori.

9-*bis*. Fatto salvo quanto previsto all'articolo 95, comma 3, le stazioni appaltanti procedono all'aggiudicazione dei contratti di cui al presente articolo sulla base del criterio del minor prezzo ovvero sulla base del criterio dell'offerta economicamente più vantaggiosa[14 15 16].

[1] Comma così modificato prima dall'art. 25, D.Lgs. 19 aprile 2017, n. 56, poi dall'art. 8, D.L. 16 luglio 2020, n. 76, convertito in L. 11 settembre 2020, n. 120, a decorrere dal 15 settembre 2020.

Il testo previgente la riforma del 2017 disponeva: *1. L'affidamento e l'esecuzione di lavori, servizi e forniture di importo inferiore alle soglie di cui all'articolo 35 avvengono nel rispetto dei principi di cui all'articolo 30, comma 1, nonchè nel rispetto del principio di rotazione e in modo da assicurare l'effettiva possibilità di partecipazione delle microimprese, piccole e medie imprese.*

Il testo previgente la riforma del 2020 disponeva: *1. L'affidamento e l'esecuzione di lavori, servizi e forniture di importo inferiore alle soglie di cui all'articolo 35 avvengono nel rispetto dei principi di cui agli articoli 30, comma 1, 34 e 42, nonchè del rispetto del principio di rotazione degli inviti e degli affidamenti e in modo da assicurare l'effettiva possibilità di partecipazione delle microimprese, piccole e medie imprese. Le stazioni appaltanti possono, altresì, applicare le disposizioni di cui all'articolo 50.*

Tali nuove disposizioni si applicano alle procedure i cui bandi o avvisi, con i quali si indice una gara, sono pubblicati successivamente alla data di entrata in vigore del D.L. 76/2020 cit., nonchè, in caso di contratti senza pubblicazione di bandi o avvisi, alle procedure in cui, alla medesima data, non sono ancora stati inviati gli inviti a presentare le offerte o i preventivi.

[2] Lettera così modificata prima dall'art. 25, D.Lgs. 19 aprile 2017, n. 56, poi dall'art. 1, D.L. 16 luglio 2020, n. 76, converti-

to in L. 11 settembre 2020, n. 120, a decorrere dal 15 settembre 2020.

Il testo previgente la riforma del 2017 disponeva: *a) per affidamenti di importo inferiore a 40.000 euro, mediante affidamento diretto, adeguatamente motivato o per i lavori in amministrazione diretta.*

Il testo previgente la riforma del 2020 disponeva: *a) per affidamenti di importo inferiore a 40.000 euro, mediante affidamento diretto anche senza previa consultazione di due o più operatori economici o per i lavori in amministrazione diretta.*

[3] Lettera prima modificata dall'art. 25, D.Lgs. 19 aprile 2017, n. 56 poi sostituita dall'art. 1, D.L. 18 aprile 2019, n. 32, convertito in L. 14 giugno 2019, n. 55, a decorrere dal 18 giugno 2019.

Il testo previgente la modifica del 2017 disponeva: *b) per affidamenti di importo pari o superiore a 40.000 euro e inferiore a 150.000 euro per i lavori, o alle soglie di cui all'articolo 35 per le forniture e i servizi, mediante procedura negoziata previa consultazione, ove esistenti, di almeno cinque operatori economici individuati sulla base di indagini di mercato o tramite elenchi di operatori economici, nel rispetto di un criterio di rotazione degli inviti. I lavori possono essere eseguiti anche in amministrazione diretta, fatto salvo l'acquisto e il noleggio di mezzi, per i quali si applica comunque la procedura negoziata previa consultazione di cui al periodo precedente. L'avviso sui risultati della procedura di affidamento, contiene l'indicazione anche dei soggetti invitati.*

Il testo previgente la modifica del 2019 disponeva: *b) per affidamenti di importo pari o superiore a 40.000 euro e inferiore a 150.000 euro per i lavori, o alle soglie di cui all'articolo 35 per le forniture e i servizi, mediante procedura negoziata previa consultazione, ove esistenti, di almeno dieci operatori economici per i lavori, e, per i servizi e le forniture di almeno cinque operatori economici individuati sulla base di indagini di mercato o tramite elenchi di operatori economici, nel rispetto di un criterio di rotazione degli inviti. I lavori possono essere eseguiti anche in amministrazione diretta, fatto salvo l'acquisto e il noleggio di mezzi, per i quali si applica comunque la procedura negoziata previa consultazione di cui al periodo precedente. L'avviso sui risultati della procedura di affidamento, contiene l'indicazione anche dei soggetti invitati.*

[4] Lettera prima modificata dall'art. 25, D.Lgs. 19 aprile 2017, n. 56, poi sostituita dall'art. 1, D.L. 18 aprile 2019, n. 32, convertito in L. 14 giugno 2019, n. 55, a decorrere dal 18 giugno 2019.

Il testo previgente la modifica del 2017 disponeva: *c) per i lavori di importo pari o superiore a 150.000 euro e inferiore a 1.000.000 di euro, mediante la procedura negoziata di cui all'articolo 63 con consultazione di almeno dieci operatori economici, ove esistenti, nel rispetto di un criterio di rotazione degli inviti, individuati sulla base di indagini di mercato o tramite elenchi di operatori economici. L'avviso sui risultati della procedura di affidamento, contiene l'indicazione anche dei soggetti invitati.*

Il testo previgente la modifica del 2019 disponeva: *c) per i lavori di importo pari o superiore a 150.000 euro e inferiore a 1.000.000 di euro, mediante procedura negoziata con consultazione di almeno quindici operatori economici, ove esistenti, nel rispetto di un criterio di rotazione degli inviti, individuati sulla base di indagini di mercato o tramite elenchi di operatori economici. L'avviso sui risultati della procedura di affidamento, contiene l'indicazione anche dei soggetti invitati.*

[5] Lettera aggiunta dall'art. 1, D.L. 18 aprile 2019, n. 32, convertito in L. 14 giugno 2019, n. 55, a decorrere dal 18 giugno 2019.

[6] Lettera prima modificata dall'art. 25, D.Lgs. 19 aprile 2017, n. 56, poi sostituita dall'art. 1, D.L. 18 aprile 2019, n. 32, convertito in L. 14 giugno 2019, n. 55, a decorrere dal 18 giugno 2019.

Il testo previgente la modifica del 2017 disponeva: *d) per i lavori di importo pari o superiore a 1.000.000 di euro mediante ricorso alle procedure ordinarie.*

Il testo previgente la modifica del 2019 disponeva: *d) per i lavori di importo pari o superiore a 1.000.000 di euro mediante ricorso alle procedure ordinarie fermo restando quanto previsto dall'articolo 95, comma 4, lettera a).*

[7] Comma così modificato dall'art. 25, D.Lgs. 19 aprile 2017, n. 56. Il testo previgente disponeva: *3. Per l'affidamento dei lavori pubblici di cui all'articolo 1, comma 2, lettera e), del presente codice, relativi alle opere di urbanizzazione a scomputo di importo inferiore alla soglia comunitaria, si fa ricorso alla procedura ordinaria con pubblicazione di avviso o bando di gara.*

[8] Comma così modificato dall'art. 25, D.Lgs. 19 aprile 2017, n. 56. Il testo previgente disponeva: *4. Nel caso di opere di urbanizzazione primaria di importo inferiore alla soglia di cui all'articolo 35, funzionali all'intervento di trasformazione urbanistica del territorio, si applica l'articolo 16, comma 2-bis, del decreto del Presidente della Repubblica 6 giugno 2001, n. 380.*

[9] Comma prima sostituito dall'art. 25, D.Lgs. 19 aprile 2017, n. 56, poi abrogato dall'art. 1, D.L. 18 aprile 2019, n. 32, convertito in L. 14 giugno 2019, n. 55, a decorrere dal 18 giugno 2019.

Il testo previgente la modifica del 2017 disponeva: *5. Ai fini dell'aggiudicazione, nei casi di cui al comma 2, lettere a) e b), le stazioni appaltanti verificano esclusivamente i requisiti di carattere generale mediante consultazione della Banca dati nazionale degli operatori economici di cui all'articolo 81. Le stazioni appaltanti devono verificare il possesso dei requisiti economici e finanziari e tecnico professionali richiesti nella lettera di invito o nel bando di gara.*

Il testo previgente la modifica del 2019 disponeva: *5. Nel caso in cui la stazione appaltante abbia fatto ricorso alle procedure negoziate di cui al comma 2, la verifica dei requisiti avviene sull'aggiudicatario. La stazione appaltante può, comunque, estendere le verifiche agli altri partecipanti. Le stazioni appaltanti devono verificare il possesso dei requisiti economici e finanziari e tecnico professionali, se richiesti nella lettera di invito.*

[10] Comma così modificato dall'art. 25, D.Lgs. 19 aprile 2017, n. 56. Il testo previgente disponeva: *6. Nel caso in cui la stazione appaltante abbia fatto ricorso alle procedure negoziate, la verifica dei requisiti ai fini della stipula del contratto avviene esclusivamente sull'aggiudicatario. La stazione appaltante può comunque estendere le verifiche agli altri partecipanti. Per lo svolgimento delle procedure di cui al presente articolo le stazioni appaltanti possono procedere attraverso un mercato elettronico che consenta acquisti telematici basati su un sistema che attua procedure di scelta del contraente interamente gestite per via elettronica. Il Ministero dell'economia e delle finanze, avvalendosi di CONSIP S.p.A., mette a disposizione delle stazioni appaltanti il mercato elettronico delle pubbliche amministrazioni.*

[11] Comma aggiunto dall'art. 25, D.Lgs. 19 aprile 2017, n. 56 e poi così sostituito dall'art. 1, D.L. 18 aprile 2019, n. 32, convertito in L. 14 giugno 2019, n. 55, a decorrere dal 18 giugno 2019. Il testo previgente disponeva: *6-bis. Nei mercati elettronici di cui al comma 6, per gli affidamenti di importo inferiore a 40.000 euro, la verifica sull'assenza dei motivi di esclusione di cui all'articolo 80 è effettuata su un campione significativo in fase di ammissione e di permanenza, dal soggetto responsabile dell'ammissione al mercato elettronico. Resta ferma la verifica sull'aggiudicatario ai sensi del comma 5.*

[12] Comma aggiunto dall'art. 1, D.L. 18 aprile 2019, n. 32, convertito in L. 14 giugno 2019, n. 55, a decorrere dal 18 giugno 2019.

[13] Comma così modificato prima dall'art. 25, D.Lgs. 19 aprile 2017, n. 56, poi dall'art. 1, D.L. 18 aprile 2019, n. 32, convertito in L. 14 giugno 2019, n. 55, a decorrere dal 18 giugno 2019.

Il testo previgente la modifica del 2017 disponeva: *7. L'ANAC con proprie linee guida, da adottare entro novanta giorni dalla data di entrata in vigore del presente codice, stabilisce le modalità di dettaglio per supportare le stazioni appaltanti e migliorare la qualità delle procedure di cui al presente articolo, delle indagini di mercato, nonchè per la formazione e gestione degli elenchi degli operatori economici. Fino all'adozione di dette linee guida, si applica l'articolo 216, comma 9.*

Il testo previgente la modifica del 2019 disponeva: *7. L'ANAC con proprie linee guida, da adottare entro novanta giorni dalla data di entrata in vigore del presente codice, stabilisce le modalità di dettaglio per supportare le stazioni appaltanti e migliorare la qualità delle procedure di cui al presente articolo, delle indagini di mercato, nonchè per la formazione e gestione degli elenchi degli operatori economici. Nelle predette linee guida sono anche indicate specifiche modalità di rotazione degli inviti e degli affidamenti e di attuazione delle verifiche sull'affidatario scelto senza svolgimento di procedura negoziata, nonchè di effettuazione degli inviti quando la stazione appaltante intenda avvalersi della facoltà di esclusione delle offerte anomale. Fino all'adozione di dette linee guida, si applica l'articolo 216, comma 9.*

[14] Comma aggiunto dall'art. 1, D.L. 18 aprile 2019, n. 32, convertito in L. 14 giugno 2019, n. 55, a decorrere dal 18 giugno 2019.

[15] V. artt. 121, 122, 123, 124, 125, D.Lgs. 12 aprile 2006, n. 163 (vecchio Codice dei contratti pubblici).

[16] V. Delib. ANAC 26 ottobre 2016, n. 1097 (Linee guida n. 4, di attuazione del decreto legislativo 18 aprile 2016, n. 50, recanti «*Procedure per l'affidamento dei contratti pubblici di importo inferiore alle soglie di rilevanza comunitaria, indagini di mercato e formazione e gestione degli elenchi di operatori economici*»).

TITOLO II
QUALIFICAZIONE DELLE STAZIONI APPALTANTI

37. *Aggregazioni e centralizzazione delle committenze.* 1. Le stazioni appaltanti, fermi restando gli obblighi di utilizzo di strumenti di acquisto e di negoziazione, anche telematici, previsti dalle vigenti disposizioni in materia di contenimento della spesa, possono procedere direttamente e autonomamente all'acquisizione di forniture e servizi di importo inferiore a 40.000 euro e di lavori di importo inferiore a 150.000 euro, nonchè attraverso l'effettuazione di ordini a valere su strumenti di acquisto messi a disposizione dalle centrali di committenza e dai soggetti aggregatori. Per effettuare procedure di importo superiore alle soglie indicate al periodo precedente, le stazioni appaltanti devono essere in possesso della necessaria qualificazione ai sensi dell'articolo 38[1].

2. Salvo quanto previsto al comma 1, per gli acquisti di forniture e servizi di importo superiore a 40.000 euro e inferiore alla soglia di cui all'articolo 35, nonchè per gli acquisti di lavori di manutenzione ordinaria d'importo superiore a 150.000 euro e inferiore a 1 milione di euro, le stazioni appaltanti in possesso della necessaria qualificazione di cui all'articolo 38 nonchè gli altri soggetti e organismi di cui all'articolo 38, comma 1 procedono mediante utilizzo autonomo degli strumenti telematici di negoziazione messi a disposizione dalle centrali di committenza qualificate secondo la normativa vigente. In caso di indisponibilità di tali strumenti anche in relazione alle singole categorie merceologiche, le stazioni appaltanti operano ai sensi del comma 3 o procedono mediante lo svolgimento di procedure di cui al presente codice[2].

3. Le stazioni appaltanti non in possesso della necessaria qualificazione di cui all'articolo 38 procedono all'acquisizione di forniture, servizi e lavori ricorrendo a una centrale di committenza ovvero mediante aggregazione con una o più stazioni appaltanti aventi la necessaria qualifica.

4. Se la stazione appaltante è un comune non capoluogo di provincia, fermo restando quanto previsto al comma 1 e al primo periodo del comma 2, procede secondo una delle seguenti modalità:

a) ricorrendo a una centrale di committenza o a soggetti aggregatori qualificati;

b) mediante unioni di comuni costituite e qualificate come centrali di committenza, ovvero associandosi o consorziandosi in centrali di committenza nelle forme previste dall'ordinamento.

c) ricorrendo alla stazione unica appaltante costituita presso le province, le città metropolitane ovvero gli enti di area vasta ai sensi della legge 7 aprile 2014, n. 56[3].

5. Con decreto del Presidente del Consiglio dei ministri, su proposta del Ministro dell'economia e delle finanze, previa intesa in sede di Conferenza unificata, entro sei mesi dalla data di entrata in vigore del presente codice, garantendo la tutela dei diritti delle minoranze linguistiche, sono individuati gli ambiti territoriali di riferimento in applicazione dei principi di sussidiarietà, differenziazione e adeguatezza, e stabiliti i criteri e le modalità per la costituzione delle centrali di committenza in forma di aggregazione di comuni non capoluogo di provincia. In caso di concessione di servizi pubblici locali di interesse economico generale di rete, l'ambito di competenza della centrale di committenza coincide con l'ambito territoriale di riferimento (ATO), individuato ai sensi della normativa di settore. Sono fatte salve in ogni caso le attribuzioni delle province, delle città metropolitane e degli enti di area vasta di cui alla legge 7 aprile 2014, n. 56. Fino alla data di entrata in vigore del decreto di cui al primo periodo si applica l'articolo 216, comma 10[4].

6. Fermo restando quanto previsto dai commi da 1 a 5, le stazioni appaltanti possono acquisire lavori, forniture o servizi mediante impiego di una centrale di committenza qualificata ai sensi dell'articolo 38.

7. Le centrali di committenza possono:

a) aggiudicare appalti, stipulare ed eseguire i contratti per conto delle amministrazioni aggiudicatrici e degli enti aggiudicatori;

b) stipulare accordi quadro ai quali le stazioni appaltanti qualificate possono ricorrere per l'aggiudicazione dei propri appalti;

c) gestire sistemi dinamici di acquisizione e mercati elettronici.

8. Le centrali di committenza qualificate possono svolgere attività di committenza ausiliarie in favore di altre centrali di committenza o per una o più stazioni appaltanti in relazione ai requisiti di qualificazione posseduti e agli ambiti territoriali di riferimento individuati dal decreto di cui al comma 5.

9. La stazione appaltante, nell'ambito delle procedure gestite dalla centrale di committenza di cui fa parte, è responsabile del rispetto del presente codice per le attività ad essa direttamente imputabili. La centrale di committenza che svolge esclusivamente attività di centralizzazione delle procedure di affidamento per conto di altre amministrazioni aggiudicatrici o enti aggiudicatori è tenuta al rispetto delle disposizioni di cui al presente codice e ne è direttamente responsabile.

10. Due o più stazioni appaltanti che decidono di eseguire congiuntamente appalti e concessioni specifici e che sono in possesso, anche cumulativamente, delle necessarie qualificazioni in rapporto al valore dell'appalto o della concessione, sono responsabili in solido dell'adempimento degli obblighi derivanti dal presente codice. Le stazioni appaltanti provvedono altresì ad individuare un unico responsabile del procedimento in comune tra le stesse, per ciascuna procedura, nell'atto con il quale hanno convenuto la forma di aggregazione in centrale di committenza di cui al comma 4 o il ricorso alla centrale di committenza. Si applicano le disposizioni di cui all'articolo 31.

11. Se la procedura di aggiudicazione non è effettuata congiuntamente in tutti i suoi elementi a nome e per conto delle stazioni appaltanti interessate, esse sono congiuntamente responsabili solo per le parti effettuate congiuntamente. Ciascuna stazione appaltante è responsabile dell'adempimento degli obblighi derivanti dal presente codice unicamente per quanto riguarda le parti da essa svolte a proprio nome e per proprio conto.

12. Fermi restando gli obblighi di utilizzo degli strumenti di acquisto e di negoziazione previsti dalle vigenti disposizioni in materia di contenimento della spesa, nell'individuazione della centrale di committenza, anche ubicata in altro Stato membro dell'Unione europea, le stazioni appaltanti procedono sulla base del principio di buon andamento dell'azione amministrativa, dandone adeguata motivazione.

13. Le stazioni appaltanti possono ricorrere ad una centrale di committenza ubicata in altro Stato membro dell'Unione europea solo per le attività di centralizzazione delle committenze svolte nella forma di acquisizione centralizzata di forniture e/o servizi a stazioni appaltanti; la fornitura di attività di centralizzazione delle committenze da parte di una centrale di committenza ubicata in altro Stato membro è effettuata conformemente alle disposizioni nazionali dello Stato membro in cui è ubicata la centrale di committenza.

14. Dall'applicazione del presente articolo sono esclusi gli enti aggiudicatori che non sono amministrazioni aggiudicatrici quando svolgono una delle attività previste dagli articoli da 115 a 121 e gli altri soggetti aggiudicatori di cui all'articolo 3, comma 1, lettera *g)*[5][6].

[1] Comma così modificato dall'art. 26, D.Lgs. 19 aprile 2017, n. 56. Il testo previgente disponeva: *1. Le stazioni appaltanti, fermi restando gli obblighi di utilizzo di strumenti di acquisto e di negoziazione, anche telematici, previsti dalle vigenti disposizioni in materia di contenimento della spesa, possono procedere direttamente e autonomamente all'acquisizione di forniture e servizi di importo inferiore a 40.000 euro e di lavori di importo inferiore a 150.000 euro, nonchè attraverso l'effettuazione di ordini a valere su strumenti di acquisto messi a disposizione dalle centrali di committenza. Per effettuare procedure di importo superiore alle soglie indicate al periodo precedente, le stazioni appaltanti devono essere in possesso della necessaria qualificazione ai sensi dell'articolo 38.*

[2] Comma così modificato dall'art. 26, D.Lgs. 19 aprile 2017, n. 56. Il testo previgente disponeva: *2. Salvo quanto previsto al comma 1, per gli acquisti di forniture e servizi di importo superiore a 40.000 euro e inferiore alla soglia di cui all'articolo 35, nonchè per gli acquisti di lavori di manutenzione ordinaria d'importo superiore a 150.000 euro e inferiore a 1 milione di euro, le stazioni appaltanti in possesso della necessaria qualificazione di cui all'articolo 38 procedono mediante utilizzo autonomo degli strumenti telematici di negoziazione messi a disposizione dalle centrali di committenza qualificate secondo la normativa vigente. In caso di indisponibilità di tali strumenti anche in relazione alle singole categorie merceologiche, le stazioni appaltanti operano ai sensi del comma 3 o procedono mediante lo svolgimento di procedura ordinaria ai sensi del presente codice.*

[3] Lettera così modificata dall'art. 26, D.Lgs. 19 aprile 2017, n. 56. Il testo previgente disponeva: *c) ricorrendo alla stazione unica appaltante costituita presso gli enti di area vasta ai sensi della legge 7 aprile 2014, n. 56.*

[4] Comma così modificato dall'art. 26, D.Lgs. 19 aprile 2017, n. 56. Il testo previgente disponeva: *5. Con decreto del Presidente del Consiglio dei ministri, su proposta del Ministro dell'economia e delle finanze, previa intesa in sede di Conferenza unificata, entro sei mesi dalla data di entrata in vigore del presente codice, garantendo la tutela dei diritti delle minoranze linguistiche, sono individuati gli ambiti territoriali di riferimento in applicazione dei principi di sussidiarietà, differenziazione e adeguatezza, e stabiliti i criteri e le modalità per la costituzione delle centrali di committenza in forma di aggregazione di comuni non capoluogo di provincia. In caso di concessione di servizi pubblici locali di interesse economico generale di rete, l'ambito di competenza della centrale di committenza coincide con l'ambito territoriale di riferimento (ATO),*

individuato ai sensi della normativa di settore. Sono fatte salve in ogni caso le attribuzioni degli enti di area vasta di cui alla legge 7 aprile 2014, n. 56. Fino alla data di entrata in vigore del decreto di cui al primo periodo si applica l'articolo 216, comma 10.

[5] Comma così modificato dall'art. 26, D.Lgs. 19 aprile 2017, n. 56. Il testo previgente disponeva: *14. Dall'applicazione del presente articolo sono esclusi gli enti aggiudicatori che non sono amministrazioni aggiudicatrici quando svolgono una delle attività previste dagli articoli da 115 a 121.*

[6] V. art. 33, D.Lgs. 12 aprile 2006, n. 163 (vecchio Codice dei contratti pubblici).

38. *Qualificazione delle stazioni appaltanti e centrali di committenza.* 1. Fermo restando quanto stabilito dall'articolo 37 in materia di aggregazione e centralizzazione degli appalti, è istituito presso l'ANAC, che ne assicura la pubblicità, un apposito elenco delle stazioni appaltanti qualificate di cui fanno parte anche le centrali di committenza. La qualificazione è conseguita in rapporto ai bacini territoriali, alla tipologia e complessità del contratto e per fasce d'importo. Sono iscritti di diritto nell'elenco di cui al primo periodo, il Ministero delle infrastrutture e dei trasporti, compresi i Provveditorati interregionali per le opere pubbliche, CONSIP S.p.a., INVITALIA - Agenzia nazionale per l'attrazione degli investimenti e lo sviluppo d'impresa S.p.a., nonchè i soggetti aggregatori regionali di cui all'articolo 9 del decreto-legge 24 aprile 2014, n. 66, convertito, con modificazioni, dalla legge 23 giugno 2014, n. 89[1].

1-*bis*. Al fine di ottimizzare le procedure di affidamento degli appalti pubblici per la realizzazione delle scelte di politica pubblica sportiva e della relativa spesa pubblica, a decorrere dal 1° gennaio 2020 la società Sport e salute Spa è qualificata di diritto centrale di committenza e può svolgere attività di centralizzazione delle committenze per conto delle amministrazioni aggiudicatrici o degli enti aggiudicatari operanti nel settore dello sport e tenuti al rispetto delle disposizioni di cui al presente codice[2].

2. Con decreto del Presidente del Consiglio dei ministri, da adottarsi, su proposta del Ministro delle infrastrutture e dei trasporti e del Ministro dell'economia e delle finanze, di concerto con il Ministro per la semplificazione della pubblica amministrazione, entro novanta giorni dalla data di entrata in vigore del presente codice, di intesa con la Conferenza unificata e sentita l'ANAC, sono definiti i requisiti tecnico organizzativi per l'iscrizione all'elenco di cui al comma 1, in applicazione dei criteri di qualità, efficienza e professionalizzazione, tra cui, per le centrali di committenza, il carattere di stabilità delle attività e il relativo ambito territoriale. Il decreto definisce, inoltre, le modalità attuative del sistema delle attestazioni di qualificazione e di eventuale aggiornamento e revoca, nonchè la data a decorrere dalla quale entra in vigore il nuovo sistema di qualificazione[3].

3. Fatto salvo quanto previsto dal comma 3-*bis*, la qualificazione ha ad oggetto il complesso delle attività che caratterizzano il processo di acquisizione di un bene, servizio o lavoro in relazione ai seguenti ambiti[4]:

a) capacità di progettazione[5];

b) capacità di affidamento;

c) capacità di verifica sull'esecuzione e controllo dell'intera procedura, ivi incluso il collaudo e la messa in opera.

3-*bis*. Le centrali di committenza e i soggetti aggregatori sono qualificati almeno negli ambiti di cui al comma 3, lettere a) e b). Nelle aggiudicazioni relative all'acquisizione di beni, servizi o lavori effettuati dalle centrali di committenza, ovvero dai soggetti aggregatori, le attività correlate all'ambito di cui al comma 3, lettera c) possono essere effettuate direttamente dai soggetti per i quali sono svolte le suddette aggiudicazioni purchè qualificati almeno in detto ambito secondo i criteri individuati dal decreto del Presidente del Consiglio dei ministri di cui al comma 2[6].

4. I requisiti di cui al comma 3 sono individuati sulla base dei seguenti parametri:

a) requisiti di base, quali:

1) strutture organizzative stabili deputate agli ambiti di cui al comma 3;

2) presenza nella struttura organizzativa di dipendenti aventi specifiche competenze in rapporto alle attività di cui al comma 3;

3) sistema di formazione ed aggiornamento del personale;

4) numero di gare svolte nel quinquennio con indicazione di tipologia, importo e complessità, numero di varianti approvate, verifica sullo scostamento tra gli importi posti a base di gara e consuntivo delle spese sostenute, rispetto dei tempi di esecuzione delle procedure di affidamento, di aggiudicazione e di collaudo[7];

5) rispetto dei tempi previsti per i pagamenti di imprese e fornitori come stabilito dalla vigente normativa ovvero rispetto dei tempi previsti per i pagamenti di imprese e fornitori, secondo gli indici di tempestività indicati dal decreto adottato in attuazione dell'articolo 33 del decreto legislativo 14 marzo 2013, n. 33;

5-*bis)* assolvimento degli obblighi di comunicazione dei dati sui contratti pubblici di lavori, servizi e forniture che alimentano gli archivi detenuti o gestiti dall'Autorità, come individuati dalla stessa Autorità ai sensi dell'articolo 213, comma 9[8];

5-*ter)* per i lavori, adempimento a quanto previsto dagli articoli 1 e 2 del decreto legislativo 29 dicembre 2011, n. 229, in materia di procedure di monitoraggio sullo stato di attuazione delle opere pubbliche, di verifica dell'utilizzo dei finanziamenti nei tempi previsti e costituzione del Fondo opere e del Fondo progetti, e dall'articolo 29, comma 3[8];

5-quater) disponibilità di piattaforme telematiche nella gestione di procedure di gara[9];

b) requisiti premianti, quali:

1) valutazione positiva dell'ANAC in ordine all'attuazione di misure di prevenzione dei rischi di corruzione e promozione della legalità;

2) presenza di sistemi di gestione della qualità conformi alla norma UNI EN ISO 9001 degli uffici e dei procedimenti di gara, certificati da organismi accreditati per lo specifico scopo ai sensi del regolamento CE 765/2008 del Parlamento Europeo e del Consiglio;

3) [...][10];

4) livello di soccombenza nel contenzioso;

5) applicazione di criteri di sostenibilità ambientale e sociale nell'attività di progettazione e affidamento.

4-*bis*. Le amministrazioni la cui organizzazione prevede articolazioni, anche territoriali, verificano la sussistenza dei requisiti di cui al comma 4 in capo alle medesime strutture e ne danno comunicazione all'ANAC per la qualificazione[11].

5. La qualificazione conseguita opera per la durata di cinque anni e può essere rivista a seguito di verifica, anche a campione, da parte di ANAC o su richiesta della stazione appaltante.

6. L'ANAC stabilisce le modalità attuative del sistema di qualificazione, sulla base di quanto previsto dai commi da 1 a 5, ed assegna alle stazioni appaltanti e alle centrali di committenza, anche per le attività ausiliarie, un termine congruo al fine di dotarsi dei requisiti necessari alla qualificazione. Stabilisce, altresì, modalità diversificate che tengano conto delle peculiarità dei soggetti privati che richiedono la qualificazione.

7. Con il provvedimento di cui al comma 6, l'ANAC stabilisce altresì i casi in cui può essere disposta la qualificazione con riserva, finalizzata a consentire alla stazione appaltante e alla centrale di committenza, anche per le attività ausiliarie, di acquisire la capacità tecnica ed organizzativa richiesta. La qualificazione con riserva ha una durata massima non superiore al termine stabilito per dotarsi dei requisiti necessari alla qualificazione.

8. A decorrere dalla data di entrata in vigore del nuovo sistema di qualificazione delle stazioni appaltanti, l'ANAC non rilascia il codice identificativo gara (CIG) alle stazioni appaltanti che procedono all'acquisizione di beni, servizi o lavori non rientranti nella qualificazione conseguita. Fino alla predetta data, si applica l'articolo 216, comma 10.

9. Una quota parte delle risorse del fondo di cui all'articolo 213, comma 14, attribuite alla stazione appaltante con il decreto di cui al citato comma è destinata dall'amministrazione di appartenenza della stazione appaltante premiata al fondo per la remunerazione del risultato dei dirigenti e dei dipendenti appartenenti alle unità organizzative competenti per i procedimenti di cui al presente codice. La valutazione positiva della stazione appaltante viene comunicata dall'ANAC all'amministrazione di appartenenza della stazione appaltante perchè ne tenga comunque conto ai fini della valutazione della performance organizzativa e gestionale dei dipendenti interessati.

10. Dall'applicazione del presente articolo sono esclusi gli enti aggiudicatori che non sono amministrazioni aggiudicatrici e gli altri soggetti aggiudicatori di cui all'articolo 3, comma 1, lettera *g)*[12].

[1] Comma così modificato dall'art. 8, D.L. 16 luglio 2020, n. 76, convertito in L. 11 settembre 2020, n. 120, a decorrere dal 15 settembre 2020 che al secondo periodo sopprime le parole "agli ambiti di attività,". Tali nuove disposizioni si applicano alle procedure i cui bandi o avvisi, con i quali si indice una gara, sono pubblicati successivamente alla data di entrata in vigore del D.L. 76/2020 cit., nonchè, in caso di contratti senza pubblicazione di bandi o avvisi, alle procedure in cui, alla medesima data, non sono ancora stati inviati gli inviti a presentare le offerte o i preventivi.

[2] Comma aggiunto dall'art. 1, D.L. 18 aprile 2019, n. 32, convertito in L. 14 giugno 2019, n. 55, a decorrere dal 18 giugno 2019.

[3] Comma così modificato dall'art. 8, D.L. 16 luglio 2020, n. 76, convertito in L. 11 settembre 2020, n. 120, a decorrere dal 15 settembre 2020 che al primo periodo sostituisce le parole "sentite l'ANAC e la Conferenza Unificata," con le parole: "di intesa con la Conferenza unificata e sentita l'ANAC,". Tali nuove disposizioni si applicano alle procedure i cui bandi o avvisi, con i quali si indice una gara, sono pubblicati successivamente alla data di entrata in vigore del D.L. 76/2020 cit., nonchè, in caso di contratti senza pubblicazione di bandi o avvisi, alle procedure in cui, alla medesima data, non sono ancora stati inviati gli inviti a presentare le offerte o i preventivi.

[4] Alinea così modificato dall'art. 8, D.L. 16 luglio 2020, n. 76, convertito in L. 11 settembre 2020, n. 120, a decorrere dal 15 settembre 2020. Il testo previgente disponeva: *3. La qualificazione ha ad oggetto il complesso delle attività che caratterizzano il processo di acquisizione di un bene, servizio o lavoro in relazione ai seguenti ambiti.* Tali nuove disposizioni si applicano alle procedure i cui bandi o avvisi, con i quali si indice una gara, sono pubblicati successivamente alla data di entrata in vigore del D.L. 76/2020 cit., nonchè, in caso di contratti senza pubblicazione di bandi o avvisi, alle procedure in cui, alla medesima data, non sono ancora stati inviati gli inviti a presentare le offerte o i preventivi.

[5] Lettera così modificata dall'art. 8, D.L. 16 luglio 2020, n. 76, convertito in L. 11 settembre 2020, n. 120, a decorrere dal 15 settembre 2020. Il testo previgente disponeva: *a) capacità di programmazione e progettazione.* Tali nuove disposizioni si applicano alle procedure i cui bandi o avvisi, con i quali si indice una gara, sono pubblicati successivamente alla data di entrata in vigore del D.L. 76/2020 cit., nonchè, in caso di contratti senza pubblicazione di bandi o avvisi, alle procedure in cui, alla medesima data, non sono ancora stati inviati gli inviti a presentare le offerte o i preventivi.

[6] Comma aggiunto dall'art. 8, D.L. 16 luglio 2020, n. 76, convertito in L. 11 settembre 2020, n. 120, a decorrere dal 15 settembre 2020. Tali nuove disposizioni si applicano alle procedure i cui bandi o avvisi, con i quali si indice una gara, sono

pubblicati successivamente alla data di entrata in vigore del D.L. 76/2020 cit., nonchè, in caso di contratti senza pubblicazione di bandi o avvisi, alle procedure in cui, alla medesima data, non sono ancora stati inviati gli inviti a presentare le offerte o i preventivi.

[7] Numero così modificato dall'art. 27, D.Lgs. 19 aprile 2017, n. 56. Il testo previgente disponeva: *4) numero di gare svolte nel triennio con indicazione di tipologia, importo e complessità, numero di varianti approvate, verifica sullo scostamento tra gli importi posti a base di gara e consuntivo delle spese sostenute, rispetto dei tempi di esecuzione delle procedure di affidamento, di aggiudicazione e di collaudo.*

[8] Numero aggiunto dall'art. 27, D.Lgs. 19 aprile 2017, n. 56.

[9] Numero aggiunto dall'art. 8, D.L. 16 luglio 2020, n. 76, convertito in L. 11 settembre 2020, n. 120, a decorrere dal 15 settembre 2020. Tali nuove disposizioni si applicano alle procedure i cui bandi o avvisi, con i quali si indice una gara, sono pubblicati successivamente alla data di entrata in vigore del D.L. 76/2020 cit., nonchè, in caso di contratti senza pubblicazione di bandi o avvisi, alle procedure in cui, alla medesima data, non sono ancora stati inviati gli inviti a presentare le offerte o i preventivi.

[10] Numero abrogato dall'art. 8, D.L. 16 luglio 2020, n. 76, convertito in L. 11 settembre 2020, n. 120, a decorrere dal 15 settembre 2020. Il testo previgente disponeva: *3) disponibilità di tecnologie telematiche nella gestione di procedure di gara.* Tali nuove disposizioni si applicano alle procedure i cui bandi o avvisi, con i quali si indice una gara, sono pubblicati successivamente alla data di entrata in vigore del D.L. 76/2020 cit., nonchè, in caso di contratti senza pubblicazione di bandi o avvisi, alle procedure in cui, alla medesima data, non sono ancora stati inviati gli inviti a presentare le offerte o i preventivi.

[11] Comma aggiunto dall'art. 27, D.Lgs. 19 aprile 2017, n. 56.

[12] Comma così modificato dall'art. 27, D.Lgs. 19 aprile 2017, n. 56. Il testo previgente disponeva: *10. Dall'applicazione del presente articolo sono esclusi gli enti aggiudicatori che non sono amministrazioni aggiudicatrici.*

39. *Attività di committenza ausiliarie.* 1. Le attività di committenza ausiliarie di cui all'articolo 3, comma 1, lettera *m)*, possono essere affidate a centrali di committenza di cui all'articolo 38.

2. Al di fuori dei casi di cui al comma 1, le stazioni appaltanti possono ricorrere, per lo svolgimento di attività delle committenza ausiliarie, ad esclusione delle attività di cui all'articolo 3, comma 1, lettera *m)*, punto 4, a prestatori di servizi individuati mediante svolgimento delle procedure di cui al presente codice.

40. *Obbligo di uso dei mezzi di comunicazione elettronici nello svolgimento di procedure di aggiudicazione.* 1. Le comunicazioni e gli scambi di informazioni nell'ambito delle procedure di cui al presente codice svolte da centrali di committenza sono eseguiti utilizzando mezzi di comunicazione elettronici ai sensi dell'articolo 5-*bis* del decreto legislativo 7 marzo 2005, n. 82, Codice dell'amministrazione digitale.

2. A decorrere dal 18 ottobre 2018, le comunicazioni e gli scambi di informazioni nell'ambito delle procedure di cui al presente codice svolte dalle stazioni appaltanti sono eseguiti utilizzando mezzi di comunicazione elettronici[1].

[1] V. art. 77, D.Lgs. 12 aprile 2006, n. 163 (vecchio Codice dei contratti pubblici).

41. *Misure di semplificazione delle procedure di gara svolte da centrali di committenza.* 1. Entro un anno dalla data di entrata in vigore del presente codice, con decreto del Presidente del Consiglio dei Ministri, su proposta del Ministro dell'economia e delle finanze, sentita la Conferenza unificata, previa consultazione di CONSIP S.p.A. e dei soggetti aggregatori, sono individuate le misure di revisione ed efficientamento delle procedure di appalto, degli accordi quadro, delle convenzioni e in genere delle procedure utilizzabili da CONSIP, dai soggetti aggregatori e dalle centrali di committenza, finalizzate a migliorare la qualità degli approvvigionamenti e ridurre i costi e i tempi di espletamento delle gare, promuovendo anche un sistema di reti di committenza volto a determinare un più ampio ricorso alle gare e agli affidamenti di tipo telematico e l'effettiva partecipazione delle microimprese, piccole e medie imprese, nel rispetto delle disposizioni stabilite dal presente codice e dalla normativa dell'Unione europea.

2. L'individuazione delle misure di cui al comma 1 è effettuata, tenendo conto delle finalità di razionalizzazione della spesa pubblica perseguite attraverso l'attività di CONSIP e dei soggetti aggregatori, sulla base dei seguenti criteri: standardizzazione di soluzioni di acquisto in forma aggregata in grado di rispondere all'esigenza pubblica nella misura più ampia possibile, lasciando a soluzioni specifiche il soddisfacimento di esigenze peculiari non standardizzabili; aumento progressivo del ricorso agli strumenti telematici, anche attraverso forme di collaborazione tra soggetti aggregatori; monitoraggio dell'effettivo avanzamento delle fasi delle procedure, anche in relazione a forme di coordinamento della programmazione tra soggetti aggregatori; riduzione dei costi di partecipazione degli operatori economici alle procedure.

2-*bis*. È fatto divieto di porre a carico dei concorrenti, nonchè dell'aggiudicatario, eventuali costi connessi alla gestione delle piattaforme di cui all'articolo 58[1].

3. Entro 30 giorni dall'adozione dei provvedimenti di revisione, i soggetti di cui al comma 1 trasmettono alla Cabina di regia di cui all'articolo 212 e all'ANAC una relazione sull'attività di revisione svolta evidenziando, anche in termini percentuali, l'incremento del ricorso alle gare e agli affidamenti di tipo telematico, nonchè gli accorgimenti adottati per garantire l'effettiva partecipazione delle micro imprese, piccole e medie imprese.

[1] Comma aggiunto dall'art. 28, D.Lgs. 19 aprile 2017, n. 56.

42. *Conflitto di interesse.* 1. Le stazioni appaltanti prevedono misure adeguate per contrastare le frodi e la corruzione nonchè per individuare, prevenire e risolvere in modo efficace ogni ipotesi di conflitto di interesse nello svolgimento delle procedure di aggiudicazione degli appalti e delle concessioni, in modo da evitare qualsiasi distorsione della concorrenza e garantire la parità di trattamento di tutti gli operatori economici.

2. Si ha conflitto d'interesse quando il personale di una stazione appaltante o di un prestatore di servizi che, anche per conto della stazione appaltante, interviene nello svolgimento della procedura di aggiudicazione degli appalti e delle concessioni o può influenzarne, in qualsiasi modo, il risultato, ha, direttamente o indirettamente, un interesse finanziario, economico o altro interesse personale che può essere percepito come una minaccia alla sua imparzialità e indipendenza nel contesto della procedura di appalto o di concessione. In particolare, costituiscono situazione di conflitto di interesse quelle che determinano l'obbligo di astensione previste dall'articolo 7 del decreto del Presidente della Repubblica 16 aprile 2013, 62.

3. Il personale che versa nelle ipotesi di cui al comma 2 è tenuto a darne comunicazione alla stazione appaltante, ad astenersi dal partecipare alla procedura di aggiudicazione degli appalti e delle concessioni. Fatte salve le ipotesi di responsabilità amministrativa e penale, la mancata astensione nei casi di cui al primo periodo costituisce comunque fonte di responsabilità disciplinare a carico del dipendente pubblico.

4. Le disposizioni dei commi 1, 2 e 3 valgono anche per la fase di esecuzione dei contratti pubblici.

5. La stazione appaltante vigila affinchè gli adempimenti di cui ai commi 3 e 4 siano rispettati[1].

[1] V. art. 84, D.Lgs. 12 aprile 2006, n. 163 (vecchio Codice dei contratti pubblici).

43. *Appalti che coinvolgono amministrazioni aggiudicatrici e enti aggiudicatori di Stati membri diversi.* 1. Le amministrazioni aggiudicatrici o gli enti aggiudicatori possono ricorrere a centrali di committenza ubicate in un altro Stato membro dell'Unione europea che svolgono la propria attività in conformità alle disposizioni nazionali dello Stato membro in cui è ubicata, nei limiti previsti dall'articolo 37, comma 13.

2. Le amministrazioni aggiudicatrici o gli enti aggiudicatori possono aggiudicare un appalto pubblico, concludere un accordo quadro o gestire un sistema dinamico di acquisizione congiuntamente con le amministrazioni aggiudicatrici o gli enti aggiudicatori di diversi Stati membri concludendo un accordo che determina:

a) le responsabilità delle parti e le disposizioni nazionali applicabili;

b) la gestione della procedura di aggiudicazione, la distribuzione dei lavori, delle forniture e dei servizi oggetto dell'appalto e i termini di conclusione dei contratti. L'assegnazione delle responsabilità e il diritto nazionale applicabile sono indicati nei documenti di gara degli appalti pubblici aggiudicati congiuntamente.

3. Se una o più amministrazioni aggiudicatrici o uno o più enti aggiudicatori nazionali hanno costituito con amministrazioni aggiudicatrici o enti aggiudicatori di diversi Stati membri un soggetto congiunto con i gruppi europei di cooperazione territoriale di cui al regolamento (CE) n. 1082/2006 del Parlamento europeo e del Consiglio, o con altri soggetti istituiti in base al diritto dell'Unione europea, con apposito accordo stabiliscono le norme nazionali applicabili alle procedure d'appalto di uno dei seguenti Stati membri:

a) Stato membro nel quale il soggetto congiunto ha la sua sede sociale;

b) Stato membro in cui il soggetto congiunto esercita le sue attività.

4. L'accordo ai sensi del presente articolo è applicabile per un periodo indeterminato, quando è fissato nell'atto costitutivo del soggetto congiunto ovvero può essere limitato a un periodo determinato, ad alcuni tipi di appalti o a singoli appalti.

TITOLO III
PROCEDURA DI AFFIDAMENTO

CAPO I
MODALITÀ COMUNI ALLE PROCEDURE DI AFFIDAMENTO

Sezione I
Disposizioni comuni

44. *Digitalizzazione delle procedure.* 1. Entro un anno dalla data di entrata in vigore del presente codice, con decreto del Ministro per la semplificazione e la pubblica amministrazione, di concerto con il Ministro delle infrastrutture e dei trasporti e il Ministro dell'economia e delle finanze, sentita l'Agenzia per l'Italia Digitale (AGID) nonchè dell'Autorità garante della privacy per i profili di competenza, sono definite le modalità di digitalizzazione delle procedure di tutti i contratti pubblici, anche attraverso l'interconnessione per interoperabilità dei dati delle pubbliche amministrazioni. Sono, altresì, definite le migliori pratiche riguardanti metodologie organizzative e di lavoro, metodologie di programmazione e pianificazione, riferite anche all'individuazione dei dati rilevanti, alla loro raccolta, gestione ed elaborazione, soluzioni informatiche, telematiche e tecnologiche di supporto[1].

[1] Comma così modificato dall'art. 29, D.Lgs. 19 aprile 2017, n. 56, che aggiunge le parole: "e il Ministro dell'economia e delle finanze".

45. *Operatori economici.* 1. Sono ammessi a partecipare alle procedure di affidamento dei contratti pubblici gli operatori economici di cui all'articolo 3, comma 1, lettera *p)* nonchè gli operatori economici stabiliti in altri Stati membri, costituiti conformemente alla legislazione vigente nei rispettivi Paesi. Gli operatori economici, i raggruppamenti di operatori economici, comprese le associazioni temporanee, che in base alla normativa dello Stato membro nel quale sono stabiliti, sono autorizzati a fornire la prestazione oggetto della procedura di affidamento, possono partecipare alle procedure di affidamento dei contratti pubblici anche nel caso in cui essi avrebbero dovuto configurarsi come persone fisiche o persone giuridiche, ai sensi del presente codice.

2. Rientrano nella definizione di operatori economici i seguenti soggetti:

a) gli imprenditori individuali, anche artigiani, e le società, anche cooperative;

b) i consorzi fra società cooperative di produzione e lavoro costituiti a norma della legge 25 giugno 1909, n. 422, e del decreto legislativo del Capo provvisorio dello Stato 14 dicembre 1947, n. 1577, e successive modificazioni, e i consorzi tra imprese artigiane di cui alla legge 8 agosto 1985, n. 443;

c) i consorzi stabili, costituiti anche in forma di società consortili ai sensi dell'articolo 2615-*ter* del codice civile, tra imprenditori individuali, anche artigiani, società commerciali, società cooperative di produzione e lavoro. I consorzi stabili sono formati da non meno di tre consorziati che, con decisione assunta dai rispettivi organi deliberativi, abbiano stabilito di operare in modo congiunto nel settore dei contratti pubblici di lavori, servizi e forniture per un periodo di tempo non inferiore a cinque anni, istituendo a tal fine una comune struttura di impresa.

d) i raggruppamenti temporanei di concorrenti, costituiti dai soggetti di cui alle lettere *a)*, *b)* e *c)*, i quali, prima della presentazione dell'offerta, abbiano conferito mandato collettivo speciale con rappresentanza ad uno di essi, qualificato mandatario, il quale esprime l'offerta in nome e per conto proprio e dei mandanti;

e) i consorzi ordinari di concorrenti di cui all'articolo 2602 del codice civile, costituiti tra i soggetti di cui alle lettere *a)*, *b)* e *c)* del presente comma, anche in forma di società ai sensi dell'articolo 2615-*ter* del codice civile;

f) le aggregazioni tra le imprese aderenti al contratto di rete ai sensi dell'articolo 3, comma 4-*ter*, del decreto legge 10 febbraio 2009, n. 5, convertito, con modificazioni, dalla legge 9 aprile 2009, n. 33;

g) i soggetti che abbiano stipulato il contratto di gruppo europeo di interesse economico (GEIE) ai sensi del decreto legislativo 23 luglio 1991, n. 240.

3. Le stazioni appaltanti possono imporre ai raggruppamenti di operatori economici di assumere una forma giuridica specifica dopo l'aggiudicazione del contratto, nel caso in cui tale trasformazione sia necessaria per la buona esecuzione del contratto.

4. Le stazioni appaltanti possono imporre alle persone giuridiche di indicare, nell'offerta o nella domanda di partecipazione a procedure di aggiudicazione di appalti di servizi e di lavori, nonchè di forniture che comportano anche servizi o lavori di posa in opera e di installazione e di concessioni, il nome e le qualifiche professionali delle persone fisiche incaricate di fornire la prestazione relativa allo specifico contratto.

5. Le stazioni appaltanti possono richiedere ai raggruppamenti di operatori economici condizioni per l'esecuzione di un appalto o di una concessione diverse da quelle imposte ai singoli partecipanti, purchè siano proporzionate e giustificate da ragioni oggettive[1].

[1] V. artt. 34, 36, D.Lgs. 12 aprile 2006, n. 163 (vecchio Codice dei contratti pubblici).

46. *Operatori economici per l'affidamento dei servizi di architettura e ingegneria.* 1. Sono ammessi a partecipare alle procedure di affidamento dei servizi attinenti all'architettura e all'ingegneria:

a) i prestatori di servizi di ingegneria e architettura: i professionisti singoli, associati, le società tra professionisti di cui alla lettera *b)*, le società di ingegneria di cui alla lettera *c)*, i consorzi, i GEIE, i raggruppamenti temporanei fra i predetti soggetti che rendono a committenti pubblici e privati, operando sul mercato, servizi di ingegneria e di architettura, nonchè attività tecnico-amministrative e studi di fattibilità economico-finanziaria ad esse connesse, ivi compresi, con riferimento agli interventi inerenti al restauro e alla manutenzione di beni mobili e delle superfici decorate di beni architettonici, i soggetti con qualifica di restauratore di beni culturali ai sensi della vigente normativa; gli archeologi professionisti, singoli e associati, e le società da essi costituite[1];

b) le società di professionisti: le società costituite esclusivamente tra professionisti iscritti negli appositi albi previsti dai vigenti ordinamenti professionali, nelle forme delle società di persone di cui ai capi II, III e IV del titolo V del libro quinto del codice civile ovvero nella forma di società cooperativa di cui al capo I del titolo VI del libro quinto del codice civile, che svolgono per committenti privati e pubblici servizi di ingegneria e architettura quali studi di fattibilità, ricerche, consulenze, progettazioni o direzioni dei lavori, valutazioni di congruità tecnico economica o studi di impatto ambientale;

c) società di ingegneria: le società di capitali di cui ai capi V, VI e VII del titolo V del libro quinto del codice civile, ovvero nella forma di società cooperative di cui al capo I del titolo VI del libro quinto del codice civile che non abbiano i requisiti delle società tra professionisti, che eseguono studi di fattibilità, ricerche, consulenze, progettazioni o direzioni dei lavori, valutazioni di congruità tecnico-economica o studi di impatto, nonchè eventuali attività di produzione di beni connesse allo svolgimento di detti servizi;

d) i prestatori di servizi di ingegneria e architettura identificati con i codici CPV da 74200000-1 a 74276400-8 e da 74310000-5 a 74323100-0 e 74874000-6 stabiliti in altri Stati membri, costituiti conformemente alla legislazione vigente nei rispettivi Paesi;

e) i raggruppamenti temporanei costituiti dai soggetti di cui alle lettere da *a)* a *d)*;

f) i consorzi stabili di società di professionisti e di società di ingegneria, anche in forma mista, formati da non meno di tre consorziati che abbiano operato nei settori dei servizi di ingegneria e architettura.

2. Ai fini della partecipazione alle procedure di affidamento di cui al comma 1, le società, per un periodo di cinque anni dalla loro costituzione, possono documentare il possesso dei requisiti economico-finanziari e tecnico-organizzativi richiesti dal bando di gara anche con riferimento ai requisiti dei soci delle società, qualora costituite nella forma di società di persone o di società cooperativa e dei direttori tecnici o dei professionisti dipendenti della società con rapporto a tempo indeterminato, qualora costituite nella forma di società di capitali[2].

[1] Lettera così modificata prima dall'art. 30, D.Lgs. 19 aprile 2017, n. 56, che sostituisce la parola "raggruppamenti" con le parole "i raggruppamenti", poi dall'art. 1, D.L. 18 aprile 2019, n. 32, convertito in L. 14 giugno 2019, n. 55, a decorrere dal 18 giugno 2019, infine dall'art. 8, D.L. 16 luglio 2020, n. 76, convertito in L. 11 settembre 2020, n. 120, a decorrere dal 15 settembre 2020, che aggiunge le seguenti parole: "*professionisti, singoli e associati, e le società da essi costituite*".. Tali nuove disposizioni si applicano alle procedure i cui bandi o avvisi, con i quali si indice una gara, sono pubblicati successivamente alla data di entrata in vigore del D.L. 76/2020 cit., nonchè, in caso di contratti senza pubblicazione di bandi o avvisi, alle procedure in cui, alla medesima data, non sono ancora stati inviati gli inviti a presentare le offerte o i preventivi.

Il testo previgente la modifica del 2019 disponeva: *a) i prestatori di servizi di ingegneria e architettura: i professionisti singoli, associati, le società tra professionisti di cui alla lettera b), le società di ingegneria di cui alla lettera c), i consorzi, i GEIE, i raggruppamenti temporanei fra i predetti soggetti che rendono a committenti pubblici e privati, operando sul mercato, servizi di ingegneria e di architettura, nonchè attività tecnico-amministrative e studi di fattibilità economico-finanziaria ad esse connesse, ivi compresi, con riferimento agli interventi inerenti al restauro e alla manutenzione di beni mobili e delle superfici decorate di beni architettonici, i soggetti con qualifica di restauratore di beni culturali ai sensi della vigente normativa.*

[2] V. artt. 90, 91, D.Lgs. 12 aprile 2006, n. 163 (vecchio Codice dei contratti pubblici).

47. *Requisiti per la partecipazione dei consorzi alle gare.* 1. I requisiti di idoneità tecnica e finanziaria per l'ammissione alle procedure di affidamento dei soggetti di cui all'articolo 45, comma 2, lettere *b)* e *c)*, devono essere posseduti e comprovati dagli stessi con le modalità previste dal presente codice, salvo che per quelli relativi alla disponibilità delle attrezzature e dei mezzi d'opera, nonchè all'organico medio annuo, che sono computati cumulativamente in capo al consorzio ancorchè posseduti dalle singole imprese consorziate.

2. I consorzi stabili di cui agli articoli 45, comma 2, lettera *c)*, e 46, comma 1, lettera *f)*, eseguono le prestazioni o con la propria struttura o tramite i consorziati indicati in sede di gara senza che ciò costituisca subappalto, ferma la responsabilità solidale degli stessi nei confronti della stazione appaltante. Per i lavori, ai fini della qualificazione di cui all'articolo 84, con il regolamento di cui all'articolo 216, comma 27-*octies*, sono stabiliti i criteri per l'imputazione delle prestazioni eseguite al consorzio o ai singoli consorziati che eseguono le prestazioni. L'affidamento delle prestazioni da parte dei soggetti di cui all'articolo 45, comma 2, lettera *b)*, ai propri consorziati non costituisce subappalto[1].

2-*bis*. La sussistenza in capo ai consorzi stabili dei requisiti richiesti nel bando di gara per l'affidamento di servizi e forniture è valutata, a seguito della verifica della effettiva esistenza dei predetti requisiti in capo ai singoli consorziati. In caso di scioglimento del consorzio stabile per servizi e forniture, ai consorziati sono attribuiti pro quota i requisiti economico-finanziari e tecnico-organizzativi maturati a favore del consorzio e non assegnati in esecuzione ai consorziati. Le quote di assegnazione sono proporzionali all'apporto reso dai singoli consorziati nell'esecuzione delle prestazioni nel quinquennio antecedente[2 3].

[1] Comma così sostituito prima dall'art. 31, D.Lgs. 19 aprile 2017, n. 56, poi dall'art. 1, D.L. 18 aprile 2019, n. 32, convertito in L. 14 giugno 2019, n. 55, a decorrere dal 18 giugno 2019.

Il testo previgente la modifica del 2017 disponeva: *2. Per i primi cinque anni dalla costituzione, ai fini della partecipazione dei consorzi di cui all'articolo 45, comma 2, lettera c), alle gare, i requisiti economico-finanziari e tecnico-organizzativi previsti dalla normativa vigente posseduti dalle singole imprese consorziate esecutrici, vengono sommati in capo al consorzio.*

Il testo previgente la modifica del 2019 disponeva: *2. I consorzi di cui agli articoli 45, comma 2, lettera c), e 46, comma 1, lettera f), al fine della qualificazione, possono utilizzare sia i requisiti di qualificazione maturati in proprio, sia quelli posseduti dalle singole imprese consorziate designate per l'esecuzione delle prestazioni, sia, mediante avvalimento, quelli delle singole imprese consorziate non designate per l'esecuzione del contratto. Con le linee guida dell'ANAC di cui all'articolo 84, comma 2, sono stabiliti, ai fini della qualificazione, i criteri per l'imputazione delle prestazioni eseguite al consorzio o ai singoli consorziati che eseguono le prestazioni.*

[2] Comma aggiunto dall'art. 1, D.L. 18 aprile 2019, n. 32, convertito in L. 14 giugno 2019, n. 55, a decorrere dal 18 giugno 2019.

[3] V. art. 35, 36, D.Lgs. 12 aprile 2006, n. 163 (vecchio Codice dei contratti pubblici).

48. *Raggruppamenti temporanei e consorzi ordinari di operatori economici.* 1. Nel caso di lavori, per raggruppamento temporaneo di tipo verticale si intende una riunione di operatori economici nell'ambito della quale uno di essi realizza i lavori della categoria prevalente; per lavori scorporabili si intendono i lavori come definiti all'articolo 3, comma 1, lettera *oo-ter)*, assumibili da uno dei mandanti; per raggruppamento di tipo orizzontale si intende una riunione di operatori economici finalizzata a realizzare i lavori della stessa categoria[1].

2. Nel caso di forniture o servizi, per raggruppamento di tipo verticale si intende un raggruppamento di operatori economici in cui il mandatario esegue le prestazioni di servizi o di forniture indicati come principali anche in termini economici, i mandanti quelle indicate come secondarie; per raggruppamento orizzontale quello in cui gli operatori economici eseguono il medesimo tipo di prestazione; le stazioni appaltanti indicano nel bando di gara la prestazione principale e quelle secondarie.

3. Nel caso di lavori, i raggruppamenti temporanei e i consorzi ordinari di operatori economici sono ammessi se gli imprenditori partecipanti al raggruppamento, ovvero gli imprenditori consorziati, abbiano i requisiti di cui all'articolo 84.

4. Nel caso di lavori, forniture o servizi nell'offerta devono essere specificate le categorie di lavori o le parti del servizio o della fornitura che saranno eseguite dai singoli operatori economici riuniti o consorziati[2].

5. L'offerta degli operatori economici raggruppati o dei consorziati determina la loro responsabilità solidale nei confronti della stazione appaltante, nonchè nei confronti del subappaltatore e dei fornitori. Per gli assuntori di lavori scorporabili e, nel caso di servizi e forniture, per gli assuntori di prestazioni secondarie, la responsabilità è limitata all'esecuzione delle prestazioni di rispettiva competenza, ferma restando la responsabilità solidale del mandatario.

6. Nel caso di lavori, per i raggruppamenti temporanei di tipo verticale, i requisiti di cui all'articolo 84, sempre che siano frazionabili, devono essere posseduti dal mandatario per i lavori della categoria prevalente e per il relativo importo; per i lavori scorporati ciascun mandante deve possedere i requisiti previsti per l'importo della categoria dei lavori che intende assumere e nella misura indicata per il concorrente singolo. I lavori riconducibili alla categoria prevalente ovvero alle categorie scorporate possono essere assunti anche da imprenditori riuniti in raggruppamento temporaneo di tipo orizzontale.

7. È fatto divieto ai concorrenti di partecipare alla gara in più di un raggruppamento temporaneo o consorzio ordinario di concorrenti, ovvero di partecipare alla gara anche in forma individuale qualora abbia partecipato alla gara medesima in raggruppamento o consorzio ordinario di concorrenti. I consorzi di cui all'articolo 45, comma 2, lettere *b)* e *c)*, sono tenuti ad indicare, in sede di offerta, per quali consorziati il consorzio concorre; qualora il consorziato designato sia, a sua volta, un consorzio di cui all'articolo 45, comma 2, lettera b), è tenuto anch'esso a indicare, in sede di offerta, i consorziati per i quali concorre; a questi ultimi è fatto divieto di partecipare, in qualsiasi altra forma, alla medesima gara; in caso di violazione sono esclusi dalla gara sia il consorzio sia il consorziato; in caso di inosservanza di tale divieto si applica l'articolo 353 del codice penale[3].

7-bis. È consentito, per le ragioni indicate ai successivi commi 17, 18 e 19 o per fatti o atti sopravvenuti, ai soggetti di cui all'articolo 45, comma 2, lettere *b)* e *c)*, designare ai fini dell'esecuzione dei lavori o dei servizi, un'impresa consorziata diversa da quella indicata in sede di gara, a condizione che la modifica soggettiva non sia finalizzata ad eludere in tale sede la mancanza di un requisito di partecipazione in capo all'impresa consorziata[4].

8. È consentita la presentazione di offerte da parte dei soggetti di cui all'articolo 45, comma 2, lettere *d)* ed *e)*, anche se non ancora costituiti. In tal caso l'offerta deve essere sottoscritta da tutti gli operatori economici che costituiranno i raggruppamenti temporanei o i consorzi ordinari di concorrenti e contenere l'impegno che, in caso di aggiudicazione della gara, gli stessi operatori conferiranno mandato collettivo speciale con rappresentanza ad uno di essi, da indicare in sede di offerta e qualificata come mandatario, il quale stipulerà il contratto in nome e per conto proprio e dei mandanti.

9. È vietata l'associazione in partecipazione sia durante la procedura di gara sia successivamente all'aggiudicazione. Salvo quanto disposto ai commi 17 e 18, è vietata qualsiasi modificazione alla composizione dei raggruppamenti temporanei e dei consorzi ordinari di concorrenti rispetto a quella risultante dall'impegno presentato in sede di offerta[5].

10. L'inosservanza dei divieti di cui al comma 9 comporta l'annullamento dell'aggiudicazione o la nullità del contratto, nonchè l'esclusione dei concorrenti riuniti in raggruppamento o consorzio ordinario di concorrenti, concomitanti o successivi alle procedure di affidamento relative al medesimo appalto.

11. In caso di procedure ristrette o negoziate, ovvero di dialogo competitivo, l'operatore economico invitato individualmente, o il candidato ammesso individualmente nella procedura di dialogo competitivo, ha la facoltà di presentare offerta o di trattare per sè o quale mandatario di operatori riuniti.

12. Ai fini della costituzione del raggruppamento temporaneo, gli operatori economici devono conferire, con un unico atto, mandato collettivo speciale con rappresentanza ad uno di essi, detto mandatario.

13. Il mandato deve risultare da scrittura privata autenticata. La relativa procura è conferita al legale rappresentante dell'operatore economico mandatario. Il mandato è gratuito e irrevocabile e la sua revoca per giusta causa non ha effetto nei confronti della stazione appaltante. In caso di inadempimento dell'impresa mandataria, è ammessa, con il consenso delle parti, la revoca del mandato collettivo speciale di cui al comma 12 al fine di consentire alla stazione appaltante il pagamento diretto nei confronti delle altre imprese del raggruppamento.

14. Le disposizioni di cui al presente articolo trovano applicazione, in quanto compatibili, alla partecipazione alle procedure di affidamento delle aggregazioni tra le imprese aderenti al contratto di rete, di cui all'articolo 45, comma 2, lettera *f)*; queste ultime, nel caso in cui abbiano tutti i requisiti del consorzio stabile di cui all'articolo 45, comma 2, lettera *c)*, sono ad esso equiparate ai fini della qualificazione SOA.

15. Al mandatario spetta la rappresentanza esclusiva, anche processuale, dei mandanti nei confronti della stazione appaltante per tutte le operazioni e gli atti di qualsiasi natura dipendenti dall'appalto, anche dopo il collaudo, o atto equivalente, fino alla estinzione di ogni rapporto. La stazione appaltante, tuttavia, può far valere direttamente le responsabilità facenti capo ai mandanti.

16. Il rapporto di mandato non determina di per sè organizzazione o associazione degli operatori economici riuniti, ognuno dei quali conserva la propria autonomia ai fini della gestione, degli adempimenti fiscali e degli oneri sociali.

17. Salvo quanto previsto dall'articolo 110, comma 5, in caso di fallimento, liquidazione coatta amministrativa, amministrazione controllata, amministrazione straordinaria, concordato preventivo ovvero procedura di insolvenza concorsuale o di liquidazione del mandatario ovvero, qualora si tratti di imprenditore individuale, in caso di morte, interdizione, inabilitazione o fallimento del medesimo ovvero in caso di perdita, in corso di esecuzione, dei requisiti di cui all'articolo 80, ovvero nei casi previsti dalla normativa antimafia, la stazione appaltante può proseguire il rapporto di appalto con altro operatore economico che sia costituito mandatario nei modi previsti dal presente codice purchè abbia i requisiti di qualificazione adeguati ai lavori o servizi o forniture ancora da eseguire; non sussistendo tali condizioni la stazione appaltante deve recedere dal contratto[6].

18. Salvo quanto previsto dall'articolo 110, comma 5, in caso di fallimento, liquidazione coatta amministrativa, amministrazione controllata, amministrazione straordinaria, concordato preventivo ovvero procedura di insolvenza concorsuale o di liquidazione di uno dei mandanti ovvero, qualora si tratti di imprenditore individuale, in caso di morte, interdizione, inabilitazione o fallimento del medesimo ovvero in caso di perdita, in corso di esecuzione, dei requisiti di cui all'articolo 80, ovvero nei casi previsti dalla normativa antimafia, il mandatario, ove non indichi altro operatore economico subentrante che sia in possesso dei prescritti requisiti di idoneità, è tenuto alla esecuzione, direttamente o a mezzo degli altri mandanti, purchè questi abbiano i requisiti di qualificazione adeguati ai lavori o servizi o forniture ancora da eseguire[7].

19. È ammesso il recesso di una o più imprese raggruppate, anche qualora il raggruppamento si riduca ad un unico soggetto, esclusivamente per esigenze organizzative del raggruppamento e sempre che le imprese rimanenti abbiano i requisiti di qualificazione adeguati ai lavori o servizi o forniture ancora da eseguire. In ogni caso la modifica soggettiva di cui al primo periodo non è ammessa se finalizzata ad eludere la mancanza di un requisito di partecipazione alla gara[8].

19-*bis*. Le previsioni di cui ai commi 17, 18 e 19 trovano applicazione anche con riferimento ai soggetti di cui all'articolo 45, comma 2, lettere *b), c)* ed *e)*[4].

19-*ter*. Le previsioni di cui ai commi 17, 18 e 19 trovano applicazione anche laddove le modifiche soggettive ivi contemplate si verifichino in fase di gara[4 9 10].

[1] Comma così modificato dall'art. 32, D.Lgs. 19 aprile 2017, n. 56. Il testo previgente disponeva: *1. Nel caso di lavori, per raggruppamento temporaneo di tipo verticale si intende una riunione di operatori economici nell'ambito della quale uno di essi realizza i lavori della categoria prevalente; per lavori scorporabili si intendono lavori non appartenenti alla categoria prevalente e così definiti nel bando di gara, assumibili da uno dei mandanti; per raggruppamento di tipo orizzontale si intende una riunione di operatori economici finalizzata a realizzare i lavori della stessa categoria.*

[2] Comma così modificato dall'art. 32, D.Lgs. 19 aprile 2017, n. 56. Il testo previgente disponeva: *4. Nel caso di forniture o servizi nell'offerta devono essere specificate le parti del servizio o della fornitura che saranno eseguite dai singoli operatori economici riuniti o consorziati.*

[3] Comma così modificato dall'art. 8, D.L. 16 luglio 2020, n. 76, convertito in L. 11 settembre 2020, n. 120, a decorrere dal 15 settembre 2020. Il testo previgente disponeva: *7. È fatto divieto ai concorrenti di partecipare alla gara in più di un raggruppamento temporaneo o consorzio ordinario di concorrenti, ovvero di partecipare alla gara anche in forma individuale qualora abbia partecipato alla gara medesima in rag-*

gruppamento o consorzio ordinario di concorrenti. I consorzi di cui all'articolo 45, comma 2, lettere b) e c), sono tenuti ad indicare, in sede di offerta, per quali consorziati il consorzio concorre; a questi ultimi è fatto divieto di partecipare, in qualsiasi altra forma, alla medesima gara; in caso di violazione sono esclusi dalla gara sia il consorzio sia il consorziato; in caso di inosservanza di tale divieto si applica l'articolo 353 del codice penale.

Tali nuove disposizioni si applicano alle procedure i cui bandi o avvisi, con i quali si indice una gara, sono pubblicati successivamente alla data di entrata in vigore del D.L. 76/2020 cit., nonchè, in caso di contratti senza pubblicazione di bandi o avvisi, alle procedure in cui, alla medesima data, non sono ancora stati inviati gli inviti a presentare le offerte o i preventivi.

[4] Comma aggiunto dall'art. 32, D.Lgs. 19 aprile 2017, n. 56.

[5] Comma così modificato dall'art. 32, D.Lgs. 19 aprile 2017, n. 56. Il testo previgente disponeva: *9. È vietata l'associazione in partecipazione. Salvo quanto disposto ai commi 17 e 18, è vietata qualsiasi modificazione alla composizione dei raggruppamenti temporanei e dei consorzi ordinari di concorrenti rispetto a quella risultante dall'impegno presentato in sede di offerta.*

[6] Comma così modificato dall'art. 32, D.Lgs. 19 aprile 2017, n. 56. Il testo previgente disponeva: *17. Salvo quanto previsto dall'articolo 110, comma 5, in caso di fallimento, liquidazione coatta amministrativa, amministrazione controllata, amministrazione straordinaria, concordato preventivo ovvero procedura di insolvenza concorsuale o di liquidazione del mandatario ovvero, qualora si tratti di imprenditore individuale, in caso di morte, interdizione, inabilitazione o fallimento del medesimo ovvero nei casi previsti dalla normativa antimafia, la stazione appaltante può proseguire il rapporto di appalto con altro operatore economico che sia costituito mandatario nei modi previsti dal presente codice purchè abbia i requisiti di qualificazione adeguati ai lavori o servizi o forniture ancora da eseguire; non sussistendo tali condizioni la stazione appaltante può recedere dal contratto.*

[7] Comma così modificato dall'art. 32, D.Lgs. 19 aprile 2017, n. 56. Il testo previgente disponeva: *18. Salvo quanto previsto dall'articolo 110, comma 5, in caso di fallimento, liquidazione coatta amministrativa, amministrazione controllata, amministrazione straordinaria, concordato preventivo ovvero procedura di insolvenza concorsuale o di liquidazione di uno dei mandanti ovvero, qualora si tratti di imprenditore individuale, in caso di morte, interdizione, inabilitazione o fallimento del medesimo ovvero nei casi previsti dalla normativa antimafia, il mandatario, ove non indichi altro operatore economico subentrante che sia in possesso dei prescritti requisiti di idoneità, è tenuto alla esecuzione, direttamente o a mezzo degli altri mandanti, purchè questi abbiano i requisiti di qualificazione adeguati ai lavori o servizi o forniture ancora da eseguire.*

[8] Comma così modificato dall'art. 32, D.Lgs. 19 aprile 2017, n. 56. Il testo previgente disponeva: *19. È ammesso il recesso di una o più imprese raggruppate esclusivamente per esigenze organizzative del raggruppamento e sempre che le imprese rimanenti abbiano i requisiti di qualificazione adeguati ai lavori o servizi o forniture ancora da eseguire. In ogni caso la modifica soggettiva di cui al primo periodo non è ammessa se finalizzata ad eludere la mancanza di un requisito di partecipazione alla gara.*

[9] Ai sensi dell'art. 389, comma 1, D.Lgs. 12 gennaio 2019, n. 14, nel testo sostituito dall'art. 5, D.L. 8 aprile 2020, n. 23, convertito in L. 5 giugno 2020, n. 40, a decorrere dal 1° settembre 2021, al comma 17, le parole «articolo 110, comma 5, in caso di fallimento, liquidazione coatta amministrativa, amministrazione controllata, amministrazione straordinaria, concordato preventivo ovvero procedura di insolvenza concorsuale o di liquidazione del mandatario ovvero, qualora si tratti di imprenditore individuale, in caso di morte, interdizione, inabilitazione o fallimento» verranno sostituite dalle seguenti: «articolo 110, comma 6, in caso di liquidazione giudiziale, liquidazione coatta amministrativa, amministrazione straordinaria, concordato preventivo o di liquidazione del mandatario ovvero, qualora si tratti di imprenditore individuale, in caso di morte, interdizione, inabilitazione o liquidazione giudiziale» e, al comma 18, le parole «articolo 110, comma 5, in caso di fallimento, liquidazione coatta amministrativa, amministrazione controllata, amministrazione straordinaria, concordato preventivo ovvero procedura di insolvenza concorsuale o di liquidazione di uno dei mandanti ovvero, qualora si tratti di imprenditore individuale, in caso di morte, interdizione, inabilitazione o fallimento» verranno sostituite dalle seguenti: «articolo 110, comma 6, in caso di liquidazione giudiziale, liquidazione coatta amministrativa, amministrazione straordinaria, concordato preventivo o di liquidazione di uno dei mandanti ovvero, qualora si tratti di imprenditore individuale, in caso di morte, interdizione, inabilitazione o liquidazione giudiziale» (ex art. 372).

Tali nuove disposizioni si applicheranno alle procedure in cui il bando o l'avviso con cui si indice la gara è pubblicato successivamente alla data di entrata in vigore del D.Lgs. 14/2019, nonchè, per i contratti non preceduti dalla pubblicazione di bandi o avvisi, alle procedure in cui, alla medesima data, non sono ancora stati inviati gli inviti a presentare le offerte.

[10] V. art. 37, D.Lgs. 12 aprile 2006, n. 163 (vecchio Codice dei contratti pubblici).

49. *Condizioni relative all'AAP e ad altri accordi internazionali.* 1. Nella misura in cui sono contemplati dagli allegati 1, 2, 4 e 5 e dalle note generali dell'appendice 1 dell'Unione europea dell'AAP e dagli altri accordi internazionali a cui l'Unione è vincolata, le amministrazioni aggiudicatrici applicano ai lavori, alle forniture, ai servizi e agli operatori economici dei Paesi terzi, firmatari di tali accordi, un trattamento non meno favorevole di quello concesso ai sensi del presente codice[1].

[1] V. art. 47, D.Lgs. 12 aprile 2006, n. 163 (vecchio Codice dei contratti pubblici).

50. Clausole sociali del bando di gara e degli avvisi. 1. Per gli affidamenti dei contratti di concessione e di appalto di lavori e servizi diversi da quelli aventi natura intellettuale, con particolare riguardo a quelli relativi a contratti ad alta intensità di manodopera, i bandi di gara, gli avvisi e gli inviti inseriscono, nel rispetto dei principi dell'Unione europea, specifiche clausole sociali volte a promuovere la stabilità occupazionale del personale impiegato, prevedendo l'applicazione da parte dell'aggiudicatario, dei contratti collettivi di settore di cui all'articolo 51 del decreto legislativo 15 giugno 2015, n. 81. I servizi ad alta intensità di manodopera sono quelli nei quali il costo della manodopera è pari almeno al 50 per cento dell'importo totale del contratto[1 2].

[1] Comma così modificato dall'art. 33, D.Lgs. 19 aprile 2017, n. 56, che sostituisce le parole: "possono inserire" con la parola: "inseriscono".

[2] V. art. 69, D.Lgs. 12 aprile 2006, n. 163 (vecchio Codice dei contratti pubblici).

51. *Suddivisione in lotti.* 1. Nel rispetto della disciplina comunitaria in materia di appalti pubblici, sia nei settori ordinari che nei settori speciali, al fine di favorire l'accesso delle microimprese, piccole e medie imprese, le stazioni appaltanti suddividono gli appalti in lotti funzionali di cui all'articolo 3, comma 1, lettera *qq)*, ovvero in lotti prestazionali di cui all'articolo 3, comma 1, lettera *ggggg)*, in conformità alle categorie o specializzazioni nel settore dei lavori, servizi e forniture. Le stazioni appaltanti motivano la mancata suddivisione dell'appalto in lotti nel bando di gara o nella lettera di invito e nella relazione unica di cui agli articoli 99 e 139. Nel caso di suddivisione in lotti, il relativo valore deve essere adeguato in modo da garantire l'effettiva possibilità di partecipazione da parte delle microimprese, piccole e medie imprese. È fatto divieto alle stazioni appaltanti di suddividere in lotti al solo fine di eludere l'applicazione delle disposizioni del presente codice, nonchè di aggiudicare tramite l'aggregazione artificiosa degli appalti.

2. Le stazioni appaltanti indicano, altresì, nel bando di gara o nella lettera di invito, se le offerte possono essere presentate per un solo lotto, per alcuni lotti o per tutti.

3. Le stazioni appaltanti possono, anche ove esista la facoltà di presentare offerte per alcuni o per tutti i lotti, limitare il numero di lotti che possono essere aggiudicati a un solo offerente, a condizione che il numero massimo di lotti per offerente sia indicato nel bando di gara o nell'invito a confermare interesse, a presentare offerte o a negoziare. Nei medesimi documenti di gara indicano, altresì, le regole o i criteri oggettivi e non discriminatori che intendono applicare per determinare quali lotti saranno aggiudicati, qualora l'applicazione dei criteri di aggiudicazione comporti l'aggiudicazione ad un solo offerente di un numero di lotti superiore al numero massimo.

4. Le stazioni appaltanti possono aggiudicare appalti che associano alcuni o tutti i lotti al medesimo offerente, qualora abbiano specificato, nel bando di gara o nell'invito a confermare interesse, che si riservano tale possibilità e indichino i lotti o gruppi di lotti che possono essere associati, nonchè le modalità mediante cui effettuare la valutazione comparativa tra le offerte sui singoli lotti e le offerte sulle associazioni di lotti[1].

[1] V. art. 2, D.Lgs. 12 aprile 2006, n. 163 (vecchio Codice dei contratti pubblici).

52. *Regole applicabili alle comunicazioni.* 1. Nei settori ordinari e nei settori speciali, tutte le comunicazioni e gli scambi di informazioni di cui al presente codice sono eseguiti utilizzando mezzi di comunicazione elettronici in conformità con quanto disposto dal presente comma e dai commi da 2 a 9, nonchè dal Codice dell'amministrazione digitale di cui al decreto legislativo 7 marzo 2005, n. 82. Gli strumenti e i dispositivi da utilizzare per comunicare per via elettronica, nonchè le relative caratteristiche tecniche, hanno carattere non discriminatorio, sono comunemente disponibili e compatibili con i prodotti TIC generalmente in uso e non limitano l'accesso degli operatori economici alla procedura di aggiudicazione. In deroga al primo e secondo periodo, le stazioni appaltanti non sono obbligate a richiedere mezzi di comunicazione elettronici nella procedura di presentazione dell'offerta esclusivamente nelle seguenti ipotesi:

a) a causa della natura specialistica dell'appalto, l'uso di mezzi di comunicazione elettronici richiederebbe specifici strumenti, dispositivi o formati di file che non sono in genere disponibili o non sono gestiti dai programmi comunemente disponibili;

b) i programmi in grado di gestire i formati di file, adatti a descrivere l'offerta, utilizzano formati che non possono essere gestiti mediante altri programmi aperti o generalmente disponibili ovvero sono protetti da licenza di proprietà esclusiva e non possono essere messi a disposizione per essere scaricati o per farne un uso remoto da parte della stazione appaltante;

c) l'utilizzo di mezzi di comunicazione elettronici richiede attrezzature specializzate per ufficio non comunemente disponibili alle stazioni appaltanti;

d) i documenti di gara richiedono la presentazione di un modello fisico o in scala ridotta che non può essere trasmesso per mezzo di strumenti elettronici;

e) l'uso di mezzi di comunicazione diversi dai mezzi elettronici è necessario a causa di una violazione della sicurezza dei mezzi di comunicazione elettronici ovvero per la protezione di informazioni di natura particolarmente sensibile che richiedono un livello talmente elevato di protezione da non poter essere adeguatamente garantito mediante l'uso degli strumenti e dispositivi elettronici che sono generalmente a disposizione degli operatori economici o che possono essere messi loro a disposizione mediante modalità alternative di accesso ai sensi del comma 6.

2. Nei casi in cui non sono utilizzati mezzi di comunicazione elettronici ai sensi del terzo periodo del comma 1, la comunicazione avviene per posta o altro idoneo supporto ovvero mediante una loro combinazione.

3. Le stazioni appaltanti indicano nella relazione unica i motivi per cui l'uso di mezzi di comunicazione diversi dai mezzi elettronici è stato ritenuto necessario in applicazione del comma 1, terzo periodo.

4. In deroga ai commi da 1 a 3, la comunicazione orale può essere utilizzata in relazione a comunicazioni diverse da quelle relative agli elementi essenziali della procedura di appalto, purchè il contenuto della comunicazione orale sia sufficientemente documentato. A tal fine, gli elementi essenziali della procedura di appalto includono i documenti di gara, le richieste di partecipazione, le conferme di interesse e le offerte. In particolare, le comunicazioni orali con offerenti che potrebbero incidere significativamente sul contenuto e la valutazione delle offerte sono documentate in misura sufficiente e con mezzi adeguati.

5. In tutte le comunicazioni, gli scambi e l'archiviazione di informazioni, le stazioni appaltanti garantiscono che l'integrità dei dati e la riservatezza delle offerte e delle domande di partecipazione siano mantenute. Esse esaminano il contenuto delle offerte e delle domande di partecipazione soltanto dopo la scadenza del termine stabilito per la loro presentazione[1].

6. Le stazioni appaltanti possono, se necessario, richiedere l'uso di strumenti e dispositivi che in genere non sono disponibili, ma, in tale caso, offrono modalità alternative di accesso. Sono adeguate modalità alternative di accesso quelle che:

a) offrono gratuitamente un accesso completo, illimitato e diretto per via elettronica a tali strumenti e dispositivi a decorrere dalla data di pubblicazione dell'avviso, conformemente all'allegato V o dalla data di invio dell'invito a confermare interesse. Il testo dell'avviso o dell'invito a confermare interesse indica l'indirizzo Internet presso il quale tali strumenti e dispositivi sono accessibili;

b) assicurano che gli offerenti, che non hanno accesso agli strumenti e ai dispositivi in questione o non hanno la possibilità di ottenerli entro i termini pertinenti, a condizione che la responsabilità del mancato accesso non sia attribuibile all'offerente interessato, possano accedere alla procedura di appalto utilizzando credenziali temporanee elettroniche per un'autenticazione provvisoria fornite gratuitamente online;

c) offrono un canale alternativo per la presentazione elettronica delle offerte.

7. Le amministrazioni aggiudicatrici e gli enti aggiudicatori possono imporre agli operatori economici condizioni intese a proteggere il carattere di riservatezza delle informazioni che i predetti soggetti rendono disponibili durante tutta la procedura di appalto.

8. Oltre ai requisiti di cui all'allegato XI, agli strumenti e ai dispositivi di trasmissione e di ricezione elettronica delle offerte e di ricezione elettronica delle domande di partecipazione si applicano le seguenti regole:

a) le stazioni appaltanti mettono a disposizione dei soggetti interessati le informazioni sulle specifiche per la presentazione di offerte e domande di partecipazione per via elettronica, compresa la cifratura e la datazione;

b) le stazioni appaltanti specificano il livello di sicurezza richiesto per i mezzi di comunicazione elettronici da utilizzare per le varie fasi della procedura d'aggiudicazione degli appalti. Il livello è proporzionato ai rischi connessi;

c) qualora ritengano che il livello dei rischi, valutato ai sensi della lettera *b)*, sia tale che sono necessarie firme elettroniche avanzate, come definite nel Codice dell'amministrazione digitale di cui al decreto legislativo 7 marzo 2005, n. 82, le stazioni appaltanti accettano le firme elettroniche avanzate basate su un certificato qualificato, considerando se tali certificati siano forniti da un prestatore di servizi di certificazione presente in un elenco di fiducia di cui alla decisione della Commissione 2009/767/CE, create con o senza dispositivo per la creazione di una firma sicura alle seguenti condizioni:

1) le stazioni appaltanti stabiliscono il formato della firma elettronica avanzata sulla base dei formati stabiliti nelle regole tecniche adottate in attuazione del Codice dell'amministrazione digitale di cui al decreto legislativo 7 marzo 2005, n. 82, e attuano le misure necessarie per poterli elaborare; qualora sia utilizzato un diverso formato di firma elettronica, la firma elettronica o il supporto del documento elettronico contiene informazioni sulle possibilità di convalida esistenti. Le possibilità di convalida consentono alla stazione appaltante di convalidare on line, gratuitamente e in modo comprensibile per i non madrelingua, le firme elettroniche ricevute come firme elettroniche avanzate basate su un certificato qualificato. Le stazioni appaltanti, tramite il coordinamento della Cabina di regia, comunicano le informazioni relative al fornitore di servizi di convalida alla Commissione europea che le pubblica su internet;

2) in caso di offerte firmate con il sostegno di un certificato qualificato in un elenco di fiducia, le stazioni appaltanti non applicano ulteriori requisiti che potrebbero ostacolare l'uso di tali firme da parte degli offerenti.

9. Riguardo ai documenti utilizzati nel contesto di una procedura di appalto che sono firmati dall'autorità competente o da un altro ente responsabile del rilascio, l'autorità o l'ente competente di rilascio può stabilire il formato della firma elettronica avanzata in conformità ai requisiti previsti dalle regole tecniche adottate in attuazione del Codice dell'amministrazione digitale di cui al decreto legislativo 7 marzo 2005, n. 82. Essi si dotano delle misure necessarie per trattare tecnicamente tale formato includendo le

informazioni necessarie ai fini del trattamento della firma nei documenti in questione. Tali documenti contengono nella firma elettronica o nel supporto del documento elettronico possibilità di convalida esistenti che consentono di convalidare le firme elettroniche ricevute on line, gratuitamente e in modo comprensibile per i non madre lingua.

10. Per le concessioni, fatti salvi i casi in cui l'uso dei mezzi elettronici è obbligatorio ai sensi del presente codice, le stazioni appaltanti possono scegliere uno o più dei seguenti mezzi di comunicazione per tutte le comunicazioni e gli scambi di informazioni:

a) mezzi elettronici;

b) posta;

c) comunicazione orale, anche telefonica, per comunicazioni diverse da quelle aventi ad oggetto gli elementi essenziali di una procedura di aggiudicazione di una concessione e purchè il contenuto della comunicazione orale sia sufficientemente documentato su un supporto durevole;

d) la consegna a mano comprovata da un avviso di ricevimento.

11. Nei casi di cui al comma 10, il mezzo di comunicazione scelto deve essere comunemente disponibile e non discriminatorio e non deve limitare l'accesso degli operatori economici alla procedura di aggiudicazione della concessione. Gli strumenti e i dispositivi da utilizzare per comunicare per via elettronica, nonchè le relative caratteristiche tecniche, devono essere interoperabili con i prodotti della tecnologia dell'informazione e della comunicazione comunemente in uso.

12. Alle concessioni si applicano i commi 5 e 7[2 3].

[1] Comma così modificato dall'art. 34, D.Lgs. 19 aprile 2017, n. 56. Il testo previgente disponeva: *5. In tutte le comunicazioni, gli scambi e l'archiviazione di informazioni, le stazioni appaltanti garantiscono che l'integrità dei dati e la riservatezza delle offerte e delle domande di partecipazione siano mantenute. Essi esaminano il contenuto delle offerte e delle domande di partecipazione soltanto dopo la scadenza del termine stabilito per la loro presentazione.*

[2] Comma così modificato dall'art. 34, D.Lgs. 19 aprile 2017, n. 56. Il testo previgente disponeva: *12. Alle concessioni si applica il comma 5.*

[3] V. art. 77, D.Lgs. 12 aprile 2006, n. 163 (vecchio Codice dei contratti pubblici).

53. *Accesso agli atti e riservatezza.* 1. Salvo quanto espressamente previsto nel presente codice, il diritto di accesso agli atti delle procedure di affidamento e di esecuzione dei contratti pubblici, ivi comprese le candidature e le offerte, è disciplinato dagli articoli 22 e seguenti della legge 7 agosto 1990, n. 241. Il diritto di accesso agli atti del processo di asta elettronica può essere esercitato mediante l'interrogazione delle registrazioni di sistema informatico che contengono la documentazione in formato elettronico dei detti atti ovvero tramite l'invio ovvero la messa a disposizione di copia autentica degli atti.

2. Fatta salva la disciplina prevista dal presente codice per gli appalti secretati o la cui esecuzione richiede speciali misure di sicurezza, il diritto di accesso è differito:

a) nelle procedure aperte, in relazione all'elenco dei soggetti che hanno presentato offerte, fino alla scadenza del termine per la presentazione delle medesime;

b) nelle procedure ristrette e negoziate e nelle gare informali, in relazione all'elenco dei soggetti che hanno fatto richiesta di invito o che hanno manifestato il loro interesse, e in relazione all'elenco dei soggetti che sono stati invitati a presentare offerte e all'elenco dei soggetti che hanno presentato offerte, fino alla scadenza del termine per la presentazione delle offerte medesime; ai soggetti la cui richiesta di invito sia stata respinta, è consentito l'accesso all'elenco dei soggetti che hanno fatto richiesta di invito o che hanno manifestato il loro interesse, dopo la comunicazione ufficiale, da parte delle stazioni appaltanti, dei nominativi dei candidati da invitare;

c) in relazione alle offerte, fino all'aggiudicazione;

d) in relazione al procedimento di verifica della anomalia dell'offerta, fino all'aggiudicazione.

3. Gli atti di cui al comma 2, fino alla scadenza dei termini ivi previsti, non possono essere comunicati a terzi o resi in qualsiasi altro modo noti.

4. L'inosservanza dei commi 2 e 3 per i pubblici ufficiali o per gli incaricati di pubblici servizi rileva ai fini dell'articolo 326 del codice penale.

5. Fatta salva la disciplina prevista dal presente codice per gli appalti secretati o la cui esecuzione richiede speciali misure di sicurezza, sono esclusi il diritto di accesso e ogni forma di divulgazione in relazione:

a) alle informazioni fornite nell'ambito dell'offerta o a giustificazione della medesima che costituiscano, secondo motivata e comprovata dichiarazione dell'offerente, segreti tecnici o commerciali;

b) ai pareri legali acquisiti dai soggetti tenuti all'applicazione del presente codice, per la soluzione di liti, potenziali o in atto, relative ai contratti pubblici;

c) alle relazioni riservate del direttore dei lavori, del direttore dell'esecuzione e dell'organo di collaudo sulle domande e sulle riserve del soggetto esecutore del contratto[1];

d) alle soluzioni tecniche e ai programmi per elaboratore utilizzati dalla stazione appaltante o dal gestore del sistema informatico per le aste elettroniche, ove coperti da diritti di privativa intellettuale.

6. In relazione all'ipotesi di cui al comma 5, lettera *a)*, è consentito l'accesso al concorrente ai fini della difesa in giudizio dei propri interessi in relazione alla procedura di affidamento del contratto[2].

[1] Lettera così modificata dall'art. 35, D.Lgs. 19 aprile 2017, n. 56. Il testo previgente disponeva: *c) alle relazioni riservate*

del direttore dei lavori e dell'organo di collaudo sulle domande e sulle riserve del soggetto esecutore del contratto.

[2] V. art. 13, D.Lgs. 12 aprile 2006, n. 163 (vecchio Codice dei contratti pubblici).

Sezione II
Tecniche e strumenti per gli appalti elettronici e aggregati

54. *Accordi quadro.* 1. Le stazioni appaltanti possono concludere accordi quadro nel rispetto delle procedure di cui al presente codice. La durata di un accordo quadro non supera i quattro anni per gli appalti nei settori ordinari e gli otto anni per gli appalti nei settori speciali, salvo in casi eccezionali, debitamente motivati in relazione, in particolare, all'oggetto dell'accordo quadro.

2. Nei settori ordinari, gli appalti basati su un accordo quadro sono aggiudicati secondo le procedure previste dal presente comma e dai commi 3 e 4. Tali procedure sono applicabili solo tra le amministrazioni aggiudicatrici, individuate nell'avviso di indizione di gara o nell'invito a confermare interesse, e gli operatori economici parti dell'accordo quadro concluso. Gli appalti basati su un accordo quadro non comportano in nessun caso modifiche sostanziali alle condizioni fissate nell'accordo quadro in particolare nel caso di cui al comma 3.

3. Nell'ambito di un accordo quadro concluso con un solo operatore economico, gli appalti sono aggiudicati entro i limiti delle condizioni fissate nell'accordo quadro stesso. L'amministrazione aggiudicatrice può consultare per iscritto l'operatore economico parte dell'accordo quadro, chiedendogli di completare, se necessario, la sua offerta.

4. L'accordo quadro concluso con più operatori economici è eseguito secondo una delle seguenti modalità:

a) secondo i termini e le condizioni dell'accordo quadro, senza riaprire il confronto competitivo, se l'accordo quadro contiene tutti i termini che disciplinano la prestazione dei lavori, dei servizi e delle forniture, nonchè le condizioni oggettive per determinare quale degli operatori economici parti dell'accordo quadro effettuerà la prestazione. Tali condizioni sono indicate nei documenti di gara per l'accordo quadro. L'individuazione dell'operatore economico parte dell'accordo quadro che effettuerà la prestazione avviene sulla base di decisione motivata in relazione alle specifiche esigenze dell'amministrazione;

b) se l'accordo quadro contiene tutti i termini che disciplinano la prestazione dei lavori, dei servizi e delle forniture, in parte senza la riapertura del confronto competitivo conformemente alla lettera *a)* e, in parte, con la riapertura del confronto competitivo tra gli operatori economici parti dell'accordo quadro conformemente alla lettera *c)*, qualora tale possibilità sia stata stabilita dall'amministrazione aggiudicatrice nei documenti di gara per l'accordo quadro. La scelta se alcuni specifici lavori, forniture o servizi debbano essere acquisiti a seguito della riapertura del confronto competitivo o direttamente alle condizioni di cui all'accordo quadro avviene in base a criteri oggettivi, che sono indicati nei documenti di gara per l'accordo quadro. Tali documenti di gara precisano anche quali condizioni possono essere soggette alla riapertura del confronto competitivo. Le disposizioni previste dalla presente lettera, primo periodo, si applicano anche a ogni lotto di un accordo quadro per il quale tutti i termini che disciplinano la prestazione dei lavori, dei servizi e delle forniture in questione, sono definiti nell'accordo quadro, anche se sono stati stabiliti tutti i termini che disciplinano la prestazione dei lavori, dei servizi e delle forniture per altri lotti;

c) riaprendo il confronto competitivo tra gli operatori economici parti dell'accordo quadro, se l'accordo quadro non contiene tutti i termini che disciplinano la prestazione dei lavori, dei servizi e delle forniture.

5. I confronti competitivi di cui al comma 4, lettere *b)* e *c)*, si basano sulle stesse condizioni applicate all'aggiudicazione dell'accordo quadro, se necessario precisandole, e su altre condizioni indicate nei documenti di gara per l'accordo quadro, secondo la seguente procedura:

a) per ogni appalto da aggiudicare l'amministrazione aggiudicatrice consulta per iscritto gli operatori economici che sono in grado di eseguire l'oggetto dell'appalto;

b) l'amministrazione aggiudicatrice fissa un termine sufficiente per presentare le offerte relative a ciascun appalto specifico, tenendo conto di elementi quali la complessità dell'oggetto dell'appalto e il tempo necessario per la trasmissione delle offerte;

c) le offerte sono presentate per iscritto e il loro contenuto non viene reso pubblico fino alla scadenza del termine previsto per la loro presentazione;

d) l'amministrazione aggiudicatrice aggiudica l'appalto all'offerente che ha presentato l'offerta migliore sulla base dei criteri di aggiudicazione fissati nei documenti di gara per l'accordo quadro.

6. Nei settori speciali, gli appalti basati su un accordo quadro sono aggiudicati in base a regole e criteri oggettivi che possono prevedere la riapertura del confronto competitivo tra gli operatori economici parti dell'accordo quadro concluso. Tali regole e criteri sono indicati nei documenti di gara per l'accordo quadro e garantiscono parità di trattamento tra gli operatori economici parti dell'accordo. Ove sia prevista la riapertura del confronto competitivo, l'ente aggiudicatore fissa un termine sufficiente per con-

sentire di presentare offerte relative a ciascun appalto specifico e aggiudicano ciascun appalto all'offerente che ha presentato la migliore offerta in base ai criteri di aggiudicazione stabiliti nel capitolato d'oneri dell'accordo quadro. L'ente aggiudicatore non può ricorrere agli accordi quadro in modo da eludere l'applicazione del presente decreto o in modo da ostacolare, limitare o distorcere la concorrenza[1].

[1] V. artt. 59, 222, D.Lgs. 12 aprile 2006, n. 163 (vecchio Codice dei contratti pubblici).

55. *Sistemi dinamici di acquisizione*. 1. Per acquisti di uso corrente, le cui caratteristiche, così come generalmente disponibili sul mercato, soddisfano le esigenze delle stazioni appaltanti, è possibile avvalersi di un sistema dinamico di acquisizione. Il sistema dinamico di acquisizione è un procedimento interamente elettronico ed è aperto per tutto il periodo di efficacia a qualsiasi operatore economico che soddisfi i criteri di selezione. Può essere diviso in categorie definite di prodotti, lavori o servizi sulla base delle caratteristiche dell'appalto da eseguire. Tali caratteristiche possono comprendere un riferimento al quantitativo massimo ammissibile degli appalti specifici successivi o a un'area geografica specifica in cui gli appalti saranno eseguiti.

2. Per l'aggiudicazione nell'ambito di un sistema dinamico di acquisizione, le stazioni appaltanti seguono le norme previste per la procedura ristretta di cui all'articolo 61. Tutti i candidati che soddisfano i criteri di selezione sono ammessi al sistema; il numero dei candidati ammessi non deve essere limitato ai sensi degli articoli 91 e 135, comma 2. Le stazioni appaltanti che hanno diviso il sistema in categorie di prodotti, lavori o servizi conformemente al comma 1, precisano i criteri di selezioni applicabili per ciascuna categoria.

3. Nei settori ordinari, fermo restando quanto previsto dall'articolo 61, si applicano i seguenti termini:

a) il termine minimo per la ricezione delle domande di partecipazione è di trenta giorni dalla data di trasmissione del bando di gara o, se un avviso di preinformazione è utilizzato come mezzo di indizione di una gara, dalla data d'invio dell'invito a confermare interesse. Non sono applicabili ulteriori termini per la ricezione delle domande di partecipazione una volta che l'invito a presentare offerte per il primo appalto specifico nel sistema dinamico di acquisizione è stato inviato;

b) il termine minimo per la ricezione delle offerte è di almeno dieci giorni dalla data di trasmissione dell'invito a presentare offerte. Se del caso si applica l'articolo 61, comma 5.

4. Nei settori speciali, si applicano i seguenti termini:

a) il termine minimo per la ricezione delle domande di partecipazione è fissato in non meno di trenta giorni dalla data di trasmissione del bando di gara o, se come mezzo di indizione di gara è usato un avviso periodico indicativo, dell'invito a confermare interesse. Non sono applicabili ulteriori termini per la ricezione delle domande di partecipazione dopo l'invio dell''invito a presentare offerte per il primo appalto specifico;

b) il termine minimo per la ricezione delle offerte è di almeno dieci giorni dalla data di trasmissione dell'invito a presentare offerte. Si applica l'articolo 61, comma 5.

5. Tutte le comunicazioni nel quadro di un sistema dinamico di acquisizione sono effettuate esclusivamente con mezzi elettronici conformemente all'articolo 52, commi 1, 2, 3, 5, 6, 8 e 9.

6. Per aggiudicare appalti nel quadro di un sistema dinamico di acquisizione, le stazioni appaltanti:

a) pubblicano un avviso di indizione di gara precisando che si tratta di un sistema dinamico di acquisizione;

b) nei documenti di gara precisano almeno la natura e la quantità stimata degli acquisti previsti, nonchè tutte le informazioni necessarie riguardanti il sistema dinamico d'acquisizione, comprese le modalità di funzionamento del sistema, il dispositivo elettronico utilizzato nonchè le modalità e le specifiche tecniche di collegamento;

c) indicano un'eventuale divisione in categorie di prodotti, lavori o servizi e le caratteristiche che definiscono le categorie;

d) offrono accesso libero, diretto e completo, ai documenti di gara a norma dell'articolo 74.

7. Le stazioni appaltanti concedono a tutti gli operatori economici, per il periodo di validità del sistema dinamico di acquisizione, la possibilità di chiedere di essere ammessi al sistema alle condizioni di cui ai commi da 2 a 4. Le stazioni appaltanti valutano tali domande in base ai criteri di selezione entro dieci giorni lavorativi dal loro ricevimento. Il termine può essere prorogato fino a quindici giorni lavorativi in singoli casi motivati, in particolare per la necessità di esaminare documentazione aggiuntiva o di verificare in altro modo se i criteri di selezione siano stati soddisfatti. In deroga al primo, secondo e terzo periodo, a condizione che l'invito a presentare offerte per il primo appalto specifico nel sistema dinamico di acquisizione non sia stato inviato, le stazioni appaltanti possono prorogare il periodo di valutazione, purchè durante il periodo di valutazione prorogato non sia emesso alcun invito a presentare offerte. Le stazioni appaltanti indicano nei documenti di gara la durata massima del periodo prorogato che intendono applicare. Le stazioni appaltanti comunicano al più presto all'operatore economico interessato se è stato ammesso o meno al sistema dinamico di acquisizione.

8. Le stazioni appaltanti invitano tutti i partecipanti ammessi a presentare un'offerta per ogni specifico appalto nell'ambito del sistema dinamico di acquisizione, conformemente all'articolo 75 e all'articolo 131. Se il sistema dinamico di acquisizione è stato suddiviso in categorie di prodotti, lavori o servizi, le stazioni appaltanti invitano tutti i partecipanti ammessi alla categoria che corrisponde allo specifico appalto a presentare un'offerta. Esse aggiudicano l'appalto:

a) nei settori ordinari, all'offerente che ha presentato la migliore offerta sulla base dei criteri di aggiudicazione enunciati nel bando di gara per l'istituzione del sistema dinamico di acquisizione o, se un avviso di preinformazione è utilizzato come mezzo di indizione di una gara, nell'invito a confermare interesse;

b) nei settori speciali, all'offerente che ha presentato la migliore offerta sulla base dei criteri di aggiudicazione enunciati nel bando di gara per l'istituzione del sistema dinamico di acquisizione, nell'invito a confermare interesse, o, quando come mezzo di indizione di gara si usa un avviso sull'esistenza di un sistema di qualificazione, nell'invito a presentare un'offerta.

9. I criteri di cui al comma 8, lettere *a)* e *b)*, possono, all'occorrenza, essere precisati nell'invito a presentare offerte.

10. Nei settori ordinari, le amministrazioni aggiudicatrici possono esigere, in qualsiasi momento nel periodo di validità del sistema dinamico di acquisizione, che i partecipanti ammessi innovino o aggiornino il documento di gara unico europeo di cui all'articolo 85, entro cinque giorni lavorativi dalla data in cui è trasmessa tale richiesta. L'articolo 85, commi da 5 a 7, si applica per tutto il periodo di validità del sistema dinamico di acquisizione.

11. Nei settori speciali, gli enti aggiudicatori che, ai sensi dell'articolo 136, applicano motivi di esclusione e criteri di selezione previsti dagli articoli 80e 83, possono esigere, in qualsiasi momento nel periodo di validità del sistema dinamico di acquisizione, che i partecipanti ammessi innovino o aggiornino il documento di gara unico europeo di cui all'articolo 85, entro cinque giorni lavorativi dalla data in cui è trasmessa tale richiesta. L'articolo 85, commi da 5 a 7, si applica per tutto il periodo di validità del sistema dinamico di acquisizione.

12 Le stazioni appaltanti indicano nell'avviso di indizione di gara il periodo di validità del sistema dinamico di acquisizione. Esse informano la Commissione di qualsiasi variazione di tale periodo di validità utilizzando i seguenti modelli di formulari:

a) se il periodo di validità è modificato senza porre fine al sistema, il modello utilizzato inizialmente per l'avviso di indizione di gara per il sistema dinamico di acquisizione;

b) se è posto termine al sistema, un avviso di aggiudicazione di cui agli articoli 98 e 129, comma 2.

13. Non possono essere posti a carico degli operatori economici interessati o partecipanti al sistema dinamico di acquisizione i contributi di carattere amministrativo prima o nel corso del periodo di validità del sistema dinamico di acquisizione.

14. Il Ministero dell'economia e delle finanze, anche avvalendosi di CONSIP S.p.A., può provvedere alla realizzazione e gestione di un sistema dinamico di acquisizione per conto delle stazioni appaltanti, predisponendo gli strumenti organizzativi ed amministrativi, elettronici e telematici e curando l'esecuzione di tutti i servizi informatici, telematici e di consulenza necessari[1].

[1] V. art. 60, D.Lgs. 12 aprile 2006, n. 163 (vecchio Codice dei contratti pubblici).

56. *Aste elettroniche.* 1. Le stazioni appaltanti possono ricorrere ad aste elettroniche nelle quali vengono presentati nuovi prezzi, modificati al ribasso o nuovi valori riguardanti taluni elementi delle offerte. A tal fine, le stazioni appaltanti strutturano l'asta come un processo elettronico per fasi successive, che interviene dopo una prima valutazione completa delle offerte e consente di classificarle sulla base di un trattamento automatico. Gli appalti di servizi e di lavori che hanno per oggetto prestazioni intellettuali, come la progettazione di lavori, che non possono essere classificati in base ad un trattamento automatico, non sono oggetto di aste elettroniche.

2. Nelle procedure aperte, ristrette o competitive con negoziazione o nelle procedure negoziate precedute da un'indizione di gara, le stazioni appaltanti possono stabilire che l'aggiudicazione di un appalto sia preceduta da un'asta elettronica quando il contenuto dei documenti di gara, in particolare le specifiche tecniche, può essere fissato in maniera precisa. Alle stesse condizioni, esse possono ricorrere all'asta elettronica in occasione della riapertura del confronto competitivo fra le parti di un accordo quadro di cui all'articolo 54, comma 4, lettere *b)* e *c)*, e comma 6, e dell'indizione di gare per appalti da aggiudicare nell'ambito del sistema dinamico di acquisizione di cui all'articolo 55.

3. L'asta elettronica è aggiudicata sulla base di uno dei seguenti elementi contenuti nell'offerta:

a) esclusivamente i prezzi, quando l'appalto viene aggiudicato sulla sola base del prezzo;

b) il prezzo o i nuovi valori degli elementi dell'offerta indicati nei documenti di gara, quando l'appalto è aggiudicato sulla base del miglior rapporto qualità/prezzo o costo/efficacia.

4. Le stazioni appaltanti indicano il ricorso ad un'asta elettronica nel bando di gara o nell'invito a confermare l'interesse, nonchè, per i settori speciali,

nell'invito a presentare offerte quando per l'indizione di gara si usa un avviso sull'esistenza di un sistema di qualificazione. I documenti di gara comprendono almeno le informazioni di cui all'allegato XII.

5. Prima di procedere all'asta elettronica, le stazioni appaltanti effettuano una valutazione completa delle offerte conformemente al criterio o ai criteri di aggiudicazione stabiliti e alla relativa ponderazione[1].

6. Nei settori ordinari, un'offerta è considerata ammissibile se è stata presentata da un offerente che non è stato escluso ai sensi dell'articolo 80, che soddisfa i criteri di selezione di cui all'articolo 83 e la cui offerta è conforme alle specifiche tecniche senza essere irregolare o inaccettabile ovvero inadeguata, ai sensi dei commi 8, 9 e 10.

7. Nei settori speciali, un'offerta è considerata ammissibile se è stata presentata da un offerente che non è stato escluso ai sensi dell'articolo 135 o dell'articolo 136, che soddisfa i criteri di selezione di cui ai medesimi articoli 135 e 136 e la cui offerta è conforme alle specifiche tecniche senza essere irregolare o inaccettabile ovvero inadeguata, ai sensi dei commi 8, 9 e 10.

8. Sono considerate irregolari le offerte che non rispettano i documenti di gara, che sono state ricevute in ritardo, in relazione alle quali vi sono prove di corruzione, concussione o abuso di ufficio o accordo tra operatori economici finalizzato a turbare l'asta, o che la stazione appaltante ha giudicato anormalmente basse.

9. Sono considerate inaccettabili le offerte presentate da offerenti che non possiedono la qualificazione necessaria e le offerte il cui prezzo supera l'importo posto dalle stazioni appaltanti a base di gara stabilito e documentato prima dell'avvio della procedura di appalto.

10. Un'offerta è ritenuta inadeguata se non presenta alcuna pertinenza con l'appalto ed è quindi manifestamente incongruente, fatte salve le modifiche sostanziali idonee a rispondere alle esigenze della stazione appaltante e ai requisiti specificati nei documenti di gara. Una domanda di partecipazione non è ritenuta adeguata se l'operatore economico interessato deve o può essere escluso ai sensi dell'articolo 80, o dell'articolo 135, o dell'articolo 136, o non soddisfa i criteri di selezione stabiliti dall'amministrazione aggiudicatrice ai sensi dell'articolo 83 o dall'ente aggiudicatore ai sensi degli articoli 135 o 136.

11. Tutti gli offerenti che hanno presentato offerte ammissibili sono invitati simultaneamente, per via elettronica, a partecipare all'asta elettronica utilizzando, a decorrere dalla data e dall'ora previste, le modalità di connessione conformi alle istruzioni contenute nell'invito. L'asta elettronica può svolgersi in più fasi successive e non ha inizio prima di due giorni lavorativi successivi alla data di invio degli inviti.

12. L'invito è corredato del risultato della valutazione completa dell'offerta, effettuata conformemente alla ponderazione di cui all'articolo 95, commi 8 e 9. L'invito precisa, altresì, la formula matematica che determina, durante l'asta elettronica, le riclassificazioni automatiche in funzione dei nuovi prezzi e/o dei nuovi valori presentati. Salvo il caso in cui l'offerta economicamente più vantaggiosa sia individuata sulla base del solo prezzo, tale formula integra la ponderazione di tutti i criteri stabiliti per determinare l'offerta economicamente più vantaggiosa, quale indicata nel bando di gara o in altri documenti di gara. A tal fine, le eventuali forcelle devono essere precedentemente espresse con un valore determinato. Qualora siano autorizzate varianti, per ciascuna variante deve essere fornita una formula separata.

13. Nel corso di ogni fase dell'asta elettronica, le stazioni appaltanti comunicano in tempo reale a tutti gli offerenti almeno le informazioni che consentono loro di conoscere in ogni momento la rispettiva classificazione. Le stazioni appaltanti possono, purchè previsto nei documenti di gara, comunicare altre informazioni riguardanti altri prezzi o valori presentati. Possono, inoltre, rendere noto in qualsiasi momento il numero di partecipanti alla fase specifica dell'asta. In nessun caso, possono rendere nota l'identità degli offerenti durante lo svolgimento delle fasi dell'asta elettronica.

14. Le stazioni appaltanti dichiarano conclusa l'asta elettronica secondo una o più delle seguenti modalità:

a) alla data e all'ora preventivamente indicate;

b) quando non ricevono più nuovi prezzi o nuovi valori che rispondono alle esigenze degli scarti minimi, a condizione che abbiano preventivamente indicato il termine che rispetteranno a partire dalla ricezione dell'ultima presentazione prima di dichiarare conclusa l'asta elettronica;

c) quando il numero di fasi dell'asta preventivamente indicato è stato raggiunto.

15. Se le stazioni appaltanti intendono dichiarare conclusa l'asta elettronica ai sensi del comma 14, lettera *c)*, eventualmente in combinazione con le modalità di cui alla lettera *b)* del medesimo comma, l'invito a partecipare all'asta indica il calendario di ogni fase dell'asta.

16. Dopo aver dichiarata conclusa l'asta elettronica, le stazioni appaltanti aggiudicano l'appalto in funzione dei risultati dell'asta elettronica[2].

[1] Comma così modificato dall'art. 36, D.Lgs. 19 aprile 2017, n. 56. Il testo previgente disponeva: *5. Prima di procedere all'asta elettronica, le stazioni appaltanti effettuano valutazione completa delle offerte conformemente al criterio o ai criteri di aggiudicazione stabiliti e alla relativa ponderazione.*

[2] V. art. 85, D.Lgs. 12 aprile 2006, n. 163 (vecchio Codice dei contratti pubblici).

57. *Cataloghi elettronici.* 1. Nel caso in cui sia richiesto l'uso di mezzi di comunicazione elettronici, le stazioni appaltanti possono chiedere che le offerte siano presentate sotto forma di catalogo elettronico o che includano un catalogo elettronico. Le offerte presentate sotto forma di catalogo elettronico possono essere corredate di altri documenti, a completamento dell'offerta.

2. I cataloghi elettronici sono predisposti dai candidati o dagli offerenti per la partecipazione a una determinata procedura di appalto in conformità alle specifiche tecniche e al formato stabiliti dalle stazioni appaltanti. I cataloghi elettronici, inoltre, soddisfano i requisiti previsti per gli strumenti di comunicazione elettronica nonchè gli eventuali requisiti supplementari stabiliti dalle stazioni appaltanti conformemente all'articolo 52.

3. Quando la presentazione delle offerte sotto forma di cataloghi elettronici è accettata o richiesta, le stazioni appaltanti:

a) nei settori ordinari, lo indicano nel bando di gara o nell'invito a confermare interesse, quando il mezzo di indizione di gara è un avviso di preinformazione; nei settori speciali, lo indicano nel bando di gara, nell'invito a confermare interesse, o, quando il mezzo di indizione di gara è un avviso sull'esistenza di un sistema di qualificazione, nell'invito a presentare offerte o a negoziare;

b) indicano nei documenti di gara tutte le informazioni necessarie ai sensi dell'articolo 52, commi 8 e 9, relative al formato, al dispositivo elettronico utilizzato nonchè alle modalità e alle specifiche tecniche per il catalogo.

4. Quando un accordo quadro è concluso con più operatori economici dopo la presentazione delle offerte sotto forma di cataloghi elettronici, le stazioni appaltanti possono prevedere che la riapertura del confronto competitivo per i contratti specifici avvenga sulla base di cataloghi aggiornati. In tal caso, le amministrazioni aggiudicatrici e gli enti aggiudicatori utilizzano, alternativamente, uno dei seguenti metodi:

a) invitano gli offerenti a ripresentare i loro cataloghi elettronici, adattati alle esigenze del contratto in questione;

b) comunicano agli offerenti che intendono avvalersi delle informazioni raccolte dai cataloghi elettronici già presentati per costituire offerte adeguate ai requisiti del contratto in questione, a condizione che il ricorso a questa possibilità sia stato previsto nei documenti di gara relativi all'accordo quadro.

5. Le stazioni appaltanti, in caso di riapertura del confronto competitivo per i contratti specifici in conformità al comma 4, lettera *b)*, indicano agli offerenti la data e l'ora in cui intendono procedere alla raccolta delle informazioni necessarie per costituire offerte adattate ai requisiti del contratto specifico e danno agli offerenti la possibilità di rifiutare tale raccolta di informazioni. Le stazioni appaltanti prevedono un adeguato periodo di tempo tra la notifica e l'effettiva raccolta di informazioni. Prima dell'aggiudicazione dell'appalto, le stazioni appaltanti presentano le informazioni raccolte all'offerente interessato, in modo da offrire la possibilità di contestare o confermare che l'offerta così costituita non contiene errori materiali.

6. Le stazioni appaltanti possono aggiudicare appalti basati su un sistema dinamico di acquisizione richiedendo che le offerte per un appalto specifico siano presentate sotto forma di catalogo elettronico. Le stazioni appaltanti possono, inoltre, aggiudicare appalti basati su un sistema dinamico di acquisizione conformemente al comma 4, lettera *b)*, e al comma 5, a condizione che la domanda di partecipazione al sistema dinamico di acquisizione sia accompagnata da un catalogo elettronico in conformità con le specifiche tecniche e il formato stabilito dalla stazione appaltante. Tale catalogo è completato dai candidati, qualora sia stata comunicata l'intenzione della stazione appaltante di costituire offerte attraverso la procedura di cui al comma 4, lettera *b)*.

58. *Procedure svolte attraverso piattaforme telematiche di negoziazione.* 1. Ai sensi della normativa vigente in materia di documento informatico e di firma digitale, nel rispetto dell'articolo 52 e dei principi di trasparenza, semplificazione ed efficacia delle procedure, le stazioni appaltanti ricorrono a procedure di gara interamente gestite con sistemi telematici nel rispetto delle disposizioni di cui al presente codice. L'utilizzo dei sistemi telematici non deve alterare la parità di accesso agli operatori o impedire, limitare o distorcere la concorrenza o modificare l'oggetto dell'appalto, come definito dai documenti di gara.

2. Le stazioni appaltanti possono stabilire che l'aggiudicazione di una procedura interamente gestita con sistemi telematici avvenga con la presentazione di un'unica offerta ovvero attraverso un'asta elettronica alle condizioni e secondo le modalità di cui all'articolo 56.

3. [...][1].

4. Il sistema telematico crea ed attribuisce in via automatica a ciascun operatore economico che partecipa alla procedura un codice identificativo personale attraverso l'attribuzione di userID e password e di eventuali altri codici individuali necessari per operare all'interno del sistema.

5. Al momento della ricezione delle offerte, la stazione appaltante trasmette in via elettronica a ciascun concorrente la notifica del corretto recepimento dell'offerta stessa.

6. [...][2].

7. Conclusa la procedura di cui al comma 6, il sistema telematico produce in automatico la graduatoria.

8. Le procedure di gara interamente gestite con sistemi telematici possono essere adottate anche ai fini della stipula delle convenzioni di cui all'articolo 26 della legge 23 dicembre 1999, n. 488.

9. Le tecnologie sono scelte in modo tale da assicurare l'accessibilità delle persone con disabilità, conformemente agli standard europei.

10. L'Agenzia per l'Italia Digitale (AGID) emana, entro il 31 luglio 2016, regole tecniche aggiuntive per garantire il colloquio e la condivisione dei dati tra i sistemi telematici di acquisto e di negoziazione[3].

[1] Comma abrogato dall'art. 37, D.Lgs. 19 aprile 2017, n. 56. Il testo previgente disponeva: *3. Ai fini del controllo sul possesso dei requisiti di capacità economico-finanziaria e tecnico-professionale, il dispositivo elettronico delle stazioni appaltanti provvede, mediante un meccanismo casuale automatico, ad effettuare un sorteggio di cui viene data immediata evidenza per via telematica a tutti gli offerenti, nel rispetto del principio di riservatezza dell'elenco dei soggetti che partecipano alla procedura di gara.*

[2] Comma abrogato dall'art. 37, D.Lgs. 19 aprile 2017, n. 56. Il testo previgente disponeva: *6. La stazione appaltante, scaduto il termine di ricezione delle offerte, esamina dapprima le dichiarazioni e la documentazione attestante il possesso dei requisiti di partecipazione alla procedura e, all'esito di detta attività, l'eventuale offerta tecnica e successivamente quella economica.*

[3] V. art. 85, D.Lgs. 12 aprile 2006, n. 163 (vecchio Codice dei contratti pubblici).

CAPO II
PROCEDURE DI SCELTA DEL CONTRAENTE PER I SETTORI ORDINARI

59. *Scelta delle procedure e oggetto del contratto*[1]. 1. Fermo restando quanto previsto dal titolo VII del decreto legislativo 3 luglio 2017, n. 117, nell'aggiudicazione di appalti pubblici, le stazioni appaltanti utilizzano le procedure aperte o ristrette, previa pubblicazione di un bando o avviso di indizione di gara. Esse possono altresì utilizzare il partenariato per l'innovazione quando sussistono i presupposti previsti dall'articolo 65, la procedura competitiva con negoziazione e il dialogo competitivo quando sussistono i presupposti previsti dal comma 2 e la procedura negoziata senza previa pubblicazione di un bando di gara quando sussistono i presupposti previsti dall'articolo 63. Fatto salvo quanto previsto al comma 1-*bis*, gli appalti relativi ai lavori sono affidati, ponendo a base di gara il progetto esecutivo, il cui contenuto, come definito dall'articolo 23, comma 8, garantisce la rispondenza dell'opera ai requisiti di qualità predeterminati e il rispetto dei tempi e dei costi previsti. È vietato il ricorso all'affidamento congiunto della progettazione e dell'esecuzione di lavori ad esclusione dei casi di affidamento a contraente generale, finanza di progetto, affidamento in concessione, partenariato pubblico privato, contratto di disponibilità, locazione finanziaria, nonchè delle opere di urbanizzazione a scomputo di cui all'articolo 1, comma 2, lettera *e)*. Si applica l'articolo 216, comma 4-*bis*[2].

1-*bis*. Le stazioni appaltanti possono ricorrere all'affidamento della progettazione esecutiva e dell'esecuzione di lavori sulla base del progetto definitivo dell'amministrazione aggiudicatrice nei casi in cui l'elemento tecnologico o innovativo delle opere oggetto dell'appalto sia nettamente prevalente rispetto all'importo complessivo dei lavori. I requisiti minimi per lo svolgimento della progettazione oggetto del contratto sono previsti nei documenti di gara nel rispetto del presente codice e del regolamento di cui all'articolo 216, comma 27-*octies*; detti requisiti sono posseduti dalle imprese attestate per prestazioni di sola costruzione attraverso un progettista raggruppato o indicato in sede di offerta, in grado di dimostrarli, scelto tra i soggetti di cui all'articolo 46, comma 1; le imprese attestate per prestazioni di progettazione e costruzione documentano i requisiti per lo svolgimento della progettazione esecutiva laddove i predetti requisiti non siano dimostrati dal proprio staff di progettazione[3 4].

1-*ter*. Il ricorso agli affidamenti di cui al comma 1-*bis* deve essere motivato nella determina a contrarre. Tale determina chiarisce, altresì, in modo puntuale la rilevanza dei presupposti tecnici ed oggettivi che consentono il ricorso all'affidamento congiunto e l'effettiva incidenza sui tempi della realizzazione delle opere in caso di affidamento separato di lavori e progettazione[3].

1-*quater*. Nei casi in cui l'operatore economico si avvalga di uno o più soggetti qualificati alla realizzazione del progetto, la stazione appaltante indica nei documenti di gara le modalità per la corresponsione diretta al progettista della quota del compenso corrispondente agli oneri di progettazione indicati espressamente in sede di offerta, al netto del ribasso d'asta, previa approvazione del progetto e previa presentazione dei relativi documenti fiscali del progettista indicato o raggruppato[5].

2. Le amministrazioni aggiudicatrici utilizzano la procedura competitiva con negoziazione o il dialogo competitivo nelle seguenti ipotesi, e con esclusione dei soggetti di cui al comma 4, lettere *b)* e *d)*[6]:

a) per l'aggiudicazione di contratti di lavori, forniture o servizi in presenza di una o più delle seguenti condizioni:

1) le esigenze dell'amministrazione aggiudicatrice perseguite con l'appalto non possono essere soddisfatte senza adottare soluzioni immediatamente disponibili;

2) implicano progettazione o soluzioni innovative;

3) l'appalto non può essere aggiudicato senza preventive negoziazioni a causa di circostanze particolari in relazione alla natura, complessità o impostazione finanziaria e giuridica dell'oggetto dell'appalto o a causa dei rischi a esso connessi;

4) le specifiche tecniche non possono essere stabilite con sufficiente precisione dall'amministrazione aggiudicatrice con riferimento a una norma, una valutazione tecnica europea, una specifica tecnica comune o un riferimento tecnico ai sensi dei punti da 2 a 5 dell'allegato XIII;

b) per l'aggiudicazione di contratti di lavori, forniture o servizi per i quali, in esito a una procedura aperta o ristretta, sono state presentate soltanto offerte irregolari o inammissibili ai sensi rispettivamente dei commi 3 e 4. In tali situazioni, le amministrazioni aggiudicatrici non sono tenute a pubblicare un bando di gara se includono nella ulteriore procedura tutti, e soltanto, gli offerenti in possesso dei requisiti di cui agli articoli dal 80 al 90 che, nella procedura aperta o ristretta precedente, hanno presentato offerte conformi ai requisiti formali della procedura di appalto.

2-*bis*. Al fine di evitare pratiche elusive, nei casi di cui al comma 2, lettera *b)*, la procedura competitiva con negoziazione o il dialogo competitivo devono riprodurre nella sostanza le condizioni contrattuali originarie[3].

3. Fermo restando quanto previsto all'articolo 83, comma 9, sono considerate irregolari le offerte:

a) che non rispettano i documenti di gara;

b) che sono state ricevute in ritardo rispetto ai termini indicati nel bando o nell'invito con cui si indice la gara;

c) che l'amministrazione aggiudicatrice ha giudicato anormalmente basse[7].

4. Sono considerate inammissibili le offerte:

a) in relazione alle quali la commissione giudicatrice ritenga sussistenti gli estremi per informativa alla Procura della Repubblica per reati di corruzione o fenomeni collusivi;

b) che non hanno la qualificazione necessaria;

c) il cui prezzo supera l'importo posto dall'amministrazione aggiudicatrice a base di gara, stabilito e documentato prima dell'avvio della procedura di appalto[8].

5. La gara è indetta mediante un bando di gara redatto a norma dell'articolo 71. Nel caso in cui l'appalto sia aggiudicato mediante procedura ristretta o procedura competitiva con negoziazione, le amministrazioni aggiudicatrici di cui all'articolo 3, comma 1, lettera *c)*, possono, in deroga al primo periodo del presente comma, utilizzare un avviso di preinformazione secondo quanto previsto dai commi 2 e 3 dell'articolo 70. Se la gara è indetta mediante un avviso di preinformazione, gli operatori economici che hanno manifestato interesse in seguito alla pubblicazione dell'avviso stesso, sono successivamente invitati a confermarlo per iscritto, mediante un invito a confermare interesse, secondo quanto previsto dall'articolo 75.

5-*bis*. In relazione alla natura dell'opera, i contratti per l'esecuzione dei lavori pubblici sono stipulati a corpo o a misura, o in parte a corpo e in parte a misura. Per le prestazioni a corpo il prezzo offerto rimane fisso e non può variare in aumento o in diminuzione, secondo la qualità e la quantità effettiva dei lavori eseguiti. Per le prestazioni a misura il prezzo convenuto può variare, in aumento o in diminuzione, secondo la quantità effettiva dei lavori eseguiti. Per le prestazioni a misura il contratto fissa i prezzi invariabili per l'unità di misura[39].

[1] Rubrica così modificata dall'art. 38, D.Lgs. 19 aprile 2017, n. 56. Il testo previgente disponeva: *Scelta delle procedure.*

[2] Comma così modificato prima dall'art. 38, D.Lgs. 19 aprile 2017, n. 56, poi dall'art. 8, D.L. 16 luglio 2020, n. 76, convertito in L. 11 settembre 2020, n. 120, a decorrere dal 15 settembre 2020 che ha premesso le seguenti parole: "*Fermo restando quanto previsto dal titolo VII del decreto legislativo 3 luglio 2017, n. 117,*". Tali nuove disposizioni si applicano alle procedure i cui bandi o avvisi, con i quali si indice una gara, sono pubblicati successivamente alla data di entrata in vigore del D.L. 76/2020 cit., nonchè, in caso di contratti senza pubblicazione di bandi o avvisi, alle procedure in cui, alla medesima data, non sono ancora stati inviati gli inviti a presentare le offerte o i preventivi.

Il testo previgente la modifica del 2017 disponeva: *1. Nell'aggiudicazione di appalti pubblici, le stazioni appaltanti utilizzano le procedure aperte o ristrette, previa pubblicazione di un bando o avviso di indizione di gara. Esse possono altresì utilizzare il partenariato per l'innovazione quando sussistono i presupposti previsti dall'articolo 65, la procedura competitiva con negoziazione e il dialogo competitivo quando sussistono i presupposti previsti dal comma 2 e la procedura negoziata senza previa pubblicazione di un bando di gara quando sussistono i presupposti previsti dall'articolo 63. Gli appalti relativi ai lavori sono affidati, ponendo a base di gara il progetto esecutivo, il cui contenuto, come definito dall'articolo 23, comma 8, garantisce la rispondenza dell'opera ai requisiti di qualità predeterminati e il rispetto dei tempi e dei costi previsti. È vietato il ricorso all'affidamento congiunto della progettazione e dell'esecuzione di lavori ad esclusione dei casi di affidamento a contraente generale, finanza di progetto, affidamento in concessione, partenariato pubblico privato, contratto di disponibilità.*

[3] Comma aggiunto dall'art. 38, D.Lgs. 19 aprile 2017, n. 56.

[4] Comma così modificato dall'art. 1, D.L. 18 aprile 2019, n. 32, convertito in L. 14 giugno 2019, n. 55, a decorrere dal 18 giugno 2019. Il testo previgente disponeva: *1-bis. Le stazioni appaltanti possono ricorrere all'affidamento della progettazione esecutiva e dell'esecuzione di lavori sulla base del progetto definitivo dell'amministrazione aggiudicatrice nei casi in cui l'elemento tecnologico o innovativo delle opere oggetto dell'appalto sia nettamente prevalente rispetto all'importo complessivo dei lavori.*

[5] Comma aggiunto dall'art. 1, D.L. 18 aprile 2019, n. 32, convertito in L. 14 giugno 2019, n. 55, a decorrere dal 18 giugno 2019.

[6] Alinea così modificato dall'art. 38, D.Lgs. 19 aprile 2017, n. 56. Il testo previgente disponeva: *Le amministrazioni aggiu-*

dicatrici utilizzano la procedura competitiva con negoziazione o il dialogo competitivo nelle seguenti ipotesi.

[7] Comma così sostituito dall'art. 38, D.Lgs. 19 aprile 2017, n. 56. Il testo previgente disponeva: *3. Sono considerate irregolari le offerte non conformi a quanto prescritto nei documenti di gara.*

[8] Le originarie lettere a) e c) del presente comma sono state espunte dall'art. 38, D.Lgs. 19 aprile 2017, n. 56. Il testo previgente disponeva: *a) che sono state presentate in ritardo rispetto ai termini indicati nel bando o nell'avviso con cui si indice la gara; c)* che l'amministrazione aggiudicatrice ha giudicato anormalmente basse. Conseguentemente le originarie lettere: "*b), d)* ed *e)*" sono state sostituite dalle attuali: "*a), b)* e *c)*.

[9] V. art. 54, D.Lgs. 12 aprile 2006, n. 163 (vecchio Codice dei contratti pubblici).

60. *Procedura aperta.* 1. Nelle procedure aperte, qualsiasi operatore economico interessato può presentare un'offerta in risposta a un avviso di indizione di gara. Il termine minimo per la ricezione delle offerte è di trentacinque giorni dalla data di trasmissione del bando di gara. Le offerte sono accompagnate dalle informazioni richieste dall'amministrazione aggiudicatrice per la selezione qualitativa.

2. Nel caso in cui le amministrazioni aggiudicatrici abbiano pubblicato un avviso di preinformazione che non sia stato usato come mezzo di indizione di una gara, il termine minimo per la ricezione delle offerte, come stabilito al comma 1, può essere ridotto a quindici giorni purchè siano rispettate tutte le seguenti condizioni:

a) l'avviso di preinformazione contiene tutte le informazioni richieste per il bando di gara di cui all'allegato XIV, parte I, lettera B, sezione B1, semprechè queste siano disponibili al momento della pubblicazione dell'avviso di preinformazione;

b) l'avviso di preinformazione è stato inviato alla pubblicazione da non meno di trentacinque giorni e non oltre dodici mesi prima della data di trasmissione del bando di gara.

2-*bis*. Le amministrazioni aggiudicatrici possono ulteriormente ridurre di cinque giorni il termine di cui al comma 1 nel caso di presentazione di offerte per via elettronica[1].

3. Le amministrazioni aggiudicatrici possono fissare un termine non inferiore a quindici giorni a decorrere dalla data di invio del bando di gara se, per ragioni di urgenza debitamente motivate dall'amministrazione aggiudicatrice, i termini minimi stabiliti al comma 1 non possono essere rispettati[2].

[1] Comma aggiunto dall'art. 39, D.Lgs. 19 aprile 2017, n. 56.
[2] V. artt. 55, 70, D.Lgs. 12 aprile 2006, n. 163 (vecchio Codice dei contratti pubblici).

61. *Procedura ristretta.* 1. Nelle procedure ristrette qualsiasi operatore economico può presentare una domanda di partecipazione in risposta a un avviso di indizione di gara contenente i dati di cui all'allegato XIV, parte I, lettera B o C a seconda del caso, fornendo le informazioni richieste dall'amministrazione aggiudicatrice ai fini della selezione qualitativa.

2. Il termine minimo per la ricezione delle domande di partecipazione è di trenta giorni dalla data di trasmissione del bando di gara o, se è utilizzato un avviso di preinformazione come mezzo di indizione di una gara, dalla data d'invio dell'invito a confermare interesse.

3. A seguito della valutazione da parte delle amministrazioni aggiudicatrici delle informazioni fornite, soltanto gli operatori economici invitati possono presentare un'offerta. Le amministrazioni aggiudicatrici possono limitare il numero di candidati idonei da invitare a partecipare alla procedura in conformità all'articolo 91. Il termine minimo per la ricezione delle offerte è di trenta giorni dalla data di trasmissione dell'invito a presentare offerte.

4. Nel caso in cui le amministrazioni aggiudicatrici hanno pubblicato un avviso di preinformazione non utilizzato per l'indizione di una gara, il termine minimo per la presentazione delle offerte può essere ridotto a dieci giorni purchè siano rispettate tutte le seguenti condizioni:

a) l'avviso di preinformazione contiene tutte le informazioni richieste nel citato allegato XIV, parte I, lettera B sezione B1, purchè dette informazioni siano disponibili al momento della pubblicazione dell'avviso di preinformazione;

b) l'avviso di preinformazione è stato inviato alla pubblicazione da non meno di trentacinque giorni e non oltre dodici mesi prima della data di trasmissione del bando di gara.

5. Le amministrazioni aggiudicatrici di cui all'articolo 3, comma 1, lettera *c)*, possono fissare il termine per la ricezione delle offerte di concerto con i candidati selezionati, purchè questi ultimi dispongano di un termine identico per redigere e presentare le loro offerte. In assenza di un accordo sul termine per la presentazione delle offerte, il termine non può essere inferiore a dieci giorni dalla data di invio dell'invito a presentare offerte.

6. Quando, per motivi di urgenza debitamente motivati è impossibile rispettare i termini minimi previsti al presente articolo, l'amministrazione aggiudicatrice può fissare:

a) per la ricezione delle domande di partecipazione, un termine non inferiore a quindici giorni dalla data di trasmissione del bando di gara;

b) un termine di ricezione delle offerte non inferiore a dieci giorni a decorrere dalla data di invio dell'invito a presentare offerte[1].

[1] V. artt. 55, 70, D.Lgs. 12 aprile 2006, n. 163 (vecchio Codice dei contratti pubblici).

62. *Procedura competitiva con negoziazione.* 1. Nelle procedure competitive con negoziazione qualsiasi operatore economico può presentare una domanda di partecipazione in risposta a un avviso di indizione di gara contenente le informazioni di cui all'allegato XIV, parte I, lettere B o C, fornendo le informazioni richieste dall'amministrazione aggiudicatrice per la selezione qualitativa[1].

2. Nei documenti di gara le amministrazioni aggiudicatrici individuano l'oggetto dell'appalto fornendo una descrizione delle loro esigenze, illustrando le caratteristiche richieste per le forniture, i lavori o i servizi da appaltare, specificando i criteri per l'aggiudicazione dell'appalto e indicano altresì quali elementi della descrizione definiscono i requisiti minimi che tutti gli offerenti devono soddisfare.

3. Le informazioni fornite devono essere sufficientemente precise per permettere agli operatori economici di individuare la natura e l'ambito dell'appalto e decidere se partecipare alla procedura.

4. Il termine minimo per la ricezione delle domande di partecipazione è di trenta giorni dalla data di trasmissione del bando di gara o, se è utilizzato come mezzo di indizione di una gara un avviso di preinformazione, dalla data d'invio dell'invito a confermare interesse. I termini di cui al presente comma sono ridotti nei casi previsti dall'articolo 61, commi 4, 5 e 6[2].

5. Il termine minimo per la ricezione delle offerte iniziali è di trenta giorni dalla data di trasmissione dell'invito. I termini di cui al presente comma sono ridotti nei casi previsti dall'articolo 61, commi 4, 5 e 6[3].

6. Solo gli operatori economici invitati dall'amministrazione aggiudicatrice, in seguito alla valutazione delle informazioni fornite, possono presentare un'offerta iniziale che costituisce la base per la successiva negoziazione. Le amministrazioni aggiudicatrici possono limitare il numero di candidati idonei da invitare a partecipare alla procedura, ai sensi dell'articolo 91.

7. Salvo quanto previsto dal comma 8, le amministrazioni aggiudicatrici negoziano con gli operatori economici le loro offerte iniziali e tutte le successive da essi presentate, tranne le offerte finali di cui al comma 12, per migliorarne il contenuto. I requisiti minimi e i criteri di aggiudicazione non sono soggetti a negoziazione.

8. Le amministrazioni aggiudicatrici possono aggiudicare appalti sulla base delle offerte iniziali senza negoziazione se previsto nel bando di gara o nell'invito a confermare interesse.

9. Nel corso delle negoziazioni le amministrazioni aggiudicatrici garantiscono la parità di trattamento fra tutti gli offerenti. A tal fine, non forniscono informazioni che possano avvantaggiare determinati offerenti rispetto ad altri. Esse informano per iscritto tutti gli offerenti le cui offerte non sono state escluse ai sensi del comma 11, delle modifiche alle specifiche tecniche o ad altri documenti di gara diversi da quelli che stabiliscono i requisiti minimi. A seguito di tali modifiche le amministrazioni aggiudicatrici concedono agli offerenti un tempo sufficiente per modificare e ripresentare, ove opportuno, le offerte modificate.

10. Le amministrazioni aggiudicatrici, nei limiti di quanto disposto dall'articolo 53, non possono rivelare agli altri partecipanti informazioni riservate comunicate dal candidato o da un offerente che partecipa alle negoziazioni senza l'accordo di questi ultimi. Tale accordo non assume la forma di una deroga generale, ma si considera riferito alla comunicazione di informazioni specifiche espressamente indicate.

11. Le procedure competitive con negoziazione possono svolgersi in fasi successive per ridurre il numero di offerte da negoziare applicando i criteri di aggiudicazione specificati nel bando di gara, nell'invito a confermare interesse o in altro documento di gara. Nel bando di gara, nell'invito a confermare interesse o in altro documento di gara, l'amministrazione aggiudicatrice indica se si avvale di tale facoltà.

12. Quando le amministrazioni aggiudicatrici intendono concludere le negoziazioni, esse informano gli altri offerenti e stabiliscono un termine entro il quale possono essere presentate offerte nuove o modificate. Esse verificano che le offerte finali siano conformi ai requisiti minimi prescritti e all'articolo 94, valutano le offerte finali in base ai criteri di aggiudicazione e aggiudicano l'appalto ai sensi degli articoli 95, 96 e 97[4].

[1] Comma così modificato dall'art. 40, D.Lgs. 19 aprile 2017, n. 56. Il testo previgente disponeva: *1. Nelle procedure competitive con negoziazione qualsiasi operatore economico può presentare una domanda di partecipazione in risposta a un avviso di indizione di gara contenente le informazioni di cui all'allegato XIV, parte I, lettere B e C, fornendo le informazioni richieste dall'amministrazione aggiudicatrice per la selezione qualitativa.*

[2] Comma così modificato dall'art. 40, D.Lgs. 19 aprile 2017, n. 56. Il testo previgente disponeva: *4. Il termine minimo per la ricezione delle domande di partecipazione è di trenta giorni dalla data di trasmissione del bando di gara o, se è utilizzato come mezzo di indizione di una gara un avviso di preinformazione, dalla data d'invio dell'invito a confermare interesse.*

[3] Comma così modificato dall'art. 40, D.Lgs. 19 aprile 2017, n. 56. Il testo previgente disponeva: *5. Il termine minimo per la ricezione delle offerte iniziali è di trenta giorni dalla data di trasmissione dell'invito. I termini sono ridotti nei casi previsti dall'articolo 61, commi 4, 5 e 6.*

[4] V. artt. 56, 70, D.Lgs. 12 aprile 2006, n. 163 (vecchio Codice dei contratti pubblici).

63. *Uso della procedura negoziata senza previa pubblicazione di un bando di gara.* 1. Nei casi e nelle circostanze indicati nei seguenti commi, le amministrazioni aggiudicatrici possono aggiudicare appalti pubblici mediante una procedura negoziata senza previa pubblicazione di un bando di gara, dando conto con adeguata motivazione, nel primo atto della procedura, della sussistenza dei relativi presupposti.

2. Nel caso di appalti pubblici di lavori, forniture e servizi, la procedura negoziata senza previa pubblicazione può essere utilizzata:

a) qualora non sia stata presentata alcuna offerta o alcuna offerta appropriata, nè alcuna domanda di partecipazione o alcuna domanda di partecipazione appropriata, in esito all'esperimento di una procedura aperta o ristretta, purchè le condizioni iniziali dell'appalto non siano sostanzialmente modificate e purchè sia trasmessa una relazione alla Commissione europea, su sua richiesta. Un'offerta non è ritenuta appropriata se non presenta alcuna pertinenza con l'appalto ed è, quindi, manifestamente inadeguata, salvo modifiche sostanziali, a rispondere alle esigenze dell'amministrazione aggiudicatrice e ai requisiti specificati nei documenti di gara. Una domanda di partecipazione non è ritenuta appropriata se l'operatore economico interessato deve o può essere escluso ai sensi dell'articolo 80 o non soddisfa i criteri di selezione stabiliti dall'amministrazione aggiudicatrice ai sensi dell'articolo 83;

b) quando i lavori, le forniture o i servizi possono essere forniti unicamente da un determinato operatore economico per una delle seguenti ragioni:

1) lo scopo dell'appalto consiste nella creazione o nell'acquisizione di un'opera d'arte o rappresentazione artistica unica;

2) la concorrenza è assente per motivi tecnici;

3) la tutela di diritti esclusivi, inclusi i diritti di proprietà intellettuale.

Le eccezioni di cui ai punti *2)* e *3)* si applicano solo quando non esistono altri operatori economici o soluzioni alternative ragionevoli e l'assenza di concorrenza non è il risultato di una limitazione artificiale dei parametri dell'appalto;

c) nella misura strettamente necessaria quando, per ragioni di estrema urgenza derivante da eventi imprevedibili dall'amministrazione aggiudicatrice, i termini per le procedure aperte o per le procedure ristrette o per le procedure competitive con negoziazione non possono essere rispettati. Le circostanze invocate a giustificazione del ricorso alla procedura di cui al presente articolo non devono essere in alcun caso imputabili alle amministrazioni aggiudicatrici.

3. Nel caso di appalti pubblici di forniture, la procedura di cui al presente articolo è, inoltre, consentita nei casi seguenti:

a) qualora i prodotti oggetto dell'appalto siano fabbricati esclusivamente a scopo di ricerca, di sperimentazione, di studio o di sviluppo, salvo che si tratti di produzione in quantità volta ad accertare la redditività commerciale del prodotto o ad ammortizzare i costi di ricerca e di sviluppo;

b) nel caso di consegne complementari effettuate dal fornitore originario e destinate al rinnovo parziale di forniture o di impianti o all'ampliamento di forniture o impianti esistenti, qualora il cambiamento di fornitore obblighi l'amministrazione aggiudicatrice ad acquistare forniture con caratteristiche tecniche differenti, il cui impiego o la cui manutenzione comporterebbero incompatibilità o difficoltà tecniche sproporzionate; la durata di tali contratti e dei contratti rinnovabili non può comunque di regola superare i tre anni;

c) per forniture quotate e acquistate sul mercato delle materie prime;

d) per l'acquisto di forniture o servizi a condizioni particolarmente vantaggiose, da un fornitore che cessa definitivamente l'attività commerciale oppure dagli organi delle procedure concorsuali.

4. La procedura prevista dal presente articolo è, altresì, consentita negli appalti pubblici relativi ai servizi qualora l'appalto faccia seguito ad un concorso di progettazione e debba, in base alle norme applicabili, essere aggiudicato al vincitore o ad uno dei vincitori del concorso. In quest'ultimo caso, tutti i vincitori devono essere invitati a partecipare ai negoziati.

5. La presente procedura può essere utilizzata per nuovi lavori o servizi consistenti nella ripetizione di lavori o servizi analoghi, già affidati all'operatore economico aggiudicatario dell'appalto iniziale dalle medesime amministrazioni aggiudicatrici, a condizione che tali lavori o servizi siano conformi al progetto a base di gara e che tale progetto sia stato oggetto di un primo appalto aggiudicato secondo una procedura di cui all'articolo 59, comma 1. Il progetto a base di gara indica l'entità di eventuali lavori o servizi complementari e le condizioni alle quali essi verranno aggiudicati. La possibilità di avvalersi della procedura prevista dal presente articolo è indicata sin dall'avvio del confronto competitivo nella prima operazione e l'importo totale previsto per la prosecuzione dei lavori o della prestazione dei servizi è computato per la determinazione del valore globale dell'appalto, ai fini dell'applicazione delle soglie di cui all'articolo 35, comma 1. Il ricorso a questa procedura è limitato al triennio successivo alla stipulazione del contratto dell'appalto iniziale.

6. Le amministrazioni aggiudicatrici individuano gli operatori economici da consultare sulla base di informazioni riguardanti le caratteristiche di qualificazione economica e finanziaria e tecniche e professionali desunte dal mercato, nel rispetto dei principi di trasparenza, concorrenza, rotazione, e selezionano almeno cinque operatori economici, se sussistono in tale numero soggetti idonei. L'amministrazione aggiudicatrice sceglie l'operatore economico che ha offerto le condizioni più vantaggiose, ai sensi

dell'articolo 95, previa verifica del possesso dei requisiti di partecipazione previsti per l'affidamento di contratti di uguale importo mediante procedura aperta, ristretta o mediante procedura competitiva con negoziazione[1].

[1] V. artt. 57, 70, D.Lgs. 12 aprile 2006, n. 163 (vecchio Codice dei contratti pubblici).

V. Delib. Anac 13 settembre 2017, n. 950 (Linee guida n. 8 - Ricorso a procedure negoziate senza previa pubblicazione di un bando nel caso di forniture e servizi ritenuti infungibili).

64. *Dialogo competitivo.* 1. Il provvedimento con cui le stazioni appaltanti di cui all'articolo 3, comma 1, lettera *a)*, decidono di ricorrere al dialogo competitivo deve contenere specifica motivazione, i cui contenuti sono richiamati nella relazione unica di cui agli articoli 99 e 139 sulla sussistenza dei presupposti previsti per il ricorso allo stesso. L'appalto è aggiudicato unicamente sulla base del criterio dell'offerta con il miglior rapporto qualità/prezzo conformemente all'articolo 95, comma 6.

2. Nel dialogo competitivo qualsiasi operatore economico può chiedere di partecipare in risposta a un bando di gara, o ad un avviso di indizione di gara, fornendo le informazioni richieste dalla stazione appaltante, per la selezione qualitativa.

3. Il termine minimo per la ricezione delle domande di partecipazione è di trenta giorni dalla data di trasmissione del bando di gara o, nei settori speciali, se come mezzo di indizione di gara è usato un avviso sull'esistenza di un sistema di qualificazione, dell'invito a confermare interesse. Soltanto gli operatori economici invitati dalle stazioni appaltanti in seguito alla valutazione delle informazioni fornite possono partecipare al dialogo. Le stazioni appaltanti possono limitare il numero di candidati idonei da invitare a partecipare alla procedura in conformità all'articolo 91[1].

4. Le stazioni appaltanti indicano nel bando di gara o nell'avviso di indizione di gara le loro esigenze e i requisiti richiesti e li definiscono nel bando stesso, nell'avviso di indizione o in un documento descrittivo.

5. Le stazioni appaltanti avviano con i partecipanti selezionati un dialogo finalizzato all'individuazione e alla definizione dei mezzi più idonei a soddisfare le proprie necessità. Nella fase del dialogo possono discutere con i partecipanti selezionati tutti gli aspetti dell'appalto.

6. Durante il dialogo le stazioni appaltanti garantiscono la parità di trattamento di tutti i partecipanti. A tal fine, non forniscono informazioni che possano avvantaggiare determinati partecipanti rispetto ad altri.

7. Conformemente all'articolo 53 le stazioni appaltanti non possono rivelare agli altri partecipanti le soluzioni proposte o altre informazioni riservate comunicate da un candidato o da un offerente partecipante al dialogo, senza l'accordo di quest'ultimo. Tale accordo non assume la forma di una deroga generale ma si considera riferito alla comunicazione di informazioni specifiche espressamente indicate.

8. I dialoghi competitivi possono svolgersi in fasi successive in modo da ridurre il numero di soluzioni da discutere durante la fase del dialogo applicando i criteri di aggiudicazione stabiliti nel bando di gara, nell'avviso di indizione di gara o nel documento descrittivo. Nel bando di gara o nell'avviso di indizione di gara o nel documento descrittivo le stazioni appaltanti indicano se sceglieranno tale opzione.

9. La stazione appaltante prosegue il dialogo finchè non è in grado di individuare la soluzione o le soluzioni che possano soddisfare le sue necessità.

10. Dopo aver dichiarato concluso il dialogo e averne informato i partecipanti rimanenti, le stazioni appaltanti invitano ciascuno a presentare le loro offerte finali in base alla soluzione o alle soluzioni presentate e specificate nella fase del dialogo. Tali offerte contengono tutti gli elementi richiesti e necessari per l'esecuzione del progetto. Su richiesta della stazione appaltante le offerte possono essere chiarite, precisate e perfezionate. Tuttavia le precisazioni, i chiarimenti, i perfezionamenti o i complementi delle informazioni non possono avere l'effetto di modificare gli aspetti essenziali dell'offerta o dell'appalto, compresi i requisiti e le esigenze indicati nel bando di gara, nell'avviso di indizione di gara o nel documento descrittivo, qualora le variazioni rischino di falsare la concorrenza o di avere un effetto discriminatorio.

11. Le stazioni appaltanti valutano le offerte ricevute sulla base dei criteri di aggiudicazione fissati nel bando di gara, nell'avviso di indizione di gara o nel documento descrittivo e applicano, altresì, le seguenti disposizioni:

a) i documenti alla base delle offerte ricevute possono essere integrati da quanto emerso nel dialogo competitivo;

b) su richiesta della stazione appaltante possono essere condotte negoziazioni con l'offerente che risulta aver presentato l'offerta con il miglior rapporto qualità/prezzo al fine di confermare gli impegni finanziari o altri termini contenuti nell'offerta attraverso il completamento dei termini del contratto.

12. Le disposizioni di cui alle lettere *a)* e *b)* del comma 11 si applicano qualora da ciò non consegua la modifica sostanziale di elementi fondamentali dell'offerta o dell'appalto, comprese le esigenze e i requisiti definiti nel bando di gara, nell'avviso di indizione di gara o nel documento descrittivo, ovvero che non si rischi di falsare la concorrenza o creare discriminazioni.

13. Le stazioni appaltanti possono prevedere premi o pagamenti per i partecipanti al dialogo[2].

[1] Comma così modificato dall'art. 41, D.Lgs. 19 aprile 2017, n. 56. Il testo previgente disponeva: *3. Il termine minimo per la ricezione delle domande di partecipazione è di trenta giorni dalla data di trasmissione del bando di gara o, se come mezzo di indizione di gara è usato un avviso di preinformazione o periodico indicativo, dell'invito a confermare interesse. Soltanto gli operatori economici invitati dalle stazioni appaltanti in seguito alla valutazione delle informazioni fornite possono partecipare al dialogo. Le stazioni appaltanti possono limitare il numero di candidati idonei da invitare a partecipare alla procedura in conformità all'articolo 91.*

[2] V. art. 58, D.Lgs. 12 aprile 2006, n. 163 (vecchio Codice dei contratti pubblici).

65. *Partenariato per l'innovazione.* 1. Le amministrazioni aggiudicatrici e gli enti aggiudicatori possono ricorrere ai partenariati per l'innovazione nelle ipotesi in cui l'esigenza di sviluppare prodotti, servizi o lavori innovativi e di acquistare successivamente le forniture, i servizi o i lavori che ne risultano non può, in base a una motivata determinazione, essere soddisfatta ricorrendo a soluzioni già disponibili sul mercato, a condizione che le forniture, servizi o lavori che ne risultano, corrispondano ai livelli di prestazioni e ai costi massimi concordati tra le stazioni appaltanti e i partecipanti.

2. Nei documenti di gara le amministrazioni aggiudicatrici e gli enti aggiudicatori fissano i requisiti minimi che tutti gli offerenti devono soddisfare, in modo sufficientemente preciso da permettere agli operatori economici di individuare la natura e l'ambito della soluzione richiesta e decidere se partecipare alla procedura.

3. Nel partenariato per l'innovazione qualsiasi operatore economico può formulare una domanda di partecipazione in risposta a un bando di gara o ad un avviso di indizione di gara, presentando le informazioni richieste dalla stazione appaltante per la selezione qualitativa.

4. L'amministrazione aggiudicatrice e l'ente aggiudicatore possono decidere di instaurare il partenariato per l'innovazione con uno o più operatori economici che conducono attività di ricerca e sviluppo separate. Il termine minimo per la ricezione delle domande di partecipazione è di trenta giorni dalla data di trasmissione del bando di gara. Soltanto gli operatori economici invitati dalle amministrazioni aggiudicatrici o dagli enti aggiudicatori in seguito alla valutazione delle informazioni fornite possono partecipare alla procedura. Le amministrazioni aggiudicatrici o gli enti aggiudicatori possono limitare il numero di candidati idonei da invitare alla procedura in conformità all'articolo 91. Gli appalti sono aggiudicati unicamente sulla base del miglior rapporto qualità/prezzo conformemente all'articolo 95.

5. Il partenariato per l'innovazione è strutturato in fasi successive secondo la sequenza delle fasi del processo di ricerca e di innovazione, che può comprendere la fabbricazione dei prodotti o la prestazione dei servizi o la realizzazione dei lavori. Il partenariato per l'innovazione fissa obiettivi intermedi che le parti devono raggiungere e prevede il pagamento della remunerazione mediante congrue rate. In base a questi obiettivi, l'amministrazione aggiudicatrice o l'ente aggiudicatore può decidere, dopo ogni fase, di risolvere il partenariato per l'innovazione o, nel caso di un partenariato con più operatori, di ridurre il numero degli operatori risolvendo singoli contratti, a condizione che essa abbia indicato nei documenti di gara tali possibilità e le condizioni per avvalersene.

6. Salvo che non sia diversamente disposto dal presente articolo, le amministrazioni aggiudicatrici o gli enti aggiudicatori negoziano le offerte iniziali e tutte le offerte successive presentate dagli operatori interessati, tranne le offerte finali, per migliorarne il contenuto. I requisiti minimi e i criteri di aggiudicazione non sono soggetti a negoziazioni.

7. Nel corso delle negoziazioni le amministrazioni aggiudicatrici o gli enti aggiudicatori garantiscono la parità di trattamento fra tutti gli offerenti. A tal fine, non forniscono in maniera discriminatoria informazioni che possano avvantaggiare determinati offerenti rispetto ad altri. Essi informano per iscritto tutti gli offerenti le cui offerte non sono state escluse ai sensi del comma 8, delle modifiche alle specifiche tecniche o ad altri documenti di gara diversi da quelli che stabiliscono i requisiti minimi. A seguito di tali modifiche, le amministrazioni aggiudicatrici o gli enti aggiudicatori concedono agli offerenti un tempo sufficiente per modificare e ripresentare, ove opportuno, le offerte modificate. Nel rispetto dell'articolo 53, le amministrazioni aggiudicatrici o gli enti aggiudicatori non rivelano agli altri partecipanti informazioni riservate comunicate da un candidato o da un offerente che partecipa alle negoziazioni senza l'accordo di quest'ultimo. Tale accordo non assume la forma di una deroga generale ma si considera riferito alla comunicazione di informazioni specifiche espressamente indicate.

8. Le negoziazioni nel corso delle procedure di partenariato per l'innovazione possono svolgersi in fasi successive per ridurre il numero di offerte da negoziare applicando i criteri di aggiudicazione specificati nel bando di gara, nell'invito a confermare interesse o nei documenti di gara. Nel bando di gara, nell'invito a confermare interesse o nei documenti di gara, l'amministrazione aggiudicatrice o l'ente aggiudicatore indica se si avvarrà di tale opzione.

9. Nel selezionare i candidati, le amministrazioni aggiudicatrici o gli enti aggiudicatori applicano in particolare i criteri relativi alle capacità dei candidati nel settore della ricerca e dello sviluppo e nella messa a punto e attuazione di soluzioni innovative. Sol-

tanto gli operatori economici invitati dalle amministrazioni aggiudicatrici o dagli enti aggiudicatori in seguito alla valutazione delle informazioni richieste potranno presentare progetti di ricerca e di innovazione. Nei documenti di gara l'amministrazione aggiudicatrice o l'ente aggiudicatore definisce il regime applicabile ai diritti di proprietà intellettuale. Nel caso di un partenariato per l'innovazione con più operatori, l'amministrazione aggiudicatrice o l'ente aggiudicatore non rivela agli altri operatori, nel rispetto dell'articolo 53, le soluzioni proposte o altre informazioni riservate comunicate da un operatore nel quadro del partenariato, senza l'accordo dello stesso. Tale accordo non assume la forma di una deroga generale ma si considera riferito alla prevista comunicazione di informazioni specifiche.

10. L'amministrazione aggiudicatrice o l'ente aggiudicatore assicura che la struttura del partenariato e, in particolare, la durata e il valore delle varie fasi, riflettano il grado di innovazione della soluzione proposta e la sequenza di attività di ricerca e di innovazione necessarie per lo sviluppo di una soluzione innovativa non ancora disponibile sul mercato. Il valore stimato delle forniture, dei servizi o dei lavori non deve essere sproporzionato rispetto all'investimento richiesto per il loro sviluppo.

CAPO III
SVOLGIMENTO DELLE PROCEDURE PER I SETTORI ORDINARI

Sezione I
Bandi e avvisi

66. *Consultazioni preliminari di mercato.* 1. Prima dell'avvio di una procedura di appalto, le amministrazioni aggiudicatrici possono svolgere consultazioni di mercato per la preparazione dell'appalto e per lo svolgimento della relativa procedura e per informare gli operatori economici degli appalti da esse programmati e dei requisiti relativi a questi ultimi[1].

2. Per le finalità di cui al comma 1, le amministrazioni aggiudicatrici possono acquisire consulenze, relazioni o altra documentazione tecnica da parte di esperti, di partecipanti al mercato nel rispetto delle disposizioni stabilite nel presente codice, o da parte di autorità indipendenti. Tale documentazione può essere utilizzata nella pianificazione e nello svolgimento della procedura di appalto, a condizione che non abbia l'effetto di falsare la concorrenza e non comporti una violazione dei principi di non discriminazione e di trasparenza.

[1] Comma così modificato dall'art. 42, D.Lgs. 19 aprile 2017, n. 56, che sostituisce le parole: "da essi programmati" con le parole: "da esse programmati".

67. *Partecipazione precedente di candidati o offerenti.* 1. Qualora un candidato o un offerente o un'impresa collegata a un candidato o a un offerente abbia fornito la documentazione di cui all'articolo 66, comma 2,o abbia altrimenti partecipato alla preparazione della procedura di aggiudicazione dell'appalto, l'amministrazione aggiudicatrice adotta misure adeguate per garantire che la concorrenza non sia falsata dalla partecipazione del candidato o dell'offerente stesso. La comunicazione agli altri candidati e offerenti di informazioni pertinenti scambiate nel quadro della partecipazione del candidato o dell'offerente alla preparazione della procedura o ottenute a seguito di tale partecipazione, nonchè la fissazione di termini adeguati per la ricezione delle offerte costituisce minima misura adeguata.

2. Qualora non sia in alcun modo possibile garantire il rispetto del principio della parità di trattamento, il candidato o l'offerente interessato è escluso dalla procedura. In ogni caso, prima di provvedere allaloro esclusione, la amministrazione aggiudicatrice invita i candidati e gli offerenti, entro un termine comunque non superiore a dieci giorni, a provare che la loro partecipazione alla preparazione della procedura di aggiudicazione dell'appalto non costituisce causa di alterazione della concorrenza.

3. Le misure adottate dall'amministrazione aggiudicatrice sono indicate nella relazione unica prevista dall'articolo 99 del presente codice.

68. *Specifiche tecniche.* 1. Le specifiche tecniche indicate al punto 1 dell'allegato XIII sono inserite nei documenti di gara e definiscono le caratteristiche previste per lavori, servizi o forniture. Tali caratteristiche possono inoltre riferirsi allo specifico processo o metodo di produzione o prestazione dei lavori, delle forniture o dei servizi richiesti, o a uno specifico processo per un'altra fase del loro ciclo di vita anche se questi fattori non sono parte del loro contenuto sostanziale, purchè siano collegati all'oggetto dell'appalto e proporzionati al suo valore e ai suoi obiettivi.

2. Le specifiche tecniche possono, altresì, indicare se è richiesto il trasferimento dei diritti di proprietà intellettuale.

3. Per tutti gli appalti destinati all'uso da parte di persone fisiche, sia che si tratti del pubblico che del personale di un'amministrazione aggiudicatrice, è necessario che le specifiche tecniche, salvo in casi debitamente giustificati, siano elaborate in modo da tenere conto dei criteri di accessibilità per le persone con disabilità o di progettazione adeguata per tutti gli utenti. Qualora i requisiti di accessibilità obbligatori siano adottati con un atto giuridico dell'Unione europea, le specifiche tecniche devono essere definite mediante riferimento a esse per quanto riguarda i criteri di accessibilità per le persone con disabilità o di progettazione adeguata per tutti gli utenti.

4. Le specifiche tecniche consentono pari accesso degli operatori economici alla procedura di aggiudicazione e non devono comportare direttamente o indirettamente ostacoli ingiustificati all'apertura degli appalti pubblici alla concorrenza.

5. Fatte salve le regole tecniche nazionali obbligatorie, le specifiche tecniche sono formulate secondo una delle modalità seguenti:

a) in termini di prestazioni o di requisiti funzionali, comprese le caratteristiche ambientali, a condizione che i parametri siano sufficientemente precisi da consentire agli offerenti di determinare l'oggetto dell'appalto e alle amministrazioni aggiudicatrici di aggiudicare l'appalto;

b) mediante riferimento a specifiche tecniche e, in ordine di preferenza, alle norme che recepiscono norme europee, alle valutazioni tecniche europee, alle specifiche tecniche comuni, alle norme internazionali, ad altri sistemi tecnici di riferimento adottati dagli organismi europei di normalizzazione o in mancanza, alle norme, omologazioni tecniche o specifiche tecniche, nazionali, in materia di progettazione, calcolo e realizzazione delle opere e uso delle forniture. Ciascun riferimento contiene l'espressione «o equivalente»;

c) in termini di prestazioni o di requisiti funzionali di cui alla lettera *a)*, con riferimento alle specifiche citate nella lettera *b)* quale mezzo per presumere la conformità con tali prestazioni o requisiti funzionali;

d) mediante riferimento alle specifiche tecniche di cui alla lettera *b)* per talune caratteristiche e alle prestazioni o ai requisiti funzionali di cui alla lettera *a)* per le altre caratteristiche.

6. Salvo che siano giustificate dall'oggetto dell'appalto, le specifiche tecniche non possono menzionare una fabbricazione o provenienza determinata o un procedimento particolare caratteristico dei prodotti o dei servizi forniti da un operatore economico specifico, nè far riferimento a un marchio, a un brevetto o a un tipo, a un'origine o a una produzione specifica che avrebbero come effetto di favorire o eliminare talune imprese o taluni prodotti. Tale menzione o riferimento sono tuttavia consentiti, in via eccezionale, nel caso in cui una descrizione sufficientemente precisa e intelligibile dell'oggetto dell'appalto non sia possibile applicando il comma 5. In tal caso la menzione o il riferimento sono accompagnati dall'espressione «o equivalente».

7. Quando si avvalgono della possibilità di fare riferimento alle specifiche tecniche di cui al comma 5, lettera *b)*, le amministrazioni aggiudicatrici non possono dichiarare inammissibile o escludere un'offerta per il motivo che i lavori, le forniture o i servizi offerti non sono conformi alle specifiche tecniche alle quali hanno fatto riferimento, se nella propria offerta l'offerente dimostra, con qualsiasi mezzo appropriato, compresi i mezzi di prova di cui all'articolo 86, che le soluzioni proposte ottemperano in maniera equivalente ai requisiti definiti dalle specifiche tecniche.

8. Quando si avvalgono della facoltà, prevista al comma 5, lettera *a)*, di definire le specifiche tecniche in termini di prestazioni o di requisiti funzionali, le amministrazioni aggiudicatrici non possono dichiarare inammissibile o escludere un'offerta di lavori, di forniture o di servizi conformi a una norma che recepisce una norma europea, a una omologazione tecnica europea, a una specifica tecnica comune, a una norma internazionale o a un sistema tecnico di riferimento adottato da un organismo europeo di normalizzazione se tali specifiche contemplano le prestazioni o i requisiti funzionali da esse prescritti. Nella propria offerta, l'offerente è tenuto a dimostrare con qualunque mezzo appropriato, compresi i mezzi di prova di cui all'articolo 86, che i lavori, le forniture o i servizi conformi alla norma ottemperino alle prestazioni e ai requisiti funzionali dell'amministrazione aggiudicatrice[1].

[1] V. art. 68, D.Lgs. 12 aprile 2006, n. 163 (vecchio Codice dei contratti pubblici).

69. *Etichettature.* 1. Le amministrazioni aggiudicatrici che intendono acquistare lavori, forniture o servizi con specifiche caratteristiche ambientali, sociali o di altro tipo, possono imporre nelle specifiche tecniche, nei criteri di aggiudicazione o nelle condizioni relative all'esecuzione dell'appalto, un'etichettatura specifica come mezzo di prova che i lavori, le forniture o i servizi corrispondono alle caratteristiche richieste, quando sono soddisfatte tutte le seguenti condizioni:

a) i requisiti per l'etichettatura sono idonei a definire le caratteristiche dei lavori, delle forniture e dei servizi oggetto dell'appalto e riguardano soltanto i criteri ad esso connessi;

b) i requisiti per l'etichettatura sono basati su criteri oggettivi, verificabili e non discriminatori;

c) le etichettature sono stabilite nell'ambito di un apposito procedimento aperto e trasparente al quale possano partecipare tutte le parti interessate, compresi gli enti pubblici, i consumatori, le parti sociali, i produttori, i distributori e le organizzazioni non governative;

d) le etichettature sono accessibili a tutte le parti interessate;

e) i requisiti per l'etichettatura sono stabiliti da terzi sui quali l'operatore economico che richiede l'etichettatura non può esercitare un'influenza determinante.

2. Se le amministrazioni aggiudicatrici non richiedono che i lavori, le forniture o i servizi soddisfino

tutti i requisiti per l'etichettatura, indicano a quali requisiti per l'etichettatura fanno riferimento. Le amministrazioni aggiudicatrici che esigono un'etichettatura specifica accettano tutte le etichettature che confermano che i lavori, le forniture o i servizi soddisfano i requisiti equivalenti.

3. Se un operatore economico dimostra di non avere la possibilità di ottenere l'etichettatura specifica indicata dall'amministrazione aggiudicatrice o un'etichettatura equivalente entro i termini richiesti, per motivi ad esso non imputabili, l'amministrazione aggiudicatrice accetta altri mezzi di prova, ivi compresa una documentazione tecnica del fabbricante, idonei a dimostrare che i lavori, le forniture o i servizi che l'operatore economico interessato deve prestare soddisfano i requisiti dell'etichettatura specifica o i requisiti specifici indicati dall'amministrazione aggiudicatrice.

4. Quando un'etichettatura soddisfa le condizioni indicate nel comma 1, lettere *b), c), d)* ed *e)*, ma stabilisce requisiti non collegati all'oggetto dell'appalto, le amministrazioni aggiudicatrici non possono esigere l'etichettatura in quanto tale, ma possono definire le specifiche tecniche con riferimento alle specifiche dettagliate di tale etichettatura, o, all'occorrenza, a parti di queste, connesse all'oggetto dell'appalto e idonee a definirne le caratteristiche[1].

[1] V. art. 68, D.Lgs. 12 aprile 2006, n. 163 (vecchio Codice dei contratti pubblici).

70. *Avvisi di preinformazione*. 1. Le stazioni appaltanti rendono nota entro il 31 dicembre di ogni anno, l'intenzione di bandire per l'anno successivo appalti, pubblicando un avviso di preinformazione. L'avviso, recante le informazioni di cui all'allegato XIV, parte I, lettera B, sezione B.1, è pubblicato dalla stazione appaltante sul proprio profilo di committente. Per gli appalti di importo pari o superiore alla soglia di cui all'articolo 35, l'avviso di preinformazione è pubblicato dall'Ufficio delle pubblicazioni dell'Unione europea o dalla stazione appaltante sul proprio profilo di committente. In quest'ultimo caso le stazioni appaltanti inviano al suddetto Ufficio un avviso della pubblicazione sul proprio profilo di committente, come indicato nel citato allegato. L'avviso contiene le informazioni di cui all'allegato XIV, parte I, lettera A.

2. Per le procedure ristrette e le procedure competitive con negoziazione, le amministrazioni aggiudicatrici sub-centrali di cui all'articolo 3, comma 1, lettera *c)*, possono utilizzare un avviso di preinformazione come indizione di gara a norma dell'articolo 59, comma 5, purchè l'avviso soddisfi tutte le seguenti condizioni:

a) si riferisce specificatamente alle forniture, ai lavori o ai servizi che saranno oggetto dell'appalto da aggiudicare;

b) indica che l'appalto sarà aggiudicato mediante una procedura ristretta o una procedura competitiva con negoziazione senza ulteriore pubblicazione di un avviso di indizione di gara e invita gli operatori economici interessati a manifestare il proprio interesse;

c) contiene, oltre alle informazioni di cui all'allegato XIV, parte I, lettera B, sezione B.1, le informazioni di cui al medesimo allegato, sezione B.2;

d) è stato inviato alla pubblicazione non meno di trentacinque giorni e non oltre dodici mesi prima della data di invio dell'invito a confermare interesse di cui all'articolo 75, comma 1.

3. L'avviso di cui al comma 2 può essere pubblicato sul profilo di committente quale pubblicazione supplementare a livello nazionale a norma dell'articolo 73. Il periodo coperto dall'avviso di preinformazione può durare al massimo dodici mesi dalla data di trasmissione dell'avviso per la pubblicazione. Tuttavia, nel caso di appalti pubblici per servizi sociali e altri servizi specifici, l'avviso di preinformazione di cui all'articolo 142, comma 1, lettera *b)*, può coprire un periodo più lungo di dodici mesi e non superiore a ventiquattro mesi[1 2].

[1] Comma così modificato dall'art. 43, D.Lgs. 19 aprile 2017, n. 56. Il testo previgente disponeva: *3. L'avviso di cui al comma 2 può essere pubblicato sul profilo di committente quale pubblicazione supplementare a livello nazionale a norma dell'articolo 73. Il periodo coperto dall'avviso di preinformazione può durare al massimo dodici mesi dalla data di trasmissione dell'avviso per la pubblicazione. Tuttavia, nel caso di appalti pubblici per servizi sociali e altri servizi specifici, l'avviso di preinformazione di cui all'articolo 142, comma 1, lettera b), può coprire un periodo più lungo di dodici mesi.*

[2] V. art. 63, D.Lgs. 12 aprile 2006, n. 163 (vecchio Codice dei contratti pubblici). V., anche, D.M. 2 dicembre 2016 (*Definizione degli indirizzi generali di pubblicazione degli avvisi e dei bandi di gara, di cui agli articoli 70, 71 e 98 del decreto legislativo 18 aprile 2016, n. 50*).

71. *Bandi di gara*. 1. Fatto salvo quanto previsto dagli articoli 59, comma 5, secondo periodo, e 63, tutte le procedure di scelta del contraente sono indette mediante bandi di gara. Al fine di agevolare l'attività delle stazioni appaltanti omogeneizzandone le condotte, successivamente alla adozione da parte dell'ANAC di bandi tipo, i bandi di gara sono redatti in conformità agli stessi. Essi contengono le informazioni di cui all'allegato XIV, Parte I, lettera C, e sono pubblicati conformemente all'articolo 72. Contengono altresì i criteri ambientali minimi di cui all'articolo 34. Le stazioni appaltanti nella delibera a contrarre motivano espressamente in ordine alle deroghe al bando-tipo[1].

[1] V. art. 64, D.Lgs. 12 aprile 2006, n. 163 (vecchio Codice dei contratti pubblici). V., anche, D.M. 2 dicembre 2016 (*Definizione degli indirizzi generali di pubblicazione degli avvisi e dei bandi di gara, di cui agli articoli 70, 71 e 98 del decreto legislativo 18 aprile 2016, n. 50*).

72. *Redazione e modalità di pubblicazione dei bandi e degli avvisi.* 1. Gli avvisi e i bandi di cui agli articoli 70, 71 e 98, contenenti le informazioni indicate nell'allegato XIV, nel formato di modelli di formulari, compresi i modelli di formulari per le rettifiche, sono redatti e trasmessi all'Ufficio delle pubblicazioni dell'Unione europea per via elettronica e pubblicati conformemente all'allegato V[1].

2. Gli avvisi e i bandi di cui al comma 1 sono pubblicati entro cinque giorni dalla loro trasmissione, salve le disposizioni sulla loro pubblicazione da parte dell'Ufficio delle pubblicazioni dell'Unione europea.

3. Gli avvisi e i bandi sono pubblicati per esteso in una o più delle lingue ufficiali delle istituzioni dell'Unione scelte dalle stazioni appaltanti; il testo pubblicato in tali lingue è l'unico facente fede. Le stazioni appaltanti italiane scelgono la lingua italiana, fatte salve le norme vigenti nella Provincia autonoma di Bolzano in materia di bilinguismo. Una sintesi degli elementi importanti di ciascun avviso o bando, indicati dalle stazioni appaltanti nel rispetto dei principi di trasparenza e non discriminazione, è pubblicata nelle altre lingue ufficiali.

4. L'Ufficio delle pubblicazioni dell'Unione europea garantisce che il testo integrale e la sintesi degli avvisi di preinformazione di cui all'articolo 70, commi 2 e 3, e degli avvisi di indizione di gara che istituiscono un sistema dinamico di acquisizione, di cui all'articolo 55, comma 6, lettera *a)* continuino ad essere pubblicati:

a) nel caso di avvisi di preinformazione, per dodici mesi o fino al ricevimento di un avviso di aggiudicazione di cui all'articolo 98 che indichi che nei dodici mesi coperti dall'avviso di indizione di gara non sarà aggiudicato nessun altro appalto. Tuttavia, nel caso di appalti pubblici per servizi sociali e altri servizi specifici, l'avviso di preinformazione di cui all'articolo 142, comma 1, lettera *b)*, continua a essere pubblicato fino alla scadenza del periodo di validità indicato inizialmente o fino alla ricezione di un avviso di aggiudicazione come previsto dall'articolo 98, indicante che non saranno aggiudicati ulteriori appalti nel periodo coperto dall'indizione di gara;

b) nel caso di avvisi di indizione di gara che istituiscono un sistema dinamico di acquisizione, per il periodo di validità del sistema dinamico di acquisizione.

5. La conferma della ricezione dell'avviso e della pubblicazione dell'informazione trasmessa, con menzione della data della pubblicazione rilasciata alla stazione appaltante dall'Ufficio delle pubblicazioni dell'Unione europea vale come prova della pubblicazione.

6. Le amministrazioni aggiudicatrici possono pubblicare avvisi relativi ad appalti pubblici che non sono soggetti all'obbligo di pubblicazione previsto dal presente codice, a condizione che essi siano trasmessi all'Ufficio delle pubblicazioni dell'Unione europea per via elettronica secondo il modello e le modalità di trasmissione precisate al comma 1[2].

[1] Comma così modificato dall'art. 44, D.Lgs. 19 aprile 2017, n. 56, che sostituisce le parole: "allegato XII" con le parole: "allegato XIV".

[2] V. art. 66, D.Lgs. 12 aprile 2006, n. 163 (vecchio Codice dei contratti pubblici).

73. *Pubblicazione a livello nazionale.* 1. Gli avvisi e i bandi di cui agli articoli 70, 71 e 98 non sono pubblicati in ambito nazionale prima della pubblicazione a norma dell'articolo 72. Tuttavia la pubblicazione può comunque avere luogo a livello nazionale qualora la stessa non sia stata notificata alle amministrazioni aggiudicatrici entro quarantotto ore dalla conferma della ricezione dell'avviso conformemente all'articolo 72.

2. Gli avvisi e i bandi pubblicati a livello nazionale non contengono informazioni diverse da quelle contenute negli avvisi o bandi trasmessi all'Ufficio delle pubblicazioni dell'Unione europea o pubblicate sul profilo di committente, ma menzionano la data della trasmissione dell'avviso o bando all'Ufficio delle pubblicazioni dell'Unione europea o della pubblicazione sul profilo di committente.

3. Gli avvisi di preinformazione non sono pubblicati sul profilo di committente prima della trasmissione all'Ufficio delle pubblicazioni dell'Unione europea dell'avviso che ne annuncia la pubblicazione sotto tale forma. Gli avvisi indicano la data di tale trasmissione.

4. Fermo restando quanto previsto all'articolo 72, gli avvisi e i bandi sono, altresì, pubblicati senza oneri sul profilo del committente della stazione appaltante e sulla piattaforma digitale dei bandi di gara presso l'ANAC, in cooperazione applicativa con i sistemi informatizzati delle regioni e le piattaforme regionali di e-procurement. Con decreto del Ministro delle infrastrutture e dei trasporti, d'intesa con l'ANAC, da adottarsi entro sei mesi dalla data di entrata in vigore del presente codice, sono definiti gli indirizzi generali di pubblicazione al fine di garantire la certezza della data di pubblicazione e adeguati livelli di trasparenza e di conoscibilità, anche con l'utilizzo della stampa quotidiana maggiormente diffusa nell'area interessata. Il predetto decreto individua la data fino alla quale gli avvisi e i bandi devono anche essere pubblicati nella Gazzetta ufficiale della Repubblica italiana, serie speciale relativa ai contratti pubblici, entro il sesto giorno feriale successivo a quello del ricevimento della documentazione da parte dell'Ufficio inserzioni dell'Istituto poligrafico e zecca dello Stato. La pubblicazione di informazioni ulteriori, complementari o aggiuntive rispetto a quelle

indicate nel presente codice, avviene esclusivamente in via telematica e non comporta oneri finanziari a carico delle stazioni appaltanti. Fino alla data indicata nel decreto di cui al presente comma, si applica l'articolo 216, comma 11[1].

5. Gli effetti giuridici che l'ordinamento connette alla pubblicità in ambito nazionale decorrono dalla data di pubblicazione sulla piattaforma digitale dei bandi di gara presso l'ANAC[2].

[1] V. D.M. 2 dicembre 2016 (*Definizione degli indirizzi generali di pubblicazione degli avvisi e dei bandi di gara, di cui agli articoli 70, 71 e 98 del decreto legislativo 18 aprile 2016, n. 50*).

[2] V. art. 66, D.Lgs. 12 aprile 2006, n. 163 (vecchio Codice dei contratti pubblici).

74. *Disponibilità elettronica dei documenti di gara.* 1. Le stazioni appaltanti offrono un accesso gratuito, illimitato e diretto, per via elettronica, ai documenti di gara a decorrere dalla data di pubblicazione di un avviso conformemente agli articoli 70 e 72 o dalla data di invio di un invito a confermare interesse. Il testo dell'avviso o dell'invito a confermare interesse indica l'indirizzo Internet presso il quale i documenti di gara sono accessibili.

2. Se non è possibile offrire accesso gratuito, illimitato e diretto per via elettronica a determinati documenti di gara per uno dei motivi di cui all'articolo 52, comma 1, terzo periodo, le amministrazioni aggiudicatrici possono indicare nell'avviso o nell'invito a confermare interesse che i medesimi documenti saranno trasmessi per posta elettronica certificata o strumenti analoghi negli altri Stati membri ovvero, in caso di impossibilità, per vie diverse da quella elettronica secondo quanto previsto al comma 4. In tal caso, il termine per la presentazione delle offerte è prorogato di cinque giorni, tranne nei casi di urgenza debitamente dimostrati di cui agli articoli 60, comma 3, 61 comma 6 e 62, comma 5.

3. Qualora non sia possibile offrire accesso gratuito, illimitato e diretto per via elettronica a determinati documenti di gara perchè le amministrazioni aggiudicatrici intendono applicare l'articolo 52, comma 2, del presente codice, esse indicano nell'avviso o nell'invito a confermare interesse quali misure richiedono al fine di proteggere la natura riservata delle informazioni e in che modo è possibile ottenere accesso ai documenti in questione. In tal caso, il termine per la presentazione delle offerte è prorogato di cinque giorni, tranne nei casi di urgenza debitamente dimostrati di cui agli articoli 60, comma 3, 61, comma 6 e62, comma 5.

4. Sempre che siano state richieste in tempo utile, le ulteriori informazioni sul capitolato d'oneri e sui documenti complementari sono comunicate dalle stazioni appaltanti a tutti gli offerenti che partecipano alla procedura d'appalto almeno sei giorni prima della scadenza del termine stabilito per la ricezione delle offerte. In caso di procedura accelerata, ai sensi degli articoli 60, comma 3 e 61, comma 6, il termine è di quattro giorni[1].

[1] V. artt. 70, 71, 72, D.Lgs. 12 aprile 2006, n. 163 (vecchio Codice dei contratti pubblici).

75. *Inviti ai candidati.* 1. Nelle procedure ristrette, nel dialogo competitivo, nei partenariati per l'innovazione, nelle procedure competitive con negoziazione, le stazioni appaltanti invitano simultaneamente e per iscritto, di norma con procedure telematiche, i candidati selezionati a presentare le rispettive offerte o a negoziare o, nel caso di dialogo competitivo, a partecipare al dialogo. Con le stesse modalità le stazioni appaltanti invitano, nel caso di indizione di gara tramite un avviso di preinformazione, gli operatori economici che già hanno espresso interesse, a confermare nuovamente interesse.

2. Gli inviti di cui al comma 1 menzionano l'indirizzo elettronico al quale sono stati resi direttamente disponibili per via elettronica i documenti di gara e comprendono le informazioni indicate nell'allegato XV. Se tali documenti non sono stati oggetto di accesso gratuito, illimitato e diretto ai sensi dell'articolo 74 e non sono stati resi disponibili con altri mezzi, gli inviti sono corredati dei documenti di gara, in formato digitale ovvero, quando ciò non è possibile, in formato cartaceo.

3. Nelle procedure negoziate senza previa pubblicazione di un bando di gara, gli operatori economici selezionati vengono invitati di norma a mezzo di posta elettronica certificata o strumento analogo negli altri Stati membri ovvero, quando ciò non è possibile, con lettera. Gli inviti contengono gli elementi della prestazione richiesta[1].

[1] V. artt. 67, 72, D.Lgs. 12 aprile 2006, n. 163 (vecchio Codice dei contratti pubblici).

76. *Informazione dei candidati e degli offerenti.* 1. Le stazioni appaltanti, nel rispetto delle specifiche modalità di pubblicazione stabilite dal presente codice, informano tempestivamente ciascun candidato e ciascun offerente delle decisioni adottate riguardo alla conclusione di un accordo quadro, all'aggiudicazione di un appalto o all'ammissione ad un sistema dinamico di acquisizione, ivi compresi i motivi dell'eventuale decisione di non concludere un accordo quadro o di non aggiudicare un appalto per il quale è stata indetta una gara o di riavviare la procedura o di non attuare un sistema dinamico di acquisizione.

2. Su richiesta scritta dell'offerente e del candidato interessato, l'amministrazione aggiudicatrice comunica immediatamente e comunque entro quindici giorni dalla ricezione della richiesta[1]:

a) ad ogni offerente escluso, i motivi del rigetto della sua offerta, inclusi, per i casi di cui all'articolo 68, commi 7 e 8, i motivi della decisione di non equivalenza o della decisione secondo cui i lavori, le forniture o i servizi non sono conformi alle prestazioni o ai requisiti funzionali;

a-bis) ad ogni candidato escluso, i motivi del rigetto della sua domanda di partecipazione[2];

b) ad ogni offerente che abbia presentato un'offerta ammessa in gara e valutata, le caratteristiche e i vantaggi dell'offerta selezionata e il nome dell'offerente cui è stato aggiudicato l'appalto o delle parti dell'accordo quadro;

c) ad ogni offerente che abbia presentato un'offerta ammessa in gara e valutata, lo svolgimento e l'andamento delle negoziazioni e del dialogo con gli offerenti.

2-*bis*. Nei termini stabiliti al comma 5 è dato avviso ai candidati e ai concorrenti, con le modalità di cui all'articolo 5-*bis* del codice dell'amministrazione digitale di cui al decreto legislativo 7 marzo 2005, n. 82, o strumento analogo negli altri Stati membri, del provvedimento che determina le esclusioni dalla procedura di affidamento e le ammissioni ad essa all'esito della verifica della documentazione attestante l'assenza dei motivi di esclusione di cui all'articolo 80, nonchè la sussistenza dei requisiti economico-finanziari e tecnico-professionali, indicando l'ufficio o il collegamento informatico ad accesso riservato dove sono disponibili i relativi atti[3].

3. [...][4].

4. Le amministrazioni aggiudicatrici non divulgano le informazioni relative all'aggiudicazione degli appalti, alla conclusione di accordi quadro o all'ammissione ad un sistema dinamico di acquisizione, di cui ai commi 1 e 2, se la loro diffusione ostacola l'applicazione della legge o è contraria all'interesse pubblico, o pregiudica i legittimi interessi commerciali di operatori economici pubblici o privati o dell'operatore economico selezionato, oppure possa recare pregiudizio alla leale concorrenza tra questi.

5. Le stazioni appaltanti comunicano d'ufficio immediatamente e comunque entro un termine non superiore a cinque giorni:

a) l'aggiudicazione, all'aggiudicatario, al concorrente che segue nella graduatoria, a tutti i candidati che hanno presentato un'offerta ammessa in gara, a coloro la cui candidatura o offerta siano state escluse se hanno proposto impugnazione avverso l'esclusione o sono in termini per presentare impugnazione, nonchè a coloro che hanno impugnato il bando o la lettera di invito, se tali impugnazioni non siano state respinte con pronuncia giurisdizionale definitiva;

b) l'esclusione ai candidati e agli offerenti esclusi[5];

c) la decisione di non aggiudicare un appalto ovvero di non concludere un accordo quadro, a tutti i candidati;

d) la data di avvenuta stipulazione del contratto con l'aggiudicatario, ai soggetti di cui alla lettera *a)* del presente comma.

6. Le comunicazioni di cui al comma 5 sono fatte mediante posta elettronica certificata o strumento analogo negli altri Stati membri. Le comunicazioni di cui al comma 5, lettere *a)* e *b)*, indicano la data di scadenza del termine dilatorio per la stipulazione del contratto[6] [7].

[1] Alinea così modificato dall'art. 45, D.Lgs. 19 aprile 2017, n. 56. Il testo previgente disponeva: *Su richiesta scritta dell'offerente interessato, l'amministrazione aggiudicatrice comunica immediatamente e comunque entro quindici giorni dalla ricezione della richiesta.*

[2] Lettera aggiunta dall'art. 45, D.Lgs. 19 aprile 2017, n. 56.

[3] Comma aggiunto dall'art. 1, D.L. 18 aprile 2019, n. 32, convertito in L. 14 giugno 2019, n. 55, a decorrere dal 18 giugno 2019.

[4] Comma abrogato dall'art. 45, D.Lgs. 19 aprile 2017, n. 56. Il testo previgente disponeva: *3. Fermo quanto previsto nell'articolo 29, comma 1, secondo e terzo periodo, contestualmente alla pubblicazione ivi prevista è dato avviso ai concorrenti, mediante PECo strumento analogo negli altri Stati membri, del provvedimento che determina le esclusioni dalla procedura di affidamento e le ammissioni ad essa all'esito della valutazione dei requisiti soggettivi, economico-finanziari e tecnico-professionali, indicando l'ufficio o il collegamento informatico ad accesso riservato dove sono disponibili i relativi atti.*

[5] Lettera così modificata dall'art. 45, D.Lgs. 19 aprile 2017, n. 56. Il testo previgente disponeva: *b) l'esclusione agli offerenti esclusi.*

[6] Comma così modificato dall'art. 45, D.Lgs. 19 aprile 2017, n. 56. Il testo previgente disponeva: *6. Le comunicazioni di cui al comma 4 sono fatte mediante posta elettronica certificata o strumento analogo negli altri Stati membri. Le comunicazioni di cui al comma 5, lettere a) e b), indicano la data di scadenza del termine dilatorio per la stipulazione del contratto.*

[7] V. art. 79, D.Lgs. 12 aprile 2006, n. 163 (vecchio Codice dei contratti pubblici).

Sezione II
Selezione delle offerte

77. *Commissione giudicatrice*[1]. 1. Nelle procedure di aggiudicazione di contratti di appalti o di concessioni, limitatamente ai casi di aggiudicazione con il criterio dell'offerta economicamente più vantaggiosa la valutazione delle offerte dal punto di vista tecnico ed economico è affidata ad una commissione giudicatrice, composta da esperti nello specifico settore cui afferisce l'oggetto del contratto[2].

2. La commissione è costituita da un numero dispari di commissari, non superiore a cinque, individuato dalla stazione appaltante e può lavorare a distanza con procedure telematiche che salvaguardino la riservatezza delle comunicazioni.

3. I commissari sono scelti fra gli esperti iscritti all'Albo istituito presso l'ANAC di cui all'articolo 78 e, nel caso di procedure di aggiudicazione svolte

da CONSIP S.p.a, INVITALIA - Agenzia nazionale per l'attrazione degli investimenti e lo sviluppo d'impresa S.p.a. e dai soggetti aggregatori regionali di cui all'articolo 9 del decreto legge 24 aprile 2014, n. 66, convertito, con modificazioni, dalla legge 23 giugno 2014, n. 89, tra gli esperti iscritti nell'apposita sezione speciale dell'Albo, non appartenenti alla stessa stazione appaltante e, solo se non disponibili in numero sufficiente, anche tra gli esperti della sezione speciale che prestano servizio presso la stessa stazione appaltante ovvero, se il numero risulti ancora insufficiente, ricorrendo anche agli altri esperti iscritti all'Albo al di fuori della sezione speciale. Essi sono individuati dalle stazioni appaltanti mediante pubblico sorteggio da una lista di candidati costituita da un numero di nominativi almeno doppio rispetto a quello dei componenti da nominare e comunque nel rispetto del principio di rotazione. Tale lista è comunicata dall'ANAC alla stazione appaltante, entro cinque giorni dalla richiesta della stazione appaltante. La stazione appaltante può, in caso di affidamento di contratti per i servizi e le forniture di importo inferiore alle soglie di cui all'articolo 35, per i lavori di importo inferiore a un milione di euro o per quelli che non presentano particolare complessità, nominare alcuni componenti interni alla stazione appaltante, nel rispetto del principio di rotazione, escluso il Presidente. Sono considerate di non particolare complessità le procedure svolte attraverso piattaforme telematiche di negoziazione ai sensi dell'articolo 58. In caso di affidamento di contratti per i servizi e le forniture di elevato contenuto scientifico tecnologico o innovativo, effettuati nell'ambito di attività di ricerca e sviluppo, l'ANAC, previa richiesta e confronto con la stazione appaltante sulla specificità dei profili, può selezionare i componenti delle commissioni giudicatrici anche tra gli esperti interni alla medesima stazione appaltante[3].

4. I commissari non devono aver svolto nè possono svolgere alcun'altra funzione o incarico tecnico o amministrativo relativamente al contratto del cui affidamento si tratta. La nomina del RUP a membro delle commissioni di gara è valutata con riferimento alla singola procedura[4].

5. Coloro che, nel biennio antecedente all'indizione della procedura di aggiudicazione, hanno ricoperto cariche di pubblico amministratore, non possono essere nominati commissari giudicatori relativamente ai contratti affidati dalle Amministrazioni presso le quali hanno esercitato le proprie funzioni d'istituto.

6. Si applicano ai commissari e ai segretari delle commissioni l'articolo 35-*bis* del decreto legislativo 30 marzo 2001, n. 165, l'articolo 51 del codice di procedura civile, nonchè l'articolo 42 del presente codice. Sono altresì esclusi da successivi incarichi di commissario coloro che, in qualità di membri delle commissioni giudicatrici, abbiano concorso, con dolo o colpa grave accertati in sede giurisdizionale con sentenza non sospesa, all'approvazione di atti dichiarati illegittimi.

7. La nomina dei commissari e la costituzione della commissione devono avvenire dopo la scadenza del termine fissato per la presentazione delle offerte.

8. Il Presidente della commissione giudicatrice è individuato dalla stazione appaltante tra i commissari sorteggiati.

9. Al momento dell'accettazione dell'incarico, i commissari dichiarano ai sensi dell'articolo 47 del decreto del Presidente della Repubblica 28 dicembre 2000, n. 445, l'inesistenza delle cause di incompatibilità e di astensione di cui ai commi 4, 5 e 6. Le stazioni appaltanti, prima del conferimento dell'incarico, accertano l'insussistenza delle cause ostative alla nomina a componente della commissione giudicatrice di cui ai commi 4, 5 e 6 del presente articolo, all'articolo 35-*bis* del decreto legislativo n. 165 del 2001 e all'articolo 42 del presente codice. La sussistenza di cause ostative o la dichiarazione di incompatibilità dei candidati devono essere tempestivamente comunicate dalla stazione appaltante all'ANAC ai fini dell'eventuale cancellazione dell'esperto dall'albo e della comunicazione di un nuovo esperto[5].

10. Le spese relative alla commissione sono inserite nel quadro economico dell'intervento tra le somme a disposizione della stazione appaltante. Con decreto del Ministro delle infrastrutture e dei trasporti, di concerto con il Ministro dell'economia e delle finanze, sentita l'ANAC, è stabilita la tariffa di iscrizione all'albo e il compenso massimo per i commissari. I dipendenti pubblici sono gratuitamente iscritti all'Albo e ad essi non spetta alcun compenso, se appartenenti alla stazione appaltante.

11. In caso di rinnovo del procedimento di gara, a seguito di annullamento dell'aggiudicazione o di annullamento dell'esclusione di taluno dei concorrenti, è riconvocata la medesima commissione, fatto salvo il caso in cui l'annullamento sia derivato da un vizio nella composizione della commissione.

12. [...][6].

13. Il presente articolo non si applica alle procedure di aggiudicazione di contratti di appalto o concessioni effettuate dagli enti aggiudicatori che non siano amministrazioni aggiudicatrici quando svolgono una delle attività previste dagli articoli da 115 a 121[7].

[1] Rubrica così sostituita dall'art. 46, D.Lgs. 19 aprile 2017, n. 56. Il testo previgente disponeva: *Commissione di aggiudicazione.*

[2] Comma così modificato dall'art. 46, D.Lgs. 19 aprile 2017, n. 56. Il testo previgente disponeva: *1. Nelle procedure di aggiudicazione di contratti di appalti o di concessioni, limitata-*

mente ai casi di aggiudicazione con il criterio dell'offerta economicamente più vantaggiosa individuata sulla base del miglior rapporto qualità/prezzo la valutazione delle offerte dal punto di vista tecnico ed economico è affidata ad una commissione giudicatrice, composta da esperti nello specifico settore cui afferisce l'oggetto del contratto.

[3] Comma così modificato dall'art. 46, D.Lgs. 19 aprile 2017, n. 56. Il testo previgente disponeva: *3. I commissari sono scelti fra gli esperti iscritti all'Albo istituito presso l'ANAC di cui all'articolo 78 e, nel caso di procedure di aggiudicazione svolte da CONSIP S.p.a, INVITALIA - Agenzia nazionale per l'attrazione degli investimenti e lo sviluppo d'impresa S.p.a. e dai soggetti aggregatori regionali di cui all'articolo 9 del decreto legge 24 aprile 2014, n. 66, convertito, con modificazioni, dalla legge 23 giugno 2014, n. 89, tra gli esperti iscritti nell'apposita sezione speciale dell'Albo, non appartenenti alla stessa stazione appaltante e, solo se non disponibili in numero sufficiente, anche tra gli esperti della sezione speciale che prestano servizio presso la stessa stazione appaltante ovvero, se il numero risulti ancora insufficiente, ricorrendo anche agli altri esperti iscritti all'Albo al di fuori della sezione speciale. Essi sono individuati dalle stazioni appaltanti mediante pubblico sorteggio da una lista di candidati costituita da un numero di nominativi almeno doppio rispetto a quello dei componenti da nominare e comunque nel rispetto del principio di rotazione. Tale lista è comunicata dall'ANAC alla stazione appaltante, entro cinque giorni dalla richiesta della stazione appaltante. La stazione appaltante può, in caso di affidamento di contratti di importo inferiore alle soglie di cui all'articolo 35 o per quelli che non presentano particolare complessità, nominare componenti interni alla stazione appaltante, nel rispetto del principio di rotazione. Sono considerate di non particolare complessità le procedure svolte attraverso piattaforme telematiche di negoziazione ai sensi dell'articolo 58.*

[4] Comma così modificato dall'art. 46, D.Lgs. 19 aprile 2017, n. 56. Il testo previgente disponeva: *4. I commissari non devono aver svolto nè possono svolgere alcun'altra funzione o incarico tecnico o amministrativo relativamente al contratto del cui affidamento si tratta.*

[5] Comma così modificato dall'art. 46, D.Lgs. 19 aprile 2017, n. 56. Il testo previgente disponeva: *9. Al momento dell'accettazione dell'incarico, i commissari dichiarano ai sensi dell'articolo 47 del decreto del Presidente della Repubblica 28 dicembre 2000, n. 445, l'inesistenza delle cause di incompatibilità e di astensione di cui ai commi 4, 5 e 6.*

[6] Comma abrogato dall'art. 46, D.Lgs. 19 aprile 2017, n. 56. Il testo previgente disponeva: *12. Fino alla adozione della disciplina in materia di iscrizione all'Albo di cui all'articolo 78, la commissione continua ad essere nominata dall'organo della stazione appaltante competente ad effettuare la scelta del soggetto affidatario del contratto, secondo regole di competenza e trasparenza preventivamente individuate da ciascuna stazione appaltante.*

[7] V. art. 84, D.Lgs. 12 aprile 2006, n. 163 (vecchio Codice dei contratti pubblici).

78. *Albo dei componenti delle commissioni giudicatrici.* 1. È istituito presso l'ANAC, che lo gestisce e lo aggiorna secondo criteri individuati con apposite determinazioni, l'Albo nazionale obbligatorio dei componenti delle commissioni giudicatrici nelle procedure di affidamento dei contratti pubblici. Ai fini dell'iscrizione nel suddetto albo, i soggetti interessati devono essere in possesso di requisiti di compatibilità e moralità, nonchè di comprovata competenza e professionalità nello specifico settore a cui si riferisce il contratto, secondo i criteri e le modalità che l'Autorità definisce con apposite linee guida, valutando la possibilità di articolare l'Albo per aree tematiche omogenee, da adottare entro centoventi giorni dalla data di entrata in vigore del presente codice. Fino all'adozione della disciplina in materia di iscrizione all'Albo, si applica l'articolo 216, comma 12[1].

1-*bis*. Con le linee guida di cui al comma 1 sono, altresì, disciplinate le modalità di funzionamento delle commissioni giudicatrici, prevedendo, di norma, sedute pubbliche, nonchè sedute riservate per la valutazione delle offerte tecniche e per altri eventuali adempimenti specifici[2 3].

[1] Comma così modificato dall'art. 47, D.Lgs. 19 aprile 2017, n. 56. Il testo previgente disponeva: *1. È istituito presso l'ANAC, che lo gestisce e lo aggiorna secondo criteri individuati con apposite determinazioni, l'Albo nazionale obbligatorio dei componenti delle commissioni giudicatrici nelle procedure di affidamento dei contratti pubblici. Ai fini dell'iscrizione nel suddetto albo, i soggetti interessati devono essere in possesso di requisiti di compatibilità e moralità, nonchè di comprovata competenza e professionalità nello specifico settore a cui si riferisce il contratto, secondo i criteri e le modalità che l'Autorità definisce in un apposito atto, valutando la possibilità di articolare l'Albo per aree tematiche omogenee, da adottare entro centoventi giorni dalla data di entrata in vigore del presente codice. Fino all'adozione della disciplina in materia di iscrizione all'Albo, si applica l'articolo 216, comma 12.*

[2] Comma aggiunto dall'art. 47, D.Lgs. 19 aprile 2017, n. 56.

[3] V. art. 84, D.Lgs. 12 aprile 2006, n. 163 (vecchio Codice dei contratti pubblici). V., anche, Delib. Anac n. 1190 del 16 novembre 2016 - Linee guida n. 5, di attuazione del D.Lgs. 18 aprile 2016, n. 50, recanti "*Criteri di scelta dei commissari di gara e di iscrizione degli esperti nell'Albo nazionale obbligatorio dei componenti delle commissioni giudicatrici*" (pubblicata nella Gazzetta Ufficiale Serie Generale n. 283 del 3 dicembre 2016).

79. *Fissazione di termini.* 1. Nel fissare i termini per la ricezione delle domande di partecipazione e delle offerte, le amministrazioni aggiudicatrici tengono conto in particolare della complessità dell'appalto e del tempo necessario per preparare le offerte, fatti salvi i termini minimi stabiliti negli articoli 60, 61, 62, 64 e 65.

2. Quando le offerte possono essere formulate soltanto a seguito di una visita dei luoghi o dopo consultazione sul posto dei documenti di gara e relativi allegati, i termini per la ricezione delle offerte, comunque superiori ai termini minimi stabiliti negli articoli 60, 61, 62, 64 e 65, sono stabiliti in modo che gli operatori economici interessati possano prendere conoscenza di tutte le informazioni necessarie per presentare le offerte.

3. Le stazioni appaltanti prorogano i termini per la ricezione delle offerte in modo che gli operatori economici interessati possano prendere conoscenza di tutte le informazioni necessarie alla preparazione delle offerte nei casi seguenti:

a) se, per qualunque motivo, le informazioni supplementari significative ai fini della preparazione di offerte adeguate, seppur richieste in tempo utile dall'operatore economico, non sono fornite al più tardi sei giorni prima del termine stabilito per la ricezione delle offerte. In caso di procedura accelerata ai sensi degli articoli 60, comma 3, e 61, comma 6, il termine è di quattro giorni;

b) se sono effettuate modifiche significative ai documenti di gara.

4. La durata della proroga di cui al comma 3 è proporzionale all'importanza delle informazioni o delle modifiche.

5. Se le informazioni supplementari non sono state richieste in tempo utile o la loro importanza ai fini della preparazione di offerte adeguate è insignificante, le amministrazioni aggiudicatrici non sono tenute a prorogare le scadenze.

5-*bis*. Nel caso di presentazione delle offerte attraverso mezzi di comunicazione elettronici messi a disposizione dalla stazione appaltante ai sensi dell'articolo 52, ivi incluse le piattaforme telematiche di negoziazione, qualora si verifichi un mancato funzionamento o un malfunzionamento di tali mezzi tale da impedire la corretta presentazione delle offerte, la stazione appaltante adotta i necessari provvedimenti al fine di assicurare la regolarità della procedura nel rispetto dei principi di cui all'articolo 30, anche disponendo la sospensione del termine per la ricezione delle offerte per il periodo di tempo necessario a ripristinare il normale funzionamento dei mezzi e la proroga dello stesso per una durata proporzionale alla gravità del mancato funzionamento. Nei casi di sospensione e proroga di cui al primo periodo, la stazione appaltante assicura che, fino alla scadenza del termine prorogato, venga mantenuta la segretezza delle offerte inviate e sia consentito agli operatori economici che hanno già inviato l'offerta di ritirarla ed eventualmente sostituirla. La pubblicità di tale proroga avviene attraverso la tempestiva pubblicazione di apposito avviso presso l'indirizzo Internet dove sono accessibili i documenti di gara, ai sensi dell'articolo 74, comma 1, nonchè attraverso ogni altro strumento che la stazione appaltante ritenga opportuno. In ogni caso, la stazione appaltante, qualora si verificano malfunzionamenti, ne dà comunicazione all'AGID ai fini dell'applicazione dell'articolo 32-*bis* del decreto legislativo 7 marzo 2005, n. 82, recante codice dell'amministrazione digitale[1] [2].

[1] Comma aggiunto dall'art. 48, D.Lgs. 19 aprile 2017, n. 56.
[2] V. art. 70, D.Lgs. 12 aprile 2006, n. 163 (vecchio Codice dei contratti pubblici).

80. *Motivi di esclusione*. 1. Costituisce motivo di esclusione di un operatore economico dalla partecipazione a una procedura d'appalto o concessione, la condanna con sentenza definitiva o decreto penale di condanna divenuto irrevocabile o sentenza di applicazione della pena su richiesta ai sensi dell'articolo 444 del codice di procedura penale, anche riferita a un suo subappaltatore nei casi di cui all'articolo 105, comma 6, per uno dei seguenti reati:

a) delitti, consumati o tentati, di cui agli articoli 416, 416-*bis* del codice penale ovvero delitti commessi avvalendosi delle condizioni previste dal predetto articolo 416-*bis* ovvero al fine di agevolare l'attività delle associazioni previste dallo stesso articolo, nonchè per i delitti, consumati o tentati, previsti dall'articolo 74 del decreto del Presidente della Repubblica 9 ottobre 1990, n. 309, dall'articolo 291-*quater* del decreto del Presidente della Repubblica 23 gennaio 1973, n. 43 e dall'articolo 260 del decreto legislativo 3 aprile 2006, n. 152, in quanto riconducibili alla partecipazione a un'organizzazione criminale, quale definita all'articolo 2 della decisione quadro 2008/841/GAI del Consiglio;

b) delitti, consumati o tentati, di cui agli articoli 317, 318, 319, 319-*ter*, 319-*quater*, 320, 321, 322, 322-*bis*, 346-*bis*, 353, 353-*bis*, 354, 355 e 356 del codice penale nonchè all'articolo 2635 del codice civile;

b-bis) false comunicazioni sociali di cui agli articoli 2621 e 2622 del codice civile[1];

c) frode ai sensi dell'articolo 1 della convenzione relativa alla tutela degli interessi finanziari delle Comunità europee;

d) delitti, consumati o tentati, commessi con finalità di terrorismo, anche internazionale, e di eversione dell'ordine costituzionale reati terroristici o reati connessi alle attività terroristiche;

e) delitti di cui agli articoli 648-*bis*, 648-*ter* e 648-*ter*.1 del codice penale, riciclaggio di proventi di attività criminose o finanziamento del terrorismo, quali definiti all'articolo 1 del decreto legislativo 22 giugno 2007, n. 109 e successive modificazioni;

f) sfruttamento del lavoro minorile e altre forme di tratta di esseri umani definite con il decreto legislativo 4 marzo 2014, n. 24;

g) ogni altro delitto da cui derivi, quale pena accessoria, l'incapacità di contrattare con la pubblica amministrazione[2].

2. Costituisce altresì motivo di esclusione la sussistenza, con riferimento ai soggetti indicati al comma 3, di cause di decadenza, di sospensione o di divieto previste dall'articolo 67 del decreto legislativo 6 settembre 2011, n. 159 o di un tentativo di infiltrazione mafiosa di cui all'articolo 84, comma 4, del medesimo decreto. Resta fermo quanto previsto dagli articoli 88, comma 4-*bis*, e 92, commi 2 e 3, del decreto legislativo 6 settembre 2011, n. 159, con riferimento rispettivamente alle comunicazioni antimafia e alle informazioni antimafia. Resta fermo altresì

quanto previsto dall'articolo 34-*bis*, commi 6 e 7, del decreto legislativo 6 settembre 2011, n. 159[3].

3. L'esclusione di cui ai commi 1 e 2 va disposta se la sentenza o il decreto ovvero la misura interdittiva sono stati emessi nei confronti: del titolare o del direttore tecnico, se si tratta di impresa individuale; di un socio o del direttore tecnico, se si tratta di società in nome collettivo; dei soci accomandatari o del direttore tecnico, se si tratta di società in accomandita semplice; dei membri del consiglio di amministrazione cui sia stata conferita la legale rappresentanza, ivi compresi institori e procuratori generali, dei membri degli organi con poteri di direzione o di vigilanza o dei soggetti muniti di poteri di rappresentanza, di direzione o di controllo, del direttore tecnico o del socio unico persona fisica, ovvero del socio di maggioranza in caso di società con un numero di soci pari o inferiore a quattro, se si tratta di altro tipo di società o consorzio. In ogni caso l'esclusione e il divieto operano anche nei confronti dei soggetti cessati dalla carica nell'anno antecedente la data di pubblicazione del bando di gara, qualora l'impresa non dimostri che vi sia stata completa ed effettiva dissociazione della condotta penalmente sanzionata; l'esclusione non va disposta e il divieto non si applica quando il reato è stato depenalizzato ovvero quando è intervenuta la riabilitazione ovvero, nei casi di condanna ad una pena accessoria perpetua, quando questa è stata dichiarata estinta ai sensi dell'articolo 179, settimo comma, del codice penale ovvero quando il reato è stato dichiarato estinto dopo la condanna ovvero in caso di revoca della condanna medesima[4].

4. Un operatore economico è escluso dalla partecipazione a una procedura d'appalto se ha commesso violazioni gravi, definitivamente accertate, rispetto agli obblighi relativi al pagamento delle imposte e tasse o dei contributi previdenziali, secondo la legislazione italiana o quella dello Stato in cui sono stabiliti. Costituiscono gravi violazioni quelle che comportano un omesso pagamento di imposte e tasse superiore all'importo di cui all'articolo 48-*bis*, commi 1 e 2-*bis* del decreto del Presidente della Repubblica 29 settembre 1973, n. 602. Costituiscono violazioni definitivamente accertate quelle contenute in sentenze o atti amministrativi non più soggetti ad impugnazione. Costituiscono gravi violazioni in materia contributiva e previdenziale quelle ostative al rilascio del documento unico di regolarità contributiva (DURC), di cui al decreto del Ministero del lavoro e delle politiche sociali 30 gennaio 2015, pubblicato sulla Gazzetta Ufficiale n. 125 del 1° giugno 2015, ovvero delle certificazioni rilasciate dagli enti previdenziali di riferimento non aderenti al sistema dello sportello unico previdenziale. Un operatore economico può essere escluso dalla partecipazione a una procedura d'appalto se la stazione appaltante è a conoscenza e può adeguatamente dimostrare che lo stesso non ha ottemperato agli obblighi relativi al pagamento delle imposte e tasse o dei contributi previdenziali non definitivamente accertati qualora tale mancato pagamento costituisca una grave violazione ai sensi rispettivamente del secondo o del quarto periodo. Il presente comma non si applica quando l'operatore economico ha ottemperato ai suoi obblighi pagando o impegnandosi in modo vincolante a pagare le imposte o i contributi previdenziali dovuti, compresi eventuali interessi o multe, ovvero quando il debito tributario o previdenziale sia comunque integralmente estinto, purchè l'estinzione, il pagamento o l'impegno si siano perfezionati anteriormente alla scadenza del termine per la presentazione delle domande[5].

5. Le stazioni appaltanti escludono dalla partecipazione alla procedura d'appalto un operatore economico in una delle seguenti situazioni, anche riferita a un suo subappaltatore nei casi di cui all'articolo 105, comma 6, qualora:

a) la stazione appaltante possa dimostrare con qualunque mezzo adeguato la presenza di gravi infrazioni debitamente accertate alle norme in materia di salute e sicurezza sul lavoro nonchè agli obblighi di cui all'articolo 30, comma 3 del presente codice;

b) l'operatore economico sia stato sottoposto a fallimento o si trovi in stato di liquidazione coatta o di concordato preventivo o sia in corso nei suoi confronti un procedimento per la dichiarazione di una di tali situazioni, fermo restando quanto previsto dall'articolo 110 del presente codice e dall'articolo 186-*bis* del regio decreto 16 marzo 1942, n. 267[6];

c) la stazione appaltante dimostri con mezzi adeguati che l'operatore economico si è reso colpevole di gravi illeciti professionali, tali da rendere dubbia la sua integrità o affidabilità[7];

c-bis) l'operatore economico abbia tentato di influenzare indebitamente il processo decisionale della stazione appaltante o di ottenere informazioni riservate a fini di proprio vantaggio oppure abbia fornito, anche per negligenza, informazioni false o fuorvianti suscettibili di influenzare le decisioni sull'esclusione, la selezione o l'aggiudicazione, ovvero abbia omesso le informazioni dovute ai fini del corretto svolgimento della procedura di selezione[7];

c-ter) l'operatore economico abbia dimostrato significative o persistenti carenze nell'esecuzione di un precedente contratto di appalto o di concessione che ne hanno causato la risoluzione per inadempimento ovvero la condanna al risarcimento del danno o altre sanzioni comparabili; su tali circostanze la stazione appaltante motiva anche con riferimento al tempo trascorso dalla violazione e alla gravità della stessa[7];

c-quater) l'operatore economico abbia commesso grave inadempimento nei confronti di uno o più subappaltatori, riconosciuto o accertato con sentenza passata in giudicato[8];

d) la partecipazione dell'operatore economico determini una situazione di conflitto di interesse ai sensi dell'articolo 42, comma 2, non diversamente risolvibile;

e) una distorsione della concorrenza derivante dal precedente coinvolgimento degli operatori economici nella preparazione della procedura d'appalto di cui all'articolo 67 non possa essere risolta con misure meno intrusive;

f) l'operatore economico sia stato soggetto alla sanzione interdittiva di cui all'articolo 9, comma 2, lettera *c)* del decreto legislativo 8 giugno 2001, n. 231 o ad altra sanzione che comporta il divieto di contrarre con la pubblica amministrazione, compresi i provvedimenti interdittivi di cui all'articolo 14 del decreto legislativo 9 aprile 2008, n. 81;

f-bis) l'operatore economico che presenti nella procedura di gara in corso e negli affidamenti di subappalti documentazione o dichiarazioni non veritiere[1];

f-ter) l'operatore economico iscritto nel casellario informatico tenuto dall'Osservatorio dell'ANAC per aver presentato false dichiarazioni o falsa documentazione nelle procedure di gara e negli affidamenti di subappalti. Il motivo di esclusione perdura fino a quando opera l'iscrizione nel casellario informatico[1];

g) l'operatore economico iscritto nel casellario informatico tenuto dall'Osservatorio dell'ANAC per aver presentato false dichiarazioni o falsa documentazione ai fini del rilascio dell'attestazione di qualificazione, per il periodo durante il quale perdura l'iscrizione;

h) l'operatore economico abbia violato il divieto di intestazione fiduciaria di cui all'articolo 17 della legge 19 marzo 1990, n. 55. L'esclusione ha durata di un anno decorrente dall'accertamento definitivo della violazione e va comunque disposta se la violazione non è stata rimossa;

i) l'operatore economico non presenti la certificazione di cui all'articolo 17 della legge 12 marzo 1999, n. 68, ovvero non autocertifichi la sussistenza del medesimo requisito[9];

l) l'operatore economico che, pur essendo stato vittima dei reati previsti e puniti dagli articoli 317 e 629 del codice penale aggravati ai sensi dell'articolo 7 del decreto-legge 13 maggio 1991, n. 152, convertito, con modificazioni, dalla legge 12 luglio 1991, n. 203, non risulti aver denunciato i fatti all'autorità giudiziaria, salvo che ricorrano i casi previsti dall'articolo 4, primo comma, della legge 24 novembre 1981, n. 689. La circostanza di cui al primo periodo deve emergere dagli indizi a base della richiesta di rinvio a giudizio formulata nei confronti dell'imputato nell'anno antecedente alla pubblicazione del bando e deve essere comunicata, unitamente alle generalità del soggetto che ha omesso la predetta denuncia, dal procuratore della Repubblica procedente all'ANAC, la quale cura la pubblicazione della comunicazione sul sito dell'Osservatorio;

m) l'operatore economico si trovi rispetto ad un altro partecipante alla medesima procedura di affidamento, in una situazione di controllo di cui all'articolo 2359 del codice civile o in una qualsiasi relazione, anche di fatto, se la situazione di controllo o la relazione comporti che le offerte sono imputabili ad un unico centro decisionale.

6. Le stazioni appaltanti escludono un operatore economico in qualunque momento della procedura, qualora risulti che l'operatore economico si trova, a causa di atti compiuti o omessi prima o nel corso della procedura, in una delle situazioni di cui ai commi 1,2, 4 e 5.

7. Un operatore economico, o un subappaltatore, che si trovi in una delle situazioni di cui al comma 1, limitatamente alle ipotesi in cui la sentenza definitiva abbia imposto una pena detentiva non superiore a 18 mesi ovvero abbia riconosciuto l'attenuante della collaborazione come definita per le singole fattispecie di reato, o al comma 5, è ammesso a provare di aver risarcito o di essersi impegnato a risarcire qualunque danno causato dal reato o dall'illecito e di aver adottato provvedimenti concreti di carattere tecnico, organizzativo e relativi al personale idonei a prevenire ulteriori reati o illeciti.

8. Se la stazione appaltante ritiene che le misure di cui al comma 7 sono sufficienti, l'operatore economico non è escluso della procedura d'appalto; viceversa dell'esclusione viene data motivata comunicazione all'operatore economico

9. Un operatore economico escluso con sentenza definitiva dalla partecipazione alle procedure di appalto non può avvalersi della possibilità prevista dai commi 7 e 8 nel corso del periodo di esclusione derivante da tale sentenza.

10. Se la sentenza penale di condanna definitiva non fissa la durata della pena accessoria della incapacità di contrattare con la pubblica amministrazione, la durata della esclusione dalla procedura d'appalto o concessione è:

a) perpetua, nei casi in cui alla condanna consegue di diritto la pena accessoria perpetua, ai sensi dell'articolo 317-*bis*, primo periodo, del codice penale, salvo che la pena sia dichiarata estinta ai sensi dell'articolo 179, settimo comma, del codice penale;

b) pari a sette anni nei casi previsti dall'articolo 317-*bis*, secondo periodo, del codice penale, salvo che sia intervenuta riabilitazione;

c) pari a cinque anni nei casi diversi da quelli di cui alle lettere *a)* e *b)*, salvo che sia intervenuta riabilitazione[10].

10-*bis*. Nei casi di cui alle lettere *b)* e *c)* del comma 10, se la pena principale ha una durata inferiore, rispettivamente, a sette e cinque anni di reclusione, la durata della esclusione è pari alla durata della pena principale. Nei casi di cui al comma 5, la durata della esclusione è pari a tre anni, decorrenti dalla data di adozione del provvedimento amministrativo di esclusione ovvero, in caso di contestazione in giudizio, dalla data di passaggio in giudicato della sentenza. Nel tempo occorrente alla definizione del giudizio, la stazione appaltante deve tenere conto di tale fatto ai fini della propria valutazione circa la sussistenza del presupposto per escludere dalla partecipazione alla procedura l'operatore economico che l'abbia commesso[11].

11. Le cause di esclusione previste dal presente articolo non si applicano alle aziende o società sottoposte a sequestro o confisca ai sensi dell'articolo 12-sexies del decreto-legge 8 giugno 1992, n. 306, convertito, con modificazioni, dalla legge 7 agosto 1992, n. 356 o degli articoli 20 e 24 del decreto legislativo 6 settembre 2011 n. 159, ed affidate ad un custode o amministratore giudiziario o finanziario, limitatamente a quelle riferite al periodo precedente al predetto affidamento.

12. In caso di presentazione di falsa dichiarazione o falsa documentazione, nelle procedure di gara e negli affidamenti di subappalto, la stazione appaltante ne dà segnalazione all'Autorità che, se ritiene che siano state rese con dolo o colpa grave in considerazione della rilevanza o della gravità dei fatti oggetto della falsa dichiarazione o della presentazione di falsa documentazione, dispone l'iscrizione nel casellario informatico ai fini dell'esclusione dalle procedure di gara e dagli affidamenti di subappalto ai sensi del comma 1 fino a due anni, decorso il quale l'iscrizione è cancellata e perde comunque efficacia.

13. Con linee guida l'ANAC, da adottarsi entro novanta giorni dalla data di entrata in vigore del presente codice, può precisare, al fine di garantire omogeneità di prassi da parte delle stazioni appaltanti, quali mezzi di prova considerare adeguati per la dimostrazione delle circostanze di esclusione di cui al comma 5, lettera *c)*, ovvero quali carenze nell'esecuzione di un procedente contratto di appalto siano significative ai fini del medesimo comma 5, lettera *c)*.

14. Non possono essere affidatari di subappalti e non possono stipulare i relativi contratti i soggetti per i quali ricorrano i motivi di esclusione previsti dal presente articolo[12 13 14].

[1] Lettera aggiunta dall'art. 49, D.Lgs. 19 aprile 2017, n. 56.

[2] Lettera così modificata dall'art. 49, D.Lgs. 19 aprile 2017, n. 56, che sostituisce il segno: ";" con il segno: ".".

[3] Comma così modificato prima dall'art. 49, D.Lgs. 19 aprile 2017, n. 56, poi dall'art. 1, D.L. 18 aprile 2019, n. 32, convertito in L. 14 giugno 2019, n. 55, a decorrere dal 18 giugno 2019.

Il testo previgente la modifica del 2017 disponeva: *2. Costituisce altresì motivo di esclusione la sussistenza di cause di decadenza, di sospensione o di divieto previste dall'articolo 67 del decreto legislativo 6 settembre 2011, n. 159 o di un tentativo di infiltrazione mafiosa di cui all'articolo 84, comma 4, del medesimo decreto. Resta fermo quanto previsto dagli articoli 88, comma 4-bis, e 92, commi 2 e 3, del decreto legislativo 6 settembre 2011, n. 159, con riferimento rispettivamente alle comunicazioni antimafia e alle informazioni antimafia.*

Il testo previgente la modifica del 2019 disponeva: *2. Costituisce altresì motivo di esclusione la sussistenza, con riferimento ai soggetti indicati al comma 3, di cause di decadenza, di sospensione o di divieto previste dall'articolo 67 del decreto legislativo 6 settembre 2011, n. 159 o di un tentativo di infiltrazione mafiosa di cui all'articolo 84, comma 4, del medesimo decreto. Resta fermo quanto previsto dagli articoli 88, comma 4-bis, e 92, commi 2 e 3, del decreto legislativo 6 settembre 2011, n. 159, con riferimento rispettivamente alle comunicazioni antimafia e alle informazioni antimafia.*

[4] Comma così modificato prima dall'art. 49, D.Lgs. 19 aprile 2017, n. 56, poi dall'art. 1, D.L. 18 aprile 2019, n. 32, convertito in L. 14 giugno 2019, n. 55, a decorrere dal 18 giugno 2019.

Il testo previgente la modifica del 2017 disponeva: *3. L'esclusione di cui al comma 1 va disposta se la sentenza o il decreto sono stati emessi nei confronti: del titolare o del direttore tecnico, se si tratta di impresa individuale; di un socio o del direttore tecnico, se si tratta di società in nome collettivo; dei soci accomandatari o del direttore tecnico, se si tratta di società in accomandita semplice; dei membri del consiglio di amministrazione cui sia stata conferita la legale rappresentanza, di direzione o di vigilanza o dei soggetti muniti di poteri di rappresentanza, di direzione o di controllo, del direttore tecnico o del socio unico persona fisica, ovvero del socio di maggioranza in caso di società con meno di quattro soci, se si tratta di altro tipo di società o consorzio. In ogni caso l'esclusione e il divieto operano anche nei confronti dei soggetti cessati dalla carica nell'anno antecedente la data di pubblicazione del bando di gara, qualora l'impresa non dimostri che vi sia stata completa ed effettiva dissociazione della condotta penalmente sanzionata; l'esclusione non va disposta e il divieto non si applica quando il reato è stato depenalizzato ovvero quando è intervenuta la riabilitazione ovvero quando il reato è stato dichiarato estinto dopo la condanna ovvero in caso di revoca della condanna medesima.*

Il testo previgente la modifica del 2019 disponeva: *3. L'esclusione di cui ai commi 1 e 2 va disposta se la sentenza o il decreto ovvero la misura interdittiva sono stati emessi nei confronti: del titolare o del direttore tecnico, se si tratta di impresa individuale; di un socio o del direttore tecnico, se si tratta di società in nome collettivo; dei soci accomandatari o del direttore tecnico, se si tratta di società in accomandita semplice; dei membri del consiglio di amministrazione cui sia stata conferita la legale rappresentanza, ivi compresi institori e procuratori generali, dei membri degli organi con poteri di direzione o di vigilanza o dei soggetti muniti di poteri di rappresentanza, di direzione o di controllo, del direttore tecnico o del socio unico persona fisica, ovvero del socio di maggioranza in caso di società con meno di quattro soci, se si tratta di altro tipo di società o consorzio. In ogni caso l'esclusione e il divieto operano anche nei confronti dei soggetti cessati dalla carica nell'anno antecedente la data di pubblicazione del bando di gara, qualora l'impresa non dimostri che vi sia stata completa ed effettiva dissociazione della condotta penalmente sanzionata; l'esclusione non va disposta e il divieto non si applica quando il reato è stato depenalizzato ovvero quando è intervenuta la riabilitazione ovvero quando il reato è stato dichiarato estinto dopo la condanna ovvero in caso di revoca della condanna medesima.*

[5] Comma così modificato prima dall'art. 49, D.Lgs. 19 aprile 2017, n. 56, poi dall'art. 8, D.L. 16 luglio 2020, n. 76, convertito in L. 11 settembre 2020, n. 120, a decorrere dal 15 settembre 2020. Tali nuove disposizioni si applicano alle procedure i cui bandi o avvisi, con i quali si indice una gara, sono pubblicati successivamente alla data di entrata in vigore del D.L. 76/2020 cit., nonchè, in caso di contratti senza pubblicazione di bandi o avvisi, alle procedure in cui, alla medesima data, non sono ancora stati inviati gli inviti a presentare le offerte o i preventivi.

Il testo previgente la modifica del 2017 disponeva: *4. Un operatore economico è escluso dalla partecipazione a una procedura d'appalto se ha commesso violazioni gravi, definitivamente accertate, rispetto agli obblighi relativi al pagamento delle imposte e tasse o dei contributi previdenziali, secondo la legislazione italiana o quella dello Stato in cui sono stabiliti. Costituiscono gravi violazioni quelle che comportano un omesso pagamento di imposte e tasse superiore all'importo di cui all'articolo 48-bis, commi 1 e 2-bis del decreto del Presidente della Repubblica 29 settembre 1973, n. 602. Costituiscono violazioni definitivamente accertate quelle contenute in sentenze o atti amministrativi non più soggetti ad impugnazione. Costituiscono gravi violazioni in materia contributiva e previdenziale quelle ostative al rilascio del documento unico di regolarità contributiva (DURC), di cui all'articolo 8 del decreto del Ministero del lavoro e delle politiche sociali 30 gennaio 2015, pubblicato sulla Gazzetta Ufficiale n. 125 del 1° giugno 2015. Il presente comma non si applica quando l'operatore economico ha ottemperato ai suoi obblighi pagando o impegnandosi in modo vincolante a pagare le imposte o i contributi previdenziali dovuti, compresi eventuali interessi o multe, purchè il pagamento o l'impegno siano stati formalizzati prima della scadenza del termine per la presentazione delle domande.*

Il testo previgente la modifica del 2020 disponeva: *4. Un operatore economico è escluso dalla partecipazione a una procedura d'appalto se ha commesso violazioni gravi, definitivamente accertate, rispetto agli obblighi relativi al pagamento delle imposte e tasse o dei contributi previdenziali, secondo la legislazione italiana o quella dello Stato in cui sono stabiliti. Costituiscono gravi violazioni quelle che comportano un omesso pagamento di imposte e tasse superiore all'importo di cui all'articolo 48-bis, commi 1 e 2-bis del decreto del Presidente della Repubblica 29 settembre 1973, n. 602. Costituiscono violazioni definitivamente accertate quelle contenute in sentenze o atti amministrativi non più soggetti ad impugnazione. Costituiscono gravi violazioni in materia contributiva e previdenziale quelle ostative al rilascio del documento unico di regolarità contributiva (DURC), di cui al decreto del Ministero del lavoro e delle politiche sociali 30 gennaio 2015, pubblicato sulla Gazzetta Ufficiale n. 125 del 1° giugno 2015, ovvero delle certificazioni rilasciate dagli enti previdenziali di riferimento non aderenti al sistema dello sportello unico previdenziale. Il presente comma non si applica quando l'operato re economico ha ottemperato ai suoi obblighi pagando o impegnandosi in modo vincolante a pagare le imposte o i contributi previdenziali dovuti, compresi eventuali interessi o multe, purchè il pagamento o l'impegno siano stati formalizzati prima della scadenza del termine per la presentazione delle domande.*

[6] Lettera così sostituita dall'art. 1, D.L. 18 aprile 2019, n. 32, convertito in L. 14 giugno 2019, n. 55, a decorrere dal 18 giugno 2019. Il testo previgente disponeva: *b) l'operatore economico si trovi in stato di fallimento, di liquidazione coatta, di concordato preventivo, salvo il caso di concordato con continuità aziendale, o nei cui riguardi sia in corso un procedimento per la dichiarazione di una di tali situazioni, fermo restando quanto previsto dall'articolo 110.*

[7] Le lettere da c) a c-ter) così sostituiscono l'originaria lettera c) per effetto dell'art. 5, D.L. 14 dicembre 2018, n. 135, convertito in L. 11 febbraio 2019, n. 12. Il testo previgente disponeva: *c) la stazione appaltante dimostri con mezzi adeguati che l'operatore economico si è reso colpevole di gravi illeciti professionali, tali da rendere dubbia la sua integrità o affidabilità. Tra questi rientrano: le significative carenze nell'esecuzione di un precedente contratto di appalto o di concessione che ne hanno causato la risoluzione anticipata, non contestata in giudizio, ovvero confermata all'esito di un giudizio, ovvero hanno dato luogo ad una condanna al risarcimento del danno o ad altre sanzioni; il tentativo di influenzare indebitamente il processo decisionale della stazione appaltante o di ottenere informazioni riservate ai fini di proprio vantaggio; il fornire, anche per negligenza, informazioni false o fuorvianti suscettibili di influenzare le decisioni sull'esclusione, la selezione o l'aggiudicazione ovvero l'omettere le informazioni dovute ai fini del corretto svolgimento della procedura di selezione.*

[8] Lettera aggiunta dall'art. 1, D.L. 18 aprile 2019, n. 32, convertito in L. 14 giugno 2019, n. 55, a decorrere dal 18 giugno 2019.

[9] Lettera così modificata dall'art. 49, D.Lgs. 19 aprile 2017, n. 56. Il testo previgente disponeva: *i) l'operatore economico non presenti la certificazione di cui all'articolo 17 della legge 12 marzo 1999, n. 68, ovvero autocertifichi la sussistenza del medesimo requisito.*

[10] Comma prima modificato dall'art. 49, D.Lgs. 19 aprile 2017, n. 56, poi sostituito dall'art. 1, D.L. 18 aprile 2019, n. 32, convertito in L. 14 giugno 2019, n. 55, a decorrere dal 18 giugno 2019.

Il testo previgente la modifica del 2017 disponeva: *10. Se la sentenza di condanna definitiva non fissa la durata della pena accessoria della incapacità di contrattare con la pubblica amministrazione, ovvero non sia intervenuta riabilitazione, tale durata è pari a cinque anni, salvo che la pena principale sia di durata inferiore, e in tale caso è pari alla durata della pena principale.*

Il testo previgente la modifica del 2019 disponeva: *10. Se la sentenza di condanna definitiva non fissa la durata della pena accessoria della incapacità di contrattare con la pubblica amministrazione, ovvero non sia intervenuta riabilitazione, tale durata è pari a cinque anni, salvo che la pena principale sia di durata inferiore, e in tale caso è pari alla durata della pena principale e a tre anni, decorrenti dalla data del suo accertamento definitivo, nei casi di cui ai commi 4 e 5 ove non sia intervenuta sentenza di condanna.*

[11] Comma aggiunto dall'art. 1, D.L. 18 aprile 2019, n. 32, convertito in L. 14 giugno 2019, n. 55, a decorrere dal 18 giugno 2019.

[12] Ai sensi dell'art. 389, comma 1, D.Lgs. 12 gennaio 2019, n. 14, nel testo sostituito dall'art. 5, D.L. 8 aprile 2020, n. 23, convertito in L. 5 giugno 2020, n. 40, a decorrere dal 1° settembre 2021, al comma 5, la lettera b) verrà sostituita dalla seguente: «b) l'operatore economico sia stato sottoposto a liquidazione giudiziale o si trovi in stato di liquidazione coatta o di concordato preventivo o sia in corso nei suoi confronti un procedimento per la dichiarazione di una di tali situazioni, fermo restando quanto previsto dall'articolo 95 del codice della crisi di impresa e dell'insolvenza adottato in attuazione della delega di cui all'articolo 1 della legge 19 ottobre 2017, n. 155 e dall'articolo 110» (ex art. 372).

Tali nuove disposizioni si applicheranno alle procedure in cui il bando o l'avviso con cui si indice la gara è pubblicato successivamente alla data di entrata in vigore del D.Lgs. 14/2019, nonchè, per i contratti non preceduti dalla pubblicazione di bandi o avvisi, alle procedure in cui, alla medesima data, non sono ancora stati inviati gli inviti a presentare le offerte.

[13] V. art. 38, D.Lgs. 12 aprile 2006, n. 163 (vecchio Codice dei contratti pubblici).

[14] V. Delibera Anac 16 novembre 2016, n. 1293. Linee guida n. 6, di attuazione del decreto legislativo 18 aprile 2016, n. 50, recanti «*Indicazione dei mezzi di prova adeguati a delle carenze nell'esecuzione di un precedente contratto di appalto che possano considerarsi significative per la dimostrazione delle circostanze di esclusione di cui all'art. 80, comma 5, lett. c) del Codice», riportate in G.U. n. 2 del 3 gennaio 2017* (come rettificate dalla delibera Anac n. 23 del 18 gennaio 2017).

81. *Documentazione di gara.* 1. Fermo restando quanto previsto dagli articoli 85 e 88, la documentazione comprovante il possesso dei requisiti di carattere generale, tecnico-professionale ed economico e finanziario, per la partecipazione alle procedure disciplinate dal presente codice e per il controllo in fase di esecuzione del contratto della permanenza dei suddetti requisiti, è acquisita esclusivamente attraverso la Banca dati centralizzata gestita dal Ministero delle infrastrutture e dei trasporti, denominata Banca dati nazionale degli operatori economici[1].

2. Per le finalità di cui al comma 1, con decreto del Ministro delle infrastrutture e dei trasporti, sentita l'ANAC e l'AGID, sono indicati i dati concernenti la partecipazione alle gare e il loro esito, in relazione ai quali è obbligatoria l'inclusione della documentazione nella Banca dati, i documenti diversi da quelli per i quali è prevista l'inclusione e le modalità di presentazione, i termini e le regole tecniche per l'acquisizione, l'aggiornamento e la consultazione dei predetti dati. Con il medesimo decreto si provvede alla definizione delle modalità relative alla progressiva informatizzazione dei documenti necessari a comprovare i requisiti di partecipazione e l'assenza di cause di esclusione, nonchè alla definizione dei criteri e delle modalità relative all'accesso e al funzionamento nonchè all'interoperabilità tra le diverse banche dati coinvolte nel procedimento. A tal fine entro il 31 dicembre 2016, il Ministero delle infrastrutture e dei trasporti, in accordo con ANAC, definisce le modalità di subentro nelle convenzioni stipulate dall'ANAC, tali da non rendere pregiudizio all'attività di gestione dati attribuite all'ANAC dal presente codice. Fino alla data di entrata in vigore del decreto di cui al presente comma, si applica l'articolo 216, comma 13.

3. Costituisce oggetto di valutazione della performance il rifiuto, ovvero l'omessa effettuazione di quanto necessario a garantire l'interoperabilità delle banche dati, secondo le modalità individuate con il decreto di cui al comma 2,da parte del soggetto responsabile delle stesse all'interno dell'amministrazione o organismo pubblico coinvolti nel procedimento. A tal fine, l'ANAC, debitamente informata dal Ministero delle infrastrutture e dei trasporti, effettua le dovute segnalazioni all'organo di vertice dell'amministrazione o organismo pubblico.

4. Gli esiti dell'accertamento dei requisiti generali di qualificazione, costantemente aggiornati, con riferimento al medesimo partecipante nei termini di efficacia di ciascun documento, possono essere utilizzati anche per gare diverse[2].

[1] Comma così modificato dall'art. 50, D.Lgs. 19 aprile 2017, n. 56. Il testo previgente disponeva: *1. Fermo restando quanto previsto dagli articoli 85 e 88, la documentazione comprovante il possesso dei requisiti di carattere generale, tecnico-professionale ed economico e finanziario, per la partecipazione alle procedure disciplinate dal presente codice è acquisita esclusivamente attraverso la Banca dati centralizzata gestita dal Ministero delle infrastrutture e dei trasporti, denominata Banca dati nazionale degli operatori economici.*

[2] V. artt. 6-bis, 48, D.Lgs. 12 aprile 2006, n. 163 (vecchio Codice dei contratti pubblici).

82. *Rapporti di prova, certificazione e altri mezzi di prova.* 1. Le amministrazioni aggiudicatrici possono esigere che gli operatori economici presentino, come mezzi di prova di conformità ai requisiti o ai criteri stabiliti nelle specifiche tecniche, ai criteri di aggiudicazione o alle condizioni relative all'esecuzione dell'appalto, una relazione di prova o un certificato rilasciati da un organismo di valutazione della conformità. Le amministrazioni aggiudicatrici che richiedono la presentazione di certificati rilasciati da uno specifico organismo di valutazione della conformità accettano anche i certificati rilasciati da organismi di valutazione della conformità equivalenti. Ai fini del presente comma, per «organismo di valutazione della conformità» si intende un organismo che effettua attività di valutazione della conformità, comprese taratura, prove, ispezione e certificazione, accreditato a norma del Regolamento (CE) n. 765/2008 del Parlamento europeo e del Consiglio oppure autorizzato, per l'applicazione della normativa comunitaria di armonizzazione, dagli Stati membri non basandosi sull'accreditamento, a norma dell'articolo 5, paragrafo 2, dello stesso regolamento (CE) n. 765/2008 del Parlamento europeo e del Consiglio. Nei casi non coperti da normativa comunitaria di armonizzazione, si impiegano i rapporti e certificati rilasciati dagli organismi eventualmente indicati nelle disposizioni nazionali di settore[1].

2. Le amministrazioni aggiudicatrici accettano altri mezzi di prova appropriati, diversi da quelli di cui al comma 1, ivi compresa una documentazione tecnica del fabbricante, se l'operatore economico interessato non aveva accesso ai certificati o alle relazioni di prova di cui al comma 1, o non poteva ottenerli entro i termini richiesti, purchè il mancato accesso non sia imputabile all'operatore economico interessato e purchè questi dimostri che i lavori, le forniture o i servizi prestati soddisfano i requisiti o i criteri stabiliti nelle specifiche tecniche, i criteri di aggiudicazione o le condizioni relative all'esecuzione dell'appalto.

3. Le informazioni relative alle prove e ai documenti presentati a norma del presente articolo e degli articoli 68, comma 8, e 69 sono messe a disposizione degli altri Stati membri, su richiesta, dalla Cabina di regia. Lo scambio delle informazioni è finalizzato a un'efficace cooperazione reciproca, ed avviene nel rispetto delle regole europee e nazionali in materia di protezione dei dati personali[2].

[1] Comma così modificato dall'art. 51, D.Lgs. 19 aprile 2017, n. 56. Il testo previgente disponeva: *1. Le amministrazioni aggiudicatrici possono esigere che gli operatori economici presentino, come mezzi di prova di conformità ai requisiti o ai criteri stabiliti nelle specifiche tecniche, ai criteri di aggiudicazione o alle condizioni relative all'esecuzione dell'appalto, una relazione di prova o un certificato rilasciati da un organismo di valutazione della conformità. Le amministrazioni aggiudicatrici che richiedono la presentazione di certificati rilasciati da uno specifico organismo di valutazione della conformità accettano anche i certificati rilasciati da organismi di valutazione della conformità equivalenti. Ai fini del presente comma, per «organismo di valutazione della conformità» si intende un organismo che effettua attività di valutazione della conformità, comprese taratura, prove, ispezione e certificazione, accreditato a norma del regolamento (UE) n. 765/2008 del Parlamento europeo e del Consiglio.*

[2] V. artt. 6-bis, 48, D.Lgs. 12 aprile 2006, n. 163 (vecchio Codice dei contratti pubblici).

83. *Criteri di selezione e soccorso istruttorio.* 1. I criteri di selezione riguardano esclusivamente:

a) i requisiti di idoneità professionale;

b) la capacità economica e finanziaria;

c) le capacità tecniche e professionali.

2. I requisiti e le capacità di cui al comma 1 sono attinenti e proporzionati all'oggetto dell'appalto, tenendo presente l'interesse pubblico ad avere il più ampio numero di potenziali partecipanti, nel rispetto dei principi di trasparenza e rotazione. Per i lavori, con il regolamento di cui all'articolo 216, comma 27 *octies*, sono disciplinati, nel rispetto dei principi di cui al presente articolo e anche al fine di favorire l'accesso da parte delle microimprese e delle piccole e medie imprese, il sistema di qualificazione, i casi e le modalità di avvalimento, i requisiti e le capacità che devono essere posseduti dal concorrente, anche in riferimento ai consorzi di cui all'articolo 45, lettere *b)* e *c)*e la documentazione richiesta ai fini della dimostrazione del loro possesso di cui all'allegato XVII. Fino all'adozione di detto regolamento, si applica l'articolo 216, comma 14[1].

3. Ai fini della sussistenza dei requisiti di cui al comma 1, lettera *a)*, i concorrenti alle gare, se cittadini italiani o di altro Stato membro residenti in Italia, devono essere iscritti nel registro della camera di commercio, industria, artigianato e agricoltura o nel registro delle commissioni provinciali per l'artigianato, o presso i competenti ordini professionali. Al cittadino di altro Stato membro non residente in Italia, è richiesta la prova dell'iscrizione, secondo le modalità vigenti nello Stato di residenza, in uno dei registri professionali o commerciali di cui all'allegato XVI, mediante dichiarazione giurata o secondo le modalità vigenti nello Stato membro nel quale è stabilito ovvero mediante attestazione, sotto la propria responsabilità, che il certificato prodotto è stato rilasciato da uno dei registri professionali o commerciali istituiti nel Paese in cui è residente. Nelle procedure di aggiudicazione degli appalti pubblici di servizi, se i candidati o gli offerenti devono essere in possesso di una particolare autorizzazione ovvero appartenere a una particolare organizzazione per poter prestare nel proprio Paese d'origine i servizi in questione, la stazione appaltante può chiedere loro di provare il possesso di tale autorizzazione ovvero l'appartenenza all'organizzazione.

4. Per gli appalti di servizi e forniture, ai fini della verifica del possesso dei requisiti di cui al comma 1, lettera *b)*,le stazioni appaltanti, nel bando di gara, possono richiedere:

a) che gli operatori economici abbiano un fatturato minimo annuo, compreso un determinato fatturato minimo nel settore di attività oggetto dell'appalto;

b) che gli operatori economici forniscano informazioni riguardo ai loro conti annuali che evidenzino in particolare i rapporti tra attività e passività;

c) un livello adeguato di copertura assicurativa contro i rischi professionali.

5. Il fatturato minimo annuo richiesto ai sensi del comma 4, lettera *a)* non può comunque superare il doppio del valore stimato dell'appalto, calcolato in relazione al periodo di riferimento dello stesso, salvo in circostanze adeguatamente motivate relative ai rischi specifici connessi alla natura dei servizi e forniture, oggetto di affidamento. La stazione appaltante, ove richieda un fatturato minimo annuo, ne indica le ragioni nei documenti di gara. Per gli appalti divisi in lotti, il presente comma si applica per ogni singolo lotto. Tuttavia, le stazioni appaltanti possono fissare il fatturato minimo annuo che gli operatori economici devono avere con riferimento a gruppi di lotti nel caso in cui all'aggiudicatario siano aggiudicati più lotti da eseguirsi contemporaneamente. Se gli appalti basati su un accordo quadro devono essere aggiudicati in seguito alla riapertura della gara, il requisito del fatturato annuo massimo di cui al primo periodo del presente comma è calcolato sulla base del valore massimo atteso dei contratti specifici che saranno eseguiti contemporaneamente, se conosciuto, altrimenti sulla base del valore stimato dell'accordo quadro. Nel caso di sistemi dinamici di acquisizione, il requisito del fatturato annuo massimo è calcolato sulla base del valore massimo atteso degli appalti specifici da aggiudicare nell'ambito di tale sistema[2].

5-*bis*. In relazione al requisito di cui al comma 4, lettera c), l'adeguatezza della copertura assicurativa offerta viene valutata sulla base della polizza assicurativa contro i rischi professionali posseduta dall'operatore economico e in corso di validità. In relazione alle polizze assicurative di importo inferiore al valore dell'appalto, le stazioni appaltanti possono richiedere che l'offerta sia corredata, a pena di esclusione, dall'impegno da parte dell'impresa assicuratrice ad adeguare il valore della polizza assicurativa a quello dell'appalto, in caso di aggiudicazione[3].

6. Per gli appalti di servizi e forniture, per i criteri di selezione di cui al comma 1, lettera *c)*, le stazioni appaltanti possono richiedere requisiti per garantire che gli operatori economici possiedano le risorse umane e tecniche e l'esperienza necessarie per eseguire l'appalto con un adeguato standard di qualità. Nelle procedure d'appalto per forniture che necessitano di lavori di posa in opera o di installazione, servizi o lavori, la capacità professionale degli operatori economici di fornire tali servizi o di eseguire l'installazione o i lavori è valutata con riferimento alla loro competenza, efficienza, esperienza e affidabilità. Le informazioni richieste non possono eccedere l'oggetto dell'appalto; l'amministrazione deve, comunque, tener conto dell'esigenza di protezione dei segreti tecnici e commerciali.

7. Fermo restando il sistema di qualificazione di cui all'articolo 84 nonchè quanto previsto in materia di prova documentale preliminare dall'articolo 85, la dimostrazione dei requisiti di cui al comma 1, lettere *b)* e *c)* è fornita, a seconda della natura, della quantità o dell'importanza e dell'uso delle forniture o dei servizi, utilizzando i mezzi di prova di cui all'articolo 86, commi 4 e 5.

8. Le stazioni appaltanti indicano le condizioni di partecipazione richieste, che possono essere espresse come livelli minimi di capacità, congiuntamente agli idonei mezzi di prova, nel bando di gara o nell'invito a confermare interesse ed effettuano la verifica formale e sostanziale delle capacità realizzative, delle competenze tecniche e professionali, ivi comprese le risorse umane, organiche all'impresa, nonchè delle attività effettivamente eseguite. Per i soggetti di cui all'articolo 45, comma 2, lettere *d), e), f)* e *g)*, nel bando sono indicate le eventuali misure in cui gli stessi requisiti devono essere posseduti dai singoli concorrenti partecipanti. La mandataria in ogni caso deve possedere i requisiti ed eseguire le prestazioni in misura maggioritaria. I bandi e le lettere di invito non possono contenere ulteriori prescrizioni a pena di esclusione rispetto a quelle previste dal presente codice e da altre disposizioni di legge vigenti. Dette prescrizioni sono comunque nulle[4].

9. Le carenze di qualsiasi elemento formale della domanda possono essere sanate attraverso la procedura di soccorso istruttorio di cui al presente comma. In particolare, in caso di mancanza, incompletezza e di ogni altra irregolarità essenziale degli elementi e del documento di gara unico europeo di cui all'articolo 85, con esclusione di quelle afferenti all'offerta economica e all'offerta tecnica, la stazione appaltante assegna al concorrente un termine, non superiore a dieci giorni, perchè siano rese, integrate o regolarizzate le dichiarazioni necessarie, indicandone il contenuto e i soggetti che le devono rendere. In caso di inutile decorso del termine di regolarizzazione, il concorrente è escluso dalla gara. Costituiscono irregolarità essenziali non sanabili le carenze della documentazione che non consentono l'individuazione del contenuto o del soggetto responsabile della stessa[5].

10. È istituito presso l'ANAC, che ne cura la gestione, il sistema del rating di impresa e delle relative premialità, per il quale l'Autorità rilascia apposita certificazione agli operatori economici, su richiesta. Il suddetto sistema è connesso a requisiti reputazionali valutati sulla base di indici qualitativi e quantitativi, oggettivi e misurabili, nonchè sulla base di accertamenti definitivi che esprimono l'affidabilità dell'impresa. L'ANAC definisce i requisiti reputazionali e i criteri di valutazione degli stessi e i criteri relativi alla valutazione dell'impatto generato di cui all'articolo 1, comma 382, lettera b), della legge 28 dicembre 2015, n. 208, anche qualora l'offerente sia un soggetto diverso dalle società benefit, nonchè le modalità di rilascio della relativa certificazione, mediante linee guida adottate entro tre mesi dalla data di entrata in vigore della presente disposizione. Le linee guida di cui al precedente periodo istituiscono altresì un sistema amministrativo, regolato sotto la direzione dell'ANAC, di penalità e premialità per la denuncia obbligatoria delle richieste estorsive e corruttive da parte delle imprese titolari di appalti pubblici, comprese le imprese subappaltatrici e le imprese fornitrici di materiali, opere e servizi, prevedendo altresì uno specifico regime sanzionatorio nei casi di omessa o tardiva denuncia. I requisiti reputazionali alla base del rating di impresa di cui al presente comma tengono conto, in particolare, dei precedenti comportamenti dell'impresa, con riferimento al mancato utilizzo del soccorso istruttorio, all'applicazione delle disposizioni sulla denuncia obbligatoria di richieste estorsive e corruttive, nonchè al rispetto dei tempi e dei costi nell'esecuzione dei contratti e dell'incidenza e degli esiti del contenzioso sia in sede di partecipazione alle procedure di gara sia in fase di esecuzione del contratto. Per il calcolo del rating di impresa si tiene conto del comportamento degli operatori economici tenuto nelle procedure di affidamento avviate dopo l'entrata in vigore della presente disposizione. L'ANAC attribuisce elementi premiali agli operatori economici per comportamenti anteriori al-

l'entrata in vigore della presente disposizione conformi a quanto previsto per il rilascio del rating di impresa[6] [7].

[1] Comma così modificato prima dall'art. 52, D.Lgs. 19 aprile 2017, n. 56, poi dall'art. 1, D.L. 18 aprile 2019, n. 32, convertito in L. 14 giugno 2019, n. 55, a decorrere dal 18 giugno 2019.

Il testo previgente la modifica del 2017 disponeva: *2. I requisiti e le capacità di cui al comma 1 sono attinenti e proporzionati all'oggetto dell'appalto, tenendo presente l'interesse pubblico ad avere il più ampio numero di potenziali partecipanti, nel rispetto dei principi di trasparenza e rotazione. Per i lavori, con linee guida dell'ANAC adottate entro un anno dalla data di entrata in vigore del presente codice, previo parere delle competenti Commissioni parlamentari, sono disciplinati, nel rispetto dei principi di cui al presente articolo e anche al fine di favorire l'accesso da parte delle microimprese e delle piccole e medie imprese, il sistema di qualificazione, i casi e le modalità di avvalimento, i requisiti e le capacità che devono essere posseduti dal concorrente, anche in riferimento ai consorzi di cui all'articolo 45, lettere b) e c)e la documentazione richiesta ai fini della dimostrazione del loro possesso di cui all'allegato XVII. Fino all'adozione di dette linee guida, si applica l'articolo 216, comma 14.*

Il testo previgente la modifica del 2019 disponeva: *2. I requisiti e le capacità di cui al comma 1 sono attinenti e proporzionati all'oggetto dell'appalto, tenendo presente l'interesse pubblico ad avere il più ampio numero di potenziali partecipanti, nel rispetto dei principi di trasparenza e rotazione. Per i lavori, con decreto del Ministro delle infrastrutture e dei trasporti da adottare, su proposta dell'ANAC entro un anno dalla data di entrata in vigore del presente codice, previo parere delle competenti Commissioni parlamentari, sono disciplinati, nel rispetto dei principi di cui al presente articolo e anche al fine di favorire l'accesso da parte delle microimprese e delle piccole e medie imprese, il sistema di qualificazione, i casi e le modalità di avvalimento, i requisiti e le capacità che devono essere posseduti dal concorrente, anche in riferimento ai consorzi di cui all'articolo 45, lettere b) e c)e la documentazione richiesta ai fini della dimostrazione del loro possesso di cui all'allegato XVII. Fino all'adozione di dette linee guida, si applica l'articolo 216, comma 14.*

[2] Comma così modificato dall'art. 52, D.Lgs. 19 aprile 2017, n. 56. Il testo previgente disponeva: *5. Il fatturato minimo annuo richiesto ai sensi del comma 4, lettera a) non può comunque superare il doppio del valore stimato dell'appalto, salvo in circostanze adeguatamente motivate relative ai rischi specifici connessi alla natura dei servizi e forniture, oggetto di affidamento. La stazione appaltante, ove richieda un fatturato minimo annuo, ne indica le ragioni nei documenti di gara. Per gli appalti divisi in lotti, il presente comma si applica per ogni singolo lotto. Tuttavia, le stazioni appaltanti possono fissare il fatturato minimo annuo che gli operatori economici devono avere con riferimento a gruppi di lotti nel caso in cui all'aggiudicatario siano aggiudicati più lotti da eseguirsi contemporaneamente. Se gli appalti basati su un accordo quadro devono essere aggiudicati in seguito alla riapertura della gara, il requisito del fatturato annuo massimo di cui al primo periodo del presente comma è calcolato sulla base del valore massimo atteso dei contratti specifici che saranno eseguiti contemporaneamente, se conosciuto, altrimenti sulla base del valore stimato dell'accordo quadro. Nel caso di sistemi dinamici di acquisizione, il requisito del fatturato annuo massimo è calcolato sulla base del valore massimo atteso degli appalti specifici da aggiudicare nell'ambito di tale sistema.*

[3] Comma aggiunto dall'art. 8, D.L. 16 luglio 2020, n. 76, convertito in L. 11 settembre 2020, n. 120, a decorrere dal 15 settembre 2020. Tali nuove disposizioni si applicano alle procedure i cui bandi o avvisi, con i quali si indice una gara, sono pubblicati successivamente alla data di entrata in vigore del D.L. 76/2020 cit., nonchè, in caso di contratti senza pubblicazione di bandi o avvisi, alle procedure in cui, alla medesima data, non sono ancora stati inviati gli inviti a presentare le offerte o i preventivi.

[4] Comma così modificato dall'art. 52, D.Lgs. 19 aprile 2017, n. 56. Il testo previgente disponeva: *8. Le stazioni appaltanti indicano le condizioni di partecipazione richieste, che possono essere espresse come livelli minimi di capacità, congiuntamente agli idonei mezzi di prova, nel bando di gara o nell'invito a confermare interesse ed effettuano la verifica formale e sostanziale delle capacità realizzative, delle competenze tecniche e professionali, ivi comprese le risorse umane, organiche all'impresa, nonchè delle attività effettivamente eseguite. I bandi e le lettere di invito non possono contenere ulteriori prescrizioni a pena di esclusione rispetto a quelle previste dal presente codice e da altre disposizioni di legge vigenti. Dette prescrizioni sono comunque nulle.*

[5] Comma così sostituito dall'art. 52, D.Lgs. 19 aprile 2017, n. 56. Il testo previgente disponeva: *9. Le carenze di qualsiasi elemento formale della domanda possono essere sanate attraverso la procedura di soccorso istruttorio di cui al presente comma. In particolare, la mancanza, l'incompletezza e ogni altra irregolarità essenziale degli elementi e del documento di gara unico europeo di cui all'articolo 85, con esclusione di quelle afferenti all'offerta tecnica ed economica, obbliga il concorrente che vi ha dato causa al pagamento, in favore della stazione appaltante, della sanzione pecuniaria stabilita dal bando di gara, in misura non inferiore all'uno per mille e non superiore all'uno per cento del valore della gara e comunque non superiore a 5.000 euro. In tal caso, la stazione appaltante assegna al concorrente un termine, non superiore a dieci giorni, perchè siano rese, integrate o regolarizzate le dichiarazioni necessarie, indicandone il contenuto e i soggetti che le devono rendere, da presentare contestualmente al documento comprovante l'avvenuto pagamento della sanzione, a pena di esclusione. La sanzione è dovuta esclusivamente in caso di regolarizzazione. Nei casi di irregolarità formali, ovvero di mancanza o incompletezza di dichiarazioni non essenziali, la stazione appaltante ne richiede comunque la regolarizzazione con la procedura di cui al periodo precedente, ma non applica alcuna sanzione. In caso di inutile decorso del termine di regolarizzazione, il concorrente è escluso dalla gara. Costituiscono irregolarità essenziali non sanabili le carenze della documentazione che non consentono l'individuazione del contenuto o del soggetto responsabile della stessa.*

[6] Comma così modificato prima dall'art. 52, D.Lgs. 19 aprile 2017, n. 56, poi dall'art. 49, D.L. 26 ottobre 2019, n. 124, convertito in L. 19 dicembre 2019, n. 157.

Il testo previgente la modifica del 2017 disponeva: *10. È istituito presso l'ANAC, che ne cura la gestione, il sistema del rating di impresa e delle relative penalità e premialità, da applicarsi ai soli fini della qualificazione delle imprese, per il quale l'Autorità rilascia apposita certificazione. Il suddetto sistema è connesso a requisiti reputazionali valutati sulla base di indici qualitativi e quantitativi, oggettivi e misurabili, nonchè sulla base di accertamenti definitivi che esprimono la capacità strutturale e di affidabilità dell'impresa. L'ANAC definisce i requisiti reputazionali e i criteri di valutazione degli stessi, nonchè le modalità di rilascio della relativa certificazione, mediante linee guida adottate entro tre mesi dalla data di entrata in vigore del presente codice. Rientra nell'ambito dell'attività di gestione del suddetto sistema la determinazione da parte di ANAC di misure sanzionatorie amministrative nei casi di omessa o tardiva denuncia obbligatoria delle richieste estorsive e corruttive da parte delle imprese titolari di contratti pubblici, comprese le imprese subappaltatrici e le imprese fornitrici di materiali, opere e servizi. I requisiti reputazionali alla base del rating di impresa di cui al presente comma tengono conto, in particolare, del rating di legalità rilevato dall'ANAC in collaborazione con l'Autorità Garante della Concorrenza e del Mercato, ai sensi dell'articolo 213, comma 7, nonchè dei precedenti comportamentali dell'impresa, con riferimento al rispetto dei tempi e dei costi nell'esecuzione dei contratti, all'incidenza del contenzioso sia in sede di partecipazione alle procedure di gara che in fase di esecuzione del contratto. Tengono conto altresì della regolarità contributiva, ivi compresi i versamenti alle Casse edili, valutata con riferimento ai tre anni precedenti.*

Il testo previgente la modifica del 2019 disponeva: *10. È istituito presso l'ANAC, che ne cura la gestione, il sistema del rating di impresa e delle relative premialità, per il quale l'Autorità rilascia apposita certificazione agli operatori economici, su richiesta. Il suddetto sistema è connesso a requisiti reputazionali valutati sulla base di indici qualitativi e quantitativi, oggettivi e misurabili, nonchè sulla base di accertamenti definitivi che esprimono l'affidabilità dell'impresa. L'ANAC definisce i requisiti reputazionali e i criteri di valutazione degli stessi, nonchè le modalità di rilascio della relativa certificazione, mediante linee guida adottate entro tre mesi dalla data di entrata in vigore della presente disposizione. Le linee guida di cui al precedente periodo istituiscono altresì un sistema amministrativo, regolato sotto la direzione dell'ANAC, di penalità e premialità per la denuncia obbligatoria delle richieste estorsive e corruttive da parte delle imprese titolari di appalti pubblici, comprese le imprese subappaltatrici e le imprese fornitrici di materiali, opere e servizi, prevedendo altresì uno specifico regime sanzionatorio nei casi di omessa o tardiva denuncia. I requisiti reputazionali alla base del rating di impresa di cui al presente comma tengono conto, in particolare, dei precedenti comportamenti dell'impresa, con riferimento al mancato utilizzo del soccorso istruttorio, all'applicazione delle disposizioni sulla denuncia obbligatoria di richieste estorsive e corruttive, nonchè al rispetto dei tempi e dei costi nell'esecuzione dei contratti e dell'incidenza e degli esiti del contenzioso sia in sede di partecipazione alle procedure di gara sia in fase di esecuzione del contratto. Per il calcolo del rating di impresa si tiene conto del comportamento degli operatori economici tenuto nelle procedure di affidamento avviate dopo l'entrata in vigore della presente disposizione. L'ANAC attribuisce elementi premiali agli operatori economici per comportamenti anteriori all'entrata in vigore della presente disposizione conformi a quanto previsto per il rilascio del rating di impresa.*

[7] V. artt. 38, 39, 41, 42, D.Lgs. 12 aprile 2006, n. 163 (vecchio Codice dei contratti pubblici).

84. *Sistema unico di qualificazione degli esecutori di lavori pubblici.* 1. Fermo restando quanto previsto dal comma 12 e dall'articolo 90, comma 8, i soggetti esecutori a qualsiasi titolo di lavori pubblici di importo pari o superiore a 150.000 euro, provano il possesso dei requisiti di qualificazione di cui all'articolo 83, mediante attestazione da parte degli appositi organismi di diritto privato autorizzati dall'ANAC. L'attività di attestazione è esercitata nel rispetto del principio di indipendenza di giudizio, garantendo l'assenza di qualunque interesse commerciale o finanziario che possa determinare comportamenti non imparziali o discriminatori. Gli organismi di diritto privato di cui al primo periodo, nell'esercizio dell'attività di attestazione per gli esecutori di lavori pubblici, svolgono funzioni di natura pubblicistica, anche agli effetti dell'articolo 1 della legge 14 gennaio 1994, n. 20[1].

2. Con il regolamento di cui all'articolo 216, comma 27-*octies*, sono, altresì, individuati livelli standard di qualità dei controlli che le società organismi di attestazione (SOA) devono effettuare, con particolare riferimento a quelli di natura non meramente documentale. L'attività di monitoraggio e controllo di rispondenza ai suddetti livelli standard di qualità comporta l'esercizio di poteri di diffida, ovvero, nei casi più gravi, la sospensione o la decadenza dall'autorizzazione all'esercizio dell'attività da parte dell'ANAC[2].

3. Entro tre mesi dalla data di entrata in vigore del presente codice, l'ANAC effettua una ricognizione straordinaria circa il possesso dei requisiti di esercizio dell'attività da parte dei soggetti attualmente operanti in materia di attestazione, e le modalità di svolgimento della stessa, provvedendo all'esito mediante diffida, sospensione, ovvero decadenza dall'autorizzazione nei casi di mancanza del possesso dei requisito o di esercizio ritenuto non virtuoso. L'ANAC relaziona sugli esiti di detta ricognizione straordinaria al Governo e alle Camere, allo scopo di fornire elementi di valutazione circa la rispondenza del sistema attuale di qualificazione unica a requisiti di concorrenza e trasparenza, anche in termini di quantità degli organismi esistenti ovvero di necessità di individuazione di forme di partecipazione pubblica agli stessi e alla relativa attività di attestazione.

4. Gli organismi di cui al comma 1 attestano:

a) l'assenza dei motivi di esclusione di cui all'articolo 80 che costituisce presupposto ai fini della qualificazione[3];

b) il possesso dei requisiti di capacità economica e finanziaria e tecniche e professionali indicati all'articolo 83; il periodo di attività documentabile è quello relativo ai quindici anni antecedenti la data di sottoscrizione del contratto con la SOA per il conseguimento della qualificazione; tra i requisiti tecnico-organizzativi rientrano i certificati rilasciati alle imprese esecutrici da parte delle stazioni appaltanti. Gli organismi di attestazione acquisiscono detti certificati unicamente dall'Osservatorio, cui sono trasmessi in copia, dalle stazioni appaltanti[4];

c) il possesso di certificazioni di sistemi di qualità conformi alle norme europee della serie UNI EN ISO 9000 e alla vigente normativa nazionale, rilasciate da soggetti accreditati ai sensi delle norme europee della serie UNI CEI EN 45000 e della serie UNI CEI EN ISO/IEC 17000;

d) il possesso di certificazione del rating di impresa, rilasciata dall'ANAC ai sensi dell'articolo 83, comma 10.

4-*bis*. Gli organismi di cui al comma 1 segnalano immediatamente all'ANAC i casi in cui gli operatori economici, ai fini della qualificazione, rendono dichiarazioni false o producono documenti non veritieri. L'ANAC, se accerta la colpa grave o il dolo dell'operatore economico, tenendo conto della gravità del fatto e della sua rilevanza nel procedimento di qualificazione, ne dispone l'iscrizione nel casellario informatico ai fini dell'esclusione dalle procedure di gara e dagli affidamenti di subappalto, ai sensi dell'articolo 80, comma 5, lettera *g)*, per un periodo massimo di due anni. Alla scadenza stabilita dall'ANAC, l'iscrizione perde efficacia ed è immediatamente cancellata[5].

5. Il sistema unico di qualificazione degli esecutori di contratti pubblici è articolato in rapporto alle tipologie e all'importo dei lavori.

6. L'ANAC vigila sul sistema di qualificazione e, a tal fine, effettua ispezioni, anche senza preavviso, o richiede qualsiasi documento ritenuto necessario. I poteri di vigilanza e di controllo sono esercitati anche su motivata e documentata istanza di una impresa ovvero di una SOA o di una stazione appaltante. Le stazioni appaltanti hanno l'obbligo di effettuare controlli, almeno a campione, secondo modalità predeterminate, sulla sussistenza dei requisiti oggetto dell'attestazione, segnalando immediatamente le eventuali irregolarità riscontrate all'ANAC, che dispone la sospensione cautelare dell'efficacia dell'attestazione dei requisiti entro dieci giorni dalla ricezione dell'istanza medesima. Sull'istanza di verifica l'ANAC provvede entro sessanta giorni, secondo modalità stabilite nel regolamento di cui all'articolo 216, comma 27-*octies*. I controlli effettuati dalle stazioni appaltanti costituiscono elemento positivo di valutazione ai fini dell'attribuzione della premialità di cui all'articolo 38[6].

7. Per gli appalti di lavori di importo pari o superiore ai 20 milioni di euro, oltre alla presentazione dell'attestazione dei requisiti di qualificazione di cui all'articolo 83, la stazione appaltante può richiedere requisiti aggiuntivi finalizzati:

a) alla verifica della capacità economico-finanziaria. In tal caso il concorrente fornisce i parametri economico-finanziari significativi richiesti, certificati da società di revisione ovvero altri soggetti preposti che si affianchino alle valutazioni tecniche proprie dell'organismo di certificazione, da cui emerga in modo inequivoco la esposizione finanziaria dell'impresa concorrente all'epoca in cui partecipa ad una gara di appalto; in alternativa a tale requisito, la stazione appaltante può richiedere una cifra d'affari in lavori pari a due volte l'importo a base di gara, che l'impresa deve aver realizzato nei migliori cinque dei dieci anni antecedenti la data di pubblicazione del bando[7];

b) alla verifica della capacità professionale per gli appalti per i quali viene richiesta la classifica illimitata. In tal caso il concorrente fornisce evidenza di aver eseguito lavori per entità e tipologia compresi nella categoria individuata come prevalente a quelli posti in appalto opportunamente certificati dalle rispettive stazioni appaltanti, tramite presentazione del certificato di esecuzione lavori; tale requisito si applica solo agli appalti di lavori di importo superiore a 100 milioni di euro.

8. Il regolamento di cui all'articolo 216, comma 27-*octies*, disciplina i casi e le modalità di sospensione o di annullamento delle attestazioni, nonchè di decadenza delle autorizzazioni degli organismi di attestazione. Sono disciplinati, altresì, i criteri per la determinazione dei corrispettivi dell'attività di qualificazione, in rapporto all'importo complessivo ed al numero delle categorie generali o specializzate cui si richiede di essere qualificati, avendo riguardo anche alla necessaria riduzione degli stessi in caso di consorzi stabili nonchè per le microimprese e le piccole e medie imprese[8].

9. Al fine di garantire l'effettività e la trasparenza dei controlli sull'attività di attestazione posta in essere dalle SOA, l'ANAC predetermina e rende pubblico sul proprio sito il criterio e il numero di controlli a campione da effettuare annualmente sulle attestazioni rilasciate dalle SOA.

10. La violazione delle disposizioni del regolamento di cui all'articolo 216, comma 27-*octies*,è punita con le sanzione previste dall'articolo 213, comma 13. Per le violazioni di cui al periodo precedente, non è ammesso il pagamento in misura ridotta. L'importo della sanzione è determinato dall'ANAC con ordinanza-ingiunzione sulla base dei criteri generali di cui alla legge 24 novembre 1981, n. 689, con particolare riferimento ai criteri di proporzionalità e adeguatezza alla gravità della fattispecie. Nei casi più gravi, in aggiunta alla sanzione amministrativa pecuniaria, si applica la sanzione accessoria della sospensione dell'attività di impresa per un periodo da un mese a due anni, ovvero della decadenza dell'autorizzazione. La decadenza dell'autorizzazione si applica sempre in caso di reiterazione della violazione che abbia comportato la sanzione accessoria della sospensione dell'attività, ai sensi della legge 24 novembre 1981, n. 689[9].

11. La qualificazione della SOA ha durata di cinque anni, con verifica entro il terzo anno del mantenimento dei requisiti di ordine generale nonchè dei requisiti di capacità strutturale indicati nel regolamento di cui all'articolo 216, comma 27-*octies*[10].

12. Entro un anno dalla data di entrata in vigore del presente codice, con decreto del Ministro delle infrastrutture e dei trasporti, su proposta dell'ANAC, sentite le competenti Commissioni parlamentari, ven-

gono individuate modalità di qualificazione, anche alternative o sperimentali da parte di stazioni appaltanti ritenute particolarmente qualificate ai sensi dell'articolo 38, per migliorare l'effettività delle verifiche e conseguentemente la qualità e la moralità delle prestazioni degli operatori economici, se del caso attraverso un graduale superamento del sistema unico di qualificazione degli esecutori di lavori pubblici.

12-*bis*. I soggetti che alla data di entrata in vigore del presente codice svolgevano la funzione di direttore tecnico presso un esecutore di contratti pubblici e in possesso alla medesima data di una esperienza almeno quinquennale, fatto salvo quanto disposto all'articolo 146, comma 4, del presente codice, possono continuare a svolgere tali funzioni[5] [11].

[1] Comma così modificato dall'art. 1, D.L. 18 aprile 2019, n. 32, convertito in L. 14 giugno 2019, n. 55, a decorrere dal 18 giugno 2019. Il testo previgente disponeva: *1. Fermo restando quanto previsto dal comma 12 e dall'articolo 90, comma 8, i soggetti esecutori a qualsiasi titolo di lavori pubblici di importo pari o superiore a 150.000 euro, provano il possesso dei requisiti di qualificazione di cui all'articolo 83, mediante attestazione da parte degli appositi organismi di diritto privato autorizzati dall'ANAC.*

[2] Comma così modificato prima dall'art. 53, D.Lgs. 19 aprile 2017, n. 56, poi dall'art. 1, D.L. 18 aprile 2019, n. 32, convertito in L. 14 giugno 2019, n. 55, a decorrere dal 18 giugno 2019.

Il testo previgente la modifica del 2017 disponeva: *2. L'ANAC, con le linee guida di cui all'articolo 83, comma 2, individua, altresì, livelli standard di qualità dei controlli che le società organismi di attestazione (SOA) devono effettuare, con particolare riferimento a quelli di natura non meramente documentale. L'attività di monitoraggio e controllo di rispondenza ai suddetti livelli standard di qualità comporta l'esercizio di poteri di diffida, ovvero, nei casi più gravi, la sospensione o la decadenza dall'autorizzazione all'esercizio dell'attività da parte dell'ANAC.*

Il testo previgente la modifica del 2019 disponeva: *2. L'ANAC, con il decreto di cui all'articolo 83, comma 2, individua, altresì, livelli standard di qualità dei controlli che le società organismi di attestazione (SOA) devono effettuare, con particolare riferimento a quelli di natura non meramente documentale. L'attività di monitoraggio e controllo di rispondenza ai suddetti livelli standard di qualità comporta l'esercizio di poteri di diffida, ovvero, nei casi più gravi, la sospensione o la decadenza dall'autorizzazione all'esercizio dell'attività da parte dell'ANAC.*

[3] Lettera così modificata dall'art. 53, D.Lgs. 19 aprile 2017, n. 56. Il testo previgente disponeva: *a) l'assenza dei motivi di esclusione di cui all'articolo 80.*

[4] Lettera così modificata prima dall'art. 53, D.Lgs. 19 aprile 2017, n. 56, poi dall'art. 1, D.L. 18 aprile 2019, n. 32, convertito in L. 14 giugno 2019, n. 55, a decorrere dal 18 giugno 2019.

Il testo previgente la modifica del 2017 disponeva: *b) il possesso dei requisiti di capacità economica e finanziaria e tecniche e professionali indicati all'articolo 83; tra i requisiti tecnico-organizzativi rientrano i certificati rilasciati alle imprese esecutrici da parte delle stazioni appaltanti. Gli organismi di attestazione acquisiscono detti certificati unicamente dall'Osservatorio, cui sono trasmessi in copia, dalle stazioni appaltanti.*

Il testo previgente la modifica del 2019 disponeva: *b) il possesso dei requisiti di capacità economica e finanziaria e tecniche e professionali indicati all'articolo 83; il periodo di attività documentabile è quello relativo al decennio antecedente la data di sottoscrizione del contratto con la SOA per il conseguimento della qualificazione; tra i requisiti tecnico-organizzativi rientrano i certificati rilasciati alle imprese esecutrici da parte delle stazioni appaltanti. Gli organismi di attestazione acquisiscono detti certificati unicamente dall'Osservatorio, cui sono trasmessi in copia, dalle stazioni appaltanti.*

[5] Comma aggiunto dall'art. 53, D.Lgs. 19 aprile 2017, n. 56.

[6] Comma così modificato dall'art. 1, D.L. 18 aprile 2019, n. 32, convertito in L. 14 giugno 2019, n. 55, a decorrere dal 18 giugno 2019. Il testo previgente disponeva: *6. L'ANAC vigila sul sistema di qualificazione e, a tal fine, effettua ispezioni, anche senza preavviso, o richiede qualsiasi documento ritenuto necessario. I poteri di vigilanza e di controllo sono esercitati anche su motivata e documentata istanza di una impresa ovvero di una SOA o di una stazione appaltante. Le stazioni appaltanti hanno l'obbligo di effettuare controlli, almeno a campione, secondo modalità predeterminate, sulla sussistenza dei requisiti oggetto dell'attestazione, segnalando immediatamente le eventuali irregolarità riscontrate all'ANAC, che dispone la sospensione cautelare dell'efficacia dell'attestazione dei requisiti entro dieci giorni dalla ricezione dell'istanza medesima. Sull'istanza di verifica l'ANAC provvede entro sessanta giorni, secondo modalità stabilite nelle linee guida. I controlli effettuati dalle stazioni appaltanti costituiscono elemento positivo di valutazione ai fini dell'attribuzione della premialità di cui all'articolo 38.*

[7] Lettera così modificata dall'art. 53, D.Lgs. 19 aprile 2017, n. 56. Il testo previgente disponeva: *a) alla verifica della capacità economico-finanziaria. In tal caso il concorrente fornisce i parametri economico-finanziari significativi richiesti, certificati da società di revisione ovvero altri soggetti preposti che si affianchino alle valutazioni tecniche proprie dell'organismo di certificazione, da cui emerga in modo inequivoco la esposizione finanziaria dell'impresa concorrente all'epoca in cui partecipa ad una gara di appalto; in alternativa a tale requisito, la stazione appaltante può richiedere una cifra d'affari in lavori pari a 2 volte l'importo a base di gara, che l'impresa deve aver realizzato nel triennio antecedente la data di pubblicazione del bando.*

[8] Comma così modificato prima dall'art. 53, D.Lgs. 19 aprile 2017, n. 56, poi dall'art. 1, D.L. 18 aprile 2019, n. 32, convertito in L. 14 giugno 2019, n. 55, a decorrere dal 18 giugno 2019.

Il testo previgente la modifica del 2017 disponeva: *8. Le linee guida di cui al presente articolo disciplinano i casi e le modalità di sospensione o di annullamento delle attestazioni, nonchè di decadenza delle autorizzazioni degli organismi di certificazione. Le linee guida disciplinano, altresì, i criteri per la determinazione dei corrispettivi dell'attività di qualificazione, in rapporto all'importo complessivo ed al numero delle categorie generali o specializzate cui si richiede di essere qualificati, avendo riguardo anche alla necessaria riduzione degli stessi in caso di consorzi stabili nonchè per le microimprese e le piccole e medie imprese.*

Il testo previgente la modifica del 2019 disponeva: *8. Le linee guida di cui al presente articolo disciplinano i casi e le modalità di sospensione o di annullamento delle attestazioni, nonchè di decadenza delle autorizzazioni degli organismi di attestazione. Le linee guida disciplinano, altresì, i criteri per la determinazione dei corrispettivi dell'attività di qualificazione, in rapporto all'importo complessivo ed al numero delle categorie generali o specializzate cui si richiede di essere qualificati, avendo riguardo anche alla necessaria riduzione degli stessi in caso di consorzi stabili nonchè per le microimprese e le piccole e medie imprese.*

[9] Comma così modificato dall'art. 1, D.L. 18 aprile 2019, n. 32, convertito in L. 14 giugno 2019, n. 55, a decorrere dal 18 giugno 2019. Il testo previgente disponeva: *10. La violazione delle disposizioni delle linee guida è punita con le sanzione previste dall'articolo 213, comma 13. Per le violazioni di cui al periodo precedente, non è ammesso il pagamento in misura ridotta. L'importo della sanzione è determinato dall'ANAC con ordinanza-ingiunzione sulla base dei criteri generali di cui alla legge 24 novembre 1981, n. 689, con particolare riferimento ai criteri di proporzionalità e adeguatezza alla gravità della fattispecie. Nei casi più gravi, in aggiunta alla sanzione amministrativa pecuniaria, si applica la sanzione accessoria della sospensione dell'attività di impresa per un periodo da un mese a due anni, ovvero della decadenza dell'autorizzazione. La decadenza dell'autorizzazione si applica sempre in caso di reiterazione della violazione che abbia comportato la sanzione accessoria della sospensione dell'attività, ai sensi della legge 24 novembre 1981, n. 689.*

[10] Comma così modificato dall'art. 1, D.L. 18 aprile 2019, n. 32, convertito in L. 14 giugno 2019, n. 55, a decorrere dal 18 giugno 2019. Il testo previgente disponeva: *11. La qualificazione della SOA ha durata di cinque anni, con verifica entro il terzo anno del mantenimento dei requisiti di ordine generale nonchè dei requisiti di capacità strutturale indicati nelle linee guida.*

[11] V. art. 40, D.Lgs. 12 aprile 2006, n. 163 (vecchio Codice dei contratti pubblici).

85. *Documento di gara unico europeo.* 1. Al momento della presentazione delle domande di partecipazione o delle offerte, le stazioni appaltanti accettano il documento di gara unico europeo (DGUE), redatto in conformità al modello di formulario approvato con regolamento dalla Commissione europea Il DGUE è fornito esclusivamente in forma elettronica a partire dal 18 aprile 2018, e consiste in un'autodichiarazione aggiornata come prova documentale preliminare in sostituzione dei certificati rilasciati da autorità pubbliche o terzi in cui si conferma che l'operatore economico soddisfa le seguenti condizioni:

a) non si trova in una delle situazioni di cui all'articolo 80;

b) soddisfa i criteri di selezione definiti a norma dell'articolo 83;

c) soddisfa gli eventuali criteri oggettivi fissati a norma dell'articolo 91.

2. Il DGUE fornisce, inoltre, le informazioni rilevanti richieste dalla stazione appaltante e le informazioni di cui al comma 1 relative agli eventuali soggetti di cui l'operatore economico si avvale ai sensi dell'articolo 89, indica l'autorità pubblica o il terzo responsabile del rilascio dei documenti complementari e include una dichiarazione formale secondo cui l'operatore economico è in grado, su richiesta e senza indugio, di fornire tali documenti.

3. Se la stazione appaltante può ottenere i documenti complementari direttamente accedendo alla banca dati di cui all'articolo 81, il DGUE riporta altresì le informazioni richieste a tale scopo, i dati di individuazione e, se del caso, la necessaria dichiarazione di consenso.

4. Gli operatori economici possono riutilizzare il DGUE utilizzato in una procedura d'appalto precedente purchè confermino che le informazioni ivi contenute sono ancore valide[1].

5. La stazione appaltante può, altresì, chiedere agli offerenti e ai candidati, in qualsiasi momento nel corso della procedura, di presentare tutti i documenti complementari o parte di essi, qualora questo sia necessario per assicurare il corretto svolgimento della procedura. Prima dell'aggiudicazione dell'appalto, la stazione appaltante richiede all'offerente cui ha deciso di aggiudicare l'appalto, tranne nel caso di appalti basati su accordi quadro se conclusi ai sensi dell'articolo 54, comma 3 o comma 4, lettera *a)*, di presentare documenti complementari aggiornati conformemente all'articolo 86 e, se del caso, all'articolo 87. La stazione appaltante può invitare gli operatori economici a integrare i certificati richiesti ai sensi degli articoli 86e 87.6. In deroga al comma 5, agli operatori economici non è richiesto di presentare documenti complementari o altre prove documentali qualora questi siano presenti nella banca dati di cui all'articolo 81 o qualora la stazione appaltante, avendo aggiudicato l'appalto o concluso l'accordo quadro, possieda già tali documenti[2].

7. Ai fini del comma 5, le banche dati contenente informazioni pertinenti sugli operatori economici, possono essere consultate, alle medesime condizioni, dalle amministrazioni aggiudicatrici di altri Stati membri, con le modalità individuate con il decreto di cui all'articolo 81, comma 2.

8. Per il tramite della cabina di regia è messo a disposizione e aggiornato su e-Certis un elenco completo di banche dati contenenti informazioni pertinenti sugli operatori economici che possono essere consultate dalle stazioni appaltanti di altri Stati membri e sono comunicate, su richiesta, agli altri Stati membri le informazioni relative alle banche dati di cui al presente articolo[3].

[1] Comma così modificato dall'art. 54, D.Lgs. 19 aprile 2017, n. 56, che sostituisce le parole: "le informazione" sono sostituite dalle seguenti: "le informazioni".

[2] Comma così modificato dall'art. 54, D.Lgs. 19 aprile 2017, n. 56. Il testo previgente disponeva: *5. La stazione appaltante può, altresì, chiedere agli offerenti e ai candidati, in qualsiasi momento nel corso della procedura, di presentare tutti i documenti complementari o parte di essi, qualora questo sia necessario per assicurare il corretto svolgimento della procedura. Prima dell'aggiudicazione dell'appalto, la stazione appaltante richiede all'offerente cui ha deciso di aggiudicare l'appalto, nonchè all'impresa che la segue in graduatoria, tranne nel caso di appalti basati su accordi quadro se conclusi ai sensi dell'articolo 54, comma 3 o comma 4, lettera a), di presentare documenti complementari aggiornati conformemente all'articolo 86 e, se del caso, all'articolo 87. La stazione appaltante può invitare gli operatori economici a integrare i certificati richiesti ai sensi degli articoli 86 e 87.6. In deroga al comma 5, agli operatori economici non è richiesto di presentare documenti complementari o altre prove documentali qua-*

lora questi siano presenti nella banca dati di cui all'articolo 81 o qualora la stazione appaltante, avendo aggiudicato l'appalto o concluso l'accordo quadro, possieda già tali documenti.

[3] V. Regolamento di esecuzione (UE) 2016/7 della Commissione, del 5 gennaio 2016, che stabilisce il modello di formulario per il documento di gara unico europeo (Testo rilevante ai fini del SEE) e Circ. Ministero infrastrutture e trasporti 18 luglio 2016, n. 3. Linee guida per la compilazione del modello di formulario di Documento di gara unico europeo (DGUE) approvato dal Regolamento di esecuzione (UE) 2016/7 della Commissione del 5 gennaio 2016.

86. *Mezzi di prova.* 1. Le stazioni appaltanti possono chiedere i certificati, le dichiarazioni e gli altri mezzi di prova di cui al presente articolo e all'allegato XVII, come prova dell'assenza di motivi di esclusione di cui all'articolo 80 e del rispetto dei criteri di selezione di cui all'articolo 83. Le stazioni appaltanti non esigono mezzi di prova diversi da quelli di cui al presente articolo, all'allegato XVII e all'articolo 87. Gli operatori economici possono avvalersi di qualsiasi mezzo idoneo documentale per provare che essi disporranno delle risorse necessarie.

2. Le stazioni appaltanti accettano i seguenti documenti come prova sufficiente della non applicabilità all'operatore economico dei motivi di esclusione di cui all'articolo 80:

a) per quanto riguarda i commi 1, 2 e 3 di detto articolo, il certificato del casellario giudiziario o in sua mancanza, un documento equivalente rilasciato dalla competente autorità giudiziaria o amministrativa dello Stato membro o del Paese d'origine o di provenienza da cui risulta il soddisfacimento dei requisiti previsti;

b) per quanto riguarda il comma 4 di detto articolo, tramite apposita certificazione rilasciata dalla amministrazione fiscale competente e, con riferimento ai contributi previdenziali e assistenziali, tramite il Documento Unico della Regolarità Contributiva acquisito d'ufficio dalle stazioni appaltanti presso gli Istituti previdenziali ai sensi della normativa vigente ovvero tramite analoga certificazione rilasciata dalle autorità competenti di altri Stati[1].

2-*bis*. Ai soli fini della prova dell'assenza dei motivi di esclusione di cui all'articolo 80 in capo all'operatore economico che partecipa alla procedura, ai soggetti di cui l'operatore economico si avvale ai sensi dell'articolo 89 nonchè ai subappaltatori, i certificati e gli altri documenti hanno una durata pari a sei mesi dalla data del rilascio. Fatta eccezione per il DURC, la stazione appaltante, per i certificati e documenti già acquisiti e scaduti da non oltre sessanta giorni e qualora sia pendente il procedimento di acquisto, può procedere alla verifica dell'assenza dei motivi di esclusione con richiesta diretta agli enti certificatori di eventuale conferma del contenuto dell'attestazione già rilasciata. Gli enti certificatori provvedono a fornire riscontro entro trenta giorni dalla richiesta. Decorso tale termine il contenuto dei certificati e degli altri documenti si intende confermato. I certificati e gli altri documenti in corso di validità possono essere utilizzati nell'ambito di diversi procedimenti di acquisto[2].

3. Se del caso, uno Stato membro fornisce una dichiarazione ufficiale in cui si attesta che i documenti o i certificati di cui al comma 2 non sono rilasciati o che questi non menzionano tutti i casi previsti, tali dichiarazioni ufficiali sono messe a disposizione mediante il registro online dei certificati (e-Certis).

4. Di norma, la prova della capacità economica e finanziaria dell'operatore economico può essere fornita mediante uno o più mezzi di prova indicati nell'allegato XVII, parte I. L'operatore economico, che per fondati motivi non è in grado di presentare le referenze chieste dall'amministrazione aggiudicatrice, può provare la propria capacità economica e finanziaria mediante un qualsiasi altro documento considerato idoneo dalla stazione appaltante.

5. Le capacità tecniche degli operatori economici possono essere dimostrate con uno o più mezzi di prova di cui all'allegato XVII, parte II, in funzione della natura, della quantità o dell'importanza e dell'uso dei lavori, delle forniture o dei servizi.

5-*bis*. L'esecuzione dei lavori è documentata dal certificato di esecuzione dei lavori redatto secondo lo schema predisposto con il regolamento di cui all'articolo 216, comma 27-*octies*. L'attribuzione, nel certificato di esecuzione dei lavori, delle categorie di qualificazione, relative ai lavori eseguiti, viene effettuata con riferimento alle categorie richieste nel bando di gara o nell'avviso o nella lettera di invito. Qualora il responsabile unico del procedimento riporti nel certificato di esecuzione dei lavori categorie di qualificazione diverse da quelle previste nel bando di gara o nell'avviso o nella lettera di invito, si applicano le sanzioni previste dall'articolo 213, comma 13, nel caso di comunicazioni non veritiere[3].

6. Per il tramite della cabina di regia sono messe a disposizione degli altri Stati membri, su richiesta, le informazioni riguardanti i motivi di esclusione elencati all'articolo 80, l'idoneità all'esercizio dell'attività professionale, la capacità finanziaria e tecnica degli offerenti di cui all'articolo 83, nonchè eventuali informazioni relative ai mezzi di prova di cui al presente articolo[4].

[1] Lettera così modificata dall'art. 55, D.Lgs. 19 aprile 2017, n. 56. Il testo previgente disponeva: *b) per quanto riguarda il comma 4 di detto articolo, tramite apposita certificazione rilasciata dalla amministrazione fiscale competente e, con riferimento ai contributi previdenziali e assistenziali, tramite il Documento Unico della Regolarità Contributiva rilasciato dagli Istituti previdenziali ai sensi della normativa vigente ovvero tramite analoga certificazione rilasciata dalle autorità competenti di altri Stati.*

[2] Comma aggiunto dall'art. 1, D.L. 18 aprile 2019, n. 32, convertito in L. 14 giugno 2019, n. 55, a decorrere dal 18 giugno 2019.

[3] Comma aggiunto dall'art. 55, D.Lgs. 19 aprile 2017, n. 56 e poi così modificato dall'art. 1, D.L. 18 aprile 2019, n. 32, convertito in L. 14 giugno 2019, n. 55, a decorrere dal 18 giugno 2019. Il testo previgente disponeva: *5-bis. L'esecuzione dei lavori è documentata dal certificato di esecuzione dei lavori redatto secondo lo schema predisposto dall'ANAC con le linee guida di cui all'articolo 83, comma 2. L'attribuzione, nel certificato di esecuzione dei lavori, delle categorie di qualificazione, relative ai lavori eseguiti, viene effettuata con riferimento alle categorie richieste nel bando di gara o nell'avviso o nella lettera di invito. Qualora il responsabile unico del procedimento riporti nel certificato di esecuzione dei lavori categorie di qualificazione diverse da quelle previste nel bando di gara o nell'avviso o nella lettera di invito, si applicano le sanzioni previste dall'articolo 213, comma 13, nel caso di comunicazioni non veritiere.*

[4] V. artt. 38, 48, D.Lgs. 12 aprile 2006, n. 163 (vecchio Codice dei contratti pubblici).

87. *Certificazione delle qualità.* 1. Qualora richiedano la presentazione di certificati rilasciati da organismi indipendenti per attestare che l'operatore economico soddisfa determinate norme di garanzia della qualità, compresa l'accessibilità per le persone con disabilità, le stazioni appaltantisi riferiscono ai sistemi di garanzia della qualità basati sulle serie di norme europee in materia, certificati da organismi accreditati. Le stazioni appaltanti riconoscono i certificati equivalenti rilasciati da organismi stabiliti in altri Stati membri. Esse ammettono parimenti altre prove relative all'impiego di misure equivalenti di garanzia della qualità, qualora gli operatori economici interessati non avessero la possibilità di ottenere tali certificati entro i termini richiesti per motivi non imputabili agli stessi operatori economici, a condizione che gli operatori economici dimostrino che le misure di garanzia della qualità proposte soddisfano le norme di garanzia della qualità richieste.

2. Le stazioni appaltanti, quando richiedono la presentazione di certificati rilasciati da organismi indipendenti per attestare il rispetto da parte dell'operatore economico di determinati sistemi o di norme di gestione ambientale, fanno riferimento al sistema dell'Unione di ecogestione e audit (EMAS) o a altri sistemi di gestione ambientale nella misura in cui sono conformi all'articolo 45 del regolamento (CE) n. 1221/2009 o ancora ad altre norme di gestione ambientale fondate su norme europee o internazionali in materia, certificate da organismi accreditati per lo specifico scopo, ai sensi del regolamento (CE) n. 765/2008 del Parlamento europeo e del Consiglio. Le stazioni appaltanti riconoscono i certificati equivalenti rilasciati da organismi stabiliti in altri Stati membri. Qualora gli operatori economici abbiano dimostrato di non avere accesso a tali certificati o di non avere la possibilità di ottenerli entro i termini richiesti per motivi loro non imputabili, la stazione appaltante accetta anche altre prove documentali delle misure di gestione ambientale, purchè gli operatori economici dimostrino che tali misure sono equivalenti a quelle richieste nel quadro del sistema o della norma di gestione ambientale applicabile.

3. Le stazioni appaltanti, qualora richiedano agli operatori economici la presentazione di certificati rilasciati da organismi indipendenti per attestare la conformità ai criteri di cui al comma 2 dell'articolo 34, fanno riferimento a organismi di valutazione della conformità accreditati ai sensi del regolamento (CE) n. 765/2008 del Parlamento europeo e del Consiglio, in conformità alle norme UNI CEI EN ISO/IEC della serie 17000.

4. Le informazioni relative ai documenti presentati come prova del rispetto delle norme ambientali e di qualità sono messe a disposizione degli altri Stati membri, su richiesta dalla Cabina di regia[1].

[1] V. artt. 43, 44, 68, D.Lgs. 12 aprile 2006, n. 163 (vecchio Codice dei contratti pubblici).

88. *Registro on line dei certificati (e-Certis).* 1. Al fine di facilitare la presentazione di offerte transfrontaliere, le informazioni concernenti i certificati e altre forme di prove documentali introdotte in e-Certis e stabilite dalla Commissione europea sono costantemente aggiornate per il tramite della cabina di regia di cui all'articolo 212.

2. Le stazioni appaltanti utilizzano e-Certis e richiedono in primo luogo i tipi di certificati o le forme di prove documentali che sono contemplati da e-Certis.

89. *Avvalimento.* 1. L'operatore economico, singolo o in raggruppamento di cui all'articolo 45, per un determinato appalto, può soddisfare la richiesta relativa al possesso dei requisiti di carattere economico, finanziario, tecnico e professionale di cui all'articolo 83, comma 1, lettere *b)* e *c)*, necessari per partecipare ad una procedura di gara, e, in ogni caso, con esclusione dei requisiti di cui all'articolo 80, avvalendosi delle capacità di altri soggetti, anche partecipanti al raggruppamento, a prescindere dalla natura giuridica dei suoi legami con questi ultimi. Per quanto riguarda i criteri relativi all'indicazione dei titoli di studio e professionali di cui all'allegato XVII, parte II, lettera *f)*, o alle esperienze professionali pertinenti, gli operatori economici possono tuttavia avvalersi delle capacità di altri soggetti solo se questi ultimi eseguono direttamente i lavori o i servizi per cui tali capacità sono richieste. L'operatore economico che vuole avvalersi delle capacità di altri soggetti allega, oltre all'eventuale attestazione SOA dell'impresa ausiliaria, una dichiarazione sottoscritta dalla stessa attestante il possesso da parte di quest'ultima dei requisiti generali di cui all'articolo 80, nonchè il possesso dei requisiti tecnici e delle risorse oggetto di avvalimento. L'operatore economico dimostra alla stazione appaltante che disporrà dei mezzi necessari mediante presentazione di una dichiarazione sottoscritta dall'impresa ausiliaria con cui quest'ultima si obbliga verso il concorrente e verso la stazione appaltante a mettere a disposizione per tutta la durata dell'appalto le risorse necessarie di cui è carente il concorrente. Nel caso di dichiarazioni mendaci, ferma restando l'applicazione dell'articolo 80, comma 12, nei confronti dei sottoscrittori, la stazione appaltante esclude il concorrente e escute la garanzia. Il concorrente allega, altresì, alla domanda di partecipazione in originale o copia autentica il contratto in virtù del quale l'impresa ausiliaria si obbliga nei confronti del concorrente a fornire i requisiti e a mettere a disposizione le risorse necessarie per tutta la durata dell'appalto. A tal fine, il contratto di avvalimento contiene, a pena di nullità, la specificazione dei requisiti forniti e delle risorse messe a disposizione dall'impresa ausiliaria[1].

2. Nei settori speciali, se le norme e i criteri oggettivi per l'esclusione e la selezione degli operatori economici che richiedono di essere qualificati in un sistema di qualificazione comportano requisiti relativi alle capacità economiche e finanziarie dell'operatore economico o alle sue capacità tecniche e professionali, questi può avvalersi, se necessario, della capacità di altri soggetti, indipendentemente dalla natura giuridica dei legami con essi. Resta fermo quanto previsto dal comma 1, periodi secondo e terzo, da intendersi quest'ultimo riferito all'ambito temporale di validità del sistema di qualificazione.

3. La stazione appaltante verifica, conformemente agli articoli 85, 86 e 88, se i soggetti della cui capacità l'operatore economico intende avvalersi, soddisfano i pertinenti criteri di selezione o se sussistono motivi di esclusione ai sensi dell'articolo 80. Essa impone all'operatore economico di sostituire i soggetti che non soddisfano un pertinente criterio di selezione o per i quali sussistono motivi obbligatori di esclusione. Nel bando di gara possono essere altresì indicati i casi in cui l'operatore economico deve sostituire un soggetto per il quale sussistono motivi non obbligatori di esclusione, purchè si tratti di requisiti tecnici.

4. Nel caso di appalti di lavori, di appalti di servizi e operazioni di posa in opera o installazione nel quadro di un appalto di fornitura, le stazioni appaltanti possono prevedere nei documenti di gara che taluni compiti essenziali siano direttamente svolti dall'offerente o, nel caso di un'offerta presentata da un raggruppamento di operatori economici, da un partecipante al raggruppamento.

5. Il concorrente e l'impresa ausiliaria sono responsabili in solido nei confronti della stazione appaltante in relazione alle prestazioni oggetto del contratto. Gli obblighi previsti dalla normativa antimafia a carico del concorrente si applicano anche nei confronti del soggetto ausiliario, in ragione dell'importo dell'appalto posto a base di gara.

6. È ammesso l'avvalimento di più imprese ausiliarie. L'ausiliario non può avvalersi a sua volta di altro soggetto.

7. In relazione a ciascuna gara non è consentito, a pena di esclusione, che della stessa impresa ausiliaria si avvalga più di un concorrente, ovvero che partecipino sia l'impresa ausiliaria che quella che si avvale dei requisiti.

8. Il contratto è in ogni caso eseguito dall'impresa che partecipa alla gara, alla quale è rilasciato il certificato di esecuzione, e l'impresa ausiliaria può assumere il ruolo di subappaltatore nei limiti dei requisiti prestati.

9. In relazione a ciascun affidamento la stazione appaltante esegue in corso d'esecuzione le verifiche sostanziali circa l'effettivo possesso dei requisiti e delle risorse oggetto dell'avvalimento da parte dell'impresa ausiliaria, nonchè l'effettivo impiego delle risorse medesime nell'esecuzione dell'appalto. A tal fine il responsabile unico del procedimento accerta in corso d'opera che le prestazioni oggetto di contratto sono svolte direttamente dalle risorse umane e strumentali dell'impresa ausiliaria che il titolare del contratto utilizza in adempimento degli obblighi derivanti dal contratto di avvalimento, pena la risoluzione del contratto di appalto. Ha inoltre l'obbligo di inviare ad entrambe le parti del contratto di avvalimento le comunicazioni di cui all'articolo 52 e quelle inerenti all'esecuzione dei lavori. La stazione appaltante trasmette all'Autorità tutte le dichiarazioni di avvalimento, indicando altresì l'aggiudicatario, per l'esercizio della vigilanza, e per la prescritta pubblicità[2].

10. L'avvalimento non è ammesso per soddisfare il requisito dell'iscrizione all'Albo nazionale dei gestori ambientali di cui all'articolo 212 del decreto legislativo 3 aprile 2006, n. 152.

11. Non è ammesso l'avvalimento qualora nell'oggetto dell'appalto o della concessione di lavori rientrino opere per le quali sono necessari lavori o componenti di notevole contenuto tecnologico o di rilevante complessità tecnica, quali strutture, impianti e opere speciali. È considerato rilevante, ai fini della sussistenza dei presupposti di cui al primo periodo, che il valore dell'opera superi il dieci per cento dell'importo totale dei lavori. Con il regolamento di cui all'articolo 216, comma 27-*octies*, è definito l'elenco delle opere di cui al presente comma, nonchè i requisiti di specializzazione richiesti per la qualificazione ai fini dell'ottenimento dell'attestazione di qualificazione degli esecutori di cui all'articolo 84, che possono essere periodicamente revisionati. Fino alla

data di entrata in vigore del regolamento di cui all'articolo 216, comma 27-*octies*, si applica la disposizione transitoria ivi prevista[3] [4].

[1] Comma così modificato dall'art. 56, D.Lgs. 19 aprile 2017, n. 56. Il testo previgente disponeva: *1. L'operatore economico, singolo o in raggruppamento di cui all'articolo 45, per un determinato appalto, può soddisfare la richiesta relativa al possesso dei requisiti di carattere economico, finanziario, tecnico e professionale di cui all'articolo 83, comma 1, lettere b) e c), necessari per partecipare ad una procedura di gara, e, in ogni caso, con esclusione dei requisiti di cui all'articolo 80, nonchè il possesso dei requisiti di qualificazione di cui all'articolo 84, avvalendosi delle capacità di altri soggetti, anche di partecipanti al raggruppamento, a prescindere dalla natura giuridica dei suoi legami con questi ultimi. Per quanto riguarda i criteri relativi all'indicazione dei titoli di studio e professionali di cui all'allegato XVII, parte II, lettera f), o alle esperienze professionali pertinenti, gli operatori economici possono tuttavia avvalersi delle capacità di altri soggetti solo se questi ultimi eseguono direttamente i lavori o i servizi per cui tali capacità sono richieste. L'operatore economico che vuole avvalersi delle capacità di altri soggetti allega, oltre all'eventuale attestazione SOA dell'impresa ausiliaria, una dichiarazione sottoscritta dalla stessa attestante il possesso da parte di quest'ultima dei requisiti generali di cui all'articolo 80, nonchè il possesso dei requisiti tecnici e delle risorse oggetto di avvalimento. L'operatore economico dimostra alla stazione appaltante che disporrà dei mezzi necessari mediante presentazione di una dichiarazione sottoscritta dall'impresa ausiliaria con cui quest'ultima si obbliga verso il concorrente e verso la stazione appaltante a mettere a disposizione per tutta la durata dell'appalto le risorse necessarie di cui è carente il concorrente. Nel caso di dichiarazioni mendaci, ferma restando l'applicazione dell'articolo 80, comma 12, nei confronti dei sottoscrittori, la stazione appaltante esclude il concorrente e escute la garanzia. Il concorrente allega, altresì, alla domanda di partecipazione in originale o copia autentica il contratto in virtù del quale l'impresa ausiliaria si obbliga nei confronti del concorrente a fornire i requisiti e a mettere a disposizione le risorse necessarie per tutta la durata dell'appalto.*

[2] Comma così modificato dall'art. 56, D.Lgs. 19 aprile 2017, n. 56. Il testo previgente disponeva: *9. In relazione a ciascun affidamento la stazione appaltante esegue in corso d'esecuzione le verifiche sostanziali circa l'effettivo possesso dei requisiti e delle risorse oggetto dell'avvalimento da parte dell'impresa ausiliaria, nonchè l'effettivo impiego delle risorse medesime nell'esecuzione dell'appalto. A tal fine il responsabile unico del procedimento accerta in corso d'opera che le prestazioni oggetto di contratto sono svolte direttamente dalle risorse umane e strumentali dell'impresa ausiliaria che il titolare del contratto utilizza in adempimento degli obblighi derivanti dal contratto di avvalimento. Ha inoltre l'obbligo di inviare ad entrambe le parti del contratto di avvalimento le comunicazioni di cui all'articolo 52 e quelle inerenti all'esecuzione dei lavori. La stazione appaltante trasmette all'Autorità tutte le dichiarazioni di avvalimento, indicando altresì l'aggiudicatario, per l'esercizio della vigilanza, e per la prescritta pubblicità.*

[3] Comma così modificato prima dall'art. 56, D.Lgs. 19 aprile 2017, n. 56, poi dall'art. 1, D.L. 18 aprile 2019, n. 32, convertito in L. 14 giugno 2019, n. 55, a decorrere dal 18 giugno 2019.

Il testo previgente la modifica del 2017 disponeva: *11. Non è ammesso l'avvalimento qualora nell'oggetto dell'appalto o della concessione di lavori rientrino, oltre ai lavori prevalenti, opere per le quali sono necessari lavori o componenti di notevole contenuto tecnologico o di rilevante complessità tecnica, quali strutture, impianti e opere speciali. È considerato rilevante, ai fini della sussistenza dei presupposti di cui al primo periodo, che il valore dell'opera superi il dieci per cento dell'importo totale dei lavori. Con decreto del Ministro delle infrastrutture e trasporti, da adottare entro novanta giorni dalla data di entrata in vigore del presente codice, sentito il Consiglio superiore dei lavori pubblici, è definito l'elenco delle opere di cui al presente comma, nonchè i requisiti di specializzazione richiesti per la loro esecuzione, che possono essere periodicamente revisionati. Fino alla data di entrata in vigore di detto decreto, si applica l'articolo 216, comma 15.*

Il testo previgente la modifica del 2019 disponeva: *11. Non è ammesso l'avvalimento qualora nell'oggetto dell'appalto o della concessione di lavori rientrino opere per le quali sono necessari lavori o componenti di notevole contenuto tecnologico o di rilevante complessità tecnica, quali strutture, impianti e opere speciali. È considerato rilevante, ai fini della sussistenza dei presupposti di cui al primo periodo, che il valore dell'opera superi il dieci per cento dell'importo totale dei lavori. Con decreto del Ministro delle infrastrutture e trasporti, da adottare entro novanta giorni dalla data di entrata in vigore del presente codice, sentito il Consiglio superiore dei lavori pubblici, è definito l'elenco delle opere di cui al presente comma, nonchè i requisiti di specializzazione richiesti per la qualificazione ai fini dell'ottenimento dell'attestazione di qualificazione degli esecutori di cui all'articolo 84, che possono essere periodicamente revisionati. Fino alla data di entrata in vigore di detto decreto, si applica l'articolo 216, comma 15.*

[4] V. artt. 49, 50, D.Lgs. 12 aprile 2006, n. 163 (vecchio Codice dei contratti pubblici).

90. *Elenchi ufficiali di operatori economici riconosciuti e certificazioni.* 1. Gli operatori economici iscritti in elenchi ufficiali di imprenditori, fornitori o prestatori di servizi o che siano in possesso di una certificazione rilasciata da organismi accreditati per tali certificazioni ai sensi del regolamento (CE) n.765/2008 del Parlamento europeo e del Consiglio di cui all'allegato XIII possono presentare alla stazione appaltante, per ogni appalto, un certificato d'iscrizione o il certificato rilasciato dall'organismo di certificazione competente. Tali certificati indicano le referenze che consentono l'iscrizione negli elenchi o di ottenere il rilascio della certificazione nonchè la relativa classificazione.

2. Le amministrazioni o gli enti che gestiscono gli elenchi e gli organismi di certificazione di cui al comma 1, presso cui le domande vanno presentate, comunicano alla Cabina di regia di cui all'articolo 212 i propri dati entro tre mesi dall'entrata in vigore del presente codice ovvero dall'istituzione di nuovi elenchi o albi o di nuovi organismi di certificazione e provvedono altresì all'aggiornamento dei dati comunicati. Nei trenta giorni successivi al loro ricevimento la Cabina di regia cura la trasmissione di tali dati alla Commissione europea e agli altri Stati membri.

3. Per gli operatori economici facenti parte di un raggruppamento che dispongono di mezzi forniti da altre società del raggruppamento, l'iscrizione negli elenchi o il certificato indicano specificamente i mezzi

di cui si avvalgono, chi ne sia proprietario e le relative condizioni contrattuali.

4. L'iscrizione di un operatore economico in un elenco ufficiale o il possesso del certificato rilasciato dal competente organismo di certificazione costituisce presunzione d'idoneità ai fini dei requisiti di selezione qualitativa previsti dall'elenco o dal certificato.

5. I dati risultanti dall'iscrizione negli elenchi ufficiali o dalla certificazione, per i quali opera la presunzione di idoneità di cui al comma 4, possono essere contestati con qualsiasi mezzo di prova in sede di verifica dei requisiti degli operatori economici da parte di chi vi abbia interesse. Per quanto riguarda il pagamento dei contributi assistenziali e previdenziali e il pagamento delle imposte e tasse, per ogni appalto, può essere richiesta un'attestazione supplementare ad ogni operatore economico.

6. Le stazioni appaltanti applicano i commi 1 e 5 del presente articolo solo agli operatori economici stabiliti sul territorio nazionale.

7. I requisiti della prova per i criteri di selezione qualitativa previsti dall'elenco ufficiale o dalla certificazione devono risultare conformi all'articolo 86 e, ove applicabile, all'articolo 87. Gli operatori economici possono chiedere in qualsiasi momento l'iscrizione in un elenco ufficiale o il rilascio del certificato. Essi sono informati entro un termine ragionevole, fissato ai sensi dell'articolo 2 della legge 7 agosto 1990, n. 241 e successive modificazioni, della decisione dell'amministrazione o ente che redige l'elenco o dell'organismo di certificazione competente[1].

8. L'iscrizione in elenchi ufficiali o la certificazione non possono essere imposte agli operatori economici degli altri Stati membri in vista della partecipazione ad un pubblico appalto. Le stazioni appaltanti riconoscono i certificati equivalenti di organismi stabiliti in altri Stati membri. Esse accettano altresì altri mezzi di prova equivalenti.

9. Sono messe a disposizione degli altri Stati membri che ne facciano richiesta le informazioni relative ai documenti presentati dagli operatori economici per provare il possesso dei requisiti necessari per l'iscrizione negli elenchi ufficiali di cui al comma 1 ovvero, per gli operatori di altri Stati membri, il possesso di una certificazione equivalente.

10. Gli elenchi sono soggetti a pubblicazione sul profilo di committente e sul casellario informatico dell'ANAC[2].

[1] Comma così modificato dall'art. 57, D.Lgs. 19 aprile 2017, n. 56. Il testo previgente disponeva: *7. I requisiti della prova per i criteri di selezione qualitativa previsti dall'elenco ufficiale o dalla certificazione devono risultare all'articolo 86 e, ove applicabile, all'articolo 87. Gli operatori economici possono chiedere in qualsiasi momento l'iscrizione in un elenco ufficiale o il rilascio del certificato. Essi sono informati entro un termine ragionevole, fissato ai sensi dell'articolo 2 della legge 7 agosto 1990, n. 241 e successive modificazioni, della decisione dell'amministrazione o ente che redige l'elenco o dell'organismo di certificazione competente.*

[2] V. art. 45, D.Lgs. 12 aprile 2006, n. 163 (vecchio Codice dei contratti pubblici).

91. *Riduzione del numero di candidati altrimenti qualificati da invitare a partecipare.* 1. Nelle procedure ristrette, nelle procedure competitive con negoziazione, nelle procedure di dialogo competitivo e di partenariato per l'innovazione, le stazioni appaltanti, quando lo richieda la difficoltà o la complessità dell'opera, della fornitura o del servizio, possono limitare il numero di candidati che soddisfano i criteri di selezione e che possono essere invitati a presentare un'offerta, a negoziare o a partecipare al dialogo, purchè sia assicurato il numero minimo, di cui al comma 2, di candidati qualificati.

2. Quando si avvalgono di tale facoltà, le stazioni appaltanti indicano nel bando di gara o nell'invito a confermare interesse i criteri oggettivi e non discriminatori, secondo il principio di proporzionalità, che intendono applicare, il numero minimo dei candidati che intendono invitare, e, ove lo ritengano opportuno per motivate esigenze di buon andamento, il numero massimo. Nelle procedure ristrette il numero minimo di candidati non può essere inferiore a cinque. Nella procedura competitiva con negoziazione, nella procedura di dialogo competitivo e nel partenariato per l'innovazione il numero minimo di candidati non può essere inferiore a tre. In ogni caso il numero di candidati invitati deve essere sufficiente ad assicurare un'effettiva concorrenza. Le stazioni appaltanti invitano un numero di candidati pari almeno al numero minimo. Tuttavia, se il numero di candidati che soddisfano i criteri di selezione e i livelli minimi di capacità di cui all'articolo 83 è inferiore al numero minimo, la stazione appaltante può proseguire la procedura invitando i candidati in possesso delle capacità richieste. La stazione appaltante non può includere nella stessa procedura altri operatori economici che non abbiano chiesto di partecipare o candidati che non abbiano le capacità richieste[1 2].

[1] Comma così modificato dall'art. 58, D.Lgs. 19 aprile 2017, n. 56, che dopo la parola: "proporzionalità" inserisce il seguente segno di interpunzione: ",".

[2] V. artt. 56, 58, 62, D.Lgs. 12 aprile 2006, n. 163 (vecchio Codice dei contratti pubblici).

92. *Riduzione del numero di offerte e soluzioni.* 1. Le stazioni appaltanti, quando ricorrono alla facoltà di ridurre il numero di offerte da negoziare di cui all'articolo 62, comma 11, o di soluzioni da discutere di cui all'articolo 64, comma 8, effettuano tale riduzione applicando i criteri di aggiudicazione indicati nei documenti di gara. Nella fase finale tale numero deve consentire di garantire una concorrenza effettiva, purchè vi sia un numero sufficiente di offerte, soluzioni o candidati qualificati[1].

[1] V. artt. 56, 58, 62, D.Lgs. 12 aprile 2006, n. 163 (vecchio Codice dei contratti pubblici).

93. *Garanzie per la partecipazione alla procedura.* 1. L'offerta è corredata da una garanzia fideiussoria, denominata "garanzia provvisoria" pari al 2 per cento del prezzo base indicato nel bando o nell'invito, sotto forma di cauzione o di fideiussione, a scelta dell'offerente. Al fine di rendere l'importo della garanzia proporzionato e adeguato alla natura delle prestazioni oggetto del contratto e al grado di rischio ad esso connesso, la stazione appaltante può motivatamente ridurre l'importo della cauzione sino all'1 per cento ovvero incrementarlo sino al 4 per cento. Nel caso di procedure di gara realizzate in forma aggregata da centrali di committenza, l'importo della garanzia è fissato nel bando o nell'invito nella misura massima del 2 per cento del prezzo base. In caso di partecipazione alla gara di un raggruppamento temporaneo di imprese, la garanzia fideiussoria deve riguardare tutte le imprese del raggruppamento medesimo. Nei casi di cui all'articolo 36, comma 2, lettera *a)*, è facoltà della stazione appaltante non richiedere le garanzie di cui al presente articolo[1].

2. Fermo restando il limite all'utilizzo del contante di cui all'articolo 49, comma 1, del decreto legislativo 21 novembre 2007, n. 231, la cauzione può essere costituita, a scelta dell'offerente, in contanti, con bonifico, in assegni circolari o in titoli del debito pubblico garantiti dallo Stato al corso del giorno del deposito, presso una sezione di tesoreria provinciale o presso le aziende autorizzate, a titolo di pegno a favore dell'amministrazione aggiudicatrice. Si applica il comma 8 e, quanto allo svincolo, il comma 9[2].

3. La garanzia fideiussoria di cui al comma 1 a scelta dell'appaltatore può essere rilasciata da imprese bancarie o assicurative che rispondano ai requisiti di solvibilità previsti dalle leggi che ne disciplinano le rispettive attività o rilasciata dagli intermediari finanziari iscritti nell'albo di cui all'articolo 106 del decreto legislativo 1 settembre 1993, n. 385, che svolgono in via esclusiva o prevalente attività di rilascio di garanzie e che sono sottoposti a revisione contabile da parte di una società di revisione iscritta nell'albo previsto dall'articolo 161 del decreto legislativo 24 febbraio 1998, n. 58 e che abbiano i requisiti minimi di solvibilità richiesti dalla vigente normativa bancaria assicurativa[3].

4. La garanzia deve prevedere espressamente la rinuncia al beneficio della preventiva escussione del debitore principale, la rinuncia all'eccezione di cui all'articolo 1957, secondo comma, del codice civile, nonchè l'operatività della garanzia medesima entro quindici giorni, a semplice richiesta scritta della stazione appaltante.

5. La garanzia deve avere efficacia per almeno centottanta giorni dalla data di presentazione dell'offerta. Il bando o l'invito possono richiedere una garanzia con termine di validità maggiore o minore, in relazione alla durata presumibile del procedimento, e possono altresì prescrivere che l'offerta sia corredata dall'impegno del garante a rinnovare la garanzia, su richiesta della stazione appaltante nel corso della procedura, per la durata indicata nel bando, nel caso in cui al momento della sua scadenza non sia ancora intervenuta l'aggiudicazione.

6. La garanzia copre la mancata sottoscrizione del contratto dopo l'aggiudicazione dovuta ad ogni fatto riconducibile all'affidatario o all'adozione di informazione antimafia interdittiva emessa ai sensi degli articoli 84 e 91 del decreto legislativo 6 settembre 2011, n. 159; la garanzia è svincolata automaticamente al momento della sottoscrizione del contratto[4].

7. L'importo della garanzia, e del suo eventuale rinnovo, è ridotto del 50 per cento per gli operatori economici ai quali venga rilasciata, da organismi accreditati, ai sensi delle norme europee della serie UNI CEI EN 45000 e della serie UNI CEI EN ISO/IEC 17000, la certificazione del sistema di qualità conforme alle norme europee della serie UNI CEI ISO9000. Si applica la riduzione del 50 per cento, non cumulabile con quella di cui al primo periodo, anche nei confronti delle microimprese, piccole e medie imprese e dei raggruppamenti di operatori economici o consorzi ordinari costituiti esclusivamente da microimprese, piccole e medie imprese. Nei contratti relativi a lavori, servizi o forniture, l'importo della garanzia e del suo eventuale rinnovo è ridotto del 30 per cento, anche cumulabile con la riduzione di cui al primo periodo, per gli operatori economici in possesso di registrazione al sistema comunitario di ecogestione e audit(EMAS), ai sensi del regolamento (CE) n. 1221/2009 del Parlamento europeo e del Consiglio, del 25 novembre 2009, o del 20 per cento per gli operatori in possesso di certificazione ambientale ai sensi della norma UNI ENISO14001. Nei contratti relativi a servizi o forniture, l'importo della garanzia e del suo eventuale rinnovo è ridotto del 20 percento,anche cumulabile con la riduzione di cui ai periodi primo e secondo, per gli operatori economici in possesso, in relazione ai beni o servizi che costituiscano almeno il 50 per cento del valore dei beni e servizi oggetto del contratto stesso, del marchio di qualità ecologica dell'Unione europea (Ecolabel UE) ai sensi del regolamento (CE) n. 66/2010 del Parlamento europeo e del Consiglio, del 25 novembre 2009. Nei contratti relativi a lavori, servizi o forniture, l'importo della garanzia e del suo eventuale rinnovo è ridotto del 15 per cento, anche cumulabile con la riduzione di cui ai periodi primo, secondo, terzo e quarto per gli operatori economici che

sviluppano un inventario di gas ad effetto serra ai sensi della norma UNI EN ISO 14064-1 o un'impronta climatica (carbon footprint) di prodotto ai sensi della norma UNI ISO/TS 14067. Per fruire delle riduzioni di cui al presente comma, l'operatore economico segnala, in sede di offerta, il possesso dei relativi requisiti e lo documenta nei modi prescritti dalle norme vigenti. Nei contratti di servizi e forniture, l'importo della garanzia e del suo eventuale rinnovo è ridotto del 30 per cento, non cumulabile con le riduzioni di cui ai periodi precedenti, per gli operatori economici in possesso del rating di legalità e rating di impresa o della attestazione del modello organizzativo, ai sensi del decreto legislativo n. 231/2001 o di certificazione social accountability 8000, o di certificazione del sistema di gestione a tutela della sicurezza e della salute dei lavoratori, o di certificazione OHSAS 18001, o di certificazione UNI CEI EN ISO 50001 riguardante il sistema di gestione dell'energia o UNI CEI 11352 riguardante la certificazione di operatività in qualità di ESC (Energy Service Company) per l'offerta qualitativa dei servizi energetici e per gli operatori economici in possesso della certificazione ISO 27001 riguardante il sistema di gestione della sicurezza delle informazioni. In caso di cumulo delle riduzioni, la riduzione successiva deve essere calcolata sull'importo che risulta dalla riduzione precedente[5].

8. L'offerta è altresì corredata, a pena di esclusione, dall'impegno di un fideiussore, anche diverso da quello che ha rilasciato la garanzia provvisoria, a rilasciare la garanzia fideiussoria per l'esecuzione del contratto, di cui agli articoli 103 e 104, qualora l'offerente risultasse affidatario. Il presente comma non si applica alle microimprese, piccole e medie imprese e ai raggruppamenti temporanei o consorzi ordinari costituiti esclusivamente da microimprese, piccole e medie imprese[6].

8-*bis*. Le garanzie fideiussorie devono essere conformi allo schema tipo di cui all'articolo 103, comma 9[7].

9. La stazione appaltante, nell'atto con cui comunica l'aggiudicazione ai non aggiudicatari, provvede contestualmente, nei loro confronti, allo svincolo della garanzia di cui al comma 1, tempestivamente e comunque entro un termine non superiore a trenta giorni dall'aggiudicazione, anche quando non sia ancora scaduto il termine di efficacia della garanzia.

10. Il presente articolo non si applica agli appalti di servizi aventi a oggetto la redazione della progettazione e del piano di sicurezza e coordinamento e ai compiti di supporto alle attività del responsabile unico del procedimento[8].

[1] Comma così modificato dall'art. 59, D.Lgs. 19 aprile 2017, n. 56. Il testo previgente disponeva: *1. L'offerta è corredata da una garanzia fideiussoria, denominata "garanzia provvisoria" pari al 2 per cento del prezzo base indicato nel bando o nell'invito, sotto forma di cauzione o di fideiussione, a scelta dell'offerente. Al fine di rendere l'importo della garanzia proporzionato e adeguato alla natura delle prestazioni oggetto del contratto e al grado di rischio ad esso connesso, la stazione appaltante può motivatamente ridurre l'importo della cauzione sino all'1 per cento ovvero incrementarlo sino al 4 per cento. Nel caso di procedure di gara realizzate in forma aggregata da centrali di committenza, l'importo della garanzia è fissato nel bando o nell'invito nella misura massima del 2 per cento del prezzo base. In caso di partecipazione alla gara di un raggruppamento temporaneo di imprese, la garanzia fideiussoria deve riguardare tutte le imprese del raggruppamento medesimo.*

[2] Comma così modificato dall'art. 59, D.Lgs. 19 aprile 2017, n. 56. Il testo previgente disponeva: *2. La cauzione può essere costituita, a scelta dell'offerente, in contanti o in titoli del debito pubblico garantiti dallo Stato al corso del giorno del deposito, presso una sezione di tesoreria provinciale o presso le aziende autorizzate, a titolo di pegno a favore dell'amministrazione aggiudicatrice.*

[3] Comma così modificato dall'art. 59, D.Lgs. 19 aprile 2017, n. 56, che sostituisce le parole: "1° settembre" con le parole: "1 settembre".

[4] Comma così sostituito dall'art. 59, D.Lgs. 19 aprile 2017, n. 56. Il testo previgente disponeva: *6. La garanzia copre la mancata sottoscrizione del contratto dopo l'aggiudicazione, per fatto dell'affidatario riconducibile ad una condotta connotata da dolo o colpa grave, ed è svincolata automaticamente al momento della sottoscrizione del contratto medesimo.*

[5] Comma così modificato dall'art. 59, D.Lgs. 19 aprile 2017, n. 56. Il testo previgente disponeva: *7. L'importo della garanzia, e del suo eventuale rinnovo, è ridotto del 50 per cento per gli operatori economici ai quali venga rilasciata, da organismi accreditati, ai sensi delle norme europee della serie UNI CEI EN 45000 e della serie UNI CEI EN ISO/IEC 17000, la certificazione del sistema di qualità conforme alle norme europee della serie UNI CEI ISO9000. Nei contratti relativi a lavori, servizi o forniture, l'importo della garanzia e del suo eventuale rinnovo è ridotto del 30 per cento, anche cumulabile con la riduzione di cui al primo periodo, per gli operatori economici in possesso di registrazione al sistema comunitario di ecogestione e audit(EMAS), ai sensi del regolamento (CE) n. 1221/2009 del Parlamento europeo e del Consiglio, del 25 novembre 2009, o del 20 per cento per gli operatori in possesso di certificazione ambientale ai sensi della norma UNI ENISO14001. Nei contratti relativi a servizi o forniture, l'importo della garanzia e del suo eventuale rinnovo è ridotto del 20 percento, anche cumulabile con la riduzione di cui ai periodi primo e secondo, per gli operatori economici in possesso, in relazione ai beni o servizi che costituiscano almeno il 50 per cento del valore dei beni e servizi oggetto del contratto stesso, del marchio di qualità ecologica dell'Unione europea (Ecolabel UE) ai sensi del regolamento (CE) n. 66/2010 del Parlamento europeo e del Consiglio, del 25 novembre 2009. Nei contratti relativi a lavori, servizi o forniture, l'importo della garanzia e del suo eventuale rinnovo è ridotto del 15 per cento per gli operatori economici che sviluppano un inventario di gas ad effetto serra ai sensi della norma UNI EN ISO 14064-1 o un'impronta climatica (carbon footprint) di prodotto ai sensi della norma UNI ISO/TS 14067. Per fruire delle riduzioni di cui al presente comma, l'operatore economico segnala, in sede di offerta, il possesso dei relativi requisiti e lo documenta nei modi prescritti dalle norme vigenti. Nei contratti di servizi e forniture, l'importo della garanzia e del suo eventuale rinnovo è ridotto del 30 per cento, non cumulabile con le riduzioni di cui ai periodi precedenti, per gli operatori*

economici in possesso del rating di legalità o della attestazione del modello organizzativo, ai sensi del decreto legislativo n. 231/2001 o di certificazione social accountability 8000, o di certificazione del sistema di gestione a tutela della sicurezza e della salute dei lavoratori, o di certificazione OHSAS 18001, o di certificazione UNI CEI EN ISO 50001 riguardante il sistema di gestione dell'energia o UNI CEI 11352 riguardante la certificazione di operatività in qualità di ESC (Energy Service Company) per l'offerta qualitativa dei servizi energetici e per gli operatori economici in possesso della certificazione ISO 27001 riguardante il sistema di gestione della sicurezza delle informazioni..

[6] Comma così modificato dall'art. 59, D.Lgs. 19 aprile 2017, n. 56. Il testo previgente disponeva: *8. L'offerta è altresì corredata, a pena di esclusione, dall'impegno di un fideiussore, anche diverso da quello che ha rilasciato la garanzia provvisoria, a rilasciare la garanzia fideiussoria per l'esecuzione del contratto, di cui agli articoli 103 e 104, qualora l'offerente risultasse affidatario.*

[7] Comma aggiunto dall'art. 59, D.Lgs. 19 aprile 2017, n. 56.

[8] V. art. 75, D.Lgs. 12 aprile 2006, n. 163 (vecchio Codice dei contratti pubblici).

TITOLO IV
AGGIUDICAZIONE PER I SETTORI ORDINARI

94. *Principi generali in materia di selezione.* 1. Gli appalti sono aggiudicati sulla base di criteri stabiliti conformemente agli articoli da 95 a 97, previa verifica, in applicazione degli articoli 85, 86 e 88, della sussistenza dei seguenti presupposti:

a) l'offerta è conforme ai requisiti, alle condizioni e ai criteri indicati nel bando di gara o nell'invito a confermare interesse nonchè nei documenti di gara, tenuto conto, se del caso, dell'articolo 95, comma 14;

b) l'offerta proviene da un offerente che non è escluso ai sensi dell'articolo 80 e che soddisfa i criteri di selezione fissati dall'amministrazione aggiudicatrice ai sensi dell'articolo 83 e, se del caso, le norme e i criteri non discriminatori di cui all'articolo 91.

2. La stazione appaltante può decidere di non aggiudicare l'appalto all'offerente che ha presentato l'offerta economicamente più vantaggiosa, se ha accertato che l'offerta non soddisfa gli obblighi di cui all'articolo 30, comma 3[1].

[1] V. art. 81, D.Lgs. 12 aprile 2006, n. 163 (vecchio Codice dei contratti pubblici).

95. *Criteri di aggiudicazione dell'appalto.* 1. I criteri di aggiudicazione non conferiscono alla stazione appaltante un potere di scelta illimitata dell'offerta. Essi garantiscono la possibilità di una concorrenza effettiva e sono accompagnati da specifiche che consentono l'efficace verifica delle informazioni fornite dagli offerenti al fine di valutare il grado di soddisfacimento dei criteri di aggiudicazione delle offerte. Le stazioni appaltanti verificano l'accuratezza delle informazioni e delle prove fornite dagli offerenti.

2. Fatte salve le disposizioni legislative, regolamentari o amministrative relative al prezzo di determinate forniture o alla remunerazione di servizi specifici, le stazioni appaltanti, nel rispetto dei principi di trasparenza, di non discriminazione e di parità di trattamento, procedono all'aggiudicazione degli appalti e all'affidamento dei concorsi di progettazione e dei concorsi di idee, sulla base del criterio dell'offerta economicamente più vantaggiosa individuata sulla base del miglior rapporto qualità/prezzo o sulla base dell'elemento prezzo o del costo, seguendo un criterio di comparazione costo/efficacia quale il costo del ciclo di vita, conformemente all'articolo 96.

3. Sono aggiudicati esclusivamente sulla base del criterio dell'offerta economicamente più vantaggiosa individuata sulla base del miglior rapporto qualità/prezzo:

a) i contratti relativi ai servizi sociali e di ristorazione ospedaliera, assistenziale e scolastica, nonchè ai servizi ad alta intensità di manodopera, come definiti all'articolo 50, comma 1, fatti salvi gli affidamenti ai sensi dell'articolo 36, comma 2, lettera *a)*[1];

b) i contratti relativi all'affidamento dei servizi di ingegneria e architettura e degli altri servizi di natura tecnica e intellettuale di importo pari o superiore a 40.000 euro[2];

b-bis) i contratti di servizi e le forniture di importo pari o superiore a 40.000 euro caratterizzati da notevole contenuto tecnologico o che hanno un carattere innovativo[3].

4. Può essere utilizzato il criterio del minor prezzo:

a) [...][4];

b) per i servizi e le forniture con caratteristiche standardizzate o le cui condizioni sono definite dal mercato, fatta eccezione per i servizi ad alta intensità di manodopera di cui al comma 3, lettera *a)*[5];

c) [...][6].

5. Le stazioni appaltanti che dispongono l'aggiudicazione ai sensi del comma 4 ne danno adeguata motivazione e indicano nel bando di gara il criterio applicato per selezionare la migliore offerta

6. I documenti di gara stabiliscono i criteri di aggiudicazione dell'offerta, pertinenti alla natura, all'oggetto e alle caratteristiche del contratto. In particolare, l'offerta economicamente più vantaggiosa individuata sulla base del miglior rapporto qualità/prezzo, è valutata sulla base di criteri oggettivi, quali gli aspetti qualitativi, ambientali o sociali, connessi all'oggetto dell'appalto. Nell'ambito di tali criteri possono rientrare:

a) la qualità, che comprende pregio tecnico, caratteristiche estetiche e funzionali, accessibilità per le persone con disabilità, progettazione adeguata per tutti gli utenti, certificazioni e attestazioni in materia di sicurezza e salute dei lavoratori, quali OSHAS 18001, caratteristiche sociali, ambientali, contenimento dei consumi energetici e delle risorse ambientali dell'opera o del prodotto, caratteristiche innovative, commercializzazione e relative condizioni;

b) il possesso di un marchio di qualità ecologica dell'Unione europea (Ecolabel UE) in relazione ai beni o servizi oggetto del contratto, in misura pari o superiore al 30 per cento del valore delle forniture o prestazioni oggetto del contratto stesso;

c) il costo di utilizzazione e manutenzione avuto anche riguardo ai consumi di energia e delle risorse naturali, alle emissioni inquinanti e ai costi complessivi, inclusi quelli esterni e di mitigazione degli impatti dei cambiamenti climatici, riferiti all'intero ciclo di vita dell'opera, bene o servizio, con l'obiettivo strategico di un uso più efficiente delle risorse e di un'economia circolare che promuova ambiente e occupazione[7];

d) la compensazione delle emissioni di gas ad effetto serra associate alle attività dell'azienda calcolate secondo i metodi stabiliti in base alla raccomandazione n. 2013/179/UE della Commissione del 9 aprile 2013, relativa all'uso di metodologie comuni per misurare e comunicare le prestazioni ambientali nel corso del ciclo di vita dei prodotti e delle organizzazioni[7];

e) l'organizzazione, le qualifiche e l'esperienza del personale effettivamente utilizzato nell'appalto, qualora la qualità del personale incaricato possa avere un'influenza significativa sul livello dell'esecuzione dell'appalto;

f) il servizio successivo alla vendita e assistenza tecnica;

g) le condizioni di consegna quali la data di consegna, il processo di consegna e il termine di consegna o di esecuzione.

7. L'elemento relativo al costo, anche nei casi di cui alle disposizioni richiamate al comma 2, può assumere la forma di un prezzo o costo fisso sulla base del quale gli operatori economici competeranno solo in base a criteri qualitativi.

8. I documenti di gara ovvero, in caso di dialogo competitivo, il bando o il documento descrittivo elencano i criteri di valutazione e la ponderazione relativa attribuita a ciascuno di essi, anche prevedendo una forcella in cui lo scarto tra il minimo e il massimo deve essere adeguato. Per ciascun criterio di valutazione prescelto possono essere previsti, ove necessario, sub-criteri e sub- pesi o sub-punteggi[8].

9. Le stazioni appaltanti, quando ritengono la ponderazione di cui al comma 8 non possibile per ragioni oggettive, indicano nel bando di gara e nel capitolato d'oneri o, in caso di dialogo competitivo, nel bando o nel documento descrittivo, l'ordine decrescente di importanza dei criteri. Per attuare la ponderazione o comunque attribuire il punteggio a ciascun elemento dell'offerta, le amministrazioni aggiudicatrici utilizzano metodologie tali da consentire di individuare con un unico parametro numerico finale l'offerta più vantaggiosa.

10. Nell'offerta economica l'operatore deve indicare i propri costi della manodopera e gli oneri aziendali concernenti l'adempimento delle disposizioni in materia di salute e sicurezza sui luoghi di lavoro ad esclusione delle forniture senza posa in opera, dei servizi di natura intellettuale e degli affidamenti ai sensi dell'articolo 36, comma 2, lettera *a)*. Le stazioni appaltanti, relativamente ai costi della manodopera, prima dell'aggiudicazione procedono a verificare il rispetto di quanto previsto all'articolo 97, comma 5, lettera *d)*[9].

10-*bis*. La stazione appaltante, al fine di assicurare l'effettiva individuazione del miglior rapporto qualità/prezzo, valorizza gli elementi qualitativi dell'offerta e individua criteri tali da garantire un confronto concorrenziale effettivo sui profili tecnici. A tal fine la stazione appaltante stabilisce un tetto massimo per il punteggio economico entro il limite del 30 per cento[10].

11. I criteri di aggiudicazione sono considerati connessi all'oggetto dell'appalto ove riguardino lavori, forniture o servizi da fornire nell'ambito di tale appalto sotto qualsiasi aspetto e in qualsiasi fase del loro ciclo di vita, compresi fattori coinvolti nel processo specifico di produzione, fornitura o scambio di questi lavori, forniture o servizi o in un processo specifico per una fase successiva del loro ciclo di vita, anche se questi fattori non sono parte del loro contenuto sostanziale.

12. Le stazioni appaltanti possono decidere di non procedere all'aggiudicazione se nessuna offerta risulti conveniente o idonea in relazione all'oggetto del contratto. Tale facoltà è indicata espressamente nel bando di gara o nella lettera di invito.

13. Compatibilmente con il diritto dell'Unione europea e con i principi di parità di trattamento, non discriminazione, trasparenza e proporzionalità, le amministrazioni aggiudicatrici indicano nel bando di gara, nell'avviso o nell'invito i criteri premiali che intendono applicare alla valutazione dell'offerta in relazione al maggiore rating di legalità e di impresa, alla valutazione dell'impatto generato di cui all'articolo 1, comma 382, lettera b), della legge 28 dicembre 2015, n. 208, anche qualora l'offerente sia un soggetto diverso dalle società benefit, nonchè per agevolare la partecipazione delle micro, piccole e medie imprese, dei giovani professionisti e delle imprese di nuova costituzione alle procedure di affidamento. Indicano altresì il maggiore punteggio relati-

vo all'offerta concernente beni, lavori o servizi che presentano un minore impatto sulla salute e sull'ambiente, ivi compresi i beni o i prodotti da filiera corta o a chilometro zero[11].

14. Per quanto concerne i criteri di aggiudicazione, nei casi di adozione del miglior rapporto qualità prezzo, si applicano altresì le seguenti disposizioni:

a) le stazioni appaltanti possono autorizzare o esigere la presentazione di varianti da parte degli offerenti. Esse indicano nel bando di gara ovvero, se un avviso di preinformazione è utilizzato come mezzo di indizione di una gara, nell'invito a confermare interesse se autorizzano o richiedono le varianti; in mancanza di questa indicazione, le varianti non sono autorizzate. Le varianti sono comunque collegate all'oggetto dell'appalto[12];

b) le stazioni appaltanti che autorizzano o richiedono le varianti menzionano nei documenti di gara i requisiti minimi che le varianti devono rispettare, nonchè le modalità specifiche per la loro presentazione, in particolare se le varianti possono essere presentate solo ove sia stata presentata anche un'offerta, che è diversa da una variante. Esse garantiscono anche che i criteri di aggiudicazione scelti possano essere applicati alle varianti che rispettano tali requisiti minimi e alle offerte conformi che non sono varianti

c) solo le varianti che rispondono ai requisiti minimi prescritti dalle amministrazioni aggiudicatrici sono prese in considerazione;

d) nelle procedure di aggiudicazione degli appalti pubblici di forniture o di servizi, le amministrazioni aggiudicatrici che abbiano autorizzato o richiesto varianti non possono escludere una variante per il solo fatto che, se accolta, configurerebbe, rispettivamente, o un appalto di servizi anzichè un appalto pubblico di forniture o un appalto di forniture anzichè un appalto pubblico di servizi.

14-*bis*. In caso di appalti aggiudicati con il criterio di cui al comma 3, le stazioni appaltanti non possono attribuire alcun punteggio per l'offerta di opere aggiuntive rispetto a quanto previsto nel progetto esecutivo a base d'asta[10].

15. Ogni variazione che intervenga, anche in con seguenza di una pronuncia giurisdizionale, successivamente alla fase di ammissione, regolarizzazione o esclusione delle offerte non rileva ai fini del calcolo di medie nella procedura, nè per l'individuazione della soglia di anomalia delle offerte[13].

[1] Lettera così modificata dall'art. 60, D.Lgs. 19 aprile 2017, n. 56. Il testo previgente disponeva: *a) i contratti relativi ai servizi sociali e di ristorazione ospedaliera, assistenziale e scolastica, nonchè ai servizi ad alta intensità di manodopera, come definiti all'articolo 50, comma 1.*

[2] Lettera così modificata dall'art. 60, D.Lgs. 19 aprile 2017, n. 56. Il testo previgente disponeva: *b) i contratti relativi all'affidamento dei servizi di ingegneria e architettura e degli altri servizi di natura tecnica e intellettuale di importo superiore a 40.000 euro.*

[3] Lettera aggiunta dall'art. 1, D.L. 18 aprile 2019, n. 32, convertito in L. 14 giugno 2019, n. 55, a decorrere dal 18 giugno 2019.

[4] Lettera prima sostituita dall'art. 60, D.Lgs. 19 aprile 2017, n. 56, poi abrogata dall'art. 1, D.L. 18 aprile 2019, n. 32, convertito in L. 14 giugno 2019, n. 55, a decorrere dal 18 giugno 2019.

Il testo previgente la modifica del 2017 disponeva: *a) per i lavori di importo pari o inferiore a 1.000.000 di euro, tenuto conto che la rispondenza ai requisiti di qualità è garantita dall'obbligo che la procedura di gara avvenga sulla base del progetto esecutivo.*

Il testo previgente la modifica del 2019 disponeva: *a) fermo restando quanto previsto dall'articolo 36, comma 2, lettera d), per i lavori di importo pari o inferiore a 2.000.000 di euro, quando l'affidamento dei lavori avviene con procedure ordinarie, sulla base del progetto esecutivo; in tali ipotesi, qualora la stazione appaltante applichi l'esclusione automatica, la stessa ha l'obbligo di ricorrere alle procedure di cui all'articolo 97, commi 2 e 8.*

[5] Lettera così modificata dall'art. 1, D.L. 18 aprile 2019, n. 32, convertito in L. 14 giugno 2019, n. 55, a decorrere dal 18 giugno 2019. Il testo previgente disponeva: *b) per i servizi e le forniture con caratteristiche standardizzate o le cui condizioni sono definite dal mercato.*

[6] Lettera prima modificata dall'art. 60, D.Lgs. 19 aprile 2017, n. 56, poi abrogata dall'art. 1, D.L. 18 aprile 2019, n. 32, convertito in L. 14 giugno 2019, n. 55, a decorrere dal 18 giugno 2019.

Il testo previgente la modifica del 2017 disponeva: *c) per i servizi e le forniture di importo inferiore alla soglia di cui all'articolo 35, caratterizzati da elevata ripetitività, fatta eccezione per quelli di notevole contenuto tecnologico o che hanno un carattere innovativo.*

Il testo previgente la modifica del 2019 disponeva: *c) per i servizi e le forniture di importo fino a 40.000 euro, nonchè per i servizi e le forniture di importo pari o superiore a 40.000 euro e sino alla soglia di cui all'articolo 35 solo se caratterizzati da elevata ripetitività, fatta eccezione per quelli di notevole contenuto tecnologico o che hanno un carattere innovativo.*

[7] Lettera così modificata dall'art. 60, D.Lgs. 19 aprile 2017, n. 56, a cui è stato aggiunto, in fine, il seguente segno: ";".

[8] Comma così modificato dall'art. 60, D.Lgs. 19 aprile 2017, n. 56. Il testo previgente disponeva: *8. I documenti di gara ovvero, in caso di dialogo competitivo, il bando o il documento descrittivo elencano i criteri di valutazione e la ponderazione relativa attribuita a ciascuno di essi, prevedendo una forcella in cui lo scarto tra il minimo e il massimo deve essere adeguato. Per ciascun criterio di valutazione prescelto possono essere previsti, ove necessario, sub-criteri e sub- pesi o sub-punteggi.*

[9] Comma così sostituito dall'art. 60, D.Lgs. 19 aprile 2017, n. 56. Il testo previgente disponeva: *10. Nell'offerta economica l'operatore deve indicare i propri costi aziendali concernenti l'adempimento delle disposizioni in materia di salute e sicurezza sui luoghi di lavoro.*

[10] Comma aggiunto dall'art. 60, D.Lgs. 19 aprile 2017, n. 56.

[11] Comma prima modificato dall'art. 60, D.Lgs. 19 aprile 2017, n. 56, poi sostituito dall'art. 49, D.L. 26 ottobre 2019, n. 124, convertito in L. 19 dicembre 2019, n. 157.

Il testo previgente la modifica del 2017 disponeva: *13. Compatibilmente con il diritto dell'Unione europea e con i principi di parità di trattamento, non discriminazione, trasparenza, proporzionalità, le amministrazioni aggiudicatrici indicano nel bando di gara, nell'avviso o nell'invito, i criteri premiali che intendono applicare alla valutazione dell'offerta in relazione al maggior rating di legalità dell'offerente, nonchè per agevolare la partecipazione alle procedure di affidamento per le microimprese, piccole e medie imprese, per i giovani professionisti e per le imprese di nuova costituzione. Indicano altresì il maggior punteggio relativo all'offerta concernente beni, lavori o servizi che presentano un minore impatto sulla salute e sull'ambiente.*

Il testo previgente la modifica del 2019 disponeva: *13. Compatibilmente con il diritto dell'Unione europea e con i principi di parità di trattamento, non discriminazione, trasparenza, proporzionalità, le amministrazioni aggiudicatrici indicano nel bando di gara, nell'avviso o nell'invito, i criteri premiali che intendono applicare alla valutazione dell'offerta in relazione al maggior rating di legalità e di impresa dell'offerente, nonchè per agevolare la partecipazione alle procedure di affidamento per le microimprese, piccole e medie imprese, per i giovani professionisti e per le imprese di nuova costituzione. Indicano altresì il maggior punteggio relativo all'offerta concernente beni, lavori o servizi che presentano un minore impatto sulla salute e sull'ambiente ivi inclusi i beni o prodotti da filiera corta o a chilometro zero.*

[12] Lettera così modificata dall'art. 60, D.Lgs. 19 aprile 2017, n. 56. Il testo previgente disponeva: *a) le stazioni appaltanti possono autorizzare o esigere la presentazione di varianti da parte degli offerenti. Esse indicano nel bando di gara ovvero, se un avviso di preinformazione è utilizzato come mezzo di indizione di una gara, nell'invito a confermare interesse se autorizzano o richiedono le varianti; in mancanza di questa indicazione, le varianti non sono autorizzate e sono collegate all'oggetto dell'appalto.*

[13] V. artt. 76, 81, 82, 83, D.Lgs. 12 aprile 2006, n. 163 (vecchio Codice dei contratti pubblici). V., anche, Delib. Anac 21 settembre 2016 (G.U. 11 ottobre 2016, n. 238). Linee guida n. 2 di attuazione del decreto legislativo 18 aprile 2016, n. 50, recanti «*Offerta economicamente più vantaggiosa*». (Delibera n. 1005).

96. *Costi del ciclo di vita.* 1. I costi del ciclo di vita comprendono, in quanto pertinenti, tutti i seguenti costi, o parti di essi, legati al ciclo di vita di un prodotto, di un servizio o di un lavoro:

a) costi sostenuti dall'amministrazione aggiudicatrice o da altri utenti, quali:

1) costi relativi all'acquisizione;

2) costi connessi all'utilizzo, quali consumo di energia e altre risorse;

3) costi di manutenzione;

4) costi relativi al fine vita, come i costi di raccolta, di smaltimento e di riciclaggio;

b) costi imputati a esternalità ambientali legate ai prodotti, servizi o lavori nel corso del ciclo di vita, purchè il loro valore monetario possa essere determinato e verificato. Tali costi possono includere i costi delle emissioni di gas a effetto serra e di altre sostanze inquinanti, nonchè altri costi legati all'attenuazione dei cambiamenti climatici.

2. Quando valutano i costi utilizzando un sistema di costi del ciclo di vita, le stazioni appaltanti indicano nei documenti di gara i dati che gli offerenti devono fornire e il metodo che la stazione appaltante impiegherà al fine di determinare i costi del ciclo di vita sulla base di tali dati. Per la valutazione dei costi imputati alle esternalità ambientali, il metodo deve soddisfare tutte le seguenti condizioni:

a) essere basato su criteri oggettivi, verificabili e non discriminatori. Se il metodo non è stato previsto per un'applicazione ripetuta o continua, lo stesso non deve favorire nè svantaggiare indebitamente taluni operatori economici;

b) essere accessibile a tutte le parti interessate;

c) i dati richiesti devono poter essere forniti con ragionevole sforzo da operatori economici normalmente diligenti, compresi gli operatori economici di altri Stati membri, di paesi terzi parti dell'AAP o di altri accordi internazionali che l'Unione è tenuta a rispettare o ratificati dall'Italia.

3. L'allegato XVIII al presente codice contiene l'elenco degli atti legislativi dell'Unione e, ove necessario, degli atti delegati attuativi che approvano metodi comuni per la valutazione del costo del ciclo di vita[1 2].

[1] Comma così modificato dall'art. 61, D.Lgs. 19 aprile 2017, n. 56. Il testo previgente disponeva: *3. L'allegato XVIII al presente decreto contiene l'elenco degli atti legislativi dell'Unione e, ove necessario, degli atti delegati attuativi che approvano metodi comuni per la valutazione del costo del ciclo di vita.*

[2] V. art. 83, D.Lgs. 12 aprile 2006, n. 163 (vecchio Codice dei contratti pubblici).

97. *Offerte anormalmente basse.* 1. Gli operatori economici forniscono, su richiesta della stazione appaltante, spiegazioni sul prezzo o sui costi proposti nelle offerte se queste appaiono anormalmente basse, sulla base di un giudizio tecnico sulla congruità, serietà, sostenibilità e realizzabilità dell'offerta.

2. Quando il criterio di aggiudicazione è quello del prezzo più basso e il numero delle offerte ammesse è pari o superiore a quindici, la congruità delle offerte è valutata sulle offerte che presentano un ribasso pari o superiore ad una soglia di anomalia determinata; al fine di non rendere predeterminabili dagli offerenti i parametri di riferimento per il calcolo della soglia di anomalia, il RUP o la commissione giudicatrice procedono come segue:

a) calcolo della somma e della media aritmetica dei ribassi percentuali di tutte le offerte ammesse, con esclusione del 10 per cento, arrotondato all'unità superiore, rispettivamente delle offerte di maggior ribasso e di quelle di minor ribasso; le offerte aventi un uguale valore di ribasso sono prese in considerazione distintamente nei loro singoli valori; qualora, nell'effettuare il calcolo del 10 per cento, siano presenti una o più offerte di eguale valore rispetto alle offerte da accantonare, dette offerte sono altresì da accantonare;

b) calcolo dello scarto medio aritmetico dei ribassi percentuali che superano la media calcolata ai sensi della lettera *a)*;

c) calcolo della soglia come somma della media aritmetica e dello scarto medio aritmetico dei ribassi di cui alla lettera *b)*;

d) la soglia calcolata alla lettera *c)* è decrementata di un valore percentuale pari al prodotto delle prime due cifre dopo la virgola della somma dei ribassi di cui alla lettera *a)* applicato allo scarto medio aritmetico di cui alla lettera *b)*[1].

2-*bis*. Quando il criterio di aggiudicazione è quello del prezzo più basso e il numero delle offerte ammesse è inferiore a quindici, la congruità delle offerte è valutata sulle offerte che presentano un ribasso pari o superiore ad una soglia di anomalia determinata; ai fini della determinazione della congruità delle offerte, al fine di non rendere predeterminabili dagli offerenti i parametri di riferimento per il calcolo della soglia di anomalia, il RUP o la commissione giudicatrice procedono come segue:

a) calcolo della media aritmetica dei ribassi percentuali di tutte le offerte ammesse, con esclusione del 10 per cento, arrotondato all'unità superiore, rispettivamente delle offerte di maggior ribasso e di quelle di minor ribasso; le offerte aventi un uguale valore di ribasso sono prese in considerazione distintamente nei loro singoli valori; qualora, nell'effettuare il calcolo del 10 per cento, siano presenti una o più offerte di eguale valore rispetto alle offerte da accantonare, dette offerte sono altresì da accantonare;

b) calcolo dello scarto medio aritmetico dei ribassi percentuali che superano la media calcolata ai sensi della lettera *a)*;

c) calcolo del rapporto tra lo scarto medio aritmetico di cui alla lettera *b)* e la media aritmetica di cui alla lettera *a)*;

d) se il rapporto di cui alla lettera *c)* è pari o inferiore a 0,15, la soglia di anomalia è pari al valore della media aritmetica di cui alla lettera *a)* incrementata del 20 per cento della medesima media aritmetica;

e) se il rapporto di cui alla lettera *c)* è superiore a 0,15 la soglia di anomalia è calcolata come somma della media aritmetica di cui alla lettera *a)* e dello scarto medio aritmetico di cui alla lettera *b)*[2].

2-*ter*. Al fine di non rendere nel tempo predeterminabili dagli offerenti i parametri di riferimento per il calcolo della soglia di anomalia, il Ministero delle infrastrutture e dei trasporti può procedere con decreto alla rideterminazione delle modalità di calcolo per l'individuazione della soglia di anomalia[2].

3. Quando il criterio di aggiudicazione è quello dell'offerta economicamente più vantaggiosa la congruità delle offerte è valutata sulle offerte che presentano sia i punti relativi al prezzo, sia la somma dei punti relativi agli altri elementi di valutazione, entrambi pari o superiori ai quattro quinti dei corrispondenti punti massimi previsti dal bando di gara. Il calcolo di cui al primo periodo è effettuato ove il numero delle offerte ammesse sia pari o superiore a tre. Si applica l'ultimo periodo del comma 6[3].

3-*bis*. Il calcolo di cui ai commi 2, 2-*bis* e 2-*ter* è effettuato ove il numero delle offerte ammesse sia pari o superiore a cinque[4].

4. Le spiegazioni di cui al comma 1 possono, in particolare, riferirsi a:

a) l'economia del processo di fabbricazione dei prodotti, dei servizi prestati o del metodo di costruzione;

b) le soluzioni tecniche prescelte o le condizioni eccezionalmente favorevoli di cui dispone l'offerente per fornire i prodotti, per prestare i servizi o per eseguire i lavori;

c) l'originalità dei lavori, delle forniture o dei servizi proposti dall'offerente.

5. La stazione appaltante richiede per iscritto, assegnando al concorrente un termine non inferiore a quindici giorni, la presentazione, per iscritto, delle spiegazioni. Essa esclude l'offerta solo se la prova fornita non giustifica sufficientemente il basso livello di prezzi o di costi proposti, tenendo conto degli elementi di cui al comma 4 o se ha accertato, con le modalità di cui al primo periodo, che l'offerta è anormalmente bassa in quanto:

a) non rispetta gli obblighi di cui all'articolo 30, comma 3.

b) non rispetta gli obblighi di cui all'articolo 105;

c) sono incongrui gli oneri aziendali della sicurezza di cui all'articolo 95, comma 10 rispetto all'entità e alle caratteristiche dei lavori, dei servizi e delle forniture[5];

d) il costo del personale è inferiore ai minimi salariali retributivi indicati nelle apposite tabelle di cui all'articolo 23, comma 16.

6. Non sono ammesse giustificazioni in relazione a trattamenti salariali minimi inderogabili stabiliti dalla legge o da fonti autorizzate dalla legge. Non sono, altresì, ammesse giustificazioni in relazione agli oneri di sicurezza di cui al piano di sicurezza e coordinamento previsto dall'articolo 100 del decreto legislativo 9 aprile 2008, n. 81. La stazione appaltante in ogni caso può valutare la congruità di ogni offerta che, in base ad elementi specifici, appaia anormalmente bassa.

7. La stazione appaltante qualora accerti che un'offerta è anormalmente bassa in quanto l'offerente ha ottenuto un aiuto di Stato può escludere tale offerta unicamente per questo motivo, soltanto dopo aver consultato l'offerente e se quest'ultimo non è in grado di dimostrare, entro un termine sufficiente stabilito dalla stazione appaltante, che l'aiuto era compatibile con il mercato interno ai sensi dell'articolo 107 TFUE. La stazione appaltante esclude un'offerta in tali circostanze e informa la Commissione europea.

8. Per lavori, servizi e forniture, quando il criterio di aggiudicazione è quello del prezzo più basso e comunque per importi inferiori alle soglie di cui all'articolo 35, e che non presentano carattere transfrontaliero, la stazione appaltante prevede nel bando l'esclusione automatica dalla gara delle offerte che presentano una percentuale di ribasso pari o superiore alla soglia di anomalia individuata ai sensi del comma 2 e dei commi 2-*bis* e 2-*ter*. In tal caso non si applicano i commi 4, 5 e 6. Comunque l'esclusione automatica non opera quando il numero delle offerte ammesse è inferiore a dieci[6].

9. La Cabina di regia di cui all'articolo 212, su richiesta, mette a disposizione degli altri Stati membri, a titolo di collaborazione amministrativa, tutte le informazioni a disposizione, quali leggi, regolamenti, contratti collettivi applicabili o norme tecniche nazionali, relative alle prove e ai documenti prodotti in relazione ai dettagli di cui ai commi 4 e 5[7].

[1] Comma prima modificato dall'art. 62, D.Lgs. 19 aprile 2017, n. 56, poi sostituito dall'art. 1, D.L. 18 aprile 2019, n. 32, convertito in L. 14 giugno 2019, n. 55, a decorrere dal 18 giugno 2019.

Il testo previgente la modifica del 2017 disponeva: *2. Quando il criterio di aggiudicazione è quello del prezzo più basso la congruità delle offerte è valutata sulle offerte che presentano un ribasso pari o superiore ad una soglia di anomalia determinata, al fine di non rendere predeterminabili dai candidati i parametri di riferimento per il calcolo della soglia, procedendo al sorteggio, in sede di gara, di uno dei seguenti metodi:*

a) media aritmetica dei ribassi percentuali di tutte le offerte ammesse, con esclusione del dieci per cento, arrotondato all'unità superiore, rispettivamente delle offerte di maggior ribasso e di quelle di minor ribasso, incrementata dello scarto medio aritmetico dei ribassi percentuali che superano la predetta media;

b) media aritmetica dei ribassi percentuali di tutte le offerte ammesse, con esclusione del dieci per cento, tenuto conto che se la prima cifra dopo la virgola, della somma dei ribassi offerti dai concorrenti ammessi è pari ovvero uguale a zero la media resta invariata; qualora invece la prima cifra dopo la virgola, della somma dei ribassi offerti dai concorrenti ammessi è dispari, la media viene decrementata percentualmente di un valore pari a tale cifra;

c) media aritmetica dei ribassi percentuali di tutte le offerte ammesse, incrementata del 20 per cento;

d) media aritmetica dei ribassi in termini assoluti di tutte le offerte ammesse, decurtata del 20 per cento;

e) media aritmetica dei ribassi percentuali di tutte le offerte ammesse, con esclusione del dieci per cento, arrotondato all'unità superiore, rispettivamente delle offerte di maggior ribasso e di quelle di minor ribasso, incrementata dello scarto medio aritmetico dei ribassi percentuali che superano la predetta media, moltiplicato per un coefficiente sorteggiato dalla commissione giudicatrice all'atto del suo insediamento tra i seguenti valori: 0,6; 0,8; 1; 1,2; 1,4.

Il testo previgente la modifica del 2019 disponeva: *2. Quando il criterio di aggiudicazione è quello del prezzo più basso la congruità delle offerte è valutata sulle offerte che presentano un ribasso pari o superiore ad una soglia di anomalia determinata; al fine di non rendere predeterminabili dai candidati i parametri di riferimento per il calcolo della soglia, il RUP o la commissione giudicatrice procedono al sorteggio, in sede di gara, di uno dei seguenti metodi:*

a) media aritmetica dei ribassi percentuali di tutte le offerte ammesse, con esclusione del venti per cento, arrotondato all'unità superiore, rispettivamente delle offerte di maggior ribasso e di quelle di minor ribasso, incrementata dello scarto medio aritmetico dei ribassi percentuali che superano la predetta media;

b) media aritmetica dei ribassi percentuali di tutte le offerte ammesse, con esclusione del venti per cento rispettivamente delle offerte di maggior ribasso e di quelle di minor ribasso arrotondato all'unità superiore, tenuto conto che se la prima cifra dopo la virgola, della somma dei ribassi offerti dai concorrenti ammessi è pari ovvero uguale a zero la media resta invariata; qualora invece la prima cifra dopo la virgola, della somma dei ribassi offerti dai concorrenti ammessi è dispari, la media viene decrementata percentualmente di un valore pari a tale cifra;

c) media aritmetica dei ribassi percentuali di tutte le offerte ammesse, incrementata del quindici per cento;

d) media aritmetica dei ribassi percentuali di tutte le offerte ammesse incrementata del dieci per cento;

e) media aritmetica dei ribassi percentuali di tutte le offerte ammesse, con esclusione del dieci per cento, arrotondato all'unità superiore, rispettivamente delle offerte di maggior ribasso e di quelle di minor ribasso, incrementata dello scarto medio aritmetico dei ribassi percentuali che superano la predetta media, moltiplicato per un coefficiente sorteggiato dalla commissione giudicatrice o, in mancanza della commissione, dal RUP, all'atto del suo insediamento tra i seguenti valori: 0,6; 0,7; 0,8; 0,9;

[2] Comma aggiunto dall'art. 1, D.L. 18 aprile 2019, n. 32, convertito in L. 14 giugno 2019, n. 55, a decorrere dal 18 giugno 2019.

[3] Comma così modificato dall'art. 1, D.L. 18 aprile 2019, n. 32, convertito in L. 14 giugno 2019, n. 55, a decorrere dal 18 giugno 2019. Il testo previgente disponeva: *3. Quando il criterio di aggiudicazione è quello dell'offerta economicamente più vantaggiosa la congruità delle offerte è valutata sulle offerte che presentano sia i punti relativi al prezzo, sia la somma dei punti relativi agli altri elementi di valutazione, entrambi pari o superiori ai quattro quinti dei corrispondenti punti massimi previsti dal bando di gara.*

[4] Comma aggiunto dall'art. 62, D.Lgs. 19 aprile 2017, n. 56 e poi così modificato dall'art. 1, D.L. 18 aprile 2019, n. 32, convertito in L. 14 giugno 2019, n. 55, a decorrere dal 18 giugno 2019. Il testo previgente disponeva: *3-bis. Il calcolo di cui al comma 2 è effettuato ove il numero delle offerte ammesse sia pari o superiore a cinque.*

[5] Lettera così modificata dall'art. 62, D.Lgs. 19 aprile 2017, n. 56. Il testo previgente disponeva: *c) sono incongrui gli oneri aziendali della sicurezza di cui all'articolo 95, comma 9 rispetto all'entità e alle caratteristiche dei lavori, dei servizi e delle forniture.*

[6] Comma così modificato dall'art. 1, D.L. 18 aprile 2019, n. 32, convertito in L. 14 giugno 2019, n. 55, a decorrere dal 18 giugno 2019. Il testo previgente disponeva: *8. Per lavori, servizi e forniture, quando il criterio di aggiudicazione è quello del prezzo più basso e comunque per importi inferiori alle soglie di cui all'articolo 35, la stazione appaltante può prevedere nel bando l'esclusione automatica dalla gara delle offerte che presentano una percentuale di ribasso pari o superiore alla soglia di anomalia individuata ai sensi del comma 2. In tal caso non si applicano i commi 4, 5 e 6. Comunque la facoltà di esclusione automatica non è esercitabile quando il numero delle offerte ammesse è inferiore a dieci.*

[7] V. artt. 86, 87, 88, D.Lgs. 12 aprile 2006, n. 163 (vecchio Codice dei contratti pubblici).

98. *Avvisi relativi agli appalti aggiudicati.* 1. Le stazioni appaltanti che hanno aggiudicato un contratto pubblico o concluso un accordo quadro inviano un avviso secondo le modalità di pubblicazione di cui all'articolo 72, conforme all'allegato XIV, Parte I, lettera D, relativo ai risultati della procedura di aggiudicazione, entro trenta giorni dalla conclusione del contratto o dalla conclusione dell'accordo quadro[1].

2. Se la gara è stata indetta mediante un avviso di preinformazione e se l'amministrazione aggiudicatrice ha deciso che non aggiudicherà ulteriori appalti nel periodo coperto dall'avviso di preinformazione, l'avviso di aggiudicazione contiene un'indicazione specifica al riguardo.

3. Nel caso di accordi quadro conclusi ai sensi dell'articolo 54, le stazioni appaltanti sono esentate dall'obbligo di inviare un avviso sui risultati della procedura di aggiudicazione di ciascun appalto basato su tale accordo e raggruppano gli avvisi sui risultati della procedura d'appalto per gli appalti fondati sull'accordo quadro su base trimestrale. In tal caso, esse inviano gli avvisi raggruppati entro trenta giorni dalla fine di ogni trimestre.

4. Le stazioni appaltanti inviano all'Ufficio delle pubblicazioni dell'Unione europea, conformemente a quanto previsto dall'articolo 72, un avviso di aggiudicazione di appalto entro trenta giorni dall'aggiudicazione di ogni appalto basata su un sistema dinamico di acquisizione. Esse possono tuttavia raggruppare gli avvisi su base trimestrale. In tal caso, inviano gli avvisi raggruppati al più tardi trenta giorni dopo la fine di ogni trimestre.

5. Fermo restando quanto disposto dall'articolo 53, talune informazioni relative all'aggiudicazione dell'appalto o alla conclusione dell'accordo quadro possono non essere pubblicate qualora la loro divulgazione ostacoli l'applicazione della legge, sia contraria all'interesse pubblico, pregiudichi i legittimi interessi commerciali di un particolare operatore economico, pubblico o privato, oppure possa arrecare pregiudizio alla concorrenza leale tra operatori economici[2].

[1] Comma così modificato dall'art. 63, D.Lgs. 19 aprile 2017, n. 56. Il testo previgente disponeva: *1. Le stazioni appaltanti che hanno aggiudicato un contratto pubblico o concluso un accordo quadro inviano un avviso secondo le modalità di pubblicazione di cui all'articolo 72, conforme all'allegato XIV, Parte I, lettera D, relativo ai risultati della procedura di aggiudicazione, entro trenta giorni dall'aggiudicazione dell'appalto o dalla conclusione dell'accordo quadro.*

[2] V. artt. 65, 225, D.Lgs. 12 aprile 2006, n. 163 (vecchio Codice dei contratti pubblici). V., anche, D.M. 2 dicembre 2016 (*Definizione degli indirizzi generali di pubblicazione degli avvisi e dei bandi di gara, di cui agli articoli 70, 71 e 98 del decreto legislativo 18 aprile 2016, n. 50*).

99. *Relazioni uniche sulle procedure di aggiudicazione degli appalti.* 1. Per ogni appalto od ogni accordo quadro di importo pari o superiore alle soglie di cui all'articolo 35 e ogniqualvolta sia istituito un sistema dinamico di acquisizione, la stazione appaltante redige una relazione contenente almeno le seguenti informazioni:

a) il nome e l'indirizzo della stazione appaltante, l'oggetto e il valore dell'appalto, dell'accordo quadro o del sistema dinamico di acquisizione;

b) se del caso, i risultati della selezione qualitativa e/o della riduzione dei numeri a norma degli articoli 91 e 92, ossia:

1) i nomi dei candidati o degli offerenti selezionati e i motivi della selezione;

2) i nomi dei candidati o degli offerenti esclusi e i motivi dell'esclusione;

c) i motivi del rigetto delle offerte giudicate anormalmente basse;

d) il nome dell'aggiudicatario e le ragioni della scelta della sua offerta, nonchè, se è nota, la parte dell'appalto o dell'accordo quadro che l'aggiudicatario intende subappaltare a terzi; e, se noti al momento della redazione, i nomi degli eventuali subappaltatori del contraente principale;

e) per le procedure competitive con negoziazione e i dialoghi competitivi, le circostanze di cui all'articolo 59 che giustificano l'utilizzazione di tali procedure;

f) per quanto riguarda le procedure negoziate senza previa pubblicazione di un bando di gara, le circostanze di cui all'articolo 63 che giustificano l'utilizzazione di tali procedure;

g) eventualmente, le ragioni per le quali l'amministrazione aggiudicatrice ha deciso di non aggiudicare un appalto, concludere un accordo quadro o istituire un sistema dinamico di acquisizione;

h) eventualmente, le ragioni per le quali per la presentazione delle offerte sono stati usati mezzi di comunicazione diversi dai mezzi elettronici;

i) eventualmente, i conflitti di interesse individuati e le misure successivamente adottate.

2. La relazione di cui al comma 1 non è richiesta per gli appalti basati su accordi quadro conclusi con un solo operatore economico e aggiudicati entro i limiti delle condizioni fissate nell'accordo quadro, o se l'accordo quadro contiene tutti i termini che disciplinano la prestazione dei lavori, dei servizi e delle forniture in questione nonchè le condizioni oggettive per determinare quale degli operatori economici parti dell'accordo quadro effettuerà tale prestazione.

3. Qualora l'avviso di aggiudicazione dell'appalto stilato a norma dell'articolo 98 o dell'articolo 142, comma 3, contiene le informazioni richieste al comma 1, le stazioni appaltanti possono fare riferimento a tale avviso.

4. Le stazioni appaltanti documentano lo svolgimento di tutte le procedure di aggiudicazione, indi-

pendentemente dal fatto che esse siano condotte con mezzi elettronici o meno. Garantiscono la conservazione di una documentazione sufficiente a giustificare decisioni adottate in tutte le fasi della procedura di appalto, quali la documentazione relativa alle comunicazioni con gli operatori economici e le deliberazioni interne, la preparazione dei documenti di gara, il dialogo o la negoziazione se previsti, la selezione e l'aggiudicazione dell'appalto. La documentazione è conservata per almeno cinque anni a partire dalla data di aggiudicazione dell'appalto, ovvero, in caso di pendenza di una controversia, fino al passaggio in giudicato della relativa sentenza.

5. La relazione o i suoi principali elementi sono comunicati alla Cabina di regia di cui all'articolo 212 per la successiva comunicazione alla Commissione europea, alle autorità, agli organismi o alle strutture competenti, quando tale relazione è richiesta[1].

[1] Comma così modificato dall'art. 64, D.Lgs. 19 aprile 2017, n. 56. Il testo previgente disponeva: *5. La relazione o i suoi principali elementi sono comunicati alla Cabina di regia di cui all'articolo 212 per la successiva comunicazione alla Commissione europea o, quando ne facciano richiesta, alle autorità, agli organismi o alle strutture competenti.*

TITOLO V
ESECUZIONE

100. *Requisiti per l'esecuzione dell'appalto.* 1. Le stazioni appaltanti possono richiedere requisiti particolari per l'esecuzione del contratto, purchè siano compatibili con il diritto europeo e con i principi di parità di trattamento, non discriminazione, trasparenza, proporzionalità, innovazione e siano precisate nel bando di gara, o nell'invito in caso di procedure senza bando o nel capitolato d'oneri. Dette condizioni possono attenere, in particolare, a esigenze sociali e ambientali.

2. In sede di offerta gli operatori economici dichiarano di accettare i requisiti particolari nell'ipotesi in cui risulteranno aggiudicatari[1].

[1] V. art. 69, D.Lgs. 12 aprile 2006, n. 163 (vecchio Codice dei contratti pubblici).

101. *Soggetti delle stazioni appaltanti.* 1. La esecuzione dei contratti aventi ad oggetto lavori, servizi, forniture, è diretta dal responsabile unico del procedimento, che controlla i livelli di qualità delle prestazioni. Il responsabile unico del procedimento, nella fase dell'esecuzione, si avvale del direttore dell'esecuzione del contratto o del direttore dei lavori, del coordinatore in materia di salute e di sicurezza durante l'esecuzione previsto dal decreto legislativo 9 aprile 2008, n. 81, nonchè del collaudatore ovvero della commissione di collaudo, del verificatore della conformità e accerta il corretto ed effettivo svolgimento delle funzioni ad ognuno affidate.

2. Per il coordinamento, la direzione ed il controllo tecnico-contabile dell'esecuzione dei contratti pubblici relativi a lavori, le stazioni appaltanti individuano, prima dell'avvio delle procedure per l'affidamento, su proposta del responsabile unico del procedimento, un direttore dei lavori che può essere coadiuvato, in relazione alla complessità dell'intervento, da uno o più direttori operativi e da ispettori di cantiere.

3. Il direttore dei lavori, con l'ufficio di direzione lavori, ove costituito, è preposto al controllo tecnico, contabile e amministrativo dell'esecuzione dell'intervento affinchè i lavori siano eseguiti a regola d'arte ed in conformità al progetto e al contratto. Il direttore dei lavori ha la responsabilità del coordinamento e della supervisione dell'attività di tutto l'ufficio di direzione dei lavori, ed interloquisce in via esclusiva con l'esecutore in merito agli aspetti tecnici ed economici del contratto. Il direttore dei lavori ha la specifica responsabilità dell'accettazione dei materiali, sulla base anche del controllo quantitativo e qualitativo degli accertamenti ufficiali delle caratteristiche meccaniche e in aderenza alle disposizioni delle norme tecniche per le costruzioni vigenti. Al direttore dei lavori fanno carico tutte le attività ed i compiti allo stesso espressamente demandati dal codice nonchè:

a) verificare periodicamente il possesso e la regolarità da parte dell'esecutore e del subappaltatore della documentazione prevista dalle leggi vigenti in materia di obblighi nei confronti dei dipendenti;

b) curare la costante verifica di validità del programma di manutenzione, dei manuali d'uso e dei manuali di manutenzione, modificandone e aggiornandone i contenuti a lavori ultimati;

c) provvedere alla segnalazione al responsabile del procedimento, dell'inosservanza, da parte dell'esecutore, dell'articolo 105;

d) svolgere, qualora sia in possesso dei requisiti richiesti dalla normativa vigente sulla sicurezza, le funzioni di coordinatore per l'esecuzione dei lavori. Nel caso in cui il direttore dei lavori non svolga tali funzioni le stazioni appaltanti prevedono la presenza di almeno un direttore operativo, in possesso dei requisiti previsti dalla normativa, a cui affidarle[1].

4. Gli assistenti con funzioni di direttori operativi collaborano con il direttore dei lavori nel verificare che le lavorazioni di singole parti dei lavori da realizzare siano eseguite regolarmente e nell'osservanza delle clausole contrattuali. Essi rispondono della loro attività direttamente al direttore dei lavori. Ai direttori operativi possono essere affidati dal direttore dei lavori, fra gli altri, i seguenti compiti:

a) verificare che l'esecutore svolga tutte le pratiche di legge relative alla denuncia dei calcoli delle strutture;

b) programmare e coordinare le attività dell'ispettore dei lavori;

c) curare l'aggiornamento del cronoprogramma generale e particolareggiato dei lavori e segnalare tempestivamente al direttore dei lavori le eventuali difformità rispetto alle previsioni contrattuali proponendo i necessari interventi correttivi;

d) assistere il direttore dei lavori nell'identificare gli interventi necessari ad eliminare difetti progettuali o esecutivi;

e) individuare ed analizzare le cause che influiscono negativamente sulla qualità dei lavori e proponendo al direttore dei lavori le adeguate azioni correttive;

f) assistere i collaudatori nell'espletamento delle operazioni di collaudo;

g) esaminare e approvare il programma delle prove di collaudo e messa in servizio degli impianti;

h) direzione di lavorazioni specialistiche.

5. Gli assistenti con funzioni di ispettori di cantiere collaborano con il direttore dei lavori nella sorveglianza dei lavori in conformità delle prescrizioni stabilite nel capitolato speciale di appalto. La posizione di ispettore è ricoperta da una sola persona che esercita la sua attività in un turno di lavoro. Essi sono presenti a tempo pieno durante il periodo di svolgimento di lavori che richiedono controllo quotidiano, nonchè durante le fasi di collaudo e delle eventuali manutenzioni. Essi rispondono della loro attività direttamente al direttore dei lavori. Agli ispettori possono essere affidati fra gli altri i seguenti compiti:

a) la verifica dei documenti di accompagnamento delle forniture di materiali per assicurare che siano conformi alle prescrizioni ed approvati dalle strutture di controllo di qualità del fornitore;

b) la verifica, prima della messa in opera, che i materiali, le apparecchiature e gli impianti abbiano superato le fasi di collaudo prescritte dal controllo di qualità o dalle normative vigenti o dalle prescrizioni contrattuali in base alle quali sono stati costruiti;

c) il controllo sulla attività dei subappaltatori;

d) il controllo sulla regolare esecuzione dei lavori con riguardo ai disegni ed alle specifiche tecniche contrattuali;

e) l'assistenza alle prove di laboratorio;

f) l'assistenza ai collaudi dei lavori ed alle prove di messa in esercizio ed accettazione degli impianti;

g) la predisposizione degli atti contabili e l'esecuzione delle misurazioni quando siano stati incaricati dal direttore dei lavori;

h) l'assistenza al coordinatore per l'esecuzione.

6. Per le funzioni del coordinatore per l'esecuzione dei lavori si applica l'articolo 92 comma 1 del decreto legislativo n. 81 del 2008.

6-*bis*. Per i servizi e le forniture di particolare importanza, da individuarsi con il decreto di cui all'articolo 111, comma 1, primo periodo, la stazione appaltante, su indicazione del direttore dell'esecuzione, può nominare un assistente del direttore dell'esecuzione, con le funzioni indicate dal medesimo decreto[2 3].

[1] Lettera così modificata dall'art. 65, D.Lgs. 19 aprile 2017, n. 56. Il testo previgente disponeva: *d) svolge, qualora sia in possesso dei requisiti previsti, le funzioni di coordinatore per l'esecuzione dei lavori previsti dalla vigente normativa sulla sicurezza. Nel caso in cui il direttore dei lavori non svolga tali funzioni le stazioni appaltanti prevedono la presenza di almeno un direttore operativo, in possesso dei requisiti previsti dalla normativa, a cui affidarle.*

[2] Comma aggiunto dall'art. 65, D.Lgs. 19 aprile 2017, n. 56.

[3] V. art. 119, D.Lgs. 12 aprile 2006, n. 163 (vecchio Codice dei contratti pubblici).

102. *Collaudo e verifica di conformità*[1]. 1. Il responsabile unico del procedimento controlla l'esecuzione del contratto congiuntamente al direttore dei lavori per i lavori e al direttore dell'esecuzione del contratto per i servizi e forniture[2].

2. I contratti pubblici sono soggetti a collaudo per i lavori e a verifica di conformità per i servizi e per le forniture, per certificare che l'oggetto del contratto in termini di prestazioni, obiettivi e caratteristiche tecniche, economiche e qualitative sia stato realizzato ed eseguito nel rispetto delle previsioni e delle pattuizioni contrattuali. Per i contratti pubblici di lavori di importo superiore a 1 milione di euro e inferiore alla soglia di cui all'articolo 35 il certificato di collaudo, nei casi espressamente individuati dal decreto di cui al comma 8, può essere sostituito dal certificato di regolare esecuzione rilasciato per i lavori dal direttore dei lavori. Per i lavori di importo pari o inferiore a 1 milione di euro e per forniture e servizi di importo inferiore alla soglia di cui all'articolo 35, è sempre facoltà della stazione appaltante sostituire il certificato di collaudo o il certificato di verifica di conformità con il certificato di regolare esecuzione rilasciato per i lavori dal direttore dei lavori e per forniture e servizi dal responsabile unico del procedimento. Nei casi di cui al presente comma il certificato di regolare esecuzione è emesso non oltre tre mesi dalla data di ultimazione delle prestazioni oggetto del contratto[3].

3. Il collaudo finale o la verifica di conformità deve avere luogo non oltre sei mesi dall'ultimazione dei lavori o delle prestazioni, salvi i casi, individuati dal decreto del Ministro delle infrastrutture e dei trasporti di cui al comma 8, di particolare complessità dell'opera o delle prestazioni da collaudare, per i quali il termine può essere elevato sino ad un anno. Il certificato di collaudo o il certificato di verifica di conformità ha carattere provvisorio e assume carattere definitivo decorsi due anni dalla sua emissione. Decorso tale termine, il collaudo si intende tacitamente approvato ancorchè l'atto formale di approvazione

non sia stato emesso entro due mesi dalla scadenza del medesimo termine[4].

4. [...][5].

5. Salvo quanto disposto dall'articolo 1669 del codice civile, l'appaltatore risponde per la difformità e i vizi dell'opera o delle prestazioni, ancorchè riconoscibili, purchè denunciati dalla stazione appaltante prima che il certificato di collaudo assuma carattere definitivo[6].

6. Per effettuare le attività di collaudo sull'esecuzione dei contratti pubblici di cui al comma 2, le stazioni appaltanti nominano tra i propri dipendenti o dipendenti di altre amministrazioni pubbliche da uno a tre componenti con qualificazione rapportata alla tipologia e caratteristica del contratto, in possesso dei requisiti di moralità, competenza e professionalità, iscritti all'albo dei collaudatori nazionale o regionale di pertinenza come previsto al comma 8 del presente articolo. Il compenso spettante per l'attività di collaudo è contenuto, per i dipendenti della stazione appaltante, nell'ambito dell'incentivo di cui all'articolo 113, mentre per i dipendenti di altre amministrazioni pubbliche è determinato ai sensi della normativa applicabile alle stazioni appaltanti e nel rispetto delle disposizioni di cui all'articolo 61, comma 9, del decreto-legge 25 giugno 2008, n. 112, convertito, con modificazioni, dalla legge 6 agosto 2008, n. 133. Per i lavori, tra i dipendenti della stazione appaltante ovvero tra i dipendenti delle altre amministrazioni, è individuato il collaudatore delle strutture per la redazione del collaudo statico. Per accertata carenza nell'organico della stazione appaltante, ovvero di altre amministrazioni pubbliche, le stazioni appaltanti individuano i componenti con le procedure di cui all'articolo 31, comma 8[7].

7. Non possono essere affidati incarichi di collaudo e di verifica di conformità:

a) ai magistrati ordinari, amministrativi e contabili, e agli avvocati e procuratori dello Stato, in attività di servizio e, per appalti di lavori pubblici di importo pari o superiore alle soglie di rilevanza comunitaria di cui all'articolo 35 a quelli in quiescenza nella regione/regioni ove è stata svolta l'attività di servizio;

b) ai dipendenti appartenenti ai ruoli della pubblica amministrazione in servizio, ovvero in trattamento di quiescenza per appalti di lavori pubblici di importo pari o superiore alle soglie di rilevanza comunitaria di cui all'articolo 35 ubicati nella regione/regioni ove è svolta per i dipendenti in servizio, ovvero è stata svolta per quelli in quiescenza, l'attività di servizio[8];

c) a coloro che nel triennio antecedente hanno avuto rapporti di lavoro autonomo o subordinato con gli operatori economici a qualsiasi titolo coinvolti nell'esecuzione del contratto;

d) a coloro che hanno, comunque, svolto o svolgono attività di controllo, verifica, progettazione, approvazione, autorizzazione, vigilanza o direzione sul contratto da collaudare;

d-bis) a coloro che hanno partecipato alla procedura di gara[9].

8. Con il regolamento di cui all'articolo 216, comma 27-*octies*, sono disciplinate e definite le modalità tecniche di svolgimento del collaudo, nonchè i casi in cui il certificato di collaudo dei lavori e il certificato di verifica di conformità possono essere sostituiti dal certificato di regolare esecuzione rilasciato ai sensi del comma 2. Fino alla data di entrata in vigore di detto decreto, si applica l'articolo 216, comma 16, anche con riferimento al certificato di regolare esecuzione, rilasciato ai sensi del comma 2[10].

9. Al termine del lavoro sono redatti:

a) per i beni del patrimonio culturale un consuntivo scientifico predisposto dal direttore dei lavori o, nel caso di interventi su beni culturali mobili, superfici decorate di beni architettonici e a materiali storicizzati di beni immobili di interesse storico artistico o archeologico, da restauratori di beni culturali, ai sensi dalla normativa vigente, quale ultima fase del processo della conoscenza e del restauro e quale premessa per il futuro programma di intervento sul bene; i costi per la elaborazione del consuntivo scientifico sono previsti nel quadro economico dell'intervento;

b) l'aggiornamento del piano di manutenzione;

c) una relazione tecnico-scientifica redatta dai professionisti afferenti alle rispettive competenze, con l'esplicitazione dei risultati culturali e scientifici raggiunti[11].

[1] Rubrica così modificata dall'art. 66, D.Lgs. 19 aprile 2017, n. 56. Il testo previgente disponeva: *Collaudo.*

[2] Comma così modificato dall'art. 66, D.Lgs. 19 aprile 2017, n. 56. Il testo previgente disponeva: *1. Il responsabile unico del procedimento controlla l'esecuzione del contratto congiuntamente al direttore dell'esecuzione del contratto.*

[3] Comma così modificato dall'art. 66, D.Lgs. 19 aprile 2017, n. 56. Il testo previgente disponeva: *2. I contratti pubblici sono soggetti a collaudo per i lavori e a verifica di conformità per i servizi e per le forniture, per certificare che l'oggetto del contratto in termini di prestazioni, obiettivi e caratteristiche tecniche, economiche e qualitative sia stato realizzato ed eseguito nel rispetto delle previsioni contrattuali e delle pattuizioni concordate in sede di aggiudicazione o affidamento. Per i contratti pubblici di importo inferiore alla soglia europea di cui all'articolo 35 il certificato di collaudo dei lavori e il certificato di verifica di conformità, nei casi espressamente individuati dal decreto di cui al comma 8, possono essere sostituiti dal certificato di regolare esecuzione rilasciato per i lavori dal direttore dei lavori e dal responsabile unico del procedimento per i servizi e le forniture su richiesta del direttore dell'esecuzione, se nominato.*

[4] Comma così modificato dall'art. 66, D.Lgs. 19 aprile 2017, n. 56. Il testo previgente disponeva: *3. Il collaudo finale deve avere luogo non oltre sei mesi dall'ultimazione dei lavori, salvi i casi, individuati dal decreto del Ministro delle infra-*

strutture e dei trasporti di cui al comma 8, di particolare complessità dell'opera da collaudare, per i quali il termine può essere elevato sino ad un anno. Il certificato di collaudo ha carattere provvisorio e assume carattere definitivo decorsi due anni dalla sua emissione. Decorso tale termine, il collaudo si intende tacitamente approvato ancorchè l'atto formale di approvazione non sia stato emesso entro due mesi dalla scadenza del medesimo termine.

[5] Comma abrogato dall'art. 66, D.Lgs. 19 aprile 2017, n. 56. Il testo previgente disponeva: *4. All'esito positivo del collaudo o della verifica di conformità il responsabile unico del procedimento rilascia il certificato di pagamento ai fini dell'emissione della fattura da parte dell'appaltatore. Il certificato di pagamento è rilasciato non oltre il novantesimo giorno dall'emissione del certificato di collaudo provvisorio ovvero del certificato di regolare esecuzione e non costituisce presunzione di accettazione dell'opera, ai sensi dell'articolo 1666, secondo comma, del codice civile.*

[6] Comma così modificato dall'art. 66, D.Lgs. 19 aprile 2017, n. 56. Il testo previgente disponeva: *5. Salvo quanto disposto dall'articolo 1669 del codice civile, l'appaltatore risponde per la difformità e i vizi dell'opera, ancorchè riconoscibili, purchè denunciati dalla stazione appaltante prima che il certificato di collaudo assuma carattere definitivo.*

[7] Comma così sostituito dall'art. 66, D.Lgs. 19 aprile 2017, n. 56. Il testo previgente disponeva: *6. Per effettuare le attività di controllo sull'esecuzione dei contratti pubblici di cui al comma 1, le stazioni appaltanti nominano tra i propri dipendenti o dipendenti di altre amministrazioni pubbliche da uno a tre componenti con qualificazione rapportata alla tipologia e caratteristica del contratto, il cui compenso è contenuto nell'ambito dell'incentivo di cui all'articolo 113. Per i lavori, il dipendente nominato collaudatore ovvero tra i dipendenti nominati collaudatori, è individuato il collaudatore delle strutture per la redazione del collaudo statico. Per accertata carenza nell'organico della stazione appaltante ovvero di altre amministrazioni pubbliche, le stazioni appaltanti individuano i componenti con le procedure di cui all'articolo 31, comma 8.*

[8] Lettera così modificata dall'art. 66, D.Lgs. 19 aprile 2017, n. 56. Il testo previgente disponeva: *b) ai dipendenti appartenenti ai ruoli della pubblica amministrazione in trattamento di quiescenza per appalti di lavori pubblici di importo pari o superiore alle soglie di rilevanza comunitaria di cui all'articolo 35 ubicati nella regione/regioni ove è stata svolta l'attività di servizio.*

[9] Lettera aggiunta dall'art. 66, D.Lgs. 19 aprile 2017, n. 56.

[10] Comma così modificato prima dall'art. 66, D.Lgs. 19 aprile 2017, n. 56, poi dall'art. 1, D.L. 18 aprile 2019, n. 32, convertito in L. 14 giugno 2019, n. 55, a decorrere dal 18 giugno 2019.

Il testo previgente la modifica del 2017 disponeva: *8. Con decreto del Ministro delle infrastrutture e dei trasporti, su proposta del Consiglio superiore dei lavori pubblici, sentita l'ANAC, sono disciplinate e definite le modalità tecniche di svolgimento del collaudo, nonchè i casi in cui il certificato di collaudo dei lavori e il certificato di verifica di conformità possono essere sostituiti dal certificato di regolare esecuzione rilasciato ai sensi del comma 2. Fino alla data di entrata in vigore di detto decreto, si applica l'articolo 216, comma 16.*

Il testo previgente la modifica del 2019 disponeva: *8. Con decreto del Ministro delle infrastrutture e dei trasporti, su proposta del Consiglio superiore dei lavori pubblici, sentita l'ANAC, sono disciplinate e definite le modalità tecniche di svolgimento del collaudo, nonchè i casi in cui il certificato di collaudo dei lavori e il certificato di verifica di conformità possono essere sostituiti dal certificato di regolare esecuzione rilasciato ai sensi del comma 2. Fino alla data di entrata in vigore di detto decreto, si applica l'articolo 216, comma 16, anche con riferimento al certificato di regolare esecuzione, rilasciato ai sensi del comma 2. Nel medesimo decreto sono altresì disciplinate le modalità e le procedure di predisposizione degli albi dei collaudatori, di livello nazionale e regionale, nonchè i criteri di iscrizione secondo requisiti di moralità, competenza e professionalità.*

[11] V. artt. 120, 141, D.Lgs. 12 aprile 2006, n. 163 (vecchio Codice dei contratti pubblici).

103. *Garanzie definitive.* 1. L'appaltatore per la sottoscrizione del contratto deve costituire una garanzia, denominata "garanzia definitiva" a sua scelta sotto forma di cauzione o fideiussione con le modalità di cui all'articolo 93, commi 2 e 3, pari al 10 per cento dell'importo contrattuale e tale obbligazione è indicata negli atti e documenti a base di affidamento di lavori, di servizi e di forniture. Nel caso di procedure di gara realizzate in forma aggregata da centrali di committenza, l'importo della garanzia è indicato nella misura massima del 10 per cento dell'importo contrattuale. Al fine di salvaguardare l'interesse pubblico alla conclusione del contratto nei termini e nei modi programmati in caso di aggiudicazione con ribassi superiori al dieci per cento la garanzia da costituire è aumentata di tanti punti percentuali quanti sono quelli eccedenti il 10 per cento. Ove il ribasso sia superiore al venti per cento, l'aumento è di due punti percentuali per ogni punto di ribasso superiore al venti per cento. La cauzione è prestata a garanzia dell'adempimento di tutte le obbligazioni del contratto e del risarcimento dei danni derivanti dall'eventuale inadempimento delle obbligazioni stesse, nonchè a garanzia del rimborso delle somme pagate in più all'esecutore rispetto alle risultanze della liquidazione finale, salva comunque la risarcibilità del maggior danno verso l'appaltatore. La garanzia cessa di avere effetto solo alla data di emissione del certificato di collaudo provvisorio o del certificato di regolare esecuzione. La stazione appaltante può richiedere al soggetto aggiudicatario la reintegrazione della garanzia ove questa sia venuta meno in tutto o in parte; in caso di inottemperanza, la reintegrazione si effettua a valere sui ratei di prezzo da corrispondere all'esecutore. Alla garanzia di cui al presente articolo si applicano le riduzioni previste dall'articolo 93, comma 7, per la garanzia provvisoria;

2. Le stazioni appaltanti hanno il diritto di valersi della cauzione, nei limiti dell'importo massimo garantito, per l'eventuale maggiore spesa sostenuta per il completamento dei lavori, servizi o forniture nel caso di risoluzione del contratto disposta in danno dell'esecutore e hanno il diritto di valersi della cauzione per provvedere al pagamento di quanto dovuto dall'esecutore per le inadempienze derivanti dalla inosservanza di norme e prescrizioni dei contratti collettivi, delle leggi e dei regolamenti sulla tutela, protezione, assicurazione, assistenza e sicurez-

za fisica dei lavoratori comunque presenti in cantiere o nei luoghi dove viene prestato il servizio nei casi di appalti di servizi. Le stazioni appaltanti possono incamerare la garanzia per provvedere al pagamento di quanto dovuto dal soggetto aggiudicatario per le inadempienze derivanti dalla inosservanza di norme e prescrizioni dei contratti collettivi, delle leggi e dei regolamenti sulla tutela, protezione, assicurazione, assistenza e sicurezza fisica dei lavoratori addetti all'esecuzione dell'appalto[1].

3. La mancata costituzione della garanzia di cui al comma 1 determina la decadenza dell'affidamento e l'acquisizione della cauzione provvisoria presentata in sede di offerta da parte della stazione appaltante, che aggiudica l'appalto o la concessione al concorrente che segue nella graduatoria.

4. La garanzia fideiussoria di cui al comma 1 a scelta dell'appaltatore può essere rilasciata dai soggetti di cui all'articolo 93, comma 3. La garanzia deve prevedere espressamente la rinuncia al beneficio della preventiva escussione del debitore principale, la rinuncia all'eccezione di cui all'articolo 1957, secondo comma, del codice civile, nonchè l'operatività della garanzia medesima entro quindici giorni, a semplice richiesta scritta della stazione appaltante.

5. La garanzia di cui al comma 1 è progressivamente svincolata a misura dell'avanzamento dell'esecuzione, nel limite massimo dell'80 per cento dell'iniziale importo garantito. L'ammontare residuo della cauzione definitiva deve permanere fino alla data di emissione del certificato di collaudo provvisorio o del certificato di regolare esecuzione, o comunque fino a dodici mesi dalla data di ultimazione dei lavori risultante dal relativo certificato. Lo svincolo è automatico, senza necessità di nulla osta del committente, con la sola condizione della preventiva consegna all'istituto garante, da parte dell'appaltatore o del concessionario, degli stati di avanzamento dei lavori o di analogo documento, in originale o in copia autentica, attestanti l'avvenuta esecuzione. Tale automatismo si applica anche agli appalti di forniture e servizi. Sono nulle le pattuizioni contrarie o in deroga. Il mancato svincolo nei quindici giorni dalla consegna degli stati di avanzamento o della documentazione analoga costituisce inadempimento del garante nei confronti dell'impresa per la quale la garanzia è prestata.

6. Il pagamento della rata di saldo è subordinato alla costituzione di una cauzione o di una garanzia fideiussoria bancaria o assicurativa pari all'importo della medesima rata di saldo maggiorato del tasso di interesse legale applicato per il periodo intercorrente tra la data di emissione del certificato di collaudo o della verifica di conformità nel caso di appalti di servizi o forniture e l'assunzione del carattere di definitività dei medesimi.

7. L'esecutore dei lavori è obbligato a costituire e consegnare alla stazione appaltante almeno dieci giorni prima della consegna dei lavori anche una polizza di assicurazione che copra i danni subiti dalle stazioni appaltanti a causa del danneggiamento o della distruzione totale o parziale di impianti ed opere, anche preesistenti, verificatisi nel corso dell'esecuzione dei lavori. Nei documenti e negli atti a base di gara o di affidamento è stabilito l'importo della somma da assicurare che, di norma, corrisponde all'importo del contratto stesso qualora non sussistano motivate particolari circostanze che impongano un importo da assicurare superiore. La polizza del presente comma deve assicurare la stazione appaltante contro la responsabilità civile per danni causati a terzi nel corso dell'esecuzione dei lavori il cui massimale è pari al cinque per cento della somma assicurata per le opere con un minimo di 500.000 euro ed un massimo di 5.000.000 di euro. La copertura assicurativa decorre dalla data di consegna dei lavori e cessa alla data di emissione del certificato di collaudo provvisorio o del certificato di regolare esecuzione o comunque decorsi dodici mesi dalla data di ultimazione dei lavori risultante dal relativo certificato. Qualora sia previsto un periodo di garanzia, la polizza assicurativa è sostituita da una polizza che tenga indenni le stazioni appaltanti da tutti i rischi connessi all'utilizzo delle lavorazioni in garanzia o agli interventi per la loro eventuale sostituzione o rifacimento. L'omesso o il ritardato pagamento delle somme dovute a titolo di premio o di commissione da parte dell'esecutore non comporta l'inefficacia della garanzia nei confronti della stazione appaltante.

8. Per i lavori di importo superiore al doppio della soglia di cui all'articolo 35, il titolare del contratto per la liquidazione della rata di saldo è obbligato a stipulare, con decorrenza dalla data di emissione del certificato di collaudo provvisorio o del certificato di regolare esecuzione o comunque decorsi dodici mesi dalla data di ultimazione dei lavori risultante dal relativo certificato, una polizza indennitaria decennale a copertura dei rischi di rovina totale o parziale dell'opera, ovvero dei rischi derivanti da gravi difetti costruttivi. La polizza deve contenere la previsione del pagamento dell'indennizzo contrattualmente dovuto in favore del committente non appena questi lo richieda, anche in pendenza dell'accertamento della responsabilità e senza che occorrano consensi ed autorizzazioni di qualunque specie. Il limite di indennizzo della polizza decennale non deve essere inferiore al venti per cento del valore dell'opera realizzata e non superiore al 40 per cento, nel rispetto del principio di proporzionalità avuto riguardo alla natura dell'opera. L'esecutore dei lavori è altresì obbligato a stipulare, per i lavori di cui al presente comma una polizza di assicurazione della responsabilità

civile per danni cagionati a terzi, con decorrenza dalla data di emissione del certificato di collaudo provvisorio o del certificato di regolare esecuzione e per la durata di dieci anni e con un indennizzo pari al 5 per cento del valore dell'opera realizzata con un minimo di 500.000 euro ed un massimo di 5.000.000 di euro[2].

9. Le garanzie fideiussorie e le polizze assicurative previste dal presente codice sono conformi agli schemi tipo approvati con decreto del Ministro dello sviluppo economico di concerto con il Ministro delle infrastrutture e dei trasporti e previamente concordato con le banche e le assicurazioni o loro rappresentanze[3].

10. In caso di raggruppamenti temporanei le garanzie fideiussorie e le garanzie assicurative sono presentate, su mandato irrevocabile, dalla mandataria in nome e per conto di tutti i concorrenti ferma restando la responsabilità solidale tra le imprese.

11. È facoltà dell'amministrazione in casi specifici non richiedere una garanzia per gli appalti di cui all'articolo 36, comma 2, lettera *a)*, nonchè per gli appalti da eseguirsi da operatori economici di comprovata solidità nonchè per le forniture di beni che per la loro natura, o per l'uso speciale cui sono destinati, debbano essere acquistati nel luogo di produzione o forniti direttamente dai produttori o di prodotti d'arte, macchinari, strumenti e lavori di precisione l'esecuzione dei quali deve essere affidata a operatori specializzati. L'esonero dalla prestazione della garanzia deve essere adeguatamente motivato ed è subordinato ad un miglioramento del prezzo di aggiudicazione[4] [5].

[1] Comma così modificato dall'art. 67, D.Lgs. 19 aprile 2017, n. 56. Il testo previgente disponeva: *2. Le stazioni appaltanti hanno il diritto di valersi della cauzione, nei limiti dell'importo massimo garantito, per l'eventuale maggiore spesa sostenuta per il completamento dei lavori nel caso di risoluzione del contratto disposta in danno dell'esecutore e hanno il diritto di valersi della cauzione per provvedere al pagamento di quanto dovuto dall'esecutore per le inadempienze derivanti dalla inosservanza di norme e prescrizioni dei contratti collettivi, delle leggi e dei regolamenti sulla tutela, protezione, assicurazione, assistenza e sicurezza fisica dei lavoratori comunque presenti in cantiere o nei luoghi dove viene prestato il servizio nei casi di appalti di servizi. Le stazioni appaltanti possono incamerare la garanzia per provvedere al pagamento di quanto dovuto dal soggetto aggiudicatario per le inadempienze derivanti dalla inosservanza di norme e prescrizioni dei contratti collettivi, delle leggi e dei regolamenti sulla tutela, protezione, assicurazione, assistenza e sicurezza fisica dei lavoratori addetti all'esecuzione dell'appalto.*

[2] Comma così modificato dall'art. 67, D.Lgs. 19 aprile 2017, n. 56. Il testo previgente disponeva: *8. Per i lavori di importo superiore al doppio della soglia di cui all'articolo 35, il titolare del contratto per la liquidazione della rata di saldo è obbligato a stipulare, con decorrenza dalla data di emissione del certificato di collaudo provvisorio o del certificato di regolare esecuzione o comunque decorsi dodici mesi dalla data di ultimazione dei lavori risultante dal relativo certificato, una polizza indennitaria decennale a copertura dei rischi di rovina totale o parziale dell'opera, ovvero dei rischi derivanti da gravi difetti costruttivi. La polizza deve contenere la previsione del pagamento in favore del committente non appena questi lo richieda, anche in pendenza dell'accertamento della responsabilità e senza che occorrano consensi ed autorizzazioni di qualunque specie. Il limite di indennizzo della polizza decennale non deve essere inferiore al venti per cento del valore dell'opera realizzata e non superiore al 40 per cento, nel rispetto del principio di proporzionalità avuto riguardo alla natura dell'opera. L'esecutore dei lavori è altresì obbligato a stipulare, per i lavori di cui al presente comma una polizza di assicurazione della responsabilità civile per danni cagionati a terzi, con decorrenza dalla data di emissione del certificato di collaudo provvisorio o del certificato di regolare esecuzione e per la durata di dieci anni e con un indennizzo pari al 5 per cento del valore dell'opera realizzata con un minimo di 500.000 euro ed un massimo di 5.000.000 di euro.*

[3] Comma così modificato dall'art. 67, D.Lgs. 19 aprile 2017, n. 56. Il testo previgente disponeva: *9. Le fideiussioni devono essere conformi allo schema tipo approvato con decreto del Ministro dello sviluppo economico di concerto con il Ministro delle infrastrutture e dei trasporti e previamente concordato con le banche e le assicurazioni o loro rappresentanze.*

V. D.M. 19 gennaio 2018, n. 31 di attuazione.

[4] Comma così modificato dall'art. 67, D.Lgs. 19 aprile 2017, n. 56. Il testo previgente disponeva: *11. È facoltà dell'amministrazione in casi specifici non richiedere una garanzia per gli appalti da eseguirsi da operatori economici di comprovata solidità nonchè per le forniture di beni che per la loro natura, o per l'uso speciale cui sono destinati, debbano essere acquistati nel luogo di produzione o forniti direttamente dai produttori o di prodotti d'arte, macchinari, strumenti e lavori di precisione l'esecuzione dei quali deve essere affidata a operatori specializzati. L'esonero dalla prestazione della garanzia deve essere adeguatamente motivato ed è subordinato ad un miglioramento del prezzo di aggiudicazione.*

[5] V. art. 113, D.Lgs. 12 aprile 2006, n. 163 (vecchio Codice dei contratti pubblici).

104. *Garanzie per l'esecuzione di lavori di particolare valore.* 1. Per gli affidamenti a contraente generale di qualunque ammontare, e, ove prevista dal bando o dall'avviso di gara, per gli appalti di ammontare a base d'asta superiore a 100 milioni di euro, il soggetto aggiudicatario presenta sotto forma di cauzione o di fideiussione rilasciata dai soggetti di cui all'articolo 93 comma 3, in luogo della garanzia definitiva di cui all'articolo 103, una garanzia dell'adempimento di tutte le obbligazioni del contratto e del risarcimento dei danni derivanti dall'eventuale inadempimento delle obbligazioni stesse, denominata "garanzia di buon adempimento" e una garanzia di conclusione dell'opera nei casi di risoluzione del contratto previsti dal codice civile e dal presente codice, denominata "garanzia per la risoluzione"[1].

2. Nel caso di affidamento dei lavori ad un nuovo soggetto, anche quest'ultimo presenta le garanzie previste al comma 1.

3. La garanzia di buon adempimento è costituita con le modalità di cui all'articolo 103 commi 1 e 2, ed è pari al cinque per cento fisso dell'importo contrattuale come risultante dall'aggiudicazione senza

applicazione degli incrementi per ribassi di cui all'articolo 103 comma 1 e permane fino alla data di emissione del certificato di collaudo provvisorio o del certificato di regolare esecuzione, o comunque fino a dodici mesi dalla data di ultimazione dei lavori risultante dal relativo certificato.

4. La garanzia fideiussoria "per la risoluzione" di natura accessoria, opera nei casi di risoluzione del contratto previsti dal codice civile e dal presente codice ed è di importo pari al 10 per cento dell'importo contrattuale, fermo restando che, qualora l'importo in valore assoluto fosse superiore a 100 milioni di euro, la garanzia si intende comunque limitata a 100 milioni di euro.

5. La garanzia "per la risoluzione" copre, nei limiti dei danni effettivamente subiti, i costi per le procedure di riaffidamento da parte della stazione appaltante o del soggetto aggiudicatore e l'eventuale maggior costo tra l'importo contrattuale risultante dall'aggiudicazione originaria dei lavori e l'importo contrattuale del riaffidamento dei lavori stessi, a cui sono sommati gli importi dei pagamenti già effettuati o da effettuare in base agli stati d'avanzamento dei lavori[2].

6. La garanzia "per la risoluzione" è efficace a partire dal perfezionamento del contratto e fino alla data di emissione del certificato di ultimazione dei lavori, allorchè cessa automaticamente. La garanzia "per la risoluzione" cessa automaticamente oltre che per la sua escussione ai sensi del comma 1, anche decorsi tre mesi dalla data del riaffidamento dei lavori.

7. Le garanzie di cui al presente articolo prevedono espressamente la rinuncia al beneficio della preventiva escussione del debitore principale e la rinuncia all'eccezione di cui all'articolo 1957, secondo comma del codice civile[3].

8. Nel caso di escussione il pagamento è effettuato entro trenta giorni, a semplice richiesta scritta della stazione appaltante o del soggetto aggiudicatore recante l'indicazione del titolo per cui la stazione appaltante o il soggetto aggiudicatore richiede l'escussione.

9. Gli schemi di polizza-tipo concernenti le garanzie fideiussorie di cui al comma 1, sono adottati con le modalità di cui all'articolo 103, comma 9[4].

10. Le garanzie di cui al presente articolo e agli articoli 93 e 103 prevedono la rivalsa verso il contraente e il diritto di regresso verso la stazione appaltante o il soggetto aggiudicatore per l'eventuale indebito arricchimento e possono essere rilasciate congiuntamente da più garanti. I garanti designano un mandatario o un delegatario per i rapporti con la stazione appaltante o il soggetto aggiudicatore[5 6].

[1] Comma così modificato dall'art. 68, D.Lgs. 19 aprile 2017, n. 56. Il testo previgente disponeva: *1. Per gli affidamenti a contraente generale di qualunque ammontare, e, ove prevista dal bando o dall'avviso di gara, per gli appalti di sola esecuzione di ammontare a base d'asta superiore a 100 milioni di euro, il soggetto aggiudicatario presenta sotto forma di cauzione o di fideiussione rilasciata dai soggetti di cui all'articolo 93 comma 3, in luogo della garanzia definitiva di cui all'articolo 103, una garanzia dell'adempimento di tutte le obbligazioni del contratto e del risarcimento dei danni derivanti dall'eventuale inadempimento delle obbligazioni stesse, denominata "garanzia di buon adempimento" e una garanzia di conclusione dell'opera nei casi di risoluzione del contrato previsti dal codice civile e dal presente codice, denominata "garanzia per la risoluzione".*

[2] Comma così modificato dall'art. 68, D.Lgs. 19 aprile 2017, n. 56, che aggiunge il punto alla fine del comma.

[3] Comma così modificato dall'art. 68, D.Lgs. 19 aprile 2017, n. 56. Il testo previgente disponeva: *7. La garanzia per la risoluzione prevede espressamente la rinuncia al beneficio della preventiva escussione del debitore principale e la rinuncia all'eccezione di cui all'articolo 1957, secondo comma del codice civile.*

[4] V. D.M. 19 gennaio 2018, n. 31 di attuazione.

[5] Comma così modificato dall'art. 68, D.Lgs. 19 aprile 2017, n. 56. Il testo previgente disponeva: *10. Le garanzie di cui al presente articolo e agli articoli 93 e 103 prevedono la rivalsa verso il contraente e il diritto di regresso verso la stazione appaltante o il soggetto aggiudicatore per l'eventuale indebito arricchimento e possono essere rilasciate congiuntamente da più garanti senza determinare tra essi vincoli di solidarietà nei confronti della stazione appaltante o del soggetto aggiudicatore, i quali in caso di escussione dovranno procedere pro-quota nei confronti dei singoli garanti. I garanti designano un mandatario o un delegatario per i rapporti con la stazione appaltante o il soggetto aggiudicatore.*

[6] V. art. 129, D.Lgs. 12 aprile 2006, n. 163 (vecchio Codice dei contratti pubblici).

105. *Subappalto.* 1. I soggetti affidatari dei contratti di cui al presente codice eseguono in proprio le opere o i lavori, i servizi, le forniture compresi nel contratto. Il contratto non può essere ceduto a pena di nullità, fatto salvo quanto previsto dall'articolo 106, comma 1, lettera *d)*. È ammesso il subappalto secondo le disposizioni del presente articolo[1].

2. Il subappalto è il contratto con il quale l'appaltatore affida a terzi l'esecuzione di parte delle prestazioni o lavorazioni oggetto del contratto di appalto. Costituisce, comunque, subappalto qualsiasi contratto avente ad oggetto attività ovunque espletate che richiedono l'impiego di manodopera, quali le forniture con posa in opera e i noli a caldo, se singolarmente di importo superiore al 2 per cento dell'importo delle prestazioni affidate o di importo superiore a 100.000 euro e qualora l'incidenza del costo della manodopera e del personale sia superiore al 50 per cento dell'importo del contratto da affidare. Fatto salvo quanto previsto dal comma 5, l'eventuale subappalto non può superare la quota del 30 per cento dell'importo complessivo del contratto di lavori, servizi o forniture. L'affidatario comunica alla stazione appaltante, prima dell'inizio della prestazione, per tutti i sub-contratti che non sono subappalti, stipulati

per l'esecuzione dell'appalto, il nome del sub-contraente, l'importo del sub-contratto, l'oggetto del lavoro, servizio o fornitura affidati. Sono, altresì, comunicate alla stazione appaltante eventuali modifiche a tali informazioni avvenute nel corso del subcontratto. È altresì fatto obbligo di acquisire nuova autorizzazione integrativa qualora l'oggetto del subappalto subisca variazioni e l'importo dello stesso sia incrementato nonchè siano variati i requisiti di cui al comma 7[2].

3. Le seguenti categorie di forniture o servizi, per le loro specificità, non si configurano come attività affidate in subappalto:

a) l'affidamento di attività specifiche a lavoratori autonomi, per le quali occorre effettuare comunicazione alla stazione appaltante;

b) la subfornitura a catalogo di prodotti informatici;

c) l'affidamento di servizi di importo inferiore a 20.000,00 euro annui a imprenditori agricoli nei comuni classificati totalmente montani di cui all'elenco dei comuni italiani predisposto dall'Istituto nazionale di statistica (ISTAT), ovvero ricompresi nella circolare del Ministero delle finanze n. 9 del 14 giugno 1993, pubblicata nel supplemento ordinario n. 53 alla Gazzetta ufficiale della Repubblica italiana n. 141 del 18 giugno 1993, nonchè nei comuni delle isole minori di cui all'allegato A annesso alla legge 28 dicembre 2001, n. 448;

c-bis) le prestazioni rese in favore dei soggetti affidatari in forza di contratti continuativi di cooperazione, servizio e/o fornitura sottoscritti in epoca anteriore alla indizione della procedura finalizzata alla aggiudicazione dell'appalto. I relativi contratti sono depositati alla stazione appaltante prima o contestualmente alla sottoscrizione del contratto di appalto[3].

4. I soggetti affidatari dei contratti di cui al presente codice possono affidare in subappalto le opere o i lavori, i servizi o le forniture compresi nel contratto, previa autorizzazione della stazione appaltante purchè:

a) l'affidatario del subappalto non abbia partecipato alla procedura per l'affidamento dell'appalto;

b) il subappaltatore sia qualificato nella relativa categoria;

c) all'atto dell'offerta siano stati indicati i lavori o le parti di opere ovvero i servizi e le forniture o parti di servizi e forniture che si intende subappaltare;

d) il concorrente dimostri l'assenza in capo ai subappaltatori dei motivi di esclusione di cui all'articolo 80[4].

5. Per le opere di cui all'articolo 89, comma 11, e fermi restando i limiti previsti dal medesimo comma, l'eventuale subappalto non può superare il trenta per cento dell'importo delle opere e non può essere, senza ragioni obiettive, suddiviso.

6. È obbligatoria l'indicazione della terna di subappaltatori in sede di offerta, qualora gli appalti di lavori, servizi e forniture siano di importo pari o superiore alle soglie di cui all'articolo 35 o, indipendentemente dall'importo a base di gara, riguardino le attività maggiormente esposte a rischio di infiltrazione mafiosa, come individuate al comma 53 dell'articolo 1 della legge 6 novembre 2012, n. 190. Nel caso di appalti aventi ad oggetto più tipologie di prestazioni, la terna di subappaltatori va indicata con riferimento a ciascuna tipologia di prestazione omogenea prevista nel bando di gara. Nel bando o nell'avviso di gara la stazione appaltante prevede, per gli appalti sotto le soglie di cui all'articolo 35: le modalità e le tempistiche per la verifica delle condizioni di esclusione di cui all'articolo 80 prima della stipula del contratto stesso, per l'appaltatore e i subappaltatori; l'indicazione dei mezzi di prova richiesti, per la dimostrazione delle circostanze di esclusione per gravi illeciti professionali come previsti dal comma 13 dell'articolo 80[5].

7. L'affidatario deposita il contratto di subappalto presso la stazione appaltante almeno venti giorni prima della data di effettivo inizio dell'esecuzione delle relative prestazioni. Al momento del deposito del contratto di subappalto presso la stazione appaltante l'affidatario trasmette altresì la certificazione attestante il possesso da parte del subappaltatore dei requisiti di qualificazione prescritti dal presente codice in relazione alla prestazione subappaltata e la dichiarazione del subappaltatore attestante l'assenza in capo ai subappaltatori dei motivi di esclusione di cui all'articolo 80. Il contratto di subappalto, corredato della documentazione tecnica, amministrativa e grafica direttamente derivata dagli atti del contratto affidato, indica puntualmente l'ambito operativo del subappalto sia in termini prestazionali che economici.

8. Il contraente principale è responsabile in via esclusiva nei confronti della stazione appaltante. L'aggiudicatario è responsabile in solido con il subappaltatore in relazione agli obblighi retributivi e contributivi, ai sensi dell'articolo 29 del decreto legislativo 10 settembre 2003, n. 276. Nelle ipotesi di cui al comma 13, lettere *a)* e *c)*, l'appaltatore è liberato dalla responsabilità solidale di cui al primo periodo.

9. L'affidatario è tenuto ad osservare integralmente il trattamento economico e normativo stabilito dai contratti collettivi nazionale e territoriale in vigore per il settore e per la zona nella quale si eseguono le prestazioni. È, altresì, responsabile in solido dell'osservanza delle norme anzidette da parte dei subappaltatori nei confronti dei loro dipendenti per le prestazioni rese nell'ambito del subappalto. L'affidata-

rio e, per suo tramite, i subappaltatori, trasmettono alla stazione appaltante prima dell'inizio dei lavori la documentazione di avvenuta denunzia agli enti previdenziali, inclusa la Cassa edile, ove presente, assicurativi e antinfortunistici, nonchè copia del piano di cui al comma 17. Ai fini del pagamento delle prestazioni rese nell'ambito dell'appalto o del subappalto, la stazione appaltante acquisisce d'ufficio il documento unico di regolarità contributiva in corso di validità relativo all'affidatario e a tutti i subappaltatori.

10. Per i contratti relativi a lavori, servizi e forniture, in caso di ritardo nel pagamento delle retribuzioni dovute al personale dipendente dell'esecutore o del subappaltatore o dei soggetti titolari di subappalti e cottimi, nonchè in caso di inadempienza contributiva risultante dal documento unico di regolarità contributiva, si applicano le disposizioni di cui all'articolo 30, commi 5 e 6.

11. Nel caso di formale contestazione delle richieste di cui al comma precedente, il responsabile del procedimento inoltra le richieste e le contestazioni alla direzione provinciale del lavoro per i necessari accertamenti[6].

12. L'affidatario deve provvedere a sostituire i subappaltatori relativamente ai quali apposita verifica abbia dimostrato la sussistenza dei motivi di esclusione di cui all'articolo 80.

13. La stazione appaltante corrisponde direttamente al subappaltatore, al cottimista, al prestatore di servizi ed al fornitore di beni o lavori, l'importo dovuto per le prestazioni dagli stessi eseguite nei seguenti casi:

a) quando il subappaltatore o il cottimista è una microimpresa o piccola impresa;

b) in caso di inadempimento da parte dell'appaltatore;

c) su richiesta del subappaltatore e se la natura del contratto lo consente.

14. L'affidatario deve praticare, per le prestazioni affidate in subappalto, gli stessi prezzi unitari risultanti dall'aggiudicazione, con ribasso non superiore al venti per cento, nel rispetto degli standard qualitativi e prestazionali previsti nel contratto di appalto. L'affidatario corrisponde i costi della sicurezza e della manodopera, relativi alle prestazioni affidate in subappalto, alle imprese subappaltatrici senza alcun ribasso; la stazione appaltante, sentito il direttore dei lavori, il coordinatore della sicurezza in fase di esecuzione, ovvero il direttore dell'esecuzione, provvede alla verifica dell'effettiva applicazione della presente disposizione. L'affidatario è solidalmente responsabile con il subappaltatore degli adempimenti, da parte di questo ultimo, degli obblighi di sicurezza previsti dalla normativa vigente.

15. Per i lavori, nei cartelli esposti all'esterno del cantiere devono essere indicati anche i nominativi di tutte le imprese subappaltatrici.

16. Al fine di contrastare il fenomeno del lavoro sommerso ed irregolare, il documento unico di regolarità contributiva è comprensivo della verifica della congruità della incidenza della mano d'opera relativa allo specifico contratto affidato. Tale congruità, per i lavori edili è verificata dalla Cassa edile in base all'accordo assunto a livello nazionale tra le parti sociali firmatarie del contratto collettivo nazionale comparativamente più rappresentative per l'ambito del settore edile ed il Ministero del lavoro e delle politiche sociali; per i lavori non edili è verificata in comparazione con lo specifico contratto collettivo applicato.

17. I piani di sicurezza di cui al decreto legislativo del 9 aprile 2008, n. 81 sono messi a disposizione delle autorità competenti preposte alle verifiche ispettive di controllo dei cantieri. L'affidatario è tenuto a curare il coordinamento di tutti i subappaltatori operanti nel cantiere, al fine di rendere gli specifici piani redatti dai singoli subappaltatori compatibili tra loro e coerenti con il piano presentato dall'affidatario. Nell'ipotesi di raggruppamento temporaneo o di consorzio, detto obbligo incombe al mandatario. Il direttore tecnico di cantiere è responsabile del rispetto del piano da parte di tutte le imprese impegnate nell'esecuzione dei lavori.

18. L'affidatario che si avvale del subappalto o del cottimo deve allegare alla copia autentica del contratto la dichiarazione circa la sussistenza o meno di eventuali forme di controllo o di collegamento a norma dell'articolo 2359 del codice civile con il titolare del subappalto o del cottimo. Analoga dichiarazione deve essere effettuata da ciascuno dei soggetti partecipanti nel caso di raggruppamento temporaneo, società o consorzio. La stazione appaltante provvede al rilascio dell'autorizzazione di cui al comma 4 entro trenta giorni dalla relativa richiesta; tale termine può essere prorogato una sola volta, ove ricorrano giustificati motivi. Trascorso tale termine senza che si sia provveduto, l'autorizzazione si intende concessa. Per i subappalti o cottimi di importo inferiore al 2 per cento dell'importo delle prestazioni affidate o di importo inferiore a 100.000 euro, i termini per il rilascio dell'autorizzazione da parte della stazione appaltante sono ridotti della metà.

19. L'esecuzione delle prestazioni affidate in subappalto non può formare oggetto di ulteriore subappalto.

20. Le disposizioni di cui al presente articolo si applicano anche ai raggruppamenti temporanei e alle società anche consortili, quando le imprese riunite o consorziate non intendono eseguire direttamente le prestazioni scorporabili; si applicano altresì agli affidamenti con procedura negoziata. Ai fini dell'ap-

plicazione delle disposizioni del presente articolo è consentita, in deroga all'articolo 48, comma 9, primo periodo, la costituzione dell'associazione in partecipazione quando l'associante non intende eseguire direttamente le prestazioni assunte in appalto[7].

21. È fatta salva la facoltà per le regioni a statuto speciale e per le province autonome di Trento e Bolzano, sulla base dei rispettivi statuti e delle relative norme di attuazione e nel rispetto della normativa comunitaria vigente e dei principi dell'ordinamento comunitario, di disciplinare ulteriori casi di pagamento diretto dei subappaltatori.

22. Le stazioni appaltanti rilasciano i certificati necessari per la partecipazione e la qualificazione di cui all'articolo 83, comma 1, e all'articolo 84, comma 4, lettera *b)*, all'appaltatore, scomputando dall'intero valore dell'appalto il valore e la categoria di quanto eseguito attraverso il subappalto. I subappaltatori possono richiedere alle stazioni appaltanti i certificati relativi alle prestazioni oggetto di appalto realmente eseguite[8].

[1] Comma così modificato dall'art. 69, D.Lgs. 19 aprile 2017, n. 56. Il testo previgente disponeva: *1. I soggetti affidatari dei contratti di cui al presente codice di norma eseguono in proprio le opere o i lavori, i servizi, le forniture compresi nel contratto. Il contratto non può essere ceduto a pena di nullità. È ammesso il subappalto secondo le disposizioni del presente articolo.*

[2] Comma così modificato dall'art. 69, D.Lgs. 19 aprile 2017, n. 56. Il testo previgente disponeva: *2. Il subappalto è il contratto con il quale l'appaltatore affida a terzi l'esecuzione di parte delle prestazioni o lavorazioni oggetto del contratto di appalto. Costituisce comunque subappalto qualsiasi contratto avente ad oggetto attività del contratto di appalto ovunque espletate che richiedono l'impiego di manodopera. Fatto salvo quanto previsto dal comma 5, l'eventuale subappalto non può superare la quota del 30 per cento dell'importo complessivo del contratto di lavori, servizi o forniture. Per gli appalti di lavori non costituiscono comunque subappalto le forniture senza prestazione di manodopera, le forniture con posa in opera e i noli a caldo, se singolarmente di importo inferiore al 2 per cento dell'importo delle prestazioni affidate o di importo inferiore a 100.000 euro e qualora l'incidenza del costo della manodopera e del personale non sia superiore al 50 per cento dell'importo del contratto da affidare. L'affidatario comunica alla stazione appaltante, prima dell'inizio della prestazione, per tutti i sub-contratti che non sono subappalti, stipulati per l'esecuzione dell'appalto, il nome del sub-contraente, l'importo del sub-contratto, l'oggetto del lavoro, servizio o fornitura affidati. Sono, altresì, comunicate alla stazione appaltante eventuali modifiche a tali informazioni avvenute nel corso del sub-contratto. È altresì fatto obbligo di acquisire nuova autorizzazione integrativa qualora l'oggetto del subappalto subisca variazioni e l'importo dello stesso sia incrementato nonchè siano variati i requisiti di cui al comma 7.*

Per una deroga delle disposizioni di cui al presente comma, v. art. 1, comma 18, D.L. 18 aprile 2019, n. 32, convertito in L. 14 giugno 2019, n. 55, a decorrere dal 18 giugno 2019.

[3] Lettera aggiunta dall'art. 69, D.Lgs. 19 aprile 2017, n. 56.

[4] Comma così sostituito dall'art. 69, D.Lgs. 19 aprile 2017, n. 56. Il testo previgente disponeva: *4. I soggetti affidatari dei contratti di cui al presente codice possono affidare in subappalto le opere o i lavori, i servizi o le forniture compresi nel contratto, previa autorizzazione della stazione appaltante purchè: a) tale facoltà sia prevista espressamente nel bando di gara anche limitatamente a singole prestazioni e, per i lavori, sia indicata la categoria o le categorie per le quali è ammesso il subappalto. Tutte le prestazioni nonchè le lavorazioni, a qualsiasi categoria appartengano, sono subappaltabili; b) all'atto dell'offerta abbiano indicato i lavori o le parti di opere ovvero i servizi e le forniture o parti di servizi e forniture che intendono subappaltare o concedere in cottimo; c) il concorrente dimostri l'assenza in capo ai subappaltatori dei motivi di esclusione di cui all'articolo 80.*

[5] Comma così sostituito dall'art. 69, D.Lgs. 19 aprile 2017, n. 56. Il testo previgente disponeva: *6. È obbligatoria l'indicazione della terna di subappaltatori, qualora gli appalti di lavori, servizi o forniture siano di importo pari o superiore alle soglie di cui all'articolo 35 e per i quali non sia necessaria una particolare specializzazione. In tal caso il bando o avviso con cui si indice la gara prevedono tale obbligo. Nel bando o nell'avviso la stazione appaltante può prevedere ulteriori casi in cui è obbligatoria l'indicazione della terna anche sotto le soglie di cui all'articolo 35.*

[6] Comma così modificato dall'art. 69, D.Lgs. 19 aprile 2017, n. 56. Il testo previgente disponeva: *11. Nel caso di formale contestazione delle richieste di cui al comma precedente, il responsabile del procedimento inoltra le richieste e delle contestazioni alla direzione provinciale del lavoro per i necessari accertamenti.*

[7] Comma così modificato dall'art. 69, D.Lgs. 19 aprile 2017, n. 56. Il testo previgente disponeva: *20. Le disposizioni di cui al presente articolo si applicano anche ai raggruppamenti temporanei e alle società anche consortili, quando le imprese riunite o consorziate non intendono eseguire direttamente le prestazioni scorporabili, nonchè alle associazioni in partecipazione quando l'associante non intende eseguire direttamente le prestazioni assunte in appalto; si applicano altresì agli affidamenti con procedura negoziata.*

[8] V. art. 118, D.Lgs. 12 aprile 2006, n. 163 (vecchio Codice dei contratti pubblici).

106. *Modifica di contratti durante il periodo di efficacia.* 1. Le modifiche, nonchè le varianti, dei contratti di appalto in corso di validità devono essere autorizzate dal RUP con le modalità previste dall'ordinamento della stazione appaltante cui il RUP dipende. I contratti di appalto nei settori ordinari e nei settori speciali possono essere modificati senza una nuova procedura di affidamento nei casi seguenti:

a) se le modifiche, a prescindere dal loro valore monetario, sono state previste nei documenti di gara iniziali in clausole chiare, precise e inequivocabili, che possono comprendere clausole di revisione dei prezzi. Tali clausole fissano la portata e la natura di eventuali modifiche nonchè le condizioni alle quali esse possono essere impiegate, facendo riferimento alle variazioni dei prezzi e dei costi standard, ove definiti. Esse non apportano modifiche che avrebbero l'effetto di alterare la natura generale del contratto o dell'accordo quadro. Per i contratti relativi ai lavori, le variazioni di prezzo in aumento o in diminuzione possono essere valutate, sulla base dei prezzari di cui all'articolo 23, comma 7, solo per l'eccedenza rispetto al dieci per cento rispetto al prezzo originario e comunque in misura pari alla metà. Per i contratti relativi a servizi o forniture stipulati dai soggetti aggregatori restano ferme le disposizioni di cui all'articolo 1, comma 511, della legge 28 dicembre 2015, n. 208;

b) per lavori, servizi o forniture, supplementari da parte del contraente originale che si sono resi necessari e non erano inclusi nell'appalto iniziale, ove un cambiamento del contraente produca entrambi i seguenti effetti, fatto salvo quanto previsto dal comma 7 per gli appalti nei settori ordinari:

1) risulti impraticabile per motivi economici o tecnici quali il rispetto dei requisiti di intercambiabilità o interoperabilità tra apparecchiature, servizi o impianti esistenti forniti nell'ambito dell'appalto iniziale;

2) comporti per l'amministrazione aggiudicatrice o l'ente aggiudicatore notevoli disguidi o una consistente duplicazione dei costi;

c) ove siano soddisfatte tutte le seguenti condizioni, fatto salvo quanto previsto per gli appalti nei settori ordinari dal comma 7:

1) la necessità di modifica è determinata da circostanze impreviste e imprevedibili per l'amministrazione aggiudicatrice o per l'ente aggiudicatore. In tali casi le modifiche all'oggetto del contratto assumono la denominazione di varianti in corso d'opera. Tra le predette circostanze può rientrare anche la sopravvenienza di nuove disposizioni legislative o regolamentari o provvedimenti di autorità od enti preposti alla tutela di interessi rilevanti;

2) la modifica non altera la natura generale del contratto;

d) se un nuovo contraente sostituisce quello a cui la stazione appaltante aveva inizialmente aggiudicato l'appalto a causa di una delle seguenti circostanze:

1) una clausola di revisione inequivocabile in conformità alle disposizioni di cui alla lettera *a)*;

2) all'aggiudicatario iniziale succede, per causa di morte o a seguito di ristrutturazioni societarie, comprese rilevazioni, fusioni, scissioni, acquisizione o insolvenza, un altro operatore economico che soddisfi i criteri di selezione qualitativa stabiliti inizialmente, purchè ciò non implichi altre modifiche sostanziali al contratto e non sia finalizzato ad eludere l'applicazione del presente codice[1];

3) nel caso in cui l'amministrazione aggiudicatrice o l'ente aggiudicatore si assuma gli obblighi del contraente principale nei confronti dei suoi subappaltatori;

e) se le modifiche non sono sostanziali ai sensi del comma 4. Le stazioni appaltanti possono stabilire nei documenti di gara soglie di importi per consentire le modifiche.

2. I contratti possono parimenti essere modificati, oltre a quanto previsto al comma 1, senza necessità di una nuova procedura a norma del presente codice, se il valore della modifica è al di sotto di entrambi i seguenti valori:

a) le soglie fissate all'articolo 35;

b) il 10 per cento del valore iniziale del contratto per i contratti di servizi e forniture sia nei settori ordinari che speciali ovvero il 15 per cento del valore iniziale del contratto per i contratti di lavori sia nei settori ordinari che speciali. Tuttavia la modifica non può alterare la natura complessiva del contratto o dell'accordo quadro. In caso di più modifiche successive, il valore è accertato sulla base del valore complessivo netto delle successive modifiche. Qualora la necessità di modificare il contratto derivi da errori o da omissioni nel progetto esecutivo, che pregiudicano in tutto o in parte la realizzazione dell'opera o la sua utilizzazione, essa è consentita solo nei limiti quantitativi di cui al presente comma, ferma restando la responsabilità dei progettisti esterni[2].

3. Ai fini del calcolo del prezzo di cui ai commi 1, lettere *b)* e *c)*, 2 e 7, il prezzo aggiornato è il valore di riferimento quando il contratto prevede una clausola di indicizzazione.

4. Una modifica di un contratto o di un accordo quadro durante il periodo della sua efficacia è considerata sostanziale ai sensi del comma 1, lettera *e)*, quando altera considerevolmente gli elementi essenziali del contratto originariamente pattuiti. In ogni caso, fatti salvi i commi 1 e 2, una modifica è considerata sostanziale se una o più delle seguenti condizioni sono soddisfatte:

a) la modifica introduce condizioni che, se fossero state contenute nella procedura d'appalto iniziale, avrebbero consentito l'ammissione di candidati diversi da quelli inizialmente selezionati o l'accettazione di un'offerta diversa da quella inizialmente accettata, oppure avrebbero attirato ulteriori partecipanti alla procedura di aggiudicazione;

b) la modifica cambia l'equilibrio economico del contratto o dell'accordo quadro a favore dell'aggiudicatario in modo non previsto nel contratto iniziale;

c) la modifica estende notevolmente l'ambito di applicazione del contratto;

d) se un nuovo contraente sostituisce quello cui l'amministrazione aggiudicatrice o l'ente aggiudicatore aveva inizialmente aggiudicato l'appalto in casi diversi da quelli previsti al comma 1, lettera *d)*.

5. Le amministrazioni aggiudicatrici o gli enti aggiudicatori che hanno modificato un contratto nelle situazioni di cui al comma 1, lettere *b)* e *c)*, pubblicano un avviso al riguardo nella Gazzetta ufficiale dell'Unione europea. Tale avviso contiene le informazioni di cui all'allegato XIV, parte I, lettera E, ed

è pubblicato conformemente all'articolo 72 per i settori ordinarie e all'articolo 130 per i settori speciali. Per i contratti di importo inferiore alla soglia di cui all'articolo 35, la pubblicità avviene in ambito nazionale[3].

6. Una nuova procedura d'appalto in conformità al presente codice è richiesta per modifiche delle disposizioni di un contratto pubblico di un accordo quadro durante il periodo della sua efficacia diverse da quelle previste ai commi 1 e 2.

7. Nei casi di cui al comma 1, lettere *b)* e *c)*, per i settori ordinari il contratto può essere modificato se l'eventuale aumento di prezzo non eccede il 50 per cento del valore del contratto iniziale. In caso di più modifiche successive, tale limitazione si applica al valore di ciascuna modifica. Tali modifiche successive non sono intese ad aggirare il presente codice.

8. La stazione appaltante comunica all'ANAC le modificazioni al contratto di cui al comma 1, lettera *b)* e al comma 2, entro trenta giorni dal loro perfezionamento. In caso di mancata o tardiva comunicazione l'Autorità irroga una sanzione amministrativa alla stazione appaltante di importo compreso tra 50 e 200 euro per giorno di ritardo. L'Autorità pubblica sulla sezione del sito Amministrazione trasparente l'elenco delle modificazioni contrattuali comunicate, indicando l'opera, l'amministrazione o l'ente aggiudicatore, l'aggiudicatario, il progettista, il valore della modifica.

9. I titolari di incarichi di progettazione sono responsabili per i danni subiti dalle stazioni appaltanti in conseguenza di errori o di omissioni della progettazione di cui al comma 2. Nel caso di appalti aventi ad oggetto la progettazione esecutiva e l'esecuzione di lavori, l'appaltatore risponde dei ritardi e degli oneri conseguenti alla necessità di introdurre varianti in corso d'opera a causa di carenze del progetto esecutivo.

10. Ai fini del presente articolo si considerano errore o omissione di progettazione l'inadeguata valutazione dello stato di fatto, la mancata od erronea identificazione della normativa tecnica vincolante per la progettazione, il mancato rispetto dei requisiti funzionali ed economici prestabiliti e risultanti da prova scritta, la violazione delle regole di diligenza nella predisposizione degli elaborati progettuali.

11. La durata del contratto può essere modificata esclusivamente per i contratti in corso di esecuzione se è prevista nel bando e nei documenti di gara una opzione di proroga. La proroga è limitata al tempo strettamente necessario alla conclusione delle procedure necessarie per l'individuazione di un nuovo contraente. In tal caso il contraente è tenuto all'esecuzione delle prestazioni previste nel contratto agli stessi prezzi, patti e condizioni o più favorevoli per la stazione appaltante.

12. La stazione appaltante, qualora in corso di esecuzione si renda necessario una aumento o una diminuzione delle prestazioni fino a concorrenza del quinto dell'importo del contratto, può imporre all'appaltatore l'esecuzione alle stesse condizioni previste nel contratto originario. In tal caso l'appaltatore non può far valere il diritto alla risoluzione del contratto.

13. Si applicano le disposizioni di cui alla legge 21 febbraio 1991, n. 52. Ai fini dell'opponibilità alle stazioni appaltanti, le cessioni di crediti devono essere stipulate mediante atto pubblico o scrittura privata autenticata e devono essere notificate alle amministrazioni debitrici. Fatto salvo il rispetto degli obblighi di tracciabilità, le cessioni di crediti da corrispettivo di appalto, concessione, concorso di progettazione, sono efficaci e opponibili alle stazioni appaltanti che sono amministrazioni pubbliche qualora queste non le rifiutino con comunicazione da notificarsi al cedente e al cessionario entro quarantacinque giorni dalla notifica della cessione. Le amministrazioni pubbliche, nel contratto stipulato o in atto separato contestuale, possono preventivamente accettare la cessione da parte dell'esecutore di tutti o di parte dei crediti che devono venire a maturazione. In ogni caso l'amministrazione cui è stata notificata la cessione può opporre al cessionario tutte le eccezioni opponibili al cedente in base al contratto relativo a lavori, servizi, forniture, progettazione, con questo stipulato.

14. Per gli appalti e le concessioni di importo inferiore alla soglia comunitaria, le varianti in corso d'opera dei contratti pubblici relativi a lavori, servizi e forniture, nonchè quelle di importo inferiore o pari al 10 per cento dell'importo originario del contratto relative a contratti di importo pari o superiore alla soglia comunitaria, sono comunicate dal RUP all'Osservatorio di cui all'articolo 213, tramite le sezioni regionali, entro trenta giorni dall'approvazione da parte della stazione appaltante per le valutazioni e gli eventuali provvedimenti di competenza. Per i contratti pubblici di importo pari o superiore alla soglia comunitaria, le varianti in corso d'opera di importo eccedente il dieci per cento dell'importo originario del contratto, incluse le varianti in corso d'opera riferite alle infrastrutture prioritarie, sono trasmesse dal RUP all'ANAC, unitamente al progetto esecutivo, all'atto di validazione e ad una apposita relazione del responsabile unico del procedimento, entro trenta giorni dall'approvazione da parte della stazione appaltante. Nel caso in cui l'ANAC accerti l'illegittimità della variante in corso d'opera approvata, essa esercita i poteri di cui all'articolo 213. In caso di inadempimento agli obblighi di comunicazione e trasmissione delle varianti in corso d'opera previsti, si applicano le sanzioni amministrative pecuniarie di cui all'articolo 213, comma 13[4 5].

[1] Numero così modificato dall'art. 70, D.Lgs. 19 aprile 2017, n. 56. Il testo previgente disponeva: *2) all'aggiudicatario iniziale succede, per causa di morte o per contratto, anche a seguito di ristrutturazioni societarie, comprese rilevazioni, fusioni, scissioni, acquisizione o insolvenza, un altro operatore economico che soddisfi i criteri di selezione qualitativa stabiliti inizialmente, purchè ciò non implichi altre modifiche sostanziali al contratto e non sia finalizzato ad eludere l'applicazione del presente codice.*

[2] Comma così sostituito dall'art. 70, D.Lgs. 19 aprile 2017, n. 56. Il testo previgente disponeva: *2. Ferma restando la responsabilità dei progettisti esterni, i contratti possono parimenti essere modificati, oltre a quanto previsto al comma 1, anche a causa di errori o di omissioni del progetto esecutivo che pregiudicano, in tutto o in parte, la realizzazione dell'opera o la sua utilizzazione, senza necessità di una nuova procedura a norma del presente codice, se il valore della modifica è al di sotto di entrambi i seguenti valori: a) le soglie fissate all'articolo 35; b) il 10 per cento del valore iniziale del contratto per i contratti di servizio e fornitura sia nei settori ordinari che speciali ovvero il 15 per cento del valore iniziale del contratto per i contratti di lavori sia nei settori ordinari che speciali. Tuttavia la modifica non può alterare la natura complessiva del contratto o dell'accordo quadro. In caso di più modifiche successive, il valore è accertato sulla base del valore complessivo netto delle successive modifiche.*

[3] Comma così modificato dall'art. 70, D.Lgs. 19 aprile 2017, n. 56. Il testo previgente disponeva: *5. Le amministrazioni aggiudicatrici o gli enti aggiudicatori che hanno modificato un contratto nelle situazioni di cui al comma 1, lettere b) e c), pubblicano un avviso al riguardo nella Gazzetta ufficiale dell'Unione europea. Tale avviso contiene le informazioni di cui all'allegato XIV, parte I, lettera E, ed è pubblicato conformemente all'articolo 72 per i settori ordinarie e all'articolo 130 per i settori speciali.*

[4] Comma così modificato dall'art. 70, D.Lgs. 19 aprile 2017, n. 56. Il testo previgente disponeva: *14. Per gli appalti e le concessioni di importo inferiore alla soglia comunitaria, le varianti in corso d'opera dei contratti pubblici relativi a lavori, servizi e forniture sono comunicate dal RUP all'Osservatorio di cui all'articolo 213, tramite le sezioni regionali, entro trenta giorni dall'approvazione da parte della stazione appaltante per le valutazioni e gli eventuali provvedimenti di competenza. Per i contratti pubblici di importo pari o superiore alla soglia comunitaria, le varianti in corso d'opera di importo eccedente il dieci per cento dell'importo originario del contratto, incluse le varianti in corso d'opera riferite alle infrastrutture prioritarie, sono trasmesse dal RUP all'ANAC, unitamente al progetto esecutivo, all'atto di validazione e ad una apposita relazione del responsabile unico del procedimento, entro trenta giorni dall'approvazione da parte della stazione appaltante. Nel caso in cui l'ANAC accerti l'illegittimità della variante in corso d'opera approvata, essa esercita i poteri di cui all'articolo 213. In caso di inadempimento agli obblighi di comunicazione e trasmissione delle varianti in corso d'opera previsti, si applicano le sanzioni amministrative pecuniarie di cui all'articolo 213, comma 13.*

[5] V. artt. 114, 117, 132, D.Lgs. 12 aprile 2006, n. 163 (vecchio Codice dei contratti pubblici).

107. *Sospensione*. 1. In tutti i casi in cui ricorrano circostanze speciali che impediscono in via temporanea che i lavori procedano utilmente a regola d'arte, e che non siano prevedibili al momento della stipulazione del contratto, il direttore dei lavori può disporre la sospensione dell'esecuzione del contratto, compilando, se possibile con l'intervento dell'esecutore o di un suo legale rappresentante, il verbale di sospensione, con l'indicazione delle ragioni che hanno determinato l'interruzione dei lavori, nonchè dello stato di avanzamento dei lavori, delle opere la cui esecuzione rimane interrotta e delle cautele adottate affinchè alla ripresa le stesse possano essere continuate ed ultimate senza eccessivi oneri, della consistenza della forza lavoro e dei mezzi d'opera esistenti in cantiere al momento della sospensione. Il verbale è inoltrato al responsabile del procedimento entro cinque giorni dalla data della sua redazione.

2. La sospensione può, altresì, essere disposta dal RUP per ragioni di necessità o di pubblico interesse, tra cui l'interruzione di finanziamenti per esigenze sopravvenute di finanza pubblica, disposta con atto motivato delle amministrazioni competenti. Qualora la sospensione, o le sospensioni, durino per un periodo di tempo superiore ad un quarto della durata complessiva prevista per l'esecuzione dei lavori stessi, o comunque quando superino sei mesi complessivi, l'esecutore può chiedere la risoluzione del contratto senza indennità; se la stazione appaltante si oppone, l'esecutore ha diritto alla rifusione dei maggiori oneri derivanti dal prolungamento della sospensione oltre i termini suddetti. Nessun indennizzo è dovuto all'esecutore negli altri casi[1].

3. La sospensione è disposta per il tempo strettamente necessario. Cessate le cause della sospensione, il RUP dispone la ripresa dell'esecuzione e indica il nuovo termine contrattuale

4. Ove successivamente alla consegna dei lavori insorgano, per cause imprevedibili o di forza maggiore, circostanze che impediscano parzialmente il regolare svolgimento dei lavori, l'esecutore è tenuto a proseguire le parti di lavoro eseguibili, mentre si provvede alla sospensione parziale dei lavori non eseguibili, dandone atto in apposito verbale. Le contestazioni dell'esecutore in merito alle sospensioni dei lavori sono iscritte a pena di decadenza nei verbali di sospensione e di ripresa dei lavori, salvo che per le sospensioni inizialmente legittime, per le quali è sufficiente l'iscrizione nel verbale di ripresa dei lavori; qualora l'esecutore non intervenga alla firma dei verbali o si rifiuti di sottoscriverli, deve farne espressa riserva sul registro di contabilità. Quando la sospensione supera il quarto del tempo contrattuale complessivo il responsabile del procedimento dà avviso all'ANAC. In caso di mancata o tardiva comunicazione l'ANAC irroga una sanzione amministrativa alla stazione appaltante di importo compreso tra 50 e 200 euro per giorno di ritardo.

5. L'esecutore che per cause a lui non imputabili non sia in grado di ultimare i lavori nel termine fissato può richiederne la proroga, con congruo anticipo rispetto alla scadenza del termine contrattuale. In ogni

caso la sua concessione non pregiudica i diritti spettanti all'esecutore per l'eventuale imputabilità della maggiore durata a fatto della stazione appaltante. Sull'istanza di proroga decide il responsabile del procedimento, sentito il direttore dei lavori, entro trenta giorni dal suo ricevimento. L'esecutore deve ultimare i lavori nel termine stabilito dagli atti contrattuali, decorrente dalla data del verbale di consegna ovvero, in caso di consegna parziale dall'ultimo dei verbali di consegna. L'ultimazione dei lavori, appena avvenuta, è comunicata dall'esecutore per iscritto al direttore dei lavori, il quale procede subito alle necessarie constatazioni in contraddittorio. L'esecutore non ha diritto allo scioglimento del contratto nè ad alcuna indennità qualora i lavori, per qualsiasi causa non imputabile alla stazione appaltante, non siano ultimati nel termine contrattuale e qualunque sia il maggior tempo impiegato.

6. Nel caso di sospensioni totali o parziali dei lavori disposte dalla stazione appaltante per cause diverse da quelle di cui ai commi 1, 2 e 4, l'esecutore può chiedere il risarcimento dei danni subiti, quantificato sulla base di quanto previsto dall'articolo 1382 del codice civile e secondo criteri individuati nel decreto di cui all'articolo 111, comma 1[2].

7. Le disposizioni del presente articolo si applicano, in quanto compatibili, ai contratti relativi a servizi e forniture.

[1] Comma così modificato dall'art. 71, D.Lgs. 19 aprile 2017, n. 56. Il testo previgente disponeva: *2. La sospensione può, altresì, essere disposta dal RUP per ragioni di necessità o di pubblico interesse, tra cui l'interruzione di finanziamenti per esigenze di finanza pubblica. Qualora la sospensione, o le sospensioni, durino per un periodo di tempo superiore ad un quarto della durata complessiva prevista per l'esecuzione dei lavori stessi, o comunque quando superino sei mesi complessivi, l'esecutore può chiedere la risoluzione del contratto senza indennità; se la stazione appaltante si oppone, l'esecutore ha diritto alla rifusione dei maggiori oneri derivanti dal prolungamento della sospensione oltre i termini suddetti. Nessun indennizzo è dovuto all'esecutore negli altri casi.*

[2] Comma così modificato dall'art. 71, D.Lgs. 19 aprile 2017, n. 56. Il testo previgente disponeva: *6. Nel caso di sospensioni totali o parziali dei lavori disposte dalla stazione appaltante per cause diverse da quelle di cui ai commi 1, 2 e 4, l'esecutore può chiedere il risarcimento dei danni subiti, quantificato sulla base di quanto previsto dall'articolo 1382 del codice civile.*

108. *Risoluzione*. 1. Fatto salvo quanto previsto ai commi 1, 2 e 4, dell'articolo 107, le stazioni appaltanti possono risolvere un contratto pubblico durante il periodo di sua efficacia, se una o più delle seguenti condizioni sono soddisfatte:

a) il contratto ha subito una modifica sostanziale che avrebbe richiesto una nuova procedura di appalto ai sensi dell'articolo 106;

b) con riferimento alle modificazioni di cui all'articolo 106, comma 1, lettere *b)* e *c)* sono state superate le soglie di cui al comma 7 del predetto articolo; con riferimento alle modificazioni di cui all'articolo 106, comma 1, lettera *e)* del predetto articolo, sono state superate eventuali soglie stabilite dalle amministrazioni aggiudicatrici o dagli enti aggiudicatori; con riferimento alle modificazioni di cui all'articolo 106, comma 2, sono state superate le soglie di cui al medesimo comma 2, lettere *a)* e *b)*;

c) l'aggiudicatario si è trovato, al momento dell'aggiudicazione dell'appalto in una delle situazioni di cui all'articolo 80, comma 1, sia per quanto riguarda i settori ordinari sia per quanto riguarda le concessioni e avrebbe dovuto pertanto essere escluso dalla procedura di appalto o di aggiudicazione della concessione, ovvero ancora per quanto riguarda i settori speciali avrebbe dovuto essere escluso a norma dell'articolo 136, comma 1;

d) l'appalto non avrebbe dovuto essere aggiudicato in considerazione di una grave violazione degli obblighi derivanti dai trattati, come riconosciuto dalla Corte di giustizia dell'Unione europea in un procedimento ai sensi dell'articolo 258 TFUE[1].

1-*bis*. Nelle ipotesi di cui al comma 1 non si applicano i termini previsti dall'articolo 21-*nonies* della legge 7 agosto 1990, n. 241[2].

2. Le stazioni appaltanti devono risolvere un contratto pubblico durante il periodo di efficacia dello stesso qualora:

a) nei confronti dell'appaltatore sia intervenuta la decadenza dell'attestazione di qualificazione per aver prodotto falsa documentazione o dichiarazioni mendaci;

b) nei confronti dell'appaltatore sia intervenuto un provvedimento definitivo che dispone l'applicazione di una o più misure di prevenzione di cui al codice delle leggi antimafia e delle relative misure di prevenzione, ovvero sia intervenuta sentenza di condanna passata in giudicato per i reati di cui all'articolo 80.

3. Il direttore dei lavori o il responsabile dell'esecuzione del contratto, se nominato, quando accerta un grave inadempimento alle obbligazioni contrattuali da parte dell'appaltatore, tale da comprometterne la buona riuscita delle prestazioni, invia al responsabile del procedimento una relazione particolareggiata, corredata dei documenti necessari, indicando la stima dei lavori eseguiti regolarmente, il cui importo può essere riconosciuto all'appaltatore. Egli formula, altresì, la contestazione degli addebiti all'appaltatore, assegnando un termine non inferiore a quindici giorni per la presentazione delle proprie controdeduzioni al responsabile del procedimento. Acquisite e valutate negativamente le predette controdeduzioni, ovvero scaduto il termine senza che l'appaltatore abbia risposto, la stazione appaltante su proposta del responsabile del procedimento dichiara risolto il contratto[3].

4. Qualora, al di fuori di quanto previsto al comma 3, l'esecuzione delle prestazioni ritardi per negligenza dell'appaltatore rispetto alle previsioni del contratto, il direttore dei lavori o il responsabile unico dell'esecuzione del contratto, se nominato gli assegna un termine, che, salvo i casi d'urgenza, non può essere inferiore a dieci giorni, entro i quali l'appaltatore deve eseguire le prestazioni. Scaduto il termine assegnato, e redatto processo verbale in contraddittorio con l'appaltatore, qualora l'inadempimento permanga, la stazione appaltante risolve il contratto, fermo restando il pagamento delle penali.

5. Nel caso di risoluzione del contratto l'appaltatore ha diritto soltanto al pagamento delle prestazioni relative ai lavori, servizi o forniture regolarmente eseguiti, decurtato degli oneri aggiuntivi derivanti dallo scioglimento del contratto.

6. Il responsabile unico del procedimento nel comunicare all'appaltatore la determinazione di risoluzione del contratto, dispone, con preavviso di venti giorni, che il direttore dei lavori curi la redazione dello stato di consistenza dei lavori già eseguiti, l'inventario di materiali, macchine e mezzi d'opera e la relativa presa in consegna.

7. Qualora sia stato nominato, l'organo di collaudo procede a redigere, acquisito lo stato di consistenza, un verbale di accertamento tecnico e contabile con le modalità di cui al presente codice. Con il verbale è accertata la corrispondenza tra quanto eseguito fino alla risoluzione del contratto e ammesso in contabilità e quanto previsto nel progetto approvato nonchè nelle eventuali perizie di variante; è altresì accertata la presenza di eventuali opere, riportate nello stato di consistenza, ma non previste nel progetto approvato nonchè nelle eventuali perizie di variante.

8. Nei casi di cui ai commi 2 e 3, in sede di liquidazione finale dei lavori, servizi o forniture riferita all'appalto risolto, l'onere da porre a carico dell'appaltatore è determinato anche in relazione alla maggiore spesa sostenuta per affidare ad altra impresa i lavori ove la stazione appaltante non si sia avvalsa della facoltà prevista dall'articolo 110, comma 1.

9. Nei casi di risoluzione del contratto di appalto dichiarata dalla stazione appaltante l'appaltatore deve provvedere al ripiegamento dei cantieri già allestiti e allo sgombero delle aree di lavoro e relative pertinenze nel termine a tale fine assegnato dalla stessa stazione appaltante; in caso di mancato rispetto del termine assegnato, la stazione appaltante provvede d'ufficio addebitando all'appaltatore i relativi oneri e spese. La stazione appaltante, in alternativa all'esecuzione di eventuali provvedimenti giurisdizionali cautelari, possessori o d'urgenza comunque denominati che inibiscano o ritardino il ripiegamento dei cantieri o lo sgombero delle aree di lavoro e relative pertinenze, può depositare cauzione in conto vincolato a favore dell'appaltatore o prestare fideiussione bancaria o polizza assicurativa con le modalità di cui all'articolo 93, pari all'uno per cento del valore del contratto. Resta fermo il diritto dell'appaltatore di agire per il risarcimento dei danni[4].

[1] Lettera così modificata dall'art. 72, D.Lgs. 19 aprile 2017, n. 56. Il testo previgente disponeva: *d) l'appalto non avrebbe dovuto essere aggiudicato in considerazione di una grave violazione degli obblighi derivanti dai trattati, come riconosciuto dalla Corte di giustizia dell'Unione europea in un procedimento ai sensi dell'articolo 258 TFUE, o di una sentenza passata in giudicato per violazione del presente codice.*

[2] Comma aggiunto dall'art. 72, D.Lgs. 19 aprile 2017, n. 56.

[3] Comma così modificato dall'art. 72, D.Lgs. 19 aprile 2017, n. 56. Il testo previgente disponeva: *3. Quando il direttore dei lavori o il responsabile dell'esecuzione del contratto, se nominato, accerta un grave inadempimento alle obbligazioni contrattuali da parte dell'appaltatore, tale da comprometterne la buona riuscita delle prestazioni, invia al responsabile del procedimento una relazione particolareggiata, corredata dei documenti necessari, indicando la stima dei lavori eseguiti regolarmente, il cui importo può essere riconosciuto all'appaltatore. Egli formula, altresì, la contestazione degli addebiti all'appaltatore, assegnando un termine non inferiore a quindici giorni per la presentazione delle proprie controdeduzioni al responsabile del procedimento. Acquisite e valutate negativamente le predette controdeduzioni, ovvero scaduto il termine senza che l'appaltatore abbia risposto, la stazione appaltante su proposta del responsabile del procedimento dichiara risolto il contratto.*

[4] V. artt. 135, 136, 137, 138, 139, D.Lgs. 12 aprile 2006, n. 163 (vecchio Codice dei contratti pubblici), che, rispettivamente, dispongono: *Art. 135. Risoluzione del contratto per reati accertati e per decadenza dell'attestazione di qualificazione. 1. Fermo quanto previsto da altre disposizioni di legge, qualora nei confronti dell'appaltatore sia intervenuta l'emanazione di un provvedimento definitivo che dispone l'applicazione di una o più misure di prevenzione di cui all'articolo 3, della legge 27 dicembre 1956, n. 1423, ed agli articoli 2 e seguenti della legge 31 maggio 1965, n. 575, ovvero sia intervenuta sentenza di condanna passata in giudicato per i delitti previsti dall'articolo 51, commi 3-bis e 3-quater, del codice di procedura penale, dagli articoli 314, primo comma, 316, 316-bis, 317, 318, 319, 319-ter, 319-quater e 320 del codice penale, nonchè per reati di usura, riciclaggio nonchè per frodi nei riguardi della stazione appaltante, di subappaltatori, di fornitori, di lavoratori o di altri soggetti comunque interessati ai lavori, nonchè per violazione degli obblighi attinenti alla sicurezza sul lavoro, il responsabile del procedimento propone alla stazione appaltante, in relazione allo stato dei lavori e alle eventuali conseguenze nei riguardi delle finalità dell'intervento, di procedere alla risoluzione del contratto.*

1-bis. Qualora nei confronti dell'appaltatore sia intervenuta la decadenza dell'attestazione di qualificazione, per aver prodotto falsa documentazione o dichiarazioni mendaci, risultante dal casellario informatico, la stazione appaltante procede alla risoluzione del contratto.

2. Nel caso di risoluzione, l'appaltatore ha diritto soltanto al pagamento dei lavori regolarmente eseguiti, decurtato degli oneri aggiuntivi derivanti dallo scioglimento del contratto.

Art. 136. Risoluzione del contratto per grave inadempimento grave irregolarità e grave ritardo. 1. Quando il direttore dei lavori accerta che comportamenti dell'appaltatore concretano grave inadempimento alle obbligazioni di contratto tale da compromettere la buona riuscita dei lavori, invia al responsabile del procedimento una relazione particolareggiata, corredata dei documenti necessari, indicando la stima dei lavori eseguiti regolarmente e che devono essere accreditati all'appaltatore.

2. Su indicazione del responsabile del procedimento il direttore dei lavori formula la contestazione degli addebiti all'appaltatore, assegnando un termine non inferiore a quindici giorni per la presentazione delle proprie controdeduzioni al responsabile del procedimento.

3. Acquisite e valutate negativamente le predette controdeduzioni, ovvero scaduto il termine senza che l'appaltatore abbia risposto, la stazione appaltante su proposta del responsabile del procedimento dispone la risoluzione del contratto.

4. Qualora, al fuori dei precedenti casi, l'esecuzione dei lavori ritardi per negligenza dell'appaltatore rispetto alle previsioni del programma, il direttore dei lavori gli assegna un termine, che, salvo i casi d'urgenza, non può essere inferiore a dieci giorni, per compiere i lavori in ritardo, e dà inoltre le prescrizioni ritenute necessarie. Il termine decorre dal giorno di ricevimento della comunicazione.

5. Scaduto il termine assegnato, il direttore dei lavori verifica, in contraddittorio con l'appaltatore, o, in sua mancanza, con la assistenza di due testimoni, gli effetti dell'intimazione impartita, e ne compila processo verbale da trasmettere al responsabile del procedimento.

6. Sulla base del processo verbale, qualora l'inadempimento permanga, la stazione appaltante, su proposta del responsabile del procedimento, delibera la risoluzione del contratto.

Art. 137. Inadempimento di contratti di cottimo. 1. Per i contratti relativi a cottimo, in caso di inadempimento dell'appaltatore la risoluzione è dichiarata per iscritto dal responsabile del procedimento, previa ingiunzione del direttore dei lavori, salvi i diritti e le facoltà riservate dal contratto alla stazione appaltante.

Art. 138. Provvedimenti in seguito alla risoluzione del contratto. 1. Il responsabile del procedimento, nel comunicare all'appaltatore la determinazione di risoluzione del contratto, dispone, con preavviso di venti giorni, che il direttore dei lavori curi la redazione dello stato di consistenza dei lavori già eseguiti, l'inventario di materiali, macchine e mezzi d'opera e la relativa presa in consegna.

2. Qualora sia stato nominato l'organo di collaudo, lo stesso procede a redigere, acquisito lo stato di consistenza, un verbale di accertamento tecnico e contabile con le modalità indicate dal regolamento. Con il verbale è accertata la corrispondenza tra quanto eseguito fino alla risoluzione del contratto e ammesso in contabilità e quanto previsto nel progetto approvato nonchè nelle eventuali perizie di variante; è altresì accertata la presenza di eventuali opere, riportate nello stato di consistenza, ma non previste nel progetto approvato nonchè nelle eventuali perizie di variante.

3. In sede di liquidazione finale dei lavori dell'appalto risolto, è determinato l'onere da porre a carico dell'appaltatore inadempiente in relazione alla maggiore spesa sostenuta per affidare ad altra impresa i lavori, ove la stazione appaltante non si sia avvalsa della facoltà prevista dall'articolo 140, comma 1.

Art. 139. Obblighi in caso di risoluzione del contratto. 1. Nei casi di risoluzione del contratto di appalto disposta dalla stazione appaltante ai sensi degli articoli 135, 136, 137, 138, l'appaltatore deve provvedere al ripiegamento dei cantieri già allestiti e allo sgombero delle aree di lavoro e relative pertinenze nel termine a tale fine assegnato dalla stessa stazione appaltante; in caso di mancato rispetto del termine assegnato, la stazione appaltante provvede d'ufficio addebitando all'appaltatore i relativi oneri e spese. La stazione appaltante, in alternativa all'esecuzione di eventuali provvedimenti giurisdizionali cautelari, possessori o d'urgenza comunque denominati che inibiscano o ritardino il ripiegamento dei cantieri o lo sgombero delle aree di lavoro e relative pertinenze, può depositare cauzione in conto vincolato a favore dell'appaltatore o prestare fideiussione bancaria o polizza assicurativa con le modalità di cui all'articolo 113, comma 2, pari all'uno per cento del valore del contratto. Resta fermo il diritto dell'appaltatore di agire per il risarcimento dei danni.

V. art. 21-nonies, L. 241/1990 (legge sul procedimento amministrativo).

109. *Recesso*. 1. Fermo restando quanto previsto dagli articoli 88, comma 4-*ter* e 92, comma 4, del decreto legislativo 6 settembre 2011, n. 159, la stazione appaltante può recedere dal contratto in qualunque momento previo il pagamento dei lavori eseguiti o delle prestazioni relative ai servizi e alle forniture eseguiti nonchè del valore dei materiali utili esistenti in cantiere nel caso di lavoro o in magazzino nel caso di servizi o forniture, oltre al decimo dell'importo delle opere, dei servizi o delle forniture non eseguite[1].

2. Il decimo dell'importo delle opere non eseguite è calcolato sulla differenza tra l'importo dei quattro quinti del prezzo posto a base di gara, depurato del ribasso d'asta e l'ammontare netto dei lavori, servizi o forniture eseguiti.

3. L'esercizio del diritto di recesso è preceduto da una formale comunicazione all'appaltatore da darsi con un preavviso non inferiore a venti giorni, decorsi i quali la stazione appaltante prende in consegna i lavori, servizi o forniture ed effettua il collaudo definitivo e verifica la regolarità dei servizi e delle forniture.

4. I materiali, il cui valore è riconosciuto dalla stazione appaltante a norma del comma 1, sono soltanto quelli già accettati dal direttore dei lavori o dal direttore dell'esecuzione del contratto, se nominato, o dal RUP in sua assenza, prima della comunicazione del preavviso di cui al comma 3[2].

5. La stazione appaltante può trattenere le opere provvisionali e gli impianti che non siano in tutto o in parte asportabili ove li ritenga ancora utilizzabili. In tal caso essa corrisponde all'appaltatore, per il valore delle opere e degli impianti non ammortizzato nel corso dei lavori eseguiti, un compenso da determinare nella minor somma fra il costo di costruzione e il valore delle opere e degli impianti al momento dello scioglimento del contratto.

6. L'appaltatore deve rimuovere dai magazzini e dai cantieri i materiali non accettati dal direttore dei lavori e deve mettere i magazzini e i cantieri a disposizione della stazione appaltante nel termine stabilito; in caso contrario lo sgombero è effettuato d'ufficio e a sue spese[3].

[1] Comma così modificato dall'art. 73, D.Lgs. 19 aprile 2017, n. 56. Il testo previgente disponeva: *1. Fermo restando*

quanto previsto dagli articoli 88, comma 4-ter e 92, comma 4, del decreto legislativo 6 settembre 2011, n. 159, la stazione appaltante può recedere dal contratto in qualunque tempo previo il pagamento dei lavori eseguiti o delle prestazioni relative ai servizi e alle forniture eseguiti nonchè del valore dei materiali utili esistenti in cantiere nel caso di lavoro o in magazzino nel caso di servizi o forniture, oltre al decimo dell'importo delle opere, dei servizi o delle forniture non eseguite.

[2] Comma così modificato dall'art. 73, D.Lgs. 19 aprile 2017, n. 56. Il testo previgente disponeva: *4. I materiali, il cui valore è riconosciuto dalla stazione appaltante a norma del comma 1, sono soltanto quelli già accettati dal direttore dei lavori o del direttore dell'esecuzione del contratto, se nominato, o del RUP in sua assenza, prima della comunicazione del preavviso di cui al comma 3.*

[3] V. art. 134, D.Lgs. 12 aprile 2006, n. 163 (vecchio Codice dei contratti pubblici), che dispone: *Art. 134. Recesso. 1. La stazione appaltante ha il diritto di recedere in qualunque tempo dal contratto previo il pagamento dei lavori eseguiti e del valore dei materiali utili esistenti in cantiere, oltre al decimo dell'importo delle opere non eseguite.*

2. Il decimo dell'importo delle opere non eseguite è calcolato sulla differenza tra l'importo dei quattro quinti del prezzo posto a base di gara, depurato del ribasso d'asta, e l'ammontare netto dei lavori eseguiti.

3. L'esercizio del diritto di recesso è preceduto da formale comunicazione all'appaltatore da darsi con un preavviso non inferiore a venti giorni, decorsi i quali la stazione appaltante prende in consegna i lavori ed effettua il collaudo definitivo.

4. I materiali il cui valore è riconosciuto dalla stazione appaltante a norma del comma 1 sono soltanto quelli già accettati dal direttore dei lavori prima della comunicazione del preavviso di cui al comma 3.

5. La stazione appaltante può trattenere le opere provvisionali e gli impianti che non siano in tutto o in parte asportabili ove li ritenga ancora utilizzabili. In tal caso essa corrisponde all'appaltatore, per il valore delle opere e degli impianti non ammortizzato nel corso dei lavori eseguiti, un compenso da determinare nella minor somma fra il costo di costruzione e il valore delle opere e degli impianti al momento dello scioglimento del contratto.

6. L'appaltatore deve rimuovere dai magazzini e dai cantieri i materiali non accettati dal direttore dei lavori e deve mettere i predetti magazzini e cantieri a disposizione della stazione appaltante nel termine stabilito; in caso contrario lo sgombero è effettuato d'ufficio e a sue spese.

V., anche, art. 21-sexies, L. 7 agosto 1990, n. 241, che dispone: *Art. 21-sexies. Recesso dai contratti. 1. Il recesso unilaterale dai contratti della pubblica amministrazione è ammesso nei casi previsti dalla legge o dal contratto.*

110. *Procedure di affidamento in caso di fallimento dell'esecutore o di risoluzione del contratto e misure straordinarie di gestione.* 1. Fatto salvo quanto previsto ai commi 3 e seguenti, le stazioni appaltanti, in caso di fallimento, di liquidazione coatta e concordato preventivo, ovvero di risoluzione del contratto ai sensi dell'articolo 108 del presente codice ovvero di recesso dal contratto ai sensi dell'articolo 88, comma 4-*ter*, del decreto legislativo 6 settembre 2011, n. 159, ovvero in caso di dichiarazione giudiziale di inefficacia del contratto, interpellano progressivamente i soggetti che hanno partecipato all'originaria procedura di gara, risultanti dalla relativa graduatoria, al fine di stipulare un nuovo contratto per l'affidamento dell'esecuzione o del completamento dei lavori, servizi o forniture.

2. L'affidamento avviene alle medesime condizioni già proposte dall'originario aggiudicatario in sede in offerta.

3. Il curatore della procedura di fallimento, autorizzato all'esercizio provvisorio dell'impresa, può eseguire i contratti già stipulati dall'impresa fallita con l'autorizzazione del giudice delegato.

4. Alle imprese che hanno depositato la domanda di cui all'articolo 161, anche ai sensi del sesto comma, del regio decreto 16 marzo 1942, n. 267, si applica l'articolo 186-*bis* del predetto regio decreto. Per la partecipazione alle procedure di affidamento di contratti pubblici tra il momento del deposito della domanda di cui al primo periodo ed il momento del deposito del decreto previsto dall'articolo 163 del regio decreto 16 marzo 1942, n. 267 è sempre necessario l'avvalimento dei requisiti di un altro soggetto.

5. L'impresa ammessa al concordato preventivo non necessita di avvalimento di requisiti di altro soggetto.

6. L'ANAC può subordinare la partecipazione, l'affidamento di subappalti e la stipulazione dei relativi contratti alla necessità che l'impresa in concordato si avvalga di un altro operatore in possesso dei requisiti di carattere generale, di capacità finanziaria, tecnica, economica, nonchè di certificazione, richiesti per l'affidamento dell'appalto, che si impegni nei confronti dell'impresa concorrente e della stazione appaltante a mettere a disposizione, per la durata del contratto, le risorse necessarie all'esecuzione dell'appalto e a subentrare all'impresa ausiliata nel caso in cui questa nel corso della gara, ovvero dopo la stipulazione del contratto, non sia per qualsiasi ragione più in grado di dare regolare esecuzione all'appalto o alla concessione quando l'impresa non è in possesso dei requisiti aggiuntivi che l'ANAC individua con apposite linee guida.

7. Restano ferme le disposizioni previste dall'articolo 32 del decreto-legge 24 giugno 2014, n. 90, convertito, con modificazioni, dalla legge 11 agosto 2014, n. 114, in materia di misure straordinarie di gestione di imprese nell'ambito della prevenzione della corruzione[1 2 3].

[1] Articolo prima modificato dall'art. 74, D.Lgs. 19 aprile 2017, n. 56 e poi così sostituito dall'art. 2, D.L. 18 aprile 2019, n. 32, convertito in L. 14 giugno 2019, n. 55 (vigente dal 18 giugno 2019).

Il testo previgente la modifica del 2017 disponeva: *1. Le stazioni appaltanti, in caso di fallimento, di liquidazione coatta e concordato preventivo, ovvero procedura di insolvenza concorsuale o di liquidazione dell'appaltatore, o di risoluzione del contratto ai sensi dell'articolo 108 ovvero di recesso dal contratto ai sensi dell'articolo 88, comma 4-ter, del decreto legi-*

slativo 6 settembre 2011, n. 159, ovvero in caso di dichiarazione giudiziale di inefficacia del contratto, interpellano progressivamente i soggetti che hanno partecipato all'originaria procedura di gara, risultanti dalla relativa graduatoria, al fine di stipulare un nuovo contratto per l'affidamento del completamento dei lavori.

2. L'affidamento avviene alle medesime condizioni già proposte dall'originario aggiudicatario in sede in offerta.

3. Il curatore del fallimento, autorizzato all'esercizio provvisorio, ovvero l'impresa ammessa al concordato con continuità aziendale, su autorizzazione del giudice delegato, sentita l'ANAC, possono

a) partecipare a procedure di affidamento di concessioni e appalti di lavori, forniture e servizi ovvero essere affidatario di subappalto;

b) eseguire i contratti già stipulati dall'impresa fallita o ammessa al concordato con continuità aziendale.

4. L'impresa ammessa al concordato con continuità aziendale non necessita di avvalimento di requisiti di altro soggetto. L'impresa ammessa al concordato con cessione di beni o che ha presentato domanda di concordato a norma dell'articolo 161, sesto comma, del regio decreto 16 marzo 1942, n. 267, può eseguire i contratti già stipulati, su autorizzazione del giudice delegato, sentita l'ANAC.

5. L'ANAC, sentito il giudice delegato, può subordinare la partecipazione, l'affidamento di subappalti e la stipulazione dei relativi contratti alla necessità che il curatore o l'impresa in concordato si avvalgano di un altro operatore in possesso dei requisiti di carattere generale, di capacità finanziaria, tecnica, economica, nonchè di certificazione, richiesti per l'affidamento dell'appalto, che si impegni nei confronti dell'impresa concorrente e della stazione appaltante a mettere a disposizione, per la durata del contratto, le risorse necessarie all'esecuzione dell'appalto e a subentrare all'impresa ausiliata nel caso in cui questa nel corso della gara, ovvero dopo la stipulazione del contratto, non sia per qualsiasi ragione più in grado di dare regolare esecuzione all'appalto o alla concessione, nei seguenti casi:

a) se l'impresa non è in regola con i pagamenti delle retribuzioni dei dipendenti e dei versamenti dei contributi previdenziali e assistenziali;

b) se l'impresa non è in possesso dei requisiti aggiuntivi che l'ANAC individua con apposite linee guida.

6. Restano ferme le disposizioni previste dall'articolo 32 del decreto legge 24 giugno 2014, n. 90, convertito, con modificazioni, dalla legge 11 agosto 2014, n. 114, in materia di misure straordinarie di gestione di imprese nell'ambito della prevenzione della corruzione.

Il testo previgente la modifica del 2019 disponeva: *1. Le stazioni appaltanti, in caso di fallimento, di liquidazione coatta e concordato preventivo, ovvero procedura di insolvenza concorsuale o di liquidazione dell'appaltatore, o di risoluzione del contratto ai sensi dell'articolo 108 ovvero di recesso dal contratto ai sensi dell'articolo 88, comma 4-ter, del decreto legislativo 6 settembre 2011, n. 159, ovvero in caso di dichiarazione giudiziale di inefficacia del contratto, interpellano progressivamente i soggetti che hanno partecipato all'originaria procedura di gara, risultanti dalla relativa graduatoria, al fine di stipulare un nuovo contratto per l'affidamento dell'esecuzione o del completamento dei lavori, servizi o forniture.*

2. L'affidamento avviene alle medesime condizioni già proposte dall'originario aggiudicatario in sede in offerta.

3. Il curatore del fallimento, autorizzato all'esercizio provvisorio, ovvero l'impresa ammessa al concordato con continuità aziendale, su autorizzazione del giudice delegato, possono:

a) partecipare a procedure di affidamento di concessioni e appalti di lavori, forniture e servizi ovvero essere affidatario di subappalto;

b) eseguire i contratti già stipulati dall'impresa fallita o ammessa al concordato con continuità aziendale.

4. L'impresa ammessa al concordato con continuità aziendale non necessita di avvalimento di requisiti di altro soggetto. L'impresa ammessa al concordato con cessione di beni o che ha presentato domanda di concordato a norma dell'articolo 161, sesto comma, del regio decreto 16 marzo 1942, n. 267, può eseguire i contratti già stipulati, su autorizzazione del giudice delegato.

5. L'ANAC, sentito il giudice delegato, può subordinare la partecipazione, l'affidamento di subappalti e la stipulazione dei relativi contratti alla necessità che il curatore o l'impresa in concordato si avvalgano di un altro operatore in possesso dei requisiti di carattere generale, di capacità finanziaria, tecnica, economica, nonchè di certificazione, richiesti per l'affidamento dell'appalto, che si impegni nei confronti dell'impresa concorrente e della stazione appaltante a mettere a disposizione, per la durata del contratto, le risorse necessarie all'esecuzione dell'appalto e a subentrare all'impresa ausiliata nel caso in cui questa nel corso della gara, ovvero dopo la stipulazione del contratto, non sia per qualsiasi ragione più in grado di dare regolare esecuzione all'appalto o alla concessione, nei seguenti casi:

a) se l'impresa non è in regola con i pagamenti delle retribuzioni dei dipendenti e dei versamenti dei contributi previdenziali e assistenziali;

b) se l'impresa non è in possesso dei requisiti aggiuntivi che l'ANAC individua con apposite linee guida.

6. Restano ferme le disposizioni previste dall'articolo 32 del decreto legge 24 giugno 2014, n. 90, convertito, con modificazioni, dalla legge 11 agosto 2014, n. 114, in materia di misure straordinarie di gestione di imprese nell'ambito della prevenzione della corruzione.

Tali nuove disposizioni si applicano alle procedure in cui il bando o l'avviso con cui si indice la gara è pubblicato nel periodo temporale compreso tra la data di entrata in vigore del citato decreto 32/2019 e la data di entrata in vigore del decreto legislativo 12 gennaio 2019, n. 14, nonchè, per i contratti non preceduti dalla pubblicazione di bandi o avvisi, alle procedure in cui gli inviti a presentare le offerte sono stati inviati nel corso del medesimo periodo temporale. A decorrere dalla data di entrata in vigore del decreto legislativo 12 gennaio 2019, n. 14, si applicano le disposizioni dell'articolo 372 del predetto decreto. V. nota 2.

[2] Ai sensi dell'art. 389, comma 1, D.Lgs. 12 gennaio 2019, n. 14, nel testo sostituito dall'art. 5, D.L. 8 aprile 2020, n. 23, convertito in L. 5 giugno 2020, n. 40, a decorrere dal 1° settembre 2021, il presente articolo verrà sostituito dal seguente (ex art. 372 come modificato dall'art. 38, D.Lgs. 26 ottobre 2020, n. 147). Art. 110. Procedure di affidamento in caso di liquidazione giudiziale dell'esecutore o di risoluzione del contratto e misure straordinarie di gestione. 1. Fatto salvo quanto previsto ai commi 3 e seguenti, le stazioni appaltanti, in caso di liquidazione giudiziale, di liquidazione coatta e concordato preventivo, ovvero di risoluzione del contratto ai sensi dell'articolo 108 ovvero di recesso dal contratto ai sensi dell'articolo 88, comma 4-ter, del decreto legislativo 6 settembre 2011, n. 159, ovvero in caso di dichiarazione giudiziale di inefficacia del contratto, interpellano progressivamente i soggetti che hanno partecipato all'originaria procedura di gara, risultanti dalla relativa graduatoria, al fine di stipulare un nuovo contratto per l'affidamento dell'esecuzione o del completamento dei lavori, servizi o forniture.

2. L'affidamento avviene alle medesime condizioni già proposte dall'originario aggiudicatario in sede in offerta.

3. Il curatore della procedura di liquidazione giudiziale, autorizzato all'esercizio dell'impresa, può eseguire i contratti

già stipulati dall'impresa assoggettata alla liquidazione giudiziale su autorizzazione del giudice delegato.

4. Alle imprese che hanno depositato la domanda di cui all'articolo 40 del codice della crisi di impresa e dell'insolvenza adottato in attuazione della delega di cui all'articolo 1 della legge 19 ottobre 2017, n. 155, si applica l'articolo 95 del medesimo codice. Per la partecipazione alle procedure di affidamento di contratti pubblici tra il momento del deposito della domanda di cui al primo periodo ed il momento del deposito del decreto previsto dall'articolo 47 del codice della crisi di impresa e dell'insolvenza è sempre necessario l'avvalimento dei requisiti di un altro soggetto.

5. L'impresa ammessa al concordato preventivo non necessita di avvalimento di requisiti di altro soggetto.

6. L'ANAC può subordinare la partecipazione, l'affidamento di subappalti e la stipulazione dei relativi contratti alla necessità che l'impresa in concordato si avvalga di un altro operatore in possesso dei requisiti di carattere generale, di capacità finanziaria, tecnica, economica, nonchè di certificazione, richiesti per l'affidamento dell'appalto, che si impegni nei confronti dell'impresa concorrente e della stazione appaltante a mettere a disposizione, per la durata del contratto, le risorse necessarie all'esecuzione dell'appalto e a subentrare all'impresa ausiliata nel caso in cui questa nel corso della gara, ovvero dopo la stipulazione del contratto, non sia per qualsiasi ragione più in grado di dare regolare esecuzione all'appalto o alla concessione quando l'impresa non è in possesso dei requisiti aggiuntivi che l'ANAC individua con apposite linee guida.

7. Restano ferme le disposizioni previste dall'articolo 32 del decreto-legge 24 giugno 2014, n. 90, convertito, con modificazioni, dalla legge 11 agosto 2014, n. 114, in materia di misure straordinarie di gestione di imprese nell'ambito della prevenzione della corruzione.

Tali nuove disposizioni si applicheranno alle procedure in cui il bando o l'avviso con cui si indice la gara è pubblicato successivamente alla data di entrata in vigore del D.Lgs. 14/2019, nonchè, per i contratti non preceduti dalla pubblicazione di bandi o avvisi, alle procedure in cui, alla medesima data, non sono ancora stati inviati gli inviti a presentare le offerte.

[3] V. art. 140, D.Lgs. 12 aprile 2006, n. 163 (vecchio Codice dei contratti pubblici).

111. *Controllo tecnico, contabile e amministrativo.* 1. Con il regolamento di cui all'articolo 216, comma 27-*octies*, sono individuate le modalità e, se del caso, la tipologia di atti, attraverso i quali il direttore dei lavori effettua l'attività di cui all'articolo 101, comma 3, in maniera da garantirne trasparenza, semplificazione, efficientamento informatico, con particolare riferimento alle metodologie e strumentazioni elettroniche anche per i controlli di contabilità. Con il decreto di cui al primo periodo, sono disciplinate, altresì, le modalità di svolgimento della verifica di conformità in corso di esecuzione e finale, la relativa tempistica, nonchè i casi in cui il direttore dell'esecuzione può essere incaricato della verifica di conformità. Qualora le amministrazioni aggiudicatrici non possano espletare l'attività di direzione dei lavori, essa è affidata, nell'ordine, ad altre amministrazioni pubbliche, previo apposito accordo ai sensi dell'articolo 15 della legge 7 agosto 1990, n. 241, o intesa o convenzione di cui all'articolo 30 del decreto legislativo 18 agosto 2000, n. 267; al progettista incaricato; ad altri soggetti scelti con le procedure previste dal presente codice per l'affidamento degli incarichi di progettazione[1].

1-*bis*. Gli accertamenti di laboratorio e le verifiche tecniche obbligatorie inerenti alle attività di cui al comma 1, ovvero specificamente previsti dal capitolato speciale d'appalto di lavori, sono disposti dalla direzione dei lavori o dall'organo di collaudo, imputando la spesa a carico delle somme a disposizione accantonate a tale titolo nel quadro economico. Tali spese non sono soggette a ribasso. Con decreto del Ministero delle infrastrutture e dei trasporti, adottato su proposta del Consiglio superiore dei lavori pubblici, sono individuati i criteri per la determinazione di tali costi[2].

2. Il direttore dell'esecuzione del contratto di servizi o di forniture è, di norma, il responsabile unico del procedimento e provvede, anche con l'ausilio di uno o più direttori operativi individuati dalla stazione appaltante in relazione alla complessità dell'appalto, al coordinamento, alla direzione e al controllo tecnico-contabile dell'esecuzione del contratto stipulato dalla stazione appaltante assicurando la regolare esecuzione da parte dell'esecutore, in conformità ai documenti contrattuali. Con il medesimo regolamento di cui al comma 1 sono altresì individuate compiutamente le modalità di effettuazione dell'attività di controllo di cui al periodo precedente, secondo criteri di trasparenza e semplificazione. Fino alla data di entrata in vigore del regolamento di cui all'articolo 216, comma 27-*octies*, si applica la disposizione transitoria ivi prevista[3 4].

[1] Comma così modificato prima dall'art. 75, D.Lgs. 19 aprile 2017, n. 56, poi dall'art. 1, D.L. 18 aprile 2019, n. 32, convertito in L. 14 giugno 2019, n. 55, a decorrere dal 18 giugno 2019.

Il testo previgente la modifica del 2017 disponeva: *1. Con decreto del Ministro delle infrastrutture e trasporti, da adottare entro 90 giorni dalla data di entrata in vigore del presente codice, su proposta dell'ANAC, previo parere delle competenti commissioni parlamentari, sentito il Consiglio Superiore dei Lavori Pubblici, sono approvate le linee guida che individuano le modalità e, se del caso, la tipologia di atti, attraverso i quali il direttore dei lavori effettua l'attività di cui all'articolo 101, comma 3, in maniera da garantirne trasparenza, semplificazione, efficientamento informatico, con particolare riferimento alle metodologie e strumentazioni elettroniche anche per i controlli di contabilità.*

Il testo previgente la modifica del 2019 disponeva: *1. Con decreto del Ministro delle infrastrutture e trasporti, da adottare entro 90 giorni dalla data di entrata in vigore del presente codice, su proposta dell'ANAC, previo parere delle competenti commissioni parlamentari, sentito il Consiglio Superiore dei Lavori Pubblici e la Conferenza Unificata di cui all'articolo 8 del decreto legislativo 28 agosto 1997, n. 281, sono approvate le linee guida che individuano le modalità e, se del caso, la tipologia di atti, attraverso i quali il direttore dei lavori effettua l'attività di cui all'articolo 101, comma 3, in maniera da garantirne trasparenza, semplificazione, efficientamento informatico, con particola-*

re riferimento alle metodologie e strumentazioni elettroniche anche per i controlli di contabilità. Con il decreto di cui al primo periodo, sono disciplinate, altresì, le modalità di svolgimento della verifica di conformità in corso di esecuzione e finale, la relativa tempistica, nonchè i casi in cui il direttore dell'esecuzione può essere incaricato della verifica di conformità. Qualora le amministrazioni aggiudicatrici non possano espletare l'attività di direzione dei lavori, essa è affidata, nell'ordine, ad altre amministrazioni pubbliche, previo apposito accordo ai sensi dell'articolo 15 della legge 7 agosto 1990, n. 241, o intesa o convenzione di cui all'articolo 30 del decreto legislativo 18 agosto 2000, n. 267; al progettista incaricato; ad altri soggetti scelti con le procedure previste dal presente codice per l'affidamento degli incarichi di progettazione.

[2] Comma aggiunto dall'art. 75, D.Lgs. 19 aprile 2017, n. 56.

[3] Comma così modificato prima dall'art. 75, D.Lgs. 19 aprile 2017, n. 56, poi dall'art. 1, D.L. 18 aprile 2019, n. 32, convertito in L. 14 giugno 2019, n. 55, a decorrere dal 18 giugno 2019.

Il testo previgente la modifica del 2017 disponeva: *2. Il direttore dell'esecuzione del contratto di servizi o di forniture è, di norma, il responsabile unico del procedimento e provvede al coordinamento, alla direzione e al controllo tecnico-contabile dell'esecuzione del contratto stipulato dalla stazione appaltante assicurando la regolare esecuzione da parte dell'esecutore, in conformità ai documenti contrattuali. Con il medesimo decreto, di cui al comma 1, sono altresì approvate linee guida che individuano compiutamente le modalità di effettuazione dell'attività di controllo di cui al periodo precedente, secondo criteri di trasparenza e semplificazione. Fino alla data di entrata in vigore del decreto di cui al comma 1, si applica l'articolo 216, comma 17.*

Il testo previgente la modifica del 2019 disponeva: *2. Il direttore dell'esecuzione del contratto di servizi o di forniture è, di norma, il responsabile unico del procedimento e provvede, anche con l'ausilio di uno o più direttori operativi individuati dalla stazione appaltante in relazione alla complessità dell'appalto, al coordinamento, alla direzione e al controllo tecnico-contabile dell'esecuzione del contratto stipulato dalla stazione appaltante assicurando la regolare esecuzione da parte dell'esecutore, in conformità ai documenti contrattuali. Con il medesimo decreto, di cui al comma 1, sono altresì approvate linee guida che individuano compiutamente le modalità di effettuazione dell'attività di controllo di cui al periodo precedente, secondo criteri di trasparenza e semplificazione. Fino alla data di entrata in vigore del decreto di cui al comma 1, si applica l'articolo 216, comma 17.*

[4] V. artt. 119, 120, 130, 141, D.Lgs. 12 aprile 2006, n. 163 (vecchio Codice dei contratti pubblici).

112. *Appalti e concessioni riservati.* 1. Fatte salve le disposizioni vigenti in materia di cooperative sociali e di imprese sociali, le stazioni appaltanti possono riservare il diritto di partecipazione alle procedure di appalto e a quelle di concessione o possono riservarne l'esecuzione ad operatori economici e a cooperative sociali e loro consorzi il cui scopo principale sia l'integrazione sociale e professionale delle persone con disabilità o svantaggiate o possono riservarne l'esecuzione nel contesto di programmi di lavoro protetti quando almeno il 30 per cento dei lavoratori dei suddetti operatori economici sia composto da lavoratori con disabilità o da lavoratori svantaggiati.

2. Ai sensi del presente articolo si considerano soggetti con disabilità quelli di cui all'articolo 1 della legge 12 marzo 1999, n. 68, le persone svantaggiate, quelle previste dall'articolo 4 della legge 8 novembre 1991, n. 381, gli ex degenti di ospedali psichiatrici, anche giudiziari, i soggetti in trattamento psichiatrico, i tossicodipendenti, gli alcolisti, i minori in età lavorativa in situazioni di difficoltà familiare, le persone detenute o internate negli istituti penitenziari, i condannati e gli internati ammessi alle misure alternative alla detenzione e al lavoro all'esterno ai sensi dell'articolo 21 della legge 26 luglio 1975, n. 354 e successive modificazioni.

3. Il bando di gara o l'avviso di preinformazione danno espressamente atto che si tratta di appalto o concessione riservata[1].

[1] V. art. 52, D.Lgs. 12 aprile 2006, n. 163 (vecchio Codice dei contratti pubblici).

113. *Incentivi per funzioni tecniche.* 1. Gli oneri inerenti alla progettazione, alla direzione dei lavori ovvero al direttore dell'esecuzione, alla vigilanza, ai collaudi tecnici e amministrativi ovvero alle verifiche di conformità, al collaudo statico, agli studi e alle ricerche connessi, alla progettazione dei piani di sicurezza e di coordinamento e al coordinamento della sicurezza in fase di esecuzione quando previsti ai sensi del decreto legislativo 9 aprile 2008 n. 81, alle prestazioni professionali e specialistiche necessari per la redazione di un progetto esecutivo completo in ogni dettaglio fanno carico agli stanziamenti previsti per i singoli appalti di lavori, servizi e forniture negli stati di previsione della spesa o nei bilanci delle stazioni appaltanti[1].

2. A valere sugli stanziamenti di cui al comma 1, le amministrazioni aggiudicatrici destinano ad un apposito fondo risorse finanziarie in misura non superiore al 2 per cento modulate sull'importo dei lavori, servizi e forniture, posti a base di gara per le funzioni tecniche svolte dai dipendenti delle stesse esclusivamente per le attività di programmazione della spesa per investimenti, di valutazione preventiva dei progetti, di predisposizione e di controllo delle procedure di gara e di esecuzione dei contratti pubblici, di RUP, di direzione dei lavori ovvero direzione dell'esecuzione e di collaudo tecnico amministrativo ovvero di verifica di conformità, di collaudatore statico ove necessario per consentire l'esecuzione del contratto nel rispetto dei documenti a base di gara, del progetto, dei tempi e costi prestabiliti. Tale fondo non è previsto da parte di quelle amministrazioni aggiudicatrici per le quali sono in essere contratti o convenzioni che prevedono modalità diverse per la retribuzione delle funzioni tecniche svolte dai propri dipendenti. Gli enti che costituiscono o si avvalgono di una centrale di committenza possono destinare il

fondo o parte di esso ai dipendenti di tale centrale. La disposizione di cui al presente comma si applica agli appalti relativi a servizi o forniture nel caso in cui è nominato il direttore dell'esecuzione[2].

3. L'ottanta per cento delle risorse finanziarie del fondo costituito ai sensi del comma 2 è ripartito, per ciascuna opera o lavoro, servizio, fornitura con le modalità e i criteri previsti in sede di contrattazione decentrata integrativa del personale, sulla base di apposito regolamento adottato dalle amministrazioni secondo i rispettivi ordinamenti, tra il responsabile unico del procedimento e i soggetti che svolgono le funzioni tecniche indicate al comma 2 nonchè tra i loro collaboratori. Gli importi sono comprensivi anche degli oneri previdenziali e assistenziali a carico dell'amministrazione. L'amministrazione aggiudicatrice o l'ente aggiudicatore stabilisce i criteri e le modalità per la riduzione delle risorse finanziarie connesse alla singola opera o lavoro a fronte di eventuali incrementi dei tempi o dei costi non conformi alle norme del presente decreto. La corresponsione dell'incentivo è disposta dal dirigente o dal responsabile di servizio preposto alla struttura competente, previo accertamento delle specifiche attività svolte dai predetti dipendenti. Gli incentivi complessivamente corrisposti nel corso dell'anno al singolo dipendente, anche da diverse amministrazioni, non possono superare l'importo del 50 per cento del trattamento economico complessivo annuo lordo. Le quote parti dell'incentivo corrispondenti a prestazioni non svolte dai medesimi dipendenti, in quanto affidate a personale esterno all'organico dell'amministrazione medesima, ovvero prive del predetto accertamento, incrementano la quota del fondo di cui al comma 2. Il presente comma non si applica al personale con qualifica dirigenziale[3].

4. Il restante 20 per cento delle risorse finanziarie del fondo di cui al comma 2 ad esclusione di risorse derivanti da finanziamenti europei o da altri finanziamenti a destinazione vincolata è destinato all'acquisto da parte dell'ente di beni, strumentazioni e tecnologie funzionali a progetti di innovazione anche per il progressivo uso di metodi e strumenti elettronici specifici di modellazione elettronica informativa per l'edilizia e le infrastrutture, di implementazione delle banche dati per il controllo e il miglioramento della capacità di spesa e di efficientamento informatico, con particolare riferimento alle metodologie e strumentazioni elettroniche per i controlli. Una parte delle risorse può essere utilizzato per l'attivazione presso le amministrazioni aggiudicatrici di tirocini formativi e di orientamento di cui all'articolo 18 della legge 24 giugno 1997, n. 196 o per lo svolgimento di dottorati di ricerca di alta qualificazione nel settore dei contratti pubblici previa sottoscrizione di apposite convenzioni con le Università e gli istituti scolastici superiori.

5. Per i compiti svolti dal personale di una centrale unica di committenza nell'espletamento di procedure di acquisizione di lavori, servizi e forniture per conto di altri enti, può essere riconosciuta, su richiesta della centrale unica di committenza, una quota parte, non superiore ad un quarto, dell'incentivo previsto dal comma 2.

5-*bis*. Gli incentivi di cui al presente articolo fanno capo al medesimo capitolo di spesa previsto per i singoli lavori, servizi e forniture[4 5].

[1] Comma così modificato dall'art. 76, D.Lgs. 19 aprile 2017, n. 56. Il testo previgente disponeva: *1. Gli oneri inerenti alla progettazione, alla direzione dei lavori ovvero al direttore dell'esecuzione, alla vigilanza, ai collaudi tecnici e amministrativi ovvero alle verifiche di conformità, al collaudo statico, agli studi e alle ricerche connessi, alla progettazione dei piani di sicurezza e di coordinamento e al coordinamento della sicurezza in fase di esecuzione quando previsti ai sensi del decreto legislativo 9 aprile 2008 n. 81, alle prestazioni professionali e specialistiche necessari per la redazione di un progetto esecutivo completo in ogni dettaglio fanno carico agli stanziamenti previsti per la realizzazione dei singoli lavori negli stati di previsione della spesa o nei bilanci delle stazioni appaltanti.*

[2] Comma così sostituito dall'art. 76, D.Lgs. 19 aprile 2017, n. 56. Il testo previgente disponeva: *2. A valere sugli stanziamenti di cui al comma 1 le amministrazioni pubbliche destinano a un apposito fondo risorse finanziarie in misura non superiore al 2 per cento modulate sull'importo dei lavori posti a base di gara per le funzioni tecniche svolte dai dipendenti pubblici esclusivamente per le attività di programmazione della spesa per investimenti, per la verifica preventiva dei progetti di predisposizione e di controllo delle procedure di bando e di esecuzione dei contratti pubblici, di responsabile unico del procedimento, di direzione dei lavori ovvero direzione dell'esecuzione e di collaudo tecnico amministrativo ovvero di verifica di conformità, di collaudatore statico ove necessario per consentire l'esecuzione del contratto nel rispetto dei documenti a base di gara, del progetto, dei tempi e costi prestabiliti.*

[3] Comma così modificato dall'art. 76, D.Lgs. 19 aprile 2017, n. 56, che ha aggiunto il punto alla fine del comma.

[4] Comma aggiunto dall'art. 1, comma 526, L. 27 dicembre 2017, n. 205.

[5] V. artt. 92, 193, D.Lgs. 12 aprile 2006, n. 163 (vecchio Codice dei contratti pubblici).

113-*bis*. *Termini di pagamento. Clausole penali.* 1. I pagamenti relativi agli acconti del corrispettivo di appalto sono effettuati nel termine di trenta giorni decorrenti dall'adozione di ogni stato di avanzamento dei lavori, salvo che sia espressamente concordato nel contratto un diverso termine, comunque non superiore a sessanta giorni e purchè ciò sia oggettivamente giustificato dalla natura particolare del contratto o da talune sue caratteristiche. I certificati di pagamento relativi agli acconti del corrispettivo di appalto sono emessi contestualmente all'adozione di ogni stato di avanzamento dei lavori e comunque entro un termine non superiore a sette giorni dall'adozione degli stessi.

2. All'esito positivo del collaudo o della verifica di conformità, e comunque entro un termine non su-

periore a sette giorni dagli stessi, il responsabile unico del procedimento rilascia il certificato di pagamento ai fini dell'emissione della fattura da parte dell'appaltatore; il relativo pagamento è effettuato nel termine di trenta giorni decorrenti dal suddetto esito positivo del collaudo o della verifica di conformità, salvo che sia espressamente concordato nel contratto un diverso termine, comunque non superiore a sessanta giorni e purchè ciò sia oggettivamente giustificato dalla natura particolare del contratto o da talune sue caratteristiche. Il certificato di pagamento non costituisce presunzione di accettazione dell'opera, ai sensi dell'articolo 1666, secondo comma, del codice civile.

3. Resta fermo quanto previsto all'articolo 4, comma 6, del decreto legislativo 9 ottobre 2002, n. 231.

4. I contratti di appalto prevedono penali per il ritardo nell'esecuzione delle prestazioni contrattuali da parte dell'appaltatore commisurate ai giorni di ritardo e proporzionali rispetto all'importo del contratto o alle prestazioni del contratto. Le penali dovute per il ritardato adempimento sono calcolate in misura giornaliera compresa tra lo 0,3 per mille e l'1 per mille dell'ammontare netto contrattuale, da determinare in relazione all'entità delle conseguenze legate al ritardo, e non possono comunque superare, complessivamente, il 10 per cento di detto ammontare netto contrattuale[1].

[1] Articolo aggiunto dall'art. 77, D.Lgs. 19 aprile 2017, n. 56 e poi così sostituito dall'art. 5, L. 3 maggio 2019, n. 37. Il testo previgente disponeva: *Termini per l'emissione dei certificati di pagamento relativi agli acconti. 1. I certificati di pagamento relativi agli acconti del corrispettivo di appalto sono emessi nel termine di trenta giorni decorrenti dall'adozione di ogni stato di avanzamento dei lavori, salvo che sia diversamente ed espressamente concordato dalle parti e previsto nella documentazione di gara e purchè ciò non sia gravemente iniquo per il creditore.*

2. I contratti di appalto prevedono penali per il ritardo nell'esecuzione delle prestazioni contrattuali da parte dell'appaltatore commisurate ai giorni di ritardo e proporzionali rispetto all'importo del contratto o alle prestazioni del contratto. Le penali dovute per il ritardato adempimento sono calcolate in misura giornaliera compresa tra lo 0,3 per mille e l'1 per mille dell'ammontare netto contrattuale da determinare in relazione all'entità delle conseguenze legate al ritardo e non possono comunque superare, complessivamente, il 10 per cento di detto ammontare netto contrattuale.

3. All'esito positivo del collaudo o della verifica di conformità il responsabile unico del procedimento rilascia il certificato di pagamento ai fini dell'emissione della fattura da parte dell'appaltatore. Il certificato di pagamento è rilasciato nei termini di cui all'articolo 4, commi 2, 3, 4 e 5 del decreto legislativo 9 ottobre 2002, n. 231, e non costituisce presunzione di accettazione dell'opera, ai sensi dell'articolo 1666, secondo comma, del codice civile.

Il testo del comma 1, previgente alla modifica avvenuta ad opera dell'art. 1, comma 586, L. 27 dicembre 2017, n. 205, disponeva: *1. Il termine per l'emissione dei certificati di pagamento relativi agli acconti del corrispettivo di appalto non può superare i quarantacinque giorni decorrenti dall'adozione di ogni stato di avanzamento dei lavori.*

TITOLO VI
REGIMI PARTICOLARI DI APPALTO

CAPO I
APPALTI NEI SETTORI SPECIALI

Sezione I
Disposizioni applicabili e ambito soggettivo

114. *Norme applicabili e ambito soggettivo.* 1. Ai contratti pubblici di cui al presente Capo si applicano le norme che seguono e, in quanto compatibili, le disposizioni di cui agli articoli da 1 a 58, ad esclusione delle disposizioni relative alle concessioni. L'articolo 49 si applica con riferimento agli allegati 3, 4 e 5 e alle note generali dell'Appendice 1 dell'Unione europea della AAP e agli altri accordi internazionali a cui l'Unione europea è vincolata.

2. Le disposizioni di cui al presente Capo si applicano agli enti aggiudicatori che sono amministrazioni aggiudicatrici o imprese pubbliche che svolgono una delle attività previste dagli articoli da 115 a 121; si applicano altresì ai tutti i soggetti che pur non essendo amministrazioni aggiudicatrici o imprese pubbliche, annoverano tra le loro attività una o più attività tra quelle previste dagli articoli da 115 a 121 ed operano in virtù di diritti speciali o esclusivi.

3. Ai fini del presente articolo, per diritti speciali o esclusivi si intendono i diritti concessi dallo Stato o dagli enti locali mediante disposizione legislativa, regolamentare o amministrativa pubblicata compatibile con i Trattati avente l'effetto di riservare a uno o più enti l'esercizio delle attività previste dagli articoli da 115 a 121 e di incidere sostanzialmente sulla capacità di altri enti di esercitare tale attività[1].

4. Non costituiscono diritti speciali o esclusivi, ai sensi del comma 3, i diritti concessi in virtù di una procedura ad evidenza pubblica basata su criteri oggettivi. A tali fini, oltre alle procedure di cui al presente codice, costituiscono procedure idonee ad escludere la sussistenza di diritti speciali o esclusivi tutte le procedure di cui all'allegato II della direttiva 2014/25/UE del Parlamento e del Consiglio in grado di garantire un'adeguata trasparenza.

5. [...][2].

6. Per i servizi di ricerca e sviluppo trova applicazione quanto previsto dall'articolo 158[3].

7. Ai fini degli articoli 115, 116 e 117 il termine «alimentazione» comprende la generazione, produzione nonchè la vendita all'ingrosso e al dettaglio. Tuttavia, la produzione di gas sotto forma di estrazione rientra nell'ambito di applicazione dell'articolo 121.

8. All'esecuzione dei contratti di appalto nei settori speciali si applicano le norme di cui agli articoli 100, 105, 106, 108 e 112[4].

[1] Comma così modificato dall'art. 78, D.Lgs. 19 aprile 2017, n. 56. Il testo previgente disponeva: 3. *Ai fini del presente articolo, per diritti speciali o esclusivi si intendono i diritti concessi dallo Stato o dagli enti locali mediante disposizione legislativa, regolamentare o amministrativa avente l'effetto di riservare a uno o più enti l'esercizio delle attività previste dagli articoli da 115 a 121 e di incidere sostanzialmente sulla capacità di altri enti di esercitare tale attività.*

[2] Comma abrogato dall'art. 78, D.Lgs. 19 aprile 2017, n. 56. Il testo previgente disponeva: 5. *Qualora la Commissione europea ne faccia richiesta, gli enti aggiudicatori notificano le seguenti informazioni relative alle deroghe di cui all'articolo 6 in materia di joint venture: a) i nomi delle imprese o delle joint venture interessate; b) la natura e il valore degli appalti considerati; c) gli ulteriori elementi che la Commissione europea ritenga necessari per provare che le relazioni tra l'ente aggiudicatore e l'impresa o la jointventure, cui gli appalti sono aggiudicati, rispondono alle condizioni previste dal regime di deroga.*

[3] Comma così modificato dall'art. 78, D.Lgs. 19 aprile 2017, n. 56, che ha sostituito alla fine del comma il segno: ";" con il segno: ".".

[4] V. artt. 206, 207, 238, D.Lgs. 12 aprile 2006, n. 163 (vecchio Codice dei contratti pubblici).

115. *Gas ed energia termica.* 1. Per quanto riguarda il gas e l'energia termica, il presente capo si applica alle seguenti attività:

a) la messa a disposizione o la gestione di reti fisse destinate alla fornitura di un servizio al pubblico in connessione con la produzione, il trasporto o la distribuzione di gas o di energia termica;

b) l'alimentazione di tali reti con gas o energia termica.

2. L'alimentazione con gas o energia termica di reti fisse che forniscono un servizio al pubblico da parte di un ente aggiudicatore che non è un'amministrazione aggiudicatrice non è considerata un'attività di cui al comma 1, se ricorrono tutte le seguenti condizioni:

a) la produzione di gas o di energia termica da parte di tale ente aggiudicatore è l'inevitabile risultato dell'esercizio di un'attività non prevista dal comma 1 del presente articolo o dagli articoli da 116 a 118;

b) l'alimentazione della rete pubblica mira solo a sfruttare economicamente tale produzione e corrisponde al massimo al 20 per cento del fatturato dell'ente aggiudicatore, considerando la media dell'ultimo triennio, compreso l'anno in corso[1].

[1] V. art. 208, D.Lgs. 12 aprile 2006, n. 163 (vecchio Codice dei contratti pubblici).

116. *Elettricità.* 1. Per quanto riguarda l'elettricità, il presente capo si applica alle seguenti attività:

a) la messa a disposizione o la gestione di reti fisse destinate alla fornitura di un servizio al pubblico in connessione con la produzione, il trasporto o la distribuzione di elettricità;

b) l'alimentazione di tali reti con l'elettricità.

2. L'alimentazione con elettricità di reti fisse che forniscono un servizio al pubblico da parte di un ente aggiudicatore che non è un'amministrazione aggiudicatrice non è considerata un'attività di cui al comma 1, se ricorrono le seguenti condizioni:

a) la produzione di elettricità da parte di tale ente aggiudicatore avviene perchè il suo consumo è necessario all'esercizio di un'attività non prevista dal comma 1 del presente articolo o dagli articoli 115, 117 e 118;

b) l'alimentazione della rete pubblica dipende solo dal consumo proprio di tale ente aggiudicatore e non supera il 30 per cento della produzione totale di energia di tale ente, considerando la media dell'ultimo triennio, compreso l'anno in corso[1].

[1] V. art. 208, D.Lgs. 12 aprile 2006, n. 163 (vecchio Codice dei contratti pubblici).

117. *Acqua.* 1. Ferme restando le esclusioni specifiche relative alle concessioni previste all'articolo 12, per quanto riguarda l'acqua, il presente capo si applica alle seguenti attività:

a) la messa a disposizione o la gestione di reti fisse destinate alla fornitura di un servizio al pubblico in connessione con la produzione, il trasporto o la distribuzione di acqua potabile;

b) l'alimentazione di tali reti con acqua potabile.

2. Il presente capo si applica anche agli appalti o ai concorsi di progettazione attribuiti od organizzati dagli enti aggiudicatori che esercitano un'attività di cui al comma 1 e che riguardino una delle seguenti attività:

a) progetti di ingegneria idraulica, irrigazione o drenaggio, in cui il volume d'acqua destinato all'alimentazione con acqua potabile rappresenti più del 20 per cento del volume totale d'acqua reso disponibile da tali progetti o impianti di irrigazione o di drenaggio;

b) smaltimento o trattamento delle acque reflue.

3. L'alimentazione con acqua potabile di reti fisse che forniscono un servizio al pubblico da parte di un ente aggiudicatore che non è un'amministrazione aggiudicatrice non è considerata un'attività di cui al comma 1 se ricorrono tutte le seguenti condizioni:

a) la produzione di acqua potabile da parte di tale ente aggiudicatore avviene perchè il suo consumo è necessario all'esercizio di un'attività non prevista dagli articoli da 115 a 118;

b) l'alimentazione della rete pubblica dipende solo dal consumo proprio di tale ente aggiudicatore e non supera il 30 per cento della produzione totale di acqua potabile di tale ente, considerando la media dell'ultimo triennio, compreso l'anno in corso[1].

[1] V. art. 209, D.Lgs. 12 aprile 2006, n. 163 (vecchio Codice dei contratti pubblici).

118. *Servizi di trasporto.* 1. Ferme restando le esclusioni di cui all'articolo 17, comma 1, lettera *i)*, le disposizioni del presente capo si applicano alle attività relative alla messa a disposizione o alla gestione di reti destinate a fornire un servizio al pubblico nel campo del trasporto ferroviario, tranviario, filoviario, ovvero mediante autobus, sistemi automatici o cavo.

2. Nei servizi di trasporto, si considera che una rete esiste se il servizio viene fornito secondo le prescrizioni operative stabilite dalle competenti autorità pubbliche, quali quelle relative alle tratte da servire, alla capacità di trasporto disponibile o alla frequenza del servizio[1].

[1] V. art. 210, D.Lgs. 12 aprile 2006, n. 163 (vecchio Codice dei contratti pubblici).

119. *Porti e aeroporti.* 1. Le norme del presente capo si applicano alle attività relative allo sfruttamento di un'area geografica per la messa a disposizione di aeroporti, porti marittimi o interni e di altri terminali di trasporto ai vettori aerei, marittimi e fluviali[1].

[1] V. art. 213, D.Lgs. 12 aprile 2006, n. 163 (vecchio Codice dei contratti pubblici).

120. *Servizi postali.* 1. Le disposizioni del presente capo si applicano alle attività relative alla prestazione di:

a) servizi postali;

b) altri servizi diversi da quelli postali, a condizione che tali servizi siano prestati da un ente che fornisce anche servizi postali ai sensi del comma 2, lettera *b)*, del presente articolo e che le condizioni di cui all'articolo 8 non siano soddisfatte per quanto riguarda i servizi previsti dal comma 2, lettera *b)*, del presente articolo.

2. Ai fini del presente codice e fatto salvo quanto previsto dal decreto legislativo 22 luglio 1999, n. 261, si intende per:

a) «invio postale»: un invio indirizzato nella forma definitiva al momento in cui viene preso in consegna, indipendentemente dal suo peso. Oltre agli invii di corrispondenza, si tratta di libri, cataloghi, giornali, periodici e pacchi postali contenenti merci con o senza valore commerciale, indipendentemente dal loro peso;

b) «servizi postali»: servizi consistenti in raccolta, smistamento, trasporto e distribuzione di invii postali. Includono sia i servizi che rientrano nell'ambito di applicazione del servizio universale istituito ai sensi della direttiva 97/67/CE del Parlamento europeo e del Consiglio, sia quelli che ne sono esclusi;

c) «altri servizi diversi dai servizi postali»: servizi forniti nei seguenti ambiti:

1) servizi di gestione di servizi postali, ossia servizi precedenti l'invio e servizi successivi all'invio, compresi i servizi di smistamento della posta;

2) servizi di spedizione diversi da quelli di cui alla lettera *a)* quali la spedizione di invii pubblicitari, privi di indirizzo[1].

[1] V. art. 211, D.Lgs. 12 aprile 2006, n. 163 (vecchio Codice dei contratti pubblici).

121. *Estrazione di gas e prospezione o estrazione di carbone o di altri combustibili solidi.* 1. Le disposizioni del presente capo si applicano alle attività relative allo sfruttamento di un'area geografica, ai seguenti fini:

a) estrazione di gas o di petrolio;

b) prospezione o estrazione di carbone o di altri combustibili solidi.

2. Rimangono escluse le attività relative allo sfruttamento di un'area geografica, ai fini di prospezione di petrolio e gas naturale, nonchè di produzione di petrolio, in quanto attività direttamente esposte alla concorrenza su mercati liberamente accessibili[1].

[1] V. art. 212, D.Lgs. 12 aprile 2006, n. 163 (vecchio Codice dei contratti pubblici).

Sezione II
Procedure di scelta del contraente

122. *Norme applicabili.* 1. Con riferimento alle procedure di scelta del contraente, gli enti aggiudicatori nei settori speciali applicano, per quanto compatibili con le norme di cui alla presente Sezione, i seguenti articoli della Parte II, Titolo III, Capi II e III: 60, salvo che la disposizione sull'avviso di preinformazione si intende riferita all'avviso periodico indicativo; 61, commi 1 e 2, con la precisazione che il termine di 30 giorni ivi previsto può essere ridotto fino a quindici giorni, nonchè commi 3 e 5; 64 con la precisazione che il termine di trenta giorni per la ricezione delle domande di partecipazione di cui al comma 3, può essere ridotto fino a quindici giorni, qualora sia stato pubblicato un avviso periodico indicativo e sia stato trasmesso un invito a confermare interesse; 65; 66; 67; 68; 69; 73 e 74. Si applicano altresì le disposizioni di cui agli articoli da 123 a 132[1].

[1] V. artt. 206, 227, D.Lgs. 12 aprile 2006, n. 163 (vecchio Codice dei contratti pubblici). In particolare l'art. 206 dispone: *Norme applicabili. 1. Ai contratti pubblici di cui al presente capo si applicano, oltre alle norme della presente parte, le norme di cui alle parti I, IV e V. Della parte II, titolo I, riguardante i contratti pubblici relativi a lavori, servizi e forniture nei settori ordinari, si applicano esclusivamente i seguenti articoli: 29, intendendosi sostituite alle soglie di cui all'articolo 28 le soglie di cui all'articolo 215; 33; 34; 35; 36; 37; 38; 46, comma 1-bis; 51; 52; 53, commi 1, 2, 3, 4, fatte salve le norme della presente parte in tema di qualificazione; 55, comma 1, limitatamente agli enti aggiudicatori che sono amministrazioni aggiudicatrici; 55, commi 3, 4, 5, 6, con la precisazione che la menzione della determina a contrarre è facoltativa; 58, con il rispetto dei termini previsti per la procedura negoziata nella presente parte III; 60; 66, con esclusione delle norme che*

riguardano la procedura urgente; in relazione all'articolo 66, comma 4, in casi eccezionali e in risposta a una domanda dell'ente aggiudicatore, i bandi di gara di cui all'articolo, 224, comma 1, lettera c), sono pubblicati entro cinque giorni, purchè il bando sia stato inviato mediante fax; 68; 69; 71; 73; 74; 76: gli enti aggiudicatori possono precisare se autorizzano o meno le varianti anche nel capitolato d'oneri, indicando, in caso affermativo, nel capitolato i requisiti minimi che le varianti devono rispettare nonchè le modalità per la loro presentazione; 77; 79; 81, commi 1 e 3; 82; 83, con la precisazione che i criteri di cui all'articolo 83, comma 1, la ponderazione relativa di cui all'articolo 83, comma 2, o l'ordine di importanza di cui all'articolo 83, comma 3, o i sub-criteri, i sub-pesi, i sub-punteggi di cui all'articolo 83, comma 4, sono precisati all'occorrenza nell'avviso con cui si indice la gara, nell'invito a confermare l'interesse di cui all'articolo 226, comma 5, nell'invito a presentare offerte o a negoziare, o nel capitolato d'oneri; 84; 85, con la precisazione che gli enti aggiudicatori possono indicare di volere ricorrere all'asta elettronica, oltre che nel bando, con un altro degli avvisi con cui si indice la gara ai sensi dell'articolo 224; 86, con la precisazione che gli enti aggiudicatori hanno facoltà di utilizzare i criteri di individuazione delle offerte anormalmente basse, indicandolo nell'avviso con cui si indice la gara o nell'invito a presentare offerte; 87; 88; 95; 96; 112-bis; 118; 131. Nessun altra norma della parte II, titolo I, si applica alla progettazione e alla realizzazione delle opere appartenenti ai settori speciali.

2. Quando, ai sensi della presente parte, la gara può essere indetta, oltre che con bando di gara, anche con un avviso periodico indicativo o con un avviso sull'esistenza di un sistema di qualificazione, il riferimento al «bando di gara» contenuto negli articoli della parte I e della parte II che sono applicabili anche ai contratti soggetti alla presente parte, deve intendersi comprensivo di tutti e tre tali avvisi.

3. Nel rispetto del principio di proporzionalità, gli enti aggiudicatori possono applicare altre disposizioni della parte II, alla cui osservanza non sono obbligati in base al presente articolo, indicandolo nell'avviso con cui si indice la gara, ovvero, nelle procedure in cui manchi l'avviso con cui si indice la gara, nell'invito a presentare un'offerta.

123. *Scelta delle procedure.* 1. Nell'aggiudicazione di appalti di forniture, di lavori o di servizi, gli enti aggiudicatori utilizzano procedure di affidamento aperte, ristrette o negoziate precedute da indizione di gara in conformità alle disposizioni di cui alla presente sezione. Gli enti aggiudicatori possono altresì ricorrere a dialoghi competitivi e partenariati per l'innovazione in conformità alle disposizioni di cui alla presente sezione.

2. Fatto salvo quanto disposto dall'articolo 122, le procedure di affidamento di cui al presente capo, sono precedute dalla pubblicazione di un avviso di indizione di gara con le modalità e nel rispetto dei termini stabiliti dal presente codice.

3. La gara può essere indetta con una delle seguenti modalità:

a) un avviso periodico indicativo a norma dell'articolo 127 se il contratto è aggiudicato mediante procedura ristretta o negoziata;

b) un avviso sull'esistenza di un sistema di qualificazione a norma dell'articolo 128 se il contratto è aggiudicato mediante procedura ristretta o negoziata o tramite un dialogo competitivo o un partenariato per l'innovazione;

c) mediante un bando di gara a norma dell'articolo 129.

4. Nel caso di cui al comma 3, lettera *a)*, gli operatori economici che hanno manifestato interesse in seguito alla pubblicazione dell'avviso periodico indicativo sono successivamente invitati a confermare il proprio interesse per iscritto, conformemente all'articolo 131.

5. Gli enti aggiudicatori possono ricorrere a una procedura negoziata senza previa indizione di gara, di cui all'articolo 63, esclusivamente nei casi e nelle circostanze espressamente previsti all'articolo 125[1].

[1] V. artt. 220, 224, D.Lgs. 12 aprile 2006, n. 163 (vecchio Codice dei contratti pubblici). In particolare l'art. 220 dispone: *Procedure aperte, ristrette e negoziate previo avviso con cui si indice la gara (art. 40, dir. 2004/17; Art. 12, D.Lgs. n. 158/1995). 1. Gli enti aggiudicatori possono affidare i lavori, le forniture o i servizi mediante procedure aperte ristrette o negoziate ovvero mediante dialogo competitivo, previo avviso con cui si indice una gara ai sensi dell'articolo 224, fatto salvo quanto previsto dall'articolo 221.*

124. *Procedura negoziata con previa indizione di gara.* 1. Nelle procedure negoziate con previa indizione di gara, qualsiasi operatore economico può presentare una domanda di partecipazione in risposta a un avviso di indizione di gara, fornendo le informazioni richieste dall'ente aggiudicatore per la selezione qualitativa.

2. Il termine minimo per la ricezione delle domande di partecipazione è fissato, in linea di massima, in non meno di trenta giorni dalla data di trasmissione del bando di gara o, se come mezzo di indizione di gara è usato un avviso periodico indicativo, dalla data dell'invito a confermare interesse e non è in alcun caso inferiore a quindici giorni.

3. Soltanto gli operatori economici invitati dall'ente aggiudicatore in seguito alla valutazione delle informazioni fornite possono partecipare alle negoziazioni. Gli enti aggiudicatori possono limitare il numero di candidati idonei da invitare a partecipare alla procedura secondo quanto previsto dall'articolo 135.

4. Il termine per la ricezione delle offerte può essere fissato d'accordo tra l'ente aggiudicatore e i candidati selezionati, purchè questi ultimi dispongano di un termine identico per redigere e presentare le loro offerte. In assenza di un accordo sul termine per la ricezione delle offerte, il termine non può essere inferiore a dieci giorni dalla data di invio dell'invito a presentare offerte[1].

[1] V. art. 220, D.Lgs. 12 aprile 2006, n. 163 (vecchio Codice dei contratti pubblici).

125. *Uso della procedura negoziata senza previa indizione di gara.* 1. Gli enti aggiudicatori possono ricorrere a una procedura negoziata senza previa indizione di gara nei seguenti casi:

a) quando, in risposta a una procedura con previa indizione di gara, non sia pervenuta alcuna offerta o alcuna offerta appropriata, nè alcuna domanda di partecipazione o alcuna domanda di partecipazione appropriata, purchè le condizioni iniziali dell'appalto non siano sostanzialmente modificate. Un'offerta non è ritenuta appropriata se non presenta alcuna pertinenza con l'appalto ed è quindi manifestamente inadeguata, salvo modifiche sostanziali, a rispondere alle esigenze dell'ente aggiudicatore e ai requisiti specificati nei documenti di gara. Una domanda di partecipazione non è ritenuta appropriata se l'operatore economico interessato deve o può essere escluso o non soddisfa i criteri di selezione stabiliti dall'ente aggiudicatore a norma degli articoli 80, 135, 136;

b) quando un appalto è destinato solo a scopi di ricerca, di sperimentazione, di studio o di sviluppo e non per rendere redditizie o recuperare spese di ricerca e di sviluppo, purchè l'aggiudicazione dell'appalto non pregiudichi l'indizione di gare per appalti successivi che perseguano, segnatamente, questi scopi;

c) quando i lavori, servizi e forniture possono essere forniti unicamente da un determinato operatore economico per una delle seguenti ragioni:

1) lo scopo dell'appalto consiste nella creazione o nell'acquisizione di un'opera d'arte o di una rappresentazione artistica unica;

2) la concorrenza è assente per motivi tecnici. L'eccezione di cui al presente punto si applica solo quando non esistono sostituti o alternative ragionevoli e l'assenza di concorrenza non è il risultato di una limitazione artificiale dei parametri dell'appalto;

3) tutela di diritti esclusivi, inclusi i diritti di proprietà intellettuale. L'eccezione di cui al presente punto si applica solo quando non esistono sostituti o alternative ragionevoli e l'assenza di concorrenza non è il risultato di una limitazione artificiale dei parametri dell'appalto.

d) nella misura strettamente necessaria quando, per ragioni di estrema urgenza derivanti da eventi imprevedibili dall'ente aggiudicatore, i termini stabiliti per le procedure aperte, per le procedure ristrette o per le procedure negoziate precedute da indizione di gara non possono essere rispettati. Le circostanze invocate per giustificare l'estrema urgenza non devono essere in alcun caso imputabili all'ente aggiudicatore;

e) nel caso di appalti di forniture per consegne complementari effettuate dal fornitore originario e destinate al rinnovo parziale di forniture o di impianti o all'ampliamento di forniture o impianti esistenti, qualora il cambiamento di fornitore obbligasse l'ente aggiudicatore ad acquistare forniture con caratteristiche tecniche differenti, il cui impiego o la cui manutenzione comporterebbero incompatibilità o difficoltà tecniche sproporzionate;

f) per nuovi lavori o servizi consistenti nella ripetizione di lavori o servizi analoghi assegnati all'operatore al quale gli stessi enti aggiudicatori hanno assegnato un appalto precedente, a condizione che tali lavori o servizi siano conformi a un progetto a base di gara e che tale progetto sia stato oggetto di un primo appalto aggiudicato secondo una procedura di cui all'articolo 123. Il progetto a base di gara indica l'entità di eventuali lavori o servizi complementari e le condizioni alle quali essi verranno aggiudicati. La possibilità di ricorrere a tale procedura è indicata già al momento dell'indizione della gara per il primo progetto e gli enti aggiudicatori, quando applicano l'articolo 35 tengono conto del costo complessivo stimato per i lavori o i servizi successivi[2];

g) per forniture quotate e acquistate sul mercato delle materie prime;

h) per gli acquisti d'opportunità, quando è possibile, in presenza di un'occasione particolarmente vantaggiosa ma di breve durata, acquistare forniture il cui prezzo è sensibilmente inferiore ai prezzi normalmente praticati sul mercato[3];

i) per l'acquisto di forniture o servizi a condizioni particolarmente vantaggiose presso un fornitore che cessi definitivamente l'attività commerciale o presso il liquidatore in caso di procedura di insolvenza, di un accordo con i creditori o di procedure analoghe[3];

l) quando l'appalto di servizi consegue a un concorso di progettazione organizzato secondo le disposizioni del presente codice ed è destinato, in base alle norme previste nel concorso di progettazione, a essere aggiudicato al vincitore o a uno dei vincitori di tale concorso; in tal caso, tutti i vincitori del concorso di progettazione sono invitati a partecipare alle negoziazioni[3 4].

[1] Lettera così modificata dall'art. 79, D.Lgs. 19 aprile 2017, n. 56. Il testo previgente disponeva: *d) nella misura strettamente necessaria quando, per ragioni di estrema urgenza derivanti da eventi imprevisti e imprevedibili dall'ente aggiudicatore, ivi compresi comunque i casi di bonifica e messa in sicurezza di siti contaminati ai sensi della Parte quarta, Titolo V, del decreto legislativo 3 aprile 2006, n. 152 e di pericolo concreto e attuale di danni irreparabili a beni culturali, i termini stabiliti per le procedure aperte, per le procedure ristrette o per le procedure negoziate precedute da indizione di gara non possono essere rispettati. Le circostanze invocate per giustificare l'estrema urgenza non devono essere in alcun caso imputabili all'ente aggiudicatore.*

[2] Lettera così modificata dall'art. 79, D.Lgs. 19 aprile 2017, n. 56. Il testo previgente disponeva: *f) per nuovi lavori o servizi consistenti nella ripetizione di lavori o servizi analoghi assegnati all'imprenditore al quale gli stessi enti aggiudicatori hanno assegnato un appalto precedente, a condizione che tali lavori o servizi siano conformi a un progetto a base di gara e che*

tale progetto sia stato oggetto di un primo appalto aggiudicato secondo una procedura di cui all'articolo 123. Il progetto a base di gara indica l'entità di eventuali lavori o servizi complementari e le condizioni alle quali essi verranno aggiudicati. La possibilità di ricorrere a tale procedura è indicata già al momento dell'indizione della gara per il primo progetto e gli enti aggiudicatori, quando applicano l'articolo 35 tengono conto del costo complessivo stimato per i lavori o i servizi successivi.

[3] L'originaria lettera h) è stata così modificata dall'art. 79, D.Lgs. 19 aprile 2017, n. 56, che ha sostituito il segno ":" con il segno ";" e trasformato i numeri 1) e 2) in lettere i) ed l).

Il testo previgente disponeva: *h) per gli acquisti d'opportunità, quando è possibile, in presenza di un'occasione particolarmente vantaggiosa ma di breve durata, acquistare forniture il cui prezzo è sensibilmente inferiore ai prezzi normalmente praticati sul mercato: 1) per l'acquisto di forniture o servizi a condizioni particolarmente vantaggiose presso un fornitore che cessi definitivamente l'attività commerciale o presso il liquidatore in caso di procedura di insolvenza, di un accordo con i creditori o di procedure analoghe; 2) quando l'appalto di servizi consegue a un concorso di progettazione organizzato secondo le disposizioni del presente codice ed è destinato, in base alle norme previste nel concorso di progettazione, a essere aggiudicato al vincitore o a uno dei vincitori di tale concorso; in tal caso, tutti i vincitori del concorso di progettazione sono invitati a partecipare alle negoziazioni.*

[4] V. art. 221, D.Lgs. 12 aprile 2006, n. 163 (vecchio Codice dei contratti pubblici).

126. *Comunicazione delle specifiche tecniche.* 1. Su richiesta degli operatori economici interessati alla concessione di un appalto, gli enti aggiudicatori mettono a disposizione le specifiche tecniche previste nei loro appalti di forniture, di lavori o di servizi, o le specifiche tecniche alle quali intendono riferirsi per gli appalti oggetto di avvisi periodici indicativi. Tali specifiche sono rese disponibili per via elettronica in maniera gratuita, illimitata e diretta[1].

2. Le specifiche tecniche sono trasmesse per via diversa da quella elettronica qualora non sia possibile offrire accesso gratuito, illimitato e diretto per via elettronica a determinati documenti di gara per uno dei motivi di cui all'articolo 52, commi 1, 2 e 3, o qualora gli enti aggiudicatori abbiano imposto requisiti per tutelare la riservatezza delle informazioni che trasmettono ai sensi dell'articolo 52, comma 7.

3. Quando le specifiche tecniche sono basate su documenti ai quali gli operatori economici interessati hanno accesso gratuito, illimitato e diretto, per via elettronica, si considera sufficiente l'indicazione del riferimento a tali documenti.

4. Per il tramite della Cabina di regia sono messe a disposizione degli altri Stati membri, su richiesta, le informazioni relative alle prove e ai documenti presentati conformemente agli articoli 68, comma 8, 69 e 82, commi 1 e 2[2].

[1] Comma così modificato dall'art. 80, D.Lgs. 19 aprile 2017, n. 56. Il testo previgente disponeva: *1. Su richiesta degli operatori economici interessati alla concessione di un appalto, gli enti aggiudicatori mettono a disposizione le specifiche tecniche regolarmente previste nei loro appalti di forniture, di lavori o di servizi, o le specifiche tecniche alle quali intendono riferirsi per gli appalti oggetto di avvisi periodici indicativi. Tali specifiche sono rese disponibili per via elettronica in maniera gratuita, illimitata e diretta.*

[2] V. art. 13, comma 7-bis, D.Lgs. 12 aprile 2006, n. 163 (vecchio Codice dei contratti pubblici).

127. *Pubblicità e avviso periodico indicativo.* 1. Alla pubblicità degli atti delle procedure di scelta del contraente dei settori speciali si applicano le disposizioni di cui agli articoli 73 e 74 e quelle degli articoli di cui alla presente sezione.

2. Gli enti aggiudicatori possono rendere nota l'intenzione di programmare appalti pubblicando un avviso periodico indicativo possibilmente entro il 31 dicembre di ogni anno. Tali avvisi, che contengono le informazioni di cui all'allegato XIV, parte II, sezione A sono pubblicati dall'ente aggiudicatore sul proprio profilo di committente. Per gli appalti di importo pari o superiore alla soglia di cui all'articolo 35, gli avvisi sono pubblicati anche dall'Ufficio delle pubblicazioni dell'Unione europea. A tal fine gli enti aggiudicatori inviano all'Ufficio delle pubblicazioni dell'Unione europea una comunicazione che annuncia la pubblicazione dell'avviso periodico indicativo sul loro profilo di committente, come indicato nell'allegato V, punto 2, lettere *b)*, e punto 3. Tali avvisi contengono le informazioni di cui all'allegato XIV, parte II, sezione C.

3. Quando una gara è indetta per mezzo di un avviso periodico indicativo per procedure ristrette e procedure negoziate precedute da indizione di gara, l'avviso soddisfa tutte le seguenti condizioni:

a) si riferisce specificatamente alle forniture, ai lavori o ai servizi che saranno oggetto dell'appalto da aggiudicare;

b) indica che l'appalto sarà aggiudicato mediante una procedura ristretta o negoziata senza ulteriore pubblicazione di un avviso di indizione di gara e invita gli operatori economici interessati a manifestare il proprio interesse;

c) contiene, oltre alle informazioni di cui all'allegato XIV, parte II, sezione A, le informazioni di cui all'allegato XIV, parte II, sezione B;

d) è stato inviato alla pubblicazione tra trentacinque giorni e dodici mesi prima della data di invio dell'invito a confermare interesse.

4. Gli avvisi di cui al comma 2 possono essere pubblicati sul profilo di committente quale pubblicazione supplementare a livello nazionale. Il periodo coperto dall'avviso può durare al massimo dodici mesi dalla data di trasmissione dell'avviso per la pubblicazione. Tuttavia, nel caso di appalti pubblici per servizi sociali e altri servizi specifici di cui all'allegato IX, l'avviso di cui all'articolo 142, comma 1, lettera *b)* può coprire un periodo di due anni[1].

[1] V. artt. 223, 224, D.Lgs. 12 aprile 2006, n. 163 (vecchio Codice dei contratti pubblici).

128. *Avvisi sull'esistenza di un sistema di qualificazione.* 1. Gli enti aggiudicatori possono istituire e gestire un proprio sistema di qualificazione degli operatori economici. Tale sistema va reso pubblico con un avviso di cui all'allegato XIV, parte II, lettera H, indicando le finalità del sistema di qualificazione e le modalità per conoscere le norme relative al suo funzionamento.

2. Se viene indetta una gara con un avviso sull'esistenza di un sistema di qualificazione, gli offerenti, in una procedura ristretta, o i partecipanti, in una procedura negoziata, sono selezionati tra i candidati qualificati con tale sistema.

3. Gli enti aggiudicatori indicano nell'avviso sull'esistenza del sistema il periodo di efficacia del sistema di qualificazione. Per gli appalti di importo pari o superiore alle soglie di cui all'articolo 35, essi informano l'Ufficio delle pubblicazioni dell'Unione europea di qualsiasi cambiamento di tale periodo di efficacia utilizzando i seguenti modelli di formulari[1]:

a) se il periodo di efficacia viene modificato senza porre fine al sistema, il modello utilizzato inizialmente per gli avvisi sull'esistenza dei sistemi di qualificazione;

b) se viene posto termine al sistema, un avviso di aggiudicazione di cui all'articolo 129[2].

[1] Alinea così modificato dall'art. 81, D.Lgs. 19 aprile 2017, n. 56. Il testo previgente disponeva: *Gli enti aggiudicatori indicano nell'avviso sull'esistenza del sistema il periodo di validità del sistema di qualificazione. Per gli appalti di importo pari o superiore alle soglie di cui all'articolo 35, essi informano l'Ufficio delle pubblicazioni dell'Unione europea di qualsiasi cambiamento di tale periodo di efficacia utilizzando i seguenti modelli di formulari.*

[2] V. artt. 223, 232, D.Lgs. 12 aprile 2006, n. 163 (vecchio Codice dei contratti pubblici).

129. *Bandi di gara e avvisi relativi agli appalti aggiudicati.* 1. I bandi di gara possono essere utilizzati come mezzo di indizione di gara per tutte le procedure. Essi contengono le informazioni di cui alla parte pertinente dell'allegato XIV, parte II e sono pubblicati conformemente all'articolo 130.

2. Entro trenta giorni dalla conclusione di un contratto o di un accordo quadro che faccia seguito alla relativa decisione di aggiudicazione o di conclusione, gli enti aggiudicatori inviano un avviso di aggiudicazione che riporta i risultati della procedura di appalto. Tale avviso contiene le informazioni di cui all'allegato XIV, parte II, lettera G ed è pubblicato conformemente all'articolo 130. Si applicano altresì le disposizioni di cui all'articolo 98, commi 2, 3, 4 e 5.

3. Nel caso di contratti per servizi di ricerca e sviluppo («servizi R & S»), le informazioni riguardanti la natura e la quantità dei servizi possono limitarsi:

a) all'indicazione «servizi R & S» se il contratto è stato aggiudicato mediante procedura negoziata senza indizione di gara conformemente all'articolo 125;

b) a informazioni che siano almeno tanto dettagliate quanto specificato nell'avviso utilizzato come mezzo di indizione della gara.

4. Le informazioni fornite ai sensi dell'allegato XIV, parte II, lettera G e non destinate alla pubblicazione sono pubblicate solo in forma semplificata e per motivi statistici[1].

[1] V. art. 225, D.Lgs. 12 aprile 2006, n. 163 (vecchio Codice dei contratti pubblici), che dispone: *Art. 225. Avvisi relativi agli appalti aggiudicati. 1. Gli enti aggiudicatori che abbiano aggiudicato un appalto o concluso un accordo quadro inviano un avviso relativo all'appalto aggiudicato conformemente all'allegato XVI, entro due mesi dall'aggiudicazione dell'appalto o dalla conclusione dell'accordo quadro e alle condizioni dalla Commissione stessa definite e pubblicate con decreto del Ministro per le politiche comunitarie.*

2. Nel caso di appalti aggiudicati nell'ambito di un accordo quadro in conformità all'articolo 222, comma 2, gli enti aggiudicatori sono esentati dall'obbligo di inviare un avviso in merito ai risultati della procedura di aggiudicazione di ciascun appalto basato su tale accordo.

3. Gli enti aggiudicatori inviano un avviso relativo agli appalti aggiudicati basati su un sistema dinamico di acquisizione entro due mesi a decorrere dall'aggiudicazione di ogni appalto. Essi possono tuttavia raggruppare detti avvisi su base trimestrale. In tal caso, essi inviano gli avvisi raggruppati al più tardi due mesi dopo la fine di ogni trimestre.

4. Le informazioni fornite ai sensi dell'allegato XVI e destinate alla pubblicazione sono pubblicate in conformità con l'allegato X. A tale riguardo la Commissione rispetta il carattere commerciale sensibile segnalato dagli enti aggiudicatori quando comunicano informazioni sul numero di offerte ricevute, sull'identità degli operatori economici o sui prezzi.

5. Gli enti aggiudicatori che aggiudicano un appalto per servizi di ricerca e sviluppo senza indire una gara ai sensi dell'articolo 221, comma 1, lettera b), possono limitare le informazioni da fornire, secondo l'allegato XVI, sulla natura e quantità dei servizi forniti, alla menzione «servizi di ricerca e di sviluppo».

6. Gli enti aggiudicatori che aggiudicano un appalto di ricerca e sviluppo che non può essere aggiudicato senza indire una gara ai sensi dell'articolo 221, comma 1, lettera b), possono limitare le informazioni da fornire ai sensi dell'allegato XVI, sulla natura o quantità dei servizi forniti, per motivi di riservatezza commerciale. In tal caso, essi provvedono affinchè le informazioni pubblicate ai sensi del presente comma siano almeno altrettanto dettagliate di quelle contenute nell'avviso con cui si indice una gara pubblicato ai sensi dell'articolo 224, comma 1.

7. Se ricorrono ad un sistema di qualificazione, gli enti aggiudicatori provvedono affinchè tali informazioni siano almeno altrettanto dettagliate di quelle della corrispondente categoria degli elenchi o liste di cui all'articolo 232, comma 9.

8. Nel caso di appalti aggiudicati per servizi elencati nell'allegato II B, gli enti aggiudicatori indicano nell'avviso se acconsentono alla sua pubblicazione.

9. Le informazioni fornite ai sensi dell'allegato XVI e non destinate alla pubblicazione sono pubblicate solo in forma semplificata e ai sensi dell'allegato X per motivi statistici.

130. *Redazione e modalità di pubblicazione dei bandi e degli avvisi.* 1. I bandi e gli avvisi di cui agli articoli da 127 a 129 contenenti le informazioni indicate nell'allegato XIV, parte II, lettere A, B, D, G e H e nel formato di modelli di formulari, compresi modelli di formulari per le rettifiche sono redatti conformemente a quelli redatti dalla Commissione e trasmessi all'Ufficio delle pubblicazioni dell'Unione europea per via elettronica e pubblicati conformemente all'allegato V.

2. Gli avvisi e i bandi redatti e trasmessi con le modalità di cui al comma 1 sono pubblicati entro cinque giorni dalla loro trasmissione, salve le disposizioni sulla loro pubblicazione da parte dell'Ufficio delle pubblicazioni dell'Unione europea.

3. I bandi e gli avvisi sono pubblicati per esteso in una delle lingue ufficiali della Comunità scelta dalle stazioni appaltanti; il testo pubblicato in tale lingua originale è l'unico facente fede. Le stazioni appaltanti italiane scelgono la lingua italiana, fatte salve le norme vigenti nella Provincia autonoma di Bolzano in materia di bilinguismo. Una sintesi degli elementi importanti di ciascun bando, indicati dalle stazioni appaltanti nel rispetto dei principi di trasparenza e non discriminazione, è pubblicata nelle altre lingue ufficiali.

4. L'Ufficio delle pubblicazioni dell'Unione europea garantisce che il testo integrale e la sintesi degli avvisi periodici indicativi di cui all'articolo 127, degli avvisi di indizione di gara che istituiscono un sistema dinamico di acquisizione di cui all'articolo 55, nonchè degli avvisi sull'esistenza di un sistema di qualificazione usati come mezzo di indizione di gara di cui all'articolo 123, comma 3, lettera *b)*, continuino a essere pubblicati:

a) nel caso di avvisi periodici indicativi: per dodici mesi o fino al ricevimento di un avviso di aggiudicazione di cui all'articolo 129, che indichi che nei dodici mesi coperti dall'avviso di indizione di gara non sarà aggiudicato nessun altro appalto. Tuttavia, nel caso di appalti per servizi sociali e altri servizi specifici di cui all'allegato IX, l'avviso periodico indicativo di cui all'articolo 142, comma 1, lettera *b)*, continua a essere pubblicato fino alla scadenza del periodo di validità indicato inizialmente o fino alla ricezione di un avviso di aggiudicazione come previsto all'articolo 129, indicante che non saranno aggiudicati ulteriori appalti nel periodo coperto dall'indizione di gara;

b) nel caso di avvisi di indizione di gara che istituiscono un sistema dinamico di acquisizione: per il periodo di validità del sistema dinamico di acquisizione;

c) nel caso di avvisi sull'esistenza di un sistema di qualificazione: per il periodo di validità.

5. La conferma della ricezione dell'avviso e della pubblicazione dell'informazione trasmessa, con menzione della data della pubblicazione rilasciata agli enti aggiudicatori dall'Ufficio delle pubblicazioni dell'Unione europea vale come prova della pubblicazione.

6. Gli enti aggiudicatori possono pubblicare avvisi relativi ad appalti pubblici che non sono soggetti all'obbligo di pubblicazione previsto dal presente decreto, a condizione che essi siano trasmessi all'Ufficio delle pubblicazioni dell'Unione europea per via elettronica secondo il formato e le modalità di trasmissione precisate nell'allegato V.

7. Per la pubblicazione a livello nazionale si applica l'articolo 73[1].

[1] V. art. 224, D.Lgs. 12 aprile 2006, n. 163 (vecchio Codice dei contratti pubblici).

131. *Inviti ai candidati.* 1. Nelle procedure ristrette, nei dialoghi competitivi, nei partenariati per l'innovazione, nelle procedure negoziate con previa indizione di gara, e nella procedura negoziata senza previa indizione di gara, gli enti aggiudicatori invitano simultaneamente e per iscritto i candidati selezionati a presentare le rispettive offerte, a partecipare al dialogo o a negoziare. Con le stesse modalità gli enti aggiudicatori invitano, nel caso di indizione di gara tramite un avviso periodico indicativo, gli operatori economici che già hanno espresso interesse a confermare nuovamente interesse[1].

2. Nelle procedure ristrette, nel dialogo competitivo, nei partenariati per l'innovazione e nelle procedure competitive con negoziazione, gli inviti menzionano l'indirizzo elettronico al quale sono stati resi direttamente disponibili per via elettronica i documenti di gara e comprendono le informazioni indicate nell'allegato XV, parte II. Se tali documenti non sono stati oggetto di accesso gratuito, illimitato e diretto, di cui all'articolo 74 e non sono stati resi disponibili con altri mezzi, gli inviti sono corredati dei documenti di gara, in formato digitale ovvero, quando ciò non sia possibile, in formato cartaceo.

3. Nelle procedure negoziate senza previa pubblicazione di un bando di gara, gli operatori economici selezionati vengono invitati a mezzo di posta elettronica certificata o strumento analogo negli altri Stati membri ovvero, quando ciò non sia possibile, con lettera. Gli inviti contengono gli elementi essenziali della prestazione richiesta[2].

[1] Comma così modificato dall'art. 82, D.Lgs. 19 aprile 2017, n. 56, che dopo le parole: "indizione di gara" inserisce il segno: ",".

[2] V. art. 226, D.Lgs. 12 aprile 2006, n. 163 (vecchio Codice dei contratti pubblici).

132. *Informazioni a coloro che hanno chiesto una qualificazione, ai candidati e agli offerenti.* 1. Per quanto riguarda le informazioni a coloro che hanno chiesto una qualificazione, ai candidati e agli offerenti, si applicano le disposizioni di cui all'articolo 76 e ai seguenti commi

2. Gli enti aggiudicatori che istituiscono o gestiscono un sistema di qualificazione informano i richiedenti della loro decisione sulla qualificazione entro sei mesi dalla presentazione della domanda. Se la decisione sulla qualificazione richiede più di quattro mesi, entro due mesi dalla presentazione della domanda, l'ente aggiudicatore comunica al richiedente le ragioni della proroga del termine e indica la data entro cui interverrà la decisione.

3. I richiedenti la cui qualificazione è respinta sono informati della decisione e delle relative motivazioni entro quindici giorni dalla data della decisione di diniego. Le motivazioni si fondano sui criteri di qualificazione di cui agli articoli 134 e 136.

4. Gli enti aggiudicatori che istituiscono e gestiscono un sistema di qualificazione possono porre fine alla qualificazione di un operatore economico solo per ragioni fondate sui criteri di qualificazione di cui agli articoli 134 e 136. L'intenzione di porre fine alla qualificazione è preventivamente notificata per iscritto all'operatore economico, almeno quindici giorni prima della data prevista per porre fine alla qualificazione, con indicazione della ragione o delle ragioni che giustificano l'azione proposta[1].

[1] V. art. 228, D.Lgs. 12 aprile 2006, n. 163 (vecchio Codice dei contratti pubblici).

Sezione III
Selezione dei partecipanti e delle offerte e relazioni uniche

133. *Principi generali per la selezione dei partecipanti.* 1. Per la selezione dei partecipanti e delle offerte nelle procedure di scelta del contraente nei settori speciali si applicano, per quanto compatibili con le norme di cui alla presente sezione, le disposizioni di cui ai seguenti articoli: 77, 78, 79, 80, 81, 82, 83, 84, 85, 86, 87, 88, 89, 90, 91, 92, 95, 96 e 97.

2. Ai fini della selezione dei partecipanti alle procedure di aggiudicazione, si applicano tutte le seguenti regole:

a) gli enti aggiudicatori che hanno stabilito norme e criteri di esclusione degli offerenti o dei candidati ai sensi dell'articolo 135 o dell'articolo 136, escludono gli operatori economici individuati in base a dette norme e che soddisfano tali criteri;

b) essi selezionano gli offerenti e i candidati secondo le norme e i criteri oggettivi stabiliti in base agli articoli 135 e 136;

c) nelle procedure ristrette, nelle procedure negoziate con indizione di gara, nei dialoghi competitivi e nei partenariati per l'innovazione, essi riducono, se del caso e applicando le disposizioni dell'articolo 135 il numero dei candidati selezionati in conformità delle lettere *a)* e *b)*.

3. Quando viene indetta una gara con un avviso sull'esistenza di un sistema di qualificazione e al fine di selezionare i partecipanti alle procedure di aggiudicazione degli appalti specifici oggetto della gara, gli enti aggiudicatori:

a) qualificano gli operatori economici conformemente all'articolo 134;

b) applicano a tali operatori economici qualificati le disposizioni del comma 1 che sono pertinenti in caso di procedure ristrette o negoziate, di dialoghi competitivi oppure di partenariati per l'innovazione.

4. Quando selezionano i partecipanti a una procedura ristretta o negoziata, a un dialogo competitivo o per un partenariato per l'innovazione, quando decidono sulla qualificazione o quando aggiornano i criteri e le norme, gli enti aggiudicatori:

a) non impongono condizioni amministrative, tecniche o finanziarie a taluni operatori economici senza imporle ad altri;

b) non esigono prove o giustificativi già presenti nella documentazione valida già disponibile.

5. Al fine di acquisire informazioni e documentazioni dagli operatori economici candidati, gli enti aggiudicatori utilizzano la banca dati di cui all'articolo 81, ovvero accettano autocertificazioni e richiedono le integrazioni con le modalità di cui all'articolo 85, comma 5.

6. Gli enti aggiudicatori verificano la conformità delle offerte presentate dagli offerenti così selezionati alle norme e ai requisiti applicabili alle stesse e aggiudicano l'appalto secondo i criteri di cui agli articoli 95 e 97.

7. Gli enti aggiudicatori possono decidere di non aggiudicare un appalto all'offerente che presenta l'offerta migliore, se hanno accertato che l'offerta non soddisfa gli obblighi applicabili di cui all'articolo 30.

8. Nelle procedure aperte, gli enti aggiudicatori possono decidere che le offerte saranno esaminate prima della verifica dell'idoneità degli offerenti. Tale facoltà può essere esercitata se specificamente prevista nel bando di gara o nell'avviso con cui si indice la gara. Se si avvalgono di tale possibilità, le amministrazioni aggiudicatrici garantiscono che la verifica dell'assenza di motivi di esclusione e del rispetto dei criteri di selezione sia effettuata in maniera imparziale e trasparente, in modo che nessun appalto sia aggiudicato a un offerente che avrebbe dovuto essere escluso a norma dell'articolo 136 o che non soddisfa i criteri di selezione stabiliti dall'amministrazione aggiudicatrice[1 2].

[1] Comma così modificato dall'art. 83, D.Lgs. 19 aprile 2017, n. 56. Il testo previgente disponeva: *8. Nelle procedure aperte, gli enti aggiudicatori possono decidere che le offerte saranno esaminate prima della verifica dell'idoneità degli offerenti. Se si avvalgono di tale possibilità, le amministrazioni aggiudicatrici garantiscono che la verifica dell'assenza di motivi di esclusione e del rispetto dei criteri di selezione sia effettuata in maniera imparziale e trasparente, in modo che nessun*

appalto sia aggiudicato a un offerente che avrebbe dovuto essere escluso a norma dell'articolo 136 o che non soddisfa i criteri di selezione stabiliti dall'amministrazione aggiudicatrice.

[2] V. artt. 230, 231, D.Lgs. 12 aprile 2006, n. 163 (vecchio Codice dei contratti pubblici) che, rispettivamente, dispongono: *Art. 230. Disposizioni generali. 1. Gli enti aggiudicatori applicano l'articolo 38 per l'accertamento dei requisiti di carattere generale dei candidati o degli offerenti.*

2. Per l'accertamento dei requisiti di capacità tecnico professionale ed economico finanziaria gli enti aggiudicatori che sono amministrazioni aggiudicatrici, ove non abbiano istituito propri sistemi di qualificazione ai sensi dell'articolo 232, applicano gli articoli da 39 a 48.

3. Per l'accertamento dei requisiti di capacità tecnico professionale ed economico finanziaria gli enti aggiudicatori che non sono amministrazioni aggiudicatrici, possono, alternativamente, istituire propri sistemi di qualificazione ai sensi dell'articolo 232, ovvero applicare gli articoli da 39 a 48, ovvero accertare i requisiti di capacità tecnico professionale ed economico finanziaria ai sensi dell'articolo 233.

4. Quale che sia il sistema di selezione qualitativa prescelto, si applicano gli articoli 43 e 44, nonchè gli articoli 49 e 50 con esclusione del comma 1, lettera a).

5. Il regolamento di cui all'articolo 5 detta le disposizioni attuative del presente articolo, stabilendo gli eventuali ulteriori requisiti di capacità tecnico professionale ed economico finanziaria per i lavori, servizi, forniture, nei settori speciali, anche al fine della attestazione e certificazione SOA.

6. I sistemi di qualificazione istituiti dagli enti aggiudicatori ai sensi dei commi 2 e 3 si applicano esclusivamente ai contratti relativi alle attività di cui alla presente parte.

Art. 231. Principio di imparzialità e non aggravamento nei procedimenti di selezione e qualificazione. 1. Quando selezionano i partecipanti ad una procedura ristretta o negoziata, nel decidere sulla qualificazione o nell'aggiornare le condizioni di ammissione, gli enti aggiudicatori non possono:

a) imporre condizioni amministrative, tecniche o finanziarie a taluni operatori economici senza imporle ad altri;

b) esigere prove già presenti nella documentazione valida disponibile.

134. *Sistemi di qualificazione.* 1. Gli enti aggiudicatori possono istituire e gestire un sistema di qualificazione degli operatori economici. In tal caso gli enti provvedono affinchè gli operatori economici possano chiedere in qualsiasi momento di essere qualificati.

2. Il sistema di cui al comma 1 può comprendere vari stadi di qualificazione. Gli enti aggiudicatori stabiliscono norme e criteri oggettivi per l'esclusione e la selezione degli operatori economici che richiedono di essere qualificati, nonchè norme e criteri oggettivi per il funzionamento del sistema di qualificazione, disciplinando le modalità di iscrizione al sistema, l'eventuale aggiornamento periodico delle qualifiche e la durata del sistema. Quando tali criteri e norme comportano specifiche tecniche, si applicano gli articoli 68, 69 e 82. Tali criteri e norme possono all'occorrenza essere aggiornati.

3. I criteri e le norme di cui al comma 2 sono resi disponibili, a richiesta, e comunicati agli operatori economici interessati. Un ente aggiudicatore può utilizzare il sistema di qualificazione istituito da un altro ente aggiudicatore o di altro organismo terzo, dandone idonea comunicazione agli operatori economici interessati.

4. Gli enti aggiudicatori istituiscono e aggiornano un elenco degli operatori economici, che può essere diviso in categorie in base al tipo di appalti per i quali la qualificazione è valida.

5. I criteri e le norme di cui al comma 3 includono i criteri di esclusione di cui all'articolo 136.

6. In caso di istituzione e gestione di un sistema di qualificazione di cui al comma 1, gli enti aggiudicatori osservano:

a) l'articolo 128, quanto all'avviso sull'esistenza di un sistema di qualificazione;

b) l'articolo 132, quanto alle informazioni a coloro che hanno chiesto una qualificazione.

7. L'ente aggiudicatore che istituisce e gestisce il sistema di qualificazione stabilisce i documenti, i certificati e le dichiarazioni sostitutive che devono corredare la domanda di iscrizione, e non può chiedere certificati o documenti che riproducono documenti validi già nella disponibilità dell'ente aggiudicatore. I documenti, i certificati e le dichiarazioni sostitutive, se redatti in una lingua diversa dall'italiano, sono accompagnati da una traduzione in lingua italiana certificata conforme al testo originale dalle autorità diplomatiche o consolari italiane del Paese in cui sono stati redatti, oppure da un traduttore ufficiale.

8. Quando viene indetta una gara con un avviso sull'esistenza di un sistema di qualificazione, i contratti specifici per i lavori, le forniture o i servizi contemplati dal sistema di qualificazione sono aggiudicati con procedure ristrette o procedure negoziate, nelle quali tutti gli offerenti ed i partecipanti sono scelti tra i candidati già qualificati con tale sistema.

9. Tutte le spese fatturate in relazione alle domande di qualificazione o all'aggiornamento o alla conservazione di una qualificazione già ottenuta in base al sistema sono proporzionali ai costi generati[1].

[1] V. art. 232, D.Lgs. 12 aprile 2006, n. 163 (vecchio Codice dei contratti pubblici).

135. *Criteri di selezione qualitativa e avvalimento.* 1. Gli enti aggiudicatori possono stabilire norme e criteri oggettivi per l'esclusione e la selezione degli offerenti o dei candidati. Tali norme e criteri sono accessibili agli operatori economici interessati.

2. Qualora gli enti aggiudicatori si trovino nella necessità di garantire un equilibrio adeguato tra le caratteristiche specifiche della procedura di appalto e i mezzi necessari alla sua realizzazione, possono, nelle procedure ristrette o negoziate, nei dialoghi competitivi oppure nei partenariati per l'innovazione, definire norme e criteri oggettivi che rispecchino tale

necessità e consentano all'ente aggiudicatore di ridurre il numero di candidati che saranno invitati a presentare un'offerta. Il numero dei candidati prescelti tiene conto tuttavia dell'esigenza di garantire un'adeguata concorrenza.

3 Quando il concorrente intende avvalersi dei requisiti di capacità economico finanziaria o tecnico professionale di altri soggetti, si applica l'articolo 89[1].

[1] V. art. 233, D.Lgs. 12 aprile 2006, n. 163 (vecchio Codice dei contratti pubblici).

136. *Applicabilità dei motivi di esclusione e dei criteri di selezione dei settori ordinari ai sistemi di qualificazione.* 1. Le norme e i criteri oggettivi per l'esclusione e la selezione degli operatori economici che richiedono di essere qualificati in un sistema di qualificazione e le norme e i criteri oggettivi per l'esclusione e la selezione dei candidati e degli offerenti nelle procedure aperte, ristrette o negoziate, nei dialoghi competitivi oppure nei partenariati per l'innovazione includono i motivi di esclusione di cui all'articolo 80 alle condizioni stabilite in detto articolo. Se l'ente aggiudicatore è un'amministrazione aggiudicatrice, tali criteri e norme comprendono i criteri di esclusione di cui all'articolo 80 alle condizioni stabilite in detto articolo[1].

2. I criteri e le norme di cui al comma 1 possono comprendere i criteri di selezione di cui all'articolo 83 alle condizioni stabilite in detto articolo, in particolare per quanto riguarda il massimale relativo ai requisiti sul fatturato annuale, come previsto dal comma 5 di detto articolo.

3. Per le finalità dei commi 1 e 2, si applicano gli articoli 85, 86, 87 e 88[3].

[1] Comma così modificato dall'art. 84, D.Lgs. 19 aprile 2017, n. 56. Il testo previgente disponeva: *1. Le norme e i criteri oggettivi per l'esclusione e la selezione degli operatori economici che richiedono di essere qualificati in un sistema di qualificazione e le norme e i criteri oggettivi per l'esclusione e la selezione dei candidati e degli offerenti nelle procedure aperte, ristrette o negoziate, nei dialoghi competitivi oppure nei partenariati per l'innovazione possono includere i motivi di esclusione di cui all'articolo 80 alle condizioni stabilite in detto articolo. Se l'ente aggiudicatore è un'amministrazione aggiudicatrice, tali criteri o norme comprendono i criteri di esclusione di cui all'articolo 80 alle condizioni stabilite in detto articolo.*

[2] Comma così modificato dall'art. 84, D.Lgs. 19 aprile 2017, n. 56. Il testo previgente disponeva: *3. Per le finalità dei commi 1 e 2, si applicano gli articoli 85, 86 e 88.*

[3] V. art. 230, D.Lgs. 12 aprile 2006, n. 163 (vecchio Codice dei contratti pubblici).

137. *Offerte contenenti prodotti originari di Paesi terzi.* 1. Fatti salvi gli obblighi assunti nei confronti dei Paesi terzi, il presente articolo si applica a offerte contenenti prodotti originari di Paesi terzi con cui l'Unione europea non ha concluso, in un contesto multilaterale o bilaterale, un accordo che garantisca un accesso comparabile ed effettivo delle imprese dell'Unione ai mercati di tali paesi terzi[1].

2. Qualsiasi offerta presentata per l'aggiudicazione di un appalto di forniture può essere respinta se la parte dei prodotti originari di Paesi terzi, ai sensi del regolamento (UE) n. 952/2013 del Parlamento europeo e del Consiglio, supera il 50 per cento del valore totale dei prodotti che compongono l'offerta. In caso di mancato respingimento dell'offerta a norma del presente comma, la stazione appaltante motiva debitamente le ragioni della scelta e trasmette all'Autorità la relativa documentazione. Ai fini del presente articolo, i software impiegati negli impianti delle reti di telecomunicazione sono considerati prodotti[2].

3. Salvo il disposto del presente comma, terzo periodo, se due o più offerte si equivalgono in base ai criteri di aggiudicazione di cui all'articolo 95, viene preferita l'offerta che non può essere respinta a norma del comma 2 del presente articolo. Il valore delle offerte è considerato equivalente, ai fini del presente articolo, se la differenza di prezzo non supera il 3 per cento. Tuttavia, un'offerta non è preferita ad un'altra in virtù del presente comma, se l'ente aggiudicatore, accettandola, è tenuto ad acquistare materiale con caratteristiche tecniche diverse da quelle del materiale già esistente, con conseguente incompatibilità o difficoltà tecniche di uso o di manutenzione o costi sproporzionati.

4. Ai fini del presente articolo, per determinare la parte dei prodotti originari dei Paesi terzi di cui al comma 2, sono esclusi i Paesi terzi ai quali, con decisione del Consiglio dell'Unione europea ai sensi del comma 1, è stato esteso il beneficio del presente codice[3].

[1] Comma così modificato dall'art. 85, D.Lgs. 19 aprile 2017, n. 56, che ha sostituito la parola: "Europea" con la parola: "europea".

[2] Comma così modificato dall'art. 85, D.Lgs. 19 aprile 2017, n. 56. Il testo previgente disponeva: *2. Qualsiasi offerta presentata per l'aggiudicazione di un appalto di forniture può essere respinta se la parte dei prodotti originari di Paesi terzi, ai sensi del regolamento (UE) n. 952/2013 del Parlamento europeo e del Consiglio, supera il 50 per cento del valore totale dei prodotti che compongono l'offerta. Ai fini del presente articolo, i software impiegati negli impianti delle reti di telecomunicazione sono considerati prodotti.*

[3] V. art. 234, D.Lgs. 12 aprile 2006, n. 163 (vecchio Codice dei contratti pubblici).

138. *Relazioni con Paesi terzi in materia di lavori, servizi e forniture.* 1. La Cabina di regia di cui all'articolo 212 informa, su segnalazione da parte del Ministero dello sviluppo economico o del Ministero degli affari esteri e della cooperazione internazionale, la Commissione europea di ogni difficoltà d'ordine generale, di fatto o di diritto, incontrata dalle imprese italiane nell'ottenere l'aggiudicazione di appalti di servizi in Paesi terzi e da esse riferita con particolare riferimento all'inosservanza delle disposizioni internazionali di diritto del lavoro elencate nell'allegato X.

2. Sono fatti salvi gli impegni assunti nei confronti dei Paesi terzi derivanti da accordi internazionali in materia di appalti pubblici, in particolare nel quadro dell'OMC[1].

[1] V. art. 249, D.Lgs. 12 aprile 2006, n. 163 (vecchio Codice dei contratti pubblici).

139. *Relazioni uniche sulle procedure di aggiudicazione degli appalti.* 1. Gli enti aggiudicatori conservano le informazioni appropriate relative a ogni appalto o accordo quadro disciplinato dal presente codice e ogniqualvolta sia istituito un sistema dinamico di acquisizione. Tali informazioni sono sufficienti a consentire loro, in una fase successiva, di giustificare le decisioni riguardanti:

a) la qualificazione e la selezione degli operatori economici e l'aggiudicazione degli appalti;

b) l'utilizzazione di procedure negoziate non precedute da una gara a norma dell'articolo 125;

c) la mancata applicazione delle disposizioni sulle tecniche e strumenti per gli appalti e strumenti elettronici e aggregati e delle disposizioni sullo svolgimento delle procedure di scelta del contraente del presente codice in virtù delle deroghe ivi previste;

d) se del caso, le ragioni per le quali per la trasmissione in via elettronica sono stati usati mezzi di comunicazione diversi dai mezzi elettronici.

2. Nella misura in cui l'avviso di aggiudicazione dell'appalto stilato a norma dell'articolo 129 o dell'articolo 140, comma 3, contiene le informazioni richieste al presente comma, gli enti aggiudicatori possono fare riferimento a tale avviso.

3. Gli enti aggiudicatori documentano lo svolgimento di tutte le procedure di aggiudicazione, indipendentemente dal fatto che esse siano condotte con mezzi elettronici o meno. A tale scopo, garantiscono la conservazione di una documentazione sufficiente a giustificare decisioni adottate in tutte le fasi della procedura di appalto, quali la documentazione relativa alle comunicazioni con gli operatori economici e le deliberazioni interne, la preparazione dei documenti di gara, il dialogo o la negoziazione se previsti, la selezione e l'aggiudicazione dell'appalto. La documentazione è conservata per almeno cinque anni a partire dalla data di aggiudicazione dell'appalto, ovvero, in caso di pendenza di una controversia, fino al passaggio in giudicato della relativa sentenza.

4. Le informazioni o la documentazione o i principali elementi sono comunicati alla Cabina di regia di cui all'articolo 212, per l'eventuale successiva comunicazione alla Commissione o alle autorità, agli organismi o alle strutture competenti[1].

[1] V. art. 229, D.Lgs. 12 aprile 2006, n. 163 (vecchio Codice dei contratti pubblici).

Sezione IV
Servizi sociali, concorsi di progettazione e norme su esecuzione

140. *Norme applicabili ai servizi sociali e ad altri servizi specifici dei settori speciali*[1]. 1. Gli appalti di servizi sociali e di altri servizi specifici di cui all'allegato IX sono aggiudicati in applicazione degli articoli 142, 143, 144, salvo quanto disposto nel presente articolo e fermo restando quanto previsto dal titolo VII del decreto legislativo 3 luglio 2017, n. 117. Le disposizioni di cui all'articolo 142, comma 5-*octies*, si applicano ai servizi di cui all'articolo 142, comma 5-*bis*, nei settori speciali di importo inferiore alla soglia di cui all'articolo 35, comma 2, lettera *c)*. Per quanto riguarda la disciplina della pubblicazione degli avvisi e dei bandi, gli enti aggiudicatori che intendono procedere all'aggiudicazione di un appalto per i servizi di cui al presente comma rendono nota tale intenzione con una delle seguenti modalità[2]:

a) mediante un avviso di gara;

b) mediante un avviso periodico indicativo, che viene pubblicato in maniera continuativa. L'avviso periodico indicativo si riferisce specificamente ai tipi di servizi che saranno oggetto degli appalti da aggiudicare. Esso indica che gli appalti saranno aggiudicati senza successiva pubblicazione e invita gli operatori economici interessati a manifestare il proprio interesse per iscritto;

c) mediante un avviso sull'esistenza di un sistema di qualificazione che viene pubblicato in maniera continuativa.

2. Il comma 1 non si applica allorchè una procedura negoziata senza previo avviso di gara sia stata utilizzata, conformemente all'articolo 63, per l'aggiudicazione di appalti pubblici di servizi.

3. Gli enti aggiudicatori che hanno aggiudicato un appalto per i servizi di cui al presente articolo ne rendono noto il risultato mediante un avviso di aggiudicazione. Essi possono tuttavia raggruppare detti avvisi su base trimestrale. In tal caso essi inviano gli avvisi raggruppati al più tardi trenta giorni dopo la fine di ogni trimestre.

4. I bandi e gli avvisi di gara di cui al presente articolo contengono le informazioni di cui all'allegato XIV, parte III, conformemente ai modelli di formulari stabiliti dalla Commissione europea mediante atti di esecuzione. Gli avvisi di cui al presente articolo sono pubblicati conformemente all'articolo 130[3 4].

[1] Rubrica così sostituita dall'art. 86, D.Lgs. 19 aprile 2017, n. 56. Il testo previgente disponeva: *Norme applicabili ai servizi sociali dei settori speciali.*

[2] Alinea così modificato prima dall'art. 86, D.Lgs. 19 aprile 2017, n. 56, poi dall'art. 8, D.L. 16 luglio 2020, n. 76, convertito in L. 11 settembre 2020, n. 120, a decorrere dal 15 settembre 2020 che dopo le parole: «salvo quanto disposto nel

presente articolo» ha aggiunto le seguenti: «e fermo restando quanto previsto dal titolo VII del decreto legislativo 3 luglio 2017, n. 117». Tali nuove disposizioni si applicano alle procedure i cui bandi o avvisi, con i quali si indice una gara, sono pubblicati successivamente alla data di entrata in vigore del D.L. 76/2020 cit., nonchè, in caso di contratti senza pubblicazione di bandi o avvisi, alle procedure in cui, alla medesima data, non sono ancora stati inviati gli inviti a presentare le offerte o i preventivi.

Il testo previgente la modifica del 2017 disponeva: *Gli appalti di servizi sociali e di altri servizi specifici di cui all'allegato IX sono aggiudicati in applicazione degli articoli 142, 143, 144, salvo quanto disposto nel presente articolo. Per quanto riguarda la disciplina della pubblicazione degli avvisi e dei bandi, gli enti aggiudicatori che intendono procedere all'aggiudicazione di un appalto per i servizi di cui al presente comma rendono nota tale intenzione con una delle seguenti modalità.*

[3] Comma così modificato dall'art. 86, D.Lgs. 19 aprile 2017, n. 56. Il testo previgente disponeva: *4. I bandi e gli avvisi di gara di cui al presente articolo contengono le informazioni di cui all'allegato XIV, parte III, conformemente ai modelli di formulari stabiliti dalla Commissione mediante atti di esecuzione. Gli avvisi di cui al presente articolo sono pubblicati conformemente all'articolo 130.*

[4] V. artt. 20, 21, D.Lgs. 12 aprile 2006, n. 163 (vecchio Codice dei contratti pubblici).

141. *Norme applicabili ai concorsi di progettazione e di idee nei settori speciali*[1]. 1. Ai concorsi di progettazione e di idee nei settori speciali si applicano le disposizioni di cui agli articoli 152, commi 1, 2, 3 e 5, primo, secondo, terzo e quarto periodo, 153, comma 1, 154, commi 1, 2, 4 e 5, 155 e 156[2].

2. Gli enti aggiudicatori che hanno indetto un concorso di progettazione inviano un avviso sui risultati del concorso.

3. Il bando di concorso contiene le informazioni indicate nell'allegato XIX e l'avviso sui risultati di un concorso contiene le informazioni indicate nell'allegato XX nel formato stabilito per i modelli di formulari. Tali modelli di formulari sono stabiliti dalla Commissione europea mediante atti di esecuzione[3].

4. L'avviso sui risultati di un concorso di progettazione è trasmesso all'Ufficio delle pubblicazioni dell'Unione europea entro trenta giorni dalla chiusura del medesimo. Si applica l'articolo 153, comma 2, secondo periodo.

5. L'articolo 130, commi da 2 a 6 si applica anche agli avvisi relativi ai concorsi di progettazione[4] [5].

[1] Rubrica così modificata dall'art. 87, D.Lgs. 19 aprile 2017, n. 56. Il testo previgente disponeva: *Norme applicabili ai concorsi di progettazione nei settori speciali.*

[2] Comma così sostituito dall'art. 87, D.Lgs. 19 aprile 2017, n. 56. Il testo previgente disponeva: *1. Ai concorsi di progettazione nei settori speciali si applicano le disposizioni di cui agli articoli 152, commi 1, 2, 5, secondo, terzo e quarto periodo, 153, comma 1, 154, commi 1, e 2, 155 e 156.*

[3] Comma così modificato dall'art. 87, D.Lgs. 19 aprile 2017, n. 56. Il testo previgente disponeva: *3. Il bando di concorso contiene le informazioni indicate nell'allegato XIX e l'avviso sui risultati di un concorso contiene le informazioni indicate nell'allegato XX nel formato stabilito per i modelli di formulari. Tali modelli di formulari sono stabiliti dalla Commissione mediante atti di esecuzione.*

[4] Comma così modificato dall'art. 87, D.Lgs. 19 aprile 2017, n. 56, che aggiunge il punto alla fine del comma.

[5] V. artt. 235, 236, 237, D.Lgs. 12 aprile 2006, n. 163 (vecchio Codice dei contratti pubblici).

CAPO II
APPALTI DI SERVIZI SOCIALI E DI ALTRI SERVIZI NEI SETTORI ORDINARI[1]

[1] Rubrica così sostituita dall'art. 88, D.Lgs. 19 aprile 2017, n. 56. Il testo previgente disponeva: *Appalti nei servizi sociali.*

142. *Pubblicazione degli avvisi e dei bandi*. 1. Le stazioni appaltanti che intendono procedere all'aggiudicazione di un appalto pubblico per i servizi di cui all'allegato IX rendono nota tale intenzione con una delle seguenti modalità[1]:

a) mediante un bando di gara, che comprende le informazioni di cui all'allegato XIV, parte I, lettera F, conformemente ai modelli di formulari di cui all'articolo 72;

b) mediante un avviso di preinformazione, che viene pubblicato in maniera continua e contiene le informazioni di cui all'allegato XIV, parte I. L'avviso di preinformazione si riferisce specificamente ai tipi di servizi che saranno oggetto degli appalti da aggiudicare. Esso indica che gli appalti saranno aggiudicati senza successiva pubblicazione e invita gli operatori economici interessati a manifestare il proprio interesse per iscritto.

2. Il comma 1 non si applica, allorchè sia utilizzata per l'aggiudicazione di appalti pubblici di servizi una procedura negoziata senza previa pubblicazione in presenza dei presupposti previsti dall'articolo 63.

3. Le stazioni appaltanti che hanno aggiudicato un appalto pubblico per i servizi di cui all'allegato IX rendono noto il risultato della procedura d'appalto mediante un avviso di aggiudicazione, che contiene le informazioni di cui all'allegato XIV, parte I, lettera H, conformemente ai modelli di formulari di cui all'articolo 72. Esse possono tuttavia raggruppare detti avvisi su base trimestrale. In tal caso, esse inviano gli avvisi raggruppati al più tardi trenta giorni dopo la fine di ogni trimestre[2].

4. Per gli appalti di importo pari o superiore alle soglie di cui all'articolo 35, i modelli di formulari di cui ai commi 1 e 3 del presente articolo sono stabiliti dalla Commissione europea mediante atti di esecuzione[3].

5. Gli avvisi di cui al presente articolo sono pubblicati conformemente all'articolo 72.

5-*bis*. Le disposizioni di cui ai commi da 5-*ter* a 5-*octies*, si applicano ai seguenti servizi, come individuati dall'allegato IX, nei settori ordinari: servizi sanitari, servizi sociali e servizi connessi; servizi di prestazioni sociali; altri servizi pubblici, sociali e personali, inclusi servizi forniti da associazioni sindacali, da organizzazioni politiche, da associazioni giovanili e altri servizi di organizzazioni associative[4].

5-*ter*. L'affidamento dei servizi di cui al comma 5-*bis* deve garantire la qualità, la continuità, l'accessibilità, la disponibilità e la completezza dei servizi, tenendo conto delle esigenze specifiche delle diverse categorie di utenti, compresi i gruppi svantaggiati e promuovendo il coinvolgimento e la responsabilizzazione degli utenti[4].

5-*quater*. Ai fini dell'applicazione dell'articolo 21, le amministrazioni aggiudicatrici approvano gli strumenti di programmazione nel rispetto di quanto previsto dalla legislazione statale e regionale di settore[4].

5-*quinquies*. Le finalità di cui agli articoli 37 e 38 sono perseguite anche tramite le forme di aggregazione previste dalla normativa di settore con particolare riguardo ai distretti sociosanitari e a istituzioni analoghe[4].

5-*sexies*. Si applicano le procedure di aggiudicazione di cui agli articoli da 54 a 58 e da 60 a 65[4].

5-*septies*. Oltre a quanto previsto dai commi da 1 a 5-*sexies*, devono essere, altresì, applicate per l'aggiudicazione le disposizioni di cui agli articoli 68, 69, 75, 79, 80, 83 e 95, adottando il criterio di aggiudicazione dell'offerta economicamente più vantaggiosa individuata sulla base del miglior rapporto qualità/prezzo[4].

5-*octies*. Gli appalti di servizi di cui al comma 5-*bis*, di importo inferiore alla soglia di cui all'articolo 35, comma 1, lettera *d)*, sono affidati nel rispetto di quanto previsto all'articolo 36[4].

5-*nonies*. Le disposizioni di cui ai commi dal 5-*ter* al 5-*octies* si applicano ai servizi di cui all'articolo 144, compatibilmente con quanto previsto nel medesimo articolo[4 5].

[1] Alinea così modificato dall'art. 88, D.Lgs. 19 aprile 2017, n. 56. Il testo previgente disponeva: *Le stazioni appaltanti che intendono procedere all'aggiudicazione di un appalto pubblico per i servizi di cui al presente Capo rendono nota tale intenzione con una delle seguenti modalità.*

[2] Comma così modificato dall'art. 88, D.Lgs. 19 aprile 2017, n. 56. Il testo previgente disponeva: *3. Le stazioni appaltanti che hanno aggiudicato un appalto pubblico per i servizi di cui all'articolo 140 rendono noto il risultato della procedura d'appalto mediante un avviso di aggiudicazione, che contiene le informazioni di cui all'allegato XIV, parte I, lettera H, conformemente ai modelli di formulari di cui all'articolo 72. Esse possono tuttavia raggruppare detti avvisi su base trimestrale. In tal caso, esse inviano gli avvisi raggruppati al più tardi trenta giorni dopo la fine di ogni trimestre.*

[3] Comma così modificato dall'art. 88, D.Lgs. 19 aprile 2017, n. 56. Il testo previgente disponeva: *4. Per gli appalti pari o superiori alle soglie di cui all'articolo 35, i modelli di formulari di cui ai commi 1 e 3 del presente articolo sono stabiliti dalla Commissione europea mediante atti di esecuzione.*

[4] Comma aggiunto dall'art. 88, D.Lgs. 19 aprile 2017, n. 56.

[5] V. artt. 20, 21, D.Lgs. 12 aprile 2006, n. 163 (vecchio Codice dei contratti pubblici).

143. *Appalti riservati per determinati servizi.* 1. Le stazioni appaltanti possono riservare alle organizzazioni di cui al comma 2 il diritto di partecipare alle procedure per l'aggiudicazione di appalti pubblici esclusivamente per i servizi sanitari, sociali e culturali di cui all'allegato XIV, identificati con i codici CPV 75121000-0, 75122000-7, 75123000-4, 79622000-0, 79624000-4, 79625000-1, 80110000-8, 80300000-7, 80420000-4, 80430000-7, 80511000-9, 80520000-5, 80590000-6, da 85000000-9 a 85323000-9, 92500000-6, 92600000-7, 98133000-4, 98133110-8[1].

2. Gli affidamenti di cui al comma 1 devono soddisfare tutte le seguenti condizioni:

a) l'organizzazione ha come obiettivo statutario il perseguimento di una missione di servizio pubblico legata alla prestazione dei servizi di cui al comma 1;

b) i profitti dell'organizzazione sono reinvestiti al fine di conseguire l'obiettivo dell'organizzazione. Se i profitti sono distribuiti o redistribuiti, ciò dovrebbe basarsi su considerazioni partecipative;

c) le strutture di gestione o proprietà dell'organizzazione che esegue l'appalto sono basate su principi di azionariato dei dipendenti o partecipativi, ovvero richiedono la partecipazione attiva di dipendenti, utenti o soggetti interessati;

d) l'amministrazione aggiudicatrice interessata non ha aggiudicato all'organizzazione un appalto per i servizi in questione a norma del presente articolo negli ultimi tre anni.

3. La durata massima del contratto non supera i tre anni.

4. Il bando è predisposto nel rispetto di quanto previsto dal presente articolo[2].

[1] Comma così modificato dall'art. 89, D.Lgs. 19 aprile 2017, n. 56, che ha sostituito le parole: "allegato XIV" con le parole: "allegato IX".

[2] V. artt. 20, 21, D.Lgs. 12 aprile 2006, n. 163 (vecchio Codice dei contratti pubblici).

144. *Servizi di ristorazione.* 1. I servizi di ristorazione indicati nell'allegato IX sono aggiudicati secondo quanto disposto dall'articolo 95, comma 3. La valutazione dell'offerta tecnica tiene conto, in particolare, degli aspetti relativi a fattori quali la qualità dei generi alimentari con particolare riferimento a quella di prodotti biologici, tipici e tradizionali, di quelli a denominazione protetta, nonchè di quelli provenienti da sistemi di filiera corta e da operatori dell'agricoltura sociale, il rispetto delle diposizioni ambientali in materia di green economy, dei criteri ambientali minimi pertinenti di cui all'articolo 34 del presente codice e della qualità della formazione degli operatori. Sono fatte salve le disposizioni di cui all'articolo 4, comma 5-*quater* del decreto legge 12 settembre 2013, n. 104, convertito, con modificazioni, dalla legge 8 novembre 2013, n. 128 nonchè di cui all'articolo 6, comma 1, della legge 18 agosto 2015, n. 141.

2. Con decreti del Ministro della salute, di concerto con il Ministro dell'ambiente e della tutela del territorio e del mare e con il Ministro delle politiche agricole, alimentari e forestali, sono definite e aggiornate le linee di indirizzo nazionale per la ristorazione ospedaliera, assistenziale e scolastica. Fino all'adozione di dette linee di indirizzo, si applica l'articolo 216, comma 18.

3. L'attività di emissione di buoni pasto, consistente nell'attività finalizzata a rendere per il tramite di esercizi convenzionati il servizio sostitutivo di mensa aziendale, è svolta esclusivamente da società di capitali con capitale sociale versato non inferiore a settecentocinquantamila euro che hanno come oggetto sociale l'esercizio dell'attività finalizzata a rendere il servizio sostitutivo di mensa, a mezzo di buoni pasto e di altri titoli di legittimazione rappresentativi di servizi. Il bilancio delle società di cui al presente comma deve essere corredato dalla relazione redatta da una società di revisione iscritta nel registro istituito presso il Ministero della giustizia ai sensi dell'articolo 2409-*bis* del codice civile.

4. Gli operatori economici attivi nel settore dell'emissione di buoni pasto aventi sede in altri Paesi dell'Unione europea possono esercitare l'attività di cui al comma 3 se a ciò autorizzati in base alle norme del Paese di appartenenza. Le società di cui al comma 3 possono svolgere l'attività di emissione dei buoni pasto previa segnalazione certificata di inizio attività dei rappresentanti legali comprovante il possesso dei requisiti richiesti di cui al comma 3 e trasmessa ai sensi dell'articolo 19 della legge 7 agosto 1990, n. 241, e successive modificazioni, al Ministero dello sviluppo economico.

5. Con decreto del Ministro dello sviluppo economico, di concerto con il Ministro delle infrastrutture e dei trasporti, sentita l'ANAC, sono individuati le modalità attuative della disposizione di cui al comma 6-bis, nonché gli esercizi presso i quali può essere erogato il servizio sostitutivo di mensa reso a mezzo dei buoni pasto, le caratteristiche dei buoni pasto e il contenuto degli accordi stipulati tra le società di emissione di buoni pasto e i titolari degli esercizi convenzionabili. I predetti accordi devono comunque prevedere una garanzia fideiussoria rilasciata da imprese bancarie o assicurative che rispondano ai requisiti di solvibilità previsti dalla legislazione vigente, che le società emittenti sono tenute a consegnare agli esercizi convenzionati[1].

6. L'affidamento dei servizi sostitutivi di mensa avviene esclusivamente con il criterio dell'offerta economicamente più vantaggiosa individuata sulla base del miglior rapporto qualità/prezzo. Il bando di gara stabilisce i criteri di valutazione dell'offerta pertinenti, tra i quali:

a) il ribasso sul valore nominale del buono pasto in misura comunque non superiore allo sconto incondizionato verso gli esercenti[2];

b) la rete degli esercizi da convenzionare;

c) lo sconto incondizionato verso gli esercenti;

d) i termini di pagamento agli esercizi convenzionati;

e) il progetto tecnico.

6-*bis*. In caso di buoni pasto in forma elettronica previsti dall'articolo 4, comma 3, del regolamento di cui al decreto del Ministro dello sviluppo economico 7 giugno 2017, n. 122, è garantito agli esercizi convenzionati un unico terminale di pagamento[3].

7. Ai fini del possesso della rete di esercizi attraverso cui si espleta il servizio sostitutivo di mensa eventualmente richiesto come criterio di partecipazione o di aggiudicazione è sufficiente l'assunzione, da parte del concorrente, dell'impegno all'attivazione della rete stessa entro un congruo termine dal momento dell'aggiudicazione fissato in sede di bando. La mancata attivazione della rete richiesta entro il termine indicato comporta la decadenza dell'aggiudicazione.

8. Le stazioni appaltanti che acquistano i buoni pasto, le società di emissione e gli esercizi convenzionati consentono, ciascuno nell'esercizio della rispettiva attività contrattuale e delle obbligazioni di propria pertinenza, la utilizzabilità del buono pasto per l'intero valore facciale[4].

[1] Comma così modificato prima dall'art. 5, L. 19 giugno 2019, n. 56, poi dall'art. 40-bis, D.L. 16 luglio 2020, n. 76, convertito in L. 11 settembre 2020, n. 120, a decorrere dal 15 settembre 2020.

Il testo previgente la modifica del 2019 disponeva: *5. Con decreto del Ministro dello sviluppo economico, di concerto con il Ministro delle infrastrutture e dei trasporti, sentita l'ANAC, sono individuati gli esercizi presso i quali può essere erogato il servizio sostitutivo di mensa reso a mezzo dei buoni pasto, le caratteristiche dei buoni pasto e il contenuto degli accordi stipulati tra le società di emissione di buoni pasto e i titolari degli esercizi convenzionabili.*

Il testo previgente la modifica del 2020 disponeva: *5. Con decreto del Ministro dello sviluppo economico, di concerto con il Ministro delle infrastrutture e dei trasporti, sentita l'ANAC, sono individuati gli esercizi presso i quali può essere erogato il servizio sostitutivo di mensa reso a mezzo dei buoni pasto, le caratteristiche dei buoni pasto e il contenuto degli accordi stipulati tra le società di emissione di buoni pasto e i titolari degli esercizi convenzionabili. I predetti accordi devono comunque prevedere una garanzia fideiussoria rilasciata da imprese bancarie o assicurative che rispondano ai requisiti di solvibilità previsti dalla legislazione vigente, che le società emittenti sono tenute a consegnare agli esercizi convenzionati*

[2] Lettera così sostituita dall'art. 90, D.Lgs. 19 aprile 2017, n. 56. Il testo previgente disponeva: *a) il ribasso sul valore nominale del buono pasto.*

[3] Comma aggiunto dall'art. 40-bis, D.L. 16 luglio 2020, n. 76, convertito in L. 11 settembre 2020, n. 120, a decorrere dal 15 settembre 2020.

[4] V. artt. 20, 21, D.Lgs. 12 aprile 2006, n. 163 (vecchio Codice dei contratti pubblici).

CAPO III
APPALTI NEL SETTORE DEI BENI CULTURALI

145. *Disciplina comune applicabile ai contratti nel settore dei beni culturali.* 1. Le disposizioni del presente capo dettano la disciplina relativa a contratti pubblici concernenti i beni culturali tutelati ai sensi del decreto legislativo 22 gennaio 2004, n. 42, recante Codice dei beni culturali e del paesaggio.

2. Le disposizioni del presente capo si applicano, altresì, all'esecuzione di scavi archeologici, anche subacquei.

3. Per quanto non diversamente disposto nel presente capo, trovano applicazione le pertinenti disposizioni del presente codice[1].

[1] V. artt. 197, 198, D.Lgs. 12 aprile 2006, n. 163 (vecchio Codice dei contratti pubblici).

146. *Qualificazione.* 1. In conformità a quanto disposto dagli articoli 9-*bis* e 29 del decreto legislativo 22 gennaio 2004, n. 42, per i lavori di cui al presente capo è richiesto il possesso di requisiti di qualificazione specifici e adeguati ad assicurare la tutela del bene oggetto di intervento.

2. I lavori di cui al presente capo sono utilizzati, per la qualificazione, unicamente dall'operatore che li ha effettivamente eseguiti. Il loro utilizzo, quale requisito tecnico, non è condizionato da criteri di validità temporale.

3. Per i contratti di cui al presente capo, considerata la specificità del settore ai sensi dell'articolo 36 del trattato sul funzionamento dell'Unione europea, non trova applicazione l'istituto dell'avvalimento, di cui all'articolo 89 del presente codice.

4. Con il regolamento di cui all'articolo 216, comma 27-*octies*, sono stabiliti i requisiti di qualificazione dei direttori tecnici e degli esecutori dei lavori e le modalità di verifica ai fini dell'attestazione. Il direttore tecnico dell'operatore economico incaricato degli interventi di cui all'articolo 147, comma 2, secondo periodo, deve comunque possedere la qualifica di restauratore di beni culturali ai sensi della normativa vigente. Fino alla data di entrata in vigore del regolamento di cui all'articolo 216, comma 27-*octies*, si applica la disposizione transitoria ivi prevista[1 2 3].

[1] Comma così modificato dall'art. 1, D.L. 18 aprile 2019, n. 32, convertito in L. 14 giugno 2019, n. 55, a decorrere dal 18 giugno 2019. Il testo previgente disponeva: *4. Con decreto del Ministro dei beni e delle attività culturali e del turismo, di concerto con il Ministro delle infrastrutture e dei trasporti, da emanarsi entro sei mesi dalla data di entrata in vigore del presente codice, sono stabiliti i requisiti di qualificazione dei direttori tecnici e degli esecutori dei lavori e le modalità di verifica ai fini dell'attestazione. Il direttore tecnico dell'operatore economico incaricato degli interventi di cui all'articolo 147, comma 2, secondo periodo, deve comunque possedere la qualifica di restauratore di beni culturali ai sensi della normativa vigente. Fino alla data di entrata in vigore del decreto di cui al presente comma, si applica l'articolo 216, comma 19.*

[2] V. D.M. 22 agosto 2017, n. 154 (Regolamento concernente gli appalti pubblici di lavori riguardanti i beni culturali tutelati ai sensi del decreto legislativo 22 gennaio 2004, n. 42).

[3] V. art. 201, D.Lgs. 12 aprile 2006, n. 163 (vecchio Codice dei contratti pubblici).

147. *Livelli e contenuti della progettazione.* 1. Con il decreto di cui all'articolo 146, comma 4, sono altresì stabiliti i livelli e i contenuti della progettazione di lavori concernenti i beni culturali di cui al presente capo, ivi inclusi gli scavi archeologici, nonchè i ruoli e le competenze dei soggetti incaricati delle attività di progettazione, direzione dei lavori e collaudo in relazione alle specifiche caratteristiche del bene su cui si interviene, nonchè i principi di organizzazione degli uffici di direzione lavori.

2. Per i lavori aventi ad oggetto beni culturali è richiesta, in sede di progetto di fattibilità, la redazione di una scheda tecnica finalizzata all'individuazione delle caratteristiche del bene oggetto di intervento, redatta da professionisti in possesso di specifica competenza tecnica in relazione all'oggetto dell'intervento. Con il decreto di cui all'articolo 146, comma 4, sono definiti gli interventi relativi a beni culturali mobili, superfici decorate di beni architettonici e materiali storicizzati di beni immobili di interesse storico artistico o archeologico, per i quali la scheda deve essere redatta da restauratori di beni culturali, qualificati ai sensi dalla normativa vigente.

3. Per i lavori di monitoraggio, manutenzione o restauro di beni culturali mobili, superfici decorate di beni architettonici e materiali storicizzati di beni immobili di interesse storico artistico o archeologico, il progetto di fattibilità comprende oltre alla scheda tecnica di cui al comma 2, le ricerche preliminari, le relazioni illustrative e il calcolo sommario di spesa. Il progetto definitivo approfondisce gli studi condotti con il progetto di fattibilità, individuando, anche attraverso indagini diagnostiche e conoscitive multidisciplinari, i fattori di degrado e i metodi di intervento. Il progetto esecutivo indica, nel dettaglio, le esatte metodologie operative, i materiali da utilizzare e le modalità tecnico-esecutive degli interventi ed è elaborato sulla base di indagini dirette ed adeguate campionature di intervento, giustificate dall'unicità dell'intervento conservativo. Il progetto esecutivo contiene anche un Piano di monitoraggio e manutenzione.

4. I lavori di cui al comma 3 e quelli di scavo archeologico, anche subacqueo, nonchè quelli relativi al verde storico di cui all'articolo 10, comma 4, lettera *f)* del codice dei beni culturali e del paesaggio sono appaltati, di regola, sulla base di un progetto esecutivo[1].

5. Qualora il responsabile unico del procedimento accerti che la natura e le caratteristiche del bene, ovvero il suo stato di conservazione, sono tali da non consentire l'esecuzione di analisi e rilievi esaustivi o comunque presentino soluzioni determinabili solo in corso d'opera, può prevedere l'integrazione della progettazione in corso d'opera, il cui eventuale costo deve trovare corrispondente copertura nel quadro economico.

6. La direzione dei lavori, il supporto tecnico alle attività del responsabile unico del procedimento e del dirigente competente alla formazione del programma triennale, nonchè l'organo di collaudo, comprendono un restauratore di beni culturali qualificato ai sensi della normativa vigente, ovvero, secondo la tipologia dei lavori, altri professionisti di cui all'articolo 9-*bis* del codice dei beni culturali e del paesaggio con esperienza almeno quinquennale e in possesso di specifiche competenze coerenti con l'intervento[2].

[1] Comma così modificato dall'art. 91, D.Lgs. 19 aprile 2017, n. 56. Il testo previgente disponeva: *4. I lavori di cui al comma 3 e quelli di scavo archeologico, anche subacqueo, nonchè quelli relativi al verde storico di cui all'articolo 10, comma 4, lettera f) del codice dei beni culturali e del paesaggio sono appaltati sulla base di un progetto esecutivo.*

[2] V. artt. 202, 203, D.Lgs. 12 aprile 2006, n. 163 (vecchio Codice dei contratti pubblici).

148. *Affidamento dei contratti.* 1. I lavori concernenti beni mobili, superfici decorate di beni architettonici e materiali storicizzati di beni immobili di interesse storico artistico o archeologico, gli scavi archeologici, anche subacquei, nonchè quelli relativi a ville, parchi e giardini di cui all'articolo 10, comma 4, lettera *f)* del codice dei beni culturali e del paesaggio, non sono affidati congiuntamente a lavori afferenti ad altre categorie di opere generali e speciali, salvo che motivate ed eccezionali esigenze di coordinamento dei lavori, accertate dal responsabile del procedimento e comunque non attinenti la sicurezza dei luoghi di lavoro di cui al decreto legislativo 9 aprile 2008, n. 81, non rendano necessario l'affidamento congiunto. È fatto salvo quanto previsto all'articolo 146 sul possesso dei requisiti di qualificazione stabiliti nel presente capo.

2. In nessun caso le lavorazioni specialistiche di cui al comma 1 possono essere assorbite in altra categoria o essere omesse nell'indicazione delle lavorazioni di cui si compone l'intervento, indipendentemente dall'incidenza percentuale che il valore degli interventi di tipo specialistico assume rispetto all'importo complessivo. A tal fine la stazione appaltante indica separatamente, nei documenti di gara, le attività riguardanti il monitoraggio, la manutenzione, il restauro dei beni di cui al comma 1, rispetto a quelle di carattere strutturale, impiantistico, nonchè di adeguamento funzionale inerenti i beni immobili tutelati ai sensi del codice dei beni culturali e del paesaggio.

3. Per gli appalti aventi ad oggetto gli allestimenti di istituti e luoghi della cultura di cui all'articolo 101 del codice dei beni culturali e del paesaggio, e per la manutenzione e il restauro di ville, parchi e giardini di cui all'articolo 10, comma 4, lettera *f)* del codice dei beni culturali e del paesaggio la stazione appaltante, previo provvedimento motivato del responsabile del procedimento, può applicare la disciplina relativa ai servizi o alle forniture, laddove i servizi o le forniture assumano rilevanza qualitativamente preponderante ai fini dell'oggetto del contratto, indipendentemente dall'importo dei lavori.

4. I soggetti esecutori dei lavori di cui al comma 1 devono in ogni caso essere in possesso dei requisiti di qualificazione stabiliti dal presente capo.

5. Per quanto non diversamente disciplinato dai commi 1, 2 e 3, si applica l'articolo 28.

6. I lavori di cui al comma 1 sono appaltati di norma a misura, indipendentemente dal relativo importo. Per i lavori di cui al presente Capo, in deroga al disposto dell'articolo 95, comma 4, può essere utilizzato il criterio del minor prezzo per i lavori di importo pari o inferiore a 500.000 euro[1].

7. L'esecuzione dei lavori di cui al presente capo è consentita nei casi di somma urgenza, nei quali ogni ritardo sia pregiudizievole alla pubblica incolumità o alla tutela del bene, fino all'importo di trecentomila euro, secondo le modalità di cui all'articolo 163 del presente codice. Entro i medesimi limiti di importo, l'esecuzione dei lavori di somma urgenza è altresì consentita in relazione a particolari tipi di intervento individuati con il decreto di cui all'articolo 146, comma 4[2].

[1] Comma così modificato dall'art. 92, D.Lgs. 19 aprile 2017, n. 56. Il testo previgente disponeva: *6. I lavori di cui al comma 1 sono appaltati di norma a misura, indipendentemente dal relativo importo.*

[2] V. artt. 199, 200, 204, 205, D.Lgs. 12 aprile 2006, n. 163 (vecchio Codice dei contratti pubblici).

149. *Varianti.* 1. Non sono considerati varianti in corso d'opera gli interventi disposti dal direttore dei lavori per risolvere aspetti di dettaglio, finalizzati a prevenire e ridurre i pericoli di danneggiamento o deterioramento dei beni tutelati, che non modificano qualitativamente l'opera e che non comportino una variazione in aumento o in diminuzione superiore al venti per cento del valore di ogni singola categoria di lavorazione, nel limite del dieci per cento dell'importo complessivo contrattuale, qualora vi sia disponibilità finanziaria nel quadro economico tra le somme a disposizione della stazione appaltante.

2. Sono ammesse, nel limite del venti per cento in più dell'importo contrattuale, le varianti in corso d'opera rese necessarie, posta la natura e la specificità dei beni sui quali si interviene, per fatti verificatisi in corso d'opera, per rinvenimenti imprevisti o imprevedibili nella fase progettuale, per adeguare l'impostazione progettuale qualora ciò sia reso necessario per la salvaguardia del bene e per il perseguimento degli obiettivi dell'intervento, nonchè le varianti giustificate dalla evoluzione dei criteri della disciplina del restauro[1].

[1] V. art. 205, D.Lgs. 12 aprile 2006, n. 163 (vecchio Codice dei contratti pubblici).

150. *Collaudo*. 1. Per i lavori relativi ai beni di cui al presente capo è obbligatorio il collaudo in corso d'opera, sempre che non sussistano le condizioni per il rilascio del certificato di regolare esecuzione.

2. Con il decreto di cui all'articolo 146, comma 4, sono stabilite specifiche disposizioni concernenti il collaudo di interventi sui beni culturali in relazione alle loro caratteristiche.

151. *Sponsorizzazioni e forme speciali di partenariato*. 1. La disciplina di cui all'articolo 19 del presente codice si applica ai contratti di sponsorizzazione di lavori, servizi o forniture relativi a beni culturali di cui al presente capo, nonchè ai contratti di sponsorizzazione finalizzati al sostegno degli istituti e dei luoghi della cultura, di cui all'articolo 101 del decreto legislativo 22 gennaio 2004, n. 42, e successive modificazioni, recante Codice dei beni culturali e del paesaggio, delle fondazioni lirico-sinfoniche e dei teatri di tradizione.

2. L'amministrazione preposta alla tutela dei beni culturali impartisce opportune prescrizioni in ordine alla progettazione, all'esecuzione delle opere e/o forniture e alla direzione dei lavori e collaudo degli stessi.

3. Per assicurare la fruizione del patrimonio culturale della Nazione e favorire altresì la ricerca scientifica applicata alla tutela, lo Stato, le regioni e gli enti territoriali possono, con le risorse umane, finanziarie e strumentali disponibili a legislazione vigente, attivare forme speciali di partenariato con enti e organismi pubblici e con soggetti privati, dirette a consentire il recupero, il restauro, la manutenzione programmata, la gestione, l'apertura alla pubblica fruizione e la valorizzazione di beni culturali immobili, attraverso procedure semplificate di individuazione del partner privato analoghe o ulteriori rispetto a quelle previste dal comma 1. Resta fermo quanto previsto ai sensi dell'articolo 106, comma 2-bis, del codice dei beni culturali e del paesaggio, di cui al decreto legislativo 22 gennaio 2004, n. 42[1 2].

[1] Comma così modificato dall'art. 8, D.L. 16 luglio 2020, n. 76, convertito in L. 11 settembre 2020, n. 120, a decorrere dal 15 settembre 2020. Il testo previgente disponeva: *3. Per assicurare la fruizione del patrimonio culturale della Nazione e favorire altresì la ricerca scientifica applicata alla tutela, il Ministero dei beni e delle attività culturali e del turismo può attivare forme speciali di partenariato con enti e organismi pubblici e con soggetti privati, dirette a consentire il recupero, il restauro, la manutenzione programmata, la gestione, l'apertura alla pubblica fruizione e la valorizzazione di beni culturali immobili, attraverso procedure semplificate di individuazione del partner privato analoghe o ulteriori rispetto a quelle previste dal comma 1.*

Tali nuove disposizioni si applicano alle procedure i cui bandi o avvisi, con i quali si indice una gara, sono pubblicati successivamente alla data di entrata in vigore del D.L. 76/2020 cit., nonchè, in caso di contratti senza pubblicazione di bandi o avvisi, alle procedure in cui, alla medesima data, non sono ancora stati inviati gli inviti a presentare le offerte o i preventivi.

[2] V. artt. 26, 199-bis, D.Lgs. 12 aprile 2006, n. 163 (vecchio Codice dei contratti pubblici).

CAPO IV
CONCORSI DI PROGETTAZIONE E DI IDEE

152. *Ambito di applicazione*. 1. Il presente capo si applica:

a) ai concorsi di progettazione organizzati nel contesto di una procedura di aggiudicazione di appalti pubblici di servizi;

b) ai concorsi di progettazione che prevedono premi di partecipazione o versamenti a favore dei partecipanti.

2. Nel caso di cui al comma 1, lettera *a)*, la soglia di cui all'articolo 35 è pari al valore stimato al netto dell'IVA dell'appalto pubblico di servizi, compresi gli eventuali premi di partecipazione o versamenti ai partecipanti. Nel caso di cui alla lettera *b)*, la soglia di cui all'articolo 35 è pari al valore complessivo dei premi e pagamenti, compreso il valore stimato al netto dell'IVA dell'appalto pubblico di servizi che potrebbe essere successivamente aggiudicato ai sensi dell'articolo 63, comma 4, qualora la stazione appaltante non escluda tale aggiudicazione nel bando di concorso.

3. Il presente capo non si applica:

a) ai concorsi di progettazione affidati ai sensi degli articoli 14, 15, 16 e 161;

b) ai concorsi indetti per esercitare un'attività in merito alla quale l'applicabilità dell'articolo 8 sia stata stabilita da una decisione della Commissione, o il suddetto articolo sia considerato applicabile conformemente alle disposizioni di cui al comma 7, lettera *b)*, del medesimo articolo.

4. Nel concorso di progettazione relativo al settore dei lavori pubblici sono richiesti esclusivamente

progetti o piani con livello di approfondimento pari a quello di un progetto di fattibilità tecnica ed economica, salvo nei casi di concorsi in due fasi di cui agli articoli 154, comma 5, e 156, comma 7. Nei casi in cui viene previsto il raggiungimento del livello del progetto di fattibilità tecnica ed economica in fasi successive, il concorrente sviluppa il documento di fattibilità delle alternative progettuali, di cui all'articolo 23, comma 5; l'amministrazione sceglie la proposta migliore, previo giudizio della commissione di cui all'articolo 155; il vincitore del concorso, entro i successivi sessanta giorni dalla data di approvazione della graduatoria, perfeziona la proposta presentata, dotandola di tutti gli elaborati previsti per la seconda fase del progetto di fattibilità tecnica ed economica. Qualora il concorso di progettazione riguardi un intervento da affidare in concessione, la proposta ideativa contiene anche la redazione di uno studio economico finanziario per la sua costruzione e gestione[1].

5. Con il pagamento del premio le stazioni appaltanti acquistano la proprietà del progetto vincitore. Ove l'amministrazione aggiudicatrice non affidi al proprio interno i successivi livelli di progettazione, questi sono affidati con la procedura negoziata di cui all'articolo 63, comma 4, o, per i settori speciali, all'articolo 125, comma 1, lettera *l)*, al vincitore o ai vincitori del concorso di progettazione, se in possesso dei requisiti previsti dal bando e qualora l'amministrazione aggiudicatrice abbia previsto tale possibilità nel bando stesso. In tali casi, ai fini del computo della soglia di cui all'articolo 35, è calcolato il valore complessivo dei premi e pagamenti, compreso il valore stimato al netto dell'IVA dell'appalto pubblico di servizi che potrebbe essere successivamente aggiudicato ai sensi dell'articolo 63, comma 4, o, per i settori speciali, ai sensi dell'articolo 125, comma 1, lettera *l)*. Al fine di dimostrare i requisiti previsti per l'affidamento della progettazione esecutiva, il vincitore del concorso può costituire un raggruppamento temporaneo tra i soggetti di cui al comma 1 dell'articolo 46, indicando le parti del servizio che saranno eseguite dai singoli soggetti riuniti[2 3].

[1] Comma così modificato dall'art. 93, D.Lgs. 19 aprile 2017, n. 56. Il testo previgente disponeva: *4. Nel concorso di progettazione relativo al settore dei lavori pubblici sono richiesti esclusivamente progetti o piani con livello di approfondimento pari a quello di un progetto di fattibilità tecnica ed economica, salvo nei casi di concorsi in due fasi di cui agli articoli 154, comma 5, e 156, comma 7. Qualora il concorso di progettazione riguardi un intervento da affidare in concessione, la proposta ideativa contiene anche la redazione di uno studio economico finanziario per la sua costruzione e gestione.*

[2] Comma così modificato dall'art. 93, D.Lgs. 19 aprile 2017, n. 56. Il testo previgente disponeva: *5. Con il pagamento del premio le stazioni appaltanti acquistano la proprietà del progetto vincitore. Al vincitore del concorso, se in possesso dei requisiti previsti dal bando, possono essere comunque affidati con procedura negoziata senza bando i successivi livelli di progettazione. Tale possibilità e il relativo corrispettivo devono essere stabiliti nel bando. Al fine di dimostrare i requisiti previsti per l'affidamento della progettazione esecutiva, il vincitore del concorso può costituire un raggruppamento temporaneo tra i soggetti di cui al comma 1 dell'articolo 24, indicando le parti del servizio che saranno eseguite dai singoli soggetti riuniti.*

[3] V. artt. 99, 100, D.Lgs. 12 aprile 2006, n. 163 (vecchio Codice dei contratti pubblici).

153. *Bandi e avvisi.* 1. Le amministrazioni aggiudicatrici che intendono indire un concorso di progettazione rendono nota tale intenzione mediante un bando di concorso. Se intendono aggiudicare un appalto relativo a servizi successivi ai sensi dell'articolo 63, comma 4, lo indicano nell'avviso o nel bando di concorso.

2. Le amministrazioni aggiudicatrici che hanno indetto un concorso di progettazione inviano un avviso sui risultati del concorso conformemente alle disposizioni di cui all'articolo 72 e devono essere in grado di comprovare la data di invio. Le informazioni relative all'aggiudicazione di concorsi di progettazione possono non essere pubblicate qualora la loro divulgazione ostacoli l'applicazione della legge, sia contraria all'interesse pubblico, pregiudichi i legittimi interessi commerciali di una particolare impresa, pubblica o privata, oppure possa recare pregiudizio alla concorrenza leale tra i prestatori di servizi.

3. I bandi e gli avvisi di cui al presente articolo contengono le informazioni indicate negli allegati XIX e XX, conformemente ai modelli di formulari stabiliti dalla Commissione europea in atti di esecuzione, e sono pubblicati secondo quanto previsto dagli articoli 71, 72 e 73[1 2].

[1] Comma così modificato dall'art. 94, D.Lgs. 19 aprile 2017, n. 56. Il testo previgente disponeva: *3. I bandi e gli avvisi di cui al presente articolo contengono le informazioni indicate negli allegati XIX e XX, conformemente ai modelli di formulari stabiliti dalla Commissione europea in atti di esecuzione, e sono pubblicati secondo quanto previsto dagli articoli 71 e 72.*

[2] V. artt. 102, 103, 104, D.Lgs. 12 aprile 2006, n. 163 (vecchio Codice dei contratti pubblici).

154. *Organizzazione dei concorsi di progettazione e selezione dei partecipanti.* 1. Per organizzare i concorsi di progettazione, le stazioni appaltanti applicano procedure conformi alle disposizioni dei titoli I, II, III e IV della Parte II e del presente capo.

2. L'ammissione alla partecipazione ai concorsi di progettazione non può essere limitata:

a) al territorio della Repubblica o a una parte di esso;

b) dal fatto che i partecipanti debbono essere persone fisiche o persone giuridiche.

3. Sono ammessi a partecipare ai concorsi di progettazione, per i lavori, i soggetti in possesso dei requisiti stabiliti con il decreto di cui all'articolo 24,

DIR. AMM.VO

comma 2. I requisiti di qualificazione devono comunque consentire condizioni di accesso e partecipazione per i piccoli e medi operatori economici dell'area tecnica e per i giovani professionisti[1].

4. In caso di intervento di particolare rilevanza e complessità, la stazione appaltante può procedere all'esperimento di un concorso di progettazione articolato in due gradi. Il secondo grado, avente ad oggetto l'acquisizione del progetto di fattibilità, si svolge tra i soggetti individuati attraverso la valutazione di proposte di idee presentate nel primo grado e selezionate senza formazione di graduatorie di merito e assegnazione di premi. Al vincitore del concorso, se in possesso dei requisiti previsti, può essere affidato l'incarico della progettazione definitiva ed esecutiva a condizione che detta possibilità e il relativo corrispettivo siano previsti nel bando[2].

5. Le stazioni appaltanti, previa adeguata motivazione, possono procedere all'esperimento di un concorso in due fasi, la prima avente ad oggetto la presentazione di un progetto di fattibilità e la seconda avente ad oggetto la presentazione di un progetto definitivo a livello architettonico e a livello di progetto di fattibilità per la parte strutturale ed impiantistica. Il bando può altresì prevedere l'affidamento diretto dell'incarico relativo alla progettazione esecutiva al soggetto che abbia presentato il migliore progetto definitivo[3].

[1] Comma così modificato dall'art. 95, D.Lgs. 19 aprile 2017, n. 56. Il testo previgente disponeva: *3. Sono ammessi a partecipare ai concorsi di progettazione, per i lavori, i soggetti in possesso dei requisiti stabiliti con il decreto di cui all'articolo 24, comma 5. I requisiti di qualificazione devono comunque consentire condizioni di accesso e partecipazione per i piccoli e medi operatori economici dell'area tecnica e per i giovani professionisti.*

[2] Comma così modificato dall'art. 95, D.Lgs. 19 aprile 2017, n. 56. Il testo previgente disponeva: *4. In caso di intervento di particolare rilevanza e complessità, la stazione appaltante può procedere all'esperimento di un concorso di progettazione articolato in due gradi. Il secondo grado, avente ad oggetto la presentazione del progetto di fattibilità, si svolge tra i soggetti individuati attraverso la valutazione di proposte di idee presentate nel primo grado e selezionate senza formazione di graduatorie di merito e assegnazione di premi. Al vincitore del concorso, se in possesso dei requisiti previsti, può essere affidato l'incarico della progettazione definitiva ed esecutiva a condizione che detta possibilità e il relativo corrispettivo siano previsti nel bando.*

[3] V. artt. 101, 105, 109, D.Lgs. 12 aprile 2006, n. 163 (vecchio Codice dei contratti pubblici).

155. *Commissione giudicatrice per i concorsi di progettazione.* 1. La commissione giudicatrice è composta unicamente di persone fisiche, alle quali si applicano le disposizioni in materia di incompatibilità e astensione di cui all'articolo 77, comma 6, nonchè l'articolo 78.

2. Qualora ai partecipanti a un concorso di progettazione è richiesta una particolare qualifica professionale, almeno un terzo dei membri della commissione giudicatrice possiede tale qualifica o una qualifica equivalente.

3. La commissione giudicatrice è autonoma nelle sue decisioni e nei suoi pareri.

4. I membri della commissione giudicatrice esaminano i piani e i progetti presentati dai candidati in forma anonima e unicamente sulla base dei criteri specificati nel bando di concorso. L'anonimato deve essere rispettato sino al parere o alla decisione della commissione giudicatrice. In particolare, la commissione:

a) verifica la conformità dei progetti alle prescrizioni del bando;

b) esamina i progetti e valuta, collegialmente ciascuno di essi;

c) esprime i giudizi su ciascun progetto sulla base dei criteri indicati nel bando, con specifica motivazione;

d) assume le decisioni anche a maggioranza;

e) redige i verbali delle singole riunioni;

f) redige il verbale finale contenente la graduatoria, con motivazione per tutti i concorrenti;

g) consegna gli atti dei propri lavori alla stazione appaltante.

5. I candidati possono essere invitati, se necessario, a rispondere a quesiti che la commissione giudicatrice ha iscritto nel processo verbale allo scopo di chiarire qualsivoglia aspetto dei progetti. È redatto un processo verbale completo del dialogo tra i membri della commissione giudicatrice e i candidati[1].

[1] V. artt. 106, 107, D.Lgs. 12 aprile 2006, n. 163 (vecchio Codice dei contratti pubblici).

156. *Concorso di idee.* 1. Le disposizioni del presente capo si applicano anche ai concorsi di idee finalizzati all'acquisizione di una proposta ideativa da remunerare con il riconoscimento di un congruo premio.

2. Sono ammessi al concorso di idee, oltre che i soggetti ammessi ai concorsi di progettazione, anche i lavoratori subordinati abilitati all'esercizio della professione e iscritti al relativo ordine professionale secondo l'ordinamento nazionale di appartenenza, nel rispetto delle norme che regolano il rapporto di impiego, con esclusione dei dipendenti della stazione appaltante che bandisce il concorso.

3. Il concorrente predispone la proposta ideativa nella forma più idonea alla sua corretta rappresentazione. Per i lavori, nel bando non possono essere richiesti elaborati di livello pari o superiore a quelli richiesti per il progetto di fattibilità tecnica ed economica. Il termine di presentazione della proposta deve essere stabilito in relazione all'importanza e complessità del tema e non può essere inferiore a sessanta giorni dalla pubblicazione del bando. La partecipazione deve avvenire in forma anonima.

4. Il bando prevede un congruo premio al soggetto o ai soggetti che hanno elaborato le idee ritenute migliori.

5. L'idea o le idee premiate sono acquisite in proprietà dalla stazione appaltante, previa eventuale definizione degli assetti tecnici, le quali possono essere poste a base di un concorso di progettazione o di un appalto di servizi di progettazione. Alla procedura sono ammessi a partecipare i premiati qualora in possesso dei relativi requisiti soggettivi.

6. La stazione appaltante può affidare al vincitore del concorso di idee la realizzazione dei successivi livelli di progettazione, con procedura negoziata senza bando, a condizione che detta facoltà sia stata esplicitata nel bando, e che il soggetto sia in possesso dei requisiti di capacità tecnico professionale ed economica previsti nel bando in rapporto ai livelli progettuali da sviluppare.

7. In caso di intervento di particolare rilevanza e complessità, la stazione appaltante può procedere all'esperimento di un concorso di progettazione articolato in due fasi. La seconda fase, avente ad oggetto la presentazione del progetto di fattibilità, ovvero di un progetto definitivo a livello architettonico e a livello di progetto di fattibilità per la parte strutturale ed impiantistica, si svolge tra i soggetti individuati sino ad un massimo di dieci, attraverso la valutazione di proposte di idee presentate nella prima fase e selezionate senza formazione di graduatorie di merito e assegnazione di premi. Tra i soggetti selezionati a partecipare alla seconda fase devono essere presenti almeno il 30 per cento di soggetti incaricati, singoli o in forma associata, con meno di cinque anni di iscrizione ai relativi albi professionali. Nel caso di raggruppamento, il suddetto requisito deve essere posseduto dal capogruppo. Ai soggetti selezionati aventi meno di cinque anni di iscrizione è corrisposto un rimborso spese pari al 50 per cento degli importi previsti per le spese come determinati dal decreto per i corrispettivi professionali di cui al comma 8 dell'articolo 24. Per gli altri soggetti selezionati, in forma singola o associata, il predetto rimborso è pari al 25 per cento. Al vincitore del concorso, se in possesso dei requisiti previsti, può essere affidato l'incarico della progettazione esecutiva a condizione che detta possibilità e il relativo corrispettivo siano previsti nel bando[1] [2].

[1] Comma così modificato dall'art. 96, D.Lgs. 19 aprile 2017, n. 56. Il testo previgente disponeva: *7. In caso di intervento di particolare rilevanza e complessità, la stazione appaltante può procedere all'esperimento di un concorso di progettazione articolato in due fasi. La seconda fase, avente ad oggetto la presentazione del progetto definitivo del progetto di fattibilità, ovvero di un progetto definitivo a livello architettonico e a livello di progetto di fattibilità per la parte strutturale ed impiantistica, si svolge tra i soggetti individuati sino ad un massimo di dieci, attraverso la valutazione di proposte di idee presentate nella prima fase e selezionate senza formazione di graduatorie di merito e assegnazione di premi. Tra i soggetti selezionati a partecipare alla seconda fase devono essere presenti almeno il 30 per cento di soggetti incaricati, singoli o in forma associata, con meno di cinque anni di iscrizione ai relativi albi professionali. Nel caso di raggruppamento, il suddetto requisito deve essere posseduto dal capogruppo. Ai soggetti selezionati aventi meno di cinque anni di iscrizione è corrisposto un rimborso spese pari al 50 per cento degli importi previsti per le spese come determinati dal decreto per i corrispettivi professionali di cui al comma 8 dell'articolo 24. Per gli altri soggetti selezionati, in forma singola o associata, il predetto rimborso è pari al 25 per cento. Al vincitore del concorso, se in possesso dei requisiti previsti, può essere affidato l'incarico della progettazione esecutiva a condizione che detta possibilità e il relativo corrispettivo siano previsti nel bando.*

[2] V. art. 108, D.Lgs. 12 aprile 2006, n. 163 (vecchio Codice dei contratti pubblici).

157. *Altri incarichi di progettazione e connessi.* 1. Gli incarichi di progettazione relativi ai lavori che non rientrano tra quelli di cui al comma 2, primo periodo, dell'articolo 23 nonchè di coordinamento della sicurezza in fase di progettazione, di direzione dei lavori, di direzione dell'esecuzione, di coordinamento della sicurezza in fase di esecuzione e di collaudo di importo pari o superiore alle soglie di cui all'articolo 35, sono affidati secondo le modalità di cui alla Parte II, Titolo I, II, III e IV del presente codice. Nel caso in cui il valore delle attività di progettazione, coordinamento della sicurezza in fase di progettazione, direzione dei lavori, di direzione dell'esecuzione, e coordinamento della sicurezza in fase di esecuzione sia pari o superiore complessivamente la soglia di cui all'articolo 35, l'affidamento diretto della direzione dei lavori e coordinamento della sicurezza in fase di esecuzione al progettista è consentito soltanto per particolari e motivate ragioni e ove espressamente previsto dal bando di gara della progettazione[1].

2. Gli incarichi di progettazione, di coordinamento della sicurezza in fase di progettazione, di direzione dei lavori, di direzione dell'esecuzione, di coordinamento della sicurezza in fase di esecuzione e di collaudo di importo pari o superiore a 40.000 e inferiore a 100.000 euro possono essere affidati dalle stazioni appaltanti a cura del responsabile del procedimento, nel rispetto dei principi di non discriminazione, parità di trattamento, proporzionalità e trasparenza, e secondo la procedura prevista dall'articolo 36, comma 2, lettera *b)*; l'invito è rivolto ad almeno cinque soggetti, se sussistono in tale numero aspiranti idonei nel rispetto del criterio di rotazione degli inviti. Gli incarichi di importo pari o superiore a 100.000 euro sono affidati secondo le modalità di cui alla Parte II, Titoli III e IV del presente codice[2];

3. È vietato l'affidamento di attività di progettazione, direzione lavori, di direzione dell'esecuzione, coordinamento della sicurezza in fase di progettazio-

ne, coordinamento della sicurezza in fase di esecuzione, collaudo, indagine e attività di supporto per mezzo di contratti a tempo determinato o altre procedure diverse da quelle previste dal presente codice[3] [4].

[1] Comma così modificato dall'art. 97, D.Lgs. 19 aprile 2017, n. 56. Il testo previgente disponeva: *1. Gli incarichi di progettazione relativi ai lavori che non rientrano tra quelli di cui al comma 2, primo periodo, dell'articolo 23 nonchè di coordinamento della sicurezza in fase di progettazione, di direzione dei lavori, di coordinamento della sicurezza in fase di esecuzione e di collaudo di importo pari o superiore alle soglie di cui all'articolo 35, sono affidati secondo le modalità di cui alla Parte II, Titolo I, II, III e IV del presente codice. Nel caso in cui il valore delle attività di progettazione, coordinamento della sicurezza in fase di progettazione, direzione dei lavori e coordinamento della sicurezza in fase di esecuzione sia pari o superiore complessivamente la soglia di cui all'articolo 35, l'affidamento diretto della direzione dei lavori e coordinamento della sicurezza in fase di esecuzione al progettista è consentito soltanto per particolari e motivate ragioni e ove espressamente previsto dal bando di gara della progettazione.*

[2] Comma così modificato dall'art. 97, D.Lgs. 19 aprile 2017, n. 56. Il testo previgente disponeva: *2. Gli incarichi di progettazione, di coordinamento della sicurezza in fase di progettazione, di direzione dei lavori, di coordinamento della sicurezza in fase di esecuzione e di collaudo di importo pari o superiore a 40.000 e inferiore a 100.000 euro possono essere affidati dalle stazioni appaltanti a cura del responsabile del procedimento, nel rispetto dei principi di non discriminazione, parità di trattamento, proporzionalità e trasparenza, e secondo la procedura prevista dall'articolo 36, comma 2, lettera b); l'invito è rivolto ad almeno cinque soggetti, se sussistono in tale numero aspiranti idonei nel rispetto del criterio di rotazione degli inviti. Gli incarichi di importo pari o superiore a 100.000 euro, sono affidati con procedura aperta o ristretta ai sensi degli articolo 60 e 61.*

[3] Comma così modificato dall'art. 97, D.Lgs. 19 aprile 2017, n. 56. Il testo previgente disponeva: *3. È vietato l'affidamento di attività di progettazione, direzione lavori, coordinamento della sicurezza in fase di progettazione, coordinamento della sicurezza in fase di esecuzione, collaudo, indagine e attività di supporto per mezzo di contratti a tempo determinato o altre procedure diverse da quelle previste dal presente codice.*

[4] V. artt. 91, 110, D.Lgs. 12 aprile 2006, n. 163 (vecchio Codice dei contratti pubblici).

CAPO V
SERVIZI RICERCA E SVILUPPO

158. *Servizi di ricerca e sviluppo.* 1. Relativamente ai servizi di ricerca e sviluppo le disposizioni di cui al presente codice si applicano esclusivamente ai contratti per servizi di ricerca e sviluppo identificati con i codici CPV da 73000000-2 a 73120000-9, 73300000-5, 73420000-2 o 73430000-5, purchè siano soddisfatte entrambe le seguenti condizioni:

a) i risultati appartengono esclusivamente all'amministrazione aggiudicatrice e all'ente aggiudicatore, affinchè li usi nell'esercizio della sua attività;

b) la prestazione del servizio è interamente retribuita dall'amministrazione aggiudicatrice e dall'ente aggiudicatore.

2. Le stazioni appaltanti possono ricorrere, nel rispetto dei principi di cui all'articolo 4 del presente codice, agli appalti pubblici pre-commerciali, destinati al conseguimento di risultati non appartenenti in via esclusiva all'amministrazione aggiudicatrice e all'ente aggiudicatore perchè li usi nell'esercizio della sua attività e per i quali la prestazione del servizio non è interamente retribuita dall'amministrazione aggiudicatrice e dall'ente aggiudicatore, così come definiti nella comunicazione della Commissione europea COM 799 (2007) del 14 dicembre 2007, nelle ipotesi in cui l'esigenza non possa essere soddisfatta ricorrendo a soluzioni già disponibili sul mercato[1].

[1] V. art. 21, D.Lgs. 12 aprile 2006, n. 163 (vecchio Codice dei contratti pubblici).

CAPO VI
APPALTI E PROCEDURE IN SPECIFICI SETTORI

Sezione prima
Difesa e sicurezza

159. *Difesa e sicurezza.* 1. Le disposizioni del presente codice non si applicano agli appalti pubblici e ai concorsi di progettazione non altrimenti esclusi dal suo ambito di applicazione ai sensi dell'articolo 1, comma 6, nella misura in cui la tutela degli interessi essenziali di sicurezza dello Stato non possa essere garantita mediante misure meno invasive, volte anche a proteggere la riservatezza delle informazioni che le amministrazioni aggiudicatrici rendono disponibili in una procedura di aggiudicazione dell'appalto[1].

2. All'aggiudicazione di concessioni nei settori della difesa e della sicurezza di cui al decreto legislativo 15 novembre 2011, n. 208, si applica la parte III del presente codice fatta eccezione per le concessioni relative alle ipotesi alle quali il decreto legislativo 15 novembre 2011, n. 208, non si applica in virtù dell'articolo 6 del citato decreto legislativo.

3. In deroga all'articolo 31 l'amministrazione della difesa, in considerazione della struttura gerarchica dei propri organi tecnici, in luogo di un unico responsabile del procedimento, può nominare un responsabile del procedimento per ogni singola fase di svolgimento del processo attuativo: programmazione, progettazione, affidamento ed esecuzione. Il responsabile unico del procedimento, ovvero i responsabili di ogni singola fase, sono tecnici individuati nell'ambito del Ministero della difesa. Il responsabile del procedimento per la fase di affidamento può essere un dipendente specializzato in materie giuridico amministrative[2].

4. Con decreto del Ministro della difesa, di concerto con il Ministro delle infrastrutture e dei trasporti, sentita l'ANAC, da adottare entro novanta giorni dalla data di entrata in vigore del presente codice, sono

definite le direttive generali per la disciplina delle attività del Ministero della difesa, in relazione agli appalti e alle concessioni diversi da quelli che rientrano nel campo di applicazione del decreto legislativo 15 novembre 2011, n. 208. Le direttive generali disciplinano, altresì, gli interventi da eseguire in Italia e all'Estero per effetto di accordi internazionali, multilaterali o bilaterali, nonchè i lavori in economia che vengono eseguiti a mezzo delle truppe e dei reparti del Genio militare per i quali non si applicano i limiti di importo di cui all'articolo 36. Fino alla data di entrata in vigore del decreto di cui al presente comma, si applica l'articolo 216, comma 20.

4-*bis*. In caso di contratti ad impegno pluriennale superiore a tre anni, l'importo dell'anticipazione di cui all'articolo 35, comma 18, del presente codice è calcolato sul valore delle prestazioni di ciascuna annualità contabile del contratto di appalto, stabilita nel cronoprogramma dei pagamenti, ed è corrisposto entro quindici giorni dall'effettivo inizio della prima prestazione utile relativa a ciascuna annualità, secondo il cronoprogramma delle prestazioni[3].

5. Per gli acquisti eseguiti all'estero dall'amministrazione della difesa, relativi a macchinari, strumenti e oggetti di precisione, che possono essere forniti, con i requisiti tecnici e il grado di perfezione richiesti, soltanto da operatori economici stranieri, possono essere concesse anticipazioni di importo non superiore ad un terzo dell'importo complessivo del prezzo contrattuale, previa costituzione di idonea garanzia[4].

[1] Comma così modificato dall'art. 98, D.Lgs. 19 aprile 2017, n. 56. Il testo previgente disponeva: *1. Le disposizioni del presente codice non si applicano agli appalti pubblici e ai concorsi di progettazione non altrimenti esclusi dal suo ambito di applicazione ai sensi dell'articolo 1, comma 4, nella misura in cui la tutela degli interessi essenziali di sicurezza dello Stato non possa essere garantita mediante misure meno invasive, volte anche a proteggere la riservatezza delle informazioni che le amministrazioni aggiudicatrici rendono disponibili in una procedura di aggiudicazione dell'appalto.*

[2] Comma così modificato dall'art. 98, D.Lgs. 19 aprile 2017, n. 56. Il testo previgente disponeva: *3. In deroga all'articolo 31, limitatamente agli appalti pubblici di lavori, l'amministrazione della difesa, in considerazione della struttura gerarchica dei propri organi tecnici, in luogo di un unico responsabile del procedimento, può nominare un responsabile del procedimento per ogni singola fase di svolgimento del processo attuativo: programmazione, progettazione, affidamento ed esecuzione. Il responsabile unico del procedimento, ovvero i responsabili di ogni singola fase, sono tecnici individuati nell'ambito del Ministero della difesa. Il responsabile del procedimento per la fase di affidamento può essere un dipendente specializzato in materie giuridico amministrative.*

[3] Comma aggiunto dall'art. 47-bis, D.L. 30 aprile 2019, n. 34 (G.U. 30 aprile 2019, n. 100), convertito in L. 28 giugno 2019, n. 58, a decorrere dal giorno successivo la pubblicazione in G.U. (avvenuta il 29 giugno 2019).

[4] V. artt. 195, 196, D.Lgs. 12 aprile 2006, n. 163 (vecchio Codice dei contratti pubblici).

160. *Contratti misti concernenti aspetti di difesa e sicurezza.* 1. Ai contratti misti aventi per oggetto appalti o concessioni rientranti nell'ambito di applicazione del presente codice nonchè appalti disciplinati dall'articolo 346 TFUE o dal decreto legislativo 15 novembre 2011, n. 208, si applicano le seguenti disposizioni.

2. Se le diverse parti di un determinato appalto o di una concessione sono oggettivamente separabili, si applicano i commi da 3 a 5. Se non sono separabili, si applica il comma 6.

3. Se le amministrazioni aggiudicatrici scelgono di aggiudicare un appalto o una concessione distinti per le parti separate, il regime giuridico applicabile a ciascuno di tali contratti distinti è determinato in base alle caratteristiche della parte separata.

4. Se le amministrazioni aggiudicatrici scelgono di aggiudicare un appalto unico o una concessione unica, il relativo regime giuridico si determina sulla base dei seguenti criteri:

a) se una parte dell'appalto o della concessione è disciplinata dall'articolo 346 TFUE, l'appalto unico o la concessione unica possono essere aggiudicati senza applicare il presente decreto nè il decreto legislativo 15 novembre 2011, n. 208, purchè le rispettive aggiudicazioni siano giustificate da ragioni oggettive;

b) se una parte di un appalto o una concessione è disciplinata dal decreto legislativo 15 novembre 2011, n. 208, l'appalto unico o la concessione unica possono essere aggiudicati conformemente a tale decreto, purchè le rispettive aggiudicazioni siano giustificate da ragioni oggettive. Sono fatte salve le soglie e le esclusioni previste dallo stesso decreto legislativo.

5. La decisione di aggiudicare un appalto unico o una concessione unica non può essere adottata allo scopo di escludere l'applicazione del presente codice o del decreto legislativo 15 novembre 2011, n. 208.

6. Se le diverse parti di un appalto o di una concessione sono oggettivamente non separabili, l'appalto o la concessione possono essere aggiudicati senza applicare il presente decreto ove includa elementi cui si applica l'articolo 346 TFUE; altrimenti può essere aggiudicato conformemente al decreto legislativo 15 novembre 2011, n. 208.

161. *Contratti e concorsi di progettazione aggiudicati o organizzati in base a norme internazionali.* 1. Il presente codice non si applica agli appalti pubblici e ai concorsi di progettazione e alle concessioni in materia di difesa o di sicurezza di cui al decreto legislativo 15 novembre 2011, n. 208, qualora essi siano disciplinati da:

a) norme procedurali specifiche in base a un accordo o un'intesa internazionale conclusi in conformità dei trattati dell'Unione europea, tra lo Stato e uno o più Paesi terzi o relative articolazioni e riguardante lavori, forniture o servizi destinati alla realizzazione comune o alla gestione comune di un progetto;

b) norme procedurali specifiche in base a un accordo o un'intesa internazionale in relazione alla presenza di truppe di stanza e concernente imprese di uno Stato membro o di un Paese terzo;

c) norme procedurali specifiche di un'organizzazione internazionale nel caso di appalti;

d) norme procedurali specifiche di un'organizzazione internazionale che si approvvigiona per le proprie finalità o a concessioni che devono essere aggiudicate da uno Stato membro in conformità di tali norme.

Gli accordi o le intese di cui alla lettera *a)* relativi ad appalti, sono comunicati alla Commissione.

2. Il presente codice non si applica agli appalti pubblici e ai concorsi di progettazione concernenti aspetti di difesa o di sicurezza che l'amministrazione aggiudicatrice aggiudica in base a norme sugli appalti previste da un'organizzazione internazionale o da un'istituzione internazionale di finanziamento, quando gli appalti pubblici e i concorsi di progettazione in questione sono interamente finanziati da tale organizzazione o istituzione. Nel caso di appalti pubblici e concorsi di progettazione cofinanziati prevalentemente da un'organizzazione internazionale o da un'istituzione internazionale di finanziamento, le parti si accordano sulle procedure d'appalto applicabili[1].

[1] V. art. 18, D.Lgs. 12 aprile 2006, n. 163 (vecchio Codice dei contratti pubblici).

162. *Contratti secretati.* 1. Le disposizioni del presente codice relative alle procedure di affidamento possono essere derogate:

a) per i contratti al cui oggetto, atti o modalità di esecuzione è attribuita una classifica di segretezza;

b) per i contratti la cui esecuzione deve essere accompagnata da speciali misure di sicurezza, in conformità a disposizioni legislative, regolamentari o amministrative.

2. Ai fini della deroga di cui al comma 1, lettera *a)*, le amministrazioni e gli enti usuari attribuiscono, con provvedimento motivato, le classifiche di segretezza ai sensi dell'articolo 42 della legge 3 agosto 2007, n. 124, ovvero di altre norme vigenti. Ai fini della deroga di cui al comma 1, lettera *b)*, le amministrazioni e gli enti usuari dichiarano, con provvedimento motivato, i lavori, i servizi e le forniture eseguibili con speciali misure di sicurezza individuate nel predetto provvedimento.

3. I contratti di cui al comma 1 sono eseguiti da operatori economici in possesso dei requisiti previsti dal presente decreto e del nulla osta di sicurezza, ai sensi e nei limiti di cui all'articolo 42, comma 1-*bis*, della legge n. 124 del 2007.

4. L'affidamento dei contratti di cui al presente articolo avviene previo esperimento di gara informale a cui sono invitati almeno cinque operatori economici, se sussistono in tale numero soggetti qualificati in relazione all'oggetto del contratto e sempre che la negoziazione con più di un operatore economico sia compatibile con le esigenze di segretezza e sicurezza.

5. La Corte dei conti, tramite un proprio ufficio organizzato in modo da salvaguardare le esigenze di riservatezza, esercita il controllo preventivo sulla legittimità e sulla regolarità dei contratti di cui al presente articolo, nonchè sulla regolarità, correttezza ed efficacia della gestione. Dell'attività di cui al presente comma è dato conto entro il 30 giugno di ciascun anno in una relazione al Parlamento[1].

[1] V. art. 17, D.Lgs. 12 aprile 2006, n. 163 (vecchio Codice dei contratti pubblici).

163. *Procedure in caso di somma urgenza e di protezione civile.* 1. In circostanze di somma urgenza che non consentono alcun indugio, il soggetto fra il responsabile del procedimento e il tecnico dell'amministrazione competente che si reca prima sul luogo, può disporre, contemporaneamente alla redazione del verbale, in cui sono indicati i motivi dello stato di urgenza, le cause che lo hanno provocato e i lavori necessari per rimuoverlo, la immediata esecuzione dei lavori entro il limite di 200.000 euro o di quanto indispensabile per rimuovere lo stato di pregiudizio alla pubblica e privata incolumità[1].

2. L'esecuzione dei lavori di somma urgenza può essere affidata in forma diretta ad uno o più operatori economici individuati dal responsabile del procedimento o dal tecnico dell'amministrazione competente.

3. Il corrispettivo delle prestazioni ordinate è definito consensualmente con l'affidatario; in difetto di preventivo accordo la stazione appaltante può ingiungere all'affidatario l'esecuzione delle lavorazioni o la somministrazione dei materiali sulla base di prezzi definiti mediante l'utilizzo di prezzari ufficiali di riferimento, ridotti del 20 per cento, comunque ammessi nella contabilità; ove l'esecutore non iscriva riserva negli atti contabili, i prezzi si intendono definitivamente accettati.

4. Il responsabile del procedimento o il tecnico dell'amministrazione competente compila entro dieci giorni dall'ordine di esecuzione dei lavori una perizia giustificativa degli stessi e la trasmette, unitamente al verbale di somma urgenza, alla stazione appaltante che provvede alla copertura della spesa e alla approvazione dei lavori. Qualora l'amministrazione competente sia un ente locale, la copertura del-

la spesa viene assicurata con le modalità previste dall'articolo 191, comma 3, e 194 comma 1, lettera *e)*, del decreto legislativo 18 agosto 2000 n. 267 e successive modificazioni e integrazioni.

5. Qualora un'opera o un lavoro, ordinato per motivi di somma urgenza, non riporti l'approvazione del competente organo dell'amministrazione, la relativa realizzazione è sospesa immediatamente e si procede, previa messa in sicurezza del cantiere, alla sospensione dei lavori e alla liquidazione dei corrispettivi dovuti per la parte realizzata.

6. Costituisce circostanza di somma urgenza, ai fini del presente articolo, anche il verificarsi degli eventi di cui all'articolo 2, comma 1, della legge 24 febbraio 1992, n. 225, ovvero la ragionevole previsione, ai sensi dell'articolo 3 della medesima legge, dell'imminente verificarsi di detti eventi, che richiede l'adozione di misure indilazionabili, e nei limiti dello stretto necessario imposto da tali misure. La circostanza di somma urgenza, in tali casi, è ritenuta persistente finchè non risultino eliminate le situazioni dannose o pericolose per la pubblica o privata incolumità derivanti dall'evento , e comunque per un termine non superiore a quindici giorni dall'insorgere dell'evento, ovvero entro il termine stabilito dalla eventuale declaratoria dello stato di emergenza di cui all'articolo 5 della medesima legge n. 225 del 1992; in tali circostanze ed entro i medesimi limiti temporali le amministrazioni aggiudicatrici possono procedere all'affidamento di appalti pubblici di lavori, servizi e forniture con le procedure previste nel presente articolo[2].

7. Qualora si adottino le procedure di affidamento in condizioni di somma urgenza previste dal presente articolo, nonchè, limitatamente ad emergenze di protezione civile, le procedure di cui all'articolo 63, comma 2, lettera *c)*, e vi sia l'esigenza impellente di assicurare la tempestiva esecuzione del contratto, gli affidatari dichiarano, mediante autocertificazione, resa ai sensi del decreto del Presidente della Repubblica 28 dicembre 2000, n. 445, il possesso dei requisiti di partecipazione previsti per l'affidamento di contratti di uguale importo mediante procedura ordinaria, che l'amministrazione aggiudicatrice controlla in termine congruo, compatibile con la gestione della situazione di emergenza in atto, comunque non superiore a sessanta giorni dall'affidamento. L'amministrazione aggiudicatrice dà conto, con adeguata motivazione, nel primo atto successivo alle verifiche effettuate, della sussistenza dei relativi presupposti; in ogni caso non è possibile procedere al pagamento, anche parziale, in assenza delle relative verifiche positive. Qualora, a seguito del controllo, venga accertato l'affidamento ad un operatore privo dei predetti requisiti, le amministrazioni aggiudicatrici recedono dal contratto, fatto salvo il pagamento del valore delle opere già eseguite e il rimborso delle spese eventualmente già sostenute per l'esecuzione della parte rimanente, nei limiti delle utilità conseguite, e procedono alle segnalazioni alle competenti autorità[3].

8. In via eccezionale, nella misura strettamente necessaria, l'affidamento diretto può essere autorizzato anche al di sopra dei limiti di cui al comma 1, per un arco temporale limitato, comunque non superiore a trenta giorni e solo per singole specifiche fattispecie indilazionabili e nei limiti massimi di importo stabiliti nei provvedimenti di cui al comma 2, dell'articolo 5, della legge n. 225 del 1992. L'affidamento diretto per i motivi di cui al presente articolo non è comunque ammesso per appalti di valore pari o superiore alla soglia europea.

9. Limitatamente agli appalti pubblici di forniture e servizi di cui al comma 6, di importo pari o superiore a 40.000 euro, per i quali non siano disponibili elenchi di prezzi definiti mediante l'utilizzo di prezzari ufficiali di riferimento, laddove i tempi resi necessari dalla circostanza di somma urgenza non consentano il ricorso alle procedure ordinarie, gli affidatari si impegnano a fornire i servizi e le forniture richiesti ad un prezzo provvisorio stabilito consensualmente tra le parti e ad accettare la determinazione definitiva del prezzo a seguito di apposita valutazione di congruità. A tal fine il responsabile del procedimento comunica il prezzo provvisorio, unitamente ai documenti esplicativi dell'affidamento, all'ANAC che, entro sessanta giorni rende il proprio parere sulla congruità del prezzo. Avverso la decisione dell'ANAC sono esperibili i normali rimedi di legge mediante ricorso ai competenti organi di giustizia amministrativa. Nelle more dell'acquisizione del parere di congruità si procede al pagamento del 50% del prezzo provvisorio[4].

10. Sul profilo del committente sono pubblicati gli atti relativi agli affidamenti di cui al presente articolo, con specifica dell'affidatario, delle modalità della scelta e delle motivazioni che non hanno consentito il ricorso alle procedure ordinarie. Contestualmente, e comunque in un termine congruo compatibile con la gestione della situazione di emergenza, vengono trasmessi all'ANAC per i controlli di competenza, fermi restando i controlli di legittimità sugli atti previsti dalle vigenti normative[5].

[1] Comma così modificato dall'art. 99, D.Lgs. 19 aprile 2017, n. 56. Il testo previgente disponeva: *1. In circostanze di somma urgenza che non consentono alcun indugio, il soggetto fra il responsabile del procedimento e il tecnico dell'amministrazione competente che si reca prima sul luogo, può disporre, contemporaneamente alla redazione del verbale, in cui sono indicati i motivi dello stato di urgenza, le cause che lo hanno provocato e i lavori necessari per rimuoverlo, la immediata esecuzione dei lavori entro il limite di 200.000 euro o di quanto indispensabile per rimuovere lo stato di pregiudizio alla pubblica incolumità.*

[2] Comma così modificato dall'art. 99, D.Lgs. 19 aprile 2017, n. 56. Il testo previgente disponeva: *6. Costituisce circo-*

stanza di somma urgenza, ai fini del presente articolo, anche il verificarsi degli eventi di cui all'articolo 2, comma 1, lettera c), della legge 24 febbraio 1992, n. 225, ovvero la ragionevole previsione, ai sensi dell'articolo 3 della medesima legge, dell'imminente verificarsi di detti eventi, che richiede l'adozione di misure indilazionabili, e nei limiti dello stretto necessario imposto da tali misure. La circostanza di somma urgenza, in tali casi, è ritenuta persistente finchè non risultino eliminate le situazioni dannose o pericolose per la pubblica o privata incolumità derivanti dall'evento calamitoso che ha comportato la declaratoria dello stato di emergenza di cui all'articolo 5 della medesima legge n. 225 del 1992 e in tali circostanze le amministrazioni aggiudicatrici possono procedere all'affidamento di appalti pubblici di lavori, servizi e forniture con le procedure previste nel presente articolo.

[3] Comma così sostituito dall'art. 99, D.Lgs. 19 aprile 2017, n. 56. Il testo previgente disponeva: *7. Gli affidatari dichiarano, mediante autocertificazione, resa ai sensi del decreto del Presidente della Repubblica 28 dicembre 2000 n. 445, il possesso dei requisiti per la partecipazione a procedure di evidenza pubblica, che l'amministrazione aggiudicatrice controlla in termine congruo, compatibile con la gestione della situazione di emergenza in atto, comunque non superiore a sessanta giorni dall'affidamento. Qualora, a seguito del controllo, venga accertato l'affidamento ad un operatore privo dei predetti requisiti, le amministrazioni aggiudicatrici recedono dal contratto, fatto salvo il pagamento del valore delle opere già eseguite e il rimborso delle spese eventualmente già sostenute per l'esecuzione del rimanente, nei limiti delle utilità conseguite, e procedono alle segnalazioni alle competenti autorità.*

[4] Comma così modificato dall'art. 99, D.Lgs. 19 aprile 2017, n. 56. Il testo previgente disponeva: *9. Limitatamente agli appalti pubblici di forniture e servizi di cui al comma 6, per i quali non siano disponibili elenchi di prezzi definiti mediante l'utilizzo di prezzari ufficiali di riferimento, gli affidatari si impegnano a fornire i servizi e le forniture richiesti ad un prezzo provvisorio stabilito consensualmente tra le parti e ad accettare la determinazione definitiva del prezzo a seguito di apposita valutazione di congruità. A tal fine il responsabile del procedimento comunica il prezzo provvisorio, unitamente ai documenti esplicativi dell'affidamento, all'ANAC che, entro sessanta giorni rende il proprio parere sulla congruità del prezzo. Avverso la decisione dell'ANAC sono esperibili i normali rimedi di legge mediante ricorso ai competenti organi di giustizia amministrativa. Nelle more dell'acquisizione del parere di congruità si procede al pagamento del 50% del prezzo provvisorio.*

[5] Gli articoli 2 e 5 della legge n. 225 del 1992, citati nei commi 6 e 8 del presente articolo, devono intendersi rispettivamente riferiti agli articoli 7 e 24 del D.Lgs. 2 gennaio 2018, n. 1.

PARTE III
CONTRATTI DI CONCESSIONE

TITOLO I
PRINCIPI GENERALI E SITUAZIONI SPECIFICHE

CAPO I
PRINCIPI GENERALI

164. *Oggetto e ambito di applicazione.* 1. Ferme restando le disposizioni di cui all'articolo 346 del TFUE, le disposizioni di cui alla presente Parte definiscono le norme applicabili alle procedure di aggiudicazione dei contratti di concessione di lavori pubblici o di servizi indette dalle amministrazioni aggiudicatrici, nonchè dagli enti aggiudicatori qualora i lavori o i servizi siano destinati ad una delle attività di cui all'allegato II. In ogni caso, le disposizioni della presente Parte non si applicano ai provvedimenti, comunque denominati, con cui le amministrazioni aggiudicatrici, a richiesta di un operatore economico, autorizzano, stabilendone le modalità e le condizioni, l'esercizio di un'attività economica che può svolgersi anche mediante l'utilizzo di impianti o altri beni immobili pubblici.

2. Alle procedure di aggiudicazione di contratti di concessione di lavori pubblici o di servizi si applicano, per quanto compatibili, le disposizioni contenute nella parte I e nella parte II, del presente codice, relativamente ai principi generali, alle esclusioni, alle modalità e alle procedure di affidamento, alle modalità di pubblicazione e redazione dei bandi e degli avvisi, ai requisiti generali e speciali e ai motivi di esclusione, ai criteri di aggiudicazione, alle modalità di comunicazione ai candidati e agli offerenti, ai requisiti di qualificazione degli operatori economici, ai termini di ricezione delle domande di partecipazione alla concessione e delle offerte, alle modalità di esecuzione.

3. I servizi non economici di interesse generale non rientrano nell'ambito di applicazione della presente Parte.

4. Agli appalti di lavori pubblici affidati dai concessionari che sono amministrazioni aggiudicatrici, si applicano, salvo che non siano derogate nella presente parte, le disposizioni del presente codice.

5. I concessionari di lavori pubblici che non sono amministrazioni aggiudicatrici, per gli appalti di lavori affidati a terzi sono tenuti all'osservanza della presente Parte nonchè le disposizioni di cui alle parti I e II in materia di subappalto, progettazione, collaudo e piani di sicurezza, non derogate espressamente dalla presente parte[1 2].

[1] Comma così modificato dall'art. 100, D.Lgs. 19 aprile 2017, n. 56. Il testo previgente disponeva: *5. I concessionari di lavori pubblici che non sono amministrazioni aggiudicatrici, per gli appalti di lavori affidati a terzi sono tenuti all'osservanza della presente Parte.*

[2] V. artt. 30, 142, D.Lgs. 12 aprile 2006, n. 163 (vecchio Codice dei contratti pubblici) che, rispettivamente, dispongono: *Art. 30. Concessione di servizi. 1. Salvo quanto disposto nel presente articolo, le disposizioni del codice non si applicano alle concessioni di servizi.*

2. Nella concessione di servizi la controprestazione a favore del concessionario consiste unicamente nel diritto di gestire funzionalmente e di sfruttare economicamente il servizio. Il soggetto concedente stabilisce in sede di gara anche un prezzo, qualora al concessionario venga imposto di praticare nei confronti degli utenti prezzi inferiori a quelli corrispondenti alla somma del costo del servizio e dell'ordinario utile di impresa, ovvero qualora sia necessario assicurare al conces-

sionario il perseguimento dell'equilibrio economico-finanziario degli investimenti e della connessa gestione in relazione alla qualità del servizio da prestare.

3. La scelta del concessionario deve avvenire nel rispetto dei principi desumibili dal Trattato e dei principi generali relativi ai contratti pubblici e, in particolare, dei principi di trasparenza, adeguata pubblicità, non discriminazione, parità di trattamento, mutuo riconoscimento, proporzionalità, previa gara informale a cui sono invitati almeno cinque concorrenti, se sussistono in tale numero soggetti qualificati in relazione all'oggetto della concessione, e con predeterminazione dei criteri selettivi.

4. Sono fatte salve discipline specifiche che prevedono forme più ampie di tutela della concorrenza.

5. Restano ferme, purchè conformi ai principi dell'ordinamento comunitario le discipline specifiche che prevedono, in luogo delle concessione di servizi a terzi, l'affidamento di servizi a soggetti che sono a loro volta amministrazioni aggiudicatrici.

6. Se un'amministrazione aggiudicatrice concede ad un soggetto che non è un'amministrazione aggiudicatrice diritti speciali o esclusivi di esercitare un'attività di servizio pubblico, l'atto di concessione prevede che, per gli appalti di forniture conclusi con terzi nell'ambito di tale attività, detto soggetto rispetti il principio di non discriminazione in base alla nazionalità.

7. Si applicano le disposizioni della parte IV. Si applica, inoltre, in quanto compatibile l'articolo 143, comma 7.

Art. 142. Ambito di applicazione e disciplina applicabile. 1. Il presente capo disciplina le concessioni di lavori pubblici e gli appalti di lavori affidati dai concessionari di lavori pubblici.

2. Sono escluse dal campo di applicazione del presente codice, le concessioni affidate nelle circostanze previste dagli articoli 17, 18, 22, 31. Ad esse si applica l'articolo 27.

3. Alle concessioni di lavori pubblici, nonchè agli appalti di lavori pubblici affidati dai concessionari che sono amministrazioni aggiudicatrici, si applicano, salvo che non siano derogate nel presente capo, le disposizioni del presente codice.

4. I concessionari di lavori pubblici che non sono amministrazioni aggiudicatrici, per gli appalti di lavori affidati a terzi sono tenuti all'osservanza della sezione IV del presente capo. Si applicano, in tale ipotesi, in quanto compatibili, le disposizioni della parte I, parte IV, parte V, nonchè le norme della parte II, titolo I e titolo II, in tema di pubblicità dei bandi, termini delle procedure, requisiti generali e qualificazione degli operatori economici, subappalto, progettazione, collaudo, piani di sicurezza, che non siano specificamente derogate dalla sezione IV del presente capo.

165. *Rischio ed equilibrio economico-finanziario nelle concessioni*. 1. Nei contratti di concessione come definiti all'articolo 3, comma 1, lettere *uu)* e *vv)*, la maggior parte dei ricavi di gestione del concessionario proviene dalla vendita dei servizi resi al mercato. Tali contratti comportano il trasferimento al concessionario del rischio operativo definito dall'articolo 3, comma 1, lettera *zz)* riferito alla possibilità che, in condizioni operative normali, le variazioni relative ai costi e ai ricavi oggetto della concessione incidano sull'equilibrio del piano economico finanziario. Le variazioni devono essere, in ogni caso, in grado di incidere significativamente sul valore attuale netto dell'insieme degli investimenti, dei costi e dei ricavi del concessionario.

2. L'equilibrio economico finanziario definito all'articolo 3, comma 1, lettera *fff)*, rappresenta il presupposto per la corretta allocazione dei rischi di cui al precedente comma 1. Ai soli fini del raggiungimento del predetto equilibrio, in sede di gara l'amministrazione aggiudicatrice può stabilire anche un prezzo consistente in un contributo pubblico ovvero nella cessione di beni immobili. Il contributo, se funzionale al mantenimento dell'equilibrio economico-finanziario, può essere riconosciuto mediante diritti di godimento su beni immobili nella disponibilità dell'amministrazione aggiudicatrice la cui utilizzazione sia strumentale e tecnicamente connessa all'opera affidata in concessione. In ogni caso, l'eventuale riconoscimento del prezzo, sommato al valore di eventuali garanzie pubbliche o di ulteriori meccanismi di finanziamento a carico della pubblica amministrazione, non può essere superiore al quarantanove per cento del costo dell'investimento complessivo, comprensivo di eventuali oneri finanziari[1].

3. La sottoscrizione del contratto di concessione può avvenire solamente a seguito della approvazione del progetto definitivo e della presentazione di idonea documentazione inerente il finanziamento dell'opera. Al fine di agevolare l'ottenimento del finanziamento dell'opera, i bandi e i relativi allegati, ivi compresi, a seconda dei casi, lo schema di contratto e il piano economico finanziario sono definiti in modo da assicurare adeguati livelli di bancabilità, intendendosi per tali la reperibilità sul mercato finanziario di risorse proporzionate ai fabbisogni, la sostenibilità di tali fonti e la congrua redditività del capitale investito. Per le concessioni da affidarsi con la procedura ristretta, nel bando può essere previsto che l'amministrazione aggiudicatrice possa indire, prima della scadenza del termine di presentazione delle offerte, una consultazione preliminare con gli operatori economici invitati a presentare le offerte, al fine di verificare l'insussistenza di criticità del progetto posto a base di gara sotto il profilo della finanziabilità, e possa provvedere, a seguito della consultazione, ad adeguare gli atti di gara aggiornando il termine di presentazione delle offerte, che non può essere inferiore a trenta giorni decorrenti dalla relativa comunicazione agli interessati. Non può essere oggetto di consultazione l'importo delle misure di defiscalizzazione di cui all'articolo 18 della legge 12 novembre 2011, n. 183, e all'articolo 33 del decreto-legge 18 ottobre 2012, n. 179, convertito, con modificazioni, dalla legge 17 dicembre 2012, n. 221, nonchè l'importo dei contributi pubblici, ove previsti[2].

4. Il bando può prevedere che l'offerta sia corredata dalla dichiarazione sottoscritta da uno o più istituti finanziatori di manifestazione di interesse a finanziare l'operazione, anche in considerazione dei contenuti dello schema di contratto e del piano economico-finanziario.

5. L'amministrazione aggiudicatrice prevede nel bando di gara che il contratto di concessione stabilisca la risoluzione del rapporto in caso di mancata sottoscrizione del contratto di finanziamento, nonchè di mancato collocamento delle obbligazioni emesse dalle società di progetto di cui all'articolo 185, entro un congruo termine fissato dal bando medesimo, comunque non superiore a diciotto mesi, decorrente dalla data di sottoscrizione del contratto di concessione. Resta salva la facoltà del concessionario di reperire la liquidità necessaria alla realizzazione dell'investimento attraverso altre forme di finanziamento previste dalla normativa vigente, purchè sottoscritte entro lo stesso termine rilasciate da operatori di cui all'articolo 106 del decreto legislativo 1° settembre 1993, n. 385. Nel caso di risoluzione del rapporto ai sensi del primo periodo e del comma 3, il concessionario non avrà diritto ad alcun rimborso delle spese sostenute, ivi incluse quelle relative alla progettazione definitiva. Il bando di gara può altresì prevedere che in caso di parziale finanziamento del progetto e comunque per uno stralcio tecnicamente ed economicamente funzionale, il contratto di concessione rimanga efficace limitatamente alla parte che regola la realizzazione e la gestione del medesimo stralcio funzionale[3].

6. Il verificarsi di fatti non riconducibili al concessionario che incidono sull'equilibrio del piano economico finanziario può comportare la sua revisione da attuare mediante la rideterminazione delle condizioni di equilibrio. La revisione deve consentire la permanenza dei rischi trasferiti in capo all'operatore economico e delle condizioni di equilibrio economico finanziario relative al contratto. Ai fini della tutela della finanza pubblica strettamente connessa al mantenimento della predetta allocazione dei rischi, nei casi di opere di interesse statale ovvero finanziate con contributo a carico dello Stato, la revisione è subordinata alla previa valutazione da parte del Nucleo di consulenza per l'attuazione delle linee guida per la regolazione dei servizi di pubblica utilità (NARS). Negli altri casi, è facoltà dell'amministrazione aggiudicatrice sottoporre la revisione alla previa valutazione del NARS. In caso di mancato accordo sul riequilibrio del piano economico finanziario, le parti possono recedere dal contratto. Al concessionario sono rimborsati gli importi di cui all'articolo 176, comma 4, lettere *a)* e *b)*, ad esclusione degli oneri derivanti dallo scioglimento anticipato dei contratti di copertura del rischio di fluttuazione del tasso di interesse[4 5].

[1] Comma così modificato dall'art. 101, D.Lgs. 19 aprile 2017, n. 56. Il testo previgente disponeva: *2. L'equilibrio economico finanziario definito all'articolo 3, comma 1, lettera fff), rappresenta il presupposto per la corretta allocazione dei rischi di cui al precedente comma 1. Ai soli fini del raggiungimento del predetto equilibrio, in sede di gara l'amministrazione aggiudicatrice può stabilire anche un prezzo consistente in un contributo pubblico ovvero nella cessione di beni immobili. Il contributo, se funzionale al mantenimento dell'equilibrio economico-finanziario, può essere riconosciuto mediante diritti di godimento su beni immobili nella disponibilità dell'amministrazione aggiudicatrice la cui utilizzazione sia strumentale e tecnicamente connessa all'opera affidata in concessione. In ogni caso, l'eventuale riconoscimento del prezzo, sommato al valore di eventuali garanzie pubbliche o di ulteriori meccanismi di finanziamento a carico della pubblica amministrazione, non può essere superiore al trenta per cento del costo dell'investimento complessivo, comprensivo di eventuali oneri finanziari.*

[2] Comma così modificato dall'art. 101, D.Lgs. 19 aprile 2017, n. 56. Il testo previgente disponeva: *3. La sottoscrizione del contratto di concessione ha luogo dopo la presentazione di idonea documentazione inerente il finanziamento dell'opera. Il contratto di concessione è risolto di diritto ove il contratto di finanziamento non sia perfezionato entro dodici mesi dalla sottoscrizione del contratto di concessione. Al fine di agevolare l'ottenimento del finanziamento dell'opera, i bandi e i relativi allegati, ivi compresi, a seconda dei casi, lo schema di contratto e il piano economico finanziario sono definiti in modo da assicurare adeguati livelli di bancabilità, intendendosi per tali la reperibilità sul mercato finanziario di risorse proporzionate ai fabbisogni, la sostenibilità di tali fonti e la congrua redditività del capitale investito per le concessioni da affidarsi con la procedura ristretta, nel bando può essere previsto che l'amministrazione aggiudicatrice possa indire, prima della scadenza del termine di presentazione delle offerte, una consultazione preliminare con gli operatori economici invitati a presentare le offerte, al fine di verificare l'insussistenza di criticità del progetto posto a base di gara sotto il profilo della finanziabilità, e possa provvedere, a seguito della consultazione, ad adeguare gli atti di gara aggiornando il termine di presentazione delle offerte, che non può essere inferiore a trenta giorni decorrenti dalla relativa comunicazione agli interessati. Non può essere oggetto di consultazione l'importo delle misure di defiscalizzazione di cui all'articolo 18 della legge 12 novembre 2011, n. 183, e all'articolo 33 del decreto-legge 18 ottobre 2012, n. 179, convertito, con modificazioni, dalla legge 17 dicembre 2012, n. 221, nonchè l'importo dei contributi pubblici, ove previsti.*

[3] Comma così modificato dall'art. 101, D.Lgs. 19 aprile 2017, n. 56. Il testo previgente disponeva: *5. L'amministrazione aggiudicatrice prevede nel bando di gara che il contratto di concessione stabilisca la risoluzione del rapporto in caso di mancato collocamento delle obbligazioni di progetto di cui all'articolo 185, entro un congruo termine fissato dal bando medesimo, comunque non superiore a ventiquattro mesi, decorrente dalla data di approvazione del progetto definitivo. Resta salva la facoltà del concessionario di reperire la liquidità necessaria alla realizzazione dell'investimento attraverso altre forme di finanziamento previste dalla normativa vigente, purchè sottoscritte entro lo stesso termine. Nel caso di risoluzione del rapporto ai sensi del primo periodo, il concessionario non avrà diritto ad alcun rimborso delle spese sostenute, ivi incluse quelle relative alla progettazione definitiva. Il bando di gara può altresì prevedere che in caso di parziale finanziamento del progetto e comunque per uno stralcio tecnicamente ed economicamente funzionale, il contratto di concessione rimanga efficace limitatamente alla parte che regola la realizzazione e la gestione del medesimo stralcio funzionale.*

[4] Comma così modificato dall'art. 101, D.Lgs. 19 aprile 2017, n. 56. Il testo previgente disponeva: *6. Il verificarsi di fatti non riconducibili al concessionario che incidono sull'equilibrio del piano economico finanziario può comportare la sua*

revisione da attuare mediante la rideterminazione delle condizioni di equilibrio. La revisione deve consentire la permanenza dei rischi trasferiti in capo all'operatore economico e delle condizioni di equilibrio economico finanziario relative al contratto. Ai fini della tutela della finanza pubblica strettamente connessa al mantenimento della predetta allocazione dei rischi, nei casi di opere di interesse statale ovvero finanziate con contributo a carico dello Stato, la revisione è subordinata alla previa valutazione da parte del Nucleo di consulenza per l'attuazione delle linee guida per la regolazione dei servizi di pubblica utilità (NARS). Negli altri casi, è facoltà dell'amministrazione aggiudicatrice sottoporre la revisione alla previa valutazione del NARS. In caso di mancato accordo sul riequilibrio del piano economico finanziario, le parti possono recedere dal contratto. Al concessionario spetta il valore delle opere realizzate e degli oneri accessori, al netto degli ammortamenti e dei contributi pubblici.

[5] V. artt. 143, 144, 147, D.Lgs. 12 aprile 2006, n. 163 (vecchio Codice dei contratti pubblici).

166. *Principio di libera amministrazione delle autorità pubbliche.* 1. Le amministrazioni aggiudicatrici e gli enti aggiudicatori sono liberi di organizzare la procedura per la scelta del concessionario, fatto salvo il rispetto delle norme di cui alla presente Parte. Essi sono liberi di decidere il modo migliore per gestire l'esecuzione dei lavori e la prestazione dei servizi per garantire in particolare un elevato livello di qualità, sicurezza ed accessibilità, la parità di trattamento e la promozione dell'accesso universale e dei diritti dell'utenza nei servizi pubblici.

167. *Metodi di calcolo del valore stimato delle concessioni.* 1. Il valore di una concessione, ai fini di cui all'articolo 35, è costituito dal fatturato totale del concessionario generato per tutta la durata del contratto, al netto dell'IVA, stimato dall'amministrazione aggiudicatrice o dall'ente aggiudicatore, quale corrispettivo dei lavori e dei servizi oggetto della concessione, nonchè per le forniture accessorie a tali lavori e servizi.

2. Il valore stimato è calcolato al momento dell'invio del bando di concessione o, nei casi in cui non sia previsto un bando, al momento in cui l'amministrazione aggiudicatrice o l'ente aggiudicatore avvia la procedura di aggiudicazione della concessione.

3. Se il valore della concessione al momento dell'aggiudicazione è superiore di più del 20 per cento rispetto al valore stimato, la stima rilevante è costituita dal valore della concessione al momento dell'aggiudicazione.

4. Il valore stimato della concessione è calcolato secondo un metodo oggettivo specificato nei documenti della concessione. Nel calcolo del valore stimato della concessione, le amministrazioni aggiudicatrici e gli enti aggiudicatori tengono conto, se del caso, in particolare dei seguenti elementi:

a) il valore di eventuali forme di opzione ovvero di altre forme comunque denominate di protrazione nel tempo dei relativi effetti;

b) gli introiti derivanti dal pagamento, da parte degli utenti dei lavori e dei servizi, di tariffe e multe diverse da quelle riscosse per conto dell'amministrazione aggiudicatrice o dell'ente aggiudicatore;

c) i pagamenti o qualsiasi vantaggio finanziario conferito al concessionario, in qualsivoglia forma, dall'amministrazione aggiudicatrice o dall'ente aggiudicatore o da altre amministrazioni pubbliche, incluse le compensazioni per l'assolvimento di un obbligo di servizio pubblico e le sovvenzioni pubbliche di investimento;

d) il valore delle sovvenzioni o di qualsiasi altro vantaggio finanziario in qualsivoglia forma conferiti da terzi per l'esecuzione della concessione;

e) le entrate derivanti dalla vendita di elementi dell'attivo facenti parte della concessione;

f) il valore dell'insieme delle forniture e dei servizi messi a disposizione del concessionario dalle amministrazioni aggiudicatrici o dagli enti aggiudicatori, purchè siano necessari per l'esecuzione dei lavori o la prestazione dei servizi;

g) ogni premio o pagamento o diverso vantaggio economico comunque denominato ai candidati o agli offerenti.

5. Nel calcolo del valore stimato della concessione le amministrazioni aggiudicatrici o gli enti aggiudicatori tengono conto degli atti di regolazione delle Autorità indipendenti.

6. La scelta del metodo per il calcolo del valore stimato della concessione non può essere fatta con l'intenzione di escludere tale concessione dall'ambito di applicazione del presente codice. Una concessione non può essere frazionata al fine di escluderla dall'osservanza delle norme del presente codice, tranne nel caso in cui ragioni oggettive lo giustifichino, valutate al momento della predisposizione del bando dalla amministrazione aggiudicatrice o dall'ente aggiudicatore.

7. Quando un'opera o un servizio proposti possono dar luogo all'aggiudicazione di una concessione per lotti distinti, è computato il valore complessivo stimato della totalità di tali lotti.

8. Quando il valore complessivo dei lotti è pari o superiore alla soglia di cui all'articolo 35 il presente codice si applica all'aggiudicazione di ciascun lotto.

168. *Durata delle concessioni.* 1. La durata delle concessioni è limitata ed è determinata nel bando di gara dall'amministrazione aggiudicatrice o dall'ente aggiudicatore in funzione dei lavori o servizi richiesti al concessionario. La stessa è commisurata al valore della concessione, nonchè alla complessità organizzativa dell'oggetto della stessa.

2. Per le concessioni ultraquinquennali, la durata massima della concessione non può essere superiore al periodo di tempo necessario al recupero degli in-

vestimenti da parte del concessionario individuato sulla base di criteri di ragionevolezza, insieme ad una remunerazione del capitale investito, tenuto conto degli investimenti necessari per conseguire gli obiettivi contrattuali specifici come risultante dal piano economico-finanziario. Gli investimenti presi in considerazione ai fini del calcolo comprendono quelli effettivamente sostenuti dal concessionario, sia quelli iniziali sia quelli in corso di concessione[1 2].

[1] Comma così modificato dall'art. 102, D.Lgs. 19 aprile 2017, n. 56. Il testo previgente disponeva: *2. La durata massima della concessione non può essere superiore al periodo di tempo necessario al recupero degli investimenti da parte del concessionario individuato sulla base di criteri di ragionevolezza, insieme ad una remunerazione del capitale investito, tenuto conto degli investimenti necessari per conseguire gli obiettivi contrattuali specifici come risultante dal piano economico-finanziario. Gli investimenti presi in considerazione ai fini del calcolo comprendono quelli effettivamente sostenuti dal concessionario, sia quelli iniziali sia quelli in corso di concessione.*

[2] V. art. 143, D.Lgs. 12 aprile 2006, n. 163 (vecchio Codice dei contratti pubblici), che dispone: *Art. 143. Caratteristiche delle concessioni di lavori pubblici. 1. Le concessioni di lavori pubblici hanno, di regola, ad oggetto la progettazione definitiva, la progettazione esecutiva e l'esecuzione di opere pubbliche o di pubblica utilità, e di lavori ad essi strutturalmente e direttamente collegati, nonchè la loro gestione funzionale ed economica eventualmente estesa, anche in via anticipata, ad opere o parti di opere in tutto o in parte già realizzate e direttamente connesse a quelle oggetto della concessione e da ricomprendere nella stessa.*

2. Qualora la stazione appaltante disponga del progetto definitivo ed esecutivo, ovvero del progetto definitivo, l'oggetto della concessione, quanto alle prestazioni progettuali, può essere circoscritto al completamento della progettazione, ovvero alla revisione della medesima, da parte del concessionario.

3. La controprestazione a favore del concessionario consiste, di regola, unicamente nel diritto di gestire funzionalmente e di sfruttare economicamente tutti i lavori realizzati.

4. Tuttavia, il soggetto concedente stabilisce in sede di gara anche un prezzo nonchè, eventualmente, la gestione funzionale ed economica, anche anticipata, di opere o parti di opere già realizzate, qualora al concessionario venga imposto di praticare nei confronti degli utenti prezzi inferiori a quelli corrispondenti alla remunerazione degli investimenti e alla somma del costo del servizio e dell'ordinario utile di impresa, ovvero qualora sia necessario assicurare al concessionario il perseguimento dell'equilibrio economico-finanziario degli investimenti e della connessa gestione in relazione alla qualità del servizio da prestare. Nella determinazione del prezzo si tiene conto della eventuale prestazione di beni e servizi da parte del concessionario allo stesso soggetto aggiudicatore, relativamente all'opera concessa, secondo le previsioni del bando di gara.

5. Le amministrazioni aggiudicatrici, previa analisi di convenienza economica, possono prevedere nel piano economico finanziario e nella convenzione, a titolo di prezzo, la cessione in proprietà o in diritto di godimento di beni immobili nella loro disponibilità o allo scopo espropriati la cui utilizzazione ovvero valorizzazione sia necessaria all'equilibrio economico-finanziario della concessione. Le modalità di utilizzazione ovvero di valorizzazione dei beni immobili sono definite dall'amministrazione aggiudicatrice unitamente all'approvazione ai sensi dell'articolo 97 del progetto posto a base di gara, e costituiscono uno dei presupposti che determinano l'equilibrio economico-finanziario della concessione. Nel caso di gara indetta ai sensi dell'articolo 153, le predette modalità di utilizzazione ovvero di valorizzazione sono definite dall'amministrazione aggiudicatrice nell'ambito dello studio di fattibilità. All'atto della consegna dei lavori il soggetto concedente dichiara di disporre di tutte le autorizzazioni, licenze, abilitazioni, nulla osta, permessi o altri atti di consenso comunque denominati previsti dalla normativa vigente e che detti atti sono legittimi, efficaci e validi.

6. La concessione ha di regola durata non superiore a trenta anni.

7. L'offerta e il contratto devono contenere il piano economico-finanziario di copertura degli investimenti e della connessa gestione per tutto l'arco temporale prescelto e devono prevedere la specificazione del valore residuo al netto degli ammortamenti annuali, nonchè l'eventuale valore residuo dell'investimento non ammortizzato al termine della concessione, anche prevedendo un corrispettivo per tale valore residuo. Le offerte devono dare conto del preliminare coinvolgimento di uno o più istituti finanziatori nel progetto.

8. La stazione appaltante, al fine di assicurare il perseguimento dell'equilibrio economico-finanziario degli investimenti del concessionario, può stabilire che la concessione abbia una durata superiore a trenta anni, tenendo conto del rendimento della concessione, della percentuale del prezzo di cui ai commi 4 e 5 rispetto all'importo totale dei lavori, e dei rischi connessi alle modifiche delle condizioni di mercato. I presupposti e le condizioni di base che determinano l'equilibrio economico-finanziario degli investimenti e della connessa gestione, da richiamare nelle premesse del contratto, ne costituiscono parte integrante. Le variazioni apportate dalla stazione appaltante a detti presupposti o condizioni di base, nonchè le norme legislative e regolamentari che stabiliscano nuovi meccanismi tariffari o che comunque incidono sull'equilibrio del piano economico-finanziario, previa verifica del CIPE sentito il Nucleo di consulenza per l'attuazione delle linee guida per la regolazione dei servizi di pubblica utilità (NARS), comportano la sua necessaria revisione, da attuare mediante rideterminazione delle nuove condizioni di equilibrio, anche tramite la proroga del termine di scadenza delle concessioni. In mancanza della predetta revisione il concessionario può recedere dal contratto. Nel caso in cui le variazioni apportate o le nuove condizioni introdotte risultino più favorevoli delle precedenti per il concessionario, la revisione del piano dovrà essere effettuata a favore del concedente. Al fine di assicurare il rientro del capitale investito e l'equilibrio economico-finanziario del Piano Economico Finanziario, per le nuove concessioni di importo superiore ad un miliardo di euro, la durata può essere stabilita fino a cinquanta anni.

8-bis. Ai fini della applicazione delle disposizioni di cui al comma 8 del presente articolo, la convenzione definisce i presupposti e le condizioni di base del piano economico-finanziario le cui variazioni non imputabili al concessionario, qualora determinino una modifica dell'equilibrio del piano, comportano la sua revisione. La convenzione contiene inoltre una definizione di equilibrio economico finanziario che fa riferimento ad indicatori di redditività e di capacità di rimborso del debito, nonchè la procedura di verifica e la cadenza temporale degli adempimenti connessi.

9. Le amministrazioni aggiudicatrici possono affidare in concessione opere destinate alla utilizzazione diretta della pubblica amministrazione, in quanto funzionali alla gestione di servizi pubblici, a condizione che resti a carico del concessionario l'alea economico-finanziaria della gestione dell'opera.

10. Il concessionario partecipa alla conferenza di servizi finalizzata all'esame e all'approvazione dei progetti di loro competenza, senza diritto di voto. Resta ferma l'applicazione dell'articolo 14-quinquies della legge 7 agosto 1990, n. 241, e successive modificazioni.

169. *Contratti misti di concessioni.* 1. Le concessioni aventi per oggetto sia lavori che servizi sono aggiudicate secondo le disposizioni applicabili al tipo di concessione che caratterizza l'oggetto principale del contratto. Nel caso di concessioni miste che consistono in parte in servizi sociali e altri servizi specifici elencati nell'allegato IX l'oggetto principale è determinato in base al valore stimato più elevato tra quelli dei rispettivi servizi.

2. Se le diverse parti di un determinato contratto sono oggettivamente separabili, si applicano i commi 5, 6 e 9. Se le diverse parti di un determinato contratto sono oggettivamente non separabili, si applicano i commi 8 e 10.

3. Se parte di un determinato contratto, ovvero una delle attività interessate, sono disciplinate dall'articolo 346 TFUE o dal decreto legislativo 15 novembre 2011, n. 208, si applica l'articolo 160.

4. Nel caso di contratti aventi ad oggetto diverse attività, una delle quali è disciplinata dall'allegato II, gli enti aggiudicatori possono scegliere di aggiudicare concessioni distinte per le parti distinte o di aggiudicare un'unica concessione. Se gli enti aggiudicatori scelgono di aggiudicare concessioni separate, la decisione che determina quale regime giuridico si applica a ciascuna di tali concessioni è adottata in base alle caratteristiche della attività distinta[1].

5. Nel caso di contratti aventi ad oggetto sia elementi disciplinati dal presente codice che altri elementi, le amministrazioni aggiudicatrici o gli enti aggiudicatori possono scegliere di aggiudicare concessioni distinte per le parti distinte o di aggiudicare una concessione unica. Se le amministrazioni aggiudicatrici o gli enti aggiudicatori scelgono di aggiudicare concessioni separate, la decisione che determina quale regime giuridico si applica a ciascuno di tali concessioni distinti è adottata in base alle caratteristiche della parte distinta.

6. Se le amministrazioni aggiudicatrici o gli enti aggiudicatori scelgono di aggiudicare una concessione unica, il presente codice si applica, salvo se altrimenti previsto all'articolo 160 o dal comma 9, alla concessione mista che ne deriva, a prescindere dal valore delle parti cui si applicherebbe un diverso regime giuridico e dal regime giuridico cui tali parti sarebbero state altrimenti soggette.

7. La scelta tra l'aggiudicazione di un'unica concessione o di più concessioni distinte non può essere effettuata al fine di eludere l'applicazione del presente codice.

8. Se le diverse parti di un determinato contratto sono oggettivamente non separabili, il regime giuridico applicabile è determinato in base all'oggetto principale del contratto in questione.

9. Nel caso di contratti misti che contengono elementi di concessioni nonchè appalti nei settori ordinari o speciali il contratto misto è aggiudicato in conformità con le disposizioni che disciplinano gli appalti nei settori ordinari o nei settori speciali.

10. Nel caso in cui il contratto misto concerna elementi sia di una concessione di servizi che di un contratto di forniture, l'oggetto principale è determinato in base al valore stimato più elevato tra quelli dei rispettivi servizi o forniture.

11. Ad una concessione destinata all'esercizio di più attività si applicano le norme relative alla principale attività cui è destinata.

12. Nel caso di concessioni per cui è oggettivamente impossibile stabilire a quale attività siano principalmente destinate, le norme applicabili sono determinate conformemente alle lettere *a)*, *b)* e *c)*:

a) la concessione è aggiudicata secondo le disposizioni che disciplinano le concessioni aggiudicate dalle amministrazioni aggiudicatrici se una delle attività cui è destinata la concessione è soggetta alle disposizioni applicabili alle concessioni aggiudicate dalle amministrazioni aggiudicatrici e l'altra attività è soggetta alle disposizioni relative alle concessioni aggiudicate dagli enti aggiudicatori;

b) la concessione è aggiudicata secondo le disposizioni che disciplinano gli appalti nei settori ordinari se una delle attività è disciplinata dalle disposizioni relative all'aggiudicazione delle concessioni e l'altra dalle disposizioni relative all'aggiudicazione degli appalti nei settori ordinari;

c) la concessione è aggiudicata secondo le disposizioni che disciplinano le concessioni se una delle attività cui è destinata la concessione è disciplinata dalle disposizioni relative all'aggiudicazione delle concessioni e l'altra non è soggetta nè alla disciplina delle concessioni nè a quella relativa all'aggiudicazione degli appalti nei settori ordinari o speciali.

[1] Comma così modificato dall'art. 103, D.Lgs. 19 aprile 2017, n. 56. Il testo previgente disponeva: *4. Nel caso di contratti aventi ad oggetto diverse attività, una delle quali è disciplinata dall'allegato XVIII, gli enti aggiudicatori possono scegliere di aggiudicare concessioni distinte per le parti distinte o di aggiudicare un'unica concessione. Se gli enti aggiudicatori scelgono di aggiudicare concessioni separate, la decisione che determina quale regime giuridico si applica a ciascuna di tali concessioni è adottata in base alle caratteristiche della attività distinta. Qualora oggetto del contratto sia anche un'attività disciplinata dalle disposizioni sui settori speciali si applica l'articolo 28.*

CAPO II
GARANZIE PROCEDURALI

170. *Requisiti tecnici e funzionali.* 1. I requisiti tecnici e funzionali dei lavori da eseguire o dei servizi da fornire oggetto della concessione sono definiti nei documenti di gara. Tali requisiti possono riferirsi anche allo specifico processo di produzione o di esecuzione dei lavori o di fornitura dei servizi richiesti, a condizione che siano collegati all'oggetto del contratto e commisurati al valore e agli obiettivi dello stesso. I requisiti tecnici e funzionali possono includere, sulla base delle richieste formulate dalle stazioni appaltanti, livelli di qualità, livelli di prestazione ambientale ed effetti sul clima, progettazione per tutti i requisiti (compresa l'accessibilità per le persone con disabilità) e la valutazione di conformità, l'esecuzione, la sicurezza o le dimensioni, la terminologia, i simboli, il collaudo e i metodi di prova, la marcatura e l'etichettatura o le istruzioni per l'uso.

2. A meno che non siano giustificati dall'oggetto del contratto, i requisiti tecnici e funzionali non fanno riferimento a una fabbricazione o provenienza determinata o a un procedimento particolare caratteristico dei prodotti o dei servizi forniti da un determinato operatore economico, nè a marchi, brevetti, tipi o a una produzione specifica che avrebbero come effetto di favorire o eliminare talune imprese o taluni prodotti. Tale riferimento è autorizzato, in via eccezionale, nel caso in cui una descrizione sufficientemente precisa e intelligibile dell'oggetto del contratto non sia possibile; un siffatto riferimento è accompagnato dall'espressione «o equivalente».

3. Le amministrazioni aggiudicatrici o gli enti aggiudicatori non possono escludere un'offerta sulla base della giustificazione secondo cui i lavori e i servizi offerti non sono conformi ai requisiti tecnici e funzionali richiesti nei documenti di gara, se l'offerente prova, con qualsiasi mezzo idoneo, che le soluzioni da lui proposte con la propria offerta soddisfano in maniera equivalente i requisiti tecnici e funzionali.

171. *Garanzie procedurali nei criteri di aggiudicazione.* 1. Le concessioni sono aggiudicate sulla base dei criteri di aggiudicazione stabiliti dalla stazione appaltante ai sensi dell'articolo 173, purchè siano soddisfatte tutte le seguenti condizioni:

a) l'offerta risponde ai requisiti minimi prescritti dalla stazione appaltante;

b) l'offerente ottempera alle condizioni di partecipazione di cui all'articolo 172;

c) l'offerente non è escluso dalla partecipazione alla procedura di aggiudicazione ai sensi dell'articolo 172.

2. I requisiti minimi di cui al comma 1, lettera *a)* prevedono le condizioni e le caratteristiche tecniche, fisiche, funzionali e giuridiche che ogni offerta deve soddisfare o possedere.

3. Le stazioni appaltanti forniscono, inoltre:

a) nel bando di concessione, una descrizione della concessione e delle condizioni di partecipazione;

b) nel bando di concessione o nell'invito a presentare offerte, l'espressa indicazione che la concessione è vincolata alla piena attuazione del piano finanziario e al rispetto dei tempi previsti dallo stesso per la realizzazione degli investimenti in opere pubbliche e che l'offerta deve espressamente contenere, a pena di esclusione, l'impegno espresso da parte del concessionario al rispetto di tali condizioni;

c) nel bando di concessione, nell'invito a presentare offerte o negli altri documenti di gara, una descrizione dei criteri di aggiudicazione e, se del caso, i requisiti minimi da soddisfare.

4. La stazione appaltante può limitare il numero di candidati o di offerenti a un livello adeguato, purchè ciò avvenga in modo trasparente e sulla base di criteri oggettivi. Il numero di candidati o di offerenti invitati a partecipare deve essere sufficiente a garantire un'effettiva concorrenza.

5. La stazione appaltante rende noti a tutti i partecipanti le modalità della procedura e un termine indicativo per il suo completamento. Le eventuali modifiche sono comunicate a tutti i partecipanti e, nella misura in cui riguardino elementi indicati nel bando di concessione, rese pubbliche per tutti gli operatori economici.

6. La stazione appaltante assicura la tracciabilità degli atti inerenti alle singole fasi del procedimento, con idonee modalità, fatto salvo il rispetto delle disposizioni dell'articolo 53.

7. La stazione appaltante può condurre liberamente negoziazioni con i candidati e gli offerenti. L'oggetto della concessione, i criteri di aggiudicazione e i requisiti minimi non possono essere modificati nel corso delle negoziazioni[1].

[1] V. art. 144, D.Lgs. 12 aprile 2006, n. 163 (vecchio Codice dei contratti pubblici).

172. *Selezione e valutazione qualitativa dei candidati.* 1. Le stazioni appaltanti verificano le condizioni di partecipazione relative alle capacità tecniche e professionali e alla capacità finanziaria ed economica dei candidati o degli offerenti, sulla base di certificazioni, autocertificazioni o attestati che devono essere presentati come prova. Le condizioni di partecipazione sono correlate e proporzionali alla necessità di garantire la capacità del concessionario di eseguire la concessione, tenendo conto dell'oggetto della concessione e dell'obiettivo di assicurare la concorrenza effettiva.

2. Per soddisfare le condizioni di partecipazione di cui al comma 1, ove opportuno e nel caso di una particolare concessione, l'operatore economico può affidarsi alle capacità di altri soggetti, indipendentemente dalla natura giuridica dei suoi rapporti con loro. Se un operatore economico intende fare affidamento sulle capacità di altri soggetti, deve dimostrare al-

l'amministrazione aggiudicatrice o all'ente aggiudicatore che disporrà delle risorse necessarie per l'intera durata della concessione. Per quanto riguarda la capacità finanziaria, la stazione appaltante può richiedere che l'operatore economico e i soggetti in questione siano responsabili in solido dell'esecuzione del contratto. Alle stesse condizioni, un raggruppamento di operatori economici di cui all'articolo 45 può fare valere le capacità dei partecipanti al raggruppamento o di altri soggetti. In entrambi i casi si applica l'articolo 89.

173. *Termini, principi e criteri di aggiudicazione*. 1. Le concessioni sono aggiudicate sulla base dei principi di cui all'articolo 30.

2. Fermo restando quanto previsto dal comma 1, e comunque in deroga all'articolo 95, la stazione appaltante elenca i criteri di aggiudicazione in ordine decrescente di importanza. Il termine minimo per la ricezione delle domande di partecipazione, comprese eventualmente le offerte, è di trenta giorni dalla data di pubblicazione del bando. Se la procedura si svolge in fasi successive, il termine minimo per la ricezione delle offerte iniziali è di ventidue giorni. Si applica l'articolo 79, commi 1 e 2.

3. Se la stazione appaltante riceve un'offerta che propone una soluzione innovativa con un livello straordinario di prestazioni funzionali che non avrebbe potuto essere prevista utilizzando l'ordinaria diligenza, può, in via eccezionale, modificare l'ordine dei criteri di aggiudicazione di cui al comma 2, per tenere conto di tale soluzione innovativa. In tal caso, la stazione appaltante informa tutti gli offerenti in merito alla modifica dell'ordine di importanza dei criteri ed emette un nuovo invito a presentare offerte nel termine minimo di ventidue giorni di cui al suddetto comma 2, terzo periodo. Se i criteri di aggiudicazione sono stati pubblicati al momento della pubblicazione del bando di concessione, la stazione appaltante pubblica un nuovo bando di concessione, nel rispetto del termine minimo di trenta giorni di cui al comma 2, secondo periodo. La modifica dell'ordine non deve dar luogo a discriminazioni[1].

[1] V. art. 145, D.Lgs. 12 aprile 2006, n. 163 (vecchio Codice dei contratti pubblici).

CAPO III

ESECUZIONE DELLE CONCESSIONI

174. *Subappalto*. 1. Ferma restando la disciplina di cui all'articolo 30, alle concessioni in materia di subappalto si applica il presente articolo.

2. Gli operatori economici indicano in sede di offerta le parti del contratto di concessione che intendono subappaltare a terzi. Non si considerano come terzi le imprese che si sono raggruppate o consorziate per ottenere la concessione, nè le imprese ad esse collegate; se il concessionario ha costituito una società di progetto, in conformità all'articolo 184, non si considerano terzi i soci, alle condizioni di cui al comma 2 del citato articolo 184. In sede di offerta gli operatori economici, che non siano microimprese, piccole e medie imprese, per le concessioni di lavori, servizi e forniture di importo pari o superiore alla soglia di cui all'articolo 35, comma 1, lettera *a)*, indicano una terna di nominativi di sub-appaltatori nei seguenti casi:

a) concessione di lavori, servizi e forniture per i quali non sia necessaria una particolare specializzazione;

b) concessione di lavori, servizi e forniture per i quali risulti possibile reperire sul mercato una terna di nominativi di subappaltatori da indicare, atteso l'elevato numero di operatori che svolgono dette prestazioni.

3. L'offerente ha l'obbligo di dimostrare, nei casi di cui al comma 2, l'assenza, in capo ai subappaltatori indicati, di motivi di esclusione e provvede a sostituire i subappaltatori relativamente ai quali apposita verifica abbia dimostrato l'esistenza di motivi di esclusione di cui all'articolo 80.

4. Nel caso di concessioni di lavori e di servizi da fornire presso l'impianto sotto la supervisione della stazione appaltante successivamente all'aggiudicazione della concessione e al più tardi all'inizio dell'esecuzione della stessa, il concessionario indica alla stazione appaltante dati anagrafici, recapiti e rappresentanti legali dei subappaltatori coinvolti nei lavori o nei servizi in quanto noti al momento della richiesta. Il concessionario in ogni caso comunica alla stazione appaltante ogni modifica di tali informazioni intercorsa durante la concessione, nonchè le informazioni richieste per eventuali nuovi subappaltatori successivamente coinvolti nei lavori o servizi. Tale disposizione non si applica ai fornitori.

5. Il concessionario resta responsabile in via esclusiva nei confronti della stazione appaltante. Il concessionario è obbligato solidalmente con il subappaltatore nei confronti dei dipendenti dell'impresa subappaltatrice, in relazione agli obblighi retributivi e contributivi previsti dalla legislazione vigente.

6. L'esecuzione delle prestazioni affidate in subappalto non può formare oggetto di ulteriore subappalto.

7. Qualora la natura del contratto lo consenta, è fatto obbligo per la stazione appaltante di procedere al pagamento diretto dei subappaltatori, sempre, in caso di microimprese e piccole imprese, e, per le altre, in caso di inadempimento da parte dell'appaltatore o in caso di richiesta del subappaltatore. Il pagamento diretto è comunque subordinato alla verifica della regolarità contributiva e retributiva dei dipen-

denti del subappaltatore. In caso di pagamento diretto il concessionario è liberato dall'obbligazione solidale di cui al comma 5.

8. Si applicano, altresì, le disposizioni previste dai commi, 10, 11 e 17 dell'articolo 105[1].

[1] V. art. 118, D.Lgs. 12 aprile 2006, n. 163 (vecchio Codice dei contratti pubblici).

175. *Modifica dei contratti durante il periodo di efficacia.* 1. Le concessioni possono essere modificate senza una nuova procedura di aggiudicazione nei seguenti casi:

a) se le modifiche, a prescindere dal loro valore monetario, sono state espressamente previste nei documenti di gara iniziali in clausole chiare, precise e inequivocabili che fissino la portata, la natura delle eventuali modifiche, nonchè le condizioni alle quali possono essere impiegate. Tali clausole non possono apportare modifiche che alterino la natura generale della concessione. In ogni caso le medesime clausole non possono prevedere la proroga della durata della concessione;

b) per lavori o servizi supplementari da parte del concessionario originario che si sono resi necessari e non erano inclusi nella concessione iniziale, ove un cambiamento di concessionario risulti impraticabile per motivi economici o tecnici quali il rispetto dei requisiti di intercambiabilità o interoperatività tra apparecchiature, servizi o impianti esistenti forniti nell'ambito della concessione iniziale e comporti per la stazione appaltante un notevole ritardo o un significativo aggravio dei costi;

c) ove ricorrano, contestualmente, le seguenti condizioni:

1) la necessità di modifica derivi da circostanze che una stazione appaltante non ha potuto prevedere utilizzando l'ordinaria diligenza;

2) la modifica non alteri la natura generale della concessione;

d) se un nuovo concessionario sostituisce quello a cui la stazione appaltante aveva inizialmente aggiudicato la concessione a causa di una delle seguenti circostanze:

1) una clausola di revisione in conformità della lettera *a)*;

2) al concessionario iniziale succeda, in via universale o particolare, a seguito di ristrutturazioni societarie, comprese rilevazioni, fusioni, acquisizione o insolvenza, un altro operatore economico che soddisfi i criteri di selezione qualitativa stabiliti inizialmente, purchè ciò non implichi altre modifiche sostanziali al contratto e non sia finalizzato ad eludere l'applicazione del presente codice, fatta salva l'autorizzazione del concedente, ove richiesta sulla base della regolamentazione di settore;

3) nel caso in cui la stazione appaltante si assuma gli obblighi del concessionario principale nei confronti dei suoi subappaltatori;

e) se le modifiche, a prescindere dal loro valore, non sono sostanziali ai sensi del comma 7.

2. Nelle ipotesi di cui al comma 1, lettere *a)*, *b)* e *c)*, per le concessioni aggiudicate dalle amministrazioni aggiudicatrici allo scopo di svolgere un'attività diversa da quelle di cui all'allegato II, l'eventuale aumento di valore, anche in presenza di modifiche successive, non può eccedere complessivamente il 50 per cento del valore della concessione iniziale, inteso come valore quale risultante a seguito dell'aggiudicazione delle opere o dei servizi o delle forniture oggetto di concessione. Le modifiche successive non sono intese ad aggirare il presente codice.

3. Le stazioni appaltanti che hanno modificato una concessione nelle situazioni di cui al comma 1, lettere *b)* e *c)*, pubblicano, conformemente a quanto disposto dall'articolo 72, un avviso nella Gazzetta Ufficiale dell'Unione europea, contenente le informazioni di cui all'allegato XXV.

4. Le concessioni possono essere modificate senza necessità di una nuova procedura di aggiudicazione, nè di verificare se le condizioni di cui al comma 7, lettere da *a)* a *d)*, sono rispettate se la modifica è al di sotto di entrambi i valori seguenti:

a) la soglia fissata all'articolo 35, comma 1, lettera *a)*;

b) il 10 per cento del valore della concessione iniziale.

5. La modifica di cui al comma 4 non può alterare la natura generale della concessione. In caso di più modifiche successive, il valore è accertato sulla base del valore complessivo netto delle successive modifiche.

6. Ai fini del calcolo del valore di cui ai commi 1, lettere *a)*, *b)* e *c)*, 2 e 4 il valore aggiornato è il valore di riferimento quando la concessione prevede una clausola di indicizzazione. Se la concessione non prevede una clausola di indicizzazione, il valore aggiornato è calcolato tenendo conto dell'inflazione calcolata dall'ISTAT.

7. La modifica di una concessione durante il periodo della sua efficacia è considerata sostanziale, quando altera considerevolmente gli elementi essenziali del contratto originariamente pattuito. In ogni caso, fatti salvi i commi 1 e 4, una modifica è considerata sostanziale se almeno una delle seguenti condizioni è soddisfatta:

a) la modifica introduce condizioni che, ove originariamente previste, avrebbero consentito l'ammissione di candidati diversi da quelli inizialmente selezionati o l'accettazione di un'offerta diversa da quella accettata, oppure avrebbero consentito una maggiore partecipazione alla procedura di aggiudicazione;

b) la modifica altera l'equilibrio economico della concessione a favore del concessionario in modo non previsto dalla concessione iniziale;

c) la modifica estende notevolmente l'ambito di applicazione della concessione;

d) se un nuovo concessionario sostituisce quello cui la stazione appaltante aveva inizialmente aggiudicato la concessione in casi diversi da quelli previsti al comma 1, lettera *d)*.

8. Una nuova procedura di aggiudicazione di una concessione è richiesta per modifiche delle condizioni di una concessione durante il periodo della sua efficacia diverse da quelle previste ai commi 1 e 4.

176. *Cessazione, revoca d'ufficio, risoluzione per inadempimento e subentro.* 1. Fermo restando l'esercizio dei poteri di autotutela, la concessione può cessare, in particolare, quando[1]:

a) il concessionario avrebbe dovuto essere escluso ai sensi dell'articolo 80;

b) la stazione appaltante ha violato con riferimento al procedimento di aggiudicazione, il diritto dell'Unione europea come accertato dalla Corte di Giustizia dell'Unione europea ai sensi dell'articolo 258 del Trattato sul funzionamento dell'Unione europea;

c) la concessione ha subito una modifica che avrebbe richiesto una nuova procedura di aggiudicazione ai sensi dell'articolo 175, comma 8.

2. Nelle ipotesi di cui al comma 1, non si applicano i termini previsti dall'articolo 21-nonies della legge 7 agosto 1990, n. 241.

3. Nel caso in cui l'annullamento d'ufficio dipenda da vizio non imputabile al concessionario si applica il comma 4.

4. Qualora la concessione sia risolta per inadempimento della amministrazione aggiudicatrice ovvero quest'ultima revochi la concessione per motivi di pubblico interesse spettano al concessionario:

a) il valore delle opere realizzate più gli oneri accessori, al netto degli ammortamenti, ovvero, nel caso in cui l'opera non abbia ancora superato la fase di collaudo, i costi effettivamente sostenuti dal concessionario;

b) le penali e gli altri costi sostenuti o da sostenere in conseguenza della risoluzione, ivi inclusi gli oneri derivanti dallo scioglimento anticipato dei contratti di copertura del rischio di fluttuazione del tasso di interesse[2];

c) un indennizzo a titolo di risarcimento del mancato guadagno pari al 10 per cento del valore delle opere ancora da eseguire ovvero, nel caso in cui l'opera abbia superato la fase di collaudo, del valore attuale dei ricavi risultanti dal piano economico finanziario allegato alla concessione per gli anni residui di gestione[3].

5. Le somme di cui al comma 4 e al comma 7 sono destinate prioritariamente al soddisfacimento dei crediti dei finanziatori del concessionario e dei titolari di titoli emessi ai sensi dell'articolo 185, limitatamente alle obbligazioni emesse successivamente alla data di entrata in vigore della presente disposizione e sono indisponibili da parte di quest'ultimo fino al completo soddisfacimento di detti crediti[4].

5-*bis*. Senza pregiudizio per il pagamento delle somme di cui al comma 4, in tutti i casi di cessazione del rapporto concessorio diversi dalla risoluzione per inadempimento del concessionario, il concessionario ha il diritto di proseguire nella gestione ordinaria dell'opera, incassandone i ricavi da essa derivanti, sino all'effettivo pagamento delle suddette somme per il tramite del nuovo soggetto subentrante, fatti salvi gli eventuali investimenti improcrastinabili individuati dal concedente unitamente alle modalità di finanziamento dei correlati costi[5].

6. L'efficacia della revoca della concessione è sottoposta alla condizione del pagamento da parte dell'amministrazione aggiudicatrice o dell'ente aggiudicatore delle somme previste al comma 4.

7. Qualora la concessione sia risolta per inadempimento del concessionario trova applicazione l'articolo 1453 del codice civile.

8. Nei casi che comporterebbero la risoluzione di una concessione per cause imputabili al concessionario, la stazione appaltante comunica per iscritto al concessionario e agli enti finanziatori l'intenzione di risolvere il rapporto. Gli enti finanziatori, ivi inclusi i titolari di obbligazioni e titoli analoghi emessi dal concessionario, entro novanta giorni dal ricevimento della comunicazione, possono indicare un operatore economico, che subentri nella concessione, avente caratteristiche tecniche e finanziarie corrispondenti o analoghe a quelle previste nel bando di gara o negli atti in forza dei quali la concessione è stata affidata, con riguardo allo stato di avanzamento dell'oggetto della concessione alla data del subentro[6].

9. L'operatore economico subentrante deve assicurare la ripresa dell'esecuzione della concessione e l'esatto adempimento originariamente richiesto al concessionario sostituito entro il termine indicato dalla stazione appaltante. Il subentro dell'operatore economico ha effetto dal momento in cui la stazione appaltante vi presta il consenso.

10. La stazione appaltante prevede nella documentazione di gara il diritto di subentro degli enti finanziatori di cui al comma 8[7].

10-*bis*. Il presente articolo si applica ai contratti di concessione e di partenariato pubblico privato e agli operatori economici titolari di tali contratti[5 8].

[1] Alinea così modificato dall'art. 104, D.Lgs. 19 aprile 2017, n. 56. Il testo previgente disponeva: *La concessione cessa quando.*

[2] Lettera così modificata dall'art. 104, D.Lgs. 19 aprile 2017, n. 56. Il testo previgente disponeva: *b) le penali e gli altri costi sostenuti o da sostenere in conseguenza della risoluzione.*

[3] Lettera così modificata dall'art. 104, D.Lgs. 19 aprile 2017, n. 56. Il testo previgente disponeva: *c) un indennizzo a titolo di risarcimento del mancato guadagno pari al 10 per cento del valore delle opere ancora da eseguire ovvero del valore attuale della parte del servizio pari ai costi monetari della gestione operativa previsti nel piano economico finanziario allegato alla concessione.*

[4] Comma così modificato dall'art. 104, D.Lgs. 19 aprile 2017, n. 56. Il testo previgente disponeva: *5. Le somme di cui al comma 4 sono destinate prioritariamente al soddisfacimento dei crediti dei finanziatori del concessionario e dei titolari di titoli emessi ai sensi dell'articolo 185, limitatamente alle obbligazioni emesse successivamente alla data di entrata in vigore della presente disposizione e sono indisponibili da parte di quest'ultimo fino al completo soddisfacimento di detti crediti.*

[5] Comma aggiunto dall'art. 104, D.Lgs. 19 aprile 2017, n. 56.

[6] Comma così modificato dall'art. 104, D.Lgs. 19 aprile 2017, n. 56. Il testo previgente disponeva: *8. Nei casi che comporterebbero la risoluzione di una concessione per cause imputabili al concessionario, la stazione appaltante comunica per iscritto al concessionario e agli enti finanziatori l'intenzione di risolvere il rapporto. Gli enti finanziatori, ivi inclusi i titolari di obbligazioni e titoli analoghi emessi dal concessionario, entro novanta giorni dal ricevimento della comunicazione, indicano un operatore economico, che subentri nella concessione, avente caratteristiche tecniche e finanziarie corrispondenti o analoghe a quelle previste nel bando di gara o negli atti in forza dei quali la concessione è stata affidata, con riguardo allo stato di avanzamento dell'oggetto della concessione alla data del subentro.*

[7] Comma così sostituito dall'art. 104, D.Lgs. 19 aprile 2017, n. 56. Il testo previgente disponeva: *10. Fuori dalle ipotesi di cui all'articolo 175, comma 1, lettera d), la sostituzione del concessionario è limitata al tempo necessario per l'espletamento di una nuova procedura di gara.*

[8] V. artt. 158, 159, D.Lgs. 12 aprile 2006, n. 163 (vecchio Codice dei contratti pubblici) che, rispettivamente, dispongono: *Art. 158. Risoluzione. 1. Qualora il rapporto di concessione sia risolto per inadempimento del soggetto concedente ovvero quest'ultimo revochi la concessione per motivi di pubblico interesse, sono rimborsati al concessionario:*

a) il valore delle opere realizzate più gli oneri accessori, al netto degli ammortamenti, ovvero, nel caso in cui l'opera non abbia ancora superato la fase di collaudo, i costi effettivamente sostenuti dal concessionario;

b) le penali e gli altri costi sostenuti o da sostenere in conseguenza della risoluzione;

c) un indennizzo, a titolo di risarcimento del mancato guadagno, pari al 10 per cento del valore delle opere ancora da eseguire ovvero della parte del servizio ancora da gestire valutata sulla base del piano economico-finanziario.

2. Le somme di cui al comma 1 sono destinate prioritariamente al soddisfacimento dei crediti dei finanziatori del concessionario e dei titolari di titoli emessi ai sensi dell'articolo 157, limitatamente alle obbligazioni emesse successivamente alla data di entrata in vigore della presente disposizione e sono indisponibili da parte di quest'ultimo fino al completo soddisfacimento di detti crediti.

3. L'efficacia della revoca della concessione è sottoposta alla condizione del pagamento da parte del concedente di tutte le somme previste dai commi precedenti.

Art. 159. Subentro. 1. In tutti i casi di risoluzione di un rapporto concessorio per motivi attribuibili al soggetto concessionario, gli enti finanziatori ivi inclusi i titolari di obbligazioni e titoli similari emessi dal concessionario del progetto potranno impedire la risoluzione designando una società che subentri nella concessione al posto del concessionario e che verrà accettata dal concedente a condizione che:

a) la società designata dai finanziatori abbia caratteristiche tecniche e finanziarie sostanzialmente corrispondenti a quelle previste nel bando di gara o negli atti in forza dei quali la concessione è stata affidata, avendo comunque riguardo alla situazione concreta del progetto ed allo stato di avanzamento dello stesso alla data del subentro;

b) l'inadempimento del concessionario che avrebbe causato la risoluzione cessi entro i novanta giorni successivi alla scadenza del termine di cui al comma 1-bis.

1-bis. La designazione di cui al comma 1 deve intervenire entro il termine individuato nel contratto o, in mancanza, assegnato dall'amministrazione aggiudicatrice nella comunicazione scritta agli enti finanziatori della intenzione di risolvere il contratto.

2. Con decreto del Ministro delle infrastrutture, sono fissati i criteri e le modalità di attuazione delle previsioni di cui al comma 1.

2-bis. Il presente articolo si applica alle società titolari di qualsiasi contratto di partenariato pubblico privato di cui all'articolo 3, comma 15-ter.

177. *Affidamenti dei concessionari.* 1. Fatto salvo quanto previsto dall'articolo 7, i soggetti pubblici o privati, titolari di concessioni di lavori, di servizi pubblici o di forniture già in essere alla data di entrata in vigore del presente codice, non affidate con la formula della finanza di progetto, ovvero con procedure di gara ad evidenza pubblica secondo il diritto dell'Unione europea, sono obbligati ad affidare, una quota pari all'ottanta per cento dei contratti di lavori, servizi e forniture relativi alle concessioni di importo di importo pari o superiore a 150.000 euro e relativi alle concessioni mediante procedura ad evidenza pubblica, introducendo clausole sociali e per la stabilità del personale impiegato e per la salvaguardia delle professionalità. La restante parte può essere realizzata da società in house di cui all'articolo 5 per i soggetti pubblici, ovvero da società direttamente o indirettamente controllate o collegate per i soggetti privati, ovvero tramite operatori individuati mediante procedura ad evidenza pubblica, anche di tipo semplificato. Per i titolari di concessioni autostradali, ferme restando le altre disposizioni del presente comma, la quota di cui al primo periodo è pari al sessanta per cento[1].

2. Le concessioni di cui al comma 1 già in essere si adeguano alle predette disposizioni entro il 31 dicembre 2021. Le concessioni di cui al comma 1, terzo periodo, già in essere si adeguano alle predette disposizioni entro il 31 dicembre 2020[2].

3. La verifica del rispetto dei limiti di cui al comma 1 da parte dei soggetti preposti e dell'ANAC viene effettuata annualmente, secondo le modalità indicate dall'ANAC stessa in apposite linee guida, da adottare entro novanta giorni dalla data di entrata in vigore della presente disposizione. Eventuali situazioni di squilibrio rispetto ai limiti indicati devono essere riequilibrate entro l'anno successivo. Nel caso di situazioni di squilibrio reiterate per due anni consecutivi, il concedente applica una penale in misura pari al 10 per cento dell'importo complessivo dei la-

vori, servizi o forniture che avrebbero dovuto essere affidati con procedura ad evidenza pubblica[3 4].

[1] Comma così modificato dall'art. 1, comma 568, L. 27 dicembre 2017, n. 205. Il testo previgente disponeva: *1. Fatto salvo quanto previsto dall'articolo 7, i soggetti pubblici o privati, titolari di concessioni di lavori, di servizi pubblici o di forniture già in essere alla data di entrata in vigore del presente codice, non affidate con la formula della finanza di progetto, ovvero con procedure di gara ad evidenza pubblica secondo il diritto dell'Unione europea, sono obbligati ad affidare, una quota pari all'ottanta per cento dei contratti di lavori, servizi e forniture relativi alle concessioni di importo di importo pari o superiore a 150.000 euro e relativi alle concessioni mediante procedura ad evidenza pubblica, introducendo clausole sociali e per la stabilità del personale impiegato e per la salvaguardia delle professionalità. La restante parte può essere realizzata da società in house di cui all'articolo 5 per i soggetti pubblici, ovvero da società direttamente o indirettamente controllate o collegate per i soggetti privati, ovvero tramite operatori individuati mediante procedura ad evidenza pubblica, anche di tipo semplificato.*

V. Delib. Anac 4 luglio 2018, n. 614 (Linee Guida n. 11 recanti «Indicazioni per la verifica del rispetto del limite di cui all'articolo 177, comma 1, del codice, da parte dei soggetti pubblici o privati titolari di concessioni di lavori, servizi pubblici o forniture già in essere alla data di entrata in vigore del codice non affidate con la formula della finanza di progetto ovvero con procedure di gara ad evidenza pubblica secondo il diritto dell'Unione europea»).

[2] Comma così modificato prima dall'art. 1, D.L. 18 aprile 2019, n. 32, convertito in L. 14 giugno 2019, n. 55, a decorrere dal 18 giugno 2019, poi dall'art. 1, D.L. 30 dicembre 2019, n. 162, convertito in L. 28 febbraio 2020, n. 8, a decorrere dal 29 febbraio 2020.

Il testo previgente la modifica del 2019 disponeva: *2. Le concessioni di cui al comma 1 già in essere si adeguano alle predette disposizioni entro ventiquattro mesi dalla data di entrata in vigore del presente codice.*

Il testo previgente la modifica del 2020 disponeva: *2. Le concessioni di cui al comma 1 già in essere si adeguano alle predette disposizioni entro il 31 dicembre 2020.*

[3] Comma così sostituito dall'art. 1, comma 568, L. 27 dicembre 2017, n. 205. Il testo previgente disponeva: *3. La verifica del rispetto del limite di cui al comma 1, pari all'ottanta per cento, da parte dei soggetti preposti e dell'ANAC, viene effettuata, annualmente, secondo le modalità indicate dall'ANAC stessa in apposite linee guida, da adottare entro novanta giorni dalla data di entrata in vigore del presente codice. Eventuali situazioni di squilibrio rispetto al limite indicato devono essere riequilibrate entro l'anno successivo. Nel caso di reiterate situazioni di squilibrio per due anni consecutivi il concedente applica una penale in misura pari al 10 per cento dell'importo complessivo dei lavori, servizi o forniture che avrebbero dovuto essere affidati con procedura ad evidenza pubblica.*

[4] V. artt. 146, 148, D.Lgs. 12 aprile 2006, n. 163 (vecchio Codice dei contratti pubblici).

178. *Norme in materia di concessioni autostradali e particolare regime transitorio.* 1. Per le concessioni autostradali che, alla data di entrata in vigore del presente codice, siano scadute, il concedente, che non abbia ancora provveduto, procede alla predisposizione del bando di gara per l'affidamento della concessione, secondo le regole di evidenza pubblica previste dalla Parte III del presente codice, nel termine perentorio di sei mesi dalla predetta data, ferma restando la possibilità di affidamento in house ai sensi dell'articolo 5. Qualora si proceda all'affidamento in house ai sensi dell'articolo 5, le procedure di affidamento devono concludersi entro trentasei mesi dall'entrata in vigore del presente codice. Fatto salvo quanto previsto per l'affidamento delle concessioni di cui all'articolo 5 del presente codice, è vietata la proroga delle concessioni autostradali[1].

2. I reciproci obblighi, per il periodo necessario al perfezionamento della procedura di cui al comma 1, sono regolati, sulla base delle condizioni contrattuali vigenti.

3. Per le concessioni autostradali per le quali la scadenza avviene nei ventiquattro mesi successivi alla data di entrata in vigore del presente codice, il concedente avvia la procedura per l'individuazione del concessionario subentrante, mediante gara ad evidenza pubblica, in conformità alle disposizioni della Parte III del presente codice, ferma restando la possibilità di affidamento in house ai sensi dell'articolo 5. Ove il suddetto termine sia inferiore a ventiquattro mesi alla data di entrata in vigore del presente codice, la procedura di gara viene indetta nel più breve tempo possibile, in modo da evitare soluzioni di continuità tra i due regimi concessori[2].

4. Il concedente avvia le procedure ad evidenza pubblica per l'affidamento della nuova concessione autostradale, in conformità alle disposizioni della Parte III del presente codice entro il termine di ventiquattro mesi antecedente alla scadenza della concessione in essere, ferma restando la possibilità di affidamento in house ai sensi dell'articolo 5[3].

5. Qualora la procedura di gara non si concluda entro il termine di scadenza della concessione, il concessionario uscente resta obbligato a proseguire nell'ordinaria amministrazione fino al trasferimento della gestione. Per detto periodo si applica quanto previsto al comma 2.

6. Il concedente, almeno due anni prima della data di scadenza della concessione, effettua, in contraddittorio con il concessionario, tutte le verifiche necessarie a valutare lo stato tecnico complessivo dell'infrastruttura ed ordina, se del caso, i necessari ripristini e le occorrenti modificazioni dello stato dei luoghi in conformità degli impegni assunti convenzionalmente[4].

7. Per le opere assentite che il concessionario ha già eseguito e non ancora ammortizzate alla scadenza della concessione, il concessionario uscente ha diritto ad un indennizzo di tali poste dell'investimento, da parte del subentrante, pari al costo effettivamente sostenuto, al netto degli ammortamenti, dei beni reversibili non ancora ammortizzati come risul-

tante dal bilancio di esercizio alla data dell'anno in cui termina la concessione, e delle variazioni eseguite ai fini regolatori. L'importo del valore di subentro è a carico del concessionario subentrante.

8. Fatti salvi i contratti di partenariato pubblico privato con canone di disponibilità, per le concessioni autostradali il rischio di cui all'articolo 3, comma 1, lettera *zz)*, si intende comprensivo del rischio traffico. L'amministrazione può richiedere sullo schema delle convenzioni da sottoscrivere un parere preventivo all'Autorità di regolazione dei trasporti[5].

8-*bis*. Le amministrazioni non possono procedere agli affidamenti delle concessioni autostradali scadute o in scadenza facendo ricorso alle procedure di cui all'articolo 183[6].

8-*ter*. Le concessioni autostradali relative ad autostrade che interessano una o più regioni possono essere affidate dal Ministero delle infrastrutture e dei trasporti a società in house di altre amministrazioni pubbliche anche appositamente costituite. A tal fine il controllo analogo di cui all'articolo 5 sulla predetta società in house può essere esercitato dal Ministero delle infrastrutture e dei trasporti attraverso un comitato disciplinato da apposito accordo ai sensi dell'articolo 15 della legge 7 agosto 1990, n. 241, che eserciti sulla società in house i poteri di cui al citato articolo 5[6].

[1] Comma così modificato dall'art. 105, D.Lgs. 19 aprile 2017, n. 56. Il testo previgente disponeva: *1. Per le concessioni autostradali che, alla data di entrata in vigore del presente codice, siano scadute, il concedente, che non abbia ancora provveduto, procede alla predisposizione del bando di gara per l'affidamento della concessione, secondo le regole di evidenza pubblica previste dal presente codice, nel termine perentorio di sei mesi dalla predetta data, ferma restando la possibilità di affidamento in house ai sensi dell'articolo 5. Fatto salvo quanto previsto per l'affidamento delle concessioni di cui all'articolo 5 del presente codice, è vietata la proroga delle concessioni autostradali.*

[2] Comma così modificato dall'art. 105, D.Lgs. 19 aprile 2017, n. 56. Il testo previgente disponeva: *3. Per le concessioni autostradali per le quali la scadenza avviene nei ventiquattro mesi successivi alla data di entrata in vigore del presente codice, il concedente avvia la procedura per l'individuazione del concessionario subentrante, mediante gara ad evidenza pubblica, in conformità alle disposizioni del presente codice, ferma restando la possibilità di affidamento in house ai sensi dell'articolo 5. Ove il suddetto termine sia inferiore a ventiquattro mesi alla data di entrata in vigore del presente codice, la procedura di gara viene indetta nel più breve tempo possibile, in modo da evitare soluzioni di continuità tra i due regimi concessori.*

[3] Comma così modificato dall'art. 105, D.Lgs. 19 aprile 2017, n. 56. Il testo previgente disponeva: *4. Il concedente avvia le procedure ad evidenza pubblica per l'affidamento della nuova concessione autostradale entro il termine di ventiquattro mesi antecedente alla scadenza della concessione in essere, ferma restando la possibilità di affidamento in house ai sensi dell'articolo 5.*

[4] Comma così modificato dall'art. 105, D.Lgs. 19 aprile 2017, n. 56. Il testo previgente disponeva: *6. Il concedente, almeno un anno prima della data di scadenza della concessione, effettua, in contraddittorio con il concessionario, tutte le verifiche necessarie a valutare lo stato tecnico complessivo dell'infrastruttura ed ordina, se del caso, i necessari ripristini e le occorrenti modificazioni dello stato dei luoghi in conformità degli impegni assunti convenzionalmente.*

[5] Comma così modificato dall'art. 105, D.Lgs. 19 aprile 2017, n. 56. Il testo previgente disponeva: *8. Per le concessioni autostradali il rischio di cui all'articolo 3, comma 1, lettera zz), si intende comprensivo del rischio traffico. L'amministrazione può richiedere sullo schema delle convenzioni da sottoscrivere un parere preventivo all'Autorità di regolazione dei trasporti.*

[6] Comma aggiunto dall'art. 105, D.Lgs. 19 aprile 2017, n. 56.

PARTE IV
PARTENARIATO PUBBLICO PRIVATO E CONTRAENTE GENERALE ED ALTRE MODALITÀ DI AFFIDAMENTO[1]

[1] Rubrica così modificata dall'art. 106, D.Lgs. 19 aprile 2017, n. 56. Il testo previgente disponeva: *Partenariato pubblico privato e contraente generale.*

179. *Disciplina comune applicabile.* 1. Alle procedure di affidamento di cui alla presente parte si applicano le disposizioni di cui alla parte I, III, V e VI, in quanto compatibili.

2. Si applicano inoltre, in quanto compatibili con le previsioni della presente parte, le disposizioni della parte II, titolo I a seconda che l'importo dei lavori sia pari o superiore alla soglia di cui all'articolo 35, ovvero inferiore, nonchè le ulteriori disposizioni della parte II indicate all'articolo 164, comma 2.

3. Le disposizioni della presente parte si applicano, in quanto compatibili, anche ai servizi[1].

[1] V. art. 152, D.Lgs. 12 aprile 2006, n. 163 (vecchio Codice dei contratti pubblici).

TITOLO I
PARTENARIATO PUBBLICO PRIVATO

180. *Partenariato pubblico privato.* 1. Il contratto di partenariato è il contratto a titolo oneroso di cui all'articolo 3, comma 1, lettera *eee)*[1].

2. Nei contratti di partenariato pubblico privato, i ricavi di gestione dell'operatore economico provengono dal canone riconosciuto dall'ente concedente e/o da qualsiasi altra forma di contropartita economica ricevuta dal medesimo operatore economico, anche sotto forma di introito diretto della gestione del servizio ad utenza esterna. Nel caso di contratti di rendimento energetico o di prestazione energetica (EPC), i ricavi di gestione dell'operatore economico possono essere determinati e pagati in funzione del livello di miglioramento dell'efficienza energetica o di altri criteri di prestazione energetica stabiliti contrattualmente, purché quantificabili in relazione ai consumi; la misura di miglioramento dell'efficienza energetica, calcolata conformemente alle norme in

materia di attestazione della prestazione energetica degli immobili e delle altre infrastrutture energivore, deve essere resa disponibile all'amministrazione concedente a cura dell'operatore economico e deve essere verificata e monitorata durante l'intera durata del contratto, anche avvalendosi di apposite piattaforme informatiche adibite per la raccolta, l'organizzazione, la gestione, l'elaborazione, la valutazione e il monitoraggio dei consumi energetici. Il contratto di partenariato può essere utilizzato dalle amministrazioni concedenti per qualsiasi tipologia di opera pubblica[2].

3. Nel contratto di partenariato pubblico privato il trasferimento del rischio in capo all'operatore economico comporta l'allocazione a quest'ultimo, oltre che del rischio di costruzione, anche del rischio di disponibilità o, nei casi di attività redditizia verso l'esterno, del rischio di domanda dei servizi resi, per il periodo di gestione dell'opera come definiti, rispettivamente, dall'articolo 3, comma 1, lettere *aaa), bbb)* e *ccc)*. Il contenuto del contratto è definito tra le parti in modo che il recupero degli investimenti effettuati e dei costi sostenuti dall'operatore economico, per eseguire il lavoro o fornire il servizio, dipenda dall'effettiva fornitura del servizio o utilizzabilità dell'opera o dal volume dei servizi erogati in corrispondenza della domanda e, in ogni caso, dal rispetto dei livelli di qualità contrattualizzati, purchè la valutazione avvenga ex ante. Con il contratto di partenariato pubblico privato sono altresì disciplinati anche i rischi, incidenti sui corrispettivi, derivanti da fatti non imputabili all'operatore economico.

4. A fronte della disponibilità dell'opera o della domanda di servizi, l'amministrazione aggiudicatrice può scegliere di versare un canone all'operatore economico che è proporzionalmente ridotto o annullato nei periodi di ridotta o mancata disponibilità dell'opera, nonchè ridotta o mancata prestazione dei servizi. Se la ridotta o mancata disponibilità dell'opera o prestazione del servizio è imputabile all'operatore, tali variazioni del canone devono, in ogni caso, essere in grado di incidere significativamente sul valore attuale netto dell'insieme degli investimenti, dei costi e dei ricavi dell'operatore economico[3].

5. L'amministrazione aggiudicatrice sceglie altresì che a fronte della disponibilità dell'opera o della domanda di servizi, venga corrisposta una diversa utilità economica comunque pattuita ex ante, ovvero rimette la remunerazione del servizio allo sfruttamento diretto della stessa da parte dell'operatore economico, che pertanto si assume il rischio delle fluttuazioni negative di mercato della domanda del servizio medesimo.

6. L'equilibrio economico finanziario, come definito all'articolo 3, comma 1, lettera *fff)*, rappresenta il presupposto per la corretta allocazione dei rischi di cui al comma 3. Ai soli fini del raggiungimento del predetto equilibrio, in sede di gara l'amministrazione aggiudicatrice può stabilire anche un prezzo consistente in un contributo pubblico ovvero nella cessione di beni immobili che non assolvono più a funzioni di interesse pubblico. A titolo di contributo può essere riconosciuto un diritto di godimento, la cui utilizzazione sia strumentale e tecnicamente connessa all'opera da affidare in concessione. Le modalità di utilizzazione dei beni immobili sono definite dall'amministrazione aggiudicatrice e costituiscono uno dei presupposti che determinano l'equilibrio economico-finanziario della concessione. In ogni caso, l'eventuale riconoscimento del prezzo, sommato al valore di eventuali garanzie pubbliche o di ulteriori meccanismi di finanziamento a carico della pubblica amministrazione, non può essere superiore al quarantanove per cento del costo dell'investimento complessivo, comprensivo di eventuali oneri finanziari[4].

7. Si applica quanto previsto all'articolo 165, commi 3, 4 e 5, del presente codice[5].

8. Nella tipologia dei contratti di cui al comma 1 rientrano la finanza di progetto, la concessione di costruzione e gestione, la concessione di servizi, la locazione finanziaria di opere pubbliche, il contratto di disponibilità e qualunque altra procedura di realizzazione in partenariato di opere o servizi che presentino le caratteristiche di cui ai commi precedenti[6].

[1] Comma così modificato dall'art. 107, D.Lgs. 19 aprile 2017, n. 56. Il testo previgente disponeva: *1. Il contratto di partenariato è il contratto a titolo oneroso di cui all'articolo 3, comma 1, lettera eee). Il contratto può avere ad oggetto anche la progettazione di fattibilità tecnico ed economica e la progettazione definitiva delle opere o dei servizi connessi.*

[2] Comma così modificato prima dall'art. 107, D.Lgs. 19 aprile 2017, n. 56, poi dall'art. 8, D.L. 16 luglio 2020, n. 76, convertito in L. 11 settembre 2020, n. 120, a decorrere dal 15 settembre 2020. Tali nuove disposizioni si applicano alle procedure i cui bandi o avvisi, con i quali si indice una gara, sono pubblicati successivamente alla data di entrata in vigore del D.L. 76/2020 cit., nonchè, in caso di contratti senza pubblicazione di bandi o avvisi, alle procedure in cui, alla medesima data, non sono ancora stati inviati gli inviti a presentare le offerte o i preventivi.

Il testo previgente la modifica del 2017 disponeva: *2. Nei contratti di partenariato pubblico privato, i ricavi di gestione dell'operatore economico provengono dal canone riconosciuto dall'ente concedente e/o da qualsiasi altra forma di contropartita economica ricevuta dal medesimo operatore economico, anche sotto forma di introito diretto della gestione del servizio ad utenza esterna.*

Il testo previgente la modifica del 2020 disponeva: *2. Nei contratti di partenariato pubblico privato, i ricavi di gestione dell'operatore economico provengono dal canone riconosciuto dall'ente concedente e/o da qualsiasi altra forma di contropartita economica ricevuta dal medesimo operatore economico, anche sotto forma di introito diretto della gestione del servizio ad utenza esterna. Il contratto di partenariato può essere utilizzato dalle amministrazioni concedenti per qualsiasi tipologia di opera pubblica.*

[3] Comma così modificato dall'art. 107, D.Lgs. 19 aprile 2017, n. 56. Il testo previgente disponeva: *4. A fronte della*

disponibilità dell'opera o della domanda di servizi, l'amministrazione aggiudicatrice può scegliere di versare un canone all'operatore economico che è proporzionalmente ridotto o annullato nei periodi di ridotta o mancata disponibilità dell'opera, nonchè ridotta o mancata prestazione dei servizi. Tali variazioni del canone devono, in ogni caso, essere in grado di incidere significativamente sul valore attuale netto dell'insieme degli investimenti, dei costi e dei ricavi dell'operatore economico.

[4] Comma così modificato dall'art. 107, D.Lgs. 19 aprile 2017, n. 56. Il testo previgente disponeva: *6. L'equilibrio economico finanziario, come definito all'articolo 3, comma 1, lettera fff), rappresenta il presupposto per la corretta allocazione dei rischi di cui al comma 3. Ai soli fini del raggiungimento del predetto equilibrio, in sede di gara l'amministrazione aggiudicatrice può stabilire anche un prezzo consistente in un contributo pubblico ovvero nella cessione di beni immobili che non assolvono più a funzioni di interesse pubblico. A titolo di contributo può essere riconosciuto un diritto di godimento, la cui utilizzazione sia strumentale e tecnicamente connessa all'opera da affidare in concessione. Le modalità di utilizzazione dei beni immobili sono definite dall'amministrazione aggiudicatrice e costituiscono uno dei presupposti che determinano l'equilibrio economico-finanziario della concessione. In ogni caso, l'eventuale riconoscimento del prezzo, sommato al valore di eventuali garanzie pubbliche o di ulteriori meccanismi di finanziamento a carico della pubblica amministrazione, non può essere superiore al trenta per cento del costo dell'investimento complessivo, comprensivo di eventuali oneri finanziari.*

[5] Comma così sostituito dall'art. 107, D.Lgs. 19 aprile 2017, n. 56. Il testo previgente disponeva: *7. La documentata disponibilità di un finanziamento è condizione di valutazione di ammissione ad un contratto di partenariato pubblico privato. La sottoscrizione del contratto ha luogo previa la presentazione di idonea documentazione inerente il finanziamento dell'opera. Il contratto è risolto di diritto ove il contratto di finanziamento non sia perfezionato entro dodici mesi dalla sottoscrizione del contratto.*

[6] V. art. 3, comma 15-ter, D.Lgs. 12 aprile 2006, n. 163 (vecchio Codice dei contratti pubblici).

181. *Procedure di affidamento.* 1. La scelta dell'operatore economico avviene con procedure ad evidenza pubblica anche mediante dialogo competitivo.

2. Le amministrazioni aggiudicatrici provvedono all'affidamento dei contratti ponendo a base di gara il progetto definitivo e uno schema di contratto e di piano economico finanziario, che disciplinino l'allocazione dei rischi tra amministrazione aggiudicatrice e operatore economico[1].

3. La scelta è preceduta da adeguata istruttoria con riferimento all'analisi della domanda e dell'offerta, della sostenibilità economico-finanziaria e economico-sociale dell'operazione, alla natura e alla intensità dei diversi rischi presenti nell'operazione di partenariato, anche utilizzando tecniche di valutazione mediante strumenti di comparazione per verificare la convenienza del ricorso a forme di partenariato pubblico privato in alternativa alla realizzazione diretta tramite normali procedure di appalto.

4. L'amministrazione aggiudicatrice esercita il controllo sull'attività dell'operatore economico attraverso la predisposizione ed applicazione di sistemi di monitoraggio, secondo modalità definite da linee guida adottate dall'ANAC, sentito il Ministero dell'economia e delle finanze, entro novanta giorni dall'entrata in vigore del presente codice, verificando in particolare la permanenza in capo all'operatore economico dei rischi trasferiti. L'operatore economico è tenuto a collaborare ed alimentare attivamente tali sistemi[2].

[1] Comma così modificato dall'art. 108, D.Lgs. 19 aprile 2017, n. 56. Il testo previgente disponeva: *2. Salva l'ipotesi in cui l'affidamento abbia ad oggetto anche l'attività di progettazione come prevista dall'articolo 180, comma 1, le amministrazioni aggiudicatrici provvedono all'affidamento dei contratti ponendo a base di gara il progetto definitivo e uno schema di contratto e di piano economico finanziario, che disciplinino l'allocazione dei rischi tra amministrazione aggiudicatrice e operatore economico.*

[2] Comma così modificato dall'art. 108, D.Lgs. 19 aprile 2017, n. 56. Il testo previgente disponeva: *4. L'amministrazione aggiudicatrice esercita il controllo sull'attività dell'operatore economico attraverso la predisposizione ed applicazione di sistemi di monitoraggio, secondo modalità definite da linee guida adottate dall'ANAC, sentito il Ministro dell'economia e delle finanze, entro novanta giorni dall' entrata in vigore del presente codice, verificando in particolare la permanenza in capo all'operatore economico dei rischi trasferiti. L'operatore economico è tenuto a collaborare ed alimentare attivamente tali sistemi.*

182. *Finanziamento del progetto.* 1. Il finanziamento dei contratti può avvenire utilizzando idonei strumenti quali, tra gli altri, la finanza di progetto. Il finanziamento può anche riguardare il conferimento di asset patrimoniali pubblici e privati. La remunerazione del capitale investito è definita nel contratto.

2. Il contratto definisce i rischi trasferiti, le modalità di monitoraggio della loro permanenza entro il ciclo di vita del rapporto contrattuale e le conseguenze derivanti dalla anticipata estinzione del contratto, tali da comportare la permanenza dei rischi trasferiti in capo all'operatore economico.

3. Il verificarsi di fatti non riconducibili all'operatore economico che incidono sull'equilibrio del piano economico finanziario può comportare la sua revisione da attuare mediante la rideterminazione delle condizioni di equilibrio. La revisione deve consentire la permanenza dei rischi trasferiti in capo all'operatore economico e delle condizioni di equilibrio economico finanziario relative al contratto. Ai fini della tutela della finanza pubblica strettamente connessa al mantenimento della predetta allocazione dei rischi, nei casi di opere di interesse statale ovvero finanziate con contributo a carico dello Stato, la revisione è subordinata alla previa valutazione da parte del Nucleo di consulenza per l'attuazione delle linee guida per la regolazione dei servizi di pubblica utilità (NARS). Negli altri casi, è facoltà dell'amministrazione aggiudicatrice sottoporre la revisione alla

previa valutazione del NARS. In caso di mancato accordo sul riequilibrio del piano economico finanziario, le parti possono recedere dal contratto. All'operatore economico sono rimborsati gli importi di cui all'articolo 176, comma 4, lettere *a)* e *b)*, ad esclusione degli oneri derivanti dallo scioglimento anticipato dei contratti di copertura del rischio di fluttuazione del tasso di interesse[1].

[1] Comma così modificato dall'art. 109, D.Lgs. 19 aprile 2017, n. 56. Il testo previgente disponeva: *3. Il verificarsi di fatti non riconducibili all'operatore economico che incidono sull'equilibrio del piano economico finanziario può comportare la sua revisione da attuare mediante la rideterminazione delle condizioni di equilibrio. La revisione deve consentire la permanenza dei rischi trasferiti in capo all'operatore economico e delle condizioni di equilibrio economico finanziario relative al contratto. Ai fini della tutela della finanza pubblica strettamente connessa al mantenimento della predetta allocazione dei rischi, nei casi di opere di interesse statale ovvero finanziate con contributo a carico dello Stato, la revisione è subordinata alla previa valutazione da parte del Nucleo di consulenza per l'attuazione delle linee guida per la regolazione dei servizi di pubblica utilità (NARS). Negli altri casi, è facoltà dell'amministrazione aggiudicatrice sottoporre la revisione alla previa valutazione del NARS. In caso di mancato accordo sul riequilibrio del piano economico finanziario, le parti possono recedere dal contratto. All'operatore economico spetta il valore delle opere realizzate e degli oneri accessori, al netto degli ammortamenti e dei contributi pubblici.*

183. *Finanza di progetto.* 1. Per la realizzazione di lavori pubblici o di lavori di pubblica utilità, ivi inclusi quelli relativi alle strutture dedicate alla nautica da diporto, inseriti negli strumenti di programmazione formalmente approvati dall'amministrazione aggiudicatrice sulla base della normativa vigente, ivi inclusi i Piani dei porti, finanziabili in tutto o in parte con capitali privati, le amministrazioni aggiudicatrici possono, in alternativa all'affidamento mediante concessione ai sensi della parte III, affidare una concessione ponendo a base di gara il progetto di fattibilità, mediante pubblicazione di un bando finalizzato alla presentazione di offerte che contemplino l'utilizzo di risorse totalmente o parzialmente a carico dei soggetti proponenti. In ogni caso per le infrastrutture afferenti le opere in linea, è necessario che le relative proposte siano ricomprese negli strumenti di programmazione approvati dal Ministero delle infrastrutture e dei trasporti.

2. Il bando di gara è pubblicato con le modalità di cui all'articolo 72 ovvero di cui all'articolo 36, comma 9, secondo l'importo dei lavori, ponendo a base di gara il progetto di fattibilità predisposto dall'amministrazione aggiudicatrice. Il progetto di fattibilità da porre a base di gara è redatto dal personale delle amministrazioni aggiudicatrici in possesso dei requisiti soggettivi necessari per la sua predisposizione in funzione delle diverse professionalità coinvolte nell'approccio multidisciplinare proprio del progetto di fattibilità. In caso di carenza in organico di personale idoneamente qualificato, le amministrazioni aggiudicatrici possono affidare la redazione del progetto di fattibilità a soggetti esterni, individuati con le procedure previste dal presente codice. Gli oneri connessi all'affidamento di attività a soggetti esterni possono essere ricompresi nel quadro economico dell'opera.

3. Il bando, oltre al contenuto previsto dall'allegato XXI specifica:

a) che l'amministrazione aggiudicatrice ha la possibilità di richiedere al promotore prescelto, di cui al comma 10, lettera *b)*, di apportare al progetto definitivo, da questi presentato, le modifiche eventualmente intervenute in fase di approvazione del progetto, anche al fine del rilascio delle concessioni demaniali marittime, ove necessarie, e che, in tal caso, la concessione è aggiudicata al promotore solo successivamente all'accettazione, da parte di quest'ultimo, delle modifiche progettuali nonchè del conseguente eventuale adeguamento del piano economico-finanziario;

b) che, in caso di mancata accettazione da parte del promotore di apportare modifiche al progetto definitivo, l'amministrazione ha facoltà di chiedere progressivamente ai concorrenti successivi in graduatoria l'accettazione delle modifiche da apportare al progetto definitivo presentato dal promotore alle stesse condizioni proposte al promotore e non accettate dallo stesso.

4. Le amministrazioni aggiudicatrici valutano le offerte presentate con il criterio dell'offerta economicamente più vantaggiosa individuata sulla base del miglior rapporto qualità/prezzo[1].

5. Oltre a quanto previsto dall'articolo 95, l'esame delle proposte è esteso agli aspetti relativi alla qualità del progetto definitivo presentato, al valore economico e finanziario del piano e al contenuto della bozza di convenzione. Per quanto concerne le strutture dedicate alla nautica da diporto, l'esame e la valutazione delle proposte sono svolti anche con riferimento alla maggiore idoneità dell'iniziativa prescelta a soddisfare in via combinata gli interessi pubblici alla valorizzazione turistica ed economica dell'area interessata, alla tutela del paesaggio e dell'ambiente e alla sicurezza della navigazione.

6. Il bando indica i criteri, secondo l'ordine di importanza loro attribuita, in base ai quali si procede alla valutazione comparativa tra le diverse proposte. La pubblicazione del bando, nel caso di strutture destinate alla nautica da diporto, esaurisce gli oneri di pubblicità previsti per il rilascio della concessione demaniale marittima.

7. Il disciplinare di gara, richiamato espressamente nel bando, indica, in particolare, l'ubicazione e la descrizione dell'intervento da realizzare, la destina-

zione urbanistica, la consistenza, le tipologie del servizio da gestire, in modo da consentire che le proposte siano presentate secondo presupposti omogenei.

8. Alla procedura sono ammessi solo i soggetti in possesso dei requisiti per i concessionari, anche associando o consorziando altri soggetti, ferma restando l'assenza dei motivi di esclusione di cui all'articolo 80.

9. Le offerte devono contenere un progetto definitivo, una bozza di convenzione, un piano economico-finanziario asseverato da un istituto di credito o da società di servizi costituite dall'istituto di credito stesso ed iscritte nell'elenco generale degli intermediari finanziari, ai sensi dell'articolo 106 del decreto legislativo 1° settembre 1993, n. 385, o da una società di revisione ai sensi dell'articolo 1 della legge 23 novembre 1939, n. 1966, nonchè la specificazione delle caratteristiche del servizio e della gestione, e dare conto del preliminare coinvolgimento di uno o più istituti finanziatori nel progetto. Il piano economico-finanziario, oltre a prevedere il rimborso delle spese sostenute per la predisposizione del progetto di fattibilità posto a base di gara, comprende l'importo delle spese sostenute per la predisposizione delle offerte, comprensivo anche dei diritti sulle opere dell'ingegno di cui all'articolo 2578 del codice civile. L'importo complessivo delle spese di cui al periodo precedente non può superare il 2,5 per cento del valore dell'investimento, come desumibile dal progetto di fattibilità posto a base di gara. Nel caso di strutture destinate alla nautica da diporto, il progetto definitivo deve definire le caratteristiche qualitative e funzionali dei lavori ed il quadro delle esigenze da soddisfare e delle specifiche prestazioni da fornire, deve contenere uno studio con la descrizione del progetto ed i dati necessari per individuare e valutare i principali effetti che il progetto può avere sull'ambiente e deve essere integrato con le specifiche richieste dal Ministero delle infrastrutture e dei trasporti con propri decreti.

10. L'amministrazione aggiudicatrice:

a) prende in esame le offerte che sono pervenute nei termini indicati nel bando;

b) redige una graduatoria e nomina promotore il soggetto che ha presentato la migliore offerta; la nomina del promotore può aver luogo anche in presenza di una sola offerta;

c) pone in approvazione il progetto definitivo presentato dal promotore, con le modalità indicate all'articolo 27, anche al fine del successivo rilascio della concessione demaniale marittima, ove necessaria. In tale fase è onere del promotore procedere alle modifiche progettuali necessarie ai fini dell'approvazione del progetto, nonchè a tutti gli adempimenti di legge anche ai fini della valutazione di impatto ambientale, senza che ciò comporti alcun compenso aggiuntivo, nè incremento delle spese sostenute per la predisposizione delle offerte indicate nel piano finanziario;

d) quando il progetto non necessita di modifiche progettuali, procede direttamente alla stipula della concessione;

e) qualora il promotore non accetti di modificare il progetto, ha facoltà di richiedere progressivamente ai concorrenti successivi in graduatoria l'accettazione delle modifiche al progetto presentato dal promotore alle stesse condizioni proposte al promotore e non accettate dallo stesso.

11. La stipulazione del contratto di concessione può avvenire solamente a seguito della conclusione, con esito positivo, della procedura di approvazione del progetto definitivo e della accettazione delle modifiche progettuali da parte del promotore, ovvero del diverso concorrente aggiudicatario. Il rilascio della concessione demaniale marittima, ove necessaria, avviene sulla base del progetto definitivo, redatto in conformità al progetto di fattibilità approvato.

12. Nel caso in cui risulti aggiudicatario della concessione un soggetto diverso dal promotore, quest'ultimo ha diritto al pagamento, a carico dell'aggiudicatario, dell'importo delle spese di cui al comma 9, terzo periodo.

13. Le offerte sono corredate dalla garanzia di cui all'articolo 93 e da un'ulteriore cauzione fissata dal bando in misura pari al 2,5 per cento del valore dell'investimento, come desumibile dal progetto di fattibilità posto a base di gara. Il soggetto aggiudicatario è tenuto a prestare la cauzione definitiva di cui all'articolo 103. Dalla data di inizio dell'esercizio del servizio, da parte del concessionario è dovuta una cauzione a garanzia delle penali relative al mancato o inesatto adempimento di tutti gli obblighi contrattuali relativi alla gestione dell'opera, da prestarsi nella misura del 10 per cento del costo annuo operativo di esercizio e con le modalità di cui all'articolo 103; la mancata presentazione di tale cauzione costituisce grave inadempimento contrattuale.

14. Si applicano, ove necessario, le disposizioni di cui al decreto del Presidente della Repubblica 8 giugno 2001, n. 327, e successive modificazioni.

15. Gli operatori economici possono presentare alle amministrazioni aggiudicatrici proposte relative alla realizzazione in concessione di lavori pubblici o di lavori di pubblica utilità, incluse le strutture dedicate alla nautica da diporto, anche se presenti negli strumenti di programmazione approvati dall'amministrazione aggiudicatrice sulla base della normativa vigente. La proposta contiene un progetto di fattibilità, una bozza di convenzione, il piano economico-finanziario asseverato da uno dei soggetti di cui al comma 9, primo periodo, e la specificazione delle caratteristiche del servizio e della gestione. Nel caso

di strutture destinate alla nautica da diporto, il progetto di fattibilità deve definire le caratteristiche qualitative e funzionali dei lavori e del quadro delle esigenze da soddisfare e delle specifiche prestazioni da fornire, deve contenere uno studio con la descrizione del progetto e i dati necessari per individuare e valutare i principali effetti che il progetto può avere sull'ambiente e deve essere integrato con le specifiche richieste dal Ministero delle infrastrutture e dei trasporti con propri decreti. Il piano economico-finanziario comprende l'importo delle spese sostenute per la predisposizione della proposta, comprensivo anche dei diritti sulle opere dell'ingegno di cui all'articolo 2578 del codice civile. La proposta è corredata dalle autodichiarazioni relative al possesso dei requisiti di cui al comma 17, dalla cauzione di cui all'articolo 93, e dall'impegno a prestare una cauzione nella misura dell'importo di cui al comma 9, terzo periodo, nel caso di indizione di gara. L'amministrazione aggiudicatrice valuta, entro il termine perentorio di tre mesi, la fattibilità della proposta. A tal fine l'amministrazione aggiudicatrice può invitare il proponente ad apportare al progetto di fattibilità le modifiche necessarie per la sua approvazione. Se il proponente non apporta le modifiche richieste, la proposta non può essere valutata positivamente. Il progetto di fattibilità eventualmente modificato, qualora non sia già presente negli strumenti di programmazione approvati dall'amministrazione aggiudicatrice sulla base della normativa vigente, è inserito in tali strumenti di programmazione ed è posto in approvazione con le modalità previste per l'approvazione di progetti; il proponente è tenuto ad apportare le eventuali ulteriori modifiche chieste in sede di approvazione del progetto; in difetto, il progetto si intende non approvato. Il progetto di fattibilità approvato è posto a base di gara, alla quale è invitato il proponente. Nel bando l'amministrazione aggiudicatrice può chiedere ai concorrenti, compreso il proponente, la presentazione di eventuali varianti al progetto. Nel bando è specificato che il promotore può esercitare il diritto di prelazione. I concorrenti, compreso il promotore, devono essere in possesso dei requisiti di cui al comma 8, e presentare un'offerta contenente una bozza di convenzione, il piano economico-finanziario asseverato da uno dei soggetti di cui al comma 9, primo periodo, la specificazione delle caratteristiche del servizio e della gestione, nonchè le eventuali varianti al progetto di fattibilità; si applicano i commi 4, 5, 6, 7 e 13. Se il promotore non risulta aggiudicatario, può esercitare, entro quindici giorni dalla comunicazione dell'aggiudicazione, il diritto di prelazione e divenire aggiudicatario se dichiara di impegnarsi ad adempiere alle obbligazioni contrattuali alle medesime condizioni offerte dall'aggiudicatario. Se il promotore non risulta aggiudicatario e non esercita la prelazione ha diritto al pagamento, a carico dell'aggiudicatario, dell'importo delle spese per la predisposizione della proposta nei limiti indicati nel comma 9. Se il promotore esercita la prelazione, l'originario aggiudicatario ha diritto al pagamento, a carico del promotore, dell'importo delle spese per la predisposizione dell'offerta nei limiti di cui al comma 9[2].

16. La proposta di cui al comma 15, primo periodo, può riguardare, in alternativa alla concessione, tutti i contratti di partenariato pubblico privato[3].

17. Possono presentare le proposte di cui al comma 15, primo periodo, i soggetti in possesso dei requisiti di cui al comma 8, nonchè i soggetti con i requisiti per partecipare a procedure di affidamento di contratti pubblici anche per servizi di progettazione eventualmente associati o consorziati con enti finanziatori e con gestori di servizi. La realizzazione di lavori pubblici o di pubblica utilità rientra tra i settori ammessi di cui all'articolo 1, comma 1, lettera c-*bis*), del decreto legislativo 17 maggio 1999, n. 153. Le camere di commercio, industria, artigianato e agricoltura, nell'ambito degli scopi di utilità sociale e di promozione dello sviluppo economico dalle stesse perseguiti, possono aggregarsi alla presentazione di proposte di realizzazione di lavori pubblici di cui al comma 1, ferma restando la loro autonomia decisionale.

17-*bis*. Gli investitori istituzionali indicati nell'elenco riportato all'articolo 32, comma 3, del decreto-legge 31 maggio 2010, n. 78, convertito, con modificazioni, dalla legge 30 luglio 2010, n. 122, nonchè i soggetti di cui all'articolo 2, numero 3), del regolamento (UE) 2015/1017 del Parlamento europeo e del Consiglio, del 25 giugno 2015, secondo quanto previsto nella comunicazione (COM (2015) 361 final) della Commissione, del 22 luglio 2015, possono presentare le proposte di cui al comma 15, primo periodo, associati o consorziati, qualora privi dei requisiti tecnici, con soggetti in possesso dei requisiti per partecipare a procedure di affidamento di contratti pubblici per servizi di progettazione[4].

18. Al fine di assicurare adeguati livelli di bancabilità e il coinvolgimento del sistema bancario nell'operazione, si applicano in quanto compatibili le disposizioni contenute all'articolo 185.

19. Limitatamente alle ipotesi di cui i commi 15 e 17, i soggetti che hanno presentato le proposte possono recedere dalla composizione dei proponenti in ogni fase della procedura fino alla pubblicazione del bando di gara purchè tale recesso non faccia venir meno la presenza dei requisiti per la qualificazione. In ogni caso, la mancanza dei requisiti in capo a singoli soggetti comporta l'esclusione dei soggetti medesimi senza inficiare la validità della proposta, a condizione che i restanti componenti posseggano i requisiti necessari per la qualificazione.

20. Ai sensi dell'articolo 2 del presente codice, per quanto attiene alle strutture dedicate alla nautica da diporto, le regioni e le province autonome di Trento e di Bolzano adeguano la propria normativa ai principi previsti dal presente articolo[5].

[1] Comma così modificato dall'art. 110, D.Lgs. 19 aprile 2017, n. 56. Il testo previgente disponeva: *4. Le amministrazioni aggiudicatrici valutano le offerte presentate con il criterio dell'offerta economicamente più vantaggiosa di cui all'articolo 95.*

[2] Comma così modificato prima dall'art. 110, D.Lgs. 19 aprile 2017, n. 56, che ha sostituito al quinto periodo le parole: "articolo 103" con le parole: "articolo 93"; poi dall'art. 8, D.L. 16 luglio 2020, n. 76, convertito in L. 11 settembre 2020, n. 120, a decorrere dal 15 settembre 2020, che al primo periodo, ha sostituito le parole "non presenti" con le parole: "anche se presenti" e al nono periodo, ha sostituito le parole "è inserito" con le parole: "qualora non sia già presente" e dopo le parole "sulla base della normativa vigente" ha aggiunto le seguenti: ", è inserito in tali strumenti di programmazione". Tali nuove disposizioni si applicano alle procedure i cui bandi o avvisi, con i quali si indice una gara, sono pubblicati successivamente alla data di entrata in vigore del D.L. 76/2020 cit., nonchè, in caso di contratti senza pubblicazione di bandi o avvisi, alle procedure in cui, alla medesima data, non sono ancora stati inviati gli inviti a presentare le offerte o i preventivi.

[3] Comma così modificato dall'art. 110, D.Lgs. 19 aprile 2017, n. 56. Il testo previgente disponeva: *16. La proposta di cui al comma 15, primo periodo, può riguardare, in alternativa alla concessione, la locazione finanziaria di cui all'articolo 187.*

[4] Comma aggiunto dall'art. 1, D.L. 18 aprile 2019, n. 32, convertito in L. 14 giugno 2019, n. 55, a decorrere dal 18 giugno 2019.

[5] V. art. 153, D.Lgs. 12 aprile 2006, n. 163 (vecchio Codice dei contratti pubblici).

184. *Società di progetto.* 1. Il bando di gara per l'affidamento di una concessione per la realizzazione e/o gestione di una infrastruttura o di un nuovo servizio di pubblica utilità deve prevedere che l'aggiudicatario ha la facoltà, dopo l'aggiudicazione, di costituire una società di progetto in forma di società per azioni o a responsabilità limitata, anche consortile. Il bando di gara indica l'ammontare minimo del capitale sociale della società. In caso di concorrente costituito da più soggetti, nell'offerta è indicata la quota di partecipazione al capitale sociale di ciascun soggetto. Le predette disposizioni si applicano anche alla gara di cui all'articolo 183. La società così costituita diventa la concessionaria subentrando nel rapporto di concessione all'aggiudicatario senza necessità di approvazione o autorizzazione. Tale subentro non costituisce cessione di contratto. Il bando di gara può, altresì, prevedere che la costituzione della società sia un obbligo dell'aggiudicatario.

2. I lavori da eseguire e i servizi da prestare da parte delle società disciplinate dal comma 1 si intendono realizzati e prestati in proprio anche nel caso siano affidati direttamente dalle suddette società ai propri soci, sempre che essi siano in possesso dei requisiti stabiliti dalle vigenti norme legislative e regolamentari. Restano ferme le disposizioni legislative, regolamentari e contrattuali che prevedano obblighi di affidamento dei lavori o dei servizi a soggetti terzi.

3. Per effetto del subentro di cui al comma 1, che non costituisce cessione del contratto, la società di progetto diventa la concessionaria a titolo originario e sostituisce l'aggiudicatario in tutti i rapporti con l'amministrazione concedente. Nel caso di versamento di un prezzo in corso d'opera da parte della pubblica amministrazione, i soci della società restano solidalmente responsabili con la società di progetto nei confronti dell'amministrazione per l'eventuale rimborso del contributo percepito. In alternativa, la società di progetto può fornire alla pubblica amministrazione garanzie bancarie e assicurative per la restituzione delle somme versate a titolo di prezzo in corso d'opera, liberando in tal modo i soci. Le suddette garanzie cessano alla data di emissione del certificato di collaudo dell'opera. Il contratto di concessione stabilisce le modalità per l'eventuale cessione delle quote della società di progetto, fermo restando che i soci che hanno concorso a formare i requisiti per la qualificazione sono tenuti a partecipare alla società e a garantire, nei limiti di cui sopra, il buon adempimento degli obblighi del concessionario sino alla data di emissione del certificato di collaudo dell'opera. L'ingresso nel capitale sociale della società di progetto e lo smobilizzo delle partecipazioni da parte di banche e altri investitori istituzionali che non abbiano concorso a formare i requisiti per la qualificazione possono tuttavia avvenire in qualsiasi momento[1].

[1] V. art. 156, D.Lgs. 12 aprile 2006, n. 163 (vecchio Codice dei contratti pubblici).

185. *Emissione di obbligazioni e di titoli di debito da parte delle società di progetto.* 1. Al fine di realizzare una singola infrastruttura o un nuovo servizio di pubblica utilità, le società di progetto di cui all'articolo 184 nonchè le società titolari di un contratto di partenariato pubblico privato ai sensi dell'articolo 3, comma 1, lettere *eee)*, possono emettere obbligazioni e titoli di debito, anche in deroga ai limiti di cui agli articoli 2412 e 2483 del codice civile, purchè destinati alla sottoscrizione da parte degli investitori qualificati come definiti ai sensi dell'articolo 100 del decreto legislativo 24 febbraio 1998, n. 58, fermo restando che sono da intendersi inclusi in ogni caso tra i suddetti investitori qualificati altresì le società ed altri soggetti giuridici controllati da investitori qualificati ai sensi dell'articolo 2359 del codice civile; detti obbligazioni e titoli di debito possono essere dematerializzati e non possono essere trasferiti a soggetti che non siano investitori qualificati come sopra definiti. In relazione ai titoli emessi ai sensi del presente articolo non si applicano gli articoli 2413, 2414-*bis*, commi primo e secondo, e da 2415 a 2420 del codice civile.

2. La documentazione di offerta deve riportare chiaramente ed evidenziare distintamente un avvertimento circa l'elevato profilo di rischio associato all'operazione.

3. Le obbligazioni e i titoli di debito, sino all'avvio della gestione dell'infrastruttura da parte del concessionario ovvero fino alla scadenza delle obbligazioni e dei titoli medesimi, possono essere garantiti dal sistema finanziario, da fondazioni e da fondi privati, secondo le modalità definite con decreto del Ministro dell'economia e delle finanze, di concerto con il Ministro delle infrastrutture e dei trasporti.

4. Le disposizioni di cui ai commi 1, 2 e 3 si applicano anche alle società operanti nella gestione dei servizi di cui all'articolo 3-*bis* del decreto-legge 13 agosto 2011, n. 138, convertito, con modificazioni, dalla legge 14 settembre 2011, n. 148, alle società titolari delle autorizzazioni alla costruzione di infrastrutture di trasporto di gas e delle concessioni di stoccaggio di cui agli articoli 9 e 11 del decreto legislativo 23 maggio 2000, n. 164, alle società titolari delle autorizzazioni alla costruzione di infrastrutture facenti parte del Piano di sviluppo della rete di trasmissione nazionale dell'energia elettrica, alle società titolari delle autorizzazioni per la realizzazione di reti di comunicazione elettronica di cui al decreto legislativo 1° agosto 2003, n. 259, e alle società titolari delle licenze individuali per l'installazione e la fornitura di reti di telecomunicazioni pubbliche di cui al predetto decreto n. 259 del 2003, nonchè a quelle titolari delle autorizzazioni di cui all'articolo 46 del decreto-legge 1° ottobre 2007, n. 159, convertito, con modificazioni, dalla legge 29 novembre 2007, n. 222. Per le finalità relative al presente comma, il decreto di cui al comma 3 è adottato di concerto con il Ministro dello sviluppo economico.

5. Le garanzie, reali e personali e di qualunque altra natura incluse le cessioni di credito a scopo di garanzia che assistono le obbligazioni e i titoli di debito possono essere costituite in favore dei sottoscrittori o anche di un loro rappresentante che sarà legittimato a esercitare in nome e per conto dei sottoscrittori tutti i diritti, sostanziali e processuali, relativi alle garanzie medesime.

6. Le disposizioni di cui al presente articolo non pregiudicano quanto previsto all'articolo 194, comma 12, del presente codice, in relazione alla facoltà del contraente generale di emettere obbligazioni secondo quanto ivi stabilito[1].

[1] V. art. 157, D.Lgs. 12 aprile 2006, n. 163 (vecchio Codice dei contratti pubblici).

186. *Privilegio sui crediti.* 1. I crediti dei soggetti che finanziano o rifinanziano, a qualsiasi titolo, anche tramite la sottoscrizione di obbligazioni e titoli similari, la realizzazione di lavori pubblici, di opere di interesse pubblico o la gestione di pubblici servizi hanno privilegio generale, ai sensi degli articoli 2745 e seguenti del codice civile, sui beni mobili, ivi inclusi i crediti, del concessionario e delle società di progetto che siano concessionarie o affidatarie di contratto di partenariato pubblico privato o contraenti generali, ai sensi dell'articolo 194.

2. Il privilegio, a pena di nullità, deve risultare da atto scritto. Nell'atto devono essere esattamente descritti i finanziatori originari dei crediti, il debitore, l'ammontare in linea capitale del finanziamento o della linea di credito, nonchè gli elementi che costituiscono il finanziamento.

3. L'opponibilità ai terzi del privilegio sui beni è subordinata alla trascrizione, nel registro indicato dall'articolo 1524, comma 2, del codice civile, dell'atto dal quale il privilegio risulta. Della costituzione del privilegio è dato avviso mediante pubblicazione nella Gazzetta ufficiale della Repubblica italiana; dall'avviso devono risultare gli estremi della avvenuta trascrizione. La trascrizione e la pubblicazione devono essere effettuate presso i competenti uffici del luogo ove ha sede l'impresa finanziata.

4. Fermo restando quanto previsto dall'articolo 1153 del codice civile, il privilegio può essere esercitato anche nei confronti dei terzi che abbiano acquistato diritti sui beni che sono oggetto dello stesso dopo la trascrizione prevista dal comma 3. Nell'ipotesi in cui non sia possibile far valere il privilegio nei confronti del terzo acquirente, il privilegio si trasferisce sul corrispettivo[1].

[1] V. art. 160, D.Lgs. 12 aprile 2006, n. 163 (vecchio Codice dei contratti pubblici).

187. *Locazione finanziaria di opere pubbliche o di pubblica utilità.* 1. Per la realizzazione, l'acquisizione ed il completamento di opere pubbliche o di pubblica utilità i committenti tenuti all'applicazione del presente codice possono avvalersi anche del contratto di locazione finanziaria, che costituisce appalto pubblico di lavori, salvo che questi ultimi abbiano un carattere meramente accessorio rispetto all'oggetto principale del contratto medesimo.

2. Nei casi di cui al comma 1, il bando, ferme le altre indicazioni previste dal presente codice, determina i requisiti soggettivi, funzionali, economici, tecnico-realizzativi ed organizzativi di partecipazione, le caratteristiche tecniche ed estetiche dell'opera, i costi, i tempi e le garanzie dell'operazione, nonchè i parametri di valutazione tecnica ed economico-finanziaria dell'offerta economicamente più vantaggiosa.

3. L'offerente di cui al comma 2 può essere anche una associazione temporanea costituita dal soggetto finanziatore e dal soggetto realizzatore, responsabili, ciascuno, in relazione alla specifica obbliga-

zione assunta, ovvero un contraente generale. In caso di fallimento, inadempimento o sopravvenienza di qualsiasi causa impeditiva all'adempimento dell'obbligazione da parte di uno dei due soggetti costituenti l'associazione temporanea di imprese, l'altro può sostituirlo, con l'assenso del committente, con altro soggetto avente medesimi requisiti e caratteristiche.

4. L'adempimento degli impegni della stazione appaltante resta in ogni caso condizionato al positivo controllo della realizzazione e dalla eventuale gestione funzionale dell'opera secondo le modalità previste.

5. Il soggetto finanziatore, autorizzato ai sensi del decreto legislativo 1° settembre 1993, n. 385, e successive modificazioni, deve dimostrare alla stazione appaltante che dispone, se del caso avvalendosi delle capacità di altri soggetti, anche in associazione temporanea con un soggetto realizzatore, dei mezzi necessari ad eseguire l'appalto. L'offerente può anche essere un contraente generale.

6. La stazione appaltante pone a base di gara almeno un progetto di fattibilità. L'aggiudicatario provvede alla predisposizione dei successivi livelli progettuali e all'esecuzione dell'opera.

7. L'opera oggetto del contratto di locazione finanziaria può seguire il regime di opera pubblica ai fini urbanistici, edilizi ed espropriativi; l'opera può essere realizzata su area nella disponibilità dell'aggiudicatario[1].

[1] V. art. 160-bis, D.Lgs. 12 aprile 2006, n. 163 (vecchio Codice dei contratti pubblici).

188. *Contratto di disponibilità.* 1. L'affidatario del contratto di disponibilità è retribuito con i seguenti corrispettivi, soggetti ad adeguamento monetario secondo le previsioni del contratto:

a) un canone di disponibilità, da versare soltanto in corrispondenza alla effettiva disponibilità dell'opera; il canone è proporzionalmente ridotto o annullato nei periodi di ridotta o nulla disponibilità della stessa per manutenzione, vizi o qualsiasi motivo non rientrante tra i rischi a carico dell'amministrazione aggiudicatrice ai sensi del comma 3;

b) l'eventuale riconoscimento di un contributo in corso d'opera, comunque non superiore al cinquanta per cento del costo di costruzione dell'opera, in caso di trasferimento della proprietà dell'opera all'amministrazione aggiudicatrice;

c) un eventuale prezzo di trasferimento, parametrato, in relazione ai canoni già versati e all'eventuale contributo in corso d'opera di cui alla precedente lettera *b)*, al valore di mercato residuo dell'opera, da corrispondere, al termine del contratto, in caso di trasferimento della proprietà dell'opera all'amministrazione aggiudicatrice.

2. L'affidatario assume il rischio della costruzione e della gestione tecnica dell'opera per il periodo di messa a disposizione dell'amministrazione aggiudicatrice. Il contratto determina le modalità di ripartizione dei rischi tra le parti, che possono comportare variazioni dei corrispettivi dovuti per gli eventi incidenti sul progetto, sulla realizzazione o sulla gestione tecnica dell'opera, derivanti dal sopravvenire di norme o provvedimenti cogenti di pubbliche autorità. Salvo diversa determinazione contrattuale e fermo restando quanto previsto dal comma 5, i rischi sulla costruzione e gestione tecnica dell'opera derivanti da mancato o ritardato rilascio di autorizzazioni, pareri, nulla osta e ogni altro atto di natura amministrativa sono a carico del soggetto aggiudicatore.

3. Il bando di gara è pubblicato con le modalità di cui all'articolo 72 ovvero di cui all'articolo 36, comma 9, secondo l'importo del contratto, ponendo a base di gara un capitolato prestazionale predisposto dall'amministrazione aggiudicatrice, che indica, in dettaglio, le caratteristiche tecniche e funzionali che deve assicurare l'opera costruita e le modalità per determinare la riduzione del canone di disponibilità, nei limiti di cui al comma 6. Le offerte devono contenere un progetto di fattibilità rispondente alle caratteristiche indicate in sede di gara e sono corredate dalla garanzia di cui all'articolo 93; il soggetto aggiudicatario è tenuto a prestare la cauzione definitiva di cui all'articolo 103. Dalla data di inizio della messa a disposizione da parte dell'affidatario è dovuta una cauzione a garanzia delle penali relative al mancato o inesatto adempimento di tutti gli obblighi contrattuali relativi alla messa a disposizione dell'opera, da prestarsi nella misura del dieci per cento del costo annuo operativo di esercizio e con le modalità di cui all'articolo 103; la mancata presentazione di tale cauzione costituisce grave inadempimento contrattuale. L'amministrazione aggiudicatrice valuta le offerte presentate con il criterio dell'offerta economicamente più vantaggiosa, individuata sulla base del miglior rapporto qualità/prezzo. Il bando indica i criteri, secondo l'ordine di importanza loro attribuita, in base ai quali si procede alla valutazione comparativa tra le diverse offerte. Gli oneri connessi agli eventuali espropri sono considerati nel quadro economico degli investimenti e finanziati nell'ambito del contratto di disponibilità[1].

4. Al contratto di disponibilità si applicano le disposizioni previste dal presente codice in materia di requisiti generali di partecipazione alle procedure di affidamento e di qualificazione degli operatori economici.

5. Il progetto definitivo, il progetto esecutivo e le eventuali varianti in corso d'opera sono redatti a cura dell'affidatario; l'affidatario ha la facoltà di introdurre le eventuali varianti finalizzate ad una maggiore economicità di costruzione o gestione, nel rispetto del progetto di fattibilità tecnica-economica

approvato dall'amministrazione aggiudicatrice e delle norme e provvedimenti di pubbliche autorità vigenti e sopravvenuti; il progetto definitivo, il progetto esecutivo e le varianti in corso d'opera sono ad ogni effetto approvati dall'affidatario, previa comunicazione all'amministrazione aggiudicatrice la quale può, entro trenta giorni, motivatamente opporsi ove non rispettino il capitolato prestazionale e, ove prescritto, alle terze autorità competenti. Il rischio della mancata o ritardata approvazione da parte di terze autorità competenti della progettazione e delle eventuali varianti è a carico dell'affidatario. L'amministrazione aggiudicatrice può attribuire all'affidatario il ruolo di autorità espropriante ai sensi del testo unico di cui al decreto del Presidente della Repubblica 8 giugno 2001, n. 327[2].

6. L'attività di collaudo, posta in capo alla stazione appaltante, verifica la realizzazione dell'opera al fine di accertare il puntuale rispetto del capitolato prestazionale e delle norme e disposizioni cogenti e può proporre all'amministrazione aggiudicatrice, a questi soli fini, modificazioni, varianti e rifacimento di lavori eseguiti ovvero, sempre che siano assicurate le caratteristiche funzionali essenziali, la riduzione del canone di disponibilità. Il contratto individua, anche a salvaguardia degli enti finanziatori e dei titolari di titoli emessi ai sensi dell'articolo 186 del presente codice, il limite di riduzione del canone di disponibilità superato il quale il contratto è risolto. L'adempimento degli impegni dell'amministrazione aggiudicatrice resta in ogni caso condizionato al positivo controllo della realizzazione dell'opera e dalla messa a disposizione della stessa secondo le modalità previste dal contratto di disponibilità[3].

[1] Comma così modificato dall'art. 111, D.Lgs. 19 aprile 2017, n. 56. Il testo previgente disponeva: *3. Il bando di gara è pubblicato con le modalità di cui all'articolo 72 ovvero di cui all'articolo 36, comma 9, secondo l'importo del contratto, ponendo a base di gara il progetto di fattibilità tecnico ed economica predisposto dall'amministrazione aggiudicatrice, che indica, in dettaglio, le caratteristiche tecniche e funzionali che deve assicurare l'opera costruita e le modalità per determinare la riduzione del canone di disponibilità, nei limiti di cui al comma 6. Le offerte devono contenere un progetto di fattibilità rispondente alle caratteristiche indicate in sede di gara e sono corredate dalla garanzia di cui all'articolo 93; il soggetto aggiudicatario è tenuto a prestare la cauzione definitiva di cui all'articolo 103. Dalla data di inizio della messa a disposizione da parte dell'affidatario è dovuta una cauzione a garanzia delle penali relative al mancato o inesatto adempimento di tutti gli obblighi contrattuali relativi alla messa a disposizione dell'opera, da prestarsi nella misura del dieci per cento del costo annuo operativo di esercizio e con le modalità di cui all'articolo 103; la mancata presentazione di tale cauzione costituisce grave inadempimento contrattuale. L'amministrazione aggiudicatrice valuta le offerte presentate con il criterio dell'offerta economicamente più vantaggiosa di cui all'articolo 95. Il bando indica i criteri, secondo l'ordine di importanza loro attribuita, in base ai quali si procede alla valutazione comparativa tra le diverse offerte. Gli oneri connessi agli eventuali espropri sono considerati nel quadro economico degli investimenti e finanziati nell'ambito del contratto di disponibilità.*

[2] Comma così modificato dall'art. 111, D.Lgs. 19 aprile 2017, n. 56. Il testo previgente disponeva: *5. Il progetto definitivo, il progetto esecutivo e le eventuali varianti in corso d'opera sono redatti a cura dell'affidatario; l'affidatario ha la facoltà di introdurre le eventuali varianti finalizzate ad una maggiore economicità di costruzione o gestione, nel rispetto del progetto di fattibilità tecnica-economica e delle norme e provvedimenti di pubbliche autorità vigenti e sopravvenuti; il progetto definitivo, il progetto esecutivo e le varianti in corso d'opera sono ad ogni effetto approvati dall'affidatario, previa comunicazione all'amministrazione aggiudicatrice la quale può, entro trenta giorni, motivatamente opporsi ove non rispettino il capitolato prestazionale e, ove prescritto, alle terze autorità competenti. Il rischio della mancata o ritardata approvazione da parte di terze autorità competenti della progettazione e delle eventuali varianti è a carico dell'affidatario. L'amministrazione aggiudicatrice può attribuire all'affidatario il ruolo di autorità espropriante ai sensi del testo unico di cui al decreto del Presidente della Repubblica 8 giugno 2001, n. 327.*

[3] V. art. 160-ter, D.Lgs. 12 aprile 2006, n. 163 (vecchio Codice dei contratti pubblici).

189. *Interventi di sussidiarietà orizzontale.* 1. Le aree riservate al verde pubblico urbano e gli immobili di origine rurale, riservati alle attività collettive sociali e culturali di quartiere, con esclusione degli immobili ad uso scolastico e sportivo, ceduti al comune nell'ambito delle convenzioni e delle norme previste negli strumenti urbanistici attuativi, comunque denominati, possono essere affidati in gestione, per quanto concerne la manutenzione, con diritto di prelazione ai cittadini residenti nei comprensori oggetto delle suddette convenzioni e su cui insistono i suddetti beni o aree, nel rispetto dei principi di non discriminazione, trasparenza e parità di trattamento. A tal fine i cittadini residenti costituiscono un consorzio del comprensorio che raggiunga almeno il 66 per cento della proprietà della lottizzazione. Le regioni e i comuni possono prevedere incentivi alla gestione diretta delle aree e degli immobili di cui al presente comma da parte dei cittadini costituiti in consorzi anche mediante riduzione dei tributi propri.

2. Per la realizzazione di opere di interesse locale, gruppi di cittadini organizzati possono formulare all'ente locale territoriale competente proposte operative di pronta realizzabilità, nel rispetto degli strumenti urbanistici vigenti o delle clausole di salvaguardia degli strumenti urbanistici adottati, indicandone i costi ed i mezzi di finanziamento, senza oneri per l'ente medesimo. L'ente locale provvede sulla proposta, con il coinvolgimento, se necessario, di eventuali soggetti, enti ed uffici interessati, fornendo prescrizioni ed assistenza. Gli enti locali possono predisporre apposito regolamento per disciplinare le attività ed i processi di cui al presente comma.

3. Decorsi due mesi dalla presentazione della proposta, la proposta stessa si intende respinta. Entro il medesimo termine l'ente locale può, con motivata

delibera, disporre l'approvazione delle proposte formulate ai sensi del comma 2, regolando altresì le fasi essenziali del procedimento di realizzazione e i tempi di esecuzione. La realizzazione degli interventi di cui ai commi da 2 a 5 che riguardino immobili sottoposti a tutela storico-artistica o paesaggistico-ambientale è subordinata al preventivo rilascio del parere o dell'autorizzazione richiesti dalle disposizioni di legge vigenti. Si applicano in particolare le disposizioni del codice dei beni culturali e del paesaggio, di cui al decreto legislativo 22 gennaio 2004, n. 42.

4. Le opere realizzate sono acquisite a titolo originario al patrimonio indisponibile dell'ente competente.

5. La realizzazione delle opere di cui al comma 2 non può in ogni caso dare luogo ad oneri fiscali ed amministrativi a carico del gruppo attuatore, fatta eccezione per l'imposta sul valore aggiunto. Le spese per la formulazione delle proposte e la realizzazione delle opere sono, fino alla attuazione del federalismo fiscale, ammesse in detrazione dall'imposta sul reddito dei soggetti che le hanno sostenute, nella misura del 36 per cento, nel rispetto dei limiti di ammontare e delle modalità di cui all'articolo 1 della legge 27 dicembre 1997, n. 449 e relativi provvedimenti di attuazione, e per il periodo di applicazione delle agevolazioni previste dal medesimo articolo 1. Successivamente, ne sarà prevista la detrazione dai tributi propri dell'ente competente.

6. Restano ferme le disposizioni recate dall'articolo 43, commi 1, 2, e 3 della legge 27 dicembre 1997, n. 449, in materia di valorizzazione e incremento del patrimonio delle aree verdi urbane[1].

[1] V. art. 159, D.Lgs. 12 aprile 2006, n. 163 (vecchio Codice dei contratti pubblici).

190. *Baratto amministrativo.* 1. Gli enti territoriali possono definire con apposita delibera i criteri e le condizioni per la realizzazione di contratti di partenariato sociale, sulla base di progetti presentati da cittadini singoli o associati, purchè individuati in relazione ad un preciso ambito territoriale. I contratti possono riguardare la pulizia, la manutenzione, l'abbellimento di aree verdi, piazze o strade, ovvero la loro valorizzazione mediante iniziative culturali di vario genere, interventi di decoro urbano, di recupero e riuso con finalità di interesse generale, di aree e beni immobili inutilizzati. In relazione alla tipologia degli interventi, gli enti territoriali individuano riduzioni o esenzioni di tributi corrispondenti al tipo di attività svolta dal privato o dalla associazione ovvero comunque utili alla comunità di riferimento in un'ottica di recupero del valore sociale della partecipazione dei cittadini alla stessa.

191. *Cessione di immobili in cambio di opere.* 1. Il bando di gara può prevedere a titolo di corrispettivo, totale o parziale, il trasferimento all'affidatario o, qualora l'affidatario vi abbia interesse, a soggetto terzo da questo indicato, purchè in possesso dei prescritti requisiti di cui all'articolo 80, della proprietà di beni immobili appartenenti all'amministrazione aggiudicatrice, già indicati nel programma triennale per i lavori o nell'avviso di pre informazione per i servizi e le forniture e che non assolvono più, secondo motivata valutazione della amministrazione aggiudicatrice o dell'ente aggiudicatore, funzioni di pubblico interesse[1].

2. Possono formare oggetto di trasferimento anche i beni immobili già inclusi in programmi di dismissione, purchè prima della pubblicazione del bando o avviso per l'alienazione, ovvero se la procedura di dismissione ha avuto esito negativo.

2-*bis*. Il valore dei beni immobili da trasferire a seguito della procedura di gara è stabilito dal RUP sulla base del valore di mercato determinato tramite i competenti uffici titolari dei beni immobili oggetto di trasferimento[2].

3. Il bando di gara può prevedere che il trasferimento della proprietà dell'immobile e la conseguente immissione in possesso dello stesso avvengano in un momento anteriore a quello dell'ultimazione dei lavori, previa presentazione di idonea garanzia fideiussoria per un valore pari al valore dell'immobile medesimo. La garanzia fideiussoria, rilasciata dai soggetti di cui all'articolo 93, comma 3, prevede espressamente la rinuncia al beneficio della preventiva escussione del debitore principale, la rinuncia all'eccezione di cui all'articolo 1957, comma 2 del codice civile, nonchè l'operatività della garanzia medesima entro 15 giorni a semplice richiesta scritta della stazione appaltante. La fideiussione è progressivamente svincolata con le modalità previste con riferimento alla cauzione definitiva[3][4].

[1] Comma così modificato dall'art. 112, D.Lgs. 19 aprile 2017, n. 56. Il testo previgente disponeva: *1. Il bando di gara può prevedere a titolo di corrispettivo, totale o parziale, il trasferimento all'affidatario della proprietà di beni immobili appartenenti all'amministrazione aggiudicatrice, già indicati nel programma triennale per i lavori o nell'avviso di pre informazione per i servizi e le forniture e che non assolvono più, secondo motivata valutazione della amministrazione aggiudicatrice o dell'ente aggiudicatore, funzioni di pubblico interesse.*

[2] Comma aggiunto dall'art. 112, D.Lgs. 19 aprile 2017, n. 56.

[3] Comma così modificato dall'art. 112, D.Lgs. 19 aprile 2017, n. 56. Il testo previgente disponeva: *3. Il bando di gara può prevedere che il trasferimento della proprietà dell'immobile e la conseguente immissione in possesso dello stesso avvengano in un momento anteriore a quello dell'ultimazione dei lavori, previa presentazione di idonea polizza fideiussoria per un valore pari al valore dell'immobile medesimo. La garanzia fideiussoria, rilasciata con le modalità previste per il rilascio della cauzione provvisoria, prevede espressamente la rinuncia al beneficio della preventiva escussione del debitore principale, la rinuncia all'eccezione di cui all'articolo 1957, comma 2 del codice civile, nonchè l'operatività della garanzia*

medesima entro 15 giorni a semplice richiesta scritta della stazione appaltante. La fideiussione è progressivamente svincolata con le modalità previste con riferimento alla cauzione definitiva.

[4] V. art. 53, D.Lgs. 12 aprile 2006, n. 163 (vecchio Codice dei contratti pubblici).

TITOLO II
IN HOUSE

192. *Regime speciale degli affidamenti in house.* 1. È istituito presso l'ANAC, anche al fine di garantire adeguati livelli di pubblicità e trasparenza nei contratti pubblici, l'elenco delle amministrazioni aggiudicatrici e degli enti aggiudicatori che operano mediante affidamenti diretti nei confronti di proprie società in house di cui all'articolo 5. L'iscrizione nell'elenco avviene a domanda, dopo che sia stata riscontrata l'esistenza dei requisiti, secondo le modalità e i criteri che l'Autorità definisce con proprio atto. L'Autorità per la raccolta delle informazioni e la verifica dei predetti requisiti opera mediante procedure informatiche, anche attraverso il collegamento, sulla base di apposite convenzioni, con i relativi sistemi in uso presso altre Amministrazioni pubbliche ed altri soggetti operanti nel settore dei contratti pubblici. La domanda di iscrizione consente alle amministrazioni aggiudicatrici e agli enti aggiudicatori sotto la propria responsabilità, di effettuare affidamenti diretti dei contratti all'ente strumentale. Resta fermo l'obbligo di pubblicazione degli atti connessi all'affidamento diretto medesimo secondo quanto previsto al comma 3[1].

2. Ai fini dell'affidamento in house di un contratto avente ad oggetto servizi disponibili sul mercato in regime di concorrenza, le stazioni appaltanti effettuano preventivamente la valutazione sulla congruità economica dell'offerta dei soggetti in house, avuto riguardo all'oggetto e al valore della prestazione, dando conto nella motivazione del provvedimento di affidamento delle ragioni del mancato ricorso al mercato, nonchè dei benefici per la collettività della forma di gestione prescelta, anche con riferimento agli obiettivi di universalità e socialità, di efficienza, di economicità e di qualità del servizio, nonchè di ottimale impiego delle risorse pubbliche.

3. Sul profilo del committente nella sezione Amministrazione trasparente sono pubblicati e aggiornati, in conformità alle disposizioni di cui al decreto legislativo 14 marzo 2013, n. 33, in formato opendata, tutti gli atti connessi all'affidamento degli appalti pubblici e dei contratti di concessione tra enti nell'ambito del settore pubblico, ove non secretati ai sensi dell'articolo 162[2].

[1] Comma così modificato dall'art. 113, D.Lgs. 19 aprile 2017, n. 56. Il testo previgente disponeva: *1. È istituito presso l'ANAC, anche al fine di garantire adeguati livelli di pubblicità e trasparenza nei contratti pubblici, l'elenco delle amministrazioni aggiudicatrici e degli enti aggiudicatori che operano mediante affidamenti diretti nei confronti di proprie società in house di cui all'articolo 5. L'iscrizione nell'elenco avviene a domanda, dopo che sia stata riscontrata l'esistenza dei requisiti, secondo le modalità e i criteri che l'Autorità definisce con proprio atto. La domanda di iscrizione consente alle amministrazioni aggiudicatrici e agli enti aggiudicatori sotto la propria responsabilità, di effettuare affidamenti diretti dei contratti all'ente strumentale. Resta fermo l'obbligo di pubblicazione degli atti connessi all'affidamento diretto medesimo secondo quanto previsto al comma 3.*

V. Delib. Anac 15 febbraio 2017, n. 235 (Linee guida n. 7, di attuazione del decreto legislativo 18 aprile 2016, n. 50, recanti: «*Linee guida per l'iscrizione nell'Elenco delle amministrazioni aggiudicatrici e degli enti aggiudicatori che operano mediante affidamenti diretti nei confronti di proprie società in house previsto dall'art. 192 del decreto legislativo 50/2016*»).

[2] V. artt. 4 e 5, D.Lgs. 19 agosto 2016, n. 175 (Testo unico in materia di società a partecipazione pubblica), nel testo modificato dal D.Lgs. 16 giugno 2017, n. 100 che, rispettivamente, dispongono: *Art. 4. Finalità perseguibili mediante l'acquisizione e la gestione di partecipazioni pubbliche. 1. Le amministrazioni pubbliche non possono, direttamente o indirettamente, costituire società aventi per oggetto attività di produzione di beni e servizi non strettamente necessarie per il perseguimento delle proprie finalità istituzionali, nè acquisire o mantenere partecipazioni, anche di minoranza, in tali società.*

2. Nei limiti di cui al comma 1, le amministrazioni pubbliche possono, direttamente o indirettamente, costituire società e acquisire o mantenere partecipazioni in società esclusivamente per lo svolgimento delle attività sotto indicate:

a) produzione di un servizio di interesse generale, ivi inclusa la realizzazione e la gestione delle reti e degli impianti funzionali ai servizi medesimi;

b) progettazione e realizzazione di un'opera pubblica sulla base di un accordo di programma fra amministrazioni pubbliche, ai sensi dell'articolo 193 del decreto legislativo n. 50 del 2016;

c) realizzazione e gestione di un'opera pubblica ovvero organizzazione e gestione di un servizio d'interesse generale attraverso un contratto di partenariato di cui all'articolo 180 del decreto legislativo n. 50 del 2016, con un imprenditore selezionato con le modalità di cui all'articolo 17, commi 1 e 2;

d) autoproduzione di beni o servizi strumentali all'ente o agli enti pubblici partecipanti o allo svolgimento delle loro funzioni, nel rispetto delle condizioni stabilite dalle direttive europee in materia di contratti pubblici e della relativa disciplina nazionale di recepimento;

e) servizi di committenza, ivi incluse le attività di committenza ausiliarie, apprestati a supporto di enti senza scopo di lucro e di amministrazioni aggiudicatrici di cui all'articolo 3, comma 1, lettera a), del decreto legislativo n. 50 del 2016.

3. Al solo fine di ottimizzare e valorizzare l'utilizzo di beni immobili facenti parte del proprio patrimonio, le amministrazioni pubbliche possono, altresì, anche in deroga al comma 1, acquisire partecipazioni in società aventi per oggetto sociale esclusivo la valorizzazione del patrimonio delle amministrazioni stesse, tramite il conferimento di beni immobili allo scopo di realizzare un investimento secondo criteri propri di un qualsiasi operatore di mercato.

4. Le società in house hanno come oggetto sociale esclusivo una o più delle attività di cui alle lettere a), b), d) ed e) del comma 2. Salvo quanto previsto dall'articolo 16, tali società operano in via prevalente con gli enti costituenti o partecipanti o affidanti.

5. Fatte salve le diverse previsioni di legge regionali adottate nell'esercizio della potestà legislativa in materia di organizzazione amministrativa, è fatto divieto alle società di cui al comma 2, lettera d), controllate da enti locali, di costituire nuove società e di acquisire nuove partecipazioni in società. Il divieto non si applica alle società che hanno come oggetto sociale esclusivo la gestione delle partecipazioni societarie di enti locali, salvo il rispetto degli obblighi previsti in materia di trasparenza dei dati finanziari e di consolidamento del bilancio degli enti partecipanti.

6. È fatta salva la possibilità di costituire società o enti in attuazione dell'articolo 34 del regolamento (CE) n. 1303/2013 del Parlamento europeo e del Consiglio del 17 dicembre 2013 e dell'articolo 61 del regolamento (CE) n. 508 del 2014 del Parlamento europeo e del Consiglio 15 maggio 2014.

7. Sono altresì ammesse le partecipazioni nelle società aventi per oggetto sociale prevalente la gestione di spazi fieristici e l'organizzazione di eventi fieristici, la realizzazione e la gestione di impianti di trasporto a fune per la mobilità turistico-sportiva eserciti in aree montane, nonchè la produzione di energia da fonti rinnovabili.

8. È fatta salva la possibilità di costituire, ai sensi degli articoli 2 e 3 del decreto legislativo 27 luglio 1999, n. 297, le società con caratteristiche di spin off o di start up universitari previste dall'articolo 6, comma 9, della legge 30 dicembre 2010, n. 240, nonchè quelle con caratteristiche analoghe degli enti di ricerca. È inoltre fatta salva la possibilità, per le università, di costituire società per la gestione di aziende agricole con funzioni didattiche.

9. Con decreto del Presidente del Consiglio dei ministri, su proposta del Ministro dell'economia e delle finanze o dell'organo di vertice dell'amministrazione partecipante, motivato con riferimento alla misura e qualità della partecipazione pubblica, agli interessi pubblici a essa connessi e al tipo di attività svolta, riconducibile alle finalità di cui al comma 1, anche al fine di agevolarne la quotazione ai sensi dell'articolo 18, può essere deliberata l'esclusione totale o parziale dell'applicazione delle disposizioni del presente articolo a singole società a partecipazione pubblica. Il decreto è trasmesso alle Camere ai fini della comunicazione alle commissioni parlamentari competenti. I Presidenti di Regione e delle province autonome di Trento e Bolzano, con provvedimento adottato ai sensi della legislazione regionale e nel rispetto dei principi di trasparenza e pubblicità, possono, nell'ambito delle rispettive competenze, deliberare l'esclusione totale o parziale dell'applicazione delle disposizioni del presente articolo a singole società a partecipazione della Regione o delle province autonome di Trento e Bolzano, motivata con riferimento alla misura e qualità della partecipazione pubblica, agli interessi pubblici a essa connessi e al tipo di attività svolta, riconducibile alle finalità di cui al comma 1. Il predetto provvedimento è trasmesso alla competente Sezione regionale di controllo della Corte dei conti, alla struttura di cui all'articolo 15, comma 1, nonchè alle Camere ai fini della comunicazione alle commissioni parlamentari competenti.

9-bis. Nel rispetto della disciplina europea, è fatta salva la possibilità per le amministrazioni pubbliche di acquisire o mantenere partecipazioni in società che producono servizi economici di interesse generale a rete, di cui all'articolo 3-bis del decreto-legge 13 agosto 2011, n. 138, convertito, con modificazioni, dalla legge 14 settembre 2011, n. 148, anche fuori dall'ambito territoriale della collettività di riferimento, in deroga alle previsioni di cui al comma 2, lettera a), purchè l'affidamento dei servizi, in corso e nuovi, sia avvenuto e avvenga tramite procedure ad evidenza pubblica. Per tali partecipazioni, trova piena applicazione l'articolo 20, comma 2, lettera e). Resta fermo quanto previsto dall'articolo 16.

Art. 5. Oneri di motivazione analitica. 1. A eccezione dei casi in cui la costituzione di una società o l'acquisto di una partecipazione, anche attraverso aumento di capitale, avvenga in conformità a espresse previsioni legislative, l'atto deliberativo di costituzione di una società a partecipazione pubblica, anche nei casi di cui all'articolo 17, o di acquisto di partecipazioni, anche indirette, da parte di amministrazioni pubbliche in società già costituite deve essere analiticamente motivato con riferimento alla necessità della società per il perseguimento delle finalità istituzionali di cui all'articolo 4, evidenziando, altresì, le ragioni e le finalità che giustificano tale scelta, anche sul piano della convenienza economica e della sostenibilità finanziaria, nonchè di gestione diretta o esternalizzata del servizio affidato. La motivazione deve anche dare conto della compatibilità della scelta con i principi di efficienza, di efficacia e di economicità dell'azione amministrativa.

2. L'atto deliberativo di cui al comma 1 dà atto della compatibilità dell'intervento finanziario previsto con le norme dei trattati europei e, in particolare, con la disciplina europea in materia di aiuti di Stato alle imprese. Gli enti locali sottopongono lo schema di atto deliberativo a forme di consultazione pubblica, secondo modalità da essi stessi disciplinate.

3. L'amministrazione invia l'atto deliberativo di costituzione della società o di acquisizione della partecipazione diretta o indiretta alla Corte dei conti, a fini conoscitivi, e all'Autorità garante della concorrenza e del mercato, che può esercitare i poteri di cui all'articolo 21-bis della legge 10 ottobre 1990, n. 287.

4. Ai fini di quanto previsto dal comma 3, per gli atti delle amministrazioni dello Stato e degli enti nazionali sono competenti le Sezioni Riunite in sede di controllo; per gli atti delle regioni e degli enti locali, nonchè dei loro enti strumentali, delle università o delle altre istituzioni pubbliche di autonomia aventi sede nella regione, è competente la Sezione regionale di controllo; per gli atti degli enti assoggettati a controllo della Corte dei conti ai sensi della legge 21 marzo 1958, n. 259, è competente la Sezione del controllo sugli enti medesimi.

193. *Società pubblica di progetto.* 1. Ove il progetto di fattibilità dell'amministrazione aggiudicatrice o dell'ente aggiudicatore, preveda, ai fini della migliore utilizzazione dell'infrastruttura e dei beni connessi, l'attività coordinata di più soggetti pubblici, si procede attraverso la stipula di un accordo di programma tra i soggetti pubblici stessi e, ove opportuno attraverso la costituzione di una società pubblica di progetto, senza scopo di lucro, anche consortile, partecipata dai soggetti aggiudicatori e dagli altri soggetti pubblici interessati. Alla società pubblica di progetto sono attribuite le competenze necessarie alla realizzazione dell'opera e delle opere strumentali o connesse, nonchè alla espropriazione delle aree interessate, e all'utilizzazione delle stesse e delle altre fonti di autofinanziamento indotte dall'infrastruttura. La società pubblica di progetto è autorità espropriante ai sensi del testo unico delle disposizioni legislative e regolamentari in materia di espropriazione per pubblica utilità di cui al decreto del Presidente della Repubblica 8 giugno 2001, n. 327. La società pubblica di progetto realizza l'intervento in nome proprio e per conto dei propri soci emandanti, avvalendosi dei finanziamenti per esso deliberati, operando anche al fine di ridurre il costo per la pubblica finanza.

2. Per lo svolgimento delle competenze di cui al secondo periodo del comma 1, le società pubbliche di progetto applicano le disposizioni del presente codice.

3. Alla società pubblica di progetto possono partecipare le camere di commercio, industria e artigianato e le fondazioni bancarie.

4. La società pubblica di progetto è istituita allo scopo di garantire il coordinamento tra i soggetti pubblici volto a promuovere la realizzazione ed eventualmente la gestione dell'infrastruttura, e a promuovere altresì la partecipazione al finanziamento; la società è organismo di diritto pubblico e soggetto aggiudicatore ai sensi del presente codice.

5. Gli enti pubblici interessati alla realizzazione di un'infrastruttura possono partecipare, tramite accordo di programma, al finanziamento della stessa, anche attraverso la cessione al soggetto aggiudicatore ovvero alla società pubblica di progetto di beni immobili di proprietà o allo scopo espropriati con risorse finanziarie proprie.

6. Ai fini del finanziamento di cui al comma 5, gli enti pubblici possono contribuire per l'intera durata del piano economico-finanziario al soggetto aggiudicatore o alla società pubblica di progetto, devolvendo alla stessa i proventi di propri tributi o diverse fonti di reddito, fra cui:

a) da parte dei comuni, i ricavi derivanti dai flussi aggiuntivi di oneri di urbanizzazione o infrastrutturazione e IMU, indotti dalla infrastruttura;

b) da parte della camera di commercio, industria e artigianato, una quota della tassa di iscrizione, allo scopo aumentata, ai sensi della legge 29 dicembre 1993, n. 580.

7. La realizzazione di infrastrutture costituisce settore ammesso, verso il quale le fondazioni bancarie possono destinare il reddito, nei modi e nelle forme previste dalle norme in vigore.

8. I soggetti privati interessati alla realizzazione di un'infrastruttura possono contribuire alla stessa attraverso la cessione di immobili di loro proprietà o impegnandosi a contribuire alla spesa, a mezzo di apposito accordo procedimentale[1].

[1] V. art. 172, D.Lgs. 12 aprile 2006, n. 163 (vecchio Codice dei contratti pubblici).

TITOLO III
CONTRAENTE GENERALE

194. *Affidamento a contraente generale.* 1. Con il contratto di affidamento unitario a contraente generale, il soggetto aggiudicatore affida ad un soggetto dotato di adeguata capacità organizzativa, tecnico-realizzativa e finanziaria la realizzazione con qualsiasi mezzo dell'opera, nel rispetto delle esigenze specificate nel progetto definitivo redatto dal soggetto aggiudicatore e posto a base di gara, ai sensi dell'articolo 195, comma 2, a fronte di un corrispettivo pagato in tutto o in parte dopo l'ultimazione dei lavori.

2. Il contraente generale provvede:

a) alla predisposizione del progetto esecutivo e alle attività tecnico amministrative occorrenti al soggetto aggiudicatore per pervenire all'approvazione dello stesso;

b) all'acquisizione delle aree di sedime; la delega di cui all'articolo 6, comma 8, del decreto del Presidente della Repubblica 8 giugno 2001, n. 327, in assenza di un concessionario, può essere accordata al contraente generale;

c) all'esecuzione con qualsiasi mezzo dei lavori;

d) al prefinanziamento, in tutto o in parte, dell'opera da realizzare;

e) ove richiesto, all'individuazione delle modalità gestionali dell'opera e di selezione dei soggetti gestori;

f) all'indicazione, al soggetto aggiudicatore, del piano degli affidamenti, delle espropriazioni, delle forniture di materiale e di tutti gli altri elementi utili a prevenire le infiltrazioni della criminalità, secondo le forme stabilite tra quest'ultimo e gli organi competenti in materia.

3. Il soggetto aggiudicatore provvede:

a) all'approvazione del progetto esecutivo e delle varianti;

b) alla nomina del direttore dei lavori e dei collaudatori, nonchè provvede all'alta sorveglianza sulla realizzazione delle opere, assicurando un costante monitoraggio dei lavori anche tramite un comitato permanente costituito da suoi rappresentanti e rappresentanti del contraente[1];

c) al collaudo delle stesse;

d) alla stipulazione di appositi accordi con gli organi competenti in materia di sicurezza nonchè di prevenzione e repressione della criminalità, finalizzati alla verifica preventiva del programma di esecuzione dei lavori in vista del successivo monitoraggio di tutte le fasi di esecuzione delle opere e dei soggetti che le realizzano, in ogni caso prevedendo l'adozione di protocolli di legalità che comportino clausole specifiche di impegno, da parte dell'impresa aggiudicataria, a denunciare eventuali tentativi di estorsione, con la possibilità di valutare il comportamento dell'aggiudicatario ai fini della successiva ammissione a procedure ristrette della medesima stazione appaltante in caso di mancata osservanza di tali prescrizioni. Le prescrizioni a cui si uniformano gli accordi di sicurezza sono vincolanti per i soggetti aggiudicatori e per l'impresa aggiudicataria, che è tenuta a trasferire i relativi obblighi a carico delle imprese interessate a qualunque titolo alla realizzazione dei lavori. Le misure di monitoraggio per la prevenzione e repressione di tentativi di infiltrazione mafiosa comprendono il controllo dei flussi finanziari connessi alla realizzazione dell'opera, inclusi quelli concernenti risorse totalmente o parzialmente a carico dei promotori ai sensi dell'articolo 183 e quelli derivanti dalla attuazione di ogni altra modalità di finanza di progetto. Gli oneri connessi al monitoraggio finanziario sono ricompresi nell'aliquota forfettaria di cui al comma 20.

4. Il contraente generale risponde nei confronti del soggetto aggiudicatore della corretta e tempestiva esecuzione dell'opera, secondo le successive previsioni del presente capo. I rapporti tra soggetto aggiudicatore e contraente generale sono regolati dalle norme della parte I e della parte II che costituiscono attuazione della direttiva 2014/24/UE o dalle norme della parte III, dagli atti di gara e dalle norme del codice civile regolanti l'appalto.

5. Alle varianti del progetto affidato al contraente generale non si applica l'articolo 63; esse sono regolate dalle norme della parte II, che costituiscono attuazione della direttiva 2014/24/UE o dalle norme della parte III e dalle disposizioni seguenti:

a) restano a carico del contraente generale le eventuali varianti necessarie ad emendare i vizi o integrare le omissioni del progetto esecutivo redatto dallo stesso e approvato dal soggetto aggiudicatore, mentre restano a carico del soggetto aggiudicatore le eventuali varianti indotte da forza maggiore o sopravvenute prescrizioni di legge o di enti terzi o comunque richieste dal soggetto aggiudicatore;

b) al di fuori dei casi di cui alla lettera *a)*, il contraente generale può proporre al soggetto aggiudicatore le varianti progettuali o le modifiche tecniche ritenute dallo stesso utili a ridurre il tempo o il costo di realizzazione delle opere; il soggetto aggiudicatore può rifiutare la approvazione delle varianti o modifiche tecniche ove queste non rispettino le specifiche tecniche e le esigenze del soggetto aggiudicatore, specificate nel progetto posto a base di gara, o comunque determinino peggioramento della funzionalità, durabilità, manutenibilità e sicurezza delle opere, ovvero comportino maggiore spesa a carico del soggetto aggiudicatore o ritardo del termine di ultimazione.

6. Il contraente generale provvede alla esecuzione unitaria delle attività di cui al comma 2 direttamente ovvero, se costituito da più soggetti, a mezzo della società di progetto di cui al comma 10; i rapporti del contraente generale con i terzi sono rapporti di diritto privato, a cui non si applica il presente codice, salvo quanto previsto nel presente capo. Al contraente generale che sia esso stesso amministrazione aggiudicatrice o ente aggiudicatore si applicano le sole disposizioni di cui alla parte I e alla parte II, titolo I che costituiscono attuazione della direttiva 2014/24, ovvero di cui alla parte III.

7. Il contraente generale può eseguire i lavori affidati direttamente, nei limiti della qualificazione posseduta, ovvero mediante affidamento a soggetti terzi. I terzi affidatari di lavori del contraente generale devono a loro volta possedere i requisiti di qualificazione previsti dall'articolo 84, e possono sub affidare i lavori nei limiti e alle condizioni previste per gli appaltatori di lavori pubblici; ai predetti sub-affidamenti si applica l'articolo 105.

8. L'affidamento al contraente generale, nonchè gli affidamenti e sub affidamenti di lavori del contraente generale, sono soggetti alle verifiche antimafia, con le modalità previste per i lavori pubblici.

9. Il soggetto aggiudicatore verifica, prima di effettuare qualsiasi pagamento a favore del contraente generale, compresa l'emissione di eventuali stati di avanzamento lavori, il regolare adempimento degli obblighi contrattuali del contraente generale verso i propri affidatari: ove risulti l'inadempienza del contraente generale, il soggetto aggiudicatore applica una detrazione sui successivi pagamenti e procede al pagamento diretto all'affidatario, nonchè applica le eventuali diverse sanzioni previste nel contratto.

10. Per il compimento delle proprie prestazioni il contraente generale, ove composto da più soggetti, costituisce una società di progetto in forma di società, anche consortile, per azioni o a responsabilità limitata. La società è regolata dall'articolo 184 e dalle successive disposizioni del presente articolo. Alla società possono partecipare, oltre ai soggetti componenti il contraente generale, istituzioni finanziarie, assicurative e tecnico operative preventivamente indicate in sede di gara. La società così costituita subentra nel rapporto al contraente generale senza alcuna autorizzazione, salvo le verifiche antimafia e senza che il subentro costituisca cessione di contratto; salvo diversa previsione del contratto, i soggetti componenti il contraente generale restano solidalmente responsabili con la società di progetto nei confronti del soggetto aggiudicatore per la buona esecuzione del contratto. In alternativa, la società di progetto può fornire al soggetto aggiudicatore garanzie bancarie e assicurative per la restituzione delle somme percepite in corso d'opera, liberando in tal modo i soci. Tali garanzie cessano alla data di emissione del certificato di collaudo dell'opera. Il capitale minimo della società di progetto è indicato nel bando di gara.

11. Il contratto stabilisce le modalità per la eventuale cessione delle quote della società di progetto, fermo restando che i soci che hanno concorso a formare i requisiti per la qualificazione sono tenuti a partecipare alla società e a garantire, nei limiti del contratto, il buon adempimento degli obblighi del

contraente generale, sino a che l'opera sia realizzata e collaudata. L'ingresso nella società di progetto e lo smobilizzo di partecipazioni da parte di istituti bancari e altri investitori istituzionali che non abbiano concorso a formare i requisiti per la qualificazione può tuttavia avvenire in qualsiasi momento. Il soggetto aggiudicatore non può opporsi alla cessione di crediti effettuata dal contraente generale nell'ipotesi di cui all'articolo 106, comma 13.

12. Il bando determina la quota di valore dell'opera che deve essere realizzata dal contraente generale con anticipazione di risorse proprie e i tempi e i modi di pagamento del prezzo. Il saldo della quota di corrispettivo ritenuta a tal fine deve essere pagato alla ultimazione dei lavori. Per il finanziamento della predetta quota, il contraente generale o la società di progetto possono emettere obbligazioni, previa autorizzazione degli organi di vigilanza, anche in deroga ai limiti dell'articolo 2412 del codice civile. Il soggetto aggiudicatore garantisce il pagamento delle obbligazioni emesse, nei limiti del proprio debito verso il contraente generale quale risultante da stati di avanzamento emessi ovvero dal conto finale o dal certificato di collaudo dell'opera; le obbligazioni garantite dal soggetto aggiudicatore possono essere utilizzate per la costituzione delle riserve bancarie o assicurative previste dalla legislazione vigente. Le modalità di operatività della garanzia di cui al terzo periodo del presente comma sono stabilite con decreto del Ministro dell'economia e delle finanze, di concerto con il Ministro delle infrastrutture e dei trasporti. Le garanzie prestate dallo Stato ai sensi del presente comma sono inserite nell'elenco allegato allo stato di previsione del Ministero dell'economia e delle finanze.

13. I crediti delle società di progetto, ivi incluse quelle costituite dai concessionari a norma dell'articolo 184 nei confronti del soggetto aggiudicatore, sono cedibili ai sensi dell'articolo 106, comma 13; la cessione può avere ad oggetto crediti non ancora liquidi ed esigibili.

14. La cessione deve essere stipulata mediante atto pubblico o scrittura privata autenticata e deve essere notificata al debitore ceduto. L'atto notificato deve espressamente indicare se la cessione è effettuata a fronte di un finanziamento senza rivalsa o con rivalsa limitata.

15. Il soggetto aggiudicatore liquida l'importo delle prestazioni rese e prefinanziate dal contraente generale con la emissione di un certificato di pagamento esigibile alla scadenza del prefinanziamento secondo le previsioni contrattuali. Per i soli crediti di cui al presente comma ceduti a fronte di finanziamenti senza rivalsa o con rivalsa limitata, la emissione del certificato di pagamento costituisce definitivo riconoscimento del credito del finanziatore cessionario; al cessionario non è applicabile nessuna eccezione di pagamento delle quote di prefinanziamento riconosciute, derivante dai rapporti tra debitore e creditore cedente, ivi inclusa la compensazione con crediti derivanti dall'adempimento dello stesso contratto o con qualsiasi diverso credito nei confronti del contraente generale cedente.

16. Il bando di gara indica la data ultima di pagamento dei crediti riconosciuti definitivi ai sensi del comma 15, in tutti i casi di mancato o ritardato completamento dell'opera.

17. Per gli affidamenti per i quali vi siano crediti riconosciuti definitivi ai sensi del comma 15:

a) ove le garanzie di cui all'articolo 104 si siano già ridotte ovvero la riduzione sia espressamente prevista nella garanzia prestata, il riconoscimento definitivo del credito non opera se la garanzia non è ripristinata e la previsione di riduzione espunta dalla garanzia;

b) [...][2].

18. Il contraente generale presta la garanzia di cui all'articolo 104[3].

19. I capitolati prevedono, tra l'altro:

a) le modalità e i tempi, nella fase di sviluppo e approvazione del progetto esecutivo, delle prestazioni propedeutiche ai lavori e i lavori di cantierizzazione, ove autorizzati;

b) le modalità e i tempi per il pagamento dei ratei di corrispettivo dovuti al contraente generale per le prestazioni compiute prima dell'inizio dei lavori, pertinenti in particolare le attività progettuali e le prestazioni di cui alla lettera *a)*.

20. Il soggetto aggiudicatore indica nel bando di gara un'aliquota forfettaria, non sottoposta al ribasso d'asta, ragguagliata all'importo complessivo dell'intervento, secondo valutazioni preliminari che il contraente generale è tenuto a recepire nell'offerta formulata in sede di gara, da destinare all'attuazione di misure idonee volte al perseguimento delle finalità di prevenzione e repressione della criminalità e dei tentativi di infiltrazione mafiosa, ai sensi del comma 3, lettera *d)* e dell'articolo 203, comma 1. Nel progetto che si pone a base di gara, ai sensi dell'articolo 195, comma 2, elaborato dal soggetto aggiudicatore, la somma corrispondente a detta aliquota è inclusa nelle somme a disposizione del quadro economico, ed è unita una relazione di massima che correda il progetto, indicante l'articolazione delle suddette misure, nonchè la stima dei costi. Tale stima è riportata nelle successive fasi della progettazione. Le variazioni tecniche per l'attuazione delle misure in questione, eventualmente proposte dal contraente generale, in qualunque fase dell'opera, non possono essere motivo di maggiori oneri a carico del soggetto aggiudicatore. Ove il progetto definitivo sia prodotto per iniziativa del promotore, quest'ultimo predispone analoga articolazione delle misure in questione,

con relativa indicazione dei costi, non sottoposti a ribasso d'asta e inseriti nelle somme a disposizione dell'amministrazione. Le disposizioni del presente comma si applicano, in quanto compatibili, anche nei casi di affidamento mediante concessione[4].

[1] Lettera così modificata dall'art. 114, D.Lgs. 19 aprile 2017, n. 56. Il testo previgente disponeva: *b) alla nomina, con le procedure di cui all'articolo 31, comma 1, del direttore dei lavori e dei collaudatori, nonchè provvede all'alta sorveglianza sulla realizzazione delle opere, assicurando un costante monitoraggio dei lavori anche tramite un comitato permanente costituito da suoi rappresentanti e rappresentanti del contraente.*

[2] Lettera abrogata dall'art. 114, D.Lgs. 19 aprile 2017, n. 56. Il testo previgente disponeva: *b) in tutti i casi di risoluzione del rapporto per motivi attribuibili al contraente generale si applicano le disposizioni previste dall'articolo 176, commi 8 e 9.*

[3] Comma così sostituito dall'art. 114, D.Lgs. 19 aprile 2017, n. 56. Il testo previgente disponeva: *18. Il contraente generale presta, una volta istituita, la garanzia per la risoluzione di cui all'articolo 104, che deve comprendere la possibilità per il garante, in caso di fallimento o inadempienza del contraente generale, di far subentrare nel rapporto altro soggetto idoneo in possesso dei requisiti di contraente generale, scelto direttamente dal garante stesso.*

[4] V. art. 176, D.Lgs. 12 aprile 2006, n. 163 (vecchio Codice dei contratti pubblici), che dispone: *Art. 176. Affidamento a contraente generale. 1. Con il contratto di cui all'articolo 173, comma 1, lettera b), il soggetto aggiudicatore, in deroga all'articolo 53, affida ad un soggetto dotato di adeguata esperienza e qualificazione nella costruzione di opere nonchè di adeguata capacità organizzativa, tecnico-realizzativa e finanziaria la realizzazione con qualsiasi mezzo dell'opera, nel rispetto delle esigenze specificate nel progetto preliminare o nel progetto definitivo redatto dal soggetto aggiudicatore e posto a base di gara, contro un corrispettivo pagato in tutto o in parte dopo l'ultimazione dei lavori.*

2. Il contraente generale provvede:

a) allo sviluppo del progetto definitivo e alle attività tecnico amministrative occorrenti al soggetto aggiudicatore per pervenire all'approvazione dello stesso da parte del CIPE, ove detto progetto non sia stato posto a base di gara;

b) all'acquisizione delle aree di sedime; la delega di cui all'articolo 6, comma 8, del decreto del Presidente della Repubblica 8 giugno 2001, n. 327, in assenza di un concessionario, può essere accordata al contraente generale;

c) alla progettazione esecutiva;

d) all'esecuzione con qualsiasi mezzo dei lavori e alla loro direzione;

e) al prefinanziamento, in tutto o in parte, dell'opera da realizzare;

f) ove richiesto, all'individuazione delle modalità gestionali dell'opera e di selezione dei soggetti gestori;

g) all'indicazione, al soggetto aggiudicatore, del piano degli affidamenti, delle espropriazioni, delle forniture di materiale e di tutti gli altri elementi utili a prevenire le infiltrazioni della criminalità, secondo le forme stabilite tra quest'ultimo e gli organi competenti in materia.

3. Il soggetto aggiudicatore provvede:

a) alle attività necessarie all'approvazione del progetto definitivo da parte del CIPE, ove detto progetto non sia stato posto a base di gara;

b) all'approvazione del progetto esecutivo e delle varianti;

c) alla alta sorveglianza sulla realizzazione delle opere;

d) al collaudo delle stesse;

e) alla stipulazione di appositi accordi con gli organi competenti in materia di sicurezza nonchè di prevenzione e repressione della criminalità, finalizzati alla verifica preventiva del programma di esecuzione dei lavori in vista del successivo monitoraggio di tutte le fasi di esecuzione delle opere e dei soggetti che le realizzano. I contenuti di tali accordi sono definiti dal CIPE sulla base delle linee guida indicate dal Comitato di coordinamento per l'alta sorveglianza delle grandi opere, istituito ai sensi dell'articolo 180 del codice e del decreto dell'interno in data 14 marzo 2003, pubblicato nella Gazzetta Ufficiale n. 54 del 5 marzo 2004, in ogni caso prevedendo l'adozione di protocolli di legalità che comportino clausole specifiche di impegno, da parte dell'impresa aggiudicataria, a denunciare eventuali tentativi di estorsione, con la possibilità di valutare il comportamento dell'aggiudicatario ai fini della successiva ammissione a procedure ristrette della medesima stazione appaltante in caso di mancata osservanza di tali prescrizioni. Le prescrizioni del CIPE a cui si uniformano gli accordi di sicurezza sono vincolanti per i soggetti aggiudicatori e per l'impresa aggiudicataria, che è tenuta a trasferire i relativi obblighi a carico delle imprese interessate a qualunque titolo alla realizzazione dei lavori. Le misure di monitoraggio per la prevenzione e repressione di tentativi di infiltrazione mafiosa comprendono il controllo dei flussi finanziari connessi alla realizzazione dell'opera, inclusi quelli concernenti risorse totalmente o parzialmente a carico dei promotori ai sensi dell'articolo 175 e quelli derivanti dalla attuazione di ogni altra modalità di finanza di progetto. Il CIPE definisce, altresì, lo schema di articolazione del monitoraggio finanziario, indicando i soggetti sottoposti a tale forma di controllo, le modalità attraverso le quali esercitare il monitoraggio, nonchè le soglie di valore delle transazioni finanziarie oggetto del monitoraggio stesso, potendo anche indicare, a tal fine, limiti inferiori a quello previsto ai sensi dell'articolo 1, comma 1, del decreto-legge 3 maggio 1991, n. 143, convertito, con modificazioni, dalla legge 5 luglio 1991, n. 197. Gli oneri connessi al monitoraggio finanziario sono ricompresi nell'aliquota forfettaria di cui al comma 20.

4. Il contraente generale risponde nei confronti del soggetto aggiudicatore della corretta e tempestiva esecuzione dell'opera, secondo le successive previsioni del presente capo. I rapporti tra soggetto aggiudicatore e contraente generale sono regolati, per quanto non previsto dalla legge 21 dicembre 2001, n. 443, dal presente capo e dal regolamento, dalle norme della parte II che costituiscono attuazione della direttiva 2004/18 o dalle norme della parte III, dagli atti di gara e dalle norme del codice civile regolanti l'appalto.

5. Alle varianti del progetto affidato al contraente generale non si applicano gli articoli 56, 57 e 132; esse sono regolate dalle norme della parte II che costituiscono attuazione della direttiva 2004/18 o dalle norme della parte III e dalle disposizioni seguenti:

a) restano a carico del contraente generale le eventuali varianti necessarie ad emendare i vizi o integrare le omissioni del progetto redatto dallo stesso e approvato dal soggetto aggiudicatore, mentre restano a carico del soggetto aggiudicatore le eventuali varianti indotte da forza maggiore, sorpresa geologica o sopravvenute prescrizioni di legge o di enti terzi o comunque richieste dal soggetto aggiudicatore;

b) al di fuori dei casi di cui alla lettera a), il contraente generale può proporre al soggetto aggiudicatore le varianti progettuali o le modifiche tecniche ritenute dallo stesso utili a ridurre il tempo o il costo di realizzazione delle opere; il soggetto aggiudicatore può rifiutare la approvazione delle varianti o modifiche tecniche ove queste non rispettino le specifiche tecniche e le esigenze del soggetto aggiudicatore, specificate nel progetto posto a base di gara, o comunque determinino peggioramento della funzionalità, durabilità, manutenibilità e sicurezza delle opere, ovvero comportino maggiore spesa a carico del soggetto aggiudicatore o ritardo del termine di ultimazione.

6. Il contraente generale provvede alla esecuzione unitaria delle attività di cui al comma 2 direttamente ovvero, se costituito da più soggetti, a mezzo della società di progetto di cui al comma 10; i rapporti del contraente generale con i terzi sono rapporti di diritto privato, a cui non si applica il presente codice, salvo quanto previsto nel presente capo. Al contraente generale che sia esso stesso amministrazione aggiudicatrice o ente aggiudicatore si applicano le sole disposizioni di cui alla parte I e alla parte II, che costituiscono attuazione della direttiva 2004/18, ovvero di cui alla parte III.

7. Il contraente generale può eseguire i lavori affidati direttamente, nei limiti della qualificazione posseduta a norma del regolamento, ovvero mediante affidamento a soggetti terzi. I terzi affidatari di lavori del contraente generale devono a loro volta possedere i requisiti di qualificazione prescritti dal regolamento, e possono subaffidare i lavori nei limiti e alle condizioni previste per gli appaltatori di lavori pubblici; l'articolo 118 si applica ai predetti subaffidamenti. Il soggetto aggiudicatore richiede al contraente generale di individuare e indicare, in sede di offerta, le imprese esecutrici di una quota non inferiore al trenta per cento degli eventuali lavori che il contraente generale prevede di eseguire mediante affidamento a terzi.

8. L'affidamento al contraente generale, nonchè gli affidamenti e subaffidamenti di lavori del contraente generale, sono soggetti alle verifiche antimafia, con le modalità previste per i lavori pubblici.

9. Il soggetto aggiudicatore verifica, prima di effettuare qualsiasi pagamento a favore del contraente generale, compresa l'emissione di eventuali stati di avanzamento lavori, il regolare adempimento degli obblighi contrattuali del contraente generale verso i propri affidatari: ove risulti l'inadempienza del contraente generale, il soggetto aggiudicatore applica una detrazione sui successivi pagamenti e procede al pagamento diretto all'affidatario, nonchè applica le eventuali diverse sanzioni previste nel contratto.

10. Per il compimento delle proprie prestazioni il contraente generale, ove composto da più soggetti, costituisce una società di progetto in forma di società, anche consortile, per azioni o a responsabilità limitata. La società è regolata dall'articolo 156 e dalle successive disposizioni del presente articolo. Alla società possono partecipare, oltre ai soggetti componenti il contraente generale, istituzioni finanziarie, assicurative e tecnico operative preventivamente indicate in sede di gara. La società così costituita subentra nel rapporto al contraente generale senza alcuna autorizzazione, salvo le verifiche antimafia e senza che il subentro costituisca cessione di contratto; salvo diversa previsione del contratto, i soggetti componenti il contraente generale restano solidalmente responsabili con la società di progetto nei confronti del soggetto aggiudicatore per la buona esecuzione del contratto. In alternativa, la società di progetto può fornire al soggetto aggiudicatore garanzie bancarie e assicurative per la restituzione delle somme percepite in corso d'opera, liberando in tal modo i soci. Tali garanzie cessano alla data di emissione del certificato di collaudo dell'opera. Il capitale minimo della società di progetto è indicato nel bando di gara.

11. Il contratto stabilisce le modalità per la eventuale cessione delle quote della società di progetto, fermo restando che i soci che hanno concorso a formare i requisiti per la qualificazione sono tenuti a partecipare alla società e a garantire, nei limiti del contratto, il buon adempimento degli obblighi del contraente generale, sino a che l'opera sia realizzata e collaudata. L'ingresso nella società di progetto e lo smobilizzo di partecipazioni da parte di istituti bancari e altri investitori istituzionali che non abbiano concorso a formare i requisiti per la qualificazione può tuttavia avvenire in qualsiasi momento. Il soggetto aggiudicatore non può opporsi alla cessione di crediti effettuata dal contraente generale nell'ipotesi di cui all'articolo 117.

12. Il bando determina la quota di valore dell'opera che deve essere realizzata dal contraente generale con anticipazione di risorse proprie e i tempi e i modi di pagamento del prezzo. Per i bandi pubblicati entro il 31 dicembre 2006, tale quota non può superare il venti per cento dell'importo dell'affidamento posto a base di gara e, in ogni caso, il saldo della quota di corrispettivo ritenuta a tal fine deve essere pagato alla ultimazione dei lavori. Per il finanziamento della predetta quota, il contraente generale o la società di progetto possono emettere obbligazioni, previa autorizzazione degli organi di vigilanza, anche in deroga ai limiti dell'articolo 2412 del codice civile. Il soggetto aggiudicatore garantisce il pagamento delle obbligazioni emesse, nei limiti del proprio debito verso il contraente generale quale risultante da stati di avanzamento emessi ovvero dal conto finale o dal certificato di collaudo dell'opera; le obbligazioni garantite dal soggetto aggiudicatore possono essere utilizzate per la costituzione delle riserve bancarie o assicurative previste dalla legislazione vigente. Le modalità di operatività della garanzia di cui al terzo periodo del presente comma sono stabilite con decreto del Ministro dell'economia e delle finanze, di concerto con il Ministro delle infrastrutture. Le garanzie prestate dallo Stato ai sensi del presente comma sono inserite nell'elenco allegato allo stato di previsione del Ministero dell'economia e delle finanze, di cui all'articolo 13 della legge 5 agosto 1978, n. 468, e successive modificazioni e integrazioni.

13. I crediti delle società di progetto, ivi incluse quelle costituite dai concessionari a norma dell'articolo 156, nei confronti del soggetto aggiudicatore sono cedibili ai sensi dell'articolo 117; la cessione può avere ad oggetto crediti non ancora liquidi ed esigibili.

14. La cessione deve essere stipulata mediante atto pubblico o scrittura privata autenticata e deve essere notificata al debitore ceduto. L'atto notificato deve espressamente indicare se la cessione è effettuata a fronte di un finanziamento senza rivalsa o con rivalsa limitata.

15. Il soggetto aggiudicatore liquida l'importo delle prestazioni rese e prefinanziate dal contraente generale con la emissione di un certificato di pagamento esigibile alla scadenza del prefinanziamento secondo le previsioni contrattuali. Per i soli crediti di cui al presente comma ceduti a fronte di finanziamenti senza rivalsa o con rivalsa limitata, la emissione del certificato di pagamento costituisce definitivo riconoscimento del credito del finanziatore cessionario; al cessionario non è applicabile nessuna eccezione di pagamento delle quote di prefinanziamento riconosciute, derivante dai rapporti tra debitore e creditore cedente, ivi inclusa la compensazione con crediti derivanti dall'adempimento dello stesso contratto o con qualsiasi diverso credito nei confronti del contraente generale cedente.

16. Il bando di gara indica la data ultima di pagamento dei crediti riconosciuti definitivi ai sensi del comma 15, in tutti i casi di mancato o ritardato completamento dell'opera.

17. Per gli affidamenti per i quali non sia prestata la garanzia globale di cui al comma 13 e vi siano crediti riconosciuti definitivi ai sensi del comma 15:

a) la garanzia di buon adempimento non è soggetta alle riduzioni progressive di cui all'articolo 113; ove la garanzia si sia già ridotta ovvero la riduzione sia espressamente prevista nella garanzia prestata, il riconoscimento definitivo del credito non opera se la garanzia non è ripristinata e la previsione di riduzione espunta dalla garanzia;

b) in tutti i casi di risoluzione del rapporto per motivi attribuibili al contraente generale si applicano le disposizioni previste dall'articolo 159;

c) il contraente generale ha comunque facoltà di sostituire la garanzia di buon adempimento con la garanzia globale, ove istituita; in tale caso non si applicano le previsioni di cui alle lettere a) e b).

18. Il contraente generale presta, una volta istituita, la garanzia globale di esecuzione di cui all'articolo 129, comma 3, che deve comprendere la possibilità per il garante, in caso di fallimento o inadempienza del contraente generale, di far subentrare nel rapporto altro soggetto idoneo in possesso dei requisiti di contraente generale, scelto direttamente dal garante stesso.

19. I capitolati prevedono, tra l'altro:

a) le modalità e i tempi, nella fase di sviluppo e approvazione del progetto definitivo ed esecutivo, delle prestazioni propedeutiche ai lavori, pertinenti in particolare le prestazioni di cui all'articolo 165, comma 8, e i lavori di cantierizzazione, ove autorizzati;

b) le modalità e i tempi per il pagamento dei ratei di corrispettivo dovuti al contraente generale per le prestazioni compiute prima dell'inizio dei lavori, pertinenti in particolare le attività progettuali e le prestazioni di cui alla lettera a).

20. Al fine di garantire l'attuazione di idonee misure volte al perseguimento delle finalità di prevenzione e repressione della criminalità e dei tentativi di infiltrazione mafiosa di cui agli articoli 176, comma 3, lettera e), e 180, comma 2, il soggetto aggiudicatore indica nel bando di gara un'aliquota forfettaria, non sottoposta al ribasso d'asta, ragguagliata all'importo complessivo dell'intervento, secondo valutazioni preliminari che il contraente generale è tenuto a recepire nell'offerta formulata in sede di gara. Nel progetto che si pone a base di gara, elaborato dal soggetto aggiudicatore, la somma corrispondente a detta aliquota è inclusa nelle somme a disposizione del quadro economico, ed è unita una relazione di massima che correda il progetto, indicante l'articolazione delle suddette misure, nonchè la stima dei costi. Tale stima è riportata nelle successive fasi della progettazione. Le variazioni tecniche per l'attuazione delle misure in questione, eventualmente proposte dal contraente generale, in qualunque fase dell'opera, non possono essere motivo di maggiori oneri a carico del soggetto aggiudicatore. Ove il progetto preliminare sia prodotto per iniziativa del promotore, quest'ultimo predispone analoga articolazione delle misure in questione, con relativa indicazione dei costi, non sottoposti a ribasso d'asta e inseriti nelle somme a disposizione dell'amministrazione. Le disposizioni del presente comma si applicano, in quanto compatibili, anche nei casi di affidamento mediante concessione.

195. *Procedure di aggiudicazione del contraente generale.* 1. La scelta di aggiudicare mediante affidamento al contraente generale deve essere motivata dalla stazione appaltante in ragione della complessità e di altre esigenze al fine di garantire un elevato livello di qualità, sicurezza ed economicità. Le stazioni appaltanti non possono, comunque, procedere ad affidamenti a contraente generale, qualora l'importo dell'affidamento sia pari o inferiore a 100 milioni di euro[1].

2. Per l'affidamento a contraente generale si pone a base di gara il progetto definitivo.

3. I soggetti aggiudicatori possono stabilire e indicare nel bando di gara, in relazione all'importanza e alla complessità delle opere da realizzare, il numero minimo e massimo di concorrenti che verranno invitati a presentare offerta. Nel caso in cui le domande di partecipazione superino il predetto numero massimo, i soggetti aggiudicatori individuano i soggetti da invitare redigendo una graduatoria di merito sulla base di criteri oggettivi, non discriminatori e pertinenti all'oggetto del contratto, predefiniti nel bando di gara. In ogni caso, il numero minimo di concorrenti da invitare non può essere inferiore a cinque, se esistono in tale numero soggetti qualificati. In ogni caso il numero di candidati invitati deve essere sufficiente ad assicurare una effettiva concorrenza.

4. L'aggiudicazione dei contratti di cui al comma 1 avviene secondo il criterio dell'offerta economicamente più vantaggiosa, individuata, oltre che sulla base dei criteri di cui all'articolo 95, tenendo conto altresì:

a) del valore tecnico ed estetico delle varianti;

b) della maggiore entità, rispetto a quella prevista dal bando, del prefinanziamento che il candidato è in grado di offrire;

c) di ogni ulteriore elemento individuato in relazione al carattere specifico delle opere da realizzare[2].

5. Per i soggetti aggiudicatori operanti nei settori di cui agli articoli da 115 a 121, si applicano, per quanto non previsto nel presente articolo, le norme della parte II, titolo VI.

6. Per tutti gli altri soggetti aggiudicatori si applicano, per quanto non previsto nel presente articolo, le norme della parte II, titoli I, II, III e IV[3][4].

[1] Comma così modificato dall'art. 115, D.Lgs. 19 aprile 2017, n. 56. Il testo previgente disponeva: *1. Il ricorso alla scelta di aggiudicare mediante affidamento al contraente generale deve essere motivata dalla stazione appaltante in ragione della complessità e di altre esigenze al fine di garantire un elevato livello di qualità, sicurezza ed economicità.*

[2] Le originarie lettere "a) del tempo di esecuzione" e "b) del costo di utilizzazione e di manutenzione" di cui al presente comma sono state soppresse dall'art. 115, D.Lgs. 19 aprile 2017, n. 56. Conseguentemente le originarie lettere: "*c)* e *d)*" sono state rinominate, rispettivamente, in: "*b)* e *c)*".

Il testo previgente disponeva: *4. L'aggiudicazione dei contratti di cui al comma 1 avviene secondo il criterio dell'offerta economicamente più vantaggiosa, individuata, oltre che sulla base dei criteri di cui all'articolo 95, tenendo conto altresì: a) del valore tecnico ed estetico delle varianti; a) del tempo di esecuzione; b) del costo di utilizzazione e di manutenzione; c) della maggiore entità, rispetto a quella prevista dal bando, del prefinanziamento che il candidato è in grado di offrire; d) di ogni ulteriore elemento individuato in relazione al carattere specifico delle opere da realizzare.*

[3] Comma così modificato dall'art. 115, D.Lgs. 19 aprile 2017, n. 56. Il testo previgente disponeva: *6. Per tutti gli altri soggetti aggiudicatori si applicano, per quanto non previsto nel presente articolo, le norme della parte II, titoli I, II e III.*

[4] V. art. 177, D.Lgs. 12 aprile 2006, n. 163 (vecchio Codice dei contratti pubblici).

196. *Controlli sull'esecuzione e collaudo.* 1. Al collaudo delle infrastrutture si provvede con le modalità e nei termini previsti dall'articolo 102.

2. Per le infrastrutture di grande rilevanza o complessità, il soggetto aggiudicatore può autorizzare le commissioni di collaudo ad avvalersi dei servizi di supporto e di indagine di soggetti specializzati nel settore. Gli oneri relativi sono a carico dei fondi a disposizione del soggetto aggiudicatore per la realizzazione delle predette infrastrutture con le modalità e i limiti stabiliti con decreto del Ministro delle infrastrutture e dei trasporti, di concerto con il Ministro dell'economia e delle finanze. L'affidatario del supporto al collaudo non può avere rapporti di collegamento con chi ha progettato, diretto, sorvegliato o eseguito in tutto o in parte l'infrastruttura.

3. [...][1].

4. [...][2 3].

[1] Comma abrogato dall'art. 1, D.L. 18 aprile 2019, n. 32, convertito in L. 14 giugno 2019, n. 55, a decorrere dal 18 giugno 2019. Il testo previgente disponeva: *3. Per gli appalti pubblici di lavori, aggiudicati con la formula del contraente generale, è istituito presso il Ministero delle infrastrutture e dei trasporti, un albo nazionale obbligatorio dei soggetti che possono ricoprire rispettivamente i ruoli di direttore dei lavori e di collaudatore. La loro nomina nelle procedure di appalto avviene mediante pubblico sorteggio da una lista di candidati indicati alle stazioni appaltanti in numero almeno triplo per ciascun ruolo da ricoprire e prevedendo altresì che le spese di tenuta dell'albo siano poste a carico dei soggetti interessati.*

[2] Comma prima così modificato dall'art. 116, D.Lgs. 19 aprile 2017, n. 56, poi abrogato dall'art. 1, D.L. 18 aprile 2019, n. 32, convertito in L. 14 giugno 2019, n. 55, a decorrere dal 18 giugno 2019.

Il testo previgente la modifica del 2017 disponeva: *4. Con decreto del Ministero delle infrastrutture e dei trasporti, da adottare entro sei mesi dalla data di entrata in vigore del presente codice, sono disciplinate le modalità di iscrizione all'albo e di nomina, nonchè i compensi da corrispondere che non devono superare i limiti di cui agli articoli 23-bis e 23-ter del decreto-legge 6 dicembre 2011, n. 201, convertito, con modificazioni, dalla legge 22 dicembre 2011, n. 214, e successive modificazioni, e all'articolo 13 del decreto-legge 24 aprile 2014, n. 66, convertito, con modificazioni, dalla legge 23 giugno 2014, n. 89. Fino alla data di entrata in vigore del decreto di cui al comma 4, si applica l'articolo 216, comma 21.*

Il testo previgente la modifica del 2019 disponeva: *4. Con decreto del Ministro delle infrastrutture e dei trasporti, da adottare entro sei mesi dalla data di entrata in vigore del presente codice, sono disciplinati i criteri, specifici requisiti di moralità, di competenza e di professionalità, le modalità di iscrizione all'albo e di nomina, nonchè i compensi da corrispondere che non devono superare i limiti di cui agli articoli 23-bis e 23-ter del decreto-legge 6 dicembre 2011, n. 201, convertito, con modificazioni, dalla legge 22 dicembre 2011, n. 214, e successive modificazioni, e all'articolo 13 del decreto-legge 24 aprile 2014, n. 66, convertito, con modificazioni, dalla legge 23 giugno 2014, n. 89. Fino alla data di entrata in vigore del decreto di cui al comma 4, si applica l'articolo 216, comma 21.*

[3] V. art. 178, D.Lgs. 12 aprile 2006, n. 163 (vecchio Codice dei contratti pubblici).

197. *Sistema di qualificazione del contraente generale.* 1. La qualificazione del contraente generale è disciplinata con il regolamento di cui all'articolo 216, comma 27-*octies*. La qualificazione può essere richiesta da imprese singole in forma di società commerciali o cooperative, da consorzi di cooperative di produzione e lavoro previsti dalla legge 25 giugno 1909, n. 422 e dal decreto legislativo del Capo provvisorio dello Stato 14 dicembre 1947, n. 1577, e successive modificazioni, ovvero da consorzi stabili di cui all'articolo 45, comma 2, lettera *c)*[1].

2. I contraenti generali sono qualificati per classifiche, riferite all'importo lordo degli affidamenti per i quali possono concorrere. I contraenti generali non possono concorrere ad affidamenti di importo lordo superiore a quello della classifica di iscrizione, attestata con il sistema di cui al presente articolo ovvero documentata ai sensi dell'articolo 45, salva la facoltà di associarsi ad altro contraente generale.

3. [...][2].

4. Per la partecipazione alle procedure di aggiudicazione da parte dei contraenti generali, per gli affidamenti di cui all'articolo 194, oltre all'assenza dei motivi di esclusione di cui all'articolo 80, è istituito il sistema di qualificazione del contraente generale, disciplinato con il regolamento di cui all'articolo 216, comma 27-*octies*, gestito dal Ministero delle infrastrutture e dei trasporti, che prevede specifici requisiti in ordine all'adeguata capacità economica e finanziaria, all'adeguata idoneità tecnica e organizzativa, nonchè all'adeguato organico tecnico e dirigenziale[3].

[1] Comma così modificato dall'art. 1, D.L. 18 aprile 2019, n. 32, convertito in L. 14 giugno 2019, n. 55, a decorrere dal 18 giugno 2019. Il testo previgente disponeva: *1. L'attestazione del possesso dei requisiti del contraente generale avviene con le modalità di cui all'articolo 84. La qualificazione può essere richiesta da imprese singole in forma di società commerciali o cooperative, da consorzi di cooperative di produzione e lavoro previsti dalla legge 25 giugno 1909, n. 422 e dal decreto legislativo del Capo provvisorio dello Stato 14 dicembre 1947, n. 1577, e successive modificazioni, ovvero da consorzi stabili di cui all'articolo 45, comma 2, lettera c).*

[2] Comma abrogato dall'art. 1, D.L. 18 aprile 2019, n. 32, convertito in L. 14 giugno 2019, n. 55, a decorrere dal 18 giugno 2019. Il testo previgente disponeva: *3. Le classifiche di qualificazione sono determinate dall'ANAC.*

[3] Comma così sostituito dall'art. 1, D.L. 18 aprile 2019, n. 32, convertito in L. 14 giugno 2019, n. 55, a decorrere dal 18 giugno 2019. Il testo previgente disponeva: *4. Costituiscono requisiti per la partecipazione alle procedure di aggiudicazione da parte dei contraenti generali oltre l'assenza dei motivi di esclusione di cui all'articolo 80, ulteriori requisiti di un'adeguata capacità economica e finanziaria, di un'adeguata idoneità tecnica e organizzativa, nonchè di un adeguato organico tecnico e dirigenziale. Tali ulteriori requisiti sono determinati con linee guida adottate dall'ANAC.*

[4] V. artt. 186, 187, 188, 189, 190, 192, D.Lgs. 12 aprile 2006, n. 163 (vecchio Codice dei contratti pubblici).

198. *Norme di partecipazione alla gara del contraente generale.* 1. I soggetti aggiudicatori hanno facoltà di richiedere, per le singole gare:

a) che l'offerente dimostri l'assenza dei motivi di esclusione di cui all'articolo 80; nei confronti dell'aggiudicatario la verifica di sussistenza dei requisiti generali è sempre espletata;

b) che l'offerente dimostri, tramite i bilanci consolidati e idonee dichiarazioni bancarie, la disponibilità di risorse finanziarie, rivolte al prefinanziamento, proporzionate all'opera da realizzare;

c) che sia dimostrato il possesso, da parte delle imprese affidatarie designate in sede di gara o dallo stesso offerente, della capacità tecnica specifica per l'opera da realizzare e dei requisiti economico finanziari e tecnico organizzativi adeguati al progetto da redigere.

2. Non possono concorrere alla medesima gara imprese collegate ai sensi dell'articolo 7. È fatto divieto ai partecipanti di concorrere alla gara in più di un raggruppamento temporaneo o consorzio, ovvero di concorrere alla gara anche in forma individuale, qualora abbiano partecipato alla gara medesima in associazione o consorzio, anche stabile.

3. I contraenti generali dotati della adeguata e competente classifica di qualificazione per la partecipazione alle gare, possono partecipare alla gara in associazione o consorzio con altre imprese purchè queste ultime siano ammesse, per qualunque classifica, al sistema di qualificazione ovvero siano qualificabili, per qualunque classifica. Le imprese associate o consorziate concorrono alla dimostrazione dei requisiti di cui al comma 1[1].

[1] V. art. 191, D.Lgs. 12 aprile 2006, n. 163 (vecchio Codice dei contratti pubblici).

199. *Gestione del sistema di qualificazione del contraente generale.* 1. La attestazione del possesso dei requisiti dei contraenti generali è rilasciata secondo quanto previsto dall'articolo 197 ed è definita nell'ambito del sistema di qualificazione previsto dal medesimo articolo.

2. In caso di ritardo nel rilascio, imputabile all'amministrazione, l'attestazione scaduta resta valida, ai fini della partecipazione alle gare e per la sottoscrizione dei contratti, fino al momento del rilascio di quella rinnovata[1].

3. Le attestazioni del possesso dei requisiti rilasciate dal Ministero delle infrastrutture e dei trasporti hanno validità triennale[2].

4. Il Ministero delle infrastrutture e dei trasporti provvede, altresì, a rilasciare l'attestazione di cui al comma 1, sulle richieste pervenute alla data di entrata in vigore del presente codice, nonchè quelle che perverranno fino all'entrata in vigore del regolamento di cui all'articolo 216, comma 27-*octies*[3] [4].

[1] Comma così modificato dall'art. 1, D.L. 18 aprile 2019, n. 32, convertito in L. 14 giugno 2019, n. 55, a decorrere dal 18 giugno 2019. Il testo previgente disponeva: *2. In caso di ritardo nel rilascio, imputabile alla SOA, l'attestazione scaduta resta valida, ai fini della partecipazione alle gare e per la sottoscrizione dei contratti, fino al momento del rilascio di quella rinnovata.*

[2] Comma così modificato dall'art. 117, D.Lgs. 19 aprile 2017, n. 56. Il testo previgente disponeva: *3. Le attestazioni del possesso dei requisiti rilasciate dal Ministero delle infrastrutture e dei trasporti sono valide sino alla scadenza naturale.*

[3] Comma così modificato prima dall'art. 117, D.Lgs. 19 aprile 2017, n. 56, poi dall'art. 1, D.L. 18 aprile 2019, n. 32, convertito in L. 14 giugno 2019, n. 55, a decorrere dal 18 giugno 2019.

Il testo previgente la modifica del 2017 disponeva: *4. Il Ministero delle infrastrutture e dei trasporti provvede, altresì, a rilasciare l'attestazione di cui al comma 1, sulle richieste pervenute alla data di entrata in vigore del presente codice, nonchè quelle che perverranno fino all'entrata in vigore delle linee guida di cui all'articolo 197.*

Il testo previgente la modifica del 2019 disponeva: *4. Il Ministero delle infrastrutture e dei trasporti provvede, altresì, a rilasciare l'attestazione di cui al comma 1, sulle richieste pervenute alla data di entrata in vigore del presente codice, nonchè quelle che perverranno fino all'entrata in vigore del decreto di cui all'articolo 83, comma 2. Tale decreto stabilisce, altresì, i criteri di valutazione da parte delle stazioni appaltanti degli attestati presentati in sede di gare per affidamento unitario a contraente generale, durante il periodo di coesistenza delle attestazioni di qualificazione rilasciate dal Ministero delle infrastrutture e dei trasporti e quelle rilasciate secondo le modalità di cui all'articolo 84.*

[4] V. artt. 188, 189, 192, D.Lgs. 12 aprile 2006, n. 163 (vecchio Codice dei contratti pubblici).

PARTE V
INFRASTRUTTURE E INSEDIAMENTI PRIORITARI

200. *Disposizioni generali.* 1. Le infrastrutture e gli insediamenti prioritari per lo sviluppo del Paese, sono valutati e conseguentemente inseriti negli appositi strumenti di pianificazione e programmazione di cui agli articoli successivi, dal Ministero delle infrastrutture e dei trasporti.

2. La realizzazione delle opere e delle infrastrutture di cui alla presente parte è oggetto di:

a) concessione di costruzione e gestione;

b) affidamento unitario a contraente generale;

c) finanza di progetto;

d) qualunque altra forma di affidamento prevista dal presente codice compatibile con la tipologia dell'opera da realizzare.

3. In sede di prima individuazione delle infrastrutture e degli insediamenti di cui al comma 1, il Ministro delle infrastrutture e dei trasporti effettua una ricognizione di tutti gli interventi già compresi negli strumenti di pianificazione e programmazione, comunque denominati, vigenti alla data di entrata in vigore del presente codice. All'esito di tale ricognizione, il Ministro propone l'elenco degli interventi

da inserire nel primo Documento Pluriennale di Pianificazione, il cui contenuto tiene conto di quanto indicato all'articolo 201, comma 3, che sostituisce tutti i predetti strumenti. La ricognizione deve, in ogni caso, comprendere gli interventi per i quali vi sono obbligazioni giuridiche vincolanti. Si considerano obbligazioni giuridiche vincolanti quelle relative agli interventi in relazione ai quali sia già intervenuta l'approvazione del contratto all'esito della procedura di affidamento della realizzazione dell'opera, nonchè quelli che costituiscono oggetto di accordi internazionali sottoscritti dall'Italia[1 2].

[1] Comma così modificato dall'art. 118, D.Lgs. 19 aprile 2017, n. 56. Il testo previgente disponeva: *3. In sede di prima individuazione delle infrastrutture e degli insediamenti di cui al comma 1, il Ministro delle infrastrutture e dei trasporti effettua una ricognizione di tutti gli interventi già compresi negli strumenti di pianificazione e programmazione, comunque denominati, vigenti alla data di entrata in vigore del presente codice. All'esito di tale ricognizione, il Ministro propone l'elenco degli interventi da inserire nel primo Documento Pluriennale di Pianificazione, il cui contenuto tiene conto di quanto indicato all'articolo 201, comma 3, che sostituisce tutti i predetti strumenti. La ricognizione deve, in ogni caso, comprendere gli interventi per i quali vi sono obbligazioni giuridiche vincolanti, ovvero gli interventi in relazione ai quali sia già intervenuta l'approvazione del contratto all'esito della procedura di affidamento della realizzazione dell'opera, nonchè quelli che costituiscono oggetto di accordi internazionali sottoscritti dall'Italia.*

[2] V. art. 161, D.Lgs. 12 aprile 2006, n. 163 (vecchio Codice dei contratti pubblici).

201. *Strumenti di pianificazione e programmazione.* 1. Al fine della individuazione delle infrastrutture e degli insediamenti prioritari per lo sviluppo del Paese, si utilizzano i seguenti strumenti di pianificazione e programmazione generale:

a) piano generale dei trasporti e della logistica;

b) documenti pluriennali di pianificazione, di cui all'articolo 2, comma 1, del decreto legislativo 29 dicembre 2011, n. 228.

2. Il piano generale dei trasporti e della logistica (PGTL) contiene le linee strategiche delle politiche della mobilità delle persone e delle merci nonchè dello sviluppo infrastrutturale del Paese. Il Piano è adottato ogni tre anni, su proposta del Ministro delle infrastrutture e dei trasporti, con decreto del Presidente della Repubblica, previa deliberazione del CIPE, acquisito il parere della Conferenza unificata e sentite le Commissioni parlamentari competenti.

3. Il Documento Pluriennale di Pianificazione (DPP) di cui al decreto legislativo 29 dicembre 2011 n. 228, di competenza del Ministero delle infrastrutture e dei trasporti, oltre a quanto stabilito dal comma 2 dell'articolo 2 del decreto legislativo n. 228 del 2011, contiene l'elenco delle infrastrutture e degli insediamenti prioritari per lo sviluppo del Paese, ivi compresi gli interventi relativi al settore dei trasporti e della logistica la cui progettazione di fattibilità è valutata meritevole di finanziamento, da realizzarsi in coerenza con il PGTL. Il DPP tiene conto dei piani operativi per ciascuna area tematica nazionale definiti dalla Cabina di regia di cui all'articolo 1, comma 703, lettera *c)*, della legge 23 dicembre 2014, n. 190[1].

4. Il DPP è redatto ai sensi dell'articolo 10, comma 8, della legge 31 dicembre 2009, n. 196, ed è approvato secondo le procedure e nel rispetto della tempistica di cui all'articolo 2, commi 5 e 6, del decreto legislativo n. 228 del 2011, sentita la Conferenza unificata di cui all'articolo 8 del decreto legislativo 28 agosto 1997, n. 281 e le Commissioni parlamentari competenti[2].

5. Le Regioni, le Province autonome, le Città Metropolitane e gli altri enti competenti trasmettono al Ministero delle infrastrutture e dei trasporti proposte di infrastrutture e insediamenti prioritari per lo sviluppo del Paese ai fini dell'inserimento nel DPP, dando priorità al completamento delle opere incompiute, comprendenti il progetto di fattibilità, redatto secondo quanto previsto dal decreto di cui all'articolo 23, comma 3, e corredate dalla documentazione indicata dalle linee guida di cui all'articolo 8 del decreto legislativo n. 228 del 2011. Il Ministero, verifica la fondatezza della valutazione ex ante dell'intervento effettuata dal soggetto proponente, la coerenza complessiva dell'intervento proposto nonchè la sua funzionalità anche rispetto al raggiungimento degli obiettivi indicati nel PGTL e, qualora lo ritenga prioritario, può procedere al suo inserimento nel DPP[3].

6. Annualmente, il Ministero delle infrastrutture e dei trasporti predispone una dettagliata relazione sullo stato di avanzamento degli interventi inclusi nel DPP; la relazione è allegata al Documento di economia e finanza. A tal fine, l'ente aggiudicatore, nei trenta giorni successivi all'approvazione del progetto definitivo, trasmette al Ministero delle infrastrutture e dei trasporti una scheda di sintesi conforme al modello approvato dallo stesso Ministero con apposito decreto contenente i dati salienti del progetto e, in particolare, costi, tempi, caratteristiche tecnico-prestazionali dell'opera, nonchè tutte le eventuali variazioni intervenute rispetto al progetto di fattibilità.

7. Il primo DPP da approvarsi, entro un anno dall'entrata in vigore del presente codice, contiene l'elenco delle infrastrutture e degli insediamenti prioritari di cui al comma 3 e viene elaborato in deroga alle modalità di cui al comma 5. Fermo restando quanto previsto dall'articolo 200, comma 3, nelle more dell'approvazione del PGTL ai sensi del comma 1, il primo DPP contiene le linee strategiche e gli indirizzi per il settore dei trasporti e delle infrastrutture nonchè un elenco degli interventi del primo DPP ad essi coerente[4].

8. [...][5].

9. Fino all'approvazione del primo DPP, valgono come programmazione degli investimenti in materia di infrastrutture e trasporti gli strumenti di pianificazione e programmazione e i piani, comunque denominati, già approvati secondo le procedure vigenti alla data di entrata in vigore del presente codice o in relazione ai quali sussiste un impegno assunto con i competenti organi dell'Unione europea.

10. In sede di redazione dei DPP successivi al primo, si procede anche alla revisione degli interventi inseriti nel DPP precedente, in modo da evitare qualunque sovrapposizione tra gli strumenti di programmazione. Il Ministro delle infrastrutture e dei trasporti valuta il reinserimento di ogni singolo intervento in ciascun DPP, anche in relazione alla permanenza dell'interesse pubblico alla sua realizzazione, nonchè attraverso una valutazione di fattibilità economico finanziaria e tenendo conto delle obbligazioni giuridicamente vincolanti. In particolare, tiene conto, allo scopo, delle opere per le quali non sia stata avviata la realizzazione, con riferimento ad una parte significativa, ovvero per le quali il costo dell'intervento indicato dal progetto esecutivo risulti superiore di oltre il venti per cento al costo dello stesso evidenziato in sede di progetto di fattibilità. Anche al di fuori della tempistica di approvazione periodica del DPP di cui al comma 2 dell'articolo 2 del decreto legislativo n. 228 del 2011, con la procedura prevista per ogni approvazione, il Ministro delle infrastrutture e dei trasporti può proporre inserimenti ovvero espunzioni di opere dal medesimo Documento di programmazione, ove fattori eccezionali o comunque imprevedibili o non preventivati al momento della redazione del DPP lo rendano necessario[6].

[1] Comma così modificato dall'art. 119, D.Lgs. 19 aprile 2017, n. 56. Il testo previgente disponeva: *3. Il Documento Pluriennale di Pianificazione (DPP) di cui al decreto legislativo 29 dicembre 2011 n. 228, di competenza del Ministero delle infrastrutture e dei trasporti, oltre a quanto stabilito dal comma 2 dell'articolo 2 del decreto legislativo n. 228 del 2011, contiene l'elenco degli interventi relativi al settore dei trasporti e della logistica la cui progettazione di fattibilità è valutata meritevole di finanziamento, da realizzarsi in coerenza con il PGTL. Il DPP tiene conto dei piani operativi per ciascuna area tematica nazionale definiti dalla Cabina di regia di cui all'articolo 1, comma 703, lettera c), della legge 23 dicembre 2014, n. 190.*

[2] Comma così modificato dall'art. 119, D.Lgs. 19 aprile 2017, n. 56. Il testo previgente disponeva: *4. Il DPP è redatto ai sensi dell'articolo 10, comma 8, della legge 31 dicembre 2009, n. 196, ed è approvato secondo le procedure e nel rispetto della tempistica di cui all'articolo 2, commi 5 e 6, del decreto legislativo n. 228 del 2011, sentita la Conferenza unificata di cui all'articolo 8 del decreto legislativo 28 agosto 1997, n. 281.*

[3] Comma così modificato dall'art. 119, D.Lgs. 19 aprile 2017, n. 56. Il testo previgente disponeva: *5. Le Regioni, le Province autonome, le Città Metropolitane e gli altri enti competenti trasmettono al Ministero delle infrastrutture e dei trasporti proposte di interventi relativi al settore dei trasporti e della logistica prioritari per lo sviluppo del Paese ai fini dell'inserimento nel DPP, dando priorità al completamento delle opere incompiute, comprendenti il progetto di fattibilità, redatto secondo quanto previsto dal decreto di cui all'articolo 23, comma 3, e corredate dalla documentazione indicata dalle linee guida di cui all'articolo 8 del decreto legislativo n. 228 del 2011. Il Ministero, verifica la fondatezza della valutazione ex ante dell'intervento effettuata dal soggetto proponente, la coerenza complessiva dell'intervento proposto e la sua funzionalità rispetto al raggiungimento degli obiettivi indicati nel PGTL e, qualora lo ritenga prioritario, può procedere al suo inserimento nel DPP.*

[4] Comma così modificato dall'art. 119, D.Lgs. 19 aprile 2017, n. 56. Il testo previgente disponeva: *7. Il primo DPP da approvarsi, entro un anno dall'entrata in vigore del presente codice, contiene anche le indicazioni circa lo stato procedurale, fisico e finanziario di ciascuna opera inserita con conseguente salvaguardia dei termini, e degli adempimenti già effettuati. Si applica il comma 10.*

[5] Comma abrogato dall'art. 119, D.Lgs. 19 aprile 2017, n. 56. Il testo previgente disponeva: *8. Resta ferma la possibilità di inserire nuove opere anche nel primo DPP, ove sia già stato approvato anche il PGTL.*

[6] Comma così modificato dall'art. 119, D.Lgs. 19 aprile 2017, n. 56. Il testo previgente disponeva: *10. In sede di redazione di ogni nuovo DPP, si procede anche alla revisione degli interventi inseriti nel DPP precedente, in modo da evitare qualunque sovrapposizione tra gli strumenti di programmazione. Il Ministro delle infrastrutture e dei trasporti valuta il reinserimento di ogni singolo intervento in ciascun DPP, anche in relazione alla permanenza dell'interesse pubblico alla sua realizzazione, nonchè attraverso una valutazione di fattibilità economico finanziaria. In particolare, tiene conto, allo scopo, delle opere per le quali non sia stata avviata la realizzazione, con riferimento ad una parte significativa, ovvero per le quali il costo dell'intervento evidenziato dal progetto esecutivo risulti superiore di oltre il venti per cento al costo dello stesso evidenziato in sede di progetto di fattibilità. Anche al di fuori della tempistica di approvazione periodica del DPP di cui al comma 3, con la procedura prevista per ogni approvazione, il Ministro delle infrastrutture e dei trasporti può proporre inserimenti ovvero espunzioni di opere dal medesimo Documento di programmazione, ove fattori eccezionali o comunque imprevedibili o non preventivati al momento della redazione del DPP lo rendano necessario.*

202. *Finanziamento e riprogrammazione delle risorse per le infrastrutture prioritarie.* 1. Al fine di migliorare la capacità di programmazione e riprogrammazione della spesa per la realizzazione delle infrastrutture di preminente interesse nazionale e in coerenza con l'articolo 10, commi 2 e 4, del decreto legislativo 29 dicembre 2011, n. 229, sono istituiti, nello stato di previsione del Ministero delle infrastrutture e dei trasporti:

a) il Fondo per la progettazione di fattibilità delle infrastrutture e degli insediamenti prioritari per lo sviluppo del Paese, nonchè per la project review delle infrastrutture già finanziate;

b) il Fondo da ripartire per la realizzazione delle infrastrutture e degli insediamenti prioritari per lo sviluppo del Paese.

2. Tra i fondi di cui al comma 1 possono essere disposte variazioni compensative con decreti del

Ministro dell'economia e delle finanze, su proposta del Ministro delle infrastrutture e dei trasporti.

3. In sede di prima applicazione, ai Fondi di cui al comma 1, lettere *a)* e *b)*, confluiscono le risorse disponibili di cui all'articolo 32, commi 1 e 6, del decreto legge 6 luglio 2011, n. 98, convertito con modificazioni nella legge 15 luglio 2011, n. 111, di cui all'articolo 18, comma 1, del decreto legge 21 giugno 2013 n. 69, convertito con modificazioni nella legge 9 agosto 2013, n. 98, nonchè le risorse disponibili iscritte nel capitolo dello stato di previsione del Ministero delle infrastrutture e dei trasporti denominato "Fondo da ripartire per la progettazione e la realizzazione delle opere strategiche di preminente interesse nazionale nonchè per opere di captazione ed adduzione di risorse idriche". L'individuazione delle risorse assegnate ai fondi di cui al comma 1 è definita con uno o più decreti del Ministro delle infrastrutture e dei trasporti di concerto con il Ministro dell'economia e delle finanze, previo parere del CIPE.

4. Con uno o più decreti del Ministro delle infrastrutture e dei trasporti, sono definite:

a) le modalità di ammissione al finanziamento della progettazione di fattibilità;

b) l'assegnazione delle risorse del Fondo per la progettazione di cui al comma 1, lettera *a)* ai diversi progetti, nonchè le modalità di revoca.

5. Con uno o più decreti del Ministro delle infrastrutture e dei trasporti, di concerto con il Ministro dell'economia e delle finanze, si provvede al trasferimento delle risorse del Fondo per la realizzazione delle infrastrutture di cui al comma 1, lettera *b)*, assegnate dal CIPE ai diversi interventi su proposta del Ministro delle infrastrutture e dei trasporti d'intesa con il Ministro dell'economia e delle finanze;

6. Al fine della riprogrammazione della allocazione delle risorse, con una o più delibere del CIPE, su proposta del Ministro delle infrastrutture e dei trasporti, di concerto con il Ministro dell'economia e delle finanze, sulla base dei criteri individuati nel Documento pluriennale di pianificazione, previsto dall'articolo 2 del decreto legislativo 29 dicembre 2011, n. 228 e successive modificazioni, nonchè per effetto delle attività di project review, sono individuati i finanziamenti da revocare i cui stanziamenti sono iscritti nello stato di previsione del Ministero delle infrastrutture e dei trasporti destinati alle opere di preminente interesse nazionale di cui alla legge 21 dicembre 2001, n. 443, ivi incluso il "Fondo da ripartire per la progettazione e la realizzazione delle opere strategiche di preminente interesse nazionale nonchè per opere di captazione ed adduzione di risorse idriche". Le quote annuali dei limiti di impegno e dei contributi revocati affluiscono al Fondo di cui al comma 1, lettera *b)* per la successiva riallocazione da parte del CIPE, su proposta del Ministro delle infrastrutture e dei trasporti.

7. Le somme relative ai finanziamenti revocati ai sensi del presente articolo iscritte in conto residui sono versate all'entrata del bilancio dello Stato per essere riassegnate, compatibilmente con gli equilibri di finanza pubblica, sul Fondo di cui al comma 1, lettera *b)*.

8. Le disposizioni di cui al presente articolo non si applicano ai residui perenti.

8-*bis*. Per i finanziamenti approvati dal Comitato interministeriale per la programmazione economica senza contestuale approvazione dei progetti, con particolare riferimento a quelli approvati ai sensi dell'articolo 5 della legge 26 febbraio 1992, n. 211, l'utilizzo di eventuali ribassi di gara o risorse liberatesi in corso d'opera è autorizzato dal Ministero delle infrastrutture e dei trasporti previa richiesta e istruttoria presentate dal soggetto attuatore, e contestuale individuazione degli interventi da finanziare nell'ambito della medesima opera in cui i ribassi e le risorse si sono determinate. Il Ministero delle infrastrutture e dei trasporti rende informativa al CIPE in merito a tali autorizzazioni[1].

9. Il Ministro dell'economia e delle finanze è autorizzato ad apportare, con propri decreti, le occorrenti variazioni di bilancio in termini di residui, competenza e cassa per l'attuazione del presente articolo.

[1] Comma aggiunto dall'art. 42, D.L. 16 luglio 2020, n. 76, convertito in L. 11 settembre 2020, n. 120, a decorrere dal 15 settembre 2020.

203. *Monitoraggio delle infrastrutture e degli insediamenti prioritari.* 1. Con decreto del Ministro dell'interno, di concerto con il Ministro della giustizia e con il Ministro delle infrastrutture e dei trasporti, sono individuate le procedure per il monitoraggio delle infrastrutture ed insediamenti prioritari per la prevenzione e repressione di tentativi di infiltrazione mafiosa per le quali è istituito presso il Ministero dell'interno un apposito Comitato di coordinamento. Nelle more dell'adozione del decreto di cui al primo periodo continuano ad applicarsi le disposizioni del decreto del Ministero dell'interno 14 marzo 2003, pubblicato nella Gazzetta Ufficiale 5 marzo 2004, n. 54 e successive modifiche, anche alle opere soggette a tale monitoraggio alla data di entrata in vigore del presente codice.

2. Si applicano, altresì, le modalità e le procedure di monitoraggio finanziario di cui all'articolo 36 del decreto-legge 24 giugno 2014, n. 90, convertito, con modificazioni, dalla legge 11 agosto 2014, n. 114[1].

[1] V. art. 180, D.Lgs. 12 aprile 2006, n. 163 (vecchio Codice dei contratti pubblici).

PARTE VI DISPOSIZIONI FINALI E TRANSITORIE

TITOLO I CONTENZIOSO

CAPO I *RICORSI GIURISDIZIONALI*

204. *Ricorsi giurisdizionali.* 1. All'articolo 120 del codice del processo amministrativo, di cui all'Allegato 1 al decreto legislativo 2 luglio 2010, n. 104, sono apportate le seguenti modificazioni:

a) al comma 1 le parole «nonchè i connessi provvedimenti dell'Autorità per la vigilanza sui contratti pubblici di lavori, servizi e forniture» sono sostituite dalle parole «nonchè i provvedimenti dell'Autorità nazionale anticorruzione ad essi riferiti»;

b) dopo il comma 2 è aggiunto il seguente:

«2-*bis*. Il provvedimento che determina le esclusioni dalla procedura di affidamento e le ammissioni ad essa all'esito della valutazione dei requisiti soggettivi, economico-finanziari e tecnico-professionali va impugnato nel termine di trenta giorni, decorrente dalla sua pubblicazione sul profilo del committente della stazione appaltante, ai sensi dell'articolo 29, comma 1, del codice dei contratti pubblici adottato in attuazione della legge 28 gennaio 2016, n. 11. L'omessa impugnazione preclude la facoltà di far valere l'illegittimità derivata dei successivi atti delle procedure di affidamento, anche con ricorso incidentale. È altresì inammissibile l'impugnazione della proposta di aggiudicazione, ove disposta, e degli altri atti endo-procedimentali privi di immediata lesività.»;

c) al comma 5, le parole: «Per l'impugnazione» sono sostituite dalle seguenti: «Salvo quanto previsto al comma 6-*bis*, per l'impugnazione»;

d) dopo il comma 6 è inserito il seguente:

«6-*bis*. Nei casi previsti al comma 2-*bis*, il giudizio è definito in una camera di consiglio da tenersi entro trenta giorni dalla scadenza del termine per la costituzione delle parti diverse dal ricorrente. Su richiesta delle parti il ricorso è definito, negli stessi termini, in udienza pubblica. Il decreto di fissazione dell'udienza è comunicato alle parti quindici giorni prima dell'udienza. Le parti possono produrre documenti fino a dieci giorni liberi prima dell'udienza, memorie fino a sei giorni liberi prima e presentare repliche ai nuovi documenti e alle nuove memorie depositate in vista della camera di consiglio, fino a tre giorni liberi prima. La camera di consiglio o l'udienza possono essere rinviate solo in caso di esigenze istruttorie, per integrare il contraddittorio, per proporre motivi aggiunti o ricorso incidentale. L'ordinanza istruttoria fissa per il deposito di documenti un termine non superiore a tre giorni decorrenti dalla comunicazione o, se anteriore, notificazione della stessa. La nuova camera di consiglio deve essere fissata non oltre quindici giorni. Non può essere disposta la cancellazione della causa dal ruolo. L'appello deve essere proposto entro trenta giorni dalla comunicazione o, se anteriore, notificazione della sentenza e non trova applicazione il termine lungo decorrente dalla sua pubblicazione»;

e) al comma 7, le parole: «I nuovi» sono sostituite dalle seguenti: «Ad eccezione dei casi previsti al comma 2-*bis*, i nuovi»;

f) dopo il comma 8-*bis*, è inserito il seguente:

«8-*ter*. Nella decisione cautelare, il giudice tiene conto di quanto previsto dagli articoli 121, comma 1, e 122, e delle esigenze imperative connesse a un interesse generale all'esecuzione del contratto, dandone conto nella motivazione.»;

g) al comma 9 le parole «, ferma restando la possibilità di chiedere l'immediata pubblicazione del dispositivo entro due giorni.» sono sostituite dalle parole «; le parti possono chiedere l'anticipata pubblicazione del dispositivo, che avviene entro due giorni dall'udienza.»; è inserito, dopo il primo periodo del comma 9,il seguente: «Nei casi previsti al comma 6-*bis*, il tribunale amministrativo regionale deposita la sentenza entro sette giorni dall'udienza, pubblica o in camera di consiglio, di discussione; le parti possono chiedere l'anticipata pubblicazione del dispositivo, che avviene entro due giorni dall'udienza.»;

h) al comma 11, le parole: «Le disposizioni dei commi 3, 6, 8 e 10» sono sostituite dalle seguenti: «Le disposizioni dei commi 2-*bis*, 3, 6, 6-*bis*, 8, 8-*bis*, 8-*ter*, 9, secondo periodo e 10»;

i) dopo il comma 11 è inserito il seguente:

«11-*bis*. Nel caso di presentazione di offerte per più lotti l'impugnazione si propone con ricorso cumulativo solo se vengono dedotti identici motivi di ricorso avverso lo stesso atto.» [1].

[1] V. art. 244, D.Lgs. 12 aprile 2006, n. 163 (vecchio Codice dei contratti pubblici), che dispone: *Art. 244. Giurisdizione. Il codice del processo amministrativo individua le controversie devolute alla giurisdizione esclusiva del giudice amministrativo in materia di contratti pubblici.*

V., anche, art. 120, D.Lgs. 2 luglio 2010, n. 104 (Codice del processo amministrativo), che dispone: *Art. 120. Disposizioni specifiche ai giudizi di cui all'articolo 119, comma 1, lettera a). 1. Gli atti delle procedure di affidamento, ivi comprese le procedure di affidamento di incarichi e concorsi di progettazione e di attività tecnico-amministrative ad esse connesse, relativi a pubblici lavori, servizi o forniture, nonchè i provvedimenti dell'Autorità nazionale anticorruzione ad essi riferiti, sono impugnabili unicamente mediante ricorso al tribunale amministrativo regionale competente.*

2. Nel caso in cui sia mancata la pubblicità del bando, il ricorso non può comunque essere più proposto decorsi trenta giorni decorrenti dal giorno successivo alla data di pubblicazione dell'avviso di aggiudicazione definitiva di cui all'articolo

65 e all'articolo 225 del decreto legislativo 12 aprile 2006, n. 163, a condizione che tale avviso contenga la motivazione dell'atto con cui la stazione appaltante ha deciso di affidare il contratto senza previa pubblicazione del bando. Se sono omessi gli avvisi o le informazioni di cui al presente comma oppure se essi non sono conformi alle prescrizioni ivi contenute, il ricorso non può comunque essere proposto decorsi sei mesi dal giorno successivo alla data di stipulazione del contratto.

2-bis. Il provvedimento che determina le esclusioni dalla procedura di affidamento e le ammissioni ad essa all'esito della valutazione dei requisiti soggettivi, economico-finanziari e tecnico-professionali va impugnato nel termine di trenta giorni, decorrente dalla sua pubblicazione sul profilo del committente della stazione appaltante, ai sensi dell'articolo 29, comma 1, del codice dei contratti pubblici adottato in attuazione della legge 28 gennaio 2016, n. 11. L'omessa impugnazione preclude la facoltà di far valere l'illegittimità derivata dei successivi atti delle procedure di affidamento, anche con ricorso incidentale. È altresì inammissibile l'impugnazione della proposta di aggiudicazione, ove disposta, e degli altri atti endo-procedimentali privi di immediata lesività.

3. Salvo quanto previsto dal presente articolo e dai successivi, si applica l'articolo 119.

4. Quando è impugnata l'aggiudicazione definitiva, se la stazione appaltante fruisce del patrocinio dell'Avvocatura dello Stato, il ricorso è notificato, oltre che presso detta Avvocatura, anche alla stazione appaltante nella sua sede reale, in data non anteriore alla notifica presso l'Avvocatura, e al solo fine dell'operatività della sospensione obbligatoria del termine per la stipulazione del contratto.

5. Salvo quanto previsto al comma 6-bis, per l'impugnazione degli atti di cui al presente articolo il ricorso, principale o incidentale e i motivi aggiunti, anche avverso atti diversi da quelli già impugnati, devono essere proposti nel termine di trenta giorni, decorrente, per il ricorso principale e per i motivi aggiunti, dalla ricezione della comunicazione di cui all'articolo 79 del decreto legislativo 12 aprile 2006, n. 163, o, per i bandi o gli avvisi con cui si indice una gara, autonomamente lesivi, dalla pubblicazione di cui all'articolo 66, comma 8, dello stesso decreto; ovvero, in ogni altro caso, dalla conoscenza dell'atto. Per il ricorso incidentale la decorrenza del termine è disciplinata dall'articolo 42.

6. Il giudizio, ferma la possibilità della sua definizione immediata nell'udienza cautelare ove ne ricorrano i presupposti, viene comunque definito con sentenza in forma semplificata ad una udienza fissata d'ufficio e da tenersi entro quarantacinque giorni dalla scadenza del termine per la costituzione delle parti diverse dal ricorrente. Della data di udienza è dato immediato avviso alle parti a cura della segreteria, a mezzo posta elettronica certificata. In caso di esigenze istruttorie o quando è necessario integrare il contraddittorio o assicurare il rispetto di termini a difesa, la definizione del merito viene rinviata, con l'ordinanza che dispone gli adempimenti istruttori o l'integrazione del contraddittorio o dispone il rinvio per l'esigenza di rispetto dei termini a difesa, ad una udienza da tenersi non oltre trenta giorni.

6-bis. Nei casi previsti al comma 2-bis, il giudizio è definito in una camera di consiglio da tenersi entro trenta giorni dalla scadenza del termine per la costituzione delle parti diverse dal ricorrente. Su richiesta delle parti il ricorso è definito, negli stessi termini, in udienza pubblica. Il decreto di fissazione dell'udienza è comunicato alle parti quindici giorni prima dell'udienza. Le parti possono produrre documenti fino a dieci giorni liberi prima dell'udienza, memorie fino a sei giorni liberi prima e presentare repliche ai nuovi documenti e alle nuove memorie depositate in vista della camera di consiglio, fino a tre giorni liberi prima. La camera di consiglio o l'udienza possono essere rinviate solo in caso di esigenze istruttorie, per integrare il contraddittorio, per proporre motivi aggiunti o ricorso incidentale. L'ordinanza istruttoria fissa per il deposito di documenti un termine non superiore atre giorni decorrenti dalla comunicazione o, se anteriore, notificazione della stessa. La nuova camera di consiglio deve essere fissata non oltre quindici giorni. Non può essere disposta la cancellazione della causa dal ruolo. L'appello deve essere proposto entro trenta giorni dalla comunicazione o, se anteriore, notificazione della sentenza e non trova applicazione il termine lungo decorrente dalla sua pubblicazione.

7. Ad eccezione dei casi previsti al comma 2-bis, i nuovi atti attinenti la medesima procedura di gara devono essere impugnati con ricorso per motivi aggiunti.

8. Il giudice decide interinalmente sulla domanda cautelare, anche se ordina adempimenti istruttori, se concede termini a difesa, o se solleva o vengono proposti incidenti processuali.

8-bis. Il collegio, quando dispone le misure cautelari di cui al comma 4 dell'art. 119, ne può subordinare l'efficacia, anche qualora dalla decisione non derivino effetti irreversibili, alla prestazione, anche mediante fideiussione, di una cauzione di importo commisurato al valore dell'appalto e comunque non superiore allo 0,5 per cento del suddetto valore. Tali misure sono disposte per una durata non superiore a sessanta giorni dalla pubblicazione della relativa ordinanza, fermo restando quanto stabilito dal comma 3 dell'art. 119.

8-ter. Nella decisione cautelare, il giudice tiene conto di quanto previsto dagli articoli 121, comma 1, e 122, e delle esigenze imperative connesse a un interesse generale all'esecuzione del contratto, dandone conto nella motivazione.

9. Il Tribunale amministrativo regionale deposita la sentenza con la quale definisce il giudizio entro trenta giorni dall'udienza di discussione; le parti possono chiedere l'anticipata pubblicazione del dispositivo, che avviene entro due giorni dall'udienza. Nei casi previsti al comma 6-bis, il tribunale amministrativo regionale deposita la sentenza entro sette giorni dall'udienza, pubblica o in camera di consiglio, di discussione; le parti possono chiedere l'anticipata pubblicazione del dispositivo, che avviene entro due giorni dall'udienza.

10. Tutti gli atti di parte e i provvedimenti del giudice devono essere sintetici e la sentenza è redatta, ordinariamente, nelle forme di cui all'articolo 74.

11. Le disposizioni dei commi 2-bis, 3, 6, 6-bis, 8, 8-bis, 8-ter, 9, secondo periodo e 10 si applicano anche nel giudizio di appello innanzi al Consiglio di Stato, proposto avverso la sentenza o avverso l'ordinanza cautelare, e nei giudizi di revocazione o opposizione di terzo. La parte può proporre appello avverso il dispositivo, al fine di ottenerne la sospensione prima della pubblicazione della sentenza.

11-bis. Nel caso di presentazione di offerte per più lotti l'impugnazione si propone con ricorso cumulativo solo se vengono dedotti identici motivi di ricorso avverso lo stesso atto.

CAPO II

RIMEDI ALTERNATIVI ALLA TUTELA GIURISDIZIONALE

205. *Accordo bonario per i lavori.* 1. Per i lavori pubblici di cui alla parte II, e con esclusione dei contratti di cui alla parte IV, titolo III, affidati da amministrazioni aggiudicatrici ed enti aggiudicatori, ovvero dai concessionari, qualora in seguito all'iscrizione di riserve sui documenti contabili, l'importo economico dell'opera possa variare tra il 5 ed il 15 per cento dell'importo contrattuale, al fine del raggiungimento di un accordo bonario si applicano le disposizioni di cui ai commi da 2 a 6[1].

2. Il procedimento dell'accordo bonario riguarda tutte le riserve iscritte fino al momento dell'avvio del procedimento stesso e può essere reiterato quando le riserve iscritte, ulteriori e diverse rispetto a quelle già esaminate, raggiungano nuovamente l'importo di cui al comma 1, nell'ambito comunque di un limite massimo complessivo del 15 per cento dell'importo del contratto. Le domande che fanno valere pretese già oggetto di riserva, non possono essere proposte per importi maggiori rispetto a quelli quantificati nelle riserve stesse. Non possono essere oggetto di riserva gli aspetti progettuali che sono stati oggetto di verifica ai sensi dell'articolo 26. Prima dell'approvazione del certificato di collaudo ovvero di verifica di conformità o del certificato di regolare esecuzione, qualunque sia l'importo delle riserve, il responsabile unico del procedimento attiva l'accordo bonario per la risoluzione delle riserve iscritte.

3. Il direttore dei lavori dà immediata comunicazione al responsabile unico del procedimento delle riserve di cui al comma 1, trasmettendo nel più breve tempo possibile una propria relazione riservata.

4. Il responsabile unico del procedimento valuta l'ammissibilità e la non manifesta infondatezza delle riserve ai fini dell'effettivo raggiungimento del limite di valore di cui al comma 1.

5. Il responsabile unico del procedimento, entro 15 giorni dalla comunicazione di cui al comma 3, acquisita la relazione riservata del direttore dei lavori e, ove costituito, dell'organo di collaudo, può richiedere alla Camera arbitrale l'indicazione di una lista di cinque esperti aventi competenza specifica in relazione all'oggetto del contratto. Il responsabile unico del procedimento e il soggetto che ha formulato le riserve scelgono d'intesa, nell'ambito della lista, l'esperto incaricato della formulazione della proposta motivata di accordo bonario. In caso di mancata intesa tra il responsabile unico del procedimento e il soggetto che ha formulato le riserve, entro quindici giorni dalla trasmissione della lista l'esperto è nominato dalla Camera arbitrale che ne fissa anche il compenso, prendendo come riferimento i limiti stabiliti con il decreto di cui all'articolo 209, comma 16. La proposta è formulata dall'esperto entro novanta giorni dalla nomina. Qualora il RUP non richieda la nomina dell'esperto, la proposta è formulata dal RUP entro novanta giorni dalla comunicazione di cui al comma 3.

6. L'esperto, qualora nominato, ovvero il RUP, verificano le riserve in contraddittorio con il soggetto che le ha formulate, effettuano eventuali ulteriori audizioni, istruiscono la questione anche con la raccolta di dati e informazioni e con l'acquisizione di eventuali altri pareri, e formulano, accertata e verificata la disponibilità di idonee risorse economiche, una proposta di accordo bonario, che viene trasmessa al dirigente competente della stazione appaltante e al soggetto che ha formulato le riserve. Se la proposta è accettata dalle parti, entro quarantacinque giorni dal suo ricevimento, l'accordo bonario è concluso e viene redatto verbale sottoscritto dalle parti. L'accordo ha natura di transazione. Sulla somma riconosciuta in sede di accordo bonario sono dovuti gli interessi al tasso legale a decorrere dal sessantesimo giorno successivo alla accettazione dell'accordo bonario da parte della stazione appaltante. In caso di reiezione della proposta da parte del soggetto che ha formulato le riserve ovvero di inutile decorso del termine di cui al secondo periodo possono essere aditi gli arbitri o il giudice ordinario.

6-*bis*. L'impresa, in caso di rifiuto della proposta di accordo bonario ovvero di inutile decorso del termine per l'accettazione, può instaurare un contenzioso giudiziario entro i successivi sessanta giorni, a pena di decadenza[2][3].

[1] Comma così modificato dall'art. 120, D.Lgs. 19 aprile 2017, n. 56. Il testo previgente disponeva: *1. Per i lavori pubblici di cui alla parte II, e con esclusione dei contratti di cui alla parte IV, titolo III, affidati da amministrazioni aggiudicatrici ed enti aggiudicatori, ovvero dai concessionari, qualora in seguito all'iscrizione di riserve sui documenti contabili, l'importo economico dell'opera possa variare tra il 5 ed il 15 per cento dell'importo contrattuale, al fine del raggiungimento di un accordo bonario si applicano le disposizioni di cui ai commi da 2 a 7.*

[2] Comma aggiunto dall'art. 120, D.Lgs. 19 aprile 2017, n. 56.

[3] V. artt. 240, 240-bis, D.Lgs. 12 aprile 2006, n. 163 (vecchio Codice dei contratti pubblici) che, rispettivamente, dispongono: *Art. 240. Accordo bonario. 1. Per i lavori pubblici di cui alla parte II affidati da amministrazioni aggiudicatrici ed enti aggiudicatori, ovvero dai concessionari, qualora a seguito dell'iscrizione di riserve sui documenti contabili, l'importo economico dell'opera possa variare in misura sostanziale e in ogni caso non inferiore al dieci per cento dell'importo contrattuale, si applicano i procedimenti volti al raggiungimento di un accordo bonario, disciplinati dal presente articolo. Le disposizioni del presente articolo non si applicano ai contratti di cui alla parte II, titolo III, capo IV, affidati al contraente generale.*

2. Tali procedimenti riguardano tutte le riserve iscritte fino al momento del loro avvio, e possono essere reiterati per una sola volta quando le riserve iscritte, ulteriori e diverse rispetto a quelle già esaminate, raggiungano nuovamente l'importo di cui al comma 1.

3. Il direttore dei lavori dà immediata comunicazione al responsabile del procedimento delle riserve di cui al comma 1, trasmettendo nel più breve tempo possibile la propria relazione riservata.

4. Il responsabile del procedimento valuta l'ammissibilità e la non manifesta infondatezza delle riserve ai fini dell'effettivo raggiungimento del limite di valore.

5. Per gli appalti e le concessioni di importo pari o superiore a dieci milioni di euro, il responsabile del procedimento entro trenta giorni dalla comunicazione di cui al comma 3 promuove la costituzione di apposita commissione, affinchè formuli, acquisita la relazione riservata del direttore dei lavori e, ove costituito, dell'organo di collaudo, entro novanta giorni dalla costituzione della commissione, proposta motivata di accordo bonario.

6. Nei contratti di cui al comma 5, il responsabile del procedimento promuove la costituzione della commissione, indipendentemente dall'importo economico delle riserve ancora da definirsi, entro trenta giorni dal ricevimento da parte dello stesso del certificato di collaudo o di regolare esecuzione. In tale ipotesi la proposta motivata della commissione è formulata entro novanta giorni dalla costituzione della commissione.

7. La promozione della costituzione della commissione ha luogo mediante invito, entro dieci giorni dalla comunicazione del direttore dei lavori di cui al comma 3, da parte del responsabile del procedimento al soggetto che ha formulato le riserve, a nominare il proprio componente della commissione, con contestuale indicazione del componente di propria competenza.

8. La commissione è formata da tre componenti aventi competenza specifica in relazione all'oggetto del contratto, per i quali non ricorra una causa di astensione ai sensi dell'articolo 51 codice di procedura civile o una incompatibilità ai sensi dell'articolo 241, comma 6, nominati, rispettivamente, uno dal responsabile del procedimento, uno dal soggetto che ha formulato le riserve, e il terzo, di comune accordo, dai componenti già nominati, contestualmente all'accettazione congiunta del relativo incarico, entro dieci giorni dalla nomina. Il responsabile del procedimento designa il componente di propria competenza nell'ambito dell'amministrazione aggiudicatrice o dell'ente aggiudicatore o di altra pubblica amministrazione in caso di carenza dell'organico.

9. In caso di mancato accordo entro il termine di dieci giorni dalla nomina, alla nomina del terzo componente provvede, su istanza della parte più diligente, il presidente del tribunale del luogo dove è stato stipulato il contratto.

9-bis. Il terzo componente assume le funzioni di presidente della commissione ed è nominato, in ogni caso, tra i magistrati amministrativi o contabili, tra gli avvocati dello Stato o i componenti del Consiglio superiore dei lavori pubblici, tra i dirigenti di prima fascia delle amministrazioni pubbliche di cui all'articolo 1, comma 2, del decreto legislativo 30 marzo 2001, n. 165, che abbiano svolto le funzioni dirigenziali per almeno cinque anni, ovvero tra avvocati e tecnici in possesso del diploma di laurea in ingegneria ed architettura, iscritti ai rispettivi ordini professionali in possesso dei requisiti richiesti dall'articolo 241, comma 5, per la nomina a presidente del collegio arbitrale.

10. Gli oneri connessi ai compensi da riconoscere ai commissari sono posti a carico dei fondi stanziati per i singoli interventi. I compensi spettanti a ciascun membro della commissione sono determinati dalle amministrazioni e dagli enti aggiudicatori nella misura massima di un terzo dei corrispettivi minimi previsti dalla tariffa allegata al decreto ministeriale 2 dicembre 2000, n. 398, oltre al rimborso delle spese documentate. Il compenso per la commissione non può comunque superare l'importo di 65 mila euro, da rivalutarsi ogni tre anni con decreto del Ministro dell'economia e delle finanze, di concerto con il Ministro delle infrastrutture e dei trasporti.

11. Le parti hanno facoltà di conferire alla commissione il potere di assumere decisioni vincolanti, perfezionando, per conto delle stesse, l'accordo bonario risolutivo delle riserve; in tale ipotesi non si applicano il comma 12 e il comma 17. Le parti nell'atto di conferimento possono riservarsi, prima del perfezionamento delle decisioni, la facoltà di acquisire eventuali pareri necessari o opportuni.

12. Sulla proposta si pronunciano, entro trenta giorni dal ricevimento, dandone entro tale termine comunicazione al responsabile del procedimento, il soggetto che ha formulato le riserve e i soggetti di cui al comma 1, questi ultimi nelle forme previste dal proprio ordinamento e acquisiti gli eventuali ulteriori pareri occorrenti o ritenuti necessari.

13. Quando il soggetto che ha formulato le riserve non provveda alla nomina del componente di sua scelta nel termine di venti giorni dalla richiesta del responsabile del procedimento, la proposta di accordo bonario è formulata dal responsabile del procedimento, acquisita la relazione riservata del direttore dei lavori e, ove costituito, dell'organo di collaudo, entro sessanta giorni dalla scadenza del termine assegnato all'altra parte per la nomina del componente della commissione. Si applica il comma 12.

14. Per gli appalti e le concessioni di importo inferiore a dieci milioni di euro, la costituzione della commissione da parte del responsabile del procedimento può essere facoltativa e il responsabile del procedimento può essere componente della commissione medesima. La costituzione della commissione è altresì promossa dal responsabile del procedimento, indipendentemente dall'importo economico delle riserve ancora da definirsi, al ricevimento da parte dello stesso del certificato di collaudo o di regolare esecuzione. Alla commissione e al relativo procedimento si applicano i commi che precedono.

15. Per gli appalti e le concessioni di importo inferiore a dieci milioni di euro in cui non venga promossa la costituzione della commissione, la proposta di accordo bonario è formulata dal responsabile del procedimento, ai sensi del comma 13. Si applica il comma 12.

15-bis. Qualora i termini di cui al comma 5 e al comma 13 non siano rispettati a causa di ritardi negli adempimenti del responsabile del procedimento ovvero della commissione, il primo risponde sia sul piano disciplinare, sia a titolo di danno erariale, e la seconda perde qualsivoglia diritto al compenso di cui al comma 10.

16. Possono essere aditi gli arbitri o il giudice ordinario in caso di fallimento del tentativo di accordo bonario, risultante dal rifiuto espresso della proposta da parte dei soggetti di cui al comma 12, nonchè in caso di inutile decorso dei termini di cui al comma 12 e al comma 13.

17. Dell'accordo bonario accettato, viene redatto verbale a cura del responsabile del procedimento, sottoscritto dalle parti.

18. L'accordo bonario di cui al comma 11 e quello di cui al comma 17 hanno natura di transazione.

19. Sulla somma riconosciuta in sede di accordo bonario sono dovuti gli interessi al tasso legale a decorrere dal sessantesimo giorno successivo alla sottoscrizione dell'accordo.

20. Le dichiarazioni e gli atti del procedimento non sono vincolanti per le parti in caso di mancata sottoscrizione dell'accordo bonario.

21. Qualora siano decorsi i termini di cui all'articolo 141 senza che sia stato effettuato il collaudo o emesso il certificato di regolare esecuzione dei lavori, il soggetto che ha iscritto le riserve può notificare al responsabile del procedimento istanza per l'avvio dei procedimenti di accordo bonario di cui al presente articolo.

22. Le disposizioni dei commi precedenti si applicano, in quanto compatibili, anche ai contratti pubblici relativi a servizi e a forniture nei settori ordinari, nonchè ai contratti di lavori, servizi, forniture nei settori speciali, qualora a seguito di contestazioni dell'esecutore del contratto, verbalizzate nei documenti contabili, l'importo economico controverso sia non inferiore al dieci per cento dell'importo originariamente stipulato. Le competenze del direttore dei lavori spettano al direttore dell'esecuzione del contratto.

Art. 240-bis. Definizione delle riserve. 1. Le domande che fanno valere pretese già oggetto di riserva non possono es-

sere proposte per importi maggiori rispetto a quelli quantificati nelle riserve stesse. L'importo complessivo delle riserve non può in ogni caso essere superiore al venti per cento dell'importo contrattuale.

1-bis. Non possono essere oggetto di riserva gli aspetti progettuali che, ai sensi dell'articolo 112 e del regolamento, sono stati oggetto di verifica.

206. *Accordo bonario per i servizi e le forniture.* 1. Le disposizioni di cui all'articolo 205 si applicano, in quanto compatibili, anche ai contratti di fornitura di beni di natura continuativa o periodica, e di servizi, quando insorgano controversie in fase esecutiva degli stessi, circa l'esatta esecuzione delle prestazioni dovute[1].

[1] V. art. 240, D.Lgs. 12 aprile 2006, n. 163 (vecchio Codice dei contratti pubblici), riportato in nota sub art. 205 precedente.

207. *Collegio consultivo tecnico.* [...][1].

[1] Articolo abrogato dall'art. 121, D.Lgs. 19 aprile 2017, n. 56. Il testo previgente disponeva: *1. Al fine di prevenire controversie relative all'esecuzione del contratto le parti possono convenire che prima dell'avvio dell'esecuzione, o comunque non oltre novanta giorni da tale data, sia costituito un collegio consultivo tecnico con funzioni di assistenza per la rapida risoluzione delle dispute di ogni natura suscettibili di insorgere nel corso dell'esecuzione del contratto stesso.*

2. Il collegio consultivo tecnico è formato da tre membri dotati di esperienza e qualificazione professionale adeguata alla tipologia dell'opera. I componenti del collegio possono essere scelti dalle parti di comune accordo, ovvero le parti possono concordare che ciascuna di esse nomini un componente e che il terzo componente sia scelto dai due componenti di nomina di parte; in ogni caso, tutti i componenti devono essere approvati dalle parti. Il componente nominato dalla stazione appaltante è preferibilmente scelto all'interno della struttura di cui all'articolo 31, comma 9, ove istituita. La parti concordano il compenso del terzo componente nei limiti stabiliti con il decreto di cui all'articolo 209, comma 16.

3. Il collegio consultivo tecnico si intende costituito al momento di sottoscrizione dell'accordo da parte dei componenti designati e delle parti contrattuali. All'atto della costituzione è fornita al collegio consultivo copia dell'intera documentazione inerente al contratto.

4. Nel caso in cui insorgano controversie, il collegio consultivo può procedere all'ascolto informale delle parti per favorire la rapida risoluzione delle controversie eventualmente insorte. Può altresì convocare le parti per consentire l'esposizione in contraddittorio delle rispettive ragioni.

5. Ad esito della propria attività il collegio consultivo formula in forma scritta una proposta di soluzione della controversia dando sintetico atto della motivazione. La proposta del collegio non vincola le parti.

6. Se le parti accettano la soluzione offerta dal collegio consultivo, l'atto contenente la proposta viene sottoscritto dai contraenti alla presenza di almeno due componenti del Collegio e costituisce prova dell'accordo sul suo contenuto. L'accordo sottoscritto vale come transazione.

7. Nel caso in cui la controversia non sia composta mediante la procedura di cui ai commi precedenti, i componenti del collegio consultivo non possono essere chiamati quali testimoni nell'eventuale giudizio civile che abbia ad oggetto la controversia medesima.

8. Il collegio consultivo tecnico è sciolto al termine dell'esecuzione del contratto o in data anteriore su accordo delle parti.

208. *Transazione.* 1. Le controversie relative a diritti soggettivi derivanti dall'esecuzione dei contratti pubblici di lavori, servizi, forniture, possono essere risolte mediante transazione nel rispetto del codice civile, solo ed esclusivamente nell'ipotesi in cui non risulti possibile esperire altri rimedi alternativi all'azione giurisdizionale[1].

2. Ove il valore dell'importo oggetto di concessione o rinuncia sia superiore a 100.000 euro, ovvero 200.000 euro in caso di lavori pubblici, è acquisito il parere dell'Avvocatura dello Stato, qualora si tratti di amministrazioni centrali, ovvero di un legale interno alla struttura, o del funzionario più elevato in grado competente per il contenzioso, ove non esistente il legale interno, qualora si tratti di amministrazioni sub centrali.

3. La proposta di transazione può essere formulata sia dal soggetto aggiudicatario che dal dirigente competente, sentito il responsabile unico del procedimento.

4. La transazione ha forma scritta a pena di nullità[2].

[1] Comma così modificato dall'art. 122, D.Lgs. 19 aprile 2017, n. 56. Il testo previgente disponeva: *1. Le controversie relative a diritti soggettivi derivanti dall'esecuzione dei contratti pubblici di lavori, servizi, forniture, possono essere risolte mediante transazione nel rispetto del codice civile, solo ed esclusivamente nell'ipotesi in cui non risulti possibile esperire altri rimedi alternativi.*

[2] V. art. 239, D.Lgs. 12 aprile 2006, n. 163 (vecchio Codice dei contratti pubblici), che dispone: *Art. 239. Transazione. 1. Anche al di fuori dei casi in cui è previsto il procedimento di accordo bonario ai sensi dell'articolo 240, le controversie relative a diritti soggettivi derivanti dall'esecuzione dei contratti pubblici di lavori, servizi, forniture, possono sempre essere risolte mediante transazione nel rispetto del codice civile.*

2. Per le amministrazioni aggiudicatrici e per gli enti aggiudicatori, se l'importo di ciò che detti soggetti concedono o rinunciano in sede di transazione eccede la somma di 100.000 euro, è necessario il parere dell'avvocatura che difende il soggetto o, in mancanza, del funzionario più elevato in grado, competente per il contenzioso.

3. Il dirigente competente, sentito il responsabile del procedimento, esamina la proposta di transazione formulata dal soggetto aggiudicatario, ovvero può formulare una proposta di transazione al soggetto aggiudicatario, previa audizione del medesimo.

4. La transazione ha forma scritta a pena di nullità.

209. *Arbitrato.* 1. Le controversie su diritti soggettivi, derivanti dall'esecuzione dei contratti pubblici relativi a lavori, servizi, forniture, concorsi di progettazione e di idee, comprese quelle conseguenti al mancato raggiungimento dell'accordo bonario di cui agli articoli 205 e 206 possono essere deferite ad arbitri. L'arbitrato, ai sensi dell'articolo 1, comma 20, della legge 6 novembre 2012, n. 190, si applica anche alle controversie relative a concessioni e appalti pubblici di opere, servizi e forniture in cui sia parte una società a partecipazione pubblica ovvero una società controllata o collegata a una società a partecipazione pubblica, ai sensi dell'articolo 2359 del codice civile, o che comunque abbiano ad oggetto opere o forniture finanziate con risorse a carico dei bilanci pubblici.

2. La stazione appaltante indica nel bando o nell'avviso con cui indice la gara ovvero, per le procedure senza bando, nell'invito, se il contratto conterrà o meno la clausola compromissoria. L'aggiudicatario può ricusare la clausola compromissoria, che in tale caso non è inserita nel contratto, comunicandolo alla stazione appaltante entro venti giorni dalla conoscenza dell'aggiudicazione. È vietato in ogni caso il compromesso.

3. È nulla la clausola compromissoria inserita senza autorizzazione nel bando o nell'avviso con cui è indetta la gara ovvero, per le procedure senza bando, nell'invito. La clausola è inserita previa autorizzazione motivata dell'organo di governo della amministrazione aggiudicatrice.

4. Il collegio arbitrale è composto da tre membri ed è nominato dalla Camera arbitrale di cui all'articolo 210. Ciascuna delle parti, nella domanda di arbitrato o nell'atto di resistenza alla domanda, designa l'arbitro di propria competenza scelto tra soggetti di provata esperienza e indipendenza nella materia oggetto del contratto cui l'arbitrato si riferisce. Il Presidente del collegio arbitrale è designato dalla Camera arbitrale tra i soggetti iscritti all'albo di cui al comma 2 dell'articolo 210, in possesso di particolare esperienza nella materia oggetto del contratto cui l'arbitrato si riferisce.

5. La nomina degli arbitri per la risoluzione delle controversie nelle quali è parte una pubblica amministrazione avviene nel rispetto dei principi di pubblicità e di rotazione oltre che nel rispetto delle disposizioni del presente codice. Qualora la controversia si svolga tra due pubbliche amministrazioni, gli arbitri di parte sono individuati tra i dirigenti pubblici. Qualora la controversia abbia luogo tra una pubblica amministrazione e un privato, l'arbitro individuato dalla pubblica amministrazione è scelto, preferibilmente, tra i dirigenti pubblici. In entrambe le ipotesi, qualora l'Amministrazione con atto motivato ritenga di non procedere alla designazione dell'arbitro nell'ambito dei dirigenti pubblici, la designazione avviene nell'ambito degli iscritti all'albo.

6. Fermo restando quanto previsto dall'articolo 815 del codice di procedura civile, non possono essere nominati:

a) i magistrati ordinari, amministrativi contabili e militari in servizio o a riposo nonchè gli avvocati e procuratori dello Stato, in servizio o a riposo, e i componenti delle commissioni tributarie;

b) coloro che nell'ultimo triennio hanno esercitato le funzioni di arbitro di parte o di difensore in giudizi arbitrali disciplinati dal presente articolo, ad eccezione delle ipotesi in cui l'esercizio della difesa costituisca adempimento di dovere d'ufficio del difensore dipendente pubblico;

c) coloro che, prima del collocamento a riposo, hanno trattato ricorsi in sede civile, penale, amministrativa o contabile presentati dal soggetto che ha richiesto l'arbitrato;

d) coloro che hanno espresso parere, a qualunque titolo, nelle materie oggetto dell'arbitrato;

e) coloro che hanno predisposto il progetto o il capitolato di gara o dato parere su esso;

f) coloro che hanno diretto, sorvegliato o collaudato i lavori, i servizi, o le forniture a cui si riferiscono le controversie;

g) coloro che hanno partecipato a qualunque titolo alla procedura per la quale è in corso l'arbitrato.

7. La nomina del collegio arbitrale effettuata in violazione delle disposizioni di cui ai commi 4, 5 e 6 determina la nullità del lodo.

8. Al fine della nomina del collegio, la domanda di arbitrato, l'atto di resistenza ed eventuali controdeduzioni sono trasmessi alla Camera arbitrale. Sono altresì trasmesse le designazioni di parte. Contestualmente alla nomina del Presidente, la Camera arbitrale comunica alle parti la misura e le modalità del deposito da effettuarsi in acconto del corrispettivo arbitrale. Il Presidente del collegio arbitrale nomina, se necessario, il segretario, anche scegliendolo tra il personale interno all'ANAC.

9. Le parti determinano la sede del collegio arbitrale, anche presso uno dei luoghi in cui sono situate le sezioni regionali dell'Osservatorio di cui all'articolo 213, comma 9; se non vi è alcuna indicazione della sede del collegio arbitrale, ovvero se non vi è accordo fra le parti, questa deve intendersi stabilita presso la sede della Camera arbitrale.

10. Ai giudizi arbitrali si applicano le disposizioni del codice di procedura civile, salvo quanto disposto dal presente codice. In particolare, sono ammissibili tutti i mezzi di prova previsti dal codice di procedura civile, con esclusione del giuramento in tutte le sue forme.

11. I termini che gli arbitri hanno fissato alle parti per le loro allegazioni e istanze istruttorie possono essere considerati perentori solo se vi sia una previsione in tal senso o nella convenzione di arbitrato o in un atto scritto separato o nel regolamento processuale che gli arbitri stessi si sono dati.

12. Il lodo si ha per pronunciato con la sua ultima sottoscrizione e diviene efficace con il suo deposito presso la Camera arbitrale per i contratti pubblici. Entro quindici giorni dalla pronuncia del lodo, va corrisposta, a cura degli arbitri e a carico delle parti,

una somma pari all'uno per mille del valore della relativa controversia. Detto importo è direttamente versato all'ANAC.

13. Il deposito del lodo presso la Camera arbitrale per i contratti pubblici precede quello da effettuarsi presso la cancelleria del tribunale ai sensi e per gli effetti di cui all'articolo 825 del codice di procedura civile. Il deposito del lodo presso la camera arbitrale è effettuato, a cura del collegio arbitrale, in tanti originali quante sono le parti, oltre a uno per il fascicolo d'ufficio ovvero con modalità informatiche e telematiche determinate dall'ANAC. Su richiesta di parte il rispettivo originale è restituito, con attestazione dell'avvenuto deposito, ai fini degli adempimenti di cui all'articolo 825 del codice di procedura civile.

14. Il lodo è impugnabile, oltre che per motivi di nullità, anche per violazione delle regole di diritto relative al merito della controversia. L'impugnazione è proposta nel termine di novanta giorni dalla notificazione del lodo e non è più proponibile dopo il decorso di centoottanta giorni dalla data del deposito del lodo presso la Camera arbitrale.

15. Su istanza di parte la Corte d'appello può sospendere, con ordinanza, l'efficacia del lodo, se ricorrono gravi e fondati motivi. Si applica l'articolo 351 del codice di procedura civile. Quando sospende l'efficacia del lodo, o ne conferma la sospensione disposta dal presidente, il collegio verifica se il giudizio è in condizione di essere definito. In tal caso, fatte precisare le conclusioni, ordina la discussione orale nella stessa udienza o camera di consiglio, ovvero in una udienza da tenersi entro novanta giorni dall'ordinanza di sospensione; all'udienza pronunzia sentenza a norma dell'articolo 281-sexies del codice di procedura civile. Se ritiene indispensabili incombenti istruttori, il collegio provvede su di essi con la stessa ordinanza di sospensione e ne ordina l'assunzione in una udienza successiva di non oltre novanta giorni; quindi provvede ai sensi dei periodi precedenti.

16. La Camera arbitrale, su proposta del collegio arbitrale, determina con apposita delibera il compenso degli arbitri nei limiti stabiliti con decreto del Ministero delle infrastrutture e dei trasporti. Sono comunque vietati incrementi dei compensi massimi legati alla particolare complessità delle questioni trattate, alle specifiche competenze utilizzate e all'effettivo lavoro svolto. Il compenso per il collegio arbitrale, comprensivo dell'eventuale compenso per il segretario, non può comunque superare l'importo di 100.000 euro, da rivalutarsi ogni tre anni con i decreti e le delibere di cui al primo periodo. Per i dirigenti pubblici resta ferma l'applicazione dei limiti di cui all'articolo 23-*ter* del decreto legge 6 dicembre 2011, n. 201, convertito dalla legge 22 dicembre 2011, n. 214, nonchè all'articolo 1, comma 24 della legge 6 novembre 2012, n. 190. L'atto di liquidazione del compenso e delle spese arbitrali, nonchè del compenso e delle spese per la consulenza tecnica, costituisce titolo per l'ingiunzione di cui all'articolo 633 del codice di procedura civile. Fino alla data di entrata in vigore del decreto di cui al primo periodo, si applica l'articolo 216, comma 22.

17. Il corrispettivo a saldo per la decisione della controversia è versato dalle parti, nella misura liquidata dalla Camera arbitrale, nel termine di trenta giorni dalla comunicazione del lodo.

18. La Camera arbitrale provvede alla liquidazione degli onorari e delle spese di consulenza tecnica, ove disposta, ai sensi degli articoli da 49 a 58 del Testo unico delle disposizioni legislative e regolamentari in materia di spese di giustizia, di cui al decreto del Presidente della Repubblica 30 maggio 2002, n. 115, nella misura derivante dall'applicazione delle tabelle ivi previste.

19. Gli importi dei corrispettivi dovuti per la decisione delle controversie sono direttamente versati all'ANAC.

20. Salvo quanto previsto dall'articolo 92, secondo comma, del codice di procedura civile, il collegio arbitrale, se accoglie parzialmente la domanda, compensa le spese del giudizio in proporzione al rapporto tra il valore della domanda e quello dell'accoglimento.

21. Le parti sono tenute solidalmente al pagamento del compenso dovuto agli arbitri e delle spese relative al collegio e al giudizio arbitrale, salvo rivalsa fra loro[1].

[1] V. artt. 241, 243, D.Lgs. 12 aprile 2006, n. 163 (vecchio Codice dei contratti pubblici) che, rispettivamente, dispongono: *Art. 241. Arbitrato. 1. Le controversie su diritti soggettivi, derivanti dall'esecuzione dei contratti pubblici relativi a lavori, servizi, forniture, concorsi di progettazione e di idee, comprese quelle conseguenti al mancato raggiungimento dell'accordo bonario previsto dall'articolo 240, possono essere deferite ad arbitri, previa autorizzazione motivata da parte dell'organo di governo dell'amministrazione. L'inclusione della clausola compromissoria, senza preventiva autorizzazione, nel bando o nell'avviso con cui è indetta la gara ovvero, per le procedure senza bando, nell'invito, o il ricorso all'arbitrato, senza preventiva autorizzazione, sono nulli.*

1-bis. La stazione appaltante indica nel bando o nell'avviso con cui indice la gara ovvero, per le procedure senza bando, nell'invito, se il contratto conterrà, o meno, la clausola compromissoria. L'aggiudicatario può ricusare la clausola compromissoria, che in tale caso non è inserita nel contratto, comunicandolo alla stazione appaltante entro venti giorni dalla conoscenza dell'aggiudicazione. È vietato in ogni caso il compromesso.

2. Ai giudizi arbitrali si applicano le disposizioni del codice di procedura civile, salvo quanto disposto dal presente codice.

3. Il collegio arbitrale è composto da tre membri.

4. Ciascuna delle parti, nella domanda di arbitrato o nell'atto di resistenza alla domanda, nomina l'arbitro di propria competenza tra soggetti di particolare esperienza nella materia oggetto del contratto cui l'arbitrato si riferisce.

5. Il Presidente del collegio arbitrale è scelto dalle parti, o su loro mandato dagli arbitri di parte, tra soggetti di particola-

re esperienza nella materia oggetto del contratto cui l'arbitrato si riferisce, muniti di precipui requisiti di indipendenza, e comunque tra coloro che nell'ultimo triennio non hanno esercitato le funzioni di arbitro di parte o di difensore in giudizi arbitrali disciplinati dal presente articolo, ad eccezione delle ipotesi in cui l'esercizio della difesa costituisca adempimento di dovere d'ufficio del difensore dipendente pubblico. La nomina del presidente del collegio effettuata in violazione del presente articolo determina la nullità del lodo ai sensi dell'articolo 829, primo comma, n. 3, del codice di procedura civile.

6. In aggiunta ai casi di ricusazione degli arbitri previsti dall'articolo 815 del codice di procedura civile, non possono essere nominati arbitri coloro che abbiano compilato il progetto o dato parere su di esso, ovvero diretto, sorvegliato o collaudato i lavori, i servizi, le forniture cui si riferiscono le controversie, nè coloro che in qualsiasi modo abbiano espresso un giudizio o parere sull'oggetto delle controversie stesse, anche ai sensi dell'articolo 240.

7. Presso l'Autorità è istituita la camera arbitrale per i contratti pubblici relativi a lavori, servizi, forniture, disciplinata dall'articolo 242.

8. Nei giudizi arbitrali regolati dal presente codice sono ammissibili tutti i mezzi di prova previsti dal codice di procedura civile, con esclusione del giuramento in tutte le sue forme.

9. Il lodo si ha per pronunciato con la sua ultima sottoscrizione e diviene efficace con il suo deposito presso la camera arbitrale per i contratti pubblici. Entro quindici giorni dalla pronuncia del lodo va corrisposta, a cura degli arbitri e a carico delle parti una somma pari all'uno per mille del valore della relativa controversia. Detto importo è direttamente versato all'Autorità.

10. Il deposito del lodo effettuato ai sensi dell'articolo 825 del codice di procedura civile è preceduto dal suo deposito presso la camera arbitrale per i contratti pubblici. Il deposito del lodo presso la camera arbitrale è effettuato, a cura del collegio arbitrale, in tanti originali quante sono le parti, oltre a uno per il fascicolo d'ufficio. Su richiesta di parte il rispettivo originale è restituito, con attestazione dell'avvenuto deposito, ai fini degli adempimenti di cui all'articolo 825 del codice di procedura civile.

11. [...].

12. Il collegio arbitrale determina nel lodo definitivo ovvero con separata ordinanza il valore della controversia e il compenso degli arbitri con i criteri stabiliti dal decreto del Ministro dei lavori pubblici 2 dicembre 2000, n. 398, e applica le tariffe fissate in detto decreto. I compensi minimi e massimi stabiliti dalla tariffa allegata al regolamento di cui al decreto del Ministro dei lavori pubblici 2 dicembre 2000, n. 398, sono dimezzati. Sono comunque vietati incrementi dei compensi massimi legati alla particolare complessità delle questioni trattate, alle specifiche competenze utilizzate e all'effettivo lavoro svolto. Il compenso per il collegio arbitrale, comprensivo dell'eventuale compenso per il segretario, non può comunque superare l'importo di 100 mila euro, da rivalutarsi ogni tre anni con decreto del Ministro dell'economia e delle finanze, di concerto con il Ministro delle infrastrutture e dei trasporti. L'articolo 24 del decreto-legge 4 luglio 2006, n. 223, convertito, con modificazioni, dalla legge 4 agosto 2006, n. 248, si interpreta come non applicabile a quanto disciplinato ai sensi del presente comma. L'ordinanza di liquidazione del compenso e delle spese arbitrali, nonchè del compenso e delle spese per la consulenza tecnica, costituisce titolo per l'ingiunzione di cui all'articolo 633 del codice di procedura civile.

12-bis. Salvo quanto previsto dall'articolo 92, secondo comma, del codice di procedura civile, il collegio arbitrale, se accoglie parzialmente la domanda, compensa le spese del giudizio in proporzione al rapporto tra il valore della domanda e quello dell'accoglimento.

13. Il compenso del consulente tecnico e di ogni altro ausiliario nominato dal collegio arbitrale è liquidato, dallo stesso collegio, ai sensi degli articoli da 49 a 58 del testo unico delle disposizioni legislative e regolamentari in materia di spese di giustizia, di cui al decreto del Presidente della Repubblica 30 maggio 2002, n. 115, nella misura derivante dall'applicazione delle tabelle ivi previste.

14. Le parti sono tenute solidalmente al pagamento del compenso dovuto agli arbitri e delle spese relative al collegio e al giudizio arbitrale, salvo rivalsa fra loro.

15. In caso di mancato accordo per la nomina del terzo arbitro, ad iniziativa della parte più diligente, provvede la camera arbitrale, sulla base di criteri oggettivi e predeterminati, scegliendolo nell'albo di cui all'articolo 242.

15-bis. Il lodo è impugnabile, oltre che per motivi di nullità, anche per violazione delle regole di diritto relative al merito della controversia. L'impugnazione è proposta nel termine di novanta giorni dalla notificazione del lodo e non è più proponibile dopo il decorso di centoottanta giorni dalla data del deposito del lodo presso la Camera arbitrale.

15-ter. Su istanza di parte la Corte d'appello può sospendere, con ordinanza, l'efficacia del lodo, se ricorrono gravi e fondati motivi. Si applica l'articolo 351 del codice di procedura civile. Quando sospende l'efficacia del lodo, o ne conferma la sospensione disposta dal presidente, il collegio verifica se il giudizio è in condizione di essere definito. In tal caso, fatte precisare le conclusioni, ordina la discussione orale nella stessa udienza o camera di consiglio, ovvero in una udienza da tenersi entro novanta giorni dall'ordinanza di sospensione; all'udienza pronunzia sentenza a norma dell'articolo 281-sexies del codice di procedura civile. Se ritiene indispensabili incombenti istruttori, il collegio provvede su di essi con la stessa ordinanza di sospensione e ne ordina l'assunzione in una udienza successiva di non oltre novanta giorni; quindi provvede ai sensi dei periodi precedenti.

Art. 243. Ulteriori norme di procedura per gli arbitrati in cui il presidente è nominato dalla camera arbitrale. 1. Limitatamente ai giudizi arbitrali in cui il presidente è nominato dalla camera arbitrale, in aggiunta alle norme di cui all'art. 241, si applicano le seguenti regole.

2. La domanda di arbitrato, l'atto di resistenza ed eventuali controdeduzioni, vanno trasmesse alla camera arbitrale ai fini della nomina del terzo arbitro.

3. Le parti determinano la sede del collegio arbitrale, anche presso uno dei luoghi in cui sono situate le sezioni regionali dell'Osservatorio; se non vi è alcuna indicazione della sede del collegio arbitrale, ovvero se non vi è accordo fra le parti, questa deve intendersi stabilita presso la sede della camera arbitrale.

4. Gli arbitri possono essere ricusati dalle parti, oltre che per i motivi previsti dall'articolo 815 del codice di procedura civile, anche per i motivi di cui all'articolo 242, comma 9.

5. Il corrispettivo dovuto dalle parti è determinato dalla camera arbitrale, su proposta formulata dal collegio, in base alla tariffa allegata al decreto ministeriale 2 dicembre 2000, n. 398. Si applicano le disposizioni di cui all'articolo 241, comma 12, secondo, terzo, quarto e quinto periodo.

6. Contestualmente alla nomina del terzo arbitro, la camera arbitrale comunica alle parti la misura e le modalità del deposito da effettuarsi in acconto del corrispettivo arbitrale.

7. Il presidente del collegio arbitrale nomina, se necessario, il segretario, scegliendolo nell'elenco di cui all'articolo 242, comma 10.

8. Il corrispettivo a saldo per la decisione della controversia è versato dalle parti, nella misura liquidata dalla camera arbitrale, nel termine di trenta giorni dalla comunicazione del lodo.

9. La camera arbitrale provvede alla liquidazione degli onorari e delle spese di consulenza tecnica, ove disposta, con i criteri di cui all'articolo 241, comma 13.

10. Gli importi dei corrispettivi dovuti per la decisione delle controversie sono direttamente versati all'Autorità.

210. *Camera arbitrale, albo degli arbitri ed elenco dei segretari.* 1. Presso l'ANAC è istituita la Camera arbitrale per i contratti pubblici relativi a lavori, servizi, forniture, di seguito camera arbitrale.

2. La Camera arbitrale cura la formazione e la tenuta dell'Albo degli arbitri per i contratti pubblici, redige il codice deontologico degli arbitri camerali e provvede agli adempimenti necessari alla costituzione e al funzionamento del collegio arbitrale.

3. Sono organi della Camera arbitrale il Presidente e il consiglio arbitrale.

4. Il consiglio arbitrale, composto da cinque membri, è nominato dall'ANAC fra soggetti dotati di particolare competenza nella materia dei contratti pubblici di lavori, servizi e forniture, al fine di garantire l'indipendenza e l'autonomia dell'istituto, nonchè dotati dei requisiti di onorabilità stabiliti dalla medesima Autorità. Al suo interno, l'ANAC sceglie il Presidente. L'incarico ha durata quinquennale ed è retribuito nella misura determinata dal provvedimento di nomina nei limiti delle risorse attribuite all'Autorità stessa. Il Presidente e i consiglieri sono soggetti alle incompatibilità e ai divieti previsti dal comma 10.

5. Per l'espletamento delle sue funzioni la Camera arbitrale si avvale di una struttura di segreteria con personale fornito dall'ANAC.

6. La Camera arbitrale cura annualmente la rilevazione dei dati emergenti dal contenzioso in materia di contratti pubblici e li trasmette all'Autorità e alla cabina di regia di cui all'articolo 212.

7. Fermo restando quanto previsto dall'articolo 1, comma 18, della legge 6 novembre 2012, n. 190, possono essere iscritti all'albo degli arbitri della Camera arbitrale i soggetti appartenenti alle seguenti categorie:

a) avvocati iscritti agli albi ordinari e speciali abilitati al patrocinio davanti alle magistrature superiori e in possesso dei requisiti per la nomina a consigliere di cassazione;

b) tecnici in possesso del diploma di laurea in ingegneria e architettura abilitati all'esercizio della professione da almeno 10 anni e iscritti ai relativi albi;

c) professori universitari di ruolo nelle materie giuridiche e tecniche e dirigenti delle pubbliche amministrazioni, con provata esperienza nella materia dei contratti pubblici di lavori, servizi e forniture.

8. La Camera arbitrale cura, altresì, in sezione separata, la tenuta dell'elenco dei periti per la nomina dei consulenti tecnici nei giudizi arbitrali. Sono iscritti all'elenco i soggetti in possesso del diploma di laurea e comprovata esperienza professionale di almeno 5 anni, con relativa iscrizione all'albo professionale, se richiesta.

9. I soggetti di cui al comma 7, lettere *a), b)* e *c),* nonchè al comma 8 del presente articolo, sono rispettivamente inseriti nell'albo degli arbitri e nell'elenco dei periti, su domanda corredata da curriculum e da adeguata documentazione comprovante i requisiti.

10. L'iscrizione all'albo degli arbitri e all'elenco dei periti ha validità triennale e può essere nuovamente conseguita decorsi due anni dalla scadenza del triennio. Fermo restando quanto previsto dall'articolo 53 del decreto legislativo 30 marzo 2001, n. 165, come modificato dall'articolo 1, comma 42, lettera l, della legge 6 novembre 2012, n.190, durante il periodo di appartenenza, e nei successivi tre anni, i soggetti iscritti all'albo non possono espletare incarichi professionali in favore delle parti dei giudizi arbitrali da essi decisi, ivi compreso l'incarico di arbitro di parte.

11. Sono fatti salvi i casi di ricusazione di cui all'articolo 815 del codice di procedura civile.

12. Per le ipotesi di cui all'articolo 209, comma 8, la Camera arbitrale cura anche la tenuta dell'elenco dei segretari dei collegi arbitrali. Possono essere iscritti all'elenco i funzionari in possesso di diploma di laurea in materia giuridica o economica o equipollenti e, ove necessario, in materie tecniche, inseriti nei ruoli delle pubbliche amministrazioni di cui al decreto legislativo 30 marzo 2001, n. 165, aventi un'anzianità di servizio in ruolo non inferiore a cinque anni. Gli eventuali oneri relativi alla tenuta dell'elenco sono posti a carico dei soggetti interessati all'iscrizione, prevedendo a tal fine tariffe idonee ad assicurare l'integrale copertura dei suddetti costi.

13. Sul sito dell'ANAC sono pubblicati l'elenco degli arbitrati in corso e definiti, i dati relativi alle vicende dei medesimi, i nominativi e i compensi degli arbitri e dei periti[1].

[1] V. art. 242, D.Lgs. 12 aprile 2006, n. 163 (vecchio Codice dei contratti pubblici), che dispone: *Camera arbitrale e albo degli arbitri (artt. 150 e 151, D.P.R. n. 554/1999). 1. La camera arbitrale per i contratti pubblici cura la formazione e la tenuta dell'albo degli arbitri, redige il codice deontologico degli arbitri camerali, e provvede agli adempimenti necessari alla costituzione e al funzionamento del collegio arbitrale nella ipotesi di cui all'articolo 241, comma 15.*

2. Sono organi della camera arbitrale il presidente e il consiglio arbitrale.

3. Il consiglio arbitrale, composto da cinque membri, è nominato dall'Autorità fra soggetti dotati di particolare competenza nella materia dei contratti pubblici di lavori, servizi e forniture, al fine di garantire l'indipendenza e l'autonomia dell'istituto; al suo interno l'Autorità sceglie il Presidente. L'incarico ha durata quinquennale ed è retribuito nella misura determinata dal provvedimento di nomina nei limiti delle risorse attribuite all'Autorità stessa. Il presidente e i consiglieri sono soggetti alle incompatibilità e ai divieti previsti dal comma 9.

4. Per l'espletamento delle sue funzioni la camera arbitrale si avvale di una struttura di segreteria con personale fornito dall'Autorità.

5. La camera arbitrale cura annualmente la rilevazione dei dati emergenti dal contenzioso in materia di lavori pubblici e li trasmette all'Autorità e all'Osservatorio. Per l'espletamento della propria attività la Camera arbitrale può richiedere notizie, chiarimenti e documenti relativamente al contenzioso in materia di contratti pubblici; con regolamento dell'Autorità sono disciplinate le relative modalità di acquisizione.

6. Possono essere ammessi all'albo degli arbitri della camera arbitrale soggetti appartenenti alle seguenti categorie:

a) magistrati amministrativi, magistrati contabili e avvocati dello Stato in servizio, designati dagli organi competenti secondo i rispettivi ordinamenti, nonchè avvocati dello Stato e magistrati a riposo;

b) avvocati iscritti agli albi ordinari e speciali abilitati al patrocinio avanti alle magistrature superiori e in possesso dei requisiti per la nomina a consigliere di cassazione;

c) tecnici in possesso del diploma di laurea in ingegneria o architettura, abilitati all'esercizio della professione da almeno dieci anni e iscritti ai relativi albi;

d) professori universitari di ruolo nelle materie giuridiche e tecniche e dirigenti generali delle pubbliche amministrazioni laureati nelle stesse materie con particolare competenza nella materia dei contratti pubblici di lavori, servizi e forniture.

7. La camera arbitrale cura altresì la tenuta dell'elenco dei periti al fine della nomina dei consulenti tecnici nei giudizi arbitrali; sono ammessi all'elenco i soggetti in possesso dei requisiti professionali previsti dal comma 6, lettera c), nonchè dottori commercialisti in possesso dei medesimi requisiti professionali.

8. I soggetti di cui al comma 6, lettere a) b), c), e d), nonchè al comma 7 del presente articolo, in possesso dei requisiti di onorabilità fissati in via generale dal consiglio arbitrale, sono rispettivamente inseriti nell'albo degli arbitri e nell'elenco dei periti su domanda corredata da curriculum e da adeguata documentazione.

9. L'appartenenza all'albo degli arbitri e all'elenco dei consulenti ha durata triennale, e può essere nuovamente conseguita decorsi due anni dalla scadenza del triennio; durante il periodo di appartenenza all'albo gli arbitri non possono espletare incarichi professionali in favore delle parti dei giudizi arbitrali da essi decisi, ivi compreso l'incarico di arbitro di parte.

10. Per le ipotesi di cui all'art. 241, comma 15, la camera arbitrale cura anche la tenuta dell'elenco dei segretari dei collegi arbitrali; sono ammessi all'elenco i funzionari dell'Autorità, nonchè i funzionari delle magistrature contabili e amministrative, nonchè delle pubbliche amministrazioni operanti nei settori dei lavori, servizi, forniture. Detti funzionari devono essere muniti di laurea giuridica, economica ed equipollenti o tecnica, aventi un'anzianità di servizio in ruolo non inferiore a cinque anni. Gli eventuali oneri relativi alla tenuta dell'elenco sono posti a carico dei soggetti interessati all'iscrizione, prevedendo a tal fine tariffe idonee ad assicurare l'integrale copertura dei suddetti costi..

211. *Pareri di precontenzioso dell'ANAC.* 1. Su iniziativa della stazione appaltante o di una o più delle altre parti, l'ANAC esprime parere, previo contraddittorio, relativamente a questioni insorte durante lo svolgimento delle procedure di gara, entro trenta giorni dalla ricezione della richiesta. Il parere obbliga le parti che vi abbiano preventivamente acconsentito ad attenersi a quanto in esso stabilito. Il parere vincolante è impugnabile innanzi ai competenti organi della giustizia amministrativa ai sensi dell'articolo 120 del codice del processo amministrativo. In caso di rigetto del ricorso contro il parere vincolante, il giudice valuta il comportamento della parte ricorrente ai sensi e per gli effetti dell'articolo 26 del codice del processo amministrativo[1 2].

1-*bis*. L'ANAC è legittimata ad agire in giudizio per l'impugnazione dei bandi, degli altri atti generali e dei provvedimenti relativi a contratti di rilevante impatto, emessi da qualsiasi stazione appaltante, qualora ritenga che essi violino le norme in materia di contratti pubblici relativi a lavori, servizi e forniture[3 4].

1-*ter*. L'ANAC, se ritiene che una stazione appaltante abbia adottato un provvedimento viziato da gravi violazioni del presente codice, emette, entro sessanta giorni dalla notizia della violazione, un parere motivato nel quale indica specificamente i vizi di legittimità riscontrati. Il parere è trasmesso alla stazione appaltante; se la stazione appaltante non vi si conforma entro il termine assegnato dall'ANAC, comunque non superiore a sessanta giorni dalla trasmissione, l'ANAC può presentare ricorso, entro i successivi trenta giorni, innanzi al giudice amministrativo. Si applica l'articolo 120 del codice del processo amministrativo di cui all'allegato 1 annesso al decreto legislativo 2 luglio 2010, n. 104[3].

1-*quater*. L'ANAC, con proprio regolamento, può individuare i casi o le tipologie di provvedimenti in relazione ai quali esercita i poteri di cui ai commi 1-*bis* e 1-*ter*[3].

2. [...][5].

[1] Comma così modificato dall'art. 123, D.Lgs. 19 aprile 2017, n. 56. Il testo previgente disponeva: *1. Su iniziativa della stazione appaltante o di una o più delle altre parti, l'ANAC esprime parere relativamente a questioni insorte durante lo svolgimento delle procedure di gara, entro trenta giorni dalla ricezione della richiesta. Il parere obbliga le parti che vi abbiano preventivamente acconsentito ad attenersi a quanto in esso stabilito. Il parere vincolante è impugnabile innanzi ai competenti organi della giustizia amministrativa ai sensi dell'articolo 120 del codice del processo amministrativo. In caso di rigetto del ricorso contro il parere vincolante, il giudice valuta il comportamento della parte ricorrente ai sensi e per gli effetti dell'articolo 26 del codice del processo amministrativo.*

[2] V. Regolamento per l'esercizio della funzione consultiva svolta dall'Autorità nazionale anticorruzione ai sensi della Legge 6 novembre 2012, n. 190 e dei relativi decreti attuativi e ai sensi del decreto legislativo 18 aprile 2016, n. 50, al di fuori dei casi di cui all'art. 211 del decreto stesso, che dispone:

Articolo 1 – Definizioni

Ai fini del presente Regolamento, si intende per:

1. «Autorità», l'Autorità Nazionale Anticorruzione;

2. «Presidente», il Presidente dell'Autorità;

3. «Consiglio», il Consiglio dell'Autorità;

4. «Ufficio», l'ufficio dell'Autorità competente per materia;

5. «Codice», il decreto legislativo 18 aprile 2016, n. 50 e s.m.i.

Art. 2 – Oggetto

1. L'Autorità svolge attività consultiva, con riferimento a fattispecie concrete, in materia di prevenzione della corruzione e di trasparenza, con particolare riguardo alle problematiche interpretative e applicative della legge 6 novembre 2012, n. 190 e dei suoi decreti attuativi e, in materia di contratti pubblici, con particolare riguardo alle problematiche interpretative e attuative del Codice, fatta eccezione per i pareri di precontenzioso di cui all'art. 211, comma 1.

2. L'attività consultiva è svolta:

a) nei casi indicati nell'art. 1, co. 2, lett. d) ed e), della l. 190/2012 e nell'art. 16, co. 3 del d.lgs. 39/2013;

b) quando la questione sottoposta all'attenzione dell'Autorità presenta una particolare rilevanza sotto il profilo della novità, dell'impatto socio-economico o della significatività dei profili problematici posti in relazione alla corretta applicazione delle norme indicate nel comma 1.

3. Le richieste di parere non rientranti nelle ipotesi di cui ai precedenti commi e riferite a questioni giuridiche ritenute di interesse generale, sono trasmesse agli uffici competenti per materia ai fini dell'adozione di eventuali atti regolatori e,ove ne ricorrano i presupposti, agli uffici di vigilanza.

Articolo 3 – Soggetti richiedenti

1. Possono rivolgere all'Autorità richiesta di parere, nelle materie di cui all'art. 2, comma 1, i seguenti soggetti:

a) per i pareri previsti all'art. 1, co. 2, lett. d), della legge n. 190 del 2012, il Ministro per la pubblica amministrazione;

b) per i pareri previsti all'art. 1, co. 2, lett. e), della legge n. 190 del 2012, le amministrazioni dello Stato e gli enti pubblici nazionali;

c) in materia di conferimento degli incarichi di cui all'art. 53, co. 16-ter, del d.lgs. 165/2001, anche i soggetti privati destinatari dell'attività delle amministrazioni pubbliche di cui all'art. 1, comma 2, del d.lgs. 165/2001 che intendano conferire un incarico;

d) per i pareri previsti dall'art. 16, co. 3, del d.lgs. n. 39 del 2013, i Ministeri che emettono direttive e circolari concernenti l'interpretazione delle disposizioni del suddetto decreto;

e) sull'applicazione della disciplina per la prevenzione della corruzione e trasparenza, con particolare riguardo alla l. 190/2012 e relativi decreti attuativi, in casi diversi da quelli di cui alle lett. a), b) e c), i soggetti di cui all'art. 2-bis del d.lgs. 14 marzo 2013, n. 33;

f) in materia di contratti pubblici, le stazioni appaltanti, come definite all'art. 3, co. 1, lett. o), del Codice nonché i soggetti portatori di interessi collettivi costituiti in associazioni o comitati.

Articolo 4 – Modalità di presentazione della richiesta

1. La richiesta di parere è trasmessa all'Autorità unitamente alla documentazione ritenuta utile per inquadrare compiutamente la questione giuridica sottoposta. A tal fine è possibile utilizzare il modulo allegato al presente Regolamento.

2. La richiesta, sottoscritta dal legale rappresentante o dal RPCT dell'amministrazione/ente pubblico/ente di diritto privato di cui all'art. 3, co. 1, deve contenere la ricostruzione di tutti gli elementi di fatto e di diritto ritenuti rilevanti ai fini del rilascio del parere.

3. Nella richiesta di parere i soggetti interessati segnalano i dati personali che a loro giudizio devono essere sottratti alla pubblicazione del parere, ai sensi dell'art. 8.

Articolo 5 – Inammissibilità della richiesta

1. Sono ritenute inammissibili le richieste che:

a) non rientrano nelle ipotesi di cui all'art. 2, commi 1 e 2;

b) non sono sottoscritte dall'organo competente, ai sensi dell'art. 4, comma 2;

c) sono interferenti con esposti di vigilanza, atti di regolazione a valenza generale, comunque denominati e procedimenti sanzionatori in corso di istruttoria presso l'Autorità;

d) hanno a oggetto questioni e/o materie che esulano dalla competenza dell'Autorità.

Articolo 6 – Archiviazione delle richieste

1. L'Ufficio competente valuta l'ammissibilità delle richieste di parere ai sensi dell'art. 5 e provvede ad archiviare le richieste ritenute inammissibili, comunicando al Consiglio, con cadenza mensile, l'elenco delle archiviazioni predisposte.

2. L'elenco delle archiviazioni è pubblicato sul sito istituzionale e sostituisce ogni altra forma di comunicazione ai soggetti interessati.

Articolo 7 – Istruttoria e adozione del parere

1. L'Ufficio, con riferimento alle richieste di parere non archiviate ai sensi dell'art. 6, svolge l'istruttoria di norma entro il termine di 120 giorni dal ricevimento della richiesta da parte dell'Autorità.

2. L'Ufficio elabora una proposta di parere e la sottopone all'approvazione del Consiglio.

3. Il parere può essere reso in forma semplificata nei casi in cui la questione giuridica sottoposta è di agevole interpretazione per via di precedenti pronunce dell'Autorità e/o di indirizzi giurisprudenziali consolidati.

4. I pareri di cui ai commi 2 e 3, approvati dal Consiglio, sono comunicati alle parti interessate a cura dell'Ufficio.

5. Il Consiglio, ovvero il Presidente in casi di urgenza e salva ratifica del Consiglio, può disporre la trattazione di richieste di parere che rientrino nelle ipotesi di cui all'art. 2.

Articolo 8 – Pubblicità

1. I pareri adottati ai sensi dell'art. 7 sono pubblicati sul sito internet dell'Autorità, tenendo conto dell'eventuale richiesta formulata dalle parti, ai sensi dell'art. 4, comma 3, e comunque sottraendo dalla pubblicazione solo i dati personali non pertinenti o eccedenti rispetto al fine di rendere conoscibili le deliberazioni dell'Autorità.

Articolo 9 – Abrogazione

1. Il presente Regolamento è pubblicato sul sito istituzionale dell'Autorità ed entra in vigore il quindicesimo giorno successivo alla pubblicazione nella Gazzetta Ufficiale della Repubblica.

2. A far data dall'entrata in vigore del presente Regolamento è abrogato il Regolamento del 20 luglio 2016.

Approvato dal Consiglio dell'Autorità con delibera n. 1102 nell'adunanza del 21 novembre 2018.

Raffaele Cantone

V., anche, Provvedimento Anac 5 ottobre 2016 (*Regolamento per il rilascio dei pareri di precontenzioso di cui all'art. 211 del decreto legislativo 18 aprile 2016, n. 50*).

[3] Comma aggiunto dall'art. 52-ter, D.L. 24 aprile 2017, n. 50, convertito in L. 21 giugno 2017, n. 96.

[4] V. art. 21-bis (*Poteri dell'Autorità Garante della concorrenza e del mercato sugli atti amministrativi che determinano distorsioni della concorrenza*), L. 10 ottobre 1990, n. 287 (Norme per la tutela della concorrenza e del mercato), che dispone: *1. L'Autorità garante della concorrenza e del mercato è legittimata ad agire in giudizio contro gli atti amministrativi generali, i regolamenti ed i provvedimenti di qualsiasi amministrazione pubblica che violino le norme a tutela della concorrenza e del mercato.*

2. L'Autorità garante della concorrenza e del mercato, se ritiene che una pubblica amministrazione abbia emanato un atto in violazione delle norme a tutela della concorrenza e del mercato, emette, entro sessanta giorni, un parere motivato, nel quale indica gli specifici profili delle violazioni riscontrate. Se la pubblica amministrazione non si conforma nei sessanta giorni successivi alla comunicazione del parere, l'Autorità può presentare, tramite l'Avvocatura dello Stato, il ricorso, entro i successivi trenta giorni.

3. Ai giudizi instaurati ai sensi del comma 1 si applica la disciplina di cui al Libro IV, Titolo V, del decreto legislativo 2 luglio 2010, n. 104.

[5] Comma abrogato dall'art. 123, D.Lgs. 19 aprile 2017, n. 56. Il testo previgente disponeva: *2. Qualora l'ANAC, nell'esercizio delle proprie funzioni, ritenga sussistente un vizio di legittimità in uno degli atti della procedura di gara invita mediante atto di raccomandazione la stazione appaltante ad agire in autotutela e a rimuovere altresì gli eventuali effetti degli atti illegittimi, entro un termine non superiore a sessanta giorni. Il mancato adeguamento della stazione appaltante alla raccomandazione vincolante dell'Autorità entro il termine fissato è punito con la sanzione amministrativa pecuniaria entro il limite minimo di euro 250 e il limite massimo di euro 25.000, posta a carico del dirigente responsabile. La sanzione incide altresì sul sistema reputazionale delle stazioni appaltanti, di cui all'articolo 36 del presente codice. La raccomandazione è impugnabile innanzi ai competenti organi della giustizia amministrativa ai sensi dell'articolo 120 del codice del processo amministrativo.*

TITOLO II
GOVERNANCE

212. *Indirizzo e coordinamento.* 1. È istituita presso la Presidenza del Consiglio dei ministri una Cabina di regia con il compito di:

a) effettuare una ricognizione sullo stato di attuazione del presente codice e sulle difficoltà riscontrate dalle stazioni appaltanti nella fase di applicazione anche al fine di proporre eventuali soluzioni correttive e di miglioramento;

b) curare, se del caso con apposito piano di azione, la fase di attuazione del presente codice coordinando l'adozione, da parte dei soggetti competenti, di decreti e linee guida, nonchè della loro raccolta in testi unici integrati, organici e omogenei, al fine di assicurarne la tempestività e la coerenza reciproca;

c) esaminare le proposte di modifiche normative nella materia disciplinata dal presente codice al fine di valutarne l'impatto sulla legislazione vigente, garantire omogeneità e certezza giuridica, supportando la competente struttura della Presidenza del Consiglio dei ministri nel coordinamento dei vari interventi regolatori nel settore;

d) promuovere la realizzazione, in collaborazione con i soggetti competenti, di un piano nazionale in tema di procedure telematiche di acquisto, al fine della diffusione dell'utilizzo degli strumenti informatici e della digitalizzazione delle fasi del processo di acquisto;

e) promuovere accordi, protocolli di intesa, convenzioni, anche con associazioni private per agevolare la bancabilità delle opere pubbliche[1 2].

2. La Cabina di regia segnala, sulla base delle informazioni ricevute, eventuali specifiche violazioni o problemi sistemici all'ANAC per gli interventi di competenza.

3. Entro il 18 aprile 2017 e successivamente ogni tre anni, la Cabina di regia, anche avvalendosi di ANAC, presenta alla Commissione una relazione di controllo contenente, se del caso, informazioni sulle cause più frequenti di non corretta applicazione o di incertezza giuridica, compresi possibili problemi strutturali o ricorrenti nell'applicazione delle norme, sul livello di partecipazione delle microimprese e delle piccole e medie imprese agli appalti pubblici e sulla prevenzione, l'accertamento e l'adeguata segnalazione di casi di frode, corruzione, conflitto di interessi e altre irregolarità gravi in materia di appalti e di concessioni.

4. La Cabina di regia è la struttura nazionale di riferimento per la cooperazione con la Commissione europea per quanto riguarda l'applicazione della normativa in materia di appalti pubblici e di concessioni, e per l'adempimento degli obblighi di assistenza e cooperazione reciproca tra gli Stati membri, onde assicurare lo scambio di informazioni sull'applicazione delle norme contenute nel presente codice e sulla gestione delle relative procedure.

5. La composizione e le modalità di funzionamento della Cabina di regia sono stabiliti con decreto del Presidente del Consiglio dei ministri, da adottare, di concerto con il Ministro delle infrastrutture e trasporti, sentita l'ANAC e la Conferenza unificata, entro tre mesi dall'entrata in vigore del presente codice.

[1] Lettera così modificata dall'art. 124, D.Lgs. 19 aprile 2017, n. 56, che ha sostituito, alla fine della lettera, il segno: ";" con il segno: ".".

[2] V. D.P.C.M. 10 agosto 2016 (*Composizione e modalità di funzionamento della Cabina di regia*).

213. *Autorità Nazionale Anticorruzione.* 1. La vigilanza e il controllo sui contratti pubblici e l'attività di regolazione degli stessi, sono attribuiti, nei limiti di quanto stabilito dal presente codice, all'Autorità nazionale anticorruzione (ANAC) di cui all'articolo 19 del decreto legge 24 giugno 2014, n. 90, convertito, con modificazioni, dalla legge 11 agosto 2014, n. 114, che agisce anche al fine di prevenire e contrastare illegalità e corruzione.

2. L'ANAC, attraverso linee guida, bandi-tipo, capitolati-tipo, contratti-tipo ed altri strumenti di regolazione flessibile, comunque denominati, garantisce la promozione dell'efficienza, della qualità dell'attività delle stazioni appaltanti, cui fornisce supporto anche facilitando lo scambio di informazioni e la omogeneità dei procedimenti amministrativi e favorisce lo sviluppo delle migliori pratiche. Trasmette alle Camere, immediatamente dopo la loro adozione, gli atti di regolazione e gli altri atti di cui al precedente periodo ritenuti maggiormente rilevanti in termini di impatto, per numero di operatori potenzialmente coinvolti, riconducibilità a fattispecie criminose, situazioni anomale o comunque sintomatiche di condotte illecite da parte delle stazioni appaltanti. Resta ferma l'impugnabilità delle decisioni e degli atti assunti dall'ANAC innanzi ai competenti organi

di giustizia amministrativa. L'ANAC, per l'emanazione delle linee guida, si dota, nei modi previsti dal proprio ordinamento, di forme e metodi di consultazione, di analisi e di verifica dell'impatto della regolazione, di consolidamento delle linee guida in testi unici integrati, organici e omogenei per materia, di adeguata pubblicità, anche sulla Gazzetta Ufficiale, in modo che siano rispettati la qualità della regolazione e il divieto di introduzione o di mantenimento di livelli di regolazione superiori a quelli minimi richiesti dalla legge n. 11 del 2016 e dal presente codice.

3. Nell'ambito dei poteri ad essa attribuiti, l'Autorità:

a) vigila sui contratti pubblici, anche di interesse regionale, di lavori, servizi e forniture nei settori ordinari e nei settori speciali e sui contratti secretati o che esigono particolari misure di sicurezza ai sensi dell'articolo 1, comma 2, lettera f-*bis*), della legge 6 novembre 2012, n. 190, nonchè sui contratti esclusi dall'ambito di applicazione del codice;

b) vigila affinchè sia garantita l'economicità dell'esecuzione dei contratti pubblici e accerta che dalla stessa non derivi pregiudizio per il pubblico erario;

c) segnala al Governo e al Parlamento, con apposito atto, fenomeni particolarmente gravi di inosservanza o di applicazione distorta della normativa di settore;

d) formula al Governo proposte in ordine a modifiche occorrenti in relazione alla normativa vigente di settore;

e) predispone e invia al Governo e al Parlamento la relazione prevista dall'articolo 1, comma 2, della legge 6 novembre 2012, n. 190, come modificato dall'articolo 19, comma 5-*ter*, del decreto-legge 24 giugno 2014, n. 90, convertito, con modificazioni, dalla legge 11 agosto 2014, n. 114, annuale sull'attività svolta evidenziando le disfunzioni riscontrate nell'esercizio delle proprie funzioni[1];

f) vigila sul sistema di qualificazione degli esecutori dei contratti pubblici di lavori ed esercita i correlati poteri sanzionatori;

g) vigila sul divieto di affidamento dei contratti attraverso procedure diverse rispetto a quelle ordinarie ed opera un controllo sulla corretta applicazione della specifica disciplina derogatoria prevista per i casi di somma urgenza e di protezione civile di cui all'articolo 163 del presente codice;

h) per affidamenti di particolare interesse, svolge attività di vigilanza collaborativa attuata previa stipula di protocolli di intesa con le stazioni appaltanti richiedenti, finalizzata a supportare le medesime nella predisposizione degli atti e nell'attività di gestione dell'intera procedura di gara;

h-bis) al fine di favorire l'economicità dei contratti pubblici e la trasparenza delle condizioni di acquisto, provvede con apposite linee guida, fatte salve le normative di settore, all'elaborazione dei costi standard dei lavori e dei prezzi di riferimento di beni e servizi, avvalendosi a tal fine, sulla base di apposite convenzioni, del supporto dell'ISTAT e degli altri enti del Sistema statistico nazionale, alle condizioni di maggiore efficienza, tra quelli di maggiore impatto in termini di costo a carico della pubblica amministrazione, avvalendosi eventualmente anche delle informazioni contenute nelle banche dati esistenti presso altre Amministrazioni pubbliche e altri soggetti operanti nel settore dei contratti pubblici[2].

4. L'Autorità gestisce il sistema di qualificazione delle stazioni appaltanti e delle centrali di committenza.

5. Nell'ambito dello svolgimento della propria attività, l'Autorità può disporre ispezioni, anche su richiesta motivata di chiunque ne abbia interesse, avvalendosi eventualmente della collaborazione di altri organi dello Stato nonchè dell'ausilio del Corpo della Guardia di Finanza, che esegue le verifiche e gli accertamenti richiesti agendo con i poteri di indagine ad esso attribuiti ai fini degli accertamenti relativi all'imposta sul valore aggiunto e alle imposte sui redditi.

6. Qualora accerti l'esistenza di irregolarità, l'Autorità trasmette gli atti e i propri rilievi agli organi di controllo e, se le irregolarità hanno rilevanza penale, alle competenti Procure della Repubblica. Qualora accerti che dalla esecuzione dei contratti pubblici derivi pregiudizio per il pubblico erario, gli atti e i rilievi sono trasmessi anche ai soggetti interessati e alla Procura generale della Corte dei conti.

7. L'Autorità collabora con l'Autorità Garante della Concorrenza e del Mercato per la rilevazione di comportamenti aziendali meritevoli di valutazione al fine dell'attribuzione del "Rating di legalità" delle imprese di cui all'articolo 5-*ter* del decreto-legge 24 gennaio 2012, n. 1, convertito, con modificazioni, dalla legge 24 marzo 2012, n. 27. Il rating di legalità concorre anche alla determinazione del rating di impresa di cui all'articolo 83, comma 10.

8. Per le finalità di cui al comma 2, l'Autorità gestisce la Banca Dati Nazionale dei Contratti Pubblici, nella quale confluiscono, oltre alle informazioni acquisite per competenza tramite i propri sistemi informatizzati, tutte le informazioni contenute nelle banche dati esistenti, anche a livello territoriale, onde garantire accessibilità unificata, trasparenza, pubblicità e tracciabilità delle procedure di gara e delle fasi a essa prodromiche e successive. Con proprio provvedimento, l'Autorità individua le modalità e i tempi entro i quali i titolari di suddette banche dati, previa stipula di protocolli di interoperabilità, garantiscono la confluenza dei dati medesimi nell'unica Banca dati accreditata, di cui la medesima autorità è titolare in

via esclusiva. Per le opere pubbliche, l'Autorità, il Ministero dell'economia e delle finanze, il Ministero delle infrastrutture e dei trasporti, la Presidenza del Consiglio dei ministri e le Regioni e le Province autonome quali gestori dei sistemi informatizzati di cui al comma 4 dell'articolo 29 concordano le modalità di rilevazione e interscambio delle informazioni nell'ambito della banca dati nazionale dei contratti pubblici, della banca dati di cui all'articolo 13 della legge 31 dicembre 2009, n. 196, della banca dati di cui all'articolo 1, comma 5, della legge 17 maggio 1999, n. 144 e della banca dati di cui all'articolo 36 del decreto-legge 24 giugno 2014, n. 90, convertito, con modificazioni, dalla legge 11 agosto 2014, n. 114, al fine di assicurare, ai sensi del decreto legislativo 29 dicembre 2011, n. 229, del decreto legislativo 14 marzo 2013, n. 33 e del presente codice, il rispetto del principio di unicità dell'invio delle informazioni e la riduzione degli oneri amministrativi per i soggetti di cui all'articolo 1, comma 1, l'efficace monitoraggio dalla programmazione alla realizzazione delle opere e la tracciabilità dei relativi flussi finanziari o il raccordo degli adempimenti in termini di trasparenza preventiva. Ferma restando l'autonomia della banca dati nazionale degli operatori economici di cui all'articolo 81, l'Autorità e il Ministero delle infrastrutture e dei trasporti concordano le modalità di interscambio delle informazioni per garantire la funzione di prevenzione dalla corruzione e di tutela della legalità dell'Autorità e nel contempo evitare sovrapposizione di competenze e ottimizzare l'utilizzo dei dati nell'interesse della fruizione degli stessi da parte degli operatori economici e delle stazioni appaltanti[3].

9. Per la gestione della Banca dati di cui al comma 8, l'Autorità si avvale dell'Osservatorio dei contratti pubblici relativi a lavori, servizi e forniture, composto da una sezione centrale e da sezioni regionali aventi sede presso le regioni e le province autonome. L'Osservatorio opera mediante procedure informatiche, sulla base di apposite convenzioni, anche attraverso collegamento con i relativi sistemi in uso presso le sezioni regionali e presso altre Amministrazioni pubbliche e altri soggetti operanti nei settore dei contratti pubblici. L'Autorità stabilisce le modalità di funzionamento dell'Osservatorio nonchè le informazioni obbligatorie, i termini e le forme di comunicazione che le stazioni appaltanti e gli enti aggiudicatori sono tenuti a trasmettere all'Osservatorio. Nei confronti del soggetto che ometta, senza giustificato motivo, di fornire informazioni richieste ovvero fornisce informazioni non veritiere, l'Autorità può irrogare la sanzione amministrativa pecuniaria di cui al comma 13. La sezione centrale dell'Osservatorio si avvale delle sezioni regionali competenti per territorio per l'acquisizione delle informazioni necessarie allo svolgimento dei compiti istituzionali, sulla base di appositi accordi con le regioni. La sezione centrale dell'Osservatorio provvede a monitorare l'applicazione dei criteri ambientali minimi di cui al decreto di cui all'articolo 34 comma 1 e il raggiungimento degli obiettivi prefissati dal Piano d'azione per la sostenibilità dei consumi nel settore della pubblica amministrazione[4].

10. L'Autorità gestisce il Casellario Informatico dei contratti pubblici di lavori, servizi e forniture, istituito presso l'Osservatorio, contenente tutte le notizie, le informazioni e i dati relativi agli operatori economici con riferimento alle iscrizioni previste dall'articolo 80. L'Autorità stabilisce le ulteriori informazioni che devono essere presenti nel casellario ritenute utili ai fini della tenuta dello stesso, della verifica dei gravi illeciti professionali di cui all'articolo 80, comma 5, lettera *c)*, dell'attribuzione del rating di impresa di cui all'articolo 83, comma 10, o del conseguimento dell'attestazione di qualificazione di cui all'articolo 84. L'Autorità assicura, altresì, il collegamento del casellario con la banca dati di cui all'articolo 81[5].

11. Presso l'Autorità opera la Camera arbitrale per i contratti pubblici relativi a lavori, servizi, forniture di cui all'articolo 210.

12. Resta fermo quanto previsto dall'articolo 1, comma 67, legge 23 dicembre 2005, n. 266.

13. Nel rispetto dei principi di cui alla legge 24 novembre 1981, n. 689, l'Autorità ha il potere di irrogare sanzioni amministrative pecuniarie nei confronti dei soggetti che rifiutano od omettono, senza giustificato motivo, di fornire le informazioni o di esibire i documenti richiesti dalla stessa e nei confronti degli operatori economici che non ottemperano alla richiesta della stazione appaltante o dell'ente aggiudicatore di comprovare il possesso dei requisiti di partecipazione alla procedura di affidamento, entro il limite minimo di euro 250 e il limite massimo di euro 25.000. Nei confronti dei soggetti che a fronte della richiesta di informazioni o di esibizione di documenti da parte dell'Autorità forniscono informazioni o esibiscono documenti non veritieri e nei confronti degli operatori economici che forniscono alle stazioni appaltanti o agli enti aggiudicatori o agli organismi di attestazione, dati o documenti non veritieri circa il possesso dei requisiti di qualificazione, fatta salva l'eventuale sanzione penale, l'Autorità ha il potere di irrogare sanzioni amministrative pecuniarie entro il limite minimo di euro 500 e il limite massimo di euro 50.000. Con propri atti l'Autorità disciplina i procedimenti sanzionatori di sua competenza[6].

14. Le somme derivanti dal pagamento delle sanzioni di cui all'articolo 211 sono versate all'entrata del bilancio dello Stato per la successiva riassegna-

zione in un apposito fondo da istituire nello stato di previsione del Ministero delle infrastrutture e dei trasporti, per essere destinate, con decreto dello stesso Ministro, alla premialità delle stazioni appaltanti, secondo i criteri individuati dall'ANAC ai sensi dell'articolo 38. Il Ministro dell'economia e delle finanze è autorizzato ad apportare con propri decreti le occorrenti variazioni di bilancio.

15. L'Autorità gestisce e aggiorna l'Albo Nazionale obbligatorio dei componenti delle commissioni giudicatrici di cui all'articolo 78 nonchè l'elenco delle stazioni appaltanti che operano mediante affidamenti diretti nei confronti di proprie società in house ai sensi dell'articolo 192.

16. È istituito, presso l'Autorità, nell'ambito dell'Anagrafe unica delle stazioni appaltanti l'elenco dei soggetti aggregatori.

17. Al fine di garantire la consultazione immediata e suddivisa per materia degli strumenti di regolazione flessibile adottati dall'ANAC comunque denominati, l'ANAC pubblica i suddetti provvedimenti con modalità tali da rendere immediatamente accessibile alle stazioni appaltanti e agli operatori economici la disciplina applicabile a ciascun procedimento.

17-*bis*. L'ANAC indica negli strumenti di regolazione flessibile, di cui al comma 2, e negli ulteriori atti previsti dal presente codice, la data in cui gli stessi acquistano efficacia, che di regola coincide con il quindicesimo giorno successivo alla loro pubblicazione nella Gazzetta Ufficiale della Repubblica italiana e che, in casi di particolare urgenza, non può comunque essere anteriore al giorno successivo alla loro pubblicazione nella Gazzetta Ufficiale della Repubblica italiana. Gli atti stessi si applicano alle procedure e ai contratti per i quali i bandi o gli avvisi, con cui si indice la procedura di scelta del contraente, siano pubblicati successivamente alla data di decorrenza di efficacia indicata dall'ANAC ai sensi del primo periodo; in caso di contratti senza pubblicazione di bandi o di avvisi si applicano alle procedure e ai contratti in relazione ai quali, alla data di decorrenza di efficacia, non siano ancora stati inviati gli inviti a presentare le offerte[7] [8] [9].

[1] Lettera così modificata dall'art. 125, D.Lgs. 19 aprile 2017, n. 56. Il testo previgente disponeva: *e) predispone e invia al Governo e al Parlamento una relazione annuale sull'attività svolta evidenziando le disfunzioni riscontrate nell'esercizio delle proprie funzioni.*

[2] Lettera aggiunta dall'art. 125, D.Lgs. 19 aprile 2017, n. 56.

[3] Comma così modificato dall'art. 125, D.Lgs. 19 aprile 2017, n. 56. Il testo previgente disponeva: *8. Per le finalità di cui al comma 2, l'Autorità gestisce la Banca Dati Nazionale dei Contratti Pubblici nella quale confluiscono tutte le informazioni contenute nelle banche dati esistenti, anche a livello territoriale, onde garantire accessibilità unificata, trasparenza, pubblicità e tracciabilità delle procedure di gara e delle fasi a essa prodromiche e successive. Con proprio provvedimento, l'Autorità individua le modalità e i tempi entro i quali i titolari di suddette banche dati, previa stipula di protocolli di interoperabilità, garantiscono la confluenza dei dati medesimi nell'unica Banca dati accreditata, di cui la medesima autorità è titolare in via esclusiva. Ferma restando l'autonomia della banca dati nazionale degli operatori economici di cui all'articolo 81, l'Autorità e il Ministero delle infrastrutture e dei trasporti concordano le modalità di interscambio delle informazioni per garantire la funzione di prevenzione dalla corruzione e di tutela della legalità dell'Autorità e nel contempo evitare sovrapposizione di competenze e ottimizzare l'utilizzo dei dati nell'interesse della fruizione degli stessi da parte degli operatori economici e delle stazioni appaltanti.*

[4] Comma così modificato dall'art. 125, D.Lgs. 19 aprile 2017, n. 56. Il testo previgente disponeva: *9. Per la gestione della Banca dati di cui al comma 8, l'Autorità si avvale dell'Osservatorio dei contratti pubblici relativi a lavori, servizi e forniture, composto da una sezione centrale e da sezioni regionali aventi sede presso le regioni e le province autonome. L'Osservatorio opera mediante procedure informatiche, sulla base di apposite convenzioni, anche attraverso collegamento con i relativi sistemi in uso presso altre Amministrazioni pubbliche e altri soggetti operanti nei settore dei contratti pubblici. L'Autorità stabilisce le modalità di funzionamento dell'Osservatorio nonchè le informazioni obbligatorie, i termini e le forme di comunicazione che le stazioni appaltanti e gli enti aggiudicatori sono tenuti a trasmettere all'Osservatorio. Nei confronti del soggetto che ometta, senza giustificato motivo, di fornire informazioni richieste ovvero fornisce informazioni non veritiere, l'Autorità può irrogare la sanzione amministrativa pecuniaria di cui al comma 13. La sezione centrale dell'Osservatorio si avvale delle sezioni regionali competenti per territorio per l'acquisizione delle informazioni necessarie allo svolgimento dei compiti istituzionali, ovvero di analoghe strutture delle regioni sulla base di appositi accordi con le regioni stesse.*

[5] Comma così modificato dall'art. 125, D.Lgs. 19 aprile 2017, n. 56. Il testo previgente disponeva: *10. L'Autorità gestisce il Casellario Informatico dei contratti pubblici di lavori, servizi e forniture, istituito presso l'Osservatorio, contenente tutte le notizie, le informazioni e i dati relativi agli operatori economici con riferimento alle iscrizioni previste dall'articolo 80. Garantisce altresì, il collegamento con la banca dati di cui all'articolo 81.*

[6] Comma così modificato dall'art. 125, D.Lgs. 19 aprile 2017, n. 56. Il testo previgente disponeva: *13. L'Autorità ha il potere di irrogare sanzioni amministrative pecuniarie nei confronti dei soggetti che rifiutano od omettono, senza giustificato motivo, di fornire le informazioni o di esibire i documenti richiesti dalla stessa e nei confronti degli operatori economici che non ottemperano alla richiesta della stazione appaltante o dell'ente aggiudicatore di comprovare il possesso dei requisiti di partecipazione alla procedura di affidamento, entro il limite minimo di euro 250 e il limite massimo di euro 25.000. Nei confronti dei soggetti che a fronte della richiesta di informazioni o di esibizione di documenti da parte dell'Autorità forniscono informazioni o esibiscono documenti non veritieri e nei confronti degli operatori economici che forniscono alle stazioni appaltanti o agli enti aggiudicatori o agli organismi di attestazione, dati o documenti non veritieri circa il possesso dei requisiti di qualificazione, fatta salva l'eventuale sanzione penale, l'Autorità ha il potere di irrogare sanzioni amministrative pecuniarie entro il limite minimo di euro 500 e il limite massimo di euro 50.000. Con propri atti l'Autorità disciplina i procedimenti sanzionatori di sua competenza.*

[7] Comma aggiunto dall'art. 125, D.Lgs. 19 aprile 2017, n. 56.

[8] V. art. 6, D.Lgs. 12 aprile 2006, n. 163 (vecchio Codice dei contratti pubblici), che dispone: *Art. 6. Autorità per la vigi-*

lanza sui contratti pubblici di lavori, servizi e forniture. [1. L'Autorità per la vigilanza sui lavori pubblici, con sede in Roma, istituita dall'articolo 4 della legge 11 febbraio 1994, n. 109, assume la denominazione di Autorità per la vigilanza sui contratti pubblici di lavori, servizi e forniture.

2. L'Autorità è organo collegiale costituito da sette membri nominati con determinazione adottata d'intesa dai Presidenti della Camera dei deputati e del Senato della Repubblica. I membri dell'Autorità, al fine di garantire la pluralità delle esperienze e delle conoscenze, sono scelti tra personalità che operano in settori tecnici, economici e giuridici con riconosciuta professionalità. L'Autorità sceglie il presidente tra i propri componenti e stabilisce le norme sul proprio funzionamento.

3. I membri dell'Autorità durano in carica sette anni fino all'approvazione della legge di riordino delle autorità indipendenti e non possono essere confermati. Essi non possono esercitare, a pena di decadenza, alcuna attività professionale o di consulenza, non possono essere amministratori o dipendenti di enti pubblici o privati nè ricoprire altri uffici pubblici di qualsiasi natura o rivestire cariche pubbliche elettive o cariche nei partiti politici. I dipendenti pubblici, secondo gli ordinamenti di appartenenza, sono collocati fuori ruolo o in aspettativa per l'intera durata del mandato. Con decreto del Presidente del Consiglio dei ministri, su proposta del Ministro dell'economia e delle finanze, è determinato il trattamento economico spettante ai membri dell'Autorità.

4. L'Autorità è connotata da indipendenza funzionale, di giudizio e di valutazione e da autonomia organizzativa.

5. L'Autorità vigila sui contratti pubblici, anche di interesse regionale, di lavori, servizi e forniture nei settori ordinari e nei settori speciali, nonchè, nei limiti stabiliti dal presente codice, sui contratti pubblici di lavori, servizi e forniture esclusi dall'ambito di applicazione del presente codice, al fine di garantire l'osservanza dei principi di cui all'articolo 2 e, segnatamente, il rispetto dei principi di correttezza e trasparenza delle procedure di scelta del contraente, di tutela delle piccole e medie imprese attraverso adeguata suddivisione degli affidamenti in lotti funzionali o di economica ed efficiente esecuzione dei contratti, nonchè il rispetto delle regole della concorrenza nelle singole procedure di gara.

6. Sono fatte salve le competenze delle altre Autorità amministrative indipendenti.

7. Oltre a svolgere i compiti espressamente previsti da altre norme, l'Autorità:

a) vigila sull'osservanza della disciplina legislativa e regolamentare vigente, verificando, anche con indagini campionarie, la regolarità delle procedure di affidamento;

b) vigila sui contratti di lavori, servizi, forniture, esclusi in tutto o in parte dall'ambito di applicazione del presente codice, verificando, con riferimento alle concrete fattispecie contrattuali, la legittimità della sottrazione al presente codice e il rispetto dei principi relativi ai contratti esclusi; non sono soggetti a obblighi di comunicazione all'Osservatorio nè a vigilanza dell'Autorità i contratti di cui agli articoli 16, 17, 18;

c) vigila affinchè sia assicurata l'economicità di esecuzione dei contratti pubblici;

d) accerta che dall'esecuzione dei contratti non sia derivato pregiudizio per il pubblico erario;

e) segnala al Governo e al Parlamento, con apposita comunicazione, fenomeni particolarmente gravi di inosservanza o di applicazione distorta della normativa sui contratti pubblici;

f) formula al Governo proposte in ordine alle modifiche occorrenti in relazione alla legislazione che disciplina i contratti pubblici di lavori, servizi, forniture;

g) formula al Ministro delle infrastrutture proposte per la revisione del regolamento;

h) predispone e invia al Governo e al Parlamento una relazione annuale nella quale si evidenziano le disfunzioni riscontrate nel settore dei contratti pubblici con particolare riferimento:

h.1) alla frequenza del ricorso a procedure non concorsuali;

h.2) alla inadeguatezza della pubblicità degli atti;

h.3) allo scostamento dai costi standardizzati di cui all'articolo 7;

h.4) alla frequenza del ricorso a sospensioni dell'esecuzione o a varianti in corso di esecuzione;

h.5) al mancato o tardivo adempimento degli obblighi nei confronti dei concessionari e degli appaltatori;

h.6) allo sviluppo anomalo del contenzioso;

i) sovrintende all'attività dell'Osservatorio di cui all'articolo 7;

l) esercita i poteri sanzionatori ad essa attribuiti;

m) vigila sul sistema di qualificazione, con le modalità stabilite dal regolamento di cui all'articolo 5; nell'esercizio di tale vigilanza l'Autorità può annullare, in caso di constatata inerzia degli organismi di attestazione, le attestazioni rilasciate in difetto dei presupposti stabiliti dalle norme vigenti, nonchè sospendere, in via cautelare, dette attestazioni;

n) su iniziativa della stazione appaltante e di una o più delle altre parti, esprime parere non vincolante relativamente a questioni insorte durante lo svolgimento delle procedure di gara, eventualmente formulando una ipotesi di soluzione; si applica l'articolo 1, comma 67, terzo periodo, della legge 23 dicembre 2005, n. 266;

o) svolge i compiti previsti dall'articolo 1, comma 67, legge 23 dicembre 2005, n. 266.

8. Quando all'Autorità è attribuita la competenza ad irrogare sanzioni pecuniarie, le stesse, nei limiti edittali, sono commisurate al valore del contratto pubblico cui le violazioni si riferiscono. Sono fatte salve le diverse sanzioni previste dalle norme vigenti. I provvedimenti dell'Autorità devono prevedere il termine di pagamento della sanzione. La riscossione della sanzione avviene mediante iscrizione a ruolo.

9. Nell'ambito della propria attività l'Autorità può:

a) richiedere alle stazioni appaltanti, agli operatori economici esecutori dei contratti, alle SOA nonchè ad ogni altra pubblica amministrazione e ad ogni ente, anche regionale, operatore economico o persona fisica che ne sia in possesso, documenti, informazioni e chiarimenti relativamente ai lavori, servizi e forniture pubblici, in corso o da iniziare, al conferimento di incarichi di progettazione, agli affidamenti;

b) disporre ispezioni, anche su richiesta motivata di chiunque ne abbia interesse, avvalendosi anche della collaborazione di altri organi dello Stato;

c) disporre perizie e analisi economiche e statistiche nonchè la consultazione di esperti in ordine a qualsiasi elemento rilevante ai fini dell'istruttoria;

d) avvalersi del Corpo della Guardia di Finanza, che eseguo le verifiche e gli accertamenti richiesti agendo con i poteri di indagine ad esso attribuiti ai fini degli accertamenti relativi all'imposta sul valore aggiunto e alle imposte sui redditi. Tutte le notizie, le informazioni e i dati acquisiti dalla Guardia di Finanza nello svolgimento di tali attività sono comunicati all'Autorità.

10. Tutte le notizie, le informazioni o i dati riguardanti gli operatori economici oggetto di istruttoria da parte dell'Autorità sono tutelati, sino alla conclusione dell'istruttoria medesima, dal segreto di ufficio anche nei riguardi delle pubbliche amministrazioni. I funzionari dell'Autorità, nell'esercizio delle loro funzioni, sono pubblici ufficiali. Essi sono vincolati dal segreto d'ufficio.

11. Con provvedimento dell'Autorità, i soggetti ai quali è richiesto di fornire gli elementi di cui al comma 9 sono sotto-

posti alla sanzione amministrativa pecuniaria fino a euro 25.822 se rifiutano od omettono, senza giustificato motivo, di fornire le informazioni o di esibire i documenti, ovvero alla sanzione amministrativa pecuniaria fino a euro 51.545 se forniscono informazioni od esibiscono documenti non veritieri. Le stesse sanzioni si applicano agli operatori economici che non ottemperano alla richiesta della stazione appaltante o dell'ente aggiudicatore di comprovare il possesso dei requisiti di partecipazione alla procedura di affidamento, nonchè agli operatori economici che forniscono dati o documenti non veritieri, circa il possesso dei requisiti di qualificazione, alle stazioni appaltanti o agli enti aggiudicatori o agli organismi di attestazione.

12. Qualora i soggetti ai quali è richiesto di fornire gli elementi di cui al comma 9 appartengano alle pubbliche amministrazioni, si applicano le sanzioni disciplinari previste dai rispettivi ordinamenti. Il procedimento disciplinare è instaurato dall'amministrazione competente su segnalazione dell'Autorità e il relativo esito va comunicato all'Autorità medesima.

13. Qualora accerti l'esistenza di irregolarità, l'Autorità trasmette gli atti e i propri rilievi agli organi di controllo e, se le irregolarità hanno rilevanza penale, agli organi giurisdizionali competenti. Qualora l'Autorità accerti che dalla esecuzione dei contratti pubblici derivi pregiudizio per il pubblico erario, gli atti e i rilievi sono trasmessi anche ai soggetti interessati e alla procura generale della Corte dei conti].

[9] V. Reg. Anac 20 luglio 2016 (Regolamento per l'esercizio della funzione consultiva svolta dall'Autorità nazionale anticorruzione ai sensi della Legge 6 novembre 2012, n. 190 e dei relativi decreti attuativi e ai sensi del decreto legislativo 18 aprile 2016, n. 50, al di fuori dei casi di cui all'art. 211 del decreto stesso), che dispone: *1. Oggetto. L'Autorità svolge attività consultiva finalizzata a fornire orientamenti in ordine a particolari problematiche interpretative e applicative poste dalla legge 6 novembre 2012, n. 190 e dai suoi decreti attuativi, nonché indirizzi al mercato vigilato sulla corretta interpretazione e applicazione della normativa in materia di contratti pubblici con riferimento a fattispecie concrete ai sensi dell'art. 213 del D.Lgs. n. 50/2016 e, comunque, al di fuori dei casi in cui è previsto il rilascio dei pareri di precontenzioso di cui all'art. 211 dello stesso decreto.*

L'attività consultiva è esercitata: - quando la questione di diritto oggetto della richiesta ha carattere di novità; - quando la soluzione alla problematica giuridica sollevata può trovare applicazione a casi analoghi; - quando la disposizione normativa oggetto della richiesta presenta una particolare complessità; - quando la richiesta sottoposta all'Autorità presenta una particolare rilevanza sotto il profilo dell'impatto socio-economico; - quando i profili problematici individuati nella richiesta per l'esercizio dell'attività di vigilanza e/o in relazione agli obiettivi generali di trasparenza e prevenzione della corruzione perseguiti dall'Autorità, appaiono particolarmente significativi.

2. Soggetti richiedenti. Possono rivolgere all'Autorità richiesta di parere, nelle materie di cui all'art. 1, comma 1: - le pubbliche amministrazioni, gli enti di diritto privato che svolgono attività di pubblico interesse nonché le stazioni appaltanti ai sensi dell'art. 3, comma 1, lett. o) del D.Lgs. n. 50/2016; - i soggetti privati o i soggetti portatori di interessi collettivi costituiti in associazioni o comitati destinatari di un eventuale provvedimento nell'ambito di un procedimento della pubblica amministrazione o di un ente di diritto privato che svolge attività di pubblico interesse; - gli operatori economici che partecipano a gare per l'affidamento di contratti pubblici;

3. Modalità di presentazione della richiesta. La richiesta di parere è trasmessa all'Autorità preferibilmente mediante utilizzo di posta elettronica unitamente alla documentazione ritenuta utile per inquadrare la questione giuridica sottoposta. A tal fine è possibile utilizzare il modulo allegato al presente Regolamento.

La richiesta - sottoscritta dal legale rappresentante dell'amministrazione o dell'ente di diritto privato di cui all'art. 2, comma 1, lett. a) ovvero dal Responsabile della corruzione e della trasparenza - deve contenere una sintetica ricostruzione di tutti gli elementi di fatto e di diritto ritenuti rilevanti ai fini del rilascio del parere. Il quesito o i quesiti giuridici sottoposti all'Autorità devono essere preferibilmente articolati in punti.

Nella richiesta di parere le parti segnalano i dati sensibili, che a loro giudizio devono essere sottratti alla pubblicazione.

4. Inammissibilità della richiesta. Non sono ritenute ammissibili le richieste che: - non rientrano nelle ipotesi di cui all'art. 1, comma 2; - non riguardano fattispecie specifiche; - non sono sottoscritte dall'organo competente, ai sensi dell'art. 3, comma 2; - sono interferenti con esposti di vigilanza, atti di regolazione a valenza generale, comunque denominati, e procedimenti sanzionatori in corso di istruttoria presso l'Autorità; - hanno ad oggetto questioni e/o materie che esulano dalla competenza dell'Autorità. - hanno contenuto generico o contengono un mero rinvio alla documentazione allegata e/o alla corrispondenza intercorsa fra le parti.

5. Archiviazione delle richieste. L'Ufficio competente provvede alle archiviazioni delle richieste di parere ritenute inammissibili ai sensi dell'art. 4 e comunica al Consiglio, con cadenza mensile, l'elenco delle archiviazioni predisposte.

I provvedimenti di archiviazione sono comunicati ai soggetti richiedenti preferibilmente mediante posta elettronica e se non disponibile mediante raccomandata con ricevuta di ritorno.

Qualora le richieste oggetto di archiviazione riguardino questioni giuridiche ritenute rilevanti, sono trasmesse agli uffici competenti per materia ai fini dell'adozione di atti a carattere generale o per l'avvio di attività di vigilanza.

6. Istruttoria e adozione del parere ordinario. L'Ufficio esamina le richieste pervenute e, con riferimento a quelle ritenute ammissibili, redige, previa apposita istruttoria, una proposta di parere che sottopone al Consiglio per la successiva approvazione.

Il parere ordinario approvato dal Consiglio è comunicato, a firma del Presidente dell'Autorità, alle parti interessate.

7. Parere in forma breve. Il parere può essere reso in forma breve nei casi in cui la questione giuridica oggetto della richiesta non necessita di uno specifico approfondimento istruttorio, perché di pacifica interpretazione ed in quanto oggetto di precedenti pronunce dell'Autorità e/o di indirizzi giurisprudenziali consolidati e già condivisi dalla stessa.

Il dirigente dell'ufficio sottopone, cumulativamente e con cadenza settimanale, al Presidente i pareri redatti in forma breve per la successiva trasmissione ed approvazione da parte del Consiglio.

Una volta approvato dal Consiglio, il parere è comunicato a firma del dirigente alle parti interessate.

8. Comunicazioni e pubblicità. I pareri adottati ai sensi dell'art. 6 sono pubblicati sul sito internet dell'Autorità, tenendo conto dell'eventuale richiesta formulata dalle parti, ai sensi dell'art. 3, comma 2 e comunque sottraendo dalla pubblicazione solo i dati personali non pertinenti o eccedenti rispetto al fine di rendere conoscibili le deliberazioni dell'Autorità.

9. Abrogazione. Il presente Regolamento approvato dal Consiglio entra in vigore il giorno successivo alla pubblicazione sul sito dell'Autorità.

A far data dall'entrata in vigore del presente Regolamento è abrogato il Regolamento del 14 gennaio 2015.

Roma, 20 luglio 2016.

V., anche, Reg. Anac 4 luglio 2018 (*Regolamento sull'esercizio dell'attività di vigilanza in materia di contratti pubblici*).

214. *Ministero delle infrastrutture e dei trasporti e struttura tecnica di missione.* 1. Nell'ambito delle funzioni di cui al decreto legislativo 30 luglio 1999 n. 300, il Ministero delle infrastrutture e dei trasporti promuove le attività tecniche e amministrative occorrenti ai fini della adeguata e sollecita progettazione e approvazione delle infrastrutture ed effettua, con la collaborazione delle regioni o province autonome interessate, le attività di supporto necessarie per la vigilanza, da parte dell'autorità competente, sulla realizzazione delle infrastrutture.

2. Nello svolgimento delle funzioni di cui al comma 1, il Ministero impronta la propria attività al principio di leale collaborazione con le regioni e le province autonome e con gli enti locali interessati e acquisisce, nei casi indicati dalla legge, la previa intesa delle regioni o province autonome interessate. Ai fini di cui al comma 1, il Ministero, in particolare:

a) promuove e riceve le proposte delle regioni o province autonome e degli altri enti aggiudicatori;

b) promuove e propone intese quadro tra Governo e singole regioni o province autonome, al fine del congiunto coordinamento e realizzazione delle infrastrutture;

c) promuove la redazione dei progetti di fattibilità delle infrastrutture da parte dei soggetti aggiudicatori, anche attraverso eventuali intese o accordi procedimentali tra i soggetti comunque interessati;

d) provvede, eventualmente in collaborazione con le regioni, le province autonome e gli altri enti interessati con oneri a proprio carico, alle attività di supporto al CIPE per la vigilanza sulle attività di affidamento da parte dei soggetti aggiudicatori e della successiva realizzazione delle infrastrutture e degli insediamenti prioritari per lo sviluppo del Paese di cui alla parte V;

e) ove necessario, collabora alle attività dei soggetti aggiudicatori o degli enti interessati alle attività istruttorie con azioni di indirizzo e supporto;

f) cura l'istruttoria sui progetti di fattibilità e definitivi, anche ai fini della loro sottoposizione alle deliberazioni del CIPE in caso di infrastrutture e di insediamenti prioritari per lo sviluppo del Paese di cui alla parte V, proponendo allo stesso le eventuali prescrizioni per l'approvazione del progetto. Per le opere di competenza dello Stato, il parere del Consiglio superiore dei lavori pubblici, o di altri organi o commissioni consultive, ove richiesto dalle norme vigenti, è acquisito sul progetto definitivo;

g) assegna ai soggetti aggiudicatori, a carico dei fondi di cui all'articolo 202, comma 1, lettera *a)*, le risorse finanziarie integrative necessarie alle attività progettuali; in caso di infrastrutture e di insediamenti prioritari per lo sviluppo del Paese di cui alla parte V, propone, d'intesa con il Ministero dell'economia e delle finanze, al CIPE l'assegnazione ai soggetti aggiudicatori, a carico dei fondi, delle risorse finanziarie integrative necessarie alla realizzazione delle infrastrutture, contestualmente all'approvazione del progetto definitivo e nei limiti delle risorse disponibili, dando priorità al completamento delle opere incompiute;

h) verifica l'avanzamento dei lavori anche attraverso sopralluoghi tecnico-amministrativi presso i cantieri interessati, previo accesso agli stessi; a tal fine può avvalersi, ove necessario, del Corpo della Guardia di finanza, mediante la sottoscrizione di appositi protocolli di intesa.

3. Per le attività di indirizzo e pianificazione strategica, ricerca, supporto e alta consulenza, valutazione, revisione della progettazione, monitoraggio e alta sorveglianza delle infrastrutture, il Ministero può avvalersi di una struttura tecnica di missione composta da dipendenti nei limiti dell'organico approvato e dirigenti delle pubbliche amministrazioni, da tecnici individuati dalle regioni o province autonome territorialmente coinvolte, nonchè, sulla base di specifici incarichi professionali o rapporti di collaborazione coordinata e continuativa, da progettisti ed esperti nella gestione di lavori pubblici e privati e di procedure amministrative. La struttura tecnica di missione è istituita con decreto del Ministro delle infrastrutture. La struttura può, altresì, avvalersi di personale di alta specializzazione e professionalità, previa selezione, con contratti a tempo determinato di durata non superiore al quinquennio rinnovabile per una sola volta nonchè quali advisor, di Università statali e non statali legalmente riconosciute, di Enti di ricerca e di società specializzate nella progettazione e gestione di lavori pubblici e privati. La struttura svolge, altresì, le funzioni del Nucleo di valutazione e verifica degli investimenti pubblici, previste dall'articolo 1 della legge 17 maggio 1999, n. 144 e dall'articolo 7 del decreto legislativo 29 dicembre 2011, n. 228.

4. Al fine di agevolare, sin dall'inizio della fase istruttoria, la realizzazione di infrastrutture e insediamenti prioritari, il Ministro delle infrastrutture e dei trasporti, sentiti i Ministri competenti, nonchè i Presidenti delle regioni o province autonome interessate, propone al Presidente del Consiglio dei ministri la nomina di commissari straordinari, i quali seguono l'andamento delle opere e provvedono alle opportune azioni di indirizzo e supporto promuovendo anche attività di prevenzione dell'insorgenza dei conflitti e dei contenziosi anche con riferimento alle esigenze delle comunità locali, nonchè le occorrenti intese tra i soggetti pubblici e privati interessati. Nell'espletamento delle suddette attività, e nel caso di particolare complessità delle stesse, il commissario straordinario può essere affiancato da un sub-commissario, nominato dal Presidente del Consiglio dei ministri, su proposta dei Presidenti delle regioni o

province autonome territorialmente coinvolte, con oneri a carico delle regioni o province autonome proponenti ovvero a valere sulle risorse di cui al comma 8. Per le opere non aventi carattere interregionale o internazionale, la proposta di nomina del commissario straordinario è formulata d'intesa con la regione o la provincia autonoma, o l'ente territoriale interessati[1].

5. Gli oneri derivanti dall'applicazione del comma 4 sono posti a carico dei fondi di cui all'articolo 202 e sono contenuti nell'ambito della quota delle risorse che annualmente sono destinate allo scopo con decreto del Ministro delle infrastrutture e dei trasporti, di concerto con il Ministro dell'economia e delle finanze. Gli oneri per il funzionamento della struttura tecnica di missione di cui al comma 3 trovano copertura sui fondi di cui all'articolo 1, comma 238, della legge 30 dicembre 2004, n. 311, nonchè sulle risorse assegnate annualmente al Ministero delle Infrastrutture e dei Trasporti ai sensi della legge n. 144 del 1999.

6. Il Presidente del Consiglio dei ministri, su proposta del Ministro delle infrastrutture, sentiti i Ministri competenti nonchè, per le infrastrutture di competenza dei soggetti aggiudicatori regionali, i presidenti delle regioni o province autonome interessate, abilita eventualmente i commissari straordinari ad adottare, con le modalità e i poteri di cui all'articolo 13 del decreto-legge 25 marzo 1997, n. 67, convertito, con modificazioni, dalla legge 23 maggio 1997, n. 135, in sostituzione dei soggetti competenti, i provvedimenti e gli atti di qualsiasi natura necessari alla sollecita progettazione, istruttoria, affidamento e realizzazione delle infrastrutture e degli insediamenti produttivi.

7. I commissari straordinari agiscono in autonomia e con l'obiettivo di garantire l'interesse pubblico e riferiscono al Presidente del Consiglio, al Ministro delle infrastrutture e al CIPE in ordine alle problematiche riscontrate e alle iniziative assunte e operano secondo le direttive dai medesimi impartite e con il supporto del Ministero, e, ove esistenti, della struttura tecnica di missione e degli advisor, acquisendo, per il tramite degli stessi, ogni occorrente studio e parere. Nei limiti dei costi autorizzati a norma del comma 8, i commissari straordinari e i sub-commissari si avvalgono della struttura di cui al comma 3, nonchè delle competenti strutture regionali e possono avvalersi del supporto e della collaborazione dei soggetti terzi[2].

8. Il decreto del Presidente del Consiglio dei ministri di nomina del commissario straordinario individua il compenso e i costi pertinenti alle attività da svolgere dallo stesso, nonchè le modalità di corresponsione degli stessi a valere sulle risorse del quadro economico di ciascun intervento, nei limiti delle somme stanziate per tale finalità[3].

8-*bis*. Ai commissari nominati ai sensi dell'articolo 20 del decreto-legge 29 novembre 2008, n. 185, convertito, con modificazioni, dalla legge 28 gennaio 2009, n. 2, per le opere di cui al presente articolo si applicano le disposizioni di cui ai commi da 4 a 8[4].

9. [...][5].

10. Il Ministero delle infrastrutture e dei trasporti assicura il supporto e l'assistenza necessari alle stazioni appaltanti per l'applicazione della disciplina di settore, in collaborazione con le Regioni e le Province autonome di Trento e di Bolzano nell'ambito delle attività che queste esercitano ai sensi del presente codice.

11. In sede di prima applicazione restano, comunque, validi gli atti ed i provvedimenti adottati e sono fatti salvi gli effetti prodotti ed i rapporti giuridici sorti sulla base dell'articolo 163 del decreto legislativo 12 aprile 2006, n. 163.

12. [...][6 7].

[1] Comma così modificato dall'art. 126, D.Lgs. 19 aprile 2017, n. 56. Il testo previgente disponeva: *4. Al fine di agevolare, sin dall'inizio della fase istruttoria, la realizzazione di infrastrutture e insediamenti prioritari, il Ministro delle infrastrutture e dei trasporti, sentiti i Ministri competenti, nonchè i Presidenti delle regioni o province autonome interessate, propone al Presidente del Consiglio dei ministri la nomina di commissari straordinari, i quali seguono l'andamento delle opere e provvedono alle opportune azioni di indirizzo e supporto promuovendo le occorrenti intese tra i soggetti pubblici e privati interessati. Nell'espletamento delle suddette attività, e nel caso di particolare complessità delle stesse, il commissario straordinario può essere affiancato da un sub-commissario, nominato dal Presidente del Consiglio dei ministri, su proposta dei Presidenti delle regioni o province autonome territorialmente coinvolte, con oneri a carico delle regioni o province autonome proponenti. Per le opere non aventi carattere interregionale o internazionale, la proposta di nomina del commissario straordinario è formulata d'intesa con la regione o la provincia autonoma, o l'ente territoriale interessati.*

[2] Comma così modificato dall'art. 126, D.Lgs. 19 aprile 2017, n. 56. Il testo previgente disponeva: *7. I commissari straordinari riferiscono al Presidente del Consiglio, al Ministro delle infrastrutture e al CIPE in ordine alle problematiche riscontrate e alle iniziative assunte e operano secondo le direttive dai medesimi impartite e con il supporto del Ministero, e, ove esistenti, della struttura tecnica di missione e degli advisor, acquisendo, per il tramite degli stessi, ogni occorrente studio e parere. Nei limiti dei costi autorizzati a norma del comma 8, i commissari straordinari e i sub-commissari si avvalgono della struttura di cui al comma 3, nonchè delle competenti strutture regionali e possono avvalersi del supporto e della collaborazione dei soggetti terzi.*

[3] Comma così modificato dall'art. 126, D.Lgs. 19 aprile 2017, n. 56. Il testo previgente disponeva: *8. Il decreto del Presidente del Consiglio dei ministri di nomina del commissario straordinario individua il compenso e i costi pertinenti alle attività da svolgere dallo stesso, nonchè le modalità di corresponsione degli stessi, a carico dei fondi, nell'ambito delle risorse di cui al comma 5.*

[4] Comma aggiunto dall'art. 126, D.Lgs. 19 aprile 2017, n. 56.

[5] Comma abrogato dall'art. 126, D.Lgs. 19 aprile 2017, n. 56. Il testo previgente disponeva: *9. Il Ministero, anche per le esigenze della struttura tecnica di missione, può, altresì, avvalersi, quali advisor, di Università statali e non statali legal-*

mente riconosciute, di Enti di ricerca e società specializzate nella progettazione e gestione di lavori pubblici e privati.

[6] Comma abrogato dall'art. 126, D.Lgs. 19 aprile 2017, n. 56. Il testo previgente disponeva: *12. Ai sensi dell'articolo 1, comma 5 della legge 28 gennaio 2016, n. 11, il Ministro delle infrastrutture e dei trasporti può adottare linee guida interpretative e di indirizzo, su proposta dell'ANAC, sentite le Commissioni parlamentari, per assicurare l'uniforme applicazione e interpretazione delle norme di cui al presente codice.*

[7] V. art. 163, D.Lgs. 12 aprile 2006, n. 163 (vecchio Codice dei contratti pubblici).

215. *Consiglio superiore dei lavori pubblici.* 1. È garantita la piena autonomia funzionale e organizzativa, nonchè l'indipendenza di giudizio e di valutazione del Consiglio superiore dei lavori pubblici quale massimo organo tecnico consultivo dello Stato.

2. Con decreto del Presidente della Repubblica, su proposta del Ministro delle infrastrutture e dei trasporti, previa deliberazione del Consiglio dei ministri, possono essere attribuiti nuovi poteri consultivi su materie identiche o affini a quelle già di competenza del Consiglio medesimo. Con il medesimo decreto si provvede a disciplinare la rappresentanza delle diverse amministrazioni dello Stato e delle Regioni nell'ambito del Consiglio superiore dei lavori pubblici, nonchè a disciplinare la composizione dei comitati tecnici amministrativi, senza nuovi o maggiori oneri a carico della finanza pubblica. Sono fatte salve le competenze del Consiglio nazionale per i beni culturali e ambientali.

3. Il Consiglio superiore dei lavori pubblici esprime parere obbligatorio sui progetti definitivi di lavori pubblici di competenza statale, o comunque finanziati per almeno il 50 per cento dallo Stato, di importo superiore ai 50 milioni di euro, prima dell'avvio delle procedure di cui alla parte seconda, Titolo III, del decreto legislativo 3 aprile 2006, n. 152, delle procedure di cui agli articoli 14, 14-*bis* e 14-*ter* della legge 7 agosto 1990, n. 241, delle procedure di cui all'articolo 3 del decreto del Presidente della Repubblica 18 aprile 1994, n. 383, e, laddove prevista, prima della comunicazione dell'avvio del procedimento di cui all'articolo 11 del decreto del Presidente della Repubblica 8 giugno 2001, n. 327, nonchè parere sui progetti delle altre stazioni appaltanti che siano pubbliche amministrazioni, sempre superiori a tale importo, ove esse ne facciano richiesta. Per i lavori pubblici di importo inferiore a 50 milioni di euro, le competenze del Consiglio superiore sono esercitate dai comitati tecnici amministrativi presso i Provveditorati interregionali per le opere pubbliche. Qualora il lavoro pubblico di importo inferiore a 50 milioni di euro, presenti elementi di particolare rilevanza e complessità il provveditore sottopone il progetto, con motivata relazione illustrativa, al parere del Consiglio superiore[1].

4. Le adunanze delle sezioni e dell'assemblea generale del Consiglio superiore dei lavori pubblici sono valide con la presenza di un terzo dei componenti e i pareri sono validi quando siano deliberati con il voto favorevole della maggioranza assoluta dei presenti all'adunanza.

5. Il Consiglio superiore dei lavori pubblici esprime il parere entro novanta giorni dalla trasmissione del progetto. Decorso tale termine, il parere si intende reso in senso favorevole[2 3].

[1] Comma così modificato dall'art. 127, D.Lgs. 19 aprile 2017, n. 56. Il testo previgente disponeva: *3. Il Consiglio superiore dei lavori pubblici esprime parere obbligatorio sui progetti definitivi di lavori pubblici di competenza statale, o comunque finanziati per almeno il 50 per cento dallo Stato, di importo superiore ai 50 milioni di euro, nonchè parere sui progetti delle altre stazioni appaltanti che siano pubbliche amministrazioni, sempre superiori a tale importo, ove esse ne facciano richiesta. Per i lavori pubblici di importo inferiore a 50 milioni di euro, le competenze del Consiglio superiore sono esercitate dai comitati tecnici amministrativi presso i Provveditorati interregionali per le opere pubbliche. Qualora il lavoro pubblico di importo inferiore a 50 milioni di euro, presenti elementi di particolare rilevanza e complessità il provveditore sottopone il progetto, con motivata relazione illustrativa, al parere del Consiglio superiore.*

[2] Comma così modificato dall'art. 127, D.Lgs. 19 aprile 2017, n. 56. Il testo previgente disponeva: *5. Il Consiglio superiore dei lavori pubblici esprime il parere entro quarantacinque giorni dalla trasmissione del progetto. Decorso tale termine, il progetto si intende assentito.*

[3] V. art. 127, D.Lgs. 12 aprile 2006, n. 163 (vecchio Codice dei contratti pubblici).

TITOLO III
DISPOSIZIONI TRANSITORIE, DI COORDINAMENTO E ABROGAZIONI

216. *Disposizioni transitorie e di coordinamento.* 1. Fatto salvo quanto previsto nel presente articolo ovvero nelle singole disposizioni di cui al presente codice, lo stesso si applica alle procedure e ai contratti per i quali i bandi o avvisi con cui si indice la procedura di scelta del contraente siano pubblicati successivamente alla data della sua entrata in vigore nonchè, in caso di contratti senza pubblicazione di bandi o di avvisi, alle procedure e ai contratti in relazione ai quali, alla data di entrata in vigore del presente codice, non siano ancora stati inviati gli inviti a presentare le offerte.

1 *bis*. Per gli interventi ricompresi tra le infrastrutture strategiche di cui alla disciplina prevista dall'articolo 163 e seguenti del decreto legislativo 12 aprile 2006, n. 163, già inseriti negli strumenti di programmazione approvati e per i quali la procedura di valutazione di impatto ambientale sia già stata avviata alla data di entrata in vigore del presente codice, i relativi progetti sono approvati secondo la disciplina previgente. Fatto salvo quanto previsto al comma 4-*bis*, per le procedure di gara si applica quanto previsto al comma 1[1].

2. Fino all'approvazione del Piano Generale dei Trasporti e della Logistica (PGTL) si applica il qua-

dro generale della programmazione delle infrastrutture di trasporto approvato dal Consiglio dei ministri il 13 novembre 2015 e sottoposto a valutazione ambientale e strategica.

3. Fino alla data di entrata in vigore del decreto di cui all'articolo 21, comma 8, si applicano gli atti di programmazione già adottati ed efficaci, all'interno dei quali le amministrazioni aggiudicatrici individuano un ordine di priorità degli interventi, tenendo comunque conto dei lavori necessari alla realizzazione delle opere non completate e già avviate sulla base della programmazione triennale precedente, dei progetti esecutivi già approvati e dei lavori di manutenzione e recupero del patrimonio esistente, nonchè degli interventi suscettibili di essere realizzati attraverso contratti di concessione o di partenariato pubblico privato. Le amministrazioni aggiudicatrici procedono con le medesime modalità per le nuove programmazioni che si rendano necessarie prima dell'adozione del decreto.

4. Fino alla data di entrata in vigore del decreto di cui all'articolo 23, comma 3, continuano ad applicarsi le disposizioni di cui alla parte II, titolo II, capo I, nonchè gli allegati o le parti di allegati ivi richiamate del decreto del Presidente della Repubblica 5 ottobre 2010, n. 207. Fino all'adozione delle tabelle di cui all'articolo 23, comma 16, continuano ad applicarsi le disposizioni di cui ai decreti ministeriali già emanati in materia. Fino alla data di entrata in vigore del decreto di cui all'articolo 23, comma 3-*bis*, i contratti di lavori di manutenzione ordinaria possono essere affidati, nel rispetto delle procedure di scelta del contraente previste dal presente codice, sulla base del progetto definitivo costituito almeno da una relazione generale, dall'elenco dei prezzi unitari delle lavorazioni previste, dal computo metrico-estimativo, dal piano di sicurezza e di coordinamento con l'individuazione analitica dei costi della sicurezza da non assoggettare a ribasso. Fino alla data di entrata in vigore del medesimo decreto, l'esecuzione dei lavori può prescindere dall'avvenuta redazione e approvazione del progetto esecutivo, qualora si tratti di lavori di manutenzione, ad esclusione degli interventi di manutenzione che prevedono il rinnovo o la sostituzione di parti strutturali delle opere. Resta ferma la predisposizione del piano di sicurezza e di coordinamento con l'individuazione analitica dei costi della sicurezza da non assoggettare a ribasso[2].

4-*bis*. Il divieto di cui all'articolo 59, comma 1, quarto periodo, non si applica per le opere i cui progetti definitivi risultino definitivamente approvati dall'organo competente alla data di entrata in vigore del presente codice con pubblicazione del bando entro dodici mesi dalla data di entrata in vigore della presente disposizione[1].

5. Fino alla data di entrata in vigore del decreto previsto dall'articolo 24, comma 2, si applicano le disposizioni di cui agli articoli 254, 255 e 256 del decreto del Presidente della Repubblica 5 ottobre 2010, n. 207.

6. Fino alla data di entrata in vigore del decreto di cui all'articolo 24, comma 8, continuano ad applicarsi i corrispettivi di cui al decreto del Ministro della giustizia 31 ottobre 2013, n. 143.

7. Fino alla data di entrata in vigore del decreto previsto dall'articolo 25, comma 2, resta valido l'elenco degli istituti archeologici universitari e dei soggetti in possesso della necessaria qualificazione esistente e continuano ad applicarsi i criteri per la sua tenuta adottati con decreto ministeriale 20 marzo 2009, n. 60, pubblicato nella Gazzetta Ufficiale 15 giugno 2009, n. 136.

8. Fino all'adozione dell'atto di cui all'articolo 31, comma 5, continuano ad applicarsi le disposizioni di cui alla parte II, titolo I, capo I, del decreto del Presidente della Repubblica 5 ottobre 2010, n. 207.

9. Fino all'adozione delle linee guida previste dall'articolo 36, comma 7, l'individuazione degli operatori economici avviene tramite indagini di mercato effettuate dalla stazione appaltante mediante avviso pubblicato sul proprio profilo del committente per un periodo non inferiore a quindici giorni, specificando i requisiti minimi richiesti ai soggetti che si intendono invitare a presentare offerta, ovvero mediante selezione dai vigenti elenchi di operatori economici utilizzati dalle stazioni appaltanti, se compatibili con il presente codice.

10. Fino alla data di entrata in vigore del sistema di qualificazione delle stazioni appaltanti di cui all'articolo 38, i requisiti di qualificazione sono soddisfatti mediante l'iscrizione all'anagrafe di cui all'articolo 33-*ter* del decreto-legge 18 ottobre 2012, n. 179, convertito, con modificazioni, dalla legge 17 dicembre 2012, n. 221.

11. Fino alla data indicata nel decreto di cui all'articolo 73, comma 4, gli avvisi e i bandi devono anche essere pubblicati nella Gazzetta ufficiale della Repubblica italiana, serie speciale relativa ai contratti. Fino alla medesima data, le spese per la pubblicazione sulla Gazzetta ufficiale degli avvisi e dei bandi di gara sono rimborsate alla stazione appaltante dall'aggiudicatario entro il termine di sessanta giorni dall'aggiudicazione e gli effetti giuridici di cui al comma 5, del citato articolo 73 continuano a decorrere dalla pubblicazione nella Gazzetta Ufficiale. Fino alla data di entrata in vigore del decreto di cui all'articolo 73, comma 4, si applica altresì il regime di cui all'articolo 66, comma 7, del decreto legislativo 12 aprile 2006, n. 163, nel testo applicabile fino alla predetta data, ai sensi dell'articolo 26 del decreto-legge 24 aprile 2014, n. 66, come modificato dall'articolo 7, comma 7, del decreto-legge 30 dicembre 2015, n. 210, convertito, con modificazioni, dalla legge 25 febbraio 2016, n. 21[3].

12. Fino alla adozione della disciplina in materia di iscrizione all'Albo di cui all'articolo 78, la commissione giudicatrice continua ad essere nominata dall'organo della stazione appaltante competente ad effettuare la scelta del soggetto affidatario del contratto, secondo regole di competenza e trasparenza preventivamente individuate da ciascuna stazione appaltante. Fino alla piena interazione dell'Albo di cui all'articolo 78 con le banche dati istituite presso le amministrazioni detentrici delle informazioni inerenti ai requisiti dei commissari, le stazioni appaltanti verificano, anche a campione, le autodichiarazioni presentate dai commissari estratti in ordine alla sussistenza dei requisiti dei medesimi commissari. Il mancato possesso dei requisiti o la dichiarazione di incompatibilità dei candidati deve essere tempestivamente comunicata dalla stazione appaltante all'ANAC ai fini della eventuale cancellazione dell'esperto dall'Albo e la comunicazione di un nuovo esperto[4].

13. Fino alla data di entrata in vigore del decreto di cui all'articolo 81, comma 2, le stazioni appaltanti e gli operatori economici utilizzano la banca dati AVC Pass istituita presso l'ANAC.

14. Fino all'adozione del regolamento di cui all'articolo 216, comma 27-*octies*, continuano ad applicarsi, in quanto compatibili, le disposizioni di cui alla Parte II, Titolo III, nonchè gli allegati e le parti di allegati ivi richiamate, del decreto del Presidente della Repubblica 5 ottobre 2010, n. 207[5].

15. Fino alla data di entrata in vigore del decreto di cui all'articolo 89, comma 11, continuano ad applicarsi le disposizioni di cui all'articolo 12 del decreto legge 28 marzo 2014, n. 47, convertito, con modificazioni, dalla legge 23 maggio 2014, n. 80.

16. Fino alla data di entrata in vigore del decreto previsto dall'articolo 102, comma 8, si applicano le disposizioni di cui alla Parte II, Titolo X, nonchè gli allegati e le parti di allegati ivi richiamate, del decreto del Presidente del Repubblica 5 ottobre 2010, n. 207.

17. Fino alla data di entrata in vigore del decreto di cui all'articolo 111, comma 1, continuano ad applicarsi le disposizioni di cui alla Parte II, Titolo IX, capi I e II, nonchè gli allegati e le parti di allegati ivi richiamate, del decreto del Presidente della Repubblica 5 ottobre 2010, n. 207.

18. Fino all'adozione delle linee di indirizzo nazionale per la ristorazione ospedaliera, assistenziale e scolastica di cui all'articolo 144, comma 2, le stazioni appaltanti individuano nei documenti di gara le specifiche tecniche finalizzate a garantire la qualità del servizio richiesto.

19. Fino alla data di entrata in vigore del decreto previsto dall'articolo 146, comma 4, continuano ad applicarsi le disposizioni di cui alla Parte II, titolo XI, capi I e II, nonchè gli allegati o le parti di allegati ivi richiamate, e di cui all'articolo 251 del decreto del Presidente del Repubblica 5 ottobre 2010, n. 207[6].

20. Fino alla data di entrata in vigore del decreto di cui all'articolo 159, comma 4, si applicano le procedure previste dal decreto del Presidente della Repubblica del 15 novembre 2012, n. 236.

21. Fino all'istituzione dell'albo di cui all'articolo 196, comma 4, possono svolgere il ruolo di direttore dei lavori i soggetti in possesso dei requisiti professionali adeguati in relazione all'opera da dirigere e il ruolo di collaudatore i soggetti in possesso dei requisiti previsti dall'articolo 216 del decreto del Presidente del Repubblica 5 ottobre 2010, n. 207, ferma restando l'incompatibilità con la funzione di responsabile unico del procedimento.

22. Le procedure di arbitrato di cui all'articolo 209 si applicano anche alle controversie su diritti soggettivi, derivanti dall'esecuzione dei contratti pubblici di cui al medesimo articolo 209, comma 1, per i quali i bandi o avvisi siano stati pubblicati prima della data di entrata in vigore del presente codice. Fino alla data di entrata in vigore del decreto di cui all'articolo 209, comma 16, si applica l'articolo 10, commi da 1 a 6, e tariffa allegata, del decreto 2 dicembre 2000, n. 398[7].

23. I progetti preliminari relativi alla realizzazione di lavori pubblici o di lavori di pubblica utilità riguardanti proposte di concessione ai sensi dell'articolo 153 ovvero dell'articolo 175 del decreto legislativo 12 aprile 2006 n. 163, per le quali sia già intervenuta la dichiarazione di pubblico interesse, non ancora approvati alla data di entrata in vigore del presente codice, sono oggetto di valutazione di fattibilità economica e finanziaria e di approvazione da parte dell'amministrazione ai sensi delle norme del presente codice. La mancata approvazione determina la revoca delle procedure avviate e degli eventuali soggetti promotori, ai quali è riconosciuto il rimborso dei costi sostenuti e documentati per l'integrazione del progetto a base di gara, qualora dovuti, relativi allo studio di impatto ambientale ed alla localizzazione urbanistica.

24. Al fine di consentire lo svolgimento, con la più ampia partecipazione, della consultazione pubblica di cui all'articolo 5, comma 5, della legge 18 dicembre 2015, n. 220, e nelle more dell'aggiornamento della disciplina in materia di affidamento del servizio pubblico radiofonico, televisivo e multimediale, all'articolo 49, comma 1, del decreto legislativo 31 luglio 2005, n. 177, le parole: "6 maggio 2016" sono sostituite dalle seguenti: "31 ottobre 2016". All'articolo 49-*ter* del decreto legislativo 31 luglio 2005, n. 177, e successive modificazioni, il rinvio agli articoli 19 e 27, comma 1, e alla disciplina del codice dei contratti pubblici di cui al decreto legislativo 12 aprile 2006, n. 163, si intende riferito, rispet-

tivamente, agli articoli 17, 4 e alla disciplina del presente codice.

25. All'articolo 2, comma 1, lettera *h)*, del decreto legge 31 maggio 2014, n. 83, convertito, con modificazioni, dalla legge 29 luglio 2014, n. 106, il rinvio agli articoli 112 e 93, commi 1 e 2, del codice dei contratti pubblici di cui al decreto legislativo 12 aprile 2006, n. 163, si intende riferito, rispettivamente, agli articoli 26 e 23, commi 1 e 3, del presente codice.

26. Fino all'adozione delle direttive generali di cui all'articolo 1, comma 7, si applicano le disposizioni di cui agli articoli da 343 a 356 del decreto del Presidente della Repubblica 5 ottobre 2010, n. 207.

27. Le procedure per la valutazione di impatto ambientale delle grandi opere avviate alla data di entrata in vigore del presente decreto secondo la disciplina già prevista dagli articoli 182, 183,184 e 185 di cui al decreto legislativo 12 aprile 2006, n. 163, sono concluse in conformità alle disposizioni e alle attribuzioni di competenza vigenti all'epoca del predetto avvio. Le medesime procedure trovano applicazione anche per le varianti.

27-*bis*. Fino alla data di entrata in vigore del regolamento di cui all'articolo 216, comma 27-*octies*, si applica la disciplina già contenuta negli articoli dal 186 al 193 del decreto legislativo 12 aprile 2006, n. 163. Sino alla predetta data, si applica, altresì, la specifica disciplina transitoria prevista all'articolo 189, comma 5, del medesimo decreto legislativo[8].

27-*ter*. Ai contratti di lavori affidati prima dell'entrata in vigore del presente codice e in corso di esecuzione si applica la disciplina già contenuta nell'articolo 133, commi 3 e 6, del decreto legislativo 12 aprile 2006, n. 163[1].

27-*quater*. Per le opere di urbanizzazione a scomputo del contributo di costruzione, oggetto di convenzioni urbanistiche o atti assimilati, comunque denominati, le disposizioni del presente codice si applicano con riferimento alle opere oggetto delle citate convenzioni ed atti stipulati successivamente all'entrata in vigore del medesimo codice[1].

27-*quinquies*. Alle procedure di aggiudicazione dei contratti di concessione del servizio di distribuzione del gas naturale indette dalle amministrazioni aggiudicatrici continuano ad applicarsi le disposizioni di cui al decreto legislativo 23 maggio 2000, n. 164, in quanto compatibili con la presente Parte III, nonchè di cui all'articolo 46-*bis*, commi 1, 2 e 3 del decreto-legge 1° ottobre 2007, n. 159, convertito, con modificazioni, dalla legge 29 novembre 2007, n. 222 e all'articolo 4 del decreto-legge 21 giugno 2013, n. 69, convertito, con modificazioni, dalla legge 9 agosto 2013, n. 98. Nelle ipotesi di cui al primo periodo, ferma restando la durata massima di dodici anni, il periodo di affidamento viene determinato ai sensi dei commi 1 e 2 dell'articolo 168[1].

27-*sexies*. Per le concessioni autostradali già scadute o in scadenza entro trentasei mesi dalla data di entrata in vigore della presente disposizione, e il cui bando è pubblicato entro il 31 dicembre 2019, il concedente può avviare le procedure di gara per l'affidamento della concessione anche sulla base del solo fabbisogno predisposto dal medesimo concedente, limitatamente agli interventi di messa in sicurezza dell'infrastruttura esistente[9].

27-*septies*. Con riferimento all'articolo 24, comma 3, i tecnici diplomati che siano stati in servizio presso l'amministrazione aggiudicatrice alla data di entrata in vigore della legge 18 novembre 1998, n. 415, in assenza dell'abilitazione, possono firmare i progetti, nei limiti previsti dagli ordinamenti professionali, qualora siano in servizio presso l'amministrazione aggiudicatrice ovvero abbiano ricoperto analogo incarico presso un'altra amministrazione aggiudicatrice, da almeno cinque anni e risultino inquadrati in un profilo professionale tecnico e abbiano svolto o collaborato ad attività di progettazione[1].

27-*octies*. Nelle more dell'adozione, entro centottanta giorni dalla data di entrata in vigore della presente disposizione, ai sensi dell'articolo 17, comma 1, lettere *a)* e *b)*, della legge 23 agosto 1988, n. 400, su proposta del Ministro delle infrastrutture e dei trasporti di concerto con il Ministro dell'economia e delle finanze, sentita la Conferenza permanente per i rapporti tra lo Stato, le regioni e le Province autonome di Trento e di Bolzano, di un regolamento unico recante disposizioni di esecuzione, attuazione e integrazione del presente codice, le linee guida e i decreti adottati in attuazione delle previgenti disposizioni di cui agli articoli 24, comma 2, 31, comma 5, 36, comma 7, 89, comma 11, 111, commi 1 e 2, 146, comma 4, 147, commi 1 e 2, e 150, comma 2, rimangono in vigore o restano efficaci fino alla data di entrata in vigore del regolamento di cui al presente comma, in quanto compatibili con il presente codice e non oggetto delle procedure di infrazione nn. 2017/2090 e 2018/2273. Ai soli fini dell'archiviazione delle citate procedure di infrazione, nelle more dell'entrata in vigore del regolamento, il Ministro delle infrastrutture e dei trasporti e l'ANAC sono autorizzati a modificare rispettivamente i decreti e le linee guida adottati in materia. Il regolamento reca, in particolare, disposizioni nelle seguenti materie: *a)* nomina, ruolo e compiti del responsabile del procedimento; *b)* progettazione di lavori, servizi e forniture, e verifica del progetto; *c)* sistema di qualificazione e requisiti degli esecutori di lavori e dei contraenti generali; *d)* procedure di affidamento e realizzazione dei contratti di lavori, servizi e forniture di importo inferiore alle soglie comunitarie; *e)* direzione dei lavori e dell'esecuzione; *f)* esecuzione dei contratti di lavori, servizi e forniture, contabilità, sospensioni e penali;

g) collaudo e verifica di conformità; *h)* affidamento dei servizi attinenti all'architettura e all'ingegneria e relativi requisiti degli operatori economici; *i)* lavori riguardanti i beni culturali. A decorrere dalla data di entrata in vigore del regolamento cessano di avere efficacia le linee guida di cui all'articolo 213, comma 2, vertenti sulle materie indicate al precedente periodo nonchè quelle che comunque siano in contrasto con le disposizioni recate dal regolamento[10].

27-*novies*. Le proroghe della dichiarazione di pubblica utilità e del vincolo preordinato all'esproprio in scadenza su progetti già approvati dal Comitato interministeriale per la programmazione economica (CIPE) in base al previgente decreto legislativo 12 aprile 2006, n. 163, sono approvate direttamente dal soggetto aggiudicatore. Il Ministero delle infrastrutture e dei trasporti entro il 31 dicembre di ciascun anno rende una informativa al CIPE in merito alle proroghe disposte nel corso dell'anno e ai termini in scadenza nell'anno successivo[11][12].

[1] Comma aggiunto dall'art. 128, D.Lgs. 19 aprile 2017, n. 56.

[2] Comma così modificato dall'art. 128, D.Lgs. 19 aprile 2017, n. 56. Il testo previgente disponeva: *4. Fino alla data di entrata in vigore del decreto di cui all'articolo 23, comma 3, continuano ad applicarsi le disposizioni di cui alla parte II, titolo II, capo I e titolo XI, capi I e II, nonchè gli allegati o le parti di allegati ivi richiamate, con esclusione dell'articolo 248, del decreto del Presidente della Repubblica 5 ottobre 2010, n. 207. Fino all'adozione delle tabelle di cui all'articolo 23, comma 16, continuano ad applicarsi le disposizioni di cui ai decreti ministeriali già emanati in materia.*

[3] Comma così modificato dall'art. 9, D.L. 30 dicembre 2016, n. 244, convertito in L. 27 febbraio 2017, n. 19.

[4] Comma così modificato dall'art. 128, D.Lgs. 19 aprile 2017, n. 56. Il testo previgente disponeva: *12. Fino alla adozione della disciplina in materia di iscrizione all'Albo di cui all'articolo 78, la commissione giudicatrice continua ad essere nominata dall'organo della stazione appaltante competente ad effettuare la scelta del soggetto affidatario del contratto, secondo regole di competenza e trasparenza preventivamente individuate da ciascuna stazione appaltante.*

[5] Comma così modificato dall'art. 1, D.L. 18 aprile 2019, n. 32, convertito in L. 14 giugno 2019, n. 55, a decorrere dal 18 giugno 2019. Il testo previgente disponeva: *14. Fino all'adozione delle linee guida indicate all'articolo 83, comma 2, continuano ad applicarsi, in quanto compatibili, le disposizioni di cui alla Parte II, Titolo III, nonchè gli allegati e le parti di allegati ivi richiamate, del decreto del Presidente della Repubblica 5 ottobre 2010, n. 207.*

[6] Comma così modificato dall'art. 128, D.Lgs. 19 aprile 2017, n. 56. Il testo previgente disponeva: *19. Fino alla data di entrata in vigore del decreto previsto dall'articolo 146, comma 4, continuano ad applicarsi le disposizioni di cui agli articoli 248 e 251 del decreto del Presidente del Repubblica 5 ottobre 2010, n. 207.*

[7] Comma così modificato dall'art. 128, D.Lgs. 19 aprile 2017, n. 56. Il testo previgente disponeva: *22. Fino alla data di entrata in vigore del decreto di cui all'articolo 209, comma 16, si applica l'articolo 10, commi da 1 a 6, e tariffa allegata, del decreto 2 dicembre 2000, n. 398.*

[8] Comma aggiunto dall'art. 128, D.Lgs. 19 aprile 2017, n. 56 e poi modificato dall'art. 1, D.L. 18 aprile 2019, n. 32, convertito in L. 14 giugno 2019, n. 55, a decorrere dal 18 giugno 2019. Il testo previgente disponeva: *27-bis. Fino alla data di entrata in vigore del decreto di cui all'articolo 83, comma 2, si applica la disciplina già contenuta negli articoli dal 186 al 193 del decreto legislativo 12 aprile 2006, n. 163. Sino alla predetta data, si applica, altresì, la specifica disciplina transitoria prevista all'articolo 189, comma 5, del medesimo decreto legislativo.*

[9] Comma così sostituito dall'art. 1, D.L. 18 aprile 2019, n. 32, convertito in L. 14 giugno 2019, n. 55, a decorrere dal 18 giugno 2019. Il testo previgente disponeva: *27-sexies. Per le concessioni autostradali scadute o in scadenza entro sei mesi alla data di entrata in vigore della presente disposizione, per le quali l'attività di gestione risulta economicamente prevalente rispetto alla realizzazione di nuove opere o di interventi di manutenzione straordinaria e il cui bando è pubblicato entro ventiquattro mesi dalla data di entrata in vigore della presente disposizione, il concedente può avviare le procedure di gara per l'affidamento della concessione sulla base del solo quadro esigenziale limitatamente agli interventi di messa in sicurezza dell'infrastruttura esistente.*

[10] Comma aggiunto dall'art. 1, D.L. 18 aprile 2019, n. 32, convertito in L. 14 giugno 2019, n. 55 (vigente dal 18 giugno 2019). Tali nuove disposizioni si applicano alle procedure i cui bandi o avvisi, con i quali si indice una gara, sono pubblicati successivamente alla data di entrata in vigore della legge di conversione del citato decreto 32/2019, nonchè, in caso di contratti senza pubblicazione di bandi o avvisi, alle procedure in cui, alla medesima data, non sono ancora stati inviati gli inviti a presentare le offerte o i preventivi.

[11] Comma aggiunto dall'art. 42, D.L. 16 luglio 2020, n. 76, convertito in L. 11 settembre 2020, n. 120, a decorrere dal 15 settembre 2020.

[12] V. artt. 252, 253, D.Lgs. 12 aprile 2006, n. 163 (vecchio Codice dei contratti pubblici).

217. *Abrogazioni*. 1. Fermo restando quanto previsto dall'articolo 216, a decorrere dalla data di entrata in vigore del presente codice, sono o restano abrogati, in particolare:

a) l'articolo 344 della legge 20 marzo 1865, n. 2248;

b) l'articolo 11 del regio decreto 18 novembre 1923, n. 2440;

c) l'articolo 120 del regio decreto 23 maggio 1924, n. 827;

c-bis) la legge 11 novembre 1986, n. 770[1];

d) l'articolo 1, commi da 1 a 5, della legge 21 dicembre 2001, n. 443;

d-bis) l'articolo 14-*vicies ter*, del decreto-legge 30 giugno 2005, n. 115, convertito, con modificazioni, dalla legge 17 agosto 2005, n. 168[1];

e) il decreto legislativo 12 aprile 2006, n. 163;

f) l'articolo 1-octies del decreto-legge 12 maggio 2006, n. 173, convertito, con modificazioni, dalla legge 12 luglio 2006, n. 228;

g) l'articolo 1, comma 909, della legge 27 dicembre 2006, n. 296;

h) il decreto legislativo 26 gennaio 2007, n. 6;

i) il decreto legislativo 31 luglio 2007, n. 113;

i-bis) l'articolo 2, commi 289 e 289-*bis* della legge 24 dicembre 2007, n. 244[1];

l) l'articolo 1, comma 2, lettera *s)* n. 2 e n. 3, l'articolo 8 della legge 3 agosto 2007, n. 123;

l-bis) l'articolo 8-*duodecies*, comma 2-*bis*, del decreto-legge 8 aprile 2008, n. 59, convertito, con modificazioni, dalla legge 6 giugno 2008, n. 101[1];

m) il decreto legislativo 11 settembre 2008, n. 152;

n) l'articolo 23 del decreto-legge 29 novembre 2008, n. 185, convertito, con modificazioni, dalla legge 28 gennaio 2009, n. 2;

o) l'articolo 29, comma 1-sexies e 1-quinquiesdecies, lett. *b)*, del decreto-legge 30 dicembre 2008, n. 207, convertito, con modificazioni, dalla legge 27 febbraio 2009, n. 14;

p) l'articolo 2, comma 9 del decreto-legge 28 aprile 2009, n. 39, convertito, con modificazioni, dalla legge 24 giugno 2009, n. 77;

q) l'articolo 4, comma 4-*bis*, e l'articolo 4-*quater* del decreto-legge 1° luglio 2009, n. 78, convertito con modificazioni, dalla legge 3 agosto 2009, n. 102;

r) l'articolo 2, comma 16, della legge 15 luglio 2009, n. 94;

s) l'articolo 3 del decreto-legge 25 settembre 2009, n. 135, convertito, con modificazioni, dalla legge 20 novembre 2009, n. 166;

t) gli articoli 1, 2, 3, 4, 5, 6, 7, 8, 9, 10, 11, 12, 13 e 14 del decreto legislativo 20 marzo 2010, n. 53;

u) il decreto del Presidente della Repubblica 5 ottobre 2010, n. 207, con effetto: *1)* dalla data di entrata in vigore degli atti attuativi del presente codice, i quali operano la ricognizione delle disposizioni del decreto del Presidente della Repubblica n. 207 del 2010 da esse sostituite; *2)* dalla data di entrata in vigore del presente codice: la Parte I; la Parte II, Titolo I, capo II; la Parte II, Titolo II, capo II; la Parte II, Titoli IV e V, VI, VII, VIII; la Parte II, Titolo IX Capo III; parte II, Titolo XI, Capo III, ad esclusione dell'articolo 251; la Parte III ad esclusione degli articoli 254, 255 e 256; le Parti IV, V e VII, nonchè gli allegati e le parti di allegati ivi richiamati;

v) l'articolo 4 del decreto-legge 15 maggio 2011, n. 70, convertito, con modificazioni, dalla legge 12 luglio 2011, n. 106, con esclusione dei commi 13 e 14;

v-bis) l'articolo 13 della legge 11 novembre 2011, n. 180[1];

w) l'articolo 23, commi 4 e 5, l'articolo 41 commi 1, 2, 5-*bis* e 5-*ter*, l'articolo 42 commi 1, 2, 3, 4 e 5 e l'articolo 44, commi 1, lett. *a)*, 2, 5, 6, 7, 8 e 9 del decreto legge 6 dicembre 2011, n. 201, convertito, con modificazioni, dalla legge 22 dicembre 2011, n. 214,

x) l'articolo 2, comma 7, del decreto legislativo 29 dicembre 2011, n. 228;

z) gli articoli 41, 42, 44, 46, 50, 51, 52, 55, comma 1 e 59-*bis*, del decreto-legge 24 gennaio 2012, n. 1, convertito, con modificazioni, dalla legge 24 marzo 2012, n. 27;

aa) l'articolo 20, commi 1, 3 e 4, del decreto legge 9 febbraio 2012, n. 5, convertito, con modificazioni, dalla legge 4 aprile 2012, n. 35;

bb) l'articolo 8, comma 2-*bis*, l'articolo 11 e l'articolo 12 del decreto-legge 7 maggio 2012, n. 52, convertito, con modificazioni, dalla legge 6 luglio 2012, n. 94;

cc) l'articolo 4, comma 5-*ter* del decreto legge 6 giugno 2012, n. 74, convertito, con modificazioni, dalla legge 1 agosto 2012, n. 122;

dd) l'articolo 3, comma 2, l'articolo 4-*bis*, l'articolo 5 e l'articolo 33, comma 2, del decreto legge 22 giugno 2012, n. 83, convertito dalla legge 7 agosto 2012, n. 134[2];

ee) l'articolo 1, commi 2, 2-*bis* e 4, del decreto-legge 6 luglio 2012, n. 95, convertito, con modificazioni, dalla legge 7 agosto 2012, n. 135;

ff) l'articolo 6, comma 1, del decreto-legge 13 settembre 2012, n. 158, convertito con modificazioni, dalla legge 8 novembre 2012, n. 189;

gg) l'articolo 28 del decreto legislativo 19 settembre 2012, n. 169;

hh) l'articolo 6, comma 3, l'articolo 33, commi 3-*bis*, 3-*ter* e 4-*bis*, l'articolo 33-*bis*, l'articolo 33-*quater*, l'articolo 33-*quinquies*, l'articolo 34, comma 4, e l'articolo 36, comma 5-*bis*, del decreto legge 18 ottobre 2012, n. 179, convertito, con modificazioni, dalla legge 17 dicembre 2012, n. 221[3];

ii) l'articolo 1, commi 19, 20, 21, 22, 23, 24, 25 e 58, comma 2, lettera *f-bis)* della legge 6 novembre 2012, n. 190; l'articolo 4, commi 4, 5 e 6, della legge 14 gennaio 2013, n. 10[4];

jj) l'articolo 19, commi 1 e 2, l'articolo 26, comma 2, articolo 26-*bis*, articolo 26-*ter*, articolo 27, comma 2, articolo 31, comma 2 e articolo 32, commi 4, 5 e 7-*bis*, del decreto legge 21 giugno 2013, n. 69, convertito con modificazioni dalla legge 9 agosto 2013, n. 98[5];

ll) l'articolo 13, comma 10, del decreto-legge 23 dicembre 2013, n. 145, convertito, con modificazioni, dalla legge 21 febbraio 2014, n. 9;

mm) l'articolo 1, commi 72 e 343, della legge 27 dicembre 2013, n. 147;

nn) l'articolo 12, commi 3,5,8, 9 e 11, del decreto-legge 28 marzo 2014, n. 47, convertito, con modificazioni, dalla legge 23 maggio 2014, n. 80;

oo) l'articolo 9, commi 4 e 4-*bis*, del decreto legge 24 aprile 2014, n. 66, convertito con modificazioni dalla legge 23 giugno 2014, n. 89;

pp) l'articolo 13, comma 8, del decreto-legge 24 giugno 2014, n. 91, convertito, con modificazioni, dalla legge 11 agosto 2014, n. 116;

qq) l'articolo 13-*bis*, articolo 23-*bis*, articolo 23-*ter*, commi 1 e 2, articolo 35, articolo 37 e articolo 39, commi 1, 2 e 3, del decreto-legge 24 giugno 2014, n 90, convertito, con modificazioni, dalla legge 11 agosto 2014, n. 114[6];

rr) gli articoli 2, commi 1, 2, 3 e 4, 5, 13, comma 1, 14, 24 e 34, commi 1, 2, 3, 4, 5 e 6, del decreto-legge 12 settembre 2014, n. 133, convertito, con modificazioni, dalla legge 11 novembre 2014, n. 164[7];

ss) l'articolo 8, commi 3 e 3-*bis*, del decreto-legge 31 dicembre 2014, n. 192, convertito con modificazioni dalla legge 27 febbraio 2015, n. 11;

ss-bis) l'articolo 1, comma 505, della legge 28 dicembre 2015, n. 208[1];

tt) gli articoli 16, 18 e 19 della legge 28 dicembre 2015, n. 221;

uu) l'articolo 7, commi 1, 2, 3, 4 e 4-*bis* del decreto-legge 30 dicembre 2015, n. 210, convertito, con modificazioni, dalla legge 25 febbraio 2016, n. 21[8 9].

[1] Lettera aggiunta dall'art. 129, D.Lgs. 19 aprile 2017, n. 56.

[2] Lettera così modificata dall'art. 129, D.Lgs. 19 aprile 2017, n. 56. Il testo previgente disponeva: *dd) l'articolo 3, comma 2, l'articolo 4-bis e l'articolo 33, comma 2, del decreto legge 22 giugno 2012, n. 83, convertito dalla legge 7 agosto 2012, n. 134.*

[3] Lettera così modificata dall'art. 129, D.Lgs. 19 aprile 2017, n. 56. Il testo previgente disponeva: *hh) l'articolo 6, comma 3, l'articolo 33, commi 3-bis, 3-ter e 4-bis, l'articolo 33-bis, l'articolo 33-quater, l'articolo 34, comma 4, e l'articolo 36, comma 5-bis, del decreto legge 18 ottobre 2012, n. 179, convertito, con modificazioni, dalla legge 17 dicembre 2012, n. 221.*

[4] Lettera così modificata dall'art. 129, D.Lgs. 19 aprile 2017, n. 56. Il testo previgente disponeva: *ii) l'articolo 1, commi 19, 20, 21, 22, 23, 24, 25 e 58, della legge 6 novembre 2012, n. 190; l'articolo 4, commi 4, 5 e 6, della legge 14 gennaio 2013, n. 10.*

[5] Lettera così modificata dall'art. 129, D.Lgs. 19 aprile 2017, n. 56. Il testo previgente disponeva: *jj) l'articolo 26, comma 2, articolo 26-bis, articolo 26-ter, articolo 27, comma 2, articolo 31, comma 2 e articolo 32, commi 4, 5 e 7-bis, del decreto legge 21 giugno 2013, n. 69, convertito con modificazioni dalla legge 9 agosto 2013, n. 98.*

[6] Lettera così modificata dall'art. 129, D.Lgs. 19 aprile 2017, n. 56. Il testo previgente disponeva: *qq) l'articolo 13-bis, articolo 23-bis, articolo 23-ter, commi 1 e 2, articolo 39, commi 1, 2 e 3, del decreto-legge 24 giugno 2014, n 90, convertito, con modificazioni, dalla legge 11 agosto 2014, n. 114.*

[7] Lettera così modificata dall'art. 129, D.Lgs. 19 aprile 2017, n. 56. Il testo previgente disponeva: *rr) gli articoli 2, commi 1, 2 e 3, 5, 13, comma 1, e 34, commi 1, 2, 3, 4, 5 e 6, del decreto-legge 12 settembre 2014, n. 133, convertito, con modificazioni, dalla legge 11 novembre 2014, n. 164.*

[8] Lettera così modificata dall'art. 129, D.Lgs. 19 aprile 2017, n. 56. Il testo previgente disponeva: *uu) l'articolo 7, comma 1, del decreto-legge 30 dicembre 2015, n. 210, convertito, con modificazioni, dalla legge 25 febbraio 2016, n. 21.*

[9] V. art. 256, D.Lgs. 12 aprile 2006, n. 163 (vecchio Codice dei contratti pubblici).

218. *Aggiornamenti.* 1. Ogni intervento normativo incidente sul presente codice o sulle materie dallo stesso disciplinate è attuato mediante esplicita modifica, integrazione, deroga o sospensione delle specifiche disposizioni in esso contenute[1].

[1] V. art. 255, D.Lgs. 12 aprile 2006, n. 163 (vecchio Codice dei contratti pubblici).

219. *Clausola di invarianza finanziaria.* 1. Dall'attuazione del presente codice non devono derivare nuovi o maggiori oneri a carico della finanza pubblica.

2. Le amministrazioni interessate provvedono agli adempimenti previsti dal presente codice con le risorse umane, strumentali e finanziarie disponibili a legislazione vigente[1].

[1] V. art. 254, D.Lgs. 12 aprile 2006, n. 163 (vecchio Codice dei contratti pubblici).

220. *Entrata in vigore.* Il presente codice entra in vigore il giorno stesso della sua pubblicazione nella Gazzetta Ufficiale[1].

[1] V. art. 257, D.Lgs. 12 aprile 2006, n. 163 (vecchio Codice dei contratti pubblici).

ALLEGATI

Allegato I
Elenco delle attività di cui all'articolo 3, comma 2, lett. ll) n. 1)
(Allegato II dir. 24; allegato I dir. 25 e allegato I dir. 23)

In caso di differenti interpretazioni tra CPV e NACE si applica la nomenclatura CPV.

NACE Rev. 1 ([1])					Codice CPV
SEZIONE F			COSTRUZIONI		
Divisione	**Gruppo**	**Classe**	**Descrizione**	**Note**	
45			Costruzioni	Questa divisione comprende: —nuove costruzioni, restauri e riparazioni comuni	45000000
	45.1		Preparazione del cantiere edile		45100000
		45.11	Demolizione di edifici; movimento terra	Questa classe comprende: —la demolizione di edifici e di altre strutture, — lo sgombero dei cantieri edili, —il movimento terra: scavo, riporto, spianamento e ruspatura dei cantieri edili, scavo di trincee, rimozione di roccia, abbattimento con l'esplosivo ecc. —la preparazione del sito per l'estrazione di minerali: —la rimozione dei materiali di sterro e altri lavori di sistemazione e di preparazione dei terreni e siti minerari. Questa classe comprende inoltre: — il drenaggio di cantieri edili —il drenaggio di terreni agricoli o forestali	45110000
		45.12	Trivellazioni e perforazioni	Questa classe comprende: —trivellazioni e perforazioni di sondaggio per le costruzioni edili, nonché per le indagini geofisiche, geologiche e similari. Questa classe non comprende: —la trivellazione di pozzi di	45120000

				produzione di petrolio e di gas, cfr. 11.20, —la trivellazione di pozzi d'acqua, cfr. 45.25, — lo scavo di pozzi, cfr. 45.25, —le prospezioni di giacimenti di petrolio e di gas, le prospezioni geofisiche, geologiche e sismiche, cfr. 74.20.	
	45.2		Costruzione completa o parziale di edifici; genio civile		45200000
		45.21	Lavori generali di costruzione di edifici e lavori di ingegneria civile	Questa classe comprende: —i lavori di costruzione o edili di qualsiasi tipo, la costruzione di opere di ingegneria civile: —ponti (inclusi quelli per autostrade sopraelevate), viadotti, gallerie e sottopassaggi, —condotte, linee di comunicazione ed elettriche per grandi distanze, —condotte, linee di comunicazione ed elettriche urbane, — lavori urbani ausiliari, —il montaggio e l'Installazione in loco di opere prefabbricate. Questa classe non comprende: —le attività dei servizi connessi all'estrazione di petrolio e di gas, cfr. 11.20, —il montaggio di opere prefabbricate complete con elementi, non di calcestruzzo, fabbricati in proprio, cfr. divisioni 20, 26 e 28, —i lavori di costruzione, fabbricati esclusi, per stadi, piscine, palestre, campi da tennis, campi da golf ed altre installazioni sportive, cfr. 45.23,	45210000 Eccetto: — 45213316 45220000 45231000 45232000

				—i lavori di installazione dei servizi in un fabbricato, cfr. 45.3 —i lavori di completamento degli edifici, cfr. 45.4, —le attività in materia di architettura e di ingegneria, cfr. 74.20, —la gestione di progetti di costruzione, cfr. 74.20.	
		45.22	Posa in opera di coperture e costruzione di ossature di tetti di edifici	Questa classe comprende: — la costruzione di tetti, — la copertura di tetti, —lavori di impermeabilizzazione.	45261000
		45.23	Costruzione di autostrade, strade, campi di aviazione e impianti sportivi	Questa classe comprende: —la costruzione di strade, autostrade, strade urbane e altri passaggi per veicoli e pedoni, —la costruzione di strade ferrate, —la costruzione di piste di campi di aviazione, —i lavori di costruzione, fabbricati esclusi, per stadi, piscine, palestre, campi da tennis, campi da golf ed altre installazioni sportive, —la segnaletica orizzontale per superfici stradali e la delineazione di zone di parcheggio. Questa classe non comprende: —i lavori preliminari di movimento terra, cfr. 45.11.	45212212 e DA03 45230000 eccetto: — 45231000 — 45232000 — 45234115
		45.24	Costruzione di opere idrauliche	Questa classe comprende: — la costruzione di: —idrovie, porti ed opere fluviali, porticcioli per imbarcazioni da diporto, chiuse ecc., — dighe e sbarramenti, — lavori di dragaggio, — lavori sotterranei.	45240000

		45.25	Altri lavori speciali di costruzione	Questa classe comprende: —i lavori di costruzione edili e di genio civile da parte di imprese specializzate in un aspetto comune a vari tipi di costruzione, che richiedono capacità o attrezzature particolari, —i lavori di fondazione, inclusa la palificazione, —la perforazione e costruzione di pozzi d'acqua, lo scavo di pozzi, —la posa in opera di strutture metalliche non fabbricate in proprio, —la piegatura d'ossature metalliche, —la posa in opera di mattoni e pietre, —il montaggio e lo smontaggio di ponteggi e piattaforme di lavoro, incluso il loro noleggio, —la costruzione di camini e forni industriali. Questa classe non comprende: —il noleggio di ponteggi senza montaggio e smontaggio, cfr. 71.32.	45250000 45262000
	45.3		Installazione dei servizi in un fabbricato		45300000
		45.31	Installazione di impianti elettrici	Questa classe comprende: l'installazione, in edifici o in altre opere di costruzione, di: — cavi e raccordi elettrici, — sistemi di telecomunicazione, —sistemi di riscaldamento elettrico, — antenne d'uso privato, —impianti di segnalazione d'incendio, — sistemi d'allarme antifurto,	45213316 45310000 Eccetto: — 45316000

DIR. AMM.VO

				— ascensori e scale mobili, —linee di discesa di parafulmini ecc.	
		45.32	Lavori di isolamento	Questa classe comprende: —installazione, in edifici o in altre opere di costruzione, di materiali isolanti per l'isolamento termico, acustico o antivibrazioni. Questa classe non comprende: —i lavori d'impermeabilizzazione, cfr. 45.22.	45320000
		45.33	Installazione di impianti idraulico-sanitari	Questa classe comprende: —l'installazione, in edifici o in altre opere di costruzione, di: — impianti idraulico-sanitari, — raccordi per il gas, —impianti e condotti di riscaldamento, ventilazione, refrigerazione o condizionamento dell'aria, —sistemi antincendio (sprinkler). Questa classe non comprende: —l'installazione di impianti di riscaldamento elettrico, cfr. 45.31.	45330000
		45.34	Altri lavori di installazione	Questa classe comprende: —l'installazione di sistemi d'illuminazione e segnaletica per strade, ferrovie, aeroporti e porti, —l'installazione, in edifici o in altre opere di costruzione, di accessori ed attrezzature non classificati altrove.	45234115 45316000 45340000
	45.4		Lavori di rifinitura e completamento degli edifici		45400000
		45.41	Intonacatura	Questa classe comprende: —i lavori di intonacatura e stuccatura interna ed esterna di	45410000

				edifici o di altre opere di costruzione, inclusa la posa in opera dei relativi materiali di stuccatura.	
		45.42	Posa in opera di infissi in legno o in metallo	Questa classe comprende: —l'installazione, da parte di ditte non costruttrici, di porte, finestre, intelaiature di porte e finestre, cucine su misura, scale, arredi per negozi e simili, in legno o in altro materiale, —il completamento di interni come soffitti, rivestimenti murali in legno, pareti mobili ecc. Questa classe non comprende: —la posa in opera di parquet e altri pavimenti in legno, cfr. 45.43.	45420000
		45.43	Rivestimento di pavimenti e muri	Questa classe comprende: —la posa in opera, l'applicazione o l'installazione, in edifici o in altre opere di costruzione, di: —piastrelle in ceramica, calcestruzzo o pietra da taglio per muri o pavimenti, —parquet e altri rivestimenti in legno per pavimenti, moquette e rivestimenti di linoleum, —inclusi rivestimenti in gomma o plastica, —rivestimenti alla veneziana, in marmo, granito o ardesia, per pavimenti o muri, — carta da parati.	45430000
		45.44	Tinteggiatura e posa in opera di vetrate	Questa classe comprende: —la tinteggiatura interna ed esterna di edifici, —la verniciatura di strutture di genio civile, —la posa in opera di vetrate, specchi ecc. Questa classe non comprende:	45440000

				—la posa in opera di finestre, cfr. 45.42.	
		45.45	Altri lavori di completamento degli edifici	Questa classe comprende: — l'installazione di piscine private, —la pulizia a vapore, sabbiatura ecc. delle pareti esterne degli edifici, —altri lavori di completamento e di finitura degli edifici non classificati altrove. Questa classe non comprende: —le pulizie effettuate all'interno di immobili e altre strutture, cfr. 74.70.	45212212 e DA04 45450000
	45.5		Noleggio di macchine e attrezzature per la costruzione o la demolizione, con manovratore		45500000
		45.50	Noleggio di macchine e attrezzature per la costruzione o la demolizione, con manovratore	Questa classe non comprende: —il noleggio di macchine e attrezzature per la costruzione o la demolizione, senza manovratore, cfr. 71.32.	45500000

(1) Regolamento (CEE) n. 3037/90 del Consiglio, del 9 ottobre 1990, relativo alla nomenclatura statistica delle attività economiche nella Comunità europea (GU L 293 del 24.10.1990, pag. 1).

Allegato II
Attività svolte dagli enti aggiudicatori di cui all'articolo 164 comma 1
(Allegato II dir. 23)

Le disposizioni del presente codice che disciplinano le concessioni aggiudicate dagli enti aggiudicatori di cui all'articolo 164, comma 1, si applicano alle seguenti attività:

1) per quanto riguarda il gas e l'energia termica:

a) la messa a disposizione o gestione di reti fisse destinate alla fornitura di un servizio al pubblico in connessione con la produzione, il trasporto o la distribuzione di gas o di energia termica;

b) l'alimentazione di tali reti fisse con gas o energia termica.

L'alimentazione, da parte di uno dei soggetti aggiudicatori di cui all'articolo 3 comma 2, lett. *e)* numeri 2.2 e 2.3, con gas o energia termica di reti fisse che forniscono un servizio al pubblico non è considerata un'attività se tutte le seguenti condizioni sono soddisfatte:

i) la produzione di gas o di energia termica da parte di tale ente aggiudicatore è l'inevitabile risultato dell'esercizio di un'attività non prevista dal presente paragrafo o dai paragrafi 2 e 3 del presente allegato;

ii) l'alimentazione della rete pubblica mira solo a sfruttare economicamente tale produzione e corrisponde al massimo al 20% del fatturato di tale ente aggiudicatore, considerando la media degli ultimi tre anni, compreso l'anno in corso.

Ai fini del presente codice «alimentazione» comprende la generazione/produzione, la vendita all'ingrosso e al dettaglio di gas. Tuttavia, la produzione di gas sotto forma di estrazione rientra nell'ambito di applicazione del paragrafo 4 del presente allegato;

2) per quanto riguarda l'elettricità:

a) la messa a disposizione o la gestione di reti fisse destinate alla fornitura di un servizio al pubblico in connessione con la produzione, il trasporto o la distribuzione di elettricità;

b) l'alimentazione di tali reti fisse con l'elettricità.

Ai fini del presente codice, l'alimentazione con elettricità comprende la generazione/produzione, la vendita all'ingrosso e al dettaglio dell'elettricità.

L'alimentazione, da parte di uno dei soggetti aggiudicatori di cui all'articolo 3 comma 2, lett. *e)* numeri 2.2 e 2.3, con elettricità di reti che forniscono un servizio al pubblico non è considerata un'attività se tutte le seguenti condizioni sono soddisfatte:

a) la produzione di elettricità da parte di tale ente aggiudicatore avviene perchè il suo consumo è necessario all'esercizio di un'attività non prevista dal presente paragrafo, nè dai paragrafi 1 e 3 del presente allegato;

b) l'alimentazione della rete pubblica dipende solo dal consumo proprio di tale ente aggiudicatore e non supera il 30% della produzione totale di energia di tale ente aggiudicatore, considerando la media degli ultimi tre anni, compreso l'anno in corso;

3) attività relative alla messa a disposizione o alla gestione di reti destinate a fornire un servizio al pubblico nel campo del trasporto ferroviario, tranviario, filoviario, mediante autobus, sistemi automatici o cavo.

Nei servizi di trasporto, si considera esistere una rete se il servizio viene fornito alle condizioni operative stabilite dalla competente autorità, quali le condizioni relative alle tratte da servire, alla capacità di trasporto disponibile o alla frequenza del servizio;

4) attività relative allo sfruttamento di un'area geografica al fine della messa a disposizione di aeroporti, porti marittimi o interni e di altri terminali di trasporto ai vettori aerei, marittimi e fluviali;

5) attività relative alla fornitura di:

a) servizi postali;

b) altri servizi diversi dai servizi postali, a condizione che tali servizi siano prestati da un ente che fornisce anche servizi postali ai sensi del presente paragrafo, secondo comma, lettera *ii)*, e che le condizioni di cui all'articolo 7, comma 1, del presente decreto non siano soddisfatte per quanto riguarda i servizi previsti al secondo comma, punto *ii)*.

Ai fini del presente codice e fatto salvo il decreto legislativo 22 luglio 1999, n. 261, recante «Attuazione della direttiva 97/67/CE concernente regole comuni per lo sviluppo del mercato interno dei servizi postali comunitari e il miglioramento della qualità del servizio», e successive modifiche e integrazioni, si intende per:

i) «invio postale»: un invio indirizzato nella forma definitiva in cui viene preso in consegna, indipendentemente dal peso. Oltre agli invii di corrispondenza, si tratta - ad esempio - di libri, cataloghi, giornali periodici e pacchi postali contenenti merci con o senza valore commerciale, indipendentemente dal loro peso;

ii) «servizi postali»: servizi consistenti in raccolta, smistamento, trasporto e distribuzione di invii postali. Includono sia i servizi che rientrano nell'ambito di applicazione del servizio universale, ai sensi del citato decreto legislativo n. 261 del 1999, sia quelli che ne sono esclusi;

iii) «altri servizi diversi dai servizi postali»: servizi forniti nei seguenti ambiti:

- servizi di gestione di servizi postali (servizi precedenti l'invio e servizi successivi all'invio, compresi i servizi di smistamento della posta),
- servizi di spedizione diversi da quelli di cui alla lettera *a)* quali la spedizione di invii pubblicitari, privi di indirizzo;

6) attività relative allo sfruttamento di un'area geografica ai seguenti fini:
a) estrazione di petrolio o di gas;
b) prospezione o estrazione di carbone o altri combustibili solidi.

Allegato III
Autorità governative centrali
(Allegato I - dir. 24)

Organismi committenti
Presidenza del Consiglio dei Ministri
Ministero degli Affari Esteri
Ministero dell'Interno (incluse le Prefetture-Uffici Territoriali del Governo e le Direzioni regionali e interregionali dei Vigili del Fuoco)
Ministero della Giustizia e Uffici giudiziari (esclusi i giudici di pace)
Ministero della Difesa
Ministero dell'Economia e delle Finanze
Ministero dello Sviluppo Economico
Ministero delle Politiche Agricole, Alimentari e Forestali
Ministero dell'Ambiente e della Tutela del Territorio e del Mare
Ministero delle Infrastrutture e dei Trasporti
Ministero del Lavoro e delle Politiche Sociali (incluse le sue articolazioni periferiche)
Ministero della Salute
Ministero dell'Istruzione, dell'Università e della Ricerca
Ministero dei Beni e delle Attività culturali e del Turismo (comprensivo delle sue articolazioni periferiche)
Altri enti pubblici nazionali:
CONSIP S.p.A. (1)
Agenzia nazionale dei beni sequestrati e confiscati alla criminalità organizzata

(1) Solo quando Consip agisce come centrale di committenza per le amministrazioni centrali

Allegato IV
Elenco degli organismi e delle categorie di organismi di diritto pubblico nei settori ordinari
(Allegato III - D.LGS. N. 163/2006)

Organismi
Mostra d'oltremare S.p.A.
Ente nazionale per l'aviazione civile - ENAC
Società nazionale per l'assistenza al volo S.p.A. - ENAV
ANAS S.p.A.
Consip S.p.A. (1)
Categorie
- Consorzi per le opere idrauliche
- Università statali, gli istituti universitari statali, i consorzi per i lavori interessanti le università
- Istituzioni pubbliche di assistenza e di beneficenza
- Istituti superiori scientifici e culturali, osservatori astronomici, astrofisici, geofisici o vulcanologici
- Enti di ricerca e sperimentazione
- Enti che gestiscono forme obbligatorie di previdenza e di assistenza

Consorzi di bonifica
Enti di sviluppo e di irrigazione

- Consorzi per le aree industriali
- Comunità montane
- Enti preposti a servizi di pubblico interesse
- Enti pubblici preposti ad attività di spettacolo, sportive, turistiche e del tempo libero
- Enti culturali e di promozione artistica.

(1) Quando Consip agisce in qualità di centrale di committenza per la autorità sub-centrali

Allegato V
Caratteristiche relative alla pubblicazione
(Allegato VIII dir. 24; Allegato IX dir. 25)

1. Pubblicazione degli avvisi e dei bandi

I bandi e gli avvisi di cui agli articoli 70, 71, 98, 142 e 153 per gli appalti nei settori ordinari e di cui agli articoli 127, 128, 129, 140, e 151 per gli appalti nei settori speciali sono trasmessi dalle stazioni appaltanti all'Ufficio delle pubblicazioni dell'Unione europea e pubblicati conformemente alle seguenti regole:

a) I bandi e gli avvisi di cui agli articoli 70, 71, 98, 142 e 153 per gli appalti nei settori ordinari e di cui agli articoli 127, 128, 129, 140, e 151 per gli appalti nei settori speciali sono pubblicati dall'Ufficio delle pubblicazioni ufficiali dell'Unione europea o dalle amministrazioni aggiudicatrici o dagli enti aggiudicatori qualora per i settori ordinari si tratti di avvisi di preinformazione ovvero per i settori speciali si tratti di avvisi periodici indicativi pubblicati nel profilo di committente ai sensi degli articoli 70 e 127.

Inoltre le stazioni appaltanti possono divulgare tali informazioni tramite internet, pubblicandole nel loro «profilo di committente» come specificato al punto 2, lettera *b).*

b) L'Ufficio delle pubblicazioni ufficiali dell'Unione europea conferma alle stazioni appaltanti la pubblicazione di cui agli articoli 72 e 127.

2. Pubblicazione di informazioni complementari o aggiuntive.

a) Salvo se altrimenti disposto dagli articolo 74, commi 2 e 3, le stazioni appaltanti pubblicano integralmente i documenti di gara su internet.

b) Il profilo di committente può contenere avvisi di preinformazione, di cui all'articolo 70, ovvero avvisi periodici, di cui all'articolo 127, informazioni sugli inviti a presentare offerte in corso, sugli acquisti programmati, sui contratti conclusi, sulle procedure annullate, nonchè ogni altra utile informazione come punti di contatto, numeri telefonici e di fax, indirizzi postali ed elettronici. Il profilo di committente può includere altresì avvisi di preinformazione ovvero avvisi periodici indicativi utilizzati come mezzo di indizione di gara, pubblicati a livello nazionale a norma degli articoli 73 e 130, comma 7.

3. Formato e modalità di trasmissione degli avvisi e dei bandi per via elettronica.

Il formato e le modalità stabilite dalla Commissione per la trasmissione degli avvisi e dei bandi per via elettronica sono accessibili all'indirizzo internet: http://simap.europa.int

Allegato VI
Elenco degli atti giuridici dell'Unione
(Allegato III dir. 25)

A. Trasporto o distribuzione di gas o di energia termica
Direttiva 2009/73/CE
B. Produzione, trasporto o distribuzione di elettricità
Direttiva 2009/72/CE
C. Produzione, trasporto o distribuzione di acqua potabile
[Nessun atto giuridico]
D. Enti aggiudicatori nel campo dei servizi ferroviari
Trasporto ferroviario di merci
Direttiva 2012/34/UE
Trasporto ferroviario internazionale di passeggeri
Direttiva 2012/34/UE
Trasporto ferroviario nazionale di passeggeri
[Nessun atto giuridico]
E. Enti aggiudicatori nel campo dei servizi ferroviari urbani, dei servizi tramviari, filoviari e di autobus
[Nessun atto giuridico]
F. Enti aggiudicatori nel settore dei servizi postali
Direttiva 97/67/CE
G. Estrazione di petrolio o di gas
Direttiva 94/22/CE
H. Prospezione ed estrazione di carbone o di altri combustibili solidi
[Nessun atto giuridico]
I. Enti aggiudicatori nel campo degli impianti portuali marittimi o interni o altri terminali
[Nessun atto giuridico]
L. Enti aggiudicatori nel campo degli impianti aeroportuali
[Nessun atto giuridico]

Allegato VII
Termini per l'adozione degli atti di esecuzione di cui all'articolo 8
(Allegato IV dir. 25)

1. Gli atti di esecuzione di cui all'articolo 8 sono adottati entro i seguenti termini:

a) 90 giorni lavorativi se è possibile presumere il libero accesso a un determinato mercato in base all'articolo 8, comma 4;

b) 130 giorni lavorativi nei casi diversi da quelli di cui alla lettera *a)*.

I termini indicati alle lettere *a)* e *b)* del presente comma sono prolungati di quindici giorni lavorativi se la domanda è accompagnata da una posizione motivata e giustificata, adottata da un'amministrazione nazionale indipendente competente per l'attività in questione, la quale analizza in modo approfondito le condizioni per l'eventuale applicabilità all'attività in questione dell'articolo 8, comma 1, conformemente all'articolo 8, commi 2, 3 e 4.

Tali termini decorrono dal primo giorno lavorativo successivo alla data in cui la Commissione riceve la domanda di cui all'articolo 8, comma 5 o, qualora le informazioni che devono essere fornite all'atto della domanda siano incomplete, dal giorno lavorativo successivo alla data in cui essa riceve le informazioni complete.

I termini di cui al presente comma possono essere prorogati dalla Commissione con l'accordo dello Stato membro o dell'ente aggiudicatore che hanno presentato la richiesta.

2. La Commissione può chiedere allo Stato membro o all'ente aggiudicatore interessati o alle Autorità indipendenti competenti di cui all'articolo 8, comma 5, o ad altre amministrazioni nazionali competenti di fornire tutte le informazioni necessarie o di integrare o di chiarire le informazioni fornite entro un termine adeguato. In caso di risposte tardive o incomplete, i termini di cui al comma 1, sono sospesi per il periodo intercorrente fra la scadenza del termine indicato nella domanda di informazioni e il ricevimento delle informazioni in forma completa e corretta.

Allegato VIII
Elenco dei prodotti per quanto riguarda gli appalti aggiudicati dalle amministrazioni aggiudicatrici nel settore della difesa
(Allegato III dir. 24)

Ai fini del presente decreto legislativo fa fede solo il testo di cui all'allegato I, punto 3, dell'AAP, sul quale si basa il seguente elenco indicativo di prodotti:

Capo 25	Sale; zolfo; terre e pietre; gessi, calci e cementi
Capo 26	Minerali metallurgici, scorie e ceneri
Capo 27	Combustibili minerali, oli minerali e prodotti della loro distillazione; sostanze bituminose; eccetto: ex 27.10: carburanti speciali
Capo 28	Prodotti chimici inorganici; composti inorganici od organici dei metalli preziosi, degli elementi radioattivi, dei metalli delle terre rare e degli isotopi eccetto: ex 28.09: esplosivi ex 28.13: esplosivi ex 28.14: gas lacrimogeni ex 28.28: esplosivi ex 28.32: esplosivi ex 28.39: esplosivi ex 28.50: prodotti tossicologici ex 28.51: prodotti tossicologici ex 28.54: esplosivi
Capo 29	Prodotti chimici organici eccetto: ex 29.03: esplosivi ex 29.04: esplosivi ex 29.07: esplosivi ex 29.08: esplosivi ex 29.11: esplosivi ex 29.12: esplosivi ex 29.13: prodotti tossicologici ex 29.14: prodotti tossicologici ex 29.15: prodotti tossicologici

	ex 29.21: prodotti tossicologici ex 29.22: prodotti tossicologici ex 29.23: prodotti tossicologici ex 29.26: esplosivi ex 29.27: prodotti tossicologici ex 29.29: esplosivi
Capo 30	Prodotti farmaceutici
Capo 31	Concimi
Capo 32	Estratti per concia e per tinta; tannini e loro derivati; sostanze coloranti, colori, pitture, vernici e tinture; mastici; inchiostri
Capo 33	Oli essenziali e resinoidi, prodotti per profumeria o per toletta preparati e preparazioni cosmetiche
Capo 34	Saponi, prodotti organici tensioattivi, preparazioni per liscivie, preparazioni lubrificanti, cere artificiali, cere preparate, prodotti per pulire e lucidare, candele e prodotti simili, paste per modelli e «cere per l'odontoiatria»
Capo 35	Sostanze albuminoidi; colle; enzimi
Capo 37	Prodotti per la fotografia e per la cinematografia
Capo 38	Prodotti vari delle industrie chimiche eccetto: ex 38.19: prodotti tossicologici
Capo 39	Materie plastiche artificiali, eteri ed esteri della cellulosa, resine artificiali e lavori di tali sostanze eccetto: ex 39.03: esplosivi
Capo 40	Gomma naturale o sintetica, fatturato (factis) e loro lavori eccetto: ex 40.11: pneumatici a prova di proiettile
Capo 41	Pelli (diverse da quelle per pellicceria) e cuoio
Capo 42	Lavori di cuoio o di pelli; oggetti di selleria e finimenti; oggetti da viaggio, borse, borsette e simili contenitori; lavori di budella
Capo 43	Pelli da pellicceria e loro lavori; pellicce artificiali
Capo 44	Legno, carbone di legna e lavori di legno
Capo 45	Sughero e suoi lavori
Capo 46	Lavori di intreccio, da panieraio e da stuoiaio
Capo 47	Materie occorrenti per la fabbricazione della carta

Capo 48	Carta e cartoni; lavori di pasta di cellulosa, di carta o di cartone
Capo 49	Prodotti dell'arte libraria e delle arti grafiche
Capo 65	Cappelli, copricapo ed altre acconciature; loro parti
Capo 66	Ombrelli (da pioggia e da sole), bastoni, fruste, frustini e loro parti
Capo 67	Piume e calugine preparate e oggetti di piume o di calugine; fiori artificiali; lavori di capelli
Capo 68	Lavori di pietre, gesso, cemento, amianto, mica e materie simili
Capo 69	Prodotti ceramici
Capo 70	Vetro e lavori di vetro
Capo 71	Perle fini, pietre preziose (gemme), pietre semipreziose (fini) e simili, metalli preziosi, metalli placcati o ricoperti di metalli preziosi e lavori di queste materie; minuterie di fantasia
Capo 73	Ghisa, ferro o acciaio
Capo 74	Rame
Capo 75	Nichel
Capo 76	Alluminio
Capo 77	Magnesio, berillio (glucinio)
Capo 78	Piombo
Capo 79	Zinco
Capo 80	Stagno
Capo 81	Altri metalli comuni
Capo 82	Utensili e utensileria; oggetti di coltelleria e posateria da tavola, di metalli comuni eccetto: ex 82.05: utensili ex 82.07: pezzi per utensili
Capo 83	Lavori diversi di metalli comuni
Capo 84	Caldaie, macchine, apparecchi e congegni meccanici eccetto: ex 84.06: motori ex 84.08: altri propulsori ex 84.45: macchine ex 84.53: macchine automatiche per l'elaborazione dell'informazione ex 84.55: pezzi della voce 84.53 ex 84.59: reattori nucleari

Capo 85	Macchine ed apparecchi elettrici; materiali destinati ad usi elettrotecnici eccetto: ex 85.13: telecomunicazioni ex 85.15: apparecchi di trasmissione
Capo 86	Veicoli e materiali per strade ferrate; apparecchi di segnalazione non elettrici per vie di comunicazione eccetto: ex 86.02: locomotive blindate ex 86.03: altre locomotive blindate ex 86.05: vetture blindate ex 86.06: carri officine ex 86.07: carri
Capo 87	Vetture automobili, trattori, velocipedi ed altri veicoli terrestri eccetto: ex 87.08: carri da combattimento e autoblinde ex 87.01: trattori ex 87.02: veicoli militari ex 87.03: veicoli di soccorso ad automezzi rimasti in panne ex 87.09: motocicli ex 87.14: rimorchi
Capo 89	Navigazione marittima e fluviale eccetto: ex 89.01A: navi da guerra
Capo 90	Strumenti e apparecchi d'ottica, per fotografia e per cinematografia, di misura, di verifica, di precisione; strumenti e apparecchi medico-chirurgici eccetto: ex 90.05: binocoli ex 90.13: strumenti vari, laser ex 90.14: telemetri ex 90.28: strumenti di misura elettrici o elettronici ex 90.11: microscopi ex 90.17: strumenti per la medicina ex 90.18: apparecchi di meccanoterapia ex 90.19: apparecchi di ortopedia ex 90.20: apparecchi a raggi X

Capo 91	Orologeria
Capo 92	Strumenti musicali; apparecchi di registrazione o di riproduzione del suono; apparecchi di registrazione o di riproduzione delle immagini e del suono in televisione; parti e accessori di questi strumenti e apparecchi
Capo 94	Mobilia; mobili medico-chirurgici; oggetti letterecci e simili eccetto: ex 94.01A: sedili per aerodine
Capo 95	Oggetti da intagliare e da modellare allo stato lavorato (compresi i lavori)
Capo 96	Spazzole, spazzolini, pennelli e simili, scope, piumini da cipria e stacci
Capo 98	Lavori diversi

Allegato IX

Servizi di cui agli articoli 140, 142, 143 e 144
(Allegato XIV - art. 74 dir. 24; Allegato XVII - art. 91 dir. 25 e Allegato IV - art. 19 dir. 23)

Codice CPV	**Descrizione**
75200000-8; 75231200-6; 75231240-8; 79611000-0; 79622000-0 [Servizi di fornitura di personale domestico]; 79624000-4 [Servizi di fornitura di personale infermieristico] e 79625000-1 [Servizi di fornitura di personale medico] da 85000000-9 a 85323000-9; 98133100-5, 98133000-4; 98200000-5 e 98500000-8 [Servizi domestici presso famiglie e convivenze] e da 98513000-2 a 98514000-9 [Servizi di manodopera per privati, servizi di personale di agenzia per privati, servizi di personale impiegatizio per privati, personale temporaneo per privati, servizi di assistenza domestica e servizi domestici]	Servizi sanitari, servizi sociali e servizi connessi
85321000-5 e 85322000-2, 75000000-6 [Servizi di pubblica amministrazione e difesa e servizi di previdenza sociale], 75121000-0, 75122000-7, 75124000-1; da 79995000-5 a 79995200-7; da 80000000-4 [Servizi di istruzione e formazione] a 80660000-8; da 92000000-1 a 92700000-8 79950000-8 [Servizi di organizzazione di mostre, fiere e congressi], 79951000-5 [Servizi di organizzazione di seminari], 79952000-2 [Servizi di organizzazione di eventi], 79952100-3 [Servizi di organizzazione di eventi culturali], 79953000-9 [Servizi di organizzazione di festival], 79954000-6 [Servizi di organizzazione di feste], 79955000-3 [Servizi di organizzazione di sfilate di moda], 79956000-0 [Servizi di organizzazione di fiere ed esposizioni]	Servizi amministrativi, sociali, in materia di istruzione, assistenza sanitaria e cultura
75300000-9	Servizi di sicurezza sociale obbligatoria (1)
75310000-2, 75311000-9, 75312000-6 75313000-3, 75313100-4, 75314000-0, 75320000-5, 75330000-8, 75340000-1	Servizi di prestazioni sociali
98000000-3; 98120000-0; 98132000-7; 98133110-8 e 98130000-3	Altri servizi pubblici, sociali e personali, inclusi servizi forniti da associazioni sindacali, da organizzazioni politiche, da associazioni giovanili e altri servizi di organizzazioni associative
98131000-0	Servizi religiosi

da 55100000-1 a 55410000-7 da 55521000-8 a 55521200-0 [55521000-8 Servizi di catering per feste private, 55521100-9 Servizi di fornitura pasti a domicilio, 55521200-0 Servizi di fornitura pasti] 55520000-1 Servizi di catering, 55522000-5 Servizi di catering per imprese di trasporto, 55523000-2 Servizi di catering per altre imprese o altre istituzioni, 55524000-9 Servizi di ristorazione scolastica 55510000-8 Servizi di mensa, 55511000-5 Servizi di mensa ed altri servizi di caffetteria per clientela ristretta, 55512000-2 Servizi di gestione mensa, 55523100-3 Servizi di mensa scolastica	Servizi alberghieri e di ristorazione
da 79100000-5 a 79140000-7; 75231100-5;	Servizi legali, nella misura in cui non siano esclusi a norma dell'articolo 17, comma 1, lett. d)
da 75100000-7 a 75120000-3; 75123000-4; da 75125000-8 a 75131000-3	Altri servizi amministrativi e delle amministrazioni pubbliche
da 75200000-8 a 75231000-4	Servizi della pubblica amministrazione forniti alla collettività
da 75231210-9 a75231230-5; da 75240000-0 a 75252000-7; 794300000-7; 98113100-9	Servizi penitenziari, di pubblica sicurezza e di soccorso, nella misura in cui non siano esclusi a norma dell'articolo 17, comma 1, lett. h)
da 79700000-1 a 79721000-4 [Servizi investigativi e di sicurezza, servizi di sicurezza, servizi di monitoraggio di sistemi di allarme, servizi di guardia, servizi di sorveglianza, servizi di sistema di localizzazione, servizi di localizzazione di fuggitivi, servizi di pattugliamento, servizi di rilascio di tesserini identificativi, servizi di investigazione e servizi di agenzia investigativa] 79722000-1[Servizi di grafologia], 79723000-8 [Servizi di analisi dei rifiuti]	Servizi investigativi e di sicurezza
98900000-2 [Servizi prestati da organizzazioni o enti extraterritoriali] e 98910000-5 [Servizi specifici di organizzazioni ed enti internazionali]	Servizi internazionali
64000000-6 [Servizi di poste e telecomunicazioni], 64100000-7 [Servizi postali e di corriere], 64110000-0 [Servizi postali], 64111000-7 [Servizi postali per giornali e riviste], 64112000-4 [Servizi postali per la corrispondenza], 64113000-1 [Servizi postali per pacchi], 64114000-8 [Servizi di sportello presso gli uffici postali], 64115000-5 [Servizi di affitto di cassette postali], 64116000-2 [Servizi di fermo posta], 64122000-7 [Servizi di messaggeria interna]	Servizi postali
50116510-9 [Servizi di rigenerazione pneumatici],	Servizi vari

71550000-8 [Servizi di lavorazione del ferro]	

(1) Tali servizi non rientrano nell'ambito di applicazione del presente codice se sono organizzati in quanto servizi non economici di interesse generale.

Allegato X
Elenco delle convenzioni internazionali in materia sociale e ambientale
(Allegato X dir. 24; Allegato XIV dir. 25; Allegato X dir. 23)

- Convenzione OIL 87 sulla libertà d'associazione e la tutela del diritto di organizzazione;
- Convenzione OIL 98 sul diritto di organizzazione e di negoziato collettivo;
- Convenzione OIL 29 sul lavoro forzato;
- Convenzione OIL 105 sull'abolizione del lavoro forzato;
- Convenzione OIL 138 sull'età minima;
- Convenzione OIL 111 sulla discriminazione nell'ambito del lavoro e dell'occupazione;
- Convenzione OIL 100 sulla parità di retribuzione;
- Convenzione OIL 182 sulle peggiori forme di lavoro infantile;
- Convenzione di Vienna per la protezione dello strato di ozono e protocollo di Montreal relativo a sostanze che riducono lo strato di ozono;
- Convenzione di Basilea sul controllo dei movimenti transfrontalieri di rifiuti pericolosi e del loro smaltimento (Convenzione di Basilea);
- Convenzione di Stoccolma sugli inquinanti organici persistenti;
- Convenzione di Rotterdam sulla procedura di previo assenso informato per taluni prodotti chimici e pesticidi pericolosi nel commercio internazionale (UNEP/FAO, lettera convenzione PIC) Rotterdam, 10 settembre 1998, e relativi tre protocolli regionali.

Allegato XI
Requisiti relativi agli strumenti e ai dispositivi di ricezione elettronica delle offerte, delle domande di partecipazione, delle domande di qualificazione, nonchè dei piani e progetti nei concorsi
(Allegato IV - dir. 24; Allegato V dir. 25)

Gli strumenti e i dispositivi di ricezione elettronica delle offerte e delle domande di partecipazione, nonchè dei piani e progetti nei concorsi di progettazione devono garantire, mediante procedure e mezzi tecnici appropriati, almeno che:

a) l'ora e la data esatte della ricezione delle offerte, delle domande di partecipazione e dei piani e progetti possano essere stabilite con precisione;

b) si possa ragionevolmente garantire che nessuno possa avere accesso ai dati trasmessi in base ai presenti requisiti prima della scadenza dei termini specificati;

c) solo le persone autorizzate possano fissare o modificare le date di apertura dei dati ricevuti;

d) solo le persone autorizzate possano avere accesso alla totalità o a una parte dei dati trasmessi nelle diverse fasi della procedura di aggiudicazione dell'appalto o del concorso di progettazione;

e) solo le persone autorizzate possano dare accesso ai dati trasmessi, e solo dopo la data specificata;

f) i dati ricevuti e aperti in applicazione dei presenti requisiti restino accessibili solo alle persone autorizzate a prenderne conoscenza;

g) in caso di violazione o di tentativo di violazione dei divieti di accesso o dei requisiti di cui alle lettere *b)*, *c)*, *d)*, *e)* e *f)*, si possa ragionevolmente garantire che le violazioni o i tentativi siano chiaramente rilevabili.

Allegato XII
Informazioni che devono figurare nei documenti di gara in relazione alle aste elettroniche relative agli appalti nei settori ordinari e speciali
(Allegato VI dir. 24; Allegato VII dir. 25)

Nel caso in cui le stazioni appaltanti abbiano deciso di organizzare un'asta elettronica, i documenti di gara contengono almeno i seguenti elementi:

a) gli elementi i cui valori saranno oggetto dell'asta elettronica, purchè tali elementi siano quantificabili in modo da essere espressi in cifre o in percentuali;

b) i limiti eventuali dei valori che potranno essere presentati, quali risultano dal capitolato d'oneri relativo all'oggetto dell'appalto;

c) le informazioni che saranno messe a disposizione degli offerenti nel corso dell'asta elettronica e, se del caso, il momento in cui saranno messe a loro disposizione;

d) le informazioni pertinenti sullo svolgimento dell'asta elettronica;

e) le condizioni alle quali gli offerenti potranno rilanciare, in particolare gli scarti minimi eventualmente richiesti per il rilancio;

f) le informazioni pertinenti sul dispositivo elettronico utilizzato e sulle modalità e specifiche tecniche di collegamento.

Allegato XIII
Definizione di talune specifiche tecniche
(Allegato VII dir. 24; Allegato VIII dir. 25)

Ai fini del presente codice si intende per:

1) «specifiche tecniche»: a seconda del caso

a) nel caso di appalti pubblici di lavori: l'insieme delle prescrizioni tecniche contenute, in particolare, nei documenti di gara, che definiscono le caratteristiche richieste di un materiale, un prodotto o una fornitura in modo che rispondano all'uso a cui sono destinati dall'amministrazione aggiudicatrice o dall'ente aggiudicatore; tra queste caratteristiche rientrano i livelli della prestazione ambientale e le ripercussioni sul clima, la progettazione che tenga conto di tutti i requisiti (compresa l'accessibilità per persone con disabilità) la valutazione della conformità, la proprietà d'uso, la sicurezza o le dimensioni, incluse le procedure riguardanti il sistema di garanzia della qualità, la terminologia, i simboli, il collaudo e metodi di prova, l'imballaggio, la marcatura e l'etichettatura, le istruzioni per l'uso, nonchè i processi e i metodi di produzione in qualsiasi momento del ciclo di vita dei lavori. Esse comprendono altresì le norme riguardanti la progettazione e la determinazione dei costi, le condizioni di collaudo, d'ispezione e di accettazione dei lavori nonchè i metodi e le tecniche di costruzione come pure ogni altra condizione tecnica che l'amministrazione aggiudicatrice o l'ente aggiudicatore può prescrivere, mediante regolamentazione generale o particolare, in relazione all'opera finita e ai materiali o alle parti che la compongono;

b) nel caso di appalti pubblici di servizi o di forniture, le specifiche contenute in un documento, che definiscono le caratteristiche richieste di un prodotto o di un servizio, tra cui i livelli di qualità, i livelli di prestazione ambientale e le ripercussioni sul clima, una progettazione che tenga conto di tutte le esigenze (compresa l'accessibilità per le persone con disabilità) e la valutazione della conformità, la proprietà d'uso, l'uso del prodotto, la sicurezza o le dimensioni, compresi i requisiti applicabili al prodotto quali la denominazione di vendita, la terminologia, i simboli, il collaudo e i metodi di prova, l'imballaggio, la marcatura e l'etichettatura, le istruzioni per l'uso, i processi e i metodi di produzione ad ogni stadio del ciclo di vita della fornitura o dei servizi, nonchè le procedure di valutazione della conformità;

2) «norma»: una specifica tecnica adottata da un organismo riconosciuto di normalizzazione, ai fini di un'applicazione ripetuta o continua, la cui osservanza non è obbligatoria e che rientra in una delle seguenti categorie:

a) «norma internazionale»: norma adottata da un organismo di normalizzazione internazionale e messa a disposizione del pubblico;

b) «norma europea»: una norma adottata da un organismo di normalizzazione europeo e messa a disposizione del pubblico;

c) «norma nazionale»: una norma adottata da un organismo di normalizzazione nazionale e messa a disposizione del pubblico;

3) «valutazione tecnica europea»: la valutazione documentata delle prestazioni di un prodotto da costruzione in relazione alle sue caratteristiche essenziali, conformemente al relativo documento per la valutazione europea quale definito all'articolo 2, punto 12, del regolamento (UE) n. 305/2011 del Parlamento europeo e del Consiglio;

4) «specifica tecnica comune»: una specifica tecnica nel settore delle TIC elaborata conformemente agli articoli 13 e 14 del regolamento (UE) 1025/2012;

5) «riferimento tecnico»: qualunque documento, diverso dalle norme europee, elaborato dagli organismi europei di normalizzazione secondo procedure adattate all'evoluzione delle necessità di mercato.

Allegato XIV
Informazioni che devono figurare negli avvisi e nei bandi nei settori ordinari e speciali
(allegato V dir. 24; allegato VI,X,XI,XII e XVIII dir. 25)

PARTE I - INFORMAZIONI CHE DEVONO FIGURARE NEGLI AVVISI E NEI BANDI NEI SETTORI ORDINARI (1)

A - INFORMAZIONI CHE DEVONO FIGURARE NEGLI AVVISI CHE ANNUNCIANO LA PUBBLICAZIONE NEL PROFILO DI COMMITTENTE DI UN AVVISO DI PREINFORMAZIONE

1. Nome, numero di identificazione, ove previsto, indirizzo comprensivo di codice NUTS, telefono, fax, posta elettronica e indirizzo Internet dell'amministrazione aggiudicatrice e, se diverso, del servizio al quale rivolgersi per informazioni complementari.

2. Tipo di amministrazione aggiudicatrice e principale attività esercitata.

3. Se del caso, l'indicazione che l'amministrazione aggiudicatrice è una centrale di committenza o che si tratta o può trattarsi di una qualsiasi altra forma di appalto congiunto.

4. Codici CPV.

5. Indirizzo Internet del «profilo di committente» (URL).

6. Data di spedizione dell'avviso di pubblicazione nel profilo di committente dell'avviso di preinformazione.

B - INFORMAZIONI CHE DEVONO FIGURARE NEGLI AVVISI DI PREINFORMAZIONE (di cui all'articolo 70)

B1. Informazioni che devono comparire in ogni caso

1. Nome, numero di identificazione, ove previsto, indirizzo comprensivo di codice NUTS, telefono, fax, posta elettronica e indirizzo Internet dell'amministrazione aggiudicatrice e, se diverso, del servizio al quale rivolgersi per informazioni complementari.

2. Posta elettronica o indirizzo Internet al quale i documenti di gara saranno disponibili per l'accesso gratuito, illimitato e diretto.

Se l'accesso gratuito, illimitato e diretto non è disponibile per i motivi illustrati all'articolo 74, commi 2 e 3, un'indicazione relativa alle modalità di accesso ai documenti di gara.

3. Tipo di amministrazione aggiudicatrice e principale attività esercitata.

4. Se del caso, l'indicazione che l'amministrazione aggiudicatrice è una centrale di committenza o che si tratta o può trattarsi di una qualsiasi altra forma di appalto congiunto.

5. Codici CPV. Se l'appalto è suddiviso in lotti, tali informazioni sono fornite per ogni lotto.

6. Il codice NUTS del luogo principale per l'esecuzione dei lavori nel caso di appalti di lavori o il codice NUTS del luogo principale di consegna o di prestazione per gli appalti di forniture e di servizi. Se l'appalto è suddiviso in lotti, tali informazioni sono fornite per ogni lotto.

7. Breve descrizione dell'appalto: natura ed entità dei lavori, natura e quantità o valore delle forniture; natura ed entità dei servizi.

8. Se il presente avviso non funge da mezzo di indizione di una gara, la data o le date previste per la pubblicazione di un bando di gara o di bandi di gara per l'appalto o gli appalti di cui all'avviso di preinformazione.

9. Data d'invio dell'avviso.

10. Altre eventuali informazioni.

11. Indicare se l'appalto rientra o meno nell'ambito di applicazione dell'AAP.

B2. Informazioni ulteriori che devono essere fornite se l'avviso funge da mezzo di indizione di gara (articolo 70, comma 2)

1. Indicazione del fatto che gli operatori economici interessati devono far conoscere all'amministrazione aggiudicatrice il loro interesse per l'appalto o gli appalti.

2. Tipo di procedura di aggiudicazione (procedure ristrette, che implichino o meno un sistema dinamico di acquisizione, o procedure competitive con negoziazione).

3. Eventualmente, indicare se:

a) si tratta di un accordo quadro;

b) si tratta di un sistema dinamico di acquisizione.

4. Se conosciuti, tempi di consegna o di fornitura di prodotti, lavori o servizi e durata del contratto.

5. Se note, le condizioni di partecipazione, compreso quanto segue:

a) l'indicazione, eventuale, se si tratta di un appalto pubblico riservato a laboratori protetti o la cui esecuzione è riservata all'ambito di programmi di lavoro protetti;

b) l'indicazione eventuale se, in forza di disposizioni legislative, regolamentari o amministrative, la prestazione del servizio sia riservata a una particolare professione;

c) una breve descrizione dei criteri di selezione.

6. Se conosciuti, una breve descrizione dei criteri che verranno utilizzati per l'aggiudicazione dell'appalto.

7. Se nota, la grandezza complessiva stimata dell'appalto o degli appalti. Se l'appalto è suddiviso in lotti, tali informazioni sono fornite per ogni lotto.

8. Termini ultimi per la ricezione delle manifestazioni d'interesse.

9. Indirizzo cui devono essere inviate le manifestazioni di interesse.

10. Lingua o lingue autorizzate per la presentazione delle candidature o delle offerte.

11. Eventualmente, indicare se:

a) la presentazione per via elettronica delle offerte o delle domande di partecipazione è richiesta o accettata;

b) si farà ricorso all'ordinazione elettronica;

c) si farà ricorso alla fatturazione elettronica;

d) sarà accettato il pagamento elettronico.

12. Informazioni che indicano se l'appalto è connesso a un progetto e/o programma finanziato dai fondi dell'Unione europea.

13. Denominazione e indirizzo dell'organo responsabile delle procedure di ricorso e, se del caso, di mediazione. Precisazioni dei termini per la proposizione del ricorso o, se necessario, denominazione, indirizzo, numero di telefono, di fax e indirizzo elettronico del servizio presso il quale l'informazione in questione può essere richiesta.

C - INFORMAZIONI CHE DEVONO FIGURARE NEGLI AVVISI E BANDI DI GARA (di cui all'articolo 71)

1. Nome, numero di identificazione, ove previsto, indirizzo comprensivo di codice NUTS, telefono, fax, posta elettronica e indirizzo Internet dell'amministrazione aggiudicatrice e, se diverso, del servizio al quale rivolgersi per informazioni complementari.

2. Posta elettronica o indirizzo Internet al quale i documenti di gara saranno disponibili per l'accesso gratuito, illimitato e diretto. Se l'accesso gratuito, illimitato e diretto non è disponibile per i motivi illustrati all'articolo 74, commi 2 e 3, un'indicazione relativa alle modalità di accesso ai documenti di gara.

3. Tipo di amministrazione aggiudicatrice e principale attività esercitata.

4. Se del caso, l'indicazione che l'amministrazione aggiudicatrice è una centrale di committenza o che è coinvolta una qualsiasi altra forma di appalto congiunto.

5. Codici CPV. Se l'appalto è suddiviso in lotti, tali informazioni sono fornite per ogni lotto.

6. Il codice NUTS del luogo principale per l'esecuzione dei lavori nel caso di appalti di lavori o il codice NUTS del luogo principale di consegna o di prestazione per gli appalti di forniture e di servizi. Se l'appalto è suddiviso in lotti, tali informazioni sono fornite per ogni lotto.

7. Descrizione dell'appalto: natura ed entità dei lavori, natura e quantità o valore delle forniture; natura ed entità dei servizi. Se l'appalto è suddiviso in lotti, tali informazioni sono fornite per ogni lotto. Eventualmente, una descrizione di qualsiasi opzione.

8. Ordine di grandezza totale stimato dell'appalto o degli appalti; se l'appalto è suddiviso in lotti, tali informazioni sono fornite per ogni lotto.

9. Ammissione o divieto di varianti.

10. Tempi di consegna o di fornitura di beni, lavori o servizi e, per quanto possibile, la durata del contratto.

a) Nel caso di accordi quadro, indicare la durata prevista dell'accordo quadro, precisando, se del caso, i motivi che giustificano una durata dell'accordo quadro superiore a quattro anni; per quanto possibile, indicazione del valore o dell'ordine di grandezza e della frequenza degli appalti da aggiudicare, numero e, ove necessario, numero massimo previsto di operatori economici che parteciperanno.

b) Nel caso di un sistema dinamico di acquisizione l'indicazione della durata prevista di tale sistema; per quanto possibile, l'indicazione di valore o dell'ordine di grandezza e della frequenza degli appalti da aggiudicare.

11. Condizioni di partecipazione, compreso quanto segue:

a) l'indicazione, eventuale, se si tratta di un appalto pubblico riservato a laboratori protetti o la cui esecuzione è riservata all'ambito di programmi di lavoro protetti;

b) indicare, in caso se, in forza di disposizioni legislative, regolamentari o amministrative, la prestazione del servizio sia riservata a una particolare professione; riferimenti alle disposizioni legislative, regolamentari o amministrative in questione;

c) un elenco e una breve descrizione dei criteri riguardanti la situazione personale degli operatori economici che possono comportarne l'esclusione e dei criteri di selezione; livello o livelli minimi specifici di capacità eventualmente richiesti. Indicazione delle informazioni richieste (autocertificazioni, documentazione).

12. Tipo di procedura di aggiudicazione; eventualmente, motivazione del ricorso alla procedura accelerata (in caso di procedure aperte e ristrette e di procedure competitive con negoziazione).

13. Eventualmente, indicare se:

a) si tratta di un accordo quadro;

b) si tratta di un sistema dinamico di acquisizione;

c) si tratta di un'asta elettronica (in caso di procedure aperte o ristrette o di procedure competitive con negoziazione).

14. Se l'appalto deve essere suddiviso in lotti, indicazione della possibilità per gli operatori economici di presentare offerte per uno, per più e/o per l'insieme dei lotti. Indicazione di ogni possibile limitazione del numero di lotti che può essere aggiudicato ad uno stesso offerente. Se l'appalto non è suddiviso in lotti, indicazione dei motivi, a meno che tale informazione non sia fornita nella relazione unica.

15. In caso di procedura ristretta, procedura competitiva con negoziazione, dialogo competitivo o partenariato per l'innovazione, quando ci si avvale della facoltà di ridurre il numero di candidati che saranno invitati a presentare offerte, a partecipare al dialogo o a negoziare: numero minimo e, eventualmente, numero massimo previsto di candidati e criteri oggettivi da applicare per la scelta dei candidati in questione.

16. In caso di procedura competitiva con negoziazione, dialogo competitivo o partenariato per l'innovazione, indicare, eventualmente, il ricorso a una procedura che si svolge in più fasi successive, al fine di ridurre gradualmente il numero di soluzioni da discutere o di offerte da negoziare.

17. Eventualmente, le condizioni particolari cui è sottoposta l'esecuzione dell'appalto.

18. Criteri di aggiudicazione dell'appalto o degli appalti. Salvo nel caso in cui l'offerta economicamente più vantaggiosa è individuata sulla base del solo prezzo, i criteri che determinano l'offerta economicamente più vantaggiosa e la loro ponderazione vanno indicati qualora non figurino nel capitolato d'oneri ovvero, nel caso del dialogo competitivo, nel documento descrittivo.

19. Termine ultimo per la ricezione delle offerte (procedure aperte) o delle domande di partecipazione (procedure ristrette e procedura competitiva con negoziazione, sistemi dinamici di acquisizione, dialogo competitivo, partenariati per l'innovazione).

20. Indirizzo al quale le offerte o le domande di partecipazione sono trasmesse.
21. In caso di procedure aperte:
a) periodo di tempo durante il quale l'offerente è vincolato alla propria offerta;
b) data, ora e luogo di apertura delle offerte;
c) persone autorizzate ad assistere alle operazioni di apertura.
22. Lingua/e utilizzabile/i nelle offerte o nelle domande di partecipazione.
23. Eventualmente, indicare se:
a) la presentazione per via elettronica delle offerte o delle domande di partecipazione è accettata;
b) si farà ricorso all'ordinazione elettronica;
c) sarà accettata la fatturazione elettronica;
d) sarà utilizzato il pagamento elettronico.
24. Informazioni che indicano se l'appalto è connesso a un progetto e/o programma finanziato dai fondi dell'Unione europea.
25. Denominazione e indirizzo dell'organo responsabile delle procedure di ricorso e, se del caso, di mediazione. Precisazioni dei termini per la proposizione del ricorso o, se del caso, nome, indirizzo, numero di telefono e di fax, nonchè indirizzo di posta elettronica del servizio presso il quale si possono richiedere tali informazioni.
26. Data (e) e riferimento (i) di precedenti pubblicazioni nella Gazzetta Ufficiale dell'Unione europea e nella Gazzetta ufficiale della Repubblica italiana relative all'appalto/agli appalti di cui al presente avviso.
27. Nel caso di appalti rinnovabili, calendario previsto per la pubblicazione dei prossimi bandi e avvisi.
28. Data d'invio dell'avviso.
29. Indicare se l'appalto rientra o meno nell'ambito di applicazione dell'AAP.
30. Altre eventuali informazioni.

D - INFORMAZIONI CHE DEVONO FIGURARE NEGLI AVVISI RELATIVI AGLI APPALTI AGGIUDICATI (di cui all'articolo 98)

1. Nome, numero di identificazione, ove previsto, indirizzo comprensivo di codice NUTS, telefono, fax, posta elettronica e indirizzo Internet dell'amministrazione aggiudicatrice e, se diverso, del servizio al quale rivolgersi per informazioni complementari.
2. Tipo di amministrazione aggiudicatrice e principale attività esercitata.
3. Se del caso, l'indicazione che l'amministrazione aggiudicatrice è una centrale di committenza o che si tratta di una qualsiasi altra forma di appalto congiunto.
4. Codici CPV.
5. Il codice NUTS del luogo principale per l'esecuzione dei lavori nel caso di appalti di lavori o il codice NUTS del luogo principale di consegna o di prestazione per gli appalti di forniture e di servizi.
6. Descrizione dell'appalto: natura ed entità dei lavori, natura e quantità o valore delle forniture; natura ed entità dei servizi. Se l'appalto è suddiviso in lotti, tali informazioni sono fornite per ogni lotto. Eventualmente, una descrizione di qualsiasi opzione.
7. Tipo di procedura di aggiudicazione; nel caso di procedura negoziata senza previa pubblicazione, motivazione del ricorso a tale procedura.
8. Eventualmente, indicare se:
a) si tratta di un accordo quadro;
b) si tratta di un sistema dinamico di acquisizione.
9. I criteri di cui all'articolo 95 che sono stati utilizzati per l'aggiudicazione dell'appalto o degli appalti. Se del caso, l'indicazione se è stato fatto ricorso a un'asta elettronica (in caso di procedure aperte o ristrette o di procedure competitive con negoziazione).
10. Data di conclusione dei contratti o degli accordi quadro a seguito della decisione di aggiudicazione o conclusione.
11. Numero di offerte ricevute con riferimento a ciascun appalto, compresi:
a) numero di offerte ricevute da operatori economici costituiti da piccole e medie imprese;
b) numero di offerte ricevute da un altro Stato membro o da un paese terzo;
c) numero di offerte ricevute per via elettronica.
12. Per ciascuna aggiudicazione: nome, indirizzo comprensivo di codice NUTS, telefono, fax, posta elettronica e indirizzo Internet dell'aggiudicatario o degli aggiudicatari, comprese:
a) informazioni che specificano se l'aggiudicatario è una piccola e media impresa;
b) informazioni che specificano se l'appalto è stato aggiudicato a un gruppo di operatori economici (joint-venture, consorzio o altro).
13. Valore dell'offerta (o delle offerte) vincente o dell'offerta massima e dell'offerta minima prese in considerazione ai fini dell'aggiudicazione o delle aggiudicazioni dell'appalto.
14. Se del caso, per ogni aggiudicazione, valore e parte dell'appalto che può essere subappaltato a terzi.
15. Informazioni che indicano se l'appalto è connesso a un progetto e/o programma finanziato dai fondi dell'Unione europea.

16. Denominazione e indirizzo dell'organo responsabile delle procedure di ricorso e, se del caso, di mediazione. Precisazioni dei termini per la proposizione del ricorso o, se del caso, nome, indirizzo, numero di telefono e di fax, nonchè indirizzo di posta elettronica del servizio presso il quale si possono richiedere tali informazioni.

17. Data (e) e riferimento (i) di precedenti pubblicazioni nella Gazzetta ufficiale dell'Unione europea o nella Gazzetta ufficiale della Repubblica italiana relative al contratto/ai contratti di cui al presente avviso.

18. Data d'invio dell'avviso.

19. Altre eventuali informazioni.

E - INFORMAZIONI CHE DEVONO FIGURARE NEGLI AVVISI DI MODIFICA DI UN CONTRATTO DURANTE IL PERIODO DI VALIDITÀ DELLO STESSO (di cui all'articolo 106)

1. Nome, numero di identificazione, ove previsto, indirizzo comprensivo di codice NUTS, telefono, fax, posta elettronica e indirizzo Internet dell'amministrazione aggiudicatrice e, se diverso, del servizio al quale rivolgersi per informazioni complementari.

2. Codici CPV.

3. Il codice NUTS del luogo principale per l'esecuzione dei lavori nel caso di appalti di lavori o il codice NUTS del luogo principale di consegna o di prestazione per gli appalti di forniture e di servizi.

4. Descrizione dell'appalto prima e dopo la modifica: natura ed entità dei lavori, natura e quantità o valore delle forniture: natura ed entità dei servizi.

5. Se del caso, aumento del prezzo in seguito alla modifica.

6. Descrizione delle circostanze che hanno reso necessaria la modifica.

7. Data della decisione di aggiudicazione dell'appalto.

8. Se del caso, nome, indirizzo comprensivo di codice NUTS, telefono, fax, posta elettronica e indirizzo Internet del nuovo o dei nuovi operatori economici.

9. Informazioni che indicano se l'appalto è connesso a un progetto e/o programma finanziato dai fondi dell'Unione europea.

10. Denominazione e indirizzo dell'organo nazionale di vigilanza e dell'organo responsabile delle procedure di ricorso e, se del caso, di mediazione. Precisazioni dei termini per la proposizione del ricorso o, se del caso, nome, indirizzo, numero di telefono e di fax, nonchè indirizzo elettronico del servizio presso il quale si possono richiedere tali informazioni.

11. Data (e) e riferimento (i) di precedenti pubblicazioni nella Gazzetta ufficiale dell'Unione europea o nella Gazzetta ufficiale della Repubblica italiana relative all'appalto o agli appalti di cui al presente avviso.

12. Data d'invio dell'avviso.

13. Altre eventuali informazioni.

F - INFORMAZIONI CHE DEVONO FIGURARE NEI BANDI DI GARA E NEGLI AVVISI DI AGGIUDICAZIONE PER GLI APPALTI DI SERVIZI SOCIALI E DI ALTRI SERVIZI SPECIFICI (di cui all'articolo 142)

1. Nome, numero di identificazione, ove previsto, indirizzo comprensivo di codice NUTS, posta elettronica e indirizzo Internet dell'amministrazione aggiudicatrice.

2. Il codice NUTS del luogo principale per l'esecuzione dei lavori nel caso di appalti di lavori o il codice NUTS del luogo principale di consegna o di prestazione per le forniture e i servizi.

3. Una breve descrizione dell'appalto in questione, compresi i codici CPV.

4. Condizioni di partecipazione, compreso quanto segue:

a) l'indicazione, eventuale, se si tratta di un appalto riservato a laboratori protetti o la cui esecuzione è riservata nell'ambito di programmi di lavoro protetti,

b) l'indicazione, eventuale, se in forza di disposizioni legislative, regolamentari o amministrative, la prestazione del servizio sia riservata a una particolare professione.

5. Scadenze per contattare l'amministrazione aggiudicatrice, in vista della partecipazione.

6. Breve descrizione delle caratteristiche principali della procedura di aggiudicazione.

G - INFORMAZIONI CHE DEVONO FIGURARE NEGLI AVVISI PER GLI APPALTI DI SERVIZI SOCIALI E DI ALTRI SERVIZI SPECIFICI (di cui all'articolo 142)

1. Nome, numero di identificazione, ove previsto, dalla legislazione nazionale, indirizzo comprensivo di codice NUTS, posta elettronica e indirizzo Internet dell'amministrazione aggiudicatrice.

2. Una breve descrizione dell'appalto in questione, compreso il valore complessivo stimato del contratto e i codici CPV.

3. Se noti:

a) il codice NUTS del luogo principale per l'esecuzione dei lavori nel caso di appalti di lavori o il codice NUTS del luogo principale di consegna o di prestazione per le forniture e i servizi;

b) tempi di consegna o di fornitura di beni, lavori o servizi e durata del contratto;

c) condizioni di partecipazione, compreso quanto segue:

- l'indicazione, eventuale, se si tratta di un appalto pubblico riservato a laboratori protetti o la cui esecuzione è riservata all'ambito di programmi di lavoro protetti,

- l'indicazione eventuale se, in forza di disposizioni legislative, regolamentari o amministrative, la prestazione del servizio sia riservata a una particolare professione;

d) una breve descrizione delle caratteristiche principali della procedura di aggiudicazione.

4. Indicazione del fatto che gli operatori economici interessati devono far conoscere all'amministrazione aggiudicatrice il loro interesse per l'appalto o gli appalti, dei termini per la ricezione delle manifestazioni d'interesse e dell'indirizzo cui devono essere trasmesse le manifestazioni d'interesse.

H - INFORMAZIONI CHE DEVONO FIGURARE NEGLI AVVISI DI AGGIUDICAZIONE PER GLI APPALTI DI SERVIZI SOCIALI E DI ALTRI SERVIZI SPECIFICI (di cui all'articolo 142)

1. Nome, numero di identificazione, ove previsto, indirizzo comprensivo di codice NUTS, posta elettronica e indirizzo Internet dell'amministrazione aggiudicatrice.
2. Breve descrizione del contratto in questione, compresi i codici CPV.
3. Il codice NUTS del luogo principale per l'esecuzione dei lavori nel caso di lavori o il codice NUTS del luogo principale di consegna o di prestazione per le forniture e i servizi.
4. Numero di offerte ricevute.
5. Prezzo o gamma di prezzi (minimo/massimo) pagati.
6. Per ciascuna aggiudicazione: nome, indirizzo comprensivo di codice NUTS, posta elettronica e indirizzo Internet dell'aggiudicatario o degli aggiudicatari.
7. Altre eventuali informazioni.

PARTE II - INFORMAZIONI CHE DEVONO FIGURARE NEGLI AVVISI PERIODICI INDICATIVI NEI SETTORI SPECIALI - (di cui all'articolo 127) (2)

A. INFORMAZIONI CHE DEVONO FIGURARE IN OGNI CASO

1. Nome, numero di identificazione, ove previsto, indirizzo comprensivo di codice NUTS, telefono, fax, posta elettronica e indirizzo Internet dell'ente aggiudicatore e, se diverso, del servizio al quale rivolgersi per informazioni complementari.
2. Principale attività esercitata.
3. *a)* Per gli appalti di forniture: natura e quantità o valore delle prestazioni o dei prodotti da fornire (codici CPV);

b) per gli appalti di lavori: natura ed entità delle prestazioni, caratteristiche generali dell'opera o dei lotti relativi all'opera, numero (codici CPV);

c) per gli appalti di servizi: importo totale previsto in ciascuna delle categorie di servizi previsti (codici CPV).

4. Data di invio dell'avviso o di invio della comunicazione che annuncia la pubblicazione di tale avviso nel «profilo di committente».
5. Altre eventuali informazioni.

B. INFORMAZIONI AGGIUNTIVE CHE DEVONO ESSERE FORNITE SE L'AVVISO FUNGE DA MEZZO DI INDIZIONE DI GARA O CONSENTE UNA RIDUZIONE DEI TERMINI DI RICEZIONE DELLE CANDIDATURE O DELLE OFFERTE (articolo 127)

1. Indicazione del fatto che gli operatori economici interessati devono far conoscere all'ente aggiudicatore il loro interesse per l'appalto o gli appalti.
2. Posta elettronica o indirizzo Internet al quale il capitolato d'oneri e i documenti di gara saranno disponibili per l'accesso gratuito, illimitato e diretto.

Se l'accesso gratuito, illimitato e diretto non è disponibile per i motivi illustrati all'articolo 74, un'indicazione relativa alle modalità di accesso ai documenti di gara.

3. Indicare eventualmente se l'appalto è riservato a laboratori protetti o se l'esecuzione è riservata nel contesto di programmi di lavoro protetti.
4. Termine ultimo per la ricezione delle domande per ottenere un invito a presentare un'offerta o a negoziare.
5. Natura e quantità dei prodotti da fornire o caratteristiche generali dell'opera o categoria del servizio e sua descrizione; indicare se si prevedono uno o più accordi quadro, precisando tra l'altro eventuali opzioni per acquisti complementari e il calendario provvisorio per esercitare tali opzioni nonchè il numero di eventuali rinnovi. Nel caso di una serie di appalti rinnovabili, indicare anche il calendario provvisorio dei successivi bandi di gara. Indicare se si tratta di acquisto, locazione finanziaria, locazione, acquisto a riscatto, o di una combinazione tra tali possibilità.
6. Il codice NUTS del luogo principale per l'esecuzione dei lavori nel caso di appalti di lavori o il codice NUTS del luogo principale di consegna o di prestazione per gli appalti di forniture e di servizi. Se l'appalto è suddiviso in lotti, tali informazioni sono fornite per ogni lotto.
7. Termine di consegna o di esecuzione o durata dell'appalto e, se possibile, data di inizio.
8. Indirizzo cui le imprese interessate devono manifestare per iscritto il proprio interesse.
9. Termine ultimo per la ricezione delle manifestazioni d'interesse.
10. Lingua o lingue autorizzate per la presentazione delle candidature o delle offerte.
11. Requisiti di carattere economico e tecnico, garanzie finanziarie e tecniche che i fornitori devono soddisfare.
12. Indicare:

a) Data provvisoria, se nota, di inizio delle procedure di aggiudicazione dell'appalto o degli appalti.

b) Tipo di procedura d'appalto (procedure ristrette, che implichino o meno un sistema dinamico di acquisizione, o procedure negoziate).

13. Eventualmente, le condizioni particolari cui è sottoposta la realizzazione dell'appalto.

14. Eventualmente, indicare se:

a) la trasmissione in via elettronica delle offerte o delle domande di partecipazione è richiesta o accettata;

b) si farà ricorso all'ordinazione elettronica;

c) si farà ricorso alla fatturazione elettronica;

d) sarà accettato il pagamento elettronico.

15. Denominazione e indirizzo dell'organo competente per le procedure di ricorso e, se del caso, di mediazione. Precisazioni dei termini per la proposizione di ricorsi o, se necessario, denominazione, indirizzo, numero di telefono, di fax e indirizzo elettronico del servizio presso il quale l'informazione in questione può essere richiesta.

16. Criteri, se noti, definiti all'articolo 95 che saranno utilizzati per l'aggiudicazione dell'appalto. Salvo nel caso in cui l'offerta economicamente più vantaggiosa è individuata sulla base del solo prezzo, i criteri per determinare l'offerta economicamente più vantaggiosa nonchè la ponderazione a essi attribuita o, se del caso, la gerarchia di applicazione degli stessi sono indicati qualora non figurino nel capitolato d'oneri o non ne sia previsto l'inserimento nell'invito a manifestare il proprio interesse di cui all'articolo 131, o nell'invito a presentare un'offerta o a negoziare.

C - INFORMAZIONI CHE DEVONO FIGURARE NEGLI AVVISI CHE ANNUNCIANO LA PUBBLICAZIONE NEL PROFILO DI COMMITTENTE DI UN AVVISO PERIODICO INDICATIVO, CHE NON FUNGE DA MEZZO DI INDIZIONE DI UNA GARA (3) (di cui all'articolo 127)

1. Nome, numero di identificazione, ove previsto dalla legislazione nazionale, indirizzo comprensivo di codice NUTS, telefono, fax, posta elettronica e indirizzo Internet dell'ente aggiudicatore e, se diverso, del servizio al quale rivolgersi per informazioni complementari.

2. Principale attività esercitata.

3. Codici CPV.

4. Indirizzo Internet del «profilo di committente» (URL).

5. Data di spedizione dell'avviso di pubblicazione nel profilo di committente dell'avviso periodico indicativo.

D - INFORMAZIONI CHE DEVONO FIGURARE NEI BANDI E NEGLI AVVISI DI GARA PER L'AGGIUDICAZIONE DEGLI APPALTI IN CASO DI PROCEDURE APERTE (di cui all'articolo 71) (4)

1. Nome, numero di identificazione, ove previsto, indirizzo comprensivo di codice NUTS, telefono, fax, posta elettronica e indirizzo Internet dell'ente aggiudicatore e, se diverso, del servizio al quale rivolgersi per informazioni complementari.

2. Principale attività esercitata.

3. Indicare eventualmente se l'appalto è riservato a laboratori protetti o se l'esecuzione è riservata nel contesto di programmi di lavoro protetti.

4. Tipo di appalto (forniture, lavori o servizi; indicare eventualmente se si tratta di un accordo-quadro o di un sistema dinamico di acquisizione), descrizione (codici CPV). Indicare eventualmente se le offerte sollecitate lo sono a fini di acquisto, di locazione finanziaria, di locazione, di acquisto a riscatto o di una combinazione tra queste possibilità.

5. Il codice NUTS del luogo principale per l'esecuzione dei lavori nel caso di appalti di lavori o il codice NUTS del luogo principale di consegna o di prestazione per gli appalti di forniture e di servizi.

6. Per le forniture e i lavori:

a) natura e quantità dei prodotti da fornire (codici CPV). Indicare tra l'altro eventuali opzioni relative ad acquisti complementari e, se possibile, il termine previsto per esercitare tali opzioni nonchè il numero di eventuali rinnovi. Nel caso di appalti rinnovabili, indicare anche, se possibile, un calendario provvisorio dei successivi bandi di gara per i prodotti richiesti o la natura e l'entità delle prestazioni, nonchè le caratteristiche generali dell'opera (codici CPV);

b) indicazioni relative alla possibilità, per i fornitori, di presentare offerte per tutti i prodotti richiesti e/o per parte di essi. Per gli appalti di lavori, se l'opera o l'appalto è suddiviso in più lotti, l'ordine di grandezza dei vari lotti e la possibilità di presentare offerte per uno, per più o per tutti i lotti;

c) per gli appalti di lavori: informazioni sull'obiettivo dell'opera o dell'appalto, quando quest'ultimo comporti anche l'elaborazione di progetti.

7. Per i servizi:

a) natura e quantità dei servizi da fornire. Indicare tra l'altro eventuali opzioni relative ad acquisti complementari e, se possibile, il termine previsto per esercitare tali opzioni nonchè il numero di eventuali rinnovi. Nel caso di una serie di appalti rinnovabili, indicare anche, se possibile, un calendario provvisorio dei successivi bandi di gara per i servizi richiesti;

b) indicare se, in forza di disposizioni legislative, regolamentari o amministrative, la prestazione del servizio sia riservata a una particolare professione;

c) riferimenti a disposizioni legislative, regolamentari o amministrative;

d) indicare se le persone giuridiche sono tenute a indicare il nome e le qualifiche professionali del personale incaricato della prestazione del servizio;

e) indicare se i prestatori possono presentare offerte per una parte dei servizi.

8. Indicare, se noto, se la presentazione di varianti è autorizzata o meno.

9. Termine di consegna o di esecuzione o durata dell'appalto di servizi e, se possibile, data di inizio.

10. Posta elettronica o indirizzo Internet al quale i documenti di gara saranno disponibili per l'accesso gratuito, illimitato e diretto. Se l'accesso gratuito, illimitato e diretto non è disponibile per i motivi illustrati all'articolo 74, commi 2 e 3, un'indicazione relativa alle modalità di accesso ai documenti di gara.

11. *a)* Termine ultimo per la ricezione delle offerte o delle offerte indicative quando si tratta di un sistema di acquisizione dinamico.

b) Indirizzo al quale inviarle.

c) Lingua o lingue in cui devono essere redatte.

12. *a)* Eventualmente, persone ammesse ad assistere all'apertura delle offerte.

b) Data, ora e luogo di tale apertura.

13. Se del caso, cauzione e garanzie richieste.

14. Modalità essenziali di finanziamento e di pagamento e/o riferimenti alle disposizioni in materia.

15. Eventualmente, forma giuridica che dovrà assumere il raggruppamento di operatori economici, cui sia aggiudicato l'appalto.

16. Requisiti minimi di carattere economico e tecnico che l'operatore economico aggiudicatario dovrà soddisfare.

17. Periodo di tempo durante il quale l'offerente è vincolato dalla propria offerta.

18. Eventualmente, le condizioni particolari cui è sottoposta la realizzazione dell'appalto.

19. Criteri di cui all'articolo 95 che saranno utilizzati per l'aggiudicazione dell'appalto. Salvo nel caso in cui l'offerta economicamente più vantaggiosa è individuata sulla base del solo prezzo, i criteri per determinare l'offerta economicamente più vantaggiosa nonchè la ponderazione a essi attribuita o, se del caso, la gerarchia di applicazione degli stessi sono indicati qualora non figurino nel capitolato d'oneri.

20. Eventualmente, la data o le date e il riferimento o i riferimenti alla pubblicazione nella Gazzetta ufficiale dell'Unione europea o nella Gazzetta ufficiale della Repubblica italiana dell'avviso periodico, o dell'avviso che annuncia la pubblicazione del presente avviso nel «profilo di committente» cui si riferisce l'appalto.

21. Denominazione e indirizzo dell'organo competente per le procedure di ricorso e, se del caso, di mediazione. Precisazioni dei termini per la proposizione di ricorsi o, se necessario, denominazione, indirizzo, numero di telefono, di fax e indirizzo elettronico del servizio presso il quale l'informazione in questione può essere richiesta.

22. Data di spedizione dell'avviso o del bando di gara da parte dell'ente aggiudicatore.

23. Altre eventuali informazioni.

E - INFORMAZIONI CHE DEVONO FIGURARE NEI BANDI E NEGLI AVVISI DI GARA PER L'AGGIUDICAZIONE DEGLI APPALTI IN CASO DI PROCEDURE RISTRETTE (di cui all'articolo 71)

1. Nome, numero di identificazione (ove previsto dalla legislazione nazionale), indirizzo comprensivo di codice NUTS, telefono, fax, posta elettronica e indirizzo Internet dell'ente aggiudicatore e, se diverso, del servizio al quale rivolgersi per informazioni complementari.

2. Principale attività esercitata.

3. Indicare eventualmente se l'appalto è riservato a laboratori protetti o se l'esecuzione è riservata nel contesto di programmi di lavoro protetti.

4. Natura dell'appalto (forniture, lavori o servizi; indicare, se del caso, se si tratta di un accordo quadro). Descrizione del progetto (codici CPV). Indicare eventualmente se le offerte sollecitate lo sono a fini di acquisto, di locazione finanziaria, di locazione, di acquisto a riscatto o di una combinazione tra queste possibilità.

5. Il codice NUTS del luogo principale per l'esecuzione dei lavori nel caso di appalti di lavori o il codice NUTS del luogo principale di consegna o di prestazione per gli appalti di forniture e di servizi.

6. Per le forniture e i lavori:

a) natura e quantità dei prodotti da fornire (codici CPV). Indicare tra l'altro eventuali opzioni relative ad acquisti complementari e, se possibile, il termine previsto per esercitare tali opzioni nonchè il numero di eventuali rinnovi. Nel caso di appalti rinnovabili, indicare anche, se possibile, un calendario provvisorio dei successivi bandi di gara per i prodotti richiesti o la natura e l'entità delle prestazioni, nonchè le caratteristiche generali dell'opera (codici CPV);

b) indicazioni relative alla possibilità, per i fornitori, di presentare offerte per tutti i prodotti richiesti e/o per parte di essi. Per gli appalti di lavori; se l'opera o l'appalto è suddiviso in più lotti, l'ordine di grandezza dei vari lotti e la possibilità di presentare offerte per uno, per più o per tutti i lotti;

c) per gli appalti di lavori: informazioni sull'obiettivo dell'opera o dell'appalto quando quest'ultimo comporti anche l'elaborazione di progetti.

7. Per i servizi:

a) natura e quantità dei servizi da fornire. Indicare tra l'altro eventuali opzioni relative ad acquisti complementari e, se possibile, il termine previsto per esercitare tali opzioni nonchè il numero di eventuali rinnovi. Nel caso di una serie di appalti rinnovabili, indicare anche, se possibile, un calendario provvisorio dei successivi bandi di gara per i servizi richiesti;

b) indicare se, in forza di disposizioni legislative, regolamentari o amministrative, la prestazione del servizio sia riservata a una particolare professione;

c) riferimenti a disposizioni legislative, regolamentari o amministrative;

d) indicare se le persone giuridiche sono tenute a indicare il nome e le qualifiche professionali del personale incaricato della prestazione del servizio;

e) indicare se i prestatori possono presentare offerte per una parte dei servizi in questione.

8. Indicare, se noto, se la presentazione di varianti è autorizzata o meno.

9. Termine di consegna o di esecuzione o durata dell'appalto e, se possibile, data di inizio.

10. Eventualmente, forma giuridica che dovrà assumere il raggruppamento di operatori economici, cui sia aggiudicato l'appalto.

11. Indicare:

a) Termine ultimo di ricevimento delle domande di partecipazione;

b) indirizzo al quale inviarle;

c) lingua o lingue in cui devono essere redatte.

12. Termine ultimo di spedizione degli inviti a presentare offerte.

13. Se del caso, cauzione e garanzie richieste.

14. Modalità essenziali di finanziamento e di pagamento e/o riferimenti alle disposizioni in materia.

15. Informazioni riguardanti la situazione propria dell'operatore economico e i requisiti minimi di carattere economico e tecnico che deve soddisfare.

16. Criteri di cui all'articolo 95 che saranno utilizzati per l'aggiudicazione dell'appalto. Salvo nel caso in cui l'offerta economicamente più vantaggiosa è individuata sulla base del solo prezzo, i criteri per determinare l'offerta economicamente più vantaggiosa nonchè la ponderazione a essi attribuita o, se del caso, la gerarchia di applicazione degli stessi sono indicati qualora non figurino nel capitolato d'oneri o non ne sia previsto l'inserimento nell'invito a presentare un'offerta.

17. Eventualmente, le condizioni particolari cui è sottoposta la realizzazione dell'appalto.

18. Eventualmente, la data o le date e il riferimento o i riferimenti alla pubblicazione nella Gazzetta ufficiale dell'Unione europea o nella Gazzetta ufficiale della Repubblica italiana dell'avviso periodico, o dell'avviso che annuncia la pubblicazione del presente avviso nel «profilo di committente» cui si riferisce l'appalto.

19. Denominazione e indirizzo dell'organo competente per le procedure di ricorso e, se del caso, di mediazione. Precisazioni dei termini per la proposizione di ricorsi o, se necessario, denominazione, indirizzo, numero di telefono, di fax e indirizzo elettronico del servizio presso il quale l'informazione in questione può essere richiesta.

20. Data di invio dell'avviso da parte dell'ente aggiudicatore.

21. Altre eventuali informazioni.

F - INFORMAZIONI CHE DEVONO FIGURARE NEI BANDI E NEGLI AVVISI DI GARA PER L'AGGIUDICAZIONE DEGLI APPALTI IN CASO DI PROCEDURE NEGOZIATE (di cui all'articolo 71)

1. Nome, numero di identificazione, ove previsto, indirizzo comprensivo di codice NUTS, telefono, fax, posta elettronica e indirizzo Internet dell'ente aggiudicatore e, se diverso, del servizio al quale rivolgersi per informazioni complementari.

2. Principale attività esercitata.

3. Indicare eventualmente se l'appalto è riservato a laboratori protetti o se l'esecuzione è riservata nel contesto di programmi di lavoro protetti.

4. Natura dell'appalto (forniture, lavori o servizi; indicare, se del caso, se si tratta di un accordo quadro). Descrizione del progetto (codici CPV). Indicare eventualmente se le offerte sollecitate lo sono a fini di acquisto, di locazione finanziaria, di locazione, di acquisto a riscatto o di una combinazione tra queste possibilità.

5. Il codice NUTS del luogo principale per l'esecuzione dei lavori nel caso di appalti di lavori o il codice NUTS del luogo principale di consegna o di prestazione per gli appalti di forniture e di servizi.

6. Per le forniture e i lavori:

a) natura e quantità dei prodotti da fornire (codici CPV). Indicare tra l'altro eventuali opzioni relative ad acquisti complementari e, se possibile, il termine previsto per esercitare tali opzioni nonchè il numero di eventuali rinnovi. Nel caso di appalti rinnova bili, indicare anche, se possibile, un calendario provvisorio dei successivi bandi di gara per i prodotti richiesti o la natura e l'entità delle prestazioni, nonchè le caratteristiche generali dell'opera (codici CPV);

b) indicazioni relative alla possibilità, per i fornitori, di presentare offerte per tutti i prodotti richiesti e/o per parte di essi. Per gli appalti di lavori, se l'opera o l'appalto è suddiviso in più lotti, l'ordine di grandezza dei vari lotti e la possibilità di presentare offerte per uno, per più o per tutti i lotti;

c) per gli appalti di lavori: informazioni sull'obiettivo dell'opera o dell'appalto, quando quest'ultimo comporti anche l'elaborazione di progetti.

7. Per i servizi:

a) natura e quantità dei servizi da fornire. Indicare tra l'altro eventuali opzioni relative ad acquisti complementari e, se possibile, il termine previsto per esercitare tali opzioni nonchè il numero di eventuali rinnovi. Nel caso di una serie di appalti rinnovabili, indicare anche, se possibile, un calendario provvisorio dei successivi bandi di gara per i servizi richiesti;

b) indicare se, in forza di disposizioni legislative, regolamentari o amministrative, la prestazione del servizio sia riservata a una particolare professione;

c) riferimenti a disposizioni legislative, regolamentari o amministrative;

d) indicare se le persone giuridiche sono tenute a indicare il nome e le qualifiche professionali del personale incaricato della prestazione del servizio;

e) indicare se i prestatori possono presentare offerte per una parte dei servizi in questione.

8. Indicare, se noto, se la presentazione di varianti è autorizzata o meno.

9. Termine di consegna o di esecuzione o durata dell'appalto e, se possibile, data di inizio.

10. Eventualmente, forma giuridica che dovrà assumere il raggruppamento di operatori economici, cui sia aggiudicato l'appalto.

11. Indicare:

a) Termine ultimo di ricevimento delle domande di partecipazione;

b) indirizzo al quale inviarle;

c) lingua o lingue in cui devono essere redatte.

12. Eventualmente, cauzioni ed altre forme di garanzia richieste.

13. Modalità essenziali di finanziamento e di pagamento e/o riferimenti alle disposizioni in materia.

14. Informazioni riguardanti la situazione propria dell'operatore economico e i requisiti minimi di carattere economico e tecnico che deve soddisfare.

15. Criteri di cui all'articolo 95 che saranno utilizzati per l'aggiudicazione dell'appalto. Salvo nel caso in cui l'offerta economicamente più vantaggiosa è individuata sulla base del solo prezzo, i criteri per determinare l'offerta economicamente più vantaggiosa nonchè la ponderazione a essi attribuita o, se del caso, la gerarchia di applicazione degli stessi sono indicati qualora non figurino nel capitolato d'oneri o non ne sia previsto l'inserimento nell'invito a negoziare.

16. Eventualmente, nomi e indirizzi di operatori economici già selezionati dall'ente aggiudicatore.

17. Eventualmente, le condizioni particolari cui è sottoposta la realizzazione dell'appalto.

18. Eventualmente, la data o le date e il riferimento o i riferimenti alla pubblicazione nella Gazzetta ufficiale dell'Unione europea o nella Gazzetta ufficiale della Repubblica italiana dell'avviso periodico o dell'avviso che annuncia la pubblicazione di tale avviso nel «profilo di committente» cui si riferisce l'appalto.

19. Denominazione e indirizzo dell'organo competente per le procedure di ricorso e, se del caso, di mediazione. Precisazioni dei termini per la proposizione di ricorsi o, se necessario, denominazione, indirizzo, numero di telefono, di fax e indirizzo elettronico del servizio presso il quale l'informazione in questione può essere richiesta.

20. Data di spedizione dell'avviso o del bando di gara da parte dell'ente aggiudicatore.

21. Altre eventuali informazioni.

G - INFORMAZIONI CHE DEVONO FIGURARE NEGLI AVVISI RELATIVI AGLI APPALTI AGGIUDICATI (di cui all'articolo 129) (5)

I. Informazioni per la pubblicazione nella Gazzetta ufficiale dell'Unione europea

1. Nome, numero di identificazione, ove previsto, indirizzo comprensivo di codice NUTS, telefono, fax, posta elettronica e indirizzo Internet dell'ente aggiudicatore e, se diverso, del servizio al quale rivolgersi per informazioni complementari.

2. Principale attività esercitata.

3. Tipo di appalto (forniture, lavori o servizi e codici CPV; indicare eventualmente se si tratta di un accordo quadro).

4. Indicazione succinta del tipo e della quantità di prodotti, lavori o servizi forniti.

5. *a)* Forma di indizione della gara (avviso relativo al sistema di qualificazione, avviso periodico, avviso di gara);

b) data/e e riferimento/i della pubblicazione dell'avviso nella Gazzetta ufficiale dell'Unione europea;

c) nel caso di appalti aggiudicati senza previa indizione di gara, indicare la disposizione pertinente dell'articolo 63.

6. Procedura di appalto (procedura aperta, ristretta o negoziata).

7. Numero di offerte ricevute, precisando quanto segue:

a) numero di offerte ricevute da operatori economici costituiti da PMI;

b) numero di offerte ricevute dall'estero;

c) numero di offerte ricevute per via elettronica.

Nel caso di più aggiudicazioni (lotti, contratti quadro multipli), tali informazioni sono fornite per ogni aggiudicazione.

8. Data di conclusione dei contratti o degli accordi quadro a seguito della decisione di aggiudicazione o conclusione.

9. Prezzo pagato per gli acquisti d'opportunità effettuati in virtù dell'articolo 63, comma 3, lettera *d).*

10. Per ciascuna aggiudicazione: nome, indirizzo comprensivo di codice NUTS, telefono, fax, posta elettronica e indirizzo Internet dell'aggiudicatario o degli aggiudicatari, comprese:

a) informazioni che specificano se l'aggiudicatario è una PMI;

b) informazioni che specificano se l'appalto è stato aggiudicato a un consorzio.

11. Indicare, eventualmente, se l'appalto è stato o può essere subappaltato.

12. Prezzo pagato o prezzo dell'offerta più elevata e di quella più bassa di cui si è tenuto conto nell'aggiudicazione dell'appalto.

13. Denominazione ed indirizzo dell'organo competente per le procedure di ricorso e, se del caso, di mediazione. Precisazioni quanto al termine per l'introduzione di ricorsi o, se necessario, denominazione, indirizzo, numero di telefono, di fax e indirizzo elettronico del servizio presso il quale l'informazione in questione può essere richiesta.

14. Informazioni facoltative:

- valore e percentuale dell'appalto che è stata o può essere subappaltata a terzi,
- criteri di aggiudicazione dell'appalto.

II. Informazioni non destinate a essere pubblicate

15. Numero di appalti aggiudicati (quando un appalto è stato suddiviso tra più fornitori).

16. Valore di ciascun appalto aggiudicato.

17. Paese d'origine del prodotto o del servizio (origine unionale o non unionale e, in quest'ultimo caso, ripartizione per paese terzo).

18. Criteri di attribuzione utilizzati.

19. Indicare se l'appalto è stato aggiudicato a un offerente che presentava una variante, ai sensi dell'articolo 95, comma 14.

20. Indicare se vi sono state offerte non accettate in quanto anormalmente basse, in base all'articolo 97.

21. Data di invio dell'avviso da parte dell'ente aggiudicatore.

H - INFORMAZIONI CHE DEVONO FIGURARE NEGLI AVVISI SULL'ESISTENZA DI UN SISTEMA DI QUALIFICAZIONE (di cui agli articoli 128 e articolo 134) (6)

1. Nome, numero di identificazione (ove previsto dalla legislazione nazionale), indirizzo comprensivo di codice NUTS, telefono, fax, posta elettronica e indirizzo Internet dell'ente aggiudicatore e, se diverso, del servizio al quale rivolgersi per informazioni complementari.

2. Principale attività esercitata.

3. Indicare eventualmente se l'appalto è riservato a laboratori protetti o se l'esecuzione è riservata nel contesto di programmi di lavoro protetti.

4. Oggetto del sistema di qualificazione (descrizione dei prodotti, servizi o lavori, o loro categorie, che vanno acquistati con tale sistema - codici CPV). Il codice NUTS del luogo principale per l'esecuzione dei lavori nel caso di appalti di lavori o il codice NUTS del luogo principale di consegna o di prestazione per gli appalti di forniture e di servizi.

5. Requisiti che gli operatori economici devono soddisfare per la qualificazione in base al sistema e metodi di verifica di ciascuna di tali condizioni. Se la descrizione dei requisiti e dei metodi di verifica è voluminosa e si basa su documenti cui gli operatori economici interessati hanno accesso, una sintesi dei requisiti e dei metodi principali e un riferimento a tali documenti sarà sufficiente.

6. Periodo di validità del sistema di qualificazione e formalità da espletare per il suo rinnovo.

7. Menzione del fatto che l'avviso è utilizzato come mezzo di indizione di gara.

8. Indirizzo presso il quale è possibile ottenere ulteriori informazioni e la documentazione relativa al sistema di qualificazione (se l'indirizzo è diverso da quello di cui al punto 1).

9. Denominazione e indirizzo dell'organo competente per le procedure di ricorso e, se del caso, di mediazione. Precisazioni quanto al termine per l'introduzione di ricorsi o, se necessario, denominazione, indirizzo, numero di telefono, di fax e indirizzo elettronico del servizio presso il quale l'informazione in questione può essere richiesta.

10. Criteri, se noti, definiti all'articolo 95 che saranno utilizzati per l'aggiudicazione dell'appalto. Salvo nel caso in cui l'offerta economicamente più vantaggiosa è individuata sulla base del solo prezzo, i criteri per determinare l'offerta economicamente più vantaggiosa nonchè la ponderazione a essi attribuita o, se del caso, la gerarchia di applicazione degli stessi sono indicati qualora non figurino nel capitolato d'oneri o non ne sia previsto l'inserimento nell'invito a presentare un'offerta o a negoziare.

11. Eventualmente, indicare se:

a) la trasmissione in via elettronica delle offerte o delle domande di partecipazione è richiesta/accettata;

b) si farà ricorso all'ordinazione elettronica;

c) si farà ricorso alla fatturazione elettronica;

d) sarà accettato il pagamento elettronico.

12. Altre eventuali informazioni.

PARTE III - INFORMAZIONI CHE DEVONO FIGURARE NEI BANDI E NEGLI AVVISI DI GARA RELATIVI AGLI APPALTI DI SERVIZI SOCIALI E DI ALTRI SERVIZI SPECIFICI NEI SETTORI SPECIALI (di cui all'articolo 140) (7)

I. Bando o avviso di gara

1. Nome, numero di identificazione (ove previsto dalla legislazione nazionale), indirizzo comprensivo di codice NUTS, telefono, fax, posta elettronica e indirizzo Internet dell'ente aggiudicatore e, se diverso, del servizio al quale rivolgersi per informazioni complementari.

2. Principale attività esercitata.

3. Descrizione dei servizi o loro categorie e, se del caso, forniture e lavori accessori oggetto dell'appalto, indicando quantità o valori coinvolti e codici CPV.
4. Codice NUTS del luogo principale di esecuzione dei servizi.
5. Indicare eventualmente se l'appalto è riservato a laboratori protetti o se l'esecuzione è riservata nel contesto di programmi di lavoro protetti.
6. Principali condizioni da soddisfare da parte degli operatori economici in vista della loro partecipazione, o, se del caso, l'indirizzo elettronico a cui si possono ottenere informazioni dettagliate.
7. Scadenze per contattare l'ente aggiudicatore, in vista della partecipazione.
8. Altre eventuali informazioni.

II. Avviso periodico indicativo
1. Nome, numero di identificazione (ove previsto dalla legislazione nazionale), indirizzo comprensivo di codice NUTS, posta elettronica e indirizzo Internet dell'ente aggiudicatore.
2. Una breve descrizione del contratto in questione, compresi i codici CPV.
3. Se noti:
a) il codice NUTS del luogo principale per l'esecuzione dei lavori nel caso di appalti di lavori o il codice NUTS del luogo principale di consegna o di prestazione per le forniture e i servizi;
b) tempi di consegna o di fornitura di prodotti, lavori o servizi e durata del contratto;
c) condizioni di partecipazione, compreso quanto segue:
- l'indicazione, eventuale, se si tratta di un appalto riservato a laboratori protetti o la cui esecuzione è riservata nell'ambito di programmi di lavoro protetti,
- l'indicazione eventuale se, in forza di disposizioni legislative, regolamentari o amministrative, la prestazione del servizio sia riservata a una particolare professione;

d) una breve descrizione delle caratteristiche principali della procedura di aggiudicazione.
4. Indicazione del fatto che gli operatori economici interessati devono far conoscere all'ente aggiudicatore il loro interesse per lo/gli appalto/i, termini per la ricezione delle manifestazioni d'interesse e l'indirizzo al quale devono essere trasmesse le manifestazioni d'interesse.

III. Avviso sull'esistenza di un sistema di qualificazione
1. Nome, numero di identificazione (ove previsto dalla legislazione nazionale), indirizzo comprensivo di codice NUTS, posta elettronica e indirizzo Internet dell'amministrazione aggiudicatrice.
2. Una breve descrizione del contratto in questione, compresi i codici CPV.
3. Se noti:
a) il codice NUTS del luogo principale per l'esecuzione dei lavori nel caso di appalti di lavori o il codice NUTS del luogo principale di consegna o di prestazione per le forniture e i servizi;
b) tempi di consegna o di fornitura di prodotti, lavori o servizi e durata del contratto;
c) condizioni di partecipazione, compreso quanto segue:
- l'indicazione, eventuale, se si tratta di un appalto riservato a laboratori protetti o la cui esecuzione è riservata nell'ambito di programmi di lavoro protetti,
- l'indicazione eventuale se, in forza di disposizioni legislative, regolamentari o amministrative, la prestazione del servizio sia riservata a una particolare professione;

d) una breve descrizione delle caratteristiche principali della procedura di aggiudicazione.
4. Indicazione del fatto che gli operatori economici interessati devono far conoscere all'ente aggiudicatore il loro interesse per lo/gli appalto/i, termini per la ricezione delle manifestazioni d'interesse e l'indirizzo al quale devono essere trasmesse le manifestazioni d'interesse.
5. Periodo di validità del sistema di qualificazione e formalità da espletare per il suo rinnovo.

IV. Avviso di aggiudicazione
1. Nome, numero di identificazione (ove previsto dalla legislazione nazionale), indirizzo comprensivo di codice NUTS, telefono, fax, posta elettronica e indirizzo Internet dell'ente aggiudicatore e, se diverso, del servizio al quale rivolgersi per informazioni complementari.
2. Principale attività esercitata.
3. Indicazione succinta del tipo e della quantità dei servizi e, se del caso, forniture e lavori accessori oggetto dell'appalto.
4. Riferimento della pubblicazione dell'avviso nella Gazzetta ufficiale dell'Unione europea.
5. Numero di offerte ricevute.
6. Nome e indirizzo del/degli operatore/i economico/i.
7. Altre eventuali informazioni.

(1) Allegato V alla direttiva 24/2014
(2) Allegato VI alla direttiva 2014/25
(3) Allegato VI alla direttiva 2014/25

(4) Allegato XI alla direttiva 25 del 2014
(5) Allegato XII alla direttiva 25 del 2014
(6) Allegato X alla direttiva 25 del 2014
(7) Allegato XVIII alla direttiva 25 del 2014

Allegato XV
Contenuto degli inviti a presentare offerte, a partecipare al dialogo competitivo o a confermare interesse, previsti per i settori ordinari e per i settori speciali
(allegati IX dir. 24 e XIII dir. 25)

PARTE I - Contenuto degli inviti a presentare offerte, a partecipare al dialogo competitivo o a confermare interesse, previsti per i settori ordinari di cui all'articolo 75

1. L'invito a presentare un'offerta o a partecipare al dialogo ai sensi dell'articolo 75 deve contenere almeno:

a) un riferimento all'avviso di indizione di gara pubblicato;

b) il termine per la ricezione delle offerte, l'indirizzo al quale esse devono essere trasmesse e la lingua o le lingue in cui devono essere redatte;

c) in caso di dialogo competitivo, la data stabilita e l'indirizzo per l'inizio della fase della consultazione, nonchè la lingua o le lingue utilizzate;

d) l'indicazione dei documenti eventualmente da allegare a sostegno delle dichiarazioni verificabili fornite dal candidato conformemente agli articoli 85 e 86 e, eventualmente, all'articolo 87 oppure ad integrazione delle informazioni previste da tali articoli e secondo le stesse modalità stabilite negli articoli 85, 86 e 87

e) la ponderazione relativa dei criteri di aggiudicazione dell'appalto, oppure, all'occorrenza, l'ordine decrescente di importanza di tali criteri, se essi non figurano nel bando di gara, nell'invito a confermare interesse, nelle specifiche tecniche o nel documento descrittivo.

Tuttavia, per gli appalti aggiudicati mediante un dialogo competitivo o un partenariato per l'innovazione, le precisazioni di cui alla lettera *b)* non figurano nell'invito a partecipare al dialogo, o a negoziare bensì nell'invito a presentare un'offerta.

2. Quando viene indetta una gara per mezzo di un avviso di preinformazione, le amministrazioni aggiudicatrici invitano poi tutti i candidati a confermare il loro interesse in base alle informazioni particolareggiate relative all'appalto in questione prima di iniziare la selezione degli offerenti o dei partecipanti a una trattativa.

Tale invito comprende almeno le seguenti informazioni:

a) natura e quantità, comprese tutte le opzioni riguardanti appalti complementari e, se possibile, il termine previsto per esercitarle; in caso di appalti rinnovabili, natura e quantità e, se possibile, termine previsto per la pubblicazione dei successivi bandi di gara per i lavori, le forniture o i servizi oggetto dell'appalto;

b) tipo di procedura: procedura ristretta o procedura competitiva con negoziazione;

c) eventualmente, la data in cui deve iniziare o terminare la consegna delle forniture o l'esecuzione dei lavori o dei servizi;

d) ove non si possa offrire un accesso elettronico, indirizzo e termine ultimo per il deposito delle domande di documenti di gara nonchè la lingua o le lingue in cui esse devono essere redatte;

e) indirizzo dell'amministrazione aggiudicatrice che aggiudica l'appalto;

f) condizioni di carattere economico e tecnico, garanzie finanziarie e informazioni richieste agli operatori economici;

g) forma dell'appalto oggetto della gara: acquisto, locazione finanziaria, locazione o acquisto a riscatto o più d'una fra queste forme; e

h) i criteri di aggiudicazione dell'appalto e la loro ponderazione o, se del caso, l'ordine d'importanza degli stessi, ove queste informazioni non compaiano nell'avviso di preinformazione o nelle specifiche tecniche o nell'invito a presentare offerte o a partecipare a una negoziazione.

PARTE II - Contenuto degli inviti a presentare offerte, a partecipare al dialogo, a negoziare o a confermare interesse, previsti per i settori speciali di cui all'articolo 131

1. L'invito a presentare un'offerta, a partecipare al dialogo o a negoziare ai sensi dell'articolo 131 deve contenere almeno:

a) il termine ultimo per la ricezione delle offerte, l'indirizzo al quale esse devono essere trasmesse e la lingua o le lingue in cui devono essere redatte.

Tuttavia, nel caso di contratti aggiudicati tramite un dialogo competitivo o un partenariato per l'innovazione, tali informazioni non figurano nell'invito a partecipare a una trattativa, bensì nell'invito a presentare un'offerta;

b) in caso di dialogo competitivo, la data stabilita e l'indirizzo per l'inizio della fase della consultazione, nonchè la lingua o le lingue utilizzate;

c) un riferimento a qualsiasi avviso di indizione di gara pubblicato;

d) l'indicazione dei documenti eventualmente da allegare;

e) i criteri di aggiudicazione dell'appalto se non compaiono nell'avviso relativo all'esistenza di un sistema di qualificazione con cui si indice la gara;

f) la ponderazione relativa dei criteri di aggiudicazione dell'appalto oppure, all'occorrenza l'ordine di importanza di tali criteri, se queste informazioni non figurano nel bando di gara, nell'avviso relativo all'esistenza di un sistema di qualificazione o nel capitolato d'oneri.

2. Quando viene indetta una gara per mezzo di un avviso periodico indicativo gli enti aggiudicatori invitano poi tutti i candidati a confermare il loro interesse in base alle informazioni particolareggiate relative all'appalto in questione prima di iniziare la selezione degli offerenti o dei partecipanti a un negoziato.

L'invito comprende almeno tutte le seguenti informazioni:

a) natura e quantità, comprese tutte le opzioni riguardanti appalti complementari e, se possibile, il termine previsto per esercitarle; in caso di appalti rinnovabili, natura e quantità e, se possibile, termine previsto per la pubblicazione dei successivi bandi di gara per i lavori, le forniture o i servizi oggetto dell'appalto;

b) tipo di procedura: ristretta o negoziata;

c) eventualmente, la data in cui deve iniziare o terminare la consegna delle forniture o l'esecuzione dei lavori o dei servizi;

d) ove non si possa offrire un accesso elettronico, indirizzo e termine ultimo per il deposito delle domande di documenti di gara nonchè la lingua o le lingue in cui esse devono essere redatte;

e) l'indirizzo dell'ente aggiudicatore;

f) condizioni di carattere economico e tecnico, garanzie finanziarie e informazioni richieste agli operatori economici;

g) forma dell'appalto oggetto dell'invito a presentare offerte: acquisto, locazione finanziaria, locazione o acquisto a riscatto o più d'una fra queste forme; e

h) i criteri di aggiudicazione dell'appalto e la loro ponderazione o, se del caso, l'ordine d'importanza degli stessi, ove queste informazioni non compaiano nell'avviso indicativo o nel capitolato d'oneri o nell'invito a presentare offerte oppure a partecipare a una trattativa.

Allegato XVI
Registri di cui all'articolo 83
(allegato XI dir. 24)

I registri professionali e commerciali, le dichiarazioni e i certificati corrispondenti per ciascuno Stato membro sono:

- per il Belgio, «Registre du Commerce»/«Handelsregister» e, per gli appalti di servizi, «Ordres professionels/Beroepsorden»,

- per la Bulgaria, «...(1) »,

- per la Repubblica ceca, «obchodnì rejstøik»,

- per la Danimarca, «Erhvervsstyrelsen»,

- per la Germania, «Handelsregister», «Handwerksrolle», e, per gli appalti di servizi «Vereinsregister»; «Partnerschaftsregister» e «Mitgliedsverzeichnisse der Berufskammern der Länder»,

- per l'Estonia, «Registrite ja Infosüsteemide Keskus»,

- per l'Irlanda, un operatore economico può essere invitato a produrre un certificato del «Registrar of Companies» o del «Registrar of Friendly Societies» o, in mancanza, un'attestazione che precisi che l'interessato ha dichiarato sotto giuramento di esercitare la professione in questione nel paese in cui è stabilito, in un luogo specifico e sotto una denominazione commerciale determinata,

- per la Grecia, «...(1) » del ministero dell'ambiente, della pianificazione territoriale e dei lavori pubblici (...(1)) per gli appalti di lavori; «...(1) » e «...(1) » per gli appalti di forniture; per gli appalti di servizi, il prestatore di servizi può essere invitato a produrre una dichiarazione giurata resa innanzi a un notaio, riguardante l'esercizio dell'attività professionale in questione; nei casi previsti dalla normativa nazionale in vigore, per la prestazione dei servizi di ricerca di cui all'allegato I, il registro professionale «...(1) » nonchè «...(1) »,

- per la Spagna, «Registro Oficial de Licitadores y Empresas Clasificadas del Estado» per appalti di lavori e di servizi e, per appalti di forniture, «Registro Mercantil» o, nel caso di persone non registrate, un certificato attestante che l'interessato ha dichiarato sotto giuramento di esercitare la professione in questione,

- per la Francia, «Registre du commerce e des societes» e «Repertoire des metiers»,

- per la Croatia, «Sudski registar» e «Obrtni registrar» o, per determate attività, un certificato attestante che l'interessato è autorizzato a esercitare l'attività commerciale o la professione in questione,

- per l'Italia, «Registro della Camera di commercio, industria, agricoltura e artigianato»; per appalti di forniture e di servizi, anche il «Registro delle Commissioni provinciali per l'artigianato» o, oltre ai registri già menzionati, il «Consiglio nazionale degli ordini professionali» per appalti di servizi; per appalti di lavori o di servizi, l'«Albo nazionale dei gestori ambientali» oltre ai registri già menzionati,

- per Cipro, l'imprenditore può essere invitato a presentare un certificato del «Council for the Registration e Audit of Civil Engineering e Building Contractors (...(1))», conformemente alla

Registration e Audit of Civil Engineering e Building Contractors Law per appalti di lavori; per appalti di forniture e servizi, il fornitore o il prestatore di servizi può essere invitato a presentare un certificato del «Registrar of Companies e Official Receiver» (...(1)) o, altrimenti, un certificato attestante che

l'interessato ha dichiarato, sotto giuramento, di esercitare la professione nel paese in cui è stabilito, in un luogo specifico e con una denominazione commerciale particolare,
- per la Lettonia, «Uzoçmumu reiistrs» («Registro delle imprese»),
- per la Lituania, «Juridinio asmeno registras»,
- per il Lussemburgo, «Registre aux firmes» e «Rôle de la chambre des metiers»,
- per l'Ungheria, «Cegnyilvantartas», «egyeni vallalkozok jegyzõi nyilvantartasa», e, per appalti di servizi, taluni «szakmai kamarak nyilvantartasa» o, nel caso di alcune attività, un certificato attestante che l'interessato è autorizzato a esercitare l'attività commerciale o la professione in questione,
- per Malta, l'operatore economico ottiene il suo «numru tà registrazzjoni tat- Taxxa tal- Valur Mi¿jud (VAT) u n-numru tal-licenzja tà kummerc», e, in caso di partenariati o società, il relativo numero di registrazione rilasciato dall'autorità maltese dei servizi finanziari,
- per i Paesi Bassi, «Handelsregister»,
- per l'Austria, «Firmenbuch», «Gewerberegister», «Mitgliederverzeichnisse der Landeskammern»,
- per la Polonia, «...(1) »,
- per il Portogallo, «Instituto da Construção e do Imobiliario» (INCI) per appalti di lavori; «Registro Nacional das Pessoas Colectivas», per appalti di forniture e di servizi,
- per la Romania, «Registrul Comerþului»,
- per la Slovenia, «Sodni register» e «obrtni register»,
- per la Slovacchia, «Obchodný register»,
- per la Finlandia, «Kaupparekisteri»/«Handelregistret»,
- per la Svezia, «aktiebolags-, handels - eller föreningsregistren»,
- per il Regno Unito, l'operatore economico può essere invitato a produrre un certificato del «Registrar of Companies» attestante che ha costituito una società o è iscritto in un registro commerciale o, in mancanza, un certificato attestante che l'interessato ha dichiarato sotto giuramento di esercitare la professione in questione in un luogo specifico e sotto una denominazione commerciale determinata.

(1) Si omette il testo in lingua straniera.

Allegato XVII
Mezzi di prova dei criteri di selezione
(allegato XII dir. 24)

Parte I: Capacità economica e finanziaria

Di regola, la capacità economica e finanziaria dell'operatore economico può essere provata mediante una o più delle seguenti referenze:

a) idonee dichiarazioni bancarie o, se del caso, comprovata copertura assicurativa contro i rischi professionali;

b) presentazione dei bilanci o di estratti di bilancio, qualora la pubblicazione del bilancio sia obbligatoria in base alla legislazione del paese di stabilimento dell'operatore economico;

c) una dichiarazione concernente il fatturato globale e, se del caso, il fatturato del settore di attività oggetto dell'appalto, al massimo per gli ultimi tre esercizi disponibili in base alla data di costituzione o all'avvio delle attività dell'operatore economico, nella misura in cui le informazioni su tali fatturati siano disponibili.

Parte II: Capacità tecnica

Mezzi per provare le capacità tecniche degli operatori economici di cui all'articolo 83:

a) i seguenti elenchi:

i) un elenco dei lavori eseguiti negli ultimi cinque anni; tale elenco è corredato di certificati di corretta esecuzione e buon esito dei lavori più importanti; se necessario per assicurare un livello adeguato di concorrenza, le amministrazioni aggiudicatrici possono precisare che sarà presa in considerazione la prova relativa ai lavori analoghi realizzati più di cinque anni prima;

ii) un elenco delle principali forniture o dei principali servizi effettuati negli ultimi tre anni, con indicazione dei rispettivi importi, date e destinatari, pubblici o privati. Se necessario per assicurare un livello adeguato di concorrenza, le amministrazioni aggiudicatrici possono precisare che sarà preso in considerazione la prova relativa a forniture o a servizi forniti o effettuati più di tre anni prima;

b) l'indicazione dei tecnici o degli organismi tecnici, che facciano o meno parte integrante dell'operatore economico, e più particolarmente di quelli responsabili del controllo della qualità e, per gli appalti pubblici di lavori, quelli di cui l'imprenditore disporrà per l'esecuzione dell'opera;

c) una descrizione delle attrezzature tecniche e delle misure adottate dall'operatore economico per garantire la qualità, nonchè degli strumenti di studio e di ricerca della sua impresa;

d) un'indicazione dei sistemi di gestione e di tracciabilità della catena di approvvigionamento che l'operatore economico potrà applicare durante l'esecuzione del contratto;

e) qualora i prodotti da fornire o i servizi da prestare siano di natura complessa o, eccezionalmente, siano richiesti per una finalità particolare, una verifica eseguita dall'amministrazione aggiudicatrice o, per suo conto, da un organismo ufficiale competente del paese in cui il fornitore o il prestatore dei servizi è stabilito, purchè tale organismo acconsenta; la verifica verte sulle capacità di produzione del fornitore e sulla capacità tecnica del prestatore di servizi e, se necessario, sugli strumenti di studio e di ricerca di cui egli dispone, nonchè sulle misure adottate per garantire la qualità;

f) l'indicazione dei titoli di studio e professionali del prestatore di servizi o dell'imprenditore o dei dirigenti dell'impresa, a condizione che non siano valutati tra i criteri di aggiudicazione;

g) un'indicazione delle misure di gestione ambientale che l'operatore economico potrà applicare durante l'esecuzione del contratto;

h) una dichiarazione indicante l'organico medio annuo dell'imprenditore o del prestatore di servizi e il numero dei dirigenti durante gli ultimi tre anni;

i) una dichiarazione indicante l'attrezzatura, il materiale e l'equipaggiamento tecnico di cui l'imprenditore o il prestatore di servizi disporrà per eseguire l'appalto;

j) un'indicazione della parte di appalto che l'operatore economico intende eventualmente subappaltare;

k) per i prodotti da fornire:

i) campioni, descrizioni o fotografie la cui autenticità deve poter essere certificata a richiesta dall'amministrazione aggiudicatrice;

ii) certificati rilasciati da istituti o servizi ufficiali incaricati del controllo della qualità, di riconosciuta competenza, i quali attestino la conformità di prodotti ben individuati mediante riferimenti a determinate specifiche tecniche o norme.

Allegato XVIII
Elenco degli atti giuridici dell'Unione di cui all'articolo 96, comma 3
(allegato XIII dir. 24; allegato III dir. 23)

Direttiva 2009/33/CE del Parlamento europeo e del Consiglio.

I diritti conferiti mediante una procedura in cui sia stata assicurata adeguata pubblicità e in cui il conferimento di tali diritti si basi su criteri obiettivi non costituiscono «diritti speciali o esclusivi» ai sensi del presente decreto. Il seguente elenco contiene una serie di procedure che garantiscono un'adeguata trasparenza preliminare per il rilascio di autorizzazioni sulla base di altri atti legislativi dell'Unione, che non costituiscono «diritti speciali o esclusivi» ai sensi del presente codice:

a) la concessione di autorizzazioni per la gestione di impianti di gas naturale conformemente alle procedure di cui all'articolo 4 della direttiva 2009/73/CE;

b) l'autorizzazione o l'invito a presentare offerte per la costruzione di nuovi impianti per la produzione di energia elettrica in conformità della direttiva 2009/72/CE;

c) la concessione di autorizzazioni, conformemente alle procedure di cui all'articolo 9 della direttiva 97/67/CE, in relazione a servizi postali che non sono nè possono essere riservati;

d) la procedura per concedere l'autorizzazione a svolgere un'attività che comporti lo sfruttamento di idrocarburi ai sensi della direttiva 94/22/CE;

e) i contratti di servizio pubblico ai sensi del regolamento (CE) n. 1370/2007 relativo ai servizi pubblici di trasporto di passeggeri con autobus, tram, metropolitana o per ferrovia, che sono stati aggiudicati mediante una procedura di gara conformemente all'articolo 5, paragrafo 3, di detto regolamento, purchè la durata sia conforme all'articolo 4, paragrafi 3 o 4, del regolamento stesso.

Allegato XIX
Informazioni che devono figurare negli avvisi di concorsi di progettazione di cui agli articoli 141 e 152
(Allegato XIX dir. 25)

1. Nome, numero di identificazione, ove previsto, indirizzo comprensivo di codice NUTS, telefono, fax, posta elettronica e indirizzo Internet dell'ente aggiudicatore e, se diverso, del servizio al quale rivolgersi per informazioni complementari.
2. Principale attività esercitata.
3. Descrizione del progetto (codici CPV).
4. Tipo di concorso: aperto o ristretto.
5. Nel caso dei concorsi aperti: data limite di ricezione dei progetti.
6. Nel caso di concorsi ristretti:
- numero di partecipanti auspicato, o margini di variazione accettati;
- eventualmente, nomi dei partecipanti già selezionati;
- criteri di selezione dei partecipanti;
- termine ultimo per la presentazione delle domande di partecipazione.
7. Eventualmente, indicare se la partecipazione è riservata a una particolare professione.
8. Criteri che verranno applicati alla valutazione dei progetti.
9. Eventualmente, nomi dei membri della giuria selezionati.
10. Indicare se la decisione della giuria sia vincolante per l'ente aggiudicatore.

11. Eventualmente, numero e valore dei premi.
12. Eventualmente, indicare gli importi pagabili a tutti i partecipanti.
13. Indicare se gli autori dei progetti premiati abbiano diritto all'attribuzione di appalti complementari.
14. Denominazione ed indirizzo dell'organo competente per le procedure di ricorso e, se del caso, di mediazione. Precisazioni quanto al termine per l'introduzione di ricorsi o, se necessario, denominazione, indirizzo, numero di telefono, di fax e indirizzo elettronico del servizio presso il quale l'informazione in questione può essere richiesta.
15. Data d'invio del presente avviso.
16. Altre informazioni pertinenti.

Allegato XX
Informazioni che devono figurare negli avvisi sui risultati dei concorsi di progettazione di cui agli articoli 141 e 152
(Allegato XX dir. 25)

1. Nome, numero di identificazione, ove previsto, indirizzo comprensivo di codice NUTS, telefono, fax, posta elettronica e indirizzo Internet dell'ente aggiudicatore e, se diverso, del servizio al quale rivolgersi per informazioni complementari.
2. Principale attività esercitata.
3. Descrizione del progetto (codici CPV).
4. Numero totale dei partecipanti.
5. Numero dei partecipanti esteri.
6. Vincitore/i del concorso.
7. Eventualmente, premio o premi.
8. Altre informazioni.
9. Riferimento all'avviso di concorso.
10. Denominazione ed indirizzo dell'organo competente per le procedure di ricorso e, se del caso, di mediazione. Precisazioni quanto al termine per l'introduzione di ricorsi o, se necessario, denominazione, indirizzo, numero di telefono, di fax e indirizzo elettronico del servizio presso il quale l'informazione in questione può essere richiesta.
11. Data d'invio del presente avviso.

Allegato XXI
Informazioni da inserire nei bandi di concessione
(allegato V dir. 23)

1. Nome, numero di identificazione (ove previsto dalla legislazione nazionale), indirizzo comprensivo di codice NUTS, numero di telefono e di fax, indirizzo di posta elettronica e sito Internet dell'amministrazione aggiudicatrice o dell'ente aggiudicatore e, se diverso, del servizio che può fornire ulteriori informazioni.
2. Tipo di amministrazione aggiudicatrice o ente aggiudicatore e principale attività svolta.
3. Se le domande di partecipazione devono includere le offerte, indirizzo di posta elettronica o sito Internet ove si offra gratuitamente accesso gratuito, diretto e completo ai documenti di gara. Se l'accesso gratuito, diretto e completo non è disponibile nei casi di cui all'articolo 74, commi 2 e 3, un'indicazione relativa alle modalità di accesso ai documenti di gara.
4. Descrizione della concessione: natura e quantità dei lavori, natura e quantità dei servizi, ordine di grandezza o valore indicativo, e, se possibile, durata del contratto. Se la concessione è suddivisa in lotti, è necessario fornire tali informazioni per ogni lotto. Se del caso, descrivere le eventuali opzioni.
5. Codici CPV. Se la concessione è suddivisa in lotti, è necessario fornire tali informazioni per ogni lotto.
6. Codice NUTS per il luogo principale di esecuzione dei lavori nel caso di concessioni di lavori o codice NUTS per il luogo principale di esecuzione delle concessioni di servizi; se la concessione è suddivisa in lotti, è necessario fornire tali informazioni per ogni lotto.
7. Le condizioni di partecipazione, tra cui:
a) se del caso, indicare se la concessione è limitata a laboratori protetti o se l'esecuzione è limitata a programmi di lavoro protetti;
b) se del caso, indicare se in forza di disposizioni legislative, regolamentari o amministrative, la prestazione del servizio sia riservata a una particolare professione; indicare altresì il riferimento alla disposizione legislativa, regolamentare o amministrativa rilevante;
c) eventualmente un elenco e una breve descrizione dei criteri di selezione; livello o livelli minimi specifici di capacità eventualmente richiesti; indicazione delle informazioni richieste (autocertificazioni, documentazione).
8. Termine per la presentazione delle domande di partecipazione o per la ricezione delle offerte.
9. Criteri di aggiudicazione della concessione se non figurano in altri documenti di gara.
10. Data di spedizione del bando.
11. Nome e indirizzo dell'organo competente per le procedure di ricorso e, ove del caso, di mediazione; informazioni precise sul termine per la presentazione dei ricorsi o, se necessario, nome, indirizzo, numero di telefono e di fax e indirizzo di posta elettronica del servizio competente a fornire tali informazioni.

12. Laddove opportuno, condizioni particolari a cui è soggetta l'esecuzione della concessione.
13. Indirizzo al quale inviare le domande di partecipazione o le offerte.
14. Se del caso, indicare i requisiti e i termini connessi all'impiego di mezzi di comunicazione elettronici.
15. Informazioni necessarie ad accertare se la concessione è associata a un progetto e/o programma finanziato con fondi dell'Unione.
16. Per le concessioni di lavori, indicare se la concessione rientra nell'ambito dell'AAP.

Allegato XXII
Informazioni da inserire negli avvisi di preinformazione concernenti le concessioni di servizi sociali e di altri servizi specifici
(allegato VI dir. 23)

1. Nome, numero di identificazione (ove previsto dalla legislazione nazionale), indirizzo comprensivo di codice NUTS, numero di telefono e di fax, indirizzo di posta elettronica e sito Internet dell'amministrazione aggiudicatrice o dell'ente aggiudicatore e, se diverso, del servizio che può fornire ulteriori informazioni.
2. Se del caso, indirizzo di posta elettronica o sito Internet ove le specifiche e qualsiasi altro documento giustificativo siano reperibili.
3. Tipo di amministrazione aggiudicatrice o ente aggiudicatore e principale attività svolta.
4. Codici CPV. Se l'appalto è suddiviso in lotti, è necessario fornire tali informazioni per ogni lotto.
5. Codice NUTS per il luogo principale di prestazione o esecuzione delle concessioni di servizi.
6. Descrizione dei servivi, ordine di grandezza o valore indicativi.
7. Condizioni di partecipazione.
8. Se opportuno, termini per contattare l'amministrazione aggiudicatrice o l'ente aggiudicatore in vista della partecipazione.
9. Se del caso, breve descrizione delle principali caratteristiche della procedura di aggiudicazione da applicare.
10. Altre eventuali informazioni rilevanti.

Allegato XXIII
Informazioni da inserire negli avvisi di aggiudicazione di concessioni
(Allegato VII dir. 23)

1. Nome, numero di identificazione (ove previsto dalla legislazione nazionale), indirizzo comprensivo di codice NUTS e, se del caso, numero di telefono e di fax, indirizzo di posta elettronica e sito Internet dell'amministrazione aggiudicatrice o dell'ente aggiudicatore e, se diverso, del servizio che può fornire ulteriori informazioni.
2. Tipo di amministrazione aggiudicatrice o ente aggiudicatore e principale attività svolta.
3. Codici CPV.
4. Codice NUTS per il luogo principale di esecuzione dei lavori nel caso di concessioni di lavori o codice NUTS per il luogo principale di esecuzione delle concessioni di servizi.
5. Descrizione della concessione: natura e quantità dei lavori, natura e quantità dei servizi, durata del contratto. Se la concessione è suddivisa in lotti, è necessario fornire tali informazioni per ogni lotto. Se del caso, descrivere le eventuali opzioni.
6. Descrizione della procedura di aggiudicazione utilizzata, nel caso di aggiudicazione senza previa pubblicazione, motivazione.
7. Criteri di cui all'articolo 172 utilizzati per aggiudicare la concessione o le concessioni.
8. Data della decisione (o delle decisioni) di aggiudicazione della concessione.
9. Numero di offerte ricevute per ogni aggiudicazione, tra cui:
   a) numero di offerte ricevute da operatori economici che sono piccole e medie imprese;
   b) numero di offerte ricevute dall'estero;
   c) numero di offerte ricevute con mezzi elettronici.
10. Per ciascuna aggiudicazione: nome, indirizzo comprensivo di codice NUTS, ed eventualmente, telefono, fax, posta elettronica e indirizzo Internet dell'aggiudicatario o degli aggiudicatari, comprese:
   a) le informazioni necessarie ad accertare se l'aggiudicatario sia una piccola o media impresa;
   b) le informazioni necessarie ad accertare se la concessione sia stata aggiudicata a un consorzio.
11. Valore e principali condizioni finanziarie della concessione aggiudicata, inclusi:
   a) tariffe prezzi e tasse eventuali;
   b) premi e pagamenti eventuali;
   c) eventuali altri elementi utili con riguardo al valore della concessione ai sensi dell'articolo 168, comma 4.
12. Informazioni necessarie ad accertare se la concessione è associata a un progetto e/o programma finanziato con fondi dell'Unione.
13. Nome e indirizzo dell'organo competente per le procedure di ricorso e, se del caso, di mediazione. Informazioni precise sul termine per la presentazione dei ricorsi o, se necessario, nome, indirizzo, numero di telefono e di fax e indirizzo di posta elettronica del servizio competente a fornire tali informazioni.

14. Data (date) e riferimento (riferimenti) a precedenti pubblicazioni nella Gazzetta ufficiale dell'Unione europea rilevanti per la concessione (le concessioni) pubblicizzate nel presente bando.

15. Data di spedizione del bando.

16. Metodo per il calcolo del valore stimato della concessione, se non indicato in altri documenti di gara ai sensi dell'articolo 168.

17. Altre eventuali informazioni rilevanti.

Allegato XXIV
Informazioni da inserire negli avvisi di aggiudicazione di concessioni concernenti servizi sociali e altri servizi specifici (allegato VIII dir. 23)

1. Nome, numero di identificazione (ave previsto dalla legislazione nazionale), indirizzo comprensivo di codice NUTS e, se del caso, numero di telefono e di fax, indirizzo di posta elettronica e sito Internet dell'amministrazione aggiudicatrice o dell'ente aggiudicatore e, se diverso, del servizio che può fornire ulteriori informazioni.

2. Tipo di amministrazione aggiudicatrice o ente aggiudicatore e principale attività svolta.

3. Codici CPV. Se l'appalto è suddiviso in lotti, è necessario fornire tali informazioni per ogni lotto.

4. Indicazione succinta dell'oggetto della concessione.

5. Numero di offerte ricevute.

6. Valore dell'offerta prescelta, inclusi tariffe e prezzi.

7. Nome e indirizzo comprensivo di codice NUTS, numero di telefono e di fax, indirizzo di posta elettronica e sito Internet dell'operatore economico aggiudicatario (o degli operatori economici aggiudicatari).

8. Altre eventuali informazioni rilevanti.

Allegato XXV
Informazioni da inserire negli avvisi di modifiche di una concessione in vigenza della stessa (allegato XI dir. 23)

1. Nome, numero di identificazione (ove previsto dalla legislazione nazionale), indirizzo comprensivo di codice NUTS, numero di telefono e di fax, indirizzo di posta elettronica e sito Internet dell'amministrazione aggiudicatrice o dell'ente aggiudicatore e, se diverso, del servizio che può fornire ulteriori informazioni.

2. Codici CPV.

3. Codice NUTS per il luogo principale di esecuzione dei lavori nel caso di concessioni di lavori o codice NUTS per il luogo principale di esecuzione delle concessioni di servizi.

4. Descrizione della concessione prima e dopo la modifica: natura e quantità dei lavori, natura e quantità dei servizi.

5. Se del caso, modifica del valore della concessione, compresi gli eventuali aumenti dei prezzi o delle tariffe provocati dalla modifica.

6. Descrizione delle circostanze che hanno reso necessaria la modifica.

7. Data della decisione di aggiudicazione della concessione.

8. Se del caso, nome, indirizzo comprensivo di codice NUTS, telefono, fax, posta elettronica e indirizzo Internet del nuovo o dei nuovi operatori economici.

9. Informazioni necessarie ad accertare se la concessione è associata a un progetto e/o programma finanziato con fondi dell'Unione.

10. Nome e indirizzo dell'organo competente per le procedure di ricorso e, se del caso, di mediazione. Informazioni precise sul termine per la presentazione dei ricorsi o, se necessario, nome, indirizzo, numero di telefono e di fax e indirizzo di posta elettronica del servizio competente a fornire tali informazioni.

11. Data (date) e riferimento (riferimenti) a precedenti pubblicazioni nella Gazzetta ufficiale dell'Unione europea rilevanti per l'appalto (gli appalti) di cui al presente bando.

12. Data di spedizione del bando.

13. Altre eventuali informazioni rilevanti.

TITOLO IV
PROCESSO AMMINISTRATIVO
(D.LGS. 2 LUGLIO 2010, N. 104)

4 - D.Lgs. 2 luglio 2010, n. 104 (suppl. ord. G.U. 7 luglio 2010, n. 156). *Attuazione dell'articolo 44 della legge 18 giugno 2009, n. 69, recante delega al Governo per il riordino del processo amministrativo*[1].

[1] Le modifiche introdotte dall'articolo 7, D.L. 31 agosto 2016, n. 168, convertito in L. 25 ottobre 2016, n. 197, nonchè quelle disposte dall'articolo 20, comma 1-bis, del decreto-legge 27 giugno 2015, n. 83, convertito, con modificazioni, dalla legge 6 agosto 2015, n. 132, come modificato dal presente articolo, hanno efficacia con riguardo ai giudizi introdotti con i ricorsi depositati, in primo o in secondo grado, a far data dal 1° gennaio 2017; ai ricorsi depositati anteriormente a tale data, continuano ad applicarsi, fino all'esaurimento del grado di giudizio nel quale sono pendenti alla data stessa e comunque non oltre il 1° gennaio 2018, le norme vigenti alla data di entrata in vigore del presente decreto (art. 7, comma 3, D.L. 168/2016, conv. in L. 197/2016).

[4]. A decorrere dal 1° gennaio 2017 per i giudizi introdotti con i ricorsi depositati, in primo o in secondo grado, con modalità telematiche deve essere depositata, anche a mezzo del servizio postale, almeno una copia cartacea del ricorso e degli scritti difensivi, con l'attestazione di conformità al relativo deposito telematico (art. 7, comma 4, D.L. 168/2016, conv. in L. 197/2016, nel testo modificato dall'art. 84, D.L. 17 marzo 2020, n. 18, conv. in L. 24 aprile 2020, n. 27, a decorrere dal 29 aprile 2020).

Le disposizioni sul processo amministrativo telematico contenute negli allegati al decreto legislativo 2 luglio 2010, n. 104, non si applicano alle controversie di cui all'articolo 22 e agli articoli 39 e seguenti del Capo V della legge 3 agosto 2007, n. 124 (art. 7, comma 5, D.L. 168/2016, conv. in L. 197/2016).

Al fine di garantire la sicurezza del sistema informativo della giustizia amministrativa (SIGA) a decorrere dal 1° gennaio 2017 i depositi telematici degli atti processuali e dei documenti sono effettuati dai difensori e dalle Pubbliche amministrazioni mediante l'utilizzo esclusivo di un indirizzo di posta elettronica certificata risultante dai pubblici elenchi, gestiti dal Ministero della giustizia (art. 7, comma 6, D.L. 168/2016, conv. in L. 197/2016).

1. *Approvazione del codice e delle disposizioni connesse*. 1. È approvato il codice del processo amministrativo di cui all'allegato 1 al presente decreto.

2. Sono altresì approvate le norme di attuazione di cui all'allegato 2, le norme transitorie di cui all'allegato 3 e le norme di coordinamento e le abrogazioni di cui all'allegato 4.

2. *Entrata in vigore*. 1. Il presente decreto entra in vigore il 16 settembre 2010.

ALLEGATO 1
CODICE DEL PROCESSO AMMINISTRATIVO

LIBRO PRIMO
DISPOSIZIONI GENERALI

TITOLO I
PRINCIPI E ORGANI DELLA GIURISDIZIONE AMMINISTRATIVA

CAPO I
PRINCIPI GENERALI

1. *Effettività*. 1. La giurisdizione amministrativa assicura una tutela piena ed effettiva secondo i principi della Costituzione e del diritto europeo[1 2].

[1] Si riportano gli artt. 6 e 13 Cedu che, rispettivamente dispongono: *Art. 6. Diritto ad un processo equo. 1. Ogni persona ha diritto ad un'equa e pubblica udienza entro un termine ragionevole, davanti ad un tribunale indipendente e imparziale e costituito per legge, che decide sia in ordine alla controversia sui suoi diritti e obblighi di natura civile, sia sul fondamento di ogni accusa in materia penale derivata contro di lei. La sentenza deve essere resa pubblicamente, ma l'accesso alla sala d'udienza può essere vietato alla stampa e al pubblico durante tutto o una parte del processo nell'interesse della morale, dell'ordine pubblico o della sicurezza nazionale in una società democratica, quando lo esigono gli interessi dei minori o la tutela della vita privata delle parti in causa, nella misura ritenuta strettamente necessaria dal tribunale quando, in speciali circostanze, la pubblicità potrebbe pregiudicare gli interessi della giustizia.*

2. Ogni persona accusata di un reato si presume innocente sino a quando la sua colpevolezza non sia stata legalmente accertata.

3. Ogni accusato ha diritto soprattutto a:

a) essere informato, nel più breve tempo possibile, in una lingua a lui comprensibile e in modo dettagliato, della natura e dei motivi dell'accusa elevata a suo carico;

b) disporre del tempo e dei mezzi necessari per preparare la sua difesa;

c) difendersi personalmente o con l'assistenza di un difensore di propria scelta e, se non ha i mezzi per pagare un difensore, poter essere assistito gratuitamente da un avvocato d'ufficio, quando lo esigono gli interessi della giustizia;

d) interrogare o far interrogare i testimoni a carico ed ottenere la citazione e l'interrogatorio dei testimoni a discarico a pari condizioni dei testimoni a carico;

e) farsi assistere gratuitamente da un interprete se non comprende o non parla la lingua usata nell'udienza.

Art. 13. Diritto ad un ricorso effettivo. Ogni persona i cui diritti e le cui libertà riconosciuti nella presente Convenzione siano stati violati, ha diritto di presentare un ricorso avanti ad una magistratura nazionale, anche quando la violazione sia stata commessa da persone agenti nell'esercizio delle loro funzioni ufficiali.

Si riportano gli artt. 47, 48, 49, 50, Carta dei diritti fondamentali dell'Unione europea che, rispettivamente dispongono: *Art. 47. Diritto a un ricorso effettivo e a un giudice imparziale. Ogni persona i cui diritti e le cui libertà garantiti dal diritto dell'Unione siano stati violati ha diritto a un ricorso effettivo dinanzi a un giudice, nel rispetto delle condizioni previste nel presente articolo.*

Ogni persona ha diritto a che la sua causa sia esaminata equamente, pubblicamente ed entro un termine ragionevole da un giudice indipendente e imparziale, precostituito per legge. Ogni persona ha la facoltà di farsi consigliare, difendere e rappresentare.

A coloro che non dispongono di mezzi sufficienti è concesso il patrocinio a spese dello Stato, qualora ciò sia necessario per assicurare un accesso effettivo alla giustizia.

Art. 48. Presunzione di innocenza e diritti della difesa. 1. Ogni imputato è considerato innocente fino a quando la sua colpevolezza non sia stata legalmente provata.

2. Il rispetto dei diritti della difesa è garantito ad ogni imputato.

Art. 49. Principi della legalità e della proporzionalità dei reati e delle pene. 1. Nessuno può essere condannato per un'azione o un'omissione che, al momento in cui è stata commessa, non costituiva reato secondo il diritto interno o il diritto internazionale. Parimenti, non può essere inflitta una pena più grave di quella applicabile al momento in cui il reato è stato commesso. Se, successivamente alla commissione del reato, la legge prevede l'applicazione di una pena più lieve, occorre applicare quest'ultima.

2. Il presente articolo non osta al giudizio e alla condanna di una persona colpevole di un'azione o di un'omissione che, al momento in cui è stata commessa, costituiva un crimine secondo i principi generali riconosciuti da tutte le nazioni.

3. Le pene inflitte non devono essere sproporzionate rispetto al reato.

Art. 50. Diritto di non essere giudicato o punito due volte per lo stesso reato. Nessuno può essere perseguito o condannato per un reato per il quale è già stato assolto o condannato nell'Unione a seguito di una sentenza penale definitiva conformemente alla legge.

[2] V. artt. 24, 101, 103, 111 e 113, Cost.

2. *Giusto processo.* 1. Il processo amministrativo attua i principi della parità delle parti, del contraddittorio e del giusto processo previsto dall'articolo 111, primo comma, della Costituzione.

2. Il giudice amministrativo e le parti cooperano per la realizzazione della ragionevole durata del processo[1].

[1] Si riporta l'art. 111 Cost. che dispone: *La giurisdizione si attua mediante il giusto processo regolato dalla legge.*

Ogni processo si svolge nel contraddittorio tra le parti, in condizioni di parità, davanti a giudice terzo e imparziale. La legge ne assicura la ragionevole durata.

Nel processo penale, la legge assicura che la persona accusata di un reato sia, nel più breve tempo possibile, informata riservatamente della natura e dei motivi dell'accusa elevata a suo carico; disponga del tempo e delle condizioni necessari per preparare la sua difesa; abbia la facoltà, davanti al giudice, di interrogare o di far interrogare le persone che rendono dichiarazioni a suo carico, di ottenere la convocazione e l'interrogatorio di persone a sua difesa nelle stesse condizioni dell'accusa e l'acquisizione di ogni altro mezzo di prova a suo favore; sia assistita da un interprete se non comprende o non parla la lingua impiegata nel processo.

Il processo penale è regolato dal principio del contraddittorio nella formazione della prova. La colpevolezza dell'imputato non può essere provata sulla base di dichiarazioni rese da chi, per libera scelta, si è sempre volontariamente sottratto all'interrogatorio da parte dell'imputato o del suo difensore.

La legge regola i casi in cui la formazione della prova non ha luogo in contraddittorio per consenso dell'imputato o per accertata impossibilità di natura oggettiva o per effetto di provata condotta illecita.

Tutti i provvedimenti giurisdizionali devono essere motivati.

Contro le sentenze e contro i provvedimenti sulla libertà personale, pronunciati dagli organi giurisdizionali ordinari o speciali, è sempre ammesso ricorso in Cassazione per violazione di legge. Si può derogare a tale norma soltanto per le sentenze dei tribunali militari in tempo di guerra.

Contro le decisioni del Consiglio di Stato e della Corte dei conti il ricorso in Cassazione è ammesso per i soli motivi inerenti alla giurisdizione.

3. *Dovere di motivazione e sinteticità degli atti.* 1. Ogni provvedimento decisorio del giudice è motivato.

2. Il giudice e le parti redigono gli atti in maniera chiara e sintetica, secondo quanto disposto dalle norme di attuazione[1].

[1] Comma così modificato dall'art. 7-bis, D.L. 31 agosto 2016, n. 168, convertito in L. 25 ottobre 2016, n. 197. Il testo previgente disponeva: *2. Il giudice e le parti redigono gli atti in maniera chiara e sintetica.*

CAPO II
ORGANI DELLA GIURISDIZIONE AMMINISTRATIVA

4. *Giurisdizione dei giudici amministrativi.* 1. La giurisdizione amministrativa è esercitata dai tribunali amministrativi regionali e dal Consiglio di Stato secondo le norme del presente codice.

5. *Tribunali amministrativi regionali.* 1. Sono organi di giurisdizione amministrativa di primo grado i tribunali amministrativi regionali e il Tribunale regionale di giustizia amministrativa per la regione autonoma del Trentino - Alto Adige[1].

2. Il tribunale amministrativo regionale decide con l'intervento di tre magistrati, compreso il presidente. In mancanza del presidente, il collegio è presieduto dal magistrato con maggiore anzianità nel ruolo[2].

3. Il Tribunale regionale di giustizia amministrativa per la regione autonoma del Trentino - Alto Adige resta disciplinato dallo statuto speciale e dalle relative norme di attuazione.

[1] V. art. 1, L. 6 dicembre 1971, n. 1034 (Legge Tar), nel testo modificato dall'art. 1, comma 320-bis, L. 30 dicembre 2018, n. 145, aggiunto dall'art. 22, D.L. 30 dicembre 2019, n. 162, convertito in L. 28 febbraio 2020, n. 8, a decorrere dal 29 febbraio 2020, che dispone: *Art. 1. Sono istituiti tribunali amministrativi regionali, quali organi di giustizia amministrativa di primo grado.*

Le loro circoscrizioni sono regionali e comprendono le province facenti parte delle singole regioni. Essi hanno sede nei capoluoghi di regione.

Nelle regioni Lombardia, Emilia-Romagna, Lazio, Abruzzi, Campania, Puglia, Calabria, Sicilia sono istituite sezioni staccate, le cui sedi e le cui circoscrizioni saranno stabilite nelle norme di attuazione della presente legge previste nell'articolo 52[1].

Una sezione staccata con ordinamento speciale è pure istituita nella regione Trentino-Alto Adige. Essa ha sede a Bolzano e alla sua disciplina si provvede con altra legge.

Il tribunale amministrativo regionale del Lazio, oltre una sezione staccata, ha cinque sezioni con sede a Roma.

[2] V. art. 10, L. 6 dicembre 1971, n. 1034 (Legge Tar), abrogato dall'art. 4, all. 4, del presente Codice del processo amministrativo, che disponeva: *Art. 10. Il tribunale amministrativo regionale decide con l'intervento del presidente e di due magistrati amministrativi regionali.*

In mancanza del presidente, il collegio è presieduto dal magistrato amministrativo più anziano.

6. *Consiglio di Stato*. 1. Il Consiglio di Stato è organo di ultimo grado della giurisdizione amministrativa.

2. Il Consiglio di Stato in sede giurisdizionale decide con l'intervento di cinque magistrati, di cui un presidente di sezione e quattro consiglieri. In caso di impedimento del presidente, il collegio è presieduto dal consigliere più anziano nella qualifica[1].

3. Salvo quanto previsto dalle norme di attuazione richiamate al comma 6, l'adunanza plenaria è composta dal presidente del Consiglio di Stato che la presiede e da dodici magistrati del Consiglio di Stato, assegnati alle sezioni giurisdizionali[2].

4. In caso di impedimento, il presidente del Consiglio di Stato è sostituito dal presidente di sezione giurisdizionale più anziano nel ruolo; gli altri componenti dell'adunanza plenaria, in caso di assenza o di impedimento, sono sostituiti dal magistrato più anziano nella stessa qualifica della rispettiva sezione[3].

5. Per gli appelli avverso le pronunce della sezione autonoma di Bolzano del Tribunale regionale di giustizia amministrativa si applicano anche le disposizioni dello statuto speciale e delle relative norme di attuazione.

6. Gli appelli avverso le pronunce del Tribunale amministrativo regionale della Sicilia sono proposti al Consiglio di giustizia amministrativa per la Regione siciliana, nel rispetto delle disposizioni dello statuto speciale e delle relative norme di attuazione.

[1] V. art. 1, L. 27 aprile 1982, n. 186 (Ordinamento della giurisdizione amministrativa e del personale di segreteria ed ausiliario del Consiglio di Stato e dei tribunali amministrativi regionali), come, da ultimo, modificato dall'art. 1, comma 320-bis, L. 30 dicembre 2018, n. 145, aggiunto dall'art. 22, D.L. 30 dicembre 2019, n. 162, convertito in L. 28 febbraio 2020, n. 8, a decorrere dal 29 febbraio 2020.

[2] V. art. 5, commi 1 e 2, L. 27 aprile 1982, n. 186 (Ordinamento della giurisdizione amministrativa e del personale di segreteria ed ausiliario del Consiglio di Stato e dei tribunali amministrativi regionali), abrogato dall'art. 4, all. 4, del presente Codice del processo amministrativo.

[3] V. art. 5, comma 3, L. 27 aprile 1982, n. 186 (Ordinamento della giurisdizione amministrativa e del personale di segreteria ed ausiliario del Consiglio di Stato e dei tribunali amministrativi regionali), abrogato dall'art. 4, all. 4, del presente Codice del processo amministrativo.

CAPO III
GIURISDIZIONE AMMINISTRATIVA

7. *Giurisdizione amministrativa*. 1. Sono devolute alla giurisdizione amministrativa le controversie, nelle quali si faccia questione di interessi legittimi e, nelle particolari materie indicate dalla legge, di diritti soggettivi, concernenti l'esercizio o il mancato esercizio del potere amministrativo, riguardanti provvedimenti, atti, accordi o comportamenti riconducibili anche mediatamente all'esercizio di tale potere, posti in essere da pubbliche amministrazioni. Non sono impugnabili gli atti o provvedimenti emanati dal Governo nell'esercizio del potere politico[1].

2. Per pubbliche amministrazioni, ai fini del presente codice, si intendono anche i soggetti ad esse equiparati o comunque tenuti al rispetto dei principi del procedimento amministrativo.

3. La giurisdizione amministrativa si articola in giurisdizione generale di legittimità, esclusiva ed estesa al merito.

4. Sono attribuite alla giurisdizione generale di legittimità del giudice amministrativo le controversie relative ad atti, provvedimenti o omissioni delle pubbliche amministrazioni, comprese quelle relative al risarcimento del danno per lesione di interessi legittimi e agli altri diritti patrimoniali consequenziali, pure se introdotte in via autonoma[2].

5. Nelle materie di giurisdizione esclusiva, indicate dalla legge e dall'articolo 133, il giudice amministrativo conosce, pure ai fini risarcitori, anche delle controversie nelle quali si faccia questione di diritti soggettivi[3].

6. Il giudice amministrativo esercita giurisdizione con cognizione estesa al merito nelle controversie indicate dalla legge e dall'articolo 134. Nell'eserci-

DIR. AMM.VO

zio di tale giurisdizione il giudice amministrativo può sostituirsi all'amministrazione[4].

7. Il principio di effettività è realizzato attraverso la concentrazione davanti al giudice amministrativo di ogni forma di tutela degli interessi legittimi e, nelle particolari materie indicate dalla legge, dei diritti soggettivi.

8. Il ricorso straordinario è ammesso unicamente per le controversie devolute alla giurisdizione amministrativa[5].

[1] V. art. 31, R.D. 26 giugno 1924, n. 1054 (Testo unico delle leggi sul Consiglio di Stato), abrogato dall'art. 4, all. 4, del presente Codice del processo amministrativo, che disponeva: *Il ricorso al consiglio di Stato in sede giurisdizionale non è ammesso se trattasi di atti o provvedimenti emanati dal governo nello esercizio del potere politico.*

[2] V. art. 7, comma 3, L. 6 dicembre 1971, n. 1034 (Legge Tar), abrogato dall'art. 4, all. 4, del presente Codice del processo amministrativo, che disponeva: *Il tribunale amministrativo regionale, nell'ambito della sua giurisdizione, conosce anche di tutte le questioni relative all'eventuale risarcimento del danno, anche attraverso la reintegrazione in forma specifica, e agli altri diritti patrimoniali consequenziali. Restano riservate all'autorità giudiziaria ordinaria le questioni pregiudiziali concernenti lo stato e la capacità dei privati individui, salvo che si tratti della capacità di stare in giudizio, e la risoluzione dell'incidente di falso.*

[3] V. art. 35, comma 1, D.Lgs. 31 marzo 1998, n. 80 (Nuove disposizioni in materia di organizzazione e di rapporti di lavoro nelle amministrazioni pubbliche, di giurisdizione nelle controversie di lavoro e di giurisdizione amministrativa, emanate in attuazione dell'articolo 11, comma 4, della L. 15 marzo 1997, n. 59), abrogato dall'art. 4, all. 4, del presente Codice del processo amministrativo, che disponeva: *1. Il giudice amministrativo, nelle controversie devolute alla sua giurisdizione esclusiva, dispone, anche attraverso la reintegrazione in forma specifica, il risarcimento del danno ingiusto.*

[4] V. art. 26, comma 2, L. 6 dicembre 1971, n. 1034 (Legge Tar), abrogato dall'art. 4, all. 4, del presente Codice del processo amministrativo, che disponeva: *Se accoglie il ricorso per motivi di incompetenza, annulla l'atto e rimette l'affare all'autorità competente. Se accoglie per altri motivi, annulla in tutto o in parte l'atto impugnato, e quando è investito di giurisdizione di merito, può anche riformare l'atto o sostituirlo, salvi gli ulteriori provvedimenti dell'autorità amministrativa.*

[5] V. art. 7, comma 8, D.P.R. 24 novembre 1971, n. 1199 (Semplificazione dei procedimenti in materia di ricorsi amministrativi).

8. *Cognizione incidentale e questioni pregiudiziali.* 1. Il giudice amministrativo nelle materie in cui non ha giurisdizione esclusiva conosce, senza efficacia di giudicato, di tutte le questioni pregiudiziali o incidentali relative a diritti, la cui risoluzione sia necessaria per pronunciare sulla questione principale[1].

2. Restano riservate all'autorità giudiziaria ordinaria le questioni pregiudiziali concernenti lo stato e la capacità delle persone, salvo che si tratti della capacità di stare in giudizio, e la risoluzione dell'incidente di falso[2].

[1] V. art. 8, comma 1, L. 6 dicembre 1971, n. 1034 (Legge Tar), abrogato dall'art. 4, all. 4, del presente Codice del processo amministrativo, che disponeva: *Il tribunale amministrativo regionale, nelle materie in cui non ha competenza esclusiva, decide con efficacia limitata di tutte le questioni pregiudiziali o incidentali relative a diritti, la cui risoluzione sia necessaria per pronunciare sulla questione principale.*

[2] V. art. 7, comma 3 e art. 8, comma 2, L. 6 dicembre 1971, n. 1034 (Legge Tar), abrogati dall'art. 4, all. 4, del presente Codice del processo amministrativo, che, rispettivamente, disponevano: *Art. 7, comma 3: Il tribunale amministrativo regionale, nell'ambito della sua giurisdizione, conosce anche di tutte le questioni relative all'eventuale risarcimento del danno, anche attraverso la reintegrazione in forma specifica, e agli altri diritti patrimoniali consequenziali. Restano riservate all'autorità giudiziaria ordinaria le questioni pregiudiziali concernenti lo stato e la capacità dei privati individui, salvo che si tratti della capacità di stare in giudizio, e la risoluzione dell'incidente di falso.*

Art. 8, comma 2: La risoluzione dell'incidente di falso e le questioni concernenti lo stato e la capacità dei privati individui restano di esclusiva competenza dell'autorità giudiziaria ordinaria, salvo che si tratti della capacità di stare in giudizio.

9. *Difetto di giurisdizione.* 1. Il difetto di giurisdizione è rilevato in primo grado anche d'ufficio. Nei giudizi di impugnazione è rilevato se dedotto con specifico motivo avverso il capo della pronuncia impugnata che, in modo implicito o esplicito, ha statuito sulla giurisdizione[1].

[1] V. art. 30, comma 1, L. 6 dicembre 1971, n. 1034 (Legge Tar), abrogato dall'art. 4, all. 4, del presente Codice del processo amministrativo, che disponeva: *Il difetto di giurisdizione deve essere rilevato anche d'ufficio.*

V., anche, art. 41 c.p.c. che dispone: Regolamento di giurisdizione. *Finché la causa non sia decisa nel merito in primo grado, ciascuna parte può chiedere alle sezioni unite della Corte di cassazione che risolvano le questioni di giurisdizione di cui all'articolo 37. L'istanza si propone con ricorso a norma degli articoli 364 e seguenti, e produce gli effetti di cui all'articolo 367.*

La pubblica amministrazione che non è parte in causa può chiedere in ogni stato e grado del processo che sia dichiarato dalle sezioni unite della Corte di cassazione il difetto di giurisdizione del giudice ordinario a causa dei poteri attribuiti dalla legge alla amministrazione stessa, finché la giurisdizione non sia stata affermata con sentenza passata in giudicato.

10. *Regolamento preventivo di giurisdizione.* 1. Nel giudizio davanti ai tribunali amministrativi regionali è ammesso il ricorso per regolamento preventivo di giurisdizione previsto dall'articolo 41 del codice di procedura civile. Si applica il primo comma dell'articolo 367 dello stesso codice.

2. Nel giudizio sospeso possono essere chieste misure cautelari, ma il giudice non può disporle se non ritiene sussistente la propria giurisdizione[1].

[1] V. art. 30, comma 1, L. 6 dicembre 1971, n. 1034 (Legge Tar), abrogato dall'art. 4, all. 4, del presente Codice del processo amministrativo, che disponeva: *Il difetto di giurisdizione deve essere rilevato anche d'ufficio.*

11. *Decisione sulle questioni di giurisdizione.* 1. Il giudice amministrativo, quando declina la propria giurisdizione, indica, se esistente, il giudice nazionale che ne è fornito.

2. Quando la giurisdizione è declinata dal giudice amministrativo in favore di altro giudice nazionale o viceversa, ferme restando le preclusioni e le decadenze intervenute, sono fatti salvi gli effetti processuali e sostanziali della domanda se il processo è riproposto innanzi al giudice indicato nella pronuncia che declina la giurisdizione, entro il termine perentorio di tre mesi dal suo passaggio in giudicato.

3. Quando il giudizio è tempestivamente riproposto davanti al giudice amministrativo, quest'ultimo, alla prima udienza, può sollevare anche d'ufficio il conflitto di giurisdizione.

4. Se in una controversia introdotta davanti ad altro giudice le sezioni unite della Corte di cassazione, investite della questione di giurisdizione, attribuiscono quest'ultima al giudice amministrativo, ferme restando le preclusioni e le decadenze intervenute, sono fatti salvi gli effetti processuali e sostanziali della domanda, se il giudizio è riproposto dalla parte che vi ha interesse nel termine di tre mesi dalla pubblicazione della decisione delle sezioni unite.

5. Nei giudizi riproposti, il giudice, con riguardo alle preclusioni e decadenze intervenute, può concedere la rimessione in termini per errore scusabile ove ne ricorrano i presupposti.

6. Nel giudizio riproposto davanti al giudice amministrativo, le prove raccolte nel processo davanti al giudice privo di giurisdizione possono essere valutate come argomenti di prova.

7. Le misure cautelari perdono la loro efficacia trenta giorni dopo la pubblicazione del provvedimento che dichiara il difetto di giurisdizione del giudice che le ha emanate. Le parti possono riproporre le domande cautelari al giudice munito di giurisdizione[1].

[1] V. art. 59, L. 18 giugno 2009, n. 69 (Disposizioni per lo sviluppo economico, la semplificazione, la competitività nonché in materia di processo civile), che dispone: Decisione delle questioni di giurisdizione. *1. Il giudice che, in materia civile, amministrativa, contabile, tributaria o di giudici speciali, dichiara il proprio difetto di giurisdizione indica altresì, se esistente, il giudice nazionale che ritiene munito di giurisdizione. La pronuncia sulla giurisdizione resa dalle sezioni unite della Corte di cassazione è vincolante per ogni giudice e per le parti anche in altro processo.*

2. Se, entro il termine perentorio di tre mesi dal passaggio in giudicato della pronuncia di cui al comma 1, la domanda è riproposta al giudice ivi indicato, nel successivo processo le parti restano vincolate a tale indicazione e sono fatti salvi gli effetti sostanziali e processuali che la domanda avrebbe prodotto se il giudice di cui è stata dichiarata la giurisdizione fosse stato adito fin dall'instaurazione del primo giudizio, ferme restando le preclusioni e le decadenze intervenute. Ai fini del presente comma la domanda si ripropone con le modalità e secondo le forme previste per il giudizio davanti al giudice adito in relazione al rito applicabile.

3. Se sulla questione di giurisdizione non si sono già pronunciate, nel processo, le sezioni unite della Corte di cassazione, il giudice davanti al quale la causa è riassunta può sollevare d'ufficio, con ordinanza, tale questione davanti alle medesime sezioni unite della Corte di cassazione, fino alla prima udienza fissata per la trattazione del merito. Restano ferme le disposizioni sul regolamento preventivo di giurisdizione.

4. L'inosservanza dei termini fissati ai sensi del presente articolo per la riassunzione o per la prosecuzione del giudizio comporta l'estinzione del processo, che è dichiarata anche d'ufficio alla prima udienza, e impedisce la conservazione degli effetti sostanziali e processuali della domanda.

5. In ogni caso di riproposizione della domanda davanti al giudice di cui al comma 1, le prove raccolte nel processo davanti al giudice privo di giurisdizione possono essere valutate come argomenti di prova.

12. *Rapporti con l'arbitrato.* 1. Le controversie concernenti diritti soggettivi devolute alla giurisdizione del giudice amministrativo possono essere risolte mediante arbitrato rituale di diritto, ai sensi degli articoli 806 e seguenti del codice di procedura civile[1][2].

[1] Comma così modificato dall'art. 1, D.Lgs. 15 novembre 2011, n. 195. Il testo previgente disponeva: *1. Le controversie concernenti diritti soggettivi devolute alla giurisdizione del giudice amministrativo possono essere risolte mediante arbitrato rituale di diritto.*

[2] V. art. 6, comma 2, L. 21 luglio 2000, n. 205 (Disposizioni in materia di giustizia amministrativa), abrogato dall'art. 4, all. 4, del presente Codice del processo amministrativo, che disponeva: Art. 6. Disposizioni in materia di giurisdizione. [...]. *2. Le controversie concernenti diritti soggettivi devolute alla giurisdizione del giudice amministrativo possono essere risolte mediante arbitrato rituale di diritto.*

CAPO IV
COMPETENZA

13. *Competenza territoriale inderogabile.* 1. Sulle controversie riguardanti provvedimenti, atti, accordi o comportamenti di pubbliche amministrazioni è inderogabilmente competente il tribunale amministrativo regionale nella cui circoscrizione territoriale esse hanno sede. Il tribunale amministrativo regionale è comunque inderogabilmente competente sulle controversie riguardanti provvedimenti, atti, accordi o comportamenti di pubbliche amministrazioni i cui effetti diretti sono limitati all'ambito territoriale della regione in cui il tribunale ha sede.

2. Per le controversie riguardanti pubblici dipendenti è inderogabilmente competente il tribunale nella

cui circoscrizione territoriale è situata la sede di servizio.

3. Negli altri casi è inderogabilmente competente, per gli atti statali, il Tribunale amministrativo regionale del Lazio, sede di Roma e, per gli atti dei soggetti pubblici a carattere ultra regionale, il tribunale amministrativo regionale nella cui circoscrizione ha sede il soggetto.

4. La competenza di cui al presente articolo e all'articolo 14 è inderogabile anche in ordine alle misure cautelari[1].

4-*bis*. La competenza territoriale relativa al provvedimento da cui deriva l'interesse a ricorrere attrae a sè anche quella relativa agli atti presupposti dallo stesso provvedimento tranne che si tratti di atti normativi o generali, per la cui impugnazione restano fermi gli ordinari criteri di attribuzione della competenza[2 3].

[1] Comma così sostituito dall'art. 1, D.Lgs. 14 settembre 2012, n. 160. Il testo previgente disponeva: *4. La competenza territoriale del tribunale amministrativo regionale non è derogabile.*

[2] Comma aggiunto dall'art. 1, D.Lgs. 14 settembre 2012, n. 160.

[3] V. artt. 2 e 3, L. 6 dicembre 1971, n. 1034 (Legge Tar), abrogati dall'art. 4, all. 4, del presente Codice del processo amministrativo, che, rispettivamente, disponevano: *Art. 2. Il tribunale amministrativo regionale decide:*

a) sui ricorsi già attribuiti dagli articoli 1 e 4 del testo unico approvato con regio decreto 26 giugno 1924, n. 1058, e successive modificazioni, alla giunta provinciale amministrativa in sede giurisdizionale;

b) sui ricorsi per incompetenza, per eccesso di potere per violazione di legge contro atti e provvedimenti emessi:

1) dagli organi periferici dello Stato e degli enti pubblici a carattere ultraregionale, aventi sede nella circoscrizione del tribunale amministrativo regionale;

2) dagli enti pubblici non territoriali aventi sede nella circoscrizione del tribunale amministrativo regionale e che esclusivamente nei limiti della medesima esercitano la loro attività;

3) dagli enti pubblici territoriali compresi nella circoscrizione del tribunale amministrativo regionale.

Art. 3. Sono devoluti alla competenza dei tribunali amministrativi regionali i ricorsi per incompetenza, eccesso di potere o violazione di legge contro atti e provvedimenti emessi dagli organi centrali dello Stato e degli enti pubblici a carattere ultraregionale.

Per gli atti emessi da organi centrali dello Stato o di enti pubblici a carattere ultraregionale, la cui efficacia è limitata territorialmente alla circoscrizione del tribunale amministrativo regionale, e per quelli relativi a pubblici dipendenti in servizio, alla data di emissione dell'atto, presso uffici aventi sede nella circoscrizione del tribunale amministrativo regionale la competenza è del tribunale amministrativo regionale medesimo.

Negli altri casi, la competenza, per gli atti statali, è del tribunale amministrativo regionale con sede a Roma; per gli atti degli enti pubblici a carattere ultraregionale è del tribunale amministrativo regionale nella cui circoscrizione ha sede l'ente.

14. *Competenza funzionale inderogabile*. 1. Sono devolute funzionalmente alla competenza inderogabile del Tribunale amministrativo regionale del Lazio, sede di Roma, le controversie indicate dall'articolo 135 e dalla legge.

2. Sono devolute funzionalmente alla competenza inderogabile del Tribunale amministrativo regionale della Lombardia, sede di Milano, le controversie relative ai poteri esercitati dall'Autorità per l'energia elettrica e il gas[1].

3. La competenza è funzionalmente inderogabile altresì per i giudizi di cui agli articoli 113 e 119, nonchè per ogni altro giudizio per il quale la legge o il presente codice individuino il giudice competente con criteri diversi da quelli di cui all'articolo 13[2].

[1] V. art. 2, comma 25, L. 14 novembre 1995, n. 481 (Norme per la concorrenza e la regolazione dei servizi di pubblica utilità. Istituzione delle Autorità di regolazione dei servizi di pubblica utilità), sostituito dall'art. 3, all. 4, del presente Codice del processo amministrativo.

[2] V. art. 37, L. 6 dicembre 1971, n. 1034 (Legge Tar), abrogato dall'art. 4, all. 4, del presente Codice del processo amministrativo, che disponeva: *Art. 37. I ricorsi diretti ad ottenere l'adempimento dell'obbligo dell'autorità amministrativa di conformarsi, in quanto riguarda il caso deciso, al giudicato dell'autorità giudiziaria ordinaria, che abbia riconosciuto la lesione di un diritto civile o politico, sono di competenza dei tribunali amministrativi regionali quando l'autorità amministrativa chiamata a conformarsi sia un ente che eserciti la sua attività esclusivamente nei limiti della circoscrizione del tribunale amministrativo regionale.*

Resta ferma, negli altri casi, la competenza del Consiglio di Stato in sede giurisdizionale.

Quando i ricorsi siano diretti ad ottenere lo adempimento dell'obbligo dell'autorità amministrativa di conformarsi al giudicato degli organi di giustizia amministrativa, la competenza è del Consiglio di Stato o del tribunale amministrativo regionale territorialmente competente secondo l'organo che ha emesso la decisione, della cui esecuzione si tratta.

La competenza è peraltro del tribunale amministrativo regionale anche quando si tratti di decisione di tribunale amministrativo regionale confermata dal Consiglio di Stato in sede di appello.

15. *Rilievo dell'incompetenza*. 1. Il difetto di competenza è rilevato d'ufficio finchè la causa non è decisa in primo grado. Nei giudizi di impugnazione esso è rilevato se dedotto con specifico motivo avverso il capo della pronuncia impugnata che, in modo implicito o esplicito, ha statuito sulla competenza.

2. In ogni caso il giudice decide sulla competenza prima di provvedere sulla domanda cautelare e, se non riconosce la propria competenza ai sensi degli articoli 13 e 14, non decide sulla stessa.

3. In mancanza di domanda cautelare, il difetto di competenza può essere eccepito entro il termine previsto per la costituzione in giudizio. Il presidente fissa la camera di consiglio per la pronuncia imme-

diata sulla questione di competenza. Si osserva il procedimento di cui all'articolo 87, comma 3.

4. Il giudice provvede con ordinanza, nei casi di cui ai commi 2 e 3. Se dichiara la propria incompetenza, indica il giudice ritenuto competente. Se, nel termine perentorio di trenta giorni dalla comunicazione di tale ordinanza, la causa è riassunta davanti al giudice dichiarato competente, il processo continua davanti al nuovo giudice. Salvo quanto previsto al comma 6, la riassunzione preclude alla parte che l'ha effettuata la proposizione del regolamento di competenza.

5. L'ordinanza che pronuncia sulla competenza senza decidere sulla domanda cautelare è impugnabile esclusivamente con il regolamento di competenza di cui all'articolo 16. Il giudice dinanzi al quale la causa è riassunta, se ritiene di essere a sua volta incompetente, richiede d'ufficio il regolamento di competenza. L'ordinanza che pronuncia sulla competenza e sulla domanda cautelare può essere impugnata col regolamento di competenza, oppure nei modi ordinari quando insieme con la pronuncia sulla competenza si impugna quella sulla domanda cautelare.

6. In pendenza del regolamento di competenza la domanda cautelare si propone al giudice indicato come competente nell'ordinanza di cui al comma 4, che decide in ogni caso, fermo restando quanto disposto dal comma 7.

7. I provvedimenti cautelari pronunciati dal giudice dichiarato incompetente perdono efficacia alla scadenza del termine di trenta giorni dalla data di pubblicazione dell'ordinanza che regola la competenza.

8. La domanda cautelare può essere riproposta al giudice dichiarato competente.

9. Le disposizioni di cui ai commi 7 e 8 si applicano anche ai provvedimenti cautelari pronunciati dal giudice privato del potere di decidere il ricorso dall'ordinanza presidenziale di cui all'articolo 47, comma 2[1 2].

[1] Articolo così sostituito dall'art. 1, D.Lgs. 14 settembre 2012, n. 160. Il testo previgente disponeva: *15. Rilievo dell'incompetenza e regolamento preventivo di competenza. 1. Il difetto di competenza è rilevato in primo grado anche d'ufficio. Nei giudizi di impugnazione esso è rilevato se dedotto con specifico motivo avverso il capo della pronuncia impugnata che, in modo implicito o esplicito, ha statuito sulla competenza.*

2. Finchè la causa non è decisa in primo grado, ciascuna parte può chiedere al Consiglio di Stato di regolare la competenza. Non rilevano, a tal fine, le pronunce istruttorie o interlocutorie di cui all'articolo 36, comma 1, nè quelle che respingono l'istanza cautelare senza riferimento espresso alla questione di competenza. Il regolamento è proposto con istanza notificata alle altre parti e depositata, unitamente a copia degli atti utili al fine del decidere, entro quindici giorni dall'ultima notificazione presso la segreteria del Consiglio di Stato.

3. Il Consiglio di Stato decide in camera di consiglio con ordinanza, con la quale provvede anche sulle spese del regolamento. La pronuncia sulle spese conserva efficacia anche dopo la sentenza che definisce il giudizio, salvo diversa statuizione espressa nella sentenza. Al procedimento si applicano i termini di cui all'articolo 55, commi da 5 a 8.

4. La pronuncia del Consiglio di Stato vincola i tribunali amministrativi regionali. Se viene indicato come competente un tribunale diverso da quello adito, il giudizio deve essere riassunto nel termine perentorio di trenta giorni dalla notificazione dell'ordinanza che pronuncia sul regolamento, ovvero entro sessanta giorni dalla sua pubblicazione.

5. Quando è proposta domanda cautelare il tribunale adito, ove non riconosca la propria competenza ai sensi degli articoli 13 e 14, non decide su tale domanda e, se non ritiene di provvedere ai sensi dell'articolo 16, comma 2, richiede d'ufficio, con ordinanza, il regolamento di competenza, indicando il tribunale che reputa competente.

6. L'ordinanza con cui è richiesto il regolamento è immediatamente trasmessa d'ufficio al Consiglio di Stato a cura della segreteria. Della camera di consiglio fissata per regolare la competenza ai sensi del comma 4 è dato avviso, almeno dieci giorni prima, ai difensori che si siano costituiti davanti al Consiglio di Stato. Fino a due giorni liberi prima è ammesso il deposito di memorie e documenti e sono sentiti in camera di consiglio i difensori che ne facciano richiesta.

7. Nelle more del procedimento di cui al comma 6, il ricorrente può riproporre le istanze cautelari al tribunale amministrativo regionale indicato nell'ordinanza di cui al comma 5 il quale decide in ogni caso sulla domanda cautelare, fermo quanto previsto dal comma 8.

8. Le pronunce sull'istanza cautelare rese dal giudice dichiarato incompetente perdono comunque efficacia dopo trenta giorni dalla data di pubblicazione dell'ordinanza che regola la competenza.

9. Le parti possono sempre riproporre le istanze cautelari al giudice dichiarato competente.

10. La disciplina dei commi 8 e 9 si applica anche alle pronunce sull'istanza cautelare rese dal giudice privato del potere di decidere il ricorso dall'ordinanza presidenziale di cui all'articolo 47, comma 2.

[2] V. art. 31, L. 6 dicembre 1971, n. 1034 (Legge Tar), abrogato dall'art. 4, all. 4, del presente Codice del processo amministrativo, che disponeva: *Art. 31: Il resistente o qualsiasi interveniente nel giudizio innanzi al tribunale amministrativo regionale possono eccepire l'incompetenza per territorio del tribunale adito indicando quello competente e chiedendo che la relativa questione sia preventivamente decisa dal Consiglio di Stato. L'incompetenza per territorio non è rilevabile d'ufficio.*

L'istanza deve essere proposta, a pena di decadenza, entro venti giorni dalla data di costituzione in giudizio. Può essere proposta successivamente quando l'incompetenza territoriale del tribunale amministrativo regionale risulti da atti depositati in giudizio, dei quali la parte che propone l'istanza non avesse prima conoscenza; in tal caso l'istanza va proposta entro venti giorni dal deposito degli atti. L'istanza non è più ammessa quando il ricorso sia passato in decisione.

L'istanza di regolamento di competenza si propone con ricorso notificato a tutte le parti in causa, che non vi abbiano aderito.

Se tutte le parti siano d'accordo sulla remissione del ricorso ad altro tribunale amministrativo regionale, il presidente cura, su loro istanza, la trasmissione d'ufficio degli atti del ricorso a tale tribunale regionale e ne dà notizia alle parti, che debbono costituirsi davanti allo stesso entro venti giorni dalla comunicazione.

Negli altri casi il presidente fissa immediatamente la camera di consiglio per la sommaria delibazione del regolamento di competenza proposto. Qualora il collegio, sentiti i difensori delle parti, rilevi, con decisione semplificata, la manifesta infondatezza del regolamento di competenza, respinge l'istanza e provvede sulle spese di giudizio; in caso contrario dispone che gli atti siano immediatamente trasmessi al Consiglio di Stato.

Le parti alle quali è notificato il ricorso per regolamento di competenza possono, nei venti giorni successivi, depositare nella segreteria del Consiglio di Stato memorie e documenti.

Sull'istanza il Consiglio di Stato provvede in camera di consiglio, sentiti i difensori delle parti, che ne abbiano fatto richiesta, nella prima udienza successiva alla scadenza del termine di cui al precedente comma.

La decisione del Consiglio di Stato sulla competenza è vincolante per i tribunali amministrativi regionali.

L'incompetenza per territorio non costituisce motivo di impugnazione della decisione emessa dal tribunale amministrativo regionale.

Quando l'istanza per il regolamento di competenza venga respinta, il Consiglio di Stato condanna alle spese colui che ha presentato l'istanza.

Quando l'istanza di regolamento di competenza sia accolta, il ricorrente può riproporre l'istanza al tribunale territorialmente competente entro trenta giorni dalla notifica della decisione di accoglimento.

16. *Regolamento di competenza.* 1. Il regolamento di competenza è proposto con istanza notificata alle altre parti nel termine, perentorio e non soggetto a dimezzamento, di trenta giorni dalla notificazione ovvero di sessanta giorni dalla pubblicazione dell'ordinanza che pronuncia sulla competenza ed è depositato, unitamente a copia degli atti utili al fine del decidere, entro il termine di cui all'articolo 45 ridotto alla metà presso la segreteria del Consiglio di Stato. Nel caso di regolamento richiesto di ufficio, ai sensi dell'articolo 15, comma 5, l'ordinanza è immediatamente trasmessa al Consiglio di Stato a cura della segreteria e comunicata alle parti.

2. Il Consiglio di Stato decide con ordinanza in camera di consiglio, previo avviso della fissazione della medesima, inviato almeno dieci giorni prima ai difensori che si siano costituiti. L'ordinanza provvede anche sulle spese del regolamento salvo il caso di regolamento richiesto d'ufficio. La pronuncia sulle spese conserva efficacia anche dopo la sentenza che definisce il giudizio, salvo diversa statuizione espressa nella sentenza. Al procedimento si applicano le disposizioni di cui all'articolo 55, commi da 5 a 8.

3. La pronuncia sulla competenza resa dal Consiglio di Stato, in sede di regolamento o di appello ai sensi dell'articolo 62, comma 4, vincola i tribunali amministrativi regionali. Se viene indicato come competente un tribunale diverso da quello adito, il giudizio deve essere riassunto nel termine perentorio di trenta giorni dalla notificazione dell'ordinanza che pronuncia sul regolamento, ovvero entro sessanta giorni dalla sua pubblicazione[2].

[1] Articolo così sostituito dall'art. 1, D.Lgs. 14 settembre 2012, n. 160. Il testo previgente disponeva: *16. Regime della competenza. 1. La competenza di cui agli articoli 13 e 14 è inderogabile anche in ordine alle misure cautelari.*

2. Il difetto di competenza è rilevato, anche d'ufficio, con ordinanza che indica il giudice competente. Se, nel termine perentorio di trenta giorni dalla comunicazione di tale ordinanza, la causa è riassunta davanti al giudice dichiarato competente, il processo segue davanti al nuovo giudice.

3. L'ordinanza con cui il giudice adito dichiara la propria competenza o incompetenza è impugnabile nel termine di trenta giorni dalla notificazione, ovvero di sessanta giorni dalla sua pubblicazione, con il regolamento di competenza di cui all'articolo 15. Il regolamento può essere altresì richiesto d'ufficio, con ordinanza, dal giudice dinanzi al quale il giudizio è stato riassunto ai sensi del comma 2; in tale caso si procede ai sensi dell'articolo 15, comma 6.

4. Durante la pendenza del regolamento di competenza, il ricorrente può sempre proporre l'istanza cautelare al tribunale amministrativo regionale indicato nell'ordinanza di cui al comma 2 o in quella di cui all'articolo 15, comma 5, il quale decide in ogni caso sulla domanda cautelare, fermo restando quanto previsto dall'articolo 15, comma 8.

[2] V. art. 47, R.D. 26 giugno 1924, n. 1054 (Testo unico delle leggi sul Consiglio di Stato), abrogato dall'art. 4, all. 4, del presente Codice del processo amministrativo, che disponeva: *L'incompetenza per ragioni di materia può essere opposta e dichiarata in qualunque stato della causa. La sezione, avanti la quale pende il ricorso, può dichiararla anche di ufficio.*

CAPO V
ASTENSIONE E RICUSAZIONE

17. *Astensione.* 1. Al giudice amministrativo si applicano le cause e le modalità di astensione previste dal codice di procedura civile. L'astensione non ha effetto sugli atti anteriori[1 2 3].

[1] Comma così modificato dall'art. 1, D.Lgs. 15 novembre 2011, n. 195. Il testo previgente disponeva: *1. Al giudice amministrativo si applicano le cause e le modalità di astensione previste dal codice di procedura civile.*

[2] V. art. 43, R.D. 26 giugno 1924, n. 1054 (Testo unico delle leggi sul Consiglio di Stato), abrogato dall'art. 4, all. 4, del presente Codice del processo amministrativo. *Art. 43. Le decisioni in sede giurisdizionale, salvo il disposto dell'art. 45, sono prese con l'intervento di sette votanti a maggioranza assoluta di voti.*

Non possono prendere parte alle decisioni i consiglieri che avessero concorso a dar parere, nella sezione consultiva, sull'affare che forma oggetto di ricorso.

V., anche, art. 47, R.D. 17 agosto 1907, n. 642 (Regolamento per la procedura dinanzi alle sezioni giurisdizionali del Consiglio di Stato), abrogato dall'art. 4, all. 4, del presente

Codice del processo amministrativo, che disponeva: *Art. 47. Le cause che dànno luogo alla ricusazione dei giudici od alla loro astensione, secondo il codice di procedura civile, sono applicabili ai componenti delle sezioni giurisdizionali e dell'adunanza plenaria.*

[3] V. art. 51 c.p.c. che dispone: Astensione del giudice. *Il giudice ha l'obbligo di astenersi:*

1) se ha interesse nella causa o in altra vertente su identica questione di diritto;

2) se egli stesso o la moglie è parente fino al quarto grado [o legato da vincoli di affiliazione], o è convivente o commensale abituale di una delle parti o di alcuno dei difensori;

3) se egli stesso o la moglie ha causa pendente o grave inimicizia o rapporti di credito o debito con una delle parti o alcuno dei suoi difensori;

4) se ha dato consiglio o prestato patrocinio nella causa, o ha deposto in essa come testimone, oppure ne ha conosciuto come magistrato in altro grado del processo o come arbitro o vi ha prestato assistenza come consulente tecnico;

5) se è tutore, curatore, amministratore di sostegno, procuratore, agente o datore di lavoro di una delle parti; se, inoltre, è amministratore o gerente di un ente, di un'associazione anche non riconosciuta, di un comitato, di una società o stabilimento che ha interesse nella causa.

In ogni altro caso in cui esistono gravi ragioni di convenienza, il giudice può richiedere al capo dell'ufficio l'autorizzazione ad astenersi; quando l'astensione riguarda il capo dell'ufficio, l'autorizzazione è chiesta al capo dell'ufficio superiore.

18. *Ricusazione.* 1. Al giudice amministrativo si applicano le cause di ricusazione previste dal codice di procedura civile.

2. La ricusazione si propone, almeno tre giorni prima dell'udienza designata, con domanda diretta al presidente, quando sono noti i magistrati che devono prendere parte all'udienza; in caso contrario, può proporsi oralmente all'udienza medesima prima della discussione.

3. La domanda deve indicare i motivi ed i mezzi di prova ed essere firmata dalla parte o dall'avvocato munito di procura speciale.

4. Proposta la ricusazione, il collegio investito della controversia può disporre la prosecuzione del giudizio, se ad un sommario esame ritiene l'istanza inammissibile o manifestamente infondata.

5. In ogni caso la decisione definitiva sull'istanza è adottata, entro trenta giorni dalla sua proposizione, dal collegio previa sostituzione del magistrato ricusato, che deve essere sentito.

6. I componenti del collegio chiamato a decidere sulla ricusazione non sono ricusabili.

7. Il giudice, con l'ordinanza con cui dichiara inammissibile o respinge l'istanza di ricusazione, provvede sulle spese e può condannare la parte che l'ha proposta ad una sanzione pecuniaria non superiore ad euro cinquecento.

8. La ricusazione non ha effetto sugli atti anteriori. L'accoglimento dell'istanza di ricusazione rende nulli gli atti compiuti ai sensi del comma 4 con la partecipazione del giudice ricusato[1 2 3].

[1] Comma così modificato dall'art. 1, D.Lgs. 15 novembre 2011, n. 195. Il testo previgente disponeva: *8. La ricusazione o l'astensione non hanno effetto sugli atti anteriori. L'accoglimento dell'istanza di ricusazione rende nulli gli atti compiuti ai sensi del comma 4 con la partecipazione del giudice ricusato.*

[2] V., artt. 47, 48 e 50, R.D. 17 agosto 1907, n. 642 (Regolamento per la procedura dinanzi alle sezioni giurisdizionali del Consiglio di Stato), abrogati dall'art. 4, all. 4, del presente Codice del processo amministrativo, che, rispettivamente, disponevano: Art. 47. *Le cause che dànno luogo alla ricusazione dei giudici od alla loro astensione, secondo il codice di procedura civile, sono applicabili ai componenti delle sezioni giurisdizionali e dell'adunanza plenaria.*

Art. 48. *La ricusazione si propone, almeno tre giorni prima dell'udienza designata, con domanda diretta al Presidente della sezione adita o dell'adunanza plenaria, quando sono noti i consiglieri o referendari che devono prendere parte all'udienza; in caso contrario, può proporsi oralmente all'udienza medesima prima della discussione.*

La domanda deve indicare i motivi ed i mezzi di prova ed essere firmata dalla parte o dall'avvocato munito di mandato speciale.

Quando si tratti di ricusare il funzionario delegato per l'esecuzione di un mezzo istruttorio, la ricusazione deve farsi entro tre giorni da quello in cui fu pubblicata la decisione o il provvedimento di delegazione. In caso di urgenza, il Presidente può provvedere alla surrogazione con altro funzionario.

Art. 50. *La sezione o l'adunanza plenaria, in camera di consiglio decide sulla domanda.*

Se la domanda è rigettata, la parte che l'ha proposta è condannata con la stessa decisione a una sanzione amministrativa, che può estendersi fino a euro 15.

La sanzione amministrativa non è applicabile se la domanda è proposta dall'amministrazione.

La ricusazione o l'astensione non hanno effetto sugli atti anteriori.

[3] V. art. 52 c.p.c. che dispone: Ricusazione del giudice. *Nei casi in cui è fatto obbligo al giudice di astenersi, ciascuna delle parti può proporne la ricusazione mediante ricorso contenente i motivi specifici e i mezzi di prova.*

Il ricorso, sottoscritto dalla parte o dal difensore, deve essere depositato in cancelleria due giorni prima dell'udienza, se al ricusante è noto il nome dei giudici che sono chiamati a trattare o decidere la causa, e prima dell'inizio della trattazione o discussione di questa nel caso contrario.

La ricusazione sospende il processo.

CAPO VI
AUSILIARI DEL GIUDICE

19. *Verificatore e consulente tecnico.* 1. Il giudice può farsi assistere, per il compimento di singoli atti o per tutto il processo, da uno o più verificatori, ovvero, se indispensabile, da uno o più consulenti[1].

2. L'incarico di consulenza può essere affidato a dipendenti pubblici, professionisti iscritti negli albi di cui all'articolo 13 delle disposizioni per l'attuazione del codice di procedura civile, o altri soggetti

aventi particolare competenza tecnica. Non possono essere nominati coloro che prestano attività in favore delle parti del giudizio. La verificazione è affidata a un organismo pubblico, estraneo alle parti del giudizio, munito di specifiche competenze tecniche[2].

3. Il verificatore e il consulente compiono le indagini che sono loro affidate dal giudice e forniscono anche oralmente i chiarimenti richiesti[3].

[1] V. art. 61, comma 1, c.p.c. che dispone: Consulente tecnico. *Quando è necessario, il giudice può farsi assistere, per il compimento di singoli atti o per tutto il processo, da uno o più consulenti di particolare competenza tecnica.*

[2] V. art. 61, comma 2, c.p.c. che dispone: *La scelta dei consulenti tecnici deve essere normalmente fatta tra le persone iscritte in albi speciali formati a norma delle disposizioni di attuazione al presente Codice.*

[3] V. art. 62, c.p.c. che dispone: Attività del consulente. *Il consulente compie le indagini che gli sono commesse dal giudice e fornisce, in udienza e in camera di consiglio, i chiarimenti che il giudice gli richiede a norma degli articoli 194 e seguenti, e degli articoli 441 e 463.*

20. *Obbligo di assumere l'incarico e ricusazione*[1]. 1. Il verificatore e il consulente, se scelto tra i dipendenti pubblici o tra gli iscritti negli albi di cui all'articolo 13 delle disposizioni per l'attuazione del codice di procedura civile, hanno l'obbligo di prestare il loro ufficio, tranne che il giudice riconosca l'esistenza di un giustificato motivo[2].

2. Il consulente, o il verificatore, può essere ricusato dalle parti per i motivi indicati nell'articolo 51 del codice di procedura civile. Della ricusazione conosce il giudice che l'ha nominato[3].

[1] Rubrica così modificata dall'art. 1, D.Lgs. 15 novembre 2011, n. 195. Il testo previgente disponeva: *Obbligo di assumere l'incarico e ricusazione del consulente.*

[2] V. art. 63, c.p.c. che dispone: Obbligo di assumere l'incarico e ricusazione del consulente. *Il consulente scelto tra gli iscritti in un albo ha l'obbligo di prestare il suo ufficio, tranne che il giudice riconosca che ricorre un giusto motivo di astensione.*

Il consulente può essere ricusato dalle parti per i motivi indicati nell'articolo 51.

Della ricusazione del consulente conosce il giudice che l'ha nominato.

[3] V. art. 51, c.p.c. riportato in nota all'art. 17 del presente codice. V., anche, artt. 48 e 49 (abrogato dall'art. 4, all. 4, del presente Codice del processo amministrativo), R.D. 26 giugno 1924, n. 1054 (Testo unico delle leggi sul Consiglio di Stato) che, rispettivamente, disponevano: *Art. 48. Le decisioni pronunziate in sede giurisdizionale possono, agli effetti della L. 31 marzo 1877, n. 3761, essere impugnate con ricorso per cassazione. Tale ricorso tuttavia è proponibile soltanto per assoluto difetto di giurisdizione del Consiglio di Stato.*

Art. 49. Dove le leggi speciali ammettono il ricorso alla IV sezione del Consiglio di Stato, il giudizio del Consiglio di Stato in sede giurisdizionale deve intendersi limitato alla sola legittimità, e dove ammettono il ricorso alla V sezione, deve intendersi che il giudizio predetto sia estensibile anche al merito.

21. *Commissario ad acta.* 1. Nell'ambito della propria giurisdizione, il giudice amministrativo, se deve sostituirsi all'amministrazione, può nominare come proprio ausiliario un commissario ad acta. Si applica l'articolo 20, comma 2.

TITOLO II
PARTI E DIFENSORI

22. *Patrocinio.* 1. Salvo quanto previsto dall'articolo 23, nei giudizi davanti ai tribunali amministrativi regionali è obbligatorio il patrocinio di avvocato[1].

2. Per i giudizi davanti al Consiglio di Stato è obbligatorio il ministero di avvocato ammesso al patrocinio innanzi alle giurisdizioni superiori[2].

3. La parte o la persona che la rappresenta, quando ha la qualità necessaria per esercitare l'ufficio di difensore con procura presso il giudice adito, può stare in giudizio senza il ministero di altro difensore[3].

[1] V. art. 19, comma 2, L. 6 dicembre 1971, n. 1034 (Legge Tar), abrogato dall'art. 4, all. 4, del presente Codice del processo amministrativo, che disponeva: *Per i giudizi davanti ai tribunali amministrativi regionali è obbligatorio il patrocinio di avvocato o di procuratore legale.*

[2] V. art. 35, R.D. 26 giugno 1924, n. 1054 (Testo unico delle leggi sul Consiglio di Stato), abrogato dall'art. 4, all. 4, del presente Codice del processo amministrativo, che disponeva: *Art. 35. I ricorsi presentati al Consiglio di Stato in sede giurisdizionale sono sottoscritti dalle parti ricorrenti o da una di esse e firmati da un avvocato ammesso al patrocinio in Corte di cassazione. Se la parte non ha sottoscritto, l'avvocato che firma in suo nome deve essere munito di mandato speciale.*

Il ricorrente, che non abbia eletto, nel ricorso, domicilio in Roma, si intenderà averlo eletto, per gli atti e gli effetti del ricorso, presso la segreteria del Consiglio di Stato.

[3] V. art. 86, c.p.c. che dispone: Difesa personale della parte. *La parte o la persona che la rappresenta o assiste, quando ha la qualità necessaria per esercitare l'ufficio di difensore con procura presso il giudice adito, può stare in giudizio senza il ministero di altro difensore.*

23. *Difesa personale delle parti.* 1. Le parti possono stare in giudizio personalmente senza l'assistenza del difensore nei giudizi in materia di accesso e trasparenza amministrativa, in materia elettorale e nei giudizi relativi al diritto dei cittadini dell'Unione europea e dei loro familiari di circolare e di soggiornare liberamente nel territorio degli Stati membri[1 2 3 4].

[1] Comma così modificato dall'art. 52, D.Lgs. 14 marzo 2013, n. 33. Il testo previgente disponeva: *1. Le parti possono stare in giudizio personalmente senza l'assistenza del difensore nei giudizi in materia di accesso, in materia elettorale e*

nei giudizi relativi al diritto dei cittadini dell'Unione europea e dei loro familiari di circolare e di soggiornare liberamente nel territorio degli Stati membri.

[2] V. art. 19, L. 6 dicembre 1971, n. 1034 (Legge Tar), abrogato dall'art. 4, all. 4, del presente Codice del processo amministrativo, che disponeva: *Art. 19. Nei giudizi davanti ai tribunali amministrativi regionali, fino a quando non verrà emanata apposita legge sulla procedura, si osservano le norme di procedura dinanzi alle sezioni giurisdizionali del Consiglio di Stato, in quanto non contrastanti con la presente legge.*

Per i giudizi davanti ai tribunali amministrativi regionali è obbligatorio il patrocinio di avvocato [o di procuratore legale][1 2].

Ai fini fiscali si applicano nei giudizi avanti ai tribunali amministrativi regionali le disposizioni già in vigore per i giudizi dinanzi alla giunta provinciale amministrativa.

Per i giudizi in materia di operazioni elettorali, previsti dall'articolo 6, rimangono ferme le norme procedurali contenute nella legge 23 dicembre 1966, n. 1147. Per essi non è necessario il ministero di procuratore o di avvocato. Gli atti relativi sono redatti in carta libera e sono esenti dalla tassa di registro e dalle spese di cancelleria.

[3] V. art. 22, comma 3, D.Lgs. 6 febbraio 2007, n. 30, nel testo modificato dall'art. 34, D.Lgs. 1 settembre 2011, n. 150 (Attuazione della direttiva 2004/38/CE relativa al diritto dei cittadini dell'Unione e dei loro familiari di circolare e di soggiornare liberamente nel territorio degli Stati membri), che dispone: Ricorsi avverso i provvedimenti di allontanamento. *[...]. 3. I ricorsi di cui al comma 1, sottoscritti personalmente dall'interessato, possono essere presentati anche per il tramite di una rappresentanza diplomatica o consolare italiana; in tale caso l'autenticazione della sottoscrizione e l'inoltro all'autorità giudiziaria italiana sono effettuati dai funzionari della rappresentanza. La procura speciale al patrocinante legale è rilasciata avanti all'autorità consolare, presso cui sono eseguite le comunicazioni relative al procedimento.*

[4] V. art. 25, comma 5-bis, L. 7 agosto 1990, n. 241 (Nuove norme in materia di procedimento amministrativo e di diritto di accesso ai documenti amministrativi), abrogato dall'art. 4, all. 4, del presente Codice del processo amministrativo, che disponeva: *Nei giudizi in materia di accesso, le parti possono stare in giudizio personalmente senza l'assistenza del difensore. L'amministrazione può essere rappresentata e difesa da un proprio dipendente, purché in possesso della qualifica di dirigente, autorizzato dal rappresentante legale dell'ente.*

24. *Procura alle liti.* 1. La procura rilasciata per agire e contraddire davanti al giudice si intende conferita anche per proporre motivi aggiunti e ricorso incidentale, salvo che in essa sia diversamente disposto.

25. *Domicilio.* 1. Fermo quanto previsto, con riferimento alle comunicazioni di segreteria, dall'articolo 136, comma 1:

a) nei giudizi davanti ai tribunali amministrativi regionali, la parte, se non elegge domicilio nel comune sede del tribunale amministrativo regionale o della sezione staccata dove pende il ricorso, si intende domiciliata, ad ogni effetto, presso la segreteria del tribunale amministrativo regionale o della sezione staccata;

b) nei giudizi davanti al Consiglio di Stato, la parte, se non elegge domicilio in Roma, si intende domiciliata, ad ogni effetto, presso la segreteria del Consiglio di Stato.

1-*bis*. Al processo amministrativo telematico si applica, in quanto compatibile, l'articolo 16-*sexies* del decreto-legge 18 ottobre 2012, n. 179, convertito, con modificazioni, dalla legge 17 dicembre 2012, n. 221[1].

1-*ter*. A decorrere dal 1° gennaio 2018 il comma 1 non si applica per i ricorsi soggetti alla disciplina del processo amministrativo telematico[1 2 3].

[1] Comma aggiunto dall'art. 7, D.L. 31 agosto 2016, n. 168, convertito in L. 25 ottobre 2016, n. 197, a decorrere dal 1° gennaio 2017. V. nota 1 epigrafe.

[2] Articolo così sostituito dall'art. 1, D.Lgs. 15 novembre 2011, n. 195. Il testo previgente disponeva: *25. Domicilio. 1. Nei giudizi davanti ai tribunali amministrativi regionali, la parte, se non elegge domicilio nel comune sede del tribunale amministrativo regionale o della sezione staccata dove pende il ricorso, si intende domiciliata, ad ogni effetto, presso la segreteria del tribunale amministrativo regionale o della sezione staccata.*

2. Nei giudizi davanti al Consiglio di Stato, la parte, se non elegge domicilio in Roma, si intende domiciliata, ad ogni effetto, presso la segreteria del Consiglio di Stato.

[3] V. art. 35, R.D. 26 giugno 1924, n. 1054 (Testo unico delle leggi sul Consiglio di Stato), abrogato dall'art. 4, all. 4, del presente Codice del processo amministrativo, che disponeva: *Art. 35. I ricorsi presentati al Consiglio di Stato in sede giurisdizionale sono sottoscritti dalle parti ricorrenti o da una di esse e firmati da un avvocato ammesso al patrocinio in Corte di cassazione. Se la parte non ha sottoscritto, l'avvocato che firma in suo nome deve essere munito di mandato speciale.*

Il ricorrente, che non abbia eletto, nel ricorso, domicilio in Roma, si intenderà averlo eletto, per gli atti o gli effetti del ricorso, presso la segreteria del Consiglio di Stato.

26. *Spese di giudizio.* 1. Quando emette una decisione, il giudice provvede anche sulle spese del giudizio, secondo gli articoli 91, 92, 93, 94, 96 e 97 del codice di procedura civile, tenendo anche conto del rispetto dei principi di chiarezza e sinteticità di cui all'articolo 3, comma 2. In ogni caso, il giudice, anche d'ufficio, può altresì condannare la parte soccombente al pagamento, in favore della controparte, di una somma equitativamente determinata, comunque non superiore al doppio delle spese liquidate, in presenza di motivi manifestamente infondati[1].

2. Il giudice condanna d'ufficio la parte soccombente al pagamento di una sanzione pecuniaria, in misura non inferiore al doppio e non superiore al quintuplo del contributo unificato dovuto per il ricorso introduttivo del giudizio, quando la parte soccombente ha agito o resistito temerariamente in giudizio. Nelle controversie in materia di appalti di

cui agli articoli 119, lettera a), e 120 l'importo della sanzione pecuniaria può essere elevato fino all'uno per cento del valore del contratto, ove superiore al suddetto limite. Al gettito delle sanzioni previste dal presente comma si applica l'articolo 15 delle norme di attuazione[2] [3].

[1] Comma così modificato prima dall'art. 1, D.Lgs. 14 settembre 2012, n. 160, poi dall'art. 41, D.L. 24 giugno 2014, n. 90, convertito in L. 11 agosto 2014, n. 114. Il testo previgente la modifica del 2012 disponeva: *1. Quando emette una decisione, il giudice provvede anche sulle spese del giudizio, secondo gli articoli 91, 92, 93, 94, 96 e 97 del codice di procedura civile.* Il testo previgente la modifica del 2014 disponeva: *1. Quando emette una decisione, il giudice provvede anche sulle spese del giudizio, secondo gli articoli 91, 92, 93, 94, 96 e 97 del codice di procedura civile, tenendo anche conto del rispetto dei principi di chiarezza e sinteticità di cui all'articolo 3, comma 2.*

[2] Comma così sostituito dall'art. 1, D.Lgs. 15 novembre 2011, n. 195 e poi così modificato dall'art. 41, D.L. 24 giugno 2014, n. 90, convertito in L. 11 agosto 2014, n. 114. Il testo previgente la modifica del 2011 disponeva: *2. Il giudice, nel pronunciare sulle spese, può altresì condannare, anche d'ufficio, la parte soccombente al pagamento in favore dell'altra parte di una somma di denaro equitativamente determinata, quando la decisione è fondata su ragioni manifeste o orientamenti giurisprudenziali consolidati.* Il testo previgente la modifica del 2014 disponeva: *2. Il giudice condanna d'ufficio la parte soccombente al pagamento di una sanzione pecuniaria, in misura non inferiore al doppio e non superiore al quintuplo del contributo unificato dovuto per il ricorso introduttivo del giudizio, quando la parte soccombente ha agito o resistito temerariamente in giudizio. Al gettito delle sanzioni previste dal presente comma si applica l'articolo 15 delle norme di attuazione.*

[3] V. art. 96, comma 3, c.p.c. che dispone: *Responsabilità aggravata. [...]. In ogni caso, quando pronuncia sulle spese ai sensi dell'articolo 91, il giudice, anche d'ufficio, può altresì condannare la parte soccombente al pagamento, a favore della controparte, di una somma equitativamente determinata.*

TITOLO III
AZIONI E DOMANDE

CAPO I
CONTRADDITTORIO E INTERVENTO

27. *Contraddittorio.* 1. Il contraddittorio è integralmente costituito quando l'atto introduttivo è notificato all'amministrazione resistente e, ove esistenti, ai controinteressati[1].

2. Se il giudizio è promosso solo contro alcune delle parti e non si è verificata alcuna decadenza, il giudice ordina l'integrazione del contraddittorio nei confronti delle altre entro un termine perentorio. Nelle more dell'integrazione del contraddittorio il giudice può pronunciare provvedimenti cautelari interinali[2].

[1] V. art. 101, c.p.c. che dispone: Principio del contraddittorio. *Il giudice, salvo che la legge disponga altrimenti, non può statuire sopra alcuna domanda, se la parte contro la quale è proposta non è stata regolarmente citata e non è comparsa.*

Se ritiene di porre a fondamento della decisione una questione rilevata d'ufficio, il giudice riserva la decisione, assegnando alle parti, a pena di nullità, un termine, non inferiore a venti e non superiore a quaranta giorni dalla comunicazione, per il deposito in cancelleria di memorie contenenti osservazioni sulla medesima questione.

[2] V. art. 102, c.p.c. che dispone: Litisconsorzio necessario. *Se la decisione non può pronunciarsi che in confronto di più parti, queste debbono agire o essere convenute nello stesso processo.*

Se questo è promosso da alcune o contro alcune soltanto di esse, il giudice ordina l'integrazione del contraddittorio in un termine perentorio da lui stabilito.

28. *Intervento.* 1. Se il giudizio non è stato promosso contro alcuna delle parti nei cui confronti la sentenza deve essere pronunciata, queste possono intervenirvi, senza pregiudizio del diritto di difesa[1].

2. Chiunque non sia parte del giudizio e non sia decaduto dall'esercizio delle relative azioni, ma vi abbia interesse, può intervenire accettando lo stato e il grado in cui il giudizio si trova[2].

3. Il giudice, anche su istanza di parte, quando ritiene opportuno che il processo si svolga nei confronti di un terzo, ne ordina l'intervento[3].

[1] V. art. 105, c.p.c. che dispone: Intervento volontario. *Ciascuno può intervenire in un processo tra altre persone per far valere, in confronto di tutte le parti o di alcune di esse, un diritto relativo all'oggetto o dipendente dal titolo dedotto nel processo medesimo.*

Può altresì intervenire per sostenere le ragioni di alcuna delle parti, quando vi ha un proprio interesse.

[2] V. art. 22, L. 6 dicembre 1971, n. 1034 (Legge Tar), abrogato dall'art. 4, all. 4, del presente Codice del processo amministrativo, che disponeva: *Art. 22. Nel termine di venti giorni successivi a quelli stabiliti per il deposito del ricorso, l'organo che ha emesso l'atto impugnato e le altre parti interessate possono presentare memorie, fare istanze e produrre documenti. Può essere anche proposto ricorso incidentale secondo le norme degli articoli 37 del testo unico approvato con regio decreto 26 giugno 1924, n. 1054, e 44 del regolamento di procedura avanti alle sezioni giurisdizionali del Consiglio di Stato, approvato con regio decreto 17 agosto 1907, n. 642.*

Chi ha interesse nella contestazione può intervenire con l'osservanza delle norme di cui agli articoli 37 e seguenti del regolamento di procedura avanti alle sezioni giurisdizionali del Consiglio di Stato, in quanto non contrastanti con la presente legge. La domanda di intervento è notificata alle parti nel rispettivo domicilio di elezione ed all'organo che ha emanato l'atto impugnato e deve essere depositata in segreteria entro venti giorni dalla data della notificazione.

Entro i successivi venti giorni le parti interessate e l'amministrazione possono presentare memorie, istanze e documenti.

[3] V. art. 107, c.p.c. che dispone: Intervento per ordine del giudice. *Il giudice, quando ritiene opportuno che il processo si svolga in confronto di un terzo al quale la causa è comune, ne ordina l'intervento.*

Capo II
Azioni di cognizione

29. *Azione di annullamento.* 1. L'azione di annullamento per violazione di legge, incompetenza ed eccesso di potere si propone nel termine di decadenza di sessanta giorni[1 2].

[1] V. art. 26, R.D. 26 giugno 1924, n. 1054 (Testo unico delle leggi sul Consiglio di Stato), abrogato dall'art. 4, all. 4, del presente Codice del processo amministrativo, che disponeva: *Art. 26. Spetta al Consiglio di Stato in sede giurisdizionale di decidere sui ricorsi per incompetenza, per eccesso di potere o per violazione di legge, contro atti e provvedimenti di un'autorità amministrativa o di un corpo amministrativo deliberante, che abbiano per oggetto un interesse d'individui o di enti morali giuridici; quando i ricorsi medesimi non siano di competenza dell'autorità giudiziaria, né si tratti di materia spettante alla giurisdizione od alle attribuzioni contenziose di corpi o collegi speciali.*

Il ricorso, che non implichi incompetenza od eccesso di potere, non è ammesso contro le decisioni le quali concernano controversie doganali oppure questioni sulla leva militare.

V., anche, artt. 2 e 3, L. 6 dicembre 1971, n. 1034 (Legge Tar), abrogati dall'art. 4, all. 4, del presente Codice del processo amministrativo, che, rispettivamente, disponevano: *Art. 2. Il tribunale amministrativo regionale decide:*

a) sui ricorsi già attribuiti dagli articoli 1 e 4 del testo unico approvato con regio decreto 26 giugno 1924, n. 1058, e successive modificazioni, alla giunta provinciale amministrativa in sede giurisdizionale;

b) sui ricorsi per incompetenza, per eccesso di potere per violazione di legge contro atti e provvedimenti emessi:

1) dagli organi periferici dello Stato e degli enti pubblici a carattere ultraregionale, aventi sede nella circoscrizione del tribunale amministrativo regionale;

2) dagli enti pubblici non territoriali aventi sede nella circoscrizione del tribunale amministrativo regionale e che esclusivamente nei limiti della medesima esercitano la loro attività;

3) dagli enti pubblici territoriali compresi nella circoscrizione del tribunale amministrativo regionale.

Art. 3. Sono devoluti alla competenza dei tribunali amministrativi regionali i ricorsi per incompetenza, eccesso di potere o violazione di legge contro atti e provvedimenti emessi dagli organi centrali dello Stato e degli enti pubblici a carattere ultraregionale.

Per gli atti emessi da organi centrali dello Stato o di enti pubblici a carattere ultraregionale, la cui efficacia è limitata territorialmente alla circoscrizione del tribunale amministrativo regionale, e per quelli relativi a pubblici dipendenti in servizio, alla data di emissione dell'atto, presso uffici aventi sede nella circoscrizione del tribunale amministrativo regionale la competenza è del tribunale amministrativo regionale medesimo.

Negli altri casi, la competenza, per gli atti statali, è del tribunale amministrativo regionale con sede a Roma; per gli atti degli enti pubblici a carattere ultraregionale è del tribunale amministrativo regionale nella cui circoscrizione ha sede l'ente.

[2] V. art. 21-octies, L. 7 agosto 1990, n. 241 (Nuove norme in materia di procedimento amministrativo e di diritto di accesso ai documenti amministrativi), che dispone: Annullabilità del provvedimento. *1. È annullabile il provvedimento amministrativo adottato in violazione di legge o viziato da eccesso di potere o da incompetenza.*

2. Non è annullabile il provvedimento adottato in violazione di norme sul procedimento o sulla forma degli atti qualora, per la natura vincolata del provvedimento, sia palese che il suo contenuto dispositivo non avrebbe potuto essere diverso da quello in concreto adottato. Il provvedimento amministrativo non è comunque annullabile per mancata comunicazione dell'avvio del procedimento qualora l'amministrazione dimostri in giudizio che il contenuto del provvedimento non avrebbe potuto essere diverso da quello in concreto adottato.

V., anche:

- art. 35, D.L. 6 dicembre 2011, n. 201, convertito in L. 22 dicembre 2011, n. 214 (Disposizioni urgenti per la crescita, l'equità e il consolidamento dei conti pubblici), che dispone: *Art. 35. Potenziamento dell'Autorità garante della concorrenza e del mercato. 1. Alla legge 10 ottobre 1990, n. 287, dopo l'articolo 21, è aggiunto il seguente: «21-bis - (Poteri dell'Autorità Garante della concorrenza e del mercato sugli atti amministrativi che determinano distorsioni della concorrenza). - 1. L'Autorità garante della concorrenza e del mercato è legittimata ad agire in giudizio contro gli atti amministrativi generali, i regolamenti ed i provvedimenti di qualsiasi amministrazione pubblica che violino le norme a tutela della concorrenza e del mercato.*

2. L'Autorità garante della concorrenza e del mercato, se ritiene che una pubblica amministrazione abbia emanato un atto in violazione delle norme a tutela della concorrenza e del mercato, emette, entro sessanta giorni, un parere motivato, nel quale indica gli specifici profili delle violazioni riscontrate. Se la pubblica amministrazione non si conforma nei sessanta giorni successivi alla comunicazione del parere, l'Autorità può presentare, tramite l'Avvocatura dello Stato, il ricorso, entro i successivi trenta giorni.

3. Ai giudizi instaurati ai sensi del comma 1 si applica la disciplina di cui al Libro IV, Titolo V, del decreto legislativo 2 luglio 2010, n. 104.»;

- art. 37, comma 3, D.L. 6 dicembre 2011, n. 201, convertito in L. 22 dicembre 2011, n. 214 (Disposizioni urgenti per la crescita, l'equità e il consolidamento dei conti pubblici), che dispone: *3. Nell'esercizio delle competenze disciplinate dal comma 2 del presente articolo, l'Autorità: a) può sollecitare e coadiuvare le amministrazioni pubbliche competenti all'individuazione degli ambiti di servizio pubblico e dei metodi più efficienti per finanziarli, mediante l'adozione di pareri che può rendere pubblici; b) determina i criteri per la redazione della contabilità delle imprese regolate e può imporre, se necessario per garantire la concorrenza, la separazione contabile e societaria delle imprese integrate; c) propone all'amministrazione competente la sospensione, la decadenza o la revoca degli atti di concessione, delle convenzioni, dei contratti di servizio pubblico, dei contratti di programma e di ogni altro atto assimilabile comunque denominato, qualora sussistano le condizioni previste dall'ordinamento; d) richiede a chi ne è in possesso le informazioni e l'esibizione dei documenti necessari per l'esercizio delle sue funzioni, nonchè raccoglie da qualunque soggetto informato dichiarazioni, da verbalizzare se rese oralmente; e) se sospetta possibili violazioni della regolazione negli ambiti di sua competenza, svolge ispezioni presso i soggetti sottoposti alla regolazione mediante accesso a impianti, a mezzi di trasporto e uffici; durante l'ispezione, anche avvalendosi della collaborazione di altri organi dello Stato, può controllare i libri contabili e qualsiasi altro documento aziendale, ottenerne copia, chiedere chiarimenti e altre informazioni, apporre sigilli; delle operazioni ispettive e delle dichiarazioni rese deve essere redatto apposito verbale; f) ordina la cessazione delle condotte in contrasto con gli atti di regolazione adottati e con gli impegni assunti dai soggetti sottoposti a regolazione, disponendo le misure opportune di ripristino; nei casi in cui intenda adottare una decisione volta a fare cessare un'infrazione e le imprese propongano impegni idonei a rimuovere le contestazioni da essa avanzate, può rendere obbligatori tali impegni per le imprese e chiudere il procedimento senza accertare l'infrazione; può riaprire il procedimento se mutano le circostanze di fatto su cui sono stati assunti gli impegni o se le informazioni trasmesse dalle parti si rivelano incomplete, inesatte o fuorvianti; in circostanze straordinarie, ove ritenga che sussistano motivi di necessità e di urgenza, al fine di salvaguardare la concorrenza e di tutelare gli interessi degli utenti rispetto al rischio di un danno grave e irreparabile, può adottare provvedimenti temporanei di natura cautelare; g) valuta i reclami, le istanze e le segnalazioni presentati dagli utenti e dai consumatori, singoli o associati, in ordine al rispetto dei livelli qualitativi e tariffari da parte dei soggetti esercenti il servizio sottoposto a regolazione, ai fini dell'esercizio delle sue competenze; h) favorisce l'istituzione di procedure semplici e poco onerose per la conciliazione e la risoluzione delle controversie tra esercenti e utenti; i) ferme restando le sanzioni previste dalla legge, da atti amministrativi e da clausole convenzionali, irroga una sanzione amministrativa pecuniaria fino al 10 per cento del fatturato dell'impresa interessata nei casi di inosservanza dei criteri per la formazione e l'aggiornamento di tariffe, canoni, pedaggi, diritti e prezzi sottoposti a controllo amministrativo, comunque denominati, di inosservanza dei criteri per la separazione contabile e per la disaggregazione dei costi e dei ricavi pertinenti alle attività di servizio pubblico e di violazione della disciplina relativa all'accesso alle reti e alle infrastrutture o delle condizioni imposte dalla stessa Autorità, nonchè di inottemperanza agli ordini e alle misure disposti; l) applica una sanzione amministrativa pecuniaria fino all'1 per cento del fatturato dell'impresa interessata qualora: 1) i destinatari di una richiesta della stessa Autorità forniscano informazioni inesatte, fuorvianti o incomplete, ovvero non forniscano le informazioni nel termine stabilito; 2) i destinatari di un'ispezione rifiutino di fornire ovvero presentino in modo incompleto i documenti aziendali, nonchè rifiutino di fornire o forniscano in modo inesatto, fuorviante o incompleto i chiarimenti richiesti; m) nel caso di inottemperanza agli impegni di cui alla lettera f) applica una sanzione fino al 10 per cento del fatturato dell'impresa interessata.*

- art. 2908 c.c. che dispone: Effetti costitutivi delle sentenze. *Nei casi previsti dalla legge [2932], l'autorità giudiziaria può costituire, modificare o estinguere rapporti giuridici, con effetto tra le parti, i loro eredi o aventi causa.*

30. *Azione di condanna.* 1. L'azione di condanna può essere proposta contestualmente ad altra azione o, nei soli casi di giurisdizione esclusiva e nei casi di cui al presente articolo, anche in via autonoma.

2. Può essere chiesta la condanna al risarcimento del danno ingiusto derivante dall'illegittimo esercizio dell'attività amministrativa o dal mancato esercizio di quella obbligatoria. Nei casi di giurisdizione esclusiva può altresì essere chiesto il risarcimento del danno da lesione di diritti soggettivi. Sussistendo i presupposti previsti dall'articolo 2058 del codice civile, può essere chiesto il risarcimento del danno in forma specifica[1].

3. La domanda di risarcimento per lesione di interessi legittimi è proposta entro il termine di decadenza di centoventi giorni decorrente dal giorno in cui il fatto si è verificato ovvero dalla conoscenza del provvedimento se il danno deriva direttamente da questo. Nel determinare il risarcimento il giudice valuta tutte le circostanze di fatto e il comportamento complessivo delle parti e, comunque, esclude il risarcimento dei danni che si sarebbero potuti evitare usando l'ordinaria diligenza, anche attraverso l'esperimento degli strumenti di tutela previsti[2].

4. Per il risarcimento dell'eventuale danno che il ricorrente comprovi di aver subito in conseguenza dell'inosservanza dolosa o colposa del termine di conclusione del procedimento, il termine di cui al comma 3 non decorre fintanto che perdura l'inadempimento. Il termine di cui al comma 3 inizia comunque a decorrere dopo un anno dalla scadenza del termine per provvedere[3].

5. Nel caso in cui sia stata proposta azione di annullamento la domanda risarcitoria può essere formulata nel corso del giudizio o, comunque, sino a centoventi giorni dal passaggio in giudicato della relativa sentenza.

6. Di ogni domanda di condanna al risarcimento di danni per lesioni di interessi legittimi o, nelle materie di giurisdizione esclusiva, di diritti soggettivi conosce esclusivamente il giudice amministrativo[4].

[1] V. art. 35, comma 1, D.Lgs. 31 marzo 1998, n. 80 (Nuove disposizioni in materia di organizzazione e di rapporti di lavoro nelle amministrazioni pubbliche, di giurisdizione nelle controversie di lavoro e di giurisdizione amministrativa, emanate in attuazione dell'articolo 11, comma 4, della L. 15 marzo 1997, n. 59), abrogato dall'art. 4, all. 4, del presente Codice del processo amministrativo, che disponeva: *1. Il giudice amministrativo, nelle controversie devolute alla sua giurisdizione esclusiva, dispone, anche attraverso la reintegrazione in forma specifica, il risarcimento del danno ingiusto.*

[2] V. art. 1227, comma 2, c.c.; art. 124, comma 2, del presente codice e art. 243-bis, comma 5, D.Lgs. 12 aprile 2006, n. 163 (vecchio Codice dei contratti pubblici).

[3] V. art. 2-bis, L. 7 agosto 1990, n. 241 (Nuove norme in materia di procedimento amministrativo e di diritto di accesso ai documenti amministrativi), che, nel testo anteriore la modifica apportata dall'art. 4, all. 4, del presente Codice del processo amministrativo e dall'art. 28, D.L. 21 giugno 2013, n. 69, convertito in L. 9 agosto 2013, n. 98, disponeva: Art. 2-bis. Conseguenze per il ritardo dell'amministrazione nella conclusione del procedimento. *1. Le pubbliche amministrazioni e i soggetti di cui all'articolo 1, comma 1-ter, sono tenuti al risarcimento del danno ingiusto cagionato in conseguenza del-*

l'inosservanza dolosa o colposa del termine di conclusione del procedimento.

2. Le controversie relative all'applicazione del presente articolo sono attribuite alla giurisdizione esclusiva del giudice amministrativo. Il diritto al risarcimento del danno si prescrive in cinque anni.

[4] V. art. 7, comma 3, L. 6 dicembre 1971, n. 1034 (Legge Tar), abrogato dall'art. 4, all. 4, del presente Codice del processo amministrativo, che disponeva: *Il tribunale amministrativo regionale, nell'ambito della sua giurisdizione, conosce anche di tutte le questioni relative all'eventuale risarcimento del danno, anche attraverso la reintegrazione in forma specifica, e agli altri diritti patrimoniali consequenziali. Restano riservate all'autorità giudiziaria ordinaria le questioni pregiudiziali concernenti lo stato e la capacità dei privati individui, salvo che si tratti della capacità di stare in giudizio, e la risoluzione dell'incidente di falso.*

31. *Azione avverso il silenzio e declaratoria di nullità.* 1. Decorsi i termini per la conclusione del procedimento amministrativo e negli altri casi previsti dalla legge, chi vi ha interesse può chiedere l'accertamento dell'obbligo dell'amministrazione di provvedere[1].

2. L'azione può essere proposta fintanto che perdura l'inadempimento e, comunque, non oltre un anno dalla scadenza del termine di conclusione del procedimento. È fatta salva la riproponibilità dell'istanza di avvio del procedimento ove ne ricorrano i presupposti.

3. Il giudice può pronunciare sulla fondatezza della pretesa dedotta in giudizio solo quando si tratta di attività vincolata o quando risulta che non residuano ulteriori margini di esercizio della discrezionalità e non sono necessari adempimenti istruttori che debbano essere compiuti dall'amministrazione[2].

4. La domanda volta all'accertamento delle nullità previste dalla legge si propone entro il termine di decadenza di centottanta giorni. La nullità dell'atto può sempre essere opposta dalla parte resistente o essere rilevata d'ufficio dal giudice. Le disposizioni del presente comma non si applicano alle nullità di cui all'articolo 114, comma 4, lettera *b)*, per le quali restano ferme le disposizioni del Titolo I del Libro IV[3].

[1] Comma così modificato dall'art. 1, D.Lgs. 15 novembre 2011, n. 195. Il testo previgente disponeva: *1. Decorsi i termini per la conclusione del procedimento amministrativo, chi vi ha interesse può chiedere l'accertamento dell'obbligo dell'amministrazione di provvedere.*

[2] V. art. 2, comma 8, L. 7 agosto 1990, n. 241 (Nuove norme in materia di procedimento amministrativo e di diritto di accesso ai documenti amministrativi), che, nel testo anteriore la modifica apportata dall'art. 3, all. 4, del presente Codice del processo amministrativo e successive, disponeva: *Salvi i casi di silenzio assenso, decorsi i termini per la conclusione del procedimento, il ricorso avverso il silenzio dell'amministrazione, ai sensi dell'articolo 21-bis della legge 6 dicembre 1971, n. 1034, può essere proposto anche senza necessità di diffida all'amministrazione inadempiente, fintanto che perdura l'inadempimento e comunque non oltre un anno dalla scadenza dei termini di cui ai commi 2 o 3 del presente articolo. Il giudice amministrativo può conoscere della fondatezza dell'istanza. È fatta salva la riproponibilità dell'istanza di avvio del procedimento ove ne ricorrano i presupposti.* V. anche, art. 10-bis, L. 241/1990.

[3] V. art. 21-septies, L. 7 agosto 1990, n. 241 (Nuove norme in materia di procedimento amministrativo e di diritto di accesso ai documenti amministrativi), che, nel testo anteriore la modifica apportata dall'art. 4, all. 4, del presente Codice del processo amministrativo, disponeva: Nullità del provvedimento. *1. È nullo il provvedimento amministrativo che manca degli elementi essenziali, che è viziato da difetto assoluto di attribuzione, che è stato adottato in violazione o elusione del giudicato, nonché negli altri casi espressamente previsti dalla legge.*

2. Le questioni inerenti alla nullità dei provvedimenti amministrativi in violazione o elusione del giudicato sono attribuite alla giurisdizione esclusiva del giudice amministrativo.

V., anche, artt. 1421 e 1422 c.c. che, rispettivamente, dispongono: Art. 1421. Legittimazione all'azione di nullità. *Salvo diverse disposizioni di legge la nullità può essere fatta valere da chiunque vi ha interesse e può essere rilevata d'ufficio dal giudice.*

Art. 1422. Imprescrittibilità dell'azione di nullità. *L'azione per far dichiarare la nullità non è soggetta a prescrizione, salvi gli effetti dell'usucapione e della prescrizione delle azioni di ripetizione.*

32. *Pluralità delle domande e conversione delle azioni.* 1. È sempre possibile nello stesso giudizio il cumulo di domande connesse proposte in via principale o incidentale. Se le azioni sono soggette a riti diversi, si applica quello ordinario, salvo quanto previsto dal Titolo V del Libro IV[1 2].

2. Il giudice qualifica l'azione proposta in base ai suoi elementi sostanziali. Sussistendone i presupposti il giudice può sempre disporre la conversione delle azioni.

[1] Comma così modificato dall'art. 1, D.Lgs. 15 novembre 2011, n. 195. Il testo previgente disponeva: *1. È sempre possibile nello stesso giudizio il cumulo di domande connesse proposte in via principale o incidentale. Se le azioni sono soggette a riti diversi, si applica quello ordinario, salvo quanto previsto dai Capi I e II del Titolo V del Libro IV.*

[2] V. art. 104, c.p.c. che dispone: Pluralità di domande contro la stessa parte. *Contro la stessa parte possono proporsi nel medesimo processo più domande anche non altrimenti connesse, purché sia osservata la norma dell'articolo 10 secondo comma.*

È applicabile la disposizione del secondo comma dell'articolo precedente.

TITOLO IV
PRONUNCE GIURISDIZIONALI

33. *Provvedimenti*[1]. 1. Il giudice pronuncia:

a) sentenza quando definisce in tutto o in parte il giudizio;

b) ordinanza quando assume misure cautelari o interlocutorie, ovvero decide sulla competenza;

c) decreto nei casi previsti dalla legge.

2. Le sentenze di primo grado sono esecutive.

3. Le ordinanze e i decreti, se non pronunciati in udienza o in camera di consiglio e inseriti nel relativo verbale, sono comunicati alle parti dalla segreteria nel termine di cui all'articolo 89, comma 3.

4. L'ordinanza che dichiara l'incompetenza indica in ogni caso il giudice competente[2].

[1] Rubrica così modificata dall'art. 1, D.Lgs. 15 novembre 2011, n. 195. Il testo previgente disponeva: *Provvedimenti del giudice.*

[2] V. art. 26, L. 6 dicembre 1971, n. 1034 (Legge Tar), abrogato dall'art. 4, all. 4, del presente Codice del processo amministrativo, che disponeva: *Art. 26. Il tribunale amministrativo regionale, ove ritenga irricevibile o inammissibile il ricorso, lo dichiara con sentenza; se riconosce che il ricorso è infondato, lo rigetta con sentenza.*

Se accoglie il ricorso per motivi di incompetenza, annulla l'atto e rimette l'affare all'autorità competente. Se accoglie per altri motivi, annulla in tutto o in parte l'atto impugnato, e quando è investito di giurisdizione di merito, può anche riformare l'atto o sostituirlo, salvi gli ulteriori provvedimenti dell'autorità amministrativa.

Il tribunale amministrativo regionale nella materia relativa a diritti attribuiti alla sua competenza esclusiva e di merito può condannare l'amministrazione al pagamento delle somme di cui risulti debitrice.

Nel caso in cui ravvisino la manifesta fondatezza ovvero la manifesta irricevibilità, inammissibilità, improcedibilità o infondatezza del ricorso, il tribunale amministrativo regionale e il Consiglio di Stato decidono con sentenza succintamente motivata. La motivazione della sentenza può consistere in un sintetico riferimento al punto di fatto o di diritto ritenuto risolutivo, ovvero, se del caso, ad un precedente conforme. In ogni caso, il giudice provvede anche sulle spese di giudizio, applicando le norme del codice di procedura civile.

La decisione in forma semplificata è assunta, nel rispetto della completezza del contraddittorio, nella camera di consiglio fissata per l'esame dell'istanza cautelare ovvero fissata d'ufficio a seguito dell'esame istruttorio previsto dal secondo comma dell'articolo 44 del testo unico delle leggi sul Consiglio di Stato, approvato con regio decreto 26 giugno 1924, n. 1054, e successive modificazioni.

Le decisioni in forma semplificata sono soggette alle medesime forme di impugnazione previste per le sentenze.

La rinuncia al ricorso, la cessazione della materia del contendere, l'estinzione del giudizio e la perenzione sono pronunciate, con decreto, dal presidente della sezione competente o da un magistrato da lui delegato. Il decreto è depositato in segreteria, che ne dà formale comunicazione alle parti costituite. Nel termine di sessanta giorni dalla comunicazione ciascuna delle parti costituite può proporre opposizione al collegio, con atto notificato a tutte le altre parti e depositato presso la segreteria del giudice adìto entro dieci giorni dall'ultima notifica. Nei trenta giorni successivi il collegio decide sulla opposizione in camera di consiglio, sentite le parti che ne facciano richiesta, con ordinanza che, in caso di accoglimento della opposizione, dispone la reiscrizione del ricorso nel ruolo ordinario. Nel caso di rigetto, le spese sono poste a carico dell'opponente e vengono liquidate dal collegio nella stessa ordinanza, esclusa la possibilità di compensazione anche parziale. L'ordinanza è depositata in segreteria, che ne dà comunicazione alle parti costituite. Avverso l'ordinanza che decide sulla opposizione può essere proposto ricorso in appello. Il giudizio di appello procede secondo le regole ordinarie, ridotti alla metà tutti i termini processuali.

V., anche, art. 45, R.D. 26 giugno 1924, n. 1054 (Testo unico delle leggi sul Consiglio di Stato), abrogato dall'art. 4, all. 4, del presente Codice del processo amministrativo, che disponeva: *Art. 45. Se il Consiglio di Stato in sede giurisdizionale riconosce infondato il ricorso, lo rigetta. Se accoglie il ricorso per motivi di incompetenza annulla l'atto e rimette l'affare all'autorità competente. Se accoglie il ricorso per altri motivi, nei casi previsti dall'art. 26 e dai nn. 1, 6 e 7, dell'art. 29, annulla l'atto o provvedimento, salvo gli ulteriori provvedimenti dell'autorità amministrativa; e negli altri casi, ove non dichiari inammissibile il ricorso, decide anche nel merito.*

La sezione, se rileva che il punto di diritto sottoposto al suo esame ha dato luogo o possa dar luogo a contrasti giurisprudenziali, con ordinanza emanata su richiesta delle parti o di ufficio può rimettere il ricorso all'Adunanza plenaria.

Prima della decisione il Presidente del Consiglio di Stato, su richiesta delle parti o d'ufficio può deferire all'adunanza plenaria qualunque ricorso che renda necessaria la risoluzione di questioni di massima di particolare importanza.

Le norme del procedimento sono determinate nel regolamento.

34. *Sentenze di merito.* 1. In caso di accoglimento del ricorso il giudice, nei limiti della domanda:

a) annulla in tutto o in parte il provvedimento impugnato[1];

b) ordina all'amministrazione, rimasta inerte, di provvedere entro un termine[2];

c) condanna al pagamento di una somma di denaro, anche a titolo di risarcimento del danno, all'adozione delle misure idonee a tutelare la situazione giuridica soggettiva dedotta in giudizio e dispone misure di risarcimento in forma specifica ai sensi dell'articolo 2058 del codice civile. L'azione di condanna al rilascio di un provvedimento richiesto è esercitata, nei limiti di cui all'articolo 31, comma 3, contestualmente all'azione di annullamento del provvedimento di diniego o all'azione avverso il silenzio[3 4];

d) nei casi di giurisdizione di merito, adotta un nuovo atto, ovvero modifica o riforma quello impugnato;

e) dispone le misure idonee ad assicurare l'attuazione del giudicato e delle pronunce non sospese, compresa la nomina di un commissario ad acta, che può avvenire anche in sede di cognizione con effetto dalla scadenza di un termine assegnato per l'ottemperanza[5].

2. In nessun caso il giudice può pronunciare con riferimento a poteri amministrativi non ancora esercitati. Salvo quanto previsto dal comma 3 e dall'arti-

colo 30, comma 3, il giudice non può conoscere della legittimità degli atti che il ricorrente avrebbe dovuto impugnare con l'azione di annullamento di cui all'articolo 29[6].

3. Quando, nel corso del giudizio, l'annullamento del provvedimento impugnato non risulta più utile per il ricorrente, il giudice accerta l'illegittimità dell'atto se sussiste l'interesse ai fini risarcitori[7].

4. In caso di condanna pecuniaria, il giudice può, in mancanza di opposizione delle parti, stabilire i criteri in base ai quali il debitore deve proporre a favore del creditore il pagamento di una somma entro un congruo termine. Se le parti non giungono ad un accordo, ovvero non adempiono agli obblighi derivanti dall'accordo concluso, con il ricorso previsto dal Titolo I del Libro IV, possono essere chiesti la determinazione della somma dovuta ovvero l'adempimento degli obblighi ineseguiti[8].

5. Qualora nel corso del giudizio la pretesa del ricorrente risulti pienamente soddisfatta, il giudice dichiara cessata la materia del contendere[9].

[1] V. art. 26, commi 1 e 2, L. 6 dicembre 1971, n. 1034 (Legge Tar), abrogato dall'art. 4, all. 4, del presente Codice del processo amministrativo, che disponevano: *Il tribunale amministrativo regionale, ove ritenga irricevibile o inammissibile il ricorso, lo dichiara con sentenza; se riconosce che il ricorso è infondato, lo rigetta con sentenza.*

Se accoglie il ricorso per motivi di incompetenza, annulla l'atto e rimette l'affare all'autorità competente. Se accoglie per altri motivi, annulla in tutto o in parte l'atto impugnato, e quando è investito di giurisdizione di merito, può anche riformare l'atto o sostituirlo, salvi gli ulteriori provvedimenti dell'autorità amministrativa.

[2] V. art. 21-bis, comma 2, L. 6 dicembre 1971, n. 1034 (Legge Tar), abrogato dall'art. 4, all. 4, del presente Codice del processo amministrativo, che disponeva: *In caso di totale o parziale accoglimento del ricorso di primo grado, il giudice amministrativo ordina all'amministrazione di provvedere di norma entro un termine non superiore a trenta giorni. Qualora l'amministrazione resti inadempiente oltre il detto termine, il giudice amministrativo, su richiesta di parte, nomina un commissario che provveda in luogo della stessa.*

[3] Lettera così modificata dall'art. 1, D.Lgs. 14 settembre 2012, n. 160. Il testo previgente disponeva: *c) condanna al pagamento di una somma di denaro, anche a titolo di risarcimento del danno, all'adozione delle misure idonee a tutelare la situazione giuridica soggettiva dedotta in giudizio e dispone misure di risarcimento in forma specifica ai sensi dell'articolo 2058 del codice civile.*

[4] V. art. 26, comma 3, L. 6 dicembre 1971, n. 1034 (Legge Tar), abrogato dall'art. 4, all. 4, del presente Codice del processo amministrativo, che disponeva: *Il tribunale amministrativo regionale nella materia relativa a diritti attribuiti alla sua competenza esclusiva e di merito può condannare l'amministrazione al pagamento delle somme di cui risulti debitrice.*

[5] V. anche, art. 10-bis, L. 241/1990.

[6] V. art. 103 Cost. che dispone: *Il Consiglio di Stato e gli altri organi di giustizia amministrativa hanno giurisdizione per la tutela nei confronti della pubblica amministrazione degli interessi legittimi e, in particolari materie indicate dalla legge, anche dei diritti soggettivi.*

La Corte dei conti ha giurisdizione nelle materie di contabilità pubblica e nelle altre specificate dalla legge.

I tribunali militari in tempo di guerra hanno la giurisdizione stabilita dalla legge. In tempo di pace hanno giurisdizione soltanto per i reati militari commessi da appartenenti alle Forze armate.

[7] V. art. 21-octies, comma 2, L. 7 agosto 1990, n. 241, nel testo modificato dall'art. 12, D.L. 16 luglio 2020, n. 76, convertito in L. 11 settembre 2020, n. 120, che dispone: Annullabilità del provvedimento. *1. [...].*

2. Non è annullabile il provvedimento adottato in violazione di norme sul procedimento o sulla forma degli atti qualora, per la natura vincolata del provvedimento, sia palese che il suo contenuto dispositivo non avrebbe potuto essere diverso da quello in concreto adottato. Il provvedimento amministrativo non è comunque annullabile per mancata comunicazione dell'avvio del procedimento qualora l'amministrazione dimostri in giudizio che il contenuto del provvedimento non avrebbe potuto essere diverso da quello in concreto adottato. La disposizione di cui al secondo periodo non si applica al provvedimento adottato in violazione dell'articolo 10-bis.

[8] V. art. 35, comma 2, D.Lgs. 31 marzo 1998, n. 80 (Nuove disposizioni in materia di organizzazione e di rapporti di lavoro nelle amministrazioni pubbliche, di giurisdizione nelle controversie di lavoro e di giurisdizione amministrativa, emanate in attuazione dell'articolo 11, comma 4, della L. 15 marzo 1997, n. 59), abrogato dall'art. 4, all. 4, del presente Codice del processo amministrativo, che disponeva: *2. Nei casi previsti dal comma 1, il giudice amministrativo può stabilire i criteri in base ai quali l'amministrazione pubblica o il gestore del pubblico servizio devono proporre a favore dell'avente titolo il pagamento di una somma entro un congruo termine. Se le parti non giungono ad un accordo, con il ricorso previsto dall'articolo 27, primo comma, numero 4), del testo unico approvato con regio decreto 26 giugno 1924, n. 1054, può essere chiesta la determinazione della somma dovuta.*

[9] V. art. 23, comma 7, L. 6 dicembre 1971, n. 1034 (Legge Tar), abrogato dall'art. 4, all. 4, del presente Codice del processo amministrativo, che disponeva: *Se entro il termine per la fissazione dell'udienza l'amministrazione annulla o riforma l'atto impugnato in modo conforme alla istanza del ricorrente, il tribunale amministrativo regionale dà atto della cessata materia del contendere e provvede sulle spese.*

35. *Pronunce di rito.* 1. Il giudice dichiara, anche d'ufficio, il ricorso:

a) irricevibile se accerta la tardività della notificazione o del deposito;

b) inammissibile quando è carente l'interesse o sussistono altre ragioni ostative ad una pronuncia sul merito;

c) improcedibile quando nel corso del giudizio sopravviene il difetto di interesse delle parti alla decisione, o non sia stato integrato il contraddittorio nel termine assegnato, ovvero sopravvengono altre ragioni ostative ad una pronuncia sul merito[1].

2. Il giudice dichiara estinto il giudizio:

a) se, nei casi previsti dal presente codice, non viene proseguito o riassunto nel termine perentorio fissato dalla legge o assegnato dal giudice;

b) per perenzione[2];
c) per rinuncia[3].

[1] V. art. 26, comma 1, prima parte, L. 6 dicembre 1971, n. 1034 (Legge Tar), abrogato dall'art. 4, all. 4, del presente Codice del processo amministrativo, che disponeva: *Il tribunale amministrativo regionale, ove ritenga irricevibile o inammissibile il ricorso, lo dichiara con sentenza.*

[2] V. art. 25, L. 6 dicembre 1971, n. 1034 (Legge Tar), abrogato dall'art. 4, all. 4, del presente Codice del processo amministrativo, che disponeva: *Art. 25. I ricorsi si considerano abbandonati se nel corso di due anni non sia compiuto alcun atto di procedura.*

[3] V. art. 46, R.D. 17 agosto 1907, n. 642 (Regolamento per la procedura dinanzi alle sezioni giurisdizionali del Consiglio di Stato), abrogato dall'art. 4, all. 4, del presente Codice del processo amministrativo, che disponeva: *Art. 46. In qualunque stadio della controversia si può rinunciare al ricorso mediante dichiarazione sottoscritta dalla parte o dall'avvocato, munito di mandato speciale e depositato nella segreteria, o mediante dichiarazione verbale, di cui è steso processo.*

Il rinunziante deve pagare le spese degli atti di procedura compiuti.

La rinunzia dev'essere notificata alla controparte, eccetto il caso in cui sia fatta oralmente all'udienza.

36. *Pronunce interlocutorie.* 1. Salvo che il presente codice disponga diversamente, il giudice provvede con ordinanza in tutti i casi in cui non definisce nemmeno in parte il giudizio.

2. Il giudice pronuncia sentenza non definitiva quando decide solo su alcune delle questioni, anche se adotta provvedimenti istruttori per l'ulteriore trattazione della causa.

37. *Errore scusabile.* 1. Il giudice può disporre, anche d'ufficio, la rimessione in termini per errore scusabile in presenza di oggettive ragioni di incertezza su questioni di diritto o di gravi impedimenti di fatto[1].

[1] V. artt. 34 e 36, R.D. 26 giugno 1924, n. 1054 (Testo unico delle leggi sul Consiglio di Stato), abrogati dall'art. 4, all. 4, del presente Codice del processo amministrativo che, rispettivamente, disponevano: *Art. 34. Quando la legge non prescrive altrimenti, il ricorso al Consiglio di Stato in sede giurisdizionale non è ammesso se non contro il provvedimento definitivo, emanato in sede amministrativa, sul ricorso presentato in via gerarchica, salva la facoltà dell'assegnazione di un breve termine per riprodurre all'autorità gerarchica competente il ricorso proposto, per errore ritenuto scusabile contro provvedimenti non definitivi.*

Tale ricorso non è più ammesso, quando contro il provvedimento definitivo, siasi presentato ricorso al Presidente della Repubblica in sede amministrativa, secondo la legge vigente.

Tuttavia quando il provvedimento si riferisce direttamente ad altri interessati, il ricorso al Presidente della Repubblica non può essere proposto se non siano decorsi i termini per impugnare il provvedimento stesso in sede giurisdizionale; ovvero quando nessuno degli interessati abbia dichiarato, entro quindici giorni dalla ricevuta comunicazione del ricorso al Presidente della Repubblica, di fare opposizione. In caso contrario il giudizio avrà luogo in sede giurisdizionale.

Art. 36. Fuori dei casi nei quali i termini siano fissati dalle leggi speciali, relative alla materia del ricorso, il termine per ricorrere al consiglio di Stato in sede giurisdizionale è di giorni sessanta dalla data in cui la decisione amministrativa sia stata notificata nelle forme e nei modi stabiliti dal regolamento, o dalla data in cui risulti che l'interessato ne ha avuta piena cognizione. Se il ricorrente ha dichiarato di accettare, a norma dell'art. 33, che l'affare sia proposto alla decisione del consiglio di Stato. Il termine è di giorni trenta dalla data della dichiarazione.

Il ricorso è diretto al Consiglio di Stato in sede giurisdizionale e deve essere, nei termini suddetti, notificato tanto all'autorità dalla quale è emanato l'atto o il provvedimento impugnato, quanto alle persone, alle quali l'atto o il provvedimento direttamente si riferisce, salvo la possibilità di rinnovare o integrare la notificazione, secondo le norme da stabilirsi col regolamento, nei casi di errore che dalla sezione sia ritenuto scusabile.

I termini per ricorrere e per controricorrere sono aumentati di 30 giorni, se le parti o alcune di esse, risiedono in altro Stato d'Europa, e di 90, se risiedono fuori d'Europa.

L'originale ricorso, con la prova delle eseguite notificazioni e coi documenti sui quali si fonda, deve essere dal ricorrente, entro 30 giorni successivi alle notificazioni medesime, depositato, insieme all'atto o provvedimento impugnato, nella segreteria del Consiglio di Stato.

I termini ed i modi prescritti in quest'articolo per la notificazione ed il deposito del ricorso debbono osservarsi a pena di decadenza.

TITOLO V
DISPOSIZIONI DI RINVIO

38. *Rinvio interno.* 1. Il processo amministrativo si svolge secondo le disposizioni del Libro II che, se non espressamente derogate, si applicano anche alle impugnazioni e ai riti speciali.

39. *Rinvio esterno.* 1. Per quanto non disciplinato dal presente codice si applicano le disposizioni del codice di procedura civile, in quanto compatibili o espressione di principi generali[1].

2. Le notificazioni degli atti del processo amministrativo sono comunque disciplinate dal codice di procedura civile e dalle leggi speciali concernenti la notificazione degli atti giudiziari in materia civile.

[1] Si riportano gli artt. 99 e 100 c.p.c. che, rispettivamente, dispongono: Art. 99. Principio della domanda. *Chi vuole far valere un diritto in giudizio deve proporre domanda al giudice competente.*

Art. 100. Interesse ad agire. *Per proporre una domanda o per contraddire alla stessa è necessario avervi interesse.*

Si riporta, altresì, l'art. 2907 c.c. che dispone: Attività giurisdizionale. *Alla tutela giurisdizionale dei diritti provvede l'autorità giudiziaria su domanda di parte e quando la legge lo dispone, anche su istanza del pubblico ministero o d'ufficio.*

La tutela giurisdizionale dei diritti, nell'interesse delle categorie professionali, è attuata su domanda delle associazioni legalmente riconosciute, nei casi determinati dalla legge e con le forme da questa stabilite.

LIBRO SECONDO
PROCESSO AMMINISTRATIVO DI PRIMO GRADO

TITOLO I
DISPOSIZIONI GENERALI

CAPO I
RICORSO

Sezione I
Ricorso e costituzione delle parti

40. *Contenuto del ricorso.* 1. Il ricorso deve contenere distintamente:

a) gli elementi identificativi del ricorrente, del suo difensore e delle parti nei cui confronti il ricorso è proposto;

b) l'indicazione dell'oggetto della domanda, ivi compreso l'atto o il provvedimento eventualmente impugnato, e la data della sua notificazione, comunicazione o comunque della sua conoscenza;

c) l'esposizione sommaria dei fatti;

d) i motivi specifici su cui si fonda il ricorso;

e) l'indicazione dei mezzi di prova;

f) l'indicazione dei provvedimenti chiesti al giudice;

g) la sottoscrizione del ricorrente, se esso sta in giudizio personalmente, oppure del difensore, con indicazione, in questo caso, della procura speciale.

2. I motivi proposti in violazione del comma 1, lettera d), sono inammissibili[1 2].

[1] Articolo così sostituito dall'art. 1, D.Lgs. 14 settembre 2012, n. 160. Il testo previgente disponeva: *40. Contenuto del ricorso. 1. Il ricorso deve contenere:*

a) gli elementi identificativi del ricorrente, del suo difensore e delle parti nei cui confronti il ricorso è proposto;

b) l'indicazione dell'oggetto della domanda, ivi compreso l'atto o il provvedimento eventualmente impugnato, e la data della sua notificazione, comunicazione o comunque della sua conoscenza;

c) l'esposizione sommaria dei fatti, i motivi specifici su cui si fonda il ricorso, l'indicazione dei mezzi di prova e dei provvedimenti chiesti al giudice;

d) la sottoscrizione del ricorrente, se esso sta in giudizio personalmente, oppure del difensore, con indicazione, in questo caso, della procura speciale.

[2] V. art. 6, R.D. 17 agosto 1907, n. 642 (Regolamento per la procedura dinanzi alle sezioni giurisdizionali del Consiglio di Stato), abrogato dall'art. 4, all. 4, del presente Codice del processo amministrativo, che disponeva: *Il ricorso deve essere diretto alla sezione giurisdizionale competente e deve contenere:*

1) la indicazione del nome e cognome, della residenza o domicilio del ricorrente;

2) la indicazione dell'atto o provvedimento amministrativo che s'impugna e della data della sua notificazione;

3) la esposizione sommaria dei fatti, i motivi su cui si fonda il ricorso, con la indicazione degli articoli di legge o di Regolamento che si ritengono violati e le conclusioni;

4) la sottoscrizione delle parti o di una di esse e dell'avvocato ammesso al patrocinio in Corte di cassazione, ovvero del solo avvocato, indicandosi, in questo caso, la data del mandato speciale.

41. *Notificazione del ricorso e suoi destinatari.* 1. Le domande si introducono con ricorso al tribunale amministrativo regionale competente.

2. Qualora sia proposta azione di annullamento il ricorso deve essere notificato, a pena di decadenza, alla pubblica amministrazione che ha emesso l'atto impugnato e ad almeno uno dei controinteressati che sia individuato nell'atto stesso entro il termine previsto dalla legge, decorrente dalla notificazione, comunicazione o piena conoscenza, ovvero, per gli atti di cui non sia richiesta la notificazione individuale, dal giorno in cui sia scaduto il termine della pubblicazione se questa sia prevista dalla legge o in base alla legge. Qualora sia proposta azione di condanna, anche in via autonoma, il ricorso è notificato altresì agli eventuali beneficiari dell'atto illegittimo, ai sensi dell'articolo 102 del codice di procedura civile; altrimenti il giudice provvede ai sensi dell'articolo 49[1].

3. La notificazione dei ricorsi nei confronti delle amministrazioni dello Stato è effettuata secondo le norme vigenti per la difesa in giudizio delle stesse.

4. Quando la notificazione del ricorso nei modi ordinari sia particolarmente difficile per il numero delle persone da chiamare in giudizio il presidente del tribunale o della sezione cui è assegnato il ricorso può disporre, su richiesta di parte, che la notificazione sia effettuata per pubblici proclami prescrivendone le modalità[2].

5. Il termine per la notificazione del ricorso è aumentato di trenta giorni, se le parti o alcune di esse risiedono in altro Stato d'Europa, o di novanta giorni se risiedono fuori d'Europa[3].

[1] V. art. 21, comma 1, prima parte, L. 6 dicembre 1971, n. 1034 (Legge Tar), abrogato dall'art. 4, all. 4, del presente Codice del processo amministrativo, che disponeva: *Il ricorso deve essere notificato tanto all'organo che ha emesso l'atto impugnato quanto ai controinteressati ai quali l'atto direttamente si riferisce, o almeno ad alcuno tra essi, entro il termine di sessanta giorni da quello in cui l'interessato ne abbia ricevuta la notifica, o ne abbia comunque avuta piena conoscenza, o, per gli atti di cui non sia richiesta la notifica individuale, dal giorno in cui sia scaduto il termine della pubblicazione, se questa sia prevista da disposizioni di legge o di regolamento, salvo l'obbligo di integrare le notifiche con le ulteriori notifiche agli altri controinteressati, che siano ordinate dal tribunale amministrativo regionale.*

V., anche, artt. 1 e 7, R.D. 17 agosto 1907, n. 642 (Regolamento per la procedura dinanzi alle sezioni giurisdizionali del Consiglio di Stato), abrogati dall'art. 4, all. 4, del presente Codice del processo amministrativo che, rispettivamente, disponevano: *Art. 1. I termini stabiliti dall'art. 281 della legge, testo unico approvato con R.D. 17 agosto 1907, n. 638, per ricorsi alle sezioni giurisdizionali del Consiglio di Stato, decorrono dal giorno della notificazione dell'atto o provvedimento amministrativo, ovvero dal giorno della dichiarazione che, a norma dell'art. 252 della legge, sia stata fatta dagli interessati, d'intendere che si provochi la decisione della sezione giurisdizionale competente.*

Art. 7. Il ricorso dev'essere notificato tanto all'autorità dalla quale è emanato l'atto o provvedimento impugnato, quanto alle persone alle quali l'atto o provvedimento medesimo direttamente si riferisce.

[2] V. artt. 14 e 16, R.D. 17 agosto 1907, n. 642 (Regolamento per la procedura dinanzi alle sezioni giurisdizionali del Consiglio di Stato), abrogati dall'art. 4, all. 4, del presente Codice del processo amministrativo, che, rispettivamente, disponevano: *Art. 14. Quando la notificazione del ricorso nei modi ordinari sia sommamente difficile per il numero delle persone da chiamarsi in giudizio, il Presidente della sezione adita può disporre che sia fatta per pubblici proclami autorizzando il ricorrente a far inserire, nel foglio degli annunzi della Provincia ove ha sede l'autorità che emise il provvedimento e nella Gazzetta Ufficiale della Repubblica italiana, un sunto del ricorso e le sue conclusioni, con le cautele consigliate dalle circostanze, e designando, se sia possibile, alcuni fra gli interessati ai quali la notificazione debba farsi nei modi ordinari.*

Art. 16. La sezione nell'ordinare l'integrazione del giudizio, indica le persone a cui il ricorso deve notificarsi, e, ove ne sia il caso, autorizza la notificazione per pubblici proclami. Stabilisce inoltre un termine entro cui deve effettuarsi la notificazione del ricorso e il deposito del medesimo nella segreteria, insieme con la prova dell'eseguita notificazione.

[3] V. art. 36, comma 3, R.D. 26 giugno 1924, n. 1054 (Testo unico delle leggi sul Consiglio di Stato), abrogato dall'art. 4, all. 4, del presente Codice del processo amministrativo, che disponeva: *I termini per ricorrere e per controricorrere sono aumentati di 30 giorni, se le parti o alcune di esse, risiedono in altro Stato d'Europa, e di 90, se risiedono fuori d'Europa.*

42. *Ricorso incidentale e domanda riconvenzionale.* 1. Le parti resistenti e i controinteressati possono proporre domande il cui interesse sorge in dipendenza della domanda proposta in via principale, a mezzo di ricorso incidentale. Il ricorso si propone nel termine di sessanta giorni decorrente dalla ricevuta notificazione del ricorso principale. Per i soggetti intervenuti il termine decorre dall'effettiva conoscenza della proposizione del ricorso principale[1].

2. Il ricorso incidentale, notificato ai sensi dell'articolo 41 alle controparti personalmente o, se costituite, ai sensi dell'articolo 170 del codice di procedura civile, ha i contenuti di cui all'articolo 40 ed è depositato nei termini e secondo le modalità previste dall'articolo 45[2].

3. Le altre parti possono presentare memorie e produrre documenti nei termini e secondo le modalità previsti dall'articolo 46[3].

4. La cognizione del ricorso incidentale è attribuita al giudice competente per quello principale, salvo che la domanda introdotta con il ricorso incidentale sia devoluta alla competenza del Tribunale amministrativo regionale del Lazio, sede di Roma, ovvero alla competenza funzionale di un tribunale amministrativo regionale, ai sensi dell'articolo 14; in tal caso la competenza a conoscere dell'intero giudizio spetta al Tribunale amministrativo regionale del Lazio, sede di Roma, ovvero al tribunale amministrativo regionale avente competenza funzionale ai sensi dell'articolo 14.

5. Nelle controversie in cui si faccia questione di diritti soggettivi le domande riconvenzionali dipendenti da titoli già dedotti in giudizio sono proposte nei termini e con le modalità di cui al presente articolo.

[1] V. art. 22, comma 1, L. 6 dicembre 1971, n. 1034 (Legge Tar), abrogato dall'art. 4, all. 4, del presente Codice del processo amministrativo, che disponeva: *Nel termine di venti giorni successivi a quelli stabiliti per il deposito del ricorso, l'organo che ha emesso l'atto impugnato e le altre parti interessate possono presentare memorie, fare istanze e produrre documenti. Può essere anche proposto ricorso incidentale secondo le norme degli articoli 37 del testo unico approvato con regio decreto 26 giugno 1924, n. 1054, e 44 del regolamento di procedura avanti alle sezioni giurisdizionali del Consiglio di Stato, approvato con regio decreto 17 agosto 1907, n. 642.*

[2] V. art. 37, R.D. 26 giugno 1924, n. 1054 (Testo unico delle leggi sul Consiglio di Stato), abrogato dall'art. 4, all. 4, del presente Codice del processo amministrativo, che disponeva: *Nel termine di 30 giorni successivi a quello assegnato per il deposito del ricorso, l'autorità e le parti, alle quali il ricorso fosse stato notificato, possono presentare memorie, fare istanze, produrre documenti, e anche un ricorso incidentale, con le stesse forme prescritte per il ricorso.*

La notificazione del ricorso incidentale sarà fatta nei modi prescritti per il ricorso principale, presso il domicilio eletto, all'avvocato che ha firmato il ricorso stesso.

L'originale del ricorso incidentale, con la prova delle eseguite notificazioni e coi documenti, deve essere depositato in segreteria nel termine di giorni 10.

Se colui che vuole produrre il ricorso incidentale risiede all'estero, il termine per la notificazione è aumentato nella misura indicata al capoverso secondo dell'art. 36.

I termini e i modi prescritti nel presente articolo per la notificazione e il deposito del ricorso incidentale debbono osservarsi a pena di decadenza.

Il ricorso incidentale non è efficace, se venga prodotto dopo che siasi rinunziato al ricorso principale, o se questo venga dichiarato inammissibile, per essere stato proposto fuori termine.

V., anche, art. 170 c.p.c. che dispone: *Notificazioni e comunicazioni nel corso del procedimento. Dopo la costituzione in giudizio tutte le notificazioni e le comunicazioni si fanno al procuratore costituito, salvo che la legge disponga altrimenti.*

È sufficiente la consegna di una sola copia dell'atto, anche se il procuratore è costituito per più parti.

Le notificazioni e le comunicazioni alla parte che si è costituita personalmente si fanno nella residenza dichiarata o nel domicilio eletto.

Le comparse e le memorie consentite dal giudice si comunicano mediante deposito in cancelleria oppure mediante notificazione o mediante scambio documentato con l'apposizione sull'originale, in calce o in margine, del visto della parte o del procuratore.

[3] V. art. 44, R.D. 17 agosto 1907, n. 642 (Regolamento per la procedura dinanzi alle sezioni giurisdizionali del Consiglio di Stato), abrogato dall'art. 4, all. 4, del presente Codice del processo amministrativo, che disponeva: Art. *44. Nel termine di dieci giorni successivi a quello assegnato pel deposito del ricorso incidentale, l'autorità e il ricorrente principale possono presentare memorie, fare istanze e produrre i documenti che ritengono opportuni.*

43. *Motivi aggiunti.* 1. I ricorrenti, principale e incidentale, possono introdurre con motivi aggiunti nuove ragioni a sostegno delle domande già proposte, ovvero domande nuove purchè connesse a quelle già proposte. Ai motivi aggiunti si applica la disciplina prevista per il ricorso, ivi compresa quella relativa ai termini[1].

2. Le notifiche alle controparti costituite avvengono ai sensi dell'articolo 170 del codice di procedura civile.

3. Se la domanda nuova di cui al comma 1 è stata proposta con ricorso separato davanti allo stesso tribunale, il giudice provvede alla riunione dei ricorsi ai sensi dell'articolo 70.

[1] V. art. 21, comma 1, ult. parte, L. 6 dicembre 1971, n. 1034 (Legge Tar), abrogato dall'art. 4, all. 4, del presente Codice del processo amministrativo, che disponeva: *I ricorsi avverso il silenzio dell'amministrazione sono decisi in camera di consiglio, con sentenza succintamente motivata, entro trenta giorni dalla scadenza del termine per il deposito del ricorso, uditi i difensori delle parti che ne facciano richiesta. Nel caso che il collegio abbia disposto un'istruttoria, il ricorso è deciso in camera di consiglio entro trenta giorni dalla data fissata per gli adempimenti istruttori. La decisione è appellabile entro trenta giorni dalla notificazione o, in mancanza, entro novanta giorni dalla comunicazione della pubblicazione. Nel giudizio d'appello si seguono le stesse regole.*

44. *Vizi del ricorso e della notificazione.* 1. Il ricorso è nullo:

a) se manca la sottoscrizione;

b) se, per l'inosservanza delle altre norme prescritte nell'articolo 40, vi è incertezza assoluta sulle persone o sull'oggetto della domanda.

2. Se il ricorso contiene irregolarità, il collegio può ordinare che sia rinnovato entro un termine a tal fine fissato.

3. La costituzione degli intimati sana la nullità della notificazione del ricorso, salvi i diritti acquisiti anteriormente alla comparizione, nonchè le irregolarità di cui al comma 2[1].

4. Nei casi in cui sia nulla la notificazione e il destinatario non si costituisca in giudizio, il giudice, se ritiene che l'esito negativo della notificazione dipenda da causa non imputabile al notificante, fissa al ricorrente un termine perentorio per rinnovarla. La rinnovazione impedisce ogni decadenza.

4-*bis*. Fermo quanto previsto dall'articolo 39, comma 2, la nullità degli atti è rilevabile d'ufficio[2,3,4,5,6].

[1] La Corte costituzionale, con sentenza 26 giugno 2018, n. 132, ha dichiarato l'illegittimità costituzionale del presente comma, limitatamente alle parole «salvi i diritti acquisiti anteriormente alla comparizione,».

[2] Comma aggiunto dall'art. 1, D.Lgs. 15 novembre 2011, n. 195.

[3] V. art. 17, R.D. 17 agosto 1907, n. 642 (Regolamento per la procedura dinanzi alle sezioni giurisdizionali del Consiglio di Stato), abrogato dall'art. 4, all. 4, del presente Codice del processo amministrativo, che disponeva: *Art. 17. Il ricorso è nullo: 1) se manchi la sottoscrizione richiesta dall'art. 6; 2) se, per la inosservanza delle altre norme prescritte nel suddetto articolo, vi sia incertezza assoluta sulle persone o sull'oggetto della domanda.*

Se il ricorso contenga altre irregolarità, la sezione può ordinare che sia rinnovato entro un termine che stabilirà nella sua ordinanza.

La comparizione dell'intimato sana la nullità e la irregolarità dell'atto, salvo i diritti acquisiti anteriormente alla comparizione.

[4] V. art. 292, comma 1, c.p.c. che dispone: Notificazione e comunicazione di atti al contumace. *L'ordinanza che ammette l'interrogatorio o il giuramento, e le comparse contenenti domande nuove o riconvenzionali da chiunque proposte sono notificate personalmente al contumace nei termini che il giudice istruttore fissa con ordinanza.*

[5] V. art. 46, comma 24, L. 18 giugno 2009, n. 69 (Disposizioni per lo sviluppo economico, la semplificazione, la competitività nonché in materia di processo civile), che, nel testo previgente le modifiche apportate dal presente Codice del processo amministrativo, disponeva: Modifiche al libro secondo del codice di procedura civile. [...]. 24. *Il primo comma dell'articolo 291 del codice di procedura civile si applica anche nei giudizi davanti ai giudici amministrativi e contabili.*

[6] V. art. 36, comma 2, R.D. 26 giugno 1924, n. 1054 (Testo unico delle leggi sul Consiglio di Stato), abrogato dall'art. 4, all. 4, del presente Codice del processo amministrativo, che disponeva: *Il ricorso è diretto al Consiglio di Stato in sede giurisdizionale e deve essere, nei termini suddetti, notificato tanto all'autorità dalla quale è emanato l'atto o il provvedimento impugnato, quanto alle persone, alle quali l'atto o il provvedimento direttamente si riferisce, salvo la possibilità di rinnovare o integrare la notificazione, secondo le norme da stabilirsi col regolamento, nei casi di errore che dalla sezione sia ritenuto scusabile.*

45. *Deposito del ricorso e degli altri atti processuali.* 1. Il ricorso e gli altri atti processuali soggetti a preventiva notificazione sono depositati nella segreteria del giudice nel termine perentorio di trenta giorni, decorrente dal momento in cui l'ultima notificazione dell'atto stesso si è perfezionata anche per il destinatario. I termini di cui al presente comma sono aumentati nei casi e nella misura di cui all'articolo 41, comma 5[1].

2. È fatta salva la facoltà della parte di effettuare il deposito dell'atto, anche se non ancora pervenuto al destinatario, sin dal momento in cui la notificazione del ricorso si perfeziona per il notificante.

3. La parte che si avvale della facoltà di cui al comma 2 è tenuta a depositare la documentazione comprovante la data in cui la notificazione si è perfezionata anche per il destinatario. In assenza di tale prova le domande introdotte con l'atto non possono essere esaminate.

4. La mancata produzione, da parte del ricorrente, della copia del provvedimento impugnato e della documentazione a sostegno del ricorso non implica decadenza[2].

[1] V. art. 21, comma 2, L. 6 dicembre 1971, n. 1034 (Legge Tar), abrogato dall'art. 4, all. 4, del presente Codice del processo amministrativo, che disponeva: *Il ricorso, con la prova delle avvenute notifiche, e con copia del provvedimento impugnato, ove in possesso del ricorrente, deve essere depositato nella segreteria del tribunale amministrativo regionale, entro trenta giorni dall'ultima notifica. Nel termine stesso deve essere depositata copia del provvedimento impugnato, ove non depositata con il ricorso, ovvero ove notificato o comunicato al ricorrente, e dei documenti di cui il ricorrente intenda avvalersi in giudizio.*

V., anche, art. 36, comma 4, R.D. 26 giugno 1924, n. 1054 (Testo unico delle leggi sul Consiglio di Stato), abrogato dall'art. 4, all. 4, del presente Codice del processo amministrativo, che disponeva: *L'originale ricorso, con la prova delle eseguite notificazioni e coi documenti sui quali si fonda, deve essere dal ricorrente, entro 30 giorni successivi alle notificazioni medesime, depositato, insieme all'atto o provvedimento impugnato, nella segreteria del Consiglio di Stato.*

V., infine, art. 18, commi 1 e 5, R.D. 17 agosto 1907, n. 642 (Regolamento per la procedura dinanzi alle sezioni giurisdizionali del Consiglio di Stato), abrogato dall'art. 4, all. 4, del presente Codice del processo amministrativo, che, rispettivamente, disponevano: *Art. 18, comma 1: L'originale ricorso con la prova della eseguita notificazione, con l'atto di notificazione della decisione amministrativa, con il mandato speciale nel caso previsto dall'art. 27 della legge e con i documenti sui quali il ricorso si fonda, deve essere depositato nella segreteria della sezione competente nelle ore in cui, secondo il regolamento, deve stare aperta.*

Art. 18, comma 5: Quando le persone cui fu notificato il ricorso siano più, il termine per fare il deposito comincia a decorrere dal giorno in cui fu eseguita l'ultima notificazione.

[2] V. art. 21, comma 3, L. 6 dicembre 1971, n. 1034 (Legge Tar), abrogato dall'art. 4, all. 4, del presente Codice del processo amministrativo, che disponeva: *All'atto dell'insediamento il commissario, preliminarmente all'emanazione del provvedimento da adottare in via sostitutiva, accerta se anteriormente alla data dell'insediamento medesimo l'amministrazione abbia provveduto, ancorché in data successiva al termine assegnato dal giudice amministrativo con la decisione prevista dal comma 2.*

V., anche, art. 19, R.D. 17 agosto 1907, n. 642 (Regolamento per la procedura dinanzi alle sezioni giurisdizionali del Consiglio di Stato), abrogato dall'art. 4, all. 4, del presente Codice del processo amministrativo, che disponeva: *Art. 19. La mancanza del deposito del provvedimento impugnato non importa decadenza se dipenda dall'impossibilità di produrlo a causa del rifiuto dell'amministrazione alla domanda di rilascio della copia di esso. Il rifiuto dell'amministrazione dev'essere fatto constare con verbale di ufficiale giudiziario, da depositarsi insieme col ricorso, nei modi e nel termine indicati nell'articolo precedente.*

46. *Costituzione delle parti intimate.* 1. Nel termine di sessanta giorni dal perfezionamento nei propri confronti della notificazione del ricorso, le parti intimate possono costituirsi, presentare memorie, fare istanze, indicare i mezzi di prova di cui intendono valersi e produrre documenti[1].

2. L'amministrazione, nel termine di cui al comma 1, deve produrre l'eventuale provvedimento impugnato, nonchè gli atti e i documenti in base ai quali l'atto è stato emanato, quelli in esso citati e quelli che l'amministrazione ritiene utili al giudizio.

3. Della produzione di cui al comma 2 è data comunicazione alle parti costituite a cura della segreteria[2].

4. I termini di cui al presente articolo sono aumentati nei casi e nella misura di cui all'articolo 41, comma 5.

[1] V. art. 22, comma 1, prima parte, L. 6 dicembre 1971, n. 1034 (Legge Tar), abrogato dall'art. 4, all. 4, del presente Codice del processo amministrativo, che disponeva: *Nel termine di venti giorni successivi a quelli stabiliti per il deposito del ricorso, l'organo che ha emesso l'atto impugnato e le altre parti interessate possono presentare memorie, fare istanze e produrre documenti.*

[2] V. art. 21, commi 4 e 5, L. 6 dicembre 1971, n. 1034 (Legge Tar), abrogato dall'art. 4, all. 4, del presente Codice del processo amministrativo, che, rispettivamente, disponevano: *L'amministrazione, entro sessanta giorni dalla scadenza del termine di deposito del ricorso, deve produrre l'eventuale provvedimento impugnato nonché gli atti e i documenti in base ai quali l'atto è stato emanato, quelli in esso citati, e quelli che l'amministrazione ritiene utili al giudizio.*

Dell'avvenuta produzione del provvedimento impugnato, nonché degli atti e dei documenti in base ai quali l'atto è stato emanato, deve darsi comunicazione alle parti costituite.

47. *Ripartizione delle controversie tra tribunali amministrativi regionali e sezioni staccate.* 1. Nei ricorsi devoluti alle sezioni staccate in base ai criteri di cui all'articolo 13, il deposito del ricorso è effettuato presso la segreteria della sezione staccata. Fuori dei casi di cui all'articolo 14, non è considerata questione di competenza la ripartizione delle controversie tra tribunale amministrativo regionale con sede nel capoluogo e sezione staccata.

2. Se una parte, diversa dal ricorrente, ritiene che il ricorso debba essere deciso dal tribunale amministrativo regionale con sede nel capoluogo anzichè dalla sezione staccata, o viceversa, deve eccepirlo nell'atto di costituzione o, comunque, con atto depo-

sitato non oltre trenta giorni dalla scadenza del termine di cui articolo 46, comma 1. Il presidente del tribunale amministrativo regionale provvede sulla eccezione con ordinanza motivata non impugnabile, udite le parti che ne facciano richiesta. Se sono state disposte misure cautelari, si applica l'articolo 15, commi 8 e 9.

3. Salvo quanto previsto dall'ultimo periodo del comma 2, alla ripartizione di cui al presente articolo non si applica l'articolo 15[1].

[1] V. art. 32, L. 6 dicembre 1971, n. 1034 (Legge Tar), abrogato dall'art. 4, all. 4, del presente Codice del processo amministrativo, che disponeva: *Art. 32. Nei ricorsi da devolversi alle sezioni staccate previste dall'articolo 1, il deposito del ricorso con le modalità indicate nell'articolo 21 e le operazioni successive vengono effettuate presso gli uffici della sezione staccata.*

Le parti, che reputino che il ricorso debba essere deciso dal tribunale amministrativo regionale sedente nel capoluogo, debbono eccepirlo all'atto della costituzione e comunque non oltre quarantacinque giorni dalla notifica del ricorso. Il presidente del tribunale amministrativo regionale provvede sulla eccezione con ordinanza motivata non impugnabile, udite le parti che ne facciano richiesta.

La decisione del ricorso da parte del tribunale amministrativo regionale sedente nel capoluogo anziché dalla sezione staccata, o viceversa, non costituisce vizio di incompetenza della decisione.

Il disposto del secondo comma si applica anche nel caso in cui vengano proposti al tribunale regionale amministrativo sedente nel capoluogo ricorsi che si reputano abbiano ad essere decisi dalla sezione staccata.

48. *Giudizio conseguente alla trasposizione del ricorso straordinario.* 1. Qualora la parte nei cui confronti sia stato proposto ricorso straordinario ai sensi degli articoli 8 e seguenti del decreto del Presidente della Repubblica 24 novembre 1971, n. 1199, proponga opposizione, il giudizio segue dinanzi al tribunale amministrativo regionale se il ricorrente, entro il termine perentorio di sessanta giorni dal ricevimento dell'atto di opposizione, deposita nella relativa segreteria l'atto di costituzione in giudizio, dandone avviso mediante notificazione alle altre parti.

2. Le pronunce sull'istanza cautelare rese in sede straordinaria perdono efficacia alla scadenza del sessantesimo giorno successivo alla data di deposito dell'atto di costituzione in giudizio previsto dal comma 1. Il ricorrente può comunque riproporre l'istanza cautelare al tribunale amministrativo regionale.

3. Qualora l'opposizione sia inammissibile, il tribunale amministrativo regionale dispone la restituzione del fascicolo per la prosecuzione del giudizio in sede straordinaria[1].

[1] V. art. 10, D.P.R. 24 novembre 1971, n. 1199 (Semplificazione dei procedimenti in materia di ricorsi amministrativi).

49. *Integrazione del contraddittorio.* 1. Quando il ricorso sia stato proposto solo contro taluno dei controinteressati, il presidente o il collegio ordina l'integrazione del contraddittorio nei confronti degli altri.

2. L'integrazione del contraddittorio non è ordinata nel caso in cui il ricorso sia manifestamente irricevibile, inammissibile, improcedibile o infondato; in tali casi il collegio provvede con sentenza in forma semplificata ai sensi dell'articolo 74.

3. Il giudice, nell'ordinare l'integrazione del contraddittorio, fissa il relativo termine, indicando le parti cui il ricorso deve essere notificato. Può autorizzare, se ne ricorrono i presupposti, la notificazione per pubblici proclami prescrivendone le modalità. Se l'atto di integrazione del contraddittorio non è tempestivamente notificato e depositato, il giudice provvede ai sensi dell'articolo 35.

4. I soggetti nei cui confronti è integrato il contraddittorio ai sensi del comma 1 non sono pregiudicati dagli atti processuali anteriormente compiuti[1].

[1] V. artt. 15 e 16, R.D. 17 agosto 1907, n. 642 (Regolamento per la procedura dinanzi alle sezioni giurisdizionali del Consiglio di Stato), abrogati dall'art. 4, all. 4, del presente Codice del processo amministrativo, che, rispettivamente, disponevano: *Art. 15. Quando le parti che abbiano interesse ad opporsi al ricorso siano più, la domanda si deve proporre contro tutte. Se la domanda sia proposta contro alcune soltanto delle parti interessate ad opporsi, il giudizio si deve integrare con la notificazione del ricorso alle altre.*

L'integrazione del giudizio non è applicabile nel caso in cui, per omessa notificazione del ricorso all'autorità dalla quale emana l'atto o il provvedimento impugnato o per altro motivo, il ricorso debba essere dichiarato senz'altro irricevibile.

Art. 16. La sezione nell'ordinare l'integrazione del giudizio, indica le persone a cui il ricorso deve notificarsi, e, ove ne sia il caso, autorizza la notificazione per pubblici proclami. Stabilisce inoltre un termine entro cui deve effettuarsi la notificazione del ricorso e il deposito del medesimo nella segreteria, insieme con la prova dell'eseguita notificazione.

50. *Intervento volontario in causa.* 1. L'intervento è proposto con atto diretto al giudice adito, recante l'indicazione delle generalità dell'interveniente. L'atto deve contenere le ragioni su cui si fonda, con la produzione dei documenti giustificativi, e deve essere sottoscritto ai sensi dell'articolo 40, comma 1, lettera *d)*.

2. L'atto di intervento è notificato alle altre parti ed è depositato nei termini di cui all'articolo 45; nei confronti di quelle costituite è notificato ai sensi dell'articolo 170 del codice di procedura civile.

3. Il deposito dell'atto di intervento di cui all'articolo 28, comma 2, è ammesso fino a trenta giorni prima dell'udienza[1].

[1] V. art. 22, commi 2 e 3, L. 6 dicembre 1971, n. 1034 (Legge Tar), abrogato dall'art. 4, all. 4, del presente Codice

del processo amministrativo, che, rispettivamente, disponevano: *Chi ha interesse nella contestazione può intervenire con l'osservanza delle norme di cui agli articoli 37 e seguenti del regolamento di procedura avanti alle sezioni giurisdizionali del Consiglio di Stato, in quanto non contrastanti con la presente legge. La domanda di intervento è notificata alle parti nel rispettivo domicilio di elezione ed all'organo che ha emanato l'atto impugnato e deve essere depositata in segreteria entro venti giorni dalla data della notificazione.*

Entro i successivi venti giorni le parti interessate e l'amministrazione possono presentare memorie, istanze e documenti.

V., anche, artt. 37, comma 2, 39 e 40, R.D. 17 agosto 1907, n. 642 (Regolamento per la procedura dinanzi alle sezioni giurisdizionali del Consiglio di Stato), abrogati dall'art. 4, all. 4, del presente Codice del processo amministrativo, che, rispettivamente, disponevano: *Art. 37, comma 2: L'intervento è proposto con domanda diretta alla sezione adita. La domanda deve contenere le ragioni, con la produzione dei documenti giustificativi, e dev'essere sottoscritta dalle parti e dall'avvocato, o dal solo avvocato munito di mandato speciale.*

Art. 39. Nel termine di dieci giorni dalla notificazione dell'intervento gli interessati e l'amministrazione possono presentare e trasmettere memorie e documenti.

Art. 40. L'intervento ha luogo nello stato in cui si trova la contestazione.

51. *Intervento per ordine del giudice.* 1. Il giudice, ove disponga l'intervento di cui all'articolo 28, comma 3, ordina alla parte di chiamare il terzo in giudizio, indicando gli atti da notificare e il termine della notificazione.

2. La costituzione dell'interventore avviene secondo le modalità di cui all'articolo 46. Si applica l'articolo 49, comma 3, terzo periodo.

Sezione II
Abbreviazione, proroga e sospensione dei termini

52. *Termini e forme speciali di notificazione.* 1. I termini assegnati dal giudice, salva diversa previsione, sono perentori.

2. Il presidente può autorizzare la notificazione del ricorso o di provvedimenti anche direttamente dal difensore con qualunque mezzo idoneo, compresi quelli per via telematica o fax, ai sensi dell'articolo 151 del codice di procedura civile[1].

3. Se il giorno di scadenza è festivo il termine fissato dalla legge o dal giudice per l'adempimento è prorogato di diritto al primo giorno seguente non festivo[2].

4. Per i termini computati a ritroso, la scadenza è anticipata al giorno antecedente non festivo.

5. La proroga di cui al comma 3 si applica anche ai termini che scadono nella giornata del sabato[3].

[1] V. art. 151 c.p.c., che dispone: Forme di notificazione ordinate dal giudice. *Il giudice può prescrivere, anche d'ufficio, con decreto steso in calce all'atto, che la notificazione sia eseguita in modo diverso da quello stabilito dalla legge, e anche per mezzo di telegramma collazionato con avviso di ricevimento quando lo consigliano circostanze particolari o esigenze di maggiore celerità, di riservatezza o di tutela della dignità.* V., anche, art. 12, L. 21 luglio 2000, n. 205 (Disposizioni in materia di giustizia amministrativa), abrogato dall'art. 4, all. 4, del presente Codice del processo amministrativo, che disponeva: *Art. 12. Mezzi per l'effettuazione delle notifiche. Il presidente del tribunale può disporre che la notifica del ricorso o di provvedimenti sia effettuata con qualunque mezzo idoneo, compresi quelli per via telematica o telefax, ai sensi dell'articolo 151 del codice di procedura civile.*

[2] V. art. 155, commi da 1 a 4 c.p.c., che dispongono: Computo dei termini. *Nel computo dei termini a giorni o ad ore, si escludono il giorno o l'ora iniziali.*

Per il computo dei termini a mesi o ad anni, si osserva il calendario comune.

I giorni festivi si computano nel termine.

Se il giorno di scadenza è festivo, la scadenza è prorogata di diritto al primo giorno seguente non festivo.

[3] V. art. 155, commi 5 e 6 c.p.c., che dispongono: *La proroga prevista dal quarto comma si applica altresì ai termini per il compimento degli atti processuali svolti fuori dell'udienza che scadono nella giornata del sabato.*

Resta fermo il regolare svolgimento delle udienze e di ogni altra attività giudiziaria, anche svolta da ausiliari, nella giornata del sabato, che ad ogni effetto è considerata lavorativa.

53. *Abbreviazione dei termini.* 1. Nei casi d'urgenza, il presidente del tribunale può, su istanza di parte, abbreviare fino alla metà i termini previsti dal presente codice per la fissazione di udienze o di camere di consiglio. Conseguentemente sono ridotti proporzionalmente i termini per le difese della relativa fase[1].

2. Il decreto di abbreviazione del termine, redatto in calce alla domanda, è notificato, a cura della parte che lo ha richiesto, all'amministrazione intimata e ai controinteressati; il termine abbreviato comincia a decorrere dall'avvenuta notificazione del decreto[2].

[1] V. art. 38, R.D. 17 agosto 1907, n. 642 (Regolamento per la procedura dinanzi alle sezioni giurisdizionali del Consiglio di Stato), abrogato dall'art. 4, all. 4, del presente Codice del processo amministrativo, che disponeva: *Art. 38. La domanda d'intervento è notificata alle parti nel rispettivo domicilio di elezione ed all'autorità che ha emanato l'atto impugnato, e deve essere depositata in segreteria entro dieci giorni successivi a quello della notificazione.*

[2] V. art. 20, R.D. 17 agosto 1907, n. 642 (Regolamento per la procedura dinanzi alle sezioni giurisdizionali del Consiglio di Stato), abrogato dall'art. 4, all. 4, del presente Codice del processo amministrativo, che disponeva: *Art. 20. Il decreto di abbreviazione o di proroga del termine, nei sensi dell'art. 30 della legge, è fatto in fine della domanda, e deve essere notificato all'autorità e agli interessati.*

54. *Deposito tardivo di memorie e documenti e sospensione dei termini.* 1. La presentazione tardiva di memorie o documenti può essere eccezionalmente autorizzata, su richiesta di parte, dal collegio, assicurando comunque il pieno rispetto del diritto delle controparti al contraddittorio su tali atti, qualora la produzione nel termine di legge sia risultata estremamente difficile[1 2].

2. I termini processuali sono sospesi dal 1° agosto al 31 agosto di ciascun anno[3 4].

3. La sospensione dei termini prevista dal comma 2 non si applica al procedimento cautelare[5].

[1] Comma così sostituito dall'art. 1, D.Lgs. 15 novembre 2011, n. 195. Il testo previgente disponeva: *1. La presentazione tardiva di memorie o documenti, su richiesta di parte, può essere eccezionalmente autorizzata dal collegio, assicurando comunque il pieno rispetto del diritto delle controparti al contraddittorio su tali atti, quando la produzione nel termine di legge risulta estremamente difficile.*

[2] V. art. 22, R.D. 17 agosto 1907, n. 642 (Regolamento per la procedura dinanzi alle sezioni giurisdizionali del Consiglio di Stato), abrogato dall'art. 4, all. 4, del presente Codice del processo amministrativo, che disponeva: *Art. 22. Il termine fissato nella prima parte dell'art. 29 della legge per la presentazione di memorie od istanze, e per la produzione di documenti, può essere prorogato, sopra domanda delle parti, dal Presidente della sezione adita nei casi di necessità o di pubblico interesse.*

[3] Comma così modificato dall'art. 20, D.L. 27 giugno 2015, n. 83, convertito in L. 6 agosto 2015, n. 132, a decorrere dall'entrata in vigore dell'articolo 16 del D.L. 12 settembre 2014, n. 132, convertito in L. 10 novembre 2014, n. 162. Il testo previgente disponeva: *2. I termini processuali sono sospesi dal 1° agosto al 15 settembre di ciascun anno.*

[4] V. art. 1, L. 7 ottobre 1969, n. 742 (Sospensione dei termini processuali nel periodo feriale), nel testo modificato dall'art. 16, D.L. 12 settembre 2014, n. 132, convertito in L. 10 novembre 2014, n. 162, che dispone: *Il decorso dei termini processuali relativi alle giurisdizioni ordinarie ed a quelle amministrative è sospeso di diritto dal 1° al 31 agosto di ciascun anno, e riprende a decorrere dalla fine del periodo di sospensione. Ove il decorso abbia inizio durante il periodo di sospensione, l'inizio stesso è differito alla fine di detto periodo.*

Il suddetto art. 16, D.L. 132/2014 si interpreta nel senso che si applica anche al processo davanti ai tribunali amministrativi regionali e al Consiglio di Stato (art. 20, D.L. 27 giugno 2015, n. 83, convertito in L. 6 agosto 2015, n. 132).

[5] V. art. 5, L. 7 ottobre 1969, n. 742 (Sospensione dei termini processuali nel periodo feriale), che dispone: *In materia amministrativa, l'articolo 1 non si applica nel procedimento per la sospensione della esecuzione del provvedimento impugnato.*

TITOLO II
PROCEDIMENTO CAUTELARE

55. *Misure cautelari collegiali.* 1. Se il ricorrente, allegando di subire un pregiudizio grave e irreparabile durante il tempo necessario a giungere alla decisione sul ricorso, chiede l'emanazione di misure cautelari, compresa l'ingiunzione a pagare una somma in via provvisoria, che appaiono, secondo le circostanze, più idonee ad assicurare interinalmente gli effetti della decisione sul ricorso, il collegio si pronuncia con ordinanza emessa in camera di consiglio.

2. Qualora dalla decisione sulla domanda cautelare derivino effetti irreversibili, il collegio può disporre la prestazione di una cauzione, anche mediante fideiussione, cui subordinare la concessione o il diniego della misura cautelare. La concessione o il diniego della misura cautelare non può essere subordinata a cauzione quando la domanda cautelare attenga a diritti fondamentali della persona o ad altri beni di primario rilievo costituzionale. Il provvedimento che impone la cauzione ne indica l'oggetto, il modo di prestarla e il termine entro cui la prestazione va eseguita.

3. La domanda cautelare può essere proposta con il ricorso di merito o con distinto ricorso notificato alle altre parti.

4. La domanda cautelare è improcedibile finchè non è presentata l'istanza di fissazione dell'udienza di merito, salvo che essa debba essere fissata d'ufficio.

5. Sulla domanda cautelare il collegio pronuncia nella prima camera di consiglio successiva al ventesimo giorno dal perfezionamento, anche per il destinatario, dell'ultima notificazione e, altresì, al decimo giorno dal deposito del ricorso. Le parti possono depositare memorie e documenti fino a due giorni liberi prima della camera di consiglio.

6. Ai fini del giudizio cautelare, se la notificazione è effettuata a mezzo del servizio postale, il ricorrente, se non è ancora in possesso dell'avviso di ricevimento, può provare la data di perfezionamento della notificazione producendo copia dell'attestazione di consegna del servizio di monitoraggio della corrispondenza nel sito internet delle poste. È fatta salva la prova contraria.

7. Nella camera di consiglio le parti possono costituirsi e i difensori sono sentiti ove ne facciano richiesta. La trattazione si svolge oralmente e in modo sintetico.

8. Il collegio, per gravi ed eccezionali ragioni, può autorizzare la produzione in camera di consiglio di documenti, con consegna di copia alle altre parti fino all'inizio della discussione[1].

9. L'ordinanza cautelare motiva in ordine alla valutazione del pregiudizio allegato e indica i profili che, ad un sommario esame, inducono ad una ragionevole previsione sull'esito del ricorso.

10. Il tribunale amministrativo regionale, in sede cautelare, se ritiene che le esigenze del ricorrente siano apprezzabili favorevolmente e tutelabili adeguatamente con la sollecita definizione del giudizio nel merito, fissa con ordinanza collegiale la data della discussione del ricorso nel merito. Nello stesso senso può provvedere il Consiglio di Stato, motivando

sulle ragioni per cui ritiene di riformare l'ordinanza cautelare di primo grado; in tal caso, la pronuncia di appello è trasmessa al tribunale amministrativo regionale per la sollecita fissazione dell'udienza di merito[2].

11. L'ordinanza con cui è disposta una misura cautelare fissa la data di discussione del ricorso nel merito. In caso di mancata fissazione dell'udienza, il Consiglio di Stato, se conferma in appello la misura cautelare, dispone che il tribunale amministrativo regionale provveda alla fissazione della stessa con priorità. A tal fine l'ordinanza è trasmessa a cura della segreteria al primo giudice.

12. In sede di esame della domanda cautelare il collegio adotta, su istanza di parte, i provvedimenti necessari per assicurare la completezza dell'istruttoria e l'integrità del contraddittorio.

13. Il giudice adito può disporre misure cautelari solo se ritiene sussistente la propria competenza ai sensi degli articoli 13 e 14; altrimenti provvede ai sensi dell'articolo 15, comma 4[3 4 5].

[1] Comma così modificato dall'art. 1, D.Lgs. 15 novembre 2011, n. 195. Il testo previgente disponeva: *8. Il collegio, per gravi ed eccezionali ragioni, può autorizzare la produzione in camera di consiglio di documenti, con consegna di copia alle altre parti fino all'inizio di discussione.*

[2] Comma così modificato dall'art. 1, D.Lgs. 15 novembre 2011, n. 195. Il testo previgente disponeva: *10. Il tribunale amministrativo regionale, in sede cautelare, se ritiene che le esigenze del ricorrente siano apprezzabili favorevolmente e tutelabili adeguatamente con la sollecita definizione del giudizio nel merito, fissa con ordinanza collegiale la data di discussione del ricorso nel merito. Nello stesso senso può provvedere il Consiglio di Stato, motivando sulle ragioni per cui ritiene di riformare l'ordinanza cautelare di primo grado; in tal caso, la pronuncia di appello è trasmessa al tribunale amministrativo regionale per la sollecita fissazione dell'udienza di merito.*

[3] Comma così modificato dall'art. 1, D.Lgs. 14 settembre 2012, n. 160. Il testo previgente disponeva: *13. Il giudice adito può disporre misure cautelari solo se ritiene sussistente la propria competenza ai sensi degli articoli 13 e 14; altrimenti provvede ai sensi dell'articolo 15, commi 5 e 6.*

[4] V. art. 21, commi 8 ss., L. 6 dicembre 1971, n. 1034 (Legge Tar), abrogato dall'art. 4, all. 4, del presente Codice del processo amministrativo, che, disponevano: *Se il ricorrente, allegando un pregiudizio grave e irreparabile derivante dall'esecuzione dell'atto impugnato, ovvero dal comportamento inerte dell'amministrazione, durante il tempo necessario a giungere ad una decisione sul ricorso, chiede l'emanazione di misure cautelari, compresa l'ingiunzione a pagare una somma, che appaiono, secondo le circostanze, più idonee ad assicurare interinalmente gli effetti della decisione sul ricorso, il tribunale amministrativo regionale si pronuncia sull'istanza con ordinanza emessa in camera di consiglio. Nel caso in cui dall'esecuzione del provvedimento cautelare derivino effetti irreversibili il giudice amministrativo può altresì disporre la prestazione di una cauzione, anche mediante fideiussione, cui subordinare la concessione o il diniego della misura cautelare. La concessione o il diniego della misura cautelare non può essere subordinata a cauzione quando la richiesta cautelare attenga ad interessi essenziali della persona quali il diritto alla salute, alla integrità dell'ambiente, ovvero ad altri beni di primario rilievo costituzionale. L'ordinanza cautelare motiva in ordine alla valutazione del pregiudizio allegato, ed indica i profili che, ad un sommario esame, inducono a una ragionevole previsione sull'esito del ricorso. I difensori delle parti sono sentiti in camera di consiglio, ove ne facciano richiesta.*

Prima della trattazione della domanda cautelare, in caso di estrema gravità ed urgenza, tale da non consentire neppure la dilazione fino alla data della camera di consiglio, il ricorrente può, contestualmente alla domanda cautelare o con separata istanza notificata alle controparti, chiedere al presidente del tribunale amministrativo regionale, o della sezione cui il ricorso è assegnato, di disporre misure cautelari provvisorie. Il presidente provvede con decreto motivato, anche in assenza di contraddittorio. Il decreto è efficace sino alla pronuncia del collegio, cui l'istanza cautelare è sottoposta nella prima camera di consiglio utile. Le predette disposizioni si applicano anche dinanzi al Consiglio di Stato, in caso di appello contro un'ordinanza cautelare e in caso di domanda di sospensione della sentenza appellata.

In sede di decisione della domanda cautelare, il tribunale amministrativo regionale, accertata la completezza del contraddittorio e dell'istruttoria ed ove ne ricorrano i presupposti, sentite sul punto le parti costituite, può definire il giudizio nel merito a norma dell'articolo 26. Ove necessario, il tribunale amministrativo regionale dispone l'integrazione del contraddittorio e fissa contestualmente la data della successiva trattazione del ricorso a norma del comma undicesimo; adotta, ove ne sia il caso, le misure cautelari interinali.

Con l'ordinanza che rigetta la domanda cautelare o l'appello contro un'ordinanza cautelare ovvero li dichiara inammissibili o irricevibili, il giudice può provvedere in via provvisoria sulle spese del procedimento cautelare.

L'ordinanza del tribunale amministrativo regionale di accoglimento della richiesta cautelare comporta priorità nella fissazione della data di trattazione del ricorso nel merito.

La domanda di revoca o modificazione delle misure cautelari concesse e la riproposizione della domanda cautelare respinta sono ammissibili solo se motivate con riferimento a fatti sopravvenuti.

Nel caso in cui l'amministrazione non abbia prestato ottemperanza alle misure cautelari concesse, o vi abbia adempiuto solo parzialmente, la parte interessata può, con istanza motivata e notificata alle altre parti, chiedere al tribunale amministrativo regionale le opportune disposizioni attuative. Il tribunale amministrativo regionale esercita i poteri inerenti al giudizio di ottemperanza al giudicato, di cui all'articolo 27, primo comma, numero 4), del testo unico delle leggi sul Consiglio di Stato, approvato con regio decreto 26 giugno 1924, n. 1054, e successive modificazioni, e dispone l'esecuzione dell'ordinanza cautelare indicandone le modalità e, ove occorra, il soggetto che deve provvedere.

Le disposizioni dei precedenti commi si applicano anche nei giudizi avanti al Consiglio di Stato.

V., anche, art. 36, commi 1 e 4, R.D. 17 agosto 1907, n. 642 (Regolamento per la procedura dinanzi alle sezioni giurisdizionali del Consiglio di Stato), abrogato dall'art. 4, all. 4, del presente Codice del processo amministrativo che, rispettivamente, disponevano: *Art. 36, comma 1: Le domande di sospensione della esecuzione dell'atto amministrativo, qua-*

lora non siano proposte nel ricorso, devono farsi mediante istanza diretta alla sezione giurisdizionale, a cui fu presentato il ricorso, notificata agli interessati ed all'amministrazione e depositata nella segreteria.

Art. 36, comma 4: Su tali domande la sezione pronuncia nella prima udienza dopo spirato il termine.

[5] Si riporta:

- art. 3, D.P.R. 24 novembre 1971, n. 1199 (Semplificazione dei procedimenti in materia di ricorsi amministrativi), che dispone: *Art. 3. Sospensione dell'esecuzione. D'ufficio o su domanda del ricorrente proposta nello stesso ricorso o in successiva istanza da presentarsi nei modi previsti dall'art 2, secondo comma, l'organo decidente può sospendere per gravi motivi l'esecuzione dell'atto impugnato;*

- art. 3, comma 4, L. 21 luglio 2000, n. 205 (Disposizioni in materia di giustizia amministrativa), che dispone: *Art. 3. Disposizioni generali sul processo cautelare. [...]. 4. Nell'àmbito del ricorso straordinario al Presidente della Repubblica può essere concessa, a richiesta del ricorrente, ove siano allegati danni gravi e irreparabili derivanti dall'esecuzione dell'atto, la sospensione dell'atto medesimo. La sospensione è disposta con atto motivato del Ministero competente ai sensi dell'articolo 8 del decreto del Presidente della Repubblica 24 novembre 1971, n. 1199, su conforme parere del Consiglio di Stato;*

- art. 120, commi 8, 8-bis, 8-ter del presente Codice, che dispone: *Art. 120. Disposizioni specifiche ai giudizi di cui all'articolo 119, comma 1, lettera a). [...].8. Il giudice decide interinalmente sulla domanda cautelare, anche se ordina adempimenti istruttori, se concede termini a difesa, o se solleva o vengono proposti incidenti processuali.*

8-bis. Il collegio, quando dispone le misure cautelari di cui al comma 4 dell'art. 119, ne può subordinare l'efficacia, anche qualora dalla decisione non derivino effetti irreversibili, alla prestazione, anche mediante fideiussione, di una cauzione di importo commisurato al valore dell'appalto e comunque non superiore allo 0,5 per cento del suddetto valore. Tali misure sono disposte per una durata non superiore a sessanta giorni dalla pubblicazione della relativa ordinanza, fermo restando quanto stabilito dal comma 3 dell'art. 119.

8-ter. Nella decisione cautelare, il giudice tiene conto di quanto previsto dagli articoli 121, comma 1, e 122, e delle esigenze imperative connesse a un interesse generale all'esecuzione del contratto, dandone conto nella motivazione;

- art. 22, comma 4, D.Lgs. 6 febbraio 2007, n. 30 (Attuazione della direttiva 2004/38/CE relativa al diritto dei cittadini dell'Unione e dei loro familiari di circolare e di soggiornare liberamente nel territorio degli Stati membri), che dispone: *Art. 22. Ricorsi avverso i provvedimenti di allontanamento. [...]. 4. I ricorsi di cui al comma 1 possono essere accompagnati da una istanza di sospensione dell'esecutorietà del provvedimento di allontanamento. Fino all'esito dell'istanza di cui al presente comma, l'efficacia del provvedimento impugnato resta sospesa, salvo che il provvedimento di allontanamento si basi su una precedente decisione giudiziale ovvero sia fondato su motivi di sicurezza dello Stato.*

- art. 3, D.L. 27 luglio 2005, n. 144, convertito in L. 31 luglio 2005, n. 155 (Misure urgenti per il contrasto del terrorismo internazionale), che dispone: *Art. 3. Nuove norme in materia di espulsioni degli stranieri per motivi di prevenzione del terrorismo. 1. Oltre a quanto previsto dagli articoli 9, comma 5, e 13, comma 1, del decreto legislativo n. 286 del 1998 il Ministro dell'interno o, su sua delega, il prefetto può disporre l'espulsione dello straniero appartenente ad una delle categorie di cui all'articolo 18 della legge 22 maggio 1975, n. 152, o nei cui confronti vi sono fondati motivi di ritenere che la sua permanenza nel territorio dello Stato possa in qualsiasi modo agevolare organizzazioni o attività terroristiche, anche internazionali.*

2. Nei casi di cui al comma 1, l'espulsione è eseguita immediatamente, salvo che si tratti di persona detenuta, anche in deroga alle disposizioni del comma 3 dell'articolo 13 del decreto legislativo 25 luglio 1998, n. 286, concernenti l'esecuzione dell'espulsione dello straniero sottoposto a procedimento penale e di quelle di cui al comma 5-bis del medesimo articolo 13. Ugualmente si procede nei casi di espulsione di cui al comma 1 dell'articolo 13 del decreto legislativo 25 luglio 1998, n. 286.

3. Il prefetto può altresì omettere, sospendere o revocare il provvedimento di espulsione di cui all'articolo 13, comma 2, del decreto legislativo n. 286 del 1998, informando preventivamente il Ministro dell'interno, quando sussistono le condizioni per il rilascio del permesso di soggiorno di cui all'articolo 2 del presente decreto, ovvero quando sia necessario per l'acquisizione di notizie concernenti la prevenzione di attività terroristiche, ovvero per la prosecuzione delle indagini o delle attività informative dirette alla individuazione o alla cattura dei responsabili dei delitti commessi con finalità di terrorismo.

4. Contro i decreti di espulsione di cui al comma 1 è ammesso ricorso al tribunale amministrativo competente per territorio. Il ricorso giurisdizionale in nessun caso può sospendere l'esecuzione del provvedimento.

4-bis. [Nei confronti dei provvedimenti di espulsione, di cui al comma 1, adottati dal Ministro dell'interno, o su sua delega, non è ammessa la sospensione dell'esecuzione in sede giurisdizionale ai sensi dell'articolo 21 della legge 6 dicembre 1971, n. 1034, e successive modificazioni, o dell'articolo 36 del regio decreto 17 agosto 1907, n. 642] [abrogato]

5. Quando nel corso dell'esame dei ricorsi di cui al comma 4 del presente articolo e di quelli di cui all'articolo 13, comma 11, del decreto legislativo 25 luglio 1998, n. 286, la decisione dipende dalla cognizione di atti per i quali sussiste il segreto d'indagine o il segreto di Stato, il procedimento è sospeso fino a quando l'atto o i contenuti essenziali dello stesso non possono essere comunicati al Tribunale amministrativo. Qualora la sospensione si protragga per un tempo superiore a due anni, il Tribunale amministrativo può fissare un termine entro il quale l'amministrazione è tenuta a produrre nuovi elementi per la decisione o a revocare il provvedimento impugnato. Decorso il predetto termine, il Tribunale amministrativo decide allo stato degli atti.

6. Le disposizioni di cui ai commi 2 e 5 si applicano fino al 31 dicembre 2007.

7. All'articolo 13 del decreto legislativo n. 286 del 1998, il comma 3-sexies è abrogato;

- art. 4, comma 2-bis, D.L. 30 giugno 2005, n. 115, convertito in L. 17 agosto 2005, n. 168 (Disposizioni urgenti per assicurare la funzionalità di settori della pubblica amministrazione. Disposizioni in materia di organico del personale della carriera diplomatica, delega al Governo per l'attuazione della direttiva 2000/53/CE in materia di veicoli fuori uso e proroghe di termini per l'esercizio di deleghe legislative), che dispone: *Art. 4. Elezioni degli organi degli ordini professionali e disposizioni in materia di abilitazioni e di titolo professionale. [...]. 2-bis. Conseguono ad ogni effetto l'abilitazione professionale o il titolo per il quale concorrono i candidati, in possesso dei titoli per partecipare al concorso, che abbiano superato le prove d'esame scritte ed orali previste dal bando, anche se l'ammissione alle medesime o la ripetizione della valutazione da parte della commissione sia stata operata a seguito di provvedimenti giurisdizionali o di autotutela.*

56. *Misure cautelari monocratiche.* 1. Prima della trattazione della domanda cautelare da parte del collegio, in caso di estrema gravità ed urgenza, tale da non consentire neppure la dilazione fino alla data della camera di consiglio, il ricorrente può, con la domanda cautelare o con distinto ricorso notificato alle controparti, chiedere al presidente del tribunale amministrativo regionale, o della sezione cui il ricorso è assegnato, di disporre misure cautelari provvisorie. La domanda cautelare è improcedibile finchè non è presentata l'istanza di fissazione d'udienza per il merito, salvo che essa debba essere fissata d'ufficio. Il presidente provvede sulla domanda solo se ritiene la competenza del tribunale amministrativo regionale, altrimenti rimette le parti al collegio per i provvedimenti di cui all'articolo 55, comma 13.

2. Il presidente o un magistrato da lui delegato verifica che la notificazione del ricorso si sia perfezionata nei confronti dei destinatari o almeno della parte pubblica e di uno dei controinteressati e provvede con decreto motivato non impugnabile. La notificazione può avvenire da parte del difensore anche a mezzo fax. Si applica l'articolo 55, comma 6. Qualora l'esigenza cautelare non consenta l'accertamento del perfezionamento delle notificazioni, per cause non imputabili al ricorrente, il presidente può comunque provvedere, fatto salvo il potere di revoca. Ove ritenuto necessario il presidente, fuori udienza e senza formalità, sente, anche separatamente, le parti che si siano rese disponibili prima dell'emanazione del decreto.

3. Qualora dalla decisione sulla domanda cautelare derivino effetti irreversibili, il presidente può subordinare la concessione o il diniego della misura cautelare alla prestazione di una cauzione, anche mediante fideiussione, determinata con riguardo all'entità degli effetti irreversibili che possono prodursi per le parti e i terzi.

4. Il decreto, nel quale deve essere comunque indicata la camera di consiglio di cui all'articolo 55, comma 5, in caso di accoglimento è efficace sino a detta camera di consiglio. Il decreto perde efficacia se il collegio non provvede sulla domanda cautelare nella camera di consiglio di cui al periodo precedente. Fino a quando conserva efficacia, il decreto è sempre revocabile o modificabile su istanza di parte notificata. A quest'ultima si applica il comma 2.

5. Se la parte si avvale della facoltà di cui al secondo periodo del comma 2 le misure cautelari perdono efficacia se il ricorso non viene notificato per via ordinaria entro cinque giorni dalla richiesta delle misure cautelari provvisorie[1].

[1] V. art. 21, comma 9, L. 6 dicembre 1971, n. 1034 (Legge Tar), abrogato dall'art. 4, all. 4, del presente Codice del processo amministrativo, che, disponeva: *Prima della trattazione della domanda cautelare, in caso di estrema gravità ed urgenza, tale da non consentire neppure la dilazione fino alla data della camera di consiglio, il ricorrente può, contestualmente alla domanda cautelare o con separata istanza notificata alle controparti, chiedere al presidente del tribunale amministrativo regionale, o della sezione cui il ricorso è assegnato, di disporre misure cautelari provvisorie. Il presidente provvede con decreto motivato, anche in assenza di contraddittorio. Il decreto è efficace sino alla pronuncia del collegio, cui l'istanza cautelare è sottoposta nella prima camera di consiglio utile. Le predette disposizioni si applicano anche dinanzi al Consiglio di Stato, in caso di appello contro un'ordinanza cautelare e in caso di domanda di sospensione della sentenza appellata.*

57. *Spese del procedimento cautelare.* 1. Con l'ordinanza che decide sulla domanda il giudice provvede sulle spese della fase cautelare. La pronuncia sulle spese conserva efficacia anche dopo il provvedimento che definisce il giudizio, salvo diversa statuizione espressa nella sentenza di merito[1 2].

[1] Comma così modificato dall'art. 1, D.Lgs. 15 novembre 2011, n. 195. Il testo previgente disponeva: *1. Con l'ordinanza che decide sulla domanda il giudice provvede sulle spese della fase cautelare. La pronuncia sulle spese conserva efficacia anche dopo la sentenza che definisce il giudizio, salvo diversa statuizione espressa nella sentenza.*

[2] V. art. 21, comma 11, L. 6 dicembre 1971, n. 1034 (Legge Tar), abrogato dall'art. 4, all. 4, del presente Codice del processo amministrativo, che, disponeva: *Con l'ordinanza che rigetta la domanda cautelare o l'appello contro un'ordinanza cautelare ovvero li dichiara inammissibili o irricevibili, il giudice può provvedere in via provvisoria sulle spese del procedimento cautelare.*

58. *Revoca o modifica delle misure cautelari collegiali e riproposizione della domanda cautelare respinta.* 1. Le parti possono riproporre la domanda cautelare al collegio o chiedere la revoca o la modifica del provvedimento cautelare collegiale se si verificano mutamenti nelle circostanze o se allegano fatti anteriori di cui si è acquisita conoscenza successivamente al provvedimento cautelare. In tale caso, l'istante deve fornire la prova del momento in cui ne è venuto a conoscenza.

2. La revoca può essere altresì richiesta nei casi di cui all'articolo 395 del codice di procedura civile[1].

[1] V. art. 21, comma 13, L. 6 dicembre 1971, n. 1034 (Legge Tar), abrogato dall'art. 4, all. 4, del presente Codice del processo amministrativo, che disponeva: *La domanda di revoca o modificazione delle misure cautelari concesse e la riproposizione della domanda cautelare respinta sono ammissibili solo se motivate con riferimento a fatti sopravvenuti.*

59. *Esecuzione delle misure cautelari.* 1. Qualora i provvedimenti cautelari non siano eseguiti, in tutto o in parte, l'interessato, con istanza motivata e notificata alle altre parti, può chiedere al tribunale amministrativo regionale le opportune misure attuative. Il tribunale esercita i poteri inerenti al giudizio di ottemperanza di cui al Titolo I del Libro IV e provvede sulle spese. La liquidazione delle spese operata ai sensi del presente comma prescinde da quella conseguente al giudizio di merito, salvo diversa statuizione espressa nella sentenza[1].

[1] V. art. 21, comma 14, L. 6 dicembre 1971, n. 1034 (Legge Tar), abrogato dall'art. 4, all. 4, del presente Codice del processo amministrativo, che, disponeva: *Nel caso in cui l'amministrazione non abbia prestato ottemperanza alle misure cautelari concesse, o vi abbia adempiuto solo parzialmente, la parte interessata può, con istanza motivata e notificata alle altre parti, chiedere al tribunale amministrativo regionale le opportune disposizioni attuative. Il tribunale amministrativo regionale esercita i poteri inerenti al giudizio di ottemperanza al giudicato, di cui all'articolo 27, primo comma, numero 4), del testo unico delle leggi sul Consiglio di Stato, approvato con regio decreto 26 giugno 1924, n. 1054, e successive modificazioni, e dispone l'esecuzione dell'ordinanza cautelare indicandone le modalità e, ove occorra, il soggetto che deve provvedere.*

60. *Definizione del giudizio in esito all'udienza cautelare.* 1. In sede di decisione della domanda cautelare, purchè siano trascorsi almeno venti giorni dall'ultima notificazione del ricorso, il collegio, accertata la completezza del contraddittorio e dell'istruttoria, sentite sul punto le parti costituite, può definire, in camera di consiglio, il giudizio con sentenza in forma semplificata, salvo che una delle parti dichiari che intende proporre motivi aggiunti, ricorso incidentale o regolamento di competenza, ovvero regolamento di giurisdizione. Se la parte dichiara che intende proporre regolamento di competenza o di giurisdizione, il giudice assegna un termine non superiore a trenta giorni. Ove ne ricorrano i presupposti, il collegio dispone l'integrazione del contraddittorio o il rinvio per consentire la proposizione di motivi aggiunti, ricorso incidentale, regolamento di competenza o di giurisdizione e fissa contestualmente la data per il prosieguo della trattazione[1].

[1] V. art. 21, comma 10, L. 6 dicembre 1971, n. 1034 (Legge Tar), abrogato dall'art. 4, all. 4, del presente Codice del processo amministrativo, che, disponeva: *In sede di decisione della domanda cautelare, il tribunale amministrativo regionale, accertata la completezza del contraddittorio e dell'istruttoria ed ove ne ricorrano i presupposti, sentite sul punto le parti costituite, può definire il giudizio nel merito a norma dell'articolo 26. Ove necessario, il tribunale amministrativo regionale dispone l'integrazione del contraddittorio e fissa contestualmente la data della successiva trattazione del ricorso a norma del comma undicesimo; adotta, ove ne sia il caso, le misure cautelari interinali.*

V., anche, art. 26, comma 4, L. 6 dicembre 1971, n. 1034 (Legge Tar), abrogato dall'art. 4, all. 4, del presente Codice del processo amministrativo, che disponeva: *Nel caso in cui ravvisino la manifesta fondatezza ovvero la manifesta irricevibilità, inammissibilità, improcedibilità o infondatezza del ricorso, il tribunale amministrativo regionale e il Consiglio di Stato decidono con sentenza succintamente motivata. La motivazione della sentenza può consistere in un sintetico riferimento al punto di fatto o di diritto ritenuto risolutivo, ovvero, se del caso, ad un precedente conforme. In ogni caso, il giudice provvede anche sulle spese di giudizio, applicando le norme del codice di procedura civile.*

61. *Misure cautelari anteriori alla causa.* 1. In caso di eccezionale gravità e urgenza, tale da non consentire neppure la previa notificazione del ricorso e la domanda di misure cautelari provvisorie con decreto presidenziale, il soggetto legittimato al ricorso può proporre istanza per l'adozione delle misure interinali e provvisorie che appaiono indispensabili durante il tempo occorrente per la proposizione del ricorso di merito e della domanda cautelare in corso di causa.

2. L'istanza, notificata con le forme prescritte per la notificazione del ricorso, si propone al presidente del tribunale amministrativo regionale competente per il giudizio. Il presidente o un magistrato da lui delegato, accertato il perfezionamento della notificazione per i destinatari, provvede sull'istanza, sentite, ove necessario, le parti e omessa ogni altra formalità. La notificazione può essere effettuata dal difensore a mezzo fax. Qualora l'esigenza cautelare non consenta l'accertamento del perfezionamento delle notificazioni, per cause non imputabili al ricorrente, il presidente può comunque provvedere, fatto salvo il potere di revoca da esercitare nelle forme di cui all'articolo 56, comma 4, terzo e quarto periodo.

3. L'incompetenza del giudice è rilevabile d'ufficio.

4. Il decreto che rigetta l'istanza non è impugnabile; tuttavia la stessa può essere riproposta dopo l'inizio del giudizio di merito con le forme delle domande cautelari in corso di causa.

5. Il provvedimento di accoglimento è notificato dal richiedente alle altre parti entro il termine perentorio fissato dal giudice, non superiore a cinque giorni. Qualora dall'esecuzione del provvedimento cautelare emanato ai sensi del presente articolo derivino effetti irreversibili il presidente può disporre la prestazione di una cauzione, anche mediante fideiussione, cui subordinare la concessione della misura cautelare. Il provvedimento di accoglimento perde comunque effetto ove entro quindici giorni dalla sua emanazione non venga notificato il ricorso con la domanda cautelare ed esso non sia depositato nei successivi cinque giorni corredato da istanza di fissazione di udienza; in ogni caso la misura concessa

ai sensi del presente articolo perde effetto con il decorso di sessanta giorni dalla sua emissione, dopo di che restano efficaci le sole misure cautelari che siano confermate o disposte in corso di causa. Il provvedimento di accoglimento non è appellabile ma, fino a quando conserva efficacia, è sempre revocabile o modificabile su istanza di parte previamente notificata. A quest'ultima si applica il comma 2.

6. Per l'attuazione del provvedimento cautelare e per la pronuncia in ordine alle spese si applicano le disposizioni sui provvedimenti cautelari in corso di causa.

7. Le disposizioni del presente articolo non si applicano ai giudizi in grado di appello[1].

[1] V. art. 245, commi 3 ss., D.Lgs. 12 aprile 2006, n. 163 (vecchio Codice dei contratti pubblici relativi a lavori, servizi e forniture in attuazione delle direttive 2004/17/CE e 2004/18/CE) che, nel testo previgente le modifiche apportate dall'art. 3, all. 4, del presente Codice del processo amministrativo, ma successivo a quelle di cui al D.Lgs. 20 marzo 2010, n. 53, disponevano: *[...] 3. In caso di eccezionale gravità e urgenza, tale da non consentire neppure la previa notifica del ricorso e la richiesta di misure cautelari provvisorie di cui all'art. 21, comma 9, della legge 6 dicembre 1971, n. 1034, il soggetto legittimato al ricorso può proporre istanza per l'adozione delle misure interinali e provvisorie che appaiono indispensabili durante il tempo occorrente per la proposizione del ricorso di merito e della domanda cautelare di cui ai commi 8 e 9 del citato articolo 21.*

4. L'istanza, previamente notificata ai sensi dell'articolo 21, comma 1, della legge 6 dicembre 1971, n. 1034, si propone al Presidente del Tribunale amministrativo regionale competente per il merito. Il Presidente, o il giudice da lui delegato, provvede sull'istanza, sentite, ove possibile, le parti, e omessa ogni altra formalità. Le questioni di competenza di cui al presente comma sono rilevabili d'ufficio.

5. Il provvedimento negativo non è impugnabile, ma la domanda cautelare può essere riproposta dopo l'inizio del giudizio di merito ai sensi dell'articolo 21, commi 8 e 9, della legge 6 dicembre 1971, n. 1034.

6. L'efficacia del provvedimento di accoglimento può essere subordinata alla prestazione di una adeguata cauzione per i danni alle parti e ai terzi. Esso è notificato dal richiedente alle altre parti entro un termine perentorio fissato dal giudice, non superiore a cinque giorni. Il provvedimento di accoglimento perde comunque effetto con il decorso di sessanta giorni dalla sua prima emissione, dopo di che restano efficaci le sole misure cautelari che siano confermate o concesse ai sensi dell'articolo 21, commi 8 e 9, della legge 6 dicembre 1971, n. 1034. Il provvedimento di accoglimento non è appellabile, ma, fino a quando conserva efficacia, è sempre revocabile o modificabile senza formalità dal Presidente, d'ufficio o su istanza o reclamo di ogni interessato, nonchè dal Collegio dopo l'inizio del giudizio di merito.

7. Per l'attuazione del provvedimento cautelare e per la pronuncia in ordine alle spese si applica l'articolo 21 della legge 6 dicembre 1971, n. 1034.

8. Le disposizioni recate dai commi da 3 a 7 non si applicano ai giudizi davanti al Consiglio di Stato, per i quali le istanze cautelari restano disciplinate dai restanti commi del presente articolo e dalle vigenti disposizioni relative al giudizio cautelare nel processo amministrativo ordinario in quanto da detti commi richiamate.

62. *Appello cautelare*. 1. Contro le ordinanze cautelari è ammesso appello al Consiglio di Stato, da proporre nel termine di trenta giorni dalla notificazione dell'ordinanza, ovvero di sessanta giorni dalla sua pubblicazione[1].

2. L'appello, depositato nel termine di cui all'articolo 45, è deciso in camera di consiglio con ordinanza. Al giudizio si applicano gli articoli 55, comma 2 e commi da 5 a 10, 56 e 57.

3. L'ordinanza di accoglimento che dispone misure cautelari è trasmessa a cura della segreteria al primo giudice, anche agli effetti dell'articolo 55, comma 11.

4. Nel giudizio di cui al presente articolo è rilevata anche d'ufficio la violazione, in primo grado, degli articoli 10, comma 2, 13, 14, 15, comma 2, 42, comma 4, e 55, comma 13. Se rileva la violazione degli articoli 13, 14, 15, comma 2, 42, comma 4 e 55, comma 13, il giudice competente per l'appello cautelare sottopone la questione al contraddittorio delle parti ai sensi dell'articolo 73, comma 3, e regola d'ufficio la competenza ai sensi dell'articolo 16, comma 3. Quando dichiara l'incompetenza del tribunale amministrativo regionale adito, con la stessa ordinanza annulla le misure cautelari emanate da un giudice diverso da quello di cui all'articolo 15, comma 6. Per la definizione della fase cautelare si applica l'articolo 15, comma 8[2].

[1] V. art. 28, comma 3, L. 6 dicembre 1971, n. 1034 (Legge Tar), abrogato dall'art. 4, all. 4, del presente Codice del processo amministrativo, che, disponeva: *Contro le ordinanze dei tribunali amministrativi regionali di cui all'articolo 21, commi settimo e seguenti, è ammesso ricorso in appello, da proporre nel termine di sessanta giorni dalla notificazione dell'ordinanza, ovvero di centoventi giorni dalla comunicazione del deposito dell'ordinanza stessa nella segreteria.*

[2] Comma così sostituito dall'art. 1, D.Lgs. 14 settembre 2012, n. 160. Il testo previgente disponeva: *4. Nel giudizio di cui al presente articolo è rilevata anche d'ufficio la violazione, in primo grado, degli articoli 10, comma 2, 13, 14, 15, comma 5, 42, comma 4, e 55, comma 13. Se rileva la violazione degli articoli 13, 14, 15, comma 5, 42, comma 4, e 55, comma 13, il giudice competente per l'appello cautelare sottopone la questione al contraddittorio delle parti ai sensi dell'articolo 73, comma 3, e regola d'ufficio la competenza ai sensi dell'articolo 15, comma 4. Quando dichiara l'incompetenza del tribunale amministrativo regionale adito, con la stessa ordinanza annulla le misure cautelari emanate da un giudice diverso da quello di cui all'articolo 15, comma 7. Per la definizione della fase cautelare si applica l'articolo 15, comma 9.*

TITOLO III
MEZZI DI PROVA E ATTIVITÀ ISTRUTTORIA

CAPO I

MEZZI DI PROVA

63. *Mezzi di prova.* 1. Fermo restando l'onere della prova a loro carico, il giudice può chiedere alle parti anche d'ufficio chiarimenti o documenti.

2. Il giudice, anche d'ufficio, può ordinare anche a terzi di esibire in giudizio i documenti o quanto altro ritenga necessario, secondo il disposto degli articoli 210 e seguenti del codice di procedura civile; può altresì disporre l'ispezione ai sensi dell'articolo 118 dello stesso codice.

3. Su istanza di parte il giudice può ammettere la prova testimoniale, che è sempre assunta in forma scritta ai sensi del codice di procedura civile.

4. Qualora reputi necessario l'accertamento di fatti o l'acquisizione di valutazioni che richiedono particolari competenze tecniche, il giudice può ordinare l'esecuzione di una verificazione ovvero, se indispensabile, può disporre una consulenza tecnica.

5. Il giudice può disporre anche l'assunzione degli altri mezzi di prova previsti dal codice di procedura civile, esclusi l'interrogatorio formale e il giuramento[1].

[1] V. art. 44, comma 1, R.D. 26 giugno 1924, n. 1054 (Testo unico delle leggi sul Consiglio di Stato), abrogato dall'art. 4, all. 4, del presente Codice del processo amministrativo, che disponeva: *Se la sezione, a cui è stato rimesso il ricorso riconosce che l'istruzione dell'affare è incompleta, o che i fatti affermati nell'atto o provvedimento impugnato sono in contraddiziono coi documenti, può richiedere all'amministrazione interessata nuovi schiarimenti o documenti: ovvero ordinare all'amministrazione medesima di fare nuove verificazioni, autorizzando le parti ad assistervi ed anche a produrre determinati documenti, ovvero disporre consulenza tecnica.*

V., anche, artt. 26 e 27, R.D. 17 agosto 1907, n. 642 (Regolamento per la procedura dinanzi alle sezioni giurisdizionali del Consiglio di Stato), abrogati dall'art. 4, all. 4, del presente Codice del processo amministrativo che, rispettivamente, disponevano: *Art. 26. Le sezioni giurisdizionali possono richiedere all'amministrazione e ordinare alle parti di produrre quegli atti e documenti che credono necessari per la decisione della controversia.*

Possono pure richiedere che l'amministrazione faccia eseguire nuove verificazioni, fissando il termine entro cui dev'essere depositata la relazione.

Le parti sono, a cura dell'amministrazione, avvisate, almeno cinque giorni prima, del luogo, del giorno e dell'ora in cui si eseguiranno le verificazioni.

Art. 27. La sezione quinta può assumere testimoni, eseguire ispezioni, ordinare perizie e fare tutte le altre indagini che possono condurre alla scoperta della verità, coi poteri attribuiti al magistrato dal codice di procedura civile e con le relative sanzioni.

V., infine, art. 35, D.Lgs. 31 marzo 1998, n. 80, abrogato dall'art. 4, all. 4, del presente Codice del processo amministrativo, che disponeva: *1. Il giudice amministrativo, nelle controversie devolute alla sua giurisdizione esclusiva, dispone, anche attraverso la reintegrazione in forma specifica, il risarcimento del danno ingiusto.*

2. Nei casi previsti dal comma 1, il giudice amministrativo può stabilire i criteri in base ai quali l'amministrazione pubblica o il gestore del pubblico servizio devono proporre a favore dell'avente titolo il pagamento di una somma entro un congruo termine. Se le parti non giungono ad un accordo, con il ricorso previsto dall'articolo 27, primo comma, numero 4), del testo unico approvato con regio decreto 26 giugno 1924, n. 1054, può essere chiesta la determinazione della somma dovuta.

3. Il giudice amministrativo, nelle controversie di cui al comma 1, può disporre l'assunzione dei mezzi di prova previsti dal codice di procedura civile, nonché della consulenza tecnica d'ufficio, esclusi l'interrogatorio formale e il giuramento. L'assunzione dei mezzi di prova e l'espletamento della consulenza tecnica d'ufficio sono disciplinati, ove occorra, nel regolamento di cui al regio decreto 17 agosto 1907, n. 642, tenendo conto della specificità del processo amministrativo in relazione alle esigenze di celerità e concentrazione del giudizio.

4. [...].

5. Sono abrogati l'articolo 13 della legge 19 febbraio 1992, n. 142, e ogni altra disposizione che prevede la devoluzione al giudice ordinario delle controversie sul risarcimento del danno conseguente all'annullamento di atti amministrativi.

CAPO II

AMMISSIONE E ASSUNZIONE DELLE PROVE

64. *Disponibilità, onere e valutazione della prova.* 1. Spetta alle parti l'onere di fornire gli elementi di prova che siano nella loro disponibilità riguardanti i fatti posti a fondamento delle domande e delle eccezioni.

2. Salvi i casi previsti dalla legge, il giudice deve porre a fondamento della decisione le prove proposte dalle parti nonchè i fatti non specificatamente contestati dalle parti costituite.

3. Il giudice amministrativo può disporre, anche d'ufficio, l'acquisizione di informazioni e documenti utili ai fini del decidere che siano nella disponibilità della pubblica amministrazione.

4. Il giudice deve valutare le prove secondo il suo prudente apprezzamento e può desumere argomenti di prova dal comportamento tenuto dalle parti nel corso del processo.

65. *Istruttoria presidenziale e collegiale.* 1. Il presidente della sezione o un magistrato da lui delegato adotta, su istanza motivata di parte, i provvedimenti necessari per assicurare la completezza dell'istruttoria.

2. Quando l'istruttoria è disposta dal collegio, questo provvede con ordinanza con la quale è contestualmente fissata la data della successiva udienza di trattazione del ricorso. La decisione sulla consulenza tecnica e sulla verificazione è sempre adottata dal collegio.

3. Ove l'amministrazione non provveda al deposito del provvedimento impugnato e degli altri atti ai sensi dell'articolo 46, il presidente o un magistrato da lui delegato ovvero il collegio ordina, anche su istanza di parte, l'esibizione degli atti e dei documenti nel termine e nei modi opportuni[1].

[1] V. art. 44, comma 3, R.D. 26 giugno 1924, n. 1054 (Testo unico delle leggi sul Consiglio di Stato), abrogato dall'art. 4, all. 4, del presente Codice del processo amministrativo, che disponeva: *La decisione sui mezzi istruttori, compresa la consulenza tecnica, è adottata dal presidente della sezione o da un magistrato da lui delegato ovvero dal collegio mediante ordinanza con la quale è contestualmente fissata la data della successiva udienza di trattazione del ricorso.*

V., anche, artt. 21, commi 6 e 7 e 23, comma 5, L. 6 dicembre 1971, n. 1034 (Legge Tar), abrogati dall'art. 4, all. 4, del presente Codice del processo amministrativo, che, rispettivamente, disponevano: *Art. 21, commi 6 e 7: Ove l'amministrazione non provveda all'adempimento, il presidente, ovvero un magistrato da lui delegato, ordina, anche su istanza di parte, l'esibizione degli atti e dei documenti nel termine e nei modi opportuni.*

Analogo provvedimento il Presidente ha il potere di adottare nei confronti di soggetti diversi dall'amministrazione intimata per atti e documenti di cui ritenga necessaria l'esibizione in giudizio. In ogni caso, qualora l'esibizione importi una spesa, essa deve essere anticipata dalla parte che ha proposto istanza per l'acquisizione dei documenti.

Art. 23, comma 5: Il Presidente dispone, ove occorra, gli incombenti istruttori.

V., infine, art. 28, comma 1, R.D. 17 agosto 1907, n. 642 (Regolamento per la procedura dinanzi alle sezioni giurisdizionali del Consiglio di Stato), abrogato dall'art. 4, all. 4, del presente Codice del processo amministrativo, che dispone: *Art. 28. Se una delle parti domanda l'assunzione di un mezzo istruttorio e le altre aderiscono, il Presidente, qualora ne riconosca l'opportunità, dà atto alle parti della domanda ed emette le disposizioni che occorrono per la esecuzione.*

66. *Verificazione.* 1. Il collegio, quando dispone la verificazione, con ordinanza individua l'organismo che deve provvedervi, formula i quesiti e fissa un termine per il suo compimento e per il deposito della relazione conclusiva. Il capo dell'organismo verificatore, o il suo delegato se il giudice ha autorizzato la delega, è responsabile del compimento di tutte le operazioni.

2. L'ordinanza è comunicata dalla segreteria all'organismo verificatore.

3. Con l'ordinanza di cui al comma 1 il collegio può disporre che venga corrisposto all'organismo verificatore, o al suo delegato, un anticipo sul compenso.

4. Terminata la verificazione, su istanza dell'organismo o del suo delegato, il presidente liquida con decreto il compenso complessivamente spettante al verificatore, ponendolo provvisoriamente a carico di una delle parti. Si applicano le tariffe stabilite dalle disposizioni in materia di spese di giustizia, ovvero, se inferiori, quelle eventualmente stabilite per i servizi resi dall'organismo verificatore. Con la sentenza che definisce il giudizio il Collegio regola definitivamente il relativo onere[1].

[1] V. art. 44, comma 1, R.D. 26 giugno 1924, n. 1054 (Testo unico delle leggi sul Consiglio di Stato), abrogato dall'art. 4, all. 4, del presente Codice del processo amministrativo, che disponeva: *Se la sezione, a cui è stato rimesso il ricorso riconosce che l'istruzione dell'affare è incompleta, o che i fatti affermati nell'atto o provvedimento impugnato sono in contraddizione coi documenti, può richiedere all'amministrazione interessata nuovi schiarimenti o documenti: ovvero ordinare all'amministrazione medesima di fare nuove verificazioni, autorizzando le parti ad assistervi ed anche a produrre determinati documenti, ovvero disporre consulenza tecnica.*

67. *Consulenza tecnica d'ufficio.* 1. Con l'ordinanza con cui dispone la consulenza tecnica d'ufficio, il collegio nomina il consulente, formula i quesiti e fissa il termine entro cui il consulente incaricato deve comparire dinanzi al magistrato a tal fine delegato per assumere l'incarico e prestare giuramento ai sensi del comma 4. L'ordinanza è comunicata al consulente tecnico a cura della segreteria.

2. Le eventuali istanze di astensione e ricusazione del consulente sono proposte, a pena di decadenza, entro il termine di cui al comma 1[1].

3. Il collegio, con la stessa ordinanza di cui al comma 1, assegna termini successivi, prorogabili ai sensi dell'articolo 154 del codice di procedura civile, per:

a) la corresponsione al consulente tecnico di un anticipo sul suo compenso;

b) l'eventuale nomina, con dichiarazione ricevuta dal segretario, di consulenti tecnici delle parti, i quali, oltre a poter assistere alle operazioni del consulente del giudice e a interloquire con questo, possono partecipare all'udienza e alla camera di consiglio ogni volta che è presente il consulente del giudice per chiarire e svolgere, con l'autorizzazione del presidente, le loro osservazioni sui risultati delle indagini tecniche;

c) la trasmissione, ad opera del consulente tecnico d'ufficio, di uno schema della propria relazione alle parti ovvero, se nominati, ai loro consulenti tecnici;

d) la trasmissione al consulente tecnico d'ufficio delle eventuali osservazioni e conclusioni dei consulenti tecnici di parte;

e) il deposito in segreteria della relazione finale, in cui il consulente tecnico d'ufficio dà altresì conto delle osservazioni e delle conclusioni dei consulenti di parte e prende specificamente posizione su di esse.

4. Il giuramento del consulente è reso davanti al magistrato a tal fine delegato, secondo le modalità

stabilite dall'articolo 193 del codice di procedura civile.

5. Il compenso complessivamente spettante al consulente d'ufficio è liquidato, al termine delle operazioni, ai sensi dell'articolo 66, comma 4, primo e terzo periodo[2].

[1] Comma così modificato dall'art. 1, D.Lgs. 15 novembre 2011, n. 195. Il testo previgente disponeva: *2. Le eventuali istanze di astensione e ricusazione del consulente sono proposte, a pena di decadenza, entro il termine di cui al comma 1 e sono decise dal presidente o dal magistrato delegato con decreto non impugnabile.*

[2] V. art. 44, comma 1, R.D. 26 giugno 1924, n. 1054 (Testo unico delle leggi sul Consiglio di Stato), abrogato dall'art. 4, all. 4, del presente Codice del processo amministrativo, che disponeva: *Se la sezione, a cui è stato rimesso il ricorso riconosce che l'istruzione dell'affare è incompleta, o che i fatti affermati nell'atto o provvedimento impugnato sono in contraddizione coi documenti, può richiedere all'amministrazione interessata nuovi schiarimenti o documenti: ovvero ordinare all'amministrazione medesima di fare nuove verificazioni, autorizzando le parti ad assistervi ed anche a produrre determinati documenti, ovvero disporre consulenza tecnica.*

68. *Termini e modalità dell'istruttoria.* 1. Il presidente o il magistrato delegato, ovvero il collegio, nell'ammettere i mezzi istruttori stabiliscono i termini da osservare e ne determinano il luogo e il modo dell'assunzione applicando, in quanto compatibili, le disposizioni del codice di procedura civile.

2. Per l'assunzione fuori udienza dei mezzi di prova è delegato uno dei componenti del collegio, il quale procede con l'assistenza del segretario che redige i relativi verbali. Il segretario comunica alle parti almeno cinque giorni prima il giorno, l'ora e il luogo delle operazioni.

3. Se il mezzo istruttorio deve essere eseguito fuori dal territorio della Repubblica, la richiesta è formulata mediante rogatoria o per delega al console competente, ai sensi dell'articolo 204 del codice di procedura civile.

4. Il segretario comunica alle parti l'avviso che l'istruttoria disposta è stata eseguita e che i relativi atti sono presso la segreteria a loro disposizione[1].

[1] V. artt. 29, 30, 32, R.D. 17 agosto 1907, n. 642 (Regolamento per la procedura dinanzi alle sezioni giurisdizionali del Consiglio di Stato), abrogati dall'art. 4, all. 4, del presente Codice del processo amministrativo, che, rispettivamente, disponevano: *Art. 29. Il Presidente o la sezione, nell'ammettere i mezzi istruttori, stabilisce i termini da osservare ed i modi con cui debbono seguire, applicando, per quanto è possibile, le disposizioni del codice di procedura civile.*

Art. 30. Per l'esecuzione dei mezzi istruttori di cui nel capoverso dell'art. 36 della legge, è delegato uno dei componenti della sezione, il quale procede con l'assistenza del segretario, che redige i relativi verbali.

Se il luogo in cui devesi eseguire il mezzo istruttorio è fuori della capitale, la sezione può delegare uno dei consiglieri di Prefettura, o un magistrato il quale è assistito da un segretario di quell'ufficio.

Se il mezzo istruttorio debba eseguirsi fuori del Regno, la richiesta deve farsi nelle forme diplomatiche.

Art. 32. Il consigliere a cui sono commessi mezzi istruttori deve fare notificare, cinque giorni prima, alle parti stesse il giorno, l'ora ed il luogo delle operazioni.

69. *Surrogazione del giudice delegato all'istruttoria.* 1. La surrogazione del magistrato delegato o la nomina di altro magistrato che debba sostituirlo in qualche atto relativo all'esecuzione della prova è disposta con provvedimento del presidente, ancorchè la delega abbia avuto luogo con ordinanza collegiale[1].

[1] V. art. 33, R.D. 17 agosto 1907, n. 642 (Regolamento per la procedura dinanzi alle sezioni giurisdizionali del Consiglio di Stato), abrogato dall'art. 4, all. 4, del presente Codice del processo amministrativo, che disponeva: *Art. 33. La surrogazione del consigliere delegato, o la nomina di altro consigliere che debba sostituirlo in qualche atto relativo all'esecuzione della prova è fatto con provvedimento del Presidente, ancorché la delegazione abbia avuto luogo per decisione.*

TITOLO IV
RIUNIONE, DISCUSSIONE E DECISIONE DEI RICORSI

CAPO I
RIUNIONE DEI RICORSI

70. *Riunione dei ricorsi.* 1. Il collegio può, su istanza di parte o d'ufficio, disporre la riunione di ricorsi connessi[1].

[1] V. art. 52, R.D. 17 agosto 1907, n. 642 (Regolamento per la procedura dinanzi alle sezioni giurisdizionali del Consiglio di Stato), abrogato dall'art. 4, all. 4, del presente Codice del processo amministrativo, che disponeva: *Art. 52. Se alcuna delle parti, o la pubblica amministrazione, chieda che per ragione di connessione due ricorsi siano uniti e venga provveduto su di essi con una sola decisione, la sezione, udite le parti interessate, può ordinarne l'unione. Il Presidente può, anche quando non sia stata chiesta l'unione, ordinare d'ufficio che i due ricorsi siano chiamati alla stessa udienza, affinché la sezione possa giudicare della loro connessione e, ove si faccia luogo alla riunione, pronunciare sui due ricorsi con una sola decisione.*

CAPO II
DISCUSSIONE

71. *Fissazione dell'udienza.* 1. La fissazione dell'udienza di discussione deve essere chiesta da una delle parti con apposita istanza, non revocabile, da presentare entro il termine massimo di un anno dal deposito del ricorso o dalla cancellazione della causa dal ruolo[1].

2. La parte può segnalare l'urgenza del ricorso depositando istanza di prelievo[2].

3. Il presidente, decorso il termine per la costituzione delle altre parti, fissa l'udienza per la discussione del ricorso.

4. La pendenza del termine di cui all'articolo 15, comma 2, e la proposizione del regolamento di competenza non precludono la fissazione dell'udienza di discussione nè la decisione del ricorso, anche ai sensi degli articoli 60 e 74, salvo che nel termine di cui all'articolo 73, comma 1, la parte interessata depositi l'istanza di regolamento di competenza notificata ai sensi dello stesso articolo 15, comma 2. In tal caso, il giudice può differire la decisione fino alla decisione del regolamento di competenza.

5. Il decreto di fissazione è comunicato a cura dell'ufficio di segreteria, almeno sessanta giorni prima dell'udienza fissata, sia al ricorrente che alle parti costituite in giudizio. Tale termine è ridotto a quarantacinque giorni, su accordo delle parti, se l'udienza di merito è fissata a seguito di rinuncia alla definizione autonoma della domanda cautelare[3].

6. Il presidente designa il relatore almeno trenta giorni prima della data di udienza[4].

[1] V. art. 23, commi 1 e 2, L. 6 dicembre 1971, n. 1034 (Legge Tar), abrogato dall'art. 4, all. 4, del presente Codice del processo amministrativo, che, rispettivamente, disponevano: *La discussione del ricorso deve essere richiesta dal ricorrente ovvero dall'amministrazione o da altra parte costituita con apposita istanza da presentarsi entro il termine massimo di due anni dal deposito del ricorso.*

Il Presidente, sempre che sia decorso il termine di cui al primo comma dell'articolo 22, fissa con decreto l'udienza per la discussione del ricorso.

V., anche, art. 40, R.D. 26 giugno 1924, n. 1054 (Testo unico delle leggi sul Consiglio di Stato), abrogato dall'art. 4, all. 4, del presente Codice del processo amministrativo, che disponeva: *Art. 40. Le parti in causa o la pubblica amministrazione dovranno domandare, con separate istanze, ai presidenti delle sezioni contenziose, la fissazione dell'udienza per la discussione dei ricorsi.*

I ricorsi si avranno per abbandonati, se per il corso di due anni non sia fatto alcun atto di procedura.

[2] V. art. 53, R.D. 17 agosto 1907, n. 642 (Regolamento per la procedura dinanzi alle sezioni giurisdizionali del Consiglio di Stato), abrogato dall'art. 4, all. 4, del presente Codice del processo amministrativo, che disponeva: *La determinazione del giorno dell'udienza ha luogo secondo l'ordine d'iscrizione delle domande nel registro indicato nell'art. 51.*

I ricorsi urgenti hanno la precedenza, osservato l'ordine d'iscrizione nel registro predetto.

[3] V. art. 51, R.D. 17 agosto 1907, n. 642 (Regolamento per la procedura dinanzi alle sezioni giurisdizionali del Consiglio di Stato), abrogato dall'art. 4, all. 4, del presente Codice del processo amministrativo, che disponeva: *Art. 51. Il segretario, ricevuta la domanda di fissazione dell'udienza per la discussione del ricorso, ne fa annotazione in apposito registro e ne rilascia dichiarazione, se richiesta. Indi presenta la domanda stessa col ricorso, il contro-ricorso, il ricorso incidentale, le carte e i documenti al Presidente della sezione il quale nomina il relatore ed assegna il giorno dell'udienza.*

Nello stesso decreto di fissazione di udienza il Presidente può, ad istanza di parte o d'ufficio, dichiarare il ricorso urgente.

[4] V. art. 23, comma 3, L. 6 dicembre 1971, n. 1034 (Legge Tar), abrogato dall'art. 4, all. 4, del presente Codice del processo amministrativo, che disponeva: *Il decreto di fissazione è notificato, a cura dell'ufficio di segreteria, almeno quaranta giorni prima dell'udienza fissata, sia al ricorrente che alle parti che si siano costituite in giudizio.*

71-*bis*. *Effetti dell'istanza di prelievo.* 1. A seguito dell'istanza di cui al comma 2 dell'articolo 71, il giudice, accertata la completezza del contraddittorio e dell'istruttoria, sentite sul punto le parti costituite, può definire, in camera di consiglio, il giudizio con sentenza in forma semplificata[1].

[1] Articolo aggiunto dall'art. 1, comma 781, L. 28 dicembre 2015, n. 208.

72. *Priorità nella trattazione dei ricorsi vertenti su un'unica questione.* 1. Se al fine della decisione della controversia occorre risolvere una singola questione di diritto, anche a seguito di rinuncia a tutti i motivi o eccezioni, e se le parti concordano sui fatti di causa, il presidente fissa con priorità l'udienza di discussione.

2. Il collegio, se rileva l'insussistenza dei presupposti di cui al comma 1, dispone con ordinanza che la trattazione della causa prosegua con le modalità ordinarie.

73. *Udienza di discussione.* 1. Le parti possono produrre documenti fino a quaranta giorni liberi prima dell'udienza, memorie fino a trenta giorni liberi e presentare repliche, ai nuovi documenti e alle nuove memorie depositate in vista dell'udienza, fino a venti giorni liberi[1].

2. Nell'udienza le parti possono discutere sinteticamente.

3. Se ritiene di porre a fondamento della sua decisione una questione rilevata d'ufficio, il giudice la indica in udienza dandone atto a verbale. Se la questione emerge dopo il passaggio in decisione, il giudice riserva quest'ultima e con ordinanza assegna alle parti un termine non superiore a trenta giorni per il deposito di memorie[2].

[1] Comma così modificato dall'art. 1, D.Lgs. 15 novembre 2011, n. 195. Il testo previgente disponeva: *1. Le parti possono produrre documenti fino a quaranta giorni liberi prima dell'udienza, memorie fino a trenta giorni liberi e presentare repliche fino a venti giorni liberi.*

[2] V. art. 23, comma 4, L. 6 dicembre 1971, n. 1034 (Legge Tar), abrogato dall'art. 4, all. 4, del presente Codice del processo amministrativo, che disponeva: *Le parti possono pro-*

durre documenti fino a venti giorni liberi anteriori al giorno fissato per l'udienza e presentare memorie fino a dieci giorni.

74. *Sentenze in forma semplificata.* 1. Nel caso in cui ravvisi la manifesta fondatezza ovvero la manifesta irricevibilità, inammissibilità, improcedibilità o infondatezza del ricorso, il giudice decide con sentenza in forma semplificata. La motivazione della sentenza può consistere in un sintetico riferimento al punto di fatto o di diritto ritenuto risolutivo ovvero, se del caso, ad un precedente conforme.

CAPO III
DELIBERAZIONE

75. *Deliberazione del collegio.* 1. Il collegio, dopo la discussione, decide la causa.

2. La decisione può essere differita a una delle successive camere di consiglio[1].

[1] V. art. 61, R.D. 17 agosto 1907, n. 642 (Regolamento per la procedura dinanzi alle sezioni giurisdizionali del Consiglio di Stato), abrogato dall'art. 4, all. 4, del presente Codice del processo amministrativo, che disponeva: *Art. 61. La sezione, dopo la discussione, pronuncia la decisione.*

La pronunciazione della decisione può essere differita ad una delle prossime udienze.

76. *Modalità della votazione.* 1. Possono essere presenti in camera di consiglio i magistrati designati per l'udienza[1].

2. La decisione è assunta in camera di consiglio con il voto dei soli componenti del collegio[2].

3. Il presidente raccoglie i voti. La decisione è presa a maggioranza di voti. Il primo a votare è il relatore, poi il secondo componente del collegio e, infine, il presidente. Nei giudizi davanti al Consiglio di Stato il primo a votare è il relatore, poi il meno anziano in ordine di ruolo, e così continuando sino al presidente.

4. Si applicano l'articolo 276, secondo, quarto e quinto comma, del codice di procedura civile e l'articolo 118, quarto comma, delle disposizioni per l'attuazione del codice di procedura civile[3] [4].

[1] V. art. 62, R.D. 17 agosto 1907, n. 642 (Regolamento per la procedura dinanzi alle sezioni giurisdizionali del Consiglio di Stato), abrogato dall'art. 4, all. 4, del presente Codice del processo amministrativo, che disponeva: *Art. 62. Non possono concorrere alla decisione se non quei consiglieri e referendari che hanno assistito alla discussione.*

[2] V. art. 63, R.D. 17 agosto 1907, n. 642 (Regolamento per la procedura dinanzi alle sezioni giurisdizionali del Consiglio di Stato), abrogato dall'art. 4, all. 4, del presente Codice del processo amministrativo, che disponeva: *Art. 63. La decisione si pronuncia in camera di consiglio con l'intervento dei soli votanti.*

Il Presidente raccoglie i voti.

Il primo a votare è il relatore, poi il meno anziano in ordine di nomina, e così continuando sino a chi presiede.

[3] Comma così modificato prima dall'art. 1, D.Lgs. 15 novembre 2011, n. 195 (è stato soppresso il numero "2" dopo le parole "quinto comma"), poi dall'art. 1, D.Lgs. 14 settembre 2012, n. 160. Il testo previgente disponeva: *4. Si applicano l'articolo 276, secondo, quarto e quinto comma, del codice di procedura civile e gli articoli 114, quarto comma, e 118, quarto comma, delle disposizioni per l'attuazione del codice di procedura civile.*

[4] V. art. 276 c.p.c., che dispone: Deliberazione. *La decisione è deliberata in segreto nella camera di consiglio. Ad essa possono partecipare soltanto i giudici che hanno assistito alla discussione.*

Il collegio, sotto la direzione del presidente, decide gradatamente le questioni pregiudiziali proposte dalle parti o rilevabili d'ufficio e quindi il merito della causa.

La decisione è presa a maggioranza di voti, il primo a votare è il relatore, quindi l'altro giudice e infine il presidente.

Se intorno a una questione si prospettano più soluzioni e non si forma la maggioranza alla prima votazione, il presidente mette ai voti due delle soluzioni per escluderne una, quindi mette ai voti la non esclusa e quella eventualmente restante, e così successivamente finché le soluzioni siano ridotte a due, sulle quali avviene la votazione definitiva.

Chiusa la votazione, il presidente scrive e sottoscrive il dispositivo. La motivazione è quindi stesa dal relatore, a meno che il presidente non creda di stenderla egli stesso o affidarla all'altro giudice.

V. art. 118 disp. att. c.p.c., che dispone: Motivazione della sentenza. *La motivazione della sentenza di cui all'articolo 132, secondo comma, numero 4), del codice consiste nella succinta esposizione dei fatti rilevanti della causa e delle ragioni giuridiche della decisione, anche con riferimento a precedenti conformi.*

Debbono essere esposte concisamente e in ordine le questioni discusse e decise dal collegio ed indicati le norme di legge e i principi di diritto applicati. Nel caso previsto nell'articolo 114 del Codice debbono essere esposte le ragioni di equità sulle quali è fondata la decisione.

In ogni caso deve essere omessa ogni citazione di autori giuridici.

La scelta dell'estensore della sentenza prevista nell'articolo 276 ultimo comma del Codice è fatta dal presidente tra i componenti il collegio che hanno espresso voto conforme alla decisione.

TITOLO V
INCIDENTI NEL PROCESSO

CAPO I
INCIDENTE DI FALSO

77. *Querela di falso.* 1. Chi deduce la falsità di un documento deve provare che sia stata già proposta la querela di falso o domandare la fissazione di un termine entro cui possa proporla innanzi al tribunale ordinario competente.

2. Qualora la controversia possa essere decisa indipendentemente dal documento del quale è dedotta la falsità, il collegio pronuncia sulla controversia.

3. La prova dell'avvenuta proposizione della querela di falso è depositata agli atti di causa entro trenta giorni dalla scadenza del termine fissato ai sensi del comma 1. In difetto il presidente fissa l'udienza di discussione.

4. Proposta la querela, il collegio sospende la decisione fino alla definizione del giudizio di falso[1].

[1] V. artt. 41 e 42, R.D. 17 agosto 1907, n. 642 (Regolamento per la procedura dinanzi alle sezioni giurisdizionali del Consiglio di Stato), abrogati dall'art. 4, all. 4, del presente Codice del processo amministrativo che, rispettivamente, disponevano: *Art. 41. Chi deduce la falsità di un documento deve provare che sia stata già proposta la querela di falso, o domandare la prefissione di un termine entro cui possa proporla innanzi al Tribunale competente.*

Art. 42. Qualora la contestazione possa essere decisa indipendentemente dal documento del quale è dedotta la falsità, la sezione pronuncia sulla controversia principale.

La decide pure dopo che sia trascorso il termine prefisso a norma dell'articolo precedente, senza che siano stati compiuti gli atti prescritti dal codice di procedura civile, fino alla proposta della querela.

Proposta la querela, la sezione sospende la decisione fino al termine del giudizio di falso.

78. *Deposito della sentenza resa sulla querela di falso.* 1. Definito il giudizio di falso, la parte che ha dedotto la falsità deposita copia autentica della sentenza in segreteria.

2. Il ricorso è dichiarato estinto se nessuna parte deposita la copia della sentenza nel termine di novanta giorni dal suo passaggio in giudicato[1].

[1] V. art. 42, R.D. 17 agosto 1907, n. 642 (Regolamento per la procedura dinanzi alle sezioni giurisdizionali del Consiglio di Stato), abrogato dall'art. 4, all. 4, del presente Codice del processo amministrativo, che disponeva: *Art. 42. Qualora la contestazione possa essere decisa indipendentemente dal documento del quale è dedotta la falsità, la sezione pronuncia sulla controversia principale.*

La decide pure dopo che sia trascorso il termine prefisso a norma dell'articolo precedente, senza che siano stati compiuti gli atti prescritti dal codice di procedura civile, fino alla proposta della querela.

Proposta la querela, la sezione sospende la decisione fino al termine del giudizio di falso.

CAPO II
SOSPENSIONE E INTERRUZIONE DEL PROCESSO

79. *Sospensione e interruzione del processo.* 1. La sospensione del processo è disciplinata dal codice di procedura civile, dalle altre leggi e dal diritto dell'Unione europea.

2. L'interruzione del processo è disciplinata dalle disposizioni del codice di procedura civile[1].

3. Le ordinanze di sospensione emesse ai sensi dell'articolo 295 del codice di procedura civile sono appellabili. L'appello è deciso in camera di consiglio.

[1] V. art. 24, L. 6 dicembre 1971, n. 1034 (Legge Tar), abrogato dall'art. 4, all. 4, del presente Codice del processo amministrativo, che disponeva: *Art. 24. La morte o la perdita della capacità di stare in giudizio di una delle parti private o del suo rappresentante legale o la cessazione di tale rappresentanza produce l'interruzione del processo secondo le norme degli articoli 299 e seguenti del codice di procedura civile, in quanto applicabili. Se la parte è costituita a mezzo di un procuratore o avvocato, il processo è interrotto dal giorno della morte, radiazione o sospensione del procuratore o dell'avvocato stesso.*

Il processo deve essere riassunto, a cura della parte più diligente, con apposito atto notificato a tutte le altre parti, nel termine perentorio di sei mesi dalla conoscenza legale dell'evento interruttivo, acquisita mediante dichiarazione, notificazione o certificazione; altrimenti, si estingue.

80. *Prosecuzione o riassunzione del processo sospeso o interrotto.* 1. In caso di sospensione del giudizio, per la sua prosecuzione deve essere presentata istanza di fissazione di udienza entro novanta giorni dalla comunicazione dell'atto che fa venir meno la causa della sospensione.

2. Il processo interrotto prosegue se la parte nei cui confronti si è verificato l'evento interruttivo presenta nuova istanza di fissazione di udienza.

3. Se non avviene la prosecuzione ai sensi del comma 2, il processo deve essere riassunto, a cura della parte più diligente, con apposito atto notificato a tutte le altre parti, nel termine perentorio di novanta giorni dalla conoscenza legale dell'evento interruttivo, acquisita mediante dichiarazione, notificazione o certificazione[1].

[1] V. art. 24, comma 2, L. 6 dicembre 1971, n. 1034 (Legge Tar), abrogato dall'art. 4, all. 4, del presente Codice del processo amministrativo, che disponeva: *Il processo deve essere riassunto, a cura della parte più diligente, con apposito atto notificato a tutte le altre parti, nel termine perentorio di sei mesi dalla conoscenza legale dell'evento interruttivo, acquisita mediante dichiarazione, notificazione o certificazione; altrimenti, si estingue.*

TITOLO VI
ESTINZIONE E IMPROCEDIBILITÀ

81. *Perenzione.* 1. Il ricorso si considera perento se nel corso di un anno non sia compiuto alcun atto di procedura. Il termine non decorre dalla presentazione dell'istanza di cui all'articolo 71, comma 1, e finchè non si sia provveduto su di essa, salvo quanto previsto dall'articolo 82[1].

[1] V. art. 25, L. 6 dicembre 1971, n. 1034 (Legge Tar), abrogato dall'art. 4, all. 4, del presente Codice del processo amministrativo, che disponeva: *Art. 25. I ricorsi si considerano ab-*

bandonati se nel corso di due anni non sia compiuto alcun atto di procedura.

V., anche, art. 40, R.D. 26 giugno 1924, n. 1054 (Testo unico delle leggi sul Consiglio di Stato), abrogato dall'art. 4, all. 4, del presente Codice del processo amministrativo, che disponeva: *Art. 40. Le parti in causa o la pubblica amministrazione dovranno domandare, con separate istanze, ai presidenti delle sezioni contenziose, la fissazione dell'udienza per la discussione dei ricorsi.*

I ricorsi si avranno per abbandonati, se per il corso di due anni non sia fatto alcun atto di procedura.

82. *Perenzione dei ricorsi ultraquinquennali.* 1. Dopo il decorso di cinque anni dalla data di deposito del ricorso, la segreteria comunica alle parti costituite apposito avviso in virtù del quale è fatto onere al ricorrente di presentare nuova istanza di fissazione di udienza, sottoscritta dalla parte che ha rilasciato la procura di cui all'articolo 24 e dal suo difensore, entro centottanta giorni dalla data di ricezione dell'avviso. In difetto di tale nuova istanza, il ricorso è dichiarato perento.

2. Se, in assenza dell'avviso di cui al comma 1, è comunicato alle parti l'avviso di fissazione dell'udienza di discussione nel merito, il ricorso è deciso qualora il ricorrente dichiari, anche in udienza a mezzo del proprio difensore, di avere interesse alla decisione; altrimenti è dichiarato perento dal presidente del collegio con decreto[1].

[1] V. art. 9, comma 2, L. 21 luglio 2000, n. 205 (Disposizioni in materia di giustizia amministrativa), che dispone: *2. A cura della segreteria è notificato alle parti costituite, dopo il decorso di cinque anni dalla data di deposito dei ricorsi, apposito avviso in virtù del quale è fatto onere alle parti ricorrenti di presentare nuova istanza di fissazione dell'udienza con la firma delle parti entro sei mesi dalla data di notifica dell'avviso medesimo. I ricorsi per i quali non sia stata presentata nuova domanda di fissazione vengono, dopo il decorso infruttuoso del termine assegnato, dichiarati perenti con le modalità di cui all'ultimo comma dell'articolo 26 della legge 6 dicembre 1971, n. 1034, introdotto dal comma 1 del presente articolo. Se, in assenza dell'avviso di cui al primo periodo, è comunicato alle parti l'avviso di fissazione dell'udienza di discussione nel merito, i ricorsi sono decisi qualora almeno una parte costituita dichiari, anche in udienza a mezzo del proprio difensore, di avere interesse alla decisione; altrimenti sono dichiarati perenti dal presidente del collegio con decreto, ai sensi dell'articolo 26, ultimo comma, della legge 6 dicembre 1971, n. 1034.*

83. *Effetti della perenzione.* 1. La perenzione opera di diritto e può essere rilevata anche d'ufficio. Ciascuna delle parti sopporta le proprie spese nel giudizio[1].

[1] V. art. 45, R.D. 17 agosto 1907, n. 642 (Regolamento per la procedura dinanzi alle sezioni giurisdizionali del Consiglio di Stato), abrogato dall'art. 4, all. 4, del presente Codice del processo amministrativo, che disponeva: *Art. 45. La perenzione del ricorso opera di diritto e può essere rilevata anche di ufficio.*

Nel caso di perenzione, ciascuna delle parti sopporta le proprie spese nel giudizio perento.

84. *Rinuncia.* 1. La parte può rinunciare al ricorso in ogni stato e grado della controversia, mediante dichiarazione sottoscritta da essa stessa o dall'avvocato munito di mandato speciale e depositata presso la segreteria, o mediante dichiarazione resa in udienza e documentata nel relativo verbale.

2. Il rinunciante deve pagare le spese degli atti di procedura compiuti, salvo che il collegio, avuto riguardo a ogni circostanza, ritenga di compensarle.

3. La rinuncia deve essere notificata alle altre parti almeno dieci giorni prima dell'udienza. Se le parti che hanno interesse alla prosecuzione non si oppongono, il processo si estingue.

4. Anche in assenza delle formalità di cui ai commi precedenti il giudice può desumere dall'intervento di fatti o atti univoci dopo la proposizione del ricorso ed altresì dal comportamento delle parti argomenti di prova della sopravvenuta carenza d'interesse alla decisione della causa[1].

[1] V. art. 46, R.D. 17 agosto 1907, n. 642 (Regolamento per la procedura dinanzi alle sezioni giurisdizionali del Consiglio di Stato), abrogato dall'art. 4, all. 4, del presente Codice del processo amministrativo, che disponeva: *Art. 46. In qualunque stadio della controversia si può rinunciare al ricorso mediante dichiarazione sottoscritta dalla parte o dall'avvocato, munito di mandato speciale e depositato nella segreteria, o mediante dichiarazione verbale, di cui è steso processo.*

Il rinunziante deve pagare le spese degli atti di procedura compiuti.

La rinunzia dev'essere notificata alla controparte, eccetto il caso in cui sia fatta oralmente all'udienza.

85. *Forma e rito per l'estinzione e per l'improcedibilità.* 1. L'estinzione e l'improcedibilità di cui all'articolo 35 possono essere pronunciate con decreto dal presidente o da un magistrato da lui delegato.

2. Il decreto è depositato in segreteria, che ne dà comunicazione alle parti costituite.

3. Nel termine di sessanta giorni dalla comunicazione ciascuna delle parti costituite può proporre opposizione al collegio, con atto notificato a tutte le altre parti.

4. Il giudizio di opposizione si svolge ai sensi dell'articolo 87, comma 3, ed è deciso con ordinanza che, in caso di accoglimento dell'opposizione, fissa l'udienza di merito.

5. In caso di rigetto, le spese sono poste a carico dell'opponente e vengono liquidate dal collegio nella stessa ordinanza, esclusa la possibilità di compensazione anche parziale.

6. L'ordinanza è depositata in segreteria, che ne dà comunicazione alle parti costituite.

7. Avverso l'ordinanza che decide sull'opposizione può essere proposto appello.

8. Il giudizio di appello si svolge secondo le disposizioni di cui all'articolo 87, comma 3[1].

9. L'estinzione e l'improcedibilità sono dichiarate con sentenza se si verificano, o vengono accertate, all'udienza di discussione[2].

[1] Comma così sostituito dall'art. 1, D.Lgs. 14 settembre 2012, n. 160. Il testo previgente disponeva: *8. Il giudizio di appello procede secondo le regole ordinarie e l'udienza di discussione è fissata d'ufficio con priorità.*

[2] V. art. 26, comma 7, L. 6 dicembre 1971, n. 1034 (Legge Tar), abrogato dall'art. 4, all. 4, del presente Codice del processo amministrativo, che disponeva: *La rinuncia al ricorso, la cessazione della materia del contendere, l'estinzione del giudizio e la perenzione sono pronunciate, con decreto, dal presidente della sezione competente o da un magistrato da lui delegato. Il decreto è depositato in segreteria, che ne dà formale comunicazione alle parti costituite. Nel termine di sessanta giorni dalla comunicazione ciascuna delle parti costituite può proporre opposizione al collegio, con atto notificato a tutte le altre parti e depositato presso la segreteria del giudice adito entro dieci giorni dall'ultima notifica. Nei trenta giorni successivi il collegio decide sulla opposizione in camera di consiglio, sentite le parti che ne facciano richiesta, con ordinanza che, in caso di accoglimento della opposizione, dispone la reiscrizione del ricorso nel ruolo ordinario. Nel caso di rigetto, le spese sono poste a carico dell'opponente e vengono liquidate dal collegio nella stessa ordinanza, esclusa la possibilità di compensazione anche parziale. L'ordinanza è depositata in segreteria, che ne dà comunicazione alle parti costituite. Avverso l'ordinanza che decide sulla opposizione può essere proposto ricorso in appello. Il giudizio di appello procede secondo le regole ordinarie, ridotti alla metà tutti i termini processuali.*

TITOLO VII
CORREZIONE DI ERRORE MATERIALE DEI PROVVEDIMENTI DEL GIUDICE

86. *Procedimento di correzione.* 1. Ove occorra correggere omissioni o errori materiali, la domanda per la correzione deve essere proposta al giudice che ha emesso il provvedimento, il quale, se vi è il consenso delle parti, dispone con decreto, in camera di consiglio, la correzione.

2. In caso di dissenso delle parti, sulla domanda di correzione pronuncia il collegio con ordinanza in camera di consiglio.

3. La correzione si effettua a margine o in calce al provvedimento originale, con indicazione del decreto o dell'ordinanza che l'ha disposta[1].

[1] V. art. 93, R.D. 17 agosto 1907, n. 642 (Regolamento per la procedura dinanzi alle sezioni giurisdizionali del Consiglio di Stato), abrogato dall'art. 4, all. 4, del presente Codice del processo amministrativo, che disponeva: *Art. 93. Ove occorra correggere omissioni od errori materiali, od aggiungere alcuna delle conclusioni, che, presa dalle parti, non sia stata riferita nella decisione, ma risulti dai motivi che col dispositivo vi si è provveduto, la domanda per la correzione deve esser fatta al collegio che pronunziò la decisione, il quale, sul consenso delle parti, decreta, in camera di consiglio, la correzione richiesta.*

In caso di dissenso delle parti, sulle domande di correzione pronuncia il collegio col procedimento ordinario.

Le correzioni si fanno in margine o in fine della decisione originale, con indicazione del decreto e della decisione che le abbia ordinate.

TITOLO VIII
UDIENZE

87. *Udienze pubbliche e procedimenti in camera di consiglio.* 1. Le udienze sono pubbliche a pena di nullità, salvo quanto previsto dal comma 2, ma il presidente del collegio può disporre che si svolgano a porte chiuse, se ricorrono ragioni di sicurezza dello Stato, di ordine pubblico o di buon costume[1].

2. Oltre agli altri casi espressamente previsti, si trattano in camera di consiglio:

a) i giudizi cautelari e quelli relativi all'esecuzione delle misure cautelari collegiali[2];

b) il giudizio in materia di silenzio[3];

c) il giudizio in materia di accesso ai documenti amministrativi e di violazione degli obblighi di trasparenza amministrativa[4];

d) i giudizi di ottemperanza[5];

e) i giudizi in opposizione ai decreti che pronunciano l'estinzione o l'improcedibilità del giudizio[6].

3. Nei giudizi di cui al comma 2, con esclusione dell'ipotesi di cui alla lettera *a)* e fatto salvo quanto disposto dall'articolo 116, comma 1, tutti i termini processuali sono dimezzati rispetto a quelli del processo ordinario, tranne, nei giudizi di primo grado, quelli per la notificazione del ricorso introduttivo, del ricorso incidentale e dei motivi aggiunti. La camera di consiglio è fissata d'ufficio alla prima udienza utile successiva al trentesimo giorno decorrente dalla scadenza del termine di costituzione delle parti intimate. Nella camera di consiglio sono sentiti i difensori che ne fanno richiesta[7].

4. La trattazione in pubblica udienza non costituisce motivo di nullità della decisione[8].

[1] Comma così modificato dall'art. 1, D.Lgs. 15 novembre 2011, n. 195. Il testo previgente disponeva: *1. Le udienze sono pubbliche a pena di nullità, salvo quanto previsto dal comma 2.*

[2] V. art. 21, comma 8, L. 6 dicembre 1971, n. 1034 (Legge Tar), abrogato dall'art. 4, all. 4, del presente Codice del processo amministrativo, che disponeva: *Se il ricorrente, allegando un pregiudizio grave e irreparabile derivante dall'esecuzione dell'atto impugnato, ovvero dal comportamento inerte dell'am-*

ministrazione, durante il tempo necessario a giungere ad una decisione sul ricorso, chiede l'emanazione di misure cautelari, compresa l'ingiunzione a pagare una somma, che appaiono, secondo le circostanze, più idonee ad assicurare interinalmente gli effetti della decisione sul ricorso, il tribunale amministrativo regionale si pronuncia sull'istanza con ordinanza emessa in camera di consiglio. Nel caso in cui dall'esecuzione del provvedimento cautelare derivino effetti irreversibili il giudice amministrativo può altresì disporre la prestazione di una cauzione, anche mediante fideiussione, cui subordinare la concessione o il diniego della misura cautelare. La concessione o il diniego della misura cautelare non può essere subordinata a cauzione quando la richiesta cautelare attenga ad interessi essenziali della persona quali il diritto alla salute, alla integrità dell'ambiente, ovvero ad altri beni di primario rilievo costituzionale. L'ordinanza cautelare motiva in ordine alla valutazione del pregiudizio allegato, ed indica i profili che, ad un sommario esame, inducono a una ragionevole previsione sull'esito del ricorso. I difensori delle parti sono sentiti in camera di consiglio, ove ne facciano richiesta.

[3] V. art. 21-bis, L. 6 dicembre 1971, n. 1034 (Legge Tar), abrogato dall'art. 4, all. 4, del presente Codice del processo amministrativo, che disponeva: *Art. 21-bis. 1. I ricorsi avverso il silenzio dell'amministrazione sono decisi in camera di consiglio, con sentenza succintamente motivata, entro trenta giorni dalla scadenza del termine per il deposito del ricorso, uditi i difensori delle parti che ne facciano richiesta. Nel caso che il collegio abbia disposto un'istruttoria, il ricorso è deciso in camera di consiglio entro trenta giorni dalla data fissata per gli adempimenti istruttori. La decisione è appellabile entro trenta giorni dalla notificazione o, in mancanza, entro novanta giorni dalla comunicazione della pubblicazione. Nel giudizio d'appello si seguono le stesse regole.*

2. In caso di totale o parziale accoglimento del ricorso di primo grado, il giudice amministrativo ordina all'amministrazione di provvedere di norma entro un termine non superiore a trenta giorni. Qualora l'amministrazione resti inadempiente oltre il detto termine, il giudice amministrativo, su richiesta di parte, nomina un commissario che provveda in luogo della stessa.

3. All'atto dell'insediamento il commissario, preliminarmente all'emanazione del provvedimento da adottare in via sostitutiva, accerta se anteriormente alla data dell'insediamento medesimo l'amministrazione abbia provveduto, ancorché in data successiva al termine assegnato dal giudice amministrativo con la decisione prevista dal comma 2.

[4] Lettera così modificata dall'art. 52, D.Lgs. 14 marzo 2013, n. 33. Il testo previgente disponeva: *c) il giudizio in materia di accesso ai documenti amministrativi.* V. art. 25, comma 5, L. 7 agosto 1990, n. 241 (Nuove norme in materia di procedimento amministrativo e di diritto di accesso ai documenti amministrativi), sostituito dall'art. 3, all. 4, del presente Codice del processo amministrativo.

[5] V. art. 27, n. 4, R.D. 26 giugno 1924, n. 1054 (Testo unico delle leggi sul Consiglio di Stato), abrogato dall'art. 4, all. 4, del presente Codice del processo amministrativo, che disponeva: *Art. 27. Il Consiglio di Stato in sede giurisdizionale decide pronunciando anche in merito: 4) dei ricorsi diretti ad ottenere l'adempimento dell'obbligo dell'autorità amministrativa di conformarsi, in quanto riguarda il caso deciso, al giudicato dei Tribunali che abbia riconosciuto la lesione di un diritto civile o politico.*

[6] V. art. 27, L. 6 dicembre 1971, n. 1034 (Legge Tar), abrogato dall'art. 4, all. 4, del presente Codice del processo amministrativo, che disponeva: *Art. 27. Si segue il procedimento in camera di consiglio: 1) per i giudizi per i quali si debba soltanto dare atto della rinuncia al ricorso o dichiarare la perenzione; 2) per i ricorsi per i quali le parti concordemente chiedono che sia dichiarata la cessazione della materia del contendere; 3) per i ricorsi contro le decisioni del prefetto sulle controversie in materia di spedalità, previste dall'articolo 3 della legge 26 aprile 1954, n. 251, concernente modifica agli articoli 10, 34, 36 del regio decreto 30 dicembre 1923, n. 2841, e all'articolo 6 del testo unico approvato con regio decreto 14 settembre 1931, n. 1776; 4) per i ricorsi proposti ai sensi dell'articolo 27, n. 4, del testo unico approvato con regio decreto 26 giugno 1924, n. 1054.*

Nei casi di cui ai numeri precedenti se una delle parti ne faccia richiesta il presidente ordina che il ricorso si tratti in udienza pubblica.

[7] Comma così modificato dall'art. 1, D.Lgs. 15 novembre 2011, n. 195. Il testo previgente disponeva: *3. Nei giudizi di cui al comma 2, con esclusione dell'ipotesi di cui alla lettera a), tutti i termini processuali sono dimezzati rispetto a quelli del processo ordinario, tranne quelli per la notificazione del ricorso introduttivo, del ricorso incidentale e dei motivi aggiunti. La camera di consiglio è fissata d'ufficio alla prima udienza utile successiva al trentesimo giorno decorrente dalla scadenza del termine di costituzione delle parti intimate. Nella camera di consiglio sono sentiti i difensori che ne fanno richiesta.*

[8] V. art. 27, comma 2, L. 6 dicembre 1971, n. 1034 (Legge Tar), abrogato dall'art. 4, all. 4, del presente Codice del processo amministrativo, che disponeva: *Nei casi di cui ai numeri precedenti se una delle parti ne faccia richiesta il presidente ordina che il ricorso si tratti in udienza pubblica.*

TITOLO IX
SENTENZA

88. *Contenuto della sentenza.* 1. La sentenza è pronunciata in nome del popolo italiano e reca l'intestazione «Repubblica italiana»[1].

2. Essa deve contenere:

a) l'indicazione del giudice adito e del collegio che l'ha pronunciata;

b) l'indicazione delle parti e dei loro avvocati;

c) le domande;

d) la concisa esposizione dei motivi in fatto e in diritto della decisione, anche con rinvio a precedenti cui intende conformarsi;

e) il dispositivo, ivi compresa la pronuncia sulle spese;

f) l'ordine che la decisione sia eseguita dall'autorità amministrativa;

g) l'indicazione del giorno, mese, anno e luogo in cui la decisione è pronunciata;

h) la sottoscrizione del presidente e dell'estensore.

3. Si applica l'articolo 118, comma 3, delle disposizioni per l'attuazione del codice di procedura civile[2].

4. Se il presidente non può sottoscrivere per morte o altro impedimento, la sentenza è sottoscritta dal componente più anziano del collegio, purchè prima della sottoscrizione sia menzionato l'impedimento; se l'estensore non può sottoscrivere la sentenza per morte o altro impedimento, è sufficiente la sottoscrizione del solo presidente, purchè prima della sottoscrizione sia menzionato l'impedimento.

[1] V. art. 65, R.D. 17 agosto 1907, n. 642, abrogato dall'art. 4, all. 4, del presente Codice del processo amministrativo, che disponeva: *Art. 65. La decisione si pronuncia in nome del Re e deve contenere: 1) la indicazione del nome e cognome delle parti e dei loro avvocati; 2) il tenore delle domande; 3) una succinta esposizione dei motivi di fatto e di diritto; 4) il dispositivo; 5) l'ordine che la decisione sia eseguita dall'autorità amministrativa; 6) la indicazione del giorno, mese, anno e luogo in cui la decisione è pronunciata; 7) la sottoscrizione dei consiglieri che hanno pronunziata la decisione, con l'indicazione dell'estensore e la firma del segretario.*

[2] V. art. 118 disp. att. c.p.c., che dispone: Motivazione della sentenza. *La motivazione della sentenza di cui all'articolo 132, secondo comma, numero 4), del codice consiste nella succinta esposizione dei fatti rilevanti della causa e delle ragioni giuridiche della decisione, anche con riferimento a precedenti conformi.*

Debbono essere esposte concisamente e in ordine le questioni discusse e decise dal collegio ed indicati le norme di legge e i principi di diritto applicati. Nel caso previsto nell'articolo 114 del Codice debbono essere esposte le ragioni di equità sulle quali è fondata la decisione.

In ogni caso deve essere omessa ogni citazione di autori giuridici.

La scelta dell'estensore della sentenza prevista nell'articolo 276 ultimo comma del Codice è fatta dal presidente tra i componenti il collegio che hanno espresso voto conforme alla decisione.

89. *Pubblicazione e comunicazione della sentenza.* 1. La sentenza deve essere redatta non oltre il quarantacinquesimo giorno da quello della decisione della causa[1].

2. La sentenza, che non può più essere modificata dopo la sua sottoscrizione, è immediatamente resa pubblica mediante deposito nella segreteria del giudice che l'ha pronunciata[2].

3. Il segretario dà atto del deposito in calce alla sentenza, vi appone la data e la firma ed entro cinque giorni ne dà comunicazione alle parti costituite[1].

[1] V. art. 55, L. 27 aprile 1982, n. 186 (Ordinamento della giurisdizione amministrativa e del personale di segreteria ed ausiliario del Consiglio di Stato e dei tribunali amministrativi regionali), abrogato dall'art. 4, all. 4, del presente Codice del processo amministrativo.

[2] V. art. 66, R.D. 17 agosto 1907, n. 642 (Regolamento per la procedura dinanzi alle sezioni giurisdizionali del Consiglio di Stato), abrogato dall'art. 4, all. 4, del presente Codice del processo amministrativo, che disponeva: *Art. 66. La decisione non può più essere modificata quando è sottoscritta dai votanti.*

90. *Pubblicità della sentenza.* 1. Qualora la pubblicità della sentenza possa contribuire a riparare il danno, compreso quello derivante per effetto di quanto previsto all'articolo 96 del codice di procedura civile, il giudice, su istanza di parte, può ordinarla a cura e spese del soccombente, mediante inserzione per estratto, ovvero mediante comunicazione, nelle forme specificamente indicate, in una o più testate giornalistiche, radiofoniche o televisive e in siti internet da lui designati. Se l'inserzione non avviene nel termine stabilito dal giudice, può procedervi la parte a favore della quale è stata disposta, con diritto a ripetere le spese dall'obbligato[1].

[1] V. art. 120 c.p.c., che dispone: Pubblicità della sentenza. *Nei casi in cui la pubblicità della decisione di merito può contribuire a riparare il danno, compreso quello derivante per effetto di quanto previsto all'articolo 96, il giudice, su istanza di parte, può ordinarla a cura e spese del soccombente, mediante inserzione per estratto, ovvero mediante comunicazione, nelle forme specificamente indicate, in una o più testate giornalistiche, radiofoniche o televisive e in siti internet da lui designati.*

Se l'inserzione non avviene nel termine stabilito dal giudice, può procedervi la parte a favore della quale è stata disposta, con diritto a ripetere le spese dall'obbligato.

LIBRO TERZO
IMPUGNAZIONI

TITOLO I
IMPUGNAZIONI IN GENERALE

91. *Mezzi di impugnazione.* 1. I mezzi di impugnazione delle sentenze sono l'appello, la revocazione, l'opposizione di terzo e il ricorso per cassazione per i soli motivi inerenti alla giurisdizione[1].

[1] V. art. 28, L. 6 dicembre 1971, n. 1034 (Legge Tar), abrogato dall'art. 4, all. 4, del presente Codice del processo amministrativo, che disponeva: *Art. 28. Contro le sentenze dei tribunali amministrativi è ammesso ricorso per revocazione, nei casi, nei modi e nei termini previsti dagli articoli n. 395 e 396 del codice di procedura civile.*

Contro le sentenze medesime è ammesso, altresì, ricorso al Consiglio di Stato, in sede giurisdizionale, da proporre nel termine di giorni sessanta dalla ricevuta notificazione, osservato il disposto dell'articolo 330 del codice di procedura civile.

Contro le ordinanze dei tribunali amministrativi regionali di cui all'articolo 21, commi settimo e seguenti, è ammesso ricorso in appello, da proporre nel termine di sessanta giorni dalla notificazione dell'ordinanza, ovvero di centoventi giorni dalla comunicazione del deposito dell'ordinanza stessa nella segreteria.

Nei casi nei quali i tribunali hanno competenza di merito o esclusiva, anche il Consiglio di Stato, nel decidere in secondo grado, ha competenza di merito o esclusiva.

In ogni caso, il Consiglio di Stato in sede di appello esercita gli stessi poteri giurisdizionali di cognizione e di decisione del giudice di primo grado.

92. *Termini per le impugnazioni.* 1. Salvo quanto diversamente previsto da speciali disposizioni di legge, le impugnazioni si propongono con ricorso e devono essere notificate entro il termine perentorio di sessanta giorni decorrenti dalla notificazione della sentenza[1].

2. Per i casi di revocazione previsti nei numeri 1, 2, 3 e 6 del primo comma dell'articolo 395 del codice di procedura civile e di opposizione di terzo di cui all'articolo 108, comma 2, il termine di cui al comma 1 decorre dal giorno in cui è stato scoperto il dolo o la falsità o la collusione o è stato recuperato il documento o è passata in giudicato la sentenza di cui al numero 6 del medesimo articolo 395.

3. In difetto della notificazione della sentenza, l'appello, la revocazione di cui ai numeri 4 e 5 dell'articolo 395 del codice di procedura civile e il ricorso per cassazione devono essere notificati entro sei mesi dalla pubblicazione della sentenza.

4. La disposizione di cui al comma 3 non si applica quando la parte che non si è costituita in giudizio dimostri di non aver avuto conoscenza del processo a causa della nullità del ricorso o della sua notificazione.

5. Fermo quanto previsto dall'articolo 16, comma 3, l'ordinanza cautelare che, in modo implicito o esplicito, ha deciso anche sulla competenza è appellabile ai sensi dell'articolo 62. Non costituiscono decisione implicita sulla competenza le ordinanze istruttorie o interlocutorie di cui all'articolo 36, comma 1, nè quelle che disattendono l'istanza cautelare senza riferimento espresso alla questione di competenza. La sentenza che, in modo implicito o esplicito, ha pronunciato sulla competenza insieme col merito è appellabile nei modi ordinari e nei termini di cui ai commi 1, 3 e 4.

[1] V. art. 36, R.D. 26 giugno 1924, n. 1054 (Testo unico delle leggi sul Consiglio di Stato), abrogato dall'art. 4, all. 4, del presente Codice del processo amministrativo, che disponeva: *Art. 36. Fuori dei casi nei quali i termini siano fissati dalle leggi speciali, relative alla materia del ricorso, il termine per ricorrere al consiglio di Stato in sede giurisdizionale è di giorni sessanta dalla data in cui la decisione amministrativa sia stata notificata nelle forme e nei modi stabiliti dal regolamento, o dalla data in cui risulti che l'interessato ne ha avuta piena cognizione. Se il ricorrente ha dichiarato di accettare, a norma dell'art. 33, che l'affare sia proposto alla decisione del consiglio di Stato. Il termine è di giorni trenta dalla data della dichiarazione.*

Il ricorso è diretto al Consiglio di Stato in sede giurisdizionale e deve essere, nei termini suddetti, notificato tanto all'autorità dalla quale è emanato l'atto o il provvedimento impugnato, quanto alle persone, alle quali l'atto o il provvedimento direttamente si riferisce, salvo la possibilità di rinnovare o integrare la notificazione, secondo le norme da stabilirsi col regolamento, nei casi di errore che dalla sezione sia ritenuto scusabile.

I termini per ricorrere e per controricorrere sono aumentati di 30 giorni, se le parti o alcune di esse, risiedono in altro Stato d'Europa, e di 90, se risiedono fuori d'Europa.

L'originale ricorso, con la prova delle eseguite notificazioni e coi documenti sui quali si fonda, deve essere dal ricorrente, entro 30 giorni successivi alle notificazioni medesime, depositato, insieme all'atto o provvedimento impugnato, nella segreteria del Consiglio di Stato.

I termini ed i modi prescritti in quest'articolo per la notificazione ed il deposito del ricorso debbono osservarsi a pena di decadenza.

93. *Luogo di notificazione dell'impugnazione.* 1. L'impugnazione deve essere notificata nella residenza dichiarata o nel domicilio eletto dalla parte nell'atto di notificazione della sentenza o, in difetto, presso il difensore o nella residenza dichiarata o nel domicilio eletto per il giudizio e risultante dalla sentenza.

2. Qualora la notificazione abbia avuto esito negativo perchè il domiciliatario si è trasferito senza notificare una formale comunicazione alle altre parti, la parte che intende proporre l'impugnazione può presentare al presidente del tribunale amministrativo regionale o al presidente del Consiglio di Stato, secondo il giudice adito con l'impugnazione, un'istanza, corredata dall'attestazione dell'omessa notificazione, per la fissazione di un termine perentorio per il completamento della notificazione o per la rinnovazione dell'impugnazione.

94. *Deposito delle impugnazioni.* 1. Nei giudizi di appello, di revocazione e di opposizione di terzo il ricorso deve essere depositato nella segreteria del giudice adito, a pena di decadenza, entro trenta giorni dall'ultima notificazione ai sensi dell'articolo 45, unitamente ad una copia della sentenza impugnata e alla prova delle eseguite notificazioni[1].

[1] V. art. 36, comma 4, R.D. 26 giugno 1924, n. 1054 (Testo unico delle leggi sul Consiglio di Stato), abrogato dall'art. 4, all. 4, del presente Codice del processo amministrativo, che disponeva: *L'originale ricorso, con la prova delle eseguite notificazioni e coi documenti sui quali si fonda, deve essere dal ricorrente, entro 30 giorni successivi alle notificazioni medesime, depositato, insieme all'atto o provvedimento impugnato, nella segreteria del Consiglio di Stato.*

95. *Parti del giudizio di impugnazione.* 1. L'impugnazione della sentenza pronunciata in causa inscindibile o in cause tra loro dipendenti è notificata a tutte le parti in causa e, negli altri casi, alle parti che hanno interesse a contraddire[1].

2. L'impugnazione deve essere notificata a pena di inammissibilità nei termini previsti dall'articolo 92 ad almeno una delle parti interessate a contraddire.

3. Se la sentenza non è stata impugnata nei confronti di tutte le parti di cui al comma 1, il giudice

ordina l'integrazione del contraddittorio, fissando il termine entro cui la notificazione deve essere eseguita, nonchè la successiva udienza di trattazione.

4. L'impugnazione è dichiarata improcedibile se nessuna delle parti provvede all'integrazione del contraddittorio nel termine fissato dal giudice.

5. Il Consiglio di Stato, se riconosce che l'impugnazione è manifestamente irricevibile, inammissibile, improcedibile o infondata, può non ordinare l'integrazione del contraddittorio, quando l'impugnazione di altre parti è preclusa o esclusa.

6. Ai giudizi di impugnazione non si applica l'articolo 23, comma 1.

[1] Comma così modificato dall'art. 1, D.Lgs. 15 novembre 2011, n. 195. Il testo previgente disponeva: *1. L'impugnazione deve essere notificata, nelle cause inscindibili, a tutte le parti in causa e, negli altri casi, alle parti che hanno interesse a contraddire.*

96. *Impugnazioni avverso la medesima sentenza.* 1. Tutte le impugnazioni proposte separatamente contro la stessa sentenza devono essere riunite in un solo processo.

2. Possono essere proposte impugnazioni incidentali, ai sensi degli articoli 333 e 334 del codice di procedura civile.

3. L'impugnazione incidentale di cui all'articolo 333 del codice di procedura civile può essere rivolta contro qualsiasi capo di sentenza e deve essere proposta dalla parte entro sessanta giorni dalla notificazione della sentenza o, se anteriore, entro sessanta giorni dalla prima notificazione nei suoi confronti di altra impugnazione.

4. Con l'impugnazione incidentale proposta ai sensi dell'articolo 334 del codice di procedura civile possono essere impugnati anche capi autonomi della sentenza; tuttavia, se l'impugnazione principale è dichiarata inammissibile, l'impugnazione incidentale perde ogni efficacia.

5. L'impugnazione incidentale di cui all'articolo 334 del codice di procedura civile deve essere proposta dalla parte entro sessanta giorni dalla data in cui si è perfezionata nei suoi confronti la notificazione dell'impugnazione principale e depositata, unitamente alla prova dell'avvenuta notificazione, nel termine di cui all'articolo 45[1 2 3].

6. In caso di mancata riunione di più impugnazioni ritualmente proposte contro la stessa sentenza, la decisione di una delle impugnazioni non determina l'improcedibilità delle altre.

[1] Comma così modificato dall'art. 1, D.Lgs. 14 settembre 2012, n. 160. Il testo previgente disponeva: *5. L'impugnazione incidentale di cui all'articolo 334 del codice di procedura civile deve essere proposta dalla parte entro sessanta giorni dalla data in cui si è perfezionata nei suoi confronti la notificazione dell'impugnazione principale e depositata, unitamente alla prova dell'avvenuta notificazione, entro dieci giorni.*

[2] V. artt. 334 e 335 c.p.c., che, rispettivamente, dispongono: Art. 334. Impugnazioni incidentali tardive. *Le parti, contro le quali è stata proposta impugnazione e quelle chiamate ad integrare il contraddittorio a norma dell'articolo 331, possono proporre impugnazione incidentale anche quando per esse è decorso il termine o hanno fatto acquiescenza alla sentenza.*

In tal caso, se l'impugnazione principale è dichiarata inammissibile, la impugnazione incidentale perde ogni efficacia.

Art. 335. Riunione delle impugnazioni separate. *Tutte le impugnazioni proposte separatamente contro la stessa sentenza debbono essere riunite, anche d'ufficio, in un solo processo.*

[3] V. art. 37, R.D. 26 giugno 1924, n. 1054 (Testo unico delle leggi sul Consiglio di Stato), abrogato dall'art. 4, all. 4, del presente Codice del processo amministrativo, che disponeva: *Art. 37. Nel termine di 30 giorni successivi a quello assegnato per il deposito del ricorso, l'autorità e le parti, alle quali il ricorso fosse stato notificato, possono presentare memorie, fare istanze, produrre documenti, e anche un ricorso incidentale, con le stesse forme prescritte per il ricorso.*

La notificazione del ricorso incidentale sarà fatta nei modi prescritti per il ricorso principale, presso il domicilio eletto, all'avvocato che ha firmato il ricorso stesso.

L'originale del ricorso incidentale, con la prova delle eseguite notificazioni e coi documenti, deve essere depositato in segreteria nel termine di giorni 10.

Se colui che vuole produrre il ricorso incidentale risiede all'estero, il termine per la notificazione è aumentato nella misura indicata al capoverso secondo dell'art. 36.

I termini e i modi prescritti nel presente articolo per la notificazione e il deposito del ricorso incidentale debbono osservarsi a pena di decadenza.

Il ricorso incidentale non è efficace, se venga prodotto dopo che siasi rinunziato al ricorso principale, o se questo venga dichiarato inammissibile, per essere stato proposto fuori termine.

97. *Intervento nel giudizio di impugnazione.* 1. Può intervenire nel giudizio di impugnazione, con atto notificato a tutte le parti, chi vi ha interesse[1].

[1] V. artt. 37 e 38, R.D. 17 agosto 1907, n. 642 (Regolamento per la procedura dinanzi alle sezioni giurisdizionali del Consiglio di Stato), abrogati dall'art. 4, all. 4, del presente Codice del processo amministrativo che, rispettivamente, disponevano: *Art. 37. Chi ha un interesse nella contestazione può intervenirvi.*

L'intervento è proposto con domanda diretta alla sezione adita. La domanda deve contenere le ragioni, con la produzione dei documenti giustificativi, e dev'essere sottoscritta dalle parti e dall'avvocato, o dal solo avvocato munito di mandato speciale.

Art. 38. La domanda d'intervento è notificata alle parti nel rispettivo domicilio di elezione ed all'autorità che ha emanato l'atto impugnato, e deve essere depositata in segreteria entro dieci giorni successivi a quello della notificazione.

98. *Misure cautelari.* 1. Salvo quanto disposto dall'articolo 111, il giudice dell'impugnazione può, su istanza di parte, valutati i motivi proposti e qualora dall'esecuzione possa derivare un pregiudizio grave e irreparabile, disporre la sospensione dell'esecutività della sentenza impugnata, nonchè le altre opportune misure cautelari, con ordinanza pronunciata in camera di consiglio[1 2].

2. Il procedimento si svolge secondo le disposizioni del libro II, titolo II, in quanto applicabili[3 4].

[1] Comma così modificato dall'art. 1, D.Lgs. 15 novembre 2011, n. 195. Il testo previgente disponeva: *1. Salvo quanto disposto dall'articolo 111, il giudice dell'impugnazione può, su istanza di parte, valutati i motivi proposti e qualora dall'esecuzione possa derivare un danno grave e irreparabile, disporre la sospensione dell'esecutività della sentenza impugnata, nonchè le altre opportune misure cautelari, con ordinanza pronunciata in camera di consiglio.*

[2] V. art. 33, L. 6 dicembre 1971, n. 1034 (Legge Tar), abrogato dall'art. 4, all. 4, del presente Codice del processo amministrativo, che disponeva: *Art. 33. Le sentenze dei tribunali amministrativi regionali sono esecutive.*

Il ricorso in appello al Consiglio di Stato non sospende l'esecuzione della sentenza impugnata.

Il Consiglio di Stato, tuttavia, su istanza di parte, qualora dall'esecuzione della sentenza possa derivare un danno grave e irreparabile, può disporre, con ordinanza motivata emessa in camera di consiglio, che la esecuzione sia sospesa.

Sull'istanza di sospensione il Consiglio di Stato provvede nella sua prima udienza successiva al deposito del ricorso. I difensori delle parti devono essere sentiti in camera di consiglio, ove ne facciano richiesta.

Per l'esecuzione delle sentenze non sospese dal Consiglio di Stato il tribunale amministrativo regionale esercita i poteri inerenti al giudizio di ottemperanza al giudicato di cui all'articolo 27, primo comma, numero 4), del testo unico delle leggi sul Consiglio di Stato, approvato con regio decreto 26 giugno 1924, n. 1054, e successive modificazioni.

[3] Comma così sostituito dall'art. 1, D.Lgs. 14 settembre 2012, n. 160. Il testo previgente disponeva: *2. Al procedimento si applicano gli articoli 55, commi da 2 a 10, 56 e 57.*

[4] V. art. 39, R.D. 26 giugno 1924, n. 1054 (Testo unico delle leggi sul Consiglio di Stato), abrogato dall'art. 4, all. 4, del presente Codice del processo amministrativo, che disponeva: *Art. 39. I ricorsi in via contenziosa non hanno effetto sospensivo. Tuttavia la esecuzione dell'atto o del provvedimento può essere sospesa per gravi ragioni, con decreto motivato dalla sezione sopra istanza del ricorrente.*

99. *Deferimento all'adunanza plenaria.* 1. La sezione cui è assegnato il ricorso, se rileva che il punto di diritto sottoposto al suo esame ha dato luogo o possa dare luogo a contrasti giurisprudenziali, con ordinanza emanata su richiesta delle parti o d'ufficio può rimettere il ricorso all'esame dell'adunanza plenaria. L'adunanza plenaria, qualora ne ravvisi l'opportunità, può restituire gli atti alla sezione[1].

2. Prima della decisione, il presidente del Consiglio di Stato, su richiesta delle parti o d'ufficio, può deferire all'adunanza plenaria qualunque ricorso, per risolvere questioni di massima di particolare importanza ovvero per dirimere contrasti giurisprudenziali.

3. Se la sezione cui è assegnato il ricorso ritiene di non condividere un principio di diritto enunciato dall'adunanza plenaria, rimette a quest'ultima, con ordinanza motivata, la decisione del ricorso.

4. L'adunanza plenaria decide l'intera controversia, salvo che ritenga di enunciare il principio di diritto e di restituire per il resto il giudizio alla sezione remittente.

5. Se ritiene che la questione è di particolare importanza, l'adunanza plenaria può comunque enunciare il principio di diritto nell'interesse della legge anche quando dichiara il ricorso irricevibile, inammissibile o improcedibile, ovvero l'estinzione del giudizio. In tali casi, la pronuncia dell'adunanza plenaria non ha effetto sul provvedimento impugnato[2 3].

[1] Comma così modificato dall'art. 1, D.Lgs. 14 settembre 2012, n. 160. Il testo previgente disponeva: *1. La sezione cui è assegnato il ricorso, se rileva che il punto di diritto sottoposto al suo esame ha dato luogo o possa dare luogo a contrasti giurisprudenziali, con ordinanza emanata su richiesta delle parti o d'ufficio può rimettere il ricorso all'esame dell'adunanza plenaria.*

[2] Comma così modificato dall'art. 1, D.Lgs. 15 novembre 2011, n. 195. Il testo previgente disponeva: *5. Se ritiene che la questione è di particolare importanza, l'adunanza plenaria può comunque enunciare il principio di diritto nell'interesse della legge anche quando dichiara il ricorso irricevibile, inammissibile o improcedibile, ovvero l'estinzione del giudizio. In tali casi, la pronuncia dell'adunanza plenaria non ha effetto sulla sentenza impugnata.*

[3] V. art. 45, R.D. 26 giugno 1924, n. 1054 (Testo unico delle leggi sul Consiglio di Stato), abrogato dall'art. 4, all. 4, del presente Codice del processo amministrativo, che disponeva: *Art. 45. Se il Consiglio di Stato in sede giurisdizionale riconosce infondato il ricorso, lo rigetta. Se accoglie il ricorso per motivi di incompetenza annulla l'atto e rimette l'affare all'autorità competente. Se accoglie il ricorso per altri motivi, nei casi previsti dall'art. 26 e dai nn. 1, 6 e 7, dell'art. 29, annulla l'atto o provvedimento, salvo gli ulteriori provvedimenti dell'autorità amministrativa; e negli altri casi, ove non dichiari inammissibile il ricorso, decide anche nel merito.*

La sezione, se rileva che il punto di diritto sottoposto al suo esame ha dato luogo o possa dar luogo a contrasti giurisprudenziali, con ordinanza emanata su richiesta delle parti o di ufficio può rimettere il ricorso all'Adunanza plenaria.

Prima della decisione il Presidente del Consiglio di Stato, su richiesta delle parti o d'ufficio può deferire all'adunanza plenaria qualunque ricorso che renda necessaria la risoluzione di questioni di massima di particolare importanza.

Le norme del procedimento sono determinate nel regolamento.

TITOLO II
APPELLO

100. *Appellabilità delle sentenze dei tribunali amministrativi regionali.* 1. Avverso le sentenze dei tribunali amministrativi regionali è ammesso appello al Consiglio di Stato, ferma restando la competenza del Consiglio di giustizia amministrativa per la Regione siciliana per gli appelli proposti contro le sentenze del Tribunale amministrativo regionale per la Sicilia.

101. *Contenuto del ricorso in appello.* 1. Il ricorso in appello deve contenere l'indicazione del ricorrente, del difensore, delle parti nei confronti delle quali è proposta l'impugnazione, della sentenza che si impugna, nonchè l'esposizione sommaria dei fatti, le specifiche censure contro i capi della sentenza gravata, le conclusioni, la sottoscrizione del ricorrente se sta in giudizio personalmente ai sensi dell'articolo 22, comma 3, oppure del difensore con indicazione, in questo caso, della procura speciale rilasciata anche unitamente a quella per il giudizio di primo grado[1].

2. Si intendono rinunciate le domande e le eccezioni dichiarate assorbite o non esaminate nella sentenza di primo grado, che non siano state espressamente riproposte nell'atto di appello o, per le parti diverse dall'appellante, con memoria depositata a pena di decadenza entro il termine per la costituzione in giudizio[2].

[1] Comma così modificato dall'art. 1, D.Lgs. 15 novembre 2011, n. 195. Il testo previgente disponeva: *1. Il ricorso in appello deve contenere l'indicazione del ricorrente, del difensore, delle parti nei confronti delle quali è proposta l'impugnazione, della sentenza che si impugna, nonchè l'esposizione sommaria dei fatti, le specifiche censure contro i capi della sentenza gravata, le conclusioni, la sottoscrizione del ricorrente se sta in giudizio personalmente oppure del difensore con indicazione, in questo caso, della procura speciale rilasciata anche unitamente a quella per il giudizio di primo grado.*

[2] V. art. 35, R.D. 26 giugno 1924, n. 1054 (Testo unico delle leggi sul Consiglio di Stato), abrogato dall'art. 4, all. 4, del presente Codice del processo amministrativo, che disponeva: *Art. 35. I ricorsi presentati al Consiglio di Stato in sede giurisdizionale sono sottoscritti dalle parti ricorrenti o da una di esse e firmati da un avvocato ammesso al patrocinio in Corte di cassazione. Se la parte non ha sottoscritto, l'avvocato che firma in suo nome deve essere munito di mandato speciale.*

Il ricorrente, che non abbia eletto, nel ricorso, domicilio in Roma, si intenderà averlo eletto, per gli atti e gli effetti del ricorso, presso la segreteria del Consiglio di Stato.

V., anche, art. 6, R.D. 17 agosto 1907, n. 642 (Regolamento per la procedura dinanzi alle sezioni giurisdizionali del Consiglio di Stato), abrogato dall'art. 4, all. 4, del presente Codice del processo amministrativo, che disponeva: *Art. 6. Il ricorso deve essere diretto alla sezione giurisdizionale competente e deve contenere: 1) la indicazione del nome e cognome, della residenza o domicilio del ricorrente; 2) la indicazione dell'atto o provvedimento amministrativo che s'impugna e della data della sua notificazione; 3) la esposizione sommaria dei fatti, i motivi su cui si fonda il ricorso, con la indicazione degli articoli di legge o di Regolamento che si ritengono violati e le conclusioni; 4) la sottoscrizione delle parti o di una di esse e dell'avvocato ammesso al patrocinio in Corte di cassazione, ovvero del solo avvocato, indicandosi, in questo caso, la data del mandato speciale.*

102. *Legittimazione a proporre l'appello.* 1. Possono proporre appello le parti fra le quali è stata pronunciata la sentenza di primo grado.

2. L'interventore può proporre appello soltanto se titolare di una posizione giuridica autonoma.

103. *Riserva facoltativa di appello.* 1. Contro le sentenze non definitive è proponibile l'appello ovvero la riserva di appello, con atto notificato entro il termine per l'appello e depositato nei successivi trenta giorni presso la segreteria del tribunale amministrativo regionale[1].

[1] V. art. 340 c.p.c., che dispone: Riserva facoltativa di appello contro sentenze non definitive. *Contro le sentenze previste dall'articolo 278 e dal n. 4 del secondo comma dell'articolo 279, l'appello può essere differito, qualora la parte soccombente ne faccia riserva, a pena di decadenza, entro il termine per appellare e in ogni caso, non oltre la prima udienza dinanzi al giudice istruttore successiva alla comunicazione della sentenza stessa.*

Quando sia stata fatta la riserva di cui al precedente comma, l'appello deve essere proposto unitamente a quello contro la sentenza che definisce il giudizio o con quello che venga proposto, dalla stessa o da altra parte, contro altra sentenza successiva che non definisca il giudizio.

La riserva non può più farsi, e se già fatta rimane priva di effetto, quando contro la stessa sentenza da alcuna delle altre parti sia proposto immediatamente appello.

V., anche, art. 129 disp. att. c.p.c., che dispone: Riserva d'appello. *Estinzione del processo. La riserva d'appello contro le sentenze previste nell'articolo 278 e nel, n. 4 del secondo comma dell'articolo 279 del Codice, può essere fatta nell'udienza del giudice istruttore con dichiarazione orale da inserirsi nel processo verbale, o con dichiarazione scritta su foglio a parte da allegare ad esso.*

La riserva può essere fatta anche con atto notificato ai procuratori delle altre parti costituite, a norma dell'articolo 170 primo e terzo comma del Codice, o personalmente alla parte, se questa non è costituita.

Se il processo si estingue in primo grado, la sentenza di merito contro la quale fu fatta la riserva acquista efficacia di sentenza definitiva dal giorno in cui diventa irrevocabile l'ordinanza, o passa in giudicato la sentenza, che pronuncia l'estinzione del processo. Da questa data decorrono i termini stabiliti dall'articolo 325 del Codice per impugnare la sentenza già notificata, e se questa non è stata notificata, decorre il termine di decadenza stabilito dall'articolo 327 del Codice stesso.

104. *Nuove domande ed eccezioni.* 1. Nel giudizio di appello non possono essere proposte nuove domande, fermo quanto previsto dall'articolo 34, comma 3, nè nuove eccezioni non rilevabili d'ufficio. Possono tuttavia essere chiesti gli interessi e gli accessori maturati dopo la sentenza impugnata, nonchè il risarcimento dei danni subiti dopo la sentenza stessa[1].

2. Non sono ammessi nuovi mezzi di prova e non possono essere prodotti nuovi documenti, salvo che il collegio li ritenga indispensabili ai fini della decisione della causa, ovvero che la parte dimostri di non aver potuto proporli o produrli nel giudizio di primo grado per causa ad essa non imputabile[2].

3. Possono essere proposti motivi aggiunti qualora la parte venga a conoscenza di documenti non prodotti dalle altre parti nel giudizio di primo grado da cui emergano vizi degli atti o provvedimenti amministrativi impugnati.

[1] V. art. 44, R.D. 26 giugno 1924, n. 1054 (Testo unico delle leggi sul Consiglio di Stato), abrogato dall'art. 4, all. 4, del presente Codice del processo amministrativo, che disponeva: *Art. 44. Se la sezione, a cui è stato rimesso il ricorso riconosce che l'istruzione dell'affare è incompleta, o che i fatti affermati nell'atto o provvedimento impugnato sono in contraddizione coi documenti, può richiedere all'amministrazione interessata nuovi schiarimenti o documenti: ovvero ordinare all'amministrazione medesima di fare nuove verificazioni, autorizzando le parti ad assistervi ed anche a produrre determinati documenti, ovvero disporre consulenza tecnica.*

Nei giudizi di merito il Consiglio di Stato può inoltre ordinare qualunque altro mezzo istruttorio, nei modi determinati dal regolamento di procedura.

La decisione sui mezzi istruttori, compresa la consulenza tecnica, è adottata dal presidente della sezione o da un magistrato da lui delegato ovvero dal collegio mediante ordinanza con la quale è contestualmente fissata la data della successiva udienza di trattazione del ricorso.

V., anche, art. 345, comma 1, c.p.c. che dispone: Domande ed eccezioni nuove. *Nel giudizio d'appello non possono proporsi domande nuove e se proposte, debbono essere dichiarate inammissibili d'ufficio. Possono tuttavia domandarsi gli interessi, i frutti e gli accessori maturati dopo la sentenza impugnata, nonché il risarcimento dei danni sofferti dopo la sentenza stessa.*

[2] V. art. 345, comma 2, c.p.c. che dispone: *Non possono proporsi nuove eccezioni, che non siano rilevabili anche d'ufficio.*

105. *Rimessione al primo giudice.* 1. Il Consiglio di Stato rimette la causa al giudice di primo grado soltanto se è mancato il contraddittorio, oppure è stato leso il diritto di difesa di una delle parti, ovvero dichiara la nullità della sentenza, o riforma la sentenza o l'ordinanza che ha declinato la giurisdizione o ha pronunciato sulla competenza o ha dichiarato l'estinzione o la perenzione del giudizio[1].

2. Nei giudizi di appello contro i provvedimenti dei tribunali amministrativi regionali che hanno declinato la giurisdizione o la competenza si segue il procedimento in camera di consiglio, di cui all'articolo 87, comma 3.

3. Le parti devono riassumere il processo con ricorso notificato nel termine perentorio di novanta giorni dalla notificazione o, se anteriore, dalla comunicazione della sentenza o dell'ordinanza[2][3].

[1] Comma così modificato dall'art. 1, D.Lgs. 14 settembre 2012, n. 160. Il testo previgente disponeva: *1. Il Consiglio di Stato rimette la causa al giudice di primo grado soltanto se è mancato il contraddittorio, oppure è stato leso il diritto di difesa di una delle parti, ovvero dichiara la nullità della sentenza, o riforma la sentenza che ha declinato la giurisdizione o ha pronunciato sulla competenza o ha dichiarato l'estinzione o la perenzione del giudizio.*

[2] Comma così sostituito dall'art. 1, D.Lgs. 14 settembre 2012, n. 160. Il testo previgente disponeva: *3. In ogni caso in cui il Consiglio di Stato annulla la sentenza o l'ordinanza con rinvio della causa al giudice di primo grado, si applica l'articolo 8, comma 2, delle norme di attuazione.*

[3] V. artt. 34 e 35, L. 6 dicembre 1971, n. 1034 (Legge Tar), abrogati dall'art. 4, all. 4, del presente Codice del processo amministrativo, che, rispettivamente, disponevano: *Art. 34. Nel giudizio di appello, se il Consiglio di Stato riconosce il difetto di giurisdizione o di competenza del tribunale amministrativo regionale o la nullità del ricorso introduttivo del giudizio di prima istanza, o la esistenza di cause impeditive o estintive del giudizio, annulla la decisione impugnata senza rinvio.*

In caso di errore scusabile il Consiglio di Stato può rimettere in termini il ricorrente per proporre l'impugnativa al giudice competente, che deve essere indicato nella sentenza del Consiglio di Stato, o per rinnovare la notificazione del ricorso.

Art. 35. Se il Consiglio di Stato accoglie il ricorso per difetto di procedura o per vizio di forma della decisione di primo grado, annulla la sentenza impugnata e rinvia la controversia al tribunale amministrativo regionale.

Il rinvio ha luogo anche quando il Consiglio di Stato accoglie il ricorso contro la sentenza con la quale il tribunale amministrativo regionale abbia dichiarato la propria incompetenza.

In ogni altro caso, il Consiglio di Stato decide sulla controversia.

In ogni caso di rinvio, il giudizio prosegue innanzi al tribunale amministrativo regionale, con fissazione d'ufficio dell'udienza pubblica, da tenere entro trenta giorni dalla comunicazione della sentenza con la quale si dispone il rinvio. Le parti possono depositare atti, documenti e memorie sino a tre giorni prima dell'udienza.

TITOLO III
REVOCAZIONE

106. *Casi di revocazione.* 1. Salvo quanto previsto dal comma 3, le sentenze dei tribunali amministrativi regionali e del Consiglio di Stato sono impugnabili per revocazione, nei casi e nei modi previsti dagli articoli 395 e 396 del codice di procedura civile.

2. La revocazione è proponibile con ricorso dinanzi allo stesso giudice che ha pronunciato la sentenza impugnata.

3. Contro le sentenze dei tribunali amministrativi regionali la revocazione è ammessa se i motivi non possono essere dedotti con l'appello[1].

[1] V. art. 46, R.D. 26 giugno 1924, n. 1054 (Testo unico delle leggi sul Consiglio di Stato), abrogato dall'art. 4, all. 4, del presente Codice del processo amministrativo, che disponeva: *Art. 46. Contro le decisioni delle sezioni è ammesso il ricorso di revocazione nei casi stabiliti dal Codice di procedura civile.*

V., anche, artt. 28 e 36, L. 6 dicembre 1971, n. 1034 (Legge Tar), abrogati dall'art. 4, all. 4, del presente Codice del processo amministrativo, che, rispettivamente, disponevano: *Art. 28. Contro le sentenze dei tribunali amministrativi è ammesso ricorso per revocazione, nei casi, nei modi e nei termini previsti dagli articoli n. 395 e 396 del codice di procedura civile.*

Contro le sentenze medesime è ammesso, altresì, ricorso al Consiglio di Stato, in sede giurisdizionale, da proporre nel termine di giorni sessanta dalla ricevuta notificazione, osservato il disposto dell'articolo 330 del codice di procedura civile.

Contro le ordinanze dei tribunali amministrativi regionali di cui all'articolo 21, commi settimo e seguenti, è ammesso ricorso in appello, da proporre nel termine di sessanta giorni dalla notificazione dell'ordinanza, ovvero di centoventi giorni dalla comunicazione del deposito dell'ordinanza stessa nella segreteria.

Nei casi nei quali i tribunali hanno competenza di merito o esclusiva, anche il Consiglio di Stato, nel decidere in secondo grado, ha competenza di merito o esclusiva.

In ogni caso, il Consiglio di Stato in sede di appello esercita gli stessi poteri giurisdizionali di cognizione e di decisione del giudice di primo grado.

Art. 36. Contro le decisioni pronunziate dal Consiglio di Stato in secondo grado sono ammessi il ricorso per revocazione, nei casi e nei termini previsti dall'articolo 396 del codice di procedura civile, e il ricorso in cassazione per motivi inerenti alla giurisdizione.

107. *Impugnazione della sentenza emessa nel giudizio di revocazione.* 1. Contro la sentenza emessa nel giudizio di revocazione sono ammessi i mezzi di impugnazione ai quali era originariamente soggetta la sentenza impugnata per revocazione.

2. La sentenza emessa nel giudizio di revocazione non può essere impugnata per revocazione[1].

[1] V. art. 85, R.D. 17 agosto 1907, n. 642 (Regolamento per la procedura dinanzi alle sezioni giurisdizionali del Consiglio di Stato), abrogato dall'art. 4, all. 4, del presente Codice del processo amministrativo, che disponeva: *Art. 85. La decisione che ammette la revocazione ordina la restituzione della somma depositata e rimette le parti nello stato in cui erano prima della pronuncia della decisione revocata.*

Quando lo stato della controversia lo permetta, si giudica con una sola decisione sull'ammissione della domanda di revocazione e sul merito della controversia.

TITOLO IV
OPPOSIZIONE DI TERZO

108. *Casi di opposizione di terzo.* 1. Un terzo può fare opposizione contro una sentenza del tribunale amministrativo regionale o del Consiglio di Stato pronunciata tra altri soggetti, ancorchè passata in giudicato, quando pregiudica i suoi diritti o interessi legittimi[1].

2. Gli aventi causa e i creditori di una delle parti possono fare opposizione alla sentenza, quando questa sia effetto di dolo o collusione a loro danno[2].

[1] Comma così modificato dall'art. 1, D.Lgs. 15 novembre 2011, n. 195. Il testo previgente disponeva: *1. Un terzo, titolare di una posizione autonoma e incompatibile, può fare opposizione contro una sentenza del tribunale amministrativo regionale o del Consiglio di Stato pronunciata tra altri soggetti, ancorchè passata in giudicato, quando pregiudica i suoi diritti o interessi legittimi.*

[2] V. art. 28, L. 6 dicembre 1971, n. 1034 (Legge Tar), abrogato dall'art. 4, all. 4, del presente Codice del processo amministrativo, che disponeva: *Art. 28. Contro le sentenze dei tribunali amministrativi è ammesso ricorso per revocazione, nei casi, nei modi e nei termini previsti dagli articoli n. 395 e 396 del codice di procedura civile.*

Contro le sentenze medesime è ammesso, altresì, ricorso al Consiglio di Stato, in sede giurisdizionale, da proporre nel termine di giorni sessanta dalla ricevuta notificazione, osservato il disposto dell'articolo 330 del codice di procedura civile.

Contro le ordinanze dei tribunali amministrativi regionali di cui all'articolo 21, commi settimo e seguenti, è ammesso ricorso in appello, da proporre nel termine di sessanta giorni dalla notificazione dell'ordinanza, ovvero di centoventi giorni dalla comunicazione del deposito dell'ordinanza stessa nella segreteria.

Nei casi nei quali i tribunali hanno competenza di merito o esclusiva, anche il Consiglio di Stato, nel decidere in secondo grado, ha competenza di merito o esclusiva.

In ogni caso, il Consiglio di Stato in sede di appello esercita gli stessi poteri giurisdizionali di cognizione e di decisione del giudice di primo grado..

109. *Competenza.* 1. L'opposizione di terzo è proposta davanti al giudice che ha pronunciato la sentenza impugnata, salvo il caso di cui al comma 2.

2. Se è proposto appello contro la sentenza di primo grado, il terzo deve introdurre la domanda di cui all'articolo 108 intervenendo nel giudizio di appello. Se l'opposizione di terzo è già stata proposta al giudice di primo grado, questo la dichiara improcedibile e, se l'opponente non vi ha ancora provveduto, fissa un termine per l'intervento nel giudizio di appello, ai sensi del periodo precedente.

TITOLO V
RICORSO PER CASSAZIONE

110. *Motivi di ricorso.* 1. Il ricorso per cassazione è ammesso contro le sentenze del Consiglio di Stato per i soli motivi inerenti alla giurisdizione[1].

[1] V. art. 48, R.D. 26 giugno 1924, n. 1054 (Testo unico delle leggi sul Consiglio di Stato), che dispone: *Art. 48. Le*

decisioni pronunziate in sede giurisdizionale possono, agli effetti della L. 31 marzo 1877, n. 3761, essere impugnate con ricorso per cassazione. Tale ricorso tuttavia è proponibile soltanto per assoluto difetto di giurisdizione del Consiglio di Stato.

V., anche, art. 36, L. 6 dicembre 1971, n. 1034 (Legge Tar), abrogato dall'art. 4, all. 4, del presente Codice del processo amministrativo, che disponeva: *Art. 36. Contro le decisioni pronunziate dal Consiglio di Stato in secondo grado sono ammessi il ricorso per revocazione, nei casi e nei termini previsti dall'articolo 396 del codice di procedura civile, e il ricorso in cassazione per motivi inerenti alla giurisdizione.*

111. *Sospensione della sentenza.* 1. Il Consiglio di Stato, se richiesto con istanza previamente notificata alle altre parti, in caso di eccezionale gravità ed urgenza, può sospendere gli effetti della sentenza impugnata e disporre le altre opportune misure cautelari. Al procedimento si applicano gli articoli 55, commi 2, 5, 6 e 7, e 56, commi 1, primo periodo, 2, 3, 4 e 5. Copia dell'ordinanza è trasmessa alla cancelleria della Corte di cassazione[1 2].

[1] Comma così sostituito dall'art. 1, D.Lgs. 15 novembre 2011, n. 195 e poi così modificato dall'art. 1, D.Lgs. 14 settembre 2012, n. 160. Il testo previgente le modifiche del 2011 disponeva: *1. Il Consiglio di Stato su istanza di parte, in caso di eccezionale gravità ed urgenza, può sospendere gli effetti della sentenza impugnata e disporre le altre opportune misure cautelari.* Il testo previgente le modifiche del 2012 disponeva: *1. Il Consiglio di Stato, se richiesto con istanza previamente notificata alle altre parti, in caso di eccezionale gravità ed urgenza, può sospendere gli effetti della sentenza impugnata e disporre le altre opportune misure cautelari. Al procedimento si applicano gli articoli 55, commi 2, 5, 6 e 7, e 56, commi 1, primo periodo, 2, 3, 4 e 5.*

[2] V. art. 33, comma 3, L. 6 dicembre 1971, n. 1034 (Legge Tar), abrogato dall'art. 4, all. 4, del presente Codice del processo amministrativo, che disponeva: *Il Consiglio di Stato, tuttavia, su istanza di parte, qualora dall'esecuzione della sentenza possa derivare un danno grave e irreparabile, può disporre, con ordinanza motivata emessa in camera di consiglio, che la esecuzione sia sospesa.*

LIBRO QUARTO
OTTEMPERANZA E RITI SPECIALI

TITOLO I
GIUDIZIO DI OTTEMPERANZA

112. *Disposizioni generali sul giudizio di ottemperanza.* 1. I provvedimenti del giudice amministrativo devono essere eseguiti dalla pubblica amministrazione e dalle altre parti[1].

2. L'azione di ottemperanza può essere proposta per conseguire l'attuazione:

a) delle sentenze del giudice amministrativo passate in giudicato;

b) delle sentenze esecutive e degli altri provvedimenti esecutivi del giudice amministrativo[2];

c) delle sentenze passate in giudicato e degli altri provvedimenti ad esse equiparati del giudice ordinario, al fine di ottenere l'adempimento dell'obbligo della pubblica amministrazione di conformarsi, per quanto riguarda il caso deciso, al giudicato[3];

d) delle sentenze passate in giudicato e degli altri provvedimenti ad esse equiparati per i quali non sia previsto il rimedio dell'ottemperanza, al fine di ottenere l'adempimento dell'obbligo della pubblica amministrazione di conformarsi alla decisione;

e) dei lodi arbitrali esecutivi divenuti inoppugnabili al fine di ottenere l'adempimento dell'obbligo della pubblica amministrazione di conformarsi, per quanto riguarda il caso deciso, al giudicato.

3. Può essere proposta, anche in unico grado dinanzi al giudice dell'ottemperanza, azione di condanna al pagamento di somme a titolo di rivalutazione e interessi maturati dopo il passaggio in giudicato della sentenza, nonchè azione di risarcimento dei danni connessi all'impossibilità o comunque alla mancata esecuzione in forma specifica, totale o parziale, del giudicato o alla sua violazione o elusione[4].

4. [...][5].

5. Il ricorso di cui al presente articolo può essere proposto anche al fine di ottenere chiarimenti in ordine alle modalità di ottemperanza.

[1] V. art. 88, R.D. 17 agosto 1907, n. 642 (Regolamento per la procedura dinanzi alle sezioni giurisdizionali del Consiglio di Stato), abrogato dall'art. 4, all. 4, del presente Codice del processo amministrativo, che disponeva: *Art. 88. L'esecuzione delle decisioni si fa in via amministrativa, eccetto che per la parte relativa alle spese.*

[2] V. art. 33, L. 6 dicembre 1971, n. 1034 (Legge Tar), abrogato dall'art. 4, all. 4, del presente Codice del processo amministrativo, che disponeva: *Art. 33. Le sentenze dei tribunali amministrativi regionali sono esecutive.*

Il ricorso in appello al Consiglio di Stato non sospende l'esecuzione della sentenza impugnata.

Il Consiglio di Stato, tuttavia, su istanza di parte, qualora dall'esecuzione della sentenza possa derivare un danno grave e irreparabile, può disporre, con ordinanza motivata emessa in camera di consiglio, che la esecuzione sia sospesa.

Sull'istanza di sospensione il Consiglio di Stato provvede nella sua prima udienza successiva al deposito del ricorso. I difensori delle parti devono essere sentiti in camera di consiglio, ove ne facciano richiesta.

Per l'esecuzione delle sentenze non sospese dal Consiglio di Stato il tribunale amministrativo regionale esercita i poteri inerenti al giudizio di ottemperanza al giudicato di cui all'articolo 27, primo comma, numero 4), del testo unico delle leggi sul Consiglio di Stato, approvato con regio decreto 26 giugno 1924, n. 1054, e successive modificazioni.

[3] V. art. 27, n. 4, L. 6 dicembre 1971, n. 1034 (Legge Tar), abrogato dall'art. 4, all. 4, del presente Codice del processo amministrativo, che disponeva: *Si segue il procedimento in camera di consiglio: 4) per i ricorsi proposti ai sensi dell'articolo 27, n. 4, del testo unico approvato con regio decreto 26 giugno 1924, n. 1054.*

[4] Comma così sostituito dall'art. 1, D.Lgs. 15 novembre 2011, n. 195. Il testo previgente disponeva: *3. Può essere proposta anche azione di condanna al pagamento di somme a titolo di rivalutazione e interessi maturati dopo il passaggio in giudicato della sentenza, nonchè azione di risarcimento dei danni derivanti dalla mancata esecuzione, violazione o elusione del giudicato.*

[5] Comma abrogato dall'art. 1, D.Lgs. 15 novembre 2011, n. 195. Il testo previgente disponeva: *4. Nel processo di ottemperanza può essere altresì proposta la connessa domanda risarcitoria di cui all'articolo 30, comma 5, nel termine ivi stabilito. In tal caso il giudizio di ottemperanza si svolge nelle forme, nei modi e nei termini del processo ordinario.*

113. *Giudice dell'ottemperanza.* 1. Il ricorso si propone, nel caso di cui all'articolo 112, comma 2, lettere *a)* e *b)*, al giudice che ha emesso il provvedimento della cui ottemperanza si tratta; la competenza è del tribunale amministrativo regionale anche per i suoi provvedimenti confermati in appello con motivazione che abbia lo stesso contenuto dispositivo e conformativo dei provvedimenti di primo grado.

2. Nei casi di cui all'articolo 112, comma 2, lettere *c), d)* ed *e)*, il ricorso si propone al tribunale amministrativo regionale nella cui circoscrizione ha sede il giudice che ha emesso la sentenza di cui è chiesta l'ottemperanza[1].

[1] V. art. 37, L. 6 dicembre 1971, n. 1034 (Legge Tar), abrogato dall'art. 4, all. 4, del presente Codice del processo amministrativo, che disponeva: *Art. 37. I ricorsi diretti ad ottenere l'adempimento dell'obbligo dell'autorità amministrativa di conformarsi, in quanto riguarda il caso deciso, al giudicato dell'autorità giudiziaria ordinaria, che abbia riconosciuto la lesione di un diritto civile o politico, sono di competenza dei tribunali amministrativi regionali quando l'autorità amministrativa chiamata a conformarsi sia un ente che eserciti la sua attività esclusivamente nei limiti della circoscrizione del tribunale amministrativo regionale.*

Resta ferma, negli altri casi, la competenza del Consiglio di Stato in sede giurisdizionale.

Quando i ricorsi siano diretti ad ottenere lo adempimento dell'obbligo dell'autorità amministrativa di conformarsi al giudicato degli organi di giustizia amministrativa, la competenza è del Consiglio di Stato o del tribunale amministrativo regionale territorialmente competente secondo l'organo che ha emesso la decisione, della cui esecuzione si tratta.

La competenza è peraltro del tribunale amministrativo regionale anche quando si tratti di decisione di tribunale amministrativo regionale confermata dal Consiglio di Stato in sede di appello.

114. *Procedimento.* 1. L'azione si propone, anche senza previa diffida, con ricorso notificato alla pubblica amministrazione e a tutte le altre parti del giudizio definito dalla sentenza o dal lodo della cui ottemperanza si tratta; l'azione si prescrive con il decorso di dieci anni dal passaggio in giudicato della sentenza[1].

2. Unitamente al ricorso è depositato in copia autentica il provvedimento di cui si chiede l'ottemperanza, con l'eventuale prova del suo passaggio in giudicato[2].

3. Il giudice decide con sentenza in forma semplificata[3].

4. Il giudice, in caso di accoglimento del ricorso:

a) ordina l'ottemperanza, prescrivendo le relative modalità, anche mediante la determinazione del contenuto del provvedimento amministrativo o l'emanazione dello stesso in luogo dell'amministrazione;

b) dichiara nulli gli eventuali atti in violazione o elusione del giudicato[4];

c) nel caso di ottemperanza di sentenze non passate in giudicato o di altri provvedimenti, determina le modalità esecutive, considerando inefficaci gli atti emessi in violazione o elusione e provvede di conseguenza, tenendo conto degli effetti che ne derivano;

d) nomina, ove occorra, un commissario ad acta;

e) salvo che ciò sia manifestamente iniquo, e se non sussistono altre ragioni ostative, fissa, su richiesta di parte, la somma di denaro dovuta dal resistente per ogni violazione o inosservanza successiva, ovvero per ogni ritardo nell'esecuzione del giudicato; tale statuizione costituisce titolo esecutivo. Nei giudizi di ottemperanza aventi ad oggetto il pagamento di somme di denaro, la penalità di mora di cui al primo periodo decorre dal giorno della comunicazione o notificazione dell'ordine di pagamento disposto nella sentenza di ottemperanza; detta penalità non può considerarsi manifestamente iniqua quando è stabilita in misura pari agli interessi legali[5].

5. Se è chiesta l'esecuzione di un'ordinanza il giudice provvede con ordinanza.

6. Il giudice conosce di tutte le questioni relative all'ottemperanza, nonché, tra le parti nei cui confronti si è formato il giudicato, di quelle inerenti agli atti del commissario *ad acta*. Avverso gli atti del commissario *ad acta* le stesse parti possono proporre, dinanzi al giudice dell'ottemperanza, reclamo, che è depositato, previa notifica ai controinteressati, nel termine di sessanta giorni. Gli atti emanati dal giudice dell'ottemperanza o dal suo ausiliario sono impugnabili dai terzi estranei al giudicato ai sensi dell'articolo 29, con il rito ordinario[6].

7. Nel caso di ricorso ai sensi del comma 5 dell'articolo 112, il giudice fornisce chiarimenti in ordine alle modalità di ottemperanza, anche su richiesta del commissario.

8. Le disposizioni di cui al presente Titolo si applicano anche alle impugnazioni avverso i provvedimenti giurisdizionali adottati dal giudice dell'ottemperanza.

9. I termini per la proposizione delle impugnazioni sono quelli previsti nel Libro III.

[1] V. artt. 90 e 91, R.D. 17 agosto 1907, n. 642 (Regolamento per la procedura dinanzi alle sezioni giurisdizionali del Consiglio di Stato), abrogati dall'art. 4, all. 4, del presente

Codice del processo amministrativo che, rispettivamente, disponevano: *Art. 90. I ricorsi, nei casi di cui all'art. 23, n. 5 della legge, si propongono con domanda diretta al Presidente della quinta sezione.*

Essi possono essere proposti finché duri l'azione di giudicato, ma non prima di trenta giorni da quello in cui l'autorità amministrativa sia stata messa in mora di provvedere.

Art. 91. Il ricorso è depositato nella segreteria della quinta sezione con la copia del giudicato.

Il segretario ne dà immediata comunicazione al Ministero competente, il quale, entro venti giorni dalla ricevuta comunicazione, può trasmettere le sue osservazioni alla segreteria.

Spirato il termine, il Presidente, in fine del ricorso, destina il consigliere per farne relazione alla sezione, nel giorno che all'uopo designa.

[2] Comma così sostituito dall'art. 1, D.Lgs. 15 novembre 2011, n. 195. Il testo previgente disponeva: *2. Al ricorso è allegata in copia autentica la sentenza di cui si chiede l'ottemperanza, con l'eventuale prova del suo passaggio in giudicato.*

[3] V. art. 27, L. 6 dicembre 1971, n. 1034 (Legge Tar), abrogato dall'art. 4, all. 4, del presente Codice del processo amministrativo, che disponeva: *Art. 27. Si segue il procedimento in camera di consiglio: 1) per i giudizi per i quali si debba soltanto dare atto della rinuncia al ricorso o dichiarare la perenzione; 2) per i ricorsi per i quali le parti concordemente chiedono che sia dichiarata la cessazione della materia del contendere; 3) per i ricorsi contro le decisioni del prefetto sulle controversie in materia di spedalità, previste dall'articolo 3 della legge 26 aprile 1954, n. 251, concernente modifica agli articoli 10, 34, 36 del regio decreto 30 dicembre 1923, n. 2841, e all'articolo 6 del testo unico approvato con regio decreto 14 settembre 1931, n. 1776; 4) per i ricorsi proposti ai sensi dell'articolo 27, n. 4, del testo unico approvato con regio decreto 26 giugno 1924, n. 1054.*

Nei casi di cui ai numeri precedenti se una delle parti ne faccia richiesta il presidente ordina che il ricorso si tratti in udienza pubblica.

[4] V. art. 21-septies, L. 7 agosto 1990, n. 241 (Nuove norme in materia di procedimento amministrativo e di diritto di accesso ai documenti amministrativi), che, nel testo previgente la modifica apportata dall'art. 4, all. 4, del presente Codice del processo amministrativo, disponeva: Nullità del provvedimento. *1. È nullo il provvedimento amministrativo che manca degli elementi essenziali, che è viziato da difetto assoluto di attribuzione, che è stato adottato in violazione o elusione del giudicato, nonché negli altri casi espressamente previsti dalla legge.*

2. Le questioni inerenti alla nullità dei provvedimenti amministrativi in violazione o elusione del giudicato sono attribuite alla giurisdizione esclusiva del giudice amministrativo.

[5] Lettera così modificata dall'art. 1, comma 781, L. 28 dicembre 2015, n. 208. Il testo previgente disponeva: *e) salvo che ciò sia manifestamente iniquo, e se non sussistono altre ragioni ostative, fissa, su richiesta di parte, la somma di denaro dovuta dal resistente per ogni violazione o inosservanza successiva, ovvero per ogni ritardo nell'esecuzione del giudicato; tale statuizione costituisce titolo esecutivo.*

[6] Comma così sostituito dall'art. 1, D.Lgs. 15 novembre 2011, n. 195. Il testo previgente disponeva: *6. Il giudice conosce di tutte le questioni relative all'esatta ottemperanza, ivi comprese quelle inerenti agli atti del commissario.*

115. *Titolo esecutivo e rilascio di estratto del provvedimento giurisdizionale con formula esecutiva.* 1. Le pronunce del giudice amministrativo che costituiscono titolo esecutivo sono spedite, su richiesta di parte, in forma esecutiva[1].

2. I provvedimenti emessi dal giudice amministrativo che dispongono il pagamento di somme di denaro costituiscono titolo anche per l'esecuzione nelle forme disciplinate dal Libro III del codice di procedura civile e per l'iscrizione di ipoteca.

3. Ai fini del giudizio di ottemperanza di cui al presente Titolo non è necessaria l'apposizione della formula esecutiva.

[1] V. artt. 89, R.D. 17 agosto 1907, n. 642 (Regolamento per la procedura dinanzi alle sezioni giurisdizionali del Consiglio di Stato), abrogati dall'art. 4, all. 4, del presente Codice del processo amministrativo, che disponeva: *Art. 89. L'estratto della decisione in forma esecutiva, per la parte riguardante la condanna alle spese, non può essere rilasciato se non a chi abbia diritto a tale pagamento, facendone menzione in fine sì dell'origine che dell'estratto.*

Questo deve essere intitolato in nome del Re e terminare con la formula stabilita nell'articolo 556 del codice di procedura civile.

TITOLO II
RITO IN MATERIA DI ACCESSO AI DOCUMENTI AMMINISTRATIVI

116. *Rito in materia di accesso ai documenti amministrativi.* 1. Contro le determinazioni e contro il silenzio sulle istanze di accesso ai documenti amministrativi, nonchè per la tutela del diritto di accesso civico connessa all'inadempimento degli obblighi di trasparenza il ricorso è proposto entro trenta giorni dalla conoscenza della determinazione impugnata o dalla formazione del silenzio, mediante notificazione all'amministrazione e ad almeno un controinteressato. Si applica l'articolo 49. Il termine per la proposizione di ricorsi incidentali o motivi aggiunti è di trenta giorni[1].

2. In pendenza di un giudizio cui la richiesta di accesso è connessa, il ricorso di cui al comma 1 può essere proposto con istanza depositata presso la segreteria della sezione cui è assegnato il ricorso principale, previa notificazione all'amministrazione e agli eventuali controinteressati. L'istanza è decisa con ordinanza separatamente dal giudizio principale, ovvero con la sentenza che definisce il giudizio.

3. L'amministrazione può essere rappresentata e difesa da un proprio dipendente a ciò autorizzato.

4. Il giudice decide con sentenza in forma semplificata; sussistendone i presupposti, ordina l'esibizione e, ove previsto, la pubblicazione dei documenti richiesti, entro un termine non superiore, di norma, a trenta giorni, dettando, ove occorra, le relative modalità[2].

5. Le disposizioni di cui al presente articolo si applicano anche ai giudizi di impugnazione[3].

[1] Comma così modificato prima dall'art. 1, D.Lgs. 15 novembre 2011, n. 195, poi dall'art. 52, D.Lgs. 14 marzo 2013, n. 33. Il testo previgente la modifica del 2011 disponeva: *1. Contro le determinazioni e contro il silenzio sulle istanze di accesso ai documenti amministrativi il ricorso è proposto entro trenta giorni dalla conoscenza della determinazione impugnata o dalla formazione del silenzio, mediante notificazione all'amministrazione e agli eventuali controinteressati. Si applica l'articolo 49.* Il testo previgente la modifica del 2013 disponeva: *1. Contro le determinazioni e contro il silenzio sulle istanze di accesso ai documenti amministrativi il ricorso è proposto entro trenta giorni dalla conoscenza della determinazione impugnata o dalla formazione del silenzio, mediante notificazione all'amministrazione e ad almeno un controinteressato. Si applica l'articolo 49. Il termine per la proposizione di ricorsi incidentali o motivi aggiunti è di trenta giorni.*

[2] Comma così modificato dall'art. 52, D.Lgs. 14 marzo 2013, n. 33. Il testo previgente disponeva: *4. Il giudice decide con sentenza in forma semplificata; sussistendone i presupposti, ordina l'esibizione dei documenti richiesti, entro un termine non superiore, di norma, a trenta giorni, dettando, ove occorra, le relative modalità.*

[3] V. art. 25, L. 7 agosto 1990, n. 241 (Nuove norme in materia di procedimento amministrativo e di diritto di accesso ai documenti amministrativi), che, nel testo previgente la modifica apportata dall'art. 3, all. 4, del presente Codice del processo amministrativo, disponeva: Modalità di esercizio del diritto di accesso e ricorsi. *1. Il diritto di accesso si esercita mediante esame ed estrazione di copia dei documenti amministrativi, nei modi e con i limiti indicati dalla presente legge. L'esame dei documenti è gratuito. Il rilascio di copia è subordinato soltanto al rimborso del costo di riproduzione, salve le disposizioni vigenti in materia di bollo, nonché i diritti di ricerca e di visura.*

2. La richiesta di accesso ai documenti deve essere motivata. Essa deve essere rivolta all'amministrazione che ha formato il documento o che lo detiene stabilmente.

3. Il rifiuto, il differimento e la limitazione dell'accesso sono ammessi nei casi e nei limiti stabiliti dall'articolo 24 e debbono essere motivati.

4. Decorsi inutilmente trenta giorni dalla richiesta, questa si intende respinta. In caso di diniego dell'accesso, espresso o tacito, o di differimento dello stesso ai sensi dell'articolo 24, comma 4, il richiedente può presentare ricorso al tribunale amministrativo regionale ai sensi del comma 5, ovvero chiedere, nello stesso termine e nei confronti degli atti delle amministrazioni comunali, provinciali e regionali, al difensore civico competente per ambito territoriale, ove costituito, che sia riesaminata la suddetta determinazione. Qualora tale organo non sia stato istituito, la competenza è attribuita al difensore civico competente per l'ambito territoriale immediatamente superiore. Nei confronti degli atti delle amministrazioni centrali e periferiche dello Stato tale richiesta è inoltrata presso la Commissione per l'accesso di cui all'articolo 27 nonché presso l'amministrazione resistente. Il difensore civico o la Commissione per l'accesso si pronunciano entro trenta giorni dalla presentazione dell'istanza. Scaduto infruttuosamente tale termine, il ricorso si intende respinto. Se il difensore civico o la Commissione per l'accesso ritengono illegittimo il diniego o il differimento, ne informano il richiedente e lo comunicano all'autorità disponente. Se questa non emana il provvedimento confermativo motivato entro trenta giorni dal ricevimento della comunicazione del difensore civico o della Commissione, l'accesso è consentito. Qualora il richiedente l'accesso si sia rivolto al difensore civico o alla Commissione, il termine di cui al comma 5 decorre dalla data di ricevimento, da parte del richiedente, dell'esito della sua istanza al difensore civico o alla Commissione stessa. Se l'accesso è negato o differito per motivi inerenti ai dati personali che si riferiscono a soggetti terzi, la Commissione provvede, sentito il Garante per la protezione dei dati personali, il quale si pronuncia entro il termine di dieci giorni dalla richiesta, decorso inutilmente il quale il parere si intende reso. Qualora un procedimento di cui alla sezione III del capo I del titolo I della parte III del decreto legislativo 30 giugno 2003, n. 196, o di cui agli articoli 154, 157, 158, 159 e 160 del medesimo decreto legislativo n. 196 del 2003, relativo al trattamento pubblico di dati personali da parte di una pubblica amministrazione, interessi l'accesso ai documenti amministrativi, il Garante per la protezione dei dati personali chiede il parere, obbligatorio e non vincolante, della Commissione per l'accesso ai documenti amministrativi. La richiesta di parere sospende il termine per la pronuncia del Garante sino all'acquisizione del parere, e comunque per non oltre quindici giorni. Decorso inutilmente detto termine, il Garante adotta la propria decisione.

5. Contro le determinazioni amministrative concernenti il diritto di accesso e nei casi previsti dal comma 4 è dato ricorso, nel termine di trenta giorni, al tribunale amministrativo regionale, il quale decide in camera di consiglio entro trenta giorni dalla scadenza del termine per il deposito del ricorso, uditi i difensori delle parti che ne abbiano fatto richiesta. In pendenza di un ricorso presentato ai sensi della legge 6 dicembre 1971, n. 1034, e successive modificazioni, il ricorso può essere proposto con istanza presentata al presidente e depositata presso la segreteria della sezione cui è assegnato il ricorso, previa notifica all'amministrazione o ai controinteressati, e viene deciso con ordinanza istruttoria adottata in camera di consiglio. La decisione del tribunale è appellabile, entro trenta giorni dalla notifica della stessa, al Consiglio di Stato, il quale decide con le medesime modalità e negli stessi termini. Le controversie relative all'accesso ai documenti amministrativi sono attribuite alla giurisdizione esclusiva del giudice amministrativo.

5-bis. Nei giudizi in materia di accesso, le parti possono stare in giudizio personalmente senza l'assistenza del difensore. L'amministrazione può essere rappresentata e difesa da un proprio dipendente, purché in possesso della qualifica di dirigente, autorizzato dal rappresentante legale dell'ente.

6. Il giudice amministrativo, sussistendone i presupposti, ordina l'esibizione dei documenti richiesti.

TITOLO III
TUTELA CONTRO L'INERZIA DELLA PUBBLICA AMMINISTRAZIONE

117. *Ricorsi avverso il silenzio.* 1. Il ricorso avverso il silenzio è proposto, anche senza previa diffida, con atto notificato all'amministrazione e ad almeno un controinteressato nel termine di cui all'articolo 31, comma 2.

2. Il ricorso è deciso con sentenza in forma semplificata e in caso di totale o parziale accoglimento il giudice ordina all'amministrazione di provvedere entro un termine non superiore, di norma, a trenta giorni.

3. Il giudice nomina, ove occorra, un commissario ad acta con la sentenza con cui definisce il giudizio o successivamente su istanza della parte interessata.

4. Il giudice conosce di tutte le questioni relative all'esatta adozione del provvedimento richiesto, ivi comprese quelle inerenti agli atti del commissario.

5. Se nel corso del giudizio sopravviene il provvedimento espresso, o un atto connesso con l'oggetto della controversia, questo può essere impugnato anche con motivi aggiunti, nei termini e con il rito previsto per il nuovo provvedimento, e l'intero giudizio prosegue con tale rito.

6. Se l'azione di risarcimento del danno ai sensi dell'articolo 30, comma 4, è proposta congiuntamente a quella di cui al presente articolo, il giudice può definire con il rito camerale l'azione avverso il silenzio e trattare con il rito ordinario la domanda risarcitoria.

6-*bis*. Le disposizioni di cui ai commi 2, 3, 4 e 6, si applicano anche ai giudizi di impugnazione[1][2][3].

[1] Comma aggiunto dall'art. 1, D.Lgs. 15 novembre 2011, n. 195.

[2] V. art. 2, L. 7 agosto 1990, n. 241 (Nuove norme in materia di procedimento amministrativo e di diritto di accesso ai documenti amministrativi), che, nel testo previgente la modifica apportata dall'art. 3, all. 4, del presente Codice del processo amministrativo, e successive, disponeva: Conclusione del procedimento. *1. Ove il procedimento consegua obbligatoriamente ad un'istanza, ovvero debba essere iniziato d'ufficio, le pubbliche amministrazioni hanno il dovere di concluderlo mediante l'adozione di un provvedimento espresso.*

2. Nei casi in cui disposizioni di legge ovvero i provvedimenti di cui ai commi 3, 4 e 5 non prevedono un termine diverso, i procedimenti amministrativi di competenza delle amministrazioni statali e degli enti pubblici nazionali devono concludersi entro il termine di trenta giorni.

3. Con uno o più decreti del Presidente del Consiglio dei ministri, adottati ai sensi dell'articolo 17, comma 3, della legge 23 agosto 1988, n. 400, su proposta dei Ministri competenti e di concerto con i Ministri per la pubblica amministrazione e l'innovazione e per la semplificazione normativa, sono individuati i termini non superiori a novanta giorni entro i quali devono concludersi i procedimenti di competenza delle amministrazioni statali. Gli enti pubblici nazionali stabiliscono, secondo i propri ordinamenti, i termini non superiori a novanta giorni entro i quali devono concludersi i procedimenti di propria competenza.

4. Nei casi in cui, tenendo conto della sostenibilità dei tempi sotto il profilo dell'organizzazione amministrativa, della natura degli interessi pubblici tutelati e della particolare complessità del procedimento, sono indispensabili termini superiori a novanta giorni per la conclusione dei procedimenti di competenza delle amministrazioni statali e degli enti pubblici nazionali, i decreti di cui al comma 3 sono adottati su proposta anche dei Ministri per la pubblica amministrazione e l'innovazione e per la semplificazione normativa e previa deliberazione del Consiglio dei ministri. I termini ivi previsti non possono comunque superare i centottanta giorni, con la sola esclusione dei procedimenti di acquisto della cittadinanza italiana e di quelli riguardanti l'immigrazione.

5. Fatto salvo quanto previsto da specifiche disposizioni normative, le autorità di garanzia e di vigilanza disciplinano, in conformità ai propri ordinamenti, i termini di conclusione dei procedimenti di rispettiva competenza.

6. I termini per la conclusione del procedimento decorrono dall'inizio del procedimento d'ufficio o dal ricevimento della domanda, se il procedimento è ad iniziativa di parte.

7. Fatto salvo quanto previsto dall'articolo 17, i termini di cui ai commi 2, 3, 4 e 5 del presente articolo possono essere sospesi, per una sola volta e per un periodo non superiore a trenta giorni, per l'acquisizione di informazioni o di certificazioni relative a fatti, stati o qualità non attestati in documenti già in possesso dell'amministrazione stessa o non direttamente acquisibili presso altre pubbliche amministrazioni. Si applicano le disposizioni dell'articolo 14, comma 2.

8. Salvi i casi di silenzio assenso, decorsi i termini per la conclusione del procedimento, il ricorso avverso il silenzio dell'amministrazione, ai sensi dell'articolo 21-bis della legge 6 dicembre 1971, n. 1034, può essere proposto anche senza necessità di diffida all'amministrazione inadempiente, fintanto che perdura l'inadempimento e comunque non oltre un anno dalla scadenza dei termini di cui ai commi 2 o 3 del presente articolo. Il giudice amministrativo può conoscere della fondatezza dell'istanza. È fatta salva la riproponibilità dell'istanza di avvio del procedimento ove ne ricorrano i presupposti.

9. La mancata emanazione del provvedimento nei termini costituisce elemento di valutazione della responsabilità dirigenziale.

[3] V. art. 21-bis, L. 6 dicembre 1971, n. 1034 (Legge Tar), abrogato dall'art. 4, all. 4, del presente Codice del processo amministrativo, che disponeva: *Art. 21-bis. 1. I ricorsi avverso il silenzio dell'amministrazione sono decisi in camera di consiglio, con sentenza succintamente motivata, entro trenta giorni dalla scadenza del termine per il deposito del ricorso, uditi i difensori delle parti che ne facciano richiesta. Nel caso che il collegio abbia disposto un'istruttoria, il ricorso è deciso in camera di consiglio entro trenta giorni dalla data fissata per gli adempimenti istruttori. La decisione è appellabile entro trenta giorni dalla notificazione o, in mancanza, entro novanta giorni dalla comunicazione della pubblicazione. Nel giudizio d'appello si seguono le stesse regole.*

2. In caso di totale o parziale accoglimento del ricorso di primo grado, il giudice amministrativo ordina all'amministrazione di provvedere di norma entro un termine non superiore a trenta giorni. Qualora l'amministrazione resti inadempiente oltre il detto termine, il giudice amministrativo, su richiesta di parte, nomina un commissario che provveda in luogo della stessa.

3. All'atto dell'insediamento il commissario, preliminarmente all'emanazione del provvedimento da adottare in via sostitutiva, accerta se anteriormente alla data dell'insediamento medesimo l'amministrazione abbia provveduto, ancorché in data successiva al termine assegnato dal giudice amministrativo con la decisione prevista dal comma 2.

TITOLO IV
PROCEDIMENTO DI INGIUNZIONE

118. *Decreto ingiuntivo.* 1. Nelle controversie devolute alla giurisdizione esclusiva del giudice amministrativo, aventi ad oggetto diritti soggettivi di natura patrimoniale, si applica il Capo I del Titolo I del Libro IV del codice di procedura civile. Per l'ingiunzione è competente il presidente o un magistrato da lui delegato. L'opposizione si propone con ricorso[1].

[1] V. art. 8, L. 21 luglio 2000, n. 205 (Disposizioni in materia di giustizia amministrativa), abrogato dall'art. 4, all. 4, del presente Codice del processo amministrativo, che disponeva: *1. Nelle controversie devolute alla giurisdizione esclusiva del giudice amministrativo, aventi ad oggetto diritti soggettivi di natura patrimoniale, si applica il capo I del titolo I del libro IV del codice di procedura civile. Per l'ingiunzione è competente il presidente o un magistrato da lui delegato. L'opposizione si propone con ricorso.*

2. Nelle controversie devolute alla giurisdizione esclusiva del giudice amministrativo, aventi ad oggetti diritti soggettivi di natura patrimoniale, il tribunale amministrativo regionale, su istanza di parte, dispone in via provvisionale, con ordinanza provvisoriamente esecutiva, la condanna al pagamento di somme di denaro quando, in ordine al credito azionato, ricorrono i presupposti di cui agli articoli 186-bis e 186-ter del codice di procedura civile.

3. Al fine di cui al comma 2, il presidente del tribunale amministrativo regionale, ovvero il presidente della sezione interna o della sezione distaccata, fissa su istanza di parte la discussione nella prima camera di consiglio utile, e quando ciò non sia possibile, entro un termine di trenta giorni successivo al deposito del ricorso o dell'istanza di parte se separata.

4. Il procedimento di cui ai commi 1 e 2 si applica anche al giudizio innanzi al Consiglio di Stato in sede di appello.

TITOLO V
RITI ABBREVIATI RELATIVI A SPECIALI CONTROVERSIE

119. *Rito abbreviato comune a determinate materie.* 1. Le disposizioni di cui al presente articolo si applicano nei giudizi aventi ad oggetto le controversie relative a:

a) i provvedimenti concernenti le procedure di affidamento di pubblici lavori, servizi e forniture, nonché i provvedimenti di ammissione ed esclusione dalle competizioni professionistiche delle società o associazioni sportive professionistiche, o comunque incidenti sulla partecipazione a competizioni professionistiche, salvo quanto previsto dagli articoli 120 e seguenti[1 2];

b) i provvedimenti adottati dalle Autorità amministrative indipendenti, con esclusione di quelli relativi al rapporto di servizio con i propri dipendenti[1];

c) i provvedimenti relativi alle procedure di privatizzazione o di dismissione di imprese o beni pubblici, nonchè quelli relativi alla costituzione, modificazione o soppressione di società, aziende e istituzioni da parte degli enti locali;

c-bis) i provvedimenti adottati nell'esercizio dei poteri speciali inerenti alle attività di rilevanza strategica nei settori della difesa e della sicurezza nazionale e nei settori dell'energia, dei trasporti e delle comunicazioni[3];

d) i provvedimenti di nomina, adottati previa delibera del Consiglio dei ministri;

e) i provvedimenti di scioglimento degli organi di governo degli enti locali e quelli connessi, che riguardano la loro formazione e il loro funzionamento[4];

f) i provvedimenti relativi alle procedure di occupazione e di espropriazione delle aree destinate all'esecuzione di opere pubbliche o di pubblica utilità e i provvedimenti di espropriazione delle invenzioni adottati ai sensi del codice della proprietà industriale;

g) i provvedimenti del Comitato olimpico nazionale italiano o delle Federazioni sportive;

h) le ordinanze adottate in tutte le situazioni di emergenza dichiarate ai sensi dell'articolo 5, comma 1, della legge 24 febbraio 1992, n. 225, e i conseguenziali provvedimenti commissariali[5];

i) il rapporto di lavoro del personale dei servizi di informazione per la sicurezza, ai sensi dell'articolo 22, della legge 3 agosto 2007, n. 124;

l) le controversie comunque attinenti alle procedure e ai provvedimenti della pubblica amministrazione in materia di impianti di generazione di energia elettrica di cui al decreto legge 7 febbraio 2002, n. 7, convertito, con modificazioni, dalla legge 9 aprile 2002, n. 55, comprese quelle concernenti la produzione di energia elettrica da fonte nucleare, i rigassificatori, i gasdotti di importazione, le centrali termoelettriche di potenza termica superiore a 400 MW nonchè quelle relative ad infrastrutture di trasporto ricomprese o da ricomprendere nella rete di trasmissione nazionale o rete nazionale di gasdotti[6];

m) i provvedimenti della commissione centrale per la definizione e applicazione delle speciali misure di protezione, recanti applicazione, modifica e revoca delle speciali misure di protezione nei confronti dei collaboratori e testimoni di giustizia;

m-bis) le controversie aventi per oggetto i provvedimenti dell'Agenzia nazionale di regolamentazione del settore postale di cui alla lettera *h)* del comma 2 dell'articolo 37 della legge 4 giugno 2010, n. 96, compresi quelli sanzionatori ed esclusi quelli inerenti ai rapporti di impiego[7];

m-ter) i provvedimenti dell'Agenzia nazionale per la regolazione e la vigilanza in materia di acqua istituita dall'articolo 10, comma 11, del decreto legge 13 maggio 2011, n. 70, convertito, con modificazioni, dalla legge 12 luglio 2011, n. 106[8];

m-quater) le azioni individuali e collettive avverso le discriminazioni di genere in ambito lavorativo, previste dall'articolo 36 e seguenti del decreto legislativo 25 luglio 2006, n. 198, quando rientrano, ai sensi del citato decreto, nella giurisdizione del giudice amministrativo[8];

m-quinquies) gli atti e i provvedimenti adottati in esecuzione di una decisione di recupero di cui all'articolo 16 del regolamento (UE) 2015/1589 del Consiglio, del 13 luglio 2015[9];

m-sexies) i provvedimenti di espulsione dello straniero adottati dal Ministro dell'interno ai sensi dell'articolo 13, comma 1, del decreto legislativo 25 luglio 1998, n. 286, e quelli adottati ai sensi dell'articolo 3 del decreto-legge 27 luglio 2005, n. 144, convertito, con modificazioni, dalla legge 31 luglio 2005, n. 155[10].

m-septies) l'autorizzazione unica di cui agli articoli 52-*bis* e seguenti del testo unico di cui al decreto del Presidente della Repubblica 8 giugno 2001, n. 327, per le infrastrutture lineari energetiche, quali i gasdotti, gli elettrodotti, gli oleodotti e le reti di trasporto di fluidi termici, ivi inclusi le opere, gli impianti e i servizi accessori connessi o funzionali all'esercizio degli stessi, i gasdotti e gli oleodotti necessari per la coltivazione e lo stoccaggio degli idrocarburi, nonchè rispetto agli atti riferiti a tali infrastrutture inerenti alla valutazione ambientale strategica, alla verifica di assoggettabilità e alla valutazione di impatto ambientale e a tutti i provvedimenti, di competenza statale o regionale, indicati dall'articolo 27 del decreto legislativo 3 aprile 2006, n. 152, nonchè agli atti che definiscono l'intesa Stato-regione[11].

2. Tutti i termini processuali ordinari sono dimezzati salvo, nei giudizi di primo grado, quelli per la notificazione del ricorso introduttivo, del ricorso incidentale e dei motivi aggiunti, nonchè quelli di cui all'articolo 62, comma 1, e quelli espressamente disciplinati nel presente articolo.

3. Salva l'applicazione dell'articolo 60, il tribunale amministrativo regionale chiamato a pronunciare sulla domanda cautelare, accertata la completezza del contraddittorio ovvero disposta l'integrazione dello stesso, se ritiene, a un primo sommario esame, la sussistenza di profili di fondatezza del ricorso e di un pregiudizio grave e irreparabile, fissa con ordinanza la data di discussione del merito alla prima udienza successiva alla scadenza del termine di trenta giorni dalla data di deposito dell'ordinanza, disponendo altresì il deposito dei documenti necessari e l'acquisizione delle eventuali altre prove occorrenti. In caso di rigetto dell'istanza cautelare da parte del tribunale amministrativo regionale, ove il Consiglio di Stato riformi l'ordinanza di primo grado, la pronuncia di appello è trasmessa al tribunale amministrativo regionale per la fissazione dell'udienza di merito. In tale ipotesi, il termine di trenta giorni decorre dalla data di ricevimento dell'ordinanza da parte della segreteria del tribunale amministrativo regionale, che ne dà avviso alle parti.

4. Con l'ordinanza di cui al comma 3, in caso di estrema gravità ed urgenza, il tribunale amministrativo regionale o il Consiglio di Stato possono disporre le opportune misure cautelari. Al procedimento cautelare si applicano le disposizioni del Titolo II del Libro II, in quanto non derogate dal presente articolo.

5. Quando almeno una delle parti, nell'udienza discussione, dichiara di avere interesse alla pubblicazione anticipata del dispositivo rispetto alla sentenza, il dispositivo è pubblicato mediante deposito in segreteria, non oltre sette giorni dalla decisione della causa. La dichiarazione della parte è attestata nel verbale d'udienza.

6. La parte può chiedere al Consiglio di Stato la sospensione dell'esecutività del dispositivo, proponendo appello entro trenta giorni dalla relativa pubblicazione, con riserva dei motivi da proporre entro trenta giorni dalla notificazione della sentenza ovvero entro tre mesi dalla sua pubblicazione. La mancata richiesta di sospensione dell'esecutività del dispositivo non preclude la possibilità di chiedere la sospensione dell'esecutività della sentenza dopo la pubblicazione dei motivi.

7. Le disposizioni del presente articolo si applicano anche nei giudizi di appello, revocazione e opposizione di terzo[12].

[1] Per un'interpretazione autentica della presente lettera v. art. 14, comma 3-ter, D.P.R. 30 maggio 2002, n. 115, aggiunto dall'art. 1, comma 26, L. 24 dicembre 2012, n. 228.

[2] Lettera così modificata dall'art. 1, comma 649, L. 30 dicembre 2018, n. 145. Il testo previgente disponeva: *a) i provvedimenti concernenti le procedure di affidamento di pubblici lavori, servizi e forniture, salvo quanto previsto dagli articoli 120 e seguenti.* Tali nuove disposizioni si applicano anche ai processi ed alle controversie in corso alla data di entrata in vigore della citata L. 145/2018 e dalla loro attuazione non devono derivare nuovi o maggiori oneri a carico della finanza pubblica. Le autorità interessate provvedono con le risorse umane, strumentali e finanziarie disponibili a legislazione vigente.

[3] Lettera aggiunta dall'art. 3, D.L. 15 marzo 2012, n. 21, convertito in L. 11 maggio 2012, n. 56.

[4] Lettera così sostituita dall'art. 1, D.Lgs. 14 settembre 2012, n. 160. Il testo previgente disponeva: *e) i provvedimenti di scioglimento di enti locali e quelli connessi concernenti la formazione e il funzionamento degli organi.*

[5] L'articolo 5 della legge n. 225 del 1992, citato nella presente lettera deve intendersi riferito agli artt. 24, 25 e 26 del D.Lgs. 2 gennaio 2018, n. 1.

[6] Lettera così modificata dall'art. 1, D.Lgs. 15 novembre 2011, n. 195. Il testo previgente disponeva: *l) le controversie comunque attinenti alle procedure e ai provvedimenti della pubblica amministrazione in materia di impianti di generazio-*

ne di energia elettrica di cui al decreto legge 7 febbraio 2002, n. 7, convertito, con modificazioni, dalla legge 9 aprile 2003, n. 55, comprese quelle concernenti la produzione di energia elettrica da fonte nucleare, i rigassificatori, i gasdotti di importazione, le centrali termoelettriche di potenza termica superiore a 400 MW nonchè quelle relative ad infrastrutture di trasporto ricomprese o da ricomprendere nella rete di trasmissione nazionale o rete nazionale di gasdotti.

[7] Lettera aggiunta dall'art. 2, D.Lgs. 31 marzo 2011, n. 58.

[8] Lettera aggiunta dall'art. 1, D.Lgs. 15 novembre 2011, n. 195.

[9] Lettera aggiunta dall'art. 49, L. 24 dicembre 2012, n. 234, nel testo modificato dall'art. 35, L. 7 luglio 2016, n. 122. Tali nuove disposizioni di applicano alle decisioni di recupero notificate a decorrere dal 1° gennaio 2015.

[10] Lettera aggiunta dall'art. 16, D.L. 17 febbraio 2017, n. 13, convertito in L. 13 aprile 2017, n. 46.

[11] Lettera aggiunta dall'art. 50-bis, D.L. 16 luglio 2020, n. 76, convertito in L. 11 settembre 2020, n. 120, a decorrere dal 15 settembre 2020.

[12] V. art. 23-bis, L. 6 dicembre 1971, n. 1034 (Legge Tar), abrogato dall'art. 4, all. 4, del presente Codice del processo amministrativo, che disponeva: *Art. 23-bis. 1. Le disposizioni di cui al presente articolo si applicano nei giudizi davanti agli organi di giustizia amministrativa aventi ad oggetto: a) [...]; b) i provvedimenti relativi alle procedure di occupazione e di espropriazione delle aree destinate alla realizzazione di opere pubbliche o di pubblica utilità; c) [...]; d) i provvedimenti adottati dalle autorità amministrative indipendenti; e) i provvedimenti relativi alle procedure di privatizzazione o di dismissione di imprese o beni pubblici, nonché quelli relativi alla costituzione, modificazione o soppressione di società, aziende e istituzioni ai sensi dell'articolo 22 della legge 8 giugno 1990, n. 142; f) i provvedimenti di nomina, adottati previa delibera del Consiglio dei ministri ai sensi della legge 23 agosto 1988, n. 400; g) i provvedimenti di scioglimento degli enti locali e quelli connessi concernenti la formazione e il funzionamento degli organi; g-bis) i provvedimenti adottati ai sensi dell'articolo 12, comma 3, della legge 29 dicembre 1993, n. 580.*

2. I termini processuali previsti sono ridotti alla metà, salvo quelli per la proposizione del ricorso.

3. Salva l'applicazione dell'articolo 26, quarto comma, il tribunale amministrativo regionale chiamato a pronunciarsi sulla domanda cautelare, accertata la completezza del contraddittorio ovvero disposta l'integrazione dello stesso ai sensi dell'articolo 21, se ritiene ad un primo esame che il ricorso evidenzi l'illegittimità dell'atto impugnato e la sussistenza di un pregiudizio grave e irreparabile, fissa con ordinanza la data di discussione nel merito alla prima udienza successiva al termine di trenta giorni dalla data di deposito dell'ordinanza. In caso di rigetto dell'istanza cautelare da parte del tribunale amministrativo regionale, ove il Consiglio di Stato riformi l'ordinanza di primo grado, la pronunzia di appello è trasmessa al tribunale amministrativo regionale per la fissazione dell'udienza di merito. In tale ipotesi, il termine di trenta giorni decorre dalla data di ricevimento dell'ordinanza da parte della segreteria del tribunale amministrativo regionale che ne dà avviso alle parti.

4. Nel giudizio cautelare di cui al comma 3 le parti possono depositare documenti entro il termine di quindici giorni dal deposito o dal ricevimento delle ordinanze di cui al medesimo comma e possono depositare memorie entro i successivi dieci giorni.

5. Con le ordinanze di cui al comma 3, in caso di estrema gravità ed urgenza, il tribunale amministrativo regionale o il Consiglio di Stato possono disporre le opportune misure cautelari, enunciando i profili che, ad un sommario esame, inducono a una ragionevole probabilità sul buon esito del ricorso.

6. Nei giudizi di cui al comma 1, il dispositivo della sentenza è pubblicato entro sette giorni dalla data dell'udienza, mediante deposito in segreteria.

7. Il termine per la proposizione dell'appello avverso la sentenza del tribunale amministrativo regionale pronunciata nei giudizi di cui al comma 1 è di trenta giorni dalla notificazione e di centoventi giorni dalla pubblicazione della sentenza. La parte può, al fine di ottenere la sospensione dell'esecuzione della sentenza, proporre appello nel termine di trenta giorni dalla pubblicazione del dispositivo, con riserva dei motivi, da proporre entro trenta giorni dalla notificazione ed entro centoventi giorni dalla comunicazione della pubblicazione della sentenza.

8. Le disposizioni del presente articolo si applicano anche davanti al Consiglio di Stato, in caso di domanda di sospensione della sentenza appellata.

120. *Disposizioni specifiche ai giudizi di cui all'articolo 119, comma 1, lettera a).* 1. Gli atti delle procedure di affidamento, ivi comprese le procedure di affidamento di incarichi e concorsi di progettazione e di attività tecnico-amministrative ad esse connesse, relativi a pubblici lavori, servizi o forniture, nonchè i provvedimenti dell'Autorità nazionale anticorruzione ad essi riferiti, sono impugnabili unicamente mediante ricorso al tribunale amministrativo regionale competente[1].

2. Nel caso in cui sia mancata la pubblicità del bando, il ricorso non può comunque essere più proposto decorsi trenta giorni decorrenti dal giorno successivo alla data di pubblicazione dell'avviso di aggiudicazione definitiva di cui all'articolo 65 e all'articolo 225 del decreto legislativo 12 aprile 2006, n. 163, a condizione che tale avviso contenga la motivazione dell'atto con cui la stazione appaltante ha deciso di affidare il contratto senza previa pubblicazione del bando. Se sono omessi gli avvisi o le informazioni di cui al presente comma oppure se essi non sono conformi alle prescrizioni ivi contenute, il ricorso non può comunque essere proposto decorsi sei mesi dal giorno successivo alla data di stipulazione del contratto.

2-*bis*. [...][2].

3. Salvo quanto previsto dal presente articolo e dai successivi, si applica l'articolo 119.

4. Quando è impugnata l'aggiudicazione definitiva, se la stazione appaltante fruisce del patrocinio dell'Avvocatura dello Stato, il ricorso è notificato, oltre che presso detta Avvocatura, anche alla stazione appaltante nella sua sede reale, in data non anteriore alla notifica presso l'Avvocatura, e al solo fine

dell'operatività della sospensione obbligatoria del termine per la stipulazione del contratto.

5. Per l'impugnazione degli atti di cui al presente articolo il ricorso, principale o incidentale e i motivi aggiunti, anche avverso atti diversi da quelli già impugnati, devono essere proposti nel termine di trenta giorni, decorrente, per il ricorso principale e per i motivi aggiunti, dalla ricezione della comunicazione di cui all'articolo 79 del decreto legislativo 12 aprile 2006, n. 163, o, per i bandi e gli avvisi con cui si indice una gara, autonomamente lesivi, dalla pubblicazione di cui all'articolo 66, comma 8, dello stesso decreto; ovvero, in ogni altro caso, dalla conoscenza dell'atto. Per il ricorso incidentale la decorrenza del termine è disciplinata dall'articolo 42[3].

6. Il giudizio, qualora le parti richiedano congiuntamente di limitare la decisione all'esame di un'unica questione, nonchè in ogni altro caso compatibilmente con le esigenze di difesa di tutte le parti in relazione alla complessità della causa, è di norma definito, anche in deroga al comma 1, primo periodo dell'articolo 74, in esito all'udienza cautelare ai sensi dell'articolo 60, ove ne ricorrano i presupposti, e, in mancanza, viene comunque definito con sentenza in forma semplificata ad una udienza fissata d'ufficio e da tenersi entro quarantacinque giorni dalla scadenza del termine per la costituzione delle parti diverse dal ricorrente. Della data di udienza è dato immediato avviso alle parti a cura della segreteria, a mezzo posta elettronica certificata. In caso di esigenze istruttorie o quando è necessario integrare il contraddittorio o assicurare il rispetto di termini a difesa, la definizione del merito viene rinviata, con l'ordinanza che dispone gli adempimenti istruttori o l'integrazione del contraddittorio o dispone il rinvio per l'esigenza di rispetto dei termini a difesa, ad una udienza da tenersi non oltre trenta giorni[4].

6-*bis*. [...][5].

7. I nuovi atti attinenti la medesima procedura di gara devono essere impugnati con ricorso per motivi aggiunti[6].

8. Il giudice decide interinalmente sulla domanda cautelare, anche se ordina adempimenti istruttori, se concede termini a difesa, o se solleva o vengono proposti incidenti processuali.

8-*bis*. Il collegio, quando dispone le misure cautelari di cui al comma 4 dell'art. 119, ne può subordinare l'efficacia, anche qualora dalla decisione non derivino effetti irreversibili, alla prestazione, anche mediante fideiussione, di una cauzione di importo commisurato al valore dell'appalto e comunque non superiore allo 0,5 per cento del suddetto valore. Tali misure sono disposte per una durata non superiore a sessanta giorni dalla pubblicazione della relativa ordinanza, fermo restando quanto stabilito dal comma 3 dell'art. 119[7].

8-*ter*. Nella decisione cautelare, il giudice tiene conto di quanto previsto dagli articoli 121, comma 1, e 122, e delle esigenze imperative connesse a un interesse generale all'esecuzione del contratto, dandone conto nella motivazione[8].

9. Il giudice deposita la sentenza con la quale definisce il giudizio entro quindici giorni dall'udienza di discussione. Quando la stesura della motivazione è particolarmente complessa, il giudice pubblica il dispositivo nel termine di cui al primo periodo, indicando anche le domande eventualmente accolte e le misure per darvi attuazione, e comunque deposita la sentenza entro trenta giorni dall'udienza[9].

10. Tutti gli atti di parte e i provvedimenti del giudice devono essere sintetici e la sentenza è redatta, ordinariamente, nelle forme di cui all'articolo 74.

11. Le disposizioni dei commi 3, 6, 8, 8-*bis*, 8-*ter*, 9 e 10 si applicano anche nel giudizio di appello innanzi al Consiglio di Stato, proposto avverso la sentenza o avverso l'ordinanza cautelare, e nei giudizi di revocazione o opposizione di terzo. La parte può proporre appello avverso il dispositivo, al fine di ottenerne la sospensione prima della pubblicazione della sentenza[10].

11-*bis*. Nel caso di presentazione di offerte per più lotti l'impugnazione si propone con ricorso cumulativo solo se vengono dedotti identici motivi di ricorso avverso lo stesso atto[8 11].

[1] Comma così modificato dall'art. 204, D.Lgs. 18 aprile 2016, n. 50. Il testo previgente disponeva: *1. Gli atti delle procedure di affidamento, ivi comprese le procedure di affidamento di incarichi e concorsi di progettazione e di attività tecnico-amministrative ad esse connesse, relativi a pubblici lavori, servizi o forniture, nonchè i connessi provvedimenti dell'Autorità per la vigilanza sui contratti pubblici di lavori, servizi e forniture, sono impugnabili unicamente mediante ricorso al tribunale amministrativo regionale competente.*

[2] Comma aggiunto dall'art. 204, D.Lgs. 18 aprile 2016, n. 50 e poi abrogato dall'art. 1, D.L. 18 aprile 2019, n. 32, convertito in L. 14 giugno 2019, n. 55, a decorrere dal 18 giugno 2019. Il testo previgente disponeva: *2-bis. Il provvedimento che determina le esclusioni dalla procedura di affidamento e le ammissioni ad essa all'esito della valutazione dei requisiti soggettivi, economico-finanziari e tecnico-professionali va impugnato nel termine di trenta giorni, decorrente dalla sua pubblicazione sul profilo del committente della stazione appaltante, ai sensi dell'articolo 29, comma 1, del codice dei contratti pubblici adottato in attuazione della legge 28 gennaio 2016, n. 11. L'omessa impugnazione preclude la facoltà di far valere l'illegittimità derivata dei successivi atti delle procedure di affidamento, anche con ricorso incidentale. È altresì inammissibile l'impugnazione della proposta di aggiudicazione, ove disposta, e degli altri atti endoprocedimentali privi di immediata lesività.*

Tali nuove disposizioni si applicano ai processi iniziati dopo la data di entrata in vigore della legge di conversione del citato D.L. 32/2019.

[3] Comma prima modificato prima dall'art. 1, D.Lgs. 15 novembre 2011, n. 195, poi dall'art. 204, D.Lgs. 18 aprile 2016, n. 50 e infine dall'art. 1, D.L. 18 aprile 2019, n. 32, convertito in L. 14 giugno 2019, n. 55, a decorrere dal 18 giugno 2019.

Il testo previgente la modifica del 2011 disponeva: *5. Per l'impugnazione degli atti di cui al presente articolo il ricorso e i motivi aggiunti, anche avverso atti diversi da quelli già impugnati, devono essere proposti nel termine di trenta giorni, decorrente dalla ricezione della comunicazione di cui all'articolo 79 del decreto legislativo 12 aprile 2006, n. 163, o, per i bandi e gli avvisi con cui si indice una gara, autonomamente lesivi, dalla pubblicazione di cui all'articolo 66, comma 8, dello stesso decreto; ovvero, in ogni altro caso, dalla conoscenza dell'atto.*

Il testo previgente la modifica del 2016 disponeva: *5. Per l'impugnazione degli atti di cui al presente articolo il ricorso, principale o incidentale e i motivi aggiunti, anche avverso atti diversi da quelli già impugnati, devono essere proposti nel termine di trenta giorni, decorrente, per il ricorso principale e per i motivi aggiunti, dalla ricezione della comunicazione di cui all'articolo 79 del decreto legislativo 12 aprile 2006, n. 163, o, per i bandi e gli avvisi con cui si indice una gara, autonomamente lesivi, dalla pubblicazione di cui all'articolo 66, comma 8, dello stesso decreto; ovvero, in ogni altro caso, dalla conoscenza dell'atto. Per il ricorso incidentale la decorrenza del termine è disciplinata dall'articolo 42.*

Il testo previgente la modifica del 2019 disponeva: *5. Salvo quanto previsto al comma 6-bis, per l'impugnazione degli atti di cui al presente articolo il ricorso, principale o incidentale e i motivi aggiunti, anche avverso atti diversi da quelli già impugnati, devono essere proposti nel termine di trenta giorni, decorrente, per il ricorso principale e per i motivi aggiunti, dalla ricezione della comunicazione di cui all'articolo 79 del decreto legislativo 12 aprile 2006, n. 163, o, per i bandi e gli avvisi con cui si indice una gara, autonomamente lesivi, dalla pubblicazione di cui all'articolo 66, comma 8, dello stesso decreto; ovvero, in ogni altro caso, dalla conoscenza dell'atto. Per il ricorso incidentale la decorrenza del termine è disciplinata dall'articolo 42.*

Tali nuove disposizioni si applicano ai processi iniziati dopo la data di entrata in vigore della legge di conversione del citato D.L. 32/2019.

[4] Comma così sostituito dall'art. 40, D.L. 24 giugno 2014, n. 90, convertito in L. 11 agosto 2014, n. 114 (tali nuove disposizioni si applicano ai giudizi introdotti con ricorso depositato, in primo grado o in grado di appello, in data successiva alla data di entrata in vigore del citato D.L. 90/2014. Le disposizioni relative al contenimento del numero delle pagine, stabilite dal decreto del Presidente del Consiglio di Stato di cui al presente comma sono applicate in via sperimentale per due anni dalla data di entrata in vigore della legge di conversione del D.L. 90/2014. Al termine di un anno decorrente dalla medesima data, il Consiglio di presidenza della giustizia amministrativa effettua il monitoraggio degli esiti di tale sperimentazione), poi modificato prima dall'art. 7-bis, D.L. 31 agosto 2016, n. 168, convertito in L. 25 ottobre 2016, n. 197 (a decorrere dalla data di entrata in vigore del decreto del presidente del Consiglio di Stato previsto al comma 1 dell'articolo 13-ter delle norme di attuazione, di cui all'allegato 2 al presente codice), poi dall'art. 4, D.L. 16 luglio 2020, n. 76, convertito in L. 11 settembre 2020, n. 120, a decorrere dal 15 settembre 2020.

Il testo previgente la modifica del 2014 disponeva: *6. Quando il giudizio non è immediatamente definito ai sensi dell'articolo 60, l'udienza di merito, ove non indicata dal collegio ai sensi dell'articolo 119, comma 3, è immediatamente fissata d'ufficio con assoluta priorità.*

Il testo previgente la modifica del 2016 disponeva: *6. Il giudizio, ferma la possibilità della sua definizione immediata nell'udienza cautelare ove ne ricorrano i presupposti, viene comunque definito con sentenza in forma semplificata ad una udienza fissata d'ufficio e da tenersi entro quarantacinque giorni dalla scadenza del termine per la costituzione delle parti diverse dal ricorrente. Della data di udienza è dato immediato avviso alle parti a cura della segreteria, a mezzo posta elettronica certificata. In caso di esigenze istruttorie o quando è necessario integrare il contraddittorio o assicurare il rispetto di termini a difesa, la definizione del merito viene rinviata, con l'ordinanza che dispone gli adempimenti istruttori o l'integrazione del contraddittorio o dispone il rinvio per l'esigenza di rispetto dei termini a difesa, ad una udienza da tenersi non oltre trenta giorni. Al fine di consentire lo spedito svolgimento del giudizio in coerenza con il principio di sinteticità di cui all'art. 3, comma 2, le parti contengono le dimensioni del ricorso e degli altri atti difensivi nei termini stabiliti con decreto del Presidente del Consiglio di Stato, sentiti il Consiglio nazionale forense e l'Avvocato generale dello Stato, nonchè le associazioni di categoria riconosciute degli avvocati amministrativisti. Con il medesimo decreto sono stabiliti i casi per i quali, per specifiche ragioni, può essere consentito superare i relativi limiti. Il medesimo decreto, nella fissazione dei limiti dimensionali del ricorso e degli atti difensivi, tiene conto del valore effettivo della controversia, della sua natura tecnica e del valore dei diversi interessi sostanzialmente perseguiti dalle parti. Dai suddetti limiti sono escluse le intestazioni e le altre indicazioni formali dell'atto. Il giudice è tenuto a esaminare tutte le questioni trattate nelle pagine rientranti nei suddetti limiti; il mancato esame delle suddette questioni costituisce motivo di appello avverso la sentenza di primo grado e di revocazione della sentenza di appello.*

Il testo previgente la modifica del 2020 disponeva: *6. Il giudizio, ferma la possibilità della sua definizione immediata nell'udienza cautelare ove ne ricorrano i presupposti, viene comunque definito con sentenza in forma semplificata ad una udienza fissata d'ufficio e da tenersi entro quarantacinque giorni dalla scadenza del termine per la costituzione delle parti diverse dal ricorrente. Della data di udienza è dato immediato avviso alle parti a cura della segreteria, a mezzo posta elettronica certificata. In caso di esigenze istruttorie o quando è necessario integrare il contraddittorio o assicurare il rispetto di termini a difesa, la definizione del merito viene rinviata, con l'ordinanza che dispone gli adempimenti istruttori o l'integrazione del contraddittorio o dispone il rinvio per l'esigenza di rispetto dei termini a difesa, ad una udienza da tenersi non oltre trenta giorni.*

[5] Comma aggiunto dall'art. 204, D.Lgs. 18 aprile 2016, n. 50 e poi abrogato dall'art. 1, D.L. 18 aprile 2019, n. 32, convertito in L. 14 giugno 2019, n. 55, a decorrere dal 18 giugno 2019. Il testo previgente disponeva: *6-bis. Nei casi previsti al comma 2-bis, il giudizio è definito in una camera di consiglio da tenersi entro trenta giorni dalla scadenza del termine per la costituzione delle parti diverse dal ricorrente. Su richiesta delle parti il ricorso è definito, negli stessi termini, in udienza pubblica. Il decreto di fissazione dell'udienza è comunicato alle parti quindici giorni prima dell'udienza. Le parti possono produrre documenti fino a dieci giorni liberi prima dell'udien-*

za, memorie fino a sei giorni liberi prima e presentare repliche ai nuovi documenti e alle nuove memorie depositate in vista della camera di consiglio, fino a tre giorni liberi prima. La camera di consiglio o l'udienza possono essere rinviate solo in caso di esigenze istruttorie, per integrare il contraddittorio, per proporre motivi aggiunti o ricorso incidentale. L'ordinanza istruttoria fissa per il deposito di documenti un termine non superiore atre giorni decorrenti dalla comunicazione o, se anteriore, notificazione della stessa. La nuova camera di consiglio deve essere fissata non oltre quindici giorni. Non può essere disposta la cancellazione della causa dal ruolo. L'appello deve essere proposto entro trenta giorni dalla comunicazione o, se anteriore, notificazione della sentenza e non trova applicazione il termine lungo decorrente dalla sua pubblicazione.

Tali nuove disposizioni si applicano ai processi iniziati dopo la data di entrata in vigore della legge di conversione del citato D.L. 32/2019.

[6] Comma così modificato prima dall'art. 204, D.Lgs. 18 aprile 2016, n. 50, poi dall'art. 1, D.L. 18 aprile 2019, n. 32, convertito in L. 14 giugno 2019, n. 55, a decorrere dal 18 giugno 2019.

Il testo previgente la modifica del 2016 disponeva: *7. I nuovi atti attinenti la medesima procedura di gara devono essere impugnati con ricorso per motivi aggiunti.*

Il testo previgente la modifica del 2019 disponeva: *7. Ad eccezione dei casi previsti al comma 2-bis, i nuovi atti attinenti la medesima procedura di gara devono essere impugnati con ricorso per motivi aggiunti.*

Tali nuove disposizioni si applicano ai processi iniziati dopo la data di entrata in vigore della legge di conversione del citato D.L. 32/2019.

[7] Comma aggiunto dall'art. 40, D.L. 24 giugno 2014, n. 90, convertito in L. 11 agosto 2014, n. 114.

[8] Comma aggiunto dall'art. 204, D.Lgs. 18 aprile 2016, n. 50.

[9] Comma così sostituito dall'art. 40, D.L. 24 giugno 2014, n. 90, convertito in L. 11 agosto 2014, n. 114, poi modificato prima dall'art. 204, D.Lgs. 18 aprile 2016, n. 50, poi dall'art. 1, D.L. 18 aprile 2019, n. 32, convertito in L. 14 giugno 2019, n. 55, a decorrere dal 18 giugno 2019 e infine dall'art. 4, D.L. 16 luglio 2020, n. 76, convertito in L. 11 settembre 2020, n. 120, a decorrere dal 15 settembre 2020.

Il testo previgente la modifica del 2014 disponeva: *9. Il dispositivo del provvedimento con cui il tribunale amministrativo regionale definisce il giudizio è pubblicato entro sette giorni dalla data della sua deliberazione.*

Il testo previgente la modifica del 2016 disponeva: *9. Il Tribunale amministrativo regionale deposita la sentenza con la quale definisce il giudizio entro trenta giorni dall'udienza di discussione, ferma restando la possibilità di chiedere l'immediata pubblicazione del dispositivo entro due giorni.*

Il testo previgente la modifica del 2019 disponeva: *9. Il Tribunale amministrativo regionale deposita la sentenza con la quale definisce il giudizio entro trenta giorni dall'udienza di discussione; le parti possono chiedere l'anticipata pubblicazione del dispositivo, che avviene entro due giorni dall'udienza. Nei casi previsti al comma 6-bis, il tribunale amministrativo regionale deposita la sentenza entro sette giorni dall'udienza, pubblica o in camera di consiglio, di discussione; le parti possono chiedere l'anticipata pubblicazione del dispositivo, che avviene entro due giorni dall'udienza.*

Tali nuove disposizioni si applicano ai processi iniziati dopo la data di entrata in vigore della legge di conversione del citato D.L. 32/2019.

Il testo previgente la modifica del 2020 disponeva: *9. Il Tribunale amministrativo regionale deposita la sentenza con la quale definisce il giudizio entro trenta giorni dall'udienza di discussione; le parti possono chiedere l'anticipata pubblicazione del dispositivo, che avviene entro due giorni dall'udienza.*

[10] Comma così modificato prima dall'art. 204, D.Lgs. 18 aprile 2016, n. 50, poi dall'art. 1, D.L. 18 aprile 2019, n. 32, convertito in L. 14 giugno 2019, n. 55, a decorrere dal 18 giugno 2019.

Il testo previgente la modifica del 2016 disponeva: *11. Le disposizioni dei commi 3, 6, 8 e 10 si applicano anche nel giudizio di appello innanzi al Consiglio di Stato, proposto avverso la sentenza o avverso l'ordinanza cautelare, e nei giudizi di revocazione o opposizione di terzo. La parte può proporre appello avverso il dispositivo, al fine di ottenerne la sospensione prima della pubblicazione della sentenza.*

Il testo previgente la modifica del 2019 disponeva: *11. Le disposizioni dei commi 2-bis, 3, 6, 6-bis, 8, 8-bis, 8-ter, 9, secondo periodo e 10 si applicano anche nel giudizio di appello innanzi al Consiglio di Stato, proposto avverso la sentenza o avverso l'ordinanza cautelare, e nei giudizi di revocazione o opposizione di terzo. La parte può proporre appello avverso il dispositivo, al fine di ottenerne la sospensione prima della pubblicazione della sentenza.*

Tali nuove disposizioni si applicano ai processi iniziati dopo la data di entrata in vigore della legge di conversione del citato D.L. 32/2019.

[11] V. art. 245, D.Lgs. 12 aprile 2006, n. 163 (vecchio Codice dei contratti pubblici relativi a lavori, servizi e forniture in attuazione delle direttive 2004/17/CE e 2004/18/CE) che, nel testo previgente le modifiche apportate dall'art. 3, all. 4, del presente Codice del processo amministrativo, ma successivo a quelle di cui al D.Lgs. 20 marzo 2010, n. 53, disponeva: *Strumenti di tutela (art. 81, dir. 2004/18; art. 72, dir. 2004/17; artt. 1 e 2, dir. 1989/665; art. 14, D.Lgs. n. 190/2002; art. 5, comma 12-quater, D.L. n. 35/2005, conv. in L. n. 80/2005; articolo 44, comma 3, lettere a), b), c), f), g), legge n. 88/2009; articolo 2, paragrafi 3 e 4, articolo 2-quater, direttiva 89/665/CEE e articolo 2, paragrafi 3 e 3-bis, articolo 2-quater, direttiva 92/13/CEE come modificati dalla direttiva 2007/66/CE). 1. Gli atti delle procedure di affidamento, ivi comprese le procedure di affidamento di incarichi e concorsi di progettazione e di attività tecnico-amministrative ad esse connesse, relativi a lavori, servizi o forniture, di cui all'articolo 244, nonchè i connessi provvedimenti dell'Autorità, sono impugnabili unicamente mediante ricorso al tribunale amministrativo regionale competente.*

2. Nel caso in cui sia mancata la pubblicità del bando, il ricorso non può comunque essere più proposto decorsi trenta giorni decorrenti dalla data di pubblicazione dell'avviso di aggiudicazione definitiva di cui all'articolo 65 e all'articolo 225, a condizione che tale avviso contenga la motivazione dell'atto con cui la stazione appaltante ha deciso di affidare il contratto senza previa pubblicazione del bando. Se sono omessi gli avvisi o le informazioni di cui al presente comma oppure se essi non sono conformi alle prescrizioni ivi contenute, il ricorso non può comunque essere proposto decorsi sei mesi dalla data di stipulazione del contratto.

2-bis. Salvo quanto previsto dal presente articolo e dagli articoli seguenti si applica l'articolo 23-bis della legge 6 dicembre 1971, n. 1034.

2-ter. Quando è impugnata l'aggiudicazione definitiva, se la stazione appaltante fruisce del patrocinio dell'Avvocatura dello Stato, il ricorso è notificato, oltre che presso detta Avvocatura, anche alla stazione appaltante nella sua sede reale, in data non anteriore alla notifica presso l'Avvocatura, e al solo fine dell'operatività della sospensione obbligatoria del termine per la stipulazione del contratto.

2-quater. La competenza territoriale del tribunale amministrativo regionale è inderogabile e il relativo difetto è rilevato, anche d'ufficio, prima di ogni altra questione, e pronunciato, con ordinanza in sede di primo esame della domanda cautelare ovvero, in mancanza di questa, nella prima udienza di merito. L'ordinanza indica il tribunale amministrativo regionale competente, davanti al quale il processo deve essere riassunto entro quindici giorni decorrenti da quando diventa definitiva l'ordinanza che declina la competenza. L'ordinanza del giudice adito che dichiara la propria incompetenza è impugnabile nel termine di quindici giorni dalla comunicazione o notificazione con il regolamento di competenza. Il regolamento può essere altresì richiesto d'ufficio alla prima udienza dal giudice indicato come competente dal tribunale adito. La questione di competenza inderogabile può comunque essere fatta valere anche con il regolamento di competenza.

2-quinquies. I termini processuali sono stabiliti in:

a) trenta giorni per la notificazione del ricorso e per la proposizione di motivi aggiunti avverso atti diversi da quelli già impugnati, decorrenti dalla ricezione della comunicazione degli atti ai sensi dell'articolo 79 o, per i bandi e gli avvisi con cui si indice una gara, autonomamente lesivi, dalla pubblicazione di cui all'articolo 66, comma 8;

b) dieci giorni per il deposito del ricorso principale, del ricorso incidentale, dell'atto contenente i motivi aggiunti, dell'appello avverso l'ordinanza cautelare;

c) trenta giorni per la proposizione del ricorso incidentale, decorrenti dalla notificazione del ricorso principale;

d) quindici giorni per la proposizione dei motivi aggiunti avverso gli atti già impugnati;

e) quindici giorni per l'appello avverso l'ordinanza cautelare decorrenti dalla sua comunicazione o, se anteriore, notificazione.

2-sexies. In luogo della prova della notificazione può essere depositata la prova che il ricorso è stato consegnato per le notifiche o spedito; la prova delle eseguite notifiche va depositata appena è disponibile e comunque entro l'udienza o camera di consiglio in cui la causa è discussa.

2-septies. I nuovi atti attinenti la medesima procedura di gara devono essere impugnati con ricorso per motivi aggiunti.

2-octies. Il processo, ferma la possibilità della sua definizione immediata nell'udienza cautelare ove ne ricorrano i presupposti, viene comunque definito ad una udienza fissata d'ufficio e da tenersi entro sessanta giorni dalla scadenza del termine per la costituzione delle parti diverse dal ricorrente. Della data di udienza è dato avviso alle parti a cura della segreteria, anche a mezzo fax o posta elettronica, almeno venti giorni liberi prima della data dell'udienza.

2-nonies. In caso di esigenze istruttorie o quando è necessario integrare il contraddittorio o assicurare il rispetto di termini a difesa, la definizione del merito viene rinviata, con l'ordinanza che dispone gli adempimenti istruttori o l'integrazione del contraddittorio o dispone il rinvio per l'esigenza di rispetto dei termini a difesa, ad una udienza da tenersi non oltre sessanta giorni.

2-decies. Il dispositivo della sentenza che definisce il giudizio è pubblicato entro sette giorni dalla data dell'udienza.

2-undecies. Tutti gli atti di parte devono essere sintetici e la sentenza che decide il ricorso è redatta, ordinariamente, in forma semplificata.

2-duodecies. In caso di domanda cautelare, le parti a cui è notificato il ricorso possono presentare istanze e memorie, in relazione ad essa, entro cinque giorni dalla ricevuta notificazione. La domanda cautelare è comunque trattata alla prima udienza utile in camera di consiglio, decorso il predetto termine di cinque giorni. Il giudice decide interinalmente sulla domanda cautelare, anche se ordina adempimenti istruttori, se concede termini a difesa, o se solleva o vengono proposti incidenti processuali.

2-terdecies. Le disposizioni dei commi che precedono si applicano anche nel giudizio di appello innanzi al Consiglio di Stato, proposto avverso la sentenza o avverso l'ordinanza cautelare, e nei giudizi di revocazione o opposizione di terzo. La parte può proporre appello avverso il dispositivo al fine di ottenerne la sospensione.

3. In caso di eccezionale gravità e urgenza, tale da non consentire neppure la previa notifica del ricorso e la richiesta di misure cautelari provvisorie di cui all'art. 21, comma 9, della legge 6 dicembre 1971, n. 1034, il soggetto legittimato al ricorso può proporre istanza per l'adozione delle misure interinali e provvisorie che appaiono indispensabili durante il tempo occorrente per la proposizione del ricorso di merito e della domanda cautelare di cui ai commi 8 e 9 del citato articolo 21.

4. L'istanza, previamente notificata ai sensi dell'articolo 21, comma 1, della legge 6 dicembre 1971, n. 1034, si propone al Presidente del Tribunale amministrativo regionale competente per il merito. Il Presidente, o il giudice da lui delegato, provvede sull'istanza, sentite, ove possibile, le parti, e omessa ogni altra formalità. Le questioni di competenza di cui al presente comma sono rilevabili d'ufficio.

5. Il provvedimento negativo non è impugnabile, ma la domanda cautelare può essere riproposta dopo l'inizio del giudizio di merito ai sensi dell'articolo 21, commi 8 e 9, della legge 6 dicembre 1971, n. 1034.

6. L'efficacia del provvedimento di accoglimento può essere subordinata alla prestazione di una adeguata cauzione per i danni alle parti e ai terzi. Esso è notificato dal richiedente alle altre parti entro un termine perentorio fissato dal giudice, non superiore a cinque giorni. Il provvedimento di accoglimento perde comunque effetto con il decorso di sessanta giorni dalla sua prima emissione, dopo di che restano efficaci le sole misure cautelari che siano confermate o concesse ai sensi dell'articolo 21, commi 8 e 9, della legge 6 dicembre 1971, n. 1034. Il provvedimento di accoglimento non è appellabile, ma, fino a quando conserva efficacia, è sempre revocabile o modificabile senza formalità dal Presidente, d'ufficio o su istanza o reclamo di ogni interessato, nonchè dal Collegio dopo l'inizio del giudizio di merito.

7. Per l'attuazione del provvedimento cautelare e per la pronuncia in ordine alle spese si applica l'articolo 21 della legge 6 dicembre 1971, n. 1034.

8. Le disposizioni recate dai commi da 3 a 7 non si applicano ai giudizi davanti al Consiglio di Stato, per i quali le istanze cautelari restano disciplinate dai restanti commi del presente articolo e dalle vigenti disposizioni relative al giudizio cautelare nel processo amministrativo ordinario in quanto da detti commi richiamate.

121. *Inefficacia del contratto nei casi di gravi violazioni.* 1. Il giudice che annulla l'aggiudicazione definitiva dichiara l'inefficacia del contratto nei seguenti casi, precisando in funzione delle deduzioni delle parti e della valutazione della gravità della condotta della stazione appaltante e della situazione di fatto, se la declaratoria di inefficacia è limitata alle prestazioni ancora da eseguire alla data della pubblicazione del dispositivo o opera in via retroattiva:

a) se l'aggiudicazione definitiva è avvenuta senza previa pubblicazione del bando o avviso con cui si indice una gara nella Gazzetta Ufficiale dell'Unione europea o nella Gazzetta Ufficiale della Repubblica italiana, quando tale pubblicazione è prescritta dal decreto legislativo 12 aprile 2006, n. 163;

b) se l'aggiudicazione definitiva è avvenuta con procedura negoziata senza bando o con affidamento in economia fuori dai casi consentiti e questo abbia determinato l'omissione della pubblicità del bando o avviso con cui si indice una gara nella Gazzetta Ufficiale dell'Unione europea o nella Gazzetta Ufficiale della Repubblica italiana, quando tale pubblicazione è prescritta dal decreto legislativo 12 aprile 2006, n. 163;

c) se il contratto è stato stipulato senza rispettare il termine dilatorio stabilito dall'articolo 11, comma 10, del decreto legislativo 12 aprile 2006, n. 163, qualora tale violazione abbia privato il ricorrente della possibilità di avvalersi di mezzi di ricorso prima della stipulazione del contratto e sempre che tale violazione, aggiungendosi a vizi propri dell'aggiudicazione definitiva, abbia influito sulle possibilità del ricorrente di ottenere l'affidamento;

d) se il contratto è stato stipulato senza rispettare la sospensione obbligatoria del termine per la stipulazione derivante dalla proposizione del ricorso giurisdizionale avverso l'aggiudicazione definitiva, ai sensi dell'articolo 11, comma 10-*ter*, del decreto legislativo 12 aprile 2006, n. 163, qualora tale violazione, aggiungendosi a vizi propri dell'aggiudicazione definitiva, abbia influito sulle possibilità del ricorrente di ottenere l'affidamento.

2. Il contratto resta efficace, anche in presenza delle violazioni di cui al comma 1 qualora venga accertato che il rispetto di esigenze imperative connesse ad un interesse generale imponga che i suoi effetti siano mantenuti. Tra le esigenze imperative rientrano, fra l'altro, quelle imprescindibili di carattere tecnico o di altro tipo, tali da rendere evidente che i residui obblighi contrattuali possono essere rispettati solo dall'esecutore attuale. Gli interessi economici possono essere presi in considerazione come esigenze imperative solo in circostanze eccezionali in cui l'inefficacia del contratto conduce a conseguenze sproporzionate, avuto anche riguardo all'eventuale mancata proposizione della domanda di subentro nel contratto nei casi in cui il vizio dell'aggiudicazione non comporta l'obbligo di rinnovare la gara. Non costituiscono esigenze imperative gli interessi economici legati direttamente al contratto, che comprendono fra l'altro i costi derivanti dal ritardo nell'esecuzione del contratto stesso, dalla necessità di indire una nuova procedura di aggiudicazione, dal cambio dell'operatore economico e dagli obblighi di legge risultanti dalla dichiarazione di inefficacia.

3. A cura della segreteria, le sentenze che provvedono in applicazione del comma 2 sono trasmesse alla Presidenza del Consiglio dei Ministri - Dipartimento per le politiche comunitarie.

4. Nei casi in cui, nonostante le violazioni, il contratto sia considerato efficace o l'inefficacia sia temporalmente limitata si applicano le sanzioni alternative di cui all'articolo 123.

5. La inefficacia del contratto prevista dal comma 1, lettere *a)* e *b)*, non trova applicazione quando la stazione appaltante abbia posto in essere la seguente procedura:

a) abbia con atto motivato anteriore all'avvio della procedura di affidamento dichiarato di ritenere che la procedura senza previa pubblicazione del bando o avviso con cui si indice una gara nella Gazzetta Ufficiale dell'Unione europea ovvero nella Gazzetta Ufficiale della Repubblica italiana sia consentita dal decreto legislativo 12 aprile 2006, n. 163;

b) abbia pubblicato, rispettivamente per i contratti di rilevanza comunitaria e per quelli sotto soglia, nella Gazzetta Ufficiale dell'Unione europea ovvero nella Gazzetta Ufficiale della Repubblica italiana un avviso volontario per la trasparenza preventiva ai sensi dell'articolo 79-*bis* del decreto legislativo 12 aprile 2006, n. 163, in cui manifesta l'intenzione di concludere il contratto;

c) il contratto non sia stato concluso prima dello scadere di un termine di almeno dieci giorni decorrenti dal giorno successivo alla data di pubblicazione dell'avviso di cui alla lettera *b)*[1].

[1] V. art. 245-bis, D.Lgs. 12 aprile 2006, n. 163 (vecchio Codice dei contratti pubblici relativi a lavori, servizi e forniture in attuazione delle direttive 2004/17/CE e 2004/18/CE) che, nel testo previgente le modifiche apportate dall'art. 3, all. 4, del presente Codice del processo amministrativo, disponeva: Inefficacia del contratto in caso di gravi violazioni (articolo 44, comma 1, lettera f) e lettera h), legge n. 88/2009; articoli 2, paragrafi 6 e 7, 2-quinquies, 2-sexies, 3-bis, direttiva 89/665/CEE e articoli 2, paragrafi 1 e 6, 2-quinquies, 2-sexies, 3-bis, direttiva 92/13/CEE, come modificati dalla direttiva 2007/66/CE; 23° considerando, direttiva 2007/66/CE). *1. Il giudice che annulla l'aggiudicazione definitiva dichiara l'inefficacia del contratto nei seguenti casi, precisando in funzione delle deduzioni delle parti e della valutazione della gravità della condotta della stazione appaltante e della situazione di fatto, se la declaratoria di inefficacia è limitata alle prestazioni ancora da eseguire alla data della pubblicazione del dispositivo o opera in via retroattiva:*

a) se l'aggiudicazione definitiva è avvenuta senza previa pubblicazione del bando o avviso con cui si indice una gara nella Gazzetta Ufficiale dell'Unione europea o nella Gazzetta Ufficiale della Repubblica italiana, quando tale pubblicazione è prescritta dal presente codice;

b) se l'aggiudicazione definitiva è avvenuta con procedura negoziata senza bando o con affidamento in economia fuori dai casi consentiti e questo abbia determinato l'omissione della pubblicità del bando o avviso con cui si indice una gara nella Gazzetta Ufficiale dell'Unione europea o nella Gazzetta Ufficiale della Repubblica italiana, quando tale pubblicazione è prescritta dal presente codice;

c) se il contratto è stato stipulato senza rispettare il termine dilatorio stabilito dall'articolo 11, comma 10, qualora tale violazione abbia privato il ricorrente della possibilità di avvalersi di mezzi di ricorso prima della stipulazione del contratto e sempre che tale violazione, aggiungendosi a vizi propri dell'aggiudicazione definitiva, abbia influito sulle possibilità del ricorrente di ottenere l'affidamento;

d) se il contratto è stato stipulato senza rispettare la sospensione obbligatoria del termine per la stipulazione derivante dalla proposizione del ricorso giurisdizionale avverso l'aggiudicazione definitiva, ai sensi dell'articolo 11, comma 10-ter, qualora tale violazione, aggiungendosi a vizi propri dell'aggiudicazione definitiva, abbia influito sulle possibilità del ricorrente di ottenere l'affidamento.

2. Il contratto resta efficace, anche in presenza delle violazioni di cui al comma 1 qualora venga accertato che il rispetto di esigenze imperative connesse ad un interesse generale imponga che i suoi effetti siano mantenuti. Tra le esigenze imperative rientrano, fra l'altro, quelle imprescindibili di carattere tecnico o di altro tipo, tali da rendere evidente che i residui obblighi contrattuali possono essere rispettati solo dall'esecutore attuale. Gli interessi economici possono essere presi in considerazione come esigenze imperative solo in circostanze eccezionali in cui l'inefficacia del contratto conduce a conseguenze sproporzionate, avuto anche riguardo all'eventuale mancata proposizione della domanda di subentro nel contratto nei casi in cui il vizio dell'aggiudicazione non comporta l'obbligo di rinnovare la gara. Non costituiscono esigenze imperative gli interessi economici legati direttamente al contratto, che comprendono fra l'altro i costi derivanti dal ritardo nell'esecuzione del contratto stesso, dalla necessità di indire una nuova procedura di aggiudicazione, dal cambio dell'operatore economico e dagli obblighi di legge risultanti dalla dichiarazione di inefficacia.

3. A cura della segreteria, le sentenze che provvedono in applicazione del comma 2 sono trasmesse alla Presidenza del Consiglio dei Ministri - Dipartimento per le politiche comunitarie.

4. Nei casi in cui, nonostante le violazioni, il contratto sia considerato efficace o l'inefficacia sia temporalmente limitata si applicano le sanzioni alternative di cui all'articolo 245-quater.

5. La inefficacia del contratto prevista dal comma 1, lettere a) e b), non trova applicazione quando la stazione appaltante abbia posto in essere la seguente procedura:

a) abbia con atto motivato anteriore all'avvio della procedura di affidamento dichiarato di ritenere che la procedura senza previa pubblicazione del bando o avviso con cui si indice una gara nella Gazzetta Ufficiale dell'Unione europea ovvero nella Gazzetta Ufficiale della Repubblica italiana sia consentita dal presente codice;

b) abbia pubblicato, rispettivamente per i contratti di rilevanza comunitaria e per quelli sotto soglia, nella Gazzetta Ufficiale dell'Unione europea ovvero nella Gazzetta Ufficiale della Repubblica italiana un avviso volontario per la trasparenza preventiva ai sensi dell'articolo 79-bis, in cui manifesta l'intenzione di concludere il contratto;

c) il contratto non sia stato concluso prima dello scadere di un termine di almeno dieci giorni decorrenti dal giorno successivo alla data di pubblicazione dell'avviso di cui alla lettera b).

122. *Inefficacia del contratto negli altri casi.* 1. Fuori dei casi indicati dall'articolo 121, comma 1, e dall'articolo 123, comma 3, il giudice che annulla l'aggiudicazione definitiva stabilisce se dichiarare inefficace il contratto, fissandone la decorrenza, tenendo conto, in particolare, degli interessi delle parti, dell'effettiva possibilità per il ricorrente di conseguire l'aggiudicazione alla luce dei vizi riscontrati, dello stato di esecuzione del contratto e della possibilità di subentrare nel contratto, nei casi in cui il vizio dell'aggiudicazione non comporti l'obbligo di rinnovare la gara e la domanda di subentrare sia stata proposta[1].

[1] V. art. 245-ter, D.Lgs. 12 aprile 2006, n. 163 (vecchio Codice dei contratti pubblici relativi a lavori, servizi e forniture in attuazione delle direttive 2004/17/CE e 2004/18/CE) che, nel testo previgente le modifiche apportate dall'art. 3, all. 4, del presente Codice del processo amministrativo, disponeva: Inefficacia del contratto negli altri casi (articolo 44, comma 1, lettera f) e lettera h), legge delega; articoli 2, paragrafi 6 e 7, 2-quinquies, 2-sexies, 3-bis, direttiva 89/665/CEE e articoli 2, paragrafi 1 e 6, 2-quinquies, 2-sexies, 3-bis, direttiva 92/13/CEE, come modificati dalla direttiva 2007/66/CE; 23° considerando, direttiva 2007/66/CE). *1. Fuori dei casi indicati dagli articoli 245-bis e 245-quater, comma 3, il giudice che annulla l'aggiudicazione definitiva stabilisce se dichiarare inefficace il contratto, fissandone la decorrenza, tenendo conto, in particolare, degli interessi delle parti, dell'effettiva possibilità per il ricorrente di conseguire l'aggiudicazione alla luce dei vizi riscontrati, dello stato di esecuzione del contratto e della possibilità di subentrare nel contratto, nei casi in cui il vizio dell'aggiudicazione non comporti l'obbligo di rinnovare la gara e la relativa domanda sia stata proposta.*

123. *Sanzioni alternative.* 1. Nei casi di cui all'articolo 121, comma 4, il giudice amministrativo individua le seguenti sanzioni alternative da applicare alternativamente o cumulativamente:

a) la sanzione pecuniaria nei confronti della stazione appaltante, di importo dallo 0,5% al 5% del valore del contratto, inteso come prezzo di aggiudicazione, che è versata all'entrata del bilancio dello Stato - con imputazione al capitolo 2301, capo 8 "Multe, ammende e sanzioni amministrative inflitte dalle autorità giudiziarie ed amministrative, con esclusione di quelle aventi natura tributaria" - entro sessanta giorni dal passaggio in giudicato della sentenza che irroga sanzione; decorso il termine per il versamento, si applica una maggiorazione pari ad un decimo della sanzione per ogni semestre di ritardo. La sentenza che applica le sanzioni è comunicata, a cura della segreteria, al Ministero dell'economia e delle finanze entro cinque giorni dalla pubblicazione;

b) la riduzione della durata del contratto, ove possibile, da un minimo del dieci per cento ad un massimo del cinquanta per cento della durata residua alla data di pubblicazione del dispositivo.

2. Il giudice amministrativo applica le sanzioni assicurando il rispetto del principio del contraddittorio e ne determina la misura in modo che siano effettive, dissuasive, proporzionate al valore del contratto, alla gravità della condotta della stazione appaltante e all'opera svolta dalla stazione appaltante per l'eliminazione o attenuazione delle conseguenze della violazione. A tal fine si applica l'articolo 73, comma 3. In ogni caso l'eventuale condanna al risarcimento dei danni non costituisce sanzione alternativa e si cumula con le sanzioni alternative.

3. Il giudice applica le sanzioni di cui al comma 1 anche qualora il contratto è stato stipulato senza rispettare il termine dilatorio stabilito per la stipulazione del contratto, ovvero è stato stipulato senza rispettare la sospensione della stipulazione derivante dalla proposizione del ricorso giurisdizionale avverso l'aggiudicazione definitiva, quando la violazione non abbia privato il ricorrente della possibilità di avvalersi di mezzi di ricorso prima della stipulazione del contratto e non abbia influito sulle possibilità del ricorrente di ottenere l'affidamento[1].

[1] V. art. 245-quater, D.Lgs. 12 aprile 2006, n. 163 (vecchio Codice dei contratti pubblici relativi a lavori, servizi e forniture in attuazione delle direttive 2004/17/CE e 2004/18/CE) che, nel testo previgente le modifiche apportate dall'art. 3, all. 4, del presente Codice del processo amministrativo, disponeva: Sanzioni alternative (articolo 44, comma 1, lettera f) e lettera h), legge n. 88/2009; articoli 2, paragrafi 6 e 7, 2-quinquies, 2-sexies, 3-bis, direttiva 89/665/CEE e articoli 2, paragrafi 1 e 6, 2-quinquies, 2-sexies, 3-bis, direttiva 92/13/CEE, come modificati dalla direttiva 2007/66/CE; 23° considerando, direttiva 2007/66/CE). *1. Nei casi di cui all'articolo 245-bis, comma 4, il giudice amministrativo individua le seguenti sanzioni alternative da applicare alternativamente o cumulativamente:*

a) la sanzione pecuniaria nei confronti della stazione appaltante, di importo dallo 0,5 per cento al 5 per cento del valore del contratto, inteso come prezzo di aggiudicazione, che è versata all'entrata del bilancio dello Stato - con imputazione al capitolo 2301, capo 8 «Multe, ammende e sanzioni amministrative inflitte dalle autorità giudiziarie ed amministrative, con esclusione di quelle aventi natura tributaria» - entro sessanta giorni dal passaggio in giudicato della sentenza che irroga sanzione; decorso il termine per il versamento, si applica una maggiorazione pari ad un decimo della sanzione per ogni semestre di ritardo. La sentenza che applica le sanzioni è comunicata, a cura della segreteria, al Ministero dell'economia e delle finanze entro cinque giorni dalla pubblicazione;

b) la riduzione della durata del contratto, ove possibile, da un minimo del dieci per cento ad un massimo del cinquanta per cento della durata residua alla data di pubblicazione del dispositivo.

2. Il giudice amministrativo applica le sanzioni, assicurando il rispetto del principio del contraddittorio e ne determina la misura in modo che siano effettive, dissuasive, proporzionate al valore del contratto, alla gravità della condotta della stazione appaltante e all'opera svolta dalla stazione appaltante per l'eliminazione o attenuazione delle conseguenze della violazione. In ogni caso l'eventuale condanna al risarcimento dei danni non costituisce sanzione alternativa e si cumula con le sanzioni alternative.

3. Il giudice applica le sanzioni di cui al comma 1 anche qualora il contratto è stato stipulato senza rispettare il termine dilatorio stabilito per la stipulazione del contratto, ovvero è stato stipulato senza rispettare la sospensione della stipulazione derivante dalla proposizione del ricorso giurisdizionale avverso l'aggiudicazione definitiva, quando la violazione non abbia privato il ricorrente della possibilità di avvalersi di mezzi di ricorso prima della stipulazione del contratto e non abbia influito sulle possibilità del ricorrente di ottenere l'affidamento.

124. *Tutela in forma specifica e per equivalente.* 1. L'accoglimento della domanda di conseguire l'aggiudicazione e il contratto è comunque condizionato alla dichiarazione di inefficacia del contratto ai sensi degli articoli 121, comma 1, e 122. Se il giudice non dichiara l'inefficacia del contratto dispone il risarcimento del danno per equivalente, subito e provato.

2. La condotta processuale della parte che, senza giustificato motivo, non ha proposto la domanda di cui al comma 1, o non si è resa disponibile a subentrare nel contratto, è valutata dal giudice ai sensi dell'articolo 1227 del codice civile[1 2].

[1] V. art. 245-quinquies, D.Lgs. 12 aprile 2006, n. 163 (vecchio Codice dei contratti pubblici relativi a lavori, servizi e forniture in attuazione delle direttive 2004/17/CE e 2004/18/CE) che, nel testo previgente le modifiche apportate dall'art. 3, all. 4, del presente Codice del processo amministrativo, disponeva: Tutela in forma specifica e per equivalente. *1. L'accoglimento della domanda di conseguire l'aggiudicazione e il contratto è comunque condizionato alla dichiarazione di inefficacia del contratto ai sensi degli articoli 245-bis e 245-ter. Se il giudice non dichiara l'inefficacia del contratto dispone, su domanda e a favore del solo ricorrente avente titolo all'aggiudicazione, il risarcimento per equivalente del danno da questi subito e provato.*

2. La condotta processuale della parte che, senza giustificato motivo, non ha proposto la domanda di cui al comma 1, o non si è resa disponibile a subentrare nel contratto, è valutata dal giudice ai sensi dell'articolo 1227 del codice civile.

[2] V., anche, art. 30, comma 2 del presente Codice del processo amministrativo e art. 243-bis, D.Lgs. 12 aprile 2006, n. 163 (vecchio Codice dei contratti pubblici).

125. *Ulteriori disposizioni processuali per le controversie relative a infrastrutture strategiche.* 1. Nei giudizi che riguardano le procedure di progettazione, approvazione, e realizzazione delle infrastrutture e degli insediamenti produttivi e relative attività di espropriazione, occupazione e asservimento, di cui alla parte II, titolo III, capo IV del decreto legislativo 12 aprile 2006, n. 163, oltre alle disposizioni del presente Capo, con esclusione dell'articolo 122, si applicano le seguenti previsioni.

2. In sede di pronuncia del provvedimento cautelare, si tiene conto delle probabili conseguenze del provvedimento stesso per tutti gli interessi che possono essere lesi, nonchè del preminente interesse nazionale alla sollecita realizzazione dell'opera, e, ai fini dell'accoglimento della domanda cautelare, si valuta anche la irreparabilità del pregiudizio per il ricorrente, il cui interesse va comunque comparato con quello del soggetto aggiudicatore alla celere prosecuzione delle procedure.

3. Ferma restando l'applicazione degli articoli 121 e 123, al di fuori dei casi in essi contemplati la sospensione o l'annullamento dell'affidamento non comporta la caducazione del contratto già stipulato, e il risarcimento del danno eventualmente dovuto avviene solo per equivalente. Si applica l'articolo 34, comma 3.

4. Le disposizioni del comma 3 si applicano anche alle controversie relative:

a) alle procedure di cui all'articolo 140 del decreto legislativo 12 aprile 2006, n. 163;

b) alle procedure di progettazione, approvazione e realizzazione degli interventi individuati nel contratto istituzionale di sviluppo ai sensi dell'articolo 6 del decreto legislativo 31 maggio 2011, n. 88;

c) alle opere di cui all'articolo 32, comma 18, del decreto legge 6 luglio 2011, n. 98, convertito in legge 15 luglio 2011, n. 111[1] [2].

[1] Comma così sostituito dall'art. 1, D.Lgs. 15 novembre 2011, n. 195. Il testo previgente disponeva: *4. Le disposizioni del comma 3 si applicano anche alle controversie relative alle procedure di cui all'articolo 140 del decreto legislativo 12 aprile 2006, n. 163.*

[2] V. art. 246, D.Lgs. 12 aprile 2006, n. 163 (vecchio Codice dei contratti pubblici relativi a lavori, servizi e forniture in attuazione delle direttive 2004/17/CE e 2004/18/CE) che, nel testo previgente le modifiche apportate dall'art. 3, all. 4, del presente Codice del processo amministrativo, ma successivo a quelle di cui al D.Lgs. 20 marzo 2010, n. 53, disponeva: *Norme processuali ulteriori per le controversie relative a infrastrutture e insediamenti produttivi (art. 81, dir. 2004/18; art. 72, dir. 2004/17; artt. 1 e 2, dir. 1989/665; art. 23-bis, L. n. 1034/1971; art. 14, D.Lgs. n. 190/2002; art. 5, comma 12-quater, D.L. n. 35/2005, conv. in L. n. 80/2005; articolo 4, comma 3, lettera h), legge delega; articolo 2, paragrafo 7, direttiva 89/665/CEE e articolo 2, paragrafo 6, direttiva 92/13/CEE, come modificati dalla direttiva 2007/66/CE). 1. Nei giudizi davanti agli organi di giustizia amministrativa che comunque riguardino le procedure di progettazione, approvazione, e realizzazione delle infrastrutture e degli insediamenti produttivi e relative attività di espropriazione, occupazione e asservimento, di cui alla parte II, titolo III, capo IV, oltre alle disposizioni degli articoli 244, 245, 245-bis, 245-quater e 245-quinquies si applicano le previsioni del presente articolo.*

2. [...].

3. In sede di pronuncia del provvedimento cautelare, si tiene conto delle probabili conseguenze del provvedimento stesso per tutti gli interessi che possono essere lesi, nonchè del preminente interesse nazionale alla sollecita realizzazione dell'opera, e, ai fini dell'accoglimento della domanda cautelare, si valuta anche la irreparabilità del pregiudizio per il ricorrente, il cui interesse va comunque comparato con quello del soggetto aggiudicatore alla celere prosecuzione delle procedure.

4. Ferma restando l'applicazione degli articoli 245-bis e 245-quater, al di fuori dei casi in essi contemplati, la sospensione o l'annullamento dell'affidamento non comporta la caducazione del contratto già stipulato, e il risarcimento del danno eventualmente dovuto avviene solo per equivalente.

5. Le disposizioni del comma 4 si applicano anche alle controversie relative alle procedure di cui all'art. 140.

Il testo previgente le modifiche apportate dal D.Lgs. 53/2010 disponeva: *246. Norme processuali ulteriori per le controversie relative a infrastrutture e insediamenti produttivi (art. 81, dir. 2004/18; art. 72, dir. 2004/17; artt. 1 e 2, dir. 1989/665; art. 23-bis, L. n. 1034/1971; art. 14, D.Lgs. n. 190/2002; art. 5, comma 12-quater, D.L. n. 35/2005, conv. in L. n. 80/2005). 1. Nei giudizi davanti agli organi di giustizia amministrativa che comunque riguardino le procedure di progettazione, approvazione, e realizzazione delle infrastrutture e degli insediamenti produttivi e relative attività di espropriazione, occupazione e asservimento, di cui alla parte II, titolo III, capo IV, le disposizioni di cui all'articolo 23-bis, legge 6 dicembre 1971, n. 1034 si applicano per quanto non espressamente previsto dai commi 2, 3, 4, del presente articolo.*

2. Non occorre domanda di fissazione dell'udienza di merito, che ha luogo entro quarantacinque giorni dalla data di deposito del ricorso.

3. In sede di pronuncia del provvedimento cautelare, si tiene conto delle probabili conseguenze del provvedimento stesso per tutti gli interessi che possono essere lesi, nonchè del preminente interesse nazionale alla sollecita realizzazione dell'opera, e, ai fini dell'accoglimento della domanda cautelare, si valuta anche la irreparabilità del pregiudizio per il ricorrente, il cui interesse va comunque comparato con quello del soggetto aggiudicatore alla celere prosecuzione delle procedure.

4. La sospensione o l'annullamento dell'affidamento non comporta la caducazione del contratto già stipulato, e il risarcimento del danno eventualmente dovuto avviene solo per equivalente.

5. Le disposizioni del comma 4 si applicano anche alle controversie relative alle procedure di cui all'art. 140.

TITOLO VI
CONTENZIOSO SULLE OPERAZIONI ELETTORALI

CAPO I
DISPOSIZIONI COMUNI AL CONTENZIOSO ELETTORALE

126. *Ambito della giurisdizione sul contenzioso elettorale.* 1. Il giudice amministrativo ha giurisdizione in materia di operazioni elettorali relative al rinnovo degli organi elettivi dei comuni, delle province, delle regioni e all'elezione dei membri del Parlamento europeo spettanti all'Italia[1].

[1] V. art. 6, L. 6 dicembre 1971, n. 1034 (Legge Tar), abrogato dall'art. 4, all. 4, del presente Codice del processo amministrativo, che disponeva: *Art. 6. Il tribunale amministrativo regionale è competente a decidere sui ricorsi concernenti controversie in materia di operazioni per le elezioni dei consigli comunali, provinciali e regionali.*

Con la decisione dei ricorsi il tribunale amministrativo regionale esercita i poteri e adotta i provvedimenti di cui all'articolo 84 del testo unico approvato con decreto del Presidente della Repubblica 16 maggio 1960, n. 570, modificato dalla legge 23 dicembre 1966, n. 1147.

Rimangono salve, per le azioni popolari e le impugnative consentite agli elettori, le norme dell'articolo 7 della legge 23 dicembre 1966, n. 1147, e dell'articolo 19 della legge 17 febbraio 1968, n. 108.

127. *Esenzione dagli oneri fiscali.* 1. Gli atti sono esenti dal contributo unificato e da ogni altro onere fiscale[1].

[1] V. art. 19, comma 4, L. 6 dicembre 1971, n. 1034 (Legge Tar), abrogato dall'art. 4, all. 4, del presente Codice del processo amministrativo, che disponeva: *Per i giudizi in materia di operazioni elettorali, previsti dall'articolo 6, rimangono ferme le norme procedurali contenute nella legge 23 dicembre 1966, n. 1147. Per essi non è necessario il ministero di procuratore o di avvocato. Gli atti relativi sono redatti in carta libera e sono esenti dalla tassa di registro e dalle spese di cancelleria.*

128. *Inammissibilità del ricorso straordinario al Presidente della Repubblica.* 1. Nella materia di cui al presente Titolo non è ammesso il ricorso straordinario al Presidente della Repubblica.

CAPO II

TUTELA ANTICIPATA AVVERSO GLI ATTI DI ESCLUSIONE DAI PROCEDIMENTI ELETTORALI PREPARATORI PER LE ELEZIONI COMUNALI, PROVINCIALI E REGIONALI

129. *Giudizio avverso gli atti di esclusione dal procedimento preparatorio per le elezioni comunali, provinciali e regionali.* 1. I provvedimenti immediatamente lesivi del diritto del ricorrente a partecipare al procedimento elettorale preparatorio per le elezioni comunali, provinciali e regionali e per il rinnovo dei membri del Parlamento europeo spettanti all'Italia sono impugnabili innanzi al tribunale amministrativo regionale competente nel termine di tre giorni dalla pubblicazione, anche mediante affissione, ovvero dalla comunicazione, se prevista, degli atti impugnati[1].

2. Gli atti diversi da quelli di cui al comma 1 sono impugnati alla conclusione del procedimento unitamente all'atto di proclamazione degli eletti[2].

3. Il ricorso di cui al comma 1, nel termine ivi previsto, deve essere, a pena di decadenza:

a) notificato, direttamente dal ricorrente o dal suo difensore, esclusivamente mediante consegna diretta, posta elettronica certificata o fax, all'ufficio che ha emanato l'atto impugnato, alla Prefettura e, ove possibile, agli eventuali controinteressati; in ogni caso, l'ufficio che ha emanato l'atto impugnato rende pubblico il ricorso mediante affissione di una sua copia integrale in appositi spazi all'uopo destinati sempre accessibili al pubblico e tale pubblicazione ha valore di notifica per pubblici proclami per tutti i controinteressati; la notificazione si ha per avvenuta il giorno stesso della predetta affissione;

b) depositato presso la segreteria del tribunale adito, che provvede a pubblicarlo sul sito internet della giustizia amministrativa e ad affiggerlo in appositi spazi accessibili al pubblico[3].

4. Le parti, ove stiano in giudizio personalmente e non siano titolari di indirizzi di posta elettronica certificata risultanti dai pubblici elenchi, indicano, rispettivamente nel ricorso o negli atti di costituzione, l'indirizzo di posta elettronica certificata o il numero di fax da valere per ogni eventuale comunicazione e notificazione[4].

5. L'udienza di discussione si celebra, senza possibilità di rinvio anche in presenza di ricorso incidentale, nel termine di tre giorni dal deposito del ricorso, senza avvisi. Alla notifica del ricorso incidentale si provvede con le forme previste per il ricorso principale.

6. Il giudizio è deciso all'esito dell'udienza con sentenza in forma semplificata, da pubblicarsi nello stesso giorno. La relativa motivazione può consistere anche in un mero richiamo delle argomentazioni contenute negli scritti delle parti che il giudice ha inteso accogliere e fare proprie.

7. La sentenza non appellata è comunicata senza indugio dalla segreteria del tribunale all'ufficio che ha emanato l'atto impugnato.

8. Il ricorso di appello, nel termine di due giorni dalla pubblicazione della sentenza, deve essere, a pena di decadenza:

a) notificato, direttamente dal ricorrente o dal suo difensore, esclusivamente mediante consegna diretta, posta elettronica certificata o fax, all'ufficio che ha emanato l'atto impugnato, alla Prefettura e, ove possibile, agli eventuali controinteressati; in ogni caso, l'ufficio che ha emanato l'atto impugnato rende pubblico il ricorso mediante affissione di una sua copia integrale in appositi spazi all'uopo destinati sempre accessibili al pubblico e tale pubblicazione ha valore di notifica per pubblici proclami per tutti i controinteressati; la notificazione si ha per avvenuta il giorno stesso della predetta affissione; per le parti costituite nel giudizio di primo grado la trasmissione si effettua presso l'indirizzo di posta elettronica cer-

DIR. AMM.VO

tificata o il numero di fax indicato negli atti difensivi ai sensi del comma 4;

b) depositato in copia presso il tribunale amministrativo regionale che ha emesso la sentenza di primo grado, il quale provvede ad affiggerlo in appositi spazi accessibili al pubblico;

c) depositato presso la segreteria del Consiglio di Stato, che provvede a pubblicarlo nel sito internet della giustizia amministrativa e ad affiggerlo in appositi spazi accessibili al pubblico[5].

9. Nel giudizio di appello si applicano le disposizioni del presente articolo.

10. Nei giudizi di cui al comma 1 non si applicano le disposizioni di cui agli articoli 52, comma 5, e 54, commi 1 e 2[6].

[1] Comma così sostituito dall'art. 1, D.Lgs. 14 settembre 2012, n. 160. Il testo previgente disponeva: *1. I provvedimenti relativi al procedimento preparatorio per le elezioni comunali, provinciali e regionali concernenti l'esclusione di liste o candidati possono essere immediatamente impugnati, esclusivamente da parte dei delegati delle liste e dei gruppi di candidati esclusi, innanzi al tribunale amministrativo regionale competente, nel termine di tre giorni dalla pubblicazione, anche mediante affissione, ovvero dalla comunicazione, se prevista, degli atti impugnati.*

[2] Comma così sostituito dall'art. 1, D.Lgs. 14 settembre 2012, n. 160. Il testo previgente disponeva: *2. Al di fuori di quanto previsto dal comma 1, ogni provvedimento relativo al procedimento, anche preparatorio, per le elezioni di cui al comma 1 è impugnabile soltanto alla conclusione del procedimento elettorale, unitamente all'atto di proclamazione degli eletti, ai sensi del Capo III del presente Titolo.*

[3] Lettera così modificata dall'art. 1, D.Lgs. 14 settembre 2012, n. 160. Il testo previgente disponeva: *b) depositato presso la segreteria del tribunale adito, che provvede ad affiggerlo in appositi spazi accessibili al pubblico.*

[4] Comma così modificato dall'art. 20, D.L. 27 giugno 2015, n. 83, convertito in L. 6 agosto 2015, n. 132, a decorrere dall'entrata in vigore del processo amministrativo telematico. Il testo previgente disponeva: *4. Le parti indicano, rispettivamente nel ricorso o negli atti di costituzione, l'indirizzo di posta elettronica certificata o il numero di fax da valere per ogni eventuale comunicazione e notificazione.*

[5] Lettera così modificata dall'art. 1, D.Lgs. 14 settembre 2012, n. 160. Il testo previgente disponeva: *c) depositato presso la segreteria del Consiglio di Stato, che provvede ad affiggerlo in appositi spazi accessibili al pubblico.*

[6] V. artt. 83/11 e 84, D.P.R. 16 maggio 1960, n. 570 (Testo unico delle leggi per la composizione e la elezione degli organi delle Amministrazioni comunali), rispettivamente abrogato e modificato dall'art. 2, all. 4, del presente Codice del processo amministrativo. V., anche, artt. 3 e 7, L. 23 dicembre 1966, n. 1147 (Modificazioni alle norme sul contenzioso elettorale amministrativo), modificati dall'art. 2, all. 4, del presente Codice del processo amministrativo.

CAPO III

RITO RELATIVO ALLE OPERAZIONI ELETTORALI DI COMUNI, PROVINCE, REGIONI E PARLAMENTO EUROPEO

130. *Procedimento in primo grado in relazione alle operazioni elettorali di comuni, province, regioni e Parlamento europeo.* 1. Salvo quanto disposto nel Capo II del presente Titolo, contro tutti gli atti del procedimento elettorale successivi all'emanazione dei comizi elettorali è ammesso ricorso soltanto alla conclusione del procedimento elettorale, unitamente all'impugnazione dell'atto di proclamazione degli eletti:

a) quanto alle elezioni di comuni, province e regioni, da parte di qualsiasi candidato o elettore dell'ente della cui elezione si tratta, al tribunale amministrativo regionale nella cui circoscrizione ha sede il predetto ente territoriale, da depositare nella segreteria del tribunale adito entro il termine di trenta giorni dalla proclamazione degli eletti;

b) quanto alle elezioni dei membri del Parlamento europeo spettanti all'Italia, da parte di qualsiasi candidato o elettore, davanti al Tribunale amministrativo regionale del Lazio, sede di Roma, da depositare nella relativa segreteria entro il termine di trenta giorni dalla pubblicazione nella Gazzetta Ufficiale dell'elenco dei candidati proclamati eletti.

2. Il presidente, con decreto:

a) fissa l'udienza di discussione della causa in via di urgenza;

b) designa il relatore;

c) ordina le notifiche, autorizzando, ove necessario, qualunque mezzo idoneo;

d) ordina il deposito di documenti e l'acquisizione di ogni altra prova necessaria;

e) ordina che a cura della segreteria il decreto sia immediatamente comunicato, con ogni mezzo utile, al ricorrente.

3. Il ricorso è notificato, unitamente al decreto di fissazione dell'udienza, a cura di chi lo ha proposto, entro dieci giorni dalla data della comunicazione del decreto di cui al comma 2:

a) all'ente della cui elezione si tratta, in caso di elezioni di comuni, province, regioni;

b) all'Ufficio elettorale centrale nazionale, in caso di elezioni dei membri del Parlamento europeo spettanti all'Italia;

c) alle altre parti che vi hanno interesse, e comunque ad almeno un controinteressato.

4. Entro dieci giorni dall'ultima notificazione di cui al comma 3, il ricorrente deposita nella segreteria del tribunale la copia del ricorso e del decreto, con la prova dell'avvenuta notificazione, insieme con gli atti e documenti del giudizio.

5. L'amministrazione resistente e i controinteressati depositano nella segreteria le proprie controdeduzioni nei quindici giorni successivi a quello in cui la notificazione si è perfezionata nei loro confronti.

6. All'esito dell'udienza, il collegio, sentite le parti se presenti, pronuncia la sentenza.

7. La sentenza è pubblicata entro il giorno successivo alla decisione della causa. Se la complessità delle questioni non consente la pubblicazione della sentenza, nello stesso termine di cui al periodo precedente è pubblicato il dispositivo mediante deposito in segreteria. In tal caso la sentenza è pubblicata entro i dieci giorni successivi.

8. La sentenza è immediatamente trasmessa in copia, a cura della segreteria del tribunale amministrativo regionale, al Sindaco, alla giunta provinciale, alla giunta regionale, al presidente dell'ufficio elettorale nazionale, a seconda dell'ente cui si riferisce l'elezione. Il comune, la provincia o la regione della cui elezione si tratta provvede, entro ventiquattro ore dal ricevimento, alla pubblicazione per quindici giorni del dispositivo della sentenza nell'albo o bollettino ufficiale dell'ente interessato a mezzo del segretario che ne è diretto responsabile. In caso di elezioni relative a comuni, province o regioni, la sentenza è comunicata anche al Prefetto. Ai medesimi incombenti si provvede dopo il passaggio in giudicato della sentenza annotando sulla copia pubblicata la sua definitività.

9. Il tribunale amministrativo regionale, quando accoglie il ricorso, corregge il risultato delle elezioni e sostituisce ai candidati illegittimamente proclamati coloro che hanno diritto di esserlo. In caso di ricorso avverso le operazioni elettorali inerenti il Parlamento europeo, i voti delle sezioni le cui operazioni sono state annullate non hanno effetto.

10. Tutti i termini processuali diversi da quelli indicati nel presente articolo e nell'articolo 131 sono dimezzati rispetto ai termini del processo ordinario.

11. L'ente comunale, provinciale o regionale, della cui elezione si tratta, comunica agli interessati la correzione del risultato elettorale. L'Ufficio elettorale nazionale comunica la correzione del risultato elettorale agli interessati e alla segreteria del Parlamento europeo[1].

[1] V. art. 19, L. 17 febbraio 1968, n. 108 (Norme per la elezione dei Consigli regionali delle Regioni a statuto normale), modificati dall'art. 2, all. 4, del presente Codice del processo amministrativo. V., anche, artt. 42 e 43, L. 24 gennaio 1979, n. 18 (Elezione dei membri del Parlamento europeo spettanti all'Italia), rispettivamente sostituito e abrogato dall'art. 1, all. 4, del presente Codice del processo amministrativo.

131. *Procedimento in appello in relazione alle operazioni elettorali di comuni, province e regioni.* 1. L'appello avverso le sentenze di cui all'articolo 130 è proposto entro il termine di venti giorni dalla notifica della sentenza, per coloro nei cui confronti è obbligatoria la notifica; per gli altri candidati o elettori nel termine di venti giorni decorrenti dall'ultimo giorno della pubblicazione della sentenza medesima nell'albo pretorio del comune.

2. Il presidente fissa in via d'urgenza l'udienza di discussione. Al giudizio si applicano le norme che regolano il processo di appello innanzi al Consiglio di Stato, e i relativi termini sono dimezzati rispetto a quelli del giudizio ordinario.

3. La sentenza, quando, in riforma di quella di primo grado, accoglie il ricorso originario, provvede ai sensi dell'articolo 130, comma 9.

4. La sentenza è immediatamente trasmessa in copia, a cura della segreteria del Consiglio di Stato, ai soggetti di cui all'articolo 130, comma 8, i quali provvedono agli ulteriori incombenti ivi previsti e a quelli di cui al comma 11 dello stesso articolo 130.

132. *Procedimento in appello in relazione alle operazioni elettorali del Parlamento europeo.* 1. Le parti del giudizio di primo grado possono proporre appello mediante dichiarazione da presentare presso la segreteria del tribunale amministrativo regionale che ha pronunciato la sentenza, entro il termine di cinque giorni decorrenti dalla pubblicazione della sentenza o, in mancanza, del dispositivo.

2. L'atto di appello contenente i motivi deve essere depositato entro il termine di trenta giorni decorrenti dalla ricezione dell'avviso di pubblicazione della sentenza.

3. Per quanto non disposto dal presente articolo si applicano le norme dell'articolo 131.

LIBRO V
NORME FINALI

133. *Materie di giurisdizione esclusiva.* 1. Sono devolute alla giurisdizione esclusiva del giudice amministrativo, salvo ulteriori previsioni di legge.

a) le controversie in materia di:

1) risarcimento del danno ingiusto cagionato in conseguenza dell'inosservanza dolosa o colposa del termine di conclusione del procedimento amministrativo[1];

2) formazione, conclusione ed esecuzione degli accordi integrativi o sostitutivi di provvedimento amministrativo e degli accordi fra pubbliche amministrazioni[2];

3) silenzio di cui all'articolo 31, commi 1, 2 e 3, e provvedimenti espressi adottati in sede di verifica di segnalazione certificata, denuncia e dichiarazione di inizio attività, di cui all'articolo 19, comma 6-*ter*, della legge 7 agosto 1990, n. 241[3];

4) determinazione e corresponsione dell'indennizzo dovuto in caso di revoca del provvedimento amministrativo[4];

5) nullità del provvedimento amministrativo adottato in violazione o elusione del giudicato[5];

6) diritto di accesso ai documenti amministrativi e violazione degli obblighi di trasparenza amministrativa[6];

a-bis) le controversie relative all'applicazione dell'articolo 20 della legge 7 agosto 1990, n. 241[7];

b) le controversie aventi ad oggetto atti e provvedimenti relativi a rapporti di concessione di beni pubblici, ad eccezione delle controversie concernenti indennità, canoni ed altri corrispettivi e quelle attribuite ai tribunali delle acque pubbliche e al Tribunale superiore delle acque pubbliche[8];

c) le controversie in materia di pubblici servizi relative a concessioni di pubblici servizi, escluse quelle concernenti indennità, canoni ed altri corrispettivi, ovvero relative a provvedimenti adottati dalla pubblica amministrazione o dal gestore di un pubblico servizio in un procedimento amministrativo, ovvero ancora relative all'affidamento di un pubblico servizio, ed alla vigilanza e controllo nei confronti del gestore, nonchè afferenti alla vigilanza sul credito, sulle assicurazioni e sul mercato mobiliare, al servizio farmaceutico, ai trasporti, alle telecomunicazioni e ai servizi di pubblica utilità[9];

d) le controversie concernenti l'esercizio del diritto a chiedere e ottenere l'uso delle tecnologie telematiche nelle comunicazioni con le pubbliche amministrazioni e con i gestori di pubblici servizi statali[10];

e) le controversie:

1) relative a procedure di affidamento di pubblici lavori, servizi, forniture, svolte da soggetti comunque tenuti, nella scelta del contraente o del socio, all'applicazione della normativa comunitaria ovvero al rispetto dei procedimenti di evidenza pubblica previsti dalla normativa statale o regionale, ivi incluse quelle risarcitorie e con estensione della giurisdizione esclusiva alla dichiarazione di inefficacia del contratto a seguito di annullamento dell'aggiudicazione ed alle sanzioni alternative;

2) relative al divieto di rinnovo tacito dei contratti pubblici di lavori, servizi, forniture, relative alla clausola di revisione del prezzo e al relativo provvedimento applicativo nei contratti ad esecuzione continuata o periodica, nell'ipotesi di cui all'articolo 115 del decreto legislativo 12 aprile 2006, n. 163, nonchè quelle relative ai provvedimenti applicativi dell'adeguamento dei prezzi ai sensi dell'articolo 133, commi 3 e 4, dello stesso decreto[11];

f) le controversie aventi ad oggetto gli atti e i provvedimenti delle pubbliche amministrazioni in materia urbanistica e edilizia, concernente tutti gli aspetti dell'uso del territorio, e ferme restando le giurisdizioni del Tribunale superiore delle acque pubbliche e del Commissario liquidatore per gli usi civici, nonchè del giudice ordinario per le controversie riguardanti la determinazione e la corresponsione delle indennità in conseguenza dell'adozione di atti di natura espropriativa o ablativa[12];

g) le controversie aventi ad oggetto gli atti, i provvedimenti, gli accordi e i comportamenti, riconducibili, anche mediatamente, all'esercizio di un pubblico potere, delle pubbliche amministrazioni in materia di espropriazione per pubblica utilità, ferma restando la giurisdizione del giudice ordinario per quelle riguardanti la determinazione e la corresponsione delle indennità in conseguenza dell'adozione di atti di natura espropriativa o ablativa[13];

h) le controversie aventi ad oggetto i decreti di espropriazione per causa di pubblica utilità delle invenzioni industriali[14];

i) le controversie relative ai rapporti di lavoro del personale in regime di diritto pubblico[15];

l) le controversie aventi ad oggetto tutti i provvedimenti, compresi quelli sanzionatori ed esclusi quelli inerenti ai rapporti di impiego privatizzati, adottati dalla Banca d'Italia, dagli Organismi di cui agli articoli 112-*bis*, 113 e 128-*duodecies* del decreto legislativo 1 settembre 1993, n. 385, dall'Autorità garante della concorrenza e del mercato, dall'Autorità per le garanzie nelle comunicazioni, dall'Autorità per l'energia elettrica e il gas, e dalle altre Autorità istituite ai sensi della legge 14 novembre 1995, n. 481, dall'Autorità per la vigilanza sui contratti pubblici di lavori, servizi e forniture, dalla Commissione vigilanza fondi pensione, dalla Commissione per la valutazione, la trasparenza e l'integrità della pubblica amministrazione, dall'Istituto per la vigilanza sulle assicurazioni private, comprese le controversie relative ai ricorsi avverso gli atti che applicano le sanzioni ai sensi dell'articolo 326 del decreto legislativo 7 settembre 2005, n. 209[16][17];

m) le controversie aventi ad oggetto i provvedimenti in materia di comunicazioni elettroniche, compresi quelli relativi all'imposizione di servitù, nonché i giudizi riguardanti l'assegnazione di diritti d'uso delle frequenze, la gara e le altre procedure di cui ai commi da 8 a 13 dell'articolo 1 della legge 13 dicembre 2010, n. 220, incluse le procedure di cui all'articolo 4 del decreto legge 31 marzo 2011, n. 34, convertito, con modificazioni, dalla legge 26 maggio 2011, n. 75[18];

n) le controversie relative alle sanzioni amministrative ed ai provvedimenti adottati dall'organismo di regolazione competente in materia di infrastrutture ferroviarie ai sensi dell'articolo 37 del decreto legislativo 8 luglio 2003, n. 188[19];

o) le controversie, incluse quelle risarcitorie, attinenti alle procedure e ai provvedimenti della pubblica amministrazione concernenti la produzione di energia, i rigassificatori, i gasdotti di importazione, le centrali termoelettriche e quelle relative ad infrastrutture di trasporto ricomprese o da ricomprendere nella rete di trasmissione nazionale o rete nazionale di gasdotti[20];

p) le controversie aventi ad oggetto le ordinanze e i provvedimenti commissariali adottati in tutte le situazioni di emergenza dichiarate ai sensi dell'articolo 5, comma 1, della legge 24 febbraio 1992, n. 225, nonchè gli atti, i provvedimenti e le ordinanze emanati ai sensi dell'articolo 5, commi 2 e 4 della medesima legge n. 225 del 1992 e le controversie comunque attinenti alla complessiva azione di gestione del ciclo dei rifiuti, seppure posta in essere con comportamenti della pubblica amministrazione riconducibili, anche mediatamente, all'esercizio di un pubblico potere, quand'anche relative a diritti costituzionalmente tutelati[21];

q) le controversie aventi ad oggetto i provvedimenti anche contingibili ed urgenti, emanati dal Sindaco in materia di ordine e sicurezza pubblica, di incolumità pubblica e di sicurezza urbana, di edilità e di polizia locale, d'igiene pubblica e dell'abitato[22];

r) le controversie aventi ad oggetto i provvedimenti relativi alla disciplina o al divieto dell'esercizio d'industrie insalubri o pericolose[23];

s) le controversie aventi ad oggetto atti e provvedimenti adottati in violazione delle disposizioni in materia di danno all'ambiente, nonchè avverso il silenzio inadempimento del Ministro dell'ambiente e della tutela del territorio e del mare e per il risarcimento del danno subito a causa del ritardo nell'attivazione, da parte del medesimo Ministro, delle misure di precauzione, di prevenzione o di contenimento del danno ambientale, nonchè quelle inerenti le ordinanze ministeriali di ripristino ambientale e di risarcimento del danno ambientale[24];

t) le controversie relative all'applicazione del prelievo supplementare nel settore del latte e dei prodotti lattiero-caseari[25];

u) le controversie aventi ad oggetto i provvedimenti in materia di passaporti[26];

v) le controversie tra lo Stato e i suoi creditori riguardanti l'interpretazione dei contratti aventi per oggetto i titoli di Stato o le leggi relative ad essi o comunque sul debito pubblico[27];

z) le controversie aventi ad oggetto atti del Comitato olimpico nazionale italiano o delle Federazioni sportive non riservate agli organi di giustizia dell'ordinamento sportivo ed escluse quelle inerenti i rapporti patrimoniali tra società, associazioni e atleti[28];

z-bis) le controversie aventi ad oggetto tutti i provvedimenti, compresi quelli sanzionatori ed esclusi quelli inerenti i rapporti di impiego, adottati dall'Agenzia nazionale di regolamentazione del settore postale di cui alla lettera *h)* del comma 2 dell'articolo 37 della legge 4 giugno 2010, n. 96[29];

z-ter) le controversie aventi ad oggetto i provvedimenti dell'Agenzia nazionale per la regolazione e la vigilanza in materia di acqua istituita dall'articolo 10, comma 11, del decreto legge 13 maggio 2011, n. 70, convertito, con modificazioni, dalla legge 12 luglio 2011, n. 106[7];

z-quater) le controversie aventi ad oggetto i provvedimenti adottati ai sensi dell'articolo 3, comma 2, del decreto legislativo 6 settembre 2011, n. 149[7];

z-quinquies) le controversie relative all'esercizio dei poteri speciali inerenti alle attività di rilevanza strategica nei settori della difesa e della sicurezza nazionale e nei settori dell'energia, dei trasporti e delle comunicazioni[30];

z-sexies) le controversie relative agli atti ed ai provvedimenti che concedono aiuti di Stato in violazione dell'articolo 108, paragrafo 3, del Trattato sul funzionamento dell'Unione europea e le controversie aventi ad oggetto gli atti e i provvedimenti adottati in esecuzione di una decisione di recupero di cui all'articolo 16 del regolamento (UE) 2015/1589 del Consiglio, del 13 luglio 2015, a prescindere dalla forma dell'aiuto e dal soggetto che l'ha concesso[31];

z-septies) le controversie relative ai provvedimenti di ammissione ed esclusione dalle competizioni professionistiche delle società o associazioni sportive professionistiche, o comunque incidenti sulla partecipazione a competizioni professionistiche[32][33].

[1] V. art. 2-bis, L. 7 agosto 1990, n. 241 (Nuove norme in materia di procedimento amministrativo e di diritto di accesso ai documenti amministrativi), modificato dall'art. 4, all. 4, del presente Codice del processo amministrativo e da ultimo dall'art. 28, D.L. 21 giugno 2013, n. 69, convertito in L. 9 agosto 2013, n. 98.

[2] V. artt. 11, comma 5 e 15, L. 7 agosto 1990, n. 241 (Nuove norme in materia di procedimento amministrativo e di diritto di accesso ai documenti amministrativi), rispettivamente abrogato dall'art. 4, all. 4, e modificato dall'art. 3, all. 4, del presente Codice del processo amministrativo e, da ultimo, dal D.L. 23 dicembre 2013, n. 145, convertito in L. 21 febbraio 2014, n. 9.

[3] Numero così sostituito dall'art. 1, D.Lgs. 15 novembre 2011, n. 195. Il testo previgente disponeva: *3) dichiarazione di inizio attività.* V. art. 19, comma 5, L. 7 agosto 1990, n. 241 (Nuove norme in materia di procedimento amministrativo e di diritto di accesso ai documenti amministrativi), che, nel testo previgente la sostituzione di cui all'art. 49, D.L. 31 maggio 2010, n. 78, convertito in L. 30 luglio 2010, n. 122, disponeva: *5. Ogni controversia relativa all'applicazione dei commi 1, 2 e 3 è devoluta alla giurisdizione esclusiva del giudice amministrativo. Il relativo ricorso giurisdizionale, esperibile da qualunque interessato nei termini di legge, può riguardare anche gli atti di assenso formati in virtù delle norme sul silenzio assenso previste dall'articolo 20.*

[4] V. art. 21-quinquies, L. 7 agosto 1990, n. 241 (Nuove norme in materia di procedimento amministrativo e di diritto di accesso ai documenti amministrativi), modificato dall'art. 4, all. 4, del presente Codice del processo amministrativo.

[5] V. art. 21-septies, L. 7 agosto 1990, n. 241 (Nuove norme in materia di procedimento amministrativo e di diritto di accesso ai documenti amministrativi), modificato dall'art. 4, all. 4, del presente Codice del processo amministrativo.

[6] Numero così modificato dall'art. 52, D.Lgs. 14 marzo 2013, n. 33. Il testo previgente disponeva: *6) diritto di accesso*

ai documenti amministrativi. V. art. 25, comma 5, L. 7 agosto 1990, n. 241 (Nuove norme in materia di procedimento amministrativo e di diritto di accesso ai documenti amministrativi), sostituito dall'art. 3, all. 4, del presente Codice del processo amministrativo.

[7] Lettera aggiunta dall'art. 1, D.Lgs. 15 novembre 2011, n. 195.

[8] V. art. 5, L. 6 dicembre 1971, n. 1034 (Legge Tar), abrogato dall'art. 4, all. 4, del presente Codice del processo amministrativo, che disponeva: *Art. 5. Sono devoluti alla competenza dei tribunali amministrativi regionali i ricorsi contro atti e provvedimenti relativi a rapporti di concessione di beni pubblici. Si applicano, ai fini dell'individuazione del tribunale competente, il secondo e il terzo comma dell'articolo 3.*

Resta salva la giurisdizione dell'autorità giudiziaria ordinaria per le controversie concernenti indennità, canoni ed altri corrispettivi e quelle dei tribunali delle acque pubbliche e del tribunale superiore delle acque pubbliche, nelle materie indicate negli articoli 140-144 del testo unico 11 dicembre 1933, n. 1775.

V., anche, art. 11, commi da 13 a 15, D.P.R. 30 dicembre 1972, n. 1035.

[9] V. art. 33, D.Lgs. 31 marzo 1998, n. 80 (Nuove disposizioni in materia di organizzazione e di rapporti di lavoro nelle amministrazioni pubbliche, di giurisdizione nelle controversie di lavoro e di giurisdizione amministrativa, emanate in attuazione dell'articolo 11, comma 4, della L. 15 marzo 1997, n. 59), abrogato dall'art. 4, all. 4, del presente Codice del processo amministrativo, che disponeva: *1. Sono devolute alla giurisdizione esclusiva del giudice amministrativo tutte le controversie in materia di pubblici servizi, ivi compresi quelli afferenti alla vigilanza sul credito, sulle assicurazioni e sul mercato mobiliare, al servizio farmaceutico, ai trasporti, alle telecomunicazioni e ai servizi di cui alla legge 14 novembre 1995, n. 481.*

2. Tali controversie sono, in particolare, quelle:

a) concernenti la istituzione, modificazione o estinzione di soggetti gestori di pubblici servizi, ivi comprese le aziende speciali, le istituzioni o le società di capitali anche di trasformazione urbana;

b) tra le amministrazioni pubbliche e i gestori comunque denominati di pubblici servizi;

c) in materia di vigilanza e di controllo nei confronti di gestori dei pubblici servizi;

d) aventi ad oggetto le procedure di affidamento di appalti pubblici di lavori, servizi e forniture, svolte da soggetti comunque tenuti alla applicazione delle norme comunitarie o della normativa nazionale o regionale;

e) riguardanti le attività e le prestazioni di ogni genere, anche di natura patrimoniale, rese nell'espletamento di pubblici servizi, ivi comprese quelle rese nell'ambito del Servizio sanitario nazionale e della pubblica istruzione, con esclusione dei rapporti individuali di utenza con soggetti privati, delle controversie meramente risarcitorie che riguardano il danno alla persona o a cose e delle controversie in materia di invalidità.

3. [...].

[10] V. art. 3, comma 1-ter, D.Lgs. 7 marzo 2005, n. 82 (Codice dell'amministrazione digitale), sostituito dall'art. 3, all. 4, del presente Codice del processo amministrativo.

[11] V. art. 244, D.Lgs. 12 aprile 2006, n. 163 (vecchio Codice dei contratti pubblici relativi a lavori, servizi e forniture in attuazione delle direttive 2004/17/CE e 2004/18/CE), sostituito dall'art. 3, all. 4, del presente Codice del processo amministrativo e l'art. 204, D.Lgs. 18 aprile 2016, n. 50 (nuovo Codice dei contratti pubblici).

[12] V. art. 34, D.Lgs. 31 marzo 1998, n. 80 (Nuove disposizioni in materia di organizzazione e di rapporti di lavoro nelle amministrazioni pubbliche, di giurisdizione nelle controversie di lavoro e di giurisdizione amministrativa, emanate in attuazione dell'articolo 11, comma 4, della L. 15 marzo 1997, n. 59), abrogato dall'art. 4, all. 4, del presente Codice del processo amministrativo, che disponeva: *1. Sono devolute alla giurisdizione esclusiva del giudice amministrativo le controversie aventi per oggetto gli atti, i provvedimenti e i comportamenti delle amministrazioni pubbliche e dei soggetti alle stesse equiparati in materia urbanistica ed edilizia.*

2. Agli effetti del presente decreto, la materia urbanistica concerne tutti gli aspetti dell'uso del territorio.

3. Nulla è innovato in ordine:

a) alla giurisdizione del tribunale superiore delle acque;

b) alla giurisdizione del giudice ordinario per le controversie riguardanti la determinazione e la corresponsione delle indennità in conseguenza dell'adozione di atti di natura espropriativa o ablativa.

[13] V. art. 53, D.P.R. 8 giugno 2001, n. 327 (Testo unico delle disposizioni legislative e regolamentari in materia di espropriazione per pubblica utilità), sostituito dall'art. 3, all. 4, del presente Codice del processo amministrativo.

[14] V. art. 142, D.Lgs. 10 febbraio 2005, n. 30 (Codice della proprietà industriale, a norma dell'articolo 15 della legge 12 dicembre 2002, n. 273), modificato dall'art. 3, all. 4, del presente Codice del processo amministrativo.

[15] V. art. 63, comma 4, D.Lgs. 30 marzo 2001, n. 165 (Norme generali sull'ordinamento del lavoro alle dipendenze delle amministrazioni pubbliche).

[16] Lettera così modificata prima dall'art. 1, D.Lgs. 15 novembre 2011, n. 195, poi dall'art. 1, D.Lgs. 14 settembre 2012, n. 160. Il testo previgente le modifiche del 2011 disponeva: *l) le controversie aventi ad oggetto tutti i provvedimenti, compresi quelli sanzionatori ed esclusi quelli inerenti ai rapporti di impiego privatizzati, adottati dalla Banca d'Italia, dalla Commissione nazionale per le società e la borsa, dall'Autorità garante della concorrenza e del mercato, dall'Autorità per le garanzie nelle comunicazioni, dall'Autorità per l'energia elettrica e il gas, e dalle altre Autorità istituite ai sensi della legge 14 novembre 1995, n. 481, dall'Autorità per la vigilanza sui contratti pubblici di lavori, servizi e forniture, dalla Commissione vigilanza fondi pensione, dalla Commissione per la valutazione, la trasparenza e l'integrità della pubblica amministrazione, dall'Istituto per la vigilanza sulle assicurazioni private, comprese le controversie relative ai ricorsi avverso gli atti che applicano le sanzioni ai sensi dell'articolo 326 del decreto legislativo 7 settembre 2005, n. 209.* Il testo previgente le modifiche del 2012 disponeva: *l) le controversie aventi ad oggetto tutti i provvedimenti, compresi quelli sanzionatori ed esclusi quelli inerenti ai rapporti di impiego privatizzati, adottati dalla Banca d'Italia, dagli Organismi di cui agli articoli 112-bis, 113 e 128-duodecies del decreto legislativo 1 settembre 1993, n. 385, dalla Commissione nazionale per le società e la borsa, dall'Autorità garante della concorrenza e del mercato, dall'Autorità per le garanzie nelle comunicazioni, dall'Autorità per l'energia elettrica e il gas, e dalle altre Autorità istituite ai sensi della legge 14 novembre 1995, n. 481, dall'Autorità per la*

vigilanza sui contratti pubblici di lavori, servizi e forniture, dalla Commissione vigilanza fondi pensione, dalla Commissione per la valutazione, la trasparenza e l'integrità della pubblica amministrazione, dall'Istituto per la vigilanza sulle assicurazioni private, comprese le controversie relative ai ricorsi avverso gli atti che applicano le sanzioni ai sensi dell'articolo 326 del decreto legislativo 7 settembre 2005, n. 209.

[17] La Corte costituzionale, con sentenza 27 giugno 2012, n. 162, ha dichiarato l'illegittimità costituzionale della presente lettera, nella parte in cui attribuisce alla giurisdizione esclusiva del giudice amministrativo con cognizione estesa al merito e alla competenza funzionale del TAR Lazio - sede di Roma, le controversie in materia di sanzioni irrogate dalla Commissione nazionale per le società e la borsa (CONSOB). La Corte costituzionale, con sentenza 15 aprile 2014, n. 94, ha dichiarato l'illegittimità costituzionale della presente lettera nella parte in cui attribuisce alla giurisdizione esclusiva del giudice amministrativo, con cognizione estesa al merito, e alla competenza funzionale del Tribunale amministrativo regionale per il Lazio – sede di Roma le controversie in materia di sanzioni irrogate dalla Banca d'Italia. V. art. 33, L. 10 ottobre 1990, n. 287 (Norme per la tutela della concorrenza e del mercato), modificato dall'art. 3, all. 4, del presente Codice del processo amministrativo. V. art. 27, comma 13, D.Lgs. 6 settembre 2005, n. 206 (Codice del consumo, a norma dell'articolo 7 della legge 29 luglio 2003, n. 229), modificato dall'art. 4, all. 4, del presente Codice del processo amministrativo. V. art. 8, D.Lgs. 2 agosto 2007, n. 145 (Attuazione dell'articolo 14 della direttiva 2005/29/CE che modifica la direttiva 84/450/CEE sulla pubblicità ingannevole), modificato dall'art. 4, all. 4, del presente Codice del processo amministrativo. V. art. 24, L. 28 dicembre 2005, n. 262 (Disposizioni per la tutela del risparmio e la disciplina dei mercati finanziari), modificato dall'art. 4, all. 4, del presente Codice del processo amministrativo. V. art. 2, comma 25, L. 14 novembre 1995, n. 481 (Norme per la concorrenza e la regolazione dei servizi di pubblica utilità. Istituzione delle Autorità di regolazione dei servizi di pubblica utilità), sostituito dall'art. 3, all. 4, del presente Codice del processo amministrativo. V. art. 1, L. 31 luglio 1997, n. 249 (Istituzione dell'Autorità per le garanzie nelle comunicazioni e norme sui sistemi delle telecomunicazioni e radiotelevisivo), modificato dall'art. 3, all. 4, del presente Codice del processo amministrativo. V. artt. 10 e 11-quinquies, L. 22 febbraio 2000, n. 28 (Disposizioni per la parità di accesso ai mezzi di informazione durante le campagne elettorali e referendarie e per la comunicazione politica), modificati dall'art. 4, all. 4, del presente Codice del processo amministrativo. V. artt. 326 e 331, D.Lgs. 7 settembre 2005, n. 209 (Codice delle assicurazioni private), il primo dei quali è stato modificato dall'art. 3, all. 4, del presente Codice del processo amministrativo.

[18] Lettera così modificata dall'art. 1, D.Lgs. 15 novembre 2011, n. 195. Il testo previgente disponeva: *m) le controversie aventi ad oggetto i provvedimenti in materia di comunicazioni elettroniche, compresi quelli relativi all'imposizione di servitù.* V. artt. 9 e 92, comma 9, D.Lgs. 1 agosto 2003, n. 259 (Codice delle comunicazioni elettroniche), il primo sostituito dall'art. 3, all. 4, del presente Codice del processo amministrativo, il secondo, abrogato dall'art. 4, all. 4, del presente Codice del processo amministrativo.

[19] V. art. 37, comma 7, D.Lgs. 8 luglio 2003, n. 188 (Attuazione delle direttive 2001/12/CE, 2001/13/CE e 2001/14/CE in materia ferroviaria), abrogato dall'art. 4, all. 4, del presente Codice del processo amministrativo.

[20] Lettera così modificata dall'art. 5, D.L. 31 marzo 2011, n. 34, convertito in L. 26 maggio 2011, n. 75. La versione previgente disponeva: *o) le controversie, incluse quelle risarcitorie, attinenti alle procedure e ai provvedimenti della pubblica amministrazione concernenti la produzione di energia, ivi comprese quelle inerenti l'energia da fonte nucleare, i rigassificatori, i gasdotti di importazione, le centrali termoelettriche e quelle relative ad infrastrutture di trasporto ricomprese o da ricomprendere nella rete di trasmissione nazionale o rete nazionale di gasdotti.* V. art. 1, comma 552, L. 30 dicembre 2004, n. 311 (Disposizioni per la formazione del bilancio annuale e pluriennale dello Stato - legge finanziaria 2005), abrogato dall'art. 4, all. 4, del presente Codice del processo amministrativo. V. art. 41, L. 23 luglio 2009, n. 99 (Disposizioni per lo sviluppo e l'internazionalizzazione delle imprese, nonché in materia di energia), abrogato dall'art. 4, all. 4, del presente Codice del processo amministrativo.

[21] Lettera così modificata dall'art. 1, D.Lgs. 14 settembre 2012, n. 160. Il testo previgente disponeva: *p) le controversie aventi ad oggetto le ordinanze e i provvedimenti commissariali adottati in tutte le situazioni di emergenza dichiarate ai sensi dell'articolo 5, comma 1, della legge 24 febbraio 1992, n. 225, e le controversie comunque attinenti alla complessiva azione di gestione del ciclo dei rifiuti, seppure posta in essere con comportamenti della pubblica amministrazione riconducibili, anche mediatamente, all'esercizio di un pubblico potere, quand'anche relative a diritti costituzionalmente tutelati.* V. art. 3, commi 2-bis ss., D.L. 30 novembre 2005, n. 245, convertito in L. 27 gennaio 2006, n. 21 (Misure straordinarie per fronteggiare l'emergenza nel settore dei rifiuti nella regione Campania ed ulteriori disposizioni in materia di protezione civile), abrogati dall'art. 4, all. 4, del presente Codice del processo amministrativo. V. art. 4, D.L. 23 maggio 2008, n. 90, convertito in L. 14 luglio 2008, n. 123 (Misure straordinarie per fronteggiare l'emergenza nel settore dello smaltimento dei rifiuti nella regione Campania e ulteriori disposizioni di protezione civile), abrogato dall'art. 4, all. 4, del presente Codice del processo amministrativo.

L'articolo 5 della legge n. 225 del 1992, citato nella presente lettera deve intendersi riferito agli artt. 24, 25 e 26 del D.Lgs. 2 gennaio 2018, n. 1.

[22] V. art. 1, R.D. 26 giugno 1924, n. 1058 (Approvazione del testo unico delle leggi sulla Giunta provinciale amministrativa in sede giurisdizionale), abrogato dall'art. 4, all. 4, del presente Codice del processo amministrativo.

[23] V. art. 29, n. 8, R.D. 26 giugno 1924, n. 1054 (Approvazione del testo unico delle leggi sul Consiglio di Stato), abrogato dall'art. 4, all. 4, del presente Codice del processo amministrativo, che disponeva: *Art. 29. Sono attribuiti all'esclusiva giurisdizione del Consiglio di Stato in sede giurisdizionale: 8) i ricorsi contro il decreto del Prefetto che, in seguito al reclamo di parte o d'ufficio, abbia provveduto per regolare o vietare l'esercizio d'industrie insalubri o pericolose ai termini degli artt. 32, 33 e 34 della legge sulla pubblica sicurezza 30 giugno 1889, n. 6144[2], e dell'art. 68 della legge sanitaria, T.U. 1° agosto 1907, n. 636.*

[24] V. artt. 310 e 316, D.Lgs. 3 aprile 2006, n. 152 (Norme in materia ambientale), modificati dall'art. 4, all. 4, del presente Codice del processo amministrativo.

[25] V. art. 2-sexies, D.L. 26 aprile 2005, n. 63, convertito in L. 25 giugno 2005, n. 109 (Disposizioni urgenti per lo sviluppo e la coesione territoriale, nonchè per la tutela del diritto d'au-

tore, e altre misure urgenti), modificato dall'art. 4, all. 4, del presente Codice del processo amministrativo.

[26] V. art. 11, L. 21 novembre 1967, n. 1185 (Norme sui passaporti), abrogato dall'art. 4, all. 4, del presente Codice del processo amministrativo.

[27] V. art. 81, D.P.R. 30 dicembre 2003, n. 398 (Testo unico delle disposizioni legislative e regolamentari in materia di debito pubblico), sostituito dall'art. 3, all. 4, del presente Codice del processo amministrativo.

[28] V. art. 3, D.L. 19 agosto 2003, n. 220, convertito in L. 17 ottobre 2003, n. 280 (Disposizioni urgenti in materia di giustizia sportiva), modificato dagli artt. 3 e 4, all. 4, del presente Codice del processo amministrativo.

[29] Lettera aggiunta dall'art. 2, D.Lgs. 31 marzo 2011, n. 58.

[30] Lettera aggiunta dall'art. 3, D.L. 15 marzo 2012, n. 21, convertito in L. 11 maggio 2012, n. 56.

[31] Lettera aggiunta dall'art. 49, L. 24 dicembre 2012, n. 234, nel testo modificato dall'art. 35, L. 7 luglio 2016, n. 122. Tali nuove disposizioni di applicano alle decisioni di recupero notificate a decorrere dal 1° gennaio 2015.

[32] Lettera aggiunta dall'art. 1, comma 649, L. 30 dicembre 2018, n. 145. Tali nuove disposizioni si applicano anche ai processi ed alle controversie in corso alla data di entrata in vigore della citata L. 145/2018 e dalla loro attuazione non devono derivare nuovi o maggiori oneri a carico della finanza pubblica. Le autorità interessate provvedono con le risorse umane, strumentali e finanziarie disponibili a legislazione vigente.

[33] Si riporta l'art. 113 Cost. che dispone: *Contro gli atti della pubblica amministrazione è sempre ammessa la tutela giurisdizionale dei diritti e degli interessi legittimi dinanzi agli organi di giurisdizione ordinaria o amministrativa.*

Tale tutela giurisdizionale non può essere esclusa o limitata a particolari mezzi di impugnazione o per determinate categorie di atti.

La legge determina quali organi di giurisdizione possono annullare gli atti della pubblica amministrazione nei casi e con gli effetti previsti dalla legge stessa.

134. *Materie di giurisdizione estesa al merito.* 1. Il giudice amministrativo esercita giurisdizione con cognizione estesa al merito nelle controversie aventi ad oggetto[1]:

a) l'attuazione delle pronunce giurisdizionali esecutive o del giudicato nell'ambito del giudizio di cui al Titolo I del Libro IV[2];

b) gli atti e le operazioni in materia elettorale, attribuiti alla giurisdizione amministrativa[3];

c) le sanzioni pecuniarie la cui contestazione è devoluta alla giurisdizione del giudice amministrativo, comprese quelle applicate dalle Autorità amministrative indipendenti e quelle previste dall'articolo 123[4][5];

d) le contestazioni sui confini degli enti territoriali[6];

e) la classificazione delle opere cinematografiche per la visione dei minori di cui al decreto legislativo attuativo della delega di cui all'articolo 33 della legge 14 novembre 2016, n. 220[7][8].

[1] V. art. 7, comma 1, L. 6 dicembre 1971, n. 1034 (Legge Tar), abrogato dall'art. 4, all. 4, del presente Codice del processo amministrativo, che disponeva: *Il tribunale amministrativo regionale esercita giurisdizione di merito nei casi preveduti dall'articolo 27 del testo unico 26 giugno 1924, n. 1054, ed in quelli previsti dall'articolo 1 del testo unico 26 giugno 1924, n. 1058.*

V. art. 27, R.D. 26 giugno 1924, n. 1054 (Testo unico delle leggi sul Consiglio di Stato), abrogato dall'art. 4, all. 4, del presente Codice del processo amministrativo, che disponeva: *Art. 27. Il Consiglio di Stato in sede giurisdizionale decide pronunciando anche in merito: 1) dei sequestri di temporalità, dei provvedimenti concernenti le attribuzioni rispettive delle podestà civili ed ecclesiastiche, e degli atti provvisionali di sicurezza generale relativi a questa materia; 2) dei ricorsi per contestazioni fra Comuni di diverse Province per l'applicazione della tassa istituita dalla L. 11 agosto 1870, n. 5784, allegato O; 3) dei ricorsi per contestazioni sui confini di Comuni o di Province; 4) dei ricorsi diretti ad ottenere l'adempimento dell'obbligo dell'autorità amministrativa di conformarsi, in quanto riguarda il caso deciso, al giudicato dei Tribunali che abbia riconosciuto la lesione di un diritto civile o politico; 5) dei ricorsi in materia di consorzi per strade, le quali tocchino il territorio di più Province; 6) dei ricorsi contro il diniego dell'autorizzazione a stare in giudizio ad enti morali giuridici, sottoposti alla tutela della pubblica amministrazione; 7) dei ricorsi sopra tutte le questioni che per leggi speciali non peranco abrogate nelle diverse Province della Repubblica siano state di competenza dei Consigli e delle Consulte di Stato; 8) dei ricorsi contro il decreto emanato dal Prefetto per provvedere, ai termini del terzo capoverso dell'art. 132 della legge comunale e provinciale, T.U. 4 febbraio 1915, n. 148, all'amministrazione della proprietà od attività patrimoniali delle frazioni o agli interessi dei parrocchiani, che fossero in opposizione con quelli del Comune o di altre frazioni del medesimo; 9) dei ricorsi in materia di consorzi per opere idrauliche per le quali provvede lo Stato in concorso delle Province e degli enti interessati, o alle quali concorre lo Stato nell'interesse generale; 10) dei ricorsi in materia di concorso di spesa per opere di bonifica di prima categoria costruite dallo Stato direttamente o per sua concessione da enti o privati, nonché in materia di consorzi per opere di bonifica della stessa categoria, ai termini dell'art. 56, comma primo e secondo del R.D. 30 dicembre 1923, n. 3256; 11) dei ricorsi intorno alla classificazione delle strade provinciali e comunali; 12) dei ricorsi contro provvedimenti della pubblica amministrazione in merito ad opere di privato interesse, esistenti o che potessero occorrere, attorno alle strade nazionali, od alla costruzione o riparazione dei muri od altri sostegni attorno alle strade medesime; 13) dei ricorsi contro i provvedimenti del Prefetto e contro le deliberazioni in materia di apertura, ricostruzione o manutenzione delle strade comunali e provinciali; 14) dei ricorsi contro le deliberazioni in materia di pedaggi sui ponti e sulle strade provinciali e comunali; 15) dei ricorsi contro provvedimenti ordinati dal Prefetto a norma di quanto è prescritto nell'art. 378 della L. 20 marzo 1865, n. 2248, allegato F, sui lavori pubblici, relativi ad opere pubbliche delle Province e dello Stato, eccettuati quelli indicati nella 2ª parte della lettera b) dell'art. 70 del R.D.L. 9 ottobre 1919, n. 2161; 16) dei ricorsi contro le decisioni pronunziate dalle giunte provinciali amministrative in sede giurisdizionale nei casi in cui le giunte stesse esercitano giurisdizione anche nel merito; 17) dei ricorsi relativi a tutte le controversie, che da qualsiasi legge generale o speciale siano deferite alla giurisdizione del Consiglio di Stato anche per il merito.*

Nulla è innovato, anche per le materie prevedute in questo articolo, alle disposizioni delle leggi vigenti, per quanto riguarda la competenza giudiziaria.

V. art. 1, R.D. 26 giugno 1924, n. 1058 (Approvazione del testo unico delle leggi sulla Giunta provinciale amministrativa in sede giurisdizionale), abrogato dall'art. 4, all. 4, del presente Codice del processo amministrativo.

[2] V. art. 27, n. 4, R.D. 26 giugno 1924, n. 1054 (Testo unico delle leggi sul Consiglio di Stato), abrogato dall'art. 4, all. 4, del presente Codice del processo amministrativo, che disponeva: *Art. 27. Il Consiglio di Stato in sede giurisdizionale decide pronunciando anche in merito: 4) dei ricorsi diretti ad ottenere l'adempimento dell'obbligo dell'autorità amministrativa di conformarsi, in quanto riguarda il caso deciso, al giudicato dei Tribunali che abbia riconosciuto la lesione di un diritto civile o politico.*

[3] V. art. 6, L. 6 dicembre 1971, n. 1034 (Legge Tar), abrogato dall'art. 4, all. 4, del presente Codice del processo amministrativo, che disponeva: *Art. 6. Il tribunale amministrativo regionale è competente a decidere sui ricorsi concernenti controversie in materia di operazioni per le elezioni dei consigli comunali, provinciali e regionali.*

Con la decisione dei ricorsi il tribunale amministrativo regionale esercita i poteri e adotta i provvedimenti di cui all'articolo 84 del testo unico approvato con decreto del Presidente della Repubblica 16 maggio 1960, n. 570, modificato dalla legge 23 dicembre 1966, n. 1147.

Rimangono salve, per le azioni popolari e le impugnative consentite agli elettori, le norme dell'articolo 7 della legge 23 dicembre 1966, n. 1147, e dell'articolo 19 della legge 17 febbraio 1968, n. 108.

[4] Lettera così modificata dall'art. 1, D.Lgs. 15 novembre 2011, n. 195. Il testo previgente disponeva: *c) le sanzioni pecuniarie la cui contestazione è devoluta alla giurisdizione del giudice amministrativo, comprese quelle applicate dalle Autorità amministrative indipendenti.*

[5] La Corte costituzionale, con sentenza 27 giugno 2012, n. 162, ha dichiarato l'illegittimità costituzionale della presente lettera, nella parte in cui attribuisce alla giurisdizione esclusiva del giudice amministrativo con cognizione estesa al merito e alla competenza funzionale del TAR Lazio - sede di Roma, le controversie in materia di sanzioni irrogate dalla Commissione nazionale per le società e la borsa (CONSOB). La Corte costituzionale, con sentenza 15 aprile 2014, n. 94, ha dichiarato l'illegittimità costituzionale della presente lettera nella parte in cui attribuisce alla giurisdizione esclusiva del giudice amministrativo, con cognizione estesa al merito, e alla competenza funzionale del Tribunale amministrativo regionale per il Lazio – sede di Roma le controversie in materia di sanzioni irrogate dalla Banca d'Italia. V. art. 31, Reg. CE 1/2003. V. artt. 31 e 33, L. 10 ottobre 1990, n. 287 (Norme per la tutela della concorrenza e del mercato), quest'ultimo modificato dall'art. 3, all. 4, del presente Codice del processo amministrativo. V. art. 23, L. 24 novembre 1981, n. 689 (Modifiche al sistema penale).

[6] V. art. 27, n. 3, R.D. 26 giugno 1924, n. 1054 (Testo unico delle leggi sul Consiglio di Stato), abrogato dall'art. 4, all. 4, del presente Codice del processo amministrativo, che disponeva: *Art. 27. Il Consiglio di Stato in sede giurisdizionale decide pronunciando anche in merito: 3) dei ricorsi per contestazioni sui confini di Comuni o di Province.*

[7] V. art. 8, L. 21 aprile 1962, n. 161 (Revisione dei film e dei lavori teatrali).

[8] Lettera così sostituita dall'art. 13, D.Lgs. 7 dicembre 2017, n. 203, a decorrere dalla data di adozione del regolamento di funzionamento della Commissione per la classificazione delle opere cinematografiche. Il testo previgente disponeva: *e) il diniego di rilascio di nulla osta cinematografico di cui all'articolo 8 della legge 21 novembre 1962, n. 161.*

135. *Competenza funzionale inderogabile del Tribunale amministrativo regionale del Lazio, sede di Roma.* 1. Sono devolute alla competenza inderogabile del Tribunale amministrativo regionale del Lazio, sede di Roma, salvo ulteriori previsioni di legge:

a) le controversie relative ai provvedimenti riguardanti i magistrati ordinari adottati ai sensi dell'articolo 17, primo comma, della legge 24 marzo 1958, n. 195, nonché quelle relative ai provvedimenti riguardanti magistrati amministrativi adottati dal Consiglio di Presidenza della Giustizia Amministrativa[1];

b) le controversie aventi ad oggetto i provvedimenti dell'Autorità garante per la concorrenza ed il mercato e quelli dell'Autorità per le garanzie nelle comunicazioni[2];

c) le controversie di cui all'articolo 133, comma 1, lettera *l)*, fatta eccezione per quelle di cui all'articolo 14, comma 2, nonchè le controversie di cui all'articolo 104, comma 2, del testo unico delle leggi in materia bancaria e creditizia, di cui al decreto legislativo 1° settembre 1993, n. 385[3];

d) le controversie contro i provvedimenti ministeriali di cui all'articolo 133, comma 1, lettera *m)*, nonché i giudizi riguardanti l'assegnazione di diritti d'uso delle frequenze, la gara e le altre procedure di cui ai commi da 8 al 13 dell'articolo 1 della legge 13 dicembre 2010, n. 220, incluse le procedure di cui all'articolo 4 del decreto legge 31 marzo 2011, n. 34, convertito, con modificazioni, dalla legge 26 maggio 2011, n. 75[4];

e) le controversie aventi ad oggetto le ordinanze e i provvedimenti commissariali adottati in tutte le situazioni di emergenza dichiarate ai sensi dell'articolo 5, comma 1, della legge 24 febbraio 1992, n. 225 nonchè gli atti, i provvedimenti e le ordinanze emanati ai sensi dell'articolo 5, commi 2 e 4 della medesima legge n. 225 del 1992[5];

f) le controversie di cui all'articolo 133, comma 1, lettera *o)*, limitatamente a quelle concernenti la produzione di energia elettrica da fonte nucleare, i rigassificatori, i gasdotti di importazione, le centrali termoelettriche di potenza termica superiore a 400 MW nonchè quelle relative ad infrastrutture di trasporto ricomprese o da ricomprendere nella rete di trasmissione nazionale o rete nazionale di gasdotti, salvo quanto previsto dall'articolo 14, comma 2[6];

DIR. AMM.VO

g) le controversie di cui all'articolo 133, comma 1, lettera *z)*[7];

h) le controversie relative all'esercizio dei poteri speciali inerenti alle attività di rilevanza strategica nei settori della difesa e della sicurezza nazionale e nei settori dell'energia, dei trasporti e delle comunicazioni[8];

i) le controversie aventi ad oggetto i provvedimenti di espulsione di cittadini extracomunitari per motivi di ordine pubblico o di sicurezza dello Stato[9];

l) le controversie avverso i provvedimenti di allontanamento di cittadini comunitari per motivi di sicurezza dello Stato o per motivi di ordine pubblico di cui all'articolo 20, comma 1, del decreto legislativo 6 febbraio 2007, n. 30, e successive modificazioni[10];

m) le controversie avverso i provvedimenti previsti dal decreto legislativo 22 giugno 2007, n. 109[11];

n) le controversie disciplinate dal presente codice relative alle elezioni dei membri del Parlamento europeo spettanti all'Italia[12];

o) le controversie relative al rapporto di lavoro del personale del DIS, dell'AISI e dell'AISE[13];

p) le controversie attribuite alla giurisdizione del giudice amministrativo derivanti dall'applicazione del Titolo II del Libro III del decreto legislativo 6 settembre 2011, n. 159, relative all'Agenzia nazionale per l'amministrazione e la destinazione dei beni sequestrati e confiscati alla criminalità organizzata[14];

q) le controversie relative ai provvedimenti adottati ai sensi degli articoli 142 e 143 del testo unico delle leggi sull'ordinamento degli enti locali, di cui al decreto legislativo 18 agosto 2000, n. 267[15];

q-bis) le controversie di cui all'articolo 133, comma 1, lettera *z-bis)*[16];

q-ter) le controversie di cui all'articolo 133, comma 1, lettera *z-ter)*[16];

q-quater) le controversie aventi ad oggetto i provvedimenti emessi dall'Amministrazione autonoma dei monopoli di Stato in materia di giochi pubblici con vincita in denaro e quelli emessi dall'Autorità di polizia relativi al rilascio di autorizzazioni in materia di giochi pubblici con vincita in denaro[17];

q-quinquies) le controversie relative alle decisioni adottate ai sensi dell'articolo 24, paragrafo 2, lettera *b)*, del regolamento (CE) n. 1987/2006 del Parlamento europeo e del Consiglio del 20 dicembre 2006 sull'istituzione, l'esercizio e l'uso del sistema d'informazione Schengen di seconda generazione (SIS II)[18];

q-sexies) le controversie relative ai provvedimenti di ammissione ed esclusione dalle competizioni professionistiche delle società o associazioni sportive professionistiche, o comunque incidenti sulla partecipazione a competizioni professionistiche[19].

2. Restano esclusi dai casi di competenza inderogabile di cui al comma 1 le controversie sui rapporti di lavoro dei pubblici dipendenti, salvo quelle di cui alla lettera *o)* dello stesso comma 1.

[1] Lettera così modificata dall'art. 1, D.Lgs. 15 novembre 2011, n. 195. Il testo previgente disponeva: *a) le controversie relative ai provvedimenti riguardanti i magistrati ordinari adottati ai sensi dell'articolo 17, primo comma, della legge 24 marzo 1958, n. 195.* V. art. 17, L. 24 marzo 1958, n. 195 (Norme sulla Costituzione e sul funzionamento del Consiglio superiore della Magistratura), modificato dall'art. 3, all. 4, del presente Codice del processo amministrativo.

[2] V. art. 33, L. 10 ottobre 1990, n. 287 (Norme per la tutela della concorrenza e del mercato), modificato dall'art. 3, all. 4, del presente Codice del processo amministrativo e dall'art. 2, D.L. 24 gennaio 2012, n. 1, convertito in L. 24 marzo 2012, n. 27. V. art. 1, L. 31 luglio 1997, n. 249 (Istituzione dell'Autorità per le garanzie nelle comunicazioni e norme sui sistemi delle telecomunicazioni e radiotelevisivo), modificato dall'art. 3, all. 4, del presente Codice del processo amministrativo, dall'art. 1, D.L. 24 marzo 2012, n. 29, convertito in L. 18 maggio 2012, n. 62 e dall'art. 3, D.L. 18 maggio 2012, n. 63, convertito in L. 16 luglio 2012, n. 103. V. art. 11-quinquies, L. 22 febbraio 2000, n. 28 (Disposizioni per la parità di accesso ai mezzi di informazione durante le campagne elettorali e referendarie e per la comunicazione politica), modificato dall'art. 4, all. 4, del presente Codice del processo amministrativo.

[3] La Corte costituzionale, con sentenza 27 giugno 2012, n. 162, ha dichiarato l'illegittimità costituzionale della presente lettera, nella parte in cui attribuisce alla giurisdizione esclusiva del giudice amministrativo con cognizione estesa al merito e alla competenza funzionale del TAR Lazio - sede di Roma, le controversie in materia di sanzioni irrogate dalla Commissione nazionale per le società e la borsa (CONSOB). V. art. 104, comma 2, D.Lgs. 1 settembre 1993, n. 385 (Testo unico delle leggi in materia bancaria e creditizia). La Corte costituzionale, con sentenza 15 aprile 2014, n. 94, ha dichiarato l'illegittimità costituzionale della presente lettera nella parte in cui attribuisce alla giurisdizione esclusiva del giudice amministrativo, con cognizione estesa al merito, e alla competenza funzionale del Tribunale amministrativo regionale per il Lazio – sede di Roma le controversie in materia di sanzioni irrogate dalla Banca d'Italia. V., anche, art. 24, L. 28 dicembre 2005, n. 262 (Disposizioni per la tutela del risparmio e la disciplina dei mercati finanziari), modificato dall'art. 4, all. 4, del presente Codice del processo amministrativo.

[4] Lettera così modificata dall'art. 1, D.Lgs. 15 novembre 2011, n. 195. Il testo previgente disponeva: *d) le controversie contro i provvedimenti ministeriali di cui all'articolo 133, comma 1, lettera m).* V. art. 9, comma 1, D.Lgs. 1 agosto 2003, n. 259 (Codice delle comunicazioni elettroniche).

[5] Lettera così sostituita dall'art. 1, D.Lgs. 15 novembre 2011, n. 195 e poi così modificata dall'art. 1, D.Lgs. 14 settembre 2012, n. 160. Il testo previgente le modifiche del 2011 disponeva: *e) le controversie di cui all'articolo 133, comma 1, lettera p).* Il testo previgente le modifiche del 2012 disponeva: *e) le controversie aventi ad oggetto le ordinanze e i provvedimenti commissariali adottati in tutte le situazioni di emergenza dichiarate ai sensi dell'articolo 5, comma 1, della legge 24 febbraio 1992, n. 225.* V. art. 3, D.L. 30 novembre 2005, n. 245, convertito in L. 27 gennaio 2006, n. 21 (Misure straordinarie

per fronteggiare l'emergenza nel settore dei rifiuti nella regione Campania ed ulteriori disposizioni in materia di protezione civile), modificato dall'art. 4, all. 4, del presente Codice del processo amministrativo.

L'articolo 5 della legge n. 225 del 1992, citato nella presente lettera deve intendersi riferito agli artt. 24, 25 e 26 del D.Lgs. 2 gennaio 2018, n. 1.

[6] V. art. 41, L. 23 luglio 2009, n. 99 (Disposizioni per lo sviluppo e l'internazionalizzazione delle imprese, nonché in materia di energia), abrogato dall'art. 4, all. 4, del presente Codice del processo amministrativo.

[7] V. art. 3, D.L. 19 agosto 2003 n. 220, convertito in L. 17 ottobre 2003, n. 280 (Disposizioni urgenti in materia di giustizia sportiva), modificato dagli artt. 3 e 4, all. 4, del presente Codice del processo amministrativo.

[8] Lettera così sostituita dall'art. 3, D.L. 15 marzo 2012, n. 21, convertito in L. 11 maggio 2012, n. 56. Il testo previgente disponeva: *h) le controversie relative al corretto esercizio dei poteri speciali dello Stato azionista di cui all'articolo 2 del decreto-legge 31 maggio 1994, n. 332, convertito, con modificazioni, dalla legge 30 luglio 1994, n. 474, e successive modificazioni.* V. art. 2, D.L. 31 maggio 1994, n. 332, convertito in L. 30 luglio 1994, n. 474 (Norme per l'accelerazione delle procedure di dismissione di partecipazioni dello Stato e degli enti pubblici in società per azioni).

[9] V. art. 13, D.Lgs. 25 luglio 1998, n. 286 (Testo unico delle disposizioni concernenti la disciplina dell'immigrazione e norme sulla condizione dello straniero), modificato dall'art. 3, all. 4, del presente Codice del processo amministrativo.

[10] V. art. 22, D.Lgs. 6 febbraio 2007, n. 30 (Attuazione della direttiva 2004/38/CE relativa al diritto dei cittadini dell'Unione e dei loro familiari di circolare e di soggiornare liberamente nel territorio degli Stati membri), modificato dall'art. 3, all. 4, del presente Codice del processo amministrativo.

[11] V. art. 14, D.Lgs. 22 giugno 2007, n. 109 (Misure per prevenire, contrastare e reprimere il finanziamento del terrorismo e l'attività dei Paesi che minacciano la pace e la sicurezza internazionale, in attuazione della direttiva 2005/60/CE), modificato dall'art. 3, all. 4, del presente Codice del processo amministrativo.

[12] V. art. 42, L. 24 gennaio 1979, n. 18 (Elezione dei membri del Parlamento europeo spettanti all'Italia), sostituito dall'art. 1, all. 4, del presente Codice del processo amministrativo.

[13] V. artt. 1 e 22, L. 3 agosto 2007, n. 124 (Sistema di informazione per la sicurezza della Repubblica e nuova disciplina del segreto), il secondo dei quali è stato sostituito dall'art. 3, all. 4, del presente Codice del processo amministrativo.

[14] Lettera così sostituita dall'art. 1, D.Lgs. 15 novembre 2011, n. 195. Il testo previgente disponeva: *p) le controversie derivanti dall'applicazione del decreto-legge 4 febbraio 2010, n. 4, convertito, con modificazioni, dalla legge 31 marzo 2010, n. 50, relativo all'Istituzione dell'Agenzia nazionale per l'amministrazione e la destinazione dei beni sequestrati e confiscati alla criminalità organizzata.* V. art. 9, D.L. 4 febbraio 2010, n. 4, convertito in L. 31 marzo 2010, n. 50 (Istituzione dell'Agenzia nazionale per l'amministrazione e la destinazione dei beni sequestrati e confiscati alla criminalità organizzata), modificato dall'art. 3, all. 4, del presente Codice del processo amministrativo.

[15] V. artt. 142 e 143, D.Lgs. 18 agosto 2000, n. 267 (Testo unico delle leggi sull'ordinamento degli enti locali). L'art. 1 del D.Lgs. 195/2011 ha sostituito il punto con il punto e virgola.

[16] Lettera aggiunta dall'art. 1, D.Lgs. 15 novembre 2011, n. 195.

[17] Lettera aggiunta dall'art. 10, D.L. 2 marzo 2012, n. 16, convertito in L. 26 aprile 2012, n. 44. La Corte costituzionale, con sentenza 13 giugno 2014, n. 174 ha dichiarato l'illegittimità costituzionale della presente lettera, nella parte in cui prevede la devoluzione alla competenza inderogabile del Tribunale amministrativo regionale del Lazio, sede di Roma, delle controversie aventi ad oggetto i provvedimenti emessi dall'autorità di polizia relativi al rilascio di autorizzazioni in materia di giochi pubblici con vincita in denaro.

[18] Lettera aggiunta dall'art. 15, D.L. 17 febbraio 2017, n. 13, convertito in L. 13 aprile 2017, n. 46.

[19] Lettera aggiunta dall'art. 1, comma 649, L. 30 dicembre 2018, n. 145. Tali nuove disposizioni si applicano anche ai processi ed alle controversie in corso alla data di entrata in vigore della citata L. 145/2018 e dalla loro attuazione non devono derivare nuovi o maggiori oneri a carico della finanza pubblica. Le autorità interessate provvedono con le risorse umane, strumentali e finanziarie disponibili a legislazione vigente.

136. *Disposizioni sulle comunicazioni e sui depositi informatici.* 1. I difensori indicano nel ricorso o nel primo atto difensivo un recapito di fax, che può essere anche diverso da quello del domiciliatario. La comunicazione a mezzo fax è eseguita esclusivamente qualora sia impossibile effettuare la comunicazione all'indirizzo di posta elettronica certificata risultante da pubblici elenchi, per mancato funzionamento del sistema informatico della giustizia amministrativa. È onere dei difensori comunicare alla segreteria e alle parti costituite ogni variazione del recapito di fax o di indirizzo di posta elettronica certificata. Ai fini dell'efficacia delle comunicazioni di segreteria è sufficiente che vada a buon fine una sola delle comunicazioni effettuate a ciascun avvocato componente il collegio difensivo[1].

2. I difensori, le parti nei casi in cui stiano in giudizio personalmente e gli ausiliari del giudice depositano tutti gli atti e i documenti con modalità telematiche. In casi eccezionali, anche in considerazione della ricorrenza di particolari ragioni di riservatezza legate alla posizione delle parti o alla natura della controversia il presidente del tribunale o del Consiglio di Stato, il presidente della sezione se il ricorso è già incardinato o il collegio se la questione sorge in udienza possono dispensare, previo provvedimento motivato, dall'impiego delle modalità di sottoscrizione e di deposito di cui al comma 2-*bis* ed al primo periodo del presente comma; in tali casi e negli altri casi di esclusione dell'impiego di modalità telematiche previsti dal decreto di cui all'articolo 13, comma 1, delle norme di attuazione, si procede al deposito ed alla conservazione degli atti e dei documenti[2].

2-*bis*. Salvi i casi di cui al comma 2, tutti gli atti e i provvedimenti del giudice, dei suoi ausiliari, del personale degli uffici giudiziari e delle parti sono sottoscritti con firma digitale. Dall'attuazione del presente comma non devono derivare nuovi o maggiori oneri per la finanza pubblica[3].

2-*ter*. Quando il difensore depositi con modalità telematiche la copia informatica, anche per immagine, di un atto processuale di parte, di un provvedimento del giudice o di un documento formato su supporto analogico e detenuto in originale o in copia conforme, attesta la conformità della copia al predetto atto mediante l'asseverazione di cui all'articolo 22, comma 2, del codice di cui al decreto legislativo 7 marzo 2005, n. 82. Analogo potere di attestazione di conformità è esteso agli atti e ai provvedimenti presenti nel fascicolo informatico, con conseguente esonero dal versamento dei diritti di copia. Resta escluso il rilascio della copia autentica della formula esecutiva ai sensi dell'articolo 475 del codice di procedura civile, di competenza esclusiva delle segreterie degli uffici giudiziari. La copia munita dell'attestazione di conformità equivale all'originale o alla copia conforme dell'atto o del provvedimento. Nel compimento dell'attestazione di conformità di cui al presente comma i difensori assumono ad ogni effetto la veste di pubblici ufficiali[4].

2-*quater*. [...][4 5].

[1] Comma modificato dall'art. 1, D.Lgs. 15 novembre 2011, n. 195, poi sostituito dall'art. 45-bis, D.L. 24 giugno 2014, n. 90, convertito in L. 11 agosto 2014, n. 114, infine modificato dall'art. 7, D.L. 31 agosto 2016, n. 168, convertito in L. 25 ottobre 2016, n. 197, a decorrere dal 1° gennaio 2017. V. nota 1 epigrafe.

Il testo previgente la modifica del 2011 disponeva: *1. I difensori indicano nel ricorso o nel primo atto difensivo il proprio indirizzo di posta elettronica certificata e il proprio recapito di fax dove intendono riceverli le comunicazioni relative al processo. Una volta espressa tale indicazione si presumono conosciute le comunicazioni pervenute con i predetti mezzi nel rispetto della normativa, anche regolamentare, vigente. È onere dei difensori comunicare alla segreteria e alle parti costituite ogni variazione dei suddetti dati.*

Il testo previgente la modifica del 2014 disponeva: *1. I difensori indicano nel ricorso o nel primo atto difensivo un indirizzo di posta elettronica certificata e un recapito di fax, che possono essere anche diversi dagli indirizzi del domiciliatario, dove intendono ricevere le comunicazioni relative al processo. Una volta espressa tale indicazione si presumono conosciute le comunicazioni pervenute con i predetti mezzi nel rispetto della normativa, anche regolamentare, vigente. È onere dei difensori comunicare alla segreteria e alle parti costituite ogni variazione dei suddetti dati.*

Il testo previgente la modifica del 2016 disponeva: *1. I difensori indicano nel ricorso o nel primo atto difensivo un recapito di fax, che può essere anche diverso da quello del domiciliatario. La comunicazione a mezzo fax è eseguita esclusivamente qualora sia impossibile effettuare la comunicazione all'indirizzo di posta elettronica certificata risultante da pubblici elenchi, per mancato funzionamento del sistema informatico della giustizia amministrativa. È onere dei difensori comunicare alla segreteria e alle parti costituite ogni variazione del recapito di fax.*

[2] Comma così modificato dall'art. 20, D.L. 27 giugno 2015, n. 83, convertito in L. 6 agosto 2015, n. 132, a decorrere dall'entrata in vigore del processo amministrativo telematico, poi così sostituito dall'art. 7, D.L. 31 agosto 2016, n. 168, convertito in L. 25 ottobre 2016, n. 197, a decorrere dal 1° gennaio 2017. V. nota 1 epigrafe.

Il testo previgente la modifica del 2015 disponeva: *2. I difensori costituiti forniscono copia in via informatica di tutti gli atti di parte depositati e, ove possibile, dei documenti prodotti e di ogni altro atto di causa. Il difensore attesta la conformità tra il contenuto del documento in formato elettronico e quello cartaceo. Il deposito del materiale informatico, ove non sia effettuato unitamente a quello cartaceo, è eseguito su richiesta della segreteria e nel termine da questa assegnato, esclusa ogni decadenza. In casi eccezionali il presidente può dispensare dall'osservanza di quanto previsto dal presente comma.*

Il testo previgente la modifica del 2016 disponeva: *2. I difensori costituiti, le parti nei casi in cui stiano in giudizio personalmente e gli ausiliari del giudice depositano tutti gli atti e i documenti con modalità telematiche. In casi eccezionali, il presidente può dispensare dall'osservanza di quanto previsto dal presente comma, secondo quanto previsto dalle regole tecniche di cui all'articolo 13 delle norme di attuazione.*

[3] Comma aggiunto dall'art. 1, D.Lgs. 14 settembre 2012, n. 160 e poi così sostituito dall'art. 38, D.L. 24 giugno 2014, n. 90, convertito in L. 11 agosto 2014, n. 114, nel testo modificato dall'art. 2, D.L. 31 dicembre 2014, n. 192, convertito in L. 27 febbraio 2015, n. 11, dall'art. 20, D.L. 27 giugno 2015, n. 83, convertito in L. 6 agosto 2015, n. 132, dall'art. 2, D.L. 30 dicembre 2015, n. 210, convertito in L. 25 febbraio 2016, n. 21, dall'art. 1, D.L. 30 giugno 2016, n. 117, convertito in L. 12 agosto 2016, n. 161, a decorrere dal 1° gennaio 2017, infine dall'art. 7, D.L. 31 agosto 2016, n. 168, convertito in L. 25 ottobre 2016, n. 197, a decorrere dal 1° gennaio 2017. V. nota 1 epigrafe.

Il testo previgente la modifica ex D.L. 117/2016 disponeva: *2-bis. Tutti gli atti e i provvedimenti del giudice, dei suoi ausiliari, del personale degli uffici giudiziari e delle parti possono essere sottoscritti con firma digitale.* Il testo previgente la modifica ex D.L. 168/2016 disponeva: *2-bis. Tutti gli atti e i provvedimenti del giudice, dei suoi ausiliari, del personale degli uffici giudiziari e delle parti sono sottoscritti con firma digitale. Dall'attuazione del presente comma non devono derivare nuovi o maggiori oneri per la finanza pubblica.*

[4] Comma aggiunto dall'art. 7, D.L. 31 agosto 2016, n. 168, convertito in L. 25 ottobre 2016, n. 197, a decorrere dal 1° gennaio 2017. V. nota 1 epigrafe.

[5] Comma abrogato dall'art. 4, D.L. 30 aprile 2020, n. 28, convertito in L. 25 giugno 2020, n. 70, a decorrere dal 30 giugno 2020. Il testo previgente disponeva: *2-quater. Il presidente della sezione o il collegio se la questione sorge in udienza possono autorizzare il privato chiamato in causa dallo stesso giudice, che non possa effettuare il deposito di scritti difensivi o di documenti mediante PEC, a depositarli mediante upload attraverso il sito internet istituzionale.*

137. *Norma finanziaria*. 1. Le amministrazioni competenti provvedono all'attuazione del codice nell'ambito delle risorse umane, strumentali e finanziarie disponibili a legislazione vigente e, comunque, senza nuovi o maggiori oneri per la finanza pubblica.

ALLEGATO 2
NORME DI ATTUAZIONE

TITOLO I
REGISTRI – ORARIO DI SEGRETERIA

1. *Registro generale dei ricorsi.* 1. Presso ciascun ufficio giudiziario è tenuto il registro di presentazione dei ricorsi, diviso per colonne, nel quale sono annotate tutte le informazioni occorrenti per accertare esattamente la presentazione del ricorso, del ricorso incidentale, della domanda riconvenzionale, dei motivi aggiunti, della domanda di intervento, degli atti e documenti prodotti, nonchè le notificazioni effettuate, l'esecuzione del pagamento del contributo unificato, l'indicazione dei mezzi istruttori disposti o compiuti e i provvedimenti adottati, la notizia delle impugnazioni proposte avverso i provvedimenti del giudice e il relativo esito. La proposizione dell'impugnazione è registrata quando la segreteria del giudice ne riceve notizia ai sensi dell'articolo 6, comma 2, dell'allegato 2, ovvero ai sensi dell'articolo 369, comma 3, del codice di procedura civile, o ai sensi dell'articolo 123 delle disposizioni di attuazione al codice di procedura civile. La segreteria del giudice a cui l'impugnazione è proposta trasmette senza ritardo copia del provvedimento giurisdizionale che definisce il giudizio di impugnazione[1].

2. I ricorsi sono iscritti giornalmente secondo l'ordine di presentazione.

3. Il registro è vistato e firmato in ciascun foglio dal segretariato, con l'indicazione in fine del numero dei fogli di cui il registro si compone[2].

4. Il registro è chiuso ogni giorno con l'apposizione della firma di un addetto al segretariato generale[3].

[1] Comma così modificato dall'art. 1, D.Lgs. 15 novembre 2011, n. 195. Il testo previgente disponeva: *1. Presso ciascun ufficio giudiziario è tenuto il registro di presentazione dei ricorsi, diviso per colonne, nel quale sono annotate tutte le informazioni occorrenti per accertare esattamente la presentazione del ricorso, del ricorso incidentale, della domanda riconvenzionale, dei motivi aggiunti, della domanda di intervento, degli atti e documenti prodotti, nonchè le notificazioni effettuate, l'esecuzione del pagamento del contributo unificato, l'indicazione dei mezzi istruttori disposti o compiuti e i provvedimenti adottati.*

[2] Comma così modificato dall'art. 1, D.Lgs. 15 novembre 2011, n. 195. Il testo previgente disponeva: *3. Il registro è vistato e firmato in ciascun foglio dal segretario generale, con l'indicazione in fine del numero dei fogli di cui il registro si compone.*

[3] Comma così modificato dall'art. 1, D.Lgs. 15 novembre 2011, n. 195. Il testo previgente disponeva: *4. Il registro è chiuso ogni giorno con l'apposizione della firma del segretario generale.*

2. *Ruoli e registri particolari, collazione dei provvedimenti e forme di comunicazione.* 1. Le segreterie degli organi di giustizia amministrativa tengono i seguenti registri:

a) il registro delle istanze di fissazione di udienza, vistato e firmato in ciascun foglio dal segretario generale, con l'indicazione in fine del numero dei fogli di cui il registro si compone;

b) il registro delle istanze di prelievo;

c) il registro per i processi verbali di udienza;

d) il registro dei decreti e delle ordinanze del presidente;

e) il registro delle ordinanze cautelari;

f) il registro delle sentenze e degli altri provvedimenti collegiali;

g) il registro dei ricorsi trattati con il beneficio del patrocinio a spese dello Stato;

g-bis) il registro dei provvedimenti dell'Adunanza plenaria[1].

2. Il segretario, ricevuta l'istanza di cui alle lettere *a)* e *b)* del comma 1, ne fa annotazione nei relativi registri e ne rilascia ricevuta, se richiesta.

3. Nei registri di cui alle lettere *d)* ed *e)* del comma 1 sono annotati gli estremi della comunicazione dei provvedimenti[2].

4. La segreteria cura la formazione dei ruoli secondo le disposizioni del presidente.

5. [...][3].

6. La segreteria effettua le comunicazioni alle parti ai sensi dell'articolo 136, comma 1, del codice, o, altrimenti, nelle forme di cui all'articolo 45 delle disposizioni per l'attuazione del codice di procedura civile.

[1] Lettera aggiunta dall'art. 1, D.Lgs. 15 novembre 2011, n. 195.

[2] Comma così modificato dall'art. 1, D.Lgs. 15 novembre 2011, n. 195. Il testo previgente disponeva: *3. Nei registri di cui alle lettere d) ed e) del comma 1 sono annotati gli estremi della trasmissione dei provvedimenti.*

[3] Comma abrogato dall'art. 20, D.L. 27 giugno 2015, n. 83, convertito in L. 6 agosto 2015, n. 132, a decorrere dall'entrata in vigore del processo amministrativo telematico. Il testo previgente disponeva: *5. La segreteria cura la formazione dell'originale dei provvedimenti del giudice, raccogliendo le sottoscrizioni necessarie e apponendo il timbro e la firma di congiunzione tra i fogli che li compongono.*

3. *Registrazioni in forma automatizzata.* 1. Le registrazioni di cui agli articoli 1 e 2 sono eseguite in forma automatizzata secondo quanto previsto dal decreto del Presidente del Consiglio dei Ministri 8 gennaio 1999, n. 52, e dalla ulteriore normativa applicabile[1].

2. Il segretario, ove richiesto, rilascia all'interessato dichiarazione delle registrazioni effettuate.

[1] Comma così modificato dall'art. 7, D.L. 31 agosto 2016, n. 168, convertito in L. 25 ottobre 2016, n. 197, a decorrere dal 1° gennaio 2017. V. nota 1 epigrafe.

Il testo previgente disponeva: *1. Le registrazioni di cui agli articoli 1 e 2 possono essere eseguite in forma automatizzata secondo quanto previsto dal decreto del Presidente del Consiglio dei Ministri 8 gennaio 1999, n. 52, e dalla ulteriore normativa applicabile.*

4. *Orario*. 1. Le segreterie sono aperte al pubblico nelle ore stabilite dal presidente del tribunale amministrativo regionale, della sezione staccata, del Consiglio di Stato e del Consiglio di giustizia amministrativa per la Regione siciliana.

2. Nei casi in cui il codice prevede il deposito di atti o documenti sino al giorno precedente la trattazione di una domanda in camera di consiglio, il deposito deve avvenire entro le ore 12.00 dell'ultimo giorno consentito.

3. Nei casi in cui il codice prevede termini calcolati in ore le segreterie danno atto dell'ora di deposito degli atti e dei provvedimenti giurisdizionali e adeguano gli orari di apertura degli uffici.

4. È assicurata la possibilità di depositare con modalità telematica gli atti in scadenza fino alle ore 24:00 dell'ultimo giorno consentito. Il deposito è tempestivo se entro le ore 24:00 del giorno di scadenza è generata la ricevuta di avvenuta accettazione, ove il deposito risulti, anche successivamente, andato a buon fine. Agli effetti dei termini a difesa e della fissazione delle udienze camerali e pubbliche il deposito degli atti e dei documenti in scadenza effettuato oltre le ore 12:00 dell'ultimo giorno consentito si considera effettuato il giorno successivo[1].

[1] Comma così sostituito dall'art. 7, D.L. 31 agosto 2016, n. 168, convertito in L. 25 ottobre 2016, n. 197, a decorrere dal 1° gennaio 2017. V. nota 1 epigrafe.

Il testo previgente disponeva: *4. In ogni caso è assicurata la possibilità di depositare gli atti in scadenza sino alle ore 12.00 dell'ultimo giorno consentito.*

TITOLO II
FASCICOLI DI PARTE E D'UFFICIO

5. *Formazione e tenuta dei fascicoli di parte e d'ufficio. Surrogazione di copie agli originali mancanti e ricostituzione di atti*. 1. Ciascuna parte, all'atto della propria costituzione in giudizio, consegna il proprio fascicolo, contenente gli originali degli atti ed i documenti di cui intende avvalersi nonchè il relativo indice.

2. [...][1].

3. Allorchè riceve il deposito dell'atto introduttivo del giudizio, il segretario forma il fascicolo d'ufficio in formato digitale, corredato di indice cronologico degli atti e documenti delle parti, dei verbali di udienza per estratto, di ogni atto e provvedimento del giudice, dei suoi ausiliari e della segreteria[2].

3-*bis*. Nei casi in cui è previsto il deposito di atti e documenti in forma cartacea, il segretario forma un fascicolo cartaceo recante i dati identificativi del procedimento; nel fascicolo cartaceo, che si considera parte integrante del fascicolo d'ufficio, sono inseriti l'indice dei documenti depositati, gli atti legittimanti il deposito in forma cartacea e i documenti depositati. L'aggiornamento dell'indice è curato dal segretario ai sensi del comma 4[3].

4. Il segretario, dopo aver controllato la regolarità anche fiscale degli atti e dei documenti depositati da ciascuna parte, data e sottoscrive l'indice del fascicolo ogni qualvolta viene inserito in esso un atto o un documento.

5. In caso di smarrimento, furto o distruzione del fascicolo d'ufficio o di singoli atti il presidente del tribunale o della sezione, ovvero, se la questione sorge in udienza, il collegio, ne dà comunicazione al segretario e alle parti al fine, rispettivamente, di ricerca o deposito di copia autentica, che tiene luogo dell'originale. Qualora non si rinvenga copia autentica il presidente, con decreto, fissa una camera di consiglio, di cui è dato avviso alle parti, per la ricostruzione degli atti o del fascicolo. Il collegio, con ordinanza, accerta il contenuto dell'atto mancante e stabilisce se, e in quale tenore, esso debba essere ricostituito; se non è possibile accertare il contenuto dell'atto il collegio ne ordina la rinnovazione, se necessario e possibile, prescrivendone il modo.

[1] Comma abrogato dall'art. 20, D.L. 27 giugno 2015, n. 83, convertito in L. 6 agosto 2015, n. 132, a decorrere dall'entrata in vigore del processo amministrativo telematico. Il testo previgente disponeva: *2. Gli atti devono essere depositati in numero di copie corrispondente ai componenti del collegio e alle altre parti costituite. Se il fascicolo di parte e i depositi successivi non contengono le copie degli atti di cui al presente comma gli atti depositati sono trattenuti in segreteria e il giudice non ne può tenere conto prima che la parte abbia provveduto all'integrazione del numero di copie richieste.*

[2] Comma così sostituito dall'art. 20, D.L. 27 giugno 2015, n. 83, convertito in L. 6 agosto 2015, n. 132, a decorrere dall'entrata in vigore del processo amministrativo telematico. Il testo previgente disponeva: *3. Allorché riceve il deposito dell'atto introduttivo del giudizio, il segretario forma il fascicolo d'ufficio, nel quale inserisce l'indice dei documenti depositati, le copie dell'atto introduttivo e dei documenti e, successivamente, degli altri atti delle parti, nonchè, anche per estratto, del verbale d'udienza e di ogni atto e provvedimento del giudice o dei suoi ausiliari.*

[3] Comma aggiunto dall'art. 7, D.L. 31 agosto 2016, n. 168, convertito in L. 25 ottobre 2016, n. 197, a decorrere dal 1° gennaio 2017. V. nota 1 epigrafe.

6. *Ritiro e trasmissione dei fascicoli di parte e del fascicolo d'ufficio*. 1. I documenti e gli atti prodotti davanti al tribunale amministrativo regionale non possono essere ritirati dalle parti prima che il giudizio sia definito con sentenza passata in giudicato.

2. In caso di appello, il segretario del giudice di appello richiede la trasmissione del fascicolo d'ufficio al segretario del giudice di primo grado.

3. Se è appellata una sentenza non definitiva, ovvero un'ordinanza cautelare, non si applica il comma 2. Tuttavia il giudice di appello, può, se lo ritiene necessario, chiedere la trasmissione del fascicolo d'ufficio, ovvero ordinare alla parte interessata di produrre copia di determinati atti.

4. Il presidente della sezione può autorizzare la sostituzione degli eventuali documenti e atti esibiti in originale con copia conforme degli stessi, predisposta a cura della segreteria su istanza motivata della parte interessata.

7. *Rilascio di copie*. 1. Il segretario rilascia copia delle decisioni e di ogni altro provvedimento del giudice a richiesta degli interessati e a loro spese.

TITOLO III
ORDINE DI FISSAZIONE DEI RICORSI – UDIENZE

8. *Ordine di fissazione dei ricorsi*. 1. La fissazione del giorno dell'udienza per la trattazione dei ricorsi è effettuata secondo l'ordine di iscrizione delle istanze di fissazione d'udienza nell'apposito registro, salvi i casi di fissazione prioritaria previsti dal codice.

2. Il presidente può derogare al criterio cronologico per ragioni d'urgenza, anche tenendo conto delle istanze di prelievo, o per esigenze di funzionalità dell'ufficio, ovvero per connessione di materia, nonchè in ogni caso in cui il Consiglio di Stato abbia annullato la sentenza o l'ordinanza e rinviato la causa al giudice di primo grado.

9. *Calendario delle udienze e formazione dei collegi*. 1. I presidenti delle sezioni giurisdizionali del Consiglio di Stato, il presidente del Consiglio di giustizia amministrativa per la Regione siciliana e i presidenti dei tribunali amministrativi regionali ovvero, nel caso in cui il tribunale è suddiviso in sezioni, i presidenti delle sezioni staccate e interne, all'inizio di ogni anno, stabiliscono il calendario delle udienze, con l'indicazione dei magistrati chiamati a parteciparvi e, all'inizio di ogni trimestre, la composizione dei collegi giudicanti, in base ai criteri stabiliti dal Consiglio di presidenza della giustizia amministrativa[1].

[1] Articolo così sostituito dall'art. 2, D.Lgs. 14 settembre 2012, n. 160. Il testo previgente disponeva: *9. Calendario delle udienze. 1. Il calendario delle udienze, con l'indicazione dei magistrati chiamati a parteciparvi, è fissato con cadenza annuale dai presidenti delle sezioni giurisdizionali del Consiglio di Stato, dal presidente del Consiglio di giustizia amministrativa per la Regione siciliana e dai presidenti dei tribunali amministrativi regionali e delle sezioni staccate e interne.*

10. *Toghe e divise*. 1. I magistrati amministrativi, il personale di segreteria e il personale ausiliario indossano nelle pubbliche udienze la toga o la divisa stabilita dal Consiglio di presidenza della giustizia amministrativa.

2. Gli avvocati vestono nelle pubbliche udienze la toga.

11. *Direzione dell'udienza*. 1. L'udienza è diretta dal presidente del collegio.

2. Il segretario redige il verbale dell'udienza.

12. *Polizia dell'udienza*. 1. Chi assiste all'udienza deve stare in silenzio, non può fare segni di approvazione o di disapprovazione o cagionare disturbo.

2. Il presidente del collegio, ove lo ritenga necessario per il regolare svolgimento dell'udienza, può chiedere l'intervento della forza pubblica.

3. Per le riprese audiovisive delle trattazioni dei ricorsi in pubblica udienza si applica l'articolo 147 delle norme di attuazione, di coordinamento e transitorie del codice di procedura penale.

TITOLO IV
PROCESSO AMMINISTRATIVO TELEMATICO E CRITERI DI REDAZIONE DEGLI ATTI PROCESSUALI[1]

[1] Rubrica così sostituita dall'art. 7-bis, D.L. 31 agosto 2016, n. 168, convertito in L. 25 ottobre 2016, n. 197. Il testo previgente disponeva: *Processo amministrativo telematico.*

13. *Processo telematico*. 1. Con decreto del Presidente del Consiglio di Stato, sentiti il Dipartimento della Presidenza del Consiglio dei ministri competente in materia di trasformazione digitale, il Consiglio nazionale forense, il Consiglio di presidenza della giustizia amministrativa e le associazioni specialistiche maggiormente rappresentative che si esprimono nel termine perentorio di trenta giorni dalla trasmissione dello schema di decreto, sono stabilite, nei limiti delle risorse umane, strumentali e finanziarie disponibili a legislazione vigente, le regole tecnico-operative per la sperimentazione e la graduale applicazione degli aggiornamenti del processo amministrativo telematico, anche relativamente ai procedimenti connessi attualmente non informatizzati, ivi incluso il procedimento per ricorso straordinario. Il decreto si applica a partire dalla data nello stesso indicata, comunque non anteriore al quinto giorno successivo a quello della sua pubblicazione nella Gazzetta Ufficiale della Repubblica italiana[1].

1-*bis*. In attuazione del criterio di graduale introduzione del processo telematico e fino alla data del

30 novembre 2016 si procede alla sperimentazione delle nuove disposizioni presso tutti i tribunali amministrativi regionali e le sezioni giurisdizionali del Consiglio di Stato. L'individuazione delle concrete modalità attuative della sperimentazione è demandata agli organi della giustizia amministrativa nel rispetto di quanto previsto nel predetto decreto[2].

1-*ter*. Salvi i casi in cui è diversamente disposto, tutti gli adempimenti previsti dal codice e dalle norme di attuazione inerenti ai ricorsi depositati in primo o secondo grado dal 1° gennaio 2017 sono eseguiti con modalità telematiche, secondo quanto disciplinato nel decreto di cui al comma 1[3].

1-*quater*. Sino al 31 dicembre 2017 i depositi dei ricorsi, degli scritti difensivi e della documentazione possono essere effettuati con PEC o, nei casi previsti, mediante upload attraverso il sito istituzionale, dai domiciliatari anche non iscritti all'Albo degli avvocati. Le comunicazioni di segreteria possono essere fatte alla PEC del domiciliatario[3].

[1] Comma così sostituito dall'art. 4, D.L. 30 aprile 2020, n. 28, convertito in L. 25 giugno 2020, n. 70, a decorrere dal 30 giugno 2020. V. nota 1 epigrafe. Il testo previgente disponeva: *1. Con decreto del Presidente del Consiglio dei Ministri, sentiti il Consiglio di presidenza della giustizia amministrativa e il DigitPA, sono stabilite, nei limiti delle risorse umane, strumentali e finanziarie disponibili a legislazione vigente, le regole tecnico-operative per la sperimentazione, la graduale applicazione, l'aggiornamento del processo amministrativo telematico, tenendo conto delle esigenze di flessibilità e di continuo adeguamento delle regole informatiche alle peculiarità del processo amministrativo, della sua organizzazione e alla tipologia di provvedimenti giurisdizionali. Al fine di garantire la tenuta del sistema e la perfetta ricezione dei depositi, il Segretario generale della giustizia amministrativa può stabilire, con proprio decreto, i limiti delle dimensioni del singolo file allegato al modulo di deposito effettuato mediante PEC o upload. In casi eccezionali, e se non è possibile effettuare più invii dello stesso scritto difensivo o documento, il presidente del tribunale o del Consiglio di Stato, il presidente della sezione se il ricorso è già incardinato o il collegio se la questione sorge in udienza possono autorizzare il deposito cartaceo.*

[2] Comma aggiunto dall'art. 2, D.L. 30 dicembre 2015, n. 210, convertito in L. 25 febbraio 2016, n. 21, poi così modificato prima dall'art. 1, D.L. 30 giugno 2016, n. 117, convertito in L. 12 agosto 2016, n. 161, poi dall'art. 7, D.L. 31 agosto 2016, n. 168, convertito in L. 25 ottobre 2016, n. 197, a decorrere dal 29 ottobre 2016 (data di entrata in vigore della L. 197/2016 di conversione del D.L. 168/2016). V. nota 1 epigrafe. Il testo previgente disponeva: *1-bis. In attuazione del criterio di graduale introduzione del processo telematico, a decorrere dalla data di entrata in vigore del decreto di cui al comma 1 e fino alla data del 31 dicembre 2016 si procede alla sperimentazione delle nuove disposizioni presso i Tribunali amministrativi regionali ed il Consiglio di Stato. L'individuazione delle concrete modalità attuative della sperimentazione è demandata agli Organi della Giustizia Amministrativa nel rispetto di quanto previsto nel predetto decreto.*

[3] Comma aggiunto dall'art. 7, D.L. 31 agosto 2016, n. 168, convertito in L. 25 ottobre 2016, n. 197, a decorrere dal 1° gennaio 2017. V. nota 1 epigrafe.

13-*bis*. *Misure transitorie per l'uniforme applicazione del processo amministrativo telematico.* 1. Per un periodo di tre anni a decorrere dal 1° gennaio 2017, il collegio di primo grado cui è assegnato il ricorso, se rileva che il punto di diritto sottoposto al suo esame e vertente sull'interpretazione e sull'applicazione delle norme in tema di processo amministrativo telematico ha già dato luogo a significativi contrasti giurisprudenziali rispetto a decisioni di altri tribunali amministrativi regionali o del Consiglio di Stato, tali da incidere in modo rilevante sul diritto di difesa di una parte, con ordinanza emanata su richiesta di parte o d'ufficio e pubblicata in udienza, può sottoporre al presidente del Consiglio di Stato istanza di rimessione del ricorso all'esame dell'adunanza plenaria, contestualmente rinviando la trattazione del giudizio alla prima udienza successiva al sessantesimo giorno dall'udienza in cui è pubblicata l'ordinanza. Il presidente del Consiglio di Stato comunica l'accoglimento della richiesta entro trenta giorni dal ricevimento, e in tal caso nell'udienza davanti al tribunale il processo è sospeso fino all'esito della decisione dell'adunanza plenaria. La mancata risposta del presidente del Consiglio di Stato entro trenta giorni dal ricevimento della richiesta equivale a rigetto. L'adunanza plenaria è convocata per una data non successiva a tre mesi dalla richiesta e decide la sola questione di diritto relativa al processo amministrativo telematico[1].

[1] Articolo aggiunto dall'art. 7, D.L. 31 agosto 2016, n. 168, convertito in L. 25 ottobre 2016, n. 197, a decorrere dal 1° gennaio 2017. V. nota 1 epigrafe.

13-*ter*. *Criteri per la sinteticità e la chiarezza degli atti di parte.* 1. Al fine di consentire lo spedito svolgimento del giudizio in coerenza con i principi di sinteticità e chiarezza di cui all'articolo 3, comma 2, del codice, le parti redigono il ricorso e gli altri atti difensivi secondo i criteri e nei limiti dimensionali stabiliti con decreto del presidente del Consiglio di Stato, da adottare entro il 31 dicembre 2016, sentiti il Consiglio di presidenza della giustizia amministrativa, il Consiglio nazionale forense e l'Avvocato generale dello Stato, nonchè le associazioni di categoria degli avvocati amministrativisti.

2. Nella fissazione dei limiti dimensionali del ricorso e degli atti difensivi si tiene conto del valore effettivo della controversia, della sua natura tecnica e del valore dei diversi interessi sostanzialmente perseguiti dalle parti. Dai suddetti limiti sono escluse le intestazioni e le altre indicazioni formali dell'atto.

3. Con il decreto di cui al comma 1 sono stabiliti i casi per i quali, per specifiche ragioni, può essere consentito superare i relativi limiti.

4. Il Consiglio di presidenza della giustizia amministrativa, anche mediante audizione degli organi

e delle associazioni di cui al comma 1, effettua un monitoraggio annuale al fine di verificare l'impatto e lo stato di attuazione del decreto di cui al comma 1 e di formulare eventuali proposte di modifica. Il decreto è soggetto ad aggiornamento con cadenza almeno biennale, con il medesimo procedimento di cui al comma 1.

5. Il giudice è tenuto a esaminare tutte le questioni trattate nelle pagine rientranti nei suddetti limiti. L'omesso esame delle questioni contenute nelle pagine successive al limite massimo non è motivo di impugnazione[1].

[1] Articolo aggiunto dall'art. 7-bis, D.L. 31 agosto 2016, n. 168, convertito in L. 25 ottobre 2016, n. 197. V. nota 1 epigrafe.

TITOLO V
SPESE DI GIUSTIZIA

14. *Commissione per l'ammissione al patrocinio a spese dello Stato.* 1. Presso il Consiglio di Stato, il Consiglio di giustizia amministrativa per la Regione siciliana e ogni tribunale amministrativo regionale e relative sezioni staccate è istituita una commissione per l'ammissione anticipata e provvisoria al patrocinio a spese dello Stato, composta da due magistrati amministrativi, designati dal presidente, il più anziano dei quali assume le funzioni di presidente della commissione, e da un avvocato, designato dal presidente dell'Ordine degli avvocati del capoluogo in cui ha sede l'organo. Per ciascun componente sono designati uno o più membri supplenti. Esercita le funzioni di segretario un impiegato di segreteria, nominato dal presidente. Al presidente e ai componenti non spetta nessun compenso nè rimborso spese[1].

[1] Comma così modificato dall'art. 1, D.Lgs. 15 novembre 2011, n. 195. Il testo previgente disponeva: *1. Presso il Consiglio di Stato, il Consiglio di giustizia amministrativa per la Regione siciliana e ogni tribunale amministrativo regionale e relative sezioni staccate è istituita una commissione per l'ammissione anticipata e provvisoria al patrocinio a spese dello Stato, composta da due magistrati amministrativi, designati dal presidente, il più anziano dei quali assume le funzioni di presidente della commissione, e da un avvocato, designato dal presidente dell'Ordine degli avvocati del capoluogo in cui ha sede l'organo. Per ciascun componente sono designati uno o più membri supplenti. Esercita le funzioni di segretario un funzionario di segreteria, nominato dal presidente. Al presidente e ai componenti non spetta nessun compenso nè rimborso spese.*

15. *Devoluzione del gettito delle sanzioni pecuniarie.* 1. Il gettito delle sanzioni pecuniarie previste dal codice è versato al bilancio dello Stato, per essere riassegnato allo stato di previsione del Ministero dell'economia e delle finanze per le spese di cui all'articolo 1, comma 309, della legge 30 dicembre 2004, n. 311, e successive modificazioni.

16. *Misure straordinarie per la riduzione dell'arretrato e per l'incentivazione della produttività.* 1. Con decreto del Presidente del Consiglio dei Ministri, d'intesa con il Ministro dell'economia e delle finanze, su proposta del presidente del Consiglio di presidenza della giustizia amministrativa previa delibera dello stesso Consiglio, sono adottate, nei limiti dei fondi disponibili nel relativo bilancio ed effettivamente non utilizzati, misure straordinarie per la riduzione dell'arretrato e per l'incentivazione della produttività.

ALLEGATO 3
NORME TRANSITORIE

TITOLO I
DEFINIZIONE DEI RICORSI PENDENTI DA PIÙ DI CINQUE ANNI ALLA DATA DI ENTRATA IN VIGORE DEL CODICE DEL PROCESSO AMMINISTRATIVO

1. *Nuova istanza di fissazione d'udienza.* 1. Nel termine di centottanta giorni dalla data di entrata in vigore del codice, le parti presentano una nuova istanza di fissazione di udienza, sottoscritta dalla parte che ha rilasciato la procura di cui all'articolo 24 del codice e dal suo difensore, relativamente ai ricorsi pendenti da oltre cinque anni e per i quali non è stata ancora fissata l'udienza di discussione. In difetto, il ricorso è dichiarato perento con decreto del presidente.

2. Se tuttavia, nel termine di centottanta giorni dalla comunicazione del decreto, il ricorrente deposita un atto, sottoscritto dalla parte personalmente e dal difensore e notificato alle altre parti, in cui dichiara di avere ancora interesse alla trattazione della causa, il presidente revoca il decreto disponendo la reiscrizione della causa sul ruolo di merito.

3. Se, nella pendenza del termine di cui al comma 1, è comunicato alle parti l'avviso di fissazione dell'udienza di discussione, il giudice provvede ai sensi dell'articolo 82, comma 2, del codice.

TITOLO II
ULTERIORI DISPOSIZIONI TRANSITORIE

2. *Ultrattività della disciplina previgente.* 1. Per i termini che sono in corso alla data di entrata in vigore del codice continuano a trovare applicazione le norme previgenti.

3. *Disposizione particolare per il giudizio di appello.* 1. La disposizione di cui all'articolo 101, comma 2, del codice non si applica agli appelli depositati prima dell'entrata in vigore del codice medesimo.

ALLEGATO 4
NORME DI COORDINAMENTO E ABROGAZIONI

1. *Norme di coordinamento e abrogazione in materia di elezioni dei membri del Parlamento europeo spettanti all'Italia.* 1. Alla legge 24 gennaio 1979, n. 18, sono apportate le seguenti modificazioni:

a) l'articolo 42 è sostituito dal seguente: "Art. 42. La tutela giurisdizionale contro gli atti di proclamazione degli eletti, per motivi inerenti alle operazioni elettorali successive all'emanazione del decreto di convocazione dei comizi, è disciplinata dalle disposizioni dettate dal codice del processo amministrativo.";

b) sono abrogati gli articoli 43 e 46, secondo comma.

2. *Norme di coordinamento e abrogazioni in materia di elezioni amministrative.* 1. Al testo unico delle leggi per la composizione e la elezione degli organi delle Amministrazioni comunali, di cui al decreto del Presidente della Repubblica 16 maggio 1960, n. 570, sono apportate le seguenti modificazioni:

a) l'articolo 83 è sostituito dal seguente: "Art. 83. La tutela in materia di operazioni per l'elezione dei consiglieri comunali, successive all'emanazione del decreto di convocazione dei comizi, è disciplinata dalle disposizioni dettate dal codice del processo amministrativo.";

b) sono abrogati gli articoli: 83/2; 83/3; 83/4; 83/5; 83/6, 83/7; 83/8; 83/9; 83/10; 83/11; 83/12;

c) all'articolo 84, primo comma, le parole: ", la Sezione per il contenzioso elettorale, il Consiglio di Stato" sono soppresse.

2. Alla legge 5 agosto 1962, n. 1257, sono apportate le seguenti modificazioni:

a) all'articolo 21, primo comma, le parole: "sia in materia di eleggibilità sia in materia di operazioni elettorali" sono sostituite dalle seguenti: "in materia di eleggibilità";

b) l'articolo 23 è sostituito dal seguente: "Art. 23. Ricorso giurisdizionale in materia di operazioni elettorali. La tutela in materia di operazioni per l'elezione dei consiglieri comunali, successive all'emanazione del decreto di convocazione dei comizi, è disciplinata dalle disposizioni dettate dal codice del processo amministrativo.";

c) all'articolo 24, nella rubrica, le parole: "Consiglio regionale, della Corte di appello e del Consiglio di Stato" sono sostituite dalle seguenti: "Consiglio regionale e della Corte di appello" e, al primo comma, le parole: "Consiglio regionale, la Corte d'appello di Torino ed il Consiglio di Stato" sono sostituite dalle seguenti: "Consiglio regionale e la Corte d'appello di Torino";

d) all'articolo 30 sono apportate le seguenti modificazioni:

1) al primo comma le parole: "al Consiglio di Stato" sono sostituite dalle seguenti: "alla Corte di appello di Torino" e le parole: ", giudicando in sede di giurisdizione esclusiva" sono soppresse;

2) al secondo comma le parole: "al Consiglio di Stato" sono sostituite dalle seguenti: "alla Corte di appello di Torino";

e) all'articolo 31, primo comma, le parole: "il Consiglio regionale, la Corte d'appello di Torino ed il Consiglio di Stato" sono sostituite dalle seguenti: "il Consiglio regionale e la Corte d'appello di Torino";

f) all'articolo 33, terzo comma, le parole: "al Consiglio di Stato ed" sono soppresse.

3. Alla legge 23 dicembre 1966, n. 1147, sono apportate le seguenti modificazioni:

a) all'articolo 3, primo comma, le parole: ", sia davanti agli organi di giurisdizione ordinaria, sia davanti agli organi di giurisdizione amministrativa," sono sostituite dalle seguenti: "davanti agli organi di giurisdizione ordinaria";

b) all'articolo 7:

1) al comma 2 le parole: "sia per quanto riguarda la materia relativa alle operazioni per l'elezione, sia" sono soppresse;

2) dopo il secondo comma è inserito il seguente: "La tutela contro le operazioni per l'elezione dei consiglieri provinciali, successive all'emanazione del decreto di convocazione dei comizi, è disciplinata dalle disposizioni dettate dal codice del processo amministrativo.".

c) sono abrogati gli articoli: 2 e 8.

4. Alla legge 17 febbraio 1968, n. 108, sono apportate le seguenti modificazioni:

a) all'articolo 19 il primo comma è sostituito dal seguente: "Per i ricorsi in materia di eleggibilità e decadenza si osservano le norme di cui agli articoli 1, 3, 4 e 5 della legge 23 dicembre 1966, n. 1147.";

b) all'articolo 19, dopo il terzo comma è aggiunto il seguente: "La tutela in materia di operazioni per l'elezione dei consiglieri regionali, successive all'emanazione del decreto di convocazione dei comizi, è disciplinata dalle disposizioni dettate dal codice del processo amministrativo.".

5. Agli articoli 31, primo comma, e 34, primo comma, del decreto del Presidente della Repubblica 16 maggio 1960, n. 570, nonchè all'articolo 17, primo comma, n.1), della legge 8 marzo 1951, n. 122, e all'articolo 11, primo comma, n. 4), della legge 17 febbraio 1968, n. 108, le parole: "il quindicesimo

giorno" sono sostituite dalle seguenti: "l'ottavo giorno".

3. *Ulteriori norme di coordinamento.* 1. L'articolo 17, secondo comma, della legge 24 marzo 1958, n. 195, è sostituito dal seguente: "La tutela giurisdizionale davanti al giudice amministrativo è disciplinata dal codice del processo amministrativo.".

2. Alla legge 7 agosto 1990, n. 241, sono apportate le seguenti modificazioni:

a) l'articolo 2, comma 8, è sostituito dal seguente: "8. La tutela in materia di silenzio dell'amministrazione è disciplinata dal codice del processo amministrativo.";

b) l'articolo 15, comma 2, le parole: "commi 2, 3 e 5" sono sostituite dalle seguenti: "commi 2 e 3";

c) l'articolo 25, comma 5, è sostituito dal seguente: "5. Le controversie relative all'accesso ai documenti amministrativi sono disciplinate dal codice del processo amministrativo.".

3. L'articolo 33, comma 1, della legge 10 ottobre 1990, n. 287, è sostituito dal seguente: "1. La tutela giurisdizionale davanti al giudice amministrativo è disciplinata dal codice del processo amministrativo.".

4. L'articolo 10, comma 2-*quinquies*, del decreto-legge 15 gennaio 1991, n. 8, convertito, con modificazioni, dalla legge 15 marzo 1991, n. 82, è sostituito dal seguente: "2-*quinquies*. La tutela avverso i provvedimenti della commissione centrale con cui vengono applicate, modificate o revocate le speciali misure di protezione anche se di tipo urgente o provvisorio a norma dell'articolo 13, comma 1, è disciplinata dal codice del processo amministrativo.".

5. All'articolo 5 della legge 24 febbraio 1992, n. 225, dopo il comma 6 è aggiunto il seguente: "6-*bis*. La tutela giurisdizionale davanti al giudice amministrativo avverso le ordinanze adottate in tutte le situazioni di emergenza dichiarate ai sensi del comma 1 e avverso i consequenziali provvedimenti commissariali è disciplinata dal codice del processo amministrativo.".

5-*bis*. All'articolo 145-*bis* del decreto legislativo 1 settembre 1993, n. 385, vanno apportate le seguenti modificazioni:

a) il comma 2 è sostituito dal seguente: "2. La tutela giurisdizionale davanti al giudice amministrativo è disciplinata dal codice del processo amministrativo";

b) il comma 4 è sostituito dal seguente: "4. Copia della sentenza del tribunale amministrativo regionale è trasmessa, a cura delle parti, all'Organismo ai fini della pubblicazione, per estratto"[1].

6. L'articolo 2, comma 25, della legge 14 novembre 1995, n. 481, è sostituito dal seguente: "25. La tutela giurisdizionale davanti al giudice amministrativo è disciplinata dal codice del processo amministrativo.".

7. L'articolo 13, comma 11, del testo unico delle disposizioni concernenti la disciplina dell'immigrazione e norme sulla condizione dello straniero, di cui al decreto legislativo 25 luglio 1998, n. 286, è sostituito dal seguente: "11. Contro il decreto ministeriale di cui al comma 1 la tutela giurisdizionale davanti al giudice amministrativo è disciplinata dal codice del processo amministrativo.".

8. L'articolo 1, comma 26, della legge 31 luglio 1997, n. 249, è sostituito dal seguente: "26. La tutela giurisdizionale davanti al giudice amministrativo è disciplinata dal codice del processo amministrativo.".

9. Al decreto legislativo 8 giugno 2001, n. 325, l'articolo 53 è sostituito dal seguente:

"Art. 53 (L). Disposizioni processuali. 1. La tutela giurisdizionale davanti al giudice amministrativo è disciplinata dal codice del processo amministrativo. (L).

2. Resta ferma la giurisdizione del giudice ordinario per le controversie riguardanti la determinazione e la corresponsione delle indennità in conseguenza dell'adozione di atti di natura espropriativa o ablativa.(L)"[2].

10. Al decreto del Presidente della Repubblica 8 giugno 2001, n. 327, l'articolo 53 è sostituito dal seguente:

"Art. 53 (L). Disposizioni processuali. 1. La tutela giurisdizionale davanti al giudice amministrativo è disciplinata dal codice del processo amministrativo (L).

2. Resta ferma la giurisdizione del giudice ordinario per le controversie riguardanti la determinazione e la corresponsione delle indennità in conseguenza dell'adozione di atti di natura espropriativa o ablativa (L).".

11. All'articolo 13, comma 6-*bis*, del testo unico delle disposizioni legislative e regolamentari in materia di spese e di giustizia, di cui al decreto del Presidente della Repubblica 30 maggio 2002, n. 115, le parole: "per i ricorsi previsti dall'articolo 23-*bis*, comma 1, della legge 6 dicembre 1971, n. 1034, nonchè da altre disposizioni che richiamano il citato articolo 23-*bis*, il contributo dovuto è di euro 1.000; per i ricorsi" sono sostituite dalle seguenti: "per i ricorsi cui si applica il rito abbreviato comune a determinate materie previsto dal Libro IV, Titolo V, Capo I del codice del processo amministrativo, nonchè da altre disposizioni che richiamino il citato rito, il contributo dovuto è di euro 1.000; per i ricorsi" e alla fine del comma è aggiunto il seguente periodo: "Per ricorsi si intendono quello principale, quello incidentale e i motivi aggiunti che introducono domande nuove.".

12. L'articolo 9 del decreto legislativo 1 agosto 2003, n. 259, è sostituito dal seguente:

"Art. 9. Ricorsi avverso provvedimenti del Ministero e dell'Autorità. 1. La tutela giurisdizionale davanti al giudice amministrativo è disciplinata dal codice del processo amministrativo.".

13. Nell'articolo 3, comma 1, del decreto-legge 19 agosto 2003, n. 220, convertito, con modificazioni, dalla legge 17 ottobre 2003, n. 280, le parole: "è devoluta alla giurisdizione esclusiva del giudice amministrativo" sono sostituite dalle seguenti: "è disciplinata dal codice del processo amministrativo".

14. L'articolo 81 del decreto legislativo 30 dicembre 2003, n. 396, è sostituito dal seguente:

"Art. 81. Tutela giurisdizionale. 1. La tutela giurisdizionale davanti al giudice amministrativo è disciplinata dal codice del processo amministrativo (L)".

15. L'articolo 81 del decreto del Presidente della Repubblica 30 dicembre 2003, n. 398, è sostituito dal seguente:

"Art. 81(L) Tutela giurisdizionale. 1. La tutela giurisdizionale davanti al giudice amministrativo è disciplinata dal codice del processo amministrativo. (L).".

16. L'articolo 142, comma 5, del decreto legislativo 10 febbraio 2005, n. 30, è sostituito dal seguente: "5. La tutela giurisdizionale davanti al giudice amministrativo è disciplinata dal codice del processo amministrativo.".

17. L'articolo 3, comma 1-*ter*, del decreto legislativo 7 marzo 2005, n. 82, è così sostituito: "1-*ter*. La tutela giurisdizionale davanti al giudice amministrativo è disciplinata dal codice del processo amministrativo.".

17-*bis*. L'articolo 140, comma 11, del decreto legislativo 6 settembre 2005, n. 206 è così sostituito: "11. Resta ferma la giurisdizione esclusiva del giudice amministrativo in materia di servizi pubblici ai sensi dell'articolo 133, comma 1, lettera *c)* del codice del processo amministrativo[1].

18. L'articolo 326, comma 7, del decreto legislativo 7 settembre 2005, n. 209, è sostituito dal seguente: "7. La tutela giurisdizionale davanti al giudice amministrativo è disciplinata dal codice del processo amministrativo. I ricorsi sono notificati anche all'ISVAP, che provvede alla difesa in giudizio con propri legali.".

19. Nel decreto legislativo 12 aprile 2006, n. 163, sono apportate le seguenti modificazioni:

a) all'articolo 11, comma 10-*ter*, le parole: "dell'articolo 245, comma 2-*quater*, primo periodo" sono sostituite dalle seguenti: "dell'articolo 14, comma 3, del codice del processo amministrativo"[3];

b) l'articolo 243 *bis*, comma 6, è così sostituito: "6. Il diniego totale o parziale di autotutela, espresso o tacito, è impugnabile solo unitamente all'atto cui si riferisce, ovvero, se quest'ultimo è già stato impugnato, con motivi aggiunti.";

c) l'articolo 244 è sostituito dal seguente:

"Art. 244. Giurisdizione. 1. Il codice del processo amministrativo individua le controversie devolute alla giurisdizione esclusiva del giudice amministrativo in materia di contratti pubblici.";

d) l'articolo 245 è sostituito dal seguente:

"Art. 245. Strumenti di tutela. 1. La tutela giurisdizionale davanti al giudice amministrativo è disciplinata dal codice del processo amministrativo.";

e) l'articolo 245-*bis* è sostituito dal seguente:

"Art. 245-*bis*. Inefficacia del contratto in caso di gravi violazioni. 1. L'inefficacia del contratto nei casi di gravi violazioni è disciplinata dal codice del processo amministrativo.";

f) l'articolo 245-*ter* è sostituito dal seguente:

"Art. 245-*ter*. Inefficacia dei contratti negli altri casi. 1. L'inefficacia del contratto nei casi diversi da quelli previsti dall'articolo 245-*bis* è disciplinata dal codice del processo amministrativo.";

g) l'articolo 245-*quater* è sostituito dal seguente:

"Art. 245-*quater*. Sanzioni alternative. 1. Le sanzioni alternative applicate dal giudice amministrativo alternativamente o cumulativamente sono disciplinate dal codice del processo amministrativo.";

h) l'articolo 245-*quinquies* è sostituito dal seguente:

"Art. 245-*quinquies*. Tutela in forma specifica e per equivalente. 1. La tutela in forma specifica e per equivalente è disciplinata dal codice del processo amministrativo.";

i) l'articolo 246 è sostituito dal seguente:

"Art. 246. Norme processuali ulteriori per le controversie relative a infrastrutture e insediamenti produttivi. 1. La tutela giurisdizionale davanti al giudice amministrativo nelle controversie relative a infrastrutture e insediamenti produttivi è disciplinata dal codice del processo amministrativo.".

19-*bis*. Al decreto legislativo 25 luglio 2006, n. 198, sono apportate le seguenti modificazioni:

a) all'articolo 37, comma 4, secondo periodo, le parole "Il giudice adito" sono sostituite dalle seguenti: "Il tribunale in funzione del giudice del lavoro adito";

b) all'articolo 37, comma 4, sono aggiunte, infine, le seguenti parole: "La tutela davanti al giudice amministrativo è disciplinata dall'articolo 119 del codice del processo amministrativo.";

c) all'articolo 37, comma 5, le parole "sentenza di cui al comma 3" sono sostituite dalle seguenti: "sentenza di cui al comma 3 e al comma 4";

d) all'articolo 38, comma 1, le parole "o il tribunale amministrativo regionale competente," sono soppresse;

e) all'articolo 38, il comma 5 è sostituito dal seguente: "5. La tutela davanti al giudice amministrativo è disciplinata dall'articolo 119 del codice del processo amministrativo."[1].

20. L'articolo 22, comma 1, del decreto legislativo 6 febbraio 2007, n. 30, è sostituito dal seguente: "1. Avverso i provvedimenti di allontanamento per motivi di sicurezza dello Stato o per motivi di ordine pubblico di cui all'articolo 20, comma 1, la tutela giurisdizionale davanti al giudice amministrativo è disciplinata dal codice del processo amministrativo.".

21. L'articolo 14, comma 1, del decreto legislativo 22 giugno 2007, n. 109, è sostituito dal seguente: "1. Avverso i provvedimenti previsti dal presente decreto la tutela giurisdizionale davanti al giudice amministrativo è disciplinata dal codice del processo amministrativo.".

22. L'articolo 22 della legge 3 agosto 2007, n. 124, è sostituito dal seguente:

"Art. 22. Tutela giurisdizionale. 1. La tutela giurisdizionale davanti al giudice amministrativo, avente ad oggetto controversie relative al rapporto di lavoro, è disciplinata dal codice del processo amministrativo.".

23. All'articolo 54, comma 2, del decreto-legge 25 giugno 2008, n. 112, convertito, con modificazioni, dalla legge 6 agosto 2008, n. 133, le parole: "un'istanza ai sensi del secondo comma dell'articolo 51 del regio decreto 17 agosto 1907, n. 642"sono sostituite dalle seguenti: "l'istanza di prelievo di cui all'articolo 71, comma 2, del codice del processo amministrativo, nè con riguardo al periodo anteriore alla sua presentazione."[4].

24. L'articolo 9, comma 1, decreto-legge 4 febbraio 2010, n. 4, convertito, con modificazioni, dalla legge 31 marzo 2010, n. 50, è sostituito dal seguente: "1. Avverso i provvedimenti previsti dal presente decreto la tutela giurisdizionale davanti al giudice amministrativo è disciplinata dal codice del processo amministrativo.".

25. Al decreto legislativo 15 marzo 2010, n. 66, sono apportate le seguenti modificazioni[5]:

a) l'articolo 441 è così sostituito:

"Art. 441. Tutela giurisdizionale. 1. La cognizione delle controversie in ordine ai requisiti di cui al presente Capo è devoluta al giudice ordinario per quanto attiene alla liquidazione delle indennità; la tutela davanti al giudice amministrativo è disciplinata dal codice del processo amministrativo.";

b) l'articolo 1940, comma 2 è sostituito dal seguente: "2. Avverso i provvedimenti in materia di leva e contro quelli di decisione dei ricorsi gerarchici di cui al comma 1 la tutela giurisdizionale davanti al giudice amministrativo è disciplinata dal codice del processo amministrativo.".

25-*bis*. Il comma 26-*bis* dell'articolo 10 del decreto legge 13 maggio 2011, n. 70, convertito, con modificazioni, dalla legge 12 luglio 2011, n. 106 è sostituito dal seguente: "26-*bis*. La tutela avverso i provvedimenti dell'Agenzia è disciplinata dal codice del processo amministrativo."[1].

25-*ter*. L'articolo 114, comma 1, del decreto legislativo 6 settembre 2011, n. 159, è sostituito dal seguente: "1. Per tutte le controversie attribuite alla cognizione del giudice amministrativo derivanti dall'applicazione del presente titolo, la competenza è determinata ai sensi dell'articolo 135, comma 1, lettera *p)*, del codice del processo amministrativo."[1].

25-*quater*. All'articolo 3, comma 2, del decreto legislativo 6 settembre 2011, n. 149, le parole "Il giudizio sulla relativa impugnazione è devoluto alla giurisdizione esclusiva del giudice amministrativo" sono sostituite dalle seguenti: "Alle relative controversie si applica l'articolo 133 del codice del processo amministrativo."[1].

[1] Comma aggiunto dall'art. 1, D.Lgs. 15 novembre 2011, n. 195.

[2] Comma così modificato dall'art. 1, D.Lgs. 15 novembre 2011, n. 195. Il testo previgente disponeva: *9. Al decreto del Presidente della Repubblica 8 giugno 2001, n. 325, l'articolo 53 è sostituito dal seguente: "Art. 53 (L). Disposizioni processuali. 1. La tutela giurisdizionale davanti al giudice amministrativo è disciplinata dal codice del processo amministrativo. (L).*

2. Resta ferma la giurisdizione del giudice ordinario per le controversie riguardanti la determinazione e la corresponsione delle indennità in conseguenza dell'adozione di atti di natura espropriativa o ablativa.(L)".

[3] Lettera così modificata dall'art. 1, D.Lgs. 15 novembre 2011, n. 195. Il testo previgente disponeva: *a) all'articolo 11, comma 10-ter, le parole: "dell'articolo 245, comma 2-quater, primo periodo" sono sostituite dalle seguenti: "dell'articolo 14, comma 4, del codice del processo amministrativo".*

[4] Comma così modificato dall'art. 1, D.Lgs. 15 novembre 2011, n. 195. Il testo previgente disponeva: *23. All'articolo 54, comma 2, del decreto-legge 25 giugno 2008, n. 112, convertito, con modificazioni, dalla legge 6 agosto 2008, n. 133, le parole: "un'istanza ai sensi del secondo comma dell'articolo 51 del regio decreto 17 agosto 1907, n. 642" sono sostituite dalle seguenti: "l'istanza di prelievo di cui all'articolo 81, comma 1, del codice del processo amministrativo, nè con riguardo al periodo anteriore alla sua presentazione.".*

[5] Alinea così modificato dall'art. 1, D.Lgs. 15 novembre 2011, n. 195. Il testo previgente disponeva: *Al decreto legislativo 16 marzo 2010, n. 66, sono apportate le seguenti modificazioni.*

4. *Ulteriori abrogazioni*. 1. A decorrere dall'entrata in vigore del presente decreto legislativo sono o restano abrogati i seguenti atti normativi:

1) regio decreto 17 agosto 1907, n. 638;

2) regio decreto 17 agosto 1907, n. 642;

3) regio decreto 30 dicembre 1923, n. 2840;

4) regio decreto 26 giugno 1924, n. 1054: articoli da 1 a 4 compresi; da 6 a 10 compresi; da 26 a 32 compresi; 33, secondo comma; da 34 a 47; da 49 a 56 compresi;

5) regio decreto 26 giugno 1924, n. 1058;

6) regio decreto 8 gennaio 1931, n. 148: articolo 58, secondo comma;

6-bis) regio decreto 21 aprile 1942, n. 444: articoli da 71 a 74[1];

7) decreto legislativo 5 maggio 1948, n. 642;

8) legge 21 dicembre 1950, n. 1018: articoli 5; 6; 9; 10;

9) legge 21 novembre 1967, n. 1185: articolo 11;

10) legge 6 dicembre 1971, n. 1034: articoli da 2 a 8 compresi; 10; da 19 a 39 compresi; 40, primo comma; da 42 a 52 compresi;

11) decreto del Presidente della Repubblica 21 aprile 1973, n. 214: articoli 3; 4; 5; 12; 13; da 23 a 27 compresi, 30; 34; da 37 a 40 compresi[2];

11-bis) legge 27 maggio 1975, n. 166: articolo 8[1];

11-ter) legge 7 giugno 1975, n. 227: articolo 9[1];

11-quater) legge 8 agosto 1977, n. 546: articolo 4, comma 11[1];

12) legge 20 marzo 1980, n. 75: articolo 6;

13) legge 27 aprile 1982, n. 186: articoli 1, quarto comma, dalle parole: "le sezioni giurisdizionali" fino alla fine; 5; 55[3];

14) legge 7 agosto 1990, n. 241: articoli 2-*bis*, comma 2; 11, comma 5; 19, comma 5; 20, comma 5-*bis*; 21-*quinquies*, comma 1, ultimo periodo; 21-*septies*, comma 2; 25, commi 5-*bis* e 6[4];

15) decreto legge 15 gennaio 1991, n. 8, convertito, con modificazioni, dalla legge 15 marzo 1991, n. 82: articolo 10, commi 2-*sexies*, 2-*septies*, 2-*octies*;

16) legge 11 agosto 1991, n. 266: articolo 6, comma 5;

17) decreto legislativo 1° settembre 1993, n. 385: articolo 145, commi da 4 a 8; articolo 145-*bis*, comma 3[5];

18) [...][6];

19) [...][7];

20) decreto legislativo 31 marzo 1998, n. 80: articoli 33, 34 e 35;

21) legge 4 maggio 1998, n. 133: articolo 4, comma 3;

22) legge 22 febbraio 2000, n. 28: articoli 10, comma 10; 11-*quinquies*, comma 4;

23) legge 21 luglio 2000, n. 205: articoli 1; 2; 3, commi 1, 2, 3; 4; 6, comma 2; 7; 8; 11; 12; 16[8];

24) legge 7 dicembre 2000, n. 383: articolo 10, comma 2;

25) decreto legislativo 6 giugno 2001, n. 378: articolo 45, comma 2;

26) decreto del Presidente della Repubblica 6 giugno 2001, n. 380: articolo 45, comma 2;

27) decreto legislativo 8 luglio 2003, n. 188: articolo 37, comma 7;

28) decreto legislativo 1° agosto 2003, n. 259: articolo 92, comma 9;

29) decreto-legge 19 agosto 2003, n. 220, convertito, con modificazioni, dalla legge 17 ottobre 2003, n. 280: articolo 3, commi 2, 3 e 4;

30) legge 30 dicembre 2004, n. 311: articolo 1, comma 552;

31) decreto-legge 26 aprile 2005, n. 63, convertito, con modificazioni, dalla legge 25 giugno 2005, n. 109: articolo 2-*sexies*, comma 1;

32) decreto-legge 27 luglio 2005, n. 144, convertito, con modificazioni, dalla legge 31 luglio 2005, n. 155: articolo 3, comma 4-*bis*;

33) decreto legislativo 6 settembre 2005, n. 206: articolo 27, comma 13, primo periodo;

34) decreto legge 30 novembre 2005, n. 245, convertito, con modificazioni, dalla legge 27 gennaio 2006, n. 21: articolo 3, commi 2-*bis*, 2-*ter* e 2-*quater*;

35) legge 28 dicembre 2005, n. 262: articolo 24, commi 5 e 6;

36) decreto legislativo 3 aprile 2006, n. 152: articoli 310, comma 2, limitatamente alle parole:", in sede di giurisdizione esclusiva,"; 316, comma 1, limitatamente alle parole:", in sede di giurisdizione esclusiva,";

36-bis) decreto legislativo 12 aprile 2006, n. 163: articolo 246-*bis*[1];

37) legge 27 dicembre 2006, n. 296; articolo 1, comma 1308;

38) decreto legislativo 2 agosto 2007, n. 145: articolo 8, comma 13, primo periodo;

39) decreto-legge 23 maggio 2008, n. 90, convertito, con modificazioni, dalla legge 14 luglio 2008, n. 123: articolo 4;

40) decreto-legge 25 giugno 2008, n. 112, convertito, con modificazioni, dalla legge 6 agosto 2008, n. 133: articolo 54, comma 3, lettere *c)* e *d)*;

41) decreto-legge 29 novembre 2008, n. 185, convertito, con modificazioni, dalla legge 28 gennaio 2009, n. 2: articolo 20, comma 8, fermo quanto previsto dall'articolo 15, comma 4, del decreto legislativo 20 marzo 2010, n. 53;

42) legge 18 giugno 2009, n. 69: articolo 46, comma 24, limitatamente alle parole: "amministrativi e";

43) legge 23 luglio 2009, n. 99: articoli 41; 53, comma 2.

[1] Numero aggiunto dall'art. 1, D.Lgs. 15 novembre 2011, n. 195.

[2] Numero così modificato dall'art. 1, D.Lgs. 15 novembre 2011, n. 195. Il testo previgente disponeva: *11) decreto del Presidente della Repubblica 21 aprile 1973, n. 214: articoli 3; 4; 5; 12; 13; 30; 34; da 37 a 40 compresi.*

[3] Numero così modificato dall'art. 1, D.Lgs. 15 novembre 2011, n. 195. Il testo previgente disponeva: *13) legge 27 febbraio 1982, n. 186: articoli 1, quarto comma, dalle parole: "le sezioni giurisdizionali" fino alla fine; 5; 55.*

[4] Numero così modificato dall'art. 1, D.Lgs. 15 novembre 2011, n. 195. Il testo previgente disponeva: *14) legge 7 agosto 1990, n. 241: articoli 2-bis, comma 2; 11, comma 5; 19, comma 5; 21-quinquies, comma 1, ultimo periodo; 21-septies, comma 2; 25, commi 5-bis e 6.*

[5] Numero così modificato dall'art. 1, D.Lgs. 15 novembre 2011, n. 195. Il testo previgente disponeva: *17) decreto legislativo 1° settembre 1993, n. 385: articolo 145, commi da 4 a 8.* La Corte costituzionale, con sentenza 15 aprile 2014, n. 94, ha dichiarato l'illegittimità costituzionale del presente numero, nella parte in cui abroga l'art. 145, commi da 4 a 8, del decreto legislativo 1° settembre 1993, n. 385 (Testo unico delle leggi in materia bancaria e creditizia).

[6] Numero abrogato dall'art. 1, D.Lgs. 15 novembre 2011, n. 195. Il testo previgente disponeva: *18) legge 15 maggio 1997, n. 127: articolo 17, comma 26, secondo periodo.*

[7] Numero abrogato dall'art. 3, D.Lgs. 14 settembre 2012, n. 160. Il testo previgente disponeva: *19) decreto legislativo 24 febbraio 1998, n. 58: articoli 187-septies, commi da 4 a 8; 195, commi da 4 a 8.* La Corte costituzionale, con sentenza 27 giugno 2012, n. 162, aveva dichiarato l'illegittimità costituzionale del presente numero. La Corte costituzionale, con sentenza 15 aprile 2014, n. 94, ha dichiarato l'illegittimità costituzionale del presente numero, nella parte in cui abroga gli artt. 187-septies, commi da 4 a 8, e 195, commi da 4 a 8, del decreto legislativo 24 febbraio 1998, n. 58 (Testo unico delle disposizioni in materia di intermediazione finanziaria, ai sensi degli articoli 8 e 21 della legge 6 febbraio 1996, n. 52).

[8] Numero così modificato dall'art. 1, D.Lgs. 15 novembre 2011, n. 195. Il testo previgente disponeva: *23) legge 21 luglio 2000, n. 205: articoli 1; 2; 3, commi 1, 2, 3; 4; 6, comma 2; 7; 8; 11; 12.*

TITOLO V
SOCIETÀ PUBBLICHE
(D.LGS. 19 AGOSTO 2016, N. 175)

5 - D.Lgs. 19 agosto 2016, n. 175 (G.U. 8 settembre 2016, n. 210). Testo unico in materia di società a partecipazione pubblica (estratto)[1].

[1] La Corte costituzionale, con sentenza 25 novembre 2016, n. 251, ha dichiarato l'illegittimità costituzionale dell'art. 18, lettere a), b), c), e), i), l) e m), numeri da 1) a 7), della legge n. 124 del 2015, nella parte in cui, in combinato disposto con l'art. 16, commi 1 e 4, della medesima legge n. 124 del 2015, prevede che il Governo adotti i relativi decreti legislativi attuativi previo parere, anziché previa intesa, in sede di Conferenza unificata.

Si riporta il suddetto art. 18: *Riordino della disciplina delle partecipazioni societarie delle amministrazioni pubbliche. 1. Il decreto legislativo per il riordino della disciplina in materia di partecipazioni societarie delle amministrazioni pubbliche è adottato al fine prioritario di assicurare la chiarezza della disciplina, la semplificazione normativa e la tutela e promozione della concorrenza, con particolare riferimento al superamento dei regimi transitori, nel rispetto dei seguenti principi e criteri direttivi, che si aggiungono a quelli di cui all'articolo 16:*

a) distinzione tra tipi di società in relazione alle attività svolte, agli interessi pubblici di riferimento, alla misura e qualità della partecipazione e alla sua natura diretta o indiretta, alla modalità diretta o mediante procedura di evidenza pubblica dell'affidamento, nonchè alla quotazione in borsa o all'emissione di strumenti finanziari quotati nei mercati regolamentati, e individuazione della relativa disciplina, anche in base al principio di proporzionalità delle deroghe rispetto alla disciplina privatistica, ivi compresa quella in materia di organizzazione e crisi d'impresa;

b) ai fini della razionalizzazione e riduzione delle partecipazioni pubbliche secondo criteri di efficienza, efficacia ed economicità, ridefinizione della disciplina, delle condizioni e dei limiti per la costituzione di società, l'assunzione e il mantenimento di partecipazioni societarie da parte di amministrazioni pubbliche entro il perimetro dei compiti istituzionali o di ambiti strategici per la tutela di interessi pubblici rilevanti, quale la gestione di servizi di interesse economico generale; applicazione dei principi della presente lettera anche alle partecipazioni pubbliche già in essere;

c) precisa definizione del regime delle responsabilità degli amministratori delle amministrazioni partecipanti nonchè dei dipendenti e degli organi di gestione e di controllo delle società partecipate;

d) definizione, al fine di assicurare la tutela degli interessi pubblici, la corretta gestione delle risorse e la salvaguardia dell'immagine del socio pubblico, dei requisiti e della garanzia di onorabilità dei candidati e dei componenti degli organi di amministrazione e controllo delle società, anche al fine di garantirne l'autonomia rispetto agli enti proprietari;

e) razionalizzazione dei criteri pubblicistici per gli acquisti e il reclutamento del personale, per i vincoli alle assunzioni e le politiche retributive, finalizzati al contenimento dei costi, tenendo conto delle distinzioni di cui alla lettera a) e introducendo criteri di valutazione oggettivi, rapportati al valore anche economico dei risultati; previsione che i risultati economici positivi o negativi ottenuti assumano rilievo ai fini del compenso economico variabile degli amministratori in considerazione dell'obiettivo di migliorare la qualità del servizio offerto ai cittadini e tenuto conto della congruità della tariffa e del costo del servizio;

f) promozione della trasparenza e dell'efficienza attraverso l'unificazione, la completezza e la massima intelligibilità dei dati economico-patrimoniali e dei principali indicatori di efficienza, nonchè la loro pubblicità e accessibilità;

g) attuazione dell'articolo 151, comma 8, del testo unico di cui al decreto legislativo 18 agosto 2000, n. 267, in materia di consolidamento delle partecipazioni nei bilanci degli enti proprietari;

h) eliminazione di sovrapposizioni tra regole e istituti pubblicistici e privatistici ispirati alle medesime esigenze di disciplina e controllo;

i) possibilità di piani di rientro per le società con bilanci in disavanzo con eventuale commissariamento;

l) regolazione dei flussi finanziari, sotto qualsiasi forma, tra amministrazione pubblica e società partecipate secondo i criteri di parità di trattamento tra imprese pubbliche e private e operatore di mercato;

m) con riferimento alle società partecipate dagli enti locali:

1) per le società che gestiscono servizi strumentali e funzioni amministrative, definizione di criteri e procedure per la scelta del modello societario e per l'internalizzazione nonchè di procedure, limiti e condizioni per l'assunzione, la conservazione e la razionalizzazione di partecipazioni, anche in relazione al numero dei dipendenti, al fatturato e ai risultati di gestione;

2) per le società che gestiscono servizi pubblici di interesse economico generale, individuazione di un numero massimo di esercizi con perdite di bilancio che comportino obblighi di liquidazione delle società, nonchè definizione, in conformità con la disciplina dell'Unione europea, di criteri e strumenti di gestione volti ad assicurare il perseguimento dell'interesse pubblico e ad evitare effetti distorsivi sulla concorrenza, anche attraverso la disciplina dei contratti di servizio e delle carte dei diritti degli utenti e attraverso forme di controllo sulla gestione e sulla qualità dei servizi;

3) rafforzamento delle misure volte a garantire il raggiungimento di obiettivi di qualità, efficienza, efficacia ed economicità, anche attraverso la riduzione dell'entità e del numero delle partecipazioni e l'incentivazione dei processi di aggregazione, intervenendo sulla disciplina dei rapporti finanziari tra ente locale e società partecipate nel rispetto degli equilibri di finanza pubblica e al fine di una maggior trasparenza;

4) promozione della trasparenza mediante pubblicazione, nel sito internet degli enti locali e delle società partecipate interessati, dei dati economico-patrimoniali e di indicatori di efficienza, sulla base di modelli generali che consentano il confronto, anche ai fini del rafforzamento e della semplificazione dei processi di armonizzazione dei sistemi contabili e degli schemi di bilancio delle amministrazioni pubbliche partecipanti e delle società partecipate;

5) introduzione di un sistema sanzionatorio per la mancata attuazione dei principi di razionalizzazione e riduzione di cui al presente articolo, basato anche sulla riduzione dei trasferimenti dello Stato alle amministrazioni che non ottemperano alle disposizioni in materia;

6) introduzione di strumenti, anche contrattuali, volti a favorire la tutela dei livelli occupazionali nei processi di ristrutturazione e privatizzazione relativi alle società partecipate;

7) ai fini del rafforzamento del sistema dei controlli interni previsti dal testo unico di cui al decreto legislativo 18 agosto 2000, n. 267, revisione degli obblighi di trasparenza e di rendicontazione delle società partecipate nei confronti degli enti locali soci, attraverso specifici flussi informativi che rendano analizzabili e confrontabili i dati economici e industriali del servizio, gli obblighi di servizio pubblico imposti e gli standard di qualità, per ciascun servizio o attività svolta dalle società medesime nell'esecuzione dei compiti affidati, anche attraverso l'adozione e la predisposizione di appositi schemi di contabilità separata.

1. *Oggetto.* 1. Le disposizioni del presente decreto hanno a oggetto la costituzione di società da parte di amministrazioni pubbliche, nonchè l'acquisto, il mantenimento e la gestione di partecipazioni da parte di tali amministrazioni, in società a totale o parziale partecipazione pubblica, diretta o indiretta.

2. Le disposizioni contenute nel presente decreto sono applicate avendo riguardo all'efficiente gestione delle partecipazioni pubbliche, alla tutela e promozione della concorrenza e del mercato, nonchè alla razionalizzazione e riduzione della spesa pubblica.

3. Per tutto quanto non derogato dalle disposizioni del presente decreto, si applicano alle società a partecipazione pubblica le norme sulle società contenute nel codice civile e le norme generali di diritto privato[1].

4. Restano ferme:

a) le specifiche disposizioni, contenute in leggi o regolamenti governativi o ministeriali, che disciplinano società a partecipazione pubblica di diritto singolare costituite per l'esercizio della gestione di servizi di interesse generale o di interesse economico generale o per il perseguimento di una specifica missione di pubblico interesse;

b) le disposizioni di legge riguardanti la partecipazione di amministrazioni pubbliche a enti associativi diversi dalle società e a fondazioni.

5. Le disposizioni del presente decreto si applicano, solo se espressamente previsto, alle società quotate, come definite dall'articolo 2, comma 1, lettera *p)*, nonchè alle società da esse controllate[2 3 4].

[1] V. art. 1, comma 1, L. 241/1990 (legge sul procedimento amministrativo); art. 30, comma 8, D.Lgs. 50/2016 (Codice dei contratti pubblici).

[2] Comma così modificato dall'art. 3, D.Lgs. 16 giugno 2017, n. 100, a decorrere dal 27 giugno 2017 e poi dall'art. 1, comma 721, L. 30 dicembre 2018, n. 145.

[3] V. art. 113, D.Lgs. 18 agosto 2000, n. 267 (Testo unico delle leggi sull'ordinamento degli enti locali) che dispone: Gestione delle reti ed erogazione dei servizi pubblici locali di rilevanza economica. *1. Le disposizioni del presente articolo che disciplinano le modalità di gestione ed affidamento dei servizi pubblici locali concernono la tutela della concorrenza e sono inderogabili ed integrative delle discipline di settore. Restano ferme le altre disposizioni di settore e quelle di attuazione di specifiche normative comunitarie. Restano esclusi dal campo di applicazione del presente articolo i settori disciplinati dai decreti legislativi 16 marzo 1999, n. 79, e 23 maggio 2000, n. 164.*

1-bis. Le disposizioni del presente articolo non si applicano al settore del trasporto pubblico locale che resta disciplinato dal decreto legislativo 19 novembre 1997, n. 422, e successive modificazioni.

2. Gli enti locali non possono cedere la proprietà degli impianti, delle reti e delle altre dotazioni destinati all'esercizio dei servizi pubblici di cui al comma 1, salvo quanto stabilito dal comma 13.

2-bis. Le disposizioni del presente articolo non si applicano agli impianti di trasporti a fune per la mobilità turistico-sportiva eserciti in aree montane.

3. Le discipline di settore stabiliscono i casi nei quali l'attività di gestione delle reti e degli impianti destinati alla produzione dei servizi pubblici locali di cui al comma 1 può essere separata da quella di erogazione degli stessi. È, in ogni caso, garantito l'accesso alle reti a tutti i soggetti legittimati all'erogazione dei relativi servizi.

4. Qualora sia separata dall'attività di erogazione dei servizi, per la gestione delle reti, degli impianti e delle altre dotazioni patrimoniali gli enti locali, anche in forma associata, si avvalgono:

a) di soggetti allo scopo costituiti, nella forma di società di capitali con la partecipazione totalitaria di capitale pubblico, cui può essere affidata direttamente tale attività, a condizione che gli enti pubblici titolari del capitale sociale esercitino sulla società un controllo analogo a quello esercitato sui propri servizi e che la società realizzi la parte più importante della propria attività con l'ente o gli enti pubblici che la controllano;

b) di imprese idonee, da individuare mediante procedure ad evidenza pubblica, ai sensi del comma 7.

5. [...].

5-bis. [...].

5-ter. In ogni caso in cui la gestione della rete, separata o integrata con l'erogazione dei servizi, non sia stata affidata con gara ad evidenza pubblica, i soggetti gestori di cui ai precedenti commi provvedono all'esecuzione dei lavori comunque connessi alla gestione della rete esclusivamente mediante contratti di appalto o di concessione di lavori pubblici, aggiudicati a seguito di procedure di evidenza pubblica, ovvero in economia nei limiti di cui all'articolo 24 della legge 11 febbraio 1994, n. 109, e all'articolo 143 del regolamento di cui al decreto del Presidente della Repubblica 21 dicembre 1999, n. 554. Qualora la gestione della rete, separata o integrata con la gestione dei servizi, sia stata affidata con procedure di gara, il soggetto gestore può realizzare direttamente i lavori connessi alla gestione della rete, purché qualificato ai sensi della normativa vigente e purché la gara espletata abbia avuto ad oggetto sia la gestione del servizio relativo alla rete, sia l'esecuzione dei lavori connessi. Qualora, invece, la gara abbia avuto ad oggetto esclusivamente la gestione del servizio relativo alla rete, il gestore deve appaltare i lavori a terzi con le procedure ad evidenza pubblica previste dalla legislazione vigente.

6. [...].

7. [...].

8. [...].

9. Alla scadenza del periodo di affidamento, e in esito alla successiva gara di affidamento, le reti, gli impianti e le altre dotazioni patrimoniali di proprietà degli enti locali o delle società di cui al comma 13 sono assegnati al nuovo gestore.

10. È vietata ogni forma di differenziazione nel trattamento dei gestori di pubblico servizio in ordine al regime tributario, nonché alla concessione da chiunque dovuta di contribuzioni o agevolazioni per la gestione del servizio.

11. I rapporti degli enti locali con le società di erogazione del servizio e con le società di gestione delle reti e degli impianti sono regolati da contratti di servizio, allegati ai capitolati di gara, che dovranno prevedere i livelli dei servizi da garantire e adeguati strumenti di verifica del rispetto dei livelli previsti.

12. L'ente locale può cedere in tutto o in parte la propria partecipazione nelle società erogatrici di servizi mediante procedure ad evidenza pubblica da rinnovarsi alla scadenza del periodo di affidamento. Tale cessione non comporta effetti sulla durata delle concessioni e degli affidamenti in essere.

13. Gli enti locali, anche in forma associata, nei casi in cui non sia vietato dalle normative di settore, possono conferire la proprietà delle reti, degli impianti, e delle altre dotazioni patrimoniali a società a capitale interamente pubblico, che è incedibile. Tali società pongono le reti, gli impianti e le altre dotazioni patrimoniali a disposizione dei gestori incaricati della gestione del servizio o, ove prevista la gestione separata della rete, dei gestori di quest'ultima, a fronte di un canone stabilito dalla competente Autorità di settore, ove prevista, o dagli enti locali. Alla società suddetta gli enti locali possono anche assegnare, ai sensi della lettera a) del comma 4, la gestione delle reti, nonché il compito di espletare le gare di cui al comma 5.

14. [...].

15. Le disposizioni del presente articolo non si applicano alle regioni a statuto speciale e alle province autonome di Trento e di Bolzano, se incompatibili con le attribuzioni previste dallo statuto e dalle relative norme di attuazione.

15-bis. [...].

15-ter. [...].

15-quater. [...].

[4] V. artt. 2328-2330 c.c., 2361, 2380-bis, 2409, 2409-novies, 2446, 2463 c.c.

V., anche, artt. 2449 ss. c.c.; artt. 5, 192, 193, D.Lgs. n. 50/2016 (Codice dei contratti pubblici) e artt. 97 e 117 Cost.

2. *Definizioni.* 1. Ai fini del presente decreto si intendono per:

a) «amministrazioni pubbliche»: le amministrazioni di cui all'articolo 1, comma 2, del decreto legislativo n. 165 del 2001, i loro consorzi o associazioni per qualsiasi fine istituiti, gli enti pubblici economici e le autorità di sistema portuale[1];

b) «controllo»: la situazione descritta nell'articolo 2359 del codice civile. Il controllo può sussistere anche quando, in applicazione di norme di legge o statutarie o di patti parasociali, per le decisioni finanziarie e gestionali strategiche relative all'attività sociale è richiesto il consenso unanime di tutte le parti che condividono il controllo;

c) «controllo analogo»: la situazione in cui l'amministrazione esercita su una società un controllo analogo a quello esercitato sui propri servizi, esercitando un'influenza determinante sia sugli obiettivi strategici che sulle decisioni significative della società controllata. Tale controllo può anche essere esercitato da una persona giuridica diversa, a sua volta controllata allo stesso modo dall'amministrazione partecipante;

d) «controllo analogo congiunto»: la situazione in cui l'amministrazione esercita congiuntamente con altre amministrazioni su una società un controllo analogo a quello esercitato sui propri servizi. La suddetta situazione si verifica al ricorrere delle condizioni di cui all'articolo 5, comma 5, del decreto legislativo 18 aprile 2016, n. 50;

e) «enti locali»: gli enti di cui all'articolo 2 del decreto legislativo 18 agosto 2000, n. 267;

f) «partecipazione»: la titolarità di rapporti comportanti la qualità di socio in società o la titolarità di strumenti finanziari che attribuiscono diritti amministrativi;

g) «partecipazione indiretta»: la partecipazione in una società detenuta da un'amministrazione pubblica per il tramite di società o altri organismi soggetti a controllo da parte della medesima amministrazione pubblica;

h) «servizi di interesse generale»: le attività di produzione e fornitura di beni o servizi che non sarebbero svolte dal mercato senza un intervento pubblico o sarebbero svolte a condizioni differenti in termini di accessibilità fisica ed economica, continuità, non discriminazione, qualità e sicurezza, che le amministrazioni pubbliche, nell'ambito delle rispettive competenze, assumono come necessarie per assicurare la soddisfazione dei bisogni della collettività di riferimento, così da garantire l'omogeneità dello sviluppo e la coesione sociale, ivi inclusi i servizi di interesse economico generale;

i) «servizi di interesse economico generale»: i servizi di interesse generale erogati o suscettibili di essere erogati dietro corrispettivo economico su un mercato;

l) «società»: gli organismi di cui ai titoli V e VI, capo I, del libro V del codice civile, anche aventi come oggetto sociale lo svolgimento di attività consortili, ai sensi dell'articolo 2615-*ter* del codice civile[2];

m) «società a controllo pubblico»: le società in cui una o più amministrazioni pubbliche esercitano poteri di controllo ai sensi della lettera *b)*;

n) «società a partecipazione pubblica»: le società a controllo pubblico, nonchè le altre società partecipate direttamente da amministrazioni pubbliche o da società a controllo pubblico;

o) «società in house»: le società sulle quali un'amministrazione esercita il controllo analogo o più amministrazioni esercitano il controllo analogo congiunto, nelle quali la partecipazione di capitali privati avviene nelle forme di cui all'articolo 16, comma 1, e che soddisfano il requisito dell'attività prevalente di cui all'articolo 16, comma 3[1];

p) «società quotate»: le società a partecipazione pubblica che emettono azioni quotate in mercati regolamentati; le società che hanno emesso, alla data del 31 dicembre 2015, strumenti finanziari, diversi dalle azioni, quotati in mercati regolamentati[1 3].

[1] Lettera così modificata dall'art. 4, D.Lgs. 16 giugno 2017, n. 100, a decorrere dal 27 giugno 2017.

[2] Lettera così sostituita dall'art. 4, D.Lgs. 16 giugno 2017, n. 100, a decorrere dal 27 giugno 2017.

[3] V. artt. 2247, 2333, 2341-bis, 2358, 2359, 2437-quinquies ss. c.c.

V., anche, artt. 2449 ss. c.c.; artt. 2, 5, 177, 192, 193, D.Lgs. n. 50/2016.

3. *Tipi di società in cui è ammessa la partecipazione pubblica.* 1. Le amministrazioni pubbliche possono partecipare esclusivamente a società, anche consortili, costituite in forma di società per azioni o di società a responsabilità limitata, anche in forma cooperativa.

2. Nelle società a responsabilità limitata a controllo pubblico l'atto costitutivo o lo statuto in ogni caso prevede la nomina dell'organo di controllo o di un revisore. Nelle società per azioni a controllo pubblico la revisione legale dei conti non può essere affidata al collegio sindacale[1].

[1] V. artt. 2325 ss., 2332, 2462 ss. c.c.

V., anche, artt. 2449 ss. c.c.

4. *Finalità perseguibili mediante l'acquisizione e la gestione di partecipazioni pubbliche.* 1. Le amministrazioni pubbliche non possono, direttamente o indirettamente, costituire società aventi per oggetto attività di produzione di beni e servizi non strettamente necessarie per il perseguimento delle proprie finalità istituzionali, nè acquisire o mantenere partecipazioni, anche di minoranza, in tali società.

2. Nei limiti di cui al comma 1, le amministrazioni pubbliche possono, direttamente o indirettamente, costituire società e acquisire o mantenere partecipazioni in società esclusivamente per lo svolgimento delle attività sotto indicate:

a) produzione di un servizio di interesse generale, ivi inclusa la realizzazione e la gestione delle reti e degli impianti funzionali ai servizi medesimi;

b) progettazione e realizzazione di un'opera pubblica sulla base di un accordo di programma fra amministrazioni pubbliche, ai sensi dell'articolo 193 del decreto legislativo n. 50 del 2016;

c) realizzazione e gestione di un'opera pubblica ovvero organizzazione e gestione di un servizio d'interesse generale attraverso un contratto di partenariato di cui all'articolo 180 del decreto legislativo n. 50 del 2016, con un imprenditore selezionato con le modalità di cui all'articolo 17, commi 1 e 2;

d) autoproduzione di beni o servizi strumentali all'ente o agli enti pubblici partecipanti o allo svolgimento delle loro funzioni, nel rispetto delle condizioni stabilite dalle direttive europee in materia di contratti pubblici e della relativa disciplina nazionale di recepimento[1];

e) servizi di committenza, ivi incluse le attività di committenza ausiliarie, apprestati a supporto di enti senza scopo di lucro e di amministrazioni aggiudicatrici di cui all'articolo 3, comma 1, lettera *a)*, del decreto legislativo n. 50 del 2016.

3. Al solo fine di ottimizzare e valorizzare l'utilizzo di beni immobili facenti parte del proprio patrimonio, le amministrazioni pubbliche possono, altresì, anche in deroga al comma 1, acquisire partecipazioni in società aventi per oggetto sociale esclusivo la valorizzazione del patrimonio delle amministrazioni stesse, tramite il conferimento di beni immobili allo scopo di realizzare un investimento secondo criteri propri di un qualsiasi operatore di mercato.

4. Le società in house hanno come oggetto sociale esclusivo una o più delle attività di cui alle lettere *a)*, *b)*, *d)* ed *e)* del comma 2. Salvo quanto previsto dall'articolo 16, tali società operano in via prevalente con gli enti costituenti o partecipanti o affidanti.

5. Fatte salve le diverse previsioni di legge regionali adottate nell'esercizio della potestà legislativa in materia di organizzazione amministrativa, è fatto divieto alle società di cui al comma 2, lettera *d)*, controllate da enti locali, di costituire nuove società e di

acquisire nuove partecipazioni in società. Il divieto non si applica alle società che hanno come oggetto sociale esclusivo la gestione delle partecipazioni societarie di enti locali, salvo il rispetto degli obblighi previsti in materia di trasparenza dei dati finanziari e di consolidamento del bilancio degli enti partecipanti.

6. È fatta salva la possibilità di costituire società o enti in attuazione dell'articolo 34 del regolamento (CE) n. 1303/2013 del Parlamento europeo e del Consiglio del 17 dicembre 2013, dell'articolo 42 del regolamento (UE) n. 1305/2013 del Parlamento europeo e del Consiglio, del 17 dicembre 2013, e dell'articolo 61 del regolamento (CE) n. 508 del 2014 del Parlamento europeo e del Consiglio 15 maggio 2014[2].

7. Sono altresì ammesse le partecipazioni nelle società aventi per oggetto sociale prevalente la gestione di spazi fieristici e l'organizzazione di eventi fieristici, la realizzazione e la gestione di impianti di trasporto a fune per la mobilità turistico-sportiva eserciti in aree montane, nonchè la produzione di energia da fonti rinnovabili[2].

8. È fatta salva la possibilità di costituire, ai sensi degli articoli 2 e 3 del decreto legislativo 27 luglio 1999, n. 297, le società con caratteristiche di spin off o di start up universitari previste dall'articolo 6, comma 9, della legge 30 dicembre 2010, n. 240, nonchè quelle con caratteristiche analoghe degli enti di ricerca. È inoltre fatta salva la possibilità, per le università, di costituire società per la gestione di aziende agricole con funzioni didattiche[3].

9. Con decreto del Presidente del Consiglio dei ministri, su proposta del Ministro dell'economia e delle finanze o dell'organo di vertice dell'amministrazione partecipante, motivato con riferimento alla misura e qualità della partecipazione pubblica, agli interessi pubblici a essa connessi e al tipo di attività svolta, riconducibile alle finalità di cui al comma 1, anche al fine di agevolarne la quotazione ai sensi dell'articolo 18, può essere deliberata l'esclusione totale o parziale dell'applicazione delle disposizioni del presente articolo a singole società a partecipazione pubblica. Il decreto è trasmesso alle Camere ai fini della comunicazione alle commissioni parlamentari competenti. I Presidenti di Regione e delle province autonome di Trento e Bolzano, con provvedimento adottato ai sensi della legislazione regionale e nel rispetto dei principi di trasparenza e pubblicità, possono, nell'ambito delle rispettive competenze, deliberare l'esclusione totale o parziale dell'applicazione delle disposizioni del presente articolo a singole società a partecipazione della Regione o delle province autonome di Trento e Bolzano, motivata con riferimento alla misura e qualità della partecipazione pubblica, agli interessi pubblici a essa connessi e al tipo di attività svolta, riconducibile alle finalità di cui al comma 1. Il predetto provvedimento è trasmesso alla competente Sezione regionale di controllo della Corte dei conti, alla struttura di cui all'articolo 15, comma 1, nonchè alle Camere ai fini della comunicazione alle commissioni parlamentari competenti[1].

9-*bis*. Nel rispetto della disciplina europea, è fatta salva la possibilità per le amministrazioni pubbliche di acquisire o mantenere partecipazioni in società che producono servizi economici di interesse generale a rete, di cui all'articolo 3-*bis* del decreto-legge 13 agosto 2011, n. 138, convertito, con modificazioni, dalla legge 14 settembre 2011, n. 148, anche fuori dall'ambito territoriale della collettività di riferimento, in deroga alle previsioni di cui al comma 2, lettera a), purchè l'affidamento dei servizi, in corso e nuovi, sia avvenuto e avvenga tramite procedure ad evidenza pubblica. Per tali partecipazioni, trova piena applicazione l'articolo 20, comma 2, lettera e). Resta fermo quanto previsto dall'articolo 16[4].

9-*ter*. È fatta salva la possibilità per le amministrazioni pubbliche di acquisire o mantenere partecipazioni, comunque non superiori all'1 per cento del capitale sociale, in società bancarie di finanza etica e sostenibile, come definite dall'articolo 111-*bis* del testo unico delle leggi in materia bancaria e creditizia, di cui al decreto legislativo 1° settembre 1993, n. 385, senza ulteriori oneri finanziari rispetto a quelli derivanti dalla partecipazione medesima[5].

9-*quater*. Le disposizioni del presente articolo non si applicano alla costituzione nè all'acquisizione o al mantenimento di partecipazioni, da parte delle amministrazioni pubbliche, in società aventi per oggetto sociale prevalente la produzione, il trattamento, la lavorazione e l'immissione in commercio del latte, comunque trattato, e dei prodotti lattiero-caseari[6 7].

[1] Lettera così modificata dall'art. 5, D.Lgs. 16 giugno 2017, n. 100, a decorrere dal 27 giugno 2017.

[2] Comma così modificato dall'art. 1, comma 722, L. 30 dicembre 2018, n. 145.

[3] Comma così modificato dall'art. 5, D.Lgs. 16 giugno 2017, n. 100, a decorrere dal 27 giugno 2017.

[4] Comma aggiunto dall'art. 5, D.Lgs. 16 giugno 2017, n. 100, a decorrere dal 27 giugno 2017.

[5] Comma aggiunto dall'art. 1, comma 891, L. 27 dicembre 2017, n. 205.

[6]. Comma aggiunto dall'art. 1, L. 1 ottobre 2019, n. 119.

[7] V. art. 3-bis, D.L. 13 agosto 2011, n. 138, convertito in L. 14 settembre 2011, n. 148. V. artt. 2328 e 2463 c.c.

5. *Oneri di motivazione analitica.* 1. A eccezione dei casi in cui la costituzione di una società o l'acquisto di una partecipazione, anche attraverso aumento di capitale, avvenga in conformità a espresse previsioni legislative, l'atto deliberativo di costituzione di una società a partecipazione pubblica, anche nei casi di cui all'articolo 17, o di acquisto di partecipazioni, anche indirette, da parte di amministrazioni pubbliche in società già costituite deve essere analiticamente motivato con riferimento alla necessità della società per il perseguimento delle finalità istituzionali di cui all'articolo 4, evidenziando, altresì, le ragioni e le finalità che giustificano tale scelta, anche sul piano della convenienza economica e della sostenibilità finanziaria, nonchè di gestione diretta o esternalizzata del servizio affidato. La motivazione deve anche dare conto della compatibilità della scelta con i principi di efficienza, di efficacia e di economicità dell'azione amministrativa[1].

2. L'atto deliberativo di cui al comma 1 dà atto della compatibilità dell'intervento finanziario previsto con le norme dei trattati europei e, in particolare, con la disciplina europea in materia di aiuti di Stato alle imprese. Gli enti locali sottopongono lo schema di atto deliberativo a forme di consultazione pubblica, secondo modalità da essi stessi disciplinate[1].

3. L'amministrazione invia l'atto deliberativo di costituzione della società o di acquisizione della partecipazione diretta o indiretta alla Corte dei conti, a fini conoscitivi, e all'Autorità garante della concorrenza e del mercato, che può esercitare i poteri di cui all'articolo 21-*bis* della legge 10 ottobre 1990, n. 287.

4. Ai fini di quanto previsto dal comma 3, per gli atti delle amministrazioni dello Stato e degli enti nazionali sono competenti le Sezioni Riunite in sede di controllo; per gli atti delle regioni e degli enti locali, nonchè dei loro enti strumentali, delle università o delle altre istituzioni pubbliche di autonomia aventi sede nella regione, è competente la Sezione regionale di controllo; per gli atti degli enti assoggettati a controllo della Corte dei conti ai sensi della legge 21 marzo 1958, n. 259, è competente la Sezione del controllo sugli enti medesimi[1 2].

[1] Comma così modificato dall'art. 6, D.Lgs. 16 giugno 2017, n. 100, a decorrere dal 27 giugno 2017.

[2] V. artt. 2332 e 2449 ss. c.c. e art. 97 Cost.

V. anche, artt. 101 e 107 T.F.U.E. che, rispettivamente, dispongono: Art. 101. (ex articolo 81 del TCE). *1. Sono incompatibili con il mercato interno e vietati tutti gli accordi tra imprese, tutte le decisioni di associazioni di imprese e tutte le pratiche concordate che possano pregiudicare il commercio tra Stati membri e che abbiano per oggetto o per effetto di impedire, restringere o falsare il gioco della concorrenza all'interno del mercato interno ed in particolare quelli consistenti nel:*

a) fissare direttamente o indirettamente i prezzi d'acquisto o di vendita ovvero altre condizioni di transazione;

b) limitare o controllare la produzione, gli sbocchi, lo sviluppo tecnico o gli investimenti;

c) ripartire i mercati o le fonti di approvvigionamento;

d) applicare, nei rapporti commerciali con gli altri contraenti, condizioni dissimili per prestazioni equivalenti, così da determinare per questi ultimi uno svantaggio nella concorrenza;

e) subordinare la conclusione di contratti all'accettazione da parte degli altri contraenti di prestazioni supplementari, che, per loro natura o secondo gli usi commerciali, non abbiano alcun nesso con l'oggetto dei contratti stessi.

2. Gli accordi o decisioni, vietati in virtù del presente articolo, sono nulli di pieno diritto.

3. Tuttavia, le disposizioni del paragrafo 1 possono essere dichiarate inapplicabili:

- a qualsiasi accordo o categoria di accordi fra imprese,

- a qualsiasi decisione o categoria di decisioni di associazioni di imprese, e

- a qualsiasi pratica concordata o categoria di pratiche concordate,

- che contribuiscano a migliorare la produzione o la distribuzione dei prodotti o a promuovere il progresso tecnico o economico, pur riservando agli utilizzatori una congrua parte dell'utile che ne deriva, ed evitando di:

a) imporre alle imprese interessate restrizioni che non siano indispensabili per raggiungere tali obiettivi;

b) dare a tali imprese la possibilità di eliminare la concorrenza per una parte sostanziale dei prodotti di cui trattasi.

Art. 107. (ex articolo 87 del TCE). *1. Salvo deroghe contemplate dai trattati, sono incompatibili con il mercato interno, nella misura in cui incidano sugli scambi tra Stati membri, gli aiuti concessi dagli Stati, ovvero mediante risorse statali, sotto qualsiasi forma che, favorendo talune imprese o talune produzioni, falsino o minaccino di falsare la concorrenza.*

2. Sono compatibili con il mercato interno:

a) gli aiuti a carattere sociale concessi ai singoli consumatori, a condizione che siano accordati senza discriminazioni determinate dall'origine dei prodotti;

b) gli aiuti destinati a ovviare ai danni arrecati dalle calamità naturali oppure da altri eventi eccezionali;

c) gli aiuti concessi all'economia di determinate regioni della Repubblica federale di Germania che risentono della divisione della Germania, nella misura in cui sono necessari a compensare gli svantaggi economici provocati da tale divisione. Cinque anni dopo l'entrata in vigore del trattato di Lisbona, il Consiglio, su proposta della Commissione, può adottare una decisione che abroga la presente lettera.

3. Possono considerarsi compatibili con il mercato interno:

a) gli aiuti destinati a favorire lo sviluppo economico delle regioni ove il tenore di vita sia anormalmente basso, oppure si abbia una grave forma di sottoccupazione, nonché quello delle regioni di cui all'articolo 349, tenuto conto della loro situazione strutturale, economica e sociale;

b) gli aiuti destinati a promuovere la realizzazione di un importante progetto di comune interesse europeo oppure a porre rimedio a un grave turbamento dell'economia di uno Stato membro;

c) gli aiuti destinati ad agevolare lo sviluppo di talune attività o di talune regioni economiche, sempre che non alterino le condizioni degli scambi in misura contraria al comune interesse;

d) gli aiuti destinati a promuovere la cultura e la conservazione del patrimonio, quando non alterino le condizioni degli scambi e della concorrenza nell'Unione in misura contraria all'interesse comune;

e) le altre categorie di aiuti, determinate con decisione del Consiglio, su proposta della Commissione.

6. *Principi fondamentali sull'organizzazione e sulla gestione delle società a controllo pubblico.* 1. Le società a controllo pubblico, che svolgano attività economiche protette da diritti speciali o esclusivi, insieme con altre attività svolte in regime di economia di mercato, in deroga all'obbligo di separazione societaria previsto dal comma 2-*bis* dell'articolo 8 della legge 10 ottobre 1990, n. 287, adottano sistemi di contabilità separata per le attività oggetto di diritti speciali o esclusivi e per ciascuna attività.

2. Le società a controllo pubblico predispongono specifici programmi di valutazione del rischio di crisi aziendale e ne informano l'assemblea nell'ambito della relazione di cui al comma 4.

3. Fatte salve le funzioni degli organi di controllo previsti a norma di legge e di statuto, le società a controllo pubblico valutano l'opportunità di integrare, in considerazione delle dimensioni e delle caratteristiche organizzative nonchè dell'attività svolta, gli strumenti di governo societario con i seguenti:

a) regolamenti interni volti a garantire la conformità dell'attività della società alle norme di tutela della concorrenza, comprese quelle in materia di concorrenza sleale, nonchè alle norme di tutela della proprietà industriale o intellettuale;

b) un ufficio di controllo interno strutturato secondo criteri di adeguatezza rispetto alla dimensione e alla complessità dell'impresa sociale, che collabora con l'organo di controllo statutario, riscontrando tempestivamente le richieste da questo provenienti, e trasmette periodicamente all'organo di controllo statutario relazioni sulla regolarità e l'efficienza della gestione;

c) codici di condotta propri, o adesione a codici di condotta collettivi aventi a oggetto la disciplina dei comportamenti imprenditoriali nei confronti di consumatori, utenti, dipendenti e collaboratori, nonchè altri portatori di legittimi interessi coinvolti nell'attività della società;

d) programmi di responsabilità sociale d'impresa, in conformità alle raccomandazioni della Commissione dell'Unione europea.

4. Gli strumenti eventualmente adottati ai sensi del comma 3 sono indicati nella relazione sul governo societario che le società controllate predispongono annualmente, a chiusura dell'esercizio sociale e pubblicano contestualmente al bilancio d'esercizio.

5. Qualora le società a controllo pubblico non integrino gli strumenti di governo societario con quelli di cui al comma 3, danno conto delle ragioni all'in terno della relazione di cui al comma 4[1].

[1] V. artt. 2350, 2381, 2392, 2403, 2423, 2423-bis, 2425-ter, 2428, 2447-sexies, 2447-decies, 2476, 2477, 2380 ss., 2409-noviesdecies, c.c.

V., anche, artt. 123-bis e 149 T.U.F. che, rispettivamente, dispongono: Art. 123-bis. Relazione sul governo societario e gli assetti proprietari. *1. La relazione sulla gestione delle società emittenti valori mobiliari ammessi alle negoziazioni in mercati regolamentati contiene in una specifica sezione, denominata: «Relazione sul governo societario e gli assetti proprietari», informazioni dettagliate riguardanti:*

a) la struttura del capitale sociale, compresi i titoli che non sono negoziati su un mercato regolamentato di uno Stato comunitario, con l'indicazione delle varie categorie di azioni e, per ogni categoria di azioni, i diritti e gli obblighi connessi, nonchè la percentuale del capitale sociale che esse rappresentano;

b) qualsiasi restrizione al trasferimento di titoli, quali ad esempio limiti al possesso di titoli o la necessità di ottenere il gradimento da parte della società o di altri possessori di titoli;

c) le partecipazioni rilevanti nel capitale, dirette o indirette, ad esempio tramite strutture piramidali o di partecipazione incrociata, secondo quanto risulta dalle comunicazioni effettuate ai sensi dell'articolo 120;

d) se noti, i possessori di ogni titolo che conferisce diritti speciali di controllo e una descrizione di questi diritti;

e) il meccanismo di esercizio dei diritti di voto previsto in un eventuale sistema di partecipazione azionaria dei dipendenti, quando il diritto di voto non è esercitato direttamente da questi ultimi;

f) qualsiasi restrizione al diritto di voto, ad esempio limitazioni dei diritti di voto ad una determinata percentuale o ad un certo numero di voti, termini imposti per l'esercizio del diritto di voto o sistemi in cui, con la cooperazione della società, i diritti finanziari connessi ai titoli sono separati dal possesso dei titoli;

g) gli accordi che sono noti alla società ai sensi dell'articolo 122;

h) gli accordi significativi dei quali la società o sue controllate siano parti e che acquistano efficacia, sono modificati o si estinguono in caso di cambiamento di controllo della società, e i loro effetti, tranne quando sono di natura tale per cui la loro divulgazione arrecherebbe grave pregiudizio alla società; tale deroga non si applica quando la società ha l'obbligo specifico di divulgare tali informazioni sulla base di altre disposizioni di legge;

i) gli accordi tra la società e gli amministratori, i componenti del consiglio di gestione o di sorveglianza, che prevedono indennità in caso di dimissioni o licenziamento senza giusta causa o se il loro rapporto di lavoro cessa a seguito di un'offerta pubblica di acquisto;

l) le norme applicabili alla nomina e alla sostituzione degli amministratori e dei componenti del consiglio di gestione e di sorveglianza, nonchè alla modifica dello statuto, se diverse da quelle legislative e regolamentari applicabili in via suppletiva;

m) l'esistenza di deleghe per gli aumenti di capitale ai sensi dell'articolo 2443 del codice civile ovvero del potere in capo agli amministratori o ai componenti del consiglio di gestione di emettere strumenti finanziari partecipativi nonchè di autorizzazioni all'acquisto di azioni proprie.

2. Nella medesima sezione della relazione sulla gestione di cui al comma 1 sono riportate le informazioni riguardanti:

a) l'adesione ad un codice di comportamento in materia di governo societario promosso da società di gestione di mercati regolamentati o da associazioni di categoria, motivando le ragioni dell'eventuale mancata adesione ad una o più disposizioni, nonchè le pratiche di governo societario effettivamente applicate dalla società al di là degli obblighi previsti dalle norme legislative o regolamentari. La società indica altresì dove il codice di comportamento in materia governo societario al quale aderisce è accessibile al pubblico;

b) le principali caratteristiche dei sistemi di gestione dei rischi e di controllo interno esistenti in relazione al processo di informativa finanziaria, anche consolidata, ove applicabile;

c) i meccanismi di funzionamento dell'assemblea degli azionisti, i suoi principali poteri, i diritti degli azionisti e le modalità del loro esercizio, se diversi da quelli previsti dalle disposizioni legislative e regolamentari applicabili in via suppletiva;

d) la composizione e il funzionamento degli organi di amministrazione e controllo e dei loro comitati;

d-bis) una descrizione delle politiche in materia di diversità applicate in relazione alla composizione degli organi di amministrazione, gestione e controllo relativamente ad aspetti quali l'età, la composizione di genere e il percorso formativo e professionale, nonchè una descrizione degli obiettivi, delle modalità di attuazione e dei risultati di tali politiche. Nel caso in cui nessuna politica sia applicata, la società motiva in maniera chiara e articolata le ragioni di tale scelta.

3. Le informazioni di cui ai commi 1 e 2 possono figurare in una relazione distinta dalla relazione sulla gestione, approvata dall'organo di amministrazione, e pubblicata congiuntamente alla relazione sulla gestione. In alternativa, la relazione sulla gestione può indicare la sezione del sito internet dell'emittente dove è pubblicato tale documento.

4. La società di revisione esprime il giudizio di cui all'articolo 14, comma 2, lettera e), del decreto legislativo 27 gennaio 2010, n. 39, sulle informazioni di cui al comma 1, lettere c), d), f), l) e m), e al comma 2, lettera b), e verifica che siano state fornite le informazioni di cui al comma 2, lettere a), c), d) e d-bis), del presente articolo.

5. Le società che non emettono azioni ammesse alle negoziazioni in mercati regolamentati o in sistemi multilaterali di negoziazione, possono omettere la pubblicazione delle informazioni di cui ai commi 1 e 2, salvo quelle di cui al comma 2, lettera b).

5-bis. Possono omettere la pubblicazione delle informazioni di cui al comma 2, lettera d-bis), le società che alla data di chiusura dell'esercizio di riferimento non superino almeno due dei seguenti parametri:

a) totale dello stato patrimoniale: 20.000.000 di euro;

b) totale dei ricavi netti delle vendite e delle prestazioni: 40.000.000 di euro;

c) numero medio di dipendenti durante l'esercizio finanziario pari a duecentocinquanta.

Art. 149. Doveri. *1. Il collegio sindacale vigila:*

a) sull'osservanza della legge e dell'atto costitutivo;

b) sul rispetto dei principi di corretta amministrazione;

c) sull'adeguatezza della struttura organizzativa della società per gli aspetti di competenza, del sistema di controllo interno e del sistema amministrativo-contabile nonché sull'affidabilità di quest'ultimo nel rappresentare correttamente i fatti di gestione;

c-bis) sulle modalità di concreta attuazione delle regole di governo societario previste da codici di comportamento redatti da società di gestione di mercati regolamentati o da associazioni di categoria, cui la società, mediante informativa al pubblico, dichiara di attenersi;

d) sull'adeguatezza delle disposizioni impartite dalla società alle società controllate ai sensi dell'articolo 114, comma 2.

2. I membri del collegio sindacale assistono alle assemblee ed alle riunioni del consiglio di amministrazione e del comitato esecutivo. I sindaci, che non assistono senza giustificato motivo alle assemblee o, durante un esercizio sociale, a due adunanze del consiglio d'amministrazione o del comitato esecutivo, decadono dall'ufficio.

3. Il collegio sindacale comunica senza indugio alla CONSOB le irregolarità riscontrate nell'attività di vigilanza e trasmette i relativi verbali delle riunioni e degli accertamenti svolti e ogni altra utile documentazione.

4. Il comma 3 non si applica alle società con azioni quotate solo in mercati regolamentati di altri paesi dell'Unione europea.

4-bis. Al consiglio di sorveglianza si applicano i commi 1, 3 e 4. Almeno un componente del consiglio di sorveglianza partecipa alle riunioni del consiglio di gestione.

4-ter. Al comitato per il controllo sulla gestione si applicano i commi 1, limitatamente alle lettere c-bis) e d), 3 e 4.

7. *Costituzione di società a partecipazione pubblica.* 1. La deliberazione di partecipazione di un'amministrazione pubblica alla costituzione di una società è adottata con:

a) decreto del Presidente del Consiglio dei ministri, su proposta del Ministro dell'economia e delle finanze di concerto con i ministri competenti per materia, previa deliberazione del Consiglio dei ministri, in caso di partecipazioni statali;

b) provvedimento del competente organo della regione, in caso di partecipazioni regionali;

c) deliberazione del consiglio comunale, in caso di partecipazioni comunali;

d) delibera dell'organo amministrativo dell'ente, in tutti gli altri casi di partecipazioni pubbliche.

2. L'atto deliberativo è redatto in conformità a quanto previsto all'articolo 5, comma 1.

3. L'atto deliberativo contiene altresì l'indicazione degli elementi essenziali dell'atto costitutivo, come previsti dagli articoli 2328 e 2463 del codice civile, rispettivamente per le società per azioni e per le società a responsabilità limitata.

4. L'atto deliberativo è pubblicato sui siti istituzionali dell'amministrazione pubblica partecipante.

5. Nel caso in cui sia prevista la partecipazione all'atto costitutivo di soci privati, la scelta di questi ultimi avviene con procedure di evidenza pubblica a norma dell'articolo 5, comma 9, del decreto legislativo n. 50 del 2016.

6. Nel caso in cui una società a partecipazione pubblica sia costituita senza l'atto deliberativo di una o più amministrazioni pubbliche partecipanti, o l'atto deliberativo di partecipazione di una o più amministrazioni sia dichiarato nullo o annullato, le partecipazioni sono liquidate secondo quanto disposto dall'articolo 24, comma 5. Se la mancanza o invalidità dell'atto deliberativo riguarda una partecipazione essenziale ai fini del conseguimento dell'oggetto sociale, si applicano le disposizioni di cui all'articolo 2332 del codice civile.

7. Sono, altresì, adottati con le modalità di cui ai commi 1 e 2:

a) le modifiche di clausole dell'oggetto sociale che consentano un cambiamento significativo dell'attività della società;

b) la trasformazione della società;
c) il trasferimento della sede sociale all'estero;
d) la revoca dello stato di liquidazione[1].

[1] V. artt. 2328, 2437-quater, 2463, 2615-ter c.c.

8. *Acquisto di partecipazioni in società già costituite*. 1. Le operazioni, anche mediante sottoscrizione di un aumento di capitale o partecipazione a operazioni straordinarie, che comportino l'acquisto da parte di un'amministrazione pubblica di partecipazioni in società già esistenti sono deliberate secondo le modalità di cui all'articolo 7, commi 1 e 2.

2. L'eventuale mancanza o invalidità dell'atto deliberativo avente ad oggetto l'acquisto della partecipazione rende inefficace il contratto di acquisto della partecipazione medesima.

3. Le disposizioni del presente articolo si applicano anche all'acquisto, da parte di pubbliche amministrazioni, di partecipazioni in società quotate, unicamente nei casi in cui l'operazione comporti l'acquisto della qualità di socio[1].

[1] V. artt. 1470, 2022, 2355 ss. c.c.

9. *Gestione delle partecipazioni pubbliche*. 1. Per le partecipazioni pubbliche statali i diritti del socio sono esercitati dal Ministero dell'economia e delle finanze, di concerto con altri Ministeri competenti per materia, individuati dalle relative disposizioni di legge o di regolamento ministeriale.

2. Per le partecipazioni regionali i diritti del socio sono esercitati secondo la disciplina stabilita dalla regione titolare delle partecipazioni.

3. Per le partecipazioni di enti locali i diritti del socio sono esercitati dal sindaco o dal presidente o da un loro delegato.

4. In tutti gli altri casi i diritti del socio sono esercitati dall'organo amministrativo dell'ente.

5. La conclusione, la modificazione e lo scioglimento di patti parasociali sono deliberati ai sensi dell'articolo 7, comma 1.

6. La violazione delle disposizioni di cui ai commi da 1 a 5 e il contrasto con impegni assunti mediante patti parasociali non determinano l'invalidità delle deliberazioni degli organi della società partecipata, ferma restando la possibilità che l'esercizio del voto o la deliberazione siano invalidate in applicazione di norme generali di diritto privato.

7. Qualora lo statuto della società partecipata preveda, ai sensi dell'articolo 2449 del codice civile, la facoltà del socio pubblico di nominare o revocare direttamente uno o più componenti di organi interni della società, i relativi atti sono efficaci dalla data di ricevimento, da parte della società, della comunicazione dell'atto di nomina o di revoca. È fatta salva l'applicazione dell'articolo 2400, secondo comma, del codice civile[1].

8. Nei casi di cui al comma 7, la mancanza o invalidità dell'atto deliberativo interno di nomina o di revoca rileva come causa di invalidità dell'atto di nomina o di revoca anche nei confronti della società.

9. Le disposizioni del presente articolo si applicano anche alle partecipazioni di pubbliche amministrazioni nelle società quotate.

10. Resta fermo quanto disposto dal decreto-legge 15 marzo 2012, n. 21, convertito, con modificazioni, dalla legge 11 maggio 2012, n. 56[2].

[1] Si riporta l'art. 2449 c.c. (*Società con partecipazione dello Stato o di enti pubblici*) in base al quale: *Se lo Stato o gli enti pubblici hanno partecipazioni in una società per azioni che non fa ricorso al mercato del capitale di rischio, lo statuto può ad essi conferire la facoltà di nominare un numero di amministratori e sindaci, ovvero componenti del consiglio di sorveglianza, proporzionale alla partecipazione al capitale sociale.*

Gli amministratori e i sindaci o i componenti del consiglio di sorveglianza nominati a norma del primo comma possono essere revocati soltanto dagli enti che li hanno nominati. Essi hanno i diritti e gli obblighi dei membri nominati dall'assemblea. Gli amministratori non possono essere nominati per un periodo superiore a tre esercizi e scadono alla data dell'assemblea convocata per l'approvazione del bilancio relativo all'ultimo esercizio della loro carica.

I sindaci, ovvero i componenti del consiglio di sorveglianza, restano in carica per tre esercizi e scadono alla data dell'assemblea convocata per l'approvazione del bilancio relativo al terzo esercizio della loro carica.

Alle società che fanno ricorso al capitale di rischio si applicano le disposizioni del sesto comma dell'articolo 2346. Il consiglio di amministrazione può altresì proporre all'assemblea, che delibera con le maggioranze previste per l'assemblea ordinaria, che i diritti amministrativi previsti dallo statuto a favore dello Stato o degli enti pubblici siano rappresentati da una particolare categoria di azioni. A tal fine è in ogni caso necessario il consenso dello Stato o dell'ente pubblico a favore del quale i diritti amministrativi sono previsti.

[1] V. artt. 2341-bis, 2346, 2348, 2351, 2373, 2377 ss., 2379 ss., 2380, 2393-bis, 2408 ss., 2420-bis, 2434-bis, 2437, 2441, 2442, 2468, 2473, 2476 ss., 2481-bis c.c.

V. D.L. n. 21/2012, conv. in L. 56/2012 (*Norme in materia di poteri speciali sugli assetti societari nei settori della difesa e della sicurezza nazionale, nonché per le attività di rilevanza strategica nei settori dell'energia, dei trasporti e delle comunicazioni*).

V., anche, artt. 14, 15, 122, 123 T.U.F. che, rispettivamente, dispongono: Art. 14. Partecipanti al capitale. *1. I titolari delle partecipazioni indicate all'articolo 15 possiedono requisiti di onorabilità e soddisfano criteri di competenza e correttezza in modo da garantire la sana e prudente gestione della società partecipata.*

2. Il Ministro dell'economia e delle finanze, con regolamento adottato sentite la Banca d'Italia e la Consob, individua:

a) i requisiti di onorabilità;

b) i criteri di competenza, graduati in relazione all'influenza sulla gestione della società che il titolare della partecipazione può esercitare;

c) i criteri di correttezza, con riguardo, tra l'altro, alle relazioni d'affari del titolare della partecipazione, alle condotte tenute nei confronti delle autorità di vigilanza e alle sanzioni o misure correttive da queste irrogate, a provvedimenti restrittivi inerenti ad attività professionali svolte, nonchè a ogni altro elemento suscettibile di incidere sulla correttezza del titolare della partecipazione.

3. Ai fini dell'applicazione del presente articolo e dell'articolo 15, per le Sicav e le Sicaf si fa riferimento alle sole azioni nominative e le disposizioni di cui al comma 2 stabiliscono le ipotesi in cui, al fine dell'attribuzione del diritto di voto, tali azioni sono considerate come azioni al portatore, con riguardo alla data di acquisto.

4. Ai fini dei commi 1 e 2 si considerano anche le partecipazioni possedute per il tramite di società controllate, di società fiduciarie o per interposta persona, nonchè i casi in cui i diritti derivanti dalle partecipazioni spettano o sono attribuiti ad un soggetto diverso dal titolare delle partecipazioni stesse od esistono accordi concernenti l'esercizio dei diritti di voto.

5. Fermo restando quanto previsto dall'articolo 16, qualora non siano soddisfatti i requisiti e i criteri di cui ai commi 1 e 2 non possono essere esercitati i diritti di voto e gli altri diritti che consentono di influire sulla società, inerenti alle partecipazioni eccedenti le soglie previste dall'articolo 15, comma 1.

6. In caso di inosservanza del divieto, la deliberazione od il diverso atto, adottati con il voto o, comunque, il contributo determinanti delle partecipazioni di cui al comma 1, sono impugnabili secondo le previsioni del codice civile. Le partecipazioni per le quali non può essere esercitato il diritto di voto sono computate ai fini della regolare costituzione della relativa assemblea.

7. L'impugnazione può essere proposta anche dalla Banca d'Italia o dalla Consob entro centottanta giorni dalla data della deliberazione ovvero, se questa è soggetta a iscrizione nel registro delle imprese, entro centottanta giorni dall'iscrizione o, se è soggetta solo a deposito presso l'ufficio del registro delle imprese, entro centottanta giorni dalla data di questo.

8. Le partecipazioni, eccedenti le soglie previste dall'articolo 15, comma 1, dei soggetti privi dei requisiti di onorabilità devono essere alienate entro i termini stabiliti dalla Banca d'Italia o dalla Consob.

Art. 15. Acquisizione e cessione di partecipazioni. *1. Chiunque, a qualsiasi titolo, intenda acquisire o cedere, direttamente od indirettamente, in una Sim, società di gestione del risparmio, Sicav o Sicaf una partecipazione che comporta il controllo o la possibilità di esercitare un'influenza notevole sulla società o che attribuisce una quota dei diritti di voto o del capitale almeno pari al 10 per cento, tenuto conto delle azioni o quote già possedute, deve darne preventiva comunicazione alla Banca d'Italia. La comunicazione preventiva è dovuta anche per le variazioni delle partecipazioni quando la quota dei diritti di voto o del capitale raggiunga o superi, in aumento o in diminuzione, il 20 per cento, 30 per cento o 50 per cento e, in ogni caso, quando le variazioni comportano l'acquisizione o la perdita del controllo della società.*

2. La Banca d'Italia può vietare entro il termine stabilito ai sensi del comma 5, lettera c), l'acquisizione della partecipazione quando ritenga che non ricorrono condizioni atte a garantire una gestione sana e prudente dell'intermediario, valutando la qualità del potenziale acquirente e la solidità finanziaria del progetto di acquisizione in base ai seguenti criteri: la reputazione del potenziale acquirente ai sensi dell'articolo 14; l'idoneità, ai sensi dell'articolo 13, da parte di coloro che, in esito all'acquisizione, svolgeranno funzioni di amministrazione, direzione e controllo; la solidità finanziaria del potenziale acquirente; la capacità dell'intermediario di rispettare a seguito dell'acquisizione le disposizioni che ne regolano l'attività; l'idoneità della struttura del gruppo del potenziale acquirente a consentire l'esercizio efficace della vigilanza; l'assenza di fondato sospetto che l'acquisizione sia connessa a operazioni di riciclaggio o di finanziamento del terrorismo. La Banca d'Italia può fissare un termine massimo per l'acquisizione nonchè comunicare, anche prima della scadenza del termine, che nulla osta all'operazione.

3. Gli acquisti e le cessioni indicati nel comma 1 sono comunicati, una volta avvenuti, alla Banca d'Italia, alla CONSOB e alla società.

4. Le partecipazioni si considerano acquisite o cedute indirettamente quando l'acquisto o la cessione avvengano per il tramite di società controllate, di società fiduciarie o per interposta persona. Il controllo sussiste nei casi previsti dall'articolo 23 del T.U. bancario.

5. La Banca d'Italia, determina con regolamento:

a) i criteri di calcolo dei diritti di voto rilevanti ai fini dell'applicazione delle soglie previste al comma 1, ivi inclusi i casi in cui i diritti di voto non sono computati ai fini dell'applicazione del medesimo comma, nonchè i criteri per l'individuazione dei casi di influenza notevole;

b) i soggetti tenuti ad effettuare le comunicazioni quando i diritti derivanti dalle partecipazioni spettano o sono attribuiti a un soggetto diverso dal titolare delle partecipazioni stesse, nonché quando esistono accordi concernenti l'esercizio del diritto di voto;

c) le procedure ed i termini per l'effettuazione delle comunicazioni, nonchè per condurre la valutazione prevista al comma 2.

Art. 122. Patti parasociali. *1. 1. I patti, in qualunque forma stipulati, aventi per oggetto l'esercizio del diritto di voto nelle società con azioni quotate e nelle società che le controllano entro cinque giorni dalla stipulazione sono:*

a) comunicati alla Consob;

b) pubblicati per estratto sulla stampa quotidiana;

c) depositati presso il registro delle imprese del luogo ove la società ha la sua sede legale;

d) comunicati alle società con azioni quotate.

2. La CONSOB stabilisce con regolamento le modalità e i contenuti della comunicazione, dell'estratto e della pubblicazione.

3. In caso di inosservanza degli obblighi previsti dal comma 1 i patti sono nulli.

4. Il diritto di voto inerente alle azioni quotate per le quali non sono stati adempiuti gli obblighi previsti dal comma 1 non può essere esercitato. In caso di inosservanza, si applica l'articolo 14, comma 5. L'impugnazione può essere proposta anche dalla CONSOB entro il termine indicato nell'articolo 14, comma 6.

5. Il presente articolo si applica anche ai patti, in qualunque forma stipulati:

a) che istituiscono obblighi di preventiva consultazione per l'esercizio del diritto di voto nelle società con azioni quotate e nelle società che le controllano;

b) che pongono limiti al trasferimento delle relative azioni o di strumenti finanziari che attribuiscono diritti di acquisto o di sottoscrizione delle stesse;

c) che prevedono l'acquisto delle azioni o degli strumenti finanziari previsti dalla lettera b);

d) aventi per oggetto o per effetto l'esercizio anche congiunto di un'influenza dominante su tali società;

d-bis) volti a favorire o a contrastare il conseguimento degli obiettivi di un'offerta pubblica di acquisto o di scambio, ivi inclusi gli impegni a non aderire ad un'offerta.

5-bis. Ai patti di cui al presente articolo non si applicano gli articoli 2341-bis e 2341-ter del codice civile.

5-ter. Gli obblighi di comunicazione di cui al comma 1 del presente articolo non si applicano ai patti, in qualunque forma stipulati, aventi ad oggetto partecipazioni complessivamente inferiori alla soglia indicata all'articolo 120, comma 2.

Art. 123. Durata dei patti e diritto di recesso. *1. I patti indicati nell'articolo 122, se a tempo determinato, non possono avere durata superiore a tre anni e si intendono stipulati per tale durata anche se le parti hanno previsto un termine maggiore; i patti sono rinnovabili alla scadenza.*

2. I patti possono essere stipulati anche a tempo indeterminato; in tal caso ciascun contraente ha diritto di recedere con un preavviso di sei mesi. Al recesso si applica l'articolo 122, commi 1 e 2.

3. Gli azionisti che intendono aderire a un'offerta pubblica di acquisto o di scambio promossa ai sensi degli articoli 106 o 107 possono recedere senza preavviso dai patti indicati nell'articolo 122. La dichiarazione di recesso non produce effetto se non si è perfezionato il trasferimento delle azioni.

V., inoltre, art. 24 T.U.B. che dispone: Sospensione del diritto di voto e degli altri diritti, obbligo di alienazione. *1. Non possono essere esercitati i diritti di voto e gli altri diritti che consentono di influire sulla società inerenti alle partecipazioni per le quali le autorizzazioni previste dall'articolo 19 non siano state ottenute ovvero siano state sospese o revocate. I diritti di voto e gli altri diritti, che consentono di influire sulla società, non possono essere altresì esercitati per le partecipazioni per le quali siano state omesse le comunicazioni previste dall'articolo 20.*

2. In caso di inosservanza del divieto, la deliberazione o il diverso atto, adottati con il voto o il contributo determinanti delle partecipazioni previste dal comma 1, sono impugnabili secondo le previsioni del codice civile. L'impugnazione può essere proposta anche dalla Banca d'Italia entro centottanta giorni dalla data della deliberazione ovvero, se questa è soggetta a iscrizione nel registro delle imprese, entro centottanta giorni dall'iscrizione o, se è soggetta solo a deposito presso l'ufficio del registro delle imprese, entro centottanta giorni dalla data di questo. Le partecipazioni per le quali non può essere esercitato il diritto di voto sono computate ai fini della regolare costituzione della relativa assemblea.

3. Le partecipazioni per le quali le autorizzazioni previste dall'articolo 19 non sono state ottenute o sono state revocate devono essere alienate entro i termini stabiliti dalla Banca d'Italia.

3-bis. Non possono essere esercitati i diritti derivanti dai contratti o dalle clausole statutarie per i quali le autorizzazioni previste dall'articolo 19 non siano state ottenute ovvero siano state sospese o revocate.

10. *Alienazione di partecipazioni sociali.* 1. Gli atti deliberativi aventi ad oggetto l'alienazione o la costituzione di vincoli su partecipazioni sociali delle amministrazioni pubbliche sono adottati secondo le modalità di cui all'articolo 7, comma 1.

2. L'alienazione delle partecipazioni è effettuata nel rispetto dei principi di pubblicità, trasparenza e non discriminazione. In casi eccezionali, a seguito di deliberazione motivata dell'organo competente ai sensi del comma 1, che dà analiticamente atto della convenienza economica dell'operazione, con particolare riferimento alla congruità del prezzo di vendita, l'alienazione può essere effettuata mediante negoziazione diretta con un singolo acquirente. È fatto salvo il diritto di prelazione dei soci eventualmente previsto dalla legge o dallo statuto.

3. La mancanza o invalidità dell'atto deliberativo avente ad oggetto l'alienazione della partecipazione rende inefficace l'atto di alienazione della partecipazione.

4. È fatta salva la disciplina speciale in materia di alienazione delle partecipazioni dello Stato[1].

[1] V. artt. 2352, 2355, 2357-bis, 2357-ter, 2359-ter, 2470, 2471-bis c.c.

V., anche, artt. 2449 ss. c.c.

11. *Organi amministrativi e di controllo delle società a controllo pubblico.* 1. Salvi gli ulteriori requisiti previsti dallo statuto, i componenti degli organi amministrativi e di controllo di società a controllo pubblico devono possedere i requisiti di onorabilità, professionalità e autonomia stabiliti con decreto del Presidente del Consiglio dei ministri, su proposta del Ministro dell'economia e delle finanze, previa intesa in Conferenza unificata ai sensi dell'articolo 9 del decreto legislativo 28 agosto 1997, n. 281. Resta fermo quanto disposto dall'articolo 12 del decreto legislativo 8 aprile 2013, n. 39, e dall'articolo 5, comma 9, del decreto-legge 6 luglio 2012, n. 95, convertito, con modificazioni, dalla legge 7 agosto 2012, n. 135[1,2].

2. L'organo amministrativo delle società a controllo pubblico è costituito, di norma, da un amministratore unico.

3. L'assemblea della società a controllo pubblico, con delibera motivata con riguardo a specifiche ragioni di adeguatezza organizzativa e tenendo conto delle esigenze di contenimento dei costi, può disporre che la società sia amministrata da un consiglio di amministrazione composto da tre o cinque membri, ovvero che sia adottato uno dei sistemi alternativi di amministrazione e controllo previsti dai paragrafi 5 e 6 della sezione VI-bis del capo V del titolo V del libro V del codice civile. La delibera è trasmessa alla sezione della Corte dei conti competente ai sensi dell'articolo 5, comma 4, e alla struttura di cui all'articolo 15[3].

4. Nella scelta degli amministratori delle società a controllo pubblico, le amministrazioni assicurano il rispetto del principio di equilibrio di genere, almeno nella misura di un terzo, da computare sul numero complessivo delle designazioni o nomine effettuate in corso d'anno. Qualora la società abbia un organo amministrativo collegiale, lo statuto prevede che la scelta degli amministratori da eleggere sia effettuata nel rispetto dei criteri stabiliti dalla legge 12 luglio 2011, n. 120.

5. Quando la società a controllo pubblico sia costituita in forma di società a responsabilità limitata, non è consentito, in deroga all'articolo 2475, terzo comma, del codice civile, prevedere che l'amministrazione sia affidata, disgiuntamente o congiuntamente, a due o più soci.

6. Con decreto del Ministro dell'economia e delle finanze, previo parere delle Commissioni parlamentari competenti, per le società a controllo pubblico sono definiti indicatori dimensionali quantitativi e qualitativi al fine di individuare fino a cinque fasce per la classificazione delle suddette società. Per le società controllate dalle regioni o dagli enti locali, il decreto di cui al primo periodo è adottato previa intesa in Conferenza unificata ai sensi dell'articolo 9 del decreto legislativo 28 agosto 1997, n. 281. Per ciascuna fascia è determinato, in proporzione, il limite dei compensi massimi al quale gli organi di dette società devono fare riferimento, secondo criteri oggettivi e trasparenti, per la determinazione del trattamento economico annuo onnicomprensivo da corrispondere agli amministratori, ai titolari e componenti degli organi di controllo, ai dirigenti e ai dipendenti, che non potrà comunque eccedere il limite massimo di euro 240.000 annui al lordo dei contributi previdenziali e assistenziali e degli oneri fiscali a carico del beneficiario, tenuto conto anche dei compensi corrisposti da altre pubbliche amministrazioni o da altre società a controllo pubblico. Le stesse società verificano il rispetto del limite massimo del trattamento economico annuo onnicomprensivo dei propri amministratori e dipendenti fissato con il suddetto decreto. Sono in ogni caso fatte salve le disposizioni legislative e regolamentari che prevedono limiti ai compensi inferiori a quelli previsti dal decreto di cui al presente comma. Il decreto stabilisce altresì i criteri di determinazione della parte variabile della remunerazione, commisurata ai risultati di bilancio raggiunti dalla società nel corso dell'esercizio precedente. In caso di risultati negativi attribuibili alla responsabilità dell'amministratore, la parte variabile non può essere corrisposta[1].

7. Fino all'emanazione del decreto di cui al comma 6 restano in vigore le disposizioni di cui all'articolo 4, comma 4, secondo periodo, del decreto-legge 6 luglio 2012, n. 95, convertito, con modificazioni, dalla legge 7 agosto 2012, n. 135, e successive modificazioni, e al decreto del Ministro dell'economia e delle finanze 24 dicembre 2013, n. 166.

8. Gli amministratori delle società a controllo pubblico non possono essere dipendenti delle amministrazioni pubbliche controllanti o vigilanti. Qualora siano dipendenti della società controllante, in virtù del principio di onnicomprensività della retribuzione, fatto salvo il diritto alla copertura assicurativa e al rimborso delle spese documentate, nel rispetto del limite di spesa di cui al comma 6, essi hanno l'obbligo di riversare i relativi compensi alla società di appartenenza. Dall'applicazione del presente comma non possono derivare aumenti della spesa complessiva per i compensi degli amministratori.

9. Gli statuti delle società a controllo pubblico prevedono altresì:

a) l'attribuzione da parte del consiglio di amministrazione di deleghe di gestione a un solo amministratore, salva l'attribuzione di deleghe al presidente ove preventivamente autorizzata dall'assemblea;

b) l'esclusione della carica di vicepresidente o la previsione che la carica stessa sia attribuita esclusivamente quale modalità di individuazione del sostituto del presidente in caso di assenza o impedimento, senza riconoscimento di compensi aggiuntivi;

c) il divieto di corrispondere gettoni di presenza o premi di risultato deliberati dopo lo svolgimento dell'attività, e il divieto di corrispondere trattamenti di fine mandato, ai componenti degli organi sociali;

d) il divieto di istituire organi diversi da quelli previsti dalle norme generali in tema di società.

10. È comunque fatto divieto di corrispondere ai dirigenti delle società a controllo pubblico indennità o trattamenti di fine mandato diversi o ulteriori rispetto a quelli previsti dalla legge o dalla contrattazione collettiva ovvero di stipulare patti o accordi di non concorrenza, anche ai sensi dell'articolo 2125 del codice civile.

11. Nelle società di cui amministrazioni pubbliche detengono il controllo indiretto, non è consentito nominare, nei consigli di amministrazione o di gestione, amministratori della società controllante, a meno che siano attribuite ai medesimi deleghe gestionali a carattere continuativo ovvero che la nomina risponda all'esigenza di rendere disponibili alla società controllata particolari e comprovate competenze tecniche degli amministratori della società controllante o di favorire l'esercizio dell'attività di direzione e coordinamento.

12. Coloro che hanno un rapporto di lavoro con società a controllo pubblico e che sono al tempo stesso componenti degli organi di amministrazione della società con cui è instaurato il rapporto di lavoro, sono collocati in aspettativa non retribuita e con sospensione della loro iscrizione ai competenti istituti di

previdenza e di assistenza, salvo che rinuncino ai compensi dovuti a qualunque titolo agli amministratori.

13. Le società a controllo pubblico limitano ai casi previsti dalla legge la costituzione di comitati con funzioni consultive o di proposta. Per il caso di loro costituzione, non può comunque essere riconosciuta ai componenti di tali comitati alcuna remunerazione complessivamente superiore al 30 per cento del compenso deliberato per la carica di componente dell'organo amministrativo e comunque proporzionata alla qualificazione professionale e all'entità dell'impegno richiesto.

14. Restano ferme le disposizioni in materia di inconferibilità e incompatibilità di incarichi di cui al decreto legislativo 8 aprile 2013, n. 39.

15. Agli organi di amministrazione e controllo delle società *in house* si applica il decreto-legge 16 maggio 1994, n. 293, convertito, con modificazioni, dalla legge 15 luglio 1994, n. 444.

16. Nelle società a partecipazione pubblica ma non a controllo pubblico, l'amministrazione pubblica che sia titolare di una partecipazione pubblica superiore al dieci per cento del capitale propone agli organi societari l'introduzione di misure analoghe a quelle di cui ai commi 6 e 10[4].

[1] Comma così modificato dall'art. 7, D.Lgs. 16 giugno 2017, n. 100, a decorrere dal 27 giugno 2017.

[2] Si riporta l'art. 12 (*Incompatibilità tra incarichi dirigenziali interni e esterni e cariche di componenti degli organi di indirizzo nelle amministrazioni statali, regionali e locali*) del D.Lgs. 8 aprile 2013, n. 39 (Disposizioni in materia di inconferibilità e incompatibilità di incarichi presso le pubbliche amministrazioni e presso gli enti privati in controllo pubblico, a norma dell'articolo 1, commi 49 e 50, della legge 6 novembre 2012, n. 190): *1. Gli incarichi dirigenziali, interni e esterni, nelle pubbliche amministrazioni, negli enti pubblici e negli enti di diritto privato in controllo pubblico sono incompatibili con l'assunzione e il mantenimento, nel corso dell'incarico, della carica di componente dell'organo di indirizzo nella stessa amministrazione o nello stesso ente pubblico che ha conferito l'incarico, ovvero con l'assunzione e il mantenimento, nel corso dell'incarico, della carica di presidente e amministratore delegato nello stesso ente di diritto privato in controllo pubblico che ha conferito l'incarico.*

2. Gli incarichi dirigenziali, interni e esterni, nelle pubbliche amministrazioni, negli enti pubblici e negli enti di diritto privato in controllo pubblico di livello nazionale, regionale e locale sono incompatibili con l'assunzione, nel corso dell'incarico, della carica di Presidente del Consiglio dei ministri, Ministro, Vice Ministro, sottosegretario di Stato e commissario straordinario del Governo di cui all'articolo 11 della legge 23 agosto 1988, n. 400, o di parlamentare.

3. Gli incarichi dirigenziali, interni e esterni, nelle pubbliche amministrazioni, negli enti pubblici e negli enti di diritto privato in controllo pubblico di livello regionale sono incompatibili:

a) con la carica di componente della giunta o del consiglio della regione interessata;

b) con la carica di componente della giunta o del consiglio di una provincia, di un comune con popolazione superiore ai 15.000 abitanti o di una forma associativa tra comuni avente la medesima popolazione della medesima regione;

c) con la carica di presidente e amministratore delegato di enti di diritto privato in controllo pubblico da parte della regione.

4. Gli incarichi dirigenziali, interni e esterni, nelle pubbliche amministrazioni, negli enti pubblici e negli enti di diritto privato in controllo pubblico di livello provinciale o comunale sono incompatibili:

a) con la carica di componente della giunta o del consiglio della regione;

b) con la carica di componente della giunta o del consiglio di una provincia, di un comune con popolazione superiore ai 15.000 abitanti o di una forma associativa tra comuni avente la medesima popolazione, ricompresi nella stessa regione dell'amministrazione locale che ha conferito l'incarico;

c) con la carica di componente di organi di indirizzo negli enti di diritto privato in controllo pubblico da parte della regione, nonchè di province, comuni con popolazione superiore ai 15.000 abitanti o di forme associative tra comuni aventi la medesima popolazione della stessa regione.

[3] Comma così sostituito dall'art. 7, D.Lgs. 16 giugno 2017, n. 100, a decorrere dal 27 giugno 2017.

[4] V. artt. 2125, 2359, 2380 ss., 2475 ss. c.c.

V., anche, artt. 2449 ss. c.c.

12. *Responsabilità degli enti partecipanti e dei componenti degli organi delle società partecipate.* 1. I componenti degli organi di amministrazione e controllo delle società partecipate sono soggetti alle azioni civili di responsabilità previste dalla disciplina ordinaria delle società di capitali, salva la giurisdizione della Corte dei conti per il danno erariale causato dagli amministratori e dai dipendenti delle società in house. È devoluta alla Corte dei conti, nei limiti della quota di partecipazione pubblica, la giurisdizione sulle controversie in materia di danno erariale di cui al comma 2.

2. Costituisce danno erariale il danno, patrimoniale o non patrimoniale, subito dagli enti partecipanti, ivi compreso il danno conseguente alla condotta dei rappresentanti degli enti pubblici partecipanti o comunque dei titolari del potere di decidere per essi, che, nell'esercizio dei propri diritti di socio, abbiano con dolo o colpa grave pregiudicato il valore della partecipazione[1].

[1] V. art. 16-bis, D.L. 31 dicembre 2007, n. 248, convertito in L. 28 febbraio 2008, n. 31 (Proroga di termini previsti da disposizioni legislative e disposizioni urgenti in materia finanziaria) che dispone: Responsabilità degli amministratori di società quotate partecipate da amministrazioni pubbliche. *1. Per le società con azioni quotate in mercati regolamentati, con partecipazione anche indiretta dello Stato o di altre amministrazioni o di enti pubblici, inferiore al 50 per cento, nonché per le loro controllate, la responsabilità degli amministratori e dei dipendenti è regolata dalle norme del diritto civile e le relative controversie sono devolute esclusivamente alla giu-*

risdizione del giudice ordinario. Le disposizioni di cui al primo periodo non si applicano ai giudizi in corso alla data di entrata in vigore della legge di conversione del presente decreto.

V. artt. 2393 e 2476 c.c.

V., anche, artt. 2449 ss. c.c.

V., inoltre, D.Lgs. n. 174/2016, Codice di giustizia contabile. In particolare gli artt. 1 (Ambiti della giurisdizione contabile), 2 (Principio di effettività), 73 ss. (Azioni a tutela delle ragioni del credito erariale), 83 ss. (Rito ordinario)

V., infine, artt. 5, 192, 193, D.Lgs. n. 50/2016 (Codice dei contratti pubblici)

13. *Controllo giudiziario sull'amministrazione di società a controllo pubblico.* 1. Nelle società a controllo pubblico, in deroga ai limiti minimi di partecipazione previsti dall'articolo 2409 del codice civile, ciascuna amministrazione pubblica socia, indipendentemente dall'entità della partecipazione di cui è titolare, è legittimata a presentare denunzia di gravi irregolarità al tribunale.

2. Il presente articolo si applica anche alle società a controllo pubblico costituite in forma di società a responsabilità limitata[1].

[1] V. artt. 2409 c.c., 2462 ss., 2476 c.c.

V., anche, artt. 2449 ss. c.c.

V., inoltre, l'art. 147-quater , D.Lgs. n. 267/2000, che dispone: Controlli sulle società partecipate non quotate. *1. L'ente locale definisce, secondo la propria autonomia organizzativa, un sistema di controlli sulle società non quotate, partecipate dallo stesso ente locale. Tali controlli sono esercitati dalle strutture proprie dell'ente locale, che ne sono responsabili.*

2. Per l'attuazione di quanto previsto al comma 1 del presente articolo, l'amministrazione definisce preventivamente, in riferimento all'articolo 170, comma 6, gli obiettivi gestionali a cui deve tendere la società partecipata, secondo parametri qualitativi e quantitativi, e organizza un idoneo sistema informativo finalizzato a rilevare i rapporti finanziari tra l'ente proprietario e la società, la situazione contabile, gestionale e organizzativa della società, i contratti di servizio, la qualità dei servizi, il rispetto delle norme di legge sui vincoli di finanza pubblica.

3. Sulla base delle informazioni di cui al comma 2, l'ente locale effettua il monitoraggio periodico sull'andamento delle società non quotate partecipate, analizza gli scostamenti rispetto agli obiettivi assegnati e individua le opportune azioni correttive, anche in riferimento a possibili squilibri economico-finanziari rilevanti per il bilancio dell'ente.

4. I risultati complessivi della gestione dell'ente locale e delle aziende non quotate partecipate sono rilevati mediante bilancio consolidato, secondo la competenza economica, predisposto secondo le modalità previste dal decreto legislativo 23 giugno 2011, n. 118, e successive modificazioni.

5. Le disposizioni del presente articolo si applicano, in fase di prima applicazione, agli enti locali con popolazione superiore a 100.000 abitanti, per l'anno 2014 agli enti locali con popolazione superiore a 50.000 abitanti e, a decorrere dall'anno 2015, agli enti locali con popolazione superiore a 15.000 abitanti, ad eccezione del comma 4, che si applica a tutti gli enti locali a decorrere dall'anno 2015, secondo le disposizioni recate dal decreto legislativo 23 giugno 2011, n. 118. Le disposizioni del presente articolo non si applicano alle società quotate e a quelle da esse controllate ai sensi dell'articolo 2359 del codice civile. A tal fine, per società quotate partecipate dagli enti di cui al presente articolo si intendono le società emittenti strumenti finanziari quotati in mercati regolamentati.

14. *Crisi d'impresa di società a partecipazione pubblica.* 1. Le società a partecipazione pubblica sono soggette alle disposizioni sul fallimento e sul concordato preventivo, nonchè, ove ne ricorrano i presupposti, a quelle in materia di amministrazione straordinaria delle grandi imprese in stato di insolvenza di cui al decreto legislativo 8 luglio 1999, n. 270, e al decreto-legge 23 dicembre 2003, n. 347, convertito, con modificazioni, dalla legge 18 febbraio 2004, n. 39[1].

2. Qualora emergano, nell'ambito dei programmi di valutazione del rischio di cui all'articolo 6, comma 2, uno o più indicatori di crisi aziendale, l'organo amministrativo della società a controllo pubblico adotta senza indugio i provvedimenti necessari al fine di prevenire l'aggravamento della crisi, di correggerne gli effetti ed eliminarne le cause, attraverso un idoneo piano di risanamento[1].

3. Quando si determini la situazione di cui al comma 2, la mancata adozione di provvedimenti adeguati, da parte dell'organo amministrativo, costituisce grave irregolarità ai sensi dell'articolo 2409 del codice civile[1].

4. Non costituisce provvedimento adeguato, ai sensi dei commi 1 e 2, la previsione di un ripianamento delle perdite da parte dell'amministrazione o delle amministrazioni pubbliche socie, anche se attuato in concomitanza a un aumento di capitale o ad un trasferimento straordinario di partecipazioni o al rilascio di garanzie o in qualsiasi altra forma giuridica, a meno che tale intervento sia accompagnato da un piano di ristrutturazione aziendale, dal quale risulti comprovata la sussistenza di concrete prospettive di recupero dell'equilibrio economico delle attività svolte, approvato ai sensi del comma 2, anche in deroga al comma 5[1].

5. Le amministrazioni di cui all'articolo 1, comma 3, della legge 31 dicembre 2009, n. 196, non possono, salvo quanto previsto dagli articoli 2447 e 2482-*ter* del codice civile, sottoscrivere aumenti di capitale, effettuare trasferimenti straordinari, aperture di credito, nè rilasciare garanzie a favore delle società partecipate, con esclusione delle società quotate e degli istituti di credito, che abbiano registrato, per tre esercizi consecutivi, perdite di esercizio ovvero che abbiano utilizzato riserve disponibili per il ripianamento di perdite anche infrannuali. Sono in ogni caso consentiti i trasferimenti straordinari alle società di cui al primo periodo, a fronte di convenzioni, contratti di servizio o di programma relativi allo svolgimento di servizi di pubblico interesse ovvero alla

realizzazione di investimenti, purchè le misure indicate siano contemplate in un piano di risanamento, approvato dall'Autorità di regolazione di settore ove esistente e comunicato alla Corte dei conti con le modalità di cui all'articolo 5, che contempli il raggiungimento dell'equilibrio finanziario entro tre anni. Al fine di salvaguardare la continuità nella prestazione di servizi di pubblico interesse, a fronte di gravi pericoli per la sicurezza pubblica, l'ordine pubblico e la sanità, su richiesta della amministrazione interessata, con decreto del Presidente del Consiglio dei ministri, adottato su proposta del Ministro dell'economia e delle finanze, di concerto con gli altri Ministri competenti e soggetto a registrazione della Corte dei conti, possono essere autorizzati gli interventi di cui al primo periodo del presente comma[1].

6. Nei cinque anni successivi alla dichiarazione di fallimento di una società a controllo pubblico titolare di affidamenti diretti, le pubbliche amministrazioni controllanti non possono costituire nuove società, nè acquisire o mantenere partecipazioni in società, qualora le stesse gestiscano i medesimi servizi di quella dichiarata fallita[2].

[1] Comma così modificato dall'art. 8, D.Lgs. 16 giugno 2017, n. 100, a decorrere dal 27 giugno 2017.

[2] V. art. 1, comma 1, D.Lgs. 12 gennaio 2019, n. 14 (Codice della crisi d'impresa e dell'insilvenza), che dispone: Ambito di applicazione. *1. Il presente codice disciplina le situazioni di crisi o insolvenza del debitore, sia esso consumatore o professionista, ovvero imprenditore che eserciti, anche non a fini di lucro, un'attività commerciale, artigiana o agricola, operando quale persona fisica, persona giuridica o altro ente collettivo, gruppo di imprese o società pubblica, con esclusione dello Stato e degli enti pubblici.*

V., anche, art. 1, R.D. 16 marzo 1942, n. 267 (L. fall.), che dispone: Imprese soggette al fallimento e al concordato preventivo. *Sono soggetti alle disposizioni sul fallimento e sul concordato preventivo gli imprenditori che esercitano una attività commerciale, esclusi gli enti pubblici.*

Non sono soggetti alle disposizioni sul fallimento e sul concordato preventivo gli imprenditori di cui al primo comma, i quali dimostrino il possesso congiunto dei seguenti requisiti:

a) aver avuto, nei tre esercizi antecedenti la data di deposito della istanza di fallimento o dall'inizio dell'attività se di durata inferiore, un attivo patrimoniale di ammontare complessivo annuo non superiore ad euro trecentomila;

b) aver realizzato, in qualunque modo risulti, nei tre esercizi antecedenti la data di deposito dell'istanza di fallimento o dall'inizio dell'attività se di durata inferiore, ricavi lordi per un ammontare complessivo annuo non superiore ad euro duecentomila;

c) avere un ammontare di debiti anche non scaduti non superiore ad euro cinquecentomila.

I limiti di cui alle lettere a), b) e c) del secondo comma possono essere aggiornati ogni tre anni con decreto del Ministro della Giustizia, sulla base della media delle variazioni degli indici Istat del prezzi al consumo per le famiglie di operai ed impiegati intervenute nel periodo di riferimento.

V., inoltre, artt. 2447 e 2482 c.c.

V., infine, art. 2, del presente decreto legislativo.

15. *Monitoraggio, indirizzo e coordinamento sulle società a partecipazione pubblica.* 1. Nell'ambito del Ministero dell'economia e delle finanze, nei limiti delle risorse disponibili a legislazione vigente, con decreto del Ministro dell'economia e delle finanze, è individuata la struttura competente per l'indirizzo, il controllo e il monitoraggio sull'attuazione del presente decreto. Il Ministero dell'economia e delle finanze assicura la separazione, a livello organizzativo, tra la suddetta struttura e gli uffici responsabili dell'esercizio dei diritti sociali[1].

2. Fatte salve le norme di settore e le competenze dalle stesse previste, ai fini dell'applicazione delle disposizioni del presente decreto, la struttura di cui al comma 1 fornisce orientamenti e indicazioni in materia di applicazione del presente decreto e del decreto legislativo 11 novembre 2003, n. 333, e promuove le migliori pratiche presso le società a partecipazione pubblica, adotta nei confronti delle stesse società le direttive sulla separazione contabile e verifica il loro rispetto, ivi compresa la relativa trasparenza.

3. La struttura di cui al comma 1 tiene un elenco pubblico, accessibile anche in via telematica, di tutte le società a partecipazione pubblica esistenti, utilizzando le informazioni della banca dati di cui all'articolo 17, comma 4, del decreto-legge 24 giugno 2014, n. 90, convertito, con modificazioni, dalla legge 11 agosto 2014, n. 114.

4. Fermo restando quanto disposto dal citato articolo 17, comma 4, del decreto-legge n. 90 del 2014, le amministrazioni pubbliche e le società a partecipazione pubblica inviano alla struttura cui al comma 1, con le modalità e nei termini da essa stabiliti, le segnalazioni periodiche e ogni altro dato o documento richiesto. Esse trasmettono anche i bilanci e gli altri documenti obbligatori, di cui all'articolo 6 del presente decreto, con le modalità e nei termini stabiliti dalla medesima struttura[2].

5. In relazione agli obblighi previsti dal presente decreto, i poteri ispettivi di cui all'articolo 6, comma 3, del decreto-legge 6 luglio 2012, n. 95, convertito, con modificazioni, dalla legge 7 agosto 2012, n. 135, sono esercitati nei confronti di tutte le società a partecipazione pubblica[3].

[1] Comma così modificato dall'art. 9, D.Lgs. 16 giugno 2017, n. 100, a decorrere dal 27 giugno 2017.

[2] Si riporta l'art. 17, comma 4, D.L. 24 giugno 2014, n. 90, convertito in L. 11 agosto 2014, n. 114: *4. A decorrere dal 1° gennaio 2015, il Ministero dell'economia e delle finanze acquisisce le informazioni relative alle partecipazioni in società ed enti di diritto pubblico e di diritto privato detenute direttamente o indirettamente dalle amministrazioni pubbliche individuate dall'Istituto nazionale di statistica ai sensi dell'art. 1 della legge 31 dicembre 2009, n. 196, e successive modificazioni, e da quelle di cui all'art. 1, comma 2, del decreto legislativo 30 marzo 2001, n. 165, e successive modificazioni. L'ac-*

quisizione delle predette informazioni può avvenire attraverso banche dati esistenti ovvero con la richiesta di invio da parte delle citate amministrazioni pubbliche ovvero da parte delle società da esse partecipate. Tali informazioni sono rese disponibili alla banca dati delle amministrazioni pubbliche di cui all'art. 13 della legge 31 dicembre 2009, n. 196. Con decreto del Ministro dell'economia e delle finanze, di concerto con il Ministro delegato per la semplificazione e la pubblica amministrazione, da adottare entro novanta giorni dalla data di entrata in vigore della legge di conversione del presente decreto, sono indicate le informazioni che le amministrazioni sono tenute a comunicare e definite le modalità tecniche di attuazione del presente comma. L'elenco delle amministrazioni adempienti e di quelle non adempienti all'obbligo di comunicazione è pubblicato sul sito istituzionale del Dipartimento del Tesoro del Ministero dell'economia e delle finanze e su quello del Dipartimento della funzione pubblica della Presidenza del Consiglio dei Ministri.

[3] V. artt. 5, 11, comma 3, 14, comma 5, 16, comma 3, 20, 24 e 26, del presente decreto legislativo.

16. *Società in house.* 1. Le società in house ricevono affidamenti diretti di contratti pubblici dalle amministrazioni che esercitano su di esse il controllo analogo o da ciascuna delle amministrazioni che esercitano su di esse il controllo analogo congiunto solo se non vi sia partecipazione di capitali privati, ad eccezione di quella prescritta da norme di legge e che avvenga in forme che non comportino controllo o potere di veto, nè l'esercizio di un'influenza determinante sulla società controllata.

2. Ai fini della realizzazione dell'assetto organizzativo di cui al comma 1:

a) gli statuti delle società per azioni possono contenere clausole in deroga delle disposizioni dell'articolo 2380-*bis* e dell'articolo 2409-novies del codice civile;

b) gli statuti delle società a responsabilità limitata possono prevedere l'attribuzione all'ente o agli enti pubblici soci di particolari diritti, ai sensi dell'articolo 2468, terzo comma, del codice civile;

c) in ogni caso, i requisiti del controllo analogo possono essere acquisiti anche mediante la conclusione di appositi patti parasociali; tali patti possono avere durata superiore a cinque anni, in deroga all'articolo 2341-*bis*, primo comma, del codice civile.

3. Gli statuti delle società di cui al presente articolo devono prevedere che oltre l'ottanta per cento del loro fatturato sia effettuato nello svolgimento dei compiti a esse affidati dall'ente pubblico o dagli enti pubblici soci[1].

3-*bis*. La produzione ulteriore rispetto al limite di fatturato di cui al comma 3, che può essere rivolta anche a finalità diverse, è consentita solo a condizione che la stessa permetta di conseguire economie di scala o altri recuperi di efficienza sul complesso dell'attività principale della società[2].

4. Il mancato rispetto del limite quantitativo di cui al comma 3 costituisce grave irregolarità ai sensi dell'articolo 2409 del codice civile e dell'articolo 15 del presente decreto.

5. Nel caso di cui al comma 4, la società può sanare l'irregolarità se, entro tre mesi dalla data in cui la stessa si è manifestata, rinunci a una parte dei rapporti con soggetti terzi, sciogliendo i relativi rapporti contrattuali, ovvero rinunci agli affidamenti diretti da parte dell'ente o degli enti pubblici soci, sciogliendo i relativi rapporti. In quest'ultimo caso le attività precedentemente affidate alla società controllata devono essere riaffidate, dall'ente o dagli enti pubblici soci, mediante procedure competitive regolate dalla disciplina in materia di contratti pubblici, entro i sei mesi successivi allo scioglimento del rapporto contrattuale. Nelle more dello svolgimento delle procedure di gara i beni o servizi continueranno ad essere forniti dalla stessa società controllata[1].

6. Nel caso di rinuncia agli affidamenti diretti, di cui al comma 5, la società può continuare la propria attività se e in quanto sussistano i requisiti di cui all'articolo 4. A seguito della cessazione degli affidamenti diretti, perdono efficacia le clausole statutarie e i patti parasociali finalizzati a realizzare i requisiti del controllo analogo.

7. Le società di cui al presente articolo sono tenute all'acquisto di lavori, beni e servizi secondo la disciplina di cui al decreto legislativo n. 50 del 2016. Resta fermo quanto previsto dagli articoli 5 e 192 del medesimo decreto legislativo n. 50 del 2016[1 3].

[1] Comma così modificato dall'art. 10, D.Lgs. 16 giugno 2017, n. 100, a decorrere dal 27 giugno 2017.

[2] Comma aggiunto dall'art. 10, D.Lgs. 16 giugno 2017, n. 100, a decorrere dal 27 giugno 2017.

[3] V. art. 17 direttiva 2014/23/UE, che dispone: Concessioni tra enti nell'ambito del settore pubblico. *1. Una concessione aggiudicata da un'amministrazione aggiudicatrice o da un ente aggiudicatore ai sensi dell'articolo 7, paragrafo 1, lettera a), a una persona giuridica di diritto pubblico o di diritto privato non rientra nell'ambito di applicazione della presente direttiva quando siano soddisfatte tutte le seguenti condizioni:*

a) l'amministrazione aggiudicatrice o l'ente aggiudicatore esercita sulla persona giuridica di cui trattasi un controllo analogo a quello da esso esercitato sui propri servizi;

b) oltre l'80 % delle attività della persona giuridica controllata sono effettuate nello svolgimento dei compiti ad essa affidati dall'amministrazione aggiudicatrice o dall'ente aggiudicatore controllante o da altre persone giuridiche controllate dall'amministrazione aggiudicatrice o dall'ente aggiudicatore di cui trattasi; e

c) nella persona giuridica controllata non vi è alcuna partecipazione di capitali privati diretti, ad eccezione di forme di partecipazione di capitali privati che non comportano controllo o potere di veto, prescritte dalle disposizioni legislative nazionali, in conformità dei trattati, che non esercitano un'influenza determinante sulla persona giuridica controllata.

Si ritiene che un'amministrazione aggiudicatrice o un ente aggiudicatore di cui all'articolo 7, paragrafo 1, lettera a), eser-

citi su una persona giuridica un controllo analogo a quello da esso esercitato sui propri servizi ai sensi del presente paragrafo, primo comma, lettera a), quando esercita un'influenza decisiva sugli obiettivi strategici e sulle decisioni significative della persona giuridica controllata. Tale controllo può anche essere esercitato da una persona giuridica diversa, a sua volta controllata allo stesso modo dall'amministrazione aggiudicatrice o dall'ente aggiudicatore.

2. Il paragrafo 1 si applica anche quando una persona giuridica controllata che è un'amministrazione aggiudicatrice o un ente aggiudicatore di cui all'articolo 7, paragrafo 1, lettera a), aggiudica una concessione all'amministrazione aggiudicatrice o all'ente aggiudicatore che lo controlla oppure a un'altra persona giuridica controllata dalla stessa amministrazione aggiudicatrice o ente aggiudicatore, purché non vi sia partecipazione di capitali privati diretti nella persona giuridica cui viene aggiudicata la concessione, ad eccezione di forme di partecipazione di capitali privati che non comportano controllo o potere di veto, prescritte dalle disposizioni legislative nazionali, in conformità dei trattati, che non esercitano un'influenza determinante sulla persona giuridica controllata.

3. Un'amministrazione aggiudicatrice o un ente aggiudicatore di cui all'articolo 7, paragrafo 1, lettera a), che non eserciti su una persona giuridica di diritto pubblico o di diritto privato un controllo ai sensi del paragrafo 1 del presente articolo, può nondimeno aggiudicare una concessione a tale persona giuridica senza applicare la presente direttiva qualora siano soddisfatte tutte le seguenti condizioni:

a) l'amministrazione aggiudicatrice o l'ente aggiudicatore di cui all'articolo 7, paragrafo 1, lettera a), esercitano congiuntamente con altre amministrazioni aggiudicatrici o altri enti aggiudicatori su detta persona giuridica un controllo analogo a quello da essi esercitato sui propri servizi;

b) oltre l'80 % delle attività di tale persona giuridica sono effettuate nello svolgimento dei compiti ad essa affidati dalle amministrazioni aggiudicatrici o dagli enti aggiudicatori controllanti o da altre persone giuridiche controllate dalle stesse amministrazioni aggiudicatrici o enti aggiudicatori; e

c) nella persona giuridica controllata non vi è alcuna partecipazione di capitali privati diretti, ad eccezione di forme di partecipazione di capitali privati che non comportano controllo o potere di veto, prescritte dalle disposizioni legislative nazionali, in conformità dei trattati, che non esercitano un'influenza determinante sulla persona giuridica controllata.

Ai fini del presente paragrafo, primo comma, lettera a), le amministrazioni aggiudicatrici o gli enti aggiudicatori di cui all'articolo 7, paragrafo 1, lettera a), esercitano congiuntamente il controllo su una persona giuridica qualora siano soddisfatte tutte le seguenti condizioni:

i) gli organi decisionali della persona giuridica controllata sono composti da rappresentanti di tutte le amministrazioni aggiudicatrici o enti aggiudicatori partecipanti. Singoli rappresentanti possono rappresentare varie o tutte le amministrazioni aggiudicatrici o gli enti aggiudicatori partecipanti;

ii) tali amministrazioni aggiudicatrici o enti aggiudicatori sono in grado di esercitare congiuntamente un'influenza determinante sugli obiettivi strategici e sulle decisioni significative di detta persona giuridica; e

iii) la persona giuridica controllata non persegue interessi contrari a quelli delle amministrazioni aggiudicatrici o degli enti aggiudicatori controllanti.

4. Un contratto concluso esclusivamente fra due o più amministrazioni aggiudicatrici o enti aggiudicatori di cui all'articolo 7, paragrafo 1, lettera a), non rientra nell'ambito di applicazione della presente direttiva qualora siano soddisfatte tutte le seguenti condizioni:

a) il contratto stabilisce o realizza una cooperazione tra le amministrazioni aggiudicatrici o gli enti aggiudicatori partecipanti, finalizzata a fare in modo che i servizi pubblici che esse sono tenute a svolgere siano prestati nell'ottica di conseguire gli obiettivi che esse hanno in comune;

b) l'attuazione di tale cooperazione è retta esclusivamente da considerazioni inerenti all'interesse pubblico; e

c) le amministrazioni aggiudicatrici o gli enti aggiudicatori partecipanti svolgono sul mercato aperto meno del 20 % delle attività interessate dalla cooperazione;

5. Per determinare la percentuale delle attività di cui al paragrafo 1, primo comma, lettera b), al paragrafo 3, primo comma, lettera b), e al paragrafo 4, lettera c), si prende in considerazione il fatturato totale medio, o una idonea misura alternativa basata sull'attività, quali i costi sostenuti dalla persona giuridica, l'amministrazione aggiudicatrice o l'ente aggiudicatore di cui all'articolo 7, paragrafo 1, lettera a), in questione nei campi dei servizi, delle forniture e dei lavori per i tre anni precedenti l'aggiudicazione della concessione.

Se, a causa della data di costituzione o di inizio dell'attività della persona giuridica, amministrazione aggiudicatrice o ente aggiudicatore in questione, ovvero a causa della riorganizzazione delle sue attività, il fatturato, o la misura alternativa basata sull'attività, quali i costi, non è disponibile per i tre anni precedenti o non è più pertinente, è sufficiente dimostrare, segnatamente in base a proiezioni dell'attività, che la misura dell'attività è credibile.

V. art. 12 direttiva 2014/24/UE, che dispone: Appalti pubblici tra enti nell'ambito del settore pubblico. *1. Un appalto pubblico aggiudicato da un'amministrazione aggiudicatrice a una persona giuridica di diritto pubblico o di diritto privato non rientra nell'ambito di applicazione della presente direttiva quando siano soddisfatte tutte le seguenti condizioni:*

a) l'amministrazione aggiudicatrice esercita sulla persona giuridica di cui trattasi un controllo analogo a quello da essa esercitato sui propri servizi;

b) oltre l'80 % delle attività della persona giuridica controllata sono effettuate nello svolgimento dei compiti ad essa affidati dall'amministrazione aggiudicatrice controllante o da altre persone giuridiche controllate dall'amministrazione aggiudicatrice di cui trattasi; e

c) nella persona giuridica controllata non vi è alcuna partecipazione diretta di capitali privati, ad eccezione di forme di partecipazione di capitali privati che non comportano controllo o potere di veto, prescritte dalle disposizioni legislative nazionali, in conformità dei trattati, che non esercitano un'influenza determinante sulla persona giuridica controllata.

Si ritiene che un'amministrazione aggiudicatrice eserciti su una persona giuridica un controllo analogo a quello esercitato sui propri servizi ai sensi della lettera a) qualora essa eserciti un'influenza determinante sia sugli obiettivi strategici che sulle decisioni significative della persona giuridica controllata. Tale controllo può anche essere esercitato da una persona giuridica diversa, a sua volta controllata allo stesso modo dall'amministrazione aggiudicatrice.

2. Il paragrafo 1 si applica anche quando una persona giuridica controllata che è un'amministrazione aggiudicatrice aggiudica un appalto alla propria amministrazione aggiudicatrice controllante o ad un altro soggetto giuridico controllato dalla stessa amministrazione aggiudicatrice, a condizione che nella persona giuridica alla quale viene aggiudicato l'appalto pubblico non vi sia alcuna partecipazione diretta di capitali privati, ad eccezione di forme di partecipazione di capitali privati che non comportano controllo o potere di veto prescritte dalle disposizioni legislative nazionali, in conformità dei trattati, che non esercitano un'influenza determinante sulla persona giuridica controllata.

3. Un'amministrazione aggiudicatrice che non eserciti su una persona giuridica di diritto privato o pubblico un controllo ai sensi del paragrafo 1 può nondimeno aggiudicare un appalto pubblico a tale persona giuridica senza applicare la presente direttiva quando sono soddisfatte tutte le seguenti condizioni:

a) l'amministrazione aggiudicatrice esercita congiuntamente con altre amministrazioni aggiudicatrici un controllo sulla persona giuridica di cui trattasi analogo a quello da esse esercitato sui propri servizi;

b) oltre l'80 % delle attività di tale persona giuridica sono effettuate nello svolgimento dei compiti ad essa affidati dalle amministrazioni aggiudicatrici controllanti o da altre persone giuridiche controllate dalle amministrazioni aggiudicatrici di cui trattasi; e

c) nella persona giuridica controllata non vi è alcuna partecipazione diretta di capitali privati, ad eccezione di forme di partecipazione di capitali privati che non comportano controllo o potere di veto prescritte dalle disposizioni legislative nazionali, in conformità dei trattati, che non esercitano un'influenza determinante sulla persona giuridica controllata.

Ai fini del primo comma, lettera a), le amministrazioni aggiudicatrici esercitano su una persona giuridica un controllo congiunto quando sono soddisfatte tutte le seguenti condizioni:

i) gli organi decisionali della persona giuridica controllata sono composti da rappresentanti di tutte le amministrazioni aggiudicatrici partecipanti. Singoli rappresentanti possono rappresentare varie o tutte le amministrazioni aggiudicatrici partecipanti;

ii) tali amministrazioni aggiudicatrici sono in grado di esercitare congiuntamente un'influenza determinante sugli obiettivi strategici e sulle decisioni significative di detta persona giuridica; e

iii) la persona giuridica controllata non persegue interessi contrari a quelli delle amministrazioni aggiudicatrici controllanti.

4. Un contratto concluso esclusivamente tra due o più amministrazioni aggiudicatrici non rientra nell'ambito di applicazione della presente direttiva, quando sono soddisfatte tutte le seguenti condizioni:

a) il contratto stabilisce o realizza una cooperazione tra le amministrazioni aggiudicatrici partecipanti, finalizzata a garantire che i servizi pubblici che esse sono tenute a svolgere siano prestati nell'ottica di conseguire gli obiettivi che esse hanno in comune;

b) l'attuazione di tale cooperazione è retta esclusivamente da considerazioni inerenti all'interesse pubblico; e

c) le amministrazioni aggiudicatrici partecipanti svolgono sul mercato aperto meno del 20 % delle attività interessate dalla cooperazione.

5. Per determinare la percentuale delle attività di cui al paragrafo 1, primo comma, lettera b), al paragrafo 3, primo comma, lettera b), e al paragrafo 4, lettera c), si prende in considerazione il fatturato totale medio, o una idonea misura alternativa basata sull'attività, quali i costi sostenuti dalla persona giuridica o amministrazione aggiudicatrice in questione nei campi dei servizi, delle forniture e dei lavori per i tre anni precedenti l'aggiudicazione dell'appalto.

Se, a causa della data di costituzione o di inizio dell'attività della persona giuridica o amministrazione aggiudicatrice in questione, ovvero a causa della riorganizzazione delle sue attività, il fatturato, o la misura alternativa basata sull'attività, quali i costi, non è disponibile per i tre anni precedenti o non è più pertinente, è sufficiente dimostrare, segnatamente in base a proiezioni dell'attività, che la misura dell'attività è credibile.

V. art. 28 direttiva 2014/25/UE, che dispone: Appalti tra amministrazioni aggiudicatrici. *1. Un appalto aggiudicato da un'amministrazione aggiudicatrice a una persona giuridica di diritto pubblico o di diritto privato non rientra nell'ambito di applicazione della presente direttiva quando siano soddisfatte tutte le seguenti condizioni:*

a) l'amministrazione aggiudicatrice esercita sulla persona giuridica di cui trattasi un controllo analogo a quello da essa esercitato sui propri servizi;

b) oltre l'80 % delle attività di tale persona giuridica controllata sono effettuate nello svolgimento dei compiti ad essa affidati dall'amministrazione aggiudicatrice controllante o da altre persone giuridiche controllate dall'amministrazione aggiudicatrice di cui trattasi;

c) nella persona giuridica controllata non vi è alcuna partecipazione di capitali privati diretti, ad eccezione di forme di partecipazione di capitali privati che non comporta controllo o potere di veto, prescritte dalle disposizioni legislative nazionali, in conformità dei trattati, che non esercitano un'influenza determinante sulla persona giuridica controllata.

Si ritiene che un'amministrazione aggiudicatrice eserciti su una persona giuridica un controllo analogo a quello esercitato sui propri servizi ai sensi del primo comma, lettera a), qualora essa eserciti un'influenza determinante sia sugli obiettivi strategici che sulle decisioni significative della persona giuridica controllata. Tale controllo può anche essere esercitato da una persona giuridica diversa, a sua volta controllata allo stesso modo dall'amministrazione aggiudicatrice.

2. Il paragrafo 1 si applica anche quando una persona controllata che è un'amministrazione aggiudicatrice aggiudica un appalto alla propria amministrazione aggiudicatrice controllante o ad un'altra persona giuridica controllata dalla stessa amministrazione aggiudicatrice, a condizione che nella persona giuridica alla quale viene aggiudicato l'appalto pubblico non vi sia alcuna partecipazione di capitali privati diretti, ad eccezione di forme di partecipazione di capitali privati che non comporta controllo o potere di veto, prescritte dalle disposizioni legislative nazionali, in conformità dei trattati, che non esercitano un'influenza determinante sulla persona giuridica controllata.

3. Un'amministrazione aggiudicatrice che non eserciti su una persona giuridica di diritto privato o pubblico un controllo ai sensi del paragrafo 1 può nondimeno aggiudicare un appalto a tale persona giuridica senza applicare la presente direttiva, se sono soddisfatte tutte le seguenti condizioni:

a) l'amministrazione aggiudicatrice esercita congiuntamente con altre amministrazioni aggiudicatrici su tale persona giuridica un controllo analogo a quello da esse esercitato sui propri servizi;

b) oltre l'80 % delle attività di tale persona giuridica viene effettuato nello svolgimento dei compiti ad essa affidati dalle amministrazioni aggiudicatrici controllanti o da altre persone giuridiche controllate dalle amministrazioni aggiudicatrici di cui trattasi; e

c) nella persona giuridica controllata non vi è alcuna partecipazione di capitali privati diretti, ad eccezione di forme di partecipazione di capitali privati che non comporta controllo o potere di veto, prescritte dalle disposizioni legislative nazionali, in conformità dei trattati, che non esercitano un'influenza determinante sulla persona giuridica controllata.

Ai fini della lettera a), si ritiene che le amministrazioni aggiudicatrici esercitino su una persona giuridica un controllo congiunto quando sono soddisfatte tutte le seguenti condizioni:

i) gli organi decisionali della persona giuridica controllata sono composti da rappresentanti di tutte le amministrazioni aggiudicatrici partecipanti. Singoli rappresentanti possono rappresentare varie o tutte le amministrazioni aggiudicatrici partecipanti;

ii) tali amministrazioni aggiudicatrici sono in grado di esercitare congiuntamente un'influenza determinante sugli obiettivi strategici e sulle decisioni significative della persona giuridica controllata;

iii) la persona giuridica controllata non persegue interessi contrari a quelli delle amministrazioni aggiudicatrici controllanti.

4. Un contratto concluso esclusivamente tra due o più amministrazioni aggiudicatrici non rientra nell'ambito di applicazione della presente direttiva, quando sono soddisfatte tutte le seguenti condizioni:

a) il contratto stabilisce o realizza una cooperazione tra le amministrazioni aggiudicatrici partecipanti, finalizzata a fare in modo che i servizi pubblici che esse sono tenute a svolgere siano prestati nell'ottica di conseguire gli obiettivi che esse hanno in comune;

b) l'attuazione di tale cooperazione è retta esclusivamente da considerazioni relative all'interesse pubblico; e

c) le amministrazioni aggiudicatrici partecipanti svolgono sul mercato aperto meno del 20 % delle attività interessate dalla cooperazione.

5. Per determinare la percentuale delle attività di cui al paragrafo 1, primo comma, lettera b), al paragrafo 3, primo comma, lettera b), e al paragrafo 4, lettera c), si prende in considerazione il fatturato totale medio, o una idonea misura alternativa basata sull'attività, quali i costi sostenuti dalla pertinente persona giuridica nei campi dei servizi, delle forniture e dei lavori per i tre anni precedenti l'aggiudicazione dell'appalto.

Se, a causa della data di costituzione o di inizio dell'attività della persona giuridica pertinente, ovvero a causa della riorganizzazione delle sue attività, il fatturato, o la misura alternativa basata sull'attività, quali i costi, non è disponibile per i tre anni precedenti o non è più pertinente, basta che esso dimostri, segnatamente in base a proiezioni dell'attività, che la misura dell'attività è credibile.

V., anche, artt. 2497 ss. c.c.

V., infine, art. 2, del presente decreto legislativo.

17. *Società a partecipazione mista pubblico-privata.* 1. Nelle società a partecipazione mista pubblico-privata la quota di partecipazione del soggetto privato non può essere inferiore al trenta per cento e la selezione del medesimo si svolge con procedure di evidenza pubblica a norma dell'articolo 5, comma 9, del decreto legislativo n. 50 del 2016 e ha a oggetto, al contempo, la sottoscrizione o l'acquisto della partecipazione societaria da parte del socio privato e l'affidamento del contratto di appalto o di concessione oggetto esclusivo dell'attività della società mista[1].

2. Il socio privato deve possedere i requisiti di qualificazione previsti da norme legali o regolamentari in relazione alla prestazione per cui la società è stata costituita. All'avviso pubblico sono allegati la bozza dello statuto e degli eventuali accordi parasociali, nonchè degli elementi essenziali del contratto di servizio e dei disciplinari e regolamenti di esecuzione che ne costituiscono parte integrante. Il bando di gara deve specificare l'oggetto dell'affidamento, i necessari requisiti di qualificazione generali e speciali di carattere tecnico ed economico-finanziario dei concorrenti, nonchè il criterio di aggiudicazione che garantisca una valutazione delle offerte in condizioni di concorrenza effettiva in modo da individuare un vantaggio economico complessivo per l'amministrazione pubblica che ha indetto la procedura. I criteri di aggiudicazione possono includere, tra l'altro, aspetti qualitativi ambientali, sociali connessi all'oggetto dell'affidamento o relativi all'innovazione.

3. La durata della partecipazione privata alla società, aggiudicata ai sensi del comma 1 del presente articolo, non può essere superiore alla durata dell'appalto o della concessione. Lo statuto prevede meccanismi idonei a determinare lo scioglimento del rapporto societario in caso di risoluzione del contratto di servizio.

4. Nelle società di cui al presente articolo:

a) gli statuti delle società per azioni possono contenere clausole in deroga delle disposizioni dell'articolo 2380-*bis* e dell'articolo 2409-novies del codice civile al fine di consentire il controllo interno del socio pubblico sulla gestione dell'impresa;

b) gli statuti delle società a responsabilità limitata possono prevedere l'attribuzione all'ente o agli enti pubblici partecipanti e ai soci privati di particolari diritti, ai sensi dell'articolo 2468, terzo comma, del codice civile, e derogare all'articolo 2479, primo comma, del codice civile nel senso di eliminare o limitare la competenza dei soci;

c) gli statuti delle società per azioni possono prevedere l'emissione di speciali categorie di azioni e di azioni con prestazioni accessorie da assegnare al socio privato;

d) i patti parasociali possono avere durata superiore a cinque anni, in deroga all'articolo 2341-*bis*, primo comma, del codice civile, purchè entro i limiti di durata del contratto per la cui esecuzione la società è stata costituita.

5. Nel rispetto delle disposizioni del presente articolo, al fine di ottimizzare la realizzazione e la ge-

stione di più opere e servizi, anche non simultaneamente assegnati, la società può emettere azioni correlate ai sensi dell'articolo 2350, secondo comma, del codice civile, o costituire patrimoni destinati o essere assoggettata a direzione e coordinamento da parte di un'altra società.

6. Alle società di cui al presente articolo che non siano organismi di diritto pubblico, costituite per la realizzazione di lavori o opere o per la produzione di beni o servizi non destinati ad essere collocati sul mercato in regime di concorrenza, per la realizzazione dell'opera pubblica o alla gestione del servizio per i quali sono state specificamente costituite non si applicano le disposizioni del decreto legislativo n. 50 del 2016, se ricorrono le seguenti condizioni:

a) la scelta del socio privato è avvenuta nel rispetto di procedure di evidenza pubblica;

b) il socio privato ha i requisiti di qualificazione previsti dal decreto legislativo n. 50 del 2016 in relazione alla prestazione per cui la società è stata costituita;

c) la società provvede in via diretta alla realizzazione dell'opera o del servizio, in misura superiore al 70% del relativo importo[2].

[1] Comma così modificato dall'art. 11, D.Lgs. 16 giugno 2017, n. 100, a decorrere dal 27 giugno 2017.

[2] V. art. 2468, c.c. e artt. 17, comma 2, 59, 179 e 180, D.Lgs. 50/2016 (Codice dei contratti pubblici).

18. *Quotazione di società a controllo pubblico in mercati regolamentati.* 1. Le società controllate da una o più amministrazioni pubbliche possono quotare azioni o altri strumenti finanziari in mercati regolamentati, a seguito di deliberazione adottata ai sensi dell'articolo 5, comma 1, secondo le modalità di cui all'articolo 7, comma 1. L'atto deliberativo prevede uno specifico programma avente ad oggetto il mantenimento o la progressiva dismissione del controllo pubblico sulla società quotata.

2. L'atto deliberativo avente ad oggetto la richiesta di ammissione alla quotazione è adottato con le modalità di cui all'articolo 7, comma 1.

3. È fatta salva la possibilità di quotazione in mercati regolamentati di società a partecipazione pubblica singolarmente individuate, soggette a regimi speciali in base ad apposite norme di legge[1].

[1] V. L. 22 dicembre 1956, n. 1589 (Istituzione del Ministero delle partecipazioni statali), abrogata dal D.P.R. 5 giugno 1993, n. 174, in esito al referendum indetto con D.P.R. 25 febbraio 1993. Si riportano gli artt. 2 e 4 che, rispettivamente disponevano: Art. 2. *Sono devoluti al Ministero delle partecipazioni statali tutti i compiti e le attribuzioni spettanti, a norma delle vigenti disposizioni, al Ministero delle finanze per quanto attiene alle partecipazioni da esso finora gestite ed alle Aziende patrimoniali dello Stato.*

Al predetto Ministero sono egualmente devoluti tutti i compiti e le attribuzioni che, secondo le disposizioni vigenti, spettano al Consiglio dei Ministri, alla Presidenza del Consiglio dei Ministri, a Comitati di Ministri o a singoli Ministeri relativamente all'I.R.I., all'E.N.I. e a tutte le altre imprese con partecipazione statale diretta o indiretta.

All'indicazione di tali imprese sarà provveduto con decreti del Presidente del Consiglio dei Ministri, di concerto con il Ministro per le partecipazioni statali ed il Ministro interessato. I decreti saranno pubblicati nella Gazzetta Ufficiale della Repubblica italiana.

Al Ministero delle partecipazioni statali si intendono trasferite tutte le aziende patrimoniali e le quote di partecipazione di cui ai precedenti commi.

Al nuovo Ministero sono altresì devoluti i compiti e le attribuzioni spettanti ai Ministeri del tesoro e dell'industria e commercio in ordine al Fondo di finanziamento dell'industria meccanica (F.I.M.).

Art. 4. *Allo scopo di coordinare l'azione del Ministero delle partecipazioni statali con quella degli altri Ministeri interessati, per quanto attiene alla determinazione delle direttive generali inerenti ai diversi settori controllati dal Ministero, è istituito un Comitato permanente composto, oltre che dal Ministro per le partecipazioni statali, dai Ministri per il bilancio, per il tesoro, per l'industria e il commercio e per il lavoro e la previdenza sociale. Spetta altresì a tale Comitato l'esame annuale dei risultati conseguiti nei vari settori.*

Il Comitato è presieduto dal Presidente del Consiglio o, per sua delega dal Ministro per le partecipazioni statali. Alle sue riunioni possono essere invitati di volta in volta, gli altri Ministri interessati.

V. artt. 4, 5 e 10, del presente decreto legislativo.

19. *Gestione del personale.* 1. Salvo quanto previsto dal presente decreto, ai rapporti di lavoro dei dipendenti delle società a controllo pubblico si applicano le disposizioni del capo I, titolo II, del libro V del codice civile, dalle leggi sui rapporti di lavoro subordinato nell'impresa, ivi incluse quelle in materia di ammortizzatori sociali, secondo quanto previsto dalla normativa vigente, e dai contratti collettivi.

2. Le società a controllo pubblico stabiliscono, con propri provvedimenti, criteri e modalità per il reclutamento del personale nel rispetto dei principi, anche di derivazione europea, di trasparenza, pubblicità e imparzialità e dei principi di cui all'articolo 35, comma 3, del decreto legislativo 30 marzo 2001, n. 165. In caso di mancata adozione dei suddetti provvedimenti, trova diretta applicazione il suddetto articolo 35, comma 3, del decreto legislativo n. 165 del 2001.

3. I provvedimenti di cui al comma 2 sono pubblicati sul sito istituzionale della società. In caso di mancata o incompleta pubblicazione si applicano gli articoli 22, comma 4, 46 e 47, comma 2, del decreto legislativo 14 marzo 2013, n. 33.

4. Salvo quanto previsto dall'articolo 2126 del codice civile, ai fini retributivi, i contratti di lavoro stipulati in assenza dei provvedimenti o delle procedure di cui al comma 2, sono nulli. Resta ferma la giurisdizione ordinaria sulla validità dei provvedi-

menti e delle procedure di reclutamento del personale.

5. Le amministrazioni pubbliche socie fissano, con propri provvedimenti, obiettivi specifici, annuali e pluriennali, sul complesso delle spese di funzionamento, ivi comprese quelle per il personale, delle società controllate, anche attraverso il contenimento degli oneri contrattuali e delle assunzioni di personale e tenuto conto di quanto stabilito all'articolo 25, ovvero delle eventuali disposizioni che stabiliscono, a loro carico, divieti o limitazioni alle assunzioni di personale, tenendo conto del settore in cui ciascun soggetto opera[1].

6. Le società a controllo pubblico garantiscono il concreto perseguimento degli obiettivi di cui al comma 5 tramite propri provvedimenti da recepire, ove possibile, nel caso del contenimento degli oneri contrattuali, in sede di contrattazione di secondo livello.

7. I provvedimenti e i contratti di cui ai commi 5 e 6 sono pubblicati sul sito istituzionale della società e delle pubbliche amministrazioni socie. In caso di mancata o incompleta pubblicazione si applicano l'articolo 22, comma 4, 46 e 47, comma 2, del decreto legislativo 14 marzo 2013, n. 33.

8. Le pubbliche amministrazioni titolari di partecipazioni di controllo in società, in caso di reinternalizzazione di funzioni o servizi esternalizzati, affidati alle società stesse, procedono, prima di poter effettuare nuove assunzioni, al riassorbimento delle unità di personale già dipendenti a tempo indeterminato da amministrazioni pubbliche e transitate alle dipendenze della società interessata dal processo di reinternalizzazione, mediante l'utilizzo delle procedure di mobilità di cui all'articolo 30 del decreto legislativo n. 165 del 2001 e nel rispetto dei vincoli in materia di finanza pubblica e contenimento delle spese di personale. Il riassorbimento può essere disposto solo nei limiti dei posti vacanti nelle dotazioni organiche dell'amministrazione interessata e nell'ambito delle facoltà assunzionali disponibili. La spesa per il riassorbimento del personale già in precedenza dipendente dalle stesse amministrazioni con rapporto di lavoro a tempo indeterminato non rileva nell'ambito delle facoltà assunzionali disponibili e, per gli enti territoriali, anche del parametro di cui all'articolo 1, comma 557-*quater*, della legge n. 296 del 2006, a condizione che venga fornita dimostrazione, certificata dal parere dell'organo di revisione economico-finanziaria, che le esternalizzazioni siano state effettuate nel rispetto degli adempimenti previsti dall'articolo 6-bis del decreto legislativo 30 marzo 2001, n. 165, e, in particolare, a condizione che:

a) in corrispondenza del trasferimento alla società della funzione sia stato trasferito anche il personale corrispondente alla funzione medesima, con le correlate risorse stipendiali;

b) la dotazione organica dell'ente sia stata corrispondentemente ridotta e tale contingente di personale non sia stato sostituito;

c) siano state adottate le necessarie misure di riduzione dei fondi destinati alla contrattazione integrativa;

d) l'aggregato di spesa complessiva del personale soggetto ai vincoli di contenimento sia stato ridotto in misura corrispondente alla spesa del personale trasferito alla società[1].

9. Le disposizioni di cui all'articolo 1, commi da 565 a 568 della legge 27 dicembre 2013, n. 147, continuano ad applicarsi fino alla data di pubblicazione del decreto di cui all'articolo 25, comma 1, e comunque non oltre il 31 dicembre 2017[1 2].

[1] Comma così modificato dall'art. 12, D.Lgs. 16 giugno 2017, n. 100, a decorrere dal 27 giugno 2017.

[2] Si riporta l'art. 18 (Reclutamento del personale delle aziende e istituzioni pubbliche), D.L. 25 giugno 2008, n. 112, convertito in L. 6 agosto 2008, n. 133, sia nella versione vigente che in quella previgente le modifiche apportate dal presente decreto.

Versione vigente: *1 - 2. [soppressi].*

2-bis. Le aziende speciali e le istituzioni si attengono al principio di riduzione dei costi del personale, attraverso il contenimento degli oneri contrattuali e delle assunzioni di personale. A tal fine l'ente controllante, con proprio atto di indirizzo, tenuto anche conto delle disposizioni che stabiliscono, a suo carico, divieti o limitazioni alle assunzioni di personale, definisce, per ciascuno dei soggetti di cui al precedente periodo, specifici criteri e modalità di attuazione del principio di contenimento dei costi del personale, tenendo conto del settore in cui ciascun soggetto opera. Le aziende speciali e le istituzioni adottano tali indirizzi con propri provvedimenti e, nel caso del contenimento degli oneri contrattuali, gli stessi vengono recepiti in sede di contrattazione di secondo livello. Le aziende speciali e le istituzioni che gestiscono servizi socio-assistenziali ed educativi, scolastici e per l'infanzia, culturali e alla persona (ex IPAB) e le farmacie sono escluse dai limiti di cui al precedente periodo, fermo restando l'obbligo di mantenere un livello dei costi del personale coerente rispetto alla quantità di servizi erogati. Per le aziende speciali cosiddette multiservizi le disposizioni di cui al periodo precedente si applicano qualora l'incidenza del fatturato dei servizi esclusi risulti superiore al 50 per cento del totale del valore della produzione.

3. [soppresso].

Versione previgente: *1. A decorrere dal sessantesimo giorno successivo alla data di entrata in vigore della legge di conversione del presente decreto-legge, le società che gestiscono servizi pubblici locali a totale partecipazione pubblica adottano, con propri provvedimenti, criteri e modalità per il reclutamento del personale e per il conferimento degli incarichi nel rispetto dei principi di cui al comma 3 dell'articolo 35 del decreto legislativo 30 marzo 2001, n. 165.*

2. Le altre società a partecipazione pubblica totale o di controllo adottano, con propri provvedimenti, criteri e modalità per il reclutamento del personale e per il conferimento degli incarichi nel rispetto dei principi, anche di derivazione comunitaria, di trasparenza, pubblicità e imparzialità.

2-bis. Le aziende speciali, le istituzioni e le società a partecipazione pubblica locale totale o di controllo si attengono al principio di riduzione dei costi del personale, attraverso il contenimento degli oneri contrattuali e delle assunzioni di personale. A tal fine l'ente controllante, con proprio atto di indirizzo, tenuto anche conto delle disposizioni che stabiliscono, a suo carico, divieti o limitazioni alle assunzioni di personale, definisce, per ciascuno dei soggetti di cui al precedente periodo, specifici criteri e modalità di attuazione del principio di contenimento dei costi del personale, tenendo conto del settore in cui ciascun soggetto opera. Le aziende speciali, le istituzioni e le società a partecipazione pubblica locale totale o di controllo adottano tali indirizzi con propri provvedimenti e, nel caso del contenimento degli oneri contrattuali, gli stessi vengono recepiti in sede di contrattazione di secondo livello. Le aziende speciali e le istituzioni che gestiscono servizi socio-assistenziali ed educativi, scolastici e per l'infanzia, culturali e alla persona (ex IPAB) e le farmacie sono escluse dai limiti di cui al precedente periodo, fermo restando l'obbligo di mantenere un livello dei costi del personale coerente rispetto alla quantità di servizi erogati. Per le aziende speciali cosiddette multiservizi le disposizioni di cui al periodo precedente si applicano qualora l'incidenza del fatturato dei servizi esclusi risulti superiore al 50 per cento del totale del valore della produzione.

3. Le disposizioni di cui al presente articolo non si applicano alle società quotate su mercati regolamentati.

V., anche, artt. 22, comma 4, 46 e 47, comma 2, D.Lgs. 14 marzo 2013, n. 33.

V. artt. 28, 29, 31 e 35, D.Lgs. 165/2001 (T.U. pubblico impiego) che, rispettivamente, dispongono: Art. 28. Accesso alla qualifica di dirigente della seconda fascia. *1. L'accesso alla qualifica di dirigente nelle amministrazioni statali, anche ad ordinamento autonomo, e negli enti pubblici non economici avviene per concorso indetto dalle singole amministrazioni ovvero per corso-concorso selettivo di formazione bandito dalla Scuola Nazionale dell'Amministrazione.*

2. - 4. [...].

5. Con regolamento emanato ai sensi dell'articolo 17, comma 1, della legge 23 agosto 1988, n. 400, su proposta del Ministro per la funzione pubblica sentita, per la parte relativa al corso-concorso, la Scuola Nazionale dell'Amministrazione, sono definiti:

a) le percentuali, sul complesso dei posti di dirigente disponibili, riservate al concorso per esami al corso-concorso;

b) la percentuale di posti che possono essere riservati al personale di ciascuna amministrazione che indice i concorsi pubblici per esami;

c) i criteri per la composizione e la nomina delle commissioni esaminatrici;

d) le modalità di svolgimento delle selezioni, prevedendo anche la valutazione delle esperienze di servizio professionali maturate nonché, nella fase di prima applicazione del concorso di cui al comma 2, una riserva di posti non superiore al 30 per cento per il personale appartenente da almeno quindici anni alla qualifica apicale, comunque denominata, della carriera direttiva;

e) l'ammontare delle borse di studio per i partecipanti al corso-concorso.

6. I vincitori dei concorsi di cui al comma 2, anteriormente al conferimento del primo incarico dirigenziale, frequentano un ciclo di attività formative organizzato dalla Scuola Nazionale dell'Amministrazione e disciplinato ai sensi del decreto legislativo 30 luglio 1999, n. 287. Tale ciclo può comprendere anche l'applicazione presso amministrazioni italiane e straniere, enti o organismi internazionali, istituti o aziende pubbliche o private. Il medesimo ciclo formativo, di durata non superiore a dodici mesi, può svolgersi anche in collaborazione con istituti universitari italiani o stranieri, ovvero primarie istituzioni formative pubbliche o private.

7. - 7-bis. [...].

8. Restano ferme le vigenti disposizioni in materia di accesso alle qualifiche dirigenziali delle carriere diplomatica e prefettizia, delle Forze di polizia, delle Forze armate e del Corpo nazionale dei vigili del fuoco.

9. Per le finalità di cui al presente articolo, è attribuito alla Scuola Nazionale dell'Amministrazione un ulteriore contributo di 1.500 migliaia di euro a decorrere dall'anno 2002.

10. All'onere derivante dall'attuazione del comma 9, pari a 1.500 migliaia di euro a decorrere dall'anno 2002, si provvede mediante corrispondente riduzione dello stanziamento iscritto, ai fini del bilancio triennale 2002-2004, nell'ambito dell'unità previsionale di base di parte corrente "Fondo speciale" dello stato di previsione del Ministero dell'economia e delle finanze per l'anno 2002, allo scopo parzialmente utilizzando l'accantonamento relativo al medesimo Ministero.

Art. 29. Reclutamento dei dirigenti scolastici. *1. Il reclutamento dei dirigenti scolastici si realizza mediante concorso selettivo per titoli ed esami, organizzato su base regionale, bandito dal Ministero dell'istruzione, dell'università e della ricerca, di concerto con il Ministro per la pubblica amministrazione e con il Ministro dell'economia e delle finanze, per tutti i posti vacanti nel triennio, fermo restando il regime autorizzatorio in materia di assunzioni di cui all'articolo 39, comma 3-bis, della legge 27 dicembre 1997, n. 449, e successive modificazioni. Al concorso può partecipare il personale docente ed educativo delle istituzioni scolastiche ed educative statali in possesso del relativo diploma di laurea magistrale ovvero di laurea conseguita in base al previgente ordinamento, che abbia maturato un'anzianità complessiva nel ruolo di appartenenza di almeno cinque anni. È previsto il pagamento di un contributo, da parte dei candidati, per le spese della procedura concorsuale. Il concorso può comprendere una prova preselettiva e comprende una o più prove scritte, cui sono ammessi tutti coloro che superano l'eventuale preselezione, e una prova orale, a cui segue la valutazione dei titoli. Le prove scritte e la prova orale sono superate dai candidati che conseguano, in ciascuna prova, il punteggio minimo di sette decimi o equivalente. Con uno o più decreti del Ministro dell'istruzione, dell'università e della ricerca, di concerto con il Ministro per la pubblica amministrazione e con il Ministro dell'economia e delle finanze, sono definiti le modalità di svolgimento del concorso e dell'eventuale preselezione, le prove e i programmi concorsuali, la valutazione della preselezione, delle prove e dei titoli, la disciplina del periodo di formazione e prova e i contenuti dei moduli formativi relativi ai due anni successivi alla conferma in ruolo.*

Art. 31. Passaggio di dipendenti per effetto di trasferimento di attività (Art. 34 del D.Lgs. n. 29 del 1993, come sostituito dall'art. 19 del D.Lgs. n. 80 del 1998). *1. Fatte salve le disposizioni speciali, nel caso di trasferimento o conferimento di attività, svolte da pubbliche amministrazioni, enti pubblici o loro aziende o strutture, ad altri soggetti, pubblici o privati, al personale che passa alle dipendenze di tali soggetti si applicano l'articolo 2112 del codice civile e si osservano le procedure di informazione e di consultazione di cui all'articolo 47, commi da 1 a 4, della legge 29 dicembre 1990, n. 428.*

Art. 35. Reclutamento del personale (Art. 36, commi da 1 a 6 del D.Lgs. n. 29 del 1993, come sostituiti prima dall'art. 17 del D.Lgs. n. 546 del 1993 e poi dall'art. 22 del D.Lgs. n. 80 del 1998, successivamente modificati dall'art. 2, comma 2-ter del decreto legge 17 giugno 1999, n. 180 convertito con modificazioni dalla legge n. 269 del 1999; Art. 36-bis del D.Lgs. n. 29 del 1993, aggiunto dall'art. 23 del D.Lgs. n. 80 del 1998 e successivamente modificato dall'art. 274, comma 1, lett. aa) del D.Lgs. n. 267 del 2000). *1. L'assunzione nelle amministrazioni pubbliche avviene con contratto individuale di lavoro:*

a) tramite procedure selettive, conformi ai principi del comma 3, volte all'accertamento della professionalità richiesta, che garantiscano in misura adeguata l'accesso dall'esterno;

b) mediante avviamento degli iscritti nelle liste di collocamento ai sensi della legislazione vigente per le qualifiche e profili per i quali è richiesto il solo requisito della scuola dell'obbligo, facendo salvi gli eventuali ulteriori requisiti per specifiche professionalità.

2. Le assunzioni obbligatorie da parte delle amministrazioni pubbliche, aziende ed enti pubblici dei soggetti di cui alla legge 12 marzo 1999, n. 68, avvengono per chiamata numerica degli iscritti nelle liste di collocamento ai sensi della vigente normativa, previa verifica della compatibilità della invalidità con le mansioni da svolgere. Per il coniuge superstite e per i figli del personale delle Forze armate, delle Forze dell'ordine, del Corpo nazionale dei vigili del fuoco e del personale della Polizia municipale deceduto nell'espletamento del servizio, nonché delle vittime del terrorismo e della criminalità organizzata di cui alla legge 13 agosto 1980, n. 466, e successive modificazioni ed integrazioni, tali assunzioni avvengono per chiamata diretta nominativa.

3. Le procedure di reclutamento nelle pubbliche amministrazioni si conformano ai seguenti principi:

a) adeguata pubblicità della selezione e modalità di svolgimento che garantiscano l'imparzialità e assicurino economicità e celerità di espletamento, ricorrendo, ove è opportuno, all'ausilio di sistemi automatizzati, diretti anche a realizzare forme di preselezione;

b) adozione di meccanismi oggettivi e trasparenti, idonei a verificare il possesso dei requisiti attitudinali e professionali richiesti in relazione alla posizione da ricoprire;

c) rispetto delle pari opportunità tra lavoratrici e lavoratori;

d) decentramento delle procedure di reclutamento;

e) composizione delle commissioni esclusivamente con esperti di provata competenza nelle materie di concorso, scelti tra funzionari delle amministrazioni, docenti ed estranei alle medesime, che non siano componenti dell'organo di direzione politica dell'amministrazione, che non ricoprano cariche politiche e che non siano rappresentanti sindacali o designati dalle confederazioni ed organizzazioni sindacali o dalle associazioni professionali;

e-bis) [facoltà, per ciascuna amministrazione, di limitare nel bando il numero degli eventuali idonei in misura non superiore al venti per cento dei posti messi a concorso, con arrotondamento all'unità superiore, fermo restando quanto previsto dall'articolo 400, comma 15, del decreto legislativo 16 aprile 1994, n. 297 e dal decreto legislativo 13 aprile 2017, n. 59];

e-ter) possibilità di richiedere, tra i requisiti previsti per specifici profili o livelli di inquadramento, il possesso del titolo di dottore di ricerca, che deve prioritariamente essere valutato, ove pertinente, tra i titoli rilevanti ai fini del concorso.

3-bis. Le amministrazioni pubbliche, nel rispetto della programmazione triennale del fabbisogno, nonchè del limite massimo complessivo del 50 per cento delle risorse finanziarie disponibili ai sensi della normativa vigente in materia di assunzioni ovvero di contenimento della spesa di personale, secondo i rispettivi regimi limitativi fissati dai documenti di finanza pubblica e, per le amministrazioni interessate, previo espletamento della procedura di cui al comma 4, possono avviare procedure di reclutamento mediante concorso pubblico:

a) con riserva dei posti, nel limite massimo del 40 per cento di quelli banditi, a favore dei titolari di rapporto di lavoro subordinato a tempo determinato che, alla data di pubblicazione dei bandi, hanno maturato almeno tre anni di servizio alle dipendenze dell'amministrazione che emana il bando;

b) per titoli ed esami, finalizzati a valorizzare, con apposito punteggio, l'esperienza professionale maturata dal personale di cui alla lettera a) e di coloro che, alla data di emanazione del bando, hanno maturato almeno tre anni di contratto di lavoro flessibile nell'amministrazione che emana il bando.

3-ter. Con decreto del Presidente del Consiglio dei Ministri di concerto con il Ministro dell'economia e delle finanze, da adottare ai sensi dell'articolo 17, comma 3, della legge 23 agosto 1988, n. 400, entro il 31 gennaio 2013, sono dettati modalità e criteri applicativi del comma 3-bis e la disciplina della riserva dei posti di cui alla lettera a) del medesimo comma in rapporto ad altre categorie riservatarie. Le disposizioni normative del comma 3-bis costituiscono principi generali a cui devono conformarsi tutte le amministrazioni pubbliche.

3-quater. Con decreto del Presidente del Consiglio dei ministri, di concerto con il Ministro dell'università e della ricerca, il Ministro della salute e il Ministro della giustizia, adottato ai sensi dell'articolo 17, comma 3, della legge 23 agosto 1988, n. 400, sono disciplinati i criteri di valutazione del titolo di dottore di ricerca di cui alla lettera e-ter) del comma 3 e degli altri titoli di studio e di abilitazione professionale, anche con riguardo, rispettivamente, alla durata dei relativi corsi e alle modalità di conseguimento, nonchè alla loro pertinenza ai fini del concorso.

4. Le determinazioni relative all'avvio di procedure di reclutamento sono adottate da ciascuna amministrazione o ente sulla base del piano triennale dei fabbisogni approvato ai sensi dell'articolo 6, comma 4. Con decreto del Presidente del Consiglio dei ministri di concerto con il Ministro dell'economia e delle finanze, sono autorizzati l'avvio delle procedure concorsuali e le relative assunzioni del personale delle amministrazioni dello Stato, anche ad ordinamento autonomo, delle agenzie e degli enti pubblici non economici.

4-bis. L'avvio delle procedure concorsuali mediante l'emanazione di apposito decreto del Presidente del Consiglio dei Ministri, di concerto con il Ministro dell'economia e delle finanze, di cui al comma 4 si applica anche alle procedure di reclutamento a tempo determinato per contingenti superiori alle cinque unità, inclusi i contratti di formazione e lavoro, e tiene conto degli aspetti finanziari, nonchè dei criteri previsti dall'articolo 36.

5. Fermo restando quanto previsto dall'articolo 4, comma 3-quinquies, del decreto-legge 31 agosto 2013, n. 101, convertito, con modificazioni, dalla legge 30 ottobre 2013, n. 125, per le amministrazioni di cui al comma 4, le restanti amministrazioni pubbliche, per lo svolgimento delle proprie procedure selettive, possono rivolgersi al Dipartimento della funzione pubblica e avvalersi della Commissione per l'attuazione del Progetto di Riqualificazione delle Pubbliche Amministrazioni (RIPAM). Tale Commissione è nominata con decreto del Ministro per la pubblica amministrazione ed è composta dal Capo del Dipartimento della funzione pubblica della Presidenza del Consiglio dei ministri, che la presiede, dall'Ispettore generale capo dell'Ispettorato generale per gli ordinamenti del personale e l'analisi dei costi del lavoro pubblico del Dipartimento della Ragioneria generale dello Stato del Ministero dell'economia e delle finanze e dal Capo del Dipartimento per le politiche del personale dell'amministrazione civile e per le risorse strumentali e finanziarie del Ministero dell'interno, o loro delegati. La Commissione: a) approva i bandi di concorso per il reclutamento di personale a tempo indeterminato; b) indice i bandi di concorso e nomina le commissioni esaminatrici; c) valida le graduatorie finali di merito delle procedure concorsuali trasmesse dalle commissioni esaminatrici; d) assegna i vincitori e gli idonei delle procedure concorsuali alle amministrazioni pubbliche interessate; e) adotta ogni ulteriore eventuale atto connesso alle procedure concorsuali, fatte salve le competenze proprie delle commissioni esaminatrici. A tali fini, la Commissione RIPAM si avvale di personale messo a disposizione dall'Associazione Formez PA.

5.1. Nell'ipotesi di cui al comma 5, il bando di concorso può fissare un contributo di ammissione, ai sensi dell'articolo 4, comma 3-septies del decreto-legge 31 agosto 2013, n. 101, convertito con modificazioni nella legge 31 ottobre 2013, n. 125.

5.2. Il Dipartimento della funzione pubblica, anche avvalendosi dell'Associazione Formez PA e della Commissione RIPAM, elabora, previo accordo in sede di Conferenza Unificata ai sensi dell'articolo 4 del decreto legislativo n. 281 del 1997, linee guida di indirizzo amministrativo sullo svolgimento delle prove concorsuali e sulla valutazione dei titoli, ispirate alle migliori pratiche a livello nazionale e internazionale in materia di reclutamento del personale, nel rispetto della normativa, anche regolamentare, vigente in materia. Le linee guida per le prove concorsuali e la valutazione dei titoli del personale sanitario, tecnico e professionale, anche dirigente, del Servizio sanitario nazionale sono adottate di concerto con il Ministero della salute.

5-bis. I vincitori dei concorsi devono permanere nella sede di prima destinazione per un periodo non inferiore a cinque anni. La presente disposizione costituisce norma non derogabile dai contratti collettivi.

5-ter. Le graduatorie dei concorsi per il reclutamento del personale presso le amministrazioni pubbliche rimangono vigenti per un termine di due anni dalla data di approvazione. Sono fatti salvi i periodi di vigenza inferiori previsti da leggi regionali. Il principio della parità di condizioni per l'accesso ai pubblici uffici è garantito, mediante specifiche disposizioni del bando, con riferimento al luogo di residenza dei concorrenti, quando tale requisito sia strumentale all'assolvimento di servizi altrimenti non attuabili o almeno non attuabili con identico risultato.

6. Ai fini delle assunzioni di personale presso la Presidenza del Consiglio dei ministri e le amministrazioni che esercitano competenze istituzionali in materia di difesa e sicurezza dello Stato, di polizia, di giustizia ordinaria, amministrativa, contabile e di difesa in giudizio dello Stato, si applica il disposto di cui all'articolo 26 della legge 1 febbraio 1989, n. 53, e successive modificazioni ed integrazioni.

7. Il regolamento sull'ordinamento degli uffici e dei servizi degli enti locali disciplina le dotazioni organiche, le modalità di assunzione agli impieghi, i requisiti di accesso e le procedure concorsuali, nel rispetto dei principi fissati dai commi precedenti

V., anche, artt. 22, 46, 47, D.Lgs. 33/2013 (Riordino della disciplina riguardante il diritto di accesso civico e gli obblighi di pubblicità, trasparenza e diffusione di informazioni da parte delle pubbliche amministrazioni) che, rispettivamente, dispongono: Art. 22. Obblighi di pubblicazione dei dati relativi agli enti pubblici vigilati, e agli enti di diritto privato in controllo pubblico, nonchè alle partecipazioni in società di diritto privato. *1. Fermo restando quanto previsto dall'articolo 9-bis, ciascuna amministrazione pubblica e aggiorna annualmente:*

a) l'elenco degli enti pubblici, comunque denominati, istituiti, vigilati o finanziati dall'amministrazione medesima nonchè di quelli per i quali l'amministrazione abbia il potere di nomina degli amministratori dell'ente, con l'elencazione delle funzioni attribuite e delle attività svolte in favore dell'amministrazione o delle attività di servizio pubblico affidate;

b) l'elenco delle società di cui detiene direttamente quote di partecipazione anche minoritaria indicandone l'entità, con l'indicazione delle funzioni attribuite e delle attività svolte in favore dell'amministrazione o delle attività di servizio pubblico affidate;

c) l'elenco degli enti di diritto privato, comunque denominati, in controllo dell'amministrazione, con l'indicazione delle funzioni attribuite e delle attività svolte in favore dell'amministrazione o delle attività di servizio pubblico affidate. Ai fini delle presenti disposizioni sono enti di diritto privato in controllo pubblico gli enti di diritto privato sottoposti a controllo da parte di amministrazioni pubbliche, oppure gli enti costituiti o vigilati da pubbliche amministrazioni nei quali siano a queste riconosciuti, anche in assenza di una partecipazione azionaria, poteri di nomina dei vertici o dei componenti degli organi;

d) una o più rappresentazioni grafiche che evidenziano i rapporti tra l'amministrazione e gli enti di cui al precedente comma;

d-bis) i provvedimenti in materia di costituzione di società a partecipazione pubblica, acquisto di partecipazioni in società già costituite, gestione delle partecipazioni pubbliche, alienazione di partecipazioni sociali, quotazione di società a controllo pubblico in mercati regolamentati e razionalizzazione periodica delle partecipazioni pubbliche, previsti dal decreto legislativo adottato ai sensi dell'articolo 18 della legge 7 agosto 2015, n. 124.

2. Fermo restando quanto previsto dall'articolo 9-bis, per ciascuno degli enti di cui alle lettere da a) a c) del comma 1 sono pubblicati i dati relativi alla ragione sociale, alla misura della eventuale partecipazione dell'amministrazione, alla durata dell'impegno, all'onere complessivo a qualsiasi titolo gravante per l'anno sul bilancio dell'amministrazione, al numero dei rappresentanti dell'amministrazione negli organi di governo, al trattamento economico complessivo a ciascuno di essi spettante, ai risultati di bilancio degli ultimi tre esercizi finanziari. Sono altresì pubblicati i dati relativi agli incarichi di amministratore dell'ente e il relativo trattamento economico complessivo.

3. Nel sito dell'amministrazione è inserito il collegamento con i siti istituzionali dei soggetti di cui al comma 1.

4. Nel caso di mancata o incompleta pubblicazione dei dati relativi agli enti di cui al comma 1, è vietata l'erogazione in loro favore di somme a qualsivoglia titolo da parte dell'amministrazione interessata ad esclusione dei pagamenti che le amministrazioni sono tenute ad erogare a fronte di obbligazioni contrattuali per prestazioni svolte in loro favore da parte di uno degli enti e società indicati nelle categorie di cui al comma 1, lettere da a) a c).

5. Le amministrazioni titolari di partecipazioni di controllo promuovono l'applicazione dei principi di trasparenza di cui ai commi 1, lettera b), e 2, da parte delle società direttamente controllate nei confronti delle società indirettamente controllate dalle medesime amministrazioni.

6. Le disposizioni di cui al presente articolo non trovano applicazione nei confronti delle società, partecipate da amministrazioni pubbliche, con azioni quotate in mercati regolamentati italiani o di altri paesi dell'Unione europea, e loro controllate.

Art. 46. Responsabilità derivante dalla violazione delle disposizioni in materia di obblighi di pubblicazione e di accesso civico. *1. L'inadempimento degli obblighi di pubblicazione previsti dalla normativa vigente e il rifiuto, il differimento e la limitazione dell'accesso civico, al di fuori delle ipotesi previste dall'articolo 5-bis, costituiscono elemento di valutazione negativa della responsabilità dirigenziale a cui applicare la sanzione di cui all'articolo 47, comma 1-bis, ed eventuale causa di responsabilità per danno all'immagine dell'amministrazione, valutata ai fini della corresponsione della retribuzione di risultato e del trattamento accessorio collegato alla performance individuale dei responsabili.*

2. Il responsabile non risponde dell'inadempimento degli obblighi di cui al comma 1 se prova che tale inadempimento è dipeso da causa a lui non imputabile.

Art. 47. Sanzioni per la violazione degli obblighi di trasparenza per casi specifici. *1. La mancata o incompleta comunicazione delle informazioni e dei dati di cui all'articolo 14, concernenti la situazione patrimoniale complessiva del titolare dell'incarico al momento dell'assunzione in carica, la titolarità di imprese, le partecipazioni azionarie proprie, del coniuge e dei parenti entro il secondo grado, nonchè tutti i compensi cui da diritto l'assunzione della carica, dà luogo a una sanzione amministrativa pecuniaria da 500 a 10.000 euro a carico del responsabile della mancata comunicazione e il relativo provvedimento è pubblicato sul sito internet dell'amministrazione o organismo interessato.*

1-bis. La sanzione di cui al comma 1 si applica anche nei confronti del dirigente che non effettua la comunicazione ai sensi dell'articolo 14, comma 1-ter, relativa agli emolumenti complessivi percepiti a carico della finanza pubblica. Nei confronti del responsabile della mancata pubblicazione dei dati di cui al medesimo articolo si applica una sanzione amministrativa consistente nella decurtazione dal 30 al 60 per cento dell'indennità di risultato, ovvero nella decurtazione dal 30 al 60 per cento dell'indennità accessoria percepita dal responsabile della trasparenza, ed il relativo provvedimento è pubblicato nel sito internet dell'amministrazione o dell'organismo interessati. La stessa sanzione si applica nei confronti del responsabile della mancata pubblicazione dei dati di cui all'articolo 4-bis, comma 2.

2. La violazione degli obblighi di pubblicazione di cui all'articolo 22, comma 2, dà luogo ad una sanzione amministrativa in carico al responsabile della pubblicazione consistente nella decurtazione dal 30 al 60 per cento dell'indennità di risultato ovvero nella decurtazione dal 30 al 60 per cento dell'indennità accessoria percepita dal responsabile della trasparenza. La stessa sanzione si applica agli amministratori societari che non comunicano ai soci pubblici il proprio incarico ed il relativo compenso entro trenta giorni dal conferimento ovvero, per le indennità di risultato, entro trenta giorni dal percepimento.

3. Le sanzioni di cui al presente articolo sono irrogate dall'Autorità nazionale anticorruzione. L'Autorità nazionale anticorruzione disciplina con proprio regolamento, nel rispetto delle norme previste dalla legge 24 novembre 1981, n. 689, il procedimento per l'irrogazione delle sanzioni.

TITOLO VI
PUBBLICO IMPIEGO
(D.LGS. 30 MARZO 2001, N. 165)

6 - D.Lgs. 30 marzo 2001, n. 165 (suppl. ord. G.U. 9 maggio 2001, n. 106). Norme generali sull'ordinamento del lavoro alle dipendenze delle amministrazioni pubbliche (estratto).

1. *Finalità ed ambito di applicazione (Art. 1 del D.Lgs. n. 29 del 1993, come modificato dall'art. 1 del D.Lgs. n. 80 del 1998).* 1. Le disposizioni del presente decreto disciplinano l'organizzazione degli uffici e i rapporti di lavoro e di impiego alle dipendenze delle amministrazioni pubbliche, tenuto conto delle autonomie locali e di quelle delle regioni e delle province autonome, nel rispetto dell'articolo 97, comma primo, della Costituzione, al fine di:

a) accrescere l'efficienza delle amministrazioni in relazione a quella dei corrispondenti uffici e servizi dei Paesi dell'Unione europea, anche mediante il coordinato sviluppo di sistemi informativi pubblici;

b) razionalizzare il costo del lavoro pubblico, contenendo la spesa complessiva per il personale, diretta e indiretta, entro i vincoli di finanza pubblica;

c) realizzare la migliore utilizzazione delle risorse umane nelle pubbliche amministrazioni, assicurando la formazione e lo sviluppo professionale dei dipendenti, applicando condizioni uniformi rispetto a quelle del lavoro privato, garantendo pari opportunità alle lavoratrici ed ai lavoratori nonché l'assenza di qualunque forma di discriminazione e di violenza morale o psichica[1].

2. Per amministrazioni pubbliche si intendono tutte le amministrazioni dello Stato, ivi compresi gli istituti e scuole di ogni ordine e grado e le istituzioni educative, le aziende ed amministrazioni dello Stato ad ordinamento autonomo, le Regioni, le Province, i Comuni, le Comunità montane e loro consorzi e associazioni, le istituzioni universitarie, gli Istituti autonomi case popolari, le Camere di commercio, industria, artigianato e agricoltura e loro associazioni, tutti gli enti pubblici non economici nazionali, regionali e locali, le amministrazioni, le aziende e gli enti del Servizio sanitario nazionale, l'Agenzia per la rappresentanza negoziale delle pubbliche amministrazioni (ARAN) e le Agenzie di cui al decreto legislativo 30 luglio 1999, n. 300. Fino alla revisione organica della disciplina di settore, le disposizioni di cui al presente decreto continuano ad applicarsi anche al CONI[2].

3. Le disposizioni del presente decreto costituiscono principi fondamentali ai sensi dell'articolo 117 della Costituzione. Le Regioni a statuto ordinario si attengono ad esse tenendo conto delle peculiarità dei rispettivi ordinamenti. I principi desumibili dall'articolo 2 della legge 23 ottobre 1992, n. 421, e successive modificazioni, e dall'articolo 11, comma 4, della legge 15 marzo 1997, n. 59, e successive modificazioni ed integrazioni, costituiscono altresì, per le Regioni a statuto speciale e per le province autonome di Trento e di Bolzano, norme fondamentali di riforma economico-sociale della Repubblica.

[1] Lettera così sostituita dall'art. 21, L. 4 novembre 2010, n. 183. Il testo previgente disponeva: *c) realizzare la migliore utilizzazione delle risorse umane nelle pubbliche amministrazioni, curando la formazione e lo sviluppo professionale dei dipendenti, garantendo pari opportunità alle lavoratrici ed ai lavoratori e applicando condizioni uniformi rispetto a quelle del lavoro privato.*

[3] Comma, da ultimo, così modificato dall'art. 2, D.L. 29 dicembre 2010, n. 225, convertito in L. 26 febbraio 2011, n. 10. Il testo previgente disponeva: *2. Per amministrazioni pubbliche si intendono tutte le amministrazioni dello Stato, ivi compresi gli istituti e scuole di ogni ordine e grado e le istituzioni educative, le aziende ed amministrazioni dello Stato ad ordinamento autonomo, le Regioni, le Province, i Comuni, le Comunità montane e loro consorzi e associazioni, le istituzioni universitarie, gli Istituti autonomi case popolari, le Camere di commercio, industria, artigianato e agricoltura e loro associazioni, tutti gli enti pubblici non economici nazionali, regionali e locali, le amministrazioni, le aziende e gli enti del Servizio sanitario nazionale, l'Agenzia per la rappresentanza negoziale delle pubbliche amministrazioni (ARAN) e le Agenzie di cui al decreto legislativo 30 luglio 1999, n. 300.*

2. *Fonti (Art. 2, commi da 1 a 3 del D.Lgs. n. 29 del 1993, come sostituiti prima dall'art. 2 del D.Lgs.*

n. 546 del 1993 e poi dall'art. 2 del D.Lgs. n. 80 del 1998). 1. Le amministrazioni pubbliche definiscono, secondo principi generali fissati da disposizioni di legge e, sulla base dei medesimi, mediante atti organizzativi secondo i rispettivi ordinamenti, le linee fondamentali di organizzazione degli uffici; individuano gli uffici di maggiore rilevanza e i modi di conferimento della titolarità dei medesimi; determinano le dotazioni organiche complessive. Esse ispirano la loro organizzazione ai seguenti criteri:

a) funzionalità rispetto ai compiti e ai programmi di attività, nel perseguimento degli obiettivi di efficienza, efficacia ed economicità. A tal fine, periodicamente e comunque all'atto della definizione dei programmi operativi e dell'assegnazione delle risorse, si procede a specifica verifica e ad eventuale revisione;

b) ampia flessibilità, garantendo adeguati margini alle determinazioni operative e gestionali da assumersi ai sensi dell'articolo 5, comma 2;

c) collegamento delle attività degli uffici, adeguandosi al dovere di comunicazione interna ed esterna, ed interconnessione mediante sistemi informatici e statistici pubblici;

d) garanzia dell'imparzialità e della trasparenza dell'azione amministrativa, anche attraverso l'istituzione di apposite strutture per l'informazione ai cittadini e attribuzione ad un unico ufficio, per ciascun procedimento, della responsabilità complessiva dello stesso;

e) armonizzazione degli orari di servizio e di apertura degli uffici con le esigenze dell'utenza e con gli orari delle amministrazioni pubbliche dei Paesi dell'Unione europea.

1-*bis*. I criteri di organizzazione di cui al presente articolo sono attuati nel rispetto della disciplina in materia di trattamento dei dati personali[1].

2. I rapporti di lavoro dei dipendenti delle amministrazioni pubbliche sono disciplinati dalle disposizioni del capo I, titolo II, del libro V del codice civile e dalle leggi sui rapporti di lavoro subordinato nell'impresa, fatte salve le diverse disposizioni contenute nel presente decreto, che costituiscono disposizioni a carattere imperativo. Eventuali disposizioni di legge, regolamento o statuto, che introducano o che abbiano introdotto discipline dei rapporti di lavoro la cui applicabilità sia limitata ai dipendenti delle amministrazioni pubbliche, o a categorie di essi, possono essere derogate nelle materie affidate alla contrattazione collettiva ai sensi dell'articolo 40, comma 1, e nel rispetto dei principi stabiliti dal presente decreto, da successivi contratti o accordi collettivi nazionali e, per la parte derogata, non sono ulteriormente applicabili[2].

3. I rapporti individuali di lavoro di cui al comma 2 sono regolati contrattualmente. I contratti collettivi sono stipulati secondo i criteri e le modalità previste nel titolo III del presente decreto; i contratti individuali devono conformarsi ai principi di cui all'articolo 45, comma 2. L'attribuzione di trattamenti economici può avvenire esclusivamente mediante contratti collettivi e salvo i casi previsti dal comma 3-*ter* e 3-*quater* dell'articolo 40 e le ipotesi di tutela delle retribuzioni di cui all'articolo 47-*bis*, o, alle condizioni previste, mediante contratti individuali. Le disposizioni di legge, regolamenti o atti amministrativi che attribuiscono incrementi retributivi non previsti da contratti cessano di avere efficacia a far data dall'entrata in vigore dal relativo rinnovo contrattuale. I trattamenti economici più favorevoli in godimento sono riassorbiti con le modalità e nelle misure previste dai contratti collettivi e i risparmi di spesa che ne conseguono incrementano le risorse disponibili per la contrattazione collettiva[3].

3-*bis*. Nel caso di nullità delle disposizioni contrattuali per violazione di norme imperative o dei limiti fissati alla contrattazione collettiva, si applicano gli articoli 1339 e 1419, secondo comma, del codice civile[4].

[1] Comma aggiunto dall'art. 176, D.Lgs. 30 giugno 2003, n. 196, a decorrere dal 1° gennaio 2004. L'art. 176, D.Lgs. 196/2003 cit. è stato poi abrogato dall'art. 27, D.Lgs. 10 agosto 2018, n. 101.

[2] Comma così modificato dall'art. 1, L. 4 marzo 2009, n. 15, dall'art. 33, D.Lgs. 27 ottobre 2009, n. 150 e dall'art. 1, D.Lgs. 25 maggio 2017, n. 75.

Il testo previgente la modifica di cui all'art. 1, L. 15/2009, disponeva: *2. I rapporti di lavoro dei dipendenti delle amministrazioni pubbliche sono disciplinati dalle disposizioni del capo I, titolo II, del libro V del codice civile e dalle leggi sui rapporti di lavoro subordinato nell'impresa, fatte salve le diverse disposizioni contenute nel presente decreto. Eventuali disposizioni di legge, regolamento o statuto, che introducano discipline dei rapporti di lavoro la cui applicabilità sia limitata ai dipendenti delle amministrazioni pubbliche, o a categorie di essi, possono essere derogate da successivi contratti o accordi collettivi e, per la parte derogata non sono ulteriormente applicabili, salvo che la legge disponga espressamente in senso contrario.*

Il testo previgente la modifica di cui al D.Lgs. 150/2009 disponeva: *2. I rapporti di lavoro dei dipendenti delle amministrazioni pubbliche sono disciplinati dalle disposizioni del capo I, titolo II, del libro V del codice civile e dalle leggi sui rapporti di lavoro subordinato nell'impresa, fatte salve le diverse disposizioni contenute nel presente decreto. Eventuali disposizioni di legge, regolamento o statuto, che introducano discipline dei rapporti di lavoro la cui applicabilità sia limitata ai dipendenti delle amministrazioni pubbliche, o a categorie di essi, possono essere derogate da successivi contratti o accordi collettivi e, per la parte derogata, non sono ulteriormente applicabili, solo qualora ciò sia espressamente previsto dalla legge.*

Il testo previgente la modifica di cui al D.Lgs. 75/2017 disponeva: *2. I rapporti di lavoro dei dipendenti delle amministrazioni pubbliche sono disciplinati dalle disposizioni del capo*

I, titolo II, del libro V del codice civile e dalle leggi sui rapporti di lavoro subordinato nell'impresa, fatte salve le diverse disposizioni contenute nel presente decreto, che costituiscono disposizioni a carattere imperativo. Eventuali disposizioni di legge, regolamento o statuto, che introducano discipline dei rapporti di lavoro la cui applicabilità sia limitata ai dipendenti delle amministrazioni pubbliche, o a categorie di essi, possono essere derogate da successivi contratti o accordi collettivi e, per la parte derogata, non sono ulteriormente applicabili, solo qualora ciò sia espressamente previsto dalla legge.

[3] Comma così modificato dall'art. 33, D.Lgs. 27 ottobre 2009, n. 150. La versione previgente era la seguente: *3. I rapporti individuali di lavoro di cui al comma 2 sono regolati contrattualmente. I contratti collettivi sono stipulati secondo i criteri e le modalità previste nel titolo III del presente decreto; i contratti individuali devono conformarsi ai principi di cui all'articolo 45, comma 2. L'attribuzione di trattamenti economici può avvenire esclusivamente mediante contratti collettivi o, alle condizioni previste, mediante contratti individuali. Le disposizioni di legge, regolamenti o atti amministrativi che attribuiscono incrementi retributivi non previsti da contratti cessano di avere efficacia a far data dall'entrata in vigore dal relativo rinnovo contrattuale. I trattamenti economici più favorevoli in godimento sono riassorbiti con le modalità e nelle misure previste dai contratti collettivi e i risparmi di spesa che ne conseguono incrementano le risorse disponibili per la contrattazione collettiva.*

[4] Comma aggiunto dall'art. 33, D.Lgs. 27 ottobre 2009, n. 150.

3. *Personale in regime di diritto pubblico (Art. 2, commi 4 e 5 del D.Lgs. n. 29 del 1993, come sostituiti dall'art. 2 del D.Lgs. n. 546 del 1993. e successivamente modificati dall'art. 2, comma 2 del D.Lgs. n. 80 del 1998).* 1. In deroga all'articolo 2, commi 2 e 3, rimangono disciplinati dai rispettivi ordinamenti. i magistrati ordinari, amministrativi e contabili, gli avvocati e procuratori dello Stato, il personale militare e delle Forze di polizia di Stato, il personale della carriera diplomatica e della carriera prefettizia nonché i dipendenti degli enti che svolgono la loro attività nelle materie contemplate dall'articolo 1 del decreto legislativo del Capo provvisorio dello Stato 17 luglio 1947, n. 691, e dalle leggi 4 giugno 1985, n. 281, e successive modificazioni ed integrazioni, e 10 ottobre 1990, n. 287.

1-*bis*. In deroga all'articolo 2, commi 2 e 3, il rapporto di impiego del personale, anche di livello dirigenziale, del Corpo nazionale dei vigili del fuoco, esclusi il personale volontario previsto dal regolamento di cui al decreto del Presidente della Repubblica 2 novembre 2000, n. 362, e il personale volontario di leva, è disciplinato in regime di diritto pubblico secondo autonome disposizioni ordinamentali[1].

1-*ter*. In deroga all'articolo 2, commi 2 e 3, il personale della carriera dirigenziale penitenziaria è disciplinato dal rispettivo ordinamento[2].

2. Il rapporto di impiego dei professori e dei ricercatori universitari resta disciplinato dalle disposizioni rispettivamente vigenti, in attesa della specifica disciplina che la regoli in modo organico ed in conformità ai principi della autonomia universitaria di cui all'articolo 33 della Costituzione ed agli articoli 6 e seguenti della legge 9 maggio 1989, n. 168, e successive modificazioni ed integrazioni, tenuto conto dei principi di cui all'articolo 2, comma 1, della legge 23 ottobre 1992. n. 421[3].

[1] Comma aggiunto dall'art. 1, L. 30 settembre 2004, n. 252.

[2] Comma aggiunto dall'art. 2, L. 27 luglio 2005, n. 154.

[3] Comma così modificato dall'art. 22, D.Lgs. 25 maggio 2017, n. 75. Il testo previgente disponeva: *2. Il rapporto di impiego dei professori e dei ricercatori universitari resta disciplinato dalle disposizioni rispettivamente vigenti, in attesa della specifica disciplina che la regoli in modo organico ed in conformità ai principi della autonomia universitaria di cui all'articolo 33 della Costituzione ed agli articoli 6 e seguenti della legge 9 maggio 1989, n. 168, e successive modificazioni ed integrazioni, tenuto conto dei principi di cui all'articolo 2, comma 1, della legge 23 ottobre 1992. n. 421.*

4. *Indirizzo politico-amministrativo. Funzioni e responsabilità (Art. 3 del D.Lgs. n. 29 del 1993, come sostituito prima dall'art. 2 del D.Lgs. n. 470 del 1993 poi. dall'art. 3 del D.Lgs. n. 80 del 1998 e successivamente modificato dall'art. 1 del D.Lgs. n. 387 del 1998).* 1. Gli organi di governo esercitano le funzioni di indirizzo politico-amministrativo, definendo gli obiettivi ed i programmi da attuare ed adottando gli altri atti rientranti nello svolgimento di tali funzioni, e verificano la rispondenza dei risultati dell'attività amministrativa e della gestione agli indirizzi impartiti. Ad essi spettano, in particolare:

a) le decisioni in materia di atti normativi e l'adozione dei relativi atti di indirizzo interpretativo ed applicativo;

b) la definizione di obiettivi, priorità, piani, programmi e direttive generali per l'azione amministrativa e per la gestione;

c) la individuazione delle risorse umane, materiali ed economico-finanziarie da destinare alle diverse finalità e la loro ripartizione tra gli uffici di livello dirigenziale generale;

d) la definizione dei criteri generali in materia di ausili finanziari a terzi e di determinazione di tariffe, canoni e analoghi oneri a carico di terzi;

e) le nomine, designazioni ed atti analoghi ad essi attribuiti da specifiche disposizioni;

f) le richieste di pareri alle autorità amministrative indipendenti ed al Consiglio di Stato;

g) gli altri atti indicati dal presente decreto.

2. Ai dirigenti spetta l'adozione degli atti e provvedimenti amministrativi, compresi tutti gli atti che impegnano l'amministrazione verso l'esterno, nonché la gestione finanziaria, tecnica e amministrativa mediante autonomi poteri di spesa di organizzazione delle risorse umane, strumentali e di controllo. Essi

sono responsabili in via esclusiva dell'attività amministrativa, della gestione e dei relativi risultati.

3. Le attribuzioni dei dirigenti indicate dal comma 2 possono essere derogate soltanto espressamente e ad opera di specifiche disposizioni legislative.

4. Le amministrazioni pubbliche i cui organi di vertice non siano direttamente o indirettamente espressione di rappresentanza politica, adeguano i propri ordinamenti al principio della distinzione tra indirizzo e controllo, da un lato, e attuazione e gestione dall'altro. A tali amministrazioni è fatto divieto di istituire uffici di diretta collaborazione, posti alle dirette dipendenze dell'organo di vertice dell'ente[1].

[1] Comma così modificato dall'art. 2, L. 24 dicembre 2007, n. 244.

5. *Potere di organizzazione (Art. 4 del D.Lgs. n. 29 del 1993, come sostituito prima dall'art. 3 del D.Lgs. n. 546 del 1993, successivamente modificato dall'art. 9 del D.Lgs. n. 396 del 1997, e nuovamente sostituito dall'art. 4 del D.Lgs. n. 80 del 1998).* 1. Le amministrazioni pubbliche assumono ogni determinazione organizzativa al fine di assicurare l'attuazione dei principi di cui all'articolo 2, comma 1, e la rispondenza al pubblico interesse dell'azione amministrativa.

2. Nell'ambito delle leggi e degli atti organizzativi di cui all'articolo 2, comma 1, le determinazioni per l'organizzazione degli uffici e le misure inerenti alla gestione dei rapporti di lavoro, nel rispetto del principio di pari opportunità, e in particolare la direzione e l'organizzazione del lavoro nell'ambito degli uffici sono assunte in via esclusiva dagli organi preposti alla gestione con la capacità e i poteri del privato datore di lavoro, fatte salve la sola informazione ai sindacati ovvero le ulteriori forme di partecipazione, ove previsti nei contratti di cui all'articolo 9[1].

3. Gli organismi di controllo interno verificano periodicamente la rispondenza delle determinazioni organizzative ai principi indicati all'articolo 2, comma 1, anche al fine di propone l'adozione di eventuali interventi correttivi e di fornire elementi per l'adozione delle misure previste nei confronti dei responsabili della gestione.

3-*bis*. Le disposizioni del presente articolo si applicano anche alle Autorità amministrative indipendenti[2].

[1] Comma così sostituito dall'art. 34, D.Lgs. 27 ottobre 2009, n. 150 e poi così modificato prima dall'art. 2, D.L. 6 luglio 2012, n. 95, convertito in L. 7 agosto 2012, n. 135, poi dall'art. 2, D.Lgs. 25 maggio 2017, n. 75.

Il testo previgente la modifica del 2009 disponeva: *2. Nell'ambito delle leggi e degli atti organizzativi di cui all'articolo 2, comma 1, le determinazioni per l'organizzazione degli uffici e le misure inerenti alla gestione dei rapporti di lavoro sono assunte dagli organi preposti alla gestione con la capacità e i poteri del privato datore di lavoro.*

Il testo previgente la modifica del 2012 disponeva: *2. Nell'ambito delle leggi e degli atti organizzativi di cui all'articolo 2, comma 1, le determinazioni per l'organizzazione degli uffici e le misure inerenti alla gestione dei rapporti di lavoro sono assunte in via esclusiva dagli organi preposti alla gestione con la capacità e i poteri del privato datore di lavoro, fatta salva la sola informazione ai sindacati, ove prevista nei contratti di cui all'articolo 9. Rientrano, in particolare, nell'esercizio dei poteri dirigenziali le misure inerenti la gestione delle risorse umane nel rispetto del principio di pari opportunità, nonché la direzione, l'organizzazione del lavoro nell'ambito degli uffici.*

Il testo previgente la modifica del 2017 disponeva: *2. Nell'ambito delle leggi e degli atti organizzativi di cui all'articolo 2, comma 1, le determinazioni per l'organizzazione degli uffici e le misure inerenti alla gestione dei rapporti di lavoro sono assunte in via esclusiva dagli organi preposti alla gestione con la capacità e i poteri del privato datore di lavoro, fatti salvi la sola informazione ai sindacati per le determinazioni relative all'organizzazione degli uffici ovvero, limitatamente alle misure riguardanti i rapporti di lavoro, l'esame congiunto, ove previsti nei contratti di cui all'articolo 9. Rientrano, in particolare, nell'esercizio dei poteri dirigenziali le misure inerenti la gestione delle risorse umane nel rispetto del principio di pari opportunità, nonché la direzione, l'organizzazione del lavoro nell'ambito degli uffici.*

[2] Comma aggiunto dall'art. 34, D.Lgs. 27 ottobre 2009, n. 150.

63. *Controversie relative ai rapporti di lavoro (Art. 68 del D.Lgs. n. 29 del 1993, come sostituito prima dall'art. 33 del D.Lgs. n. 546 del 1993 e poi dall'art. 29 del D.Lgs. n. 80 del 1998 e successivamente modificato dall'art. 18 del D.Lgs. n. 387 del 1998).* 1. Sono devolute al giudice ordinario, in funzione di giudice del lavoro, tutte le controversie relative ai rapporti di lavoro alle dipendenze delle pubbliche amministrazioni di cui all'articolo 1, comma 2, ad eccezione di quelle relative ai rapporti di lavoro di cui al comma 4, incluse le controversie concernenti l'assunzione al lavoro, il conferimento e la revoca degli incarichi dirigenziali e la responsabilità dirigenziale, nonché quelle concernenti le indennità di fine rapporto, comunque denominate e corrisposte, ancorché vengano in questione atti amministrativi presupposti. Quando questi ultimi siano rilevanti ai fini della decisione, il giudice li disapplica, se illegittimi. L'impugnazione davanti al giudice amministrativo dell'atto amministrativo rilevante nella controversia non è causa di sospensione del processo[1].

2. Il giudice adotta, nei confronti delle pubbliche amministrazioni, tutti i provvedimenti, di accertamento, costitutivi o di condanna, richiesti dalla natura dei diritti tutelati. Le sentenze con le quali riconosce il diritto all'assunzione, ovvero accerta che l'assunzione è avvenuta in violazione di norme sostanziali o procedurali, hanno anche effetto rispettivamente costitutivo o estintivo del rapporto di lavoro. Il giudice, con la

sentenza con la quale annulla o dichiara nullo il licenziamento, condanna l'amministrazione alla reintegrazione del lavoratore nel posto di lavoro e al pagamento di un'indennità risarcitoria commisurata all'ultima retribuzione di riferimento per il calcolo del trattamento di fine rapporto corrispondente al periodo dal giorno del licenziamento fino a quello dell'effettiva reintegrazione, e comunque in misura non superiore alle ventiquattro mensilità, dedotto quanto il lavoratore abbia percepito per lo svolgimento di altre attività lavorative. Il datore di lavoro è condannato, altresì, per il medesimo periodo, al versamento dei contributi previdenziali e assistenziali[2].

2-*bis*. Nel caso di annullamento della sanzione disciplinare per difetto di proporzionalità, il giudice può rideterminare la sanzione, in applicazione delle disposizioni normative e contrattuali vigenti, tenendo conto della gravità del comportamento e dello specifico interesse pubblico violato[3].

3. Sono devolute al giudice ordinario, in funzione di giudice del lavoro, le controversie relative a comportamenti antisindacali delle pubbliche amministrazioni ai sensi dell'articolo 28 della legge 20 maggio 1970, n. 300, e successive modificazioni ed integrazioni, e le controversie, promosse da organizzazioni sindacali, dall'ARAN o dalle pubbliche amministrazioni, relative alle procedure di contrattazione collettiva di cui all'articolo 40 e seguenti del presente decreto.

4. Restano devolute alla giurisdizione del giudice amministrativo le controversie in materia di procedure concorsuali per l'assunzione dei dipendenti delle pubbliche amministrazioni, nonché, in sede di giurisdizione esclusiva, le controversie relative ai rapporti di lavoro di cui all'articolo 3, ivi comprese quelle attinenti ai diritti patrimoniali connessi.

5. Nelle controversie di cui ai commi 1 e 3 e nel caso di cui all'articolo 64, comma 3, il ricorso per cassazione può essere proposto anche per violazione o falsa applicazione dei contratti e accordi collettivi nazionali di cui all'articolo 40.

[1] Le disposizioni degli articoli 410, 411, 412, 412-ter e 412-quater del codice di procedura civile si applicano anche alle controversie di cui al presente comma (art. 31, L. 4 novembre 2010, n. 183).

[2] Comma così modificato dall'art. 21, D.Lgs. 25 maggio 2017, n. 75. Il testo previgente disponeva: *2. Il giudice adotta, nei confronti delle pubbliche amministrazioni, tutti i provvedimenti, di accertamento, costitutivi o di condanna, richiesti dalla natura dei diritti tutelati. Le sentenze con le quali riconosce il diritto all'assunzione, ovvero accerta che l'assunzione è avvenuta in violazione di norme sostanziali o procedurali, hanno anche effetto rispettivamente costitutivo o estintivo del rapporto di lavoro.*

[3] Comma aggiunto dall'art. 21, D.Lgs. 25 maggio 2017, n. 75.

TITOLO VII
ENTI LOCALI
(D.LGS. 18 AGOSTO 2000, N. 267)

7 - D.Lgs. 18 agosto 2000, n. 267 (suppl. ord. G.U. 28 settembre 2000, n. 227). Testo unico delle leggi sull'ordinamento degli enti locali (estratto).

1. *Oggetto*. 1. Il presente testo unico contiene i princìpi e le disposizioni in materia di ordinamento degli enti locali.

2. Le disposizioni del presente testo unico non si applicano alle regioni a statuto speciale e alle province autonome di Trento e di Bolzano se incompatibili con le attribuzioni previste dagli statuti e dalle relative norme di attuazione.

3. La legislazione in materia di ordinamento degli enti locali e di disciplina dell'esercizio delle funzioni ad essi conferite enuncia espressamente i princìpi che costituiscono limite inderogabile per la loro autonomia normativa. L'entrata in vigore di nuove leggi che enunciano tali princìpi abroga le norme statutarie con essi incompatibili. Gli enti locali adeguano gli statuti entro 120 giorni dalla data di entrata in vigore delle leggi suddette.

4. Ai sensi dell'articolo 128 della Costituzione le leggi della Repubblica non possono introdurre deroghe al presente testo unico se non mediante espressa modificazione delle sue disposizioni[1].

[1] V. artt. 117, in materia di riparto di competenze tra Stato, Regioni ed enti territoriali; 118, in materia di sussisiarietà verticale e orizzontale; 119, in materia di autonomia finanziaria di entrata e di spesa degli enti locali, della Costituzione della Repubblica Italiana; L. cost. 18 ottobre 2001, n. 3, di riforma del Titolo V della Costituzione.

2. *Àmbito di applicazione*. 1. Ai fini del presente testo unico si intendono per enti locali i comuni, le province, le città metropolitane, le comunità montane, le comunità isolane e le unioni di comuni.

2. Le norme sugli enti locali previste dal presente testo unico si applicano, altresì, salvo diverse disposizioni, ai consorzi cui partecipano enti locali, con esclusione di quelli che gestiscono attività aventi rilevanza economica ed imprenditoriale e, ove previsto dallo statuto, dei consorzi per la gestione dei servizi sociali[1].

[1] V. artt. 20, in materia di funzioni delle Province; 22 e 23, in materia di Città Metropolitane; 27, in materia di Comunità Montane; 29, in materia di Comunità Isolane; 31, in materia di consorzi; 32, in materia di Unioni di Comuni; 113, in materia di servizi pubblici locali a rilevanza economica, del presente T.U.E.L.; D.Lgs. 19 agosto 2016, n. 175, in materia di società partecipate; art. 5, D.Lgs. 18 aprile 2016, n. 50, in materia di società *in house*; art. 34, commi 20 e 21, relativo all'obbligo di relazione illustrativa in materia di *in house providing*; art. 2, comma 12, L. 24 dicembre 2007, n. 244, in materia di convenzioni per la costituzione di uffici unici di avvocatura, che dispone: *Gli enti locali di cui all'articolo 2 del testo unico delle leggi sull'ordinamento degli enti locali, di cui al decreto legislativo 18 agosto 2000, n. 267, possono istituire, mediante apposite convenzioni, da stipulare ai sensi dell'articolo 30 del medesimo testo unico, uffici unici di avvocatura per lo svolgimento di attività di consulenza legale, difesa e rappresentanza in giudizio degli enti convenzionati*; art. 3, L. 24 dicembre 2003, n. 350, in materia di oneri sociali e di personale e per il funzionamento di Amministrazioni ed enti pubblici.

3. *Autonomia dei comuni e delle province*. 1. Le comunità locali, ordinate in comuni e province, sono autonome.

2. Il comune è l'ente locale che rappresenta la propria comunità, ne cura gli interessi e ne promuove lo sviluppo.

3. La provincia, ente locale intermedio tra comune e Regione, rappresenta la propria comunità, ne cura gli interessi, ne promuove e ne coordina lo sviluppo.

4. I comuni e le province hanno autonomia statutaria, normativa, organizzativa e amministrativa, nonché autonomia impositiva e finanziaria nell'àmbito dei propri statuti e regolamenti e delle leggi di coordinamento della finanza pubblica.

5. I comuni e le province sono titolari di funzioni proprie e di quelle conferite loro con legge dello Stato e della Regione, secondo il principio di sussidiarietà. I comuni e le province svolgono le loro funzioni anche attraverso le attività che possono essere adeguatamente esercitate dalla autonoma iniziativa dei cittadini e delle loro formazioni sociali[1].

[1] V. artt. 7, in materia di Statuto comunale; 20, in materia di Province; 32, in materia di Unioni di Comuni, del presente

T.U.E.L.; D.Lgs. 23 giugno 2011, n. 118, in materia di contabilità armonizzata degli enti locali; art. 14, comma 27, D.L. 31 maggio 2010, n. 78, convertito in L. 30 luglio 2010, n. 122, in materia di funzioni fondamentali gestite obbligatoriamente in forma associata, che dispone: *Ferme restando le funzioni di programmazione e di coordinamento delle regioni, loro spettanti nelle materie di cui all'articolo 117, commi terzo e quarto, della Costituzione, e le funzioni esercitate ai sensi dell'articolo 118 della Costituzione, sono funzioni fondamentali dei comuni, ai sensi dell'articolo 117, secondo comma, lettera p), della Costituzione: a) organizzazione generale dell'amministrazione, gestione finanziaria e contabile e controllo; b) organizzazione dei servizi pubblici di interesse generale di ambito comunale, ivi compresi i servizi di trasporto pubblico comunale; c) catasto, ad eccezione delle funzioni mantenute allo Stato dalla normativa vigente; d) la pianificazione urbanistica ed edilizia di ambito comunale nonchè la partecipazione alla pianificazione territoriale di livello sovracomunale; e) attività, in ambito comunale, di pianificazione di protezione civile e di coordinamento dei primi soccorsi; f) l'organizzazione e la gestione dei servizi di raccolta, avvio e smaltimento e recupero dei rifiuti urbani e la riscossione dei relativi tributi; g) progettazione e gestione del sistema locale dei servizi sociali ed erogazione delle relative prestazioni ai cittadini, secondo quanto previsto dall'articolo 118, quarto comma, della Costituzione; h) edilizia scolastica per la parte non attribuita alla competenza delle province, organizzazione e gestione dei servizi scolastici; i) polizia municipale e polizia amministrativa locale; l) tenuta dei registri di stato civile e di popolazione e compiti in materia di servizi anagrafici nonchè in materia di servizi elettorali, nell'esercizio delle funzioni di competenza statale; l-bis) i servizi in materia statistica*; L. 7 aprile 2014, n. 56, recante disposizioni di riforma sulle Città metropolitane, sulle Province, sulle Unioni e fusioni di Comuni.

4. *Sistema regionale delle autonomie locali.* 1. Ai sensi dell'articolo 117, primo e secondo comma, e dell'articolo 118, primo comma, della Costituzione, le regioni, ferme restando le funzioni che attengono ad esigenze di carattere unitario nei rispettivi territori, organizzano l'esercizio delle funzioni amministrative a livello locale attraverso i comuni e le province.

2. Ai fini di cui al comma 1, le leggi regionali si conformano ai princìpi stabiliti dal presente testo unico in ordine alle funzioni del comune e della provincia, identificando nelle materie e nei casi previsti dall'articolo 117 della Costituzione, gli interessi comunali e provinciali in rapporto alle caratteristiche della popolazione e del territorio.

3. La generalità dei compiti e delle funzioni amministrative è attribuita ai comuni, alle province e alle comunità montane, in base ai princìpi di cui all'articolo 4, comma 3, della L. 15 marzo 1997, n. 59, secondo le loro dimensioni territoriali, associative ed organizzative, con esclusione delle sole funzioni che richiedono l'unitario esercizio a livello regionale.

4. La legge regionale indica i princìpi della cooperazione dei comuni e delle province tra loro e con la Regione, al fine di realizzare un efficiente sistema delle autonomie locali al servizio dello sviluppo economico, sociale e civile.

5. Le regioni, nell'àmbito della propria autonomia legislativa, prevedono strumenti e procedure di raccordo e concertazione, anche permanenti, che diano luogo a forme di cooperazione strutturali e funzionali, al fine di consentire la collaborazione e l'azione coordinata fra regioni ed enti locali nell'àmbito delle rispettive competenze[1].

[1] V. artt. 117, in materia di riparto di competenze tra Stato, Regioni ed enti territoriali; 118, in materia di sussisiarietà verticale e orizzontale; 119, in materia di autonomia finanziaria di entrata e di spesa degli enti locali, della Costituzione della Repubblica italiana; L. cost. 18 ottobre 2001, n. 3, di riforma del Titolo V della Costituzione; art. 4, L. 15 marzo 1997, n. 59, in materia di funzioni conferite dalle Regioni agli enti locali; art. 14, comma 27, D.L. 31 maggio 2010, n. 78, convertito in L. 30 luglio 2010, n. 122, in materia di funzioni fondamentali gestite obbligatoriamente in forma associata, riportato in nota all'art. 3.

5. *Programmazione regionale e locale.* 1. La Regione indica gli obiettivi generali della programmazione economico-sociale e territoriale e su questi ripartisce le risorse destinate al finanziamento del programma di investimenti degli enti locali.

2. Comuni e province concorrono alla determinazione degli obiettivi contenuti nei piani e programmi dello Stato e delle regioni e provvedono, per quanto di propria competenza, alla loro specificazione ed attuazione.

3. La legge regionale stabilisce forme e modi della partecipazione degli enti locali alla formazione dei piani e programmi regionali e degli altri provvedimenti della Regione.

4. La legge regionale indica i criteri e fissa le procedure per gli atti e gli strumenti della programmazione socio-economica e della pianificazione territoriale dei comuni e delle province rilevanti ai fini dell'attuazione dei programmi regionali.

5. La legge regionale disciplina, altresì, con norme di carattere generale, modi e procedimenti per la verifica della compatibilità fra gli strumenti di cui al comma 4 e i programmi regionali, ove esistenti[1].

[1] V. artt. 117, in materia di riparto di competenze tra Stato, Regioni ed enti territoriali; 118, in materia di sussisiarietà verticale e orizzontale; 119, in materia di autonomia finanziaria di entrata e di spesa degli enti locali, della Costituzione della Repubblica italiana; L. cost. 18 ottobre 2001, n. 3, di riforma del Titolo V della Costituzione; art. 4, L. 15 marzo 1997, n. 59, in materia di funzioni conferite dalle Regioni agli enti locali; art. 14, comma 27, D.L. 31 maggio 2010, n. 78, convertito in L. 30 luglio 2010, n. 122, in materia di funzioni fondamentali gestite obbligatoriamente in forma associata, riportato in nota all'art. 3.

6. *Statuti comunali e provinciali.* 1. I comuni e le province adottano il proprio statuto.

2. Lo statuto, nell'àmbito dei princìpi fissati dal presente testo unico, stabilisce le norme fondamen-

tali dell'organizzazione dell'ente e, in particolare, specifica le attribuzioni degli organi e le forme di garanzia e di partecipazione delle minoranze, i modi di esercizio della rappresentanza legale dell'ente, anche in giudizio. Lo statuto stabilisce, altresì, i criteri generali in materia di organizzazione dell'ente, le forme di collaborazione fra comuni e province, della partecipazione popolare, del decentramento, dell'accesso dei cittadini alle informazioni e ai procedimenti amministrativi, lo stemma e il gonfalone e quanto ulteriormente previsto dal presente testo unico.

3. Gli statuti comunali e provinciali stabiliscono norme per assicurare condizioni di pari opportunità tra uomo e donna ai sensi della legge 10 aprile 1991, n. 125, e per garantire la presenza di entrambi i sessi nelle giunte e negli organi collegiali non elettivi del comune e della provincia, nonché degli enti, aziende ed istituzioni da essi dipendenti[1].

4. Gli statuti sono deliberati dai rispettivi consigli con il voto favorevole dei due terzi dei consiglieri assegnati. Qualora tale maggioranza non venga raggiunta, la votazione è ripetuta in successive sedute da tenersi entro trenta giorni e lo statuto è approvato se ottiene per due volte il voto favorevole della maggioranza assoluta dei consiglieri assegnati. Le disposizioni di cui al presente comma si applicano anche alle modifiche statutarie.

5. Dopo l'espletamento del controllo da parte del competente organo regionale, lo statuto è pubblicato nel bollettino ufficiale della Regione, affisso all'albo pretorio dell'ente per trenta giorni consecutivi ed inviato al Ministero dell'interno per essere inserito nella raccolta ufficiale degli statuti. Lo statuto entra in vigore decorsi trenta giorni dalla sua affissione all'albo pretorio dell'ente.

6. L'ufficio del Ministero dell'interno, istituito per la raccolta e la conservazione degli statuti comunali e provinciali, cura anche adeguate forme di pubblicità degli statuti stessi[2].

[1] Comma così modificato dall'art. 1, L. 23 novembre 2012, n. 215. Il testo previgente disponeva: *3. Gli statuti comunali e provinciali stabiliscono norme per assicurare condizioni di pari opportunità tra uomo e donna ai sensi della legge 10 aprile 1991, n. 125, e per promuovere la presenza di entrambi i sessi nelle giunte e negli organi collegiali del comune e della provincia, nonché degli enti, aziende ed istituzioni da essi dipendenti.*

[2] V. L. cost. 18 ottobre 2001, n. 3, di riforma del Titolo V della Costituzione; artt. 8 e 9, in materia di partecipazione popolare, artt. 34, in materia di accordi di programma, del presente T.U.E.L.; artt. 15, in materia di accordi tra PP.AA.; 22 ss., in materia di accesso dei cittadini agli atti amministrativi, della L. 7 agosto 1990, n. 241; D.Lgs. 14 marzo 2013, n. 33, in materia di diritto di accesso civico, obblighi di pubblicità, trasparenza e diffusione di informazioni da parte delle PP.AA.; D.Lgs. 11 aprile 2006, n. 198, recante il Codice delle pari opportunità tra uomo e donna; art. 10, comma 4, D.Lgs. 23 maggio 2000, n. 196, in materia di attività delle consigliere e dei consiglieri di parità e disposizioni in materia di azioni positive, che dispone: *Le regioni a statuto speciale e le province autonome di Trento e di Bolzano adeguano la propria legislazione ai princìpi desumibili dal presente decreto con le modalità previste dai rispettivi statuti. Fino all'emanazione delle leggi regionali, le disposizioni del presente decreto trovano piena e immediata applicazione nelle regioni a statuto speciale. Per le province autonome di Trento e Bolzano resta fermo l'articolo 2 del decreto legislativo 16 marzo 1992, n. 266.*

7. *Regolamenti.* 1. Nel rispetto dei princìpi fissati dalla legge e dello statuto, il comune e la provincia adottano regolamenti nelle materie di propria competenza ed in particolare per l'organizzazione e il funzionamento delle istituzioni e degli organismi di partecipazione, per il funzionamento degli organi e degli uffici e per l'esercizio delle funzioni[1].

[1] V. art. 48, comma 3, del presente T.U., in materia di competenza all'adozione del Regolamento sull'ordinamento degli uffici e dei servizi.

7-*bis*. *Sanzioni amministrative.* 1. Salvo diversa disposizione di legge, per le violazioni delle disposizioni dei regolamenti comunali e provinciali si applica la sanzione amministrativa pecuniaria da 25 euro a 500 euro.

1-*bis*. La sanzione amministrativa di cui al comma 1 si applica anche alle violazioni alle ordinanze adottate dal sindaco e dal presidente della provincia sulla base di disposizioni di legge, ovvero di specifiche norme regolamentari[1].

2. L'organo competente a irrogare la sanzione amministrativa è individuato ai sensi dell'articolo 17 della legge 24 novembre 1981, n. 689[2][3].

[1] Comma aggiunto dall'art. 1-*quater*, D.L. 31 marzo 2003, n. 50, convertito in L: 20 maggio 2003, n. 116.

[2] Articolo aggiunto dall'art. 16, L. 16 gennaio 2003, n. 3.

[3] V. L. 24 novembre 1981, n. 689, in materia di sanzioni amministrative.

8. *Partecipazione popolare.* 1. I comuni, anche su base di quartiere o di frazione, valorizzano le libere forme associative e promuovono organismi di partecipazione popolare all'amministrazione locale. I rapporti di tali forme associative sono disciplinati dallo statuto.

2. Nel procedimento relativo all'adozione di atti che incidono su situazioni giuridiche soggettive devono essere previste forme di partecipazione degli interessati secondo le modalità stabilite dallo statuto, nell'osservanza dei princìpi stabiliti dalla legge 7 agosto 1990, n. 241.

3. Nello statuto devono essere previste forme di consultazione della popolazione nonché procedure

per l'ammissione di istanze, petizioni e proposte di cittadini singoli o associati dirette a promuovere interventi per la migliore tutela di interessi collettivi e devono essere, altresì, determinate le garanzie per il loro tempestivo esame. Possono essere, altresì, previsti referendum anche su richiesta di un adeguato numero di cittadini.

4. Le consultazioni e i referendum di cui al presente articolo devono riguardare materie di esclusiva competenza locale e non possono avere luogo in coincidenza con operazioni elettorali provinciali, comunali e circoscrizionali.

5. Lo statuto, ispirandosi ai princìpi di cui alla legge 8 marzo 1994, n. 203 e al decreto legislativo 25 luglio 1998, n. 286, promuove forme di partecipazione alla vita pubblica locale dei cittadini dell'Unione europea e degli stranieri regolarmente soggiornanti[1].

[1] V. artt. 71 e 75, in materia di partecipazione popolare; 118, in materia di sussidiarietà verticale e orizzontale, della Costituzione della Repubblica italiana; L. 7 agosto 1990, n. 241, in materia di procedimento amministrativo; L. 8 marzo 1994, n. 203, in materia di ratifica ed esecuzione della convenzione sulla partecipazione degli stranieri alla vita pubblica a livello locale, sottoscritta a Strasburgo il 5 febbraio 1992; D.Lgs. 25 luglio 1998, n. 286, in materia di disciplina dell'immigrazione e norme sulla condizione dello straniero.

9. *Azione popolare e delle associazioni di protezione ambientale.* 1. Ciascun elettore può far valere in giudizio le azioni e i ricorsi che spettano al comune e alla provincia.

2. Il giudice ordina l'integrazione del contraddittorio nei confronti del comune ovvero della provincia. In caso di soccombenza, le spese sono a carico di chi ha promosso l'azione o il ricorso, salvo che l'ente costituendosi abbia aderito alle azioni e ai ricorsi promossi dall'elettore.

3. [...][1 2].

[1] Comma abrogato dall'art. 318, D.Lgs. 3 aprile 2006, n. 152.

[2] V. art. 13, L. 8 luglio 1986, n. 349, in materia di associazioni di protezione ambientale, che dispone: *1. Le associazioni di protezione ambientale a carattere nazionale e quelle presenti in almeno cinque regioni sono individuate con decreto del Ministro dell'ambiente sulla base delle finalità programmatiche e dell'ordinamento interno democratico previsti dallo statuto, nonché della continuità dell'azione e della sua rilevanza esterna, previo parere del Consiglio nazionale per l'ambiente da esprimere entro novanta giorni dalla richiesta. Decorso tale termine senza che il parere sia stato espresso, il Ministro dell'ambiente decide.*

2. Il Ministro, al solo fine di ottenere, per la prima composizione del Consiglio nazionale per l'ambiente, le terne di cui al precedente art. 12, comma 1, lett. c), effettua, entro trenta giorni dall'entrata in vigore della presente legge, una prima individuazione delle associazioni a carattere nazionale e di quelle presenti in almeno cinque regioni, secondo i criteri di cui al precedente comma 1, e ne informa il Parlamento.

V. art. 3, D.Lgs. 19 agosto 2005, n. 195, in materia di accesso alle informazioni ambientali, che dispone: *1. L'autorità pubblica rende disponibile, secondo le disposizioni del presente decreto, l'informazione ambientale detenuta a chiunque ne faccia richiesta, senza che questi debba dichiarare il proprio interesse.*

2. Fatto salvo quanto stabilito all'articolo 5 e tenuto conto del termine eventualmente specificato dal richiedente, l'autorità pubblica mette a disposizione del richiedente l'informazione ambientale quanto prima possibile e, comunque, entro 30 giorni dalla data del ricevimento della richiesta ovvero entro 60 giorni dalla stessa data nel caso in cui l'entità e la complessità della richiesta sono tali da non consentire di soddisfarla entro il predetto termine di 30 giorni. In tale ultimo caso l'autorità pubblica informa tempestivamente e, comunque, entro il predetto termine di 30 giorni il richiedente della proroga e dei motivi che la giustificano.

3. Nel caso in cui la richiesta d'accesso è formulata in maniera eccessivamente generica l'autorità pubblica può chiedere al richiedente, al più presto e, comunque, entro 30 giorni dalla data del ricevimento della richiesta stessa, di specificare i dati da mettere a disposizione, prestandogli, a tale scopo, la propria collaborazione, anche attraverso la fornitura di informazioni sull'uso dei cataloghi pubblici di cui all'articolo 4, comma 1, ovvero può, se lo ritiene opportuno, respingere la richiesta, ai sensi dell'articolo 5, comma 1, lettera c).

4. Nel caso in cui l'informazione ambientale è richiesta in una forma o in un formato specifico, ivi compresa la riproduzione di documenti, l'autorità pubblica la mette a disposizione nei modi richiesti, eccetto nel caso in cui:

a) l'informazione è già disponibile al pubblico in altra forma o formato, a norma dell'articolo 8, e facilmente accessibile per il richiedente;

b) è ragionevole per l'autorità pubblica renderla disponibile in altra forma o formato.

5. Nei casi di cui al comma 4, lettere a) e b), l'autorità pubblica comunica al richiedente i motivi del rifiuto dell'informazione nella forma o nel formato richiesti entro il termine di 30 giorni dalla data del ricevimento della richiesta stessa.

6. Nel caso di richiesta d'accesso concernente i fattori di cui all'articolo 2, comma 1, lettera a), numero 2), l'autorità pubblica indica al richiedente, se da questi espressamente richiesto, dove possono essere reperite, se disponibili, le informazioni relative al procedimento di misurazione, ivi compresi i metodi d'analisi, di prelievo di campioni e di preparazione degli stessi, utilizzato per raccogliere l'informazione ovvero fa riferimento alla metodologia normalizzata utilizzata.

7. L'autorità pubblica mantiene l'informazione ambientale detenuta in forme o formati facilmente riproducibili e, per quanto possibile, consultabili tramite reti di telecomunicazione informatica o altri mezzi elettronici..

10. *Diritto di accesso e di informazione.* 1. Tutti gli atti dell'amministrazione comunale e provinciale sono pubblici, ad eccezione di quelli riservati per espressa indicazione di legge o per effetto di una temporanea e motivata dichiarazione del sindaco o del presidente della provincia che ne vieti l'esibizione, conformemente a quanto previsto dal regolamento, in quanto la loro diffusione possa pregiudicare il diritto alla riservatezza delle persone, dei gruppi o delle imprese.

2. Il regolamento assicura ai cittadini, singoli e associati, il diritto di accesso agli atti amministrativi e disciplina il rilascio di copie di atti previo pagamento dei soli costi; individua, con norme di organizzazione degli uffici e dei servizi, i responsabili dei procedimenti; detta le norme necessarie per assicurare ai cittadini l'informazione sullo stato degli atti e delle procedure e sull'ordine di esame di domande, progetti e provvedimenti che comunque li riguardino; assicura il diritto dei cittadini di accedere, in generale, alle informazioni di cui è in possesso l'amministrazione.

3. Al fine di rendere effettiva la partecipazione dei cittadini all'attività dell'amministrazione, gli enti locali assicurano l'accesso alle strutture ed ai servizi agli enti, alle organizzazioni di volontariato e alle associazioni[1].

[1] V. artt. 22 ss., L. 7 agosto 1990, n. 241, in materia di accesso dei cittadini agli atti amministrativi; D.Lgs. 14 marzo 2013, n. 33, in materia di diritto di accesso civico, obblighi di pubblicità, trasparenza e diffusione di informazioni da parte delle PP.AA.; art. 7 del presente T.U., in materia di regolamenti comunali.

11. *Difensore civico.* 1. Lo statuto comunale e quello provinciale possono prevedere l'istituzione del difensore civico, con compiti di garanzia dell'imparzialità e del buon andamento della pubblica amministrazione comunale o provinciale, segnalando, anche di propria iniziativa, gli abusi, le disfunzioni, le carenze ed i ritardi dell'amministrazione nei confronti dei cittadini.

2. Lo statuto disciplina l'elezione, le prerogative ed i mezzi del difensore civico nonché i suoi rapporti con il consiglio comunale o provinciale.

3. Il difensore civico comunale e quello provinciale svolgono altresì la funzione di controllo nel l'ipotesi prevista all'articolo 127[1].

[1] La figura del difensore civico è stata soppressa dall'articolo 2, comma 186, lettera a), della legge 23 dicembre 2009, n. 191.

12. *Sistemi informativi e statistici.* 1. Gli enti locali esercitano i compiti conoscitivi e informativi concernenti le loro funzioni in modo da assicurare, anche tramite sistemi informativo-statistici automatizzati, la circolazione delle conoscenze e delle informazioni fra le amministrazioni, per consentirne, quando prevista, la fruizione su tutto il territorio nazionale.

2. Gli enti locali, nello svolgimento delle attività di rispettiva competenza e nella conseguente verifica dei risultati, utilizzano sistemi informativo-statistici che operano in collegamento con gli uffici di statistica in applicazione del decreto legislativo 6 settembre 1989, n. 322. È in ogni caso assicurata l'integrazione dei sistemi informativo-statistici settoriali con il sistema statistico nazionale.

3. Le misure necessarie sono adottate con le procedure e gli strumenti di cui agli articoli 6 e 9 del decreto legislativo 28 agosto 1997, n. 281[1].

[1] V. D.Lgs. 7 marzo 2005, n. 82, recante il Codice dell'Amministrazione digitale.

13. *Funzioni.* 1. Spettano al comune tutte le funzioni amministrative che riguardano la popolazione ed il territorio comunale, precipuamente nei settori organici dei servizi alla persona e alla comunità, dell'assetto ed utilizzazione del territorio e dello sviluppo economico, salvo quanto non sia espressamente attribuito ad altri soggetti dalla legge statale o regionale, secondo le rispettive competenze.

2. Il comune, per l'esercizio delle funzioni in àmbiti territoriali adeguati, attua forme sia di decentramento sia di cooperazione con altri comuni e con la provincia[1].

[1] V. artt. 117, in materia di riparto di competenze tra Stato, Regioni ed enti territoriali; 118, in materia di sussisiarietà verticale e orizzontale; 119, in materia di autonomia finanziaria di entrata e di spesa degli enti locali, della Costituzione della Repubblica italiana; L. cost. 18 ottobre 2001, n. 3, di riforma del Titolo V della Costituzione; art. 14, comma 27 del D.L. 31 maggio 2010, n. 78, convertito in L. 30 luglio 2010, n. 122, in materia di funzioni fondamentali gestite obbligatoriamente in forma associata, riportato in nota all'art. 3; L. 7 aprile 2014, n. 56, recante disposizioni di riforma sulle Città metropolitane, sulle Province, sulle Unioni e fusioni di Comuni.

14. *Compiti del comune per servizi di competenza statale.* 1. Il comune gestisce i servizi elettorali, di stato civile, di anagrafe, di leva militare e di statistica.

2. Le relative funzioni sono esercitate dal sindaco quale ufficiale del Governo, ai sensi dell'articolo 54.

3. Ulteriori funzioni amministrative per servizi di competenza statale possono essere affidate ai comuni dalla legge che regola anche i relativi rapporti finanziari, assicurando le risorse necessarie[1].

[1] V. D.P.R. 16 maggio 1960, n. 570, in materia elezioni comunali; D.P.R. 3 novembre 2000, n. 396, in materia di stato civile, L. 24 dicembre 1954, n. 1228, recante l'ordinamento delle anagrafi della popolazione residente; L. 27 ottobre 1988, n. 470, in materia di anagrafe e censimento degli italiani all'estero; L. 23 agosto 2004, n. 226, in materia di leva militare; art. 54 del presente T.U., in materia di potere di ordinanza del Sindaco in qualità di Ufficiale del Governo.

34. *Accordi di programma.* 1. Per la definizione e l'attuazione di opere, di interventi o di programmi di intervento che richiedono, per la loro completa realizzazione, l'azione integrata e coordinata di comuni, di province e regioni, di amministrazioni statali e di altri soggetti pubblici, o comunque di due o più tra i soggetti predetti, il presidente della Regione o il presidente della provincia o il sindaco, in relazione alla competenza primaria o prevalente sull'opera o sugli interventi o sui programmi di intervento, promuove la conclusione di un accordo di programma, anche su richiesta di uno o più dei soggetti interessati, per assicurare il coordinamento delle azioni e per determinarne i tempi, le modalità, il finanziamento ed ogni altro connesso adempimento.

2. L'accordo può prevedere altresì procedimenti di arbitrato, nonché interventi surrogatori di eventuali inadempienze dei soggetti partecipanti.

3. Per verificare la possibilità di concordare l'accordo di programma, il presidente della Regione o il presidente della provincia o il sindaco convoca una conferenza tra i rappresentanti di tutte le amministrazioni interessate.

4. L'accordo, consistente nel consenso unanime del presidente della Regione, del presidente della provincia, dei sindaci e delle altre amministrazioni interessate, è approvato con atto formale del presidente della Regione o del presidente della provincia o del sindaco ed è pubblicato nel bollettino ufficiale della Regione. L'accordo, qualora adottato con decreto del presidente della Regione, produce gli effetti della intesa di cui all'articolo 81 del decreto del Presidente della Repubblica 24 luglio 1977, n. 616, determinando le eventuali e conseguenti variazioni degli strumenti urbanistici e sostituendo le concessioni edilizie, sempre che vi sia l'assenso del comune interessato.

5. Ove l'accordo comporti variazione degli strumenti urbanistici, l'adesione del sindaco allo stesso deve essere ratificata dal consiglio comunale entro trenta giorni a pena di decadenza.

6. Per l'approvazione di progetti di opere pubbliche comprese nei programmi dell'amministrazione e per le quali siano immediatamente utilizzabili i relativi finanziamenti si procede a norma dei precedenti commi. L'approvazione dell'accordo di programma comporta la dichiarazione di pubblica utilità, indifferibilità ed urgenza delle medesime opere; tale dichiarazione cessa di avere efficacia se le opere non hanno avuto inizio entro tre anni.

7. La vigilanza sull'esecuzione dell'accordo di programma e gli eventuali interventi sostitutivi sono svolti da un collegio presieduto dal presidente della Regione o dal presidente della provincia o dal sindaco e composto da rappresentanti degli enti locali interessati, nonché dal commissario del Governo nella Regione o dal prefetto nella provincia interessata se all'accordo partecipano amministrazioni statali o enti pubblici nazionali.

8. Allorché l'intervento o il programma di intervento comporti il concorso di due o più regioni finitime, la conclusione dell'accordo di programma è promossa dalla Presidenza del Consiglio dei Ministri, a cui spetta convocare la conferenza di cui al comma 3. Il collegio di vigilanza di cui al comma 7 è in tal caso presieduto da un rappresentante della Presidenza del Consiglio dei Ministri ed è composto dai rappresentanti di tutte le regioni che hanno partecipato all'accordo. La Presidenza del Consiglio dei Ministri esercita le funzioni attribuite dal comma 7 al commissario del Governo ed al prefetto[1].

[1] V. art. 15, L. 7 agosto 1990, n. 241, in materia di accordi tra P.A.; art. 12, D.L. 22 giugno 2012, n. 83, convertito in L. 7 agosto 2012, n. 134, nel testo, da ultimo, modificato dall'art. 13, D.L. 30 dicembre 2019, n. 162, convertito in L. 28 febbraio 2020, n. 8, in materia di Piano Nazionale per le città, che dispone: *1. Il Ministero delle infrastrutture e dei trasporti predispone un piano nazionale per le città, dedicato alla riqualificazione di aree urbane con particolare riferimento a quelle degradate. A tal fine, con decreto del Ministero delle infrastrutture e dei trasporti, è istituita, senza nuovi o maggiori oneri per la finanza pubblica, la Cabina di regia del piano, composta da due rappresentanti del Ministero delle infrastrutture e dei trasporti, di cui uno con funzioni di presidente, da due rappresentanti della Conferenza delle Regioni e delle province autonome, da un rappresentante del Ministero dell'economia e delle finanze, del Ministero dello sviluppo economico, del Ministero dell'istruzione, dell'università e della ricerca, del Ministero dell'ambiente e della tutela del territorio e del mare, del Ministero per i beni e le attività culturali, del Ministero dell'interno, dei Dipartimenti della Presidenza del Consiglio dei Ministri per lo sviluppo e la coesione economica, per la cooperazione internazionale e l'integrazione e per la coesione territoriale, dell'Agenzia del demanio, della Cassa depositi e prestiti, dell'Associazione nazionale comuni italiani e, in veste di osservatori, da un rappresentante del Fondo Investimenti per l'Abitare (FIA) di CDP Investimenti SGR e da un rappresentante dei Fondi di investimento istituiti dalla società di gestione del risparmio del Ministero dell'economia e delle finanze costituita ai sensi dell'articolo 33 del decreto-legge 6 luglio 2011, n. 98, convertito, con modificazioni, dalla legge 15 luglio 2011, n. 111; con il medesimo decreto sono stabilite le modalità di funzionamento della Cabina di regia. Ai rappresentanti delle amministrazioni pubbliche nella Cabina di regia non è corrisposto alcun emolumento, indennità o rimborso di spese.*

1-bis. Il Ministro dello sviluppo economico e il Ministro delle infrastrutture e dei trasporti riferiscono alle Commissioni parlamentari competenti in merito all'attività della Cabina di regia con apposita relazione allegata al Documento di economia e finanza.

2. Ai fini della predisposizione del piano di cui al comma 1, i comuni inviano alla Cabina di regia proposte di Contratti di valorizzazione urbana costituite da un insieme coordinato di interventi con riferimento ad aree urbane degradate, indicando:

a) la descrizione, le caratteristiche e l'ambito urbano oggetto di trasformazione e valorizzazione;

b) gli investimenti ed i finanziamenti necessari, sia pubblici che privati, comprensivi dell'eventuale cofinanziamento del comune proponente;

c) i soggetti interessati;

d) le eventuali premialità;

e) il programma temporale degli interventi da attivare;

f) la fattibilità tecnico-amministrativa.

3. La Cabina di regia seleziona le proposte sulla base dei seguenti criteri:

a) immediata cantierabilità degli interventi;

b) capacità e modalità di coinvolgimento di soggetti e finanziamenti pubblici e privati e di attivazione di un effetto moltiplicatore del finanziamento pubblico nei confronti degli investimenti privati;

c) riduzione di fenomeni di tensione abitativa, di marginalizzazione e degrado sociale;

d) miglioramento della dotazione infrastrutturale anche con riferimento all'efficientamento dei sistemi del trasporto urbano;

e) miglioramento della qualità urbana, del tessuto sociale ed ambientale e contenimento del consumo di nuovo suolo non edificato.

4. La Cabina di regia, sulla base degli apporti e delle risorse messe a disposizione dai vari organismi che la compongono, definisce gli investimenti attivabili nell'ambito urbano selezionato; la stessa propone al Ministero delle infrastrutture e dei trasporti la destinazione delle risorse del Fondo di cui al comma 5 alle finalità del Contratto di valorizzazione urbana. La Cabina di regia promuove, di intesa con il comune interessato, la sottoscrizione del Contratto di valorizzazione urbana che regolamenta gli impegni dei vari soggetti pubblici e privati, prevedendo anche la revoca dei finanziamenti in caso di inerzia realizzativa. L'insieme dei Contratti di valorizzazione urbana costituisce il piano nazionale per le città.

4-bis. In caso di inerzia realizzativa, sentito il comune interessato, il Ministro delle infrastrutture e dei trasporti, con proprio decreto, può nominare, senza nuovi o maggiori oneri per la finanza pubblica, un commissario per attuare o completare gli interventi già finanziati. I commissari sono individuati tra i dirigenti di livello dirigenziale generale del Dipartimento per le infrastrutture, i sistemi informativi e statistici del Ministero delle infrastrutture e dei trasporti. Nel caso di accertata impossibilità dei predetti dirigenti, la nomina di commissario può avvenire tra soggetti qualificati con comprovata esperienza nel settore del finanziamento di opere infrastrutturali. Gli oneri per i compensi dei commissari, determinati con decreto del Ministro delle infrastrutture e dei trasporti, sentito il Ministro dell'economia e delle finanze, sono posti a carico delle risorse destinate al comune per gli interventi finanziati nel contratto di valorizzazione urbana per i quali è stato nominato il commissario.

5. Per l'attuazione degli interventi previsti dal presente articolo, a decorrere dall'esercizio finanziario 2012 e fino al 31 dicembre 2017, è istituito, nello stato di previsione del Ministero delle infrastrutture e dei trasporti, un Fondo, denominato «Fondo per l'attuazione del piano nazionale per le città», nel quale confluiscono le risorse, non utilizzate o provenienti da revoche, relativamente ai seguenti programmi:

a) interventi costruttivi finanziati ai sensi dell'articolo 18 del decreto-legge 13 maggio 1991, n. 152, convertito, con modificazioni, dalla legge 12 luglio 1991, n. 203, per i quali non siano stati ratificati, entro il termine del 31 dicembre 2007, gli accordi di programma previsti dall'articolo 13, comma 2, del decreto-legge 30 dicembre 2005, n. 273, convertito, con modificazioni, dalla legge 23 febbraio 2006, n. 51, e già destinate all'attuazione del piano nazionale di edilizia abitativa ai sensi dell'articolo 11, comma 12, del decreto-legge 25 giugno 2008, n. 112, convertito, con modificazioni, nella legge 6 agosto 2008, n. 133 e successive modificazioni;

b) programmi di recupero urbano finanziati ai sensi dell'articolo 2, comma 63, lettera b), della legge 23 dicembre 1996, n. 662, dell'articolo 1, comma 8 della legge 27 dicembre 1997, n. 449 e dell'articolo 61, comma 1 della legge 23 dicembre 1998, n. 448;

c) programmi innovativi in ambito urbano, finanziati ai sensi dell'articolo 145, comma 33, della legge 23 dicembre 2000, n. 388, e dell'articolo 4, comma 3, della legge 8 febbraio 2001, n. 21.

6. All'onere derivante dall'attuazione del presente articolo, nel limite di euro 10 milioni per l'anno 2012, di euro 24 milioni per l'anno 2013, di euro 40 milioni per l'anno 2014 e di euro 50 milioni per ciascuno degli anni 2015, 2016 e 2017, si provvede mediante utilizzo delle risorse previste alle lettere a) e b) del comma 5 che sono versate all'entrata del bilancio dello Stato per essere riassegnate sul Fondo di cui al medesimo comma 5.

7. I programmi di cui all'articolo 18 del decreto-legge 13 maggio 1991, n. 152, convertito con modificazioni, dalla legge 12 luglio 1991, n. 203, per i quali sia stato ratificato l'Accordo di programma entro il 31 dicembre 2007 ai sensi dell'articolo 13, comma 2, della legge 28 febbraio 2006, n. 51, possono essere rilocalizzati nell'ambito della medesima regione ovvero in regioni confinanti ed esclusivamente nei comuni capoluogo di provincia. È esclusa, in ogni caso, la possibilità di frazionare uno stesso programma costruttivo in più comuni. A tal fine il termine per la ratifica degli Accordi di programma di cui all'articolo 34 del decreto legislativo 18 agosto 2000, n. 267, è fissato al 31 dicembre 2022.

8. All'articolo 2 della legge 1° agosto 2002, n. 166, il comma 5 è sostituito dal seguente:

«5. Agli interventi di edilizia sovvenzionata di cui all'articolo 18 del decreto-legge 13 maggio 1991, n. 152, convertito con modificazioni, dalla legge 12 luglio 1991, n. 203, si applicano i limiti di costo di cui al decreto del Ministro dei lavori pubblici 5 agosto 1994, pubblicato nella Gazzetta Ufficiale n. 194 del 20 agosto 1994, vigenti in ciascuna regione e aggiornati ai sensi dell'articolo 9 del medesimo decreto, fermo restando, in ogni caso, il finanziamento statale ed il numero complessivo degli alloggi da realizzare.».

9. Per gli interventi di edilizia sovvenzionata rilocalizzati ai sensi del comma 7 il soggetto attuatore contribuisce con fondi propri all'incremento del finanziamento statale di edilizia sovvenzionata ai fini della completa realizzazione dell'intervento costruttivo, fermo restando quanto previsto dal comma 6 dell'art. 2 della legge 1 agosto 2002, n. 166. In alternativa, anche in deroga a quanto previsto dalla convenzione attuativa con il Ministero delle infrastrutture e dei trasporti, il soggetto attuatore può cedere, a titolo gratuito, le aree o i diritti edificatori destinati alla realizzazione degli alloggi non coperti da finanziamento, a soggetti pubblici o privati che si impegnino a destinarli alla realizzazione di alloggi sociali, come definiti dal decreto del Ministro delle infrastrutture 22 aprile 2008, pubblicato nella Gazzetta Ufficiale n. 146 del 24 giugno 2008, vincolati alla locazione per un periodo di almeno dodici anni per le finalità di cui all'art. 18 del decreto-legge 13 maggio 1991, n. 152, convertito, con modificazioni, dalla legge 12 luglio 1991, n. 203. Le disposizioni di cui ai commi 7 e 8 si applicano anche ai programmi già finanziati ai sensi dell'art. 18 del citato decreto-legge n. 152 del 1991 per i quali risulti già sottoscritta la convenzione attuativa con il Ministero delle infrastrutture e dei trasporti e per i quali si renda necessario procedere ad aggiornarne i costi di realizzazione..

36. *Organi di governo*. 1. Sono organi di governo del comune il consiglio, la Giunta, il sindaco.

2. Sono organi di governo della provincia il consiglio, la Giunta, il Presidente[1].

[1] V. art. 54 del presente T.U., in materia di consiglio, giunta comunale, sindaco, consiglio provinciale, giunta provinciale e presidente della provincia; L. aprile 2014, n. 56, recante disposizioni su Città metropolitane, Province, sulle Unioni e fusioni di Comuni; art.16, comma 17, del D.L. 13 agosto 2011, n. 138, convertito in L. 14 settembre 2011, n. 148, concernente la riduzione del numero dei consiglieri e degli assessori comunali per i comuni fino a 10.000 abitanti, che dispone: *A decorrere dal primo rinnovo di ciascun consiglio comunale successivo alla data di entrata in vigore della legge di conversione del presente decreto:*

a) per i comuni con popolazione fino a 3.000 abitanti, il consiglio comunale è composto, oltre che dal sindaco, da dieci consiglieri e il numero massimo degli assessori è stabilito in due;

b) per i comuni con popolazione superiore a 3.000 e fino a 10.000 abitanti, il consiglio comunale è composto, oltre che dal sindaco, da dodici consiglieri e il numero massimo di assessori è stabilito in quattro;

[...].

48. *Competenze delle giunte*. 1. La Giunta collabora con il sindaco o con il presidente della provincia nel governo del comune o della provincia ed opera attraverso deliberazioni collegiali. Nei comuni con popolazione fino a 15.000 abitanti, le riunioni della giunta si tengono preferibilmente in un arco temporale non coincidente con l'orario di lavoro dei partecipanti[1].

2. La Giunta compie tutti gli atti rientranti ai sensi dell'articolo 107, commi 1 e 2, nelle funzioni degli organi di governo, che non siano riservati dalla legge al consiglio e che non ricadano nelle competenze, previste dalle leggi o dallo statuto, del sindaco o del presidente della provincia o degli organi di decentramento; collabora con il sindaco e con il presidente della provincia nell'attuazione degli indirizzi generali del consiglio; riferisce annualmente al consiglio sulla propria attività e svolge attività propositive e di impulso nei confronti dello stesso.

3. È, altresì, di competenza della Giunta l'adozione dei regolamenti sull'ordinamento degli uffici e dei servizi, nel rispetto dei criteri generali stabiliti dal consiglio[2].

[1] Comma così modificato dall'art. 16, D.L. 13 agosto 2011, n. 138, convertito in L. 14 settembre 2011, n. 148.

[2] V. art. 107 del presente T.U., in materia di funzioni dirigenziali.

107. *Funzioni e responsabilità della dirigenza*. 1. Spetta ai dirigenti la direzione degli uffici e dei servizi secondo i criteri e le norme dettati dagli statuti e dai regolamenti. Questi si uniformano al principio per cui i poteri di indirizzo e di controllo politico-amministrativo spettano agli organi di governo, mentre la gestione amministrativa, finanziaria e tecnica è attribuita ai dirigenti mediante autonomi poteri di spesa, di organizzazione delle risorse umane, strumentali e di controllo.

2. Spettano ai dirigenti tutti i compiti, compresa l'adozione degli atti e provvedimenti amministrativi che impegnano l'amministrazione verso l'esterno, non ricompresi espressamente dalla legge o dallo statuto tra le funzioni di indirizzo e controllo politico-amministrativo degli organi di governo dell'ente o non rientranti tra le funzioni del segretario o del direttore generale, di cui rispettivamente agli articoli 97 e 108.

3. Sono attribuiti ai dirigenti tutti i compiti di attuazione degli obiettivi e dei programmi definiti con gli atti di indirizzo adottati dai medesimi organi, tra i quali in particolare, secondo le modalità stabilite dallo statuto o dai regolamenti dell'ente:

a) la presidenza delle commissioni di gara e di concorso;

b) la responsabilità delle procedure d'appalto e di concorso;

c) la stipulazione dei contratti;

d) gli atti di gestione finanziaria, ivi compresa l'assunzione di impegni di spesa;

e) gli atti di amministrazione e gestione del personale;

f) i provvedimenti di autorizzazione, concessione o analoghi, il cui rilascio presupponga accertamenti e valutazioni, anche di natura discrezionale, nel rispetto di criteri predeterminati dalla legge, dai regolamenti, da atti generali di indirizzo, ivi comprese le autorizzazioni e le concessioni edilizie;

g) tutti i provvedimenti di sospensione dei lavori, abbattimento e riduzione in pristino di competenza comunale, nonché i poteri di vigilanza edilizia e di irrogazione delle sanzioni amministrative previsti dalla vigente legislazione statale e regionale in materia di prevenzione e repressione dell'abusivismo edilizio e paesaggistico-ambientale;

h) le attestazioni, certificazioni, comunicazioni, diffide, verbali, autenticazioni, legalizzazioni ed ogni altro atto costituente manifestazione di giudizio e di conoscenza;

i) gli atti ad essi attribuiti dallo statuto e dai regolamenti o, in base a questi, delegati dal sindaco.

4. Le attribuzioni dei dirigenti, in applicazione del principio di cui all'articolo 1, comma 4, possono essere derogate soltanto espressamente e ad opera di specifiche disposizioni legislative.

5. A decorrere dalla data di entrata in vigore del presente testo unico, le disposizioni che conferiscono agli organi di cui al Capo I Titolo III l'adozione di atti di gestione e di atti o provvedimenti amministrativi, si intendono nel senso che la relativa competenza spetta ai dirigenti, salvo quanto previsto dall'articolo 50, comma 3, e dall'articolo 54.

6. I dirigenti sono direttamente responsabili, in via esclusiva, in relazione agli obiettivi dell'ente, della correttezza amministrativa, della efficienza e dei risultati della gestione.

7. Alla valutazione dei dirigenti degli enti locali si applicano i princìpi contenuti nell'articolo 5, commi 1 e 2, del decreto legislativo 30 luglio 1999, n. 286, secondo le modalità previste dall'articolo 147 del presente testo unico[1].

[1] V. artt. 97, in materia di Segretario Comunale; 98, in materia *di City manager*, 183, in materia di assunzione di impegni di spesa, del presente T.U.E.L.; D.Lgs. 8 aprile 2013, n. 39, recante disposizioni in materia di inconferibilità e incompatibilità di incarichi presso le PP.AA.; D.Lgs. 27 ottobre 2009, n. 150, in materia di valutazione della *performance*.

INDICE
ANALITICO
CODICE CIVILE

Legenda: I numeri indicati corrispondono agli articoli del codice.

A

B

C

D

E

F

G

I

L

M

N

O

P

Q

R

S

T

U

V

INDICE ANALITICO CODICE PENALE

Legenda: I numeri indicati corrispondono agli articoli del codice.

A

B

C

D

E

F

G

I

L

M

N

O

P

Q

R

S

T

U

V

INDICE
ANALITICO
DIRITTO AMMINISTRATIVO

Legenda: I numeri indicati corrispondono agli articoli del provvedimento.

CONTRATTI PUBBLICI (D.Lgs. 50/2016), p.1435 ss.

COSTITUZIONE REPUBBLICANA, p.1385 ss.

ENTI LOCALI (D.Lgs. 267/2000), p.1823 ss.

PROCEDIMENTO AMMINISTRATIVO (L. 241/1990), p.1393 ss.

PROCESSO AMMINISTRATIVO (D.Lgs. 104/2010), p.1699 ss.

PUBBLICO IMPIEGO (D.Lgs. 165/2001), p.1815 ss.

SOCIETÀ PUBBLICHE (D.Lgs. 175/2016), p.1787 ss.